THE RAMAYANA OF VALMIKI

THE RAMAYANA OF VALMIKI

WITH

The Commentary (Tilaka) of Rama

Edited by

WASUDEV LAXMAN SASTRI PANSIKAR

Fourth Revised Edition

GYAN

Published by

Gyan Publishing House
5, Ansari Road
Daryaganj, New Delhi-110002
Phone: 011-47034999, 9811692060
E-mail: books@gyanbooks.com

Distribution Network
gyanbooks.com
India, USA, Canada, UK, Australia, France

ISBN : 978-81-212-9952-7 (PB)
First Published, 1930

2nd Impression 2021

Printed at: Gyan Press, Delhi.

The Ramayana of Valmiki
Edited by: Wasudev Laxman Sastri Pansikar

विषयानुक्रमः ।

प्राणोत्क्रमणम् । देवानां सुरपतेश्चात्यन्तसंतोषः । विश्वामित्र-रामचन्द्रलक्ष्मणानां ताटकावने वासः ।

सर्गः २७—विश्वामित्ररामचन्द्रयोः संवादः । विश्वामित्रकृतं रामायास्त्रदानम् । तत्तदस्त्राधिपतिदैवतस्य रामायानुग्रहप्रार्थना । रामविश्वामित्रयोः संवादः ।

सर्गः २८—विश्वामित्रं प्रत्यस्त्रसंहारविषयको रामस्य प्रश्नः । विश्वामित्रस्य रामं प्रति संहारोपदेशः । रक्षणीययज्ञस्य वध्यराक्षसानां विषये रामस्य विश्वामित्रं प्रति प्रार्थना ।

सर्गः २९—विष्णोः सिद्धाश्रमदर्शनम् । तत्संबन्धीयकथोपाख्यानम् ।

सर्गः ३०—काकुत्स्थयोर्विश्वामित्रं प्रति 'रक्षणीयौ कौ' इति प्रश्नः । षड्रात्ररक्षणविषये मुन्युक्तिः । दिक्षु यज्ञमन्त्रघोषाक्रान्तत्वम् । सपरिवारमारीचसुबाह्वोरागमनम् । मानवास्त्रेण रामकृतं तन्निवारणम् । काकुत्स्थं प्रति विश्वामित्रोक्तिश्च ।

सर्गः ३१—रामलक्ष्मणयोः 'समुपागतकिंकराणां किं शासनं विधेयम्' इति विश्वामित्रं प्रति प्रश्नः । विश्वामित्रं पुरस्कृत्य मैथिलाधिपराज्ये गन्तुमद्भुतधनूरत्नदर्शनार्थमत्याग्रहपूर्वकं महर्षीणां रामाय निवेदनम् । सर्षिसङ्घविश्वामित्रस्योत्तरदिशि प्रस्थानम् । तेषां शोणाकूले निवासः । तत्र स्थितस्य रामस्य तद्देशमूलकथाश्रवणेच्छा ।

सर्गः ३२—विश्वामित्रवंश्यकथनम् । पुरा किल कुशो नाम ब्रह्मयोनिर्महात्मासीत् । तस्य चत्वारः सुताः कुशाम्ब-कुशनाभ-असूर्तरजस-वसु-संज्ञकाः । तेषां च चतस्रः स्त्रियः । तन्मध्ये कुशनाभाद्घृताच्यां कन्याशतोत्पत्तिवर्णनम् । एकदोद्याने संमिलितानां तासां कन्यानां वायुना सह 'अहं वः कामये' इत्यादिः संवादः । स्वयंवरकरणे तासामनौत्सुक्यम् । ततो वायोः प्रभावात्तासां कुब्जत्वम् । तादृगवस्थितानां तासां स्वसद्मनि पितृ(कुशनाभ)निकटे आगमनम् ।

सर्गः ३३—कन्याभिर्वाय्वाचरणकथनम् । ततः कुशनाभस्य मन्त्रिभिः सह कन्याप्रदानविषयको मन्त्रः । तत्काले चूलीनाम्नो महर्षेरागमनम् । गन्धर्व्या ऊर्मिलातनयायाः सोमदायास्तत्पर्युपासनम् । तत्सेवासंतुष्टस्य चूलेर्वरदान उद्युक्तत्वम् । सोमदायाः पुत्रप्राप्तिः, तस्य पुत्रस्य ब्रह्मदत्त इति नामकरणं च । ब्रह्मदत्तस्य काम्पिल्यां निवासः । तस्मै कुशनाभेन कन्याशतदानम् । तद्दर्शनात्सोमदाया आनन्दवृत्तिकथनम् ।

सर्गः ३४—कुशनाभस्य पौत्रेष्टिवर्णनम् । तन्मध्ये ब्रह्मपुत्रस्य कुशस्य कुशनाभं प्रति 'गाधिनामानं पुत्रमाप्स्यसि' इत्याशीः, स्वस्य ब्रह्मलोके गमनं च । गाधेरुत्पत्तिः । 'अयमेव हि मे पिता' इति विश्वामित्रस्य रामं प्रत्युक्तिः । विश्वामित्रभगिन्याः सत्यवत्या वर्णनम् ।

सर्गः ३५—विश्वामित्ररामयोः संवादः । रामस्य गङ्गाया मूलोत्पत्तिश्रवणेच्छा । ततो विश्वामित्रेण गङ्गाया उमायाश्चोत्पत्तिर्वर्णिता ।

सर्गः ३६—विश्वामित्रकृतं शिवपार्वत्योः सुरतवर्णनम् । तत्सुरतस्य कालातीतत्वे देवानां याचनम् । तेन संक्रुद्धाया उमाया देवानां शापो धरण्याश्च । ततो देवानां सेनापतिमभीप्सतां पितामहसमीपे याचनम् ।

सर्गः ३७—विस्तरेण कार्तिकेयोत्पत्त्यादिवर्णनम् ।

सर्गः ३८—विश्वामित्रस्य रामं प्रत्युक्तिः । पौर्वकालिकायोध्यापतिसगरस्योपाख्यानम् ।

सर्गः ३९—रामस्य सगरकथाश्रवण उत्कटेच्छावर्णनम् । सगरस्य तनयोत्पत्तिः । विश्वामित्रस्तद्यज्ञवर्णनं च विस्तरेण करोति ।

सर्गः ४०—यज्ञियाश्वस्य राक्षसीं तनुमास्थाय वासवेनापहरणम् । अश्वविचयव्यग्रैः षष्ट्या पुत्रसहस्रेणोर्व्याः खननम् । तेषां दिशागजदर्शनम्, अन्ते च कपिलदर्शनम् । तन्निकटे चरतो हयस्य लाभः । ततः कपिलहुंकारेण सगरस्य षष्टिपुत्रसहस्राणां भस्मावशेषत्वकथनम् ।

सर्गः ४१—ततः सगराज्ञया तन्नप्तुरंशुमतोऽसमञ्जसुतस्य स्वपितॄणां (पितृव्याणां) मार्गणार्थं पितृभिः खातेनान्तर्भौममार्गेण प्रक्रमणम् । प्रस्थितस्यांशुमतो भस्मराशित्वमापन्नानां पितॄणां निकटे चरन्तमश्वं दृष्ट्वा तत्रैव विरामः । स च शोकाकुलहृदयो यावत्पश्यति तावद्वैनतेयेनोपाख्यातम् 'अस्मिञ्जलाशये कपिलदग्धानामेषां सलिलक्रियां मा कृथाः, किं तु हिमवतः सुतायां गङ्गायां कुरु । तेन च तेषां स्वर्गप्राप्तिः' इति । अथ 'इममश्वं गृहीत्वा गच्छ' इति तेनाज्ञप्तः सोंऽशुमान्राजानमासाद्य पितृव्यवृत्तं न्यवेदयत् । सगरस्य यज्ञपरिसमाप्तिः । ततः सगरस्त्रिंशद्वर्षसहस्राणि राज्यं कृत्वा दिवं गतः ।

सर्गः ४२—ततः पश्चादंशुमतो राजपदप्राप्तिः । तस्य दिलीप इति पुत्रः । तस्मै राज्यं दत्त्वा हिमवच्छिखरे गत्वा तपोनुष्ठानेन दिवं गतः । तस्मिन्गते दिलीपो यज्ञैर्बहुभिरिष्ट्वा स्वात्मजाय भगीरथाय राज्यं दत्त्वा दिवं गतः । तस्मिन्गते भगीरथस्त्वनपत्यत्वात्परमखिन्नस्तीव्रं तपस्तेपे । तेन प्रसन्नो भगवान्ब्रह्मा 'वरं ब्रूहि' इत्यवोचत् । सोपि 'मत्तः सगरस्यात्मजाः सलिलमाप्नुयुः' इति प्रार्थितवान् । ततो भगवताज्ञप्तम् 'एवं भवतु, भद्रं ते । परं हरमन्तराकाशाद्गङ्गायाः पतनमेकोऽपि धारयितुं न सहिष्यते, तस्माद्धर एव योजनीयः' इति ।

सर्गः ४३—शिवस्योपासना । वत्सरेण शिवस्य प्रसादः । 'गङ्गां शिरसा धारयामि' इत्यवोचद्राजानं प्रीतः शिवः । शिवशिरसि गङ्गायाः पतनम् । तस्याः 'शंकरं गृहीत्वा पातालं विशामि' इत्यवलेपः । तां तिरोभावयितुं शिवस्य बुद्धिः । ततस्तस्या वक्रीभवनं हरजटाटव्याम् । अथ तस्या निर्गममपश्यन्पुनश्च भगीरथः शिवमुद्दिश्य परमं तप आस्थितः । ततस्तुष्टो हरस्तां बिन्दुसरसि विससर्ज । ततः सप्तस्रोतसामुत्पत्तिः । ततो जह्नोर्यज्ञवाटस्थानं संप्लावयामास गङ्गा । तेन च क्रुद्धो जह्नुस्तामपिबत् । ततः प्रार्थितो जह्नुस्तां श्रोत्राभ्यां व्यसृजत् ।

च । उपाध्यायानुमत्याश्वमार्गणेऽम्बरीषगमनम् । एतस्मिन्समये ऋचीकसंदर्शनम् । तन्निकटे 'पशोरभावे पुत्रं देहि' इति कृताया अम्बरीषप्रार्थनाया वर्णनम् । अथ मध्यमपुत्रं शुनःशेपं गृहीत्वा निष्कान्तोऽम्बरीषः ।

सर्गः ६२—शुनःशेपः पुष्करं तीर्थमासाद्य तत्रस्थं विश्वामित्रं प्रार्थितवान् । ततो विश्वामित्रस्य सम्यगुक्त्या शुनःशेपस्य दीर्घायुःप्राप्तिः । अम्बरीषयज्ञसिद्धे रक्षणं च ।

सर्गः ६३—तपस्यतो विश्वामित्रस्य मेनकानामाप्सरसः संदर्शनम् । दशवर्षपर्यन्तं तया सह वासः । पुनश्च पश्चात्तापयुतस्य तस्य घोरतपोनुष्ठानम् । ब्रह्मणः सकाशाद्वरप्राप्तिः । इच्छितवराप्राप्त्या विश्वामित्रस्य पुनरनुष्ठाने प्रवृत्तिः ।

सर्गः ६४—'तपस्यन्तं विश्वामित्रं तपसश्चालय' इतीन्द्राज्ञया तन्निकटेऽप्सरोगमनम् । तस्याश्च विश्वामित्रात् 'त्वं शैलप्रतिमा वर्षसहस्रपर्यन्तं भव' इति शापः, 'वसिष्ठान्मुक्तिमवाप्स्यसि' इति शापोद्धारश्च ।

सर्गः ६५—पुनश्चात्युग्रतपसा विश्वामित्रस्य ब्रह्मर्षिपदावाप्तिश्च । एतावच्छतानन्दकृतं विश्वामित्रवर्णनम् । विश्वामित्रान्तिके जनकस्य यजनार्थं याचनम् ।

सर्गः ६६—जनकसमीपे रामागमनहेतु(धनुर्दर्शन)-कथनम् । शिवधनुषः पौर्वापर्यकथनं जनककृतम् । सीतायाः क्षेत्रात्प्राप्तिः । ऊर्मिलायाश्चोत्पत्तिवर्णनम् । 'यः कोऽपि धनुष आरोपणं कुर्यात्तस्मै सीतां दद्याम्' इति जनकपणः ।

सर्गः ६७—विश्वामित्रेण प्रोत्साहितो रामस्तल्लीलयैव बभञ्ज । तेन परमसंतुष्टस्य जनकस्य विश्वामित्रं प्रति 'सीतां ददामि रामाय, अयोध्यां दूतं प्रेषय' इति भाषणम् ।

सर्गः ६८—दशरथसमीपे जातवृत्तान्तस्य दूतमुखेन कथनम् ।

सर्गः ६९—जनकदशरथयोर्ग्रन्थिपतनाज्जातानन्दवृत्तकथनम् ।

सर्गः ७०—जनकाज्ञया भ्रातुः कुशध्वजस्याह्वानम् । दशरथागमाय मन्त्रिप्रेषणम् । ततः कालेन दशरथस्य सर्षिसङ्घस्यागमनम् । तत्र वसिष्ठकृतं दशरथवंशावलिप्रकथनम् । 'रामलक्ष्मणाभ्यां त्वत्सुते दातुमर्हसि' इति वसिष्ठवाक्यम् ।

सर्गः ७१—जनककृतं स्वकुलवर्णनम् । सीता भार्या भवत्वेतदर्थं सुधन्वना कृतं धनुःप्रेषणम्, सीतायाश्च मार्गणम् । सुधन्वना सह जनकयुद्धम् । तत्र सुधन्वनोऽपजयः । इति पूर्व(वृत)कथावर्णनम् ।

सर्गः ७२—जनकविश्वामित्रसंवादः । आश्वलायनकारिकोक्तं जनककृतं गोदानम् ।

सर्गः ७३—रामचन्द्रादीनां चतुर्णां जनकराज्ये विवाहाः, विवाहमहोत्सववर्णनं च ।

सर्गः ७४—रामादीनां विवाहोत्तरं विश्वामित्रस्योत्तरपर्वते गमनम् । जनककृतं दानवर्णनम् । गच्छतो दशरथस्य भाव्यनर्थसूचकं पक्षिवचःश्रवणम् । ततोऽग्रे भीमसंकाशस्य भार्गवस्य दर्शनम् ।

सर्गः ७५—'हे राम, जामदग्न्यस्यैतद्वैष्णवं महद्धनुर्गृह्णीष्व, शरं चास्मिन्योजयस्व' इति रामं प्रति भार्गवस्य सदर्पोक्तिः । तदन्तिके दशरथस्य बालाभयदानप्रार्थना । भार्गवकृतं शिवधनुषो विष्णुधनुषश्चैश्वर्यज्ञापनम् ।

सर्गः ७६—भार्गवदर्शनार्थं रामस्य शरसंधानम् । 'जमदग्निपुत्रत्वेन ब्राह्मणत्वाद्वधानर्हः' इति रामस्य भाषणप्रकारः । 'इमां शक्तिं पश्य' इति परशुरामाय रामस्य निवेदनम् । धनुर्ग्रहणम्, शरसंधानं च । रामस्य शरक्षेपणात्परशुरामस्य लोकहननम् । दशरथस्य महान्संतोषः ।

सर्गः ७७—रामचन्द्रसहितानां सर्वेषां सदाराणां स्वस्थान आगमनम् । दशरथागमे नागरिकाणामानन्दवर्णनम् । भरतशत्रुघ्नयोर्मातुलस्य युधाजितो नगरे गमनम् ।

अयोध्याकाण्डम् ।

सर्गः १—श्रीरामचन्द्रस्य गुणानुवादकथनम् । 'मयि जीवति राममभिषिक्तं कदा द्रक्ष्यामि' इति दशरथमनोव्यापारप्रवृत्तिः ।

सर्गः २—राज्ञो दशरथस्य रामं यौवराज्यदानेच्छाविषयको मन्त्रिभिः सह संवादः ।

सर्गः ३—रामस्य यौवराज्याभिषेकार्थं सर्वानुमतिः । राज्याभिषेकार्थमावश्यकोपकरणानां संग्रहे दशरथाज्ञा ।

सर्गः ४—दशरथस्य रामं प्रति प्रजापालनार्थमुपदेशः । दशरथस्य भाव्यनर्थसूचकनिमित्तदर्शनम् । देवतागारे रामस्य कौसल्यया सहाभिषेकविषयकः संवादः । रामं प्रति कौसल्यायाः 'चिरं जीव' इत्याद्याशीः ।

सर्गः ५—रामस्य सीतया सह यथोक्तोपवासकरणे वसिष्ठानुज्ञा ।

सर्गः ६—रामाभिषेककल्पसुपर्वोत्सवनिमित्तमयोध्यायां जनकृतं ध्वजारोपणम्, दीपोत्साहवर्णनं च ।

सर्गः ७—कैकेय्या मातृकुलदास्याः कस्याश्चिन्मन्थरानाम्न्यास्तन्निकट आगत्य तस्याः कोपवृद्ध्यर्थं 'राजा दशरथो रामं राज्येऽभिषेक्ष्यति' इति वचनम् ।

सर्गः ८—'रामस्य ज्येष्ठत्वाद्युक्त एव राज्याभिषेकः' इति मनस्यानीय कैकेय्या 'रामस्याभिषेको मेऽतीव प्रियः, रामे वा भरते वाहं विशेषं नोपलक्षये' इत्युक्त्वा मन्थरामनर्थदर्शिनीं 'किमिदमकारणे प्रलपसि' इति भर्त्सनम् । अथ च 'बालिशे, शोचितव्ये हृष्यसि । तद्भरतस्य राज्यमपरस्य विवासनमस्तु' इति बोधनं मन्थरायाः कैकेयीं प्रति । बहुविधालापैर्मन्थरासंचोदितायाः कैकेय्याः 'रामं वनं प्रस्थापयामि, भरतं च यौवराज्येऽभिषेचये' इति निश्चयः ।

सर्गः ९—उपायचिन्ताव्यग्रायाः कैकेय्याः 'देवासुरयुद्धे द्वौ वरौ ते दशरथो ददौ' इति तया स्मारणम् । अथ च 'भरतस्याभिषेचनं रामस्य चतुर्दशवर्षाणि विवासनं भवत्विति भर्तारं दशरथं याचस्व' एवंरीत्या तयैव बोधिता कैकेयी ।

सर्गः १०—मन्थरोक्तवृत्त्या कैकेय्या आचरणम् । अवस्थायामीदृश्यां सत्यां कैकेय्यां दशरथस्य प्रार्थनासक्तत्वम् ।

सर्गः ११—कैकेयी भर्तारं दशरथं प्राह—'देवासुरयुद्धे द्वौ वरौ दत्तौ, निक्षेपभूतयोस्तयोः कालोऽयमागतः । तस्मान्मे पुत्रो यौवराज्ये भरतोऽभिषिच्यताम्, अयमेकः, अपरश्च चतुर्दशवर्षाणि रामस्य विवासनमस्तु' इति ।

सर्गः १२—दशरथस्य कैकेय्या सह संवादः ।

सर्गः १३—'रामस्य विवासनमस्तु' इति कैकेय्या वचःश्रवणेन जाताया दशरथावस्थाया वर्णनम् ।

सर्गः १४—पूर्वसंकेतानुसारेण सामग्र्या युक्तस्य वसिष्ठस्य राजपुरोहितानां च दशरथद्वार्यागमनम् । सुमन्त्रकृतः प्रभातवेलायां राज्ञः प्रतिबोधः । 'राममाश्वानय इति' तस्याज्ञा ।

सर्गः १५-१७—सुमन्त्रस्य रामवेश्मगमनम् । तद्वर्णनम् । स्वविभवानुसारेण रथमारुह्य रामस्य पितुर्दशरथस्यान्तिक आगमनम् ।

सर्गः १८—विषण्णवदनं पितरं दशरथमासने दृष्ट्वापूर्वेऽप्यचकितस्य रामस्य सांशयिकत्वम् ।

सर्गः १९—रामस्य कैकेय्या सह राज्ञोऽवस्थाविषयकः संवादः । तत्कृतं कारणाविष्करणम् । कैकेय्या वचनं श्रुत्वा व्यथितस्य रामस्य 'एवमस्तु । भरतं मातुलकुलान्नृपशासनाद्यैवानाय्य दण्डकारण्यमेषोऽहं गच्छामि' इत्युक्त्वा मातुः कौसल्यायाः समीपे गमनम् ।

सर्गः २०—'मातः, अद्यैव वनं गच्छामि' इति रामवाक्यश्रवणोत्तरं कौसल्याया विह्वलावस्थाया वर्णनम् ।

सर्गः २१—मातुः समीपे 'सर्वांस्तांश्च वधिष्यामि' इति रामाभिषेकार्थं लक्ष्मणस्य क्रोधाविष्टस्य वीर्योक्तिः । 'सर्वथा पितृशासनानुरोधेन वर्तनं युक्तम्' इति रामस्याभिप्रायप्रकटनम् । लक्ष्मणस्य रामकृतो बोधः । 'मां हित्वा वनं मा गच्छ' इति रामं प्रति कौसल्यावचनम् ।

सर्गः २२—रामो दैवप्रभावं वर्णयति ।

सर्गः २३—रामस्य लक्ष्मणेन साकं संवादः ।

सर्गः २४—रामस्य 'पतिसेवां कुरु' इति कौसल्यां प्रत्युपदेशः ।

सर्गः २५—कौसल्यया कृता या वनगमनोत्सुकस्य रामस्य स्वस्त्ययनक्रिया, 'यथासुखं गच्छ, देवताः स्वस्ति करिष्यन्ति' इत्याशीश्च कौसल्यायाः ।

सर्गः २६—रामः सीताभवनं प्राप्य तत्र तामुपदिशति ।

सर्गः २७—वनगमन उद्युक्तायाः सीताया भाषणम् ।

सर्गः २८—'वनवासकृता बुद्धिस्त्यज्यताम्' इति सीतां प्रति रामस्योपदेशः ।

सर्गः २९—सान्त्वयन्तं काकुत्स्थमनादृत्य 'त्वया सह गुरुजनाज्ञया मया वने गन्तव्यम्' इति सीताभाषणम् ।

सर्गः ३०—सीतायाः शोकवृत्तिः, वनगमने रामानुकूल्यं च ।

सर्गः ३१—कौसल्यागृहादागत्य लक्ष्मणो रामं प्रति 'अहं त्वानुगमिष्यामि' इति ब्रवीति । तयोश्च संवादः ।

सर्गः ३२—लक्ष्मणागमनम् । नयोर्दानप्रकारः ।

सर्गः ३३—वनगमनोद्यतं रामं दृष्ट्वा जनताखेदः । पितृसद्मनि गमनार्थं सुमन्त्रमुखेन प्रथमं संदेशप्रेषणं रामस्य ।

सर्गः ३४—वनप्रस्थितस्य रामस्य दशरथेन साकं संवादः ।

सर्गः ३५—सुमन्त्रकृतं तीक्ष्णैर्वाक्यैः सान्त्वैश्च कैकेय्या राजसंसदि संक्षोभणम् । तस्या अक्षोभणम्, विक्रियाभावश्च ।

सर्गः ३६—दशरथस्य सुमन्त्रं प्रति समाज्ञापनम् 'राघवस्यानुयात्रार्थं क्षिप्रं चतुर्विधबला चमूः प्रेषणीया' इति । दशरथस्य कैकेय्या सह संवादः । क्रुद्धा कैकेयी सगरपुत्रस्यासमञ्जस्य कथां ख्याति । तत्र स्थितस्य महामात्रस्य सिद्धार्थस्य वृद्धस्य कैकेय्या उपदेशः ।

सर्गः ३७—गच्छतो रामस्य 'फलाद्यानयनहिते खनित्रपिटके चोभे समानयत' इति भाषिते कैकेय्यानीतानां चीराणां परिधानम् । अन्तःपुरनारीणां संवादाः, विलापाश्च । गुरोर्वसिष्ठस्य 'सीतायाश्चीरधारिण्या वनगमनमनुचितम्' इत्युक्तिः । चीरपरिधाननिषेधश्च ।

सर्गः ३८—वनसंप्रस्थितस्य रामस्य पितरं 'मयि वनस्थे मन्माता शोककर्शिता यथा न स्यात्तथा कुरु' इति प्रार्थना ।

सर्गः ३९—तादृगवस्थापन्नं गच्छन्तं रामं दृष्ट्वा दशरथवृत्तिः ।

सर्गः ४०—रामस्य ससीतस्य सलक्ष्मणस्य सर्वान्नमस्कृत्य प्रस्थानम् । वन्दमानं सौमित्रिं सुमित्रायाः 'रामे कपटपटुर्मा भव । मातृपितृवत्तत्सेवानुचरो भव' इत्याद्युपदेशः । 'सूत, वाजिनां रश्मीन्संयच्छ वयं दुर्दर्शं राममुखं द्रक्ष्यामः' इति जनवाक्यम् । रथारूढं गच्छन्तं तं भ्रात्रा सह सभार्यं रामं दृष्ट्वा पृष्ठतो जनाक्रोशः ।

सर्गः ४१—रामे निष्क्रामति सति नागरिकजनशोकवर्णनम् ।

सर्गः ४२—रामे निवृत्ते दशरथस्य कैकेयीं क्रोधोक्तिः । 'मां कौसल्यामन्दिरं नय' इत्यभ्यर्थना ।

सर्गः ४३—कौसल्याया दशरथान्तिके रामस्मरणरूपाक्रोशः ।

सर्गः ४४—दशरथकृतं शोकाकुलायाः कौसल्यायाः सान्त्वनम् ।

सर्गः ४५—रामं प्रयान्तं दृष्ट्वा केषांचिन्मानवानामनुगमनम् । रामेण 'या मयि प्रीतिः सा भरते विधीयताम्' इति वाक्यैः सर्वेषां समाधानम् । गच्छतो रामस्य ब्राह्मणानामाशिषः ।

२

सर्गः ४६—ततस्तेषां (रामलक्ष्मणसीतानां) प्रकृत्यविदितं संसुप्तांस्तान्विहाय तमसातीरगमनम् । तत्रैव निशि स्थितिः । प्रभाते ततो गमनं च ।

सर्गः ४७—राघवेण विनाकृतानां शोकोपहतानां तेषां जनानां यथागतेनैव मार्गेणायोध्यां प्रत्यागमनम् ।

सर्गः ४८—शोकपूरितायोध्याया वर्णनम् । प्रकृतिकृता दशरथनिन्दा ।

सर्गः ४९—कोसलानतिक्रम्य वेदश्रुतिं स्यन्दिकादीन्नदीश्चातिक्रम्य मनुना राज्ञ इक्ष्वाकवे दत्तां महीं वैदेहीं निवेद्य रामस्याग्रे गमनम् ।

सर्गः ५०—ततो गङ्गां चातिक्रम्य राघवस्य शृङ्गवेरपुरे गमनम् । तत्र च गुहदर्शनम् । तत्कृतातिथ्यसत्कारवर्णनम् । इङ्गुदीपादपकथा ।

सर्गः ५१—गुहं प्रति लक्ष्मणस्य स्वजागरणकारणनिवेदनम् ।

सर्गः ५२—'सुमन्त्र, याहि शीघ्रम् । राज्ञः सकाशेऽप्रमत्तो भव' इति रामेण निवर्त्यमानस्य प्रतिबोधितस्य सुमन्त्रस्य भाषणम्—'विनारामं रथं दृष्ट्वा विदीर्येतापि सा पुरी, अतोऽयोध्यां गन्तुं न मेऽस्ति मनः । अपरं मम याचमानस्य त्यागं करिष्यसि चेदग्निं प्रवेक्ष्यामि ।' इति बहुप्रकारयुक्तं सूतवचनं श्रुत्वा 'सुमन्त्र, मम प्रियार्थं राज्ञश्च, त्वं पुरीं व्रज । मत्संदिष्टार्थान्ब्रूयाश्च' इति सुमन्त्रविसर्जनम् । रामस्य जटाधारणम् । नावमारुह्य पश्चिमतीरगमनम् ।

सर्गः ५३—रामस्य लक्ष्मणेन साकं संवादः । रामस्य 'मातृशोकोन्मूलनाय त्वं गच्छ' इति लक्ष्मणप्रोत्साहनम्, तद्विषये लक्ष्मणस्य विज्ञापनं च ।

सर्गः ५४—गच्छतां तेषां गङ्गायमुनयोः संभेदतीरे भरद्वाजाश्रमदर्शनम्, तेन साकं संवादश्च । 'चित्रकूटपर्वते सुखेन याहि' इति भरद्वाजोक्तिः ।

सर्गः ५५—ततस्तेषां कालिन्दीं तीर्त्वा न्यग्रोधमासाद्य, ततो यमुनावने गमनम् ।

सर्गः ५६—ततोऽग्रे चित्रकूटदर्शनम् । तत्रस्थवाल्मीकिदर्शनम्, कंचित्कालं तत्र वसतिश्च ।

सर्गः ५७—सुमन्त्रस्यायोध्यागमनम्, तस्य राजगृहे प्रवेशश्च । कौसल्यादीनां शोकवर्णनम् ।

सर्गः ५८—राजा दशरथः सूतम् 'कथं गतः कुमारो वैदेह्या साकम्' इति पप्रच्छ । सूतकृतं रामादीनां संदेशनिवेदनम् ।

सर्गः ५९—सूतसंमुखस्य राज्ञो दशरथस्य रामहेतोर्विलापः ।

सर्गः ६०—सशोकायाः कौसल्यायाः 'दण्डकां मामपि नय' इति सूतप्रार्थना । तेनापि सुयुक्तवादिना सूतेन बहुविधैर्वचनप्रकारैर्निवार्यमाणायाः कौसल्यायाः 'पुत्र पुत्र' इति चाक्रोशः ।

सर्गः ६१—पुत्रविरहात्क्रोधयुतायाः कौसल्याया दशरथेन सह संवादः ।

सर्गः ६२—कौसल्यायाः परुषवाक्येन वपेमानो दशरथः कृताञ्जलिः सन्कौसल्यानिकटे पतितस्तद्वर्णनम् । ईदृगवस्थापन्नं दशरथं दृष्ट्वा कौसल्याया अपि 'पुत्रशोकान्मया यद्भाषितं तत्क्षन्तव्यम्' इति प्रेमवाक्येन पूरणम् ।

सर्गः ६३-६४—राजा दशरथः स्वाचरितपूर्ववृत्तमनुस्मरन्सरय्वास्तीरे श्रावणमुनिवधसंबन्धिनीमाद्यन्तयुतां कथां कौसल्यायै निवेद्य तत्पित्रा दत्तं शापम् 'पुत्रव्यसनजं दुःखं यदेतन्मम सांप्रतम् । एवं त्वं पुत्रशोकेन राजन्कालं करिष्यसि' इति कथयति । बहुवारं विलप्य चान्ते कौसल्यायाः सुमित्रायाश्च संनिधौ दशरथस्य जीवितान्तः ।

सर्गः ६५—दशरथे पञ्चत्वं गते तत्स्त्रीणां शोकः ।

सर्गः ६६—सपत्नीनां तासां कौसल्यादीनां शोकसंवादाः । पञ्चत्वमापन्नस्य दशरथस्य शरीरस्य तैलकटाहे निक्षेपणम् ।

सर्गः ६७—सहामात्यैर्द्विजानां राजपुरोहितं वसिष्ठं प्रति 'तत्कुलजः कश्चिद्राजा विधीयताम्, नो चेदराजकस्य सर्वथा नाशप्रसङ्गः' इत्युक्तः ।

सर्गः ६८—वसिष्ठानुदेशेन भरताय मातुलगृहे निवसते दूतसंचोदनम् ।

सर्गः ६९—तत्र देशे भरतस्य दुःस्वप्नदर्शनवृत्तान्तः ।

सर्गः ७०—दूतस्य भरतेन सह केकयराजगृहे संवादः । रथनागाश्वयुतस्य भरतस्य मातुलगृहान्निष्क्रमणम् ।

सर्गः ७१—मातामहगृहान्निष्क्रान्तस्य भरतस्य शून्याया अयोध्याया अग्रतो दर्शनेन मनसो दुःखोत्पादनम् । भरतस्य पितुर्वेश्मनि प्रवेशः ।

सर्गः ७२—भरतमङ्कमारोप्य माता कैकेयी दशरथमरणनिदानं पश्चिमसंदेशं रामविवासनमित्यादि स्वाचरणं चेतदित्याख्याति, राजलक्ष्मीकारमुपदिशति च ।

सर्गः ७३—कैकेयीवाक्यादभिसंतप्तो भरतः 'किमिदमकार्यं कृतम्' इत्यादिवाक्यैस्तां निर्भर्त्सयति । पितृभ्रातृशोकाकुलस्य भरतस्य शोकः ।

सर्गः ७४—भरतकृतं कैकेय्या भर्त्सनम् ।

सर्गः ७५—भरतशब्दमाज्ञाय तत्समीपे कौसल्याया आगमनम्, तया सह तस्य संवादश्च ।

सर्गः ७६-७७—परलोकनवप्रवासिनो दशरथस्य वसिष्ठाज्ञया भरतेन कृतमन्त्यमण्डनम् ।

सर्गः ७८—भरतनिकटे मन्थराया आगमनम्, शत्रुघ्नाज्ञया तस्या बन्धनं च ।

सर्गः ७९—पितृमरणाच्चतुर्दशे दिवसे मन्त्रिणां भरतम् 'त्वमस्माकं राजा भव' इति वचनम् । भरतस्यापि तान्प्रति

'रामः पूर्वो हि मे भ्राता भविष्यति महीपतिः' इति विनयपूर्वकं भाषणम् ।

सर्गः ८०—अयोध्यामार्गस्थितिवर्णनम् ।

सर्गः ८१—रामप्रव्राजनाद्भरतस्य शोकः । वसिष्ठागमनम्, तेन संसदि सर्वेषामाह्वानं च ।

सर्गः ८२—पुरोहितस्य वसिष्ठस्य भरतं प्रति राज्यसूत्रचालन उपदेशः । वनस्थरामानयनार्थं राजपददानार्थं च भरतस्य संभाराः ।

सर्गः ८३—रामानयनाय यातस्य भरतस्य शृङ्गवेरपुरे वसतिः ।

सर्गः ८४—शृङ्गवेरपुरस्थस्य निषादाधिपतेर्गुहस्य भरतागमनेन सांशयिकत्वम्, उभयोर्भरतगुहयोर्मैत्रिश्च । भरतभावनिश्चयः ।

सर्गः ८५—भरतो 'भरद्वाजाश्रमस्य कः पन्थाः' इति गुहं पृच्छति । भरतस्य गुहेन सह संवादः ।

सर्गः ८६—'इतो भागीरथीतीरे रामलक्ष्मणौ गतौ' इति भरताय निवेदनं निषादाधिपतेर्गुहस्य ।

सर्गः ८७—गुहो भरतसमीपे रामलक्ष्मणाचरणस्य विशेषवर्णनं कृतवान् ।

सर्गः ८८—रामचरितश्रवणचकितस्य भरतस्य स्वगतभाषितम् ।

सर्गः ८९—भरतादीनां प्रयागवने गमनम् ।

सर्गः ९०—वसिष्ठादिसहितस्य भरतस्य भरद्वाजदर्शनम् । तेन सह संवादः, चित्रकूटे रामोऽस्तीति ज्ञानं च ।

सर्गः ९१—भरद्वाजाश्रमीयमातिथ्यवर्णनम् ।

सर्गः ९२—भरद्वाजस्य भरतेन सह संवादः । भरतो भरद्वाजं नमस्कृत्य प्रयाणं कृतवान् ।

सर्गः ९३—चित्रकूटसमीपवाहिन्या मन्दाकिन्यास्तटे भरतेन सैन्यस्थापनम्, स्वस्य रामाश्रमान्निर्गतधूमदर्शनेन धूमाग्रे गमन च

सर्गः ९४—चित्रकूटे स्थितस्य रामस्य सीतया सह संवादः ।

सर्गः ९५—चित्रकूटान्निष्क्रम्य रामः 'शुभजलां मन्दाकिनीं पश्य' इत्यब्रवीत्सीताम् । अथ च तत्र तेषां संचारः । रामेणामोघैषिकास्त्रशक्तिक्रियाद्वारा हारान्तरचरस्य काकस्यैकाक्षहीनत्वम् ।

सर्गः ९६—दूरतो भरतसैन्यं दृष्ट्वा रामलक्ष्मणयोः संवादः । रामाय भरतवधे लक्ष्मणानुमतिः ।

सर्गः ९७—भरतादीन्दृष्ट्वा संशयापन्नयो रामलक्ष्मणयोः संवादः ।

सर्गः ९८—चित्रकूटप्रान्तभागप्राप्तयोर्भरतशत्रुघ्नयोः संवादः । भरतः पद्भ्यां वनं प्रविश्य रामाश्रमगतस्याभेर्ध्वजं दृष्ट्वा तत्रैव गमनं कृतवान् ।

सर्गः ९९—दर्भसंस्थिते स्थण्डिले सीतया लक्ष्मणेन च सहोपविष्टं रामं दृष्ट्वा 'हा आर्य' इत्युक्त्वा भरतविलापः, भूमौ पतनं च ।

सर्गः १००—विवर्णवदनं भ्रातरं दृष्ट्वा पाणिनाङ्के भरतमारोप्य रामो बहुभिर्वाक्यैः सादरं भाषणं कृतवान् ।

सर्गः १०१—रामो भरतम् 'वनागमे को हेतुः' इति लक्ष्मणेन सह प्रष्टुं समुत्थितः । 'आर्य, पुत्रशोकाभिपीडितो दशरथः स्वर्गं गतः । अतोऽद्यैव तत्स्थाने त्वमसि' इत्युक्त्वा भरतो रामस्य शिरसा पादग्रहणं कृतवान् । रामस्य भ्रातरं भरतं परिष्वज्य 'पित्रा दत्तं विभागमुपभोक्तुं त्वमर्हसि' इति वाक्यम् ।

सर्गः १०२—रामस्य वचनं श्रुत्वा भरतो ज्येष्ठे पुत्रे स्थिते कनीयान्नृपो न भवेदिति परिवेत्तृत्वदोषं परिहर्तुमना रामं प्रति शाश्वतधर्मोपादानं कृतवान् । भरतस्य रामाभिषेचनेऽत्याग्रहः । अथ च 'पितुः सलिलक्रियां कुरु' इति रामं प्रति भरतभाषणम् ।

सर्गः १०३—पितृमरणाद्रामस्य लक्ष्मणस्य सीतायाश्च शोकोत्पादनम् ।

सर्गः १०४—कौसल्यादीनां सपत्नीनां तासां मिथः संभाषणम् ।

सर्गः १०५—भरतो रामं 'मम दत्तं राज्यं तवैवास्तु' इति कथयामास ।

सर्गः १०६—'अभिषिक्तस्त्वमस्माभिरयोध्यापालने व्रज' इति भरतस्य वारंवारं रामं प्रति प्रार्थना ।

सर्गः १०७—'भरत, तव जनन्यै राजा दशरथो देवासुरयुद्धे द्वौ वरौ ददौ । तौ चेदानीमीदृग्रीत्या कैकेय्या गृहीतौ । यथा भरतस्य राज्यम् रामस्य विवासनं च । तस्मात्पितरं सत्यवादिनं कर्तुं तदुपदिष्टमार्गेण वर्तनं कुरु' इति रामस्य सूचनम् ।

सर्गः १०८—ब्राह्मणोत्तमो जाबालिस्तं रामम् 'भरतेन प्रसादितस्त्वं राज्यं निगृह्णीष्व' इत्युक्तवान् ।

सर्गः १०९—रामो जाबालिं सान्त्वयित्वा 'मातृपितृनिर्देशादहं यत्करोमि तत्सम्यगेव । इतो गत्वायोध्यायां भ्रष्टप्रतिज्ञेन कथं भाव्यम्' इति गदितवान् ।

सर्गः ११०—दशरथवंशावलिं कथयित्वा 'अग्रे ज्येष्ठत्वात्त्वमेव राज्याधिकारीति कृत्वा राज्यं गृहाण' इति वसिष्ठसूचनम् ।

सर्गः १११—वसिष्ठस्य पुनरपि रामम् 'अहं ते गुरुरिति कृत्वा मदुक्तं स्वीकुरु' इति कथनम् । रामस्य भरतस्य च संवादः ।

सर्गः ११२—भरतेनार्थितो रामस्तं वदति—'लक्ष्मीश्चन्द्रादपेयाद्वा, सागरो वेलां त्यजेद्वा, परमहं पितुः प्रतिज्ञा न

त्यजेयम्' । भरतो रामपादुके गृहीत्वा 'तवागमनमाकाङ्क्षन्नगराद्बहिर्वसामि' इत्युक्त्वा गमने बुद्धिं कृतवान् ।

सर्गः ११३—भरतो गच्छन्भरद्वाजं जातवृत्तान्तं कथयति ।

सर्गः ११४—भरतस्यायोध्यायामागमनम् । नरेन्द्रहीनामयोध्यां दृष्ट्वा सुदुःखितस्य भरतस्य बाष्पमोचनम् ।

सर्गः ११५—ततो भरतस्य रामपादुके शिरस्यादाय नन्दिग्रामे वासः ।

सर्गः ११६—भरद्वाजाश्रमस्थर्षिभिः साकं शङ्कितस्य रामस्य संवादः ।

सर्गः ११७—रामेणर्षीणामाकुलत्वदर्शनम् । कुलपतिना कृतं खरसंत्रासवर्णनम् । रामस्यात्रेराश्रमे निवासः । तत्रानसूयया सह सीतायाश्च संवादः ।

सर्गः ११८—सीतायाः स्ववृत्तान्तस्यानसूयां प्रति कथनम् ।

सर्गः ११९—अनसूयाप्रणामपूर्वकं सीतायाः स्वस्थान आगमनम्, रामेण सह संवादः । रामलक्ष्मणयोर्ऋषिभिः सह संवादः । सभार्यस्य रामस्य नानारूपैः पुरुषादं राक्षसैः समभिप्लुते दण्डकावने प्रवेशः ।

अरण्यकाण्डम् ।

सर्गः १—दण्डकारण्ये प्राप्तं रामं दृष्ट्वा तत्रस्थसर्वर्षिभिः सलक्ष्मणस्य तस्य यथोचितं पूजनमातिथ्यं च । 'वनस्थोऽपि त्वमस्माकं राजा, अतोऽत्रभवता वयं रक्ष्याः' इति रामं प्रति सर्वर्षीणां विज्ञापनम् ।

सर्गः २—प्रभातकाले सर्वानृषीनामन्त्र्य लक्ष्मणानुचरस्य रामस्य वनमध्यगमनम् । तत्र भासुरस्य विराधाख्यस्य राक्षसस्य दर्शनम् । विराधेनाप्यागत्याङ्केन सीतामादाय 'कौ युवां चीरजटाधरौ' इति कृता सलक्ष्मणं रामं प्रति पृच्छा । विराधाङ्कगतां सीतां दृष्ट्वा रामस्य विषादः, लक्ष्मणं प्रति तदुक्तिश्च । 'पूर्वं राज्यकामे भरते मम यः क्रोधः समुत्पन्नस्तमिदानीं विराधे मोक्ष्ये' इति रामं लक्ष्मणोक्तिः ।

सर्गः ३—पृच्छतो विराधस्य रामेण स्वकुलकथनम् । विराधो रामं मातापित्रोः शतह्रदा, जव इति च नामनी निवेदयति रामलक्ष्मणयोर्विराधेन सार्धं युद्धप्रसङ्गः । विराधस्य तौ स्कन्धारूढौ कृत्वा पलायनम् ।

सर्गः ४—रामलक्ष्मणौ तथाविधौ ह्रियमाणौ दृष्ट्वा सीतायाः शोकः । युद्धे रामस्य जयः । विराधस्य बाहुच्छेदादि । मरणसमये विराधस्य ताभ्याम् 'तुम्बुरुरहं वैश्रवणशापादीदृगवस्थापन्नस्त्वत्कृताद्धननात्स्वर्गं गमिष्यामीति निबोधयत' इति वचः । शस्त्रकृतवधस्यासंभवाद्विराधस्यावटे स्थापनम् । 'एतस्मात्स्थलादध्यर्धयोजने शरभङ्गो वसति' इति विराधकृतं सूचनम् ।

सर्गः ५—शरभङ्गेण सह जातस्य वासवसंवादस्य कथा । शरभङ्गाश्रमं रामो गत्वा वासवागमनस्य हेतुं पृच्छति । शरभङ्गस्याग्निप्रवेशः ।

सर्गः ६—शरभङ्गे दिवं याति तत्रागतानेकसंघैः 'वयं राक्षसेभ्यो रक्ष्याः' इति प्रार्थितो रामस्तान्वरदानेन तोषयति ।

सर्गः ७—रामस्य सुतीक्ष्णस्याश्रमे गमनम्, तेन सह संवादश्च ।

सर्गः ८—अरण्यदर्शनार्थं ततो रामादीनां निष्क्रमणम् ।

सर्गः ९—खड्गसेवनात्कश्चिन्मुनिरपि नरके पतितः, तस्य विस्तरेण कथां कथयित्वा 'शस्त्रमुग्भव' इति रामं सीताया उक्तिः ।

सर्गः १०—'चापामोचने सर्वर्षिपरिरक्षणं मूलम्' इति सुयुक्तया वाचा सीतां सान्त्वयति रामः ।

सर्गः ११—रामादीनां धर्मभृन्नाम्नो मुनेराश्रमदर्शनम् । रामेण तत्र सरसि गीतवादित्रनिर्घोषश्रवणम् । कौतूहलान्मुनिं प्रति प्रश्नः । धर्मभृतो माण्डकर्णिवृत्तान्तवर्णनम् । सरसः पञ्चाप्सर इति नामकथनम् । रामादीनां दक्षिणारण्ये वासवर्णनम् । सुतीक्ष्णाश्रमं प्रत्यागमनम् । अगस्त्याश्रमज्ञानम्, तत्र गमनं च । वातापील्वलकथा ।

सर्गः १२—अगस्त्यदर्शनम् । अगस्त्यर्षेः सकाशाद्विष्णोरायुधप्राप्ती रामस्य ।

सर्गः १३—रामस्यागस्त्येन सह संवादः । रामस्य पञ्चवटीगमने तत्राश्रमं च विरच्यावस्थानेऽगस्त्यप्रोत्साहनम् ।

सर्गः १४—रामस्य पञ्चवट्यां गमनम् । तत्र पितृसखस्य जटायुषो दर्शनम् । जटायुः पूर्वकालीयप्रजापतिकर्दमादारभ्य संपातेः स्वस्य चोत्पत्तिपर्यन्तं यथागतं निवेदयति रामाय ।

सर्गः १५—पञ्चवटीवर्णनम् । पर्णशालाविरचनम्, वासश्च ।

सर्गः १६—हेमन्तर्तुशोभावर्णनम्, तपस्यन्तं भरतमनुस्मृत्य रामविलापश्च ।

सर्गः १७—रामादीनामन्तिके रावणस्वसुः शूर्पणखाया आगमनम् । शूर्पणखायाः स्वीयवृत्तं रामाय निवेद्य 'भार्यारूपेण मां पश्य' इति वचनम् ।

सर्गः १८—रामस्य लक्ष्मणस्य च शूर्पणखया सह संवादः । शूर्पणखायाः कर्णनासाग्रच्छेदनम् । अथ च भ्रातृ(खर)समीपे विकृतायास्तस्याः शूर्पणखाया गमनम् ।

सर्गः १९—खरस्य वीर्योच्चयः । 'केन त्वं विरूपा कृता' इति प्रश्नः । तया कृतः कर्तृनिर्देशः ।

सर्गः २०—खरानुशासनादागतानां चतुर्दशराक्षसानां रामेण सह महद्युद्धम् । तत्र राक्षसापजयः, तेषां नाशश्च ।

सर्गः २१—राक्षसहननोत्तरं खरान्तिके शूर्पणखाशोकः । 'सहबान्धवो जनस्थानादपयाहि' इति क्रोधसंदीपनार्थमुक्तिः ।

सर्गः २२—खरस्य रामेण सह युद्धाय संभारः ।

सर्गः २३—खरस्य दूषणं प्रति गर्वोक्तिः । राक्षसानां जनस्थानसमीप आगमनम् ।

सर्गः २४—रामस्य युद्धायोद्युक्तत्वम् । 'सीतां गृहीत्वा गुहामाश्रय' इति लक्ष्मणादेशः ।

सर्गः २५—रामस्य राक्षसैः साकं महद्युद्धम् । तत्र राक्षसापजयः ।

सर्गः २६—दूषणस्य चतुर्दशसहस्राणां च रक्षसां रणे मारणम् ।

सर्गः २७—रामस्य त्रिशिरसा सह युद्धम् । त्रिशिरसः पतनम् ।

सर्गः २८—खरधनुषो रामसायकैश्छेदः । हताश्वो हतसारथिश्च बभूव खरः ।

सर्गः २९—रामखरयोर्युद्धम् । तत्र खरगदात्रोटनम् ।

सर्गः ३०—रामेण खरस्य हननम्, तेन च सर्वर्षीणां संतोषः, अकम्पनेन जनस्थानान्निष्क्रम्य लङ्कायां गत्वा रावणाय जातवृत्तान्तनिवेदनम्, रामपराक्रमवर्णनं च । अकम्पनेन प्रोत्साहितस्य सीताहरणाय रावणस्य मनोव्यापारः । ताटकेयं मारीचं प्रति गमनम् । मारीचेन सह संवादः, 'रामभार्यापहरणे साचिव्यं कुरु' इति प्रार्थना च ।

सर्गः ३१—मारीचेन 'अनर्थ एषः, मा तद्व्यवसायपरो भव' इति कृतेन बोधनेन रावणस्य लङ्कानिवर्तनम् ।

सर्गः ३२—आकाशयानेनागच्छन्तं रावणं शूर्पणखा पश्यति । तद्बलपौरुषवर्णनं च करोति ।

सर्गः ३३—शूर्पणखा रावणं दृष्ट्वात्यन्तं निर्भर्त्सयति ।

सर्गः ३४—शूर्पणखायाः परुषवाक्यानि श्रुत्वा रावणस्तां पृच्छति । शूर्पणखा रामं लक्ष्मणं च वर्णयति । रामभार्यां सीतां निर्वर्ण्य तद्धरणाय रावणं प्रोत्साहयति च ।

सर्गः ३५—रथारूढस्य रावणस्य प्रस्थानम् । अनूपवर्णनम्, दिव्यन्यग्रोधकथा च । समुद्रपारे सुपर्णकृतस्य महेन्द्रभवनादमृतापहरणस्य कथावर्णनम् । पुनर्मारीचदर्शनम् ।

सर्गः ३६—रावणो मारीचं प्रति 'सीताहरणे त्वं मे सहायो भव' इति विज्ञापयति । 'सौवर्णस्त्वं मृगो भूत्वा चित्रो रजतबिन्दुभिः । सीतायाः प्रमुखे चर' इति कथयति च ।

सर्गः ३७—'सीताहरणे बुद्धिं मा कृथाः' इति मारीचो रावणं बोधयति ।

सर्गः ३८—'मद्वीतेन विश्वामित्रेण यज्ञरक्षार्थं दशरथसकाशात्समानीतोऽयं रामः । अनेन तस्य बालत्वाद्दृप्तोऽहं बाणेन ताडितः समुद्रे शतयोजने क्षिप्तः' (बाल० स० ३९) इति मारीचो रावणाय निवेदयति । 'रामविप्रियं कर्तुं सर्वथा बुद्धिं मा कृथाः' इति वारंवारं मारीचो रावणं निगदति च ।

सर्गः ३९—मारीचो रावणम् 'पूर्ववैरमनुस्मरन्मृगाकृतिस्तीक्ष्णशृङ्गोऽहं राममभ्यधावम् । तेन शराभ्यां राक्षसौ हतौ, अहं च समुत्क्रान्तः' इति पौर्वाचरणं निवेद्य 'तस्य रामस्य दाराहरणे बुद्धिं मा कृथाः' इति पुनः पुनः प्रार्थयति ।

सर्गः ४०—बहूपदिष्टोऽपि रावणो मारीचम् 'त्वं मे सहायो भव । राज्यार्धं ते दास्यामि । नो चेदद्यैव हन्मि' इत्यवोचत् ।

सर्गः ४१—मारीचः सविषादान्तःकरणः सन्निःशङ्को भूत्वा 'उपस्थितस्ते विनाशः' इति भणित्वा 'सुहृद्भिरीरितं हितमपि गतायुषो न गृह्णन्ति' इत्यब्रवीत् ।

सर्गः ४२—दण्डकावने मारीचस्य रावणस्य चागमनम् । सीतायाः प्रलोभनार्थं हेममृगरूपेणाश्रमद्वारि मारीचविचरणम् ।

सर्गः ४३—आश्रमद्वारि चरन्तं सौवर्णमृगं दृष्ट्वा सीता सलक्ष्मणं राममामन्त्रयति । तद्धननाय भर्तारं विज्ञापयति च । 'मारीचोऽयम् । मायैषा न संशयः' इति लक्ष्मणस्तां ब्रवीति । मैथिलीरक्षणार्थं लक्ष्मणस्य स्थापनम् । मृगयार्थं रामस्य गमनम् ।

सर्गः ४४—रामेण बाणेन मृगे हते म्रियमाणेन तेन रामस्येव 'हा सीते, हा लक्ष्मण' इत्याक्रोशनम् ।

सर्गः ४५—रामसदृशमार्तस्वरं श्रुत्वा सीता लक्ष्मणम् 'आक्रन्दमानं भ्रातरं त्रातुं गच्छ' इत्यब्रवीत् । लक्ष्मणस्य सीतया सह रामप्रतापविषये संवादः । सीतायाः परुषवाक्यालक्ष्मणस्य निष्क्रमणम्, तस्या रामस्य व्यसनमुद्भाव्य शोकश्च ।

सर्गः ४६—परिव्राजकरूपेण दशग्रीवागमनम् । भिक्षुरूपधृतो रावणस्य सीतया सह संवादः । मैथिली भिक्षुरूपेणागतं रावणमतिथिसत्कारैः पूजयामास ।

सर्गः ४७—भिक्षुरूपरावणान्तिके सीता स्वोत्पत्तिमारभ्य वनवासपर्यन्तं वृत्तान्तं कथयति । रावणोऽपि स्वनामगोत्रादि तस्यै आख्याति । स्वैश्वर्यं वर्णयित्वा 'मे भार्या भव' इत्युपदिशति च । राक्षसत्वात्सीता रावणं निर्भर्त्सयति ।

सर्गः ४८—रावणः पुनरपि सीतासमीपे स्वशौर्यौदार्ये वर्णयति, 'मां कामय' इति ब्रवीति च । सीता परुषवाक्यैस्तं रावणमपसारयति ।

सर्गः ४९—सीतावचनं श्रुत्वा रावणः स्वं रूपं भेजे । अथ वामेन पणिना मूर्धजेषु, दक्षिणेनोर्वोश्च सीतां गृहीत्वा रथमारुह्य चचाल । सीतापि 'क्षिप्रं रामाय शंसध्वं मां हरति रावणः' इति सर्वान्प्रार्थयामास ।

सर्गः ५०—गच्छन्तं रावणं दृष्ट्वा सीतायाश्चार्तस्वरं श्रुत्वा जटायुस्तमुपदिशति । अनादृत्य गच्छन्तं तं 'त्वां रथात्पातयेयम्' इति सक्रोधं ब्रवीति च ।

सर्गः ५१—गृध्रराक्षसयोर्महद्युद्धम् । तत्र जटायुर्जयः । तयोरेव तुमुलं युद्धम् । तत्र रावणः खड्गमुद्धृत्य जटायुषः पक्षावच्छिनत् ।

सर्गः ५२—जटायुषं तादृगवस्थापन्नं दृष्ट्वा सीता निललाप ।

सर्गः ५३—खमुत्पतन्तं रावणम्, सीतां ह्रियमाणां च दृष्ट्वा गणशो भूतानां परिदेवनम् । सीताकृतं रावणतर्जनम् ।

सर्गः ५४—ह्रियमाणा सीता वस्त्रे भूषणानि निक्षिप्य तद्वस्त्रं गिरि(ऋष्यमूक)शृङ्गस्थपञ्चवानराणां मध्ये मुमोच । रावणस्य पम्पामतिक्रम्य लङ्काभिमुखगमनम्, लङ्काप्रवेशश्च । अमानुषे स्थले सीतायाः स्थापनम् । अष्टप्रधानानां निकटे रावणः शौर्यं कथयति । 'राघवस्य वधं प्रति यत्नो विधेयः' इति तस्य समादेशः ।

सर्गः ५५—रावणः सीतां स्वीयमैश्वर्यं भवनादि दर्शयति, 'भजस्व माम्' इति वक्ति च ।

सर्गः ५६—'सत्यसंधः स रामस्त्वां संयुगे वधिष्यति' इत्युक्त्वा विरराम सीता । रावणोऽपि क्रोधात्तां 'द्वादशमासात्परं मां न भजिष्यसि चेत्त्वां खाद्यार्थं हन्मि' इत्यभाषत । राक्षसीभिः सीतायाः परिवारणम् । अशोकवनिकानयनम् । तत्रान्तःपुरे शचीपतिरागत्य सीतायै हविष्यान्नं ददौ । अथ च 'ते भर्ता समुद्रमपि लङ्घयेत्' इत्यादिवाक्यैस्तामाश्वासयामास । (प्रक्षिप्तोऽयं सर्गः ।)

सर्गः ५७—मृगयाया विनिवृत्तस्य रामस्य पथि लक्ष्मणग्रन्थिः । तेन साकं संवादः । अशुभनिमित्तसूचनात्सीता हृता मृता पथि वर्तते वेति रामस्य सांशयिकत्वम् ।

सर्गः ५८—दीनमुखं भ्रातरं लक्ष्मणं दृष्ट्वा शोकाकुलो रामस्तं पर्यपृच्छत्, शुशोच च । लक्ष्मणं निनिन्द च ।

सर्गः ५९—'सीतां विहाय कुत आगतस्त्वम्' इति रामेण पृष्टे लक्ष्मणो यथागतं वृत्तान्तं कथयति ।

सर्गः ६०—सीतया रहितां पर्णशालां दृष्ट्वा रामः शोकरक्तेक्षणः सन्नितस्ततस्तां विचिन्वन्बभ्राम ।

सर्गः ६१-६३—सीताविषयको रामस्य शोकः ।

सर्गः ६४-६५—सीतामार्गणे रामलक्ष्मणयोः संवादः । रामस्यामर्षयुक्तं वाक्यम् ।

सर्गः ६६—शोकेनाभिसंतप्तं रामं लक्ष्मणः संबोधयति ।

सर्गः ६७—भूमौ पतितो जटायू रामं रावणेन सीता मम प्राणाश्चोभयं हृतमित्यभ्यभाषत ।

सर्गः ६८—'किंनिमित्तं मे भार्यां जहार रावणः । कथंवीर्यः स राक्षसोऽस्ति' इति पतितं जटायुषं रामः पृच्छति । जटायोः प्राणमोक्षः । संबन्धित्वाद्रामस्तं ददाह । सलिलक्रियां चाकरोत् ।

सर्गः ६९—सीतामवेक्षमाणयोर्गच्छतोस्तयो रामलक्ष्मणयोरयोमुखीदर्शनम्, लक्ष्मणस्तस्याः कर्णनासस्तनं निचकर्त । रामस्य शुभनिमित्तानि । गच्छतोस्तयोः कबन्धराक्षसदर्शनम् ।

सर्गः ७०—रामलक्ष्मणयोः कबन्धेन सह युद्धम् । तत्र कबन्धापजयः । 'कौ युवाम्' इति प्रश्नः, तदुत्तरं च ।

सर्गः ७१—कबन्धः स्वकथां स्थूलशिरसः शापं च कथयति । स्वान्त्यभण्डनं राघवाय निवेदयति ।

सर्गः ७२—अन्तरिक्षगतः कबन्धः सीताया रावणहृतत्वं तदन्वेषणं कया रीत्या विधेयमिति राघवाय निवेदयामास—'पम्पापर्यन्तशोभिते ऋष्यमूके सुग्रीवो नाम वानरोऽस्ति । स ते सहायो भविष्यति' इत्यादि ।

सर्गः ७३—'पम्पातीरात्प्रतीच्यां मतङ्गाश्रमं गच्छ' इति रामं निबोधयति कबन्धः । पम्पामार्गदर्शनम् । सुग्रीवस्थानवर्णनम् ।

सर्गः ७४—पम्पातीरे रामलक्ष्मणयोः शबरीग्रन्थिः । तया साकं संपूर्णवनदर्शनम् । शबर्या आत्माहुतिर्हुताशने ।

सर्गः ७५—रामलक्ष्मणयोः पम्पादर्शनम् । 'सुग्रीवमभिगच्छ' इति रामलक्ष्मणं प्रति शबर्युक्तिः ।

किष्किन्धाकाण्डम् ।

सर्गः १-२—पम्पातीरस्थितयो रामलक्ष्मणयोः शोकगर्भः संवादः । पम्पावर्णनम् । ऋष्यमूकसमीपचारिणोस्तयोः सुग्रीवेण दर्शनम् । मलयापरनामनि ऋष्यमूकपर्वते तौ दृष्ट्वा शङ्कितस्य सुग्रीवस्य शाखामृगैः साकं तद्विषयकः संवादः । रामलक्ष्मणयोः समीपे तद्भावज्ञानाय सुग्रीवप्रेरितस्य हनुमतो भिक्षुरूपेण गमनम् ।

सर्गः ३—हनुमतो रामलक्ष्मणयोः समीप आगत्य 'महाराज, वालिना भ्रात्रा विनिकृतः कश्चिद्वानरपुंगवः सुग्रीवनामा युवाभ्यां सख्यमिच्छति' इत्युक्तिः । रामकृता सुग्रीवस्य हनुमतश्च स्तुतिः । लक्ष्मणस्यापि हनूमन्तम् 'आवां तमेव वानरमुख्यं सुग्रीवं मार्गयावः' इति प्रतिवचनम् ।

सर्गः ४—हनुमता पृष्टो लक्ष्मणः स्वकुलादि कथयित्वा वनगमनस्य कारणं कथयति । 'शापाद्राक्षसतां गतेन दितिपुत्रेण दनुना (कबन्धेन) रामभार्यापहारकं रक्षः सुग्रीवो ज्ञास्यतीति दिवं गच्छतोक्तम्, अतो रामलक्ष्मणावावां सुग्रीवं शरणं गतौ' इति लक्ष्मणस्योक्तिः । हनुमत्कृतं सुग्रीवस्थितिवर्णनम् । हनूमांस्तौ स्कन्धारूढौ कृत्वा सुग्रीवसमीपे जगाम ।

सर्गः ५—हनूमान्सुग्रीवाय रामागमनपूर्वकं यावद्वृत्तान्तं कथयति । रामस्य सुग्रीवेणाग्निसाक्षिकं मैत्रीकरणम् । 'तव भार्यापहारिणं वालिनं हनिष्यामि' इति रामः सुग्रीवमाश्वासयति ।

सर्गः ६—सुग्रीवो रामम् 'ते भार्यां रावणो जहार' इति गदति । ह्रियमाणया सीतया न्यासरूपेण प्रक्षिप्तानि वस्त्राभरणानि रामाय दर्शयति सुग्रीवः । तानि दृष्ट्वा रामस्य शोकवर्धनम् ।

सर्गः ७—रामः सुग्रीवश्चान्योन्यसाहाय्यार्थं शपथं कुर्वाणौ चान्योन्यसदृशं सुखं दुःखमभाषेताम् ।

सर्गः ८—सुग्रीवः स्वस्य स्थितिं वैररूपां रामाय निवेदयति । रामस्तमाश्वासयति । 'भार्यापहारिणं हनिष्यामि' इति प्रतिजानीते च ।

'त्वत्साहाय्येन रामः शत्रून्रणे वधिष्यति । अतो मया सह त्वमधुना निष्काम । रामं सान्त्वयस्व च' इति लक्ष्मणोऽब्रवीत्सुग्रीवम् ।

सर्गः ३७—'सर्वान्कपीश्वरानिहानयस्व' इति, 'पूर्वप्रेषितानां त्वरणार्थमन्यान्प्रेषय' इति च सुग्रीवो हनुमन्तमाज्ञापयामास । प्लवंगागमनम् । हिमवतो दिव्यौषध्यानयनम् ।

सर्गः ३८—सलक्ष्मणस्य सुग्रीवस्य रामसंनिधावागमनम्, रामेण सह संभाषणं च ।

सर्गः ३९—सुग्रीवानुशासनाद्गवाक्षनीलपनसगवयनलजाम्बवदादियूथपादीनां स्वसैन्यपरिवृतानामागमनम् ।

सर्गः ४०—आगतानां कपिमुख्यानां रावणनिलयपरिज्ञानार्थमितस्ततः सर्वदिक्षु सीताशुद्ध्यर्थं गमनम् ।

सर्गः ४१—सर्वेषां मार्गनिर्देशः, चेतव्यस्थलनिर्देशश्च । वानराणां सर्वत्र गमनेन 'यः कश्चन सीताया गतिं विदित्वा वक्ष्यति स मत्तुल्यविभवः सन्भोगैः सुखं विहरिष्यति' इति प्रतिज्ञापूर्वकं सुग्रीवभाषणम् । 'मासादूर्ध्वं वसन्वध्यो भविष्यति' इति समादेशः । देशवर्णनम् ।

सर्गः ४२-४३—सीताया मार्गणार्थं सुग्रीवाज्ञया सुषेणप्रमुखानामुदयाचलमारभ्यास्ताचलपर्यन्तं सर्वत्र गमनम् । नलनीलादीनां सह हनूमता दक्षिणदिग्गमनम् ।

सर्गः ४४—सुग्रीवस्य हनूमन्तं प्रति सीतामार्गणार्थं निवेदनम् । हनूमन्तं प्रति रामस्य सीताया अभिज्ञानार्थं स्वनामाङ्कोपशोभितस्याङ्गुलीयकस्य दानम् । रामादीन्नमस्कृत्य हनुमतो निष्क्रमणम् ।

सर्गः ४५—प्लवगयूथपहरिशार्दूलानां प्रस्थानम्, तेषां प्रतापदर्पोक्तयश्च ।

सर्गः ४६—'कथमस्ति भवतो यावद्भूमण्डलज्ञानम्' इति रामस्य सुग्रीवं प्रति प्रश्नः । भूमण्डलज्ञानपूरणाय पूर्वोक्तायाः (११ सर्गस्थायाः) दुन्दुभिकथायाः संक्षेपतः सुग्रीवकृतकथनम् ।

सर्गः ४७—अनुपलब्धसीतानां तेषां सुषेणादीनां मासान्ते सुग्रीवान्तिक आगमनम् ।

सर्गः ४८—ताराङ्गदाभ्यां सह हनुमतो वनेष्वाहिण्डनम् । पुत्रशोकार्दितकण्डुनाम्ना ऋषिविशेषेण शप्तारण्ये हनुमदादीनां गमनम् । सीतां विचिन्वतां तेषां वानरमुख्यानां हनुमदादीनां राक्षसदर्शनम् । भीमविक्रमस्य तस्य राक्षसस्य तद्धननार्थं (ताराङ्गदादीनां) सरोपागमनम् । रावणबुद्ध्या वालिपुत्रेणाङ्गदेन तद्धननम् । सर्वेषां तेषां वृक्षमूले स्थितिः ।

सर्गः ४९—'सीताया मार्गणं झटिति कर्तव्यम् । कुतः, कालातीतत्वे क्रुद्धः सुग्रीवः' इत्यादि सर्वान्कपिमुख्यानङ्गदोपदेशः । सीतादर्शनकाङ्क्षिणां तेषां कपिवराणां दक्षिणाशागमनम्, लोध्रवने सप्तपर्णवने च प्रवेशः ।

सर्गः ५०—क्षुत्पिपासार्तियुक्तानां तेषां ताराङ्गदादीनां विन्ध्यगुहायां मयासुररक्षितर्क्षबिले गमनम् । ऋक्षबिलासमन्तभागवर्णनम् । तत्र विचिन्वतां तेषां वानराणां दृष्टिपथे कस्याश्चित्स्त्रिय आगमनम् । तां प्रति हनुमतः प्रश्नः 'कस्य वा त्वम्, कस्य वा बिलम्' इत्यादिः ।

सर्गः ५१—'मयासुरीयमिदं बिलम्' इति तपस्विन्या स्वयंप्रभेति स्वनामकथनम् । दानवमुख्यस्य विश्वकर्मणो मयस्य वृत्तान्तः । तस्याप्सरसि हेमायां सक्तत्वम् । हेमायै ब्रह्मदत्तत्वमस्य वनस्य । स्वकृतरक्षणस्य च कथा । 'युष्माभिः कथमिदमुपलक्षितम्' इति तस्यास्तपस्विन्याः सर्वान्प्रति प्रश्नः ।

सर्गः ५२—तपस्विन्याः स्वयंप्रभाया निकटे वनागमनहेतुसूचनम्, रामचरितवर्णनं च तेषां तिमिरसंवृतत्वाद्बिलाद्बहिरायातुमसमर्थत्वप्रतिपादनम् । 'सर्वेषां नेत्रमीलनेन स्यादुत्तरणम्' इति स्वयंप्रभायास्तपस्विन्या वचनम् । तादृगवस्थितानां तेषां स्वयंप्रभाया बलेनैव बहिरागमनम् । 'एष प्रस्रवणः, एष विन्ध्यगिरिः, एष सागरः' इत्युक्त्वा स्वयंप्रभायास्तपस्विन्या बिलप्रवेशः ।

सर्गः ५३—ततस्तेषां सागरदर्शनम् । 'राज्ञा सुग्रीवेण सीतार्थं यो मासस्य समयः कृत आसीत्स च मासोऽस्मदादीनां बिल एव पूर्णो जातः' इति तेषां वानराणां संवादः । 'तस्मात्सीतामार्गणं च किं कृतम्, सुग्रीवान्तिके च गत्वा किं निवेदनीयम्, तदपेक्षयेहैव सागररोधसि मर्तव्यमिति युक्ततरम्' ईदृशरील्याङ्गदादीनां पश्चात्तापयुक्तानां भाषणप्रकाराः ।

सर्गः ५४—कालातीतत्वात्सुग्रीवान्तिके गमनोद्विग्नस्याङ्गदस्य सान्त्वनं हनुमत्कृतम् ।

सर्गः ५५—'येन सुग्रीवेण ज्येष्ठभ्रातृभार्यापहारः कृतः, भ्रात्रा वालिना युद्धायाभिनियुक्तेन येन बिलद्वारं पिहितम्, लक्ष्मणभयादेव वयं सीतां मार्गितुमाज्ञप्ताः, कृतोपकारं राघवं यश्च विस्मृतः, स खलु शठः क्रूरः कृतघ्नः' इत्यादिविशेषणपूर्वकमङ्गदस्य भाषणम् । 'आरोग्यपूर्वमभिवादनं मातृपितृसंनिधौ वाच्यम्' इति कपिवराणां निकट उक्त्वा भूमावङ्गदस्य शरीरपातनम् । सर्वेषां दर्भशयनम्, प्रायोपवेशननिश्चयश्च ।

सर्गः ५६—गिरिस्थले वानराणां मध्ये संपातिनाम्नो जटायुषो भ्रातुरागमनम् । तस्य च 'मृतानां वानराणामेकैकशो भक्षणं कार्यम्' इत्युद्गारः । व्यसनं दृष्ट्वाङ्गदस्य तिर्यग्योनिगतान्यपि सर्वाणि भूतानि रामस्य प्रियं कुर्वन्ति, धन्यः स जटायुर्यो राघवप्रियं कुर्वन्रावणेन हतः' इत्यादिभाषणम् । गृध्रराजस्य जटायुषो वधश्रवणेन संपातेर्महाञ्शोकोद्गारः, तत्कथाश्रवणे जिज्ञासा च । सूर्यांशुदग्धपक्षत्वात्स्वविसर्पणाशक्तत्वप्रख्यापनम् । 'पर्वतान्मामवतारयत, सर्ववृत्तान्तं च कथयत' इति वानरेषु याचनम् ।

सर्गः ५७—पर्वतादवतारितस्य संपातेरङ्गदकृतं रामस्य दण्डकारण्यप्रवेशमारभ्य 'प्रकृतसीतामार्गणार्थं वयमाज्ञप्ताः' इत्येतत्पर्यन्तं कथाकथनम् ।

सर्गः ५८—भ्रातृमरणवार्ताश्रवणाद्दुःखितस्य संपातेरङ्गदेन संवादः । अथ चाङ्गदेन 'सीताहरणकर्ता रावणः क्वास्ति' इति संपातिः पृष्टः 'निर्दग्धपक्षोऽहं वाङ्मात्रेण रामसाहाय्यं करोमि' इत्युक्तवान् । पक्षदहनकथां चाख्याति संपातिः । 'भो वानराः, ह्रियमाणा मया काचित्तरुणी दृष्टा । तां रामस्य परिकीर्तनादधुनाहं सीतां मन्ये । इतो रावणं सीतां चाहं पश्यामि । विश्रवसः पुत्रो वैश्रवणस्य भ्राता रावणो नाम इतो द्वीपे समुद्रस्य शतयोजने विश्वकर्मनिर्मितायां पुर्यां लङ्कायां निवसति, तत्रास्ति जनकात्मजा सीता' इति संपातिसकाशात्सीताप्रवृत्तिर्वानराणाम् । संपातिकृतं पक्षिमार्गमर्यादाकथनम् । 'यूयं तां द्रक्ष्यथ' इति स्वदिव्यज्ञानप्रकटनम् । समुद्रोल्लङ्घने संपातिप्रोत्साहनं वानराणाम् । भ्रातुः सलिलक्रियार्थं संपातेः समुद्रतीरे नयनम् । पुनश्च स्वस्थाने वानरसाहाय्येनागमनम् ।

सर्गः ५९—वानरश्रेष्ठेन जाम्बवता पृष्टः संपातिः सीताहरणकथां पुत्रात्सुपार्श्वात्पूर्वं श्रुतां वानरांश्श्रावयति ।

सर्गः ६०—संपातेर्निशाकरनाम्नो ऋषेः कथाकथनम् ।

सर्गः ६१—ऋषिसंनिधौ संपातेः पूर्वकृतं स्वाचरणकथनम् ।

सर्गः ६२—'संपाते, ते पूर्ववत्स्थितिर्भविष्यति' इति ऋषिकथनम्, तत्कृतरामकथनं च । 'रामदूताः प्लवंगमा अत्रैष्यन्ति, तेभ्यो राममहिषी कथयितव्या । ततस्त्वं सपक्षो भविष्यसि' इति ऋषेरादेशः ।

सर्गः ६३—अरुणच्छदैरुद्गतैः पक्षैः संपातेर्वानराणां चानन्दः । संपातेरुत्पतनम् ।

सर्गः ६४—अथ च सागरोल्लङ्घने सर्वेषां कपिमुख्यानां कोलाहलः ।

सर्गः ६५—ततः सर्वेषां प्लवनशक्तिकथनम् । तद्विषये मिथः संभाषणम् ।

सर्गः ६६—जाम्बवतः प्रोत्साहनं हनुमन्तं प्रति । हनुमानिति नाम्नो व्युत्पत्तिप्रकारकथनम् । तस्य हनुमतः शरीरवर्णनम्, शक्तिवर्णनं च हनुमदुत्पत्तिकथा च । बाल्यावस्थावर्णनम् । फलबुद्ध्या सूर्यजिघृक्षादिब्रह्मदत्तोऽशस्त्रवध्यतावरः, अन्यवरप्राप्तिकथा ।

सर्गः ६७—बहुभिर्वाक्यैः संस्तूयमानस्य हनूमतो वृद्धिः । हरीणां मध्यादुत्थानम् । स्ववीर्यप्रकटनम् । महेन्द्रारोहः । मनसा च लङ्कागमनम् ।

सुन्दरकाण्डम् ।

सर्गः १—जाम्बवदादिप्लवगेश्वरैः संस्तूयमानो हनुमान्समुत्साहपूर्वकं स्वयंभुवे पवनाय सूर्याय महेन्द्राय भूतेभ्यश्चाञ्जलिं कृत्वा लङ्काक्रमणाय समुद्रोल्लङ्घने मतिं कृतवान् । गमनोद्यतस्य तस्य हनुमतः शरीरावयवानां प्रोत्साहनेन संजातस्फुरणानां निष्प्रमाणलक्कथनम् । आवेशवेगवर्णनम् । दोर्भ्यामब्धिं तितीर्षतो हनुमद्विषये 'एष पर्वतसंकाशः' इत्याकाशचारितपस्विनां वाचः श्रुत्वा विद्याधरसुन्दरीणां तत्र पर्वतोपर्यागमनम् । उत्पतिष्यतस्तस्य मारुतेर्लाङ्गूलवर्णनम् । उत्पतिष्यता मारुतिना कृतस्य शरीरसंकोचस्य कथनम् । वानराणां समक्षं स्वपराक्रमवर्णनं स्वमुखेनैव कृतम् 'तत्र सीता न प्राप्ता चेद्राक्षसराजं रावणं तत्पालितां लङ्कां चोत्पाट्यानेष्यामि' इत्युक्त्वोड्डानं कृतवान् । विमलाम्बरमार्गेण गच्छतस्तस्य वर्णनम् । प्लवमानं हनुमन्तं दृष्ट्वा देवगन्धर्वदानवैः कृता पुष्पवृष्टिः । प्लवमानं हनुमन्तं दृष्ट्वा सागरः स्वस्मिंश्चिन्तातुरः सन् 'एवंविधस्य किमपि साहाय्यमिक्ष्वाकुकुलमानार्थिना मया विधातव्यम्' इति मनस्यानीय 'स्वस्मिन्मग्नं मैनाकं श्रान्तस्य साहाय्यं बहिर्निष्क्रमणेन कुरु' इति बोधनं कृतवान् । सागरबोधान्महाद्रुमलतावृतस्य मैनाकस्य जलात्तूर्णं बहिरागमनम् । अन्तरिक्षमार्गेण गच्छन्कपिः 'पन्थानं वर्जयित्वाविलम्बेनोत्थितो विघ्नोऽयम्' इति निश्चित्य जलोत्तीर्णं तं पर्वतं दृष्ट्वोरसासादितवान् । मानुषं रूपं धारयता मैनाकेन साकं हनुमतः संवादः । 'हे हनुमन्, त्वं पूजार्होऽसि' इत्युक्त्वा तत्पूरणाय 'कृतयुगे सुरेन्द्रेण सपक्षपर्वतानां पक्षच्छेदनं कृतम्, तत्समयेऽहं सहसागत्यास्मिँल्लवणतोये प्रविष्टस्तव पित्राभिरक्षितः, अतस्त्वं मान्यः' इत्युक्तवान् । एवमुक्तः कपिश्रेष्ठः 'प्रीतोऽहम्' इत्युक्त्वा पाणिना शैलमालभ्य त्वरते कार्यकाल इति सहसोड्डीय गतवान् । 'रामकार्याय निष्क्रान्तस्य विश्रान्तस्य हनूमतः सुमहत्साहाय्यं कृतम् तेनाहं तुष्टः, इतीन्द्रस्य मैनाकं प्रति निवेदनम्, अभयदानं च । देवैर्लङ्काप्रविष्टस्य हनुमतः कार्यक्षमबलपरीक्षणार्थं समुद्रमध्ये राक्षसवपुषो नागमातुः सुरसायाः प्रवर्तनम् । सुरसासमीपे 'दूतोऽहं रामस्य, राक्षसापहृतायाः सीतायाः परिज्ञानार्थं गच्छामि, त्वमपि प्राप्तकालं साहाय्यं कुरु' इति हनुमतो वाक्यम् । 'यादृशस्य तादृशः' इति न्यायेन विक्रान्तस्वरूपायाः सुरसाया आचरणाद्धनुमदाचरणवृत्तान्तः । तस्या मुक्तस्य पुनः प्लवमानस्य तस्य हनुमतश्छायाकर्षणम् । सिंहिकाया नाम राक्षस्या तद्धस्तेन निपातनम् । गच्छतस्तस्य लङ्कात आगत्य सागरं प्रविशन्तीनां नदीमुखानां दर्शनम् । ततः स समुद्रपारं गत्वा कार्यज्ञः शरीरं संक्षिप्य लम्बाख्यपर्वते पतित्वा दूरतो लङ्कां दृष्टवान् ।

सर्गः २—अमरावत्या इव तस्या लङ्काया वर्णनम् । कामरूपधरस्य हनुमतो वृषदंशकमात्ररूपेण लङ्काप्रवेशः ।

सर्गः ३—प्रविशतो हनूमतः पुरद्वारस्थितया लङ्कानाम्न्या राक्षस्या दर्शनम् । तया सह संवादश्च । तयोर्युद्धम् । हनुमद्धस्तेन लङ्काया निपातनम् । तया स्वयंभूदत्तवरदानकथनम् । 'उपस्थितो राक्षसविनाशः । कुरु सर्वकार्याणि' इत्यादिकथनम् ।

सर्गः ४—विकृताननानां राक्षसानां गुप्तरूपेण गतस्य हनुमतो दर्शनम् । हनुमतो रावणस्यान्तःपुरप्रवेशः ।

सर्गः ५—निशाकरस्य, राक्षसपत्नीनां क्रीडारसस्य च वर्णनम् । तत्र सीताया अदर्शनम् ।

३

सर्गः ६—सीतानिवासस्थलपरिज्ञानार्थं हनुमतो गृहाद्गृहं पर्यटनम्, लङ्कागृहाणां वर्णनं च ।

सर्गः ७—लङ्काधिपतेर्गृहाणामन्येषां च वर्णनम् ।

सर्गः ८—रावणगृहप्रविष्टस्य हनुमतः पुष्पकविमानस्य दर्शनम् ।

सर्गः ९—विमानागमवृत्तान्तकथनम् । रावणगृहवर्णनम् । रावणेन युद्धकामेन जितगन्धर्वस्त्रीणां प्रवृत्तिकथनम् ।

सर्गः १०—रावणस्य शयनासनवर्णनम् । हनुमतो मन्दोदरीं दृष्ट्वा सीताभासेनाचरणकथनम् ।

सर्गः ११—रावणान्तःपुरस्थपानभूम्या वर्णनम् । तत्रैव भूम्यां सीतामार्गणे हनुमतः पर्यटनम् ।

सर्गः १२—रावणभवनमध्ये सीताया अप्राप्त्या तन्मूलक एव हनुमद्विषादः ।

सर्गः १३—सर्वत्र रावणभवने पश्यतस्तस्य हनुमतः सीताप्राप्त्या 'रावणापहृता सागरे निमग्ना वा, भक्षिता वा, हता वा, मृता वा' इति सांशयिकत्वम् ।

सर्गः १४—मरणनिश्चयः । पुनरपि 'विनाशे बहवो दोषा जीवन्प्राप्नोति भद्रकम्' इत्याकलय्य रावणवेश्मनः प्राकारमधिरुह्य सीताया विषये मनसा हनुमतश्चिन्तनम् । हनुमतोऽशोकवनिकामध्ये प्रवेशः । अशोकवनिकाया वर्णनम्, लाङ्गूलकरतलैर्मर्दनं च । इतस्ततः सर्वत्र मैथिलीं दृष्ट्वाग्रे नलिन्यास्तीरे तद्दर्शनचिन्तनं हनुमतः ।

सर्गः १५—तत्र भूमौ हनुमता उपवासकृशाया घोरदर्शनाभी राक्षसीभिः समावृतायाः सीताया दर्शनम् ।

सर्गः १६—तां सीतां तादृशीं दृष्ट्वा हनुमतः शोकः ।

सर्गः १७—तद्दर्शनेन हनुमतो विस्मयः । रामस्य पराक्रमप्रशंसा । अशोकवनिकामध्ये स्थितायाः सीताया वर्णनम् ।

सर्गः १८—सीतादर्शनैकचक्षुष्कस्य रावणस्य सीतायाः समीप आगमनम् । तद्वृक्षावस्थान आगमनम् । किंचिच्छेषायां निशायां विबुद्धस्य रावणस्य सीतामनुचिन्तयतोऽशोकवने गमनम् ।

सर्गः १९—भूषणोत्तमभूषितं रावणं दृष्ट्वा सीतायाः शरीरान्तःकरणस्थितिवर्णनम् ।

सर्गः २०—रावणेन बहुभिः प्रकारैः सीतायाः स्तुतिं कृत्वाग्रे 'अहं त्वां कामये मैथिलि, भव भार्या मे' इति तात्पर्यं सूचितम् ।

सर्गः २१—एतावदुक्त्वा विरतस्य समीपस्थितरावणस्य शिरसि सीतायाः परुषवाक्यप्रहारः । परदाराधर्षणेन विनाशसूचनम् । रावणेन सह बोधगर्भः संवादः, रामैकपरतादर्शनं च । सीतामुखेन हनुमता तस्या रामप्रतापवर्णनम् ।

सर्गः २२—रावणस्य सीतां प्रत्युक्तिः । 'द्वाभ्यां मासाभ्यामूर्ध्वं भर्तारं मामनीच्छन्त्यास्तव प्रातराशार्थे उपयोगः' इति वचनम् । ततो रावणस्यैकाक्ष्यादिराक्षसीदर्शनम् । ताभ्यः 'वैदेहीमुपायैरावर्जयत' इति समादेशः । रावणस्य भवनप्रवेशः ।

सर्गः २३—एकजटादिराक्षसीनां सीतां प्रति पतिरूपेण रावणं पश्येत्युपदेशः । अन्यथानर्थदर्शनम् । ताभिः कृतं तद्भीषणम् ।

सर्गः २४—सीताया राक्षसीभिः सह संवादः । यत्र शिंशपाद्रुमे निर्वाक्योऽवलीनो हनुमान्स्थित आसीत्तत्र राक्षसीभिः संतर्जितायाः सीताया आगमनम् । विनतायेकैकराक्षसीनां सीतां प्रति 'पतिरूपेण रावणं पश्य' इत्युपदेशः, सीताकृतं तद्भर्त्सनं च ।

सर्गः २५—राक्षसीभिस्तर्जितायाः सीताया दुःखोद्गारः ।

सर्गः २६—शोकपूरितायाः सीतायाः साशङ्कमनसा 'अपि जानीतो रामलक्ष्मणौ ममापहारस्थलम्, कथममार्गणमेतावत्कालम् । यस्तौ कथयेत्स जटायुरपि रावणेन हतः । अपि घातितौ रामलक्ष्मणावपि दशग्रीवेण' इत्यादय उक्तयः ।

सर्गः २७—सीतायाः परुषवाक्यानि रावणान्तिके कथयितुं कासांचिद्राक्षसीनां गमनम् । अथ च तत्रैव तन्मध्यस्थिता कार्चित्रिजटानाम्नी प्रबुद्धा राक्षसी 'मयाद्य दारुणो राक्षसनाशहेतुरेतादृशः स्वप्नो दृष्टः' इत्युक्तवती राक्षसीभिः प्रोत्साहितायास्त्रिजटायाः स्वप्नवृत्तान्तनिवेदनम् ।

सर्गः २८—राममनुस्मरन्त्याः सीताया विलापः । रामलक्ष्मणौ घातिताविति मनसा निश्चयः । विषशस्त्रयोरलाभाद्वेण्युद्बन्धनेन मरणनिश्चयः ।

सर्गः २९—सीताया गात्रेषु शुभनिमित्तानि ।

सर्गः ३०—शिंशपावृक्षेऽवलीनस्य हनुमतो मनसि 'सीतायाः सकाशे किमपि मया वक्तव्यं वा न वा' इत्येतद्विषये चिन्तनम् ।

सर्गः ३१—वृक्षस्थितस्य सूक्ष्मरूपधारिणो हनुमतः 'राजा दशरथः' इत्यारभ्य 'मयाद्य समुद्रोल्लङ्घनं कृत्वा सेयं राघवप्रियासादिता' इत्यन्तमुक्त्वा विरामः । सीतायाश्च तद्वाक्यादत्यानन्दः, विस्मयश्च । वदनमुन्नम्य शिंशपान्वीक्षणम् ।

सर्गः ३२—सीताया हनुमद्वाक्येन स्वप्नोऽयमिति भावनम् ।

सर्गः ३३—शिंशपावृक्षादवतीर्य 'किमर्थं तव नेत्राभ्यां वारि स्रवति' इति प्रणामपूर्वकं सीतां प्रति हनुमत्प्रश्नः । 'सीतैव त्वमसि' इति पुनर्हनुमत्प्रश्नः । 'दशरथस्य स्नुषाहम्' इत्यारभ्य यथागतं वृत्तान्तं वर्णयित्वा 'रावणापहृताहम् । तेन च मे जीवितानुग्रहकारेण मासद्वयावधिर्दत्तः, तदुत्तरं देहान्तं करिष्यामि' इति सीताया वचनम् ।

सर्गः ३४—'रामस्य दूतोऽहं त्वत्सकाशमिहागतः' इति सान्त्ववाक्यं हनुमतः । रावणभ्रान्त्या सीताया वानरेण सह संवादः । 'मद्विषये राक्षसशङ्का न कर्तव्या' इति सीतां प्रति हनुमद्वाक्यम् ।

सर्गः ३५—'रामेण सार्कं युष्मदादीनां वानराणां कथमस्ति संबन्धः, कानि रामलक्ष्मणयोश्चिह्नानि, कीदृशं तयोः संस्थानम्' इति प्रत्ययदर्शनार्थं सीताया हनुमन्तं प्रति प्रश्नः। सीताया निकटे हनुमता रामलक्ष्मणचिह्नवर्णनम्। सुग्रीवसख्यादि स्वस्य लङ्कागमनपर्यन्तं यथागतकथावर्णनम्।

सर्गः ३६—हनुमता रामेण दत्तस्याङ्गुलीयकस्य तस्यै दर्शनम्। हनुमत्प्रशंसा। भर्तारमिव संप्राप्तममन्यत सीता। तेन च परमानन्दितायाः सीताया हनुमन्तं प्रति 'मया सह वक्तुं युक्तोऽसि' इति वचनम्। उभयोः संवादः। राघवस्थितिवर्णनम्।

सर्गः ३७—सर्ववृत्तान्तसंसूचकं हनुमन्तं प्रति सीताया वचनम्।

सर्गः ३८—'भ्रात्रा विभीषणेन मम निर्यातनं प्रत्यनुनीतो रावणस्तस्य वाक्यं नाभिनन्दति। रावणकृतस्य समयस्य दशमो मासो वर्तते। द्वौ तु शेषौ इति बिभीषणसुतया कलयाख्यातम्' इति कथनम्। सीतावचनं श्रुत्वा 'चमूं गृहीत्वा क्षिप्रं राघव एष्यति' इति हनुमत्समाश्वासः। 'अथ वाद्यैव त्वां दुःखान्मोचयिष्यामि। पृष्ठमारोह। त्वां पृष्ठगतां कृत्वा सागरं संतरिष्यामि' इति हनुमद्वाक्यम्। सीताया उपहासः। हनुमतो वृद्धिः। 'पृष्ठगताया मम गमनस्यायुक्तत्वम्' इति सीतोक्तिः। हनुमतः सीतावाक्याङ्गीकारः। हनुमतोऽभिज्ञानप्रार्थना। सीतायाः श्रेष्ठाभिज्ञानस्य शक्रपुत्रस्य पूर्वोक्त(अयोध्या० स० ९५) कथागतवायसस्यैकाङ्गहीनत्वकथनम्। शिरोरत्नस्य (चूडामणेः) च दानम्। 'मासमेकं जीवितं धारयिष्यामि, ऊर्ध्वं मासान्न जीवेयम्' इति संदेशः।

सर्गः ३९—हनुमन्, 'यत्नमास्थाय मम दुःखस्य राघवदुःखस्य च क्षयकरो भव' इति सीतायाः सूचनम्। सीतावचनानां हनुमानङ्गीकारं कृत्वा 'त्वमचिरेणैव राघवं प्राप्स्यसि' इत्युक्त्वा पार्श्वतः स्थितः।

सर्गः ४०—सीताया हनुमते राघवार्थं संदेशकथनम्। 'उदीच्यां दिशि गन्तव्यम्' इति हनुमतो मनसा संकल्पः।

सर्गः ४१—रावणेन सार्कं युद्धप्रसङ्गे प्रथमं तावद्वनविध्वंसः कार्यः' इति हनुमन्मनसि चिन्तनम्। वृक्षोन्मूलनम्।

सर्गः ४२—राक्षसीनां रावणान्तिकेऽशोकवनिकाया उन्मूलनकर्तुर्वानरस्य निवेदनम्। रावणाज्ञयागतानां राक्षसानां हनुमता सह युद्धम्। तत्र राक्षसापजयः। हनूमतः 'कोऽहम् कस्य वाहम्, न रावणसहस्रं मे युद्धे प्रतिबलं भवेत्' इत्यादि दर्पोक्तयः। 'वानरविषयेऽस्माभिः सीता पृष्टा न किमपि सा वदति' इति रावणसमीपे राक्षसीनां निवेदनम्।

सर्गः ४३—हनुमतश्चैत्यप्रासादोपरि स्थितिः। तत्प्रासादस्य हनुमता स्तम्भोत्पाटनम्। प्रासादस्याग्निदाहः, राक्षसानां नाशश्च।

सर्गः ४४—रावणाज्ञयागतजम्बुमालिना सह हनुमतो युद्धम्। तत्र युद्धे जम्बुमालिपतनम्।

सर्गः ४५—रावणाज्ञयागतानां मन्त्रिसुतै राक्षसैः सह हनुमतो युद्धम्। तत्र राक्षसनाशः।

सर्गः ४६—हनुमद्धननार्थं रावणस्य विरूपाक्षादिपञ्चमहामन्त्रिप्रेषणम्। तैः सार्कं हनुमता युद्धे पञ्चानां मन्त्रिणां पतनम्।

सर्गः ४७—रावणात्मजेनाक्षनामकेन सह हनुमतो युद्धम्। तत्र तस्य रावणात्मजस्य पतनम्।

सर्गः ४८—हनुमत इन्द्रजिता सह युद्धम्। तद्युद्धे इन्द्रजिता ब्रह्मास्त्रबलेन हनुमान्बद्धः। रावणाय तन्निवेदनं च। शणवल्कद्रुमचीरबद्धस्य हनुमतो रावणान्तिके नयनम्। हनुमन्तं प्रति 'कस्त्वम्' इत्यादिरावणप्रश्नः 'दूतोऽहं सुग्रीवस्य' इत्यादि तस्योत्तरम्।

सर्गः ४९—राक्षसराजस्य रावणस्य वर्णनम्। हनुमतो मनसि रावणैश्वर्यचिन्तनम्।

सर्गः ५०—बद्धं कपिम् 'केन त्वं प्रेषितोऽसि' इति, 'वनभङ्गे को हेतुः' इति च मन्त्रिमुखेन रावणप्रश्नः। 'राघवस्याहं दूतः, तत्कार्यार्थमेवेहागतः, नान्यत्किंचित्' इत्युत्तरम्।

सर्गः ५१—'सुग्रीवस्याहं दूतः। स च ते भ्राता त्वां कुशलं पृच्छति। परदारापहारो न युक्तः' इत्युक्त्वा राघवस्य यथायथं वृत्तान्तं कथयित्वा राघवस्य चरितं सुग्रीवस्य च पराक्रमं वर्णयति, रावणं प्रबोधयति च।

सर्गः ५२—रावणस्य वानरवधाज्ञा। 'दूतस्य वधो नार्हः। दूतस्यापराधेऽङ्गादिहीनत्वमेव दण्डः। यैरयं कपिः प्रेषितस्ते दण्ड्याः' इति रावणान्तिके बिभीषणविज्ञापनम्। हनुमद्वधे रावणाग्रहः।

सर्गः ५३—कपिलाङ्गूलदहने रावणाज्ञा। रावणाज्ञया हनुमतो लाङ्गूलस्य जीर्णैः कार्पासिकैः पटै राक्षसकृतबन्धनम्। लाङ्गूले तैलपरिषेकोऽभ्युपपादनम्। सशङ्खभेरीनिनादं सघोषं तस्य लङ्कायां संचारणम्। हनुमतः पुनश्च लङ्कानाशन उद्युक्तत्वम्।

सर्गः ५४—प्रज्वलितलाङ्गूलेन हनुमता राक्षसताडनम्। लङ्कास्थमहाप्रबलानां राक्षसानां भवनदाहश्च। स्वगृहपरित्राणे सर्वराक्षसानां तत्स्त्रीणां च भग्नोत्साहत्वादिकथनम्। मारुतिना प्रदग्धाया लङ्काया दर्शनेन देवानां विस्मयः। लाङ्गूलाग्नेः समुद्रे निर्वापणम्।

सर्गः ५५—लङ्कादहनेन स्वस्यैव हनुमतः पश्चात्तापः। अस्मिन्नग्नौ सीता नष्टा चेत्परम्परया रामादयः सर्वेऽपि तच्छोकपरायणाः सन्तो नष्टाः स्युः' इति मनसि चिन्तनम्। पश्चात्तापयुक्तस्य हनुमतो जनमुखेन 'दग्धेयं लङ्का, परं न सीता। अद्भुतमेतत्' इति श्रवणम्।

सर्गः ५६—शिंशपामूले स्थितायाः सीताया निकटे हनुमत आगमनम्, अभिवादनं च तस्याः । तयोः संवादः । मारुतेरुड्डानम् ।

सर्गः ५७—गच्छतो हनुमतो नादेन जाम्बवदादीनाम् 'कृतकार्यस्य हनुमतोऽयं शब्दः' इति निश्चयेन तं द्रष्टुं सर्ववानराणां शिखराच्छिखरे गमनम् । हनुमता सह सर्वेषां च ग्रथिः । 'अङ्गदप्रणामपूर्वकमशोकवनिकामध्ये सीता दृष्टा' इति हनुमतो निवेदनम् । सीतायाः परिज्ञानेन सर्ववानराणामानन्दः ।

सर्गः ५८—सर्ववानराणां समीपे हनुमता यथावज्जातवृत्तान्तस्य कात्स्न्र्येन निवेदनम् ।

सर्गः ५९—वानरसमीपे सीतायाः स्थितिं कथयित्वा रावणादीनां हनने नीलादीनां हनुमता प्रोत्साहनम् ।

सर्गः ६०—अङ्गदस्य 'तत्र लङ्कायां सीता दृष्टा परं नानीतेति किं रामसमीपे वक्तव्यम् । तर्हि जित्वा लङ्कां सरक्षौघाम्, हत्वा तं रावणं रणे, सीतामादायैव गच्छामः' इति वीर्योक्तिः । तदग्रे 'रामादीनां निकटे गत्वा पूर्वोक्तं निवेदनीयम् । यतो 'वयं विचेतुमाज्ञप्ता नानेतुम्' इति जाम्बवता प्रोक्तम् ।

सर्गः ६१—गच्छतां वानराणां सुग्रीवस्य मधुवने सुग्रीवमातुलेन दधिमुखेन रक्षिते स्थितिः । परस्परसंवादाः, मधुपानं च ।

सर्गः ६२—दधिमुखस्य समीपे तद्वनरक्षकस्य 'वानरैर्मधुवनं हतम्' इति निवेदनम् । दधिमुखागमनम् । अङ्गदस्य हस्तेन दधिमुखस्य पतनम् । 'एते वानरा बद्धा सुग्रीवान्तिके नेयाः' इति वनपालानुक्त्वा तदैव सुग्रीवान्तिक आगत्य दधिमुखो नमनं कृतवान् ।

सर्गः ६३—'मधुवनस्य नाशः कृतो वानरैः' इति सुग्रीवनिकटे निवेदनम् । तेषां कृतकार्यतां विज्ञाय त्वरमाणो 'गच्छेतो मच्छासनात्प्रेषणीयास्ते कपयः' इति वनपालं प्रति सुग्रीववचनम् ।

सर्गः ६४—दधिमुखेन मधुवनं गत्वा कपिभ्यो यथावन्निवेदितम् । ततश्च तेषामङ्गदादिप्रमुखानां सुग्रीवान्तिक आगमनम् । दूरतस्तान्दृष्ट्वा 'कृतकार्या एते' इति रामं प्रति सुग्रीवबोधनम् । ततस्तैरागत्य सुग्रीवान्तिके रामलक्ष्मणसमीपे च 'दृष्टा सीता' इति निगदितम् । तेन च सर्वेषामानन्दः ।

सर्गः ६५—हनुमता रामसंनिधौ 'सीतया दत्तः काञ्चनमणिस्त्वदभिज्ञानार्थम्' इति गदित्वा सर्वं वृत्तमाख्यातम् । रामेण पृष्टो हनुमांस्तत्रस्थां स्थितिं निर्वर्ण्य 'मासमेकं जीवितं धारयिष्यामि' इति सीतावचनमुक्तवान् ।

सर्गः ६६—सीताप्रेषितकाञ्चनमणिदर्शनाद्राघवस्य नेत्राभ्यामश्रुपतनम्, तदागमस्मरणं च । सीतार्थे रामस्य शोकः ।

सर्गः ६७—सीताया भाषितं काकस्यैकाक्षहीनत्वादि सर्वं रामाय हनुमान्निवेदयति । अथ च सीताया अग्रिमवाक्यम् 'ममास्त्यनामयम्' इति रामलक्ष्मणसमीपे निवेदनं कृतवान् ।

सर्गः ६८—हनुमता सीतयोदितं सर्वमेव रामलक्ष्मणाग्रे निवेदितम् । 'केनापि प्रकारेण मन्मुक्तिराशु क्रियताम्' इति प्रार्थनागर्भसीतोक्त्युद्घाटनम् ।

युद्धकाण्डम् ।

सर्गः १—सीतायाः परिमार्गणकर्तुर्हनुमतो रामः स्तुतिपूर्वकं प्रशंसनं विधाय 'सीताया दर्शनेन संदेशेन च वयं रक्षिताः' इति निवेद्य सर्वस्वभूतस्य परिष्वङ्गस्य दानं कृतवान् ।

सर्गः २—सीतायाः प्रवृत्तावुपलब्धायां रिपोर्निलयस्य ज्ञाने च जाते किमस्ति शोककारणम्' इति सविनयं सुग्रीवस्य शोकपूरितं रामं प्रति वचनम्, वानरपराक्रमवर्णनं च । समुद्रस्योपरि सेतुबन्धने रामस्य सुग्रीवेण प्रोत्साहनम् । 'मद्विधैः सचिवैः साकं त्वमरिं जेतुमुद्युक्तः, अतः शौर्यापकर्षणः शोको न विधेयः । क्रोधमालम्बस्व' इति रामं प्रति सूचनं सुग्रीवस्य ।

सर्गः ३—'कथमस्ति लङ्कायाः स्थितिः' इति हनुमन्तं प्रति रामस्य प्रश्नः । तस्योत्तररूपेण हनुमता लङ्काया यथावद्वर्णनम् । 'अङ्गदप्रमुखैर्लङ्का हतेति मन्तव्या तत्रभवता' इति हनुमत्सूचितम् ।

सर्गः ४—'गमनमुहूर्तोऽद्यैव युक्तः' इति रामस्य सुग्रीवं प्रति निवेदनम् । ससैन्यस्य रामस्य दक्षिणदिशि प्रस्थानम् । शुभनिमित्तदर्शनम् ।

सर्गः ५—सागरतीरे सैन्यं संस्थाप्य सीतास्मरणपूर्वकं रामस्य शोकः, शौर्योक्तिरपि ।

सर्गः ६—लङ्कायां हनुमता कृतं घोरं कर्म दृष्ट्वा रावणोक्तिः राक्षसान्प्रति—'वानरमात्रेण ममेयं लङ्कापुरी प्रविष्टा, धर्षिता च । चैत्यप्रासादश्च धर्षितः । अतः सर्वं मन्त्रयुक्तं कार्यम्' इति ।

सर्गः ७—'किमिति विषादोऽस्त्यस्माकम् । सुमहन्नो बलम्' इति राक्षसराजं रावणं प्रति राक्षससमाश्वासनम् । रावणसमीपे तस्य राक्षसानां बलस्य वर्णनम् । इन्द्रजित्प्रतापवर्णनम् ।

सर्गः ८—रावणान्तिके प्रहस्तादिसेनापतीनां स्ववीर्यप्रभाववर्णनम् ।

सर्गः ९—तान्वारयित्वा स्ववीर्योन्मत्तानां रावणसेनापतीनामग्रे 'या कलहकारणरूपा सीतानीता सा परित्याज्या' इत्येवरूपा विभीषणविज्ञप्तिः । राक्षसविसर्जनम्, रावणस्य स्वभवनप्रवेशश्च ।

सर्गः १०—विभीषणस्य रावणसद्मनि प्रवेशः । तस्याग्रे 'सीतायां आगमकालात्प्रभृति निमित्तान्यशुभानि लङ्कायां दृश्यन्ते' इति विभीषणस्य सूचनम् । सूचयतो विभीषणस्याग-

कथं रामो मदग्रे स्थातुं युक्तः' इति गर्वोक्तिपूर्वकमुक्त्वा, रावणो विभीषणं विससर्ज ।

सर्गः ११—रावणसभा ।

सर्गः १२—रावणस्य परिषदि सेनापतिं प्रहस्तं प्रति नगररक्षार्थं योधविनिक्षेपादेशः । सीतार्थे जातायाः स्वस्थितेरुद्घाटनम् । 'यत्कृत्वा रामादिभिः साकं युद्धे ममैव जयो भवेदेवं मन्त्रविधानं कार्यम्' इति रावणवचनम् । 'नेदं सम्यगाचरितं त्वया' इति कुम्भकर्णेन निबोध्य 'अग्रे करिष्यामि शत्रुनाशम्' इति सूचितम् । 'एवं जाते सति सीता ते वशगा भवेत्' इति सूचनम् ।

सर्गः १३—कुम्भकर्णवाक्यात्क्रुद्धं रावणं प्रति 'यथेच्छं कुरु' 'बलात्कुक्कुटवृत्तेन प्रवर्तस्व' इत्यादिवाक्यैः समाधाय प्राप्ताञ्शत्रूञ्शस्त्रप्रहारैर्जर्जरान्करिष्यामः' इति महापार्श्वप्रोत्साहनम् । महापार्श्वाय रहस्यकथनं रावणेन । रावणेन पितामहगृहं गच्छन्त्याः स्त्रियाः पुरा कृतो बलात्स्वीकारः । तेन च क्रुद्धपितामहसकाशात् 'अद्यप्रभृति हठाद्यां कांचनान्यां स्त्रियं गमिष्यसि चेन्मूर्धा शतधा फलिष्यति' इति शापः । 'अतो हेतोः सीताया बलात्स्वीकारेऽहमसमर्थः । मद्बलस्य सर्वथाज्ञानं रामस्य । वैश्रवणपालितेयं नगरी वासवेनापि ग्रहीतुमयुक्ता' इति सूचनं च रावणेन ।

सर्गः १४—तन्निशाचरेन्द्रस्य वाक्यं कुम्भकर्णस्य च गर्जितानि श्रुत्वा 'राघवस्याग्रतो युधि स्थातुमेकस्यापि न शक्तिः । यावत्पर्वतकूटमात्रा वलीमुखा आगत्य लङ्का न समभिद्रवन्ति, तावत्सीतायाः प्रत्यर्पणं कुरु । हितं शृणु' इति विभीषणेनोदितम् । 'राघवाय सीतादानं हि सर्वेषां हितकरम्' इति विभीषणसूचनम् । सीतारूपो महाहिः इति किमिति त्वया स्वीकृतः । न कोऽपि राघवस्याग्रे स्थातुं समर्थः, इति विभीषणस्य पथ्यकरं वचो रावणं प्रति ।

सर्गः १५—विभीषणवचः श्रुत्वेन्द्रजित्स्वपराक्रमवर्णनं करोति । विभीषणकृतेन्द्रजिन्निर्भर्त्सना, इन्द्रजिता सह संवादश्च । विभीषणेन 'राघवबाणान्कः सहेत युधि' इति प्रतिपाद्य 'राघवाय सीता देया' इति पुनः सूचितम् ।

सर्गः १६—विभीषणवाक्यान्यसहमानेन रावणेन तद्विरुद्धार्थप्रतिपादनम् । विभीषणगर्हणम्, धिक्कृतिश्च । धर्मपथातिरिक्तप्रजस्य रावणस्य वाक्यजालं श्रुत्वा चतुर्भिः सह राक्षसैर्विभीषणस्यान्तरिक्षे गमनम् । तत्कृतो रावणायोपदेशश्च ।

सर्गः १७—चतुर्भिः सह राक्षसैर्विभीषणं रामसमीपमागच्छन्तं गगनस्थं दृष्ट्वा हनुमत्प्रमुखादीन्वानरान्प्रति 'अस्मान्हन्तुं समायातोऽयम्' इति सुग्रीवोक्तिः । तद्धनने वानराणामुद्युक्तत्वम् । विभीषणागमनम् । आगमनहेतुनिवेदनं रामसंनिधौ । तेन कृता रावणनिन्दा । 'त्वामहं शरणागतः' इति विभीषणोक्तिः । 'रावणभ्रातृत्वादेव सर्वथाऽविश्वास्योऽयम्' इति सुग्रीवादीनां सूचनम् । 'वालिवधादितस्त्वद्बलं विज्ञाय राज्यं प्रार्थयमानो बुद्धिपूर्वमयमिह त्वदन्तिके संप्राप्तो विभीषणः' इति हनुमता रामाग्रे सूचितम् ।

सर्गः १८—'मित्रभावेन प्राप्तस्य त्यागोऽयुक्तः' इति रामवचनम् । विभीषणसख्यकरणे रामसुग्रीवयोरन्येषां च संवादः । तस्य रामेणाभयदानम् ।

सर्गः १९—'भ्रात्रा रावणेनाहमवमानितस्त्वां शरणं गतः' इति विभीषणोक्तिः । राक्षसानां रावणकुम्भकर्णेन्द्रजिदादीनां बलाबलकथनम् । रावणस्यावध्यत्ववरप्राप्तिः । राक्षसवधे साहाय्यकरणप्रतिज्ञा विभीषणस्य । रावणादिहननविषया प्रतिज्ञा । विभीषणस्याभिषेको राक्षसराज्ये । 'समुद्रतरणे को वा उपायः' इति विभीषणाग्रे प्रश्नः । 'रामेण सागरप्रार्थना विधेया' इति विभीषणेनोक्तम् । तत्सूचनार्थं सुग्रीवस्य रामसंनिधावागमनम् । 'सेतुमन्तरा लङ्काप्रवेशोऽशक्यः' इति विभीषणसूचनम् ।

सर्गः २०—रावणदूतेन शार्दूलनाम्ना राक्षसेन समुद्रतीरे सुग्रीवसैन्यदर्शनम् । दृष्ट्वा झटित्यागत्य रावणाय निवेदनम् । सुग्रीवसकाशे शुकप्रेषणं रावणस्य । 'मया किं तवापकृतम् । स्वस्थाने गच्छ त्वम्' इति, 'वानरैरनासाद्या लङ्का' इति च संदेशः सुग्रीवं प्रति रावणस्य । तस्योत्तररूपेण 'न मेऽसि मित्रम्' इत्यादि सुग्रीवप्रतिसंदेशः । ततोऽङ्गदेन 'शुकोऽयं न दूतः, किं तु शत्रुबलपरीक्षाप्रवृत्तिश्चार एव' इति सूचितम् । वानरैः शुकसंप्रपीडनम् । तन्मुक्त्यर्थं रामाज्ञा ।

सर्गः २१—सागरवेलायां दर्भास्तीर्णे आसने रामस्य त्रिदिनपर्यन्तं स्थितिः । सागरविषये रामलक्ष्मणयोः संवादः । सागरस्यानागमनेन क्रुद्धो रामः 'समुद्रं शोषयामि' इति मनश्चकार । लक्ष्मणस्य 'समुद्रसत्त्वनाशनं कार्यम्' इत्युक्तिः । 'मा मा' इति महर्षिभिश्चाकाशे महता स्वरेण प्रोक्तम् ।

सर्गः २२—रामस्य सागरं प्रति दारुणवचः । सागरस्य सहसैव भीमवेगागमकथनम् । शरपाणिनं राघवं प्रति सागरस्य 'हरीणां तरणे मत्तस्त्रासो न स्यात्' इति विज्ञप्तिः । 'ममामोघबाणस्य क्व निपातनम्' इति तं प्रत्येव रामप्रश्नः । आभीरप्रमुखाः पापा यत्र मम सलिलं पिबन्ति तत्रामोघशरो निपात्यः' इति रामं प्रति सागरनिवेदनम् । राघवबाणपतनात्तद्देशस्य मरुकान्तारमिति संज्ञा । बाणपतितव्रणाज्जलोत्पादनम् । मरुदेशाय रामाशीः । 'तवायं प्रीतिमान्नलस्त्वन्नामस्मरणपूर्वकं मयि सेतुं करोतु' इति रामाग्रे सागरविज्ञप्तिः । तथाकरणे नलस्य रामं प्रत्युत्साहपूर्वकं निदेशः । नलस्य मातुर्वरदानकथा । सेतुबन्धने वानराणां रामानुशासनम् । वानरकृतसेतुबन्धवर्णनम् । वानराणां नलसेतुना सागरपरतीरगमनम् । सुराणां चानन्दातिशयः ।

सर्गः २३—'निमित्तान्यशुभानि' दृश्यन्त इति रामस्य लक्ष्मणं प्रति निवेदनम्, लङ्काभिमुखगमनं च । रामस्य हरिकर्मभिः सुमहान्परितोषः ।

सर्गः २४—लङ्कायां प्रवर्तमानां घोषगर्जनाश्रवणम् । रामो लङ्कां दृष्ट्वा सीतायाः स्मरणात्किञ्चित्सशोकः ससैन्यविभागं कृत्वैकैकस्मिन्भाग एकैकस्य स्थापनं कृतवान् । रामानुशासनाच्छुकमोचनम् । तस्य रावणसकाशे गमनम् । 'कस्मात्त्वं लूनपक्ष इव' इति शुकं प्रति रावणप्रश्नः । शुकेन जातस्थितेर्निवेदनम्, 'रामाय सीता देया' इति चाभ्यर्थनम् । शुकवाक्यश्रवणोत्तरं रावणस्य गर्वोक्तिः ।

सर्गः २५—रावणेन 'किमस्त्येतत्सर्वम्' इति ज्ञानाय शुकसारणयोर्वानरसैन्ये प्रेषणम् । विभीषणेन तौ गृहीत्वा 'लङ्कातो रावणेन प्रेषितौ' इत्युक्तं रामाग्रे । 'ताभ्यां यथोक्तं वा कृतं कार्यं छन्दतो गन्तव्यम्' इत्युक्त्वा वक्तव्यो रावणः—'यद्बलं समाश्रित्य मे सीतां त्वं हृतवानसि । तद्बलं ससैन्यं यथाकामं त्वं दर्शय' इति तयोर्निवेदनम् । शुकसारणौ लङ्कामागत्य रावणाय जातवृत्तान्तं निवेदितवन्तौ ।

सर्गः २६-२७—क्रुद्धो रावणः स्वप्रासादशिखरात्सर्वमवगम्य 'एषु के मुख्याः' इति सारणं प्रति पृष्टवान् । तस्योत्तररूपेण तस्मै सर्वं निवेद्य वानरबलकथनं सारणः करोति ।

सर्गः २८—उर्वरितानां बलकथनं शुकेन कृतम् । 'अग्रे यथा जयः स्यान्न पराजयस्तथा कुरु' इति रावणाय सूचितम् ।

सर्गः २९—क्रुद्धस्य रावणस्य महोदरं प्रति चारप्रेषणेऽनुशासनम् । रामादिशत्रुबलज्ञानार्थं गतानां तेषां वानरैः परिज्ञानम् । घातोद्यमः । रामेण तेषां मोचनम् । रावणान्तिक आगत्य तत्कृतशत्रुबलकथनं च ।

सर्गः ३०—'रामसैन्ये प्रविष्टमात्रे वानरैस्ताडितोऽहं कथं कथमपि मुक्तः । रामस्तु लङ्काद्वारे स्थितः । वानरसैन्यं त्वसंख्येयं दृश्यते । तदर्थं संप्रति सीतादानं कुरु, युद्धं वा दीयताम्' इति शार्दूलेनोक्तम् । रावणः स्वबलमन्येषां राक्षसानां च बलं कथयति ।

सर्गः ३१—रामसैन्यस्य चारमुखेन महत्त्वादिश्रवणाद्रावणोद्वेगः । रावणस्य मन्त्रः । मायामयं राघवस्य शिरः सशरं धनुश्च गृहीत्वा मायाविना विद्युज्जिह्वेन सह सीतासकाशे रावणगमनम् । 'मया ते भर्ता देवरः सर्वसैन्यं च विनाशितम्' इति सीताग्रे निवेदनम् । विद्युज्जिह्वानीतसशरासनराघवशिरःस्थापनं सीतानिकटे । 'पश्चिमा ग्रन्थिर्ग्राह्या' इति सीतां रावणोक्तिः । 'अधुना मे वशा भव' इति च वचनम् ।

सर्गः ३२—राममुखसदृशं तन्मुखं दृष्ट्वा रामार्थं सीतायाः शोकः । शोकेन मूर्च्छनं सीतायाः । संज्ञाप्राप्तिः । 'पत्या पतिं समानय, मामपि मारय' इति रावणप्रार्थना । अनीकस्थो राक्षसो रावणान्तिक आगत्य 'आत्ययिककार्यवशात्प्रहस्त आह्वयति' इति विज्ञापयति । रावणगमनम् । सकार्मुकस्य शीर्षस्य रावणनिर्याणानन्तरमन्तर्धानम् ।

सर्गः ३३—शोकपूरितायाः सीतायाः सरमया सान्त्वनम् । 'रावणोक्तस्य सर्वथासंभवः' इत्युक्त्वा 'त्वं मायया रावणेन मोहिता' इति सीतायाः संशयनिरासकरणम् । 'अल्पेनैव कालेन राघवं द्रक्ष्यसि' इत्युक्तिश्च । 'सैन्ययुतराघवस्य दक्षिणदिशि समुद्रतीरे स्थितिः' इति निवेदनम् । भेरीनादः, सेनासंनाहश्च रावणचम्वाः ।

सर्गः ३४—रावणवृत्तज्ञानार्थं सीतया सरमायाः प्रेषणम् । रावणान्तिके सरमाया गमनम् । तन्मन्त्रं निश्चित्य पुनश्चाशोकवनिकायां प्रवेशः । 'मृतिमन्तरा रावणस्त्वां न मुञ्चति' इति निवेदनम् । उभयोर्भाषमाणयोर्वानरसैन्यनादश्रवणम् ।

सर्गः ३५—'राघवेण सह संधिः कार्यः' इति मातामहेन माल्यवता रावणबोधनम्, तद्विषयकस्तयोः संवादश्च ।

सर्गः ३६—अशुभनिमित्तनिवेदनम् । माल्यवतो वाक्यमसहमानो रावणः स्ववीर्यं कथयित्वा द्वारि द्वारि राक्षसस्थापनं कृतवान् ।

सर्गः ३७—विभीषणो मन्त्रिप्रोक्तां सेनाविधानप्रवृत्तिं राघवाय निवेदयति । युद्धविषयको रामविभीषणयोः संवादः । नीलादीनां स्थानस्थानेषु योजना । कृत्यसिद्ध्यर्थं रामस्य सुवेलगिरितटे वस्तुं मनीषा ।

सर्गः ३८—वानरैः सह सुवेलगिरितटे स्थित्वा लङ्कादर्शनम् ।

सर्गः ३९—लङ्कास्थवनोपवनानां वर्णनम् । सुग्रीवाज्ञया वानराणां लङ्कायां गमनम् । वानरवृत्त्या सर्वेषां राक्षसानां त्रासः । स्तम्भसहस्रयुक्तस्य चैत्यप्रासादस्य रामादीनां दर्शनम् ।

सर्गः ४०—त्रिकूटशिखरस्थां लङ्कां दृष्टवान्रामः । गोपुरावस्थितं रावणं दृष्ट्वा सुग्रीवः सहसैवाह्वानं कृत्वा तदन्तिक आगत्य परुषवचसा तं तृणीकृत्य मुकुटमाकृष्य शिरसो गृहीत्वा पातयामास । उभयोर्महद्युद्धम् । खरक्षणे रावणो मायाबलमुत्पादयितुमारब्धः । एतस्मिन्नेवावसरे सुग्रीव उड्डीय गतः ।

सर्गः ४१—रामसुग्रीवयोः संवादः । रामस्य सुवेलपर्वतादवतरणम् । रामलक्ष्मणयोर्लङ्कामभिमुखगमनम् । विभीषणस्यानुमतेन राजधर्ममनुस्मृत्य रावणायाङ्गदमुखेन रामसंदेशः । रावणमन्दिरेऽङ्गदस्य बन्धनम् । सराक्षसस्याङ्गदस्योड्डानम् । राक्षसानां पतनम् । प्रासादशृङ्गभञ्जनम् । रामसमीप आगमनम् । राक्षससैन्ये कोलाहलः ।

सर्गः ४२—'लङ्केयं वानररुद्धा' इति राक्षसानां रावणाग्रे निवेदनम् । रामस्य लङ्काप्रवेशः । मनसा सीतास्मरणम्, द्विषतां वधे वानराणां रामाज्ञा । वानराणां वर्तनम् । राम रामेति वानराणां सघोषगर्जना । वानराणां रक्षसां च घोरसङ्ग्रामः ।

सर्गः ४३—कस्य केन साकं युद्धमिति कथनम् । सूर्यस्यास्तं गमनम् ।

सर्गः ४४—कपिराक्षसानां निशायुद्धवर्णनम् ।

सर्गः ४५—इन्द्रजित्पराजयः, तदमर्षश्च । तद्युद्धे इन्द्रजिता कूटयोधिना बाणै रामलक्ष्मणौ मर्मसु विद्धौ । तेन च रामस्य पतनम् । रामं दृष्ट्वा लक्ष्मणस्य शोकवर्धनम्, वानराणां शोकश्च ।

सर्गः ४६—रामलक्ष्मणयोः सकाशे ससुग्रीवविभीषणयोरागमनम् । निःश्वसतो रामलक्ष्मणयोस्तैः साकं भाषणम् । रामपतनादिन्द्रजितो गर्वोक्तिः । विभीषणसुग्रीवयोः संवादः । इन्द्रजिल्लङ्काप्रवेशः । तद्दर्शनेन राघवव्यसनश्रवणेन परमो रावणहर्षः ।

सर्गः ४७—रावणाज्ञया राक्षसीभिः सीतां पुष्पकविमान आरोप्य शरतल्पगतौ रामलक्ष्मणौ दर्शितौ ।

सर्गः ४८—रामार्थे सीतायाः शोकः । सीतायास्त्रिजटया सान्त्वनम् । 'तौ विसंज्ञौ, न तु हतौ' इति समाश्वासः । सीताया अशोकवनिकायां पुनः प्रवेशः ।

सर्गः ४९—रामस्य संज्ञालाभः । रामस्य लक्ष्मणार्थे शोकः । रामस्य वानरान्प्रति वाक्पारितोषिकदानम् ।

सर्गः ५०—रामलक्ष्मणयोर्विषये सुग्रीवाङ्गदयोः संवादः । विभीषणागमनम् । सुग्रीवं प्रति विभीषणप्रोत्साहनम् । रामं दृष्ट्वा विभीषणशोकः । तं प्रति सुग्रीवप्रोत्साहनम् । सुषेणं प्रति 'रामलक्ष्मणौ गृहीत्वा किष्किन्धां गच्छ । रावणं हत्वा सीतामादायाहमागमिष्यामि' इति सुग्रीववचनम् । 'विशल्यासंजीवकरण्यावोषधी रानेतुं वानरा हनूमांश्च गच्छन्तु' इति सुषेणवचनम् । एतस्मिन्नन्तरे गरुडागमनम् । वैनतेयेन काकुत्स्थस्पर्शनम् । शरभूतानां नागानां विद्रावणम्, रामलक्ष्मणयोः पूर्ववत्स्थितिश्च । रामस्य वैनतेयं प्रति 'कस्त्वम्' इत्यादि प्रश्नः । रामं गरुत्मान्स्वागमनकारणं कथयति । रामालिङ्गनपूर्वकं सुपर्णगमनम् । प्लवङ्गमानां पूर्ववदाचरणम् । हर्षेण नादः ।

सर्गः ५१—हर्षपूरितवानरशब्दं श्रुत्वा रावणस्य सांशयिकत्वम् । प्राकारोपरि स्थित्वा सर्वं निरीक्ष्य धूम्राक्षराक्षसवानरैः साकं युद्धाय सज्जीभवितुमाज्ञा । बहुभिर्निशाचरैः सह धूम्राक्षगमनम् ।

सर्गः ५२—वानरराक्षसानां युद्धवर्णनम् । हनुमता गिरिशृङ्गेण धूम्राक्षो हतः ।

सर्गः ५३—धूम्राक्षपतनानन्तरं क्रोधयुतेन रावणेन वानरैः सह युद्धार्थं वज्रदंष्ट्रप्रेषणम् । तेन साकं वानराणां युद्धम् ।

सर्गः ५४—वानरराक्षसानां युद्धवर्णनम् । अङ्गदखड्गप्रहाराद्वज्रदंष्ट्रस्य पतनम् ।

सर्गः ५५—अथ च क्रुद्धेन रावणेन बलाध्यक्षस्य प्रहस्तस्य प्रेषणम् । तेन साकं वानराणां युद्धम् । एतद्युद्धे राक्षसानां लीलयैव वानरैः कदनम् ।

सर्गः ५६—अकम्पनेन सह वानराणां युद्धम्, तन्मध्येऽकम्पनपतनं च ।

सर्गः ५७—अकम्पनवधाच्चकितस्य रावणस्य सचिवैः साकं संवादः । गुल्मपरीक्षणम् । सैन्ययुतस्य प्रहस्तस्य युद्धार्थं गमनं च ।

सर्गः ५८—प्रहस्तं दृष्ट्वा रामस्य विभीषणं प्रति 'कोऽयम्' इति प्रश्नः । 'सेनापतिरयम्' इति विभीषणस्तं निवेदयति, तत्पराक्रमवर्णनं च करोति । तेन साकं वानराणां युद्धम्, नीलहस्तेन प्रहस्तस्य पतनं च ।

सर्गः ५९—प्रहस्तार्थे रावणशोकः । युद्धार्थं रावणस्य स्वयं निष्क्रमणम् । रावणविषये रामस्य विभीषणं प्रति प्रश्नः । सेनापतिप्रभावगर्भं विभीषणस्य रामं प्रति निवेदनम् । रावणेन सह सुग्रीवस्य युद्धम् । तन्मध्ये सुग्रीवापजयः । ततो हनुमता सह युद्धम् । तन्मध्ये रावणापजयः । ततो लक्ष्मणेन सह रावणस्य युद्धम् । रावणापजयः । ततो रामेण सह रावणस्य युद्धम् । रावणापजयः ।

सर्गः ६०—रामबाणत्रस्तो भग्नदर्पो रावणो लङ्कां प्रविश्य मन्त्रिमध्ये रामपराक्रमं वर्णयति । मानुषेभ्योऽवध्यत्वं न याचितम् । 'मानुषेभ्यो भयं विजानीहि' इति ब्राह्मवाक्यस्मृतिः । अनरण्यवचसो वेदवतीशापस्य च स्मरणम् । कुम्भकर्णप्रबोधनार्थं रावणाज्ञा । कुम्भकर्णस्य महानिद्रावर्णनम् । कुम्भकर्णप्रबोधादूर्ध्वं भयकथनं श्रुत्वा कुम्भकर्णवचनम् । रावणस्य दर्शनार्थं रावणगृहगमनम् ।

सर्गः ६१—कुम्भकर्णं दृष्ट्वा 'कोऽयम्' इति विभीषणं प्रति रामस्य प्रश्नः । पूर्वं युद्धे कुम्भकर्णेन वैवस्वतो वासवश्च पराजितस्तां कथां विभीषणः कथयति । 'मृतकल्पो ह्येष षण्मासं शयिता, एकाहं जागरिष्यति' इति ब्रह्मणः शापकथनम् । कुम्भकर्णदर्शनाद्वानराणां पलायनम् । रामस्य सेनापतिं नीलं प्रति लङ्काद्वाररक्षार्थं सायुधामात्यस्थापनानुशासनम् ।

सर्गः ६२—कुम्भकर्णो रावणभवनं प्रविश्य तं नत्वा च 'कुतस्ते भयम्' इति रावणं पृष्टवान् । तदग्रे 'ममास्ति रामभयम्' इति रावणवचनम् । तस्योपच्छन्दनम् ।

सर्गः ६३—कुम्भकर्णस्य रावणभर्त्सनरूपवचनम् । 'पापस्य कर्मणः पुराकृतमन्त्रविनिर्णयाश्रवणस्य च फलमुपस्थितम्' इत्यादिवाक्यम् । 'अग्रे च रावणस्य सान्त्वनार्थं करिष्यामि रामवधम्' इति 'हरींश्च भक्षयिष्यामि' इत्यादि कुम्भकर्णवचनम् ।

सर्गः ६४—कुम्भकर्णमहोदरयोः संवादः । रामपराक्रमवर्णनं महोदरकृतम् । सीताप्राप्त्युपायदर्शनमपि महोदरकृतम् ।

सर्गः ६५—रावणकुम्भकर्णयोः संवादः । रावणवाक्यात्कुम्भकर्णस्य युद्धोत्साहः । रावणनमस्कृतिपूर्वकं कुम्भकर्णस्य युद्धार्थं गमनम् ।

सर्गः ६६—कुम्भकर्णदर्शनेन वानराणां पलायनम्, वानरैः साकमङ्गदस्य संवादश्च । तेषां चाङ्गदेन पर्यवस्थापनम् ।

सर्गः ६७—कुम्भकर्णस्य वानरैः सह युद्धम् । तन्मध्ये वानराणां कुम्भकर्णस्य च पर्यायेण पतनम्, पुनरुत्थानं च । कुम्भकर्णस्य कर्णनासाविहीनकरणम् । लक्ष्मणेन सह संवादः, युद्धं च । रामेण सह युद्धप्रसङ्गप्रार्थनम् । तन्मध्ये कुम्भकर्णस्य हस्तादिच्छेदनम् ।

सर्गः ६८—कुम्भकर्णहननवार्तानिवेदनम् । रावणाय कुम्भकर्णमरणश्रवणाद्रावणस्य शोकः विभीषणोपदेशस्मरणम्, पश्चात्तापश्च ।

सर्गः ६९-७०—शोकसंतप्तस्य रावणस्य त्रिशिरसा सह संवादः । तस्य युद्धार्थं गमनम् । तद्रक्षणार्थं रावणाज्ञया तद्भ्रात्रोर्गमनम् । वानरैः सह तेषां राक्षसानां महद्युद्धम् । तन्मध्ये रावणपुत्रस्य पतनम् ।

सर्गः ७१—भ्रातृपितृव्यादिवधात्क्रुद्धस्यातिकायस्य वानरैः सह युद्धार्थं निष्क्रमणम् । रथारूढं तमतिकायं दृष्ट्वा 'कोऽयम्' इति राघवस्य विभीषणं प्रति प्रश्नः । तत्पराक्रमगर्भं विभीषणस्योत्तरम्, तद्वधे रामस्य प्रोत्साहनं च । अतिकायस्य सौमित्रिणा सह संवादः, युद्धं च लक्ष्मणबाणेनातिकायस्य पतनम् । एवमपि युध्यमानानां चतुर्णां देवान्तक-नरान्तक-महोदर-महापार्श्वानां पतनम् ।

सर्गः ७२—अतिकायादीनां महावीराणां युधि पतनेन रावणोद्वेगः । 'सर्वतः सैन्यपरिवृतैर्वानराणां पदं द्रष्टव्यमिति नावज्ञा विधेया' इति च राक्षसान्प्रति रावणानुशासनम् ।

सर्गः ७३—पुत्रभ्रातृवधेनातिखिन्नं रावणं प्रतीन्द्रजिद्भाषणम् । स्वपराक्रमप्रशंसनम् । सैन्ययुक्तस्येन्द्रजितो युद्धार्थं निष्क्रमणम् । वानरजिघांसया सर्वैर्निशाचरैर्मिलित्वा युद्धं विधेयमितीन्द्रजिदाज्ञा । वानराणां राक्षसैः साकं घोरं युद्धम् । रामलक्ष्मणयोः संवादः । रामलक्ष्मणावमुक्त्वा ब्राह्मेणास्त्रेण सैन्यमोहनम् । इन्द्रजितो लङ्कायां प्रवेशः, रावणाय निवेदनं च ।

सर्गः ७४—विभीषणेन वानराणां सान्त्वनम् । हनुमता सह विभीषणसंवादः । सर्वौषधियुतद्रोणपर्वतानयने हनुमन्तं प्रति जाम्बवतो विज्ञप्तिः । हनुमतो गमनम् । ओषधीनामदर्शनम् । ओषधिपर्वतयुतस्य हनुमतः प्रत्यागमनम् । मृतवानराणां पुनरुज्जीवनम् । रामलक्ष्मणयोरपि विशल्यत्वम् । ओषधिशैलस्य पुनः स्वस्थाननयनम् ।

सर्गः ७५—महाबला वानराः सोल्का लङ्कायामितस्ततो विचरन्त्विति सुग्रीवस्य हनुमन्तमुक्तिः । तेषां संचारः । गोपुराद्वादीना हुताशनसंस्कारः । वानरैः सह राक्षसानां घोरं युद्धम्, तद्वर्णनं च ।

सर्गः ७६—कुम्भ-निकुम्भ-अकम्पनादीनां राक्षसानामङ्गदादिभिः सह युद्धम् । कुम्भहननम् ।

सर्गः ७७—भ्रातरं कुम्भं निहतं दृष्ट्वा जाताया निकुम्भस्थितेर्वर्णनम् । हनुमता सह निकुम्भयुद्धम् । तत्र निकुम्भपतनं च ।

सर्गः ७८—ततो राघववधार्थं खरपुत्रं मकराक्षं प्रति रावणचोदनम् । मकराक्षस्य युद्धार्थं निष्क्रमणम् । गच्छतस्तस्याशुभनिमित्तसूचनम् ।

सर्गः ७९—द्वन्द्वयुद्धक्रियाविषयकमकराक्षस्य राघवेण सह संवादः । राघवमकराक्षयोर्युद्धम् । तन्मध्ये मकराक्षस्य पतनम् ।

सर्गः ८०—मकराक्षहननोत्तरं रावणस्येन्द्रजितं प्रति 'दृश्योऽदृश्यो वा कथमपि राघवविध्वंसः कार्यः' इति समादेशः । इन्द्रजितो मायाप्रकारवर्णनम् । 'रामलक्ष्मणौ हनिष्यामि, निर्वानरां पृथ्वीं च करिष्यामि' इत्युक्त्वान्तर्हितः । हुताग्निरिन्द्रजिद्युद्धं कृतवान् ।

सर्गः ८१—इन्द्रजितः पुरप्रवेशः । मायामयीं सीतां रथे स्थापयित्वा सर्वेषां मोहनार्थं तद्धननायेन्द्रजित उद्युक्तत्वम् । तत्काले मायामयीं सीतां तादृगवस्थापन्नां दृष्ट्वा हनुमद्धुङ्कारः । इन्द्रजितो हनुमता भर्त्सनम् । इन्द्रजिदुत्तरम् । सर्वेषां समक्षं सीताहननम् ।

सर्गः ८२—वानरैः सर्वैरेकीभूयेन्द्रजिद्रथे महत्याः शिलायाः प्रक्षेपणम् । इन्द्रजिता सह वानरयुद्धम् । सीताया नाशात्खिन्नस्य हनुमतः शनैः शनैर्गमनम् । होतुकामस्येन्द्रजितो निकुम्भिलां प्रति गमनम् ।

सर्गः ८३—रामसमीप आगत्य 'इन्द्रजितास्मत्समक्षं सीता हता' इति हनुमता निवेदनम् । सीतार्थे रामस्य शोकः । रामस्य विगतसंज्ञत्वम् तत्पर्यवस्थापनं लक्ष्मणेन । संज्ञालम्भप्रयत्नः ।

सर्गः ८४—मोहमापन्नस्य शोकपूरितस्य लक्ष्मणस्याङ्कमाश्रितस्य रामस्य समीपे विभीषणागमनम् । 'इन्द्रजिता माययैव सर्वमाचरितम्' इति रामाग्रे विभीषणेनोदितम् । 'इन्द्रजितः कर्मविध्वंसनाय लक्ष्मणं देहि' इति रामाग्रे विभीषणवचनम् । कर्मसमाप्तौ तु तस्य दुःसाध्यत्वनिवेदनम् ।

सर्गः ८५—रामेण 'सर्वं कथय' इति विभीषणः पुनः पृष्टः । विभीषणश्चेन्द्रजितो निकुम्भिलागमनप्रकारादिसर्वं निवेदितवान् । रामचरणनमनपूर्वकं लक्ष्मणस्य विभीषणेन सहितस्य निकुम्भिलाभिगमनम् ।

सर्गः ८६—'कर्मसमाप्तेः प्रागेनं जहि' इति विभीषणस्य लक्ष्मणं प्रति प्रोत्साहनम् । लक्ष्मणेन सह रक्षार्थं संस्थापितानां राक्षसानां युद्धम् । रावणेरुत्थानं कर्मणः । ततो हनुमता 'नियुद्धक्रियासक्तो भव' इति रावणेरुत्साहनम् । तत्काले रथारूढो रावणिर्विभीषणेन लक्ष्मणाय दर्शितः ।

सर्गः ८७—लक्ष्मणं गृहीत्वा विभीषणेन न्यग्रोधाधोभागस्तदुपहारस्थानं च दर्शितम् । न्यग्रोधप्रवेशात्प्रागेव 'रावणात्मजं जहि' इति निवेदितं च । तस्मिन्नेवावसरे विभीषणस्य रावणात्मजग्रन्थिः । रावणिना पितृव्यनिर्भर्त्सनं । विभीषणस्य रावणिं प्रति प्रत्युत्तरं च ।

सर्गः ८८—इन्द्रजितो विभीषणं प्रति परुषवाक्यैस्ताडनं गर्जनं वीरभाषणं बाणप्रक्षेपणं लक्ष्मणस्येन्द्रजिता संवादश्च । इन्द्रजितो लक्ष्मणेन सह घोरं युद्धम् ।

सर्गः ८९—तयोर्युद्धे युयुत्सया विभीषणगमनम्, उक्तिश्च । इन्द्रजिता सह विभीषणलक्ष्मणयोर्युद्धम् । इन्द्रजितो हताश्वत्वम्, सारथिहननं च । इन्द्रजिता स्वयं सारथ्यकरणम् ।

सर्गः ९०—इन्द्रजितो लङ्कागमनम् । पुनश्च लक्ष्मणेन सह युद्धार्थमागमनम् । उभयोर्युद्धम्, इन्द्रजिद्धननं च ।

सर्गः ९१—रामसमीप आगत्य 'रावणात्मजो लक्ष्मणेन हतः' इति विभीषणवचनं । रामस्य तोषगर्भा उक्तयः । लक्ष्मणेन संवादः । सुषेणेन विशल्यकरणं लक्ष्मणस्य ।

सर्गः ९२—इन्द्रजिद्वधस्य रावणाय वार्ताकथनम् । राक्षसेभ्यः श्रुत्वा कश्मलप्रवेशः, शोकश्च । सीतावधं निश्चित्य तत्समीपगमनम् । तमुद्यतासिमागच्छन्तं दृष्ट्वा सीताया भयम्, शोकश्च । सुपार्श्वेन रावणस्य निवारणम् ।

सर्गः ९३—'सर्वैर्मिलित्वा रामेण साकं युद्धं कर्तव्यम्' इति लङ्कास्थहतशेषान्राक्षसान्प्रति सभायां रावणानुशासनम् । तेषां युद्धाय निर्गमनम् । सवानरेण रामेण सह युद्धम् । तन्मध्ये राक्षसानां नाशः ।

सर्गः ९४—रामेण राक्षसानां हननं दृष्ट्वाशेषराक्षसीनां शोकः । हतपुत्रबान्धवानां विधवानां राक्षसीनां विलापः, रावणगर्हणं च ।

सर्गः ९५—राक्षसीविलापश्रवणेन क्रुद्धस्य रावणस्य राघवहननार्थं राक्षसोत्साहदानम् । सदर्पोक्तिः स्वस्य युद्धाय गमनम् । गच्छतोऽशुभनिमित्तसूचनं च ।

सर्गः ९६-९७-९८—वानरैः सह राक्षससहायस्य रावणस्य युद्धम् । तत्र विरूपाक्षस्य पतनम्, सुग्रीवहस्तेन महोदरपतनं च । अङ्गदहस्तेन महापार्श्वशिरश्छेदः ।

सर्गः ९९—रामलक्ष्मणयोः साकं रावणेन युद्धम्, तस्य वर्णनं च ।

सर्गः १००—रामरावणयोर्युद्धम् । लक्ष्मणस्य रावणप्रेरितशक्त्या मूर्च्छनागमः ।

सर्गः १०१—रामस्य लक्ष्मणविषयकः शोकः । सुषेणेन समाधानम् । ओषधिपर्वतशिखरस्य हनुमतानयनम् । विशल्यस्य लक्ष्मणस्योत्थानम् ।

सर्गः १०२—सरथस्य रावणस्य सहारथेन रामेण युद्धमयुक्तमिति कृत्वा मातलिसारथियुतरथस्येन्द्रेण प्रेषणम् । रामरावणयोर्युद्धम् ।

सर्गः १०३—रामेण रावणस्य निर्भर्त्सना । भार्यापहाराद्यपराधोद्घोषणम् । युद्धप्रवर्तनम् । विघूर्णहृदयस्य रावणस्य रणादपवाहनं सारथिना ।

सर्गः १०४—सारथिं प्रति रावणस्य क्रोधोक्तिः । सूतेनापवाहनस्य कारणकथनम् ।

सर्गः १०५—अगस्त्यस्य रामं प्रति जयावहस्यादित्योपासनारूपगुह्यस्य कथनम् । सूर्यस्तवोऽगस्त्येन, रामस्योत्सुक्यं च ।

सर्गः १०६—रावणस्य पुनर्युद्धभूमावागमनम् । रामरावणयोर्युद्धम् । उत्पातदर्शनम् ।

सर्गः १०७—रामबाणैः रावणशिरश्छेदनम् । तत्सदृशस्यान्यस्य शिरसः पुनः प्राप्तिः । एवं छिन्नमात्रे शीर्षे पुनर्द्वितीयस्य शीर्षस्य दर्शनम् ।

सर्गः १०८—मातले, रामं प्रति रावणवधाय पैतामहास्त्रमोचनोपदेशः । रावणवधः ।

सर्गः १०९—रावणार्थे विभीषणस्य शोकः । विभीषणस्य रामेण सान्त्वनम्, प्रेतकृत्यकरणेऽनुमतिश्च ।

सर्गः ११०—अन्तःपुरनिष्पतितानामायोधनं प्रविश्य रावणं विचिन्वतीनां राक्षसीनां रावणार्थे महाञ्शोकः । तं दृष्ट्वा तदवयवग्रहणपूर्वकं तासां रोदनम् ।

सर्गः १११—रावणस्त्रीणां मन्दोदरीप्रमुखानां रावणार्थे शोकः । माल्यवता सह विभीषणेन कृतस्य रावणान्त्यमण्डनप्रकारस्य वर्णनम् ।

सर्गः ११२—मातलेः स्वर्गगमनम् । विभीषणस्य लङ्काराज्याभिषेकवर्णनम् । सीताया निकटे रामेण हनुमतः कुशलवार्ताश्रवणाय तत्प्रत्यानयनाय संदेशेन प्रेषणम् ।

सर्गः ११३—सीताया अखिलवृत्तकथनम् । समाश्वासः । विनिस्तीर्णप्रतिज्ञत्वम् । तत्सकाशात्प्रतिवचनं गृहीत्वा हनुमतो रामाग्रे प्रत्यागमनम् । सीताया हनुमता संवादः । सीतापरितोषः ।

सर्गः ११४—विभीषणेन सीता शिरःस्नाता प्रतिकर्मसंयुक्ता महार्हाभरणोपेता शिबिकायामारोप्य रामाग्रे नीता । उभयोर्ग्रन्थिः ।

सर्गः ११५—'परगृहोषितायाः स्त्रियो ग्रहणमनुचितम् । न मे त्वया कार्यमस्ति दिशो भज यथेष्टम्, अनुजानेऽहम्' एवंरीत्या सीतां प्रति रामस्य लोकापवादभयात्परुषभाषणम् ।

सर्गः ११६—सीताया भाषणेन स्वारोपितदोषनिरासः । ततः परगृहोषितत्वादिसंशयनिरासार्थं रामं प्रदक्षिणीकृत्य प्रज्वलितायाः सीताया लक्ष्मणरचिताग्नौ प्रवेशः ।

सर्गः ११७—शंकरादीनां सर्वेषां देवानां तत्रागमः, परस्परभाषणं च । ब्रह्मकृता रामस्य स्तुतिः ।

सर्गः ११८—अग्निना सीताङ्केनादाय 'निर्दोषेयम्' इत्युक्त्वा रामाय समर्पिता । रावणगृहे तत्स्थितिश्च निवेदिता ।

सर्गः ११९—'इन्द्रलोकगतस्त्वे पितेदानीं विमानस्थोऽयम्' इति महादेवेन सूचनम् । पितापुत्रयोर्ग्रन्थिः । दशरथस्य हर्षः । रामेण संवादः । कैकेय्या भरतस्य च प्रसादं कुरु । सपुत्रां त्वां त्यजामीति यदुक्ता कैकेयी स शापस्तां सपुत्रां न स्पृशेत्' इति रामेण दशरथप्रार्थना । 'तथा' इति दशरथोक्तिः । स्नुषां रामलक्ष्मणावामन्त्र्य दशरथस्येन्द्रलोकगमनम् ।

सर्गः १२०—महेन्द्रवरप्रसादाद्युद्धे मृतवानराणां पुनर्जीवितप्राप्तिः ।

सर्गः १२१—रामस्य विभीषणेन स्नानाङ्गरागधारणादिविषयका प्रार्थना । रामस्य भरतभावं मनसि कृत्वा 'तेन विना स्नानादि न विधास्यामि' इति कथनम् । पुष्पकाह्वानम् ।

सर्गः १२२—वानरैः सत्कारः । पुष्पकारोहणम् । सुग्रीवस्य विभीषणस्य सर्वेषामयोध्यागमनेच्छा । तन्नयनम् ।

सर्गः १२३—विमानस्थस्य रामस्य सीतां प्रति युद्धभूमेस्तत्तद्देशस्य दर्शनम् ।

सर्गः १२४—पूर्णे चतुर्दशे वर्षे भरद्वाजाश्रमे रामस्यागमनम् । भरद्वाजेन सह रामस्य संवादः । भरद्वाजाश्रमे रामस्य वासः ।

सर्गः १२५—तत्प्रसादेनायोध्यागमनमार्गस्थितवृक्षाणामकालफलितत्वम् । गुहभरतकुशलप्रकृतिज्ञानार्थं स्वोपयानप्रवृत्तिज्ञापनार्थं च रामस्य हनुमत्प्रेषणम् । हनुमता गुहं भरतं प्रति च रामप्रत्यागमादिवृत्तकथनम् । भरतस्यानन्दः ।

सर्गः १२६—रामस्य हरीणां च कया रीत्या संबन्धस्तत्सर्वं कथानकं वर्णयति हनुमान्भरताय । रामस्य वने यच्चरितं तस्याखिलस्याख्यानम् ।

सर्गः १२७—भरतस्य रामप्रत्युद्गमनार्थं संभारादेशः शत्रुघ्नाय । रामभरतग्रन्थिः । भरतस्य सुग्रीवादिपरिचयः । रामस्य मातृणां पुरोहितस्य च ग्रन्थिः । नागराणामानन्दः । तत्कृतप्रणतयः, सत्काराश्च । भरतेन पादुकयो रामचरणाभ्यां संयोजनम् । राज्यरूपस्य न्यासस्य निर्यातनम् । सर्वेषां भूमाववतरणम् । पुष्पकविसर्जनं धनदावासगमनाय ।

सर्गः १२८—भरतस्य रामेण सह संवादः । रामादीनां तैलाभ्यङ्गस्नानम् । प्रतिकर्माङ्गीकारः सर्वेषाम् । रामस्याभिषेकः । पुरमण्डनम् । सुग्रीवादीनां सत्कारः । हनुमते हारदानं सीतया । वानरादीनां विसर्जनम् । सुग्रीवस्य किष्किन्धां विभीषणस्य च लङ्कां प्रतिगमनम् । भरतस्य यौवराज्येऽभिषेचनम् । रामराज्यवर्णनम् । रामायणश्रवणफलकथनम् ।

उत्तरकाण्डम् ।

सर्गः १—रावणादीनां वधोत्तरं प्राप्तराज्यं रामं प्रति वन्दितुं पूर्वादिभ्यो दिग्भ्यः कौशिकादिमहर्षीणामागमनम् । रामेण तेषां पूजनम् । ऋषिकृतो रामस्तवः । तैः कृतामिन्द्रजित्प्रशंसां श्रुत्वा रामस्य विस्मयः । शक्रजेतुरिन्द्रजितः प्रभावश्रवणे रामस्यौत्सुक्यम् ।

सर्गः २—रावणपितामहस्य पुलस्त्यस्यागस्त्येन कथावर्णनम् । तस्य देववल्लभत्वम् । तृणबिन्द्वाश्रमगमनम्, तपस्तपनं च । कन्यकाविघ्नम् । तस्य शापः । तृणबिन्दोस्तनयायास्तस्याश्रमे संचारः । तस्याः पाण्डुदेहत्वम्, सगर्भत्वं च । तस्याः पुलस्त्याय पित्रा दानम् । तयोः पौलस्त्यस्य विश्रवस उत्पत्तिः ।

सर्गः ३—रावणपितुर्विश्रवसस्तपस्यास्थितत्वम् । महर्षिणा भरद्वाजेन तस्मै स्वसुतादानम् । तयोर्वैश्रवणोत्पत्तिः । दक्षिणस्यां त्रिकूटाग्रे राक्षसनिवासार्थं विश्वकर्मनिर्मितायां लङ्कायां वासार्थं निर्देशः । तस्य लोकपालत्वम् । त्रिदशैः समत्वप्राप्तिः, पुष्पकलाभश्च ।

सर्गः ४—'लङ्कायां राक्षसानां संभवः कथम्' इति रामस्य प्रश्नः, रामस्य राक्षसकथाजिज्ञासा च । रामप्रश्नपूरणाय राक्षसानां यक्षाणां चोत्पत्तिवर्णनमगस्त्येन । हेतिप्रहेतीतिसंज्ञकयोर्भ्रात्रोर्वर्णनम् । हेतेः कालभगिन्या भयाया उद्वहनम् । विद्युत्केशोत्पत्तिः । तस्य संध्यातनया (सालकटंकटा) लाभः । तत्कृतं गर्भविसर्जनम् । तस्य सुकेशस्य हरेण दर्शनम्, प्रसादश्च ।

सर्गः ५—सैव राक्षसकथा सुकेशादीनामनलानिलहरसंपातीति विभीषणामात्यपर्यन्ता । ग्रामण्या नाम गन्धर्वेण स्वसुताया देववत्याः सुकेशाय दानम् । तस्मान्माल्यवतः सुमालेर्मालेश्चोत्पत्तिः । तेषां ब्रह्मणः प्रसादः । विश्वकर्मणा निर्मितायां लङ्कायां तद्वासः । त्रयाणां तेषां नर्मदानाम्न्या गन्धर्व्या कन्यात्रयप्राप्तिः । तासां प्रसवाः ।

सर्गः ६—देवर्षित्रासस्तेभ्यो राक्षसेभ्यः । तेषां महेश्वरनिकटे गमनम्, निवेदनं च । महेश्वरेण तेषामवध्यत्वकथनम्, 'विष्णुः शरणम्' इति भाषणं च । तेषां विष्णुसमीपे गमनम् । 'तान्हनिष्यामि' इति विष्णुप्रतिज्ञा । देवानां समाश्वासः । माल्यवदादीनां मन्त्रः । देवजिघांसया देवलोकगमनम् । सुपर्णस्थितस्य विष्णोस्तैर्युद्धारम्भः ।

सर्गः ७—राक्षसानां विष्णुना सह युद्धम् । मालेश्च नाशः ।

सर्गः ८—सुमालिमाल्यवतोः पराजितयोः पातालप्रवेशः ।

सर्गः ९—कदाचित्सुमाली रसातलान्मर्त्यलोकं विचरन्नविवाहितां कैकसीं कन्यां गृहीत्वेतस्ततो यावद्विचरति तावत्स्वपितरं द्रष्टुं गच्छन्तं वैश्रवणं दृष्ट्वा पुत्र्याः प्रदानकालस्य संप्राप्तत्वात्ताम् 'विश्रवसं त्वं भज' इत्युक्त्वाग्रे 'ईदृशाः (वैश्रवणसदृशाः) ते सुता भविष्यन्ति' इत्युक्तवान् । तप्यमानस्य विश्रवसोऽन्तिके कैकस्या गमनम् । तां प्रति 'तस्य त्वम्, किमर्थं वेहागता' इति विश्रवसः प्रश्नः । कैकस्या आत्मवृत्तनिवेदनम् । तस्या विज्ञापनां श्रुत्वा [illegible]तत्वात्

'क्रूरकर्मणो राक्षसान्पुत्रांस्त्वं प्रसविष्यसि' इति, 'तव पश्चिमसुतो मम वंशानुरूपो भवेत्' इति च विश्रवसोक्तम्। ततः कालेन तस्यां दशग्रीवोत्पत्तिः। तदुत्पत्तावुत्पातवर्णनम्। तदग्रे कुम्भकर्णस्य शूर्पणखायाश्च विभीषणस्य चोत्पत्तिः। विभीषणोत्पत्तिकाले देवैः कृता पुष्पवृष्टिः। रावणकुम्भकर्णयोरौद्धत्यम्। विभीषणस्य स्वकर्मनिरतत्वम्। कदाचित्काले कैकस्या दशग्रीवस्य सद्वृत्ताचरणोपदेशः। तेन क्रुद्धस्य दशग्रीवस्यानुष्ठाने प्रवृत्तिः। अनुष्ठानात्संतुष्टस्य पितामहस्य सकाशाद्वरप्राप्तिः।

सर्गः १०—'कथमासीद्दशग्रीवभ्रातॄणामाचरणम्' इति रामस्यागस्त्यमुनिं प्रति प्रश्नः। तद्वर्णनरूपेणागस्त्येनोत्तरदानं च। दशग्रीवादीनां पितामहाद्वरप्राप्तिः, श्लेष्मातकवने तेषां वासस्य च वर्णनम्।

सर्गः ११—लब्धवरानेतान्निशाचराञ्ज्ञात्वा सुमाली रसातलादागत्य दशग्रीवमालिङ्ग्य 'गतमस्मदीयं विष्णुभयम्' इत्युक्त्वा बहुविधवचनै रावणस्तवं कृतवान्। मातामहेन सुमालिना सह दशग्रीवसंवादः। वैश्रवणाय 'लङ्कां मे देहि' इति प्रहस्तप्रेषणं संदेशश्च दशग्रीवस्य। धनदः पित्रनुमत्या लङ्कां त्यक्त्वा कैलासं गतः। 'स गतः' इति प्रहस्तेन निवेदनम्। भ्रातृभिः सह लङ्कायां रावणप्रवेशः।

सर्गः १२—कालकेन्द्राय विद्युज्जिह्वाय स्वसुः शूर्पणखाया दानम्। मृगयां कर्तुं गच्छतस्तस्य दशग्रीवस्य दितेः सुतस्य कन्यासहायस्य मायाविनो दुन्दुभेर्जनकस्य मयनामकस्य ग्रन्थिः। उभयोः संभाषणम्। मयाद्धेमानाम्याप्सरसि जाताया मन्दोदर्या रावणेन पाणिग्रहः। मयेनास्मिन्नेव समये रावणायामोघशक्तिदानम्। कुम्भकर्णविभीषणयोश्च वज्रज्वाला-सरमाभ्यां विवाहौ। रावणपुत्रस्य (मेघनादस्य) उत्पत्तिः।

सर्गः १३—कुम्भकर्णस्वापार्थं गृहनिर्माणम्। दशाननकृतदेवर्षियक्षगन्धर्वपीडा। नन्दनवनविध्वंसवर्णनम्। दूतस्य विज्ञप्तिः। उभयोः संवादः। यथावृत्तं विज्ञाय सौभ्रात्रदर्शनार्थं धनेश्वरेण दशग्रीवं प्रति हितं वक्तुं दूतसंप्रेषणम्। दूतसंदेशः। 'तस्मिन्हिमवत्पृष्ठे वसता मया सव्यं चक्षुरुमायां पातितम्। तस्याः प्रभावेण तद्दग्धं पिङ्गलत्वं चोपागतम्। व्रतानुष्ठानम्। महेशस्य प्रसादः' इत्यादिवर्णनम्। अतो 'धर्मं मा दूषय' इत्युपदेशः। दूतं खड्गेन हत्वा त्रैलोक्यजयाकाङ्क्षिणो रावणस्य धनेश्वरान्तिके गमनम्।

सर्गः १४—यक्षैः साकं रावणस्य युद्धम्। यक्षाणां नाशः।

सर्गः १५—धनदेन कृतं रावणस्य निर्भर्त्सनागर्भं संबोधनम्। धनेश्वरलङ्केश्वरयुद्धम्। तद्युद्धे धनदपतनम्। पुष्पकविमानप्राप्तिः। रावणस्य कैलासादवतरणं च।

सर्गः १६—यस्मिञ्शरवणे स्कन्दप्रसूतिस्तत्र रावणस्य गमनम्। बलादपहृतपुष्पकस्य विष्टम्भनम्। विष्टम्भने मारीचस्य सूचनम्। तस्मिन्नवसरे नन्दिवचनम्। दशग्रीवेण शंकरस्य निर्भर्त्सनम्। दशग्रीवस्य नन्दिना सह संवादः। नन्दिशापः। कैलासपर्वतस्य रावणेन भुजाभ्यां चालनम्। रावणभुजपीडनम्। 'शंकरं शरणं व्रज' इति दशग्रीवं प्रति सूचनम्। दशग्रीवेण शंकरस्तुतिः। तेन तुष्टेन शंकरेण दशग्रीवं प्रति रावण इति नामदानं च। शंकराच्चन्द्रहासखड्गस्य प्राप्तिः। ततो महीतलागमनं रावणस्य।

सर्गः १७—रावणस्य हिमवद्वने गमनम्। तत्र तपस्यास्थितायाः कस्याश्चिद्वेदवतीनाम्न्याः स्त्रियो दर्शनम्, तया सह रावणस्य संवादश्च। वेदवत्या स्वाभिजननिवेदनम्। तपःकारणव्यक्तिः। तद्विषये रावणस्य कामुकत्वम्। पुष्पकादवरोहणम्। रावणकृतं तद्धर्षणम्। तस्या अग्निप्रवेशः। 'त्वद्वधार्थं महं पुनरुद्भविष्यामि' इति रावणाय तस्याः सूचनम्। 'तस्या एव वेदवत्या जनकराज्ये हलमुखोत्कृष्टे क्षेत्रे जनकेन प्राप्तिः' इति कृतयुगीयं सीताया जन्मान्तरकथासूचनं रामायागस्त्यादिऋषिभिः।

सर्गः १८—रावणस्योशीरवीजनामके देशे गमनम्। तत्र च सर्वदैवतैः सह यजतो मरुत्तस्य दर्शनम्। यज्ञे रावणप्रवेशः। देवतानां तद्भयात्तिर्यग्योनिसमावेशः। मरुत्तेन सह रावणसंवादः। 'युद्धं प्रयच्छ। नो चेन्निर्जितोऽस्मीति वद' इति रावणोक्तिः। तेन सह मरुत्तस्य युद्धनिश्चयः। याजकेन संवर्तेन तन्निवारणाम्। तत्रस्थानां ऋषीणां हननम्, रावणस्य रुधिरपानं च। अग्रे रावणस्य गमनम्। इन्द्रादीनां देवतानां मयूरादिभ्यो वरदानम्।

सर्गः १९—ततो दुष्कन्त-सुरथ-गाधीत्यादीनां नगरे रावणो गत्वा प्रत्येकम् 'निर्जितोऽस्मीति ब्रूहि। नो चेद्युद्धं देहि' इत्यवोचत्। ततस्तेषाम् 'वयं निर्जिताः' इति रावणाग्रे कथनम्। ततो रावणस्यायोध्याधिपतेरनरण्यस्य समीप आगमनम्। पूर्ववद्रावणभाषणम्। अनरण्यस्य रावणेन सह बलनाशानन्तरं द्वन्द्वयुद्धम्। तद्युद्धेऽनरण्यस्य पतनम्। 'मत्कुलजो दाशरथिस्त्वां संयुगे वधिष्यति' इत्यनरण्यस्य रावणाय शापः।

सर्गः २०—ततो गच्छतो रावणस्य मेघपृष्ठे नारदग्रन्थिः, तेन सह संवादश्च। संवादान्ते 'चतुरो लोकपान्विजेष्ये' इत्युक्त्वा रावणस्य नारदोपदेशाद्दक्षिणदिशि प्रस्थानम्।

सर्गः २१—ततो यमसदनं प्रति नारदगमनम्। 'किमागमनप्रयोजनम्' इति यमेन पृष्टे नारदेन याथातथ्येन दशग्रीवचरितनिवेदनम्। एतावता कालेन तत्र दशग्रीवागमनम्। रावणेन तत्र प्राणिविमोचनम्। प्रेतगोपैः साकं युद्धप्रसङ्गो रावणस्य।

सर्गः २२—रावणस्य यमेन सह सप्तरात्रं युद्धम्। तद्युद्धे यमापजयः। यमेन रावणं हन्तुं प्रयुक्तो दण्डः। प्रजापत्युपदेशात्तस्य संहरणम्। सरथस्य यमस्य तस्मिन्नेव स्थलेऽन्तर्धानम्। रावणजयः।

सर्गः २३—रावणस्य रसातलप्रवेशः । वरुणगृहगमनम् । वरुणपुत्राणां रावणेन सह सङ्ग्रामः । तत्रस्थैर्निवातकवचादिदैत्यैः सह मित्रभावः । एवंरीत्या पूर्वाचरितरावणवर्णनमगस्त्येनेति बोध्यम् ।

सर्गः २४—रावणेन हृतकन्यकानां स्त्रीणां च विलपनम् । 'स्त्रीकृतेनैव त्वं वध्यो भविष्यसि' इति रावणाय पतिव्रतास्त्रीणां शापः । एतस्मिन्नेवावसरे विधवायाः शूर्पणखाया आगमनम् । तया रावणनिर्भर्त्सनं च । रावणेन शूर्पणखायाः सान्त्वनम् । 'भ्रातुः खरस्य पार्श्वतो वस' इति प्रार्थना । चतुर्दशसहस्रराक्षसयुतस्य खरस्य दण्डकावनरक्षार्थं रावणेन प्रेषणम् । दूषणशूर्पणखासहितस्य खरस्य दण्डकायां वासः ।

सर्गः २५—रावणस्य निकुम्भिलानाम्नि लङ्कोपवने गमनम् । तत्र उशनस उपदेशे यजमानस्य पुत्रस्य मेघनादस्य दर्शनम् । अग्निष्टोमादिसप्तयज्ञानामनुष्ठानस्य पशुपतेर्वरप्राप्तेः कथनम् । रावणस्य पुत्रभ्रातृभिः सह स्वसद्मन्यागमनम् । हृतयोषिद्दर्शिना विभीषणेन रावणभर्त्सनम् । 'मधुना कुम्भीनसी हृता' इति सूचनम् । विभीषणेन मधुवृत्तान्तस्य कात्स्र्न्येन कथनम् । रावणस्य मधुपुर्या गमनम् । कुम्भीनसीदर्शनम् । तया 'मे भर्तारं मा जहि' इति रावणविज्ञप्तिः' चरणपतनं च । सुरलोकजयापेक्षया मधुसाहाय्यापेक्षा रावणस्य । उभयोर्ग्रन्थिः मित्रता मधुरावणयोः ।

सर्गः २६—ससैन्यस्य रावणस्य कैलासपर्वते गमनम् । दिनकरेऽस्तंगते शैलमूर्धनि निवासः । तत्र गुणदर्शनम् । तत्र च भर्तारं नलकूबरं गच्छन्त्या रम्भाया दर्शनम् । तया सह काममोहितस्य रावणस्य संवादः । तस्याः 'स्नुषास्मि ते' इत्यादि प्रार्थना । कामवशेन रावणेन बलात्तस्या धर्षणम् । मुक्त्युत्तरं नलकूबराय जातवृत्तान्तस्य तया निवेदनम् । नलकूबराद्रावणस्य 'यदायमकामां योषितं धर्षयिष्यति तदास्य मूर्धा सप्तधा शकलीभविता' इति शापः ।

सर्गः २७—रावणस्येन्द्रलोकगमनम् । इन्द्रस्य रावणबलातिशयं कथयित्वा विष्णुप्रार्थनम् । स्वस्य हीनपक्षत्वस्य च सूचनम् । इन्द्रस्य विष्णुना सह संवादः । 'सुरैः सह युद्धं कुरु' इति विष्णोर्वचः । सुरैः सह राक्षससैन्यस्य महद्युद्धम् । तद्युद्धे वसुगदया सुमालिनो नाशाद्राक्षसानां पलायनम् ।

सर्गौ २८-२९—ततो राक्षसाभिवर्त्ये शक्रपुत्रस्य जयन्तस्य रावणपुत्रेणेन्द्रजिता सह, एवंरीत्यान्येषां च युद्धम् । जयन्तस्य पुलोम्नापवाहनम् । इन्द्रेण सह राक्षसयुद्धम् । तद्युद्धे राक्षसानामपजयः । रावणेः सुदारुणं कर्म । इन्द्रप्रमुखैर्देवैः सह राक्षसयुद्धम् । तत्र युद्धे रावणिना त्रिदशपतिग्रहणम् ।

सर्गः ३०—महेन्द्रादिदेवानां लङ्कापुरे गमनम् । प्रजापतिना रावणस्तुतिविधानम् । इत उत्तरं मेघनादस्येन्द्रजिदित्याख्या । इन्द्रस्य मोक्षः । 'अश्वयुक्तो रथोऽमेरुत्तिष्ठतु । तत्स्थस्य मेऽमरतास्तु' इति वरप्रार्थना, लाभश्च । सेन्द्राणां सुराणां त्रिदिवगमनम् । प्रजापतिनाहल्याकथायां गौतमशापकथनम् ।

सर्गः ३१—रावणपराजयविषयको रामस्यागस्त्यं प्रति प्रश्नः । माहिष्मतीपुर्यामर्जुनेन सह योद्धुं रावणप्रवेशः । तस्यासांनिध्यम् । रावणस्य विन्ध्यपर्वतगमनम् । नर्मदाप्रवेशः । लिङ्गार्चनम् ।

सर्गः ३२—सहस्रबाहुनार्जुनेन नर्मदावेगरोधः । रावणस्य पुष्पोपहारहरणम् । तद्धेतुपरिज्ञानाय राक्षसचोदनम् । तेषामागमनम् । नदीरोधकारणकथनम् । अर्जुनसमीपे रावणस्य गमनम् । रावणेन सहस्रार्जुनस्य युद्धम् । तत्र रावणबन्धनम् । अर्जुनस्य स्वपुरप्रवेशः ।

सर्गः ३३—पुलस्त्यस्य पुत्रस्नेहान्माहिष्मतीपुरागमनम् । पुलस्त्याज्ञयार्जुनेन रावणस्य मोचनम्, मित्रता च । रावणार्जुनयोः सख्यम् । पुनर्नृपकदनप्रवर्तनम् । रावणस्य किष्किन्धागमनम् । वालिनो युद्धायाह्वानम् । तारेण निर्भर्त्सनम् ।

सर्गः ३४—संध्योपासनतत्परेण वालिना रावणं कक्षावलम्बिनं कृत्वा चतुःसागरान्ते संध्यादिकर्माणि विधाय किष्किन्धायामागत्योपवने मुक्तो रावणः रावणकृता वालिस्तुतिः । तयोरग्निसाक्षिकं सख्यम् ।

सर्गः ३५—श्रुत्वा हनुमद्बलं वर्णयित्वा वानराणामेवं बलं कथनम्, इति रामेण पृष्टेऽगस्त्येन हनुमतः पित्रादि कथयित्वा बाल्यावस्थामारभ्य पूर्णतया तस्यैव वर्णनम् । तस्य सूर्यजिघृक्षा । राहुकोपः । इन्द्रेण वज्रेण हननम् । अनिलकोपः ।

सर्गः ३६—मारुतेर्वर्णनम् । तस्य देवताभ्यो वरप्राप्तिः । रामाग्रे 'गच्छामो वयम्' इत्यगस्त्यप्रमुखऋषीणां विज्ञप्तिः । 'अनुगृहीतोऽस्मि' इति प्राञ्जलिना रामेणोक्ते ऋषीणां यथागतं गमनम् ।

सर्गः ३७—रामेऽभिषिक्ते ऋषिगमनोत्तरं निशायां गतायां प्रभाते रामाय बन्दिकृतोपदेशः ।

सर्गः ३८—जनकस्य केकयस्य च स्वके स्थाने गन्तुं विसर्जनम्, तेषां स्वस्थाने गमनं च ।

सर्गः ३९—राजभिरुपायनप्रेषणं रामाय । सुग्रीवाङ्गदविभीषणादीन्यथोक्तदानमानादिसत्कारे रामेण पूजनम्, सर्वेषां च प्रशंसनम् ।

सर्गः ४०—सुग्रीवविभीषणादीन्स्वस्थाने सुखेन गन्तुं रामानुमतिः । प्रणतस्य हनुमतो रामस्याग्रे 'यावन्महीतले रामकथा तावन्मम शरीरे प्राणास्तिष्ठन्तु' इति याचनम् । 'तथास्तु' इति रामस्य वचनम् । सुग्रीवविभीषणयोः स्वके देशे गमनम् ।

सर्गः ४१—सर्वेषां विसर्जनानन्तरमपराह्णसमयेऽन्तरिक्षात् 'मां कुबेरभवनात्प्राप्तं पुष्पकं विद्धि' इति निर्गतां वाचं रामः शुश्राव । 'गतोऽस्मि भवनं प्रति धनदस्यासमात्पुनः

प्राप्तस्त्वद्वहनाय' इति पुष्पकस्य रामसंनिधावुक्तिः । तत्स्वीकारोत्तरमभिप्रेतदिशि रामेण 'यदा स्मरामि तदागन्तव्यम्' इति प्रार्थ्य तस्य विसर्जनम् । रामाग्रे भरतवचनम् । पौरजानपदेषु स्वास्थ्यनिवेदनम् ।

सर्गः ४२—रामस्याशोकवनिकानाम्नि विहारोपवने प्रवेशः । अशोकवनिकाया वर्णनम् । सीतया सह रामस्य तद्वने वासः, क्रीडा च । सीतायै 'किमिच्छसि' इति रामचन्द्रस्य पृच्छा । 'तपोवनानि द्रष्टुं तत्र वस्तुं वाञ्छा' इति तस्याः प्रतिवाक्यम् । ताम् 'श्वो गमिष्यसि द्रष्टुम्' इति भाषित्वा मध्यकक्षान्तरं रामस्य निर्गमनम् ।

सर्गः ४३—'स्वपुरवासिनां शुभाशुभानि वाक्यानि मद्विषयकाणि सीताविषयकाणि लक्ष्मणकैकेय्यादिविषयकाणि कानि' इति रामस्य भद्रादीन्प्रति प्रश्नः । 'समुद्रे दुष्करं सेतुबन्धनम्, बलोद्धतस्य रावणस्य हननम्, वानराणां वशीकरणम्, अप्युत्तमान्येतान्यद्भुतकर्माणि रामेण कृतानि । परं या रावणेनाङ्कमारोप्य लङ्कां नीलाशोकवनिकायां स्थापिता, तस्याः सीतायाः शरीरसंभोगजं रामहृदये सुखं कीदृशमिति लोकोद्गाराः' इति राघवनमनपूर्वकं सूचनं भद्रकृतम् । सुहृद्वर्गविसर्जनं रामेण ।

सर्गः ४४—ततो रामस्य द्वाःस्थं पुरुषं प्रति 'लक्ष्मणादीञ्झटित्यानय' इत्यादेशः । द्वाःस्थस्य लक्ष्मणादीनां निकटे गमनम् । 'रामस्त्वां द्रष्टुमिच्छति' इति प्रत्येकं प्रति निवेदनम् । रामनिकटे तेषामागमनम् । तेषां रामेण सह संवादः ।

सर्गः ४५—तन्निकटे सीताया विषयेऽग्निविशुद्धायामपि जनापवादस्य रामेणानुवादः । 'इतः सीतां रथेन नय । विषयान्ते समुत्सृज' इति रामस्योक्तिर्लक्ष्मणं प्रति ।

सर्गः ४६—लक्ष्मणसुमन्त्रयोः संवादः । तुरगान्योजयित्वा रथानयने सूतं प्रति लक्ष्मणाज्ञा । प्रभाते सूतेन रथानयनम् । रामशासनात्सीता रथमारोप्य लक्ष्मणस्य गमनम् । लक्ष्मणेन सह सीतायाः संवादः । उभयोर्गोमतीतीरे गमनम् । ततो गङ्गानिकटे गमनम् । लक्ष्मणस्य रोदनप्रवृत्तिः । सीताया हेतुजिज्ञासा । तत्र च सीतया सह नावमारुह्य लक्ष्मणस्य परतीरगमनम् ।

सर्गः ४७—रुदन्तं लक्ष्मणं सीतायाः प्रश्नः । 'क्षमस्व देवि, पौरापवादभीतेन रामेण निर्दोषापि त्यक्तासि' इति लक्ष्मणवाक्यम् । 'जाह्नवीतीरे ब्रह्मर्षिवाल्मीक्याश्रमे रामं हृदि कृत्वा वस' इति तां प्रति सूचनम् ।

सर्गः ४८—लक्ष्मणस्य दारुणं वचः श्रुत्वा सीतायाः शोकः । तद्वने सीतामेकाकिनीं विहाय लक्ष्मणो नावमारुह्य पूर्वतीरमुपागमत् ।

सर्गः ४९—तद्वने सीतां रुदतीं दृष्ट्वा ऋषिपुत्राणां वाल्मीकिनिकटे कथनम् । तत्र रुदत्याः सीताया निकटे वाल्मीकेरागमनम् । स्वाश्रमे सीताया नयनम् । 'मम वाक्यात्पूज्येयम्' इति तापसीनां निकटे वाल्मीकेर्निवेदनम्, तासां हस्ते तस्या अर्पणं च ।

सर्गः ५०—लक्ष्मणस्य सूतेन सह सीताविषयकः संवादः । दैवस्य दुरतिक्रमत्वख्यापनम् ।

सर्गः ५१—लक्ष्मणस्य सूतेन सह संवादः । रामस्य पूर्वजन्मवृत्तं दशरथे जीवति दुर्वासोमुखेन यच्छ्रुतं तस्य सूतेन लक्ष्मणाग्रे निवेदनम् । भृगुपत्न्याः शिरश्छेदः । भृगुशापः इत्यादि । दशरथस्य भाविसंततेः कथनम् ।

सर्गः ५२—केशिन्यां नद्यां रजनीमुषित्वा परेद्युः सूतेन सहायोध्याप्रवेशो लक्ष्मणस्य । रामचरणवन्दनपूर्वकं लक्ष्मणस्य रामेणाज्ञाकरणनिवेदनम् । खिन्नस्य रामस्य लक्ष्मणकृतः समाश्वासः ।

सर्गः ५३—पौरकार्यकरणे लक्ष्मणस्योपदेशः । पौरकार्याकरणे दोषप्रख्यापनम् । नृगराजस्य कथाया रामेण प्रतिपादनम् ।

सर्गः ५४—लक्ष्मणस्य रामाग्रे नृगराजस्य कथायाम् 'अल्पापराधः, महान्द्विजशापः' इति सांशयिकत्वम् । नृगकथाया एवानुसंधानम् ।

सर्गः ५५—लक्ष्मणेन पृष्टेन रामेण निमिराजस्य कथाया उपपादनम् । तेन कृतो यागारम्भः । वसिष्ठशापः । उभयोर्विदेहस्थितिः ।

सर्गः ५६—एतस्या एव शेषकथायाः श्रवणे लक्ष्मणेच्छां ज्ञात्वा रामेण शेषकथायाः पूर्णत्वेन निवेदनम् । विदेहस्य वसिष्ठस्य वायुरूपेण पितामहं प्रति गमनम् । 'मित्रावरुणजं तेज आविश । अयोनिजस्त्वं भविता' इत्यादि कथनम् । वरुणेनोर्वश्या दर्शनम् । तस्यां तस्यासक्तिः । तया 'मित्रेणाहृरत' इति कथनम् । वरुणेन तेजसः कुम्भनिक्षेपः । मित्रस्योर्वश्याः शापः 'मर्त्यलोकं गत्वा पुरूरवसं श्रय' इति ।

सर्गः ५७—तस्या एव निमिराजस्य वसिष्ठस्य च कथावर्णनम्, मैथिलोत्पत्तिवर्णनं च । 'यो मैथिलः स एव कथं जनकः' 'कथं वैदेहः,' इत्यस्याख्यानम् ।

सर्गः ५८—'निमिराजेन क्षमावलम्बनं कुतो न कृतम्' इति लक्ष्मणेन पृष्टो रामस्तत्पूरणाय नहुषपुत्रस्य ययातिराजस्य कथां निवेदयति लक्ष्मणाय । ययातिशापान्तं कथावर्णनम् ।

सर्गः ५९—ययातेः शापप्राप्तजरायाः स्वपुत्राय यदवेऽर्पणकामः । तेनानङ्गीकारः । ततः पूरवे तद्दानम् । ततो ययातेस्तरुणावस्थापन्नत्वम् । यज्ञकरणम् । बहुवर्षसहस्रपर्यन्तं पृथिवीपालनम् । स्वपुत्रस्य पूरोः काशिराज्येऽभिषेकः । यदोः शापः ययातेस्त्रिदिवगमनं च ।

सर्गः ६०—एकस्मिन्दिवसे रामसंनिधौ सुमन्त्र आगत्य 'राजन्, द्वारि भार्गवादिमहर्षय आगताः' इति निवेदितवान् । तं सूतं प्रति 'प्रवेश्यन्तां महाभागाः' इति रामवचनम् । तदुपानीतोपायनानां समर्पणम् । राघवेण कृतस्तत्सत्कारः ।

तान्प्रति 'किमागमनप्रयोजनम्' इति प्रश्नः । ततो ऋषिमुखात्साधुकारनिर्गमः ।

सर्गः ६१—रामसंनिधौ मधुनाम्नोऽसुरश्रेष्ठस्य महेश्वराद्शूलस्य ऋषिभिर्वर्तनोपाख्यानम् । 'त्रिलोकतापनात्तत्पुत्राल्लवणात्रस्तानस्मांस्त्रायस्व' इति रामं प्रत्युक्तिः ।

सर्गः ६२—'किमाचारः स लवणः' इति रामस्य महर्षीन्प्रति प्रश्नः । ऋषिवर्णितं लवणस्याहारादिकम् । महामुनीन्प्रति राघवस्याभयदानम्, 'घातयिष्यामि तद्रक्षः' इति निवेदनं च । ततो भ्रातृसमीपे 'को हन्ता, कस्यांशोऽयम्' इति राघवप्रश्नः । ततः शत्रुघ्नस्य रामसमीपे याचनम्, रामस्य शत्रुघ्नं प्रत्यनुशासनं च । 'मधुं हत्वा तद्राज्यं शाधि' इति रामस्य शत्रुघ्नं प्रति कथनम् । तस्य प्रेषणे निश्चयश्च ।

सर्गः ६३—शत्रुघ्नस्य लवणराज्याभिषेकः । सर्वेषामानन्दवृत्तिः । शिवदत्तशूलविपर्ययादिनिवेदनम् । 'लवणः कथं हन्तव्यः' इत्युपदेशोऽमोघशरदानं च ।

सर्गः ६४—सैन्यसंभारार्थं रामानुशासनम् । शत्रुघ्नस्य रामं प्रदक्षिणीकृत्य गमनम् ।

सर्गः ६५—शत्रुघ्नो वाल्मीकेराश्रमं गत्वा तं प्रणम्य च 'भगवन्, अत्र वस्तुमिच्छामि' इति निवेदितवान् । वाल्मीकिकृतं शत्रुघ्नस्य यथोचितमातिथ्यम् । शत्रुघ्नस्य वाल्मीकिं प्रति 'आश्रमसमीपतो दृश्यमाना कस्येयं यज्ञविभूतिः' इति प्रश्नः । तदुत्तरवशतः सौदासराजस्य कथाया वाल्मीकिनोपपादनम् । तत्पुत्रस्य वीर्यसहस्य च कथा ।

सर्गः ६६—शत्रुघ्नस्य वाल्मीकिपर्णशालायां प्रवेशः । तस्यामेव रात्र्यां सीताया दारकद्वयोत्पत्तिः । मुनिदारकैर्वाल्मीक्यग्रे 'सीता प्रसूता' इति निवेदनम्, वाल्मीकिकृतं सीतापुत्रयोर्नामकरणं च । वाल्मीकिकृता रक्षोविनाशिनी रक्षा । 'मत्कृतनामभ्यां च ख्यातियुक्तौ भविष्यथः' इति वाल्मीकेराशीः । शत्रुघ्नस्य सीतायाः पर्णशालायां गमनम्, दारकदर्शनं च । प्रभाते मुनिं नमस्कृत्य शत्रुघ्नस्य यमुनातीरे गमनम् । तत्र भार्गवादिमहर्षिभिः शत्रुघ्नस्य कालक्रमणम् ।

सर्गः ६७—शत्रुघ्नस्य लवणस्य शूलस्य च बलज्ञानार्थं च्यवनं प्रति विज्ञप्तिः । च्यवनेनेक्ष्वाकुवंशप्रभवस्य मांधातुः कथोद्घाटनम् । शूलबलस्य ज्ञानं शत्रुघ्नस्य ।

सर्गः ६८—ततः प्रातःकाले लवणे भक्ष्याहारप्रचोदिते क्वचिद्गते मधुपुरद्वारं निरुध्य स्थितेन शत्रुघ्नेन मध्याह्ने प्रतिनिवृत्तस्य युद्धायाह्वानम् । 'द्वन्द्वयुद्धं कर्तुमिच्छामि' इति निशाचरं प्रति शत्रुघ्नस्योक्तिः । उभयोः संवादः ।

सर्गः ६९—शत्रुघ्नस्य लवणेन सह जातस्य युद्धस्य वर्णनम्, उभयोर्भाषणम् । शत्रुघ्नेन लवणविनाशनम्, देवानामानन्दश्च ।

सर्गः ७०–७१—लवणनाशोत्तरम् 'विजयोऽस्तु' इति इन्द्रादीनामुक्तिः । तैर्देवैः सह शत्रुघ्नसंवादः । मधुपुर्या वर्णनम् । द्वादशे वर्षे रामपाददर्शनायायोध्यां गन्तुमुद्यतस्य मध्ये वाल्मीकेराश्रमे स्थितिः । अतिथिसत्कारग्रहणम् । वाल्मीकिना सह संवादश्च । गायतोः कुशलवयोर्मुखेन गीयमानस्य रामचरितस्य श्रवणम् ।

सर्गः ७२—मुनिश्रेष्ठं वाल्मीकिमभिवाद्य 'राघवं द्रष्टुमिच्छामि' इत्युक्त्वा रथमारुह्यायोध्यां शत्रुघ्नः प्रविवेश । रामस्याग्रे 'यदाज्ञप्तं महाराज, तत्सर्वं कृतवानहम्' इति शत्रुघ्नस्य निवेदनम् । उभयोः संवादः । 'सप्तरात्रं मया सह वस । तत ऊर्ध्वं सभृत्यस्त्वं मधुपुरीं गच्छ' इति रामस्य शत्रुघ्नं प्रति कथनम् । तदुत्तरं शत्रुघ्नस्य मधुपुरीगमनम् ।

सर्गः ७३—कतिपयाहःसु गतेषु कश्चिद्ब्राह्मणः मृतपुत्रं गृहीत्वायोध्यां रामे शासति तद्द्वार्यागत्योच्चैरब्रह्मण्यमुद्घोष्य 'पुत्रस्याकालमृते राजापचार एव कारणम्, नान्यत्' इत्युक्त्वा 'पत्न्या सार्धमिहैव मरिष्यामि' इति रामं प्राह ।

सर्गः ७४—राघवस्य वसिष्ठादीनामाह्वानम्, तदन्तिके च मृतद्विजपुत्रस्य वृत्तनिवेदनम् । वसिष्ठाद्यन्तर्गतेन नारदेन द्विजपुत्रमृतेः कारणाविष्करणम् । तथा च 'अद्य त्रेतायां दुर्बुद्धिः कश्चिच्छूद्रस्तव विषयपर्यन्ते तपस्तपति, तं पश्येथाः । तत्र यत्नं समाचर । तेन च धर्मवृद्धिर्बालस्यास्य च जीवितं प्राप्तं भविष्यति' इति नारदसूचनम् ।

सर्गः ७५—मृतपुत्रकं तैलद्रोण्यां स्थापने तत्पितुराश्वासने च राघवस्य लक्ष्मणं प्रत्यनुशासनम् । मनसा पुष्पकविमानध्यानम् । तदागमनम् । पुष्पकारूढस्य रामस्य प्रतीच्यां दिशि गमनम् । तत उदीच्यां दिशि । ततः प्राच्याम् । ततो दक्षिणदिशि गमनम् । तत्र विन्ध्यसमीपदक्षिणभागवर्तिशैवलाख्यगिरेरुत्तरेऽधोमुखस्य लम्बमानस्य पार्श्वे सरसि तपस्तप्यतस्तापसस्य दर्शनम् । तं प्रति रामस्य 'कौतूहलात्त्वां पृच्छामि कस्त्वम् । मां ब्रूहि' इति प्रश्नः ।

सर्गः ७६—रामवचनमादाय तप्यतो, 'देवत्वप्राप्त्यै शूद्रयोन्यां प्रजातोऽध्यहमुग्रे तपस्यास्थितः शम्बूको नाम' इति निवेदनम् । एवं भाषमाणस्य तस्य रामेण खड्गेन शिरश्छेदनम् । तप्यतः शूद्रस्य हननाद्रामस्योपर्याकाशात्पुष्पवृष्टिः । देवै रामप्रशंसनं च । 'द्विजपुत्रस्य जीवनमस्तु' इति रामस्य याचनम् । 'यस्मिन्काले शूद्रोऽयं निपातितस्तस्मिन्नेव काले द्विजपुत्रस्य जीवप्राप्तिः' इति देववाक्यम् । ततो देवानां रामं प्रति 'वयं गच्छामोऽगस्त्यदर्शनार्थम् । त्वमपि गच्छ' इति निवेदनम् । देवानां रामस्य चागस्त्यसंनिधिगमनम् । अगस्त्यकृतातिथिसत्कारश्च 'रजनीं चैकामुषित्वा प्रभाते गन्तव्यम्' इत्यगस्त्यविज्ञापनं रामं प्रति । दिव्याभरणस्य रामायागस्त्यकृतं दानम् । 'कथं वा भवता प्राप्तम्, कुतो वानीतमेतत्' इति रामस्यागस्त्यं प्रति प्रश्नः ।

सर्गः ७७—रामप्रश्नस्योत्तररूपेण त्रेतायुगीयायाः कथाया अगस्त्येन दिक्प्रदर्शनम्—राम, बहुविस्तारं समन्ताद्योजनशतं

निर्मानुषमेकं वनमस्ति। तस्मिन्नेकदा तपः कुर्वाणोऽहं गतवान्। तत्र विद्यमाने महति सरसि सुपुष्टं शवं दृष्ट्वा यावदहं चिन्तयामि तावत्तत्रैकं विमानं दृष्टम्। तदा पश्यतो मे विमानादवरुह्य तत्रस्थः स्वर्गी तं शवं भक्षयामास। ततश्च कयाचित्कालकलया विमानमारुह्य यावद्गन्तुमुत्थितस्तावन्मया पृष्टः 'को भवान्। किमिदमाचरितं भवता' इति। तथा च तेनेदमग्रिमं वृत्तमाख्यातम्।

सर्गः ७८—वैदर्भकराज्ञः पुत्रयोः स्वस्य श्वेतनाम्नः कथाया रामसंनिधावगस्त्येन सुरथनाम्नो वैदर्भकस्य यवीयसः पुत्रस्य चोपपादनम्। तस्मादेवाभरणप्राप्तिः। तस्य त्रिदिवातिक्रमणस्य च निवेदनम्।

सर्गः ७९—'कथं तदमृगद्विजं वनम्' इत्यगस्त्यं प्रति रामप्रश्नः। तदर्थमगस्त्येन मनुपुत्रस्येक्ष्वाकोः कथोद्घाटनम्।

सर्गः ८०—इक्ष्वाकुपुत्रस्य दण्डस्य च कथा।

सर्गः ८१—दण्डकराज्ञा भार्गवाश्रमे भार्गवकन्याया अरजाया बलाद्धरणम्। ततो भार्गवदत्तेन शापेन सप्तरात्रेण भस्मसाद्भूतोऽयं दण्डस्य विषयो विन्ध्यशैवलयोर्देशः। सपुत्रबलवाहनो दण्डोऽपि। अत एवामृगद्विजमिदं वनम्, दण्डकस्य देशोऽयमतो दण्डकारण्यमेतस्य नाम। अथ च तपस्विजना उपस्थिताः, अतो जनस्थानमिति च रामायागस्त्यनिवेदनम्।

सर्गः ८२—एवंरीत्या ऋषिवचनमाकर्ण्य रामस्य संध्यां कर्तुं सरसि गमनम्। ततोऽगस्त्याश्रममागत्य तां रात्रिं तत्रोषित्वा प्रभाते ऋषिमभिवाद्यायोध्यां प्रति गमनम्। गच्छन्तं रामं प्रति मुनीनामाशीर्वादाः। पुष्पकारूढो रामोऽयोध्यायामागत्य विमानं विसृज्य द्वाःस्थपुरुषं 'ममागमनं लक्ष्मणाय भरताय च निवेदय' इत्युक्तवान्।

सर्गः ८३—भरतलक्ष्मणयोरागमनम्। तौ परिष्वज्य 'द्विजकार्यं कृतम्' इत्युक्त्वा 'धर्मसेतुर्मतो मम' इति तदन्तिके रामस्य वचनम्। राजसूयेन यष्टुमिच्छाप्रकटनम्। धर्मसेतुना केषां कस्य प्राप्तिरिति शङ्कानिरासाय मित्रादीनामुदाहरणं रामदत्तम्। तथाकरणे भरतनिषेधः। भरतोक्तस्य रामेण स्वीकारः।

सर्गः ८४—अश्वमेधकरणे लक्ष्मणस्य रामं प्रति प्रोत्साहनम्, तदर्थं वृत्रकथासूचनं च।

सर्गः ८५—'अशेषेण वृत्रकथां निवेदय' इति लक्ष्मणं प्रति रामस्याज्ञा। तस्या एव वृत्रकथाया लक्ष्मणेनोपपादनम्।

सर्गः ८६—वृत्रहननेन प्राप्ताया ब्रह्महत्याया निरासार्थमिन्द्रेणाश्वमेधः कृतस्तद्वर्णनम्। ततो ब्रह्महत्याया देवानां निकटे गमनम्। स्वस्य स्थानयाचनम्। 'आत्मानमात्मनैव चतुर्धा विभज' इति देवानुशासनं ब्रह्महत्यां प्रति। ब्रह्महत्यायाश्चतुर्णां मंघानां चतुर्षु स्थानेषु स्वकृतस्थितिवर्णनम्। तथाकरणे देवानुमतिः।

सर्गः ८७—अश्वमेधसाधिकाया इलराजस्य कथाया वर्णनं रामः करोति। तस्य मृगयावर्णनम्। यत्र महासेनो जातस्तस्मिन्देश आगमनम्।

सर्गः ८८—शंकरस्य स्त्रीरूपं कृत्वा क्रीडनम्। राज्ञः स्त्रीत्वप्राप्तिः। प्रसन्नयोमया मासं स्त्री मासं पुरुष इति वरः। ऐलसंबद्धायाः कथाया अवशेषश्रवणे भरतलक्ष्मणयो रामं प्रति विज्ञप्तिः। रामेणैलराजस्य कथायाः पुनरपि पूर्णत्वेन प्रतिपादनम्। तद्वने वसन्त्या इलायाः सोमसुतेन बुधेन निरीक्षणम्। स्त्रीत्वमापन्नानामिलस्य पुरुषाणां किंपुरुषीत्वापादनम्। किंपुरुषोत्पत्तिवर्णनम्।

सर्गः ८९—उभयोर्भरतलक्ष्मणयोस्तत्कथाश्रवणेच्छां रामेण दृष्ट्वा तस्या एव कथायाः पूर्णतया कथनम्। इला सोमसुतान्नवमे मासि पुरूरवसं पुत्रं जनयामासेत्यन्तं रामस्योक्तिः।

सर्गः ९०—लक्ष्मणप्रोत्साहितेन रामेण तस्या एव प्रजापतिसुतस्य कथायाः पुनरप्युपपादनम्। तेनाश्वमेधकरणम्। हरसंतोषः। पुनः पुरुषत्वलाभः। प्रतिष्ठाननिवेशनम्। तत्पुत्रेण शशबिन्दुना बाह्लिप्राप्तिः।

सर्गः ९१—अश्वमेधसाधकभूतानां कथानां निवेदनं कृत्वा वसिष्ठादीन्समानीय 'लक्षणसंपन्नं चाश्वं मन्त्रयित्वा विमोक्ष्यामि' इति लक्ष्मणं प्रति रामोक्तिः। अश्वमेधोद्योगः। 'सुग्रीवाय विभीषणाय दूतः प्रेष्यः। अन्ये च ये केचन देशान्तरगताः सर्वे सदाराश्च द्विजातयः, अन्ये सर्वे प्रियकारिणो राजानश्चाश्वमेधयज्ञभूमिनिरीक्षणार्थमाहूयन्तां दूताश्च प्रेष्याः' इति रामस्य लक्ष्मणं प्रति वचनम्। आवश्यकोपकरणानां समानयने रामानुशासनम्।

सर्गः ९२—कृष्णसारस्य लक्षणसंपन्नस्याश्वस्य मोचनम्। लक्ष्मणं विनियुज्य तं मुक्त्वा च ऋत्विग्भिः सार्धं सैन्येन सह रामो नैमिषमभ्यगच्छत्। नैमिषे वसतो नृपैरुपहारानयनम्। अश्वमेधस्य सुविहितत्वम्।'अदृष्टपूर्वोऽयम्'इत्यादिमहर्षिवचनम्।

सर्गः ९३—रामस्याश्वमेधयज्ञे वर्तमाने सशिष्यस्य वाल्मीकिमहर्षेरागमनम्। 'भोः शिष्यौ, रामभवनद्वारि गत्वा मधुरस्वरैः प्रतिदिवसं विंशतिसर्गाः, एवंरीत्या कृत्स्नं रामायणं गायतम्। धनवाञ्छया लोभो न कर्तव्यः। रामेण 'कस्य युवाम्' इति पृष्टे चेत् 'वाल्मीकेरावाम्' इत्युक्त्वा निवृत्तौ भवतम्' इति वाल्मीकेः शिष्यौ (कुशलवौ) प्रत्यनुशासनम्।

सर्गः ९४—तेषां मधुरगानश्रवणं रामेण। तेन तस्य देवानामृषीणां च संतोषः। 'गायकाभ्यां सुवर्णस्याष्टादशसहस्राणि देयानि' इति रामानुशासनम्। 'किंप्रमाणमिदं काव्यम्' का प्रतिष्ठा, कर्ता काव्यस्य महतः क्व चासौ मुनिपुंगवः' इति तौ पृष्टौ। 'एतस्य निर्माता वाल्मीकिः, स च यज्ञसविध एवास्ते। तेन चतुर्विंशतिसाहस्रमिदं रामायणं विरचितम्' इति रामप्रश्नस्योत्तरं ताभ्याम्। ऋषिसमीपे तयोः (कुशलवयोः) गमनम्। पार्थिवैः सह राघवस्य कर्मशालायां प्रवेशः।

सर्गः ९५—वाल्मीकिनिकटे रामेण दूतप्रेषणम् । महर्षिसमीपे दूतस्य गमनम् । सीतायाः शपथकरणप्रकारः ।

सर्गः ९६—रामानुशासनेन वसिष्ठादिमहर्षीणां तत्रागमनम् । ततो वाल्मीकिं पुरस्कृत्य सीताया आगमनम् । ततो वाल्मीके रामं प्रति 'जनापवादान्ममाश्रमसमीपतस्त्यक्ता सेयमपापा सीता, इमौ पुत्रौ तवैव' इति निवेदनम् ।

सर्गः ९७—रामेण वाल्मीक्यग्रे सीतात्यागविषये कृता विज्ञप्तिः । सीतायाः शपथकरणम् । भूतलात्सिंहासनोत्थानम् । सीताया रसातलप्रवेशः । अन्तरिक्षाद्देवैः कृता पुष्पवृष्टिः । ऋषिकृतसाधुकारश्च ।

सर्गः ९८—रसातलं प्रविष्टायां सीतायां रामस्य शोकः । रामकृता वसुधाप्रार्थना । ब्रह्मणो रामं प्रति 'सीता पातालं सुखेन प्रविष्टा तव तपोबलात् । स्वर्गे च ते पुनः सीतया संगमो भविष्यति' इति निवेदनम् । रामस्य पर्णशालाप्रवेशः, शोकश्च ।

सर्गः ९९—सीताशोकपरायणस्य रामस्यायोध्याप्रवेशः । तत्र राघवे महीं शासति तत्कालीयस्थितिवर्णनम् । रामेण दशसहस्राणां वाजिमेधानां करणम् । राममातॄणां कालधर्मोपागमः ।

सर्गः १००—केकयेन राज्ञा राघवाय प्रीतिदानं गृहीत्वा गुरोर्गार्ग्यस्य प्रेषणम् । रामस्याग्रे मातुलनिदेशो यथा—'शैलूषसुतान्विनिर्जित्य तं देशमात्मनः कुरु' इति । राघवेण सपुत्रस्य भरतस्य गन्धर्वदेशं प्रति प्रेषणम् । गच्छतो भरतस्यानुगमनं मांसाशिनामन्येषां सत्त्वानां च ।

सर्गः १०१—भरतस्य युधाजितश्चोभयोर्गन्धर्वनगरं प्रति गमनम् । ततो गन्धर्वैः सह तयोर्महद्युद्धम् । तत्र गन्धर्वापजयः । तक्षशिलायां तक्षस्य पुष्कलावते पुष्कलस्य भरतेन स्थापनम् । भरतस्यायोध्यां प्रत्यागमनम् । जातवृत्तस्य रामाय निवेदनं च ।

सर्गः १०२—'लक्ष्मण, तव पुत्रयोरङ्गदचन्द्रकेत्वोः राज्ये स्थापनं करिष्यामि । परं यस्मिन्देशे राज्ञां पीडा न भवेत्, आश्रमाणां विनाशो न भवेत्, एवंविधो देशो दृश्यताम्' इति समादेशः । अङ्गदस्य कारुपथदेशे राज्ये स्थापनम् । तथा चन्द्रकेतोर्मल्लभूम्यां राज्ये स्थापनं कृत्वाङ्गददेशे लक्ष्मणश्चन्द्रकान्तदेशे भरतो वर्षमेकमुषित्वा तयो रामसंनिधावागमनम् । अयोध्यायां त्रयाणां वासश्च ।

सर्गः १०३—रामे धर्मपरे स्थिते कालस्य तापसरूपेण रामसंनिधावागमनम् । रामकृता तापसपूजा । उभयोः कुशलप्रश्नाः । रामस्याग्रे कालस्य भाषणम् । ऋषेश्च द्वन्द्वे (रहस्ये) वाक् प्रयोक्तव्या । 'य आवयोर्वाक्यं शृणुयाद्यो नौ पश्येद्वा स त्वया वध्यः' इति । रामः 'तथा' इति प्रतिज्ञाय 'लक्ष्मण, त्वं द्वारि तिष्ठ । द्वारपालं च विसर्जय' इति चोक्तवान् । 'ऋषे, मनीषितं वक्तव्यम्' इति कालं प्रति रामस्य विज्ञप्तिः ।

सर्गः १०४—पितामहोक्तस्य संदेशस्य तापसरूपेणागतेन कालेन रामसमीपे निवेदनम् । तेन रामानन्दः । कालस्य गमनम् ।

सर्गः १०५—तयोः (रामकालयोः) संवदतोर्दुर्वासस आगमनम् । 'रामं शीघ्रं दर्शय' इति द्वाःस्थं लक्ष्मणं प्रति दुर्वाससो निर्बन्धः । 'व्यग्रोऽस्तीदानीं रामः' इति तदग्रे लक्ष्मणनिवेदनम् । 'अस्मिन्क्षणे रामदर्शनं न स्याच्चेद्रामं सर्वान्युष्मान्युष्माकं संततिं च शप्स्ये' इति लक्ष्मणाग्रे दुर्वासस उक्तिः । 'एकस्यैव मे मरणमस्तु' इति मनस्यानीय राघवाय तदागमनं लक्ष्मणो निवेदितुं गतः । कालं विसृज्यात्रेः पुत्रस्य दुर्वाससो रामेण ग्रन्थिः । 'किं कार्यम्' इति दुर्वाससं प्रति रामस्य प्रश्नः । 'अद्य भोजनमिच्छामि' इति रामान्तिके दुर्वाससो वचनम् । तस्मै यथासिद्धान्नस्य दानम् । भोजनोत्तरम् 'साधु राम' इत्युक्त्वा स्वाश्रमे दुर्वाससो गमनम् । कालवाक्यस्मृत्या रामस्य विस्मयापन्नत्वम् ।

सर्गः १०६—अवाङ्मुखं रामं दृष्ट्वा 'मद्वधेन धर्मं वर्धयस्व, प्रतिज्ञां परिपालय' इति रामं लक्ष्मणोक्तिः । रामेण मन्त्रिणां समुपानयनम् । 'लक्ष्मणेनाद्य ते वियोगः । कालगतिरीदृशी भ्रष्टप्रतिज्ञो मा भूः' इति वसिष्ठादिमहर्षीणां रामाय सूचनम् । ततः परिषदो मध्ये 'लक्ष्मण, त्वामहं विसर्जये' इति लक्ष्मणं प्रति रामोक्तिः । लक्ष्मणस्य सरयूतीरे गमनम् । इन्द्रेण लक्ष्मणस्य सशरीरस्य स्वर्गे नयनम् । रामस्योपरि पुष्पवृष्टिश्च ।

सर्गः १०७—परिषदो मध्ये 'अद्य भरतं राज्येऽभिषिच्य वनमहं गच्छामि' इति रामवचनम् । तद्वाक्यश्रवणेन भरतस्य राज्यगर्हणा 'त्वां विना राज्यं शून्यं मन्ये' इत्युक्त्वा कोशलेषु कुशः, उत्तरेषु लवोऽभिषिच्यताम्' इति रामाग्रे भरतवाक्यम् । ततो वसिष्ठवचनम् । कुशलवयोरभिषेचनम् । शत्रुघ्नं प्रति रामेण दूतप्रेषणम् ।

सर्गः १०८—रामप्रेषिता दूता मधुरां शीघ्रं गत्वा शत्रुघ्नाय जातवृत्तान्तं निवेदितवन्तः । शत्रुघ्नागमनम् । रामसंनिधौ तदुक्तिश्च । तस्य सुबाहोः शत्रुघातिनश्च स्वराज्यं दत्त्वा राघवानुगमननिश्चयप्रकटनम् । स्वर्गायाभिमुखं स्थितं रामं द्रष्टुं सुग्रीवादीनामागमनम् । सुग्रीवस्य रामं विज्ञप्तिः । अङ्गदाभिषेकः । 'यावच्चन्द्रदिवाकरौ मत्कथा च यावल्लोके तावत्तव लङ्काराज्यम्' इति बिभीषणाय रामाशीः । 'यावल्लोके मत्कथा तावद्रमस्व' इति हरीश्वरं (मारुतिं) रामाशीः ।

सर्गः १०९—राघवस्य महाप्रस्थानम् । महाप्रस्थानविधिना रामे निर्याते वसिष्ठकृतं तत्कालोपयुक्तं दानम्, सर्वेषां राममनुगमनं च ।

सर्गः ११०—सरयूनदीसमीपे सप्रजस्य रामस्यागमनम् । तत्र देशे सुरयुतस्य विमानकोटियुतस्य चेन्द्रस्यागमनम् । रामस्योपरि देवकृता पुष्पवृष्टिः । रामेण पद्भ्यां सरयूजलप्रवेशः । 'विष्णो, आगच्छ । स्विकां तनुं प्रविशस्व' इत्यन्तरिक्षवाक् । सहानुजस्य सशरीरस्य रामस्य वैष्णवतेजसि प्रवेशः । देवताकृता रामपूजा । रामादीनां सर्वेषां दिवि गमनम् ।

सर्गः १११—रामायणकाव्यफलोपदेशः ।

॥ श्रीः ॥

आदिकविश्रीवाल्मीकिमहामुनिप्रणीतं

रामायणम्

तिलकाख्यया व्याख्यया समेतम् ।

बालकाण्डम् ।

प्रथमः सर्गः ।

तपःस्वाध्यायनिरतं तपस्वी वाग्विदां वरम् । नारदं परिपप्रच्छ वाल्मीकिर्मुनिपुंगवम् ॥ १

श्रीमद्राघवपादपद्मयुगलं पद्मार्चितं पद्मया
  पद्मस्थेन तु पद्मजेन विनुतं पद्माश्रयस्याप्तये ।
यद्वेदैश्च नुतं सुखैकनिलयं सर्वाश्रयं निष्क्रियं
  शश्वच्छंकरशंकरं मुहुरहो सन्नौमि तल्लब्धये ॥
श्रीमद्ब्रह्म तदेव बीजममलं यस्याङ्कुरश्चिन्मयः
  काण्डैः सप्तभिरन्वितोऽतिविततो ऋष्यालवालोदितः ।
पत्रैस्तत्त्वसहस्रकैः सुविलसच्छाखाशतैः पञ्चभि-
  श्चात्मप्राप्तिफलप्रदो विजयते रामायणस्वस्तरुः ॥
वाल्मीकिगिरिसंभूता रामाम्भोनिधिसंगता ।
श्रीमद्रामायणी गङ्गा पुनाति भुवनत्रयम् ॥
वेदवेद्ये परे पुंसि जाते दशरथात्मजे ।
वेदः प्राचेतसादासीत्साक्षाद्रामायणात्मना ॥
रामं रामानुजं सीतां भरतं भरतानुजम् ।
सुग्रीवं वायुसूनुं च प्रणमामि पुनःपुनः ॥
कूजन्तं रामरामेति मधुरं मधुराक्षरम् ।
आरुह्य कविताशाखां वन्दे वाल्मीकिकोकिलम् ॥
वाल्मीकेर्मुनिसिंहस्य कवितावनचारिणः ।
शृण्वन्रामकथानादं को न याति परां गतिम् ॥
यः पिबन्सततं रामचरितामृतसागरम् ।
अतृप्तस्तं मुनिं वन्दे प्राचेतसमकल्मषम् ॥
गोष्पदीकृतवारीशं मशकीकृतराक्षसम् ।
रामायणमहामालारत्नं वन्देऽनिलात्मजम् ॥
अञ्जनानन्दनं वीरं जानकीशोकनाशनम् ।
कपीशमक्षहन्तारं वन्दे लङ्काभयंकरम् ॥
उल्लङ्घ्य सिन्धोः सलिलं सलीलं यः शोकवह्निं जनकात्मजायाः ।
आदाय तेनैव ददाह लङ्कां नमामि तं प्राञ्जलिराञ्जनेयम् ॥
मनोजवं मारुततुल्यवेगं जितेन्द्रियं बुद्धिमतां वरिष्ठम् ।
वातात्मजं वानरयूथमुख्यं श्रीरामदूतं शिरसा नमामि ॥

रामाय रामभद्राय रामचन्द्राय वेधसे ।
रघुनाथाय नाथाय सीतायाः पतये नमः ॥
जयति रघुवंशतिलकः कौसल्याहृदयनन्दनो रामः ।
दशवदननिधनकारी दाशरथिः पुण्डरीकाक्षः ॥
जितं भगवता तेन हरिणा लोकधारिणा ।
अजेन विश्वरूपेण निर्गुणेन गुणात्मना ॥
नत्वा रामं शिवं साम्बं रामो रामप्रवर्तकः ।
रामायणस्य तिलकं कुरुते रामतुष्टये ॥

ननु रामायणस्यैहिकामुष्मिकफलदत्वे मानाभावात्किं तद्व्याख्यानेनेति चेत्, न । 'इदं पवित्रं पापघ्नम्' इत्यादि 'जनश्च शूद्रोऽपि महत्त्वमीयात्' इत्यन्तश्लोकैरैहिकार्थसाधकत्वस्य स्पष्टमत्रैव श्रूयमाणत्वात्, 'शृण्वन्रामायणं भक्त्या यः पादं पदमेव वा । स याति ब्रह्मणः स्थानं ब्रह्मणा पूज्यते सदा ॥' इति मूलरामायणवचनेन ब्रह्मलोकावाप्तेः फलस्य स्पष्टमुक्तत्वाच्च । अपि च गायत्र्या ब्रह्मानुसंधानाद्ब्रह्मलोकावाप्तिवत्तत्प्रतिपाद्यस्य लीलावताररूपतया रामस्य विभववैभवानुसंधानेन ब्रह्मलोकावाप्तिरुचितैव । न च 'काव्यालापांश्च वर्जयेत्' इति निषेधप्रसक्तिस्तस्यानृषिप्रणीतपुरुषार्थासाधनकाव्यविषयत्वात्, यत्रास्याध्ययने त्रैवर्णिकस्याधिकारो गायत्रीप्रतिपाद्यार्थप्रतिपादकत्वात् । श्रवणे तु स्त्रीशूद्रादीनामप्यधिकारः ॥ ॥ अथादिकविर्वाल्मीकिः सर्वोत्तमवस्तुवर्णनाय कृतसंकल्पो दिव्यतत्काव्यकृतिशक्तिलाभाय तादृशवस्तुज्ञानाय च कृतकष्टसमाधिसाधितपरमपुण्यचयस्तत्पुण्यचयसुप्रीतभगवन्नियोगसमुपागतं देवर्षिं नारदमभ्यर्च्य 'को न्वस्मिन्' इत्यादि पप्रच्छ । स च देवर्षी रामकथामुदितमना रामचरितमनुसृत्य संक्षेपत उपदिश्य यथागतं जगाम । ततस्तदनुग्रहलब्धं रामचरितरहस्यं निरवशेषं तत्प्रसादादेव सम्यग्विज्ञाय भूलोकवर्तिनां चतुर्णां वर्णानां तापत्रयविमोचनाय ब्रह्मांशभूत एव भगवान्प्राचेतसो वाल्मीकिः स्वकृतशतकोटि-

को न्वस्मिन्सांप्रतं लोके गुणवान्कश्च वीर्यवान् । धर्मज्ञश्च कृतज्ञश्च सत्यवाक्यो दृढव्रतः ॥ २
रित्रेण च को युक्तः सर्वभूतेषु को हितः । विद्वान्कः कः समर्थश्च कश्चैकप्रियदर्शनः ॥ ३
आत्मवान्को जितक्रोधो द्युतिमान्कोऽनसूयकः । कस्य बिभ्यति देवाश्च जातरोषस्य संयुगे ॥ ४
एतदिच्छाम्यहं श्रोतुं परं कौतूहलं हि मे । महर्षे त्वं समर्थोऽसि ज्ञातुमेवंविधं नरम् ॥ ५
श्रुत्वा चैतत्त्रिलोकज्ञो वाल्मीकेर्नारदो वचः । श्रूयतामिति चामन्त्र्य प्रहृष्टो वाक्यमब्रवीत् ॥ ६
बहवो दुर्लभाश्चैव ये त्वया कीर्तिता गुणाः । मुने वक्ष्याम्यहं बुद्ध्वा तैर्युक्तः श्रूयतां नरः ॥ ७

रामायणसारभूतं चतुर्विंशत्यक्षरगायत्र्याख्यपरब्रह्मविद्याविलासभूतं रामायणं चतुर्विंशतिसहस्रश्लोकरूपं कुशलवाभ्यामग्राहयत् । तस्यास्य दिव्यकाव्यस्याद्यः सर्गो वाल्मीकेर्नारदस्योपदेशरूपः । तत्र 'नापृष्टः कस्यचिद्ब्रूयात्' इति न्यायेनापेक्षितप्रश्नोपक्षेपः—तपःस्वाध्यायेत्यादि । 'श्रुत्वा चैतत्' (६) इत्यन्तेन संबन्धः । तपस्त्वेन श्रुतः स्वाध्यायस्तपःस्वाध्यायः । 'तपःस्वाध्याय इति ब्राह्मणम्' इत्यापस्तम्बोक्तेः । स्वाध्यायशब्देनाप्रायत्यानध्ययनकालदेशपरिहारादिनियमोपेततया फलवदर्थावबोधपर्यन्तं स्वशाखाध्ययनमुच्यते । तस्मिन्निरतः । तदभ्यासनिरत इति यावत् । यत्तु—'तपश्च स्वाध्यायश्च तपःस्वाध्यायौ तयोर्निरतः । तपःशब्देन चित्तप्रसादहेतुभूतं व्रतनियमादिकमोच्यते । यद्वा 'यस्य ज्ञानमयं तपः' इति श्रुतेस्तपःशब्देन ब्रह्मविषयज्ञानमुच्यत' इति, तन्न । तपोविशिष्टपुंविशेषप्रसिद्धमुनिपुंगवशब्देनैवोक्ततपःसंपत्तेः सिद्धत्वात्' इति कतककृतः । एवं हि 'तपोनिरतमित्येव सिद्धे स्वाध्यायपदवैयर्थ्योपत्तिः । तस्मात्तपःशब्देन निदिध्यासनजन्यपरिपाकवद्ब्रह्मज्ञानमुच्यते । मुनिपुंगवशब्देन मननजन्यपरिपाकवत्त्वमेवोच्यत इति न तेन गतार्थता' इत्यन्ये । वाग्विदां स्वरूपतोऽर्थतश्च शब्दब्रह्मतत्त्वविदां पाणिनिपतञ्जल्यादीनां मध्ये वरं श्रेष्ठम् । मुनिशब्द उक्तार्थः । तेषु पुंगवं श्रेष्ठम् । एवंविशिष्टं नारदम् । तपस्वी । कृच्छ्रैकादश्युपवासादिलक्षणं मुख्यं तपः । 'तपो नानशनात्परम्' इति श्रुतेः । स्वाध्यायरूपं च तपः । समनस्केन्द्रियाणामैकाग्र्यरूपं च तपः । तद्वान् । वाल्मीकिर्वल्मीकस्यापत्यम् । 'वल्मीकप्रभवो यस्मात्तस्माद्वाल्मीकिरित्यसौ' इति ब्रह्मवैवर्तोक्तेः । 'वल्मीकप्रभवत्वेन गोणीपुत्रादिवद्द्रौणमस्य वल्मीकापत्यत्वं गृहीत्वेञ् साधुरपत्यार्थः । यद्वा वल्मीक इति ऋषिविशेषस्य संज्ञा' इत्याहुः । नारदम् । नराणामिदं नारमज्ञानं तद्द्यति खण्डयति ज्ञानोपदेशेनेति नारदः । 'गायन्नारायणकथां सदा पापभयापहाम् । नारदो नाशयन्नेति नृणामज्ञानजं तमः ॥' इति नारदीयोक्तेः । तं पप्रच्छेत्यन्वयः । अत्र प्रष्टुरुक्तविशेषणेन दिव्यार्थविषयश्रवणाधिकारसंपदुक्ता । वक्तुरप्युक्तविशेषणैः सार्वज्ञ्यादि प्रतिपादितम् । ग्रहणधारणहेतुशिष्यानुग्रहशक्तिमत्त्वं च प्रतिपादितम् ॥ १ ॥ अथ प्रश्नमभिनयति—को न्विति । नुशब्दो वितर्के । सांप्रतं वर्तमानकालेऽस्मिँल्लोके भूलक्षणे को नु गुणवान् । प्रशस्तबहुगुणवानित्यर्थः । भूमप्रशंसादौ मतुप् । अस्यैव प्रपञ्चः कश्च वीर्यवानित्यादिः । दिव्यास्त्रबलादिजशक्तिविशेषेण पराभिभवसामर्थ्यं वीर्यं तद्वान् । कश्च श्रौतस्मार्तसकलधर्मरहस्यज्ञः । बह्वीमप्यपकृतिमुपेक्ष्यैकामप्युपकृतिं बह्वीं मन्यत इति कृतज्ञः । सत्यवाक्यः सर्वावस्थास्वपि यथाश्रुतदृष्टतत्त्वार्थवक्ता । दृढव्रत आपद्यपि धर्माय परिगृहीतव्रतविशेषस्य त्यागरहितः ॥ २ ॥ चारित्रेणेति । चरित्रमेव चारित्रम् । स्वार्थिकोऽण् । वृत्तसंपदनेनोच्यते । सर्वभूतेषु सर्वप्राणिषु मध्ये कः पुमान्हितः । ऐहिकामुष्मिकहितवहोऽशत्रुभ्यः । यत्तु 'सर्वप्राणिषु सापराधिष्वपि हितकरणशील' इति व्याचक्षते तत्तु हितयोगे चतुर्थ्याप्त्तेरयुक्तम् । विद्वानात्मानात्मसकलपदार्थतत्त्वज्ञः । समर्थो लौकिकव्यवहारे प्रजारञ्जनादौ चातुर्यं सामर्थ्यं तद्वान् । कामाधिकसौन्दर्यवत्त्वेन नित्यसुखरूपत्वेन चैकप्रियं केवलप्रियं दुःखासंभिन्नप्रियत्ववद्दर्शनं यस्य सः । यत्त्वेकं प्रति प्रियं दर्शनं यस्येति तदयुक्तम्, सर्वप्रियत्वस्य प्रतिपादनात् । 'एकोऽद्वितीयः स चासौ प्रियदर्शनश्चेत्यर्थः' इति तीर्थः ॥ ३ ॥ आत्मवानिति । वशीकृतान्तःकरण इत्यर्थः । जितक्रोधो निन्दाहिंसादिजनकचित्तवृत्तिविशेषरहितः । क्रोधोऽत्र कामादीनामप्युपलक्षणम् । द्युतिः सर्वलोकस्य दिदृक्षाजनको देहकान्तिविशेषस्तद्वान् । अनसूयको विद्यैश्वर्यादितपःसु परौन्नत्यासहनमसूया तद्रहितः । असूयतेः कण्ड्वादियगन्तादुपतापार्थाण्ण्वुल् । संयुगे युद्धकाले जातरोषस्य कस्य रोषाद्देवाश्च देवा अपीन्द्रादयोऽपि । अपिना असुराश्च बिभ्यति । अतिबलवतोऽस्मानप्यस्य क्रोधः संहरिष्यतीति भयं प्राप्नुवन्तीत्यर्थः । 'कस्येति संबन्धसामान्ये षष्ठी' इत्यन्ये । 'कस्य संयुगे कस्माद्बिभ्यति' इति तीर्थः ॥ ४ ॥ एतदिति उक्तगुणसामान्यापेक्षया नपुंसकम् । एतद्दिव्यपुरुषगुणजातं कस्यास्तीति श्रोतुमहमिच्छामि । उक्तगुणसामग्र्यस्यैकत्र दुर्लभत्वात्तादृशपुरुषविशेषज्ञाने मे परं सर्वस्मादपि कौतुकान्तरादुत्कटं कौतुकं वर्तते । नन्वेवंविधनरो मयापि दुर्ज्ञेयः, नेत्याह—हि यतो महर्षे अपरोक्षीकृताशेषार्थ, त्वमेवंविधमुक्तगुणवन्तं नरं दिव्यपुरुषं ज्ञातुं समर्थोऽसि सर्वलोकप्रसिद्धसामर्थ्योऽसि । तस्मात्त्वत्त एव श्रोतुमिच्छामीति पूर्वेण संबन्धः ॥ ५ ॥ श्रुत्वेति । एतदुक्तप्रश्नजातम् । त्रिलोकज्ञः । भूर्भुवःस्वर्लोकलक्षणांस्त्रयवयवलोकांस्तत्रत्यवृत्तान्तं जानातीत्यर्थः । एवं च द्विगुत्वाभावान्न ङीप् । नारदो वाल्मीकेरेतद्वचः श्रुत्वा श्रूयतामिति चामन्त्र्यैकाग्र्यसिद्धयेऽभिमुखीकृत्य स्वगतस्यार्थस्य चिरं प्रतिपिपादयिषितस्य जिज्ञासुलाभेन प्रहृष्टो भूत्वा वक्ष्यमाणं वाक्यमब्रवीत् ॥ ६ ॥ बहव इति । ये बहवो

इक्ष्वाकुवंशप्रभवो रामो नाम जनैः श्रुतः । नियतात्मा महावीर्यो द्युतिमान्धृतिमान्वशी ॥ ८
बुद्धिमान्नीतिमान्वाग्मी श्रीमाञ्छत्रुनिबर्हणः । विपुलांसो महाबाहुः कम्बुग्रीवो महाहनुः ॥ ९
महोरस्को महेष्वासो गूढजत्रुररिंदमः । आजानुबाहुः सुशिराः सुललाटः सुविक्रमः ॥ १०
समः समविभक्ताङ्गः स्निग्धवर्णः प्रतापवान् । पीनवक्षा विशालाक्षो लक्ष्मीवाञ्छुभलक्षणः ॥ ११
धर्मज्ञः सत्यसंधश्च प्रजानां च हिते रतः । यशस्वी ज्ञानसंपन्नः शुचिर्वश्यः समाधिमान् ॥ १२
प्रजापतिसमः श्रीमान्धाता रिपुनिषूदनः । रक्षिता जीवलोकस्य धर्मस्य परिरक्षिता ॥ १३

गुणास्त्वया कीर्तितास्त एकत्र प्राकृतपुरुषमात्रे दुर्लभा एव । चः पादपूरणे । अथापि हे मुने, यस्तैर्युक्तस्तं बुद्ध्वा स्मृत्वाहं वक्ष्यामि तादृशो नरः श्रूयताम् । प्राप्तकाले लोट् । तस्य श्रवणं ते प्राप्तकालमित्यर्थः ॥ ७ ॥ इक्ष्वाक्विति । इक्ष्वाकुवंशात्प्रभव आविर्भावो यस्य स तथा । रामो नाम राम इति नाम्ना प्रसिद्धो जनैश्च श्रुतोऽस्ति । तस्मिन्नेवैकत्र सर्वे त्वत्पृष्टा गुणाः, अन्ये च गुणा इति शेषः । तच्चेदं यौगिकं नाम । रमन्ते योगिनोऽस्मिन् । यद्वा रमयति स्वकानिति योगस्य प्रदर्शनात् । तत्रान्त्ये नारकपुरुषादिवत् 'अन्येषामपि दृश्यते' इति दीर्घः । तानेव गुणानाह—नियतात्मा निगृहीतान्तःकरणः । वीर्यं व्याख्यातम् । द्युतिः कान्तिः । आपत्संपदोरविकृतिश्चित्तस्य धृतिस्तद्वान् । वशी जिताशेषबहिरिन्द्रियः ॥ ८ ॥ बुद्धिमानिति प्रशस्तबुद्धिः । बुद्धेः प्राशस्त्यं च सकृद्गृहीताविस्मरणावापोद्वापादिशक्तिमत्त्वम् । सर्वत्र प्रशंसादौ मतुप् । नीतिः कामन्दकादिप्रसिद्धराजनीतिस्तद्वांस्तज्ज्ञाता । वाग्मी प्रशस्तवाक् । श्रीमान्सर्वातिशायिशोभैश्वर्यादियुक्तः । यद्वा 'ऋचः सामानि यजूंषि । सा हि श्रीरमृता सताम्' इत्युक्तश्रौतश्रीमान् शत्रूणां बाह्यान्तराणां निबर्हणो नाशकर्ता । बाहुलकात्कर्तरि ल्युट् । विपुलांस इत्यादिना सामुद्रिकलक्षणं कथ्यते । विपुलौ मांसलोन्नतावंसौ भुजशिरसी यस्य सः । 'स्कन्धो भुजशिरोंऽसः' इति कोशः । अस्य सुलक्षणत्वं च वररुचिनोक्तम्—'कक्षः कुक्षिश्च वक्षश्च घ्राणस्कन्धौ ललाटिका । सर्वभूतेषु निर्दिष्टा उन्नतास्ते सुखप्रदाः ॥' इति । महाबाहुः । 'आन्महतः–' इत्यात्वम् । 'शिरो ललाटश्रवणे ग्रीवा वक्षश्च हृत्तथा । उदरं पाणिपादं च पृष्ठं दश महत्सुखम् ॥' इति ब्राह्मेऽस्य सुलक्षणत्वमुक्तम् । कम्बुग्रीवः कम्बुवद्रेखात्रयविशिष्टग्रीवः । महाहनुर्मांसलकपोलापरभागः । 'पूर्णमांसलहनुस्तु भूपतिः' इति संहिता ॥ ९ ॥ महोरस्क इति । महद्विशालमुरो यस्य सः । 'उरः शिरो ललाटं च' इत्युपक्रम्य 'विशालास्ते सुखप्रदाः' इत्युक्तेः । महेष्वासो महानिष्वासो धनुरस्य । गूढजत्रुर्गूढे मांसलत्वान्निमग्ने जत्रुणी वक्षोंऽससंधिगते अस्थिनी यस्य । अरिंदमो निजभक्तानामरीन्कामादीन्निजभक्त्यन्तरायकर्तृपापानि वा दमयतीत्यरिंदमः । यद्वा अरिंदम इति राज्ञोऽन्वर्थसंज्ञा । शत्रुंजय इतिवत् । आजानुबाहुर्जानुपर्यन्तदीर्घबाहुः । 'दीर्घभ्रूबाहुमुष्कश्च चिरंजीवी धनी नरः' इति ब्राह्मे । सुशिराः । 'समवृत्तशिराश्चैव च्छत्राकारशिरास्तथा । एकच्छत्रां महीं भुङ्क्ते दीर्घमायुश्च विन्दति ॥' इति नारदः । सुललाटो रेखाधिकललाटः । 'ललाटे यस्य दृश्यन्ते चतुस्त्र्येकरेखिकाः । शतद्वयं शतं षष्टिस्तस्यायुर्विंशतिस्तथा ॥' इति कात्यायनः । सुविक्रमो गजसिंहादिगतिसदृशगतिः । विक्रमः पादविक्षेपः । 'स्वरो गतिश्च नाभिश्च गम्भीरः स प्रशस्यते' इति ब्राह्मे ॥ १० ॥ सम इति । समो नातिदीर्घो नातिह्रस्वः । 'षण्णवत्यङ्गुलोत्सेधो यो नांऽशः स दिवौकसाम्' इत्युक्तेः । समान्यन्यूनानधिकपरिमाणानि विभक्तानि पृथग्भूतान्यङ्गान्यवयवा यस्य सः । 'भ्रुवौ नासापुटे नेत्रे कर्णावोष्ठौ च चूचुकौ । कूर्परौ मणिबन्धौ च जानुनी वृषणौ कटी । करौ पादौ स्फिजौ यस्य समौ ज्ञेयः स भूपतिः ॥' इत्युक्तेः । स्निग्धवर्णः । स्निग्धश्यामलवर्ण इत्यर्थः । 'स्निग्धेन्द्रनीलवर्णस्तु भोगं विन्दति पुष्कलम्' इत्युक्तेः । प्रतापः स्मृतिमात्रेण रिपुहृदयविदारणक्षमं पौरुषं तद्वान् । 'प्रतापौ पौरुषातपौ' इति कोशः । पीनवक्षा मांसलसमोन्नतवक्षाः । विशालाक्षो विस्तृतायतनेत्रः । 'नासिका चक्षुषी कर्णौ पुंसो यस्यायतौ' इत्युक्तेः । लक्ष्मीवान्सीतारूपलक्ष्मीशक्तिमान्, सर्वावयवसौन्दर्यवान्वा । मोपधत्वाद्वत्वम् । एवमुक्तरीत्या शुभानि सामुद्रिकशास्त्रोक्तानि लक्षणानि यस्य स शुभलक्षणः ॥ ११ ॥ धर्मज्ञ इति । सत्याऽमोघा संधा 'सकृदेव प्रपन्नाय तवास्मीति च याचते । अभयं सर्वभूतेभ्यो ददाम्येतद्व्रतं मम ॥' इत्यादिरूपिणी प्रतिज्ञा यस्य । यशस्वी रावणवधादिना दिव्ययशःसंपन्नः । ज्ञानसंपन्नो ब्रह्मज्ञानपरिपूर्णः । अतएव जटायुषं प्रति 'मया त्वं समनुज्ञातो गच्छ लोकाननुत्तमान्' इत्युक्तिः संगच्छते । ब्रह्मज्ञस्यैव ब्रह्मोपदेशेऽधिकारात् । विना ब्रह्मोपदेशमनुत्तमलोकावाप्त्यसंभवात् । न विद्यन्त उत्तमा येभ्यस्तेऽनुत्तमाः । 'आत्मानं मानुषं मन्ये रामं दशरथात्मजम्' इत्यादिवचस्तु मायामात्रमित्यन्यत्र विस्तरः । शुचिः प्रातःस्नानादिना प्राणायामाभ्यासादिना प्रत्याहारादिजन्यरागद्वेषहानेन च मायिकशरीरत्वाच्च नित्यं बाह्यान्तरशुद्धः । वश्यः पित्राचार्यदेवेषु विनीतः । समाधिमाभिजतत्त्वसमाधिमान् ॥१२॥ प्रजापतीति । प्रजापतिसमः । यद्यपि रामो ब्रह्मैव तथापि मानुषधर्माणां शोकमोहादीनां मायिकानां तत्र दर्शनेनौपाधिकभेदमादाय तत्समत्वोक्तिः । भार्गवलोकप्रतिबन्धरूपात्, जटायुमोक्षप्रदानरूपात्, स्वेन सह सर्वायोध्यावासिजनस्य सशरीरस्य ब्रह्मलोकनयनरूपाच्च कारणात्तत्समत्वम् । सर्वथा स्वतन्त्रस्यैवेदृशेषु योग्यत्वात् श्रीमानित्येवमादीनां पौनःपुन्यं सकलैश्वर्यादिमत्त्वबोधनार्थम् । धाता पितेव सर्वप्रजाधारणपोषण-

रक्षिता स्वस्य धर्मस्य स्वजनस्य च रक्षिता । वेदवेदाङ्गतत्त्वज्ञो धनुर्वेदे च निष्ठितः ॥ १४
सर्वशास्त्रार्थतत्त्वज्ञः स्मृतिमान्प्रतिभानवान् । सर्वलोकप्रियः साधुरदीनात्मा विचक्षणः ॥ १५
सर्वदाभिगतः सद्भिः समुद्र इव सिन्धुभिः । आर्यः सर्वसमश्चैव सदैव प्रियदर्शनः १६
स च सर्वगुणोपेतः कौसल्यानन्दवर्धनः । समुद्र इव गाम्भीर्ये धैर्येण हिमवानिव ॥ १७
विष्णुना सदृशो वीर्ये सोमवत्प्रियदर्शनः । कालाग्निसदृशः क्रोधे क्षमया पृथिवीसमः ॥ १८
धनदेन समस्त्यागे सत्ये धर्म इवापरः । तमेवंगुणसंपन्नं रामं सत्यपराक्रमम् ॥ १९
ज्येष्ठं ज्येष्ठगुणैर्युक्तं प्रियं दशरथः सुतम् । प्रकृतीनां हितैर्युक्तं प्रकृतिप्रियकाम्यया ॥ २०
यौवराज्येन संयोक्तुमैच्छत्प्रीत्या महीपतिः । तस्याभिषेकसंभारान्दृष्ट्वा भार्याथ कैकयी ॥ २१

सामर्थ्ययुक्तः । रिपुनिषूदन आश्रितजनरिपुनाशकः कामादिरिपुनाशकश्च । अन्यथा जगद्गुरोर्भगवतो रिपोरेवाभावेनैतद्विशेषणासंगतिः स्यात् । बाहुलकात्कर्तरि ल्युट् । जीवलोकस्य प्राणिसमूहस्य सकलव्यवहारप्रवर्तकत्वेन रक्षिता । धर्मस्य तत्तद्वर्णाश्रमधर्मस्य मर्यादापरिपालनद्वारा रक्षिता ॥ १३ ॥ रक्षितेति । स्वस्य धर्मस्य यज्ञाध्ययनदानदण्डयुद्धादिरूपस्य रक्षिता सादरमनुष्ठाता । स्वजनस्य स्वभक्तजनस्यावश्यंभाविनोऽप्यनिष्टस्य निरासपूर्वकं परमेष्टमोक्षदानेन रक्षिता । तच्चाम्बरीषप्रह्लादध्रुवादीनां रक्षणेन प्रसिद्धमेव । वेदानामृग्यजुःसामाथर्वणां छन्दःकल्पव्याकरणज्योतिषनिरुक्तशिक्षारूपवेदाङ्गानां च तत्त्वज्ञः पाठतोऽर्थतश्च ज्ञाता । शस्त्रास्त्रादिप्रतिपादकं शास्त्रं धनुर्वेदस्तस्मिन्निष्ठितः सम्यक्तज्ज्ञाता ॥ १४ ॥ सर्वेति । सांख्ययोगतर्कपूर्वोत्तरमीमांसासूत्राणि सव्याख्यानानि शास्त्राणि, स्मृतय उपस्मृतयश्च तत्त्वार्थशासकत्वाच्छास्त्रम्, सर्वमूलशब्दशासकत्वाद्व्याकरणं च शास्त्रम्, तथैव कामन्दकादीन्यपि नीतिशास्त्राणि, सर्वेषामेषामर्थतत्त्वज्ञः । स्मृतिमानुक्ताधीतवेदशास्त्रार्थविस्मरणरहितः । प्रतिभानवान्व्यवहारकाले श्रुतस्याश्रुतस्य चोचितार्थस्य शीघ्रं प्रतिभासः प्रतिभानं तद्वान् । तदुक्तम्—'प्रज्ञां नवनवोन्मेषशालिनीं प्रतिभां विदुः' इति । सर्वलोकप्रियो द्रष्टृस्मर्तृलोकानामिहामुत्र हितावहः । साधुर्मृदुमधुरस्वभावः । अदीनात्मा सहजासाधारणक्षात्रभावेनादीनस्वभावः, अतिव्यसनपरम्परायामप्यक्षुभितान्तःकरणो वा । विचक्षणो यथोचितलौकिकालौकिकसर्वक्रियासु कुशलः ॥ १५ ॥ सर्वदेति । सर्वदा होमदेवपूजासभाधिष्ठानकालेषु तत्तत्कालोचितैः सद्भिः सात्त्विकस्वभावैः पुरोहितद्विजमन्त्रिप्रधानादिभिः । सिन्धुभिर्नदीभिः समुद्र इव । अभिगतः सेवितः । यद्वा सद्भिर्भक्तैः सदा सेवितः । भगवत्सेवायां कालनियमाभावात् दृष्टान्तेन तं प्राप्तानां सतां भक्तानां तेन सहैक्यं ध्वनयति । आर्यः सर्वपूज्यः । सर्वेषु सुखदुःखोदर्केषु समो हर्षविषादरहितः शत्रुमित्रोदासीनेषु वैषम्यरहितः । 'तत्तत्कार्यानुरूपफलदातेत्यर्थः' इत्यन्ये । सदैव सर्वावस्थासु मुहुर्मुहुरनुभवेऽप्यननुभूतपूर्ववद्विस्मयनीयदर्शनः ॥ १६ ॥ स चेति । स रामः सर्वैर्गुणैर्युक्त उक्तैर्वक्ष्यमाणैश्च । कौसल्यानन्दवर्धनत्वेन महाकुलप्रसूतत्वप्रधानमहिषीपुत्रत्वादि[illegible] सत्ता दर्शिता । [illegible]शयत्वं तत्र समुद्रतुल्यः । धैर्यं मनसाप्यधृष्यत्वम्, इष्टवियोगादावनभिभूतचित्तत्वं च, रणेऽचरतया सहायाभावेऽपि स्थितिश्च, तेन हिमवत्सदृशः ॥ १७ ॥ विष्णुनेति । यद्यपि रामो विष्णुरेव सर्वरूपश्च तथापि मानुषोपाधिभेदात्सर्वत्र सादृशं द्रष्टव्यम् । यद्वा विष्णुना सदृश इत्यनन्वयालंकारः । चन्द्रवत्प्रजाव्यवहारनिरीक्षणकाले सौम्यदर्शनः । क्रोधे युद्धकालिके कालाग्निसदृशः । परैरधृष्य इति यावत् । क्षमा प्रतीकारसामर्थ्येऽप्यपकारसहिष्णुता तया पृथिवीतुल्यः ॥ १८ ॥ धनदेनेति । त्यागे धनत्यागे धर्मार्थं धनव्ययविषयेऽपेक्षितधनसंपत्तौ धनदेन नवनिधीशेन समः । अस्मिन्नेवांश उपमा, न तु त्यागांशे, तस्य धनसंग्रह एव प्रवृत्तेः । 'धनदव्यवहारस्तु कतिपयत्रिदशेभ्यो भगवदाज्ञया कतिपयधनदानमात्रात्' इति बहवः । सत्ये सत्यवचनेऽपरो धर्म इव धर्मस्य मूर्त्यन्तरमिवेत्युत्प्रेक्षा । एतदन्तं बालकाण्डीयार्थसंग्रहः ॥ 'तमेवम्' इत्यादिनायोध्याकाण्डीयार्थसंग्रह आरभ्यते । तत्रेक्ष्वाकुवंशप्रभव इत्यनेन भगवदाविर्भावः सूचितः । महावीर्यः शत्रुनिबर्हण इत्यनेन विश्वामित्रानुग्रहजशस्त्रास्त्रसंपत्तिताटकावधादि सूचितम् । लक्ष्मीवानित्यनेन सीतापरिणयः सूचितः । सत्यपराक्रममित्यनेन भार्गवलोकप्रतिबन्धादि सूचितम् । एवंगुणसंपन्नं प्रागुक्तरीत्या सकलकल्याणगुणयुक्तम् । सत्यपराक्रमममोघपराक्रमम् ॥ १९ ॥ ज्येष्ठमिति । ज्येष्ठगुणैर्यौवराज्याभिषेकार्हगुणैर्युक्तम् । प्रकृतीनां प्रजानां हितैरिहामुत्र हितावहैर्युक्तम् । ज्येष्ठं सुतं रामम् । प्रकृतिप्रियकाम्यया प्रकृतीनां प्रियं कर्तुमिच्छया । 'छान्दसः काम्यच्' इति प्राञ्चः । प्रकृतिसंबन्धेनात्मनः प्रियं कर्तुमिच्छया । युवराजेन हि प्रजाकृत्ये संपादिते सति व्यवहारादिनिरीक्षणजन्यश्रमनिवृत्तिरूपं प्रियं स्वस्य भवतीति वयम् ॥ २० ॥ यौवराज्येनेति । युवराजस्य भावो यौवराज्यम् । पितरि राज्यं कुर्वत्येव सर्द[illegible]ऽभिषेकपूर्वकमधिकृतः पुत्रो युवराजः । संयोक्तुं योजयितुम् । महीपतिर्दशरथः । ऐच्छत् । अथ तस्य रामस्य यौवराज्याभिषेकेऽपेक्षितान्संभारान् 'औदुम्बर्यासन्दी तस्यै प्रादेशमात्राः पादाः स्युः' इत्यादिना बह्वृचब्राह्मणेनोपदिश्यमानान्दधिमधुसर्पिरादीन्संभृतान्दृष्ट्वा मन्थरावचनाज्ज्ञात्वा । कैकयी राज्ञः कनीयसी भार्या । अत्र कैकेयीत्येव यद्यपि केकयशब्दादञि 'केकयमित्रयु–' इत्यादिना यादेरिया-

पूर्वं दत्तवरा देवी वरमेनमयाचत । विवासनं च रामस्य भरतस्याभिषेचनम् ॥ २२
स सत्यवचनाद्राजा धर्मपाशेन संयतः । विवासयामास सुतं रामं दशरथः प्रियम् ॥ २३
स जगाम वनं वीरः प्रतिज्ञामनुपालयन् । पितुर्वचननिर्देशात्कैकेय्याः प्रियकारणात् ॥ २४
तं व्रजन्तं प्रियो भ्राता लक्ष्मणोऽनुजगाम ह । स्नेहाद्विनयसंपन्नः सुमित्रानन्दवर्धनः ॥ २५
भ्रातरं दयितो भ्रातुः सौभ्रात्रमनुदर्शन् । रामस्य दयिता भार्या नित्यं प्राणसमा हिता ॥ २६
जनकस्य कुले जाता देवमायेव निर्मिता । सर्वलक्षणसंपन्ना नारीणामुत्तमा वधूः ॥ २७
सीताप्यनुगता रामं शशिनं रोहिणी यथा । पौरैरनुगतो दूरं पित्रा दशरथेन च ॥ २८
शृङ्गवेरपुरे सूतं गङ्गाकूले व्यसर्जयत् । गुहमासाद्य धर्मात्मा निषादाधिपतिं प्रियम् ॥ २९
गुहेन सहितो रामो लक्ष्मणेन च सीतया । ते वनेन वनं गत्वा नदीस्तीर्त्वा बहूदकाः ॥ ३०
चित्रकूटमनुप्राप्य भरद्वाजस्य शासनात् । रम्यमावसथं कृत्वा रममाणा वने त्रयः ॥ ३१
देवगन्धर्वसंकाशास्तत्र ते न्यवसन्सुखम् । चित्रकूटं गते रामे पुत्रशोकातुरस्तदा ॥ ३२
राजा दशरथः स्वर्गं जगाम विलपन्सुतम् । गते तु तस्मिन्भरतो वसिष्ठप्रमुखैर्द्विजैः ॥ ३३
नियुज्यमानो राज्याय नैच्छद्राज्यं महाबलः । स जगाम वनं वीरो रामपादप्रसादकः ॥ ३४
गत्वा तु स महात्मानं रामं सत्यपराक्रमम् । अयाचद्भ्रातरं राममार्यभावपुरस्कृतः ॥ ३५
त्वमेव राजा धर्मज्ञ इति रामं वचोऽब्रवीत् । रामोऽपि परमोदारः सुमुखः सुमहायशाः ॥ ३६

देशे गुणे आदिवृद्धौ ङीपि 'यस्य' इति लोपे साधु, तथापि 'अपि माषं मषं कुर्याच्छन्दोभङ्गं न कारयेत्' इति न्यायेन कैकयीति प्रयोगः । 'पुंयोगलक्षणे ङीषि 'केकयी' इति पाठः' इत्यन्ये ॥ २१ ॥ पूर्वं पूर्वस्मिन्काल इन्द्रसहायार्थं प्रवृत्तदशरथस्य दैत्यैर्युद्धकाले दशरथेतरप्रयुक्तामासुरीं मायां धवलाङ्गमुनिदत्तविद्यया निवारयित्र्यै कैकेय्यै तुष्टेन दशरथेन दत्तौ वरौ यस्यै सा देवी सैव राज्याभिषेकसमये प्राप्ताभिषेका देवी तद्वरिप्रयतमैनं वक्ष्यमाणलक्षणं वरं प्राप्तकालत्वादयाचत राजानम् । याचेर्द्विकर्मकत्वात् । वरद्वयमाह—रामस्य राज्यादुद्वासनम्, भरतस्य स्वपुत्रस्याभिषेचनम् ॥ २२ ॥ स इति । सत्यवचनात् । धर्मपरनिर्देशेन सत्यप्रतिज्ञत्वादित्यर्थः । अतो हेतोः सत्यरूपेण धर्मपाशेन संयतो बद्धः सन्दशरथः प्रियं सुतमपि विवासयामास ॥ २३ ॥ स इति । वीरोऽनेकैरपराङ्मुखतया योद्धापि स रामः पितुः प्रतिज्ञां सत्यतया स्वविवासनेनानुपालयन् । यद्वा कैकेयीसंनिधौ पितृवचनपरिपालनविषयां स्वकृतां प्रतिज्ञां परिपालयन्पितृवचनकृतान्निर्देशादाज्ञातो मातुश्च कैकेय्याः प्रियकारणात्प्रियसिद्धिनिमित्तं वनं जगाम । अनेन पितृतत्पत्नीसंतोषकरणमेव सर्वात्मना पुत्रस्य धर्म इति भगवतोपदिष्टम् ॥ २४ ॥ तमिति । व्रजन्तं भ्रातरम् । प्रियो रामे सहजप्रीतिमान् ॥ २५ ॥ भ्रातरमिति । भ्रातू रामस्य दयितः प्रियः । सौभ्रात्रं सुभ्रातृभावम् । स्नेहमिति यावत् । स्नेहादेव जगाम न पित्रादिनिर्देशादिति भावः । अथ रामस्य दयितेष्टा । प्राणसमा निरतिशयप्रेमास्पदम् । हिता नित्यं हितकारिणी ॥२६॥ जनकस्य कुलेऽन्वये जाता । यद्यप्येषाऽयोनिजा तथापि सीरध्वजस्य देवयजनलाङ्गलपद्धतावाविर्भूतत्वादेवमुक्तिः । अतएवाह—देवमायेवेति । सेवाचिन्त्योदयस्थितिलया । देवैरेव स्वकार्यसिद्ध्याकाङ्क्षिभिर्निर्मिताविर्भाविता । यद्वा इवशब्द एवार्थे । देवेन भगवताविर्भाविता स्वमायैव । भगवतोऽनाद्यन्ता सर्वकार्यसहायभूता सहजशक्तिरेव हि माया । यत्तु तिलोत्तमादिवद्देवमायेव स्थितेति, तन्न । निर्मितपदवैयर्थ्यापत्तेः । सर्वैः स्त्रीलक्षणैः संपन्ना युक्ता ॥ २७ ॥ सीतेति । सीता लाङ्गलपद्धतिस्तदुत्थत्वात्सीता । शशिनं रोहिणीव राममनुगता ॥ २८ ॥ शृङ्गेति । गङ्गाकूले वर्तमानशृङ्गवेरपुरे स्थितं निषादाधिपतिं प्रियमिष्टं गुहमासाद्य तत्सहितो लक्ष्मणादिसहितश्च रामः सूतं रथेन स्वप्रापणार्थमागतं गङ्गाकूले व्यसर्जयत्परावर्तितवान् ॥ २९ ॥ गुहेनेति । पूर्वार्धं पूर्वश्लोकान्वयि । अथ ते सीतारामलक्ष्मणा वनेन पुरोवर्तिप्राप्तवनद्वारेण परमपरं वनं गत्वा । 'तेवनं पादचारस्तेन वनं गत्वेत्यर्थः' इति संप्रदायः ॥ ३० ॥ चित्रेति । अनु पश्चाद्भरद्वाजस्य शासनाच्चित्रकूटं प्राप्य तत्र रम्यमावसथं पर्णशालां कृत्वा तत्र वने रममाणास्त्रयो देवगन्धर्वसदृशाः सुखं न्यवसन्नित्यन्वयः ॥ ३१ ॥ तथा पुत्रशोकातुरोऽनिर्वाच्यपुत्रवियोगजन्यशोकपीडितः ॥ ३२ ॥ राजेति । तस्मिन्दशरथे गते लोकान्तरं गते मृते वसिष्ठाद्यैर्द्विजैस्त्रैवर्णिकैः । इदमुपलक्षणम् । तत्सहितैर्मन्त्रिवृद्धैरित्यपि बोध्यम् ॥ ३३ ॥ राज्याय राज्यं कर्तुं तैर्नियुज्यमानः प्रेर्यमाणो महाबलः समर्थोऽपि सौभ्रात्राद्राज्यं नैच्छत् । ततो रामपादप्रसादकः पूज्यं रामं प्रसादयितुं वनं जगाम । पादशब्दः पूज्यवाची ॥ ३४ ॥ गत्वेति । स भरतो महात्मानं सत्यप्रतिज्ञत्वादिधर्मैर्महावैभवं भ्रातरं रामं गत्वार्यभावपुरस्कृतो विनीतवेषस्तं रामं राज्याय प्रतिनिवृत्तिमयाचत् । याचिर्द्विकर्मकः ॥ ३५ ॥ ननु पितृमातृदत्तं राज्यं तवैव योग्यमिति मम प्रतिनिवृत्तिरनुचितेत्यत्राह—त्वमेवेति । सर्वगुणश्रेष्ठे ज्येष्ठे सति कनिष्ठो न राज्यार्ह इति धर्मं त्वमेव जानासीति त्वमेव राजेति वचो रामम-

न चैच्छत्पितुरादेशाद्राज्यं रामो महाबलः । पादुके चास्य राज्याय न्यासं दत्त्वा पुनःपुनः ॥ ३७
निवर्तयामास ततो भरतं भरताग्रजः । स काममनवाप्यैव रामपादावुपस्पृशन् ॥ ३८
नन्दिग्रामेऽकरोद्राज्यं रामागमनकाङ्क्षया । गते तु भरते श्रीमान्सत्यसंधो जितेन्द्रियः ॥ ३९
रामस्तु पुनरालक्ष्य नागरस्य जनस्य च । तत्रागमनमेकाग्रो दण्डकान्प्रविवेश ह ॥ ४०
प्रविश्य तु महारण्यं रामो राजीवलोचनः । विराधं राक्षसं हत्वा शरभङ्गं ददर्श ह ॥ ४१
सुतीक्ष्णं चाप्यगस्त्यं च अगस्त्यभ्रातरं तथा । अगस्त्यवचनाच्चैव जग्राहैन्द्रं शरासनम् ॥ ४२
खड्गं च परमप्रीतस्तूणी चाक्षयसायकौ । वसतस्तस्य रामस्य वने वनचरैः सह ॥ ४३
ऋषयोऽभ्यागमन्सर्वे वधायासुररक्षसाम् । स तेषां प्रतिशुश्राव राक्षसानां तदा वने ॥ ४४
प्रतिज्ञातश्च रामेण वधः संयति रक्षसाम् । ऋषीणामग्निकल्पानां दण्डकारण्यवासिनाम् ॥ ४५
तेन तत्रैव वसता जनस्थाननिवासिनी । विरूपिता शूर्पणखा राक्षसी कामरूपिणी ॥ ४६
ततः शूर्पणखावाक्यादुद्युक्तान्सर्वराक्षसान् । खरं त्रिशिरसं चैव दूषणं चैव राक्षसम् ॥ ४७
निजघान रणे रामस्तेषां चैव पदानुगान् । वने तस्मिन्निवसता जनस्थाननिवासिनाम् ॥ ४८
रक्षसां निहतान्यासन्सहस्राणि चतुर्दश । ततो ज्ञातिवधं श्रुत्वा रावणः क्रोधमूर्च्छितः ॥ ४९

ब्रवीत् । रामोऽपि रमयतीति व्युत्पत्त्याश्रितचित्तरञ्जकोऽपि पितुरादेशाद्राज्यं नैच्छदित्युत्तरेणान्वयः । 'अत्र हेतुगर्भं विशेषणम् । परमोदारः स्वसुखसाधनस्य परस्मै दानमौदार्यं तद्युतः । सुमुखो राज्यादपि वनेऽम्लान्याद्यधिकमुखप्रसादयुक्तः । सुमहायशाः प्रतिज्ञापालनरूपयशोभङ्गभिया नैच्छत्' इति कतककृतः । तीर्थस्तु 'परमोदारो याचकाभीष्टप्रदाननिरतोऽर्थिलाभेन प्रसन्नमुखः । सुमहायशा अर्थ्यवैमुख्येन प्रसिद्धकीर्तिरपि पित्राज्ञयैव भरतवाक्यं नैच्छत्' इत्याह ॥ ३६ ॥ ततोऽस्य भरतस्य राज्याय राज्यरक्षणसामर्थ्यं लब्धुमहल्यादौ दृष्टशक्तिकाचिन्त्यवैभवस्वपदस्पृष्टे पादुके न्यासरूपेण दत्त्वा पुनःपुनः प्रतिनिवृत्तिं याचमानं भरतं चतुर्दशसमानन्तरं सर्वथा प्रतिनिवर्तितव्यमित्यभ्युपेत्य निवर्तयामास । अस्येति राज्यापेक्षया षष्ठी । दत्त्वेत्यत्र अस्मै इत्यर्थलभ्यम् । 'दत्त्वेत्यन्वयेऽपि संप्रदानस्य शेषत्वविवक्षया षष्ठी' इत्यन्ये । यत्तु निक्षेपे मुख्यदानाभावान्न चतुर्थी दत्त्वेत्यन्वयेऽपीति, तन्न । 'खण्डिकोपाध्यायस्तस्मै चपेटां ददाति' इति महाभाष्यप्रयोगविरोधात् ॥३७॥ स भरतो रामप्रतिनिवृत्तिरूपं काममनवाप्यैव रामपादौ नमस्कुर्वन् प्रतिनिवृत्त इति शेषः ॥ ३८ ॥ ततो नमस्कृत्य प्रतिनिवृत्तो नन्दिग्रामे स्थित्वा रामश्चतुर्दशसमारूपप्रतिज्ञातसमयानन्तरं राज्यायागमिष्यतीति रामागमनकाङ्क्षया पादुके पुरस्कृत्य राज्यमकरोत् । उत्तरार्धं स्पष्टम् ॥ ३९ ॥ राम इति । उक्तगुणविशिष्टो रामस्त्वत्यासन्नतया नागरस्य मन्त्रिवृद्धादिपौरजनस्य भरतस्य च तत्र चित्रकूट आगमनमालक्ष्य संभाव्य तेषां प्रतिनिवर्तनप्रयासाद्दूरमितोऽपि दूरगमनमिति संचिन्त्य दण्डकान्दण्डकारण्यानि । अवान्तरवनबहुत्वाद्बहुवचनम् । तेषां रक्षश्चोरादिभूयिष्ठत्वादेकाग्रः सज्जो भूत्वा प्रविवेश । हेति प्रसिद्धौ ॥४०॥ प्रविश्येति । महारण्यमित्यरण्यकाण्डकथासंग्रहः । राजीवं पद्मम् । अनेन राक्षसयुद्धारम्भकृतहर्षो ध्वनितः । शरभङ्गाद्या ऋषयः ॥ ४१ ॥ चापीति निपातसमुच्चयः पद्यपूरकः । 'अगस्त्यभ्रातेध्मवाहननामा' इति केचित् । 'ततो मुनेरगस्त्यस्य भ्रातागस्त्य इति श्रुतः । स चिन्वन्कानने वन्यं सखीभिः कोपितोऽशपत् ॥' इति मार्कण्डेयपुराणे श्रूयते । दिव्यं धनुरादिकं कार्याय प्रतिगृहाणेत्येवंरूपादगस्त्यवचनात् । ऐन्द्रमिन्द्रादगस्त्यस्यागतं शरासनं धनुर्जग्राह । पूर्वं भार्गवं जित्वा ततः प्राप्तं यद्वैष्णवं धनुर्भगवता रामेण वरुणे न्यस्तं तदिन्द्रेण वरुणादानीयागस्त्ये स्थापितमित्यग्रेऽरण्यकाण्डे स्फुटम् । यद्वेन्द्रो विष्णुः ॥ ४२ ॥ खड्गं चेति । अनुरूपनिजायुधलाभात्परमप्रीतः । अक्षयाः सायका बाणा ययोस्तौ । तूणी इषुधी । वचनरैर्वानप्रस्थैः ॥ ४३ ॥ ऋषय इति । तद्वने वसतो रामस्यान्तिकमसुराः कबन्धादयो रक्षांसि खरादयस्तेषां वधाय वधं प्रार्थयितुं सर्वे ऋषयोऽभ्यागमन् । स रामस्तेषां राक्षसानां वधं तस्मिन्वने तेभ्यो ऋषिभ्यः प्रतिशुश्राव । प्राप्तकालमसुररक्षो योधयिष्ये नोपेक्षिष्य इति तद्वचोऽङ्गीकृतवानित्यर्थः ॥ ४४ ॥ प्रतिज्ञात इति । अग्निकल्पानामग्निसदृशानामृषीणाम् । संनिधाविति शेषः । अपेक्षित इति वा शेषः । संयति युद्धेऽचिन्त्यामितनिजशक्तिवैभवाद्रक्षसां वधः प्रतिज्ञातश्चेति संबन्धः ॥ ४५ ॥ तेनेति । तेन रामेण तत्रैव दण्डकारण्यदक्षिणप्रदेशवर्तिपञ्चवट्याश्रमे जनस्थानं नाम दण्डकारण्ये रावणस्य बलनिवेशस्थानम् । कामरूपिणीच्छया नानारूपधारिणी । यद्वा पुंसां काम्यमानरूपवती । विरूपिता कर्णनासाछेदेन वैरूप्यं प्रापिता । शूर्पणखेत्यत्र 'नखमुखात्संज्ञायाम्' इति ङीप्निषेधः । 'पूर्वपदात्संज्ञायाम्–' इति णत्वम् । विरुद्धं रूपं विरूपं तत्संजातमस्या इति तारकादित्वादितच् ॥ ४६ ॥ तत इति । ततस्तद्वैरूप्यकरणानन्तरम् । सर्वराक्षसान् । जनस्थाननिवासिन इति शेषः । उद्युक्तान्युद्धार्थं संनद्धान् ॥ ४७ ॥ पदानुगाननुचरान् । निवसता । रामेणेति शेषः । उत्तरश्लोकान्वयी ॥ ४८ ॥ रक्षसामिति । चतुर्दश सहस्राणि तत्संख्यासंख्यातानि सैन्यानीति शेषः । ज्ञातयः खरादयः । खरादयो हि

सहायं वरयामास मारीचं नाम राक्षसम् । वार्यमाणः सुबहुशो मारीचेन स रावणः ॥ ५०
न विरोधो बलवता क्षमो रावण तेन ते । अनादृत्य तु तद्वाक्यं रावणः कालचोदितः ॥ ५१
जगाम सहमारीचस्तस्याश्रमपदं तदा । तेन मायाविना दूरमपवाह्य नृपात्मजौ ॥ ५२
जहार भार्यां रामस्य गृध्रं हत्वा जटायुषम् । गृध्रं च निहतं दृष्ट्वा हृतां श्रुत्वा च मैथिलीम् ॥ ५३
राघवः शोकसंतप्तो विललापाकुलेन्द्रियः । ततस्तेनैव शोकेन गृध्रं दग्ध्वा जटायुषम् ॥ ५४
मार्गमाणो वने सीतां राक्षसं संददर्श ह । कबन्धं नाम रूपेण विकृतं घोरदर्शनम् ॥ ५५
तं निहत्य महाबाहुर्ददाह स्वर्गतश्च सः । ततोऽस्य कथयामास शबरीं धर्मचारिणीम् ॥ ५६
श्रमणां धर्मनिपुणामभिगच्छेति राघव । सोऽभ्यगच्छन्महातेजाः शबरीं शत्रुसूदनः ॥ ५७
शबर्या पूजितः सम्यग्रामो दशरथात्मजः । पम्पातीरे हनुमता संगतो वानरेण ह ॥ ५८
हनुमद्वचनाच्चैव सुग्रीवेण समागतः । सुग्रीवाय च तत्सर्वं शंसद्रामो महाबलः ॥ ५९
आदितस्तद्यथा वृत्तं सीतायाश्च विशेषतः । सुग्रीवश्चापि तत्सर्वं श्रुत्वा रामस्य वानरः ॥ ६०
चकार सख्यं रामेण प्रीतश्चैवाग्निसाक्षिकम् । ततो वानरराजेन वैरानुकथनं प्रति ॥ ६१
रामायावेदितं सर्वं प्रणयाद्दुःखितेन च । प्रतिज्ञातं च रामेण तदा वालिवधं प्रति ॥ ६२
वालिनश्च बलं तत्र कथयामास वानरः । सुग्रीवः शङ्कितश्चासीन्नित्यं वीर्येण राघवे ॥ ६३
राघवप्रत्ययार्थं तु दुन्दुभेः कायमुत्तमम् । दर्शयामास सुग्रीवो महापर्वतसंनिभम् ॥ ६४

रावणस्यैव मात्रेयाः । श्रुत्वा । शूर्पणखामुखादिति शेषः । मूर्च्छितो व्याप्तचित्तः ॥ ४९ ॥ क्रोधेन व्याप्तः स रावणो मारीचेन बहुशो बहुवारं परदारहरणस्य परमाधर्मत्वं बलवद्विरोधस्य निजनाशान्तत्वम्, अतस्तेन रामेण बलवता विश्वामित्राश्रमे मदनुभूतबलेन ते तव विरोधो न क्षमो न युक्तो न हितश्चेति वार्यमाणोऽपि मारीचं नाम प्रसिद्धं राक्षसं सीताहरणे सहायं वरयामास । 'वृञ् वरणे' इति स्वार्थे ण्यन्तोऽपि ॥ ५० ॥ नेति । पूर्वार्धं पूर्वान्वयि । कालचोदितो मृत्युप्रेरितो रावणस्तद्वाक्यं मारीचवाक्यं त्वनादृत्य ॥ ५१ ॥ सहमारीचो मारीचसहितः । 'वोपसर्जनस्य' इति विकल्पात्सहस्य सादेशाभावः । तस्य खरादिहन्तृत्वेन प्रसिद्धस्य रामस्याश्रमपदमाश्रमस्थानं जगाम । ततस्तेन मायाविना मारीचेन तौ नृपात्मजौ रामलक्ष्मणौ दूरमपवाह्यापसार्य ॥ ५२ ॥ जहारेति । हत्वा हतप्रायं कण्ठगतप्राणं कृत्वा रामस्य भार्यां जहारेति संबन्धः । निहतं निहतप्रायम् । श्रुत्वा । गृध्रमुखादिति शेषः ॥ ५३ ॥ विललाप पर्यदेवयत् । आकुलेन्द्रियः शोकपरवशेन्द्रियः । तेनैव शोकेन निवृत्तिहेतुमप्राप्तेनाभिभूयमान एव सन्गृध्रं रावणेन सीतापहृतेति निवेद्य मृतं दग्ध्वा विधिना संस्कृत्य ॥ ५४ ॥ सीतां वने मार्गमाणः । मार्गयमाण इत्यर्थः । रूपेण विकृतं कबन्धं राक्षसम् । ददर्शेति संबन्धः ॥ ५५ ॥ तमिति । तं कबन्धं निहत्य ददाह । महाबाहू रामः । स च कबन्धः स्वर्गतः स्वर्गगमनयोग्यं स्वीयं गन्धर्वरूपं प्राप्तवान् । ततस्तेन रूपेण । अस्य रामस्य ॥ ५६ ॥ श्रमणां तापसीम् । धर्मनिपुणां सकलधर्मज्ञाम् । धर्मचारिणीमित्यस्य तु सकलधर्मानुष्ठात्रीमित्यर्थः । श्रमणामित्यत्र कर्तरि ल्युट् । तपसा श्राम्यतीत्यर्थात् । तामभिगच्छेति कथयामासेत्यन्वयः ॥ ५७ ॥ शबर्येति । सम्यक्पूजितो यथाविध्यर्घ्याद्युपचारैः पूजितः । पम्पेत्यादिना किष्किन्धाकाण्डकथासंग्रहः । संगतो मिलितः ॥ ५८ ॥ हनुमद्वचनात्सुग्रीवो युष्मन्मैत्रीमपेक्षत इत्यादिरूपात् । समागतो मैत्रीं कृतवान् । हनुशब्दो ह्रस्वान्तो दीर्घान्तश्च । सुग्रीवायेति । संगतायेति शेषः । शंसदकथयत् । छान्दसोऽडभावः । महाबलः सुग्रीवेण स्वकार्यसाधकमहाबलवत्त्वेनावगतः ॥ ५९ ॥ आदित इति । जन्मारभ्येत्यर्थः । तत्प्रसिद्धं वृत्तं स्वीयं सीतायाश्च वृत्तं विशिष्य रावणापहारान्तमशंसत् । यद्यपि महाबलत्वाद्विनापि सहायं सर्वनिर्वाहकस्तथापि लोकरीतिमनुसृत्य सुग्रीवमैत्रीमुद्दिश्य सर्वमकथयदिति बोद्धव्यम् । वानरः सुग्रीवोऽपि रामस्य संबन्धि तत्सर्वं श्रुत्वा ॥ ६० ॥ स्वसमानदुःखमहाबलसंबन्धलाभात्प्रीतः सुग्रीवोऽग्निसाक्षिकमग्निरेव साक्षाद्द्रष्टा यस्य तादृशं सख्यं चकार । ततो वैरानुकथनं वालिनस्तव च वैरे किं कारणमिति रामकृतप्रश्नं प्रति । प्रश्नोत्तरमिति यावत् ॥ ६१ ॥ रामाय यत्प्रत्युत्तरमावेदितव्यं तत्सर्वं रामवद्दारापहारान्तकष्टैः संजातदुःखेन सुग्रीवेण प्रणयाद्रामायावेदितम् । तदा तद्वृत्तान्तश्रवणानन्तरकाले रामेण वालिवधं प्रति वालिवधमुद्दिश्यावश्यं वालिनं वधिष्यामीति प्रतिज्ञातम् ॥ ६२ ॥ वालिनश्चेति । तत्र ऋष्यमूकपर्वते । वानरः सुग्रीवो वालिनो बलमरुणोदयानन्तरं सूर्योदयात्प्रागेव रावणं गृहीत्वा चतुःसमुद्रलङ्घनादिरूपं कथयामास । किंच सुग्रीवः रामो वालितुल्यो न वेति शङ्कितः संजातशङ्क आसीत् ॥ ६३ ॥ राघवेति । राघवस्य वालिमहाबलत्वे विश्वासार्थमुत्तमं बलप्रत्यायनोत्तमसाधनं महापर्वतसदृशं दुन्दुभेर्दैत्यस्य शरीरं दर्शयामास । यस्य काय इदानीमेतादृशस्तादृशो दुन्दुभिर्वालिना

उत्स्मयित्वा महाबाहुः प्रेक्ष्य चास्थि महाबलः । पादाङ्गुष्ठेन चिक्षेप संपूर्णं दशयोजनम् ॥ ६५
बीभेद च पुनः सालान्सप्तैकेन महेषुणा । गिरिं रसातलं चैव जनयन्प्रत्ययं तदा ॥ ६६
ततः प्रीतमनास्तेन विश्वस्तः स महाकपिः । किष्किन्धां रामसहितो जगाम च गुहां तदा ॥ ६७
ततोऽगर्जद्धरिवरः सुग्रीवो हेमपिङ्गलः । तेन नादेन महता निर्जगाम हरीश्वरः ॥ ६८
अनुमान्य तदा तारां सुग्रीवेण समागतः । निजघान च तत्रैनं शरेणैकेन राघवः ॥ ६९
ततः सुग्रीववचनाद्धत्वा वालिनमाहवे । सुग्रीवमेव तद्राज्ये राघवः प्रत्यपादयत् ॥ ७०
स च सर्वान्समानीय वानरान्वानरर्षभः । दिशः प्रस्थापयामास दिदृक्षुर्जनकात्मजाम् ॥ ७१
ततो गृध्रस्य वचनात्संपातेर्हनुमान्बली । शतयोजनविस्तीर्णं पुप्लुवे लवणार्णवम् ॥ ७२
तत्र लङ्कां समासाद्य पुरा रावणपालिताम् । ददर्श सीतां ध्यायन्तीमशोकवनिकां गताम् ॥ ७३
निवेदयित्वाभिज्ञानं प्रवृत्तिं विनिवेद्य च । समाश्वास्य च वैदेहीं मर्दयामास तोरणम् ॥ ७४
पञ्च सेनाग्रगान्हत्वा सप्त मन्त्रिसुतानपि । शूरमक्षं च निष्पिष्य ग्रहणं समुपागमत् ॥ ७५
अस्त्रेणोन्मुक्तमात्मानं ज्ञात्वा पैतामहाद्वरात् । मर्षयन्राक्षसान्वीरो यन्त्रिणस्तान्यदृच्छया ॥ ७६
ततो दग्ध्वा पुरीं लङ्कामृते सीतां च मैथिलीम् । रामाय प्रियमाख्यातुं पुनरायान्महाकपिः ॥ ७७
सोऽभिगम्य महात्मानं कृत्वा रामं प्रदक्षिणम् । न्यवेदयदमेयात्मा दृष्टा सीतेति तत्त्वतः ॥ ७८
ततः सुग्रीवसहितो गत्वा तीरं महोदधेः । समुद्रं क्षोभयामास शरैरादित्यसंनिभैः ॥ ७९

हत्वैतावद्दूरं प्रक्षिप्त इत्युक्त्वा दर्शयामासेत्यर्थः ॥ ६४ ॥ उत्स्मयित्वेति । बाहुलकात्स्वार्थे णिच् । ईषत्स्मितं कृत्वा ॥ ६५ ॥ बिभेदेति । पुनश्च प्रत्ययं जनयन्स्वबलविश्वासमुत्पादयन् । हेतौ शता । फलमपि हेतुः । तदैकेनैव महेषुणा सकृत्प्रयोगेणैव सप्तसालान्सप्तसालवृक्षांस्तत्समीपस्थं गिरिं पर्वतं रसातलं षष्ठमधोलोकं च बिभेद । अतलवितलसुतलतलातलमहातलरसातलपाताला इति सप्ताधोलोकाः । एकसालमात्रभेदनेऽस्य वालिसाम्यशङ्का जायेत तन्निवृत्त्यर्थमनुक्तानामप्यशा-(पि रसात)लगिरिप्रस्थादीनां भेदनमिति मन्तव्यम् ॥६६॥ तत इति । ततः सालभेदानन्तरं तेनातिदुष्करेण कर्मणा वालिवधे विश्वासं प्राप्तः प्रीतमनाः कपिराज्यलाभोऽचिरादेवेति संतुष्टमनाः किष्किन्धाख्यां गुहां रामसहितो जगाम ॥६७॥ तत इति । हरिवरः कपिश्रेष्ठोऽगर्जत्सिंहनादं कृतवान् । हरीश्वरो वाली ॥६८॥ अन्विति । तदाङ्गदमुखादवगतसुग्रीवराममित्रत्वेन संयुगनिर्गमनं वारयन्तीं तारां स्वस्त्रियं मयाऽकृतापकारो धर्मज्ञो रामो मह्यं नापकरिष्यतीत्यादिवचनैरनुमान्यानुमतिं प्रापय्य । कृतानुमतिकां कृत्वेति यावत् । सुग्रीवेण सह वाली युद्धाय समागतोऽभवत् । तत्र संयुगे । एनं वालिनम् ॥ ६९ ॥ तत इति । सुग्रीववचनात् 'वालिनं जहि काकुत्स्थ मया बद्धोऽयमञ्जलिः' इत्येवंरूपात्सुग्रीववचनात् । आहवे रणे । प्रत्यपादयत्प्रतिष्ठापितवान् । सुग्रीववचनादित्यनेनानपकारिवालिवधस्यायुक्तत्वेऽपि मित्रापकारित्वेन तदुक्त्या हननमिति ध्वनितम् ॥ ७० ॥ स चेति । स सुग्रीवः । दिदृक्षुरन्वेषिषुः । सर्वान्वानरान्समानीय सर्वा दिशः प्रस्थापयामास ॥ ७१ ॥ तत इति । गृध्रस्य संपातेर्वचनात् 'तस्यां वसति वैदेही दीना कौशेयवासिनी' इत्येवंरूपात् । पुप्लुव उल्लङ्घितवान् । इतः सुन्दरकाण्डकथासंग्रहः ॥ ७२ ॥ तत्रेति । अशोकवनिकां गतां प्रमदवनस्थितां ध्यायन्तीम् । राममिति शेषः ॥ ७३ ॥ निवेदयित्वेति । अभिज्ञानमङ्गुलीयकरूपम् । प्रवृत्तिं रामसुग्रीवसख्यादिसर्ववृत्तान्तम् । समाश्वास्य राघवस्य सर्वोऽपि व्यापारस्त्वत्प्राप्त्येकफलक इत्यादितत्त्वकथनेन वैदेहीं समाश्वास्य । 'गृहीत्वा प्रत्यभिज्ञानम्' इति पाठे प्रत्यभिज्ञानं सीतालकस्थितचूडामणिरूपम् । तोरणमशोकवनिकागतप्रासादबहिर्द्वारसंनिवेशम् । चकारादशोकवनं च मर्दयामास ॥ ७४ ॥ पञ्चेति । सेनाग्रगाः सैन्यपतयः पिङ्गलनेत्रप्रभृतयः । मन्त्रिसुता जम्बुमाल्यादयः । अक्षं रावणसुतम् । निष्पिष्य चूर्णीकृत्य । ग्रहणमिन्द्रजित्प्रयुक्तब्रह्मास्त्रकृतबन्धनं समुपागमत्प्राप्तः ॥ ७५ ॥ अस्त्रेणेति । मदस्त्रस्यामोघत्वात्तेन बन्धनमात्रं चतुःपञ्चघटिकानन्तरं पुनर्मोक्षश्चेति ब्रह्मदत्तवरात् । तावता कालेन ब्रह्मास्त्रमुक्तमात्मानं ज्ञात्वापि यदृच्छया कार्यान्तरप्रसङ्गेन रावणदर्शनापेक्षया । यन्त्रिणो बद्ध्वा नेतॄंस्तान्राक्षसान्प्रति वीरो हन्तुं समर्थोऽपि मर्षयन्क्षमां कुर्वन् । रावणसमीपं प्राप्तवानिति शेषः । 'ममर्ष' इति वा पाठः ॥७६॥ तत इति । ततो रावणदर्शनादिव्यापारानन्तरं सीतामृते सीतावस्थानप्रदेशं विना लङ्कां दग्ध्वा रामाय प्रियं सीतादर्शनरूपप्रियवार्तामाख्यातुं पुना रामान्तिकं महाकपिर्हनुमानायादागतः ॥ ७७ ॥ सोऽभीति । प्रदक्षिणं प्रदक्षिणादिमुख्यमुपचारम् । महात्मानं परमात्मानम् । अमेयात्मापरिच्छेद्यबुद्धिधैर्यादिवैभवः । तत्त्वतः । सार्वविभक्तिकस्तसिः । दृष्टा सीतेति तत्त्वं न्यवेदयदित्यर्थः । अत्र दृष्टेति पदस्य प्रथमप्रयोगो रामस्य सीतेति श्रवणे तद्विषयक्रियापदसंशयो मा भूदित्यर्थः ॥ ७८ ॥ तत इति । ततो युद्धकाण्डकथासंग्रहः । क्षोभयामास । लङ्कागमनमार्गदान औदासीन्यात्समुद्रमापाताल-

दर्शयामास चात्मानं समुद्रः सरितांपतिः । समुद्रवचनाच्चैव नलं सेतुमकारयत् ॥ ८०
तेन गत्वा पुरीं लङ्कां हत्वा रावणमाहवे । रामः सीतामनुप्राप्य परां व्रीडामुपागमत् ॥ ८१
तामुवाच ततो रामः परुषं जनसंसदि । अमृष्यमाणा सा सीता विवेश ज्वलनं सती ॥ ८२
ततोऽग्निवचनात्सीतां ज्ञात्वा विगतकल्मषाम् । कर्मणा तेन महता त्रैलोक्यं सचराचरम् ॥ ८३
सदेवर्षिगणं तुष्टं राघवस्य महात्मनः । बभौ रामः संप्रहृष्टः पूजितः सर्वदैवतैः ॥ ८४
अभिषिच्य च लङ्कायां राक्षसेन्द्रं विभीषणम् । कृतकृत्यस्तदा रामो विज्वरः प्रमुमोद ह ॥ ८५
देवताभ्यो वरं प्राप्य समुत्थाप्य च वानरान् । अयोध्यां प्रस्थितो रामः पुष्पकेण सुहृद्वृतः ॥ ८६
भारद्वाजाश्रमं गत्वा रामः सत्यपराक्रमः । भरतस्यान्तिके रामो हनूमन्तं व्यसर्जयत् ॥ ८७
पुनराख्यायिकां जल्पन्सुग्रीवसहितस्तदा । पुष्पकं तत्समारुह्य नन्दिग्रामं ययौ तदा ॥ ८८
नन्दिग्रामे जटां हित्वा भ्रातृभिः सहितोऽनघः । रामः सीतामनुप्राप्य राज्यं पुनरवाप्तवान् ॥ ८९
प्रहृष्टमुदितो लोकस्तुष्टः पुष्टः सुधार्मिकः । निरामयो ह्यरोगश्च दुर्भिक्षभयवर्जितः ॥ ९०

माकुलीचकारेत्यर्थः ॥ ७९ ॥ दर्शयामासेति । समुद्रः । शरक्षोभित इति शेषः । समुद्रवचनात् 'एष सेतुं महोत्साहः करोतु मयि वानरः । तमहं धारयिष्यामि' इत्येवंरूपात् । नलं सेतुमकारयत् । नलेन सेतुं कारितवानित्यर्थः ॥ ८० ॥ तेनेति । तेन सेतुना । आहवे युद्धे । अत्र क्वचिन्मध्ये 'अभ्यषिञ्चत्' इत्यादिश्लोकद्वयम्—'अभ्यषिञ्चत्स लङ्कायां राक्षसेन्द्रं विभीषणम् । कर्मणा तेन महता देवा इन्द्रपुरोगमाः ॥ सदेवर्षिगणास्तुष्टा राघवं तेऽभ्यपूजयन् । तथा परमसंतुष्टैः पूजितः सर्वदैवतैः ॥' लङ्कायां राज्ये राक्षसेन्द्रं तत्त्वव्यवहारविषयो यथा भवति तथाभ्यषिञ्चत् । तेन कर्मणा रावणहननादिरूपेण । सदेवर्षिगणा देवर्षिसहिता गणाः । अर्थादृषिगणाः । तत्सहिता देवा इत्यर्थः । तदिदं श्लोकद्वयम् 'पूजितः सर्वदैवतैः । अभिषिच्य च' इत्यनेन पुनरुक्तमिति प्रक्षिप्तमेव बोध्यम् । सीतां प्राप्यानु पश्चात्परां व्रीडां रक्षोगृहे चिरोषितां पुनर्गृहीतवानिति लोकापवादशङ्कयातिशयितां लज्जामुपागमत् ॥ ८१ ॥ तामिति । जनसंसदि वानरराक्षससभायां परुषं मर्मस्पृक् । 'दीपो नेत्रातुरस्येव प्रतिकूलासि मे दृढम्' इत्यादिवचनमुवाच । लोकस्य नास्यां रामस्य कामादिदोषतः पुनर्जिघृक्षास्तीति प्रत्यायनार्थम् । अमृष्यमाणा पातिव्रत्यसंशयजनितमुक्तवचनम् । 'सतीत्यनेन पातिव्रत्यबलाग्निजेच्छयाग्निप्रादुर्भावनशक्तिमत्त्वद्योतनम्' इति केचित् । 'लक्ष्मणप्रादुर्भावितो ज्वलनः' इत्यन्ये ॥ ८२ ॥ तत इति । अग्निवचनात् 'विशुद्धभावां निष्पापां प्रतिगृह्णीष्व राघव' इत्येवंरूपात् । विगतकल्मषां निष्पापां स्वयं ज्ञात्वा लोकस्य च तथात्वं प्रत्याय्य । सीतामङ्गीचकारेति शेषः । क्वचित्तु 'अग्रहीदमलां रामो वचनाच्च गुरोस्तदा' इति पठ्यते । तत्रामलामिति पुनरुक्तमापद्यते ॥ ८३ ॥ तेन कर्मणा सीताप्रत्यानयनान्तेन कर्मणा । ऋषिदेवगणसहितचराचरप्रजासहितं त्रैलोक्यं तुष्टं तुतोष । तत्संतोषेण च प्रहृष्टः संतोषवशादेव सर्वदैवतैः पूजितश्च रामो बभौ । अत्र केचिदचराणां वृक्षादीनां रावणकृतपीडापरिज्ञानाभावेन रावणवधजन्यसंतोषाभावादेवं व्याचक्षते—"'देवऋषिगणम्' इति पाठः । 'ऋत्यकः' इति प्रकृतिभावः । तत्र देवगणा इन्द्रादयः, ऋषिगणा विश्वामित्रादयः । एतद्रूपं यत्त्रैलोक्यं सचराचरम् । अत्र चरप्रजा गतिभक्षणमात्रप्रधानास्तिर्यक्स्रोतसः पशुपक्ष्यादय ऐरावतादयः, अचरप्रजाश्चरप्रजाभिन्ना ज्ञानयुक्तप्रजा अवाक्स्रोतसो मनुष्याः । एवं च स्वस्वशेषतिर्यगवाक्स्रोतोयुतं देवर्षिगणरूपं त्रैलोक्यं तुष्टम् । रावणस्य मर्त्योपेक्षित्वात्प्राधान्येन देवर्षिग्रहणम्" इत्याहुः ॥ ८४ ॥ अभिषिच्येति । राक्षसेन्द्रं भावितत्त्वव्यवहारविषयम् । कृतकृत्यः प्राक्प्रतिज्ञातविभीषणाभिषेकलक्षणकृत्यस्यापि कृतत्वात्कृतकृत्यः । अत एव विज्वरो विगतावश्यकर्तव्यविषयचिन्तातापः । प्रमुमोदेति छान्दसं परस्मैपदम् ॥ ८५ ॥ देवताभ्य इति । सुप्तोत्थितवदुत्तिष्ठन्तु वानरा इत्येवंरूपं वरं रावणवधजनितहर्षवशात्स्वदिदृक्षया समागताभ्यो देवताभ्यः प्राप्य सुहृद्भिः सुग्रीवविभीषणादिभिः संवृतः पुष्पकेणायोध्यामुद्दिश्य प्रस्थितो जगाम ॥ ८६ ॥ भरद्वाजेति । 'चतुर्दशे तु संपूर्णे वर्षेऽहनि रघूत्तम । न द्रक्ष्यामि यदि त्वां तु प्रवेक्ष्यामि हुताशनम् ॥' इति भरतेन प्रतिज्ञातत्वाद्भरद्वाजाश्रमे चतुर्दशसमासमाप्त्यनन्तरं मुनिवचनेनैकदिनविलम्बस्य प्राप्तत्वात्स्वागमनप्रबोधनाय हनुमद्विसर्जनम् । यद्वा महत्या वानरसेनया सहाकस्मादागमने भरतादेः शङ्का मा भूदिति तद्विसर्जनम् ॥ ८७ ॥ पुनरिति । पुष्पकादवतीर्णत्वात्पुनस्तत्पुष्पकं समारुह्य । आख्यायिकां पूर्ववृत्तविषयां कथाम् । भरद्वाजाश्रमारोहात्पूर्वमिव जल्पन्कथयन् । सुग्रीवेति विभीषणादेरुपलक्षणम् ॥ ८८ ॥ नन्दिग्राम इति । नन्दिग्रामे भ्रातृभिः सह स्वस्यापि व्रतप्रयुक्तां जटां हित्वा त्यक्त्वा रामः सीतामनुप्राप्य मुनिवेषत्यागेन सीतानुरूपं रूपं प्राप्य । यद्वा मुनिवेषत्यागेन हृष्टां सीतां प्राप्य । प्राप्तविसृष्टं राज्यं पुनरवाप्तवान् ॥ ८९ ॥ एतदन्तं चरितं वृत्तत्वेनोपदिश्य देवर्षिरतः परमुत्तरकाण्डविषयं भविष्यत्त्वेनोपदिशति—प्रहृष्टेति । अनेन च रावणवधानन्तरं रामे राज्यं प्रशासति सति वाल्मीकेर्नारदं प्रति प्रश्न इति ज्ञायते । प्रहृष्टः प्रातिस्विकपुत्रपश्वादिसंपत्त्या मुदितः क्षोभराहित्येन मुदितान्तःकरणः । लोकः सर्वप्रजाः । तुष्टो बहुप्रदान-

न पुत्रमरणं केचिद्द्रक्ष्यन्ति पुरुषाः क्वचित् । नार्यश्चाविधवा नित्यं भविष्यन्ति पतिव्रताः ॥ ९१
न चाग्निजं भयं किंचिन्नाप्सु मज्जन्ति जन्तवः । न वातजं भयं किंचिन्नापि ज्वरकृतं तथा ॥ ९२
न चापि क्षुद्भयं तत्र न तस्करभयं तथा । नगराणि च राष्ट्राणि धनधान्ययुतानि च ॥ ९३
नित्यं प्रमुदिताः सर्वे यथा कृतयुगे तथा । अश्वमेधशतैरिष्ट्वा तथा बहुसुवर्णकैः ॥ ९४
गवां कोट्ययुतं दत्त्वा विद्वद्भ्यो विधिपूर्वकम् । असंख्येयं धनं दत्त्वा ब्राह्मणेभ्यो महायशाः ॥ ९५
राजवंशाञ्छतगुणान्स्थापयिष्यति राघवः । चातुर्वर्ण्यं च लोकेऽस्मिन्स्वे स्वे धर्मे नियोक्ष्यति ॥ ९६
दशवर्षसहस्राणि दशवर्षशतानि च । रामो राज्यमुपासित्वा ब्रह्मलोकं प्रयास्यति ॥ ९७
इदं पवित्रं पापघ्नं पुण्यं वेदैश्च संमितम् । यः पठेद्रामचरितं सर्वपापैः प्रमुच्यते ॥ ९८
एतदाख्यानमायुष्यं पठन्रामायणं नरः । सपुत्रपौत्रः सगणः प्रेत्य स्वर्गे महीयते ॥ ९९

पठन्द्विजो वागृषभत्वमीयात्स्यात्क्षत्रियो भूमिपतित्वमीयात् ।
वणिग्जनः पण्यफलत्वमीयाज्जनश्च शूद्रोऽपि महत्त्वमीयात् ॥ १००

इत्यार्षे श्रीमद्रामायणे वाल्मीकीय आदिकाव्ये बालकाण्डे प्रथमः सर्गः ॥ १ ॥

द्वितीयः सर्गः ।

नारदस्य तु तद्वाक्यं श्रुत्वा वाक्यविशारदः । पूजयामास धर्मात्मा सहशिष्यो महामुनिम् ॥ १
यथावत्पूजितस्तेन देवर्षिर्नारदस्तदा । आपृच्छ्यैवाभ्यनुज्ञातः स जगाम विहायसम् ॥ २

गवतः सांसारिकपारमार्थिकार्थलाभात्तुष्टः । अत एव पुष्टो दारिद्र्यकार्श्यरहितः । आमयो मनःपीडा । रोगो देहजो व्याधिः । दुर्भिक्षेण चोरादिभयेन च रहितः । भविष्यतीति शेषः । यद्वा रामविरहे दुःखितो राममिलनेन तुष्टः । तथा तद्विरहेण कृशस्तन्मिलनादेव पुष्टः ॥ ९० ॥ नेति । स्वपितृषु स्वेषु च जीवत्स्विति शेषः । अविधवाः । भर्त्रनुगमनाद्ध्वांशपुत्रसद्भावाद्वेति शेषः ॥ ९१ ॥ न चाग्निजमिति पादत्रयेणाधिदैविकदुःखनिवृत्तिरुच्यते । चतुर्थेनाध्यात्मिकनिवृत्तिः ॥ ९२ ॥ भौतिकदुःखाभावमाह—न चापीति । क्षुद्भयं क्षुदुपशमोपायाभावजं न च नैव भविष्यतीत्यनुषङ्गः ॥ ९३ ॥ नित्यमिति । कृतयुगे स्वाभाविकादधर्मासंबन्धान्नित्यं प्रजामोदः, त्रेतायामधर्मस्य पादांशेन संबन्धेऽपि रामपालनवैभवात्तदनाक्रमेण नित्यप्रमोदत्वम् । अथ रामस्य भाविवृत्तान्तरमाह—अश्वेति । शतशब्दोऽनन्तवाची । इष्ट्वा दत्त्वेत्यादिस्वरूपकथनम्, न तु तेषां रामस्य स्वलोकप्राप्तिं प्रति हेतुतेति बोध्यम् । यत्तु कतककृता 'अश्वमेधाद्यनुष्ठानस्य मानुषोपाधिप्रयुक्तावर्ज्याघशमनद्वारा ब्रह्मलोकप्राप्तौ हेतुत्वम्' इत्युक्तम्, तन्न । भगवदवताराणां पुण्यपापसंबन्धस्य सर्वतन्त्रविरुद्धत्वात् । अश्वमेधाद्यनुष्ठानं तु लीलामात्रं लोकोपदेशायेत्यन्यत्र विस्तरः ॥ ९४ ॥ ९५ ॥ राजवंशानिति । कामरूपकान्यकुब्जादितत्तद्राज्यपदस्थान्राजवंशाञ्छतगुणाननेकगुणवृद्धिर्यथा भवति तथा स्थापयिष्यति । शाश्वततत्तद्राज्यप्रदानेनेति शेषः । चातुर्वर्ण्यं चत्वारो वर्णाः । स्वार्थे ष्यञ् । नियोक्ष्यति । शङ्कितस्वधर्मभ्रंशमपीति शेषः ॥ ९६ ॥ अवतारत्यागकालमाह—दशेति । उपासित्वा । नित्यवदनुष्ठायेत्यर्थः । ब्रह्मलोकं मायिकं वैकुण्ठादिलोकम् । अनेन निजनित्यकर्मयोगोपेतस्यैव साक्षात्परम्परया ब्रह्मलोकप्राप्तिरिति ध्वनिः ॥ ९७ ॥ अथ नारदः स्वोपदिष्टसंक्षेपरामायणपाठफलमुपदिशति—इदमिति । पवित्रं चित्तशोधनम् । पुण्यं सकलपुण्यसाधनम् । वेदैः संमितं सकलरहस्यवेदार्थप्रतिपादकत्वाद्वेदतुल्यम् ॥ ९८ ॥ सर्वपापमोक्षद्वारा मोक्षफलकत्वमुपपादितम् । पुण्यस्यापि त्रिगुणात्मकत्वेन पापतुल्यतया हेयत्वादिति मुमुक्षुफलमुद्दिश्य मुमुक्षूणामपि प्रवृत्तय आह—एतदिति । आयुष्यमायुःकरणम् । आख्यानमाख्यायिका । रामोऽयनं प्रतिपाद्यो यस्य तद्रामायणम् । संज्ञात्वाण्णत्वम् । गणो दासीदासादयस्तैः सह । इहैहिकान्भोगान्भुक्त्वा प्रेत्य मृत्वा स्वर्गे महीयते । स्वर्गिभिः सत्कृतो मोदत इत्यर्थः । पठन्निति हेतौ शता ॥ ९९ ॥ पठन्निति । द्विजो मुख्यद्विजो ब्राह्मणः पठन्वागृषभत्वं शब्दब्रह्मपारगत्वं प्राप्नुयात् । स्यादिति यद्यर्थे । यदि क्षत्रियस्तदा रामायणं पठन्भूपतित्वमाप्नुयात् । वैश्यः पण्यैः क्रयद्रव्यैः साध्यं मूलाद्द्विगुणत्रिगुणवृद्ध्यादिरूपं फलं यस्य तत्त्वं प्राप्नुयात् । धनसमृद्धिं प्राप्नुयादिति फलितोऽर्थः । शूद्रोऽपि जनस्त्रैवर्णिकदासः । अत्र शृण्वन्नित्यध्याहारः । महत्त्वं द्विजेतरसर्वप्रजाभ्यः श्रैष्ठ्यं महत्त्वं देहान्ते स्वोपरितनवर्णप्राप्तिलक्षणं च महत्त्वं प्राप्नुयात् । अस्य गायत्र्यर्थप्रतिपादकत्वध्वननाय गायत्र्यादिमाक्षरेणोपक्रम्य यादिति गायत्र्यान्तिमाक्षरेण समापितवान् ॥ १०० ॥ इति श्रीरामाभिरामे श्रीरामीये रामायणतिलके वाल्मीकीय आदिकाव्ये बालकाण्डे प्रथमः सर्गः ॥ १ ॥

नारदस्येति । विशारदो विशिष्टा व्याकरणसंस्कारादिविशेषवती विचित्रार्था च शारदा वाणी यस्य सः । सहशिष्य इत्यत्र 'वोपसर्जनस्य' इति वैकल्पिकत्वात्सत्वाभावः । प्रश्नानुरूपं वाक्यगुणसमूहवचोत्तरं सम्यग्दत्तमिति पूजयामासातिविचित्रं भगवद्वचनमित्यादिशब्दैः ॥ १ ॥ यथावदिति । आपृ-

स मुहूर्तं गते तस्मिन्देवलोकं मुनिस्तदा । जगाम तमसातीरं जाह्नव्यास्त्वविदूरतः ॥ ३
स तु तीरं समासाद्य तमसाया मुनिस्तदा । शिष्यमाह स्थितं पार्श्वे दृष्ट्वा तीर्थमकर्दमम् ॥ ४
अकर्दममिदं तीर्थं भरद्वाज निशामय । रमणीयं प्रसन्नाम्बु सन्मनुष्यमनो यथा ॥ ५
न्यस्यतां कलशस्तात दीयतां वल्कलं मम । इदमेवावगाहिष्ये तमसातीर्थमुत्तमम् ॥ ६
एवमुक्तो भरद्वाजो वाल्मीकेन महात्मना । प्रायच्छत मुनेस्तस्य वल्कलं नियतो गुरोः ॥ ७
स शिष्यहस्तादादाय वल्कलं नियतेन्द्रियः । विचचार ह पश्यंस्तत्सर्वतो विपुलं वनम् ॥ ८
तस्याभ्याशे तु मिथुनं चरन्तमनपायिनम् । ददर्श भगवांस्तत्र क्रौञ्चयोश्चारुनिःस्वनम् ॥ ९
तस्मात्तु मिथुनादेकं पुमांसं पापनिश्चयः । जघान वैरनिलयो निषादस्तस्य पश्यतः ॥ १०
तं शोणितपरीताङ्गं चेष्टमानं महीतले । भार्या तु निहतं दृष्ट्वा रुराव करुणां गिरम् ॥ ११
वियुक्ता पतिना तेन द्विजेन सहचारिणा । ताम्रशीर्षेण मत्तेन पत्त्रिणा सहितेन वै ॥ १२
तथाविधं द्विजं दृष्ट्वा निषादेन निपातितम् । ऋषेर्धर्मात्मनस्तस्य कारुण्यं समपद्यत ॥ १३
ततः करुणवेदित्वादधर्मोऽयमिति द्विजः । निशाम्य रुदतीं क्रौञ्चीमिदं वचनमब्रवीत् ॥ १४
मा निषाद प्रतिष्ठां त्वमगमः शाश्वतीः समाः । यत्क्रौञ्चमिथुनादेकमवधीः काममोहितम् ॥ १५

च्छर्थंव साधु यामीत्युक्त्वैव । अभ्यनुज्ञातो यथासुखं विहरतामिति वाल्मीकिनानुगमनपूर्वमभ्यनुज्ञातः । अनेन गुरुशिष्ययोः स्नेहभक्तिप्रकाशनम् । विहायसमिति पुंलिङ्गम् ॥ २ ॥ स इति । स वाल्मीकिस्तस्मिन्नारदे देवलोकं गते सति मुहूर्तं स्वाश्रमे स्थित्वा पश्चान्माध्याह्निकार्थं जाह्नव्या अविदूरतः समीपे वर्तमानं तमसातीरं जगाम । यत्तु मुहूर्तमात्रेण देवलोकं गत इत्यन्वय इति, तन्न । छान्दसत्वकल्पने मानाभावात्, अव्ययत्वकल्पनस्याप्यगतिकगतिकत्वाच्च । 'मुहूर्तात्' इति पाठस्तु कल्पितः ॥ ३ ॥ ४ ॥ अकर्दममिति । अवतरणप्रदेशस्य पङ्कराहित्यमनेनोच्यते । तीर्थमृषिजुष्टजलम् । निशामय पश्य । अत एव 'शमोदर्शने' इति मित्त्वाभावादह्रस्वत्वम् । रमणीयत्वे हेतुः—प्रसन्नाम्ब्विति । सन्मनुष्यचित्तस्य कामादिदोषराहित्येन नित्यप्रसन्नत्वात्सादृश्यम् ॥ ५ ॥ न्यस्यतामिति । 'वल्कला' इति पाठे छान्दसं स्त्रीत्वम् । 'वल्कलमस्त्रियाम्' इति निघण्टुः । इदमेवात्यासन्नमपि गङ्गातीर्थं मध्याह्नकालातिक्रमादगत्वेति शेषः ॥ ६ ॥ एवमिति । वाल्मीकेनेति 'तस्येदम्' इत्यण् । प्रायच्छतेति छान्दसम् । नियतः सेवापरः ॥ ७ ॥ स इति । नियतेन्द्रियो जितेन्द्रियः । विचचार । अनुष्ठानयोग्यैकान्तदेशनिरीक्षणायेति शेषः ॥ ८ ॥ तस्येति । तस्य वनस्याभ्याशे समीपे चरन्भगवांस्तद्वनाभ्याश एव चरन्तमनपायिनमाधिव्याधिरहितमत एव चारुनिःस्वनं क्रौञ्चयोर्मिथुनं ददर्श । चरन्तमनपायिनमित्यार्षम् ॥ ९ ॥ तस्मादिति । मिथुनाद्विभक्तमेकं पुमांसं पापनिश्चयस्तद्धननरूपपापनिश्चयः । अत एव वैरनिलयो निजानपकारिष्वपि प्राणिष्वकारणवैराश्रयः स इव निषादस्तस्य पश्यतस्तं पश्यन्तमनादृत्य जघान । पश्यत इति 'षष्ठी चानादरे' इति षष्ठी ॥ १० ॥ तमिति । चेष्टमानं लुठन्तम् । निहतं दृष्ट्वा । निषादेनेति शेषः । करुणां गिरं दीनं शब्दम् । रुराव । अकरोदित्यर्थः । पाठान्तरे 'खेपरिभ्रमा' । ख आकाशे परिभ्रमणं करोति सेत्यर्थः ॥ ११ ॥

वियुक्तेति । सहचारिणा । अहोरात्रमिति शेषः । ताम्रशीर्षेण कुक्कुटादिवत्ताम्रवर्णशीर्षगतचूडायुक्तेन । मत्तेन । कामसंभोगवशादिति शेषः । अत एव पत्त्रिणा संभोगकालत्वाद्वितितपक्षवता सहितेन स्वसंगतेन । तेनापूर्णरतित्वादत्यन्तं शोकः । इत्थंभूतेन पतिना वियुक्ता रुरावेति पूर्वेणान्वयः ॥ १२ ॥ तथाविधं कामभोगवशम् । धर्मात्मनो दयादाक्षिण्याहिंसादिधर्मप्रवणचित्तस्य । कारुण्यं दया । समपद्यत समजायत ॥ १३ ॥ तत इति । करुणवेदित्वात्संजातकरुणत्वात् । ह्रस्वश्छान्दसः । विदेः सत्तार्थाल्लाभार्थाद्वा णिनिः । रुदतीं क्रौञ्चीं निशाम्य दृष्ट्वा । अयं काममोहितपक्षिवधरूपोऽधर्म एवेति निश्चित्य क्रौञ्चीविषयककरुणावत्त्वेन, अर्थात्पापकारिणि निषाद आविर्भूतरोषतयेदं वक्ष्यमाणं वचनमब्रवीत् ॥ १४ ॥ मा निषादेति । 'क्रौञ्चहन्तृप्रत्यक्षदृश्यमाननिषादशापरूपोऽर्थस्तु स्पष्ट एव । किं च मा लक्ष्मीर्निषीदत्यस्मिंस्तत्संबोधनं मानिषाद । यद्यस्माद्धेतोः क्रौञ्चमिथुनान्मन्दोदरीरावणरूपादेकं काममोहितं रावणमवधीर्हतवानसि तस्मात्त्वं शाश्वतीः समा अनेकान्संवत्सरानद्वितीयां प्रतिष्ठामखण्डैश्वर्यानन्दावाप्तिमगमः प्राप्नुहि । तेन 'अर्थतः शब्दतो वापि मनाक्काव्यार्थसूचनम्' इत्युक्तेः श्रीरामकृतरावणवधरूपकाव्यार्थः काव्यादाववश्यकर्तव्याशीर्वादश्च सूचितः' इति तीर्थः । कतककृत्तु—'प्रत्यक्षसंहन्तृनिषादशापरूपोऽर्थस्तु स्पष्ट एव । किंच नितरां सदेवर्षिगणं त्रैलोक्यं सादयति पीडयतीति निषादस्तस्य संबुद्धिर्हे निषाद रावण । यद्यस्मात्क्रौञ्चमिथुनात् । अल्पीभावार्थक्रुञ्चेः पचाद्यच् । क्रुञ्चम् । ततः स्वार्थिकोऽण् । क्रौञ्चम् । राज्यक्षयवनवासादिदुःखेनात्यल्पीभूतं परमकार्श्यं गतं यन्मिथुनं सीतारामरूपं तस्मादेकं सीतारूपं यस्मादवधीर्वधाभ्यधिकपीडां प्रापितवानसि तस्मात्त्वं प्रतिष्ठां या लङ्कापुरे पुत्रपौत्रभृत्यगणवैशिष्ट्येन ब्रह्मणा प्रतिष्ठा दत्ता तामतःपरं मा गम इति काव्यार्थसूचनम् । त्रैलोक्यस्य परममङ्गलरूपं चेदं सत्यसरस्वत्या पुरस्तादाविर्भावितम्' इत्याह । अत्रेदमवधेयम्—

रावणवधे जातेऽयोध्याराज्यप्राप्त्यनन्तरं नारदं प्रति प्रश्न इति स्वयमेव व्याख्यातत्वात्तदुत्तरकालिकैतच्छ्लोकस्यैव विधिघटितस्योक्तार्थस्य कतकमते कथं संगतिः । कथं वा सर्वज्ञा सत्यसरस्वती भूतमर्थमाशास्यत्वेन निर्दिशेदिति । तीर्थव्याख्यानेऽपीदं काव्यार्थसूचनं कविना कार्यमिति तदुक्तसंमतिश्लोकार्थाद्गम्यते । तत्र वाल्मीकेस्तथा तात्पर्ये 'किमिदं व्याहृतं मया' इत्युक्तेरसंगतेः । न च किमिदमित्यस्य पद्यं गद्यं वेत्यर्थः । 'तदप्येषः श्लोकोऽभिगीतो मरुतः परिवेष्टारो मरुत्तस्यावसन्गृहे' इत्यादि बहुशः श्रुतिपूपलम्भेनेदृशाक्षरसंनिवेशस्य श्लोकत्वेन मुनेरज्ञानमित्यस्यात्यन्तमनुचितत्वात्, प्राक्तननारदऋषिसंवादस्यापि श्लोकरूपतया तत्रैव संदेहकरणौचित्याच्च । तत्प्रश्नोत्तरं सर्वं केवलसंस्कृतैरेव । एतच्छ्लोकोत्तरमेव श्लोकैस्तस्यापि निबन्धनमिति कल्पना तु न युक्ता । मानाभावात्, अन्यथोपपत्तेश्च, अधर्मत्वबुद्धिपूर्वं कथितवचनस्येदृशेऽर्थे तात्पर्यसंभवस्याप्यभावाच्च, माङो योगाभावेऽगम इत्येतावन्मात्रेण लुङा भूतत्वस्यैव प्रतीत्याशिषोऽप्रतीतेश्च, एतच्छ्लोकनिर्गमकाले कवेः काव्यं करिष्यामीति बुद्धेरप्यभावाच्च । ब्रह्मोपदेशानन्तरमेव हि तथा बुद्धिर्वाल्मीकेः । मम तु प्रतिभाति—नारदात्स्वगुणश्रवणानन्तरं मुनेः स्ववर्णनेच्छां ज्ञात्वा स्वचरित्रस्य च करुणारसमयत्वेन तत्प्रधानकाव्येऽतिकरुणचित्तस्यैवाधिकारादृषेः करुणचित्तत्वजिज्ञासयेव पूर्वं भृगुदत्तशापस्य पुनरुक्तत्वकरणेन दार्ढ्यसंपादनाय मुनेरीक्षणाय च भगवान्राम एव निषादरूपेण पश्यतो मुनेः पुरतस्तमनादृत्य क्रौञ्चं रक्षोविशेषरूपं जघान । ततस्तदिच्छावशादन्तर्यामितया तथा प्रेरणाच्च महानधर्मोऽयमनेन कृत इति रुषा 'पापमते निषाद, यत्त्वं काममोहितं क्रौञ्चमिथुनान्मिथुनीभूनात्क्रौञ्चयुगाद्विभक्तमेकमवधीः, तत्त्वमपि शाश्वतीः समा आयुःशेषभूतानि बहूनि वर्षाणि प्रतिष्ठां स्वस्त्रीसाहित्येन स्थितिमिह लोके मा गमो मा प्राप्नुहि । किंत्वत्यल्पकालमेव तथा वास एकमिथुनीभावपर्यन्तमिति यावत्' इति शप्तवान्मुनिः । 'एकमवधीः' इत्युक्तेर्यथा स त्वया स्त्रीविरहितः कृतः, सा च नायकहीना कृता, तथा त्वमपि प्रियया स्वभार्यया हीनो भव । सा च त्वया हीना भवत्विति पर्यवसानम् । अगम इत्यडागमस्तु माङ्योगेऽप्यार्षत्वात् । तस्य रक्षोरूपत्वं त्वेतदुत्तरं ब्रह्मणः सकाशात्सकलरामवृत्तान्तज्ञानवरलाभोत्तरकालकृते 'तस्मात्तु मिथुनादेकम्' इति श्लोके वैरनिलय इति विशेषणेन सूचितम् । रक्षःस्वेव तस्य लोकदृष्ट्या वैरनिलयत्वप्रसिद्धेः, निषादस्यापि प्राणिषु न वैरं किंत्वाहाराद्यर्थमेव तद्धननमिति प्रसिद्धेश्च । अत एवारण्यकाण्डे मृगयाव्यसनमुपक्रम्य 'विनावैरं च रौद्रः' इति 'तृतीयं यदिदं रौद्रं परप्राणाभिहिंसनम् । निर्वैरं क्रियते मोहात्तच्च ते समुपस्थितम् ॥' इति च वक्ष्यति । 'त्रीण्येव व्यसनान्यद्य कामजानि भवन्तु ते' इति चोपक्रमे उक्तम् । नन्वीदृशोऽर्थस्त्वया केन मानेन निर्णीत इति चेच्छृणु । ऋष्यक्षरस्वारस्यात् । तच्चाग्रे स्फुटम् । तत्र संदेहश्चेत्स्वान्तर्यामिणं पृच्छ । तदुक्तं पाद्मे शिवशिवासंवादे रामवैभववर्णने चतुर्विंशेऽध्याये—'ततो जानपदः कश्चित्पामरः काष्ठविक्रयी । स्ववधूगर्हणद्वारा रावणस्य गृहोषिताम् ॥ गर्हयामास वैदेहीं दुर्वृत्तो लोकनिन्दकः । तच्छ्रुत्वा देवि चारेभ्यो भीतो लोकापवादतः ॥ आहूय लक्ष्मणं प्राह रामो राजीवलोचनः । शृणु मे वचनं गुह्यं सीतासंत्यागकारणम् ॥ वाल्मीकिनाथ भृगुणा शप्तोऽस्मि किल लक्ष्मण । तस्मादेनां त्यजाम्यद्य जनो नैवात्र कारणम् ॥' इति । तथा स्कान्दे पातालखण्डेऽयोध्यामाहात्म्ये तत्रत्यतीर्थाश्रमवर्णनप्रस्तावे—'शापोक्त्या हृदि संतप्तं प्राचेतसमकल्मषम् । प्रोवाच वचनं ब्रह्मा तत्रागत्य सुसत्कृतः ॥ न निषादः स वै रामो मृगयां चर्तुमागतः । तस्य संवर्णनेनैव सुश्लोक्यस्त्वं भविष्यसि ॥ इत्युक्त्वा तु जगामाशु ब्रह्मलोकं सनातनः । ततः संवर्णयामास राघवं ग्रन्थकोटिभिः ॥' कोटिभिः शतकोटिभिः । 'चरितं रघुनाथस्य शतकोटिप्रविस्तरम्' इत्यन्यत्रोक्तेः । तच्च संपूर्णं ब्रह्मलोक इत्यैतिह्यम् । इह तु कुशलवोपदिष्टा चतुर्विंशतिसहस्रीत्यलम् । योगवासिष्ठे तु शापान्तराण्यप्युक्तानि । तथाहि—'सनत्कुमारो निष्काम अवसद्ब्रह्मसद्मनि । वैकुण्ठादागतो विष्णुस्त्रैलोक्याधिपतिः प्रभुः ॥ ब्रह्मणा पूजितस्तत्र सत्यलोकनिवासिभिः । विना कुमारं तं दृष्ट्वा ह्युवाच प्रभुरीश्वरः ॥ सनत्कुमार स्तब्धोऽसि निष्कामो गर्वचेष्टया । अतस्त्वं भव कामार्तः शरजन्मेति नामतः ॥ तेनापि शापितो विष्णुः सर्वज्ञत्वं तवास्ति यत् । किंचित्कालं हि तत्त्यक्त्वा त्वमज्ञानी भविष्यसि ॥' शापितः शप्तः । किंचित्कालमवतारान्तरेऽत्यल्पकालम् । तत्त्यक्त्वा तद्रूपं त्यक्त्वा । अज्ञानी स इव । तथा—'भृगुर्भार्यां हतां दृष्ट्वा प्रोवाच क्रोधमूर्च्छितः । विष्णो तवापि भार्याया वियोगो हि भविष्यति ॥' तथा—'वृन्दया शापितो विष्णुश्छलनं यत्त्वया कृतम् । अतस्त्वं स्त्रीवियोगं हि वचनान्मम यास्यसि ॥' शापितः शप्तः । छलनं पतिवेषेण संभोगरूपम् । तथा—'भार्या हि देवदत्तस्य पयोष्णीतीरसंस्थिता । नृसिंहवेषधृग्विष्णुं दृष्ट्वा पञ्चत्वमागता ॥ तेन शप्तो हि नृहरिर्दुःखार्तः स्त्रीवियोगतः । तवापि भार्यया सार्धं वियोगो हि भविष्यति ॥' इति । दुःखार्तः । तृतीयार्थे आर्षी प्रथमा । दुःखार्तेनेत्यर्थः । ताराशापोऽपि किष्किन्धाकाण्डे तत्रैव वक्ष्यते इत्यलं विस्तरेण । 'प्राचेतसेन मुनिना रामो राजीवलोचनः । तमसोपवने शप्तो वेषधृग्जानकीपतिः ॥ श्रीरामः प्राकृतां लीलां स्वीयां वर्णयितुं तदा । मन्दोदर्याः पतिः क्रूरः क्रौञ्चवद्विनिपातितः ॥ अण्डजं निहतं दृष्ट्वा मुनिः शापमथाददौ । चिरं प्रतिष्ठा मा भूत्ते निषाद भुवि हिंसक ॥ शापं श्रुत्वैव सर्वात्मा तत्रैवान्तरधीयत । शोकाक्रान्तस्तु वाल्मीकिर्ब्रह्मणाशु सुबोधितः ॥' इति । 'त्यक्त्वा जीर्णदुकूलवद्वसुमतीं बद्धोऽम्बुधिर्बिन्दुवद्बाणाग्रेण जरत्कपोतक इव व्या-

तस्येत्थं ब्रुवतश्चिन्ता बभूव हृदि वीक्षतः । शोकार्तेनास्य शकुनेः किमिदं व्याहृतं मया ॥ १६
चिन्तयन्स महाप्राज्ञश्चकार मतिमान्मतिम् । शिष्यं चैवाब्रवीद्वाक्यमिदं स मुनिपुंगवः ॥ १७
पादबद्धोऽक्षरसमस्तन्त्रीलयसमन्वितः । शोकार्तस्य प्रवृत्तो मे श्लोको भवतु नान्यथा ॥ १८
शिष्यस्तु तस्य ब्रुवतो मुनेर्वाक्यमनुत्तमम् । प्रतिजग्राह संतुष्टस्तस्य तुष्टोऽभवन्मुनिः ॥ १९
सोऽभिषेकं ततः कृत्वा तीर्थे तस्मिन्यथाविधि । तमेव चिन्तयन्नर्थमुपावर्तत वै मुनिः ॥ २०
भरद्वाजस्ततः शिष्यो विनीतः श्रुतवान्गुरोः । कलशं पूर्णमादाय पृष्ठतोऽनुजगाम ह ॥ २१
स प्रविश्याश्रमपदं शिष्येण सह धर्मवित् । उपविष्टः कथाश्चान्याश्चकार ध्यानमास्थितः ॥ २२
आजगाम ततो ब्रह्मा लोककर्ता स्वयंप्रभुः । चतुर्मुखो महातेजा द्रष्टुं तं मुनिपुंगवम् ॥ २३
वाल्मीकिरथ तं दृष्ट्वा सहसोत्थाय वाग्यतः । प्राञ्जलिः प्रयतो भूत्वा तस्थौ परमविस्मितः ॥ २४
पूजयामास तं देवं पाद्यार्घ्यासनवन्दनैः । प्रणम्य विधिवच्चैनं पृष्ट्वा चैव निरामयम् ॥ २५
अथोपविश्य भगवानासने परमार्चिते । वाल्मीकये च ऋषये संदिदेशासनं ततः ॥ २६
ब्रह्मणा समनुज्ञातः सोऽप्युपाविशदासने । उपविष्टे तदा तस्मिन्साक्षाल्लोकपितामहे ॥ २७
तद्गतेनैव मनसा वाल्मीकिर्ध्यानमास्थितः । पापात्मना कृतं कष्टं वैरग्रहणबुद्धिना ॥ २८
यत्तादृशं चारुरवं क्रौञ्चं हन्यादकारणात् । शोचन्नेव पुनः क्रौञ्चीमुपश्लोकमिमं जगौ ॥ २९
पुनरन्तर्गतमना भूत्वा शोकपरायणः । तमुवाच ततो ब्रह्मा प्रहसन्मुनिपुंगवम् ॥ ३०

पादितो रावणः । लङ्का कापि विभीषणाय सहसा मुद्रेव हस्तेऽर्पिता श्रुत्वैवं रघुनायकस्य चरितं को वा नरो नाश्वति' ॥१५॥ तस्येति । मया मुनिना शान्तेन तपस्विना शकुनिशोकपीडितेनेदमीदृशं क्रूरं तपोनाशकरं किं व्याहृतमिति वीक्षतोऽन्तर्यामिप्रेरणया निषादे सर्वतो महत्त्वसंभावनया दृश्यमानक्रौञ्चे तद्वैपरीत्यसंभावनयातिनिन्द्यमयशस्करं महापातकेभ्योऽप्यधिकं पापं वृत्तमिति चिन्ता बभूव । यद्यप्येतत्सर्वं वाल्मीकिकृतमेव तथापि कुशलवगेयतयास्य काव्यस्य करणात्तदुक्तितयैवमुक्तिः । अन्यथा स्वचिन्तायाः स्वापरोक्षत्वाद्बभूवेति लिडसंगतिः स्यात् । यद्वा 'सर्गचतुष्टयमाद्यमुपोद्घातरूपं कस्यचिच्छिष्यस्य । वाल्मीकीयोपोद्घातत्वाच्च वाल्मीकीयोक्तिः । पारोक्ष्यमारोप्य स्वयमपि तथोक्तिरुपोद्घातत्वद्योतनाय' इत्यन्ये ॥ १६ ॥ चिन्तयन्निति । महदयशस्करमिदं कर्म वृत्तमिति चिन्तयन्सत्यसंकल्पतयेत्थं मतिं संकल्पं चकार । तदभिलापकं वाक्यं शिष्यमब्रवीदिति संबन्धः ॥ १७ ॥ पादेति । अष्टाक्षरानुष्टुप्पादैर्बद्धः अक्षरसमश्छन्दःशास्त्रोक्तगुरुलघ्वक्षरवैषम्यरहितः । तथा तन्त्रीवीणा लयस्तालभृङ्गवेणुहस्ताभिनयानां समकालं विरामः, ताभ्यां युक्तः । तन्त्र्यामारोप्य वाद्यैः सह गातुं योग्य इति यावत् । अतः शोकार्तस्य शापरूपतयानौचित्येन प्रवृत्तोऽपि मे मम श्लोको यशोरूपो भवतु । अन्यथायशोरूपो मा भूदित्यर्थः । अत्र 'भवतु' इति पाठ एव बहुपुस्तकसंमतस्तीर्थसंमतश्च । 'श्लोको यशसि पद्ये च' इति निघण्टुः ॥ १८ ॥ शिष्य इति । एवं ब्रुवतस्तस्यर्षेर्वाक्यं यशोभवत्वित्येवंरूपम् । हृष्टः सन् । तथैवेदं यशोरूपमेवेदमित्यनुमोदनेन प्रतिजग्राहाङ्गीचकार । अयशोरूपेऽपि यशस्त्वानुमोदनेन गुरुस्तस्य तुष्टोऽभवदित्यर्थः ॥१९॥ स इति । अभिषेकमिति मध्याह्नकर्तव्यानुष्ठानोपलक्षणम् । तमेवार्थमवशतः शापार्थश्लोकोत्पत्तिरूपम् । उपावर्तत न्यवर्तत ॥ २० ॥ श्रुतवान्बहुश्रुतः । पृष्ठतः पृष्ठभागेन प्रसारितकरः । परिपूर्णं कलशमादायानु पश्चाज्जगामेत्यन्वयः ॥ २१ ॥ स इति । मुखतोऽन्याः कथाश्चकार, मनसा तु शापार्थकश्लोकविषयं ध्यानमास्थितः । यत्तु ध्यानमम्बया गायत्र्याश्चतुर्मुखरुद्रप्राधान्येन ध्यानमास्थित इत्यर्थ इति, तन्न । तदा स्थितोऽन्याः कथाश्चकारेत्यस्यासंगतेरित्यलं ध्यानपदार्थानभिज्ञदूषणाभिनिवेशेन ॥२२॥ अथ तच्चिन्तां निवर्तयितुं ब्रह्मागमनमाह—आजगामेति । स्वयंप्रभुरनन्यमुखनिरीक्षकतया सर्वलोकसृष्ट्युपयोगिज्ञानैश्वर्यादिशक्तिमान् । अत एव भूरादिलोकनिर्माता । तं शापवाक्योच्चारणवशादतिचिन्ताक्रान्तम् ॥ २३ ॥ वाग्यतोऽतिसंभ्रमवशाद्यतवाक् । प्रयतोऽतिनम्रः ॥ २४ ॥ पूजयामासेति । वन्दनं स्तुतिः । प्रणम्येति पृथगुक्तेः । एनमित्याद्युत्तरान्वयि ॥ २५ ॥ एनं मुनिम् । ब्रह्मा । अनामयमामयः पीडा तद्रहितम् । व्ययहीनमिति यावत् । तप इति शेषः । तत्पृष्ट्वानन्तरं स्वयमासन उपविश्य ऋषय आसनं दिदेश । आसन उपवेष्टुमनुमेन इत्यर्थः । 'वाल्मीकये च ऋषये' इति पाठः । एतेन 'ब्राह्मणं कुशलं पृच्छेत्क्षत्रबन्धुमनामयम्' इत्युक्तेर्ब्राह्मणं प्रत्ययं प्रश्नः स्मार्ताचारविरुद्धः । तं देवमित्यनेनैव सिद्धे एनमित्यस्य वैयर्थ्यापत्तिश्चेत्यपास्तम् ॥ २६ ॥ लोकपितामह उपविष्टे सति तदनुज्ञया स्वयमुपाविशदिति संबन्धः ॥ २७ ॥ तद्गतेन क्रौञ्चगतेन । वैरं गृह्णाति सा चासौ बुद्धिस्तद्वता । कर्तरि ल्युट् बाहुलकात् । निषादेनेति शेषः । कष्टं कृतं क्रौञ्चवधरूपं तपोनाशसंपादकशापनिःसारणेन कष्टं कृतम् । मयेति शेषः ॥ २८ ॥ कष्टमेवाह—य[त्] इति । ह[illegible] छान्दसम् । अकारणाद्दृश्यमानकारणं विना । उप समीपे । ब्रह्मणः समीपे ॥ २९ ॥ शोकपरायणः क्रौञ्चवधकृतक्रौञ्चीदुःखदर्शनजेन स्वस्य मुखतस्तपोहानिकरशापार्थकश्लोकस्यावशतो निःसरणजे-

श्लोक एवास्त्वयं बद्धो नात्र कार्या विचारणा । मच्छन्दादेव ते ब्रह्मन्प्रवृत्तेयं सरस्वती ॥ ३१
रामस्य चरितं कृत्स्नं कुरु त्वमृषिसत्तम । धर्मात्मनो भगवतो लोके रामस्य धीमतः ॥ ३२
वृत्तं कथय धीरस्य यथा ते नारदाच्छ्रुतम् । रहस्यं च प्रकाशं च यद्वृत्तं तस्य धीमतः ॥ ३३
रामस्य सहसौमित्रे राक्षसानां च सर्वशः । वैदेह्याश्चैव यद्वृत्तं प्रकाशं यदि वा रहः ॥ ३४
तच्चाप्यविदितं सर्वं विदितं ते भविष्यति । न ते वागनृता काव्ये काचिदत्र भविष्यति ॥ ३५
कुरु रामकथां पुण्यां श्लोकबद्धां मनोरमाम् । यावत्स्थास्यन्ति गिरयः सरितश्च महीतले ॥ ३६
तावद्रामायणकथा लोकेषु प्रचरिष्यति । यावद्रामस्य च कथा त्वत्कृता प्रचरिष्यति ॥ ३७
तावदूर्ध्वमधश्च त्वं मल्लोकेषु निवत्स्यसि । इत्युक्त्वा भगवान्ब्रह्मा तत्रैवान्तरधीयत ।
ततः सशिष्यो भगवान्मुनिर्विस्मयमाययौ ॥ ३८
तस्य शिष्यास्ततः सर्वे जगुः श्लोकमिमं पुनः । मुहुर्मुहुः प्रीयमाणाः प्राहुश्च भृशविस्मिताः ॥ ३९
समाक्षरैश्चतुर्भिर्यः पादैर्गीतो महर्षिणा । सोऽनुव्याहरणाद्भूयः शोकः श्लोकत्वमागतः ॥ ४०

न च शोकेन व्याप्तः । अत एवान्तर्गतमना अन्तर्गते श्लोकार्थे एव दत्तचित्तः श्लोकं जगाविति संबन्धः । तं तथा शोकग्रस्तम् । प्रहसन्मदिच्छयावतीर्णां सरस्वतीं न जानातीति हासं कुर्वन् ॥ ३० ॥ तद्वचनमेवाह—श्लोक एवास्त्वयमिति । अयं त्वया बद्धः श्लोको यशोरूप एवास्तु । श्लोकशब्दस्य पद्यपरतया योजने 'अस्तु' इति पाठस्यासंगत्यापत्तेः । अस्तीत्युक्तेरेव ब्रह्मण औचित्यात् । मम त्वयशोरूपस्य यशोरूपताशीर्दानमिति नासंगतिः । 'श्लोक एव त्वया' इति पाठेऽपि यशोरूप एवायं त्वया बद्धः, अत्र तव विचारः संदेहो मास्तु, मद्वचनात्त्वत्संकल्पाच्चास्य तथा भावप्राप्तेरित्याशयः । ननु भवतु त्वदाशिषा तथात्वमस्याः, परंतु शान्तस्वभावस्यर्षेर्ममेदृशी वागत्यन्तमनुचितेत्यपि मा विषादं कुर्वित्याह—मच्छन्दादिति । मत्संकल्पादित्यर्थः । विष्णोरवतारभूतस्य रामस्य संकल्पोऽपि स्वसंकल्पत्वेनोक्तः । 'एका मूर्तिस्त्रयो देवा रुद्रविष्णुपितामहाः' इति हरिवंशोक्तेः । नन्वीदृशसंकल्पो ब्रह्मणोऽपि किमर्थमिति चेच्छृणु । येषां परस्य दारवियोगादिजनकं कर्म स्वस्य दारवियोगादिकं जनयितुं नालम्, तेषामपि ब्रह्मशापस्तज्जननेऽलमिति लोके ब्राह्मणमाहात्म्यं सूचयितुम् । एवं राज्यादिसत्त्वेऽपि कामजय एवोत्तमः, न तु तद्भोगचापलम्, इति च स्वव्यवहारेण शिक्षयितुम्, तत्प्रायश्चित्तविधया स्वकीर्तिवर्णनेन मुनेर्यशोवृद्ध्यर्थं भगवद्विषयमहापापप्रायश्चित्तत्वात्कैमुतिकन्यायेनेतरजनानां सर्वपापप्रायश्चित्तं रामायणश्रवणादीत्यर्थतत्त्वं बोधयितुं चेति गृहाण । एतद्दृष्यक्षरस्वारस्यबलेन मया योजितम्, अतो निरीक्ष्य सहृदया विचारयन्तु ॥ ३१ ॥ एवं परवशप्रवृत्तस्यापि शापस्य भगवद्विषयतयेतरसकलमन्वाद्युक्तप्रायश्चित्तानिवर्त्यस्य यं प्रत्यसौ शापस्तच्चरितवर्णनरूपं प्रायश्चित्तमुपदिशति—रामस्य चरितमिति । लोके रामस्य । रमते इति रामः । बाहुलकात्कर्तरि घञ् । तेन लोकाधिष्ठातुर्लोकान्तर्यामिणश्चेत्यर्थः । कुरु वर्णयस्व । धर्मात्मन इत्यनेन रावणादिवधवत्क्रौञ्चवधोऽपि धर्मफलक एव लोकव्यवहारेण लोकहितत्वात्त्वद्रक्षकत्वाच्चेति सूचितम् ॥ ३२ ॥ वृत्तमिति । अस्य नारदोक्तविशेषपरत्वादपौनरुक्त्यम् । धियमीरयतीति धीरः । तेन बुद्धिप्रेरकस्येत्यर्थः । तेन गायत्र्यर्थभूतस्येत्युक्तम् ॥ ३३ ॥ रामलक्ष्मणयो राक्षसानां सीतायाश्च यत्प्रकाशं तदीयानां प्रकाशं तवाविदितम् । यदि वा तदपि तदीयानामपि रहोऽविदितम्, तव तु सुतरामविदितम्, तदपि सर्वं ते विदितं भविष्यति । अनेन तत्करणयोग्यतादानम् । यच्च 'मा निषाद' इतिवदपर्यालोच्यापि वाक्त्वत्तो निःसरिष्यति, सापि नान्यथा भविष्यति, तेनास्या अपि सत्यत्वं भावीति ध्वनितम् ॥ ३४ ॥ ३५ ॥ एवं सामर्थ्यं दत्त्वोपसंहरति—कुर्विति । यावदित्याद्युत्तरान्वयि ॥ ३६ ॥ ३७ ॥ तावदिति । यावत्त्वत्कृतकथाप्रचारस्तावदधश्च त्वं दयापूर्वमप्यतिमहति क्रोधकरणादधोगमनयोग्योऽपि त्वमूर्ध्वं सर्वोर्ध्वं वर्तमानेषु मल्लोकेषु निवासं प्राप्स्यसि । ततो मया सह मोक्ष्यस इत्यर्थः । लोकेष्विति तदवयवाभिप्रायं बहुवचनम् । 'ऊर्ध्वमधश्च विद्यमानेषु मल्लोकेषु मन्निर्मितलोकेषु निवत्स्यसि सर्वत्राप्रतिहतगतिः संचरिष्यसि । ततः परं मुक्तिं प्राप्स्यसि' इति तीर्थः । तत्र मल्लोकेष्वित्यस्य चारितार्थ्यं चिन्त्यम् । इतीति । तत्रैवान्तर्धानेनास्याप्यन्तर्यामिरूपतोक्ता । तत इति । विस्मयमाश्चर्यम् ॥ ३८ ॥ तस्येति । प्रीयमाणा आश्चर्यमिदमस्मद्गुरोः पद्यं यद्ब्रह्मणाप्यनुमोदितम् । प्राहुश्च । वक्ष्यमाणमित्यर्थः ॥ ३९ ॥ तदेवाह—समेति । साम्यं गुरुलघ्वक्षरराहित्यम् । यो ऋषिणा गीतः सः । अन्वतिशयितशोकोत्पत्त्यनन्तरं व्याहरणाद्भूयः शोको विपुलः शोक एव श्लोकत्वं प्राप्त इति वयं मन्यामह इति प्राहुरिति संबन्धः । उत्प्रेक्षा चेयम् । तेनास्य श्लोकस्य करुणरसमयत्वं ध्वनितम् । अत्र नष्टक्रौञ्चालम्बनकः क्रौञ्चीविरावानुदीपितो निषादविषयक्रोधव्यभिचारिको 'मा निषाद' इत्यादिवाक्यानुभावकः करुणो रस इति बोध्यम् । यत्तु 'पूर्वश्लोके प्राहुरित्यस्य पठन्तीत्यर्थकरणम्, पुनः पुनः पाठेनानन्दवन्तोऽभूवन्निति फलितार्थकथनम्, अत्र च श्लोके भूयोऽनुव्याहरणान्मुहुर्मुहुः शिष्यैः पुनः पाठाल्लोके शोकः श्लोकत्वेन प्रतिबद्धोऽभवच्छ्लोकत्वं प्राप्त इति तीर्थादिव्याख्यानम्, तदति-

तस्य बुद्धिरियं जाता महर्षेर्भावितात्मनः । कृत्स्नं रामायणं काव्यमीदृशैः करवाण्यहम् ॥ ४१
उदारवृत्तार्थपदैर्मनोरमैस्तदास्य रामस्य चकार कीर्तिमान् ।
समाक्षरैः श्लोकशतैर्यशस्विनो यशस्करं काव्यमुदारदर्शनः ॥ ४२
तदुपगतसमाससंधियोगं सममधुरोपनतार्थवाक्यबद्धम् ।
रघुवरचरितं मुनिप्रणीतं दशशिरसश्च वधं निशामयध्वम् ॥ ४३

इत्यार्षे श्रीमद्रामायणे वाल्मीकीय आदिकाव्ये बालकाण्डे द्वितीयः सर्गः ॥ २ ॥

तृतीयः सर्गः ।

श्रुत्वा वस्तु समग्रं तद्धर्मार्थसहितं हितम् । व्यक्तमन्वेषते भूयो यद्वृत्तं तस्य धीमतः ॥ १
उपस्पृश्योदकं सम्यङ् मुनिः स्थित्वा कृताञ्जलिः । प्राचीनाग्रेषु दर्भेषु धर्मेणान्वेषते गतिम् ॥ २
रामलक्ष्मणसीताभी राज्ञा दशरथेन च । सभार्येण सराष्ट्रेण यत्प्राप्तं तत्र तत्त्वतः ॥ ३
हसितं भाषितं चैव गतिर्यावच्च चेष्टितम् । तत्सर्वं धर्मवीर्येण यथावत्संप्रपश्यति ॥ ४
स्त्रीतृतीयेन च तथा यत्प्राप्तं चरता वने । सत्यसंधेन रामेण तत्सर्वं चान्ववैक्षत ॥ ५
ततः पश्यति धर्मात्मा तत्सर्वं योगमास्थितः । पुरा यत्तत्र निर्वृत्तं पाणावामलकं यथा ॥ ६
तत्सर्वं तत्त्वतो दृष्ट्वा धर्मेण स महामतिः । अभिरामस्य रामस्य तत्सर्वं कर्तुमुद्यतः ॥ ७
कामार्थगुणसंयुक्तं धर्मार्थगुणविस्तरम् । समुद्रमिव रत्नाढ्यं सर्वश्रुतिमनोहरम् ॥ ८

निःसारमिति स्पष्टमेव ॥४०॥ तस्येति । ईदृशैः । 'मा निषाद' इतिवत्करुणारसप्रधानैरित्यर्थः । अनेनान्ये रसा अत्र गुणीभूता इति ध्वनितम् ॥ ४१ ॥ उदारेति । उदारस्य यद्वृत्तं चरितम्, उदारं वा यच्चरितं तद्रूपार्थबोधकैः पदैः मनोरमैः श्रुतिकटुत्वादिदोषरहितैः । अस्य यशस्विनो रामस्य दाशरथे रामस्य नारदोपदिष्टस्य । श्लोकशतैरिति शतशब्दोऽनन्तवाची ॥ ४२ ॥ एवं काव्यनिर्माणमुक्त्वा तत्र श्रोतॄनभिमुखीकरोति—तदिति । समासस्तत्पुरुषादिः, संधिरेकादेशादिजः, योगः प्रकृतिप्रत्यययोः, एते उपगता यथाव्याकरणालंकारशास्त्रमर्यादं यस्मिन्काव्ये तादृशं काव्यं रघुवरचरितं तद्वर्णनरूपम् । समः पतत्प्रकर्षादिदोषरहितः, मधुरः करुणारसयुक्तत्वेन माधुर्यगुणप्रधानः, उपनतः प्रसन्नतयोपलभ्यमानो योऽर्थस्तद्बोधकवाक्यैर्निबद्धम् । उपनतत्वेन प्रसादगुणवत्ता दर्शिता । समुदायेन वैदर्भीरीतिमत्त्वं ध्वनितम् । रघेर्गत्यर्थाज्जिष्णवरघुवरशब्देन तस्य सर्वान्तर्यामित्वं ध्वनितम् । ईदृशस्यापि मिथ्यार्थकत्वेऽनुपादेयत्वं स्यादत आह—मुनिप्रणीतं ब्रह्मानुग्रहप्राप्तसत्यवागृषिप्रणीतम् । पुरुषार्थस्वर्गमोक्षादिसाधनत्वं तु रघुवरचरितमित्यनेनोक्तप्रायमेव । दशशिरसश्च वधमित्यनेन वधान्तमिदं श्रोतव्यमिति सूचितम् । तेनैव सूचितफललाभात् । उत्तरकाण्डं त्वस्य खिलम् । भारतस्य हरिवंशवत् । अत एवाग्रिमसर्गे 'वनसंचरणपर्यन्तवृत्तान्वेषणमेव समाधिना ऋषेर्वेक्ष्यति' इति प्राञ्चः । परे तु 'दशशिरसो वधं चेत्यन्वयः । चेन सीतात्यागादिरूपोत्तरकाण्डीयवृत्तान्तसंग्रहः' इत्याहुः ॥ ४३ ॥ **इति श्रीरामाभिरामे श्रीरामीये रामायणतिलके वाल्मीकीय आदिकाव्ये बालकाण्डे द्वितीयः सर्गः ॥ २ ॥**

श्रुत्वेति । नारदात्काव्यविषयं रामचरितरूपं वस्तु श्रुत्वा समग्रं प्रकाशरहस्यसहितं कुर्विति च ब्रह्ममुखाच्छ्रुत्वा तस्य धीमतो रामस्य यद्वृत्तं चरितं सरहःप्रकाशं तद्भूयः पुनर्व्यक्तं साक्षात्कारविषयो यथा भवति तथा कर्तुमन्वेषत उद्युङ्क्ते स्मेति शेषः । धर्मार्थेति त्रिवर्गोपलक्षणं फलत्वेन तत्सहितम् । हितं मोक्षफलकम् ॥ १ ॥ उद्योगमेवाह—उपेति । आचम्येत्यर्थः । सम्यक्स्मृत्युक्ताचमनरीत्या । इदमन्येषामपि प्रायत्यसंपादकानामुपलक्षणम् । प्रागग्रेषु दर्भेषु स्थित्वा । धर्मेण योगजेन ब्रह्मप्रसादरूपेण च गतिं रामादीनां चरितरूपामन्वेषतेऽतियत्नेन पश्यति स्म ॥ २ ॥ रामेत्यादिश्लोकद्वयमेकं वाक्यम् । भार्याः कौसल्याद्यास्तत्सहितेन दशरथेन रामादिभिश्च यत्प्राप्तं संबद्धं चरितं राज्यपालनादिरूपं हसितादिरूपं च, तत्सर्वं तत्र समाधौ तत्त्वतो धर्मवीर्येण योगजबलेन पश्यति स्म ॥ ३ ॥ ४ ॥ अयोध्यावासकालिकं वृत्तं निरीक्ष्य तदनन्तरं वनकालिकं च निरीक्षितमित्याह—स्त्रीतृतीयेनेति । द्वितीयो लक्ष्मणः । 'तत्सर्वं चेति तस्य तदुत्तरकालिकमुत्तरकाण्डस्थं चेत्यर्थः' इत्यपरे ॥५॥ नेदं दर्शनं स्वप्नवदित्याह—तत इति । पूर्वाचरितयोगाभ्यासादित्यर्थः । योगं समाधिम् । तत्र समाधौ । पुरा पश्यति । अपश्यदित्यर्थः । यन्निर्वृत्तं जातम् । इदमुपलक्षणम् । यच्च भावि तच्चरित्रं पश्यति स्मेति यावत् ॥ ६ ॥ तदिति । धर्मेण योगजेन । अत एव महामतिः तत्सर्वमतीतमनागतं च तद्विषयं काव्यम् । अभिरामस्येत्यनेन तादृशकाव्यकरणस्य रागप्राप्ततोक्ता ॥ ७ ॥ कामेति । कामरूपो योऽर्थः पुरुषार्थस्तद्रूपेण गुणेन फलेन युक्तम् । धर्मार्थरूपपुरुषार्थफलेन विस्तरवत् । विस्तरेण तदुभयप्रतिपादकं तद्दातृ चेत्यर्थः । रत्नैः काव्यगुणा-

स यथाकथितं पूर्वं नारदेन महात्मना । रघुवंशस्य चरितं चकार भगवान्मुनिः ॥ ९
जन्म रामस्य सुमहद्वीर्यं सर्वानुकूलताम् । लोकस्य प्रियतां क्षान्तिं सौम्यतां सत्यशीलताम् ॥ १०
नाना चित्राः कथाश्चान्या विश्वामित्रसहायने । जानक्याश्च विवाहं च धनुषश्च विभेदनम् ॥ ११
रामरामविवादं च गुणान्दाशरथेस्तथा । तथाभिषेकं रामस्य कैकेय्या दुष्टभावताम् ॥ १२
विघातं चाभिषेकस्य रामस्य च विवासनम् । राज्ञः शोकं विलापं च परलोकस्य चाश्रयम् ॥ १३
प्रकृतीनां विषादं च प्रकृतीनां विसर्जनम् । निषादाधिपसंवादं सूतोपावर्तनं तथा ॥ १४
गङ्गायाश्चापि संतारं भरद्वाजस्य दर्शनम् । भरद्वाजाभ्यनुज्ञानाच्चित्रकूटस्य दर्शनम् ॥ १५
वास्तुकर्मनिवेशं च भरतागमनं तथा । प्रसादनं च रामस्य पितुश्च सलिलक्रियाम् ॥ १६
पादुकाग्र्याभिषेकं च नन्दिग्रामनिवासनम् । दण्डकारण्यगमनं विराधस्य वधं तथा ॥ १७
दर्शनं शरभङ्गस्य सुतीक्ष्णेन समागमम् । अनसूयासमास्यां च अङ्गरागस्य चार्पणम् ॥ १८
दर्शनं चाप्यगस्त्यस्य धनुषो ग्रहणं तथा । शूर्पणख्याश्च संवादं विरूपकरणं तथा ॥ १९
वधं खरत्रिशिरसोरुत्थानं रावणस्य च । मारीचस्य वधं चैव वैदेह्या हरणं तथा ॥ २०
राघवस्य विलापं च गृध्रराजनिबर्हणम् । कबन्धदर्शनं चैव पम्पायाश्चापि दर्शनम् ॥ २१
शबरीदर्शनं चैव फलमूलाशनं तथा । प्रलापं चैव पम्पायां हनूमद्दर्शनं तथा ॥ २२
ऋष्यमूकस्य गमनं सुग्रीवेण समागमम् । प्रत्ययोत्पादनं सख्यं वालिसुग्रीवविग्रहम् ॥ २३
वालिप्रमथनं चैव सुग्रीवप्रतिपादनम् । ताराविलापं समयं वर्षरात्रनिवासनम् ॥ २४
कोपं राघवसिंहस्य बलानामुपसंग्रहम् । दिशः प्रस्थापनं चैव पृथिव्याश्च निवेदनम् ॥ २५
अङ्गुलीयकदानं च ऋक्षस्य बिलदर्शनम् । प्रायोपवेशनं चैव संपातेश्चापि दर्शनम् ॥ २६
पर्वतारोहणं चैव सागरस्यापि लङ्घनम् । समुद्रवचनाच्चैव मैनाकस्य च दर्शनम् ॥ २७

लंकारव्यङ्ग्यैराढ्यं पूर्णम् । सर्वश्रुतीनां मनोभूताः सारभूता उपनिषदस्तासां हरं तदर्थप्रतिपादकम् । तेन मोक्षफलकत्वम् । व्याख्यानान्तरं स्वचमत्कारीत्युपेक्षितम् ॥ ८ ॥ इति । रघुवंशस्य तद्वंशावतीर्णरामस्य नारदकथनक्रमेणैव तच्चरितं तत्प्रतिपादकं काव्यं चकारेत्यर्थः ॥ ९ ॥ विस्तरेण वर्णनीयानर्थान् 'इष्टं हि विदुषां लोके समासव्यासधारणम्' इत्युक्तेः समासेन संक्षेपेणाह—जन्मेत्यादिना । वीर्यं स्वयमक्षतस्य पराभिभवसामर्थ्यम् । सर्वानुकूलतां सर्वेषामनुवर्तनरूपाम् । प्रियतां विश्लेषासहत्वपर्यवसायिनी, वस्तुसौन्दर्यबलाद्विषयलाभेऽप्यनिवर्त्या विद्यमानानामपि दोषाणामदर्शनकरी, व्यसनसहस्रसंपातेऽप्यनिवर्त्या या अनुपस्कृतवस्तुमात्रालम्बिनीच्छा प्रेमपदवाच्या तद्विषयताम् । एवं भगवति रामे मायाशबले जातं प्रेम चित्तशुद्धिद्वारा शुद्धविषयं प्रेमोत्पाद्य निदिध्यासनद्वारा मुक्तिजनकज्ञानपर्यवसायीति बोध्यम् । क्षान्तिम् 'उच्यमानोऽपि परुषं नोत्तरं प्रतिपद्यते' इत्युक्तरूपाम् । सौम्यतामक्रूरदर्शनताम् ॥ १० ॥ नानेति । विश्वामित्रसहायने विश्वामित्रेण सह गमने तदुपस्थितिकाले सभायां मार्गे गमनकाले च चित्रा नाना कथा अन्याश्च कथा योगवासिष्ठोक्ता ब्रह्मप्रतिपादिकाः कथा अत्र ग्रन्थे उक्ता गङ्गादिकथाश्चेत्यर्थः । एतेनात्र श्लोके नानेत्यन्या इति च व्यर्थमित्यपास्तम् । जानक्याश्चेति चेनोर्मिलादिसंग्रहः ॥ ११ ॥ रामेति । द्वितीयः परशुरामः । गुणान्विनयजयरूपान् ॥ १२ ॥ विघातं चेति । विवसनं वनं प्रति प्रस्थापनम् । परलोकस्य चाश्रयं परलोकगमनम् । मरणमिति यावत् ॥ १३ ॥ प्रकृतीनामिति । प्रकृतीनां वञ्चनापूर्वकविसर्जनमयोध्यां प्रति परावर्तनम् । निषादाधिपो गुहः । सूतः सुमन्त्रः ॥ १४ ॥ गङ्गाया इति । अभ्यनुज्ञानं संमतिः ॥ १५ ॥ वास्त्विति । वास्तुकर्म चित्रकूटे गृहनिर्माणम् । निवेशं तत्र गृहेऽवस्थानम् । प्रसादनं भरतकर्तृकम् ॥ १६ ॥ पादुकेति । श्रेष्ठपादुकयोर्भरतकृतमभिषेकम् । नन्दिग्रामस्य नितरामतिशयेन वासनम् । भरते तत्र गते सर्वप्रजास्तत्रैव वासं कृतवत्य इत्यर्थः ॥ १७ ॥ दर्शनमिति । अनसूयासमास्यामनसूयया सह सीतायाः समास्या सहासनम् । यद्यप्येतद्विराधवधात्पूर्वमेव तथापि क्रमे तात्पर्याभावाद्व्यत्ययेनाभिधानम् । अङ्गरागश्चन्दनादिः ॥ १८ ॥ दर्शनमिति । अगस्त्यसकाशाद्धनुषो ग्रहणम् ॥ १९ ॥ वधमिति । उत्थानं जानकीहरणोद्योगम् ॥ २० ॥ २१ ॥ २२ ॥ ऋष्येति । प्रत्ययोत्पादनं शालभेदादिभिः सुग्रीवस्य विश्वासजननम् । विग्रहं युद्धम् ॥ २३ ॥ वालीति । सुग्रीवप्रतिपादनं सुग्रीवस्य राज्ये स्थापनम् । समयं शरदि यात्रा कर्तव्येति रामसुग्रीवयोः संकेतम् । वर्षेति । वर्षाकालिकवासाङ्गीकरणम् ॥ २४ ॥ कोपमिति । उपसंग्रहं वानराणां मेलनम् । पृथिव्याश्च निवेदनं सुग्रीवेण वानरान्प्रति पृथ्वीसंस्थानकथनम् ॥ २५ ॥ अङ्गुलीयकदानं रामकर्तृकं हनुमति । प्रायोपवेशनं प्रायेणानशनेन वानराणामु-

राक्षसीतर्जनं चैव च्छायाग्राहस्य दर्शनम् । सिंहिकायाश्च निधनं लङ्कामलयदर्शनम् ॥ २८
रात्रौ लङ्काप्रवेशं च एकस्यापि विचिन्तनम् । आपानभूमिगमनमवरोधस्य दर्शनम् ॥ २९
दर्शनं रावणस्यापि पुष्पकस्य च दर्शनम् । अशोकवनिकायानं सीतायाश्चापि दर्शनम् ॥ ३०
अभिज्ञानप्रदानं च सीतायाश्चापि भाषणम् । राक्षसीतर्जनं चैव त्रिजटास्वप्नदर्शनम् ॥ ३१
मणिप्रदानं सीताया वृक्षभङ्गं तथैव च । राक्षसीविद्रवं चैव किंकराणां निबर्हणम् ॥ ३२
ग्रहणं वायुसूनोश्च लङ्कादाहाभिगर्जनम् । प्रतिप्लवनमेवाथ मधूनां हरणं तथा ॥ ३३
राघवाश्वासनं चैव मणिनिर्यातनं तथा । संगमं च समुद्रेण नलसेतोश्च बन्धनम् ॥ ३४
प्रतारं च समुद्रस्य रात्रौ लङ्कावरोधनम् । विभीषणेन संसर्गं वधोपायनिवेदनम् ॥ ३५
कुम्भकर्णस्य निधनं मेघनादनिबर्हणम् । रावणस्य विनाशं च सीतावाप्तिमरेः पुरे ॥ ३६
विभीषणाभिषेकं च पुष्पकस्य च दर्शनम् । अयोध्यायाश्च गमनं भरद्वाजसमागमम् ॥ ३७
प्रेषणं वायुपुत्रस्य भरतेन समागमम् । रामाभिषेकाभ्युदयं सर्वसैन्यविसर्जनम् ।
स्वराष्ट्ररञ्जनं चैव वैदेह्याश्च विसर्जनम् ॥ ३८
अनागतं च यत्किंचिद्रामस्य वसुधातले । तच्चकारोत्तरे काव्ये वाल्मीकिर्भगवानृषिः ॥ ३९

इत्यार्षे श्रीमद्रामायणे वाल्मीकीय आदिकाव्ये बालकाण्डे तृतीयः सर्गः ॥ ३ ॥

चतुर्थः सर्गः ।

प्राप्तराज्यस्य रामस्य वाल्मीकिर्भगवानृषिः । चकार चरितं कृत्स्नं विचित्रपदमर्थवत् ॥ १
चतुर्विंशत्सहस्राणि श्लोकानामुक्तवानृषिः । तथा सर्गशतान्पञ्च षट्काण्डानि तथोत्तरम् ॥ २
कृत्वा तु तन्महाप्राज्ञः सभविष्यसहोत्तरम् । चिन्तयामास को न्वेतत्प्रयुञ्जीयादिति प्रभुः ॥ ३
तस्य चिन्तयमानस्य महर्षेर्भावितात्मनः । अगृहीतां ततः पादौ मुनिवेषौ कुशीलवौ ॥ ४
कुशीलवौ तु धर्मज्ञौ राजपुत्रौ यशस्विनौ । भ्रातरौ स्वरसंपन्नौ ददर्शाश्रमवासिनौ ॥ ५
स तु मेधाविनौ दृष्ट्वा वेदेषु परिनिष्ठितौ । वेदोपबृंहणार्थाय तावग्राहयत प्रभुः ॥ ६

पवेशनं समुद्रसमीपे वासः ॥ २६ ॥ २७ ॥ २८ ॥ एकस्यापि विचिन्तनमसहायस्य कर्तव्यार्थविचारं चेत्यर्थः । अवरोधोऽन्तःपुरम् ॥ २९ ॥ यानं गमनम् ॥ ३० ॥ अभिज्ञानं रामदत्ताङ्गुलीयकम् ॥ ३१ ॥ ३२ ॥ ग्रहणमिति । लङ्काया दाहेन तत्रत्यानामाक्रन्दनम् । लङ्कादाहे हनूमद्गर्जनमित्यर्थो वा । 'अभिमर्दनम्' इति पाठे लङ्काया दाहेनाभितो मर्दनमित्यर्थः । प्रतिप्लवनं पुनः सागरोत्तरणम् ॥ ३३ ॥ मणिनिर्यातनं सीतया दत्तस्य स्वशिरोरत्नस्य राघवे दानम् । नलसेतोर्नलनिर्मितसेतोः ॥ ३४ ॥ प्रतारम् । सेनाया इति शेषः ॥ ३५ ॥ निबर्हणं मारणम् । अरे रावणस्य ॥ ३६ ॥ अयोध्यायाश्च गमनं तदुद्देश्यकं गमनम् ॥ ३७ ॥ रामाभिषेकाभ्युदयं रामाभिषेकोत्सवम् । सर्वत्र चकारेत्यनुकृष्यते ॥ ३८ ॥ अनागतं चेति । यत्किंचिदित्यनेन सीताविसर्जनात्पूर्वकालिकस्य भूयस्त्वमनन्तरकालस्याल्पता द्योत्यते, तत्सर्वमुत्तरे सर्वतो विशिष्टे काव्ये चकार । निबबन्धेत्यर्थः ॥३९॥ **इति श्रीरामाभिरामे श्रीरामीये रामायणतिलके वाल्मीकीय आदिकाव्ये बालकाण्डे तृतीयः सर्गः ३**

प्राप्तेति । अनेन रावणवधोत्तरमेतत्काव्यकरणमिति सूचितम् । वाल्मीकिस्तद्विषयवासी ऋषिरित्यर्थादवगन्तव्यम् । चरितं तत्प्रतिपादकं काव्यम् । अर्थवद्ध्वन्यलंकारादिप्रशस्तार्थम् । 'आत्मवान्' इति पाठेऽवहितान्तःकरणः । प्राशस्त्ये मतुप् । आत्मशब्दश्चान्तःकरणवाची ॥ १ ॥ चतुर्विंशदिति । चतुर्विंशतिरित्यर्थकश्छान्दसः । शतानिति पुंलिङ्गोऽप्येवम् । तत्र 'पञ्चशतरूपसर्गसंख्या षट्काण्डानामेव । श्लोकसंख्या तु 'सोत्तराणाम्' इत्याहुः । कतककृतस्तु 'उक्तसंख्यापेक्षया षट्त्रिंशत्सर्गसंख्याधिक्यदर्शनात्, चतुर्विंशत्सहस्रापेक्षया श्लोकसंख्याया अप्याधिक्यदर्शनाच्च, उत्तरकाण्डीयसर्गसंख्यानुक्तेश्च, प्रक्षिप्तोऽयं श्लोकः, न त्वार्षः' इत्याहुः ॥ २ ॥ कृत्वा त्विति । सहशब्दः सहितपरः । भविष्येण सह सहितं विशिष्टं यदुत्तरं तेन सहितमिदं काव्यं ब्रह्मनियोगात्तत्प्रसादाच्च कृत्वा को नु प्रभुः समर्थ एतत्प्रयुञ्जीयात्सभासु पठञ्छ्रावयेत्सभ्यानिति तु चिन्तयामास । सहोत्तरमित्यत्रोत्तरपदार्थस्य सभविष्यमिति सविशेषणत्वेऽप्यार्षः समासः । 'भविष्यं च सीताविसर्जनमारभ्य' इत्येके । 'तस्या भूप्रवेशोत्तरकालिकम्' इति परे । प्रयुञ्जीयादिति च्छान्दसम् ॥३॥ तस्येति । भावितात्मनो रामचरितबन्धनेन शुद्धचित्तस्य । अगृहीतामिति च्छान्दसम् । आवां गातारावित्युक्त्वा पादग्रहणं कृतवन्तौ । मुनिवेषौ राजकुमारावप्याश्रमस्थितिवशात्तथाभूतौ । कुशीलवौ कुशलवौ । कुशशब्दस्य कुशीभावः पृषोदरादित्वात् ॥४॥ ददर्श । काव्यग्रहणे योग्यतयापश्यदित्यर्थः ॥ ५ ॥ स त्विति । धीर्धा-

काव्यं रामायणं कृत्स्नं सीतायाश्चरितं महत् । पौलस्त्यवधमित्येवं चकार चरितव्रतः ॥ ७
पाठ्ये गेये च मधुरं प्रमाणैस्त्रिभिरन्वितम् । जातिभिः सप्तभिर्युक्तं तन्त्रीलयसमन्वितम् ॥ ८
रसैः शृङ्गारकरुणहास्यरौद्रभयानकैः । वीरादिभी रसैर्युक्तं काव्यमेतदगायताम् ॥ ९
तौ तु गान्धर्वतत्त्वज्ञौ स्थानमूर्च्छनकोविदौ । भ्रातरौ स्वरसंपन्नौ गन्धर्वाविव रूपिणौ ॥ १०
रूपलक्षणसंपन्नौ मधुरस्वरभाषिणौ । बिम्बादिवोत्थितौ बिम्बौ रामदेहात्तथा परौ ॥ ११
तौ राजपुत्रौ कार्त्स्न्येन धर्म्यमाख्यानमुत्तमम् । वाचोविधेयं तत्सर्वं कृत्वा काव्यमनिन्दितौ ॥ १२
ऋषीणां च द्विजातीनां साधूनां च समागमे । यथोपदेशं तत्त्वज्ञौ जगतुः सुसमाहितौ ॥ १३
महात्मानौ महाभागौ सर्वलक्षणलक्षितौ । तौ कदाचित्समेतानामृषीणां भावितात्मनाम् ॥ १४
मध्येसभं समीपस्थाविदं काव्यमगायताम् । तच्छ्रुत्वा मुनयः सर्वे बाष्पपर्याकुलेक्षणाः ॥ १५
साधु साध्विति तावूचुः परं विस्मयमागताः । ते प्रीतमनसः सर्वे मुनयो धर्मवत्सलाः ॥ १६
प्रशशंसुः प्रशस्तव्यौ गायमानौ कुशीलवौ । अहो गीतस्य माधुर्यं श्लोकानां च विशेषतः ॥ १७
चिरनिर्वृत्तमप्येतत्प्रत्यक्षमिव दर्शितम् । प्रविश्य तावुभौ सुष्ठु तथा भावमगायताम् ॥ १८
सहितौ मधुरं रक्तं संपन्नं स्वरसंपदा । एवं प्रशस्यमानौ तौ तपःश्लाघ्यैर्महर्षिभिः ॥ १९
संरक्ततरमत्यर्थं मधुरं तावगायताम् । प्रीतः कश्चिन्मुनिस्ताभ्यां संस्थितः कलशं ददौ ॥ २०
प्रसन्नो वल्कलं कश्चिद्ददौ ताभ्यां महायशाः । अन्यः कृष्णाजिनमदाद्यज्ञसूत्रं तथापरः ॥ २१
कश्चित्कमण्डलुं प्रादान्मौञ्जीमन्यो महामुनिः । बृसीमन्यस्तदा प्रादात्कौपीनमपरो मुनिः ॥ २२
ताभ्यां ददौ तदा हृष्टः कुठारमपरो मुनिः । काषायमपरो वस्त्रं चीरमन्यो ददौ मुनिः ॥ २३
जटाबन्धनमन्यस्तु काष्ठरज्जुं मुदान्वितः । यज्ञभाण्डमृषिः कश्चित्काष्ठभारं तथापरः ॥ २४
औदुम्बरीं बृसीमन्यः स्वस्ति केचित्तदावदन् । आयुष्यमपरे प्राहुर्मुदा तत्र महर्षयः ॥ २५

णावती मेधा । परिनिष्ठितौ जातवेदाध्ययनौ । उपबृंहणं वेदस्य तत्तदर्थे तात्पर्यग्रहणं तद्रूपायार्थाय प्रयोजनाय । अनेन श्रुतितात्पर्यविषयीभूतार्थप्रतिपादकतया प्रामाण्यमस्योपादेयत्वं च सूचितम् ॥ ६ ॥ काव्यमिति । रामस्यायनं चरितं तत्प्रतिपादकं च महत्काव्यं पौलस्त्यवधमित्येवंनामकं चकार । तत्तावग्राहयतेति पूर्वेण संबन्धः । यथा कृष्णचरितवर्णनरूपमाघकाव्यस्य शिशुपालवध इति नाम ॥ ७ ॥ पाठ्य इति । इनः श्लोकचतुष्टयमेकान्वयम् । पाठ्यगेययोर्भावे ण्यद्यतौ । तेन पाठे गाने चेत्यर्थः । गानं तन्त्रीनाडीसमुत्थश्रुतिभेदोपेतम् । उभयत्रापि मधुरं श्रोतृसुखजनकम् । प्रमाणानि द्रुतमध्यविलम्बितानि । सप्तजातयः षड्जादयः सप्तस्वराः । सप्तस्वरविशिष्टगानानुरोधीति यावत् ॥ ८ ॥ रसैरिति । वीरादीत्यादिना बीभत्साद्भुतशान्तसंग्रहः । शृङ्गारादिरसैश्च युक्तम् । नवरसयोगीति यावत् । ईदृशं काव्यं तावगायताम् ॥ ९ ॥ तौ विशेषयति—तौ त्विति । गान्धर्वस्य समग्रनाट्यस्य तत्त्वज्ञौ । स्थानं च मूर्च्छना च तयोः समाहारः स्थानमूर्च्छनं तत्र कोविदौ तत्त्वज्ञौ । 'यदूर्ध्वं हृदयग्रन्थेः कपोलफलकादधः । प्राणसंचारणस्थानं स्थानमित्यभिधीयते ॥ उरः कण्ठः शिरश्चेति तत्पुनस्त्रिविधं भवेत् । मन्द्रं मध्यं च तारं च' इति शाण्डिल्यः । तथा—'यत्रैव स्युः स्वराः पूर्णा मूर्च्छना सेत्युदाहृता' इति च । यत्र गीतविशेष इत्यर्थः । रूपिणौ प्रशस्तरूपवन्तौ ॥ १० ॥ रूपेति । अत्र रूपमवयवसंस्थानम् । उक्तस्य स्वरसंपन्नावित्यस्यैव विवरणं मधुरस्वरेति । बिम्बात्सूर्यादेरुत्थितौ बिम्बाविव प्रतिबिम्बाविव तथा रामदेहादुत्थितौ परौ रामदेहावित्यर्थः ॥ ११ ॥ ताविति । धर्म्यं धर्मादनपेतम् । वाचोविधेयं विनापि पुस्तकं पाठयोग्यम् ॥ १२ ॥ ऋषीणां द्विजातीनामिति गोबलीवर्दन्यायेन । साधूनां द्विजेतराणामपि यथोपदेशं जगतुः । तत्त्वज्ञौ काव्यस्य गानादेश्च तत्त्वज्ञौ । सुसमाहितौ सुतरां स्थिरचित्तौ ॥ १३ ॥ 'लक्ष्यलक्षण–'इति पाठे सामुद्रिकवद्भिर्लक्ष्यं परीक्ष्यं लक्षणं सुलक्षणं तेन लक्षितौ युतौ । अतएव महात्मानौ महाभागौ च । भागो भाग्यमत्र । 'गीयतामिदमाख्यानं भवद्भ्यामृषिसंसदि । राजर्षीणां पुण्यकृतां साधूनां च समागमे ॥ गुरुणैवमनुज्ञातौ प्रकृत्या मधुरस्वरौ' इति क्वचित्पठ्यते, तदनन्वयीति स्पष्टमेव । भावितात्मनां शुद्धचित्तानाम् ॥ १४ ॥ मध्येसभमित्यव्ययीभावः । समीपस्थौ । सहितावित्यर्थः । तद्गानम् ॥ १५ ॥ ॥ १६ ॥ प्रशस्तव्याविति ईडभावनलोपौ छान्दसौ । अहो आश्चर्यम् ॥१७॥ चिरेति । एतद्रावणवधान्तचरितम् । एवमृषिप्रशंसोत्तरं पुनस्तयोर्गानमाह—भावं काव्याभिप्रायं तत्तद्रसरूपं प्रविश्य तन्मयीभूय सुष्ठु यथा श्रोतॄणां रसाविर्भावो भवति तथागायतामित्यर्थः ॥ १८ ॥ सहिताविति । मधुरं पाठतो गानतश्च । रक्तमुच्चैः । स्वरसंपदा षड्जादिस्वरसंपदा संपन्नं यथा भवति तथागायतामिति पूर्वेण संबन्धः । एवम् 'अहो गीतस्य' इत्याद्युक्तरीत्या ॥ १९ ॥ संरक्ततरमत्युच्चतरं तथाप्यत्यर्थं मधुरम् । ततो रामायणगानश्रवणानन्दपरवशानां मुनीनां चेष्टा आह—प्रीत इति । संस्थितः । सभायामिति शेषः ॥ २० ॥ २१ ॥ बृसी ऋषीणामासनम् ॥ २२ ॥ २३ ॥ २४ ॥ स्वस्तीत्याद्याशीः

ददुश्चैवं वरान्सर्वे मुनयः सत्यवादिनः । आश्चर्यमिदमाख्यानं मुनीनां संप्रकीर्तितम् ॥ २६
परं कवीनामाधारं समाप्तं च यथाक्रमम् । अभिगीतमिदं गीतं सर्वगीतिषु कोविदौ ॥ २७
आयुष्यं पुष्टिजननं सर्वश्रुतिमनोहरम् । प्रशस्यमानौ सर्वत्र कदाचित्तत्र गायकौ ॥ २८
रथ्यासु राजमार्गेषु ददर्श भरताग्रजः । स्ववेश्म चानीय ततो भ्रातरौ स कुशीलवौ ॥ २९
पूजयामास पूजार्हौ रामः शत्रुनिबर्हणः । आसीनः काञ्चने दिव्ये स च सिंहासने प्रभुः ॥ ३०
उपोपविष्टैः सचिवैर्भ्रातृभिश्च समन्वितः । दृष्ट्वा तु रूपसंपन्नौ विनीतौ भ्रातरावुभौ ॥ ३१
उवाच लक्ष्मणं रामः शत्रुघ्नं भरतं तथा । श्रूयतामेतदाख्यानमनयोर्देववर्चसोः ॥ ३२
विचित्रार्थपदं सम्यग्गायकौ समचोदयत् । तौ चापि मधुरं रक्तं स्वचित्तायतनिःस्वनम् ॥ ३३
तन्त्रीलयवदत्यर्थं विश्रुतार्थमगायताम् । ह्लादयत्सर्वगात्राणि मनांसि हृदयानि च ।
श्रोत्राश्रयसुखं गेयं तद्बभौ जनसंसदि ॥ ३४

इमौ मुनी पार्थिवलक्षणान्वितौ कुशीलवौ चैव महातपस्विनौ ।
ममापि तद्भूतिकरं प्रचक्षते महानुभावं चरितं निबोधत ॥ ३५
ततस्तु तौ रामवचःप्रचोदितावगायतां मार्गविधानसंपदा ।
स चापि रामः परिषद्गतः शनैर्बुभूषयासक्तमना बभूव ॥ ३६

इत्यार्षे श्रीमद्रामायणे वल्मीकीय आदिकाव्ये बालकाण्डे चतुर्थः सर्गः ॥ ४ ॥

॥ २५ ॥ आश्चर्यमित्यादि मनोहरमित्यन्तमेकं वाक्यम् ॥ २६ ॥ परमिति । कवीनामाधारं वर्णनीयार्थस्य प्रकारभेदलाभद्वारा । हे सर्वगीतिषु कोविदौ कुशीलवौ, इदं गीतं गायनयोग्यं वस्त्वभिगीतं सुष्ठु गीतं यथाक्रमं समाप्तं समापितं च । 'अविगीतम्' इति पाठेऽनवद्यं यथातथा गीतमित्यर्थः ॥ २७ ॥ आयुष्यमायुर्जनकम् । पुष्टिरभ्युदयः । सर्वश्रुतिमनोहरं सर्वश्रुतीनां मनांस्युपनिषदस्तदर्थहरमित्यनेन मोक्षदं गीतमित्येवं सर्वत्र प्रशस्यमानौ । तत्रायोध्यायाम् ॥ २८ ॥ रथ्यासु स्वल्पवीथिषु राजमार्गेषु च गायमानौ तौ कदाचिद्भरताग्रजो रामो ददर्शेत्यन्वयः ॥ २९ ॥ ३० ॥ 'उपोपविष्टसचिवः' इति पाठ उप समीप उपविष्टाः सचिवा यस्येत्यर्थः । 'उपोपविष्टैः सचिवैः' इति पाठे समीपस्थैर्मन्त्रिभिर्भ्रातृभिश्च समन्वित इत्यर्थः । 'आत्मरूपसंपन्नौ' इति पाठ आत्मसदृशावित्यर्थः । 'दृष्ट्वा तु रूपसंपन्नौ' इति प्रचुरः पाठः ॥ ३१ ॥ अनयोः सकाशादेतदाख्यानं श्रूयतामिति लक्ष्मणादीनुवाच ॥ ३२ ॥ विचित्रार्थपदमिति पूर्वान्वयि । ततो गायकौ गातुं प्रैरयत् । स्वचित्तायतनिःस्वनं स्वस्य श्रोतृचित्तस्य चानुरूप आयतस्तारो निःस्वनो नादो यत्र तथा । स्वबलानुरूपं श्रोतृचित्ताह्लादकं च यथा भवति तावदुच्चस्वरमिति फलितम् ॥ ३३ ॥ तन्त्रीलयवत्तन्त्रीशब्दसदृशम् । विश्रुतार्थं विशेषतः श्रुतमात्रेणार्थबोधजनकं यथा भवति तथातिशयेनागायतामित्यन्वयः । सर्वगात्राणि श्रोतृणां सर्वगात्राणि ह्लादयद्रोमाञ्चादिप्रादुर्भावेणानन्दानुभावनसमर्थानि कुर्वत् । मनस आह्लादो नाम निद्रायामिव विस्मृतान्यव्यापारता । हृदयानि । हृदयमित्युपनिषन्निर्वचनाद्धृदयं प्रत्यगात्मा । उपाधिभेदाद्बहुवचनम् । तस्य ह्लादो नाम तत्सुखभोगः । श्रोत्रं कर्णशष्कुली तदाश्रयं श्रोत्रेन्द्रियं तस्य सुखम् ॥ ३४ ॥ अथाख्यानस्य श्रवणे प्रयोजनमुपदिशन्पुनरपि लक्ष्मणादीनत्यादरेण श्रवणार्थं प्रेरयति—इमाविति । तत्तस्मात् । महातपस्विनावाश्रमवासात्तपोयुक्तौ । स्वरूपतस्त्वाजानुबाहुत्वादिपार्थिवलक्षणान्वितौ । मुनिशिष्यत्वाच्च मुनी इमौ प्रबन्धस्य गायकौ । चरितं गेयं काव्यं च । महानुभावं शब्दार्थालंकारललितसंदर्भत्वादिवैभवेन सार्वभौमविषयत्वेन च महावैभवम् । अतो निबोधतादरेण शृणुत । किं च । यतस्तत्काव्यं तच्छ्रवणं च ममापि भूतिकरमिहामुत्राभ्युदयकरं प्रचक्षते । 'अनेककल्पजीविनो वृद्धाः पूर्वपूर्वरामायणस्य तैस्तत्फलत्वोक्त्या अस्यापि तत्फलकत्वमिति भावः' इति प्राञ्चः । वस्तुतो मम चरितं मत्संबन्धि तच्चरितं मच्चरितार्थप्रतिपादकं तल्लोकोत्तरं काव्यं निबोधत । यतस्तच्छ्रोतृणां भूतिकरमपि भुक्तिमुक्तिदमपि प्रचक्षते पूर्ववत् । श्रवणमात्रेण सर्वगात्राह्लादाद्यपि शब्दग्राह्यम् । अत एव महानुभावं महाप्रभावम् । अस्य श्लोकस्य लक्ष्मणादीनामेतच्छ्रवणप्रवर्तकार्थकत्वेनैवमेवास्य व्याख्योचितेति द्रष्टव्यम् ॥ ३५ ॥ तत इति । रामवचःप्रेरितौ तौ । मार्गविधानसंपदा । गानं द्विविधम् । मार्गो देशी चेति । तत्र प्राकृतावलम्बि गानं देशी । संस्कृतावलम्बि तु गानं मार्गः । तयोर्मध्ये मार्गाख्यगानमार्गावलम्बनसामग्र्या अगायताम् । परिषद्गतः सभागतः स रामोऽपि बुभूषया स्वचरितस्य चिरकालं स्थितीच्छया प्रबन्धस्य गीतश्रवण आसक्तमना बभूव । शनैःपदेनोत्तमपुरुषत्वात्स्वप्रशंसार्थकेऽत्र काव्ये शनैः प्रवृत्तिरिति ध्वन्यते । स्वयं श्रवणे चोत्तरोत्तरं लोकानामुपादेयत्वबुद्ध्या श्रवणे प्रवृत्तौ तस्य

पञ्चमः सर्गः ।

सर्वा पूर्वमियं येषामासीत्कृत्स्ना वसुंधरा । प्रजापतिमुपादाय नृपाणां जयशालिनाम् ॥ १
येषां स सगरो नाम सागरो येन खानितः । षष्टिपुत्रसहस्राणि यं यान्तं पर्यवारयन् ॥ २
इक्ष्वाकूणामिदं तेषां राज्ञां वंशे महात्मनाम् । महदुत्पन्नमाख्यानं रामायणमिति श्रुतम् ॥ ३
तदिदं वर्तयिष्यावः सर्वं निखिलमादितः । धर्मकामार्थसहितं श्रोतव्यमनसूयता ॥ ४
कोसलो नाम मुदितः स्फीतो जनपदो महान् । निविष्टः सरयूतीरे प्रभूतधनधान्यवान् ॥ ५
अयोध्या नाम नगरी तत्रासील्लोकविश्रुता । मनुना मानवेन्द्रेण या पुरी निर्मिता स्वयम् ॥ ६
आयता दश च द्वे च योजनानि महापुरी । श्रीमती त्रीणि विस्तीर्णा सुविभक्तमहापथा ॥ ७
राजमार्गेण महता सुविभक्तेन शोभिता । मुक्तपुष्पावकीर्णेन जलसिक्तेन नित्यशः ॥ ८
तां तु राजा दशरथो महाराष्ट्रविवर्धनः । पुरीमावासयामास दिवि देवपतिर्यथा ॥ ९
कपाटतोरणवतीं सुविभक्तान्तरापणाम् । सर्वयन्त्रायुधवतीमुषितां सर्वशिल्पिभिः ॥ १०
सूतमागधसंबाधां श्रीमतीमतुलप्रभाम् । उच्चाट्टालध्वजवतीं शतघ्नीशतसंकुलाम् ॥ ११
वधूनाटकसंघैश्च संयुक्तां सर्वतः पुरीम् । उद्यानाम्रवणोपेतां महतीं सालमेखलाम् ॥ १२
दुर्गगम्भीरपरिखां दुर्गामन्यैर्दुरासदाम् । वाजिवारणसंपूर्णां गोभिरुष्ट्रैः खरैस्तथा ॥ १३
सामन्तराजसंघैश्च बलिकर्मभिरावृताम् । नानादेशनिवासैश्च वणिग्भिरुपशोभिताम् ॥ १४

स्थिरत्वं भवतीति तदाशयः । स्वप्रवर्तितकविकृतत्वाच्चैवमिच्छा भगवत इति बोध्यम् । इहामुत्र स्वाभ्युदयेच्छयेति व्याख्यानं त्वयुक्तम् । भगवतः स्वाभ्युदयेच्छाया बाधात् । एतेन राज्ञां कविकृतस्वकाव्यश्रवणमावश्यकमिति सूचितम् ॥ ३६ ॥ इति **श्रीरामाभिरामे श्रीरामीये रामायणतिलके वाल्मीकीय आदिकाव्ये बालकाण्डे चतुर्थः सर्गः ॥ ४ ॥**

एवं सर्गचतुष्टयेनोपोद्घातं कृत्वा वस्तु निर्दिशति—सर्वेति । कृत्स्नेयं वसुंधरा प्रजापतिं वैवस्वतं मनुमुपादायोपक्रम्य जयशालिनां जयेन शोभावतां नृपाणां सर्वापूर्वमैहिकामुष्मिकसर्वापूर्वसाधनं यथा भवति तथासीत् । 'सर्वापूर्वशब्दो ह्युपादेयपरो नियतनपुंसकलिङ्गः' इति केचित् ॥ १ ॥ किं च येषां वंशे स सगरो नामाभूत् सागर इत्यादिना समुद्रे सागरशब्दप्रवृत्तिस्तदधीनेति सूचितम् । षष्टिगुणितानि पुत्रसहस्राणि षष्टिपुत्रसहस्राणि । क्वचित्तु 'षष्टिः' इति पृथक्पदपाठः । अनेन तदुद्धारार्थं तद्वंश्येन जगत्पवित्रीकरणसमर्था गङ्गा यद्वंशेऽवतारितेति व्यज्यते । तेन चातिशयितं तद्वंशमाहात्म्यं सूचितम् । तद्वंशस्य गङ्गापरनामकभगवदवतारयोग्यता च तेन सूचिता ॥ २ ॥ तेषामिक्ष्वाकूणां वंशे वंशविषये रामायणमिति नाम्ना प्रसिद्धं महदाख्यानमुत्पन्नमिति योजना । इक्ष्वाकुपत्न्येष्विक्ष्वाकुत्वारोपादिक्ष्वाकूणामित्युक्तिः ॥ ३ ॥ तदिति । तदिदं बुद्धिस्थम् । आदित आदिमारभ्य । निखिलमुत्तरकाण्डान्तम् । सर्वम् । सर्वशब्दोऽवयवकार्त्स्न्ये । सर्वावयवकम् । वर्णपदच्युतिरहितमिति यावत् । धर्मकामार्थाः सहिता यस्मात्तत् । सहिता इत्यत्र केनेत्याकाङ्क्षायां मोक्षेणेति गम्यते । तेन पुरुषार्थचतुष्टयसाधनमिति फलितम् । वर्तयिष्यावो गास्यावः । तदनसूयतासूयामकुर्वता श्रोतव्यम् । अनेनासूयाराहित्यमेवैतच्छ्रवणाधिकारिविशेषणमित्युक्तम् । सर्वपुरुषार्थसाधनत्वाच्च श्रवणेऽत्यादरः सूचितः ॥ ४ ॥ कोसल इति । मुदितः राजभिर्धर्मतः परिपालनात् । स्फीत उत्तरोत्तरं वृद्धिं प्राप्तः । सरयूतीरे तदुपलक्षितदेशे । निविष्टः स्थितः । जनपदः । अस्तीति शेषः ॥ ५ ॥ अयोध्येति । तत्र कोशलजनपदेऽयोध्या नाम लोकविश्रुता नगर्यस्ति । या मानवेन्द्रेण मनुना स्वयं निर्मितासीत् । पुरी सप्तपुर्यन्तर्गता ॥ ६ ॥ आयतेति । सरयूतीरोपश्लेषेण द्वादशयोजनदीर्घा । त्रीणि योजनानीति शेषः । विस्तीर्णा तिर्यग्विस्तारवती । महापथो बहिर्मार्गः ॥ ७ ॥ राजेति । राजमार्गः सर्वपण्यशोभितो राजद्वारात्पुरः प्रवृत्तः । मुक्तपुष्पाणि विकसितपुष्पाणि ॥ ८ ॥ तां त्विति । दिवि देवपतिरिन्द्रः पुरीममरावतीं यथा आवासयामास, एवं राजा दशरथस्तां पुरीमावासयामास पूर्वाधिकलोकवसतिमतीं चकार । धर्मन्यायबलेन पोषणान्महतो राष्ट्रस्य विशेषेण वर्धनकर्ता ॥ ९ ॥ कपाटेति । तोरणं बहिर्द्वारालंकारदारुबन्धः । सुविभक्तमन्तरं येषां तादृशा आपणा यस्यां सा । सर्वयन्त्रायुधवतीम् । प्राकारोपरीति शेषः । उषितां कृतवासाम् ॥ १० ॥ सूतेति । सूताः स्तुतिपाठकाः । मागधा वंशावलिकथकाः । अट्टाला उपरिगृहाः । शतघ्न्यो नाम प्राकारसंरक्षणार्थमयोभारनिर्मिताः प्राकारोपरिस्थापिता आयुधविशेषाः ॥ ११ ॥ वध्विति । वधूनां नाटकशालासमुदायैः सर्वतो युक्ताम् । उद्यानानि क्रीडार्थं पुष्पवाटिकाः । सालः प्राकारः, सालवनं वा ॥ १२ ॥ दुर्गेति । जलदुर्गेण गम्भीरागाधा परिखा यस्यां ताम् । अत एव दुर्गा मित्रैरपि दुःखगम्याम् । अन्यैः शत्रुभिर्दुरासदामशक्यसमीपगमनामपि । वारणा गजाः ॥ १३ ॥ सामन्तेति । समन्ताद्भवे राजसमूहैः । बलिः करदानरूपं कर्म येषां

प्रासादे रत्नविकृतैः पर्वतैरिव शोभिताम् । कूटागारैश्च संपूर्णामिन्द्रस्येवामरावतीम् ॥
चित्रामष्टापदाकारां वरनारीगणायुताम् । सर्वरत्नसमाकीर्णां विमानगृहशोभिताम् ॥ १५
गृहगाढामविच्छिद्रां समभूमौ निवेशिताम् । शालितण्डुलसंपूर्णामिक्षुकाण्डरसोदकाम् ॥ १६
दुन्दुभीभिर्मृदङ्गैश्च वीणाभिः पणवैस्तथा । नादितां भृशमत्यर्थं पृथिव्यां तामनुत्तमाम् ॥ १७
विमानमिव सिद्धानां तपसाधिगतं दिवि । सुनिवेशितवेश्मान्तां नरोत्तमसमावृताम् ॥ १८
ये च बाणैर्न विध्यन्ति विविक्तमपरापरम् । शब्दवेध्यं च विततं लघुहस्ता विशारदाः ॥ १९
सिंहव्याघ्रवराहाणां मत्तानां नदतां वने । हन्तारो निशितैः शस्त्रैर्बलाद्बाहुबलैरपि ॥ २०
तादृशानां सहस्रैस्तामभिपूर्णां महारथैः । पुरीमावासयामास राजा दशरथस्तदा ॥ २१
तामग्निमद्भिर्गुणवद्भिरावृतां द्विजोत्तमैर्वेदषडङ्गपारगैः । २२
सहस्रदैः सत्यरतैर्महात्मभिर्महर्षिकल्पैरृषिभिश्च केवलैः ॥ २३

इत्यार्षे श्रीमद्रामायणे वाल्मीकीय आदिकाव्ये बालकाण्डे पञ्चमः सर्गः ॥ ५ ॥

षष्ठः सर्गः ।

तस्यां पुर्यामयोध्यायां वेदवित्सर्वसंग्रहः । दीर्घदर्शी महातेजाः पौरजानपदप्रियः ॥ १
इक्ष्वाकूणामतिरथो यज्वा धर्मपरो वशी । महर्षिकल्पो राजर्षिस्त्रिषु लोकेषु विश्रुतः ॥ २
बलवान्निहतामित्रो मित्रवान्विजितेन्द्रियः । धनैश्च संचयैश्चान्यैः शक्रवैश्रवणोपमः ॥ ३
यथा मनुर्महातेजा लोकस्य परिरक्षिता । तथा दशरथो राजा लोकस्य परिरक्षिता ॥ ४
तेन सत्याभिसंधेन त्रिवर्गमनुतिष्ठता । पालिता सा पुरी श्रेष्ठा इन्द्रेणेवामरावती ॥ ५
तस्मिन्पुरवरे हृष्टा धर्मात्मानो बहुश्रुताः । नरास्तुष्टा धनैः स्वैः स्वैरलुब्धाः सत्यवादिनः ॥ ६
नाल्पसंनिचयः कश्चिदासीत्तस्मिन्पुरोत्तमे । कुटुम्बी यो ह्यसिद्धार्थोऽगवाश्वधनधान्यवान् ॥ ७

तादृशैः ॥ १४ ॥ रत्नविकृतै रत्ननिर्मितैः पर्वतसदृशैः प्रासादैः शोभिताम् । कूटाख्यैरगारैर्गृहैः । स्त्रीणां क्रीडागृहैरिति यावत् । 'कूटाः शालाः । अगारं गृहम्' इत्यन्ये ॥ १५ ॥ चित्रामिति । 'अष्टापदं सुवर्णं तज्जलेन कृत आकारोऽलंकारो यस्याः' इत्येके । 'द्यूतफलकाकारम्' इत्यन्ये । विमानगृहं सप्तभूमिगृहम् । 'विमानोऽस्त्री देवयाने सप्तभूमौ च सद्मनि' इति निघण्टुः ॥ १६ ॥ गृहेति । गृहैः पौरकुटुम्बिगृहैर्गाढां निबिडाम् । अत एवाविच्छिद्राम् । इक्षुकाण्डरससमानस्वादूदकवतीम् ॥ १७ ॥ भृशं नादितां पृथिव्यामत्यर्थमत्यन्तम् । अनुत्तमामिति बहुव्रीहिः ॥ १८ ॥ तपसा प्राप्तं दिवि सिद्धानां विमानमिव । पृथिव्यामनुत्तमामिति संबन्धः । सुष्ठु निवेशितो वेश्मनामन्तर्बाह्यप्रदेशो यस्यां ताम् ॥ १९ ॥ ये चेति । विविक्तं स्वसमूहाद्भ्रष्टं सहायरहितम् । अपरापरम् परे पित्रादयः, अपरे पुत्रादयः, तैर्हीनम् । 'वंशस्यैकतन्तुम्' इत्येके । 'परकीयस्वकीयमिश्रं केवलप्रेक्ष्यकम्' इत्यन्ये । तथा शब्दमात्रानुमितसत्तया वेधयोग्यम् । प्रच्छन्नमिति यावत् । तथा विततं च विरुध्य युद्धं कृत्वा पश्चात्ततं पलायितम् । ईदृशाञ्शक्यवेधानपि ये बाणैर्न विध्यन्ति, ये च लघुहस्ताः शीघ्रवेधिनः, विशारदा अस्त्रशस्त्रप्रयोगसमर्थाः, तेषां सहस्रैः पूर्णामित्युत्तरेण संबन्धः ॥ २० ॥ सिंहेति । बाहुबलैरपि मल्लयुद्धैरपि ॥ २१ ॥ महारथैः । 'आत्मानं सारथिं चाश्वान्रक्षन्युध्येत यो नरः । स महारथसंज्ञः स्यात्' । एको दशसहस्रैर्योद्धा च । आवासयामास । तेषामावासेन तैः पूर्णां चकारेत्यर्थः ॥ २२ ॥ तामिति । अग्निमद्भिराहिताग्निभिः । गुणाः शमदमादयः । वेदानां षडङ्गानां च पारगैः । महर्षिकल्पैर्महर्षिसदृशैः । केवलैर्मुख्यैरृषिभिर्मन्त्रद्रष्टृभिश्चावृतां व्याप्ताम् ॥ २३ ॥ इति श्रीरामाभिरामे श्रीरामीये रामायणतिलके वाल्मीकीय आदिकाव्ये बालकाण्डे पञ्चमः सर्गः ॥ ५ ॥

तस्यामिति । वेदवित् । त्रैवर्णिकमात्रस्यायोऽयं गुणः । सर्वसंग्रहः सर्वेषामपरिमितचतुरङ्गबलराष्ट्रदुर्गादीनां संग्राहकः । एवं सामादिप्रयोग एवं फलं भविष्यतीत्यादिदीर्घदर्शनशीलः । तेजः प्रतापः ॥ १ ॥ अतिरथो दशसहस्रमहारथैर्योद्धा । वशी स्वाधीनः ॥ २ ॥ धनं हिरण्यादि । अन्यैः संचयैर्धान्यादिसंचयैः ॥ ३ ॥ ४ ॥ तेनेति । सत्याभिसंधः सत्यप्रतिज्ञः । धर्मकामार्थैस्त्रिवर्गैस्तत्संपादककर्मानुष्ठानप्राधान्येन पालिताभवदिति योजना ॥ ५ ॥ धर्मात्मानो धर्मवासनावच्चित्ताः । बहुश्रुता इति बहुव्रीहिः ॥ ६ ॥ नाल्पेति । सतामुत्कृष्टवस्तूनां निचयः संनिचयः । अल्पः संनिचयो यस्य स नास्ति । अभावमुखेन सर्वेषां बहुधनवत्ता सूच्यते । योऽप्यगवादिमान् । अर्थाभावेऽव्ययीभावो नञ्तत्पुरुषो वा । ततो मतुप् । अत एवासिद्धार्थोऽसिद्धैहिकामुष्मिकप्रयोजन ईदृशः कुटुम्बी न कश्चि-

कामी वा न कदर्यो वा नृशंसः पुरुषः क्वचित् । द्रष्टुं शक्यमयोध्यायां नाविद्वान्न च नास्तिकः ॥ ८
सर्वे नराश्च नार्यश्च धर्मशीलाः सुसंयताः । मुदिताः शीलवृत्ताभ्यां महर्षय इवामलाः ॥ ९
नाकुण्डली नामुकुटी नास्रग्वी नाल्पभोगवान् । नामृष्टो न नलिप्ताङ्गो नासुगन्धश्च विद्यते ॥ १०
नामृष्टभोजी नादाता नाप्यनङ्गदनिष्कधृक् । नाहस्ताभरणो वापि दृश्यते नाप्यनात्मवान् ॥ ११
नानाहिताग्निर्नायज्वा न क्षुद्रो वा न तस्करः । कश्चिदासीदयोध्यायां न चावृत्तो न संकरः ॥ १२
स्वकर्मनिरता नित्यं ब्राह्मणा विजितेन्द्रियाः । दानाध्ययनशीलाश्च संयताश्च प्रतिग्रहे ॥ १३
नास्तिको नानृती वापि न कश्चिदबहुश्रुतः । नासूयको न चाशक्तो नाविद्वान्विद्यते क्वचित् ॥ १४
नाषडङ्गविदत्रास्ति नाव्रतो नाबहुश्रुतः । न दीनः क्षिप्तचित्तो वा व्यथितो वापि कश्चन ॥ १५
कश्चिन्नरो वा नारी वा नाश्रीमान्नाप्यरूपवान् । द्रष्टुं शक्यमयोध्यायां नापि राजन्यभक्तिमान् ॥ १६
वर्णेष्वग्र्यचतुर्थेषु देवतातिथिपूजकाः । कृतज्ञाश्च वदान्याश्च शूरा विक्रमसंयुताः ॥ १७
दीर्घायुषो नराः सर्वे धर्मं सत्यं च संश्रिताः । सहिताः पुत्रपौत्रैश्च नित्यं स्त्रीभिः पुरोत्तमे ॥ १८
क्षत्रं ब्रह्ममुखं चासीद्वैश्याः क्षत्रमनुव्रताः । शूद्राः स्वकर्मनिरतास्त्रीन्वर्णानुपचारिणः ॥ १९
सा तेनेक्ष्वाकुनाथेन पुरी सुपरिरक्षिता । यथा पुरस्तान्मनुना मानवेन्द्रेण धीमता ॥ २०
योधानामग्निकल्पानां पेशलानाममर्षिणाम् । संपूर्णा कृतविद्यानां गुहा केसरिणामिव ॥ २१
काम्बोजविषये जातैर्बाह्लीकैश्च हयोत्तमैः । वनायुजैर्नदीजैश्च पूर्णा हरिहयोत्तमैः ॥ २२
विन्ध्यपर्वतजैर्मत्तैः पूर्णा हैमवतैरपि । मदान्वितैरतिबलैर्मातङ्गैः पर्वतोपमैः ॥ २३
ऐरावतकुलीनैश्च महापद्मकुलैस्तथा । अञ्जनादपि निष्क्रान्तैर्वामनादपि च द्विपैः ॥ २४
भद्रैर्मन्द्रैर्मृगैश्चैव भद्रमन्द्रमृगैस्तथा । भद्रमन्द्रैर्भद्रमृगैर्मृगमन्द्रैश्च सा पुरी ॥ २५
नित्यमत्तैः सदा पूर्णा नागैरचलसंनिभैः । सा योजने द्वे च भूयः सत्यनामा प्रकाशते ॥ २६

दासीदिति योजना । एवमग्रेऽपि ॥ ७ ॥ कामी कामैकतत्परः । कदर्यः । 'आत्मानं धर्मकृत्यं च पुत्रदारांश्च पीडयेत् । लोभाद्यः पितरौ भ्रातॄन्स कदर्य इति स्मृतः ॥' 'नृशंसो घातुकः क्रूरः' । शक्यमिति सामान्ये नपुंसकम् । अत्र नञावृत्त्या कामादिषु संबध्यते । तेनैकगुणवतां समुदितगुणवतां च तत्र सत्ता निषिध्यते ॥ ८ ॥ सर्व इति । सुसंयताः सुष्ठु निगृहीतेन्द्रियाः ॥ ९ ॥ भोगो धर्माविरुद्धः कामभोगः । अमृष्टोऽनिर्मलः । 'न नलिप्ताङ्गः' इति पाठः । नलिप्ताङ्ग इति सुप्सुपेति समासः । लेपश्चन्दनादिना । तदाह—नासुगन्ध इति ॥ १० ॥ निष्क उरोभूषणम् । अनात्मवानजितान्तःकरणः ॥ ११ ॥ अयज्वा सोमयागरहितः । क्षुद्रोऽल्पविद्यैश्वर्यादिमान् । अवृत्तः सदाचाररहितः । न । संकरः कुण्डगोलकादिः । 'न च निर्वृत्तसंकरः' इति पाठे निर्वृत्तमनुष्ठितं सांकर्यं परक्षेत्रे बीजावापादिरूपं येन स इत्यर्थः । संकरशब्दो भावप्रधानः ॥ १२ ॥ स्वेति । दानं नित्यप्राप्तं यथाशक्ति विधिना । परदत्तस्य स्वीकारः प्रतिग्रहस्तत्र । संयताः संकुचिताः । निषिद्धप्रतिग्रहरहिता इत्यर्थः ॥ १३ ॥ नास्तिको नास्ति परलोक इति बुद्धिमान् । अनृत्यसत्यवचनः । 'अनृतः' इति पाठेऽपि अर्शआद्यचा स एवार्थः । अशक्तः स्वीयैहिकामुष्मिकार्थसाधनासमर्थः ॥ १४ ॥ नेति । व्रतमेकादश्यादिव्रतम् । क्षिप्तचित्त इति । उन्मादादिनेति शेषः । व्यथित आधिव्याधिपीडितः ॥ १५ ॥ कश्चिदिति । नार्यां नाश्रीमतीत्याद्यूह्यम् । श्रीः शोभा कान्तिः । रूपं गौरत्वादि । राजा दशरथस्तस्मिन्भक्तिः स्नेहस्तदभाववान् नाभूत् ॥ १६ ॥ प्रथमं राजानं स्तुत्वा 'तस्मिन्पुरवरे' इत्यादिभिर्ब्राह्मणप्रशंसा कृता । इदानीं क्षत्रियादिसाधारण्येन वर्णाः प्रशंस्यन्ते—वर्णेष्विति त्रिभिः । अग्र्यचतुर्थेष्वग्र्यो ब्राह्मणः स चतुर्थो येषां तेषु । सर्वे वर्णा इति शेषः । 'वदान्यो दानशौण्डः स्यात्' इति विश्वः । सर्वत्रासन्निति शेषः ॥ १७ ॥ १८ ॥ ब्रह्ममुखं ब्राह्मणप्रधानम् । तदाज्ञावतीत्यर्थः । शूद्राणां स्वकर्माह—त्रीनिति । उपचारः सेवा ॥ १९ ॥ २० ॥ योधानामिति शौर्यातिशयादग्नितुल्यानाम् । पेशलानामकुटिलानाम् । अमर्षिणां कृताभिभवासहिष्णूनाम् । कृतविद्यानामभ्यस्तास्त्रशस्त्रादिविद्यानाम् । योधानां संघैः संपूर्णेति योजना ॥ २१ ॥ काम्बोजविषये काम्बोजदेशे । बाह्लीकैस्तद्देशजैः । 'बाह्लीजैः' इति क्वचित्पाठः । वनायुर्देशविशेषः । हरिरिन्द्रस्तस्य हय उच्चैःश्रवास्तद्वदुत्तमैः । नदीजैः सिन्धुनदसमीपोद्भवैः ॥ २२ ॥ हैमवतैर्हिमवत्पर्वतजातैः । मातङ्गैर्गजैः ॥ २३ ॥ ऐरावतादयो दिग्गजाः ॥ २४ ॥ भद्रैरिति । 'भद्रा मन्द्रा मृगाश्चेति विज्ञेयास्त्रिविधा गजाः । क्रमेण हिमवद्विन्ध्यसह्यजाः' । भद्रमन्द्रमृगास्त्रिस्वभावाः संकीर्णा गजाः । भद्रमन्द्रादयो द्विस्वभावाः ॥ २५ ॥ नित्येति । द्वियोजने द्वयोर्योजनयोः । अत्यन्तसंयोगे द्वितीया । भूयोऽभ्यधिकं सत्यनामा योद्धुमशक्येत्यन्वर्थनामा । राज्ञो मूलधाम

तां पुरीं स महातेजा राजा दशरथो महान् । शशास शमितामित्रो नक्षत्राणीव चन्द्रमाः ॥ २७
तां सत्यनामां दृढतोरणार्गलां गृहैर्विचित्रैरुपशोभितां शिवाम् ।
पुरीमयोध्यां नृसहस्रसंकुलां शशास वै शक्रसमो महीपतिः ॥ २८

इत्यार्षे श्रीमद्रामायणे वाल्मीकीय आदिकाव्ये बालकाण्डे षष्ठः सर्गः ॥ ६ ॥

सप्तमः सर्गः ।

तस्यामात्या गुणैरासन्निक्ष्वाकोः सुमहात्मनः । मन्त्रज्ञाश्चेङ्गितज्ञाश्च नित्यं प्रियहिते रताः ॥ १
अष्टौ बभूवुर्वीरस्य तस्यामात्या यशस्विनः । शुचयश्चानुरक्ताश्च राजकृत्येषु नित्यशः ॥ २
धृष्टिर्जयन्तो विजयः सुराष्ट्रो राष्ट्रवर्धनः । अकोपो धर्मपालश्च सुमन्त्रश्चाष्टमोऽर्थवित् ॥ ३
ऋत्विजौ द्वावभिमतौ तस्यास्तामृषिसत्तमौ । वसिष्ठो वामदेवश्च मन्त्रिणश्च तथापरे ॥ ४
सुयज्ञोऽप्यथ जाबालिः काश्यपोऽप्यथ गौतमः । मार्कण्डेयस्तु दीर्घायुस्तथा कात्यायनो द्विजः ॥ ५
एतैर्ब्रह्मर्षिभिर्नित्यमृत्विजस्तस्य पौर्वकाः । विद्याविनीता ह्रीमन्तः कुशला नियतेन्द्रियाः ॥ ६
श्रीमन्तश्च महात्मानः शस्त्रज्ञा दृढविक्रमाः । कीर्तिमन्तः प्रणिहिता यथावचनकारिणः ॥ ७
तेजःक्षमायशःप्राप्ताः स्मितपूर्वाभिभाषिणः । क्रोधात्कामार्थहेतोर्वा न ब्रूयुरनृतं वचः ॥ ८
तेषामविदितं किंचित्स्वेषु नास्ति परेषु वा । क्रियमाणं कृतं वापि चारेणापि चिकीर्षितम् ॥ ९
कुशला व्यवहारेषु सौहृदेषु परीक्षिताः । प्राप्तकालं यथादण्डं धारयेयुः सुतेष्वपि ॥ १०
कोशसंग्रहणे युक्ता बलस्य च परिग्रहे । अहितं चापि पुरुषं न हिंस्युरविदूषकम् ॥ ११
वीराश्च नियतोत्साहा राजशास्त्रमनुष्ठिताः । शुचीनां रक्षितारश्च नित्यं विषयवासिनाम् ॥ १२
ब्रह्मक्षत्रमहिंसन्तस्ते कोशं समपूरयन् । सुतीक्ष्णदण्डाः संप्रेक्ष्य पुरुषस्य बलाबलम् ॥ १३
शुचीनामेकबुद्धीनां सर्वेषां संप्रजानताम् । नासीत्पुरे वा राष्ट्रे वा मृषावादी नरः क्वचित् ॥ १४

एतावत् ॥ २६ ॥ तामिति । शमिता नाशिता अमित्रा येन । नक्षत्राणि नक्षत्रलोकान् ॥ २७ ॥ तामिति । अर्गलं नाम कपाटावष्टम्भकतिर्यक्स्थापितदारुविशेषः ॥२८॥ इति श्रीरामाभिरामे श्रीरामीये रामायणतिलके वाल्मीकीय आदिकाव्ये बालकाण्डे षष्ठः सर्गः ॥ ६ ॥

अथ तस्य मन्त्रिसंपदुच्यते—तस्येति । गुणैरमात्यापेक्षितैर्गुणैर्युक्ताः । इक्ष्वाकोस्तद्वंशजस्य दशरथस्य । गुणानाह—मन्त्रज्ञाः । मन्त्रः कार्यविचारः । इङ्गितं पराभिप्रायम् । प्रियस्य राज्ञो हिततत्पराः ॥ १ ॥ अष्टाविति । शुचयोऽसत्यस्वामिद्रोहादिरूपवाङ्मनसाऽशुचित्वरहिताः । नित्यश आत्मप्रयोजनसमयेऽपि राजकृत्येषु तदनुष्ठानेष्वनुरक्तास्तत्पराः ॥ २ ॥ तान्नामत आह—धृष्टिरित्यादि ॥ ३ ॥ अभिमतौ ऋत्विजौ मुख्यर्त्विजौ । 'अपरे उक्ताष्टप्रधानमन्त्रिव्यतिरिक्ताः' इत्येके । 'परे मन्त्रिण इत्युक्त्या वसिष्ठवामदेवयोर्मन्त्रित्वमपि सूच्यते' इति तीर्थः । तन्न । 'मन्त्रिणश्च तथा' इति पाठे परेषामृत्विक्त्वलाभेऽपि वसिष्ठवामदेवयोर्मन्त्रित्वस्य शब्दमर्यादया व्यङ्ग्यमर्यादया चालाभात् । वस्तुतः 'तथापरे' इत्यस्य ऋत्विज इत्यर्थः । 'मन्त्रिणश्च' इत्यस्य वसिष्ठाद्या इति शेषः । अमात्या देशादिकार्यनिर्वाहकाः । मन्त्रिणो व्यवहारद्रष्टार इति भेदः ॥ ४ ॥ परानेवाह—सुयज्ञ इत्यादि । सुयज्ञ ऋषिविशेषः ॥ ५ ॥ 'एतैर्ब्रह्मर्षिभिर्नित्यं सहितास्तस्य ऋत्विजः' इत्यनेन सर्वथा कर्मसाद्गुण्यं दर्शितम् । पौर्वकाः परम्परागता इत्यर्थकममात्यर्त्विजां विशेषणम् । विद्येति । विद्यया सह विनीताः । विद्याविनयोभयसंपन्ना इत्यर्थः । यथायोग्यं वक्ष्यमाणानि विशेषणान्यमात्येषु मन्त्रिषु च योजनीयानि ॥ ६ ॥ शस्त्रज्ञाः शस्त्रप्रतिपादकधनुर्वेदविदः । प्रणिहिताः सर्वराजकार्येषु सावधानाः । यथावचनकारिणः । राज्ञ इति शेषः ॥ ७ ॥ कामार्थहेतोरिति द्वंद्वगर्भः कर्मधारयः ॥ ८ ॥ स्वेषु मित्रेषु । परेषु शत्रुषु । चारेण करणेन कृतं क्रियमाणमपि वा । अपि चिकीर्षितं च । तेषां न किंचिदविदितमभूदिति शेषः ॥ ९ ॥ सौहृदं विषयविशेषगतदोषान्दोषत्वेनागृह्णंश्चित्तवृत्तिविशेषस्तत्र परीक्षिताः । राज्ञेति शेषः । प्राप्तः सापराधत्वलक्षणः कालो यस्य तं धारयेयुः । कुर्युरित्यर्थः ॥ १० ॥ कोशसंग्रहणं चतुरङ्गबलपरिग्रहे हेतुः । अहितं स्वहिताचरणरहितं शत्रुमप्यविदूषकमनपराधिनं न हिंस्युः ॥ ११ ॥ राजशास्त्रं नीतिशास्त्रम् । अनुष्ठिता अनुसारिणः । शुचीनामिति । स्तेयानृतरहिताः शुचयः । विषयो देशः ॥ १२ ॥ ब्रह्मेति । 'अभिपूरयन्' इति पाठेऽडभाव आर्षः । सुतीक्ष्णेति । बलाबलमपराधतारतम्यम् । पुरुषस्येत्युपलक्षणम् । देशादीनां च बलाबलं संप्रेक्ष्येत्यर्थः । 'देशकालवयःशक्तीः संचिन्त्या दण्डकर्मणि' इति वचनात् । अयं कोशपूरणहेतुः ॥ १३ ॥ एकबुद्धीनां परस्परमेकबुद्धीनाम् । संप्रजानतां पुरराष्ट्रवृत्तान्तं विचारयताम् । तेषां विचारविषये

कच्चिन्न दुष्टस्तत्रासीत्परदाररतिर्नरः । प्रशान्तं सर्वमेवासीद्राष्ट्रं पुरवरं च तत् ॥ १५
सुवाससः सुवेषाश्च ते च सर्वे शुचिव्रताः । हितार्थाश्च नरेन्द्रस्य जाग्रतो नयचक्षुषा ॥ १६
गुरोर्गुणगृहीताश्च प्रख्याताश्च पराक्रमैः । विदेशेष्वपि विज्ञाताः सर्वतो बुद्धिनिश्चयाः ॥ १७
अभितो गुणवन्तश्च न चासन्गुणवर्जिताः । संधिविग्रहतत्त्वज्ञाः प्रकृत्या संपदान्विताः ॥ १८
मन्त्रसंवरणे शक्ताः शक्ताः सूक्ष्मासु बुद्धिषु । नीतिशास्त्रविशेषज्ञाः सततं प्रियवादिनः ॥ १९
ईदृशैस्तैरमात्यैश्च राजा दशरथोऽनघः । उपपन्नो गुणोपेतैरन्वशासद्वसुंधराम् ॥ २०
अवेक्षमाणश्चारेण प्रजा धर्मेण रक्षयन् । प्रजानां पालनं कुर्वन्नधर्मं परिवर्जयन् ॥ २१
विश्रुतस्त्रिषु लोकेषु वदान्यः सत्यसंगरः । स तत्र पुरुषव्याघ्रः शशास पृथिवीमिमाम् ॥ २२
नाध्यगच्छद्विशिष्टं वा तुल्यं वा शत्रुमात्मनः । मित्रवान्नतसामन्तः प्रतापहतकण्टकः ।
स शशास जगद्राजा दिवि देवपतिर्यथा ॥ २३
तैर्मन्त्रिभिर्मन्त्रहिते निविष्टैर्वृतोऽनुरक्तैः कुशलैः समर्थैः ।
स पार्थिवो दीप्तिमवाप युक्तस्तेजोमयैर्गोभिरिवोदितोऽर्कः ॥ २४

इत्यार्षे श्रीमद्रामायणे वाल्मीकीय आदिकाव्ये बालकाण्डे सप्तमः सर्गः ॥ ७ ॥

अष्टमः सर्गः ।

तस्य चैवंप्रभावस्य धर्मज्ञस्य महात्मनः । सुतार्थं तप्यमानस्य नासीद्वंशकरः सुतः ॥ १
चिन्तयानस्य तस्यैवं बुद्धिरासीन्महात्मनः । सुतार्थं वाजिमेधेन किमर्थं न यजाम्यहम् ॥ २
स निश्चितां मतिं कृत्वा यष्टव्यमिति बुद्धिमान् । मन्त्रिभिः सह धर्मात्मा सर्वैरपि कृतात्मभिः ॥ ३
ततोऽब्रवीन्महातेजाः सुमन्त्रं मन्त्रिसत्तम । शीघ्रमानय मे सर्वान्गुरूंस्तान्सपुरोहितान् ॥ ४
ततः सुमन्त्रस्त्वरितं गत्वा त्वरितविक्रमः । समानयत्स तान्सर्वान्समस्तान्वेदपारगान् ॥ ५
सुयज्ञं वामदेवं च जाबालिमथ काश्यपम् । पुरोहितं वसिष्ठं च ये चाप्यन्ये द्विजोत्तमाः ॥ ६
तान्पूजयित्वा धर्मात्मा राजा दशरथस्तदा । इदं धर्मार्थसहितं श्लक्ष्णं वचनमब्रवीत् ॥ ७

पुरादौ मृषावादित्वगुणविशिष्टः कोऽपि नासीत् ॥ १४ ॥ प्रेति । मन्त्रिणां नीत्या सर्वं प्रशान्तम् । निर्बाधमासीदित्यर्थः ॥ १५ ॥ नरेन्द्रस्य हितार्था हितप्रयोजनाः । सर्वेत्रासन्निति शेषः ॥ १६ ॥ गुरोः । संबन्धसामान्ये षष्ठी । गुरुणा स्वस्वाचार्येण राज्ञा च । अर्शआद्यजन्तगुणशब्देन गुणवत्तया गृहीता इत्यर्थः । तेन गुर्वनुग्रहप्राप्तसर्वैश्वर्यत्वं च सूचितम् । 'गुणागुणगृहीताः' इति पाठे गुणदोषग्रहीतार इत्यर्थः । बहुव्रीहिः । आहिताग्न्यादित्वात्परनिपातो निष्ठान्तस्य । विदेशेष्वपि सर्वतो विज्ञातत्वे हेतुः । बुद्धिनिश्चया बुद्धिसंपन्नाः ॥ १७ ॥ अभितो गुणवन्तः सर्वदेशे सर्वकाले च गुणवन्तः । संधीति । संध्यादिविषयकशास्त्रतत्त्वज्ञाः । प्रकृत्या त्रिगुणया संपदान्विताः । तत्र सात्विक्या संपदा शिष्टपालने, तामस्या संपदा दुष्टनिग्रहकाले, भोगकाले राजस्या संपदा धनधान्यदासीदासशिबिकाश्वगजादिरूपया ॥ १८ ॥ संवरणं रक्षणम् । बुद्धिषु विचारेषु ॥ १९ ॥ ईदृशैः प्रागुक्तरूपैरमात्यैश्च । चाहत्विक्मन्त्रिभिः । अतएव गुणोपेतैरुपपन्न इति योजना ॥ २० ॥ चारेण स्वपरदेशवृत्तान्तम् । प्रजा धर्मेण युक्ता यथा भवन्ति तथा पुरुषै रक्षयन् । सर्वत्र हेतौ शता ॥ २१ ॥ अतो हेतौ विश्रुतः । सत्यसंगरो रणे सत्यप्रतिज्ञः । तत्रायोध्यायाम् ॥ २२ ॥ अधिगमः प्राप्तिः । नताः सामन्ता यस्य । कण्टकाः शत्रवः, चोराश्च ॥ २३ ॥ तैरिति । मन्त्रो विचारस्तत्साध्यं हितम् । उभयत्र निविष्टैः कुशलैः सूक्ष्मार्थदर्शननिपुणैः समर्थैस्तत्साधनशक्तैः । तेजोमयैः प्रचुरतेजोवद्भिः । तेजः पराभिभवसामर्थ्यम् । गोभिः किरणैर्युक्त उदितोऽर्क इव । 'गवामपि तेजोमयैरित्यत्यन्तस्वार्थिकमयडन्तं विशेषणम्' इत्येके । तदपुष्टम् ॥ २४ ॥ **इति श्रीरामाभिरामे श्रीरामीये रामायणतिलके वाल्मीकीय आदिकाव्ये बालकाण्डे सप्तमः सर्गः ॥ ७ ॥**

एवं समग्रगुणस्याप्यपुत्रत्वेनाजितपितृलोकत्वात्पुत्रार्थमश्वमेधप्रस्तावः—तस्येति । तप्यमानस्य तपः कुर्वतः ॥ १ ॥ चिन्तयानस्य । मुगभावश्छान्दसः । तपसाप्यसाध्यपुत्रोत्पत्त्युपायं मार्गमाणस्य । एवं वक्ष्यमाणा ॥ २ ॥ स नीति । यष्टव्यमिति मन्त्रिभिः सह निश्चितां मतिं कृत्वेत्यन्वयः । सुमन्त्रमानयामासेति शेषः ॥ ३ ॥ ४ ॥ तत इति । विक्रमो गमनम् । सर्वांस्तान्गुरून् । समस्तान्वेदपारगानगुरूंश्च ॥ ५ ॥ सुयज्ञादयो विद्यागुरवः । वसिष्ठस्यैव पुरोहितत्वेनोपनेतृतयोपनेतुरेवाध्यापकतया गुरुत्वेऽपि स्वसमशिष्याणां स्वतपोव्याक्षेपभिया तेनैवाध्यापने नियोगात्तेषामपि विद्यागुरुत्वमक्षतम् । अन्येऽश्वमेधार्त्विज्याद्युपयुक्ताः ॥ ६ ॥ धर्मेणार्थेन च सहितं

मम लालप्यमानस्य सुतार्थं नास्ति वै सुखम् । तदर्थं हयमेधेन यक्ष्यामीति मतिर्मम ॥ ८
तदहं यष्टुमिच्छामि शास्त्रदृष्टेन कर्मणा । कथं प्राप्स्याम्यहं कामं बुद्धिरत्र विचिन्त्यताम् ॥ ९
ततः साध्विति तद्वाक्यं ब्राह्मणाः प्रत्यपूजयन् । वसिष्ठप्रमुखाः सर्वे पार्थिवस्य मुखेरितम् ॥ १०
ऊचुश्च परमप्रीताः सर्वे दशरथं वचः । संभाराः संभ्रियन्तां ते तुरगश्च विमुच्यताम् ॥ ११
सरय्वाश्चोत्तरे तीरे यज्ञभूमिर्विधीयताम् । सर्वथा प्राप्स्यसे पुत्रानभिप्रेतांश्च पार्थिव ॥ १२
यस्य ते धार्मिकी बुद्धिरियं पुत्रार्थमागता । ततस्तुष्टोऽभवद्राजा श्रुत्वैतद्द्विजभाषितम् ॥ १३
अमात्यानब्रवीद्राजा हर्षव्याकुललोचनः । संभाराः संभ्रियन्तां मे गुरूणां वचनादिह ॥ १४
समर्थाधिष्ठितश्चाश्वः सोपाध्यायो विमुच्यताम् । सरय्वाश्चोत्तरे तीरे यज्ञभूमिर्विधीयताम् ॥ १५
शान्तयश्चापि वर्धन्तां यथाकल्पं यथाविधि । शक्यः प्राप्तुमयं यज्ञः सर्वेणापि महीक्षिता ॥ १६
नापराधो भवेत्कष्टो यद्यस्मिन्क्रतुसत्तमे । छिद्रं हि मृगयन्ते स्म विद्वांसो ब्रह्मराक्षसाः ॥ १७
विधिहीनस्य यज्ञस्य सद्यः कर्ता विनश्यति । तद्यथा विधिपूर्वं मे क्रतुरेष समाप्यते ॥ १८
तथा विधानं क्रियतां समर्थाः साधनेष्विति । तथेति चाब्रुवन्सर्वे मन्त्रिणः प्रतिपूजिताः ॥ १९
पार्थिवेन्द्रस्य तद्वाक्यं यथापूर्वं निशम्य ते । तथा द्विजास्ते धर्मज्ञा वर्धयन्तो नृपोत्तमम् ॥ २०
अनुज्ञातास्ततः सर्वे पुनर्जग्मुर्यथागतम् । विसर्जयित्वा तान्विप्रान्सचिवानिदमब्रवीत् ॥ २१
ऋत्विग्भिरुपसंदिष्टो यथावत्क्रतुराप्यताम् । इत्युक्त्वा नृपशार्दूलः सचिवान्समुपस्थितान् ॥ २२
विसर्जयित्वा स्वं वेश्म प्रविवेश महामतिः । ततः स गत्वा ताः पत्नीर्नरेन्द्रो हृदयंगमाः ॥ २३
उवाच दीक्षां विशत यक्ष्येऽहं सुतकारणात् । तासां तेनातिकान्तेन वचनेन सुवर्चसाम् ।
मुखपद्मान्यशोभन्त पद्मानीव हिमात्यये ॥ २४

इत्यार्षे श्रीमद्रामायणे वाल्मीकीय आदिकाव्ये बालकाण्डेऽष्टमः सर्गः ॥ ८ ॥

श्लक्ष्णं मधुरम् ॥ ७ ॥ ममेति । सुतार्थं सुतमुद्दिश्य लालप्यमानस्य पुनःपुनर्भृशं च विलपतो राज्यादिनापि सुखं न भवति । 'तातप्यमानस्य' इति पाठे पुनःपुनर्भृशं च तपः कुर्वत इत्यर्थः । अयमेव पाठो युक्तः । पूर्वं सुतार्थं तप्यमानस्येत्युक्तेः । अतस्तदर्थं पुत्रार्थं मतिरध्यवसायः ॥ ८ ॥ तदिति । शास्त्रप्रोक्तेन कर्मणा विधिना । केन प्रकारेणाचरणेनाहं कामं पुत्ररूपं प्राप्स्यामीत्यत्र बुद्धिरुपायविषया विचार्यतां क्रियताम् ॥ ९ ॥ तत इति । प्रतिपूजा स्तुतिः । पार्थिवस्य मुखेरितं साक्षाद्राज्ञा स्वयमेवोक्तम् ॥ १० ॥ संभारा अश्वमेधप्रसिद्धा एकविंशतियूपादिरूपाः । संभ्रियन्तां संपाद्यन्ताम् ॥ ११ ॥ सरय्वा इति । चौ त्वर्थे । अभिप्रेतान्मनोभिप्रेतगुणयुक्तान् ॥ १२ ॥ धार्मिकी धर्मप्रयोजना । सर्वथा प्राप्स्यस इति प्रतिज्ञानात्संतोषः ॥ १३ ॥ हर्षजनितानन्दाश्रुपारिप्लवनेत्रः ॥ १४ ॥ समर्थेति । 'चतुःशता रक्षन्ति' इति श्रुते रक्षणसमर्थैश्चतुःशतराजपुत्रै रक्षितः । सोपाध्यायः । उपाध्यायपदेन प्रधानर्त्विजः । अश्वस्य मेध्यस्य पदे पदे जुहोतीत्युक्तहोमनिर्वाहाय तत्साहित्यम् ॥ १५ ॥ शान्तयो विघ्ननिवारककर्माणि । वर्धन्ताम् । छान्दसो णिलोपः । यथाकल्पं यथाक्रमम् । 'क्रमस्तु कथ्यते कल्पः' इति भागुरिः । यथाविधि शास्त्रोक्तविध्यनतिक्रमेण । शक्य इति काकुरत्र । सर्वेण सर्वगुणयुक्तेनापि राज्ञायं यज्ञः प्राप्तुं शक्यः । अपि तु नेत्यर्थः ॥ १६ ॥ तदेवाह—नेति । यद्यत्र यज्ञे कष्टो महाप्रायश्चित्तनाश्योऽपराधो विध्यपराधः क्रियालोपादिरूपो न स्यात्, स्यादप्यन्यः प्राप्यः स त्वत्रातियत्नसाध्यः, अतो न सर्वसुलभः । हि यतो यज्ञादिषु मन्त्रक्रियालोपादिना राक्षसत्वं प्राप्ता ब्राह्मणा ब्रह्मराक्षसा विद्वांसो यज्ञतन्त्रज्ञाश्छिद्रमपचारं मृगयन्ते । ते चेषदपचारं दृष्ट्वा स्वयं तेषु प्रविश्यापचारधारां संपादयन्ते । अतो न सर्वप्राप्यः ॥ १७ ॥ किं च विधिहीनस्य यज्ञस्य कर्ता यजमान ऋत्विक्सङ्घश्च सद्यो विनश्यति । तत्ततो हेतोर्यथा म एष यज्ञो विधिपूर्वं शास्त्रोक्तप्रकारेण, न तु तदपचारेण, यथा समाप्यते तथा विधानं यत्नः क्रियताम् । नन्वेवं चेदशक्यमेतत्तत्राह—यूयं तथाकरणेषु समर्थाः शक्ता इति । इत्येवंप्रकारोत्साहनानि राजा चक्र इत्यर्थः । ते प्रतिपूजिता मन्त्रिणस्तथेत्यवदन् । 'प्रत्यपूजयन्' इति पाठे चेति शेषः ॥ १८ ॥ १९ ॥ पार्थिवेत्यर्धं पूर्वान्वयि । वर्धयन्त इत्यस्याशीर्भिरिति शेषः ॥ २० ॥ २१ ॥ उपसंदिष्ट इति त्रिपदम् । समित्यस्याप्यतामित्यनेनान्वयः । व्यवहितप्रयोग आर्षः ॥ २२ ॥ ताः पत्नीर्यज्ञार्हाः ॥ २३ ॥ दीक्षां दीक्षाविषयदृढनिश्चयं विशत कुरुत । वर्चः कान्तिः । मुखपद्मानीति रूपकम् । वसन्तकालावच्छिन्नपद्मोपमा च ॥ २४ ॥ इति श्रीरामाभिरामे श्रीरामीये रामायणतिलके वाल्मीकीय आदिकाव्ये बालकाण्डेऽष्टमः सर्गः ॥ ८ ॥

नवमः सर्गः ।

एतच्छ्रुत्वा रहः सूतो राजानमिदमब्रवीत् । श्रूयतां तत्पुरावृत्तं पुराणे च मया श्रुतम् ॥ १
ऋत्विग्भिरुपदिष्टोऽयं पुरावृत्तो मया श्रुतः । सनत्कुमारो भगवान्पूर्वं कथितवान्कथाम् ॥ २
ऋषीणां संनिधौ राजंस्तव पुत्रागमं प्रति । काश्यपस्य च पुत्रोऽस्ति विभाण्डक इति श्रुतः ॥ ३
ऋष्यशृङ्ग इति ख्यातस्तस्य पुत्रो भविष्यति । स वने नित्यसंवृद्धो मुनिर्वनचरः सदा ॥ ४
नान्यं जानाति विप्रेन्द्रो नित्यं पित्रनुवर्तनात् । द्वैविध्यं ब्रह्मचर्यस्य भविष्यति महात्मनः ॥ ५
लोकेषु प्रथितं राजन्विप्रैश्च कथितं सदा । तस्यैवं वर्तमानस्य कालः समभिवर्तत ॥ ६
अग्निं शुश्रूषमाणस्य पितरं च यशस्विनम् । एतस्मिन्नेव काले तु रोमपादः प्रतापवान् ॥ ७
अङ्गेषु प्रथितो राजा भविष्यति महाबलः । तस्य व्यतिक्रमाद्राज्ञो भविष्यति सुदारुणा ॥ ८
अनावृष्टिः सुघोरा वै सर्वलोकभयावहा । अनावृष्ट्यां तु वृत्तायां राजा दुःखसमन्वितः ॥ ९
ब्राह्मणाञ्छ्रुतसंवृद्धान्समानीय प्रवक्ष्यति । भवन्तः श्रुतकर्माणो लोकव्यवहारवेदिनः ॥ १०
समादिशन्तु नियमं प्रायश्चित्तं यथा भवेत् । इत्युक्तास्ते ततो राज्ञा सर्वे ब्राह्मणसत्तमाः ॥ ११
वक्ष्यन्ति ते महीपालं ब्राह्मणा वेदपारगाः । विभाण्डकसुतं राजन्सर्वोपायैरिहानय ॥ १२
आनाय्य तु महीपाल ऋष्यशृङ्गं सुसत्कृतम् । विभाण्डकसुतं राजन्ब्राह्मणं वेदपारगम् ॥ १३
प्रयच्छ कन्यां शान्तां वै विधिना सुसमाहितः । तेषां तु वचनं श्रुत्वा राजा चिन्तां प्रपत्स्यते ।
केनोपायेन वै शक्यमिहानेतुं स वीर्यवान् ॥ १४
ततो राजा विनिश्चित्य सह मन्त्रिभिरात्मवान् । पुरोहितममात्यांश्च प्रेषयिष्यति सत्कृतान् ॥ १५
ते तु राज्ञो वचः श्रुत्वा व्यथिता वनताननाः । न गच्छेम ऋषेर्भीता अनुनेष्यन्ति तं नृपम् ॥ १६
वक्ष्यन्ति चिन्तयित्वा ते तस्योपायांश्च तान्क्षमान् । आनेष्यामो वयं विप्रं न च दोषो भविष्यति ॥ १७
एवमङ्गाधिपेनैव गणिकाभिर्ऋषेः सुतः । आनीतोऽवर्षयद्देवः शान्ता चास्मै प्रदीयते ॥ १८
ऋष्यशृङ्गस्तु जामाता पुत्रांस्तव विधास्यति । सनत्कुमारकथितमेतावद्व्याहृतं मया ॥ १९

एतदिति हयमेधं सुतार्थं करिष्यामीति राजवाक्यम् । सूतः सुमन्त्रः । स हि राज्ञ उभयधर्मा सूतो मन्त्री च । पुरावृत्तमितिहासः । य इतिहासः पुराणे च । येन ऋषिकथ्यमानकथासंग्रहः । मया श्रुतः स श्रूयताम् ॥ १ ॥ ऋत्विगिति । ऋत्विग्भिरयमश्वमेधरूपः पुत्रोपाय उपदिष्टः । मया त्वितिहासविषयः किंचिद्विशेषविशिष्टः श्रुत इत्यर्थः । तमाह—सनत्कुमारो भगवानित्यादिना । कथां सर्वज्ञत्वाद्भविष्यद्विषयाम् ॥ २ ॥ ३ ॥ ख्यातो भविष्यतीति ऋष्यशृङ्ग इति ख्यास्यमानः । 'धातुसंबन्धे' इति साधुत्वम् । नित्यसंवृद्धः । पित्रा वने नित्यं वर्धित इत्यर्थः । सर्वथा पौरादिव्यवहारानभिज्ञत्वं नित्यपदेन सूचितम् । अत एव पितुर्न क्वापि त्वया गन्तव्यमित्याज्ञानुवर्तनाद्वनचरत्वम् ॥ ४ ॥ नान्यमिति । जानातीति भविष्यति वर्तमानसामीप्यात् । पित्रनुवर्तनात्पित्रा सहवासात् ब्रह्मचर्यस्य द्वैविध्यम् । मेखलाजिनादिधारणरूपं मुख्यं ब्रह्मचर्यम्, दारेषु ऋतुगमनरूपं परं गौणम् । तत्प्रकारद्वयमप्यस्य भविष्यति । द्विविधशब्दाद्बहुव्रीहेः ष्यञ् ॥ ५ ॥ लोकेष्वित्यर्धं पूर्वान्वयि । एवं पित्रग्न्यादिसेवया । समभिवर्ततेति भविष्यति लङ्, अडभावश्चार्षः ॥ ६ ॥ ७ ॥ व्यतिक्रमाद्राजोचितधर्मविलोपनात् । दारुणत्वं बहुकालव्यापित्वात् ॥ ८ ॥ घोरत्वं सर्वराष्ट्रव्यापनात् । वृत्तायां जातायाम् ॥ ९ ॥ श्रुतेन वेदाध्ययनेन संवृद्धान् । श्रुतकर्माणोऽनावृष्टिकरश्रुतमत्कर्माणः । यतो भवन्तो लोकव्यवहारज्ञाः ॥ १० ॥ समेति । तस्य मत्पापस्य प्रायश्चित्तं यथा भवति तथा नियममनुष्ठेयांशं समादिशन्त्वित्यन्वयः । उक्ताः पृष्टाः ॥ ११ ॥ ते च शुद्धब्रह्मचारिणे कन्यादानं प्रायश्चित्तमूचुरित्याह—वक्ष्यन्तीति ॥ १२ ॥ 'अनाय्य तु' इति पाठः । महीपाल ऋष्येति प्रकृतिभावः ॥ १३ ॥ राज्ञश्चिन्तामभिनयति—केनेति । वीर्यं जितेन्द्रियत्वं विद्यावृत्ततपोवीर्यं च ॥ १४ ॥ १५ ॥ ते त्विति । व्यथिता अशक्यार्थनियोगतः खिन्नाः । वनतानना नम्रमुखाः । अवस्यादेर्लोपः । ऋषेर्विभाण्डकाद्भीता न गच्छेमेत्युक्त्वाऽशक्यार्थत्वादेतन्नियोगाकरणं क्षन्तव्यमित्यनुनेष्यन्ति ॥ १६ ॥ एवमनुनीयाथ क्षमानुचितान्गणिकाप्रेषणादिरूपानुपायान्विचार्य राजानं वक्ष्यन्ति । यद्यस्मदुक्तं श्रोष्यसि तदा तमानेष्यामः । दोषोऽस्माकं शापादिरूपस्तस्य तपोवैकल्यादिरूपो वा सर्वथा न भविष्यति ॥ १७ ॥ एवममात्यपुरोहितवचनाद्गणिकाभिस्तद्द्वारा ऋषिसुत आनीतः । देव इन्द्रः पर्जन्यमवर्षयत्तद्देशे । शान्ता चास्मै प्रदीयते प्रदत्ता । वर्तमानसामीप्ये लट् । यद्यपि सनत्कुमारोक्त्यनुवादेन भविष्यन्निर्देश उचितः । तथापि राज्ञः संतोषाधिक्याय स्वप्रोच्यमानकाले वृत्तमेव तदिति बोधयितुं भूतनिर्देशः ॥ १८ ॥ ऋष्यशृङ्गेति । अङ्गराजमित्रत्वस्य राज्ञि वक्ष्यमाणत्वेन मित्रजामाता स्वस्यापि

अथ हृष्टो दशरथः सुमन्त्रं प्रत्यभाषत । यथर्ष्यशृङ्गस्त्वानीतो येनोपायेन सोच्यताम् ॥ २०

इत्यार्षे श्रीमद्रामायणे वाल्मीकीय आदिकाव्ये बालकाण्डे नवमः सर्गः ॥ ९ ॥

दशमः सर्गः ।

सुमन्त्रश्चोदितो राज्ञा प्रोवाचेदं वचस्तदा । यथर्ष्यशृङ्गस्त्वानीतो येनोपायेन मन्त्रिभिः ।
तन्मे निगदितं सर्वं शृणु मे मन्त्रिभिः सह ॥ १
रोमपादमुवाचेदं सहामात्यः पुरोहितः । उपायो निरपायोऽयमस्माभिरभिचिन्तितः ॥ २
ऋष्यशृङ्गो वनचरस्तपःस्वाध्यायसंयुतः । अनभिज्ञस्तु नारीणां विषयाणां सुखस्य च ॥ ३
इन्द्रियार्थैरभिमतैर्नरचित्तप्रमाथिभिः । पुरमानाययिष्यामः क्षिप्रं चाध्यवसीयताम् ॥ ४
गणिकास्तत्र गच्छन्तु रूपवत्यः स्वलंकृताः । प्रलोभ्य विविधोपायैरानेष्यन्तीह सत्कृताः ॥ ५
श्रुत्वा तथेति राजा च प्रत्युवाच पुरोहितम् । पुरोहितो मन्त्रिणश्च तदा चक्रुश्च ते तथा ॥ ६
वारमुख्यास्तु तच्छ्रुत्वा वनं प्रविविशुर्महत् । आश्रमस्याविदूरेऽस्मिन्यत्नं कुर्वन्ति दर्शने ॥ ७
ऋषेः पुत्रस्य धीरस्य नित्यमाश्रमवासिनः । पितुः स नित्यसंतुष्टो नातिचक्राम चाश्रमात् ॥ ८
न तेन जन्मप्रभृति दृष्टपूर्वं तपस्विना । स्त्री वा पुमान्वा यच्चान्यत्सत्त्वं नगरराष्ट्रजम् ॥ ९
ततः कदाचित्तं देशमाजगाम यदृच्छया । विभाण्डकसुतस्तत्र ताश्चापश्यद्वराङ्गनाः ॥ १०
ताश्चित्रवेषाः प्रमदा गायन्त्यो मधुरस्वरम् । ऋषिपुत्रमुपागम्य सर्वा वचनमब्रुवन् ॥ ११
कस्त्वं किंवर्तसे ब्रह्मञ्ज्ञातुमिच्छामहे वयम् । एकस्त्वं विजने दूरे वने चरसि शंस नः ॥ १२
अदृष्टरूपास्तास्तेन काम्यरूपा वने स्त्रियः । हार्दात्तस्य मतिर्जाता आख्यातुं पितरं स्वकम् ॥ १३
पिता विभाण्डकोऽस्माकं तस्याहं सुत औरसः । ऋष्यशृङ्ग इति ख्यातं नाम कर्म च मे भुवि ॥ १४

जामातैवेत्यतो जामावेत्युक्तिः । बीजान्तरमप्यग्रे वक्ष्यत एतदुक्तेः । एवं सनत्कुमारकथितं पुत्रोत्पत्त्युपायरूपं वस्तु मया तुभ्यं व्याहृतम् । अग्रे देवः प्रमाणमिति शेषः ॥ १९ ॥ अथेति । हृष्टो नियतपुत्रप्राप्त्युपायलाभात्तस्य संनिहितत्वश्रवणाच्च तुष्टः । ये तु पूर्वोत्तरश्लोक आनयनादि सर्वं भविष्यत्त्वेनैव व्याचक्षते तेषां कथमानीत इति राजप्रश्नानुपपत्तिरित्याहुः । सोच्यताम् । स उच्यतामित्यर्थः । संधिरार्षः । यद्वा सा तद्विषया कथोच्यतामित्यर्थः ॥२०॥ इति श्रीरामाभिरामे श्रीरामीये रामायणतिलके वाल्मीकीय आदिकाव्ये बालकाण्डे नवमः सर्गः ॥ ९ ॥

सुमन्त्र इति । चोदितस्तादृशतपस्विनो गणिकाभिरानयनमत्याश्चर्यमिति विस्तरेण कथनाय प्रेरितः । मन्त्रिभिः सह संमन्त्र्य रोमपादेन यथर्ष्यशृङ्ग आनीतो येन चोपायेनानीतस्तन्मया निगदितं सर्वं प्रकारं मे मत्तो मन्त्रिभिः सह शृण्विति योजना ॥ १ ॥ रोमेति । सहामात्यः पुरोहितस्तमुवाच । निरपायोऽव्यभिचारिफलः ॥ २ ॥ नारीणां नारीसंबन्धिविषयाणां शब्दादीनां तत्संबन्धिसुखस्य चेत्यर्थः ॥ ३ ॥ अभिमतैः । प्राणिमात्रस्येति शेषः । इन्द्रियार्थैस्तद्विषयैर्दिव्यगीत्यादिभिः । अध्यवसीयतामस्मदुक्तकरणाय यत्यताम् ॥ ४ ॥ तदाह—गणिका इति । सत्कृता विचित्राम्बराभरणान्नपानादिभिः ॥५॥ श्रुत्वेति । राजा पुरोहितं तथेति त्वयैव तथा कर्तव्यमिति प्रत्युवाच । अत्यल्पविषयत्वात्प्राज्ञ एवं वादः । अथ पुरोहितस्य विप्रत्वाद्गणिकाभिः संवादोऽनुचित इति सोऽपि मन्त्रिणः प्रत्युवाच । मन्त्रिणश्च ते तथा चक्रुः साक्षाद्गणिकाः प्रैरयन् ॥ ६ ॥ वारेति । तन्मन्त्रिवचः । अस्मिन्वने युष्मज्जनपदप्रान्तवर्तिनि शृङ्गवेरपुरवने । आश्रमस्य विभाण्डकाश्रमस्याविदूरे निकटे स्थित्वा ऋषिपुत्रस्य धीरत्वादिगुणविशिष्टस्य दर्शने यत्नं कुर्वन्ति स्म चक्रुः ॥ ७ ॥ पितुरुपलालनादिभिर्नित्यसंतुष्टः स आश्रमान्नातिचक्रामाश्रमाद्दूरं न निरगात् ॥ ८ ॥ नेति । रूपादिकं जन्मप्रभृति दृष्टपूर्वं न भवति यथा । तथा व्यवह्रियत इति शेषः । नगरजं सत्त्वमश्वगजादि । राष्ट्रजं सूकरकुक्कुटादि ॥९॥ तत इति । तं देशं वारस्त्रीसंचारदेशम् । यदृच्छया दैववशात् ॥ १० ॥ ११ ॥ क इति । कस्त्वं किंजातिः कस्य पुत्र इति च किंनामा च । किंवर्तसे किंकर्मासि । अपि चैकः संस्त्वं विजने दूरे जनवासरूपग्रामादिभ्यो दूरे वने किमर्थं चरसीति प्रश्नत्रयम् ॥ १२ ॥ अदृष्टेति । स्त्रिय इत्यस्य दृष्टा इति शेषः । अनेन हार्दमूलभूता 'चलस्य चेतसो या स्यादुदासीनेषु वस्तुषु । अवारणीया वृत्तिः सा दृष्टिशब्देन कथ्यते ॥' इत्युक्तलक्षणा दृष्टिरुक्ता । ततः सर्वांशेऽनुपेक्षात्मकज्ञानरूपः परिचयोऽपि मध्ये ज्ञेयः । अतस्तासु हार्दाद्दर्शनजस्नेहात् । 'दोषानालोकिनी प्रीत्याख्यचित्तवृत्तिर्हार्दम्' इत्युक्तेः स्वकं स्वीयम् । अदृष्टरूपाः प्रागदृष्टैवंरूपाः । काम्यरूपाः कमनीयरूपाः । एतद्द्वयं च स्नेहकारणम् ॥ १३ ॥ पितेति । नामेत्यन्तमाद्यप्रश्नोत्तरम् । द्वितीयप्रश्नोत्तरमाह—कर्म च मदीयं भुवि प्रसिद्धम् । तपोरूपमि-

इहाश्रमपदोऽस्माकं समीपे शुभदर्शनाः । करिष्ये वोऽत्र पूजां वै सर्वेषां विधिपूर्वकम् ॥ १५
ऋषिपुत्रवचः श्रुत्वा सर्वासां मतिरास वै । तदाश्रमपदं द्रष्टुं जग्मुः सर्वास्ततोऽङ्गनाः ॥ १६
गतानां तु ततः पूजामृषिपुत्रश्चकार ह । इदमर्घ्यमिदं पाद्यमिदं मूलं फलं च नः ॥ १७
प्रतिगृह्य तु तां पूजां सर्वा एव समुत्सुकाः । ऋषेर्भीताश्च शीघ्रं तु गमनाय मतिं दधुः ॥ १८
अस्माकमपि मुख्यानि फलानीमानि हे द्विज । गृहाण विप्र भद्रं ते भक्षयस्व च मा चिरम् ॥ १९
ततस्तास्तं समालिङ्ग्य सर्वा हर्षसमन्विताः । मोदकान्प्रददुस्तस्मै भक्ष्यांश्च विविधाञ्शुभान् ॥ २०
तानि चास्वाद्य तेजस्वी फलानीति स्म मन्यते । अनास्वादितपूर्वाणि वने नित्यनिवासिनाम् ॥ २१
आपृच्छ्य च तदा विप्रं व्रतचर्यां निवेद्य च । गच्छन्ति स्मापदेशात्ता भीतास्तस्य पितुः स्त्रियः ॥ २२
गतासु तासु सर्वासु काश्यपस्यात्मजो द्विजः । अस्वस्थहृदयश्चासीद्दुःखाच्च परिवर्तते ॥ २३
ततोऽपरेद्युस्तं देशमाजगाम स वीर्यवान् । विभाण्डकसुतः श्रीमान्मनसाचिन्तयन्मुहुः ॥ २४
मनोज्ञा यत्र ता दृष्टा वारमुख्याः स्वलंकृताः । दृष्ट्वैव च ततो विप्रमायान्तं हृष्टमानसाः ॥ २५
उपसृत्य ततः सर्वास्तास्तमूचुरिदं वचः । एह्याश्रमपदं सौम्य अस्माकमिति चाब्रुवन् ॥ २६
चित्राण्यत्र बहूनि स्युर्मूलानि च फलानि च । तत्राप्येष विशेषेण विधिर्हि भविता ध्रुवम् ॥ २७
श्रुत्वा तु वचनं तासां सर्वासां हृदयंगमम् । गमनाय मतिं चक्रे तं च निन्युस्तथा स्त्रियः ॥ २८
तत्र चानीयमाने तु विप्रे तस्मिन्महात्मनि । ववर्ष सहसा देवो जगत्प्रह्लादयंस्तदा ॥ २९
वर्षेणैवागतं विप्रं तापसं स नराधिपः । प्रत्युद्गम्य मुनिं प्रह्वः शिरसा च महीं गतः ॥ ३०
अर्घ्यं च प्रददौ तस्मै न्यायतः सुसमाहितः । वव्रे प्रसादं विप्रेन्द्रान्मा विप्रं मन्युराविशेत् ॥ ३१
अन्तःपुरं प्रवेश्यास्मै कन्यां दत्त्वा यथाविधि । शान्ता शान्तेन मनसा राजा हर्षमवाप सः ॥ ३२
एवं स न्यवसत्तत्र सर्वकामैः सुपूजितः । ऋष्यशृङ्गो महातेजाः शान्तया सह भार्यया ॥ ३३

इत्यार्षे श्रीमद्रामायणे वाल्मीकीय आदिकाव्ये बालकाण्डे दशमः सर्गः ॥ १० ॥

त्यर्थः ॥ १४ ॥ तृतीयप्रश्नोत्तरमाह—इहेति । इह वने । आश्रमपदः । आर्षं पुंस्त्वम् । वर्तत इति शेषः । सर्वेषामिति निर्देशो वस्तुमात्राभिप्रायेण । अनेन स्त्रीस्वरूपापरिज्ञानं सूचितम् ॥ १५ ॥ ऋषीति । आसेत्यार्षम् । बभूवेत्यर्थः । तद्द्रष्टुं मतिर्बभूवेत्यन्वयः ॥ १६ ॥ नोऽस्माकम् । भक्ष्यमिति शेषः ॥१७॥ प्रतीति । समुत्सुका ऋष्यशृङ्गस्य तदाश्रमतो नयने । ऋषेर्विभाण्डकात् ॥ १८ ॥ मुख्यानि प्रशस्तास्वादवन्ति । प्रतारणार्थं मोदका एवमुच्यन्ते । प्रतिगृहाण । ते भद्रं कल्याणम् । भक्षयस्व च । फलानीति शेषः । मा चिरम् । ऋषेरागमनात्पूर्वमेव भक्षणीयमित्याशयः ॥१९॥ तत इति । समालिङ्ग्य स्पर्शेनापि वशीकर्तुमालिङ्गनम् । हर्षसमन्विताः । बालब्रह्मचारितो गाढतरालिङ्गनप्राप्त्या स्वकार्यानुकूलस्पर्शप्राप्त्या च ॥२०॥ तानीति । ताभिः प्रीत्या दत्तानि । तेजस्वी वारवनितास्पर्शेऽप्यूर्ध्वरेतस्त्वादब्रह्मज्ञत्वाच्चाहीनतेजाः । मन्यते । यो मन्यते स इव व्यवहरतीत्यर्थः । पूर्वमनास्वादितान्यनास्वादितपूर्वाणि । नित्यनिवासिनामिति कर्तरि शेषे षष्ठी ॥२१॥ व्रतचर्यां मिथ्यैव किंचिद्व्रतमनुष्ठेयमस्माकमिति निवेद्य ज्ञापयित्वा । तस्मादपदेशाद्व्याजात् । तस्य पितुर्विभाण्डकाद्भीताः स्त्रियो गच्छन्ति स्म गताः ॥ २२ ॥ अस्वस्थहृदयोऽप्रसन्नचित्त आसीत् । दुःखात्तादृशचाक्षुषादिविषयसुखविश्लेषजात् । परिवर्तनमेकदेशानवस्थितिः ॥ २३ ॥ तत इति । उक्ताद्धेतोः । मनसाचिन्तयन् । तासां दर्शनस्पर्शनगमनादिप्रकारान्स्मरन्नित्यर्थः । तत्र गमनमेतद्वारकमवश्यं भावीति चिन्तयन्नित्यर्थश्च ॥ २४ ॥ तं कं तत्राह—मनोज्ञा इति ॥ २५ ॥ उपसृत्य प्रत्युद्गम्य ॥ २६ ॥ चित्राणीति । यद्यत्रैव चित्राणि मूलानि फलानि च भवेयुः । संभावनायां लिङ् । अतस्तत्र गमनं व्यर्थमिति चेत्तत्राप्येष विधिः । विचित्रफलमूलभक्षणविधिर्विशेषेणेतोऽप्याधिक्येन भविष्यति ॥२७॥ श्रुत्वा त्विति । गङ्गायां पूर्वस्थापितां नावमारोप्य प्रवाहेणैवाङ्गदेशं निन्युरिति महाभारते ॥ २८ ॥ तत्रेति । अङ्गदेशे ॥२९॥ वर्षेणेति । वर्षेण सहैव विषयं स्वदेशमागतं विप्रं प्रत्युद्गम्य प्रह्वोऽञ्जल्यादिपूर्वं नम्रः । जात इति शेषः । शिरसा महीं गतश्च । साष्टाङ्गनमस्कारं च कृतवानित्यर्थः ॥ ३० ॥ चेति । अर्घ्यादिपूजिताद्विप्रेन्द्रादृष्यशृङ्गात्प्रसादं मयि सापराधेऽपि भवान्नित्यप्रसन्नोऽस्त्वित्येवं सौमुख्यं वव्रे । किमर्थमित्यत आह—मेति । अतिजुगुप्सितं गणिकाभिः स्वानयनं व्यवहारकाले ज्ञात्वा तं विप्रमृष्यशृङ्गं तत्पितरं विभाण्डकं च मन्युः क्रोध आविशेत् । स मा प्रविशत्वित्यर्थमिति भावः ॥ ३१ ॥ अन्तरिति । प्रसन्नत्वादेव तदनुज्ञयान्तःपुरं प्रवेश्य हर्षं वृष्टिजमृषिसंबन्धजं च ॥ ३२ ॥ एवमिति । ननु गणिकास्पर्शतत्स्पृष्टफलभक्षणादिभिरस्य तपोहानौ कथं तद्गमनमात्रेण वृष्टिः,

भूय एव हि राजेन्द्र शृणु मे वचनं हितम् । यथा स देवप्रवरः कथयामास बुद्धिमान् ॥ १
इक्ष्वाकूणां कुले जातो भविष्यति सुधार्मिकः । नाम्ना दशरथो राजा श्रीमान्सत्यप्रतिश्रवः ॥ २
अङ्गराजेन सख्यं च तस्य राज्ञो भविष्यति । कन्या चास्य महाभागा शान्ता नाम भविष्यति ॥ ३
पुत्रस्त्वङ्गस्य राज्ञस्तु रोमपाद इति श्रुतः । तं स राजा दशरथो गमिष्यति महायशाः ॥ ४
अनपत्योऽस्मि धर्मात्मञ्शान्ताभर्ता मम क्रतुम् । आहरेत त्वयाज्ञप्तः संतानार्थं कुलस्य च ॥ ५
श्रुत्वा राज्ञोऽथ तद्वाक्यं मनसा च विचिन्त्य च । प्रदास्यते पुत्रवन्तं शान्ताभर्तारमात्मवान् ॥ ६
प्रतिगृह्य च तं विप्रं स राजा विगतज्वरः । आहरिष्यति तं यज्ञं प्रहृष्टेनान्तरात्मना ॥ ७
तं च राजा दशरथो यशस्कामः कृताञ्जलिः । ऋष्यशृङ्गं द्विजश्रेष्ठं वरयिष्यति धर्मवित् ॥ ८
यज्ञार्थं प्रसवार्थं च स्वर्गार्थं च नरेश्वरः । लभते च स तं कामं द्विजमुख्याद्विशांपतिः ॥ ९
पुत्राश्चास्य भविष्यन्ति चत्वारोऽमितविक्रमाः । वंशप्रतिष्ठानकराः सर्वभूतेषु विश्रुताः ॥ १०
एवं स देवप्रवरः पूर्वं कथितवान्कथाम् । सनत्कुमारो भगवान्पुरा देवयुगे प्रभुः ॥ ११
स त्वं पुरुषशार्दूल समानय सुसत्कृतम् । स्वयमेव महाराज गत्वा सबलवाहनः ॥ १२
सुमन्त्रस्य वचः श्रुत्वा हृष्टो दशरथोऽभवत् । अनुमान्य वसिष्ठं च सूतवाक्यं निशाम्य च ॥ १३
सान्तःपुरः सहामात्यः प्रययौ यत्र स द्विजः । वनानि सरितश्चैव व्यतिक्रम्य शनैः शनैः ॥ १४
अभिचक्राम तं देशं यत्र वै मुनिपुंगवः । आसाद्य तं द्विजश्रेष्ठं रोमपादसमीपगम् ॥ १५

न च स्त्रीत्वाद्यज्ञानाच्च तपोहानिः । ईषद्दोषस्तु तपसैव दग्ध इति वाच्यम् । निर्मलब्रह्मचर्येण विदितनिखिलवेदशास्त्रतत्त्वस्य शास्त्रतः स्त्रीस्वरूपज्ञानस्य ब्रह्मचर्ये तत्परिहारज्ञानस्य च दुर्निवारत्वात्, वने वनचरस्त्रीणामनुभवाच्च । सर्वथाज्ञत्वेऽनुग्रहशक्त्यभावापत्तेश्चेति चेत्, न । निर्मलब्रह्मचर्येण ब्रह्मज्ञतया सर्वत्र ब्रह्मदृष्ट्या च दोषलेशस्याप्यस्पर्शात् । प्रारब्धवशात्क्षत्रियस्त्रीसंबन्धं भाविनं तद्द्वारकं जानन्नेव गणिकाभिस्तथा व्यवजह्रे तासां भयानुत्पत्तये । अत एव 'न तेन' इति नवमश्लोके 'तथा व्यवह्रियते' इति शेषः पूरितोऽस्माभिः प्राक् । एतत्सर्वं जानन्पितापि तमनुयाय न शप्तवान् । राजानमित्येवात्र तत्त्वम् । अनेन तत्त्वज्ञस्य सर्वदोषासंबन्धो ध्वनितः दानसंकल्पमात्रेण फलसिद्धिरित्यादि च सूचितम् । यत्तु क्वचिद्विभाण्डकस्य पुत्रान्वेषणं क्रोधेन ततो मार्गे ऋष्यशृङ्गाय शान्तादानादिवृत्तान्तलाभेन पुनराश्रमं परावृत्यागमनवर्णनं तदपि तत्त्वज्ञत्व एवोपपद्यते । अन्यथा स्वपुत्रस्य गणिकाद्वारकब्रह्मचर्यविलोपकृतो रोषोऽज्ञस्य तस्य केनाप्युपायेन वारयितुमशक्य इत्यलम् ॥ ३३ ॥ इति श्रीरामाभिरामे श्रीरामीये रामायणतिलके वाल्मीकीय आदिकाव्ये बालकाण्डे दशमः सर्गः ॥१०॥

एवं सनत्कुमारोक्तकथां तत्प्रसङ्गे ऋष्यशृङ्गानयनकथां च सांप्रतिकीमुक्त्वा तदानयनार्थं महाराजेनैव गन्तव्यमिति बोधयितुमनेकयुगवृद्धः सुमन्त्रः पुनरपि तदर्थगर्भां सनत्कुमारोक्तां कथामाह—भूय एवेति । देवप्रवरः सनत्कुमारः । यथेति यदित्यर्थे ॥ १ ॥ सत्यप्रतिश्रवः सत्यप्रतिज्ञः ॥ २ ॥ अङ्गेति । अङ्गराजो रोमपादः । तस्य दशरथस्य । अस्य रोमपादस्य ॥ ३ ॥ कोऽसावङ्गराज इत्यत्राह—पुत्र इति । अङ्गस्याङ्गनामकस्य । तं रोमपादं गमिष्यति । ऋष्यशृङ्गानयनार्थमिति शेषः । तमित्यस्य प्रतीति शेषः ॥ ४ ॥ गमनप्रयोजनमाह—अनपत्य इति । आहरेत निर्वहेत् । चकारेण धर्माद्यर्थं च ॥ ५ ॥ श्रुत्वेति । अस्य राज्ञो दशरथस्यैतद्वाक्यं श्रुत्वा मनसा च तस्यावश्यकर्तव्यतां विचिन्त्य निश्चित्य पुत्रवन्तं शान्ताभर्तारं प्रदास्यत इत्यन्वयः । पुत्रवन्तमित्यनेन 'जातपुत्रः कृष्णकेशोऽग्नीनादधीत' इति विध्युक्तमग्न्याधानादिकारित्वं सूचितम् । तेनाहिताग्नित्वेनार्त्विज्याधिकारस्तस्योक्तः । शान्तासहितं भर्तारमित्यर्थकेन शान्ताभर्तारमित्यनेन शान्तासाहित्यमपि सूचितम् ॥ ६ ॥ तं यज्ञं पुत्रकामेष्टिरूपम् ॥ ७ ॥ वरयिष्यति वरणं करिष्यति । 'तत्करोति–' इति णिच् ॥ ८ ॥ वरणविषयमाह—यज्ञेति । यज्ञः प्रसवकारणम् । प्रसवः स्वर्गकारणमिति बोध्यम् । लभते लप्स्यते । तं कामं प्रार्थितं काम्ययज्ञम् ॥ ९ ॥ पुत्रा इति । वंशप्रतिष्ठानं वंशाविच्छेदस्तत्कराः ॥ १० ॥ एवमिति । पूर्वं पूर्वस्मिन्काले । कस्मिन्पूर्वकाले तत्राह—पुरा देवयुगे । एतच्चतुर्युगी–प्राक्तनचतुर्युग्याद्ये । सत्ययुग इत्यर्थः ॥ ११ ॥ एतत्कथाकथनस्य विवक्षितमर्थमाह—स इति । स्वयमेवेति । न तु पुरोहितादिद्वारा ॥ १२ ॥ अनुमान्य कृतानुमतिकं कृत्वा । अन्यथा मयि पुरोहिते स्थिते यज्ञार्थं कथमन्यानयनमिति तस्य क्रोधः स्यात् । अनुमतौ हेतुः सूतवाक्यं निशाम्येति । श्रावयित्वेत्यर्थः ॥ १३ ॥ यत्र रोमपादराष्ट्रे ॥ १४ ॥ अभिचक्राम जगाम । तं देशमासाद्य प्राप्य । अथो अनन्तरम् । रोमपादसमीपे द्विजश्रेष्ठं ऋषिपुत्रं ददर्श । ततस्तदागमनानन्तरं राजा रोमपादस्तस्य राज्ञो दशरथस्य यथान्यायं यथाविधि

ऋषिपुत्रं ददर्शाथो दीप्यमानमिवानलम् । ततो राजा यथान्यायं पूजां चक्रे विशेषतः ॥ १६
सखित्वात्तस्य वै राज्ञः प्रहृष्टेनान्तरात्मना । रोमपादेन चाख्यातमृषिपुत्राय धीमते ॥ १७
सख्यं संबन्धकं चैव तदा तं प्रत्यपूजयत् । एवं सुसत्कृतस्तेन सहोषित्वा नरर्षभः ॥ १८
सप्ताष्टदिवसान्राजा राजानमिदमब्रवीत् । शान्ता तव सुता राजन्सह भर्त्रा विभाति ॥ १९
मदीयं नगरं यातु कार्यं हि महदुद्यतम् । तथेति राजा संश्रुत्य गमनं तस्य धीमतः ॥ २०
उवाच वचनं विप्रं गच्छ त्वं सह भार्यया । ऋषिपुत्रः प्रतिश्रुत्य तथेत्याह नृपं तदा ॥ २१
स नृपेणाभ्यनुज्ञातः प्रययौ सह भार्यया । तावन्योन्याञ्जलिं कृत्वा स्नेहात्संश्लिष्य चोरसा ॥ २२
ननन्दतुर्दशरथो रोमपादश्च वीर्यवान् । ततः सुहृदमापृच्छ्य प्रस्थितो रघुनन्दनः ॥ २३
पौरेषु प्रेषयामास दूतान्वै शीघ्रगामिनः । क्रियतां नगरं सर्वं क्षिप्रमेव स्वलंकृतम् ॥ २४
धूपितं सिक्तसंमृष्टं पताकाभिरलंकृतम् । ततः प्रहृष्टाः पौरास्ते श्रुत्वा राजानमागतम् ॥ २५
तथा चक्रुश्च तत्सर्वं राज्ञा यत्प्रेषितं तदा । ततः स्वलंकृतं राजा नगरं प्रविवेश ह ॥ २६
शङ्खदुन्दुभिनिर्ह्रादैः पुरस्कृत्वा द्विजर्षभम् । ततः प्रमुदिताः सर्वे दृष्ट्वा वै नागरा द्विजम् ॥ २७
प्रवेश्यमानं सत्कृत्य नरेन्द्रेणेन्द्रकर्मणा । यथा दिवि सुरेन्द्रेण सहस्राक्षेण काश्यपम् ॥ २८
अन्तःपुरं प्रवेश्यैनं पूजां कृत्वा च शास्त्रतः । कृतकृत्यं तदात्मानं मेने तस्योपवाहनात् ॥ २९
अन्तःपुराणि सर्वाणि शान्तां दृष्ट्वा तथागताम् । सह भर्त्रा विशालाक्षीं प्रीत्यानन्दमुपागमन् ॥ ३०
पूज्यमाना तु ताभिः सा राज्ञा चैव विशेषतः । उवास तत्र सुखिता कंचित्कालं सहद्विजा ॥ ३१

इत्यार्षे श्रीमद्रामायणे वाल्मीकीय आदिकाव्ये बालकाण्ड एकादशः सर्गः ॥ ११ ॥

द्वादशः सर्गः ।

ततः काले बहुतिथे कस्मिंश्चित्सुमनोहरे । वसन्ते समनुप्राप्ते राज्ञो यष्टुं मनोऽभवत् ॥ १
ततः प्रणम्य शिरसा तं विप्रं देववर्णिनम् । यज्ञाय वरयामास संतानार्थं कुलस्य च ॥ २
तथेति च स राजानमुवाच वसुधाधिपम् । संभाराः संभ्रियन्तां ते तुरगश्च विमुच्यताम् ॥ ३
सरय्वाश्चोत्तरे तीरे यज्ञभूमिर्विधीयताम् । ततोऽब्रवीन्नृपो वाक्यं ब्राह्मणान्वेदपारगान् ॥ ४
सुमन्त्रावाहय क्षिप्रमृत्विजो ब्रह्मवादिनः । सुयज्ञं वामदेवं च जाबालिमथ काश्यपम् ॥ ५

विशेषतोऽत्यादरेण पूजां चक्र इत्यन्वयः । आदरे हेतुः सखित्वम् ॥ १५ ॥ १६ ॥ १७ ॥ सख्यमिति । सख्यं स्वमैत्री । संबन्धकं यौनादिसंबन्धः । ऋषिपुत्राय रोमपादेनाख्यातं कथितम् । तदा तच्छ्रवणानन्तरकाले तं दशरथं प्रत्यपूजयत् । ऋष्यशृङ्ग इति शेषः । तेन सह रोमपादेन सह । संबन्धश्चायं तादृशो येन दशरथस्यापि जामातृत्वव्यवहारयोग्य ऋष्यशृङ्गः । एतदेवाभिप्रेत्योक्तं प्राक्च जामातेति । क्वचित्त्वेवं पठ्यतेऽपि—'अनेन मेऽनपत्याय दत्तेयं वरवर्णिनी । याचते पुत्रतुल्यैषा शान्ता प्रियतरात्मजा । सोऽयं ते श्वशुरो ब्रह्मन्यथैवाहं तथा नृपः ॥' इति । अत्र याचत इति चतुर्थ्यन्तम् । अत एव प्राक्सान्तःपुरस्याङ्गदेशे गमनमुक्तम् । कन्यास्नेहाद्धि तासां गमनमिति भाति ॥ १८ ॥ १९ ॥ उद्यतमुपक्रान्तम् । संश्रुत्य प्रतिज्ञाय ॥ २० ॥ प्रतिश्रुत्याकर्ण्य ॥ २१ ॥ स ऋष्यशृङ्गः । तौ रोमपाददशरथौ ॥ २२ ॥ सुहृदं रोमपादम् ॥ २३ ॥ २४ ॥ स्वलंकृतत्वप्रकारमाह—धूपितमित्यादि । आदौ सिक्तं तोयैः पश्चात्संमृष्टम् ॥ २५ ॥ प्रेषितमित्यस्योक्त्वेत्यादिः ॥ २६ ॥ द्विजमृष्यशृङ्गम् ॥ २७ ॥ इन्द्रकर्मणेन्द्रसहायार्थं कर्म यस्य तादृशेन राज्ञा सत्कृत्य प्रवेश्यमानं द्विजं दृष्ट्वा देवेन्द्रेण स्वनगरं प्रवेश्यमानं काश्यपं वामनं दृष्ट्वा यथा स्वर्गवासिनो मुदितास्तथात्र नागरा मुदिता इति पूर्वेणान्वयः । इन्द्रकर्मणेत्यनेन राज्ञः समग्रो महिमातिशयो ध्वनितः ॥ २८ ॥ उपवाहनात्स्वसमीपानयनात् ॥ २९ ॥ तथा गमनमेव व्याचष्टे—सह भर्त्रेति । प्रीत्या शान्तायां प्रीत्या । बहुकालविश्लेषोत्तरं मिलितत्वाच्चानन्दाप्तिरन्तःपुरस्य ॥ ३० ॥ सहद्विजा सपुत्रभर्तृकेति यावत् ॥ ३१ ॥ इति श्रीरामाभिरामे श्रीरामीये रामायणतिलके वाल्मीकीय आदिकाव्ये बालकाण्ड एकादशः सर्गः ॥ ११ ॥

एवं निश्चितमवगतं पुत्रदातृत्वं यस्य तादृश ऋष्यशृङ्ग आनीते सकलपापक्षयकारितया पूर्वसंकल्पितत्वेन चाश्वमेधं प्रस्तौति—तत इति । बहुतिथेऽनल्पे काले । गत इति शेषः । सुमनोहरे शास्त्रोक्तदोषरहिते । मनोऽभवत्प्रावर्तत ॥ १ ॥ तत इति । देववर्णिनं देववर्चसम् । कुलस्य संतानार्थं कुलाविच्छेदरूपप्रयोजनमुद्दिश्य तेन स्वर्गार्थं च । यज्ञाय यज्ञार्थम् । विप्रमृष्यशृङ्गम् ॥ २ ॥ ३ ॥ ४ ॥ आवाहय मत्समीपं प्रापय

पुरोहितं वसिष्ठं च ये चान्ये द्विजसत्तमाः । ततः सुमन्त्रस्त्वरितं गत्वा त्वरितविक्रमः ॥ ६
समानयत्स तान्सर्वान्समस्तान्वेदपारगान् । तान्पूजयित्वा धर्मात्मा राजा दशरथस्तदा ॥ ७
धर्मार्थसहितं युक्तं श्लक्ष्णं वचनमब्रवीत् । मम तातप्यमानस्य पुत्रार्थं नास्ति वै सुखम् ॥ ८
पुत्रार्थं हयमेधेन यक्ष्यामीति मतिर्मम । तदहं यष्टुमिच्छामि हयमेधेन कर्मणा ॥ ९
ऋषिपुत्रप्रभावेण कामान्प्राप्स्यामि चाप्यहम् । ततः साध्विति तद्वाक्यं ब्राह्मणाः प्रत्यपूजयन् ॥ १०
वसिष्ठप्रमुखाः सर्वे पार्थिवस्य मुखाच्च्युतम् । ऋष्यशृङ्गपुरोगाश्च प्रत्यूचुर्नृपतिं तदा ॥ ११
संभाराः संभ्रियन्तां ते तुरगश्च विमुच्यताम् । सरय्वाश्चोत्तरे तीरे यज्ञभूमिर्विधीयताम् ॥ १२
सर्वथा प्राप्स्यसे पुत्रांश्चतुरोऽमितविक्रमान् । यस्य ते धार्मिकी बुद्धिरियं पुत्रार्थमागता ॥ १३
ततः प्रीतोऽभवद्राजा श्रुत्वा तु द्विजभाषितम् । अमात्यानब्रवीद्राजा हर्षेणेदं शुभाक्षरम् ॥ १४
गुरूणां वचनाच्छीघ्रं संभाराः संभ्रियन्तु मे । समर्थाधिष्ठितश्चाश्वः सोपाध्यायो विमुच्यताम् ॥ १५
सरय्वाश्चोत्तरे तीरे यज्ञभूमिर्विधीयताम् । शान्तयश्चाभिवर्धन्तां यथाकल्पं यथाविधि ॥ १६
शक्यः कर्तुमयं यज्ञः सर्वेणापि महीक्षिता । नापराधो भवेत्कष्टो यद्यस्मिन्क्रतुसत्तमे ॥ १७
छिद्रं हि मृगयन्त्येते विद्वांसो ब्रह्मराक्षसाः । विधिहीनस्य यज्ञस्य सद्यः कर्ता विनश्यति ॥ १८
तद्यथा विधिपूर्वं मे क्रतुरेष समाप्यते । तथा विधानं क्रियतां समर्थाः करणेष्विह ॥ १९
तथेति च ततः सर्वे मन्त्रिणः प्रत्यपूजयन् । पार्थिवेन्द्रस्य तद्वाक्यं यथाज्ञप्तमकुर्वत ॥ २०
ततो द्विजास्ते धर्मज्ञमस्तुवन्पार्थिवर्षभम् । अनुज्ञातास्ततः सर्वे पुनर्जग्मुर्यथागतम् ॥ २१
गतानां तेषु विप्रेषु मन्त्रिणस्तान्नराधिपः । विसर्जयित्वा स्वं वेश्म प्रविवेश महामतिः ॥ २२

इत्यार्षे श्रीमद्रामायणे वाल्मीकीय आदिकाव्ये बालकाण्डे द्वादशः सर्गः ॥ १२ ॥

त्रयोदशः सर्गः ।

पुनः प्राप्ते वसन्ते तु पूर्णः संवत्सरोऽभवत् । प्रसवार्थं गतो यष्टुं हयमेधेन वीर्यवान् ॥ १
अभिवाद्य वसिष्ठं च न्यायतः प्रतिपूज्य च । अब्रवीत्प्रश्रितं वाक्यं प्रसवार्थं द्विजोत्तमम् ॥ २
यज्ञो मे क्रियतां ब्रह्मन्यथोक्तं मुनिपुंगव । विघ्ना यथा न क्रियन्ते यज्ञाङ्गेषु विधीयताम् ॥ ३
भवान्स्निग्धः सुहृन्मह्यं गुरुश्च परमो महान् । वोढव्यो भवता चैव भारो यज्ञस्य चोद्यतः ॥ ४
तथेति च स राजानमब्रवीद्द्विजसत्तमः । करिष्ये सर्वमेवैतद्भवता यत्समर्थितम् ॥ ५
ततोऽब्रवीद्द्विजान्वृद्धान्यज्ञकर्मसु निष्ठितान् । स्थापत्ये निष्ठितांश्चैव वृद्धान्परमधार्मिकान् ॥ ६
कर्मान्तिकाञ्शिल्पकारान्वर्धकीन्खनकानपि । गणकाञ्शिल्पिनश्चैव तथैव नटनर्तकान् ॥ ७

॥ ५ ॥ तत इत्यादि व्याख्यातप्रायम् ॥ ६ ॥ ७ ॥ ८ ॥ पुत्रार्थं हयमेधेन कर्मणा तदाख्येन कर्मणा । अनुष्ठानारम्भाय च पुनरुपन्यासः ॥ ९ ॥ ऋषिपुत्रो ऋष्यशृङ्गः ॥ १० ॥ ११ ॥ १२ ॥ धार्मिकी प्रजासंरक्षणरूपधर्मप्रयोजना ॥ १३ ॥ १४ ॥ संभ्रियन्तु संपाद्यन्ताम् । गुरूणामित्यादयो व्याख्यातप्रायाः ॥ १५ ॥ १६ ॥ १७ ॥ १८ ॥ १९ ॥ २० ॥ २१ ॥ गतानामिति । गतेषु द्विजादिष्वित्यर्थः । सप्तम्यर्थे षष्ठी । विसर्जयित्वा । संवत्सरान्ते यागार्थमिति शेष ॥ २२ ॥

इति श्रीरामाभिरामे श्रीरामीये रामायणतिलके वाल्मीकीय आदिकाव्ये बालकाण्डे द्वादशः सर्गः ॥ १२ ॥

अथ 'संवत्सरान्ते दीक्षेत' इति सूत्रात्पूर्ववसन्तविसृष्टाश्वस्य पुनः संवत्सरान्ते वसन्ते प्राप्ते दीक्षाप्रवृत्तिरुपदिश्यते— पुनरिति । प्रसवरूपफलं हयमेधेन भावयितुं गतः । वसिष्ठान्तिकमिति शेषः ॥ १ ॥ वसिष्ठं च । चादरुन्धतीम् । प्रश्रितं विनययुक्तम् ॥ २ ॥ यथोक्तं शास्त्रोक्तप्रकारानतिक्रमेण । यज्ञाङ्गेष्वश्वादिषु । यथा ब्रह्मराक्षसादिभिर्विघ्ना न क्रियन्ते तथा विधीयताम् । क्रियतामित्यर्थः ॥ ३ ॥ भवानिति । सुहृदः स्निग्धत्वाव्यभिचारादतिशयप्रतिपत्तये पुनः स्निग्धेति विशेषणम् । मह्यमिति षष्ठ्यर्थे । परमो महानित्यपि स्निग्धपदवत् । विसृष्टपुनःप्राप्ताश्वकत्वादुद्यतः । आरब्धो यज्ञसंबन्ध्यश्वानुष्ठानरूपो भारो भवतैव सर्ववेदशास्त्रज्ञेन वोढव्यो वोढुमर्हः ॥४॥ समर्थितं सम्यक्प्रार्थितम् ॥ ५ ॥ अब्रवीदिति । वसिष्ठोऽत्र कर्ता । स्थापत्यं स्थपते रथकारस्य कर्म तत्र निष्ठितान्प्रवीणान् ॥ ६ ॥ कर्मान्तिकानासमाप्तिकर्मनिर्वाहकान्भृत्यान् । शिल्पकारान् । शिल्पं चित्रादि । वर्धकींस्तक्ष्णः । खनकाः कूपवापीनिर्मातारः । गणकाञ्ज्योतिर्विदः । शिल्पिनश्चर्मकाराद्याः ।

तथा शुचीञ्शास्त्रविदः पुरुषान्सुबहुश्रुतान् । यज्ञकर्म समीहन्तां भवन्तो राजशासनात् ॥ ८
इष्टका बहुसाहस्री शीघ्रमानीयतामिति । उपकार्याः क्रियन्तां च राज्ञो बहुगुणान्विताः ॥ ९
ब्राह्मणावसथाश्चैव कर्तव्याः शतशः शुभाः । भक्ष्यान्नपानैर्बहुभिः समुपेताः सुनिष्ठिताः ॥ १०
तथा पौरजनस्यापि कर्तव्याश्च सुविस्तराः । आगतानां सुदूराच्च पार्थिवानां पृथक्पृथक् ॥ ११
वाजिवारणशालाश्च तथा शय्यागृहाणि च । भटानां महदावासा वैदेशिकनिवासिनाम् ॥ १२
आवासा बहुभक्ष्या वै सर्वकामैरुपस्थिताः । तथा पौरजनस्यापि जनस्य बहुशोभनम् ॥ १३
दातव्यमन्नं विधिवत्सत्कृत्य न तु लीलया । सर्वे वर्णा यथा पूजां प्राप्नुवन्ति सुसत्कृताः ॥ १४
न चावज्ञा प्रयोक्तव्या कामक्रोधवशादपि । यज्ञकर्मसु येऽव्यग्राः पुरुषाः शिल्पिनस्तथा ॥ १५
तेषामपि विशेषेण पूजा कार्या यथाक्रमम् । ये स्युः संपूजिताः सर्वे वसुभिर्भोजनेन च ॥ १६
यथा सर्वं सुविहितं न किंचित्परिहीयते । तथा भवन्तः कुर्वन्तु प्रीतियुक्तेन चेतसा ॥ १७
ततः सर्वे समागम्य वसिष्ठमिदमब्रुवन् । यथेष्टं तत्सुविहितं न किंचित्परिहीयते ॥ १८
यथोक्तं तत्करिष्यामो न किंचित्परिहास्यते । ततः सुमन्त्रमाहूय वसिष्ठो वाक्यमब्रवीत् ॥ १९
निमन्त्रयस्व नृपतीन्पृथिव्यां ये च धार्मिकाः । ब्राह्मणान्क्षत्रियान्वैश्याञ्शूद्रांश्चैव सहस्रशः ॥ २०
समानयस्व सत्कृत्य सर्वदेशेषु मानवान् । मिथिलाधिपतिं शूरं जनकं सत्यवादिनम् ॥ २१
तमानय महाभागं स्वयमेव सुसत्कृतम् । पूर्वसंबन्धिनं ज्ञात्वा ततः पूर्वं ब्रवीमि ते ॥ २२
तथा काशिपतिं स्निग्धं सततं प्रियवादिनम् । सद्वृत्तं देवसंकाशं स्वयमेवानयस्व ह ॥ २३
तथा केकयराजानं वृद्धं परमधार्मिकम् । श्वशुरं राजसिंहस्य सपुत्रं तमिहानय ॥ २४
अङ्गेश्वरं महेष्वासं रोमपादं सुसत्कृतम् । वयस्यं राजसिंहस्य सपुत्रं तमिहानय ॥ २५
तथा कोसलराजानं भानुमन्तं सुसत्कृतम् । मगधाधिपतिं शूरं सर्वशास्त्रविशारदम् ॥ २६
प्राप्तिज्ञं परमोदारं सत्कृतं पुरुषर्षभम् । राज्ञः शासनमादाय चोदयस्व नृपर्षभान् ।
प्राचीनान्सिन्धुसौवीरान्सौराष्ट्रेयांश्च पार्थिवान् ॥ २७
दाक्षिणात्यान्नरेन्द्रांश्च समस्तानानयस्व ह । सन्ति स्निग्धाश्च ये चान्ये राजानः पृथिवीतले ॥ २८
तानानय यथा क्षिप्रं सानुगान्सहबान्धवान् । एतान्दूतैर्महाभागैरानयस्व नृपाज्ञया ॥ २९
वसिष्ठवाक्यं तच्छ्रुत्वा सुमन्त्रस्त्वरितं तदा । व्यादिशत्पुरुषांस्तत्र राज्ञामानयने शुभान् ॥ ३०

नटाः सूत्रधाराः । नर्तका नृत्यकारिणः ॥ ७ ॥ समीहन्तां कर्म कुर्वन्त्वित्यब्रवीदिति पूर्वेणान्वयः । यज्ञकर्मेत्यस्य निर्वर्तयितुमिति शेषः ॥ ८ ॥ इष्टकेति । बहुसाहस्री । बहुसहस्रसंख्येयेत्यर्थः । जातावेकवचनम् । राज्ञो योग्या उपकार्या राजसद्मानि । गुणा अन्नपानाद्युपकरणानि सर्वत्राब्रवीदित्यनुकर्षः ॥ ९ ॥ सुनिष्ठिताः महावर्षवातादिनिवारणक्षमाः ॥ १० ॥ कर्तव्या इत्यस्यावासा इति शेषः । पार्थिवानामल्पमाण्डलिकानाम् ॥ ११ ॥ वैदेशिकनिवासिनाम् । वैदेशिकानां स्वदेशनिवासिनां चेत्यर्थः । महदावासा इत्यत्रात्वाभाव आर्षः ॥ १२ ॥ सर्वकामैरुपस्थिताः काम्यमानैः सर्वपदार्थैर्युक्ताः । जनस्येतरक्षुद्रजनस्यापि बहुशोभनं यथा भवति तथावासाः कार्या इत्यर्थः ॥ १३ ॥ दातव्यमिति । सत्कृत्य परलोकप्रयोजनबुद्ध्या शास्त्रोक्तसत्कारपूर्वकं देयमित्यर्थः । न तु लीलयोत्सवमात्रबुद्ध्यानादरेण । यथा पूजां प्राप्नुवन्ति पूजां मन्यन्ते तथा सुसत्कृताः कार्या इत्यर्थः ॥ १४ ॥ १५ ॥ तेषामपीति । अपिस्त्वर्थे । यथाक्रमं ज्येष्ठानुक्रमेण । तत्रोपपत्तिमाह—ये वसुभिर्धनैर्भोजनादिभिश्च पूजिताः सेवकास्तेषां सर्वं कार्यं सुविहितं भवति । किंचिदपि कार्यं न परिहीयते न हीनं भवति । तस्मान्मयि प्रीतियुक्तेन चित्तेन भवन्तस्तथा कुर्वन्तु यथा सर्वे सुहृदस्ते च शिल्प्यादयश्च वस्त्रादिभिः पूजिताः स्युरिति ॥ १६ ॥ १७ ॥ १८ ॥ यथोक्तमिति । यत्त्वयोक्तं तद्यथोक्तं त्वदुक्तानतिक्रमेण सुविहितम् । न किंचित्तत्र लुप्यत इति शेषः । किंचोक्तम् । भावे क्तः । वचनं यथा कथयिष्यसि तच्च तथैव करिष्यामः । तत्रापि न किंचिद्धीनं भविष्यति । ततो नियोजनानन्तरम् ॥ १९ ॥ २० ॥ मानवाश्चतुर्वर्णातिरिक्ताः संकरादयः ॥ २१ ॥ तमिति । मिथिलाधिपं स्वयमेव । आनयेति संबन्धः । न तु दूतमात्रप्रेषणेन । कुत एवं विशेषः कुतश्च तदानयनस्य प्रथममुपदेशस्तत्राह—पूर्वसंबन्धिनं पूर्वस्मिन्नेव काले भाविनं संबन्धिनम् । समस्तपाठे मयूरव्यंसकादित्वात्समासः । तं योगबलेन ज्ञात्वा । ततो हेतोर्भाविसंबन्धित्वाद्धेतोः सर्वेभ्यः पूर्वं पूर्वकाले तदानयनं ब्रवीमीत्यर्थः ॥ २२ ॥ २३ ॥ केकयराजानमित्यनित्यत्वात्समासान्ताभावः ॥ २४ ॥ २५ ॥ २६ ॥ सत्कृतं यथा भवति तथा । आनयस्वेति शेषः । प्राचीनान्प्राग्देशवर्तिनः । सौराष्ट्रे भवानित्यर्थे ढगार्षः ॥ २७ ॥ २८ ॥ यथा यथायोग्यदूतप्रेषणेन ॥ २९ ॥ ३० ॥ स्वयमेवेति । वसिष्ठेन विशिष्योक्तानिति शेषः

स्वयमेव हि धर्मात्मा प्रयातो मुनिशासनात् । सुमन्त्रस्त्वरितो भूत्वा समानेतुं महामतिः ॥ ३१
ते च कर्मान्तिकाः सर्वे वसिष्ठाय महर्षये । सर्वं निवेदयन्ति स्म यज्ञे यदुपकल्पितम् ॥ ३२
ततः प्रीतो द्विजश्रेष्ठस्तान्सर्वान्मुनिरब्रवीत् । अवज्ञया न दातव्यं कस्यचिल्लीलयापि वा ॥ ३३
अवज्ञया कृतं हन्याद्दातारं नात्र संशयः । ततः कैश्चिदहोरात्रैरुपयाता महीक्षितः ॥ ३४
बहूनि रत्नान्यादाय राज्ञो दशरथस्य ह । ततो वसिष्ठः सुप्रीतो राजानमिदमब्रवीत् ॥ ३५
उपयाता नरव्याघ्र राजानस्तव शासनात् । मयापि सत्कृताः सर्वे यथार्हं राजसत्तम ॥ ३६
यज्ञियं च कृतं सर्वं पुरुषैः सुसमाहितैः । निर्यातु च भवान्यष्टुं यज्ञायतनमन्तिकात् ॥ ३७
सर्वकामैरुपहृतैरुपेतं वै समन्ततः । द्रष्टुमर्हसि राजेन्द्र मनसेव विनिर्मितम् ॥ ३८
तथा वसिष्ठवचनादृष्यशृङ्गस्य चोभयोः । दिवसे शुभनक्षत्रे निर्यातो जगतीपतिः ॥ ३९
ततो वसिष्ठप्रमुखाः सर्व एव द्विजोत्तमाः । ऋष्यशृङ्गं पुरस्कृत्य यज्ञकर्मारभंस्तदा ॥ ४०
यज्ञवाटं गताः सर्वे यथाशास्त्रं यथाविधि । श्रीमांश्च सहपत्नीभी राजा दीक्षामुपाविशत् ॥ ४१

इत्यार्षे श्रीमद्रामायणे वाल्मीकीय आदिकाव्ये बालकाण्डे त्रयोदशः सर्गः ॥ १३ ॥

चतुर्दशः सर्गः ।

अथ संवत्सरे पूर्णे तस्मिन्प्राप्ते तुरंगमे । सरय्वाश्चोत्तरे तीरे राज्ञो यज्ञोऽभ्यवर्तत ॥ १
ऋष्यशृङ्गं पुरस्कृत्य कर्म चक्रुर्द्विजर्षभाः । अश्वमेधे महायज्ञे राज्ञोऽस्य सुमहात्मनः ॥ २
कर्म कुर्वन्ति विधिवद्याजका वेदपारगाः । यथाविधि यथान्यायं परिक्रामन्ति शास्त्रतः ॥ ३
प्रवर्ग्यं शास्त्रतः कृत्वा तथैवोपसदं द्विजाः । चक्रुश्च विधिवत्सर्वमधिकं कर्म शास्त्रतः ॥ ४
अभिपूज्य तदा हृष्टाः सर्वे चक्रुर्यथाविधि । प्रातःसवनपूर्वाणि कर्माणि मुनिपुंगवाः ॥ ५
ऐन्द्रश्च विधिवद्दत्तो राजा चाभिषुतोऽनघः । मध्यंदिनं च सवनं प्रावर्तत यथाक्रमम् ॥ ६
तृतीयसवनं चैव राज्ञोऽस्य सुमहात्मनः । चक्रुस्ते शास्त्रतो दृष्ट्वा यथा ब्राह्मणपुंगवाः ॥ ७
आह्वयांचक्रिरे तत्र शक्रादीन्विबुधोत्तमान् । ऋष्यशृङ्गादयो मन्त्रैः शिक्षाक्षरसमन्वितैः ॥ ८
गीतिभिर्मधुरैः स्निग्धैर्मन्त्राह्वानैर्यथार्हतः । होतारो ददुरावाह्य हविर्भागान्दिवौकसाम् ॥ ९

॥ ३१ ॥ ते चेति । पूर्वनियुक्ता इत्यर्थः । 'वसिष्ठाय महर्षये' इति पाठः ॥ ३२ ॥ अवज्ञयानादरेण । लीलया श्रद्धया । आवश्यकत्वादेतत्पुनः शिक्षितम् ॥ ३३ ॥ तदेवाह—अवज्ञयेति ॥ ३४ ॥ रत्नान्युत्तमवस्तूनि ॥ ३५ ॥ ३६ ॥ यज्ञियं यज्ञोपयोगि स्रुक्स्रुवादिसंभाररूपम् । अन्तिकात् । समीपे वर्तमानमित्यर्थः ॥ ३७ ॥ मनसेवेति । क्षिप्रसिद्धत्वोपकरणसौष्ठवज्ञापनायोत्प्रेक्षेयम् ॥ ३८ ॥ वसिष्ठवचनादित्यत्र वसिष्ठेति लुप्तविभक्तिकं पृथक्पदम् । वसिष्ठस्य ऋष्यशृङ्गस्य च प्रत्येकमुभयोश्च मिलितयोर्वचनात् ॥ ३९ ॥ आरभन्निति च्छान्दसम् ॥ ४० ॥ यज्ञवाटमित्यर्धं पूर्वान्वयि । शास्त्रं कल्पसूत्रादि । विधिस्तदुक्तप्रकारः ॥ ४१ ॥ इति श्रीरामाभिरामे श्रीरामीये रामायणतिलके वाल्मीकीय आदिकाव्ये बालकाण्डे त्रयोदशः सर्गः ॥ १३ ॥

अथेति । अश्वोत्सर्गानन्तरम् । वर्षे पूर्णे तस्मिन्नश्वे सदःप्राप्ते सति कर्म प्रावर्ततेत्यर्थः । अत्र त्रिंशद्दिनात्मकसावनमासपरिच्छिन्नो वत्सरः ॥ १ ॥ ऋष्यशृङ्गमिति । 'अनेन प्रधानार्त्विज्यं ब्रह्मत्वं तस्य गम्यते' इति कतकः । अग्रे पुत्रेष्टौ 'इष्टिं तेऽहं करिष्यामि' इति ऋष्यशृङ्गोक्तेः, 'जुहावाग्नौ च तेजस्वी' इति ऋष्यशृङ्गं प्रक्रम्य वाल्मीक्युक्तेश्चाध्वर्यवमस्येति युक्तम् ॥ २ ॥ कर्मेति । वेदपारगा अधीतस्य वेदस्य पारं फलवदर्थावबोधं गच्छन्ति प्राप्नुवन्ति ते याजका ऋत्विजः । यथाविधि कल्पसूत्रार्थकश्रुत्यनतिक्रमेण । न्यायोऽत्र तन्निर्वाहिका पूर्वमीमांसा । तं चानतिक्रम्य । परिक्रामन्ति शास्त्रोक्तस्वस्वक्रियाक्रमकालमविस्मृत्य प्रवर्तन्ते ॥ ३ ॥ प्रवर्ग्यमारादुपकारकं कर्मविशेषम् । उपसदमिष्टिविशेषम् । अधिकं प्रकृत्युपदिष्टाङ्गातिदेशात्तत्तद्विकृत्यपेक्षितो विशेषोऽधिकं कर्म ॥ ४ ॥ अभिपूज्येति । तत्तत्कर्मपूजादेवतामिति शेषः । यथा यथाविधि । प्रातःसवनादिकर्मविशेषाः ॥ ५ ॥ ऐन्द्र इन्द्रदेवताको हविर्भागो दत्तः । राजा सोमलता चाभिषुतो ग्रावभिः संक्षुद्य निःसारितसारः ॥ ६ ॥ तृतीयेति । यथेत्यस्य यथाविधीत्यर्थः ॥ ७ ॥ शिक्षाक्षरसमन्वितैः शिक्षाभ्यासकालस्तत्र गृहीतान्यक्षराणि शिक्षाक्षराणि तत्समन्वितैः । स्वरतो वर्णतश्चाहीनैरिति यावत् । ऋष्यशृङ्गादय इत्यत्रादिशब्दः प्रधानवाची । 'भीष्मादिश्च सुयोधनः' इतिवत् ॥ ८ ॥ गीतिभिः सामभिः ॥ ९ ॥

न चाहुतमभूत्तत्र स्खलितं वा न किंचन । दृश्यते ब्रह्मवत्सर्वं क्षेमयुक्तं हि चक्रिरे ॥ १०
न तेष्वहःसु श्रान्तो वा क्षुधितो वा न दृश्यते । नाविद्वान्ब्राह्मणः कश्चिन्नाशतानुचरस्तथा ॥ ११
ब्राह्मणा भुञ्जते नित्यं नाथवन्तश्च भुञ्जते । तापसा भुञ्जते चापि श्रमणाश्चैव भुञ्जते ॥ १२
वृद्धाश्च व्याधिताश्चैव स्त्रीबालाश्च तथैव च । अनिशं भुञ्जमानानां न तृप्तिरुपलभ्यते ॥ १३
दीयतां दीयतामन्नं वासांसि विविधानि च । इति संचोदितास्तत्र तथा चक्रुरनेकशः ॥ १४
अन्नकूटाश्च दृश्यन्ते बहवः पर्वतोपमाः । दिवसे दिवसे तत्र सिद्धस्य विधिवत्तदा ॥ १५
नानादेशादनुप्राप्ताः पुरुषाः स्त्रीगणास्तथा । अन्नपानैः सुविहितास्तस्मिन्यज्ञे महात्मनः ॥ १६
अन्नं हि विधिवत्स्वादु प्रशंसन्ति द्विजर्षभाः । अहो तृप्ताः स्म भद्रं ते इति शुश्राव राघवः ॥ १७
स्वलंकृताश्च पुरुषा ब्राह्मणान्पर्यवेषयन् । उपासन्ते च तानन्ये सुमृष्टमणिकुण्डलाः ॥ १८
कर्मान्तरे तदा विप्रा हेतुवादान्बहूनपि । प्राहुः सुवाग्मिनो धीराः परस्परजिगीषया ॥ १९
दिवसे दिवसे तत्र संस्तरे कुशला द्विजाः । सर्वकर्माणि चक्रुस्ते यथाशास्त्रं प्रचोदिताः ॥ २०
नाषडङ्गविदत्रासीन्नाव्रतो नाबहुश्रुतः । सदस्यास्तस्य वै राज्ञो नावादकुशलो द्विजः ॥ २१
प्राप्ते यूपोच्छ्रये तस्मिन्षड्बैल्वाः खादिरास्तथा । तावन्तो बिल्वसहिताः पर्णिनश्च तथा परे ॥ २२
श्लेष्मातकमयो दिष्टो देवदारुमयस्तथा । द्वावेव तत्र विहितौ व्यस्तबाहुपरिग्रहौ ॥ २३
कारिताः सर्व एवैते शास्त्रज्ञैर्यज्ञकोविदैः । शोभार्थं तस्य यज्ञस्य काञ्चनालंकृता भवन् ॥ २४
एकविंशतियूपास्ते एकविंशत्यरत्नयः । वासोभिरेकविंशद्भिरेकैकं समलंकृताः ॥ २५
विन्यस्ता विधिवत्सर्वे शिल्पिभिः सुकृता दृढाः । अष्टास्रयः सर्व एव श्लक्ष्णरूपसमन्विताः ॥ २६
आच्छादितास्ते वासोभिः पुष्पैर्गन्धैश्च पूजिताः । सप्तर्षयो दीप्तिमन्तो विराजन्ते यथा दिवि ॥ २७
इष्टकाश्च यथान्यायं कारिताश्च प्रमाणतः । चितोऽग्निर्ब्राह्मणैस्तत्र कुशलैः शिल्पकर्मणि ॥ २८

न चेति । अहुतमन्यथा हुतम् । स्खलितमज्ञानतो न किमपि कर्म त्यक्तम् । ब्रह्मवन्मन्त्रवत् । क्षेमयुक्तं क्षेमो विध्यपराधराहित्यम् । यद्वा क्षेमो विघ्नराहित्यम् ॥ १० ॥ नेति । श्रान्तः स्वस्वार्त्विज्याशक्तः । अशतानुचरः शतसेवकरहितः ॥ ११ ॥ ब्राह्मणा इति त्रैवर्णिकोपलक्षणं द्विजत्वात् । नाथवन्तो दासाः । शूद्रा इति यावत् । तापसा अदासाः शैवादिमार्गमाश्रिताः शूद्राः । श्रमणा बौद्धसंन्यासिनः । यद्वा श्रमणपदं संन्यास्युपलक्षणम् ॥ १२ ॥ न तृप्तिरुपलभ्यते । भोज्यसौष्ठवात् । उदरपूर्तावपि रसातिशयलोभेन मानसी तृप्तिर्नोपलभ्यत इत्यर्थः । यद्वा अनिशं भुञ्जानेष्वपि जनेषु यजमानस्य तृप्तिरलंबुद्धिर्नासीदित्यर्थः ॥ १३ ॥ १४ ॥ अन्नेति लुप्तषष्ठीकं पृथक्पदम् । तस्य सिद्धस्येति पक्वस्येत्यर्थकं विशेषणम् । विधिवत्सूदशास्त्रोक्तप्रकारेण सिद्धस्येत्यन्वयः ॥ १५ ॥ सुविहिताः सुविहिततृप्तिकाः ॥ १६ ॥ अन्नमिति स्वाद्वन्नम् । भुक्त्वेति शेषः । प्रशंसाकारमाह—'अहो तृप्ताः स्म भद्रं ते' इति प्रशंसां राघवः शुश्रावेत्यन्वयः । यद्वा 'विधिवत्स्वादु' इत्यपि प्रशंसाकारः ॥ १७ ॥ स्वलंकृता इति । अनेन राजकृतो यज्ञपरिचारकसत्कारो ध्वनितः । तान्परिवेषयितॄन् । अन्ये तत्सहायभूताः । भोक्तृबाहुल्येन परिवेषणस्याल्पासाध्यत्वात् । पाकशालातोऽन्नप्रापकास्तत्सहायाः । अत एव तस्य क्रयसाध्यत्वात्पुरुषकर्तृकत्वम् ॥ १८ ॥ कर्मान्तर इति । एकसवनं समाप्य पुनः सवनान्तरारम्भकालागमात्पूर्वस्मिन्नन्तरालकाले । हेतुवादान्हेतूपन्यासपूर्वकान्वादांश्चक्रुः ॥ १९ ॥ संस्तरे यज्ञे । प्रचोदिताः । शास्त्रीयैर्ब्रूहिप्रेष्यादिशब्दैः प्रेरिता इत्यर्थः ॥ २० ॥ सदस्या विधिदर्शिनः ॥ २१ ॥ यूपोच्छ्रये यूपोत्क्षेपणप्रपकाले । तथा खादिराः तावन्तः षट्संख्याकाः । बिल्वसहिताः एकैकबिल्वयूपसमीपे स्थिताः । परेऽन्ये पर्णिनः पालाशा यूपाः । तेऽपि षडिति तथाशब्दार्थः ॥ २२ ॥ श्लेष्मातको रज्जुदालस्तन्मय एको यूपोऽश्वमेधे । दिष्टः । उपदिष्ट इत्यर्थः । 'श्लेष्मातकमयोऽभिष्टः' इति पाठेऽभिष्टोऽग्न्यभिमुखः । तथा देवदारुमयोऽप्यस्ति यूपः । स च नैकः, नापि षट् । किंतु द्वौ । तौ च व्यस्तबाहुभ्यां प्रसारितभुजाभ्यां तावदायामेन परिग्रहः स्वीकारो ययोस्तौ । एवं चैकविंशतिरश्वमेधे यूपा इत्युक्तम् । ते च तत्सूत्रश्रुत्योः प्रसिद्धा इत्यन्यत्र विस्तरः ॥ २३ ॥ काञ्चनालंकृता भवन्नित्यत्र अडभावश्छान्दसः । शास्त्रज्ञैः । शास्त्रं शिल्पशास्त्रं शुल्बशास्त्रं च ॥ २४ ॥ 'महोच्छ्रायपरीणाहो यूपोऽन्यः सर्वकाञ्चनः । यज्ञे समभवत्तत्र शोभार्थमुपकल्पितः ॥' इति क्वचित्पाठः । एकेति । अरत्निर्नाम चतुर्विंशत्यङ्गुलयः ॥ २५ ॥ अष्टास्रयः । अस्रिः कोणः । तक्षणविशेषेण श्लक्ष्णस्पर्शवता स्वरूपेण युक्ताः ॥ २६ ॥ यथा सप्तर्षयो विराजन्ते, तथा यूपा व्यराजन्तेत्यर्थः ॥ २७ ॥ इष्टका इति । यथान्यायं यथासूत्रमर्धेष्टकामण्डलेष्टकादयश्च कारिताः । शुल्बवद्भिरिति शेषः । अग्निरग्न्याधारभूतो देशः । स ब्राह्मणैरिष्टकाभिश्चितः बद्ध इत्यर्थः । 'शुल्बकर्मणि' इति पाठे शुल्बसूत्रोक्तकर्मणी-

स चित्यो राजसिंहस्य संचितः कुशलैर्द्विजैः । गरुडो रुक्मपक्षो वै त्रिगुणोऽष्टादशात्मकः ॥ २९
नियुक्तास्तत्र पशवस्तत्तदुद्दिश्य दैवतम् । उरगाः पक्षिणश्चैव यथाशास्त्रं प्रचोदिताः ॥ ३०
शामित्रे तु हयस्तत्र तथा जलचराश्च ये । ऋषिभिः सर्वमेवैतन्नियुक्तं शास्त्रतस्तदा ॥ ३१
पशूनां त्रिशतं तत्र यूपेषु नियतं तदा । अश्वरत्नोत्तमं तत्र राज्ञो दशरथस्य ह ॥ ३२
कौसल्या तं हयं तत्र परिचर्य समन्ततः । कृपाणैर्विशशासैनं त्रिभिः परमया मुदा ॥ ३३
पतत्रिणा तदा सार्धं सुस्थितेन च चेतसा । अवसद्रजनीमेकां कौसल्या धर्मकाम्यया ॥ ३४
होताध्वर्युस्तथोद्गाता हयेन समयोजयन् । महिष्या परिवृत्त्याथ वावातामपरां तथा ॥ ३५
पतत्रिणस्तस्य वपामुद्धृत्य नियतेन्द्रियः । ऋत्विक्परमसंपन्नः श्रपयामास शास्त्रतः ॥ ३६
धूमगन्धं वपायास्तु जिघ्रति स्म नराधिपः । यथाकालं यथान्यायं निर्णुदन्पापमात्मनः ॥ ३७
हयस्य यानि चाङ्गानि तानि सर्वाणि ब्राह्मणाः । अग्नौ प्रास्यन्ति विधिवत्समस्ताः षोडशर्त्विजः ॥ ३८
प्लक्षशाखासु यज्ञानामन्येषां क्रियते हविः । अश्वमेधस्य यज्ञस्य वैतसो भाग इष्यते ॥ ३९
त्र्यहोऽश्वमेधः संख्यातः कल्पसूत्रेण ब्राह्मणैः । चतुष्टोममहस्तस्य प्रथमं परिकल्पितम् ॥ ४०
उक्थ्यं द्वितीयं संख्यातमतिरात्रं तथोत्तरम् । कारितास्तत्र बहवो विहिताः शास्त्रदर्शनात् ॥ ४१
ज्योतिष्टोमायुषी चैवमतिरात्रौ च निर्मितौ । अभिजिद्विश्वजिच्चैवमाप्तोर्यामो महाक्रतुः ॥ ४२
प्राचीं होत्रे ददौ राजा दिशं स्वकुलवर्धनः । अध्वर्यवे प्रतीचीं तु ब्रह्मणे दक्षिणां दिशम् ॥ ४३
उद्गात्रे तु तथोदीचीं दक्षिणैषा विनिर्मिता । अश्वमेधे महायज्ञे स्वयंभूविहिते पुरा ॥ ४४
क्रतुं समाप्य तु तदा न्यायतः पुरुषर्षभः । ऋत्विग्भ्यो हि ददौ राजा धरां तां कुलवर्धनः ॥ ४५
एवं दत्त्वा प्रहृष्टोऽभूच्छ्रीमानिक्ष्वाकुनन्दनः । ऋत्विजस्त्वब्रुवन्सर्वे राजानं गतकिल्बिषम् ॥ ४६
भवानेव महीं कृत्स्नामेको रक्षितुमर्हति । न भूम्या कार्यमस्माकं न हि शक्ताः स्म पालने ॥ ४७

त्यर्थः । केचित्तु 'तत्रेष्टकाबद्धे देशेऽग्निश्चितः । स्थापित इत्यर्थः ।' इत्याहुः ॥ २८ ॥ स चित्योऽग्निः संचितः स्थापितः । कथं संचित इत्यत्राह—गरुडो गरुडसंस्थानः । रुक्मपक्षः । "'सहस्रं हिरण्यशल्कैः प्रतिदिशमग्निं प्रोक्षति' इति सूत्राद्रुक्मपक्षत्वम्" इति केचित् । अत्र पक्षे 'त्रिगुणोऽष्टादशात्मकः' इत्यस्य असामञ्जस्यं मत्वा 'चितदेशविशेषणानीमानि । स्वर्णेष्टकाभिः पक्षनिर्माणाद्रुक्मपक्षत्वम्' इत्यन्ये । त्रिगुणः प्रस्तारः । तदेवाह—अष्टदशात्मक इति । षट्चितयो भवन्तीति प्रकृतौ उक्तेरिति भावः ॥२९॥ यथाशास्त्रम् 'इन्द्राय राज्ञे' इत्याद्यनुवाकैः प्रतिपादिताः ॥३०॥ शामित्रे मारणविशसनादिकर्मणि ॥३१॥ नियतं बद्धम् । अश्वरत्नेषूत्तमं श्रेष्ठम् । नियतमित्यनुकर्षः ॥३२॥ कौसल्येति । परिचर्य प्रोक्षणादिना संस्कृत्य । त्रिभिः कृपाणैरसिभिरेनमश्वं विशशासास्य विशसनं कृतवती । 'महिष्यश्वास्यासिना कल्पयन्ति' इति सूत्रात् ॥३३॥ पतत्रिणेति । पुराश्वानां पक्षाः सन्तीति प्रसिद्ध्यैवं वादः । 'पतत्रिणा गरुडवेगेत्यर्थः' इत्यन्ये । सुस्थितेन स्थिरेण चेतसोपलक्षिता सती कौसल्या धर्मेच्छयैकां रजनीमश्वेन सहावसत् ॥ ३४ ॥ 'अथ होत्रादयो महिष्या कृताभिषेकया परिवृत्त्या राज्ञो भोगाद्बहिष्कृतया दास्या च सह वावातां राज्ञो वल्लभां भुजिष्यामश्वेन समयोजयन्निति संबन्धः' इति केचित् । अपरे तु "वावाताशब्दो राज्ञो मध्यमजातीयद्वितीयभार्यावाची । तदुक्तमैतरेयब्राह्मणभाष्ये तृतीयपञ्चिकास्थद्वाविंशतिखण्डस्थवावातेतिप्रतीकव्याख्यानावसरे—"राज्ञां हि त्रिविधाः स्त्रियः, उत्तममध्यमाधमजातीयाः । तासां मध्य उत्तमजातेः क्षत्रियाया महिषीति नाम, मध्यमजातेर्वैश्याया वावातेति, अधमजातेः शूद्रायाः परिवृत्तिः" इति । अत एवाश्वलायनसूत्रे दशमाध्यायेऽष्टमखण्डस्थवावातेतिप्रतीकं गृहीत्वा द्वितीया भार्येति व्याख्यातं नारायणवृत्तिकृता ॥ ३५ ॥ वपां चन्द्राख्यं मेदः । 'चन्द्रं नाम मेदोऽस्ति । तदुद्धरति नास्य वपा विद्यते' इति सूत्रात् । परमेण श्रौतप्रयोगचातुर्येण संपन्नो युक्तः ॥ ३६ ॥ नराधिपो दशरथः ॥ ३७ ॥ हयस्येति । सर्वाणि ब्राह्मणा इत्यत्र गुरोरपि लघूच्चारणतया लघुकार्यकरत्वस्य च्छन्दःशास्त्र उक्तत्वान्न च्छन्दोभङ्गः ॥ ३८ ॥ प्लक्षेति । अन्येषामश्वमेधातिरिक्तयज्ञानां पाशुकं हविः प्लक्षशाखासु निधायावदीयते । अश्वमेधे प्रधानस्य पशोरश्वस्य हविर्भागो वैतसे कटे निधायावधातव्य इष्यते ॥ ३९ ॥ त्र्यह इति । 'अश्वमेधस्य त्रीणि सवनीयान्यहानि' इति कल्पसूत्रेण तन्मूलब्राह्मणैश्चाश्वमेधस्त्र्यहःसंख्यात उक्तः । सवनीयाह्नां प्राधान्यात् । तानि त्र्यहोरात्राणि गणयति । चतुष्टोमशब्देनाग्निष्टोमः ॥४०॥ उत्तरं तृतीयशास्त्रदर्शनाद्विहिता बहवः प्रधानाः क्रतवस्तत्र कारिताः ॥४१॥ तानाह—ज्योतिरित्यादि । आयुरायुष्टोमः । अतिरात्राविति द्विवचनादतिरात्रस्य द्विःप्रयोगः । तथा आप्तोर्यामाविति । महाक्रतुरिति जातावेकवचनम् । एते महाक्रतव इत्यर्थः ॥ ४२ ॥ प्राचीमिति ॥ ४३ ॥ विनिर्मिता कल्पेषु विहिता । स्वयंभूविहिते । 'प्रजापतिरश्वमेधमसृजत' इति श्रुतेः ॥ ४४ ॥ क्रतुमिति । धरां चतुर्दिगवच्छिन्नाम् ॥ ४५ ॥ ४६ ॥ भवानिति । भोगैकप्रयोजनत्वाद्भूमेस्तयास्माकं न किंचित्प्रयो-

रताः स्वाध्यायकरणे वयं नित्यं हि भूमिप । निष्क्रयं किंचिदेवेह प्रयच्छतु भवानिति ॥ ४८
मणिरत्नं सुवर्णं वा गावो यद्वा समुद्यतम् । तत्प्रयच्छ नृपश्रेष्ठ धरण्या न प्रयोजनम् ॥ ४९
एवमुक्तो नरपतिर्ब्राह्मणैर्वेदपारगैः । गवां शतसहस्राणि दश तेभ्यो ददौ नृपः ॥ ५०
दशकोटिं सुवर्णस्य रजतस्य चतुर्गुणम् । ऋत्विजस्तु ततः सर्वे प्रददुः सहिता वसु ॥ ५१
ऋष्यशृङ्गाय मुनये वसिष्ठाय च धीमते । ततस्ते न्यायतः कृत्वा प्रविभागं द्विजोत्तमाः ॥ ५२
सुप्रीतमनसः सर्वे प्रत्यूचुर्मुदिता भृशम् । ततः प्रसर्पकेभ्यस्तु हिरण्यं सुसमाहितः ॥ ५३
जाम्बूनदं कोटिसंख्यं ब्राह्मणेभ्यो ददौ तदा । दरिद्राय द्विजायाथ हस्ताभरणमुत्तमम् ॥ ५४
कस्मैचिद्याचमानाय ददौ राघवनन्दनः । ततः प्रीतेषु विधिवद्द्विजेषु द्विजवत्सलः ॥ ५५
प्रणाममकरोत्तेषां हर्षव्याकुलितेन्द्रियः । तस्याशिषोऽथ विविधा ब्राह्मणैः समुदाहृताः ॥ ५६
उदारस्य नृवीरस्य धरण्यां पतितस्य च । ततः प्रीतमना राजा प्राप्य यज्ञमनुत्तमम् ॥ ५७
पापापहं स्वर्नयनं दुस्तरं पार्थिवर्षभैः । ततोऽब्रवीदृष्यशृङ्गं राजा दशरथस्तदा ॥ ५८
कुलस्य वर्धनं तत्तु कर्तुमर्हसि सुव्रत । तथेति च स राजानमुवाच द्विजसत्तमः ।
भविष्यन्ति सुता राजंश्चत्वारस्ते कुलोद्वहाः ॥ ५९

स तस्य वाक्यं मधुरं निशम्य प्रणम्य तस्मै प्रयतो नृपेन्द्रः ।
जगाम हर्षं परमं महात्मा तमृष्यशृङ्गं पुनरप्युवाच ॥ ६०

इत्यार्षे श्रीमद्रामायणे वाल्मीकीय आदिकाव्ये बालकाण्डे चतुर्दशः सर्गः ॥ १४ ॥

पञ्चदशः सर्गः ।

मेधावी तु ततो ध्यात्वा स किंचिदिदमुत्तरम् । लब्धसंज्ञस्ततस्तं तु वेदज्ञो नृपमब्रवीत् ॥ १
इष्टिं तेऽहं करिष्यामि पुत्रीयां पुत्रकारणात् । अथर्वशिरसि प्रोक्तैर्मन्त्रैः सिद्धां विधानतः ॥ २
ततः प्राक्रमदिष्टिं तां पुत्रीयां पुत्रकारणात् । जुहावाग्नौ च तेजस्वी मन्त्रदृष्टेन कर्मणा ॥ ३
ततो देवाः सगन्धर्वाः सिद्धाश्च परमर्षयः । भागप्रतिग्रहार्थं वै समवेता यथाविधि ॥ ४

जनम्, नापि चोरादिभ्यो रक्षणं वयं शक्ताः ॥ ४७ ॥ तत्र हेतुमाह—रता इति । स्वाध्यायो वेदाध्ययनम् । तेन दण्डादावस्माकमधिकारोऽपि नेति ध्वनितम् । भूमिपेत्यनेन तवैवैषा योग्येति त्वमेव निष्क्रयेण पुनरिमां गृहाणेति सूचितम् । तदाह—निष्क्रयमिति । मूल्यमित्यर्थः । ननु भुवो मूल्यं दातुमशक्यम् । अतः किंचिदेवेति ॥ ४८ ॥ किंचित्पदार्थानाह—मणिरत्नमनर्घ्यरत्नम् । तस्यापि राजार्हत्वादाह—सुवर्णमिति । यद्वा समुद्यतमुपस्थितम् । यत्किंचिदेव भवच्छक्यमित्यर्थः ॥ ४९ ॥ शतसहस्राणि । दशलक्षमिति यावत् ॥ ५० ॥ सुवर्णं षोडशमाषकम् । चतुर्गुणं चत्वारिंशत्कोटिम् । ततः सर्वे ऋत्विजः सहिता दक्षिणाप्राप्तं सर्वं वसु धनमङ्गीकृत्य विभागाय ऋष्यशृङ्गवसिष्ठाभ्यां प्रददुस्तस्य पुरो न्यस्तवन्तः ॥ ५१ ॥ तदाह—ऋष्येति । प्रविभागं कृत्वा । वसिष्ठादिद्वारा विभज्य गृहीत्वेत्यर्थः ॥ ५२ ॥ सुप्रीतेति । संतुष्टाः सन्तोऽत्यन्तं मुदिताः स्मेत्यूचुः । राजानमिति शेषः । प्रसर्पकेभ्योऽभ्यागतेभ्यः ॥ ५३ ॥ जाम्बूनदं जम्बूनदीप्रभवं सुवर्णम् । कोटिशब्दोऽनन्तवाची । अथ सर्वदक्षिणादानानन्तरं याचमानाय दरिद्राय कस्मैचिद्दातव्यवस्त्वन्तराभावाद्धस्ताभरणमेव ददौ ॥ ५४ ॥ ततः । तेन हस्ताभरणदानेनेत्यर्थः ॥ ५५ ॥ विविधा आशिष आब्रह्मन्नायुष्मन्त इत्याद्याः ॥ ५६ ॥ ५७ ॥ स्वर्नयनं स्वर्गप्रापकम् । दुस्तरं प्राकृतै राजभिरप्राप्तसमाप्तिकम् ॥ ५८ ॥ कुलस्य वर्धनं तादृशं कर्म ॥ ५९ ॥ पुनरप्युवाच । पुत्रजनककर्मणे पुनरपि प्रेरयामासेत्यर्थः । यद्यपि पुत्रकामेष्ट्यैव पुत्रावाप्तिः संभवति, तथापि तपोरतस्य वैश्यस्य श्रावणस्य वधे तद्वियोगातुरतपोरततन्मातापितृमरणेन च ब्रह्मवधसमपापोत्पत्त्या तत्प्रायश्चित्तत्वेनाश्वमेधानुष्ठानं बोध्यम् ॥ ६० ॥ **इति श्रीरामाभिरामे श्रीरामीये रामायणतिलके वाल्मीकीय आदिकाव्ये बालकाण्डे चतुर्दशः सर्गः ॥ १४ ॥**

मेधावीति । मेधाव्यशेषवेदशाखाधारणयोग्यबुद्धिमान् । वेदज्ञः स्वरूपतोऽर्थतश्च वेदतत्त्ववित्स ऋष्यशृङ्गः प्रतिश्रुतार्थनिर्वाहाय किं कर्तव्यमिति निश्चेतुं किंचित्कालं ध्यात्वा समाधिं कृत्वेदमुत्तरमिदमिहोत्तरानुष्ठेयकृत्यमिति निश्चित्य पश्चाल्लब्धसंज्ञः समाध्युत्थितस्तं नृपमब्रवीत् ॥ १ ॥ किमब्रवीत्तदाह—इष्टिमिति । पुत्रीयां पुत्रप्राप्तिकारणभूताम् । पुत्रकारणात्पुत्रप्राप्तिहेतोः । अथर्ववेदप्रोक्तैर्मन्त्रैर्विधानतः कल्पसूत्रतः सिद्धां नियतफलत्वेन प्रसिद्धामिष्टिं करिष्यामि । इत्युक्त्वेति शेषः ॥ २ ॥ तत इति । मन्त्रदृष्टेन मन्त्रपूर्वकतया कल्पसूत्रे दृष्टेन ॥ ३ ॥ तत इति । तत्रेत्यर्थः ॥ ४ ॥ ता इति । समेत्य ।

ताः समेत्य यथान्यायं तस्मिन्सदसि देवताः । अब्रुवँल्लोककर्तारं ब्रह्माणं वचनं ततः ॥ ५
भगवंस्त्वत्प्रसादेन रावणो नाम राक्षसः । सर्वान्नो बाधते वीर्याच्छासितुं तं न शक्नुमः ॥ ६
त्वया तस्मै वरो दत्तः प्रीतेन भगवंस्तदा । मानयन्तश्च तं नित्यं सर्वं तस्य क्षमामहे ॥ ७
उद्वेजयति लोकांस्त्रीनुच्छ्रितान्द्वेष्टि दुर्मतिः । शक्रं त्रिदशराजानं प्रधर्षयितुमिच्छति ॥ ८
ऋषीन्यक्षान्सगन्धर्वान्ब्राह्मणानसुरांस्तदा । अतिक्रामति दुर्धर्षो वरदानेन मोहितः ॥ ९
नैनं सूर्यः प्रतपति पार्श्वे वाति न मारुतः । चलोर्मिमाली तं दृष्ट्वा समुद्रोऽपि न कम्पते ॥ १०
तन्महन्नो भयं तस्माद्राक्षसाद्घोरदर्शनात् । वधार्थं तस्य भगवन्नुपायं कर्तुमर्हसि ॥ ११
एवमुक्तः सुरैः सर्वैश्चिन्तयित्वा ततोऽब्रवीत् । हन्तायं विदितस्तस्य वधोपायो दुरात्मनः ॥ १२
तेन गन्धर्वयक्षाणां देवतानां च रक्षसाम् । अवध्योऽस्मीति वागुक्ता तथेत्युक्तं च तन्मया ॥ १३
नाकीर्तयदवज्ञानात्तद्रक्षो मानुषांस्तदा । तस्मात्स मानुषाद्वध्यो मृत्युर्नान्योऽस्य विद्यते ॥ १४
एतच्छ्रुत्वा प्रियं वाक्यं ब्रह्मणा समुदाहृतम् । देवा महर्षयः सर्वे प्रहृष्टास्तेऽभवंस्तदा ॥ १५
एतस्मिन्नन्तरे विष्णुरुपयातो महाद्युतिः । शङ्खचक्रगदापाणिः पीतवासा जगत्पतिः ॥ १६
वैनतेयं समारुह्य भास्करस्तोयदं यथा । तप्तहाटककेयूरो वन्द्यमानः सुरोत्तमैः ॥ १७
ब्रह्मणा च समागत्य तत्र तस्थौ समाहितः । तमब्रुवन्सुराः सर्वे समभिष्टूय संनताः ॥ १८
त्वां नियोक्ष्यामहे विष्णो लोकानां हितकाम्यया । राज्ञो दशरथस्य त्वमयोध्याधिपतेर्विभो ॥ १९
धर्मज्ञस्य वदान्यस्य महर्षिसमतेजसः । अस्य भार्यासु तिसृषु ह्रीश्रीकीर्त्युपमासु च ॥ २०
विष्णो पुत्रत्वमागच्छ कृत्वात्मानं चतुर्विधम् । तत्र त्वं मानुषो भूत्वा प्रवृद्धं लोककण्टकम् ॥ २१
अवध्यं दैवतैर्विष्णो समरे जहि रावणम् । स हि देवान्सगन्धर्वान्सिद्धांश्च ऋषिसत्तमान् ॥ २२
राक्षसो रावणो मूर्खो वीर्योद्रेकेण बाधते । ऋषयश्च ततस्तेन गन्धर्वाप्सरसस्तथा ॥ २३
क्रीडन्तो नन्दनवने रौद्रेण विनिपातिताः । वधार्थं वयमायातास्तस्य वै मुनिभिः सह ॥ २४
सिद्धगन्धर्वयक्षाश्च ततस्त्वां शरणं गताः । त्वं गतिः परमा देव सर्वेषां नः परंतप ॥ २५
वधाय देवशत्रूणां नृणां लोके मनः कुरु । एवं स्तुतस्तु देवेशो विष्णुस्त्रिदशपुंगवः ॥ २६
पितामहपुरोगांस्तान्सर्वलोकनमस्कृतः । अब्रवीत्त्रिदशान्सर्वान्समेतान्धर्मसंहितान् ॥ २७
भयं त्यजत भद्रं वो हितार्थं युधि रावणम् । सपुत्रपौत्रं सामात्यं समित्रज्ञातिबान्धवम् ॥ २८
हत्वा क्रूरं दुराधर्षं देवर्षीणां भयावहम् । दशवर्षसहस्राणि दशवर्षशतानि च ॥ २९

अन्तर्धानशक्त्येतरानवलोकमिति शेषः ॥ ५ ॥ ६ ॥ कुतस्तस्य युष्मद्बाधनक्षमवीर्यलाभ इत्यत आह—त्वयेति । मानयन्तः । सर्वदेवतावध्यत्वरूपत्वद्दत्तवरं परिपालयन्त इत्यर्थः ॥ ७ ॥ उच्छ्रितान्संपत्त्यादिभिरधिकान् । त्रिदशराजानमिति समासान्तोऽनित्यत्वान्न कृतः । प्रधर्षयितुमिच्छतीत्युक्तेरेतदुत्तरकालमिन्द्रजित्कृत इन्द्रबन्ध इति ज्ञायते ॥ ८ ॥ असुरान्राहुप्रमुखान् ॥ ९ ॥ प्रतपति । प्रतापयतीत्यर्थः । क्रौर्यातिशयद्योतकमेतज्जातीयं न वाति नाधिकं वाति । चञ्चलोर्मिमालास्वभावोऽपि न कम्पत इति विरोधालंकारः ॥१०॥ तत्तस्मात्कारणात् । तस्मादुक्तगुणविशिष्टात् ॥ ११ ॥ एवमिति । भगवान्ब्रह्मेति शेषः । हन्तेत्यनुकम्पायाम् ॥ १२ ॥ तेनेति । तत्तथास्त्वित्युक्तमिति योजना ॥ १३ ॥ नेति । तदा वरणसमये । मृत्युर्मृत्युजनकः ॥ १४ ॥ १५ ॥ एतस्मिन्नन्तरे सर्वदेवतासंतोषकाले । विष्णुः सदा भूभारोद्धारादिकर्ता ॥ १६ ॥ वैनतेयो गरुडः । केयूरं बाहुभूषणम् ॥ १७ ॥ ब्रह्मणा चेति । वन्द्यमान इत्यनुकृष्यते । समभिष्टूय सम्यक्स्तुत्वा । संनताः प्रणताः ॥ १८ ॥ त्वामिति । अस्मद्दुःखहरणस्य त्वदेकसाध्यत्वादवतर्तुं नियोक्ष्यामहे । तदेवाह—राज्ञ इत्यादिना ॥ १९ ॥ धर्मज्ञस्येत्यादि राजविशेषणानि । ह्रीश्रीत्यादि राजपत्नीविशेषणम् । च अवतारयोग्यताध्वननाय ॥ २० ॥ आत्मानं सोपकरणमात्मानम् । 'अन्येद्युः पाञ्चजन्यात्मा कैकेय्यां भरतोऽभवत् । तदन्येद्युः सुमित्रायामनन्तात्मा च लक्ष्मणः । सुदर्शनात्मा शत्रुघ्नो द्वौ जातौ युगपत्प्रिये ॥' इति पाद्मोक्तेः । अत्रात्मानमित्युक्त्या शङ्खचक्रानन्तानामपि भगवद्रूपता सूचिता । हुंकारेण भवानिव पाञ्चजन्यः शब्दमात्रेण सकलभुवनक्षोभकत्वाद्विष्णुतुल्य एवेति बोध्यम् । चतुर्विधमिति । चातुर्विध्यविधानं रावणेन्द्रजिल्लवणगन्धर्ववधादीनां प्रत्येकं देवकार्यरूपाणां सद्भावात् ॥ २१ ॥ कुतो ममैव नियोगस्तत्राह—अवध्यमिति ॥ २२ ॥ २३ ॥ रौद्रेण कृत्याकृत्यविचारशून्येन । वधार्थं वधप्रार्थनार्थम् ॥ २४ ॥ २५ ॥ वधायेति । नृणां लोक इत्यस्यावतरितुमिति शेषः ॥ २६ ॥ धर्मसंहितान् । धर्मसहितानित्यर्थः । 'धर्मसंहितम्' इति वा पाठः ॥ २७ ॥ २८ ॥ हत्वेति । हत्वा वत्स्यामीति योजना

वत्स्यामि मानुषे लोके पालयन्पृथिवीमिमाम् । एवं दत्त्वा वरं देवो देवानां विष्णुरात्मवान् ॥ ३०
मानुष्ये चिन्तयामास जन्मभूमिमथात्मनः । ततः पद्मपलाशाक्षः कृत्वात्मानं चतुर्विधम् ॥ ३१
पितरं रोचयामास तदा दशरथं नृपम् । ततो देवर्षिगन्धर्वाः सरुद्राः साप्सरोगणाः ।
स्तुतिभिर्दिव्यरूपाभिस्तुष्टुवुर्मधुसूदनम् ॥ ३२

तमुद्धतं रावणमुग्रतेजसं प्रवृद्धदर्पं त्रिदशेश्वरद्विषम् ।
विरावणं साधुतपस्विकण्टकं तपस्विनामुद्धर तं भयावहम् ॥ ३३
तमेव हत्वा सबलं सबान्धवं विरावणं रावणमुग्रपौरुषम् ।
स्वर्लोकमागच्छ गतज्वरश्चिरं सुरेन्द्र गुप्तं गतदोषकल्मषम् ॥ ३४

इत्यार्षे श्रीमद्रामायणे वाल्मीकीय आदिकाव्ये बालकाण्डे पञ्चदशः सर्गः ॥ १५ ॥

षोडशः सर्गः ।

ततो नारायणो विष्णुर्नियुक्तः सुरसत्तमैः । जानन्नपि सुरानेवं श्लक्ष्णं वचनमब्रवीत् ॥ १
उपायः को वधे तस्य राक्षसाधिपतेः सुराः । यमहं तं समास्थाय निहन्यामृषिकण्टकम् ॥ २
एवमुक्ताः सुराः सर्वे प्रत्यूचुर्विष्णुमव्ययम् । मानुषं रूपमास्थाय रावणं जहि संयुगे ॥ ३
स हि तेपे तपस्तीव्रं दीर्घकालमरिंदमः । येन तुष्टोऽभवद्ब्रह्मा लोककृल्लोकपूर्वजः ॥ ४
संतुष्टः प्रददौ तस्मै राक्षसाय वरं प्रभुः । नानाविधेभ्यो भूतेभ्यो भयं नान्यत्र मानुषात् ॥ ५
अवज्ञाताः पुरा तेन वरदाने हि मानवाः । एवं पितामहात्तस्माद्वरदानेन गर्वितः ॥ ६
उत्सादयति लोकांस्त्रीन्स्त्रियश्चाप्यपकर्षति । तस्मात्तस्य वधो दृष्टो मानुषेभ्यः परंतप ॥ ७
इत्येतद्वचनं श्रुत्वा सुराणां विष्णुरात्मवान् । पितरं रोचयामास तदा दशरथं नृपम् ॥ ८
स चाप्यपुत्रो नृपतिस्तस्मिन्काले महाद्युतिः । अयजत्पुत्रियामिष्टिं पुत्रेप्सुररिसूदनः ॥ ९
स कृत्वा निश्चयं विष्णुरामन्त्र्य च पितामहम् । अन्तर्धानं गतो देवैः पूज्यमानो महर्षिभिः ॥ १०
ततो वै यजमानस्य पावकादतुलप्रभम् । प्रादुर्भूतं महद्भूतं महावीर्यं महाबलम् ॥ ११
कृष्णं रक्ताम्बरधरं रक्तास्यं दुन्दुभिस्वनम् । स्निग्धहर्यक्षतनुजश्मश्रुप्रवरमूर्धजम् ॥ १२

॥ २९ ॥ ३० ॥ मानुष्य इति । मनुष्यलोके यथा देवैराज्ञप्तं तथात्मनो जन्मभूमिं चिन्तयामास योग्यत्वेन विचारयामास । ततो विचारानन्तरम् ॥ ३१ ॥ रोचयामासैच्छत् । स्तुतिभिस्तुष्टुवुः ॥ ३२ ॥ स्तुत्वा च यदूचुस्तदाह—तमिति । रावणमुद्धर समूलमुन्मूलय । विरावणं विशेषेण त्रिलोकीक्रन्दनम् । तपस्विनां भयावहमित्यन्वयः । रावणस्मरणेनातिभीतचित्तानां देवानामुक्तौ तमित्यस्य पुनरुक्तिर्न दोषाय । अत्रेन्द्रादिदेवानां सपितामहानां नियोजकत्वं विभोश्च नियोज्यत्वं न दोषो लीलात्वादित्यन्यत्र विस्तरः ॥ ३३ ॥ तमिति । तं हत्वैवेत्यन्वयः । सबान्धवमित्यनेन लवणादिवधसूचनम् । हे सुरेन्द्र उपेन्द्र । गुप्तम् । अर्थात्त्वयेति शेषः । गतदोषकल्मषं दोषा रागादयस्तद्रूपकल्मषहीनम् । स्वर्लोकं वैकुण्ठाख्यम् । गतज्वरः स्वभावतो निवृत्ताशेषतापः ॥ ३४ ॥ इति श्रीरामाभिरामे श्रीरामीये रामायणतिलके वाल्मीकीय आदिकाव्ये बालकाण्डे पञ्चदशः सर्गः ॥ १५ ॥

तत इति । नियुक्तः प्रार्थितः । यद्वाज्ञप्त इत्यर्थः । अत एव जानन्नपि वधोपायमज्ञ इव तेषामविनीतत्वलज्जापरिहाराय तान्पप्रच्छेत्यर्थः । जानन् । वधोपायमिति शेषः ॥ १ ॥ उपाय इति । यमुपायमास्थाय तमहं निहन्यां स तस्य वध उपायः क इत्यन्वयः ॥ २ ॥ ३ ॥ स हीति । लोकपूर्वजः सर्वलोकसमष्टित्वात्, 'हिरण्यगर्भः समवर्तताग्रे' इति श्रुतेश्च । यद्वा ब्रह्मा चतुर्मुखः लोकपूर्वजत्वं च हिरण्यगर्भतादात्म्याध्यासेन ॥ ४ ॥ संतुष्ट इति मानुषभिन्नेभ्यः प्राणिमात्रेभ्यो भयं न भवेदिति वरं ददावित्यन्वयः ॥ ५ ॥ ६ ॥ दृष्टो निश्चितः ॥ ७ ॥ ८ ॥ स चापीति । दशरथोऽपीत्यर्थः । तस्मिन्काले भगवदवतितीर्षाकाले । पुत्रियामिति ह्रस्वश्छान्दसः ॥ ९ ॥ स इति । निश्चयमवतारविषयम् । आमन्त्र्य । साधयामीत्युक्त्वेत्यर्थः । अन्तर्धानं गत इति । तस्मादेव समाजादिति शेषः ॥ १० ॥ तत इति । अन्तर्धानानन्तरमित्यर्थः । अन्तर्धाय भगवानेव स्वतेजःसंभृतपायसमादाय हुताग्नेः सकाशात्प्रादुर्भवति स्म । नह्यन्यस्य भगवत्तेजोधारणे शक्तिरस्ति । तदेवाह—महद्भूतमिति । 'एको विष्णुर्महद्भूतम्' इत्युक्तेः । अतुलप्रभं विद्युदादिवदृष्टिप्रतिघातकतेजोवत् । भूतं प्राणी ॥ ११ ॥ कृष्णं कृष्णवर्णम् । स्निग्धाश्चिक्कणा हर्यक्षस्य सिंहस्येव तनुजा लोमानि श्मश्रुप्रवरा मूर्धजाः केशाश्च यस्य तत् । मुखस्थरोमाणि श्मश्रुप्रवरो मुखस्थं व्याप्तं रोम ॥ १२ ॥ समुत्सेध

शुभलक्षणसंपन्नं दिव्याभरणभूषितम् । शैलशृङ्गसमुत्सेधं दृप्तशार्दूलविक्रमम् ॥ १३
दिवाकरसमाकारं दीप्तानलशिखोपमम् । तप्तजाम्बूनदमयीं राजतान्तपरिच्छदाम् ॥ १४
दिव्यपायससंपूर्णां पात्रीं पत्नीमिव प्रियाम् । प्रगृह्य विपुलां दोर्भ्यां स्वयं मायामयीमिव ॥ १५
समवेक्ष्याब्रवीद्वाक्यमिदं दशरथं नृपम् । प्राजापत्यं नरं विद्धि मामिहाभ्यागतं नृप ॥ १६
ततः परं तदा राजा प्रत्युवाच कृताञ्जलिः । भगवन्स्वागतं तेऽस्तु किमहं करवाणि ते ॥ १७
अथो पुनरिदं वाक्यं प्राजापत्यो नरोऽब्रवीत् । राजन्नर्चयता देवानद्य प्राप्तमिदं त्वया ॥ १८
इदं तु नृपशार्दूल पायसं देवनिर्मितम् । प्रजाकरं गृहाण त्वं धन्यमारोग्यवर्धनम् ॥ १९
भार्याणामनुरूपाणामश्नीतेति प्रयच्छ वै । तासु त्वं लप्स्यसे पुत्रान्यदर्थं यजसे नृप ॥ २०
तथेति नृपतिः प्रीतः शिरसा प्रतिगृह्य ताम् । पात्रीं देवान्नसंपूर्णां देवदत्तां हिरण्मयीम् ॥ २१
अभिवाद्य च तद्भूतमद्भुतं प्रियदर्शनम् । मुदा परमया युक्तश्चकाराभिप्रदक्षिणम् ॥ २२
ततो दशरथः प्राप्य पायसं देवनिर्मितम् । बभूव परमप्रीतः प्राप्य वित्तमिवाधनः ॥ २३
ततस्तदद्भुतप्रख्यं भूतं परमभास्वरम् । संवर्तयित्वा तत्कर्म तत्रैवान्तरधीयत ॥ २४
हर्षरश्मिभिरुद्द्योतं तस्यान्तःपुरमाबभौ । शारदस्याभिरामस्य चन्द्रस्येव नभोंऽशुभिः ॥ २५
सोऽन्तःपुरं प्रविश्यैव कौसल्यामिदमब्रवीत् । पायसं प्रतिगृह्णीष्व पुत्रीयं त्विदमात्मनः ॥ २६
कौसल्यायै नरपतिः पायसार्धं ददौ तदा । अर्धादर्धं ददौ चापि सुमित्रायै नराधिपः ॥ २७
कैकेय्यै चावशिष्टार्धं ददौ पुत्रार्थकारणात् । प्रददौ चावशिष्टार्धं पायसस्यामृतोपमम् ॥ २८
अनुचिन्त्य सुमित्रायै पुनरेव महामतिः । एवं तासां ददौ राजा भार्याणां पायसं पृथक् ॥ २९

उच्छ्रायः । दृप्तशार्दूलवद्विक्रमः पादविन्यासो यस्य तत् ॥१३॥ दिवाकरेति । तद्वत्प्रभामण्डलव्याप्तम् । तैक्ष्ण्ये दृष्टान्तो दीप्तानलेत्यादि । तप्तेति । राजतो रजतविकारः । अन्तपरिच्छदः पिधानपात्रं यस्यास्ताम् ॥ १४ ॥ पात्रीति । लिङ्गसामान्यादुत्प्रेक्षते—पत्नीमिवेति । प्रगृह्येति । स्वयं दोर्भ्यां प्रगृह्य प्रादुर्भूतमित्यन्वयः । मायामयीमिव । इवशब्द एवार्थे । भगवतो मायैवेत्यर्थः ॥ १५ ॥ दशरथं समवेक्ष्येत्यन्वयः । प्राजापत्यं प्रजापतिप्रेषितम् । प्रजापतेः प्रजापालकाद्विष्णोः संभूतम् । तद्रूपमित्यर्थः ॥ १६ ॥ ततः परं प्राजापत्यं मां विद्धीति तदुक्त्यनन्तरम् । पूर्वं कृत्यात इव भीत एव तद्वचनश्रवणोत्तरं निर्भय उवाचेत्यर्थः ॥ १७ ॥ देवानर्चयता । हयमेधेनेति शेषः ॥ १८ ॥ देवनिर्मितं देवेन प्रजापतिना निर्मितम् । धन्यं प्रशस्तम् ॥ १९ ॥ भार्याणाम् । संबन्धसामान्ये षष्ठी । भार्याभ्य इत्यर्थः । आनुरूप्यं महिषीत्वयशःशीलगुणादिना ॥ २० ॥ हिरण्मयीं हिरण्यविकाराम् ॥ २१ ॥ मुदेति । अभिप्रदक्षिणं पुनःपुनः प्रदक्षिणम् ॥२२॥ वित्तं धनम् ॥२३॥ अद्भुतप्रख्यमद्भुताकारम् । संवर्तयित्वा समाप्य । कर्म पायसदानरूपम् । तत्रैवाग्निकुण्ड एव ॥ २४ ॥ हर्षरश्मिभिर्हर्षोद्भूतमुखकान्तिभिः । उद्द्योतं द्योतमानमन्तःपुरं तद्वर्ति स्त्रीजातं शारदचन्द्रस्यांशुभिर्नभ इवेत्यन्वयः ॥ २५ ॥ २६ ॥ कौसल्याया इति । अर्धशब्दोऽत्र समप्रविभागवाची । अर्धादर्धम् । तुरीयांशमित्यर्थः ॥ २७ ॥ अवशिष्टार्धमवशिष्टस्य चतुर्थांशस्यार्धम् । अष्टमांशमित्यर्थः । पुनरवशिष्टार्धमष्टमांशम् ॥२८॥ अनुचिन्त्येति । 'कैकेय्यपेक्षया ज्येष्ठत्वं कौसल्यापेक्षया कनिष्ठत्वं च सुमित्राया विचार्य पादोनांशार्धदानम् । तस्यै कनिष्ठत्वाच्च कैकेय्यै अष्टमांशदानम् । वल्लभायां संभोगकर्मणि पक्षपातः, न धर्मविभागकर्मणि । एवं च भरतशत्रुघ्नौ । पादस्यार्धमर्धम्' इत्याहुः । अपरे तु 'रामभरतौ प्रत्येकं त्र्यंशौ । लक्ष्मणशत्रुघ्नौ चाष्टमांशौ । तथाहि—कौसल्यायै दत्तार्धस्यार्धादर्धं चतुर्थांशरूपं सुमित्रायै दत्तवान् । कौसल्यया दापितवानित्यर्थः । एवं कैकेय्यै कौसल्यादत्तार्धावशिष्टमर्धं ददौ । ततः कौसल्यादत्तावशिष्टस्य कैकेय्यै दत्तस्य यदर्धं तदर्धं विचार्य पुनरपि सुमित्रायै ददौ । तया दापयामासेत्यर्थः । अत्रार्धपदावृत्तिर्बोध्या । तदुक्तं कालिदासेन—'स तेजो वैष्णवं पत्न्योर्विभेजे चरुसंज्ञितम् । द्यावापृथिव्योः प्रत्यग्रमहर्पतिरिवातपम् ॥ अर्चिता तस्य कौसल्या प्रिया केकयवंशजा । अतः संभाविताां ताभ्यां सुमित्रामैच्छदीश्वरः ॥ ते बहुज्ञस्य चित्तज्ञे पत्न्यौ पत्युर्महीक्षितः । चरोरर्धार्धभागाभ्यां तामयोजयतामुभे । सा हि प्रणयवत्यासीत्सपत्न्योरुभयोरपि ॥' इति । अर्धार्धभागाभ्यामित्यस्य स्वस्वलब्धांशसंबन्ध्यर्धार्धभागाभ्यामित्यर्थः । पृथगिति । विभज्येति शेषः । कतकस्याप्येवं रीतिरेव संमता' इत्याहुः । क्वचित्तु 'इत्युक्त्वा प्रददौ तस्यै हविषोऽर्धं नराधिपः । स्वयमेव समं कृत्वा भागं भागवतां वरः ॥ अर्धादर्धं ददौ चापि कैकेय्यै स नराधिपः । चतुर्भागं द्विधा कृत्वा सुमित्रायै ददौ तदा ॥' इति दृश्यमानः पाठः । स त्वसांप्रदायिक एव तत्तद्दत्तभागजन्यस्य तत्तत्पुत्रैकवाक्यतौचित्येन । अपरे तु 'व्याख्यैवात्र ज्यायसी । पाठान्तरे व्याख्यान्तरे च लक्ष्मणरामयोरेव भरतशत्रुघ्नयोरेवैकवाक्यतायां बीजालाभः । उक्तं च पाद्मे—'युगं

ताश्चैवं पायसं प्राप्य नरेन्द्रस्योत्तमस्त्रियः । संमानं मेनिरे सर्वाः प्रहर्षोदितचेतसः ॥ ३०
ततस्तु ताः प्राश्य तमुत्तमस्त्रियो महीपतेरुत्तमपायसं पृथक् ।
हुताशनादित्यसमानतेजसोऽचिरेण गर्भान्प्रतिपेदिरे तदा ॥ ३१
ततस्तु राजा प्रतिवीक्ष्य ताः स्त्रियः प्ररूढगर्भाः प्रतिलब्धमानसः ।
बभूव हृष्टस्त्रिदिवे यथा हरिः सुरेन्द्रसिद्धर्षिगणाभिपूजितः ॥ ३२

इत्यार्षे श्रीमद्रामायणे वाल्मीकीय आदिकाव्ये बालकाण्डे षोडशः सर्गः ॥ १६ ॥

सप्तदशः सर्गः ।

पुत्रत्वं तु गते विष्णौ राज्ञस्तस्य महात्मनः । उवाच देवताः सर्वाः स्वयंभूर्भगवानिदम् ॥ १
सत्यसंधस्य वीरस्य सर्वेषां नो हितैषिणः । विष्णोः सहायान्बलिनः सृजध्वं कामरूपिणः ॥ २
मायाविदश्च शूरांश्च वायुवेगसमाञ्जवे । नयज्ञान्बुद्धिसंपन्नान्विष्णुतुल्यपराक्रमान् ॥ ३
असंहार्यानुपायज्ञान्दिव्यसंहननान्वितान् । सर्वास्त्रगुणसंपन्नानमृतप्राशनानिव ॥ ४
अप्सरःसु च मुख्यासु गन्धर्वीणां तनूषु च । यक्षपन्नगकन्यासु ऋक्षविद्याधरीषु च ॥ ५
किंनरीणां च गात्रेषु वानरीणां तनूषु च । सृजध्वं हरिरूपेण पुत्रांस्तुल्यपराक्रमान् ॥ ६
पूर्वमेव मया सृष्टो जाम्बवानृक्षपुंगवः । जृम्भमाणस्य सहसा मम वक्त्रादजायत ॥ ७
ते तथोक्ता भगवता तत्प्रतिश्रुत्य शासनम् । जनयामासुरेवं ते पुत्रान्वानररूपिणः ॥ ८
ऋषयश्च महात्मानः सिद्धविद्याधरोरगाः । चारणाश्च सुतान्वीरान्ससृजुर्वनचारिणः ॥ ९
वानरेन्द्रं महेन्द्राभमिन्द्रो वालिनमात्मजम् । सुग्रीवं जनयामास तपनस्तपतां वरः ॥ १०
बृहस्पतिस्त्वजनयत्तारं नाम महाकपिम् । सर्ववानरमुख्यानां बुद्धिमन्तमनुत्तमम् ॥ ११
धनदस्य सुतः श्रीमान्वानरो गन्धमादनः । विश्वकर्मा त्वजनयन्नलं नाम महाकपिम् ॥ १२
पावकस्य सुतः श्रीमान्नीलोऽग्निसदृशप्रभः । तेजसा यशसा वीर्यादत्यरिच्यत वीर्यवान् ॥ १३
रूपद्रविणसंपन्नावश्विनौ रूपसंमतौ । मैन्दं च द्विविदं चैव जनयामासतुः स्वयम् ॥ १४
वरुणो जनयामास सुषेणं नाम वानरम् । शरभं जनयामास पर्जन्यस्तु महाबलः ॥ १५

बभूवतुस्तत्र सुस्निग्धौ रामलक्ष्मणौ । तथा भरतशत्रुघ्नौ पायसांशवशात्स्वतः ॥' इति' इति दिक् ॥२९॥ ताश्चेति । प्राप्य प्रहर्षेणोदितं विकसितं चेतो यासां ताः स्त्रियो नरेन्द्रस्य संमानमपक्षपातेन यथोचितव्यवहारं मेनिर इत्यन्वयः ॥ ३० ॥ तत इति । महीपतेः स्त्रिय इत्यन्वयः । उत्तमपायसम् । उत्तमत्वं च तस्य विष्णुतेजःसंभृतत्वात् । 'हुताशनादित्यसमानतेजसः' इति गर्भाणां स्त्रीणां च तन्त्रेण विशेषणम् ॥ ३१ ॥ प्रतिलब्धमानसः । प्रतिलब्धशब्दः प्रतिलब्धस्वास्थ्यपरः । तादृशं मानसं यस्येत्यर्थः । यद्वा पूर्णमनोरथ इत्यर्थः । यथाशब्दश्चार्थे । त्रिदिवे हरिरिन्द्रश्च । हृष्ट इत्यर्थः । सुरेन्द्रेत्यादि राजविशेषणम् । भगवदंशगर्भसंभवेन तैः पूजितो मनसा स्तुतः ॥ ३२ ॥ इति श्रीरामाभिरामे श्रीरामीये रामायणतिलके वाल्मीकीय आदिकाव्ये बालकाण्डे षोडशः सर्गः ॥ १६ ॥

पुत्रत्वमिति । गते गन्तुमुपक्रान्ते ॥ १ ॥ सहायान्सहायकरणसमर्थान् । ननु कदाचिद्भगवान्प्रतिज्ञायापि नावतरदत उक्तम्—सत्यसंधस्येति । सत्यप्रतिज्ञस्येत्यर्थः ॥ २ ॥ मायाविदोऽसुरादिमायासंहारसमर्थदेवमायाशक्तिमतः । जवे वेगविषये ॥ ३ ॥ असंहार्यानिति । परैरिति शेषः । संहननं शरीरम् । सर्वास्त्रगुणसंपन्नान्सर्वास्त्रनिवारणसामर्थ्यरूपगुणयुक्तान् । यद्वा प्रयोगोपसंहारादयस्तद्गुणाः । अमृतप्राशना देवाः ॥ ४ ॥ गन्धर्व्यो गन्धर्वपत्न्यः ॥ ५ ॥ वानरीणां तनूषु वानरीशरीरसदृशशरीरासु । अप्सरःप्रभृतिष्वित्यर्थः । हरिरूपेणेति । 'तस्मान्मद्रूपसंयुक्ता मद्वीर्यसमतेजसः । उत्पत्स्यन्ति वधार्थं तु कुलस्य तव वानराः ॥' इति रावणविषये नन्दिकेश्वरशापादेवमुक्तम् । तुल्यपराक्रमान् । स्वस्वतुल्यपराक्रमानित्यर्थः ॥ ६ ॥ ननु त्वयापि स्वांशः स्रष्टव्य इति चेत्तत्राह—पूर्वमेवेति । पूर्वयुग इत्यर्थः । तदुत्पत्तिप्रकारमाह—जृम्भमाणस्येति । सहसा तत्क्षणे ॥ ७ ॥ एवं वक्ष्यमाणप्रकारेण ॥८॥९॥ वानरेन्द्रमिति । ननु राघवसहायार्थं तत्तत्स्वावतारकरणप्रेरणाद्वालिनोऽवतारस्य तदसहायत्वात्किमर्थोऽयमवतार इति चेत्, दुन्दुभ्यादिवधार्थं तदवतारस्यावश्यकत्वात्, पुत्रद्वारा तस्यापि राघवसहायत्वाच्च, दुन्दुभ्यादिवधेनापि तत्साहाय्यकरणाच्च, अस्यापि भगवदवतारात्पूर्वमुत्पत्तिर्ज्ञेया । तपनः सूर्यः ॥ १० ॥ ११ ॥ १२ ॥ पावकस्याग्नेः । अत्यरिच्यत । ततोऽधिकोऽभवदित्यर्थः ॥ १३ ॥ रूपेति । रूपलक्षणेन द्रविणेन युक्तौ । रूपसंमतौ । रूपवत्त्वेन सर्वलोकसंमतावित्यर्थः ॥ १४ ॥ पर्जन्यस्तद-

मारुतस्यौरसः श्रीमान्हनूमान्नाम वानरः । वज्रसंहननोपेतो वैनतेयसमो जवे ॥ १६
सर्ववानरमुख्येषु बुद्धिमान्बलवानपि । ते सृष्टा बहुसाहस्रा दशग्रीववधोद्यताः ॥ १७
अप्रमेयबला वीरा विक्रान्ताः कामरूपिणः । ते गजाचलसंकाशा वपुष्मन्तो महाबलाः ॥ १८
ऋक्षवानरगोपुच्छाः क्षिप्रमेवाभिजज्ञिरे । यस्य देवस्य यद्रूपं वेषो यश्च पराक्रमः ॥ १९
अजायत समं तेन तस्य तस्य पृथक्पृथक् । गोलाङ्गूलेषु चोत्पन्नाः किंचिदुन्नतविक्रमाः ॥ २०
ऋक्षीषु च तथा जाता वानराः किंनरीषु च । देवा महर्षिगन्धर्वास्तार्क्ष्ययक्षा यशस्विनः ॥ २१
नागाः किंपुरुषाश्चैव सिद्धविद्याधरोरगाः । बहवो जनयामासुर्हृष्टास्तत्र सहस्रशः ॥ २२
चारणाश्च सुतान्वीरान्ससृजुर्वनचारिणः । वानरान्सुमहाकायान्सर्वान्वै वनचारिणः ॥ २३
अप्सरःसु च मुख्यासु तथा विद्याधरीषु च । नागकन्यासु च तदा गन्धर्वीणां तनूषु च ।
कामरूपबलोपेता यथाकामविचारिणः ॥ २४
सिंहशार्दूलसदृशा दर्पेण च बलेन च । शिलाप्रहरणाः सर्वे सर्वे पर्वतयोधिनः ॥ २५
नखदंष्ट्रायुधाः सर्वे सर्वे सर्वास्त्रकोविदाः । विचालयेयुः शैलेन्द्रान्भेदयेयुः स्थिरान्द्रुमान् ॥ २६
शोषयेयुश्च वेगेन समुद्रं सरितां पतिम् । दारयेयुः क्षितिं पद्भ्यामाप्लवेयुर्महार्णवान् ॥ २७
नभस्तलं विशेयुश्च गृह्णीयुरपि तोयदान् । गृह्णीयुरपि मातङ्गान्मत्तान्प्रव्रजतो वने ॥ २८
नर्दमानांश्च नादेन पातयेयुर्विहंगमान् । ईदृशानां प्रसूतानि हरीणां कामरूपिणाम् ॥ २९
शतं शतसहस्राणि यूथपानां महात्मनाम् । ते प्रधानेषु यूथेषु हरीणां हरियूथपाः ॥ ३०
बभूवुर्यूथपश्रेष्ठान्वीरांश्चाजनयन्हरीन् । अन्ये ऋक्षवतः प्रस्थानुपतस्थुः सहस्रशः ॥ ३१
अन्ये नानाविधाञ्छैलान्काननानि च भेजिरे । सूर्यपुत्रं च सुग्रीवं शक्रपुत्रं च वालिनम् ॥ ३२
भ्रातरावुपतस्थुस्ते सर्वे च हरियूथपाः । नलं नीलं हनूमन्तमन्यांश्च हरियूथपान् ॥ ३३
ते तार्क्ष्यबलसंपन्नाः सर्वे युद्धविशारदाः । विचरन्तोऽर्दयन्सर्वान्सिंहव्याघ्रमहोरगान् ॥ ३४
महाबलो महाबाहुर्वाली विपुलविक्रमः । जुगोप भुजवीर्येण ऋक्षगोपुच्छवानरान् ॥ ३५
तैरियं पृथिवी शूरैः सपर्वतवनार्णवा । कीर्णा विविधसंस्थानैर्नानाव्यञ्जनलक्षणैः ॥ ३६

तैर्मेघवृन्दाचलकूटसंनिभैर्महाबलैर्वानरयूथपाधिपैः ।
बभूव भूर्भीमशरीररूपैः समावृता रामसहायहेतोः ॥ ३७

इत्यार्षे श्रीमद्रामायणे वाल्मीकीय आदिकाव्ये बालकाण्डे सप्तदशः सर्गः ॥ १७ ॥

भिमानिनी देवता । धर्मपुत्रोऽपरः सुषेण इति युद्धकाण्डे वक्ष्यति । अत्र तु वरुणपुत्र उक्तः ॥ १५ ॥ वज्रसंहननं वज्रवदभेद्यं शरीरं तेनोपेतो युक्तः ॥ १६ ॥ दशग्रीववधोद्यता इत्यस्य ये भविष्यन्तीति शेषः ॥ १७ ॥ गजाचलसंकाशा गजसदृशाः पर्वतसदृशाश्चेत्यर्थः ॥ १८ ॥ गोपुच्छा वानरविशेषाः । क्षिप्रमेव तत्तद्योनौ देवानां रत्यव्यवहितोत्तरकालमेव । रूपं वर्णः । वेषः संस्थानविशेषः ॥ १९ ॥ तस्य तत्पुत्रस्य । तेन तदीयरूपवेषादिकं पृथक्पृथगसांकर्येणाजायत । किंचिदुन्नतविक्रमाः । देवावस्थातोऽपि किंचिदधिकपराक्रमा इत्यर्थः ॥ २० ॥ ऋक्षीषु ऋक्षशरीरासु । चस्त्वर्थे । किंनरीषु त्वित्यर्थः । एवमग्रेऽपि । तार्क्ष्यास्तार्क्ष्यवंशजाः ॥ २१ ॥ नागाः सर्पाः ॥ २२ ॥ चारणा देवबन्दिनः । वनचारिणो वनवासिन इत्येकत्र । परत्र वनस्थफलभक्षकानित्यर्थः ॥ २३ ॥ २४ ॥ ॥ २५ ॥ सर्वास्त्रकोविदा इति । स्वयंप्रतिभातसर्वास्त्रपरिहारोपाया इत्यर्थः । शिलाप्रहरणा इत्याद्युक्तेस्तेषामस्त्रप्रयोक्तृत्वाभावात् । विचालयेयुरित्यादौ शक्यार्थे लिङ् । विचालनशक्ता इत्यर्थः ॥ २६ ॥ आप्लवेयुः संतरेयुः ॥ २७ ॥ प्रव्रजतः स्वच्छन्दगतीन् ॥ २८ ॥ नादेनेत्यस्य पातयेयुरित्यनेनान्वयः ॥ २९ ॥ शतसहस्राणि । कोटिरित्यर्थः । ते प्रागुक्ता हरीणां प्रधानेषु यूथेषु मध्ये हरियूथपा बभूवुः । यूथपश्रेष्ठान्वीरांश्च हरीनजनयन्नित्यर्थः ॥ ३० ॥ ऋक्षवतः पर्वतविशेषस्य प्रस्थान्सानूनुपतस्थुरासेवन्ते स्म ॥ ३१ ॥ ३२ ॥ भ्रातरौ सुग्रीववालिनौ । सर्वे च सर्वेऽप्युपतस्थुः । केचित्साक्षात्केचिन्नलादिद्वारेत्याह—नलमित्यादि ॥ ३३ ॥ अर्दयन् । आर्दयन्नित्यर्थः । अडभाव आर्षः ॥ ३४ ॥ वाली जुगोपेत्यन्वयः । देवराजावतारत्वादिति भावः ॥ ३५ ॥ विविधसंस्थानैर्नानाप्रकारसंनिवेशैः । नानाव्यञ्जनलक्षणैः परस्परमे[illegible]लक्षणयुतैः ॥ ३६ ॥ अचलकूटः पर्वतशृङ्गम् । यथूपाधिपैः । यूथपानामधिपैरित्यर्थः । भीमशरीररूपैर्भयजनकशरीराकृतिभिः ॥ ३७ ॥

इति श्रीरामाभिरामे श्रीरामीये रामायणतिलके वाल्मीकीय आदिकाव्ये बालकाण्डे सप्तदशः सर्गः ॥ १७ ॥

६

अष्टादशः सर्गः ।

निर्वृत्ते तु क्रतौ तस्मिन्हयमेधे महात्मनः । प्रतिगृह्यामरा भागान्प्रतिजग्मुर्यथागतम् ॥ १
समाप्तदीक्षानियमः पत्नीगणसमन्वितः । प्रविवेश पुरीं राजा सभृत्यबलवाहनः ॥ २
यथार्हं पूजितास्तेन राज्ञा च पृथिवीश्वराः । मुदिताः प्रययुर्देशान्प्रणम्य मुनिपुंगवम् ॥ ३
श्रीमतां गच्छतां तेषां स्वगृहाणि पुरात्ततः । बलानि राज्ञां शुभ्राणि प्रहृष्टानि चकाशिरे ॥ ४
गतेषु पृथिवीशेषु राजा दशरथः पुनः । प्रविवेश पुरीं श्रीमान्पुरस्कृत्य द्विजोत्तमान् ॥ ५
शान्तया प्रययौ सार्धमृष्यशृङ्गः सुपूजितः । अनुगम्यमानो राज्ञा च सानुयात्रेण धीमता ॥ ६
एवं विसृज्य तान्सर्वान्राजा संपूर्णमानसः । उवास सुखितस्तत्र पुत्रोत्पत्तिं विचिन्तयन् ॥ ७
ततो यज्ञे समाप्ते तु ऋतूनां षट् समत्ययुः । ततश्च द्वादशे मासे चैत्रे नावमिके तिथौ ॥ ८
नक्षत्रेऽदितिदैवत्ये स्वोच्चसंस्थेषु पञ्चसु । ग्रहेषु कर्कटे लग्ने वाक्पताविन्दुना सह ॥ ९
प्रोद्यमाने जगन्नाथं सर्वलोकनमस्कृतम् । कौसल्याजनयद्रामं दिव्यलक्षणसंयुतम् ॥ १०
विष्णोरर्धं महाभागं पुत्रमैक्ष्वाकुनन्दनम् । लोहिताक्षं महाबाहुं रक्तोष्ठं दुन्दुभिस्वनम् ॥ ११
कौसल्या शुशुभे तेन पुत्रेणामिततेजसा । यथा वरेण देवानामदितिर्वज्रपाणिना ॥ १२
भरतो नाम कैकेय्यां जज्ञे सत्यपराक्रमः । साक्षाद्विष्णोश्चतुर्भागः सर्वैः समुदितो गुणैः ॥ १३
अथ लक्ष्मणशत्रुघ्नौ सुमित्राजनयत्सुतौ । वीरौ सर्वास्त्रकुशलौ विष्णोरर्धसमन्वितौ ॥ १४
पुष्ये जातस्तु भरतो मीनलग्ने प्रसन्नधीः । सार्पे जातौ तु सौमित्री कुलीरेऽभ्युदिते रवौ ॥ १५
राज्ञः पुत्रा महात्मानश्चत्वारो जज्ञिरे पृथक् । गुणवन्तोऽनुरूपाश्च रुच्या प्रोष्ठपदोपमाः ॥ १६
जगुः कलं च गन्धर्वा ननृतुश्चाप्सरोगणाः । देवदुन्दुभयो नेदुः पुष्पवृष्टिश्च खात्पतत् ॥ १७
उत्सवश्च महानासीदयोध्यायां जनाकुलः । रथ्याश्च जनसंबाधा नटनर्तकसंकुलाः ॥ १८
गायनैश्च विराविण्यो वादनैश्च तथापरैः । विरेजुर्विपुलास्तत्र सर्वरत्नसमन्विताः ॥ १९
प्रदेयांश्च ददौ राजा सूतमागधबन्दिनाम् । ब्राह्मणेभ्यो ददौ वित्तं गोधनानि सहस्रशः ॥ २०

प्रासङ्गिकदेवतावतारमुक्त्वा प्रकृतः प्रधानावतार उच्यते—निर्वृत्त इत्यादि । निर्वृत्ते समाप्ते । 'पुत्रोत्पत्तिं विचिन्तयन्' इत्यन्तो वृत्तानुवादः । हयमेध इत्यस्य पुत्रेष्टियुत इति शेषः ॥ १ ॥ प्रविवेश प्रवेशाभिमुखो बभूव ॥ २ ॥ मुनिपुंगवं वसिष्ठम्, ऋष्यशृङ्गं च ॥ ३ ॥ शुभ्राणि दशरथदत्तवस्त्राभरणादिनात्युज्ज्वलानि । अत एव प्रहृष्टानि ॥ ४ ॥ द्विजोत्तमान्वसिष्ठादीन् ॥ ५ ॥ सानुयात्रेण सभृत्येन राज्ञा दशरथेनानुगम्यमान ऋष्यशृङ्गः प्रययौ । स्वस्थानमिति शेषः ॥ ६ ॥ सर्वान्वसिष्ठादीनपि । तत्र पुरे ॥ ७ ॥ ऋतूनामिति प्रथमार्थे षष्ठी । समत्ययुः समतीताः । नावमिके नवम्यां तिथौ । स्वार्थे ठक् ॥ ८ ॥ अदितिदैवत्ये पुनर्वसौ । पञ्चसु रविभौमशनिगुरुशुक्रेषूच्चसंस्थेषु मेषमकरतुलाकर्कमीनस्थेषु । सचन्द्रगुरौ कर्कटे लग्ने स्थिते सति ॥ ९ ॥ प्रोद्यमाने तत्र लग्ने । उदयं गच्छति सतीत्यर्थः । सर्वलोकनमस्कृतम् । अस्य सर्वलोकरूपश्चासौ नमस्कृतश्च तमित्यप्यर्थः । तेनादौ प्रादुर्भावसमये मात्रा विराड्रूपस्य दर्शनम्, ततस्तद्रूपदर्शनविस्मयात्तया नमस्कृतः सन्मायया बालभावं दधाविति सूचितम् ॥ १० ॥ विष्णोः । शङ्खचक्रानन्तविशिष्टस्य विष्णोरित्यर्थः । अर्धम् । किंचिन्न्यूनमर्धमित्यर्थः । शङ्खचक्रादेरभावादिति भावः ॥ ११ ॥ देवानां वरेण देवश्रेष्ठेन ॥ १२ ॥ चतुर्भागः । चतुर्न्यूनो भागश्चतुर्भागः । पायसार्धस्य चतुर्थांशन्यूनो भागः । अत एव साक्षाद्विष्णोः सर्वैर्गुणैः समुदितो युक्तः । अस्य पाञ्चजन्यावतारतया स्वधारकस्य विष्णोः साक्षाद्विष्णुत्वमुक्तम् । अनेन पाञ्चजन्यस्यापि विष्णुत्वमेवेति सूचितम् । तदीयसर्वगुणवत्तासूचनेनास्यापि रामतुल्यत्वं रामपाय्यसांशसमपायसांशजन्यत्वं च सूचितम् ॥ १३ ॥ विष्णोरर्धेति । विष्णो रामस्य । अर्धशब्दोऽत्र भागवाची न समांशवाची । तेन पायसाष्टमांशौ लक्ष्मणशत्रुघ्नाविति बोध्यम् ॥ १४ ॥ सार्पमाश्लेषा । कुलीरः कर्कटः । अभ्युदित इत्यस्य उच्चस्थ इत्यर्थः । सौमित्री इति द्विवचनेन तयोर्यमजत्वं सूच्यते ॥ १५ ॥ राज्ञ इति । पृथग्गुणवन्तः प्रत्येकमनन्यसाधारणगुणवन्तः । अनुरूपा ज्येष्ठकनिष्ठत्वादियोग्यव्यवहारवन्तः । रुच्या कान्त्या । प्रोष्ठपदा इति पूर्वाभाद्रपदोत्तराभाद्रपदोर्नाम । तयोश्च प्रत्येकं द्वे द्वे तारे इति ज्योतिःशास्त्रप्रसिद्धम् । तैत्तिरीयश्रुतिरपि—'चत्वार एकमभिकर्म देवाः । प्रोष्ठपदास इति यान्वदन्ति' इति । तदुपमा इत्यर्थः ॥ १६ ॥ जगुरिति । रामाद्युत्पत्तिकाल इति शेषः । पतदित्यत्राडभावश्छान्दसः ॥ १७ ॥ १८ ॥ गायनैर्गायकैः । वादनैर्वादकैः । विराविण्यः सशब्दाः रथ्या इति विशेष्यम् । सर्वरत्नसमन्विता नटाद्युद्देशेन क्षिप्तै रत्नैर्युक्ताः ॥ १९ ॥ प्रदेयान्पारितोषिकान् । सूताः पौराणिकाः । मागधा वंशावलीकीर्तकाः । बन्दिनः

अतीत्यैकादशाहं तु नामकर्म तथाकरोत् । ज्येष्ठं रामं महात्मानं भरतं कैकयीसुतम् ॥ २१
सौमित्रिं लक्ष्मणमिति शत्रुघ्नमपरं तथा । वसिष्ठः परमप्रीतो नामानि कुरुते तदा ॥ २२
ब्राह्मणान्भोजयामास पौरजानपदानपि । अददद्ब्राह्मणानां च रत्नौघममलं बहु ॥ २३
तेषां जन्मक्रियादीनि सर्वकर्माण्यकारयत् । तेषां केतुरिव ज्येष्ठो रामो रतिकरः पितुः ॥ २४
बभूव भूयो भूतानां स्वयंभूरिव संमतः । सर्वे वेदविदः शूराः सर्वे लोकहिते रताः ॥ २५
सर्वे ज्ञानोपसंपन्नाः सर्वे समुदिता गुणैः । तेषामपि महातेजा रामः सत्यपराक्रमः ॥ २६
इष्टः सर्वस्य लोकस्य शशाङ्क इव निर्मलः । गजस्कन्धेऽश्वपृष्ठे च रथचर्यासु संमतः ॥ २७
धनुर्वेदे च निरतः पितुः शुश्रूषणे रतः । बाल्यात्प्रभृति सुस्निग्धो लक्ष्मणो लक्ष्मिवर्धनः ॥ २८
रामस्य लोकरामस्य भ्रातुर्ज्येष्ठस्य नित्यशः । सर्वप्रियकरस्तस्य रामस्यापि शरीरतः ॥ २९
लक्ष्मणो लक्ष्मिसंपन्नो बहिःप्राण इवापरः । न च तेन विना निद्रां लभते पुरुषोत्तमः ॥ ३०
मृष्टमन्नमुपानीतमश्नाति न हि तं विना । यदा हि हयमारूढो मृगयां याति राघवः ॥ ३१
अथैनं पृष्ठतोऽभ्येति सधनुः परिपालयन् । भरतस्यापि शत्रुघ्नो लक्ष्मणावरजो हि सः ॥ ३२
प्राणैः प्रियतरो नित्यं तस्य चासीत्तथा प्रियः । स चतुर्भिर्महाभागैः पुत्रैर्दशरथः प्रियैः ॥ ३३
बभूव परमप्रीतो देवैरिव पितामहः । ते यदा ज्ञानसंपन्नाः सर्वे समुदिता गुणैः ॥ ३४
ह्रीमन्तः कीर्तिमन्तश्च सर्वज्ञा दीर्घदर्शिनः । तेषामेवंप्रभावाणां सर्वेषां दीप्ततेजसाम् ॥ ३५
पिता दशरथो हृष्टो ब्रह्मा लोकाधिपो यथा । ते चापि मनुजव्याघ्रा वैदिकाध्ययने रताः ॥ ३६
पितृशुश्रूषणरता धनुर्वेदे च निष्ठिताः । अथ राजा दशरथस्तेषां दारक्रियां प्रति ॥ ३७
चिन्तयामास धर्मात्मा सोपाध्यायः सबान्धवः । तस्य चिन्तयमानस्य मन्त्रिमध्ये महात्मनः ॥ ३८
अभ्यागच्छन्महातेजा विश्वामित्रो महामुनिः । स राज्ञो दर्शनाकाङ्क्षी द्वाराध्यक्षानुवाच ह ॥ ३९
शीघ्रमाख्यात मां प्राप्तं कौशिकं गाधिनः सुतम् । तच्छ्रुत्वा वचनं तस्य राज्ञो वेश्म प्रदुद्रुवुः ॥ ४०

स्तुतिपाठकाः । संबन्धसामान्ये षष्ठी । सूतादिसंबन्धि यद्देयं पारितोषिकं तत्तेभ्यो ददावित्यन्वयः ॥ २० ॥ अतीत्येति । एकादशाहशब्दः सूतकान्तोपलक्षणम् । अन्यथा 'क्षत्रियस्य द्वादशाहं सूतकम्' इति स्मृतिविरोधः स्यात् । तथा च रामजन्मतस्त्रयोदशे दिने नामकरणमकरोदित्यर्थः । अस्य निरुक्तिः पूर्वं दर्शिता । 'श्रियः कमलवासिन्या रमणोऽयं यतो हरिः । तस्माच्छ्रीराम इत्यस्य नाम सिद्धं पुरातनम् । सहस्रनामसदृशं स्मरणान्मुक्तिदं नृणाम् ॥' इति पाद्म उक्तम् ॥ २१ ॥ नामानि कुरुते । नामकरणमकारयदित्यर्थः । वर्तमानसामीप्ये लट् । अन्तर्भावितण्यर्थता च । यत्तु कतकेन 'राज्ञो नामकरणादावनधिकारः' इत्युक्तम्, अकरोदित्यत्र च 'पुरोहितद्वारा' इति शेषपूरणं कृतम्, तत्र मानं चिन्त्यम् ॥ २२ ॥ ब्राह्मणान्भोजयामासेति । राजाज्ञयेति शेषः । बहु । बहुमानपूर्वकमित्यर्थः ॥ २३ ॥ जन्मक्रियादीनि । तदाद्युपनयनान्तानीत्यर्थः । अकारयत् । वसिष्ठो राज्ञेति शेषः । केतुर्बिरुदध्वजः । स यथान्नदानादिकीर्तिं ख्यापयत्येवमिक्ष्वाकुकुलवैभवप्रकाशकः । रतिः प्रीतिः ॥ २४ ॥ स्वयंभूर्हिरण्यगर्भः स इव सर्वशक्तिमत्त्वेन संमतः ॥ २५ ॥ ज्ञानोपसंपन्नाः । तत्त्वज्ञानयुक्ता इति केचित् । गुणैः साधारणैः । क्षत्रासाधारणैश्च सद्गुणैरित्यर्थः । तेषामिति निर्धारणे षष्ठी । रामः । सर्वसद्गुण इति शेषः ॥२६॥ इष्टः सर्वस्येत्यादि । गुणकथने पौनरुक्त्यं दार्ढ्याय । रथचर्यासु रणोचितरथप्रचारेषु ॥ २७ ॥ लक्ष्मिवर्धन इति ह्रस्व आर्षः ॥ २८ ॥ रामस्य सुस्निग्ध इति प्राक्तनेनान्वयः । स्वशरीरादपि तस्य स्वात्मभूतस्य रामस्य प्रियकरः ॥ २९ ॥ रामस्यापरो बहिः संचरन्प्राण इव लक्ष्मणः प्रियः । तदेवाह—न चेति ॥ ३० ॥ मृगयाम् । आखेटमुद्दिश्येत्यर्थः ॥ ३१ ॥ परिपालयन् । रामशरीरमिति शेषः । अनेन लक्ष्मणस्य भक्त्यतिशय उक्तः । हि यतः शत्रुघ्नो लक्ष्मणावरजः । अतो रामावरजस्य भरतस्य प्रिय इति शेषः । रामलक्ष्मणाविव भरतशत्रुघ्नौ परस्परप्रियावित्यर्थः ॥ ३२ ॥ तस्य शत्रुघ्नस्य । सः । भरत इति शेषः । तथा तस्य भरतस्य शत्रुघ्नः प्रिय आसीत् ॥ ३३ ॥ देवैश्चतुर्भिर्दिक्पालैः । यद्वा वसुरुद्रादित्यविश्वेदेवैस्ते सर्वे रामादयो गुणैः समुदिता युक्ताः । आसन्निति शेषः ॥ ३४ ॥ एवंप्रभावाणां प्रागुक्तप्रभाववताम् । लाभेनेति शेषः ॥ ३५ ॥ पिता हृष्ट इत्यन्वयः । वैदिकाध्ययने वेदसंबन्ध्यध्ययने ॥ ३६ ॥ दारक्रिया विवाहः । 'कुमारस्य विशालाक्षं पाण्डुतां मुखमाददे । कपोलतलसंलीनपाणिः पद्मासनस्थितः ॥' इत्यादियोगवसिष्ठोक्तरीत्या संसारासारत्वदर्शनेन जातानां मुखपाण्डुतादीनां कामकृतत्वसंभावनया विवाहक्रियाचिन्तनमिति बोध्यम् ॥ ३७ ॥ सोपाध्यायः सपुरोहितः ॥ ३८ ॥ ॥ ३९ ॥ कौशिकं कुशिकगोत्रापत्यम् । विलम्बे शापत्रासाद्द्वाराध्यक्षा राजवेश्म त्वरया प्रविविशुः । तदागमननिवेदना-

संभ्रान्तमनसः सर्वे तेन वाक्येन चोदिताः । ते गत्वा राजभवनं विश्वामित्रमृषिं तदा ॥ ४१
प्राप्तमावेदयामासुर्नृपायेक्ष्वाकवे तदा । तेषां तद्वचनं श्रुत्वा सपुरोधाः समाहितः ॥ ४२
प्र[illegible] जगाम संहृष्टो ब्रह्माणमिव वासवः । स दृष्ट्वा ज्वलितं दीप्त्या तापसं संशितव्रतम् ॥ ४३
[illegible] राजा ततोऽर्घ्यमुपहारयत् । स राज्ञः प्रतिगृह्यार्घ्यं शास्त्रदृष्टेन कर्मणा ॥ ४४
कुशलं चाव्ययं चैव पर्यपृच्छन्नराधिपम् । पुरे कोशे जनपदे बान्धवेषु सुहृत्सु च ॥ ४५
कुशलं कौशिको राज्ञः पर्यपृच्छत्सुधार्मिकः । अपि ते संनताः सर्वे सामन्तरिपवो जिताः ॥ ४६
दैवं च मानुषं चैव कर्म ते साध्वनुष्ठितम् । वसिष्ठं च समागम्य कुशलं मुनिपुंगवः ॥ ४७
ऋषींश्च तान्यथान्यायं महाभाग उवाच ह । ते सर्वे हृष्टमनसस्तस्य राज्ञो निवेशनम् ॥ ४८
विविशुः पूजितास्तेन निषेदुश्च यथार्हतः । अथ हृष्टमना राजा विश्वामित्रं महामुनिम् ॥ ४९
उवाच परमोदारो हृष्टस्तमभिपूजयन् । यथामृतस्य संप्राप्तिर्यथा वर्षमनूदके ॥ ५०
यथा सदृशदारेषु पुत्रजन्माप्रजस्य वै । प्रनष्टस्य यथा लाभो यथा हर्षो महोदयः ॥ ५१
[illegible]वागमनं मन्ये स्वागतं ते महामुने । कं च ते परमं कामं करोमि किमु हर्षितः ॥ ५२
पात्रभूतोऽसि मे ब्रह्मन्दिष्ट्या प्राप्तोऽसि मानद । अद्य मे सफलं जन्म जीवितं च सुजीवित[illegible] ॥ ५३
यस्माद्विप्रेन्द्रमद्राक्षं सुप्रभाता निशा मम । पूर्वं राजर्षिशब्देन तपसा द्योतितप्रभः ॥ ५४
ब्रह्मर्षि[illegible]प्राप्तः पूज्योऽसि बहुधा मया । तदद्भुतमभूद्विप्र पवित्रं परमं मम ॥ ५५
शुभक्षेत्रगतश्चाहं तव संदर्शनात्प्रभो । ब्रूहि यत्प्रार्थितं तुभ्यं कार्यमागमनं प्रति ॥ ५६
इच्छाम्यनुगृहीतोऽहं त्वदर्थं परिवृद्धये । कार्यस्य न विमर्शं च गन्तुमर्हसि सुव्रत ॥ ५७
कर्ता चाहमशेषेण दैवतं हि भवान्मम । मम चायमनुप्राप्तो महानभ्युदयो द्विज ।
तवागमनजः कृत्स्नो धर्मश्चानुत्तमो द्विज ॥ ५८

येति शेषः ॥ ४० ॥ संभ्रान्तमनसः क्षुभितचित्ताः । तेन तदीयेन विश्वामित्रसंबन्धिना ॥ ४१ ॥ इक्ष्वाकवे । तद्वंशजत्वात्तच्छब्द्यम् । समाहित एकाग्रचित्तः ॥ ४२ ॥ ब्रह्माणं बृहस्पतिम् । 'बृहस्पतिर्देवानां ब्रह्मा' इति श्रुतेः । संशितव्रतं तीक्ष्णनियमम् ॥ ४३ ॥ उपहारयदिति । वसिष्ठेनेति शेषः । अडभाव आर्षः । राज्ञोऽर्घ्यं राजप्रेरणया वसिष्ठानीतम् ॥ ४४ ॥ कुशलपदमनामयोपलक्षणम् । 'क्षत्रबन्धुमनामयम्' इति श्रुतेः । अव्ययं वृद्धिम् ॥ ४५ ॥ पुनर्विशिष्य पृच्छति—कुशलमिति । विशेषप्रकारमाह—अपि त इति । अपिः प्रश्ने । एवमग्रेऽपि । सामन्ताः संनता नम्रा अपि रिपवो जिताः ॥ ४६ ॥ अपि दैवं कर्म होमदेवतार्चनादिकम् । मानुषं कर्म सामभेदादिकम् । राज्ञः प्रेरितार्घ्यदातृत्वेन प्रथमतो राज्ञेऽनामयादि पृष्ट्वा, ततो वसिष्ठेन समागम्यालिङ्गनादि कृत्वा, कुशलमित्यस्य पप्रच्छेति शेषः । अनेन राजपुरोहितत्वकृतः पूर्वस्पर्धयेषदपमानो वसिष्ठस्य विश्वामित्रकृतः सूचितः । 'वसिष्ठश्च समागम्य प्रहसन्मुनिपुंगवः । यथार्हं पूजयित्वैवं पप्रच्छ कुशलं तदा ॥' इति क्वचित्पाठः । तत्र पूर्वं मां स्पर्धमानोऽपि मद्राजसंनिधावागत इति हासः ॥ ४७ ॥ ऋषीन्वामदेवादीन्यथान्यायं संगत्य कुशलं चोवाच । अत्र वामदेवादिभिः स्वस्थानस्थैरेव समागम्य [illegible] तान्गृहीत्वैव ते स्वयं च राजसदनं विविशुरित्यन्वयः ॥ ४८ ॥ पूजिता इत्यस्य राज्ञेति शेषः ॥ ४९ ॥ परमोदारः परमदाता । हृष्टः पुलकितः । अमूदके इत्यार्षं दीर्घत्वम् ॥ ५० ॥ सदृशदारेषु जातिवयोरूपगुणतुल्येषु । प्रनष्टस्य । निध्यादेरिति शेषः । महः पुत्रजन्माद्युत्सवस्तस्मादुदयो यस्य स हर्षो यथा तथा त आगमनं मन्ये । अत्र स्वकार्यहर्षसादृश्यस्यागमन उक्त्या तवागमनजहर्षस्यानिर्वाच्यत्वं व्यज्यते । स्वागतं त इति भिन्नं वाक्यम् । च परं कं कामं किमु केन प्रकारेण करोमि । कुर्यामित्यर्थः । वर्तमानसामीप्ये लट् ॥ ५१ ॥ ५२ ॥ पात्रभूतः सर्वसेवायोग्यः । दिष्ट्या शुभादृष्टेन । सुजीवितम् । अद्यैव तत्फललाभादिति भावः ॥ ५३ ॥ पूर्वमिति । राजर्षिशब्दसाधकेन तपसा पूर्वमतिशयितकान्तिमान् ॥ ५४ ॥ अनु पश्चाद्ब्रह्मर्षित्वसाधकेन तपसा ब्रह्मर्षित्वं प्राप्तोऽतो मया बहुधा बहुप्रकारेण राजर्षिब्रह्मर्षिप्रकारेण पूज्योऽसीत्यन्वयः । तदिति । परमं पवित्रमिदं त्वदागमनं यन्मम पुरोऽभूत्तदद्भुतमत्याश्चर्यमित्यर्थः ॥५५॥ हे प्रभो, तव संदर्शनाच्छुभक्षेत्रं सकलपापाभावविशिष्टसकलशुभसाधनपुण्यवद्देहं गतः प्राप्तवान् । तेन सफलजन्मता निष्पापता च ध्वनिता । 'इदं शरीरं कौन्तेय क्षेत्रमित्यभिधीयते' इति भगवद्गीतोक्तेः । ब्रूहीति । तुभ्यमिति षष्ठ्यर्थे चतुर्थी । ते यत्कार्यं प्रति यत्कार्यार्थमागमनं तन्मया प्रार्थितः सन्ब्रूहि कथय ॥ ५६ ॥ स्वाभिमतकार्ययोगेनानुगृहीतोऽहं त्वत्प्रयोजनपरिवृद्धिं निष्पत्तिं कर्तुमिच्छामि । विमर्शं करिष्यति न वेति संदेहम् ॥ ५७ ॥ तत्र हेतुमाह—दैवतं हीति । इतश्च न संदेह इत्याह—मम चेति । तवागमनजः कृत्स्नो धर्मो मम

इति हृदयसुखं निशम्य वाक्यं श्रुतिसुखमात्मवता विनीतमुक्तम् ।
प्रथितगुणयशा गुणैर्विशिष्टः परमऋषिः परमं जगाम हर्षम् ॥ ५९

इत्यार्षे श्रीमद्रामायणे वाल्मीकीय आदिकाव्ये बालकाण्डेऽष्टादशः सर्गः ॥ १८ ॥

एकोनविंशः सर्गः ।

तच्छ्रुत्वा राजसिंहस्य वाक्यमद्भुतविस्तरम् । हृष्टरोमा महातेजा विश्वामित्रोऽभ्यभाषत ॥ १
सदृशं राजशार्दूल तवैव भुवि नान्यतः । महावंशप्रसूतस्य वसिष्ठव्यपदेशिनः ॥ २
यत्तु मे हृद्गतं वाक्यं तस्य कार्यस्य निश्चयम् । कुरुष्व राजशार्दूल भव सत्यप्रतिश्रवः ॥ ३
अहं नियममातिष्ठे सिद्ध्यर्थं पुरुषर्षभ । तस्य विघ्नकरौ द्वौ तु राक्षसौ कामरूपिणौ ॥ ४
व्रते तु बहुशश्चीर्णे समाप्त्यां राक्षसाविमौ । मारीचश्च सुबाहुश्च वीर्यवन्तौ सुशिक्षितौ ॥ ५
तौ मांसरुधिरौघेण वेदिं तामभ्यवर्षताम् । अवधूते तथाभूते तस्मिन्नियमनिश्चये ॥ ६
कृतश्रमो निरुत्साहस्तस्माद्देशादपाक्रमे । न च मे क्रोधमुत्स्रष्टुं बुद्धिर्भवति पार्थिव ॥ ७
तथाभूता हि सा चर्या न शापस्तत्र मुच्यते । स्वपुत्रं राजशार्दूल रामं सत्यपराक्रमम् ॥ ८
काकपक्षधरं वीरं ज्येष्ठं मे दातुमर्हसि । शक्तो ह्येष मया गुप्तो दिव्येन स्वेन तेजसा ॥ ९
राक्षसा ये विकर्तारस्तेषामपि विनाशने । श्रेयश्चास्मै प्रदास्यामि बहुरूपं न संशयः ॥ १०

महानभ्युदयः प्राप्तः । हर्षातिशयाद्विजेति पुनरुक्तिर्न दोषाय ॥ ५८ ॥ इतीति । यतो हृदयसुखमत एव श्रुतिसुखम् । आत्मवता स्वाधीनेन । विनीतं विनययुक्तम् । प्रथितैर्गुणैस्त्रिशङ्कुस्वर्गारोहणादिभिर्यशो यस्य । गुणैः शमदमादिभिः । परमऋषिः । 'ऋत्यकः' इति प्रकृतिभावः ॥ ५९ ॥ इति **श्रीरामाभिरामे श्रीरामीये रामायणतिलके वाल्मीकीय आदिकाव्ये बालकाण्डेऽष्टादशः सर्गः ॥ १८ ॥**

तदिति । अद्भुतविस्तरं दैवतं हि भवान्ममेत्याद्युक्तिरूपमाश्चर्यप्रपञ्चम् ॥ १ ॥ एतत्तवैव सदृशम् । नान्यतो नान्यस्य । तत्र हेतुगर्भं विशेषणम्—महावंशेत्यादि । वसिष्ठव्यपदेशिनो वसिष्ठनियोगवर्तिनः ॥ २ ॥ यत्त्विति । तस्य तत्प्रतिपाद्यस्य कार्यस्य निश्चयं कर्तव्यत्वनिश्चयं सर्वथा करिष्यामीत्यङ्गीकारं कुरुष्व । कृत्वा च सत्यप्रतिश्रवः सत्यप्रतिज्ञो भव ॥ ३ ॥ अहमिति । सिद्ध्यर्थं यागार्थं नियमं दीक्षामातिष्ठ आस्थितोऽस्मि । तस्य यज्ञस्य ॥ ४ ॥ व्रते त्विति । बहुशश्चीर्णे समाप्तिकल्पे । समाप्त्यां समाप्तिसमये ॥ ५ ॥ नियमनिश्चये व्रतसंकल्पे । अवधूते नाशिते । तस्मिंस्तत्संकल्पविषये यज्ञे च तथाभूते नाशिते सति ॥ ६ ॥ कृतश्रमः कृतवृथाप्रयासः । अत एव निरुत्साहः । तस्माद्देशादपाक्रमे निर्गतोऽस्मि । ननु भवद्भिः शापेनैव कुतस्तौ न नाशितौ तत्राह—न चेति । क्रोधमुत्स्रष्टुं शप्तुम् ॥७॥ तत्र हेतुमाह—तथाभूतेति । शापादिप्रवृत्त्यनर्हेत्यर्थः । अतः स्वपुत्रमित्यादि ॥ ८ ॥ बालानां कपोलसमीपशिखा काकपक्षः । नन्वनेन बालेन किं करिष्यसीत्यत्राह—शक्त इत्यादि । मया । पितृस्थानीयेनेति शेषः । दिव्यं तेजो वैष्णवं तेन । युक्त इति शेषः ॥ ९ ॥ विकर्तारो विघ्नकर्तारस्तेषां विनाशनेऽपि । शक्तः, किं पुनर्मद्यज्ञरक्षणे । मारीचसुबाहुसेनाभिप्रायेण तेषामिति बहुवचनम् । राज्ञो दानप्ररोचनायाह—श्रेयश्चेति । बहुरूपमस्त्रदानविवाहादिरूपम् । च किंच मुखपाण्डुत्वादिनिवर्तकं बहुरूपं विपुलतरं परमार्थरूपं च श्रेय आत्मस्वरूपं प्रदास्यामि वसिष्ठद्वारा दापयिष्यामि । बोधयिष्यामीत्यर्थः । रामस्य शुद्धमुक्तस्वभावत्वेऽपि लोकानां तत्त्वबोधनमेव रामबोधनस्य फलम् । सनत्कुमारशापवशात्तिरोहितस्य ज्ञानस्य प्रादुर्भूतिश्च फलमिति बोध्यम् । तदुक्तमादित्यपुराणे—'विज्ञानमेतदखिलं विश्वाकारमबुद्धयः । पश्यन्ति ज्ञानिनस्त्वेकमात्मरूपमिदं जगत् । दुर्विज्ञेयं वसिष्ठेन रामाय कथितं पुरा ॥' इति स्कन्दं प्रति शिवोक्तेः । योगवासिष्ठे स्फुटतरमेतत् । मुख्यश्रेयश्च विष्णुपुराणे द्वितीयांशे—'तन्मह्यं प्रणताय त्वं यच्छ्रेयः परमं द्विज । तद्वदाखिलविज्ञानजलवीच्युदधिर्भवान् ॥' इति राजप्रश्ने पुत्रस्वर्गादीनामापेक्षिकश्रेयस्त्वेऽपि न परमार्थरूपं श्रेयस्त्वमित्युक्त्वा 'एको व्यापी समः शुद्धो निर्गुणः प्रकृतेः परः । जन्मवृद्ध्यादिरहित आत्मा सर्वगतोऽव्ययः ॥ परं ज्ञानमयोऽसद्भिर्नामजात्यादिभिर्विभुः । न योगवान्न युक्तोऽभून्नैव पार्थिव योक्ष्यते ॥ तस्यात्मपरदेहेषु सतोऽप्येकमयं हि यत् । विज्ञानं परमार्थोऽसौ' इति जडभरतोक्त्यात्मस्वरूपमेव परमार्थश्रेयस्त्वेन दर्शितम् । तथात्रैव—'आत्मा ध्येयः सदा भूप योगयुक्तैस्तथापरम् । श्रेयस्तस्यैव संयोगः श्रेयो यः परमात्मना ॥' इत्युक्तं प्रघट्टकान्तरे । तथा जीवपरमात्मनोर्यः संयोग उपाधिनिर्गमरूपः स परं श्रेय इति तदर्थः । 'विभेदजनकेऽज्ञाने नाशमात्यन्तिकं गते । आत्मनो ब्रह्मणो भेदमसन्तं कः करिष्यति ॥' इति प्रघट्टकान्तरोक्तेः 'परमात्मात्मनो योगः परमार्थ इतीर्यते' इति तेनैवोक्तत्वाच्चेत्य-

त्रयाणामपि लोकानां येन ख्यातिं गमिष्यति । न च तौ राक्षसाभ्यां शक्तौ स्थातुं कथंचन ॥ ११
न च तौ राघवादन्यो हन्तुमुत्सहते पुमान् । वीर्योत्सिक्तौ हि तौ पापौ कालपाशवशंगतौ ॥ १२
रामस्य राजशार्दूल न पर्याप्तो महात्मनः । न च पुत्रगतं स्नेहं कर्तुमर्हसि पार्थिव ॥ १३
अहं ते प्रतिजानामि हतौ तौ विद्धि राक्षसौ । अहं वेद्मि महात्मानं रामं सत्यपराक्रमम् ॥ १४
वसिष्ठोऽपि महातेजा ये चेमे तपसि स्थिताः । यदि ते धर्मलाभं तु यशश्च परमं भुवि ॥ १५
स्थिरमिच्छसि राजेन्द्र रामं मे दातुमर्हसि । यद्यभ्यनुज्ञां काकुत्स्थ ददते तव मन्त्रिणः ॥ १६
वसिष्ठप्रमुखाः सर्वे ततो रामं विसर्जय । अभिप्रेतमसंसक्तमात्मजं दातुमर्हसि ॥ १७
दशरात्रं हि यज्ञस्य रामं राजीवलोचनम् । नात्येति कालो यज्ञस्य यथायं मम राघव ॥ १८
तथा कुरुष्व भद्रं ते मा च शोके मनः कृथाः । इत्येवमुक्त्वा धर्मात्मा धर्मार्थसहितं वचः ॥ १९
विरराम महातेजा विश्वामित्रो महामतिः । स तन्निशम्य राजेन्द्रो विश्वामित्रवचः शुभम् ॥ २०
शोकेन महताविष्टश्चचाल च मुमोह च । लब्धसंज्ञस्ततोत्थाय व्यषीदत भयान्वितः ॥ २१

इति हृदयमनोविदारणं मुनिवचनं तदतीव शुश्रुवान् ।
नरपतिरभवन्महान्महात्मा व्यथितमनाः प्रचचाल चासनात् ॥ २२

इत्यार्षे श्रीमद्रामायणे वाल्मीकीय आदिकाव्ये बालकाण्ड एकोनविंशः सर्गः ॥ १९ ॥

विंशः सर्गः ।

तच्छ्रुत्वा राजशार्दूलो विश्वामित्रस्य भाषितम् । मुहूर्तमिव निःसंज्ञः संज्ञावानिदमब्रवीत् ॥ १
ऊनषोडशवर्षो मे रामो राजीवलोचनः । न युद्धयोग्यतामस्य पश्यामि सह राक्षसैः ॥ २
इयमक्षौहिणी सेना यस्याहं पतिरीश्वरः । अनया सहितो गत्वा योद्धाहं तैर्निशाचरैः ॥ ३

त्वम् ॥ १० ॥ त्रयाणाम् । त्रिष्वित्यर्थः । येन मद्दत्तास्त्रादिना । आसाद्य । युद्ध इति शेषः ॥११॥ न चेति । तत्र हेतुमाह—वीर्येत्यादि । रामस्तर्हि कथं हन्यादित्यत्राह—कालेति ॥ १२ ॥ रामस्य रामवीर्यस्य । पुत्रगतं पुत्रविषयम् । राम इति शेषः । नायं तव पुत्रः । किं तर्हि दिव्यमेतत्तेज इति तात्पर्यम् ॥ १३ ॥ तत्र हेतुमाह—अहमिति । हताविति भूतप्रत्ययेन वधस्य सुकरत्वं ध्वन्यते । रामं निरतिशयवैभवविष्णुतेजोंऽशावताररूपम् ॥ १४ ॥ स्वज्ञाने संवादमाह—वसिष्ठोऽपीत्यादि । तेऽपि एवं । विदुरिति शेषः । त इति त्वमित्यर्थे । धर्मलाभं परमं यशश्च यदि स्थिरमिच्छसीत्यन्वयः । तेन रामदानं तवापि फलदमित्याशयः ॥ १५ ॥ मे मह्यम् । किंच मन्त्रिणां संमतेऽपि दातुमर्हसीत्याह—यदीत्यादि । अभ्यनुज्ञां रामदानविषयकानुमतिम् ॥ १६ ॥ ततस्तदा । अभिप्रेतं ममेष्टम् । तव चासंसक्तमतीतबाल्यत्वान्मातापितृसक्तिरहितम्, ईश्वरत्वात्क्वाप्यनासक्तमिति व्यङ्ग्यम् ॥ १७ ॥ नापि नातिचिरविप्रयोगस्ते पुत्रेणेत्याह—दशेति । यज्ञसंबन्धि दशरात्रात्मकः काल एव राममपेक्षत इति शेषः । हे राघव, ममायं यज्ञस्य कालो यथा यथोक्तं कालं नात्येति नातिक्रामति । ततोऽधिको विलम्बो न भवतीत्यर्थः ॥ १८ ॥ तथेति । अत्रापि पूर्वश्लोकान्त्यार्धमावृत्त्या संबध्यते । हे राघव, ममायं यज्ञस्य कालो नात्येति नातिपतेत्तथा कुरुष्वेत्यन्वयः । धर्मार्थसहितम् । अर्थो रामस्यास्त्रादिलाभरूपः ॥ १९ ॥ २० ॥ चलनं कम्पः । ततोत्थायेति च्छान्दसम् । व्यषीदतेत्यप्येवम् । भयान्वितो रक्षोनिमित्तपुत्रवियोगभयान्वितः ॥ २१ ॥ इतीति । अतीवात्यर्थं हृदयस्य हृदयपुण्डरीकवर्त्यात्मनो मनसोऽन्तःकरणस्य च विदारणं पीडाजनकम् । शुश्रुवाञ्छुश्राव । महान्नरपतिः । सार्वभौम इति यावत् । महात्मा महाबुद्धिः । व्यथितमना मूर्च्छितचित्तः । अभवदवस्थातुमशक्त आसनात्प्रचचाल च । निःसंज्ञः पपातेत्यर्थः ॥ २२ ॥ **इति श्रीरामाभिरामे श्रीरामीये रामायणतिलके वाल्मीकीय आदिकाव्ये बालकाण्ड एकोनविंशः सर्गः ॥ १९ ॥**

तदिति । निःसंज्ञ इव निष्प्राण इव । रामे प्राकृतत्वबुद्ध्या राक्षसेभ्यो भयसंभावनया दानप्रतिज्ञया च व्याकुलत्वान्मूर्च्छित इत्यर्थः । ततः संज्ञावान्गतमूर्च्छ इदं वक्ष्यमाणमब्रवीत् ॥ १ ॥ ऊनेति । किंचिदूनानि षोडशवर्षाणि यस्य सः । 'इदं च युद्धायोग्यत्वं प्रतिपादितम् । षोडशवर्षः क्षत्रियकुमार एष कवचधरो युद्धार्ह इति शास्त्रात्' इति कतककृतः । अन्ये तु 'ऊनषोडशवर्षशब्दस्य द्वादशवर्षः' इत्यर्थः । कौशिकयागरक्षणार्थमागतस्य रामस्य वयोविशेषमुद्दिश्य 'बालो द्वादशवर्षोऽयमकृतास्त्रश्च राघवः' इत्यरण्यकाण्डे रावणं प्रति मारीचोक्तेरित्याहुः । अरण्ये 'बालः षोडशवर्षोऽयम्' इत्येव पाठो रावणस्य भयातिशयार्थं वा मारीचस्यात्युक्तिः सेति कतकाशयः ॥ २ ॥ इयमिति । 'एको रथो गजश्चैको नराः पञ्च पदातयः । त्रयश्च तुरगास्तज्ज्ञैः पत्तिरित्यभिधीयते ॥ पत्तिं तु त्रिगुणा-

इमे शूराश्च विक्रान्ता भृत्या मेऽस्त्रविशारदाः । योग्या रक्षोगणैर्योद्धुं न रामं नेतुमर्हसि ॥ ४
अहमेव धनुष्पाणिर्गोप्ता समरमूर्धनि । यावत्प्राणान्धरिष्यामि तावद्योत्स्ये निशाचरैः ॥ ५
निर्विघ्ना व्रतचर्या सा भविष्यति सुरक्षिता । अहं तत्र गमिष्यामि न रामं नेतुमर्हसि ॥ ६
बालो ह्यकृतविद्यश्च न च वेत्ति बलाबलम् । न चास्त्रबलसंयुक्तो न च युद्धविशारदः ॥ ७
न चासौ रक्षसां योग्यः कूटयुद्धा हि राक्षसाः । विप्रयुक्तो हि रामेण मुहूर्तमपि नोत्सहे ॥ ८
जीवितुं मुनिशार्दूल न रामं नेतुमर्हसि । यदि वा राघवं ब्रह्मन्नेतुमिच्छसि सुव्रत ॥ ९
चतुरङ्गसमायुक्तं मया सह च तं नय । षष्टिर्वर्षसहस्राणि जातस्य मम कौशिक ॥ १०
कृच्छ्रेणोत्पादितश्चायं न रामं नेतुमर्हसि । चतुर्णामात्मजानां हि प्रीतिः परमिका मम ॥ ११
ज्येष्ठे धर्मप्रधाने च न रामं नेतुमर्हसि । किंवीर्या राक्षसास्ते च कस्य पुत्राश्च के च ते ॥ १२
कथंप्रमाणाः के चैतान्रक्षन्ति मुनिपुंगव । कथं च प्रतिकर्तव्यं तेषां रामेण रक्षसाम् ॥ १३
मामकैर्वा बलैर्ब्रह्मन्मया वा कूटयोधिनाम् । सर्वं मे शंस भगवन्कथं तेषां मया रणे ॥ १४
स्थातव्यं दुष्टभावानां वीर्योत्सिक्ता हि राक्षसाः । तस्य तद्वचनं श्रुत्वा विश्वामित्रोऽभ्यभाषत ॥ १५
पौलस्त्यवंशप्रभवो रावणो नाम राक्षसः । स ब्रह्मणा दत्तवरस्त्रैलोक्यं बाधते भृशम् ॥ १६
महाबलो महावीर्यो राक्षसैर्बहुभिर्वृतः । श्रूयते च महाराज रावणो राक्षसाधिपः ॥ १७
साक्षाद्वैश्रवणभ्राता पुत्रो विश्रवसो मुनेः । यदा न खलु यज्ञस्य विघ्नकर्ता महाबलः ॥ १८
तेन संचोदितौ तौ तु राक्षसौ च महाबलौ । मारीचश्च सुबाहुश्च यज्ञविघ्नं करिष्यतः ॥ १९
इत्युक्तो मुनिना तेन राजोवाच मुनिं तदा । न हि शक्तोऽस्मि सङ्ग्रामे स्थातुं तस्य दुरात्मनः ॥ २०
स त्वं प्रसादं धर्मज्ञ कुरुष्व मम पुत्रके । मम चैवाल्पभाग्यस्य दैवतं हि भवान्गुरुः ॥ २१
देवदानवगन्धर्वा यक्षाः पतगपन्नगाः । न शक्ता रावणं सोढुं किं पुनर्मानवा युधि ॥ २२
स तु वीर्यवतां वीर्यमादत्ते युधि रावणः । तेन चाहं न शक्तोऽस्मि संयोद्धुं तस्य वा बलैः ॥ २३
सबलो वा मुनिश्रेष्ठ सहितो वा ममात्मजैः । कथमप्यमरप्रख्यं सङ्ग्रामाणामकोविदम् ॥ २४

मेकं विदुः सेनामुखं बुधाः । त्रीणि सेनामुखान्येको गुल्म इत्यभिधीयते ॥ त्रयो गुल्मा गणो नाम वाहिनी तु गणास्त्रयः । स्मृतास्तिस्रस्तु वाहिन्यः पृतनेति विचक्षणैः ॥ चमूस्तु पृतनास्तिस्रश्चम्वस्तिस्रस्त्वनीकिनी । अनीकिनीं दशगुणां प्राहुरक्षौहिणीं बुधाः ॥' इति । यस्याहमिति संधिरार्षः । पतिः पालकः । ईश्वरः स्वामी । योद्धेत्यस्य अस्मीति शेषः ॥ ३ ॥ ४ ॥ गोप्ता । यज्ञस्येति शेषः । प्राणान्धरिष्यामि । जीविष्यामीत्यर्थः ॥ ५ ॥ ६ ॥ रामगमनेऽनुपपत्तिमाह—बाल इत्यादि । ऊनषोडशवर्षत्वादेव बालत्वव्यवहारः, स्नेहातिशयेन च तेनैवाकृतविद्यत्वव्यवहारः । अन्यथा 'सर्वे वेदविदः शूराः' 'सर्वे ज्ञानोपसंपन्नाः' इति पूर्वोक्त्या विरोधः स्यात् ॥ ७ ॥ न चेति । रक्षसामित्यस्य रण इति शेषः । कूटं कपटम् । रामनयने बाधकमप्याह—विप्रेत्यादि ॥ ८ ॥ उक्तानुपपत्तिपरिहारायाह—यदि वेति ॥ ९ ॥ इतोऽपि रामनयनमयुक्तमित्याह—षष्टिरिति । अतीतानीति शेषः ॥ १० ॥ कृच्छ्रेण दुःखेन । क्वचित् 'दुःखेन' इत्येव पाठः । यज्ञदीक्षादिलक्षणेन । परमिकातिशयिता । स्वार्थे कः । चतुर्णामिति निर्धारणे षष्ठी । तेषामन्येऽस्मिन्मम प्रीतिरधिकेत्यर्थः ॥ ११ ॥ प्रीत्याधिक्ये कारणमाह—ज्येष्ठ इति । अनेन राज्ययोग्यता ध्वनिता । धर्मप्रधाने त्रिषु पुरुषार्थेषु धर्माधीनप्रवृत्तिके । राक्षसैर्युद्धे हि पाक्षिकनाशसंभावनया राज्यविच्छेद एव भवेत् । धर्मेण प्रजापालनं च नान्यतो निर्वहेत् । अतो रामो नेतुमयोग्यः । अथ रामनयनस्य सर्वथाऽयोग्यत्वं प्रतिपादयितुं रक्षःस्वरूपं पृच्छति—किंवीर्या इति । के च ते किंनामानः ॥ १२ ॥ कथंप्रमाणाः कीदृक्शरीरप्रमाणाः । रक्षन्ति । स्वामित्वेनेति शेषः । प्रतिकर्तव्यं प्रतिविधेयम् । संहारः कथं कर्तव्य इत्यर्थः ॥ १३ ॥ मया रण इत्यत्र प्रतिकर्तव्यमित्यनुषङ्गः ॥ १४ ॥ स्थातव्यमिति । दुष्टभावानां तेषां संबन्धिनि रणे कथं स्थातव्यमिति च शंसेति संबन्धः । तत्र हेतुः—वीर्येत्यादि ॥ १५ ॥ १६ ॥ प्रसिद्धश्चायं रावण इत्याह—श्रूयत इत्यादि ॥ १७ ॥ यतो महाबलस्ततो यदानादरात्स्वयं यज्ञस्य विघ्नकर्ता न खल्वनादरात्स्वयं विघ्नाय नागच्छति तदा ॥ १८ ॥ तेन रावणेन प्रेरितौ मारीचसुबाहू यज्ञविघ्नं करिष्यत इति संबन्धः ॥ १९ ॥ अथ रावणनाम श्रुत्वा स्वयमेव निवृत्तप्रतीकारप्रत्याशो राजाह—इत्युक्त इति ॥ २० ॥ अल्पभाग्यस्य त्वन्नियोगाकरणादिति शेषः । प्रसादयितुमाह—दैवतमित्यादि ॥ २१ ॥ २२ ॥ स त्विति । वीर्यमादत्ते । नाशयतीत्यर्थः । अतस्तत्सङ्ग्रामाद्वैमुख्यमपि न दोषायेति भावः । तस्य बलैर्मारीचादिभिः ॥ २३ ॥ हे मुनिश्रेष्ठ, सबलः ससैन्यः । मम पुत्रैः सहितो वा भवानपि तेन योद्धुं न शक्त इत्यनुषङ्गः । अस्तु वा

बालं मे तनयं ब्रह्मन्नैव दास्यामि पुत्रकम् । अथ कालोपमौ युद्धे सुतौ सुन्दोपसुन्दयोः ॥ २५
यज्ञविघ्नकरौ तौ ते नैव दास्यामि पुत्रकम् । मारीचश्च सुबाहुश्च वीर्यवन्तौ सुशिक्षितौ ॥ २६
तयोरन्यतरं योद्धुं यास्यामि ससुहृद्गणः । अन्यथा त्वनुनेष्यामि भवन्तं सहबान्धवः ॥ २७

इति नरपतिजल्पनाद्द्विजेन्द्रं कुशिकसुतं सुमहान्विवेश मन्युः ।
सुहुत इव मखेऽग्निराज्यसिक्तः समभवदुज्ज्वलितो महर्षिवह्निः ॥ २८

इत्यार्षे श्रीमद्रामायणे वाल्मीकीय आदिकाव्ये बालकाण्डे विंशः सर्गः ॥ २० ॥

एकविंशः सर्गः ।

तच्छ्रुत्वा वचनं तस्य स्नेहपर्याकुलाक्षरम् । समन्युः कौशिको वाक्यं प्रत्युवाच महीपतिम् ॥ १
पूर्वमर्थं प्रतिश्रुत्य प्रतिज्ञां हातुमिच्छसि । राघवाणामयुक्तोऽयं कुलस्यास्य विपर्ययः ॥ २
यदीदं ते क्षमं राजन्गमिष्यामि यथागतम् । मिथ्याप्रतिज्ञः काकुत्स्थ सुखी भव सुहृद्वृतः ॥ ३
तस्य रोषपरीतस्य विश्वामित्रस्य धीमतः । चचाल वसुधा कृत्स्ना देवानां च भयं महत् ॥ ४
त्रस्तरूपं तु विज्ञाय जगत्सर्वं महानृषिः । नृपतिं सुव्रतो धीरो वसिष्ठो वाक्यमब्रवीत् ॥ ५
इक्ष्वाकूणां कुले जातः साक्षाद्धर्म इवापरः । धृतिमान्सुव्रतः श्रीमान्न धर्मं हातुमर्हसि ॥ ६
त्रिषु लोकेषु विख्यातो धर्मात्मा इति राघवः । स्वधर्मं प्रतिपद्यस्व नाधर्मं वोढुमर्हसि ॥ ७
प्रतिश्रुत्य करिष्येति उक्तं वाक्यमकुर्वतः । इष्टापूर्तवधो भूयात्तस्माद्रामं विसर्जय ॥ ८
कृतास्त्रमकृतास्त्रं वा नैनं शक्ष्यन्ति राक्षसाः । गुप्तं कुशिकपुत्रेण ज्वलनेनामृतं यथा ॥ ९
एष विग्रहवान्धर्म एष वीर्यवतां वरः । एष विद्याधिको लोके तपसश्च परायणम् ॥ १०
एषोऽस्त्रान्विविधान्वेत्ति त्रैलोक्ये सचराचरे । नैनमन्यः पुमान्वेत्ति न च वेत्स्यन्ति केचन ॥ ११
न देवा नर्षयः केचिन्नामरा न च राक्षसाः । गन्धर्वयक्षप्रवराः सकिंनरमहोरगाः ॥ १२
सर्वास्त्राणि कृशाश्वस्य पुत्राः परमधार्मिकाः । कौशिकाय पुरा दत्ता यदा राज्यं प्रशासति ॥ १३

कथंचिद्भवतस्तथा सामर्थ्यम्, पुत्रं तु सर्वथा न दास्यामीत्याह—कथमपीत्यादि । अमरप्रख्यममरतुल्यरूपमेव । न त्वमरमिति तात्पर्यम् । नैव दास्यामीत्यन्वयः ॥ २४ ॥ अतिदुःखितोक्तित्वात्तस्य पुत्रकशब्दस्य पौनरुक्त्यं न दोषः । पुत्रकमित्यनुकम्पायां कन् । अदाने हेत्वन्तरमप्याह—अथेत्यादि । यतः सुन्दोपसुन्दपुत्रौ कालोपमौ यमतुल्यौ मारीचसुबाहू दैत्यकुलजसुन्दोपसुन्दाभ्यां यक्षकन्यायां जातत्वेनागस्त्यशापेन चातिक्रूरतमौ राक्षसत्वं प्राप्तौ । यतस्तौ यज्ञविघ्नकरौ अतः सुतं नैव दास्यामीत्यन्वयः ॥ २५ ॥ २६ ॥ अन्यथा भवता ममानयने । अनुनेष्यामि । रामाऽगमनायेति शेषः ॥ २७ ॥ इतीति । सुहुतः प्रथमं शुष्कसमिद्भिर्हुतः पश्चादाज्यसिक्तोऽग्निरिवेति योजना । उज्ज्वलितो रोषजज्वालाख्यचित्तवृत्तियुक्तः ॥ २८ ॥ इति श्रीरामाभिरामे श्रीरामीये रामायणतिलके वाल्मीकीय आदिकाव्ये बालकाण्डे विंशः सर्गः ॥ २० ॥

तदिति । स्नेहेन पुत्रस्नेहेन पर्याकुलानि गद्गदान्यक्षराणि यस्मिंस्तत्तस्य वचनं श्रुत्वेत्यन्वयः ॥ १ ॥ अयं विपर्ययः प्रतिज्ञाहानिरूपो राघवाणामयुक्तः । यतोऽयमस्य कुलस्य विपर्ययो नाशः । विपर्ययपदावृत्तिर्बोध्या ॥ २ ॥ यदीदं प्रतिज्ञाहानिरूपं क्षमं युक्तम् । इदं तत्फलं च यदि क्षमं सह्यं तदा यथागतं गमिष्यामि । मिथ्यावादी त्वं सुहृद्वृतः सुखी भवेति विपरीतलक्षणयोक्तिः ॥ ३ ॥ धीमत इत्यत्र रोषं दृष्ट्वेति शेषः । जगदन्यथाकरणसमर्थोऽयमद्य क्रुद्धः किं करिष्यतीति देवानां भयम् ॥ ४ ॥ त्रस्तरूपमतिशयेन त्रस्तम् । जगत्त्रैलोक्यम् ॥ ५ ॥ साक्षाद्धर्म इव । इवशब्द एवार्थे । दृढारोपं रूपकमिदम् ॥ ६ ॥ स्वधर्मं सत्यप्रतिज्ञत्वम् ॥ ७ ॥ इष्टमश्वमेधान्तयागः, आपूर्तं वापीकूपादिनिर्माणम्, तद्वधस्तत्फलनाशः । भूयाद्भवेत् । भविष्यतीति यावत् । करिष्ये इति प्रतिश्रुत्य प्रतिज्ञाय । संधिरार्षः । उक्तं वाक्यमकुर्वतोऽननुतिष्ठतः ॥ ८ ॥ कृतास्त्रं शिक्षितास्त्रम् । शक्ष्यन्ति सहिष्यन्ते । प्रधर्षयितुमिति शेषो वा । अग्निना रक्षितममृतमिवेत्युपमा । अनेन पुत्रविपत्तिभीत्यपनयः ॥ ९ ॥ न केवलं विश्वामित्रकृतसंरक्षणेनैव रामस्य दुर्धर्षत्वम्, किंतु स्वतोऽपीत्याह रामविश्वामित्रयोः श्लिष्टवर्णनेन—एष इति । एष रामो विश्वामित्रश्च । रामपक्षे विद्याधिकः सहजज्ञानशक्तिः । तपसो मननादेः परायणं प्राप्यः । विश्वामित्रपक्षे तपस आश्रयः ॥ १० ॥ रामपक्षेऽन्यः पुमान् । अविद्यावृतः पुमानित्यर्थः । विश्वामित्रपक्ष एनमस्त्रगणम् ॥ ११ ॥ १२ ॥ ननु देवाद्यनवगतसर्वास्त्रप्राप्तिर्ऋषेः कथमित्यत आह—सर्वेति । कृशाश्वः प्रजापतिष्वेकः । 'परमधार्मिकाः' इति पाठे परमधार्मिकप्रतिष्ठावन्त इत्यर्थः । एतेनापि दुर्लभत्वं ध्वनितम् । दत्ताः । शिवेनेति शेषः । प्रशा-

तेऽपि पुत्राः कृशाश्वस्य प्रजापतिसुतासुताः । नैकरूपा महावीर्या दीप्तिमन्तो जयावहाः ॥ १४
जया च सुप्रभा चैव दक्षकन्ये सुमध्यमे । ते सूतेऽस्त्राणि शस्त्राणि शतं परमभास्वरम् ॥ १५
पञ्चाशतं सुताँल्लेभे जया लब्धवरा वरान् । वधायासुरसैन्यानामप्रमेय[illegible] ॥ १६
सुप्रभाजनयच्चापि पुत्रान्पञ्चाशतं पुनः । संहारान्नाम दुर्धर्षान्दुराक्रामान्बलीयसः ॥ १७
तानि चास्त्राणि वेत्त्येष यथावत्कुशिकात्मजः । अपूर्वाणां च जनने शक्तो भूयश्च धर्मवित् ॥ १८
तेनास्य मुनिमुख्यस्य धर्मज्ञस्य महात्मनः । न किंचिद[illegible]विदितं भूतं भव्यं च राघव ॥ १९
एवंवीर्यो महातेजा विश्वामित्रो महायशाः । न रामगमने राजन्संशयं गन्तुमर्हसि ॥ २०
तेषां निग्रहणे शक्तः स्वयं च कुशिकात्मजः । तव पुत्रहितार्थाय त्वामुपेत्याभियाचते ॥ २१

इति [illegible]निवचनात्प्रसन्नचित्तो रघुवृषभश्च मुमोद पार्थिवः ।
गमनमभिरुरोच राघवस्य प्रथितयशाः कुशिकात्मजाय बुद्ध्या ॥ २२

इत्यार्षे श्रीमद्रामायणे वाल्मीकीय आदिकाव्ये बालकाण्ड एकविंशः सर्गः ॥ २१ ॥

द्वाविंशः सर्गः ।

तथा वसिष्ठे ब्रुवति राजा दशरथः स्वयम् । प्रहृष्टवदनो राममाजुहाव सलक्ष्मणम् ॥ १
कृतस्वस्त्ययनं मात्रा पित्रा दशरथेन च । पुरोधसा वसिष्ठेन मङ्गलैरभिमन्त्रितम् ॥ २
स पुत्रं मूर्ध्न्युपाघ्राय राजा दशरथस्तदा । ददौ कुशिकपुत्राय सुप्रीतेनान्तरात्मना ॥ ३
ततो वायुः सुखस्पर्शो नीरजस्को ववौ तदा । विश्वामित्रगतं रामं दृष्ट्वा राजीवलोचनम् ॥ ४
पुष्पवृष्टिर्महत्यासीद्देवदुन्दुभिनिःस्वनैः । शङ्खदुन्दुभिनिर्घोषः प्रयाते तु महात्मनि ॥ ५
विश्वामित्रो ययावग्रे ततो रामो महायशाः । काकपक्षधरो धन्वी तं च सौमित्रिरन्वगात् ॥ ६
कलापिनौ धनुष्पाणी शोभयानौ दिशो दश । विश्वामित्रं महात्मानं त्रिशीर्षाविव पन्नगौ ॥ ७
अनुजग्मतुरक्षुद्रौ पितामहमिवाश्विनौ । अनुयातौ श्रिया दीप्तौ शोभयन्तावनिन्दितौ ॥ ८
तदा कुशिकपुत्रं तु धनुष्पाणी [illegible] । बद्धगोधाङ्गुलित्राणौ खड्गवन्तौ महाद्युती ॥ ९

सति । प्रशास्ति स्मेत्यर्थः । शबार्षः ॥ १३ ॥ अस्त्राणां मातृप्राशस्त्यमप्याह—तेऽपीति । प्रजापतिसुते दक्षकन्ये तयोः सुताः । नैकरूपा अनेकरूपाः ॥ १४ ॥ ते सूते । सुवाते इत्यर्थः । शस्त्राणि परविशसनकर्तॄणि ॥ १५ ॥ वराञ्श्रेष्ठान् । अप्रमेयान्गुणेयत्तयापरिच्छेद्यान् । अरूपिणोऽदृश्यमानरूपान् ॥ १६ ॥ संहारानन्वर्थसंहारनामकान् । दुर्धर्षान्परैः सोढुमशक्यान् । दुराक्रामान् । दीर्घ आर्षः । दुराक्रामानमोघान् ॥१७॥ अपूर्वाणाम् । अस्त्रविद्याविशेषाणामिति शेषः ॥ १८ ॥ १९ ॥ २० ॥ वस्तुतो रक्षोनिग्रहे शक्तोऽपि विश्वामित्रस्त्वत्पुत्रानुग्रहायैव तं च याचत इत्याह—तेषामिति । हितमतिरहस्यानन्यदुर्लभानेकविद्याप्रदानादिरूपम् ॥ २१ ॥ मुमोदेति परस्मैपदमार्षम् । चस्त्वर्थः प्रसन्नचित्त इत्युत्तरं योज्यः । राघवस्य रामस्य । कुशिकात्मजाय रामं दातुम् । बुद्ध्या । अचिन्तय शेषः ॥२२॥ **इति श्रीरामाभिरामे श्रीरामीये रामायणतिलके वाल्मीकीय आदिकाव्ये बालकाण्ड एकविंशः सर्गः ॥२१॥**

तथेति । सलक्ष्मणं राममाजुहाव । तयोरविनाभावज्ञानादिति शेषः ॥ १ ॥ कृतस्वस्त्ययनं कृतमङ्गलाचरणम् । मङ्गलै-[illegible]ः । किं च तत्त्वज्ञानप्रतिपादकवाक्यैः । अभिमन्त्रितम् । बोधितमित्यर्थः । तद्बोधनं च योगवासिष्ठे प्रसिद्धम् २ ॥ राजापि तद्वाक्यश्रवणेन सुप्रीतमनाः सन्रामं ददौ ॥ ३ ॥ यात्रायां शकुनमाह—तत इति । ववावित्यस्य पृष्ठत इति शेषः । विश्वामित्रगतं तत्संबद्धम् । राजीवं पद्मम् ॥ ४ ॥ प्रयाते प्रयाणोन्मुखे । स्वप्रयोजनोपक्रमाद्देवानां दुन्दुभिस्वनसहिता पुष्पवृष्टिः, शङ्खादिघोषस्तु स्वनगरजः ॥ ५ ॥ धन्वी धनुर्विद्याकृतश्रमः ॥ ६ ॥ कलापिनौ सतूणीरौ । शोभयानौ प्रकाशयन्तौ शस्त्रतेजसा । मुगभाव आर्षः । त्रिशीर्षाविव पन्नगौ । स्कन्धस्थितधनुषा पृष्ठबद्धतूणीरेण मस्तकेन च त्रिशीर्षत्वम् । यद्वा प्रत्येकं तूणीरद्वयधारणात्त्रिशीर्षत्वम् । धनुषः पाणावुक्तत्वात् । अत्रेदं तूणीरादि वैष्णवं गरुडेन दत्तं रामाय ताटकासुबाहुवधाय मारीचस्य समुद्रे पातनाय च । न हि प्राकृतशस्त्रसाध्यमेतत् । तदुक्तं पाद्मे—'पक्षी तार्क्ष्यः समागम्य त्रीणि चास्त्राणि कार्मुकम् । सर्वभूतैरदृश्यः सन्दत्त्वा ताभ्यां पुनर्ययौ ॥' इति । अस्त्राणि शस्त्राणि खड्गचर्मतूणीररूपाणि ॥ ७ ॥ अक्षुद्रावनल्परूपवीर्यादिमन्तौ । शोभयन्तौ । विश्वामित्रमिति शेषः ॥ ८ ॥ बद्धं गोधाचर्म[illegible]णं ययोस्तौ । 'गोधा हस्तत्राणम्' इति कश्चित् । अङ्गुलित्राणस्य पौनरुक्त्यापत्तेस्तच्चिन्त्यम्

कुमारौ चारुवपुषौ भ्रातरौ रामलक्ष्मणौ । अनुयातौ श्रिया दीप्तौ शोभयेतामनिन्दितौ ॥ १०
स्थाणुं देवमिवाचिन्त्यं कुमाराविव पावकी । अध्यर्धयोजनं गत्वा सरय्वा दक्षिणे तटे ॥ ११
रामेति मधुरां वाणीं विश्वामित्रोऽभ्यभाषत । गृहाण वत्स सलिलं मा भूत्कालस्य पर्ययः ॥ १२
मन्त्रग्रामं गृहाण त्वं बलामतिबलां तथा । न श्रमो न ज्वरो वा ते न रूपस्य विपर्ययः ॥ १३
न च सुप्तं प्रमत्तं वा धर्षयिष्यन्ति नैर्ऋताः । न बाह्वोः सदृशो वीर्ये पृथिव्यामस्ति कश्चन ॥ १४
त्रिषु लोकेषु वा राम न भवेत्सदृशस्तव । बलामतिबलां चैव पठतस्तात राघव ॥ १५
न सौभाग्ये न दाक्षिण्ये न ज्ञाने बुद्धिनिश्चये । नोत्तरे प्रतिवक्तव्ये समो लोके तवानघ ॥ १६
एतद्विद्याद्वये लब्धे न भवेत्सदृशस्तव । बला चातिबला चैव [illegible] मातरौ ॥ १७
क्षुत्पिपासे न ते राम भविष्येते नरोत्तम । बलामतिबलां चैव पठतस्तात राघव ॥ १८
विद्याद्वयमधीयाने यशश्चाथ भवेद्भुवि । पितामहसुते ह्येते विद्ये तेजःसमन्विते ॥ १९
प्रदातुं तव काकुत्स्थ सदृशस्त्वं हि पार्थिव । कामं बहुगुणाः सर्वे त्वय्येते नात्र संशयः ॥ २०
तपसा संभृते चैते बहुरूपे भविष्यतः । ततो रामो जलं स्पृष्ट्वा प्रहृष्टवदनः शुचिः ॥ २१
प्रतिजग्राह ते विद्ये महर्षेर्भावितात्मनः । विद्यासमुदितो रामः शुशुभे भीमविक्रमः ॥ २२
सहस्ररश्मिर्भगवाञ्शरदीव दिवाकरः । गुरुकार्याणि सर्वाणि नियुज्य [illegible] ।
ऊषुस्तां रजनीं तत्र सरय्वां ससुखं त्रयः ॥ २३

दशरथनृपसूनुसत्तमाभ्यां तृणशयनेऽनुचिते तदोषिताभ्याम् ।
कुशिकसुतवचोनुलालिताभ्यां सुखमिव सा विबभौ विभावरी ॥ २४

इत्यार्षे श्रीमद्रामायणे वाल्मीकीय आदिकाव्ये बालकाण्डे द्वाविंशः सर्गः ॥ २२ ॥

त्रयोविंशः सर्गः ।

प्रभातायां तु शर्वर्यां विश्वामित्रो महामुनिः । अभ्यभाषत काकुत्स्थौ शयानौ पर्णसंस्तरे ॥ १

॥ ९ ॥ शोभयेतामित्यडभावश्छान्दसः ॥ १० ॥ स्थाणुं रुद्रम् पावकी स्कन्दविशाखौ । अध्यर्धयोजनमर्धाधिकयोजनम् । षट्क्रोशमिति यावत् ॥ ११ ॥ तावद्दूरगमनेन बालकयोः क्षुत्तृट्पीडाप्रादुर्भावस्यावश्यकत्वान्महर्षिर्विनाप्यन्नं परमतृप्तये दिव्ये विद्ये उपदेष्टुमाह—वत्स रामेत्यादि । सलिलं गृहाण शुद्धाचमनं कुरु । कालस्यान्नभोजनकालस्य । पर्ययोऽतिक्रमः ॥ १२ ॥ मन्त्रग्रामं बलाविद्यासंज्ञकं मन्त्रसमूहम् । तथातिबलासंज्ञकं च । अन्ये तु—'प्रागुक्तदिव्यास्त्रशतरूपं मन्त्रसमूहम् । तथा प्रकृतोपयोगिन्यौ बलातिबलाख्ये च विद्ये इत्यर्थः । परंत्वत्र बलातिबलयोरेव दानम् । अन्येषां तु दानमग्रे भविष्यति' इत्याहुः । गृहाण त्वमित्युपलक्षणं लक्ष्मणस्यापि । क्षुत्पिपासाक्षान्तिरूपफलस्योभयोरपि दर्शनादपेक्षणाच्च । श्रमो बहुदूरगमनादौ । तन्मूलको ज्वरोऽपि । न विपर्ययोऽन्यथाभावः । तद्विद्याजपेन भविष्यतीति शेषः ॥ १३ ॥ प्रमत्तमकृताचमनादिकम् । धर्षणमभिभवः । अस्तीति वर्तमानसामीप्ये भविष्यति लट् । सर्वत्र तद्विद्यालाभो हेतुः ॥ १४ ॥ न केवलं पृथिव्यामेवेत्याह—त्रिष्वित्यादि ॥ १५ ॥ ज्ञानं तत्त्वज्ञानम् । बुद्धिनिश्चय ऐहिकविषयः । वादिनं प्रतिवक्तव्ये । उत्तर इत्यर्थः ॥ १६ ॥ तव सदृशो न । केनापि गुणेनेति शेषः । सर्वज्ञानस्य मातराविति । अप्रतिभामूलक्षुधादिनिवृत्तिसामर्थ्यवत्त्वात्सर्वज्ञानजनके इत्यर्थः ॥ १७ ॥ १८ ॥ विद्याद्वयमधीयाने । त्वयीति शेषः । 'यशश्चाप्यतुलं भुवि' इति पाठे भविष्यतीत्यपि शेषः । तयोर्विद्ययोस्तादृशसामर्थ्ये कारणमाह—पितामहेत्यादि । तन्निर्मितत्वात्तत्सुते ॥ १९ ॥ प्रदातुम् । मम बुद्धिरिति शेषः । सदृशः । तद्दानयोग्य इत्यर्थः । एते एतद्विद्याप्रदानयोग्याः । बह्विति लुप्तविभक्तिकम् । बहव इत्यर्थः । विपुला इति यावत् ॥ २० ॥ तपसा मदीयेन संभृते पूर्णे । बहुरूपे शास्त्रोक्तफलादधिकफलप्रदे । यद्वा तपसा सर्वतपःप्राप्यत्वेन तपोरूपेण भवता संभृते । धृते इत्यर्थः । जलं स्पृष्ट्वाचम्य ॥२१॥ विद्यासमुदितो विद्यासंबद्धः । स्वतो विक्रमवानपि विद्यासंबन्धादधिकविक्रम इत्यर्थः ॥ २२ ॥ सहस्रेत्यादि पूर्वान्वयि । कुशिकात्मजो विश्वामित्रः । गुरुकार्याणि गुरुविषयाणि कार्याणि 'पूर्वोत्थायी पश्चात्संनिवेशी' इत्यादीनि तानि सर्वाणि नियुज्य । उपदिश्येत्यर्थः । सप्तम्यन्तपाठे गुरुकार्याणि पादोपसंग्रहणादीनि कुशिकात्मजे नियुज्य । कृत्वेत्यर्थः । सरय्वां तत्तीरे ॥ २३ ॥ दशरथेत्यादि षष्ठ्यर्थे चतुर्थ्यः । तृणाद्यनुचितशयनोषितयोरपि रात्रेः सुखव्युष्टत्वे हेतुः कुशिकसुतवचोनुलालितत्वम् । विबभौ । व्युष्टेति यावत् ॥ २४ ॥

इति श्रीरामाभिरामे श्रीरामीये रामायणतिलके वाल्मीकीय आदिकाव्ये बालकाण्डे द्वाविंशः सर्गः ॥ २२ ॥

प्रभातायामिति । पर्णसंस्तरे मृदुपर्णादिपरिकल्पिते शयनी-

कौसल्या सुप्रजा राम पूर्वा संध्या प्रवर्तते। उत्तिष्ठ नरशार्दूल कर्तव्यं दैवमाह्निकम्॥ २
तस्यर्षेः परमोदारं वचः श्रुत्वा नरोत्तमौ। स्नात्वा कृतोदकौ वीरौ जेपतुः परमं जपम्॥ ३
कृताह्निकौ महावीर्यौ विश्वामित्रं तपोधनम्। अभिवाद्यातिसंहृष्टौ गमनायाभितस्थतुः॥ ४
तौ प्रयान्तौ महावीर्यौ दिव्यां त्रिपथगां नदीम्। ददृशाते ततस्तत्र सरय्वाः संगमे शुभे॥ ५
तत्राश्रमपदं पुण्यमृषीणां भावितात्मनाम्। बहुवर्षसहस्राणि तप्यतां परमं तपः॥ ६
तं दृष्ट्वा परमप्रीतौ राघवौ पुण्यमाश्रमम्। ऊचतुस्तं महात्मानं विश्वामित्रमिदं वचः॥ ७
कस्यायमाश्रमः पुण्यः को न्वस्मिन्वसते पुमान्। भगवञ्छ्रोतुमिच्छावः परं कौतूहलं हि नौ॥ ८
तयोस्तद्वचनं श्रुत्वा प्रहस्य मुनिपुंगवः। अब्रवीच्छ्रूयतां राम यस्यायं पूर्व आश्रमः॥ ९
कंदर्पो मूर्तिमानासीत्काम इत्युच्यते बुधैः। तपस्यन्तमिह स्थाणुं नियमेन समाहितम्॥ १०
कृतोद्वाहं तु देवेशं गच्छन्तं समरुद्गणम्। धर्षयामास दुर्मेधा हुंकृतश्च महात्मना॥ ११
अवध्यातश्च रुद्रेण चक्षुषा रघुनन्दन। व्यशीर्यन्त शरीरात्सर्वगात्राणि दुर्मतेः॥ १२
तत्र गात्रं हतं तस्य निर्दग्धस्य महात्मनः। अशरीरः कृतः कामः क्रोधाद्देवेश्वरेण ह॥ १३
अनङ्ग इति विख्यातस्तदाप्रभृति राघव। स चाङ्गविषयः श्रीमान्यत्राङ्गं स मुमोच ह॥ १४
तस्यायमाश्रमः पुण्यस्तस्येमे मुनयः पुरा। शिष्या धर्मपरा वीर तेषां पापं न विद्यते॥ १५
इहाद्य रजनीं राम वसेम शुभदर्शन। पुण्ययोः सरितोर्मध्ये श्वस्तरिष्यामहे वयम्॥ १६
अभिगच्छामहे सर्वे शुचयः पुण्यमाश्रमम्। इह वासः परोऽस्माकं सुखं वत्स्यामहे निशाम्॥ १७
स्नाताश्च कृतजप्याश्च हुतहव्या नरोत्तम। तेषां संवदतां तत्र तपोदीर्घेण चक्षुषा॥ १८
विज्ञाय परमप्रीता मुनयो हर्षमागमन्। अर्घ्यं पाद्यं तथातिथ्यं निवेद्य कुशिकात्मजे॥ १९
रामलक्ष्मणयोः पश्चादकुर्वन्नतिथिक्रियाम्। सत्कारं समनुप्राप्य कथाभिरभिरञ्जयन्॥ २०
यथार्हमजपन्संध्यामृषयस्ते समाहिताः। तत्र वासिभिरानीता मुनिभिः सुव्रतैः सह॥ २१
न्यवसन्सुसुखं तत्र कामाश्रमपदे तथा। कथाभिरभिरामाभिरभिरामौ नृपात्मजौ।
रमयामास धर्मात्मा कौशिको मुनिपुंगवः॥ २२

इत्यार्षे श्रीमद्रामायणे वाल्मीकीय आदिकाव्ये बालकाण्डे त्रयोविंशः सर्गः॥ २३॥

ये। पूर्वश्लोके तृणशयन इत्युपलक्षणं बोध्यम्॥ १॥ कौसल्येति। हे राम, त्वया पुत्रेण कौसल्या सुपुत्रा शोभनपुत्रवती। अतस्तादृशस्य सुपुत्रस्य तवास्मिन्समये निद्रानुचिता। यतः पूर्वा संध्या प्रवर्तते प्रातःसंध्या प्रवर्तते। अत उत्तिष्ठ। दैवं देवताध्यानम्। आह्निकं शौचादिक्रिया॥ २॥ स्नात्वा कृतोदकौ कृतार्घ्यदानौ। इदं तावत्पर्यन्तकर्तव्यक्रियामात्रोपलक्षणम्। परमं जपं सावित्रीम्॥ ३॥ अभितस्थतुः। संमुखौ स्थितावित्यर्थः॥ ४॥ प्रयान्तौ गच्छन्तौ॥ ५॥ तत्र गङ्गासरयूसंगमप्रदेशे। तप्यतां तपताम्। यक्छान्दसः। ऋषीणामाश्रमपदं ददृशाते इत्यनुकर्षः॥ ६॥ तं परमरमणीयम्॥ ७॥ वसते वसति। तङ् छान्दसः॥ ८॥ प्रहस्य बालकवचनश्रवणजसंतोषाद्धासः। सर्वज्ञोऽप्येवं नाटयतीति वा। यस्य पूर्वो यस्य पूर्वकालाधिष्ठेयोऽभूत्स श्रूयतामित्यन्वयः॥ ९॥ मूर्तिमाञ्शरीरधरः। समाहितं समाहितचित्तम्। स्थाणुं रुद्रम्॥ १०॥ कृतोद्वाहं समाधेः कृतव्युत्थानम्। काल[illegible]-देशं गच्छन्तं देवेशं दुर्मेधाः कामो धर्षयामास चित्तविकारोत्पादनेनाभिभूतवान्। ततो महात्मना रुद्रेण ज्ञातापराधेन हुंकृतः चक्षुषावध्यातो दृष्टश्चेत्युत्तरेणान्वयः॥ ११॥ व्यशीर्यन्त विशीर्णानि। सर्वगात्राणि सर्वेऽवयवाः॥ १२॥ तत्र प्रसिद्धतरेऽस्मिन्नाश्रमे। हतं नष्टम्। हशब्दः प्रसिद्धौ॥ १३॥ ततो भयात्पलायमानो यत्र देशे स कामोऽङ्गं मुमोच सोऽङ्गविषयोऽङ्गदेश इति विख्यात इति शेषः॥ १४॥ तस्य स्थाणोः। इमे मुनय इदानीमिह तपस्यन्तः। तस्य रुद्रस्य। पुरा पूर्वकालसंतानपरम्परया शिष्याः। अत एव धर्मपराः। अत एव तेषां पापं न विद्यते॥ १५॥ सरितोर्गङ्गासरय्वोः॥ १६॥ स्नानादिना शुचयो भूत्वा पुण्यमाश्रममभिगच्छामहे। व्यत्ययात्तङ्। हे इति पृथक्पदं वा। परो युक्ततरः॥ १७॥ स्नाता इत्यादीनि तदाश्रममुनिविशेषणानि। तेषां संवदतां तेषु संवदत्सु। तानदृष्ट्वापि तपोमहिमजातदीर्घत्ववतात एव विप्रकृष्टार्थग्राहिणा चक्षुषा रामाद्यागमनं विज्ञायेत्युत्तरेणान्वयः॥ १८॥ आतिथ्यमतिथ्यर्हं भोजनादि॥ १९॥ पश्चाद्भगवतोऽपि मनुष्यरूपधारित्वेन विश्वामित्रे गुरुत्वनाटनेन चादौ विश्वामित्रेऽर्घ्यादि दत्त्वा पश्चाद्रामे ददुः। अभ्यरञ्जयन्। अडभाव आर्षः। तदाश्रमस्थानृषीनिति शेषः। यद्वा सत्कारं समनुप्राप्य तं प्रापय्य

शः सर्गः ।

ततः प्रभाते विमले कृताह्निकमरिंदमौ । विश्वामित्रं पुरस्कृत्य नद्यास्तीरमुपागतौ ॥ १
ते च सर्वे महात्मानो मुनयः संशितव्रताः । उपस्थाप्य शुभां नावं विश्वामित्रमथाब्रुवन् ॥ २
आरोहतु भवान्नावं राजपुत्रपुरस्कृतः । अरिष्टं गच्छ पन्थानं मा भूत्कालस्य पर्ययः ॥ ३
विश्वामित्रस्तथेत्युक्त्वा तानृषीन्प्रतिपूज्य च । ततार सहितस्ताभ्यां सरितं सागरंगमाम् ॥ ४
तत्र शुश्राव वै शब्दं तोयसंरम्भवर्धितम् । मध्यमागम्य तोयस्य तस्य शब्दस्य निश्चयम् ॥ ५
ज्ञातुकामो महातेजाः सह रामः कनीयसा । अथ रामः सरिन्मध्ये पप्रच्छ मुनिपुंगवम् ॥ ६
वारिणो भिद्यमानस्य किमयं तुमुलो ध्वनिः । राघवस्य वचः श्रुत्वा कौतूहलसमन्वितम् ॥ ७
कथयामास धर्मात्मा तस्य शब्दस्य निश्चयम् । कैलासपर्वते राम मनसा निर्मितं परम् ॥ ८
ब्रह्मणा नरशार्दूल तेनेदं मानसं सरः । तस्मात्सुस्राव सरसः सायोध्यामुपगूहते ॥ ९
सरःप्रवृत्ता सरयूः पुण्या ब्रह्मसरश्च्युता । तस्यायमतुलः शब्दो जाह्नवीमभिवर्तते ॥ १०
वारिसंक्षोभजो राम प्रणामं नियतः कुरु । ताभ्यां तु तावुभौ कृत्वा प्रणाममतिधार्मिकौ ॥ ११
तीरं दक्षिणमासाद्य जग्मतुर्लघुविक्रमौ । स वनं घोरसंकाशं दृष्ट्वा नरवरात्मजः ॥ १२
अविप्रहतमैक्ष्वाकः पप्रच्छ मुनिपुंगवम् । अहो वनमिदं दुर्गं झिल्लिकागणसंयुतम् ॥ १३
भैरवैः श्वापदैः कीर्णं शकुन्तैर्दारुणारवैः । नानाप्रकारैः शकुनैर्वाश्यद्भिर्भैरवस्वनैः ॥ १४
सिंहव्याघ्रवराहैश्च वारणैश्चापि शोभितम् । धवाश्वकर्णककुभैर्बिल्वतिन्दुकपाटलैः ॥ १५
संकीर्णं बदरीभिश्च किं न्विदं दारुणं वनम् । तमुवाच महातेजा विश्वामित्रो महामुनिः ॥ १६
श्रूयतां वत्स काकुत्स्थ यस्यैतद्दारुणं वनम् । एतौ जनपदौ स्फीतौ पूर्वमास्तां नरोत्तम ॥ १७
मलदाश्च करूषाश्च देवनिर्माणनिर्मितौ । पुरा वृत्रवधे राम मलेन समभिप्लुतम् ॥ १८
क्षुधा चैव सहस्राक्षं ब्रह्महत्या समाविशत् । तमिन्द्रं मलिनं देवा ऋषयश्च तपोधनाः ॥ १९
कलशैः स्नापयामासुर्मलं चास्य प्रमोचयन् । इह भूम्यां मलं दत्त्वा देवाः कारूषमेव च ॥ २०
शरीरजं महेन्द्रस्य ततो हर्षं प्रपेदिरे । निर्मलो निष्करूषश्च शुद्ध इन्द्रो यथाभवत् ॥ २१

विश्वामित्रादींस्तदाश्रमस्था ऋषयोऽभ्यरञ्जयन्नित्यर्थः ॥ २० ॥ अजपन्नदीतीरे । ते विश्वामित्राद्या ऋषयश्च । तद्वासिभिर्मुनिभिः सह स्वसाहित्येनानीताः संवेशनाय स्वाश्रमं प्रापिताः ॥ २१ ॥ कामाश्रमपदे सर्वकामपरिपूरके भर्गाश्रमे ॥ २२ ॥ **इति श्रीरामाभिरामे श्रीरामीये रामायणतिलके वाल्मीकीय आदिकाव्ये बालकाण्डे त्रयोविंशः सर्गः ॥ २३ ॥**

तत इति । नद्या गङ्गायाः ॥ १ ॥ उपस्थाप्यानाय्य ॥ २ ॥ राजपुत्रपुरस्कृत इति तृतीयातत्पुरुषः । तीर्त्वेति शेषः । अरिष्टं शुभं यथा भवति तथा । रिषेर्हिंसार्थत्वात् ॥ ३ ॥ ततार तर्तुमुपक्रान्तः । सरितं गङ्गाम् । सागरं गच्छति जलपूर्णत्वरूपस्वरूपं प्रापयति ताम् । अन्तर्भावितण्यर्थः । अगस्त्यशोषितस्य समुद्रस्य गङ्गया पूरणं कृतमिति प्रसिद्धेः ॥ ४ ॥ तोयसंरम्भेण परस्परं तरङ्गसंघट्टक्षोभेण वर्धितमतिप्रवृद्धम् । निश्चयं सहज औपाधिको वेत्येतदन्यतरनिश्चयम् ॥ ५ ॥ ज्ञातुकाम इत्यस्य जात इति शेषः ॥ ६ ॥ भिद्यमानस्य परस्परसंघट्टमानस्य ॥ ७ ॥ निश्चयं निश्चयजनकहेतुम् ॥ ८ ॥ तेन मनोनिर्मितत्वेन । तस्मात्सरसो या सुस्राव सेत्यन्वयः ॥ ९ ॥ सरसो यौति प्रवर्तत इति सरयूः । सरःप्रवृत्तेति तद्योगनिर्वचनम् । पुण्यत्वे हेतुर्ब्रह्मसरश्च्युतत्वम् । तस्या अयम् । संधिरार्षः । या जाह्नवीमभिवर्तते तया सह संगच्छते तस्या अयं शब्द इत्यर्थः ॥ १० ॥ ताभ्यां सरयूगङ्गाभ्याम् ॥ ११ ॥ विक्रमः पादविक्षेपः । घोरसंकाशं भयंकरदर्शनम् ॥ १२ ॥ अविप्रहतं सार्थगमागमाभावादक्षुण्णम् । झिल्लिका कीटविशेषः ॥ १३ ॥ भैरवैर्भयंकरैः । श्वापदानि दुष्टमृगाः । दारुणारवैर्दारुणशब्दैः । शकुन्तैर्भासैः । शकुनैः सर्वपक्षिभिः । भैरवस्वनैर्वाश्यद्भिरतिभैरवं शब्दं कुर्वद्भिः ॥ १४ ॥ शोभितं युक्तम् । धवादयो वृक्षविशेषाः ॥ १५ ॥ किं नु कुतो नु ॥ १६ ॥ यस्य प्राणिनः स श्रूयतामित्यन्वयः । स्फीतौ समृद्धौ ॥ १७ ॥ मलदाः करूषा इति बहुवचनं शब्दस्वभावकृतम् । देवनिर्माणेन देवयत्नेन निर्मितौ । मलेनाशुच्याचारेण ॥ १८ ॥ क्षुधा बुभुक्षया । समभिप्लुतमित्यनुकृष्यते । ब्रह्महत्या वृत्रस्य ब्राह्मसंतानत्वात् । देवा वस्वादयः ॥ १९ ॥ कलशैर्गङ्गाजलपूर्णघटैः । प्रमोचयन्प्रामोचयन् । कारूषं क्षुत् । दत्त्वा । त्यक्त्वेत्यर्थः ॥ २० ॥ शरीरजमिति पूर्वान्वयि । प्रपेदिरे । देवा इति शेषः

ततो देशस्य सुप्रीतो वरं प्रादादनुत्तमम् । इमौ जनपदौ स्फीतौ ख्यातिं लोके गमिष्यतः ॥ २२
मलदाश्च करूषाश्च म[illegible]रिणौ । साधु साध्विति तं देवाः पाकशासनमब्रुवन् ॥ २३
देशस्य पूजां तां दृष्ट्वा कृतां शक्रेण धीमता । एतौ जनपदौ स्फीतौ दीर्घकालमरिंदम ॥ २४
मलदाश्च करूषाश्च मुदिता धनधान्यतः । कस्यचित्त्वथ कालस्य यक्षिणी कामरूपिणी ॥ २५
बलं नागसहस्रस्य [illegible]रयन्ती तदा ह्यभूत् । ताटका नाम भद्रं ते भार्या सुन्दस्य धीमतः ॥ २६
मारीचो राक्षसः पुत्रो यस्याः शक्रपराक्रमः । वृत्तबाहुर्महाशीर्षो विपुलास्यतनुर्महान् ॥ २७
राक्षसो [illegible]रवाकारो नित्यं त्रासयते प्रजाः । इमौ जनपदौ नित्यं विनाशयति राघव ॥ २८
मलदांश्च करूषांश्च ताटका दुष्टचारिणी । सेयं पन्थानमावृत्य वसत्यत्यर्धयोजने ॥ २९
अत एव च गन्तव्यं ताटकाया वनं यतः । स्वबाहुबलमाश्रित्य जहीमां दुष्टचारिणीम् ॥ ३०
मन्नियोगादिमं देशं कुरु निष्कण्टकं पुनः । नहि कश्चिदिमं देशं शक्तो ह्यागन्तुमीदृशम् ॥ ३१
यक्षिण्या घोरया राम उत्सादितमसह्यया । एतत्ते सर्वमाख्यातं यथैतद्दारुणं वनम् ।
यक्ष्या चोत्सादितं सर्वमद्यापि न निवर्तते ॥ ३२

इत्यार्षे श्रीमद्रामायणे वाल्मीकीय आदिकाव्ये बालकाण्डे चतुर्विंशः सर्गः ॥ २४ ॥

पञ्चविंशः सर्गः ।

अथ तस्याप्रमेयस्य मुनेर्वचनमुत्तमम् । श्रुत्वा पुरुषशार्दूलः प्रत्युवाच शुभां गिरम् ॥ १
अल्पवीर्या यदा यक्षी श्रूयते मुनिपुंगव । कथं नागसहस्रस्य धारयत्यबला बलम् ॥ २
इत्युक्तं वचनं श्रुत्वा राघवस्यामितौजसः । हर्षयञ्श्लक्ष्णया वाचा सलक्ष्मणमरिंदमम् ॥ ३
विश्वामित्रोऽब्रवीद्वाक्यं श्रृणु येन बलोत्कटा । वरदानकृतं वीर्यं धारयत्यबला बलम् ॥ ४
पूर्वमासीन्महायक्षः सुकेतुर्नाम वीर्यवान् । अनपत्यः शुभाचारः स च तेपे महत्तपः ॥ ५
पितामहस्तु सुप्रीतस्तस्य यक्षपतेस्तदा । कन्यारत्नं ददौ राम ताटका नाम नामतः ॥ ६
ददौ नागसहस्रस्य बलं चास्याः पितामहः । नत्वेव पुत्रं यक्षाय ददौ चासौ महायशाः ॥ ७
तां तु बालां विवर्धन्तीं रूपयौवनशालिनीम् । जम्भपुत्राय सुन्दाय ददौ भार्यां यशस्विनीम् ॥ ८
कस्यचित्त्वथ कालस्य यक्षी पुत्रं व्यजायत । मारीचं नाम दुर्धर्षं यः शापाद्राक्षसोऽभवत् ॥ ९
सुन्दे तु निहते राम अगस्त्यमृषिसत्तमम् । ताटका सहपुत्रेण प्रधर्षयितुमिच्छति ॥ १०
भक्षार्थं जातसंरम्भा गर्जन्ती साभ्यधावत । आपतन्तीं तु तां दृष्ट्वा अगस्त्यो भगवानृषिः ॥ ११

॥ २१ ॥ ततः । तदेत्यर्थः ॥ २२ ॥ यस्मान्ममाङ्गमलधारिणौ तस्मात्ख्यातिं गमिष्यत इति पूर्वेणान्वयः ॥ २३ ॥ शक्रेण कृतां देशस्य पूजां दृष्ट्वा पाकशासनं साध्वित्यब्रुवन्निति पूर्वेणान्वयः ॥ २४ ॥ कस्यचित्कियतः कालस्य । अपगम इति शेषः ॥ २५ ॥ भद्रं त इति विश्वामित्रस्याशीर्वचनं बालकत्वेन तादृशयक्षिणीनामश्रवणेन त्रासो मा भूदिति । यद्वा ताटका नाम ते भद्रम् । प्रथमशौर्यस्थानत्वेन शौर्यप्रसिद्धिकरत्वरूपं भद्रत्वमस्या इति बोध्यम् ॥ २६ ॥ २७ ॥ २८ ॥ सेयम् । या विनाशयति सेत्यर्थः । आवृत्य निरुध्य । अर्धे[illegible]त्यर्धे तादृशे योजने ॥ २९ ॥ यतश्चेदं ताटकावनमस्माभिर्गन्तव्यमत एव च हेतोर्हे राम, स्वबाहुबलमाश्रित्येमां जहि ॥ ३० ॥ ननु स्त्री कथं हन्तव्या तत्राह—मन्नियोगादिति । मदाज्ञया स्त्रीवधशङ्कां त्यज । ईदृशं ताटकाक्रान्तम् ॥ ३१ ॥ अद्यापि न निवर्तते । अत्र पूर्वस्थितो जन इति शेषः ॥ ३२ ॥ इति श्रीरामाभिरामे श्रीरामीये रामायणतिलके वाल्मीकीय आदिकाव्ये बालकाण्डे चतुर्विंशः सर्गः ॥ २४ ॥

अथेति । अप्रमेयस्याप्रमेयप्रभावस्य । शार्दूलः श्रेष्ठः ॥ १ ॥ यदा यतः । यक्षी यक्षजातिः । श्रूयते पुराणादाविति शेषः । अबलेति साभिप्रायम् ॥ २ ॥ ३ ॥ वीर्यं शौर्यादि । बलमात्रप्रश्ने वीर्याभिधानं शौर्यादयोऽन्येऽपि गुणास्तस्यां सन्तीति ज्ञापनार्थम् ॥ ४ ॥ वरप्राप्तिमूलमाह—पूर्वमिति । तेपे पुत्रार्थम् । पितामहमुद्दिश्येति शेषः ॥ ५ ॥ कन्यारत्नं दिव्यरूपवतीं कन्याम् ॥ ६ ॥ तदभिसंहितगुणवता पुत्रेणात्यन्तं जनपीडा भवेदिति विचार्य पुत्रं न ददौ ॥ ७ ॥ विवर्धन्तीं वर्धमानाम् । जम्भपुत्रायेत्यत्र 'झर्झपुत्राय' इति पाठे झर्झोः पुत्रः झर्झपुत्रः । असुरयक्षयोर्देवयोनित्वेनोचितः संबन्धः ॥ ८ ॥ व्यजायत प्रासोष्टासूत ॥ ९ ॥ शापं दर्शयति—सुन्दे त्विति । निहते । अगस्त्येन शापं दत्त्वेति शेषः । इच्छतीच्छति स्म ॥ १० ॥ जातसंरम्भा स्वभर्तृवधजकोपवती ॥ ११ ॥

राक्षसत्वं भजस्वेति मारीचं व्याजहार सः । अगस्त्यः परमामर्षस्ताटकामपि शप्तवान् ॥ १२
पुरुषादी महायक्षी विकृता विकृतानना । इदं रूपं विहायाशु दारुणं रूपमस्तु ते ॥ १३
सैषा शापकृतामर्षात्ताटका क्रोधमूर्च्छिता । देशमुत्सादयत्येनमगस्त्याचरितं शुभम् ॥ १४
एनां राघव दुर्वृत्तां यक्षीं परमदारुणाम् । गोब्राह्मणहितार्थाय जहि दुष्टपराक्रमाम् ॥ १५
नह्येनां शापसंसृष्टां कश्चिदुत्सहते पुमान् । निहन्तुं त्रिषु लोकेषु त्वामृते रघुनन्दन ॥ १६
नहि ते स्त्रीवधकृते घृणा कार्या नरोत्तम । चातुर्वर्ण्यहितार्थं हि कर्तव्यं राजसूनुना ॥ १७
नृशंसमनृशंसं वा प्रजारक्षणकारणात् । पातकं वा सदोषं वा कर्तव्यं रक्षता सदा ॥ १८
राज्यभारनियुक्तानामेष धर्मः सनातनः । अधर्म्यां जहि काकुत्स्थ धर्मो ह्यस्यां न विद्यते ॥ १९
श्रूयते हि पुरा शक्रो विरोचनसुतां नृप । पृथिवीं हन्तुमिच्छन्तीं मन्थरामभ्यसूदयत् ॥ २०
विष्णुना च पुरा राम भृगुपत्नी पतिव्रता । अनिद्रं लोकमिच्छन्ती काव्यमाता निषूदिता ॥ २१
एतैश्चान्यैश्च बहुभी राजपुत्रैर्महात्मभिः । अधर्मसहिता नार्यो हताः पुरुषसत्तमैः ।
तस्मादेनां घृणां त्यक्त्वा जहि मच्छासनान्नृप ॥ २२

इत्यार्षे श्रीमद्रामायणे वाल्मीकीय आदिकाव्ये बालकाण्डे पञ्चविंशः सर्गः ॥ २५ ॥

षड्विंशः सर्गः ।

मुनेर्वचनमक्लीबं श्रुत्वा नरवरात्मजः । राघवः प्राञ्जलिर्भूत्वा प्रत्युवाच दृढव्रतः ॥ १
पितुर्वचननिर्देशात्पितुर्वचनगौरवात् । वचनं कौशिकस्येति कर्तव्यमविशङ्कया ॥ २
अनुशिष्टोऽस्म्ययोध्यायां गुरुमध्ये महात्मना । पित्रा दशरथेनाहं नावज्ञेयं हि तद्वचः ॥ ३
सोऽहं पितुर्वचः श्रुत्वा शासनाद्ब्रह्मवादिनः । करिष्यामि न संदेहस्ताटकावधमुत्तमम् ॥ ४
गोब्राह्मणहितार्थाय देशस्य च हिताय च । तव चैवाप्रमेयस्य वचनं कर्तुमुद्यतः ॥ ५

भजस्व । शुद्धदेवयोनिस्वरूपं मुक्त्वेति शेषः । शप्तवान्राक्षसत्वं भजस्वेति ॥ १२ ॥ तदेव विस्तरेणाह—पुरुषादीति । भवेति शेषः । तदेवोपपादयति—इदमिति । इदं रूपं यक्षिणीरूपं विहाय त्याजयित्वा दारुणं रूपं राक्षसीरूपमस्तु भवतु । एतदेवाभिप्रेत्य पाद्म उक्तम्—'तौ रामलक्ष्मणौ वीरावायान्तीं पथि राक्षसीम् । ताटकां नाम घोरां तां सुन्दभार्यां सुकेतुजाम् ॥' इति ॥ १३ ॥ अमर्षादसहनात् । देशोत्सादने हेतुगर्भं विशेषणम्—अगस्त्याचरितमिति । अगस्त्यतपःस्थानमित्यर्थः ॥१४॥ गोब्राह्मणहितार्थायेति स्त्रीवधशङ्कानिरासाय । तद्धिताय क्रियमाणं पापवदाभासमानमपि धर्मायेति भावः ॥ १५ ॥ शापसंसृष्टामगस्त्यशापव्याप्ताम् ॥ १६ ॥ हे नरोत्तम, ते स्त्रीवधनिमित्ता घृणा न कार्या । अत्र नरोत्तमेत्यनेन पुरुषोत्तमेश्वररूपत्वात्तव पापसंबन्धाभाव इति ध्वनितम् । चातुर्वर्ण्यहितार्थं तद्धिताय । कर्तव्यमित्यस्य नृशंसमित्याद्युत्तरेणान्वयः ॥ १७ ॥ वाशब्द इवार्थे । अनृशंसमिव नृशंसं क्रूरमपि कार्यमित्यर्थः । प्रजारक्षणकारणात्प्रजारक्षणाद्धेतोः । रक्षता सदेति । रक्षाधर्मसमृद्धिशेषत्वेनेति भावः । पातकं वा मुख्यपातकं वा सदोषं वा यज्ञादिवत्सदोषम् । ईषत्पापयुतं धर्मं वा । सदोषवधरूपमिति यावत् ॥१८॥ एष धर्म इति । धर्ममूलकत्वादिति भावः । अतोऽप्यस्या वधो न्याय्य इत्याह—अधर्म्यामिति । धर्मादपेताम् । तदेवोपपादयति—धर्मो हीति ॥ १९ ॥ अधर्म्यः स्त्रीवधोऽपि धर्म एवेत्यर्थं संमतिभिरुपपादयति—श्रूयत इति । पृथिवीं तदधिष्ठात्रीं देवताम् । यद्वा तस्याः प्रजा इत्यर्थः ॥ २० ॥ अनिद्रं निद्रासुखरहितम् । 'अनिन्द्रम्' इति पाठ इन्द्ररहितम् । काव्यः शुक्रः ॥ २१ ॥ एतैरेतादृशैः । यद्वा आर्षं बहुलम् । एताभ्याम् । शक्रविष्णुभ्यामित्यर्थः । मच्छासनादिति । यथा परशुरामस्य जमदग्नेर्गुरोराज्ञया मातृवधेऽपि न दोषस्तथा बलादिदातृत्वेन गुरोर्ममाज्ञया स्त्रीवधे तव न दोष इति भावः ॥ २२ ॥ इति श्रीरामाभिरामे श्रीरामीये रामायणतिलके वाल्मीकीय आदिकाव्ये बालकाण्डे पञ्चविंशः सर्गः ॥ २५ ॥

मुनेरिति । अक्लीबं धृष्टम् ॥ १ ॥ पितुरिति । कौशिकस्य वचनमविशङ्कया कर्तव्यं त्वयेत्येवंरूपाभिर्देशाभियोगात् । पितुर्वचनगौरवात्परमाप्तवाक्यत्वेनातिप्रमाणत्वात् । त्वद्वचनमवश्यं कर्तव्यत्वेन निश्चितमिति शेषः ॥ २ ॥ कदैवं नियोगः कृत इत्यत्राह—अन्विति । गुरवो वसिष्ठवामदेवाद्यः । अनवज्ञानहेतुरुक्त एव । तद्वचो विश्वामित्रवच इत्यनुशिष्ट इत्यन्वयः ॥३॥ सोऽहमिति । ब्रह्मवादिनस्तस्यापापस्पर्शेन । तत्संकल्पादन्यस्यापि पापमपापं पुण्यं चेत्याह—उत्तममिति । उत्कृष्टधर्ममित्यर्थः ॥ ४ ॥ पुण्यत्वमेवोपपादयति—गोब्राह्मणेति । अप्रमेयस्य तव च हिताय । अस्य हितं स्वाज्ञापरिपालनेन संतोषरूपम् । इदमावर्तते । तव वचनं कर्तुमुद्यतो विचिकित्सां [illegible]-

एवमुक्त्वा धनुर्मध्ये बद्धा मुष्टिमरिंदमः । ज्याघोषमकरोत्तीव्रं दिशः शब्देन नादयन् ॥ ६
तेन शब्देन वित्रस्तास्ताटकावनवासिनः । ताटका च सुसंक्रुद्धा तेन शब्देन मोहिता ॥ ७
तं शब्दमभिनिध्याय राक्षसी क्रोधमूर्च्छिता । श्रुत्वा चाभ्यद्रवत्क्रुद्धा यत्र शब्दो विनिःसृतः ॥ ८
तां दृष्ट्वा राघवः क्रुद्धां विकृतां विकृताननाम् । प्रमाणेनातिवृद्धां च लक्ष्मणं सोऽभ्यभाषत ॥ ९
पश्य लक्ष्मण यक्षिण्या भैरवं दारुणं वपुः । भिद्येरन्दर्शनादस्या भीरूणां हृदयानि च ॥ १०
एतां पश्य दुराधर्षां मायाबलसमन्विताम् । विनिवृत्तां करोम्यद्य हृतकर्णाग्रनासिकाम् ॥ ११
नह्येनामुत्सहे हन्तुं स्त्रीस्वभावेन रक्षिताम् । वीर्यं चास्या गतिं चैव हन्यामिति हि मे मतिः ॥ १२
एवं ब्रुवाणे रामे तु ताटका क्रोधमूर्च्छिता । उद्यम्य बाहुं गर्जन्ती राममेवाभ्यधावत ॥ १३
विश्वामित्रस्तु ब्रह्मर्षिर्हुंकारेणाभिभर्त्स्य ताम् । स्वस्ति राघवयोरस्तु जयं चैवाभ्यभाषत ॥ १४
उद्धुन्वाना रजो घोरं ताटका राघवावुभौ । रजोमेघेन महता मुहूर्तं सा व्यमोहयत् ॥ १५
ततो मायां समास्थाय शिलावर्षेण राघवौ । अवाकिरत्सुमहता ततश्चुक्रोध राघवः ॥ १६
शिलावर्षं महत्तस्याः शरवर्षेण राघवः । प्रतिवार्योपधावन्त्याः करौ चिच्छेद पत्रिभिः ॥ १७
ततश्छिन्नभुजां श्रान्तामभ्याशे परिगर्जतीम् । सौमित्रिरकरोत्क्रोधाद्धृतकर्णाग्रनासिकाम् ॥ १८
कामरूपधरा सा तु कृत्वा रूपाण्यनेकशः । अन्तर्धानं गता यक्षी मोहयन्ती स्वमायया ॥ १९
अश्मवर्षं विमुञ्चन्ती भैरवं विचचार सा । ततस्तावश्मवर्षेण कीर्यमाणौ समन्ततः ॥ २०
दृष्ट्वा गाधिसुतः श्रीमानिदं वचनमब्रवीत् । अलं ते घृणया राम पापैषा दुष्टचारिणी ॥ २१
यज्ञविघ्नकरी यक्षी पुरा वर्धेत मायया । वध्यतां तावदेवैषा पुरा संध्या प्रवर्तते ॥ २२
रक्षांसि संध्याकाले तु दुर्धर्षाणि भवन्ति हि । इत्युक्तः स तु तां यक्षीमश्मवृष्ट्याभिवर्षिणीम् ॥ २३
दर्शयञ्शब्दवेधित्वं तां रुरोध स सायकैः । सा रुद्धा बाणजालेन मायाबलसमन्विता ॥ २४
अभिदुद्राव काकुत्स्थं लक्ष्मणं च विनेदुषी । तामापतन्तीं वेगेन विक्रान्तामशनीमिव ॥ २५
शरेणोरसि विव्याध पपात च ममार च । तां हतां भीमसंकाशां दृष्ट्वा सुरपतिस्तदा ॥ २६
साधु साध्विति काकुत्स्थं सुराश्चाप्यभिपूजयन् । उवाच परमप्रीतः सहस्राक्षः पुरंदरः ॥ २७
सुराश्च सर्वे संहृष्टा विश्वामित्रमथाब्रुवन् । मुने कौशिक भद्रं ते सेन्द्राः सर्वे मरुद्गणाः ॥ २८
तोषिताः कर्मणानेन स्नेहं दर्शय राघवे । प्रजापतेः कृशाश्वस्य पुत्रान्सत्यपराक्रमान् ॥ २९

तोऽहं ताटकावधं करिष्यामीति पूर्वेणान्वयः ॥ ५ ॥ तीव्रं परुषश्रवणम् ॥ ६ ॥ वित्रस्ता भीताः । मोहिता व्याकुलचित्ता जाता ॥ ७ ॥ तं शब्दं श्रुत्वा च क्रुद्धा स शब्दो यत्र यतो विनिःसृतस्तमभिनिध्याय शब्दनिःसरणावधिदेशं लक्षीकृत्याभ्यद्रवदिति योजना ॥ ८ ॥ प्रमाणेन शरीरप्रमाणेन ॥ ९ ॥ भैरवं भयंकरम् । दारुणं घोरम् । अस्य वपुषः । चोऽप्यर्थः । अभीरूणामपीत्यर्थः ॥ १० ॥ एतामिति । विनिवृत्तामस्मत्सं[निधौ] स्वागमनात्परावृत्ताम् । पलायितामिति यावत् ॥ ११ ॥ कर्णादिहरणमात्रे हेतुमाह—नहीति । वीर्यं परपराभवशक्तिम् । गतिमाकाशादिगतिः । पाणिपादच्छेदेनेति शेषः । तावतैव देशहितस्य गुरुवचनानुष्ठानस्य च सिद्ध्या शूरविगर्हितः स्त्रीवधोऽनुचित इति भावः ॥ १२ ॥ राममेव विश्वामित्रस्य दुर्धर्षत्वेन तं विसृज्य । मानुषबुद्ध्या राममेवेत्यर्थः ॥ १३ ॥ तां रामसंमुखमभिधावन्तीम् । जयं च जयविषयकाशिषं च ॥ १४ ॥ घोरं रज उद्धुन्वानेत्यन्वयः । रजोमेघेन रजोन्धकारेण ॥ १५ ॥ मायां समास्थाय । अन्तर्धानं गत्वेति यावत् । चुक्रोध । स्त्रीत्वप्रयुक्तदाक्षिण्यं विसृज्येति शेषः ॥ १६ ॥ पत्रिभिरिति । एकैकस्य बहुधा खण्डनाभिप्रायेण ॥ १७ ॥ हृते कर्णाग्रे नासिका च यस्यास्ताम् ॥ १८ ॥ अनेकशो रूपाणि कृत्वान्तर्धानं गता सती स्वमायया राघवौ मोहयन्ती ॥ १९ ॥ भैरवमश्मवर्षमित्यन्वयः ॥ २० ॥ घृणयालम् । स्त्री इति घृणा मास्त्वित्यर्थः । दुष्टचारिणी मायाशक्त्यान्तर्धानेन पाषाणादिवृष्टिकर्त्री । अतो घृणानुचिता ॥ २१ ॥ घृणा नोचितेत्यत्र हेत्वन्तरमाह—यज्ञविघ्नकरीति । मायया पुरा यावद्वर्धेत तावत्तत्कालात्पुरैव पूर्वमेवैषा वध्यताम् । सायंसंध्या पुरा प्रवर्तते प्रवर्तयिष्यत इत्यर्थः ॥ २२ ॥ किं तत्रेत्याह—रक्षांसीति । अश्मवृष्ट्येति करणे तृतीया ॥ २३ ॥ शब्दमात्रेण लक्ष्यं सम्यङ्निश्चित्य । वेधकर्तृत्वसामर्थ्यं दर्शयन्नित्यर्थः ॥ २४ ॥ अभिदुद्रावेति । अन्तर्धानं हित्वेति शेषः ॥ २५ ॥ भीमसंकाशां भीमरूपाम् ॥ २६ ॥ अभिपूजयन् । अडभाव आर्षः । सहस्राक्षो विश्वामित्रमुवाचेत्यन्वयः ॥ २७ ॥ किमुक्तवन्तस्तदाह—मुने इति ॥ २८ ॥ तोषिताः । वयमिति शेषः । अनेन कर्मणा त्वत्प्रवर्तितताटकावधरूपेण । स्नेहं दर्शय

तपोबलभृतो ब्रह्मन्राघवाय निवेदय । पात्रभूतश्च ते ब्रह्मंस्तवानुगमने रतः ॥ ३०
कर्तव्यं सुमहत्कर्म सुराणां राजसूनुना । एवमुक्त्वा सुराः सर्वे जग्मुर्हृष्टा विहायसः ॥ ३१
विश्वामित्रं पूजयन्तस्ततः संध्या प्रवर्तते । ततो मुनिवरः प्रीतस्ताटकावधतोषितः ॥ ३२
मूर्ध्नि राम[illegible]पाघ्राय इदं वचनमब्रवीत् । इहाद्य रजनीं राम वसाम शुभदर्शन ॥ ३३
श्वः प्रभाते गमिष्यामस्तदाश्रमपदं मम । विश्वामित्रवचः श्रुत्वा हृष्टो दशरथात्मजः ॥ ३४
उवास रजनीं तत्र ताटकाया वने सुखम् । मुक्तशापं वनं तच्च तस्मिन्नेव तदाहनि ।
रमणीयं विबभ्राज यथा चैत्ररथं वनम् ॥ ३५

निहत्य तां यक्षसुतां स रामः प्रशस्यमानः सुरसिद्धसंघैः ।
उवास तस्मिन्मुनिना सहैव प्रभातवेलां प्रतिबोध्यमानः ॥ ३६

इत्यार्षे श्रीमद्रामायणे वाल्मीकीय आदिकाव्ये बालकाण्डे षड्विंशः सर्गः ॥ २६ ॥

सप्तविंशः सर्गः ।

अथ तां रजनीमुष्य विश्वामित्रो महायशाः । प्रहस्य राघवं वाक्यमुवाच मधुरस्वरम् ॥ १
परितुष्टोऽस्मि भद्रं ते राजपुत्र महायशः । प्रीत्या परमया युक्तो ददाम्यस्त्राणि सर्वशः ॥ २
देवासुर[illegible]पि सगन्धर्वोरगान्भुवि । यैरमित्रान्प्रसह्याजौ वशीकृत्य जयिष्यसि ॥ ३
तानि दिव्यानि भद्रं ते ददाम्यस्त्राणि सर्वशः । दण्डचक्रं महद्दिव्यं तव दास्यामि राघव ॥ ४
धर्मचक्रं ततो वीर कालचक्रं तथैव च । विष्णुचक्रं तथात्युग्रमैन्द्रं चक्रं तथैव च ॥ ५
वज्रमस्त्रं नरश्रेष्ठ शैवं शूलवतं तथा । अस्त्रं ब्रह्मशिरश्चैव [illegible] राघव ॥ ६
ददामि ते महाबाहो ब्राह्ममस्त्रमनुत्तमम् । गदे द्वे चैव काकुत्स्थ मोदकीशिखरी शुभे ॥ ७
प्रदीप्ते नरशार्दूल प्रयच्छामि नृपात्मज । धर्मपाशमहं राम कालपाशं तथैव च ॥ ८
वारुणं पाशमस्त्रं च ददाम्यहमनुत्तमम् । अशनी द्वे प्रयच्छामि शुष्कार्द्रे रघुनन्दन ॥ ९
ददामि चास्त्रं पैनाकमस्त्रं नारायणं तथा । आग्नेयमस्त्रं दयितं शिखरं नाम नामतः ॥ १०
वायव्यं प्रथमं नाम ददामि तव चानघ । अस्त्रं हयशिरो नाम क्रौञ्चमस्त्रं तथैव च ॥ ११
शक्तिद्वयं च काकुत्स्थ ददामि तव राघव । कङ्कालं मुसलं घोरं कापालमथ किङ्किणीम् ॥ १२
वधार्थं रक्षसां यानि ददाम्येतानि सर्वशः । वैद्याधरं महास्त्रं च नन्दनं नाम नामतः ॥ १३
असिरत्नं महाबाहो ददामि नृवरात्मज । गान्धर्वमस्त्रं दयितं मोहनं नाम नामतः ॥ १४
प्रस्वापनं प्रशमनं दद्मि सौम्यं च राघव । वर्षणं शोषणं चैव [illegible] ॥ १५

मदीयोऽयमाप्तः शिष्य इति स्नेहमूलं व्यापारं प्रवर्तय । तमेव व्यापारमाह—प्रजापतेरिति ॥ २९ ॥ तपसा ज्ञानेन बलेन च भृतः पूर्णः । ते तव दानस्य पात्रभूतश्च राघवः । अतस्तस्मै कृशाश्वपुत्रान्निवेदय । तथा लब्धानामेवास्त्राणां कार्यक्षमत्वमिति भावः । अनुगमने शुश्रूषणे दृढनिश्चयः ॥ ३० ॥ ॥ ३१ ॥ पूजयन्तः स्तुवन्तो जग्मुरित्यन्वयः । प्रवर्तत इत्यस्य स्मेति शेषः ॥ ३२ ॥ ३३ ॥ ३४ ॥ मुक्तशापमपगतोपद्रवम् । यद्वा लब्धशापया ताटकया मुक्तम् ॥ ३५ ॥ प्रभातवेलां प्रतिबोध्यमान इति । विश्वामित्रेणेत्यादिः । जजागारेति शेषः ॥ ३६ ॥ इति श्रीरामाभिरामे श्रीरामीये रामायणतिलके वाल्मीकीय आदिकाव्ये बालकाण्डे षड्विंशः सर्गः ॥ २६ ॥

अथेति । उष्येत्यार्षम् । प्रहस्य । विजयशालिरामदर्शनजसंतोषजो हासः ॥ १ ॥ सर्वशः सर्वाणि ॥ २ ॥ देवासुरगणान्वापि । वाशब्दश्चार्थे । गन्धर्वोरगसहितदेवासुरगणरूपशत्रूनपि प्रसह्य बलेन जयिष्यसि जेष्यसि । यदि वधे दया तदा वशीकृत्य संमोहनास्त्रादिना जेष्यसि । अन्येषां तु का गणनेति भावः ॥ ३ ॥ दण्डचक्रादयोऽस्त्रभेदाः ॥ ४ ॥ ५ ॥ शूलवतं शूलवतनामकम् । क्वचित्तु 'शूलवरम्' इति पाठः । ब्रह्मशिरोऽस्त्रं ब्रह्मास्त्रादन्यत् ॥ ६ ॥ गदे द्वे मोदकीशिखरीसंज्ञे द्वे गदे गदासंज्ञके अस्त्रे ॥ ७ ॥ ८ ॥ अस्त्रं च । वारुणास्त्रं चेत्यर्थः । शुष्कार्द्रसंज्ञके द्वे अशनी अशनीसंज्ञके अस्त्रे ॥ ९ ॥ पिनाकिन इदं पैनाकम् । दयितम् । अग्नेरिति शेषः । शिखरं नाम शिखरमिति प्रसिद्धम् ॥ १० ॥ प्रथमं मुख्यम् ॥ ११ ॥ कङ्कालादीन्यसुरधार्यास्त्राणि ॥ १२ ॥ यानि रक्षसां वधार्थे समर्थानि, एतानि ददामीत्यन्वयः । वैद्याधरं विद्याधरसंबन्धि । नन्दनं नामासिरत्नमित्यन्वयः । यतोऽस्त्रादसीनां प्रादुर्भाव इति भावः ॥ १३ ॥ १४ ॥ दद्मीत्यार्षम् । प्रशमनं रिपूणां क्रोध-

मादनं चैव दुर्धर्ष कन्दर्पदयितं तथा । गान्धर्वमस्त्रं दयितं मानवं नाम नामतः ॥ १६
पैशाचमस्त्रं दयितं मोहनं नाम नामतः । प्रतीच्छ नरशार्दूल राजपुत्र महायशः ॥ १७
तामसं नरशार्दूल सौमनं च महाबलम् । संवर्तं चैव दुर्धर्षं मौसलं च नृपात्मज ॥ १८
सत्यमस्त्रं महाबाहो तथा मायामयं परम् । सौरं तेजःप्रभं नाम परतेजोपकर्षणम् ॥ १९
सोमास्त्रं शिशिरं नाम त्वाष्ट्रमस्त्रं सुदारुणम् । दारुणं च भगस्यापि शीतेषुमथ मानवम् ॥ २०
एतान्राम महाबाहो कामरूपान्महाबलान् । गृहाण परमोदारान्क्षिप्रमेव नृपात्मज ॥ २१
स्थितस्तु प्राङ्मुखो भूत्वा शुचिर्मुनिवरस्तदा । ददौ रामाय सुप्रीतो मन्त्रग्राममनुत्तमम् ॥ २२
सर्वसंग्रहणं येषां दैवतैरपि दुर्लभम् । तान्यस्त्राणि तदा विप्रो राघवाय न्यवेदयत् ॥ २३
जपतस्तु मुनेस्तस्य विश्वामित्रस्य धीमतः । उपतस्थुर्महार्हाणि सर्वाण्यस्त्राणि राघवम् ॥ २४
ऊचुश्च मुदिता रामं सर्वे प्राञ्जलयस्तदा । इमे च परमोदार किंकरास्तव राघव ॥ २५
यद्यदिच्छसि भद्रं ते तत्सर्वं करवाम वै । ततो रामः प्रसन्नात्मा तैरित्युक्तो महाबलैः ॥ २६
प्रतिगृह्य च काकुत्स्थः समालभ्य च पाणिना । मानसा मे भविष्यध्वमिति तान्यभ्यचोदयत् ॥ २७
ततः प्रीतमना रामो विश्वामित्रं महामुनिम् । अभिवाद्य महातेजा गमनायोपचक्रमे ॥ २८

इत्यार्षे श्रीमद्रामायणे वाल्मीकीय आदिकाव्ये बालकाण्डे सप्तविंशः सर्गः ॥ २७ ॥

अष्टाविंशः सर्गः ।

प्रतिगृह्य ततोऽस्त्राणि प्रहृष्टवदनः शुचिः । गच्छन्नेव च काकुत्स्थो विश्वामित्रमथाब्रवीत् ॥ १
गृहीतास्त्रोऽस्मि भगवन्दुराधर्षः सुरैरपि । अस्त्राणां त्वहमिच्छामि संहारान्मुनिपुंगव ॥ २
एवं ब्रुवति काकुत्स्थे विश्वामित्रो महातपाः । संहारान्व्याजहाराथ धृतिमान्सुव्रतः शुचिः ॥ ३
सत्यवन्तं सत्यकीर्तिं धृष्टं रभसमेव च । प्रतिहारतरं नाम पराङ्मुखमवाङ्मुखम् ॥ ४
लक्ष्यालक्ष्याविमौ चैव दृढनाभसुनाभकौ । दशाक्षशतवक्त्रौ च दशशीर्षशतोदरौ ॥ ५
पद्मनाभमहानाभौ दुन्दुनाभस्वनाभकौ । ज्योतिषं शकुनं चैव नैरास्यविमलावुभौ ॥ ६
यौगंधरविनिद्रौ च दैत्यप्रमथनौ तथा । शुचिबाहुर्महाबाहुर्निष्कलिर्विरुचस्तथा ।
सार्चिमाली धृतिमाली वृत्तिमान्रुचिरस्तथा ॥ ७

शामकमस्त्रम् । विलापनं परिदेवनकारकम् ॥ १५ ॥ मादनं शत्रूणां मदजनकम् । दुर्धर्षमित्याद्यस्य विशेषणम् ॥ १६ ॥ प्रतीच्छ गृहाण ॥ १७ ॥ मौसलमासुरमुसलादन्यत् ॥ १८ ॥ ॥ १९ ॥ २० ॥ २१ ॥ मन्त्रग्राममस्त्राणां मन्त्रमूर्तित्वात् । 'ननु बलातिबलादानप्रसङ्गेऽपि मन्त्रग्रामं गृहाणेत्युक्तमिति पुनरत्र दानं विफलमिति चेत्, न । गृहाणेत्येव तत्रोक्तत्वात् । न तु ददाविति । तेन तत्कालोपयोगिबलातिबलयोरेव तत्र दानम्, इतरेषां त्वत्रेति विवेकः' इति कतककृतः । 'वस्तुतो बलातिबले मन्त्रसमूहात्मके इति तद्रूपं मन्त्रग्राममिति तत्रार्थ इति न दोषः' इति परे ॥ २२ ॥ सर्वेति । येषामुक्तदिव्यास्त्राणाम् । सर्वसंग्रहणं सर्वधारणं कर्तुं दैवतैरपि दुर्लभं दुष्करम् । देवा अपि यत्किंचिदस्त्रमेव जानन्तीति भावः । तानि सर्वाण्यस्त्राणि राघवाय रामाय विश्वामित्रो न्यवेदयद्दत्तवान् । राघवाय रामाय लक्ष्मणाय चेत्यपि बोध्यम् । युगपदेवोभयोरुपदेश इति बोध्यम् ॥ २३ ॥ जपतः । रामाय दातुं तेषां वीर्यवत्तासंपादनाय तान्यस्त्राणि जपत इत्यर्थः । उपतस्थुर्गृहीतभामण्डलवपूंष्युपतस्थुरुपस्थितानि । विश्वामित्रनियोगेन रामं चोपतस्थुः ॥ २४ ॥ सर्वेऽस्त्रदेवा मुदिताः स्वाधिदैवतरामसंबन्धेन तुष्टाः । किंकरा अङ्गीकृतदासत्वाः ॥ २५ ॥ २६ ॥ समालभ्योपस्पृश्य । मानसाः सदा मनसि स्थिताः । यद्यपि भगवतो रामस्य सर्वं विदितमेव, तथापि विद्या गुरूपदेशगृहीतैव फलदा नान्यथेति लोकान्बोधयितुं विश्वामित्रोपदेशग्रहणमिति बोध्यम् ॥ २७ ॥ २८ ॥ इति श्रीरामाभिरामे श्रीरामीये रामायणतिलके वाल्मीकीय आदिकाव्ये बालकाण्डे सप्तविंशः सर्गः ॥ २७ ॥

गच्छन्नामिष्यन् ॥ १ ॥ संहारान् । ज्ञातुमिति शेषः । उपसंहारापरिज्ञाने पुनः प्रयोगानर्हतयाऽप्राप्तप्रायत्वात्तज्ज्ञानेच्छा । संहारो नाम प्रयुक्तस्यास्त्रस्य मन्त्रविशेषेण पुनः स्वात्मनि स्थापनम् ॥ २ ॥ एवमिति । उक्तास्त्राणां संहारमार्गमुपदिश्य । अथानन्तरं तत्प्रश्नसंतुष्टः [illegible] न्यप्यस्त्राण्युपदिशति स्म ॥ ३ ॥ तदाह—सत्यवन्तमित्यादि । ददामीति सर्वत्र शेषः ॥ ४ ॥ ५ ॥ ६ ॥ सार्चिमाल्याद-

८

पित्र्यः सौमनसश्चैव विधूतमकरावुभौ । परवीरं रतिं चैव धनधान्यौ च राघव ॥ ८
कामरूपं कामरुचिं मोहमावरणं तथा । जृम्भकं सर्पनाथं च पन्थानवरुणौ तथा ॥ ९
कृशाश्वतनयान्राम भास्वरान्कामरूपिणः । प्रतीच्छ मम भद्रं ते पात्रभूतोऽसि राघव ॥ १०
बाढमित्येव काकुत्स्थः प्रहृष्टेनान्तरात्मना । दिव्यभास्वरदेहाश्च मूर्तिमन्तः सुखप्रदाः ॥ ११
काचिदङ्गारसदृशाः केचिद्धूमोपमास्तथा । चन्द्रार्कसदृशाः केचित्प्रह्वाञ्जलिपुटास्तथा ॥ १२
रामं प्राञ्जलयो भूत्वाब्रुवन्मधुरभाषिणः । इमे स्म नरशार्दूल शाधि किं करवाम ते ॥ १३
गम्यतामिति तानाह यथेष्टं रघुनन्दनः । मानसाः कार्यकालेषु साहाय्यं मे करिष्यथ ॥ १४
अथ ते राममामन्त्र्य कृत्वा चापि प्रदक्षिणम् । एवमस्त्विति काकुत्स्थमुक्त्वा जग्मुर्यथागतम् ॥ १५
स च तान्राघवो ज्ञात्वा विश्वामित्रं महामुनिम् । गच्छन्नेवाथ मधुरं श्लक्ष्णं वचनमब्रवीत् ॥ १६
किमेतन्मेघसंकाशं पर्वतस्याविदूरतः । वृक्षखण्डमितो भाति परं कौतूहलं हि मे ॥ १७
दर्शनीयं मृगाकीर्णं मनोहरमतीव च । नानाप्रकारैः शकुनैर्वल्गुभाषैरलंकृतम् ॥ १८
निःसृताः स्म मुनिश्रेष्ठ कान्ताराद्रोमहर्षणात् । अनया त्ववगच्छामि देशस्य सुखवत्तया ॥ १९
सर्वं मे शंस भगवन्कस्याश्रमपदं त्विदम् । संप्राप्ता यत्र ते पापा ब्रह्मघ्ना दुष्टचारिणः ॥ २०
तव यज्ञस्य विघ्नाय दुरात्मानो महामुने । भगवंस्तस्य को देशः सा यत्र तव याज्ञिकी ॥ २१
रक्षितव्या क्रिया ब्रह्मन्मया वध्याश्च राक्षसाः । एतत्सर्वं मुनिश्रेष्ठ श्रोतुमिच्छाम्यहं प्रभो ॥ २२

इत्यार्षे श्रीमद्रामायणे वाल्मीकीय आदिकाव्ये बालकाण्डेऽष्टाविंशः सर्गः ॥ २८ ॥

एकोनत्रिंशः सर्गः ।

अथ तस्याप्रमेयस्य वचनं परिपृच्छतः । विश्वामित्रो महातेजा व्याख्यातुमुपचक्रमे ॥ १
इह राम महाबाहो विष्णुर्देवनमस्कृतः । वर्षाणि सुबहूनीह तथा युगशतानि च ॥ २
तपश्चरणयोगार्थमुवास सुमहातपाः । एष पूर्वाश्रमो राम वामनस्य महात्मनः ॥ ३
सिद्धाश्रम इति ख्यातः सिद्धो ह्यत्र महातपाः । एतस्मिन्नेव काले तु राजा वैरोचनिर्बलिः ॥ ४
निर्जित्य दैवतगणान्सेन्द्रान्सहमरुद्गणान् । कारयामास तद्राज्यं त्रिषु लोकेषु विश्रुतः ॥ ५

योऽन्ये । तांश्च ददामीत्यर्थः ॥ ७ ॥ ८ ॥ ९ ॥ भास्वरांस्तेजोमयान् । प्रतीच्छ गृहाण । पात्रभूतः । अस्त्रदानस्येति शेषः । मम मत्तः ॥ १० ॥ बाढमित्यङ्गीकारे । प्रहृष्टेनान्तरात्मना । प्रत्यग्रहीदिति शेषः । मूर्तिमन्तः स्वस्वदेवतारूपेण ॥ ११ ॥ प्रह्वाञ्जलिपुटाः प्रह्वा नम्रास्ते च तेऽञ्जलेः पुटं संश्लेषो येषां तादृशाः ॥ १२ ॥ इमे स्म । संनिहिता वयमिति शेषः । शाध्याज्ञापय ॥ १३ गम्यताम् । इदानीमिति शेषः । कार्यकालेषु मानसा मनसि संनिहिता भूत्वा साहाय्यं करिष्यथ ॥ १४ ॥ प्रदक्षिणम् । सकलस्वदेवताधिदैवतरूपत्वाद्रामस्य प्रदक्षिणकरणम् ॥ १५ ॥ एतदुत्तरम्—'ततस्तु रामः काकुत्स्थः शासनाद्ब्रह्मवादिनः । लक्ष्मणाय च तान्सर्वान्स चास्त्रान्रघुनन्दनः । ससंहारान्सुसंहृष्टः श्रीमांस्तस्मै न्यवेदयत् ॥' इत्यधिकं दृश्यते । तत्प्रक्षिप्तम् । बलातिबलयोरिवास्त्राणामपि युगपदुभयोर्विश्वामित्रेणैवोपदेशदानसंभवात् । स तानुपदिष्टानस्त्रान्राघवो रामो ज्ञात्वा । मन्त्रतो मूर्तितः प्रयोगतश्चेति शेषः ॥ १६ ॥ मेघसंकाशम् । कार्ष्ण्यान्नैबिड्याच्च । वृक्षखण्डं वृक्षसमूहम् । किं वनसंबन्धि, उत आश्रमसंबन्धीति प्रश्नः ॥ १७ ॥ वल्गुभाषैर्मधुरभाषैः ॥ १८ ॥ रोहर्षणात्ताटकया निर्जनीकरणात् । तस्य भयानकत्वेन रोमहर्षणत्वम् । अनया देशस्य सुखवत्तयेदमाश्रमपदं त्ववगच्छामि ॥ १९ ॥ आश्रमपदं निर्णीय तत्कस्येति पृच्छति—सर्वमिति । सर्वं च शंस । सर्वशब्दविवक्षितं जिज्ञासान्तरं स्वयमेवाह—संप्राप्ता इति । ते ब्रह्मघ्नास्तव यज्ञस्य विघ्नाय यत्र संप्राप्ताः स देशः कः ॥ २० ॥ यत्र च तव याज्ञिकी क्रिया मया रक्षितव्या, यत्र च राक्षसा वध्याः, भगवन्, तस्य त्वदाश्रमस्य को देशः प्रदेश इत्यन्वयः ॥ २१ ॥ २२ ॥ इति श्रीरामाभिरामे श्रीरामीये रामायणतिलके वाल्मीकीय आदिकाव्ये बालकाण्डेऽष्टाविंशः सर्गः ॥ २८ ॥

तस्य रामस्य परिपृच्छतो वचनम् । श्रुत्वेति शेषः । व्याख्यातुम् । पृष्टोत्तरमिति शेषः ॥ १ ॥ इह वन इह प्रदेशे ॥ २ ॥ तपश्चरणयोगार्थम् । स्वाचारेण लोकप्रवर्तनाय स्वतपश्चरणम् । वामनस्य करिष्यमाणवामनावतारस्य विष्णोः पूर्वाश्रमो वामनावतारात्पूर्वकाले तपोयोगार्थं परिगृहीत आश्रमः ॥ ३ ॥ सिद्धाश्रमत्वव्यवहारे बीजमाह—हि यस्मात् । अत्र महातपा विष्णुस्तपःसिद्धो जात इति । एतस्मिन्काले विष्णोस्तपःकाले ॥ ४ ॥ मरुद्गणानावहादिवायु-

यज्ञं चकार सुमहानसुरेन्द्रो महाबलः । बलेस्तु यजमानस्य देवाः साग्निपुरोगमाः ।
समागम्य स्वयं चैव विष्णुमूचुरिहाश्रमे ॥ ६
बलिर्वैरोचनिर्विष्णो यजते यज्ञमुत्तमम् । असमाप्तव्रते तस्मिन्स्वकार्यमभिपद्यताम् ॥ ७
ये चैनमभिवर्तन्ते याचितार इतस्ततः । यच्च यत्र यथावच्च सर्वं तेभ्यः प्रयच्छति ॥ ८
स त्वं सुरहितार्थाय मायायोगमुपाश्रितः । वामनत्वं गतो विष्णो कुरु कल्याणमुत्तमम् ॥ ९
एतस्मिन्नन्तरे राम कश्यपोऽग्निसमप्रभः । अदित्या सहितो राम दीप्यमान इवौजसा ॥ १०
देवीसहायो भगवान्दिव्यं वर्षसहस्रकम् । व्रतं समाप्य वरदं तुष्टाव मधुसूदनम् ॥ ११
तपोमयं तपोराशिं तपोमूर्तिं तपात्मकम् । तपसा त्वां सुतप्तेन पश्यामि पुरुषोत्तमम् ॥ १२
शरीरे तव पश्यामि जगत्सर्वमिदं प्रभो । त्वमनादिरनिर्देश्यस्त्वामहं शरणं गतः ॥ १३
तमुवाच हरिः प्रीतः कश्यपं धूतकल्मषम् । वरं वरय भद्रं ते वरार्होऽसि मतो मम ॥ १४
तच्छ्रुत्वा वचनं तस्य मारीचः कश्यपोऽब्रवीत् । अदित्या देवतानां च मम चैवानुयाचितम् ॥ १५
वरं वरद सुप्रीतो दातुमर्हसि सुव्रत । पुत्रत्वं गच्छ भगवन्नदित्या मम चानघ ॥ १६
भ्राता भव यवीयांस्त्वं शक्रस्यासुरसूदन । शोकार्तानां तु देवानां साहाय्यं कर्तुमर्हसि ॥ १७
अयं सिद्धाश्रमो नाम प्रसादात्ते भविष्यति । सिद्धे कर्मणि देवेश उत्तिष्ठ भगवन्नितः ॥ १८
अथ विष्णुर्महातेजा अदित्यां समजायत । वामनं रूपमास्थाय वैरोचनिमुपागमत् ॥ १९
त्रीन्पदानथ भिक्षित्वा प्रतिगृह्य च मेदिनीम् । आक्रम्य लोकांल्लोकार्थी सर्वलोकहिते रतः ॥ २०

गणान् । कारयामास । स्वार्थे णिच् । चकारेत्यर्थः । यद्वा इन्द्रादिराज्यं स्वीयैः कैश्चिदेव कारयामासेत्यन्वयः ॥ ५ ॥ बलेर्यजमानस्य । व्यवहारं दृष्ट्वेति शेषः । साग्निपुरोगमाः । पुरोगमेनाग्निना सहिता इत्यर्थः । अग्निमुखत्वाच्च देवानां तस्मिन्पुरोगमत्वम् । स्वयमेवागम्य, न तु दूतमुखेन ॥ ६ ॥ यजते । कर्त्रभिप्रायत्वादात्मनेपदम् । नन्वसुरस्य बलेर्देवद्विषो यागाद्यनुपपत्तिः । यागतर्पणीयदेवताभावात् । इन्द्रादीनां तद्द्वेष्यत्वात् । न च शब्दमात्रं देवतेति युक्तम् । अर्थवादप्रामाण्येन देवताया विग्रहवत्त्वस्योत्तरमीमांसायां सिद्धान्तितत्वादिति चेत्, न । कर्मदेवाजानदेवभेदेन देवानां द्वैविध्यात् तत्र ये कर्मणा देवत्वं प्राप्तास्ते कर्मदेवाः । आजानदेवास्तु यज्ञमन्त्रार्थभूता मन्त्रेण नित्यसंबन्धाः कर्मदेवेभ्यः प्राचीना एव । तत्कर्मदेवानां द्वेष्यत्वेऽप्याजानदेवानां यज्ञे तर्प्यत्वेन न दोषः । विघ्नकर्तारोऽप्यत्र कर्मदेवा एव । यज्ञाद्यधिकाराभावोऽप्याजानदेवानामेव स्वयष्टव्यदेवतान्तराभावात् । कर्मदेवानां त्वस्त्येव । अत एवेन्द्रादीनां यज्ञादिश्रवणं नानुपपन्नमित्यन्यत्र विस्तरः । असमाप्तव्रतेऽसमाप्तयज्ञे । स्वकार्यमात्मीयानां देवानां कार्यम् । अभिपद्यतां संपाद्यताम् ॥ ७ ॥ असमाप्तव्रत इत्युक्तेः प्रयोजनं दर्शनं दर्शयन्तस्तत्संपादन उपायमपि स्वयमेव वदन्ति—ये चेति । अभिवर्तन्ते प्राप्नुवन्ति । इतस्ततो नानादेशेभ्यः । यत्र गोभूहिरण्यादिविषये । यच्च वस्तु याचन्ते तेभ्यस्तत्सर्वं यथावद्यज्ञसाद्गुण्यायावमानादिरहितं सत्कारपूर्वं प्रयच्छति । चौ एवार्थे ॥ ८ ॥ माया स्वतत्त्वाच्छादनेन प्राकृतमर्त्यादिभावप्रकाशिका शक्तिस्तस्या योगः संबन्धस्तमाश्रितः । वामनत्वप्राप्तावयं हेतुः—वामनरूपस्यात्याश्चर्यत्वेन तत्प्रार्थनाविषयस्यावश्यं यजमानकर्तव्यतया तद्रूपप्रार्थनम् ॥ ९ ॥ एतस्मिन्नन्तरे देवैर्वामनावतारप्रार्थनसमये । रामेति द्विः संबोधनं स्वाश्रमसंनिधानेन रामपृष्टतन्महत्त्वकथनेन हर्षातिशयाच्च बोध्यम् ॥ १० ॥ अदित्या सहितो व्रतं समाप्य देवीसहायस्तुष्टावेत्यन्वयः । देव्यदितिरेव । यद्वा देवी सरस्वती । वरदं विष्णुरूपपुत्रप्राप्त्युद्देशेन कृतव्रतान्ते वरदानोन्मुखम् ॥ ११ ॥ स्तोत्रप्रकारमाह—तपोमयमित्यादि । अन्नमयो यज्ञ इतिवत्प्रचुरतपोयुक्तमित्यर्थः । तावतारेषां (?) किमत आह—तपोराशिं द्रष्टॄणां सकलतपोजन्यफलप्राप्त्या भगवतस्तपोराशित्वम् । ननु तपसोऽन्यत्वेऽद्वैतश्रुतिबाधोऽत आह—तपोमूर्तिमिति । एवं च तपस्तदनन्यत्वेन नाद्वैतहानिः । तपात्मकमिति 'घञर्थे कविधानम्' इति कप्रत्यये तपनं तपो ज्ञानम् । 'तप आलोचने' इति धात्वनुसारात् । तदात्मकं ज्ञानस्वरूपमित्यर्थः । अत एवातप्ततपसा द्रष्टुमशक्य इत्यतस्तपसा त्वामिति ॥ १२ ॥ दृश्यमानं च वैराजं रूपमित्याह—शरीर इत्यादि । अनिर्देश्योऽशक्यपरिच्छेदः ॥ १३ ॥ वरमभीष्टम् । वरार्हो दिव्यवर्षसहस्रतपसा वरदानयोग्यः ॥ १४ ॥ मारीचो मरीचिपुत्रः । अदित्या इत्यादेर्याचमानाया इत्यादि शेषः ॥ १५ ॥ याच्यमानवरमाह—पुत्रत्वमित्यादि ॥ १६ ॥ यवीयान्कनिष्ठः । साहाय्यं बलिच्छलरूपम् ॥ १७ ॥ अयम् । यत्राश्रमे तपोमयस्त्वं मया देवैश्च अनुभूयस इत्यर्थः । सिद्ध एतदाश्रमस्थितिसाध्ये तपःकर्मणि सिद्धे सति निष्पन्ने सति प्रयोजनाभावादित उत्तिष्ठ । देवकार्यायेति शेषः ॥ १८ ॥ अथ देवकार्यनियोगानन्तरम् ॥ १९ ॥ आक्रम्य । त्रिभिः पदैरिति शेषः ।

महेन्द्राय पुनः प्रादान्नियम्य बलिमोजसा । त्रैलोक्यं स महातेजाश्चक्रे शक्रवशं पुनः ॥ २१
तेनैव पूर्वमाक्रान्त आश्रमः श्रमनाशनः । मयापि भक्त्या तस्यैव वामनस्योपभुज्यते ॥ २२
एनमाश्रममायान्ति राक्षसा विघ्नकारिणः । अत्र ते पुरुषव्याघ्र हन्तव्या दुष्टचारिणः ॥ २३
अद्य गच्छामहे राम सिद्धाश्रममनुत्तमम् । तदाश्रमपदं तात तवाप्येतद्यथा मम ॥ २४
इत्युक्त्वा परमप्रीतो गृह्य रामं सलक्ष्मणम् । प्रविशन्नाश्रमपदं व्यरोचत महामुनिः ।
शशीव गतनीहारः पुनर्वसुसमन्वितः ॥ २५
तं दृष्ट्वा मुनयः सर्वे सिद्धाश्रमनिवासिनः । उत्पत्योत्पत्य सहसा विश्वामित्रमपूजयन् ॥ २६
यथार्हं चक्रिरे पूजां विश्वामित्राय धीमते । तथैव राजपुत्राभ्यामकुर्वन्नतिथिक्रियाम् ॥ २७
मुहूर्तमथ विश्रान्तौ राजपुत्रावरिंदमौ । प्राञ्जली मुनिशार्दूलमूचतू रघुनन्दनौ ॥ २८
अद्यैव दीक्षां प्रविश भद्रं ते मुनिपुंगव । सिद्धाश्रमोऽयं सिद्धः स्यात्सत्यमस्तु वचस्तव ॥ २९
एवमुक्तो महातेजा विश्वामित्रो महानृषिः । प्रविवेश तदा दीक्षां नियतो नियतेन्द्रियः ॥ ३०
कुमाराविव तां रात्रिमुषित्वा सुसमाहितौ । प्रभातकाले चोत्थाय पूर्वां संध्यामुपास्य च ॥ ३१
प्रशुची परमं जाप्यं समाप्य नियमेन च । हुताग्निहोत्रमासीनं विश्वामित्रमवन्दताम् ॥ ३२

इत्यार्षे श्रीमद्रामायणे वाल्मीकीय आदिकाव्ये बालकाण्ड एकोनत्रिंशः सर्गः ॥ २९ ॥

त्रिंशः सर्गः ।

अथ तौ देशकालज्ञौ राजपुत्रावरिंदमौ । देशे काले च वाक्यज्ञावब्रूतां कौशिकं वचः ॥ १
भगवञ्छ्रोतुमिच्छावो यस्मिन्काले निशाचरौ । संरक्षणीयौ तौ ब्रूहि नातिवर्तेत तत्क्षणम् ॥ २
एवं ब्रुवाणौ काकुत्स्थौ त्वरमाणौ युयुत्सया । सर्वे ते मुनयः प्रीताः प्रशशंसुर्नृपात्मजौ ॥ ३
अद्यप्रभृति षड्रात्रं रक्षतां राघवौ युवाम् । दीक्षां गतो ह्येष मुनिर्मौनित्वं च गमिष्यति ॥ ४
तौ तु तद्वचनं श्रुत्वा राजपुत्रौ यशस्विनौ । अनिद्रं षडहोरात्रं तपोवनमरक्षताम् ॥ ५
उपासांचक्रतुर्वीरौ यत्तौ परमधन्विनौ । ररक्षतुर्मुनिवरं विश्वामित्रमरिंदमम् ॥ ६
अथ काले गते तस्मिन्षष्ठेऽहनि तथागते । सौमित्रिमब्रवीद्रामो यत्तो भव समाहितः ॥ ७
रामस्यैवंब्रुवाणस्य त्वरितस्य युयुत्सया । प्रजज्वाल ततो वेदिः सोपाध्यायपुरोहिता ॥ ८
सदर्भचमसस्रुक्का ससमित्कुसुमोच्चया । विश्वामित्रेण सहिता वेदिर्जज्वाल सर्त्विजा ॥ ९
मन्त्रवच्च यथान्यायं यज्ञोऽसौ संप्रवर्तते । आकाशे च महाञ्छब्दः प्रादुरासीद्भयानकः ॥ १०

लोकार्थी त्रैलोक्याक्रमणार्थी ॥ २० ॥ नियम्य बद्ध्वा ॥ २१ ॥ तेनैव वामनावतारकर्त्रा । मया विश्वामित्रेण ॥ २२ ॥ पूर्वसर्गान्तकृतद्वितीयप्रश्नोत्तरमाह—एनमिति ॥ २३ ॥ अनुत्तमं सर्वोत्तमम् । हे तात, तदेतदाश्रमं यथा मम स्वभूतं तथा तवापि विष्ण्ववतारत्वादिति गूढोऽभिसंधिः ॥ २४ ॥ पुनर्वसू द्वे तारे ॥ २५ ॥ उत्पत्योत्पत्य । संतोषातिशयादिति शेषः ॥ २६ ॥ २७ ॥ २८ ॥ अद्यैव प्रवेशदिन एव । कालविलम्बे फलाभावात् । सिद्धस्त्वद्यज्ञसिद्ध्यान्वर्थसिद्धसंज्ञः । तव वचो 'ऽत्रैव पुरुषव्याघ्र हन्तव्या दुष्टचारिण' इति यत्तत्सत्यमस्तु । राक्षसान्सर्वथा हनिष्य इति भावः ॥ २९ ॥ नियतो निगृहीतान्तःकरणः ॥ ३० ॥ कुमाराविव स्कन्दविशाखाविव ॥ ३१ ॥ प्रशुची अवतारत्वादशुचित्वसंभावनाराहित्येन प्रकर्षतः शुची । नियमेन कर्तव्यं जाप्यं समाप्येत्यन्वयः । 'दीक्षामध्ये नाग्निहोत्रम्' इति निषेधात् 'अग्निहोत्रपदमौपासनहोमपरम्' इति केचित् ॥ ३२ ॥ इति श्रीरामाभिरामे श्रीरामीये रामायणतिलके वाल्मीकीय आदिकाव्ये बालकाण्ड एकोनत्रिंशः सर्गः ॥ २९ ॥

अथेति । कौशिकं वचोऽब्रूतामित्यन्वयः ॥ १ ॥ तौ निशाचरौ संरक्षणीयौ यज्ञसंरक्षणाय निवारणीयौ । गहादित्वाच्छः । तत्क्षणं स क्षणो यथा नातिवर्तेत नातिक्रमेत तथा ब्रूहीत्यन्वयः ॥ २ ॥ ३ ॥ एवं विश्वामित्रे पृष्टे दीक्षया तस्य मौनित्वादृषय ऊचुः—अद्येति । मौनित्वं च गमिष्यति । अद्यापि दीक्षितत्वान्मौन्ये व्रातः परमपि षड्रात्रपर्यन्तं मौनित्वं प्राप्स्यतीत्यर्थः ॥ ४ ॥ ५ ॥ यत्तौ संनद्धौ परमधन्विनावित्यार्षम् । विश्वामित्रं तद्यज्ञम् ॥ ६ ॥ काले पञ्चाहोरात्रलक्षणे । षष्ठेऽहन्यागत इति च्छेदः । प्राप्त इत्यर्थः । यद्वा षष्ठेऽहनि गते । रात्रावित्यर्थः । यत्तः सज्जः । समाहित एकाग्रचित्तः ॥ ७ ॥ उपाध्यायो ब्रह्मा । पुरोहित उपद्रष्टा । इदमृत्विगन्तराणामप्युपलक्षणम् । इदं ज्वलनं 'राक्षसागमनसूचक उत्पातः' इत्याहुः ॥ ८ ॥ दर्भसहितचमसस्रुग्वती । समित्कुसुमोच्चयैश्च सहिता । इदं वेदीज्वलनं यज्ञोद्देश्यकम् ॥ ९ ॥ संप्रवर्तते स्म ।

आवार्य गगनं मेघो यथा प्रावृषि दृश्यते । तथा मायां विकुर्वाणौ राक्षसावभ्यधावताम् ॥ ११
मारीचश्च सुबाहुश्च तयोरनुचरास्तथा । आगम्य भीमसंकाशा रुधिरौघानवासृजन् ॥ १२
तां तेन रुधिरौघेण वेदीं वीक्ष्य समुक्षिताम् । सहसाभिद्रुतो रामस्तानपश्यत्ततो दिवि ॥ १३
तावापतन्तौ सहसा दृष्ट्वा राजीवलोचनः । लक्ष्मणं त्वभिसंप्रेक्ष्य रामो वचनमब्रवीत् ॥ १४
पश्य लक्ष्मण दुर्वृत्तान्राक्षसान्पिशिताशनान् । मानवास्त्रसमाधूताननिलेन यथा घनान् ॥ १५
करिष्यामि न संदेहो नोत्सहे हन्तुमीदृशान् । इत्युक्त्वा वचनं रामश्चापे संधाय वेगवान् ॥ १६
मानवं परमोदारमस्त्रं परमभास्वरम् । चिक्षेप परमक्रुद्धो मारीचोरसि राघवः ॥ १७
स तेन परमास्त्रेण मानवेन समाहतः । संपूर्णं योजनशतं क्षिप्तः सागरसंप्लवे ॥ १८
विचेतनं विघूर्णन्तं शीतेषुबलपीडितम् । निरस्तं दृश्य मारीचं रामो लक्ष्मणमब्रवीत् ॥ १९
पश्य लक्ष्मण शीतेषुं मानवं मनुसंहितम् । मोहयित्वा नयत्येनं न च प्राणैर्वियुज्यते ॥ २०
इमानपि वधिष्यामि निर्घृणान्दुष्टचारिणः । राक्षसान्पापकर्मस्थान्यज्ञघ्नान्रुधिराशनान् ॥ २१
इत्युक्त्वा लक्ष्मणं चाशु लाघवं दर्शयन्निव । विगृह्य सुमहच्चास्त्रमाग्नेयं रघुनन्दनः ॥ २२
सुबाहूरसि चिक्षेप स विद्धः प्रापतद्भुवि । शेषान्वायव्यमादाय निजघान महायशाः ।
राघवः परमोदारो मुनीनां मुदमावहन् ॥ २३
स हत्वा राक्षसान्सर्वान्यज्ञघ्नान्रघुनन्दनः । ऋषिभिः पूजितस्तत्र यथेन्द्रो विजये पुरा ॥ २४
अथ यज्ञे समाप्ते तु विश्वामित्रो महामुनिः । निरीतिका दिशो दृष्ट्वा काकुत्स्थमिदमब्रवीत् ॥ २५
कृतार्थोऽस्मि महाबाहो कृतं गुरुवचस्त्वया । सिद्धाश्रममिदं सत्यं कृतं वीर महायशः ।
स हि रामं प्रशस्यैवं ताभ्यां संध्यामुपागमत् ॥ २६

इत्यार्षे श्रीमद्रामायणे वाल्मीकीय आदिकाव्ये बालकाण्डे त्रिंशः सर्गः ॥ ३० ॥

एकत्रिंशः सर्गः ।

अथ तां रजनीं तत्र कृतार्थौ रामलक्ष्मणौ । ऊषतुर्मुदितौ वीरौ प्रहृष्टेनान्तरात्मना ॥ १
प्रभातायां तु शर्वर्यां कृतपौर्वाह्णिकक्रियौ । विश्वामित्रमृषींश्चान्यान्सहितावभिजग्मतुः । २
अभिवाद्य मुनिश्रेष्ठं ज्वलन्तमिव पावकम् । ऊचतुः परमोदारं वाक्यं मधुरभाषिणौ ॥ ३
इमौ स्म मुनिशार्दूल किंकरौ समुपागतौ । आज्ञापय मुनिश्रेष्ठ शासनं करवाव किम् ॥ ४
एवमुक्ते तयोर्वाक्ये सर्व एव महर्षयः । विश्वामित्रं पुरस्कृत्य रामं वचनमब्रुवन् ॥ ५
मैथिलस्य नरश्रेष्ठ जनकस्य भविष्यति । यज्ञः परमधर्मिष्ठस्तत्र यास्यामहे वयम् ॥ ६

आकाशे महाञ्छब्दः प्रादुरासीच्च ॥ १० ॥ यथा प्रावृषि गगनमावार्य गगनमावृत्य महाशनिमहागर्जमहावर्षादिविचित्रकारी दृश्यते, तथा मायां प्रकटीकुर्वाणौ राक्षसावभ्यधावताम् ॥ ११ ॥ कौ तौ का च सा मायेत्यत्राह—मारीच इत्यादि । अवासृजन्ववृषुः ॥ १२ ॥ समुक्षिताम् । अभ्याश इति शेषः । अभिद्रुतोऽभितः शालां प्रधावंस्तत्रादृष्ट्वा ततो दिवि तानपश्यत् ॥ १३ ॥ आपतन्तौ स्वसंमुखमागच्छन्तौ ॥ १४ ॥ मानवास्त्रसमाधूतान्करिष्यामि पश्येति योजना ॥ १५ ॥ ईदृशान्स्थितायुःशेषान्दुर्बलान्वा ॥ १६ ॥ परमोदारं परमश्रेष्ठम् ॥ १७ ॥ स तेनेति । स मारीचः सागरसंप्लवे समुद्रमध्ये ॥ १८ ॥ विचेतनं चैतन्यरहितम्, अत एव विघूर्णमानम् । शीतेषुरिति मानवास्त्रनामान्तरम् । दृश्य दृष्ट्वा ॥ १९ ॥ शीतेषुं शीतेष्वित्यपरनामकं मानवास्त्रम् । मनुसंहितं मनुप्रयुक्तम् । वियुज्यते । वियोजयतीति यावत् ॥ २० ॥ २१ ॥ ॥ २२ ॥ निजघान दूरोत्सारणपूर्वकं नाशनं वायव्यास्त्रफलं बोध्यम् ॥ २३ ॥ २४ ॥ निरीतिका निराबाधाः ॥ २५ ॥ सत्यं कृतम् । अन्वर्थनामकं कृतमित्यर्थः ॥ २६ ॥ इति श्रीरामाभिरामे श्रीरामीये रामायणतिलके वाल्मीकीय आदिकाव्ये बालकाण्डे त्रिंशः सर्गः ॥ ३० ॥

एवं स्वयज्ञविघ्नविनाशफलकं सर्वास्त्रसंबन्धानुग्रहं कृत्वा भगवान्विश्वामित्रः सहजलक्ष्मीशक्तिसंबन्धानुग्रहाय प्रवर्तत इत्याह—अथेति । तत्र यज्ञशालायाम् ॥ १ ॥ कृता पौर्वाह्णिकी क्रिया याभ्यां तावभिजग्मतुः । अभिवादार्थमिति शेषः । तदुक्तं पूर्वसर्गान्ते—'संध्यामुपागमत्' इति । सह गतो विश्वामित्रो होमार्थं त्वरया शालामागत इति बोध्यम् ॥ २ ॥ मुनिश्रेष्ठं विश्वामित्रम् ॥ ३ ॥ स्मेत्यव्ययम् ॥ ४ ॥ तयोरिति ताभ्यामित्यर्थे । विश्वामित्रं पुरस्कृत्य । कृतविश्वामित्रानुमतिका इति यावत् ॥ ५ ॥ मैथिलस्य मिथिलाधिपतेः । परमधर्मिष्ठ

त्वं चैव नरशार्दूल सहास्माभिर्गमिष्यसि । अद्भुतं च धनूरत्नं तत्र त्वं द्रष्टुमर्हसि ॥ ७
तद्धि पूर्वं नरश्रेष्ठ दत्तं सदसि दैवतैः । अप्रमेयबलं घोरं मखे परमभास्वरम् ॥ ८
नास्य देवा न गन्धर्वा नासुरा न च राक्षसाः । कर्तुमारोपणं शक्ता न कथंचन मानुषाः ॥ ९
धनुषस्तस्य वीर्यं हि जिज्ञासन्तो महीक्षितः । न शेकुरारोपयितुं राजपुत्रा महाबलाः ॥ १०
तद्धनुर्नरशार्दूल मैथिलस्य महात्मनः । तत्र द्रक्ष्यसि काकुत्स्थ यज्ञं च परमाद्भुतम् ॥ ११
तद्धि यज्ञफलं तेन मैथिलेनोत्तमं धनुः । याचितं नरशार्दूल सुनाभं सर्वदैवतैः ॥ १२
आयागभूतं नृपतेस्तस्य वेश्मनि राघव । अर्चितं विविधैर्गन्धैर्धूपैश्चागुरुगन्धिभिः ॥ १३
एवमुक्त्वा मुनिवरः प्रस्थानमकरोत्तदा । सर्षिसङ्घः सकाकुत्स्थ आमन्त्र्य वनदेवताः ॥ १४
स्वस्ति वोऽस्तु गमिष्यामि सिद्धः सिद्धाश्रमादहम् । उत्तरे जाह्नवीतीरे हिमवन्तं शिलोच्चयम् ॥ १५
इत्युक्त्वा मुनिशार्दूलः कौशिकः स तपोधनः । उत्तरां दिशमुद्दिश्य प्रस्थातुमुपचक्रमे ॥ १६
तं व्रजन्तं मुनिवरमन्वगादनुसारिणाम् । शकटीशतमात्रं तु प्रयाणे ब्रह्मवादिनाम् ॥ १७
मृगपक्षिगणाश्चैव सिद्धाश्रमनिवासिनः । अनुजग्मुर्महात्मानो विश्वामित्रं तपोधनम् ॥ १८
निवर्तयामास ततः सर्षिसङ्घः स पक्षिणः । ते गत्वा दूरमध्वानं लम्बमाने दिवाकरे ॥ १९
वासं चक्रुर्मुनिगणाः शोणाकूले समाहिताः । तेऽस्तं गते दिनकरे स्नात्वा हुतहुताशनाः ॥ २०
विश्वामित्रं पुरस्कृत्य निषेदुरमितौजसः । रामोऽपि सहसौमित्रिर्मुनींस्तानभिपूज्य च ॥ २१
अग्रतो निषसादाथ विश्वामित्रस्य धीमतः । अथ रामो महातेजा विश्वामित्रं तपोधनम् ॥ २२
पप्रच्छ मुनिशार्दूलं कौतूहलसमन्वितम् । भगवन्को न्वयं देशः समृद्धवनशोभितः ॥ २३
श्रोतुमिच्छामि भद्रं ते वक्तुमर्हसि तत्त्वतः । नोदितो रामवाक्येन कथयामास सुव्रतः ।
तस्य देशस्य निखिलमृषिमध्ये महातपाः ॥ २४

इत्यार्षे श्रीमद्रामायणे वाल्मीकीय आदिकाव्ये बालकाण्डे एकत्रिंशः सर्गः ॥ ३१ ॥

द्वात्रिंशः सर्गः ।

ब्रह्मयोनिर्महानासीत्कुशो नाम महातपाः । अक्लिष्टव्रतधर्मज्ञः सज्जनप्रतिपूजकः ॥ १

उत्कटातिशयितधर्मवान् । परमेति पृथक्पदं वा । परा मा यस्मिन्नित्यर्थकं रामसंबोधनम् ॥ ६ ॥ ७ ॥ पूर्वं पूर्वस्मिन्काले । देवराताख्यप्राचीनजनकस्य यज्ञे सदसि दैवतैर्दक्षयज्ञवधे प्रसादिताच्छिवाल्लब्धं यज्ञप्रसादितैः शिवसहितैर्देवैर्दत्तम् । अतस्तत्र तिष्ठतीति शेषः ॥ ८ ॥ तस्याद्भुतत्वमाह—नास्येति । आरोपणं शरप्रक्षेपयोग्यज्यासंबन्धः । न कथंचन । न कथमपीत्यर्थः ॥ ९ ॥ १० ॥ तत्र मिथिलायाम् । यज्ञं चेति । यज्ञं द्रक्ष्यसि चेत्यन्वयः । चकारेण जानकीस्वीकारसमुच्चयः ॥ ११ ॥ कुतस्तादृशधनुषस्तत्र स्थितिस्तत्राह—तद्धीति । उत्तमं तद्धनुर्मैथिलेन निजयज्ञप्रीनदेवेभ्यो यज्ञफलत्वेन याचितं युद्धे रिपूणां जयाय सर्वदैवतैः शिवसहितैः सर्वदैवतैर्दत्तम् । अतस्तत्र तिष्ठतीत्यर्थः । तदुक्तं पाद्मे—'चापं शंभोर्दयादत्तम्' इति । कौर्मेऽपि—'प्रीतश्च भगवानीशस्त्रिशूली नीललोहितः । प्रददौ शत्रुनाशार्थं जनकायाद्भुतं धनुः ॥' इति । सुनाभं शोभनमुष्टिबन्धनस्थानम् ॥ १२ ॥ आयागभूतम् । यजनीयदेवनाभूतमित्यर्थः । वेश्मनीत्यस्य तिष्ठतीति शेषः । अत एवाह—अर्चितमित्यादि । 'न्यासभूतं नरपतेः' इति क्वचित्पाठः । तत्रापि न्यस्यतेऽस्मिन्देवतेति व्युत्पत्त्या स एवार्थः । देवतान्यासश्च यागार्थं एव प्रतिमादौ ॥ १३ ॥ एवमुक्त्वेति । महर्षिगणद्वारेति शेषः । मुनिवरो विश्वामित्रः । वनदेवता वनदुर्गाद्याः ॥ १४ ॥ सिद्धः । निर्विघ्नयज्ञसिद्ध्येति भावः । क्व गमिष्यसीत्यत्राह—उत्तर इति ॥ १५ ॥ १६ ॥ अनुसारिणामुक्तदिगनुसारिणां पश्चाद्गामिनामिति वा । शकटीशतमात्रं शतपरिच्छिन्नशकट्यारोपिताग्निहोत्रसंभारादिमद्ब्रह्मवादिनां यूथमन्वगादिति संबन्धः ॥ १७ ॥ १८ ॥ पक्षिणो निवर्तयामासेत्यनेन ऋषीणामनिवर्तनमुक्तम् । तदेवाह—ते गत्वेति ॥ १९ ॥ शोणनदस्यैव 'शोणा' इत्यपि नामेत्याहुः । वस्तुतः 'शोणा' इति गिरिव्रजसमीपस्थो नदीविशेष इत्येतदुत्तरसर्गे स्पष्टम् । अस्तं गते । अस्तं जिगमिषतीत्यर्थः ॥ २० ॥ २१ ॥ २२ ॥ अयं देशः शोणाकूलस्थः ॥ २३ ॥ निखिलम् । वैभवमिति शेषः ॥ २४ ॥ इति श्रीरामाभिरामे श्रीरामीये रामायणतिलके वाल्मीकीय आदिकाव्ये बालकाण्डे एकत्रिंशः सर्गः ॥ ३१ ॥

शोणाकूलदेशवैभवप्रश्ने मद्वंश्यानामयं देश इत्युत्तरमाह—ब्रह्मयोनिरिति । ब्रह्मपुत्र इत्यर्थः । अक्लिष्टव्रतश्चासौ धर्मज्ञ-

स महात्मा कुलीनायां युक्तायां सुमहाबलान् । वैदर्भ्यां जनयामास चतुरः सदृशान्सुतान् ॥ २
कुशाम्बं कुशनाभं च असूर्तरजसं वसुम् । दीप्तियुक्तान्महोत्साहान्क्षत्रधर्मचिकीर्षया ॥ ३
तानुवाच कुशः पुत्रान्धर्मिष्ठान्सत्यवादिनः । क्रियतां पालनं पुत्रा धर्मं प्राप्स्यथ पुष्कलम् ॥ ४
कुशस्य वचनं श्रुत्वा चत्वारो लोकसत्तमाः । निवेशं चक्रिरे सर्वे पुराणां नृवरास्तदा ॥ ५
कुशाम्बस्तु महातेजाः कौशाम्बीमकरोत्पुरीम् । कुशनाभस्तु धर्मात्मा पुरं चक्रे महोदयम् ॥ ६
असूर्तरजसो नाम धर्मारण्यं महामतिः । चक्रे पुरवरं राजा वसुर्नाम गिरिव्रजम् ॥ ७
एषा वसुमती नाम वसोस्तस्य महात्मनः । एते शैलवराः पञ्च प्रकाशन्ते समन्ततः ॥ ८
सुमागधी नदी रम्या मागधान्विश्रुता ययौ । पञ्चानां शैलमुख्यानां मध्ये मालेव शोभते ॥ ९
सैषा हि मागधी राम वसोस्तस्य महात्मनः । पूर्वाभिचरिता राम सुक्षेत्रा सस्यमालिनी ॥ १०
कुशनाभस्तु राजर्षिः कन्याशतमनुत्तमम् । जनयामास धर्मात्मा घृताच्यां रघुनन्दन ॥ ११
तास्तु यौवनशालिन्यो रूपवत्यः स्वलंकृताः । उद्यानभूमिमागम्य प्रावृषीव शतह्रदाः ॥ १२
गायन्त्यो नृत्यमानाश्च वादयन्त्यस्तु राघव । आमोदं परमं जग्मुर्वराभरणभूषिताः ॥ १३
अथ ताश्चारुसर्वाङ्ग्यो रूपेणाप्रतिमा भुवि । उद्यानभूमिमागम्य तारा इव घनान्तरे ॥ १४
ताः सर्वा गुणसंपन्ना रूपयौवनसंयुताः । दृष्ट्वा सर्वात्मको वायुरिदं वचनमब्रवीत् ॥ १५
अहं वः कामये सर्वा भार्या मम भविष्यथ । मानुषस्त्यज्यतां भावो दीर्घमायुरवाप्स्यथ ॥ १६
चलं हि यौवनं नित्यं मानुषेषु विशेषतः । अक्षयं यौवनं प्राप्ता अमर्यश्च भविष्यथ ॥ १७
तस्य तद्वचनं श्रुत्वा वायोरक्लिष्टकर्मणः । अपहास्य ततो वाक्यं कन्याशतमथाब्रवीत् ॥ १८
अन्तश्चरसि भूतानां सर्वेषां सुरसत्तम । प्रभावज्ञाश्च ते सर्वाः किमर्थमवमन्यसे ॥ १९
कुशनाभसुता देव समस्ताः सुरसत्तम । स्थानाच्च्यावयितुं देवं रक्षामस्तु तपो वयम् ॥ २०
मा भूत्स कालो दुर्मेधः पितरं सत्यवादिनम् । अवमन्य स्वधर्मेण स्वयंवरमुपास्महे ॥ २१
पिता हि प्रभुरस्माकं दैवतं परमं च सः । यस्य नो दास्यति पिता स नो भर्ता भविष्यति ॥ २२
तासां तु वचनं श्रुत्वा हरिः परमकोपनः । प्रविश्य सर्वगात्राणि बभञ्ज भगवान्प्रभुः ॥ २३

श्चेति विग्रहः ॥ १ ॥ युक्तायाम् । अशेषस्त्रीगुणयुक्तायामित्यर्थः ॥ २ ॥ असूर्तरजसम् । न विद्यते सूर्तं प्रसूतं रजो यस्य तम् । 'अच्' इति योगविभागादच् । क्षत्रधर्मचिकीर्षया तद्धर्मवृद्धिकरणेच्छया ॥ ३ ॥ पालनं प्रजापालनम् ॥ ४ ॥ निवेशं संनिवेशम् ॥ ५ ॥ महोदयं महोदयनामकम् ॥ ६ ॥ ७ ॥ एषा गिरिव्रजापरपर्याया ॥ ८ ॥ सुमागधी तत्संज्ञा । आययाविति पदच्छेदः ॥ ९ ॥ सा मागधी मगधादागततया मागधीत्वेन प्रसिद्धा सैषा शोणा । तस्य मद्वंश्यस्य वसोर्भवति । पूर्वाभिचरिता पूर्वदिग्गामिनी । सुक्षेत्रा । पार्श्वद्वयेऽपीति शेषः ॥ १० ॥ घृताच्यां तन्नामिकाप्सरःसु ॥ ११ ॥ ताः शतं कन्याः ॥ १२ ॥ आमोदं संतोषम् ॥ १३ ॥ घनान्तरे मेघमध्ये तारा इव । रेजुरिति शेषः ॥ १४ ॥ १५ ॥ मत्कामनापूरणे मम देवस्य मानुष्योऽपि भार्या भविष्यथेत्यादिर्वशीकरणायार्थवादः । ननु मानुषीणां देवसंबन्धोऽनुचितस्तत्राह—मानुषस्त्यज्यतां भाव इति । मदङ्गीकारमात्रेण विलक्षणशक्त्याविर्भावान्मानुषभावत्यागे स्वत एव भवतीनां सामर्थ्यं भविष्यति । तत्फलमाह—दीर्घमिति ॥ १६ ॥ मानुषेषु हि यतो विशेषेण नित्यमनुक्षणं यौवनं चलं चञ्चलम् । क्षीयमाणमिति यावत् । अतो मत्संबन्धेनाक्षयं यौवनमित्याद्यन्वयः ॥ १७ ॥ अपहास्य हासपूर्वकमपमान्य ॥ १८ ॥ अन्तश्चरसीति पूर्वार्धेन स्वभावज्ञता वायोः सूचिता । ननु युष्मत्प्रभावापेक्षया मत्प्रभावोऽधिक इति चेत्तत्राह—प्रभावज्ञाश्च ते सर्वाः । तथा भ्रमं माकार्षीरिति भावः । तस्मादेवमनुचितप्रार्थनयास्मदवमाननमनुचितमित्याह—किमर्थमित्यादि ॥ १९ ॥ स्वप्रभावं दर्शयन्ति—कुशनाभेत्यादि । स्थानाद्वायुपदात् । देवमपि त्वां च्यावयितुम् । समर्था इति शेषः । रक्षामस्त्विति । शापेन तथाकरणे हि तत्क्षयः स्यादिति भावः ॥ २० ॥ हे दुर्मेधः दुर्बुद्धे, यत्र काले पितरमवमन्यापमानविषयं कृत्वा स्वधर्मेण कामेन स्वयंवरमुपास्महे आत्मना स्वातन्त्र्येण वयं वरमङ्गीकुर्मः, स कालः कदाचिदपि मा भूदित्यन्वयः । 'नावमन्य' इति पाठस्तु क्वाचित्कोऽपपाठः । तथा पाठे न इति च्छेदः । छान्दसं दीर्घत्वम् । नोऽस्माकं स कालो मा भूदित्यन्वयः । क्वचित्तु 'नोऽवमन्यस्व' इति पाठः । अत एव 'मा भूत्स कालो यद्वा नो पितरं सत्यवादिनम् । कामतः समतिक्रम्य वरयेम स्वयं वरम् ॥' इत्येतदर्थविवरणश्लोको दृश्यते क्वचित् ॥ २१ ॥ तत्र बीजमाह—पिता हीति ॥ २२ ॥ हरिर्वायुः । क्वचित्तु 'वायुः' इत्येव पाठः

ताः कन्या वायुना भग्ना विविशुर्नृपतेर्गृहम् । प्रविश्य च सुसंभ्रान्ताः सलज्जाः साश्रुलोचनाः ॥ २४
स च ता दयिता भग्नाः कन्याः परमशोभनाः । दृष्ट्वा दीनास्तदा राजा संभ्रान्त इदमब्रवीत् ॥ २५
किमिदं कथ्यतां पुत्र्यः को धर्ममवमन्यते । कुब्जाः केन कृताः सर्वाश्चेष्टन्त्यो नाभिभाषथ ।
एवं राजा विनिःश्वस्य समाधिं संदधे ततः ॥ २६

इत्यार्षे श्रीमद्रामायणे वाल्मीकीय आदिकाव्ये बालकाण्डे द्वात्रिंशः सर्गः ॥ ३२ ॥

त्रयस्त्रिंशः सर्गः ।

तस्य तद्वचनं श्रुत्वा कुशनाभस्य धीमतः । शिरोभिश्चरणौ स्पृष्ट्वा कन्याशतमभाषत ॥ १
वायुः सर्वात्मको राजन्प्रधर्षयितुमिच्छति । अशुभं मार्गमास्थाय न धर्मं प्रत्यवेक्षते ॥ २
पितृमत्यः स्म भद्रं ते स्वच्छन्देन वयं स्थिताः । पितरं नो वृणीष्व त्वं यदि नो दास्यते तव ॥ ३
तेन पापानुबन्धेन वचनं न प्रतीच्छता । एवं ब्रुवन्त्यः सर्वाः स्म वायुनाभिहता भृशम् ॥ ४
तासां तु वचनं श्रुत्वा राजा परमधार्मिकः । प्रत्युवाच महातेजाः कन्याशतमनुत्तमम् ॥ ५
क्षान्तं क्षमावतां पुत्र्यः कर्तव्यं सुमहत्कृतम् । ऐकमत्यमुपागम्य कुलं चावेक्षितं मम ॥ ६
अलंकारो हि नारीणां क्षमा तु पुरुषस्य वा । दुष्करं तच्च वै क्षान्तं त्रिदशेषु विशेषतः ॥ ७
यादृशी वः क्षमा पुत्र्यः सर्वासामविशेषतः । क्षमा दानं क्षमा सत्यं क्षमा यज्ञाश्च पुत्रिकाः ॥ ८
क्षमा यशः क्षमा धर्मः क्षमायां विष्ठितं जगत् । विसृज्य कन्याः काकुत्स्थ राजा त्रिदशविक्रमः ॥ ९
मन्त्रज्ञो मन्त्रयामास प्रदानं सह मन्त्रिभिः । देशे काले च कर्तव्यं सदृशे प्रतिपादनम् ॥ १०
एतस्मिन्नेव काले तु चूली नाम महाद्युतिः । ऊर्ध्वरेताः शुभाचारो ब्राह्मं तप उपागमत् ॥ ११
तपस्यन्तमृषिं तत्र गन्धर्वी पर्युपासते । सोमदा नाम भद्रं ते ऊर्मिलातनया तदा ॥ १२
सा च तं प्रणता भूत्वा शुश्रूषणपरायणा । उवास काले धर्मिष्ठा तस्यास्तुष्टोऽभवद्गुरुः ॥ १३
सा च तां कालयोगेन प्रोवाच रघुनन्दन । परितुष्टोऽस्मि भद्रं ते किं करोमि तव प्रियम् ॥ १४
परितुष्टं मुनिं ज्ञात्वा गन्धर्वी मधुरस्वरम् । उवाच परमप्रीता वाक्यज्ञा वाक्यकोविदम् ॥ १५

॥ २३ ॥ सलज्जा अन्याग्र्यपतिप्रसङ्गतः सलज्जाः ॥ २४ ॥ भग्ना भग्नाङ्गाः ॥ २५ ॥ धर्ममवमन्यते । बलात्कारं करोतीति यावत् । रोदनादिना चेष्टन्त्यः किं नाभिभाषथेत्यन्वयः । एवम् । पृष्ट्वेति शेषः । समाधिं संदध इति । तद्वचःश्रवणैकाग्रचित्तोऽभूदित्यर्थः ॥ २६ ॥ इति श्रीरामाभिरामे श्रीरामीये रामायणतिलके वाल्मीकीय आदिकाव्ये बालकाण्डे द्वात्रिंशः सर्गः ॥ ३२ ॥

तस्येति । चरणौ स्पृष्ट्वा नमस्कृत्य ॥ १ ॥ प्रधर्षयितुमभिभवितुमिच्छति स्म । अशुभं बलात्काररूपमवेक्षते स्म ॥ २ ॥ पितृमत्यः पित्रधीनाः । स्वच्छन्देन पतिस्वीकारविषये स्वातन्त्र्येण स्थिता न वर्तामहे यतः, अतो नः पितरं वृणीष्व त्वम् । यदि नोऽस्मांस्तुभ्यं स दास्यति, तदा तव त्वदीया भविष्यामः । ते तव भद्रमस्त्विति योजना ॥ ३ ॥ एवं ब्रुवन्तीनां नो वचनं न प्रतीच्छतानङ्गीकुर्वता पापानुबन्धेनाधर्मबद्धचित्तेनैवं धर्मं ब्रुवन्त्यः सर्वा वयुनाभिहताः स्मेति योजना ॥ ४ ॥ ५ ॥ हे पुत्र्यः, क्षमावतां क्षमावद्भिः कर्तुमर्हं यत्क्षान्तं क्षमा तत्सुमहत्कृतम् । महती क्षमा कृतेति यावत् । गात्रभङ्गोत्थक्रोधवेगसहनमतिदुष्करमिति भावः । यच्च कुलमवेक्षितं कामवेगसहनं कृतं तदपि सुमहत् ॥ ६ ॥ पुरुषस्य वेति । अविशेषेणेति शेषः । तत्तु दुष्करं यत्त्रिदशविषये क्षान्तं कामवेगसहनं कृतं तदतिदुष्करं तेषामभिरूपादिकमनीयगुणबाहुल्यात् ॥ ७ ॥ स्वकन्यानां क्षमां श्लाघयंस्तादृशीं क्षमां स्वकुले प्रार्थयते—यादृशीति । भो पुत्र्यः, यादृशी युष्माकं क्षमा तादृश्यस्मत्कुले सर्वासाम् । अस्त्विति शेषः । अथवाऽविशेषतः । सकलस्त्रीपुरुषाविशेषेणेत्यर्थः । क्षमायाः प्रार्थनीयत्वे निमित्तमाह—क्षमेत्यादि । दानसत्यवचनयज्ञसमाधिजसकलधर्मफला क्षमा । सकलजगदाधारभूता च क्षमा । अतः सोपादेयेत्यर्थः ॥ ८ ॥ ९ ॥ प्रदानं कन्याप्रदानम् । उचिते देशे काले सदृशे स्वकुलादिसदृशे पात्रे प्रदानं कर्तव्यमिति मन्त्रणप्रक्रमः ॥ १० ॥ ऊर्ध्वरेता ब्रह्मचारी । ब्राह्मं तपो ब्रह्मविषयं चित्तैकाग्र्यम् । 'मनसश्चेन्द्रियाणां च ऐकाग्र्यं परमं तपः ।' इति स्मृतिः ॥ ११ ॥ यदा चूली तपश्चरति तदा ऊर्मिलातनया सोमदा नाम गन्धर्वी तं पर्युपासते स्म मय्यनुग्रहं कुर्विति प्रार्थनया सेवते स्म । पर्युपासत इति शबलुगार्षः ॥ १२ ॥ तमिति प्रतियोगे द्वितीया । तत्समीपे आसेत्यर्थः ॥ १३ ॥ कालयोगेन शुश्रूषाजनितधर्मपरिपाकार्हकालसंबन्धेन । अनेन दिव्ययोगिनीयोगिनोरकल्मषतपःप्रवृत्तिः सूचिता ॥ १४ ॥ १५ ॥

लक्ष्म्या समुदितो ब्राह्मया ब्रह्मभूतो महातपाः । ब्राह्मेण तपसा युक्तं पुत्रमिच्छामि धार्मिकम् ॥ १६
अपतिश्चास्मि भद्रं ते भार्या चास्मि न कस्यचित् । ब्राह्मेणोपगतायाश्च दातुमर्हसि मे सुतम् ॥ १७
तस्याः प्रसन्नो ब्रह्मर्षिर्ददौ ब्राह्ममनुत्तमम् । ब्रह्मदत्त इति ख्यातं मानसं चूलिनः सुतम् ॥ १८
स राजा ब्रह्मदत्तस्तु पुरीमध्यवसत्तदा । काम्पिल्यां परया लक्ष्म्या देवराजो यथा दिवम् ॥ १९
स बुद्धिं कृतवान्राजा कुशनाभः सुधार्मिकः । ब्रह्मदत्ताय काकुत्स्थ दातुं कन्याशतं तदा ॥ २०
तमाहूय महातेजा ब्रह्मदत्तं महीपतिः । ददौ कन्याशतं राजा सुप्रीतेनान्तरात्मना ॥ २१
यथाक्रमं तदा पाणिं जग्राह रघुनन्दन । ब्रह्मदत्तो महीपालस्तासां देवपतिर्यथा ॥ २२
स्पृष्टमात्रे तदा पाणौ विकुब्जा विगतज्वराः । युक्तं परमया लक्ष्म्या बभौ कन्याशतं तदा ॥ २३
स दृष्ट्वा वायुना मुक्ताः कुशनाभो महीपतिः । बभूव परमप्रीतो हर्षं लेभे पुनः पुनः ॥ २४
कृतोद्वाहं तु राजानं ब्रह्मदत्तं महीपतिम् । सदारं प्रेषयामास सोपाध्यायगणं तदा ॥ २५
सोमदापि सुतं दृष्ट्वा पुत्रस्य सदृशीं क्रियाम् । यथान्यायं च गन्धर्वी स्नुषास्ताः प्रत्यनन्दत ।
स्पृष्ट्वा स्पृष्ट्वा च ताः कन्याः कुशनाभं प्रशस्य च ॥ २६

इत्यार्षे श्रीमद्रामायणे वाल्मीकीय आदिकाव्ये बालकाण्डे त्रयस्त्रिंशः सर्गः ॥ ३३ ॥

चतुस्त्रिंशः सर्गः ।

कृतोद्वाहे गते तस्मिन्ब्रह्मदत्ते च राघव । अपुत्रः पुत्रलाभाय पौत्रीमिष्टिमकल्पयत् ॥ १
इष्ट्यां तु वर्तमानायां कुशनाभं महीपतिम् । उवाच परमोदारः कुशो ब्रह्मसुतस्तदा ॥ २
पुत्रस्ते सदृशः पुत्र भविष्यति सुधार्मिकः । गाधिं प्राप्स्यसि तेन त्वं कीर्तिं लोके च शाश्वतीम् ॥ ३
एवमुक्त्वा कुशो राम कुशनाभं महीपतिम् । जगामाकाशमाविश्य ब्रह्मलोकं सनातनम् ॥ ४
कस्यचित्त्वथ कालस्य कुशनाभस्य धीमतः । जज्ञे परमधर्मिष्ठो गाधिरित्येव नामतः ॥ ५
स पिता मम काकुत्स्थ गाधिः परमधार्मिकः । कुशवंशप्रसूतोऽस्मि कौशिको रघुनन्दन ॥ ६
पूर्वजा भगिनी चापि मम राघव सुव्रता । नाम्ना सत्यवती नाम ऋचीके प्रतिपादिता ॥ ७

ब्राह्मया लक्ष्म्या ब्रह्मवर्चसेन । ब्रह्मभूतो ब्रह्मात्मभावनया । अत एव महातपाः यतस्त्वमीदृशोऽतो ब्राह्मेण तपसा युक्तं पुत्रमिच्छामि । ब्राह्मं तपो ब्रह्मविषयमैकाग्र्यम् । यद्वा ब्राह्मं तपः स्वाध्यायः ॥ १६ ॥ ननु पुत्रप्रार्थना पत्यावुचिता तत्राह–अपतिश्चास्मि । इतःपरमप्यस्मि । अहं न कस्यचिद्भार्या । भविष्यामीति शेषः । अनेन नैष्ठिकब्रह्मचारिणीत्वं सूचितम् । अथापि यथा पुत्रावाप्तिर्भवति तथा ते भद्रमनुग्रहोऽस्तु । नन्वेवं नैष्ठिकब्रह्मचर्ये कथं पुत्रलाभः संभाव्येतात आह–ब्राह्मेणेति । उपगतायाः किंकरत्वं प्राप्तायाः । ब्राह्मेण ब्रह्मसंबन्धिनोपायेन मे सुतं दातुमर्हसि । सनकादय इव मानसपुत्रो देय इति भावः ॥ १७ ॥ तस्याः सोमदायाः प्रसन्नश्चूलिननामा ब्रह्मर्षिर्ब्राह्मं ब्रह्म तपसा युक्तं ब्राह्मणदत्तत्वाद्ब्रह्मदत्त इति ख्यातं मानसं सुतं ददावित्यन्वयः । फली फलिन इतिवच्चूली चूलिन इति ऋषेर्नामद्वयं साधु ॥ १८ ॥ राजा गन्धर्व्याः सोमदायाः क्षत्रियत्वात् । काम्पिल्यां कम्पिलेन निर्वृत्ताम् ॥ १९ ॥ २० ॥ २१ ॥ देवपतिर्यथा । इन्द्रसदृशो महीपाल इत्यर्थः ॥ २२ ॥ तदा तेन राज्ञा पाणौ स्पृष्टमात्रे ताः कन्या विकुब्जाः कुब्जत्वरहिताः । आसन्निति शेषः । ब्राह्मतपोयुक्तत्वादेवं सामर्थ्यं राज्ञः । एवं च सति तत्कन्याशतं परमया लक्ष्म्या बभावित्यन्वयः ॥ २३ ॥ स राजा वायुना मुक्ता दृष्ट्वेत्यन्वयः । 'भग्नाः' इति पाठस्तु चिन्त्यः । केचित्तु तत्पाठे 'पूर्वं भग्नाः' इति व्याचख्युः ॥ २४ ॥ प्रेषयामास । काम्पिल्यं प्रतीति शेषः ॥ २५ ॥ सदृशीं क्रियाम् । दारक्रियामित्यर्थः । प्रतिनन्दनप्रकारमाह—स्पृष्ट्वेत्यादि । प्रशस्य च गतेत्यर्थः । आश्चर्यमासां धैर्यं यद्देवश्रेष्ठस्याप्यनादरः, धन्योऽयं राजा यस्य कन्या ईदृश्यः, अहो मे भाग्यं यस्या म ईदृश्यः स्नुषाः, इत्येवं प्रतिनन्दनम् । अनेन स्त्रीमाहात्म्यं तपोमाहात्म्यं च दर्शितम् ॥ २६ ॥ इति श्रीरामाभिरामे श्रीरामीये रामायणतिलके वाल्मीकीय आदिकाव्ये बालकाण्डे त्रयस्त्रिंशः सर्गः ॥ ३३ ॥

ब्रह्मदत्ते चेति । चस्त्वर्थः । कन्याशतसमुच्चयार्थो वा । पुत्रलाभाय पुत्रप्राप्तये ॥ १ ॥ कुशः कुशनाभपिता ॥ २ ॥ कुशवाक्यमाह—पुत्र इत्यादि । सदृशस्त्वत्सदृशः । कोऽसौ तत्राह—गाधिं गाधिनामानं प्राप्स्यसि । तेन लोके शाश्वतीं कीर्तिं च प्राप्स्यसि ॥ ३ ॥ 'कुशो नाम' इति पाठ एतत्कुशवृत्तं नाम प्रसिद्धमित्यर्थः । आकाशमाविश्याकाशरूपो भूत्वा । अनेन तस्य मुक्तत्वं सूचितम् । तेन स्ववंशस्य माहात्म्यातिशयः सूचितः ॥ ४ ॥ कस्यचित्त्वथ कालस्य । कस्यचित्कालस्यानन्तरमित्यर्थः ॥ ५ ॥ मम विश्वामित्रस्य । कुशवंशप्रसूतत्वादहं कौशिकः ॥ ६ ॥ न केवलमहमेव गाधेः

सशरीरा गता स्वर्गं भर्तारमनुवर्तिनी । कौशिकी परमोदारा प्रवृत्ता च महानदी ॥ ८
दिव्या पुण्योदका रम्या हिमवन्तमुपाश्रिता । लोकस्य हितकार्यार्थं प्रवृत्ता भगिनी मम ॥ ९
ततोऽहं हिमवत्पार्श्वे वसामि नियतः सुखम् । भगिन्यां स्नेहसंयुक्तः कौशिक्यां रघुनन्दन ॥ १०
सा तु सत्यवती पुण्या सत्ये धर्मे प्रतिष्ठिता । पतिव्रता महाभागा कौशिकी सरितां वरा ॥ ११
अहं हि नियमाद्राम हित्वा तां समुपागतः । सिद्धाश्रममनुप्राप्तः सिद्धोऽस्मि तव तेजसा ॥ १२
एषा राम ममोत्पत्तिः स्वस्य वंशस्य कीर्तिता । देशस्य हि महाबाहो यन्मां त्वं परिपृच्छसि ॥ १३
गतोऽर्धरात्रः काकुत्स्थ कथा कथयतो मम । निद्रामभ्येहि भद्रं ते मा भूद्विघ्नोऽध्वनीह नः ॥ १४
निष्पन्दास्तरवः सर्वे निलीना मृगपक्षिणः । नैशेन तमसा व्याप्ता दिशश्च रघुनन्दन ॥ १५
शनैर्विसृज्यते संध्या नभो नेत्रैरिवावृतम् । नक्षत्रतारागहनं ज्योतिर्भिरवभासते ॥ १६
उत्तिष्ठते च शीतांशुः शशी लोकतमोनुदः । ह्लादयन्प्राणिनां लोके मनांसि प्रभया स्वया ॥ १७
नैशानि सर्वभूतानि प्रचरन्ति ततस्ततः । यक्षराक्षससंघाश्च रौद्राश्च पिशिताशनाः ॥ १८
एवमुक्त्वा महातेजा विरराम महामुनिः । साधुसाध्विति ते सर्वे मुनयो ह्यभ्यपूजयन् ॥ १९
कुशिकानामयं वंशो महान्धर्मपरः सदा । ब्रह्मोपमा महात्मानः कुशवंश्या नरोत्तमाः ॥ २०
विशेषेण भवानेव विश्वामित्र महायशः । कौशिकी सरितां श्रेष्ठा कुलोद्द्योतकरी तव ॥ २१
मुदितैर्मुनिशार्दूलैः प्रशस्तः कुशिकात्मजः । निद्रामुपागमच्छ्रीमानस्तंगत इवांशुमान् ॥ २२
रामोऽपि सहसौमित्रिः किंचिदागतविस्मयः । प्रशस्य मुनिशार्दूलं निद्रां समुपसेवते ॥ २३

इत्यार्षे श्रीमद्रामायणे वाल्मीकीय आदिकाव्ये बालकाण्डे चतुस्त्रिंशः सर्गः ॥ ३४ ॥

पञ्चत्रिंशः सर्गः ।

उपास्य रात्रिशेषं तु शोणाकूले महर्षिभिः । निशायां सुप्रभातायां विश्वामित्रोऽभ्यभाषत ॥ १
सुप्रभाता निशा राम पूर्वा संध्या प्रवर्तते । उत्तिष्ठोत्तिष्ठ भद्रं ते गमनायाभिरोचय ॥ २
तच्छ्रुत्वा वचनं तस्य कृतपूर्वाह्णिकक्रियः । गमनं रोचयामास वाक्यं चेदमुवाच ह ॥ ३
अयं शोणः शुभजलोऽगाधः पुलिनमण्डितः । कतरेण पथा ब्रह्मन्संतरिष्यामहे वयम् ॥ ४

पुत्रः, मम पूर्वजा ज्येष्ठा नाम्ना सत्यवतीति प्रसिद्धा ऋचीके प्रतिपादिता ऋचीकाय दत्ता इति नाम प्रसिद्धम् ॥ ७ ॥ सशरीरस्वर्गगतौ हेतुर्भर्तारमनुवर्तिनीति । सहगमनं कृतवतीत्यर्थः । अपि च । अन्यदपि तस्याचरितम् । कौशिकीनाम्नी महानदी तद्रूपा प्रवृत्ता च जाता ॥ ८ ॥ हितकार्यार्थम् । 'हितकामार्थम्' इति पाठे हितमामुष्मिकं कामं ऐहिकं तदुभयदानार्थम् ॥ ९ ॥ यतो भगिन्यां स्नेहसंयुक्तोऽतो हिमवत्पार्श्वे कौशिक्यां नियतो नित्यं सुखं वसामीत्यन्वयः ॥ १० ॥ इतश्च तस्यां वास इत्याह—सा त्विति । सत्ये धर्मे प्रतिष्ठिता । तज्जलपानादिना सत्यान्मनो न निवर्तत इति भावः ॥ ११ ॥ नन्वेवं कथं सिद्धाश्रमे स्थितिरत आह—अहं हीति । नियमाद्गयापिण्डदानवत्सिद्धाश्रमैकसाध्ययागजन्यसिद्धिहेतोः । आगमनकार्यं च त्वदनुग्रहात्सिद्धमित्याह—सिद्धाश्रममित्यादि ॥ १२ ॥ उपसंहरति—एषेति । मम गाधेः सकाशादुत्पत्तिः कीर्तिता, स्वस्य वंशस्योत्पत्तिर्ब्रह्मपुत्रात्कुशात्कीर्तिता । देशस्य शोणाकूलीयगिरिव्रजदेशस्य । पृच्छसि पर्यपृच्छः । तत्सर्वमुक्तमिति शेषः ॥ १३ ॥ अतःपरं न प्रष्टव्यमित्याह—गत इति । विघ्नो गन्तव्याध्वनि निद्राभावप्रयुक्तजाड्यमूलः ॥ १४ ॥ अर्धरात्रचिह्नान्याह—निष्पन्दा इति । पक्षिचलनाभावादिति भावः । तदाह—निलीना इति ॥ १५ ॥ शनैर्विसृज्यते । व्युदक्रेत्यर्थः । वर्तमानसामीप्ये भूते लट् । संध्याशब्देन तदुपासनयोग्यगौणकालराहित्येन सार्धयामरूपः । नक्षत्रतारागहनं नभःसहस्राक्षवन्नेत्रैरावृतमिव तज्ज्योतिर्भिस्तद्रश्मिभिरवभासते ॥ १६ ॥ उत्तिष्ठते । 'उदोऽनूर्ध्वकर्मणि' इति तङ् ॥ १७ ॥ नैशानि निशाप्रभवाणि । तान्येवाह—यक्षेत्यादि ॥ १८ ॥ अभ्यपूजयन्नस्तुवन् ॥ १९ ॥ स्तुतिप्रकारमाह—कुशिकानामित्यादि । ब्रह्मोपमा ब्रह्मर्षितुल्याः ॥ २० ॥ हे महायशः विश्वामित्र, भवानेव विशेषेण महात्मेति शेषः । यस्तपसा ब्राह्मणत्वं प्राप्त इति भावः । किं च यस्य तव भगिनी तव कुलस्य द्योतकर्युद्धारकर्त्री सरितां श्रेष्ठा । अनेन सकलजगदुद्धारकत्वं सूचितम् ॥ २१ ॥ प्रशस्तः स्तुतः । 'अस्तंगत इवांशुमान्' इति पाठः ॥ २२ ॥ सेवते सेवतेस्म ॥ २३ ॥ इति श्रीरामाभिरामे श्रीरामीये रामायणतिलके वाल्मीकीय आदिकाव्ये बालकाण्डे चतुस्त्रिंशः सर्गः ॥ ३४ ॥

रात्रिशेषमुपास्य निद्रयातिवाह्य ॥ १ ॥ गमनाय गमनं कर्तुम् ॥ २ ॥ ३ ॥ अयं शोण इति । शोणैव शोण इति

एवमुक्तस्तु रामेण विश्वामित्रोऽब्रवीदिदम् । एष पन्था मयोद्दिष्टो येन यान्ति महर्षयः ॥ ५
ते गत्वा दूरमध्वानं गतेऽर्धदिवसे तदा । जाह्नवीं सरितां श्रेष्ठां ददृशुर्मुनि[illegible]विताम् ॥ ६
तां दृष्ट्वा [illegible]ण्यसलिलां हंससारससेविताम् । बभूवुर्मुनयः सर्वे मुदिताः सहराघवाः ॥ ७
तस्यास्तीरे तदा सर्वे चक्रुर्वासपरिग्रहम् । ततः स्नात्वा यथान्यायं संतर्प्य पितृदेवताः ॥ ८
हुत्वा चैवाग्निहोत्राणि प्राश्य चामृतवद्धविः । विविशुर्जाह्नवीतीरे शुभा मुदितमानसाः ॥ ९
विश्वामित्रं महात्मानं परिवार्य समन्ततः । विष्ठिताश्च यथान्यायं राघवौ च यथार्हतः ।
संप्रहृष्टमना रामो विश्वामित्रमथाब्रवीत् ॥ १०
भगवञ्छ्रोतुमिच्छामि गङ्गां त्रिपथगां नदीम् । त्रैलोक्यं कथमाक्रम्य गता नदनदीपति[illegible] ॥ ११
चोदितो रामवाक्येन विश्वामित्रो महामुनिः । वृद्धिं जन्म च गङ्गाया [illegible] ॥ १२
शैलेन्द्रो हिमवान्राम धातूनामाकरो महान् । तस्य कन्याद्वयं राम रूपेणाप्रतिमं भुवि ॥ १३
या मेरुदुहिता राम तयोर्माता सुमध्यमा । नाम्ना मेना मनोज्ञा वै पत्नी हिमवतः प्रिया ॥ १४
तस्यां गङ्गेयमभवज्ज्येष्ठा हिमवतः सुता । उमा नाम द्वितीयाभूत्कन्या तस्यैव राघव ॥ १५
अथ ज्येष्ठां सुराः सर्वे देवकार्यचिकीर्षया । शैलेन्द्रं वरयामासुर्गङ्गां त्रिपथगां नदीम् ॥ १६
ददौ धर्मेण हिमवांस्तनयां लोकपावनी[illegible] । स्वच्छन्दपथगां गङ्गां त्रैलोक्यहितकाम्यया ॥ १७
प्रतिगृह्य त्रिलोकार्थं त्रिलोकहितकाङ्क्षिणः । गङ्गामादाय तेऽगच्छन्कृतार्थेनान्तरात्मना ॥ १८
या चान्या शैलदुहिता कन्यासीद्रघुनन्दन । उग्रं सुव्रतमास्थाय तपस्तेपे तपोधना ॥ १९
उग्रेण तपसा युक्तां ददौ शैलवरः सुताम् । रुद्राय प्रतिरूपाय उमां लोकनमस्कृताम् ॥ २०
एते ते शैलराजस्य सुते लोकनमस्कृते । गङ्गा च सरितां श्रेष्ठा उमादेवी च राघव ॥ २१

व्यपदिष्टः । कतरेण पथा संतरिष्यामह इत्यन्वयः । प्रश्नबीजमगाध इति । अतलस्पर्श इत्यर्थः ॥ ४ ॥ उद्दिष्टो गन्तव्यत्वेन निश्चितः ॥ ५ ॥ ६ ॥ सारसः पक्षिविशेषः ॥ ७ ॥ वासपरिग्रहं संमार्जनादिना वासस्थानं चक्रुरित्यर्थः ॥ ८ ॥ अमृतवदमृततुल्यं पञ्चयज्ञाद्यवशिष्टमन्नम् । यद्वामृतवत्तत्सदृशं गङ्गाजलं हविश्च प्रागुक्तं प्राश्येत्यर्थः ॥ ९ ॥ विष्ठिता विशेषेण स्थिताः । यथार्हतः यथावस्थानमर्हतः । तथा स्थिताविल्यर्थः ॥ १० ॥ गङ्गां श्रोतुम् । गङ्गाविषयकं किंचिच्छ्रोतुमित्यर्थः । श्रोतव्यं विषयमाह—त्रैलोक्यमित्यादि ॥ ११ ॥ वृद्धिं त्रैलोक्यव्याप्तिरूपाम् ॥ १२ ॥ धातूनां स्वर्णादीनाम् ॥ १३ ॥ या मेरुदुहिता मेना नाम सा तयोः कन्ययोर्मातेत्यन्वयः ॥१४॥ तस्यां मेनायां या ज्येष्ठा हिमवतः सुता कुटिला नाम । सेयं गङ्गाभवदित्यर्थः । तस्यैव हिमवतः ॥ १५ ॥ देवकार्यं वक्ष्यमाणं भववीर्यधारणम् । त्रिपथगां स्वर्गभूपातालमार्गगाम् । इदं वर्तमानापदेशेन वरणं चास्याः शिवभार्यात्वाय ॥ १६ ॥ धर्मेण कन्यादानधर्मेण । स्वच्छन्दपथगामित्यपि वर्तमानापदेशेन । स्वेच्छामात्रेण प्रवहादिवायुमार्गगमनशीलाम् ॥ १७ ॥ त्रिलोकार्थं तारकतो भीतत्रिलोकरक्षकपुत्रोत्पत्त्यर्थम् । अगच्छन्ब्रह्मलोकम् । 'तत्र ब्रह्मशापवशाज्जलरूपताप्राप्तिरिति' इत्यादिवामनपुराणोक्तदिशा मध्ये ऊह्यम् । वामनपुराणवृत्तान्तस्य प्रायेणात्र प्रत्यभिज्ञानात् । एवं हि तत्राख्यायिका—उमाज्येष्ठा कुटिला नाम हिमवत्कन्या देवैः शिववीर्यधारणाय हिमवन्तं प्रार्थिता । तेन दत्तया तया सह देवा ब्रह्मलोकं गत्व ब्रह्मणे निवेदितवन्तः । ब्रह्मणा च 'असमर्थेयं तद्धारणे' इत्युक्ता 'अवश्यं धारयामि' इति कथितवाक्यावज्ञाने न ब्रह्मणा 'जलरूपा भव' इति शप्ता । तत्रैव ब्रह्माण्डोर्ध्वकटाहे जलरूपेण लग्ना स्थिता । तस्यामेवाग्निना शिववीर्यं क्षिप्तमिति । 'विष्ण्वङ्घ्रिणा प्रसरता कटाहे भेदितेऽम्बरात् । कुटिला विष्णुपादान्तात्पपाताकुलिता ततः ॥ तस्माद्विष्णुपदी ख्याता' इति वामनपुराणोक्तेरेव ब्रह्माण्डोर्ध्वकटाहे लग्नेति ज्ञायते । पतनसमये च ब्रह्माण्डबाह्यजलेन सहैव पतितं तज्जलं ब्रह्मणा कमण्डलुधृतं बाह्यजलं च शिवानन्दबाष्पजातं नारायणात्मकमिति कामिकासंहितादौ स्पष्टम् । ततो भगवता पदारोपणे तेनैव कमण्डलुजलेन तत्पादप्रक्षालनं कृत्वा तज्जलं कमण्डलावेव क्षिप्तम् । शंकरसंहितोक्तरीत्या गौरीविवाहोत्तरं लीलया गौर्या पाणिभ्यां शिवनयनाच्छादने कृते शिवेन ललाटनेत्रं प्रकाशितम् । ततो भयाद्गौरीपाणिस्वेदजलं स्रुतं तदपि ब्रह्मणा कमण्डलौ स्थापितमित्यप्यत्रोह्यं गौरीविवाहकथनेन सूचितं च भगीरथप्रार्थनया च ब्रह्मरूपः सर्वपवित्रजलसमूहस्तस्मै दत्तः । सर्वमुक्तजलमुपक्रम्य पुराणेषु भगीरथसंबन्धश्रवणात् । विस्तरस्त्वस्मत्कृतगङ्गामाहात्म्यप्रकाशे द्रष्टव्यः ॥ १८ ॥ कन्या अवृतपतिः । अग्रे शिववीर्यस्खलनादि वक्तुं चैतद्वर्णनम् । उग्रं सुव्रतं पर्णभोजनस्यापि त्यागसंकल्परूपम् तपः शिवध्यानरूपम् ॥ १९ ॥ २० ॥ २१ ॥ यथा त्रिपथ-

एतत्ते सर्वमाख्यातं तथा त्रिपथगामिनी । खं गता प्रथमं तात गतिं गतिमतां वर ।
सुरलोकं समारूढा विपापा जलवाहिनी ॥ २२

इत्यार्षे श्रीमद्रामायणे वाल्मीकीय आदिकाव्ये बालकाण्डे पञ्चत्रिंशः सर्गः ॥ ३५ ॥

षट्त्रिंशः सर्गः ।

उक्तवाक्ये मुनौ तस्मिन्नुभौ राघवलक्ष्मणौ । प्रतिनन्द्य कथां वीरावूचतुर्मुनिपुंगवम् ॥ १
धर्मयुक्तमिदं ब्रह्मन्कथितं परमं त्वया । दुहितुः शैलराजस्य ज्येष्ठाया व[...] ।
विस्तरं विस्तरज्ञोऽसि दिव्यमानुषसंभवम् ॥ २
त्रीन्पथो हेतुना केन प्लावयेल्लोकपावनी । कथं गङ्गा त्रिपथगा विश्रुता सरिदुत्तमा ॥ ३
त्रिषु लोकेषु धर्मज्ञ कर्मभिः कैः समन्विता । तथा ब्रुवति काकुत्स्थे विश्वामित्रस्तपोधनः ॥ ४
निखिलेन कथां सर्वामृषिमध्ये न्यवेदयत् । पुरा राम कृतोद्वाहः शितिकण्ठो महातपाः ॥ ५
दृष्ट्वा च भगवान्देवीं मैथुनायोपचक्रमे । तस्य संक्रीडमानस्य महादेवस्य धीमतः ।
शितिकण्ठस्य देवस्य दिव्यं वर्षशतं गतम् ॥ ६
न चापि तनयो राम तस्यामासीत्परंतप । सर्वे देवाः समुद्युक्ताः पितामहपुरोगमाः ॥ ७
यदिहोत्पद्यते भूतं कस्तत्प्रतिसहिष्यति । अभिगम्य सुराः सर्वे प्रणिपत्येदमब्रुवन् ॥ ८
देवदेव महादेव लोकस्यास्य हिते रत । सुराणां प्रणिपातेन प्रसादं कर्तुमर्हसि ॥ ९
न लोका धारयिष्यन्ति तव तेजः सुरोत्तम । ब्राह्मेण तपसा युक्तो देव्या सह तपश्चर ॥ १०
त्रैलोक्यहितकामार्थं तेजस्तेजसि धारय । रक्ष सर्वानिमांल्लोकान्नालोकं कर्तुमर्हसि ॥ ११
देवतानां वचः श्रुत्वा सर्वलोकमहेश्वरः । बाढमित्यब्रवीत्सर्वान्पुनश्चेदमुवाच ह ॥ १२
धारयिष्याम्यहं तेजस्तेजसैव सहोमया । त्रिदशाः पृथिवी चैव निर्वाणमधिगच्छतु ॥ १३
यदिदं क्षुभितं स्थानान्मम तेजो ह्यनुत्तमम् । धारयिष्यति कस्तन्मे ब्रुवन्तु सुरसत्तमाः ॥ १४

गामिनी गङ्गा । तथा प्रतिपादयामीति शेषः । तदेव विवृणोति—खमित्यादि । प्रथमं खं गताकाशमार्गं गता । पश्चात्सुरलोकं समारूढाभवत् । जलवाहिनी तत्स्वभावा जाता । विपापा सकलपापहन्त्री ॥ २२ ॥ इति श्रीरामाभिरामे श्रीरामीये रामायणतिलके वाल्मीकीय आदिकाव्ये बालकाण्डे पञ्चत्रिंशः सर्गः ॥ ३५ ॥

उक्तवाक्ये इति । उपरते इत्यर्थः ॥ १ ॥ वक्तुमर्हसीत्यस्य विस्तरमित्यनेनान्वयः । दिव्यमानुषसंभवं दिव्यलोकनिबन्धनं च ॥ २ ॥ शुश्रूषितं विस्तरमाह—त्रीनित्यादि । भूर्भुवःस्वर्मार्गानित्यर्थः । प्लावयेद्व्याप्नुयात् । इत्येको विस्तरः । द्वितीयमाह—कथमिति । त्रिपथगेति प्रसिद्धिः किंनिबन्धनेति द्वितीयः ॥ ३ ॥ कर्मभिश्चरितैः समन्वितेति तृतीयः । द्वयोर्हिमवत्कन्ययोः प्रस्तावेऽपि स्ववंशोद्धारकत्वाद्गङ्गाविषयक एव भगवतः प्रश्न इत्यूह्यम् ॥ ४ ॥ निखिलेन कार्त्स्न्येन । विस्तरेणेति यावत् । उद्वाहो विवाहः ॥ ५ ॥ गतम् । क्रीडयेति शेषः ॥ ६ ॥ समुद्युक्ताः सेनानीप्राप्त्यर्थं परमयत्नेन रुद्रोमयोः संयोजनं कृत्वापि तस्यां रौद्रतेजसो मोचनं वारयितुं समुद्युक्ता बभूवुरित्यर्थः । 'समुद्विग्नाः' इति पाठस्तु सुगम एव ॥ ७ ॥ पुत्रार्थं संयोजनोद्योगवतां तन्निवारणोद्योगोऽनुचितस्तत्राह—यदिहेति । इहोमायाम् । उत्पद्यत उत्पत्स्यते । अब्रुवन् । इति विचार्येत्यादि ॥ ८ ॥ ९ ॥ प्रसादविषयमाह—न लोका इति । भूरादिलोकास्तत्स्थप्रजाश्चेत्यर्थः । ब्राह्मेण तपसा । ब्रह्मानन्यतालक्षणेन तपसेत्यर्थः ॥ १० ॥ तेजो रेतः । तेजस्यात्मनि । मत्तेजसि मया धृते को लाभस्तत्राह—रक्ष सर्वानिति । धृत्वेति शेषः । ननु रुद्रेण स्वतेजोधारणे कथं लोकरक्षेति चेच्छृणु । 'यदेतत्पुरुषे रेतो भवति आदित्यस्य तद्रूपम्' इति श्रुतेस्तद्रेतोरूपं तेज एवादित्यमण्डलं तद्धृतौ सकलं जगद्रक्षितं भवति, विपर्यये विपर्यय इत्याहुः । तदेवाह—नालोकमिति । आदित्यविनाशे हि सर्वलोकविनाशप्रसङ्ग इति भावः ॥ ११ ॥ १२ ॥ धारयिष्यामीति । सहोमयोमापि स्वरजोरूपं तेजोऽग्निं स्वस्वरूपेण तेजसा धारयिष्यति । 'यदेतत्स्त्रियां लोहितं भवति अग्नेस्तद्रूपम्' इति श्रुतेः । भो त्रिदशाः, अनेन तेजोधारणेन पृथिवी, चकारात्सर्वो लोकः, निर्वाणं सुखं प्राप्नोतु । अन्यथेश्वरतेजोजन्यस्य दुर्धार्यत्वेन दुर्दर्शत्वेन च पृथिव्या लोकस्य च पीडा स्यादिति भावः ॥ १३ ॥ दिव्यवर्षशतभोगवशात्स्थानतश्च्युतस्य शुक्रांशस्य धारणासंभवेन तद्धारणसमर्थं मोक्षस्थानं निरूपयन्त्वित्याह—यदिदमिति । स्थानाद्धृदयपुण्डरीकलक्षणात् । क्षुभितं चिरकालभोगवशात्स्खलितम् । अनुत्तमं देवकार्योद्युतसमर्थत्वेन सर्वोत्तमम् । भवत्प्रार्थनयोमागर्भानर्हं को धारयिष्यति ॥ १४ ॥

[illegible]कास्ततो देवाः प्रत्यूचुर्वृषभध्वजम् । यत्तेजः क्षुभितं ह्यद्य तद्धरा धारयिष्यति ॥ १५
एवमुक्तः सुरपतिः प्रमुमोच महाबलः । तेजसा पृथिवी येन व्याप्ता सगिरिकानना ॥ १६
ततो देवाः पुनरिदमूचुश्चापि हुताशनम् । आविश त्वं महातेजो रौद्रं वायुसमन्वितः ॥ १७
तदग्निना पुनर्व्याप्तं संजातं श्वेतपर्वतम् । दिव्यं शरवणं चैव पावकादित्यसंनिभम् ॥ १८
यत्र जातो महातेजाः कार्तिकेयोऽग्निसंभवः । अथोमां च शिवं चैव देवाः सर्षिगणास्तथा ॥ १९
[illegible]जयामासुरत्यर्थं सुप्रीतमनसस्तदा । अथ शैलसुता राम त्रिदशानिदमब्रवीत् ॥ २०
समन्युरशपत्सर्वान्क्रोधसंरक्तलोचना । यस्मान्निवारिता चाहं संगता पुत्रकाम्यया ॥ २१
अपत्यं स्वेषु दारेषु नोत्पादयितुमर्हथ । अद्यप्रभृति युष्माकमप्रजाः सन्तु पत्नयः ॥ २२
एवमुक्त्वा सुरान्सर्वाञ्शशाप पृथिवीमपि । अवने नैकरूपा त्वं बहुभार्या भविष्यसि ॥ २३
न च पुत्रकृतां प्रीतिं मत्क्रोधकलुषीकृता । प्राप्स्यसे त्वं सुदुर्मेधो मम पुत्रमनिच्छती ॥ २४
तान्सर्वान्पीडितान्दृष्ट्वा सुरान्सुरपतिस्तदा । गमनायोपचक्राम दिशं वरुणपालिताम् ॥ २५
स गत्वा तप आतिष्ठत्पार्श्वे तस्योत्तरे गिरेः । हिमवत्प्रभवे शृङ्गे सह देव्या महेश्वरः ॥ २६
एष ते विस्तरो राम शैलपुत्र्या निवेदितः । गङ्गायाः प्रभवं चैव शृणु मे सहलक्ष्मण ॥ २७

इत्यार्षे श्रीमद्रामायणे वाल्मीकीय आदिकाव्ये बालकाण्डे षट्त्रिंशः सर्गः ॥ ३६ ॥

सप्तत्रिंशः सर्गः

तप्यमाने तदा देवे सेन्द्राः साग्निपुरोगमाः । सेनापतिमभीप्सन्तः पितामहमुपागमन् ॥ १
ततोऽब्रुवन्सुराः सर्वे भगवन्तं पितामहम् । प्रणिपत्य सुरा राम सेन्द्राः साग्निपुरोगमाः ॥ २
येन सेनापतिर्देव दत्तो भगवता पुरा । स तपः परमास्थाय तप्यते स्म सहोमया ॥ ३
यदत्रानन्तरं कार्यं लोकानां हितकाम्यया । संविधत्स्व विधानज्ञ त्वं हि नः परमा गतिः ॥ ४
देवतानां वचः श्रुत्वा सर्वलोकपितामहः । सान्त्वयन्मधुरैर्वाक्यैस्त्रिदशानिदमब्रवीत् ॥ ५

उत्तरमाहुः—एवमिति । धरा धारयिष्यतीति । तस्या अशेषधारणशक्तिमत्त्वादिति भावः ॥ १५ ॥ १६ ॥ पृथिव्यां मुक्तस्य तेजसो धारणार्थमग्नेः पृथिव्यधिपतित्वेन पृथिव्यभिमानित्वात्तं नियुञ्जते—तत इति । पुनःशब्दो वाक्यालंकारे । हुताशनं देवीक्लेदोंऽशरूपम् । अन्यादृशाग्ने रौद्रतेजःप्रवेशासंभवात् । वायुसमन्वित इत्यनेन चालनलक्षणः प्रवेशोपाय उक्तः ॥ १७ ॥ तदग्निनेति । उक्ताग्निना चालनपूर्वकप्रवेशात्तत्तेजोवद्धं सत्केवलश्वेतपर्वतरूपं जातम् । तद्रूपं तेजःप्रवेशप्रदेशे तन्महिम्ना दिव्यं पावकादित्यसंनिभं शरवणं चाभूत् ॥ १८ ॥ यत्रेति । किंचित्कालं धृतत्वात्कार्तिकेयत्ववदेवाग्निसंभवत्वं बोध्यम् ॥ १९ ॥ सुप्रीतमनसो लोकानुग्रहाय मूलतेजसो धृतत्वाद्देवकार्याय स्कन्नतेजसश्च दत्तत्वात्संतोषः । क्रियमाणामपि पूजामुमादेवी नाङ्गीकरोति स्म, प्रत्युत क्रुद्धैवाभूदित्याह—अथ शैलेति ॥ २० ॥ किमब्रवीत्तदाह—अशपदिति । शापरूपं वचोऽब्रवीदित्यर्थः । मन्युकारणमाह—यस्मादिति ॥ २१ ॥ शापस्वरूपमाह—अपत्यमित्यादि ॥ २२ ॥ एवमुक्त्वा । शपथरूपं वच इति शेषः । हे अवने पृथ्वि, नैकरूपा । एकत्रैव क्षेत्रेऽनेकबीजफलजनकत्वात् । बहुभार्यानेकभूपतिभोग्या ॥ २३ ॥ न च पुत्रकृतां प्रीतिम् । वराहादुत्पन्नस्यापि नरकासुरस्य भौमस्य कृष्णावतारे तेनैव हननात् । सुदुर्मेध इति 'नित्यमसिच्प्रजामेधयोः' इत्यसिच् । सुतरां दुष्टा मेधा यस्यास्तत्संबोधनं सुदुर्मेधः । मम पुत्रमनिच्छती तेजोधारणानुमत्या । यद्येषा तत्तेजोधारणं नानुमन्येत तर्हि स पुत्रो ममैव स्यादित्याशयः ॥ २४ ॥ पीडितान्देवीशापदुःखितान् । उपचक्राम पादन्यासं कृतवान् ॥ २५ ॥ तस्य गिरेर्हिमालयस्योत्तरपार्श्वे हिमवत्प्रभवाख्ये शृङ्गे ॥ २६ ॥ उपसंहरति—एष इति । त्रिषु लोकेषु धर्मयज्ञकर्मभिः कैः समन्वितेति प्रश्नोत्तरतया वक्तव्यस्य धारणरूपगङ्गाचरितस्य शेषतया शैलपुत्र्या विस्तारो निवेदितः । प्रकृतं प्रश्नोत्तरं वक्तुं प्रतिजानीते—गङ्गाया इति । प्रभवमिति च्छान्दसो ह्रस्वः । ऐशतेजोधारणरूपं प्रभावमित्यर्थः ॥ २७ ॥ **इति श्रीरामाभिरामे श्रीरामीये रामायणतिलके वाल्मीकीय आदिकाव्ये बालकाण्डे षट्त्रिंशः सर्गः ॥ ३६ ॥**

देवे शिवे । सेन्द्राः । देवा इति शेषः । साग्निपुरोगमाः । अग्निना पुरोगमेन सहिता इत्यर्थः । 'सेन्द्राः सर्षिगणाः पुरा' इति क्वचित्पाठः ॥ १ ॥ अत्र 'सुराः सर्वे' इति पुनरुक्तम्, अतः पाठान्तरमन्वेषणीयम् । द्वितीयार्धे 'सुरा राम' इति पाठः । रामसंबोधनं चैतत् ॥ २ ॥ येन रुद्रेण सेनापतिर्बीजात्मना दत्तः स परमास्थाय परं मौनमङ्गीकृत्य तपस्तप्यतेऽनुतिष्ठति ॥ ३ ॥ अनन्तरं बीजदातुरुपरमानन्तरं यत्कार्यं पुत्राकारसंपत्तये विधेयं तत्संविधत्स्व ॥ ४ ॥ सान्त्वयन् । इष्टकार्या-

शैलपुत्र्या यदुक्तं तन्न प्रजाः स्वासु पत्निषु । तस्या वचनमक्लिष्टं सत्यमेव न संशयः ॥ ६
इयमाकाशगङ्गा च यस्यां पुत्रं हुताशनः । जनयिष्यति देवानां सेनापतिमरिंदमम् ॥ ७
ज्येष्ठा शैलेन्द्रदुहिता मानयिष्यति तं सुतम् । उमायास्तद्बहुमतं भविष्यति न संशयः ॥ ८
तच्छ्रुत्वा वचनं तस्य कृतार्था रघुनन्दन । प्रणिपत्य सुराः सर्वे पितामहमपूजयन् ॥ ९
ते गत्वा परमं राम कैलासं धातुमण्डितम् । अग्निं नियोजयामासुः पुत्रार्थं सर्वदेवताः ॥ १०
देवकार्यमिदं देव समाधत्स्व हुताशन । शैलपुत्र्यां महातेजो गङ्गायां तेज उत्सृज ॥ ११
देवतानां प्रतिज्ञाय गङ्गामभ्येत्य पावकः । गर्भं धारय वै देवि देवतानामिदं प्रियम् ॥ १२
इत्येतद्वचनं श्रुत्वा दिव्यं रूपमधारयत् । स तस्या महिमां दृष्ट्वा समन्तादवशीर्यत ॥ १३
समन्ततस्तदा देवीमभ्यषिञ्चत पावकः । सर्वस्रोतांसि पूर्णानि गङ्गाया रघुनन्दन ॥ १४
तमुवाच ततो गङ्गा सर्वदेवपुरोगमम् । अशक्ता धारणे देव तेजस्तव समुद्धृतम् ॥ १५
दह्यमानाग्निना तेन संप्रव्यथितचेतना । अथाब्रवीदिदं गङ्गां सर्वदेवहुताशनः ॥ १६
इह हैमवते पार्श्वे गर्भोऽयं संनिवेश्यताम् । श्रुत्वा त्वग्निवचो गङ्गा तं गर्भमतिभास्वरम् ॥ १७
उत्ससर्ज महातेजाः स्रोतोभ्यो हि तदाघन । यदस्या निर्गतं तस्मात्तप्तजाम्बूनदप्रभम् ॥ १८
काञ्चनं धरणीं प्राप्तं हिरण्यमतुलप्रभम् । ताम्रं कार्ष्णायसं चैव तैक्ष्ण्यादेवाभिजायत ॥ १९
मलं तस्याभवत्तत्र त्रपु सीसकमेव च । तदेतद्धरणीं प्राप्य नानाधातुरवर्धत ॥ २०
निक्षिप्तमात्रे गर्भे तु तेजोभिरभिरञ्जितम् । सर्वं पर्वतसंनद्धं सौवर्णमभवद्वनम् ॥ २१
जातरूपमिति ख्यातं तदाप्रभृति राघव । सुवर्णं पुरुषव्याघ्र हुताशनसमप्रभम् ॥ २२
तं कुमारं ततो जातं सेन्द्राः सह मरुद्गणाः । क्षीरसंभावनार्थाय कृत्तिकाः समयोजयन् ॥ २३
ताः क्षीरं जातमात्रस्य कृत्वा समयमुत्तमम् । ददुः पुत्रोऽयमस्माकं सर्वासामिति निश्चिताः ॥ २४

लाभखिन्नानिति शेषः ॥ ५ ॥ यद्यस्माच्छैलपुत्र्या 'अप्रजा भविष्यथ' इत्युक्तं तत्तस्माद्युष्माकं स्वासु पत्नीषु न प्रजाः सन्तीति शेषः । पत्निष्विति ह्रस्वत्वं छान्दसम् । यतस्तस्या वचनमक्लिष्टममोघम् । एवं च 'प्रजास्यथ' इति पाठकल्पना छान्दसत्वकल्पना च विफलैव ॥ ६ ॥ तर्हि का गतिस्तत्राह— इयमिति । यस्यां हुताशनः पुत्रं जनयिष्यति सेयमाकाशगङ्गा । आस्ते इति शेषः ॥ ७ ॥ 'ज्येष्ठोमा स्वकनिष्ठापत्यत्वात्स्वापत्यवन्मानयिष्यतीत्यर्थः' इति कतकः, तन्न । पूर्वं गङ्गाया एव ज्येष्ठत्वोक्त्या तेन विरोधात् । तस्माज्ज्येष्ठा गङ्गा स्वकनिष्ठोमापत्यत्वान्मानयिष्यतीत्यर्थः । उमाशिवसंयोगेन च्युतरेतोरजोभ्यामुत्पत्तेरुमापत्यत्वम् । अत एवाह–उमाया इति । तत्स्वापत्यसंमाननम् ॥ ८ ॥ ९ ॥ कैलासपर्वतं गत्वेत्यन्वयः ॥ १० ॥ समाधत्स्व कुरु । महातेज इति संबुद्धिः । शैलपुत्र्यां गङ्गायामैशं तेज उत्सृजेत्यन्वयः ॥ ११ ॥ प्रतिज्ञाय तथा करोमीति प्रतिज्ञाय । इदं गर्भधारणं देवतानां प्रियमित्यन्वयः ॥ १२ ॥ दिव्यं रूपमधारयत् । स्रोतोरूपं मुक्त्वेति शेषः । तस्या महिमां दिव्यरूपं वैभवम् । स ऐश्वरतेजोराशिः पारदोऽवशीर्यत शीर्णः । उत्तमस्त्रीदर्शने रसेश्वरस्य तद्ग्रहणायोच्छलनं द्वियोजनपर्यन्तमिति सुप्रसिद्धम् । यद्वा सोऽभिरवशीर्यत । ऐश्वरं तेजस्त्यक्तवानित्यर्थः ॥ १३ ॥ अभ्यषिञ्चतेति । रसेश्वरेणेति शेषः । स्रोतांसि नाड्यः ॥ १४ ॥ पुरोगमः पुरोयायी हितकरश्च । तवामेयेन तेजसा संबन्धात्समुद्धतमत्युग्रं तेजः शैवं यतोऽतस्तस्य धारणेऽहमशक्तेत्यन्वयः ॥ १५ ॥ संप्रव्यथितचेतना । अस्मीति शेषः सर्वदेवहुताशनः सर्वदेवोद्देशेन हुतस्य भक्षकः ॥ १६ ॥ संनिवेश्यतां स्थाप्यताम् ॥ १७ ॥ स्रोतोभ्य उत्कृष्य तत्तेजो हिमवत्पार्श्व उत्ससर्जेत्यन्वयः । यद्यस्मादस्या निर्गतं तत्तस्माद्गङ्गागर्भतो निर्गमात्तत्तेजो जाम्बूनदाकारसुमेरुकन्यापत्यत्वाद्गङ्गायास्तप्तं जाम्बूनदं सुवर्णं तेन समप्रभम् । आसीदिति शेषः ॥ १८ ॥ अत एव धरणीं प्राप्तं साक्षात्स्वसंबद्धधरणीस्थं वस्तु काञ्चनमकरोत् । तत्समीपवर्ति भूसंस्थमतुलप्रभं हिरण्यं रजतमकरोत् । तत्तेजःसंबन्धितैक्ष्ण्यादेव तद्व्यवहितभूस्थं वस्तुजातं ताम्रम् । कार्ष्णायसं लोहम् । अभिजायत । अडभाव आर्षः ॥ १९ ॥ तत्तस्य गर्भस्य मलं त्रपु सीसं चाभवत् । अयं भावः—तैक्ष्ण्यमलगन्धयुक्तेन शुद्धेन स्पर्शतो विद्धं स्वर्णम्, गन्धयुक्तेन विद्धं रजतम्, तैक्ष्ण्ययुक्तेन विद्धं ताम्रं लोहं च, मलयुक्तेन विद्धं त्रपुसीसे इति । नानाधातुस्तद्रूपम् ॥ २० ॥ न च स्पर्शवेधित्वमेव तस्य, अपि तु रूपवेधित्वमपीत्याह–निक्षिप्तेत्यादि । संनद्धं संबद्धम् ॥ २१ ॥ जातरूपम् । रूपेण जातमित्यर्थः ॥ २२ ॥ तं कुमारमिति । ततो रुद्रतेजसो जातं क्रमेण साकारतां प्राप्तम् । क्षीरसंभावनार्थाय क्षीरपानप्रयोजनसिद्धये । कृत्तिकाः कृत्तिकाभिः । यद्वा समयोजयन्नित्यस्य प्रैरयन्नित्यर्थः ॥ २३ ॥ अथ ताः कृत्तिका अस्माकं सर्वासां पुत्रो भवत्वित्युत्तमं समयं कृत्वा निश्चितास्तद्विषयकनिश्चयवत्यो जातमात्रस्य तस्य

ततस्तु देवताः सर्वाः कार्तिकेय इति ब्रुवन् । पुत्रस्त्रैलोक्यविख्यातो भविष्यति न संशयः ॥ २५
तेषां तद्वचनं श्रुत्वा स्कन्नं गर्भपरिस्रवे । स्नापयन्परया लक्ष्म्या दीप्यमानं यथानलम् ॥ २६
स्कन्द इत्यब्रुवन्देवाः स्कन्नं गर्भपरिस्रवे । कार्तिकेयं महाबाहुं काकुत्स्थ ज्वलनोपमम् ॥ २७
प्रादुर्भूतं ततः क्षीरं कृत्तिकानामनुत्तमम् । षण्णां षडाननो भूत्वा जग्राह स्तनजं पयः ॥ २८
गृहीत्वा क्षीरमेकाह्ना सुकुमारवपुस्तदा । अजयत्स्वेन वीर्येण दैत्यसैन्यगणान्विभुः ॥ २९
सुरसेनागणपतिमभ्यषिञ्चन्महाद्युतिम् । ततस्तममराः सर्वे समेत्याग्निपुरोगमाः ॥ ३०
एष ते राम गङ्गाया विस्तरोऽभिहितो मया । कुमारसंभवश्चैव धन्यः पुण्यस्तथैव च ॥ ३१
भक्तश्च यः कार्तिकेये काकुत्स्थ भुवि मानवः । आयुष्मान्पुत्रपौत्रैश्च स्कन्दसालोक्यतां व्रजेत् ॥ ३२

इत्यार्षे श्रीमद्रामायणे वाल्मीकीय आदिकाव्ये बालकाण्डे सप्तत्रिंशः सर्गः ॥ ३७ ॥

अष्टत्रिंशः सर्गः ।

तां कथां कौशिको रामे निवेद्य मधुराक्षराम् । पुनरेवापरं वाक्यं काकुत्स्थमिदमब्रवीत् ॥ १
अयोध्याधिपतिर्वीर पूर्वमासीन्नराधिपः । सगरो नाम धर्मात्मा प्रजाकामः स चाप्रजाः ॥ २
वैदर्भदुहिता राम केशिनी नाम नामतः । ज्येष्ठा सगरपत्नी सा धर्मिष्ठा सत्यवादिनी ॥ ३
अरिष्टनेमेर्दुहिता सुपर्णभगिनी तु सा । द्वितीया सगरस्यासीत्पत्नी सुमतिसंज्ञिता ॥ ४
ताभ्यां सह महाराजः पत्नीभ्यां तप्तवांस्तपः । हिमवन्तं समासाद्य भृगुप्रस्रवणे गिरौ ॥ ५
अथ वर्षशते पूर्णे तपसाराधितो मुनिः । सगराय वरं प्रादाद्भृगुः सत्यवतां वरः ॥ ६
अपत्यलाभः सुमहान्भविष्यति तवानघ । कीर्तिं चाप्रतिमां लोके प्राप्स्यसे पुरुषर्षभ ॥ ७
एका जनयिता तात पुत्रं वंशकरं तव । षष्टिं पुत्रसहस्राणि अपरा जनयिष्यति ॥ ८
भाषमाणं नरव्याघ्रं राजपुत्र्यौ प्रसाद्य तम् । ऊचतुः परमप्रीते कृताञ्जलिपुटे तदा ॥ ९
एकः कस्याः सुतो ब्रह्मन्का बहूञ्जनयिष्यति । श्रोतुमिच्छावहे ब्रह्मन्सत्यमस्तु वचस्तव ॥ १०
तयोस्तद्वचनं श्रुत्वा भृगुः परमधार्मिकः । उवाच परमां वाणीं स्वच्छन्दोऽत्र विधीयताम् ॥ ११
एको वंशकरो वास्तु बहवो वा महाबलाः । कीर्तिमन्तो महोत्साहाः का वा कं वरमिच्छति ॥ १२
मुनेस्तु वचनं श्रुत्वा केशिनी रघुनन्दन । पुत्रं वंशकरं राम जग्राह नृपसंनिधौ ॥ १३

क्षीरं ददुरित्यन्वयः ॥ २४ ॥ ततः सर्वदेवता युष्माकमयं पुत्रः कार्तिकेय इति त्रैलोक्यविख्यातो भविष्यति । अत्र संदेहो नेति ब्रुवन् । अब्रुवन्नित्यर्थः । अडभाव आर्षः ॥ २५ ॥ तेषां देवानां तत्स्वेष्टानुकूलं वचनं श्रुत्वा । स्कन्नमातावीश्वरयोः सकाशात्स्कन्नं पश्चाद्गङ्गाया गर्भात्परिस्रवे सति परया लक्ष्म्या दीप्यमानमनलमिव दुःस्पर्शम् । दुःस्पर्शतानिवृत्तिप्रयोजनकशैत्यसिद्धये । ताः स्नापयन् । अस्नापयन्नित्यर्थः ॥ २६ ॥ ततः स्कन्नपरिस्रुतत्वहेतोः पूर्वं कार्तिकेयत्वेनोक्तं स्कन्द इत्यन्वर्थनाम्नाब्रुवन्नित्यन्वयः । स्कन्नपरिस्रुत इत्यर्थे स्कन्द इति पृषोदरादित्वात्साधु ॥ २७ ॥ ततः कृत्तिकानां क्षीरं प्रादुर्भूतम् । आसीदिति शेषः । ततः षण्णामपि स्तनजं पयः क्षुधातिशयेन षडाननो भूत्वा जग्राह ॥ २८ ॥ एवं तदा षड्भिर्मुखैर्यावदपेक्षितं क्षीरं गृहीत्वैकाह्नैकदिनेनैव सुकुमारवपुरपि स्वतेजसैव दैत्यसैन्यगणानजयत् ॥ २९ ॥ ततः सकलासुरजयाद्धेतोः सर्वेऽग्निपुरोगमा देवाः समेत्य सुरसेनागणपतिं तमभ्यषिञ्चन्नित्यन्वयः ॥ ३० ॥ उपसंहरति—एव इत्यादिना ॥ ३१ ॥ धन्यत्वपुण्यत्वे विवृणोति—भक्तश्चेति । ऐहलौकिकफलेन धन्यत्वम्, आमुष्मिकेन पुण्यत्वम् । पुत्रपौत्रैश्चेत्यस्य युक्तः सन् । देहत्याग इति शेषः ॥ ३२ ॥ इति श्रीरामाभिरामे श्रीरामीये रामायणतिलके वाल्मीकीय आदिकाव्ये बालकाण्डे सप्तत्रिंशः सर्गः ॥ ३७ ॥

अथ त्रीन्पथो हेतुना केनेत्यादिप्रश्नस्योत्तरं वक्तुमाह—तां कथामिति । अपरं वाक्यं वक्ष्यमाणं प्रश्नोत्तरम् ॥ १ ॥ यस्मादप्रजास्तस्मात्प्रजाकामोऽभूदित्यन्वयः ॥ २ ॥ ३ ॥ अरिष्टनेमिः कश्यपः । अस्यां सुपर्णभगिनीत्यनुपदप्रयोगात् ॥ ४ ॥ भृगुप्रस्रवणे भृग्वधिष्ठितं प्रस्रवणं प्रवाहो यस्मिन्गिरौ हिमवत्पादपर्वते ॥ ५ ॥ ६ ॥ ७ ॥ तातेत्युपलालने । जनयिता जनयिष्यति । षष्टिमिति नित्यैकवचनान्तत्वात्सहस्राणीत्यनेन सामानाधिकरण्यम् ॥ ८ ॥ राजपुत्र्यावित्यत्र च्छत्रिन्यायेन प्रयोगः ॥ ९ ॥ इच्छावहे इच्छावः ॥ १० ॥ स्वच्छन्दः स्वेच्छा । विधीयतां ज्ञाप्यताम् । स्वेच्छयैवैकपुत्रताबहुपुत्रता वा व्रियतामिति तात्पर्यम् ॥ ११ ॥ तदेवाह—एको वंशकरो वेति । वंशकरो वंशवृद्धिहेतुः ॥ १२ ॥ नृपसंनिधावित्यनेन तस्यापि साक्षित्वमात्रं न तु वरणनियमकर्तृतेति सूचितम्

षष्टिं पुत्रसहस्राणि सुपर्णभगिनी तदा । महोत्साहान्कीर्तिमतो जग्राह सुमतिः सुतान् ॥ १४
प्रदक्षिणमृषिं कृत्वा शिरसाभिप्रणम्य तम् । जगाम स्वपुरं राजा सभार्यो रघुनन्दन ॥ १५
अथ काले गते तस्य ज्येष्ठा पुत्रं व्यजायत । असमञ्ज इति ख्यातं केशिनी सगरात्मजम् ॥ १६
सुमतिस्तु नरव्याघ्र गर्भतुम्बं व्यजायत । षष्टिः पुत्रसहस्राणि तुम्बभेदाद्विनिःसृताः ॥ १७
घृतपूर्णेषु कुम्भेषु धात्र्यस्तान्समवर्धयन् । कालेन महता सर्वे यौवनं प्रतिपेदिरे ॥ १८
अथ दीर्घेण कालेन रूपयौवनशालिनः । षष्टिः पुत्रसहस्राणि सगरस्याभवंस्तदा ॥ १९
स च ज्येष्ठो नरश्रेष्ठः सगरस्यात्मसंभवः । बालान्गृहीत्वा तु जले सरय्वा रघुनन्दन ॥ २०
प्रक्षिप्य प्राहसन्नित्यं मज्जतस्तान्निरीक्ष्य वै । एवं पापसमाचारः सज्जनप्रतिबाधकः ॥ २१
पौराणामहिते युक्तः पित्रा निर्वासितः पुरात् । तस्य पुत्रोंऽशुमान्नाम असमञ्जस्य वीर्यवान् ॥ २२
संमतः सर्वलोकस्य सर्वस्यापि प्रियंवदः । ततः कालेन महता मतिः समभिजायत ॥ २३
सगरस्य नरश्रेष्ठ यजेयमिति निश्चिता । स कृत्वा निश्चयं राजा सोपाध्यायगणस्तदा ।
यज्ञकर्मणि वेदज्ञो यष्टुं समुपचक्रमे ॥ २४

इत्यार्षे श्रीमद्रामायणे वाल्मीकीय आदिकाव्ये बालकाण्डेऽष्टत्रिंशः सर्गः ॥ ३८ ॥

एकोनचत्वारिंशः सर्गः ।

विश्वामित्रवचः श्रुत्वा कथान्ते रघुनन्दनः । उवाच परमप्रीतो मुनिं दीप्तमिवानलम् ॥ १
श्रोतुमिच्छामि भद्रं ते विस्तरेण कथामिमाम् । पूर्वजो मे कथं ब्रह्मन्यज्ञं वै समुपाहरत् ॥ २
तस्य तद्वचनं श्रुत्वा कौतूहलसमन्वितः । विश्वामित्रस्तु काकुत्स्थमुवाच प्रहसन्निव ॥ ३
श्रूयतां विस्तरो राम सगरस्य महात्मनः । शंकरश्वशुरो नाम्ना हिमवानिति विश्रुतः ॥ ४
विन्ध्यपर्वतमासाद्य निरीक्षेते परस्परम् । तयोर्मध्ये समभवद्यज्ञः स पुरुषोत्तम ॥ ५
स हि देशो नरव्याघ्र प्रशस्तो यज्ञकर्मणि । तस्याश्वचर्यां काकुत्स्थ दृढधन्वा महारथः ॥ ६
अंशुमानकरोत्तात सगरस्य मते स्थितः । तस्य पर्वणि तं यज्ञं यजमानस्य वासवः ॥ ७
राक्षसीं तनुमास्थाय यज्ञियाश्वमपाहरत् । ह्रियमाणे तु काकुत्स्थ तस्मिन्नश्वे महात्मनः ॥ ८
उपाध्यायगणाः सर्वे यजमानमथाब्रुवन् । अयं पर्वणि वेगेन यज्ञियाश्वोऽपनीयते ॥ ९
हर्तारं जहि काकुत्स्थ हयश्चैवोपनीयताम् । यज्ञच्छिद्रं भवत्येतत्सर्वेषामशिवाय नः ॥ १०
तत्तथा क्रियतां राजन्यज्ञोऽच्छिद्रः कृती भवेत् । सोपाध्यायवचः श्रुत्वा तस्मिन्सदसि पार्थिवः ॥ ११

॥ १३ ॥ सुपर्णी गरुडः ॥ १४ ॥ १५ ॥ व्यजायत प्रसूतवती ॥ १६ ॥ गर्भतुम्बं तुम्बफलाकारगर्भपिण्डम् । व्यजायत प्रसूतवती । कथं ततः पुत्रोदय इत्यत आह—षष्टिरित्यादि ॥ १७ ॥ १८ ॥ दीर्घेण कालेन । यौवनशालित्वे हेतुत्वात्तृतीया ॥ १९ ॥ ज्येष्ठोऽसमञ्जः बालान्गृहीत्वा जले प्रक्षिप्य मज्जतस्तान्समीक्ष्य नित्यं प्राहसत् । 'प्रहसन्' इति पाठे स्मितो भवतीति शेषः । सज्जनप्रतिबाधकः सज्जनपीडकः ॥ २० ॥ २१ ॥ निर्वासितो निष्कासितः । तस्यासमञ्जस्य । एतद्वाची असमञ्जशब्दोऽदन्तः सान्तश्चेति बोध्यम् ॥ २२ ॥ समभिजायत । अड्भाव आर्षः ॥ २३ ॥ यज्ञकर्मणीत्यस्य निश्चयं कृत्वेति प्राक्तनेनान्वयः ॥ २४ ॥ **इति श्रीरामाभिरामे श्रीरामीये रामायणतिलके वाल्मीकीय आदिकाव्ये बालकाण्डेऽष्टत्रिंशः सर्गः ॥ ३८ ॥**

कथान्ते । यज्ञोपक्रमकथान्त इत्यर्थः ॥ १ ॥ इमां यज्ञसंबन्धिनीम् ॥ २ ॥ प्रहसन्निव विकसितवदनः । स्वपूर्वजवृत्तान्ततया श्रवणकौतुकेन रामभद्रस्यायं प्रश्नः । अत एव मुनेर्हासः । स्ववंश्य इति रामस्यापि लोकवत्स्नेहः संपन्न इति ॥ ३ ॥ सगरस्य । सगरयज्ञस्येत्यर्थः ॥ ४ ॥ मध्ये महापर्वतविरोधाभावाद्विन्ध्यपर्वतं हिमवांस्तथा विन्ध्योऽपि हिमवन्तमित्येवं परस्परमासाद्योच्चत्वेन साम्यं प्राप्य । औन्नत्यातिशयेन वीक्षानिरोधकाभावात् । परस्परं निरीक्षेते । पश्यत इत्यर्थः । तयोर्मध्य आर्यावर्तभूमौ । 'आर्यावर्तः पुण्यभूमिर्मध्यं विन्ध्यहिमालयोः' इति वचनात् ॥ ५ ॥ प्रशस्तः प्रशस्तत्वेन प्रसिद्धः । उक्तवचनादश्वचर्यारक्षार्थमश्वानुगमनम् ॥ ६ ॥ मते शासने । पर्वण्युक्थ्याहे । अश्वमेधे उक्थ्यसंस्थात्रयम् । तत्र द्वितीयेऽश्वालम्भनदिवसेऽश्वविशसनात्प्राक् । तं यज्ञम् । विहन्तुमिति शेषः ॥ ७ ॥ यज्ञियाश्वं यज्ञार्हमश्वम् ॥ ८ ॥ अयं यज्ञियोऽश्वः पर्वणि वेगेनापनीयतेऽपह्रियते ॥ ९ ॥ अतो हर्तारमश्वहर्तारं जहि । अश्वश्च शीघ्रमुपनीयताम् । यच्छिद्रं यज्ञस्य विघ्नः ॥ १० ॥ अच्छिद्र इति च्छेदः । यथा यज्ञोऽच्छिद्रो

षष्टिं पुत्रसहस्राणि वाक्यमेतदुवाच ह । गतिं पुत्रा न पश्यामि रक्षसां पुरुषर्षभाः ॥ १२
मन्त्रपूतैर्महाभागैरास्थितोऽपि महाक्रतुः । तद्गच्छथ विचिन्वध्वं पुत्रका भद्रमस्तु वः ॥ १३
समुद्रमालिनीं सर्वां पृथिवीमनुगच्छथ । एकैकं योजनं पुत्रा विस्तारमभिगच्छत ॥ १४
यावत्तुरगसंदर्शस्तावत्खनत मेदिनीम् । तमेव हयहर्तारं मार्गमाणा ममाज्ञया ॥ १५
दीक्षितः पौत्रसहितः सोपाध्यायगणस्त्वहम् । इह स्थास्यामि भद्रं वो यावत्तुरगदर्शनम् ॥ १६
ते सर्वे हृष्टमनसो राजपुत्रा महाबलाः । जग्मुर्महीतलं राम पितुर्वचनयन्त्रिताः ॥ १७
योजनायामविस्तारमेकैको धरणीतलम् । बिभिदुः पुरुषव्याघ्रा वज्रस्पर्शसमैर्भुजैः ॥ १८
शूलैरशनिकल्पैश्च हलैश्चापि सुदारुणैः । भिद्यमाना वसुमती ननाद रघुनन्दन ॥ १९
नागानां वध्यमानानामसुराणां च राघव । राक्षसानां दुराधर्षं सत्त्वानां निनदोऽभवत् ॥ २०
योजनानां सहस्राणि षष्टिं तु रघुनन्दन । बिभिदुर्धरणीं राम रसातलमनुत्तमम् ॥ २१
एवं पर्वतसंबाधं जम्बूद्वीपं नृपात्मजाः । खनन्तो नृपशार्दूल सर्वतः परिचक्रमुः ॥ २२
ततो देवाः सगन्धर्वाः सासुराः सहपन्नगाः । संभ्रान्तमनसः सर्वे पितामहमुपागमन् ॥ २३
ते प्रसाद्य महात्मानं विषण्णवदनास्तदा । ऊचुः परमसंत्रस्ताः पितामहमिदं वचः ॥ २४
भगवन्पृथिवी सर्वा खन्यते सगरात्मजैः । बहवश्च महात्मानो वध्यन्ते जलचारिणः ॥ २५
अयं यज्ञहरोऽस्माकमनेनाश्वोऽपनीयते । इति ते सर्वभूतानि हिंसन्ति सगरात्मजाः ॥ २६

इत्यार्षे श्रीमद्रामायणे वाल्मीकीय आदिकाव्ये बालकाण्ड एकोनचत्वारिंशः सर्गः ॥ ३९ ॥

चत्वारिंशः सर्गः ।

देवतानां वचः श्रुत्वा भगवान्वै पितामहः । प्रत्युवाच सुसंत्रस्तान्कृतान्तबलमोहितान् ॥ १
यस्येयं वसुधा कृत्स्ना वासुदेवस्य धीमतः । महिषी माधवस्यैषा स एव भगवान्प्रभुः ॥ २
कापिलं रूपमास्थाय धारयत्यनिशं धराम् । तस्य कोपाग्निना दग्धा भविष्यन्ति नृपात्मजाः ॥ ३
पृथिव्याश्चापि निर्भेदो दृष्ट एव सनातनः । सगरस्य च पुत्राणां विनाशो दीर्घदर्शिनाम् ॥ ४
पितामहवचः श्रुत्वा त्रयस्त्रिंशदरिंदमाः । देवाः परमसंहृष्टाः पुनर्जग्मुर्यथागतम् ॥ ५
सगरस्य च पुत्राणां प्रादुरासीन्महास्वनः । पृथिव्यां भिद्यमानायां निर्घातसमनिःस्वनः ॥ ६

भवेदित्यन्वयः । सोपाध्यायवच्च उपाध्यायसहितर्त्विग्गणवच्च ॥ ११ ॥ भो पुरुषर्षभाः पुत्रकाः । मन्त्रपूतैर्महाभागैर्यद्यपि महाक्रतुरास्थितोऽधिष्ठितः, तथापि रक्षसां मायया यदि च्छिद्रं स्यात्तदात्मनो गतिं न पश्यामि । तस्माद्गच्छथ । 'विचिन्वध्वमन्वेषयतेत्यर्थः' इति केचित् । परे तु—'आस्थितो हि' इति पाठः । हि यस्मादीदृशैर्महाभागैरास्थितोऽयं क्रतुः, अतोऽत्र क्रतौ रक्षसां गतिं न पश्यामि । तत्तस्मात्केनापि देवेन हृत इति तमन्वेषयतेत्यर्थः' इत्याहुः ॥ १२ ॥ १३ ॥ अनुगच्छथान्वेषयत । थस्य तादेशाभाव आर्षत्वात् ॥ १४ ॥ यदि भूमौ न लभ्यते तदाह—यावत्तुरगेत्यादि ॥ १५ ॥ स्वस्य तुरगानुगमनमयुक्तमित्याह—दीक्षित इत्यादि । तस्य प्रवासनिषेधात्पौत्रस्य बालकत्वाच्चेति भावः ॥ १६ ॥ यन्त्रिता नियुक्ताः ॥ १७ ॥ आयामो दैर्घ्यम्, विस्तारो विशालता तद्युक्तम् । धरणीतलमेकैकोऽन्वेषयामासेत्यर्थः । बिभिदुरिति । पृथिव्यामदृष्ट्वेति शेषः ॥ १८ ॥ भिद्यमाना । सर्वत इति शेषः ॥ १९ ॥ २० ॥ अनुत्तमं रसातलं विचेतुमिव धरणीं योजनानां षष्टिसहस्राणि बिभिदुरित्यन्वयः ॥ २१ ॥ पर्वतसंबाधं पर्वतनिबिडम् ॥ २२ ॥ २३ ॥ २४ ॥ महात्मानः सिद्धगन्धर्वादयः ॥ २५ ॥ 'यज्ञहनः' इति पाठे हन्तीति हनः । अपनीयतेऽपनीयते स्म । सर्वभूतानि तत्प्रसङ्गरहितान्यपि ॥ २६ ॥

इति श्रीरामाभिरामे श्रीरामीये रामायणतिलके वाल्मीकीय आदिकाव्ये बालकाण्ड एकोनचत्वारिंशः सर्गः ॥ ३९ ॥

कृतान्तबलमोहितान्कृतः सर्वलोकस्यान्तो नाशो यैस्तादृशानि यानि बलानि सगरसुतबलानि तैर्मोहितान्मूर्छितचित्तान् ॥ १ ॥ एषा वसुधा ॥ २ ॥ धारयति । योगबलेनेति शेषः ॥ ३ ॥ पृथिव्या विभेदश्च सनातनः प्रतिकल्पमवश्यं भाव्यः श्रौतस्मार्तसागरादिशब्दैर्दृष्ट एष । अतस्तत्र न शोकः कार्य इति भावः । एवं दीर्घदर्शिनां दीर्घदर्शिभिः सगरपुत्रविनाशोऽयं दृष्ट एव । अतस्तत्रापि शोकोऽनुचितः । शेषे षष्ठी । यद्वा अदीर्घदर्शिनामिति च्छेदः ॥ ४ ॥ त्रयस्त्रिंशत् । अष्टौ वसवः, एकादश रुद्राः, द्वादशादित्याः, अश्विनौ च ॥ ५ ॥ निर्घातसमनिःस्वनः । निर्घातनिःस्वनसदृश इत्यर्थः ॥ ६ ॥

ततो भित्त्वा महीं सर्वां कृत्वा चापि प्रदक्षिणम् । सहिताः सागराः सर्वे पितरं वाक्यमब्रुवन् ॥ ७
परिक्रान्ता मही सर्वा सत्त्ववन्तश्च सूदिताः । देवदानवरक्षांसि पिशाचोरगपन्नगाः ॥ ८
न च पश्यामहेऽश्वं ते अश्वहर्तारमेव च । किं करिष्याम भद्रं ते बुद्धिरत्र विचार्यताम् ॥ ९
तेषां तद्वचनं श्रुत्वा पुत्राणां राजसत्तमः । समन्युरब्रवीद्वाक्यं सगरो रघुनन्दन ॥ १०
भूयः खनत भद्रं वो विभेद्य वसुधातलम् । अश्वहर्तारमासाद्य कृतार्थाश्च निवर्तत ॥ ११
पितुर्वचनमासाद्य सगरस्य महात्मनः । षष्टिः पुत्रसहस्राणि रसातलमभिद्रवन् ॥ १२
खन्यमाने ततस्तस्मिन्ददृशुः पर्वतोपमम् । दिशागजं विरूपाक्षं धारयन्तं महीतलम् ॥ १३
सपर्वतवनां कृत्स्नां पृथिवीं रघुनन्दन । धारयामास शिरसा विरूपाक्षो महागजः ॥ १४
यदा पर्वणि काकुत्स्थ विश्रमार्थं महागजः । खेदाच्चालयते शीर्षं भूमिकम्पस्तदा भवेत् ॥ १५
ते तं प्रदक्षिणं कृत्वा दिशापालं महागजम् । मानयन्तो हि ते राम जग्मुर्भित्त्वा रसातलम् ॥ १६
ततः पूर्वां दिशं भित्त्वा दक्षिणां बिभिदुः पुनः । दक्षिणस्यामपि दिशि ददृशुस्ते महागजम् ॥ १७
महापद्मं महात्मानं सुमहत्पर्वतोपमम् । शिरसा धारयन्तं गां विस्मयं जग्मुरुत्तमम् ॥ १८
ते तं प्रदक्षिणं कृत्वा सगरस्य महात्मनः । षष्टिः पुत्रसहस्राणि पश्चिमां बिभिदुर्दिशम् ॥ १९
पश्चिमायामपि दिशि महान्तमचलोपमम् । दिशागजं सौमनसं ददृशुस्ते महाबलाः ॥ २०
ते तं प्रदक्षिणं कृत्वा पृष्ट्वा चापि निरामयम् । खनन्तः समुपाक्रान्ता दिशं सोमवतीं तदा ॥ २१
उत्तरस्यां रघुश्रेष्ठ ददृशुर्हिमपाण्डुरम् । भद्रं भद्रेण वपुषा धारयन्तं महीमिमाम् ॥ २२
समालभ्य ततः सर्वे कृत्वा चैनं प्रदक्षिणम् । षष्टिः पुत्रसहस्राणि बिभिदुर्वसुधातलम् ॥ २३
ततः प्रागुत्तरां गत्वा सागराः प्रथितां दिशम् । रोषादभ्यखनन्सर्वे पृथिवीं सगरात्मजाः ॥ २४
ते तु सर्वे महात्मानो भीमवेगा महाबलाः । ददृशुः कपिलं तत्र वासुदेवं सनातनम् ॥ २५
हयं च तस्य देवस्य चरन्तमविदूरतः । प्रहर्षमतुलं प्राप्ताः सर्वे ते रघुनन्दन ॥ २६
ते तं यज्ञहनं ज्ञात्वा क्रोधपर्याकुलेक्षणाः । खनित्रलाङ्गलधरा नानावृक्षशिलाधराः ॥ २७
अभ्यधावन्त संक्रुद्धास्तिष्ठ तिष्ठेति चाब्रुवन् । अस्मांकं त्वं हि तुरगं यज्ञियं हृतवानसि ॥ २८
दुर्मेधस्त्वं हि संप्राप्तान्विद्धि नः सगरात्मजान् । श्रुत्वा तद्वचनं तेषां कपिलो रघुनन्दन ॥ २९
रोषेण महताविष्टो हुंकारमकरोत्तदा । ततस्तेनाप्रमेयेण कपिलेन महात्मना ।
भस्सराशीकृताः सर्वे काकुत्स्थ सगरात्मजाः ॥ ३०

इत्यार्षे श्रीमद्रामायणे वाल्मीकीय आदिकाव्ये बालकाण्डे चत्वारिंशः सर्गः ॥ ४० ॥

एकचत्वारिंशः सर्गः ।

पुत्रांश्चिरगताञ्ज्ञात्वा सगरो रघुनन्दन । नप्तारमब्रवीद्राजा दीप्यमानं स्वतेजसा ॥ १
शूरश्च कृतविद्यश्च पूर्वैस्तुल्योऽसि तेजसा । पितृणां गतिमन्विच्छ येन चाश्वोऽपवाहितः ॥ २

'ततो भित्त्वा' इति पाठः ॥ ७ ॥ सत्त्ववन्तो बलवन्तः ॥ ८ ॥ तेऽस्मासु परमनुग्रहबुद्धिरस्तु । वयं किं करिष्याम । सलोपश्छान्दसः । बुद्धिरुपायः ॥ ९ ॥ १० ॥ भूयो विभेद्येत्यन्वयः । कृतार्थाश्च कृतार्थाश्चेत्तदा निवर्तेत निवर्तध्वमित्यर्थे आर्षमेतत् । अन्यथा न निवृत्तिरित्यर्थः ॥ ११ ॥ १२ ॥ खन्यमान इति । षष्टियोजनसहस्रपरमपीति शेषः । दिशा इत्याबन्तम् ॥ १३ ॥ कृत्स्नाम् । तदेकप्रदेशावच्छिन्नामिति शेषः ॥ १४ ॥ यदा पर्वणि यस्मिन्काले यस्मिन्क्षणे । 'तिथिभेदे क्षणे पर्व' इत्यमरः ॥१५॥ मानयन्तः । दिग्गजमिति शेषः । ह्रिस्त्वर्थे ॥ १६ ॥ १७ ॥ ॥ १८ ॥ प्रदक्षिणं कृत्वा । दिग्गजमिति शेषः ॥ १९ ॥ २० ॥

निरामयं कुशलम् । सोमवतीमुदीचीम् ॥ २१ ॥ भद्रं भद्राख्यम् ॥ २२ ॥ समालभ्य स्पृष्ट्वा ॥ २३ ॥ प्रागुत्तरामैशानीम् । प्रथितां सर्वैकर्माहत्वेन प्रसिद्धाम् ॥ २४ ॥ कपिलं कपिलरूपधारिणम् ॥ २५ ॥ तस्य कपिलस्य ॥ २६ ॥ तं कपिलम् । हन्तीति हनः । पचाद्यच् । अविचारतस्तमेवाश्वापहारद्वारा यज्ञहन्तारं ज्ञात्वेत्यर्थः ॥ २७ ॥ २८ ॥ २९ ॥ ३० ॥ इति श्रीरामाभिरामे श्रीरामीये रामायणतिलके वाल्मीकीय आदिकाव्ये बालकाण्डे चत्वारिंशः सर्गः ॥ ४० ॥

चिरगतान् । अप्रत्यागच्छत इति शेषः । नप्तारं पौत्रम् ॥ १ ॥ पूर्वैः पितृभिः । गतिं वृत्तान्तम् । येन चाश्वोऽपवा-

अन्तर्भौमानि सत्त्वानि वीर्यवन्ति महान्ति च । तेषां तु प्रतिघातार्थं सासिं गृह्णीष्व कार्मुकम् ॥ ३
अभिवाद्याभिवाद्यांस्त्वं हत्वा विघ्नकरानपि । सिद्धार्थः संनिवर्तस्व मम यज्ञस्य पारगः ॥ ४
एवमुक्तोंऽशुमान्सम्यक्सगरेण महात्मना । धनुरादाय खड्गं च जगाम लघुविक्रमः ॥ ५
स खातं पितृभिर्मार्गमन्तर्भौमं महात्मभिः । प्रापद्यत नरश्रेष्ठ तेन राज्ञाभिचोदितः ॥ ६
देवदानवरक्षोभिः पिशाचपतगोरगैः । पूज्यमानं महातेजा दिशागजमपश्यत ॥ ७
स तं प्रदक्षिणं कृत्वा पृष्ट्वा चैव निरामयम् । पितृन्स परिपप्रच्छ वाजिहर्तारमेव च ॥ ८
दिशागजस्तु तच्छ्रुत्वा प्रत्युवाच महामतिः । आसमञ्ज कृतार्थस्त्वं सहाश्वः शीघ्रमेष्यसि ॥ ९
तस्य तद्वचनं श्रुत्वा सर्वानेव दिशागजान् । यथाक्रमं यथान्यायं प्रष्टुं समुपचक्रमे ॥ १०
तैश्च सर्वैर्दिशापालैर्वाक्यज्ञैर्वाक्यकोविदैः । पूजितः सहयश्चैवागन्तासीत्यभिचोदितः ॥ ११
तेषां तद्वचनं श्रुत्वा जगाम लघुविक्रमः । भस्मराशीकृता यत्र पितरस्तस्य सागराः ॥ १२
स दुःखवशमापन्नस्त्वसमञ्जसुतस्तदा । चुक्रोश परमार्तस्तु वधात्तेषां सुदुःखितः ॥ १३
यज्ञियं च हयं तत्र चरन्तमविदूरतः । ददर्श पुरुषव्याघ्रो दुःखशोकसमन्वितः ॥ १४
स तेषां राजपुत्राणां कर्तुकामो जलक्रियाम् । स जलार्थी महातेजा न चापश्यज्जलाशयम् ॥ १५
विसार्य निपुणां दृष्टिं ततोऽपश्यत्खगाधिपम् । पितृणां मातुलं राम सुपर्णमनिलोपमम् ॥ १६
स चैनमब्रवीद्वाक्यं वैनतेयो महाबलः । मा शुचः पुरुषव्याघ्र वधोऽयं लोकसंमतः ॥ १७
कपिलेनाप्रमेयेण दग्धा हीमे महाबलाः । सलिलं नार्हसे प्राज्ञ दातुमेषां हि लौकिकम् ॥ १८
गङ्गा हिमवतो ज्येष्ठा दुहिता पुरुषर्षभ । तस्यां कुरु महाबाहो पितृणां सलिलक्रियाम् ॥ १९
भस्मराशीकृतानेतान्प्लावयेल्लोकपावनी । तया क्लिन्नमिदं भस्म गङ्गया लोककान्तया ।
षष्टिं पुत्र सहस्राणि स्वर्गलोकं गमिष्यति ॥ २०
निर्गच्छाश्वं महाभाग संगृह्य पुरुषर्षभ । यज्ञं पैतामहं वीर निर्वर्तयितुमर्हसि ॥ २१
सुपर्णवचनं श्रुत्वा सोंऽशुमानतिवीर्यवान् । त्वरितं हयमादाय पुनरायान्महातपाः ॥ २२
ततो राजानमासाद्य दीक्षितं रघुनन्दन । न्यवेदयद्यथावृत्तं सुपर्णवचनं तथा ॥ २३
तच्छ्रुत्वा घोरसंकाशं वाक्यमंशुमतो नृपः । यज्ञं निर्वर्तयामास यथाकल्पं यथाविधि ॥ २४
स्वपुरं त्वगमच्छ्रीमानिष्टयज्ञो महीपतिः । गङ्गायाश्चागमे राजा निश्चयं नाध्यगच्छत ॥ २५

हितो देशान्तरं प्रापितस्तद्गतिं चान्विच्छान्वेषय ॥ २ ॥ अन्तर्भौमानि भूमेरन्तर्जातानि । सत्त्वानि प्राणिनः ॥ ३ ॥ अभिवाद्यान्नमस्कारार्हान् । मम यज्ञस्य पारगः पारप्रापकश्च भवेत्यर्थः ॥ ४ ॥ ५ ॥ पितृभिः खातं भूमेरन्तर्विद्यमानं मार्गं पितृवृत्तान्तपरिज्ञानाय प्रापद्यत प्राप्तः ॥ ६ ॥ ७ ॥ निरामयं कुशलम् ॥ ८ ॥ आसमञ्ज असमञ्जपुत्र इति संबोधनम् । इञभाव आर्षः ॥ ९ ॥ १० ॥ वाक्यं वक्तुमर्हम् । कालदेशोचितवक्तव्यतत्त्वज्ञैः । तदुचितवचनसमर्थैश्चेत्यर्थः । द्वितीयवाक्ये कृत्यः । सहय आगन्तासीत्यभिचोदितश्च बोधितश्च ॥ ११ ॥ यत्र पितरः सागरा भस्मराशीकृतास्तत्र देशे जगामेत्यन्वयः ॥१२॥ चुक्रोश । भस्मीभूतपितृनिति शेषः ॥१३॥ ॥१४॥१५॥ विसार्य । समन्तात्प्रसार्येत्यर्थः । निपुणां दूरविवेचनसमर्थाम् । पितृणां मातुलम् । सुपर्णभगिनी सुमतिरिति प्रागुक्तत्वात् । अनिलोपमं वेगेन वायूपमम् ॥ १६ ॥ लोकसंमतो लोकहित एतन्मूलकतया सर्वलोकहितगङ्गाया भूलोकेऽवतारणात् ॥ १७ ॥ हि यस्मात्कपिलेन दग्धाः । यतश्च महाबला महाबलवत्त्वेन प्रायश्चित्तमर्यादातिक्रान्तपापवन्तः, अतो लौकिकं सलिलं दातुं नार्हसि । 'चण्डालादुदकात्सर्पाद्वैद्युताद्ब्राह्मणादपि । दंष्ट्रिभ्यश्च पशुभ्यश्च मरणं पापकर्मणाम् । उदकं पिण्डदानं च न तेषां तु विधीयते ॥' इति स्मृतेः । प्रकृते ब्राह्मणाद्वधो महापापित्वं च ॥ १८ ॥ १९ ॥ तर्हि देवलोकं गत्वा गङ्गोदकेन क्रिया कार्या । नेत्याह—भस्मेति । यदा प्लावयेत्तदा गङ्गया क्लिन्नं सिक्तमिदं भस्म हे पुत्र, षष्टिं सहस्राणि सागरान्स्वर्गलोकं गमिष्यति । प्रापयिष्यतीत्यर्थः । 'नयिष्यति' इति पाठे नेष्यतीत्यर्थः । अनेन सगरपुत्राणां मन्वाद्युक्तप्रायश्चित्ताविषयत्वं सूचितम् । तत्प्रायश्चित्तविषयाणामपि पापिनां पुद्गलस्य गङ्गाजलस्पर्शः सर्वपापप्रायश्चित्तमिति सूचितम् । अकृतप्रायश्चित्तानामपि महापातकिनामौर्ध्वदेहिकायोग्यानां गङ्गाजलस्पृष्टपुद्गलानां विनापि प्रायश्चित्तान्तरं तत्काल एव सकलौर्ध्वदेहिकक्रियायोग्यत्वं च सूचितम् ॥ २० ॥ अश्वं गृहीत्वा निर्गच्छ । निर्वर्तयितुं समापयितुम् ॥२१॥२२॥ वृत्तं पितृव्यवृत्तं तथा सुपर्णवचनं च यथा तथा न्यवेदयत् ॥ २३ ॥ २४ ॥ इष्टयज्ञ इति बहुव्रीहिः । आगमे भूमावागमे ।

अगत्वा निश्चयं राजा कालेन महता महान् । त्रिंशद्वर्षसहस्राणि राज्यं कृत्वा दिवं गतः २६

इत्यार्षे श्रीमद्रामायणे वाल्मीकीय आदिकाव्ये बालकाण्ड एकचत्वारिंशः सर्गः ॥ ४१ ॥

द्विचत्वारिंशः सर्गः ।

कालधर्मं गते राम सगरे प्रकृतीजनाः । राजानं रोचयामासुरंशुमन्तं सुधार्मिकम् ॥ १
स राजा सुमहानासीदंशुमान्रघुनन्दन । तस्य पुत्रो महानासीद्दिलीप इति विश्रुतः ॥ २
तस्मै राज्यं समादिश्य दिलीपे रघुनन्दन । हिमवच्छिखरे रम्ये तपस्तेपे सुदारुणम् ॥ ३
द्वात्रिंशच्छतसाहस्रं वर्षाणि सुमहायशाः । तपोवनगतो राजा स्वर्गं लेभे तपोधनः ॥ ४
दिलीपस्तु महातेजाः श्रुत्वा पैतामहं वधम् । दुःखोपहतया बुद्ध्या निश्चयं नाध्यगच्छत ॥ ५
कथं गङ्गावतरणं कथं तेषां जलक्रिया । तारयेयं कथं चैतानिति चिन्तापरोऽभवत् ॥ ६
तस्य चिन्तयतो नित्यं धर्मेण विदितात्मनः । पुत्रो भगीरथो नाम जज्ञे परमधार्मिकः ॥ ७
दिलीपस्तु महातेजा यज्ञैर्बहुभिरिष्टवान् । त्रिंशद्वर्षसहस्राणि राजा राज्यमकारयत् ॥ ८
अगत्वा निश्चयं राजा तेषामुद्धरणं प्रति । व्याधिना नरशार्दूल कालधर्ममुपेयिवान् ॥ ९
इन्द्रलोकं गतो राजा स्वार्जितेनैव कर्मणा । राज्ये भगीरथं पुत्रमभिषिच्य नरर्षभः ॥ १०
भगीरथस्तु राजर्षिर्धार्मिको रघुनन्दन । अनपत्यो महाराजः प्रजाकामः स च प्रजाः ॥ ११
मन्त्रिष्वाधाय तद्राज्यं गङ्गावतरणे रतः । तपो दीर्घं समातिष्ठद्गोकर्णे रघुनन्दन ॥ १२
ऊर्ध्वबाहुः पञ्चतपा मासाहारोऽजितेन्द्रियः । तस्य वर्षसहस्राणि घोरे तपसि तिष्ठतः ॥ १३
अतीतानि महाबाहो तस्य राज्ञो महात्मनः । सुप्रीतो भगवान्ब्रह्मा प्रजानां प्रभुरीश्वरः ॥ १४
ततः सुरगणैः सार्धमुपागम्य पितामहः । भगीरथं महात्मानं तप्यमानमथाब्रवीत् ॥ १५
भगीरथ महाराज प्रीतस्तेऽहं जनाधिप । तपसा च सुतप्तेन वरं वरय सुव्रत ॥ १६
तमुवाच महातेजाः सर्वलोकपितामहम् । भगीरथो महाबाहुः कृताञ्जलिपुटः स्थितः ॥ १७
यदि मे भगवान्प्रीतो यद्यस्ति तपसः फलम् । सगरस्यात्मजाः सर्वे मत्तः सलिलमाप्नुयुः ॥ १८
गङ्गायाः सलिलक्लिन्ने भस्मन्येषां महात्मनाम् । स्वर्गं गच्छेयुरत्यन्तं सर्वे च प्रपितामहाः ॥ १९
देव याचे ह संतत्यै नावसीदेत्कुलं च नः । इक्ष्वाकूणां कुले देव एष मेऽस्तु वरः परः ॥ २०
उक्तवाक्यं तु राजानं सर्वलोकपितामहः । प्रत्युवाच शुभां वाणीं मधुरां मधुराक्षराम् ॥ २१
मनोरथो महानेष भगीरथ महारथ । एवं भवतु भद्रं ते इक्ष्वाकुकुलवर्धन ॥ २२

निश्चयमुपायविषयम् । नाध्यगच्छतेति तङार्षः ॥ २५ ॥ २६ ॥ इति श्रीरामाभिरामे श्रीरामीये रामायणतिलके वाल्मीकीय आदिकाव्ये बालकाण्ड एकचत्वारिंशः सर्गः ॥ ४१ ॥

कालधर्मो मृत्युः । प्रकृतीजना अमात्यवर्गाः । दीर्घश्छान्दसः रोचयामासुर्न्यायप्राप्तत्वादेवैच्छन् ॥ १ ॥ २ ॥ दिलीपे दिलीपाय । तपस्तेपे । पितृगतये गङ्गाया भूलोकावतारणायेति शेषः ॥ ३ ॥ ४ ॥ पैतामहं वधं पितामहानां सागराणामपमृत्युम् ॥ ५ ॥ निश्चयानधिगमनमभिनयति— कथमिति ॥ ६ ॥ धर्मेण विदितेति । धर्मेण प्रसिद्ध इत्यर्थः ॥ ७ ॥ अकारयत्कृतवान् ॥ ८ ॥ व्याधिना पितॄणामुद्धरणालाभजन्यदुःखजेन । तद्दिलीपवंशजो रघुपुत्रको दिलीपः कालिदासोक्तोऽन्य एवेति बोध्यम् ॥ ९ ॥ १० ॥ स च प्रजा इत्यस्य मन्त्रिष्वाधायेत्युत्तरेणान्वयः ॥ ११ ॥ प्रजास्तद्राज्यं च मन्त्रिष्वाधाय गङ्गावतरणेच्छुस्तप आतिष्ठत् । गोकर्णो हिमवत्पादविशेषः । दक्षिणदिक्स्थतीर्थविशेषो वा ॥ १२ ॥ पञ्चतपाः पञ्चाग्निमध्ये तपो यस्य । मासाहारो मासे गते आहारो यस्य । वर्षसहस्राण्यतीतानीत्यन्वयः ॥ १३ ॥ तस्य राज्ञः सुप्रीत इत्यन्वयः ॥ १४ ॥ १५ ॥ तपसा चेति । चस्त्वर्थे ॥ १६ ॥ ॥ १७ ॥ यद्यस्तीत्याद्यसंदिग्धे संदिग्धवचनम् । वेदाश्चेत्प्रमाणं स्युरितिवत् । सलिलं स्पर्शमात्रेण स्वर्गतिसाधनं सलिलम् ॥ १८ ॥ अभीष्टोक्तगुणकसलिलप्राप्तिं दर्शयति—गङ्गाया इति । एषां भस्मनि गङ्गायाः सलिलेन क्लिन्ने सति एतेऽत्यन्तमक्षय्यं यथा भवति तथा स्वर्गं गच्छेयुः । नान्यथेत्यर्थः ॥ १९ ॥ इक्ष्वाकूणां कुले जातस्य मम संततिर्देया । यथा नः कुलं नावसीदेत् । संतत्यै इति चतुर्थी प्रथमार्थे । एष परो वरः । द्वितीयवर इत्यर्थः । परे तु—संतत्यै तदर्थं न कुलं नावसीदेदिति च याचे । मत्कुलेऽसंततिः कोऽपि मा भूदित्यर्थः । उपसंहरति— इक्ष्वाकूणामिति । तत्कुले जातस्यैष एव परो वरोऽस्तु । नातोऽधिकं तृतीयं वरान्तरं याचे इत्यर्थः । एतेन पूर्वपरोपकारिता भगीरथस्य दर्शितेत्याहुः ॥ २० ॥ २१ ॥ मनोरथः । तावक

इयं हैमवती ज्येष्ठा गङ्गा हिमवतः सुता । तां वै धारयितुं राजन्हरस्तत्र नियुज्यताम् ॥ २३
गङ्गायाः पतनं राजन्पृथिवी न सहिष्यते । तां वै धारयितुं राजन्नान्यं पश्यामि शूलिनः ॥ २४
तमेवमुक्त्वा राजानं गङ्गां चाभाष्य लोककृत् । जगाम त्रिदिवं देवैः सर्वैः सह मरुद्गणैः ॥ २५

इत्यार्षे श्रीमद्रामायणे वाल्मीकीय आदिकाव्ये बालकाण्डे द्विचत्वारिंशः सर्गः ॥ ४२ ॥

त्रिचत्वारिंशः सर्गः ।

देवदेवे गते तस्मिन्सोऽङ्गुष्ठाग्रनिपीडिताम् । कृत्वा वसुमतीं राम वत्सरं समुपासत ॥ १
अथ संवत्सरे पूर्णे सर्वलोकनमस्कृतः । उमापतिः पशुपती राजानमिदमब्रवीत् ॥ २
प्रीतस्तेऽहं नरश्रेष्ठ करिष्यामि तव प्रियम् । शिरसा धारयिष्यामि शैलराजसुतामहम् ॥ ३
ततो हैमवती ज्येष्ठा सर्वलोकनमस्कृता । तदा सातिमहद्रूपं कृत्वा वेगं च दुःसहम् ॥ ४
आकाशादपतद्राम शिवे शिवशिरस्युत । अचिन्तयच्च सा देवी गङ्गा परमदुर्धरा ॥ ५
विशाम्यहं हि पातालं स्रोतसा गृह्य शंकरम् । तस्यावलेपनं ज्ञात्वा क्रुद्धस्तु भगवान्हरः ॥ ६
तिरोभावयितुं बुद्धिं चक्रे त्रिनयनस्तदा । सा तस्मिन्पतिता पुण्या पुण्ये रुद्रस्य मूर्धनि ॥ ७
हिमवत्प्रतिमे राम जटामण्डलगह्वरे । सा कथंचिन्महीं गन्तुं नाशक्नोद्यत्नमास्थिता ॥ ८
नैव सा निर्गमं लेभे जटामण्डलमन्ततः । तत्रैवाबभ्रमद्देवी संवत्सरगणान्बहून् ॥ ९
तामपश्यत्पुनस्तत्र तपः परममास्थितः । स तेन तोषितश्चासीदत्यन्तं रघुनन्दन ॥ १०
विससर्ज ततो गङ्गां हरो बिन्दुसरः प्रति । तस्यां विसृज्यमानायां सप्तस्रोतांसि जज्ञिरे ॥ ११
ह्लादिनी पावनी चैव नलिनी च तथैव च । तिस्रः प्राचीं दिशं जग्मुर्गङ्गाः शिवजलाः शुभाः ॥ १२
सुचक्षुश्चैव सीता च सिन्धुश्चैव महानदी । तिस्रश्चैता दिशं जग्मुः प्रतीचीं तु दिशं शुभाः ॥ १३
सप्तमी चान्वगात्तासां भगीरथरथं तदा । भगीरथोऽपि राजर्षिर्दिव्यं स्यन्दनमास्थितः ॥ १४
प्रायादग्रे महातेजा गङ्गा तं चाप्यनुव्रजत् । गगनाच्छंकरशिरस्ततो धरणिमागता ॥ १५
असर्पत जलं तत्र तीव्रशब्दपुरस्कृतम् । मत्स्यकच्छपसंघैश्च शिशुमारगणैस्तथा ॥ १६
पतद्भिः पतितैश्चैव व्यरोचत वसुंधरा । ततो देवर्षिगन्धर्वा यक्षसिद्धगणास्तथा ॥ १७
व्यलोकयन्त ते तत्र गगनाद्गां गतां तदा । विमानैर्नगराकारैर्हयैर्गजवरैस्तदा ॥ १८

इति शेषः ॥ २२ ॥ स्वसमीपे स्थितत्वादियमिति निर्देशः ॥ २३ ॥ हरनियोगहेतुमाह—गङ्गाया इति । तां गङ्गाम् ॥ २४ ॥ गङ्गामाभाष्य राजानं यथाकालमनुगृहाणेत्युक्त्वा । देवैराजानजैः । मरुद्गणैः कर्मदेवैः ॥ २५ ॥ इति श्रीरामाभिरामे श्रीरामीये रामायणतिलके वाल्मीकीय आदिकाव्ये बालकाण्डे द्विचत्वारिंशः सर्गः ॥ ४२ ॥

देवदेवे आजानजानामपि देवानां देवे पूज्ये । अङ्गुष्ठाग्रेण निपीडिताम् । समुपासतेत्यार्षं बहुवचनम् । समुपास्तेत्यर्थः । उमापतिमिति शेषः ॥ १ ॥ २ ॥ ३ ॥ तदा सातीति । ईश्वरेण धारणाङ्गीकारे कृते । गर्वादित्यर्थः ॥ ४ ॥ शिवे शोभने । तादृशरूपकरणे हेतुमाह—अचिन्तयदित्यादि ॥ ५ ॥ तस्यावलेपनमिति संधिरार्षः । अवलेपनं स्वस्यापि स्रोतसाभिभवनचिन्तारूपं गर्वम् ॥ ६ ॥ तिरोभावयितुं जटामण्डले तिरोधानेनाभिभूतां कर्तुम् ॥ ७ ॥ जटामण्डलेन गह्वरे दुष्प्रवेशे । निर्गमे यत्नमास्थितापि महीं गन्तुं नाशक्नोदित्यन्वयः ॥ ८ ॥ नैवेति । जटामण्डलं भ्रान्त्वा प्रान्तमागताप्यन्ततस्तत्प्रान्तभागतोऽपि । निर्गमं न लेभे । प्रान्तभागेऽपि तन्मध्यत्वभ्रमस्य मायया भगवतोत्पादनात् । यद्यपि ब्रह्मैव मायया गङ्गाजलरूपमिति पुराणेतिहासादिषु प्रसिद्धम्, तस्य चाहं ममेत्यभिमानहीनस्यायमहंकारः, शिवस्य च तादृशस्य तत्पराभवाहंकारोऽत्यन्तमनुचितस्तथा तादृश्या गङ्गायाः प्रान्तभागे मध्यत्वभ्रमोऽप्यत्यन्तमनुचितः, अत एवोक्तमन्यत्र—'परमात्मा शिवो ह्यन्यस्तस्मादन्या च जाह्नवी । इति यः सेवते गङ्गां न स मोक्षस्य भाजनम् ॥' इति, तथापि लीलामात्रत्वाददोषः । शिवविष्ण्वोः परस्परमुपास्योपासकभाववदिति बोध्यम् । तर्हि किं कृतवती तत्राह—तत्रैवेति । अबभ्रमत् । आर्षत्वात्सन्धिरित्वं न ॥ ९ ॥ अथ तां जटाटवीतिरोहितां गङ्गां भगीरथोऽपश्यत् । पुनश्च तत्र तत्प्राप्तिविषये हरमुद्दिश्य परमं तप आस्थितः । स हरः । तेन तपसा ॥ १० ॥ ततस्तुष्टः सन्हरो बिन्दुसरः प्रति हिमवत्स्थितब्रह्मनिर्मितसरोविशेषं प्रति गङ्गां विससर्जेत्यन्वयः ॥ ११ ॥ १२ ॥ १३ ॥ एतेन भगीरथतपोहेतुकं त्रिपथगमनमुक्तम् । अथ चरितप्रश्नोत्तरमाह—भगीरथोऽपीति ॥ १४ ॥ अनुव्रजदित्यडभाव आर्षः ॥ १५ ॥ तीव्रशब्दपुरस्कृतमित्यत्र हेतुर्गगनादित्यादिनोक्तः । शिशुमारः कप्याकारो जलचरविशेषः ॥ १६ ॥ १७ ॥ गगनाद्गां गताम् ।

पारिप्लवगताश्चापि देवतास्तत्र विष्ठिताः । तदद्भुतमिमं लोके गङ्गावतरमुत्तमम् ॥ १९

दिदृक्षवो देवगणाः समीयुरमितौजसः । संपतद्भिः सुरगणैस्तेषां चाभरणौजसा ॥ २०

शतादित्यमिवाभाति गगनं गततोयदम् । शिशुमारोरगगणैर्मीनैरपि च चञ्चलैः ॥ २१

विद्युद्भिरिव विक्षिप्तैराकाशमभवत्तदा । पाण्डुरैः सलिलोत्पीडैः कीर्यमाणैः सहस्रधा ॥ २२

शारदाभ्रैरिवाकीर्णं गगनं हंससंप्लवैः । क्वचिद्द्रुततरं याति कुटिलं क्वचिदायतम् ॥ २३

विनतं क्वचिदुद्भूतं क्वचिद्याति शनैः शनैः । सलिलेनैव सलिलं क्वचिदभ्याहतं पुनः ॥ २४

मुहुरूर्ध्वपथं गत्वा पपात वसुधां पुनः । तच्छंकरशिरोभ्रष्टं भ्रष्टं भूमितले पुनः ॥ २५

व्यरोचत तदा तोयं निर्मलं गतकल्मषम् । तत्रर्षिगणगन्धर्वा वसुधातलवासिनः ॥ २६

भवाङ्गपतितं तोयं पवित्रमिति पस्पृशुः । शापात्प्रपतिता ये च गगनाद्वसुधातलम् ॥ २७

कृत्वा तत्राभिषेकं ते बभूवुर्गतकल्मषाः । धूतपापाः पुनस्तेन तोयेनाथ शुभान्विताः ॥ २८

पुनराकाशमाविश्य स्वाँल्लोकान्प्रतिपेदिरे । मुमुदे मुदितो लोकस्तेन तोयेन भास्वता ॥ २९

कृताभिषेको गङ्गायां बभूव गतकल्मषः । भगीरथो हि राजर्षिर्दिव्यं स्यन्दनमास्थितः ॥ ३०

प्रायादग्रे महाराजस्तं गङ्गा पृष्ठतोऽन्वगात् । देवाः सर्षिगणाः सर्वे दैत्यदानवराक्षसाः ॥ ३१

गन्धर्वयक्षप्रवराः सकिंनरमहोरगाः । सर्पाश्चाप्सरसो राम भगीरथरथानुगाः ॥ ३२

गङ्गामन्वगमन्प्रीताः सर्वे जलचराश्च ये । यतो भगीरथो राजा ततो गङ्गा यशस्विनी ॥ ३३

जगाम सरितां श्रेष्ठा सर्वपापप्रणाशिनी । ततो हि यजमानस्य जह्नोरद्भुतकर्मणः ॥ ३४

गङ्गा संप्लावयामास यज्ञवाटं महात्मनः । तस्यावलेपनं ज्ञात्वा क्रुद्धो जह्नुश्च राघव ॥ ३५

अपिबत्तु जलं सर्वं गङ्गायाः परमाद्भुतम् । ततो देवाः सगन्धर्वा ऋषयश्च सुविस्मिताः ॥ ३६

पूजयन्ति महात्मानं जह्नुं पुरुषसत्तमम् । गङ्गां चापि नयन्ति स्म दुहितृत्वे महात्मनः ॥ ३७

ततस्तुष्टो महातेजाः श्रोत्राभ्यामसृजत्प्रभुः । तस्माज्जह्नुसुता गङ्गा प्रोच्यते जाह्नवीति च ॥ ३८

जगाम च पुनर्गङ्गा भगीरथरथानुगा । सागरं चापि संप्राप्ता सा सरित्प्रवरा तदा ॥ ३९

रसातलमुपागच्छत्सिद्ध्यर्थं तस्य कर्मणः । भगीरथोऽपि राजर्षिर्गङ्गामादाय यत्नतः ॥ ४०

रुद्रजटासकाशाद्भवमित्यर्थः । विमानैरित्यादेश्चरन्त इति शेषः ॥ १८ ॥ पारिप्लवगताः 'संभ्रमं गताः संभ्रमं प्राप्ता इत्यर्थः' इत्येके । पारिप्लवो यानभेदः शिबिकादिरूपः । 'शिबिकादियानस्था इत्यर्थः' इत्यन्ये ॥ १९ ॥ देवगणा वस्वादयः । संपतद्भिरागच्छद्भिः ॥ २० ॥ तन्मूलिकामुपमामाह—शतादित्यमिवेति ॥ २१ ॥ विक्षिप्तैर्निःसृतैः । विद्युच्छब्दः पुंलिङ्गोऽप्येतत्प्रामाण्यात् । सलिलोत्पीडैः फेनैः सहस्रधाकरणं वाय्वाद्युपाधित आकाशमभवत् । व्याप्तमिति शेषः ॥ २२ ॥ शारदाभ्रैरिव हंससंप्लवैर्हंससमूहैः संकीर्णं गगनमभवदिति पूर्वेणान्वयः । आयतं विस्तृतप्रवाहम् ॥ २३ ॥ विनतमगाधदेशे संकुचितम् । उद्भूतं पाषाणादियोगात् ॥ २४ ॥ मुहुरिति । ऊर्ध्वपथगमने सलिलयोरभ्याघातो निमित्तम् । शंकरशिरसि भ्रष्टम् ॥ २५ ॥ निर्मलम् । नैर्मल्ये प्रागुक्तभ्रंशद्वयं हेतुः । गतकल्मषं स्वजलस्पर्शवतां प्राणिनां नाशितपापम् ॥ २६ ॥ भवाङ्गं शिवमूर्धा । पस्पृशुः सस्नुः । न केवलं पापसंहारमात्रं गङ्गायाः कृत्यम्, अपि तु पुण्यलोकप्रापणमपीत्याह—शापादित्यादि । गगनादुच्चस्थानात् ॥ २७ ॥ गतकल्मषा मुक्तशापाः । अनेन ब्रह्मशापपरिहारोऽपि गङ्गास्नानफलमिति कृतपापानां तज्जलस्पर्शे तत्पापनाशपूर्वकं स्वर्गप्राप्तिः कैमुतिकन्यायेनैव सिद्धेति बोध्यम् ॥ २८ ॥ मुदितो दर्शनमात्रेण । मुमुदे स्नानपानादिना ॥ २९ ॥ ३० ॥ ३१ ॥ भगीरथरथानुगाः सन्तो गङ्गामन्वगमन्नित्यन्वयः ॥ ३२ ॥ यतो येन मार्गेण ॥ ३३ ॥ अद्भुतकर्मणः । वक्ष्यमाणगङ्गोपसंहाराभिप्रायमेतत् ॥ ३४ ॥ तस्यावलेपनं तस्या अवलेपनम् । गर्वमित्यर्थः ॥ ३५ ॥ अपिबत् । अगस्त्यः समुद्रजलमिव योगशक्त्येति भावः । परमाद्भुतं तदभवत् । लोकस्येति शेषः ॥ ३६ ॥ पूजयन्ति । स्तोत्रादिनेति शेषः । 'अनुनयन्ति' इति पाठे शैलराजदुहितुः कथमन्यदुहितृत्वमिति विमतिवारणाय गङ्गानुनयः ॥ ३७ ॥ तुष्टो गङ्गायाः स्वदुहितृत्वप्रापणात् । तस्मात्ततः पीतां पुनरसृजत्तस्मादित्यर्थः ॥ ३८ ॥ सागरं सगरसुतखातं संप्राप्ता । तत्पूरणायेति शेषः । क्षारत्वं तु तस्यागस्त्येन पानोत्तरमित्यन्यत्र स्फुटम् ॥ ३९ ॥ तस्य कर्मणः सिद्ध्यर्थं भगीरथस्य स्ववंशोद्धारकर्मणः । यत्नतः प्रागुक्तयत्नैः

पितामहान्[illegible]चेतनः । अथ तद्भस्मनां राशिं गङ्गासलिलमुत्तमम् ।
प्लावयत्[illegible]तपाप्मानः स्वर्गं प्राप्ता रघूत्तम ॥ ४१

इत्यार्षे श्रीमद्रामायणे वाल्मीकीय आदिकाव्ये बालकाण्डे त्रिचत्वारिंशः सर्गः ॥ ४३ ॥

चतुश्चत्वारिंशः सर्गः ।

स गत्वा सागरं राजा गङ्गयानुगतस्तदा । प्रविवेश तलं भूमेर्यत्र ते [illegible]ाः ॥ १
भस्मन्यथाप्लुते राम गङ्गायाः सलिलेन वै । सर्वलोकप्रभुर्ब्रह्मा राजानमिदमब्रवीत् ॥ २
तारिता नरशार्दूल दिवं याताश्च देववत् । षष्टिः पुत्रसहस्राणि सगरस्य महात्मनः ॥ ३
सागरस्य जलं लोके यावत्स्थास्यति पार्थिव । सगरस्यात्मजाः सर्वे दिवि स्थास्यन्ति देववत् ॥ ४
इयं च दुहिता ज्येष्ठा तव गङ्गा भविष्यति । त्वत्कृतेन च नाम्नाथ लोके स्थास्यति विश्रुता ॥ ५
गङ्गा त्रिपथगा नाम दिव्या भागीरथीति च । त्रीन्पथो भावयन्तीति तस्मात्त्रिपथगा स्मृता ॥ ६
पितामहानां सर्वेषां त्वमत्र मनुजाधिप । कुरुष्व सलिलं राजन्प्रतिज्ञामपवर्जय ॥ ७
पूर्वकेण हि ते राजंस्तेनातियशसा तदा । धर्मिणां प्रवरेणाथ नैष प्राप्तो मनोरथः ॥ ८
तथैवांशुमता वत्स लोकेऽप्रतिमतेजसा । गङ्गां प्रार्थयता नेतुं प्रतिज्ञा नापवर्जिता ॥ ९
राजर्षिणा गुणवता महर्षिसमतेजसा । मत्तुल्यतपसा चैव क्षत्रधर्मस्थितेन च ॥ १०
दिलीपेन महाभाग तव पित्रातितेजसा । पुनर्न शकिता नेतुं गङ्गां प्रार्थयतानघ ॥ ११
सा त्वया स[illegible] प्रतिज्ञा पुरुषर्षभ । प्राप्तोऽसि परमं लोके यशः परमसंमतम् ॥ १२
तच्च गङ्गावतरणं त्वया कृतमरिंदम । अनेन च भवान्प्राप्तो धर्मस्यायतनं महत् ॥ १३
प्लावयस्व त्वमात्मानं नरोत्तम सदोचिते । सलिले पुरुषश्रेष्ठ शुचिः पुण्यफलो भव ॥ १४
पितामहानां सर्वेषां कुरुष्व सलिलक्रियाम् । स्वस्ति तेऽस्तु गमिष्यामि स्वं लोकं गम्यतां नृप ॥ १५
इत्येवमुक्त्वा देवेशः सर्वलोकपितामहः । यथागतं तथागच्छद्देवलोकं महायशाः ॥ १६
भगीरथस्तु राजर्षिः कृत्वा सलिलमुत्तम[illegible] । यथाक्रमं यथान्यायं सागराणां महायशाः ॥ १७

॥ ४० ॥ भस्मसात्कृतान्कपिलकोपाग्निना भस्मभावं प्राप्तान् । प्लावयत्सेचयति स्म । अत एव पूतपाप्मानः ॥ ४१ ॥ इति श्रीरामाभिरामे श्रीरामीये रामायणतिलके वाल्मीकीय आदिकाव्ये बालकाण्डे त्रिचत्वारिंशः सर्गः ॥ ४३ ॥

उक्तमेव विस्तरेणाह—स गत्वेति । भस्मसात्कृताः कार्त्स्न्येन भस्मकृताः । भूमेस्तलं पातालम् ॥ १ ॥ २ ॥ तारिताः प्रेतत्वात् । देववत्स्वर्गं प्राप्ताश्च । अनेन प्रेतत्वविमुक्तिस्वर्गप्राप्ती । भस्मनोऽपि गङ्गास्पर्शस्य फलं किमुतास्थिपुद्गलादेरित्युक्तम् ॥ ३ ॥ यावत्सागरस्य जलं स्थास्यति तावद्दिवि स्थास्यन्तीत्यर्थः । तन्निमित्तमपि तया गङ्गया तत्खातस्य सागरस्य पूरणमिति भावः ॥ ४ ॥ ५ ॥ तत्कृतनामादिविश्रुतत्वमेव दर्शयति—गङ्गेत्यादि । त्रिपथगेति नाम्नोऽन्वर्थत्वं दर्शयति—त्रीनित्यादि । अनेन कथं गङ्गा त्रिपथगेत्यस्योत्तरं संवृत्तम् ॥ ६ ॥ कुरुष्वेति । गङ्गाजलसेकतो जातप्रायश्चित्तत्वात्सलिलदानयोग्यतासंपत्तेः । प्रतिज्ञां गङ्गासलिलप्रदानेन सागरांस्तारये इत्येवंरूपां गरुत्मदुपदिष्टाम् । अपवर्जय । समाप्तां कुर्वित्यर्थः ॥ ७ ॥ पूर्वकेण सगरेण । एष गङ्गालाभरूपः । पूर्वकेणेति कप्रत्ययेनैव कुत्सा द्योत्यते ॥ ८ ॥ गङ्गां नेतुं भूलोकं प्रापयितुं प्रार्थयता प्रतिज्ञा नापवर्जिता न फलपर्यवसायिनी कृता ॥ ९ ॥ मत्तुल्येति । ब्रह्मतुल्येत्यर्थः ॥ १० ॥ गङ्गां नेतुं प्रार्थयता सा गङ्गां नेतुं न शकितेत्यर्थः । यत्तु गङ्गामानेतुं न शकिता न विचारिता । प्रतिज्ञेति शेषः । चिन्ताविषयमपि न प्रापितेत्यर्थं इति, तत्प्रार्थयतेति पदस्वरसविरोधाच्चिन्त्यम् ॥ ११ ॥ समतिक्रान्ता निस्तीर्णा । परमसंमतं परममुत्कृष्टं च तत्संमतम् । सर्वलोकसंमतमित्यर्थः ॥ १२ ॥ धर्मस्यायतनं धर्मप्राप्यस्थानम् । महद्ब्रह्मलोकरूपम् ॥ १३ ॥ यथास्या ब्रह्मलोकप्रापकत्वं तदाह—प्लावयस्वेति । आत्मानं स्वदेहम् । सदोचिते सिंहकर्कटमध्येऽपि स्नानादिव्यवहारोचिते । भूप्रवाहनदीनामेव तत्काले भौमत्वमूलरजःसंबन्धात्स्नानाद्यनर्हत्वम् । पुण्यफल इति मत्वर्थीयाजन्तो बहुव्रीहिर्वा । अनेन स्नानमात्रेण गङ्गा ब्रह्मलोकप्राप्तिकरीति सूचितम् ॥ १४ ॥ सागराणां जातप्रायश्चित्तत्वसंदेहापनुत्तये गङ्गाजलसंबन्धस्य सर्वपापप्रायश्चित्तत्वबोधनाय च पुनस्तेषां सलिलं कार्यमित्याह—पितामहानामित्यादि । स्वं लोकं ब्रह्मलोकम् । गम्यताम् । कृतोदकक्रियेण स्वपुरमिति शेषः । अयं नियोगो राजधर्मपरिपालनाय ॥ १५ ॥ यथा आगतमिति च्छेदः । देवलोकं ब्रह्मलोकम् ॥ १६ ॥ यथाक्रमं ज्येष्ठक्रमेण । यथान्यायं स्मृत्यु-

कृतोदकः शुची राजा स्वपुरं प्रविवेश ह । समृद्धार्थो नरश्रेष्ठ स्वराज्यं प्रशशास ह ॥ १८
प्रमुमोद च लोकस्तं नृपमासाद्य राघव । नष्टशोकः समृद्धार्थो बभूव विगतज्वरः ॥ १९
एष ते राम गङ्गाया विस्तरोऽभिहितो मया । स्वस्ति प्राप्नुहि भद्रं ते संध्याकालोऽतिवर्तते ॥ २०
धन्यं यशस्यमायुष्यं पुत्र्यं स्वर्ग्यमथापि च । यः श्रावयति विप्रेषु क्षत्रियेष्वितरेषु च ॥ २१
प्रीयन्ते पितरस्तस्य प्रीयन्ते दैवतानि च । इदमाख्यानमायुष्यं गङ्गावतरणं शुभम् ॥ २२
यः शृणोति च काकुत्स्थ सर्वान्कामानवाप्नुयात् । सर्वे पापाः प्रणश्यन्ति आयुः कीर्तिश्च वर्धते ॥ २३

इत्यार्षे श्रीमद्रामायणे वाल्मीकीय आदिकाव्ये बालकाण्डे चतुश्चत्वारिंशः सर्गः ॥ ४४ ॥

पञ्चचत्वारिंशः सर्गः ।

विश्वामित्रवचः श्रुत्वा राघवः सहलक्ष्मणः । विस्मयं परमं गत्वा विश्वामित्रमथाब्रवीत् ॥ १
अत्यद्भुतमिदं ब्रह्मन्कथितं परमं त्वया । गङ्गावतरणं पुण्यं सागरस्यापि पूरणम् ॥ २
क्षणभूतेव नौ रात्रिः संवृत्तेयं परंतप । इमां चिन्तयतः सर्वां निखिलेन कथां तव ॥ ३
तस्य सा शर्वरी सर्वा मम सौमित्रिणा सह । जगाम चिन्तयानस्य विश्वामित्र कथां शुभाम् ॥ ४
ततः प्रभाते विमले विश्वामित्रं तपोधनम् । उवाच राघवो वाक्यं कृताह्निकमरिंदमः ॥ ५
गता भगवती रात्रिः श्रोतव्यं परमाद्भुतम् । तराम सरितां श्रेष्ठां पुण्यां त्रिपथगां नदीम् ॥ ६
नौरेषा हि सुखास्तीर्णा ऋषीणां पुण्यकर्मणाम् । भगवन्तमिह प्राप्तं ज्ञात्वा त्वरितमागता ॥ ७
तस्य तद्वचनं श्रुत्वा राघवस्य महात्मनः । संतारं कारयामास सर्षिसंघस्य कौशिकः ॥ ८
उत्तरं तीरमासाद्य संपूज्यर्षिगणं ततः । गङ्गाकूले निविष्टास्ते विशालां ददृशुः पुरीम् ॥ ९
ततो मुनिवरस्तूर्णं जगाम सहराघवः । विशालां नगरीं रम्यां दिव्यां स्वर्गोपमां तदा ॥ १०
अथ रामो महाप्राज्ञो विश्वामित्रं महामुनिम् । पप्रच्छ प्राञ्जलिर्भूत्वा विशालामुत्तमां पुरीम् ॥ ११
कतमो राजवंशोऽयं विशालायां महामुने । श्रोतुमिच्छामि भद्रं ते परं कौतूहलं हि मे ॥ १२
तस्य तद्वचनं श्रुत्वा रामस्य मुनिपुंगवः । आख्यातुं तत्समारेभे विशालायाः पुरातनम् ॥ १३
श्रूयतां राम शक्रस्य कथां कथयतः श्रुताम् । अस्मिन्देशे हि यद्वृत्तं शृणु तत्त्वेन राघव ॥ १४
पूर्वं कृतयुगे राम दितेः पुत्रा महाबलाः । अदितेश्च महाभागा वीर्यवन्तः सुधार्मिकाः ॥ १५
ततस्तेषां नरव्याघ्र बुद्धिरासीन्महात्मनाम् । अमरा विजराश्चैव कथं स्यामो निरामयाः ॥ १६

त्क्रमेण । उत्तममुत्तमलोकप्रापकम् ॥ १७ ॥ कृतोदक इति । अन्येषामपीति शेषः ॥ १८ ॥ नष्टशोको नष्टतद्वियोगजशोकः । विगतज्वरः कथमस्मत्पालनं भविष्यतीति विगतचिन्तः ॥ १९ ॥ उपसंहरति—एष इति । स्वस्तिभद्रयोः तत्प्रीत्यादरसूचनार्थं ग्रहणम् ॥ २० ॥ आख्यानश्रवणफलमाह—धन्यमित्यादि ॥ २१ ॥ २२ ॥ २३ ॥ इति श्रीरामाभिरामे श्रीरामीये रामायणतिलके वाल्मीकीय आदिकाव्ये बालकाण्डे चतुश्चत्वारिंशः सर्गः ॥ ४४ ॥

अब्रवीत् । रात्र्यन्त इति शेषः ॥ १ ॥ पूरणम् । गङ्गयेति शेषः ॥ २ ॥ इमां तव कथां त्वदुक्तां कथां चिन्तयतो मम रामस्य रात्रिः क्षणभूतेव संवृत्तातीता । एवमाश्चर्यभूता त्वदुक्ता गङ्गाकथेति भावः ॥ ३ ॥ विश्वामित्रेति संबोधनम् । उक्तस्यैवार्थस्यादरातिशयबोधनाय पुनरुपादानम् ॥ ४ ॥ ५ ॥ भगवती गङ्गा कथाश्रवणात्पूज्या ॥ ६ ॥ सुखास्तीर्णा सुखं शुभमास्तीर्णं यस्यां सा । त्वरितमागता । सर्षैस्तव सेवार्थमित्याशयः ॥ ७ ॥ कारयामास । नाविकैरिति शेषः ॥ ८ ॥ संपूज्यर्षिगणम् । तत्तीरस्थमिति शेषः ॥ ९ ॥ विशालां जगाम । पूर्वदृष्टामिति शेषः ॥ १० ॥ विशालां परिप्रपच्छ । विशालाविषये प्रश्नं कृतवानित्यर्थः ॥ ११ ॥ विशालायाम् । संप्रति वर्तत इति शेषः ॥ १२ ॥ 'विशालायाः पुरातनम्' इति पाठः । पुरातनं तत्पुरीनिर्मितेः प्राक्तनं वृत्तान्तम् । 'विशालस्य' इति पाठे तन्नगरीनिर्माता राजा विशालो नाम । यद्वा विशालस्य । विशालानगर्यधिष्ठानदेशस्येत्यर्थः ॥ १३ ॥ शक्रस्य कथां विशालावैभवप्रतिपादिकां कथां कथयतः सकाशान्मया श्रुताम् । अस्मिन्देशे विशालानगर्यधिष्ठानदेशे यद्वृत्तं पुरातनं तद्विषयां तत्त्वेन शृण्विति योजना ॥ १४ ॥ सुधार्मिका इत्यादितिपुत्रविशेषणम् । आसन्निति शेषः ॥ १५ ॥ अमरा मरणरहिताः । विजरा जरारहिताः । निरामया रोगरहिताः ॥ १६ ॥

तेषां चिन्तयतां तत्र बुद्धिरासीद्विपश्चिताम् । क्षीरोदमथनं कृत्वा रसं प्राप्स्याम तत्र वै ॥ १७
ततो निश्चित्य मथनं योक्त्रं कृत्वा च वासुकिम् । मन्थानं मन्दरं कृत्वा ममन्थुरमितौजसः १८
अथ वर्षसहस्रेण योक्त्रसर्पशिरांसि च । वमन्तोऽतिविषं तत्र ददंशुर्दशनैः शिलाः ॥ १९
उत्पपाताग्निसंकाशं हालाहलमहाविषम् । तेन दग्धं जगत्सर्वं सदेवासुरमानुषम् ॥ २०
अथ देवा महादेवं शंकरं शरणार्थिनः । जग्मुः पशुपतिं रुद्रं त्राहि त्राहीति तुष्टुवुः ॥ २१
एवमुक्तस्ततो देवैर्देवदेवेश्वरः प्रभुः । प्रादुरासीत्ततोऽत्रैव शङ्खचक्रधरो हरिः ॥ २२
उवाचैनं स्मितं कृत्वा रुद्रं शूलधरं हरिः । दैवतैर्मथ्यमाने तु यत्पूर्वं समुपस्थितम् ॥ २३
तत्त्वदीयं सुरश्रेष्ठ सुराणामग्रतो हि यत् । अग्रपूजामिह स्थित्वा गृहाणेदं विषं प्रभो ॥ २४
इत्युक्त्वा च सुरश्रेष्ठस्तत्रैवान्तरधीयत । देवतानां भयं दृष्ट्वा श्रुत्वा वाक्यं तु शार्ङ्गिणः ॥ २५
हालाहलं विषं घोरं संजग्राहामृतोपमम् । देवान्विसृज्य देवेशो जगाम भगवान्हरः ॥ २६
ततो देवासुराः सर्वे ममन्थू रघुनन्दन । प्रविवेशाथ पातालं मन्थानः पर्वतोत्तमः ॥ २७
ततो देवाः सगन्धर्वास्तुष्टुवुर्मधुसूदनम् । त्वं गतिः सर्वभूतानां विशेषेण दिवौकसाम् ॥ २८
पालयास्मान्महाबाहो गिरिमुद्धर्तुमर्हसि । इति श्रुत्वा हृषीकेशः कामठं रूपमास्थितः ॥ २९
पर्वतं पृष्ठतः कृत्वा शिश्ये तत्रोदधौ हरिः । पर्वताग्रं तु लोकात्मा हस्तेनाक्रम्य केशवः ॥ ३०
देवानां मध्यतः स्थित्वा ममन्थ पुरुषोत्तमः । अथ वर्षसहस्रेण आयुर्वेदमयः पुमान् ॥ ३१
उदतिष्ठत्सुधर्मात्मा सदण्डः सकमण्डलुः । अथ धन्वन्तरिर्नाम अप्सराश्च सुवर्चसः ॥ ३२
अप्सु निर्मथनादेव रसात्तस्माद्वरस्त्रियः । उत्पेतुर्मनुजश्रेष्ठ तस्मादप्सरसोऽभवन् ॥ ३३
षष्टिः कोट्योऽभवंस्तासामप्सराणां सुवर्चसाम् । असंख्येयास्तु काकुत्स्थ यास्तासां परिचारिकाः ३४
न ताः स्म प्रतिगृह्णन्ति सर्वे ते देवदानवाः । अप्रतिग्रहणादेव ता वै साधारणाः स्मृताः ॥ ३५
वरुणस्य ततः कन्या वारुणी रघुनन्दन । उत्पपात महाभागा मार्गमाणा परिग्रहम् ॥ ३६
दितेः पुत्रा न तां राम जगृहुर्वरुणात्मजाम् । अदितेस्तु सुता वीर जगृहुस्तामनिन्दिताम् ॥ ३७
असुरास्तेन दैतेयाः सुरास्तेनादितेः सुताः । हृष्टाः प्रमुदिताश्चासन्वारुणीग्रहणात्सुराः ॥ ३८
उच्चैःश्रवा हयश्रेष्ठो मणिरत्नं च कौस्तुभम् । उदतिष्ठन्नरश्रेष्ठ तथैवामृतमुत्तमम् ॥ ३९
अथ तस्य कृते राम महानासीत्कुलक्षयः । अदितेस्तु ततः पुत्रा दितिपुत्रानयोधयन् ॥ ४०
एकतामगमन्सर्वे असुरा राक्षसैः सह । युद्धमासीन्महाघोरं वीरत्रैलोक्यमोहनम् ॥ ४१
यदा क्षयं गतं सर्वं तदा विष्णुर्महाबलः । अमृतं सोऽहरत्तूर्णं मायामास्थाय मोहिनीम् ॥ ४२

रसममृतरूपं रसायनम् ॥ १७ ॥ योक्त्रं मन्थनरज्जुम् ॥१८॥ योक्त्रसर्पो मन्थनरज्जुभूतः सर्पः । वमन्त इति पुंस्त्वमार्षम् । अति अतिशयितं विषम् ॥ १९ ॥ उत्पपातेति । ततइत्यादिः । शिलादशनादित्यर्थः । दष्टशिलाखण्डा एव महाविषरूपं भूत्वोत्पपात ॥ २० ॥ २१ ॥ प्रभुर्महादेवः । ततो महादेवप्रादुर्भावानन्तरम् ॥ २२ ॥ स्मितं कृत्वा । छलेन विषदानात्स्मितम् ॥ २३ ॥ यद्यतो भवान्सुराणामग्रतः । तेषां मध्ये श्रेष्ठ इत्यर्थः ॥ २४ ॥ सुरश्रेष्ठो विष्णुः ॥ २५ ॥ अमृतोपमं यथा भवति तथा संजग्राहेत्यन्वयः । पूर्वं देवेषु मन्थनसहायतया स्थितोऽपि विषपानानन्तरं तत्पीडया तांस्त्यक्त्वा जगाम । अमृतकुण्डमिति शेषः ॥ २६ ॥ मन्थानः पर्वतोत्तमो मन्दरः ॥ २७ ॥ २८ ॥ कामठं काच्छपम् ॥ २९ ॥ शिश्ये स्थितवान् । जलेशय इत्यादौ स्थित्यर्थस्य शेतेर्दर्शनात् ॥ ३० ॥ ममन्थ पुरुषोत्तमः । अनेन शक्तिवैचित्र्यं प्रकटीकृतम् ॥ ३१ ॥ धन्वन्तरिरुदतिष्ठदित्यन्वयः । अप्सरा इत्यार्षम् । उदतिष्ठन्नित्यनुकर्षः ॥ ३२ ॥ अप्सु क्षीररूपासु । तस्मात् । क्षीरोदसारभूतादित्यर्थः ॥ ३३ ॥ षष्टिः कोट्यः षष्टिकोटिसंख्याः प्रधाना अप्सरसामभवन् । अपरिमितपरिचारिकोपेताः षष्टिकोट्यप्सरसो जाता इत्यर्थः ॥ ३४ ॥ ता उक्ताप्सरसो न प्रतिगृह्णन्ति ममैवेमा नान्यस्येति नाङ्गीकुर्वन्ति । सर्वे देवा दानवाश्चेत्यर्थः । तासां विशिष्य पत्यनिच्छयैव संमुग्धाकारतया स्थितत्वात्तासां विशिष्यप्रतिग्रहाभावः । अत एव तासां साधारण्यम् ॥ ३५ ॥ वारुणी सुराधिदेवता । परिग्रहं केनचिदसाधारण्येनाङ्गीकारम् ॥ ३६ ॥ अदितिसुताङ्गीकारे हेतुरनिन्दितामिति । निषेधशास्त्रं तु मानुषविषयम् । शास्त्रे देवतानामधिकारात् ॥३७॥ असुराः सुरापरिग्रहराहित्यात् । सुराः सुरापरिग्रहसत्त्वात् ॥ ३८॥३९॥ तस्यामृतस्य कृते ग्रहणनिमित्तम् ॥ ४० ॥ कलहप्रवृत्त्यनन्तरमसुरा राक्षसैः सहैकतामगमन् । बलसिद्ध्यर्थमिति शेषः । वीरेति संबुद्धिः । 'परम्' इति क्वचित्पाठः ॥ ४१ ॥ सर्वं परस्परप्रहारेण देवासुरात्मकम् । क्षयं गतं क्षयप्रायं गतम् । तदा

ये गताभिमुखं विष्णुमक्षरं पुरुषोत्तमम्। संपिष्टास्ते तदा युद्धे विष्णुना प्रभविष्णुना ॥ ४३
अदितेरात्मजा वीरा दितेः पुत्रान्निजघ्निरे। अस्मिन्घोरे महायुद्धे दैतेयादित्ययोर्भृशम् ॥ ४४
निहत्य दितिपुत्रांस्तु राज्यं प्राप्य पुरंदरः। शशास मुदितो लोकान्सर्षिसंघान्सचारणान् ॥ ४५

इत्यार्षे श्रीमद्रामायणे वाल्मीकीय आदिकाव्ये बालकाण्डे पञ्चचत्वारिंशः सर्गः ॥ ४५ ॥

षट्चत्वारिंशः सर्गः।

हतेषु तेषु पुत्रेषु दितिः परमदुःखिता। मारीचं कश्यपं नाम भर्तारमिदमब्रवीत् ॥ १
हतपुत्रास्मि भगवंस्तव पुत्रैर्महात्मभिः। शक्रहन्तारमिच्छामि पुत्रं दीर्घतपोर्जितम् ॥ २
साहं तपश्चरिष्यामि गर्भं मे दातुमर्हसि। ईश्वरं शक्रहन्तारं त्वमनुज्ञातुमर्हसि ॥ ३
तस्यास्तद्वचनं श्रुत्वा मारीचः कश्यपस्तदा। प्रत्युवाच महातेजा दितिं परमदुःखिताम् ॥ ४
एवं भवतु भद्रं ते शुचिर्भव तपोधने। जनयिष्यसि पुत्रं त्वं शक्रहन्तारमाहवे ॥ ५
पूर्णे वर्षसहस्रे तु शुचिर्यदि भविष्यसि। पुत्रं त्रैलोक्यहन्तारं मत्तस्त्वं जनयिष्यसि ॥ ६
एवमुक्त्वा महातेजाः पाणिना संममार्ज ताम्। तामालभ्य ततः स्वस्ति इत्युक्त्वा तपसे ययौ ॥ ७
गते तस्मिन्नरश्रेष्ठ दितिः परमहर्षिता। कुशप्लवं समासाद्य तपस्तेपे सुदारुणम् ॥ ८
तपस्तस्यां हि कुर्वत्यां परिचर्यां चकार ह। सहस्राक्षो नरश्रेष्ठ परया गुणसंपदा ॥ ९
अग्निं कुशान्काष्ठमपः फलं मूलं तथैव च। न्यवेदयत्सहस्राक्षो यच्चान्यदपि काङ्क्षितम् ॥ १०
गात्रसंवाहनैश्चैव श्रमापनयनैस्तथा। शक्रः सर्वेषु कालेषु दितिं परिचचार ह ॥ ११
पूर्णे वर्षसहस्रे सा दशोने रघुनन्दन। दितिः परमसंहृष्टा सहस्राक्षमथाब्रवीत् ॥ १२
तपश्चरन्त्या वर्षाणि दश वीर्यवतां वर। अवशिष्टानि भद्रं ते भ्रातरं द्रक्ष्यसे ततः ॥ १३
यमहं त्वत्कृते पुत्र तमाधास्ये जयोत्सुकम्। त्रैलोक्यविजयं पुत्र सह भोक्ष्यसि विज्वरः ॥ १४
याचितेन सुरश्रेष्ठ पित्रा तव महात्मना। वरो वर्षसहस्रान्ते मम दत्तः सुतं प्रति ॥ १५
इत्युक्त्वा च दितिस्तत्र प्राप्ते मध्यं दिनेश्वरे। निद्रयापहृता देवी पदौ कृत्वाथ शीर्षतः ॥ १६

दैत्या राक्षसैरेकत्वेन बलवत्त्वान्मा हरन्त्विति बुद्ध्या मोहिनीं काममोहजननीं मायां मायातनुमास्थाय तूर्णं शीघ्रममृतमहरत् ॥ ४२ ॥ गताभिमुखमिति संधिरार्षः। ये सुरा असुरा वा मायामूर्त्या गृहीतामृतं विष्णुममृतजिघृक्षयाभिमुखं गताः प्राप्तास्ते सर्वे मूर्त्यन्तरास्थानेन प्रभविष्णुना विष्णुना युद्धे संपिष्टाः ॥ ४३ ॥ दितेः पुत्रान्निजघ्निरे। धार्मिकत्वाद्विष्णवनुग्रहाच्च दैतेयादित्ययोरसुरसुरवर्गयोः ॥ ४४ ॥ तुश्चार्थे राज्यमित्यनन्तरं योज्यः। राज्यममृतं च प्राप्येत्यर्थः ॥ ४५ ॥ अत्र 'ममन्थुरमितौजसः' इति श्लोकानन्तरम् 'अथ वर्ष–' इत्यादि 'आयुर्वेदमयः पुमान्' इत्यन्तत्रयोदशश्लोकाः प्रक्षिप्ताः' इति बहवः। अमृतदानराहुशिरश्छेदाद्यवर्णनवद्धालाहलोत्पत्त्याद्यवर्णनमिति तदाशयः ॥ इति श्रीरामाभिरामे श्रीरामीये रामायणतिलके वाल्मीकीय आदिकाव्ये बालकाण्डे पञ्चचत्वारिंशः सर्गः ॥ ४५ ॥

किं तत इत्यत्राह—हतेष्वित्यादि। मारीचं मरीचेरपत्यम् ॥ १ ॥ दीर्घेण तपसार्जितम् ॥ २ ॥ ईश्वरं त्रैलोक्यनाथम्। 'ईदृशम्' इति पाठान्तरम्। तत्रेदृशमित्यस्यैव विवरणं शक्रहन्तारमिति ॥ ३ ॥ ४ ॥ शुचिर्भव। पुत्रोत्पत्तिं यावदिति शेषः ॥ ५ ॥ पूर्णे वर्षसहस्रे त्विति जनयिष्यसीत्यनेनान्वयः। शुचिर्यदि भविष्यसीति। वत्सरसहस्रमपीति शेषः। त्रैलोक्यहन्तारं तदधिपशक्रहन्तारम् ॥ ६ ॥ पाणिना संममार्ज। तादृशपुत्रप्रतिबन्धहेतुपापक्षयार्थमिति शेषः। अथ तामालभ्य स्पृष्ट्वा 'स्वस्ति गर्भे, भद्रं तवास्तु' इत्युक्त्वा स कश्यपस्तपसे ययावित्यन्वयः ॥ ७ ॥ कुशप्लवं विशालास्यं पूर्वदेशस्थतपोवनम् ॥ ८ ॥ गुणसंपदा शुश्रूषोपयोगिगुणसंपदा ॥ ९ ॥ तामेव गुणसंपदमाह—अग्निमित्यादि ॥ १० ॥ पुत्रत्वाद्गात्रसंवाहनादि। सर्वेषु कालेषु तस्या अशुचित्वप्रतीक्षयेति भावः। ननु तद्धन्तृपुत्रप्रेप्सोर्दितेः कथं तत्परिचर्याङ्गीकार इति चेद्देवमाययैवेति गृहाण ॥ ११ ॥ दशोने दशभिर्न्यूने ॥ १२ ॥ १३ ॥ हे पुत्र, यं पुत्रमहं त्वत्कृते त्वन्नाशार्थं याचितवती तं तव जयोत्सुकमाधास्ये विगतवैरं भ्रातृस्नेहवन्तमेव करिष्य इत्यन्वयः। त्रैलोक्यविजयं भ्रातृकृतम्। सह तेन भ्रात्रा सह ॥ १४ ॥ १५ ॥ दिनेश्वरे सूर्ये मध्यं प्राप्ते सति शय्यायां शीर्षस्थाने पादौ कृत्वा दितिर्निद्रयापहृता। गृहीतेत्यर्थः। अनेन दिवा स्वापरूपपापेन शय्यापादस्थाने मस्तककरणेन चाशुचित्वं सूचितम्। केचित्तु—उपविष्टाया एव प्रहृतया पादपर्यन्तं शिरःसंबन्धेन शीर्षे पादसंबन्धः। तेन ब्राह्मणस्य शूद्रस्पर्श इव शिरसः पादस्पर्शेऽशुचित्वं सूचितम्। तपस्वि

दृष्ट्वा तामशुचिं शक्रः पादयोः कृतमूर्धजाम् । शिरःस्थाने कृतौ पादौ जहास च मुमोद च ॥ १७
तस्याः शरीरविवरं प्रविवेश पुरंदरः । गर्भं च सप्तधा राम चिच्छेद परमात्मवान् ॥ १८
भिद्यमानस्ततो गर्भो वज्रेण शतपर्वणा । रुरोद सुस्वरं राम ततो दितिरबुध्यत ॥ १९
मा रुदो मा रुदश्चेति गर्भं शक्रोऽभ्यभाषत । बिभेद च महातेजा रुदन्तमपि वासवः ॥ २०
न हन्तव्यं न हन्तव्यमित्येव दितिरब्रवीत् । निष्पपात ततः शक्रो मातुर्वचनगौरवात् ॥ २१
प्राञ्जलिर्वज्रसहितो दितिं शक्रोऽभ्यभाषत । अशुचिर्देवि सुप्तासि पादयोः कृतमूर्धजा ॥ २२
तदन्तरमहं लब्ध्वा शक्रहन्तारमाहवे । अभिन्दं सप्तधा देवि तन्मे त्वं क्षन्तुमर्हसि ॥ २३

इत्यार्षे श्रीमद्रामायणे वाल्मीकीय आदिकाव्ये बालकाण्डे षट्चत्वारिंशः सर्गः ॥ ४६ ॥

सप्तचत्वारिंशः सर्गः ।

सप्तधा तु कृते गर्भे दितिः परमदुःखिता । सहस्राक्षं दुराधर्षं वाक्यं सानुनयाब्रवीत् ॥ १
ममापराधाद्गर्भोऽयं सप्तधा शकलीकृतः । नापराधो हि देवेश तवात्र बलसूदन ॥ २
प्रियं त्वत्कृतमिच्छामि मम गर्भविपर्यये । मरुतां सप्त सप्तानां स्थानपाला भवन्तु ते ॥ ३
वातस्कन्धा इमे सप्त चरन्तु दिवि पुत्रक । मारुता इति विख्याता दिव्यरूपा ममात्मजाः ॥ ४
ब्रह्मलोकं चरत्वेक इन्द्रलोकं तथापरः । दिव्यवायुरिति ख्यातस्तृतीयोऽपि महायशाः ॥ ५
चत्वारस्तु सुरश्रेष्ठ दिशो वै तव शासनात् । संचरिष्यन्ति भद्रं ते कालेन हि ममात्मजाः ॥ ६
त्वत्कृतेनैव नाम्ना वै मारुता इति विश्रुताः । तस्यास्तद्वचनं श्रुत्वा सहस्राक्षः पुरंदरः ॥ ७
उवाच प्राञ्जलिर्वाक्यमितीदं बलसूदनः । सर्वमेतद्यथोक्तं ते भविष्यति न संशयः ॥ ८
विचरिष्यन्ति भद्रं ते देवरूपास्तवात्मजाः । एवं तौ निश्चयं कृत्वा मातापुत्रौ तपोवने ॥ ९
जग्मतुस्त्रिदिवं राम कृतार्थाविति नः श्रुतम् । एष देशः स काकुत्स्थ महेन्द्राध्युषितः पुरा ॥ १०
दितिं यत्र तपःसिद्धामेवं परिचचार सः । इक्ष्वाकोस्तु नरव्याघ्र पुत्रः परमधार्मिकः ॥ ११
अलम्बुषायामुत्पन्नो विशाल इति विश्रुतः । तेन चासीदिह स्थाने विशालेति पुरी कृता ॥ १२

स्थितायाः शय्यासंबन्धाभावेन पूर्वव्याख्याया अयुक्तत्वादित्याहुः । परेतु—भूशयनेऽपि दक्षिणपूर्वदिशोः शिरःस्थापनयोग्यतायाः स्मृतिषूक्तेस्तद्वैपरीत्येन शयनस्याशुचित्वसूचकत्वमस्त्येवेत्याहुः ॥ १६ ॥ पादयोस्तत्स्थापनदेशे कृतमूर्धजाम् । मूर्धसंबन्धे मूर्धसंबन्धोऽपि जात एव, अत एवाशुचिम् । तथा शिरःस्थाने तया पादौ कृतावतस्तामशुचिं दृष्ट्वेत्यर्थः । अत्रैकेनैवोभयलाभ उभयोपादानं स्पष्टार्थम् । वस्तुतो वक्रग्रीवतया वक्रपादतया वा शयने परस्परस्थानव्यत्ययाभावेन तथा अशुचित्वमित्यत्यन्ताशुचित्वप्रतिपादनायोभयोपादानमिति बोध्यम् । मुमोद । प्राप्तच्छिद्रत्वादिति भावः । मोदवशादेव जहास च ॥ १७ ॥ शरीरविवरं योनिविवरम् । आत्मवान्सावधानः ॥ १८ ॥ शतपर्वणा शतकोटिना । अबुध्यत । भिद्यमानगर्भस्य रोदनशब्देनेत्यर्थः ॥ १९ ॥ २० ॥ न हन्तव्यमिति । विभागेऽपि प्राणवियोजनं मा कुर्वित्यर्थः ॥ २१॥२२॥ तदन्तरं छिद्रम् । आहवे शक्रस्य मम हन्तारमङ्कुरच्छेदनन्यायेनाभिन्दम् । तन्मेऽपराधकर्म त्वं क्षन्तुमर्हसि । पूर्वतनीं सेवां स्मृत्वेति शेषः ॥ २३ ॥ इति श्रीरामाभिरामे श्रीरामीये रामायणतिलके वाल्मीकीय आदिकाव्ये बालकाण्डे षट्चत्वारिंशः सर्गः ॥ ४६ ॥

सप्तधा त्विति । दुराधर्षं न्यायोपायेन जेतृत्वादित्याशयः ॥ १ ॥ ममापराधादशुचित्वरूपात् ॥ २ ॥ गर्भविपर्यये गर्भविपत्तौ यत्त्वया कृतं कर्म तत्तव च मम च यथा प्रियं भवति तथेच्छामि । तत्प्रकारमाह—मरुतामिति । सप्तानां मरुतां वा तत्स्थानविशेषाणां सप्त इमे ते त्वदधीनाः स्थानपाला लोकरक्षिणो भवन्त्वित्यन्वयः ॥ ३ ॥ तदर्थमेव हे पुत्रक, मारुता इति नाम्ना प्रसिद्धा दिव्यरूपा मम पुत्रा य इमे वातस्कन्धा इति सप्त प्रसिद्धास्तेषु चरन्त्वित्यन्वयः ॥ ४ ॥ एक इति । एको गण इत्यर्थः । प्रथमं सप्तधा विभज्य पुनरेकशः सप्तधाकरणमित्यस्यार्थस्य पुराणान्तरे स्पष्टमुक्तत्वात्, इहापि 'बिभेद च महातेजा रुदन्तमपि' इत्यादिना ध्वनितत्वाच्चेति बोध्यम् । एवमपर इत्याद्यपि व्याख्येयम् । इन्द्रलोकमिति । 'रुद्रलोकम्' इति प्रचुरः पाठः । दिव्यवायुः । दिव्यन्तरिक्षे भव इत्यर्थः ॥ ५ ॥ दिशः पूर्वादिमहादिशः ॥ ६ ॥ त्वत्कृतेन मा रुदो मा रुद इति वचनमूलेन ॥ ७ ॥ यथोक्तं ब्रह्मादिस्थानपालकत्वम् ॥ ८ ॥ मातापुत्रौ दितीन्द्रौ ॥ ९ ॥ वर्णितेन्द्रचरितस्य प्रकृतशेषत्वमाह—एष इति । स एष इत्यन्वयः ॥१०॥ एवं प्रागुक्तरीत्या । एवंभूते देशे । विशालोत्पत्तिप्रकारमाह—इक्ष्वाकोस्त्विति ॥ ११ ॥ विशालेति कृता आसीदित्यन्वयः

विशालस्य सुतो राम हेमचन्द्रो महाबलः । सुचन्द्र इति विख्यातो हेमचन्द्रादनन्तरः ॥ १३
सुचन्द्रतनयो राम धूम्राश्व इति विश्रुतः । धूम्राश्वतनयश्चापि सृञ्जयः समपद्यत ॥ १४
सृञ्जयस्य सुतः श्रीमान्सहदेवः प्रतापवान् । कुशाश्वः सहदेवस्य पुत्रः परमधार्मिकः ॥ १५
कुशाश्वस्य महातेजाः सोमदत्तः प्रतापवान् । सोमदत्तस्य पुत्रस्तु काकुत्स्थ इति विश्रुतः ॥ १६
तस्य पुत्रो महातेजाः संप्रत्येष पुरीमिमाम् । आवसत्परमप्रख्यः सुमतिर्नाम दुर्जयः ॥ १७
इक्ष्वाकोस्तु प्रसादेन सर्वे वैशालिका नृपाः । दीर्घायुषो महात्मानो वीर्यवन्तः सुधार्मिकाः ॥ १८
इहाद्य रजनीमेकां सुखं स्वप्स्यामहे वयम् । श्वः प्रभाते नरश्रेष्ठ जनकं द्रष्टुमर्हसि ॥ १९
सुमतिस्तु महातेजा विश्वामित्रमुपागतम् । श्रुत्वा नरवरश्रेष्ठः प्रत्यागच्छन्महायशाः ॥ २०
पूजां च परमां कृत्वा सोपाध्यायः सबान्धवः । प्राञ्जलिः कुशलं पृष्ट्वा विश्वामित्रमथाब्रवीत् ॥ २१
धन्योऽस्म्यनुगृहीतोऽस्मि यस्य मे विषयं मुने । संप्राप्तो दर्शनं चैव नास्ति धन्यतरो मम ॥ २२

इत्यार्षे श्रीमद्रामायणे वाल्मीकीय आदिकाव्ये बालकाण्डे सप्तचत्वारिंशः सर्गः ॥ ४७ ॥

अष्टचत्वारिंशः सर्गः ।

पृष्ट्वा तु कुशलं तत्र परस्परसमागमे । कथान्ते सुमतिर्वाक्यं व्याजहार महामुनिम् ॥ १
इमौ कुमारौ भद्रं ते देवतुल्यपराक्रमौ । गजसिंहगती वीरौ शार्दूलवृषभोपमौ ॥ २
पद्मपत्रविशालाक्षौ खड्गतूणधनुर्धरौ । अश्विनाविव रूपेण समुपस्थितयौवनौ ॥ ३
यदृच्छयेव गां प्राप्तौ देवलोकादिवामरौ । कथं पद्भ्यामिह प्राप्तौ किमर्थं कस्य वा मुने ॥ ४
भूषयन्ताविमं देशं चन्द्रसूर्याविवाम्बरम् । परस्परेण सदृशौ प्रमाणेङ्गितचेष्टितैः ॥ ५
किमर्थं च नरश्रेष्ठौ संप्राप्तौ दुर्गमे पथि । वरायुधधरौ वीरौ श्रोतुमिच्छामि तत्त्वतः ॥ ६
तस्य तद्वचनं श्रुत्वा यथावृत्तं न्यवेदयत् । विश्वामित्रवचः श्रुत्वा राजा परमविस्मितः ॥ ७
अतिथी परमं प्राप्तौ पुत्रौ दशरथस्य तौ । पूजयामास विधिवत्सत्कारार्हौ महाबलौ ॥ ८
ततः परमसत्कारं सुमतेः प्राप्य राघवौ । उष्य तत्र निशामेकां जग्मतुर्मिथिलां ततः ॥ ९
तां दृष्ट्वा मुनयः सर्वे जनकस्य पुरीं शुभाम् । साधु साध्विति शंसन्तो मिथिलां समपूजयन् ॥ १०
मिथिलोपवने तत्र आश्रमं दृश्य राघवः । पुराणं निर्जनं रम्यं पप्रच्छ मुनिपुंगवम् ॥ ११
इदमाश्रमसंकाशं किं न्विदं मुनिवर्जितम् । श्रोतुमिच्छामि भगवन्कस्यायं पूर्व आश्रमः ॥ १२

॥ १२ ॥ कतरोऽत्र वंश इति प्रश्नस्योत्तरमाह—विशालस्येत्यादि ॥ १३ ॥ १४ ॥ १५ ॥ १६ ॥ इमां पुरीं संप्रत्यावसदित्यन्वयः ॥ १७ ॥ वैशालिकाः । विशालायां निवासो येषां त इत्यर्थः । अनेन त्वत्समानवंश्योऽयमिति सूचितम् ॥ १८ ॥ अत एवाह—इहाद्येति ॥ १९ ॥ २० ॥ २१ ॥ मम । मत्त इत्यर्थः ॥ २२ ॥ इति श्रीरामाभिरामे श्रीरामीये रामायणतिलके वाल्मीकीय आदिकाव्ये बालकाण्डे सप्तचत्वारिंशः सर्गः ॥ ४७ ॥

पृष्ट्वेति । सुमतिर्नाम विशालाराजा । महामुनिं विश्वामित्रम् । कथान्ते विश्वामित्रेण कथ्यमानकथान्ते ॥ १ ॥ गजसिंहगती गजवद्धीरमन्दगती सिंहवदप्रतिहतगती । यद्वा प्रभुत्वाद्गजगती रामोऽन्यगतिर्लक्ष्मणः । तथा शार्दूलाकृती रामो वृषभाकृतिर्लक्ष्मणः ॥ २ ॥ पद्मपत्रविशालाक्षावित्यनेन भाग्यसंपत्सूचिता । वीरधर्षसूचकं खड्गेत्यादि ॥ ३ ॥ यदृच्छया दैववशसंपन्ननिमित्तविशेषेण यया कयाचित्स्वेच्छयेत्यर्थो वा । देवलोकादिमां भुवं प्राप्ताववतीर्णौ । अमराविव स्थितौ । किमर्थं किं वा प्रयोजनमुद्दिश्य । कथमतिसुकुमारचरणत्वात्केन प्रकारेण पद्भ्यामिह प्राप्तौ । कस्य वा । सुताविति शेषः ॥ ४ ॥ भूषयन्तौ । स्वतेजसेति शेषः । प्रमाणं शरीरौन्नत्यादि, इङ्गितमान्तराशयबोधकम्, चेष्टितं वचनगमनादि, तैस्तादृशपुरुषान्तराभावात्परस्परसदृशौ ॥ ५ ॥ आदरातिशयात्पुनः पृच्छति—किमर्थं चेत्यादि । दुर्गमे कान्तारसंबन्धात् ॥ ६ ॥ यथावृत्तं न्यवेदयत् । दशरथकुमारावस्मद्यज्ञविघ्ननिवारणाय मदाकारणान्मदुपलालनात्सिद्धाश्रमं प्राप्य तत्र विघ्नकर्तृराक्षसादीन्हत्वा पथि ताटकां च हत्वा जनकदिदृक्षयैतद्देशमागताविति न्यवेदयत् ॥ ७ ॥ परमत्यन्तमादरणीयौ प्राप्तावतिथी तौ पूजयामासेत्यन्वयः ॥ ८ ॥ सुमतेरिति पञ्चमी । उष्योषित्वा । आर्षमेतत् ॥ ९ ॥ पूजाप्रकारः साधु साध्विति शंसनम् ॥ १० ॥ मिथिलोपवने मिथिलासमीपवने । दृश्य दृष्ट्वा । पुराणमित्यादि त्रयमाश्रमविशेषणम् ॥ ११ ॥ मुनिराहित्यादाश्रमवदस्याशक्यत्वम्, अत एवाश्रमसंकाशमाश्रमवदवभासमानम् । अत इदं किं नु तस्यैव विवरणम् । कस्यायं पूर्वः पूर्व-

तच्छ्रुत्वा राघवेणोक्तं वाक्यं वाक्यविशारदः । प्रत्युवाच महातेजा विश्वामित्रो महामुनिः ॥ १३
हन्त ते कथयिष्यामि शृणु तत्त्वेन राघव । यस्यैतदाश्रमपदं शप्तं कोपान्महात्मनः ॥ १४
गौतमस्य नरश्रेष्ठ पूर्वमासीन्महात्मनः । आश्रमो दिव्यसंकाशः सुरैरपि सुपूजितः ॥ १५
स चात्र तप आतिष्ठदहल्यासहितः पुरा । वर्षपूगान्यनेकानि राजपुत्र महायशः ॥ १६
तस्यान्तरं विदित्वा च सहस्राक्षः शचीपतिः । मुनिवेषधरो भूत्वा अहल्यामिदमब्रवीत् ॥ १७
ऋतुकालं प्रतीक्षन्ते नार्थिनः सुसमाहिते । संगमं त्वहमिच्छामि त्वया सह सुमध्यमे ॥ १८
मुनिवेषं सहस्राक्षं विज्ञाय रघुनन्दन । मतिं चकार दुर्मेधा देवराजकुतूहलात् ॥ १९
अथाब्रवीत्सुरश्रेष्ठं कृतार्थेनान्तरात्मना । कृतार्थास्मि सुरश्रेष्ठ गच्छ शीघ्रमितः प्रभो ॥ २०
आत्मानं मां च देवेश सर्वथा रक्ष गौतमात् । इन्द्रस्तु प्रहसन्वाक्यमहल्यामिदमब्रवीत् ॥ २१
सुश्रोणि परितुष्टोऽस्मि गमिष्यामि यथागतम् । एवं संगम्य तु तदा निश्चक्रामोटजात्ततः ॥ २२
स संभ्रमात्त्वरन्राम शङ्कितो गौतमं प्रति । गौतमं स ददर्शाथ प्रविशन्तं महामुनिम् ॥ २३
देवदानवदुर्धर्षं तपोबलसमन्वितम् । तीर्थोदकपरिक्लिन्नं दीप्यमानमिवानलम् ॥ २४
गृहीतसमिधं तत्र सकुशं मुनिपुंगवम् । दृष्ट्वा सुरपतिस्त्रस्तो विषण्णवदनोऽभवत् ॥ २५
अथ दृष्ट्वा सहस्राक्षं मुनिवेषधरं मुनिः । दुर्वृत्तं वृत्तसंपन्नो रोषाद्वचनमब्रवीत् ॥ २६
मम रूपं समास्थाय कृतवानसि दुर्मते । अकर्तव्यमिदं यस्माद्विफलस्त्वं भविष्यसि ॥ २७
गौतमेनैवमुक्तस्य सुरोषेण महात्मना । पेततुर्वृषणौ भूमौ सहस्राक्षस्य तत्क्षणात् ॥ २८
तथा शप्त्वा च वै शक्रं भार्यामपि च शप्तवान् । इह वर्षसहस्राणि बहूनि निवसिष्यसि ॥ २९
वातभक्षा निराहारा तप्यन्ती भस्मशायिनी । अदृश्या सर्वभूतानामाश्रमेऽस्मिन्वसिष्यसि ॥ ३०
यदा त्वेतद्वनं घोरं रामो दशरथात्मजः । आगमिष्यति दुर्धर्षस्तदा पूता भविष्यसि ॥ ३१
तस्यातिथ्येन दुर्वृत्ते लोभमोहविवर्जिता । मत्सकाशं मुदा युक्ता स्वं वपुर्धारयिष्यसि ॥ ३२

स्वभूतः ॥ १२ ॥ १३ ॥ अहल्यानुग्रहे तु कालस्मृतिजसंतोषे हन्तेति । यस्येतदाश्रमपदं भवति । महात्मनः कोपाद्यथा शप्तं प्राप्तशापं तत्ते कथयिष्यामीत्यन्वयः ॥ १४ ॥ दिव्यसंकाशो द्युभवाश्रमतुल्यः ॥ १५ ॥ अनेकानि वर्षपूगान्यनेकवर्षसमूहान् ॥ १६ ॥ तस्याश्रमस्य । अन्तरं मुनिसंनिधानरहितं कालम् । शचीपतिरित्यनेन शचीतोऽपि सौन्दर्यमहल्याया ध्वनितम् । मुनिवेषधरो गौतमवेषधरः । मम रूपं समास्थायेति वक्ष्यमाणत्वात् ॥ १७ ॥ ऋतुकालं शास्त्रोक्तरतिकालम् । अर्थिनो रत्यर्थिनः । सुसमाहिते संगमोचितरूपप्रसाधनवति, अतिसुन्दरीति वा । तेन स्वाभिलष्यदिव्यस्त्रीत्वं सूचितम् ॥ १८ ॥ सहस्राक्षं विज्ञाय । 'ऋतुकालं प्रतीक्षन्ते नार्थिनः' इति वचनात्तपसा चाश्रमवर्तिसर्वप्राणिजातस्य शङ्काभावाय गौतमवेषोऽयमिन्द्र इति ज्ञात्वेत्यर्थः । देवराजकुतूहलात्स मामभिलषतीति कौतुकात् । दिव्यरतिकौतुकाच्चेत्यर्थः । दुर्मेधा अहल्या तेन सह रत्यर्थं मतिं चकारेत्यन्वयः ॥ १९ ॥ कृतार्था तादृशदिव्यपुरुषलाभात्प्राप्ततपःफला ॥ २० ॥ शीघ्रगमने हेतुमहल्याया आत्मन इन्द्रस्य च शापतो रक्षणम् । तदाह—आत्मानमित्यादि । प्रसहन्निति । विशिष्टस्त्रीचरितेन प्रहासो रक्षणस्य दुर्लभत्वाद्वा । गौतमतपोभङ्गस्य स्वेष्टस्य करणेनाग्निमशापादिभयमल्पमिति वा ॥ २१ ॥ संगम्य । अहल्यया सहेति शेषः ॥ २२ ॥ स इन्द्रः संभ्रमाद्गौतमभयात्त्वरन्निश्चक्रामेत्यन्वयः । निर्गमसमये गौतमं प्रति तदागमनं प्रति शङ्कितश्च । आसीदिति शेषः । अथ निष्क्रमणसमयानन्तरमेव ॥ २३ ॥ २४ ॥ २५ ॥ २६ ॥ मम गौतमस्य । कृतवानसि मद्भार्याभोगरूपमकार्यम् । तस्माद्विफलो विगतवृषणः ॥ २७ ॥ २८ ॥ २९ ॥ शापस्वरूपं वातभक्षेत्यादि । तप्यन्ती स्वकृताकार्यस्मरणेन पीडिता । पुराणादिप्रसिद्धशिलारूपप्राप्तिशापस्तु कल्पान्तरीण इति न विरोधः । अत्र शिलारूपत्वे तात्पर्यकल्पने वातभक्षेत्यनेन विरोधः स्पष्ट एवेति केचित् । वस्तुतस्तु अदृश्येत्यस्य स्वरूपेणादृश्या । शिलाप्रतिमारूपेण सर्वदृश्येत्यर्थः । न च तावता चैतन्यहानिरिति क्षुधादिपीडा स्यादेवेत्यतो वातभक्षा । तदतिरिक्ताहाराभावाच्च निराहारा । तप्यन्ती । स्वकर्मणेति शेषः । तादृश्यपि भस्मशायिनी न तु स्थिता इति न कश्चिद्विरोधः । इन्द्रशापोऽप्युपलक्षणमत्रानन्तभगवतः शापस्य । तदुक्तं पाद्मे—'शापदग्धा पुरा भर्त्रा राम शक्रापराधतः । अहल्याख्या शिला जज्ञे शतलिङ्गः कृतः स्वराट् ॥' इति । शिला तत्प्रतिमाकारा । शतशब्दोऽनन्तवाची । लिङ्गशब्देन भगाकारं चिह्नम् । स्वराडिन्द्रः ॥ ३० ॥ शापान्तमाह—यदेति । घोरमित्यनेन मुनिराहित्यसूचनम् । रामो यदागमिष्यति तदागमनकाले जायमानचरणविन्यासेनानायासतस्तत्पादस्पर्शात्पूता व्यभिचारकृतपापनाशेन पवित्रा भविष्यसि । पारिभाष्येण च तपस्विनां दृश्या भविष्यसि ॥ ३१ ॥ ततो मत्सकाशं मत्सांनिध्यं प्राप्ता स्वं वपुः पूर्ववत्सर्वदृश्यं भस्मनानावृतं धारयिष्यसि । प्राप्स्यसीत्यर्थः । इत-

एवमुक्त्वा महातेजा गौतमो दुष्टचारिणीम् । इममाश्रममुत्सृज्य सिद्धचारणसेविते ।
हिमवच्छिखरे रम्ये तपस्तेपे महातपाः ॥ ३३

इत्यार्षे श्रीमद्रामायणे वाल्मीकीय आदिकाव्ये बालकाण्डेऽष्टचत्वारिंशः सर्गः ॥ ४८ ॥

एकोनपञ्चाशः सर्गः ।

अफलस्तु ततः शक्रो देवानग्निपुरोगमान् । अब्रवीत्त्रस्तनयनः सिद्धगन्धर्वचारणान् ॥ १
कुर्वता तपसो विघ्नं गौतमस्य महात्मनः । क्रोधमुत्पाद्य हि मया सुरकार्यमिदं कृतम् ॥ २
अफलोऽस्मि कृतस्तेन क्रोधात्सा च निराकृता । शापमोक्षेण महता तपोऽस्यापहृतं मया ॥ ३
तन्मां सुरवराः सर्वे सर्षिसंघाः सचारणाः । सुरकार्यकरं यूयं सफलं कर्तुमर्हथ ॥ ४
शतक्रतोर्वचः श्रुत्वा देवाः साग्निपुरोगमाः । पितृदेवानुपेत्याहुः सर्वे सहमरुद्गणैः ॥ ५
अयं मेषः सवृषणः शक्रो ह्यवृषणः कृतः । मेषस्य वृषणौ गृह्य शक्रायाशु प्रयच्छत ॥ ६
अफलस्तु कृतो मेषः परां तुष्टिं प्रदास्यति । भवतां हर्षणार्थं च ये च दास्यन्ति मानवाः ।
अक्षयं हि फलं तेषां यूयं दास्यथ पुष्कलम् ॥ ७
अग्नेस्तु वचनं श्रुत्वा पितृदेवाः समागताः । उत्पाट्य मेषवृषणौ सहस्राक्षे न्यवेशयन् ॥ ८
तदाप्रभृति काकुत्स्थ पितृदेवाः समागताः । अफलान्भुञ्जते मेषान्फलैस्तेषामयोजयन् ॥ ९
इन्द्रस्तु मेषवृषणस्तदाप्रभृति राघव । गौतमस्य प्रभावेण तपसा च महात्मनः ॥ १०
तदागच्छ महातेज आश्रमं पुण्यकर्मणः । तारयैनां महाभागामहल्यां देवरूपिणीम् ॥ ११
विश्वामित्रवचः श्रुत्वा राघवः सहलक्ष्मणः । विश्वामित्रं पुरस्कृत्य आश्रमं प्रविवेश ह ॥ १२
ददर्श च महाभागां तपसा द्योतितप्रभाम् । लोकैरपि समागम्य दुर्निरीक्ष्यां सुरासुरैः ॥ १३
प्रयत्नान्निर्मितां धात्रा दिव्यां मायामयीमिव । धूमेनाभिपरीताङ्गीं दीप्तामग्निशिखामिव ॥ १४

रत्स्पष्टम् ॥ ३२॥३३॥ कतकस्तु—'यदा तु' इत्यादिशापान्तप्रतिपादकम् 'स्वं वपुर्धारयिष्यसि' इत्यन्तं श्लोकद्वयं प्रक्षिप्तम्' इत्याह । 'एवमुक्त्वा' इत्यादिसार्धश्लोकस्तु प्रामाणिक एव । एवं च द्वात्रिंशच्छ्लोका एवात्र' इत्याहुः ॥ इति श्रीरामाभिरामे श्रीरामीये रामायणतिलके वाल्मीकीय आदिकाव्ये बालकाण्डेऽष्टचत्वारिंशः सर्गः ॥ ४८ ॥

धर्मधुरंधरस्यापि शक्रस्याधर्मे प्रवृत्तौ बीजं दर्शयितुमाह—अफल इति । अवृषण इत्यर्थः । त्रस्तेति । त्रासेन स्वकारणं दैन्यं व्यज्यते ॥ १ ॥ सुरकार्यमिति । अन्यथा ह्युग्रतपसा सकलदेवस्थानापहारस्तेन कृतः स्यादिति भावः ॥ २ ॥ साहल्या दुष्टचारित्रेति निराकृतोक्तशापपूर्वं त्यक्ता । एवमपि सुरकार्यनिष्पत्तिः कथं तत्राह—शापेति । स्वस्मिन्गौतमकर्तृकशापमोक्षणेनास्य तपो मया हृतम् । महतः शापेन विना न तपोव्यय इति भावः । तपोव्ययसंपादकक्रोधोत्पादनमेव कार्यं मया कृतमिति तात्पर्यम् ॥ ३ ॥ सफलं मां सवृषणम् । सर्वे इत्यस्य वारद्वयपाठे हे सर्वे सुरवराः सर्वे यूयमित्यन्वयो ज्ञेयः । परत्र 'यूयम्' इत्येव पाठः प्रायेण ॥ ४ ॥ पितृदेवाः कव्यवाहनादयस्तानुपेत्य हव्यवाहनाभिमुखेनाहुः । 'अग्नेस्तु वचनं श्रुत्वा' इति वक्ष्यमाणत्वात् ॥ ५ ॥ अयं मेषो यो भवतां हविष्ट्वेन कल्पितः । गृह्य गृहीत्वा ॥ ६ ॥ अफलस्त्विति । नन्विदमयुक्तम् । नहि मेषा अवृषणा दृश्यन्त इति चेन्न । भवदुद्देशेन कृतो हविष्टेन कल्पितो योऽफलः षण्ढो मेषः । यद्वा वृषणभिन्नो यो मेषो मेषावयवो भवद्धविष्ट्वेन कल्पितः स भवतां परां तुष्टिं दास्यतीत्यन्वयात् । ये वा फलं मेषं भवतां हर्षणार्थं तोषाय भवद्भ्यो दास्यन्ति तेषामक्षयं फलं यूयं दास्यथेत्यन्वयः ॥ ७ ॥ समागता मिलिताः ॥ ८ ॥ अफलान्षण्ढांस्तदंशरहितान्वा । यतस्तेषां फलैः फलाभ्यां वृषणाभ्यामिन्द्रमयोजयन् ॥ ९ ॥ तदाप्रभृति ततो हेतोरिन्द्रो मेषवृषण इत्यन्वयः । तपसा प्रभावेण तपःकृतप्रभावेण च स्वापचारेण च ॥ १० ॥ महातेज इति रामसंबोधनम् । पुण्यकर्मणो गौतमस्य । ननु ताटकयेव घोररूपयाहल्ययावष्टब्धमाश्रमं कथं गच्छेयमत आह—देवरूपिणीमिति । शापस्यैतदवधिकत्वात् । अद्य स्वत्पादस्पर्शनान्मुक्तशापतया देवरूपिणीमित्यर्थः । एनां तारय भर्तृप्रत्यापत्तिफलकमातिथ्यं गृहीत्वा भर्तृप्रापणेनैनामनुगृहाण ॥ ११ ॥ १२ ॥ ददर्शेति । आश्रमप्रवेशकालेऽनायासतः स्वचरणस्पर्शाद्व्यभिचारकृतपापनाशेन शापनिवृत्त्या शापवशात्सुरासुरैः समागम्य मिलित्वापि सर्वलोकैर्दुर्निरीक्ष्यां विश्वामित्रो यथावद्देवरूपिणीमिति तथा ददर्शेत्यर्थः । तदुक्तम्—तपसा द्योतितप्रभामिति । एवं दर्शनं तत्समये रामलक्ष्मणविश्वामित्राणामेव । सर्वदृश्यत्वं तु भगवदातिथ्यकार्यमिति बोध्यम् ॥ १३ ॥ प्रयत्नादित्यादिना दिव्यरूपत्वमुक्तम् । रामादेरपि दर्शनं नात्यन्तस्पष्टतया किंत्वेवंरूपेण । भर्तृसंतोषकरस्य भर्तृसांनिध्यस्य शापान्तकरणस्याभावादित्याह—धूमेनेति । धूमेनाभिपरीतानि व्याप्तान्यङ्गानि यस्याः

सतुषारावृतां साभ्रां पूर्णचन्द्रप्रभामिव । मध्येऽम्भसो दुराधर्षां दीप्तां सूर्यप्रभामिव ॥ १५
सा हि गौतमवाक्येन दुर्निरीक्ष्या बभूव ह । त्रयाणामपि लोकानां यावद्रामस्य दर्शनम् ।
शापस्यान्तमुपागम्य तेषां दर्शनमागता ॥ १६
राघवौ तु तदा तस्याः पादौ जगृहतुर्मुदा । स्मरन्ती गौतमवचः प्रतिजग्राह सा हि तौ ॥ १७
पाद्यमर्घ्यं तथातिथ्यं चकार सुसमाहिता । प्रतिजग्राह काकुत्स्थो विधिदृष्टेन कर्मणा ॥ १८
पुष्पवृष्टिर्महत्यासीद्देवदुन्दुभिनिःस्वनैः । गन्धर्वाप्सरसां चैव महानासीत्समुत्सवः ॥ १९
साधु साध्विति देवास्तामहल्यां समपूजयन् । तपोबलविशुद्धाङ्गीं गौतमस्य वशानुगाम् ॥ २०
गौतमोऽपि महातेजा अहल्यासहितः सुखी । रामं संपूज्य विधिवत्तपस्तेपे महातपाः ॥ २१
रामोऽपि परमां पूजां गौतमस्य महामुनेः । सकाशाद्विधिवत्प्राप्य जगाम मिथिलां ततः ॥ २२

इत्यार्षे श्रीमद्रामायणे वाल्मीकीय आदिकाव्ये बालकाण्डे एकोनपञ्चाशः सर्गः ॥ ४९ ॥

पञ्चाशः सर्गः ।

ततः प्रागुत्तरां गत्वा रामः सौमित्रिणा सह । विश्वामित्रं पुरस्कृत्य यज्ञवाटमुपागमत् ॥ १
रामस्तु मुनिशार्दूलमुवाच सहलक्ष्मणः । साध्वी यज्ञसमृद्धिर्हि जनकस्य महात्मनः ॥ २
बहूनीह सहस्राणि नानादेशनिवासिनाम् । ब्राह्मणानां महाभाग वेदाध्ययनशालिनाम् ॥ ३
ऋषिवाटाश्च दृश्यन्ते शकटीशतसंकुलाः । देशो विधीयतां ब्रह्मन्यत्र वत्स्यामहे वयम् ॥ ४
रामस्य वचनं श्रुत्वा विश्वामित्रो महामुनिः । निवासमकरोद्देशे विविक्ते सलिलान्विते ॥ ५
विश्वामित्रमनुप्राप्तं श्रुत्वा नृपवरस्तदा । शतानन्दं पुरस्कृत्य पुरोहितमनिन्दितः ॥ ६
ऋत्विजोऽपि महात्मानस्त्वर्घ्यमादाय सत्वरम् । प्रत्युज्जगाम सहसा विनयेन समन्वितः ॥ ७
विश्वामित्राय धर्मेण ददौ धर्मपुरस्कृतम् । प्रतिगृह्य तु तां पूजां जनकस्य महात्मनः ॥ ८

सा ॥ १४ ॥ उपमात्रयं भस्मावृतत्वेन । अम्भसो लक्षणया तद्युक्तमेघस्य मध्यस्थां रविप्रभामिव ददर्श । दुराधर्षां स्प्रष्टुमशक्याम् ॥ १५ ॥ तथादर्शने हेतुमाह—सा हीति । त्रयाणामपि लोकानां दुर्निरीक्ष्यत्वशापवशाद्रामादीनामप्येवं दर्शनविषया जाता । अन्येषां त्वदृश्यैव । रामादीनां तु दुःखदृश्येत्यर्थः । शापस्यान्तं तदन्तस्यावधिकालं प्राप्य । तेषां रामादीनां दर्शनं पूर्वोक्तप्रकारेण दर्शनविषयत्वं प्राप्तेत्यर्थः । तथा च पाद्मे—'गच्छतस्तस्य रामस्य पादस्पर्शान्महाशिला । काचियोषाभवत्सोऽपि विस्मितो मुनिरब्रवीत् ॥' शिला तत्प्रतिमाकारा । सोऽपि रामः । विस्मितः स एवासीत् । तथाभूतं तं दृष्ट्वा मुनिरवददित्यर्थः । 'शापदग्धा पुरा भर्त्रा राम शक्रापराधतः । अहल्याख्या शिला जज्ञे शतलिङ्गः कृतः स्वराट् ॥ त्वदङ्घ्रिस्पर्शनात्तस्यै शापान्तं प्राह गौतमः । तस्मादियं ते पादाब्जस्पर्शाच्छुद्धाऽभवत्प्रभो ॥' इति । यदुद्धारार्थं त्वं मयेहानीतः सैषैवेति शेषः । एवं मदुक्तरीत्या सर्वेषामविरोधे संभवति कल्पान्तरपरत्वेनाविरोधवर्णनं कतकाद्युक्तं चिन्त्यम् । यदपि 'तेन धूमेन' इत्यादिसार्धश्लोके तामेव दुर्निरीक्ष्यामिति शेषं पूरयित्वा दुर्निरीक्ष्यत्वे हेतुमाह—सा हीति । तेषां दर्शनमित्यत्र तेषां त्रयाणां लोकानामिति व्याख्यातं तदपि क्लिष्टम् ॥ १६ ॥ तदा स्वपदस्पर्शमात्रेण शिलारूपतापरित्यागे । गौतमवचः स्मरन्ती । मदाश्रमप्राप्तराघवपूजया पुनर्मत्संबन्ध इत्येवं तद्वचः स्मरन्तीत्यर्थः । स्वशिलारूपतापरित्यागमात्रेण तु तस्मिन्रामत्वनिश्चयोऽस्याः । तौ रामपादौ प्रतिजग्राह स्पृष्ट्वा प्रणनाम । यत्तु तौ रामलक्ष्मणौ प्रतिजग्राह पूज्यत्वबुद्धिमकरोदिति, तन्न । अग्रे काकुत्स्थ इत्येकवचनप्रयोगात् ॥ १७ ॥ सुसमाहिताऽप्रमत्ता । काकुत्स्थो रामः । तस्यैव मुख्यतया पूजनात् ॥ १८ ॥ देवदुन्दुभिनिःस्वनैः सह पुष्पवृष्टिरासीत् । रामस्याहल्यायाश्चेत्यर्थः ॥ १९ ॥ रामपूजया निष्पापत्वादहल्यायाः पूजा । तपोबलविशुद्धाङ्गीं तद्बललब्धरामस्पर्शेन शुद्धाङ्गीम् अत एव गौतमस्य वशां तद्गतचित्ताम् । अत एव पूर्वं परत्र काले शरीरेणापि तदनुगाम् ॥ २० ॥ अहल्यासहितः सुखीत्यनेन योगबलाद्रामागमनं ज्ञात्वा तद्बलादेव झटिति तदाश्रमप्राप्तिर्गौतमस्येति बोध्यम् ॥ २१ ॥ २२ ॥ इति श्रीरामाभिरामे श्रीरामीये रामायणतिलके वाल्मीकीय आदिकाव्ये बालकाण्ड एकोनपञ्चाशः सर्गः ॥ ४९ ॥

प्रागुत्तरामैशानीम् । ततो गौतमाश्रमात् ॥ १ ॥ २ ॥ बहूनीति । दृश्यन्त इति शेषः ॥ ३ ॥ शकटीशतमग्निहोत्रसंभारवाहकम् । ऋषिवाटा यज्ञार्थमागतानां साग्निहोत्रऋषीणां निवासाः । एवं नैबिड्यात्स्वावासदेशविचारः । देश इत्यादि । देशो निवासस्थानम् । विधीयतां विचार्यताम् ॥ ४ ॥ विविक्ते सलिलान्वित इत्यनेनानुष्ठानसौकर्यम् ॥ ५ ॥ ६ ॥ ऋत्विजोऽपीत्यत्र पुरस्कृत्येत्यनुकर्षः ॥ ७ ॥ धर्मेण शास्त्रमार्गेण ।

पप्रच्छ कुशलं राज्ञो यज्ञस्य च निरामयम्। स तांश्चाथ मुनीन्पृष्ट्वा सोपाध्यायपुरोधसः॥ ९
यथार्हमृषिभिः सर्वैः समागच्छत्प्रहृष्टवत्। अथ राजा मुनिश्रेष्ठं कृताञ्जलिरभाषत॥ १०
आसने भगवानास्तां सहैभिर्मुनिपुंगवैः। जनकस्य वचः श्रुत्वा निषसाद महामुनिः॥ ११
पुरोधा ऋत्विजश्चैव राजा च सहमन्त्रिभिः। आसनेषु यथान्यायमुपविष्टाः समन्ततः॥ १२
दृष्ट्वा स नृपतिस्तत्र विश्वामित्रमथाब्रवीत्। अद्य यज्ञसमृद्धिर्मे सफला दैवतैः कृता॥ १३
अद्य यज्ञफलं प्राप्तं भगवद्दर्शनान्मया। धन्योऽस्म्यनुगृहीतोऽस्मि यस्य मे मुनिपुंगव॥ १४
यज्ञोपसदनं ब्रह्मन्प्राप्तोऽसि मुनिभिः सह। द्वादशाहं तु ब्रह्मर्षे दीक्षामाहुर्मनीषिणः॥ १५
ततो भागार्थिनो देवान्द्रष्टुमर्हसि कौशिक। इत्युक्त्वा मुनिशार्दूलं प्रहृष्टवदनस्तदा॥ १६
पुनस्तं परिपप्रच्छ प्राञ्जलिः प्रयतो नृपः। इमौ कुमारौ भद्रं ते देवतुल्यपराक्रमौ॥ १७
गजतुल्यगती वीरौ शार्दूलवृषभोपमौ। अश्विनाविव रूपेण समुपस्थितयौवनौ॥ १८
यदृच्छयेव गां प्राप्तौ देवलोकादिवामरौ। कथं पद्भ्यामिह प्राप्तौ किमर्थं कस्य वा मुने॥ १९
वरायुधधरौ वीरौ कस्य पुत्रौ महामुने। भूषयन्ताविमं देशं चन्द्रसूर्याविवाम्बरम्॥ २०
परस्परस्य सदृशौ प्रमाणेङ्गितचेष्टितैः। काकपक्षधरौ वीरौ श्रोतुमिच्छामि तत्त्वतः॥ २१
तस्य तद्वचनं श्रुत्वा जनकस्य महात्मनः। न्यवेदयदमेयात्मा पुत्रौ दशरथस्य तौ॥ २२
सिद्धाश्रमनिवासं च राक्षसानां वधं तथा। तत्रागमनमव्यग्रं विशालायाश्च दर्शनम्॥ २३
अहल्यादर्शनं चैव गौतमेन समागमम्। महाधनुषि जिज्ञासां कर्तुमागमनं तथा॥ २४
एतत्सर्वं महातेजा जनकाय महात्मने। निवेद्य विरराामाथ विश्वामित्रो महामुनिः॥ २५

इत्यार्षे श्रीमद्रामायणे वाल्मीकीय आदिकाव्ये बालकाण्डे पञ्चाशः सर्गः॥ ५०॥

एकपञ्चाशः सर्गः।

तस्य तद्वचनं श्रुत्वा विश्वामित्रस्य धीमतः। हृष्टरोमा महातेजाः शतानन्दो महातपाः॥ १
गौतमस्य सुतो ज्येष्ठस्तपसा द्योतितप्रभः। रामसंदर्शनादेव परं विस्मयमागतः॥ २
एतौ निषण्णौ संप्रेक्ष्य शतानन्दो नृपात्मजौ। सुखासीनौ मुनिश्रेष्ठं विश्वामित्रमथाब्रवीत्॥ ३
अपि ते मुनिशार्दूल मम माता यशस्विनी। दर्शिता राजपुत्राय तपो दीर्घमुपागता॥ ४

ददौ। अर्घ्यमिति शेषः। धर्मपुरस्कृतमित्यर्घ्यविशेषणम्। 'महाजं वा महोक्षं वा श्रोत्रियायोपकल्पयेत्' इति शास्त्रोक्तेन धर्मसाधनेन पुरस्कृतम्। तत्सहितमिति यावत्॥ ८॥ राज्ञः कुशलं निरामयम्। यज्ञस्य निरामयं कुशलं निर्विघ्नत्वमविकलत्वं वा यज्ञस्य कुशलम्। स विश्वामित्रस्तानर्घ्यदातृन्पृष्ट्वा। कुशलमिति शेषः॥ ९॥ यथार्हं यथान्यायम्। प्रहृष्टवत्प्रहर्षवत्। तोषसहितं यथा भवति तथेत्यर्थः। समागच्छत्संतोषसहितमालिङ्गनं यथा भवति तथा सर्वैः संगतो बभूवेत्यर्थः॥ १०॥ ॥ ११॥ १२॥ यज्ञसमृद्धिरङ्गवैकल्यराहित्यं साद्गुण्यं च। अत एव सफला कृता। इष्टिरिति शेषः॥ १३॥ १४॥ तत्र हेतुमाह—यज्ञोपसदनमिति। यज्ञस्थानम्। द्वादशाहं द्वादशदिनानि। दीक्षां कर्तव्यत्वेनाहुः। दीक्षायास्तावन्ति दिनान्यवशिष्टानि। ऋत्विज आहुः॥ १५॥ विश्वामित्रस्य योगेन सर्वसामर्थ्यादाह—देवान्द्रष्टुमर्हसीति॥ १६॥ इमौ कुमाराविव्यादिव्याख्यातप्रायम्॥ १७॥ १८॥ पद्भ्यां वाहनरहिताभ्याम्। पद्मपत्रकोमलत्वात्कथमेतावद्दूरं प्राप्ताविति विस्मयः। किमर्थमिति प्रयोजनप्रश्नः। कस्य वेति। पुत्राविति शेषः। उत्तरश्लोको यदि प्रमाणं तर्ह्यस्यैव विवरणं बोध्यम्। केचित्तु कस्येत्यस्य पुरुषस्य कार्यं साधयितुमिति शेषमाहुः, तत्प्रयोजनप्रश्नेनैव गतार्थम्॥ १९॥ २०॥ २१॥ 'निवेदयत्' इति पाठेऽडभाव आर्षः॥ २२॥ तत्राव्यग्रमागमनं रक्षःसमाक्रान्तेऽपि मार्गे भयरहितमागमनम्॥ २३॥ महाधनुषि जिज्ञासां तद्विषयां रामस्य दिदृक्षाम्। ज्ञानमिह दर्शनरूपम्। यद्वा धनुर्निष्ठसारजिज्ञासाम्। तथादृष्टस्य तस्य सज्जीकरणाधिकं च कर्तुमागमनमित्येतत्सर्वं निवेद्य। 'विरराम तदा' इति पाठेऽर्थश्चिन्त्यः॥ २४॥ २५॥ इति श्रीरामाभिरामे श्रीरामीये रामायणतिलके वाल्मीकीय आदिकाव्ये बालकाण्डे पञ्चाशः सर्गः॥ ५०॥

तस्येति। हृष्टरोमा स्वमातुः शापोद्धारश्रवणजसंतोषेण जातरोमाञ्चः॥ १॥ परं विस्मयमिति। भगवद्दर्शनस्यान्याप्राप्यतुलभत्वात्॥ २॥ निषण्णावासने॥ ३॥ उक्तमप्यर्थमुत्कण्ठातिशयेन पुनः पृच्छति दार्ढ्याय—अपि ते इति। अपिः प्रश्ने।

अपि रामे महातेजा मम माता यशस्विनी । वन्यैरुपाहरत्पूजां पूजार्हे सर्वदेहिनाम् ॥ ५
अपि रामाय कथितं यद्वृत्तं तत्पुरातनम् । मम मातुर्महातेजो देवेन दुरनुष्ठितम् ॥ ६
अपि कौशिक भद्रं ते गुरुणा मम संगता । मम माता मुनिश्रेष्ठ रामसंदर्शनादितः ॥ ७
अपि मे गुरुणा रामः पूजितः कुशिकात्मज । इहागतो महातेजाः पूजां प्राप्य महात्मनः ॥ ८
अपि शान्तेन मनसा गुरुर्मे कुशिकात्मज । इहागतेन रामेण पूजितेनाभिवादितः ॥ ९
तच्छ्रुत्वा वचनं तस्य विश्वामित्रो महामुनिः । प्रत्युवाच शतानन्दं वाक्यज्ञो वाक्यकोविदम् ॥ १०
नातिक्रान्तं मुनिश्रेष्ठ यत्कर्तव्यं कृतं मया । संगता मुनिना पत्नी भार्गवेणेव रेणुका ॥ ११
तच्छ्रुत्वा वचनं तस्य विश्वामित्रस्य धीमतः । शतानन्दो महातेजा रामं वचनमब्रवीत् ॥ १२
स्वागतं ते नरश्रेष्ठ दिष्ट्या प्राप्तोऽसि राघव । विश्वामित्रं पुरस्कृत्य महर्षिमपराजितम् ॥ १३
अचिन्त्यकर्मा तपसा ब्रह्मर्षिरमितप्रभः । विश्वामित्रो महातेजा वेत्स्येनं परमां गतिम् ॥ १४
नास्ति धन्यतरो राम त्वत्तोऽन्यो भुवि कश्चन । गोप्ता कुशिकपुत्रस्ते येन तप्तं महत्तपः ॥ १५
श्रूयतां चाभिधास्यामि कौशिकस्य महात्मनः । यथाबलं यथातत्त्वं तन्मे निगदतः शृणु ॥ १६
राजासीदेष धर्मात्मा दीर्घकालमरिंदमः । धर्मज्ञः कृतविद्यश्च प्रजानां च हिते रतः ॥ १७
प्रजापतिसुतस्त्वासीत्कुशो नाम महीपतिः । कुशस्य पुत्रो बलवान्कुशनाभः सुधार्मिकः ॥ १८
कुशनाभसुतस्त्वासीद्गाधिरित्येव विश्रुतः । गाधेः पुत्रो महातेजा विश्वामित्रो महामुनिः ॥ १९
विश्वामित्रो महातेजाः पालयामास मेदिनीम् । बहुवर्षसहस्राणि राजा राज्यमकारयत् ॥ २०
कदाचित्तु महातेजा योजयित्वा वरूथिनीम् । अक्षौहिणीपरिवृतः परिचक्राम मेदिनीम् ॥ २१
नगराणि च राष्ट्राणि सरितश्च महागिरीन् । आश्रमान्क्रमशो राजा विचरन्नाजगाम ह ॥ २२
वसिष्ठस्याश्रमपदं नानापुष्पलताद्रुमम् । नानामृगगणाकीर्णं सिद्धचारणसेवितम् ॥ २३
देवदानवगन्धर्वैः किंनरैरुपशोभितम् । प्रशान्तहरिणाकीर्णं द्विजसंघनिषेवितम् ॥ २४
ब्रह्मर्षिगणसंकीर्णं देवर्षिगणसेवितम् । तपश्चरणसंसिद्धैरग्निकल्पैर्महात्मभिः ॥ २५
सततं संकुलं श्रीमद्ब्रह्मकल्पैर्महात्मभिः । अब्भक्षैर्वायुभक्षैश्च शीर्णपर्णाशनैस्तथा ॥ २६
फलमूलाशनैर्दान्तैर्जितदोषैर्जितेन्द्रियैः । ऋषिभिर्वालखिल्यैश्च जपहोमपरायणैः ॥ २७

ते त्वया ॥ ४ ॥ रामे रामविषये । पूजार्हे इति रामविशेषणम् ॥ ५ ॥ देवेनेन्द्रेण दुरनुष्ठितं गौतमवेषधारणपूर्वकं तत्कर्तृकदुरनुष्ठानरूपं मातुर्यद्वृत्तं चरितं पुरातनं तद्रामाय कथितमित्यन्वयः । महातेज इति विश्वामित्रसंबोधनम् ॥ ६ ॥ मम गुरुणा मम मातेत्यन्वयः । अत्र वारद्वयं ममेति प्रयोगो हर्षातिशयात् । रामसंदर्शनादित इत्यस्य गतशापेति शेषः । आदिना पूजापादस्पर्शौ ॥ ७ ॥ महातेजा रामो मद्गुरोः सकाशात्पूजां प्राप्येह यज्ञभूमावागत इति पृष्टस्यैवार्थस्य भङ्ग्यन्तरेण प्रश्नः ॥ ८ ॥ शान्तेन मनसोपलक्षितो मे गुरुरिहागतेन गौतमाश्रम आगतेन गौतमपूजितेन रामेणाभिवादितः । न तु मन्मातृदोषात्तिरस्कृत इति प्रश्नान्तरम् । पूजाङ्गीकारवन्दनेऽतिरस्कारचिह्नमिति भावः ॥ ९ ॥ १० ॥ यत्कर्तव्यं तन्नातिक्रान्तं न विस्मृतम् । किंतु मया कृतमेवेत्यर्थः । भार्गवो जमदग्निस्तत्कोपहता रेणुका परशुराममाता यथा जमदग्निना संगता तद्वदित्यर्थः ॥ ११ ॥ १२ ॥ दिष्ट्या भाग्येन ॥ १३ ॥ विश्वामित्रयत्नत एव तेन सह प्राप्तिस्तत एव च मातुः शापोद्धार इति तं स्तौति—अचिन्त्येत्यादिना । मनसाप्यन्येनाशक्यचिन्तनमतिसृष्ट्यादिकर्ता । परमां गतिं जगतः परमहितप्रदम् । अन्ये तव मम चेत्याहुः ॥ १४ ॥ गोप्ताऽन्नदानादिना ॥ १५ ॥ बलं तपोबलम् । यथा यादृशम् । तत्त्वं ब्रह्मर्षित्वं च यथा तच्छृण्वित्यर्थः । 'वृत्तम्' इति क्वचित्पाठः । वृत्तं चरितम् ॥ १६ ॥ १७ ॥ स राजा कस्य पुत्रस्तत्राह—प्रजापतीत्यादि ॥ १८ ॥ १९ ॥ अकारयत् । स्वार्थे णिः ॥ २० ॥ वरूथिनीं चतुरङ्गबलम् । योजयित्वा समुपस्थाप्य तद्रूपाक्षौहिणीसंख्यसेनापरिवृतो भूत्वा ॥ २१ ॥ २२ ॥ २३ ॥ तपोतिशयात्प्रशान्तहरिणत्वम् ॥ २४ ॥ ज्ञानमात्राधिकृता नारदाद्या देवलोकसंचारिणो देवर्षयः। ज्ञानकर्मोभयाधिकृता ब्रह्मर्षयो भूप्रतिष्ठाः। अग्नितुल्यैर्ऋषिभिः संकुलं व्याप्तमित्यन्वयः ॥ २५ ॥ तथा ब्रह्मकल्पैश्चतुर्मुखतुल्यैः । तस्यैव सहजतपोवैभवात् । अब्भक्षैस्तन्मात्रभक्षैः संकुलम् ॥ २६ ॥ ब्रह्मरोमनखजा वालखिल्या वैखानसाश्च । 'ये नखास्ते वैखानसाः । ये वालास्ते वाल-

१२

अन्यैर्वैखानसैश्चैव समन्तादुपशोभितम् । वसिष्ठस्याश्रमपदं ब्रह्मलोकमिवापरम् ।
दद‌र्श जयतां श्रेष्ठो विश्वामित्रो महाबलः ॥ २८

इत्यार्षे श्रीमद्रामायणे वाल्मीकीय आदिकाव्ये बालकाण्डे एकपञ्चाशः सर्गः ॥ ५१ ॥

द्विपञ्चाशः सर्गः ।

तं दृष्ट्वा परमप्रीतो विश्वामित्रो महाबलः । प्रणतो विनयाद्वीरो वसिष्ठं जपतां वरम् ॥ १
स्वागतं तव चेत्युक्तो वसिष्ठेन महात्मना । आसनं चास्य भगवान्वसिष्ठो व्यादिदेश ह ॥ २
उपविष्टाय च तदा विश्वामित्राय धीमते । यथान्यायं मुनिवरः फलमूलमुपाहरत् ॥ ३
प्रतिगृह्य तु तां पूजां वसिष्ठाद्राजसत्तमः । तपोऽग्निहोत्रशिष्येषु कुशलं पर्यपृच्छत ॥ ४
विश्वामित्रो महातेजा वनस्पतिगणे तदा । सर्वत्र कुशलं प्राह वसिष्ठो राजसत्तमम् ॥ ५
सुखोपविष्टं राजानं विश्वामित्रं महातपाः । पप्रच्छ जपतां श्रेष्ठो वसिष्ठो ब्रह्मणः सुतः ॥ ६
कच्चित्ते कुशलं राजन्कच्चिद्धर्मेण रञ्जयन् । प्रजाः पालयसे राजन्राजवृत्तेन धार्मिक ॥ ७
कच्चित्ते संभृता भृत्याः कच्चित्तिष्ठन्ति शासने । कच्चित्ते विजिताः सर्वे रिपवो रिपुसूदन ॥ ८
कच्चिद्बलेषु कोशेषु मित्रेषु च परंतप । कुशलं ते नरव्याघ्र पुत्रपौत्रे तथानघ ॥ ९
सर्वत्र कुशलं राजा वसिष्ठं प्रत्युदाहरत् । विश्वामित्रो महातेजा वसिष्ठं विनयान्वितम् ॥ १०
कृत्वा तौ सुचिरं कालं धर्मिष्ठौ ताः कथास्तदा । मुदा परमया युक्तौ प्रीयेतां तौ परस्परम् ॥ ११
ततो वसिष्ठो भगवान्कथान्ते रघुनन्दन । विश्वामित्रमिदं वाक्यमुवाच प्रहसन्निव ॥ १२
आतिथ्यं कर्तुमिच्छामि बलस्यास्य महाबल । तव चैवाप्रमेयस्य यथार्हं संप्रतीच्छ मे ॥ १३
सत्क्रियां हि भवानेतां प्रतीच्छतु मया कृताम् । राजंस्त्वमतिथिश्रेष्ठः पूजनीयः प्रयत्नतः ॥ १४
एवमुक्तो वसिष्ठेन विश्वामित्रो महामुनिः । कृतमित्यब्रवीद्राजा पूजावाक्येन मे त्वया ॥ १५
फलमूलेन भगवन्विद्यते यत्तवाश्रमे । पाद्येनाचमनीयेन भगवद्दर्शनेन च ॥ १६
सर्वथा च महाप्राज्ञ पूजार्हेण सुपूजितः । नमस्तेऽस्तु गमिष्यामि मैत्रेणेक्षस्व चक्षुषा ॥ १७
एवं ब्रुवन्तं राजानं वसिष्ठः पुनरेव हि । न्यमन्त्रयत धर्मात्मा पुनःपुनरुदारधीः ॥ १८
बाढमित्येव गाधेयो वसिष्ठं प्रत्युवाच ह । यथाप्रियं भगवतस्तथास्तु मुनिपुंगव ॥ १९
एवमुक्तस्तथा तेन वसिष्ठो जपतां वरः । आजुहाव ततः प्रीतः कल्माषीं धूतकल्मषाम् ॥ २०
एह्येहि शबले क्षिप्रं शृणु चापि वचो मम । सबलस्यास्य राजर्षेः कर्तुं व्यवसितोऽस्म्यहम् ।
भोजनेन महार्हेण सत्कारं संविधत्स्व मे ॥ २१

खिल्याः' इति श्रुतेरिति कतकः ॥ २७ ॥ परमकल्याणस्वभावाद्ब्रह्मलोकोपमाश्रमस्य । जयतां शूराणाम् ॥ २८ ॥ इति श्रीरामाभिरामे श्रीरामीये रामायणतिलके वाल्मीकीय आदिकाव्ये बालकाण्ड एकपञ्चाशः सर्गः ॥ १५ ॥

वसिष्ठं प्रणतो वसिष्ठेन स्वागतमित्युक्तश्चेति योजना ॥ १ ॥ व्यादिदेशादापयत् ॥ २ ॥ फलमूलमिति जातित्वादेकवत्त्वम् ॥ ३ ॥ ४ ॥ वनस्पतिशब्देन वृक्षमात्रं न तु विनापुष्पं फलवन्त एव तद्विषयेऽपि कुशलं पर्यपृच्छत । सर्वत्र तत्पृष्टसर्वविषये ॥ ५ ॥ जपतां तपस्विनाम् ॥ ६ ।' कच्चिदिति प्रश्ने । हे धार्मिक, धर्मेण तदनुष्ठानेन प्रजा रञ्जयन् । राजवृत्तेन । 'न्यायेनार्जनमर्थस्य वर्धनं पालनं तथा । सत्पात्रे प्रतिपत्तिश्च राजवृत्तं चतुर्विधम् ॥' इत्युक्तेन राजवृत्तेन पालयस इत्यन्वयः ॥ ७ ॥ संभृता वेतनदानादिना ॥ ८ ॥ बलेषु चतुरङ्गेषु । कोशेष्वर्थसमूहेषु । पुत्रपौत्रे । गवाश्वप्रभृतित्वादेकवत्त्वम् ॥९॥ एको वसिष्ठशब्दो वरिष्ठवाची ॥ १० ॥ तावुक्तविशेषणकौ वसिष्ठविश्वामित्रौ । ताः कथा अन्योन्यकुशलप्रश्नोत्तरादिरूपाः । प्रीयेताम् । अडभाव अर्षो लङि ॥ ११ ॥ प्रहसन्निवोत्तमातिथिलाभजहर्षेण ॥ १२ ॥ संप्रतीच्छ मे मत्कृतमातिथ्यमङ्गीकुरु ॥ १३ ॥ हेतुगर्भं विशेषणमतिथिश्रेष्ठ इति ॥ १४ ॥ पूजावाक्येनातिथ्यं करिष्यामीत्येवंरूपेणैव मम पूजनं कृतमिति राजाब्रवीत् ॥ १५ ॥ विद्यते यत्तवाश्रमे फलमूलं तेन पूजित इत्यनेन राजभोज्याभावादनेनैव वयं संतुष्टा इति ध्वनिः ॥ १६ ॥ पूजार्हेण । त्वयेति शेषः । मैत्रेण स्नेहयुक्तेन । मत्वर्थीयाजन्तम् ॥ १७ ॥ निमन्त्रणं भोजनाङ्गीकाराय प्रार्थनम् ॥ १८ ॥ बाढमित्यस्य विवरणम्—यथाप्रियमित्यादि ॥ १९ ॥ तेन विश्वामित्रेण । कल्माषीं चित्रवर्णां होमधेनुम् ॥ २० ॥ शबले तन्नामे, अस्य राजर्षेर्महार्हेण भोजनेन सत्कारं कर्तुं व्यवसितोऽस्म्युद्युक्तोऽस्मि तं मे व्यवसायं

यस्य यस्य यथाकामं षड्रसेष्वभिपूजितम् । तत्सर्वं कामधुग्दिव्ये अभिवर्ष कृते मम ॥ २२
रसेनान्नेन पानेन लेह्यचोष्येण संयुतम् । अन्नानां निचयं सर्वं सृजस्व शबले त्वर ॥ २३

इत्यार्षे श्रीमद्रामायणे वाल्मीकीय आदिकाव्ये बालकाण्डे द्विपञ्चाशः सर्गः ॥ ५२ ॥

त्रिपञ्चाशः सर्गः ।

एवमुक्ता वसिष्ठेन शबला शत्रुसूदन । विदधे कामधुक्कामान्यस्य यस्येप्सितं यथा ॥ १
इक्षून्मधूंस्तथा लाजान्मैरेयांश्च वरासवान् । पानानि च महार्हाणि भक्ष्यांश्चोच्चावचानपि ॥ २
उष्णाढ्यस्यौदनस्यात्र राशयः पर्वतोपमाः । मृष्टान्यन्नानि सूपांश्च दधिकुल्यास्तथैव च ॥ ३
नानास्वादुरसानां च खाण्डवानां तथैव च । भोजनानि सुपूर्णानि गौडानि च सहस्रशः ॥ ४
सर्वमासीत्सुसंतुष्टं हृष्टपुष्टजनायुतम् । विश्वामित्रबलं राम वसिष्ठेन सुतर्पितम् ॥ ५
विश्वामित्रो हि राजर्षिर्हृष्टपुष्टस्तदाभवत् । सान्तःपुरवरो राजा सब्राह्मणपुरोहितः ॥ ६
सामात्यो मन्त्रिसहितः सभृत्यः पूजितस्तदा । युक्तः परमहर्षेण वसिष्ठमिदमब्रवीत् ॥ ७
पूजितोऽहं त्वया ब्रह्मन्पूजार्हेण सुसत्कृतः । श्रूयतामभिधास्यामि वाक्यं वाक्यविशारद ॥ ८
गवां शतसहस्रेण दीयतां शबला मम । रत्नं हि भगवन्नेतद्रत्नहारी च पार्थिवः ॥ ९
तस्मान्मे शबलां देहि ममैषा धर्मतो द्विज । एवमुक्तस्तु भगवान्वसिष्ठो मुनिपुंगवः ॥ १०
विश्वामित्रेण धर्मात्मा प्रत्युवाच महीपतिम् । नाहं शतसहस्रेण नापि कोटिशतैर्गवाम् ॥ ११
राजन्दास्यामि शबलां राशिभी रजतस्य वा । न परित्यागमर्हेयं मत्सकाशादरिंदम ॥ १२
शाश्वती शबला मह्यं कीर्तिरात्मवतो यथा । अस्यां हव्यं च कव्यं च प्राणयात्रा तथैव च ॥ १३
आयत्तमग्निहोत्रं च बलिहोमस्तथैव च । स्वाहाकारवषट्कारौ विद्याश्च विविधास्तथा ॥ १४
आयत्तमत्र राजर्षे सर्वमेतन्न संशयः । सर्वस्वमेतत्सत्येन मम तुष्टिकरी तथा ॥ १५
कारणैर्बहुभी राजन्न दास्ये शबलां तव । वसिष्ठेनैवमुक्तस्तु विश्वामित्रोऽब्रवीत्तदा ॥ १६
संरब्धतरमत्यर्थं वाक्यं वाक्यविशारदः । हैरण्यकक्षग्रैवेयान्सुवर्णाङ्कुशभूषितान् ॥ १७

संविधत्स्व संपादय । तदुपयोगिपदार्थदानेनेति शेषः ॥ २१ ॥ षड्रसेषु मधुरादिषु यस्य यस्य यदभिपूजितमभीष्टम्, तत्सर्वं यथाकामं तत्प्रीत्यनतिक्रमेण मम कृते मत्तोषार्थम् ॥ २२ ॥ रसेनान्नेन रसयुतान्नेन भक्ष्यशष्कुल्यादिना । रसेनेति सर्वान्वयि । पानेन पानकरसादिना । लेह्यं जिह्वाग्राह्यं क्षौद्रादि । चोष्यमधरपुटग्राह्यमाम्रफलादि । अन्नानां शाल्यन्नादीनां निचयं राशिम् ॥ २३ ॥ इति श्रीरामाभिरामे श्रीरामीये रामायणतिलके वाल्मीकीय आदिकाव्ये बालकाण्डे द्विपञ्चाशः सर्गः ॥ ५२ ॥

यस्य यस्य यथा यथेप्सितं तथा तथा सर्वान्कामान्विदध इत्यर्थः ॥ १ ॥ तदेव प्रपञ्चयति—इक्षूनिति । सविकारानिक्षून् । मधून्क्षौद्राणि । मैरेयं च धात्रीधातकीगुडवारिभिः कृतं मद्यम् । भक्ष्यानपूपादीन् । उच्चावचाननेकविधान् ॥ २ ॥ उष्णाढ्यस्योष्णत्वगुणयुक्तस्य । राशयः । आसन्निति शेषः । मृष्टान्यन्नानि पायसभेदाः । दधिकुल्या इत्युपलक्षणं दुग्धादेरपि ॥ ३ ॥ अनेकविधस्वादुरसयुतानां खाण्डवानां भक्ष्यविशेषाणाम् । शेषे षष्ठी । तैः पूर्णानि भोजनानि भोजनपात्राणि । गौडानि राजतानि । आसन्निति शेषः । 'रजते गुडः' इत्यभिधानमिति कतककृत् ॥ ४ ॥ हर्षश्चित्तसंतोषः पुष्टिर्देहपुष्टिस्ताभ्यां युक्तजनैरासमन्ताद्युक्तम् ॥ ५ ॥ अन्तःपुरश्रेष्ठैः सहितः ॥ ६ ॥ अमात्याः कर्मसचिवाः । मन्त्रिणो मन्त्रस्य सचिवाः । पूजित आतिथ्येन सत्कृतः ॥ ७ ॥ पूजार्हेण मादृशपूजाकरणयोग्येन । पूजित इत्यस्यैव विवरणमादरातिशयद्योतनाय । सुसत्कृत इति । हर्षाद्वा पुनरुक्तिरदोषः ॥ ८ ॥ शतसहस्रेण । निष्क्रयभूतेनेति शेषः ॥ ९ ॥ धर्मतो न्यायतः । पार्थिवस्य रत्नस्वामित्वाद्रत्नहरत्वाच्च ममैषा योग्येति शेषः ॥ १० ॥ ११ ॥ १२ ॥ कुत इयं परित्यागं नार्हेत्यत्राह—शाश्वतीति । यथात्मवतो राजयोगवतो विद्यादिजा कीर्तिः शाश्वती नित्यसंबद्धा एवं मह्यं ब्रह्मदत्ता शबला नित्यं मत्संबद्धा । एवमादरे बीजमाह—हव्यं दैवम् । कव्यं पित्र्यम् । प्राणयात्रा जीवनम् ॥ १३ ॥ आयत्तमधीनम् । बलिर्भूतबलिः । होमो वैश्वदेवादिः । आयत्त इत्यस्य सर्वत्रानुकर्षः । स्वाहाकारवषट्कारौ तत्साध्ययज्ञौ । विद्या इति । एतत्पयःप्राशनेन चित्तशुद्धेः प्राणतृप्तेर्देहपाटवाच्च तत्साध्यविद्यानामेतदायत्तत्वम् ॥ १४ ॥ एतत्सर्वमातिथ्यादि । एतच्छबलारूपमेव मे सर्वस्वम् । सत्येन । शपे इति शेषः । तथा दर्शनादिना मम तुष्टिकरी च ॥ १५ ॥ कारणैरुक्तैः साभिप्रायं चैतद्बोध्यम् ॥ १६ ॥ संरब्धतरमत्याग्रहयुक्तम् । हैरण्या हिरण्यविकाराः कक्षा घण्टो-

ददामि कुञ्जराणां ते सहस्राणि चतुर्दश । हैरण्यानां रथानां च श्वेताश्वानां चतुर्युजाम् ॥ १८
ददामि ते शतान्यष्टौ किंकिणीकविभूषितान् । हयानां देशजातानां कुलजानां महौजसाम् ॥ १९
सहस्रमेकं दश च ददामि तव सुव्रत । नानावर्णविभक्तानां वयःस्थानां तथैव च ।
ददाम्येकां गवां कोटिं शबला दीयतां मम ॥ २०
यावदिच्छसि रत्नानि हिरण्यं वा द्विजोत्तम । तावद्ददामि ते सर्वं दीयतां शबला मम ॥ २१
एवमुक्तस्तु भगवान्विश्वामित्रेण धीमता । न दास्यामीति शबलां प्राह राजन्कथंचन ॥ २२
एतदेव हि मे रत्नमेतदेव हि मे धनम् । एतदेव हि सर्वस्वमेतदेव हि जीवितम् ॥ २३
दर्शश्च पौर्णमासश्च यज्ञाश्चैवाप्तदक्षिणाः । एतदेव हि मे राजन्विविधाश्च क्रियास्तथा ॥ २४
अतोमूलाः क्रियाः सर्वा मम राजन्न संशयः । बहुना किं प्रलापेन न दास्ये कामदोहिनीम् ॥ २५

इत्यार्षे श्रीमद्रामायणे वाल्मीकीय आदिकाव्ये बालकाण्डे त्रिपञ्चाशः सर्गः ॥ ५३ ॥

चतुःपञ्चाशः सर्गः ।

कामधेनुं वसिष्ठोऽपि यदा न त्यजते मुनिः । तदास्य शबलां राम विश्वामित्रोऽन्वकर्षत ॥ १
नीयमाना तु शबला राम राज्ञा महात्मना । दुःखिता चिन्तयामास रुदती शोककर्शिता ॥ २
परित्यक्ता वसिष्ठेन किमहं सुमहात्मना । याहं राजभृतैर्दीना ह्रियेय भृशदुःखिता ॥ ३
किं मयापकृतं तस्य महर्षेर्भावितात्मनः । यन्मामनागसं दृष्ट्वा भक्तां त्यजति धार्मिकः ॥ ४
इति संचिन्तयित्वा तु निःश्वस्य च पुनःपुनः । जगाम वेगेन तदा वसिष्ठं परमौजसम् ॥ ५
निर्धूय तांस्तदा भृत्याञ्शतशः शत्रुसूदन । जगामानिलवेगेन पादमूलं महात्मनः ॥ ६
शबला सा रुदन्ती च क्रोशन्ती चेदमब्रवीत् । वसिष्ठस्याग्रतः स्थित्वा रुदन्ती मेघनिःस्वना ॥ ७
भगवन्किं परित्यक्ता त्वयाहं ब्रह्मणः सुत । यस्माद्राजभटा मां हि नयन्ते त्वत्सकाशतः ॥ ८
एवमुक्तस्तु ब्रह्मर्षिरिदं वचनमब्रवीत् । शोकसंतप्तहृदयां स्वसारमिव दुःखिताम् ॥ ९
न त्वां त्यजामि शबले नापि मेऽपकृतं त्वया । एष त्वां नयते राजा बलान्मत्तो महाबलः ॥ १०
नहि तुल्यं बलं मह्यं राजा त्वद्य विशेषतः । बली राजा क्षत्रियश्च पृथिव्याः पतिरेव च ॥ ११

पेतमध्यबन्धनार्थश्शृङ्खलाः । ग्रैवेयं ग्रीवालंकारश्शृङ्खलादि॥१७॥ श्वेताश्वानां चतुर्युजाम् । चतुःसंख्याकश्वेताश्वयुतानामित्यर्थः । आर्षः समासः । 'रथानां च' इति पाठः ॥ १८ ॥ किंकिणीकविभूषितानिति षष्ठ्यर्थे द्वितीया । रथानां विशेषणमेतत् । देशो बाह्लीकादिः । कुलमुच्चैःश्रवआदीनाम् । गन्धर्वकुलं वा । 'गन्धर्वकुलजातस्त्वम्' इति पुराणवचनात् ॥ १९ ॥ अनेकवर्णैर्विभक्तानां प्राप्तभेदानाम् । वयःस्थानां तरुणीनाम् । 'वयःस्थस्तरुणो युवा' इति कोशात् । एकां कोटिमित्यन्वयः ॥ २० ॥ यावदिति । इतोऽप्यधिकं वा यावदिच्छसीत्यर्थः ॥ २१ ॥ २२ ॥ एतच्छबलारूपं वस्तु ॥ २३ ॥ आप्तदक्षिणा इत्यनेन हव्यादिवद्दक्षिणाप्येतदधीनेति सूचितम् । एतदेव क्रिया इत्यस्यैव विवरणम् ॥ २४ ॥ अतोमूलाः । एतन्मूला इत्यर्थः । सर्वथा दानाभावे हेतुगर्भं विशेषणम् । कामदोहिनीमिच्छाविषयदोहनशीलाम् । काव्यलिङ्गमलंकारः ॥ २५ ॥

इति श्रीरामाभिरामे श्रीरामीये रामायणतिलके वाल्मीकीय आदिकाव्ये बालकाण्डे त्रिपञ्चाशः सर्गः ॥ ५३ ॥

अथ दण्डोपायप्रवृत्तिमाह—कामधेनुमिति । न त्यजते नात्यजत् । अन्वकर्षत । बलादिति शेषः ॥ १ ॥ २ ॥ राजभृतै राजसेवकैः । 'भटैः' इति क्वचित्पाठः । ह्रियेय । कर्मणि लिङ् । भृशदुःखिता भृशेनातिशयेन दुःखिता । अस्मीति शेषः । भृशशब्दो बहुपर्यायो वा ॥ ३ ॥ अपकृतमपराद्धम् । दृष्ट्वा ज्ञात्वापि । भक्तां सेवापराम् ॥ ४ ॥ ५ ॥ शतशो भृत्यान्स्वकर्षकान् । पादमूलं पादसमीपम् । महात्मनो वसिष्ठस्य ॥ ६ ॥ रोदनमश्रुपातः । क्रोशनमार्तशब्दः । रुदन्त्या एव ऋषिसमीपगमनं रुदन्त्यैव च कथनमित्येतदर्थं द्वी रुदन्तीति ॥ ७ ॥ सकाशः समीपम् ॥ ८ ॥ स्वसा भगिनी ॥ ९ ॥ बलात्क्षात्रात् । मत्तोऽविवेकी ॥ १० ॥ मह्यं मम । नहि तद्बलेन तुल्यमित्यर्थः । तपोबलेन तर्हि दण्ड्यताम् । तत्राह—राजा त्वित्यादि । राजत्वात्तपोबलेन न दण्ड्य इति भावः । तद्वक्ष्यति किष्किन्धायाम्—'दुर्लभस्य च धर्मस्य जीवितस्य शुभस्य च । राजानो वानरश्रेष्ठ प्रदातारो न संशयः ॥ तान्न हिंस्यान्न चाक्रोशेन्नाक्षिपेन्नाप्रियं वदेत् । देवा मानुषरूपेण चरन्त्येते महीतले ॥' इति । अद्य विशेषतः । अवध्य इति शेषः । अद्य कृतातिथ्यके दिने । तेनातिथित्वाद्विशेषतोऽवध्य इति

इयमक्षौहिणी पूर्णा गजवाजिरथाकुला । हस्तिध्वजसमाकीर्णा तेनासौ बलवत्तमः ॥ १२
एवमुक्ता वसिष्ठेन प्रत्युवाच विनीतवत् । वचनं वचनज्ञा सा ब्रह्मर्षिमतुलप्रभम् ॥ १३
न बलं क्षत्रियस्याहुर्ब्राह्मणा बलवत्तराः । ब्रह्मन्ब्रह्मबलं दिव्यं क्षात्राच्च बलवत्तरम् ॥ १४
अप्रमेयं बलं तुभ्यं न त्वया बलवत्तरः । विश्वामित्रो महावीर्यस्तेजस्तव दुरासदम् ॥ १५
नियुङ्क्ष्व मां महातेजस्त्वं ब्रह्मबलसंभृताम् । तस्य दर्पं बलं यत्नं नाशयामि दुरात्मनः ॥ १६
इत्युक्तस्तु तया राम वसिष्ठस्तु महायशाः । सृजस्वेति तदोवाच बलं परबलार्दनम् ॥ १७
तस्य तद्वचनं श्रुत्वा सुरभिः सासृजत्तदा । तस्या हुंभारवोत्सृष्टाः पह्लवाः शतशो नृप ॥ १८
नाशयन्ति बलं सर्वं विश्वामित्रस्य पश्यतः । स राजा परमक्रुद्धः क्रोधविस्फारितेक्षणः ॥ १९
पह्लवान्नाशयामास शस्त्रैरुच्चावचैरपि । विश्वामित्रार्दितान्दृष्ट्वा पह्लवाञ्शतशस्तदा ॥ २०
भूय एवासृजद्घोराञ्छकान्यवनमिश्रितान् । तैरासीत्संवृता भूमिः शकैर्यवनमिश्रितैः ॥ २१
प्रभावद्भिर्महावीर्यैर्हेमकिंजल्कसंनिभैः । तीक्ष्णासिपट्टिशधरैर्हेमवर्णाम्बरावृतैः ॥ २२
निर्दग्धं तद्बलं सर्वं प्रदीप्तैरिव पावकैः । ततोऽस्त्राणि महातेजा विश्वामित्रो मुमोच ह ।
तैस्ते यवनकाम्बोजा बर्बराश्चाकुलीकृताः ॥ २३

इत्यार्षे श्रीमद्रामायणे वाल्मीकीय आदिकाव्ये बालकाण्डे चतुःपञ्चाशः सर्गः ॥ ५४ ॥

पञ्चपञ्चाशः सर्गः ।

ततस्तानाकुलान्दृष्ट्वा विश्वामित्रास्त्रमोहितान् । वसिष्ठश्चोदयामास कामधुक्सृज योगतः ॥ १
तस्या हुंकारतो जाताः काम्बोजा रविसंनिभाः । ऊधसश्चाथ संभूता बर्बराः शस्त्रपाणयः ॥ २
योनिदेशाच्च यवनाः शकृद्देशाच्छकाः स्मृताः । रोमकूपेषु म्लेच्छाश्च हारीताः सकिरातकाः ॥ ३
तैस्तन्निषूदितं सर्वं विश्वामित्रस्य तत्क्षणात् । सपदातिगजं साश्वं सरथं रघुनन्दन ॥ ४
दृष्ट्वा निषूदितं सैन्यं वसिष्ठेन महात्मना । विश्वामित्रसुतानां तु शतं नानाविधायुधम् ॥ ५
अभ्यधावत्सुसंक्रुद्धं वसिष्ठं जपतां वरम् । हुंकारेणैव तान्सर्वान्निर्ददाह महानृषिः ॥ ६
ते साश्वरथपादाता वसिष्ठेन महात्मना । भस्मीकृता मुहूर्तेन विश्वामित्रसुतास्तथा ॥ ७
दृष्ट्वा विनाशितान्सर्वान्बलं च सुमहायशाः । सव्रीडं चिन्तयाविष्टो विश्वामित्रोऽभवत्तदा ॥ ८
समुद्र इव निर्वेगो भग्नदंष्ट्र इवोरगः । उपरक्त इवादित्यः सद्यो निष्प्रभतां गतः ॥ ९
हतपुत्रबलो दीनो लूनपक्ष इव द्विजः । हतसर्वबलोत्साहो निर्वेदं समपद्यत ॥ १०

भावः । बली राजेत्यनेन युद्धाजेयत्वमुक्तम् । पृथिवीपतिक्षत्रियत्वेन तद्वधस्य महापातकसमता बोधिता ॥ ११ ॥ बलित्वमेवोपपादयति—इयमिति । हस्तिस्थैर्ध्वजैः समाकीर्णा ॥ १२ ॥ विनीतवद्विनयोपेतम् ॥ १३ ॥ न बलमल्पबलम् । बलवत्तराः क्षत्रियादिभ्यः । क्षात्रात्क्षत्रियबलादपि बलवत्तरमधिकम् ॥ १४ ॥ तुभ्यं तव । न त्वया । सदृशोऽपीति शेषः । बलवत्तर इति । दूरे इति शेषः । महावीर्यो महावीर्योऽपि । तत्र हेतुस्तेजस्तवेत्यादि ॥ १५ ॥ ननु त्वमेव तस्य बलं नाशय । तत्राह—नियुङ्क्ष्वेति । कामधेनुत्वाभियोगापेक्षा परकाम्यार्थसृष्टावेव तस्याः सामर्थ्यात् । ब्रह्मबलसंभृतां तादृशकार्यसमर्थत्वेन मां ध्यायस्वेत्यर्थः ॥ १६ ॥ १७ ॥ हुंभानाम गवां शब्दः । पह्लवशकयवनकाम्बोजबर्बरा म्लेच्छजातिविशेषाः ॥ १८ ॥ पश्यत इत्यनादरे षष्ठी । विस्फारितं विवृतम् ॥ १९ ॥ अर्दिताः पीडिताः ॥ २० ॥ २१ ॥ प्रभा दुर्निरीक्ष्यं तेजः । हेम्नः किंजल्कस्य च सदृशैः । हेमवर्णाम्बरं पीताम्बरम् ॥ २२ ॥ २३ ॥ इति श्रीरामाभिरामे श्रीरामीये रामायणतिलके वाल्मीकीय आदिकाव्ये बालकाण्डे चतुःपञ्चाशः सर्गः ॥ ५४ ॥

आकुलान्पलायमानान् । कामधुगिति संबोधनम् । योगतो योगमहिम्ना ॥ १ ॥ २ ॥ रोमकूपेषु रोमकूपेभ्यः । म्लेच्छहारीतकिराता जातिविशेषाः ॥ ३ ॥ विश्वामित्रस्य तत्सैन्यम् ॥ ४ ॥ विश्वामित्रसुतानां शतमृषिरेव धेनोर्बलम्, अतोऽयमेव नाशनीय इत्याशयेन वसिष्ठमभ्यधावत् ॥ ५ ॥ हुंकारेण तपोबलसंभृतेन । क्षत्रियत्वेऽपि पृथिवीपतित्वाभावात्तद्वधेऽल्पप्रायश्चित्तम् । आततायित्वाच्चेति भावः ॥ ६ ॥ मुहूर्तेन भस्मीकृता इत्यपवर्गे तृतीया । मासेनानुवाकोऽधीत इतिवत् ॥ ७ ॥ सर्वान्पुत्रान् । सव्रीडमिति क्रियाविशेषणम् ॥ ८ ॥ निर्वेगत्वे समुद्रोपमा । निष्प्रभत्वे इतरे उपमे । उपरक्तो राहुग्रस्तः ॥ ९ ॥ हतसर्वबलोत्साहः सर्वाणि बलानि शारीरबौद्धादीनि तज्जन्योत्साहहीनः । निर्वेदं सर्वत्र निष्फलत्वबुद्धिजं

स पुत्रमेकं राज्याय पालयेति नियुज्य च । पृथिवीं क्षत्रधर्मेण वनमेवाभ्यपद्यत ॥ ११
स गत्वा हिमवत्पार्श्वे किंनरोरगसेविते । महादेवप्रसादार्थं तपस्तेपे महातपाः ॥ १२
केनचित्त्वथ कालेन देवेशो वृषभध्वजः । दर्शयामास वरदो विश्वामित्रं महामुनिम् ॥ १३
किमर्थं तप्यसे राजन्ब्रूहि यत्ते विवक्षितम् । वरदोऽस्मि वरो यस्ते काङ्क्षितः सोऽभिधीयताम् ॥ १४
एवमुक्तस्तु देवेन विश्वामित्रो महातपाः । प्रणिपत्य महादेवं विश्वामित्रोऽब्रवीदिदम् ॥ १५
यदि तुष्टो महादेव धनुर्वेदो ममानघ । साङ्गोपाङ्गोपनिषदः सरहस्यः प्रदीयताम् ॥ १६
यानि देवेषु चास्त्राणि दानवेषु महर्षिषु । गन्धर्वयक्षरक्षःसु प्रतिभान्तु ममानघ ॥ १७
तव प्रसादाद्भवतु देवदेव ममेप्सितम् । एवमस्त्विति देवेशो वाक्यमुक्त्वा गतस्तदा ॥ १८
प्राप्य चास्त्राणि देवेशाद्विश्वामित्रो महाबलः । दर्पेण महता युक्तो दर्पपूर्णोऽभवत्तदा ॥ १९
विवर्धमानो वीर्येण समुद्र इव पर्वणि । हतं मेने तदा राम वसिष्ठमृषिसत्तमम् ॥ २०
ततो गत्वाश्रमपदं मुमोचास्त्राणि पार्थिवः । यैस्तत्तपोवनं नाम निर्दग्धं चास्त्रतेजसा ॥ २१
उदीर्यमाणमस्त्रं तद्विश्वामित्रस्य धीमतः । दृष्ट्वा विप्रद्रुता भीता मुनयः शतशो दिशः ॥ २२
वसिष्ठस्य च ये शिष्या ये च वै मृगपक्षिणः । विद्रवन्ति भयाद्भीता नानादिग्भ्यः सहस्रशः ॥ २३
वसिष्ठस्याश्रमपदं शून्यमासीन्महात्मनः । मुहूर्तमिव निःशब्दमासीदीरिणसंनिभम् ॥ २४
वदतो वै वसिष्ठस्य मा भैरिति मुहुर्मुहुः । नाशयाम्यद्य गाधेयं नीहारमिव भास्करः ॥ २५
एवमुक्त्वा महातेजा वसिष्ठो जपतां वरः । विश्वामित्रं तदा वाक्यं सरोषमिदमब्रवीत् ॥ २६
आश्रमं चिरसंवृद्धं यद्विनाशितवानसि । दुराचारो हि यन्मूढस्तस्मात्त्वं न भविष्यसि ॥ २७
इत्युक्त्वा परमक्रुद्धो दण्डमुद्यम्य सत्वरः । विधूम इव कालाग्निर्यमदण्डमिवापरम् ॥ २८

इत्यार्षे श्रीमद्रामायणे वाल्मीकीय आदिकाव्ये बालकाण्डे पञ्चपञ्चाशः सर्गः ॥ ५५ ॥

षट्पञ्चाशः सर्गः ।

एवमुक्तो वसिष्ठेन विश्वामित्रो महाबलः । आग्नेयमस्त्रमुद्दिश्य तिष्ठ तिष्ठेति चाब्रवीत् ॥ १
ब्रह्मदण्डं समुद्यम्य कालदण्डमिवापरम् । वसिष्ठो भगवान्क्रोधादिदं वचनमब्रवीत् ॥ २
क्षत्रबन्धो स्थितोऽस्म्येष यद्बलं तद्विदर्शय । नाशयाम्यद्य ते दर्पं शस्त्रस्य तव गाधिज ॥ ३
क्व च ते क्षत्रियबलं क्व च ब्रह्मबलं महत् । पश्य ब्रह्मबलं दिव्यं मम क्षत्रियपांसन ॥ ४
तस्यास्त्रं गाधिपुत्रस्य घोरमाग्नेयमुत्तमम् । ब्रह्मदण्डेन तच्छान्तमग्नेर्वेग इवाम्भसा ॥ ५
वारुणं चैव रौद्रं च ऐन्द्रं पाशुपतं तथा । ऐषीकं चापि चिक्षेप कुपितो गाधिनन्दनः ॥ ६

चित्तखेदम् ॥ १० ॥ एकम् । अवशिष्टामिति शेषः । राज्याय राज्यं रक्षितुम् । पृथिवीं क्षत्रधर्मेण पालयेति नियुज्येत्यन्वयः ॥ ११ ॥ १२ ॥ दर्शयामास । आत्मानमिति शेषः ॥ १३ ॥ १४ ॥ १५ ॥ साक्षादुपकारकाण्यङ्गानि, आरादुपकारकाण्युपाङ्गानि, मन्त्रा उपनिषदः । समाहारद्वंद्वे 'द्वंद्वाच्चुद–' इति टच् । तेन सहितो धनुर्वेद इत्यर्थः । रहस्यमाचार्यमुखैकगम्यं विद्याजातम् ॥ १६ ॥ १७ ॥ प्रसादात् । न तूपदेशापेक्षेति भावः ॥ १८ ॥ क्षत्रियत्वात्सहज एव दर्पस्तस्य पूर्तिरस्त्रलाभात् ॥ १९ ॥ २० ॥ यैरस्त्रैरस्त्रतेजसा स्वीयतेजसा तपोवनं निर्दग्धं भवेत्तान्यस्त्राणि मुमुचे इत्यन्वयः ॥ २१ ॥ विश्वामित्रस्य । शेषे षष्ठी । तेनोदीर्यमाणं विसृज्यमानम् ॥ २२ ॥ भयाद्भयहेतोरस्त्रजालात् । नानादिग्भ्यः । व्यत्ययेन द्वितीयार्थे चतुर्थी पञ्चमी वा ॥ २३ ॥ शून्यं सर्वप्राणिपलायनात् । अतएव निःशब्दमिव । ईरिणमूषरम् । निर्वृक्षनिर्मानुषकान्तारसदृशमिति यावत् ॥ २४ ॥ वदतो वै । वदतोऽपीत्यर्थः । तादृशस्यापि वसिष्ठस्य वचनमनादृत्य दुद्रुवुरित्यर्थः ॥ २५ ॥ एवमुक्त्वा । पलायमानप्राणिजातं प्रतीति शेषः । इदं वक्ष्यमाणम् ॥ २६ ॥ यद्यस्मान्म आश्रमं विनाशितवानसि, यद्यस्माच्च, हि प्रसिद्धम्, दुराचारो मूढस्त्वम्, तस्मान्न भविष्यसि । नङ्क्ष्यसीत्यर्थः ॥ २७ ॥ विधूमः कालाग्निरिव क्रोधाद्वसिष्ठोऽपरं यमदण्डमिव दण्डमुद्यम्य । तस्थाविति शेषः ॥ २८ ॥

इति श्रीरामाभिरामे श्रीरामीये रामायणतिलके वाल्मीकीय आदिकाव्ये बालकाण्डे पञ्चपञ्चाशः सर्गः ॥ ५५ ॥

एवमुक्तो नभविष्यसीत्युक्तः ॥ १ ॥ २ ॥ तिष्ठ तिष्ठेति भीषयन्तं प्रति स्वभीत्यभावमाह—स्थितोऽस्म्येष इति । तव शस्त्रस्य दर्पं त्वया लब्धं यदस्त्ररूपं शस्त्रं तत्प्राप्तिजं ते तव दर्पम् ॥ ३ ॥ ४ ॥ क्षत्रियपांसनेत्युक्त्वा स्थितस्य तस्य वसिष्ठस्य ब्रह्मदण्डेन गाधिपुत्रस्याग्नेयं शान्तमासीत् ॥ ५ ॥ ६ ॥

मानवं मोहनं चैव गान्धर्वं स्वापनं तथा । जृम्भणं मोहनं चैव संतापनविलापने ॥ ७
शोषणं दारणं चैव वज्रमस्त्रं सुदुर्जयम् । ब्रह्मपाशं कालपाशं वारुणं पाशमेव च ॥ ८
पिनाकमस्त्रं दयितं शुष्कार्द्रे अशनी तथा । दण्डास्त्रमथ पैशाचं क्रौञ्चमस्त्रं तथैव च ॥ ९
धर्मचक्रं कालचक्रं विष्णुचक्रं तथैव च । वायव्यं मथनं चैव अस्त्रं हयशिरस्तथा ॥ १०
शक्तिद्वयं च चिक्षेप कंकालं मुसलं तथा । वैद्याधरं महास्त्रं च कालास्त्रमथ दारुणम् ॥ ११
त्रिशूलमस्त्रं घोरं च कापालमथ कङ्कणम् । एतान्यस्त्राणि चिक्षेप सर्वाणि रघुनन्दन ॥ १२
वसिष्ठे जपतां श्रेष्ठे तदद्भुतमिवाभवत् । तानि सर्वाणि दण्डेन ग्रसते ब्रह्मणः सुतः ॥ १३
तेषु शान्तेषु ब्रह्मास्त्रं क्षिप्तवान्गाधिनन्दनः । तदस्त्रमुद्यतं दृष्ट्वा देवाः साग्निपुरोगमाः ॥ १४
देवर्षयश्च संभ्रान्ता गन्धर्वाः समहोरगाः । त्रैलोक्यमासीत्संत्रस्तं ब्रह्मास्त्रे समुदीरिते ॥ १५
तदप्यस्त्रं महाघोरं ब्राह्मं ब्राह्मेण तेजसा । वसिष्ठो ग्रसते सर्वं ब्रह्मदण्डेन राघव ॥ १६
ब्रह्मास्त्रं ग्रसमानस्य वसिष्ठस्य महात्मनः । त्रैलोक्यमोहनं रौद्रं रूपमासीत्सुदारुणम् ॥ १७
रोमकूपेषु सर्वेषु वसिष्ठस्य महात्मनः । मरीच्य इव निष्पेतुरग्नेर्धूमाकुलार्चिषः ॥ १८
प्राज्वलद्ब्रह्मदण्डश्च वसिष्ठस्य करोद्यतः । विधूम इव कालाग्नेर्यमदण्ड इवापरः ॥ १९
ततोऽस्तुवन्मुनिगणा वसिष्ठं जपतां वरम् । अमोघं ते बलं ब्रह्मंस्तेजो धारय तेजसा ॥ २०
निगृहीतस्त्वया ब्रह्मन्विश्वामित्रो महाबलः । अमोघं ते बलं श्रेष्ठ लोकाः सन्तु गतव्यथाः ॥ २१
एवमुक्तो महातेजाः शमं चक्रे महातपाः । विश्वामित्रो विनिकृतो विनिःश्वस्येदमब्रवीत् ॥ २२
धिग्बलं क्षत्रियबलं ब्रह्मतेजोबलं बलम् । एकेन ब्रह्मदण्डेन सर्वास्त्राणि हतानि मे ॥ २३
तदेतत्प्रसमीक्ष्याहं प्रसन्नेन्द्रियमानसः । तपो महत्समास्थास्ये यद्वै ब्रह्मत्वकारणम् ॥ २४

इत्यार्षे श्रीमद्रामायणे वाल्मीकीय आदिकाव्ये बालकाण्डे षट्पञ्चाशः सर्गः ॥ ५६ ॥

सप्तपञ्चाशः सर्गः ।

ततः संतप्तहृदयः स्मरन्निग्रहमात्मनः । विनिःश्वस्य विनिःश्वस्य कृतवैरो महात्मना ॥ १
स दक्षिणां दिशं गत्वा महिष्या सह राघव । तताप परमं घोरं विश्वामित्रो महातपाः ॥ २
फलमूलाशनो दान्तश्चचार परमं तपः । अथास्य जज्ञिरे पुत्राः सत्यधर्मपरायणाः ॥ ३
हविष्पन्दो मधुष्पन्दो दृढनेत्रो महारथः । पूर्णे वर्षसहस्रे तु ब्रह्मा लोकपितामहः ॥ ४

॥ ७ ॥ ८ ॥ दयितम् । शिवस्येति शेषः ॥ ९ ॥ १० ॥ ११ ॥ १२ ॥ ग्रसते स्म ॥ १३ ॥ अग्निपुरोगमो वायुस्तत्सहिताः । अग्निसहितो वायुः पुरोगमो येषां युद्ध इति वा ॥ १४ ॥ समुदीरिते प्रयुक्ते ॥ १५ ॥ ब्राह्मेण तेजसा ब्रह्मविद्याभ्याससजेन तेजसा युक्तेन ब्राह्मदण्डेन करधृतेन ग्रसते स्मेत्यन्वयः । ब्राह्मेणैव तेजसा ब्राह्मतेजःशमनस्य साध्यत्वादिति भावः ॥ १६ ॥ त्रैलोक्यमोहनं भयात्त्रिलोकीचित्तमूर्च्छाकरम् । रौद्रं स्मरणेऽपि भयदम् । सुदारुणं दुर्दर्शं नृसिंहवीरभद्रादिवत् । 'घोरम्' इति पाठान्तरम् । तुल्योऽर्थः ॥ १७ ॥ रौद्रदारुणत्वे उपपादयति—रोमेत्यादि । रोमकूपेषु रोमकूपेभ्यः । मरीच्यो विस्फुलिङ्गाः । ऋषेर्विश्वामित्रब्रह्मास्त्राकुलत्वाद्धूम्राकुलार्चिष्ट्वमग्नेर्विशेषणम् ॥ १८ ॥ विधूमः कालाग्निरिव ब्रह्मदण्डश्च प्राज्वलत् । तत्समर्पितब्रह्मतेजसेति भावः ॥ १९ ॥ ततोऽस्तुवन्साधु साध्वित्युपश्लोकितवन्तः । हे ब्रह्मन्, ते बलममोघमस्तु । अरातावविसर्जनेनाक्षीणमस्तु । प्रतिब्रह्मास्त्रं मा प्रयुङ्क्ष्वेति यावत् । पारक्यं तेजः स्वतेजसा सहजेन धारय विलाप्यैकीकुरु ॥ २० ॥ नन्वरौ स्थिते कथमप्रतियोगोऽत आह—निगृहीत इति । ब्रह्मास्त्रग्रासेन नष्टसामर्थ्यः स्वत एव मृतप्रायो जात इत्यर्थः ॥ २१ ॥ शमं चक्रे । प्रतियोगतोऽरातिनाशनादुपरत इत्यर्थः । विनिकृतो निरस्तसर्वशक्तिः ॥ २२ ॥ क्षत्रियबलं धिक् । केवलं निन्द्यं बलमित्यर्थः । ब्रह्मतेजोबलं प्रशस्तं बलम् ॥ २३ ॥ प्रसन्नेन्द्रियमानसः । परित्यक्तक्षत्रस्वभाव इति यावत् ॥ २४ ॥ इति श्रीरामाभिरामे श्रीरामीये रामायणतिलके वाल्मीकीय आदिकाव्ये बालकाण्डे षट्पञ्चाशः सर्गः ॥ ५६ ॥

तत इति । कृतवैर इति । इदमेव तपोनाशकमस्य ॥ १ ॥ ततापा । तपश्चकारेत्यर्थः ॥ २ ॥ तपसो घोरत्वं दर्शयति—फलेत्यादि । दान्तो जितेन्द्रियः । पुत्रा हविष्पन्दादयः ॥ ३ ॥ ब्रह्मर्षित्वाय ब्रह्मविद्यया तपःकरणात्तदधिदैवतत्वाद्ब्रह्माब्रवीत्

अब्रवीन्मधुरं वाक्यं विश्वामित्रं तपोधनम् । जिता राजर्षिलोकास्ते तपसा कुशिकात्मज ॥ ५
अनेन तपसा त्वां हि राजर्षिरिति विद्महे । एवमुक्त्वा महातेजा जगाम सहदैवतैः ॥ ६
त्रिविष्टपं ब्रह्मलोकं लोकानां परमेश्वरः । विश्वामित्रोऽपि तच्छ्रुत्वा ह्रिया किंचिदवाङ्मुखः ॥ ७
दुःखेन महताविष्टः स्वमन्युरिदमब्रवीत् । तपश्च सुमहत्तप्तं राजर्षिरिति मां विदुः ॥ ८
देवाः सर्षिगणाः सर्वे नास्ति मन्ये तपःफलम् । एवं निश्चित्य मनसा भूय एव महातपाः ॥ ९
तपश्चचार धर्मात्मा काकुत्स्थ परमात्मवान् । एतस्मिन्नेव काले तु सत्यवादी जितेन्द्रियः ॥ १०
त्रिशङ्कुरिति विख्यात इक्ष्वाकुकुलवर्धनः । तस्य बुद्धिः समुत्पन्ना यजेयमिति राघव ॥ ११
गच्छेयं स्वशरीरेण देवतानां परां गतिम् । वसिष्ठं स समाहूय कथयामास चिन्तितम् ॥ १२
अशक्यमिति चाप्युक्तो वसिष्ठेन महात्मना । प्रत्याख्यातो वसिष्ठेन स ययौ दक्षिणां दिशम् ॥ १३
ततस्तत्कर्मसिद्ध्यर्थं पुत्रांस्तस्य गतो नृपः । वासिष्ठा दीर्घतपसस्तपो यत्र हि तेपिरे ॥ १४
त्रिशङ्कुस्तु महातेजाः शतं परमभास्वरम् । वसिष्ठपुत्रान्ददृशे तप्यमानान्मनस्विनः ॥ १५
सोऽभिगम्य महात्मानः सर्वानेव गुरोः सुतान् । अभिवाद्यानुपूर्व्येण ह्रिया किंचिदवाङ्मुखः ॥ १६
अब्रवीत्स महात्मानः सर्वानेव कृताञ्जलिः । शरणं वः प्रपन्नोऽहं शरण्याञ्शरणं गतः ॥ १७
प्रत्याख्यातो हि भद्रं वो वसिष्ठेन महात्मना । यष्टुकामो महायज्ञं तदनुज्ञातुमर्हथ ॥ १८
गुरुपुत्रानहं सर्वान्नमस्कृत्य प्रसादये । शिरसा प्रणतो याचे ब्राह्मणांस्तपसि स्थितान् ॥ १९
ते मां भवन्तः सिद्ध्यर्थं याजयन्तु समाहिताः । सशरीरो यथाहं वै देवलोकमवाप्नुयाम् ॥ २०
प्रत्याख्यातो वसिष्ठेन गतिमन्यां तपोधनाः । गुरुपुत्रानृते सर्वान्नाहं पश्यामि कांचन ॥ २१
इक्ष्वाकूणां हि सर्वेषां पुरोधाः परमा गतिः । तस्मादनन्तरं सर्वे भवन्तो दैवतं मम ॥ २२

इत्यार्षे श्रीमद्रामायणे वाल्मीकीय आदिकाव्ये बालकाण्डे सप्तपञ्चाशः सर्गः ॥ ५७ ॥

अष्टपञ्चाशः सर्गः ।

ततस्त्रिशङ्कोर्वचनं श्रुत्वा क्रोधसमन्वितम् । ऋषिपुत्रशतं राम राजानमिदमब्रवीत् ॥ १
प्रत्याख्यातोऽसि दुर्मेधो गुरुणा सत्यवादिना । तं कथं समतिक्रम्य शाखान्तरमुपेयिवान् ॥ २
इक्ष्वाकूणां हि सर्वेषां पुरोधाः परमा गतिः । न चातिक्रमितुं शक्यं वचनं सत्यवादिनः ॥ ३
अशक्यमिति सोवाच वसिष्ठो भगवानृषिः । तं वयं वै समाहर्तुं क्रतुं शक्ताः कथंचन ॥ ४

॥ ४ ॥ ५ ॥ ६ ॥ देवैः सह त्रिविष्टपं स्वर्गं गत्वा तदनु स्वं लोकं गतः । लोकानां भूरादीनाम् ॥ ७ ॥ समन्युः सदैन्यः स्वं प्रत्येवेदं वचः सु महति तपसि कृतेऽपि सर्षिगणा देवा मां राजर्षिरित्येव विदुरवगच्छन्ति । तस्मादस्य तपसस्तद्ब्राह्मणत्वं फलं नास्ति न भवतीति मन्ये ॥ ८ ॥ ९ ॥ परमात्मवान्परमात्मध्यानवान्परमधीरश्च ॥ १० ॥ ११ ॥ गच्छेयम् । यज्ञबलेनेति शेषः । देवतानां परा गतिः स्वर्गः ॥ १२ ॥ अशक्यत्वकथनपूर्वकं प्रत्याख्यानबीजं च प्रसिद्धं त्रिशङ्कुत्वमेवेति पुराणेषु स्पष्टम् ॥ १३ ॥ तत्कर्म सशरीरस्वर्गप्रापकयज्ञकर्म । तस्य वसिष्ठस्य पुत्रा यत्र तेपिरे । तत्र गत्वेति शेषः । तस्य पुत्रान्गतः प्राप्तः ॥ १४ ॥ शतशब्देन स्वावयवगतबहुत्वेन बहुवचनम् । अनभिधानात् । शतशब्दः संख्यावाची संख्येयवाची च विंशत्यादिवत् । अत्र तु संख्येयवाची । शतं वसिष्ठपुत्रान् । शतसंख्याकानित्यर्थः । अत्रावयवप्राधान्येन तद्बहुत्वेन बहुवचनं प्राप्तं तदनभिधानान्न भवति । एकवचनमेव भवति । यथा विंशतिर्ब्राह्मणाः । संख्यावाचिनोऽप्येकवचनं ब्राह्मणानां शतमिति यथा । अतो वसिष्ठपुत्रानित्यनेन शतमित्यनेन च सामानाधिकरण्यम् ॥ १५ ॥ ह्रिया तत्पितृकृतप्रत्याख्यानजया । महात्मन इति द्वितीयार्थे महात्मान इत्यार्षम् ॥ १६ ॥ शरण्यान्रक्षणसमर्थान् । शरणं गतोऽन्येषां रक्ष्याणां शरणं गतोऽपि । शरणत्वं प्राप्तोऽपीत्यर्थः ॥ १७ ॥ १८ ॥ ब्राह्मणानन्वर्थब्राह्मणान् ॥ १९ ॥ सिद्ध्यर्थं सशरीरस्वर्गगमनसिद्ध्यर्थम् ॥ २० ॥ गुरुपुत्रानृते तान्विनान्यां कांचन गतिमहं न पश्यामीत्यन्वयः ॥ २१ ॥ 'अयं श्लोकः प्रक्षिप्तः' इति कतकस्वरसः । तस्मादिक्ष्वाकूणां परमगतिरूपात्पुरोधसो वसिष्ठादनन्तरमित्यर्थः ॥ २२ ॥ **इति श्रीरामाभिरामे श्रीरामीये रामायणतिलके वाल्मीकीय आदिकाव्ये बालकाण्डे सप्तपञ्चाशः सर्गः ॥ ५७ ॥**

क्रोधसमन्वितमिति ऋषिपुत्रशतविशेषणम् ॥ १ ॥ दुर्मेधः दुर्बुद्धे । शाखान्तरं याजनादिना रक्षकान्तरम् ॥ २ ॥ न चातिक्रमितुं शक्यम् । इक्ष्वाकुभिरिति शेषः ॥ ३ ॥ सोवाचेति 'सोऽचि लोपे चे'दिति साधु । तं क्रतुम् । यमशक्यमि-

बालिशस्त्वं नरश्रेष्ठ गम्यतां स्वपुरं पुनः । याजने भगवाञ्शक्तस्त्रैलोक्यस्यापि पार्थिव ॥ ५
अवमानं कथं कर्तुं तस्य शक्ष्यामहे वयम् । तेषां तद्वचनं श्रुत्वा क्रोधपर्याकुलाक्षरम् ॥ ६
स राजा पुनरेवैतानिदं वचनमब्रवीत् । प्रत्याख्यातो भगवता गुरुपुत्रैस्तथैव हि ॥ ७
अन्यां गतिं गमिष्यामि स्वस्ति वोऽस्तु तपोधनाः । ऋषिपुत्रास्तु तच्छ्रुत्वा वाक्यं घोराभिसंहितम् ८
शेपुः परमसंक्रुद्धाश्चण्डालत्वं गमिष्यसि । इत्युक्त्वा ते महात्मानो विविशुः स्वं स्वमाश्रमम् ॥ ९
अथ रात्र्यां व्यतीतायां राजा चण्डालतां गतः । नीलवस्त्रधरो नीलः परुषो ध्वस्तमूर्धजः ॥ १०
चित्यमाल्याङ्गरागश्च आयसाभरणोऽभवत् । तं दृष्ट्वा मन्त्रिणः सर्वे त्यज्य चण्डालरूपिणम् ॥ ११
प्राद्रवन्सहिता राम पौरा येऽस्यानुगामिनः । एको हि राजा काकुत्स्थ जगाम परमात्मवान् ॥ १२
दह्यमानो दिवारात्रं विश्वामित्रं तपोधनम् । विश्वामित्रस्तु तं दृष्ट्वा राजानं विफलीकृतम् ॥ १३
चण्डालरूपिणं राम मुनिः कारुण्यमागतः । कारुण्यात्स महातेजा वाक्यं परमधार्मिकः ॥ १४
इदं जगाद भद्रं ते राजानं घोरदर्शनम् । किमागमनकार्यं ते राजपुत्र महाबल ॥ १५
अयोध्याधिपते वीर शापाच्चण्डालतां गतः । अथ तद्वाक्यमाकर्ण्य राजा चण्डालतां गतः ॥ १६
अब्रवीत्प्राञ्जलिर्वाक्यं वाक्यज्ञो वाक्यकोविदम् । प्रत्याख्यातोऽस्मि गुरुणा गुरुपुत्रैस्तथैव च ॥ १७
अनवाप्यैव तं कामं मया प्राप्तो विपर्ययः । सशरीरो दिवं यायामिति मे सौम्यदर्शन ॥ १८
मया चेष्टं क्रतुशतं तच्च नावाप्यते फलम् । अनृतं नोक्तपूर्वं मे न च वक्ष्ये कदाचन ॥ १९
कृच्छ्रेष्वपि गतः सौम्य क्षत्रधर्मेण ते शपे । यज्ञैर्बहुविधैरिष्टं प्रजा धर्मेण पालिताः ॥ २०
गुरवश्च महात्मानः शीलवृत्तेन तोषिताः । धर्मे प्रयतमानस्य यज्ञं चाहर्तुमिच्छतः ॥ २१
परितोषं न गच्छन्ति गुरवो मुनिपुंगव । दैवमेव परं मन्ये पौरुषं तु निरर्थकम् ॥ २२
दैवेनाक्रम्यते सर्वं दैवं हि परमा गतिः । तस्य मे परमार्तस्य प्रसादमभिकाङ्क्षतः ।
कर्तुमर्हसि भद्रं ते दैवोपहतकर्मणः ॥ २३
नान्यां गतिं गमिष्यामि नान्यच्छरणमस्ति मे । दैवं पुरुषकारेण निवर्तयितुमर्हसि ॥ २४

इत्यार्षे श्रीमद्रामायणे वाल्मीकीय आदिकाव्ये बालकाण्डेऽष्टपञ्चाशः सर्गः ॥ ५८ ॥

त्युवाच तं यज्ञमित्यर्थः । कथं च । कथमपि न शक्ता इत्यर्थः ॥ ४ ॥ बालिशोऽज्ञः । त्रैलोक्यस्यापि सिद्ध्यर्थं याजने इत्यर्थः । भगवान्वसिष्ठः ॥ ५ ॥ अवमानं तेनासाध्यतयोक्तार्थस्य साधनरूपम् ॥ ६ ॥ एतान्वासिष्ठान् ॥ ७ ॥ अन्यां गतिं याजकान्तरम् । घोराभिसंहितं घोराभिप्रायसंयुक्तम् । कुलगुर्वतिक्रमेणान्याश्रयस्य कुलनाशहेतुतया तदभिप्रायस्य घोरत्वम् ॥ ८ ॥ चण्डालत्वं गमिष्यसीति शेपुरिति योजना । तादृशपापिष्ठदर्शनस्य पापजनकत्वात्स्वस्वाश्रमप्रवेशस्तेषाम् ॥९॥ परुषो रुक्षाङ्गः । ध्वस्तमूर्धजः खर्वकेशः ॥ १० ॥ चिता श्मशानं तत्र भवं पुष्पभस्मादिमाल्याङ्गरागो यस्य । अयोविकार आयसं तदाभरणः । त्यज्य त्यक्त्वा ॥ ११ ॥ अनुगामिनः सहगताः । प्राद्रवंस्तं त्यक्त्वा गताः । परमात्मवान्धीरः ॥ १२ ॥ दह्यमान इत्यस्य दुःखेनेत्यादि । विश्वामित्रं जगामेति पूर्वेणान्वयः । वसिष्ठवैरित्वाद्विफलीकृतं वसिष्ठतत्पुत्रैर्विनाशितैहिकामुष्मिकार्थम् ॥ १३ ॥ १४ ॥ यस्त्वं शापाच्चण्डालतां गतस्तस्य त इहागमनकार्यं किमित्यन्वयः ॥ १५ ॥ ॥ १६ ॥ १७ ॥ यं काममुद्दिश्य गतस्तं काममनवाप्य नैतावदेव, अपि तु विपर्ययो जातिभ्रंश एवंवेषरूपः । काममाह—सशरीर इत्यादि । इतीत्यस्य काम इति शेषः । सौम्यदर्शनेति संबोधनम् ॥ १८ ॥ तच्च तथापि । तत्फलं सशरीरस्वर्गप्राप्तिरूपं नावाप्यत इत्यन्वयः । क्रतुशतं न कृतं त्वयेति चेत्तत्राह—अनृतमिति ॥ १९ ॥ कृच्छ्रेष्वपि गतोऽनृतं न वक्ष्य इत्यन्वयः । क्षत्रधर्मेण तत्साक्षितया ॥ २० ॥ शीलं सद्गुणः । वृत्तमाचारः । इच्छतः । ममेति शेषः ॥ २१ ॥ न गच्छन्ति न गच्छन्ति स्म । यदेवमतो दैवमेव प्रारब्धफलमदृष्टमेव । परं श्रेष्ठं हिताहितप्रापणे पौरुषमिदानींतनधर्मानुष्ठानं निरर्थकम् । प्रारब्धतिरस्कारे दुर्बलमित्यर्थः ॥ २२ ॥ दैवमुक्तम् । आक्रम्यतेऽभिभूयते । परमा गतिः साक्षादितरतिरस्कारेणैहिकसुखदुःखदम् । प्रसादं दैवानुकूल्यसमर्थं त्वदीयं प्रसादमिच्छतो मे प्रसादं कर्तुमर्हसि । दैवेनोपहतं तिरस्कृतमिहानुष्ठीयमानं कर्म यस्य ॥ २३ ॥ २४ ॥ इति श्रीरामाभिरामे श्रीरामीये रामायणतिलके वाल्मीकीय आदिकाव्ये बालकाण्डेऽष्टपञ्चाशः सर्गः ॥ ५८ ॥

१३

एकोनषष्टितमः सर्गः ।

उक्तवाक्यं तु राजानं कृपया कुशिकात्मजः । अब्रवीन्मधुरं वाक्यं साक्षाच्चण्डालतां गतम् ॥ १
इक्ष्वाको स्वागतं वत्स जानामि त्वां सुधार्मिकम् । शरणं ते प्रदास्यामि मा भैषीर्नृपपुंगव ॥ २
अहमामन्त्रये सर्वान्महर्षीन्पुण्यकर्मणः । यज्ञसाह्यकरान्राजंस्ततो यक्ष्यसि निर्वृतः ॥ ३
गुरुशापकृतं रूपं यदिदं त्वयि वर्तते । अनेन सह रूपेण सशरीरो गमिष्यसि ॥ ४
हस्तप्राप्तमहं मन्ये स्वर्गं तव नराधिप । यस्त्वं कौशिकमागम्य शरण्यं शरणागतः ॥ ५
एवमुक्त्वा महातेजाः पुत्रान्परमधार्मिकान् । व्यादिदेश महाप्राज्ञान्यज्ञसंभारकारणात् ॥ ६
सर्वाञ्शिष्यान्समाहूय वाक्यमेतदुवाच ह । सर्वानृषीन्सवासिष्ठानानयध्वं ममाज्ञया ॥ ७
सशिष्यान्सुहृदश्चैव सर्त्विजः सुबहुश्रुतान् । यदन्यो वचनं ब्रूयान्मद्वाक्यबलचोदितः ॥ ८
तत्सर्वमखिलेनोक्तं ममाख्येयमनादृतम् । तस्य तद्वचनं श्रुत्वा दिशो जग्मुस्तदाज्ञया ॥ ९
आजग्मुरथ देशेभ्यः सर्वेभ्यो ब्रह्मवादिनः । ते च शिष्याः समागम्य मुनिं ज्वलिततेजसम् ॥ १०
ऊचुश्च वचनं सर्वं सर्वेषां ब्रह्मवादिनाम् । श्रुत्वा ते वचनं सर्वे समायान्ति द्विजातयः ॥ ११
सर्वदेशेषु चागच्छन्वर्जयित्वा महोदयम् । वासिष्ठं यच्छतं सर्वं क्रोधपर्याकुलाक्षरम् ॥ १२
यथाह वचनं सर्वं शृणु त्वं मुनिपुंगव । क्षत्रियो याजको यस्य चण्डालस्य विशेषतः ॥ १३
कथं सदसि भोक्तारो हविस्तस्य सुरर्षयः । ब्राह्मणा वा महात्मानो भुक्त्वा चाण्डालभोजनम् ॥ १४
कथं स्वर्गं गमिष्यन्ति विश्वामित्रेण पालिताः । एतद्वचननैष्ठुर्यमूचुः संरक्तलोचनाः ॥ १५
वासिष्ठा मुनिशार्दूल सर्वे सहमहोदयाः । तेषां तद्वचनं श्रुत्वा सर्वेषां मुनिपुंगवः ॥ १६
क्रोधसंरक्तनयनः सरोषमिदमब्रवीत् । यद्दूषयन्त्यदुष्टं मां तप उग्रं समास्थितम् ॥ १७
भस्मीभूता दुरात्मानो भविष्यन्ति न संशयः । अद्य ते कालपाशेन नीता वैवस्वतक्षयम् ॥ १८
सप्तजातिशतान्येव मृतपाः संभवन्तु ते । श्वमांसनियताहारा मुष्टिका नाम निर्घृणाः ॥ १९
विकृताश्च विरूपाश्च लोकाननुचरन्त्विमान् । महोदयश्च दुर्बुद्धिर्मामदूष्यं ह्यदूषयत् ॥ २०
दूषितः सर्वलोकेषु निषादत्वं गमिष्यति । प्राणातिपातनिरतो निरनुक्रोशतां गतः ॥ २१
दीर्घकालं मम क्रोधाद्दुर्गतिं वर्तयिष्यति । एतावदुक्त्वा वचनं विश्वामित्रो महातपाः ।
विरराम महातेजा ऋषिमध्ये महामुनिः ॥ २२

इत्यार्षे श्रीमद्रामायणे वाल्मीकीय आदिकाव्ये बालकाण्ड एकोनषष्टितमः सर्गः ॥ ५९ ॥

उक्तेति ॥ १ ॥ २ ॥ यज्ञसाह्यं यज्ञसाहाय्यम् ॥ ३ ॥ अनेन रूपेण गुरुपुत्रशापकृतेन चण्डालरूपेण । ऋषिशापस्यान्यथाकर्तुमशक्यत्वात् । गमिष्यसि । स्वर्गमिति शेषः । जातिचाण्डालत्वाभावाच्च यज्ञप्रवृत्तिः ॥ ४ ॥ हस्तप्राप्तमनायासलभ्यम् । तत्र हेतुः—यस्त्वमित्यादि ॥ ५ ॥ यज्ञसंभारकारणाद्यज्ञसामग्रीसंपादनार्थम् ॥ ६ ॥ शिष्याणामृष्यानयन आज्ञा ॥ ७ ॥ सुहृदः स्वस्य । स्वस्वऋत्विक्सहितान् । तद्विशेषणम्—सुबहुश्रुतानिति । यदिति । आहूतोऽन्यो वा । अनादृतमुपेक्षारूपं चण्डालयाजनरूपं निन्दात्मकं वा यद्वाक्यं ब्रूयात्तत्सर्वमुक्तमखिलेन ममाख्येयम् ॥ ८ ॥ ९ ॥ १० ॥ ते तव ॥ ११ ॥ सर्वदेशेष्वित्यस्य स्थिता इति शेषः । आगच्छन्नित्यस्य केचिदिति शेषः । महोदयं तन्नामानमृषिम् । वासिष्ठं यच्छतं सर्वं तच्च वर्जयित्वेति योजना । तद्वासिष्ठशतं क्रोधपर्याकुलाक्षरं यथा येन प्रकारेण वचनमाह तत्सर्वं शृण्वित्यर्थः । क्षत्रिय इत्यादि । ब्राह्मणस्यैव याजनाधिकारात् । चण्डालस्य यज्ञेऽनधिकाराच्च ॥ १२ ॥ १३ ॥ सुराणां देवतात्वेन भोक्तृत्वम् । ऋषीणामृत्विक्त्वेन यज्ञशिष्टभोक्तृत्वम् ॥ १४ ॥ पालिता इति व्यङ्ग्योक्तिः । वचननैष्ठुर्यम् । अर्श आद्यजन्तम् । नैष्ठुर्यवद्वचनमित्यर्थः ॥ १५ ॥ वासिष्ठा इत्याद्यर्धं पूर्वान्वयि । सहमहोदया महोदयेन सहिताः ॥ १६ ॥ अदुष्टत्वे हेतुः—तप उग्रमिति । तपस्तेजसा क्षत्रियस्य चण्डालयाजनमपि न दोषायेति ज्ञात्वापि यद्दूषयन्ति स्म ॥ १७ ॥ तस्माद्भस्मीभूता इत्यादि ॥ १८ ॥ सप्तजातिशतानि सप्तजन्मशतानि । मृतपाः शववस्त्रादिहारिणः । मुष्टिका नाम तन्नामानः । इदानीम् 'डोंबा' इति प्रसिद्धाः ॥ १९ ॥ विकृता विकृतव्यापाराः । विरूपा विकृताकराः । अदूष्यं ह्यदूषयदिति प्राग्वत् ॥ २० ॥ प्राणातिपातनिरतः प्राणिनां प्राणनाशोद्यतः । अनुक्रोशो दया ॥ २१ ॥ वर्तयिष्यति प्राप्स्यति । अत्रेदं बोध्यम्—क्षत्रियत्वेऽपि याजने प्रवृत्तिः, तत्रापि शापदूषितचण्डालयाजने प्रवृत्तिः, ब्राह्मणेषु वासिष्ठेषु वधादिकृत्याप्रवृत्तिः, एतत्सर्वं ब्राह्मणत्वेच्छया प्रवर्तमानतपसो विनाशाय दैवकृतमिति बोध्यम् ॥ २२ ॥ **इति श्रीरामाभिरामे श्रीरामीये रामायणतिलके वाल्मीकीय आदिकाव्ये बालकाण्ड एकोनषष्टितमः सर्गः ॥ ५९ ॥**

षष्टितमः सर्गः ।

तपोबलहताञ्ज्ञात्वा वसिष्ठान्समहोदयान् । ऋषिमध्ये महातेजा विश्वामित्रोऽभ्यभाषत ॥ १
अयमिक्ष्वाकुदायादस्त्रिशङ्कुरिति विश्रुतः । धर्मिष्ठश्च वदान्यश्च मां चैव शरणं गतः ॥ २
स्वेनानेन शरीरेण देवलोकजिगीषया । यथायं स्वशरीरेण देवलोकं गमिष्यति ॥ ३
तथा प्रवर्त्यतां यज्ञो भवद्भिश्च मया सह । विश्वामित्रवचः श्रुत्वा सर्व एव महर्षयः ॥ ४
ऊचुः समेताः सहसा धर्मज्ञा धर्मसंहितम् । अयं कुशिकदायादो मुनिः परमकोपनः ॥ ५
यदाह वचनं सम्यगेतत्कार्यं न संशयः । अग्निकल्पो हि भगवाञ्शापं दास्यति रोषतः ॥ ६
तस्मात्प्रवर्त्यतां यज्ञः सशरीरो यथा दिवि । गच्छेदिक्ष्वाकुदायादो विश्वामित्रस्य तेजसा ॥ ७
ततः प्रवर्त्यतां यज्ञः सर्वे समधितिष्ठत । एवमुक्त्वा महर्षयः संजह्रुस्ताः क्रियास्तदा ॥ ८
याजकश्च महातेजा विश्वामित्रोऽभवत्क्रतौ । ऋत्विजश्चानुपूर्व्येण मन्त्रवन्मन्त्रकोविदाः ॥ ९
चक्रुः सर्वाणि कर्माणि यथाकल्पं यथाविधि । तत्र कालेन महता विश्वामित्रो महातपाः ॥ १०
चकारावाहनं तत्र भागार्थं सर्वदेवताः । नाभ्यागमंस्तदा तत्र भागार्थं सर्वदेवताः ॥ ११
ततः कोपसमाविष्टो विश्वामित्रो महामुनिः । स्रुवमुद्यम्य सक्रोधस्त्रिशङ्कुमिदमब्रवीत् ॥ १२
पश्य मे तपसो वीर्यं स्वार्जितस्य नरेश्वर । एष त्वां सशरीरेण नयामि स्वर्गमोजसा ॥ १३
दुष्प्रापं स्वशरीरेण स्वर्गं गच्छ नरेश्वर । स्वार्जितं किंचिदप्यस्ति मया हि तपसः फलम् ॥ १४
राजंस्त्वं तेजसा तस्य सशरीरो दिवं व्रज । उक्तवाक्ये मुनौ तस्मिन्सशरीरो नरेश्वरः ॥ १५
दिवं जगाम काकुत्स्थ मुनीनां पश्यतां तदा । स्वर्गलोकं गतं दृष्ट्वा त्रिशङ्कुं पाकशासनः ॥ १६
सह सर्वैः सुरगणैरिदं वचनमब्रवीत् । त्रिशङ्को गच्छ भूयस्त्वं नासि स्वर्गकृतालयः ॥ १७
गुरुशापहतो मूढ पत भूमिमवाक्शिराः । एवमुक्तो महेन्द्रेण त्रिशङ्कुरपतत्पुनः ॥ १८
विक्रोशमानस्त्राहीति विश्वामित्रं तपोधनम् । तच्छ्रुत्वा वचनं तस्य क्रोशमानस्य कौशिकः ॥ १९
रोषमाहारयत्तीव्रं तिष्ठतिष्ठेति चाब्रवीत् । ऋषिमध्ये स तेजस्वी प्रजापतिरिवापरः ॥ २०
सृजन्दक्षिणमार्गस्थान्सप्तर्षीनपरान्पुनः । नक्षत्रवंशमपरमसृजत्क्रोधमूर्च्छितः ॥ २१
दक्षिणां दिशमास्थाय ऋषिमध्ये महायशाः । सृष्ट्वा नक्षत्रवंशं च क्रोधेन कलुषीकृतः ॥ २२
अन्यमिन्द्रं करिष्यामि लोको वा स्यादनिन्द्रकः । दैवतान्यपि स क्रोधात्स्रष्टुं समुपचक्रमे ॥ २३

ज्ञात्वा योगबलेन ॥ १ ॥ इक्ष्वाकुदायादस्तद्वंश्यः । एवमादिगुणैर्योगाधिकारित्वं सूचितम् ॥ २ ॥ स्वं प्रति शरणमागमने हेतुमाह—स्वेनेत्यादि ॥ ३ ॥ प्रवर्त्यतामारभ्यताम् ॥ ४ ॥ धर्मसंहितमिति क्रियाविशेषणम् । ऊचुरित्यस्यान्योन्यमिति शेषः । यदूचुस्तदाह—अयमित्यादि ॥ ५ ॥ अग्निकल्पः । अजितकामक्रोधत्वाच्छापं दास्यति यतस्तस्मादिति ॥ ६ ॥ ७ ॥ ततः सशरीरस्य स्वर्गगमनाय यज्ञः प्रवर्त्यताम् । सर्वे भवन्तः स्वस्वकृत्यमधितिष्ठत प्रारभध्वम् । ताः क्रियाः स्वस्वार्त्विज्यकर्माणि ॥ ८ ॥ याजकः । अध्वर्युरिति यावत् । अतएव वक्ष्यति—स्रुवमुद्यम्येति ॥ ९ ॥ यथाकल्पं शास्त्रानुसारेण । यथाविधि यथासंप्रदायानुष्ठानम् । कल्पशास्त्रे नानापक्षोपन्यासस्थलेऽनुष्ठेयांशे संप्रदायस्यैव शरणत्वात् । महता कालेनाधिककालसाध्ययत्नपूर्वकमन्त्रपाठेन ॥ १० ॥ सर्वदेवताः । प्रतीति शेषः । तदा तथाप्यनधिकारिणा याजनाद्यजनाच्च ॥ ११ ॥ उद्यम्योर्ध्वं क्रोधेन प्रक्षिप्य । कोपस्यैवाधिकावस्था क्रोधः ॥ १२ ॥ पश्य म इति । भागार्थं देवानामनागमनेनासाध्यत्वेऽपि स्वतपोव्ययेन त्वामभीष्टं स्वर्गं नयामीति भावः ॥ १३ ॥ स्वशरीरेण दुष्प्रापमित्यन्वयः । हि यदि मया स्वार्जितं यत्किंचिदपि तपसः फलं सुकृतमस्ति ॥ १४ ॥ तदाह—हे राजन्, त्वं तस्य तेजसा वैभवेन सशरीरो दिवं गच्छ । क्रुद्धत्वात्पुनरुक्त्यादि न दोषः ॥ १५ ॥ मुनीनां पश्यतां मुनिषु पश्यत्सु ॥ १६ ॥ स्वर्गकृतालयः स्वर्गे निजपुण्यकर्मणा कृत आलयो यस्य तादृशः । स्वर्गवासार्हो नासीत्यर्थः ॥ १७ ॥ तत्र हेतुः–गुरुशापेत्यादि ॥ १८ ॥ १९ ॥ आहारयदकरोत् ॥ २० ॥ सृजन्निति । यथोत्तरतो ध्रुवोऽचलस्तिष्ठति, एवं त्रिशङ्कुस्तिष्ठतु । तस्य परितो यथा सप्तर्षिमण्डलं तथास्यापि भवत्वित्याशयः । सृजन्निति हेतौ शतृप्रत्ययः । सृष्टिं कुर्वंस्तद्धेतोर्दक्षिणमार्गस्थानपरानसृजत् । पुनः सप्तविंशतिनक्षत्रमालामसृजत् ॥ २१ ॥ नक्षत्रवंशं क्षुद्रनक्षत्रगणम् ॥ २२ ॥ अन्यमिन्द्रम् । स्वसृज्यमानस्वर्गस्येति शेषः । अथवा मया सृज्यमानः स्वर्गोऽनिन्द्र एवास्तु । त्रिशङ्कुरेव तत्रेन्द्रो भवत्वित्याशयः । एवमिन्द्रस्थाने त्रिशङ्कुं प्रतिष्ठाप्य तस्य परि-

ततः परमसंभ्रान्ताः सर्षिसंघाः सुरासुराः । विश्वामित्रं महात्मानमूचुः सानुनयं वचः ॥ २४
अयं राजा महाभाग गुरुशापपरिक्षतः । सशरीरो दिवं यातुं नार्हत्येव तपोधन ॥ २५
तेषां तद्वचनं श्रुत्वा देवानां मुनिपुंगवः । अब्रवीत्सुमहद्वाक्यं कौशिकः सर्वदेवताः ॥ २६
सशरीरस्य भद्रं वस्त्रिशङ्कोरस्य भूपतेः । आरोहणं प्रतिज्ञातं नानृतं कर्तुमुत्सहे ॥ २७
स्वर्गोऽस्तु सशरीरस्य त्रिशङ्कोरस्य शाश्वतः । नक्षत्राणि च सर्वाणि मामकानि ध्रुवाण्यथ ॥ २८
यावल्लोका धरिष्यन्ति तिष्ठन्त्वेतानि सर्वशः । यत्कृतानि सुराः सर्वे तदनुज्ञातुमर्हथ ॥ २९
एवमुक्ताः सुराः सर्वे प्रत्यूचुर्मुनिपुंगवम् । एवं भवतु भद्रं ते तिष्ठन्त्वेतानि सर्वशः ॥ ३०
गगने तान्यनेकानि वैश्वानरपथाद्बहिः । नक्षत्राणि मुनिश्रेष्ठ तेषु ज्योतिःषु जाज्वलन् ॥ ३१
अवाक्शिरास्त्रिशङ्कुश्च तिष्ठत्वमरसंनिभः । अनुयास्यन्ति चैतानि ज्योतींषि नृपसत्तमः ॥ ३२
कृतार्थं कीर्तिमन्तं च स्वर्गलोकगतं यथा । विश्वामित्रस्तु धर्मात्मा सर्वदेवैरभिष्टुतः ॥ ३३
ऋषिमध्ये महातेजा बाढमित्येव देवताः । ततो देवा महात्मानो ऋषयश्च तपोधनाः ।
जग्मुर्यथागतं सर्वे यज्ञस्यान्ते नरोत्तम ॥ ३४

इत्यार्षे श्रीमद्रामायणे वाल्मीकीय आदिकाव्ये बालकाण्डे षष्टितमः सर्गः ॥ ६० ॥

एकषष्टितमः सर्गः ।

विश्वामित्रो महातेजाः प्रस्थितान्वीक्ष्य तानृषीन् । अब्रवीन्नरशार्दूल सर्वांस्तान्वनवासिनः ॥ १
महाविघ्नः प्रवृत्तोऽयं दक्षिणामास्थितो दिशम् । दिशमन्यां प्रपत्स्यामस्तत्र तप्स्यामहे तपः ॥ २
पश्चिमायां विशालायां पुष्करेषु महात्मनः । सुखं तपश्चरिष्यामः सुखं तद्धि तपोवनम् ॥ ३
एवमुक्त्वा महातेजाः पुष्करेषु महामुनिः । तप उग्रं दुराधर्षं तेपे मूलफलाशनः ॥ ४
एतस्मिन्नेव काले तु अयोध्याधिपतिर्महान् । अम्बरीष इति ख्यातो यष्टुं समुपचक्रमे ॥ ५
तस्य वै यजमानस्य पशुमिन्द्रो जहार ह । प्रनष्टे तु पशौ विप्रो राजानमिदमब्रवीत् ॥ ६
पशुरभ्याहृतो राजन्प्रनष्टस्तव दुर्नयात् । अरक्षितारं राजानं घ्नन्ति दोषा नरेश्वर ॥ ७
प्रायश्चित्तं महद्ध्येतन्नरं वा पुरुषर्षभ । आनयस्व पशुं शीघ्रं यावत्कर्म प्रवर्तते ॥ ८
उपाध्यायवचः श्रुत्वा स राजा पुरुषर्षभः । अन्वियेष महाबुद्धिः पशुं गोभिः सहस्रशः ॥ ९

वारभूतदैवतानि स्रष्टुमुपचक्रमे ॥ २३ ॥ तत इति । देवप्रतिस्वर्गवत्स्वस्यापि प्रतिस्वर्गं कुर्यादिति हेतोः सुरा असुराश्च संभ्रान्ताः । पर्याकुलचित्ता इत्यर्थः ॥ २४ ॥ अनुनयप्रकारमाह–अयं राजेत्यादि । गुरुशापेन परिक्षतश्चण्डालत्वं प्राप्तः । दिवं ब्रह्मसृष्टं त्वत्सृष्टं वा स्वर्गम् ॥ २५ ॥ २६ ॥ भद्रं व इत्यनेनानुनयः ॥ २७ ॥ स्वर्गोऽस्तु स्वर्गपदवाच्यसुखविशेषानुभवोऽस्तु ॥ २८ ॥ लोका भूरादिसत्यान्ताः ॥ २९ ॥ ॥ ३० ॥ वैश्वानरपथाज्ज्योतिःशास्त्रप्रसिद्धानादिज्योतिश्चक्रमार्गाद्बहिर्बहिर्देश एतानि तानि नक्षत्राणि तिष्ठन्त्विति पूर्वेणान्वयः । तेषु त्वदीयेषु ज्योतिःषु नक्षत्रेषु जाज्वलन्भृशं ज्वलन् ॥ ३१ ॥ अवाक्शिरा अस्मदुक्तावाक्शिरस्त्ववानेव त्रिशङ्कुर्दैवतुल्यसुखवांस्तिष्ठतु । एतानि तव ज्योतींषि तमनुयास्यन्ति च ॥ ३२ ॥ स्वर्गलोकगतं यथा स्वर्गलोकगतमिवेत्यन्तं पूर्वान्वयि ॥ ३३ ॥ बाढमित्येव । आहेति शेषः । दुराग्रहस्यानर्थहेतुतां प्रतिसंधाय देवनावचनमङ्गीचकार ॥ ३४ ॥ इति **श्रीरामाभिरामे श्रीरामीये रामायणतिलके वाल्मीकीय आदिकाव्ये बालकाण्डे षष्टितमः सर्गः ॥ ६० ॥**

वनवासिनस्तपोवनवासिनस्तान्स्वाज्ञया यथार्थमागतान्प्रस्थितान्वीक्ष्य सर्वांस्तानब्रवीदित्यन्वयः । वनवासिन इत्यस्य स्थाने 'विनयान्वितान्' इति पाठान्तरम् ॥ १ ॥ दक्षिणां दिशमासमन्ताद्व्याप्यास्थितोऽयं त्रिशङ्कुरूपो महाविघ्नोऽस्माकं तपोनाशकत्वात्प्रवृत्तस्तच्छायाक्रान्तत्वाच्चायं देशोऽतःपरं तपोऽयोग्य इति भावः ॥ २ ॥ विशालायां विशालतपोवनवत्यां पश्चिमायां वर्तमानेषु पुष्करेषु । तत्तीरे तपोवनेष्वित्यर्थः । महात्मन इति महात्मान इत्यर्थकमृषिसंबोधनम् । अदीर्घत्वमार्षम् ॥ ३ ॥ ४ ॥ ॥ ५ ॥ विप्रः पुरोहितः ॥ ६ ॥ अभ्याहृत इदानीमस्माभिरानीतः पशुस्तव दुर्नयात्त्वत्पापवशात्तावकरक्षिणां प्रमादाच्च प्रनष्ट इत्यन्वयः । राजपापमाह–अरक्षितारम् । प्रजानामिति शेषः ॥ ७ ॥ एतत्पशुनाशरूपं महत्प्रायश्चित्तं महतः प्रायश्चित्तस्य कारणम् । प्रक्रान्तं कर्म यावत्प्रवर्तते प्रवर्तिष्यते तावत्ततः प्रागेव नष्टं पशुमन्विष्यानय । तत्प्रतिनिधित्वेन क्रीत्वा नरं वा पशुमानयेत्यर्थः ॥ ८ ॥ सहस्रशो गोभिः । निष्क्रयभू-

देशाञ्जनपदांस्तांस्तान्नगराणि वनानि च । आश्रमाणि च पुण्यानि मार्गमाणो महीपतिः ॥ १०
स पुत्रसहितं तात सभार्यं रघुनन्दन । भृगुतुङ्गे समासीनमृचीकं संददर्श ह ॥ ११
तमुवाच महातेजाः प्रणम्याभिप्रसाद्य च । महर्षिं तपसा दीप्तं राजर्षिरमितप्रभः ॥ १२
पृष्ट्वा सर्वत्र कुशलमृचीकं तमिदं वचः । गवां शतसहस्रेण विक्रीणीषे सुतं यदि ॥ १३
पशोरर्थे महाभाग कृतकृत्योऽस्मि भार्गव । सर्वे परिगता देशा यज्ञियं न लभे पशुम् ॥ १४
दातुमर्हसि मूल्येन सुतमेकमितो मम । एवमुक्तो महातेजा ऋचीकस्त्वब्रवीद्वचः ॥ १५
नाहं ज्येष्ठं नरश्रेष्ठ विक्रीणीयां कथंचन । ऋचीकस्य वचः श्रुत्वा तेषां माता महात्मनाम् ॥ १६
उवाच नरशार्दूलमम्बरीषमिदं वचः । अविक्रेयं सुतं ज्येष्ठं भगवानाह भार्गवः ॥ १७
ममापि दयितं विद्धि कनिष्ठं शुनकं प्रभो । तस्मात्कनीयसं पुत्रं न दास्ये तव पार्थिव ॥ १८
प्रायेण हि नरश्रेष्ठ ज्येष्ठाः पितृषु वल्लभाः । मातृणां च कनीयांसस्तस्माद्रक्ष्ये कनीयसम् ॥ १९
उक्तवाक्ये मुनौ तस्मिन्मुनिपत्न्यां तथैव च । शुनःशेपः स्वयं राम मध्यमो वाक्यमब्रवीत् ॥ २०
पिता ज्येष्ठमविक्रेयं माता चाह कनीयसम् । विक्रेयं मध्यमं मन्ये राजपुत्र नयस्व माम् ॥ २१
अथ राजा महाबाहो वाक्यान्ते ब्रह्मवादिनः । हिरण्यस्य सुवर्णस्य कोटिभी रत्नराशिभिः ॥ २२
गवां शतसहस्रेण शुनःशेपं नरेश्वरः । गृहीत्वा परमप्रीतो जगाम रघुनन्दन ॥ २३
अम्बरीषस्तु राजर्षी रथमारोप्य सत्वरः । शुनःशेपं महातेजा जगामाशु महायशाः ॥ २४

इत्यार्षे श्रीमद्रामायणे वाल्मीकीय आदिकाव्ये बालकाण्ड एकषष्टितमः सर्गः ॥ ६१ ॥

द्विषष्टितमः सर्गः ।

शुनःशेपं नरश्रेष्ठ गृहीत्वा तु महायशाः । व्यश्रमत्पुष्करे राजा मध्याह्ने रघुनन्दन ॥ १
तस्य विश्रममाणस्य शुनःशेपो महायशाः । पुष्करं ज्येष्ठमागम्य विश्वामित्रं ददर्श ह ॥ २
तप्यन्तमृषिभिः सार्धं मातुलं परमातुरः । विषण्णवदनो दीनस्तृष्णया च श्रमेण च ॥ ३
पपाताङ्के मुने राम वाक्यं चेदमुवाच ह । न मेऽस्ति माता न पिता ज्ञातयो बान्धवाः कुतः ॥ ४
त्रातुमर्हसि मां सौम्य धर्मेण मुनिपुंगव । त्राता त्वं हि नरश्रेष्ठ सर्वेषां त्वं हि भावनः ॥ ५
राजा च कृतकार्यः स्यादहं दीर्घायुरव्ययः । स्वर्गलोकमुपाश्नीयां तपस्तप्त्वा ह्यनुत्तमम् ॥ ६
स मे नाथो ह्यनाथस्य भव भव्येन चेतसा । पितेव पुत्रं धर्मात्मंस्त्रातुमर्हसि किल्बिषात् ॥ ७
तस्य तद्वचनं श्रुत्वा विश्वामित्रो महातपाः । सान्त्वयित्वा बहुविधं पुत्रानिदमुवाच ह ॥ ८
यत्कृते पितरः पुत्राञ्जनयन्ति शुभार्थिनः । परलोकहितार्थाय तस्य कालोऽयमागतः ॥ ९

ताभिरित्यर्थः ॥ ९ ॥ १० ॥ स पुत्रेति । स इति पृथक्पदम् । सोऽम्बरीषः । भृगुतुङ्गं पर्वतशृङ्गविशेषः ॥ ११ ॥ १२ ॥ तं प्रसिद्धतपसमृचीकमिदं वक्ष्यमाणं वच. । अब्रवीदिति शेषः । यदि विक्रीणीषे तदा कृतकृत्योऽस्मि भवेयम्, यतो यज्ञियं यज्ञे पूर्वं परिकल्पितं पशुं क्वापि न लभे ॥ १३ ॥ १४ ॥ इत एतेषु । सार्वविभक्तिकस्तसिः ॥ १५ ॥ कथंचन बहुनापि मूल्येन । अनेनेतरयोरनुमतिः सूचिता । अप्रतिषिद्धमनुमतमिति न्यायात् ॥ १६ ॥ १७ ॥ शुनक इति कनिष्ठपुत्रनाम ॥ १८ ॥ पिनृषु पितृणाम् । रक्षिष्यामीत्यर्थे रक्ष्ये इत्यार्षम् ॥ १९ ॥ रामेति संबुद्धिः ॥ २० ॥ मध्यमं मध्यमपुत्रं विक्रेयं मातापित्रोर्विक्रेयत्वेन संमतं मन्ये । अर्थादिति शेषः ॥ २१ ॥ ब्रह्मवादिनो मध्यमपुत्रस्य ॥ २२ ॥ गृहीत्वा क्रीत्वा । यद्यप्यपत्यस्य दानक्रयौ शास्त्रनिषिद्धौ, तथाप्यनेन कुलहानौ धर्मार्थमपत्यदानमिव यज्ञायापत्यक्रयो न विगीत इति सूचितम् । पुत्रस्य चैवं पित्रधीनतोचितेति च बोधितम् ॥ २३ ॥ शुनःशेपं रथमारोप्येत्यन्वयः ॥ २४ ॥ इति श्रीरामाभिरामे श्रीरामीये रामायणतिलके वाल्मीकीय आदिकाव्ये बालकाण्ड एकषष्टितमः सर्गः ॥ ६१ ॥

व्यश्रमत् । 'व्यश्राम्यत्' इति पाठान्तरम् ॥ १ ॥ विश्रममाणस्येति विश्रामत इत्यर्थे आर्षम् ॥ २ ॥ तृष्णया पिपासया जिजीविषया च । श्रमेण चेति विषण्णवदनत्वे दीनत्वे परमातुरत्वे च हेतुः ॥ ३ ॥ अङ्के उत्सङ्गे । मातुलत्वात्तत्र पातः । बान्धवाः कुतः । दूरादेव । सर्वथा न सन्त्येवेत्यर्थः ॥ ४ ॥ धर्मेण स्वार्जितेन । सर्वेषां शरणागतानां भावतः सर्वेष्टसाधनम् । एको हिस्त्वर्थे ॥ ५ ॥ यथा च राजा कृतकार्यः स्यात्, अहं चाव्ययो धर्मलोपाभाववान्दीर्घायुस्तपस्तप्त्वा स्वर्गं प्राप्नुयाम् । तथा कुर्विति शेषः ॥ ६ ॥ किल्बिषाज्जीवविपत्तिरूपात् । भव्येन प्रसन्नेन । पुत्रं ज्येष्ठम् ॥ ७ ॥ ८ ॥ यत्कृते

अयं मुनिसुतो बालो मत्तः शरणमिच्छति । अस्य जीवितमात्रेण प्रियं कुरुत पुत्रकाः ॥ १०
सर्वे सुकृतकर्माणः सर्वे धर्मपरायणाः । पशुभूता नरेन्द्रस्य तृप्तिमग्नेः प्रयच्छत ॥ ११
नाथवांश्च शुनःशेपो यज्ञश्चाविघ्नतो भवेत् । देवतास्तर्पिताश्च स्युर्मम चापि कृतं वचः ॥ १२
मुनेस्तद्वचनं श्रुत्वा मधुच्छन्दादयः सुताः । साभिमानं नरश्रेष्ठ सलीलमिदमब्रुवन् ॥ १३
कथमात्मसुतान्हित्वा त्रायसेऽन्यसुतं विभो । अकार्यमिव पश्यामः श्वमांसमिव भोजने ॥ १४
तेषां तद्वचनं श्रुत्वा पुत्राणां मुनिपुंगवः । क्रोधसंरक्तनयनो व्याहर्तुमुपचक्रमे ॥ १५
निःसाध्वसमिदं प्रोक्तं धर्मादपि विगर्हितम् । अतिक्रम्य तु मद्वाक्यं दारुणं रोमहर्षणम् ॥ १६
श्वमांसभोजिनः सर्वे वासिष्ठा इव जातिषु । पूर्णं वर्षसहस्रं तु पृथिव्यामनुवत्स्यथ ॥ १७
कृत्वा शापसमायुक्तान्पुत्रान्मुनिवरस्तदा । शुनःशेपमुवाचार्तं कृत्वा रक्षां निरामयाम् ॥ १८
पवित्रपाशैराबद्धो रक्तमाल्यानुलेपनः । वैष्णवं यूपमासाद्य वाग्भिरग्निमुदाहर ॥ १९
इमे च गाथे द्वे दिव्ये गायेथा मुनिपुत्रक । अम्बरीषस्य यज्ञेऽस्मिंस्ततः सिद्धिमवाप्स्यसि ॥ २०
शुनःशेपो गृहीत्वा ते द्वे गाथे सुसमाहितः । त्वरया राजसिंहं तमम्बरीषमुवाच ह ॥ २१
राजसिंह महाबुद्धे शीघ्रं गच्छावहे वयम् । निवर्तयस्व राजेन्द्र दीक्षां च समुदाहर ॥ २२
तद्वाक्यमृषिपुत्रस्य श्रुत्वा हर्षसमन्वितः । जगाम नृपतिः शीघ्रं यज्ञवाटमतन्द्रितः ॥ २३
सदस्यानुमते राजा पवित्रकृतलक्षणम् । पशुं रक्ताम्बरं कृत्वा यूपे तं समबन्धयत् ॥ २४
स बद्धो वाग्भिरग्र्याभिरभितुष्टाव वै सुरौ । इन्द्रमिन्द्रानुजं चैव यथावन्मुनिपुत्रकः ॥ २५
ततः प्रीतः सहस्राक्षो रहस्यस्तुतितोषितः । दीर्घमायुस्तदा प्रादाच्छुनःशेपाय वासवः ॥ २६
स च राजा नरश्रेष्ठ यज्ञस्य च समाप्तवान् । फलं बहुगुणं राम सहस्राक्षप्रसादजम् ॥ २७
विश्वामित्रोऽपि धर्मात्मा भूयस्तेपे महातपाः । पुष्करेषु नरश्रेष्ठ दशवर्षशतानि च ॥ २८

इत्यार्षे श्रीमद्रामायणे वाल्मीकीय आदिकाव्ये बालकाण्डे द्विषष्टितमः सर्गः ॥ ६२ ॥

त्रिषष्टितमः सर्गः ।

पूर्णे वर्षसहस्रे तु व्रतस्नातं महामुनिम् । अभ्यगच्छन्सुराः सर्वे तपःफलचिकीर्षवः ॥ १

यत्प्रयोजनाय । तदेव प्रयोजनमाह—परलोकहितार्थाय परलोकहितरूपप्रयोजनाय । तस्य प्रयोजनस्य ॥ ९ ॥ परलोकहितं प्रयोजनमाह—अयमिति । शरणं रक्षणम् । जीवितमात्रेण जीवितप्रदानमात्रेण । प्रियमित्यस्य मम स्वस्य । 'जीवतो वाक्यकरणात्' इति स्मृतेः । शुनकवत्परलोकसाधनत्वेन प्रियमित्यर्थः ॥ १० ॥ तत्र प्रवृत्त्यर्थं स्तौति—सर्वे इति । पशुभूता अस्य राज्ञा पशुत्वेन ग्रहणादेतत्प्रतिनिधित्वेन पशुभूता नरेन्द्रस्य यज्ञेऽग्नेस्तृप्तिं प्रयच्छथेत्यर्थः ॥ ११ ॥ नाथवान्मया रक्षकवान् । मम युष्मत्पितुर्जीवतो वाक्यकरणाद्वचः कृतं भवति ॥ १२ ॥ साभिमानं साहंकारम् । सलीलं सपरिहासम् ॥ १३ ॥ लोकतः शास्त्रतश्चानुचितानुष्ठातृत्वे दृष्टान्तमाह—श्वमांसमिवेति ॥ १४ ॥ १५ ॥ साध्वसं भयम् । पितृत्वप्रयुक्तभीतिरहितम् । जीवतो वाक्यकरणाद्धर्मादपि विगर्हितं भ्रष्टम्, एवं मद्वाक्यमतिक्रम्य यतो दारुणं परुषं रोमहर्षणं रोमाञ्चरूपविकारजनकमुक्तं तस्मादिति शेषः ॥ १६ ॥ जातिषु मुष्टिकजातिषु ॥ १७ ॥ निरामयां सर्वदुःखनाशिकां रक्षां कृत्वा शुनःशेपमुवाच ॥ १८ ॥ वाक्यमाह—पवित्रेति । पवित्रपाशा दर्भरशनाः । वैष्णवं विष्णुदैवत्यम् । 'वैष्णवो वै देवतया यूपः' इति श्रुतेः । वाग्भिराग्नेयमन्त्रैरग्निमुदाहर स्तुहि ॥ १९ ॥ इमे मयोपदिश्यमाने इन्द्रोपेन्द्रदैवत्ये । सिद्धिं जीवितसिद्धिम् ॥ २० ॥ २१ ॥ गच्छावहे इत्यार्षस्तङ् । निवर्तयस्व । यज्ञमिति शेषः । समुदाहर कुरु ॥ २२ ॥ २३ ॥ पवित्रैर्दर्भरज्जुभिः कृतपशुत्वज्ञापनं पशुं कृत्वा यज्ञपशुत्वेन संपाद्याबन्धयत् । राजेति शेषः ॥ २४ ॥ इन्द्रानुजो विष्णुर्यूपदेवः । अत्र पूर्वमग्निं स्तुत्वा तत एतौ । उपदेशकाले तथोक्तत्वात् ॥ २५ ॥ सहस्राक्ष इत्युपलक्षणं विष्णोरपि । रहस्यस्तुतिर्विश्वामित्रोपदिष्टा ॥ २६ ॥ समाप्तवान् । फलं सम्यगाप्तवानित्यर्थः । यद्यपि बह्वृचब्राह्मणे 'हरिश्चन्द्रो ह वैधस ऐक्ष्वाको राजा' इत्यादिना हरिश्चन्द्रयज्ञे शुनःशेपस्याजीगर्तिसुतस्य पशुत्वं प्राजापत्यादिस्तुत्या च मोक्षः श्रूयते, तथाप्यम्बरीषविषयमप्येतत् । एतत्प्रामाण्यात्तन्मूलश्रुतिश्चान्वेष्येति बहवः । केचित्तु—हरिश्चन्द्रपदं सादृश्यादम्बरीष एव प्रयुक्तम् । अजीगर्तिपदं च ऋचीके प्रयुक्तं श्रुतावस्मादेवोपबृंहणादित्याहुः ॥ २७ ॥ भूयः पूर्वतपसः पुत्रेषु क्रोधेन नाशात्क्रोधं न करिष्यामीति संकल्प्य पुनस्तपोऽकरोत् ॥ २८ ॥

इति श्रीरामाभिरामे श्रीरामीये रामायणतिलके वाल्मीकीय आदिकाव्ये बालकाण्डे द्विषष्टितमः सर्गः ॥ ६२ ॥

व्रतस्नातं समाप्तव्रतम् । तपःफलचिकीर्षवस्तपःफलं दातु-

अब्रवीत्सुमहातेजा ब्रह्मा सुरुचिरं वचः । ऋषिस्त्वमसि भद्रं ते स्वार्जितैः कर्मभिः शुभैः ॥ २
तमेवमुक्त्वा देवेशस्त्रिदिवं पुनरभ्यगात् । विश्वामित्रो महातेजा भूयस्तेपे महत्तपः ॥ ३
ततः कालेन महता मेनका परमाप्सरा । पुष्करेषु नरश्रेष्ठ स्नातुं समुपचक्रमे ॥ ४
तां ददर्श महातेजा मेनकां कुशिकात्मजः । रूपेणाप्रतिमां तत्र विद्युतं जलदे यथा ॥ ५
कन्दर्पदर्पवशगो मुनिस्तामिदमब्रवीत् । अप्सरः स्वागतं तेऽस्तु वस चेह ममाश्रमे ॥ ६
अनुगृह्णीष्व भद्रं ते मदनेन विमोहितम् । इत्युक्ता सा वरारोहा तत्रावासमथाकरोत् ॥ ७
तपसो हि महाविघ्नो विश्वामित्रमुपागमत् । तस्यां वसन्त्यां वर्षाणि पञ्च पञ्च च राघव ॥ ८
विश्वामित्राश्रमे सौम्ये सुखेन व्यतिचक्रमुः । अथ काले गते तस्मिन्विश्वामित्रो महामुनिः ॥ ९
सव्रीड इव संवृत्तश्चिन्ताशोकपरायणः । बुद्धिर्मुनेः समुत्पन्ना सामर्षा रघुनन्दन ॥ १०
सर्वं सुराणां कर्मैतत्तपोपहरणं महत् । अहोरात्रापदेशेन गताः संवत्सरा दश ॥ ११
काममोहाभिभूतस्य विघ्नोऽयं प्रत्युपस्थितः । स निःश्वसन्मुनिवरः पश्चात्तापेन दुःखितः ॥ १२
भीतामप्सरसं दृष्ट्वा वेपन्तीं प्राञ्जलिं स्थिताम् । मेनकां मधुरैर्वाक्यैर्विसृज्य कुशिकात्मजः ॥ १३
उत्तरं पर्वतं राम विश्वामित्रो जगाम ह । स कृत्वा नैष्ठिकीं बुद्धिं जेतुकामो महायशाः ॥ १४
कौशिकीतीरमासाद्य तपस्तेपे दुरासदम् । तस्य वर्षसहस्राणि घोरं तप उपासतः ॥ १५
उत्तरे पर्वते राम देवतानामभूद्भयम् । अमन्त्रयन्समागम्य सर्वे सर्षिगणाः सुराः ॥ १६
महर्षिशब्दं लभतां साध्वयं कुशिकात्मजः । देवतानां वचः श्रुत्वा सर्वलोकपितामहः ॥ १७
अब्रवीन्मधुरं वाक्यं विश्वामित्रं तपोधनम् । महर्षे स्वागतं वत्स तपसोग्रेण तोषितः ॥ १८
महत्त्वमृषिमुख्यत्वं ददामि तव कौशिक । ब्रह्मणस्तु वचः श्रुत्वा विश्वामित्रस्तपोधनः ॥ १९
प्राञ्जलिः प्रणतो भूत्वा प्रत्युवाच पितामहम् । ब्रह्मर्षिशब्दमतुलं स्वार्जितैः कर्मभिः शुभैः ॥ २०
यदि मे भगवानाह ततोऽहं विजितेन्द्रियः । तमुवाच ततो ब्रह्मा न तावत्त्वं जितेन्द्रियः ॥ २१
यतस्व मुनिशार्दूल इत्युक्त्वा त्रिदिवं गतः । विप्रस्थितेषु देवेषु विश्वामित्रो महामुनिः ॥ २२
ऊर्ध्वबाहुर्निरालम्बो वायुभक्षस्तपश्चरन् । घर्मे पञ्चतपा भूत्वा वर्षास्वाकाशसंश्रयः ॥ २३
शिशिरे सलिलेशायी रात्र्यहानि तपोधनः । एवं वर्षसहस्रं हि तपो घोरमुपागमत् ॥ २४
तस्मिन्संतप्यमाने तु विश्वामित्रे महामुनौ । संतापः सुमहानासीत्सुराणां वासवस्य च ॥ २५
रम्भामप्सरसं शक्रः सर्वैः सह मरुद्गणैः । उवाचात्महितं वाक्यमहितं कौशिकस्य च ॥ २६

इत्यार्षे श्रीमद्रामायणे वाल्मीकीय आदिकाव्ये बालकाण्डे त्रिषष्टितमः सर्गः ॥ ६३ ॥

कामाः ॥ १ ॥ ऋषिस्त्वमसि । अत्र राजशब्दानुपादानेन क्षत्रजातिविश्लेषः सूचितः ॥ २ ॥ ३ ॥ परमा रूपादिभिः सर्वोत्तमा । अप्सरा इत्यार्षम् ॥ ४ ॥ तत्र सरसि । जलदे विद्युतमिव ॥ ५ ॥ कन्दर्पकृतो दर्पो मदः ॥ ६ ॥ अनुगृह्णीष्व । भोगदानेनेति शेषः । वरारोहा श्रेष्ठजघना ॥ ७ ॥ पञ्च पञ्च दशवर्षाणि ॥ ८ ॥ ९ ॥ सामर्षा । देवेषु विघ्नस्य तत्कृतत्वज्ञानात् ॥ १० ॥ तदाह—सर्वमिति । अहोरात्रापदेशेनैकाहोरात्रतुल्यतया ॥ ११ ॥ १२ ॥ वेपन्तीं वेपमानाम् । मधुरैर्मत्प्रार्थनया स्थितासीति तव न कश्चन दोष इत्यादिवाक्यैः । क्रोधस्य संकल्पपूर्वं त्यक्तत्वादत्र शापादानं तेनास्य क्रोधजयो जात इत्युक्तम् ॥ १३ ॥ ततस्तत्र बहुविघ्नदर्शनादुत्तरगमनम् । नैष्ठिकीं कामस्याप्यकरणं संकल्प्यात्युत्कटब्रह्मचर्यविषयां बुद्धिं दृढनिश्चयम् । जेतुकामः । काममिति शेषः ॥ १४ ॥ कौशिकी विश्वामित्रभगिनी नदी ॥ १५ ॥ उत्तरे पर्वते इत्येतत्पूर्वान्वयि । समागम्य । ब्रह्मणेति शेषः ॥ १६ ॥ लभताम् भगवन्निति शेषः ॥ १७ ॥ देवप्रार्थनया महर्षिशब्देनैव संबोधयति—महर्षे इति ॥ १८ ॥ महत्त्वस्य विवरणमृषिमुख्यत्वमिति ॥ १९ ॥ प्रत्युवाचेति । पितामहमिति शेषः । अतुलं सर्वोत्तमं ब्रह्मर्षिशब्दं मदभीष्टं स्वार्जितैः कर्मभिः प्राप्यं यदि यतो भगवान्नाह न वदति, ततो मन्येऽहं विजितेन्द्रियः । अत्र काकुः । न विजितेन्द्रिय इत्यर्थः । न तावदिति । विकारहेतुसंनिधाने विकाराभावे हि तत्त्वमिति भावः । न तावदिति लोकोक्तौ ॥ २० ॥ ॥ २१ ॥ २२ ॥ घर्मे ग्रीष्मे । आकाशं निरावरणदेशः ॥ २३ ॥ २४ ॥ २५ ॥ आत्महितमात्मा इन्द्रः ॥ २६ ॥

इति श्रीरामाभिरामे श्रीरामीये रामायणतिलके वाल्मीकीय आदिकाव्ये बालकाण्डे त्रिषष्टितमः सर्गः ॥ ६३ ॥

चतुःषष्टितमः सर्गः ।

सुरकार्यमिदं रम्भे कर्तव्यं सुमहत्त्वया । लोभनं कौशिकस्येह काममोहसमन्वितम् ॥ १
तथोक्ता साप्सरा राम सहस्राक्षेण धीमता । व्रीडिता प्राञ्जलिर्वाक्यं प्रत्युवाच सुरेश्वरम् ॥ २
अयं सुरपते घोरो विश्वामित्रो महामुनिः । क्रोधमुत्स्रक्ष्यते घोरं मयि देव न संशयः ॥ ३
ततो हि मे भयं देव प्रसादं कर्तुमर्हसि । एवमुक्तस्तया राम सभयं भीतया तदा ॥ ४
तामुवाच सहस्राक्षो वेपमानां कृताञ्जलिम् । मा भैषी रम्भे भद्रं ते कुरुष्व मम शासनम् ॥ ५
कोकिलो हृदयग्राही माधवे रुचिरद्रुमे । अहं कन्दर्पसहितः स्थास्यामि तव पार्श्वतः ॥ ६
त्वं हि रूपं बहुगुणं कृत्वा परमभास्वरम् । तमृषिं कौशिकं भद्रे भेदयस्व तपस्विनम् ॥ ७
सा श्रुत्वा वचनं तस्य कृत्वा रूपमनुत्तमम् । लोभयामास ललिता विश्वामित्रं शुचिस्मिता ॥ ८
कोकिलस्य तु शुश्राव वल्गु व्याहरतः स्वनम् । संप्रहृष्टेन मनसा स चैनामन्ववैक्षत ॥ ९
अथ तस्य च शब्देन गीतेनाप्रतिमेन च । दर्शनेन च रम्भाया मुनिः संदेहमागतः ॥ १०
सहस्राक्षस्य तत्सर्वं विज्ञाय मुनिपुंगवः । रम्भां क्रोधसमाविष्टः शशाप कुशिकात्मजः ॥ ११
यन्मां लोभयसे रम्भे कामक्रोधजयैषिणम् । दशवर्षसहस्राणि शैली स्थास्यसि दुर्भगे ॥ १२
ब्राह्मणः सुमहातेजास्तपोबलसमन्वितः । उद्धरिष्यति रम्भे त्वां मत्क्रोधकलुषीकृताम् ॥ १३
एवमुक्त्वा महातेजा विश्वामित्रो महामुनिः । अशक्नुवन्धारयितुं कोपं संतापमात्मनः ॥ १४
तस्य शापेन महता रम्भा शैली तदाभवत् । वचः श्रुत्वा च कन्दर्पो महर्षेः स च निर्गतः ॥ १५
कोपेन च महातेजास्तपोपहरणे कृते । इन्द्रियैरजितै राम न लेभे शान्तिमात्मनः ॥ १६
बभूवास्य मनश्चिन्ता तपोपहरणे कृते । नैवं क्रोधं गमिष्यामि न च वक्ष्ये कथंचन ॥ १७
अथवा नोच्छ्वसिष्यामि संवत्सरशतान्यपि । अहं हि शोषयिष्यामि आत्मानं विजितेन्द्रियः ॥ १८
तावद्यावद्धि मे प्राप्तं ब्राह्मण्यं तपसार्जितम् । अनुच्छ्वसन्नभुञ्जानस्तिष्ठेयं शाश्वतीः समाः ॥ १९
नहि मे तप्यमानस्य क्षयं यास्यन्ति मूर्तयः । एवं वर्षसहस्रस्य दीक्षां स मुनिपुंगवः ।
चकाराप्रतिमां लोके प्रतिज्ञां रघुनन्दन ॥ २०

इत्यार्षे श्रीमद्रामायणे वाल्मीकीय आदिकाव्ये बालकाण्डे चतुःषष्टितमः सर्गः ॥ ६४ ॥

लोभनं प्रतारणम् । काममोहेन कामज्वलितचित्तवैवश्येन समन्वितं युक्तम् ॥ १ ॥ व्रीडिता । असामर्थ्यवचननिमित्ता व्रीडा ॥ २ ॥ 'उत्सृज्यते' इति पाठेऽप्युत्स्रक्ष्यत इत्येवार्थः ॥ ३ ॥ हि यतोऽतः प्रसादमेवं नियोगाभावरूपम् ॥ ४ ॥ ॥ ५ ॥ माधवे वसन्ते कोकिलो भूत्वाहमित्यन्वयः ॥ ६ ॥ बहुगुणं हावभावादिगुणोपेतम् । रूपं रूपपरिष्कारम् । भेदयस्व कामोत्पादनेन तपसश्चालय ॥ ७ ॥ ललिता ललिताख्यभावयुक्ता ॥ ८ ॥ वल्गु मनोहरम् । कमनीयविषयलाभाच्चेतसो हर्षः ॥ ९ ॥ तस्य कोकिलस्य । गीतेन । रम्भाया इति शेषः । संदेहं स्वत एवास्या यदृच्छयागमनम्, उतेन्द्रप्रेरिताया मत्तपोभङ्गार्थमित्येवंरूपम् ॥ १० ॥ तत्सर्वं रम्भागमनं तत्कृतप्रलोभनं च सहस्राक्षप्रेरणामूलमिति युक्त्या ध्यानेन च विज्ञाय निश्चित्य रम्भां शशापेत्यन्वयः ॥ ११ ॥ शैली शिलाप्रतिमारूपा ॥ १२ ॥ यद्यपि स्वामिनियोगतः प्रवृत्ताया रम्भायाः शापदानमनुचितम्, इन्द्र एव तद्दानमुचितम्, तथापि क्रोधावेशेन युक्तायुक्तविवेकाभावः । अत एव पश्चाद्विवेकं लब्ध्वा तामनुगृह्णाति—ब्राह्मण इति । वसिष्ठ इत्यर्थ इति कतकः । एतेन कामादपि क्रोधो दुर्जय इति सूचितम् ॥ १३ ॥ आत्मनः कोपं धारयितुमशक्नुवंस्तां शप्त्वा तपोव्ययजन्यदुःखेन संतापं पश्चात्तापमुपागत इति शेषः ॥ १४ ॥ महर्षेर्वचः श्रुत्वा कन्दर्पः स च इन्द्रश्च निर्गत इत्यन्वयः ॥ १५ ॥ कोपेन, चात्कामेन च, तपोपहरणे कृते सति कामक्रोधहतत्वादेवाजितैरिन्द्रियैरित्यन्वयः । आपाततो रम्भादर्शनप्रवृत्त्या कामेनातितपःक्षयः । आत्मनो मनसः । शान्तिं दुःखोपशमम् ॥ १६ ॥ न च वक्ष्ये । शापादिवचनमिति शेषः ॥ १७ ॥ आत्मानं शरीरम् ॥ १८ ॥ यावद्यावता कालेन ब्राह्मण्यं प्राप्तं भवेत्तावच्छाश्वतीः समा बहून्वत्सरान् ॥ १९ ॥ मूर्तयः शरीरावयवाः । तपोर्थत्वादनुच्छ्वासाभोजनयोस्तद्बलेन स्थास्यन्त्येवेति भावः । दीक्षामनुच्छ्वासाभोजने उद्दिश्य । अप्रतिमां प्रतिज्ञां सर्वथैवं करिष्य इत्यध्यवसायम् ॥ २० ॥ **इति श्रीरामाभिरामे श्रीरामीये रामायणतिलके वाल्मीकीय आदिकाव्ये बालकाण्डे चतुःषष्टितमः सर्गः ॥ ६४ ॥**

पञ्चषष्टितमः सर्गः ।

अथ हैमवतीं राम दिशं त्यक्त्वा महामुनिः । पूर्वां दिशमनुप्राप्य तपस्तेपे सुदारुणम् ॥ १
मौनं वर्षसहस्रस्य कृत्वा व्रतमनुत्तमम् । चकाराप्रतिमं राम तपः परमदुष्करम् ॥ २
पूर्णे वर्षसहस्रे तु काष्ठभूतं महामुनिम् । विघ्नैर्बहुभिराधूतं क्रोधो नान्तरमाविशत् ॥ ३
स कृत्वा निश्चयं राम तप आतिष्ठताव्ययम् । तस्य वर्षसहस्रस्य व्रते पूर्णे महाव्रतः ॥ ४
भोक्तुमारब्धवानन्नं तस्मिन्काले रघूत्तम । इन्द्रो द्विजातिर्भूत्वा तं सिद्धमन्नमयाचत ॥ ५
तस्मै दत्त्वा तदा सिद्धं सर्वं विप्राय निश्चितः । निःशेषितेऽन्ने भगवानभुक्त्वैव महातपाः ॥ ६
न किंचिदवदद्विप्रं मौनव्रतमुपास्थितः । तथैवासीत्पुनर्मौनमनुच्छ्वासं चकार ह ॥ ७
अथ वर्षसहस्रं च नोच्छ्वसन्मुनिपुंगवः । तस्यानुच्छ्वसमानस्य मूर्ध्नि धूमो व्यजायत ॥ ८
त्रैलोक्यं येन संभ्रान्तमातापितमिवाभवत् । ततो देवर्षिगन्धर्वाः पन्नगोरगराक्षसाः ॥ ९
मोहितास्तपसा तस्य तेजसा मन्दरश्मयः । कश्मलोपहताः सर्वे पितामहमथाब्रुवन् ॥ १०
बहुभिः कारणैर्देव विश्वामित्रो महामुनिः । लोभितः क्रोधितश्चैव तपसा चाभिवर्धते ॥ ११
नह्यस्य वृजिनं किंचिद्दृश्यते सूक्ष्ममप्युत । न दीयते यदि त्वस्य मनसा यदभीप्सितम् ॥ १२
विनाशयति त्रैलोक्यं तपसा सचराचरम् । व्याकुलाश्च दिशः सर्वा न च किंचित्प्रकाशते ॥ १३
सागराः क्षुभिताः सर्वे विशीर्यन्ते च पर्वताः । प्रकम्पते च वसुधा वायुर्वातीह संकुलः ॥ १४
ब्रह्मन्न प्रतिजानीमो नास्तिको जायते जनः । संमूढमिव त्रैलोक्यं संप्रक्षुभितमानसम् ॥ १५
भास्करो निष्प्रभश्चैव महर्षेस्तस्य तेजसा । बुद्धिं न कुरुते यावन्नाशे देव महामुनिः ॥ १६
तावत्प्रसाद्यो भगवानग्निरूपो महाद्युतिः । कालाग्निना यथा पूर्वं त्रैलोक्यं दह्यतेऽखिलम् ॥ १७
देवराज्यं चिकीर्षेत दीयतामस्य यन्मनः । ततः सुरगणाः सर्वे पितामहपुरोगमाः ॥ १८
विश्वामित्रं महात्मानं वाक्यं मधुरमब्रुवन् । ब्रह्मर्षे स्वागतं तेऽस्तु तपसा स्म सुतोषिताः ॥ १९
ब्राह्मण्यं तपसोग्रेण प्राप्तवानसि कौशिक । दीर्घमायुश्च ते ब्रह्मन्ददामि समरुद्गणः ॥ २०
स्वस्ति प्राप्नुहि भद्रं ते गच्छ सौम्य यथासुखम् । पितामहवचः श्रुत्वा सर्वेषां त्रिदिवौकसाम् ॥ २१
कृत्वा प्रणामं मुदितो व्याजहार महामुनिः । ब्राह्मण्यं यदि मे प्राप्तं दीर्घमायुस्तथैव च ॥ २२
ॐकारोऽथ वषट्कारो वेदाश्च वरयन्तु माम् । क्षत्रवेदविदां श्रेष्ठो ब्रह्मवेदविदामपि ॥ २३

अथ प्रतिज्ञोत्तरम् । हैमवतीमुत्तराम् ॥ १ ॥ मौनरूपं व्रतं वर्षसहस्रसंबन्धि । मौनं चात्र काष्ठमौनम् ॥ २ ॥ आधूतमाकुलीकृतमप्यान्तरमन्तःकरणम् ॥ ३ ॥ निश्चयं क्रोधाकरणविषयकम् । वर्षसहस्रसंबन्धिनि व्रते पूर्णे सति ॥ ४ ॥ तस्मिन्काले व्रतपारणाकाले ॥ ५ ॥ सिद्धं पक्वम् । निःशेषिते निरवशेषतो दत्ते । अभुक्त्वैव पुनः पाकाकरणादभुक्त्वैव ॥ ६ ॥ मौनं कृत्वासीदित्यन्वयः ॥ ७ ॥ नोच्छ्वसञ्श्वासोच्छ्वासरहितः । धूम इति । धूमकेतुरित्यर्थः । अग्निरिति यावत् । अतएवाग्रे 'आतापितमिव' इति वक्ष्यति । अयं शुद्धसत्त्वगुणप्रभवोऽग्निरितरेषां रजस्तमःप्रधानानां तन्मिश्रसत्त्वप्रधानानां च देवादीनां तापजनक इति बोध्यम् ॥ ८ ॥ येन वह्निना । यथा तापितः पुमान्संभ्रान्तो व्याकुलो भवति, तद्वत्त्रैलोक्यं संभ्रान्तमभूदित्यर्थः ॥ ९ ॥ तपसा तेजसा तपोरूपेण तेजसा । मोहिता विषयाग्राहिचित्ताः कृताः । मन्दरश्मयः क्षीणतेजसः । कश्मलं दुःखम् ॥ १० ॥ तत्तद्विषयैर्लोभितः क्रोधितोऽपि निर्विघ्नमेव तौ त्यक्त्वा तपसाभिवर्धत इत्यन्वयः ॥ ११ ॥ सूक्ष्ममपि वृजिनमल्पमपि कामक्रोधरूपम् । यदभीप्सितं ब्रह्मर्षित्वम् ॥ १२ ॥ अन्यथा लोकनाश इत्याह—विनाशयतीति । त्रैलघुतरपाठाच्च च्छन्दोभङ्गः । नाशप्रकारमाह—व्याकुला इति ॥ १३ ॥ १४ ॥ न प्रतिजानीमः । प्रतिक्रियां न जानीम इत्यर्थः । नास्तिको जायते । जगत्क्षोभवशान्नास्तिक इव कर्मानुष्ठानशून्य इत्यर्थः । तदाह—संमूढमिवेति । संप्रक्षुभितमानसं व्याकुलचित्तम् ॥ १५ ॥ नाशे जगन्नाशे ॥ १६ ॥ पूर्वं युगान्तकाले ॥ १७ ॥ यद्यसौ देवराज्यमपि चिकीर्षेत तदा तदप्यस्य दीयतामित्यर्थ इति केचित् । यद्यस्याभीष्टं न दीयते तदासौ देवराज्यं चिकीर्षेत्, अतोऽस्य यन्मनस्तत्स्थं ब्रह्मर्षित्वं तद्दीयतामित्यर्थ इत्यन्ये ॥ १८ ॥ स्वागतं भद्रम् । स्मेति विसर्गलोप आर्षः ॥ १९ ॥ दीर्घायुर्दानं स्वदर्शनफलम् ॥ २० ॥ स्वस्ति सुखम् । यथासुखम् । तपस उपरते इति शेषः ॥ २१ ॥ यदि इत्यसंदिग्धवचनं वेदाः प्रमाणं चेदितिवत् ॥ २२ ॥ ओमिति ब्रह्मज्ञानसाधनम् । वषडिति यज्ञसाधनम् । वेदाश्च तदपेक्षिताङ्गोपाङ्गादिप्रतिपादकाः । वरयन्तु ।

ब्रह्मपुत्रो वसिष्ठो मामेवं वदतु देवताः । यद्येवं परमः कामः कृतो यान्तु सुरर्षभाः ॥ २४
ततः प्रसादितो देवैर्वसिष्ठो जपतां वरः । सख्यं चकार ब्रह्मर्षिरेवमस्त्विति चाब्रवीत् ॥ २५
ब्रह्मर्षिस्त्वं न संदेहः सर्वं संपद्यते तव । इत्युक्त्वा देवताश्चापि सर्वा जग्मुर्यथागतम् ॥ २६
विश्वामित्रोऽपि धर्मात्मा लब्ध्वा ब्राह्मण्यमुत्तमम् । पूजयामास ब्रह्मर्षिं वसिष्ठं जपतां वरम् ॥ २७
कृतकामो महीं सर्वां चचार तपसि स्थितः । एवं त्वनेन ब्राह्मण्यं प्राप्तं राम महात्मना ॥ २८
एष राम मुनिश्रेष्ठ एष विग्रहवांस्तपः । एष धर्मः परो नित्यं वीर्यस्यैष परायणम् ॥ २९
एवमुक्त्वा महातेजा विरराम द्विजोत्तमः । शतानन्दवचः श्रुत्वा रामलक्ष्मणसंनिधौ ॥ ३०
जनकः प्राञ्जलिर्वाक्यमुवाच कुशिकात्मजम् । धन्योऽस्म्यनुगृहीतोऽस्मि यस्य मे मुनिपुंगव ॥ ३१
यज्ञं काकुत्स्थसहितः प्राप्तवानसि कौशिक । पावितोऽहं त्वया ब्रह्मन्दर्शनेन महामुने ॥ ३२
गुणा बहुविधाः प्राप्तास्तव संदर्शनान्मया । विस्तरेण च वै ब्रह्मन्कीर्त्यमानं महत्तपः ॥ ३३
श्रुतं मया महातेजो रामेण च महात्मना । सदस्यैः प्राप्य च सदः श्रुतास्ते बहवो गुणाः ॥ ३४
अप्रमेयं तपस्तुभ्यमप्रमेयं च ते बलम् । अप्रमेया गुणाश्चैव नित्यं ते कुशिकात्मज ॥ ३५
तृप्तिराश्चर्यभूतानां कथानां नास्ति मे विभो । कर्मकालो मुनिश्रेष्ठ लम्बते रविमण्डलम् ॥ ३६
श्वः प्रभाते महातेजो द्रष्टुमर्हसि मां पुनः । स्वागतं जपतां श्रेष्ठ मामनुज्ञातुमर्हसि ॥ ३७
एवमुक्तो मुनिवरः प्रशस्य पुरुषर्षभम् । विससर्जाशु जनकं प्रीतं प्रीतमनास्तदा ॥ ३८
एवमुक्त्वा मुनिश्रेष्ठं वैदेहो मिथिलाधिपः । प्रदक्षिणं चकाराशु सोपाध्यायः सबान्धवः ॥ ३९
विश्वामित्रोऽपि धर्मात्मा सहरामः सलक्ष्मणः । स्ववासमभिचक्राम पूज्यमानो महात्मभिः ॥ ४०

इत्यार्षे श्रीमद्रामायणे वाल्मीकीय आदिकाव्ये बालकाण्डे पञ्चषष्टितमः सर्गः ॥ ६५ ॥

षट्षष्टितमः सर्गः ।

ततः प्रभाते विमले कृतकर्मा नराधिपः । विश्वामित्रं महात्मानमाजुहाव सराघवम् ॥ १
तमर्चयित्वा धर्मात्मा शास्त्रदृष्टेन कर्मणा । राघवौ च महात्मानौ तदा वाक्यमुवाच ह ॥ २
भगवन्स्वागतं तेऽस्तु किं करोमि तवानघ । भवानाज्ञापयतु मामाज्ञाप्यो भवता ह्यहम् ॥ ३

यथा वसिष्ठादीन्सहजब्राह्मणान्वरयन्ति तथा वरणं चाध्यापनयाजनयोरनुमतिः । ब्रह्माद्यनुग्रहेऽपि जातिब्राह्मण्याभावाद्वसिष्ठेनानङ्गीकारे व्यर्थमेव सर्वम्, अत आह—क्षत्रेत्यादि । सूर्यवंशानादिपुरोहितत्वात्तदध्यापकत्वाच्च तेषां युद्धजयादिप्रयोजनसंपत्तये क्षत्रवेदविदामुक्तप्रयोजनधनुर्वेदविदां श्रेष्ठः । ब्रह्मवेदा वेदचतुष्टयी । ब्रह्मप्रतिपादकोपनिषद्भागवत्त्वात् ॥ २३ ॥ अन्यदपि श्रैष्ठ्यबीजम् । ब्रह्मपुत्र इति । एवं ब्रह्मर्षे इति । एवं वसिष्ठमुखेन ब्रह्मर्षित्ववादरूपे मम परमः कामो मनोरथो यदि कृतस्तदा मद्विषये कृतकृत्याः सुरर्षभा यान्तु नान्यथेति भावः । अन्यथा पुनस्तपश्चरिष्यामीति तात्पर्यम् ॥ २४ ॥ ततो विश्वामित्रोक्त्यनन्तरम् । प्रसादितो विश्वामित्रस्य ब्रह्मर्षित्वानुमतये । एवं ब्रह्मर्षित्वम् । सख्यं विश्वामित्रेण ॥ २५ ॥ सर्वं ब्राह्मण्यप्रयोजकं ब्राह्मणाज्जन्म तत्संस्कारादि संपद्यते संपन्नम् । अनेन त्रिपुरुषपर्यन्तं विश्वामित्रस्य ब्राह्मण्यलाभः सूचितः । एतच्च 'अनृष्यानन्तर्ये' इति सूत्रे महाभाष्ये स्पष्टम् । इति वसिष्ठोक्तं देवता अप्युक्त्वा जग्मुरित्यन्वयः ॥ २६ ॥ पूजयामास । सपरिवारस्य मम सत्कारकरणेन ब्रह्मर्षिताप्रापकसाधनोन्मुख्यसंपादनेन कृतार्थीकृतोऽस्मि भगवतेति पूजयामासेत्यर्थः ॥ २७ ॥ चचारेति । विश्वामित्र इति शेषः । अथ प्रकृतशतानन्दवचनम्—एवं त्वित्यादि ॥ २८ ॥ नित्यमिदानीमपि । वीर्यस्य तपोवीर्यस्य ॥ २९ ॥ ३० ॥ ३१ ॥ पावितः पवित्रः कृतः ॥ ३२ ॥ गुणाः कर्मश्रैष्ठ्यज्ञातिश्रैष्ठ्यलक्षणाः ॥ ३३ ॥ महातेज इति संबुद्धिः । मया जनकेन रामेण च सदः प्राप्य स्थितैः सदस्यैश्च ते गुणाः श्रुताः ॥ ३४ ॥ तुभ्यमिति तवेत्यर्थे । अप्रमेयमियत्ताज्ञानाविषयम् ॥ ३५ ॥ कथानामिति । शृण्वत इति शेषः । कर्मकाल इति । अतिवर्तत इति शेषः । तदेवाह—लम्बत इति ॥ ३६ ॥ स्वागतं भद्रम् । अनुज्ञातुम् । कर्मण इति शेषः ॥ ३७ ॥ ३८ ॥ ३९ ॥ स्ववासं स्वनिवेशम् । 'स्ववाटम्' इति पाठेऽप्ययमेवार्थः ॥ ४० ॥ **इति श्रीरामाभिरामे श्रीरामीये रामायणतिलके वाल्मीकीय आदिकाव्ये बालकाण्डे पञ्चषष्टितमः सर्गः ॥ ६५ ॥**

कृतकर्मा कृतनित्यक्रियः ॥ १ ॥ कर्मणा अर्घ्यपाद्यादिलक्षणेन । राघवौ च संपूज्य वाक्यमुवाच । विश्वामित्रं प्रतीति शेषः ॥ २ ॥ आज्ञाप्य आज्ञापयितुं योग्यः । भवतेति

एवमुक्तः स धर्मात्मा जनकेन महात्मना । प्रत्युवाच मुनिश्रेष्ठो वाक्यं वाक्यविशारदः ॥ ४
पुत्रौ दशरथस्येमौ क्षत्रियौ लोकविश्रुतौ । द्रष्टुकामौ धनुःश्रेष्ठं यदेतत्त्वयि तिष्ठति ॥ ५
एतद्दर्शय भद्रं ते कृतकामौ नृपात्मजौ । दर्शनादस्य धनुषो यथेष्टं प्रतियास्यतः ॥ ६
एवमुक्तस्तु जनकः प्रत्युवाच महामुनिम् । श्रूयतामस्य धनुषो यदर्थमिह तिष्ठति ॥ ७
देवरात इति ख्यातो निमेर्ज्येष्ठो महीपतिः । न्यासोऽयं तस्य भगवन्हस्ते दत्तो महात्मनः ॥ ८
दक्षयज्ञवधे पूर्वं धनुरायम्य वीर्यवान् । विध्वस्य त्रिदशान्रोषात्सलीलमिदमब्रवीत् ॥ ९
यस्माद्भागार्थिनो भागान्नाकल्पयत मे सुराः । वराङ्गानि महार्हाणि धनुषा शातयामि वः ॥ १०
ततो विमनसः सर्वे देवा वै मुनिपुंगव । प्रसादयन्त देवेशं तेषां प्रीतोऽभवद्भवः ॥ ११
प्रीतियुक्तस्तु सर्वेषां ददौ तेषां महात्मनाम् । तदेतद्देवदेवस्य धनूरत्नं महात्मनः ॥ १२
न्यासभूतं तदा न्यस्तमस्माकं पूर्वजे विभौ । अथ मे कृषतः क्षत्रं लाङ्गलादुत्थिता ततः ॥ १३
क्षेत्रं शोधयता लब्धा नाम्ना सीतेति विश्रुता । भूतलादुत्थिता सा तु व्यवर्धत ममात्मजा ॥ १४
वीर्यशुल्केति मे कन्या स्थापितेयमयोनिजा । भूतलादुत्थितां तां तु वर्धमानां ममात्मजाम् ॥ १५
वरयामासुरागत्य राजानो मुनिपुंगव । तेषां वरयतां कन्यां सर्वेषां पृथिवीक्षिताम् ॥ १६
वीर्यशुल्केति भगवन्न ददामि सुतामहम् । ततः सर्वे नृपतयः समेत्य मुनिपुंगव ॥ १७
मिथिलामप्युपागम्य वीर्यं जिज्ञासवस्तदा । तेषां जिज्ञासमानानां शैवं धनुरुपाहृतम् ॥ १८
न शेकुर्ग्रहणे तस्य धनुषस्तोलनेऽपि वा । तेषां वीर्यवतां वीर्यमल्पं ज्ञात्वा महामुने ॥ १९
प्रत्याख्याता नृपतयस्तन्निबोध तपोधन । ततः परमकोपेन राजानो मुनिपुंगव ॥ २०
अरुन्धन्मिथिलां सर्वे वीर्यसंदेहमागताः । आत्मानमवधूतं मे विज्ञाय नृपपुंगवाः ॥ २१

कृत्यानां कर्तरि षष्ठीविकल्पात्तृतीया । आगमनप्रयोजनं बोधनीय इति तात्पर्यम् ॥ ३ ॥ ४ ॥ द्रष्टुकामौ । आगताविति शेषः ॥ ५ ॥ कृतकामौ प्राप्तकामौ ॥ ६ ॥ ततो धनुर्वृत्तान्तमाह जनकः—एवमिति । अस्य दिदृक्षितस्य धनुषः श्रूयताम् । आगमनादिवृत्तान्त इति शेषः । यदर्थं यत्प्रयोजनाय तिष्ठति तच्च श्रूयताम् ॥ ७ ॥ निमिः कूटस्थः । तस्य ज्येष्ठः पुत्रो देवरातः । न्यासो निक्षेपः । अयं धनूरूपः अपरे तु नितरामास्ते देवता यत्रेति व्युत्पत्त्या न्यासो देवपूजास्थानम् । तत्पूजार्थं शत्रुवधार्थं च दत्त इत्यर्थः । निक्षेपपरतया व्याख्याने तु निक्षेपस्य शुल्कीकरणमनुचितम् । भगवता तद्भङ्गे च निक्षेपारक्षणप्रयुक्तदोषभागिता जनकस्य स्यादिति प्राहुः ॥ ८ ॥ कैर्दत्तस्तत्राह–दक्षेत्यादि । दक्षयज्ञवध इति निमित्तसप्तमी । आयम्य नमनसज्जीकरणपूर्वमाकृष्य । सलीलमिति वधविषयाप्रयासो द्योत्यते ॥ ९ ॥ भागार्थिनः स्विष्टकृदादियज्ञभागार्थिनो मम भागं यतो नाकल्पयन्त सुराः । अतो वराङ्गानि शिरांसि । अकल्पयतेत्येकवचनमार्षम् । महार्हाणि महापूजायोग्यानि ॥ १० ॥ विमनसो दीनाः । भवो रुद्रः ॥ ११ ॥ ददौ । संहारार्थं गृहीतं धनुरिति शेषः । देवदेवस्य रुद्रस्य । देवैर्लब्धं धनूरत्नम् ॥ १२ ॥ अस्मत्पूर्वजे देवराते । तैः शिवसहितैर्देवैर्न्यासभूतं देवपूजास्थानभूतं न्यस्तं दत्तम् । तदुक्तं कौर्मे एकविंशेऽध्याये–'प्रीतश्च भगवानीशस्त्रिशूली नीललोहितः । प्रददौ शत्रुनाशार्थं जनकायाद्भुतं धनुः ॥' इति । पाद्मेऽपि च 'चापं शंभोर्दयादत्तं कन्याशुल्कीकृतं मया ।' इति । यदर्थमिह तिष्ठतीत्यस्याप्युत्तरं न्यासभूतमित्यन्तेन जातं पूजास्थानत्वेन पूजार्थमित्यर्थलाभात् । अथेति । कृषत इति अभिचयनार्थमिति शेषः । 'षड्गवेन कृषति' इत्यादिशास्त्रात् । लाङ्गलाल्लाङ्गलपद्धतेरुत्थिता । कन्येति शेषः ॥ १३ ॥ यतः क्षेत्रं शोधयता सीताया लाङ्गलपद्धतेर्मया लब्धातो नाम्ना सीतेति प्रसिद्धा । भूतलाद्यज्ञियात् । व्यवर्धत वृद्धिं प्राप्ता । पाद्मेऽपि–'अथ लोकेश्वरी लक्ष्मीर्जनकस्य पुरे स्वतः । शुभक्षेत्रे हलोत्खाते तारे चोत्तरफाल्गुने । अयोनिजा पद्मकरा बालार्कशतसंनिभा । सीतामुखे समुत्पन्ना बालभावेन सुन्दरी ॥ सीतामुखोद्भवात्सीता इत्यस्यै नाम चाकरोत् । ततोऽभूदौरसी तस्य ऊर्मिला नाम कन्यका ॥' इति ॥ १४ ॥ वीर्यशुल्का धनुःसज्जीकरणादिक्षमं वीर्यमेव शुल्कं मूल्यं यस्याः ॥ १५ ॥ १६ ॥ न ददामि न प्रादाम् ॥ १७ ॥ वीर्यं धनुषः सारम् । जिज्ञासव इत्यस्याभूवन्निति शेषः । उपाहृतम् । दर्शितमानीयेत्यर्थः ॥ १८ ॥ ग्रहणं धारणम् । तोलनं भारपरीक्षणार्थं हस्तेन चालनम् ॥ १९ ॥ प्रत्याख्याताः । कन्या न दत्तेति यावत् । तदित्यव्ययम् । ततोऽनन्तरं यद्वृत्तं तन्निबोध जानीहि । तत इत्युत्तरान्वयि ॥ २० ॥ अरुन्धन्नपरुद्धवन्तः । वीर्यसंदेहं धनुरारोपणलक्षणवीर्यविषयेऽन्येषां संदेहविषयत्वं गताः । अतो बलेनैव कन्यां ग्रहीष्याम इत्यरुन्धन्नित्यर्थः । ते च सर्वे नृपा आत्मानं स्वं स्वमात्मानं मे मयावधूतं वीर्य-

रोषेण महताविष्टाः पीडयन्मिथिलां पुरीम् । ततः संवत्सरे पूर्णे क्षयं यातानि सर्वशः ॥ २२
साधनानि मुनिश्रेष्ठ ततोऽहं भृशदुःखितः । ततो देवगणान्सर्वांस्तपसाहं प्रसादयम् ॥ २३
ददुश्च परमप्रीताश्चतुरङ्गबलं सुराः । ततो भग्ना नृपतयो हन्यमाना दिशो ययुः ॥ २४
अवीर्या वीर्यसंदिग्धाः सामात्याः पापकारिणः । तदेतन्मुनिशार्दूल धनुः परमभास्वरम् ॥ २५
रामलक्ष्मणयोश्चापि दर्शयिष्यामि सुव्रत । यद्यस्य धनुषो रामः कुर्यादारोपणं मुने ।
सुतामयोनिजां सीतां दद्यां दाशरथेरहम् ॥ २६

इत्यार्षे श्रीमद्रामायणे वाल्मीकीय आदिकाव्ये बालकाण्डे षट्षष्टितमः सर्गः ॥ ६६ ॥

सप्तषष्टितमः सर्गः ।

जनकस्य वचः श्रुत्वा विश्वामित्रो महामुनिः । धनुर्दर्शय रामाय इति होवाच पार्थिवम् ॥ १
ततः स राजा जनकः सचिवान्व्यादिदेश ह । धनुरानीयतां दिव्यं गन्धमाल्यानुलेपितम् ॥ २
जनकेन समादिष्टाः सचिवाः प्राविशन्पुरम् । तद्धनुः पुरतः कृत्वा निर्जग्मुरमितौजसः ॥ ३
नृणां शतानि पञ्चाशद्व्यायतानां महात्मनाम् । मञ्जूषामष्टचक्रां तां समूहुस्ते कथंचन ॥ ४
तामादाय सुमञ्जूषामायसीं यत्र तद्धनुः । सुरोपमं ते जनकमूचुर्नृपतिमन्त्रिणः ॥ ५
इदं धनुर्वरं राजन्पूजितं सर्वराजभिः । मिथिलाधिपराजेन्द्र दर्शनीयं यदीच्छसि ॥ ६
तेषां नृपो वचः श्रुत्वा कृताञ्जलिरभाषत । विश्वामित्रं महात्मानं तावुभौ रामलक्ष्मणौ ॥ ७
इदं धनुर्वरं ब्रह्मञ्जनकैरभिपूजितम् । राजभिश्च महावीर्यैरशक्तैः पूरितं तदा ॥ ८
नैतत्सुरगणाः सर्वे सासुरा न च राक्षसाः । गन्धर्वयक्षप्रवराः सकिंनरमहोरगाः ॥ ९
क्व गतिर्मानुषाणां च धनुषोऽस्य प्रपूरणे । आरोपणे समायोगे वेपने तोलने तथा ॥ १०
तदेतद्धनुषां श्रेष्ठमानीतं मुनिपुंगव । दर्शयैतन्महाभाग अनयो राजपुत्रयोः ॥ ११
विश्वामित्रः सरामस्तु श्रुत्वा जनकभाषितम् । वत्स राम धनुः पश्य इति राघवमब्रवीत् ॥ १२
महर्षेर्वचनाद्रामो यत्र तिष्ठति तद्धनुः । मञ्जूषां तामपावृत्य दृष्ट्वा धनुरथाब्रवीत् ॥ १३
इदं धनुर्वरं दिव्यं संस्पृशामीह पाणिना । यत्नवांश्च भविष्यामि तोलने पूरणेऽपि वा ॥ १४
बाढमित्यब्रवीद्राजा मुनिश्च समभाषत । लीलया स धनुर्मध्ये जग्राह वचनान्मुनेः ॥ १५

शुल्ककरणेन तिरस्कृतं विज्ञाय ॥ २१ ॥ रोषेणाविष्टा मिथिलामपीडयन् । अडभाव आर्षः । क्षयं यातानि । दुर्गस्थित्या युद्धवशादिति शेषः ॥ २२ ॥ साधनानि दुर्गरक्षणसाधनानि । प्रसादयं प्रसादितवान् । लङ्यडभाव आर्षः ॥ २३ ॥ सुरा ददुः । जगन्मातृ रक्षणार्थं स्वकार्यसिद्ध्यर्थं चेदं बलदानम् । दिशो ययुः । समूहं विसृज्येति शेषः ॥ २४ ॥ अवीर्या अल्पवीर्याः । वीर्यसंदिग्धाः संदिग्धस्ववीर्याः । आहिताग्न्यादित्वान्निष्ठायाः परनिपातः । तदेतदुक्तवृत्तान्तकम् ॥ २५ ॥ ॥ २६ ॥ **इति श्रीरामाभिरामे श्रीरामीये रामायणतिलके वाल्मीकीय आदिकाव्ये बालकाण्डे षट्षष्टितमः सर्गः ॥ ६६ ॥**

रामाय इति ह्रेत्यसंधिश्छान्दसः । आरोपयिष्यति सीतां प्रहीष्यति चेति भावः ॥ १ ॥ सचिवान्समीपे विद्यमानान् । अनुलेपितं युक्तम् ॥ २ ॥ प्राविशन्पुरम् । यज्ञवाटादित्यर्थः ॥ ३ ॥ शतानि पञ्चाशत् पञ्च सहस्राणीत्यर्थः । अनेन धनुषो दुर्भरत्वादि दर्शितम् । आयता दीर्घाः । महात्मानो हृष्टपुष्टशरीराः । अष्टचक्रां रथाङ्गाष्टयुक्ताम् । तां दृढत्वेन प्रसिद्धाम् । कथंचन । तत्संख्या अपि महता प्रयत्नेनेत्यर्थः ॥ ४ ॥ आयसीमष्टलोहनिर्मिताम् । सुरोपममिति जनकविशेषणम् ॥ ५ ॥ यदि दर्शनीयमितीच्छसि । तदा दर्शयेत्यर्थः ॥ ६ ॥ उभौ रामलक्ष्मणौ तदाश्रयं धनुःप्रदर्शनमुद्दिश्य विश्वामित्रमभाषतेति योजना ॥ ७ ॥ पूरितमशक्तैस्तोलनादिवक्ष्यमाणव्यापाराशक्तै राजभिस्तु जनकैर्देवरातातिरिक्तैः पूजितम् । ऐश्वरत्वादीश्वरवदेव केवलं पूजितमित्यर्थः ॥ ८ ॥ नैतदिति । एतद्धनुः सुरादयो न सज्जीकर्तुं शक्ता इति शेषः ॥ ९ ॥ गतिः शक्तिः सामर्थ्यम् । चस्त्वर्थे । प्रपूरणमाकर्णाकर्षणम् । आरोपणं सज्जीकरणम् । समायोगः शरेण योजनम् । वेपनं ज्यास्फालनम् । तोलनमुक्तम् ॥ १० ॥ आनीतमथापि त्वदाज्ञयेत्यादिः ॥ ११ ॥ १२ ॥ यत्र धनुस्तिष्ठति तां मञ्जूषामपावृत्यापगतावरणां कृत्वा ॥ १३ ॥ स्पृशामीति दर्शनोत्सुकस्य निवृत्तेः । वा चार्थे । यत्नवान्भविष्यामि किमित्यब्रवीत् । अपृच्छदित्यर्थः ॥ १४ ॥ तं राजा मुनिश्च बाढमित्येव चाब्रवीत् । समभाषतेति प्रत्येकमन्वयः । मध्ये मध्यप्रदेशे । लीलयानायासेन । जग्राह पादाङ्गुल्येनोन्नतं कृत्वा

पश्यतां नृसहस्राणां बहूनां रघुनन्दनः । आरोपयत्स धर्मात्मा सलीलमिव तद्धनुः ॥ १६
आरोपयित्वा मौर्वीं च पूरयामास तद्धनुः । तद्बभञ्ज धनुर्मध्ये नरश्रेष्ठो महायशाः ॥ १७
तस्य शब्दो महानासीन्निर्घातसमनिःस्वनः । भूमिकम्पश्च सुमहान्पर्वतस्येव दीर्यतः १८
निपेतुश्च नराः सर्वे तेन शब्देन मोहिताः । वर्जयित्वा मुनिवरं राजानं तौ च राघवौ ॥ १९
प्रत्याश्वस्ते जने तस्मिन्राजा विगतसाध्वसः । उवाच प्राञ्जलिर्वाक्यं वाक्यज्ञो मुनिपुंगवम् ॥ २०
भगवन्दृष्टवीर्यो मे रामो दशरथात्मजः । अत्यद्भुतमचिन्त्यं च अतर्कितमिदं मया ॥ २१
जनकानां कुले कीर्तिमाहरिष्यति मे सुता । सीता भर्तारमासाद्य रामं दशरथात्मजम् ॥ २२
मम सत्या प्रतिज्ञा सा वीर्यशुल्केति कौशिक । सीता प्राणैर्बहुमता देया रामाय मे सुता ॥ २३
भवतोऽनुमते ब्रह्मञ्शीघ्रं गच्छन्तु मन्त्रिणः । मम कौशिक भद्रं ते अयोध्यां त्वरिता रथैः ॥ २४
राजानं प्रश्रितैर्वाक्यैरानयन्तु पुरं मम । प्रदानं वीर्यशुल्कायाः कथयन्तु च सर्वशः ॥ २५
मुनिगुप्तौ च काकुत्स्थौ कथयन्तु नृपाय वै । प्रीतियुक्तं तु राजानमानयन्तु सुशीघ्रगाः ॥ २६
कौशिकस्तु तथेत्याह राजा चाभाष्य मन्त्रिणः । अयोध्यां प्रेषयामास धर्मात्मा कृतशासनान् ।
यथावृत्तं समाख्यातुमानेतुं च नृपं तथा ॥ २७

इत्यार्षे श्रीमद्रामायणे वाल्मीकीय आदिकाव्ये बालकाण्डे सप्तषष्टितमः सर्गः ॥ ६७ ॥

अष्टषष्टितमः सर्गः ।

जनकेन समादिष्टा दूतास्ते क्लान्तवाहनाः । त्रिरात्रमुषिता मार्गे तेऽयोध्यां प्राविशन्पुरीम् ॥ १
ते राजवचनाद्गत्वा राजवेश्म प्रवेशिताः । ददृशुर्देवसंकाशं वृद्धं दशरथं नृपम् ॥ २
बद्धाञ्जलिपुटाः सर्वे दूता विगतसाध्वसाः । राजानं प्रश्रितं वाक्यमब्रुवन्मधुराक्षरम् ॥ ३
मैथिलो जनको राजा साग्निहोत्रपुरस्कृतः । मुहुर्मुहुर्मधुरया स्नेहसंरक्तया गिरा ॥ ४
कुशलं चाव्ययं चैव सोपाध्यायपुरोहितम् । जनकस्त्वां महाराज पृच्छते सपुरःसरम् ॥ ५
पृष्ट्वा कुशलमव्यग्रं वैदेहो मिथिलाधिपः । कौशिकानुमते वाक्यं भवन्तमिदमब्रवीत् ॥ ६
पूर्वं प्रतिज्ञा विदिता वीर्यशुल्का ममात्मजा । राजानश्च कृतामर्षा निर्वीर्या विमुखीकृताः ॥ ७
सेयं मम सुता राजन्विश्वामित्रपुरस्कृतैः । यदृच्छयागतै राजन्निर्जिता तव पुत्रकैः ॥ ८

करेण जग्राह । तदुक्तं पाद्मे—'रामोऽपि तद्धनुःकोटिं स्पृष्ट्वा पादाङ्गुलात्ततः । उन्नतं चापमारोप्य बभञ्जे मोहिता जनाः ॥' इति । अतिभारवद्वस्तुनः पादाङ्गुल्या मध्यभागपर्यन्तमुन्नमनं मध्ये गृहीत्वोद्धारश्च महाबलसाध्य इति महाबलवत्त्वमनेन सूचितम् ॥ १५ ॥ पश्यताम् । अनादरे षष्ठी ॥ १६ ॥ पूरणमाकर्षणम् ॥ १७ ॥ निर्घातोऽशनिध्वनिस्तन्निःस्वनसमः शब्द आसीत् । दीर्यतः पर्वतस्य समीपदेशे यथा भूमिकम्पस्तथा भूकम्प आसीत् ॥ १८ ॥ मुनिवरो विश्वामित्रः । राजा जनकः ॥ १९ ॥ विगतसाध्वसः । रामेण धनुरनारोपणे कन्याविवाहितैव स्थास्यतीति या भीः स्थिता सा गतेत्यर्थः ॥ २० ॥ अतर्कितमिदं मया । एतदारोपणमित्यर्थः ॥ २१ ॥ आहरिष्यति संपादयिष्यति ॥ २२ ॥ मम प्रतिज्ञा सत्या । जातेति शेषः । प्राणैः प्राणेभ्यः ॥ २३ ॥ मम मन्त्रिण इत्यन्वयः । अनुमते । अनुमतकृत्यसाधननिमित्तमित्यर्थः । भवतोऽनुमत्येति वार्थः ॥ २४ ॥ प्रश्रितैर्विनयसहितैः । सर्वशश्च । सर्वमप्यत्रत्यं वृत्तान्तमित्यर्थः ॥ २५ ॥ गुप्तौ रक्षितौ । प्रीतियुक्तमिति क्रियाविशेषणम् ॥ २६ ॥ आभाष्याहूय । कृतशासनान्दत्तकल्याणसंदेशपत्रान् ॥ २७ ॥ इति श्रीरामाभिरामे श्रीरामीये रामायणतिलके वाल्मीकीय आदिकाव्ये बालकाण्डे सप्तषष्टितमः सर्गः ॥ ६७ ॥

त्रिरात्रं रात्रित्रयमुषिता मार्गे कृतवासाः । तावद्वासकरणे निमित्तं क्लान्तवाहनत्वम् । ते दूतकर्मणि नियुक्ता मन्त्रिणः । तदनन्तरं तेऽयोध्यायां प्राविशन् ॥ १ ॥ राजवचनाज्जनकोऽस्मानिह प्रेषितवानिति स्वराजनामसंकीर्तनात् । राजवेश्म दशरथवेश्म । प्रवेशिताः । तदीयैर्द्वारपालैरिति शेषः ॥ २ ॥ विगतसाध्वसा महाराजदूतत्वेन तद्भृत्यवत्तत्संनिधौ भयरहिताः ॥ ३ ॥ साग्निहोत्रपुरस्कृतः पुरस्कृताग्निहोत्रसहितः । आहिताग्न्यादिः । पुरस्कृता मन्त्र्यादयः । अग्निहोत्रपदेन तत्साधनऋत्विजस्तैः सहित इत्यर्थ इत्यन्ये ॥ ४ ॥ कुशलं क्षेमम् । अव्ययमनपायम् । हे महाराज, आपृच्छते । 'आङि नु पृच्छयोः' इत्यात्मनेपदम् । पुरःसरा भृत्यास्तत्सहितम् ॥ ५ ॥ अनुमतेऽनुमतकृत्यसाधननिमित्तम् ॥ ६ ॥ वीर्यशुल्केति प्रतिज्ञापूर्वं युष्माकं विदितेत्यन्वयः । विमुखीकृता इत्यपि विदितम् ॥ ७ ॥ तव पुत्रकैरिति । तव पुत्रेण । रामेणेत्यर्थः । कप्रत्ययेनाल्पा-

तच्च रत्नं धनुर्दिव्यं मध्ये भग्नं महात्मना । रामेण हि महाबाहो महत्यां जनसंसदि ॥ ९
अस्मै देया मया सीता वीर्यशुल्का महात्मने । प्रतिज्ञां तर्तुमिच्छामि तदनुज्ञातुमर्हसि ॥ १०
सोपाध्यायो महाराज पुरोहितपुरस्कृतः । शीघ्रमागच्छ भद्रं ते द्रष्टुमर्हसि राघवौ ॥ ११
प्रतिज्ञां मम राजेन्द्र निर्वर्तयितुमर्हसि । पुत्रयोरुभयोरेव प्रीतिं त्वमुपलप्स्यसे ॥ १२
एवं विदेहाधिपतिर्मधुरं वाक्यमब्रवीत् । विश्वामित्राभ्यनुज्ञातः शतानन्दमते स्थितः ॥ १३
दूतवाक्यं तु तच्छ्रुत्वा राजा परमहर्षितः । वसिष्ठं वामदेवं च मन्त्रिणश्चैवमब्रवीत् ॥ १४
गुप्तः कुशिकपुत्रेण कौसल्यानन्दवर्धनः । लक्ष्मणेन सह भ्रात्रा विदेहेषु वसत्यसौ ॥ १५
दृष्टवीर्यस्तु काकुत्स्थो जनकेन महात्मना । संप्रदानं सुतायास्तु राघवे कर्तुमिच्छति ॥ १६
यदि वो रोचते वृत्तं जनकस्य महात्मनः । पुरीं गच्छामहे शीघ्रं मा भूत्कालस्य पर्ययः ॥ १७
मन्त्रिणो बाढमित्याहुः सह सर्वैर्महर्षिभिः । सुप्रीतश्चाब्रवीद्राजा श्वो यात्रेति च मन्त्रिणः ॥ १८
मन्त्रिणस्तु नरेन्द्रस्य रात्रिं परमसत्कृताः । ऊषुः प्रमुदिताः सर्वे गुणैः सर्वैः समन्विताः ॥ १९

इत्यार्षे श्रीमद्रामायणे वाल्मीकीय आदिकाव्ये बालकाण्डेऽष्टषष्टितमः सर्गः ॥ ६८ ॥

एकोनसप्ततितमः सर्गः ।

ततो रात्र्यां व्यतीतायां सोपाध्यायः सबान्धवः । राजा दशरथो हृष्टः सुमन्त्रमिदमब्रवीत् ॥ १
अद्य सर्वे धनाध्यक्षा धनमादाय पुष्कलम् । व्रजन्त्वग्रे सुविहिता नानारत्नसमन्विताः ॥ २
चतुरङ्गबलं चापि शीघ्रं निर्यातु सर्वशः । ममाज्ञासमकालं च यानं युग्यमनुत्तमम् ॥ ३
वसिष्ठो वामदेवश्च जाबालिरथ कश्यपः । मार्कण्डेयस्तु दीर्घायुर्ऋषिः कात्यायनस्तथा ॥ ४
एते द्विजाः प्रयान्त्वग्रे स्यन्दनं योजयस्व मे । यथा कालात्ययो न स्याद्दूता हि त्वरयन्ति माम् ॥ ५
वचनाच्च नरेन्द्रस्य सेना च चतुरङ्गिणी । राजानमृषिभिः सार्धं व्रजन्तं पृष्ठतोऽन्वयात् ॥ ६
गत्वा चतुरहं मार्गं विदेहानभ्युपेयिवान् । राजा च जनकः श्रीमाञ्श्रुत्वा पूजामकल्पयत् ॥ ७
ततो राजानमासाद्य वृद्धं दशरथं नृपम् । मुदितो जनको राजा प्रहर्षं परमं ययौ ॥ ८
उवाच वचनं श्रेष्ठो नरश्रेष्ठं मुदान्वितम् । स्वागतं ते नरश्रेष्ठ दिष्ट्या प्राप्तोऽसि राघव ॥ ९
पुत्रयोरुभयोः प्रीतिं लप्स्यसे वीर्यनिर्जिताम् । दिष्ट्या प्राप्तो महातेजा वसिष्ठो भगवानृषिः ॥ १०
सह सर्वैर्द्विजश्रेष्ठैर्देवैरिव शतक्रतुः । दिष्ट्या मे निर्जिता विघ्ना दिष्ट्या मे पूजितं कुलम् ॥ ११
राघवैः सह संबन्धाद्वीर्यश्रेष्ठैर्महाबलैः । श्वः प्रभाते नरेन्द्र त्वं संवर्तयितुमर्हसि ॥ १२

र्थकेन बाल्यद्योतनम् । जामातृबुद्ध्या महाबलत्वेनेश्वरबुद्ध्या च पूज्यत्वेन बहुवचनप्रयोगः ॥ ८ ॥ तच्च । पूर्वं दक्षाध्वरध्वंससमये रुद्रेण यद्बलाच्छक्रादिपुरःसरसकलसुरजयः कृतस्तच्चेत्यर्थः । रत्नं धनुरुत्तमं धनुः ॥ ९ ॥ प्रतिज्ञां वीर्यशुल्कतया सीतादानप्रतिज्ञाम् । तर्तुं पूरयितुम् ॥ १० ॥ ११ ॥ उभयोरेवोभयोरपि पुत्रयोः । न केवलं रामस्यैवेत्यर्थः । प्रीतिं विवाहजाम् । एतेन लक्ष्मणायोर्मिलाप्रदानं सूचितम् ॥ १२ ॥ अभ्यनुज्ञातोऽभ्यनुज्ञातकन्याप्रदानकृत्यः ॥ १३ ॥ एवं वक्ष्यमाणम् ॥ १४ ॥ विदेहेषु विदेहानां निवासभूते जनपदे ॥ १५ ॥ १६ ॥ यदि वो रोचते वृत्तम् । यानसंबन्धयोग्यमित्यर्थः । पर्ययोऽतिक्रमः ॥ १७ ॥ श्वो यात्रेति मन्त्रिणोऽब्रवीदित्यन्वयः । तदर्थं उद्यमः क्रियतामिति शेषः ॥ १८ ॥ मन्त्रिणो जनकमन्त्रिणः । गुणैः सत्कारातिशयैः । 'नरेन्द्रश्च' इति पाठे स च मुदित उवासेति विपरिणामः । 'नरेन्द्रस्य' इति पाठे जनकस्येत्यर्थः ॥ १९ ॥ इति श्रीरामाभिरामे श्रीरामीये रामायणतिलके वाल्मीकीय आदिकाव्ये बालकाण्डेऽष्टषष्टितमः सर्गः ॥ ६८ ॥

तत इति ॥ १ ॥ धनाध्यक्षाः कोशरक्षाधिकारिणः । पुष्कलं बहु श्रेष्ठं च । सुविहिताः सुरक्षिताः सुसंपादितकल्याणोचितकर्माणो वा ॥ २ ॥ यानं शिबिकादि । युग्यमश्वादि । अनुत्तमानि श्रेष्ठानि यानानि युग्यानि च यान्तु । वसिष्ठाद्यर्थमिति शेषः ॥ ३ ॥ ४ ॥ अग्रे द्विजप्रयाणं प्रयाणे कल्याणाय । प्रयान्तु । उक्तयानयुग्यैरिति शेषः । दूता जनकदूताः ॥ ५ ॥ चद्वयं चिन्त्यफलं पादपूरणमात्रार्थम् ॥ ६ ॥ दूतानां त्रिदिनगम्योऽपि मार्गश्चतुरङ्गबलोपेतप्रयाणत्वाच्चतुर्दिनं वासो मध्ये । श्रुत्वा दशरथागमनम् ॥ ७ ॥ राजानमासाद्य मुदितो हर्षं ययौ । मोदस्यैवाधिकावस्था हर्ष इति भेदः ॥ ८ ॥ ९ ॥ वीर्यं शौर्यम् ॥ १० ॥ वसिष्ठे इन्द्रसादृश्यं पूर्णधर्मत्वेन । विघ्नाः कन्यादानप्रतिबन्धाः ॥ ११ ॥ राघवैः सह संबन्धं प्राप्य

यज्ञस्यान्ते नरश्रेष्ठ विवाहमृषिसत्तमैः । तस्य तद्वचनं श्रुत्वा ऋषिमध्ये नराधिपः ॥ १३
वाक्यं वाक्यविदां श्रेष्ठः प्रत्युवाच महीपतिम् । प्रतिग्रहो दातृवशः श्रुतमेतन्मया पुरा ॥ १४
यथा वक्ष्यसि धर्मज्ञ तत्करिष्यामहे वयम् । तद्धर्मिष्ठं यशस्यं च वचनं सत्यवादिनः ॥ १५
श्रुत्वा विदेहाधिपतिः परं विस्मयमागतः । ततः सर्वे मुनिगणाः परस्परसमागमे ॥ १६
हर्षेण महता युक्तास्तां रात्रिमवसन्सुखम् । राजा च राघवौ पुत्रौ निशाम्य परिहर्षितः ॥ १७
उवास परमप्रीतो जनकेनाभिपूजितः । जनकोऽपि महातेजाः क्रियाधर्मेण तत्त्ववित् ।
यज्ञस्य च सुताभ्यां च कृत्वा रात्रिमुवास ह ॥ १८

इत्यार्षे श्रीमद्रामायणे वाल्मीकीय आदिकाव्ये बालकाण्ड एकोनसप्ततितमः सर्गः ॥ ६९ ॥

सप्ततितमः सर्गः ।

ततः प्रभाते जनकः कृतकर्मा महर्षिभिः । उवाच वाक्यं वाक्यज्ञः शतानन्दं पुरोहितम् ॥ १
भ्राता मम महातेजा वीर्यवानतिधार्मिकः । कुशध्वज इति ख्यातः पुरीमध्यवसच्छुभाम् ॥ २
वार्याफलकपर्यन्तां पिबन्निक्षुमतीं नदीम् । सांकाश्यां पुण्यसंकाशां विमानमिव पुष्पकम् ॥ ३
तमहं द्रष्टुमिच्छामि यज्ञगोप्ता स मे ततः । प्रीतिं सोऽपि महातेजा इमां भोक्ता मया सह ॥ ४
एवमुक्ते तु वचने शतानन्दस्य संनिधौ । आगताः केचिदव्यग्रा जनकस्तान्समादिशत् ॥ ५
शासनात्तु नरेन्द्रस्य प्रययुः शीघ्रवाजिभिः । समानेतुं नरव्याघ्रं विष्णुमिन्द्राज्ञया यथा ॥ ६
सांकाश्यां ते समागम्य ददृशुश्च कुशध्वजम् । न्यवेदयन्यथावृत्तं जनकस्य च चिन्तितम् ॥ ७
तद्वृत्तं नृपतिः श्रुत्वा दूतश्रेष्ठैर्महाजवैः । आज्ञया तु नरेन्द्रस्य आजगाम कुशध्वजः ॥ ८
स ददर्श महात्मानं जनकं धर्मवत्सलम् । सोऽभिवाद्य शतानन्दं जनकं चातिधार्मिकम् ॥ ९
राजार्हं परमं दिव्यमासनं सोऽध्यरोहत । उपविष्टावुभौ तौ तु भ्रातरावमितद्युती ॥ १०
प्रेषयामासतुर्वीरौ मन्त्रिश्रेष्ठं सुदामनम् । गच्छ मन्त्रिपते शीघ्रमिक्ष्वाकुममितप्रभम् ॥ ११
आत्मजैः सह दुर्धर्षमानयस्व समन्त्रिणम् । औपकार्यां स गत्वा तु रघूणां कुलवर्धनम् ॥ १२
ददर्श शिरसा चैनमभिवाद्येदमब्रवीत् । अयोध्याधिपते वीर वैदेहो मिथिलाधिपः ॥ १३
स त्वां द्रष्टुं व्यवसितः सोपाध्यायपुरोहितम् । मन्त्रिश्रेष्ठवचः श्रुत्वा राजा सर्षिगणस्तथा ॥ १४
सबन्धुरगमत्तत्र जनको यत्र वर्तते । राजा च मन्त्रिसहितः सोपाध्यायः सबान्धवः ॥ १५

पूजितं मे कुलम् । नरेन्द्र सर्वराजश्रेष्ठ । संवर्तयितुं निर्वर्तयितुम् । विवाहमित्यभिमेणान्वयः ॥ १२ ॥ यज्ञान्तेऽवभृथे ॥ १३ ॥ प्रतिग्रहः कन्यागवादीनाम् । दातृवशो यदि दाता ददाति तदा प्रतिग्राह्यं प्रतिग्रहीत्रेति स्थितः । एतद्वाक्यं मया श्रुतम् । क्षत्रियतया प्रतिग्रहधर्मस्याद्याप्यज्ञानमेव । सांप्रतमेवानुभवो भविष्यतीति श्रुतमित्युक्तम् ॥ १४ ॥ अतो यथा त्वं वक्ष्यसि तद्वयं करिष्यामहे ॥ १५ ॥ विस्मयं कन्याया वीर्येण शुल्केन जितत्वान्मदनुमत्यनपेक्षायामपि राज्ञो विनयेन तादृशवचनाद्विस्मयः ॥ १६ ॥ निशाम्य दृष्ट्वा ॥ १७ ॥ यज्ञस्यावशिष्टाः क्रियाः । युताभ्यां दुहित्रोः कन्यादानशेषतया यत्कर्तव्यमङ्कुरारोपणादि लौकिकालौकिकं तत्सर्वं कृत्वोवास ॥ १८ ॥

इति श्रीरामाभिरामे श्रीरामीये रामायणतिलके वाल्मीकीय आदिकाव्ये बालकाण्ड एकोनसप्ततितमः सर्गः ॥६९॥

अथ ब्राह्मसंबन्धसदृशे यौनसंबन्धे वध्वपेक्षितः परस्परकुलाचारः सर्गाभ्याम्—तत इति । कृतकर्मा कृतनित्यक्रियः ॥ १ ॥ पुरीमध्यवसत् । 'उपान्वध्याङ्—' इति कर्मत्वम् ॥ २ ॥ परबलवारयितुमर्हो वार्यः प्राकारस्तत्स्था आफलका यन्त्रफलकास्तद्युक्तः पर्यन्तः परिसरो यस्याः सा तथा । इक्षुमतीं पिबंस्तज्जलं पिबन् । सांकाश्यां तदाख्यां नगरीम् । 'वार्यामलकपर्यन्ताम्' इति पाठे वार्यामलका आमलकविशेषाः पर्यन्तेषु यस्या इत्यर्थः । पुण्यसंकाशां पुण्यशब्देन तत्फलं स्वर्गस्तत्संकाशाम् । तदुपमामित्यर्थः । पुष्पकं विमानं कौबेरं प्रसिद्धम् ॥ ३ ॥ तमुक्तपुरवासिनम् । यज्ञगोप्ता मिथिलायां क्रियमाणयज्ञस्य सांकाश्यायामेव स्थित्वास्मयज्ञापेक्षितसामग्रीसंपादकत्वेन रक्षिता । इमां प्रीतिं जानकीपरिणयजाम् ॥ ४ ॥ अव्यग्राः समर्थाः । समादिशच्छतानन्देन गन्तुं प्रैरयत् ॥ ५ ॥ नरेन्द्रशासनाच्छतानन्दप्रेरिताः प्रययुः । दूता इति शेषः ॥ ६ ॥ ॥ ७ ॥ नृपतिः कुशध्वजः ॥ ८ ॥ पूर्वं शतानन्दमभिवाद्य ततो जनकं चाभिवाद्येत्यर्थः ॥ ९ ॥ अध्यरोहत । पुरोहितजनकयोरनुमत्येति शेषः ॥ १० ॥ सुदामनं सुदामनाख्यम् ॥ ११ ॥ औपकार्याम् । उपकार्याशब्दात्स्वार्थेऽण् । दशरथशिबिरसंनिवेशमित्यर्थः ॥ १२ ॥ १३ ॥ १४ ॥ १५ ॥ इदं वाक्यं वक्ष्य-

वाक्यं वाक्यविदां श्रेष्ठो वैदेहमिदमब्रवीत् । विदितं ते महाराज इक्ष्वाकुकुलदैवतम् ॥ १६
वक्ता सर्वेषु कृत्येषु वसिष्ठो भगवानृषिः । विश्वामित्राभ्यनुज्ञातः सह सर्वैर्महर्षिभिः ॥ १७
एष वक्ष्यति धर्मात्मा वसिष्ठो मे यथाक्रमम् । तूष्णींभूते दशरथे वसिष्ठो भगवानृषिः ॥ १८
उवाच वाक्यं वाक्यज्ञो वैदेहं सपुरोधसम् । अव्यक्तप्रभवो ब्रह्मा शाश्वतो नित्य अव्ययः ॥ १९
तस्मान्मरीचिः संजज्ञे मरीचेः कश्यपः सुतः । विवस्वान्कश्यपाज्जज्ञे मनुर्वैवस्वतः स्मृतः ॥ २०
मनुः प्रजापतिः पूर्वमिक्ष्वाकुश्च मनोः सुतः । तमिक्ष्वाकुमयोध्यायां राजानं विद्धि पूर्वकम् ॥ २१
इक्ष्वाकोस्तु सुतः श्रीमान्कुक्षिरित्येव विश्रुतः । कुक्षेरथात्मजः श्रीमान्विकुक्षिरुदपद्यत ॥ २२
विकुक्षेस्तु महातेजा बाणः पुत्रः प्रतापवान् । बाणस्य तु महातेजा अनरण्यः प्रतापवान् ॥ २३
अनरण्यात्पृथुर्जज्ञे त्रिशङ्कुस्तु पृथोरपि । त्रिशङ्कोरभवत्पुत्रो धुन्धुमारो महायशाः ॥ २४
धुन्धुमारान्महातेजा युवनाश्वो महारथः । युवनाश्वसुतश्चासीन्मान्धाता पृथिवीपतिः ॥ २५
मान्धातुस्तु सुतः श्रीमान्सुसंधिरुदपद्यत । सुसंधेरपि पुत्रौ द्वौ ध्रुवसंधिः प्रसेनजित् ॥ २६
यशस्वी ध्रुवसंधेस्तु भरतो नाम नामतः । भरतात्तु महातेजा असितो नाम जायत ॥ २७
यस्यैते प्रतिराजान उदपद्यन्त शत्रवः । हैहयास्तालजङ्घाश्च शूराश्च शशबिन्दवः ॥ २८
तांश्च स प्रतियुध्यन्वै युद्धे राजा प्रवासितः । हिमवन्तमुपागम्य भार्याभ्यां सहितस्तदा ॥ २९
असितोऽल्पबलो राजा कालधर्ममुपेयिवान् । द्वे चास्य भार्ये गर्भिण्यौ बभूवतुरिति श्रुतिः ॥ ३०
एका गर्भविनाशार्थं सपत्न्यै सगरं ददौ । ततः शैलवरे रम्ये बभूवाभिरतो मुनिः ॥ ३१
भार्गवश्च्यवनो नाम हिमवन्तमुपाश्रितः । तत्र चैका महाभागा भार्गवं देववर्चसम् ॥ ३२
ववन्दे पद्मपत्राक्षी काङ्क्षन्ती सुतमुत्तमम् । तमृषिं साभ्युपागम्य कालिन्दी चाभ्यवादयत् ॥ ३३
स तामभ्यवदद्विप्रः पुत्रेप्सुं पुत्रजन्मनि । तव कुक्षौ महाभागे सुपुत्रः सुमहाबलः ॥ ३४
महावीर्यो महातेजा अचिरात्संजनिष्यति । गरेण सहितः श्रीमान्मा शुचः कमलेक्षणे ॥ ३५
च्यवनं च नमस्कृत्य राजपुत्री पतिव्रता । पत्या विरहिता तस्मात्पुत्रं देवी व्यजायत ॥ ३६
सपत्न्या तु गरस्तस्यै दत्तो गर्भजिघांसया । सह तेन गरेणैव संजातः सगरोऽभवत् ॥ ३७
सगरस्यासमञ्जस्तु असमञ्जादथांशुमान् । दिलीपोंऽशुमतः पुत्रो दिलीपस्य भगीरथः ॥ ३८
भगीरथात्ककुत्स्थश्च ककुत्स्थाच्च रघुस्तथा । रघोस्तु पुत्रस्तेजस्वी प्रवृद्धः पुरुषादकः ॥ ३९
कल्माषपादोऽप्यभवत्तस्माज्जातस्तु शङ्खणः । सुदर्शनः शङ्खणस्य अग्निवर्णः सुदर्शनात् ॥ ४०
शीघ्रगस्त्वग्निवर्णस्य शीघ्रगस्य मरुः सुतः । मरोः प्रशुश्रुकस्त्वासीदम्बरीषः प्रशुश्रुकात् ॥ ४१
अम्बरीषस्य पुत्रोऽभून्नहुषश्च महीपतिः । नहुषस्य ययातिस्तु नाभागस्तु ययातिजः ॥ ४२
नाभागस्य बभूवाज अजाद्दशरथोऽभवत् । अस्माद्दशरथाज्जातौ भ्रातरौ रामलक्ष्मणौ ॥ ४३

माणम् । वसिष्ठमुखेन कन्यां वरयितुम् । इक्ष्वाकुकुलदैवतं भगवान्वसिष्ठः । इक्ष्वाकूणां सर्वेषु कृत्येषु वक्तेति ते विदितमित्यन्वयः । अतो विश्वामित्राभ्यनुज्ञया ऋषिभिः सह कुलप्रभवधर्मक्रममनतिक्रम्य क्रमं ज्येष्ठानुक्रमं चानतिक्रम्य दशपूरुषविख्यातादिति न्यायेन यौनसंबन्धापेक्षितवंशपारम्पर्यमेष वक्ष्यति ॥ १६ ॥ १७ ॥ १८ ॥ अव्यक्तशब्देन मायाशबलं ब्रह्म । ब्रह्मा चतुर्मुखः । शाश्वतत्वनित्यत्वाव्ययत्वान्यस्यापेक्षिकाणि द्रष्टव्यानि ॥ १९ ॥ २० ॥ मनोः प्रजापतित्वं प्रजासर्गाधिकारित्वेन । पूर्वकमाद्यम् ॥ २१ ॥ २२ ॥ २३ ॥ २४ ॥ ॥ २५ ॥ २६ ॥ २७ ॥ यस्यासितस्य । प्रतिराजानः शत्रुभूता राजानः ॥२८॥ सोऽसितः प्रतियुध्यन्प्रतिपक्षतया युध्यन् । प्रवासितो राज्यान्निःसारितः ॥ २९ ॥ इति श्रुतिः । पुरातनकथा इत्यर्थः ॥ ३० ॥ सगरं गरसहितं भक्ष्यम् शैलवरे हिमवत्यभिरतो बभूव ॥ ३१ ॥ तत्र हिमवति । एका प्राशितगरा ॥ ३२ ॥ कालिन्दी तस्या नाम । अभ्युपागम्य शरणं गत्वाभ्यवादयच्च । चेन शुश्रूषणमप्यकरोत् ॥ ३३ ॥ पुत्रजन्मनि तद्विषयेऽभ्यवददुक्तवान् ॥ ३४ ॥ गरेण सहितो जनिष्यतीत्यन्वयः । मा शुचः पतिमरणजं गरदानजं च शोकं त्यज । पुत्रेणैव सुखिनी भविष्यसीति भावः ॥ ३५ ॥ 'पतिना रहिता' इति पाठे नाभाव आर्षः । तस्माच्च्यवनप्रसादात् । व्यजायतासूत ॥ ३६ ॥ यतो गरेण सह जातोऽतः सगरो नाम्नाभवत् ॥ ३७ ॥ ३८ ॥ प्रवृद्धस्तन्नामा पुरुषादकः वसिष्ठशापवशाद्राक्षसोऽभवत् । वसिष्ठाय प्रतिशापं दातुमुद्धृतं जलं स्वपत्न्यानुनयेन स्वपादयोर्विसृष्टवान् । ततः कल्माषवर्णपादस्तदाख्यश्चाभवत् ॥ ३९ ॥ ४० ॥ ४१ ॥ ४२ ॥ ४३ ॥

आदिवंशविशुद्धानां राज्ञां परमधर्मिणाम् । इक्ष्वाकुकुलजातानां वीराणां सत्यवादिनाम् ॥ ४४
रामलक्ष्मणयोरर्थे त्वत्सुते वरये नृप । सदृशाभ्यां नरश्रेष्ठ सदृशे दातुमर्हसि ॥ ४५

इत्यार्षे श्रीमद्रामायणे वाल्मीकीय आदिकाव्ये बालकाण्डे सप्ततितमः सर्गः ॥ ७० ॥

एकसप्ततितमः सर्गः ।

एवं ब्रुवाणं जनकः प्रत्युवाच कृताञ्जलिः । श्रोतुमर्हसि भद्रं ते कुलं नः परिकीर्तितम् ॥ १
प्रदाने हि मुनिश्रेष्ठ कुलं निरवशेषतः । वक्तव्यं कुलजातेन तन्निबोध महामते ॥ २
राजाभूत्त्रिषु लोकेषु विश्रुतः स्वेन कर्मणा । निमिः परमधर्मात्मा सर्वसत्त्ववतां वरः ॥ ३
तस्य पुत्रो मिथिर्नाम जनको मिथिपुत्रकः । प्रथमो जनको राजा जनकादप्युदावसुः ॥ ४
उदावसोस्तु धर्मात्मा जातो वै नन्दिवर्धनः । नन्दिवर्धसुतः शूरः सुकेतुर्नाम नामतः ॥ ५
सुकेतोरपि धर्मात्मा देवरातो महाबलः । देवरातस्य राजर्षेर्बृहद्रथ इति स्मृतः ॥ ६
बृहद्रथस्य शूरोऽभून्महावीरः प्रतापवान् । महावीरस्य धृतिमान्सुधृतिः सत्यविक्रमः ॥ ७
सुधृतेरपि धर्मात्मा धृष्टकेतुः सुधार्मिकः । धृष्टकेतोश्च राजर्षेर्हर्यश्व इति विश्रुतः ॥ ८
हर्यश्वस्य मरुः पुत्रो मरोः पुत्रः प्रतीन्धकः । प्रतीन्धकस्य धर्मात्मा राजा कीर्तिरथः सुतः ॥ ९
पुत्रः कीर्तिरथस्यापि देवमीढ इति स्मृतः । देवमीढस्य विबुधो विबुधस्य महीध्रकः ॥ १०
महीध्रकसुतो राजा कीर्तिरातो महाबलः । कीर्तिरातस्य राजर्षेर्महारोमा व्यजायत ॥ ११
महारोम्णस्तु धर्मात्मा स्वर्णरोमा व्यजायत । स्वर्णरोम्णस्तु राजर्षेर्ह्रस्वरोमा व्यजायत ॥ १२
तस्य पुत्रद्वयं राज्ञो धर्मज्ञस्य महात्मनः । ज्येष्ठोऽहमनुजो भ्राता मम वीरः कुशध्वजः ॥ १३
मां तु ज्येष्ठं पिता राज्ये सोऽभिषिच्य पिता मम । कुशध्वजं समावेश्य भारं मयि वनं गतः ॥ १४
वृद्धे पितरि स्वर्याते धर्मेण धुरमावहम् । भ्रातरं देवसंकाशं स्नेहात्पश्यन्कुशध्वजम् ॥ १५
कस्यचित्त्वथ कालस्य सांकाश्यादागतः पुरात् । सुधन्वा वीर्यवान्राजा मिथिलामवरोधकः ॥ १६
स च मे प्रेषयामास शैवं धनुरनुत्तमम् । सीता च कन्या पद्माक्षी मह्यं वै दीयतामिति ॥ १७
तस्याप्रदानान्महर्षे युद्धमासीन्मया सह । स हतो विमुखो राजा सुधन्वा तु मया रणे ॥ १८
निहत्य तं मुनिश्रेष्ठ सुधन्वानं नराधिपम् । सांकाश्ये भ्रातरं शूरमभ्यषिञ्चं कुशध्वजम् ॥ १९
कनीयानेष मे भ्राता अहं ज्येष्ठो महामुने । ददामि परमप्रीतो वध्वौ ते मुनिपुंगव ॥ २०
सीतां रामाय भद्रं ते ऊर्मिलां लक्ष्मणाय वै । वीर्यशुल्कां मम सुतां सीतां सुरसुतोपमाम् ॥ २१
द्वितीयामूर्मिलां चैव त्रिर्वदामि न संशयः । ददामि परमप्रीतो वध्वौ ते मुनिपुंगव ॥ २२
रामलक्ष्मणयो राजन्गोदानं कारयस्व ह । पितृकार्यं च भद्रं ते ततो वैवाहिकं कुरु ॥ २३

यद्यपि वंशपरम्परा पुराणादिष्वन्यथा दृश्यते, तथापि तत्र कल्पभेदेन विरोधपरिहारः । एकस्यानेकनामकत्वाद्वा । आदीति । आदितो ब्रह्माणमारभ्य वंशेन शुद्धानां वीराणां सत्यवादिनां संबन्धिनो रामलक्ष्मणयोरित्यर्थः ॥ ४४ ॥ ४५ ॥ इति श्रीरामाभिरामे श्रीरामीये रामायणतिलके वाल्मीकीय आदिकाव्ये बालकाण्डे सप्ततितमः सर्गः ॥ ७० ॥

अथ जनकः कन्यापितृत्वाज्जामातृवर्गे प्रभुताया अनौचित्येन स्ववंशं स्वयमेवाह—एवमिति । ब्रुवाणं वसिष्ठम् । अस्माभिः परिकीर्तितं नोऽस्माकं कुलं श्रोतुमर्हसि ॥ १ ॥ कुलजातेन सत्कुलप्रसूतेन प्रदाने कन्यादानविषये कुलं वक्तव्यमित्यन्वयः ॥ २ ॥ ३ ॥ तस्य निमेः । मिथिनाम्ना च मिथिलेति । प्रथमो जनकः सर्वेषामस्माकं जनकशब्दव्यवहारार्थंस्त्वे मूलभूतः ॥ ४ ॥ नाम प्रसिद्धम् । नामतः सुकेतुरित्यर्थः ॥ ५ ॥ ६ ॥ ७ ॥ ८ ॥ ९ ॥ १० ॥ ११ ॥ १२ ॥ तस्य ह्रस्वरोम्णः । ज्येष्ठोऽहम् । ममानुजः कुशध्वजः ॥ १३ ॥ स मम पिता मां ज्येष्ठं तु राज्येऽभिषिच्य कुशध्वजं भारं भरणीयम्, यद्वा कुशध्वजं भारं राज्यभारं च, मयि समावेश्य स्थापयित्वा वनं गत इत्यन्वयः ॥ १४ ॥ धुरं राज्यभारम् । स्नेहात्पश्यन्पालयन् ॥ १५ ॥ सांकाश्यमिति सुधन्वनगरनाम । अवरोधकोऽगमत् । अवरोद्धुमागतवानित्यर्थः ॥ १६ ॥ शैवं धनुः सीता च कन्या मह्यं दीयतामिति दूतान्प्रेषयामास मे इत्यन्वयः ॥ १७ ॥ तस्योक्तवस्तुद्वयस्य । विमुखो युद्धविमुखः ॥ १८ ॥ सांकाश्ये सुधन्वनगरे ॥ १९ ॥ २० ॥ ऊर्मिलां योनिजां निजपुत्रीम् ॥ २१ ॥ त्रिर्वदामि । उक्तमपि दार्ढ्यायेत्याशयः ॥ २२ ॥ गोदानं समावर्तनम् । वैवाहिकं विवाहादौ कर्तव्यम् । पितृकार्यं नान्दीमुखश्राद्धम् ॥ २३ ॥

१५

मघा ह्यद्य महाबाहो तृतीयदिवसे प्रभो । फल्गुन्यामुत्तरे राजंस्तस्मिन्वैवाहिकं कुरु ।
रामलक्ष्मणयोरर्थे दानं कार्यं सुखोदयम् ॥ २४

इत्यार्षे श्रीमद्रामायणे वाल्मीकीय आदिकाव्ये बालकाण्ड एकसप्ततितमः सर्गः ॥ ७१ ॥

द्विसप्ततितमः सर्गः ।

तमुक्तवन्तं वैदेहं विश्वामित्रो महामुनिः । उवाच वचनं वीरं वसिष्ठसहितो नृपम् ॥ १
अचिन्त्यान्यप्रमेयाणि कुलानि नरपुंगव । इक्ष्वाकूणां विदेहानां नैषां तुल्योऽस्ति कश्चन ॥ २
सदृशो धर्मसंबन्धः सदृशो रूपसंपदा । रामलक्ष्मणयो राजन्सीता चोर्मिलया सह ॥ ३
वक्तव्यं च नरश्रेष्ठ श्रूयतां वचनं मम । भ्राता यवीयान्धर्मज्ञ एष राजा कुशध्वजः ॥ ४
अस्य धर्मात्मनो राजन्रूपेणाप्रतिमं भुवि । सुताद्वयं नरश्रेष्ठ पत्न्यर्थं वरयामहे ॥ ५
भरतस्य कुमारस्य शत्रुघ्नस्य च धीमतः । वरये ते सुते राजंस्तयोरर्थे महात्मनोः ॥ ६
पुत्रा दशरथस्येमे रूपयौवनशालिनः । लोकपालसमाः सर्वे देवतुल्यपराक्रमाः ॥ ७
उभयोरपि राजेन्द्र संबन्धेनानुबध्यताम् । इक्ष्वाकुकुलमव्यग्रं भवतः पुण्यकर्मणः ॥ ८
विश्वामित्रवचः श्रुत्वा वसिष्ठस्य मते तदा । जनकः प्राञ्जलिर्वाक्यमुवाच मुनिपुंगवौ ॥ ९
कुलं धन्यमिदं मन्ये येषां तौ मुनिपुंगवौ । सदृशं कुलसंबन्धं यदाज्ञापयतः स्वयम् ॥ १०
एवं भवतु भद्रं वः कुशध्वजसुते इमे । पत्न्यौ भजेतां सहितौ शत्रुघ्नभरतावुभौ ॥ ११
एकाह्ना राजपुत्रीणां चतसृणां महामुने । पाणीन्गृह्णन्तु चत्वारो राजपुत्रा महाबलाः ॥ १२
उत्तरे दिवसे ब्रह्मन्फल्गुनीभ्यां मनीषिणः । वैवाहिकं प्रशंसन्ति भगो यत्र प्रजापतिः ॥ १३
एवमुक्त्वा वचः सौम्यं प्रत्युत्थाय कृताञ्जलिः । उभौ मुनिवरौ राजा जनको वाक्यमब्रवीत् । १४
परो धर्मः कृतो मह्यं शिष्योऽस्मि भवतोस्तथा । इमान्यासनमुख्यानि आस्यतां मुनिपुंगवौ ॥ १५

अद्य तृतीयदिवसे तव मिथिलाप्रवेशात्तृतीयदिवसे यज्ञसमाप्तेस्तृतीयदिवसे वाद्य मघानक्षत्रम् । फल्गुन्यां पूर्वफल्गुनीनक्षत्रे । उत्तरे श्रेष्ठे । अतएव 'भगो यत्र प्रजापतिः' इत्यनेनाविरोधः । भगो हि पूर्वफल्गुनीदेवः, उत्तरफल्गुन्यास्त्वर्यमेति बोध्यम् । वैवाहिकं विवाहम् । विनयादित्वाट्ठक् । 'मघानक्षत्रं पितरो देवताः, फल्गुनीनक्षत्रमर्यमा देवता, फल्गुनीनक्षत्रं भगो देवता' इति तैत्तिरीयसंहितायाम् । 'अर्यम्णः पूर्वे फल्गुनी भगस्योत्तरे' इति तद्ब्राह्मणे चोक्तत्वेन यथाश्रुतमेव सम्यगिति तत्त्वम् । उत्तरे इति पुंस्त्वमार्षम् । यद्यप्युत्तराफल्गुनी सीताया जन्मर्क्षं तथापि तदृक्षे प्रथमचरणं विहाय तज्जन्मसत्त्वेन तस्याः कन्याराशित्वात्तृतीयैकादशरूपभकूटशुद्धेस्तस्य न दोषः । भकूटशुद्धौ तन्न दुष्टमिति ज्योतिःशास्त्रे प्रसिद्धम् । किंच । पूर्वासु तस्या द्वादशश्चन्द्र इति तत्र विवाहोऽनुचित एव । एकनाडीदोषेण च रामसीतयोर्वियोग इति ध्येयम् । रामलक्ष्मणयोरर्थे तदभ्युदयाय । सुखोदयं सुखोदर्कम् । दानं गोभूतिलहिरण्यादेर्दानं कार्यम् । त्वयेति शेषः ॥ २४ ॥ **इति श्रीरामाभिरामे श्रीरामीये रामायणतिलके वाल्मीकीय आदिकाव्ये बालकाण्ड एकसप्ततितमः सर्गः ॥ ७१ ॥**

वीरं जनकम् ॥ १ ॥ एषां तुल्यः परस्परव्यतिरेकेणापरो नास्ति ॥ २ ॥ धर्मसंबन्धो युवयोर्विवाहसंबन्धः । सदृशोऽनुरूपः । किं च । ऊर्मिलया सह वर्तमाना या सीता तस्या यथायोग्ययो रामलक्ष्मणयोर्यः संबन्धः स्वरूपसंपदा सदृशः । 'सीतयोर्मिलया' इति पाठस्तु सुगम एव ॥ ३ ॥ किंचिदन्यद्वक्तव्यमस्ति तच्छ्रूयतामित्यन्वयः ॥ ४ ॥ ५ ॥ कयोः पत्नीत्वार्थं तत्राह—भरतस्येत्यादि । आद्यार्धं पूर्वान्वयि । तथा ते सुते सीतोर्मिले । तयोरर्थे रामलक्ष्मणयोरर्थे ॥ ६ ॥ दशरथपुत्रेषु न कस्मिन्नपि वरगुणन्यूनतेत्याह—पुत्रा इति ॥ ७ ॥ उभयोर्भ्रात्रोः संबन्धेनेक्ष्वाकुकुलं संबध्यताम् । तत्र च संबन्धे पुण्यकर्मणो भवतोऽव्यग्रं चित्तं भवत्विति शेषः । कथमीदृशेन महाराजेन युगपन्मया संबन्धचतुष्टयं कार्यमिति व्यग्रता मास्त्वित्यर्थः ॥ ८ ॥ ९ ॥ स्वयम्, न तु शिष्यादिमुखतः, यद्यस्मादाज्ञापयतस्तस्मादिदं कुलं धन्यं मन्ये ॥ १० ॥ सहितौ नित्यसहचरौ । अत्र क्रमेण तात्पर्यम् ॥ ११ ॥ एकाह्नेति टजभावोऽनित्याः समासान्ता इति । सप्तम्यर्थे तृतीया । एकदिवसे इत्यर्थः । चतसृणामिति दीर्घत्वमार्षम् ॥ १२ ॥ फल्गुनीभ्यामुत्तरफल्गुनीभ्यामुपलक्षिते उत्तरे दिवसे द्वितीये दिवसे । प्रजापतिर्देवता । प्राशस्त्यं च विवाहप्रजोत्पत्तिसाधनयोनिलिङ्गाधिष्ठातृभगदैवत्यत्वेनेति कतकः ॥ १३ ॥ प्रत्युत्थायासनादुत्थाय ॥ १४ ॥ परो धर्मः कन्यादानरूपः । अहं भवतोः शिष्योऽस्मि । तथा यथा दशरथश्च युवयोः शिष्यः । स्वस्य शिष्यत्वे कनीयसः कुशध्वजस्य शिष्यत्वमर्थ-

यथा दशरथस्येयं तथायोध्या पुरी मम । प्रभुत्वे नास्ति संदेहो यथार्हं कर्तुमर्हथ ॥ १६
तथा ब्रुवति वैदेहे जनके रघुनन्दनः । राजा दशरथो हृष्टः प्रत्युवाच महीपतिम् ॥ १७
युवामसंख्येयगुणौ भ्रातरौ मिथिलेश्वरौ । ऋषयो राजसङ्घाश्च भवद्भ्यामभिपूजिताः ॥ १८
स्वस्ति प्राप्नुहि भद्रं ते गमिष्यामः स्वमालयम् । श्राद्धकर्माणि विधिवद्विधास्य इति चाब्रवीत् ॥ १९
तमापृष्ट्वा नरपतिं राजा दशरथस्तदा । मुनीन्द्रौ तौ पुरस्कृत्य जगामाशु महायशाः ॥ २०
स गत्वा निलयं राजा श्राद्धं कृत्वा विधानतः । प्रभाते काल्यमुत्थाय चक्रे गोदानमुत्तमम् ॥ २१
गवां शतसहस्रं च ब्राह्मणेभ्यो नराधिपः । एकैकशो ददौ राजा पुत्रानुद्दिश्य धर्मतः ॥ २२
सुवर्णशृङ्ग्यः संपन्नाः सवत्साः कांस्यदोहनाः । गवां शतसहस्राणि चत्वारि पुरुषर्षभः ॥ २३
वित्तमन्यच्च सुबहु द्विजेभ्यो रघुनन्दनः । ददौ गोदानमुद्दिश्य पुत्राणां पुत्रवत्सलः ॥ २४
स सुतैः कृतगोदानैर्वृतः सन्नृपतिस्तदा । लोकपालैरिवाभाति वृतः सौम्यः प्रजापतिः ॥ २५

इत्यार्षे श्रीमद्रामायणे वाल्मीकीय आदिकाव्ये बालकाण्डे द्विसप्ततितमः सर्गः ॥ ७२ ॥

त्रिसप्ततितमः सर्गः ।

यस्मिंस्तु दिवसे राजा चक्रे गोदानमुत्तमम् । तस्मिंस्तु दिवसे वीरो युधाजित्समुपेयिवान् ॥ १
पुत्रः केकयराजस्य साक्षाद्भरतमातुलः । दृष्ट्वा पृष्ट्वा च कुशलं राजानमिदमब्रवीत् ॥ २
केकयाधिपती राजा स्नेहात्कुशलमब्रवीत् । येषां कुशलकामोऽसि तेषां संप्रत्यनामयम् ॥ ३
स्वस्रीयं मम राजेन्द्र द्रष्टुकामो महीपतिः । तदर्थमुपयातोऽहमयोध्यां रघुनन्दन ॥ ४
श्रुत्वा त्वहमयोध्यायां विवाहार्थं तवात्मजान् । मिथिलामुपयातांस्तु त्वया सह महीपते ॥ ५
त्वरयाभ्युपयातोऽहं द्रष्टुकामः स्वसुः सुतम् । अथ राजा दशरथः प्रियातिथिमुपस्थितम् ॥ ६
दृष्ट्वा परमसत्कारैः पूजनार्हमपूजयत् । ततस्तामुषितौ रात्रिं सह पुत्रैर्महात्मभिः ॥ ७
प्रभाते पुनरुत्थाय कृत्वा कर्माणि तत्त्ववित् । ऋषींस्तदा पुरस्कृत्य यज्ञवाटमुपागमत् ॥ ८
युक्ते मुहूर्ते विजये सर्वाभरणभूषितैः । भ्रातृभिः सहितो रामः कृतकौतुकमङ्गलः ॥ ९
वसिष्ठं तु पुरस्कृत्य महर्षीनपरानपि । वसिष्ठो भगवानेत्य वैदेहमिदमब्रवीत् ॥ १०
राजा दशरथो राजन्कृतकौतुकमङ्गलैः । पुत्रैर्नरवर श्रेष्ठो दातारमभिकाङ्क्षते ॥ ११

सिद्धम् । आसनमुख्यानि त्रयाणां त्रीणि सिंहासनानि । आस्यतामित्यार्षं परिपालयेतामित्यर्थकम् । राज्यत्रयमपि युष्मदीयमित्यर्थः ॥ १५ ॥ ननु दशरथसिंहासनं कथं त्वया शक्यदानमत आह—यथेति । यथेयं मिथिला दशरथस्य यथेष्टविनियोगार्हा, एवमयोध्यापुरी मम । अतो युष्माकं त्रिसिंहासनप्रभुत्वे नास्ति संदेहः । अतो यथायोग्यं प्रभुत्वं कर्तुमर्हथ । पूजायां बहुवचनम् । वयं सर्वे भवदधीना इत्याशयः ॥ १६ ॥ हृष्टः । एवमैक्यवादेनेति शेषः ॥ १७ ॥ ऋषिरूपा भवद्वंश्या राजसङ्घास्ते भवद्भ्यामभिपूजिता अनेन विनयेन सर्वोत्कर्षं प्रापिताः । भवद्वंश एवैवं विनीतो नायमपूर्वोऽर्थस्त्वयीति भावः ॥ १८ ॥ क्षत्रियत्वेऽपि प्रतिग्रहीतृत्वाद्दातरि जनके आशीः । स्वस्तीत्यादि ॥ १९ ॥ आपृष्ट्वा आपृच्छ्य ॥ २० ॥ प्रभात उत्थाय काल्यं प्रातःकालकर्तव्यं गोदानाख्यं कर्म चक्रे ॥ २१ ॥ तदङ्गत्वेन प्रसिद्धगोदानमाह—गवामित्यादि । एकैकश इत्यार्षम् ॥ २२ ॥ संपन्ना बहुदुग्धाः । ईदृश्यो या गावस्तासां गवां चत्वारि लक्षाणि ददावित्युत्तरेणान्वयः ॥ २३ ॥ गोदानं तदाख्यं कर्मविशेषम् । 'गोदानं चौलवत्कार्यं षोडशेऽब्दे तदुच्यते । अङ्कोपवेशनं नास्ति श्मश्रूणां मुण्डनं भवेत् ॥ स्नात्वा च वाग्यतस्तिष्ठन्नहःशेषं नयेदथ । आदित्येऽस्तमिते वाचं विसृजेतान्तिके गुरोः ॥ अहं वरं ददामीति दद्याद्गोमिथुनं ततः ॥' इत्याश्वलायनकारिकायाम् । इदं समावर्तनपूर्वाङ्गम् । 'वेदव्रतानि वा पारं नीत्वा ह्युभयमेव वा । गुरवे तु वरं दत्त्वा स्नायीत तदनुज्ञया ॥' इति याज्ञवल्क्यात् ॥ २४ ॥ सौम्यः । सोम इव सोम्यः । सोम्य एव सौम्यः ॥ २५ ॥ इति श्रीरामाभिरामे श्रीरामीये रामायणतिलके वाल्मीकीय आदिकाव्ये बालकाण्डे द्विसप्ततितमः सर्गः ॥ ७२ ॥

समुपेयिवान् । दशरथमिति शेषः ॥ १ ॥ २ ॥ केकयाधिपतिर्युधाजित्पिता कुशलमब्रवीदिति । युष्मान्प्रतीति शेषः । येषामस्माकं त्वं कुशलकामोऽसि तेषामस्माकं संप्रत्यनामयमिति चाब्रवीत् ॥ ३ ॥ आगमनप्रयोजनमाह—स्वस्रीयमिति । स्वस्रीयं भरतम् ॥ ४ ॥ ५ ॥ अयोध्यायामदृष्ट्वा भरतं द्रष्टुकाम इहाभ्युपयात इत्यन्वयः ॥ ६ ॥ ७ ॥ यज्ञवाटं यज्ञशालाद्वारम् ॥ ८ ॥ युक्ते इत्यादि सार्धश्लोकस्योपागमदिति पूर्वेणान्वयः । युक्ते शुभलग्नादियुक्ते । विजये तदाख्ये ॥ ९ ॥ एत्य यज्ञवाटान्तर्वर्तिनं वैदेहम् ॥ १० ॥ दातारं दातुस्तवाज्ञां

दातृप्रतिगृहीतृभ्यां सर्वार्थाः संभवन्ति हि । स्वधर्मं प्रतिपद्यस्व कृत्वा वैवाह्यमुत्तमम् ॥ १२
इत्युक्तः परमोदारो वसिष्ठेन महात्मना । प्रत्युवाच महातेजा वाक्यं परमधर्मवित् ॥ १३
कः स्थितः प्रतिहारो मे कस्याज्ञां संप्रतीक्षते । स्वगृहे को विचारोऽस्ति यथा राज्यमिदं तव ॥ १४
कृतकौतुकसर्वस्वा वेदिमूलमुपागताः । मम कन्या मुनिश्रेष्ठ दीप्ता वह्नेरिवार्चिषः ॥ १५
सद्योऽहं त्वत्प्रतीक्षोऽस्मि वेद्यामस्यां प्रतिष्ठितः । अविघ्नं क्रियतां सर्वं किमर्थं हि विलम्ब्यते ॥ १६
तद्वाक्यं जनकेनोक्तं श्रुत्वा दशरथस्तदा । प्रवेशयामास सुतान्सर्वानृषिगणानपि ॥ १७
ततो राजा विदेहानां वसिष्ठमिदमब्रवीत् । कारयस्व ऋषे सर्वामृषिभिः सह धार्मिक ॥ १८
रामस्य लोकरामस्य क्रियां वैवाहिकीं प्रभो । तथेत्युक्त्वा तु जनकं वसिष्ठो भगवानृषिः ॥ १९
विश्वामित्रं पुरस्कृत्य शतानन्दं च धार्मिकम् । प्रपामध्ये तु विधिवद्वेदिं कृत्वा महातपाः ॥ २०
अलंचकार तां वेदिं गन्धपुष्पैः समन्ततः । सुवर्णपालिकाभिश्च चित्रकुम्भैश्च साङ्कुरैः ॥ २१
अङ्कुराढ्यैः शरावैश्च धूपपात्रैः सधूपकैः । शङ्खपात्रैः स्रुवैः स्रुग्भिः पात्रैरर्घ्यादिपूजितैः ॥ २२
लाजपूर्णैश्च पात्रीभिरक्षतैरपि संस्कृतैः । दर्भैः समैः समास्तीर्य विधिवन्मन्त्रपूर्वकम् ॥ २३
अग्निमाधाय तं वेद्यां विधिमन्त्रपुरस्कृतम् । जुहावाग्नौ महातेजा वसिष्ठो मुनिपुंगवः ॥ २४
ततः सीतां समानीय सर्वाभरणभूषिताम् । समक्षमग्नेः संस्थाप्य राघवाभिमुखे तदा ॥ २५
अब्रवीज्जनको राजा कौसल्यानन्दवर्धनम् । इयं सीता मम सुता सहधर्मचरी तव ॥ २६
प्रतीच्छ चैनां भद्रं ते पाणिं गृह्णीष्व पाणिना । पतिव्रता महाभागा छायेवानुगता सदा ॥ २७
इत्युक्त्वा प्राक्षिपद्राजा मन्त्रपूतं जलं तदा । साधु साध्विति देवानामृषीणां वदतां तदा ॥ २८
देवदुन्दुभिनिर्घोषः पुष्पवर्षो महानभूत् । एवं दत्त्वा सुतां सीतां मन्त्रोदकपुरस्कृताम् ॥ २९
अब्रवीज्जनको राजा हर्षेणाभिपरिप्लुतः । लक्ष्मणागच्छ भद्रं ते ऊर्मिलामुद्यतां मया ॥ ३०
प्रतीच्छ पाणिं गृह्णीष्व मा भूत्कालस्य पर्ययः । तमेवमुक्त्वा जनको भरतं चाभ्यभाषत ॥ ३१
गृहाण पाणिं माण्डव्याः पाणिना रघुनन्दन । शत्रुघ्नं चापि धर्मात्मा अब्रवीन्मिथिलेश्वरः ॥ ३२
श्रुतकीर्तेर्महाबाहो पाणिं गृह्णीष्व पाणिना । सर्वे भवन्तः सौम्याश्च सर्वे सुचरितव्रताः ॥ ३३
पत्नीभिः सन्तु काकुत्स्था मा भूत्कालस्य पर्ययः । जनकस्य वचः श्रुत्वा पाणीन्पाणिभिरस्पृशन् ॥ ३४

प्रवेष्टुमाकाङ्क्षते ॥ ११ ॥ दातृप्रतिग्रहीतृभ्याम् । योगे इति शेषः । सर्वार्था दानधर्माः । हि यतोऽतः । उत्तमं वैवाह्यम् । आर्षः ष्यम् । विवाहोपयोगिलौकिकालौकिकं कर्म कृत्वा ततः स्वधर्मं प्रवेशाज्ञादानरूपं प्रतिपद्यस्व । तावद्द्वार्येव तिष्ठाम इति भावः ॥ १२ ॥ परमोदारः परमदाता ॥ १३ ॥ प्रतिहारो द्वारपालः । येन राजागमनं प्रतिबध्यते इति शेषः । यथेदं मम राज्यं तथा तव । तत्र स्वगृहे प्रवेशे को विचार इत्यर्थः ॥ १४ ॥ अपि च कृतस्वकर्तव्येन मयैव युष्मत्प्रतीक्षा क्रियत इत्याह—कृतेति । कृतं कौतुकसर्वस्वं वैवाहिककृत्स्नमङ्गलानुष्ठानं यासां ताः । वेदिमूलं वेदिसमीपम् ॥ १५ ॥ सद्योऽस्मिन्काले । त्वां प्रतीक्षत इति त्वत्प्रतीक्षः । अविघ्नमविलम्बं यथा तथा सर्वं विवाहकर्म भवता क्रियताम् । किमर्थं द्वार्यवस्थानेन विलम्ब्यते । भवतेति शेषः ॥ १६ ॥ श्रुत्वा वसिष्ठमुखात् ॥ १७ ॥ सर्वां वैवाहिकीमित्युत्तरेणान्वयः ॥ १८ ॥ लोकरामस्य । लोकप्रियस्येति यावत् ॥ १९ ॥ प्रपामध्ये यज्ञशालामध्ये इति कतकः । प्रपामण्डप इत्यन्ये । तृष्णाशामकत्वेन प्रपात्वारोपः । वेदिं विवाहवेदिम् । इयं वेदिरभ्यर्था ॥ २० ॥ सुवर्णपालिकाभिः । साङ्कुराभिरित्यनुकर्षः । चित्रकुम्भैर्नानावर्णादियुतकुम्भैः । 'अच्छिद्रकुम्भैः' इति पाठे स्फुटनादिदोषरहितैः स्वर्णकुम्भैरित्यर्थ इति कतकः । अच्छिद्रकुम्भैः करकैरिति तीर्थः ॥ २१ ॥ अर्घ्यादिपूजितैस्तद्युक्तैः ॥ २२ ॥ लाजपूर्णैश्च पात्रीभिरित्यार्षम् । संस्कृतैर्हरिद्रालेपादिसंस्कारवद्भिः । समैः समप्रमाणैः । समास्तीर्य । वेदिमिति शेषः ॥ २३ ॥ विधिना कल्पोक्ततन्त्रकलापेन मन्त्रैश्च पुरस्कृतम् । हविरिति शेषः । विवाहहोमादीनां वरकृत्यत्वात्तत्पुरोहितो वसिष्ठो जुहाव ॥ २४ ॥ अग्नेः समक्षं राघवाभिमुखदेशे संस्थाप्येत्यन्वयः ॥ २५ ॥ इयं त्वद्भुजवीर्यनिर्जिता मम सुतेत्याभिजात्यसूचनम् । सहधर्मचरी । अनेन यत्कर्तव्यं तदनया सहेति स्मारितम् ॥ २६ ॥ प्रतीच्छ प्रतिगृहाण । तदुपयोगित्वेन पाणिना पाणिं गृह्णीष्व । पाणिगृहीती हि सर्वथानतिक्रमणीयेत्येवमुक्तम् । छायेवानुगता भविष्यतीत्यन्वयः ॥ २७ ॥ मन्त्रपूतं कन्यादानमन्त्रेण पूतं जलं प्राक्षिपत् । रामहस्ते इति शेषः । वदताम् । शब्द आसीदिति शेषः ॥ २८ ॥ दानीयमन्त्रोदकाभ्यां पुरस्कृताम् ॥ २९ ॥ उद्यतां दातुं कृतनिश्चयाम् ॥ ३० ॥ प्रतीच्छेत्यादि प्राग्व्याख्यातम् । ज्येष्ठाद्भरतात्पूर्वं लक्ष्मणपाणिग्रहस्तु भिन्नोदरत्वान्न दोषाय ॥ ३१ ॥ ३२ ॥ सुचरितं व्रतं ब्रह्मचर्यादि यैः ॥ ३३ ॥ पत्नीभिः सहिताः सन्तु । भवन्तु इत्यप्यर्थः

चत्वारस्ते चतसृणां वसिष्ठस्य मते स्थिताः । अग्निं प्रदक्षिणं कृत्वा वेदिं राजानमेव च ॥ ३५
ऋषींश्चापि महात्मानः सहभार्या रघूद्वहाः । यथोक्तेन ततश्चक्रुर्विवाहं विधिपूर्वकम् ॥ ३६
पुष्पवृष्टिर्महत्यासीदन्तरिक्षात्सुभास्वरा । दिव्यदुन्दुभिनिर्घोषैर्गीतवादित्रनिःस्वनैः ॥ ३७
ननृतुश्चाप्सरःसङ्घा गन्धर्वाश्च जगुः कलम् । विवाहे रघुमुख्यानां तदद्भुतमदृश्यत ॥ ३८
ईदृशे वर्तमाने तु तूर्योद्घुष्टनिनादिते । त्रिरग्निं ते परिक्रम्य ऊहुर्भार्या महौजसः ॥ ३९
अथोपकार्यं जग्मुस्ते सभार्या रघुनन्दनाः । राजाप्यनुययौ पश्यन्सर्षिसङ्घः सबान्धवः ॥ ४०

इत्यार्षे श्रीमद्रामायणे वाल्मीकीय आदिकाव्ये बालकाण्डे त्रिसप्ततितमः सर्गः ॥ ७३ ॥

चतुःसप्ततितमः सर्गः ।

अथ रात्र्यां व्यतीतायां विश्वामित्रो महामुनिः । आपृष्ट्वा तौ च राजानौ जगामोत्तरपर्वतम् ॥ १
विश्वामित्रे गते राजा वैदेहं मिथिलाधिपम् । आपृष्ट्वैव जगामाशु राजा दशरथः पुरीम् ॥ २
अथ राजा विदेहानां ददौ कन्याधनं बहु । गवां शतसहस्राणि बहूनि मिथिलेश्वरः ॥ ३
कम्बलानां च मुख्यानां क्षौमान्कोट्यम्बराणि च । हस्त्यश्वरथपादातं दिव्यरूपं स्वलंकृतम् ॥ ४
ददौ कन्याशतं तासां दासीदासमनुत्तमम् । हिरण्यस्य सुवर्णस्य मुक्तानां विद्रुमस्य च ॥ ५
ददौ राजा सुसंहृष्टः कन्याधनमनुत्तमम् । दत्त्वा बहुविधं राजा समनुज्ञाप्य पार्थिवम् ॥ ६
प्रविवेश स्वनिलयं मिथिलां मिथिलेश्वरः । राजाप्ययोध्याधिपतिः सह पुत्रैर्महात्मभिः ॥ ७
ऋषीन्सर्वान्पुरस्कृत्य जगाम सबलान्वितः । गच्छन्तं तु नरव्याघ्रं सर्षिसङ्घं सराघवम् ॥ ८
घोरास्तु पक्षिणो वाचो व्याहरन्ति समन्ततः । भौमाश्चैव मृगाः सर्वे गच्छन्ति स्म प्रदक्षिणम् ॥ ९
तान्दृष्ट्वा राजशार्दूलो वसिष्ठं पर्यपृच्छत । असौम्याः पक्षिणो घोरा मृगाश्चापि प्रदक्षिणाः ॥ १०
किमिदं हृदयोत्कम्पि मनो मम विषीदति । राज्ञो दशरथस्यैतच्छ्रुत्वा वाक्यं महानृषिः ॥ ११
उवाच मधुरां वाणीं श्रूयतामस्य यत्फलम् । उपस्थितं भयं घोरं दिव्यं पक्षिमुखाच्च्युतम् ॥ १२
मृगाः प्रशमयन्त्येते संतापस्त्यज्यतामयम् । तेषां संवदतां तत्र वायुः प्रादुर्बभूव ह ॥ १३
कम्पयन्मेदिनीं सर्वां पातयंश्च महाद्रुमान् । तमसा संवृतः सूर्यः सर्वे नावेदिषुर्दिशः ॥ १४
भस्मना चावृतं सर्वं संमूढमिव तद्बलम् । वसिष्ठ ऋषयश्चान्ये राजा च ससुतस्तदा ॥ १५
ससंज्ञा इव तत्रासन्सर्वमन्यद्विचेतनम् । तस्मिंस्तमसि घोरे तु भस्मच्छन्नेव सा चमूः ॥ १६
ददर्श भीमसंकाशं जटामण्डलधारिणम् । भार्गवं जामदग्न्येयं राजा राजविमर्दनम् ॥ १७

॥ ३४ ॥ वेदिं विवाहवेदिम् । राजानं जनकम् ॥ ३५ ॥ ऋषींश्चापि । प्रदक्षिणं कृत्वेति शेषः । यथोक्तेन शास्त्रोक्तेन प्रकारेण । विवाहं तत्कृत्यशेषं होमादि ॥ ३६ ॥ ३७ ॥ तदद्भुतं दुन्दुभिनिर्घोषादिसहितपुष्पवृष्ट्यादि ॥ ३८ ॥ तूर्याणां यदुद्घुष्टं घोषस्तन्निनादिते काले । त्रिरग्निमित्युपसंहारेण पुनर्वादः ॥ ३९ ॥ उपकार्यं शिबिरम् । पश्यन्वधूवरसंबन्धकल्याणम् ॥ ४० ॥ इति श्रीरामाभिरामे श्रीरामीये रामायणतिलके वाल्मीकीय आदिकाव्ये बालकाण्डे त्रिसप्ततितमः सर्गः ॥ ७३ ॥

आपृष्ट्वापृच्छ्य । तौ दशरथजनकौ । उत्तरपर्वतं कौशिकीतटावच्छिन्नम् ॥१॥ जगाम गन्तुमुद्यतोऽभूत् ॥२॥ कन्याधनं विवाहकाले कन्यायै देयं धनं यौतकाख्यम् । तस्यैव प्रपञ्चो गवामित्यादि ॥ ३ ॥ मुख्यानां कम्बलानां नेपालादिभवानां कम्बलानां बहूनीति संबन्धः । क्षौमान्बहूनिति विपरिणामः । कोट्यम्बराणि कोटिसंख्यानि सामान्यवासांसि ॥४॥ कन्याशतं सखीत्वेन । तासां राजकुमारीणाम् । प्रत्येकमिति शेषः । दासीदासमिति गवाश्वादिवद्देकत्वम् । हिरण्यं रजतम् । सुवर्णं हेम । षष्ठ्यन्तानां कोटिपदाध्याहारेणान्वयः ॥ ५ ॥ पार्थिवं दशरथम् ॥ ६ ॥ ७ ॥ बलैश्चतुरङ्गैरनुगैः किंकरैश्च सहितस्तथा गच्छन्तम् । दशरथमिति शेषः ॥ ८ ॥ पक्षिणः करटादयः । तत्र पक्षिणां घोरव्याहरणमादौ दुर्निमित्तं ततो मृगप्रदक्षिणगमनं सुनिमित्तम् ॥ ९ ॥ ताञ्शुभाशुभसूचकोत्पातान् । असौम्याः पक्षिणो घोराः । घोरशब्दा इत्यर्थः ॥ १० ॥ इदं हृदयकम्पजनकम् । किमिदं दुःखोदर्कं सुखोदर्कं वेति प्रश्नः । अनिश्चयान्मे मनो विषीदति ॥ ११ ॥ दिवि खे भवं दिव्यम् । पक्षिमुखाच्च्युतं वचनम् । घोरं भयमुपस्थितं प्राप्तम् । आशु वेदयतीति शेषः ॥ १२ ॥ प्रशमयन्ति । प्रशमं सूचयन्तीत्यर्थः । तेषां संवदतामित्यस्य पुर इति शेषः ॥ १३ ॥ तमो भस्म चोभयमप्युत्पातजम् ॥ १४ ॥ १५ ॥ ससंज्ञा इव । ईषत्संज्ञा इत्यर्थः । अन्यत्तु बलं निःसंज्ञमेव । भस्मच्छन्नेव । अभूदिति शेषः ॥ १६ ॥ भीमसंकाशं भयंकरदर्शनम्

कैलासमिव दुर्धर्षं कालाग्निमिव दुःसहम् । ज्वलन्तमिव तेजोभिर्दुर्निरीक्ष्यं पृथग्जनैः ॥ १८
स्कन्धे चासज्य परशुं धनुर्विद्युद्गणोपमम् । प्रगृह्य शरमुग्रं च त्रिपुरघ्नं यथा शिवम् ॥ १९
तं दृष्ट्वा भीमसंकाशं ज्वलन्तमिव पावकम् । वसिष्ठप्रमुखा विप्रा जपहोमपरायणाः ॥ २०
संगता मुनयः सर्वे संजजल्पुरथो मिथः । कच्चित्पितृवधामर्षी क्षत्रं नोत्सादयिष्यति ॥ २१
पूर्वं क्षत्रवधं कृत्वा गतमन्युर्गतज्वरः । क्षत्रस्योत्सादनं भूयो न खल्वस्य चिकीर्षितम् ॥ २२
एवमुक्त्वार्घ्यमादाय भार्गवं भीमदर्शनम् । ऋषयो रामरामेति मधुरं वाक्यमब्रुवन् ॥ २३
प्रतिगृह्य तु तां पूजामृषिदत्तां प्रतापवान् । रामं दाशरथिं रामो जामदग्न्योऽभ्यभाषत ॥ २४

इत्यार्षे श्रीमद्रामायणे वाल्मीकीय आदिकाव्ये बालकाण्डे चतुःसप्ततितमः सर्गः ॥ ७४ ॥

पञ्चसप्ततितमः सर्गः ।

राम दाशरथे वीर वीर्यं ते श्रूयतेऽद्भुतम् । धनुषो भेदनं चैव निखिलेन मया श्रुतम् ॥ १
तदद्भुतमचिन्त्यं च भेदनं धनुषस्तथा । तच्छ्रुत्वाहमनुप्राप्तो धनुर्गृह्यापरं शुभम् ॥ २
तदिदं घोरसंकाशं जामदग्न्यं महद्धनुः । पूरयस्व शरेणैव स्वबलं दर्शयस्व च ॥ ३
तदहं ते बलं दृष्ट्वा धनुषोऽप्यस्य पूरणे । द्वंद्वयुद्धं प्रदास्यामि वीर्यश्लाघ्यमहं तव ॥ ४
तस्य तद्वचनं श्रुत्वा राजा दशरथस्तदा । विषण्णवदनो दीनः प्राञ्जलिर्वाक्यमब्रवीत् ॥ ५
क्षत्ररोषात्प्रशान्तस्त्वं ब्राह्मणश्च महातपाः । बालानां मम पुत्राणामभयं दातुमर्हसि ॥ ६
भार्गवाणां कुले जातः स्वाध्यायव्रतशालिनाम् । सहस्राक्षे प्रतिज्ञाय शस्त्रं प्रक्षिप्तवानसि ॥ ७
स त्वं धर्मपरो भूत्वा कश्यपाय वसुंधराम् । दत्त्वा वनमुपागम्य महेन्द्रकृतकेतनः ॥ ८
मम सर्वविनाशाय संप्राप्तस्त्वं महामुने । न चैकस्मिन्हते रामे सर्वे जीवामहे वयम् ॥ ९
ब्रुवत्येवं दशरथे जामदग्न्यः प्रतापवान् । अनादृत्य तु तद्वाक्यं राममेवाभ्यभाषत ॥ १०
इमे द्वे धनुषी श्रेष्ठे दिव्ये लोकाभिपूजिते । दृढे बलवती मुख्ये सुकृते विश्वकर्मणा ॥ ११
अनुसृष्टं सुरैरेकं त्र्यम्बकाय युयुत्सवे । त्रिपुरघ्नं नरश्रेष्ठ भग्नं काकुत्स्थ यत्त्वया ॥ १२
इदं द्वितीयं दुर्धर्षं विष्णोर्दत्तं सुरोत्तमैः । तदिदं वैष्णवं राम धनुः परपुरंजयम् ॥ १३
समानसारं काकुत्स्थ रौद्रेण धनुषा त्विदम् । तदा तु देवताः सर्वाः पृच्छन्ति स्म पितामहम् ॥ १४
शितिकण्ठस्य विष्णोश्च बलाबलनिरीक्षया । अभिप्रायं तु विज्ञाय देवतानां पितामहः ॥ १५

॥ १७ ॥ कैलासमिवेत्यनेन महाकारत्वम् दुर्धर्षमशक्यातिक्रमम् । पृथग्जनः पामरजनः ॥ १८ ॥ प्रभातिशयेन विद्युद्गणोपमम् । धनुरुग्रं शरं च प्रगृह्य त्रिपुरघ्नं शिवमिव स्थितमित्यर्थः ॥ १९ ॥ जपहोमपरायणाः । आसन्निति शेषः । यद्यपि होमोऽग्न्यधिकरणस्तदा पथि चलनसमये बाधितस्तथाप्यपाने जुह्वति प्राणमित्यादिर्बोध्य इति केचित् । परे तु—जपहोमपरायणत्वमुपलक्षणम् । अतएवाग्रे संजजल्पुरिति संगच्छते । अन्यथा तादृशहोमादिपरायणानां जल्पासंभवादित्याहुः ॥ २० ॥ ऋषीणां परस्परं जल्पमाह—कच्चिदित्यादि । श्लोकद्वयेऽपि नशब्दो ननुशब्दैकदेशो नन्वित्यर्थको वितर्के ॥ २१ ॥ २२ ॥ २३ ॥ २४ ॥ **इति श्रीरामाभिरामे श्रीरामीये रामायणतिलके वाल्मीकीय आदिकाव्ये बालकाण्डे चतुःसप्ततितमः सर्गः ॥ ७४ ॥**

किमभाषतेत्यत्राह—रामेति । निखिलेन कार्त्स्न्येन । चेन ताटकावधादिसमुच्चयः ॥ १ ॥ यत्त्वया तथानायासेन धनुषो भेदनं कृतं तदद्भुतमचिन्त्यं चान्येन मनसाप्यशक्यम् । अतस्तच्छ्रुत्वेत्यादि । गृह्य गृहीत्वा ॥ २ ॥ जामदग्न्यं जमदग्नेः स्वपितुरागतम् । अत्रार्थे ष्यञ् आर्षः । शरेण युक्तं पूरयस्वैवाकर्षयस्व ॥ ३ ॥ अस्यापि धनुषः पूरणे सति । वीर्यश्लाघ्यं वीर्यवच्छ्लाघ्यं च । वीर्येण तद्वत्तया श्लाघ्यमित्यन्ये ॥ ४ ॥ तद्वचनं द्वंद्वयुद्धवचनम् ॥ ५ ॥ क्षत्ररोषात्तज्जक्षत्रवधात् ॥ ६ ॥ सहस्राक्षे तत्संनिधौ । प्रतिज्ञायातःपरं शस्त्रं न ग्रहीष्यामीत्येवम् । प्रक्षेपस्त्यागः ॥ ७ ॥ तपसे महेन्द्रकृतकेतनत्वम् ॥ ८ ॥ त्वं तथा त्यक्तशस्त्रादिर्मम सर्वविनाशाय कुतः संप्राप्त इत्यन्वयः । सर्वनाशमेवोपपादयति—न चेत्यादि ॥ ९ ॥ १० ॥ इमे वक्ष्यमाणलक्षणे । यत्त्वया भग्नं यच्च मया धृतं ते इत्यर्थः । बलवती बलवन्नाम्ये । सुकृते यत्ननिर्मिते ॥ ११ ॥ युयुत्सवे । त्रिपुरवासिभिरिति शेषः । त्रिपुरघ्नं तद्धननसाधनम् ॥ १२ ॥ वैष्णवं विष्णवे दत्तम् । तदिदं वैष्णवं वैष्णवत्वेन प्रसिद्धम् ॥ १३ ॥ रौद्रेण शैवेन । शैवस्येदानीमसारत्वमाह—तदा त्विति ॥ १४ ॥ विष्णोस्त्रिपुरसंहारे शरत्वेन रुद्रपरिकरान्तर्भावश्रवणात् । अयं रुद्राद्दुर्बल उत सम इत्येवं शितिकण्ठविष्ण्वोर्बलाबलज्ञानाय

विरोधं जनयामास तयोः सत्यवतां वरः । विरोधे तु महद्युद्धमभवद्रोमहर्षणम् ॥ १६
शितिकण्ठस्य विष्णोश्च परस्परजयैषिणोः । तदा तु जृम्भितं शैवं धनुर्भीमपराक्रमम् ॥ १७
हुंकारेण महादेवः स्तम्भितोऽथ त्रिलोचनः । देवैस्तदा समागम्य सर्षिसङ्घैः सचारणैः ॥ १८
याचितौ प्रशमं तत्र जग्मतुस्तौ सुरोत्तमौ । जृम्भितं तद्धनुर्दृष्ट्वा शैवं विष्णुपराक्रमैः ॥ १९
अधिकं मेनिरे विष्णुं देवाः सर्षिगणास्तथा । धनू रुद्रस्तु संक्रुद्धो विदेहेषु महायशाः ॥ २०
देवरातस्य राजर्षेर्ददौ हस्ते ससायकम् । इदं च वैष्णवं राम धनुः परपुरंजयम् ॥ २१
ऋचीके भार्गवे प्रादाद्विष्णुः स न्यासमुत्तमम् । ऋचीकस्तु महातेजाः पुत्रस्याप्रतिकर्मणः ॥ २२
पितुर्मम ददौ दिव्यं जमदग्नेर्महात्मनः । न्यस्तशस्त्रे पितरि मे तपोबलसमन्विते ॥ २३
अर्जुनो विदधे मृत्युं प्राकृतां बुद्धिमास्थितः । वधमप्रतिरूपं तु पितुः श्रुत्वा सुदारुणम् ।
क्षत्रमुत्सादयं रोषाज्जातं जातमनेकशः ॥ २४
पृथिवीं चाखिलां प्राप्य कश्यपाय महात्मने । यज्ञस्यान्तेऽददं राम दक्षिणां पुण्यकर्मणे ॥ २५
दत्त्वा महेन्द्रनिलयस्तपोबलसमन्वितः । श्रुत्वा तु धनुषो भेदं ततोऽहं द्रुतमागतः ॥ २६
तदेवं वैष्णवं राम पितृपैतामहं महत् । क्षत्रधर्मं पुरस्कृत्य गृह्णीष्व धनुरुत्तमम् ॥ २७
योजयस्व धनुःश्रेष्ठे शरं परपुरंजयम् । यदि शक्तोऽसि काकुत्स्थ द्वंद्वं दास्यामि ते ततः ॥ २८

इत्यार्षे श्रीमद्रामायणे वाल्मीकीय आदिकाव्ये बालकाण्डे पञ्चसप्ततितमः सर्गः ॥ ७५ ॥

षट्सप्ततितमः सर्गः ।

श्रुत्वा तु जामदग्न्यस्य वाक्यं दाशरथिस्तदा । गौरवाद्यन्त्रितकथः पितू राममथाब्रवीत् ॥ १
श्रुतवानसि यत्कर्म कृतवानसि भार्गव । अनुरुध्यामहे ब्रह्मन्पितुरानृण्यमास्थितः ॥ २
वीर्यहीनमिवाशक्तं क्षत्रधर्मेण भार्गव । अवजानासि मे तेजः पश्य मेऽद्य पराक्रमम् ॥ ३

देवताः पितामहं पृच्छन्ति स्म । स च पितामहस्तेषां देवानामुक्तमभिप्रायं विज्ञाय ॥ १५ ॥ सत्यवतां वरः सत्यसंकल्पः । स्वसंकल्पेन देवानां मोहं निरसितुमेकात्मनोरपि रुद्रविष्ण्वोर्विरोधं जनयामास । तावपि तत्संकल्पसिद्ध्यर्थमेव विरोधं चक्रतुः । इदं युद्धं दक्षयज्ञवधे बोध्यम् । अतः पूर्वेण न विरोधः ॥ १६ ॥ तदा हुंकारेण विष्णुना शैवं धनुर्विजृम्भितं शिथिलीकृतं महादेवश्च स्तम्भितः ॥ १७ ॥ १८ ॥ याचिताविति । एतावत्यर्थे दृष्ट्वा प्राप्तनिश्चयैर्देवैर्युद्धादुपरतिं याचितौ । देवतानुग्रहाय प्रशमं जग्मतुः ॥ १९ ॥ विष्णुमधिकं श्रेष्ठं सेव्यत्वेन मेनिरे ज्ञातवन्तः । वस्तुतस्तु प्रकृतयुद्धे विष्णोराधिक्यदर्शनात्त्रिपुरवधे शिवस्याधिक्यदर्शनात्तयोः साम्यग्रहणमिति तात्पर्यम् । अधिकमित्यस्य स्वीयपूर्वज्ञानविषयस्वरूपापेक्षयाधिकमित्यर्थः । धनू रुद्रस्त्विति । एवं युद्धदशायां क्रुद्धः पश्चाद्देवप्रार्थनया प्रसन्नः शिवो देवेभ्यो दत्त्वा ततः सर्वैर्देवैः सह युद्धार्थं धनुरिच्छतो देवरातस्य ददौ । अतएव वरुणेन दत्तमिति वक्ष्यमाणेन रुद्रेण देवानां दत्तमित्युक्तग्रन्थेन च न विरोध इत्याहुः ॥ २० ॥ एवं च शैवस्य धनुषस्तदारभ्य शिथिलत्वेन तद्भङ्गकृतं न ते वीर्याधिक्यमिति भार्गवाभिप्रायः । अथ स्वधनुष आगममाह—इदं चेत्यादि । परपुरंजयमित्यार्षमसंज्ञायाम् ॥ २१ ॥ भार्गवे भृगुपुत्रे । स उक्तरूपो विष्णुः । न्यासं प्रादात् । अप्रतिकर्मणः स्वहन्तर्यपि शापादिप्रतिक्रियारहितस्य ॥ २२ ॥ न्यस्तशस्त्रे न्यस्तं त्यक्तं विष्णुधनूरूपं शस्त्रं येन तथाभूते । तपोबलयुतेऽपि पितरि प्राकृतां बुद्धिमास्थितोऽर्जुनः कार्तवीर्यो मत्पितुर्मृत्युं विदधे ॥ २३ ॥ तमयोग्यं पितुर्वधं श्रुत्वाहं रोषात्क्षत्रमुत्सादयमुत्सादितवान् । अडभाव आर्षः ॥ २४ ॥ प्राप्य । स्वबलेनेति शेषः । पुण्यकर्मणे यज्ञरूपपुण्यसाद्गुण्यार्थम् ॥ २५ ॥ दत्त्वा । भूमिमिति शेषः । महेन्द्रो महेन्द्रपर्वतः । धनुषः शैवस्य ॥ २६ ॥ पितृपैतामहं पितृपितामहक्रमादागतम् । उत्तरपदवृद्धिरार्षी । क्षत्रधर्मं मद्वर्तिनं मया पूर्वमङ्गीकृतं क्षत्रधर्मम् । न तु ब्राह्मणधर्ममाश्रित्य त्यजेत्यर्थः । ब्राह्मणवच्छान्तिमास्थाय नाहं शक्त इति मा ब्रूहीत्यर्थ इति कतकः ॥ २७ ॥ शक्तोऽसि । शरयोजने इति शेषः । तावतापि न त्वां त्यक्ष्यामि, अपि तु द्वंद्वं दास्यामीत्यर्थः । अन्यथा मां शरणं व्रजेति तात्पर्यम् ॥ २८ ॥ इति श्रीरामाभिरामे श्रीरामीये रामायणतिलके वाल्मीकीय आदिकाव्ये बालकाण्डे पञ्चसप्ततितमः सर्गः ॥ ७५ ॥

पितुर्गौरवात्पितृसंनिधिवशात् । यन्त्रिता नियमिता कथोक्तिः कथनं येन सः ॥ १ ॥ पितुरानृण्यं पितृहन्तृक्षत्रवधेन पितृवैरशुद्धिमास्थितः सन्, यत्कर्म त्रिःसप्तकृत्वः क्षत्रियवधरूपं कृतवानसि तदनुरुध्यामहेऽङ्गीकुर्मः । शूरेणावश्यं वैरशुद्धेः कर्तव्यत्वात् ॥ २ ॥ यन्मां क्षत्रधर्मेण युक्तं [illegible]नमशक्तमिव मन्यमानोऽवजानासि तन्नानुरुध्यामहे । अतोऽद्य मे तेजः

इत्युक्त्वा राघवः क्रुद्धो भार्गवस्य वरायुधम् । शरं च प्रतिजग्राह हस्ताल्लघुपराक्रमः ॥ ४
आरोप्य सधनू रामः शरं सज्यं चकार ह । जामदग्न्यं ततो रामं रामः क्रुद्धोऽब्रवीदिदम् ॥ ५
ब्राह्मणोऽसीति पूज्यो मे विश्वामित्रकृतेन च । तस्माच्छक्तो न ते राम मोक्तुं प्राणहरं शरम् ॥ ६
इमां वा त्वद्गतिं राम तपोबलसमर्जितान् । लोकानप्रतिमान्वापि हनिष्यामीति मे मतिः ॥ ७
नह्ययं वैष्णवो दिव्यः शरः परपुरंजयः । मोघः पतति वीर्येण बलदर्पविनाशनः ॥ ८
वरायुधधरं रामं द्रष्टुं सर्षिगणाः सुराः । पितामहं पुरस्कृत्य समेतास्तत्र सर्वशः ॥ ९
गन्धर्वाप्सरसश्चैव सिद्धचारणकिंनराः । यक्षराक्षसनागाश्च तद्द्रष्टुं महदद्भुतम् ॥ १०
जडीकृते तदालोके रामे वरधनुर्धरे । निर्वीर्यो जामदग्न्योऽसौ रामो राममुदैक्षत ॥ ११
तेजोभिर्गतवीर्यत्वाज्जामदग्न्यो जडीकृतः । रामं कमलपत्राक्षं मन्दमन्दमुवाच ह ॥ १२
काश्यपाय मया दत्ता यदा पूर्वं वसुंधरा । विषये मे न वस्तव्यमिति मां काश्यपोऽब्रवीत् ॥ १३
सोऽहं गुरुवचः कुर्वन्पृथिव्यां न वसे निशाम् । तदाप्रभृति काकुत्स्थ कृता मे काश्यपस्य ह ॥ १४
तामिमां मद्गतिं वीर हन्तुं नार्हसि राघव । मनोजवं गमिष्यामि महेन्द्रं पर्वतोत्तमम् ॥ १५
लोकास्त्वप्रतिमा राम निर्जितास्तपसा मया । जहि ताञ्शरमुख्येन मा भूत्कालस्य पर्ययः ॥ १६
अक्षय्यं मधुहन्तारं जानामि त्वां सुरेश्वरम् । धनुषोऽस्य परामर्शात्स्वस्ति तेऽस्तु परंतप ॥ १७
एते सुरगणाः सर्वे निरीक्षन्ते समागताः । त्वामप्रतिमकर्माणमप्रतिद्वंद्वमाहवे ॥ १८
न चेयं तव काकुत्स्थ व्रीडा भवितुमर्हति । त्वया त्रैलोक्यनाथेन यदहं विमुखीकृतः ॥ १९

पराभिभवासहनं तन्मूलं मे पराक्रमं च पश्य ॥ ३ ॥ क्रुद्धः प्रागुक्तरूपावमानवचनेन । क्रोधादेव तद्धस्तात्स्वयमेव धनुः, चाद्भार्गवनिष्ठां वैष्णवीं शक्तिम्, जग्राह । तदुक्तं पाद्मे—'इत्युक्त्वा देवि वैष्णव्या शक्त्या तद्गतया सह । जग्राह वैष्णवं चापं विनयेन च लीलया ॥' इति । अत्राप्यग्रे वक्ष्यति—'निर्वीर्यो जामदग्न्योऽसौ' इति । लघुः शीघ्रः पराक्रमो यस्य सः ॥ ४ ॥ आरोप्य ज्यारोपं कृत्वा । शरं सज्यं ज्यायुक्तं चकार ॥ ५ ॥ जमदग्निपुत्रत्वेन ब्राह्मणोऽसीति विश्वामित्रभगिन्याः पौत्रोऽसीति पूज्यस्त्वं मेऽसि वधानर्होऽसि । अतस्ते प्राणहरं शरं मोक्तुं न शक्तः । अस्मीति शेषः ॥ ६ ॥ इमां प्रत्यक्षसिद्धां गतिं गतिसाधनं पादौ तच्छक्तिं चाकाशगमनादिरूपाम् । लोकांल्लोकप्राप्तिसाधनं धर्मम् । 'त्वत्पादकमले हन्मि ब्रूहि तेऽद्याथवा वृषम्' इति पाद्मोक्तेः । वृषो धर्मः । उभयोर्मध्ये यदिच्छसि यत्तवेष्टं तद्वदेत्यर्थः ॥ ७ ॥ कुत एवमत आह—नहीति । वीर्येण स्वशक्त्या शत्रूणां बलदर्पविनाशनो मोघो व्यर्थः ॥ ८ ॥ वरायुधं वैष्णवं धनुः । समेता मिलिताः ॥ ९ ॥ तद्द्रष्टुम् । आगता इति शेषः ॥ १० ॥ वरधनुर्धरे रामेऽधिकरणे तस्य भार्गवस्यालोके तेजसि संक्रान्ते । सतीति शेषः । 'ततः परशुरामस्य देहान्निर्गत्य वैष्णवम् । पश्यतां सर्वदेवानां तेजो राममुपागमत् ॥' इति नृसिंहपुराणात्, पूर्वोक्तपाद्माच्च । अतएव भार्गवे जडीकृते सति निर्वीर्यः स रामो राममुदैक्षत । उद्भूतविष्णुतेजस्कमपश्यदित्यर्थः ॥ ११ ॥ तदेव विवृणोति—तेजोभिरित्यादि । रामसंक्रान्तैस्तेजोभिर्हेतुभिर्गतवीर्यतया जडीकृतः परशुराम उवाच । शरवध्यप्रश्नोत्तरमिति शेषः ॥ १२ ॥ विषये देशे । एवमुक्तिश्च क्षत्रमीत्यादिनिवृत्तये ॥ १३ ॥ गुरुवचः काश्यपवचः । निशां रात्रिं न वसे । तच्छार्षः । तदा यदा दत्ता यदा च न वस्तव्यमित्युक्तम् । तदाप्रभृतीति शेषः । पृथिव्यां न वसे इत्यर्थः । यतो ह प्रसिद्धं काश्यपस्याग्रे प्रतिज्ञा कृता इति शेषः । पृथिव्यां रात्रौ न वसामीत्येवंरूपा प्रतिज्ञा कृता ॥ १४ ॥ यदेवमतस्तामिमामित्यादि । तां मद्गतिमाकाशगमनसाधनौ पादौ चेन्न हनिष्यसि, तदा मनोजवं पादमास्थाय काश्यपेन समुद्रेण च दत्तं महेन्द्रं गमिष्यामि । अन्यथा प्रतिज्ञाहान्या महत्संकटं स्यादिति भावः ॥ १५ ॥ तपसा यज्ञादिरूपेण । निर्जिता अर्जिताः । अत्र पुण्यार्जितलोकहननाभ्यनुज्ञया स्वस्य तत्त्वज्ञत्वं व्यङ्ग्यम् । रामस्य लोकदानप्रतिबन्धयोः स्वातन्त्र्यदर्शनेन परेशत्वबोधनं च । पाद्मेऽपि—'शतयज्ञकृतं पुण्यं तदस्राय न्यवेदयत् ।' इति ॥ १६ ॥ यतः 'उतामृतत्वस्येशानः' इति श्रुतिप्रसिद्धं ब्रह्मैव त्वमित्याह—अक्षय्यमिति । अक्षय्यमनाद्यन्तं केनापि पराजयं नेतुमशक्यं च । एवं निश्चये हेतुर्धनुष इत्यादि । अस्य वैष्णवस्येतरदुरारोपस्य । परामर्शो ग्रहणाकर्षणादि ॥ १७ ॥ अप्रतिद्वंद्वं प्रतिभटरहितम् ॥ १८ ॥ इयं त्वद्विषयेऽशक्तिर्व्रीडा व्रीडार्हा । तत्र हेतुस्त्वयेत्यादि । विमुखीकृतस्वशक्तेः स्वस्मिन्योजनेनाशक्तः कृतः । एतेन स्वस्य भगवदंशत्वं रामस्य च पूर्णभगवदवतारत्वं सूचितम् । स्वातिरिक्तेन विमुखीकरणे हि व्रीडा न तु स्वात्मना मायया तथाकरणे इति भावः । एतद्व्यवहारप्रयोजनं च दयया दशरथादीन्प्रति स्वरूपबोधनं रामस्य पूर्णतेजोवत्त्वसंपादनं चेति भाति । वैष्णवतेजसोंऽशेनान्यत्र सत्त्वे रावणवधस्य दुष्करत्वात् । एतदर्थमेव रावणवधेच्छुदेवगन्धर्वादीनां द्रष्टुमागमनं

शरमप्रतिमं राम मोक्तुमर्हसि सुव्रत । शरमोक्षे गमिष्यामि महेन्द्रं पर्वतोत्तमम् ॥ २०
तथा ब्रुवति रामे तु जामदग्न्ये प्रतापवान् । रामो दाशरथिः श्रीमांश्चिक्षेप शरमुत्तमम् ॥ २१
स हतान्दृश्य रामेण स्वाँल्लोकांस्तपसार्जितान् । जामदग्न्यो जगामाशु महेन्द्रं पर्वतोत्तमम् ॥ २२
ततो वितिमिराः सर्वा दिशश्चोपदिशस्तथा । सुराः सर्षिगणा रामं प्रशशंसुरुदायुधम् ॥ २३
रामं दाशरथिं रामो जामदग्न्यः प्रपूजितः । ततः प्रदक्षिणीकृत्य जगामात्मगतिं प्रभुः ॥ २४

इत्यार्षे श्रीमद्रामायणे वाल्मीकीय आदिकाव्ये बालकाण्डे षट्सप्ततितमः सर्गः ॥ ७६ ॥

सप्तसप्ततितमः सर्गः ।

गते रामे प्रशान्तात्मा रामो दाशरथिर्धनुः । वरुणायाप्रमेयाय ददौ हस्ते महायशाः ॥ १
अभिवाद्य ततो रामो वसिष्ठप्रमुखानृषीन् । पितरं विकलं दृष्ट्वा प्रोवाच रघुनन्दनः ॥ २
जामदग्न्यो गतो रामः प्रयातु चतुरङ्गिणी । अयोध्याभिमुखी सेना त्वया नाथेन पालिता ॥ ३
रामस्य वचनं श्रुत्वा राजा दशरथः सुतम् । बाहुभ्यां संपरिष्वज्य मूर्ध्न्युपाघ्राय राघवम् ॥ ४
गतो राम इति श्रुत्वा हृष्टः प्रमुदितो नृपः । पुनर्जातं तदा मेने पुत्रमात्मानमेव च ॥ ५
चोदयामास तां सेनां जगामाशु ततः पुरीम् । पताकाध्वजिनीं रम्यां तूर्योद्घुष्टनिनादिताम् ॥ ६
सिक्तराजपथारम्यां प्रकीर्णकुसुमोत्कराम् । राजप्रवेशसुमुखैः पौरैर्मङ्गलपाणिभिः ॥ ७
संपूर्णां प्राविशद्राजा जनौघैः समलंकृताम् । पौरैः प्रत्युद्गतो दूरं द्विजैश्च पुरवासिभिः ॥ ८
पुत्रैरनुगतः श्रीमाञ्श्रीमद्भिश्च महायशाः । प्रविवेश गृहं राजा हिमवत्सदृशं प्रियम् ॥ ९
ननन्द स्वजनै राजा गृहे कामैः सुपूजितः । कौसल्या च सुमित्रा च कैकेयी च सुमध्यमा ॥ १०
वधूप्रतिग्रहे युक्ता याश्चान्या राजयोषितः । ततः सीतां महाभागामूर्मिलां च यशस्विनीम् ॥ ११
कुशध्वजसुते चोभे जगृहुर्नृपयोषितः । मङ्गलालापनैर्होमैः शोभिताः क्षौमवाससः ॥ १२
देवतायतनान्याशु सर्वास्ताः प्रत्यपूजयन् । अभिवाद्याभिवाद्यांश्च सर्वा राजसुतास्तदा ॥ १३
रेमिरे मुदिताः सर्वा भर्तृभिर्मुदिता रहः । कृतदाराः कृतास्त्राश्च सधनाः ससुहृज्जनाः ॥ १४
शुश्रूषमाणाः पितरं वर्तयन्ति नरर्षभाः । कस्यचित्त्वथ कालस्य राजा दशरथः सुतम् ॥ १५
भरतं कैकयीपुत्रमब्रवीद्रघुनन्दनः । अयं केकयराजस्य पुत्रो वसति पुत्रक ॥ १६

पूर्वमुक्तम् ॥ १९ ॥ शरमोक्षे गमिष्यामि । पापस्य तपसा दग्धत्वात्पुण्यस्य च शरमोक्षेण फलप्रतिबन्धे जीवन्मुक्तो भूत्वा गमिष्यामीत्यर्थः । अनेन लोकावरोधः स्वेष्ट एवेति दर्शितम् ॥ २० ॥ २१ ॥ दृश्य दृष्ट्वा ॥ २२ ॥ २३ ॥ रामो दाशरथिना ब्राह्मणत्वात्पूजितो नमस्कृतश्च । 'प्रशस्य ह' इति पाठान्तरम् । दाशरथिं प्रदक्षिणीकृत्य । अन्तर्यामित्वेन ज्ञानात्प्रदक्षिणकरणं च क्षत्रियत्वाच्च तस्य प्रणत्यकरणं कायेनेति बोध्यम् । आत्मगतिं तत्त्वज्ञानम् । स्वस्थानं जगामेत्यर्थः । प्रभुरिति । ब्रह्मत्वेन सर्वलोकप्रभुत्वम् ॥ २४ ॥ इति श्रीरामाभिरामे श्रीरामीये रामायणतिलके वाल्मीकीय आदिकाव्ये बालकाण्डे षट्सप्ततितमः सर्गः ॥ ७६ ॥

रामे परशुरामे । प्रशान्तो गतक्रोध आत्मा चित्तं यस्य । हस्ते स्वहस्ते स्थितं धनुर्वरुणाय देवैः सह कौतुकदर्शनार्थमन्तरिक्षे स्थिताय ददौ । न्यासात्मनेति शेषः । वरुणस्याप्रमेयत्वं भृगवे साक्षाद्ब्रह्मविद्याप्रदत्वात् । इदं च तैत्तिरीयोपनिषदि स्पष्टम् ॥ १ ॥ विकलं परशुरामभयेन । धनुर्दानवृत्तान्तस्य मायया तिरोधानमन्यान्प्रति ॥ २ ॥ ३ ॥ ४ ॥ हर्ष एवाधिकावस्थः प्रमोदः ॥ ५ ॥ तां सेनाम् । प्रथमं क्षुभितां पश्चात्प्राप्ताश्वासां चेत्यर्थः । जगाम । सेनेति शेषः । पताका ध्वजपटः । ध्वजो दण्डः । पताकायुक्तध्वजवतीम् । पताकाः क्षुद्रध्वजाः । ध्वजा महान्त इत्यन्ये । रम्यां स्वभावतः । उद्घुष्टं घोषः ॥ ६ ॥ सिक्तेन राजपथेन समन्ताद्रम्याम् ॥ ७ ॥ ८ ॥ श्रीमद्भिर्दारपरिग्रहादधिकलक्ष्मीवद्भिः पुत्रैः । सुधालेपजधावल्यादौन्नत्याच्च हिमवत्सादृश्यं गृहे ॥ ९ ॥ कामैर्विषयभोगपरिकरस्रक्चन्दनादिभिः । सुपूजितः प्राप्तपूजो ननन्द ॥ १० ॥ वधूनां स्नुषाणां प्रतिग्रहे मङ्गलाचरणपूर्वकं दर्शनस्पर्शने ॥ ११ ॥ मङ्गलालापनैर्मङ्गलार्थमालापनैराशीर्वादैः । उपलक्षिता इति शेषः । होमैर्गृहप्रवेशनीयहोमैः । प्राप्तशोभनाः ॥ १२ ॥ देवतायतनानि पुरगृहदेवतायतनानि ताः सर्वा राजसुताः स्नुषाः सर्वा राजपत्न्यः प्रत्यपूजयन्प्रणामयन्ति स्म । अभिवाद्यानभिवादनार्हानभिवाद्य नमस्कार्य ॥१३॥ कृतास्त्रा लब्धास्त्राः । 'कृताज्ञाः' इति पाठेऽनुष्ठितपित्रभियोगाः ॥ १४ ॥ वर्तयन्ति पित्रुक्तं कुर्वन्ति । नरर्षभा रामादयः । कस्यचित्कालस्य । अत्यये इति शेषः ॥ १५ ॥ १६ ॥

त्वां नेतुमागतो वीरो युधाजिन्मातुलस्तव। श्रुत्वा दशरथश्चैतद्भरतः कैकयीसुतः॥ १७
गमनायाभिचक्राम शत्रुघ्नसहितस्तदा। आपृच्छ्य पितरं शूरो रामं चाक्लिष्टकारिणम्॥ १८
मातृश्चापि नरश्रेष्ठः शत्रुघ्नसहितो ययौ। युधाजित्प्राप्य भरतं सशत्रुघ्नं प्रहर्षितः॥ १९
स्वपुरं प्राविशद्वीरः पिता तस्य तुतोष ह। गते च भरते रामो लक्ष्मणश्च महाबलः॥ २०
पितरं देवसंकाशं पूजयामासतुस्तदा। पितुराज्ञां पुरस्कृत्य पौरकार्याणि सर्वशः॥ २१
चकार रामः सर्वाणि प्रियाणि च हितानि च। मातृभ्यो मातृकार्याणि कृत्वा परमयन्त्रितः॥ २२
गुरूणां गुरुकार्याणि काले कालेऽन्यवैक्षत। एवं दशरथः प्रीतो ब्राह्मणा नैगमास्तथा॥ २३
रामस्य शीलवृत्तेन सर्वे विषयवासिनः। तेषामतियशा लोके रामः सत्यपराक्रमः॥ २४
स्वयंभूरिव भूतानां बभूव गुणवत्तरः। रामश्च सीतया सार्धं विजहार बहूनृतून्॥ २५
मनस्वी तद्गतमनास्तस्या हृदि समर्पितः। प्रिया तु सीता रामस्य दाराः पितृकृता इति॥ २६
गुणाद्रूपगुणाच्चापि प्रीतिर्भूयोऽभिवर्धते। तस्याश्च भर्ता द्विगुणं हृदये परिवर्तते॥ २७
अन्तर्गतमपि व्यक्तमाख्याति हृदयं हृदा। तस्य भूयो विशेषेण मैथिली जनकात्मजा।
देवताभिः समा रूपे सीता श्रीरिव रूपिणी॥ २८
तया स राजर्षिसुतोऽभिकामया समेयिवानुत्तमराजकन्यया।
अतीव रामः शुशुभे मुदान्वितो विभुः श्रिया विष्णुरिवामरेश्वरः॥ २९

इत्यार्षे श्रीमद्रामायणे वाल्मीकीय आदिकाव्ये बालकाण्डे सप्तसप्ततितमः सर्गः॥ ७७॥

मातुलस्तवेति। अतस्तन्नगरं गत्वागच्छेति शेषः। एतद्वाक्यम् ॥ १७॥ अक्लिष्टं कस्यापि दुःखं यथा न भवति तथा कर्तु शीलमस्य तं रामम्॥ १८॥ १९॥ २०॥ २१॥ प्रियाणीहितानि। हितानि पर्यन्ते इष्टजनकानि पौराणाम्। परममत्यन्तं यन्त्रितः श्रुतिस्मृतिमर्यादालङ्घी॥ २२॥ गुरूणां तद्विषये परमयन्त्रितः। गुरुकार्याणि गुरुसंबन्धिशुश्रूषादीनि नैगमा वणिजः॥ २३॥ विषयवासिनः। प्रीता इति शेषः। तेषां चतुर्णां पुत्राणां मध्ये सत्यपराक्रमो राम एवातियशाः। भूतानां मध्ये स्वयंभूरिव गुणवत्तरो बभूवेत्युत्तरेणान्वयः ॥ २४॥ बहूनृतून्। द्वादशवर्षाणीत्यर्थ इति बहवः॥ २५॥ मनस्व्यनुकूलमनस्कः। अतएव तद्गतमना नित्यं सीतागतमनाः। तस्या हृदि समर्पितः। संबन्धसामान्ये षष्ठी। तयेत्यर्थः। एतेन परस्परानुरागो दर्शितः। पितृकृता ब्राह्मविवाहसदृशविवाहेन पितृदत्ताः। स विवाह एव सर्वथा श्लाघ्य इति भावः॥ २६॥ नैतावदेव, किंतु गुणाद्धितकारित्वपातिव्रत्यादिरूपात्, रूपं सौन्दर्यं तद्रूपाद्गुणाच्च, भूयोऽधिकं रामस्य प्रीतिर्वर्धते स्म। तस्याश्च हृदये गुणाद्रूपगुणाच्च भर्ता द्विगुणं परिवर्तते स्म॥ २७॥ तस्य रामस्यान्तर्गतं हृदयं हृदयाभिप्रायं मैथिली हृदा स्वहृदयेन भूयोऽधिकं विशेषेण मैथिली जनकात्मजा रूपिणी श्रीरिव रूपे देवताभिः समा सीताख्याति जानाति। अतो ज्ञायते भर्ता तद्धृदयस्थ इति॥ २८॥ अभिकामया स्वविषयेच्छावत्या स्वेच्छाविषयया च समेयिवान्संयुक्तः विभुर्विभुत्वशक्तिमान् अमरेश्वरो विष्णुः श्रियेव। 'तत्र द्वादशवर्षाणि राघवः सह सीतया। रमयामास धर्मात्मा नारायण इव श्रिया॥' इति पाद्म उक्तम्। एकोनषोडशवर्षस्य विश्वामित्रेण नयनात्पञ्चदशवर्षसमाप्तौ विवाह इति बोध्यम् ॥ २९॥ **इति श्रीरामाभिरामे श्रीरामीये रामायणतिलके वाल्मीकीय आदिकाव्ये बालकाण्डे सप्तसप्ततितमः सर्गः॥ ७७॥**

इति श्री रामायणं बालकाण्डं समाप्तम्।

॥ श्रीः ॥

आदिकविश्रीवाल्मीकिमहामुनिप्रणीतं

रामायणम्

तिलकाख्यया व्याख्यया समेतम् ।

अयोध्याकाण्डम् ।

प्रथमः सर्गः ।

गच्छता मातुलकुलं भरतेन तदानघः । शत्रुघ्नो नित्यशत्रुघ्नो नीतः प्रीतिपुरस्कृतः ॥ १

स तत्र न्यवसद्भ्रात्रा सह सत्कारसत्कृतः । मातुलेनाश्वपतिना पुत्रस्नेहेन लालितः ॥ २

तत्रापि निवसन्तौ तौ तर्प्यमाणौ च कामतः । भ्रातरौ स्मरतां वीरौ वृद्धं दशरथं नृपम् ॥ ३

राजापि तौ महातेजाः सस्मार प्रोषितौ सुतौ । उभौ भरतशत्रुघ्नौ महेन्द्रवरुणोपमौ ॥ ४

सर्व एव तु तस्येष्टाश्चत्वारः पुरुषर्षभाः । स्वशरीराद्विनिर्वृत्ताश्चत्वार इव बाहवः ॥ ५

तेषामपि महातेजा रामो रतिकरः पितुः । स्वयंभूरिव भूतानां बभूव गुणवत्तरः ॥ ६

स हि देवैरुदीर्णस्य रावणस्य वधार्थिभिः । अर्थितो मानुषे लोके जज्ञे विष्णुः सनातनः ॥ ७

कौसल्या शुशुभे तेन पुत्रेणामिततेजसा । यथा वरेण देवानामदितिर्वज्रपाणिना ॥ ८

स हि रूपोपपन्नश्च वीर्यवाननसूयकः । भूमावनुपमः सूनुर्गुणैर्दशरथोपमः ॥ ९

स च नित्यं प्रशान्तात्मा मृदुपूर्वं च भाषते । उच्यमानोऽपि परुषं नोत्तरं प्रतिपद्यते ॥ १०

कदाचिदुपकारेण कृतेनैकेन तुष्यति । न स्मरत्यपकाराणां शतमप्यात्मवत्तया ॥ ११

शीलवृद्धैर्ज्ञानवृद्धैर्वयोवृद्धैश्च सज्जनैः । कथयन्नास्त वै नित्यमस्त्रयोग्यान्तरेष्वपि ॥ १२

अयोध्याख्ये तु गुर्वर्थे त्यक्त्वा राज्यं गिरौ वसन् ।
पादुके भरतायादात्स रामः शरणं मम ॥

अथ रामस्य राज्याभिषेकार्हगुणान्प्रतिपादयितुं राज्याभिषेकादि च प्रतिपादयितुमेतदारम्भः । मातुलकुलं मातुलगृहम् । अनघः सोदरस्य लक्ष्मणस्य बलवद्रामाश्रयप्रयुक्तेर्ष्यारहितः । नित्यशत्रवः कामादयस्तद्धन्ता । नीतः अनेन विना मातुलगृहभुज्यमानसुखमसत्कल्पमिति धिया नीत इत्यर्थः । प्रीत्या [illegible]न पुरस्कृतो युक्तः । तेन भरतनिर्बन्धेन गमनशङ्का वारिता । किं च । भरतेन प्रीत्या पुरस्कृतोऽग्रेसरः कृतः । तेन परस्परानुरागसूचनम् ॥ १ ॥ भरतस्तत्र मातुलकुले विशिष्टवस्त्राभरणभोजनादिरूपसत्कारेण सत्कृतः । पुत्रस्नेहेन पुत्रादप्यधिकस्नेहेनेत्यर्थ इत्येके ॥ २ ॥ तत्रापि तादृशसत्कारवत्यपि मातुलगृहे । कामतः कामैरभिमतविषयैः । सार्वविभक्तिकस्तसिः । तर्प्यमाणौ । अनेन सार्वदिकी विषयसुखानिवृत्तिर्बोधिता । वृद्धम् । अनेन शुश्रूषाकालात्ययेन धर्मलोपभयात्पितृस्मरणमिति सूचितम् । स्मरतामस्मरताम् । अडभाव आर्षः ॥ ३ ॥ प्रोषितौ विदेशगतौ ॥ ४ ॥ विनिर्वृत्ता विनिर्गताः । अनेन राज्ञो विष्णुरूपकध्वनिः ॥ ५ ॥ तत्रापि रामस्यात्यन्ताभिमतत्वमुत्कर्षं चाह—तेषामिति । तेषामपि मध्ये पितू रामो रतिकरो बभूव । भूतानां प्राणिनां मध्ये स्वयंभूश्चतुर्मुख इव गुणवत्तरश्च बभूव ॥ ६ ॥ गुणवत्तरत्वे हेतुः—स हीति । उदीर्णस्य दृप्तस्य । अर्थितः प्रार्थितः । जज्ञे आविर्भूतः ॥ ७ ॥ देवानां वरेणेति वज्रपाणिविशेषणम् । वज्रपाणिना प्रार्थितेन देवानां वरेण वामनेनादितिरिवेत्यर्थ इत्यन्ये ॥ ८ ॥ गुणवत्तर इत्युक्तगुणानेवाह—स हीति । रूपं लावण्यं सौन्दर्यं च । असूया गुणेषु दोषत्वाविष्करणं तद्रहितः । भूमावनुपमः उक्तगुणविषये । सूनुः । कौसल्याया इति शेषः । दशरथोपमत्वं वक्ष्यमाणगुणैर्बोध्यम् ॥ ९ ॥ मृदुपूर्वं मृदूक्तिपूर्वम् । स्वजनेन परुषमुच्यमानोऽपि परुषमुत्तरं न प्रतिपद्यते न प्रयच्छति ॥ १० ॥ शतमनन्तम् । आत्मवत्तया स्वाधीनान्तःकरणतया ॥ ११ ॥ शीलं सुचरितम् । ज्ञानमात्मानात्मविवेकज्ञानं वेदतदर्थज्ञानं च । अस्त्र-

बुद्धिमान्मधुराभाषी पूर्वभाषी प्रियंवदः। वीर्यवान्न च वीर्येण महता स्वेन विस्मितः॥ १३
न चानृतकथो विद्वान्वृद्धानां प्रतिपूजकः। अनुरक्तः प्रजाभिश्च प्रजाश्चाप्यनुरज्यते॥ १४
सानुक्रोशो जितक्रोधो ब्राह्मणप्रतिपूजकः। दीनानुकम्पी धर्मज्ञो नित्यं प्रग्रहवाञ्छुचिः॥ १५
कुलोचितमतिः क्षात्रं स्वधर्मं बहु मन्यते। मन्यते परया प्रीत्या महत्स्वर्गफलं ततः॥ १६
नाश्रेयसि रतो यश्च न विरुद्धकथारुचिः। उत्तरोत्तरयुक्तीनां वक्ता वाचस्पतिर्यथा॥ १७
अरोगस्तरुणो वाग्मी वपुष्मान्देशकालवित्। लोके पुरुषसारज्ञः साधुरेको विनिर्मितः॥ १८
स तु श्रेष्ठैर्गुणैर्युक्तः प्रजानां पार्थिवात्मजः। बहिश्चर इव प्राणो बभूव गुणतः प्रियः॥ १९
[illegible]स्नातो यथावत्साङ्गवेदवित्। इष्वस्त्रे च पितुः श्रेष्ठो बभूव भरताग्रजः॥ २०
कल्याणाभिजनः साधुरदीनः सत्यवागृजुः। वृद्धैरभिविनीतश्च द्विजैर्धर्मार्थदर्शिभिः॥ २१
धर्मकामार्थतत्त्वज्ञः स्मृतिमान्प्रतिभानवान्। लौकिके समयाचारे कृतकल्पो विशारदः॥ २२
निभृतः संवृताकारो गुप्तमन्त्रः सहायवान्। अमोघक्रोधहर्षश्च त्यागसंयमकालवित्॥ २३
दृढभक्तिः स्थिरप्रज्ञो नासद्ग्राही न दुर्वचः। निस्तन्द्रीरप्रमत्तश्च स्वदोषपरदोषवित्॥ २४
शास्त्रज्ञश्च कृतज्ञश्च पुरुषान्तरकोविदः। यः प्रग्रहानुग्रहयोर्यथान्यायं विचक्षणः॥ २५
सत्संग्रहानुग्रहणे स्थानविन्निग्रहस्य च। आयकर्मण्युपायज्ञः संदृष्टव्ययकर्मवित्॥ २६
श्रैष्ठ्यं चास्त्रसमूहेषु प्राप्तो व्यामिश्रकेषु च। अर्थधर्मौ च संगृह्य सुखतन्त्रो न चालसः॥ २७

योग्यान्तरेष्वप्यस्त्रपरिश्रमयोग्यकालस्य यदन्तरं मध्यं तेष्वपि सज्जनैरेव शास्त्ररहस्यं कथयन्नास्त। अन्यदा तु कैमुतिकन्यायसिद्धं सज्जनैकसंभाषणम्॥ १२॥ मधुराभाषी मधुरमाभाषितुं शीलमस्य। पूर्वभाषी आगतान्प्रति प्रथमभाषणेन स्वाभिमुख्यप्रदर्शकः मधुरं शब्दतः। प्रियमर्थतः। न च विस्मितोऽप्राप्तगर्वः॥ १३॥ न चानृतकथः। तेन सदा सत्यवचनायोगव्यवच्छेदो बोध्यते। अनुरक्तोऽनुरञ्जितः। अन्तर्भावितण्यर्थः। अनुरज्यतेऽनुरञ्जयति। तेन परस्परानुरागः॥ १४॥ अनुक्रोशो दया दुःखिषु तद्वान्। दीनानुकम्पी दीनानुकम्पया तदभिलषितप्रापकः। अतो न पौनरुक्त्यम्। प्रग्रहो दुष्टनिग्रह इन्द्रियनिग्रहश्च॥ १५॥ कुलोचितमतिः स्वकुलोचितदयादाक्षिण्यशरणागतसंरक्षणादिधर्मैकप्रवणबुद्धिः। अत एव क्षात्रं धर्मं प्रजापालनादि बहु मन्यते। ततः क्षात्रधर्मात्प्रजापालनजन्यया शत्रुसंहारजन्यया च कीर्त्या महत्स्वर्गरूपं फलं साध्यं मन्यते यतोऽतः क्षात्रं धर्मं बहु मन्यत इवेत्यर्थः॥ १६॥ अश्रेयस्यश्रेयस्करे। निषिद्धकर्मणीत्यर्थः। धर्मविरुद्धकथारुचिर्न। वादादिषु बृहस्पतिरिव स्वोक्तनिर्वाहकयुक्तिवक्ता॥ १७॥ अरोग इत्यनेन सत्कर्मानुष्ठानसामर्थ्यं च। वपुष्मान्विपुलांसत्वादिलक्षणवपुर्विशेषवान्। देशकालविदिति तत्तत्कर्मयोग्यदेशकालज्ञाता। निग्रहानुग्रहाय पुरुषाणां धर्मिष्ठत्वाधर्मिष्ठत्वरूपसारज्ञाता। स एक एव रामो लोके साधुः सर्वगुणयुक्तो ब्रह्मणा कृतः॥ १८॥ एवं श्रेष्ठगुणैर्युक्तत्वोपदेशेऽपि दार्ढ्याय सत्यत्वप्रत्यापनाय च पुनरुपदिशति—स त्विति। श्रेष्ठगुणैरुक्तैर्वक्ष्यमाणैश्च प्राणसादृश्यकथनात्प्रजानां रामाधिकमिष्टं नास्तीति सूचितम्। गुणतो गुणैः॥ १९॥ । तत्तद्विद्यापेक्षितब्रह्मचर्यव्रत[illegible] स्नातः कृतसमावर्तनः। अतएव यथावदित्यादि। इषवो मन्त्रहीनाः। समन्त्रास्तेऽस्त्राणि। समाहारद्वन्द्वः। पितुः श्रेष्ठस्तदपेक्षया श्रेष्ठः॥ २०॥ कल्याणानामभिजनो जन्मभूमिः। अदीनः क्षोभहेतावप्यक्षुब्धान्तःकरणः। सत्यवाक्कृच्छ्रेऽपि सत्यवक्ता। अभिविनीतः शिक्षितः॥ २१॥ स्मृतिप्रतिभानयोर्भेदः संक्षेपेण व्याकृतः। लौकिके कृतकल्पः संपादितसामर्थ्यः। समयाचारे धर्मे विशारदः कुशलः॥ २२॥ निभृतो विनीतः। संवृताकारो गूढाभिप्रायः। 'गुप्तमन्त्र' इति पाठे फलपर्यन्तमन्याविदितमन्त्रः। 'गुप्तैर्मित्रैः' इति पाठः प्रचुरः। गुप्तैर्मित्रत्वेन सर्वाज्ञातैः। तादृशा हि परराष्ट्रभेदादौ मुख्यसहायाः। त्यागो वित्तादेः सत्पात्रे दानम्। संयमो न्यायेनार्जनं तत्समयज्ञः॥ २३॥ दृढभक्तिर्गुर्वादिषु। स्थिरप्रज्ञो विस्मृतिहीनः। नासद्ग्राह्यसद्वस्तुग्रहणशीलो न। दुर्वचः परोद्वेजकवचनहीनः। निस्तन्द्रीर्निरालस्यः। स्वीयानां दोषः स्वदोषः॥ २४॥ कृतज्ञः परेणाल्पमपि कृतमुपकारं जानाति तथा। पुरुषाणामन्तरं तारतम्यं तद्विवेचने कोविदः। यद्वा पुरुषाणामन्तरमभिप्रायस्तज्ज्ञः। प्रग्रहो निग्रहः। यथान्यायं यथोचितं कर्तुं विचक्षणः॥ २५॥ उक्तमर्थमेव विवृणोति—सत्संग्रहानुग्रहणे इति। संग्रहः स्वीकारस्ततोऽनुग्रहणं सपरिवारस्य पालनम्। 'प्रग्रहणे' इति पाठेऽप्ययमेवार्थः। तत्र निग्रहस्य दुष्टनिग्रहस्य च करणे स्थानविद्देशकालज्ञः। आयकर्मण्युपायज्ञः। पुष्पेभ्यो मधुकर इव प्रजाभ्यः करेण धनग्रहणकर्मणि चतुर इत्यर्थः। 'कच्चिदायस्य चार्धेन चतुर्भागेन वा पुनः। पादभागैस्त्रिभिर्वापि व्ययः कार्यो नृपैरिह॥' इति शास्त्रसंदृष्टव्ययकर्मज्ञः॥ २६॥ व्यामिश्रकेषु प्राकृतादिभाषामिश्रितनाटकादिषु श्रैष्ठ्यं निपुणताम्। अर्थधर्मौ संगृह्य तदविरोधेन सुखतन्त्रः।

वैहारिकाणां शिल्पानां विज्ञातार्थविभागवित् । आरोहे विनये चैव युक्तो वारणवाजिनाम् ॥ २८
धनुर्वेदविदां श्रेष्ठो लोकेऽतिरथसंमतः । अभियाता प्रहर्ता च सेनानयविशारदः ॥ २९
अप्रधृष्यश्च सङ्ग्रामे क्रुद्धैरपि सुरासुरैः । अनसूयो जितक्रोधो न दृप्तो न च मत्सरी ॥ ३०
नावज्ञेयश्च भूतानां न च कालवशानुगः । एवं श्रेष्ठैर्गुणैर्युक्तः प्रजानां पार्थिवात्मजः ॥ ३१
संमतस्त्रिषु लोकेषु वसुधायाः क्षमागुणैः । बुद्ध्या बृहस्पतेस्तुल्यो वीर्ये चापि शचीपतेः ॥ ३२
तथा सर्वप्रजाकान्तैः प्रीतिसंजननैः पितुः । गुणैर्विरुरुचे रामो दीप्तः सूर्य इवांशुभिः ॥ ३३
तमेवं वृत्तसंपन्नमप्रधृष्यपराक्रमम् । लोकनाथोपमं नाथमकामयत मेदिनी ॥ ३४
एतैस्तु बहुभिर्युक्तं गुणैरनुपमैः सुतम् । दृष्ट्वा दशरथो राजा चक्रे चिन्तां परंतपः ॥ ३५
अथ राज्ञो बभूवैव वृद्धस्य चिरजीविनः । प्रीतिरेषा कथं रामो राजा स्यान्मयि जीवति ॥ ३६
एषा ह्यस्य परा प्रीतिर्हृदि संपरिवर्तते । कदा नाम सुतं द्रक्ष्याम्यभिषिक्तमहं प्रियम् ॥ ३७
वृद्धिकामो हि लोकस्य सर्वभूतानुकम्पकः । मत्तः प्रियतरो लोके पर्जन्य इव वृष्टिमान् ॥ ३८
यमशक्रसमो वीर्ये बृहस्पतिसमो मतौ । महीधरसमो धृत्यां मत्तश्च गुणवत्तरः ॥ ३९
महीमहमिमां कृत्स्नामधितिष्ठन्तमात्मजम् । अनेन वयसा दृष्ट्वा यथा स्वर्गमवाप्नुयाम् ॥ ४०
इत्येवं विविधैस्तैस्तैरन्यपार्थिवदुर्लभैः । शिष्टैरपरिमेयैश्च लोके लोकोत्तमैर्गुणैः ॥ ४१
तं समीक्ष्य तदा राजा युक्तं समुदितैर्गुणैः । निश्चित्य सचिवैः सार्धं यौवराज्यममन्यत ॥ ४२
दिव्यन्तरिक्षे भूमौ च घोरमुत्पातजं भयम् । संचचक्षेऽथ मेधावी शरीरे चात्मनो जराम् ॥ ४३
पूर्णचन्द्राननस्याथ शोकापनुदमात्मनः । लोके रामस्य बुबुधे संप्रियत्वं महात्मनः ॥ ४४
आत्मनश्च प्रजानां च श्रेयसे च प्रियेण च । प्राप्ते काले स धर्मात्मा भक्त्या त्वरितवान्नृपः ॥ ४५
नानानगरवास्तव्यान्पृथग्जानपदानपि । समानिनाय मेदिन्यां प्रधानान्पृथिवीपतिः ॥ ४६
तान्वेश्मनानाभरणैर्यथार्हं प्रतिपूजितान् । ददर्शालंकृतो राजा प्रजापतिरिव प्रजाः ॥ ४७

कामसेवीत्यर्थः । कर्तव्येष्वालस्यरहितः ॥ २७ ॥ वैहारिकाणां क्रीडाप्रयोजनानां शिल्पानां गीतवाद्यचित्रकर्मादीनां विज्ञाता । अर्थविभागवित् । 'धर्माय यशसेऽर्थाय आत्मने स्वजनाय च । पञ्चधा विभजन्वित्तमिहामुत्र च शोभते ॥' इत्युक्तरीत्या तद्विभजनज्ञः । विनयो विविधगत्यानयनं शिक्षणं वा ॥ २८ ॥ अभियाता परसेनाभिमुखं याता । प्रहर्ता शत्रूणाम् । सेनानयश्चक्रादिव्यूहेन सेनान्यासस्तत्र विशारदो निपुणः ॥ २९ ॥ मत्सरः परसंपद्द्वेषः ॥ ३० ॥ भूतानां प्राणिनाम् । 'सिद्धानाम्' इति पाठे सिद्धा देवभेदा इति कतककृत् । कालवशः कालपारतन्त्र्यं प्राक्तनवत्तदनुसारी न स्वायत्तसर्वपरिकर इति यावत् ॥ ३१ ॥ एवं द्विवारं गुणश्रैष्ठ्यमुपपाद्य पुनरतिदार्ढ्याय तदुपपादयति—संमत इत्यादि । क्षमाप्रधानैर्गुणैर्वसुधायास्तुल्य इति परेणान्वयः ॥ ३२ ॥ तथेति । कान्तैरिष्टैस्तथा पितुः प्रीतिसंजननैर्गुणैः करणैर्विरुरुच इत्यन्वयः ॥ ३३ ॥ एवमभिषेकोपयोगिगुणश्रैष्ठ्यमुक्त्वा राज्ञोऽभिषेकेच्छां दर्शयति—तमेवमिति । मेदिनी तद्देवता तद्वर्तिप्रजाश्च ॥ ३४ ॥ ३५ ॥ चिन्ताप्रकारमाह—अथेति । मयि जीवति रामो राजा कथं भवेत् । तादृशस्य तस्य दर्शनजा येषात्युत्कटानिर्वचनीया प्रीतिर्मे कथं स्यादिति चिन्ता बभूवेत्यन्वयः ॥ ३६ ॥ प्रीतिरभिलाषः । अभिलाषाकारमाह—कदा नामेति । पूर्वपद्ये प्रीतिरानन्दः ॥ ३७ ॥ पर्जन्यो मेघः ॥ ३८ ॥ ३९ ॥ अनेन वयसा वार्धकेन तथाभूतमात्मजं दृष्ट्वा यथा स्वर्गं यथाकालं यथायोग्यं वा स्वर्गमवाप्नुयामिति चिन्तां चक्रे इत्यनुकर्षेणान्वयः ॥ ४० ॥ तैस्तैरुक्तैः । 'एतैः' इति पाठेऽप्येवमेव । शिष्टैरुक्तादन्यैश्चापरिच्छिन्नैर्लोके लोकोत्तमत्वेन प्रसिद्धैर्गुणैरुपलक्षितम् ॥ ४१ ॥ तमुक्तानुक्तैः समुदितैर्गुणैर्युक्तं पुत्रं समीक्ष्य दृष्ट्वा सचिवैः सार्धं निश्चित्य तादृशगुणवत्त्वेन पुत्रस्य यौवराज्यममन्यत विचारितवान् ॥ ४२ ॥ दिव्युत्पाता ग्रहनक्षत्रादिवैकृतम् । अन्तरिक्षे महावातदिग्दाहादयः । भूम्युत्पाता भूकम्पादयः । तज्जं तत्सूचितं भयमात्मनिष्ठं मन्त्रिभ्यः संचचक्ष उक्तवान् । तथा रामाभिषेककारणान्तरमात्मनः शरीरे जरां चावोचत् । अनेनोत्पातसूचितानिष्टयोग्यताध्वननम् ॥ ४३ ॥ अथात्मनः शोकापनुदं शोकहर्तृपूर्णचन्द्रमुखस्य महात्मनो रामस्य संप्रियत्वं राज्याभिषेकेण सर्वानन्दकरत्वं बुबुधे ज्ञातवान् ॥ ४४ ॥ अत आत्मनश्च श्रेयसे प्रजानां च श्रेयसे प्रियेण च, प्रजानिष्ठरामविषयप्रीतिरूपहेतुना च, भक्त्या च रामपालनेन प्रजा धन्या भवन्त्विति प्रजाविषयस्नेहेन च, स नृपो मन्त्रिणो रामाभिषेकाय त्वरितवान् ॥ ४५ ॥ त्वरयित्वा च नानानगरवासिनस्तत्राधिकृतान्भिन्नभिन्नजनपदस्वामिनश्च मन्त्रिद्वारा समानिनाय ॥ ४६ ॥ वेश्म नानाभरणैस्तद्दानैः । प्रजापतिर्ब्रह्मा

न तु केकयराजानं जनकं वा नराधिपः । त्वरया चानयामास पश्चात्तौ श्रोष्यतः प्रियम् ॥ ४८
अथोपविष्टे नृपतौ तस्मिन्परपुरार्दने । ततः प्रविविशुः शेषा राजानो लोकसंमताः ॥ ४९
अथ राजवितीर्णेषु विविधेष्वासनेषु च । राजानमेवाभिमुखा निषेदुर्नियता नृपाः ॥ ५०
स लब्धमानैर्विनयान्वितैर्नृपैः पुरालयैर्जानपदैश्च मानवैः ।
उपोपविष्टैर्नृपतिर्वृतो बभौ सहस्रचक्षुर्भगवानिवामरैः ॥ ५१

इत्यार्षे श्रीमद्रामायणे वाल्मीकीय आदिकाव्येऽयोध्याकाण्डे प्रथमः सर्गः ॥ १ ॥

द्वितीयः सर्गः ।

ततः परिषदं सर्वामामन्त्र्य वसुधाधिपः । हितमुद्धर्षणं चैवमुवाच प्रथितं वचः ॥ १
दुन्दुभिस्वरकल्पेन गम्भीरेणानुनादिना । स्वरेण महता राजा जीमूत इव नादयन् ॥ २
राजलक्षणयुक्तेन कान्तेनानुपमेन च । उवाच रसयुक्तेन स्वरेण नृपतिर्नृपान् ॥ ३
विदितं भवतामेतद्यथा मे राज्यमुत्तमम् । पूर्वकैर्मम राजेन्द्रैः सुतवत्परिपालितम् ॥ ४
सोऽहमिक्ष्वाकुभिः सर्वैर्नरेन्द्रैः प्रतिपालितम् । श्रेयसा योक्तुमिच्छामि सुखार्हमखिलं जगत् । ५
मयाप्याचरितं पूर्वैः पन्थानमनुगच्छता । प्रजा नित्यमनिद्रेण यथाशक्त्यभिरक्षिताः ॥ ६
इदं शरीरं कृत्स्नस्य लोकस्य चरता हितम् । पाण्डुरस्यातपत्रस्य च्छायायां जरितं मया ॥ ७
प्राप्य वर्षसहस्राणि बहून्यायूंषि जीवतः । जीर्णस्यास्य शरीरस्य विश्रान्तिमभिरोचये ॥ ८
राजप्रभावजुष्टां च दुर्वहामजितेन्द्रियैः । परिश्रान्तोऽस्मि लोकस्य गुर्वीं धर्मधुरं वहन् ॥ ९
सोऽहं विश्राममिच्छामि पुत्रं कृत्वा प्रजाहिते । संनिकृष्टानिमान्सर्वाननुमान्य द्विजर्षभान् ॥ १०
अनुजातो हि मां सर्वैर्गुणैः श्रेष्ठो ममात्मजः । पुरंदरसमो वीर्ये रामः परपुरंजयः ॥ ११
तं चन्द्रमिव पुष्येण युक्तं धर्मभृतां वरम् । यौवराज्ये नियोक्तास्मि प्रातः पुरुषपुंगवम् ॥ १२
अनुरूपः स वो नाथो लक्ष्मीवाँल्लक्ष्मणाग्रजः । त्रैलोक्यमपि नाथेन येन स्यान्नाथवत्तरम् ॥ १३
अनेन श्रेयसा सद्यः संयोक्ष्येऽहमिमां महीम् । गतक्लेशो भविष्यामि सुते तस्मिन्निवेश्य वै ॥ १४

॥ ४७ ॥ केकयाद्यनानयने हेतुः—त्वरया चेति । चस्त्वर्थे । अभिषेकविषयत्वरया त्वित्यर्थः । प्रियं रामाभिषेकम् । अस्येति । विचार्येति शेषः । अत्र भरतजनकयोरागमने विघ्नभिया देवास्तथा बुद्धिं राज्ञे दत्तवन्त इति तात्पर्यम् ॥ ४८ ॥ शेषाः केकयजनकव्यतिरिक्ता आसन्नाः ॥ ४९ ॥ राजवितीर्णेषु राजदर्शितेषु । नियता नियतदेशाधिपत्याः । यद्वा राजमुखमात्रनिरीक्षकाः ॥ ५० ॥ मानः सत्कारः । पुरालयैः राजसेवार्थं सदायोध्यास्थितैः । जानपदैः स्वस्वदेशस्थैः । उपोपविष्टैः सभायां स्वसमीपोपविष्टैः । सहस्रचक्षुरिन्द्रः । राज्ञोऽपि चारैस्तथा तैरेव च सर्वप्रजाराजचित्तस्थज्ञानम् ॥ ५१ ॥ इति श्रीरामाभिरामे श्रीरामीये रामायणतिलके वाल्मीकीय आदिकाव्येऽयोध्याकाण्डे प्रथमः सर्गः ॥ १ ॥

अथ राज्याभिषेकस्य सर्वप्रजार्थत्वात्तदनुमतय आह राजेत्याह—तत इति । आमन्त्र्याभिमुखीकृत्य । हितं श्रेयस्करम्, अतएवोद्धर्षणमुत्कृष्टहर्षजनकम् । प्रथितं सर्वजनश्राव्यं यथा भवति तथोवाच ॥ १ ॥ तदेवाह—दुन्दुभीति । अनुनादः प्रतिध्वनिः । नादयन् । दिश इति शेषः ॥ २ ॥ स्वरे राजलक्षणयुक्तत्वं स्निग्धगम्भीरत्वादियुक्तत्वम् । कान्तत्वं मृदुमधुरत्वादिना । रसयुक्तेनाद्भुतरसयुक्तेन ॥ ३ ॥ मे राज्यं मया संप्रति पाल्यमानम् । मम पूर्वैर्मन्वादिभिः पालितमिति विदितमित्यन्वयः ॥ ४ ॥ ततः किं तत्राह—सोऽहमिति । श्रेयसा रामराज्याभिषेकद्वारा विशिष्टेन सुखेन । यत इक्ष्वाकुभिः प्रतिपालितमत एव सुखार्हम् ॥ ५ ॥ पूर्वैर्मन्वादिभिः । पन्थानं प्रजापालनमार्गम् । अनिद्रेण स्वसुखनिरपेक्षेण । यथाशक्तीति विनयप्रदर्शनम् ॥ ६ ॥ जरितं प्रापितजरं कृतम् । न कदापि प्रजापालनविरोधेन विषयासक्तिः कृतेति भावः ॥ ७ ॥ वर्षसहस्राणि षष्टिर्वर्षसहस्राणि बहून्यायूंषि वत्सरशतरूपानेकपुरुषायूंषि । विश्रान्तिं प्रजाचिन्ताराहित्यरूपिणीम् ॥ ८ ॥ राजप्रभावाः शौर्यादयस्तद्युक्तैर्जुष्टाम् । वहन्निति हेतौ शता ॥ ९ ॥ प्रजाहिते पुत्रं कृत्वा तं नियुज्य । अनुमान्य कृतानुमतिकान्कृत्वा ॥ १० ॥ राज्यार्हत्वं पुत्रस्य दर्शयति—अनुजात इति । मत्संबन्धिसर्वगुणविशिष्टो जात इत्यर्थः । इत्थंभूताख्यानविषयेऽनुः कर्मप्रवचनीय इति मामिति द्वितीया । स्ववृत्तिगुणाधिकगुणवत्तामप्याह—पुरंदरेति ॥ ११ ॥ पुष्येण युक्तं चन्द्रमिव सर्वकार्यसिद्धिदक्षम् । यौवराज्ये तत्पदे प्रातर्नियोक्तास्मीति लुट् । पुंगवं श्रेष्ठम् ॥ १२ ॥ स वो युष्माकं राजानुरूपो योग्यः । येन राज्ञा न केवलं यूयमेव नाथवन्तः, अपि तु त्रैलोक्यमपि नाथवत्तरम् । एवंप्रभावो राम इति भावः ॥ १३ ॥ श्रेयसा प्रशस्ततरेण रामेण महीं संयोक्ष्ये । राज्याभिषेकद्वारेणेत्यर्थः । एवं सति तस्मिन्सुते

यदिदं मेऽनुरूपार्थं मया साधु सुमन्त्रितम् । भवन्तो मेऽनुमन्यन्तां कथं वा करवाण्यहम् ॥ १५
यद्यप्येषा मम प्रीतिर्हितमन्यद्विचिन्त्यताम् । अन्या मध्यस्थचिन्ता तु विमर्दाभ्यधिकोदया ॥ १६
इति ब्रुवन्तं मुदिताः प्रत्यनन्दन्नृपा नृपम् । वृष्टिमन्तं महामेघं नर्दन्त इव बर्हिणः ॥ १७
स्निग्धोऽनुनादः संजज्ञे ततो हर्षसमीरितः । जनौघोद्घुष्टसंनादो मेदिनीं कम्पयन्निव ॥ १८
तस्य धर्मार्थविदुषो भावमाज्ञाय सर्वशः । ब्राह्मणा बलमुख्याश्च पौरजानपदैः सह ॥ १९
समेत्य ते मन्त्रयितुं समतागतबुद्धयः । ऊचुश्च मनसा ज्ञात्वा वृद्धं दशरथं नृपम् ॥ २०
अनेकवर्षसाहस्रो वृद्धस्त्वमसि पार्थिव । स रामं युवराजानमभिषिञ्चस्व पार्थिवम् ॥ २१
इच्छामो हि महाबाहुं रघुवीरं महाबलम् । गजेन महता यान्तं रामं छत्रावृताननम् ॥ २२
इति तद्वचनं श्रुत्वा राजा तेषां मनःप्रियम् । अजानन्निव जिज्ञासुरिदं वचनमब्रवीत् ॥ २३
श्रुत्वैतद्वचनं यन्मे राघवं पतिमिच्छथ । राजानः संशयोऽयं मे तदिदं ब्रूत तत्त्वतः ॥ २४
कथं नु मयि धर्मेण पृथिवीमनुशासति । भवन्तो द्रष्टुमिच्छन्ति युवराजं महाबलम् ॥ २५
ते तमूचुर्महात्मानः पौरजानपदैः सह । बहवो नृप कल्याणगुणाः सन्ति सुतस्य ते ॥ २६
गुणान्गुणवतो देव देवकल्पस्य धीमतः । प्रियानानन्दनान्कृत्स्नान्प्रवक्ष्यामोऽद्य ताञ्शृणु ॥ २७
दिव्यैर्गुणैः शक्रसमो रामः सत्यपराक्रमः । इक्ष्वाकुभ्योऽपि सर्वेभ्यो ह्यतिरिक्तो विशांपते ॥ २८
रामः सत्पुरुषो लोके सत्यः सत्यपरायणः । साक्षाद्रामाद्विनिर्वृत्तो धर्मश्चापि श्रिया सह ॥ २९
प्रजासुखत्वे चन्द्रस्य वसुधायाः क्षमागुणैः । बुद्ध्या बृहस्पतेस्तुल्यो वीर्ये साक्षाच्छचीपतेः ॥ ३०
धर्मज्ञः सत्यसंधश्च शीलवाननसूयकः । क्षान्तः सान्त्वयिता श्लक्ष्णः कृतज्ञो विजितेन्द्रियः ॥ ३१
मृदुश्च स्थिरचित्तश्च सदा भव्योऽनसूयकः । प्रियवादी च भूतानां सत्यवादी च राघवः ॥ ३२
बहुश्रुतानां वृद्धानां ब्राह्मणानामुपासिता । तेनास्येहातुला कीर्तिर्यशस्तेजश्च वर्धते ॥ ३३

तत्पालनभारं निवेश्य गतक्लेशो भविष्यामि ॥ १४ ॥ म इदमभिषेकरूपं कार्यं यद्यदि मया साधु सुमन्त्रितं भवतामनुरूपार्थमनुकूलप्रयोजनावहं च तदा भवन्तो मे ममानुमन्यन्तामनुमतिं प्रयच्छन्तु । हर्षयुक्तत्वाद्वक्तुरस्मच्छब्दपौनरुक्त्यमदोषाय । इतोऽतिरिक्तं वा कथं केन प्रकारेण किं करवाणि तद्वदन्त्विति शेषः ॥ १५ ॥ ननु त्वदधिकः को हिताहितविचारसमर्थोऽस्त आह—यद्यपीति । एषा चिन्ता यद्यपि मम प्रीतिस्तद्विषया तथाप्यन्यद्धितं यद्यस्ति तदा विचिन्त्यताम् । यतो मध्यस्थानां रागद्वेषहीनानां चिन्ता तु विचारस्तु तद्वतां चिन्तापेक्षयान्या विलक्षणा । तदेवाह—विमर्देन पूर्वापरपक्षसंघर्षेणाभ्यधिकोदयाधिकार्थप्रादुर्भाववती ॥ १६ ॥ वृष्टिमन्तं महामेघं दृष्ट्वा नर्दन्तो बर्हिण इव मुदिता नृपा नृपं प्रत्यनन्दन्प्रशंसापूर्वकमङ्गीचक्रुः ॥ १७ ॥ अनुनादः सामन्तकृतहर्षजवाक्यप्रतिध्वनिः संजज्ञे । सभायामिति शेषः । जनौघानामुद्घुष्टेन शब्देन सन्संभवन्नादः प्रतिध्वनिः पृथिवीं कम्पयन्निव संजज्ञे । बहिरिति शेषः । 'विमानम्' इति पाठे राजस्थानमित्यर्थः ॥ १८ ॥ भावं धर्मविषयमभिप्रायम् । बलं सेना तपोबलं वा । चान्नृपाः ॥ १९ ॥ समतामेकरूपतां गताः प्राप्ता बुद्धयो येषां ते । मन्त्रयितुम् । प्रवृत्ता इति शेषः । मन्त्रणोत्तरं ज्ञात्वा पुनःपुनः पर्यालोचनेन निश्चित्य ॥ २० ॥ अनेकेत्यादिपदं बहुव्रीहिः । साहस्रे स्वार्थिकोऽण् । युवराजानमिति समासान्तविधेरनित्यत्वाट्टजभावः ॥ २१ ॥ इच्छामः । कृताभिषेकं द्रष्टुमिति शेषः ॥ २२ ॥ अजानन्निव तदभिषेकस्य सर्वमनःप्रियत्वं जानन्नप्यजानन्निव प्रजामुखात्स्पष्टं जिज्ञासुः ॥ २३ ॥ हे राजानः, मे वचनं श्रुत्वा तन्निर्बन्धादेव केवलं रामं पतिमिच्छथ, न वस्तुत इति संशयः ॥ २४ ॥ संशयबीजमाह—कथं न्विति । युवराजम् । तेन युवत्वात्तत्र नानाविधाधर्माणामपि संभव इति भावः ॥ २५ ॥ अस्मिन्नाधर्मलेशसंभावनापीत्याशयेनोत्तरयन्ति—त इति । ते नृपाः । कल्याणगुणाः प्रजाकल्याणजनका गुणाः ॥ २६ ॥ देवकल्पस्य देवतुल्यस्य रामस्य प्रियाञ्शत्रूणामप्यानन्दनाननिष्टनिवारणपूर्वकेष्टप्रापकत्वेनानन्दजनकान् ॥ २७ ॥ दिव्यैरमानुषैः । इक्ष्वाकुभ्यस्तद्वंश्येभ्यः । अतिरिक्तोऽधिकः ॥ २८ ॥ साक्षाद्रामाद्विनिर्वृत्तः । रामेणैव प्रतिष्ठापित इत्यर्थः । श्रियार्थेन ॥ २९ ॥ सुखत्व इत्यादेस्तुल्य इत्यनेनान्वयः । प्रत्येकगुणेष्वेकैकस्योपमानत्वदर्शनेन रामनिष्ठगुणानामन्यत्रैकत्र वासासंभवो दर्शितः ॥ ३० ॥ संधा प्रतिज्ञा । अनसूयकोऽन्यविषयासूयारहितः । सान्त्वयिता दुःखितानां दुःखशमयिता । श्लक्ष्णः प्रियवचनः ॥ ३१ ॥ मृदुः सुकरोपासनः । स्थिरचित्तत्वमतिसंकटेऽप्यङ्गीकृतापरित्यागः । भव्यो दृश्यः । अनसूयकोऽन्यनिष्ठासूयाया अविषयः । भूतानां प्राणिनाम् ॥ ३२ ॥ तेनोक्तगुणसमूहेन । कीर्तिः शौर्यादिजा, यशो दानादिजा प्रसिद्धिः, तेजः शौर्यम् ॥ ३३ ॥ देवासुरेत्यादि

देवासुरमनुष्याणां सर्वास्त्रेषु विशारदः । सम्यग्विद्याव्रतस्नातो यथावत्साङ्गवेदवित् ॥ ३४
गान्धर्वे च भुवि श्रेष्ठो बभूव भरताग्रजः । कल्याणाभिजनः साधुरदीनात्मा महामतिः ॥ ३५
द्विजैरभिविनीतश्च श्रेष्ठैर्धर्मार्थनैपुणैः । यदा व्रजति सङ्ग्रामं ग्रामार्थे नगरस्य वा ॥ ३६
गत्वा सौमित्रिसहितो नाविजित्य निवर्तते । सङ्ग्रामात्पुनरागत्य कुञ्जरेण रथेन वा ॥ ३७
पौरान्स्वजनवन्नित्यं कुशलं परिपृच्छति । पुत्रेष्वग्निषु दारेषु प्रेष्यशिष्यगणेषु च ॥ ३८
निखिलेनानुपूर्व्या च पिता पुत्रानिवौरसान् । शुश्रूषन्ते च वः शिष्याः कच्चिद्धर्मेषु दंशिताः ॥ ३९
इति वः पुरुषव्याघ्रः सदा रामोऽभिभाषते । व्यसनेषु मनुष्याणां भृशं भवति दुःखितः ॥ ४०
उत्सवेषु च सर्वेषु पितेव परितुष्यति । सत्यवादी महेष्वासो वृद्धसेवी जितेन्द्रियः ॥ ४१
स्मितपूर्वाभिभाषी च धर्मं सर्वात्मनाश्रितः । सम्यग्योक्ता श्रेयसां च न विगृह्यकथारुचिः ॥ ४२
उत्तरोत्तरयुक्तौ च वक्ता वाचस्पतिर्यथा । सुभ्रूरायतताम्राक्षः साक्षाद्विष्णुरिव स्वयम् ॥ ४३
रामो लोकाभिरामोऽयं शौर्यवीर्यपराक्रमैः । प्रजापालनसंयुक्तो न रागोपहितेन्द्रियः ॥ ४४
शक्तस्त्रैलोक्यमप्येष भोक्तुं किं नु महीमिमाम् । नास्य क्रोधः प्रसादश्च निरर्थोऽस्ति कदाचन ॥ ४५
हन्त्येष नियमाद्वध्यानवध्येषु न कुप्यति । युनक्त्यर्थैः प्रहृष्टश्च तमसौ यत्र तुष्यति ॥ ४६
दान्तैः सर्वप्रजाकान्तैः प्रीतिसंजननैर्नृणाम् । गुणैर्विरोचते रामो दीप्तः सूर्य इवांशुभिः ॥ ४७
तमेवंगुणसंपन्नं रामं सत्यपराक्रमम् । लोकपालोपमं नाथमकामयत मेदिनी ॥ ४८
वत्सः श्रेयसि जातस्ते दिष्ट्यासौ तव राघवः । दिष्ट्या पुत्रगुणैर्युक्तो मारीच इव कश्यपः ॥ ४९
बलमारोग्यमायुश्च रामस्य विदितात्मनः । देवासुरमनुष्येषु सगन्धर्वोरगेषु च ॥ ५०
आशंसते जनः सर्वो राष्ट्रे पुरवरे तथा । आभ्यन्तरश्च बाह्यश्च पौरजानपदो जनः ॥ ५१
स्त्रियो वृद्धास्तरुण्यश्च सायं प्रातः समाहिताः । सर्वा देवान्नमस्यन्ति रामस्यार्थे मनस्विनः ।
तेषां तद्याचितं देव त्वत्प्रसादात्समृध्यताम् ॥ ५२
राममिन्दीवरश्यामं सर्वशत्रुनिबर्हणम् । पश्यामो यौवराज्यस्थं तव राजोत्तमात्मजम् ॥ ५३

तं देवदेवोपममात्मजं ते सर्वस्य लोकस्य हिते निविष्टम् ।
हिताय नः क्षिप्रमुदारजुष्टं मुदाभिषेक्तुं वरद त्वमर्हसि ॥ ५४

इत्यार्षे श्रीमद्रामायणे वाल्मीकीय आदिकाव्येऽयोध्याकाण्डे द्वितीयः सर्गः ॥ २ ॥

निर्धारणे षष्ठी ॥ ३४ ॥ गान्धर्वे संगीतशास्त्रे । कल्याणानामभिजनो वासस्थानम् । अदीनः क्षोभहेतावप्यक्षुभित आत्मा चित्तं यस्य ॥ ३५ ॥ अभिविनीतः । शिक्षितः धर्मेऽर्थे च नैपुणं नैपुण्यं येषां तैः । ग्रामेति लुप्तषष्ठीकं पृथक्पदम् । ग्रामस्य नगरस्य वा रक्षार्थं सङ्ग्रामं यदा व्रजतीत्यर्थः ॥ ३६ ॥ ॥ ३७ ॥ ३८ ॥ पिता औरसान्पुत्रानिव पौरान्कुशलं पृच्छतीत्यन्वयः । शुश्रूषन्ते च वः शिष्या इति ब्राह्मणान्प्रति प्रश्नः । धर्मेषु दंशिता अवहिता भृत्या वः सेवन्त इति क्षत्रियान्प्रति प्रश्नः । कच्चिदिति प्रश्ने । क्वचित् 'धर्मेषु दंशिताः' इति पाठः ॥ ३९ ॥ व्यसनं दुःखम् ॥ ४० ॥ यथा पुत्रसुखेन पितानन्दवान्भवति तथा प्रजासुखेन राम इति भावः ॥ ४१ ॥ न विगृह्यकथारुचिर्विग्रहो वृथाकलहस्तं कृत्वा जल्पवितण्डादिकथारुचिर्यथा प्राकृतस्तथा नेत्यर्थः । 'न विगर्ह्यकथारुचिः' इति पाठे निन्द्यकथारुचिर्नेत्यर्थः ॥ ४२ ॥ ४३ ॥ शौर्यं युद्धे निर्भयप्रवेशसामर्थ्यम् । वीर्यं स्वस्याविकार एव परस्य विकारापादनम् । पराक्रमो युद्धे लघुसंचारः । रागो विषयेच्छा ॥ ४४ ॥ ॥ ४५ ॥ क्रोधप्रसादसार्थक्यमेवोपपादयति—हन्तीत्यादि । यत्र यस्मिन्विषये संतोषस्तमर्थैः पूरयतीत्यर्थः ॥ ४६ ॥ दान्तैः स्वमनोदमनैः ॥ ४७ ॥ मेदिनी तत्स्थो जनः ॥ ४८ ॥ असौ ते वत्सो दिष्ट्यास्मद्भाग्येन श्रेयसि प्रजारक्षणरूपे समर्थो जातः । किं चासौ राघवस्तव दिष्ट्या भाग्येन मरीचिप्रजापतेः पुत्रः कश्यप इव पुत्रगुणैर्युक्तो जात इत्यर्थः ॥ ४९ ॥ देवासुरादिषु राष्ट्रे पुरवरे च वर्तमानः सर्वोऽपि जनो रामस्य बलाद्याशंसते । आभ्यन्तरः सेवकः ॥ ५० ॥ ५१ ॥ रामस्यार्थे रामस्य बलादिप्रयोजनार्थे । याचितमभिप्रार्थितं रामाभिषेकरूपम् । समृध्यतां संपद्यताम् ॥ ५२ ॥ राजोत्तमेति संबोधनम् ॥ ५३ ॥ देवदेवो विष्णुस्तत्सदृशम् । अतएव सर्वलोकहिते निविष्टम् । उदारैर्गुणैर्जुष्टं युक्तम् । उदारैर्महद्भिश्च परिगृहीतम् ॥ ५४ ॥ इति श्रीरामाभिरामे श्रीरामीये रामायणतिलके वाल्मीकीय आदिकाव्ये अयोध्याकाण्डे द्वितीयः सर्गः ॥ २ ॥

तृतीयः सर्गः ।

तेषामञ्जलिपद्मानि प्रगृहीतानि सर्वशः । प्रतिगृह्याब्रवीद्राजा तेभ्यः प्रियहितं वचः ॥ १
अहोऽस्मि परमप्रीतः प्रभावश्चातुलो मम । यन्मे ज्येष्ठं प्रियं पुत्रं यौवराज्यस्थमिच्छथ ॥ २
इति प्रत्यर्चितान्राजा ब्राह्मणानिदमब्रवीत् । वसिष्ठं वामदेवं च तेषामेवोपशृण्वताम् ॥ ३
चैत्रः श्रीमानयं मासः पुण्यः पुष्पितकाननः । यौवराज्याय रामस्य सर्वमेवोपकल्प्यताम् ॥ ४
राज्ञस्तूपरते वाक्ये जनघोषो महानभूत् । शनैस्तस्मिन्प्रशान्ते च जनघोषे जनाधिपः ॥ ५
वसिष्ठं मुनिशार्दूलं राजा वचनमब्रवीत् । अभिषेकाय रामस्य यत्कर्म सपरिच्छदम् ॥ ६
तदद्य भगवान्सर्वमाज्ञापयितुमर्हति । तच्छ्रुत्वा भूमिपालस्य वसिष्ठो मुनिसत्तमः ॥ ७
आदिदेशाग्रतो राज्ञः स्थितान्युक्तान्कृताञ्जलीन् । सुवर्णादीनि रत्नानि बलीन्सर्वौषधीरपि ॥ ८
शुक्लमाल्यानि लाजांश्च पृथक्च मधुसर्पिषी । अहतानि च वासांसि रथं सर्वायुधान्यपि ॥ ९
चतुरङ्गबलं चैव गजं च शुभलक्षणम् । चामरव्यजने चोभे ध्वजं छत्रं च पाण्डुरम् ॥ १०
शतं च शातकुम्भानां कुम्भानामग्निवर्चसाम् । हिरण्यशृङ्गमृषभं समग्रं व्याघ्रचर्म च ॥ ११
यच्चान्यत्किंचिदेष्टव्यं तत्सर्वमुपकल्प्यताम् । उपस्थापयत प्रातरग्न्यगारे महीपतेः ॥ १२
अन्तःपुरस्य द्वाराणि सर्वस्य नगरस्य च । चन्दनस्रग्भिरर्च्यन्तां धूपैश्च घ्राणहारिभिः ॥ १३
प्रशस्तमन्नं गुणवद्दधिक्षीरोपसेचनम् । द्विजानां शतसाहस्रं यत्प्रकाममलं भवेत् ॥ १४
सत्कृत्य द्विजमुख्यानां श्वः प्रभाते प्रदीयताम् । घृतं दधि च लाजाश्च दक्षिणाश्चापि पुष्कलाः ॥ १५
सूर्येऽभ्युदितमात्रे श्वो भविता स्वस्तिवाचनम् । ब्राह्मणाश्च निमन्त्र्यन्तां कल्प्यन्तामासनानि च ॥ १६
आबध्यन्तां पताकाश्च राजमार्गश्च सिच्यताम् । सर्वे च तालापचरा गणिकाश्च स्वलंकृताः ॥ १७
कक्ष्यां द्वितीयामासाद्य तिष्ठन्तु नृपवेश्मनः । देवायतनचैत्येषु सान्नभक्ष्याः सदक्षिणाः ॥ १८
उपस्थापयितव्याः स्युर्माल्ययोग्याः पृथक्पृथक् । दीर्घासिबद्धगोधाश्च संनद्धा मृष्टवाससः ॥ १९
महाराजाङ्गनं शूराः प्रविशन्तु महोदयम् । एवं व्यादिश्य विप्रौ तु क्रियास्तत्र विनिष्ठितौ ॥ २०
चक्रतुश्चैव यच्छेषं पार्थिवाय निवेद्य च । कृतमित्येव चाब्रूतामभिगम्य जगत्पतिम् ॥ २१

अञ्जलिपद्मान्यञ्जलिरूपाणि पद्मानि । पद्माकारानञ्जलीनिति यावत् । प्रगृहीतानि प्रकर्षेण शिरसि बद्धानि । प्रतिगृह्य वीक्षणवचनप्रत्यञ्जलिभिर्यथायोगं तासां प्रतिग्रहः ॥ १ ॥ २ ॥ इति प्रत्यर्चितान्पौरजानपदान्कृत्वा ब्राह्मणानिदमब्रवीत् । तेषां पौरादीनां शृण्वताम् । पुर इत्यर्थः । चकार संग्राह्यमपेक्ष्य ब्राह्मणानिति बहुवचनम् ॥ ३ ॥ ४ ॥ जनघोषो रामाभिषेकसंभारोपकल्पनाज्ञाश्रवणजः ॥ ५ ॥ वसिष्ठमिति वामदेवोपलक्षणम् । अग्र एवं व्यादिश्य विप्रौ त्वित्युक्तेः । परिच्छद उपकरणम् ॥ ६ ॥ ७ ॥ युक्तान्सावधानान् । मन्त्रिण इति शेषः । बलीन्पूजाद्रव्याणि विघ्नशामकबल्यर्थानि ॥ ८ ॥ पृथक्पृथक्पात्रगृहीते । अहतानि सदशानि तदानीमेव तन्तुवाययन्त्रादुद्धृतानि ॥ ९ ॥ चामरव्यजने चमरपुच्छनिर्मिते व्यजने ॥ १० ॥ शातकुम्भानां सौवर्णानाम् । अग्निवर्चसामित्यनेन सुवर्णस्यात्युत्तमत्वं ध्वनितम् । समग्रं नखादिसहितमखण्डम् ॥ ११ ॥ अन्यदनुक्तमपि लोकप्रसिद्धं गन्धपुष्पादि । एष्टव्यमवश्यापेक्षितं तदित्यर्थः । आग्न्यगारेऽग्निहोत्रगृह उपस्थापयत प्रापयत ॥ १२ ॥ अन्तःपुरं राजवेश्म । घ्राणहारिभिरतिसुगन्धैः ॥ १३ ॥ प्रशस्तं हृद्यम् । गुणवद्युक्तसंस्कारं दध्ना क्षीरेण चोपसेचनं संस्कारो यस्य तत् । द्विजानां शतसाहस्रं प्रति यत्प्रकाममभिमतमलं पर्याप्तं च भवेत्तत्संपाद्य द्विजमुख्यानां तेभ्यः सत्कृत्य प्रातर्दीयताम् ॥ १४ ॥ १५ ॥ १६ ॥ तालापचरास्तालजीविनः ॥ १७ ॥ कक्ष्यां द्वितीयाम् । अन्तःकक्ष्यायामभिषेकस्थाने ब्राह्मणानामेव वासादिति भावः । चैत्या रथ्यावृक्षाः । अन्नमोदनं भक्ष्यं च तत्सहिताः । दक्षिणा तत्सहिताः ॥ १८ ॥ माल्ययोग्या मालामर्हन्ति माल्यमर्चनं तद्योग्या गन्धपुष्पादयः । देवायतनचैत्ययोः पृथक्पृथगुपस्थापयितव्याः । तत्तद्देवतापूजापूर्वकं तत्र तत्र ब्राह्मणतर्पणं कार्यमिति तात्पर्यम् । दीर्घा असयो येषां ते बद्धगोधाच्चर्माणश्चेति द्वन्द्वः । 'दीर्घासिबद्धयोधाः' इति पाठे बद्धदीर्घासयो योधा इत्यर्थः । मृष्टवासस इत्युपलक्षणमलंकाराणाम् ॥ १९ ॥ महोदयं महोत्सवविशिष्टमङ्गनम् । विप्रौ वसिष्ठवामदेवौ । व्यादिश्य । अधिकारिण इति शेषः । तत्र नृपवेश्मनि स्थितौ क्रियाः पुरोहितकर्तव्याश्चक्रतुरित्युत्तरेणान्वयः ॥ २० ॥ यच्चैव शेषं राजोक्तादन्यदवश्यकर्तव्यं तदपि पार्थिवाय निवेद्य चक्रतुः । ततो जगत्पतिमभिगम्य यथोक्तवचनमुक्तवचनमनतिक्रम्य सर्वं कृतं सिद्धं जातमित्यब्रूताम् । प्रीतिर्मानस आ-

यथोक्तवचनं प्रीतौ हर्षयुक्तौ द्विजोत्तमौ । ततः सुमन्त्रं द्युतिमान्राजा वचनमब्रवीत् ॥ २२
रामः कृतात्मा भवता शीघ्रमानीयतामिति । स तथेति प्रतिज्ञाय सुमन्त्रो राजशासनात् ॥ २३
रामं तत्रानयांचक्रे रथेन रथिनां वरम् । अथ तत्र सहासीनास्तदा दशरथं नृपम् ॥ २४
प्राच्योदीच्याः प्रतीच्याश्च दाक्षिणात्याश्च भूमिपाः । म्लेच्छाश्चार्याश्च ये चान्ये वनशैलान्तवासिनः ॥
उपासांचक्रिरे सर्वे तं देवा वासवं यथा । तेषां मध्ये स राजर्षिर्मरुतामिव वासवः ॥ २६
प्रासादस्थो दशरथो ददर्शायान्तमात्मजम् । गन्धर्वराजप्रतिमं लोके विख्यातपौरुषम् ॥ २७
दीर्घबाहुं महासत्त्वं मत्तमातङ्गगामिनम् । चन्द्रकान्ताननं राममतीव प्रियदर्शनम् ॥ २८
रूपौदार्यगुणैः पुंसां दृष्टिचित्तापहारिणम् । घर्माभितप्ताः पर्जन्यं ह्लादयन्तमिव प्रजाः ॥ २९
न ततर्प समायान्तं पश्यमानो नराधिपः । अवतार्य सुमन्त्रस्तु राघवं स्यन्दनोत्तमात् ॥ ३०
पितुः समीपं गच्छन्तं प्राञ्जलिः पृष्ठतोऽन्वगात् । स तं कैलासशृङ्गाभं प्रासादं रघुनन्दनः ॥ ३१
आरुरोह नृपं द्रष्टुं सहसा तेन राघवः । स प्राञ्जलिरभिप्रेत्य प्रणतः पितुरन्तिके ॥ ३२
नाम स्वं श्रावयन्रामो ववन्दे चरणौ पितुः । तं दृष्ट्वा प्रणतं पार्श्वे कृताञ्जलिपुटं नृपः ॥ ३३
गृह्याञ्जलौ समाकृष्य सस्वजे प्रियमात्मजम् । तस्मै चाभ्युद्यतं सम्यङ्मणिकाञ्चनभूषितम् ॥ ३४
दिदेश राजा रुचिरं रामाय परमासनम् । तथासनवरं प्राप्य व्यदीपयत राघवः ॥ ३५
स्वयैव प्रभया मेरुमुदये विमलो रविः । तेन विभ्राजिता तत्र सा सभापि व्यरोचत ॥ ३६
विमलग्रहनक्षत्रा शारदी द्यौरिवेन्दुना । तं पश्यमानो नृपतिस्तुतोष प्रियमात्मजम् ॥ ३७
अलंकृतमिवात्मानमादर्शतलसंस्थितम् । स तं सुस्थितमाभाष्य पुत्रं पुत्रवतां वरः ॥ ३८
उवाचेदं वचो राजा देवेन्द्रमिव कश्यपः । ज्येष्ठायामसि मे पत्न्यां सदृश्यां सदृशः सुतः ॥ ३९
उत्पन्नस्त्वं गुणज्येष्ठो मम रामात्मजः प्रियः । त्वया यतः प्रजाश्चेमाः स्वगुणैरनुरञ्जिताः ॥ ४०
तस्मात्त्वं पुष्ययोगेन यौवराज्यमवाप्नुहि । कामतस्त्वं प्रकृत्यैव निर्णीतो गुणवानिति ॥ ४१
गुणवत्यपि तु स्नेहात्पुत्र वक्ष्यामि ते हितम् । भूयो विनयमास्थाय भव नित्यं जितेन्द्रियः ॥ ४२
कामक्रोधसमुत्थानि त्यजस्व व्यसनानि च । परोक्षया वर्तमानो वृत्त्या प्रत्यक्षया तथा ॥ ४३
अमात्यप्रभृतीः सर्वाः प्रजाश्चैवानुरञ्जय । कोष्ठागारायुधागारैः कृत्वा संनिचयान्बहून् ॥ ४४

नन्दः । तदुन्नायको मुखविकासादिर्हर्षः ॥ २१ ॥ २२ ॥ कृतात्मा धर्मे कृतबुद्धिः । प्रतिज्ञायोक्त्वा ॥ २३ ॥ तत्र प्रासादे । प्रासादस्थो ददर्शेति वक्ष्यमाणत्वात् ॥ २४ ॥ आर्या मध्यदेशवासिनः ॥ २५ ॥ २६ ॥ गन्धर्वराजप्रतिमत्वं सौन्दर्यवत्त्वेन सुस्वरत्वेन च । विख्यातपौरुषत्वेन वीरत्वम् ॥ २७ ॥ वीरानुगुणं दीर्घबाहुत्वम् । महासत्त्वं महाबलवत्त्वं च । तदनुमापकं मत्तेत्यादि । तेन सगर्वसलीलगमनमुक्तम् । चन्द्रकान्ताननमिति वाचकमात्रलुप्तोपमा । अतएवातीव प्रियदर्शनम् । रामं जनान्रमयन्तम् ॥ २८ ॥ रूपौदार्यगुणैः क्रमाद्दृष्टिचित्तहरम् । ग्रीष्मतप्ताः प्रजा ह्लादयन्तं पर्जन्यमिव स्थितम् ॥ २९ ॥ पश्यमान इत्यार्षम् । न ततर्पेत्यनेनानुक्षणं नवनवप्रेयास्पदत्वम् ॥ ३० ॥ ३१ ॥ सहसा वेगेन । तेन सुमन्त्रेण । सहेति शेषः । सप्राञ्जलिः साञ्जलिः । अभिप्रेत्य प्राप्य । प्रणतः कृतसाष्टाङ्गनमस्कारः ॥ ३२ ॥ स्वं नाम श्रावयन्रामवर्माहमस्मीत्येवम् । प्रणम्य पार्श्वेऽवस्थानं पुत्रधर्मः ॥ ३३ ॥ अञ्जलावञ्जलिप्रदेशे रामं स्वयमेव गृह्य गृहीत्वा समाकृष्य स्वसंमुखमानीय । अभ्युद्यतमुपस्थापितम् ॥ ३४ ॥ परमुत्कृष्टम् । व्यदीपयताशोभयत । अत्रासनं कर्म ॥ ३५ ॥ स्वयैव प्रभयेति दीपने करणम् । उदयकाले रविर्मेरुमिव । सा वसिष्ठदशरथादिभ्राजिता सभापि । न केवलमासनमेवेत्यर्थः । व्यरोचत विशेषेण चकाशे ॥ ३६ ॥ ग्रहनक्षत्रादियुक्तमप्याकाशमिन्दुनेव ॥ ३७ ॥ आदर्शतलप्रतिबिम्बितमलंकृतमात्मानं पश्यन्निव तं पश्यंस्तुतोष । तेन पितृसदृशावयवत्वं सूचितं रामस्य । आभाष्य रामेति संबोध्य ॥ ३८ ॥ तदाह यदुवाच—ज्येष्ठायामिति ॥ ३९ ॥ गुणैर्ज्येष्ठोऽत एव मम प्रियः । यतस्त्वयेत्यन्वयः ॥ ४० ॥ पुष्ययोगेन चन्द्रस्य पुष्ययोगोपलक्षितकाले । अधिकरणस्य करणत्वविवक्षया तृतीया । प्रकृत्या स्वभावेन । कामतः प्रकामम् । अत्यर्थमिति यावत् ॥ ४१ ॥ गुणवति सत्यपि स्नेहात्तु स्नेहादेव । विनीत एव सन्भूयोऽधिकं विनयमास्थाय ॥ ४२ ॥ कामजानि स्त्रीद्यूतमृगयामधुसेवनादीनि । क्रोधजानि वाक्पारुष्योग्रदण्डत्वार्थदूषणानि व्यसनानि त्यजेथाः । तत्रार्थदूषणं पित्रादिसंचितार्थस्य नाशनम् । परोक्षया चारमुखतः परोक्षानुभवसिद्धया वृत्त्या स्वपरराष्ट्रवृत्तान्तविचारेण । प्रत्यक्षया सदा सभायां स्थित्वा स्वप्रत्यक्षया वृत्त्या प्रजान्यायादिविचारेण युक्तो भव ॥ ४३ ॥ तेनामात्यप्रभृतीरमात्यसेनापतिपुरराष्ट्रादिरक्षकपौरजानपदसर्वप्रजा अनुरञ्जय

इष्टानुरक्तप्रकृतिर्यः पालयति मेदिनीम् । तस्य नन्दन्ति मित्राणि लब्ध्वामृतमिवामराः ॥ ४५
तस्मात्पुत्र त्वमात्मानं नियम्यैवं समाचर । तच्छ्रुत्वा सुहृदस्तस्य रामस्य प्रियकारिणः ॥ ४६
त्वरिताः शीघ्रमागत्य कौसल्यायै न्यवेदयन् । सा हिरण्यं च गाश्चैव रत्नानि विविधानि च ॥ ४७
व्यादिदेश प्रियाख्येभ्यः कौसल्या प्रमदोत्तमा । अथाभिवाद्य राजानं रथमारुह्य राघवः ।
ययौ स्वं द्युतिमद्वेश्म जनौघैः प्रतिपूजितः ॥ ४८

ते चापि पौरा नृपतेर्वचस्तच्छ्रुत्वा तदा लाभमिवेष्टमाशु ।
नरेन्द्रमामन्त्र्य गृहाणि गत्वा देवान्समानर्चुरभिप्रहृष्टाः ॥ ४९

इत्यार्षे श्रीमद्रामायणे वाल्मीकीय आदिकाव्येऽयोध्याकाण्डे तृतीयः सर्गः ॥ ३ ॥

चतुर्थः सर्गः ।

गतेष्वथ नृपो भूयः पौरेषु सह मन्त्रिभिः । मन्त्रयित्वा ततश्चक्रे निश्चयज्ञः स निश्चयम् ॥ १
श्व एव पुष्यो भविता श्वोऽभिषेच्यस्तु मे सुतः । रामो राजीवपत्राक्षो युवराज इति प्रभुः ॥ २
अथान्तर्गृहमाविश्य राजा दशरथस्तदा । सूतमामन्त्रयामास रामं पुनरिहानय ॥ ३
प्रतिगृह्य तु तद्वाक्यं सूतः पुनरुपाययौ । रामस्य भवनं शीघ्रं राममानयितुं पुनः ॥ ४
द्वाःस्थैरावेदितं तस्य रामायागमनं पुनः । श्रुत्वैव चापि रामस्तं प्राप्तं शङ्कान्वितोऽभवत् ॥ ५
प्रवेश्य चैनं त्वरितो रामो वचनमब्रवीत् । यदागमनकृत्यं ते भूयस्तद्ब्रूह्यशेषतः ॥ ६
तमुवाच ततः सूतो राजा त्वां द्रष्टुमिच्छति । श्रुत्वा प्रमाणं तत्र त्वं गमनायेतराय वा ॥ ७
इति सूतवचः श्रुत्वा रामोऽपि त्वरयान्वितः । प्रययौ राजभवनं पुनर्द्रष्टुं नरेश्वरम् ॥ ८
तं श्रुत्वा समनुप्राप्तं रामं दशरथो नृपः । प्रवेशयामास गृहं विवक्षुः प्रियमुत्तमम् ॥ ९
प्रविशन्नेव च श्रीमान्राघवो भवनं पितुः । ददर्श पितरं दूरात्प्रणिपत्य कृताञ्जलिः ॥ १०
प्रणमन्तं तमुत्थाप्य संपरिष्वज्य भूमिपः । प्रदिश्य चासनं चास्मै रामं च पुनरब्रवीत् ॥ ११
राम वृद्धोऽस्मि दीर्घायुर्भुक्ता भोगा यथेप्सिताः । अन्नवद्भिः क्रतुशतैर्यथेष्टं भूरिदक्षिणैः ॥ १२
जातमिष्टमपत्यं मे त्वमद्यानुपमं भुवि । दत्तमिष्टमधीतं च मया पुरुषसत्तम ॥ १३
अनुभूतानि चेष्टानि मया वीर सुखान्यपि । देवर्षिपितृविप्राणामनृणोऽस्मि तथात्मनः ॥ १४

च । अयुतनियुतादिसंख्यखर्वादिपरिच्छिन्नधान्यग्राहीणि कोष्ठरूपाण्यगाराणि । आयुधागाराणि शस्त्रगृहाणि तैः सह । सम्यङ्निचीयन्तेऽस्मिन्निति संनिचया रत्नहेमाभरणरजतवस्त्रादिकोशगृहाणि बहूनि विपुलानि कृत्वा संपूर्य प्रजा अनुरञ्जयेति पूर्वेणान्वयः ॥ ४४ ॥ इष्टाः स्वस्यानुरक्ताः स्वस्मिन्प्रकृतयः प्रजा यस्य । तस्य मित्राण्यमृतं लब्ध्वामरा इव तं लब्ध्वा नन्दन्ति ॥ ४५ ॥ तदभिषेकप्रयोजनं पित्रुपदेशम् ॥ ४६ ॥ ४७ ॥ प्रियाख्येभ्यो रामाभिषेकरूपप्रियवक्तृभ्यः ॥ ४८ ॥ इष्टं लाभमिव स्वेष्टवस्तुप्राप्तिरूपमिव । आनर्चू रामाभिषेकनिर्विघ्नतायै ॥ ४९ ॥ इति श्रीरामाभिरामे श्रीरामीये रामायणतिलके वाल्मीकीय आदिकाव्येऽयोध्याकाण्डे तृतीयः सर्गः ॥ ३ ॥

निश्चयज्ञस्तत्तत्कार्यार्हदेशकालनियमज्ञः । निश्चयं रामाभिषेककालविषयम् ॥ १ ॥ तदाह—श्व एवेति । युवराज इति प्रभुरिति निश्चयमिति पूर्वेणान्वयः । उभाभ्यां प्रजान्यायदर्शनदण्डादिष्वयमेवाधिकारीति सूचितम् ॥ २ ॥ आमन्त्रयामासानयेत्याज्ञापयामास ॥ ३ ॥ पूर्वागमनापेक्षया पूर्वानयनापेक्षया पुनस्त्वम् ॥ ४ ॥ आवेदितं विज्ञापितम् । प्राप्तं पुनरागतम् । शङ्कान्वितो राज्ञ आपच्छङ्कान्वितः ॥ ५ ॥ ६ ॥ ततो रामोक्तिश्रवणानन्तरम् । श्रुत्वा राजोक्तार्थानुवादिनीं मदुक्तिम् । तत्र राजसंनिधौ । इतरायागमनाय । असर्वनामत्वमार्षम् । प्रमाणं निर्णेता ॥ ७ ॥ ८ ॥ प्रियं स्वप्रियम् ॥ ९ ॥ दूरात्प्रणिपातः किं वदिष्यतीति भीत्या ॥ १० ॥ प्रणमन्तं समुत्थाप्य तं परिष्वज्येत्यन्वयः । प्रदिश्य हस्तेन दर्शयित्वा । चाद्वचसाप्युक्त्वा । अस्मै रामाय । चात्सुमन्त्राय । रामं च रामं तु ॥ ११ ॥ यथेप्सितास्तथाभुक्ताः । 'विधिहीनमसृष्टान्नं मन्त्रहीनमदक्षिणम् । श्रद्धाविरहितं यज्ञं तामसं परिचक्षते ॥' इत्युक्तेरन्नवदादिविशेषणम् । यथा यथावत् । इष्टं देवानां पूजनं कृतम् ॥ १२ ॥ इष्टं वस्तु दत्तम् ॥ १३ ॥ यागाध्ययनपुत्रदानोपभोगैः पञ्चभिर्देवर्षिपितृविप्राणामात्मनश्चेत्येवं पञ्चानामनृणोऽस्मि । आत्मा सेन्द्रियग्रामो जीवस्तस्य तत्तत्सुखाधिकारिणस्तददाने ऋणित्वमर्थसिद्धम् । तेन सर्वऋणाद्विनिर्मुक्तोऽस्मीति भावः । ऋष्यृणे विप्रर्णस्य देवर्णे जीवर्णस्या-

न किंचिन्मम कर्तव्यं तवान्यत्राभिषेचनात् । अतो यत्त्वामहं ब्रूयां तन्मे त्वं कर्तुमर्हसि ॥ १५
अद्य प्रकृतयः सर्वास्त्वामिच्छन्ति नराधिपम् । अतस्त्वां युवराजानमभिषेक्ष्यामि पुत्रक ॥ १६
अपि चाद्याशुभान्राम स्वप्नान्पश्यामि राघव । सनिर्घाता दिवोल्काश्च पतन्ति हि महास्वनाः ॥ १७
अवष्टब्धं च मे राम नक्षत्रं दारुणग्रहैः । आवेदयन्ति दैवज्ञाः सूर्याङ्गारकराहुभिः ॥ १८
प्रायेण च निमित्तानामीदृशानां समुद्भवे । राजा हि मृत्युमाप्नोति घोरां चापदमृच्छति ॥ १९
तद्यावदेव मे चेतो न विमुह्यति राघव । तावदेवाभिषिञ्चस्व चला हि प्राणिनां मतिः ॥ २०
अद्य चन्द्रोऽभ्युपगमत्पुष्यात्पूर्वं पुनर्वसुम् । श्वः पुष्ययोगं नियतं वक्ष्यन्ते दैवचिन्तकाः ॥ २१
तत्र पुष्येऽभिषिञ्चस्व मनस्त्वरयतीव माम् । श्वस्त्वाहमभिषेक्ष्यामि यौवराज्ये परंतप ॥ २२
तस्मात्त्वयाद्यप्रभृति निशेयं नियतात्मना । सह वध्वोपवस्तव्या दर्भप्रस्तरशायिना ॥ २३
सुहृदश्चाप्रमत्तास्त्वां रक्षन्त्वद्य समन्ततः । भवन्ति बहुविघ्नानि कार्याण्येवंविधानि हि ॥ २४
विप्रोषितश्च भरतो यावदेव पुरादितः । तावदेवाभिषेकस्ते प्राप्तकालो मतो मम ॥ २५
कामं खलु सतां वृत्ते भ्राता ते भरतः स्थितः । ज्येष्ठानुवर्ती धर्मात्मा सानुक्रोशो जितेन्द्रियः ॥ २६
किं नु चित्तं मनुष्याणामनित्यमिति मे मतम् । सतां च धर्मनित्यानां कृतशोभि च राघव ॥ २७
इत्युक्तः सोऽभ्यनुज्ञातः श्वो भाविन्यभिषेचने । व्रजेति रामः पितरमभिभाष्याभ्ययाद्गृहम् ॥ २८
प्रविश्य चात्मनो वेश्म राज्ञादिष्टेऽभिषेचने । तत्क्षणादेव निष्क्रम्य मातुरन्तःपुरं ययौ ॥ २९
तत्र तां प्रवणामेव मातरं क्षौमवासिनीम् । वाग्यतां देवतागारे ददर्शायाचतीं श्रियम् ॥ ३०
प्रागेव चागता तत्र सुमित्रा लक्ष्मणस्तथा । सीता चानायिता श्रुत्वा प्रियं रामाभिषेचनम् ॥ ३१
तस्मिन्कालेऽपि कौसल्या तस्थावामीलितेक्षणा । सुमित्रयान्वास्यमाना सीतया लक्ष्मणेन च ॥ ३२
श्रुत्वा पुष्ये च पुत्रस्य यौवराज्येऽभिषेचनम् । प्राणायामेन पुरुषं ध्यायमाना जनार्दनम् ॥ ३३
तथा सनियमामेव सोऽभिगम्याभिवाद्य च । उवाच वचनं रामो हर्षयंस्तामिदं वरम् ॥ ३४
अम्ब पित्रा नियुक्तोऽस्मि प्रजापालनकर्मणि । भविता श्वोऽभिषेको मे यथा मे शासनं पितुः ॥ ३५

न्तर्भावं कृत्वा 'ऋणानि त्रीण्यपाकृत्ये'ति स्मृतिवादः ॥ १४ ॥ यद्ब्रूयां तन्मे वचः कर्तुमर्हसि । अविलम्बेनेति शेषः ॥ १५ ॥ ॥ १६ ॥ अविलम्बकरणे हेत्वन्तरमाह—अपि चेति । अशुभानशुभसूचकान् । सनिर्घाता अशनिपातसहिताः । दिवोल्का दिव उल्काः । संधिरार्षः । दिवा दिवसे इत्यन्ये । उल्का ज्वालाः पतन्ति ॥ १७ ॥ नक्षत्रं जन्मर्क्षम् । अवष्टब्धमाक्रान्तम् ॥ १८ ॥ घोरामापदमृच्छति पूर्वम् । ततो मृत्युं चाप्नोतीत्यर्थः ॥ १९ ॥ तत्तस्माद्यावन्मे चेतो न विमुह्यति त्वदभिषेकविमुखं न भवति तावत्ततः पूर्वमेवाभिषिञ्चस्व कृताभिषेकमात्मानं कुरु । ननु ते चेतसः का मदभिषेकवैमुख्यचिन्ता तत्राह—चला हीति । त्वद्विमातृतत्पुत्रोपजापस्य संभावितत्वात्तदेव वक्ष्यति—विप्रोषितश्च भरत इत्यादिना ॥ २० ॥ पुष्ययोगं चन्द्रस्य नियतं शुद्धगणितनिश्चितम्, अभिषेके प्रशस्तं वा, दैवचिन्तका ज्योतिर्विदो वक्ष्यन्ते । वदन्तीत्यर्थे आर्षम् ॥ २१ ॥ अभिषिञ्चस्वाभिषिक्तो भव । मे मनश्चित्तं मां त्वरयतीव । त्वदभिषेकार्थमिति शेषः ॥ २२ ॥ अद्यप्रभृति प्रदोषमारभ्य । अनेनाह्निर्भोजनरूपः प्राग्दिननियमो दर्शितः ॥ २३ ॥ रक्षणे हेतुर्भवतीत्यादि । एवंविधानि शुभोदर्काणि । बहुविघ्नानीति बहुव्रीहिः ॥ २४ ॥ इतः पुरादस्मात्पुराद्यावद्विप्रोषित एव तिष्ठति तावदेव विप्रोषितस्य तस्यागमनात्पूर्वमेव प्राप्तकालो योग्यः । अन्यथा भरतः प्रतिबध्नीयादिति भावः ॥ २५ ॥ ननु भरते एषा शङ्का न युक्तेत्यत आह—काममिति । काममिति यद्यपीत्यर्थे ॥ २६ ॥ किं न्विति तथापीत्यर्थे । मनुष्याणां चित्तं स्नेहादिमदप्यनित्यम् । विकारनिमित्ते सति विक्रियेतैवेत्यर्थः । यतः सतां धर्मनित्यानामपि चित्तं तत्तन्निमित्तकृतेन रागद्वेषादिना शोभते युज्यते तथा । न तु सर्वथा स्वतो नियतकिंचित्स्वभावमित्यर्थः ॥ २७ ॥ अभिषेचनेऽभिषेचनविषये । इत्युक्तो व्रजेत्यभ्यनुज्ञात इति संबन्धः । अभिभाष्यामन्त्र्य ॥ २८ ॥ राज्ञादिष्टे आज्ञप्तेऽभिषेचने । सीतायै तदपेक्षितराजोपदिष्टसभार्योपवासानुष्ठाननिवेदनाय स्वगृहं प्रविश्य तत्र सीतामदृष्ट्वा तत्क्षणादेव मातुरन्तःपुरं ययौ ॥ २९ ॥ प्रवणां देवताराधनतत्पराम् । आयाचतीमिति च्छेदः । श्रियं रामाय राज्यलक्ष्मीम् ॥ ३० ॥ आनायिता । कौसल्ययेति शेषः ॥ ३१ ॥ तस्मिन्कालेऽपि रामागमनविशिष्टे कालेऽप्यामीलितेक्षणा ध्यानवशात् । अन्वास्यमानोपास्यमाना ॥ ३२ ॥ 'पुष्येण' इति पाठे तद्युक्तकालस्याधिकरणस्यापि करणत्वविवक्षा बोध्या ॥ ३३ ॥ वरं श्रेष्ठम्, अत एव हर्षयन् ॥ ३४ ॥ यथा मे पितुः स्वसंबन्धेन राज्ञो दशरथस्यात्युत्कृष्टत्वध्वननम् । शासनमाज्ञा । तथा श्वो मेऽभि-

सीतयाप्युपवस्तव्या रजनीयं मया सह । एवमुक्तमुपाध्यायैः स हि मामुक्तवान्पिता ॥ ३६
यानि यान्यत्र योग्यानि श्वो भाविन्यभिषेचने । तानि मे मङ्गलान्यद्य वैदेह्याश्चैव कारय ॥ ३७
एतच्छ्रुत्वा तु कौसल्या चिरकालाभिकाङ्क्षितम् । हर्षबाष्पाकुलं वाक्यमिदं राममभाषत ॥ ३८
वत्स राम चिरं जीव हतास्ते परिपन्थिनः । ज्ञातीन्मे त्वं श्रिया युक्तः सुमित्रायाश्च नन्दय ॥ ३९
कल्याणे बत नक्षत्रे मया जातोऽसि पुत्रक । येन त्वया दशरथो गुणैराराधितः पिता ॥ ४०
अमोघं बत मे क्षान्तं पुरुषे पुष्करेक्षणे । येयमिक्ष्वाकुराज्यश्रीः पुत्र त्वां संश्रयिष्यति ॥ ४१
इत्येवमुक्तो मात्रा तु रामो भ्रातरमब्रवीत् । प्राञ्जलिं प्रह्वमासीनमभिवीक्ष्य स्मयन्निव ॥ ४२
लक्ष्मणेमां मया सार्धं प्रशाधि त्वं वसुंधराम् । द्वितीयं मेऽन्तरात्मानं त्वामियं श्रीरुपस्थिता ॥ ४३
सौमित्रे भुङ्क्ष्व भोगांस्त्वमिष्टान्राज्यफलानि च । जीवितं चापि राज्यं च त्वदर्थमभिकामये ॥ ४४
इत्युक्त्वा लक्ष्मणं रामो मातरावभिवाद्य च । अभ्यनुज्ञाप्य सीतां च ययौ स्वं च निवेशनम् ॥ ४५

इत्यार्षे श्रीमद्रामायणे वाल्मीकीय आदिकाव्येऽयोध्याकाण्डे चतुर्थः सर्गः ॥ ४ ॥

पञ्चमः सर्गः ।

संदिश्य रामं नृपतिः श्वोभाविन्यभिषेचने । पुरोहितं समाहूय वसिष्ठमिदमब्रवीत् ॥ १
गच्छोपवासं काकुत्स्थं कारयाद्य तपोधन । श्रेयसे राज्यलाभाय वध्वा सह यतव्रत ॥ २
तथेति च स राजानमुक्त्वा वेदविदां वरः । स्वयं वसिष्ठो भगवान्ययौ रामनिवेशनम् ॥ ३
उपवासयितुं वीरं मन्त्रविन्मन्त्रकोविदम् । ब्राह्मं रथवरं युक्तमास्थाय सुधृतव्रतः ॥ ४
स रामभवनं प्राप्य पाण्डुराभ्रघनप्रभम् । तिस्रः कक्ष्या रथेनैव विवेश मुनिसत्तमः ॥ ५
तमागतमृषिं रामस्त्वरन्निव ससंभ्रमम् । मानयिष्यन्स मानार्हं निश्चक्राम निवेशनात् ॥ ६
अभ्येत्य त्वरमाणोऽथ रथाभ्याशं मनीषिणः । ततोऽवतारयामास परिगृह्य रथात्स्वयम् ॥ ७
स चैनं प्रश्रितं दृष्ट्वा संभाष्याभिप्रसाद्य च । प्रियार्हं हर्षयन्राममित्युवाच पुरोहितः ॥ ८
प्रसन्नस्ते पिता राम यत्त्वं राज्यमवाप्स्यसि । उपवासं भवानद्य करोतु सह सीतया ॥ ९
प्रातस्त्वामभिषेक्ता हि यौवराज्ये नराधिपः । पिता दशरथः प्रीत्या ययातिं नहुषो यथा ॥ १०
इत्युक्त्वा स तदा राममुपवासं यतव्रतः । मन्त्रवत्कारयामास वैदेह्या सहितं शुचिः ॥ ११
ततो यथावद्रामेण स राज्ञो गुरुरर्चितः । अभ्यनुज्ञाप्य काकुत्स्थं ययौ रामनिवेशनात् ॥ १२
सुहृद्भिस्तत्र रामोऽपि सहासीनः प्रियंवदैः । सभाजितो विवेशाथताननुज्ञाप्य सर्वशः ॥ १३

षेको भवितेति संबन्धः ॥ ३५ ॥ स हीति । हिरप्यर्थे । स पितापि मामेवमुक्तवानित्यर्थः ॥ ३६ ॥ मङ्गलानि महार्हगन्धमाल्याभरणादिरूपाणि मङ्गलस्नानादीनि च ॥ ३७ ॥ चिरकालाभिकाङ्क्षितमेतदभिषेकरूपम् । हर्षजबाष्पेणाकुलमव्यक्तमधुरम् ॥ ३८ ॥ हताः । भवन्त्विति शेषः । मे मम सुमित्रायाश्च ज्ञातीन्बन्धूनभिनन्दय ॥ ३९ ॥ कल्याणे नक्षत्रे शुभयुक्ते काले । जातो जनितः । येन शुभकालजननेन ॥ ४० ॥ पुष्करनेत्रे पुरुषे विष्णौ यन्मे क्षान्तं कामं परित्यज्य तत्प्रीतिमात्रफलकं व्रतोपवासादि कृतं तदमोघं सफलं जायते । बतेति हर्षे । साफल्ये हेतुर्येयमित्यादि । इदमभाषतेत्यन्वयः ॥ ४१ ॥ स्मयन्निव । ईषद्धसन्निवेत्यर्थः ॥ ४२ ॥ स्वनिविष्टं राज्यं सौभ्रात्रेण साधारणं करोति—लक्ष्मणेति ॥ ४३ ॥ राज्यफलरूपानिष्टान्मनोनुकूलान्भोगान्विषयान् । यद्वा राज्यफलानि धर्मार्थौ तौ च प्राप्नुहि । त्वदर्थं न स्वप्रयोजनाय ॥ ४४ ॥ सीतां च स्वं चाभ्यनुज्ञाप्य सीतायै स्वस्मै च मातृभ्यामनुज्ञां दापयित्वा निवेशनं स्वगृहं ययौ । चस्त्वर्थे ॥ ४५॥

इति श्रीरामाभिरामे श्रीरामीये रामायणतिलके वाल्मीकीय आदिकाव्येऽयोध्याकाण्डे चतुर्थः सर्गः ॥ ४ ॥

संदिश्य राममुपवासादि कुर्वित्युक्त्वा ॥ १ ॥ गच्छेति । उपवाससंकल्पादेः पुरोहितसाध्यत्वादिति भावः । श्रेयसे विघ्ननिवृत्तिरूपश्रेयोर्थम् ॥ २ ॥ ३ ॥ ब्राह्मं ब्राह्मणारोहणयोग्यम् । युक्तमश्वैः । ययाविति पूर्वेणान्वयः ॥ ४ ॥ पाण्डुराभ्रवच्छिविडप्रभम् । कक्ष्या द्वाराणि ॥ ५ ॥ त्वरन्निव त्वरन्नेव । ससंभ्रमं सादरम् ॥ ६ ॥ परिगृह्य हस्तेन हस्ते धृत्वा ॥ ७ ॥ संभाष्य वत्सेत्यादि संबोध्य । अभिप्रसाद्य । स्तुतिभिरिति शेषः । प्रियार्हं प्रियोक्त्यर्हम् ॥ ८ ॥ ९ ॥ अभिषेक्ता । लुट् ॥ १० ॥ राममुपवासं तत्संकल्पं कारयामासेति 'हृक्रोः–' इति द्विकर्मकत्वम् ॥ ११ ॥ राज्ञो दशरथस्य ॥ १२ ॥ प्रियंवदैः सुहृद्भिः । सभाजितः पूजितः । विवेश स्ववेश्म । तान्सुहृदः

हृष्टनारीनरयुतं रामवेश्म तदा बभौ । यथा मत्तद्विजगणं प्रफुल्लनलिनं सरः ॥ १४
स राजभवनप्रख्यात्तस्माद्रामनिवेशनात् । निर्गत्य ददृशे मार्गं वसिष्ठो जनसंवृतम् ॥ १५
वृन्दवृन्दैरयोध्यायां राजमार्गाः समन्ततः । बभूवुरभिसंबाधाः कुतूहलजनैर्वृताः ॥ १६
जनवृन्दोर्मिसंघर्षहर्षस्वनवृतस्तदा । बभूव राजमार्गस्य सागरस्येव निःस्वनः ॥ १७
सिक्तसंमृष्टरथ्या हि तथा च वनमालिनी । आसीदयोध्या तदहः समुच्छ्रितगृहध्वजा ॥ १८
तदा ह्ययोध्यानिलयः सस्त्रीबालाकुलो जनः । रामाभिषेकमाकाङ्क्षन्नाकाङ्क्षन्नुदयं रवेः ॥ १९
प्रजालंकारभूतं च जनस्यानन्दवर्धनम् । उत्सुकोऽभूज्जनो द्रष्टुं तमयोध्यामहोत्सवम् ॥ २०
एवं तज्जनसंबाधं राजमार्गं पुरोहितः । व्यूहन्निव जनौघं तं शनै राजकुलं ययौ ॥ २१
सिताभ्रशिखरप्रख्यं प्रासादमधिरुह्य च । समीयाय नरेन्द्रेण शक्रेणेव बृहस्पतिः ॥ २२
तमागतमभिप्रेक्ष्य हित्वा राजासनं नृपः । पप्रच्छ स्वमतं तस्मै कृतमित्यभिवेदयत् ॥ २३
तेन चैव तदा तुल्यं सहासीनाः सभासदः । आसनेभ्यः समुत्तस्थुः पूजयन्तः पुरोहितम् ॥ २४
गुरुणा त्वभ्यनुज्ञातो मनुजौघं विसृज्य तम् । विवेशान्तःपुरं राजा सिंहो गिरिगुहामिव ॥ २५

तदग्र्यवेषप्रमदाजनाकुलं महेन्द्रवेश्मप्रतिमं निवेशनम् ।
व्यदीपयंश्चारु विवेश पार्थिवः शशीव तारागणसंकुलं नभः ॥ २६

इत्यार्षे श्रीमद्रामायणे वाल्मीकीय आदिकाव्येऽयोध्याकाण्डे पञ्चमः सर्गः ॥ ५ ॥

षष्ठः सर्गः ।

गते पुरोहिते रामः स्नातो नियतमानसः । सह पत्न्या विशालाक्ष्या नारायणमुपागमत् ॥ १
प्रगृह्य शिरसा पात्रीं हविषो विधिवत्ततः । महते दैवतायाज्यं जुहाव ज्वलितानले ॥ २
शेषं च हविषस्तस्य प्राश्याशास्यात्मनः प्रियम् । ध्यायन्नारायणं देवं स्वास्तीर्णे कुशसंस्तरे ॥ ३
वाग्यतः सह वैदेह्या भूत्वा नियतमानसः । श्रीमत्यायतने विष्णोः शिश्ये नरवरात्मजः ॥ ४
एकयामावशिष्टायां रात्र्यां प्रतिविबुध्य सः । अलंकारविधिं सम्यक्कारयामास वेश्मनः ॥ ५
तत्र शृण्वन्सुखा वाचः सूतमागधबन्दिनाम् । पूर्वां संध्यामुपासीनो जजाप सुसमाहितः ॥ ६
तुष्टाव प्रणतश्चैव शिरसा मधुसूदनम् । विमलक्षौमसंवीतो वाचयामास स द्विजान् ॥ ७

॥ १३ ॥ १४ ॥ राजभवनं मूलराजभवनम् । प्रख्यं सदृशम् ॥ १५ ॥ वृन्दानां वृन्दैः । अभिसंबाधाः संमर्दयुक्ताः । कुतूहलजनैं रामाभिषेकदर्शनजकौतुकसंपन्नैर्जनैः ॥ १६ ॥ जनवृन्दान्येवोर्मयस्तेषां संघर्षोऽन्योन्यसंघर्षणं तेन हर्षेण जातो यः स्वनस्तद्वृतः ॥ १७ ॥ सिक्ताः सुगन्धिजलसिक्ताः संमृष्टाः शोधिता रथ्या यस्याम् । तदहस्तस्मिन्नहनि । तथा च तथैव । वनमालिनी तोरणमालावती । समुच्छ्रिता गृहेषु ध्वजा यस्यां सा ॥ १८ ॥ स्त्रीबालैः सहितश्चासावाकुलः संतोषात्संभ्रान्तचित्तः । 'सस्त्रीबालाबलः' इति पाठेऽबला वृद्धाः । स्त्रीबालवृद्धसहितो जन इत्यर्थः । रामाभिषेकमाकाङ्क्षन्द्रष्टुमिच्छन् । रवेरुदयमाकाङ्क्षन् । अभूदिति शेषः ॥ १९ ॥ महोत्सवं रामाभिषेकसंभूतम् ॥ २० ॥ व्यूहन्निव राजमार्गं व्याप्य स्थितानेकतः कुर्वन्निव ॥ २१ ॥ सिताभ्रसदृशहिमगिरिशिखरसदृशम् ॥ २२ ॥ राजासनं हित्वा । प्रत्युत्थायेत्यर्थः । स्वमतं स्वानुमतं कृत्यं पप्रच्छ । स च यदाज्ञप्तं तत्कृतमिति न्यवेदयत् ॥ २३ ॥ तुल्यं तुल्यकालम् ॥ २४ ॥ अभ्यनुज्ञातः सर्वस्य कर्तव्यस्य कृतत्वाद्विश्रम्यतामित्युक्तः ॥ २५ ॥ अग्र्य उत्तमः ॥ २६ ॥ इति श्रीरामाभिरामे श्रीरामीये रामायणतिलके वाल्मीकीय आदिकाव्येऽयोध्याकाण्डे पञ्चमः सर्गः ॥ ५ ॥

आदरात्पुनरभिषेकसामग्रीवर्णनम् । उपागमदुपासांचक्रे । नारं जीवसमूहोऽयनमन्तर्यामितया स्थानं यस्य तेनान्तर्यामिणमित्यर्थः ॥ १ ॥ शिरसा पात्रीं प्रगृह्य । नमस्कारपूर्वमित्यर्थः । महते दैवताय नारायणाय ॥ २ ॥ आशास्य प्रार्थ्य । आत्मनः प्रियं राज्याभिषेकाविघ्नरूपम् । वस्तुतो रावणवधफलकवनगमनरूपमाशास्य । संकल्प्येत्यर्थः । वैदेह्या सहेत्यत्राप्यपकृष्टव्यम् । नहि चतुर्दशभुवनाधिपतेरेतद्यौवराज्यं प्रियं भवति । सकलतद्देशमनुष्यप्रियत्वादात्मन इत्यस्य वैफल्यं चाद्य व्याख्याने प्राप्नोतीति दिक् । कुशसंस्तरे कुशमये शयनीये ॥ ३ ॥ नियतमीश्वरमात्रविषयम् । विष्णोरायतने निजभवनवर्तिनि देवपूजालये ॥ ४ ॥ ५ ॥ सूताः पौराणिकाः । मागधा वंशावलीकीर्तकाः । बन्दिनः स्तुतिपाठकाः । पूर्वां संध्यामुपासीनस्तदुपासनं कुर्वञ्जजाप । गायत्रीजपस्यैव तदुपासनरूपत्वात् ॥ ६ ॥ वाचयामास स्वस्तिवाचनं पुण्याहं च

तेषां पुण्याहघोषोऽथ गम्भीरमधुरस्तथा । अयोध्यां पूरयामास तूर्यघोषानुनादितः ॥ ८
कृतोपवासं तु तदा वैदेह्या सह राघवम् । अयोध्यानिलयः श्रुत्वा सर्वः प्रमुदितो जनः ॥ ९
ततः पौरजनः सर्वः श्रुत्वा रामाभिषेचनम् । प्रभातां रजनीं दृष्ट्वा चक्रे शोभयितुं पुरीम् ॥ १०
सिताभ्रशिखराभेषु देवतायतनेषु च । चतुष्पथेषु रथ्यासु चैत्येष्वट्टालकेषु च ॥ ११
नानापण्यसमृद्धेषु वणिजामापणेषु च । कुटुम्बिनां समृद्धेषु श्रीमत्सु भवनेषु च ॥ १२
सभासु चैव सर्वासु वृक्षेष्वालक्षितेषु च । ध्वजाः समुच्छ्रिताः साधु पताकाश्चाभवंस्तथा ॥ १३
नटनर्तकसङ्घानां गायकानां च गायताम् । मनःकर्णसुखा वाचः शुश्राव जनता ततः ॥ १४
रामाभिषेकयुक्ताश्च कथाश्चक्रुर्मिथो जनाः । रामाभिषेके संप्राप्ते चत्वरेषु गृहेषु च ॥ १५
बाला अपि क्रीडमाना गृहद्वारेषु सङ्घशः । रामाभिषवसंयुक्ताश्चक्रुरेव कथा मिथः ॥ १६
कृतपुष्पोपहारश्च धूपगन्धाधिवासितः । राजमार्गः कृतः श्रीमान्पौरै रामाभिषेचने ॥ १७
प्रकाशीकरणार्थं च निशागमनशङ्कया । दीपवृक्षांस्तथा चक्रुरनुरथ्यासु सर्वशः ॥ १८
अलंकारं पुरस्यैवं कृत्वा तत्पुरवासिनः । आकाङ्क्षमाणा रामस्य यौवराज्याभिषेचनम् ॥ १९
समेत्य सङ्घशः सर्वे चत्वरेषु सभासु च । कथयन्तो मिथस्तत्र प्रशशंसुर्जनाधिपम् ॥ २०
अहो महात्मा राजायमिक्ष्वाकुकुलनन्दनः । ज्ञात्वा वृद्धं स्वमात्मानं रामं राज्येऽभिषेक्ष्यति ॥ २१
सर्वे ह्यनुगृहीताः स्म यन्नो रामो महीपतिः । चिराय भविता गोप्ता दृष्टलोकपरावरः ॥ २२
अनुद्धतमना विद्वान्धर्मात्मा भ्रातृवत्सलः । यथा च भ्रातृषु स्निग्धस्तथास्मास्वपि राघवः ॥ २३
चिरं जीवतु धर्मात्मा राजा दशरथोऽनघः । यत्प्रसादेनाभिषिक्तं रामं द्रक्ष्यामहे वयम् ॥ २४
एवंविधं कथयतां पौराणां शुश्रुवुः परे । दिग्भ्यो विश्रुतवृत्तान्ताः प्राप्ता जानपदा जनाः ॥ २५
ते तु दिग्भ्यः पुरीं प्राप्ता द्रष्टुं रामाभिषेचनम् । रामस्य पूरयामासुः पुरीं जानपदा जनाः ॥ २६
जनौघैस्तैर्विसर्पद्भिः शुश्रुवे तत्र निःस्वनः । पर्वसूदीर्णवेगस्य सागरस्येव निःस्वनः ॥ २७

ततस्तदिन्द्रक्षयसंनिभं पुरं दिदृक्षुभिर्जानपदैरुपाहितैः ।
समन्ततः सस्वनमाकुलं बभौ समुद्रयादोभिरिवार्णवोदकम् ॥ २८

इत्यार्षे श्रीमद्रामायणे वाल्मीकीय आदिकाव्येऽयोध्याकाण्डे षष्ठः सर्गः ॥ ६ ॥

सप्तमः सर्गः ।

ज्ञातिदासी यतो जाता कैकेय्या तु सहोषिता । प्रासादं चन्द्रसंकाशमारुरोह यदृच्छया ॥ १

॥ ७ ॥ तूर्यघोषानुनादितस्तूर्यघोषेण संजातानुनादः ॥ ८ ॥ ॥ ९ ॥ शोभयितुमलंकर्तुं चक्रे । बुद्धिमिति शेषः ॥ १० ॥ अट्टालकाः प्राकारोपरितनयुद्धस्थानानीति केचित् ॥ ११ ॥ ॥ १२ ॥ आलक्षितेषु सर्वतो लक्षितेषु । अत्युच्चेष्विति यावत् । ध्वजाः सचिह्नाः । पताकाश्चिह्नरहिता इत्याहुः ॥ १३ ॥ नटाः सूत्रधाराः । जनता जनसमूहः । ततस्तत्रायोध्यायाम् ॥ १४ ॥ ॥ १५ ॥ रामाभिषवो रामाभिषेकः ॥ १६ ॥ १७ ॥ अभिषेकानन्तरं गजस्कन्धाधिरूढस्य नगरालंकारदर्शनार्थनिर्गमनात्पूर्वं यदि निशा न याति तदा तदलंकारप्रदर्शनार्थं स्वयं रामं द्रष्टुं च दीपवृक्षान्वृक्षवन्नानाशाखान्दीपस्तम्भान् । अनुरथ्यासु रथ्यापार्श्वयोः ॥ १८ ॥ १९ ॥ २० ॥ २१ ॥ अनुगृहीता ईश्वरेण । दृष्टलोकपरावरः । भावप्रधानो निर्देशः । यथावदवगततज्जनप्राशस्त्याप्राशस्त्यः ॥ २२ ॥ २३ ॥ २४ ॥ शुश्रुवुः । कथा इति शेषः । विश्रुतवृत्तान्ताः श्रुतरामाभिषेकवृत्तान्ताः ॥ २५ ॥ ते जानपदाः । रामस्य पुरीमित्यन्वयः ॥ २६ ॥ विसर्पद्भिः प्रवेशार्थम् ॥ २७ ॥ इन्द्रक्षय इन्द्रनिवासोऽमरावती । आहितैः । आगतैरित्यर्थः । 'हि गतौ' इत्यस्य रूपम् । समुद्रयादोभिः । समुद्रतुल्यैर्महद्भिर्यादोभिरित्यर्थः ॥ २८ ॥ इति श्रीरामाभिरामे श्रीरामीये रामायणतिलके वाल्मीकीय आदिकाव्येऽयोध्याकाण्डे सर्गः ॥ ६ ॥

अथ सीताया लङ्कापुरप्रवेशं विना रावणवधस्याशक्यतया तत्सिद्धये देवैः प्रेरितायाः कृतकुब्जावेषाया मन्थराया रामाभिषेकविघ्नप्रवृत्तिं तद्वान्त्रिगतं कैकेयीवृत्तान्तं च वक्तुमुपक्रमते—ज्ञातीत्यादि । 'ज्ञातिदासी यतो नित्यम्' इति पाठे यतः कैकेय्या ज्ञातेर्मातृकुलस्य दासी; यतश्च कैकेय्या नित्यं सहोषिता, अतो जनकोलाहलं श्रुत्वा कैकेय्यै तदर्थं निवेदयितुं यदृच्छया स्वयमेव, न त्वन्यप्रेरणया, प्रासादमारुरोहेत्यन्वयः । यत्तु 'अतः कुब्जा क्षिप्रममर्षिता' इत्यनेन द्वादशश्लोकस्थपदेनान्वयः । स्वीयाभ्युदयस्य सर्वेष्टत्वाद्रामाभ्युदयजदुःखेन तद्विघटकोऽमर्ष इति कतकः, तन्न । रामाभ्युदयस्याप्रे

सिक्तराजपथां कृत्स्नां प्रकीर्णकमलोत्पलाम् । अयोध्यां मन्थरा तस्मात्प्रासादादन्ववैक्षत ॥ २
पताकाभिर्वराहाभिर्ध्वजैश्च समलंकृताम् । सिक्तां चन्दनतोयैश्च शिरःस्नातजनैर्युताम् ॥ ३
माल्यमोदकहस्तैश्च द्विजेन्द्रैरभिनादिताम् । शुक्लदेवगृहद्वारां सर्ववादित्रनादिताम् ॥ ४
संप्रहृष्टजनाकीर्णां ब्रह्मघोषनिनादिताम् । प्रहृष्टवरहस्त्यश्वां संप्रणर्दितगोवृषाम् ॥ ५
हृष्टप्रमुदितैः पौरैरुच्छ्रितध्वजमालिनीम् । अयोध्यां मन्थरा दृष्ट्वा परं विस्मयमागता ॥ ६
सा हर्षोत्फुल्लनयनां पाण्डुरक्षौमवासिनीम् । अविदूरे स्थितां दृष्ट्वा धात्रीं पप्रच्छ मन्थरा ॥ ७
उत्तमेनाभिसंयुक्ता हर्षेणार्थपरा सती । राममाता धनं किं नु जनेभ्यः संप्रयच्छति ॥ ८
अतिमात्रं प्रहर्षः किं जनस्यास्य च शंस मे । कारयिष्यति किं वापि संप्रहृष्टो महीपतिः ॥ ९
विदीर्यमाणा हर्षेण धात्री तु परया मुदा । आचचक्षेऽथ कुब्जायै भूयसीं राघवे श्रियम् ॥ १०
श्वः पुष्येण जितक्रोधं यौवराज्येन चानघम् । राजा दशरथो राममभिषेक्ता हि राघवम् ॥ ११
धात्र्यास्तु वचनं श्रुत्वा कुब्जा क्षिप्रममर्षिता । कैलासशिखराकारात्प्रासादादवरोहत ॥ १२
सा दह्यमाना क्रोधेन मन्थरा पापदर्शिनी । शयानामेव कैकेयीमिदं वचनमब्रवीत् ॥ १३
उत्तिष्ठ मूढे किं शेषे भयं त्वामभिवर्तते । उपप्लुतमघौघेन नात्मानमवबुध्यसे ॥ १४
अनिष्टे सुभगाकारे सौभाग्येन विकत्थसे । चलं हि तव सौभाग्यं नद्याः स्रोत इवोष्णगे ॥ १५
एवमुक्ता तु कैकेयी रुष्टया परुषं वचः । कुब्जया पापदर्शिन्या विषादमगमत्परम् ॥ १६
कैकेयी त्वब्रवीत्कुब्जां कच्चित्क्षेमं न मन्थरे । विषण्णवदनां हि त्वां लक्षये भृशदुःखिताम् ॥ १७
मन्थरा तु वचः श्रुत्वा कैकेय्या मधुराक्षरम् । उवाच क्रोधसंयुक्ता वाक्यं वाक्यविशारदा ॥ १८
सा विषण्णतरा भूत्वा कुब्जा तस्यां हितैषिणी । विषादयन्ती प्रोवाच भेदयन्ती च राघवम् ॥ १९

धात्रीमुखेन श्रवणस्य वक्ष्यमाणतया तस्यैव चामर्षहेतुत्वस्य च वक्ष्यमाणतयात्रत्यस्य तत्रान्वयानौचित्यात् । 'यतो जाता' इति पाठे यतो यत्रकुत्रचिज्जाता । अविज्ञातवेश्ममातापितृकेत्यर्थः । एवं च कैकेयीज्ञातिदासीत्वमपि कार्यार्थमुदरभरणव्याजेन स्वकृतमस्या इति बोध्यम् । इदं तु युक्तम्—'मन्थरा नाम कार्यार्थमप्सरा प्रेषिता सुरैः । दासी काचन कैकेय्यै दत्ता केकयभूभृता ॥' इति पाद्मोक्तेः । कार्यार्थं रावणवधरूपकार्यार्थं दासी स्वयमागत्य केकयराजस्य जातेति शेषः । 'नित्यम्' इति पाठेऽपि जातेति शेषपूरणेनैव व्याख्योचिता । पाद्मैकवाक्यत्वात् । चन्द्रसंकाशं सुधाधवलितत्वात् ॥ १ ॥ प्रकीर्णानि कमलान्युत्पलानि च यस्याम् । तस्मात्सर्वोत्कृष्टात्प्रासादात् । प्रासादे स्थित्वेत्यर्थः । ल्यब्लोपे पञ्चमी ॥ २ ॥ वरार्हाभिः श्रेष्ठयोग्याभिः । राजयोग्याभिरिति यावत् । एतदुत्तरम्—'कृतां छन्नपथैश्चापि स्वच्छन्दकपथैर्युताम्' इत्यर्धं पठन्ति । छन्नपथैर्निम्नोन्नतप्रदेशमार्गैः कृतामलंकृताम् । स्वच्छन्दकपथैरुत्सवादिषु जनभूयस्त्वेन प्रवेशनिर्गमार्थं प्राकारादिभङ्गेन कृतैर्मार्गैरिति व्याचक्षते च केचित् । चन्दनयुक्ततोयैः सिक्तम् । शिरःस्नातजनैः कृताभ्यङ्गस्नानैः ॥ ३ ॥ माल्यमोदकहस्तैर्दानप्राप्तमाल्यमोदकहस्तैः । रामोपायनमाल्यमोदकरूपमङ्गलद्रव्यहस्तैरित्यर्थो वा । सुधाचन्दनादिलेपेन शुक्लानि देवगृहद्वाराणि यस्याम् ॥ ४ ॥ ब्राह्मघोषो वेदघोषः । प्रहृष्टेत्यादिना तिरश्चामपि रामाभिषेकाद्धर्ष इति सूचितम् ॥ ५ ॥ हृष्टैर्जातरोमाञ्चादिभिर्मुदितैरानन्दयुक्तैः पौरैरुपलक्षिताम् ॥ ६ ॥ अविदूरे स्वाधिरूढहर्म्यात्यासन्नहर्म्ये । धात्रीम् । रामस्येति शेषः । अतएव हर्षोत्फुल्लनयनत्वादि तस्याः । वक्ष्यति च हर्षेण विदीर्यमाणेत्यादि ॥ ७ ॥ अर्थपरा स्वेष्टार्थपरा । स्वेष्टार्थकामेवेति शेषः । किं नु कस्मात् ॥ ८ ॥ किं कुतो जनस्य प्रहर्षः । अभिषेकप्राग्दिनीयसायंकाले मन्थरायास्तद्दर्शनेन राजा संप्रहृष्ट इत्युक्तिः ॥ ९ ॥ विदीर्यमाणान्तर्गतानन्दौत्कट्याद्देहपोषमुखविकासादिना तस्या आनन्दस्य बहिः प्रसारणाद्विदीर्यमाणत्वोत्प्रेक्षा । राघवे राज्ञा न्यस्यमानां भूयसीं श्रियं राज्यलक्ष्मीम् ॥ १० ॥ अनघं क्वाप्यकारणेर्ष्यादिरहितम् ॥ ११ ॥ अवरोहतावारुहत् ॥ १२ ॥ क्रोधेन दह्यमाना । सैव पापदर्शिनी रामाभिषेके कैकेय्यै भरतविषयपापप्रदर्शिका ॥ १३ ॥ अघौघेन दुःखसमूहेनोपप्लुतं पीडितम् । कारणकार्ययोः पौर्वापर्यविपर्ययरूपातिशयोक्तिः । 'अघं दुरितदुःखयोः' इति कोशः ॥ १४ ॥ सुभगाकारे त्वद्विषये सौभाग्यद्योतकाकारवत्याकारेणैव तव सौभाग्यदे । वस्तुतोऽनिष्टेऽप्रियकर्तरि किं सौभाग्येन विकत्थसे मय्येवानुरक्तो मे स्वामी मदाज्ञावशंवद इत्यादिप्रकारेण वृथा श्लाघसे । उष्णगे ग्रीष्मगे रवौ सति नद्याः स्रोत इव सौभाग्यं चलम् । रामाभिषेकात्क्षीणप्रायमित्याशयः ॥ १५ ॥ पापदर्शिन्या पापं दर्शयन्त्या । विषादमगमत्स्वस्मिन्राजवैरस्योद्भावनात् ॥ १६ ॥ कच्चित्क्षेमम् । न मत्यमिति शेषः ॥ १७ ॥ १८ ॥ विषण्णतरा भूत्वा तदाकारेव भूत्वा । अप्सरस्त्वे सर्वज्ञत्वाद्वास्तवविषादाभावात् । विषादयन्ती राज्यश्रियोऽन्यगामित्वरूपानिष्टप्रकाशेन कैकेय्या विषादं जनयन्ती ।

अक्षयं सुमहद्देवि प्रवृत्तं त्वद्विनाशनम् । रामं दशरथो राजा यौवराज्येऽभिषेक्ष्यति ॥ २०
सास्म्यगाधे भये मग्ना दुःखशोकसमन्विता । दह्यमानानलेनेव त्वद्धितार्थमिहागता ॥ २१
तव दुःखेन कैकेयि मम दुःखं महद्भवेत् । त्वद्वृद्धौ मम वृद्धिश्च भवेदिह न संशयः ॥ २२
नराधिपकुले जाता महिषी त्वं महीपतेः । उग्रत्वं राजधर्माणां कथं देवि न बुध्यसे ॥ २३
धर्मवादी शठो भर्ता श्लक्ष्णवादी च दारुणः । शुद्धभावेन जानीषे तेनैवमतिसंधिता ॥ २४
उपस्थितः प्रयुञ्जानस्त्वयि सान्त्वमनर्थकम् । अर्थेनैवाद्य ते भर्ता कौसल्यां योजयिष्यति ॥ २५
अपवाह्य तु दुष्टात्मा भरतं तव बन्धुषु । काल्ये स्थापयिता रामं राज्ये निहतकण्टके ॥ २६
शत्रुः पतिप्रवादेन मात्रेऽवहितकाम्यया । आशीविष इवाङ्केन बाले परिधृतस्त्वया ॥ २७
यथा हि कुर्याच्छत्रुर्वा सर्पो वा प्रत्युपेक्षितः । राज्ञा दशरथेनाद्य सपुत्रा त्वं तथा कृता ॥ २८
पापेनानृतसान्त्वेन बाले नित्यं सुखोचिता । रामं स्थापयता राज्ये सानुबन्धा हता ह्यसि ॥ २९
सा प्राप्तकालं कैकेयि क्षिप्रं कुरु हितं तव । त्रायस्व पुत्रमात्मानं मां च विस्मयदर्शने ॥ ३०
मन्थराया वचः श्रुत्वा शयनात्सा शुभानना । उत्तस्थौ हर्षसंपूर्णा चन्द्रलेखेव शारदी ॥ ३१
अतीव सा तु संतुष्टा कैकेयी विस्मयान्विता । दिव्यमाभरणं तस्यै कुब्जायै प्रददौ शुभम् ॥ ३२
दत्त्वा त्वाभरणं तस्यै कुब्जायै प्रमदोत्तमा । कैकेयी मन्थरां दृष्ट्वा पुनरेवाब्रवीदिदम् ॥ ३३
इदं तु मन्थरे मह्यमाख्यातं परमं प्रियम् । एतन्मे प्रियमाख्यातं किं वा भूयः करोमि ते ॥ ३४
रामे वा भरते वाहं विशेषं नोपलक्षये । तस्मात्तुष्टास्मि यद्राजा रामं राज्येऽभिषेक्ष्यति ॥ ३५
न मे परं किंचिदितो वरं पुनः प्रियं प्रियार्हे सुवचं वचोऽमृतम् ।
तथा ह्यवोचस्त्वमतः प्रियोत्तरं वरं परं ते प्रददामि तं वृणु ॥ ३६

इत्यार्षे श्रीमद्रामायणे वाल्मीकीय आदिकाव्येऽयोध्याकाण्डे सप्तमः सर्गः ॥ ७ ॥

भेदयन्ती राघवं प्रति पुत्रप्रत्वयुक्तं तस्याः स्नेहं नाशयन्ती ॥ १९ ॥ अक्षयम् । क्षयः प्रतीकारः । अशक्यप्रतीकारमित्यर्थः । त्वद्विनाशनं त्वत्सौभाग्यनाशकारणं प्रवृत्तम् । तदेवाह—राममिति ॥ २० ॥ शत्रो राज्यलाभाद्दुःखम् । स्वेष्टस्य तदलाभाच्छोकः । शत्रुराज्यलाभ एव ततो भयम् । त्वद्धितार्थं त्वद्धितबोधनार्थम् ॥ २१ ॥ ननु दास्यास्तव कुतो भयम्, अत आह—तवेत्यादि ॥ २२ ॥ किं मे दुःखं तत्राह—नराधिपेति । एतद्विशेषणद्वयमग्रेऽपि राजमातृत्वाप्रच्युतये यत्नावश्यकत्वद्योतनाय । ननु रामराज्येऽपि महिषीत्वं मे दुष्परिहरमित्यत आह—उग्रत्वमिति । सापत्नो हि स राज्यलाभे त्वां त्वत्पुत्रं च नाशयिष्यतीति भावः ॥ २३ ॥ ननु राज्ञो रामस्य चात्यन्तं मदनुरक्तत्वात्स मत्पुत्रस्यैव राज्यलाभोऽत आह—धर्मवादीति । वाङ्मात्रेण धार्मिकः । श्लक्ष्णवादी च सस्मितमधुरभाषी । अन्ततस्तु शठोऽसूयावान् । अत एव दारुणः क्रूरहृदय आन्तरक्रौर्यगोपनायैव सस्मितमृदुमधुरभाषी । एवंभूतं तं शुद्धभावेनोपलक्षितं जानीषे । सर्वथा तेनैवमुक्तरीत्यातिसंधिता वञ्चिता । असीति शेषः ॥ २४ ॥ उपस्थितः कौसल्यार्थसाधने हृदयेन सावधानस्त्वत्समीपे स्थितो वा । 'उपस्थितम्' इति पाठे तत्कालोचितसान्त्वमित्यर्थः । अनर्थकं फलरहितम् । सान्त्वं प्रियवचनं त्वयि प्रयुञ्जानः । अर्थेन राज्यरूपेण कौसल्यामेव योजयिष्यतीत्यन्वयः ॥ २५ ॥ कौसल्यार्थप्रापणार्थमेव तेनोपायान्तरमप्यनुष्ठितमित्याह—अपवाह्येति । उद्वास्येत्यर्थः । काल्येऽन्यत्रोपसंक्रमणकालार्हे । 'कौल्ये' इति पाठः कुलक्रमागत इत्यर्थे आर्षः ॥ २६ ॥ आत्मनो हितेच्छया त्वया मात्रेव भोजनदानादिना पोषित आशीविष इव क्रूरः शत्रुः पतिप्रवादेन पतिव्यपदेशेन त्वयाङ्केन परिधृत इत्यन्वयः ॥ २७ ॥ तद्धरणेन च तेऽनर्थः संवृत्त इत्याह—यथेति । प्रत्युपेक्षित उपेक्षितनाशः ॥ २८ ॥ कथं कृतेत्यत्राह—पापेनेति । अनुबन्धः पुत्रादिपरिकरः ॥ २९ ॥ सा त्वं प्राप्तकालं प्राप्तानुष्ठानकालं यत्तव हितं तत्कुरु । विस्मयदर्शनेऽतिदुःखजनकवार्ताश्रवणेऽपि स्वेष्टाद्भुतवार्ताश्रवणेनेव विस्मयसूचकदर्शने । एवं विस्मयं हित्वा स्वेष्टं विभावयेति तात्पर्यम् ॥ ३० ॥ एवं मन्थरयानर्थत्वेन प्रकाशिते रामाभिषेके महाकुलप्रसूता निसर्गकल्याणगुणा सर्वथा तं स्वेष्टार्थमेव मन्यते स्मेत्याह—मन्थराया इत्यादि ॥ ३१ ॥ विस्मयोऽत्यद्भुतस्वेष्टश्रवणात् । कौसल्यावदेवेति भावः ॥ ३२ ॥ ॥ ३३ ॥ प्रियमाख्यातमित्यस्य पुनरुक्तिर्वैवक्त्र्या हर्षातिशयवत्त्वान्न दोषावहा । भूयोऽभ्यधिकं किं प्रीतिदानं करोमि, त्वच्छ्रावितप्रियसमाभ्यधिकप्रियवस्त्वभावादित्यर्थः ॥ ३४ ॥ ननु सापत्नश्रेयःश्रुतिः कथं ते प्रियमित्यत्राह—रामे वेति । विशेषं पुत्रत्वप्रयुक्तस्नेहविशेषम् ॥ ३५ ॥ प्रियार्हे प्रियदानार्हे । इत उक्ताद्रामाभिषेकाद्वरमधिकं प्रियं वचोऽमृतं परमन्यत्, न सुवचम् । तादृशं हि त्वमवोचः । यतोऽधिकं प्रियं न सुवचम् । अतः प्रियोत्तरं प्रियाख्यानोत्तरं पारितोषिकरूपं परं श्रेष्ठं वरं वृणु । ते तव तं वरं प्रददामि । मया तु खल्वेतत्प्रियाख्यानपारितोषिकयोग्यं वस्तु न दृश्यते, अतस्त्वं यद्वरयिष्यसे तद्दास्यामीत्यर्थः ॥ ३६ ॥ **इति श्रीरामाभिरामे श्रीरामीये रामायणतिलके वाल्मीकीय आदिकाव्येऽयोध्याकाण्डे सप्तमः सर्गः ॥ ७ ॥**

अष्टमः सर्गः ।

मन्थरा त्वभ्यसूय्यैनामुत्सृज्याभरणं हि तत् । उवाचेदं ततो वाक्यं कोपदुःखसमन्विता ॥ १
हर्षं किमर्थमस्थाने कृतवत्यसि बालिशे । शोकसागरमध्यस्थं नात्मानमवबुध्यसे ॥ २
मनसा प्रसहामि त्वां देवि दुःखार्दिता सती । यच्छोचितव्ये हृष्टासि प्राप्य त्वं व्यसनं महत् ॥ ३
शोचामि दुर्मतित्वं ते का हि प्राज्ञा प्रहर्षयेत् । अरेः सपत्नीपुत्रस्य वृद्धिं मृत्योरिवागताम् ॥ ४
भरतादेव रामस्य राज्यसाधारणाद्भयम् । तद्विचिन्त्य विषण्णास्मि भयं भीताद्धि जायते ॥ ५
लक्ष्मणो हि महाबाहू रामं सर्वात्मना गतः । शत्रुघ्नश्चापि भरतं काकुत्स्थं लक्ष्मणो यथा ॥ ६
प्रत्यासन्नक्रमेणापि भरतस्यैव भामिनी । राज्यक्रमो विसृष्टस्तु तयोस्तावद्यवीयसोः ॥ ७
विदुषः क्षत्रचारित्रे प्राज्ञस्य प्राप्तकारिणः । भयात्प्रवेपे रामस्य चिन्तयन्ती तवात्मजम् ॥ ८
सुभगा किल कौसल्या यस्याः पुत्रोऽभिषेक्ष्यते । यौवराज्येन महता श्वः पुष्येण द्विजोत्तमैः ॥ ९
प्राप्तां वसुमतीं प्रीतिं प्रतीतां हतविद्विषम् । उपस्थास्यसि कौसल्यां दासीव त्वं कृताञ्जलिः ॥ १०
एवं च त्वं सहास्माभिस्तस्याः प्रेष्या भविष्यसि । पुत्रस्य तव रामस्य प्रेष्यत्वं हि गमिष्यति ॥ ११
हृष्टाः खलु भविष्यन्ति रामस्य परमाः स्त्रियः । अप्रहृष्टा भविष्यन्ति स्नुषास्ते भरतक्षये ॥ १२
तां दृष्ट्वा परमप्रीतां ब्रुवन्तीं मन्थरां ततः । रामस्यैव गुणान्देवी कैकेयी प्रशशंस ह ॥ १३
धर्मज्ञो गुणवान्दान्तः कृतज्ञः सत्यवाञ्छुचिः । रामो राजसुतो ज्येष्ठो यौवराज्यमतोऽर्हति ॥ १४
भ्रातॄन्भृत्यांश्च दीर्घायुः पितृवत्पालयिष्यति । संतप्यसे कथं कुब्जे श्रुत्वा रामाभिषेचनम् ॥ १५
भरतश्चापि रामस्य ध्रुवं वर्षशतात्परम् । पितृपैतामहं राज्यमवाप्स्यति नरर्षभः ॥ १६
सा त्वमभ्युदये प्राप्ते दह्यमानेव मन्थरे । भविष्यति च कल्याणे किमिदं परितप्यसे ॥ १७
यथा वै भरतो मान्यस्तथा भूयोऽपि राघवः । कौसल्यातोऽतिरिक्तं च मम शुश्रूषते बहु ॥ १८

अथ 'चलं चित्तं मनुष्याणाम्' इति न्यायेन द्विस्त्रिर्मन्थरया हितवदुपदेशात्कल्याणमतेरपि कैकेय्याश्चित्तं चलितमित्याह—मन्थरा त्विति । अभ्यसूय्यासूयाविषयां कृत्वा । हिताश्रवणात्कोपः । एतदहितं जायते इति दुःखम् । तत्समन्वितेव ॥ १ ॥ अस्थाने तदनुचितकाले । बालिशे मूर्खे । शोककाले हर्षोदयात् ॥ २ ॥ मनसेति । अत इत्यादिः । दुःखार्दिता सती तावकदुःखेन पीडिता सती प्रसहामीत्यन्वयः । व्यसनं विपदम् ॥ ३ ॥ मतेर्दुष्टत्वमनर्थकरे प्रियताविषयत्वम् । प्रहर्षयेत्प्रहृष्येत् । अरित्वे हेतुः सपत्नीपुत्रत्वम् । मृत्योर्वृद्धिमिव । तस्य वृद्धिं दृष्ट्वेति शेषः ॥ ४ ॥ मृत्योरिवेति व्युत्पादयति—भरतादिति । रामस्य भरतादेव भयमस्ति । तत्र हेतुः—राज्यसाधारणाद्राज्यरूपसाधारणभोग्याद्धेतोः । तद्भरतहेतुकं रामभयम् । हि यतो भीताद्भयं जायते । यो यस्माद्भीतस्तस्मात्पदस्थात्तस्य भयं भवत्येव । एवं च राज्यस्य निष्कण्टकत्वाय स्वभयहेतुं भरतं राज्यं प्राप्य रामः सर्वथा नाशयिष्यतीति भावः ॥ ५ ॥ ननु भरतादेवेत्यवधारणमुक्तमत आह—लक्ष्मणो हीति । सर्वात्मना गतो मनोवाक्कायव्यापारै रामेणैक्यं गतोऽतो न ततो भीप्रसङ्गः । शत्रुघ्नस्यापि भरतशेषतया न ततः पृथग्भीप्रसङ्गः, तन्नाशेनैव तन्नाशादिति भावः ॥ ६ ॥ भरतादेवेत्यवधारणे हेत्वन्तरमाह—प्रत्यासन्नेति । प्रत्यासन्नो यः क्रम उत्पत्तिक्रमस्तेनापि हेतुना भरतस्यैव राज्यक्रमस्तदाक्रमणं प्रसक्तम् । तयोस्तु यवीयस्त्वात्स विसृष्टो दूरत्यक्त इत्यर्थः ॥ ७ ॥ पुना रामाद्भयमुपसंहरति—विदुष इति । विदुषः सर्वशास्त्रज्ञस्य । विशिष्य क्षत्रचारित्रे बलसंपाद्ये संधिविग्रहादिप्रयोगे च प्राज्ञस्य प्राप्तकारिणः । अविलम्बेन कालोचितकर्तव्यार्थकारिणो रामस्य । त्वदात्मजं प्रति भाव्यनर्थं चिन्तयन्ती तन्निमित्ताद्भयात्प्रवेपे कम्पे ॥ ८ ॥ एवं पुत्रानर्थं प्रदर्श्य तस्या अप्यनर्थं दर्शयितुं कौसल्यार्थमाह—सुभगेति । यौवराज्येनेति हेतौ तृतीया । पुष्येण पुष्ये ॥ ९ ॥ वसुमतीं प्राप्तां तत्प्राप्तिनिमित्तां प्रीतिं च प्राप्ताम् । हता युष्मदादिसपत्नीरूपा विद्विषो यया ताम् । अत एव प्रतीतां प्रसिद्धाम् । उपस्थास्यसि गत्वा सेविष्यसे ॥ १० ॥ अयमनर्थो ममापीत्याह—एवं चेति ॥ ११ ॥ परमाः स्त्रिय इति बहुवचनेन सीतासख्यः । भरतक्षये भरतप्रभावनाशे ॥ १२ ॥ एवं द्विःकृतोपतापितापि कैकेयी निसर्गपुण्यस्वभावान्न चचालेत्याह—तामित्यादि । परमप्रीतां परं रामे प्रीतामित्यर्थः । देवी पुण्यस्वभावा ॥ १३ ॥ मन्थरोक्तयुक्तीः प्रतिक्षिपति—धर्मज्ञ इति । दान्तः शिक्षितः । कृतज्ञ इत्यनेन बाल्ये स्वकृतपालनाद्युपकारस्मरणेन स्वानिष्टशङ्कानिरासः । ज्येष्ठ इत्यनेन तस्यैव राज्ययोग्यतेति साधारण्यं परिहृतम् ॥ १४ ॥ भरतानर्थोऽपि नेत्याह—भ्रातॄनिति । कथम् । व्यर्थमेवेत्यर्थः ॥ १५ ॥ पितृवद्भ्रातृनविभागेन पालयतो रामस्य वर्षशतात्परमपि यदा विभागेच्छा तदा भरतो राज्यमवाप्स्यति । ध्रुवापिशब्दाभ्यां लक्ष्मणशत्रुघ्नयोरपि राज्यप्राप्तिर्ध्रुवेति सूचितम् ॥ १६ ॥ अभ्युदये रामाभिषेकरूप उत्सवे । कल्याणे भरताभिषेकरूपे कियता कालेन भविष्यति ॥ १७ ॥ मान्यः प्रार्थनीयश्रेयस्कः ।

राज्यं यदि हि रामस्य भरतस्यापि तत्तदा । मन्यते हि यथात्मानं तथा भ्रातॄंस्तु राघवः ॥ १९
कैकेय्या वचनं श्रुत्वा मन्थरा भृशदुःखिता । दीर्घमुष्णं विनिःश्वस्य कैकेयीमिदमब्रवीत् ॥ २०
अनर्थदर्शिनी मौर्ख्यान्नात्मानमवबुध्यसे । शोकव्यसनविस्तीर्णे मज्जन्ती दुःखसागरे ॥ २१
भविता राघवो राजा राघवस्य च यः सुतः । राजवंशात्तु भरतः कैकेयि परिहास्यते ॥ २२
नहि राज्ञः सुताः सर्वे राज्ये तिष्ठन्ति भामिनि । स्थाप्यमानेषु सर्वेषु सुमहाननयो भवेत् ॥ २३
तस्माज्ज्येष्ठे हि कैकेयि राज्यतन्त्राणि पार्थिवाः । स्थापयन्त्यनवद्याङ्गि गुणवत्स्वितरेष्वपि ॥ २४
असावत्यन्तनिर्भग्नस्तव पुत्रो भविष्यति । अनाथवत्सुखेभ्यश्च राजवंशाच्च वत्सले ॥ २५
साहं त्वदर्थे संप्राप्ता त्वं तु मां नावबुध्यसे । सपत्निवृद्धौ या मे त्वं प्रदेयं दातुमर्हसि ॥ २६
ध्रुवं तु भरतं रामः प्राप्य राज्यमकण्टकम् । देशान्तरं नाययिता लोकान्तरमथापि वा ॥ २७
बाल एव तु मातुल्यं भरतो नायितस्त्वया । संनिकर्षाच्च सौहार्दं जायते स्थावरेष्विव ॥ २८
भरतानुवशात्सोऽपि शत्रुघ्नस्तत्समं गतः । लक्ष्मणो हि यथा रामं तथायं भरतं गतः ॥ २९
श्रूयते हि द्रुमः कश्चिच्छेत्तव्यो वनजीवनैः । संनिकर्षादिषीकाभिर्मोचितः परमाद्भयात् ॥ ३०
गोप्ता हि रामं सौमित्रिर्लक्ष्मणं चापि राघवः । अश्विनोरिव सौभ्रात्रं तयोर्लोकेषु विश्रुतम् ॥ ३१
तस्मान्न लक्ष्मणे रामः पापं किंचित्करिष्यति । रामस्तु भरते पापं कुर्यादेव न संशयः ॥ ३२
तस्माद्राजगृहादेव वनं गच्छतु राघवः । एतद्धि रोचते मह्यं भृशं चापि हितं तव ॥ ३३
एवं ते ज्ञातिपक्षस्य श्रेयश्चैव भविष्यति । यदि चेद्भरतो धर्मात्पित्र्यं राज्यमवाप्स्यति ॥ ३४
स ते सुखोचितो बालो रामस्य सहजो रिपुः । समृद्धार्थस्य नष्टार्थो जीविष्यति कथं वशे ॥ ३५

तथा तद्वत् । यद्वा भूयोऽप्यभ्यधिकमपि । तत्र हेतुः—कौसल्यात इति । अतिरिक्तमधिकम् ॥ १८ ॥ संप्रत्यपि भरतस्य राज्यमस्त्येवेत्याह—राज्यमिति ॥ १९ ॥ एवं राज्यापहारं परिहृतवतीं कैकेयीं मन्थरा तृतीयपर्यायेण पुनर्भेदयति—कैकेय्या इति ॥ २० ॥ अनर्थदर्शिनी । अर्थस्यैवानर्थत्वेन दर्शनशीला । शोक इष्टवियोगजः । अनिष्टाप्तिजं दुःखं व्यसनम् । ताभ्यां विस्तीर्णे व्याप्ते । सकलदुःखसमष्टिर्दुःखसागरस्तत्र मज्जन्ती त्वमात्मानं नावबुध्यस इत्यर्थः ॥ २१ ॥ कुत एवं वारंवारं कथयसीत्यत्राह—भवितेति । परिहास्यते हीनो भविष्यति । भरततत्सुतादे राज्यहान्यैवं दुःखं कथयामीति भावः ॥ २२ ॥ तत्र हेतुमाह—नहीति । सर्वेषां राज्ये स्थितौ बाधकमाह—स्थाप्यमानेष्विति । अनयोऽन्याय ईर्ष्यया परस्परप्रजापीडनरूपः ॥ २३ ॥ राज्यतन्त्राणि राज्यनिर्वहणक्षमाधिकारप्राधान्यानि । सर्वनिरूपितप्राधान्याश्रयत्वमेकस्यैवेति भावः । ज्येष्ठस्यागुणवत्त्वे तु गुणवत्कनीयःस्वपि ॥ २४ ॥ यदेवमतोऽसाविति । निर्भग्नो हीनः सुखेभ्यो राजवंशाच्च निर्भग्नो भविष्यतीत्यन्वयः । वत्सले सर्वत्र दयाशीले ॥ २५ ॥ त्वदर्थे त्वत्पुत्रराज्यभ्रंशे प्राप्ते तत्परिहारकथनार्थम् । सपत्निवृद्धावित्यार्षो ह्रस्वः । प्रदेयं पारितोषिकम् । अतो मां त्वमलुब्धा स्वहिते इति न बुध्यसे इत्यर्थः ॥ २६ ॥ नाययिता । लुट् । लोकान्तरमिति । हनिष्यतीति यावत् ॥ २७ ॥ यस्तु रामे राज्ञः पक्षपातः, स भरतासंनिधानतः । तच्च त्वयैव कृतमित्याह—बाल एवेति । मातुल्यं मातुलगृहम् । ननु किं तावतात आह—संनिकर्षादिति । स्थावरेषु तृणगुल्मलतावृक्षादिषु । तत्र सौहार्दमन्योन्याश्लेषरूपम् । एवं च भरतस्थितौ विभज्य समं राज्यलाभः स्यादिति भावः ॥ २८ ॥ शत्रुघ्नस्थितौ वा भरतकार्यस्य न नाशः स्यात् । सोऽपि दैववशान्नत इत्याह—भरतानुवशादिति । 'शत्रुघ्नोऽपि समं गतः' इति पाठेऽनुवशादनुरोधवशादित्यर्थः । आद्योऽपिरत्रैव योज्यः । अनुवशादपि । अपिना दैववशाच्चेत्यर्थः । गतः । एकहृदयतयेति शेषः ॥ २९ ॥ कस्यचित्संनिकर्षात्कस्यचिदनर्थनिवृत्तिर्लोकदृष्टेत्यत आह—श्रूयते हीति । छेत्तव्यः प्राप्तच्छेदनकालः । इषीकाभिः कण्टकबहुलगुल्मैः संनिकर्षात्परितः परिवारणरूपात् । भयाच्छेदनरूपात् । स्वस्य सदान्तःपुरवर्तित्वेन श्रूयते हीत्युक्तिः ॥ ३० ॥ नन्वेष दोषो लक्ष्मणस्यापि समानोऽत आह—गोप्ता हीति ॥ ३१ ॥ पापं वधम् ॥ ३२ ॥ तस्माद्वधसंभावनासत्त्वात् । राजगृहाद्राजगृहाख्यान्मातुलनगरात् । एतदेव मह्यं रोचते । त्वदिष्टत्वात् । एकपुत्रायाः पुत्रमरणापेक्षया वने पुत्रजीवनं सम्यक् । तदेवाह—भृशं तव हितमेतत् । 'जीवन्भद्राणि पश्यति' इति न्यायात् ॥ ३३ ॥ एवमेवं सति मातुलगृहादेव वनगमने सति ते ज्ञातिपक्षस्यास्मदादेः श्रेयश्च भविष्यत्येव । श्रेयो जीवनरूपं कल्याणम् । चात्सुखम् । भरताद्वनस्थादपि भयशङ्कयास्मदादिपीडायाः कर्तुमशक्यत्वादिति भावः । यदि चेदिति । यदि वेत्यर्थः । धर्मात्पितृदीयमानत्वरूपात् । तदा वा ज्ञातिपक्षस्य श्रेय इत्यर्थः । यद्वा एवमेव ते पक्षस्य श्रेयो भविष्यति । एवमेवेत्येतदुपपादयति—यदि चेति ॥ ३४ ॥ अन्यथा दुःखमेवेत्याह—स ते इति । समृद्धार्थस्य रामस्य वशे स्थितो नष्टार्थः

अभिद्रुतमिवारण्ये सिंहेन गजयूथपम् । प्रच्छाद्यमानं रामेण भरतं त्रातुमर्हसि ॥ ३६
दर्पान्निराकृता पूर्वं त्वया सौभाग्यवत्तया । राममाता सपत्नी ते कथं वैरं न यापयेत् ॥ ३७
यदा च रामः पृथिवीमवाप्स्यते प्रभूतरत्नाकरशैलसंयुताम् ।
तदा गमिष्यस्यशुभं पराभवं सहैव दीना भरतेन भामिनि ॥ ३८
यदा हि रामः पृथिवीमवाप्स्यते ध्रुवं प्रणष्टो भरतो भविष्यति ।
अतो हि संचिन्तय राज्यमात्मजे परस्य चैवास्य विवासकारणम् ॥ ३९

इत्यार्षे श्रीमद्रामायणे वाल्मीकीय आदिकाव्येऽयोध्याकाण्डेऽष्टमः सर्गः ॥ ८ ॥

नवमः सर्गः ।

एवमुक्ता तु कैकेयी क्रोधेन ज्वलितानना । दीर्घमुष्णं विनिःश्वस्य मन्थरामिदमब्रवीत् ॥ १
अद्य राममितः क्षिप्रं वनं प्रस्थापयाम्यहम् । यौवराज्येन भरतं क्षिप्रमद्याभिषेचये ॥ २
इदं त्विदानीं संपश्य केनोपायेन साधये । भरतः प्राप्नुयाद्राज्यं न तु रामः कथंचन ॥ ३
एवमुक्ता तु सा देव्या मन्थरा पापदर्शिनी । रामार्थमुपहिंसन्ती कैकेयीमिदमब्रवीत् ॥ ४
हन्तेदानीं प्रपश्य त्वं कैकेयि श्रूयतां वचः । यथा ते भरतो राज्यं पुत्रः प्राप्स्यति केवलम् ॥ ५
किं न स्मरसि कैकेयि स्मरन्ती वा निगूहसे । यदुच्यमानमात्मार्थं मत्तस्त्वं श्रोतुमिच्छसि ॥ ६
मयोच्यमानं यदि ते श्रोतुं छन्दो विलासिनि । श्रूयतामभिधास्यामि श्रुत्वा चैतद्विधीयताम् ॥ ७
श्रुत्वैवं वचनं तस्या मन्थरायास्तु कैकयी । किंचिदुत्थाय शयनात्स्वास्तीर्णादिदमब्रवीत् ॥ ८
कथयस्व ममोपायं केनोपायेन मन्थरे । भरतः प्राप्नुयाद्राज्यं न तु रामः कथंचन ॥ ९
एवमुक्ता तदा देव्या मन्थरा पापदर्शिनी । रामार्थमुपहिंसन्ती कैकेयीमिदमब्रवीत् ॥ १०
पुरा देवासुरे युद्धे सह राजर्षिभिः पतिः । अगच्छत्त्वामुपादाय देवराजस्य साह्यकृत् ॥ ११
दिशमास्थाय कैकेयि दक्षिणां दण्डकान्प्रति । वैजयन्तमिति ख्यातं पुरं यत्र तिमिध्वजः ॥ १२
स शम्बर इति ख्यातः शतमायो महासुरः । ददौ शक्रस्य सङ्ग्रामं देवसङ्घैरनिन्दितः ॥ १३
तस्मिन्महति सङ्ग्रामे पुरुषान्क्षतविक्षतान् । रात्रौ प्रसुप्तान्घ्नन्ति स्म तरसापास्य राक्षसाः ॥ १४

कथं जीविष्यतीत्यर्थः ॥ ३५ ॥ तस्मादरण्ये सिंहेनाभिद्रुतं गजयूथपमिव राज्यप्राप्त्या प्रबलेन रामेण प्रच्छाद्यमानमभिभूयमानं भरतं तदभिषेकनिरोधेन त्रातुमर्हसि ॥ ३६ ॥ अन्यथा तवाप्यनर्थ इत्याह—दर्पादिति । सौभाग्यवत्ता पतिवात्सल्यम् । वैरयापनं वैरशुद्धि त्वयि दास्यसंपादनेन कथं न कुर्यादित्यर्थः । 'पातयेत्' इति पाठेऽप्ययमेवार्थः ॥ ३७ ॥ अशुभं पराभवं दास्यम् ॥ ३८ ॥ एवं यतः सपुत्रायास्तेऽनर्थः, अत एवात्मजे राज्यं राज्यप्राप्तिकारणं चिन्तय । 'शत्रुशेषो न स्थाप्यः' इति न्यायेन परस्यास्य रामस्य चालक्ष्मणसीतयोर्विवासकारणं च चिन्तय ॥ ३९ ॥ इति श्रीरामाभिरामे श्रीरामीये रामायणतिलके वाल्मीकीय आदिकाव्येऽयोध्याकाण्डेऽष्टमः सर्गः ॥ ८ ॥

एवं त्रिवारोपदेशेन दुष्टेऽसत्य एवार्थे उपादेयत्वसत्यत्वनिश्चयात्स्वकार्याय दैवेश्च क्षुभितचित्तायास्तदुपायप्रश्नमाह—एवमिति ॥ १ ॥ प्रस्थापयामि प्रस्थापनोद्यमं करोमि । एवमभिषेचये इत्यपि ॥ २ ॥ अथ तदुपायं पृच्छति—इदं त्विति । उत्तरार्धार्थं केनोपायेन साधये इदमिदानीं संपश्य विचारय । उत्साहमात्रेण नेदं साध्यमिति भावः ॥ ३ ॥ रामार्थं लोकदृष्ट्या रामहितमभिषेकरूपमर्थम् ॥ ४ ॥ त्वं प्रपश्य । मत्सामर्थ्यमिति शेषः । 'प्रवक्ष्यामि' इति पाठान्तरम् । श्रूयताम् । मद्वच इति शेषः । चस्त्वर्थे । केवलं भरतो न तु राम इत्यर्थः । यद्वाहं वक्ष्याम्येवोपायम् । त्वमपि प्रपश्य विचारय ॥ ५ ॥ ननु मम न प्रतिभाति तदुपाय इति तत्राह—किं नेति । स्मृत्वा वा संमतये मन्मुखाच्छ्रवणाय निगूहसे । यद्यत आत्मार्थमात्मप्रयोजनोपायमुच्यमानम् । वर्तमानसामीप्ये लट् । त्वयानैकश उक्तमपि मत्तः श्रोतुमिच्छसि ॥ ६ ॥ छन्द इच्छा । विधीयतां क्रियताम् । विमृश्योक्तं चेत्क्रियताम् ॥ ७ ॥ श्रवणेऽनुष्ठाने चोत्साहं दर्शयति—उत्थायेत्यादि ॥ ८ ॥ ९ ॥ १० ॥ देवासुरे देवासुरसंबन्धिनि । उपादाय गृहीत्वा । साह्यं सहायत्वम् ॥ ११ ॥ दक्षिणां दिशमास्थाय स्थितान्दण्डकाजनपदान्प्रति तत्संबन्धि वैजयन्तमिति पुरं ख्यातं यत्र तिमिध्वजो नाम राजाभवत् ॥ १२ ॥ स एव लोके शम्बर इति ख्यातः । देवसङ्घैः सहितस्य शक्रस्य ॥ १३ ॥ क्षतैरस्त्रशस्त्रवेधैर्विक्षतान्विशेषेण विद्धान् । रात्रौ प्रसुप्तान्दिनकृ-

तत्राकरोन्महायुद्धं राजा दशरथस्तदा । असुरैश्च महाबाहुः शस्त्रैश्च शकलीकृतः ॥ १५
अपवाह्य त्वया देवि सङ्ग्रामान्नष्टचेतनः । तत्रापि विक्षतः शस्त्रैः पतिस्ते रक्षितस्त्वया ॥ १६
तुष्टेन तेन दत्तौ ते द्वौ वरौ शुभदर्शने । स त्वयोक्तः पतिर्देवि यदिच्छेयं तदा वरम् ॥ १७
गृह्णीयां तु तदा भर्तस्तथेत्युक्तं महात्मना । अनभिज्ञा ह्यहं देवि त्वयैव कथितं पुरा ॥ १८
कथैषा तव तु स्नेहान्मनसा धार्यते मया । रामाभिषेकसंभारान्निगृह्य विनिवर्तय ॥ १९
तौ च याचस्व भर्तारं भरतस्याभिषेचनम् । प्रव्राजनं च रामस्य वर्षाणि च चतुर्दश ॥ २०
चतुर्दश हि वर्षाणि रामे प्रव्राजिते वनम् । प्रजाभावगतस्नेहः स्थिरः पुत्रो भवष्यति ॥ २१
क्रोधागारं प्रविश्याद्य क्रुद्धेवाश्वपतेः सुते । शेष्वानन्तर्हितायां त्वं भूमौ मलिनवासिनी ॥ २२
मास्मैनं प्रत्युदीक्षेथा मा चैनमभिभाषथाः । रुदन्ती पार्थिवं दृष्ट्वा जगत्यां शोकलालसा ॥ २३
दयिता त्वं सदा भर्तुरत्र मे नास्ति संशयः । त्वत्कृते च महाराजो विशेदपि हुताशनम् ॥ २४
न त्वां क्रोधयितुं शक्तो न क्रुद्धां प्रत्युदीक्षितुम् । तव प्रियार्थं राजा तु प्राणानपि परित्यजेत् ॥ २५
न ह्यतिक्रमितुं शक्तस्तव वाक्यं महीपतिः । मन्दस्वभावे बुध्यस्व सौभाग्यबलमात्मनः ॥ २६
मणिमुक्तासुवर्णानि रत्नानि विविधानि च । दद्याद्दशरथो राजा मा स्म तेषु मनः कृथाः ॥ २७
यौ तौ देवासुरे युद्धे वरौ दशरथो ददौ । तौ स्मारय महाभागे सोऽर्थो न त्वा क्रमेदति ॥ २८
यदा तु ते वरं दद्यात्स्वयमुत्थाप्य राघवः । व्यवस्थाप्य महाराजं त्वमिमं वृणुया वरम् ॥ २९
रामप्रव्राजनं दूरं नव वर्षाणि पञ्च च । भरतः क्रियतां राजा पृथिव्यां पार्थिवर्षभ ॥ ३०
चतुर्दश हि वर्षाणि रामे प्रव्राजिते वनम् । रूढश्च कृतमूलश्च शेषं स्थास्यति ते सुतः ॥ ३१
रामप्रव्राजनं चैव देवि याचस्व तं वरम् । एवं सेत्स्यन्ति पुत्रस्य सर्वार्थास्तव कामिनि ॥ ३२
एवं प्रव्राजितश्चैव रामोऽरामो भविष्यति । भरतश्च गतामित्रस्तव राजा भविष्यति ॥ ३३

तयुद्धभ्रान्त्या । अपास्यास्तरणादाकृष्य ॥ १४ ॥ तत्र तद्रात्र्यां शकलीकृतः सर्वाङ्गेषु विक्षतः ॥ १५ ॥ त्वया सारथ्यं कुर्वाणयापवाह्य सङ्ग्रामादन्यत्र नीत्वा तत्रापि तादृशापत्कालेऽपि शस्त्रैर्विक्षतोऽत एव नष्टचेतनो मूर्च्छितस्ते पतिस्त्वया रक्षित इत्यन्वयः । केचित्तु—सङ्ग्रामादपवाह्य मूर्च्छितस्ते पतिस्त्वया रक्षितः, तत्रापि दूरपातिभिरसुरीयैः शस्त्रैर्विक्षतस्ततोऽप्यन्यत्रापवाह्य रक्षितः । एवं द्विः प्राणरक्षणतोषेण वरद्वयदानमित्याहुः ॥ १६ ॥ तेन राज्ञा । यद्यदेच्छेयं भर्तस्तदा वरं गृह्णीयां तु इत्यन्वयः ॥ १७ ॥ तदा महात्मना राज्ञा तथेत्युक्तम् । अनभिज्ञा । अस्याः कथाया इति शेषः ॥ १८ ॥ निगृह्य भर्तारं वरबलेन निगृह्याभिषेकसंभारान्निवर्तय । अभिषेकरूपफलादिति शेषः ॥ १९ ॥ निवृत्तिप्रकारमाह—ताविति । तेन च दानेऽनुमते ताभ्यां क्रमेण भरताभिषेचनरामप्रव्राजन वृणिवति शेषः ॥ २० ॥ चतुर्दशसंख्याफलमाह—चतुर्दशेति । प्रजानां भावेऽन्तःकरणे गतः प्राप्तः स्नेहो यस्य तादृशस्ते पुत्रः स्थिरो राज्ये भविष्यति ॥ २१ ॥ वरदानप्रवर्तनोपायमाह—क्रोधागारमिति । क्रोधवतीनां शयनस्थानं क्रोधागारम् । क्रुद्धेव । इवशब्द एवार्थे । क्रुद्धैव सत्युक्तं क्रोधहेतुं शतशोन्यथा तत्सान्त्वनेऽप्यविस्मरन्ती । तदेव विवृणोति—शेष्वेति । अनास्तृतायां भूमौ शेष्वेत्यर्थः । मलिनवासिनी मलिनवस्त्रधरा सती ॥ २२ ॥ रुदन्तीत्यस्य भवेति शेषः । तं दृष्ट्वेति पूर्वार्धान्वयि ॥ २३ ॥ एवं सति सर्वथा कार्यसिद्धिर्भवत्येवेत्याह—दयितेति । त्वत्कृते त्वत्प्रीणननिमित्तम् ॥ २४ ॥ २५ ॥ ननूक्तमपि वाक्यं राजा चेन्न शृणुयात्तदा महती हानिः स्यात्तत्राह—न हीति । स्वसौभाग्यवैभवविस्मरणमूलिका ते एषा मदाशङ्केति भावः ॥ २६ ॥ वरदानातिरिक्तमनुनयं मा स्वीकुर्वित्याह—मणीत्यादि ॥ २७ ॥ सर्वानुनयानङ्गीकारे तर्हि दासेन मया किं कर्तव्यमिति राजप्रश्न उत्तरमुपदिशति—याविति । सोऽर्थो रामविवासनभरताभिषेकरूपोऽर्थः । त्वा । त्वामित्यर्थः । 'मा त्वा' इति पाठे मातिक्रमेत् । तमर्थं मा विस्मरेत्यर्थः । 'नातिक्रामेदति' इति पाठे सर्वथा सिद्ध्यत्येव राज्ञः सत्यप्रतिज्ञत्वादित्याशय इति कतकः ॥ २८ ॥ राघवो दशरथः । उत्थाप्य । त्वामिति शेषः । ते तुभ्यम् । तदा त्वं महाराजं व्यवस्थाप्य शपथैः सत्ये स्थापयित्वा ॥ २९ ॥ वरमभिनयति—रामेति ॥ ३० ॥ सर्वथा प्रव्राजनस्यातिघोरतया लोकविरुद्धत्वं मत्वाह—चतुर्दशेति । यथा चतुर्दशवर्षं पालितः प्ररूढशाखः कृतमूलो दृढमूलो वृक्षो दुरुन्मूलो भवति, एवं भरतस्तावता कालेन रूढो दृढराज्यः कृतमूलो वशीकृतमूलबलश्चतुर्दशोत्तरशेषायुःकालं स्थास्यत्येव । न तु पुनरागतेनापि रामेण शक्योन्मूलनो भविष्यति, न च रामस्य राज्यप्रत्याशेति तात्पर्यम् ॥ ३१ ॥ तं राजानम् ॥ ३२ ॥ रामः अराम इति च्छेदः । अप्रियः प्रजानां भवि-

येन कालेन रामश्च वनात्प्रत्यागमिष्यति । अन्तर्बहिश्च पुत्रस्ते कृतमूलो भविष्यति ॥ ३४
संगृहीतमनुष्यश्च सुहृद्भिः साकमात्मवान् । प्राप्तकालं नु मन्येऽहं राजानं [illegible]तसाध्वसा ॥ ३५
रामाभिषेकसंकल्पान्निगृह्य विनिवर्तय । अनर्थमर्थरूपेण ग्राहिता सा ततस्तया ॥ ३६
हृष्टा प्रतीता कैकेयी मन्थरामिदमब्रवीत् । सा हि वाक्येन कुब्जायाः किशोरीवोत्पथं गता ॥ ३७
कैकेयी विस्मयं प्राप्य परं परमदर्शना । प्रज्ञां ते नावजानामि श्रेष्ठे श्रेष्ठाभिधायिनि ॥ ३८
पृथिव्यामसि कुब्जा[illegible] बुद्धिनिश्चये । त्वमेव तु ममार्थेषु नित्ययुक्ता हितैषिणी ॥ ३९
नाहं [illegible]यं कुब्जे राज्ञश्चिकीर्षितम् । सन्ति दुःसंस्थिताः कुब्जे वक्राः परमपापिकाः ॥ ४०
त्वं पद्ममिव वातेन संनता प्रियदर्शना । उरस्तेऽभिनिविष्टं वै यावत्स्कन्धात्समुन्नतम् ॥ ४१
अधस्ताच्चोदरं शान्तं सुनाभमिव लज्जितम् । प्रतिपूर्णं च जघनं सुपीनौ च पयोधरौ ॥ ४२
विमलेन्दुसमं वक्त्रमहो राजसि मन्थरे । जघनं तव निर्मृष्टं रशनादामभूषितम् ॥ ४३
जङ्घे भृशमुपन्यस्ते पादौ च व्यायतावुभौ । त्वमायताभ्यां सक्थिभ्यां मन्थरे क्षौमवासिनि ॥ ४४
अग्रतो मम गच्छन्ती राजसेऽतीव शोभने । आसन्याः शम्बरे मायाः सहस्रमसुराधिपे ॥ ४५
हृदये ते निविष्टास्ता भूयश्चान्याः सहस्रशः । तदेव स्थगु यद्दीर्घं रथघोणमिवायतम् ॥ ४६
मतयः क्षत्रविद्याश्च मायाश्चात्र वसन्ति ते । अत्र तेऽहं प्रमोक्ष्यामि मालां कुब्जे हिरण्मयीम् ॥ ४७
अभिषिक्ते च भरते राघवे च वनं गते । जात्येन च सुवर्णेन सुनिष्टप्तेन सुन्दरि ॥ ४८
लब्धार्था च प्रतीता च लेपयिष्यामि ते स्थगु । मुखे च तिलकं चित्रं जातरूपमयं शुभम् ॥ ४९

ष्यतीत्यर्थः ॥ ३३ ॥ अन्तर्बहिश्च । प्रकृतीनामिति शेषः । चिरसंयोगाद्भरते स्नेहानां वृद्धिश्चिरविप्रयोगतश्च रामे स्नेहनाश इति भावः ॥ ३४ ॥ कृतमूलत्वमेव विवृणोति—संगृहीतेति । सम्यक्पालनेनानुरञ्जितमनुष्य इत्यर्थः । सुहृद्भिः साकं कृतमूलो भविष्यतीति पूर्वेणान्वयः । अभिषेकतो निवर्तनं प्राप्तकालं मन्य इत्यर्थः । अभिषेकनिवर्तनस्यायमेव काल इति भावः । तस्माद्राजानं तदभिषेकान्निवर्तयेत्यन्वयः ॥ ३५॥३६॥ प्रतीताऽङ्गीकृततदर्था । कैकेयी केकयराजकन्या । किशोरी बालवत्सा वडवा । सा यथा स्वकिशोरार्थं उत्पथं गच्छति कशाहस्तेनारूढापि, तथेयं राजाधीनापि भरतार्थं उन्मार्गं गतेत्यर्थः ॥ ३७ ॥ परं विस्मयं प्राप्ता परमदर्शनात्यन्तविशेषदर्शनवती । यद्वा परमत्यर्थमदर्शना विरुद्धदर्शना मन्थरामिदमब्रवीदित्यन्वयः । अत्र कैकेयी तन्नामिका । श्रेष्ठाभिधायिनि । हितोपदेशकुशले इति यावत् । अतएव ते प्रज्ञां नावजानामीत्यर्थः । 'कुब्जे त्वां नाभिजानामि' इति पाठे श्रेष्ठाभिधायिनीत्वादिविशिष्टां नाज्ञासिषमित्यर्थः ॥ ३८ ॥ कुब्जानां कुब्जत्वविशिष्टराजदासीनां मध्ये । बुद्धिनिश्चये बुद्धिविषयकार्याकार्यनिश्चय उत्तमा । ईदृश्य एव दास्यो राजपत्नीनामिष्टाः । सुरूपासु सापत्न्यस्फूर्तेः । श्रेष्ठत्वमभिधाय श्रेष्ठाभिधायिनीत्वमुपपादयति—त्वमेवेति । हितैषिणीच्छापूर्वं हितवक्त्री ॥ ३९ ॥ समवबुद्ध्येयम् । त्वत्कृतबोधनाभावे इति शेषः । चिकीर्षितं रामाभिषेकाय भरतस्य विवासनादि कैकेय्या एवं मतिकारणं कश्चित्पठ्यते—'न हि तद्बुबुधे पापं शापदोषेण मोहिता । केकयेषु हि सा बाल्ये ब्राह्मणं रूक्षरूपिणम् ॥ असूयितवती बाला तेन शप्ता महात्मना । यस्मादसूयसे विप्रं त्वं रूपमददर्पिता ॥ तस्मादसूयां त्वमपि लोके प्राप्स्यसि कुत्सिताम् । इति शापसमाच्छन्ना मन्थरावशमागता ॥' इति । असूयामसूयाविषयताम् । अथ कुब्जां कुब्जान्तरवैलक्षण्येन स्तौति—सन्तीत्यादि । त्वद्व्यतिरिक्ता इति शेषः । दुःसंस्थिता दुःसंस्थावयवसंनिवेशाः । अत एव परमपापिकाः परमपापदर्शनाः ॥ ४० ॥ नैवं त्वमित्याह—त्वमिति । वातेन संनतं पद्ममिव त्वं संनतापि प्रियदर्शना । ते उरो वक्षोऽभिनिविष्टं स्थगुना व्याप्तम् । अतएव यावत्स्कन्धात्स्कन्धपर्यन्तमुन्नतमुरः । 'यावत्संस्थानमुन्नतम्' इति पाठे स्तनावधि समस्थानरूपसर्वसाधारणसंस्थानं यावत्समुन्नतम् । एतेन स्थगुमत्कुब्जत्वं प्रतिपादितम् ॥ ४१ ॥ अधस्ताद्वक्षसोऽधस्ताच्छोभननाभिमदुदरं लज्जितमिव शान्तम् । उरस उन्नतिं दृष्ट्वा लज्जितमिव । कृशमित्यर्थः । प्रतिपूर्णं विस्तीर्णम् ॥ ४२ ॥ हर्षातिशयाद्वर्णितमपि जघनं पुनर्वर्णयति—जघनमिति । निर्मृष्टं रोमादिकश्मलहीनम् । 'निर्घुष्टम्' इति पाठे रशनास्थक्षुद्रघण्टाभिः शब्दायमानम् ॥ ४३ ॥ उपन्यस्ते । जान्वोरिति शेषः । यद्वा लोकैः स्तुते सुन्दरत्वेन । सक्थिनी पृष्ठफलके इति कतकः ॥ ४४ ॥ 'राजहंसीव राजसे' इति क्वचित्पाठः । स्थगुं स्तोतुमुत्प्रेक्षते—आसन्निति ॥ ४५ ॥ यास्तास्तव हृदये निविष्टा मायास्तदेवेदं यद्दीर्घं स्थगिवत्यन्वयः । रथघोणं रथचक्रपिण्डिका तद्वदायतं विस्तीर्णम् ॥ ४६ ॥ अतोऽत्र मत्यादिकं वसति । यत एवमतोऽत्र मालां प्रमोक्ष्यामि । मतयो मतिस्मृतिबुद्धयः । 'स्मृतिर्व्यतीतविषया मतिरागामिगोचरा । बुद्धिस्तात्कालिकी ज्ञेया' इति । क्षत्रविद्या राजनीतिः । मायाः प्रसिद्धाः । अत्र स्थगुनि हृदिस्थविकृतोन्नतमांसास्थिपिण्डे ॥ ४७ ॥ जात्येनोत्तमेन सुनिष्टप्तेन संद्रुतेन सुवर्णेन निर्मिता हिरण्मयीं मालामिति संबन्धः ॥ ४८ ॥ लब्धार्था लब्धो-

कारयिष्यामि ते कुब्जे शुभान्याभरणानि च । परिधाय शुभे वस्त्रे देवतेव चरिष्यसि ॥ ५०
चन्द्रमाह्वयमानेन मुखेनाप्रतिमानना । गमिष्यसि गतिं मुख्यां गर्वयन्ती द्विषज्जने ॥ ५१
तवापि कुब्जाः कुब्जायाः सर्वाभरणभूषिताः । पादौ परिचरिष्यन्ति यथैव त्वं सदा मम ॥ ५२
इति प्रशस्यमाना सा कैकेयीमिदमब्रवीत् । शयानां शयने शुभ्रे वेद्यामग्निशिखामिव ॥ ५३
गतोदके सेतुबन्धो न कल्याणि विधीयते । उत्तिष्ठ कुरु कल्याणं राजानमनुदर्शय ॥ ५४
तथा प्रोत्साहिता देवी गत्वा मन्थरया सह । क्रोधागारं विशालाक्षी सौभाग्यमदगर्विता ॥ ५५
अनेकशतसाहस्रं मुक्ताहारं वराङ्गना । अवमुच्य वरार्हाणि शुभान्याभरणानि च ॥ ५६
तदा हेमोपमा तत्र कुब्जावाक्यवशंगता । संविश्य भूमौ कैकेयी मन्थरामिदमब्रवीत् ॥ ५७
इह वा मां मृतां कुब्जे नृपायावेदयिष्यसि । वनं तु राघवे प्राप्ते भरतः प्राप्स्यते क्षितिम् ॥ ५८
सुवर्णेन न मे ह्यर्थो न रत्नैर्न च भोजनैः । एष मे जीवितस्यान्तो रामो यद्यभिषिच्यते ॥ ५९

अथो पुनस्तां महिषीं महीक्षितो वचोभिरत्यर्थमहापराक्रमैः ।
उवाच कुब्जा भरतस्य मातरं हितं वचो राममुपेत्य चाहितम् ॥ ६०
प्रपत्स्यते राज्यमिदं हि राघवो यदि ध्रुवं त्वं ससुता च तप्स्यसे ।
ततो हि कल्याणि यतस्व तत्तथा यथा सुतस्ते भरतोऽभिषेक्ष्यते ॥ ६१
तथातिविद्धा महिषीति कुब्जया समाहता वागिषुभिर्मुहुर्मुहुः ।
विधाय हस्तौ हृदयेऽतिविस्मिता शशंस कुब्जां कुपिता पुनःपुनः ॥ ६२
यमस्य वा मां विषयं गतामितो निशम्य कुब्जे प्रतिवेदयिष्यसि ।
वनं गते वा सुचिराय राघवे समृद्धकामो भरतो भविष्यति ॥ ६३
अहं हि नैवास्तरणानि न स्रजो न चन्दनं नाञ्जनपानभोजनम् ।
न किंचिदिच्छामि न चेह जीवनं न चेदितो गच्छति राघवो वनम् ॥ ६४
अथैवमुक्त्वा वचनं सुदारुणं निधाय सर्वाभरणानि भामिनी ।
असंस्कृतामास्तरणेन मेदिनीं तदाधिशिश्ये पतितेव किंनरी ॥ ६५
उदीर्णसंरम्भतमोवृतानना तदावमुक्तोत्तममाल्यभूषणा ।
नरेन्द्रपत्नी विमना बभूव सा तमोवृता द्यौरिव मग्नतारका ॥ ६६

इत्यार्षे श्रीमद्रामायणे वाल्मीकीय आदिकाव्येऽयोध्याकाण्डे नवमः सर्गः ॥ ९ ॥

क्तार्था । अतएव प्रतीता संतुष्टा । लेपयिष्यामि । उत्तमचन्दनेनेति शेषः । यद्वा जात्याद्भुतस्वर्णकृतभूषणेन ते स्थगु लेपयिष्यामि । गुप्तं करिष्यामीत्यर्थः ॥ ४९ ॥ ५० ॥ आह्वयमानेन स्पर्धमानेन द्विषज्जने गर्वयन्ती गर्वं कुर्वन्ती । मुख्यां गतिं श्रैष्ठ्यम् ॥ ५१ ॥ ५२ ॥ ५३ ॥ एवं वृथावार्ताभिः कालात्ययो न कार्य इत्याह—गतेत्यादि । रामाभिषेके वृत्ते वरग्रहणादि व्यर्थमिति भावः । राजानमनुदर्शय । क्रोधागारे । आत्मानमिति शेषः ॥ ५४ ॥ ५५ ॥ अनेकशतसाहस्रं तावत्स्वर्णमूल्यम् । वरार्हाणि बहुमूल्यानि ॥ ५६ ॥ हेमोपमा स्वर्णवर्णा कैकेयी ॥ ५७ ॥ इह क्रोधागारे मदभीष्टासिद्धौ मदुपेक्षकाय राज्ञे दशरथाय मां मृतामावेदयिष्यसि । तुर्वार्थे । राघवे वनं प्राप्ते भरतः क्षितिं प्राप्स्यते वा । न तु पक्षान्तरमस्तीति भावः ॥ ५८ ॥ ५९ ॥ महापराक्रमैरतिक्रूरैः । भरतस्येष्टावृत्त्या हितान्यप्यपि । राममुपेत्य तं प्राप्य । अहितम् । रामविषये लोकदृष्ट्याहितमिति यावत् ॥ ६० ॥ ॥ ६१ ॥ कुब्जया मुहुर्मुहुरिति वागिषुभिः पूर्वोक्तैर्वचनरूपैर्बाणैः समाहता ताडितातिविद्धा चातिविस्मिता । राजा मामेवं प्रतारितवानितीति शेषः । शशंसोवाच ॥ ६२ ॥ निशम्य दृष्ट्वा । प्रतिवेदयिष्यसि । दशरथायेति शेषः ॥ ६३ ॥ नाञ्जनपानभोजनमिति समाहारद्वन्द्वः ॥ ६४ ॥ अथ क्रोधागारप्रवेशानन्तरम् । निधाय त्यक्त्वा । पुण्यक्षयाद्भूमौ पतिता किंनरीव ॥ ६५ ॥ उदीर्ण उत्कटः संरम्भः कोप एव तमस्तेन वृतं व्याप्तमाननं यस्याः । अवमुक्तानि त्यक्तान्युत्तममाल्यभूषणानि यया सा । विमना दुर्मनाः । मग्नतारका अस्तमिततारका । द्यौराकाशम् ॥ ६६ ॥ इति श्रीरामाभिरामे श्रीरामीये रामायणतिलके वाल्मीकीय आदिकाव्येऽयोध्याकाण्डे नवमः सर्गः ॥ ९ ॥

दशमः सर्गः।

विदर्शिता यदा देवी कुब्जया पापया भृशम्। तदा शेते स्म सा भूमौ दिग्धविद्धेव किंनरी ॥ १
निश्चित्य मनसा कृत्यं सा सम्यगिति भामिनी। मन्थरायै शनैः सर्वमाचचक्षे विचक्षणा ॥ २
सा दीना निश्चयं कृत्वा मन्थरावाक्यमोहिता। नागकन्येव निःश्वस्य दीर्घमुष्णं च भामिनी ॥ ३
मुहूर्तं चिन्तयामास मार्गमात्मसुखावहम्। सा सुहृच्चार्थकामा च तं निशम्य विनिश्चयम् ॥ ४
बभूव परमप्रीता सिद्धिं प्राप्येव मन्थरा। अथ सा रुषिता देवी सम्यक्कृत्वा विनिश्चयम् ॥ ५
संविवेशाबला भूमौ निवेश्य भ्रुकुटिं मुखे। ततश्चित्राणि माल्यानि दिव्यान्याभरणानि च ॥ ६
अपविद्धानि कैकेय्या तानि भूमिं प्रपेदिरे। तया तान्यपविद्धानि माल्यान्याभरणानि च ॥ ७
अशोभयन्त वसुधां नक्षत्राणि यथा नभः। क्रोधागारे च पतिता सा बभौ मलिनाम्बरा ॥ ८
एकवेणीं दृढां बद्ध्वा गतसत्त्वेव किंनरी। आज्ञाप्य तु महाराजो राघवस्याभिषेचनम् ॥ ९
उपस्थानमनुज्ञाप्य प्रविवेश निवेशनम्। अद्य रामाभिषेको वै प्रसिद्ध इति जज्ञिवान् ॥ १०
प्रियार्हां प्रियमाख्यातुं विवेशान्तःपुरं वशी। स कैकेय्या गृहं श्रेष्ठं प्रविवेश महायशाः ॥ ११
पाण्डुराभ्रमिवाकाशं राहुयुक्तं निशाकरः। शुकबर्हिसमायुक्तं क्रौञ्चहंसरुतायुतम् ॥ १२
वादित्ररवसंघुष्टं कुब्जावामनिकायुतम्। लतागृहैश्चित्रगृहैश्चम्पकाशोकशोभितैः ॥ १३
दान्तराजतसौवर्णवेदिकाभिः समायुतम्। नित्यपुष्पफलैर्वृक्षैर्वापीभिरुपशोभितम् ॥ १४
दान्तराजतसौवर्णैः संवृतं परमासनैः। विविधैरन्नपानैश्च भक्ष्यैश्च विविधैरपि ॥ १५
उपपन्नं महार्हैश्च भूषणैस्त्रिदिवोपमम्। स प्रविश्य महाराजः स्वमन्तःपुरमृद्धिमत् ॥ १६
न ददर्श स्त्रियं राजा कैकेयीं शयनोत्तमे। स कामबलसंयुक्तो रत्यर्थी मनुजाधिपः ॥ १७
अपश्यन्दयितां भार्यां पप्रच्छ विषसाद च। नहि तस्य पुरा देवी तां वेलामत्यवर्तत ॥ १८
न च राजा गृहं शून्यं प्रविवेश कदाचन। ततो गृहगतो राजा कैकेयीं पर्यपृच्छत ॥ १९
यथापुरमविज्ञाय स्वार्थलिप्सुमपण्डिताम्। प्रतीहारी त्वथोवाच संत्रस्ता तु कृताञ्जलिः ॥ २०
देव देवी भृशं क्रुद्धा क्रोधागारमभिद्रुता। प्रतीहार्या वचः श्रुत्वा राजा परमदुर्मनाः ॥ २१

अथोक्तानुवादपूर्वं राज्ञः कैकेयीदर्शनाद्याह—विदर्शिता विपरीतं बोधिता। दिग्धविद्धेव विषदिग्धबाणविद्धेव। किंनरी कामरूपप्रधानो जातिविशेषः ॥ १ ॥ मन्थरोपदिष्टं निश्चित्य युक्तमेतदिति निर्धार्य यत्त्वयोक्तं तत्सर्वं सम्यगिति मन्थरायै आविष्टदुःखत्वाच्छनैराचचक्षे ॥ २ ॥ तदेव प्रपञ्चयति—सा दीनेत्यादि ॥ ३ ॥ मार्गं मन्थरोक्तमात्मसुखावहमिति चिन्तयामास। सा मन्थरा। सुहृत्कैकेय्याः। तस्या एवार्थकामा च। कैकेय्यास्तं निश्चयं निशम्य ज्ञात्वा ॥ ४ ॥ सिद्धिं रसरसायनादिसिद्धिम्। 'निधिम्' इति पाठे धनं प्राप्येव परमप्रीता बभूव। वस्तुतो यद्देवकार्यार्थं स्वयं भूलोकमागता दासी च जाता तद्विषयां सिद्धिं प्राप्येवेत्यर्थः। रामागमनस्य संभावनामात्रविषयत्वादिवेति ॥ ५ ॥ मुखे भ्रुकुटिनिवेशः क्रोधातिशयेन ॥ ६ ॥ यानि कैकेय्यापविद्धान्युत्सृष्टानि तानि भूमिमित्यन्वयः। यान्यपविद्धानि तानीत्यन्वयः ॥ ७ ॥ ८ ॥ एकवेणीं पुरोभागीयवेणीद्वयमुन्मुच्य पृष्ठैकवेणीम्। गतसत्त्वा क्षीणबला। कैकेयीवृत्तान्तं प्रदोषकालिकमुपवर्ण्य राजवृत्तान्तमाह—आज्ञाप्येति ॥ ९ ॥ उपस्थानं कृताज्ञापनाविषयस्य मन्त्रिपुरोहितादेः स्वस्वगृहं प्रति गमनमनुज्ञाप्य स्वनिवेशनं प्रविवेश। यद्वोपस्थानं सदः सभा तामनुज्ञाप्य स्वगृहगमने तदनुज्ञां गृहीत्वा। अद्यैव रामाभिषेकः प्रसिद्धो निश्चित इति इतः पूर्वं कैकेय्या न श्रुतिगोचर इति जज्ञिवाञ्ज्ञातवान् ॥ १० ॥ अतस्तत्प्रियमाख्यातुं तामन्तःपुरं प्रविवेश। वशी स्वस्त्रीव्यतिरिक्तविषये इति बोध्यम् ॥ ११ ॥ अत्र गृहस्य रुष्टकैकेयीयुक्ततया सुधाधवलतया च राहुयुक्तपाण्डुराभ्राकाशसादृश्यम्। रुतायुतं रुतयुक्तम् ॥ १२ ॥ ह्रस्वा वामनिकाः। कुब्जाभिर्वामनिकाभिश्च ताभिर्युतम्। सुरूपदासीनां सापत्न्यसंभावनयान्तःपुरेऽवासात्। चित्रगृहैश्चित्रयुक्तगृहैः ॥ १३ ॥ गजदन्तरजतस्वर्णनिर्मितवेदिकाभिः। वृक्षाणां नित्यपुष्पफलत्वं च देवराजसाहाय्यकरणेन तत्प्रसादात् ॥ १४ ॥ १५ ॥ १६ ॥ कामबलसंयुक्तः कामबलं तदुद्रेकस्तत्संयुक्तः। अत एव रत्यर्थी ॥ १७ ॥ अपश्यन्रत्यर्थमन्विष्यापश्यन्। विषादहेतुमाह—नहीति। तां वेलां कामवशात्स्वशयनागमवेलां नात्यवर्तत नातिक्रान्तवती। अद्य च तामतिक्रान्तेति विषादः ॥ १८ ॥ शून्यं कैकेयीरहितम् ॥ १९ ॥ अपण्डितां कार्याकार्यविवेकरहितां स्वार्थलिप्सुं भरताभिषेकेच्छावतीमविज्ञाय यथापुरं यथापूर्वम्। पूर्वमदर्शनकाले यथापृच्छत तथापृच्छतेत्यन्वयः। प्रतिहारी दौवारिकी ॥ २० ॥ अभिद्रुता। इत्युवाचेति संबन्धः ॥ २१ ॥

विषसाद पुनर्भूयो लुलितव्याकुलेन्द्रियः । तत्र तां पतितां भूमौ शयानामतथोचिताम् ॥ २२
प्रतप्त इव दुःखेन सोऽपश्यज्जगतीपतिः । स वृद्धस्तरुणीं भार्यां प्राणेभ्योऽपि गरीयसीम् ॥ २३
अपापः पापसंकल्पां ददर्श धरणीतले । लतामिव विनिष्कृत्तां पतितां देवतामिव ॥ २४
किंनरीमिव निर्धूतां च्युतामप्सरसं यथा । मायामिव परिभ्रष्टां हरिणीमिव संयताम् ॥ २५
करेणुमिव दिग्धेन विद्धां मृगयुना वने । महागज इवारण्ये स्नेहात्परमदुःखिताम् ॥ २६
परिमृज्य च पाणिभ्यामभिसंत्रस्तचेतनः । कामी कमलपत्राक्षीमुवाच वनितामिदम् ॥ २७
न तेऽहमभिजानामि क्रोधमात्मनि संश्रितम् । देवि केनाभियुक्तासि केन वासि विमानिता ॥ २८
यदिदं मम दुःखाय शेषे कल्याणि पांसुषु । भूमौ शेषे किमर्थं त्वं मयि कल्याणचेतसि ॥ २९
भूतोपहतचित्तेव मम चित्तप्रमाथिनी । सन्ति मे कुशला वैद्यास्त्वभितुष्टाश्च सर्वशः ॥ ३०
सुखितां त्वां करिष्यन्ति व्याधिमाचक्ष्व भामिनि । कस्य वापि प्रियं कार्यं केन वा विप्रियं कृतम् ॥ ३१
कः प्रियं लभतामद्य को वा सुमहदप्रियम् । मा रौत्सीर्मा च कार्षीस्त्वं देवि संपरिशोषणम् ॥ ३२
अवध्यो वध्यतां को वा वध्यः को वा विमुच्यताम् । दरिद्रः को भवेदाढ्यो द्रव्यवान्वाप्यकिंचनः ॥ ३३
अहं च हि मदीयाश्च सर्वे तव वशानुगाः । न ते कंचिदभिप्रायं व्याहन्तुमहमुत्सहे ॥ ३४
आत्मनो जीवितेनापि ब्रूहि यन्मनसि स्थितम् । बलमात्मनि जानन्ती न मां शङ्कितुमर्हसि ॥ ३५
करिष्यामि तव प्रीतिं सुकृतेनापि ते शपे । यावदावर्तते चक्रं तावती मे वसुंधरा ॥ ३६
द्राविडाः सिन्धुसौवीराः सौराष्ट्रा दक्षिणापथाः । वङ्गाङ्गमगधा मत्स्याः समृद्धाः काशिकोसलाः ॥ ३७
तत्र जातं बहु द्रव्यं धनधान्यमजाविकम् । ततो वृणीष्व कैकेयि यद्यत्त्वं मनसेच्छसि ॥ ३८
किमायासेन ते भीरु उत्तिष्ठोत्तिष्ठ शोभने । तत्त्वं मे ब्रूहि कैकेयि यतस्ते भयमागतम् ।
तत्ते व्यपनयिष्यामि नीहारमिव रश्मिवान् ॥
३९
तथोक्ता सा समाश्वस्ता वक्तुकामा तदप्रियम् । परिपीडयितुं भूयो भर्तारमुपचक्रमे ॥ ४०

इत्यार्षे श्रीमद्रामायणे वाल्मीकीय आदिकाव्येऽयोध्याकाण्डे दशमः सर्गः ॥ १० ॥

अदर्शनमात्रेण विषण्णस्य क्रोधादिश्रवणाद्भूयोऽधिको विषादः, इष्टादर्शनजविषादेन चक्षुरादेर्लुलितत्वमतिचञ्चलत्वम्, चित्तस्य किंनिमित्तः क्रोध इति शङ्कया व्याकुलत्वम् । तत्र क्रोधागारे । अतथोचितां तथाशयनानुचिताम् ॥ २२ ॥ इवशब्द एवार्थे ॥ २३ ॥ पापसंकल्पां रामाभिषेकविघातादिमनोरथाम् । विनिष्कृत्तां छिन्नाम् ॥ २४ ॥ निर्धूतां पुण्यक्षये स्वलोकात्पतिताम् । च्युतां स्वर्गात् । परिभ्रष्टां परमोहनाय प्रयुक्तां मध्य एव स्थितां मायामिव स्थितां संयतां वागुराबद्धाम् ॥ २५ ॥ मृगयुना व्याधेन दिग्धेन विषलिप्तेन बाणेन विद्धां करेणुमिव स्थितां ददर्शेति पूर्वेणान्वयः । अरण्ये महागजः पूर्वोक्तां करेणुमिव स्थिताम् ॥ २६ ॥ पाणिभ्यां परिमृज्य स्पृष्ट्वा किं वक्ष्यति किं करिष्यतीति शङ्कया त्रस्तबुद्धिरुवाच ॥ २७ ॥ आत्मनि मयि संश्रितं ते क्रोधं क्रोधकारणं नाभिजानामि । अभियुक्ता कृतपराभवा । विमानो निन्दा ॥ २८ ॥ यद्यत इदमेवंप्रकारेण कल्याणि, मम दुःखाय पांसुषु शेषे । किं च कल्याणचेतसि अनपकारिणि, मयि जीवति सति किमर्थं भूमौ शेषे ॥ २९ ॥ भूतोपहतचित्तेव ग्रहाविष्टेव । कुशलाः सर्वव्याधिनिवारणकुशलाः । अभितुष्टाः । मत्कृतसत्कारैरिति शेषः ॥ ३० ॥ व्याधिमाचक्ष्व व्याधिकृतं वैवर्ण्यनमिति शेषः । प्रियं कार्यं कर्तव्यमिति मनसि वर्तते इति शेषः । विप्रियं कृतं तव । कस्याप्रियं कर्तव्यत्वेन तव मनसि वर्तत इति भावः ॥ ३१ ॥ पक्षद्वयनिमित्तोऽपि क्रोधो मास्त्वित्याह—कः प्रियमिति । त्वत्प्रियः । दरिद्र इति शेषः । अप्रियं लभताम् । त्वद्विप्रियकारीति शेषः । मा रौत्सीः । आत्मनोऽभिप्रायं रुद्धं गुप्तं मा कार्षीरित्यर्थः । संपरिशोषणम् । कायस्येति शेषः ॥ ३२ ॥ तदेव प्रपञ्चयति—अवध्य इत्यादि ॥ ३३ ॥ आत्मनो जीवितेन हेतुनापि ते कंचिदभिप्रायं तद्विषयं व्याहन्तुं नोत्सहे, अतो मनसि यत्स्थितं यद्विषयेच्छास्ति तद्ब्रूहि । आत्मनि स्वस्मिन्बलं मत्प्रेमरूपं जानन्त्ययं मदुक्तं करिष्यति न वेति मां शङ्कितुं नार्हसि ॥ ३४ ॥ ३५ ॥ सुकृतेनापि स्वपुण्येनापि ते तव शपे शपथं ददामि । यदि त्वदुक्तं न कुर्यां तर्हि सर्वं सुकृतं मे वृथेति शपथं ददामीत्यर्थः । अथात्मनि दुष्करसंपादनसामर्थ्यं दर्शयति—यावदिति । चक्रं सूर्यमण्डलमावर्तते प्रकाशयति तावती सर्वापि वसुंधरा मे मदधीना ॥ ३६ ॥ द्राविडसिन्ध्वादयो देशाः सर्वे मदधीना एव ॥ ३७ ॥ अतः—तत्रेत्यादि । तत्र जातं द्रव्यमपि मदधीनमेव । रश्मिवान्सूर्यः ॥ ३८ ॥ ३९ ॥ भूयः परिपीडयितुं निजभूशयनादिना पूर्वं पीडितमेवाप्रियवचनादिना पुनः पीडयितुमित्यर्थः ॥ ४० ॥ इति श्रीरामाभिरामे श्रीरामीये रामायणतिलके वाल्मीकीय आदिकाव्येऽयोध्याकाण्डे दशमः सर्गः ॥ १० ॥

एकादशः सर्गः ।

तं मन्मथशरैर्विद्धं कामवेगवशानुगम् । उवाच पृथिवीपालं कैकेयी दारुणं वचः ॥ १
नास्मि विप्रकृता देव केनचिन्नावमानिता । अभिप्रायस्तु मे कश्चित्तमिच्छामि त्वया कृतम् ॥ २
प्रतिज्ञां प्रतिजानीष्व यदि त्वं कर्तुमिच्छसि । अथ ते व्याहरिष्यामि यथाभिप्रार्थितं मया ॥ ३
तामुवाच महाराजः कैकेयीमीषदुत्स्मयः । कामी हस्तेन संगृह्य मूर्धजेषु भुवि स्थिताम् ॥ ४
अवलिप्ते न जानासि त्वत्तः प्रियतरो मम । मनुजो मनुजव्याघ्राद्रामादन्यो न विद्यते ॥ ५
तेनाजय्येन मुख्येन राघवेण महात्मना । शपे ते जीवनार्हेण ब्रूहि यन्मनसेप्सितम् ॥ ६
यं मुहूर्तमपश्यंस्तु न जीवे तमहं ध्रुवम् । तेन रामेण कैकेयि शपे ते वचनक्रियाम् ॥ ७
आत्मना चात्मजैश्चान्यैर्वृणे यं मनुजर्षभम् । तेन रामेण कैकेयि शपे ते वचनक्रियाम् ॥ ८
भद्रे हृदयमप्येतदनुमृश्योद्धरस्व मे । एतत्समीक्ष्य कैकेयि ब्रूहि यत्साधु मन्यसे ॥ ९
बलमात्मनि पश्यन्ती न विशङ्कितुमर्हसि । करिष्यामि तव प्रीतिं सुकृतेनापि ते शपे ॥ १०
सा तदर्थमना देवी तमभिप्रायमागतम् । निर्माध्यस्थ्याच्च हर्षाच्च बभाषे दुर्वचं वचः ॥ ११
तेन वाक्येन संहृष्टा तमभिप्रायमात्मनः । व्याजहार महाघोरमभ्यागतमिवान्तकम् ॥ १२
यथाक्रमेण शपसे वरं मम ददासि च । तच्छृण्वन्तु त्रयस्त्रिंशद्देवाः सेन्द्रपुरोगमाः ॥ १३
चन्द्रादित्यौ नभश्चैव ग्रहा रात्र्यहनी दिशः । जगच्च पृथिवी चेयं सगन्धर्वाः सराक्षसाः ॥ १४
निशाचराणि भूतानि गृहेषु गृहदेवताः । यानि चान्यानि भूतानि जानीयुर्भाषितं तव ॥ १५
सत्यसंधो महातेजा धर्मज्ञः सत्यवाक्शुचिः । वरं मम ददात्येष सर्वे शृण्वन्तु दैवताः ॥ १६
इति देवी महेष्वासं परिगृह्याभिशस्य च । ततः परमुवाचेदं वरदं काममोहितम् ॥ १७
स्मर राजन्पुरा वृत्तं तस्मिन्देवासुरे रणे । तत्र त्वां च्यावयच्छत्रुस्तव जीवितमन्तरा ॥ १८

तमिति ॥ १ ॥ विप्रकृता प्रियया पराभूता । अवमानः शब्देन तिरस्कारः । मे ममाभिप्रायोऽभिप्रार्थनीयोस्ति त्वदेकसंपाद्यस्तं त्वया कृतं संपादितमिच्छामि ॥ २ ॥ यदि त्वं कर्तुमिच्छसि मदभिप्रेतं तदा तद्विषयावश्यकर्तव्यतारूपां प्रतिज्ञां प्रतिजानीष्व कुरु । अथानन्तरं मयाभिप्रेतं स्वप्रार्थितं यथा यत्प्रकारवत्तथा वक्ष्यामीत्यर्थः ॥ ३ ॥ आज्ञाकारिणि मयि शपथाकाङ्क्षा वृथेत्युत्स्मयः । मूर्धजेषु संगृह्य । शिरोऽङ्कं कृत्वेति यावत् ॥ ४ ॥ स्त्रीणां मध्ये त्वत्तः पुंसां मध्ये रामादन्य इति योज्यम् । यद्वा रामादन्यस्त्वत्तोऽधिकः प्रियतरो नेत्यर्थः । रामेऽस्या द्वेषमजानत एवमुक्तिः । राम एव त्वत्तोऽधिकः प्रिय इत्याशयः ॥ ५ ॥ तदाह—तेनेति । त्वत्तोऽपि प्रियतरेणेत्यर्थः । अत एव मुख्येन । अजय्येनारीणामशक्यजयेन । जीवनार्हेण मज्जीवनसाधनीभूतेन । अनेन परमप्रियत्वं दर्शयति—शपे शपथेन त्वदभिप्रेतकर्तव्यताविषयं स्वाभिप्रायं ज्ञापये । ते तुभ्यम् ॥ ६ ॥ भाव्यर्थं सूचयन्परमप्रियत्वमेव दर्शयति—यमिति । अनेन तद्विषयकदुष्टप्रार्थना न कार्येति सूचयति । वचनक्रियां त्वद्वचनकरणं प्रति ॥ ७ ॥ आत्मना स्वेनान्यैरात्मजैः पुत्रैरपि यं वृणेऽसमं जाने । सर्वतोऽधिकं प्रियं जाने इति यावत् ॥ ८ ॥ 'यन्मनसा ध्यायति तद्वाचा वदति' इत्युक्तेर्वागिव हृदयमपि त्वद्वचनानुष्ठानप्रवणमनुमृश्य विचार्य स्वाभीष्टकथनेन मामस्माद्दुःखादुद्धर । एतद्रामस्य प्रियतमत्वं समीक्ष्य यत्साधु मन्यसे तद्ब्रूहि त्वमेव युक्तं विचार्य वद । मम तु त्वद्वचनमात्रं कर्तव्यमेवेत्याशयः ॥ ९ ॥ अत्र शङ्का न कार्येत्याह—बलमिति । बलं मत्प्रेमरूपम् । तथा त्वयि मे प्रेमास्ति येन त्वदुक्तं न कुर्यामित्यसंभावितम् । सर्वथा तव प्रीतिं प्रीतिविषयं करिष्यामि । यद्यन्यथेदं तदा मे धर्मो न फलदो भवेदिति भावः ॥ १० ॥ तदर्थमनास्तस्मिन्निजाभिमतेऽर्थे मनो यस्याः सा । तदभिप्रायं स्वाभिमतार्थसंपादनाभिप्रायमागतं प्राप्तविषयं ज्ञात्वा निर्माध्यस्थ्यान्माध्यस्थ्याभावमवलम्ब्य । ल्यब्लोपेऽव्ययीभावात्पञ्चमी । स्वपुत्रपक्षपातेनेति यावत् । हर्षाद्राज्ञः स्ववशत्वदर्शनजात् । दुर्वचं शत्रुभिरपि वक्तुमशक्यम् ॥ ११ ॥ तेन वाक्येन त्रिवाचा रामशपथपूर्वकस्ववचनक्रियावाक्येन । अभ्यागतमन्तकमिव घोरं राज्ञः प्राणहरं तमात्मनोऽभिप्रायं व्याजहार व्याहर्तुं निश्चितवती ॥ १२ ॥ राजप्रतिज्ञाया दुष्करार्थविषयत्वेन वैपरीत्यमाशङ्क्य तां प्रतिज्ञामशेषसाक्षीकरणेन स्थिरयति—यथाक्रमेणेति । अतिप्रियपुत्रसुकृतादिक्रमेण शपसि शपथं करोषि तत्पूर्वकं वरं च मम ददासि दातुं निश्चितवानसि । तत्तव वाक्यम् ॥ १३ ॥ जगत्परोक्षस्वर्गादिभुवनदेवता । पृथिवी प्रत्यक्षभुवनदेवता ॥ १४ ॥ ॥ १५ ॥ सर्वे दैवताः देवाः । 'दैवतानि वा पुंसि' इति कोशः ॥ १६ ॥ परिगृह्य परिवर्तनान्निवर्त्य । अभिशस्य सत्यसंध इत्यादिना स्वकार्यस्थैर्याय स्तुत्वा च ॥ १७ ॥ तद्वाक्यमाह—स्मरेत्यादि । तत्र रात्रियुद्धे शत्रुः शम्बरस्तव जीवितमन्तरा प्राणं विना त्वां च्यावयत्प्रच्युतवीर्यमकरोत् । भङ्गमाव भावः

तत्र चापि मया देव यस्त्वं समभिरक्षितः । जाग्रत्या यतमानायास्ततो मे प्रददौ वरौ ॥ १९
तौ दत्तौ च वरौ देव निक्षेपौ मृगयाम्यहम् । तवैव पृथिवीपाल सकाशे रघुनन्दन ॥ २०
तत्प्रतिश्रुत्य धर्मेण न चेद्दास्यसि मे वरम् । अद्यैव हि प्रहास्यामि जीवितं त्वद्विमानिता ॥ २१
वाङ्मात्रेण तदा राजा कैकेय्या स्ववशं कृतः । प्रचस्कन्द विनाशाय पाशं मृग इवात्मनः ॥ २२
ततः परमुवाचेदं वरदं काममोहितम् । वरौ देयौ त्वया देव तदा दत्तौ महीपते ॥ २३
तौ तावदहमद्यैव वक्ष्यामि शृणु मे वचः । अभिषेकसमारम्भो राघवस्योपकल्पितः ॥ २४
अनेनैवाभिषेकेण भरतो मेऽभिषिच्यताम् । यो द्वितीयो वरो देव दत्तः प्रीतेन मे त्वया ॥ २५
तदा देवासुरे युद्धे तस्य कालोऽयमागतः । नव पञ्च च वर्षाणि दण्डकारण्यमाश्रितः ॥ २६
चीराजिनधरो धीरो रामो भवतु तापसः । भरतो भजतामद्य यौवराज्यमकण्टकम् ॥ २७
एष मे परमः कामो दत्तमेव वरं वृणे । अद्य चैव हि पश्येयं प्रयान्तं राघवं वने ॥ २८

स राजराजो भव सत्यसंगरः कुलं च शीलं च हि जन्म रक्ष च ।
परत्र वासे हि वदन्त्यनुत्तमं तपोधनाः सत्यवचो हितं नृणाम् ॥ २९

इत्यार्षे श्रीमद्रामायणे वाल्मीकीय आदिकाव्येऽयोध्याकाण्ड एकादशः सर्गः ॥ ११ ॥

द्वादशः सर्गः ।

ततः श्रुत्वा महाराजः कैकेय्या दारुणं वचः । चिन्तामभिसमापेदे मुहूर्तं प्रतताप च ॥ १
किं नु मेऽयं दिवास्वप्नश्चित्तमोहोऽपि वा मम । अनु भूतोपसर्गो वा मनसो वाप्युपद्रवः ॥ २
इति संचिन्त्य तद्राजा नाध्यगच्छत्तदा सुखम् । प्रतिलभ्य ततः संज्ञां कैकेयीवाक्यतापितः ॥ ३
व्यथितो विक्लवश्चैव व्याघ्रीं दृष्ट्वा यथा मृगः । असंवृतायामासीनो जगत्यां दीर्घमुच्छ्वसन् ॥ ४
मण्डले पन्नगो रुद्धो मन्त्रैरिव महाविषः । अहो धिगिति सामर्षो वाचमुक्त्वा नराधिपः ॥ ५
मोहमापेदिवान्भूयः शोकोपहतचेतनः । चिरेण तु नृपः संज्ञां प्रतिलभ्य सुदुःखितः ॥ ६
कैकेयीमब्रवीत्क्रुद्धो निर्दहन्निव तेजसा । नृशंसे दुष्टचारित्रे कुलस्यास्य विनाशिनि ॥ ७

॥ १८ ॥ जाग्रत्या मया यद्यतस्त्वं समभिरक्षितस्ततः स्वजीवनाय यतमानाया मम भवान्वरौ प्रददौ ॥ १९ ॥ तौ वरौ तवैव सकाशे निक्षेपभूतौ त्वय्येव स्थापिताविदानीं त्वया दत्तौ स्वीकर्तुं मृगयाम्यन्वेषयामि ॥ २० ॥ धर्मेण प्रतिश्रुत्य धर्मशपथपूर्वकं दानप्रतिज्ञां कृत्वा ॥ २१ ॥ कैकेय्या स्वसौन्दर्यनिमित्तकाममोहेन स्ववशे कृतो राजा वाङ्मात्रेण पूर्वकालिकवरदानप्रतिवचनमात्रेण स्वविनाशाय मृग इव तत्प्रतिवचनदानरूपं पाशं प्रचस्कन्द प्रगतवान् । प्रकृत्यादित्वात्प्रातिपदिकार्थेऽपि तृतीया वाङ्मात्रेणेति ॥ २२ ॥ २३ ॥ वक्ष्यामि मम दातव्यौ वराविमाविति विभज्य वक्ष्यामि । तद्वच आह—अभिषेकेति ॥ २४ ॥ यः कल्पितोऽनेनेति योजना ॥ २५ ॥ २६ ॥ २७ ॥ दत्तमेव वृणे न त्वपूर्वम् । न ह्युत्तमर्णेनाधमर्णात्स्वार्थग्रहणे तस्य पीडा भवतीति न कश्चिद्दोषः । अद्य चैवेत्यनेन कालविलम्बो निराकृतः ॥ २८ ॥ सत्यसंगरः सत्यवचाः । संपूर्वाद्गिरतेः कथनार्थात्कर्मण्यप् । तेनैव हेतुना कुलादिकं रक्ष जन्मात्र भावि । तदेवाह—परत्रेति ॥ २९ ॥ इति श्रीरामाभिरामे श्रीरामीये रामायणतिलके वाल्मीकीय आदिकाव्येऽयोध्याकाण्ड एकादशः सर्गः ॥ ११ ॥

दारुणं वज्रपाततुल्यम् । श्रुतार्थस्य वास्तवत्वासंभावनया भ्रम इत्येव निश्चित्य किं दोषजोऽयं भ्रम इति चिन्तां प्रपेदे । युक्त्या भ्रमत्वज्ञानेऽपि तदधिष्ठानापरोक्ष्यं यावदहिभ्रमादेस्तत्कार्यभयादिकारिताया दृष्टत्वात्प्रतताप च ॥ १ ॥ अथ भ्रमत्वनिश्चयाय त्यक्ततापो भ्रमहेतूंश्चिन्तयति । स्वप्नार्थस्य स्वक्रियाकरणासामर्थ्याद्भ्रमविषयत्वम् । स्वप्नदृष्टोऽयमर्थो मिथ्यैव न कदापि भवतीति भावः । स्वप्नोऽपि कदाचित्संवादीत्यतो दिवेति दिवास्वप्नो न कदापि संवादीति भावः । अपि वा अथवा । मम जाग्रत्यपि दुरदृष्टजचित्तमोहो वैचित्यापरपर्यायो वस्तुतत्त्वज्ञानासामर्थ्यमनु पश्चाज्जातः । सभास्थितिपर्यन्तमसत्त्वाद्भूतोपसर्गो वा ग्रहावेशजचित्तवैकल्यं वा । यत्त्वनुभूतोपसर्गोऽनुभूतनाशः सुषुप्तिरित्यर्थ इति, तन्न । सुषुप्तौ ज्ञानाभावात् । मनस उपद्रवो वा आधिव्याधिजनितोपप्लवो वा ॥ २ ॥ राजा इति संचिन्त्य तद्भ्रमकारणं नाध्यगच्छत् । अतस्तदासुखं मूर्च्छाकरं महद्दुःखं चाध्यगच्छत् । ततः संज्ञां स्मृतिं लब्ध्वा कैकेयीवाक्यस्मरणतापितः ॥ ३ ॥ अतएव व्यथितत्वादिगुणविशिष्टः । विक्लवो दीनः ॥ ४ ॥ मण्डले यन्त्रमण्डले मन्त्रकृते । अहो धिगिति वाचमुक्त्वा भूयः पुनर्मोहमापेदिवान् ॥ ५ ॥ ६ ॥ तेजसा दुःखजेन निर्दहन्निव ज्वलन्निव । अनेन मृगदुःखशमनस्य व्याघ्रीदण्डेनेव कैकेयीदण्डेन स्वदुःख-

किं कृतं तव रामेण पापे पापं मयापि वा । सदा ते जननीतुल्यां वृत्तिं वहति राघवः ॥ ८
तस्यैवं त्वमनर्थाय किंनिमित्तमिहोद्यता । त्वं मयात्मविनाशाय भवनं स्वं निवेशिता ॥ ९
अविज्ञानान्नृपसुता व्याला तीक्ष्णविषा यथा । जीवलोको यदा सर्वो रामस्याह गुणस्तवम् ॥ १०
अपराधं कमुद्दिश्य त्यक्ष्यामीष्टमहं सुतम् । कौसल्यां च सुमित्रां च त्यजेयमपि वा श्रियम् ॥ ११
जीवितं चात्मना रामं नत्वेव पितृवत्सलम् । परा भवति मे प्रीतिर्दृष्ट्वा तनयमग्रजम् ॥ १२
अपश्यतस्तु मे रामं नष्टं भवति चेतनम् । तिष्ठेल्लोको विना सूर्यं सस्यं वा सलिलं विना ॥ १३
न तु रामं विना देहे तिष्ठेत्तु मम जीवितम् । तदलं त्यज्यतामेष निश्चयः पापनिश्चये ॥ १४
अपि ते चरणौ मूर्ध्ना स्पृशाम्येष प्रसीद मे । किमर्थं चिन्तितं पापे त्वया परमदारुणम् ॥ १५
अथ जिज्ञाससे मां त्वं भरतस्य प्रियाप्रिये । अस्तु यत्तत्त्वया पूर्वं व्याहृतं राघवं प्रति ॥ १६
स मे ज्येष्ठसुतः श्रीमान्धर्मज्येष्ठ इतीव मे । तत्त्वया प्रियवादिन्या सेवार्थं कथितं भवेत् ॥ १७
तच्छ्रुत्वा शोकसंतप्ता संतापयसि मां भृशम् । आविष्टासि गृहे शून्ये सा त्वं परवशंगता ॥ १८
इक्ष्वाकूणां कुले देवि संप्राप्तः सुमहानयम् । अनयो नयसंपन्ने यत्र ते विकृता मतिः ॥ १९
नहि किंचिदयुक्तं वा विप्रियं वा पुरा मम । अकरोस्त्वं विशालाक्षि तेन न श्रद्दधामि ते ॥ २०
ननु ते राघवस्तुल्यो भरतेन महात्मना । बहुशो हि स्म बाले त्वं कथाः कथयसे मम ॥ २१
तस्य धर्मात्मनो देवि वने वासं यशस्विनः । कथं रोचयसे भीरु नव वर्षाणि पञ्च च ॥ २२
अत्यन्तसुकुमारस्य तस्य धर्मे कृतात्मनः । कथं रोचयसे वासमरण्ये भृशदारुणे ॥ २३
रोचयस्यभिरामस्य रामस्य शुभलोचने । तव शुश्रूषमाणस्य किमर्थं विप्रवासनम् ॥ २४
रामो हि भरताद्भूयस्तव शुश्रूषते सदा । विशेषं त्वयि तस्मात्तु भरतस्य न लक्षये ॥ २५
शुश्रूषां गौरवं चैव प्रमाणं वचनक्रियाम् । कस्तु भूयस्तरं कुर्यादन्यत्र पुरुषर्षभात् ॥ २६
बहूनां स्त्रीसहस्राणां बहूनां चोपजीविनाम् । परिवादोऽपवादो वा राघवे नोपपद्यते ॥ २७
सान्त्वयन्सर्वभूतानि रामः शुद्धेन चेतसा । गृह्णाति मनुजव्याघ्रः प्रियैर्विषयवासिनः ॥ २८

शमनस्याशक्यता ध्वन्यते । नृशंसे क्रूरे । दुष्टचारित्रे दुष्टव्यापारे ॥ ७ ॥ पापमनिष्टम् । पापे पापमते । ते त्वयि । वृत्तिं शुश्रूषाम् । वहति करोति ॥ ८ ॥ तस्यानर्थचिन्तानर्हस्य एवमनर्थाय । किंनिमित्तं केन निमित्तेन । अयं स्वकृत एवानर्थ इत्याह—त्वमिति ॥ ९ ॥ अविज्ञानादिष्टसाधनत्वभ्रान्त्या । यदा यतः ॥ १० ॥ उद्दिश्य व्याजीकृत्य त्यक्ष्यामि । श्रियं राज्यम् ॥ ११ ॥ आत्मना स्वव्यापारेण । जीवितं तत्साधनं रामं नत्वेव त्यजेयम् । परा उत्कृष्टा ॥ १२ ॥ चेतनं चैतन्यम् ॥ १३ ॥ यतो मद्विनाशो वैधव्यप्राप्तिस्तत्तस्मादेष निश्चयो रामविवासनरूपस्त्यज्यताम् ॥ १४ ॥ अपि ते चरणाविति । धर्मशास्त्रतोऽत्यनुचितमपि कामशास्त्रमर्यादया त्वत्प्रीत्यर्थमिति शेषः ॥ १५ ॥ अथेत्यादि । अथ भरतस्य प्रियाप्रियविषये मां त्वं जिज्ञाससे भरतो राज्ञः प्रियो न वेति तदास्तु राघवं भरतं प्रति यत्त्वया व्याहृतं तत्सर्वं भरतस्य । रामविवासनं त्वयोग्यमेवेति शेषः । त्वयापि पूर्वं तस्य बहुशो गुणानां कथनादित्याशयः ॥ १६ ॥ इतीवेत्येतत्प्रकारं यत्त्वया कथितं पूर्वं तन्मच्चित्तावर्जनेन सेवार्थमेव मया स्वसेवाकरणार्थमेव भवेदिति वितर्कः । संप्रत्यन्यथोक्तेरिति भावः ॥ १७ ॥ यतस्त्वत्रामाभिषेचनं श्रुत्वा इदानीं शोकसंतप्तासि । मां च वरनिर्बन्धेन ततो निवारयन्ती भृशं तापयसि, अतो मया स्वसेवाकरणाय मद्वञ्चनार्थं एव ते रामसाधुत्ववाद इत्याशयः । अथवा एवंविधचिन्तापि महाकुलजायां त्वयि असंभावितैव, किं तर्हीदं तत्राह—शून्ये गृहे भूतादिभिराविष्टासि तत्तुल्येन वाक्येन स्विदावेशितदुष्टमतिरसि । अतः परवशंगता एवं वदसीत्यर्थः ॥ १८ ॥ तदेवाह—इक्ष्वाकूणामिति । यत इक्ष्वाकुकुले महानयमनयो ज्येष्ठाभिषेकनिवृत्तिरूपः संप्राप्तः । हे नयसंपन्ने, यत्रानये ते तव विकृता मतिः । कारणमिति शेषः । अतस्त्वं ग्रहाविष्टेति भावः ॥ १९ ॥ नन्वनाविष्टैवाहं वदामि नेत्याह—नहीति । न श्रद्दधामि । अस्यानयस्यानाविष्टत्वबुद्धिकृतत्वमिति शेषः ॥ २० ॥ तदेवोपपादयति—नन्विति । नन्वित्यामन्त्रणे । एतत्कथयसे । वर्तमानसामीप्ये लट् । अनेन यामात्पूर्वं तथा कथनं ध्वन्यते ॥ २१ ॥ तस्य भरततुल्यप्रियस्य ॥ २२ ॥ २३ ॥ २४ ॥ शुश्रूषते सेवते । तस्माद्रामाद्रामक्रियमाणगौरवाद्भरतस्य त्वयि विशेषमधिकं गौरवं न लक्षये ॥ २५ ॥ शुश्रूषां सेवाम् । गौरवं बहुमानम् । प्रमाणं प्रतिपत्तिः । प्रामाण्यबुद्धिरित्यन्ये । वचनक्रिया उक्तकरणम् । पुरुषर्षभाद्रामात् ॥ २६ ॥ बहूनां स्त्रीसहस्राणां मध्ये एकयापि कृतः परिवादोऽकार्यकरणनिमित्तं समूलमयशः उपजीविनां मध्ये एकेनापि कथितोऽपवादः । असूयाकल्पितं निर्मूलमयशो राघवे नोपपद्यते न विद्यते ॥ २७ ॥ कुतस्त-

सत्येन लोकाञ्जयति द्विजान्दानेन राघवः । गुरूञ्शुश्रूषया वीरो धनुषा युधि शात्रवान् ॥ २९
सत्यं दानं तपस्त्यागो मित्रता शौचमार्जवम् । विद्या च गुरुशुश्रूषा ध्रुवाण्येतानि राघवे ॥ ३०
तस्मिन्नार्जवसंपन्ने देवि देवोपमे कथम् । पापमाशंससे रामे महर्षिसमतेजसि ॥ ३१
न स्मराम्यप्रियं वाक्यं लोकस्य प्रियवादिनः । स कथं त्वत्कृते रामं वक्ष्यामि प्रियमप्रियम् ॥ ३२
क्षमा यस्मिंस्तपस्त्यागः सत्यं धर्मः कृतज्ञता । अप्यहिंसा च भूतानां तमृते का गतिर्मम ॥ ३३
मम वृद्धस्य कैकेयि गतान्तस्य तपस्विनः । दीनं लालप्यमानस्य कारुण्यं कर्तुमर्हसि ॥ ३४
पृथिव्यां सागरान्तायां यत्किंचिदधिगम्यते । तत्सर्वं तव दास्यामि मा च त्वं मृत्युमाविश ॥ ३५
अञ्जलिं कुर्मि कैकेयि पादौ चापि स्पृशामि ते । शरणं भव रामस्य माऽधर्मो मामिह स्पृशेत् ॥ ३६
इति दुःखाभिसंतप्तं विलपन्तमचेतनम् । घूर्णमानं महाराजं शोकेन समभिप्लुतम् ॥ ३७
पारं शोकार्णवस्याशु प्रलपन्तं पुनःपुनः । प्रत्युवाचाथ कैकेयी रौद्रा रौद्रतरं वचः ॥ ३८
यदि दत्त्वा वरौ राजन्पुनः प्रत्यनुतप्यसे । धार्मिकत्वं कथं वीर पृथिव्यां कथयिष्यसि ॥ ३९
यदा समेता बहवस्त्वया राजर्षयः सह । कथयिष्यन्ति धर्मज्ञ तत्र किं प्रतिवक्ष्यसि ॥ ४०
यस्याः प्रसादे जीवामि या च मामभ्यपालयत् । तस्याः कृता मया मिथ्या कैकेय्या इति वक्ष्यसि ॥ ४१
किल्बिषं त्वं नरेन्द्राणां करिष्यसि नराधिप । यो दत्त्वा वरमद्यैव पुनरन्यानि भाषसे ॥ ४२
शैब्यः श्येनकपोतीये स्वमांसं पक्षिणे ददौ । अलर्कश्चक्षुषी दत्त्वा जगाम गतिमुत्तमाम् ॥ ४३
सागरः समयं कृत्वा न वेलामतिवर्तते । समयं मानृतं कार्षीः पूर्ववृत्तमनुस्मरन् ॥ ४४
स त्वं धर्मं परित्यज्य रामं राज्येऽभिषिच्य च । सह कौसल्यया नित्यं रन्तुमिच्छसि दुर्मते ॥ ४५
भवत्वधर्मो धर्मो वा सत्यं वा यदि वानृतम् । यत्त्वया संश्रुतं मह्यं तस्य नास्ति व्यतिक्रमः ॥ ४६
अहं हि विषमद्यैव पीत्वा बहु तवाग्रतः । पश्यतस्ते मरिष्यामि रामो यद्यभिषिच्यते ॥ ४७

त्राह—सान्त्वयन्निति । प्रियैरिष्टसंपादनैर्गृह्णाति वशीकरोति ॥ २८ ॥ जयति । जयोऽत्र स्वाधीनत्वकरणम् ॥ २९ ॥ सत्यं सत्यवचः । दानं पारलौकिकम् । त्याग ऐहिकप्रयोजनं दानम् । मित्रता सत्सु । शौचं बाह्यान्तरशुद्धिः । आर्जवं वञ्चनाराहित्यम् ॥ ३० ॥ पापं वनवासरूपं स्वस्य पापजनकमाशंससे प्रार्थयसे । शमदमादिसंपत्त्या महर्षिसमतेजस्त्वम् ॥ ३१ ॥ लोकस्य लोकं प्रति । प्रियवादिनः स्वस्य । कं प्रत्यप्युक्तमप्रियं वाक्यं न स्मरामि । सोऽहं त्वत्कृते त्वद्वचनक्रियासंपादननिमित्तं प्रियं राममप्रियं कथं वक्ष्यामीति संबन्धः । प्रियवादिनो रामस्य । तत्कर्तृकं तद्विषयकं चेत्यर्थ इति कश्चित् ॥ ३२ ॥ ३३ ॥ गतान्तस्य प्राप्तचरमकालस्य । तपस्विनः शोचनीयावस्थस्य दीनस्य । कारुण्यं दयाम् ॥ ३४ ॥ मृत्युं मन्मृत्युसंपादकानिष्टाभिनिवेशम् ॥ ३५ ॥ कुर्मि करोमि । शरणं रक्षिका । अधर्मो ज्येष्ठातिक्रमेण कनीयसोऽभिषेककृतो निरपराधस्य त्यागकृतश्च ॥ ३६ ॥ अचेतनं मूर्च्छाप्राप्तम् । घूर्णमानं घूर्णमानशरीरम् ॥ ३७ ॥ पारं निस्तारम् । प्रलपन्तं प्रार्थयन्तम् । रौद्रतरं दारुणतरम् ॥ ३८ ॥ प्रत्यनुतप्यसे उक्तकरणाशक्त्या कथयिष्यसि । लोकैरिति शेषः । स्वार्थण्यन्ताद्धेतुमण्णौ रूपम् ॥ ३९ ॥ यदा बहवो मिलिता राजर्षयस्त्वया सह मद्विषयवरदानादिविषयगोष्ठीं करिष्यन्ति तत्र तत्प्रश्ने किं प्रतिवक्ष्यसि किमुत्तरयिष्यसि ॥ ४० ॥ न किमप्युत्तरं शक्यमित्याह—यस्या इति । प्रसादे शम्बरमायानिवर्तनलक्षणानुग्रहे सति । 'प्रयत्ने' इति पाठे रथापनयनादिप्रयत्ने इत्यर्थः । या मामभ्यपालयच्छीतोपचारादिना ररक्ष । मया मिथ्या कृता । प्रतिज्ञेति शेषः । इति वक्ष्यसि किमिति सोपहासं वाक्यम् ॥ ४१ ॥ नरेन्द्राणां स्ववंश्यानां किल्बिषमयशोरूपं मालिन्यं करिष्यसि । तत्र हेतुः—य इत्यादि । यद्वंशस्थ ईदृशः पापी तद्वंशः सर्वोऽपीदृश एवेति वदिष्यन्ति लोका इति भावः ॥ ४२ ॥ प्रतिज्ञाया अपालनस्याधर्मत्वं बोधयन्ती पूर्वेषां दुष्करप्रतिज्ञापालनं दर्शयति—शैब्य इति । अत्रेयं कथा—इन्द्राग्नी श्येनकपोतरूपौ शैब्यस्यौदार्यजिज्ञासया भक्ष्यभक्षकभावापन्नौ शैब्यसमीपं गतौ । ततः कपोतोऽभयार्थी शैब्याङ्कं प्रविवेश । तस्मै च सोऽभयं ददौ । ततः श्येनेन 'मद्भक्ष्यं देवविहितं त्यज' इत्युक्ते 'नाहं तं त्यजेयम्, अपि तु तत्प्रतिनिधिभूतं स्वमांसमेव ददामि' इत्युक्त्वा सर्वं स्वमांसं श्येनाय दत्तवानिति । अलर्कश्च राजर्षिर्ब्राह्मणायान्धाय वरं प्रतिश्रुत्य तेन राजचक्षुषा स्वचक्षुःसंधानरूपे वरे उक्ते स्वचक्षुषी दत्तवानिति ॥ ४३ ॥ सागरः समुद्रो वेलानतिलङ्घनाय देवैः प्रार्थितस्तेभ्यस्तत्प्रतिश्रुत्य न वेलामतिवर्तते । एवं पूर्वेषां शैब्यादीनां वृत्तं स्मरन्समयं प्रतिज्ञामनृतां मा कार्षीः ॥ ४४ ॥ ४५ ॥ सिद्धान्तमाह—भवत्विति । मदुक्तो रामविवासनपूर्वको भरताभिषेको धर्मो वाधर्मो वा भवतु । नन्वियं त्वत्यर्थं मिथ्यैव मे प्रतिज्ञा तत्काले मिथ्यावचनस्य शास्त्रानुमतत्वादिति चेत्तत्राह—यदिति । त्वया यन्मह्यं सत्यमनृतं वा संश्रुतं प्रतिज्ञातं तस्य व्यतिक्रमोऽकरणं नास्ति ॥ ४६ ॥ विपक्षे बाधकमाह—अहमित्यादि ।

एकाहमपि पश्येयं यद्यहं राममातरम् । अञ्जलिं प्रतिगृह्णन्तीं श्रेयो ननु मृतिर्मम ॥ ४८
१ एतेनात्मना चाहं शपे ते मनुजाधिप । यथा नान्येन तुष्येयमृते रामविवासनात् ॥ ४९
एतावदुक्त्वा वचनं कैकेयी विरराम ह । विलपन्तं च राजानं न प्रतिव्याजहार सा ॥ ५०
श्रुत्वा तु राजा कैकेय्या वाक्यं परमशोभनम् । रामस्य च वने वासमैश्वर्यं भरतस्य च ॥ ५१
नाभ्यभाषत कैकेयीं मुहूर्तं व्याकुलेन्द्रियः । प्रैक्षतानिमिषो देवीं प्रियामप्रियवादिनीम् ॥ ५२
तां हि वज्रसमां वाचमाकर्ण्य हृदयाप्रियाम् । दुःखशोकमयीं श्रुत्वा राजा न सुखितोऽभवत् ॥ ५३
स देव्या व्यवसायं च घोरं च शपथं कृतम् । ध्यात्वा रामेऽतिनिःश्वस्य च्छिन्नस्तरुरिवापतत् ॥ ५४
नष्टचित्तो यथोन्मत्तो विपरीतो यथातुरः । हृततेजा यथा सर्पो बभूव जगतीपतिः ॥ ५५
दीनयातुरया वाचा इति होवाच कैकयीम् । अनर्थमिममर्थाभं केन त्वमुपदेशिता ॥ ५६
भूतोपहतचित्तेव ब्रुवन्ती मां न लज्जसे । शीलव्यसनमेतत्ते नाभिजानाम्यहं पुरा ॥ ५७
बालायास्तत्त्विदानीं ते लक्षये विपरीतवत् । कुतो वा ते भयं जातं या त्वमेवंविधं वरम् ॥ ५८
राष्ट्रे भरतमासीनं वृणीषे राघवं वने । विरमैतेन भावेन त्वमेतेनानृतेन च ॥ ५९
यदि भर्तुः प्रियं कार्यं लोकस्य भरतस्य च । नृशंसे पापसंकल्पे क्षुद्रे दुष्कृतकारिणि ॥ ६०
किं नु दुःखमलीकं वा मयि रामे च पश्यसि । न कथंचिदृते रामाद्भरतो राज्यमावसेत् ॥ ६१
रामादपि हि तं मन्ये धर्मतो बलवत्तरम् । कथं वक्ष्यसि रामस्य वनं गच्छेति भाषिते ॥ ६२
मुखवर्णं विवर्णं तु यथैवेन्दुमुपप्लुतम् । तां तु मे सुकृतां बुद्धिं सुहृद्भिः सह निश्चिताम् ॥ ६३
कथं द्रक्ष्याम्यपावृत्तां परैरिव हतां चमूम् । किं मां वक्ष्यन्ति राजानो नानादिग्भ्यः समागताः ॥ ६४
बालो बतायमैक्ष्वाकश्चिरं राज्यमकारयत् । यदा हि बहवो वृद्धा गुणवन्तो बहुश्रुताः ॥ ६५
परिप्रेक्ष्यन्ति काकुत्स्थं वक्ष्यामीह कथं तदा । कैकेय्या क्लिश्यमानेन पुत्रः प्रव्राजितो मया ॥ ६६
यदि सत्यं ब्रवीम्येतत्तदसत्यं भविष्यति । किं मां वक्ष्यति कौसल्या राघवे वनमास्थिते ॥ ६७

पश्यतः पश्यन्तं त्वामनादृत्य ॥ ४७ ॥ अञ्जलिं प्रतिगृह्णन्तीम् । राजमातृत्वेन सर्वलोकानामिति शेषः । नन्विति निश्चये । 'न क्रियां समुपापदे' इति पाठेऽपि मरिष्यामीत्येव फलति ॥ ४८ ॥ ते तव समीपे । आत्मना प्राणभूतेन भरतेन शपे तच्छपथपूर्वकं कथयामि । रामविवासनादृतेऽन्येन रत्नादिना न तुष्येयमिति ॥ ४९ ॥ ५० ॥ अशोभनं परं रामवनवासभरतैश्वर्यविषयं वाक्यं श्रुत्वेत्यन्वयः ॥ ५१ ॥ प्रैक्षत । कोपादिति शेषः ॥ ५२ ॥ ५३ ॥ व्यवसायं रामविवासनविषयं निश्चयम् । घोरं शपथं भरतशपथरूपं स्वकृतरामसुकृतादिशपथं वा ॥ ५४ ॥ विपरीतः संनिपातादिना विपरीतप्रकृतिः । आतुरो व्याधिग्रस्तः हृततेजः । मन्त्रेणेति शेषः ॥ ५५ ॥ उपदेशितोपदिष्टा ॥ ५६ ॥ मां न लज्जसे । पतिसमक्षमीदृशलोकव्यवहारस्य लोकविगीतत्वात् । शीलव्यसनं सद्वृत्तस्य विशेषेणासनं त्यागः । अतएवेदानीं भूतोपघातोत्प्रेक्षा ॥ ५७ ॥ बालाया इति । बालाया अपीत्यर्धकं पूर्वान्वयि । तत्तु शीलं तु । इदानीं प्रौढत्वावस्थायामपि विपरीतवद्विपरिताहं दुःशीलाहं लक्षये । कुतो निमित्तात्केन निमित्तेन रामादीदृशं भयं जातमित्यर्थः ॥ ५८ ॥ वरमाह—राष्ट्रे इति । राष्ट्रे भरतमासीनं वने राघवमासीनं वृणीषे । एतेन निर्धूतपातिव्रत्यलक्षणेन भावेनोपलक्षिता । किं च । एतेनाशक्यवरद्वारकेणानृतेन ममानृततासंपादकेन कर्मणोपलक्षिता त्वमेवं वराद्विरम ॥ ५९ ॥ यदि भर्तुर्मम लोकस्य भरतस्य च प्रियं कार्यं कर्तव्यं तदा विरमेति संबन्धः ॥ ६० ॥ दुःखं तत्साधनम् । अलीकमपराधम् । अयं तव क्लेशः सर्वो वृथैव त्वदिष्टस्य भरताभिषेकस्यासिद्धेरित्याह—नेति । रामं विना राज्यं नावसेत् । अनेन चतुर्णामपि यथाभागं राज्यमनुमन्यस्व । यद्वास्तु भरत एव राजा, रामस्तु वृद्धस्य मम समीपे तिष्ठत्विति मन्यस्व । नान्यथा त्वदिष्टसिद्धिरित्युपदेशः ॥ ६१ ॥ तत्र हेतुः—रामादपीति । हि यतस्तं भरतं रामादपि धर्मतो बलवत्तरमतिशयेन धर्मवन्तं मन्ये । भाषिते मयोक्ते सत्यपि त्वं कथं वक्ष्यसि । तव तस्यातिप्रियत्वादिति भावः ॥ ६२ ॥ उपप्लुतमिन्दुं यथा तमिव विवर्णं मुखवर्णमादर्शादौ कथं द्रक्ष्यामीति संबन्धः । किं च सुकृतां सम्यक्प्रवर्तितां तां बुद्धिं रामाभिषेकविषयाम् । तत्र हेतुः—सुहृद्भिः सह निश्चिताम् ॥ ६३ ॥ अपावृत्तां पराभूताम् । नानादिग्भ्यः समागता राजानः ॥ ६४ ॥ अयं बाल ऐक्ष्वाकः किं कथं राज्यमकारयदपालयदिति मां वक्ष्यन्तीति योजना । बतेति खेदः ॥ ६५ ॥ परिप्रक्ष्यन्ति क्व राम इति । प्रातरिति शेषः । कैकेय्या वरार्थं क्लिश्यमानेन क्लेश्यमानेन । तां प्रति कृतप्रतिज्ञायाः सत्यत्वरक्षणाय प्रव्राजित इत्युत्तरं लोको न ग्रहीष्यतीत्याह—कैकेय्येति । पूर्वदत्तेनेदानीं रामप्रव्राजनपरतया तया प्रकटीकृतेन वरेणेति शेषः ॥ ६६ ॥ यदि यद्यपि । तत्तथापि । एतदसत्यं भविष्यति । तस्यां काम-

किं चैनां प्रतिवक्ष्यामि कृत्वा विप्रियमीदृशम्। यदा यदा च कौसल्या दासीव च सखीव च ॥ ६८
भार्यावद्भगिनीवच्च मातृवच्चोपतिष्ठति। सततं प्रियकामा मे प्रियपुत्रा प्रियंवदा ॥ ६९
न मया सत्कृता देवी सत्कारार्हा कृते तव। इदानीं तत्तपति मां यन्मया सुकृतं त्वयि ॥ ७०
अपथ्यव्यञ्जनोपेतं भुक्तमन्नमिवातुरम्। विप्रकारं च रामस्य संप्रयाणं वनस्य च ॥ ७१
सुमित्रा प्रेक्ष्य वै भीता कथं मे विश्वसिष्यति। कृपणं बत वैदेही श्रोष्यति द्वयमप्रियम् ॥ ७२
मां च पञ्चत्वमापन्नं रामं च वनमाश्रितम्। वैदेही बत मे प्राणाञ्शोचन्ती क्षपयिष्यति ॥ ७३
हीना हिमवतः पार्श्वे किंनरेणेव किंनरी। नहि राममहं दृष्ट्वा प्रवसन्तं महावने ॥ ७४
चिरं जीवितुमाशंसे रुदन्तीं चापि मैथिलीम्। सा नूनं विधवा राज्यं सपुत्रा कारयिष्यसि ॥ ७५
सतीं त्वामहमत्यन्तं व्यवस्याम्यसतीं सतीम्। रूपिणीं विषसंयुक्तां पीत्वेव मदिरां नरः ॥ ७६
अनृतैर्बत मां सान्त्वैः सान्त्वयन्ती स्म भाषसे। गीतशब्देन संरुध्य लुब्धो मृगमिवावधीः ॥ ७७
अनार्य इति मामार्याः पुत्रविक्रायकं ध्रुवम्। विकरिष्यन्ति रथ्यासु सुरापं ब्राह्मणं यथा ॥ ७८
अहो दुःखमहो कृच्छ्रं यत्र वाचः क्षमे तव। दुःखमेवंविधं प्राप्तं पुराकृतमिवाशुभम् ॥ ७९
चिरं खलु मया पापे त्वं पापेनाभिरक्षिता। अज्ञानादुपसंपन्ना रज्जुरुद्बन्धनी यथा ॥ ८०
रममाणस्त्वया सार्धं मृत्युं त्वां नाभिलक्षये। बालो रहसि हस्तेन कृष्णसर्पमिवास्पृशम् ॥ ८१
तं तु मां जीवलोकोऽयं नूनमाक्रोष्टुमर्हति। मया ह्यपितृकः पुत्रः स महात्मा दुरात्मना ॥ ८२
बालिशो बत कामात्मा राजा दशरथो भृशम्। स्त्रीकृते यः प्रियं पुत्रं वनं प्रस्थापयिष्यति ॥ ८३
वेदैश्च ब्रह्मचर्यैश्च गुरुभिश्चोपकर्शितः। भोगकाले महत्कृच्छ्रं पुनरेव प्रपत्स्यते ॥ ८४
नालं द्वितीयं वचनं पुत्रो मां प्रतिभाषितुम्। स वनं प्रव्रजेत्युक्तो बाढमित्येव वक्ष्यति ॥ ८५
यदि मे राघवः कुर्याद्वनं गच्छेति चोदितः। प्रतिकूलं प्रियं मे स्यान्न तु वत्सः करिष्यति ॥ ८६
राघवे हि वनं प्राप्ते सर्वलोकस्य धिक्कृतम्। मृत्युरक्षमणीयं मां नयिष्यति यमक्षयम् ॥ ८७

इतस्त्वद्वचसा प्रव्राजितवानिति लोको वदिष्यतीति भावः ॥६७॥ किं चैनामिति। मया मत्पुत्रेण वा ते किमपराद्धमिति यदा वक्ष्यति तदैनां प्रति निरुत्तर एवेत्यर्थः। यदा यदा च यतो यतश्चेत्यर्थः। दासीवद्रतिव्यवहारे, सखीवद्रहस्यकथने, भार्यावद्धर्माचरणे, भगिनीवद्धिताशंसने, मातृवद्भोजनदाने उपतिष्ठति सेवते। केचित्तु—दासीवद्गृहकार्यकरणे, सखीवत्क्रीडायाम्, भार्यावदुक्त एव, भगिनीवज्ज्ञानयोगानुष्ठाने, मातृवत्तत्त्वकथने इत्याहुः। अत उत्तरमशक्यदानमिति बोध्यम्। प्रियः पुत्रो यस्या मम सा उक्तप्रकारैः सत्कारार्हापि तव कृते त्वद्वैमनस्यपरिहाराय न सत्कृता तदिदानीं रामविवासनवरे त्वयोक्ते सति यत्त्वयि मया सुकृतं शोभनं कर्म त्वदनुसरणरूपं कृतं तन्मां तपति पीडयति ॥ ६८ ॥ ६९ ॥ ७० ॥ किमिव। आतुरं रुग्णमपथ्यव्यञ्जनोपेतं भुक्तमन्नं यथा तपति पीडयति। रामस्य विप्रकारमभिषेकनिवृत्तिं वनस्य तदुद्देश्यकं संप्रयाणं च प्रेक्ष्येत्यन्वयः ॥ ७१ ॥ राज्ञो न किंचिदकर्तव्यमस्तीति विचार्य स्वपुत्रविषये मम विश्वासं न करिष्यति। कृपणं कष्टम् ॥७२॥ अप्रियद्वयमेवाह—मां चेति। मे मदर्थम्। उपलक्षणमेतत्। रामार्थं च शोचन्ती स्वस्य प्राणान्क्षपयिष्यति ॥ ७३ ॥ किंनरेण श्वशुरभूतेन भर्तृभूतेन च। तव मरणं कुतस्तत्राह—नहीति ॥ ७४ ॥ नूनं ध्रुवम् ॥ ७५ ॥ असतीमेव सतीं पतिमारिकालेनासतीमसतीमेव सतीं सर्वदा मियमाणां सतीमापा-

ततः सतीं व्यवस्यामि निश्चिनोमि। रूपिणीं दृष्टिप्रियां मदिरां पीत्वा पश्चाद्विकारेण विषसंयुक्तां यथा जनाति तथेत्यर्थः ॥ ७६ ॥ यच्च त्वमनृतैः सान्त्वैरिष्टवचनैः सान्त्वयन्ती यन्मां भाषसे तद्गीतशब्देन मृगं संरुध्य लुब्ध इव मामवधीः ॥ ७७ ॥ पुत्रविक्रायकं पुत्रेण मूल्येन स्त्रीसुखक्रेतारम्। अनार्यः पापीति रथ्यासु विकरिष्यन्ति विगर्हिष्यन्ति ॥ ७८ ॥ दुःखं कष्टम्। कृच्छ्रं कष्टम्। अहो कष्टमहो कष्टमिति यावत्। यत्र वरविषये रामविवासनवरविषयास्तव वाचः क्षमे यतोऽतः पुराकृतमशुभमिव तत्फलमिव। इवशब्द एवार्थे। एवंविधमपरिहार्यत्वेनावश्यानुभाव्यं दुःखं प्राप्तमिति संबन्धः ॥ ७९ ॥ पापेन मयोपसंपन्ना कण्ठसंलग्ना। सौख्याय कृतं त्वद्रक्षणं स्वनाशाय परिणतमित्याशयः ॥ ८० ॥ बाल इवेति योजना ॥ ८१ ॥ तं त्वय्यनुरक्तम्। जीवतापि मया स महात्मा पुत्रोऽपितृकः पितृप्रयुक्तराज्यरहितः कृतो यतोऽत आक्रोष्टुं निन्दितुम् ॥ ८२ ॥ निन्दाप्रकारमाह—बालिश इति। प्रस्थापयिष्यतीत्युपलक्षणं त्रिकालनिन्दायाः ॥ ८३ ॥ उपकर्शितः कार्श्यं प्रापितः। कृच्छ्रं जटाद्युपेततया वने वासक्लेशम् ॥ ८४ ॥ द्वितीयं वचनं परिहासरूपं वचनम्। अलं समर्थः। अहमिव धर्मयन्त्रितत्वात् ॥ ८५ ॥ यदि मे राघवः प्रतिकूलं कुर्यात्तन्मे प्रियं स्यादिति संबन्धः ॥ ८६ ॥ ततः किमत आह—राघवे हीति। अक्षमणीयं दुःखसहस्रतमत एव सर्वलोकस्य

मृते मयि गते रामे वनं मनुजपुंगवे । इष्टे मम जने शेषे किं पापं प्रतिपत्स्यसे ॥ ८८
कौसल्या मां च रामं च पुत्रौ च यदि हास्यति । दुःखान्यसहती देवी मामेवानुगमिष्यति ॥ ८९
कौसल्यां च सुमित्रां च मां च पुत्रैस्त्रिभिः सह । प्रक्षिप्य नरके सा त्वं कैकेयि सुखिता भव ॥ ९०
मया रामेण च त्यक्तं शाश्वतं सत्कृतं गुणैः । इक्ष्वाकुकुलमक्षोभ्यमाकुलं पालयिष्यसि ॥ ९१
प्रियं चेद्भरतस्यैतद्रामप्रव्राजनं भवेत् । मा स्म मे भरतः कार्षीत्प्रेतकृत्यं गतायुषः ॥ ९२
मृते मयि गते रामे वनं पुरुषपुंगवे । सेदानीं विधवा राज्यं सपुत्रा कारयिष्यसि ॥ ९३
त्वं राजपुत्रि दैवेन न्यवसो मम वेश्मनि । अकीर्तिश्चातुला लोके ध्रुवः परिभवश्च मे ।
सर्वभूतेषु चावज्ञा यथा पापकृतस्तथा ॥ ९४
कथं रथैर्विभुर्यात्वा गजाश्वैश्च मुहुर्मुहुः । पद्भ्यां रामो महारण्ये वत्सो मे विचरिष्यति ॥ ९५
यस्य चाहारसमये सूदाः कुण्डलधारिणः । अहंपूर्वाः पचन्ति स्म प्रसन्नाः पानभोजनम् ॥ ९६
स कथं नु कषायाणि तिक्तानि कटुकानि च । भक्षयन्वन्यमाहारं सुतो मे वर्तयिष्यति ॥ ९७
महार्हवस्त्रसंबद्धो भूत्वा चिरसुखोचितः । काषायपरिधानस्तु कथं रामो भविष्यति ॥ ९८
कस्येदं दारुणं वाक्यमेवंविधमपीरितम् । रामस्यारण्यगमनं भरतस्याभिषेचनम् ॥ ९९
धिगस्तु योषितो नाम शठाः स्वार्थपरायणाः । न ब्रवीमि स्त्रियः सर्वा भरतस्यैव मातरम् ॥ १००

अनर्थभावेऽर्थपरे नृशंसे ममानुतापाय निवेशितासि ।
किमप्रियं पश्यसि मन्निमित्तं हितानुकारिण्यथवापि रामे ॥ १०१
परित्यजेयुः पितरोऽपि पुत्रान्भार्याः पतींश्चापि कृतानुरागाः ।
कृत्स्नं हि सर्वं कुपितं जगत्स्याद्दृष्ट्वैव रामं व्यसने निमग्नम् ॥ १०२
अहं पुनर्देवकुमाररूपमलंकृतं तं सुतमाव्रजन्तम् ।
नन्दामि पश्यन्निव दर्शनेन भवामि दृष्ट्वैव पुनर्युवेव ॥ १०३

धिक्कृतम् ॥ ८७ ॥ शेषेऽवशिष्टे ममेष्टे कौसल्यादिरूपे जने किं पापं मनोवागगोचरं दुःखसाधनं प्रतिपत्स्यसे करिष्यसि ॥ ८८ ॥ यदि कौसल्या मां रामं च हास्यति ताभ्यां हीना भविष्यति । चात्सुमित्रा यदि पुत्रौ च चाद्रामं मां च एतैर्यदि हीना भविष्यति तदा दुःखान्यसहती देवी कौसल्या सुमित्रा च मामेवानु मरिष्यति । लक्ष्मणस्य रामेण सह नियतं गमनाच्छत्रुघ्नस्य भरतानुयायित्वेऽप्यतीव त्वदनुरञ्जनं कुर्वतो रामस्येव तस्यापि त्वया क्रूरतया निराकरणात्पुत्रौ हास्यतीत्युक्तम् । तेन तस्याः क्रौर्यातिशयो व्यङ्ग्यः । राज्ञः शोकातिशयवत्त्वाद्विसंष्ठुलवाक्यप्रयोगो न दोषाय ॥ ८९ ॥ पुत्राणां नरकवासाद्राज्यहान्या राज्ञ्या राज्ञश्च शोकरूपपापमृत्युमरणादित्याहुः ॥ ९० ॥ मया रामेणेत्यादिव्यङ्ग्योक्तिः । आकुलं क्षुभितम् ॥ ९१ ॥ रामप्रव्राजनस्य भरतसंमतत्वे स मे पुत्र एव नेत्याशयेनाह—प्रियं चेदित्यादि ॥ ९२ ॥ ९३ ॥ राजपुत्रि, दैवेन मामकदुरदृष्टवशेन मम वेश्मनि न्यवसः । 'राजपुत्रीवादेन' इति पाठे राजपुत्रीव्यपदेशमात्रेणेत्यर्थः । मेऽकीर्तिः परोक्षापयशोऽत्राकीर्तिः । महाजनसमक्षं धिक्कारः परिभवः । सर्वभूतेष्ववज्ञा क्षुद्रत्वेन प्रतिपत्तिः । यतो न्यवसोऽत एतत्सर्वं भविष्यतीति शेषः ॥ ९४ ॥ कथमिति ॥ ९५ ॥ यस्य चेति ॥ ९६ ॥ स कथमिति । कषायादीनि कन्दमूलानीत्यध्याहारः । तद्रूपं वन्यमाहारं वर्तयिष्यति जीविष्यति ॥ ९७ ॥ महार्हेति ॥ ९८ ॥ कस्येति । इदमेवंविधं दारुणमेतदुत्तरार्धरूपं रामस्यारण्यगमनमित्यादि वाक्यं वाक्यश्रवणं कस्यापीरितम् । अनिर्वचनीयस्य मम दुष्कर्मणः फलमित्यर्थः ॥ ९९ ॥ कैकेयीदौर्जन्यं दृष्ट्वा राजा शोकेन स्त्रीमात्रं निन्दति—धिगिति । निन्द्यत्वमस्त्वित्यर्थः । पुनः स्वाभाविकविवेकेनाह—नेति । कौसल्यादीनां निन्दानर्हत्वादिति भावः ॥ १०० ॥ अनर्थे जगदनर्थसाधने भावो यस्याः । अर्थपरे स्वार्थसाधनपरे । ममानुतापाय मदनुतापार्थं निवेशितासि निवेशितदुर्भावासि । ईश्वरेणेति शेषः । मन्निमित्तमिति बहुव्रीहिः । रामे वा जगद्धितानुकारिणि किमप्रियं तत्साधनं पश्यसीत्यर्थः ॥ १०१ ॥ राममरण्यवासरूपे व्यसने निमग्नं दृष्ट्वा कृत्स्नं जगत्कुपितं स्याद्विपरीतं स्यात् । कोपप्रकारमाह—कृतानुरागाः पितरः पुत्रांस्तादृशान् । विभक्तिविपरिणामेनापि तत्संबन्धात् । बालानपि त्यजेयुः । रामेण सह गमनार्थम् । अपिना तादृशाः पुत्रास्तादृशान्वृद्धांस्तादृश्यो भार्यास्तादृशान्पतीन् । अपिना तादृशाः पयतस्तादृशीर्भार्या अपि त्यजेयुः । एतेन जगदनर्थसाधनभाववत्त्वोपपादिता ॥ १०२ ॥ स्वस्य रामं विना जीवनव्यतिरेकं दर्शयिष्यंस्तदन्वये स्वजीवनान्वयं दर्शयति—अहमिति । आव्रजन्तं मत्समीपे आगच्छन्तम् । अस्य श्रुत्वेति शेषः । आगच्छन्तं श्रुत्वा दर्शनेन चक्षुषा पश्यन्निव नन्दामि । श्रवणमात्रेण दर्शनजन्यं सुखमुक्तम् । दृष्टैव दृष्ट्वा तु पुनश्चिरवृद्धोऽपि पुन-

विना हि सूर्येण भवेत्प्रवृत्तिरवर्षता वज्रधरेण वापि ।
रामं तु गच्छन्तमितः समीक्ष्य जीवेन्न कश्चिन्त्विति चेतना मे ॥ १०४
विनाशकामामहितामभित्रामावासयं मृत्युमिवात्मनस्त्वाम् ।
चिरं बताङ्केन धृतासि सर्पी महाविषा तेन हतोऽस्मि मोहात् ॥ १०५
मया च रामेण सलक्ष्मणेन प्रशास्तु हीनो भरतस्त्वया सह ।
पुरं च राष्ट्रं च निहत्य बान्धवान्ममाहितानां च भवाभिभाषिणी ॥ १०६
नृशंसवृत्ते व्यसनप्रहारिणि प्रसह्य वाक्यं यदिहाद्य भाषसे ।
न नाम ते तेन मुखात्पतन्त्यधो विशीर्यमाणा दशनाः सहस्रधा ॥ १०७
न किंचिदाहाहितमप्रियं वचो न वेत्ति रामः परुषाणि भाषितुम् ।
कथं तु रामे ह्यभिरामवादिनि ब्रवीषि दोषान्गुणनित्यसंमते ॥ १०८
प्रताम्य वा प्रज्वल वा प्रणश्य वा सहस्रशो वा स्फुटितां महीं व्रज ।
न ते करिष्यामि वचः सुदारुणं ममाहितं केकयराजपांसने ॥ १०९
क्षुरोपमां नित्यमसत्प्रियंवदां प्रदुष्टभावां स्वकुलोपघातिनीम् ।
न जीवितुं त्वां विषहेऽमनोरमां दिधक्षमाणां हृदयं सबन्धनम् ॥ ११०
न जीवितं मेऽस्ति कुतः पुनः सुखं विनात्मजेनात्मवतां कुतो रतिः ।
ममाहितं देवि न कर्तुमर्हसि स्पृशामि पादावपि ते प्रसीद मे ॥ १११
स भूमिपालो विलपन्ननाथवत्स्त्रिया गृहीतो हृदयेऽतिमात्रया ।
पपात देव्याश्चरणौ प्रसारितावुभावसंप्राप्य यथातुरस्तथा ॥ ११२

इत्यार्षे श्रीमद्रामायणे वाल्मीकीय आदिकाव्येऽयोध्याकाण्डे द्वादशः सर्गः ॥ १२ ॥

त्रयोदशः सर्गः ।

अतदर्हं महाराजं शयानमतथोचितम् । ययातिमिव पुण्यान्ते देवलोकात्परिच्युतम् ॥ १

र्युवेव हृष्टपुष्टान्तर्बहिःपरिकरो भवामि ॥ १०३ ॥ हिरपीत्यर्थे । सूर्येण विनापि लोकस्य प्रवृत्तिर्व्यवहारः स्यात् । वज्रधरेणावर्षतापि प्रवृत्तिर्लोकस्य जीवनं स्यात् । वा इत्यथवा । इन्द्रेण स्वरूपसत्तां विनापि प्रवृत्तिर्भवेत् । रामं तु विना न कस्यापि जीवनमिति मे मतिः । अन्तर्यामिणं विना कस्यापि व्यवहारस्यासिद्धेः । एवं च स्वाजीवनं कैमुतिकन्यायसिद्धमिति भावः ॥ १०४ ॥ किं च त्वामात्मनो मृत्युमिव स्वगृहेऽहमावासयम् । किं च त्वं महाविषा सर्पी मयाङ्केन मोहात्तत्त्वेनाज्ञानाद्धृतासि । तेनाङ्कधारणेनाहं हतोऽस्मि ॥ १०५ ॥ पुरं च राष्ट्रं चेत्यस्य प्रशास्त्वित्यनेन सहान्वयः । त्वं च बान्धवान्पतिपुत्रादीन्निहत्य ममाहितानां शत्रूणामभिभाषणशीला भव । वार्ताकरणयोग्यबान्धवाभावादिति भावः । 'अभिहर्षिणी' इति पाठे तेषां हर्षदा भव ॥ १०६ ॥ व्यसनप्रहारिणि वार्धकरूपापदि पुत्रवियोगरूपप्रहारकारिणि, प्रसह्य पतिपत्नीभावं तिरस्कृत्येह देशेऽद्य काले यद्भाषसे क्रूरमतस्ते मुखादवश्यपाता दन्ताः केन नाम हेतुना सहस्रधा विशीर्यमाणाः सन्तो न पतन्तीति न जान इति शेषः ॥ १०७ ॥ अप्रियवचोऽकथने हेतुर्न वेत्तीत्यादि । दोषाञ्जटाचीरधारणवनवासादीनात्मनो दोषजनकान् । गुणैर्नित्यं सर्वेषां संमते ॥ १०८ ॥ प्रताम्य ग्लायस्व । प्रज्वल अग्निप्रवेशेन । प्रणश्य विषेण । कुद्दालप्रहारैः सहस्रशः स्फुटितां कृतगर्तां वा महीं व्रज । अथापि ते वचो न करिष्य इति संबन्धः ॥ १०९ ॥ असत्प्रियंवदां मिथ्याप्रियभाषिणीम् । प्रदुष्टभावां दुष्टान्तःकरणाम् । अतएवामनोरमाम् । सबन्धनं सप्राणं हृदयं दिधक्षमाणां त्वां जीवितुं जीवयितुं न विषहे नोत्सहे । तव नाशमेवाशासे इत्यर्थः । 'प्राणबन्धनं हि सोम्य मनः' इति च्छान्दोग्यश्रुतिः ॥ ११० ॥ दण्डवाक्यमुक्त्वा पुनस्तामाह—नेति । आत्मवतामात्मज्ञानाम् । अत्रापिः पूरणीयः । यदेवमतो ममेत्यादिः ॥ १११ ॥ अतिमात्रयातिक्रान्तसौन्दर्यपरिच्छेदया । यद्वातिक्रान्तमर्यादया । हृदये मर्मणि गृहीतः । प्रसारितावित्यनेन पत्न्यावप्यधर्मदृष्टिर्द्योत्यते । असंप्राप्येत्यनेन पिस्पृक्षोरपि चित्तमूर्च्छाजनितवैवश्यं द्योतितम् । तदेवाह—यथातुर इति । आतुरो यथा किंचित्स्प्रष्टुकामोऽस्पृष्ट्वैव मध्ये यथा मूर्च्छया पतति तथेत्यर्थः ॥ ११२ ॥ इति श्रीरामाभिरामे श्रीरामीये रामायणतिलके वाल्मीकीय आदिकाव्येऽयोध्याकाण्डे द्वादशः सर्गः ॥ १२ ॥

अथ सत्यपाशबद्धतया प्रणामवाक्येन च न ते वचः करिष्यामीति वचसि दार्ढ्याभावं निश्चित्य पुनरप्याह—अतदर्हं स्त्रीप्रणामानर्हम् । अतथोचितं भूशयनानर्हम् ॥ १ ॥

अनर्थरूपासिद्धार्था ह्यभीता भयदर्शिनी । पुनराकारयामास तमेव वरमङ्गना ॥ २
त्वं कत्थसे महाराज सत्यवादी दृढव्रतः । मम चेदं वरं कस्माद्विधारयितुमिच्छसि ॥ ३
एवमुक्तस्तु कैकेय्या राजा दशरथस्तदा । प्रत्युवाच ततः क्रुद्धो मुहूर्तं विह्वलन्निव ॥ ४
मृते मयि गते रामे वनं मनुजपुंगवे । हन्तानार्ये ममामित्रे सकामा सुखिनी भव ॥ ५
स्वर्गेऽपि खलु रामस्य कुशलं दैवतैरहम् । [illegible]भिहितं धारयिष्ये कथं बत ॥ ६
कैकेय्याः प्रियकामेन रामः प्रव्राजितो वनम् । यदि सत्यं ब्रवीम्येतत्तदसत्यं भविष्यति ॥ ७
अपुत्रेण मया पुत्रः श्रमेण महता महान् । रामो लब्धो महातेजाः स कथं त्यज्यते मया ॥ ८
शूरश्च कृतविद्यश्च जितक्रोधः क्षमापरः । कथं कमलपत्राक्षो मया रामो विवास्यते ॥ ९
कथमिन्दीवरश्यामं दीर्घबाहुं महाबलम् । अभिराममहं रामं स्थापयिष्यामि दण्डकान् ॥ १०
सुखानामुचितस्यैव दुःखैरनुचितस्य च । दुःखं नामानुपश्येयं कथं रामस्य धीमतः ॥ ११
यदि दुःखमकृत्वा तु मम संक्रमणं भवेत् । अदुःखार्हस्य रामस्य ततः सुखमवाप्नुयाम् ॥ १२
नृशंसे पापसंकल्पे रामं सत्यपराक्रमम् । किं विप्रियेण कैकेयि प्रियं योजयसे मम ॥ १३
अकीर्तिरतुला लोके ध्रुवं परिभविष्यति । तथा विलपतस्तस्य परिभ्रमितचेतसः ॥ १४
अस्तमभ्यागमत्सूर्यो रजनी चाभ्यवर्तत । सा त्रियामा तदार्तस्य चन्द्रमण्डलमण्डिता ॥ १५
राज्ञो विलपमानस्य न व्यभासत शर्वरी । सदैवोष्णं विनिःश्वस्य वृद्धो दशरथो नृपः ॥ १६
विललापार्तवद्दुःखं गगनासक्तलोचनः । न प्रभातं त्वयेच्छामि निशे नक्षत्रभूषिते ॥ १७
क्रियतां मे दया भद्रे मयायं रचितोऽञ्जलिः । अथवा गम्यतां शीघ्रं नाहमिच्छामि निर्घृणाम् ॥ १८
नृशंसां कैकेयीं द्रष्टुं यत्कृते व्यसनं मम । एवमुक्त्वा ततो राजा कैकेयीं संयताञ्जलिः ॥ १९
प्रसादयामास पुनः कैकेयीं राजधर्मवित् । साधुवृत्तस्य दीनस्य त्वद्गतस्य गतायुषः ॥ २०
प्रसादः क्रियतां भद्रे देवि राज्ञो विशेषतः । शून्येन खलु सुश्रोणि मयेदं समुपाहृतम् ॥ २१

अनर्थरूपा । कुलस्येति शेषः । असिद्धोऽर्थः प्रयोजनं यस्याः । अभीता जनापवादादभीता । भयदर्शिनी । रामाद्भरतस्येति शेषः । तमेव वरं पूर्वदत्तमेव वरमुद्दिश्य राजानमाकारयामास संबोधयामास ॥ २ ॥ कत्थसे श्लाघसे । पूर्वार्धान्ते इतिरध्याहार्यः । विधारयितुम् । ऋणत्वेनेति शेषः ॥ ३ ॥ ४ ॥ ५ ॥ रामप्रवासदुःखेन मृत्वा स्वर्गं गतस्यापि मे सुखं नास्तीत्याह— स्वर्गे इति । रामस्य कुशलं दैवतैः पृष्टोऽहं किमुत्तरं वदिष्य इति शेषः । वनं प्रत्यादिष्ट इत्युत्तरं देयं चेत्प्रत्यादेशात्तद्रूपादुत्तरादूर्ध्वं यद्देवैरभिहितं भविष्यति ज्येष्ठं श्रेष्ठगुणैर्युक्तं कथं प्रत्याख्यातवानसीत्येवंरूपं वाक्यं तत्कथं धारयिष्ये । हृदय इति शेषः । अतस्तदप्रत्याख्यानमेव वरमिति भावः ॥ ६ ॥ ननु सत्यवशात्प्रत्यादिष्ट इत्युत्तरं तत्राह—कैकेय्या इति । प्रियकामे प्रियेण वरेण । एतत्सत्यं यदि यद्यपि ब्रवीमि तत्तथाप्येतन्मे वाक्यमसत्यं भविष्यति । असत्यं मंस्यन्तीत्यर्थः । कामुकतया प्रत्याख्यात इत्येव मंस्यन्त इत्याशयः ॥ ७ ॥ त्यज्यते त्यक्ष्यते ॥ ८ ॥ ९ ॥ स्थापयिष्यामि प्रस्थापयिष्यामि ॥ १० ॥ दुःखैरिति षष्ठ्यर्थे तृतीया । दुःखं वनगमनरूपं दुःसाधनम् ॥ ११ ॥ सर्वथा रामस्यादुःखकरणमेव मे श्रेय इत्याह—यदीति । अदुःखार्हस्य रामस्य दुःखमकृत्वा यदि मम संक्रमं स्वर्गं प्रति गमनं भवेत्तदा स्वर्गे सुखमाप्नुयामित्यन्वयः । मरणे वराप्रदानजन्यदोषोऽपि न । जीवतो हि सा प्रतिज्ञेति भावः ॥ १२ ॥ मम प्रियं रामं विप्रियेण किं योजयसे इत्यन्वयः ॥ १३ ॥ अकीर्तिः स्त्रीजित इत्यकीर्तिर्जन्मसंपादितां कीर्तिं परिभविष्यतीत्यर्थः ॥ १४ ॥ यत्संबन्धिप्रदोषे स्वनिवेशप्रवेशात्पूर्वं सूर्योऽस्तमगमत्, रजनी चाभ्यवर्तत सा त्रियामा चन्द्रमण्डलमण्डिताप्यार्तस्य दुःखवतो विलपमानस्य च न व्यभासत न प्रकाशेन सुखदाभूत् । विलापेनैव रात्रिकालो व्यतीत इति भावः ॥ १५ ॥ यतः सा शर्वरी हिंसिका तस्येति शेषः । शृणातीति योगात् ॥ १६ ॥ आर्तवद्रोगपीडितवत् । यद्वा स्वार्थे वतिः । शृण्वतां दुःखं यथा भवति तथा विललाप । यद्वा दुःखं प्राप्येति शेषः । अथ दुःखवशाद्रात्र्या अभ्युष्टिं प्रार्थयते—न प्रभातमिति । 'त्वया' इति पाठे त्वया गतया जायमानं प्रातःकालमित्यर्थः । 'तव' इति पाठे त्वत्संबन्धिप्रातःकालमित्यर्थः ॥ १७ ॥ मे मह्यम् । भद्रे निशे । एवं हि तस्याः कल्याणदत्वम् । प्रभाते रामविवासनभयमिति भावः । गम्यतां त्रियामया त्वया । रात्र्यपगमे प्रजासंनिधानेनैतद्दर्शनाभाव इति भावः । यद्वा प्रभाते रामगमनेन झटिति मरणे सत्यस्या अदर्शनमिति भावः । नाहमिच्छामि द्रष्टुमित्यन्वयः ॥ १८ ॥ १९ ॥ त्वद्गतस्य सत्यवशत्वात्त्वद्वशंगतस्येत्यर्थः । गतायुषोऽल्पावशिष्टायुषः ॥२०॥ राज्ञो विशेषतो राजत्वाद्विशेषेण प्रसाद उचितः । इदं पूर्वोक्तकटुकवाक्यम् । शून्येन दुःखवशाद्वक्तव्यावक्तव्यविवेकरहि-

कुरु साधुप्रसादं मे बाले सहृदया ह्यसि । प्रसीद देवि रामो मे त्वद्दत्तं राज्यमव्ययम् ॥ २२
लभतामसितापाङ्गे यशः परमवाप्स्यसि । मम रामस्य लोकस्य गुरूणां भरतस्य च ।
प्रियमेतद्गुरुश्रोणि कुरु चारुमुखेक्षणे ॥ २३

विशुद्धभावस्य हि दुष्टभावा दीनस्य ताम्राश्रुकलस्य राज्ञः ।
श्रुत्वा विचित्रं करुणं विलापं भर्तुर्नृशंसा न चकार वाक्यम् ॥ २४
ततः स राजा पुनरेव मूर्च्छितः प्रियामतुष्टां प्रतिकूलभाषिणीम् ।
समीक्ष्य पुत्रस्य विवासनं प्रति क्षितौ विसंज्ञो निपपात दुःखितः ॥ २५
इतीव राज्ञो व्यथितस्य सा निशा जगाम घोरं श्वसतो मनस्विनः ।
विबोध्यमानः प्रतिबोधनं तदा निवारयामास स राजसत्तमः ॥ २६

इत्यार्षे श्रीमद्रामायणे वाल्मीकीय आदिकाव्येऽयोध्याकाण्डे त्रयोदशः सर्गः ॥ १३ ॥

चतुर्दशः सर्गः ।

पुत्रशोकार्दितं पापा विसंज्ञं पतितं भुवि । विचेष्टमानमुत्प्रेक्ष्य ऐक्ष्वाकमिदमब्रवीत् ॥ १
पापं कृत्वेव किमिदं मम संश्रुत्य संश्रवम् । शेषे क्षितितले सन्नः स्थित्यां स्थातुं त्वमर्हसि ॥ २
आहुः सत्यं हि परमं धर्मं धर्मविदो जनाः । सत्यमाश्रित्य च मया त्वं धर्मं प्रतिचोदितः ॥ ३
संश्रुत्य शैव्यः श्येनाय स्वां तनुं जगतीपतिः । प्रदाय पक्षिणे राजा जगाम गतिमुत्तमाम् ॥ ४
तथा ह्यलर्कस्तेजस्वी ब्राह्मणे वेदपारगे । याचमाने स्वके नेत्रे उद्धृत्याविमना ददौ ॥ ५
सरितां तु पतिः स्वल्पां मर्यादां सत्यमन्वितः । सत्यानुरोधात्समये वेलां स्वां नातिवर्तते ॥ ६
सत्यमेकपदं ब्रह्म सत्ये धर्मः प्रतिष्ठितः । सत्यमेवाक्षया वेदाः सत्येनावाप्यते परम् ॥ ७
सत्यं समनुवर्तस्व यदि धर्मे धृता मतिः । स वरः सफलो मेऽस्तु वरदो ह्यसि सत्तम ॥ ८
धर्मस्यैवाभिकामार्थं मम चैवाभिचोदनात् । प्रव्राजय सुतं रामं त्रिः खलु त्वां ब्रवीम्यहम् ॥ ९
समयं च ममार्येमं यदि त्वं न करिष्यसि । अग्रतस्ते परित्यक्ता परित्यक्ष्यामि जीवितम् ॥ १०

तेन । यद्वा इदं रामाभिषेचनं शून्य एकान्ते निर्जने नोक्तम्, किं तु सभायाम् । अतः प्रसादं कुरु । सभ्योपहासो यथा न भवति तथेत्यर्थः ॥ २१ ॥ सहृदया मद्व्यसनशून्यहृदया । तदेवाह—प्रसीदेति । त्वया वरबलाद्गृहीतमेव राज्यं मत्प्रीतये रामाय देहीत्याशयः ॥ २२ ॥ गुरूणां वसिष्ठादीनाम् । 'गुरुश्रोणी' इति पाठे 'उरु' इति पाठान्तरे च उर्वी महती श्रोणिर्यस्यास्तादृशि ॥ २३ ॥ रोदनेनाक्ष्णोस्ताम्रत्वात्ताम्रस्य अश्रुकलस्याश्रुपूर्णस्य । हिरप्यर्थे ॥ २४ ॥ तद्रात्रेः प्राक्सदा प्रियामतुष्टामेवंविधविनयवाक्येनापि संतोषमप्राप्ताम् । विवासनं प्रति याच्यमानं वरं समीक्ष्य दुःखितः । चिरपरिचितप्रेमत्वात्तां धिक्कर्तुमशक्नुवन्प्रयासलब्धं पुत्रं च त्यक्तुमशक्नुवन्कर्तव्यमूढतया दुःखितो विसंज्ञो मूर्च्छितः क्षितौ पपात ॥ २५ ॥ दीर्घं घोरमुष्णं च श्वसतः सा निशा जगाम । प्रतिबोधनं तत्साधनमङ्गलगीतादिकम् । दुःखवशादिति भावः ॥ २६ ॥ इति श्रीरामाभिरामे श्रीरामीये रामायणतिलके वाल्मीकीय आदिकाव्येऽयोध्याकाण्डे त्रयोदशः सर्गः ॥ १३ ॥

एवं दशां प्राप्तेऽपि राजनि कैकेयी मन्निमित्ततो राजा म्रियते चेन्म्रियतां वृद्धः, न तु मयोक्तमन्यथा कार्यमिति निश्चित्याह—पुत्रेत्यादि । पापा कैकेयी । विचेष्टमानं मरणकाल इव विकृतमुत्प्रेक्ष्य । सम्यग्दृष्ट्वापीत्यर्थः ॥ १ ॥ मम संश्रवं वरदानरूपं संश्रुत्य प्रतिश्रुत्याङ्गीकृत्य पापं कृत्वेव सन्नः पीडितः सञ्शेषे इदं किम् । इदं नोचितमित्यर्थः । अतः स्थित्यां सत्यपालनरूपायां सतां मर्यादायाम् ॥ २ ॥ सत्यरूपं धर्ममाश्रित्योद्दिश्य त्वं च त्वं तु मया प्रतिचोदितो वरदानविषये प्रेरितः । तव सत्यं रक्षितुमेषा मे प्रेरणा, अन्यथा प्रतिज्ञान्तरदानं विनैव मरणे तवाधर्मः स्यादिति भावः ॥ ३ ॥ यद्यपि सत्यपालने प्राणसंशयस्तथापि तमङ्गीकृत्य सत्यरक्षणमेव ज्याय इत्याह—संश्रुत्येत्यादि ॥ ४ ॥ ५ ॥ सरितां पतिः सत्यमन्वितः सत्यं प्राप्तः । सत्यानुरोधात्सत्यत्यागभयात्स्वल्पां मर्यादां सुलङ्घ्यामपि वेलां समये चन्द्रोदयरूपे वृद्धिसमयेऽपि नातिवर्तते ॥ ६ ॥ प्रणवरूपैकपदवाच्यत्वाद्वाच्यवाचकयोश्चाभेदाद्यत्प्रणवरूपं ब्रह्म शास्त्रे तत्सत्यवाक्यमेव । अक्षया वेदाः । अक्षयं तज्ज्ञानफलम् । सत्येनैव परं पदं ब्रह्मस्वरूपं प्राप्यते । चित्तशुद्धिद्वारेति भावः ॥ ७ ॥ तस्मात्सत्यमिति ॥ ८ ॥ धर्मस्य परलोकसिद्धिफलकस्य । अभिकामार्थं प्रार्थनीयफलसिद्ध्यर्थं क्रियमाणान्ममाभिचोदनात्प्रेरणाच्च त्वं सुतं रामं प्रव्राजय । एवं त्वां त्रिर्ब्रवीमि । अतो नाहमस्माद्वरग्रहणान्निवर्तयितुं शक्येति भावः ॥ ९ ॥ विपक्षे स्त्रीवधदोषश्चाधिकस्ते

एवं प्रचोदितो राजा कैकेय्या निर्विशङ्कया । नाशकत्पाशमुन्मोक्तुं बलिरिन्द्रकृतं यथा ॥ ११
उद्भ्रान्तहृदयश्चापि विवर्णवदनोऽभवत् । स धुर्यो वै परिस्पन्दन्युगचक्रान्तरं यथा ॥ १२
विकलाभ्यां च नेत्राभ्यामपश्यन्निव भूमिपः । कृच्छ्राद्धैर्येण संस्तभ्य कैकेयीमिदमब्रवीत् ॥ १३
यस्ते मन्त्रकृतः पाणिरग्नौ पापे मया धृतः । संत्यजामि स्वजं चैव तव पुत्रं सह त्वया ॥ १४
प्रयाता रजनी देवि सूर्यस्योदयनं प्रति । अभिषेकाय हि जनस्त्वरयिष्यति मां ध्रुवम् ॥ १५
रामाभिषेकसंभारैस्तदर्थमुपकल्पितैः । रामः कारयितव्यो मे मृतस्य सलिलक्रियाम् ॥ १६
सपुत्रया त्वया नैव कर्तव्या सलिलक्रिया । व्याहन्तास्यशुभाचारे यदि रामाभिषेचनम् ॥ १७
न शक्तोऽद्यास्म्यहं द्रष्टुं दृष्ट्वा पूर्वं तथामुखम् । हतहर्षं तथानन्दं पुनर्जनमवाङ्मुखम् ॥ १८
तां तथा ब्रुवतस्तस्य भूमिपस्य महात्मनः । प्रभाता शर्वरी पुण्या चन्द्रनक्षत्रमालिनी ॥ १९
ततः पापसमाचारा कैकेयी पार्थिवं पुनः । उवाच परुषं वाक्यं वाक्यज्ञा रोषमूर्च्छिता ॥ २०
किमिदं भाषसे राजन्वाक्यं गररुजोपमम् । आनाययितुमक्लिष्टं पुत्रं राममिहार्हसि ॥ २१
स्थाप्य राज्ये मम सुतं कृत्वा रामं वनेचरम् । निःसपत्नां च मां कृत्वा कृतकृत्यो भविष्यसि ॥ २२
स तुन्न इव तीक्ष्णेन प्रतोदेन हयोत्तमः । राजा प्रचोदितोऽभीक्ष्णं कैकेय्या वाक्यमब्रवीत् ॥ २३
धर्मबन्धेन बद्धोऽस्मि नष्टा च मम चेतना । ज्येष्ठं पुत्रं प्रियं रामं द्रष्टुमिच्छामि धार्मिकम् ॥ २४
ततः प्रभातां रजनीमुदिते च दिवाकरे । पुण्ये नक्षत्रयोगे च मुहूर्ते च समागते ॥ २५
वसिष्ठो गुणसंपन्नः शिष्यैः परिवृतस्तथा । उपगृह्याशु संभारान्प्रविवेश पुरोत्तमम् ॥ २६
सिक्तसंमार्जितपथां पताकोत्तमभूषिताम् । संहृष्टमनुजोपेतां समृद्धविपणापणाम् ॥ २७

इत्याह—समयं चेति । मद्वरविषयमर्थं परित्यक्ता त्वयोपेक्षिता तेऽग्रतो जीवितं त्यक्ष्यामि ॥ १० ॥ एवं न्यायोपेतप्रकारेण । पाशं सत्यपाशबन्धनम् । इन्द्रकृतमिन्द्रप्रेरितोपेन्द्रकृतं पदत्रयमितदेयप्रतिश्रवरूपं पाशम् ॥ ११ ॥ युगचक्रयोरन्तरं मध्यं प्राप्य परिस्पन्दंस्तिर्यक्चेष्टमानो धुर्य इव उद्भ्रान्तहृदयत्वादिविशिष्टोऽभवत् ॥ १२ ॥ संस्तभ्य । विकलं चित्तमिति शेषः ॥ १३ ॥ ईदृश्याः सपुत्रायास्त्याग एवोचित इत्याशयेनाह—यस्ते इति । मन्त्रकृतः 'गृभ्णामि' इति मन्त्रेण संस्कृतः । संत्यजामि तत्प्रयुक्तं व्यवहारं त्यजामि । स्वजं स्वस्माज्जातं तव पुत्रं च त्वया सह त्यजामि ॥ १४ ॥ किं च रामाभिषेको मयाऽशक्यनिवारण इत्याह—प्रयातेत्यादि । उदयनं प्रत्युदयं प्रतिलभ्य तदर्थमभिषेकार्थं कल्पितै रामाभिषेकसंभारैरभिषेकं कर्तुं गुरुजनो मां त्वरयिष्यति, अतो गुरुजनानुरोधेन मया रामः कारयितव्यः कृताभिषेकः कारयितव्यः । एवं सति रुष्टया मत्सलिलक्रिया न कार्येत्याह—मृतस्येत्यादि । मा कुर्विति शेषः ॥ १५ ॥ १६ ॥ क्रोधातिशयेनोक्तमेवार्थं पुनराह—सपुत्रयेति । इति कतकतीर्थौ । मम तु प्रतिभाति—सूर्योदयं प्रतिलभ्याभिषेकं कर्तुं त्वरयिष्यति, अतः स एव मया कर्तव्य इत्याद्यर्थः । त्वं तु त्याज्यैवेति भावः । ननु मयि जीवन्त्यां कथं रामाभिषेको भविष्यति तत्राह—यदि गुरूनप्यवज्ञाय रामाभिषेचनं व्याहन्तासि तद्विघातं करिष्यसि तदाभिषेकार्थं कल्पितै रामाभिषेकसंभारैर्मृतस्य मे सलिलक्रियां मया रामः कारयितव्यः । क्रोधादाह—सपुत्रयेति ॥ १७ ॥ ननु किमनेनात्मवैधव्यव्यवसायेन पुत्रादप्यात्मनः प्रियत्वात् 'आत्मनः कामाय सर्वं प्रियं भवति' इति श्रुतेरत आह—न शक्त इति । तथामुखं तादृशमुखवन्तमूर्ध्वविकसितमुखं दृष्ट्वा पुनरिदानीमवाङ्मुखं म्लानं द्रष्टुं न शक्नोमि । एवं च तादृशजीवनापेक्षया मरणं मे श्रेय इति सर्वथा मया मर्तव्यमिति भावः ॥ १८ ॥ तां कैकेयीम् । पुण्या प्रभाता । पुण्यसाधनप्रभातकालावच्छिन्ना जातेत्यर्थः । यद्वा निरन्तररामचिन्तासमेतत्वात्पुण्या शर्वरी तथा जातेत्यर्थः ॥ १९ ॥ रोषमूर्च्छिता क्रोधव्याप्ता । परुषं मदीयमृणं दत्त्वा इत उत्तिष्ठेत्येवंरूपम् ॥ २० ॥ गरो विषं रुजा शूलादि तद्वद्दुःखदं किं भाषसे । व्यर्थमेवेति भावः । 'वाक्यमङ्गरुजोपमम्' इति पाठेऽङ्गेति राजामन्त्रणम् । इहानाययितुम् । मदृणदानं विना इतो बहिर्गमनमशक्यमिति तात्पर्यम् ॥ २१ ॥ कृतकृत्यः कृतशौचादिकृत्यः । 'कृत्ये' इत्यावश्यके कृत्यप्रत्ययः ॥ २२ ॥ तुन्नो व्यथां प्रापितः । 'नुन्नः' इति पाठे प्रेरितः । तीक्ष्णप्रतोदप्रेरितो हयो यथाश्वारोहाधीनः, तथा तद्वाक्यप्रेरितो राजा तदधीनो भूत्वाहेत्यर्थः ॥ २३ ॥ तदाह—धर्मेति । एवं च ममाचेतनत्वात्त्वमेव स्वाभीष्टं यथा सिध्यति तथा कुरु । अहं न किमपि वक्ष्यामीति भावः । सर्वथा चेतनानाशात्प्राग्रामं द्रष्टुं परमिच्छामि । तद्यथा संपद्यते तथा कुरु । एतावद्वा मदिष्टं कुर्विति भावः ॥ २४ ॥ प्रभातां रजनीं दृष्ट्वा । सरय्वां कृतस्नानादिनित्यक्रिय इति शेषः । वसिष्ठः पुरोत्तमं प्रविवेशेति उत्तरश्लोकेनान्वयः । कवेरपि वर्णनीयमयीभावेन शोकाविष्टत्वाच्यूनपदादिकमदोषः ॥ २५ ॥ संभारान्कुशादीन् ॥ २६ ॥ संमार्जनं मार्जन्या धूलिनिराकरणम् । समृद्धा विपणाः क्रेयपदार्था येषु तादृशा आपणा यस्यां सा ॥ २७ ॥

महोत्सवसमायुक्तां राघवार्थे समुत्सुकाम् । चन्दनागुरुधूपैश्च सर्वतः परिधूपिताम् ॥ २८
तां पुरीं समतिक्रम्य पुरंदरपुरोपमाम् । ददर्शान्तःपुरं श्रीमान्नानाध्वजगणायुतम् ॥ २९
पौरजानपदाकीर्णं ब्राह्मणैरुपशोभितम् । यष्टिमद्भिः सुसंपूर्णं सदश्वैः परमार्चितैः ॥ ३०
तदन्तःपुरमासाद्य व्यतिचक्राम तं जनम् । वसिष्ठः परमप्रीतः परमर्षिभिरावृतः ॥ ३१
स त्वपश्यद्विनिष्क्रान्तं सुमन्त्रं नाम सारथिम् । द्वारे मनुजसिंहस्य सचिवं प्रियदर्शनम् ॥ ३२
तमुवाच महातेजाः सूतपुत्रं विशारदम् । वसिष्ठः क्षिप्रमाचक्ष्व नृपतेर्मामिहागतम् ॥ ३३
इमे गङ्गोदकघटाः सागरेभ्यश्च काञ्चनाः । औदुम्बरं भद्रपीठमभिषेकार्थमाहृतम् ॥ ३४
सर्वबीजानि गन्धाश्च रत्नानि विविधानि च । क्षौद्रं दधि घृतं लाजा दर्भाः सुमनसः पयः ॥ ३५
अष्टौ च कन्या रुचिरा मत्तश्च वरवारणः । चतुरश्वो रथः श्रीमान्निस्त्रिंशो धनुरुत्तमम् ॥ ३६
वाहनं नरसंयुक्तं छत्रं च शशिसंनिभम् । श्वेते च वालव्यजने भृङ्गारं च हिरण्मयम् ॥ ३७
हेमदामपिनद्धश्च ककुद्मान्पाण्डुरो वृषः । केसरी च चतुर्दंष्ट्रो हरिश्रेष्ठो महाबलः ॥ ३८
सिंहासनं व्याघ्रतनुः समिधश्च हुताशनः । सर्वे वादित्रसङ्घाश्च वेश्याश्चालंकृताः स्त्रियः ॥ ३९
आचार्या ब्राह्मणा गावः पुण्याश्च मृगपक्षिणः । पौरजानपदश्रेष्ठा नैगमाश्च गणैः सह ॥ ४०
एते चान्ये च बहवः प्रीयमाणाः प्रियंवदाः । अभिषेकाय रामस्य सह तिष्ठन्ति पार्थिवैः ॥ ४१
त्वरयस्व महाराजं यथा समुदितेऽहनि । पुष्ये नक्षत्रयोगे च रामो राज्यमवाप्नुयात् ॥ ४२
इति तस्य वचः श्रुत्वा सूतपुत्रो महाबलः । स्तुवन्नृपतिशार्दूलं प्रविवेश निवेशनम् ॥ ४३
तं तु पूर्वोदितं वृद्धं द्वारस्था राजसंमताः । न शेकुरभिसंरोद्धुं राज्ञः प्रियचिकीर्षवः ॥ ४४
स समीपस्थितो राज्ञस्तामवस्थामजज्ञिवान् । वाग्भिः परमतुष्टाभिरभिष्टोतुं प्रचक्रमे ॥ ४५
ततः सूतो यथापूर्वं पार्थिवस्य निवेशने । सुमन्त्रः प्राञ्जलिर्भूत्वा तुष्टाव जगतीपतिम् ॥ ४६
यथा नन्दति तेजस्वी सागरो भास्करोदये । प्रीतः प्रीतेन मनसा तथा नन्दय नस्ततः ॥ ४७
इन्द्रमस्यां तु वेलायामभितुष्टाव मातलिः । सोऽजयद्दानवान्सर्वांस्तथा त्वां बोधयाम्यहम् ॥ ४८
वेदाः सहाङ्गा विद्याश्च यथा ह्यात्मभुवं प्रभुम् । ब्रह्माणं बोधयन्त्यद्य तथा त्वां बोधयाम्यहम् ॥ ४९
आदित्यः सह चन्द्रेण यथा भूतधरां शुभाम् । बोधयत्यद्य पृथिवीं तथा त्वां बोधयाम्यहम् ॥ ५०
उत्तिष्ठ सुमहाराज कृतकौतुकमङ्गलः । विराजमानो वपुषा मेरोरिव दिवाकरः ॥ ५१

समुत्सुकां समुत्सुकजनाम् ॥ २८ ॥ २९ ॥ यष्टिमद्भिरिति ब्राह्मणविशेषणम् । 'धारयेद्वैणवीं यष्टिम्' इति स्नातकधर्मप्रकरणोक्तेः । यद्वा यष्टिमद्भिरित्यस्य तद्धरै राजसेवकैरित्यर्थः ॥ ३० ॥ ३१ ॥ विनिष्क्रान्तमन्तःपुरात् । द्वारेऽन्तःपुरद्वारे ॥ ३२ ॥ वसिष्ठः सूतपुत्रमुवाच । किमुवाचेत्याह—क्षिप्रमित्यादि ॥ ३३ ॥ काञ्चनाः सौवर्णाः । गङ्गोदकघटास्तदुदकपूर्णा घटाः । सागरेभ्यश्च । तज्जलपूर्णा घटा आहृता इति शेषः । औदुम्बरं भद्रपीठम् । 'औदुम्बर्यासन्दी तस्यै प्रादेशमात्राः पादाः' इति बह्वृचब्राह्मणप्रसिद्धम् ॥३४॥ क्षौद्रं मधु । सुमनसः पुष्पाणि ॥ ३५ ॥ कन्याः कुमार्यः । निस्त्रिंशः खड्गः ॥ ३६ ॥ नरसंयुक्तं वाहनं शिबिका । भृङ्गारं कनकालुका स्वर्णकरकपात्रम् ॥३७॥चतुर्दंष्ट्रत्वादेव हरिश्रेष्ठः । यद्वा हरिश्रेष्ठ उत्तमाश्वः॥३८॥ व्याघ्रतनुर्व्याघ्रचर्म ॥ ३९ ॥ नैगमा वणिजो गणैः स्वस्वगणैः ॥४०॥ प्रीयमाणाः प्रीतियुक्ताः । पार्थिवैः सहेत्यन्वयः ॥४१॥ समुदिते मुहूर्तगुणैः । यथा रामो राज्यमवाप्नुयात्तथा राजानं त्वरयस्वेति संबन्धः ॥ ४२ ॥ ४३ ॥ पूर्वोदितमयं कदापि न निवारणीय इति पूर्वमेव राज्ञा ज्ञापितम् । एवमाज्ञायां हेतुर्वृद्धमिति ॥ ४४ ॥ तामवस्थां कैकेयीकृतां घोरामवस्थामजज्ञिवान्न ज्ञातवान्यतोऽतो वाग्भिरित्यादि । परमतुष्टाभिस्तोषकृताभिः । तोषजनिकाभिश्चेति यावत् ॥ ४५ ॥ ४६ ॥ भास्करोदये तत्काले प्रत्यूर्मिप्रतिफलितरवितेजसा तेजस्वी सागरो यथा स्नातुकामानन्दति नन्दयति तथा नोऽस्मान्प्रीतेन तुष्टेन मनसा प्रीतोऽस्मद्विषयकप्रीत्याश्रयः सन्नन्दय । यत्तु भास्करश्चन्द्र इति, तत्प्रसिद्धिविरुद्धम् । तथा 'आनन्दघनः' इति पाठे आनन्दघनः आनन्दपूर्णस्त्वं नन्द नन्दय । प्रजा इति शेषः । नन्दानन्देति च तन्त्रेण बोध्यम् ॥ ४७ ॥ अस्यां वेलायामुदयवेलायाम् । तया स्तुत्या चोत्साहयुक्तः सन्यथा दानवान्सोऽजयत्तथा रिपुजयफलकं बोधनं ते करोमीत्यर्थः ॥ ४८ ॥ अङ्गैः सहिता वेदा विद्याश्च मीमांसादयो यथा ब्रह्माणं सृष्ट्यै बोधयन्ति, एवं त्वां बोधयामि । 'वेदेभ्य एव भूरादीन्पदार्थाञ्ज्ञात्वा वेधास्तान्सृजति' इति श्रुतिस्मृतिप्रसिद्धम् ॥ ४९ ॥ यथा चन्द्रसहितो रविरुदयास्तमयाभ्यां पृथिवीं तत्स्थं जनं बोधयति तद्वच्च ॥ ५० ॥ कृतकौतुकमङ्गलः कृतानि कौतुकेऽभिषेकोत्सवे मङ्गलानि विचित्रवस्त्राभरणधारणादिरूपाणि येन ।

उदतिष्ठत रामस्य समग्रमभिषेचनम् । पौरजानपदाश्चापि नैगमश्च कृताञ्जलिः ॥ ५२
अयं वसिष्ठो भगवान्ब्राह्मणैः सह तिष्ठति । क्षिप्रमाज्ञाप्यतां राजन्राघवस्याभिषेचनम् ॥ ५३
यथा ह्यपालाः पशवो यथा सेना ह्यनायका । यथा चन्द्रं विना रात्रिर्यथा गावो विना वृषम् ॥ ५४
एवं हि भविता राष्ट्रं यत्र राजा न दृश्यते । एवं तस्य वचः श्रुत्वा सान्त्वपूर्वमिवार्थवत् ॥ ५५
अभ्यकीर्यत शोकेन भूय एव महीपतिः । ततस्तु राजा तं सूतं सन्नहर्षः सुतं प्रति ॥ ५६
शोकरक्तेक्षणः श्रीमानुद्वीक्ष्योवाच धार्मिकः । वाक्यैस्तु खलु मर्माणि मम भूयो निकृन्तसि ॥ ५७
सुमन्त्रः करुणं श्रुत्वा दृष्ट्वा दीनं च पार्थिवम् । प्रगृहीताञ्जलिः किंचित्तस्माद्देशादपाक्रमत् ॥ ५८
यदा वक्तुं स्वयं दैन्यान्न शशाक महीपतिः । तदा सुमन्त्रं मन्त्रज्ञा कैकेयी प्रत्युवाच ह ॥ ५९
सुमन्त्र राजा रजनीं रामहर्षसमुत्सुकः । प्रजागरपरिश्रान्तो निद्रावशमुपागतः ॥ ६०
तद्गच्छ त्वरितं सूत राजपुत्रं यशस्विनम् । राममानय भद्रं ते नात्र कार्या विचारणा ॥ ६१
अश्रुत्वा राजवचनं कथं गच्छामि भामिनि । तच्छ्रुत्वा मन्त्रिणो वाक्यं राजा मन्त्रिणमब्रवीत् ॥ ६२
सुमन्त्र रामं द्रक्ष्यामि शीघ्रमानय सुन्दरम् । स मन्यमानः कल्याणं हृदयेन ननन्द च ॥ ६३
निर्जगाम च स प्रीत्या त्वरितो राजशासनात् । सुमन्त्रश्चिन्तयामास त्वरितं चोदितस्तया ॥ ६४
व्यक्तं रामाभिषेकार्थे इहायास्यति धर्मराट् । इति सूतो मतिं कृत्वा हर्षेण महता पुनः ॥ ६५
निर्जगाम महातेजा राघवस्य दिदृक्षया । सागरह्रदसंकाशात्सुमन्त्रोऽन्तःपुराच्छुभात् ॥ ६६

ततः पुरस्तात्सहसा विनिःसृतो महीपतेर्द्वारगतान्विलोकयन् ।
ददर्श पौरान्विविधान्महाधनानुपस्थितान्द्वारमुपेत्य निष्ठितान् ॥ ६७

इत्यार्षे श्रीमद्रामायणे वाल्मीकीय आदिकाव्येऽयोध्याकाण्डे चतुर्दशः सर्गः ॥ १४ ॥

पञ्चदशः सर्गः ।

ते तु तां रजनीमुष्य ब्राह्मणा वेदपारगाः । उपतस्थुरुपस्थानं सह राजपुरोहिताः ॥ १
अमात्या बलमुख्याश्च मुख्या ये निगमस्य च । राघवस्याभिषेकार्थे प्रीयमाणाः सुसंगताः ॥ २
उदिते विमले सूर्ये पुष्ये चाभ्यागतेऽहनि । लग्ने कर्कटके प्राप्ते जन्म रामस्य च स्थिते ॥ ३
अभिषेकाय रामस्य द्विजेन्द्रैरुपकल्पितम् । काञ्चना जलकुम्भाश्च भद्रपीठं स्वलंकृतम् ॥ ४

'कौतुकं त्वभिलाषे स्यादुत्सवे नर्महर्षयोः' । अतएव वपुषा विराजमानस्त्वं मेरोर्दिवाकर इवोत्तिष्ठ ॥ ५१ ॥ कर्तव्यं यद्यदाज्ञप्तं तत्सर्वं कृतमित्याह—उदतिष्ठतेति । उदतिष्ठत उत्थितम् । संपन्नमभूदित्यर्थः । अभिषेचनं तदुपकरणम् । नैगमो वणिग्वर्गः ॥ ५२ ॥ ५३ ॥ ५४ ॥ भविता । लुट् । तस्माच्छीघ्रमुत्तिष्ठेति भावः । इवशब्द एवार्थे ॥ ५५ ॥ अभ्यकीर्यत व्याप्तोऽभवत् । सन्नहर्षो नष्टहर्षः ॥ ५६ ॥ शोकरक्तेक्षणः शोकजरोदनेन रक्तनेत्रः । भूयः कैकेयीवाक्यैः कृत्तानि मर्माणि पुनरधिकं स्तुतिवाक्यैरित्यर्थः । अनुचितकालप्रयुज्यमानत्वादिति भावः ॥ ५७ ॥ अपाक्रमद्बद्धाञ्जलिः सन्नीतोऽपाक्रमत् ॥ ५८ ॥ दैन्यं सत्यपाशबन्धनजम् । मन्त्रज्ञा स्वकार्ये वक्तव्यज्ञा ॥५९॥ अतएव मिथ्याप्याह—रामहर्षेति । रामाभिषेकहर्षेत्यर्थः ॥ ६० ॥ ६१ ॥ ६२ ॥ कल्याणं मन्यमानः । कदाचिद्रामं दृष्ट्वा तस्मिन्प्रीतिं करिष्यतीति मन्यमानः । यद्वा अस्मिन्नवसरे रामदर्शनमेव कल्याणं मन्यमानः । मृतिसमयत्वात् । यद्वा देवानामृषीणां च कल्याणं मन्यमानः । अतएव हृदयेन ननन्द । न तु बहिस्तच्चिह्नमिति भावः ॥६३॥ निर्गमनकाले पुनस्त्वरितमानयेति तया कैकेय्या प्रेरितश्चिन्तयामास । किमित्येषा भूयस्त्वरयतीति चिन्ता ॥ ६४ ॥ व्यक्तं रामाभिषेकार्थं एवैषा त्वरयति । इह धर्मराट् दशरथ आयास्यत्यायासवान्भवति । प्रयासबाहुल्येन प्रायो बहिर्नागमिष्यतीति मतिं कृत्वेत्यन्वयः ॥ ६५ ॥ पुरान्तर्वर्तित्वादन्तःपुरस्य सागरान्तर्वर्तिह्रदतुल्यत्वम् ॥ ६६ ॥ तत इति । महीपतेर्द्वारगतानधिकारिणो विलोकयन्पौरान्महाजनान्पुरस्तादग्रे ददर्श । ततो निर्गमनोत्तरम् ॥६७॥ इति श्रीरामाभिरामे श्रीरामीये रामायणतिलके वाल्मीकीय आदिकाव्येऽयोध्याकाण्डे चतुर्दशः सर्गः ॥ १४ ॥

अथ कैकेय्या राज्ञा च गुप्तहृदयतया प्रवर्तितस्य सुमन्त्रस्य यथापूर्वं प्रवृत्तिं वदन्राजाज्ञया राजद्वारि मिलितानां जनानां परस्परसंभाषणप्रकारमाह—ते त्वित्यादि । ते राजप्रेरिताः । उष्योषित्वा । उपस्थानं राजद्वारम् । अधिकरणे ल्युट् ॥ १ ॥ निगमो वणिक्समूहः ॥ २ ॥ अहनि पुष्यनक्षत्रे आगते । रामस्य जन्म जन्मनि स्थिते जन्मकालस्थे कर्कटलग्ने च प्राप्ते ॥ ३ ॥ भाविने इति शेषः । अभिषेकायाभिषेकार्थमुपक-

रथश्च सम्यगास्तीर्णो भास्वता व्याघ्रचर्मणा । गङ्गायमुनयोः पुण्यात्संगमादाहृतं जलम् ॥ ५
याश्चान्याः सरितः पुण्या ह्रदाः कूपाः सरांसि च । प्राग्वहाश्चोर्ध्ववाहाश्च तिर्यग्वाहाश्च क्षीरिणः ॥ ६
ताभ्यश्चैवाहृतं तोयं समुद्रेभ्यश्च सर्वशः । क्षौद्रं दधि घृतं लाजा दर्भाः सुमनसः पयः ॥ ७
अष्टौ च कन्या रुचिरा मत्तश्च [illegible]वारणः । सजलाः क्षीरिभिश्छन्ना घटाः का[illegible]नराजताः ॥ ८
पद्मोत्पलयुता भान्ति पूर्णाः परमवारिणा । चन्[illegible] पाण्डुरं रत्नभूषितम् ॥ ९
सज्जं तिष्ठति रामस्य वालव्यजन[illegible]त्तमम् । चन्द्रमण्डलसंकाशमातपत्रं च पाण्डुरम् ॥ १०
सज्जं द्युतिकरं श्रीमदभिषेकपुरःसरम् । पाण्डुरश्च वृषः सज्जः पाण्डुराश्वश्च संस्थितः ॥ ११
वादित्राणि च सर्वाणि बन्दिनश्च तथापरे । इक्ष्वाकूणां यथा राज्यं संभ्रियेताभिषेचनम् ॥ १२
तथाजातीयमादाय राजपुत्राभिषेचनम् । ते राजवचनात्तत्र समवेता महीपतिम् ॥ १३
अपश्यन्तोऽब्रुवन्को नु राज्ञो नः प्रतिवेदयेत् । न पश्यामश्च राजानमुदितश्च दिवाकरः ॥ १४
यौवराज्याभिषेकश्च सज्जो रामस्य धीमतः । इति तेषु ब्रुवाणेषु सर्वांस्तांश्च महीपतीन् ॥ १५
अब्रवीत्तानिदं वाक्यं सुमन्त्रो राजसत्कृतः । रामं राज्ञो नियोगेन त्वरया प्रस्थितो ह्यहम् ॥ १६
पूज्या राज्ञो भवन्तश्च रामस्य तु विशेषतः । अयं पृच्छामि वचनात्सुखमा[illegible]ष्मतामहम् ॥ १७
राज्ञः संप्रतिबुद्धस्य चानागमनकारणम् । इत्युक्त्वान्तःपुरद्वारमाजगाम पुराणवित् ॥ १८
सदा सक्तं च तद्वेश्म सुमन्त्रः प्रविवेश ह । तुष्टावास्य तदा वंशं प्रविश्य स विशांपतेः ॥ १९
शयनीयं नरेन्द्रस्य तदासाद्य व्यतिष्ठत । सोऽत्यासाद्य तु तद्वेश्म तिरस्करणिमन्तरा ॥ २०
आशीर्भिर्गुणयुक्ताभिरभितुष्टाव राघवम् । सोमसूर्यौ च काकुत्स्थ शिववैश्रवणावपि ॥ २१
वरुणश्चाग्निरिन्द्रश्च विजयं प्रदिशन्तु ते । गता भगवती रात्रिरहः शिवमुपस्थितम् ॥ २२
बुध्यस्व राजशार्दूल कुरु कार्यमनन्तरम् । ब्राह्मणा बलमुख्याश्च नैगमाश्चागतास्त्विह ॥ २३
दर्शनं तेऽभिकाङ्क्षन्ते प्रतिबुध्यस्व राघव । स्तुवन्तं तं तदा सूतं सुमन्त्रं मन्त्रकोविदम् ॥ २४
प्रतिबुध्य ततो राजा इदं वचनमब्रवीत् । राममानय सूतेति यदस्यभिहितो मया ॥ २५
किमिदं कारणं येन ममाज्ञा प्रतिवाह्यते । न चैव संप्रसुप्तोऽहमानयेहाशु राघवम् ॥ २६
इति राजा दशरथः सूतं तत्रान्वशात्पुनः । स राजवचनं श्रुत्वा शिरसा [illegible] तम् ॥ २७
निर्जगाम नृपावासान्मन्यमानः प्रियं महत् । प्रपन्नो राजमार्गं च पताकाध्वजशोभितम् ॥ २८

रणम् । उपकल्पितम् । सिद्धं कृतमित्यर्थः । काञ्चना जलकुम्भा आनीताः । अलंकृतं भद्रपीठं स्थापितम् ॥ ४ ॥ ५ ॥ प्राग्वहा इत्यादेर्नद्य इति शेषः । पर्वतघटनादिनोर्ध्वप्रवाहवत्प्रदेशवत्य ऊर्ध्ववाहाः । तिर्यग्वाहा दक्षिणोत्तरप्रवाहाः । क्षीरिणः क्षीरपूर्णाः । क्षीरमत्र जलम् । क्लीबभाव आर्षः ॥ ६ ॥ ७ ॥ क्षीरिभिः क्षीरिवृक्षपल्लवैः ॥ ८ ॥ ९ ॥ १० ॥ अभिषेकपुरःसरमभिषेकसामग्रीमुख्यम् ॥ ११ ॥ इक्ष्वाकूणां राज्येऽभिषेचनमुद्दिश्य यथा वस्तुजातं संभ्रियेत संभ्रियते ॥ १२ ॥ तथा जातीयं वस्तुजातं रामाभिषेकमुद्दिश्यादाय गृहीत्वा राजवचनाद्राजद्वारे समवेता मिलिता ब्राह्मणादयो महीपतिमपश्यन्तो नोऽस्मान्राज्ञः कः प्रतिवेदयेदित्यब्रुवन् ॥ १३ ॥ १४ ॥ यौवराज्याभिषेकस्तत्सामग्री । सर्वाञ्जनान्महीपतींश्चाब्रवीदित्यन्वयः ॥ १५ ॥ रामम् । आनेतुमिति शेषः ॥ १६ ॥ यद्यपि प्रस्थितस्तथापि भवन्तो राज्ञो रामस्य च पूज्या इति कृत्वायुष्मतां युष्माकं वचनात्सर्वे राजानो ब्राह्मणादयश्च महाराजं सुखं सुखशयनं पृच्छन्तीति विज्ञापयामि । जाग्रतोऽपि बहिरनागमनकारणं किमिति च पृच्छन्तीति विज्ञापयामि ॥ १७ ॥ पुराणविच्चिरकालकथाभिज्ञः । अतिवृद्ध इति यावत् ॥ १८ ॥ सदा सक्तमवारितद्वारम् ॥ १९ ॥ शयनीयं शयनगृहम् । तिरस्करणीं जवनिकाम् । अन्तरा । कृत्वेति शेषः । एतेन तावत्पर्यन्तं गमनं सूचितम् । अत्यासाद्यातिसमीपं गत्वा ॥ २० ॥ राजविज्ञापनस्य स्तुतिपूर्वकत्वात्पुनः स्तुतिप्रवृत्तिः ॥ २१ ॥ २२ ॥ निगमो वाणिज्यं तत्संबन्धिनो नैगमाः ॥ २३ ॥ २४ ॥ प्रतिबुध्य जवनिकान्तर्हितमपि सुमन्त्रं ध्वनिना ज्ञात्वा । 'यदस्यभिहितोऽनया' इति पाठेऽनयेत्युपलक्षणम् । मया चेत्यर्थः । अतएव ममाज्ञेति संगच्छते । पूर्वं राज्ञा स्वयमप्युक्तेः । कतकादयस्तु—कैकेय्याज्ञैवाप्रतिषिद्धमनुमतमिति न्यायेन ममाज्ञा । ननु निद्रापरवशत्वेन राज्ञोऽनुमतं न वेति मे संदेहस्तत्राह—न चेति । इति व्याचक्षते । तेषाम् 'इति राजा' इतिश्लोके पुनःपदासंगतिः स्पष्टैव । पूर्वसर्गान्ते 'अश्रुत्वा राजवचनम्' इत्यादि 'ननन्द च' इत्यन्तश्लोकद्वयस्य सर्वपुस्तकेषूपलम्भाच्च तद्व्याख्यानमसंगतमिति ध्येयम् ॥ २५ ॥ २६ ॥ २७ ॥ प्रियं मन्यमानो हार्दाभिप्रा-

हृष्टः प्रमुदितः सूतो जगामाशु विलोकय[illegible] । स सूतस्तत्र शुश्राव रामाधिकरणाः कथाः ॥ २९
अभिषेचनसंयुक्ताः सर्वलोकस्य हृष्टवत् । ततो ददर्श रुचिरं कैलाससदृशप्रभम् ॥ ३०
रामवेश्म सुमन्त्रस्तु [illegible]समप्रभम् । महाकपाटपिहितं वितर्दिशतशोभितम् ॥ ३१
काञ्चनप्रतिमैकाग्रं मणिविद्रुमतोरणम् । शारदाभ्रघनप्रख्यं दीप्तं मेरुगुहासमम् ॥ ३२
मणिभिर्वरमाल्यानां सुमहद्भिरलंकृतम् । मुक्तामणिभिराकीर्णं चन्दनागुरुभूषितम् ॥ ३३
गन्धान्मनोज्ञान्विसृजद्दार्दुरं शिखरं यथा । सारसैश्च मयूरैश्च विनदद्भिर्विराजितम् ॥ ३४
सुकृतेहामृगाकीर्णं सूत्कीर्णं भक्तिभिस्तथा । मनश्चक्षुश्च भूतानामाददत्तिग्मतेजसा ॥ ३५
चन्द्रभास्करसंकाशं कुबेरभवनोपमम् । महेन्द्रधामप्रतिमं नानापक्षिसमाकुलम् ॥ ३६
मेरुशृङ्गसमं सूतो रामवेश्म ददर्श ह । उपस्थितैः समाकीर्णं जनैरञ्जलिकारिभिः ॥ ३७
उपादाय समाक्रान्तैस्तदा जानपदैर्जनैः । रामाभिषेकसुमुखैरुन्मुखैः समलंकृतम् ॥ ३८
मह[illegible]ख्यमुदग्रं सुविराजितम् । नानारत्नसमाकीर्णं कुब्जकैरपि चावृतम् ॥ ३९

स वाजियुक्तेन रथेन सारथिः समाकुलं राजकुलं विराजयन् ।
वरूथिना राजगृहाभिपातिना पुरस्य सर्वस्य मनांसि हर्षयन् ॥ ४०
ततः समासाद्य महाधनं महत्प्रहृष्टरोमा स बभूव सारथिः ।
मृगैर्मयूरैश्च समाकुलोल्बणं गृहं वरार्हस्य शचीपतेरिव ॥ ४१
स तत्र कैलासनिभाः स्वलंकृताः प्रविश्य कक्ष्यास्त्रिदशालयोपमाः ।
प्रियान्वरान्राममते स्थितान्बहून्व्यपोह्य शुद्धान्तमुपस्थितो रथी ॥ ४२
स तत्र शुश्राव च हर्षयुक्ता रामाभिषेकार्थकृतां जनानाम् ।
नरेन्द्रसूनोरभिमङ्गलार्थाः सर्वस्य लोकस्य गिरः प्रहृष्टाः ॥ ४३
[illegible] च वेश्म रामस्य रम्यं मृगपक्षिजुष्टम् ।
ददर्श मेरोरिव शृङ्गमुच्चं विभ्राजमानं प्रभया सुमन्त्रः ॥ ४४
उपस्थितैरञ्जलिकारिभिश्च सोपायनैर्जानपदैर्जनैश्च ।
कोट्या परार्धैश्च विमुक्तयानैः समाकुलं द्वारपदं ददर्श ॥ ४५
ततो महामेघमहीधराभं प्रभिन्नमत्यङ्कुशमत्यसह्यम् ।
रामोपवाह्यं रुचिरं ददर्श शत्रुंजयं नागमुदग्रकायम् ॥ ४६
स्वलंकृतान्साश्वरथान्सकुञ्जरानमात्यमुख्यांश्च ददर्श वल्लभान् ।
व्यपोह्य सूतः सहितान्समन्ततः समृद्धमन्तःपुरमाविवेश ह ॥ ४७

यज्ञानात् ॥ २८ ॥ हृष्टः पुलकितगात्रः । प्रमुदित आनन्दचित्तः । राजमार्गं विलोकयन्निति संबन्धः । रामाधिकरणा रामविषयाः ॥ २९ ॥ हृष्टवद्धृष्टानां जनानाम् । स्वार्थे वतिरार्षः ॥ ३० ॥ प्रातःसमयत्वान्महाकपाटेन पिहितम् । स्वल्पद्वारस्यैवोद्घाटितत्वात् । वितर्दिर्वेदिका ॥ ३१ ॥ काञ्चनीभिः प्रतिमाभिर्युक्तमेकं प्रधानमग्रं पुरोभागो यस्य तत् मणिविद्रुमयुक्तं तोरणं बहिर्द्वारं यस्य तच्छारदाभ्रवद्घनप्रख्यं निबिडप्रभम् ॥ ३२ ॥ वरमाल्यानां स्वर्णपुष्पमालानामन्तरालवर्तिभिर्महद्भिर्महादीप्तिमद्भिर्मणिभिरलंकृतम् ॥ ३३ ॥ दार्दुरम् । दर्दुरो मलयसंनिकृष्टश्चन्दनगिरिः ॥ ३४ ॥ सुकृतैः स्वर्णादिना सुष्ठु निर्मितैरीहामृगैर्वृकैराकीर्णं व्याप्तम् । 'कोकस्त्वीहामृगो वृकः' । भक्तिभिर्वर्धकिनां सूक्ष्मचित्रशिल्पैरुत्कीर्णं चित्रवत् । तिग्मतेजसातिशयितशोभया । यद्वा प्रतिबिम्बितसूर्यकिरणैः ॥ ३५ ॥ ३६ ॥ उपस्थितैरागतैः । अञ्जलिकारिभिर्नमस्कारार्थम् ॥ ३७ ॥ उपादाय । उपायनानीति शेषः । आगतैरिति च शेषः । समाक्रान्तैर्द्वारपालनिरुद्धैः । उन्मुखैरुत्सुकैः ॥ ३८ ॥ उदग्रं प्रशस्तम् । कुब्जकैर्दासैः ॥ ३९ ॥ राजकुलं राजमार्गं विराजयञ्शोभयन् । वरूथो रथगुप्तिस्तद्युतेन । रामगृहं समासददिति शेषः ॥ ४० ॥ महाधनं महता धनेन युक्तम् । समाकुलैरितस्ततः प्रसृतैरुल्बणमधिकशोभावत् । वरार्हस्योत्तमवस्त्वर्हस्य ॥ ४१ ॥ व्यपोह्यातिक्रम्य । शुद्धान्तमन्तःपुरम् ॥ ४२ ॥ रामस्याभिषेकार्थमभिषेकप्रयोजनकं कर्म कुर्वतां जनानां गिरो नरेन्द्रसूनो रामस्याभितो मङ्गलं तत्प्रतिपादनमर्थो यासां ताः शुश्राव । स तथा लोकस्य च गिरस्तादृशीः शुश्राव ॥ ४३ ॥ ४४ ॥ कोट्या तत्संख्यया परार्धैस्तत्संख्ययोपलक्षितैर्जनैः । अनेनातिसंमर्दो दर्शितः ॥ ४५ ॥ महामेघाधिरूढपर्वतसदृशम् । प्रभिन्नं मत्तम् । शत्रुंजयं तद्गुणकं तन्नामानं च । राम उपवाह्यो यस्य तम् ॥ ४६ ॥ वल्लभान् ।

ततोऽद्रिकूटाचलमेघसंनिभं महाविमानोपमवेश्मसंयुतम् ।
अवार्यमाणः प्रविवेश सारथिः प्रभूतरत्नं मकरो यथार्णवम् ॥ ४८

इत्यार्षे श्रीमद्रामायणे वाल्मीकीय आदिकाव्येऽयोध्याकाण्डे पञ्चदशः सर्गः ॥ १५ ॥

षोडशः सर्गः ।

स तदन्तःपुरद्वारं समतीत्य जनाकुलम् । प्रविविक्तां ततः कक्ष्यामाससाद पुराणवित् ॥ १
प्रासकार्मुकबिभ्रद्भिर्युवभिर्मृष्टकुण्डलैः । अप्रमादिभिरेकाग्रैः स्वानुरक्तैरधिष्ठिताम् ॥ २
अत्र काषायिणो वृद्धान्वेत्रपाणीन्स्वलंकृतान् । ददर्श विष्ठितान्द्वारि स्त्र्यध्यक्षान्सुसमाहितान् ॥ ३
ते समीक्ष्य समायान्तं रामप्रियचिकीर्षवः । सहसोत्पतिताः सर्वे ह्यासनेभ्यः ससंभ्रमाः ॥ ४
तानुवाच विनीतात्मा सूतपुत्रः प्रदक्षिणः । क्षिप्रमाख्यात रामाय सुमन्त्रो द्वारि तिष्ठति ॥ ५
ते राममुपसंगम्य भर्तुः प्रियचिकीर्षवः । सहभार्याय रामाय क्षिप्रमेवाचचक्षिरे ॥ ६
प्रतिवेदितमाज्ञाय सूतमभ्यन्तरं पितुः । तत्रैवानाययामास राघवः प्रियकाम्यया ॥ ७
तं वैश्रवणसंकाशमुपविष्टं स्वलंकृतम् । ददर्श सूतः पर्यङ्के सौवर्णे सोत्तरच्छदे ॥ ८
वराहरुधिराभेण शुचिना च सुगन्धिना । अनुलिप्तं परार्ध्येन चन्दनेन परंतपम् ॥ ९
स्थितया पार्श्वतश्चापि वालव्यजनहस्तया । उपेतं सीतया भूयश्चित्रया शशिनं यथा ॥ १०
तं तपन्तमिवादित्यमुपपन्नं स्वतेजसा । ववन्दे वरदं वन्दी विनयज्ञो विनीतवत् ॥ ११
प्राञ्जलिः सुमुखं दृष्ट्वा विहारशयनासने । राजपुत्रमुवाचेदं सुमन्त्रो राजसत्कृतः ॥ १२
कौसल्या सुप्रजा राम पिता त्वां द्रष्टुमिच्छति । महिष्यापि हि कैकेय्या गम्यतां तत्र मा चिरम् ॥ १३
एवमुक्तस्तु संहृष्टो नरसिंहो महाद्युतिः । ततः संमानयामास सीतामिदमुवाच ह ॥ १४
देवि देवश्च देवी च समागम्य मदन्तरे । मन्त्रयेते ध्रुवं किंचिदभिषेचनसंहितम् ॥ १५
लक्षयित्वा ह्यभिप्रायं प्रियकामा सुदक्षिणा । संचोदयति राजानं मदर्थमसितेक्षणा ॥ १६
सा प्रहृष्टा महाराजं हितकामानुवर्तिनी । जननी चार्थकामा मे कैकयाधिपतेः सुता ॥ १७

राज्ञ इति शेषः । व्यपोह्य रथागमनेन मार्गादेकदेशे कृत्वा ॥ ४७ ॥ अद्रिकूटेऽद्रिशृङ्गे आरूढोऽचलो यो महामेघस्तत्सदृशमौन्नत्येन । 'तदेन्द्रकूट—' इति पाठे तन्नामा पर्वतविशेषस्तदारूढेत्यादि प्राग्वत् । महाविमानोपमवेश्मभिः संयुतम् । महाविमानानां तत्संज्ञकानामुत्तमवेश्मनां सङ्घो यत्र, महाविमानेभ्य उत्तमानां वेश्मनां सङ्घो यत्रेति वा 'विमानोत्तमवेश्मसङ्घवत्' इति पाठान्तरेऽर्थः । 'विमानोऽस्त्री देवयाने सप्तभूमौ च सद्मनि' ॥ ४८ ॥ **इति श्रीरामाभिरामे श्रीरामीये रामायणतिलके वाल्मीकीय आदिकाव्येऽयोध्याकाण्डे पञ्चदशः सर्गः ॥ १५ ॥**

प्रविविक्तां जनासंबाधाम् ॥ १ ॥ प्रासकार्मुकानां बिभ्रद्भिः । तेषां धारकैरित्यर्थः । एकाग्रैरेकाग्रचित्तैः ॥ २ ॥ काषायिणः । कौसुम्भादिकषायरक्तवस्त्रधारिण इत्यर्थः ॥ ३ ॥ ४ ॥ प्रदक्षिणः प्रकर्षेण सेवादौ निपुणः । आख्यात कथयत ॥ ५ ॥ ६ ॥ प्रतिवेदितं द्वाःस्थैर्विज्ञापितम् । पितुरभ्यन्तरमत्यन्तमन्तरङ्गम् । तत्रैव सीतावस्थितिदेश एव । प्रियकाम्यया । पितुरिति शेषः ॥ ७ ॥ ८ ॥ वराहरुधिरवदतिरक्तेन । परार्ध्येन श्रेष्ठेन ॥ ९ ॥ भूयो वारंवारं ददर्शेत्यन्वयः । तथाभूतस्य दर्शने तृप्त्यभावात् । चित्रया सहितं शशिनं यथा लोको भूयोभूयः पश्यति तथेत्यर्थः ॥ १० ॥ वन्दी सुमन्त्रः । विनीतवद्विनीतः सन् ॥ ११ ॥ सुमुखं प्रसन्नवदनम् । विहारशयनस्थानरूप आसने विद्यमानं राजपुत्रमित्यन्वयः । यद्वा विहारशयनासने समाहारद्वन्द्वः । तेषु राज्ञा सत्कृतः सुमन्त्र इत्यन्वयः ॥ १२ ॥ सुप्रजाः । सुपुत्रेण त्वयेति शेषः ॥ १३ ॥ संमानयामास । सुमन्त्रवचोऽङ्गीचकारेत्यर्थः ॥ १४ ॥ देवश्च देवी च मातापितरौ मदन्तरे मदर्थे समागम्य मिलित्वाभिषेचनस्य सम्यग्घितं किंचिद्ध्रुवं निश्चयेन मन्त्रयेते विचारयतः । अत्राभिषेचनसहितं तत्संबद्धम् । अभिषेकद्वारकमिति यावत् । किंचिद्वनगमनरूपं तद्विरुद्धं संप्रत्येवास्माभिश्चिन्त्यमानं मन्त्रयेते इत्यप्यर्थो गर्भितो ज्ञेयः ॥ १५ ॥ तत्र तर्कयति—लक्षयित्वेति । राज्ञोऽभिप्रायं मदभिषेकविषयं लक्षयित्वा सुदक्षिणा समर्था अतएव राज्ञः प्रियकामा अतएव प्रहृष्टा हितवचनेन कामेन च राजानमनुवर्तितुं शीलं यस्यास्तादृशी मे जननी मदर्थकामा महाराजं राजानमिति हर्षवशात्पुनरुक्तिरदोषाय । मदर्थं मदभिषेकार्थं राजानं संचोदयति त्वरयति । भरतासंनिधौ रामाभिषेकस्त्वत्संमतो न वेति राज्ञा पृष्टे सर्वथा मत्संमतस्त्वरया क्रियतां भरतः पश्चाच्छ्रोष्यतीति मन्ये इत्याशयः ॥ १६ ॥ १७ ॥

दिष्ट्या खलु महाराजो महिष्या प्रियया सह । सुमन्त्रं प्राहिणोद्दूतमर्थकामकरं मम ॥ १८
यादृशी परिषत्तत्र तादृशो दूत आगतः । ध्रुवमद्यैव मां राजा यौवराज्येऽभिषेक्ष्यति ॥ १९
हन्त शीघ्रमितो गत्वा द्रक्ष्यामि च महीपतिम् । सह त्वं परिवारेण सुखमास्स्व रमस्व च ॥ २०
पतिसंमानिता सीता भर्तारमसितेक्षणा । आ द्वारमनुवव्राज मङ्गलान्यभिदध्युषी ॥ २१
राज्यं द्विजातिभिर्जुष्टं राजसूयाभिषेचनम् । कर्तुमर्हति ते राजा वासवस्येव लोककृत् ॥ २२
दीक्षितं व्रतसंपन्नं वराजिनधरं शुचिम् । कुरङ्गशृङ्गपाणिं च पश्यन्ती त्वां भजाम्यहम् ॥ २३
पूर्वां दिशं वज्रधरो दक्षिणां पातु ते यमः । वरुणः पश्चिमामाशां धनेशस्तूत्तरां दिशम् ॥ २४
अथ सीतामनुज्ञाप्य कृतकौतुकमङ्गलः । निश्चक्राम सुमन्त्रेण सह रामो निवेशनात् ॥ २५
पर्वतादिव निष्क्रम्य सिंहो गिरिगुहाशयः । लक्ष्मणं द्वारि सोऽपश्यत्प्रह्वाञ्जलिपुटं स्थितम् ॥ २६
अथ मध्यमकक्ष्यायां समागच्छत्सुहृज्जनैः । स सर्वानर्थिनो दृष्ट्वा समेत्य प्रतिनन्द्य च ॥ २७
ततः पावकसंकाशमारुरोह रथोत्तमम् । वैयाघ्रं पुरुषव्याघ्रो राजितं राजनन्दनः ॥ २८
मेघनादमसंबाधं मणिहेमविभूषितम् । मुष्णन्तमिव चक्षूंषि प्रभया मेरुवर्चसम् ॥ २९
करेणुशिशुकल्पैश्च युक्तं परमवाजिभिः । हरियुक्तं सहस्राक्षो रथमिन्द्र इवाशुगम् ॥ ३०
प्रययौ तूर्णमास्थाय राघवो ज्वलितः श्रिया । स पर्जन्य इवाकाशे स्वनवानभिनादयन् ॥ ३१
निकेतान्निर्ययौ श्रीमान्महाभ्रादिव चन्द्रमाः । चित्रचामरपाणिस्तु लक्ष्मणो राघवानुजः ॥ ३२
जुगोप भ्रातरं भ्राता रथमास्थाय पृष्ठतः । ततो हलहलाशब्दस्तुमुलः समजायत ॥ ३३
तस्य निष्क्रममाणस्य जनौघस्य समन्ततः । ततो हयवरा मुख्या नागाश्च गिरिसंनिभाः ॥ ३४

कुत एवं ज्ञायते तत्राह—दिष्ट्येति । मम कामविषयमर्थं करोति तादृशं सुमन्त्रं यतो दूतं प्राहिणोदत एवं ज्ञायत इति भावः ॥ १८ ॥ तदेव विवृणोति—यादृशी मदर्थपरा। तत्र राजान्तःपुरे परिषत्सभा ॥ १९ ॥ परिवारेण सखीसमूहेन ॥ २० ॥ अभिदध्युषी । अभिध्यायन्तीत्यर्थे आर्षमिदम् ॥ २१ ॥ द्विजातिभिर्जुष्टं राज्यं यौवराज्याभिषेकं कृत्वा कालान्तरेण राजसूयार्हं महाराज्याभिषेचनं कर्तुमर्हति । लोककृदिन्द्रस्येव ॥ २२ ॥ २३ ॥ 'लक्षयित्वा' इत्यादिभिरष्टभिः श्लोकैरर्थान्तरमपि गर्भितम् । तथाहि—अभिप्रायं मम रावणवधरूपमभिप्रायमन्तर्यामिप्रेरणया लक्षयित्वा । अनेन मत्प्रेरणयैव तस्या एवं प्रवृत्तिरिति सूचितम् । मम देवानां जगतश्च प्रियकामा । राज्ञश्चान्तकाले निरन्तरं मद्ध्यानसंपादनेन प्रियकामा । अत एव सुदक्षिणा समर्था, राज्ञ आपाततो विपरीतत्वेऽपि जगतः प्रियत्वेन राज्ञोऽपि पर्यन्तसुखदत्वेन तद्वाक्यकथने समर्था अतएव प्रहृष्टा मम हितकामा । तदर्थमवतारग्रहणाद्धितं काम्यं च तदनुवर्तनशीला । अतएव मेऽर्थकामा मदवतारप्रयोजनसिद्धिकामा । महाराजं राजानं मदर्थं मदवतारप्रयोजनरावणवधफलकवनगमनार्थं त्वरयतीत्यर्थः ॥ १६ ॥१७॥ अर्थकामकरं मत्कामविषयार्थकरं यथा भवति तथा प्राहिणोत् ॥ १८ ॥ तादृशो हृष्टोद्विग्नचित्तः । एतदीयेनैव हृष्टोद्विग्नचित्तत्वेन तत्परिषदस्तत्त्वानुमानम् । यौवराज्ये देवर्षिपरिपालनफलके ॥ १९ ॥ २० ॥ मङ्गलान्यभिदध्युषी प्रस्थानमङ्गलान्यभिध्यायन्ती ॥ २१ ॥ तदेवाह—राज्यमिति । द्विजातिभिराश्रमस्थैर्ऋषिभिर्जुष्टम् । राज्यं वने राज्यम् । तथा राजसूयाभिषेचनं सर्वतो बलवान्सर्वपीडको राजा सूयते कण्ड्यते यत्र तादृशकर्मण्यभिषेकं कर्तुमर्हति । तदेव मनसाभिलषति—दीक्षितमित्यादि । तत्र राजसूये दीक्षितत्वादिधर्मकं त्वां पश्यन्ती अहं त्वां भजिष्ये इत्यर्थः । अनेनाहमपि त्वया सह वनं यास्यामीति सूचितम् । अत्र राजसूयाभिषेचनं कर्तुमर्हतीत्यनेन संकल्पेन दीक्षितमित्यादिसंकल्पेन मदुक्तार्थगर्भितत्वमेषां श्लोकानां सूचितम् । अन्यथा सत्यसंकल्पाया भगवत्या अग्रे कदापि रामेण राजसूयाननुष्ठानादीदृशसंकल्पविषयार्थासिद्ध्या तत्त्वं भज्येत । वक्तृश्रोत्रोः सीतारामयोर्वैशिष्ट्याच्चेदृशार्थावगतिर्बोध्या ॥ २२ ॥ २३ ॥ २४ ॥ कृतकौतुकमङ्गलोऽनुष्ठिताभिषेकोत्सवार्थमङ्गलः ॥ २५ ॥ प्रह्वाञ्जलिपुटं प्रह्वत्वसूचकाञ्जलिपुटवन्तम् ॥ २६ ॥ अर्थिनः स्वदर्शनस्वाभिषेकाद्यर्थिनः ॥ २७ ॥ वैयाघ्रं व्याघ्रचर्मपरिवृतम् । अतएव राजितं शोभावन्तम् ॥ २८ ॥ मेघनादसदृशनादम् । असंबाधं विपुलम् । प्रभया रविकिरणसंयुक्तत्वप्रभया । मेरुवर्चसमित्यनेन रथस्य सौवर्णत्वं ध्वन्यते ॥ २९ ॥ करेणुशिशवः कलभाः । अनेन हृष्टपुष्टोन्नतमहाबलवत्त्वं सूचितम् । इन्द्रः परमैश्वर्यवान्सहस्राक्ष इव । नानाविधदेहवर्त्याभरणस्थरत्नसमूहे रामस्य सहस्राक्षत्वं बोध्यम् ॥ ३० ॥ ज्वलितो दीपितः, उज्ज्वलित इति वा । तदा संधिरार्षः । आकाशे स्वनवान्नादवान्पर्जन्यो मेघ इव रथस्वनेन दिशो दानयन्प्रययावित्यन्वयः ॥३१॥ 'चन्द्रचामर—' इति पाठे चन्द्रवच्छ्वेतचामरेत्यर्थः । 'चित्रचामर—' इति पाठे चित्रदण्डयुतचामरेत्यर्थः ॥ ३२ ॥ हलहलेत्यनुकरणम् ॥ ३३ ॥ तस्य निष्क्रममाणस्य । पुरत इति शेषः । तस्मिन्निष्क्रममाणे इति

अनुजग्मुस्तथा रामं शतशोऽथ सहस्रशः । अग्रतश्चास्य संनद्धाश्चन्दनागुरुभूषिताः ॥ ३५
खड्गचापधराः शूरा जग्मुराशंसवो जनाः । ततो वादित्रशब्दाश्च स्तुतिशब्दाश्च बन्दिनाम् ॥ ३६
सिंहनादाश्च शूराणां ततः शुश्रुविरे पथि । हर्म्यवातायनस्थाभिर्भूषिताभिः समन्ततः ॥ ३७
कीर्यमाणः सुपुष्पौघैर्ययौ स्त्रीभिररिंदमः । रामं सर्वानवद्याङ्ग्यो रामपिप्रीषया ततः ॥ ३८
वचोभिरग्र्यैर्हर्म्यस्थाः क्षितिस्थाश्च ववन्दिरे । नूनं नन्दति ते माता कौसल्या मातृनन्दन ॥ ३९
पश्यन्ती सिद्धयात्रं त्वां पित्र्यं राज्यमुपस्थितम् । सर्वसीमन्तिनीभ्यश्च सीतां सीमन्तिनीवरा ॥ ४०
अमन्यन्त हि ता नार्यो रामस्य हृदयप्रियाम् । तया सुचरितं देव्या पुरा नूनं महत्तपः ॥ ४१
रोहिणीव शशाङ्केन रामसंयोगमाप या । इति प्रासादशृङ्गेषु प्रमदाभिर्नरोत्तमः ।
शुश्राव राजमार्गस्थः प्रिया वाच उदाहृताः ॥ ४२

स राघवस्तत्र तदा प्रलापाञ्शुश्राव लोकस्य समागतस्य ।
आत्माधिकारा विविधाश्च वाचः प्रहृष्टरूपस्य पुरे जनस्य ॥ ४३
एष श्रियं गच्छति राघवोऽद्य राजप्रसादाद्विपुलां गमिष्यन् ।
एते वयं सर्वसमृद्धकामा येषामयं नो भविता प्रशास्ता ॥ ४४
लाभो जनस्यास्य यदेष सर्वं प्रपत्स्यते राष्ट्रमिदं चिराय ।
न ह्यप्रियं किंचन जातु कश्चित्पश्येन्न दुःखं मनुजाधिपेऽस्मिन् ॥ ४५
स घोषवद्भिश्च हयैः सनागैः पुरःसरैः स्वस्तिकसूतमागधैः ।
महीयमानः प्रवरैश्च वादकैरभिष्टुतो वैश्रवणो यथा ययौ ॥ ४६
करेणुमातङ्गरथाश्वसंकुलं महाजनौघैः परिपूर्णचत्वरम् ।
प्रभूतरत्नं बहुपण्यसंचयं ददर्श रामो विमलं महापथम् ॥ ४७

इत्यार्षे श्रीमद्रामायणे वाल्मीकीय आदिकाव्येऽयोध्याकाण्डे षोडशः सर्गः ॥ १६ ॥

सप्तदशः सर्गः ।

स रामो रथमास्थाय संप्रहृष्टसुहृज्जनः । पताकाध्वजसंपन्नं महार्हागुरुधूपितम् ॥ १
अपश्यन्नगरं श्रीमान्नानाजनसमन्वितम् । सगृहैरभ्रसंकाशैः पाण्डुरैरुपशोभितम् ॥ २
राजमार्गं ययौ रामो मध्येनागुरुधूपितम् । चन्दनानां च मुख्यानामगुरूणां च संचयैः ॥ ३
उत्तमानां च गन्धानां क्षौमकौशाम्बरस्य च । आविद्धाभिश्च मुक्ताभिरुत्तमैः स्फाटिकैरपि ॥ ४
शोभमानमसंबाधं तं राजपथमुत्तमम् । संवृतं विविधैः पुष्पैर्भक्ष्यैरुच्चावचैरपि ॥ ५
ददर्श तं राजपथं दिवि देवपतिर्यथा । दध्यक्षतहविर्लाजैर्धूपैरगुरुचन्दनैः ॥ ६

यावत् । जनौघस्य हलहलाशब्द इत्यन्वयः ॥ ३४ ॥ ३५ ॥ आशंसवः । भद्रमिति शेषः ॥ ३६ ॥ तत इत्यावर्तते । ततस्ततस्तत्र तत्र देशे शुश्रुविरे । वातायनानि बहिरवलोकनयोग्यानि सूक्ष्मद्वाराणि ॥ ३७ ॥ पिप्रीषा प्रीणनेच्छा ॥ ३८ ॥ ववन्दिरेऽस्तुवन् । स्तुतिप्रकारमाह—नूनमिति ॥ ३९ ॥ सिद्धयात्रं सफलगमनम् । उपस्थितं प्राप्तवन्तम् । सीता सीमन्तिनीषु वरा श्रेष्ठा इत्यमन्यन्तेत्यन्वयः ॥ ४० ॥ हि यत एवममन्यन्त अतस्तयेत्यादि । तदुच्चरिता वाचः शुश्रावेत्यन्वयः ॥ ४१ ॥ ॥ ४२ ॥ आत्माधिकारा आत्मानमधिकृत्य प्रवृत्ताः ॥ ४३ ॥ श्रियं गमिष्यन्प्राप्स्यन् । गच्छति । पितृगृहमिति शेषः । सर्वसमृद्धकामाः । समृद्धसर्वकामा इत्यर्थः । प्रशास्ता राजा ॥ ४४ ॥ सर्वं राष्ट्रमेव प्रपत्स्यत इति यत्, अयमेव लाभः । अस्मिन्रामे मनुजाधिपे सति कश्चित्कश्चिदपि किंचन स्वल्पमप्यप्रियं प्रियाभावं दुःखमनिष्टप्राप्तिं जातु कदापि न पश्येन्न प्राप्नुयात् ॥ ४५ ॥ स्वस्तिका जयजयेति वादिनो बन्दिनः, सूता इतरस्तुतिपाठकाः, मागधा वंशपाठकाः, एतैर्वादिकैस्तत्तच्छब्दप्रयोक्तृभिः ॥ ४६ ॥ ॥ ४७ ॥ इति श्रीरामाभिरामे श्रीरामीये रामायणतिलके वाल्मीकीय आदिकाव्येऽयोध्याकाण्डे षोडशः सर्गः ॥ १६ ॥

स राम इति ॥ १ ॥ २ ॥ मध्येनोभयश्रेणीमध्येन ॥ ३ ॥ उत्तमानां गन्धवद्द्रव्याणां संचयैः क्षौमकौशाम्बरस्य च संचयैरित्यन्वयः । क्षौममतसीजम् । कौशं पट्टवस्त्रम् । आविद्धाभिः कृतच्छिद्राभिः । 'अविद्धाभिः' इति पाठेऽकृतच्छिद्राभिः ॥ ४ ॥ असंबाधं विस्तीर्णम् । संवृतं व्याप्तम् । अत्रत्यराजपथमित्यस्य ददर्शेत्यनेनान्वयः ॥ ५ ॥ एवं दृष्टवांस्तं राजपथं

नानामाल्योपगन्धैश्च सदाभ्यर्चितचत्वरम् । आशीर्वादान्बहूञ्शृण्वन्बहुभिः स[illegible] ॥ ७
यथार्हं चापि संपूज्य सर्वानेव नरान्ययौ । पितामहैराचरितं तथैव प्रपितामहैः ॥ ८
अद्योपादाय तं मार्गमभिषिक्तोऽनुपालय । यथा स्म पोषिताः पित्रा यथा सर्वैः पितामहैः ॥
ततः सुखतरं सर्वे रामे वेत्स्याम राजनि ॥ ९
अलमद्य हि भुक्तेन परमार्थैरलं च नः । यदि पश्याम निर्यान्तं रामं राज्ये प्रतिष्ठितम् ॥ १०
ततो हि नः प्रियतरं नान्यत्किंचिद्भविष्यति । यथाभिषेको रामस्य राज्येनामिततेजसः ॥ ११
एताश्चान्याश्च सुहृदामुदासीनः शुभाः कथाः । आत्मसंपूजनीः शृण्वन्ययौ रामो महापथम् ॥ १२
नहि तस्मान्मनः कश्चिच्चक्षुषी वा नरोत्तमात् । नरः शक्नोत्यपाक्रष्टुमतिक्रान्तेऽपि राघवे ॥ १३
यश्च रामं न पश्येत्तु यं च रामो न पश्यति । निन्दितः सर्वलोकेषु स्वात्माप्येनं विगर्हते ॥ १४
सर्वेषु स हि धर्मात्मा वर्णानां कुरुते दयाम् । चतुर्णां हि वयःस्थानां तेन ते तमनुव्रताः ॥ १५
चतुष्पथान्देवपथांश्चैत्यांश्चायतनानि च । प्रदक्षिणं परिहरञ्जगाम नृपतेः सुतः ॥ १६
स राजकुलमासाद्य मेघसङ्घोपमैः शुभैः । प्रासादशृङ्गैर्विविधैः कैलासशिखरोपमैः ॥ १७
आवारयद्भिर्गगनं विमानैरिव पाण्डुरैः । वर्धमानगृहैश्चापि रत्नजालपरिष्कृतैः ॥ १८
तत्पृथिव्यां गृहवरं महेन्द्रसदनोपमम् । राजपुत्रः पितुर्वेश्म प्रविवेश श्रिया ज्वलन् ॥ १९
स कक्ष्या धन्विभिर्गुप्तास्तिस्रोऽतिक्रम्य वाजिभिः । पदातिरपरे कक्ष्ये द्वे जगाम नरोत्तमः ॥ २०
स सर्वाः समतिक्रम्य कक्ष्या दशरथात्मजः । संनिवर्त्य जनं सर्वं शुद्धान्तःपुरमत्यगात् ॥ २१

तस्मिन्प्रविष्टे पितुरन्तिकं तदा जनः स सर्वो मुदितो नृपात्मजे ।
प्रतीक्षते तस्य पुनः स्म निर्गमं यथोदयं चन्द्रमसः सरित्पतिः ॥ २२

इत्यार्षे श्रीमद्रामायणे वाल्मीकीय आदिकाव्येऽयोध्याकाण्डे सप्तदशः सर्गः ॥ १७ ॥

अष्टादशः सर्गः ।

स ददर्शासने रामो विषण्णं पितरं शुभे । कैकेय्या सहितं दीनं मुखेन परिशुष्यता ॥ १
स पितुश्चरणौ पूर्वमभिवाद्य विनीतवत् । ततो ववन्दे चरणौ कैकेय्याः सुसमाहितः ॥ २

ययाविति संबन्धः ॥ ६ ॥ ७ ॥ यथार्हं दर्शनभ्रूक्षेपवचनादिभिर्यथोचितमित्यर्थः । आचरितमनुष्ठितम् ॥ ८ ॥ अनुपालयेत्यादिर्वृद्धानां वादः ॥ ९ ॥ यदि राज्ये प्रतिष्ठितं प्राप्तराज्याभिषेकं रामं यथागतं पितुर्गेहान्निर्यान्तं निःसरन्तं पश्यामः, तर्हि नोऽस्माकं भुक्तेनैहिकविषयभोगजसुखेन तथा परमार्थैः परमार्थस्वर्गसाधनैश्च कर्मभिरलम् । न किंचित्तैः फलम् । सर्वसुखस्यैतेनैव लब्धत्वात् । अत्र यद्यन्तर्भावेण विपरीतमंभावनसूचनम् ॥ १० ॥ तदेवाह—ततो हीति । अमिततेजसो रामस्य । राज्येन राज्यफलकोऽभिषेको यथा प्रियतरः, तथा ततोऽन्यत्र किंचित्प्रियतरं प्रेमास्पदमित्यन्वयः । सद्राजमूलकत्वात्सर्वसुखस्येति भावः ॥ ११ ॥ उदासीनः स्तुतिजहर्षविकाररहितः ॥ १२ ॥ अतिक्रान्ते । दृष्टिपथमिति शेषः । अत्यन्तासक्त्या पुर इव परिस्फुरणात् ॥ १३ ॥ एवं लोकानुरागे कविर्हेतुं दर्शयति—यश्चेति । रामं न पश्येदात्मस्वरूपत्वेनान्तर्यामित्वेन वा न पश्येत्, यथास्थितवेषधारिणं वा तद्देशस्थं न पश्येत् । रामो यं न पश्येद्यन्निष्ठज्ञानविषयतां न प्राप्नुयात् । ज्ञानविषयत्वप्राप्तिरत्र दृश्यत इत्यर्थः । अत्यन्तं तद्विषयज्ञानाय यतमानोऽपि यस्तं न लभेदित्यर्थः । यथास्थितवेषधारी वा यं स्वदेशस्थं न पश्येद्यद्विषयकज्ञानवान्न भवेत्, स सर्वलोकनिन्दास्पदम् । स्वात्मा स्वान्तःकरणमप्येनं विगर्हते धिङ्मां भगवज्ज्ञानायोग्यमिति । रामज्ञानं विना सर्वोऽपि निन्द्य इति विनोक्तिरलंकारोऽत्र व्यङ्ग्यः । अनेन भगवद्विषयकज्ञानवानेव धन्य इति वस्तु व्यज्यते ॥ १४ ॥ किंच । हि यतः स धर्मात्मा चतुर्णां हि चतुर्णामपि वर्णानां सर्वेष्वप्याश्रमेषु वयःस्थानां वयोरूपं स्थानं यस्यास्तां वयोनुरूपां दयां कुरुत इत्यर्थः । तेन ते सर्वे लोकास्तं रामं कायवाङ्मनोभिरनुव्रतास्तत्परा इत्यर्थः ॥ १५ ॥ प्रदक्षिणं परिहरन्निति चतुष्पथाद्यपेक्षया । स्वस्य दक्षिणभागगमनं परिहरन्नित्यर्थः ॥ १६ ॥ प्रासादशृङ्गैः प्रासादस्थशृङ्गैः ॥ १७ ॥ आवारयद्भिराक्रमद्भिः । वर्धमानगृहैः क्रीडागृहैः । रत्नसमूहालंकृतैरेतैः परिवृतम् ॥ १८ ॥ पितुर्वेश्म पृथिव्यां सर्वगृहेषु श्रेष्ठं प्रविवेशेत्यन्वयः ॥ १९ ॥ वाजिभी रथयुक्तः ॥ २० ॥ सर्वा उक्तपञ्चकक्ष्याः ॥ २१ ॥ अन्तिकं समीपदेशम् ॥ २२ ॥ **इति श्रीरामाभिरामे श्रीरामीये रामायणतिलके वाल्मीकीय आदिकाव्येऽयोध्याकाण्डे सप्तदशः सर्गः ॥ १७ ॥**

शुभ आसने पर्यङ्के परिशुष्यता मुखेनोपलक्षितम् ॥ १ ॥ विनीतवत् विनीतः सन्निति यावत् । सुसमाहितस्तस्या अतिस्वेष्टकरत्वेन जगद्धितकरत्वेन च तस्यां प्रसन्नचित्तः ॥ २ ॥

रामेत्युक्त्वा तु वचनं बाष्पपर्याकुलेक्षणः । शशाक नृपतिर्दीनो नेक्षितुं नाभिभाषितुम् ॥ ३
तदपूर्वं नरपतेर्दृष्ट्वा रूपं भयावहम् । रामोऽपि भयमापन्नः पदा स्पृष्ट्वेव पन्नगम् ॥ ४
इन्द्रियैरप्रहृष्टैस्तं शोकसंतापकर्शितम् । निःश्वसन्तं महाराजं व्यथिताकुलचेतसम् ॥ ५
ऊर्मिमालिनमक्षोभ्यं क्षुभ्यन्तमिव सागरम् । उपप्लुतमिवादित्यमुक्तानृतमृषिं यथा ॥ ६
अचिन्त्यकल्पं नृपतेस्तं शोकमुपधारयन् । बभूव संरब्धतरः समुद्र इव पर्वणि ॥ ७
चिन्तयामास चतुरो रामः पितृहिते रतः । किंस्विदद्यैव नृपतिर्न मां प्रत्यभिनन्दति ॥ ८
अन्यदा मां पिता दृष्ट्वा कुपितोऽपि प्रसीदति । तस्य मामद्य संप्रेक्ष्य किमायासः प्रवर्तते ॥ ९
स दीन इव शोकार्तो विषण्णवदनद्युतिः । कैकेयीमभिवाद्यैव रामो वचनमब्रवीत् ॥ १०
कच्चिन्मया नापराद्धमज्ञानाद्येन मे पिता । कुपितस्तन्ममाचक्ष्व त्वमेवैनं प्रसादय ॥ ११
अप्रसन्नमनाः किं नु सदा मां प्रति वत्सलः । विषण्णवदनो दीनः सदा मां प्रति भाषते ॥ १२
शारीरो मानसो वापि कच्चिदेनं न बाधते । संतापो वाभितापो वा दुर्लभं हि सदा सुखम् ॥ १३
कच्चिन्न किंचिद्भरते कुमारे प्रियदर्शने । शत्रुघ्ने वा महासत्त्वे मातॄणां वा ममाशुभम् ॥ १४
अतोषयन्महाराजमकुर्वन्वा पितुर्वचः । मुहूर्तमपि नेच्छेयं जीवितुं कुपिते नृपे ॥ १५
यतोमूलं नरः पश्येत्प्रादुर्भावमिहात्मनः । कथं तस्मिन्न वर्तेत प्रत्यक्षे सति दैवते ॥ १६
कच्चित्ते परुषं किंचिदभिमानात्पिता मम । उक्तो भवत्या रोषेण येनास्य लुलितं मनः ॥ १७
एतदाचक्ष्व मे देवि तत्त्वेन परिपृच्छतः । किंनिमित्तमपूर्वोऽयं विकारो मनुजाधिपे ॥ १८
एवमुक्ता तु कैकेयी राघवेण महात्मना । उवाचेदं सुनिर्लज्जा धृष्टमात्महितं वचः ॥ १९
न राजा कुपितो राम व्यसनं नास्य किंचन । किंचिन्मनोगतं त्वस्य त्वद्भयान्नानुभाषते ॥ २०
प्रियं त्वामप्रियं वक्तुं वाणी नास्य प्रवर्तते । तदवश्यं त्वया कार्यं यदनेन श्रुतं मम ॥ २१
एष मह्यं वरं दत्त्वा पुरा मामभिपूज्य च । स पश्चात्तप्यते राजा यथान्यः प्राकृतस्तथा ॥ २२
अतिसृज्य ददानीति वरं मम विशांपतिः । स निरर्थं गतजले सेतुं बन्धितुमिच्छति ॥ २३
धर्ममूलमिदं राम विदितं च सतामपि । तत्सत्यं न त्यजेद्राजा कुपितस्त्वत्कृते यथा ॥ २४

नाभिभाषितुम् । रामेत्यक्षरद्वयाधिकमिति शेषः ॥ ३ ॥ रामोऽपि भयमापन्नो दशरथविषादस्य स्वापराधजन्यत्वशङ्कया ॥ ४ ॥ इन्द्रियैरित्यादिश्लोकद्वये दृष्ट्वा भयमापन्न इत्यनुकृष्यते । अप्रहृष्टैः खिन्नैरुपलक्षितम् । व्यथितं खिन्नमाकुलं संभ्रान्तं चेतो यस्य तम् ॥ ५ ॥ ऊर्मिमालायुतमक्षोभ्यमपि क्षुभ्यन्तं सागरमिव स्थितम् । उपप्लुतं राहुग्रस्तम् । उक्तमनृतं येन तद्वन्निस्तेजस्कम् ॥ ६ ॥ अचिन्त्यकल्पमत्यन्तमसंभावितम् । उपधारयन्किंहेतुकोऽयं शोक इति चिन्तयन् । संरब्धतरोऽत्यन्तं क्षुभितः । यद्यपि पर्वणि समुद्रस्य चन्द्रोदयात्क्षोभस्तथापि क्षोभमात्रे दृष्टान्तः ॥ ७ ॥ किंस्वित्किंनु ॥ ८ ॥ अद्यैवेत्येवकारव्यवच्छेद्यमाह—अन्यदेत्यादि । तस्य मद्दर्शनेऽतिप्रीतिमतः । आयासः खेदः ॥ ९ ॥ दीन इव विषण्णवदनद्युतिरिव स रामः शोकार्त इव वचनमब्रवीदिति संबन्धः ॥ १० ॥ नापराद्धम् । काकुः । अपराद्धम् । अज्ञानात्प्रमादात् । प्रसादय । मत्कृतापराधशान्त्यै इति शेषः ॥ ११ ॥ सदा मां प्रति वत्सलोऽप्यद्य किमप्रसन्नमनाः । हि यतो मां न भाषतेऽतोऽप्रसन्नमनस्त्वनिर्णयः ॥ १२ ॥ शारीरः शरीरव्याधिजः संतापः । मानसो मनोनिष्ठाधिजोऽभितापः । न बाधत इत्यत्र काकुः । कुत एतत्तत्राह—दुर्लभं हीति । मनुष्यशरीरस्य पापपुण्यारब्धत्वादिति भावः ॥ १३ ॥ भरते शत्रुघ्ने वा मातॄणां मम मातृषु वा किंचिदशुभं न पश्यति कच्चिदित्यन्वयः ॥ १४ ॥ कुपितेऽतोषेण वचनाकरणाद्वा ॥ १५ ॥ यतोमूलम् । यन्मूलमित्यर्थे आर्षमेतत् । प्रादुर्भावं जन्म यत्कारणकं पश्येज्जानीयात्तस्मिन्प्रत्यक्षे दैवते सति तस्मिन्कथमानुकूल्येन न वर्तेतेत्यर्थः ॥ १६ ॥ ते । संबन्धसामान्ये षष्ठी । त्वयाभिमानाद्गर्वान्मम पिता परुषमुक्तः, अथवा भवत्या कोपेन किंचिन्निमित्तकोपेन परुषमुक्तः, येनास्य मनो लुलितं कलुषितम् । दुःखितोक्तित्वादधिकपदत्वादि न दोषः ॥ १७ ॥ १८ ॥ सुनिर्लज्जा पत्युरेवंविधक्लेशकरणलज्जारहिता । धृष्टं प्रत्यक्षतो वनं गच्छेत्येवंरूपम् ॥ १९ ॥ मनोगतम् । त्वदप्रियकरमिति शेषः ॥ २० ॥ तदेवाह—प्रियमिति । श्रुतं प्रतिज्ञातम् । तदप्रियमपि त्वयावश्यं कार्यम् । यदि पितृभक्तोऽसीति शेषः ॥ २१ ॥ किं तत्राह—एष इति । अभिपूज्य तेनैव वरदानेन । पश्चात्प्रतिज्ञातवरदानकाले ॥ २२ ॥ अतिसृज्य प्रतिज्ञाय । गतजले नद्यादौ । दानस्य पूर्वमेव वृतत्वात्तद्विषयव्यवहारपरिहारचिन्ता व्यर्थेत्यर्थः ॥ २३ ॥ इदं सत्यं धर्मस्य मूलम् । अपि च । सतामपि सत्यं धर्ममूलमित्येतद्विदितम् । त्वत्कृते त्वत्प्रयोजनान्तरायवशेन मयि कुपितो राजा कोपदोषेण यथा न त्यजेत् ।

यदि तद्वक्ष्यते राजा शुभं वा यदि वाशुभम् । करिष्यसि ततः सर्वमाख्यास्यामि पुनस्त्वहम् ॥ २५
यदि त्वभिहितं राज्ञा त्वयि तन्न विपत्स्यते । ततोऽहमभिधास्यामि नह्येष त्वयि वक्ष्यति ॥ २६
एतत्तु वचनं श्रुत्वा कैकेय्या समुदाहृतम् । उवाच व्यथितो रामस्तां देवीं नृपसंनिधौ ॥ २७
अहो धिङ् नार्हसे देवि वक्तुं मामीदृशं वचः । अहं हि वचनाद्राज्ञः पतेयमपि पावके ॥ २८
भक्षयेयं विषं तीक्ष्णं पतेयमपि चार्णवे । नियुक्तो गुरुणा पित्रा नृपेण च हितेन च ॥ २९
तद्ब्रूहि वचनं देवि राज्ञो यदभिकाङ्क्षितम् । करिष्ये प्रतिजाने च रामो द्विर्नाभिभाषते ॥ ३०
तमार्जवसमायुक्तमनार्या सत्यवादिनम् । उवाच रामं कैकेयी वचनं भृशदारुणम् ॥ ३१
पुरा देवासुरे युद्धे पित्रा ते मम राघव । रक्षितेन वरौ दत्तौ सशल्येन महारणे ॥ ३२
तत्र मे याचितो राजा भरतस्याभिषेचनम् । गमनं दण्डकारण्ये तव चाद्यैव राघव ॥ ३३
यदि सत्यप्रतिज्ञं त्वं पितरं कर्तुमिच्छसि । आत्मानं च नरश्रेष्ठ मम वाक्यमिदं शृणु ॥ ३४
संनिदेशे पितुस्तिष्ठ यथानेन प्रतिश्रुतम् । त्वयारण्यं प्रवेष्टव्यं नव वर्षाणि पञ्च च ॥ ३५
भरतश्चाभिषिच्येत यदेतदभिषेचनम् । त्वदर्थे विहितं राज्ञा तेन सर्वेण राघव ॥ ३६
सप्त सप्त च वर्षाणि दण्डकारण्यमाश्रितः । अभिषेकमिदं त्यक्त्वा जटाचीरधरो भव ॥ ३७
भरतः कोसलपतेः प्रशास्तु वसुधामिमाम् । नानारत्नसमाकीर्णां सवाजिरथसंकुलाम् ॥ ३८
एतेन त्वां नरेन्द्रोऽयं कारुण्येन समाप्लुतः । शोकैः संक्लिष्टवदनो न शक्नोति निरीक्षितुम् ॥ ३९
एतत्कुरु नरेन्द्रस्य वचनं रघुनन्दन । सत्येन महता राम तारयस्व नरेश्वरम् ॥ ४०

इतीव तस्यां परुषं वदन्त्यां न चैव रामः प्रविवेश शोकम् ।
प्रविव्यथे चापि महानुभावो राजा च पुत्रव्यसनाभितप्तः ॥ ४१

इत्यार्षे श्रीमद्रामायणे वाल्मीकीय आदिकाव्येऽयोध्याकाण्डेऽष्टादशः सर्गः ॥ १८ ॥

एकोनविंशः सर्गः ।

तदप्रियममित्रघ्नो वचनं मरणोपमम् । श्रुत्वा न विव्यथे रामः कैकेयीं चेदमब्रवीत् ॥ १
एवमस्तु गमिष्यामि वनं वस्तुमहं त्वितः । जटाचीरधरो राज्ञः प्रतिज्ञामनुपालयन् ॥ २
इदं तु ज्ञातुमिच्छामि किमर्थं मां महीपतिः । नाभिनन्दति दुर्धर्षो यथापूर्वमरिंदमः ॥ ३
मन्युर्न च त्वया कार्यो देवि ब्रूमि तवाग्रतः । यास्यामि भव सुप्रीता वनं चीरजटाधरः ॥ ४
हितेन गुरुणा पित्रा कृतज्ञेन नृपेण च । नियुज्यमानो विस्रब्धः किं न कुर्यामहं प्रियम् ॥ ५

तथा कुर्विति शेषः । एतेन पितुरधर्मात्त्राणं पित्राज्ञापरिपालनं च पुत्रस्य महान्धर्म इति सूचितम् ॥ २४ ॥ दशरथमिव राममपि निर्वध्नाति—यदीति । राजा यद्वक्ष्यते तद्यदि करिष्यसि ततोऽहं सर्वं पुनर्विशिष्याख्यास्यामि ॥ २५ ॥ राज्ञा राजानुमत्या मया यदभिहितं तत्त्वयि न विपत्स्यते व्यर्थं न भविष्यति, तदाहं वक्ष्यामि । राजैव वदतु तत्राह—नहीत्यादि । त्वदप्रियत्वात्त्वत्समक्षं साक्षादिति शेषः ॥ २६ ॥ रामोऽपि दशरथवदेव घोरत्वं ज्ञात्वापि महापुरुषत्वाद्धीरोदात्तत्वात्सर्वथैव करिष्यामीति प्रतिजानीते—एतदिति । व्यथितो गुरुवचनोल्लङ्घनमनयापि शङ्कितमिति संतप्तः ॥ २७ ॥ ईदृशमकरणशङ्कावचनम् । यदि तद्वक्ष्यत इत्यादिकमित्यर्थः ॥ २८ ॥ गुरुणेहामुत्र हितोपदेष्ट्रा ॥ २९ ॥ प्रतिजाने । कृतसुकृतादिसाक्षितयेति शेषः । तदेव स्थिरयति—रामो द्विरिति । यदुक्तं तदुक्तमेव, तद्विरुद्धं न पुनर्वदतीत्यर्थः । तत्तदभावविषयतया द्विरावृत्तं भाषणं न करोतीति यावत् ॥ ३० ॥ ३१ ॥ पूर्वं सशल्येन पश्चाच्छल्यापाकरणपूर्वं मया रक्षितेन ॥ ३२ ॥ तत्र तयोर्वरयोरेकेन । अद्यैवेतत्क्षण एव ॥ ३३ ॥ यदीति । राज्ञा त्वया च मदुक्तकृतेः सशपथं प्रतिज्ञातत्वादिति भावः ॥ ३४ ॥ संनिदेशे पितृप्रतिज्ञासंपादने ॥ ३५ ॥ अभिषेचनमभिषेकोपकरणम् ॥ ३६ ॥ अभिषेकं तदुपकरणम् ॥ ३७ ॥ ३८ ॥ एतेन वरद्वयप्रदानेन निमित्तेन ॥ ३९ ॥ सत्येन सत्यपरिपालनेन ॥ ४० ॥ शोकं तत्सूचकं विकारम् न प्रविव्यथे च । मनसेति शेषः । राजा च राजा तु पुत्रव्यसनाभितप्तो भावितद्वियोगव्यसनेनाभितप्तः । बभूवेति शेषः ॥ ४१ ॥ **इति श्रीरामाभिरामे श्रीरामीये रामायणतिलके वाल्मीकीय आदिकाव्येऽयोध्याकाण्डेऽष्टादशः सर्गः ॥ १८ ॥**

अथाभिषेकवनवासयोः समचित्ततया धीरोदात्तमहापुरुषत्वं रामस्याह—तदिति । मरणोपमं लोकदृशा ॥ १ ॥ न द्विर्भाषत इत्युक्तत्वादेवमस्त्वित्येव केवलमाह । यद्वा एवमस्तु भरताभिषेकोऽस्तु ॥ २ ॥ ३ ॥ मन्युर्नेति । राजाभिप्रायाज्ञानेच्छया । प्रश्नेनेति शेषः । ब्रूमि ब्रवीमि । एतावज्ज्ञात्वा सर्वथा यास्याम्येव । न त्वन्यथा शङ्कितव्यमिति भावः ॥ ४ ॥ कृतज्ञेन त्वत्कृतसाप-

अलीकं मानसं त्वेकं हृदयं दहते मम । स्वयं यन्नाह मां राजा भरतस्याभिषेचनम् ॥ ६
अहं हि सीतां राज्यं च प्राणानिष्टान्धनानि च । हृष्टो भ्रात्रे स्वयं दद्यां भरताय प्रचोदितः ॥ ७
किं पुनर्मनुजेन्द्रेण स्वयं पित्रा प्रचोदितः । तव च प्रियकामार्थं प्रतिज्ञामनुपालयन् ॥ ८
तथाश्वासय ह्रीमन्तं किं त्विदं यन्महीपतिः । वसुधासक्तनयनो मन्दमश्रूणि मुञ्चति ॥ ९
गच्छन्तु चैवानयितुं दूताः शीघ्रजवैर्हयैः । भरतं मातुलकुलादद्यैव नृपशासनात् ॥ १०
दण्डकारण्यमेषोऽहं गच्छाम्येव हि सत्वरः । अविचार्य पितुर्वाक्यं समा वस्तुं चतुर्दश ॥ ११
सा हृष्टा तस्य तद्वाक्यं श्रुत्वा रामस्य कैकयी । प्रस्थानं श्रद्दधाना सा त्वरयामास राघवम् ॥ १२
एवं भवतु यास्यन्ति दूताः शीघ्रजवैर्हयैः । भरतं मातुलकुलादिहावर्तयितुं नराः ॥ १३
तव त्वहं क्षमं मन्ये नोत्सुकस्य विलम्बनम् । राम तस्मादितः शीघ्रं वनं त्वं गन्तुमर्हसि ॥ १४
व्रीडान्वितः स्वयं यच्च नृपस्त्वां नाभिभाषते । नैतत्किंचिन्नरश्रेष्ठ मन्युरेषोऽपनीयताम् ॥ १५
यावत्त्वं न वनं यातः पुरादस्मादतित्वरन् । पिता तावन्न ते राम स्नास्यते भोक्ष्यतेऽपि वा ॥ १६
धिक्कष्टमिति निःश्वस्य राजा शोकपरिप्लुतः । मूर्च्छितो न्यपतत्तस्मिन्पर्यङ्के हेमभूषिते ॥ १७
रामोऽप्युत्थाप्य राजानं कैकेय्याभिप्रचोदितः । कशयेव हतो वाजी वनं गन्तुं कृतत्वरः ॥ १८
तदप्रियमनार्याया वचनं दारुणोदयम् । श्रुत्वा गतव्यथो रामः कैकेयीं वाक्यमब्रवीत् ॥ १९
नाहमर्थपरो देवि लोकमावस्तुमुत्सहे । विद्धि मामृषिभिस्तुल्यं विमलं धर्ममास्थितम् ॥ २०
यत्तत्रभवतः किंचिच्छक्यं कर्तुं प्रियं मया । प्राणानपि परित्यज्य सर्वथा कृतमेव तत् ॥ २१
न ह्यतो धर्मचरणं किंचिदस्ति महत्तरम् । यथा पितरि शुश्रूषा तस्य वा वचनक्रिया ॥ २२
अनुक्तोऽप्यत्रभवता भवत्या वचनादहम् । वने वत्स्यामि विजने वर्षाणीह चतुर्दश ॥ २३
न नूनं मयि कैकेयि किंचिदाशंससे गुणान् । यद्राजानमवोचस्त्वं ममेश्वरतरा सती ॥ २४
यावन्मातरमापृच्छे सीतां चानुनयाम्यहम् । ततोऽद्यैव गमिष्यामि दण्डकानां महद्वनम् ॥ २५
भरतः पालयेद्राज्यं शुश्रूषेच्च पितुर्यथा । तथा भवत्या कर्तव्यं स हि धर्मः सनातनः ॥ २६
रामस्य तु वचः श्रुत्वा भृशं दुःखगतः पिता । शोकादशक्नुवन्वक्तुं प्ररुरोद महास्वनम् ॥ २७

प्राणज्ञेन । विस्रब्धो निर्विशङ्कः ॥ ५ ॥ किं त्विदं मानसं मनसि वर्तमानमलीकं दुःखम् । किं तत्राह—स्वयमित्यादि ॥ ६ ॥ अयमर्थस्त्वद्दुःखावहत्वाद्राज्ञा तव साक्षाद्वक्तुमशक्य इति चेत्तत्राह—अहं हीति । प्रचोदितः । त्वयापीति शेषः । प्रतिज्ञाकरणं विनापि त्वदुक्तिमात्रेण राज्यादि दद्याम्, तत्र किं वक्तव्यं त्वत्प्रियार्थं राज्ञा प्रेरितः स्वकृतप्रतिज्ञामनुपालयन् । हेतौ शता । तत्पालनाद्धेतो राज्यं दद्यादित्यर्थः ॥ ७ ॥ ८ ॥ मद्विषयकनियोगसंकोचेन ह्रीमन्तं राजानमाश्वासय । इदं किं किंहेतुकम् । तदेवाह—यदित्यादि ॥ ९ ॥ अनिर्वृत्तस्वकार्यां कथमाश्वासयामीत्यत आह—गच्छन्त्वित्यादि ॥ १० ॥ अविचार्य । युक्तायुक्तविचारमकृत्वैवेत्यर्थः ॥ ११ ॥ प्रस्थानं वनगमनम् । श्रद्दधानावश्यमयं प्रस्थानं करिष्यतीति निश्चयवती ॥ १२ ॥ १३ ॥ उत्सुकस्य वनगमनोत्सुकस्य । क्षमं युक्तम् ॥ १४ ॥ राजानभिनन्दनहेतुमाह—व्रीडेति । स्वसत्यस्य पारप्राप्त्यदर्शनजलज्जायुक्तः । चो हेतौ । अतस्त्वां नाभिभाषते । एतदनभिभाषणं न किंचिन्नान्यकारणकम् । त्वदविलम्बगमनाभाव एवास्य कारणम्, अतएव मन्यू राज्ञो दैन्यं स्वाविलम्बगमनेनापनीयताम् । त्वयेति शेषः ॥ १५ ॥ इतोऽपि न युक्तो विलम्ब इत्याह—यावदिति । मया दरिद्राधमर्णत्वेन तथा शपथैः प्रतिबन्धादिति भावः ॥ १६ ॥ १७ ॥ कृतत्वरोऽभूदिति शेषः ॥ १८ ॥ दारुणोदयं दारुणार्थकं प्रश्नोत्तरम् ॥ १९ ॥ लोकमावस्तुं लोके वस्तुं नोत्सहे । अर्थपरो धनपरः । विमलं धर्ममास्थितं तत्त्वज्ञानरूपं धर्ममाश्रितम् । ऋषयोऽत्र तत्त्वज्ञाः । एतेन स्वस्य सुखदुःखयोः समता निवृत्तिमार्गस्थता च स्वाभाविकीति ध्वनितम् ॥ २० ॥ तत्रभवतः पूज्यस्य पितुः । वनगमनं कियत् । यत्किंचिदतोऽधिकमपि प्रियं कर्तुं शक्यम् । तत्कृतमेव विद्धीति शेषः ॥ २१ ॥ तथा निश्चये हेतुमाह—न हीति । हिर्हेतौ । शुश्रूषा पादसंवाहनादिरूपा । वचनक्रियाज्ञप्तकरणम् ॥ २२ ॥ अत्रभवता पूज्येन पित्रा । भवत्या वचनात्पितृवचनवत्तत्पत्नीवचनस्याप्यवश्यकर्तव्यत्वात् । अनेन सापत्नमातुरप्यनिष्टनिष्ठमपि वचनमेव परिपाल्यम्, किमुत मातापित्रोरिति सूचितम् ॥ २३ ॥ हे कैकेयि, नूनं मयि किंचित्कमपि गुणं नाशंससे न जानासि । तत्र हेतुः—यदित्यादि । 'मुख्यान्' इति पाठे पितृपत्न्याद्याज्ञापरिपालनादिरूपानित्यर्थः ॥ २४ ॥ यावदिति । पूर्वार्धे तावत्क्षमां कुर्विति शेषः । ततस्तदनन्तरम् । दण्डकानां तन्नामकक्षत्रियाणाम् । तन्नामकजनपदरूपं शापवशाद्वनत्वं प्राप्तम् ॥ २५ ॥ स हि पितृशुश्रूषारूपः ॥ २६ ॥ बाष्पं रोद्धुमशक्नुवन्

वन्दित्वा चरणौ राज्ञो विसंज्ञस्य पितुस्तदा । कैकेय्याश्चाप्यनार्याया निष्पपात महाद्युतिः ॥ २८
स रामः पितरं कृत्वा कैकेयीं च प्रदक्षिणम् । निष्क्रम्यान्तःपुरात्तस्मात्स्वं ददर्श सुहृज्जनम् ॥ २९
तं बाष्पपरिपूर्णाक्षः पृष्ठतोऽनुजगाम ह । लक्ष्मणः परमक्रुद्धः सुमित्रानन्दवर्धनः ॥ ३०
आभिषेचनिकं भाण्डं कृत्वा रामः प्रदक्षिणम् । शनैर्जगाम सापेक्षो दृष्टिं तत्राविचालयन् ॥ ३१
न चास्य महतीं लक्ष्मीं राज्यनाशोऽपकर्षति । लोककान्तस्य कान्तत्वाच्छीतरश्मेरिव क्षयः ॥ ३२
न वनं गन्तुकामस्य त्यजतश्च वसुंधराम् । सर्वलोकातिगस्येव लक्ष्यते चित्तविक्रिया ॥ ३३
प्रतिषिध्य शुभं छत्रं व्यजने च स्वलंकृते । विसर्जयित्वा स्वजनं रथं पौरांस्तथा जनान् ॥ ३४
धारयन्मनसा दुःखमिन्द्रियाणि निगृह्य च प्रविवेशात्मवान्वेश्म मातुरप्रियशंसिवान् ॥ ३५
सर्वोऽप्यभिजनः श्रीमाञ्श्रीमतः सत्यवादिनः । नालक्षयत रामस्य कंचिदाकारमानने ॥ ३६
उचितं च महाबाहुर्न जहौ हर्षमात्मवान् । शारदः समुदीर्णांशुश्चन्द्रस्तेज इवात्मजम् ॥ ३७
वाचा मधुरया रामः सर्वं संमानयञ्जनम् । मातुः समीपं धर्मात्मा प्रविवेश महायशाः ॥ ३८
तं गुणैः समतां प्राप्तो भ्राता विपुलविक्रमः । सौमित्रिरनुवव्राज धारयन्दुःखमात्मजम् ॥ ३९
प्रविश्य वेश्मातिभृशं मुदा युतं समीक्ष्य तां चार्थविपत्तिमागताम् ।
नचैव रामोऽत्र जगाम विक्रियां सुहृज्जनस्यात्मविपत्तिशङ्कया ॥ ४०

इत्यार्षे श्रीमद्रामायणे वाल्मीकीय आदिकाव्येऽयोध्याकाण्ड एकोनविंशः सर्गः ॥ १९ ॥

विंशः सर्गः ।

तस्मिंस्तु पुरुषव्याघ्रे निष्क्रामति कृताञ्जलौ । आर्तशब्दो महाञ्जज्ञे स्त्रीणामन्तःपुरे तदा ॥ १
कृत्येष्वचोदितः पित्रा सर्वस्यान्तःपुरस्य च । गतिश्च शरणं चासीत्स रामोऽद्य प्रवत्स्यति ॥ २
कौसल्यायां यथा युक्तो जनन्यां वर्तते सदा । तथैव वर्ततेऽस्मासु जन्मप्रभृति राघवः ॥ ३
न क्रुध्यत्यभिशप्तोऽपि क्रोधनीयानि वर्जयन् । क्रुद्धान्प्रसादयन्सर्वान्स इतोऽद्य प्रवत्स्यति ॥ ४

॥ २७ ॥ अनार्याया लोकदृष्ट्या तादृश्या अपि स्वयं तद्दोषमगणयन्निति शेषः । निष्पपात निश्चक्राम ॥ २८ ॥ कैकेयीप्रदक्षिणं सम्यगाचरितं मदिष्टं त्वयेत्यत्यन्तसंतोषाच्छिष्टाचाराच्चेति बोध्यम् ॥ २९ ॥ बाष्पपरिपूर्णाक्षः समीपस्थित्यावगतवृत्तान्तत्वात् । परमक्रुद्ध इत्यनेन लक्ष्मणेऽविद्या विक्षेपशक्तिमती दर्शिता, रामे च न सा इति ध्वनितम् ॥ ३० ॥ आभिषेचनिकमभिषेकप्रयोजनकम् । भाण्डमुपकरणजातम् । तद्युक्ताभिषेकशालामिति यावत् । संनिहितगङ्गादिपुण्यतीर्थकत्वात् । तत्राभिषेकशालायाम् । दृष्टिमविचालयन्नप्रवर्तयन्सापेक्षः । वनं प्रतीति शेषः । यद्वा लोकसमाधानाय तदनुग्रहाय नटवदात्मगोपनाय लोकव्यवहारात्यागाय च सापेक्षः स एव तत्र दृष्टिमविचालयन्नत्यजन् । अत एव शनैर्जगाम ॥ ३१ ॥ धीरोदात्तत्वाच्च न तद्विघातप्रयुक्तक्रोधदुःखादीत्याह—न चेति । लक्ष्मीं सहजां शोभाम् । कान्तत्वादविनाशिकान्तियुक्तत्वात् । लोककान्तस्य शीतरश्मेरिन्दोः क्षयो यथा लक्ष्मीं नापकर्षति तद्वत् ॥ ३२ ॥ सर्वलोकातिगस्येव जीवन्मुक्तस्येव ॥ ३३ ॥ छत्रादि । प्रतिज्ञाविरोधात् । व्यजने चामरे ॥ ३४ ॥ मनसा दुःखं धारयन् । इन्द्रियाणि निगृह्य मनःस्थदुःखाभिव्यञ्जकचेष्टारहितानि कृत्वा । आत्मवान्धीरोदात्तः । मनसा दुःखं परमसुखं दुःखलेशेनापि रहितं वनगमनजं धारयन्निन्द्रियाणि निगृह्य तस्य सुखस्य लोकदृष्ट्या राज्यभङ्गजदुःखस्य वा यथा यथाभिव्यक्तिर्न भवति तथा मध्यस्थतया स्थापयित्वात्मवान्साक्षात्कृतनित्यनिर्दुःखस्वतत्त्व इत्यप्यर्थान्तरमत्र व्यङ्ग्यं बोध्यम् । दुःखमित्यस्य कैकेय्या लोकापवादजमित्यर्थ इति कश्चित् । अप्रियशंसिवानप्रियं शंसिष्यन् । क्वसुरार्षः ॥ ३५ ॥ अभिजनोऽभितो वर्तमानो जनः श्रीमान्रामाभिषेकप्रसङ्गेन कृतैरलंकरणैः शोभावानाकारं विकृताकारं नालक्षयत । असत्त्वादेवेत्यर्थः ॥ ३६ ॥ उचितं सहजसत्त्वगुणोचितं वनगमनलाभोचितं च । आत्मजं हर्षमात्मनि शरीरे जातं स्वभावसिद्धं हर्षचिह्नम् ॥ ३७ ॥ ३८ ॥ ३९ ॥ लोकदृष्ट्यार्थविपत्तिमर्थभ्रंशं वीक्ष्यापि रामो विक्रियां न जगाम, किं तु सुहृज्जनस्य कौसल्यादशरथादिरूपस्यात्मनां प्राणानां विपत्तिशङ्कया चिन्तां जगामेति शेषः ॥ ४० ॥ **इति श्रीरामाभिरामे श्रीरामीये रामायणतिलके वाल्मीकीय आदिकाव्येऽयोध्यकाण्डे एकोनविंशः सर्गः ॥ १९ ॥**

तस्मिन्निति ॥ १ ॥ यः पित्राचोदितोऽपि सर्वस्य जनस्यान्तःपुरस्य च कृत्येषु । प्रवर्तत इति शेषः । यो गतिः प्राप्यस्य वस्तुनः प्राप्तिमार्गः । शरणं रक्षणम् ॥ २ ॥ युक्तः सेवातत्परः ॥ ३ ॥ अभिशप्तोऽप्यन्येन कृतवाक्पारुष्योऽपि न क्रुध्यति । क्रोधनीयान्यन्यस्य क्रोधोत्पादकान्यनुकम्पया वर्जयन् । अनेन

अबुद्धिर्बत नो राजा जीवलोकं चरत्ययम् । यो गतिं सर्वभूतानां परित्यजति राघवम् ॥ ५
इति सर्वा महिष्यस्ता विवत्सा इव धेनवः । पतिमाचुक्रुशुश्चापि सस्वरं चापि चुक्रुशुः ॥ ६
स हि चान्तःपुरे घोरमार्तशब्दं महीपतिः । पुत्रशोकाभिसंतप्तः श्रुत्वा व्यालीयतासने ॥ ७
रामस्तु भृशमायस्तो निःश्वसन्निव कुञ्जरः । जगाम सहितो भ्रात्रा मातुरन्तःपुरं वशी ॥ ८
सोऽपश्यत्पुरुषं तत्र वृद्धं परमपूजितम् । उपविष्टं गृहद्वारि तिष्ठतश्चापरान्बहून् ॥ ९
दृष्ट्वैव तु तदा रामं ते सर्वे समुपस्थिताः । जयेन जयतां श्रेष्ठं वर्धयन्ति स्म राघवम् ॥ १०
प्रविश्य प्रथमां कक्ष्यां द्वितीयायां ददर्श सः । ब्राह्मणान्वेदसंपन्नान्वृद्धान्राज्ञाभिसत्कृतान् ॥ ११
प्रणम्य रामस्तान्वृद्धांस्तृतीयायां ददर्श सः । स्त्रियो बालाश्च वृद्धाश्च द्वाररक्षणतत्पराः ॥ १२
वर्धयित्वा प्रहृष्टास्ताः प्रविश्य च गृहं स्त्रियः । न्यवेदयन्त त्वरितं राममातुः प्रियं तदा ॥ १३
कौसल्यापि तदा देवी रात्रिं स्थित्वा समाहिता । प्रभाते चाकरोत्पूजां विष्णोः पुत्रहितैषिणी ॥ १४
सा क्षौमवसना हृष्टा नित्यं व्रतपरायणा । अग्निं जुहोति स्म तदा मन्त्रवत्कृतमङ्गला ॥ १५
प्रविश्य तु तदा रामो मातुरन्तःपुरं शुभम् । ददर्श मातरं तत्र हावयन्तीं हुताशनम् ॥ १६
देवकार्यनिमित्तं च तत्रापश्यत्समुद्यतम् । दध्यक्षतघृतं चैव मोदकान्हविषस्तथा ॥ १७
लाजान्माल्यानि शुक्लानि पायसं कृसरं तथा । समिधः पूर्णकुम्भांश्च ददर्श रघुनन्दनः ॥ १८
तां शुक्लक्षौमसंवीतां व्रतयोगेन कर्शिताम् । तर्पयन्तीं ददर्शाद्भिर्देवतां वरवर्णिनीम् ॥ १९
सा चिरस्यात्मजं दृष्ट्वा मातृनन्दनमागतम् । अभिचक्राम संहृष्टा किशोरं वडवा यथा ॥ २०
स मातरमुपक्रान्तामुपसंगृह्य राघवः । परिष्वक्तश्च बाहुभ्यामवघ्रातश्च मूर्धनि ॥ २१
तमुवाच दुराधर्षं राघवं सुतमात्मनः । कौसल्या पुत्रवात्सल्यादिदं प्रियहितं वचः ॥ २२
वृद्धानां धर्मशीलानां राजर्षीणां महात्मनाम् । प्राप्नुह्यायुश्च कीर्तिं च धर्मं चाप्युचितं कुले ॥ २३
सत्यप्रतिज्ञं पितरं राजानं पश्य राघव । अद्यैव त्वां स धर्मात्मा यौवराज्येऽभिषेक्ष्यति ॥ २४
दत्तमासनमालभ्य भोजनेन निमन्त्रितः । मातरं राघवः किंचित्प्रसार्याञ्जलिमब्रवीत् ॥ २५
स स्वभावविनीतश्च गौरवाच्च तथानतः । प्रस्थितो दण्डकारण्यमाप्रष्टुमुपचक्रमे ॥ २६
देवि नूनं न जानीषे महद्भयमुपस्थितम् । इदं तव च दुःखाय वैदेह्या लक्ष्मणस्य च ॥ २७
गमिष्ये दण्डकारण्यं किमनेनासनेन मे । विष्टरासनयोग्यो हि कालोऽयं मामुपस्थितः ॥ २८
चतुर्दश हि वर्षाणि वत्स्यामि विजने वने । कन्दमूलफलैर्जीवन्हित्वा मुनिवदामिषम् ॥ २९

क्रोधक्रियाकर्तृत्वकर्मत्वयोः प्रतिषेधः । यत्र कुत्रापि क्रुद्धान्स्वयं प्रसादयन् । तिष्ठतीति शेषः ॥ ४ ॥ जीवलोकं सर्वप्रजारूपं चरति भक्षयति । नाशयतीति यावत् ॥ ५ ॥ पतिमाचुक्रुशुर्निनिन्दुः । सस्वनं चुक्रुशू रुरुदुः ॥ ६ ॥ व्यालीयत देहमवगुण्ठ्यावाङ्मुखो विलीन इवाभूदित्यर्थः ॥ ७ ॥ आयस्तः स्वजनदुःखतः प्राप्तखेदः कुञ्जर इव निःश्वसन् । 'आयत्तः' इति पाठ आयत्तः पराधीनो यः कुञ्जरः स यथा निःश्वसिति तद्वदित्यर्थः ॥ ८ ॥ पुरुषं द्वाराध्यक्षम् ॥ ९ ॥ जयेन । विजयी भवेति शब्देनेत्यर्थः । 'जयेति' इति पाठे जयेति शब्देनेत्यर्थः ॥ १० ॥ ॥ ११ ॥ स रामस्तृणीकृतराज्यो रामः ॥ १२ ॥ वर्धयित्वा । जयशब्देनेत्यर्थः । प्रियं रामागमनम् ॥ १३ ॥ १४ ॥ अग्निमग्निहोत्रं मन्त्रवज्जुहोति स्म । ज्येष्ठपत्नीत्वाहृत्विजेति शेषः ॥ १५ ॥ तदाह—हावयन्तीमिति ॥ १६ ॥ हविषो हवींषि ॥ १७ ॥ कृसरं तिलमुद्गतण्डुलौदनम् ॥ १८ ॥ व्रतयोगेन । पुत्राभ्युदयकामनया तद्दैवोपवासव्रतयोगेनेत्यर्थः । देवतां तर्पयन्तीं वरवर्णिनीं तां ददर्शेत्यन्वयः ॥१९॥ अभिचक्रामाभिमुखं जगाम । किशोरोऽश्वबालकः ॥ २० ॥ उपसंगृह्याभिवाद्य स्थितस्तया परिष्वक्त इत्यन्वयः ॥ २१ ॥ २२ ॥ कुल उचितं कुलस्योचितमिति यावत् ॥ २३ ॥ राजानं पश्य । गत्वेति शेषः । कौसल्याया राजगृहगमनादिव्यापारापरिज्ञानादेवमुक्तिः ॥ २४ ॥ अत्रोपविश्य भुक्त्वा राजानं द्रष्टुं गच्छेति भोजनेन फलेन निमन्त्रितो राघवः केवलमासनमालभ्य स्पृष्ट्वा न तूपविष्टो व्रीडया किंचिदञ्जलिं प्रसार्यावाङ्मुख एवाब्रवीत् । 'प्रसाद्याञ्जलिः' इति पाठे प्रकर्षेण सन्नाञ्जलिर्विशीर्णाञ्जलिरित्यर्थ इति कश्चित् । मातुः प्रसादनयोग्याञ्जलिरित्यर्थ उचितः । किंचिदित्यस्य चावाङ्मुख इति शेषः ॥ २५ ॥ गौरवाच्च मातृत्वप्रयुक्तगौरवाच्च आनतः सन्प्रस्थितः प्रस्थातुमुपक्रान्त आप्रष्टुमनुज्ञां कारयितुमुपचक्रमे ॥ २६ ॥ तव च तवैवाज्ञत्वात् । लोकदृष्ट्याह—वैदेह्या इत्यादि ॥ २७ ॥ विष्टरस्तपस्विनामासनविशेषः । 'पञ्चाशद्भिर्भवेद्ब्रह्मा तदर्धेन तु विष्टरः' इत्युक्तेः ॥२८॥ मुनिवदामिषं सूदैर्विशिष्टसंस्कारसंस्कृतं मांसम् । तेन 'इदं मेध्यमिदं स्वादु निष्टप्तमिदमग्निना' इति वक्ष्यमाणेन न विरोधः । तस्य शुद्धमांसपर-

भरताय महाराजो यौवराज्यं प्रयच्छति । मां पुनर्दण्डकारण्यं विवासयति तापसम् ॥ ३०
स षट् चाष्टौ च वर्षाणि वत्स्यामि विजने वने । आसेवमानो वन्यानि फलमूलैश्च वर्तयन् ॥ ३१
सा निकृत्तेव सालस्य यष्टिः परशुना वने । पपात सहसा देवी देवतेव दिवश्च्युता ॥ ३२
तामदुःखोचितां दृष्ट्वा पतितां कदलीमिव । रामस्तूत्थापयामास मातरं गतचेतसम् ॥ ३३
उपावृत्योत्थितां दीनां वडवामिव वाहिताम् । पांसुगुण्ठितसर्वाङ्गीं विममर्श च पाणिना ॥ ३४
सा राघवमुपासीनमसुखार्ता सुखोचिता । उवाच पुरुषव्याघ्रमुपशृण्वति लक्ष्मणे ॥ ३५
यदि पुत्र न जायेथा मम शोकाय राघव । न स्म दुःखमतो भूयः पश्येयमहमप्रजाः ॥ ३६
एक एव हि वन्ध्यायाः शोको भवति मानसः । अप्रजास्मीति संतापो न ह्यन्यः पुत्र विद्यते ॥ ३७
न दृष्टपूर्वं कल्याणं सुखं वा पतिपौरुषे । अपि पुत्रे विपश्येयमिति रामास्थितं मया ॥ ३८
सा बहून्यमनोज्ञानि वाक्यानि हृदयच्छिदाम् । अहं श्रोष्ये सपत्नीनामवराणां परा सती ॥ ३९
अतो दुःखतरं किं नु प्रमदानां भविष्यति । मम शोको विलापश्च यादृशोऽयमनन्तकः ॥ ४०
त्वयि संनिहितेऽप्येवमहमासं निराकृता । किं पुनः प्रोषिते तात ध्रुवं मरणमेव हि ॥ ४१
अत्यन्तं निगृहीतास्मि भर्तुर्नित्यमसंमता । परिवारेण कैकेय्याः समा वाप्यथवाऽवरा ॥ ४२
यो हि मां सेवते कश्चिदपि वाप्यनुवर्तते । कैकेय्याः पुत्रमन्वीक्ष्य स जनो नाभिभाषते ॥ ४३
नित्यक्रोधतया तस्याः कथं नु खरवादिनम् । कैकेय्या वदनं द्रष्टुं पुत्र शक्ष्यामि दुर्गता ॥ ४४
सप्त दश च वर्षाणि जातस्य तव राघव । अतीतानि प्रकाङ्क्षन्त्या मया दुःखपरिक्षयम् ॥ ४५
तदक्षयं महद्दुःखं नोत्सहे सहितुं चिरात् । विप्रकारं सपत्नीनामेवं जीर्णापि राघव ॥ ४६

त्वात् । मुनिवदित्युक्त्या श्राद्धीयादिमांसपरत्वाच्च ॥२९॥३०॥ वन्यानि वानप्रस्थयोग्यकर्माण्यासेवमान आचरन् । यद्वा वन्यानि वल्कलानि दधानः । वर्तयञ्जीवयन् ॥ ३१ ॥ यष्टिः शाखा ॥ ३२ ॥ ३३ ॥ वाहितां पूर्वं वाहितभारां ततः श्रमनिवृत्तय उपावृत्य भुवि लुण्ठनं कृत्वोत्थितां वडवामिव ॥३४ ॥ असुखेन सुखनाशेनार्ता । उपासीनं समीपे स्थितम् ॥ ३५ ॥ अप्रजा वन्ध्या । अतो वन्ध्यात्वात् । भूयो वन्ध्याधिकं पुत्रवियोगदुःखं न पश्येयम् ॥ ३६ ॥ वन्ध्यात्वदुःखमितः सुसहमित्याह—एक एवेति । अप्रजास्मीति मानसशोकाभिनयः । समासान्ताभावोऽनित्यत्वात् । संधिरार्षत्वात् ॥ ३७ ॥ स्वस्य सदा दुःखित्वमिति शोचति—नेति । पत्युः पौरुषमनुरागकृतं रञ्जनं तस्मिन्यत्प्राप्यं कल्याणं प्रशस्तवस्त्राभरणादिजसौभाग्याधिक्यम् । सुखं वा पतिसंभोगजम् । तन्मया न दृष्टपूर्वम् । अपीति लोकाक्षौ । पुत्रे जाते तदुभयमुक्तकल्याणं पुत्रदर्शनजं सुखं च पश्येयमित्याशया राम मयास्थितं जीवनं स्थापितम् ॥ ३८ ॥ साहमवराणां कनिष्ठानां सपत्नीनां तद्बलादिदानीं परा सती हृदयच्छिदां हृदयविदारिकाणां तासाममनोज्ञानि वाक्यान्येवं जीर्णापि श्रोष्ये ॥ ३९ ॥ अतः सपत्नीधिक्कारवाक्यश्रवणजात्परं दुःखं स्त्रीणां नास्ति । ममायमनन्तकोऽपारः शोको यादृशस्तादृशो वाचापि वक्तुमशक्य इति शेषः ॥४० ॥ निराकृता । सपत्न्येति शेषः । ध्रुवम् । प्राप्तमिति शेषः । शोकग्रस्तत्वान्न्यूनपदता न दोषः ॥ ४१ ॥ निगृहीता । भर्तृकृतनिग्रहप्रकारमाह—परिवारेणेति । कैकेय्या दासीजनेन समा अथवावरा ततोऽपि निकृष्टा । कृतास्मीति शेषः । '–प्यधरा वरा' इति पाठे वरा श्रेष्ठाप्यधरा निकृष्टा कृतास्मीत्यर्थः ॥ ४२ ॥ स सर्वोऽपीष्टो जनः कदाचिदागतं कैकेय्याः पुत्रमवलोक्य मां नाभिभाषते । इदानीमप्येवमवस्था मम वर्तते, त्वयि गते तु किं वक्तव्यमिति भावः ॥ ४३ ॥ खरवादिनम् । लुगभाव आर्षः । खरवादि परुषवदनशीलं तस्या वदनं कथं द्रष्टुं शक्ष्यामि । दुर्गता त्वद्वियोगेन दुर्दशामापन्ना ॥४४॥ जातस्य । उपनयनाख्यद्वितीयजन्मनेति शेषः । 'ऊनषोडशवर्षो मे रामो राजीवलोचनः ।' इति विश्वामित्रमुद्दिश्य दशरथोक्त्या विवाहकाले पञ्चदशवर्षत्वोक्तेः, 'तत्र द्वादशवर्षाणि राघवः सह सीतया । रमयामास धर्मात्मा नारायण इव श्रिया ॥ तस्मिन्काले महाराजः प्रीतो रामस्य सद्गुणैः । ज्येष्ठं राज्येन संयोक्तुमैच्छत्सर्वनृपाज्ञया ॥' इति पाद्मोक्तेश्च । उपनयनं च गर्भैकादशे । 'एकादशे वा राजन्यम्' इति स्मृतेर्दशमे वर्षे इति बोध्यम् । एवमुपनयनोत्तरं सप्तदश वर्षाण्यतीतानि जातस्य तव । अतः परं यौवराज्येन दुःखपरिक्षयं प्रकाङ्क्षन्त्या मया तद्विघाते तस्या वदनं कथं नु द्रष्टव्यमित्यनुकर्षः । वस्तुतस्तु 'इग्यणः संप्रसारणम्' इति सूत्रस्थभाष्योक्तरीत्या 'प्रविश पिण्डीम्' इत्यादौ यथा 'प्रविश गृहं पिण्डीं भक्षय' इति वाक्यार्थे प्रविशेति पिण्डीमिति च वाक्यैकदेशस्य प्रयोगः, तथा द्विर्दशेतिवाक्यस्यार्थे वाक्यैकदेशप्रयोगोऽयम् । द्विरावृत्ता दश विंशतिः सप्त चेत्यर्थः । अत्र तात्पर्यग्राहिका विश्वामित्रं प्रति दशरथोक्तिः पाद्मोक्तिश्च । तादृशप्रयोगश्च कौसल्यायाः पुत्रवियोगदुःखार्ततया वाल्मीकेश्च वर्णनीयमयीभावेन न दोषायेति ध्येयम् ॥ ४५ ॥ दुःखं त्वद्वियोगजम् । अक्षयं तव

अपश्यन्ती तव मुखं परिपूर्णशशिप्रभम् । कृपणा वर्तयिष्यामि कथं कृपणजीविका ॥ ४७
उपवासैश्च योगैश्च बहुभिश्च परिश्रमैः । दुःखसंवर्धितो मोघं त्वं हि दुर्गतया मया ॥ ४८
स्थिरं नु हृदयं मन्ये ममेदं यन्न दीर्यते । प्रावृषीव महानद्या स्पृष्टं कूलं नवाम्भसा ॥ ४९
ममैव नूनं मरणं न विद्यते न चावकाशोऽस्ति यमक्षये मम ।
यदन्तकोऽद्यैव न मां जिहीर्षति प्रसह्य सिंहो रुदतीं मृगीमिव ॥ ५०
स्थिरं हि नूनं हृदयं ममायसं न भिद्यते यद्भुवि नो विदीर्यते ।
अनेन दुःखेन च देहमर्पितं ध्रुवं ह्यकाले मरणं न विद्यते ॥ ५१
इदं तु दुःखं यदनर्थकानि मे व्रतानि दानानि च संयमाश्च हि ।
तपश्च तप्तं यदपत्यकाम्यया सुनिष्फलं बीजमिवोप्तमूषरे ॥ ५२
यदि ह्यकाले मरणं यदृच्छया लभेत कश्चिद्गुरुदुःखकर्शितः ।
गताहमद्यैव परेतसंसदं विना त्वया धेनुरिवात्मजेन वै ॥ ५३
अथापि किं जीवितमद्य मे वृथा त्वया विना चन्द्रनिभाननप्रभ ।
अनुव्रजिष्यामि वनं त्वयैव गौः सुदुर्बला वत्समिवाभिकाङ्क्षया ॥ ५४
भृशमसुखममर्षिता यदा बहु विललाप समीक्ष्य राघवम् ।
व्यसनमुपनिशाम्य सा महत्सुतमिव बद्धमवेक्ष्य किंनरी ॥ ५५

इत्यार्षे श्रीमद्रामायणे वाल्मीकीय आदिकाव्येऽयोध्याकाण्डे विंशः सर्गः ॥ २० ॥

एकविंशः सर्गः ।

तथा तु विलपन्तीं तां कौसल्यां राममातरम् । उवाच लक्ष्मणो दीनस्तत्कालसदृशं वचः ॥ १
न रोचते ममाप्येतदार्ये यद्राघवो वनम् । त्यक्त्वा राज्यश्रियं गच्छेत्स्त्रिया वाक्यवशंगतः ॥ २
विपरीतश्च वृद्धश्च विषयैश्च प्रधर्षितः । नृपः किमिव न ब्रूयाच्चोद्यमानः समन्मथः ॥ ३
नास्यापराधं पश्यामि नापि दोषं तथाविधम् । येन निर्वास्यते राष्ट्राद्वनवासाय राघवः ॥ ४
न तं पश्याम्यहं लोके परोक्षमपि यो नरः । स्वमित्रोऽपि निरस्तोऽपि योऽस्य दोषमुदाहरेत् ॥ ५

राज्यनाशात्क्षयसंभावनारहितमपि । अपि च एवं जीर्णा सपत्नीनां विप्रकारं सहितुं सोढुं नोत्सहे ॥ ४६ ॥ कृपणजीविका शोच्यजीवना ॥ ४७ ॥ दुर्गतया भाग्यहीनया मया बहुपरिश्रमजनकैरुपवासैर्योगैर्देवताध्यानैर्दुःखं यथा तथा मोघं वर्धितोऽसि । यदि विप्रवत्स्यसीति शेषः । त्वद्वर्धनजफलालाभादिति भावः ॥ ४८ ॥ न दीर्यते । त्वद्विप्रयोगश्रवणेऽपीति शेषः ॥ ४९ ॥ ममैवेति । लौकिक्यतिवृद्धोक्तिजातिरियम् । मरणं न विद्यत एव न जिहीर्षत्येवेत्यन्वयः । अवकाशोऽवस्थितये स्थलम् ॥ ५० ॥ आयसमयसा निर्मितम् । यद्यतो न भिद्यते भुवि पतित्वा नो विदीर्यते । भेदो द्विधाभवनम्, विदारणमनेकच्छिद्ररेखावत्त्वम् । अनेन दुःखेनार्पितं व्याप्तं देहं देहो न न भिद्यत इत्याद्यन्वयः । अर्धर्चादिर्देहशब्दः । हि यतो न भिद्यतेऽतोऽकाले मरणं न विद्यत इति जाने इति शेषः ॥ ५१ ॥ यद्व्रतादीन्यनर्थकानि तदिदं महद्दुःखम् । ऊषरे उप्तमत एव निष्फलं बीजमिव ॥ ५२ ॥ गुरुदुःखेन कर्शितः पीडितः । परेतसंसदं यमसभाम् । अहं गता स्याम् । तत्तु न लभ्यत इति शेषः ॥ ५३ ॥ अथापि मरणाभावेऽपि त्वया विना त्वत्संनिधिं विना किंजीवितं कुत्सितं जीवितं वृथा व्यर्थमतोऽनुव्रजिष्यामि । अभिकाङ्क्षया वात्सल्येन ॥ ५४ ॥ भृशमसुखं दुःखममर्षितासहमाना रामवियोगमूलं सपत्न्यादिकृतं महद्व्यसनं दुःखं निशाम्य पर्यालोच्य सत्यपाशबद्धं सुतमवेक्ष्य यथोक्तनिमित्तवती किंनरी विललाप ॥ ५५ ॥ ॥ इति श्रीरामाभिरामे श्रीरामीये रामायणतिलके वाल्मीकीय आदिकाव्येऽयोध्याकाण्डे विंशः सर्गः ॥ २० ॥

तत्कालसदृशं रामवियोगहेतुककौसल्यादुःखप्रवृत्तिकालोचितम् ॥ १ ॥ आर्ये कौसल्ये । गच्छेदिति यत्तन्ममापि न रोचते । स्त्रिया इत्याद्युत्तरान्वयि ॥ २ ॥ अतएव विपरीतः प्राप्तप्रकृतिवैपरीत्यः । चोद्यमानः स्त्रिया । क्रोधवशात्पुनरुक्तिर्न दोषाय । किमिव न ब्रूयात्, अनुचितशतमपि ब्रूयात्, अतस्तद्वचो न श्रद्धेयमिति । एतेन राजाज्ञाभङ्गः कथं कार्य इति शङ्का समाहिता ॥ ३ ॥ ननु रामदोषप्रयुक्तं विवासनं स्यात्तत्राह—नास्येति । रामस्येत्यर्थः । अपराधं पितृविषयकं दोषमसमञ्जादेरिव प्रजावधादिपातकम् ॥ ४ ॥ सुतराममित्रोऽपि शत्रुरपि । निरस्तोऽपि महापातकादिवशं गत्वा

देवकल्पमृजुं दान्तं रिपूणामपि वत्सलम् । अवेक्षमाणः को धर्मं त्यजेत्पुत्रमकारणात् ॥ ६
तदिदं वचनं राज्ञः पुनर्बाल्यमुपेयुषः । पुत्रः को हृदये कुर्याद्राजवृत्तमनुस्मरन् ॥ ७
यावदेव न जानाति कश्चिदर्थमिमं नरः । तावदेव मया सार्धमात्मस्थं कुरु शासनम् ॥ ८
मया पार्श्वे सधनुषा तव गुप्तस्य राघव । कः समर्थोऽधिकं कर्तुं कृतान्तस्येव तिष्ठतः ॥ ९
निर्मनुष्यामिमां सर्वामयोध्यां मनुजर्षभ । करिष्यामि शरैस्तीक्ष्णैर्यदि स्थास्यति विप्रिये ॥ १०
भरतस्याथ पक्ष्यो वा यो वास्य हितमिच्छति । सर्वांस्तांश्च वधिष्यामि मृदुर्हि परिभूयते ॥ ११
प्रोत्साहितोऽयं कैकेय्या संतुष्टो यदि नः पिता । अमित्रभूतो निःसङ्गं बध्यतां वध्यतामपि ॥ १२
गुरोरप्यवलिप्तस्य कार्याकार्यमजानतः । उत्पथं प्रतिपन्नस्य कार्यं भवति शासनम् ॥ १३
बलमेष किमाश्रित्य हेतुं वा पुरुषोत्तम । दातुमिच्छति कैकेय्यै उपस्थितमिदं तव ॥ १४
त्वया चैव मया चैव कृत्वा वैरमनुत्तमम् । कास्य शक्तिः श्रियं दातुं भरतायारिशासन ॥ १५
अनुरक्तोऽस्मि भावेन भ्रातरं देवि तत्त्वतः । सत्येन धनुषा चैव दत्तेनेष्टेन ते शपे ॥ १६
दीप्तमग्निमरण्यं वा यदि रामः प्रवेक्ष्यति । प्रविष्टं तत्र मां देवि त्वं पूर्वमवधारय ॥ १७
हरामि वीर्याद्दुःखं ते तमः सूर्य इवोदितः । देवी पश्यतु मे वीर्यं राघवश्चैव पश्यतु ॥ १८
हनिष्ये पितरं वृद्धं कैकेय्यासक्तमानसम् । कृपणं च स्थितं बाल्ये वृद्धभावेन गर्हितम् ॥ १९
एतत्तु वचनं श्रुत्वा लक्ष्मणस्य महात्मनः । उवाच रामं कौसल्या रुदती शोकलालसा ॥ २०
भ्रातुस्ते वदतः पुत्र लक्ष्मणस्य श्रुतं त्वया । यदत्रानन्तरं तत्त्वं कुरुष्व यदि रोचते ॥ २१
न चाधर्म्यं वचः श्रुत्वा सपत्न्या मम भाषितम् । विहाय शोकसंतप्तां गन्तुमर्हसि मामितः ॥ २२
धर्मज्ञ इति धर्मिष्ठ धर्मं चरितुमिच्छसि । शुश्रूष मामिहस्थस्त्वं चर धर्ममनुत्तमम् ॥ २३
शुश्रूषुर्जननीं पुत्र स्वगृहे नियतो वसन् । परेण तपसा युक्तः काश्यपस्त्रिदिवं गतः ॥ २४
यथैव राजा पूज्यस्ते गौरवेण तथा ह्यहम् । त्वां साहं नानुजानामि न गन्तव्यमितो वनम् ॥ २५

त्यक्तोऽपि । परोक्षमपि रामस्य दोषं यो वदेत्तं न पश्यामि ॥ ५ ॥ यदेवमतो देवतुल्यं दान्तं गुरुभिः शिक्षितम् । एवमुक्तगुणं पुत्रं धर्ममवेक्षमाणः कस्त्यजेदित्यन्वयः । रिपूणां कैकेय्यादीनां विषयेऽपि वत्सलं स्निग्धम् ॥ ६ ॥ बाल्यं बालभावमविमृश्यकारित्वं कामपरवशत्वं वोपेयुषः प्राप्तस्य । राजवृत्तं पूर्वराजाचरितम् ॥ ७ ॥ अतो यावदिममर्थं त्वत्प्रवासनरूपं कश्चिदपि न जानाति तावत्ततः पूर्वमेव शासनं राज्यमभिषेकेणात्मस्थमात्माधीनं कुरु । 'शोभनम्' इति पाठे राज्यफलकमभिषेकम् ॥ ८ ॥ कथमेवं शक्यं तत्राह—मयेति । अधिकं त्वदाज्ञोल्लङ्घनपूर्वमभिषेकविघ्नम् ॥ ९ ॥ विप्रिये तव विपक्षभावे ॥ १० ॥ पक्ष्यो मातुलादिः । यो वान्यः कश्चिदस्य हितमिच्छति । मृदुर्हीति । अतो मार्दवं न युक्तम् । मार्दवानुचितकाल इति भावः ॥ ११ ॥ ननु राज्ञा राज्यस्य भरताय दीयमानत्वादपरिहार्योऽयमर्थस्तत्राह—प्रेति । कैकेय्या प्रोत्साहितस्तस्यां संतुष्टो यदि पिता नोऽस्माकममित्रभूतो जायते तदासौ बन्धनं प्राप्यताम्, अथवास्य वध एव क्रियताम् । त्रेताद्वापरयोः संधावयमवतारस्तदा च किंचिदधिकपादेनाधर्मप्रवेश इति तदनुसारेण लक्ष्मणस्यैवमुक्तिः, कैकेय्याश्च परोपदेशेनैवं मतिः, छलेन वालिवधे प्रवृत्तिश्च भगवत इति बोध्यम् ॥ १२ ॥ नन्वेवं दोषः स्यात्तत्राह—गुरोरिति । एवं च शास्त्रसंमतत्वान्नात्र दोष इति भावः ॥ १३ ॥ ननु राज्ञो बलवत्त्वाद्बन्धनाद्यशक्यमत आह—बलमिति । उपस्थितं ज्येष्ठत्वेन न्यायतस्तवैव प्राप्तमिदं राज्यम् । एवं च बलहेत्वोरभावाद्बन्धनादि शक्यमेवेति भावः ॥१४॥ बलाभावमेवाह—त्वयेत्यादि ॥ १५ ॥ ननु तवाप्येवं वदतो न विश्वासो ज्ञातित्वाविशेषादत आह—अनुरक्त इति । भाव आन्तरोऽभिप्रायः ॥ १६ ॥ संप्रत्ययेवानुरागनिर्णय इत्याह—दीप्तमिति । दीप्तमग्निम् । क्रोधमित्यर्थः । अरण्यं वा पित्राज्ञया ॥ १७ ॥ राघवश्चेति । चात्सर्वो जनश्च ॥ १८ ॥ कैकेय्यासक्तमानसमत एव कृपणम् । वृद्धभावेन वृद्धत्वेन गर्हितं यथा भवति तथा बाल्ये कामुकत्वेन स्थितम् ॥ १९ ॥ २० ॥ अनन्तरं युक्तं कार्यं तत्त्वं कुरुष्व यदि रोचते तर्हि लक्ष्मणवाक्यं कुरुष्वेति शेषः । अनेन कौसल्याया गूढं स्वानभिमतत्वं लक्ष्मणोक्तस्य सूचितम् ॥ २१ ॥ पुना रामाभिप्रायनिर्णयाय लक्ष्मणवाक्यमेवोपोद्बलयितुमेतद्राजवाक्यमपि न येन तव दोषः स्यात्, किं तु मत्सपत्न्या इत्याह—न चेति । अधर्म्यं कनिष्ठस्य राज्यरूपं मम सपत्न्या भाषितं वचः श्रुत्वा । मां विहायेतो वनं गन्तुं नार्हसि ॥ २२ ॥ अथ यदि सापत्नमातृवाक्योल्लङ्घनेऽप्यधर्मबुद्ध्या तत्राप्यादरस्तर्हि राज्यं परित्यज्यैवेह तिष्ठेत्याह—धर्मज्ञ इति ॥ २३ ॥ शुश्रूषुः शुश्रूषां कुर्वन् । पुत्रेति रामसंबोधनम् । त्रिदिवं गतः । मातृसेवया प्राजापत्यपदं प्राप्त इति भावः॥२४॥ तथाहि ततोऽपि गौरवेणाहं पूज्येत्यर्थः। 'पितुर्दशगुणं माता गौरवेणातिरिच्यते ।' इति स्मृतेः । नानुजानामि । वनं गन्तुमिति शेषः । किं च प्रतिषेधभागीत्याह—न गन्तव्य-

त्वद्वियोगान्न मे कार्यं जीवितेन सुखेन च । त्वया सह मम श्रेयस्तृणानामपि भक्षणम् ॥ २६
यदि त्वं यास्यसि वनं त्यक्त्वा मां शोकलालसाम् । अहं प्रायमिहासिष्ये न च शक्ष्यामि जीवितुं २७
ततस्त्वं प्राप्स्यसे पुत्र निरयं लोकविश्रुतम् । ब्रह्महत्यामिवाधर्मात्समुद्रः सरितां पतिः ॥ २८
विलपन्तीं तथा दीनां कौसल्यां जननीं ततः । उवाच रामो धर्मात्मा वचनं धर्मसंहितम् ॥ २९
नास्ति शक्तिः पितुर्वाक्यं समतिक्रमितुं मम । प्रसादये त्वां शिरसा गन्तुमिच्छाम्यहं वनम् ॥ ३०
ऋषिणा च पितुर्वाक्यं कुर्वता वनचारिणा । गौर्हता जानता धर्मं कण्डुना च विपश्चिता ॥ ३१
अस्माकं तु कुले पूर्वं सगरस्याज्ञया पितुः । खनद्भिः सागरैर्भूमिमवाप्तः सुमहान्वधः ॥ ३२
जामदग्न्येन रामेण रेणुका जननी स्वयम् । कृत्ता परशुनारण्ये पितुर्वचनकारणात् ॥ ३३
एतैरन्यैश्च बहुभिर्देवि देवसमैः कृतम् । पितुर्वचनमक्लीबं करिष्यामि पितुर्हितम् ॥ ३४
न खल्वेतन्मयैकेन क्रियते पितृशासनम् । एतैरपि कृतं देवि ये मया परिकीर्तिताः ॥ ३५
नाहं धर्ममपूर्वं ते प्रतिकूलं प्रवर्तये । पूर्वैरयमभिप्रेतो गतो मार्गोऽनुगम्यते ॥ ३६
तदेतत्तु मया कार्यं क्रियते भुवि नान्यथा । पितुर्हि वचनं कुर्वन्न कश्चिन्नाम हीयते ॥ ३७
तामेवमुक्त्वा जननीं लक्ष्मणं पुनरब्रवीत् । वाक्यं वाक्यविदां श्रेष्ठः श्रेष्ठः सर्वधनुष्मताम् ॥ ३८
तव लक्ष्मण जानामि मयि स्नेहमनुत्तमम् । विक्रमं चैव सत्त्वं च तेजश्च सुदुरासदम् ॥ ३९
मम मातुर्महद्दुःखमतुलं शुभलक्षण । अभिप्रायं न विज्ञाय सत्यस्य च शमस्य च ॥ ४०
धर्मो हि परमो लोके धर्मे सत्यं प्रतिष्ठितम् । धर्मसंश्रितमप्येतत्पितुर्वचनमुत्तमम् ॥ ४१
संश्रुत्य च पितुर्वाक्यं मातुर्वा ब्राह्मणस्य वा । न कर्तव्यं वृथा वीर धर्ममाश्रित्य तिष्ठता ॥ ४२
सोऽहं न शक्ष्यामि पुनर्नियोगमतिवर्तितुम् । पितुर्हि वचनाद्वीर कैकेय्याहं प्रचोदितः ॥ ४३
तदेतां विसृजानार्यां क्षत्रधर्माश्रितां मतिम् । धर्ममाश्रय मा तैक्ष्ण्यं मद्बुद्धिरनुगम्यताम् ॥ ४४
तमेवमुक्त्वा सौहार्दाद्भ्रातरं लक्ष्मणाग्रजः । उवाच भूयः कौसल्यां प्राञ्जलिः शिरसानतः ॥ ४५
अनुमन्यस्व मां देवि गमिष्यन्तमितो वनम् । शापितासि मम प्राणैः कुरु स्वस्त्ययनानि मे ॥ ४६

मित्यादि ॥ २५ ॥ अथ वनगमनपर्यन्तं तदाज्ञासत्वादत्र सर्वथा स्थातुमशक्यमिति चेत्तत्राप्याह—त्वद्वियोगादिति । त्वद्वियोगात्परं जीवितादिना मे न किंचित्कार्यम् । अतस्त्वयेत्यादि । एवं च मामपि सह नयेति भावः ॥ २६ ॥ प्रायमनशनदीक्षाम् । चो हेतौ । यतो जीवितुं न शक्ष्यामि ॥ २७ ॥ ततो मातुर्मरणान्तदुःखदानात् । समुद्रो हि कस्मिंश्चित्कल्पे मातुर्दुःखजननरूपाधर्मात्पिप्पलादब्रह्मर्षिकृतां कृत्यां प्राप्य नरकवासतुल्यं दुःखं प्राप्तवानिति क्वचित्पुराणे प्रसिद्धमित्याहुः ॥ २८ ॥ २९ ॥ तद्वचनस्य कर्तव्यत्वेऽपि युगपदनुष्ठानासंभवात्पितृवचसः प्रथमप्राप्तत्वेन प्राबल्यात्तदतिक्रमोऽशक्य इत्याह—नास्तीति ॥ ३० ॥ किं च पितुर्वाक्येन गोमातृवधोऽपि पूर्वैर्महात्मभिः कृतः, मया तु दुःखमात्रं मातुः संपाद्यत इति न किंचिदेतदित्याह—ऋषिणेति । अधर्मं जानतापि ऋषिणापि मन्त्रद्रष्ट्रापि पितृवाक्यतो गौर्हता । तस्मात्पितृवाक्याकरणे महानधर्म इति सूचितम् ॥ ३१ ॥ महान्वधो ब्राह्मणसकाशादतिनिन्द्यो वधः । अनेन प्राणत्यागेनापि पितृवाक्यं पालनीयमिति सूचितम् ॥ ३२ ॥ परशुना स्वयं स्वहस्तेन च्छिन्ना । अरण्ये तपोवने । एवं पित्राज्ञया मातृवधोऽपि यद्यधर्मो न तदा दुःखमात्रं न तथेति किं वक्तव्यम् ॥ ३३ ॥ अक्लीबं कातर्यरहितम् । अतः पितुर्हितं करिष्यामि ॥ ३४ ॥ ३५ ॥ ते प्रतिकूलमपूर्वं पूर्वानाचरितं धर्मं नाहं प्रवर्तये । उक्तस्यैवास्यान्वयेन प्रतिपादनं पूर्वैरिति । अयमभिप्रेतो धर्मजनकत्वेनेष्टः पितृवाक्यपालनरूपः । पूर्वैरयं मार्गो गतः प्राप्तः, मयापि तेषामनु पश्चाद्गम्यते ॥ ३६ ॥ तस्माद्धेतोर्भुवि भूलोके कार्यं कर्तुं योग्यमेव तदेतत्पितृवाक्यं मया क्रियते । नान्यथाकृत्यं न क्रियत इत्यर्थः । नाम प्रसिद्धम् । कश्चिन्न हीयते । मातुः किंचिद्दुःखोत्पादनेऽपि धर्मेणेति शेषः ॥ ३७ ॥ पुनरनन्तरम् ॥ ३८ ॥ ३९ ॥ मम मातुर्यन्महद्दुःखं तत्सत्यशमयोरभिप्रायं तद्विषयमदभिप्रायमज्ञात्वा । इत्यतस्तवेदृशं वाक्यं तत्त्वज्ञस्यानुचितमिति भावः ॥ ४० ॥ तदेवाह—धर्म इति । धर्मः सर्वपुरुषार्थेषूत्तमः श्रेष्ठः । प्रतिष्ठितं प्रशस्तं कारणम् । एतदुत्तमं पितुर्वचनं धर्मसंश्रितमपि वने तपस्यया तपस्विरक्षणेन च धर्मलाभात् । अतोऽवश्यं कर्तव्यं तद्वच इति भावः । अत्रोत्तममित्यस्य त्रैलोक्यसुखदत्वेनोत्तममिति व्यङ्ग्यम् ॥ ४१ ॥ पितृवाक्यकरणस्य प्रतिज्ञातत्वादपि तदुल्लङ्घनमनुचितमित्याह—संश्रुत्येति । प्रतिज्ञाय । वृथा मोघम् ॥ ४२ ॥ इदं सपत्न्याः कैकेय्या वचनम्, न पितुस्तत्राह—सोऽहमित्यादि ॥ ४३ ॥ अनार्यां मतिं पितरं बद्ध्वा हत्वा वा राज्यं कर्तव्यमित्येवमधर्मविषयां मतिम् । मद्बुद्धिः पितृवाक्यकरणरूपा । अनुगम्यतामनुवर्त्यताम् ॥ ४४ ॥ ४५ ॥ शापितासि शपथं प्रापितासि ।

तीर्णप्रतिज्ञश्च वनात्पुनरेष्याम्यहं पुरीम् । ययातिरिव राजर्षिः पुरा हित्वा पुनर्दिवम् ॥ ४७
शोकः संधार्यतां मातर्हृदये साधु मा शुचः । वनवासादिहैष्यामि पुनः कृत्वा पितुर्वचः ॥ ४८
त्वया मया च वैदेह्या लक्ष्मणेन सुमित्रया । पितुर्नियोगे स्थातव्यमेष धर्मः सनातनः ॥ ४९
अम्ब संभृत्य संभारान्दुःखं हृदि निगृह्य च । वनवासकृता बुद्धिर्मम धर्म्यानुवर्त्यताम् ॥ ५०

एतद्वचस्तस्य निशम्य माता सुधर्म्यमव्यग्रमविक्लवं च ।
मृतेव संज्ञां प्रतिलभ्य देवी समीक्ष्य रामं पुनरित्युवाच ॥ ५१
यथैव ते पुत्र पिता तथाहं गुरुः स्वधर्मेण सुहृत्तया च ।
न त्वानुजानामि न मां विहाय सुदुःखितामर्हसि पुत्र गन्तुम् ॥ ५२
किं जीवितेनेह विना त्वया मे लोकेन वा किं स्वधयामृतेन ।
श्रेयो मुहूर्तं तव संनिधानं ममैव कृत्स्नादपि जीवलोकात् ॥ ५३
नरैरिवोल्काभिरपोह्यमानो महागजो ध्वान्तमभिप्रविष्टः ।
भूयः प्रजज्वाल विलापमेवं निशम्य रामः करुणं जनन्याः ॥ ५४
स मातरं चैव विसंज्ञकल्पामार्तं च सौमित्रिमभिप्रतप्तम् ।
धर्मे स्थितो धर्म्यमुवाच वाक्यं यथा स एवार्हति तत्र वक्तुम् ॥ ५५
अहं हि ते लक्ष्मण नित्यमेव जानामि भक्तिं च पराक्रमं च ।
मम त्वभिप्रायमसंनिरीक्ष्य मात्रा सहाभ्यर्दसि मा सुदुःखम् ॥ ५६
धर्मार्थकामाः खलु जीवलोके समीक्षिता धर्मफलोदयेषु ।
ये तत्र सर्वे स्युरसंशयं मे भार्येव वश्याभिमता सपुत्रा ॥ ५७
यस्मिंस्तु सर्वे स्युरसंनिविष्टा धर्मो यतः स्यात्तदुपक्रमेत ।
द्वेष्यो भवत्यर्थपरो हि लोके कामात्मता खल्वपि न प्रशस्ता ॥ ५८
गुरुश्च राजा च पिता च वृद्धः क्रोधात्प्रहर्षादथवापि कामात् ।
यद्व्यादिशेत्कार्यमवेक्ष्य धर्मं कस्तं न कुर्यादनृशंसवृत्तिः ॥ ५९
न तेन शक्नोमि पितुः प्रतिज्ञामिमां न कर्तुं सकलां यथावत् ।
स ह्यावयोस्तात गुरुर्नियोगे देव्याश्च भर्ता स गतिश्च धर्मः ॥ ६०

गमननिरोधं मा कुर्विति शेषः ॥ ४६ ॥ दिवं हित्वा भूमौ पतितः पुनर्दिवं यथा गतस्तथेत्यर्थः ॥ ४७ ॥ पुनरेष्यामीत्यन्वयः ॥ ४८ ॥ पितू राज्ञो दशरथस्य ॥ ४९ ॥ संभारानभिषेकसंभारान् । निगृह्य निवार्य । अनुवर्त्यताम् । त्वयानुमन्यतामित्यर्थः ॥ ५० ॥ सुधर्म्यं धर्मयुक्तम् । अव्यग्रं धैर्ययुक्तम् । अविक्लवमकातरम् । मृतेव । मूर्च्छितेति यावत् ॥ ५१ ॥ स्वधर्मेण पालनादिरूपमातृधर्मेण । सुहृत्तया पितुरिव स्नेहवत्तया ॥ ५२ ॥ लोकेनेतरबन्धुजनेन । स्वधया पितृपूजनेन । इदमुपलक्षणं देवपूजादेरपि । अमृतेनामृतत्वसाधनेन तत्त्वज्ञानेनापि किम् । कृत्स्नादपि जीवलोकात्कृत्स्नलोकसांनिध्यान्मुहूर्तमपि तव संनिधानमेव श्रेयः ॥ ५३ ॥ नरैरुल्काभिरलातैरपोह्यमानस्तुद्यमानो निशि ध्वान्तमभिप्रविष्टो गज इव भूयः प्रजज्वाल । किमिदं यन्मामधर्मे प्रवर्तयितुं विलपतीति क्रोधः ॥ ५४ ॥ तत्र रामस्य धर्मे निष्ठां वाल्मीकिः श्लाघते यथा—स एवेति । तत्र तथाविधघोरदशायाम् । अनन्वयालंकारोऽत्र ॥ ५५ ॥ ममाभिप्रायं धर्मैकनिष्ठत्वरूपम् । अभ्यर्दयसि पीडयसि । 'अभ्यर्थयसि' इति पाठे प्रेरयसीत्यर्थः । सर्वथान्तर्भावितण्यर्थता । एवं सुतरां दुःखं मा मा कुर्वित्यर्थः ॥ ५६ ॥ धर्मफलोदयेषु पूर्वकृतधर्मफलोत्पत्तिकालेषु ये धर्मार्थकामास्त्रयोऽपि लोके समीक्षिता दृष्टा मन्वादिभिर्धर्मफलत्वेन ये त्रयोऽपि दृष्टास्ते सर्वे तत्र धर्मे सति अवश्यं भवेयुरिति मे मतिः । न तु तत्र मे कश्चित्संदेह इति भावः । एकतोऽनेककार्यलाभे दृष्टान्तमाह—भार्येवेति । वश्यानुकूला । अतिथिपूजादिधर्मसाधनम्, अभिमताभिप्रिया कामसाधनम्, सपुत्रा परमलोकगमनरूपार्थसाधनं च भवति तद्वत् । तस्माद्धर्म एव मुख्य इति स एव रक्ष्य इति भावः ॥ ५७ ॥ अमुमेवार्थं भङ्ग्यन्तरेण द्रढयति—यस्मिन्निति । यस्मिन्कर्मणि सर्वे धर्मादयोऽसंनिविष्टा असंभवाद्धास्तन्नोपक्रमेत नारभेतैवेति शेषः । एकैकफलकानेककर्मसंभवेऽपि यतो धर्मः स्यात्तदुपक्रमेत तदेव कुर्यान्नापरम् । कुतस्तत्राह—द्वेष्य इति । अर्थपरो धर्मविरुद्धकेवलार्थपरः । कामात्मता धर्मविरुद्धकामपरता । न प्रशस्ता गर्हिता राज्ञ इव ॥ ५८ ॥ यदेवमतो गुरुश्चेत्यादि । गुरुरुपनेता धनुर्वेदाद्युपदेष्टा च, स यत्कार्यं व्यादिशेत्तद्धर्ममवेक्ष्य पितृवचनकरणं धर्म इति ज्ञात्वा को न कुर्यात् ॥ ५९ ॥ इमां सकलां संपूर्णां न कर्तुं न

तस्मिन्पुनर्जीवति धर्मराजे विशेषतः स्वे पथि वर्तमाने ।
देवी मया सार्धमितोऽभिगच्छेत्कथंस्विदन्या विधवेव नारी ॥ ६१
सा मानुमन्यस्व वनं व्रजन्तं कुरुष्व नः स्वस्त्ययनानि देवि ।
यथा समाप्ते पुनराव्रजेयं यथा हि सत्येन पुनर्ययातिः ॥ ६२
यशो ह्यहं केवलराज्यकारणान्न पृष्ठतः कर्तुमलं महोदयम् ।
अदीर्घकाले न तु देवि जीविते वृणेऽवरामद्य महीमधर्मतः ॥ ६३
प्रसादयन्नरवृषभः स मातरं पराक्रमाज्जिगमिषुरेव दण्डकान् ।
अथानुजं भृशमनुशास्य दर्शनं चकार तां हृदि जननीं प्रदक्षिणम् ॥ ६४

इत्यार्षे श्रीमद्रामायणे वाल्मीकीय आदिकाव्येऽयोध्याकाण्ड एकविंशः सर्गः ॥ २१ ॥

द्वाविंशः सर्गः ।

अथ तं व्यथया दीनं सविशेषममर्षितम् । सरोषमिव नागेन्द्रं रोषविस्फारितेक्षणम् ॥ १
आसाद्य रामः सौमित्रिं सुहृदं भ्रातरं प्रियम् । उवाचेदं स धैर्येण धारयन्सत्त्वमात्मवान् ॥ २
निगृह्य रोषं शोकं च धैर्यमाक्रम्य केवलम् । अवमानं निरस्यैनं गृहीत्वा हर्षमुत्तमम् ॥ ३
उपक्लृप्तं यदेतन्मे अभिषेकार्थमुत्तमम् । सर्वं निवर्तय क्षिप्रं कुरु कार्यं निरव्ययम् ॥ ४
सौमित्रे योऽभिषेकार्थे मम संसारसंभ्रमः । अभिषेकनिवृत्त्यर्थे सोऽस्तु संभारसंभ्रमः ॥ ५
यस्या मदभिषेकार्थे मानसं परितप्यति । माता न सा यथा न स्यात्सविशङ्का तथा कुरु ॥ ६
तस्याः शङ्कामयं दुःखं मुहूर्तमपि नोत्सहे । मनसि प्रतिसंजातं सौमित्रेऽहमुपेक्षितुम् ॥ ७
न बुद्धिपूर्वं नाबुद्धं स्मरामीह कदाचन । मातॄणां वा पितुर्वाहं कृतमल्पं च विप्रियम् ॥ ८
सत्यः सत्याभिसंधश्च नित्यं सत्यपराक्रमः । परलोकभयाद्भीतो निर्भयोऽस्तु पिता मम ॥ ९

शक्नोमि । नियोगे प्रभुरिति शेषः । मातुः स्वेन सह गमननिषेधायाह—देव्याश्चेति । भर्तृत्वात्स एवास्या गतिर्न तु पुत्रः । 'स गतिः स धर्मः' इति पाठे तेन सगतिः समानगतिरेषा । सः तच्छब्दस्य बुद्धिस्थपरामर्शकत्वात्तेन सह वास एवास्या धर्मः, न तु मया सह वास इत्यर्थः ॥ ६० ॥ तदेवाह—तस्मिन्निति । स्वे पथीष्टपुत्रं परित्यज्यापि सत्यं रक्षणीयमित्येवंरूपे सत्यमार्गे । अन्येत्यस्य विवरणं विधवेति ॥ ६१ ॥ मा मामित्यर्थः । पुनर्ययातिः । स्वर्गमापेति शेषः ॥ ६२ ॥ केवलराज्यकारणाद्धर्महीनराज्यहेतोः । महोदयं महाफलम् । यशःप्राप्तमपि राज्यं त्यक्त्वा पितृवाक्यपालनं कृतवानित्येवं यशः पृष्ठतः कर्तुं नालम् । जीविते मनुष्यजीवनेऽदीर्घकाले ऽल्पकालतया निश्चिते सति । तदर्थमवरामवरप्रयोजनिकां महीमधर्मतः परमपुरुषार्थत्यागेन न तु वृणे इति संबन्धः ॥ ६३ ॥ पराक्रमाद्धैर्यात् । दर्शनं स्वसंमतं धर्मरहस्यमनुशास्योपदिश्य तां जननीं प्रदक्षिणं कृत्वा हृदि चकार । गन्तुं मनश्चकारेत्यर्थः ॥ ६४ ॥ इति श्रीरामाभिरामे श्रीरामीये रामायणतिलके वाल्मीकीय आदिकाव्येऽयोध्याकाण्ड एकविंशः सर्गः ॥ २१ ॥

अथ रामः सौमित्रेः कैकेयीविषयं रोषं शमयतीत्याह—अथेति । व्यथया रामस्य राज्यहानिजन्यया । सविशेषं रामेष्टजनान्तरापेक्षयेति शेषः । अमर्षितं प्राप्तासहनम् । विस्फारणं विस्तारः ॥ १ ॥ आसाद्याभिमुखीकृत्य धैर्येण सत्त्वं चित्तमविकारितया धारयन्प्रकटयन् ॥ २ ॥ किमुवाचेत्यत्राह—निगृह्येति । रोषं पित्रादिवधहेतुम् । अवमानं वनप्रवासनरूपं निरस्य । शत्रुकृतत्वाभावात् । उत्तमं हर्षं सत्यपालनेन पितुः पुण्यलोकसिद्धिज हर्षम् ॥ ३ ॥ तादृशहर्षसिद्ध्यर्थमेव हे लक्ष्मण, अभिषेकप्रयोजनकं निवर्तय । कार्यं वनगमनोपयुक्तम् ॥ ४ ॥ तदेवाह—सौमित्रे इति । संभारसंपादनाय यः संभ्रमस्त्वरा साभिषेकनिवृत्त्यर्थेऽस्तु । वनगमनपरिकरसंपादनायास्त्विति यावत् ॥ ५ ॥ किं च यस्या मदभिषेकार्थे मदभिषेकनिवृत्तौ । अर्थशब्दो निवृत्तिवचन इह । 'अर्थोऽभिधेयरैवस्तुप्रयोजननिवृत्तिषु' इत्यमरः । सविशङ्का कथमय वने स्थास्यतीति शङ्कया सदुःखा । तथा कुरु । अल्पेनैव कालेन रामं द्रष्टासि, पित्राज्ञाभङ्गश्चातिनिन्द्य इत्यादिवाक्यैरिति शेषः । यद्वा यस्याः कैकेय्या नो माता कैकेयी सशङ्का, अयं वनं न गमिष्यतीति शङ्कासहिता ॥ ६ ॥ कुत एवं तत्राह—तस्या इति । तस्या मनसि प्रतिसंजातं शङ्कामयं दुःखं मुहूर्तमप्युपेक्षितुं नोत्सहे । 'उदीक्षितुम्' इति पाठे द्रष्टुमित्यर्थः ॥ ७ ॥ तदेवोपपादयति—न बुद्धीति । अबुद्धम्, अज्ञानपूर्वं वा । अल्पं चाल्पमपि । विप्रियं विप्रियकरं कदाचन कदापि कृतं न स्मरामीत्यन्वयः । 'समारब्धम्' इति पाठे नारब्धवानस्मीत्यर्थः ॥ ८ ॥ सत्यः सत्यवचनस्वभावः । सत्याभिसंधः सत्यप्रतिज्ञः । परलोकभया-

तस्यापि हि भवेदस्मिन्कर्मण्यप्रतिसंहृते । सत्यं नेति मनस्तापस्तस्य तापस्तपेच्च माम् ॥ १०
अभिषेकविधानं तु तस्मात्संहृत्य लक्ष्मण । अन्वगेवाहमिच्छामि वनं गन्तुमितः पुरः ॥ ११
मम प्रव्राजनादद्य कृतकृत्या नृपात्मजा । सुतं भरतमव्यग्रमभिषेचयतां ततः ॥ १२
मयि चीराजिनधरे जटामण्डलधारिणि । गतेऽरण्यं च कैकेय्या भविष्यति मनःसुखम् ॥ १३
बुद्धिः प्रणीता येनेयं मनश्च सुसमाहितम् । तं नु नार्हामि संक्लेष्टुं प्रव्रजिष्यामि मा चिरम् ॥ १४
कृतान्त एव सौमित्रे द्रष्टव्यो मत्प्रवासने । राज्यस्य च वितीर्णस्य पुनरेव निवर्तने ॥ १५
कैकेय्याः प्रतिपत्तिर्हि कथं स्यान्मम वेदने । यदि तस्या न भावोऽयं कृतान्तविहितो भवेत् ॥ १६
जानासि हि यथा सौम्य न मातृषु ममान्तरम् । भूतपूर्वं विशेषो वा तस्या मयि सुतेऽपि वा ॥ १७
सोऽभिषेकनिवृत्त्यर्थैः प्रवासार्थैश्च दुर्वचैः । उग्रैर्वाक्यैरहं तस्या नान्यद्दैवात्समर्थये ॥ १८
कथं प्रकृतिसंपन्ना राजपुत्री तथागुणा । ब्रूयात्सा प्राकृतेव स्त्री मत्पीड्यं भर्तृसंनिधौ ॥ १९
यदचिन्त्यं तु तद्दैवं भूतेष्वपि न हन्यते । व्यक्तं मयि च तस्यां च पतितो हि विपर्ययः ॥ २०
कश्च दैवेन सौमित्रे योद्धुमुत्सहते पुमान् । यस्य नु ग्रहणं किंचित्कर्मणोऽन्यन्न दृश्यते ॥ २१
सुखदुःखे भयक्रोधौ लाभालाभौ भवाभवौ । यस्य किंचित्तथाभूतं ननु दैवस्य कर्म तत् ॥ २२
ऋषयोऽप्युग्रतपसो दैवेनाभिप्रचोदिताः । उत्सृज्य नियमांस्तीव्रान्भ्रश्यन्ते काममन्युभिः ॥ २३
असंकल्पितमेवेह यदकस्मात्प्रवर्तते । निवर्त्यारब्धमारम्भैर्ननु दैवस्य कर्म तत् ॥ २४
एतया तत्त्वया बुद्ध्या संस्तभ्यात्मानमात्मना । व्याहतेऽप्यभिषेके मे परितापो न विद्यते ॥ २५

त्परलोकभयहेतोरसत्याद्भीतः पिता निर्भयोऽस्तु । मया तत्कृतसत्यपरिपालनात् ॥ ९ ॥ अस्मिन्कर्मण्यभिषेकविषये कर्मणि । अप्रतिसंहृतेऽनिवर्तिते । मम वचः सत्यं न वृत्तमिति मनस्तापो भवेत् । तस्य च मनस्तापो मामपि तपेत् । पितृहितमकुर्वतो मम जन्म व्यर्थमिति पीडयेत् ॥ १० ॥ यत एवमतः—अभिषेकेति । संहृत्य त्यक्त्वा । अन्वगेव शीघ्रमेव । इतः पुरोऽस्मान्नगरात् ॥ ११ ॥ नृपात्मजा कैकेयी । अव्यग्रमव्याकुलम् ॥ १२ ॥ गते गते एव ॥ १३ ॥ कैकेय्या अत्र नापराधः अन्यप्रेरितत्वात् । तर्हि स एव दण्ड्यस्तत्राह—बुद्धिरिति । येनेश्वरेण विधात्रेयं बुद्धिः कैकेय्याः प्रणीता मन्थराद्वारा दत्ता, मनश्च तद्बुद्धिविषयेऽर्थे सुसमाहितं स्थिरीकृतं तं संक्लेष्टुं मत्कृतमन्यथाजातमिति क्लेशयितुं नार्हामि । तस्य मदधिकारित्वान्मद्रूपत्वाद्वेति गूढ आशयः । मत्संकल्पकृतमेव तदिति गूढं व्यङ्ग्यम् । अशक्यत्वादित्यापाततोऽर्थः । अतो वनं प्रव्रजिष्यामि । चिरं विलम्बो मा मास्त्वित्यर्थः ॥ १४ ॥ तत्प्रेरयितारमाह—कृतान्त इत्यादि । मद्विवासने मद्विवासनप्रेरणायाम् । एवमभिषेकनिवर्तनप्रेरणायां कृतान्तो दैवमेवेन्द्रादीनां दुःखनिवर्तकादृष्टमेवेति गूढम् । मत्प्रजानां मत्कृतपरिपालनलाभाभावजनकमदृष्टमिति स्फुटम् । द्रष्टव्यः कारणत्वेन द्रष्टव्यः । यत्तु रामस्य प्राकृतदुरदृष्टं दैवमिति, तन्न । भगवतस्तस्याभावात् ॥ १५ ॥ तदुपपादयति—कैकेय्या इति । प्रतिपत्तिरध्यवसायः । यदि कृतान्तविहितस्तत्प्रेरितोऽयं भावोऽभिप्रायो न भवेत् ॥ १६ ॥ ईदृशस्य कैकेय्या भावस्य दैवकारणकत्वसिद्धये तस्याः सहजभावमाह—जानासीत्यादि । अन्तरं वैषम्यम् । भूतपूर्वं तस्या वा मयि सुते भरतेऽपि वा न विशेषो भूतपूर्वः । तस्माद्दैवकृतमेव वैषम्यमिति भावः ॥ १७ ॥ तस्मात्—स इति । सोऽहं रामो दुर्वचैः सामान्येनापि न वक्तुं शक्यैः, किं पुनर्वाच्यं दशरथपत्न्या केकयकन्यया, तादृशैर्वाक्यै राज्ञः कैकेय्या प्रेरणे दैवादन्यत्कारणं सोऽहं रामो न समर्थय इत्यन्वयः ॥ १८ ॥ तदेव द्रढयति—कथमिति । प्रकृतिसंपन्ना सत्त्वप्रकृतियुक्ता । तथागुणा प्रागनुभूततादृक्कल्याणगुणा । तत्रापि भर्तृसंनिधौ मत्पीड्यं मत्पीडाजनकं तदेव । 'मदघम्' इति पाठेऽप्ययमेवार्थः । वाक्यं ब्रूयात् । यदि न दैवप्रेरितेति भावः ॥ १९ ॥ ननु तद्दैवं क्वास्ति, कीदृक्चेत्यत आह—यदिति । देशकालवृत्तितया यदचिन्त्यमीदृग्विधमिति चिन्तयितुमशक्यं तद्दैवं यद्भूतेषु भूताधिष्ठातृषु ब्रह्मादिष्वपि न हन्यते न प्रतिहतं भवति । हि अतस्तत्कृत एव तस्यां मयि च विपर्ययः पूर्वस्थितवात्सल्यापगमरूपो हस्तगतराज्यभ्रंशरूपश्च पतितः ॥ २० ॥ ननु शौर्येण दैवं हनिष्यामीति चेत्तत्राह—कश्चेति । यस्य दैवस्य ग्रहणं ज्ञानं ज्ञानजनकं कर्मणः फलादन्यन्न दृश्यते । एवं च नित्यकार्यानुमेयतया प्रागज्ञातत्वाद्योद्धुमशक्यं जाते तु फले विफलं युद्धम् । फलेन तस्य नाशाच्चेति भावः ॥ २१ ॥ सर्वतो दैवमेव प्रबलम्, पौरुषं तु काकतालीयमित्याह—सुखेत्यादि । भवाभवौ बन्धमोक्षौ । एषां मध्ये यस्य यत्तथाभूतमचिन्त्यकारणकं किंचित्कार्यं तन्ननु निश्चयेन दैवस्य कर्मणः फलम् ॥ २२ ॥ दैवप्राबल्यमेव द्रढयति—ऋषय इति । विश्वामित्रादयः । मन्युः क्रोधः । बहुवचनं व्यक्तिबहुत्वात् । तैर्भ्रश्यन्तेऽभिभूयन्ते ॥ २३ ॥ पुनरपि स्ववनवासस्य दैवजत्वं द्रढयितुं दैवकार्यलक्षणमाह—असंकल्पितमिति । आरम्भैर्यत्नैरारब्धमुपक्रान्तं कार्यं निवर्त्य यदसंकल्पितमेवाचिन्तितमेवाकस्माददृष्टहेतुं विना प्रवर्तते तद्दैवस्य कर्म ननु ॥ २४ ॥ उपसंहरति—

तस्मादपरितापः संस्त्वमप्यनुविधाय माम् । प्रतिसंहारय क्षिप्रमाभिषेचनिकीं क्रियाम् ॥ २६
एभिरेव घटैः सर्वैरभिषेचनसंभृतैः । मम लक्ष्मण तापस्ये व्रतस्नानं भविष्यति ॥ २७
अथवा किं ममैतेन राज्यद्रव्यमयेन तु । उद्धृतं मे स्वयं तोयं व्रतादेशं करिष्यति ॥ २८
मा च लक्ष्मण संतापं कार्षीर्लक्ष्म्या विपर्यये । राज्यं वा वनवासो वा वनवासो महोदयः ॥ २९
न लक्ष्मणास्मिन्मम राज्यविघ्ने माता यवीयस्यभिशङ्कितव्या ।
दैवाभिपन्ना न पिता कथंचिज्जानासि दैवं हि तथाप्रभावम् ॥ ३०

इत्यार्षे श्रीमद्रामायणे वाल्मीकीय आदिकाव्येऽयोध्याकाण्डे द्वाविंशः सर्गः ॥ २२ ॥

त्रयोविंशः सर्गः ।

इति ब्रुवति रामे तु लक्ष्मणोऽवाक्शिरा इव । ध्यात्वा मध्यं जगामाशु सहसा दैन्यहर्षयोः ॥ १
तथा तु बद्ध्वा भ्रुकुटीं भ्रुवोर्मध्ये नरर्षभः । निशश्वास महासर्पो बिलस्थ इव रोषितः ॥ २
तस्य दुष्प्रतिवीक्ष्यं तद्भ्रुकुटीसहितं तदा । बभौ क्रुद्धस्य सिंहस्य मुखस्य सदृशं मुखम् ॥ ३
अग्रहस्तं विधुन्वंस्तु हस्ती हस्तमिवात्मनः । तिर्यगूर्ध्वं शरीरे च पातयित्वा शिरोधराम् ॥ ४
अग्राक्ष्णा वीक्षमाणस्तु तिर्यग्भ्रातरमब्रवीत् । अस्थाने संभ्रमो यस्य जातो वै सुमहानयम् ॥ ५
धर्मदोषप्रसङ्गेन लोकस्यानतिशङ्कया । कथं ह्येतदसंभ्रान्तस्त्वद्विधो वक्तुमर्हति ॥ ६
यथा ह्येवमशौण्डीरं शौण्डीरः क्षत्रियर्षभः । किं नाम कृपणं दैवमशक्तमभिशंससि ॥ ७
पापयोस्ते कथं नाम तयोः शङ्का न विद्यते । सन्ति धर्मोपधासक्ता धर्मात्मन्किं न बुध्यसे ॥ ८

एतयेति । तत्त्वया यथार्थया बुद्ध्या बुद्धियोगेनात्मनान्तःकरणस्थेनात्मानमन्तःकरणं संस्तभ्य । यदि तिष्ठसीति शेषः । तदा मेऽभिषेके व्याहृतेऽपि तव परितापो न विद्यते न भवति ॥ २५ ॥ अथ तत्कालकर्तव्यं नियुङ्क्ते—तस्मादिति । उपदिष्टबुद्धियोगबलादित्यर्थः । अपरितापः परितापहीनः संस्त्वमपि मामनुविधाय मामनुसृत्याभिषेचनिकीं तत्प्रयोजनिकां क्रियामलंकारं प्रतिसंहारय निवर्तय । अनेन गूढं लक्ष्मणस्यापि वनगमनं सूचितम् ॥ २६ ॥ तापस्येतद्रूपव्रतस्य संकल्पे व्रतस्नानं व्रतसंकल्पाद्यपेक्षितं स्नानं व्रतस्नानं तदेभिर्भविष्यतीति योजना ॥ २७ ॥ तापसव्रतस्नानेऽप्येभिः क्रियमाणे राज्यलिप्सया स्नानं कृतवानिति कैकेय्याः शङ्का मा भूदिति तन्निषेधति—अथवेति । राज्यद्रव्यमयेन राज्याभिषेकसाधनमङ्गलद्रव्यप्रचुरेण । स्वयं स्वहस्तेनोद्धृतं तोयं मे व्रतादेशं व्रतसंकल्पाधिकारम् ॥ २८ ॥ राज्यवनवासयोर्वनवासो महोदयो महाफलः । प्रजानां कृत्याकृत्यचिन्ताव्याक्षेपराहित्येन सततं तपःप्रवृत्त्या पितृवाक्यपरिपालनेन चेति भावः ॥ २९ ॥ उपदेशस्य परमप्रयोजनमाह—नेति । न माताभिशङ्कितव्या, न पिताभिशङ्कितव्यः, यतो दैवाभिपन्ना दैवग्रस्ता एवमभिशङ्कत इति शेषः । यद्वा दैवाभिपन्नत्वं मातापित्रोर्विशेषणम् । त्वं च दैवं तथाप्रभावमिति जानासि, अतो नातिशङ्कनीया ॥ ३० ॥ इति श्रीरामाभिरामे श्रीरामीये रामायणतिलके वाल्मीकीय आदिकाव्येऽयोध्याकाण्डे द्वाविंशः सर्गः ॥ २२ ॥

दुःखहर्षयोर्मध्यं जगाम । रामस्य धर्मे धैर्यं दृष्ट्वा हर्षस्तस्य राज्यभ्रंशाद्दुःखमित्येषा मध्यगतिः, लक्ष्मणस्य शेषावतारत्वेन तमोगुणप्रधानता, ज्येष्ठस्य विवेकवाक्यश्रवणेन सत्त्वोदयश्चेति भावः । अधःशिरस्त्वेनोक्तार्थस्यार्धाङ्गीकारध्वननम् । इवेन तमसः स्वाभाविकत्वात्तस्य स्थिरता ध्वन्यते ॥ १ ॥ तामेव दर्शयति—तथा त्विति । तथा । भयंकरामित्यर्थः । बिलमत्र परबिलम् ॥ २ ॥ दुष्प्रतिवीक्ष्यं संमुखतया द्रष्टुमशक्यम् । सादृश्यं दुर्दर्शत्वे ॥ ३ ॥ अग्रहस्तं हस्ताग्रम् । रामेण क्षमापनाय गृहीतमित्यर्थः । तिर्यगित्यादि । क्रोधातिशयेन विविधं शिरोधूननं कृत्वेत्यर्थः । चादध इत्यपि ॥ ४ ॥ अग्राक्ष्णा कटाक्षेण । तिर्यग्वक्रं भ्रातरमीक्षमाणः । धर्मदोषो धर्मविरोधस्तत्प्रसङ्गेन तत्परिहारशेषतया, पितृवचनमकुर्वन्कथमस्मान्धर्मेण पालयिष्यतीति या लोकस्यातिशङ्का तदभावसंपादनहेतुना मयापि पितृवचसोऽकरणेऽन्योऽपि पितृवचो न करिष्यतीति लोकनाशशङ्काहेतुना च, यस्य ते सुमहानयं वनगमनं प्रति संभ्रमो जातः सोऽस्थानेऽयुक्तो भ्रान्तिमूल एव । भ्रान्तिमूलत्वमेवाह—कथं हीति । अशौण्डीरमसमर्थं दैवमिति किंचिद्वस्तु प्रबलमिति । एवंजातीयकं यथा हि यथैव त्वं वदसि । एतदेतज्जातीयं त्वद्विधः शौण्डीरो दैवनिराकरणेऽपि समर्थः क्षत्रियर्षभो यद्यसंभ्रान्तः स्यात्कथमेतद्वक्तुमर्हति, न कथमपि । अतः कृपणमसमर्थैकपरिग्राह्यतया शोच्यम् । अशक्तं पौरुषसंनिधौ कार्यासमर्थं दैवपदार्थं प्राकृतवत्किमभिशंसस्यभिष्टौषि ॥ ५ ॥ ६ ॥ ७ ॥ एवं दैवावलम्बनं प्रतिक्षिप्य धर्मदोषप्रसङ्गं परिहरति—पापयोरिति । पापात्मनोस्तयोः कैकेयीदशरथयोर्विषये ते कथं नाम शङ्का पापात्मत्वशङ्का न विद्यते न जायते । ननु धर्मव्यवहारवतोः कथमेषा शङ्का तत्राह—सन्तीति । रे धर्मात्मन्धर्मैकस्वभाव,

तयोः सुचरितं स्वार्थे शाठ्यात्परिजिहीर्षतोः । यदि नैवं व्यवसितं स्याद्धि प्रागेव राघव ।
तयोः प्रागेव दत्तश्च स्याद्वरः प्रकृतश्च सः ॥ ९
लोकविद्विष्टमारब्धं त्वदन्यस्याभिषेचनम् । नोत्सहे सहितुं वीर तत्र मे क्षन्तुमर्हसि ॥ १०
येनैवमागता द्वैधं तव बुद्धिर्महामते । सोऽपि धर्मो मम द्वेष्यो यत्प्रसङ्गाद्विमुह्यसि ॥ ११
कथं त्वं कर्मणा शक्तः कैकेयीवशवर्तिनः । करिष्यसि पितुर्वाक्यमधर्मिष्ठं विगर्हितम् ॥ १२
यदयं किल्बिषाद्भेदः कृतोऽप्येवं न गृह्यते । जायते तत्र मे दुःखं धर्मसङ्गश्च गर्हितः ॥ १३
तवायं धर्मसंयोगो लोकस्यास्य विगर्हितः । मनसापि कथं कामं कुर्यात्त्वां कामवृत्तयोः ।
तयोस्त्वहितयोर्नित्यं शत्र्वोः पित्रभिधानयोः ॥ १४
यद्यपि प्रतिपत्तिस्ते दैवी चापि तयोर्मतम् । तथाप्युपेक्षणीयं ते न मे तदपि रोचते ॥ १५
विक्लवो वीर्यहीनो यः स दैवमनुवर्तते । वीराः संभावितात्मानो न दैवं पर्युपासते ॥ १६
दैवं पुरुषकारेण यः समर्थः प्रबाधितुम् । न दैवेन विपन्नार्थः पुरुषः सोऽवसीदति ॥ १७
द्रक्ष्यन्ति त्वद्य दैवस्य पौरुषं पुरुषस्य च । दैवमानुषयोरद्य व्यक्ता व्यक्तिर्भविष्यति ॥ १८
अद्य मे पौरुषहतं दैवं द्रक्ष्यन्ति वै जनाः । यैर्दैवादाहतं तेऽद्य दृष्टं राज्याभिषेचनम् ॥ १९
अत्यङ्कुशमिवोद्दामं गजं मदजलोद्धतम् । प्रधावितमहं दैवं पौरुषेण निवर्तये ॥ २०

धर्म उपधा छलं तत्रासक्तमासक्तिर्लोकप्रतारणाय येषां तादृशा बहिर्धर्मपरा अन्तःपापासक्ताः सन्ति तान्किं कथं न बुध्यसे ॥ ८ ॥ तयोर्धर्मोपधात्वं दर्शयति—तयोरिति । स्वार्थे स्वकार्यसिद्ध्यर्थम् । सुचरितं त्वाम् । शाठ्यान्मृषाकृतधर्मव्यवहारात् । परिजिहीर्षतोस्त्यक्तुमिच्छतोस्तयोः कृत्यं किं न बुध्यस इत्यनुकर्षः । अमुमर्थमर्थापत्त्या साधयति—यदीति । यदि तयोरेवं शाठ्येन त्वदर्थप्रच्यावनं व्यवसितमभिप्रेतं न स्यात्तदाभिषेकारम्भं कृत्वा तद्विघ्नकरणं न स्यादिति शेषः । हि यस्मात्प्रागेव पूर्वकाल एव तयोर्दातृप्रतिग्रहीतृभावेन संबद्धः स वरः प्रकृतः प्रवृत्तप्रसङ्गस्तथ्यः स्यात्तदा प्रागेवाभिषेकारम्भात्पूर्वमेव दत्तः स्यात् । त्वदभिषेकारम्भं विनैव भरताभिषेकत्वद्वनवासौ कृतौ स्याताम् । तस्माद्वरप्रदानकथा मिथ्यैवेति भावः ॥ ९ ॥ यद्यपि दत्तोऽपि वरो राज्ञा विस्मृत इति तेन मदभिषेकारम्भः कृत इत्यादिसमाधानं शक्यं तथापीदृशवरदानस्य लोकविद्विष्टत्वेनानौचित्यादनुचितकर्तृत्वेन राजा त्याज्य एवेत्याह—लोकेति । ज्येष्ठे श्रेष्ठगुणे जाग्रति कनिष्ठविषयकत्वात्तदभिषेचनस्य लोकविद्विष्टत्वं प्रत्यक्षव्यवहारविरोधाच्छास्त्रविरोधाच्चेति भावः । मे । अपराधमिति शेषः । त्वद्विषये प्रतिवचनदानरूपं ममापराधं क्षन्तुमर्हसि ॥ १० ॥ प्रतिवचनमेवाह—येनेत्यादि । यत्प्रसङ्गाद्यस्य पितृवचनस्य प्रसङ्गाद्धर्मत्वप्रसङ्गकल्पनाद्धेतोर्विमुह्यसि तदकरणे प्रत्यवायः स्यादिति मोहं प्राप्तोऽसि । येन च मोहेन तव बुद्धिरेवं द्वैधमागता पूर्वं राज्यग्रहणविषयत्वमधुना तत्त्यागविषयत्वरूपं प्रकारद्वयं प्राप्ता । स धर्मोऽपि मम द्वेष्यः । धर्माभासत्वादिति भावः ॥ ११ ॥ तस्य धर्माभासत्वमेवाह—कथमिति । कर्मणाचिन्त्यवैभवस्वक्रियाशक्त्या कर्तुमकर्तुमन्यथाकर्तुं च शक्तः समर्थस्त्वं कैकेयीवशवर्तिनः स्त्रीजितस्य अत एव गर्हितं लोकनिन्द्यमधर्मिष्ठं च वचः करिष्यसि ॥ १२ ॥ एवं स्पष्टेऽप्यधर्मे तवाधर्मबुद्धिर्न जायत इति मे दुःखमित्याह—यदिति । अयं भेदोऽभिषेकविघटनात्मा किल्बिषान्मृषावरप्रकल्पनात्कृतोऽपि यद्यतस्त्वयैवं मृषावरप्रकल्पितत्वेन न गृह्यते, अतो मे तत्र तद्विषये दुःखं जायते । कपटकृतमप्यर्थमसौ साधुतया गृह्णातीति मम व्यथेति भावः । किंचैवंविधधर्मसङ्ग एवंविधधर्मासक्तिर्निन्द्या ॥ १३ ॥ तदेवाह—तवेत्यादिना । अयं वनवासरूपो दोषस्य दोषत्वाग्रहमेव शोचति । त्वां त्वां विना । तत्कृते कर्मणि दैवकृतत्वबुद्धिं त्वां विनान्यः कामवृत्तयोरहितयोर्नित्यं पितृनामकशत्र्वोः कामं मनोरथं मनसापि कथं कुर्यात् । अनुष्ठानं तु दूरत इति भावः ॥ १४ ॥ वरस्य वास्तवं दैवकृतत्वमभ्युपेत्याप्याह—यद्यपीति । तयोः पित्रोः प्रतिपत्तिस्त्वदभिषेकविघटनविषया बुद्धिरपि दैवी च दैव्येवेति यद्यपि ते मतं तथापि ते त्वया स्वमतमप्येतदुपेक्षणीयं यतस्तदपीदृशं विरुद्धकारि दैवमपि न रोचते । एवं च प्रियभ्रातुर्ममासंमतत्वादिदं त्वया त्याज्यमिति भावः ॥ १५ ॥ किं च त्वादृशस्य दैवालम्बनवादोऽप्ययुक्त इत्याह—विक्लव इति । लोकाप्रसिद्ध इत्यर्थः । संभावितात्मानः सर्वलोकश्लाघ्यशौर्यादिमन्तः ॥ १६ ॥ समर्थस्त्वादृशः । विपन्नार्थो हतप्रयोजनः । स त्वादृशः ॥ १७ ॥ ननु दैवबाधनसामर्थ्यं न कस्यापि इति चेत्तत्राह—द्रक्ष्यन्तीति । पौरुषं बलं द्रक्ष्यन्ति । लोका इति शेषः । व्यक्तिः प्रबलदुर्बलत्वविवेकः । अद्य । मत्पौरुषेणेति शेषः॥१८॥तदेवाह—अद्येति । यैर्दैवादाहतं राज्याभिषेचनं ते दृष्टं ते जना अद्य मत्पौरुषहतं दैवं द्रक्ष्यन्ति । 'यद्दैवात्' इति पाठे यस्माद्दैवादाहतम् । येन दैवेनाहतमिति यावत् । दृष्टं यैर्जनैर्दृष्टं ते जनास्तद्दैवं मत्पौरुषहतं द्रक्ष्यन्तीत्यर्थः ॥ १९ ॥ अत्यङ्कुशमतिक्रान्ताङ्कुशव्यापारम् । उद्दाममुत्कृष्टदामम् । निःशृङ्खलमिति यावत् । प्रधावितमभिमुखं धा-

लोकपालाः समस्तास्ते नाद्य रामाभिषेचनम् । न च कृत्स्नास्त्रयो लोका विहन्युः किं पुनः पिता २१
यैर्विवासस्तवारण्ये मिथो राजन्समर्थितः । अरण्ये ते विवत्स्यन्ति चतुर्दश समास्तथा ॥ २२
अहं तदाशां धक्ष्यामि पितुस्तस्याश्च या तव । अभिषेकविघातेन पुत्रराज्याय वर्तते ॥ २३
मद्बलेन विरुद्धाय न स्याद्दैवबलं तथा । प्रभविष्यति दुःखाय यथोग्रं पौरुषं मम ॥ २४
ऊर्ध्वं वर्षसहस्रान्ते प्रजापाल्यमनन्तरम् । आर्यपुत्राः करिष्यन्ति वनवासं गते त्वयि ॥ २५
पूर्वराजर्षिवृत्त्या हि वनवासोऽभिधीयते । प्रजा निक्षिप्य पुत्रेषु पुत्रवत्परिपालने ॥ २६
स चेद्राजन्यनेकाग्रे राज्यविभ्रमशङ्कया । नैवमिच्छसि धर्मात्मन्राज्यं राम त्वमात्मनि ॥ २७
प्रतिजाने च ते वीर मा भूवं वीरलोकभाक् । राज्यं च तव रक्षेयमहं वेलेव सागरम् ॥ २८
मङ्गलैरभिषिञ्चस्व तत्र त्वं व्यापृतो भव । अहमेको महीपालानलं वारयितुं बलात् ॥ २९
न शोभार्थाविमौ बाहू न धनुर्भूषणाय मे । नासिराबन्धनार्थाय न शराः स्तम्भहेतवः ॥ ३०
अमित्रमथनार्थाय सर्वमेतच्चतुष्टयम् । न चाहं कामयेऽत्यर्थं यः स्याच्छत्रुर्मतो मम ॥ ३१
असिना तीक्ष्णधारेण विद्युच्चलितवर्चसा । प्रगृहीतेन वै शत्रुं वज्रिणं वा न कल्पये ॥ ३२
खड्गनिष्पेषनिष्पिष्टैर्गहना दुश्चरा च मे । हस्त्यश्वरथिहस्तोरुशिरोभिर्भविता मही ॥ ३३
खड्गधाराहता मेऽद्य दीप्यमाना इवाग्नयः । पतिष्यन्ति द्विषो भूमौ मेघा इव सविद्युतः ॥ ३४
बद्धगोधाङ्गुलित्राणे प्रगृहीतशरासने । कथं पुरुषमानी स्यात्पुरुषाणां मयि स्थिते ॥ ३५
बहुभिश्चैकमत्यस्यन्नेकेन च बहूञ्जनान् । विनियोक्ष्याम्यहं बाणान्नृवाजिगजमर्मसु ॥ ३६
अद्य मेऽस्त्रप्रभावस्य प्रभावः प्रभविष्यति । राज्ञश्चाप्रभुतां कर्तुं प्रभुत्वं च तव प्रभो ॥ ३७
अद्य चन्दनसारस्य केयूरामोक्षणस्य च । वसूनां च विमोक्षस्य सुहृदां पालनस्य च ॥ ३८

वितं पौरुषेण स्वगतबलेन निवर्तये ॥ २० ॥ दैवनिवर्तनं स्वबलस्यैषत्करमित्याह—लोकेत्यादि ॥ २१ ॥ मिथः परस्परैकवाक्यतया स्वपौरुषेण । राजत्वं सिद्धवत्कृत्याह—राजन्निति ॥ २२ ॥ तदाशां तामाशाम् । तां काम् । या तवाभिषेकविघातेन पुत्रराज्याय पुत्रराज्यप्रापणार्थं वर्तते तामित्यर्थः ॥२३॥ मद्बलत्वपक्षभूतेन मया विरुद्धाय जनाय यथा ममोग्रं पौरुषं दुःखाय प्रभविष्यति तथा दैवबलं न स्यात् । तन्निरासससमर्थमिति शेषः ॥ २४ ॥ अथ वनवासोचितं कालं स्वयमेवाह—ऊर्ध्वमिति । एतद्विवरणं वर्षसहस्रान्त इति । तस्मिन्नतीते त्वयि वनवासं गतेऽनन्तरमार्यपुत्राः आर्यस्य तव पुत्राः प्रजापाल्यं प्रजापालनरूपं राज्यं करिष्यन्ति । तदानीमप्यन्येषां नावकाश इति भावः ॥ २५ ॥ इदमेव युक्तमित्याह—पूर्वेति । यतः पुत्रवत्परिपालननिमित्तं पुत्रेषु प्रजा निक्षिप्य पश्चाद्वनवासः पूर्वराजर्षिवृत्त्या तदाचारेणाभिधीयते । 'विधीयते' इत्येव क्वचित्पाठः ॥ २६ ॥ राजनि दशरथेऽनेकाग्रे कामवशादुक्तवानप्रस्थधर्मानुष्ठानैकाग्रताराहित्येन चलचित्ततया प्रतिकूले सति । राज्यविभ्रमशङ्कया तद्वचोविरोधेन राज्यग्रहणे सकललोकक्षोभेण स्वस्मिन्राज्यस्य विभ्रमशङ्कया चलनशङ्कयास्थैर्यशङ्कया स वनवासधर्मः । त्वया चेदङ्गीक्रियत इति शेषः । किं च हे राम, एवं श्रेष्ठत्वाद्धर्मतः प्राप्तं राज्यं तयैव शङ्कया यद्यात्मनि नेच्छसि । तदा तां शङ्कां त्यजेति शेषः । 'राज्यकामत्वम्' इति पाठे एवं प्राप्तं राज्यभोक्तृत्वं राज्यरूपभोग्यसंबन्धं वा यदि नेच्छसीत्यादि प्राग्वत् ॥ २७ ॥ तत्र हेतुः—प्रतिजाने इत्यादि । अहं वेला सागरमिव तव राज्यं च त्वां च रक्षेयम् । अन्यथा वीरलोकभाङ्मा भूवमिति ते तवाग्रे प्रतिजाने ॥ २८ ॥ तस्मात्त्वं मङ्गलैरभिषेकसाधनैरात्मानमभिषिञ्चस्व । वसिष्ठादिभिरिति शेषः । तत्राभिषेकव्यापारे व्यापृतो व्यापृतचित्तो भव । तत्प्रतिबन्धकानहं वारयिष्यामीत्याह—अहमिति । अलं समर्थः ॥ २९ ॥ तदेव दर्शयति—नेति । आबन्धनार्थाय काष्ठानां परस्परं बन्धनहेतुच्छिद्रादिकरणाय । स्तम्भः कस्यचित्काष्ठादेरधःपतनप्रतिबन्धः ॥ ३० ॥ न चेत्यादि सार्धश्लोक एकं वाक्यम् । योऽत्यर्थं मम मतः संमतः शत्रुः स्यात्तं यं कंचिच्छत्रुं वज्रिणं वा इन्द्ररूपं वा प्रगृहीतेन तीक्ष्णधारत्वादिविशिष्टेनासिना न कल्पये न खण्डशः कल्पये, एवमहं न कामये च एवं कामनामपि न करोमि । सर्वथा खण्डयाम्येवेति भावः ॥ ३१ ॥ ३२ ॥ खड्गनिष्पेषनिष्पिष्टैः खड्गकृताघातेन खण्डितैर्मही गहना । निरन्तरत्वात् । अत एव दुश्चरा । हस्त्यादीनां हस्तादिभिः क्रमात्संबन्धः । भवितेति लुट् ॥ ३३ ॥ हता विच्छिन्ना अग्नय इव दीप्यमाना रक्तधारया । अतएव सविद्युतो मेघा इव ॥ ३४ ॥ उक्तधर्मविशिष्टे मयि स्थिते सति । पुरुषाणां मध्ये कश्चिदपि कथं पुरुषमानी आत्मानं पुरुषं मन्यमानः शूराभिमानी कथं स्यादित्यर्थः ॥ ३५ ॥ अत्यस्यन्पातयन् । बहुभिर्बाणैः । एकेन बाणेन विनियोक्ष्यामि त्यक्ष्यामि ॥ ३६ ॥ अस्त्रप्रभावस्यास्त्रसामर्थ्यस्य । प्रभावः प्रतापः । राज्ञो दशरथस्य प्रभविष्यत्युज्जृम्भितो भविष्यति ॥ ३७ ॥ चन्दनसारस्य चन्दनसारानुलेपनस्य, केयूरामोक्षण-

अनुरूपाविमौ बाहू राम कर्म करिष्यतः । अभिषेचनविघ्नस्य कर्तॄणां ते निवारणे ॥ ३९
ब्रवीहि कोऽद्यैव मया वियुज्यतां तवासुहृत्प्राणयशःसुहृज्जनैः ।
तथा तवेयं वसुधा वशा भवेत्तथैव मां शाधि तवास्मि किंकरः ॥ ४०
विमृज्य बाष्पं परिसान्त्व्य चासकृत्स लक्ष्मणं राघववंशवर्धनः ।
उवाच पित्रोर्वचने व्यवस्थितं निबोध मामेष हि सौम्य सत्पथः ॥ ४१

इत्यार्षे श्रीमद्रामायणे वाल्मीकीय आदिकाव्येऽयोध्याकाण्डे त्रयोविंशः सर्गः ॥ २३ ॥

चतुर्विंशः सर्गः ।

तं समीक्ष्य व्यवसितं पितुर्निर्देशपालने । कौसल्या बाष्पसंरुद्धा वचो धर्मिष्ठमब्रवीत् ॥ १
अदृष्टदुःखो धर्मात्मा सर्वभूतप्रियंवदः । मयि जातो दशरथात्कथमुञ्छेन वर्तयेत् ॥ २
यस्य भृत्याश्च दासाश्च मृष्टान्यन्नानि भुञ्जते । कथं स भोक्ष्यते रामो वने मूलफलान्ययम् ॥ ३
क एतच्छ्रद्दधेच्छ्रुत्वा कस्य वा न भवेद्भयम् । गुणवान्दयितो राज्ञः काकुत्स्थो यद्विवास्यते ॥ ४
नूनं तु बलवांल्लोके कृतान्तः सर्वमादिशन् । लोके रामाभिरामस्त्वं वनं यत्र गमिष्यसि ॥ ५
अयं तु मामात्मभवस्तवादर्शनमारुतः । विलापदुःखसमिधो रुदिताश्रुहुताहुतिः ॥ ६
चिन्ताबाष्पमहाधूमस्तवागमनचिन्तजः । कर्शयित्वाधिकं पुत्र निःश्वासायाससंभवः ॥ ७
त्वया विहीनामिह मां शोकाग्निरतुलो महान् । प्रधक्ष्यति यथा कक्षं चित्रभानुर्हिमात्यये ॥ ८
कथं हि धेनुः स्वं वत्सं गच्छन्तमनुगच्छति । अहं त्वानुगमिष्यामि यत्र वत्स गमिष्यसि ॥ ९
यथा निगदितं मात्रा तद्वाक्यं पुरुषर्षभः । श्रुत्वा रामोऽब्रवीद्वाक्यं मातरं भृशदुःखिताम् ॥ १०
कैकेय्या वञ्चितो राजा मयि चारण्यमाश्रिते । भवत्या च परित्यक्तो न नूनं वर्तयिष्यति ॥ ११
भर्तुः पुनः परित्यागो नृशंसः केवलं स्त्रियाः । स भवत्या न कर्तव्यो मनसापि विगर्हितः ॥ १२
यावज्जीवति काकुत्स्थः पिता मे जगतीपतिः । शुश्रूषा क्रियतां तावत्स हि धर्मः सनातनः ॥ १३

स्याङ्गदधारणस्य, वसूनां मोक्षणस्य दानस्य, सुहृज्जनपालनस्यानुरूपावर्हौ मे बाहू इमौ पीनप्रलम्बौ तेऽभिषेचनविघ्नस्य कर्तॄणां निवारणे कर्म स्वानुरूपं कर्म करिष्यतः ॥३८॥ ३९ ॥ ब्रवीहीत्यार्षमीदृ । वियुज्यतां वियोज्यताम् ॥४०॥ एवंवादिनं लक्ष्मणं रामो नायमेतस्य काल इत्याह—विमृज्येति । बाष्पं लक्ष्मणनयनजं विमृज्य परिमृज्य । 'विसृज्य' इति पाठेऽन्तर्भावितण्यर्थतया विसर्जयित्वा । चक्षुषी परिमृज्येति यावदिति कतकः । पित्रोर्वचने व्यवस्थितं प्रतिष्ठितं मां निबोध । हे सौम्य, एष हि सत्पथः । 'जीवतोर्वाक्यकरणात्प्रत्यब्दं भूरिभोजनात् । गयायां पिण्डदानाच्च त्रिभिः पुत्रस्य पुत्रता ॥' इति न्यायादिति भावः । निबोधेत्यस्य नितरामतिशयेनावतरणकालिकवृत्तान्तस्मरणपूर्वकं जानीहि । एष हि एष एव सत्पथः सतां रक्षकः पन्था इत्यप्यर्थोऽत्र गूढः ॥ ४१ ॥ इति श्रीरामाभिरामे श्रीरामीये रामायणतिलके वाल्मीकीय आदिकाव्येऽयोध्याकाण्डे त्रयोविंशः सर्गः ॥ २३ ॥

व्यवसितं निश्चितमतिम् । निर्देश आज्ञा । बाष्पसंरुद्धः बाष्पसंरुद्धवाक् । धर्मिष्ठं रामम् ॥ १ ॥ उञ्छः क्षेत्रपतितकणशो ग्रहणम् । वर्तयेज्जीवेत् । भवानिति शेषः ॥ २ ॥ भृत्या भर्तव्याः । अयमुपस्कृतमांसादिभोजनशीलः ॥ ३ ॥ विवास्यत इति यदेतच्छ्रुत्वा कः श्रद्दधेत्सत्यं मन्वीत । सत्यमिति वा ज्ञात्वा कस्य स्वपित्रादिभ्यो भयं न भवेत् ॥ ४ ॥ सर्वमादिशन्सुखदुःखेन योजयन् । कृतान्तो दैवं बलवानिति नूनमहं मन्ये । यत्र यस्माद्धे राम, अभिरामस्त्वं लोके कर्मलोके स्थितो वनं गमिष्यसि ॥५॥ आत्मभव आत्मजः स्वमनःसंभूततवादर्शनमेव वर्धकत्वान्मारुतो यस्य सः । विलापदुःखैः समिधः समिन्धनं यस्य सः । घञर्थे कः । रुदिताश्रूण्येव हुता आहुतयो यस्मिन्सः। चिन्ताहेतुकबाष्पमेव महाधूमो यस्य स तवागमनचिन्तजः । चिन्तज इति बाहुलकाद्ध्रस्वः । तव याऽगमनचिन्ता तया जनितः । 'अदर्शनचिन्तजः' इति पाठेऽप्यदर्शनजातचिन्ताजनित इत्यर्थः । परे त्वदर्शनस्य मारुतत्वेन निरूपणात्स चिन्त्य इत्याहुः । निःश्वासरूपायासेन संधुक्षणात्संभवो वृद्धिर्यस्य सः । त्वया विहीनां मामधिकं कर्शयित्वा कृशां कृत्वातुलो युक्तगुणः शोकाग्निर्मां धक्ष्यति । हिमात्यये ग्रीष्मे । चित्रभानुर्वह्निः, सूर्यो वा ॥ ६ ॥ ७ ॥ ८ ॥ कथमिति । यथेत्यर्थः । क्वचित्तथैव पाठः ॥ ९ ॥ यथा निगदितं येन प्रकारेण निगदितं तद्वाक्यं श्रुत्वा । आत्मानुगमनं श्रुत्वेति यावत् ॥ १० ॥ वञ्चितो वञ्चनया मद्वियोजनाद्दुःखं प्रापितो न वर्तयिष्यति न जीविष्यति ॥ ११ ॥ केवलं नृशंसः क्रौर्यमेव । न तु तेनेहामुत्र सुखमित्यर्थः । मनसापि न कर्तव्यो न चिन्तनीयः । यतो विगर्हितो महापापहेतुत्वादतिनिन्दितः ॥ १२ ॥ अतः—

एवमुक्ता तु रामेण कौसल्या शुभदर्शना । तथेत्युवाच सुप्रीता राममक्लिष्टकारिणम् ॥ १४
एवमुक्तस्तु वचनं रामो धर्मभृतां वरः । भूयस्तामब्रवीद्वाक्यं मातरं भृशदुःखिताम् ॥ १५
मया चैव भवत्या च कर्तव्यं वचनं पितुः । राजा भर्ता गुरुः श्रेष्ठः सर्वेषामीश्वरः प्रभुः ॥ १६
इमानि तु महारण्ये विहृत्य नव पञ्च च । वर्षाणि परमप्रीत्या स्थास्यामि वचने तव ॥ १७
एवमुक्ता प्रियं पुत्रं बाष्पपूर्णानना तदा । उवाच परमार्ता तु कौसल्या सुतवत्सला ॥ १८
आसां राम सपत्नीनां वस्तुं मध्ये न मे क्षमम् । नय मामपि काकुत्स्थ वनं वन्यां मृगीमिव ॥ १९
यदि ते गमने बुद्धिः कृता पितुरपेक्षया । तां तथा रुदतीं रामोऽरुदन्वचनमब्रवीत् ॥ २०
जीवन्त्या हि स्त्रिया भर्ता दैवतं प्रभुरेव च । भवत्या मम चैवाद्य राजा प्रभवति प्रभुः ॥ २१
न ह्यनाथा वयं राज्ञा लोकनाथेन धीमता । भरतश्चापि धर्मात्मा सर्वभूतप्रियंवदः ॥ २२
भवतीमनुवर्तेत स हि धर्मरतः सदा । यथा मयि तु निष्क्रान्ते पुत्रशोकेन पार्थिवः ॥ २३
श्रमं नावाप्नुयात्किंचिदप्रमत्ता तथा कुरु । दारुणश्चाप्ययं शोको यथैनं न विनाशयेत् ॥ २४
राज्ञो वृद्धस्य सततं हितं चर समाहिता । व्रतोपवासनिरता या नारी परमोत्तमा ॥ २५
भर्तारं नानुवर्तेत सा च पापगतिर्भवेत् । भर्तुः शुश्रूषया नारी लभते स्वर्गमुत्तमम् ॥ २६
अपि या निर्नमस्कारा निवृत्ता देवपूजनात् । शुश्रूषामेव कुर्वीत भर्तुः प्रियहिते रता ॥ २७
एष धर्मः स्त्रिया नित्यो वेदे लोके श्रुतः स्मृतः । अग्निकार्येषु च सदा सुमनोभिश्च देवताः ॥ २८
पूज्यास्ते मत्कृते देवि ब्राह्मणाश्चैव सत्कृताः । एवं कालं प्रतीक्षस्व ममागमनकाङ्क्षिणी ॥ २९
नियता नियताहारा भर्तृशुश्रूषणे रता । प्राप्स्यसे परमं कामं मयि पर्यागते सति ॥ ३०
यदि धर्मभृतां श्रेष्ठो धारयिष्यति जीवितम् । एवमुक्ता तु रामेण बाष्पपर्याकुलेक्षणा ॥ ३१
कौसल्या पुत्रशोकार्ता रामं वचनमब्रवीत् । गमने सुकृतां बुद्धिं न ते शक्नोमि पुत्रक ॥ ३२
विनिवर्तयितुं वीर नूनं कालो दुरत्ययः । गच्छ पुत्र त्वमेकाग्रो भद्रं तेऽस्तु सदा विभो ॥ ३३
पुनस्त्वयि निवृत्ते तु भविष्यामि गतक्लमा । प्रत्यागते महाभागे कृतार्थे चरितव्रते ॥ ३४
पितुरानृण्यतां प्राप्ते स्वपिष्ये परमं सुखम् ॥ ३५
कृतान्तस्य गतिः पुत्र दुर्विभाव्या सदा भुवि । यस्त्वां संचोदयति मे वच आविद्ध्य राघव ॥ ३६

यावदिति ॥ १३ ॥ १४ ॥ एवं वचनमुक्तो भर्तृशुश्रूषाङ्गीकारवचनमुक्तः श्रावितः ॥ १५ ॥ उभयोस्तद्वचनावश्यकर्तव्यत्वे हेतुर्भर्ता गुरुरिति च यथायोगम् ॥ १६ ॥ पितृवाक्यकरणानन्तरं त्वच्छुश्रूषापि कार्येत्याह—इमानीति । विहृत्येत्यनेन वनवासस्य मृगयावल्लीलात्वं दर्शितम् । वचने स्थास्यामि वचनमनुष्ठास्यामि ॥ १७ ॥ एवमुक्ता । पुत्रेणेति शेषः ॥ १८ ॥ अङ्गीकृतभर्तृसेवापि सपत्नीदुःखस्मरणात्पुना रामानुगमनमभिलषति—आसामित्यादि । वन्यां वने भवाम् ॥ १९ ॥ यदि ते इत्याद्यर्धं पूर्वान्वयि । तां तथा रुदतीं दृष्ट्वापि स्वयमरुदन्वचोऽब्रवीत् । रोदने कातर्यप्रकटनेन मातुः पुनरप्यनुगमनप्रत्याशाप्रसङ्गात् ॥ २० ॥ प्रभवति दण्डादौ समर्थो भवति ॥ २१ ॥ धीमतेति । सनाथा इति शेषः । अथ सपत्नीमध्यवासो दुष्कर इत्यत्र परिहारमाह—भरत इति ॥ २२ ॥ भवतीमिति । अतः कैकेयीकोपोऽकिंचित्कर इति भावः । यथा मयि निष्क्रान्ते श्रमं नाप्नुयात्तथा कुरु । यथा चैनं राजानं शोको न विनाशयेत्तथा च कुरु ॥ २३ ॥ २४ ॥ द्विजस्य गायत्रीजपवत्स्त्रिया भर्तृशुश्रूषैव परं नित्या नान्यत्किंचित्प्रत्युत तद्विरोध्यन्यदाचर्यमाणं प्रत्यवायजनकमपीत्याह—व्रतेत्यादि । नित्याकरणजप्रत्यवायानर्थं साङ्गाप्यनित्यधर्मकृतिः परिहर्तुं न शक्नोतीति भावः ॥ २५ ॥ २६ ॥ नित्यानुष्ठाने सत्यनित्याकरणेऽपि न परलोकनाश इत्याह—अपि येति । निर्नमस्कारा भर्तृव्यतिरिक्तदेवादेर्नमस्काराद्युपचाररहिता । देवपूजनाद्विष्ण्वादिदेवपूजनात् । सापि स्वर्गं लभते इति प्राक्तनेनान्वयः । एतमेवार्थं नियमविधिद्वारेण द्रढयति—शुश्रूषामेवेति । तत्प्रीतिजनकं कर्मैवेत्यर्थः । तदेवाह—प्रियहिते रतेति । हितपदेन पश्चादुक्तेनैतद्बुनयति । आपाततोऽप्रियमपि हितं कुर्यादापाततः प्रियमप्यहितं त्यजेदिति ॥ २७ ॥ तत्र मानमाह—एष भर्तृसेवारूपो धर्मः स्त्रिया नित्य इति वेदे श्रुतः । लोके स्मृतौ स्मृतः तर्हि किं कर्मान्तरं सर्वथा त्याज्यं नेत्याह—अग्नीत्यादि । भर्तृसंमतेष्वग्निकार्येषु च तेष्वेव । च एवकारार्थः ॥ २८ ॥ एवं भर्तृसेवातत्परतया । कालं ममागमनकालम् ॥ २९ ॥ काममैहिकविषयसुखम् ॥ ३० ॥ तस्य पुत्रमात्रासाध्यत्वादाह—यदीति । अनेन दशरथमरणस्य संनिहितत्वं सूचितम् ॥ ३१ ॥ सुकृतां सुष्टुकृतनिश्चयाम् ॥ ३२ ॥ काल इष्टवियोगादिजनकः ॥ ३३ ॥ आनृण्यताम् । स्वार्थे ष्यञ् ॥ ३४ ॥ मे वच आविद्ध्याच्छिद्य त्वां संचोदयति । वनायेति शेषः । इति

गच्छेदानीं महाबाहो क्षेमेण पुनरागतः । नन्दयिष्यसि मां पुत्र साम्ना श्लक्ष्णेन चारुणा ॥ ३७
अपीदानीं स कालः स्याद्वनात्प्रत्यागतं पुनः । यत्त्वां पुत्रक पश्येयं जटावल्कलधारिणम् ॥ ३८
तथाहि रामं वनवासनिश्चितं ददर्श देवी परमेण चेतसा ।
उवाच रामं शुभलक्षणं वचो बभूव च स्वस्त्ययनाभिकाङ्क्षिणी ॥ ३९

इत्यार्षे श्रीमद्रामायणे वाल्मीकीय आदिकाव्येऽयोध्याकाण्डे चतुर्विंशः सर्गः ॥ २४ ॥

पञ्चविंशः सर्गः ।

सा विनीय तमायासमुपस्पृश्य जलं शुचि । चकार माता रामस्य मङ्गलानि मनस्विनी ॥ १
न शक्यते वारयितुं गच्छेदानीं रघूत्तम । शीघ्रं च विनिवर्तस्व वर्तस्व च सतां क्रमे ॥ २
यं पालयसि धर्मं त्वं प्रीत्या च नियमेन च । स वै राघवशार्दूल धर्मस्त्वामभिरक्षतु ॥ ३
येभ्यः प्रणमसे पुत्र देवेष्वायतनेषु च । ते च त्वामभिरक्षन्तु वने सह महर्षिभिः ॥ ४
यानि दत्तानि तेऽस्त्राणि विश्वामित्रेण धीमता । तानि त्वामभिरक्षन्तु गुणैः समुदितं सदा ॥ ५
पितृशुश्रूषया पुत्र मातृशुश्रूषया तथा । सत्येन च महाबाहो चिरंजीवाभिरक्षितः ॥ ६
समित्कुशपवित्राणि वेद्यश्चायतनानि च । स्थण्डिलानि च विप्राणां शैला वृक्षाः क्षुपा ह्रदाः ।
पतङ्गाः पन्नगाः सिंहास्त्वां रक्षन्तु नरोत्तम ॥ ७
स्वस्ति साध्याश्च विश्वे च मरुतश्च महर्षिभिः । स्वस्ति धाता विधाता च स्वस्ति पूषा भगोऽर्यमा ॥ ८
लोकपालाश्च ते सर्वे वासवप्रमुखास्तथा । ऋतवः षट् च ते सर्वे मासाः संवत्सराः क्षपाः ॥ ९
दिनानि च मुहूर्ताश्च स्वस्ति कुर्वन्तु ते सदा । श्रुतिः स्मृतिश्च धर्मश्च पातु त्वां पुत्र सर्वतः ॥ १०
स्कन्दश्च भगवान्देवः सोमश्च सबृहस्पतिः । सप्तर्षयो नारदश्च ते त्वां रक्षन्तु सर्वतः ॥ ११
ते चापि सर्वतः सिद्धा दिशश्च सदिगीश्वराः । स्तुता मया वने तस्मिन्पान्तु त्वां पुत्र नित्यशः १२
शैलाः सर्वे समुद्राश्च राजा वरुण एव च । द्यौरन्तरिक्षं पृथिवी वायुश्च सचराचरः ॥ १३
नक्षत्राणि च सर्वाणि ग्रहाश्च सह दैवतैः । अहोरात्रे तथा संध्ये पान्तु त्वां वनमाश्रितम् ॥ १४
ऋतवश्चापि षट् चान्ये मासाः संवत्सरास्तथा । कलाश्च काष्ठाश्च तथा तव शर्म दिशन्तु ते ॥ १५
महावनेऽपि चरतो मुनिवेषस्य धीमतः । तथा देवाश्च दैत्याश्च भवन्तु सुखदाः सदा ॥ १६
राक्षसानां पिशाचानां रौद्राणां क्रूरकर्मणाम् । क्रव्यादानां च सर्वेषां मा भूत्पुत्रक ते भयम् ॥ १७
प्लवगा वृश्चिका दंशा मशकाश्चैव कानने । सरीसृपाश्च कीटाश्च मा भूवन्गहने तव ॥ १८
महाद्विपाश्च सिंहाश्च व्याघ्रा ऋक्षाश्च दंष्ट्रिणः । महिषाः शृङ्गिणो रौद्रा न ते द्रुह्यन्तु पुत्रक ॥ १९

यत्, अतः कृतान्तस्य गतिर्दुर्विभाव्या ॥ ३५ ॥ श्लक्ष्णेन निर्मलेन । चारुणा मनोहरेण । साम्ना सान्त्वेन वचनेन । 'शुक्लेन' इति पाठान्तरम् ॥ ३६ ॥ अदर्शनासहिष्णुत्वात्प्रत्यागमनकाल इदानीमेव भवेदिति प्रार्थयते—अपीति । येन कालेन प्रत्यागतं प्रत्यागमनं भवेत्स इत्यर्थः । अपीदानीमिति लोकोक्त्योवाच ॥ ३७ ॥ परमेणादरवता । धर्मशीलत्वाद्देवर्षिरक्षणोद्यतत्वाच्च भगवत्संकल्पेनैव तथा ज्ञानं तस्या इति बोध्यम् । स्वस्त्ययनं मङ्गलमभिकाङ्क्षितुं शीलमस्त्यस्याः सा ॥ ३८ ॥
इति श्रीरामाभिरामे श्रीरामीये रामायणतिलके वाल्मीकीय आदिकाव्येऽयोध्याकाण्डे चतुर्विंशः सर्गः ॥ २४ ॥

मङ्गलकरणमेवाह—सेति । आयासं तज्जनकं शोकम् । उपस्पृश्याचम्य । मङ्गलानि मङ्गलवचनानि ॥ १ ॥ सतां क्रमे सतां मार्गे ॥ २ ॥ ३ ॥ देवेष्वायतनेषु देवालयेषु । प्रणमसे च । चाद्रक्षितुमिच्छसि च । ते च देवाः । चाद्दषयः ॥ ४ ॥ गुणैः सद्गुणैः ॥ ५ ॥ मातृशुश्रूषयेति । मातात्र कैकेयी ॥ ६ ॥ समिदादिपदेन तदधिष्ठात्र्यो देवता उपलक्ष्यन्ते । क्षुपा ह्रस्वशाखास्तरवः । शिफायुक्तवृक्षाः क्षुपा इत्यन्ये । ह्रदा इति जलाशयमात्रोपलक्षणम् । त्वां रक्षन्त्वित्यग्रिमेण संबन्धः । पतङ्गाः पक्षिणः ॥ ७ ॥ स्वस्ति इत्यस्य कुर्वन्त्वित्यग्रिमेण संबन्धः । धाता विराट् । विधाता सृष्टिविधायकः ॥ ८ ॥ ९ ॥ १० ॥ ११ ॥ १२ ॥ १३ ॥ नक्षत्राणि रेवत्यादिनक्षत्राधिष्ठात्र्यो देवताः । ग्रहाः सूर्यादयः । ग्रहदेवतास्तत्तदधिदेवताः पुनरुक्तिरत्र पुत्रप्रेमपारवश्यान्न दोषाय । पाठान्तरेऽप्ययमेवार्थः ॥ १४ ॥ १५ ॥ ॥ १६ ॥ सर्वक्रव्यादसंबन्धिभयं पुत्रक ते मा भूदित्यन्वयः ॥ १७ ॥ प्लवगा वानराः । दंशा वनमक्षिकाः । गहने तव मा भूवन्मा सन्तु ॥ १८ ॥ ऋक्षा भल्लूकाः । ते तुभ्यम्

नृमांसभोजना रौद्रा ये चान्ये सर्वजातियाः । मा च त्वां हिंसिषुः पुत्र मया संपूजितास्त्विह ॥ २०
आगमास्ते शिवाः सन्तु सिध्यन्तु च पराक्रमाः । सर्वसंपत्तयो राम स्वस्तिमान्गच्छ पुत्रक ॥ २१
स्वस्ति तेऽस्त्वान्तरिक्षेभ्यः पार्थिवेभ्यः पुनः पुनः । सर्वेभ्यश्चैव देवेभ्यो ये च ते परिपन्थिनः ॥ २२
शुक्रः सोमश्च सूर्यश्च धनदोऽथ यमस्तथा । पान्तु त्वामर्चिता राम दण्डकारण्यवासिनम् ॥ २३
अग्निर्वायुस्तथा धूमो मन्त्राश्चर्षिमुखच्युताः । उपस्पर्शनकाले तु पान्तु त्वां रघुनन्दन ॥ २४
सर्वलोकप्रभुर्ब्रह्मा भूतकर्तृ तथर्षयः । ये च शेषाः सुरास्ते तु रक्षन्तु वनवासिनम् ॥ २५
इति माल्यैः सुरगणान्गन्धैश्चापि यशस्विनी । स्तुतिभिश्चानुरूपाभिरानर्चायतलोचना ॥ २६
ज्वलनं समुपादाय ब्राह्मणेन महात्मना । हावयामास विधिना राममङ्गलकारणात् ॥ २७
घृतं श्वेतानि माल्यानि समिधश्चैव सर्षपान् । उपसंपादयामास कौसल्या परमाङ्गना ॥ २८
उपाध्यायः स विधिना हुत्वा शान्तिमनामयम् । हुतहव्यावशेषेण बाह्यं बलिमकल्पयत् ॥ २९
मधुदध्यक्षतघृतैः स्वस्तिवाच्यं द्विजांस्ततः । वाचयामास रामस्य वने स्वस्त्ययनक्रियाम् ॥ ३०
ततस्तस्मै द्विजेन्द्राय राममाता यशस्विनी । दक्षिणां प्रददौ काम्यां राघवं चेदमब्रवीत् ॥ ३१
यन्मङ्गलं सहस्राक्षे सर्वदेवनमस्कृते । वृत्रनाशे समभवत्तत्ते भवतु मङ्गलम् ॥ ३२
यन्मङ्गलं सुपर्णस्य विनताकल्पयत्पुरा । अमृतं प्रार्थयानस्य तत्ते भवतु मङ्गलम् ॥ ३३
अमृतोत्पादने दैत्यान्घ्नतो वज्रधरस्य यत् । अदितिर्मङ्गलं प्रादात्तत्ते भवतु मङ्गलम् ॥ ३४
त्रिविक्रमान्प्रक्रमतो विष्णोरतुलतेजसः । यदासीन्मङ्गलं राम तत्ते भवतु मङ्गलम् ॥ ३५
ऋषयः सागरा द्वीपा वेदा लोका दिशश्च ताः । मङ्गलानि महाबाहो दिशन्तु शुभमङ्गलम् ॥ ३६
इति पुत्रस्य शेषाश्च कृत्वा शिरसि भामिनी । गन्धैश्चापि समालभ्य राममायतलोचना ॥ ३७
औषधीं च सुसिद्धार्थां विशल्यकरणीं शुभाम् । चकार रक्षां कौसल्या मन्त्रैरभिजजाप च ॥ ३८
उवाचापि प्रहृष्टेव सा दुःखवशवर्तिनी । वाङ्मात्रेण न भावेन वाचा संसज्जमानया ॥ ३९
आनम्य मूर्ध्नि चाघ्राय परिष्वज्य यशस्विनी । अवदत्पुत्रमिष्टार्थो गच्छ राम यथासुखम् ॥ ४०
अरोगं सर्वसिद्धार्थमयोध्यां पुनरागतम् । पश्यामि त्वां सुखं वत्स संधितं राजवर्त्मसु ॥ ४१
मङ्गलैरुपसंपन्नो वनवासादिहागतः । वध्वाश्च मम नित्यं त्वं कामान्संवर्ध याहि भोः ॥ ४२

मयार्चिता देवगणाः शिवादयो महर्षयो भूतगणाः सुरोरगाः ।
अभिप्रयातस्य वनं चिराय ते हितानि काङ्क्षन्तु दिशश्च राघव ॥ ४३

॥ १९ ॥ सर्वजातियाः सर्वजातीयाः । 'सर्वजातयः' इति पाठे क्रूरजन्तव इति फलितार्थः ॥ २० ॥ आगमा मार्गाः । ते झटिति त्वदागमनयोग्या भवन्त्वित्यभिप्रायेणैवमुक्तिः । सर्वसंपत्तयो वनवासापेक्षिताः फलमूलादिरूपाः । सन्त्विति शेषः ॥ २१ ॥ पार्थिवेभ्यः । पृथिवीभवसत्त्वेभ्यः । देवेभ्यो ये च ते परिपन्थिनस्तेभ्यश्च स्वस्त्यस्त्विति योजना ॥ २२ ॥ २३ ॥ ऋषिमुखाच्च्युता निर्गताः । त्वया गृहीताश्चेति शेषः ॥ २४ ॥ भूतकर्तृ ब्रह्म । जगत्कारणं ब्रह्मेत्यर्थः ॥ २५ ॥२६॥ ॥ २७ ॥ उपसंपादयामास । होमायेति शेषः ॥२८॥ अनामयमारोग्यम् । उद्दिश्येति शेषः । बाह्यं बलिं होमस्थानाद्बहिर्भूतं लोकपालादिबलिम् ॥ २९ ॥ स्वस्तिवाच्यं स्वस्तिवाचनमुद्दिश्य मध्वादिभिरुपलक्षितान्द्विजान्कृत्वा । रामस्य वने स्वस्त्यस्त्वित्येवंरूपां वने स्वस्त्ययनक्रियां वाचयामासेत्यन्वयः ॥ ३० ॥ काम्यामिच्छाविषयाम् ॥ ३१ ॥ वृत्रनाशे तद्रूपनिमित्ते ॥३२॥ प्रार्थयानस्य । आर्षत्वान्मुगभावः । अनेन भावि महद्युद्धं तत्र जयश्च सूचितः ॥ ३३ ॥ ३४ ॥ विक्रमः पादविक्षेपः ॥ ३५ ॥ शुभमङ्गलं मङ्गलानामपि मङ्गलम् ॥ ३६ ॥ इति । उक्त्वेति शेषः । पुत्रस्य शिरसि शेषा अक्षताः । शेषा इत्यक्षतनामेति कतकः । समालम्भो विलेपनम् ॥ ३७ ॥ सिद्धार्थां दृष्टवीर्याम् । विशल्यकरणीमित्यन्वर्थनामिकामौषधीं गुलकीकृत्य शुभां रक्षां चकार । रक्षाहेतुत्वेन हस्ते बबन्धेत्यर्थः । तां मन्त्रैरतिशयितां कर्तुं जजाप च ॥ ३८ ॥ उवाचापि । मन्त्रानिति शेषः । जपोत्तरं स्पष्टमपि मन्त्रानुच्चारयामासेत्यर्थः । एतच्च तन्मन्त्रार्थानुसंधानेन रामस्य हृत्प्रसादार्थम् । प्रहृष्टेवेति हर्षात्पारमार्थ्यद्योती इवशब्दः । तदेवाह—वाङ्मात्रेणेति । संसज्जमानयान्तरखेदगद्गदया ॥ ३९ ॥ आनम्येति उच्चत्वात्पुत्रस्य । यद्वा वाल्मीकेरपि वर्णनीयमयीभावादुवाचेत्युक्तावपि पुनरवददित्युक्तिर्न दोषाय ॥ ४० ॥ संधितं राजवर्त्मसु । प्राप्तराज्यमिति यावत् ॥ ४१ ॥ मङ्गलै राजोचितवस्त्राभरणैः । वध्वाः सीतायाः । संवर्ध संवर्धय । याहि भोः गच्छ भोः । भो इति निपात आमन्त्रणे ॥ ४२ ॥ ४३ ॥

अतीव चाश्रुप्रतिपूर्णलोचना समाप्य च स्वस्त्ययनं यथाविधि ।
प्रदक्षिणं चापि चकार राघवं पुनः पुनश्चापि निरीक्ष्य सस्वजे ॥ ४४
तया हि देव्या च कृतप्रदक्षिणो निपीड्य मातुश्चरणौ पुनः पुनः ।
जगाम सीतानिलयं महायशाः स राघवः प्रज्वलितस्तया श्रिया ॥ ४५

इत्यार्षे श्रीमद्रामायणे वाल्मीकीय आदिकाव्येऽयोध्याकाण्डे पञ्चविंशतितमः सर्गः ॥ २५ ॥

षड्विंशः सर्गः ।

अभिवाद्य तु कौसल्यां रामः संप्रस्थितो वनम् । कृतस्वस्त्ययनो मात्रा धर्मिष्ठे वर्त्मनि स्थितः ॥ १
विराजयन्राजसुतो राजमार्गं नरैर्वृतम् । हृदयान्याममन्थेव जनस्य गुणवत्तया ॥ २
वैदेही चापि तत्सर्वं न शुश्राव तपस्विनी । तदेव हृदि तस्याश्च यौवराज्याभिषेचनम् ॥ ३
देवकार्यं स्म सा कृत्वा कृतज्ञा हृष्टचेतना । अभिज्ञा राजधर्माणां राजपुत्री प्रतीक्षती ॥ ४
प्रविवेशाथ रामस्तु स्ववेश्म सुविभूषितम् । प्रहृष्टजनसंपूर्णं ह्रिया किंचिदवाङ्मुखः ॥ ५
अथ सीता समुत्पत्य वेपमाना च तं पतिम् । अपश्यच्छोकसंतप्तं चिन्ताव्याकुलितेन्द्रियम् ॥ ६
तां दृष्ट्वा स हि धर्मात्मा न शशाक मनोगतम् । तं शोकं राघवः सोढुं ततो विवृततां गतः ॥ ७
विवर्णवदनं दृष्ट्वा तं प्रस्विन्नममर्षणम् । आह दुःखाभिसंतप्ता किमिदानीमिदं प्रभो ॥ ८
अद्य बार्हस्पतः श्रीमान्युक्तः पुष्येण राघव । प्रोच्यते ब्राह्मणैः प्राज्ञैः केन त्वमसि दुर्मनाः ॥ ९
न ते शतशलाकेन जलफेननिभेन च । आवृतं वदनं वल्गु च्छत्रेणाभिविराजते ॥ १०
व्यजनाभ्यां च मुख्याभ्यां शतपत्रनिभेक्षणम् । चन्द्रहंसप्रकाशाभ्यां वीज्यते न तवाननम् ॥ ११
वाग्मिनो वन्दिनश्चापि प्रहृष्टास्त्वां नरर्षभ । स्तुवन्तो नाद्य दृश्यन्ते मङ्गलैः सूतमागधाः ॥ १२
न ते क्षौद्रं च दधि च ब्राह्मणा वेदपारगाः । मूर्ध्नि मूर्धाभिषिक्तस्य ददति स्म विधानतः ॥ १३
न त्वां प्रकृतयः सर्वाः श्रेणीमुख्याश्च भूषिताः । अनुव्रजितुमिच्छन्ति पौरजानपदास्तदा ॥ १४
चतुर्भिर्वेगसंपन्नैर्हयैः काञ्चनभूषणैः । मुख्यः पुष्परथो युक्तः किं न गच्छति तेऽग्रतः ॥ १५
न हस्ती चाग्रतः श्रीमान्सर्वलक्षणपूजितः । प्रयाणे लक्ष्यते वीर कृष्णमेघगिरिप्रभः ॥ १६
न च काञ्चनचित्रं ते पश्यामि प्रियदर्शन । भद्रासनं पुरस्कृत्य यान्तं वीर पुरःसरम् ॥ १७

मात्रा प्रदक्षिणकरणं रक्षार्थम् ॥ ४४ ॥ निपीड्य नमस्कृत्य । तया श्रिया मातृकृतमङ्गलजशोभया ॥ ४५ ॥ इति श्रीरामाभिरामे श्रीरामीये रामायणतिलके वाल्मीकीय आदिकाव्येऽयोध्याकाण्डे पञ्चविंशः सर्गः ॥ २५ ॥

धर्मिष्ठेऽतिशयेन धर्मवति ॥ १ ॥ आममन्थ क्षोभयति स्म । तत्र हेतुर्गुणवत्ता ॥ २ ॥ तत्सर्वं वनगमनवृत्तान्तम् । तस्याश्च तस्यास्तु हृदि तदेव यौवराज्याभिषेचनम् । स्थितमभूदिति शेषः ॥ ३ ॥ देवकार्यं देवपूजाम् । देवकार्यकरणे हेतुः कृतज्ञत्वं राजधर्माभिज्ञत्वं च । देवैरेव राज्यप्रदानोपकृतत्वेन कृतज्ञतया तत्पूजा ॥ ४ ॥ ह्रिया सीतायै कथमिदमन्याय्यं स्वमातापितृकृतं कथयामीति लज्जयावाङ्मुख इव ॥ ५ ॥ वेपमाना भर्तुर्विगतहर्षत्वावाङ्मुखत्वादिदर्शनात्कम्पमाना ॥ ६ ॥ सोढुं गूढं कर्तुम् । शोकमन्येषां प्राकृतानां शोकजनकं वस्तु शोकरूपकार्याजनकं कर्तुं न शशाक, ततस्तदनन्तरं स शोकस्तच्छोकजनकं वस्तु विवृततां प्रकटकार्यत्वं गतः । यद्वा स रामो विवृताभिप्रायं गतः । शुद्धमुक्तस्वभावोऽपि मायाख्यप्रकृत्यवतारसीतासांनिध्यादुद्बुद्धविक्षेपशक्तिरिव जात इत्यर्थः । अनेन हि नाट्येन प्रियाया अग्रे न किंचित्पुंसो गोप्यमिति लोकव्यवहारो दर्शितः ॥ ७ ॥ प्रस्विन्नं प्राप्तदुःखजस्वेदम् । अमर्षणं शोकधारणाक्षममिव । यत्तु सीताया दुःखेन कथमेष कालं नयिष्यतीति धिया दुःखित इति विवर्णवदनत्वादिकमिति । तदनुचितं भगवति कथमपि दुःखासंबन्धात्तादृशधियोऽप्यभावाच्च । 'व्यसनेषु मनुष्याणां भृशं भवति दुःखितः' इत्यादावपि दुःखित इवेत्येवार्थ इति ममाभाति ॥ ८ ॥ बार्हस्पतो बृहस्पतिदेवताकः । युक्तः । चन्द्रेणेति शेषः । युक्तस्तेन पुष्येणाभिषेक इति ब्राह्मणैः प्रोच्यते इत्यन्वयः । तज्जन्यसंतोषं विहाय दुर्मनाः केनासि ॥ ९ ॥ शतं शलाका यस्मिंश्छत्रे तेन छत्रेणावृतं सन्नाभिविराजत इति योजना । वल्गु सुन्दरम् ॥ १० ॥ व्यजनाभ्यां वालव्यजनाभ्याम् । शतपत्रं पद्मं तत्समेक्षणम् ॥ ११ ॥ १२ ॥ क्षौद्रं च दधि च । तीर्थोदकमिश्रितमिति शेषः । मूर्धाभिषिक्तस्य शिरःस्नातस्य ॥ १३ ॥ श्रेणीमुख्याः परिषन्मुख्याः । सर्वत्र तत्कृत इति शेषः ॥ १४ ॥ पुष्परथो लीलागमनप्रयोजनो रथः । न तु युद्धार्ह इत्यर्थः । तादृग्रथो निर्जिगमिषो राज्ञोऽग्रे भवति, तस्मिन्सत्यामिच्छायामारोहति नो चेदग्रतो गच्छति ॥ १५ ॥ हस्ती कृष्णमेघप्रभो गिरिप्रभश्च ॥ १६ ॥ भद्रासनं पुरस्कृत्य पूजायुक्तं यथा

अभिषेको यदा सज्जः किमिदानीमिदं तव । अपूर्वो मुखवर्णश्च न प्रहर्षश्च लक्ष्यते ॥ १८
इतीव विलपन्तीं तां प्रोवाच रघुनन्दनः । सीते तत्रभवांस्तातः प्रव्राजयति मां वनम् ॥ १९
कुले महति संभूते धर्मज्ञे धर्मचारिणि । शृणु जानकि येनेदं क्रमेणाद्यागतं मम ॥ २०
राज्ञा सत्यप्रतिज्ञेन पित्रा दशरथेन वै । कैकेय्यै मम मात्रे तु पुरा दत्तौ महावरौ ॥ २१
तयाद्य मम सज्जेऽस्मिन्नभिषेके नृपोद्यते । प्रचोदितः स समयो धर्मेण प्रतिनिर्जितः ॥ २२
चतुर्दश हि वर्षाणि वस्तव्यं दण्डके मया । पित्रा मे भरतश्चापि यौवराज्ये नियोजितः ॥ २३
सोऽहं त्वामागतो द्रष्टुं प्रस्थितो विजनं वनम् । भरतस्य समीपे ते नाहं कत्थ्यः कदाचन ॥ २४
ऋद्धियुक्ता हि पुरुषा न सहन्ते परस्तवम् । तस्मान्न ते गुणाः कत्थ्या भरतस्याग्रतो मम ॥ २५
अहं ते नानुवक्तव्यो विशेषेण कदाचन । अनुकूलतया शक्यं समीपे तस्य वर्तितुम् ॥ २६
तस्मै दत्तं नृपतिना यौवराज्यं सनातनम् । स प्रसाद्यस्त्वया सीते नृपतिश्च विशेषतः ॥ २७
अहं चापि प्रतिज्ञां तां गुरोः समनुपालयन् । वनमद्यैव यास्यामि स्थिरीभव मनस्विनि ॥ २८
याते च मयि कल्याणि वनं मुनिनिषेवितम् । व्रतोपवासपरया भवितव्यं त्वयानघे ॥ २९
कल्यमुत्थाय देवानां कृत्वा पूजां यथाविधि । वन्दितव्यो दशरथः पिता मम जनेश्वरः ॥ ३०
माता च मम कौसल्या वृद्धा संतापकर्शिता । धर्ममेवाग्रतः कृत्वा त्वत्तः संमानमर्हति ॥ ३१
वन्दितव्याश्च ते नित्यं याः शेषा मम मातरः । स्नेहप्रणयसंभोगैः समा हि मम मातरः ॥ ३२
भ्रातृपुत्रसमौ चापि द्रष्टव्यौ च विशेषतः । त्वया भरतशत्रुघ्नौ प्राणैः प्रियतरौ मम ॥ ३३
विप्रियं च न कर्तव्यं भरतस्य कदाचन । स हि राजा च वैदेहि देशस्य च कुलस्य च ॥ ३४
आराधिता हि शीलेन प्रयत्नैश्चोपसेविताः । राजानः संप्रसीदन्ति प्रकुप्यन्ति विपर्यये ॥ ३५
औरस्यानपि पुत्रान्हि त्यजन्त्यहितकारिणः । समर्थान्संप्रगृह्णन्ति जनानपि नराधिपाः ॥ ३६
सा त्वं वसेह कल्याणि राज्ञः समनुवर्तिनी । भरतस्य रता धर्मे सत्यव्रतपरायणा ॥ ३७
अहं गमिष्यामि महावनं प्रिये त्वया हि वस्तव्यमिहैव भामिनि ।
यथा व्यलीकं कुरुषे न कस्यचित्तथा त्वया कार्यमिदं वचो मम ॥ ३८

इत्यार्षे श्रीमद्रामायणे वाल्मीकीय आदिकाव्येऽयोध्याकाण्डे षड्विंशः सर्गः ॥ २६ ॥

भवति तथा गृहीत्वा यान्तं ते पुरःसरमग्रगं सेवकं न पश्यामि ॥ १७ ॥ यदाभिषेकः सज्ज इदानीं तस्मिन्नेवैतस्मिन्वर्तमानकाल उक्तराजचिह्नाभावो मुखवर्णश्चापूर्वः । कदाप्यननुभूतो हर्षकाले हर्षाभावश्चेतीदं किमित्यर्थः ॥ १८ ॥ विलपन्तीं दुःखेन भाषमाणाम् । तत्रभवान्पूज्यः । तातो दशरथः । अत्रभवत्तत्रभवच्छब्दौ पूज्यार्थौ ॥ १९ ॥ उत्कटाप्रियश्रवणेन सीताया अत्यन्तमोहो मा भूदिति विविधगुणकीर्तनेन संबोधयति—कुले इत्यादि । येन क्रमेण हेतुनेदं प्रव्राजनमागतं तच्छृणु ॥ २० ॥ २१ ॥ नृपेणोद्यते प्रस्ताविते ममाभिषेके सज्जे सति तथाद्य स समयः प्राचीनो वरसंकेतः प्रचोदितः प्रवर्तितः । तेन प्रवर्तनेन राजा धर्मेण धर्ममार्गेण प्रतिनिर्जितः स्ववशः कृतः ॥ २२ ॥ अस्तु प्रकृते किं तत्राह—चतुर्दशेत्यादि । पित्रा वरनिर्जितपितृनियोगेनाद्यवरपालनरूपेण । भरतश्च द्वितीयवरपालनरूपपितृनियोगेन यौवराज्ये नियोजितः । मयेति शेषः । ज्येष्ठाज्ञां विना तस्य तल्लाभासंभवात् ॥ २३ ॥ अथ सीताया गृहेऽवस्थितौ सुखजनकबुद्धिरुपदिश्यते । भरतस्येत्यादिना । न कत्थ्यो न श्लाघनीयः ॥ २४ ॥ ते प्रसिद्धा मम गुणाः ॥ २५ ॥ 'अहं ते नानुवक्तव्यो विशेषेण कदाचन' इति प्राचीनः पाठः कतकेन दर्शितः । अहमस्मत्स्वरूपं ते त्वया विशेषेण विशिष्य कदाचन कदापि नानुवक्तव्यः । सखीभिर्वार्ताप्रसङ्ग इति शेषः । भरतस्याग्रत इत्यनुकर्षः । तत्र हेतुः—अनुकूलतयेति । मत्स्वरूपवर्णनं च तस्य प्रतिकूलमिति भावः । 'नापि त्वं तेन भर्तव्या विशेषेण कदाचन' इत्याधुनिकपाठस्तु न तथा चमत्कारी । विशेषेण न भर्तव्या किं तु बन्धुसाधारण्येनेत्यर्थेऽनुकूलतयेत्युत्तरार्धस्य तथोपयोगाभावात् ॥ २६ ॥ तदनुकूलाचरणं किमर्थमत आह—तस्मा इति । नृपतिना दशरथेन । स त्वया विशेषतः प्रसाद्यः । चो हेतौ । यतो नृपतिः ॥ २७ ॥ २८ ॥ याते गते ॥ २९ ॥ कल्यमुषसि ॥ ३० ॥ त्वयि गते त्वन्मातुर्नमस्कारेण किं फलम् । सति तु त्वत्प्रातिकूल्याकरणे तत्फलमिति चेत्तत्राह—धर्ममेवाग्रतः कृत्वा धर्म एव तत्फलं मुख्यं बुद्धौ कृत्वा तत्संमानः कार्य इति भावः ॥ ३१ ॥ स्नेहेन मातृत्वप्रयुक्तेन । प्रणयेन । प्रकृष्टः स्नेहः प्रणयः । संभोगः सेवा अन्नपानादिविशेषप्रदानम् ॥ ३२ ॥ भ्रात्रा पुत्रेण च समौ । प्राणैः प्राणेभ्यः प्रियतरौ ॥ ३३ ॥ ३४ ॥ विपर्यये शीलादिविपर्यये ॥ ३५ ॥ जनान्प्राकृतान् । संबन्धलेशहीनानिति यावत् ॥ ३६ ॥ ३७ ॥ यथा कस्यचिन्मद्वचसो व्यलीकं व्यलीकत्वमनृतत्वं न कुरुषे तथेदमपि मे वचः कार्यम् । अनुष्ठेयमि-

सप्तविंशः सर्गः ।

एवमुक्ता तु वैदेही प्रियार्हा प्रियवादिनी । प्रणयादेव संक्रुद्धा भर्तारमिदमब्रवीत् ॥ १

किमिदं भाषसे राम वाक्यं लघुतया ध्रुवम् । त्वया यदपहास्यं मे श्रुत्वा नरवरोत्तम ॥ २

वीराणां राजपुत्राणां शस्त्रास्त्रविदुषां नृप । अनर्हमयशस्यं च न श्रोतव्यं त्वयेरितम् ॥ ३

आर्यपुत्र पिता माता भ्राता पुत्रस्तथा स्नुषा । स्वानि पुण्यानि भुञ्जानाः स्वं स्वं भाग्यमुपासते ॥ ४

भर्तुर्भाग्यं तु नार्येका प्राप्नोति पुरुषर्षभ । अतश्चैवाहमादिष्टा वने वस्तव्यमित्यपि ॥ ५

न पिता नात्मजो नात्मा न माता न सखीजनः । इह प्रेत्य च नारीणां पतिरेको गतिः सदा ॥ ६

यदि त्वं प्रस्थितो दुर्गं वनमद्यैव राघव । अग्रतस्ते गमिष्यामि मृद्नन्ती कुशकण्टकान् ॥ ७

ईर्ष्यां रोषं बहिष्कृत्य भुक्तशेषमिवोदकम् । नय मां वीर विस्रब्धः पापं मयि न विद्यते ॥ ८

प्रासादाग्रे विमानैर्वा वैहायसगतेन वा । सर्वावस्थागता भर्तुः पादच्छाया विशिष्यते ॥ ९

अनुशिष्टास्मि मात्रा च पित्रा च विविधाश्रयम् । नास्मि संप्रति वक्तव्या वर्तितव्यं यथा मया ॥ १०

अहं दुर्गं गमिष्यामि वनं पुरुषवर्जितम् । नानामृगगणाकीर्णं शार्दूलगणसेवितम् ॥ ११

सुखं वने निवत्स्यामि यथैव भवने पितुः । अचिन्तयन्ती त्रींल्लोकांश्चिन्तयन्ती पतिव्रतम् ॥ १२

शुश्रूषमाणा ते नित्यं नियता ब्रह्मचारिणी । सह रंस्ये त्वया वीर वनेषु मधुगन्धिषु ॥ १३

त्वं हि कर्तुं वने शक्तो राम संपरिपालनम् । अन्यस्यापि जनस्येह किं पुनर्मम मानद ॥ १४

साहं त्वया गमिष्यामि वनमद्य न संशयः । नाहं शक्या महाभाग निवर्तयितुमुद्यता ॥ १५

स्यर्थः । वयसोऽनृतत्वकरणं चाननुष्ठाने भवति ॥ ३८ ॥ इति श्रीरामाभिरामे श्रीरामीये रामायणतिलके वाल्मीकीय आदिकाव्येऽयोध्याकाण्डे षड्विंशः सर्गः ॥ २६ ॥

एवं रामेण गृहवासे नियुक्ता ममापि वनवास एव धर्मतो न्यायप्राप्त इति सीताह—एवमित्यादि । प्रणयात्स्नेहादेव संक्रुद्धा कथं मम पृथक्स्थितिमादिशतीत्यमर्षवती ॥ १ ॥ स एवामर्षो दर्श्यते—किमिति । लघुतया मयि क्षुद्रत्वालम्बनेनेदं किं भाषसे । किं च हे नरवरोत्तम, त्वया यदुक्तं तच्छ्रुत्वा मे ममापहास्यमतिशयितो हासो जायते ॥ २ ॥ यत्त्वयेरितं तद्वीराणामनर्हमयशस्यं च । अतो न श्रोतव्यं श्रोतुमयोग्यम् ॥ ३ ॥ कुत एवं तत्राह—आर्यपुत्रेत्यादि । पित्रादयः स्वानि पुण्यानि स्वस्य कर्मफलानि भुञ्जानाः स्वं स्वं भाग्यं स्वानुष्ठितं कर्मैवोपासत उपजीवन्ति, न पुत्राद्यनुष्ठितम् । तत्र तेषां सहाधिकाराभावात ॥४॥ एका नारी तु भर्त्रा सहाधिकाराद्भर्तुर्भाग्यं भर्त्रनुष्ठितं कर्मफलं प्राप्नोति । अतस्तव वनवासादेशेनैव त्वत्पितृभ्यां सर्वकर्मणि सहाधिकारादहमपि वने वस्तव्यमित्यादिष्टैव । तथैव ममापि गुरुत्वात्स आदेशोऽनुल्लङ्घ्य एवेति भावः ॥ ५ ॥ यदेवमतो न पित्रादिरिह लोके प्रेत्य परलोके च नारीणां गतिः, किं तु एकः पतिरेव सदा गतिः ॥ ६ ॥ अतो यदि त्वमिति । मृद्नन्ती कुशेत्यनेन पद्भ्यामेव गमिष्यामीति न च ते दुःखं दास्यामीति च ध्वनितम् ॥ ७ ॥ स्त्रिया वनगमनसाहसं कथमित्यक्षान्तिरीर्ष्या, तां स्ववाक्योल्लङ्घनेन रोषं च बहिष्कृत्य त्यक्त्वा विस्रब्धो निःशङ्को मां नय । तत्र हेतुगर्भं विशेषणम्—वीरेति । स्ववीरत्वस्य लोके ख्यापनाय । अन्यथा कुतस्तत्ख्यातिरिति ध्वनिरत्र । त्यागप्रयोजकं पापं च मयि न विद्यते । ननु भुक्तभोगया त्वया वने किं प्रयोजनमत आह—भुक्तशेषमुदकमिव । यथा दुष्प्रापपानीयकान्तारयायिना पीतशेषं कमण्डलुनिष्ठमुदकमवश्यं नेयमेव, तथाहमपि त्वया नेयैव । तरुणत्वादिति गूढहासोक्तिः ॥ ८ ॥ अतोऽपि मे वनगमनमेवोचितमित्याह—प्रासादाग्रे । स्थितापेक्षयेति शेषः । विमानैर्वा वैहायसगतेन वा आकाशगमनेन । उपलक्षिताणिमाद्यष्टसिद्ध्यपेक्षयेति शेषः । सर्वावस्थागता भर्तुः । अपीति शेषः । 'विष्णोरभक्तिकावस्था सर्वावस्थेति गीयते' इत्यभिधानात् । तां गतस्यात एव आ ईषद्भर्तुः । भर्तुरित्यन्तमेकं पदम् । अथवा पृथक्पदे । श्रुत्युक्तधर्माननुष्ठानरूपां तां गतापीति योजना । सकलभर्तृधर्मरहितस्यापि पत्युः पादच्छाया पादसेवनमेवेतरधर्मापेक्षया स्त्रिया विशिष्यतेऽधिकं भवति । श्रुतिस्मृत्योः सर्वपरित्यागेन भर्तृसेवाया एव स्त्रीणां नित्यत्वबोधनादिति भावः ॥ ९ ॥ मद्गुरूपदेशोऽप्येवमेवेत्याह—अनुशिष्टेत्यादि । विविधाश्रयं नानाविधावस्थभर्तृनित्याश्रयमनुशिष्टास्मि । अतो भर्तरि मया यथोपदिष्टं वर्तितव्यम्, तथा संप्रति नो वक्तव्यास्मि नोपदेष्टव्यास्मि ॥ १० ॥ यदेवमतः—अहमिति । गमिष्यामि । त्वद्गमनमन्विति शेषः ॥ ११ ॥ त्रींल्लोकानचिन्तयन्ती त्रैलोक्यैश्वर्यमप्यगणयन्ती । पतिव्रतं पत्या सहवासरूपं व्रतम् । चिन्तयन्त्यपेक्षमाणा ॥ १२ ॥ ब्रह्मचारिणी तपश्चरणशीला । नियता त्वदुपदिष्टनियमयुक्ता । मधुगन्धिषु मकरन्दसुरभिषु ॥ १३ ॥ अन्यस्यापि जनस्य जीवसमूहस्य ॥ १४ ॥ न निवर्तयितुं शक्या । न्या-

फलमूलाशना नित्यं भविष्यामि न संशयः । न ते दुःखं करिष्यामि निवसन्ती त्वया सदा ॥ १६
अग्रतस्ते गमिष्यामि भोक्ष्ये भुक्तवति त्वयि । इच्छामि परतः शैलान्पल्वलानि सरांसि च ॥ १७
द्रष्टुं सर्वत्र निर्भीता त्वया नाथेन धीमता । हंसकारण्डवाकीर्णाः पद्मिनीः साधुपुष्पिताः ॥ १८
इच्छेयं सुखिनी द्रष्टुं त्वया वीरेण संगता । अभिषेकं करिष्यामि तासु नित्यमनुव्रता ॥ १९
सह त्वया विशालाक्ष रंस्ये परमनन्दिनी । एवं वर्षसहस्राणि शतं वापि त्वया सह ॥ २०
व्यतिक्रमं न वेत्स्यामि स्वर्गोऽपि हि न मे मतः । स्वर्गेऽपि च विना वासो भविता यदि राघव ।
त्वया विना नरव्याघ्र नाहं तदपि रोचये ॥ २१
अहं गमिष्यामि वनं सुदुर्गमं मृगायुतं वानरवारणैश्च ।
वने निवत्स्यामि यथा पितुर्गृहे तवैव पादावुपगृह्य संमता ॥ २२
अनन्यभावामनुरक्तचेतसं त्वया वियुक्तां मरणाय निश्चिताम् ।
नयस्व मां साधु कुरुष्व याचनां नातो मया ते गुरुता भविष्यति ॥ २३
तथा ब्रुवाणामपि धर्मवत्सलां न च स्म सीतां नृवरो निनीषति ।
उवाच चैनां बहु सन्निवर्तने वने निवासस्य च दुःखितां प्रति ॥ २४

इत्यार्षे श्रीमद्रामायणे वाल्मीकीय आदिकाव्येऽयोध्याकाण्डे सप्तविंशः सर्गः ॥ २७ ॥

अष्टाविंशः सर्गः ।

स एवं ब्रुवतीं सीतां धर्मज्ञां धर्मवत्सलः । न नेतुं कुरुते बुद्धिं वने दुःखानि चिन्तयन् ॥ १
सान्त्वयित्वा ततस्तां तु बाष्पदूषितलोचनाम् । निवर्तनार्थे धर्मात्मा वाक्यमेतदुवाच ह ॥ २
सीते महाकुलीनासि धर्मे च निरता सदा । इहाचरस्व धर्मं त्वं यथा मे मनसः सुखम् ॥ ३
सीते यथा त्वां वक्ष्यामि तथा कार्यं त्वयाबले । वने दोषा हि बहवो वसतस्तान्निबोध मे ॥ ४
सीते विमुच्यतामेषा वनवासकृता मतिः । बहुदोषं हि कान्तारं वनमित्यभिधीयते ॥ ५
हितबुद्ध्या खलु वचो मयैतदभिधीयते । सदा सुखं न जानामि दुःखमेव सदा वनम् ॥ ६
गिरिनिर्झरसंभूता गिरिनिर्दरिवासिनाम् । सिंहानां निनदा दुःखाः श्रोतुं दुःखमतो वनम् ॥ ७
क्रीडमानाश्च विस्रब्धा मत्ताः शून्ये तथा मृगाः । दृष्ट्वा समभिवर्तन्ते सीते दुःखमतो वनम् ॥ ८

यप्राप्तानुगमनत्वात् । त्वच्छक्तिरूपत्वादिति गूढोऽभिप्रायः । उद्यता । वनं गन्तुमिति शेषः ॥ १५ ॥ दुःखं न करिष्यामि । विशिष्टान्नपानादीच्छयेति शेषः । त्वया सह शक्तिरूपत्वात्सदा वसन्ती दुःखमयकार्यापि यथा पूर्वं न कदापि दुःखं कृतवती, एवमग्रेऽपि न करिष्यामीति भावः ॥ १६ ॥ सरांसि चेत्यस्य द्रष्टुमित्यनेनान्वयः ॥ १७ ॥ कारण्डवा जलकुक्कुटाः ॥ १८ ॥ अभिषेकं करिष्यामि । तासु । पद्मिनीष्विति शेषः ॥ १९ ॥ वर्षसहस्राणि शतं वा त्वया सह वसन्ती तेषां व्यतिक्रमं वनवासदुःखं न वेत्स्यामि, किं तु क्षणमिव तावन्तं कालं नेष्यामीति भावः ॥ २० ॥ स्वर्गोऽपि न मे मतः । त्वया विनेति शेषः । तदेव विवृणोति—स्वर्गेऽपि चेति ॥ २१ ॥ मृगैरायुतं मृगैरा समन्ताद्युतं युक्तम् । वानरवारणैश्च । युक्तमिति शेषः । संमता । तवेति शेषः । त्वदाज्ञावर्तिनीति यावत् ॥ २२ ॥ त्वया वियुक्तामित्यादि । त्वद्वियोगे मरणविषयनिश्चितमतिम् । याचनां मामिकां वनानुगमनयाचनाम् । साधु कुरुष्व चरितार्थां संपादय । मया क्रियमाणादतोऽनुगमनात्ते गुरुता भारो न भविष्यति ॥ २३ ॥ तथा न्याययुक्तं न निनीषति स्म न नेतुमैच्छत् । अतएवास्या निवर्तने निवर्तनरूपप्रयोजननिमित्तं वनवासस्य दुःखतां दुःखजनकतां प्रति । सत्संभवम् । बहुहेतुजातमुवाचेत्यर्थः ॥ २४ ॥ इति श्रीरामाभिरामे श्रीरामीये रामायणतिलके वाल्मीकीय आदिकाव्येऽयोध्याकाण्डे सप्तविंशः सर्गः ॥ २७ ॥

स इति । न नेतुं कुरुते बुद्धिं न नेतुं कुरुते इव ॥ १ ॥ ॥ २ ॥ महाकुलीनेत्याद्युक्तिः स्ववाक्याङ्गीकारप्रयोजना । इहैव स्थित्वा यथा मे मम मनसः सुखं भवति तथा मदागमनमुद्दिश्य स्वधर्मं चर धर्ममेवाचर ॥ ३ ॥ हि यतो वने बहवो दोषाः क्लेशाः अतो मदुक्तं कार्यमित्यन्वयः ॥ ४ ॥ कान्तारं गहनत्वाद्दुष्प्रवेशं वनं बहुदोषमित्यभिधीयत इति योजना । सीते इति कलत्रनामग्रहणमपि दुःखाकुलचित्तत्वनाटनेन न दोषाय ॥ ५ ॥ हितबुद्ध्या एतदभिधीयते । न तु स्वद्भरणादिप्रयासोपाधिनेत्यर्थः । सदा सर्वकालं सुखं वने नास्ति । सुखं सुखदं न भवति, किं तु दुःखं दुःखदमेवेत्येव जानामि निश्चिनोमि ॥ ६ ॥ गिरिनिर्झरा गिरिनद्यस्तन्निनदैः संभूताः प्रभूताः गिरिनिर्दरिवासिनां सिंहानां निनदाः श्रोतुं दुःखाः अतो वनं दुःखं दुःखजनकम् ॥ ७ ॥ विस्रब्धा निःशङ्काः । दृष्ट्वा मनुष्यं दृष्ट्वा । समभिवर्तन्ते हन्तुं संमुखमायान्ति ॥ ८ ॥

सग्राहाः सरितश्चैव पङ्कवत्यस्तु दुस्तराः । मत्तैरपि गजैर्नित्यमतो दुःखतरं वनम् ॥ ९
लताकण्टकसंकीर्णाः कृकवाकूपनादिताः । निरपाश्च सुदुःखाश्च मार्गा दुःखमतो वनम् ॥ १०
सुप्यते पर्णशय्यासु स्वयंभग्नासु भूतले । रात्रिषु श्रमखिन्नेन तस्माद्दुःखमतो वनम् ॥ ११
अहोरात्रं च संतोषः कर्तव्यो नियतात्मना । फलैर्वृक्षावपतितैः सीते दुःखमतो वनम् ॥ १२
उपवासश्च कर्तव्यो यथाप्राणेन मैथिलि । जटाभारश्च कर्तव्यो वल्कलाम्बरधारणात् ॥ १३
देवतानां पितॄणां च कर्तव्यं विधिपूर्वकम् । प्राप्तानामतिथीनां च नित्यशः प्रतिपूजनम् ॥ १४
कार्यस्त्रिरभिषेकश्च काले काले च नित्यशः । चरतां नियमेनैव तस्माद्दुःखतरं वनम् ॥ १५
उपहारश्च कर्तव्यः कुसुमैः स्वयमाहृतैः । आर्षेण विधिना वेद्यां सीते दुःखमतो वनम् ॥ १६
यथालब्धेन कर्तव्यः संतोषस्तेन मैथिलि । यथाहारैर्वनचरैः सीते दुःखमतो वनम् ॥ १७
अतीव वातस्तिमिरं बुभुक्षा चास्ति नित्यशः । भयानि च महान्त्यत्र अतो दुःखतरं वनम् ॥ १८
सरीसृपाश्च बहवो बहुरूपाश्च भामिनि । चरन्ति पथि ते दर्पात्ततो दुःखतरं वनम् ॥ १९
नदीनिलयनाः सर्पा नदीकुटिलगामिनः । तिष्ठन्त्यावृत्य पन्थानमतो दुःखतरं वनम् ॥ २०
पतङ्गा वृश्चिकाः कीटा दंशाश्च मशकैः सह । बाधन्ते नित्यमबले सर्वं दुःखमतो वनम् ॥ २१
द्रुमाः कण्टकिनश्चैव कुशाः काशाश्च भामिनि । वने व्याकुलशाखाग्रास्तेन दुःखमतो वनम् ॥ २२
कायक्लेशाश्च बहवो भयानि विविधानि च । अरण्यवासे वसतो दुःखमेव सदा वनम् ॥ २३
क्रोधलोभौ विमोक्तव्यौ कर्तव्या तपसे मतिः । न भेतव्यं च भेतव्ये दुःखं नित्यमतो वनम् ॥ २४
तदलं ते वनं गत्वा क्षेमं नहि वनं तव । विमृशन्निव पश्यामि बहुदोषकरं वनम् ॥ २५

वनं तु नेतुं न कृता मतिर्यदा बभूव रामेण तदा महात्मना ।
न तस्य सीता वचनं चकार तं ततोऽब्रवीद्राममिदं सुदुःखिता ॥ २६

इत्यार्षे श्रीमद्रामायणे वाल्मीकीय आदिकाव्येऽयोध्याकाण्डेऽष्टाविंशः सर्गः ॥ २८ ॥

एकोनत्रिंशः सर्गः ।

एतत्तु वचनं श्रुत्वा सीता रामस्य दुःखिता । प्रसक्ताश्रुमुखी मन्दमिदं वचनमब्रवीत् ॥ १
ये त्वया कीर्तिता दोषा वने वस्तव्यतां प्रति । गुणानित्येव तान्विद्धि तव स्नेहपुरस्कृता ॥ २
मृगाः सिंहा गजाश्चैव शार्दूलाः शरभास्तथा । चमराः सृमराश्चैव ये चान्ये वनचारिणः ॥ ३
अदृष्टपूर्वरूपत्वात्सर्वे ते तव राघव । रूपं दृष्ट्वापसर्पेयुस्तव सर्वे हि बिभ्यति ॥ ४

सग्राहकत्वं पङ्कवत्त्वं च दुस्तरत्वे हेतुः । नित्यं गजैरित्यस्य युक्तमिति शेषः ॥ ९ ॥ कृकवाकुर्वनकुक्कुटः । सरठ इत्यन्ये । निरपा निर्गतोदकाः । 'ऋक्पूः—' इत्यप्समासान्तः ॥ १० ॥ स्वयंभग्नासु स्वयंपतितशीर्णपर्णमयशय्यास्विति यावत् । श्रमखिन्नेन दिवाफलाद्यानयनश्रमखिन्नेन सुप्यते । वनवासिना जनेनेति शेषः । तेन तवापि स श्रमस्तदेव शयनं चेति सममेवेति ध्वनितम् ॥ ११ ॥ वृक्षावपतितैर्वृक्षेभ्यः स्वयमेव पतितैः । अहोरात्रं प्रातःसायम् ॥ १२ ॥ यथाप्राणेन यथाबलानुसारेण । केशसंस्काराभावाज्जटाभारकरणम् ॥ १३ ॥ प्रतिपूजनं कार्यम् । तेन तदर्थसामग्रीसंपादनक्लेशो ध्वनितः ॥ १४ ॥ काले काले प्रातःकालादौ नियमेनैव चरतां कालक्षेपं कुर्वतां त्रिरभिषेकः कार्यः । त्रिषवणस्नानं कर्तव्यमित्यर्थः ॥ १५ ॥ उपहारः पूजा । आर्षो विधिरुञ्छादिवृत्तिः । वेद्यामित्यनेन तत्करणदुःखं ध्वनितम् ॥ १६ ॥ तेन वन्यपदार्थेन । यथाहारैर्यथालब्धाहारैः ॥ १७ ॥ तिमिरम् । रात्रिष्विति शेषः ॥ १८ ॥ बहुरूपाः सरीसृपाः सन्ति ते च मार्गमध्ये दर्पाच्चरन्ति ॥ १९ ॥ निलयनं वासस्थानम् । नदीवत्कुटिलगतयः ॥२०॥ अबले इत्यनेन तन्निवारणासामर्थ्यं ध्वनितम् ॥ २१ ॥ व्याकुलशाखाग्रत्वं यथायोगं द्रुमेषु कुशकाशयोश्च बोध्यम् ॥२२॥२३॥ भेतव्ये भेतव्यविषये ॥ २४ ॥ अलं गत्वा । न गन्तव्यमित्यर्थः । विमृशन्दोषान्विचारयन् । तान्दोषानिहस्थोऽपि पश्यामीव । अतो बहुदोषकरं वनमिति ब्रवीमीति शेषः ॥२५॥ रामेण यदा वने नेतुं मतिर्न कृता बभूव तदा सीता तस्य वचनं न चकार नाङ्गीचकार । ततो हेतोरिदमब्रवीत् ॥ २६ ॥

इति श्रीरामाभिरामे श्रीरामीये रामायणतिलके वाल्मीकीय आदिकाव्येऽयोध्याकाण्डेऽष्टाविंशः सर्गः ॥ २८ ॥

एतदिति ॥ १ ॥ वने वस्तव्यतां वासं प्रति त्वया ये दोषाः कीर्तितास्तान्मां प्रति गुणानेव विद्धि । यतोऽहं तव स्नेहेन पुरस्कृता त्वन्निष्ठस्नेहविषया । अनेन त्वत्स्नेहविषयस्य दोषपदार्थो न कोऽपीति भावः । यद्वा यतस्त्वद्विषयकस्नेहेनाग्रगा इत्यर्थः ॥ २ ॥ तदेवाह—मृगा इत्यादि ॥ ३ ॥ अदृष्टपूर्वं तावकं रूपं येषां तत्त्वात् । रूपं दृष्ट्वेति । 'स्थाने हृषीकेश तव

त्वया च सह गन्तव्यं मया गुरुजनाज्ञया । त्वद्वियोगेन मे राम त्यक्तव्यमिह जीवितम् ॥ ५
नहि मां त्वत्समीपस्थामपि शक्रोऽपि राघव । सुराणामीश्वरः शक्रः प्रधर्षयितुमोजसा ॥ ६
पतिहीना तु या नारी न सा शक्ष्यति जीवितुम् । काममेवंविधं राम त्वया मम निदर्शितम् ॥ ७
अथापि च महाप्राज्ञ ब्राह्मणानां मया श्रुतम् । पुरा पितृगृहे सत्यं वस्तव्यं किल मे वने ॥ ८
लक्षणिभ्यो द्विजातिभ्यः श्रुत्वाहं वचनं गृहे । वनवासकृतोत्साहा नित्यमेव महाबल ॥ ९
आदेशो वनवासस्य प्राप्तव्यः स मया किल । सा त्वया सह भर्त्राहं यास्यामि प्रिय नान्यथा ॥ १०
कृतादेशा भविष्यामि गमिष्यामि त्वया सह । कालश्चायं समुत्पन्नः सत्यवाग्भवतु द्विजः ॥ ११
वनवासे हि जानामि दुःखानि बहुधा किल । प्राप्यन्ते नियतं वीर पुरुषैरकृतात्मभिः ॥ १२
कन्यया च पितुर्गेहे वनवासः श्रुतो मया । भिक्षिण्याः शमवृत्ताया मम मातुरिहाग्रतः ॥ १३
प्रसादितश्च वै पूर्वं त्वं मे बहुतिथं प्रभो । गमनं वनवासस्य काङ्क्षितं हि सह त्वया ॥ १४
कृतक्षणाहं भद्रं ते गमनं प्रति राघव । वनवासस्य शूरस्य मम चर्या हि रोचते ॥ १५
शुद्धात्मन्प्रेमभावाद्धि भविष्यामि विकल्मषा । भर्तारमनुगच्छन्ती भर्ता हि परदैवतम् ॥ १६
प्रेत्यभावे हि कल्याणः संगमो मे सदा त्वया । श्रुतिर्हि श्रूयते पुण्या ब्राह्मणानां यशस्विनाम् ॥ १७
इहलोके च पितृभिर्या स्त्री यस्य महाबल । अद्भिर्दत्ता स्वधर्मेण प्रेत्यभावेऽपि तस्य सा ॥ १८

प्रकीर्त्या' इति न्यायाद्येषामन्यकर्तृकत्वत्स्मरणेन भयं तेषां साक्षात्त्वद्दर्शने भयमित्यर्थसिद्धमिति ध्वनितम् । तत्र सर्वे हि बिभ्यति । अनेन यद्भीषोदेति सूर्य इत्यर्थो ध्वनितः ॥ ४ ॥ गुरुजनाज्ञया । 'इयं सीता मम सुता छायेवानुगता सदा' इति सूचितपित्राद्याज्ञयोक्तरीत्या त्वत्पित्राद्याज्ञया । त्वद्वियोगेन हेतुना ॥ ५ ॥ आद्योऽपिर्लोकोक्तौ ॥ ६ ॥ एवंविधं पतिहीनाया जीवनमशक्यमित्येवंरूपं त्वया दर्शितं भरतानुकूलतयात्र वासस्थित्युपदेशेन, अतोऽहं त्वया सह यास्यामि । त्वदुपदिष्टभरतानुकूल्येन स्थातुमशक्यत्वादिति भावः । केचित्तु—एवंविधं वनवासदुःखं कामं त्वया मम दर्शितं यद्यपि, तथापि तादृशवने पतिहीना प्रबलभर्तृहीना न जीवितुं शक्ष्यति न तु मादृशी प्रबलभर्तृकेत्यहं वनं यास्याम्येवेति भाव इत्याहुः ॥ ७ ॥ अथापि वनस्य सदोषत्वेऽपि । वने त्वया वस्तव्यं किलेति ब्राह्मणानां सत्यं वचनं पूर्वं पितृगेहे निवसन्त्या मया श्रुतम्, अतोऽवश्यंभावित्वान्मम वनवासस्य न दोषगणनेति भावः ॥ ८ ॥ तदेव पुनर्द्रढयति—लक्षणिभ्य इति । सामुद्रिकलक्षणंविद्भ्यः । वचनं वनवाससंपादकलक्षणसत्ताविषयकं वचनम् । नित्यमेवेतः प्रागपि ॥ ९ ॥ स वनवासस्यादेशो ब्राह्मणोक्तो मया प्राप्तव्यः किल भाविनोऽन्यथाभावाभावात् । तस्मात्त्वया सह यास्यामि । इदमन्यथा न । कथमप्यन्यथा न भविष्यतीत्यर्थः । अत्राज्ञापर्यायादेशशब्देन ब्राह्मणोक्तिस्त्वदाज्ञैव तव सर्वान्तर्यामित्वादिति सूचितम् । किं चावतारकरणसमकालिकोऽयं तवादेशोऽद्यतनरात्रिशेषकालिकश्चादेश इति ध्वनितम् ॥ १० ॥ तदेवाह—कृतेति । कृतादेशा अनुष्ठिताज्ञा । अन्यथा प्रतिज्ञाताचरणाभावे दोषाभावो ममापि तवेव स्यादिति भावः । अतस्त्वया सह गमिष्यामि । समुत्पन्नः संप्राप्तः । पूर्वकल्पितवनवासस्येति शेषः । द्विज इति जात्यभिप्रायेण । अत्र द्विजपदेन रावणोऽपि । तेन यच्छ्वेतद्वीपे तेनोक्तं लक्ष्मीनिमित्तं त्वत्तो मे वधोऽस्त्विति, तत्सत्यं भवत्वित्यपि गूढं सूचितम् ॥ ११ ॥ इति तात्त्विकमर्थमुक्त्वा पुनर्लोकानुसारेणाह—वनेत्यादि । हिरेवार्थे । किलेति निश्चये । वनवासे बहुधा दुःखानि सन्तीति निश्चितं जानाम्येव, तथापि तान्यकृतात्मभिरजितेन्द्रियैः पुरुषैः स्त्रीसाहित्यवशात्प्राप्यन्ते । अत्र पुरुषप्रकरणाभावेऽपि तदुक्तिस्त्वयापि सा बुद्धिर्वनवासदुःखं दृष्ट्वा न निवर्तनीयेति ध्वनयितुम् ॥ १२ ॥ ननु लक्षणज्ञानां भ्रमो भवेत्तत्राह—कन्यया चेति । भिक्षिण्याः शमवृत्तायाः शमवदाचारायास्तापस्याः। तपोयुक्तत्वेन तस्या भ्रमो न संभवतीति भावः । अत्रत्यमिहेत्युत्तरश्लोकान्वयि ॥ १३ ॥ इहास्मिन्गृहे पूर्वमेव त्वं मे मया बहुतिथं बहुवारं वनवासस्य लीलार्थं वनगमनं प्रति प्रसादितः । अतस्त्वया सह वनगमनं मे काङ्क्षितम् । हि निश्चयेन । इति जानीहीति शेषः ॥ १४ ॥ हे राघव,ते भद्रम् । अहं गमनं प्रति कृतक्षणास्मि कृतानुमतिकास्मि वने वासो यस्य तादृशस्य शूरस्य तव चर्या शुश्रूषा मम रोचते हि । तादृशस्य शूरस्य तव चर्या रक्षोवधादिरूपा मम रोचते तत्संबन्धेनैव शोभते संपद्यते हि यत इति गूढम् ॥ १५ ॥ प्रेमभावाद्भर्तारमनुगच्छन्ती विकल्मषा भविष्यामीत्यन्वयः । त्वया विनात्र स्थितौ हि लोकः कल्मषं संभावयिष्यतीति भावः ॥ १६ ॥ प्रेत्यभावे मृत्वा शरीरान्तरपरिग्रहेऽपि । परलोकेऽपीति यावत् । त्वया सह संगमः कल्याणो दिव्यसुखहेतुः । अत इह संगमस्य कल्याणत्वं कैमुतिकन्यायसिद्धमिति भावः । प्रेत्यसंगमसत्त्वे मानमाह—ब्राह्मणानां मुखात्पुण्या किल श्रुतिर्यत उक्तार्थप्रतिपादिका श्रूयते ॥ १७ ॥ तां श्रुतिं पठति—इहेति । या स्त्री पितृभिः पितृपितामहमात्रादिभिर्यस्याद्भिः स्वधर्मेण स्वस्वजातीयकन्यादानधर्मेण दत्ता सा इह

एवमस्मात्स्वकां नारीं सुवृत्तां हि पतिव्रताम् । नाभिरोचयसे नेतुं त्वं मां केनेह हेतुना ॥ १९
भक्तां पतिव्रतां दीनां मां समां सुखदुःखयोः । नेतुमर्हसि काकुत्स्थ समानसुखदुःखिनीम् ॥ २०
यदि मां दुःखितामेवं वनं नेतुं न चेच्छसि । विषमग्निं जलं वाहमास्थास्ये मृत्युकारणात् ॥ २१
एवं बहुविधं तं सा याचते गमनं प्रति । नानुमेने महाबाहुस्तां नेतुं विजनं वनम् ॥ २२
एवमुक्ता तु सा चिन्तां मैथिली समुपागता । स्नापयन्तीव गामुष्णैरश्रुभिर्नयनच्युतैः ॥ २३
चिन्तयन्तीं तदा तां तु निवर्तयितुमात्मवान् । क्रोधाविष्टां तु वैदेहीं काकुत्स्थो बहु सान्त्वयत् ॥ २४

इत्यार्षे श्रीमद्रामायणे वाल्मीकीय आदिकाव्येऽयोध्याकाण्ड एकोनत्रिंशः सर्गः ॥ २९ ॥

त्रिंशः सर्गः ।

सान्त्व्यमाना तु रामेण मैथिली जनकात्मजा । वनवासनिमित्तार्थं भर्तारमिदमब्रवीत् ॥ १
सा तमुत्तमसंविग्ना सीता विपुलवक्षसम् । प्रणयाच्चाभिमानाच्च परिचिक्षेप राघवम् ॥ २
किं त्वामन्यत वैदेहः पिता मे मिथिलाधिपः । राम जामातरं प्राप्य स्त्रियं पुरुषविग्रहम् ॥ ३
अनृतं बत लोकोऽयमज्ञानाद्यदि वक्ष्यति । तेजो नास्ति परं रामे तपतीव दिवाकरे ॥ ४
किं हि कृत्वा विषण्णस्त्वं कुतो वा भयमस्ति ते । यत्परित्यक्तुकामस्त्वं मामनन्यपरायणाम् ॥ ५
द्युमत्सेनसुतं वीरं सत्यवन्तमनुव्रताम् । सावित्रीमिव मां विद्धि त्वमात्मवशवर्तिनीम् ॥ ६
न त्वहं मनसा त्वन्यं द्रष्टास्मि त्वदृतेऽनघ । त्वया राघव गच्छेयं यथान्या कुलपांसनी ॥ ७
स्वयं तु भार्यां कौमारीं चिरमध्युषितां सतीम् । शैलूष इव मां राम परेभ्यो दातुमिच्छसि ॥ ८
यस्य पथ्यं च रामात्थ यस्य चार्थेऽवरुध्यसे । त्वं तस्य भव वश्यश्च विधेयश्च सदानघ ॥ ९
स मामनादाय वनं न त्वं प्रस्थितुमर्हसि । तपो वा यदि वारण्यं स्वर्गो वा स्यात्त्वया सह ॥ १०
न च मे भविता तत्र कश्चित्पथि परिश्रमः । पृष्ठतस्तव गच्छन्त्या विहारशयनेष्विव ॥ ११
कुशकाशशरेषीका ये च कण्टकिनो द्रुमाः । तूलाजिनसमस्पर्शा मार्गे मम सह त्वया ॥ १२

लोके च तस्यैव प्रेत्यभावेऽपि तस्यैव भवतीति ॥ १८ ॥ एवं श्रुतिन्यायतो नित्यसंबन्धे सतीत्यर्थः । अस्मान्नगरात् । स्वकां स्वीयाम् । सुवृत्तामित्यस्य विवरणं पतिव्रतामिति ॥ १९ ॥ सुखदुःखयोः समाम् । अस्यैव विवरणं समानसुखदुःखिनीम् । नेतुम् । वनमिति शेषः ॥ २० ॥ न चेच्छसि । नैवेच्छसीत्यर्थः ॥ २१ ॥ अननुमतौ हेतुर्विजनत्वं श्वश्रूप्रभृतिरक्षकजनरहितत्वम् ॥ २२ ॥ एवमुक्तानुमतिबोधकवाक्यमुक्ता । स्नापयन्तीवेत्युक्त्या तस्या अपि वास्तवदुःखाभावो ध्वनितः । रामवाक्यस्य नाट्यतया ज्ञानात् ॥ २३ ॥ सान्त्वयत् । सान्त्ववाक्यान्युवाचेत्यर्थः ॥ २४ ॥ इति श्रीरामाभिरामे श्रीरामीये रामायणतिलके वाल्मीकीय आदिकाव्येऽयोध्याकाण्ड एकोनत्रिंशः सर्गः ॥ २९ ॥

वनवासनिमित्तार्थं वनवासनिमित्तानुमतिसिद्ध्यर्थम् ॥ १ ॥ उत्तमसंविग्ना अतिभीता सैव प्रणयात्स्नेहात् । अभिमानोऽत्यन्तमिष्टत्वेन रहसि कोपप्रीत्यादिप्रयुक्तसकलवचनार्ह इत्येवंरूपः । परिचिक्षेप सोपहासवचनमुक्तवती ॥ २ ॥ पुरुषविग्रहमाकारेण पुरुषं क्रियया तु स्त्रियमेव त्वां जामातरं प्राप्य मे पिता किममन्यत । नव तत्त्वं न [illegible]त्यर्थः । यदि जानीयान्मां तुभ्यं न प्रयच्छेदिति शेषः ॥ ३ ॥ यदि मां विहाय भवान्वनगमनभारं वक्ष्यति प्राप्स्यति । 'वह प्रापणे' अस्य रूपम् । तदा यदिदं लोको वदति रामे यत्तेजस्तत्तपति दिवाकरे नास्तीवेति तदज्ञानादिव गदितमनृतम् । भविष्यतीति शेषः । बतेति खेदे । खेदातिशयव्यञ्जकतया च न्यूनपदत्वादि न दोषः ॥ ४ ॥ किं हि कृत्वा । किं मनसि विचार्येत्यर्थः । विषण्णः प्राप्तविषादः ॥ ५ ॥ द्युमत्सेनसुतं सत्यवन्तमनुव्रतां तत्पत्नीं सावित्रीमिव मां विद्धि ॥ ६ ॥ यथान्या कुलपांसन्यन्यं पश्यति, एवमहं मनसाप्यन्यं न द्रष्टास्मि। अतस्त्वदृते त्वां विना नात्र स्थास्ये । अतो हे राघव, त्वया सह गच्छेयम् ॥ ७ ॥ एवमप्यननुमतिमेव दृष्ट्वा पुनराक्षिपति—स्वयं त्विति । कौमारीम् । अन्यापूर्वेण विवाहितामन्यापूर्वां च चिरमध्युषिताम् । अनेन तरुणीत्वमुक्तम् । शैलूष इव जायाजीव इव ॥ ८ ॥ तदेव दर्शयति—यस्य भरतस्य । मां पथ्यंचरामिष्टानुवर्तिनीमात्थ संप्रत्येव कथितवानसि । पथ्यंचरामित्यत्र मुमार्षः । यस्य च भरतस्यार्थे तदभिषेकरूपप्रयोजननिमित्तम् । अवरुध्यसे निरुद्धाभिषेकोऽसि । तस्य त्वमेव वश्य इष्टानुवर्ती विधेयो नियोज्यश्च भव नाहं तदिष्टानुवर्तिनी तद्विधेया चेह वसामीत्याशयः ॥ ९ ॥ १० ॥ विहारशयनेषु सुप्ताया इवारण्ये गच्छन्त्या न मे परिश्रम इति योजना ॥ ११ ॥ तूलैरजिनैः प्रियकादि-

महावातसमुद्धूतं यन्[illegible]करिष्यति । रजो रमण तन्मन्ये परार्ध्यमिव चन्दनम् ॥ १३
शाद्वलेषु यदा शिश्ये वनान्तर्वनगोचरा । कुथास्तरणयुक्तेषु किं स्यात्सुखतरं ततः ॥ १४
पत्रं मूलं फलं यत्तु अल्पं वा यदि वा बहु । दास्यसे स्वयमाहृत्य तन्मेऽमृतरसोपमम् ॥ १५
न मातुर्न पितुस्तत्र स्मरिष्यामि न वेश्मनः । आर्तवान्युपभुञ्जाना पुष्पाणि च फलानि च ॥ १६
न च तत्र ततः किंचिद्द्रष्टुमर्हसि विप्रियम् । मत्कृते न च ते शोको न भविष्यामि दुर्भरा ॥ १७
यस्त्वया सह स स्वर्गो निरयो यस्त्वया विना । इति जानन्परां प्रीतिं गच्छ राम मया सह ॥ १८
अथ मामेवमव्यग्रां वनं नैव नयिष्यसे । विषमद्यैव पास्यामि मा वशं द्विषतां गमम् ॥ १९
पश्चादपि हि दुःखेन मम नैवास्ति जीवितम् । उज्झितायास्त्वया नाथ तदैव मरणं वरम् ॥ २०
इमं हि सहितुं शोकं मुहूर्तमपि नोत्सहे । किं पुनर्दशवर्षाणि त्रीणि चैकं च दुःखिता ॥ २१
इति सा शोकसंतप्ता विलप्य करुणं बहु । चुक्रोश पतिमायस्ता भृशमालिङ्ग्य सस्वरम् ॥ २२
सा विद्धा बहुभिर्वाक्यैर्दिग्धैरिव गजाङ्गना । चिरसंनियतं बाष्पं मुमोचाग्निमिवारणिः ॥ २३
तस्याः स्फटिकसंकाशं वारि संतापसंभवम् । नेत्राभ्यां परिसुस्राव पङ्कजाभ्यामिवोदकम् ॥ २४
तत्सितामलचन्द्राभं मुखमायतलोचनम् । पर्यशुष्यत बाष्पेण जलोद्धृतमिवाम्बुजम् ॥ २५
तां परिष्वज्य बाहुभ्यां विसंज्ञामिव दुःखिताम् । उवाच वचनं रामः परिविश्वासयंस्तदा ॥ २६
न देवि तव दुःखेन स्वर्गमप्यभिरोचये । नहि मेऽस्ति भयं किंचित्स्वयंभोरिव सर्वतः ॥ २७
तव सर्वमभिप्रायमविज्ञाय शुभानने । वासं न रोचयेऽरण्ये शक्तिमानपि रक्षणे ॥ २८
यत्सृष्टासि मया सार्धं वनवासाय मैथिलि । न विहातुं मया शक्या प्रीतिरात्मवता यथा ॥ २९
धर्मस्तु गजनासोरु सद्भिराचरितः पुरा । तं चाहमनुवर्तिष्ये यथा सूर्यं सुवर्चला ॥ ३०
न खल्वहं न गच्छेयं वनं जनकनन्दिनि । वचनं तन्नयति मां पितुः सत्योपबृंहितम् ॥ ३१
एष धर्मश्च सुश्रोणि पितुर्मातुश्च वश्यता । आज्ञां चाहं व्यतिक्रम्य नाहं जीवितुमुत्सहे ॥ ३२
अस्वाधीनं कथं दैवं प्रकारैरभिराध्यते । स्वाधीनं समतिक्रम्य मातरं पितरं गुरुम् ॥ ३३
यत्र त्रयं त्रयो लोकाः पवित्रं तत्समं भुवि । नान्यदस्ति शुभापाङ्गे तेनेदमभिराध्यते ॥ ३४

मृगाजिनैश्च समः स्पर्शो येषां तादृशाः । भविष्यन्तीति शेषः ॥ १२ ॥ अवकरिष्यति विक्षेप्स्यति । व्याप्स्यतीति यावत् । परार्ध्यमत्युत्तमम् ॥ १३ ॥ वनान्तर्वनमध्ये । शिश्ये । त्वया सहेति शेषः । कुथाश्चित्रकम्बलास्तद्रूपास्तरणयुक्तेषु मञ्चेषु सुप्ताया मम ततः शाद्वलशयनात्किं सुखतरं स्यात्किमधिकं सुखं स्यात् । न किमपीत्यर्थः ॥ १४ ॥ स्वयमाहृत्य दास्यस इत्यनेन स्वस्य तदाहरणप्रयुक्तश्रमाभावः सूचितः ॥ १५ ॥ मातुरित्यादिकर्मणः शेषत्वविवक्षया षष्ठी । आर्तवानि तत्तदृतुभवानि ॥ १६ ॥ तत उक्तहेतोः ॥ १७ ॥ त्वत्साहित्येन नरकोऽपि स्वर्गस्तद्राहित्येन स्वर्गो नरक इति मम निश्चयं जानन् ॥ १८ ॥ कैकेयीवन्मथितसिद्धान्तमाह—अथेति । अव्यग्रां वनवासे दोषानगणयन्तीम् । द्विषतां भरतादीनाम् ॥ १९ ॥ पश्चात्त्वद्गमनोत्तरकालम् । अतस्तदैव त्वद्वियोगकाल एव ॥ २० ॥ किमिति । विगृह्य कथनेन वनवासकालसंख्याया अतिदुस्तरत्वं ध्वनयति ॥ २१ ॥ आयस्तायासं प्राप्ता । सस्वरं सशब्दम् ॥ २२ ॥ दिग्धैर्विषलिप्तबाणैः । चिरसंनियतं बहुकालं संनिरुद्धम् ॥ २३ ॥ २४ ॥ सिता पूर्णमासी तत्संबन्ध्यमलो राह्वाद्यनुपरक्तो यश्चन्द्रस्तत्सदृशम् । जलोद्धृतं जलमुद्धृतं यस्मात् । आहिताग्न्यादिः ॥ २५ ॥ परिविश्वासयन्नुज्जीवयन् ॥ २६ ॥ तव दुःखेन त्वद्वियोगदुःखेन । प्राप्तमपीति शेषः । स्वयंभोर्ब्रह्मणः स्वव्यतिरिक्ततत्त्ववस्त्वन्तराभावेन पूर्णबलत्वेन च यथा भयाभावस्तद्वदेव ममापि सर्वतो भयाभावः ॥ २७ ॥ सर्वं समग्रमान्तरमभिप्रायमविज्ञाय तत एव हेतोस्तव वनवासं न रोचये नाङ्गीकृतवान् । इतः प्रागिति शेषः ॥ २८ ॥ यत्सृष्टासि निश्चितासि मया सार्धं वनवासाय । गन्तुमिति शेषः । यद्वा सृष्टास्यवतीर्णासि, अतस्त्वं मया विहातुं न शक्या । आत्मवतात्मज्ञेन यथा प्रीतिर्दया हातुमशक्या ॥२९॥ सर्वथा त्वां सह नेष्यामीत्याह—धर्मस्त्विति । वानप्रस्थधर्म इत्यर्थः । तं पूर्वाचरितधर्मम् । त्वं च यथा सूर्यं सुवर्चलानुवर्तते तथा मामनुवर्तस्व ॥ ३० ॥ मम तु गमनं निश्चितमेवेत्याह—न खल्विति । अहं वनं न गच्छेयमिति न, किंतु सर्वथा गच्छेयमेव । यतस्तत्पितुर्वचनं मां नयति ॥ ३१ ॥ ननु यदि तव नेच्छा तदा पितृवच उल्लङ्घ्यापि तिष्ठेत्याह—एष धर्म इति । एतत्पदार्थः पितुर्मातुश्च वश्यतेष्टानुवर्तिता । अतोऽहं तदाज्ञां व्यतिक्रम्य जीवितुं नोत्सह इति मया निश्चितम् ॥ ३२ ॥ अस्वाधीनमप्रत्यक्षत्वात्तादृशं दैवं प्रकारैर्भावनामात्रसाध्याराधनप्रकारैः स्वाधीनं प्रत्यक्षदृश्यमानत्वात् ॥ ३३ ॥ यत्र पित्राद्याराधने सति त्रयं धर्मार्थकामरूपं भवति त्रयो

न सत्यं दानमानौ वा यज्ञो वाप्याप्तदक्षिणः । तथा बलकराः सीते यथा सेवा पितुर्मता ॥ ३५
स्वर्गो धनं वा धान्यं वा विद्याः पुत्राः सुखानि च । गुरुवृत्त्यनुरोधेन न किंचिदपि दुर्लभम् ॥ ३६
देवगन्धर्वगोलोकान्ब्रह्मलोकांस्तथापरान् । प्राप्नुवन्ति महात्मानो मातापितृपरायणाः ॥ ३७
स मां पिता यथा शास्ति सत्यधर्मपथे स्थितः । तथा वर्तितुमिच्छामि स हि धर्मः सनातनः ॥ ३८
मम सन्ना मतिः सीते नेतुं त्वां दण्डकावनम् । वसिष्यामीति सा त्वं मामनुयातुं सुनिश्चिता ॥ ३९
सा हि दिष्टानवद्याङ्गि वनाय मदिरेक्षणे । अनुगच्छस्व मां भीरु सहधर्मचरी भव ॥ ४०
सर्वथा सदृशं सीते मम स्वस्य कुलस्य च । व्यवसायमनुक्रान्ता कान्ते त्वमतिशोभनम् ॥ ४१
आरभस्व शुभश्रोणि वनवासक्षमाः क्रियाः । नेदानीं त्वदृते सीते स्वर्गोऽपि मम रोचते ॥ ४२
ब्राह्मणेभ्यश्च रत्नानि भिक्षुकेभ्यश्च भोजनम् । देहि चाशंसमानेभ्यः संत्वरस्व च मा चिरम् ॥ ४३
भूषणानि महार्हाणि वरवस्त्राणि यानि च । रमणीयाश्च ये केचित्क्रीडार्थाश्चाप्युपस्कराः ॥ ४४
शयनीयानि यानानि मम चान्यानि यानि च । देहि स्वभृत्यवर्गस्य ब्राह्मणानामनन्तरम् ॥ ४५
अनुकूलं तु सा भर्तुर्ज्ञात्वा गमनमात्मनः । क्षिप्रं प्रमुदिता देवी दातुमेव प्रचक्रमे ॥ ४६

इत्यार्षे श्रीमद्रामायणे वाल्मीकीय आदिकाव्येऽयोध्याकाण्डे त्रिंशः सर्गः ॥ ३० ॥

एकत्रिंशः सर्गः ।

एवं श्रुत्वा स संवादं लक्ष्मणः पूर्वमागतः । बाष्पपर्याकुलमुखः शोकं सोढुमशक्नुवन् ॥ १
स भ्रातुश्चरणौ गाढं निपीड्य रघुनन्दनः । सीतामुवाचातियशां राघवं च महाव्रतम् ॥ २
यदि गन्तुं कृता बुद्धिर्वनं मृगगजायुतम् । अहं त्वानुगमिष्यामि वनमग्रे धनुर्धरः ॥ ३
मया समेतोऽरण्यानि रम्याणि विचरिष्यसि । पक्षिभिर्भृङ्गयूथैश्च संघुष्टानि समन्ततः ॥ ४
न देवलोकाक्रमणं नामरत्वमहं वृणे । ऐश्वर्यं चापि लोकानां कामये न त्वया विना ॥ ५
एवं ब्रुवाणः सौमित्रिर्वनवासाय निश्चितः । रामेण बहुभिः सान्त्वैर्निषिद्धः पुनरब्रवीत् ॥ ६
अनुज्ञातस्तु भवता पूर्वमेव यदस्म्यहम् । किमिदानीं पुनरपि क्रियते मे निवारणम् ॥ ७

लोकाश्चाराधिता भवन्ति । अनेन तदाराधनेन लोकत्रयान्तर्गतसकलदेवताराधनफलं दर्शितम् । अतस्तत्सममन्यत्पवित्रं पुण्यजनकम् । यद्वा पविर्महाभयरूपः संसारः । 'पविर्वज्रं महाभयम्' इत्यभिधानात् । तस्मात्त्रायते तत्तेन संसारतारकमित्यर्थः । अन्यत्रैलोक्ये नास्ति तेन भुवि स्थितैरिदमाराध्यते ॥ ३४ ॥ बलकराः परलोकबलकराः । तद्धितावहा इति यावत् ॥ ३५ ॥ गुरुवृत्तिर्गुरुचित्तवृत्तिः ॥ ३६ ॥ ३७ ॥ मा माम् ॥ ३८ ॥ यतो वने वसिष्यामीति दृढनिश्चयेन त्वं मामनुयातुं निश्चिता, अतस्त्वां दण्डकावनं नेतुं मम या मतिस्तद्विरुद्धा या मतिरासीत्सेदानीं सन्ना विशीर्णा ॥ ३९ ॥ सा त्वं हि यतोऽधुना वनाय वनगमनाय दिष्टा मयानुज्ञाता, अतो मामनुगच्छस्व । सहधर्मचरी भवेत्यनेन वनवाससाध्यस्य स्वधर्मस्य रक्षोवधजस्य त्वया विनासंभव इति सूचितम् ॥ ४० ॥ व्यवसायं भर्त्रनुसरणनिश्चयमनुक्रान्ता प्रकर्षेण प्राप्ता । प्रीत्यतिशयात्संबोधनद्वयम् ॥ ४१ ॥ क्रिया दानादिक्रियाः । इदानीमेवं दृढनिश्चये ॥ ४२ ॥ रत्नान्युत्तमवस्तूनि । भोजनमाशंसमानेभ्यो भिक्षुकेभ्यो भोजनं देहि ॥ ४३ ॥ क्रीडार्था उपस्कराः स्वर्णमयपुत्रिकाद्युपकरणानि ॥ ४४ ॥ शयनीयानि मम च । चात्मस्व । अन्यानि यानि च । वस्तूनीति शेषः । ब्राह्मणानामनन्तरं ब्राह्मणदानोत्तरमवशिष्टानि । भृत्यवर्गेभ्यो देहीत्यर्थः ॥ ४५ ॥ अनुकूलमिष्टं गमनं वनानुगमनम् ॥ ४६ ॥ इति श्रीरामाभिरामे श्रीरामीये रामायणतिलके वाल्मीकीय आदिकाव्येऽयोध्याकाण्डे त्रिंशः सर्गः ॥ ३० ॥

संवादम् । रामसीतयोरिति शेषः । पूर्वमागतः कौसल्यागृहाद्रामसीतासंवादप्रवृत्तेः पूर्वमेवागतः शोकं स्वस्य वनगमनमङ्गीकरोति न वेति शङ्कया संभावितरामविरहजम् ॥ १ ॥ भ्रातुश्चरणौ गाढं निपीड्य । प्रणम्येति यावत् । अतियशामुत्कृष्टकीर्तिमतीं सीतां चक्षुरादिभिः प्रार्थयन् । महाव्रतं वनवासलक्षणमहाव्रतकृतनिश्चयं रामं तूवाच । चस्त्वर्थे । स्वाभिमतप्राप्तौ सीताशरणगमनमेव मद्गमनमङ्गीकारयत्येवं मुख्य उपाय इति मत्वा तत्प्रार्थना ॥ २ ॥ बुद्धिः । युवाभ्यामिति शेषः । त्वा त्वां वनगन्तारम् । अनुगमिष्यामि । अनुः सहार्थे । गमनकाले चाग्रत एव धनुर्धरो गमिष्यामि ॥ ३ ॥ ४ ॥ नन्विहैव भोगान्भुक्त्वा स्थातव्यमित्यत्राह—नेति । आक्रमणमारोहः ॥ ५ ॥ ६ ॥ पूर्वमेव भवतानुज्ञातः । तस्मादपरितापः संस्त्वमप्यनुविधाय मां प्रतिसंहारय क्षिप्रमाभिषेचनिकीं

यदर्थं प्रतिषेधो मे क्रियते गन्तुमिच्छतः । एतदिच्छामि विज्ञातुं संशयो हि ममानघ ॥ ८
ततोऽब्रवीन्महातेजा रामो लक्ष्मणमग्रतः । स्थितं प्राग्गामिनं धीरं याचमानं कृताञ्जलिम् ॥ ९
स्निग्धो धर्मरतो धीरः सततं सत्पथे स्थितः । प्रियः प्राणसमो वश्यो विधेयश्च सखा च मे ॥ १०
मयाद्य सह सौमित्रे त्वयि गच्छति तद्वनम् । को भजिष्यति कौसल्यां सुमित्रां वा यशस्विनीम् ॥ ११
अभिवर्षति कामैर्यः पर्जन्यः पृथिवीमिव । स कामपाशपर्यस्तो महातेजा महीपतिः ॥ १२
सा हि राज्यमिदं प्राप्य नृपस्याश्वपतेः सुता । दुःखितानां सपत्नीनां न करिष्यति शोभनम् ॥ १३
न स्मरिष्यति कौसल्यां सुमित्रां च सुदुःखिताम् । भरतो राज्यमासाद्य कैकेय्यां पर्यवस्थितः ॥ १४
तामार्यां स्वयमेवेह राजानुग्रहणेन वा । सौमित्रे भर कौसल्यामुक्तमर्थममुं चर ॥ १५
एवं मयि च ते भक्तिर्भविष्यति सुदर्शिता । धर्मज्ञगुरुपूजायां धर्मश्चाप्यतुलो महान् ॥ १६
एवं कुरुष्व सौमित्रे मत्कृते रघुनन्दन । अस्माभिर्विप्रहीणाया मातुर्नो न भवेत्सुखम् ॥ १७
एवमुक्तस्तु रामेण लक्ष्मणः श्लक्ष्णया गिरा । प्रत्युवाच तदा रामं वाक्यज्ञो वाक्यकोविदम् ॥ १८
तवैव तेजसा वीर भरतः पूजयिष्यति । कौसल्यां च सुमित्रां च प्रयतो नास्ति संशयः ॥ १९
यदि दुःस्थो न रक्षेत भरतो राज्यमुत्तमम् । प्राप्य दुर्मनसा वीर गर्वेण च विशेषतः ॥ २०
तमहं दुर्मतिं क्रूरं वधिष्यामि न संशयः । तत्पक्षानपि तान्सर्वांस्त्रैलोक्यमपि किं तु सा ॥ २१
कौसल्या बिभृयादार्या सहस्रं मद्विधानपि । यस्याः सहस्रं ग्रामाणां संप्राप्तमुपजीविनाम् ॥ २२
तदात्मभरणे चैव मम मातुस्तथैव च । पर्याप्ता मद्विधानां च भरणाय मनस्विनी ॥ २३
कुरुष्व मामनुचरं वैधर्म्यं नेह विद्यते । कृतार्थोऽहं भविष्यामि तव चार्थः प्रकल्प्यते ॥ २४
धनुरादाय सगुणं खनित्रपिटकाधरः । अग्रतस्ते गमिष्यामि पन्थानं तव दर्शयन् ॥ २५
आहरिष्यामि ते नित्यं मूलानि च फलानि च । वन्यानि च तथान्यानि स्वाहार्हाणि तपस्विनाम् ॥ २६
भवांस्तु सह वैदेह्या गिरिसानुषु रंस्यसे । अहं सर्वं करिष्यामि जाग्रतः स्वपतश्च ते ॥ २७
रामस्त्वनेन वाक्येन सुप्रीतः प्रत्युवाच तम् । व्रजापृच्छस्व सौमित्रे सर्वमेव सुहृज्जनम् ॥ २८
ये च राज्ञो ददौ दिव्ये महात्मा वरुणः स्वयम् । जनकस्य महायज्ञे धनुषी रौद्रदर्शने ॥ २९

क्रियामित्युक्तेः । किं च पूर्वम् । अवतरणसमय इत्यप्यर्थः ॥ ७ ॥ एतत्प्रतिषेधप्रयोजनम् । संशयः पूर्वं केनाभिप्रायेणानुमतिः, इदानीं केनाभिप्रायेण प्रतिषेध इति संदेहः ॥ ८ ॥ प्राग्गामिनं वनं प्रति प्रथमगमनाभिप्रायवन्तम् । याचमानम् । तत्रानुमतिमिति शेषः ॥ ९ ॥ वश्यविधेयावसकृद्व्याख्यातौ ॥ १० ॥ को भजिष्यतीति । 'भरिष्यति' इति पाठान्तरम् । एवं च मातृसेवार्थमेव प्रतिषिध्यते । अलंकारप्रतिसंहारोक्तिश्च उत्सवार्थधृताधिकालंकारविषया । मदनुविधानं च मदिष्टाप्रतिबन्धरूपमिति भावः ॥ ११ ॥ कामैरिष्टान्नपानैः । ननु भर्तैवास्या रक्षकस्तत्राह—स इति । स कामपाशेन पर्यस्तः । कैकेय्यनुरागेण बद्ध इत्यर्थः ॥ १२ ॥ १३ ॥ पुत्रत्वाद्भरतो रक्षिष्यतीत्यत्राह—न स्मरिष्यतीति । कैकेय्यां तन्नियोगे सपत्नीतिरस्कारविषयके पर्यवस्थितः प्रतिष्ठितः ॥ १४ ॥ तर्हि मयापि कथं रक्षणं कर्तुं शक्यमत आह—राजानुग्रहणेन वा । दशरथानुग्रहसंपादनेनेत्यर्थः ॥ १५ ॥ मयि भक्तिर्मदाज्ञायाः पालनात् । गुरुः कौसल्यादिः ॥ १६ ॥ विप्रहीणाया वियुक्तायाः । नोऽस्माकम् ॥ १७ ॥ १८ ॥ मातृसेवायां भरत एवास्तीत्याह—तवैवेति । अनेन रामोक्तानुपपत्तिपरिहारः । अप्रमेयबलराममातुरसेवायां मम महानर्थ इति मत्वा भरत एव तां पूजयिष्यतीत्यर्थः ॥ १९ ॥ तदेव कालान्तरभवं भयं दर्शयति—यदीति । दुःस्थो दुर्मार्गस्थो राज्यं प्राप्येत्यन्वयः । दुर्मनसा कैकेय्यनुरोधाद्दुष्टमनसा ॥ २० ॥ त्रैलोक्यमपि तत्पक्षं वधिष्यामीत्यनुकर्षः । किं तु सेत्युत्तरश्लोकान्वयि ॥ २१ ॥ किं च स्वात्मभरणे कौसल्यायाः कस्याप्यपेक्षा नेत्याह—किं तु सा कौसल्येत्यादि । कुतस्तस्याः एवं शक्तिस्तत्राह—यस्या इति । यस्या उपजीविनामुपजीविभिः सहस्रं ग्रामाणां प्राप्तं वर्तते ॥ २२ ॥ यदेवं तदिति ॥ २३ ॥ यदेवमतो मामनुचरं कुरुष्व मत्सेवामनुमन्यस्व । इह मत्सेवानुमतौ वैपरीत्यसाधकं न विद्यते । त्वदुक्तहेतोरन्यथासिद्धेर्दर्शितत्वात् । तवार्थः फलमूलाद्याहरणरूपस्त्वत्प्रयासं विना प्रकल्प्यते प्रसिध्यति । अहं च तेन कृतार्थो भवामि । अत उभयहितं मदनुगमनमिति भावः ॥ २४ ॥ तदेव दर्शयति—धनुरित्यादिना । श्वापदादिभ्यो रक्षार्थं धनुर्ग्रहः । पिटका फलमूलाद्याहरणयोग्या वंशपेटी ॥ २५ ॥ स्वाहार्हाणि होमयोग्यानि हविर्भूतानि । 'स्वाहार्हाणि' इति पाठे सुष्ठ्वाहारयोग्यानि ॥ २६ ॥ स्वपतश्चेत्यनेन रात्रौ स्वस्य निर्निद्रत्वं ध्वनयति ॥ २७ ॥ अनेन वाक्येन स्वपतश्चेत्यन्तेन । व्रज अनुव्रज । आपृच्छस्व सुहृज्जनानामाज्ञां गृहाण ॥ २८ ॥ महायज्ञे तुष्टो वरुणो राज्ञो जन-

अमेद्ये कवचे दिव्ये तूणी चाक्षय्यसायकौ । आदित्यविमलाभौ द्वौ खड्गौ हेमपरिष्कृतौ ॥ ३०
सत्कृत्य निहितं सर्वमेतदाचार्यसद्मनि । सर्वमायुधमादाय क्षिप्रमाव्रज लक्ष्मण ॥ ३१
स सुहृज्जनमामन्त्र्य वनवासाय निश्चितः । इक्ष्वाकुगुरुमागम्य जग्राहायुधमुत्तमम् ॥ ३२
तद्दिव्यं राजशार्दूलः सत्कृतं माल्यभूषितम् । रामाय दर्शयामास सौमित्रिः सर्वमायुधम् ॥ ३३
तमुवाचात्मवान्रामः प्रीत्या लक्ष्मणमागतम् । काले त्वमागतः सौम्य काङ्क्षिते मम लक्ष्मण ॥ ३४
अहं प्रदातुमिच्छामि यदिदं मामकं धनम् । ब्राह्मणेभ्यस्तपस्विभ्यस्त्वया सह परंतप ॥ ३५
वसन्तीह दृढं भक्त्या गुरुषु द्विजसत्तमाः । तेषामपि च मे भूयः सर्वेषां चोपजीविनाम् ॥ ३६

वसिष्ठपुत्रं तु सुयज्ञमार्यं त्वमानयाशु प्रवरं द्विजानाम् ।
अपि प्रयास्यामि वनं समस्तानभ्यर्च्य शिष्टानपरान्द्विजातीन् ॥ ३७

इत्यार्षे श्रीमद्रामायणे वाल्मीकीय आदिकाव्येऽयोध्याकाण्ड एकत्रिंशः सर्गः ॥ ३१ ॥

द्वात्रिंशः सर्गः ।

ततः शासनमाज्ञाय भ्रातुः प्रियकरं हितम् । गत्वा स प्रविवेशाशु सुयज्ञस्य निवेशनम् ॥ १
तं विप्रमग्न्यगारस्थं वन्दित्वा लक्ष्मणोऽब्रवीत् । सखेऽभ्यागच्छ पश्य त्वं वेश्म दुष्करकारिणः ॥ २
ततः संध्यामुपस्थाय गत्वा सौमित्रिणा सह । ऋद्धं स प्राविशल्लक्ष्म्या रम्यं रामनिवेशनम् ॥ ३
तमागतं वेदविदं प्राञ्जलिः सीतया सह । सुयज्ञमभिचक्राम राघवोऽग्निमिवार्चितम् ॥ ४
जातरूपमयैर्मुख्यैरङ्गदैः कुण्डलैः शुभैः । सहेमसूत्रैर्मणिभिः केयूरैर्वलयैरपि ॥ ५
अन्यैश्च रत्नैर्बहुभिः काकुत्स्थः प्रत्यपूजयत् । सुयज्ञं स तदोवाच रामः सीताप्रचोदितः ॥ ६
हारं च हेमसूत्रं च भार्यायै सौम्य हारय । रशनां चाथ सा सीता दातुमिच्छति ते सखी ॥ ७
अङ्गदानि च चित्राणि केयूराणि शुभानि च । प्रयच्छति सखी तुभ्यं भार्यायै गच्छती वनम् ॥ ८
पर्यङ्कमग्र्यास्तरणं नानारत्नविभूषितम् । तमपीच्छति वैदेही प्रतिष्ठापयितुं त्वयि ॥ ९
नागः शत्रुंजयो नाम मातुलोऽयं ददौ मम । तं ते निष्कसहस्रेण ददामि द्विजपुंगव ॥ १०
इत्युक्तः स तु रामेण सुयज्ञः प्रतिगृह्य तत् । रामलक्ष्मणसीतानां प्रयुयोजाशिषः शिवाः ॥ ११
अथ भ्रातरमव्यग्रं प्रियरामः प्रियंवदम् । सौमित्रिं तमुवाचेदं ब्रह्मेव त्रिदशेश्वरम् ॥ १२
अगस्त्यं कौशिकं चैव तावुभौ ब्राह्मणोत्तमौ । अर्चयाहूय सौमित्रे रत्नैः सस्यमिवाम्बुभिः ॥ १३
तर्पयस्व महाबाहो गोसहस्रेण राघव । सुवर्णरजतैश्चैव मणिभिश्च महाधनैः ॥ १४

कस्य धनुरादिकं ददौ । तच्च जनकेनास्माकं यौतकत्वेन दत्तं तत्सर्वमाचार्यसद्मन्याचार्य सत्कृत्य निहितं तदादाय क्षिप्रमाव्रजागच्छ । अत्रैवमनुवादादेव तत्र जनकाय वरुणकर्तृकधनुरादिदानं रामलक्ष्मणाभ्यां च तत्कर्तृकतद्दानं बोध्यम् ॥ २९ ॥ ३० ॥ आयुधमिति जात्या ॥ ३१ ॥ स लक्ष्मणः ॥ ३२ ॥ राजशार्दूलः क्षत्रियश्रेष्ठः ॥ ३३ ॥ मम काङ्क्षिते मदभीष्टप्रयोजननिमित्तसंपादनोचितकाल आगतः ॥ ३४ ॥ ॥ ३५ ॥ इह मत्समीपे । गुरुषु दृढभक्त्योपेताः । एतेन पूर्णविद्यतया दानपात्रत्वं सूचितम् ॥ ३६ ॥ वसिष्ठपुत्रं सुयज्ञमानयेत्यनेन मूलप्रभोर्दशरथस्य वसिष्ठः पुरोहितस्तत्पुत्रस्य तत्पुत्र इति न्यायेन सुयज्ञस्य विशिष्यानयननियोगः । अस्यैव गृह आयुधस्थापनमिति शेषः ॥ ३७ ॥ इति श्रीरामाभिरामे श्रीरामीये रामायणतिलके वाल्मीकीय आदिकाव्येऽयोध्याकाण्ड एकत्रिंशः सर्गः ॥ ३१ ॥

तत इति ॥ १ ॥ अग्न्यगारमग्निहोत्रशाला । हे सखे, रामस्य वेश्मागच्छ । दुष्करकारिणो रामस्य प्राप्तराज्यत्यागपूर्वं वनं जिगमिषोः कृत्यं च पश्येति शेषः ॥ २ ॥ संध्यां माध्याह्निकीम् ॥ ३ ॥ अभिचक्राम प्रत्युत्थानादिकृतवान् । अर्चितमग्निमिव । होमकाल इति शेषः ॥ ४ ॥ अङ्गदं बाहुमूलधार्यभूषणम् । केयूरं तदधोभागस्थम् । सहेमसूत्रैर्मणिभिः स्वर्णसूत्रस्यूतैर्मुक्तादिरत्नमालाभिः ॥ ५ ॥ सीताप्रचोदितः सीतया सुयज्ञपत्न्यै सखीत्वाद्दिव्याभरणदानाय प्रचोदितः ॥ ६ ॥ हेमसूत्रमुरोभूषणविशेषः । हारय सेवकद्वारा प्रापय । रशना काञ्ची । सा मदनुगामिनी सखी । तव भार्याया इति शेषः ॥ ७ ॥ तुभ्यं भार्यायै च । गच्छती । नुमभाव आर्षः ॥ ८ ॥ त्वयि त्वद्गृहे प्रतिष्ठापयितुं दानपूर्वकं प्रापयितुम् ॥ ९ ॥ शत्रुंजयो नाम तथा प्रसिद्धं यं गजं मातुलो मम ददौ तं गजं ते ददामि । निष्कसहस्रेण स्वनामाङ्कितनिष्कसहस्रदक्षिणया ॥ १० ॥ ११ ॥ ब्रह्मा त्रिदशेश्वरमिव । नियोक्तृनियोज्ययोः परापरप्रभुत्वे दृष्टान्तः ॥ १२ ॥ कौशिको विश्वामित्रः । आहूया-

कौसल्यां च य आशीर्भिर्भक्तः पर्युपतिष्ठति । आचार्यस्तैत्तिरीयाणामभिरूपश्च वेदवित् ॥ १५
तस्य यानं च दासीश्च सौमित्रे संप्रदापय । कौशेयानि च वस्त्राणि यावत्तुष्यति स द्विजः ॥ १६
सूतश्चित्ररथश्चार्यः सचिवः सुचिरोषितः । तोषयैनं महार्हैश्च रत्नैर्वस्त्रैर्धनैस्तथा ॥ १७
पशुकाभिश्च सर्वाभिर्गवां दशशतेन च । ये च मे कठकालापा बहवो दण्डमाणवाः ॥ १८
नित्यस्वाध्यायशीलत्वान्नान्यत्कुर्वन्ति किंचन । अलसाः स्वादुकामाश्च महतां चापि संमताः ॥ १९
तेषामशीतियानानि रत्नपूर्णानि दापय । शालिवाहसहस्रं च द्वे शते भद्रकांस्तथा ॥ २०
व्यञ्जनार्थं च सौमित्रे गोसहस्रमुपाकुरु । मेखलीनां महासङ्घः कौसल्यां समुपस्थितः ।
तेषां सहस्रं सौमित्रे प्रत्येकं संप्रदापय ॥ २१
अम्बा यथा नो नन्देच्च कौसल्या मम दक्षिणाम् । तथा द्विजातींस्तान्सर्वाँल्लक्ष्मणार्चय सर्वशः ॥ २२
ततः पुरुषशार्दूलस्तद्धनं लक्ष्मणः स्वयम् । यथोक्तं ब्राह्मणेन्द्राणामददाद्धनदो यथा ॥ २३
अथाब्रवीद्बाष्पगलांस्तिष्ठतश्चोपजीविनः । स प्रदाय बहुद्रव्यमेकैकस्योपजीवनम् ॥ २४
लक्ष्मणस्य च यद्वेश्म गृहं च यदिदं मम । अशून्यं कार्यमेकैकं यावदागमनं मम ॥ २५
इत्युक्त्वा दुःखितं सर्वं जनं तमुपजीविनम् । उवाचेदं धनाध्यक्षं धनमानीयतां मम ॥ २६
ततोऽस्य धनमाजह्रुः सर्व एवोपजीविनः । स राशिः सुमहांस्तत्र दर्शनीयो ह्यदृश्यत ॥ २७
ततः स पुरुषव्याघ्रस्तद्धनं सहलक्ष्मणः । द्विजेभ्यो बालवृद्धेभ्यः कृपणेभ्यो ह्यदापयत् ॥ २८
तत्रासीत्पिङ्गलो गार्ग्यस्त्रिजटो नाम वै द्विजः । क्षतवृत्तिर्वने नित्यं फालकुद्दाललाङ्गली ॥ २९
तं वृद्धं तरुणी भार्या बालानादाय दारकान् । अब्रवीद्ब्राह्मणं वाक्यं स्त्रीणां भर्ता हि देवता ॥ ३०
अपास्य फालं कुद्दालं कुरुष्व वचनं मम । रामं दर्शय धर्मज्ञं यदि किंचिदवाप्स्यसे ॥ ३१
स भार्याया वचः श्रुत्वा शाटीमाच्छाद्य दुश्छदाम् । स प्रातिष्ठत पन्थानं यत्र रामनिवेशनम् ॥ ३२
भृग्वङ्गिरःसमं दीप्त्या त्रिजटं जनसंसदि । आपञ्चमायाः कक्ष्याया नैतं कश्चिदवारयत् ॥ ३३
स राममासाद्य तदा त्रिजटो वाक्यमब्रवीत् । निर्धनो बहुपुत्रोऽस्मि राजपुत्र महाबल ॥ ३४
क्षतवृत्तिर्वने नित्यं प्रत्यवेक्षस्व मामिति । तमुवाच ततो रामः परिहाससमन्वितम् ॥ ३५
गवां सहस्रमप्येकं न च विश्राणितं मया । परिक्षिपसि दण्डेन यावत्तावदवाप्स्यसे ॥ ३६

र्चय । अनन्तरं रत्नैस्तर्पय ॥ १३ ॥ १४ ॥ तैत्तिरीयाणां तैत्तिरीयशाखाध्येतॄणामाचार्यो यो द्विजः कौसल्यामाशीर्भिः पर्युपतिष्ठति सेवते । अभिरूपः श्लाघ्यगुणः ॥ १५ ॥ यावद्यावता धनेन तुष्यति तावद्दापय । कौशेयानि कृमिकोशोत्थानि ॥ १६ ॥ चित्ररथनामा सुमन्त्रादन्यः सूतः । सुचिरोषितश्चिरकालवृद्धः ॥ १७ ॥ पशुका अजादयो यज्ञपशवो महिष्यादयश्च । कठकालापा कठकालापसंबन्धिशाखाध्यायिनः । दण्डमाणवा दण्डप्रधाना माणवा उपकुर्वाणब्रह्मचारिणः ॥ १८ ॥ अन्यद्व्रतोपवासादि । अलसा भिक्षादौ । स्वादुकामाः सदन्नकामाः । तेषां दानयोग्यत्वायाह—महतामिति । 'तपो हि स्वाध्यायः' इति श्रुतेर्नित्यतपस्वित्वेन महतां संमताः ॥ १९ ॥ यानान्युष्ट्राः शालीन्वहन्तीति तादृशबलीवर्दानां सहस्रम् । भद्रकांस्तदाख्यान्धान्यविशेषांश्चणकमुद्गादिरूपान्व्यञ्जनार्हान्दापय ॥ २० ॥ व्यञ्जनार्थं दधिघृतार्थम् । उपाकुरु देहि । मेखलीनां ब्रह्मचारिणाम् । दीर्घ आर्षः । समुपस्थितः । विवाहार्थमिति शेषः । सहस्रं गवां निष्काणां वा ॥ २१ ॥ नोऽस्माकमम्बा कौसल्या यथा मम दक्षिणां मया तदाश्रितब्रह्मचारिवर्गस्य दापितां नन्देत्तथा तानर्चयेत्यन्वयः ॥ २२ ॥ २३ ॥ बाष्पगलान्बाष्पगद्गदान् । उपजीवनं जीवनसाधनम् ॥ २४ ॥ एकैकं प्रत्येकम् । यावन्ममागमनशून्यं कार्यम् । पर्यायेणैकशः स्थित्वा पूर्ववद्रक्षणीयमित्यर्थः ॥ २५ ॥ २६ ॥ २७ ॥ कृपणेभ्यो दीनेभ्यः ॥ २८ ॥ तत्र गार्ग्यो गर्गगोत्रः । क्षतेन खननेन वृत्तिर्जीविका यस्य । क्षीणवृत्तिरिति वा । 'उञ्छवृत्तिः' इति पाठान्तरम् । फालं हलावयवविशेषस्तत्सदृशं मृत्खननार्थं लोहमयमत्र विवक्षितं कुद्दालकं खननसाधनम् । लाङ्गलं हलाकारो दण्डः फलापाकर्षणार्थः ॥ २९ ॥ दारकाः पुत्राः । 'स्त्रीणां भर्ता हि देवता' इति पाठे यद्यपि देवतात्वादाज्ञानर्हस्तथापि प्रीत्या मद्वचनं कुरुष्वेत्यर्थः ॥ ३० ॥ यदीत्यस्य दर्शयसि तदा । सर्वथेति शेषः ॥ ३१ ॥ दुश्छदामतिजीर्णत्वादाच्छादनायोग्याम् । यत्र रामनिवेशनं यस्मिन्पथ्याश्रिते रामनिवेशनं प्राप्यते तं पन्थानमास्थाय प्रातिष्ठत ॥ ३२ ॥ दीप्त्या ब्रह्मवर्चसेन ॥ ३३ ॥ ३४ ॥ प्रत्यवेक्षस्व माम् । मयि कृपां कुर्वित्यर्थः । परिहाससमन्वितं क्रीडाप्रयोजनव्यवहारविशेषसमन्वितम् ॥ ३५ ॥ 'अस्त्येकम्' इति पाठे तावदेव शिष्टमस्तीत्यर्थः । 'अप्येकम्' इति पाठे गवामसंख्यातानां मध्य एकमपि सहस्रं मया न विश्राणितं दत्तम्, अतोऽत्रैव

स शाटीं परितः कट्यां संभ्रान्तः परिवेष्ट्य ताम् । अविद्ध्य दण्डं चिक्षेप सर्वप्राणेन वेगतः ॥ ३७
स तीर्त्वा सरयूपारं दण्डस्तस्य कराच्च्युतः । गोव्रजे बहुसाहस्रे पपातोक्षाणसंनिधौ ॥ ३८
तं परिष्वज्य धर्मात्मा आवाप्य सरयूतटात् । आनयामास ता गावस्त्रिजटस्याश्रमं प्रति ॥ ३९
उवाच च तदा रामस्तं गार्ग्यमभिसान्त्वयन् । मन्युर्न खलु कर्तव्यः परिहासो ह्ययं मम ॥ ४०

इदं हि तेजस्तव यद्दुरत्ययं तदेव जिज्ञासितुमिच्छता मया ।
इमं भवानर्थमभिप्रचोदितो वृणीष्व किं चेदपरं व्यवस्यसि ॥ ४१
ब्रवीमि सत्येन न ते स्म यन्त्रणा धनं हि यद्यन्मम विप्रकारणात् ।
भवत्सु सम्यक्प्रतिपादनेन मयार्जितं चैव यशस्करं भवेत् ॥ ४२
ततः सभार्यस्त्रिजटो महामुनिर्गवामनीकं प्रतिगृह्य मोदितः ।
यशोबलप्रीतिसुखोपबृंहिणीस्तदाशिषः प्रत्यवदन्महात्मनः ॥ ४३
स चापि रामः प्रतिपूर्णपौरुषो महाधनं धर्मबलैरुपार्जितम् ।
नियोजयामास सुहृज्जने चिराद्यथार्हसंमानवचःप्रचोदितः ॥ ४४
द्विजः सुहृद्भृत्यजनोऽथवा तदा दरिद्रभिक्षाचरणश्च यो भवेत् ।
न तत्र कश्चिन्न बभूव तर्पितो यथार्हसंमाननदानसंभ्रमैः ॥ ४५

इत्यार्षे श्रीमद्रामायणे वाल्मीकीय आदिकाव्येऽयोध्याकाण्डे द्वात्रिंशः सर्गः ॥ ३२ ॥

त्रयस्त्रिंशः सर्गः ।

दत्त्वा तु सह वैदेह्या ब्राह्मणेभ्यो धनं बहु । जग्मतुः पितरं द्रष्टुं सीतया सह राघवौ ॥ १
ततो गृहीते प्रेष्याभ्यामशोभेतां तदायुधे । मालादामभिरासक्ते सीतया समलंकृते ॥ २
ततः प्रासादहर्म्याणि विमानशिखराणि च । अधिरुह्य जनः श्रीमानुदासीनो व्यलोकयत् ॥ ३
न हि रथ्याः सुशक्यन्ते गन्तुं बहुजनाकुलाः । आरुह्य तस्मात्प्रासादाद्दीनाः पश्यन्ति राघवम् ॥ ४
पदातिं सानुजं दृष्ट्वा ससीतं च जनास्तदा । ऊचुर्बहुजना वाक्यं शोकोपहतचेतसः ॥ ५
यं यान्तमनुयाति स्म चतुरङ्गबलं महत् । तमेकं सीतया सार्धमनुयाति स्म लक्ष्मणः ॥ ६
ऐश्वर्यस्य रसज्ञः सन्कामानां चाकरो महान् । नेच्छत्येवानृतं कर्तुं वचनं धर्मगौरवात् ॥ ७

स्थित्वा दण्डेन यावद्गवाकीर्णं यावन्तं देशं परिक्षिपसि परिग्रहीष्यसि तावत्तावद्देशावस्थिता गा अवाप्स्यसे । ब्राह्मणस्य गोग्रहणचापलकौतुकदर्शनार्थमेतद्भगवद्वचनम् ॥ ३६ ॥ संभ्रान्तस्त्वरितः । सर्वप्राणेन सर्वबलेन । आविद्ध्य भ्रामयित्वा । वेगतो वेगेन ॥ ३७ ॥ स दण्डस्तस्य कराच्च्युतः सरयूपारं तीर्त्वातिक्रम्योक्षाणसंनिधावुक्ष्णां वृषभाणां संनिधिर्यत्र । आर्षं आनङ् । तादृशे गोव्रजे पपात ॥ ३८ ॥ आ तस्मात्सरयूतटात्परपारस्थसरयूमभिव्याप्य या गावः स्थितास्ता आनयामास । त्रिजटाश्रमं प्रति नाययामास चेति शेषः ॥ ३९ ॥ अयं दण्डपरिक्षेपवचनरूपः परिहास एवेत्यर्थः ॥ ४० ॥ इदं हीति । इदं दूरपरिक्षेपजनकं तेजः शक्तिस्तव वृद्धस्यापि यत्तदेव जिज्ञासितुं ज्ञातुम् । स्वार्थे सन्नार्षः । इच्छता । इममर्थं दण्डप्रक्षेपरूपमर्थं भवान्प्रचोदितोऽसि । अपरं गोभ्योऽन्यदपि किंचिद्बहुमूल्यमपि वस्तु वरीतुं व्यवस्यसि चेत्तदपि वृणीष्व ॥ ४१ ॥ इदमुपचारमात्रमिति न मन्तव्यमित्याह— ब्रवीमीति । यन्त्रणा संकोचः । हि यतो मम यद्यद्धनं तद्विप्रकारणाद्विप्रप्रयोजनसंपादनार्थम् । कथं तथात्वमत आह—भवत्सु विप्रेषु सम्यग्यथाशास्त्रं प्रतिपादनेन दानेन तत्फलरूपेण हेतुना दानरूपफलार्थं मयार्जितं धनं मे यशस्करं भवेत्, न तु भूमिनिक्षेपफलम् ॥ ४२ ॥ मोदितः संजातमोदः । यशआदीनामुपबृंहिणीर्विवर्धनीर्महात्मनो रामस्य तदाशिषः प्रत्यवदत् ॥ ४३ ॥ धर्मबलैर्धर्मयुक्तपराक्रमैः । चिराद्यथार्हं कृतैः संमानवचोभिः सुहृज्जनीयैः प्रचोदितः प्रेरितः प्रेरितदानव्यापारः ॥ ४४ ॥ सुहृद्भृत्यजनस्तद्युक्तः । अर्शआद्यन्तमेतत् । दरिद्रः सन्भिक्षाचरणकर्ता । संभ्रम आदरः ॥ ४५ ॥ **इति श्रीरामाभिरामे श्रीरामीये रामायणतिलके वाल्मीकीय आदिकाव्येऽयोध्याकाण्डे द्वात्रिंशः सर्गः ॥ ३२ ॥**

दत्त्वेति ॥ १ ॥ आयुधे इति जात्यभिप्रायेण । सीतयालंकृते पूजार्थचन्दनादिभिः ॥ २ ॥ विमानशिखराणि सप्तभूमिकगृहाग्रभागाः । प्रासादस्त्रिभूमिकः । हर्म्यं राजगृहम् । उदासीनोऽरक्षितृत्वेन निरुत्सुकः । व्यलोकयत् । राममिति शेषः ॥ ३ ॥ यतो बहुजनाकुलत्वाद्रथ्या गन्तुं न सुखेन शक्यन्ते तस्मात्प्रासादमारुह्य प्रासादास्तत्र प्रासादे संस्थाय ॥ ४ ॥ दीनत्वे हेतुमाह—पदातिमिति ॥ ५ ॥ ६ ॥ रसज्ञः सुखज्ञः ।

या न शक्या पुरा द्रष्टुं भूतैराकाशगैरपि । तामद्य सीतां पश्यन्ति राजमार्गगता जनाः ॥ ८
अङ्गरागोचितां सीतां रक्तचन्दनसेविनीम् । वर्षमुष्णं च शीतं च नेष्यत्याशु विवर्णताम् ॥ ९
अद्य नूनं दशरथः सत्त्वमाविश्य भाषते । नहि राजा प्रियं पुत्रं विवासयितुमर्हति ॥ १०
निर्गुणस्यापि पुत्रस्य कथं स्याद्विवासनम् । किं पुनर्यस्य लोकोऽयं जितो वृत्तेन केवलम् ॥ ११
आनृशंस्यमनुक्रोशः श्रुतं शीलं दमः शमः । राघवं शोभयन्त्येते षड्गुणाः पुरुषर्षभम् ॥ १२
तस्मात्तस्योपघातेन प्रजाः परमपीडिताः । औदकानीव सत्त्वानि ग्रीष्मे सलिलसंक्षयात् ॥ १३
पीडया पीडितं सर्वं जगदस्य जगत्पतेः । मूलस्येवोपघातेन वृक्षः पुष्पफलोपगः ॥ १४
मूलं ह्येष मनुष्याणां धर्मसारो महाद्युतिः । पुष्पं फलं च पत्रं च शाखाश्चास्येतरे जनाः ॥ १५
ते लक्ष्मण इव क्षिप्रं सपत्न्यः सहबान्धवाः । गच्छन्तमनुगच्छामो येन गच्छति राघवः ॥ १६
उद्यानानि परित्यज्य क्षेत्राणि च गृहाणि च । एकदुःखसुखा राममनुगच्छाम धार्मिकम् ॥ १७
समुद्धृतनिधानानि परिध्वस्ताजिराणि च । उपात्तधनधान्यानि हृतसाराणि सर्वशः ॥ १८
रजसाभ्यवकीर्णानि परित्यक्तानि दैवतैः । मूषकैः परिधावद्भिरुद्बिलैरावृतानि च ॥ १९
अपेतोदकधूमानि हीनसंमार्जनानि च । प्रणष्टबलिकर्मेज्यामन्त्रहोमजपानि च ॥ २०
दुष्कालेनेव भग्नानि भिन्नभाजनवन्ति च । अस्मत्त्यक्तानि कैकेयी वेश्मानि प्रतिपद्यताम् ॥ २१
वनं नगरमेवास्तु येन गच्छति राघवः । अस्माभिश्च परित्यक्तं पुरं संपद्यतां वनम् ॥ २२
बिलानि दंष्ट्रिणः सर्वे सानूनि मृगपक्षिणः । त्यजन्त्वस्मद्भयाद्भीता गजाः सिंहा वनान्यपि ॥ २३
अस्मत्त्यक्तं प्रपद्यन्तु सेव्यमानं त्यजन्तु च । तृणमांसफलादानं देशं व्यालमृगद्विजम् ॥ २४
प्रपद्यतां हि कैकेयी सपुत्रा सहबान्धवैः । राघवेण वयं सर्वे वने वत्स्याम निर्वृताः ॥ २५
इत्येवं विविधा वाचो नानाजनसमीरिताः । शुश्राव राघवः श्रुत्वा न विचक्रेऽस्य मानसम् ॥ २६
स तु वेश्म पुनर्मातुः कैलासशिखरप्रभम् । अभिचक्राम धर्मात्मा मत्तमातङ्गविक्रमः ॥ २७
विनीतवीरपुरुषं प्रविश्य तु नृपालयम् । ददर्शावस्थितं दीनं सुमन्त्रमविदूरतः ॥ २८

प्रतीक्षमाणोऽभिजनं तदार्तमनार्तरूपः प्रहसन्निवाथ ।
जगाम रामः पितरं दिदृक्षुः पितुर्निदेशं विधिवच्चिकीर्षुः ॥ २९
तत्पूर्वमैक्ष्वाकसुतो महात्मा रामो गमिष्यन्नृपमार्तरूपम् ।
व्यतिष्ठत प्रेक्ष्य तदा सुमन्त्रं पितुर्महात्मा प्रतिहारणार्थम् ॥ ३०

कामानां भोग्यवस्तूनाम् । वचनं पितृवचनम् ॥ ७ ॥ भूतैः प्राणिभिः । वनप्रयाणानुमत्यर्थं राजसंनिधौ गमनसमये ॥ ८ ॥ ९ ॥ सत्त्वं पिशाचम् । राजा स्वस्वभावे वर्तमानो हि यतो न पुत्रं विवासयितुमर्हति ॥ १० ॥ तदेवाह—निर्गुणस्यापीति । वृत्तेन चरित्रेण । तस्मात्पिशाचग्रस्त एवेति भावः ॥ ११ ॥ आनृशंस्यमहिंसा । अनुक्रोशो दया । श्रुतमनुष्ठानपर्यवसायि शास्त्राध्ययनम् । शीलं सत्स्वभावः । दमो बाह्येन्द्रियनिग्रहः । शमश्चित्तनिग्रहः ॥ १२ ॥ तस्मात्तस्य षड्गुणवत्त्वात् । उपघातः पीडनम् । पाठान्तरेऽपि स एवार्थः ॥ १३ ॥ जगत्पालकत्वादपि तस्योपघातेन जगत्पीडितमित्याह—पीडयेति । पुष्पफलोपगः पुष्पफलसहितः । मूलस्येवेत्यनेन सर्वजगदधिष्ठानत्वमस्य सूचितम् ॥ १४ ॥ मनुष्याणामित्युपलक्षणं प्राणिमात्रस्य वस्तुमात्रस्य च । धर्म एवान्तःसारो यस्य सः ॥ १५ ॥ सपत्न्यः पत्नीसहितास्ते रामोपघातमसहन्तो वयम् । येन मार्गेण ॥१६॥ एकदुःखसुखाः समानदुःखसुखाः ॥ १७ ॥ समुद्धृतनिधानत्वादिधर्मकाणि गृहाणि कैकेयी प्रतिपद्यतामित्यन्वयः । निधानानि निक्षेपाः । अजिरमङ्गणं परिध्वस्तं मार्जनादिरहितं येषु । धनं गवादि, अनिक्षिप्तभूषणादि चोपात्तं गृहीतं येभ्योऽत एव हृतसाराणि ॥ १८ ॥ उद्बिलैरुद्गिन्नबिलैः ॥ १९ ॥ अपेतोदकत्वादिना मनुष्यराहित्यं सूच्यते ॥ २० ॥ दुष्कालो राजिकर्दविकक्षोभकालः ॥ २१ ॥ येन वनेन हेतुना ॥ २२ ॥ दंष्ट्रिणः सर्पाः । मृगपक्षिणो गिरिस्थाः ॥ २३ ॥ अस्मत्त्यक्तम् । पुरमिति शेषः । सेव्यमानमस्माभिः सेव्यमानं वनमित्यर्थः । कर्तारोऽत्र पूर्वोक्ता दंष्ट्र्यादयः । तृणमांसफलानामादानं यस्मात्तम् । व्यालमृगद्विजं तद्वन्तम् । अर्शआद्यच् । तादृशं देशमिमं कैकेयी प्रपद्यतामित्यन्वयः ॥ २४ ॥ २५ ॥ न विचक्रे न विकारं प्राप्तम् ॥ २६ ॥ पुनस्तद्वार्ताश्रवणानन्तरमपि । मातुः कैकेय्याः ॥ २७ ॥ २८ ॥ आर्तं खिन्नम् । अभिजनं देशम् । तत्स्थजनमिति यावत् । प्रतीक्षमाणः पश्यन्नपि । निदेशमाज्ञाम् ॥ २९ ॥ तत्पूर्वं सः स्वाकारणार्थागमनकालः पूर्वो यस्यार्तरूपत्ववतस्तादृशम् । तदारभ्यार्तरूपमिति यावत् । सुमन्त्रं प्रेक्ष्य प्रतिहारणार्थं स्वागमननिवेदनार्थं व्यतिष्ठत् ।

पितुर्निदेशेन तु धर्मवत्सलो वनप्रवेशे कृतबुद्धिनिश्चयः ।
स राघवः प्रेक्ष्य सुमन्त्रमब्रवीन्निवेदयस्वागमनं नृपाय मे ॥ ३१

इत्यार्षे श्रीमद्रामायणे वाल्मीकीय आदिकाव्येऽयोध्याकाण्डे त्रयस्त्रिंशः सर्गः ॥ ३३ ॥

चतुस्त्रिंशः सर्गः ।

ततः कमलपत्राक्षः श्यामो निरुपमो महान् । उवाच रामस्तं सूतं पितुराख्याहि मामिति ॥ १
स रामप्रेषितः क्षिप्रं संतापकलुषेन्द्रियम् । प्रविश्य नृपतिं सूतो निःश्वसन्तं ददर्श ह ॥ २
उपरक्तमिवादित्यं भस्मच्छन्नमिवानलम् । तटाकमिव निस्तोयमपश्यज्जगतीपतिम् ॥ ३
आबोध्य च महाप्राज्ञः परमाकुलचेतनम् । राममेवानुशोचन्तं सूतः प्राञ्जलिरब्रवीत् ॥ ४
तं वर्धयित्वा राजानं पूर्वं सूतो जयाशिषा । भयविक्लवया वाचा मन्दया श्लक्ष्णयाब्रवीत् ॥ ५
अयं स पुरुषव्याघ्रो द्वारि तिष्ठति ते सुतः । ब्राह्मणेभ्यो धनं दत्त्वा सर्वं चैवोपजीविनाम् ॥ ६
स त्वां पश्यतु भद्रं ते रामः सत्यपराक्रमः । सर्वान्सुहृद आपृच्छ्य त्वां हीदानीं दिदृक्षते ॥ ७
गमिष्यति महारण्यं तं पश्य जगतीपते । वृतं राजगुणैः सर्वैरादित्यमिव रश्मिभिः ॥ ८
स सत्यवाक्यो धर्मात्मा गाम्भीर्यात्सागरोपमः । आकाश इव निष्पङ्को नरेन्द्रः प्रत्युवाच तम् ॥ ९
सुमन्त्रानय मे दारान्ये केचिदिह मामकाः । दारैः परिवृतः सर्वैर्द्रष्टुमिच्छामि राघवम् ॥ १०
सोऽन्तःपुरमतीत्यैव स्त्रियस्ता वाक्यमब्रवीत् । आर्यो ह्वयति वो राजा गम्यतां तत्र मा चिरम् ॥ ११
एवमुक्ताः स्त्रियः सर्वाः सुमन्त्रेण नृपाज्ञया । प्रचक्रमुस्तद्भवनं भर्तुराज्ञाय शासनम् ॥ १२
अर्धसप्तशतास्तत्र प्रमदास्ताम्रलोचनाः । कौसल्यां परिवार्याथ शनैर्जग्मुर्धृतव्रताः ॥ १३
आगतेषु च दारेषु समवेक्ष्य महीपतिः । उवाच राजा तं सूतं सुमन्त्रानय मे सुतम् ॥ १४
स सूतो राममादाय लक्ष्मणं मैथिलीं तथा । जगामाभिमुखस्तूर्णं सकाशं जगतीपतेः ॥ १५
स राजा पुत्रमायान्तं दृष्ट्वा चारात्कृताञ्जलिम् । उत्पपातासनात्तूर्णमार्तः स्त्रीजनसंवृतः ॥ १६
सोऽभिदुद्राव वेगेन रामं दृष्ट्वा विशांपतिः । तमसंप्राप्य दुःखार्तः पपात भुवि मूर्च्छितः ॥ १७
तं रामोऽभ्यपतत्क्षिप्रं लक्ष्मणश्च महारथः । विसंज्ञमिव दुःखेन सशोकं नृपतिं तथा ॥ १८
स्त्रीसहस्रनिनादश्च संजज्ञे राजवेश्मनि । हा हा रामेति सहसा भूषणध्वनिमिश्रितः ॥ १९
तं परिष्वज्य बाहुभ्यां तावुभौ रामलक्ष्मणौ । पर्यङ्के सीतया सार्धं रुदन्तः समवेशयन् ॥ २०

द्वार्थेवेति शेषः ॥ ३० ॥ तदेव सुमन्त्रमाह—पितुरिति ॥ ३१ ॥ इति श्रीरामाभिरामे श्रीरामीये रामायणतिलके वाल्मीकीय आदिकाव्येऽयोध्याकाण्डे त्रयस्त्रिंशः सर्गः ॥ ३३ ॥

'निरुदरः' इति पाठे तनुमध्य इत्यर्थः । श्यामः श्यामवर्णः, तरुणश्च । अत्र कवेरपि करुणासमप्रत्वेन वर्णितस्यैव पुनःपुनः कथनमदोषाय ॥ १ ॥ २ ॥ उपरक्तं राहुग्रस्तम् । पुनरपश्यदिति वाल्मीकेः प्रयोगो वर्णनीयमयीभावेन तस्यापि शोकग्रस्तत्वात् ॥ ३ ॥ आबोध्य महाराज इति संबोध्य । राममेवोद्दिश्य शोचन्तम् ॥ ४ ॥ वर्धयित्वा संपूज्य । भयविक्लवया रामो वनप्रयाणोद्युक्त इतीदं परमनिष्टं कथं राज्ञे वदिष्यामीति भयेन विक्लवया कातरया । अश्लक्ष्णयेति च्छेदः ॥ ५ ॥ उपजीविनां च तेभ्यश्च दत्त्वा । सर्वं धनं दत्त्वेत्यनेन सर्वथा तिष्ठासाभावो ध्वन्यते ॥ ६ ॥ ७ ॥ ८ ॥ स दशरथः । निष्पङ्को निष्पापः । 'निष्पन्दः' इति पाठे निश्चल इत्यर्थः ॥ ९ ॥ इह मद्वेश्मनि ये केचिन्मामका दाराः स्त्रियः सन्ति तान्दारानिहानय ॥ १० ॥ अतीत्यातिवेगेन प्राप्य । ह्वयत्याह्वयति । वो युष्माकं राजा । अवैधव्यदत्वात्, न तु प्रजानां तासां दुःखदत्वात् । आगम्यतामिति पदम् ॥ ११ ॥ प्रचक्रमुर्गच्छन्ति स्म । तद्भवनं तस्य राज्ञो भवनम् ॥ १२ ॥ अर्धसप्तशताः । एकदेशिसमासः । सप्तशतस्यार्धं संख्या यासां ता इत्यर्थः । अर्शआद्यजन्तः । अतएवाग्रे वक्ष्यति—'त्रयः शतशतार्धा हि' इति । ताम्रलोचनाः । रामप्रयाणश्रवणजदुःखजातरोदनेनेति शेषः । कौसल्यां परिवार्येत्यनेन प्राग्लक्ष्मणोक्तं तस्याः सर्वप्रभ्वीत्वं ध्वनितम् ॥ १३ ॥ समवेक्ष्य । दारानिति शेषः ॥ १४ ॥ १५ ॥ आराद्दूरतः । उत्पपातालिङ्गनार्थम् ॥ १६ ॥ तमालिलिङ्गिषितं राममप्राप्य मध्य एव दुःखितः पपात ॥ १७ ॥ अभ्यपतदभ्यागतवान् । विसंज्ञमिव विसंज्ञमेव ॥ १८ ॥ भूषणध्वनिमिश्रित उरःशिरस्ताडनादिना चञ्चलतरभ्रश्यद्भूषणध्वनिमिलितः । 'मूर्छितः' इति पाठेऽपि स एवार्थः । व्याप्त इत्यर्थो वा ॥ १९ ॥ तौ सीतया सार्धं तं राजानं बाहुभ्यां परिष्वज्य यथा पीडा न भवति तथालिङ्गि-

अथ रामो मुहूर्तस्य लब्धसंज्ञं महीपतिम् । उवाच प्राञ्जलिर्बाष्पशोकार्णवपरिप्लुतम् ॥ २१
आपृच्छे त्वां महाराज सर्वेषामीश्वरोऽसि नः । प्रस्थितं दण्डकारण्यं पश्य त्वं कुशलेन माम् ॥ २२
लक्ष्मणं चानुजानीहि सीता चान्वेतु मां वनम् । कारणैर्बहुभिस्तथ्यैर्वार्यमाणौ न चेच्छतः ॥ २३
अनुजानीहि सर्वान्नः शोकमुत्सृज्य मानद । लक्ष्मणं मां च सीतां च प्रजापतिरिवात्मजान् ॥ २४
प्रतीक्षमाणमव्यग्रमनुज्ञां जगतीपतेः । उवाच राजा संप्रेक्ष्य वनवासाय राघवम् ॥ २५
अहं राघव कैकेय्या वरदानेन मोहितः । अयोध्यायां त्वमेवाद्य भव राजा निगृह्य माम् ॥ २६
एवमुक्तो नृपतिना रामो धर्मभृतां वरः । प्रत्युवाचाञ्जलिं कृत्वा पितरं वाक्यकोविदः ॥ २७
भवान्वर्षसहस्राय पृथिव्या नृपते पतिः । अहं त्वरण्ये वत्स्यामि न मे राज्यस्य काङ्क्षिता ॥ २८
नव पञ्च च वर्षाणि वनवासे विहृत्य ते । पुनः पादौ ग्रहीष्यामि प्रतिज्ञान्ते नराधिप ॥ २९
रुदन्नार्तः प्रियं पुत्रं सत्यपाशेन संयुतः । कैकेय्या चोद्यमानस्तु मिथो राजा तमब्रवीत् ॥ ३०
श्रेयसे वृद्धये तात पुनरागमनाय च । गच्छस्वारिष्टमव्यग्रः पन्थानमकुतोभयम् ॥ ३१
नहि सत्यात्मनस्तात धर्माभिमनसस्तव । संनिवर्तयितुं बुद्धिः शक्यते रघुनन्दन ॥ ३२
अद्य त्विदानीं रजनीं पुत्र मा गच्छ सर्वथा । एकाहं दर्शनेनापि साधु तावच्चराम्यहम् ॥ ३३
मातरं मां च संपश्यन्वसेमामद्य शर्वरीम् । तर्पितः सर्वकामैस्त्वं श्वः काल्ये साधयिष्यसि ॥ ३४
दुष्करं क्रियते पुत्र सर्वथा राघव प्रिय । त्वया हि मत्प्रियार्थं तु वनमेवमुपाश्रितम् ॥ ३५
न चैतन्मे प्रियं पुत्र शपे सत्येन राघव । छन्नया चलितस्त्वस्मि स्त्रिया भस्माग्निकल्पया ॥ ३६
वञ्चना या तु लब्धा मे तां त्वं निस्तर्तुमिच्छसि । अनया वृत्तसादिन्या कैकेय्याभिप्रचोदितः ॥ ३७
न चैतदाश्चर्यतमं यत्त्वं ज्येष्ठः सुतो मम । अपानृतकथं पुत्र पितरं कर्तुमिच्छसि ॥ ३८
अथ रामस्तदा श्रुत्वा पितुरार्तस्य भाषितम् । लक्ष्मणेन सह भ्रात्रा दीनो वचनमब्रवीत् ॥ ३९
प्राप्स्यामि यानद्य गुणान्को मे श्वस्तान्प्रदास्यति । अपक्रमणमेवातः सर्वकामैरहं वृणे ॥ ४०

तमुत्थाप्य पर्यङ्के समवेशयन्स्थापितवन्तः ॥ २० ॥ मुहूर्तस्य संबन्धसामान्ये षष्ठी । मुहूर्तेन लब्धसंज्ञमित्यर्थः ॥ २१ ॥ कुशलेन मां पश्य । सौम्येन चक्षुषा मामनुगृहाणेत्यर्थः ॥ २२ ॥ वनं प्रति प्रस्थितं मां सीता चान्वेतु गच्छत्विति लक्ष्मणं च प्रस्थितमनुजानीहीत्यर्थः । ननु लक्ष्मणसीतयोः कुतो वनवासकष्टप्राप्तिः, नह्यसौ वरनिर्बन्धस्तयोरत आह— कारणैरिति । हेतुभिस्तथ्यैर्व्यवहारदशया सत्यैः । नचेच्छतः । इह स्थातुमिति शेषः ॥ २३ ॥ अनुजानीह्यनुज्ञां देहि । प्रजापतिर्ब्रह्मात्मजान्सनकादींस्तपांसि चरितुमुद्युक्तान्यथानुज्ञां दत्तवांस्तद्वदित्यर्थः ॥ २४ ॥ वनवासाय जगतीपतेः स्वस्यानुज्ञामनुमतिं प्रतीक्षमाणं प्रार्थयमानम् । अव्यग्रं लेशतोऽपि विषादरहितं राघवं प्रेक्ष्योवाच ॥ २५ ॥ हे राघव, यतोऽहं कैकेय्या वरदानेन मोहितो निरुत्तरतया शोकपरवशो जातः, अतो राज्यानर्हः । अतो मां निगृह्य बध्वायोध्यायां त्वमेव स्वभुजवैभवेन राजा भव । प्रवृत्तमभिषेकं समापयेति यावत् ॥ २६ ॥ २७ ॥ भवान्वर्षसहस्राय पतिर्भवतु, अतः परमप्यनेककालं राजा भवेत्यर्थः । त्वया यो वरो दत्तस्तमनृतं कर्तुमहं न योग्यः, तव नरकपातप्रसङ्गात् । अतोऽहमरण्ये वत्स्यामि । मे राज्यस्य काङ्क्षिता इच्छा न ॥ २८ ॥ प्रतिज्ञान्ते प्रतिज्ञासमाप्तौ ते पादौ ग्रहीष्यामीत्यन्वयः ॥ २९ ॥ कैकेय्याद्यैव गमनमनुमन्यस्वेति मिथो रहसि चोद्यमानः ॥ ३० ॥ श्रेयसे परलोकहिताय । वृद्धये इहलोकेऽभ्युदयाय । अरिष्टं पापदुःखभिन्नं पुण्यं सुखं च तेऽस्तु । अव्यग्रः सन्नकुतोभयं पन्थानं गच्छस्वेत्यार्षम् ॥ ३१ ॥ सत्यात्मनः सत्यप्रतिष्ठितस्वभावस्य । धर्माभिमनसो धर्मसंपादनाभिनिविष्टमनसः ॥ ३२ ॥ प्रातरेव कैकेय्या प्रस्थितस्य मात्राद्यनुनयदानादिना चतुर्थप्रहरं व्याप्तस्य तुर्ययामे राजानुमत्यर्थमागतस्य राज्ञा तत्कालसमीपमेव प्रवत्स्यमानरजनीसहवासः प्रार्थ्यते । अद्येत्यादि । इदानीमिति समीपलक्षकम् । रजनीमावस । सर्वथा मा गच्छ । किमर्थं तत्राह— चरामि त्वया सह भोक्ष्यामि ॥ ३३ ॥ साधयिष्यसि गमिष्यसि ॥ ३४ ॥ मत्प्रियार्थं मम परलोकहितार्थम् ॥ ३५ ॥ तदेव दर्शयति— न चेत्यादि । छन्नया गूढक्रूराभिप्रायया चलितोऽस्मि भ्रंशितोऽस्मि, त्वदभिषेकमनोरथात् । भस्माग्निकल्पया भस्मच्छन्नाग्नितुल्यया ॥ ३६ ॥ वञ्चना । सामान्येन प्रतिश्रुतवरयोर्भरताभिषेकत्वद्विवासनरूपविशेषपर्यवसायित्वरूपा या मे लब्धा । यतोऽनया वृत्तसादिन्या कुलोचितचारित्रनाशिन्याभिप्रचोदितोऽस्मि । एवमिति शेषः । अतो या वञ्चना मया लब्धा तां निस्तर्तुमिच्छसीति यावत् ॥ ३७ ॥ एतदाश्चर्यतमं न । अपानृतकथमपगतानृतवचनम् । एतच्च नाश्चर्यम् । यतो ज्येष्ठो गुणैर्वयसा च सुतोऽसि ॥ ३८ ॥ आर्तस्य पितुर्भाषितं श्रुत्वैकाहदर्शनेनापीत्युक्तरूपम् । दीनः कैकेय्याद्य गच्छेति नियोगस्यावश्यानुष्ठेयत्वप्रतिज्ञानात्तावन्मात्रपितृमनोरथपूरणासत्त्याप्राप्तशोक इव ॥ ३९ ॥ तर्पितः सर्वकामैरित्यस्योत्तरमाह—प्राप्स्यामीति । गुणान्मृष्टान्नादीन् । अतः सर्वकामैः सर्वकामप्रतिनिधिलेनाप-

इयं सराष्ट्रा सजना धनधान्यसमाकुला । मया विसृष्टा वसुधा भरताय प्रदीयताम् ॥ ४१
वनवासकृता बुद्धिर्न च मेऽद्य चलिष्यति । यस्तु युद्धे वरो दत्तः कैकेय्यै वरद त्वया ॥ ४२
दीयतां निखिलेनैव सत्यस्त्वं भव पार्थिव । अहं निदेशं भवतो यथोक्तमनुपालयन् ॥ ४३
चतुर्दश समा वत्स्ये वने वनचरैः सह । मा विमर्शो वसुमती भरताय प्रदीयताम् ॥ ४४
नहि मे काङ्क्षितं राज्यं सुखमात्मनि वा प्रियम् । यथानिदेशं कर्तुं वै तवैव रघुनन्दन ॥ ४५
अपगच्छतु ते दुःखं मा भूर्बाष्पपरिप्लुतः । नहि क्षुभ्यति दुर्धर्षः समुद्रः सरितांपतिः ॥ ४६
नैवाहं राज्यमिच्छामि न सुखं न च मेदिनीम् । नैव सर्वानिमान्कामान्न स्वर्गं न च जीवितम् ॥ ४७
त्वामहं सत्यमिच्छामि नानृतं पुरुषर्षभ । प्रत्यक्षं तव सत्येन सुकृतेन च ते शपे ॥ ४८
न च शक्यं मया तात स्थातुं क्षणमपि प्रभो । स शोकं धारयस्वेमं नहि मेऽस्ति विपर्ययः ॥ ४९
अर्थितो ह्यस्मि कैकेय्या वनं गच्छेति राघव । मया चोक्तं व्रजामीति तत्सत्यमनुपालये ॥ ५०
मा चोत्कण्ठा कृता देव वने रंस्यामहे वयम् । प्रशान्तहरिणाकीर्णे नानाशकुनिनादिते ॥ ५१
पिता हि दैवतं तात देवतानामपि स्मृतम् । तस्माद्दैवतमित्येव करिष्यामि पितुर्वचः ॥ ५२
चतुर्दशसु वर्षेषु गतेषु नृपसत्तम । पुनर्द्रक्ष्यसि मां प्राप्तं संतापोऽयं विमुच्यताम् ॥ ५३
येन संस्तम्भनीयोऽयं सर्वो बाष्पकलो जनः । स त्वं पुरुषशार्दूल किमर्थं विक्रियां गतः ॥ ५४

पुरं च राष्ट्रं च मही च केवला मया विसृष्टा भरताय दीयताम् ।
अहं निदेशं भवतोऽनुपालयन्वनं गमिष्यामि चिराय सेवितुम् ॥ ५५
मया विसृष्टां भरतो महीमिमां सशैलखण्डां सपुरोपकाननाम् ।
शिवासु सीमास्वनुशास्तु केवलं त्वया यदुक्तं नृपते तथास्तु तत् ॥ ५६
न मे तथा पार्थिव दीयते मनो महत्सु कामेषु न चात्मनः प्रिये ।
यथा निदेशे तव शिष्टसंमते व्यपैतु दुःखं तव मत्कृतेऽनघ ॥ ५७
तदद्य नैवानघ राज्यमव्ययं न सर्वकामान्वसुधां न मैथिलीम् ।
न चिन्तितं त्वामनृतेन योजयन्वृणीय सत्यं व्रतमस्तु ते तथा ॥ ५८
फलानि मूलानि च भक्षयन्वने गिरींश्च पश्यन्सरितः सरांसि च ।
वनं प्रविश्यैव विचित्रपादपं सुखी भविष्यामि तवास्तु निर्वृतिः ॥ ५९

क्रमणमितो गमनमेव वृण इत्यर्थः । यद्वाद्य प्रयाणे सतीमान्गुणान्प्रतिज्ञापालनजधर्मरूपान्प्राप्स्यामि श्वो गमने कस्तान्दास्यति । प्रत्युताधर्म एव । अतः सर्वकामैरित्यादि प्राग्वदेव ॥ ४० ॥ ४१ ॥ अद्य वनवासकृता तदर्था बुद्धिर्न चलिष्यति । अतो गमनानुज्ञामेव कुर्वित्याशयः । अतिदानशूरस्य भवतोऽनुचितमप्येतदित्याह—य इति ॥ ४२ ॥ निखिलेनाद्यैव मत्प्रस्थापनात् । निदेशं शासनम् ॥ ४३ ॥ वनचरैस्तपस्विभिः । मा विमर्शो भरताय राज्यदाने मास्तु संदेहः । सर्वथा तस्मै वसुमती दीयताम् ॥ ४४ ॥ कथमेवमत आह—नहीति । आत्मनि स्वमनसि । सुखं स्वीयानां प्रियं चोद्दिश्य राज्यं न काङ्क्षितम्, अपि तु तव निदेशं यथावत्कर्तुमेव काङ्क्षितमिच्छामि ॥ ४५ ॥ क्षुभ्यति मर्यादां त्यजति ॥ ४६ ॥ ॥ ४७ ॥ अनृतमनृतयुक्तम् । एवं सत्यं सत्ययुक्तम् । तव प्रत्यक्षं तव संनिधौ । सत्येन सुकृतेन ते त्वया च शपे । शपथं करोमीत्यर्थः ॥ ४८ ॥ क्षणमपि । इह पुर इति शेषः । स त्वमिमं मद्गमनसंभवं शोकं धारयस्व । विपर्यय इहाद्य [illegible]रूपं प्रतिज्ञातार्थविपरीतानुष्ठानम् ॥ ४९ ॥ ५० ॥ उत्कण्ठा दर्शनादिविषयोत्कण्ठाजन्यं दुःखम् ॥ ५१ ॥ ५२ ॥ ॥ ५३ ॥ येन त्वया ॥ ५४ ॥ केवला कृत्स्ना । चिराय वनं सेवितुं गमिष्यामि ॥ ५५ ॥ शिवासु सीमास्त्विति । स्थित इति शेषः । मया विना तेनात्र पुरे स्थातुमशक्यत्वादिति भावः । केवलमनुशास्तु रक्षणमात्रं करोतु, न तु राजत्वाभिमानो राज्यसुखं वा तस्येति ध्वनितम् । अनेन राज्ञोऽजीवनं भरतस्य नन्दिग्रामवासश्च ध्वनितः । शिवासु सीमासु रममाण इत्यापाततोऽर्थः । त्वया यदुक्तम् । कैकेयीं प्रतीति शेषः ॥ ५६ ॥ यथा शिष्टसंमते तव निदेशे मया मनो दीयते, तथा महत्सु कामेषु काम्यवस्तुषु मनः संकल्पात्मकं मे मया न दीयते । न च नाप्यात्मनोऽन्तःकरणस्य प्रियेऽतो मत्कृते दुःखं व्यपैतु ॥ ५७ ॥ त्वामनृतेन योजयन्राज्यादिकं चिन्तितं मद्विषयचिन्तावन्तं त्वामपि न वृणीय न वरिष्यामीति मे सत्यं व्रतम् । तथा ते व्रतं कैकेयीवरदानसंकल्पः सत्यमस्तु । अत्र चिन्तितं त्वामित्यनेन चिन्तया तव मरणेऽपि मया न स्थेयम् । मरणादपि परलोकनाशकानृतत्वस्यातिकष्टत्वं सूचितम् । तेन तव मरणे न मे दुःखं नापि पापं यथा तवानृतत्वकारण इति सूचितम्

एवं स राजा व्यसनाभिपन्नस्तापेन दुःखेन च पीड्यमानः ।
आलिङ्ग्य पुत्रं सुविनष्टसंज्ञो भूमिं गतो नैव विचेष्ट किंचित् ॥ ६०
देव्यः समस्ता रुरुदुः समेतास्तां वर्जयित्वा नरदेवपत्नीम् ।
रुदन्सुमित्रोऽपि जगाम मूर्च्छां हाहाकृतं तत्र बभूव सर्वम् ॥ ६१

इत्यार्षे श्रीमद्रामायणे वाल्मीकीय आदिकाव्येऽयोध्याकाण्डे चतुस्त्रिंशः सर्गः ॥ ३४ ॥

पञ्चत्रिंशः सर्गः ।

ततो निर्धूय सहसा शिरो निःश्वस्य चासकृत् । पाणिं पाणौ विनिष्पिष्य दन्तान्कटकटाय्य च ॥ १
लोचने कोपसंरक्ते वर्णं पूर्वोचितं जहात् । कोपाभिभूतः सहसा संतापमशुभं गतः ॥ २
मनः समीक्षमाणश्च सूतो दशरथस्य च । कम्पयन्निव कैकेय्या हृदयं वाक्शरैः शितैः ॥ ३
वाक्यवज्रैरनुपमैर्निर्भिन्दन्निव चाशुभैः । कैकेय्याः सर्वमर्माणि सुमन्त्रः प्रत्यभाषत ॥ ४
यस्यास्तव पतिस्त्यक्तो राजा दशरथः स्वयम् । भर्ता सर्वस्य जगतः स्थावरस्य चरस्य च ॥ ५
नह्यकार्यतमं किंचित्तव देवीह विद्यते । पतिघ्नीं त्वामहं मन्ये कुलघ्नीमपि चान्ततः ॥ ६
यन्महेन्द्रमिवाजय्यं दुष्प्रकम्प्यमिवाचलम् । महोदधिमिवाक्षोभ्यं संतापयसि कर्मभिः ॥ ७
मावमंस्था दशरथं भर्तारं वरदं पतिम् । भर्तुरिच्छा हि नारीणां पुत्रकोट्या विशिष्यते ॥ ८
यथावयो हि राज्यानि प्राप्नुवन्ति नृपक्षये । इक्ष्वाकुकुलनाथेऽस्मिंस्तं लोपयितुमिच्छसि ॥ ९
राजा भवतु ते पुत्रो भरतः शास्तु मेदिनीम् । वयं तत्र गमिष्यामो यत्र रामो गमिष्यति ॥ १०
न च ते विषये कश्चिद्ब्राह्मणो वस्तुमर्हति । तादृशं त्वममर्यादमद्य कर्म करिष्यसि ॥ ११
नूनं सर्वे गमिष्यामो मार्गं रामनिषेवितम् । त्यक्ताया बान्धवैः सर्वैर्ब्राह्मणैः साधुभिः सदा ॥ १२
का प्रीती राज्यलाभेन तव देवि भविष्यति । तादृशं त्वममर्यादं कर्म कर्तुं चिकीर्षसि ॥ १३
आश्चर्यमिव पश्यामि यस्यास्ते वृत्तमीदृशम् । आचरन्त्या न विदृता सद्यो भवति मेदिनी ॥ १४
महाब्रह्मर्षिसृष्टा वा ज्वलन्तो भीमदर्शनाः । धिग्वाग्दण्डा न हिंसन्ति रामप्रव्राजने स्थिताम् ॥ १५
आम्रं छित्त्वा कुठारेण निम्बं परिचरेत्तु कः । यश्चैनं पयसा सिञ्चेन्नैवास्य मधुरो भवेत् ॥ १६
आभिजात्यं हि ते मन्ये यथा मातुस्तथैव च । न हि निम्बात्स्रवेत्क्षौद्रं लोके निगदितं वचः ॥ १७

॥ ५८ ॥ ५९ ॥ तापस्त्वग्दाहोत्पादकः । दुःखमन्तर्व्यथोत्पादकम् ॥ ६० ॥ समेता मिलिताः । तां कैकेयीम् । हाहा इति शब्दः कृतो येन तथाभूतं सर्वं परिचारिकादिजनजातम् ॥ ६१ ॥

इति श्रीरामाभिरामे श्रीरामीये रामायणतिलके वाल्मीकीय आदिकाव्येऽयोध्याकाण्डे चतुस्त्रिंशः सर्गः ॥ ३४ ॥

एवं सपरिकरस्य राज्ञः परमशोके प्राप्ते सुमन्त्रः कैकेयीं प्रत्याह—तत इति । शिरोनिर्धूननादि कोपविकाराभिनयः । कटकटाय्य कटकटाशब्दवतः कृत्वा ॥ १ ॥ कोपसंरक्ते । कृत्वेति शेषः । वर्णं मुखकान्तिम् । पूर्वोचितं पूर्वकालस्थितं राजमन्त्रिण उचितं च ॥ २ ॥ दशरथस्य मनः समीक्षमाणः । कैकेयीविषयस्नेहरहितं जानन् ॥ ३ ॥ ४ ॥ यस्यास्तव यया त्वया ॥ ५ ॥ अतः—नहीति । हे देवि, तवातिशयेन कर्तुमशक्यं न किंचिद्विद्यते । इह संसारे । अन्ततः सर्वान्ते । त्वत्कृत्यसाध्यफलविचार इत्यर्थः । पतिघ्नीमिति । रामगमने राजमरणस्यावश्यकत्वादिति भावः । रामस्य विवासनाद्राज्ञो मरणाच्च कुलघ्नीम् ॥ ६ ॥ अचलमिव दुष्प्रकम्प्यम् । कर्मभिः क्रूरैः संतापयसि । राजानमिति शेषः ॥ ७ ॥ भर्तुरिच्छा भर्तुरिच्छाविषया सरणम् ॥ ८ ॥ यथावयः वयःक्रममनतिक्रम्य । नृपक्षये राजभूतपितृक्षये । राज्यानि प्राप्नुवन्ति । ज्येष्ठक्रमेणेति यावत् । तमिममनादिप्रवृत्तमाचारमिक्ष्वाकुकुलनाथे दशरथे जीवत्येव लोपयितुमिच्छसीति योजना ॥ ९ ॥ १० ॥ विषये देशे । तादृशं ब्राह्मणवासानर्हम् । अमर्यादमतिक्रमितज्येष्ठराज्यादिव्यवहारम् । करिष्यसीत्यनेनाद्यापि रामं निवर्तयेति सूचयति ॥ ११ ॥ १२ ॥ १३ ॥ यस्यास्त ईदृशं घोरं वृत्तमस्ति तया त्वया तदाचरन्त्या हेतुभूतया पृथिवी यन्न विदृता न विदीर्णा तदाश्चर्यमिव पश्यामि ॥ १४ ॥ किं च महाब्रह्मर्षिभिः सृष्टाः प्रयुक्ताः ज्वलन्तोऽभिवद्भस्मकरणसमर्थाः, भीमदर्शना भीमं फलं दृश्यते येषु तादृशा धिगिति वाग्रूपा दण्डास्त्वां न हिंसन्ति । इदमप्याश्चर्यमित्यनुकर्षः । स्थितां कृतनिश्चयाम् । अनेन सर्वे त्वां धिक्कुर्वन्तीति ध्वनयति ॥ १५ ॥ अथान्यापदेशेन राजानं निन्दति—आम्रमिति । परिचरेदालवालादिकरणेन रोपयेत्, आम्रस्थाने तं च पुनः पयसा सिञ्चेत् । अस्यैवं निम्बसेवां कुर्वतः प्रीतये स मधुरो न भवेत् । अतो वृथैवेदं कैकेय्यनुवर्तनं राज्ञ इत्याशयः ॥ १६ ॥ इदानीं कैकेय्या मर्मवचनान्यप्याह—आभिजात्यमिति । यथा ते मातुराभिजात्यं [illegible]तृ-

तव मातुरसद्ग्राहं विद्म पूर्वं यथा श्रुतम् । पितुस्ते वरदः कश्चिद्ददौ वरमनुत्तमम् ॥ १८
सर्वभूतरुतं तस्मात्संजज्ञे वसुधाधिपः । तेन तिर्यग्गतानां च भूतानां विदितं वचः ॥ १९
ततो जृम्भस्य शयने विरुताद्भूरिवर्चसः । पितुस्ते विदितो भावः स तत्र बहुधाहसत् ॥ २०
तत्र ते जननी क्रुद्धा मृत्युपाशमभीप्सती । हासं ते नृपते सौम्य जिज्ञासामीति चाब्रवीत् ॥ २१
नृपश्चोवाच तां देवीं हासं शंसामि ते यदि । ततो मे मरणं सद्यो भविष्यति न संशयः ॥ २२
माता ते पितरं देवी पुनः केकयमब्रवीत् । शंस मे जीव वा मा वा न मां त्वं प्रहसिष्यसि ॥ २३
प्रियया च तथोक्तः स केकयः पृथिवीपतिः । तस्मै तं वरदायार्थं कथयामास तत्त्वतः ॥ २४
ततः स वरदः साधू राजानं प्रत्यभाषत । म्रियतां ध्वंसतां वेयं मा शंसीस्त्वं महीपते ॥ २५
स तच्छ्रुत्वा वचस्तस्य प्रसन्नमनसो नृपः । मातरं ते निरस्याशु विजहार कुबेरवत् ॥ २६
तथा त्वमपि राजानं दुर्जनाचरिते पथि । असद्ग्राहमिमं मोहात्कुरुषे पापदर्शिनी ॥ २७
सत्यश्चात्र प्रवादोऽयं लौकिकः प्रतिभाति मा । पितॄन्समनुजायन्ते नरा मातरमङ्गनाः ॥ २८
नैवं भव गृहाणेदं यदाह वसुधाधिपः । भर्तुरिच्छामुपास्येह जनस्यास्य गतिर्भव ॥ २९
मा त्वं प्रोत्साहिता पापैर्देवराजसमप्रभम् । भर्तारं लोकभर्तारमसद्धर्ममुपादध ॥ ३०
नहि मिथ्याप्रतिज्ञातं करिष्यति तवानघः । श्रीमान्दशरथो राजा देवि राजीवलोचनः ॥ ३१
ज्येष्ठो वदान्यः कर्मण्यः स्वधर्मस्यापि रक्षिता । रक्षिता जीवलोकस्य बली रामोऽभिषिच्यताम् ॥ ३२
परिवादो हि ते देवि महांल्लोके चरिष्यति । यदि रामो वनं याति विहाय पितरं नृपम् ॥ ३३
स्वराज्यं राघवः पातु भव त्वं विगतज्वरा । नहि ते राघवादन्यः क्षमः पुरवरे वसन् ॥ ३४
रामे हि यौवराज्यस्थे राजा दशरथो वनम् । प्रवेक्ष्यति महेष्वासः पूर्ववृत्तमनुस्मरन् ॥ ३५

जत्वोचितव्यवहाररूपं तथैव ते तव मन्ये । कारणानुसारित्वात्कार्यस्येति भावः । तदुपपादयति दृष्टान्तेन—न हीति । निम्बात्क्षौद्रं न स्रवेदिति वचो लोकप्रसिद्धं किलेत्यर्थः ॥ १७ ॥ ननु मे मातुः कथमाभिजात्यक्षतिस्तत्राह—तवेति । असद्ग्राहं घोरपापकर्माभिनिवेशम् । पूर्वं वृद्धेभ्यो यथा येन प्रकारेण श्रुतं तथा संप्रति विद्म स्मराम । तदेवाह—पितुरित्यादि । कश्चिदृषिः ॥ १८ ॥ तस्माद्वरदानात्सर्वभूतानां व्यक्ताव्यक्तवाचां रुतं शब्दं तद्बोध्यमर्थं संजज्ञे जानीते स्म । तेन सर्वभूतरुतज्ञत्वेन तिर्यग्गतानां तिर्यक्स्रोतसां पशुपक्ष्यादीनां वचो विदितं ज्ञातार्थं भवति ॥ १९ ॥ ततस्तत एव हेतोः शयने शयानस्य ते पितुर्भूरिवर्चसः सुवर्णकान्तेर्जृम्भस्य जृम्भाख्यस्य पक्षिणो भावोऽभिप्रायो विरुतात्तदीयशब्दाद्विदितः । अथ स ते पिता तत्र शयने शयान एव तद्भावपरिज्ञानजसंतोषेण बहुधा द्वित्रिर्बहुप्रकारेण चाहसत् ॥ २० ॥ तत्र शयने शयाना ते जननी मामयं हसतीति क्रुद्धा सती मृत्युरूपं पाशमिच्छन्ती हे नृपते, ते हासं हासकारणं ज्ञातुमिच्छामीति ते पितरमब्रवीत् । 'वरं ते' इति पाठे ते जननी मामयं हसतीति बुद्ध्या क्रुद्धाभवत् । ततो राज्ञा त्वद्विषयोऽयं न हासः, किं तु वरबलान्मे सर्वरुतज्ञानसामर्थ्यमस्ति, अतः किंचिज्जन्तुं विदिततद्भावोऽहासिषमित्युक्ते तद्वरस्वरूपं तद्दातारं च जिज्ञासामीत्यर्थः ॥ २१ ॥ हासं तत्कारणम् । 'वरम्' इति पाठे तद्दातारम् ॥ २२ ॥ सर्वथा शंस जीव वा मा वा म्रियस्व वा । तस्मिन्नवगते इतःपरं मां कदापि न हसिष्यसि । त्वत्कर्तृकमत्कर्मकभाविहासाभावं निश्चेष्यामीत्यर्थः ॥ २३ ॥ तस्मै वरदाय ऋषये तमर्थं कथननिर्बन्धरूपं कथयामासेत्यन्वयः ॥ २४ ॥ ततः साधुः स वरदः प्रत्यभाषत । ध्वंसतां वा स्वपित्रादिसमीपं गच्छतु वा । 'मा कृथाः' इति पाठेऽस्या वच इति शेषः ॥ २५ ॥ निरस्य भद्रे, त्वमितो गच्छेति ते मातरं परित्यज्य ॥ २६ ॥ तथा त्वमपि दुर्जनाचरिते पथि । स्थितेति शेषः । अत इमं राजानं मोहान्मोहमुत्पाद्यासद्ग्राहमसत्कार्यग्राहकं कुरुषे ॥ २७ ॥ कन्यानां मातृतुल्यत्वं न्यायप्राप्तमित्याह—सत्य इति । मा माम् । नराः पुत्ररूपाः समनुजायन्ते पितृस्वभावानुवर्तिनो जायन्ते ॥ २८ ॥ नैवं भव मातृवन्मा भव । यद्वसुधाधिप आह तद्गृहाण रामाभिषेकरूपं वचः । 'नेया' इति पाठे विधेया भवेत्यर्थः । भर्तुरिच्छां तद्विषयमुपास्य तदनुवर्तिनी भूत्वास्य जनस्यास्मदादेर्गतिः शरणं भव ॥ २९ ॥ प्रोत्साहिता प्रेरिता । असद्धर्मं कनिष्ठाभिषेकपूर्वं ज्येष्ठस्य विवासनरूपमुपादध प्राहय । 'उपावह' इति पाठेऽप्ययमेवार्थः ॥ ३० ॥ तव मिथ्याप्रतिज्ञातं लीलयोक्तं वरद्वयदानरूपं वचः, अतो राजा न करिष्यति तत् ॥ ३१ ॥ अतो ज्येष्ठत्वादिगुणको रामोऽभिषिच्यताम् । तदभिषेकेऽनुमतिः क्रियताम् । कर्मण्यः कर्मणि साधुः ॥ ३२ ॥ विपक्षे बाधकमाह—परिवाद इति । परिवादोऽपवादः । चरिष्यति प्रचरिष्यति ॥ ३३ ॥ राघवाद्रामादन्यः पुरवरे वसंस्ते क्षमोऽनुकूलो नहि भवेदित्यर्थः । भरतस्त्वत्प्रतिकूल एव भविष्यतीति भावः ॥ ३४ ॥ अतः—रामे हीति । पूर्ववृत्तं

इति सान्त्वैश्च तीक्ष्णैश्च कैकेयीं राजसंसदि । भूयः संक्षोभयामास सुमन्त्रस्तु कृताञ्जलिः ॥ ३६
नैव सा क्षुभ्यते देवी न च स्म परिदूयते । न चास्या मुखवर्णस्य लक्ष्यते विक्रिया तदा ॥ ३७

इत्यार्षे श्रीमद्रामायणे वाल्मीकीय आदिकाव्येऽयोध्याकाण्डे पञ्चत्रिंशः सर्गः ॥ ३५ ॥

षट्त्रिंशः सर्गः ।

ततः सुमन्त्रमैक्ष्वाकः पीडितोऽत्र प्रतिज्ञया । सबाष्पमतिनिःश्वस्य जगादेदं पुनर्वचः ॥ १
सूत रत्नसुसंपूर्णा चतुर्विधबला चमूः । राघवस्यानुयात्रार्थं क्षिप्रं प्रतिविधीयताम् ॥ २
रूपाजीवाश्च वादिन्यो वणिजश्च महाधनाः । शोभयन्तु कुमारस्य वाहिनीः सुप्रसारिताः ॥ ३
ये चैनमुपजीवन्ति रमते यैश्च वीर्यतः । तेषां बहुविधं दत्त्वा तानप्यत्र नियोजय ॥ ४
आयुधानि च मुख्यानि नागराः शकटानि च । अनुगच्छन्तु काकुत्स्थं व्याधाश्चारण्यकोविदाः ॥ ५
निघ्नन्मृगान्कुञ्जरांश्च पिबंश्चारण्यकं मधु । नदीश्च विविधाः पश्यन्न राज्यं संस्मरिष्यति ॥ ६
धान्यकोशश्च यः कश्चिद्धनकोशश्च मामकः । तौ राममनुगच्छेतां वसन्तं निर्जने वने ॥ ७
यजन्पुण्येषु देशेषु विसृजंश्चाप्तदक्षिणाः । ऋषिभिश्चापि संगम्य प्रवत्स्यति सुखं वने ॥ ८
भरतश्च महाबाहुरयोध्यां पालयिष्यति । सर्वकामैः पुनः श्रीमान्रामः संसाध्यतामिति ॥ ९
एवं ब्रुवति काकुत्स्थे कैकेय्या भयमागतम् । मुखं चाप्यगमच्छोषं स्वरश्चापि व्यरुध्यत ॥ १०
सा विषण्णा च संत्रस्ता मुखेन परिशुष्यता । राजानमेवाभिमुखी कैकेयी वाक्यमब्रवीत् ॥ ११
राज्यं गतधनं साधो पीतमण्डां सुरामिव । निरास्वाद्यतमं शून्यं भरतो नाभिपत्स्यते ॥ १२
कैकेय्यां मुक्तलज्जायां वदन्त्यामतिदारुणम् । राजा दशरथो वाक्यमुवाचायतलोचनाम् ॥ १३
वहन्तं किं तुदसि मां नियुज्य धुरि माहिते । अनार्ये कृत्यमारब्धं किं न पूर्वमुपारुधः ॥ १४
तस्यैतत्क्रोधसंयुक्तमुक्तं श्रुत्वा वराङ्गना । कैकेयी द्विगुणं क्रुद्धा राजानमिदमब्रवीत् ॥ १५
तवैव वंशे सगरो ज्येष्ठपुत्रमुपारुधत् । असमञ्ज इति ख्यातं तथायं गन्तुमर्हति ॥ १६
एवमुक्तो धिगित्येव राजा दशरथोऽब्रवीत् । व्रीडितश्च जनः सर्वः सा च तन्नावबुध्यत ॥ १७
तत्र वृद्धो महामात्रः सिद्धार्थो नाम नामतः । शुचिर्बहुमतो राज्ञः कैकेयीमिदमब्रवीत् ॥ १८
असमञ्जो गृहीत्वा तु क्रीडतः पथि दारकान् । सरय्वां प्रक्षिपन्नप्सु रमते तेन दुर्मतिः ॥ १९

पूर्वराजाचारम् ॥ ३५ ॥ भूयोऽत्यर्थम् ॥ ३६ ॥ सान्त्वैर्न क्षुभ्यते । तीक्ष्णैर्न परिदूयते ॥ ३७ ॥ इति श्रीरामाभिरामे श्रीरामीये रामायणतिलके वाल्मीकीय आदिकाव्येऽयोध्याकाण्डे पञ्चत्रिंशः सर्गः ॥ ३५ ॥

एवं सुमन्त्रेण राजप्रतिज्ञाया मिथ्यात्वोक्तावपि राजा तस्या वास्तवत्वं जानन्रामस्य वन एव सुखवासोपायमादिशति—तत इति । कैकेय्यनङ्गीकारानन्तरम् । प्रतिज्ञया कैकेयीमुद्दिश्य कृतया वास्तव्या । इदं वक्ष्यमाणम् ॥ १ ॥ चतुर्विधबला रथादिचतुर्विधबलवती । चमूः सेना । अनुयात्रार्थं सेनार्थम् । प्रतिविधीयतां नियुज्यतां प्रस्थाप्यताम् ॥ २ ॥ वादिन्यः [illegible] रूपाजीवा वेश्याः । सुप्रसारिताः सुप्रसारितापणाः ॥ ३ ॥ यैर्बलैः । वीर्यतो वीर्यपरीक्षया । रमत इत्यर्थः ॥ ४ ॥ नागरा जनाः अरण्ये कोविदा अरण्यमर्मज्ञाः ॥ ५ ॥ राज्यं राज्यस्थितिं देशस्थितिम् ॥ ६ ॥ ७ ॥ आप्तदक्षिणाः उक्तदक्षिणाः ॥ ८ ॥ पालयिष्यतीति सोपालम्भोक्तिः । संसाध्यतां प्रस्थाप्यताम् ॥ ९ ॥ स्वरश्च व्यरुध्यत रुद्धो जातः । भयकार्यमेतत् ॥ १० ॥ ११ ॥ मण्डः सुरासारांशः । निरास्वाद्यं निर्गतास्वाद्यतमम् । शून्यमवस्तुकम् ॥ १२ ॥ १३ ॥ हे अहिते, मा मां धुरि दासवद्रहेतुकरामविवासनभरताभिषेकरूपभारे नियुज्य तं च भारं वहन्तं मां किं तुदसि व्यथयसि । हे अनार्ये, यदिदानीमारब्धं कृत्यं सार्वभौमभोगसहितस्य प्रस्थापनप्रतिबन्धरूपं तत्तादृशं गमनं पूर्वमेव वनवासप्रार्थनकाल एव नोपारुधः सर्वं त्यक्त्वा केवलो यात्विति किं न प्रार्थितवत्यसि । तत एतन्निरोधे तव सामर्थ्यं नास्तीति भावः । क्रुद्धदीनोक्तित्वात्सर्वदोषपरिहारः ॥ १४ ॥ द्विगुणं क्रुद्धा प्रकारान्तरेण मत्प्रयोजनं नाशयतीत्याशयेन ॥ १५ ॥ पूर्वमनुक्तमपि केवलत्वं वनगमनत्वादेव सिद्धमिति दृष्टान्तबलेनाह—तवैवेति । उपारुधत् । राज्यभोगेभ्य इति शेषः ॥ १६ ॥ एवमुक्तोऽसमञ्जतुल्यतया गमन उक्तः । स्वप्रतिश्रुतातिरिक्तप्रलापाद्राज्ञो धिगित्युक्तिः । जनः कैकेयीसेवकजनः । सर्वस्वामिन्या असंबद्धप्रलापात् नावबुध्यत । क्रोधवशादिति भावः ॥ १७ ॥ तद्वद्गमनस्य नात्र प्रसङ्ग इति महामात्र आह—तत्रेति । महामात्रः प्रधानः ॥ १८ ॥ सरय्वामप्सु प्रक्षिपन्रमते तेन कारणेन दुर्मतिः सः । न

तं दृष्ट्वा नागराः सर्वे क्रुद्धा राजानमब्रुवन्। असमञ्जं वृणीष्वैकमस्मान्वा राष्ट्रवर्धन ॥ २०
तानुवाच ततो राजा किंनिमित्तमिदं भयम्। ताश्चापि राज्ञा संपृष्टा वाक्यं प्रकृतयोऽब्रुवन् ॥ २१
क्रीडतस्त्वेष नः पुत्रान्बालानुद्भ्रान्तचेतसः। सरय्वां प्रक्षिपन्मौर्ख्यादतुलां प्रीतिमश्नुते ॥ २२
स तासां वचनं श्रुत्वा प्रकृतीनां नराधिपः। तं तत्याजाहितं पुत्रं तासां प्रियचिकीर्षया ॥ २३
तं यानं शीघ्रमारोप्य सभार्यं सपरिच्छदम्। यावज्जीवं विवास्योऽयमिति तानन्वशात्पिता ॥ २४
स फालपिटकं गृह्य गिरिदुर्गाण्यलोकयत्। दिशः सर्वास्त्वनुचरन्स यथा पापकर्मकृत् ॥ २५
इत्येनमत्यजद्राजा सगरो वै सुधार्मिकः। रामः किमकरोत्पापं येनैवमुपरुध्यते ॥ २६
नहि कंचन पश्यामो राघवस्यागुणं वयम्। दुर्लभो ह्यस्य निरयः शशाङ्कस्येव कल्मषम् ॥ २७
अथवा देवि त्वं कंचिद्दोषं पश्यसि राघवे। तमद्य ब्रूहि तत्त्वेन तदा रामो विवास्यते ॥ २८
अदुष्टस्य हि संत्यागः सत्पथे निरतस्य च। निर्दहेदपि शक्रस्य द्युतिं धर्मविरोधवान् ॥ २९
तदलं देवि रामस्य श्रिया विहतया त्वया। लोकतोऽपि हि ते रक्ष्यः परिवादः शुभानने ॥ ३०
श्रुत्वा तु सिद्धार्थवचो राजा श्रान्ततरस्वरः। शोकोपहतया वाचा कैकेयीमिदमब्रवीत् ॥ ३१

एतद्वचो नेच्छसि पापरूपे हितं न जानासि ममात्मनोऽथवा।
आस्थाय मार्गं कृपणं कुचेष्टा चेष्टा हि ते साधुपथादपेता ॥ ३२
अनुव्रजिष्याम्यहमद्य रामं राज्यं परित्यज्य सुखं धनं च।
सर्वे च राज्ञा भरतेन च त्वं यथासुखं भुङ्क्ष्व चिराय राज्यम् ॥ ३३

इत्यार्षे श्रीमद्रामायणे वाल्मीकीय आदिकाव्येऽयोध्याकाण्डे षट्त्रिंशः सर्गः ॥ ३६ ॥

सप्तत्रिंशः सर्गः।

महामात्रवचः श्रुत्वा रामो दशरथं तदा। अभ्यभाषत वाक्यं तु विनयज्ञो विनीतवत् ॥ १
त्यक्तभोगस्य मे राजन्वने वन्येन जीवतः। किं कार्यमनुयात्रेण त्यक्तसङ्गस्य सर्वतः ॥ २
यो हि दत्त्वा द्विपश्रेष्ठं कक्ष्यायां कुरुते मनः। रज्जुस्नेहेन किं तस्य त्यजतः कुञ्जरोत्तमम् ॥ ३
तथा मम सतां श्रेष्ठ किं ध्वजिन्या जगत्पते। सर्वाण्येवानुजानामि चीराण्येवानयन्तु मे ॥ ४
खनित्रपिटके चोभे समानयत गच्छत। चतुर्दश वने वासं वर्षाणि वसतो मम ॥ ५
अथ चीराणि कैकेयी स्वयमाहृत्य राघवम्। उवाच परिधत्स्वेति जनौघे निरपत्रपा ॥ ६

तादृशोऽयमिति भावः ॥ १९ ॥ २० ॥ २१ ॥ २२ ॥ तं प्रकृतीनामहितं पुत्रं तत्याजेत्यन्वयः ॥ २३ ॥ शीघ्रं यानमारोप्य। स्वेच्छया गमने विलम्बकरणसंभवात्। सपरिच्छदं वनयोग्यफालपिटकादिपरिच्छदसहितम्। तान्विवासनाधिकारिणोऽन्वशादुक्तवान् ॥ २४ ॥ यथापापकर्मकृद्यथोक्तपापकर्मकृत्स फालसहितं पिटकं गृहीत्वा कन्दाद्यर्थं सर्वा दिशः सर्वदिक्षु गिरिदुर्गाण्यनुचरन्भ्रममाणः कन्दाद्यलोकयन्। 'सर्वा दिशस्त्वनुचरन्स यथापापकर्मकृत्' इति पाठे गिरिदुर्गाणि वासार्थमेव विलोकयन्सर्वा दिशश्च कन्दाद्यर्थमनुचरन्नतिष्ठत्। यावज्जीवम्। निजापराधाद्धन इति शेषः ॥ २५ ॥ प्रकृते तदप्रसङ्ग इत्याह—रामः किमिति ॥ २६ ॥ अगुणं दोषं व्यसनरूपम्। निरयः पापम्। कल्मषं मालिन्यम् ॥ २७ ॥ २८ ॥ २९ ॥ त्वया विहतया रामस्य श्रिया। तेन किंचित्फलमिति शेषः। भरतस्य त्वदनुरूपमतित्वाभावात्। तदलं वृथाश्रमेण। हि यतो लोकतः प्राप्तः परिवादश्च ते रक्ष्यः परिहार्यो भवति। एवं च लोकापवादमात्रमस्य फलं, नान्यत्किंचिदिति भावः ॥ ३० ॥ ३१ ॥ एतद्वचः सिद्धार्थवचः। हि यतः कृपणं मार्गमास्थाय येयं त्वया कुचेष्टारूपा चेष्टा कृता सा साधुपथादपेता ॥ ३२ ॥ सर्वे चायोध्यावासिनो जनाः। राज्ञा भरतेन च। चस्त्वर्थे ॥ ३३ ॥ इति श्रीरामाभिरामे श्रीरामीये रामायणतिलके वाल्मीकीय आदिकाव्येऽयोध्याकाण्डे षट्त्रिंशः सर्गः ॥ ३६ ॥

रामो धीरोदात्तत्वेन कैकेयीपरितोषायाह—महामात्रेति। महामात्रः सिद्धार्थः। विनीतवद्विनीतः सन् ॥ १ ॥ अनुयात्रेणानुयात्रावता सैन्येन। त्यक्तसङ्गस्य सर्वतः। 'असङ्गो ह्ययमात्मा' इति श्रुतेः ॥ २ ॥ असंगतं चेदं ससैन्यस्य वनगमनमित्याह—यो हीति। कक्ष्या गजमध्यबन्धनरज्जुः ॥ ३ ॥ ध्वजिन्या कक्ष्यातुल्यया। अनुजानामि मातृप्रीतये भरताय ददामि। चीराणि वनोपयुक्तवासांस्यानयन्तु कैकेयीदास्यः ॥ ४ ॥ चतुर्दशवर्षाणि वने वसतो मम फलाद्यानयनसाधने उभे खनित्रपिटके भो कैकेयीदास्यः, समानयत। गच्छत। शीघ्रं तदानयनायेति शेषः ॥ ५ ॥ एतत्पर्यन्तं मन्थराप्रेरितं

स चीरे पुरुषव्याघ्रः कैकेय्याः प्रतिगृह्य ते । सूक्ष्मवस्त्रमवक्षिप्य मुनिवस्त्राण्यवस्त ह ॥ ७
लक्ष्मणश्चापि तत्रैव विहाय वसने शुभे । तापसाच्छादने चैव जग्राह पितुरग्रतः ॥ ८
अथात्मपरिधानार्थं सीता कौशेयवासिनी । संप्रेक्ष्य चीरं संत्रस्ता पृषती वागुरामिव ॥ ९
सा व्यपत्रपमाणेव प्रगृह्य च सुदुर्मनाः । कैकेय्याः कुशचीरे ते जानकी शुभलक्षणा ॥ १०
अश्रुसंपूर्णनेत्रा च धर्मज्ञा धर्मदर्शिनी । गन्धर्वराजप्रतिमं भर्तारमिदमब्रवीत् ॥ ११
कथं नु चीरं बध्नन्ति मुनयो वनवासिनः । इति ह्यकुशला सीता सा मुमोह मुहुर्मुहुः ॥ १२
कृत्वा कण्ठे स्म सा चीरमेकमादाय पाणिना । तस्थौ ह्यकुशला तत्र व्रीडिता जनकात्मजा ॥ १३
तस्यास्तत्क्षिप्रमागत्य रामो धर्मभृतां वरः । चीरं बबन्ध सीतायाः कौशेयस्योपरि स्वयम् ॥ १४
रामं प्रेक्ष्य तु सीताया बध्नन्तं चीरमुत्तमम् । अन्तःपुरचरा नार्यो मुमुचुर्वारि नेत्रजम् ॥ १५
ऊचुश्च परमायत्ता रामं ज्वलिततेजसम् । वत्स नैवं नियुक्तेयं वनवासे मनस्विनी ॥ १६
पितुर्वाक्यानुरोधेन गतस्य विजनं वनम् । तावद्दर्शनमस्या नः सफलं भवतु प्रभो ॥ १७
लक्ष्मणेन सहायेन वनं गच्छस्व पुत्रक । नेयमर्हति कल्याणी वस्तुं तापसवद्वने ॥ १८
कुरु नो याचनां पुत्र सीता तिष्ठतु भामिनी । धर्मनित्यः स्वयं स्थातुं न हीदानीं त्वमिच्छसि ॥ १९
तासामेवंविधा वाचः शृण्वन्दशरथात्मजः । बबन्धैव तथा चीरं सीतया तुल्यशीलया ॥ २०
चीरे गृहीते तु तया सबाष्पो नृपतेर्गुरुः । निवार्य सीतां कैकेयीं वसिष्ठो वाक्यमब्रवीत् ॥ २१
अतिप्रवृत्ते दुर्मेधे कैकेयि कुलपांसनि । वञ्चयित्वा तु राजानं न प्रमाणेऽवतिष्ठसि ॥ २२
न गन्तव्यं वनं देव्या सीतया शीलवर्जिते । अनुष्ठास्यति रामस्य सीता प्रकृतमासनम् ॥ २३
आत्मा हि दाराः सर्वेषां दारसंग्रहवर्तिनाम् । आत्मेयमिति रामस्य पालयिष्यति मेदिनीम् ॥ २४
अथ यास्यति वैदेही वनं रामेण संगता । वयमत्रानुयास्यामः पुरं चेदं गमिष्यति ॥ २५
अन्तपालाश्च यास्यन्ति सदारो यत्र राघवः । सहोपजीव्यं राष्ट्रं च पुरं च सपरिच्छदम् ॥ २६
भरतश्च सशत्रुघ्नश्चीरवासा वनेचरः । वने वसन्तं काकुत्स्थमनुवत्स्यति पूर्वजम् ॥ २७
ततः शून्यां गतजनां वसुधां पादपैः सह । त्वमेका शाधि दुर्वृत्ता प्रजानामहिते स्थिता ॥ २८

सिद्धं कृत्वा ब्राह्मणशापप्राप्तलोकासूयाविषयत्वसंपादकं कर्म कैकेय्यारभते—अथेति । स च शापोऽध्यात्मरामायणे स्पष्टः ॥ ६ ॥ स रामः । चीरे अन्तरीयोत्तरीयरूपे । अवक्षिप्य परित्यज्य । अवस्त धृतवान् । 'वस आच्छादने' ॥ ७ ॥ ८ ॥ अथात्मनः परिधानार्थं तया दत्तं चीरं सीता संप्रेक्ष्य वागुरां संप्रेक्ष्य पृषती मृगीव संत्रस्ता सेवाभूत् ॥ ९ ॥ व्यपत्रपमाणेव लज्जमानेव । कैकेय्याः सकाशात्ते कुशचीरे प्रगृह्य । भर्तुरीदृश्यवस्थेति सुतरां दुर्मना इव ॥ १० ॥ अत एवाश्रुपूर्णनेत्रा ॥ ११ ॥ अकुशलापरिचयाच्चीरबन्धनेऽनिपुणा । मुमोह बन्धनस्थलनिश्चयं न प्रापेव ॥ १२ ॥ कृत्वा कण्ठे । अनेनेदृश्यां राजकुमार्यामस्या ईदृशो व्यवहार इति कैकेय्यां तत्रत्यजनस्यात्यन्तमसूया सूचिता ॥ १३ ॥ कौशेयस्योपरीति । तस्याः कौशेयत्यागप्रसक्त्यभावात् ॥ १४ ॥ सीतायाश्चीरं बध्नन्तमुत्तमं रामं संप्रेक्ष्येत्यन्वयः ॥ १५ ॥ परमायत्ताः परमखिन्नाः । 'यत्तः खेदोपस्करयोः' । एवं त्वद्वदियं नियुक्ता न ॥ १६ ॥ विजनं वनं गतस्य यावदागमनं तावदस्यादर्शनं नोऽस्तु, तेन च नो जीवनं सफलं भवतु ॥ १७ ॥ १८ ॥ तिष्ठतु । अत्रैवेति शेषः । हि यद्यपि धर्मनित्यस्त्वमिदानीं स्वयं स्थातुं नेच्छसि तथापीयं तिष्ठतु ॥ १९ ॥ तुल्यशील्यानङ्गीकृतनगरस्थित्या सीतया प्रेरितः संश्चीरं बबन्धेत्यन्वयः ॥ २० ॥ चीरे गृहीते । समीक्ष्येति शेषः । 'सबाष्पः' इति पाठे । पाठान्तरं तु सम्यगेव ॥ २१ ॥ अतिप्रवृत्ते मर्यादातिक्रमेण प्रवृत्ते । यावद्वरस्तावत्प्रमाणे नावतिष्ठसि । कुतः । अस्या वनगमनस्य त्वयगृतत्वादिति भावः । 'सप्रमाणेव–' इति पाठस्तद्व्याख्यानं च न प्रकृतोपयोगीति चिन्त्यम् ॥ २२ ॥ अतएव न गन्तव्यमिति । रामस्य प्रकृतं प्रस्तुतमासनं सीतानुष्ठास्यत्यधिष्ठास्यति राज्यं करिष्यति । यावद्रामागमनमित्यर्थः ॥ २३ ॥ ननु स्त्रियाः कथं राज्याधिष्ठानमत आह—आत्मा हीति । दारसंग्रहवर्तिनां गृहस्थानां सर्वेषामात्मा दाराः । 'अर्धो वा एष आत्मनो यत्पत्नी' इति श्रुतेः । अनेन स्त्रीपुरुषोपाध्योः परस्परावयवमेलनं सूचितम् । अत एव लोकेऽपि सर्वतस्तयोः परस्परप्रियत्वं दृश्यते ॥ २४ ॥ अथ यास्यति । त्वन्निर्बन्धादिति शेषः । वयं मदाद्या ब्राह्मणाः । अत्र यत्र रामोऽत्र स्थातुमेनमनुगमिष्यामः ॥ २५ ॥ अन्तपालाः शुद्धान्तरक्षकाः । राष्ट्रान्तस्थितदण्डनायका इत्यन्ये । उपजीव्यं जीवनसाधनं धनं तेन सहितं राष्ट्रं सपरिच्छदं दासीदासादिसहितं पुरं च यास्यति ॥ २६ ॥ भरतश्च पूर्वजमनुवत्स्यति तत्सदृशावस्थयैव स्थास्यति । दशरथजातस्य तत्स्वभावताया एवौचित्यमिति भावः ॥ २७ ॥ पादपैः सहेत्यनेनाटवीभूता-

नहि तद्भविता राष्ट्रं यत्र रामो न भूपतिः । तद्वनं भविता राष्ट्रं यत्र रामो निवत्स्यति ॥ २९
नह्यदत्तां महीं पित्रा भरतः [illegible] । त्वयि वा पुत्रवद्वस्तुं यदि जातो महीपतेः ॥ ३०
यद्यपि त्वं [illegible]तितलाद्गगनं चोत्पतिष्यसि । पितृवंशचरित्रज्ञः सोऽन्यथा न करिष्यति ॥ ३१
तत्त्वया पुत्रगर्धिन्या पुत्रस्य कृतम[illegible] । लोके नहि स विद्येत यो न राममनुव्रतः ॥ ३२
द्रक्ष्यस्यद्यैव कैकेयि पशुव्यालमृगद्विजान् । गच्छतः सह रामेण पादपांश्च तदुन्मुखान् ॥ ३३

अथोत्तमान्याभरणानि देवि देहि स्नुषायै व्यपनीय चीरम् ।
न चीरमस्याः प्रवि[illegible] न्यवारयत्तद्वसनं वसिष्ठः ॥ ३४
एकस्य रामस्य वने निवासस्त्वया वृतः केकयराजपुत्रि ।
विभूषितेयं प्रतिकर्मनित्या वसत्वरण्ये सह राघवेण ॥ ३५
यानैश्च मुख्यैः परिचारकैश्च सुसंवृता गच्छतु राजपुत्री ।
वस्त्रैश्च सर्वैः सहितैर्विधानैर्नेयं वृता ते वरसंप्रदाने ॥ ३६
तस्मिंस्तथा जल्पति विप्रमुख्ये गुरौ नृ[illegible]भावे ।
नैव स्म सीता विनिवृत्तभावा प्रियस्य भर्तुः प्रतिकारकामा ॥ ३७

इत्यार्षे श्रीमद्रामायणे वाल्मीकीय आदिकाव्येऽयोध्याकाण्डे सप्तत्रिंशः सर्गः ॥ ३७ ॥

अष्टत्रिंशः सर्गः ।

तस्यां चीरं वसानायां नाथवत्यामनाथवत् । प्रचुक्रोश जनः सर्वो धिक्त्वां दशरथं त्विति ॥ १
तेन तत्र प्रमादेन दुःखितः स महीपतिः । स नि[illegible]क्ष्वाकस्तां भार्यामिदमब्रवीत् ॥ २
सुकुमारी च बाला च सततं च सुखोचिता । नेयं वनस्य योग्येति सत्यमाह गुरुर्मम ॥ ३

इयं हि कस्यापि करोति किंचित्तपस्विनी राजवरस्य पुत्री ।
या चीरमासाद्य वनस्य मध्ये जाता विसंज्ञा श्रमणीव काचित् ॥ ४
चीराण्यपास्याज्जनकस्य कन्या नेयं प्रतिज्ञा मम दत्तपूर्वा ।
यथासुखं गच्छतु राजपुत्री वनं समग्रा सह सर्वरत्नैः ॥ ५
अजीवना[illegible]ण मया नृशंसा कृता प्रतिज्ञा नियमेन तावत् ।
त्वया हि बाल्यात्प्रतिपन्नमेतत्तन्मा दहेद्वेणुमिवात्मपुष्पम् ॥ ६

मिति द्योत्यते ॥ २८ ॥ २९ ॥ सर्वथैव तव भरतराज्यप्रयासो व्यर्थं इत्याह—नहीति । अदत्तां प्रीतिपूर्वमदत्तां किंतु त्वन्निर्बन्धनेन दत्तां त्वयि वा परम्पराप्राप्तधर्मनाशिकायामतः परं पुत्रवद्वस्तुं नार्हति । कुतस्तत्राह—यदीति । महीपतेर्दशरथाज्जातो यदि । 'पितॄन्समनुजायन्ते नराः' इति न्यायादित्याशयः । यदीत्यसंदेहे संदिग्धवचनम् 'वेदाश्चेत्प्रमाणम्' इतिवत् । यद्वा कैकेय्या धिक्कारान्तरमिदम् ॥ ३० ॥ पितृवंशचरित्रं ज्येष्ठे विद्यमाने कनिष्ठस्य राज्यानर्हत्वरूपं तज्ज्ञः ॥ ३१ ॥ पुत्रगर्धिन्या पुत्रराज्याभिलाषवत्या । लोके स न विद्येत तत्सत्ता न संभाविता यो रामं नानुव्रतः ॥ ३२ ॥ तत्र प्रत्यक्षं मानमाह—द्रक्ष्यसीति । पादपांश्चेति । किमु वक्तव्यं मनुष्यानिति शेषः ॥ ३३ ॥ एवं वसिष्ठो भाव्यर्थंजातमुक्त्वा प्रकृतमनुष्ठेयमुपदिशति—अथेति । प्रविधीयत इति च्छेदः । इकारलोप आर्षः । दातुं युज्यत इत्यर्थः । इत्युक्त्वा तद्वसनं परिधानं न्यवारयत् । जानक्या इति शेषः ॥ ३४ ॥ दानयोग्यत्वमुपपादयति—एकस्येति । प्रतिकर्म प्रसाधनव्यापारः स नित्यं यस्याः सा । अतएव विभूषिता वसत्वरण्ये स्वभर्तृशुश्रूषार्थम् ॥ ३५ ॥ विधानैरुपकरणैः ॥ ३६ ॥ तस्मिन्गुरौ तथा जल्पत्यपि भर्तुः प्रतिकारकामा वेषादिभिस्तदवस्थासदृशावस्थासंपादनकामा सती चीरपरिग्रहाद्विनिवृत्तभावा नैव बभूव स्म ॥ ३७ ॥ इति श्रीरामाभिरामे श्रीरामीये रामायणतिलके वाल्मीकीय आदिकाव्येऽयोध्याकाण्डे सप्तत्रिंशः सर्गः ॥ ३७ ॥

तस्यामिति । तद्वरानन्तर्गतायामीदृशमनिष्टव्यवहारमनिवारयंस्तूष्णीं तिष्ठतीति जनाक्रोशः ॥ १ ॥ तेन प्रणादेन जनाक्रोशेन । तां भार्यां कैकेयीम् ॥ २ ॥ ३ ॥ वनस्य वनगमनयोग्यचीरस्य । कस्यापि किंचित्करोति । काकुः । अपि तु नेत्यर्थः । किंचिद्राज्यप्रतिबन्धादि । विसंज्ञा अपरिचिताशक्यार्थानुष्ठानप्रसञ्जतः प्राप्तमोहा श्रमणीव भिक्षुकीव ॥ ४ ॥ अपास्यात्यजतु । इयं प्रतिज्ञा चीरवासिनी सीता वनं यात्विति त्वदीया प्रतिज्ञा न मम दत्तपूर्वा न मया पूर्वमनुमता वरदानसमये, अतो यथासुखं गच्छत्वित्यन्वयः ॥ ५ ॥ अजीवनार्हेण

रामेण यदि ते पापे किं[illegible]शोभनम् । अपकारः क इह ते वैदेह्या दर्शितोऽधमे ॥ ७
मृगीवोत्फुल्लनयना मृदुशीला मनस्विनी । अपकारं कमिव ते करोति जनकात्मजा ॥ ८
ननु पर्याप्तमेवं ते पापे रामविवासनम् । किमेभिः कृपणैर्भूयः पातकैरपि ते कृतैः ॥ ९
प्रतिज्ञातं मया तावत्त्वयोक्तं देवि शृण्वता । रामं यदभिषेकाय त्वमि[illegible]ः ॥ १०
तत्त्वेतत्समतिक्रम्य निरयं ग[illegible]सि । मैथिलीमपि या हि त्वमीक्षसे चीरवासिनीम् ॥ ११
एवं ब्रुवन्तं पितरं रामः संप्रस्थितो वनम् । अवाक्शिरसमासीनमिदं वचनमब्रवीत् ॥ १२
इयं धार्मिक कौसल्या मम माता यशस्विनी । वृद्धा चाक्षुद्रशीला च न च त्वां देव गर्हते ॥ १३
मया विहीनां वरद प्रपन्नां शोकसागरम् । अदृष्टपूर्वव्यसनां भूयः संमन्तुमर्हसि ॥ १४
इमां महेन्द्रोपम जातगर्धिनीं तथा विधातुं जननीं ममार्हसि ।
यथा वनस्थे मयि शोककर्शिता न जीवितं न्यस्य यमक्षयं व्रजेत् ॥ १५

इत्यार्षे श्रीमद्रामायणे वाल्मीकीय आदिकाव्येऽयोध्याकाण्डेऽष्टत्रिंशः सर्गः ॥ ३८ ॥

एकोनचत्वारिंशः सर्गः ।

रामस्य तु वचः श्रुत्वा मुनिवेषधरं च तम् । समीक्ष्य सह भार्याभी राजा विगतचेतनः ॥ १
नैनं दुःखेन संतप्तः प्रत्यवैक्षत राघवम् । न चैनमभिसंप्रेक्ष्य प्रत्यभाषत दुर्मनाः ॥ २
स मुहूर्तमिवासंज्ञो दुःखितश्च महीपतिः । विललाप महाबाहू राममेवानुचिन्तयन् ॥ ३
मन्ये खलु मया पूर्वं विवत्सा बहवः कृताः । प्राणिनो हिंसिता वापि तन्मामिदमुपस्थितम् ॥ ४
न त्वेवानागते काले दे[illegible]ते जीवितम् । कैकेय्या क्लिश्यमानस्य मृत्युर्मम न विद्यते ॥ ५
योऽहं पावकसंकाशं पश्यामि पुरतः स्थितम् । विहाय वसने सूक्ष्मे तापसाच्छादमात्मजम् ॥ ६
एकस्याः खलु कैकेय्याः कृतेऽयं खिद्यते जनः । स्वार्थे प्रयतमानायाः संश्रित्य निकृतिं त्विमाम् ॥ ७
एवमुक्त्वा तु वचनं बाष्पेण विहतेन्द्रियः । रामेति स[illegible] व्याहर्तुं न शशाक सः ॥ ८
संज्ञां तु प्रतिलभ्यैव मुहूर्तात्स महीपतिः । नेत्राभ्यामश्रुपूर्णाभ्यां सुमन्त्रमिदमब्रवीत् ॥ ९

मुमूर्षुणा । अनेन मतिभ्रंशः सूच्यते । नृशंसातिक्रूरा प्रतिज्ञा रामवनवासविषया नियमेन शपथपूर्वं सा तावत्कृता । यदेतद्धि यतोऽधिकं सीताचीरग्रहणं त्वया प्रतिपन्नमारब्धं तद्वा त्स्यादज्ञानादेव नात्र ते सामर्थ्यम् । तस्माद्वेणुमात्मपुष्पमिव त्वत्कृतातिप्रवृत्तिस्त्वां मा दहेन्मा नाशयतु । यद्वा एषा तव प्रवृत्तिस्तव वैधव्यप्राप्तये मां दहेन्नाशयेत् ॥ ६ ॥ अशोभनमपराधः । वैदेह्या ते कोऽपकारश्चीरग्रहणपूर्वकवनवासप्रयोजनको दर्शितः संपादितः ॥ ७ ॥ ८ ॥ ते तव । एवं रामविवासनं चीरादिवैशिष्ट्येन रामवनगमनं पर्याप्तं सकलनरकानुभवायालम् । ते त्वया कृतैरेभिरपि कृपणैरनिर्वाच्यदुःखप्रदैः सीताप्रव्राजनादिरूपैः पातकैः किं किमनुभविष्यसि वा । न जानामीति शेषः ॥ ९ ॥ अभिषेकाय मया कृतनिश्चयं पश्चात्तत्प्रतिबन्धे त्वया कृते मत्प्रेरणयेहागतं रामं प्रति यत्त्वमब्रवीर्जटाचीरधरो वनं गच्छेति तत्त्वयोक्तं शृण्वता मया तावदेव प्रतिज्ञातं तथास्त्वित्यनुमतम्, न तु सीताप्रव्राजनादि ॥ १० ॥ एतत्त्वोक्तं तदतिक्रम्याधिकार्ये प्रवृत्तत्वान्निरयं गन्तुमर्हसि । कोऽत्र मेऽतिक्रमोऽत आह—मैथिलीमिति । ईक्षसे वाञ्छसि । 'स ऐक्षत बहुस्यां प्रजायेय' इत्यादाविच्छार्थस्येक्षतेर्दर्शनात् ॥ ११ ॥ एवं ब्रुवन्तं सीता यथासुखं गच्छत्विति ब्रुवन्तम् । संप्रस्थित एवंवादात्तया सहगमने कृतानुमतिकत्वात्तया गन्तुं प्रवृत्तः ॥ १२ ॥ न च गर्हते । त्वदाज्ञया मयि वनं गच्छत्यपीति शेषः । सत्यरक्षणं धर्म इति ज्ञात्वेति भावः ॥ १३ ॥ प्रपन्नां प्राप्ताम् । भूयः संमन्तुं प्रधानपत्नीत्वात्क्रियमाणसंमानामपि भूयोऽधिकं संमन्तुमर्हसि । संमन्तुं तस्याः संमानं कर्तुम् । मत्प्रार्थनयेति शेषः ॥ १४ ॥ जातगर्धिनीं त्वत्समीपे जातो मद्दर्शनविषयो गर्धोऽभिलाषो यस्यास्ताम् । न्यस्य त्यक्त्वा ॥ १५ ॥ इति श्रीरामाभिरामे श्रीरामीये रामायणतिलके वाल्मीकीय आदिकाव्येऽयोध्याकाण्डेऽष्टत्रिंशः सर्गः ॥ ३८ ॥

रामस्येति । विगतचेतनोऽभूदिति शेषः ॥ १ ॥ न प्रत्यवैक्षत द्रष्टुं नाशक्नोत् ॥ २ ॥ ३ ॥ विवत्सा इति । धेनव इति शेषः ॥ ४ ॥ कैकेय्या क्लिश्यमानस्यापि मम यतो मृत्युर्न विद्यते तत्प्राप्तिर्न दृश्यतेऽतः कालेऽनागते देहाज्जीवितं नैव च्यवते । इति जाने इति शेषः ॥ ५ ॥ आच्छाद्यतेऽनेनेत्याच्छादः । तापसानामाच्छादो यस्य तादृशमात्मजं पश्यामि यत्तस्य मे मृत्युर्न विद्यत इत्यन्वयः ॥ ६ ॥ जनः कैकेयीव्यतिरिक्तः सर्वोऽपि । इमां निकृतिं वरलक्षणशाठ्यं संश्रित्य स्थिताया इति शेषः ॥ ७ ॥ ८ ॥ नेत्राभ्यामुपलक्षितः ॥ ९ ॥

औपवाह्यं रथं युक्त्वा त्वमायाहि हयोत्तमैः । प्रापयैनं महाभागमितो जनपदात्परम् ॥ १०
एवं मध्ये गुणवतां गुणानां फलमुच्यते । पित्रा मात्रा च यत्साधुर्वीरो निर्वास्यते वनम् ॥ ११
राज्ञो वचनमाज्ञाय सुमन्त्रः शीघ्रविक्रमः । योजयित्वा ययौ तत्र रथमश्वैरलंकृतम् ॥ १२
तं रथं राजपुत्राय सूतः कनकभूषितम् । आचचक्षेऽञ्जलिं कृत्वा युक्तं परमवाजिभिः ॥ १३
राजा सत्वरमाहूय व्यापृतं वित्तसंचये । उवाच देशकालज्ञो निश्चितं सर्वतः शुचिः ॥ १४
वासांसि च वरार्हाणि भूषणानि महान्ति च । वर्षाण्येतानि संख्याय वैदेह्यै क्षिप्रमानय ॥ १५
नरेन्द्रेणैवमुक्तस्तु गत्वा कोशगृहं ततः । प्रायच्छत्सर्वमाहृत्य सीतायै क्षिप्रमेव तत् ॥ १६
सा सुजाता सुजातानि वैदेही प्रस्थिता वनम् । भूषयामास गात्राणि तैर्विचित्रैर्विभूषणैः ॥ १७
व्यराजयत वैदेही वेश्म तत्सुविभूषिता । उद्यतोंऽशुमतः काले खं प्रभेव विवस्वतः ॥ १८
तां भुजाभ्यां परिष्वज्य श्वश्रूर्वचनमब्रवीत् । अनाचरन्तीं कृपणं मूर्ध्न्युपाघ्राय मैथिलीम् ॥ १९
असत्यः सर्वलोकेऽस्मिन्सततं सत्कृताः प्रियैः । भर्तारं नानुमन्यन्ते विनिपातगतं स्त्रियः ॥ २०
एष स्वभावो नारीणामनुभूय पुरा सुखम् । अल्पामप्यापदं प्राप्य दुष्यन्ति प्रजहत्यपि ॥ २१
असत्यशीला विकृता दुर्गा अहृदयाः सदा । असत्यः पापसंकल्पाः क्षणमात्रविरागिणः ॥ २२
न कुलं न कृतं विद्या न दत्तं नापि संग्रहः । स्त्रीणां गृह्णाति हृदयमनित्यहृदया हि ताः ॥ २३
साध्वीनां तु स्थितानां तु शीले सत्ये श्रुते स्थिते । स्त्रीणां पवित्रं परमं पतिरेको विशिष्यते ॥ २४
स त्वया नावमन्तव्यः पुत्रः प्रव्राजितो वनम् । तव देवसमस्त्वेष निर्धनः सधनोऽपि वा ॥ २५
विज्ञाय वचनं सीता तस्या धर्मार्थसंहितम् । कृत्वाञ्जलिमुवाचेदं श्वश्रूमभिमुखे स्थिता ॥ २६
करिष्ये सर्वमेवाहमार्या यदनुशास्ति माम् । अभिज्ञास्मि यथा भर्तुर्वर्तितव्यं श्रुतं च मे ॥ २७
न मामसज्जनेनार्या समानयितुमर्हति । धर्माद्विचलितुं नाहमलं चन्द्रादिव प्रभा ॥ २८

औपवाह्यं वाहनमात्रोपयुक्तम् । युद्धानर्हमित्यर्थः । युक्त्वा योजयित्वा । 'योज्या' इति पाठेऽप्येवमेव । परम् । दक्षिणस्यामिति शेषः ॥ १० ॥ साधुर्वीरो रामः पित्रा मात्रा च वनं निर्वास्यते यत्, अतो गुणवतां पुंसां गुणानां फलमेवं निर्वासनरूपमुच्यते शास्त्रेणेति मन्ये इति दुःखातिशयादुक्तिः । उत्प्रेक्षालंकारः ॥ ११ ॥ रथं योजयित्वा तत्र रामसंनिधौ ययौ ॥ १२ ॥ आचचक्षे रथ उपस्थित इत्युक्तवान् ॥ १३ ॥ वित्तसंचये व्यापृतम् । धनाध्यक्षमित्यर्थः । निश्चितं वच उवाचेत्यन्वयः । सर्वतः शुचिरिहामुत्रानृणः ॥ १४ ॥ एतानि वर्षाणि चतुर्दशवर्षाणि । एतेनैतावानेव वनवासो नाधिक इति पुनर्दार्ढ्याय ध्वनितम् ॥ १५ ॥ प्रायच्छद्धनाध्यक्षः । 'सममेव' इति पाठे वचनसमकालमेवेत्यर्थः ॥ १६ ॥ सुजातायोनिजा । सुजातानि सामुद्रिकोक्तलक्षणवन्ति गात्राणीत्यन्वयः ॥ १७ ॥ उद्यत उदयं प्राप्नुवतः । काले प्रातःकाले । अनेन लेशतोऽपि विषादराहित्यं तस्याः सूचितम् ॥ १८ ॥ कृपणमनाचरन्तीं क्षुद्राचारहीनां तां भर्तृशुश्रूषापरां सीताम् ॥ १९ ॥ सततं प्रियैः सत्कृता अपि विनिपातगतं कृच्छ्रगतं भर्तारं याः शुश्रूषितुं नानुमन्यन्ते ताः सर्वलोके परलोक इहलोके चासत्योऽसतीत्वेन गणिताः ॥ २० ॥ नारीणां प्रकृतत्वादसतीनाम् । यत्पुरानापदवस्थायां सुखं भर्तृदत्तमनुभूय तस्याल्पामपि रोगदारिद्र्यादिलक्षणामापदं प्राप्य दृष्ट्वा तं दुष्यन्ति दूषयन्ति नानादूषणयुक्तत्वेन वदन्ति । नैतावदेव, प्रजहत्यपि ॥ २१ ॥ असत्यशीला असत्यवचनशीलाः । विकृता विकृतोपेताक्ष्यादिव्यापाराः । दुर्गा दुष्टाभिसरणादिगतिशीलाः । अहृदयाः स्वभर्तरि विरमाः । असत्यः कुलटाः । पापे परपुरुषप्रसङ्गादौ संकल्पो मनोव्यापारो यासाम् । क्षणमात्रविरागिणः । क्षणमात्रविरागिण्य इत्यर्थः । अल्पनिमित्ततः क्षणमात्रेण त्यक्तानुरागाः । अविश्वसनीयस्नेहा इति यावत् । विरागिण इत्यत्र क्लीबभाव आर्षः । ता असत्य इति विधेयम् ॥ २२ ॥ कुलं प्रशस्तम् । कृतमुपकारः । विद्या गुरूपदिष्टधर्मविद्या । दत्तं भूषणादिदानम् । संग्रहो दृष्टेऽपि दोषे स्वीकारः । यद्वा संग्रहो बन्धनादि । एतत्सर्वमपि स्त्रीणामसतीनां हृदयं न गृह्णाति पापवृत्तेर्न प्रतिबध्नाति । नञ्बाहुल्यमप्रतिबन्धदार्ढ्यप्रतिपादनाय । 'कामातुराणां न भयं न लज्जा' इति न्यायात् । कुलाद्युचितं कृत्यं पृष्ठे कृत्वा लोकगर्हितकृत्य एव प्रवर्तन्ते । कुतः । यतोऽनित्यहृदया अव्यवस्थितचित्ताः ॥ २३ ॥ साध्वीनां तु पतिव्रतानां तु । शीले सच्चरित्रे । सत्ये सत्यवचने । श्रुते गुरुजनोपदेशे । स्थिते स्वकुलोचितमर्यादावस्थितौ तु । तुरेवार्थे । एष्वेव स्थितानां स्त्रीणां परमं पवित्रमुत्तमं पुण्यसाधनं पतिरेक एव । अतएव स्त्रियाः सर्वधर्मसाधनेभ्यो विशिष्यते ॥ २४ ॥ यदेवमतः किमत आह—स इति । देवसमो देवतुल्यः । एष पतिः ॥ २५ ॥ २६ ॥ यथा भर्तुर्भर्तृविषये वर्तितव्यं तथाभिज्ञास्मि । किंच तथा श्रुतं मे । स्वमातापितृभ्यामिति शेषः ॥ २७ ॥ असज्जनेनासतीजनेन समानयितुं

नातन्त्री विद्यते वीणा नाचक्रो विद्यते रथः । नापतिः सुखमेधेत या स्यादपि शतात्मजा ॥ २९
मितं ददाति हि पिता मितं भ्राता मितं सुतः । अमितस्य तु दातारं भर्तारं का न पूजयेत् ॥ ३०
साऽहमेवंगता श्रेष्ठा श्रुतधर्मपरावरा । आर्ये किमवमन्येयं स्त्रिया भर्ता हि दैवतम् ॥ ३१
सीताया वचनं श्रुत्वा कौसल्या हृदयंगमम् । शुद्धसत्त्वा मुमोचाश्रु सहसा दुःखहर्षजम् ॥ ३२
तां प्राञ्जलिरभिप्रेक्ष्य मातृमध्येऽतिसत्कृताम् । रामः परमधर्मात्मा मातरं वाक्यमब्रवीत् ॥ ३३
अम्ब मा दुःखिता भूत्वा पश्येस्त्वं पितरं मम । क्षयोऽपि वनवासस्य क्षिप्रमेव भविष्यति ॥ ३४
सुप्तायास्ते गमिष्यन्ति नव वर्षाणि पञ्च च । समग्रमिह संप्राप्तं मां द्रक्ष्यसि सुहृद्वृतम् ॥ ३५
एतावदभिनीतार्थमुक्त्वा स जननीं वचः । त्रयः शतशतार्धा हि ददर्शावेक्ष्य मातरः ॥ ३६
ताश्चापि स तथैवार्ता मातृर्दशरथात्मजः । धर्मयुक्तमिदं वाक्यं निजगाद कृताञ्जलिः ॥ ३७
संवासात्परुषं किंचिदज्ञानादपि यत्कृतम् । तन्मे स्मुपजानीत सर्वाश्चामन्त्रयामि वः ॥ ३८
वचनं राघवस्यैतद्धर्मयुक्तं समाहितम् । शुश्रुवुस्ताः स्त्रियः सर्वाः शोकोपहतचेतसः ॥ ३९
जज्ञेऽथ तासां संनादः क्रौञ्चीनामिव निःस्वनः । मानवेन्द्रस्य भार्याणामेवं वदति राघवे ॥ ४०

मुरजपणवमघघोषवद्दशरथवेश्म बभूव यत्पुरा ।
विलपितपरिदेवनाकुलं व्यसनगतं तदभूत्सुदुःखितम् ॥ ४१

इत्यार्षे श्रीमद्रामायणे वाल्मीकीय आदिकाव्येऽयोध्याकाण्ड एकोनचत्वारिंशः सर्गः ॥ ३९ ॥

चत्वारिंशः सर्गः ।

अथ रामश्च सीता च लक्ष्मणश्च कृताञ्जलिः । उपसंगृह्य राजानं चक्रुर्दीनाः प्रदक्षिणम् ॥ १
तं चापि समनुज्ञाप्य धर्मज्ञः सह सीतया । राघवः शोकसंमूढो जननीमभ्यवादयत् ॥ २
अन्वक्षं लक्ष्मणो भ्रातुः कौसल्यामभ्यवादयत् । अपि मातुः सुमित्राया जग्राह चरणौ पुनः ॥ ३
तं वन्दमानं रुदती माता सौमित्रिमब्रवीत् । हितकामा महाबाहुं मूर्ध्न्युपाघ्राय लक्ष्मणम् ॥ ४
सृष्टस्त्वं वनवासाय स्वनुरक्तः सुहृज्जने । रामे प्रमादं मा कार्षीः पुत्र भ्रातरि गच्छति ॥ ५
व्यसनी वा समृद्धो वा गतिरेष तवानघ । एष लोके सतां धर्मो यज्ज्येष्ठवशगो भवेत् ॥ ६

समानां कर्तुमार्या नार्हति । नाहमलं न समर्था ॥ २८ ॥ विद्यते वादनसमर्था इति । गमनसमर्थ इति च शेषः । शतात्मजेति बहुव्रीहिः । शतपुत्रा ॥ २९ ॥ अमितस्यैहिकामुष्मिकसकलसुखस्य । कर्मणि षष्ठी ॥ ३० ॥ एवंगता भर्ता परमपूज्य इति ज्ञानवती । 'श्रेष्ठाश्रुतधर्म--' इति पाठे श्रेष्ठाभ्यः श्वश्रूमातृप्रमुख्याभ्यः श्रुतः परावरः सामान्यविशेषरूपो धर्मो यया । 'श्रेष्ठे' इति पाठः क्वचित् । किमवमन्येयं कस्मादवमंस्यामि ॥ ३१ ॥ शुद्धसत्त्वा शुद्धचित्ता । पुत्रादेर्वनगमनेन दुःखम । सीतावाक्यश्रवणेन च हर्षः ॥ ३२ ॥ अभिप्रेक्ष्य दृष्ट्वा । अतिसत्कृताम् । सर्वजनैरिति शेषः ॥ ३३ ॥ वनवासस्य वनवासकालस्य ॥ ३४ ॥ सुप्तायाः सुप्ताया इव चतुर्दशघटीवद्गमिष्यन्ति । समग्रं भ्रातृभार्यासहितं समग्रश्रेयस्कं च । पुनरपि सुहृद्भिर्वृतं राजत्वेन ॥ ३५ ॥ अभिनीतार्थं निर्णीतार्थम् । त्रयः शतानि त्रीणि शतानि शतार्धं च संख्या यासां ताः । त्रेत्रयसादेश आर्षः । एवंभूता या मातरः सन्ति ता अवेक्ष्य विविच्य ददर्शेत्यर्थः । तथा मातरश्च तं ददृशुरिति शेषः ॥ ३६ ॥ तथैव कौसल्यावदेवार्तास्ता मातॄः प्रतीदं जगादेत्यन्वयः ॥ ३७ ॥ संवासः सहवासः । परुषम् । उक्तमिति शेषः । अज्ञानादपि यत्कृतं परुषं कर्म समुपजानीत क्षान्तमित्यनुजानीतेत्यर्थः ॥ ३८ ॥ समाहितं धीरम् ॥ ३९ ॥ अथ रामवचःश्रवणानन्तरम् । संनादः शोकजः शब्दः ॥ ४० ॥ मेघो वाद्यविशेषः । मुरजपणवा एव मेघा इति रूपकं वा । विलपितं रामगुणकैकेयीदुर्गुणप्रतिपादकं वाक्यम् । परिदेवनं रोदनम् । व्यसनगतं प्राप्तेष्टवियोगम् ॥ ४१ ॥ इति श्रीरामाभिरामे श्रीरामीये रामायणतिलके वाल्मीकीय आदिकाव्येऽयोध्याकाण्ड एकोनचत्वारिंशः सर्गः ॥ ३९ ॥

उपसंगृह्य पादपतनपूर्वकं प्रणम्य । दीना मातापित्रोः शोकदर्शनाद्दीना इव ॥ १ ॥ समनुज्ञाप्य कृतानुमतिकं कृत्वा । शोकसंमूढो मातृदुःखदर्शनात्स इव ॥ २ ॥ अन्वक्षमनुपदं रामेण कौसल्यावन्दनानन्तरम् । भ्रातुः । जननीमिति शेषः । कौसल्यामभ्यवादयत् । पुनः कौसल्यावन्दनानन्तरम् । मातुः सुमित्रायाः । अपिनान्यासां च ॥ ३ ॥ ४ ॥ अत्रत्यसुहृज्जने स्वनुरक्तोऽपि त्वं मया वनवासाय सृष्टोऽनुमतः । वनं गच्छति भ्रातरि रामे प्रमादमनवधानं मा कार्षीः । भ्रातरीत्यनेन सोदरवदेवायं द्रष्टव्य इति सूचितम् ॥ ५ ॥ कनीयसो ज्येष्ठानुवर्तनं

इदं हि [illegible]चितं कुलस्यास्य सनातनम् । दानं दीक्षा च यज्ञेषु तनुत्यागो मृधेषु हि ॥ ७
लक्ष्मणं त्वेवमुक्त्वासौ संसिद्धं प्रियराघवम् । सुमित्रा गच्छ गच्छेति पुनः पुनरुवाच तम् ॥ ८
रामं दशरथं विद्धि मां विद्धि जनकात्मजाम् । अयोध्यामटवीं विद्धि गच्छ तात यथासुखम् ॥ ९
ततः सुमन्त्रः काकुत्स्थं प्राञ्जलिर्वाक्यमब्रवीत् । विनीतो विनयज्ञश्च मातलिर्वासवं यथा ॥ १०
रथमारोह भद्रं ते राजपुत्र महायशः । क्षिप्रं त्वां प्रापयिष्यामि यत्र मां राम वक्ष्यसे ॥ ११
चतुर्दश हि वर्षाणि वस्तव्यानि वने त्वया । तान्युपक्रमितव्यानि यानि देव्या प्रचोदितः ॥ १२
तं रथं सूर्यसंकाशं सीता हृष्टेन चेतसा । आरुरोह वरारोहा कृत्वालंकारमात्मनः ॥ १३
वनवासं हि संख्याय वासांस्याभरणानि च । भर्तारमनुगच्छन्त्यै सीतायै श्वशुरो ददौ ॥ १४
तथैवायुधजातानि भ्रातृभ्यां कवचानि च । रथोपस्थे प्रविन्यस्य सचर्म कठिनं च यत् ॥ १५
अथो ज्वलनसंकाशं चामीकरविभूषितम् । तमारुरुहतुस्तूर्णं भ्रातरौ रामलक्ष्मणौ ॥ १६
सीतातृतीयानारूढान्दृष्ट्वा रथमचोदयत् । सुमन्त्रः संमतानश्वान्वायुवेगसमाञ्जवे ॥ १७
प्रयाते तु महारण्यं चिररात्राय राघवे । बभूव नगरे मूर्च्छा बलमूर्च्छा जनस्य च ॥ १८
तत्समाकुलसंभ्रान्तं मत्तसंकुपितद्विपम् । हयसिञ्जितनिर्घोषं पुरमासीन्महास्वनम् ॥ १९
ततः सबालवृद्धा सा पुरी परमपीडिता । राममेवाभिदुद्राव घर्मार्तः सलिलं यथा ॥ २०
पार्श्वतः पृष्ठतश्चापि लम्बमानास्तदुन्मुखाः । बाष्पपूर्णमुखाः सर्वे तमूचुर्भृशनिःस्वनाः ॥ २१
संयच्छ वाजिनां रश्मीन्सूत याहि शनैः शनैः । मुखं द्रक्ष्याम रामस्य दुर्दर्शं नो भविष्यति ॥ २२
आयसं हृदयं नूनं राममातुरसंशयम् । यद्देवगर्भप्रतिमे वनं याति न भिद्यते ॥ २३
कृतकृत्या हि वैदेही छायेवानुगता पतिम् । न जहाति रता धर्मं मेरुमर्कप्रभा यथा ॥ २४
अहो लक्ष्मण सिद्धार्थः सततं प्रियवादिनम् । भ्रातरं देवसंकाशं यस्त्वं परिचरिष्यसि ॥ २५
महत्येषा हि ते बुद्धिरेष चाभ्युदयो महान् । एष स्वर्गस्य मार्गश्च यदेनमनुगच्छसि ॥ २६
एवं वदन्तस्ते सोढुं न शेकुर्बाष्पमागतम् । नरास्तमनुगच्छन्ति प्रियमिक्ष्वाकुनन्दनम् ॥ २७
अथ राजा वृतः स्त्रीभिर्दीनाभिर्दीनचेतनः । निर्जगाम प्रियं पुत्रं द्रक्ष्यामीति ब्रुवन्गृहात् ॥ २८
शुश्रुवे चाग्रतः स्त्रीणां रुदतीनां महास्वनः । यथा नादः करेणूनां बद्धे महति कुञ्जरे ॥ २९

परमो धर्म इत्याह—व्यसनी वेति । राज्याभावेन ॥ ६ ॥ इदं ज्येष्ठानुवर्तनरूपम् । धर्मान्तरमपि क्षत्रोचितमाह—दानमित्यादि । मृधेषु युद्धेषु तनुत्यागस्तनावनास्थापूर्वकं युद्धकरणम् ॥ ७ ॥ असावेवं स्वपुत्रं लक्ष्मणमुक्त्वा संसिद्धं वनं गन्तुं निश्चितमनस्कं प्रियराघवं प्रियरूपं राघवं गच्छ गच्छेति पुनः पुनरुवाच । शकुनसंपत्तय इति भावः । तं लक्ष्मणं पुनरुवाचेत्यनुकर्षः ॥ ८ ॥ तद्वचनमाह—राममिति । एवं च पितृमातृनगरस्मरणेन मनश्चाञ्चल्यं मा कुर्विति ध्वनितम् । रामस्य पितृवत्सेव्यत्वम् । सीतायां मातृवद्भावकरणम् । अटव्या अयोध्यावत्पाल्यत्वम् । तेन तत्रत्यजन्तूनामनुद्वेगकरणं च ध्वनितम् ॥ ९ ॥ १० ॥ यत्र यद्देशप्रापणे मां वक्ष्यसे नियोजयसि तं देशं क्षिप्रं प्रापयिष्यामि । नेह रजन्यां वस्तव्यमिति शेषः ॥ ११ ॥ कुतस्तत्राह—चतुर्दशेति । यानि चतुर्दशवर्षाणि वने वस्तव्यानि तान्यद्यैवोपक्रमितव्यान्यारम्भणीयानि । यतो देव्या कैकेय्याद्यैव वनं गच्छेति प्रेरितोऽस्मि ॥ १२ ॥ हृष्टेन चेतसेत्यनेन 'अङ्गिरा मनउत्साहम्' इत्युक्तो मुख्यः शकुनो ध्वनितः ॥ १३ ॥ अलंकारकरणोपायमुक्तं स्मारयति—वनवासं हीति । यानि ददौ तानि रथोपस्थे विन्यस्येत्यन्वयः । अग्रिमश्लोके तथैवेति पदस्वरसात् ॥ १४ ॥ भ्रातृभ्याम् । भ्रात्रोरित्यर्थः । सचर्म चर्मपिनद्धं पेटकम् । कठिनं खनित्रम् । प्रविन्यस्य स्थापयित्वा ॥ १५ ॥ अथो अनन्तरमारुरुहतुः ॥ १६ ॥ संमतान्संमतसर्वलक्षणान् ॥ १७ ॥ चिररात्रायेत्यव्ययम् । चिरकालावस्थित्यर्थमित्यर्थः । नगरे विद्यमानस्य सर्वमनुष्यस्य बलस्याश्वगजादेर्मूर्च्छा जनस्य तिर्यग्जन्तुरूपस्य च मूर्च्छा बभूवेत्यर्थः ॥ १८ ॥ तदेव प्रपञ्चयति—तदिति । समाकुलमिति कर्तव्यतामूढं च तत्संभ्रान्तं रामानुगमनाय त्वरायुक्तम् । मत्ता रामवियोगेन संकुपिता द्विपा यस्मिन् । हयानां दुःखेन सिञ्जितानां शब्दवतां पर्याकुलप्राणिभूषणानां निर्घोषो यस्मिन् ॥ १९ ॥ परमपीडिता । रामवियोगदुःखेनेति शेषः ॥ २० ॥ तं सुमन्त्रम् ॥ २१ ॥ २२ ॥ देवगर्भप्रतिमे स्कन्दतुल्ये । यद्वा देवगर्भो देवनिधिर्हिरण्यगर्भस्तत्प्रतिमे । याति गच्छति सति ॥ २३ ॥ मेरुमित्यादि । नित्यं तत्प्रदक्षिणसंचारा ॥ २४ ॥ यस्त्वं भ्रातरं परिचरिष्यसि स त्वं सिद्धार्थः कृतार्थः ॥ २५ ॥ तदेवाह—महतीत्यादि । अभ्युदय ऐहिकः ॥ २६ ॥ २७ ॥ २८ ॥ करेणूनां तत्पालकबद्धकरिणीनाम् ॥ २९ ॥

पिता हि राजा काकुत्स्थः श्रीमान्सन्नस्तदा बभौ । परिपूर्णः शशी काले ग्रहेणोपप्लुतो यथा ॥ ३०
स च श्रीमानचिन्त्यात्मा रामो दशरथात्मजः । सूतं संचोदयामास त्वरितं वाह्यतामिति ॥ ३१
रामो याहीति तं सूतं तिष्ठेति च जनस्तथा । उभयं नाशकत्सूतः कर्तुमध्वनि चोदितः ॥ ३२
निर्गच्छति महाबाहौ रामे पौरजनाश्रुभिः । पतितैरभ्यवहितं प्रणनाश महीरजः ॥ ३३
रुदिताश्रुपरिद्यूनं हाहाकृतमचेतनम् । प्रयाणे राघवस्यासीत्पुरं परमपीडितम् ॥ ३४
सुस्राव नयनैः स्त्रीणामस्रमायाससंभवम् । मीनसंक्षोभचलितैः सलिलं पङ्कजैरिव ॥ ३५
दृष्ट्वा तु नृपतिः श्रीमानेकचित्तगतं पुरम् । निपपातैव दुःखेन कृत्तमूल इव द्रुमः ॥ ३६
ततो हलहलाशब्दो जज्ञे रामस्य पृष्ठतः । नराणां प्रेक्ष्य राजानं सीदन्तं भृशदुःखितम् ॥ ३७
हा रामेति जनाः केचिद्राममातेति चापरे । अन्तःपुरसमृद्धं च क्रोशन्तं पर्यदेवयन् ॥ ३८
अन्वीक्षमाणो रामस्तु विषण्णं भ्रान्तचेतसम् । राजानं मातरं चैव ददर्शानुगतौ पथि ॥ ३९
स बद्ध इव पाशेन किशोरो मातरं यथा । धर्मपाशेन संयुक्तः प्रकाशं नाभ्युदैक्षत ॥ ४०
पदातिनौ च यानार्हावदुःखार्हौ सुखोचितौ । दृष्ट्वा संचोदयामास शीघ्रं याहीति सारथिम् ॥ ४१
नहि तत्पुरुषव्याघ्रो दुःखजं दर्शनं पितुः । मातुश्च सहितुं शक्तस्तोत्रैर्नुन्न इव द्विपः ॥ ४२
प्रत्यागारमिवायान्ती सवत्सा वत्सकारणात् । बद्धवत्सा यथा धेनू राममाताभ्यधावत ॥ ४३
तथा रुदन्तीं कौसल्यां रथं तमनुधावतीम् । क्रोशन्तीं राम रामेति हा सीते लक्ष्मणेति च ॥ ४४
रामलक्ष्मणसीतार्थं स्रवन्तीं वारि नेत्रजम् । असकृत्प्रैक्षत स तां नृत्यन्तीमिव मातरम् ॥ ४५
तिष्ठेति राजा चुक्रोश याहि याहीति राघवः । सुमन्त्रस्य बभूवात्मा चक्रयोरिव चान्तरा ॥ ४६
नाश्रौषमिति राजानमुपालब्धोऽपि वक्ष्यसि । चिरं दुःखस्य पापिष्ठमिति रामस्तमब्रवीत् ॥ ४७
स रामस्य वचः कुर्वन्ननुज्ञाप्य च तं जनम् । व्रजतोऽपि हयाञ्शीघ्रं चोदयामास सारथिः ॥ ४८
न्यवर्तत जनो राज्ञो रामं कृत्वा प्रदक्षिणम् । मनसाप्याशुवेगेन न न्यवर्तत मानुषम् ॥ ४९

सन्नः खिन्नः । ग्रहेण राहुणा ॥ ३० ॥ अचिन्त्यात्माहंममताभिमानराहित्येन तद्वद्भिरज्ञेयस्वरूपः । एतेन सर्वथा ममताराहित्यं सूचितम् । तदेव स्वस्य ध्वनयन्नाह—त्वरितं वाह्यतामिति ॥ ३१ ॥ तं सुमन्त्रम् । आहेति शेषः । उभयं नाशकत् । एवं च नातिमन्दं नातिवेगमवाहयदित्यर्थः ॥ ३२ ॥ अभ्यवहितं रथनेम्युद्धतम् ॥ ३३ ॥ रुदिताश्रुपरिद्यूनमनुत्साहवत् ॥ ३४ ॥ आयासः खेदः । चलितैस्तिर्यग्भूतैः पङ्कजैः । वर्षसंभूतोदकैरिति बोध्यम् । अपादानस्यैव करणत्वविवक्षा ॥ ३५ ॥ एकचित्तगतं दुःखेनैकचित्ततां प्राप्तम् ॥ ३६ ॥ सीदन्तं मूर्च्छन्तम् ॥ ३७ ॥ अन्तःपुरसमृद्धमन्तःपुरसहितं क्रोशन्तमुच्चैःशब्देन रुदन्तं राजानं दृष्ट्वा केचिन्नरा हा रामेति केचिद्धा राममातेति पर्यदेवयञ्शुशुचुः । उपलक्षणमेतत् । केचिद्धा राजन्नित्यपि । राममातेत्यार्षम् ॥ ३८ ॥ अनु पश्चाद्भाग ईक्षमाणो रामो मातरं राजानं च स्वमनुगतौ ददर्श ॥ ३९ ॥ पाशेन निबद्धः किशोरोऽश्वबालो मातरं यथा न पश्यति, एवं धर्मपाशेन संयुक्तः संबद्ध इव । नित्यमुक्तस्वभावत्वादेवमुक्तिः । प्रकाशं नाभ्युदैक्षत । संकुचितदर्शनव्यापारोऽभूदित्यर्थः ॥ ४० ॥ यानार्हत्वादिगुणविशिष्टौ पितरौ दृष्ट्वेत्यन्वयः ॥ ४१ ॥ दुःखजं दुःखं जायतेऽस्मात्तादृशम् । 'अन्यत्रापि दृश्यते' इति डः । 'दुःखदम्' इति पाठान्तरम् । लोकदृष्ट्येदम् । सहितुम् । 'तीषसह–' इति वेट् । दुःखितौ पितरौ द्रष्टुं न शक्त इति यावत् । तोत्रमङ्कुशस्तत्पीडितो द्विपो यथा स्वपृष्ठवर्तिवस्तुदर्शनाशक्तस्तद्वत् । अस्य च कैकेयीवाक्यमेवाङ्कुशः ॥ ४२ ॥ वत्सकारणात्प्रत्यगारं वत्सावस्थितिमद्गृहमुद्दिश्यागच्छन्ती सवत्सा बद्धवत्सा धेनुर्यथा धावति, एवं राममाताधावत । एषु सवत्सेत्याद्यधिककथनं कवेरपि शोकाविष्टत्वान्न दोषाय ॥ ४३ ॥ ४४ ॥ रामलक्ष्मणसीतार्थं तद्वियोगजशोकवशान्नेत्रजं वारि स्रवन्तीं मुञ्चन्तीं नृत्यन्तीमिवेतस्ततः परिभ्रमन्तीमसकृत्प्रैक्षत । राम इति शेषः ॥ ४५ ॥ चक्रयोर्युयुत्सुसेनयोरन्तरा स्थित उदासीनः पुरुष इव सुमन्त्रस्यात्मा दोलायितो बभूव ॥ ४६ ॥ ननु राजवचनातिक्रमे दोषः स्यादत आह—नेति । उपालब्धोऽपि मया बहुशस्तिष्ठ तिष्ठेत्युक्तोऽपि मद्वचनं नाकार्षीरिति पुनर्गमनानन्तरं राज्ञोपालब्धोऽपि नाश्रौषमिति वक्ष्यसि । दुःखस्य मद्दुःखस्य हेतुभूतम् । पापिष्ठमतिदुःखजनकत्वात् पापिष्ठं चिरविलम्बनमिति हेतोः शीघ्रं गच्छेति रामस्तमब्रवीत् ॥ ४७ ॥ तं जनमनुव्रजत्पौरजनमनुज्ञाप्य रामेण कृतां पुनः परावृत्त्य गमनानुज्ञां प्रापय्य व्रजतोऽपि । स्वतो गच्छतोऽपि । पुनः शीघ्रं शीघ्रगत्यर्थम् ॥ ४८ ॥ राज्ञो जनो राजसंबन्धी जनः, अवरोधजन उपजीविजनश्च रामं मनसा प्रदक्षिणं कृत्वा न्यवर्तत । देहमात्रेणेति शेषः । रथस्य शीघ्रगत्वादिति भावः । आशुवेगेन मनसा तु न न्यवर्तत, मानुषमितरमनुष्यसमूह आशुवेगेन मन-

परिक्षेप्तुं नरायातं नैनं दूरमनुव्रजेत् । इत्यमात्या महाराजमूचुर्दशरथं वचः ॥ ५०
तेषां वचः सर्वगुणोपपन्नः प्रस्विन्नगात्रः प्रविषण्णरूपः ।
निशम्य राजा कृपणः सभार्यो व्यवस्थितस्तं सुतमीक्षमाणः ॥ ५१

इत्यार्षे श्रीमद्रामायणे वाल्मीकीय आदिकाव्येऽयोध्याकाण्डे चत्वारिंशः सर्गः ॥ ४० ॥

एकचत्वारिंशः सर्गः ।

तस्मिंस्तु पुरुषव्याघ्रे निष्क्रामति कृताञ्जलौ । आर्तशब्दो हि संजज्ञे स्त्रीणामन्तःपुरे महान् ॥ १
अनाथस्य जनस्यास्य दुर्बलस्य तपस्विनः । यो गतिः शरणं चासीत्स नाथः क नु गच्छति ॥ २
न क्रुध्यत्यभिशस्तोऽपि क्रोधनीयानि वर्जयन् । क्रुद्धान्प्रसादयन्सर्वान्समदुःखः क गच्छति ॥ ३
कौसल्यायां महातेजा यथा मातरि वर्तते । तथा यो वर्ततेऽस्मासु महात्मा क नु गच्छति ॥ ४
कैकेय्या क्लिश्यमानेन राज्ञा संचोदितो वनम् । परित्राता जनस्यास्य जगतः क नु गच्छति ॥ ५
अहो निश्चेतनो राजा जीवलोकस्य संक्षयम् । धर्म्यं सत्यव्रतं रामं वनवासे प्रवत्स्यति ॥ ६
इति सर्वा महिष्यस्ता विवत्सा इव धेनवः । रुरुदुश्चैव दुःखार्ताः सस्वरं च विचुक्रुशुः ॥ ७
स तमन्तःपुरे घोरमार्तशब्दं महीपतिः । पुत्रशोकाभिसंतप्तः श्रुत्वा चासीत्सुदुःखितः ॥ ८
नाग्निहोत्राण्यहूयन्त सूर्यश्चान्तरधीयत । व्यसृजन्कवलान्नागा गावो वत्सान्न पाययन् ॥ ९
त्रिशङ्कुर्लोहिताङ्गश्च बृहस्पतिबुधावपि । दारुणाः सोममभ्येत्य ग्रहाः सर्वे व्यवस्थिताः ॥ १०
नक्षत्राणि गतार्चींषि ग्रहाश्च गततेजसः । विशाखाश्च सधूमाश्च नभसि प्रचकाशिरे ॥ ११
कालिकानिलवेगेन महोदधिरिवोत्थितः । रामे वनं प्रव्रजिते नगरं प्रचचाल तत् ॥ १२
दिशः पर्याकुलाः सर्वास्तिमिरेणेव संवृताः । न ग्रहो नापि नक्षत्रं प्रचकाशे न किंचन ॥ १३
अकस्मान्नागरः सर्वो जनो दैन्यमुपागमत् । आहारे वा विहारे वा न कश्चिदकरोन्मनः ॥ १४
शोकपर्यायसंतप्तः सततं दीर्घमुच्छ्वसन् । अयोध्यायां जनः सर्वश्चुक्रोश जगतीपतिम् ॥ १५
बाष्पपर्याकुलमुखो राजमार्गगतो जनः । न हृष्टो लभ्यते कश्चित्सर्वः शोकपरायणः ॥ १६
न वाति पवनः शीतो न शशी सौम्यदर्शनः । न सूर्यस्तपते लोकं सर्वं पर्याकुलं जगत् ॥ १७
अनर्थिनः सुताः स्त्रीणां भर्तारो भ्रातरस्तथा । सर्वे सर्वं परित्यज्य राममेवान्वचिन्तयन् ॥ १८

सापि न न्यवर्तत । अपिना देहेन च न न्यवर्तत । 'मनसाप्यश्रुवेगैश्च' इति पाठान्तरम् । अत्र पाठे मनसोऽनिवृत्तेरश्रुवेगो ज्ञापकः ॥ ४९ ॥ उत्कटदिदृक्षावतो राज्ञस्तु सचिववचनाभिवृत्तिरित्याह—यमिच्छेदिति ॥ ५० ॥ व्यवस्थितोऽवस्थितः ॥ ५१ ॥ इति श्रीरामाभिरामे श्रीरामीये रामायणतिलके वाल्मीकीय आदिकाव्येऽयोध्याकाण्डे चत्वारिंशः सर्गः ॥ ४० ॥

इदानीं तत्प्रयाणनिमित्तः सर्वप्रजाशोक उच्यते—तस्मिन्निति । मातृवेष्टितपितृुद्देशेन कृताञ्जलौ निष्क्रामति नगरान्निर्गच्छति सति ॥ १ ॥ तदेवाह—अनाथस्येति । तपस्विनः शोच्यस्य । गतिः सकलसुखावाप्तिहेतुः । शरणं सर्वापद्भ्यो रक्षिता ॥ २ ॥ अभिशस्तो मिथ्याभिशंसनं प्रापितः । क्रोधनीयानि प्रजाक्रोधकराणि ॥ ३ ॥ ४ ॥ वनम् । गन्तुमिति शेषः । अस्य जनस्येत्युक्त्वा किं विशिष्य कथनेन । सर्वस्य जगतः परित्रातेति भगवत्स्वरूपज्ञायाः कस्याश्चिद्वचः ॥ ५ ॥ संक्षयमाधारत्वेन गृहभूतम् । वनवासे तन्निमित्तम् । प्रवत्स्यति प्रवासयति ॥ ६ ॥ ७ ॥ ८ ॥ नाहूयन्ताग्निहोत्रिभिः । रामदुःखादिति शेषः । अन्तरधीयत रामव्यसनात्तद्दृश्यतया दिवसशेषे सत्यप्यन्तर्हितोऽभूत् । अकाले दुर्दिनमभूदिति भावः । व्यसृजंस्त्यक्तवन्तः । नागा गजाः । न पाययन्नापाययन् । अडभाव आर्षः । दुर्दिनाद्युत्पाता राज्ञो रावणस्य च नाशसूचका इति बोध्यम् ॥ ९ ॥ त्रिशङ्कुर्दक्षिणदिक्स्थः, लोहिताङ्गो भौमः, गुरुबुधौ, अन्ये सर्वे ग्रहाः शनिशुक्रादयः सोममभ्येत्य रात्रौ वक्रगत्या चन्द्रं प्राप्य दारुणाः क्रूरार्चिषः सन्तो व्यवस्थिताः ॥ १० ॥ गतार्चींषि त्यक्तस्वाभाविककान्तीनि । ग्रहाः शन्यादयः । विशाखा विमार्गस्थाः सधूमाश्च नभसि दृश्यन्ते ॥ ११ ॥ कालिका मेघपङ्क्तिरनिलवेगेनाकाश उत्थित उदधिरिव दृश्यते । नगरं प्रचचालेत्यनेन भूकम्पः ॥ १२ ॥ १३ ॥ अकस्माद्दैन्यहेतुकारणाभावेऽपि दैन्यं रामवियोगदैन्यादधिकं दैन्यम् ॥ १४ ॥ शोकेन रामवियोगजेन पर्यायसंतप्तः पुनः पुनः संतप्तः । प्रतिज्ञापालनरूपधर्मवत्यपि कोप उत्पातः ॥ १५ ॥ पूर्वं तु केषांचित्तरवशानां हर्ष आसीत्, संप्रति तु सर्वोऽप्यहृष्टः ॥ १६ ॥ १७ ॥ सुता अनर्थिनोऽनपेक्षिणः । मातापित्रोरिति शेषः । स्त्रीणां भर्तारोऽनर्थिनः । भ्रातरः भ्रातॄणामनर्थिन इति

ये तु रामस्य सुहृदः सर्वे ते मूढचेतसः । शोकभारेण चाक्रान्ताः शयनं नैव भेजिरे ॥ १९
ततस्त्वयोध्या रहिता महात्मना पुरंदरेणेव मही सपर्वता ।
चचाल घोरं भयशोकदीपिता सनागयोधाश्वगणा ननाद च ॥ २०

इत्यार्षे श्रीमद्रामायणे वाल्मीकीय आदिकाव्येऽयोध्याकाण्ड एकचत्वारिंशः सर्गः ॥ ४१ ॥

द्विचत्वारिंशः सर्गः ।

यावत्तु निर्यतस्तस्य रजोरूपमदृश्यत । नैवेक्ष्वाकुवरस्तावत्संजहारात्मचक्षुषी ॥ १
यावद्राजा प्रियं पुत्रं पश्यत्यत्यन्तधार्मिकम् । तावद्व्यवर्धतेवास्य धरण्यां पुत्रदर्शने ॥ २
न पश्यति रजोऽप्यस्य यदा रामस्य भूमिपः । तदार्तश्च विषण्णश्च पपात धरणीतले ॥ ३
तस्य दक्षिणमन्वागात्कौसल्या बाहुमङ्गना । परं चास्यान्वगात्पार्श्वं कैकेयी सा सुमध्यमा ॥ ४
तां नयेन च संपन्नो धर्मेण विनयेन च । उवाच राजा कैकेयीं समीक्ष्य व्यथितेन्द्रियः ॥ ५
कैकेयि मामकाङ्गानि मा स्प्राक्षीः पापनिश्चये । नहि त्वां द्रष्टुमिच्छामि न भार्या न च बान्धवी ॥ ६
ये च त्वामनुजीवन्ति नाहं तेषां न ते मम । केवलार्थपरां हि त्वां त्यक्तधर्मां त्यजाम्यहम् ॥ ७
अगृह्णां यच्च ते पाणिमग्निं पर्यणयं च यत् । अनुजानामि तत्सर्वमस्मिँल्लोके परत्र च ॥ ८
भरतश्चेत्प्रतीतः स्याद्राज्यं प्राप्यैतदव्ययम् । यन्मे स दद्यात्पित्रर्थं मा मां तद्दत्तमागमत् ॥ ९
अथ रेणुसमुध्वस्तं समुत्थाप्य नराधिपम् । न्यवर्तत तदा देवी कौसल्या शोककर्शिता ॥ १०
हत्वेव ब्राह्मणं कामात्स्पृष्ट्वाग्निमिव पाणिना । अन्वतप्यत धर्मात्मा पुत्रं संचिन्त्य राघवम् ॥ ११
निवृत्यैव निवृत्यैव सीदतो रथवर्त्मसु । राज्ञो नातिबभौ रूपं ग्रस्तस्यांशुमतो यथा ॥ १२
विललाप स दुःखार्तः प्रियं पुत्रमनुस्मरन् । नगरान्तमनुप्राप्तं बुद्ध्वा पुत्रमथाब्रवीत् ॥ १३

शेषः । राममेवान्वचिन्तयन् । तद्ध्यानेन सर्वो जनः सर्वत्र विरक्तोऽभूदित्याशयः ॥ १८ ॥१९॥ पुरंदरेण रहिता सपर्वता समेरुर्यथा मही चलति । तस्य त्रिलोकीपतित्वात् । तथा रामेण रहितायोध्या चचाल । रक्षकाभावात् । ननाद च । दुःखाच्चक्रन्देत्यर्थः ॥ २० ॥ इति श्रीरामाभिरामे श्रीरामीये रामायणतिलके वाल्मीकीय आदिकाव्येऽयोध्याकाण्ड एकचत्वारिंशः सर्गः ॥ ४१ ॥

निर्यतस्तस्य रामस्य संबन्धि रजसो रूपं रथ्याधूलेः स्वरूपं यावत्तेनादृश्यत तावदात्मनश्चक्षुषी न संजहार । इदं रामरथोद्धतं रज इति प्रीत्या तत्पश्यन्नेवासीदिति भावः ॥ १ ॥ यावत्प्रियं पुत्रं राजा पश्यति । रथधूलिदर्शनद्वारेति शेषः । तावत्पुत्रदर्शने तन्निमित्तं धरण्यां स्थितोऽस्य देहो व्यवर्धतेव । उत्थाय स्थित एवाभूदित्यर्थः ॥ २ ॥ रजसोऽप्यदर्शने तच्छरीरं पतितमभूदित्याह—नेति । रामस्य रजः । रामरथोद्धतं रज इत्यर्थः ॥ ३ ॥ तस्येति । पतितमुत्थाप्य तस्य दक्षिणं बाहुं धृत्वा कौसल्यान्वागात्स्वपुरं प्रति गम्यमानमन्वा सहैव ससार । कैकेयी तस्य वामं पार्श्वमेव केवलमान्वगात् । तथात्वं च राज्ञोऽस्यां परमवैरस्यात् ॥ ४ ॥ तदेवाह—तामिति ॥ ५ ॥ न च बान्धवी । बन्धूनां स्नेहपात्रदास्यादिरूपापि नेत्यर्थः । अण्णन्तत्वान्ङीप् ॥ ६ ॥ ७ ॥ न केवलमैहिकव्यवहारस्य त्यागः, किंतु पारलौकिकस्यापीत्याह—अगृह्णामिति । यच्च ते पाणिं पर्यगृह्णाम्, यच्च त्वामग्निं पर्यणयं प्रदक्षिणमनयम्, अग्निहोत्रसंबन्धं वा कार्यम्, तत्सर्वमस्मिँल्लोके पाणिग्रहणसाध्यक्रीडादि परलोकेऽग्निहोत्रादिसाध्यस्वर्गादि चानुजानामि त्यजामि ॥ ८ ॥ ननु मम त्यागेऽपि मत्पुत्रादेः कथं त्यागः 'ये च त्वामनुजीवन्ति' इत्यादिनोक्तस्तत्राह—भरत इति । यदि त्वया प्रापितं राज्यं प्राप्य भरतः प्रतीतः स्यात्तुष्टः स्यात्, तर्हि मे मरणानन्तरं स भरतः पित्रर्थं पितृत्वप्रयुक्तश्राद्धार्थं यद्दद्यात्तत्तद्दत्तं मां मागमत् । मा प्राप्नोत्वित्यर्थः । अन्यथा तु तं न त्यजामीत्यर्थः । कतकस्तु—'अनुजानामि इत्यादिसार्धश्लोक एकं वाक्यम् । तत्पूर्वार्धे त्यजामीत्यस्यानुकर्षः । तत्तृतीयार्धे 'यन्मे स दद्यात्पित्रर्थं मामतद्दत्तमागमत्' इति पाठः । स दद्यादिति चावर्तते । भरतस्त्वया प्रापितं राज्यं प्राप्य प्रतीतो विवेकवान्सन्यत्प्राप्तं राज्यं तत्स पित्रर्थं पितुर्मम प्रीतिसंपादनाय यदि दद्यात्त्यजेत्, मां चातद्दत्तं न कृतं तस्मै दत्तं दानं राज्यस्य येन तादृशं मां प्रीत्या पूर्ववदागमत्प्राप्नुयाच्चेत्, तदा यत्स मे दद्यादस्मिँल्लोके विहारशय्याभोजनादि परत्र च परलोके पिण्डदानादि तत्सर्वमनुजानाम्यङ्गीकरोमि । अन्यथा 'तं त्यजाम्येवेत्यर्थः' इत्याह ॥ ९ ॥ रेणुसमुद्ध्वस्तं भुवि लुण्ठनाद्रजोव्याप्तम् । न्यवर्तत । राज्ञा सहेति शेषः ॥ १० ॥ यथा पाणिनाग्निं स्पृष्ट्वा स्वकर्तृकदोषेण तत्पीडयानुतप्तो भवति तथा स्वकृतमेतद्दुःखमित्यनुतापः ॥ ११ ॥ निवृत्य । पुनःपुनरित्यर्थः । रथवर्त्मसु सीदतो रथमार्गदर्शने क्लिश्यतः । ग्रस्तस्य राहुणा ॥ १२ ॥ आत्मानं नगरान्तं नगरसमीपं प्राप्तं बुद्ध्वा पुत्रं

वाहनानां च मुख्यानां वहतां तं ममात्मजम्। पदानि पथि दृश्यन्ते स महात्मा न दृश्यते ॥ १४
यः सुखेनोपधानेषु शेते चन्दनरूषितः। वीज्यमानो महार्हाभिः स्त्रीभिर्मम सुतोत्तमः ॥ १५
स नूनं क्वचिदेवाद्य वृक्षमूलमुपाश्रितः। काष्ठं वा यदि वाश्मानमुपधाय शयिष्यते ॥ १६
उत्थास्यति च मेदिन्याः कृपणः पांसुगुण्ठितः। विनिःश्वसन्प्रस्रवणात्करेणूनामिवर्षभः ॥ १७
द्रक्ष्यन्ति नूनं पुरुषा दीर्घबाहुं वनेचराः। राममुत्थाय गच्छन्तं लोकनाथमनाथवत् ॥ १८
सा नूनं जनकस्येष्टा सुता सुखसदोचिता। कण्टकाक्रमणक्रान्ता वनमद्य गमिष्यति ॥ १९
अनभिज्ञा वनानां सा नूनं भयमुपैष्यति। श्वापदानर्दितं श्रुत्वा गम्भीरं रोमहर्षणम् ॥ २०
सकामा भव कैकेयि विधवा राज्यमावस। नहि तं पुरुषव्याघ्रं विना जीवितुमुत्सहे ॥ २१
इत्येवं विलपन्राजा जनौघेनाभिसंवृतः। अपस्नात इवारिष्टं प्रविवेश गृहोत्तमम् ॥ २२
शून्यचत्वरवेश्मान्तां संवृतापणवेदिकाम्। क्लान्तदुर्बलदुःखार्तां नात्याकीर्णमहापथाम् ॥ २३
तामवेक्ष्य पुरीं सर्वां राममेवानुचिन्तयन्। विलपन्प्राविशद्राजा गृहं सूर्य इवाम्बुदम् ॥ २४
महाह्रदमिवाक्षोभ्यं सुपर्णेन हृतोरगम्। रामेण रहितं वेश्म वैदेह्या लक्ष्मणेन च ॥ २५
अथ गद्गदशब्दस्तु विलपन्वसुधाधिपः। उवाच मृदु मन्दार्थं वचनं दीनमस्वरम् ॥ २६
कौसल्याया गृहं शीघ्रं राममातुर्नयन्तु माम्। नह्यन्यत्र ममाश्वासो हृदयस्य भविष्यति ॥ २७
इति ब्रुवन्तं राजानमनयन्द्वारदर्शिनः। कौसल्याया गृहं तत्र न्यवेश्यत विनीतवत् ॥ २८
ततस्तत्र प्रविष्टस्य कौसल्याया निवेशनम्। अधिरुह्यापि शयनं बभूव लुलितं मनः ॥ २९
पुत्रद्वयविहीनं च स्नुषया च विवर्जितम्। अपश्यद्भवनं राजा नष्टचन्द्रमिवाम्बरम् ॥ ३०
तच्च दृष्ट्वा महाराजो भुजमुद्यम्य वीर्यवान्। उच्चैःस्वरेण प्राक्रोशद्धा राम विजहासि नौ ॥ ३१
सुखिता बत तं कालं जीविष्यन्ति नरोत्तमाः। परिष्वजन्तो ये रामं द्रक्ष्यन्ति पुनरागतम् ॥ ३२
अथ रात्र्यां प्रपन्नायां कालरात्र्यामिवात्मनः। अर्धरात्रे दशरथः कौसल्यामिदमब्रवीत् ॥ ३३
न त्वां पश्यामि कौसल्ये साधु मां पाणिना स्पृश। रामं मेऽनुगता दृष्टिरद्यापि न निवर्तते ॥ ३४

तं राममेवानुविचिन्तयन्तं समीक्ष्य देवी शयने नरेन्द्रम्।
उपोपविश्याधिकमार्तरूपा विनिःश्वसन्तं विललाप कृच्छ्रम् ॥ ३५

इत्यार्षे श्रीमद्रामायणे वाल्मीकीय आदिकाव्येऽयोध्याकाण्डे द्विचत्वारिंशः सर्गः ॥ ४२ ॥

भ्याप्तं बुद्ध्वाब्रवीदिति कतकः। यद्वा पुत्रं नगरान्तं नगरबाह्यं देशं प्राप्तं मत्वेत्यर्थः ॥ १३॥१४॥ महार्हाभिरुत्तमरूपालंकारवतीभिः ॥ १५ ॥ क्वचिन्नदीतीरादौ। अश्मा पाषाणः ॥ १६॥ बन्दिस्तुत्यादिराहित्येन कृपण इव प्रस्रवणाद्गिरिप्रस्थादिप्रदेशात् ॥ १७ ॥ १८ ॥ सुखसदोचिता सुखस्य सदा उचिता तादृश्यपि कण्टकेष्वाक्रमणेन पादविक्षेपेण क्रान्ता पीडिता ॥१९॥ श्वापदानां व्याघ्रादीनामासमन्तान्नर्दितम् ॥ २० ॥ सकामा भवेति वक्रोक्त्याऽनपकारिणां दुःखदानात्ते कामपूर्तिर्न कदापीति भावः। विधवात्वे हेतुः—नहीत्यादि ॥ २१ ॥ अपस्नातो मृतस्नानस्नातः। अरिष्टं कश्मलमयम् ॥ २२ ॥ तदेवाह—शून्य इति। शून्या निर्मनुष्याश्चत्वरा गृहप्रान्तभागा वेश्मान्ता वेश्ममध्यभागाश्च यस्याम्। सर्वजनानां रामपृष्ठे गतत्वात्। संवृतापणवेदिकां संवृता आवृताः पण्यस्थापनवेदिका यस्यां सा। 'देवताम्' इति पाठे पिहितापणदेवतागृहामित्यर्थः। क्लान्ता गन्तुमशक्ताः, अतएव दुर्बला दुःखार्ता रामवियोगपीडार्ता यस्याम्। नात्याकीर्णोऽत्यन्तसंमर्दरहितो महापथो यस्यां ताम् ॥ २३ ॥ २४ ॥ सुपर्णेन हृतोरगं महाह्रदमिवेति रिपूणां निर्भयप्रवेशद्योतकम् ॥ २५ ॥ मृदु मन्दोच्चारणात्। अतएव मन्दार्थमबुद्धार्थम्। दीनं शोच्यम्। अस्वरं शुद्धकण्ठध्वनिरहितम् ॥ २६ ॥ नयन्तु। ये केचिदत्र मनुष्या इति शेषः। अन्यत्र क्वयन्तर्गृहे आश्वासः खेदापगमः ॥ २७ ॥ द्वारदर्शिनो वेत्रिणः कौसल्याया गृहमनयन्। तत्र गृहे तैर्विनीतवत्पर्यङ्के न्यवेश्यत। राजेति शेषः। यद्वा तन्निवेशनोत्तरं राजा विनीतवदधोमुख आसेति शेषः ॥ २८ ॥ कौसल्याया निवेशनं प्रविष्टस्य स्वापस्थानभूतं शयनं मञ्चमारुह्यापि लुलितं कलुषं बभूव ॥ २९ ॥ ३० ॥ नौ आवाम्। मातापितराविस्यर्थः ॥ ३१ ॥ ये बत तं कालं तावत्कालं रामपरावृत्तिकालपर्यन्तं जीविष्यन्ति, पुनरागतं रामं परिष्वजन्तो रामं द्रक्ष्यन्ति, ते सुखिता नरोत्तमाश्च। तेन स्वस्याधमत्वादिव्यङ्ग्यम् ॥ ३२ ॥ अथ कौसल्यागृहप्रवेशानन्तरमात्मनः कालरात्र्यामिव संहाररात्र्यामिव रात्र्यां प्रपन्नायां मध्यं प्राप्तायाम् ॥ ३३ ॥ मां स्पृश। स्वसत्ताज्ञापनार्थमिति भावः। कौसल्यादर्शने हेतुमाह—राममिति। काव्यलिङ्गमत्रालंकारः। दृष्टेर्दर्शनशक्ते रामविषये समनस्काया विलीनत्वात्पदार्थान्तरं न स्फुरतीति व्यङ्ग्यं परं गुणीभूतम् ॥ ३४ ॥ विनिःश्वसन्तं रा-

त्रिचत्वारिंशः सर्गः ।

ततः समीक्ष्य शयने सन्नं शोकेन पार्थिवम् । कौसल्या पुत्रशोकार्ता तमुवाच महीपतिम् ॥ १
राघवे नरशार्दूल विषं मुक्त्वाहिजिह्मगा । विचरिष्यति कैकेयी निर्मुक्तेव हि पन्नगी ॥ २
विवास्य रामं सुभगा लब्धकामा समाहिता । त्रासयिष्यति मां भूयो दुष्टाहिरिव वेश्मनि ॥ ३
अथास्मिन्नगरे रामश्चरन्भैक्षं गृहे वसेत् । कामकारो वरं दातुमपि दासं ममात्मजम् ॥ ४
पातयित्वा तु कैकेय्या रामं स्थानाद्यथेष्टतः । प्रविद्धो रक्षसां भागः पर्वणीवाहिताग्निना ॥ ५
नागराजगतिर्वीरो महाबाहुर्धनुर्धरः । वनमाविशते नूनं सभार्यः सहलक्ष्मणः ॥ ६
वने त्वदृष्टदुःखानां कैकेय्यनुमते त्वया । त्यक्तानां वनवासाय कान्यावस्था भविष्यति ॥ ७
ते रत्नहीनास्तरुणाः फलकाले विवासिताः । कथं वत्स्यन्ति कृपणाः फलमूलैः कृताशनाः ॥ ८
अपीदानीं स कालः स्यान्मम शोकक्षयः शिवः । सहभार्यं सहभ्रात्रा पश्येयमिह राघवम् ॥ ९
श्रुत्वैवोपस्थितौ वीरौ कदायोध्या भविष्यति । यशस्विनी हृष्टजना सूच्छ्रितध्वजमालिनी ॥ १०
कदा प्रेक्ष्य नरव्याघ्रावरण्यात्पुनरागतौ । भविष्यति पुरी हृष्टा समुद्र इव पर्वणि ॥ ११
कदायोध्यां महाबाहुः पुरीं वीरः प्रवेक्ष्यति । पुरस्कृत्य रथे सीतां वृषभो गोवधूमिव ॥ १२
कदा प्राणिसहस्राणि राजमार्गे ममात्मजौ । लाजैरवकरिष्यन्ति प्रविशन्तावरिंदमौ ॥ १३
प्रविशन्तौ कदायोध्यां द्रक्ष्यामि शुभकुण्डलौ । उदग्रायुधनिस्त्रिंशौ सशृङ्गाविव पर्वतौ ॥ १४
कदा सुमनसः कन्याद्विजातीनां फलानि च । प्रदिशन्तः पुरीं हृष्टाः करिष्यन्ति प्रदक्षिणम् ॥ १५
कदा परिणतो बुद्ध्या वयसा चामरप्रभः । अभ्युपैष्यति धर्मात्मा सुवर्ष इव लालयन् ॥ १६
निःसंशयं मया मन्ये पुरा वीर कदर्यया । पातुकामेषु वत्सेषु मातॄणां शातिताः स्तनाः ॥ १७
साहं गौरिव सिंहेन विवत्सा वत्सला कृता । कैकेय्या पुरुषव्याघ्र बालवत्सेव गौर्बलात् ॥ १८
नहि तावद्गुणैर्जुष्टं सर्वशास्त्रविशारदम् । एकपुत्रा विनापुत्रमहं जीवितुमुत्सहे ॥ १९
न हि मे जीविते किंचित्सामर्थ्यमिह कल्प्यते । अपश्यन्त्याः प्रियं पुत्रं लक्ष्मणं च महाबलम् ॥ २०

जानमुपोपविश्य शयनसमीप उपविश्य ॥ ३५ ॥ इति श्रीरामाभिरामे श्रीरामीये रामायणतिलके वाल्मीकीय आदिकाव्येऽयोध्याकाण्डे द्विचत्वारिंशः सर्गः ॥ ४२ ॥

सन्नं खिन्नम् ॥ १ ॥ अहिजिह्मगा सर्पवत्कुटिलगतिः कुटिलचरित्रा 'जिह्मताम्' इति पाठे जिह्मतां कौटिल्यरूपं विषं मुक्त्वेत्यर्थः । निर्मुक्ता त्यक्तकञ्चुका ॥ २ ॥ ३ ॥ भवतु भरतराज्यवरणम्, अथापीहैव नगरे रामो भैक्षं चरन्गृहे वसेदिति याचनया वृतं स्यात्तं वरं दातुं ममापि कामकार इष्टाचरणम् । अप्यात्मजं राममस्या दासमपि दातुं वरं मम कामकार इष्टमेव । तद्वियोगशोकाभावात् । एवं चैवं वरयाचनं ममातित्रासनार्थमेवेति व्यङ्ग्यम् ॥ ४ ॥ कैकेय्या कर्त्र्या । रामं स्थानात्स्वस्थानाद्यथेष्टतः स्वेच्छानुसारेण पातयित्वा प्रभ्रश्य । पर्वण्याहिताग्निना रक्षसां भागस्तुषादिरूपो प्रविद्धः प्रक्षिप्तः । इतःपरं तद्दर्शनमसंभावितं रक्षोभिर्नाशादिति व्यङ्ग्यम् ॥ ५ ॥ ६ ॥ कैकेय्यनुमते । स्थितेनेति शेषः । कान्यावस्था रक्षोभक्षणातिरिक्ता, न कापि । जीवनं सर्वथा न संभावितमिति भावः ॥ ७ ॥ रत्नहीना उत्तमवस्तुहीनाः । तरुणो च तरुणी च तरुणाः । फलकाले युवावस्थत्वेन राज्यभोगकाले ॥ ८ ॥ शोकक्षयः शोकस्य क्षयो यस्मिन्सः । अपीदानीं स्यात् । इदानीमेव स्यात्स काल इत्यर्थः । अपीदानीमिति लोकोक्तौ वा ॥ ९ ॥ १० ॥ ११ ॥ गोरूपां वधूम् ॥ १२ ॥ १३ ॥ उदग्रायुधनिस्त्रिंशौ । आयुधं धनुरादि । निस्त्रिंशः खड्गः ॥ १४ ॥ कन्याद्विजातीनामिति द्वंद्वः । तत्र कन्यानां सुमनसः पुष्पाणि द्विजानां फलानि च प्रदिशन्तः प्रगृह्णन्तो हृष्टा भूत्वा सकलपौरजनोत्सवाय कदा पुरीं प्रदक्षिणं करिष्यन्ति ॥ १५ ॥ बुद्ध्यापरिणतो ज्ञानेन वृद्धः । वयसा चामरप्रभस्तरुणतर इव । देवानां सदा तरुणत्वात् । सुवर्ष इव कालिकः कालिकसुवृष्टिरिव जनांल्लालयन् । 'त्रिवर्ष इव लालयन्' इति पाठे मामिति शेषः । 'मां ललन्' इति पाठे प्रविक्रीडां कुर्वन्नित्यर्थः ॥ १६ ॥ कदर्यया क्षुद्राचारया । पातुं कामो येषां तेषु पातुकामेषु । शातिताः कृत्ताः ॥ १७ ॥ वत्सला पुत्रवत्सला । सिंहेन गौरिव त्वया विवत्सा कृता । उत्पातकेनेति शेषः । एवं कैकेय्या सिंह्या बालवत्सा गौरिव बलाद्विवत्सा कृता ॥ १८ ॥ अतः—नहीति । गुणैः सर्वकल्याणगुणैः ॥ १९ ॥ कल्प्यते । देवेनेति शेषः । 'कल्पते'

अयं हि मां दीपयतेऽद्य वह्निस्तनूजशोकप्रभवो महाहितः।
महीमिमां रश्मिभिरुत्तमप्रभो यथा निदाघे भगवान्दिवाकरः॥ २१

इत्यार्षे श्रीमद्रामायणे वाल्मीकीय आदिकाव्येऽयोध्याकाण्डे त्रिचत्वारिंशः सर्गः॥ ४३॥

चतुश्चत्वारिंशः सर्गः।

विलपन्तीं तथा तां तु कौसल्यां प्रमदोत्तमाम्। इदं धर्मे स्थिता धर्म्यं सुमित्रा वाक्यमब्रवीत्॥ १
तवार्ये सद्गुणैर्युक्तः सपुत्रः पुरुषोत्तमः। किं ते विलपितेनैवं कृपणं रुदितेन वा॥ २
यस्तवार्ये गतः पुत्रस्त्यक्त्वा राज्यं महाबलः। साधु कुर्वन्महात्मानं पितरं सत्यवादिनम्॥ ३
शिष्टैराचरिते सम्यक्शश्वत्प्रेत्य फलोदये। रामो धर्मे स्थितः श्रेष्ठो न स शोच्यः कदाचन॥ ४
वर्तते चोत्तमां वृत्तिं लक्ष्मणोऽस्मिन्सदानघः। दयावान्सर्वभूतेषु लाभस्तस्य महात्मनः॥ ५
अरण्यवासे यद्दुःखं जानन्त्येव सुखोचिता। अनुगच्छति वैदेही धर्मात्मानं तवात्मजम्॥ ६
कीर्तिभूतां पताकां यो लोके भ्रामयति प्रभुः। धर्मः सत्यव्रतपरः किं न प्राप्तस्तवात्मजः॥ ७
व्यक्तं रामस्य विज्ञाय शौचं माहात्म्यमुत्तमम्। न गात्रमंशुभिः सूर्यः संतापयितुमर्हति॥ ८
शिवः सर्वेषु कालेषु काननेभ्यो विनिःसृतः। राघवं युक्तशीतोष्णः सेविष्यति सुखोऽनिलः॥ ९
शयानमनघं रात्रौ पितेवाभिपरिष्वजन्। धर्मघ्नः संस्पृशञ्शीतश्चन्द्रमा ह्लादयिष्यति॥ १०
ददौ चास्त्राणि दिव्यानि यस्मै ब्रह्मा महौजसे। दानवेन्द्रं हतं दृष्ट्वा तिमिध्वजसुतं रणे॥ ११
स शूरः पुरुषव्याघ्रः स्वबाहुबलमाश्रितः। असंत्रस्तो ह्यरण्येऽसौ वेश्मनीव निवत्स्यते॥ १२
यस्येषुपथमासाद्य विनाशं यान्ति शत्रवः। कथं न पृथिवी तस्य शासने स्थातुमर्हति॥ १३
या श्रीः शौर्यं च रामस्य या च कल्याणसत्त्वता। निवृत्तारण्यवासः स्वं क्षिप्रं राज्यमवाप्स्यति॥ १४
सूर्यस्यापि भवेत्सूर्यो ह्यग्नेरग्निः प्रभोः प्रभुः। श्रियाः श्रीश्च भवेदग्र्या कीर्त्याः कीर्तिः क्षमाक्षमा॥ १५

इति पाठे वियत इत्यर्थः॥ २०॥ दीपयते संतापयति॥ २१॥ इति श्रीरामाभिरामे श्रीरामीये रामायणतिलके वाल्मीकीय आदिकाव्येऽयोध्याकाण्डे त्रिचत्वारिंशः सर्गः॥ ४३॥

एवं दुःखितां कौसल्यां सुमित्रा समाश्वासयतीत्याह—विलपन्तीमिति। इदं वाक्यमित्यन्वयः॥ १॥ कृपणं यथा रुदितेन वा किम्। अयुक्तमेवेत्यर्थः। तत्र हेतुः—सद्गुणैर्युक्त इति। तादृशस्य च न क्वाप्यपाय इति भावः। पुरुषोत्तम इत्यनेन तस्येश्वरत्वं व्यङ्ग्यम्। एवं च सर्वव्यापकत्वेनात्रापि संनिधानाद्विलापादि व्यर्थमिति च व्यङ्ग्यम्॥ २॥ तदेवाह—य इति। श्लोकद्वयमेकं वाक्यम्। साधु सिद्धसंकल्पं कुर्वन्गतः। वनमिति शेषः। सत्यवादिनं सत्येन प्रसिद्धम्॥ ३॥ शश्वत्सर्वथा नित्यं प्रेत्य फलस्यामुष्मिकसुखस्योदयो यस्मात्तत्र धर्मे स्थितः, अतो न शोच्यः॥ ४॥ सुसहायसंपत्तेश्च न शोच्य इत्याह—वर्तते चेति। उत्तमां वृत्तिं पितृतुल्यशुश्रूषाव्यापारं वर्तते वर्तयते। करोतीति यावत्। लाभः सुखमेव॥ ५॥ एवं वैदेह्यप्यनुगच्छति तेन लाभ एव तस्य। अनेन सर्वभूतदयावत्त्वेन लक्ष्मणस्य सर्वभूताधारभूधारकशेषावतारत्वं धर्मानुगत्या च जानक्याः श्रीत्वं ध्वनितम्। तेन रामस्य भगवत्त्वं ध्वनितम्॥ ६॥ तदेवाह—कीर्तीति। यः कीर्त्यात्मना संभूतां पताकां ध्वजं लोके त्रैलोक्येऽपि भ्रामयति प्रवर्तयति। प्रभुः सर्वभूतपालको दयया। स तवात्मजः साक्षाद्धर्मस्वरूपो यतः सत्यव्रतपरः, अतः किं न प्राप्तः किं तच्छ्रेयो यन्न प्राप्तः। अनेन तदेव व्यङ्ग्यं दृढीकृतम्। सर्वश्रेयःस्थानत्वस्य भगवदतिरिक्तेऽभावात्॥ ७॥ एतदेव ध्वनयन्ती सकलदेवसेव्यत्वं तस्याह—व्यक्तमिति। शौचमपहतपाप्मत्वादिलक्षणम्। माहात्म्यं सर्वनियन्तृत्वम्। 'यद्भीषोदेति सूर्यः' इति श्रुतेः॥ ८॥ युक्तशीतोष्णोऽत एव सुखस्पर्श इत्यर्थः॥ ९॥ चन्द्रमाश्चन्द्रः। ह्लादयिष्यति सुखयिष्यति॥ १०॥ ब्रह्मा ब्राह्मणो विश्वामित्रः। ब्रह्मैव सृष्टिकर्ता वा। तिमिध्वजः शम्बरस्तत्सुतः सुबाहुरित्यर्थ इति कतककृतः। तीर्थस्तु—कदाचिद्रामो वैजयन्तं नगरं निरुध्य तत्रत्यतिमिध्वजाख्यशम्बरपुत्रस्य दानवस्य पुत्रं हतवान्। तेन प्रीतो ब्रह्मा रामाय दिव्यास्त्राणि ददाविलेतद्बलात्कल्पयति। कतकोक्तं तु न युक्तम्। ताटकावधोत्तरं सुबाहुवधात्प्रागेव विश्वामित्रेणास्त्रोपदेशस्य प्रागुक्तत्वात्, सुबाहोर्मारीचभ्रातृत्वस्य पूर्वमुक्तत्वेन शम्बरपुत्रत्वानौचित्याच्च॥ ११॥ १२॥ तस्य शासने पृथिवी, तत्स्थाः प्राणिनः कथं न शासने स्थास्यन्ति। अतस्तस्य कुतोऽपि न भयमिति भावः॥ १३॥ या यादृशी श्रीः शरीरशोभा, यादृशं च शौर्यम्, यादृशी च कल्याणसत्त्वता दृश्यते तया ज्ञायते। निवृत्तवनवासः क्षिप्रमेव स्वं राज्यं प्राप्स्यति॥ १४॥ इदानीं साक्षादेव सर्वान्त-

दैवतं देवतानां च भूतानां भूतसत्तमः । तस्य के ह्यगुणा देवि वने वाप्यथवा पुरे ॥ १६
पृथिव्या सह वैदेह्या श्रिया च पुरुषर्षभः । क्षिप्रं तिसृभिरेताभिः सह रामोऽभिषेक्ष्यते ॥ १७
दुःखजं विसृजत्यश्रु निष्क्रामन्तमुदीक्ष्य यम् । अयोध्यायां जनः सर्वः शोकवेगसमाहतः ॥ १८
कुशचीरधरं वीरं गच्छन्तमपराजितम् । सीतेवानुगता लक्ष्मीस्तस्य किं नाम दुर्लभम् ॥ १९
धनुर्ग्रहवरो यस्य बाणखड्गास्त्रभृत्स्वयम् । लक्ष्मणो व्रजति ह्यग्रे तस्य किं नाम दुर्लभम् ॥ २०
निवृत्तवनवासं तं द्रष्टासि पुनरागतम् । जहि शोकं च मोहं च देवि सत्यं ब्रवीमि ते ॥ २१
शिरसा चरणावेतौ वन्दमानमनिन्दिते । पुनर्द्रक्ष्यसि कल्याणि पुत्रं चन्द्रमिवोदितम् ॥ २२
पुनः प्रविष्टं दृष्ट्वा तमभिषिक्तं महाश्रियम् । समुत्स्रक्ष्यसि नेत्राभ्यां शीघ्रमानन्दजं जलम् ॥ २३
मा शोको देवि दुःखं वा न रामे दृश्यतेऽशिवम् । क्षिप्रं द्रक्ष्यसि पुत्रं त्वं ससीतं सहलक्ष्मणम् ॥ २४
त्वयाशेषो जनश्चायं समाश्वास्यो यतोऽनघे । किमिदानीमिदं देवि करोषि हृदि विक्लवम् ॥ २५
नार्हा त्वं शोचितुं देवि यस्यास्ते राघवः सुतः । नहि रामात्परो लोके विद्यते सत्पथे स्थितः ॥ २६
अभिवादयमानं तं दृष्ट्वा ससुहृदं सुतम् । मुदाश्रु मोक्ष्यसे क्षिप्रं मेघरेखेव वार्षिकी ॥ २७
पुत्रस्ते वरदः क्षिप्रमयोध्यां पुनरागतः । कराभ्यां मृदुपीनाभ्यां चरणौ पीडयिष्यति ॥ २८
अभिवाद्य नमस्यन्तं शूरं ससुहृदं सुतम् । मुदास्रैः प्रोक्षसे पुत्रं मेघराजिरिवाचलम् ॥ २९

आश्वासयन्ती विविधैश्च वाक्यैर्वाक्योपचारे कुशलानवद्या ।
रामस्य तां मातरमेवमुक्त्वा देवी सुमित्रा विरराम रामा ॥ ३०
निशम्य तल्लक्ष्मणमातृवाक्यं रामस्य मातुर्नरदेवपत्न्याः ।
सद्यः शरीरे विननाश शोकः शरद्गतो मेघ इवाल्पतोयः ॥ ३१

इत्यार्षे श्रीमद्रामायणे वाल्मीकीय आदिकाव्येऽयोध्याकाण्डे चतुश्चत्वारिंशः सर्गः ॥ ४४ ॥

पञ्चचत्वारिंशः सर्गः ।

अनुरक्ता महात्मानं रामं सत्यपराक्रमम् । अनुजग्मुः प्रयान्तं तं वनवासाय मानवाः ॥ १
निवर्तितेऽतीव बलात्सुहृद्धर्मेण राजनि । नैव ते संन्यवर्तन्त रामस्यानुगता रथम् ॥ २
अयोध्यानिलयानां हि पुरुषाणां महायशाः । बभूव गुणसंपन्नः पूर्णचन्द्र इव प्रियः ॥ ३
स याच्यमानः काकुत्स्थस्ताभिः प्रकृतिभिस्तदा । कुर्वाणः पितरं सत्यं वनमेवान्वपद्यत ॥ ४
अवेक्षमाणः सस्नेहं चक्षुषा प्रपिबन्निव । उवाच रामः सस्नेहं ताः प्रजाः स्वाः प्रजा इव ॥ ५

र्यामित्वं रामस्य दर्शयति—सूर्यस्यापीति । सर्वस्यापि स्वस्वकार्यजनकत्वमेतदधीनमेवेति भावः । क्षमाक्षमेति षष्ठीतत्पुरुषः ॥ १५ ॥ अगुणाः । दोषजनका इत्यर्थः ॥ १६ ॥ राम एताभिस्तिसृभिः सहाभिषेक्ष्यते । वसिष्ठादिभिरिति शेषः । श्रिया विजयलक्ष्म्या ॥ १७ ॥ कालान्तरेऽपि राज्यार्हतां जनानुरागप्रदर्शनेनाह—दुःखजमिति । यतोऽयोध्यायां विद्यमानः सर्वो जनोऽयं निष्क्रामन्तमुदीक्ष्य दुःखजमश्रु विसृजति, अतस्तस्य राज्यमवश्यं भावीति शेषः ॥ १८ ॥ अथ तस्य वने विषयसुखं नास्तीति शोचन्तीमाह—कुशचीरादिधरमपि यं लक्ष्मीरिव सीतानुगता तस्य किं दुर्लभम् । इवशब्द एवार्थे । सीतारूपेण लक्ष्मीरेवैषेति भावः । एतेन स विष्णुरेवेति ध्वनितम् ॥ १९ ॥ धनुर्ग्रहाणां वरः श्रेष्ठः । पुरुषोत्तमत्वं विना न लक्ष्मणोऽग्रेसरः स्यादिति भावः ॥ २० ॥ द्रष्टासि । लुट् ॥ २१ ॥ २२ ॥ २३ ॥ रामे रामविषये शोकः प्रलापादिदुःखं व्यथा वास्तु । यतस्तस्मिन्नशिवमशुभं न दृश्यते ॥ २४ ॥ हे अनघे, यस्मात्त्वयाशेषोऽयं जनस्त्वत्परिवाररूपत्वात्त्वया समाश्वास्यः । अतो देवि, त्वं हृदि विक्लवं दुःखं किं करोषि ॥ २५ ॥ २६ ॥ मेघरेखा मेघपङ्क्तिः ॥ २७ ॥ २८ ॥ अभिवाद्य चरणौ स्पृष्ट्वा । प्रोक्षसे । 'उक्ष सेचने' । वर्तमानसामीप्ये लट् ॥ २९ ॥ वाक्योपचारे वाक्यरचनायाम् । रामा रमणीया ॥ ३० ॥ ३१ ॥ इति श्रीरामाभिरामे श्रीरामीये रामायणतिलके वाल्मीकीय आदिकाव्येऽयोध्याकाण्डे चतुश्चत्वारिंशः सर्गः ॥ ४४ ॥

इदानीं दूरमनुगच्छत्पौरजननिवर्तनमाह—अन्विति । वनवासाय प्रयान्तमित्यन्वयः ॥ १ ॥ सुहृद्धर्मेण 'यमिच्छेत्पुनरायान्तं नैव दूरमनुव्रजेत्' इत्युक्तिरूपेण । तेऽनुरक्ताः पौराः ॥२॥ तदनिवृत्तौ हेतुमाह—अयोध्येति ॥ ३ ॥ याच्यमानः । प्रतिनिवृत्तिमिति शेषः । ताभिः प्रकृतिभिरनुरक्ततमप्रजाभिः । सत्यं सत्यवन्तम् ॥ ४ ॥ स्वाः प्रजा इव स्वपुत्रानिव ॥ ५ ॥

या प्रीतिर्बहुमानश्च मय्ययोध्यानिवासिनाम् । मत्प्रियार्थं विशेषेण भरते सा विधीयताम् ॥ ६
स हि कल्याणचारित्रः कैकेय्यानन्दवर्धनः । करिष्यति यथावद्वः प्रियाणि च हितानि च ॥ ७
ज्ञानवृद्धो वयोबालो मृदुर्वीर्यगुणान्वितः । अनुरूपः स वो भर्ता भविष्यति भयापहः ॥ ८
स हि राजगुणैर्युक्तो युवराजः समीक्षितः । अपि चापि मया शिष्टैः कार्यं वो भर्तृशासनम् ॥ ९
न संतप्येद्यथा चासौ वनवासं गते मयि । महाराजस्तथा कार्यो मम प्रियचिकीर्षया ॥ १०
यथा यथा दाशरथिर्धर्ममेवाश्रितो भवेत् । तथा तथा प्रकृतयो रामं पतिमकामयन् ॥ ११
बाष्पेण पिहितं दीनं रामः सौमित्रिणा सह । चकर्षेव गुणैर्बद्धं जनं पुरनिवासिनम् ॥ १२
ते द्विजास्त्रिविधं वृद्धा ज्ञानेन वयसौजसा । वयःप्रकम्पशिरसो दूरादूचुरिदं वचः ॥ १३
वहन्तो जवना रामं भो भो जात्यास्तुरंगमाः । निवर्तध्वं न गन्तव्यं हिता भवत भर्तरि ॥ १४
कर्णवन्ति हि भूतानि विशेषेण तुरंगमाः । यूयं तस्मान्निवर्तध्वं याचनां प्रतिवेदिताः ॥ १५
धर्मतः स विशुद्धात्मा वीरः शुभदृढव्रतः । उपवाह्यस्तु वो भर्ता नापवाह्यः पुराद्वनम् ॥ १६
एवमार्तप्रलापांस्तान्वृद्धान्प्रलपतो द्विजान् । अवेक्ष्य सहसा रामो रथादवततार ह ॥ १७
पद्भ्यामेव जगामाथ ससीतः सहलक्ष्मणः । संनिकृष्टपदन्यासो रामो वनपरायणः ॥ १८
द्विजातीन्हि पदातींस्तान्रामश्चारित्रवत्सलः । न शशाक घृणाचक्षुः परिमोक्तुं रथेन सः ॥ १९
गच्छन्तमेवं तं दृष्ट्वा रामं संभ्रान्तमानसाः । ऊचुः परमसंतप्ता रामं वाक्यमिदं द्विजाः ॥ २०
ब्राह्मण्यं कृत्स्नमेतत्त्वां ब्रह्मण्यमनुगच्छति । द्विजस्कन्धाधिरूढास्त्वामग्नयोऽप्यनुयान्त्वमी ॥ २१
वाजपेयसमुत्थानि च्छत्राण्येतानि पश्य नः । पृष्ठतोऽनुप्रयातानि मेघानिव जलात्यये ॥ २२
अनवाप्तातपत्रस्य रश्मिसंतापितस्य ते । एभिश्छायां करिष्यामः स्वैश्छत्रैर्वाजपेयकैः ॥ २३
या हि नः सततं बुद्धिर्वेदमन्त्रानुसारिणी । त्वत्कृते सा कृता वत्स वनवासानुसारिणी ॥ २४
हृदयेष्ववतिष्ठन्ते वेदा ये नः परं धनम् । वत्स्यन्त्यपि गृहेष्वेव दाराश्चारित्ररक्षिताः ॥ २५

अयोध्यानिवासिनाम् । युष्माकमिति शेषः ॥ ६ ॥ प्रियाण्यैहलौकिकसुखजनकानि । हितानि परलोकसुखजनकानि ॥ ७ ॥ वयसा बालोऽपि ज्ञानवृद्धः । वीर्यगुणान्वितोऽपि मृदुः ॥ ८ ॥ समीक्षितो राज्ञा निश्चितः । मया शिष्टैः । मत्तोऽधिकैरिति यावत् । ईदृशो राजगुणैर्युक्तः । हि यतः । अपि चाप्यस्मादपि हेतोः । भरते प्रीतिर्विधीयताम् । यतो वो युष्माकं भर्तृशासनं राजाज्ञा कार्यावश्यकार्या भवति ॥ ९ ॥ तथा कार्योऽनुकूलाचरणेन सदा समाश्वासनीयः ॥ १० ॥ धर्मं राजवाक्यपरिपालनरूपम् । अकामयंश्चित्ते स्वीकृतवन्तः । अत्यन्तधर्मशालित्वात् ॥ ११ ॥ बाष्पेण पिहितं पिहितनेत्रं रज्जुरूपैः स्वगुणैर्बद्धं पुरनिवासिनं सौमित्रिसहितो रामश्चकर्षेव । उत्प्रेक्षालंकारः । गुणैरित्यंशे श्लेषः ॥ १२ ॥ ओजसा तपोबलेन । एवं त्रिविधं यथा तथा वृद्धास्तेषां मध्ये वयःप्रकम्पशिरसो वयस आधिक्यात्कम्पयुक्तशिरसोऽतिवृद्धत्वादनुधावनाशक्त्या दूरादिदमूचुः । क्वचित्तु 'प्रभुग्नशिरसः' इति पाठः ॥ १३ ॥ किमूचुस्तदाह—वहन्त इति । रथेन प्रापयन्त इत्यर्थः । जात्या उत्तमजातीयाः । भर्तरि रामविषये हिता भवत । वनं मा नयतेति यावत् । ब्राह्मणयाच्ञामतिक्रम्य युष्मद्गमनं भर्तुरहितमिति भावः ॥ १४ ॥ विशेषेण यूयं कर्णवन्त इत्यनुकर्षितस्तस्माद्बधिरवन्न गन्तव्यम्, अपि तु याचनामस्मदीयां प्रतिवेदिता ज्ञातवन्तो निवर्तध्वम् ॥ १५ ॥ उपवाह्यः पुरसमीपं प्रापणीयः । वो युष्माकम्, न तु पुरादपनीय वनं वाह्यः प्रापणीयः ॥ १६ ॥ आर्तप्रलापानार्तवाक्यानि । प्रलपतः कथयतः ॥ १७ ॥ द्विजानां संगमार्थं संनिकृष्टपदन्यासो भूत्वा वनपरायण एव शनैर्जगाम, न तु निवृत्तो नापि स्थितः । रथेन गमने ब्राह्मणक्लेशेन दोषः, प्रतिनिवृत्य ब्राह्मणाश्वासने व्रतभङ्गो भवतीति धिया पद्भ्यां मन्दगमनोऽभूत् । यावद्वृद्धसंनिधानमिति भावः ॥ १८ ॥ रथेन परिमोक्तुं न शशाक । अत्यन्तं रथवेगालम्बनेन निवर्तयितुं न शशाकेत्यर्थः । तत्र घृणाचक्षुष्ट्वं हेतुः । घृणा दया । तत्सूचकचक्षुष्मानित्यर्थः ॥ १९ ॥ गच्छन्तमेव स्वप्रार्थनानन्तरमपि न स्थितं नापि निवृत्तमित्यर्थः ॥ २० ॥ ब्राह्मण्यं ब्राह्मणसमूहः । ब्रह्मण्यं ब्रह्महितम् । द्विजस्कन्धाधिरूढाः । पात्रारणिद्वारेणेति शेषः ॥ २१ ॥ वाजपेयसमुत्थानि वाजपेययाजिनो राजवच्छत्रादिसंबन्धस्य श्रुतावुक्तेः । मेघानिव जलात्यये । शारदमेघवत्पाण्डुराणि च्छत्राणीत्यर्थः ॥ २२ ॥ अनवाप्तातपत्रस्याप्राप्तश्वेतच्छत्रस्य । वाजपेयकैर्वाजपेययागप्राप्तैः ॥ २३ ॥ वेदमन्त्रानुसारिणी तदभ्यासानुसरणशीला । त्वत्कृते त्वन्निमित्तं वनवासानुसारिणी वेदाभ्यासादि परित्यज्य वनवासोन्मुखीकृतेत्यर्थः ॥ २४ ॥ अस्माकं त्वया सह वनानुगमने न काप्यनुपपत्तिरित्याहुः—हृद-

पुनर्न निश्चयः कार्यस्त्वद्गतौ सुकृता मतिः । त्वयि धर्मव्यपेक्षे तु किं स्याद्धर्मपथे स्थितम् ॥ २६
याचितो नो निवर्तस्व हंसशुक्लशिरोरुहैः । शिरोभिर्निभृताचार महीपतनपांसुलैः ॥ २७
बहूनां वितता यज्ञा द्विजानां य इहागताः । तेषां समाप्तिरायत्ता तव वत्स निवर्तने ॥ २८
भक्तिमन्तीह भूतानि जङ्गमाजङ्गमानि च । याचमानेषु तेषु त्वं भक्तिं भक्तेषु दर्शय ॥ २९
अनुगन्तुमशक्तास्त्वां मूलैरुद्धतवेगिनः । उन्नता वायुवेगेन विक्रोशन्तीव पादपाः ॥ ३०
निश्चेष्टाहारसंचारा वृक्षैकस्थाननिश्चिताः । पक्षिणोऽपि प्रयाचन्ते सर्वभूतानुकम्पनम् ॥ ३१
एवं विक्रोशतां तेषां द्विजातीनां निवर्तने । ददृशे तमसा तत्र वारयन्तीव राघवम् ॥ ३२

ततः सुमन्त्रोऽपि रथाद्विमुच्य श्रान्तान्हयान्संपरिवर्त्य शीघ्रम् ।
पीतोदकांस्तोयपरिप्लुताङ्गानचारयद्वै तमसाविदूरे ॥ ३३

इत्यार्षे श्रीमद्रामायणे वाल्मीकीय आदिकाव्येऽयोध्याकाण्डे पञ्चचत्वारिंशः सर्गः ॥ ४५ ॥

षट्चत्वारिंशः सर्गः ।

ततस्तु तमसातीरं रम्यमाश्रित्य राघवः । सीतामुद्वीक्ष्य सौमित्रिमिदं वचनमब्रवीत् ॥ १
इयमद्य निशा पूर्वा सौमित्रे प्रहिता वनम् । वनवासस्य भद्रं ते न चोत्कण्ठितुमर्हसि ॥ २
पश्य शून्यान्यरण्यानि रुदन्तीव समन्ततः । यथा निलयमायद्भिर्निलीनानि मृगद्विजैः ॥ ३
अद्यायोध्या तु नगरी राजधानी पितुर्मम । सस्त्रीपुंसा गतानस्मान्शोचिष्यति न संशयः ॥ ४
अनुरक्ता हि मनुजा राजानं बहुभिर्गुणैः । त्वां च मां च नरव्याघ्र शत्रुघ्नभरतौ तथा ॥ ५
पितरं चानुशोचामि मातरं च यशस्विनीम् । अपि नान्धौ भवेतां नौ रुदन्तौ तावभीक्ष्णशः ॥ ६

येष्विति । ये नोऽस्माकं परं धनं वेदाः, तेऽस्माकं हृदय एवावतिष्ठन्ते । चारित्रं पातिव्रत्यम् ॥ २५ ॥ पुनरिति । यद्यपि त्वद्गतौ त्वदनुगमनेऽस्माकं मतिः सुकृता निश्चिता, अतः पुनर्वनगमननिश्चयोऽस्माकं न कार्योऽस्ति । कृतत्वादेव तथापि किंचिद्ब्रूम इति शेषः । त्वयि धर्मव्यपेक्षे ब्राह्मणवचनरूपधर्मनिरपेक्षे सति । किंभूतं धर्मपथे स्थितं स्यात्, न किमपि । सर्वे धर्ममार्गं व्यतिक्रमेयुः ॥ २६ ॥ तस्मादस्माभिर्हंसशुक्लशिरोरुहैः पलितकेशैः शिरोभिः साष्टाङ्गप्रणामेन महीपतनपांसुलैर्महीपतनेन पांसुलै रजोव्याप्तैर्देहैश्च याचितस्त्वं निभृताचार निश्चलधर्मानुष्ठान, निवर्तस्व । अत्र ब्राह्मणैर्नमस्कारः क्षत्रियस्य कथमिति न शङ्क्यम् । तत्त्वज्ञतया भगवदवतारत्वदृष्ट्या नमस्कारेणादोषात् । यद्वा राज्ञो विष्णवंशत्वेन नतौ न दोष इत्याहुः ॥ २७ ॥ एवमपि गच्छन्तमेव दृष्ट्वाहुः—बहूनामिति । ये द्विजा इहागतास्तेषां बहूनां यज्ञा इह काले विततः सन्ति तेषां समाप्तिस्त्वन्निवर्तनायत्ता । अनिवृत्तौ सर्वयज्ञविघ्नकर्तृत्वं त्वय्यापत्स्यतीति भावः ॥ २८ ॥ न केवलमस्मत्प्रार्थनैव, अपि तु सर्वभूतप्रार्थनापीत्याहुः—भक्तीति । जङ्गमाजङ्गमानि सर्वाण्यपि भूतानि भक्तिमन्ति स्नेहवन्ति । तेषु त्वन्निवृत्तिं याचमानेषु भक्तेषु त्वमपि भक्तिं स्नेहं प्रदर्शय । निवृत्त्येति शेषः ॥ २९ ॥ तेषां याच्ञाप्रकारमाह—मूलैः स्थावरत्वादुद्धतं हतवेगा, अतस्त्वामनुगन्तुमशक्ता उन्नता उच्छ्रिताः पादपा वायुवेगेन वायुवेगजशाखाचलनशब्दैर्विक्रोशन्तीव । त्वन्निवर्तनायेति शेषः ॥ ३० ॥ चेष्टा गात्रचलनादिरूपा आहारार्थसंचारश्च तेभ्यो निर्गतास्तद्रहिताः । वृक्षरूपैकस्थान एव निश्चिता निश्चयेन स्थिताः, न त्वाहारायापि भुवमवतीर्णाः । एवं मरणपर्यन्तव्यापारेण त्वां याचन्ते । निवृत्तिमिति शेषः ॥ ३१ ॥ निवर्तने निवर्तननिमित्तम् । विक्रोशतां तेषामनुग्रहाय मार्गे तिर्यक्प्रवाहत्वाद्राघवं वारयन्तीव तमसा ददृशे दृष्टा ॥ ३२ ॥ संपरिवर्त्य श्रमापनुत्तये कृतविलुण्ठनान्विधाय । तोयपरिप्लुताङ्गान्स्नापितांस्तमसाया अविदूरेऽचारयद्भक्षिततृणानकारयत् ॥ ३३ ॥ इति श्रीरामाभिरामे श्रीरामीये रामायणतिलके वाल्मीकीय आदिकाव्येऽयोध्याकाण्डे पञ्चचत्वारिंशः सर्गः ॥ ४५ ॥

सीतामुद्वीक्ष्य सौमित्रिमब्रवीदित्यनेन सीतोद्देश्यकतात्पर्यस्य वचसो ध्वनिता ॥ १ ॥ हे सौमित्रे, वनवासस्य वनवाससंबन्धिनिशानां मध्येऽद्य प्रवृत्तेयं निशा वनं वनवासं प्रति पूर्वा प्रहिता प्राप्ता । वनवासकालस्यैतन्निशामारभ्य गणनीयत्वात् । अतस्त्वमुत्कण्ठितुमद्यप्रभृति पुरौत्सुक्येनायोध्यादिस्मरणं कर्तुं नार्हसि ॥ २ ॥ यथायोगं स्वस्वनिलयमायद्भिरागच्छद्भिर्मृगद्विजैर्निलीनानि सशब्दमन्तर्लीनतया व्याप्तानि, अतएव शून्यान्यरण्यानि रुदन्तीवास्मान्दृष्ट्वा खिन्नानीव वर्तन्ते तानि पश्य ॥ ३ ॥ सस्त्रीपुंसा स्त्रीपुंसैः सहिता । अद्याद्यप्रभृति ॥ ४ ॥ कुतस्तत्राह—अनुरक्ता इति । बहुभिर्गुणैरिति सर्वान्वयि ॥ ५ ॥ नावस्मदर्थे । अस्मन्निमित्तमभीक्ष्णं मुहुर्मुहू रुदन्तौ

भरतः खलु धर्मात्मा पितरं मातरं च मे । धर्मार्थकामसहितैर्वाक्यैराश्वासयिष्यति ॥ ७
भरतस्यानृशंसत्वं संचिन्त्याहं पुनः पुनः । नानुशोचामि पितरं मातरं च महाभुज ॥ ८
त्वया कार्यं नरव्याघ्र मामनुव्रजता कृतम् । अन्वेष्टव्या हि वैदेह्या रक्षणार्थं सहायता ॥ ९
अद्भिरेव हि सौमित्रे वत्स्याम्यद्य निशामिमाम् । एतद्धि रोचते मह्यं वन्येऽपि विविधे सति ॥ १०
एवमुक्त्वा तु सौमित्रिं सुमन्त्रमपि राघवः । अप्रमत्तस्त्वमश्वेषु भव सौम्येत्युवाच ह ॥ ११
सोऽश्वान्सुमन्त्रः संयम्य सूर्येऽस्तं समुपागते । प्रभूतयवसान्कृत्वा बभूव प्रत्यनन्तरः ॥ १२
उपास्य तु शिवां संध्यां दृष्ट्वा रात्रिमुपागताम् । रामस्य शयनं चक्रे सूतः सौमित्रिणा सह ॥ १३
तां शय्यां तमसातीरे वीक्ष्य वृक्षदलैर्वृताम् । रामः सौमित्रिणा सार्धं सभार्यः संविवेश ह ॥ १४
सभार्यं संप्रसुप्तं तु श्रान्तं संप्रेक्ष्य लक्ष्मणः । कथयामास सूताय रामस्य विविधान्गुणान् ॥ १५
जाग्रतोरेव तां रात्रिं सौमित्रेरुदितो रविः । सूतस्य तमसातीरे रामस्य ब्रुवतो गुणान् ॥ १६
गोकुलाकुलतीरायास्तमसाया विदूरतः । अवसत्तत्र तां रात्रिं रामः प्रकृतिभिः सह ॥ १७
उत्थाय च महातेजाः प्रकृतीस्ता निशाम्य च । अब्रवीद्भ्रातरं रामो लक्ष्मणं पुण्यलक्षणम् ॥ १८
अस्मद्व्यपेक्षान्सौमित्रे निर्व्यपेक्षान्गृहेष्वपि । वृक्षमूलेषु संसक्तान्पश्य लक्ष्मण सांप्रतम् ॥ १९
यथैते नियमं पौराः कुर्वन्त्यस्मन्निवर्तने । अपि प्राणान्न्यसिष्यन्ति न तु त्यक्ष्यन्ति निश्चयम् ॥ २०
यावदेव तु संसुप्तास्तावदेव वयं लघु । रथमारुह्य गच्छामः पन्थानमकुतोभयम् ॥ २१
अतो भूयोऽपि नेदानीमिक्ष्वाकुपुरवासिनः । स्वपेयुरनुरक्ता मां वृक्षमूलेषु संश्रिताः ॥ २२
पौरा ह्यात्मकृताद्दुःखाद्विप्रमोच्या नृपात्मजैः । न तु खल्वात्मना योज्या दुःखेन पुरवासिनः ॥ २३
अब्रवील्लक्ष्मणो रामं साक्षाद्धर्ममिव स्थितम् । रोचते मे तथा प्राज्ञ क्षिप्रमारुह्यतामिति ॥ २४
अथ रामोऽब्रवीत्सूतं शीघ्रं संयुज्यतां रथः । गमिष्यामि ततोऽरण्यं गच्छ शीघ्रमितः प्रभो ॥ २५
सूतस्ततः संत्वरितः स्यन्दनं तैर्हयोत्तमैः । योजयित्वा तु रामस्य प्राञ्जलिः प्रत्यवेदयत् ॥ २६
अयं युक्तो महाबाहो रथस्ते रथिनां वर । त्वरयारोह भद्रं ते ससीतः सहलक्ष्मणः ॥ २७
तं स्यन्दनमधिष्ठाय राघवः सपरिच्छदः । शीघ्रगामाकुलावर्तां तमसामतरन्नदीम् ॥ २८
स संतीर्य महाबाहुः श्रीमाञ्शिवमकण्टकम् । प्रापद्यत महामार्गमभयं भयदर्शिनाम् ॥ २९

पितरावन्धौ न भवेताम्, अपि भवेतामेव, अतः शोचामि तौ ॥ ६ ॥ अथवा तदनुशोकोऽस्माकं वृथेत्याह—भरत इति ॥ ७ ॥ अनृशंसत्वमक्रूरत्वम् ॥ ८ ॥ अथ लक्ष्मणानुगमनेन संतुष्ट आह—त्वयेति । मामनुव्रजता त्वया तु यत्कार्यं कर्तव्यं तत्कृतमेव । हि यतस्त्वदनुव्रजनाभावे वैदेहीरक्षणार्थं सहायता सहायसमूहोऽन्वेष्टव्यः स्यात् । त्वमेकोऽपि सहायसमूहस्थानीय इति भावः । अतस्त्वस्यै अद्यारभ्यैव सुखाहारादिकं संपादयेति शेषः ॥ ९ ॥ अहं त्वत्र तमसातीर इमां निशामद्भिरेव कृतप्राणरक्षणो वत्स्यामि । प्रथमदिनत्वाद्वनवाससंकल्पाङ्गत्वेनेति शेषः । तदेवाह—एतद्धीति । वन्ये सत्यपीत्यन्वयः ॥ १० ॥ ११ ॥ संयम्य यथायोग्यं बन्धनं कृत्वा । प्रभूतयवसान्प्रभूतघासान् । प्रत्यानन्तरः प्रत्यासन्नः ॥ १२ ॥ शयनं शयनस्थलम् । शर्करापांसूत्क्षेपणादिना चक्रे इत्यन्वयः ॥ १३ ॥ वृक्षदलैर्वृक्षपर्णैः । सौमित्रिणा सार्धं सूतेन कृतां शय्यां वीक्ष्य सभार्यः संविवेश ॥ १४ ॥ गुणान्कथयामास । जागरणार्थमिति भावः ॥ १५ ॥ तां रात्रिमित्यत्यन्तसंयोगे द्वितीया । उदितो रविः । अरुणोदयकालो जात इत्यर्थः ॥ १६ ॥ गोकुलैराकुलं व्याप्तं तीरं यस्यास्तस्यास्तमसायास्तीरे । विदूरतो द्विजसंवेशदेशादतिदूरदेशेऽतिसंधाय गमनसौकर्यार्थमवसत् । प्रकृतिसाहित्यं तमसातीरवासमात्रे बोध्यम् ॥ १७ ॥ निशाम्यावलोक्य । निद्राणा इति शेषः ॥ १८ ॥ अस्मद्व्यपेक्षानस्मास्वेव विशेषेणापेक्षावतः । अत एव गृहेषु निर्व्यपेक्षान्निरपेक्षान् । श्रमात्सांप्रतमरुणोदयेऽपि सुप्तान् ॥ १९ ॥ एते पौरा अस्मन्निवर्तने यथा नियमं यत्नं कुर्वन्ति तथा जाने अपि प्राणान्न्यसिष्यन्ति त्यक्ष्यन्ति । न त्वस्मन्निवर्तननिश्चयं त्यक्ष्यन्तीत्यर्थः ॥ २० ॥ अतः—यावदिति । लघु शीघ्रम् ॥ २१ ॥ शीघ्रगमने हेतुमाह—अत इति । एतदनन्तरमेव यतो मामनुरक्ता अतो भूयोऽपि न स्वपेयुः । अतो यावन्नोत्तिष्ठन्ति तावच्छीघ्रं गच्छाम इत्याशयः ॥ २२ ॥ तत्र हेत्वन्तरमाह—पौरा हीति । आत्मकृतादात्मनिमित्तकात् । आत्मनात्मनिमित्तकेन । योज्याः संयोज्याः ॥ २३ ॥ आरुह्यताम् । रथ इति शेषः ॥ २४ ॥ ततः संयोजितेन तेन रथेनेत्यर्थः । शीघ्रं गच्छ । रथयोजनायेति शेषः । प्रभो समर्थ ॥ २५ ॥ २६ ॥ युक्तः सज्जः ॥ २७ ॥ परिच्छदो धनुःकवचादि । आकुलावर्तां निबिडावर्ताम् । आवर्तैराकुलामिति वा ॥ २८ ॥ भयद-

मोहनार्थं तु पौराणां सूतं रामोऽब्रवीद्वचः । उदङ्मुखः प्रयाहि त्वं रथमारुह्य सारथे ॥ ३०
मुहूर्तं त्वरितं गत्वा निवर्तय रथं पुनः । यथा न विद्युः पौरा मां तथा कुरु समाहितः ॥ ३१
रामस्य तु वचः श्रुत्वा तथा चक्रे च सारथिः । प्रत्यागम्य च रामस्य स्यन्दनं प्रत्यवेदयत् ॥ ३२

तौ संप्रयुक्तं तु रथं समास्थितौ तदा ससीतौ रघुवंशवर्धनौ ।
प्रचोदयामास ततस्तुरंगमान्स सारथिर्येन पथा तपोवनम् ॥ ३३
ततः समास्थाय रथं महारथः ससारथिर्दाशरथिर्वनं ययौ ।
उदङ्मुखं तं तु रथं चकार प्रयाणमाङ्गल्यनिमित्तदर्शनात् ॥ ३४

इत्यार्षे श्रीमद्रामायणे वाल्मीकीय आदिकाव्येऽयोध्याकाण्डे षट्चत्वारिंशः सर्गः ॥ ४६ ॥

सप्तचत्वारिंशः सर्गः ।

प्रभातायां तु शर्वर्यां पौरास्ते राघवं विना । शोकोपहतनिश्चेष्टा बभूवुर्हतचेतसः ॥ १
शोकजाश्रुपरिद्यूना वीक्षमाणास्ततस्ततः । आलोकमपि रामस्य न पश्यन्ति स्म दुःखिताः ॥ २
ते विषादार्तवदना रहितास्तेन धीमता । कृपणाः करुणा वाचो वदन्ति स्म मनीषिणः ॥ ३
धिगस्तु खलु निद्रां तां ययापहृतचेतसः । नाद्य पश्यामहे रामं पृथूरस्कं महाभुजम् ॥ ४
कथं रामो महाबाहुः स तथाऽवितथक्रियः । भक्तं जनमभित्यज्य प्रवासं तापसो गतः ॥ ५
यो नः सदा पालयति पिता पुत्रानिवौरसान् । कथं रघूणां स श्रेष्ठस्त्यक्त्वा नो विपिनं गतः ॥ ६
इहैव निधनं याम महाप्रस्थानमेव वा । रामेण रहितानां नो किमर्थं जीवितं हितम् ॥ ७
सन्ति शुष्काणि काष्ठानि प्रभूतानि महान्ति च । तैः प्रज्वाल्य चितां सर्वे प्रविशामोऽथवा वयम् ॥ ८
किं वक्ष्यामो महाबाहुरनसूयः प्रियंवदः । नीतः स राघवोऽस्माभिरिति वक्तुं कथं क्षमम् ॥ ९
सा नूनं नगरी दीना दृष्ट्वास्मान्राघवं विना । भविष्यति निरानन्दा सस्त्रीबालवयोधिका ॥ १०
निर्यातास्तेन वीरेण सह नित्यं महात्मना । विहीनास्तेन च पुनः कथं द्रक्ष्याम तां पुरीम् ॥ ११
इतीव बहुधा वाचो बाहुमुद्यम्य ते जनाः । विलपन्ति स्म दुःखार्ता हृतवत्सा इवाग्र्यगाः ॥ १२
ततो मार्गानुसारेण गत्वा किंचित्ततः क्षणम् । मार्गनाशाद्विषादेन महता समभिप्लुताः ॥ १३

र्शिनामप्यभयं मार्गम् । राजमार्गमित्यर्थः ॥२९॥ त्वमेव रथमास्थायोदङ्मुखः प्रयाहि । मत्प्रतिनिवृत्तिबुद्ध्युत्पादनेन जनमोहनाय न तु वयम् । व्रतभङ्गापत्तेः ॥ ३० ॥ तदेवाह—मुहूर्तमिति । न विद्युर्वनमेव गत इति न जानीयुः ॥ ३१ ॥ तथा चक्रे । उदङ्मुखतया गत्वा मार्गान्तरेण निवृत्तिपूर्वकमागत्य । एवं हि रामः प्रतिनिवृत्त इति पौरभ्रमः सिध्यति । महामायाधिष्ठातुर्भगवत इयत्या क्रियया पौरमोहनं नाश्चर्यायेति मन्तव्यम् । प्रत्यवेदयदारोहणार्थमाज्ञापयत् ॥ ३२ ॥ संप्रयुक्तं सम्यगानीय दर्शितम् । समास्थितावारूढौ । अभूतामिति शेषः । येन पथा मार्गेण तपोवनम् । प्राप्यत इति शेषः। ततस्तेन मार्गेण तुरंगमान्प्रचोदयामास ॥ ३३ ॥ उक्तं निगमयति—तत इति । प्रयाणापेक्षितं माङ्गल्यं शुभं यन्निमित्तं शकुनं तद्दर्शनात्तदनुभवहेतोरुदङ्मुखं रथं चकार स्थापयामास । तत आरुह्य दक्षिणाभिमुखतया वनं ययौ ॥ ३४ ॥

इति श्रीरामाभिरामे श्रीरामीये रामायणतिलके वाल्मीकीय आदिकाव्येऽयोध्याकाण्डे षट्चत्वारिंशः सर्गः ॥४६॥

शोकेनोपहता अत एव निश्चेष्टाः । हतचेतसो मूर्च्छिताः ॥ १ ॥ परिद्यूनाः खिन्नाः । आलोकमालोकसाधनं रथोद्धतधूल्याद्यपि ॥ २ ॥ ३ ॥ यया निद्रया । 'निद्रां भगवतीं विष्णोः' इत्यादिना मार्कण्डेयेन तस्या भगवन्मायारूपत्वाभिधानात् । तदावरणादेव च विषयाविष्टानां भगवददर्शनं प्रसिद्धं श्रुतिशिरःसु । पश्यामह इति तङार्षः । हे इति संबोधनं वा परस्परम् ॥ ४ ॥ तथाऽवितथाऽमोघा क्रिया यस्य स त्यक्त्वा गतः । इदमनुचितं तस्येति भावः ॥ ५ ॥ ६ ॥ निधनं प्रायोपवेशेन मरणम् । महाप्रस्थानं मरणदीक्षापूर्वकमुत्तराभिमुखगमनम् । तद्रहितानां जीवितं किमर्थं कस्मै फलाय हितम् । न कस्मा अपीत्यर्थः । अतो मरणमेव श्रेयः ॥ ७ ॥ ८ ॥ रामवृत्तान्तं पृच्छन्तं जनं प्रति किं वक्ष्यामः । अस्मामी राघवो वनं नीतः प्रापित इत्युत्तरं देयमिति चेदिदं वक्तुं कथं क्षमम् । वक्तुमशक्यमयोग्यं चैतत् । अन्यच्च न सदुत्तरमिति भावः ॥ ९ ॥ १० ॥ ११ ॥ अग्रे भवा अग्र्याः पुरोगामिन्यस्ताश्च ता गाश्चेत्यर्थः । यद्वा अग्र्या मुख्याः पुष्टत्वदुग्धवत्त्वादिगुणा गाव इवेत्यर्थः । गा इत्यार्षम् ॥ १२ ॥ ततो मार्गानुसारेणातिसंधानप्रवर्तितमार्गानुसारेण किंचित्क्षणं किंचित्कालं गत्वा ततो मार्गनाशाद्वञ्चनया मार्गान्तरे प्रवृत्त्या रथमार्गादर्शनात् । महता

रथमार्गानुसारेण न्यवर्तन्त मनस्विनः । किमिदं किं करिष्यामो दैवेनोपहता इति ॥ १४
तदा यथागतेनैव मार्गेण क्लान्तचेतसः । अयोध्यामगमन्सर्वे पुरीं व्यथितसज्जनाम् ॥ १५
आलोक्य नगरीं तां च क्षयव्याकुलमानसाः । आवर्तयन्त तेऽश्रूणि नयनैः शोकपीडितैः ॥ १६
एषा रामेण नगरी रहिता नातिशोभते । आपगा गरुडेनेव ह्रदादुद्धृतपन्नगा ॥ १७
चन्द्रहीनमिवाकाशं तोयहीनमिवार्णवम् । अपश्यन्निहतानन्दं नगरं ते विचेतसः ॥ १८

ते तानि वेश्मानि महाधनानि दुःखेन दुःखोपहता विशन्तः ।
नैव प्रजज्ञुः स्वजनं परं वा निरीक्षमाणाः प्रविनष्टहर्षाः ॥ १९

इत्यार्षे श्रीमद्रामायणे वाल्मीकीय आदिकाव्येऽयोध्याकाण्डे सप्तचत्वारिंशः सर्गः ॥ ४७ ॥

अष्टचत्वारिंशः सर्गः ।

तेषामेवं विषण्णानां पीडितानामतीव च । बाष्पविप्लुतनेत्राणां सशोकानां मुमूर्षया ॥ १
अभिगम्य निवृत्तानां रामं नगरवासिनम् । उद्गतानीव सत्त्वानि बभूवुरमनस्विनाम् ॥ २
स्वं स्वं निलयमागम्य पुत्रदारैः समावृताः । अश्रूणि मुमुचुः सर्वे बाष्पेण पिहिताननाः ॥ ३
न चाहृष्यन्न चामोदन्वणिजो न प्रसारयन् । न चाशोभन्त पण्यानि नापचन्गृहमेधिनः ॥ ४
नष्टं दृष्ट्वा नाभ्यनन्दन्विपुलं वा धनागमम् । पुत्रं प्रथमजं लब्ध्वा जननी नाप्यनन्दत ॥ ५
गृहे गृहे रुदत्यश्च भर्तारं गृहमागतम् । व्यगर्हयन्त दुःखार्ता वाग्भिस्तोत्रैरिव द्विपान् ॥ ६
किं नु तेषां गृहैः कार्यं किं दारैः किं धनेन वा । पुत्रैर्वापि सुखैर्वापि ये न पश्यन्ति राघवम् ॥ ७
एकः सत्पुरुषो लोके लक्ष्मणः सह सीतया । योऽनुगच्छति काकुत्स्थं रामं परिचरन्वने ॥ ८
आपगाः कृतपुण्यास्ताः पद्मिन्यश्च सरांसि च । येषु यास्यति काकुत्स्थो विगाह्य सलिलं शुचि ॥ ९
शोभयिष्यन्ति काकुत्स्थमटव्यो रम्यकाननाः । आपगाश्च महानूपाः सानुमन्तश्च पर्वताः ॥ १०
काननं वापि शैलं वा यं रामोऽनुगमिष्यति । प्रियातिथिमिव प्राप्तं नैनं शक्ष्यन्त्यनर्चितुम् ॥ ११
विचित्रकुसुमापीडा बहुमञ्जरिधारिणः । राघवं दर्शयिष्यन्ति नगा भ्रमरशालिनः ॥ १२

विषादेन समभिप्लुता व्याप्ताः ॥ १३ ॥ किमिदं यद्रथमार्गादर्शनम् । इतःपरं किं करिष्यामः । अहो दैवेनोपहता वयमिति वदन्तो न्यवर्तन्तेत्यन्वयः ॥ १४ ॥ व्यथिताः सज्जना यस्यां ताम् । सत्पदेन कैकेय्या व्यावृत्तिः ॥ १५ ॥ क्षयो हर्षक्षयस्तेन व्याकुलमानसाः । यद्वा क्षयं गृहं प्रति व्याकुलं गन्तव्यं नवेत्येवंरूपं मानसं येषां तादृशाः । आवर्तयन्तामुञ्चन् ॥ १६ ॥ १७ ॥ १८ ॥ दुःखेन रामवियोगदुःखेनोपहताः । कथं गृहं प्रवेष्टव्यमिति दुःखेन विशन्तोऽपि नैव प्रजग्मुः स्ववेश्मपरवेश्मविवेकं नाज्ञासिषुः । तथा निरीक्षमाणा अपि स्वजनपरजनविवेकं न प्राप्तवन्तः ॥ १९ ॥ इति श्रीरामाभिरामे श्रीरामीये ।मायणतिलके वाल्मीकीय आदिकाव्येऽयोध्याकाण्डे सप्तचत्वारिंशः सर्गः ॥ ४७ ॥

'तेषाम्' इत्यादि पद्यद्वयमेकं वाक्यम् । मुमूर्षयोपलक्षितानाममनस्विनां दुर्मनसाम् । खिन्नानामिति यावत् । सत्त्वान्यसव उद्गतानीवोत्क्रान्तानीव । मृतप्राया जाता इति भावः ॥ १ ॥ २ ॥ बाष्पेण पिहिताननाः । अश्रुव्याप्तमुखा इत्यर्थः ॥३॥ हर्षः शारीरो मुखविकासादिरूपः । मोद आन्तरो हर्षः । परस्मैपदमार्षम् । प्रासारयन् । प्रसारयन्नित्यर्थः । प्रसारितान्यपि नाशोभन्त ॥ ४ ॥ नष्टमिति । चिरनष्टधनस्य विपुलस्यागमं लाभं दृष्ट्वापि नाभ्यनन्दन् । वाशब्द एवार्थे । नाभ्यनन्दन्नेवेत्यर्थः ॥ ५ ॥ व्यगर्हयन्त । राघवमप्रतिनिवर्त्य किमर्थं यूयमागता इत्येवं वाग्रूपैस्तोत्रैरङ्कुशैः ॥ ६ ॥ तेषां रामं विना आगतानाम् । रामं राजानं विना सर्वस्यास्थिरत्वात् । किं च । भगवन्तं राममादरेणापश्यन्तो ये गृहपुत्रदारसुखादिष्वासक्त्या प्रतिनिवृत्तास्तेषां पुनःपुनः संसारप्राप्तिरेव, न तु कदापि मोक्ष इत्याशयः । तस्य मायिकरूपदर्शनेऽपि चित्तशुद्धिद्वारा मोक्षोपयोगिज्ञानाधिकारो भवति ॥ ७ ॥ सत्पुरुषो भाग्यवान्पुरुषः सीता च भाग्यवती । यो वने रामं परिचरन्ननुगच्छति ॥ ८ ॥ सीतालक्ष्मणावेवेति किं वाच्यम्, अचेतना आपगादयोऽपि सभाग्याः, न तु यूयमित्याहुः—आपगा इति । विगाह्य स्नात्वा ॥ ९ ॥ रम्यकाननाश्चारुवृक्षसंघाः । अनूपो जलप्रायदेशः ॥ १० ॥ ते शैलादयोऽनर्चितुं न शक्ष्यन्ति । अर्चितुमेव शक्ष्यन्तीत्यर्थः ॥ ११ ॥ तदेव दर्शयति—विचित्रेत्यादि । विचित्रैः कुसुमैरापीडः शिरोभूषणमेषाम् । बह्वीर्मञ्जरीः पुष्पस्तबकान्धर्तुं शीलमेषाम् । छान्दसो ह्रस्वः । नगा वृक्षाः । दर्शयिष्यन्ति । आत्मानमिति शेषः । एवं च पुष्पा-

अकाले चापि मुख्यानि पुष्पाणि च फलानि च । दर्शयिष्यन्त्यनुक्रोशाद्गिरयो राममागतम् ॥ १३
प्रस्रविष्यन्ति तोयानि विमलानि महीधराः । विदर्शयन्तो विविधान्भूयश्चित्रांश्च निर्झरान् ॥ १४
पादपाः पर्वताग्रेषु रमयिष्यन्ति राघवम् । यत्र रामो भयं नात्र नास्ति तत्र पराभवः ॥ १५
स हि शूरो महाबाहुः पुत्रो दशरथस्य च । पुरा भवति नोऽदूरादनुगच्छाम राघवम् ॥ १६
पादच्छाया सुखं भर्तुस्तादृशस्य महात्मनः । स हि नाथो जनस्यास्य स गतिः स परायणम् ॥ १७
वयं परिचरिष्यामः सीतां यूयं च राघवम् । इति पौरस्त्रियो भर्तृन्दुःखार्तास्तत्तदब्रुवन् ॥ १८
युष्माकं राघवोऽरण्ये योगक्षेमं विधास्यति । सीता नारीजनस्यास्य योगक्षेमं करिष्यति ॥ १९
को न्वनेनाप्रतीतेन सोत्कण्ठितजनेन च । संप्रीयेतामनोज्ञेन वासेन हृतचेतसा ॥ २०
कैकेय्या यदि चेद्राज्यं स्यादधर्म्यमनाथवत् । न हि नो जीवितेनार्थः कुतः पुत्रैः कुतो धनैः ॥ २१
यया पुत्रश्च भर्ता च त्यक्तावैश्वर्यकारणात् । कं सा परिहरेदन्यं कैकेयी कुलपांसनी ॥ २२
कैकेय्या न वयं राज्ये भृतका हि वसेमहि । जीवन्त्या जातु जीवन्त्यः पुत्रैरपि शपामहे ॥ २३
या पुत्रं पार्थिवेन्द्रस्य प्रवासयति निर्घृणा । कस्तां प्राप्य सुखं जीवेदधर्म्यां दुष्टचारिणीम् ॥ २४
उपद्रुतमिदं सर्वमनालम्भमनायकम् । कैकेय्यास्तु कृते सर्वं विनाशमुपयास्यति ॥ २५
नहि प्रव्रजिते रामे जीविष्यति महीपतिः । मृते दशरथे व्यक्तं विलोपस्तदनन्तरम् ॥ २६
ते विषं पिबतालोड्य क्षीणपुण्याः सुदुःखिताः । राघवं वानुगच्छध्वमश्रुतिं वापि गच्छत ॥ २७
मिथ्याप्रव्राजितो रामः सभार्यः सहलक्ष्मणः । भरते संनिबद्धाः स्म सौनिके पशवो यथा ॥ २८
पूर्णचन्द्राननः श्यामो गूढजत्रुररिंदमः । आजानुबाहुः पद्माक्षो रामो लक्ष्मणपूर्वजः ॥ २९
पूर्वाभिभाषी मधुरः सत्यवादी महाबलः । सौम्यश्च सर्वलोकस्य चन्द्रवत्प्रियदर्शनः ॥ ३०
नूनं पुरुषशार्दूलो मत्तमातङ्गविक्रमः । शोभयिष्यत्यरण्यानि विचरन्स महारथः ॥ ३१
तास्तथा विलपन्त्यस्तु नगरे नागरस्त्रियः । चुक्रुशुर्दुःखसंतप्ता मृत्योरिव भयागमे ॥ ३२
इत्येवं विलपन्तीनां स्त्रीणां वेश्मसु राघवम् । जगामास्तं दिनकरो रजनी चाभ्यवर्तत ॥ ३३
नष्टज्वलनसंतापा प्रशान्ताध्यायसत्कथा । तिमिरेणानुलिप्तेव तदा सा नगरी बभौ ॥ ३४
उपशान्तवणिक्पण्या नष्टहर्षा निराश्रया । अयोध्या नगरी चासीन्[illegible]म्बरम् ॥ ३५

ञलिरूपार्चायां ते शक्ता इति भावः ॥ १२ ॥ गिरयो दर्शयिष्यन्ति । स्वगतवृक्षद्वारेति शेषः ॥ १३ ॥ १४ ॥ पादपा रमयिष्यन्ति । स्वमूलाकीर्यमाणपल्लवकुसुमरचितशय्यास्विति शेषः । यत्र रामः । वसतीति शेषः ॥ १५ ॥ भयाभावादौ हेतुः—स हि शूर इत्यादि । नोऽस्माकमदूरात्पुरा भवति । 'यावत्पुरा–' इति भविष्यति लट् । आसन्नो भविष्यतीत्यर्थः । अतो राघवमनुगच्छाम । प्रार्थनायां लोट् ॥ १६ ॥ पादच्छाया । छायापदेनानुग्रहहेतुभूता सेवा लक्ष्यते । भर्तू रामचन्द्रस्य पादसेवैव नः परमसुखं सुखसाधनम् । गतिः शरणम् । परायणं शाश्वतप्रतिष्ठा ॥ १७ ॥ वयं स्त्रियः यूयं पुरुषाः ॥ १८ ॥ अप्राप्तप्राप्तिर्योगः । प्राप्तरक्षणं क्षेमम् ॥ १९ ॥ अप्रतीतेनासुखेन सोत्कण्ठितजनेनोत्कण्ठितजनसहितेन, अत एवामनोज्ञेन हृतचेतसा चित्तनाशकेन वासेन को नु संप्रीयेतेत्यर्थः ॥ २० ॥ यदिचेदिति समुदायो यद्यर्थः । अधर्म्यमधर्मयुक्तम्, अत एवानाथवन्नाथवर्जितम् । जीवितेनार्थो जीविताभिज्ञोऽर्थोऽपि न । पुत्रादिरूपस्तु सुतरां नेत्यर्थः ॥२१॥ पुत्रो रामः । परिहरेत्त्यागात्परिहरेत् । पुत्रभर्तृत्यागिन्या इतरत्यागः कियानिति भावः ॥ २२ ॥ जीवन्त्याः कैकेय्या राज्ये तया भृतकाः पोषिता हि अपि जीवन्त्यो न वसेमहि न वसेम । इदमर्थं प्रति पुत्रैरपि शपामहे ॥ २३ ॥ अधर्म्यामधर्मयुताम् । ॥ २४ ॥ अनालम्भमयज्ञम् । तत्र हेतुः—अनायकमिति । कृते तन्निमित्तम् ॥ २५ ॥ विलोपो नाशः ॥ २६ ॥ ते यूयं पुरुषाः । सस्त्रीका इति शेषः । आलोड्य पेषयित्वा । अश्रुतिं वापि यत्र देशे कैकेय्या नामश्रवणमपि न भवति तादृशं दूरदेशं वा गच्छतेत्यर्थः ॥ २७ ॥ मिथ्याप्रव्राजितो मिथ्यावरकल्पनया प्रव्राजितोऽभूत् । ततः कैकेयीवशगे भरते राजनि वसति सौनिके सूना पशुवधस्थानं तत्र भवे हिंसके तत्समीपे पशवो यथा निश्चितमरणास्तथा संनिबद्धाः स्मः संनिविष्टा भवामः ॥२८॥ इदानीं तद्गुणवर्णनेनात्मानमाप्याययन्ति—पूर्णेत्यादि ॥ २९ ॥ पूर्वाभिभाषी सौहार्दप्रदर्शनाय परभयापगमाय च सर्वत्र पूर्वभाषणशीलः ॥ ३० ॥ ३१ ॥ मृत्योरिव भयागमे । मृत्युहेतुकभयागम इवेत्यर्थः ॥ ३२ ॥ विलपन्तीनाम् । दुःखं दृष्ट्वेति शेषः । रविरस्तं जगाम । तदीयदुःखदर्शनासहिष्णुतया रविरपि शीघ्रगतिरभूदित्याशयः ॥ ३३ ॥ नष्टो होमाद्यर्थोऽपि ज्वलनसंतापो ज्वलनसंगमो यस्याम् । प्रशान्ता अध्याया अध्ययनानि सत्कथाश्च यस्यां सा ॥ ३४ ॥ निराश्रया

तदा स्त्रियो रामनिमित्तमातुरा यथा सुते भ्रातरि वा विवासिते ।
विलप्य दीना रुरुदुर्विचेतसः सुतैर्हि तासामधिकोऽपि सोऽभवत् ॥ ३६
प्रशान्तगीतोत्सवनृत्यवादना विभ्रष्टहर्षा पिहितापणोदया ।
तदा ह्ययोध्या नगरी बभूव सा महार्णवः संक्षपितोदको यथा ॥ ३७

इत्यार्षे श्रीमद्रामायणे वाल्मीकीय आदिकाव्येऽयोध्याकाण्डेऽष्टचत्वारिंशः सर्गः ॥ ४८ ॥

एकोनपञ्चाशः सर्गः ।

रामोऽपि रात्रिशेषेण तेनैव महदन्तरम् । जगाम पुरुषव्याघ्रः पितुराज्ञामनुस्मरन् ॥ १
तथैव गच्छतस्तस्य व्यपायाद्रजनी शिवा । उपास्य तु शिवां संध्यां विषयानत्यगाहत ॥ २
ग्रामान्विकृष्टसीमान्तान्पुष्पितानि वनानि च । पश्यन्नतिययौ शीघ्रं शनैरिव हयोत्तमैः ॥ ३
शृण्वन्वाचो मनुष्याणां ग्रामसंवासवासिनाम् । राजानं धिग्दशरथं कामस्य वशमास्थितम् ॥ ४
हा नृशंसाद्य कैकेयी पापा पापानुबन्धिनी । तीक्ष्णा संभिन्नमर्यादा तीक्ष्णकर्मणि वर्तते ॥ ५
या पुत्रमीदृशं राज्ञः प्रवासयति धार्मिकम् । वनवासे महाप्राज्ञं सानुक्रोशं जितेन्द्रियम् ॥ ६
अहो दशरथो राजा निःस्नेहः स्वसुतं प्रति । प्रजानामनघं रामं परित्यक्तुमिहेच्छति ॥ ७
एता वाचो मनुष्याणां ग्रामसंवासवासिनाम् । शृण्वन्नतिययौ वीरः कोसलान्कोसलेश्वरः ॥ ८
ततो वेदश्रुतिं नाम शिववारिवहां नदीम् । उत्तीर्याभिमुखः प्रायादगस्त्याध्युषितां दिशम् ॥ ९
गत्वा तु सुचिरं कालं ततः शीतवहां नदीम् । गोमतीं गोयुतानूपामतरत्सागरंगमाम् ॥ १०
गोमतीं चाप्यतिक्रम्य राघवः शीघ्रगैर्हयैः । मयूरहंसाभिरुतां ततार स्यन्दिकां नदीम् ॥ ११
स महीं मनुना राज्ञा दत्तामिक्ष्वाकवे पुरा । स्फीतां राष्ट्रवृतां रामो वैदेहीमन्वदर्शयत् ॥ १२
सूत३ इत्येव चाभाष्य सारथिं तमभीक्ष्णशः । हंसमत्तस्वरः श्रीमानुवाच पुरुषोत्तमः ॥ १३
कदाहं पुनरागम्य सरय्वाः पुष्पिते वने । मृगयां पर्यटिष्यामि मात्रा पित्रा च संगतः ॥ १४
नात्यर्थमभिकाङ्क्षामि मृगयां सरयूवने । रतिर्ह्येषातुला लोके राजर्षिगणसंमता ॥ १५

रामरूपाश्रयराहित्यात् ॥३५॥ सुतैः । तृतीयार्षी । सुतेभ्योऽपि तासां सोऽधिकोऽभवत् ॥३६॥ वादनं वादित्रम् । प्रशान्तानि गीतोत्सववादित्राणि यस्यां सा । पिहित आपणानां पण्यवस्तूनामुदयः प्रसारणं यस्यां सा । संक्षपितोदकः क्षीणोदकः । 'संक्षुभितोदकः' इति पाठे क्षैण्यात्संक्षुभितोदक इत्यर्थः ॥३७॥

इति श्रीरामाभिरामे श्रीरामीये रामायणतिलके वाल्मीकीय आदिकाव्येऽयोध्याकाण्डेऽष्टचत्वारिंशः सर्गः ॥ ४८ ॥

अथ रामवृत्तान्तमाह—रामोऽपीति । तेनैव यत्र रात्रिशेषे द्विजा वञ्चितास्तेनैव । महदन्तरं बहुदूरम् ॥ १ ॥ व्यपायाद्गता । विषयो देशः ॥ २ ॥ विशेषेण कृष्टाः सीमान्ता येषु । अनेन सौराज्यं ध्वनितम् । तान्यतिक्रामञ्शनैरिव शीघ्रं ययौ । रमणीयदेशादिदर्शनपारवश्यादतिशीघ्रमपि गमनं शनैरिव प्रत्यभादित्यर्थ इति तीर्थः । 'शरैरिव' इति पाठः । शरसदृशवेगवद्भिरश्वोत्तमैरित्यर्थ इति कतकः ॥ ३ ॥ ग्रामा महान्तः । संवासाः स्वल्पग्रामाः । शृण्वन्ययावित्यन्वयः । ता वाच आह—राजानं धिगित्यादि । आस्थितं प्राप्तम् ॥ ४ ॥ पापा पापकर्मारब्धशरीरा । पापानुबन्धिनी पापकर्मनिरता । तीक्ष्णा क्रूरदर्शना । संभिन्नमर्यादा त्यक्तमर्यादा ॥ ५ ॥ ईदृशमनेककल्याणगुणवन्तम् । सानुक्रोशं सदयम् ॥ ६ ॥ प्रजानाम् । प्रियमिति शेषः । यद्वा प्रजाविषयेऽनघं पापरहितम् ॥ ७ ॥ कोसलानति अतिक्रम्य ययौ ॥ ८ ॥ शिववारिवहां शिवानि वारीणि वहन्तीम् ॥ ९ ॥ गोभिर्युतान्यनूपानि जलप्रायदेशा यस्याम् । सागरंगमामित्यनेन यमुनावत्तस्या अपि पृथक्सागरप्रवेशं सूचयति ॥ १० ॥ स्यन्दिकां तदाख्याम् ॥ ११ ॥ सोऽतीतस्यन्दिकः । महीं स्यन्दिकासीमां कोसलदेशरूपाम् । राष्ट्रवृतामवान्तरजनपदावृताम् । वैदेहीमन्वदर्शयत् । इक्ष्वाकवे मनुना दत्तकोसलदेशस्य दक्षिणसीमां कथयामासेत्यर्थः । यद्यपीक्ष्वाक्वादयः सार्वभौमास्तथापि तेषां स्वराजधानीत्वात्स्वन्दः कोसलदेश एव । सार्वभौमत्वं तु तद्देशसिंहासनाधिष्ठातृसकलराजपालनीयाज्ञत्वमेवेत्यलम् ॥ १२ ॥ सूत३ इति प्लुतः । शृण्वित्यादिः । आभाष्य संबोध्य । हंसमत्तस्वरो मत्तहंसस्वरः ॥ १३ ॥ अथ परिगृहीतमनुष्यदेहस्य तद्देहग्रहणानुरूपोऽभिनयः—कदेति । आगम्य । अतिक्रान्तं स्वदेशमिति शेषः ॥ १४ ॥ ननु मृगयायाः 'स्त्रीद्यूतमृगयामद्यवाक्पारुष्योग्रदण्डताः । अर्थस्य दूषणं चेति राज्ञो व्यसनसप्तकम् ॥' इत्युक्तेर्व्यसनानां निषेधाच्च कथं तदिच्छेत्यत आह—नात्यर्थमिति । प्रजाभ्यायच्चिन्तादिवैमुख्यापादकतयात्यन्तरतेरेव तस्या निषेधात् । न तु सर्वथैव निषेधोऽस्यात आह—एषा

राजर्षीणां हि लोकेऽस्मिन्रत्यर्थं मृगयावने । काले कृतां तां मनुजैर्धन्विनामभिकाङ्क्षिताम् ॥ १६
स तमध्वानमैक्ष्वाकः सूतं मधुरया गिरा । तं तमर्थमभिप्रेत्य ययौ वाक्यमुदीरयन् ॥ १७

इत्यार्षे श्रीमद्रामायणे वाल्मीकीय आदिकाव्येऽयोध्याकाण्ड एकोनपञ्चाशः सर्गः ॥ ४९ ॥

पञ्चाशः सर्गः ।

विशालान्कोसलान्रम्यान्यात्वा लक्ष्मणपूर्वजः । अयोध्यामुन्मुखो धीमान्प्राञ्जलिर्वाक्यमब्रवीत् ॥ १
आपृच्छे त्वां पुरिश्रेष्ठे काकुत्स्थपरिपालिते । दैवतानि च यानि त्वां पालयन्त्या वसन्ति च ॥ २
निवृत्तवनवासस्त्वामनृणो जगतीपतेः । पुनर्द्रक्ष्यामि मात्रा च पित्रा च सह संगतः ॥ ३
ततो रुचिरताम्राक्षो भुजमुद्यम्य दक्षिणम् । अश्रुपूर्णमुखो दीनोऽब्रवीज्जानपदं जनम् ॥ ४
अनुक्रोशो दया चैव यथार्हं मयि वः कृतः । चिरं दुःखस्य पापीयो गम्यतामर्थसिद्धये ॥ ५
तेऽभिवाद्य महात्मानं कृत्वा चापि प्रदक्षिणम् । विलपन्तो नरा घोरं व्यतिष्ठंश्च क्वचित्क्वचित् ॥ ६
तथा विलपतां तेषामतृप्तानां च राघवः । अचक्षुर्विषयं प्रायाद्यथार्कः क्षणदामुखे ॥ ७
ततो धान्यधनोपेतान्दानशीलजनाञ्शिवान् । अकुतश्चिद्भयान्रम्यांश्चैत्ययूपसमावृतान् ॥ ८
उद्यानाम्रवणोपेतान्संपन्नसलिलाशयान् । तुष्टपुष्टजनाकीर्णान्गोकुलाकुलसेवितान् ॥ ९
रक्षणीयान्नरेन्द्राणां ब्रह्मघोषाभिनादितान् । रथेन पुरुषव्याघ्रः कोसलानत्यवर्तत ॥ १०
मध्येन मुदितं स्फीतं रम्योद्यानसमाकुलम् । राज्यं भोज्यं नरेन्द्राणां ययौ धृतिमतां वरः ॥ ११
तत्र त्रिपथगां दिव्यां शीततोयामशैवलाम् । ददर्श राघवो गङ्गां रम्यामृषिनिषेविताम् ॥ १२
आश्रमैरविदूरस्थैः श्रीमद्भिः समलंकृताम् । कालेऽप्सरोभिर्हृष्टाभिः सेविताम्भोह्रदां शिवाम् ॥ १३
देवदानवगन्धर्वैः किंनरैरुपशोभिताम् । नागगन्धर्वपत्नीभिः सेवितां सततं शिवाम् ॥ १४
देवाक्रीडशताकीर्णां देवोद्यानयुतां नदीम् । देवार्थमाकाशगतां विख्यातां देवपद्मिनीम् ॥ १५

रतिः क्रीडा लोके राजर्षिगणसंमता, अतोऽतुला । न सर्वथा निषिद्धेत्यर्थः । 'गजादयो न हन्तव्या मृगयायां महेषुभिः' इत्यादिनास्या अप्यनुमतत्वमिति भावः ॥ १५ ॥ 'राजर्षीणां हि' इति श्लोकः पुनरुक्तार्थक इव कतकासंमतश्चेति बोध्यम् । एवं हि तद्व्याख्या—हि यतोऽस्मिंल्लोके राजर्षीणां वने मृगया रत्यर्थमासीत् । अतोऽहमपि काले श्राद्धादिकाले मनुजैर्मनुपुत्रैः सदाचारपरैरपि कृतां स्वीकृतां धन्विनां चञ्चललक्ष्येष्विषुसिद्ध्यर्थमभिकाङ्क्षितां नात्यर्थमभिकाङ्क्षामीति संबन्धः ॥ १६ ॥ तं तमर्थमभिप्रेत्य विषयीकृत्य मधुरया गिरा सूतं प्रति वाक्यमुदीरयन्स ऐक्ष्वाको रामस्तमध्वानं ययाविति संबन्धः ॥ १७ ॥ **इति श्रीरामाभिरामे श्रीरामीये रामायणतिलके वाल्मीकीय आदिकाव्येऽयोध्याकाण्ड एकोनपञ्चाशः सर्गः ॥ ४९ ॥**

अथ जन्मभूमिप्रयुक्तस्नेहेन निर्गमनकाले शिष्टाचारपरिप्राप्ततया च स्वदेशमापृच्छति स्वस्वरूपगोपनाय—विशालानिति । यात्वा तदन्तं गत्वा ॥ १ ॥ हे पुरिश्रेष्ठे, त्वां त्वत्संबन्धिदैवतानि च आपृच्छे प्रार्थयामि ॥ २ ॥ प्रार्थनाप्रकारमाह—निवृत्तेति ॥ ३ ॥ जानपदं जनं स्वदर्शनार्थं तत्रागतम् । तेषामश्रुपूर्णमुखत्वाल्लोकव्यवहारानुसारेण नट इव स्वयमप्यश्रुपूर्णमुखः ॥ ४ ॥ अनुक्रोश आदरोऽनुतापो वा । दया कारुण्यम् । यथायोग्यं मयि वो युष्माकम् । युष्माभिरिति यावत् । कृतः कृता च । दुःखस्य । चिरमनुभव इति शेषः । पापीयोऽशोभनम् । अतो युष्माभिर्गम्यताम् । वयमप्यर्थसिद्धये पित्रनुज्ञातार्थसिद्धये । अवतारप्रयोजनार्थसिद्धय इति हृत्स्थम् । गच्छाम इति शेषः । व्याख्यानान्तरं त्वप्रयोजकत्वान्नोक्तम् ॥ ५ ॥ त एवं रामेण बोधिताः ॥ ६ ॥ अतृप्तानां दर्शनतृप्तिरहितानाम् । क्षणदामुखे सायंकालेऽर्को यथा तथा चक्षुर्विषयं देशं गतः ॥ ७ ॥ तदेवाह वाल्मीकिः—तत इति । दानशीला जना येषु तान् । चैत्यैर्देवताधिष्ठानवृक्षैर्यूपैश्च समावृतान् ॥ ८ ॥ गोकुलैराकुलतया सेवितान् ॥ ९ ॥ नरेन्द्राणां रक्षणीयान् । ग्रामश इति शेषः । नरेन्द्ररक्षणयोग्यैकैकग्रामान् । इतरनरेन्द्रराज्यतुल्यैकैकग्रामानिति यावत् ॥ १० ॥ मध्येन मध्यगत्या नरेन्द्राणामितरेषां भोज्यं राज्यं देशं ययौ । स्वदेशत्वाभावेन तज्जनानुयानशङ्काभावाच्छनैर्देशसौभाग्यं पश्यन्नगमदित्यर्थः ॥ ११ ॥

तत्रायोध्याराज्याद्दक्षिणराज्ये ॥ १२ ॥ काले क्रीडाकाले । सेविता अम्भःपूर्णह्रदा यस्यां ताम् ॥ १३ ॥ नागपत्नीभिर्गन्धर्वपत्नीभिश्च सेविताम् । सततं शिवामित्यनेन महानिशायामपि तस्यां स्नानाद्यधिकारः सूचितः । तदुक्तं भारते—'भुक्त्वा वा यदि वाभुक्त्वा रात्रौ वा यदि वा दिवा । न कालनियमः कश्चिद्गङ्गां प्राप्य सरिद्वराम् ॥' इति ॥ १४ ॥ देवानामाक्रीडैः क्रीडापर्वतैर्हिमवत उभयतीरवर्तिभिर्युक्ताम् । देवार्थं देवानां स्नानपानादिप्रयोजनाय । तत्प्रार्थनयाकाशगताम् । देवपद्मिनीं देवभोग्य-

जलाघाताट्टहासोग्रां फेननिर्मलहासिनीम् । कचिद्वेणीकृतजलां कचिदावर्तशोभिताम् ॥ १६
कचित्स्तिमितगम्भीरां कचिद्वेगसमाकुलाम् । कचिद्गम्भीरनिर्घोषां कचिद्भैरवनिःस्वनाम् ॥ १७
देवसंघाप्लुतजलां निर्मलोत्पलसंकुलाम् । कचिदाभोगपुलिनां कचिन्निर्मलवालुकाम् ॥ १८
हंससारससंघुष्टां चक्रवाकोपशोभिताम् । सदामत्तैश्च विहगैरभिपन्नामनिन्दिताम् ॥ १९
कचित्तीररुहैर्वृक्षैर्मालाभिरिव शोभिताम् । कचित्फुल्लोत्पलच्छन्नां कचित्पद्मवनाकुलाम् ॥ २०
कचित्कुमुदखण्डैश्च कुड्मलैरुपशोभिताम् । नानापुष्परजोध्वस्तां समदामिव च कचित् ॥ २१
व्यपेतमलसंघातां मणिनिर्मलदर्शनाम् । दिशागजैर्वनगजैर्मत्तैश्च वरवारणैः ॥ २२
देवराजोपवाह्यैश्च संनादितवनान्तराम् । प्रमदामिव यत्नेन भूषितां भूषणोत्तमैः ॥ २३
फलपुष्पैः किसलयैर्वृतां गुल्मैर्द्विजैस्तथा । विष्णुपादच्युतां दिव्यामपापां पापनाशिनीम् ॥ २४
शिंशुमारैश्च नक्रैश्च भुजंगैश्च समन्विताम् । शंकरस्य जटाजूटाद्भ्रष्टां सागरतेजसा ॥ २५
समुद्रमहिषीं गङ्गां सारसक्रौञ्चनादिताम् । आससाद महाबाहुः शृङ्गवेरपुरं प्रति ॥ २६
तामूर्मिकलिलावर्तामन्ववेक्ष्य महारथः । सुमन्त्रमब्रवीत्सूतमिहैवाद्य वसामहे ॥ २७
अविदूरादयं नद्या बहुपुष्पप्रवालवान् । सुमहानिङ्गुदीवृक्षो वसामोऽत्रैव सारथे ॥ २८
प्रेक्षामि सरितां श्रेष्ठां संमान्यसलिलां शिवाम् । देवमानवगन्धर्वमृगपन्नगपक्षिणाम् ॥ २९
लक्ष्मणश्च सुमन्त्रश्च बाढमित्येव राघवम् । उक्त्वा तमिङ्गुदीवृक्षं तदोपययतुर्हयैः ॥ ३०
रामोऽभियाय तं रम्यं वृक्षमिक्ष्वाकुनन्दनः । रथादवतरत्तस्मात्सभार्यः सहलक्ष्मणः ॥ ३१
सुमन्त्रोऽप्यवतीर्याथ मोचयित्वा हयोत्तमान् । वृक्षमूलगतं राममुपतस्थे कृताञ्जलिः ॥ ३२
तत्र राजा गुहो नाम रामस्यात्मसमः सखा । निषादजात्यो बलवान्स्थपतिश्चेति विश्रुतः ॥ ३३
स श्रुत्वा पुरुषव्याघ्रं रामं विषयमागतम् । वृद्धैः परिवृतोऽमात्यैर्ज्ञातिभिश्चाप्युपागतः ॥ ३४
ततो निषादाधिपतिं दृष्ट्वा दूरादुपस्थितम् । सह सौमित्रिणा रामः समागच्छद्गुहेन सः ॥ ३५

हेमपद्मवतीम् ॥ १५ ॥ शिलामयस्थले यो जलाघातशब्दस्तद्रूपाट्टहासेनोग्राम् । पाठान्तरे जलेनाधूताः प्रक्षालिता गुहाग्रा गुहामुखानि यया ताम् । फेनरूपो यो निर्मलो हासो मन्दहासस्तद्वतीम् । एवमादिना स्त्रीरूपेण वर्णनं प्रवाहरूपाया गङ्गाया इति बोध्यम् । वेणीकृतजलां द्वित्रिजलसंयोगात् ॥ १६ ॥ स्तिमिता निश्चला सा चासौ गम्भीरा च ताम् । गम्भीरनिर्घोषां मृदङ्गादिवत् । भैरवनिःस्वनामशन्यादिवत् ॥ १७ ॥ आभोगपुलिनां विशालसैकताम् ॥ १८ ॥ १९ ॥ २० ॥ कुड्मलरूपैः कुमुदखण्डैः । समूहैरित्यर्थः । पुष्परजसा ध्वस्तां संयुक्ताम् । समदामिव मदसहितां प्रमदामिव स्थिताम् ॥ २१ ॥ व्यपेतो दूरीकृतो मलसंघातः पापसंघातो यया ताम् । 'व्यपेतजलसंघाताम्' इति पाठे वीरे क्रूरप्रवाहरहितामित्यर्थः । मणिर्मुक्तामणिः । अनेनातिस्वच्छशुभ्रजलत्वं दिग्गजाद्यालोडनेऽपि निर्मलत्वमित्यतिशयोक्तिरलंकारः । वरवारणैरुत्तमगजैः ॥ २२ ॥ देवराजानस्ते । उपवाह्या येषां तैश्च वरगजैः । 'औपवाह्यैः' इति पाठे तेषां क्रीडार्थयानभूतैरित्यर्थः ॥ २३ ॥ भूषणान्येवाह—फलेत्यादि । द्विजैः पक्षिभिः । विष्णुपादस्पर्शेन ब्रह्मलोकाद्ब्रह्माण्डबाह्यजलदेशाच्च च्युतामपापां कर्मनाशादिवत्केनापि प्रकारेण पापजनकत्वाभाववतीमिति कतकः । तन्न । पापजनकत्वसंभावनाया एवाभावात् । वस्तुतोऽपापां पापवज्जन्तुरहिताम् । तत्र हेतुः—पापनाशिनीं दर्शनमात्रेण तादृशीम् ॥ २४ ॥ 'शिशुमारो जलकपिः' इति वैजयन्तीकोशकर्ता । नक्रैर्मकरैः । सागरतेजसा भगीरथतपसा ॥ २५ ॥ शृङ्गवेरपुरम् । प्रस्थितामिति शेषः ॥ २६ ॥ ऊर्मिभिः कलिलाः संपृक्ता आवर्ता यस्यां सा ताम् । इह गङ्गातीरे ॥ २७ ॥ नद्यविदूरत्वं बहुपुष्पप्रवालवत्त्वे हेतुः । इङ्गुदी तापसतरुः ॥ २८ ॥ देवादीनां संमान्यं सलिलं यस्यास्ताम् । अनेन गङ्गाजलं प्रवाहादन्यत्रानीतमपि सकलपापक्षयसमर्थमिति ध्वनितम् ॥ २९ ॥ तत्र गङ्गातीरे स्थितमिङ्गुदीवृक्षं हयैर्ययतुः ॥ ३० ॥ तमभियाय । तत्समीपं गत्वेति यावत् । अवतरदवातरत् ॥ ३१ ॥ उपतस्थे समीपे सेवार्थं प्राप्तः ॥ ३२ ॥ आत्मसमः प्राणसमः । निषादजात्यस्तज्जातौ भवः । बलवान्प्राणतः सेनातश्च । स्थपतिर्निषादाधिपतिः । 'निषादजात्यः स्थपतिः' इत्यनेन 'निषादस्थपतिं याजयेदि'त्यत्र कर्मधारय इति सूचितम् । यद्यपीदृशसख्यं हीनप्रेष्यं हीनसख्यमित्यादिनोपपातकेषु गणितम्, तथापि तद्विप्रविषयम् । राज्ञामाटविकबलेन प्रयोजनवत्त्वात् । षड्विधबलसंग्रहस्य राजधर्मत्वाच्च तत्सख्यमेवेति दिक् । अत्रेदं बोध्यम्—'निषादजात्य' इति गुहविषये 'रामस्यात्मसमः सखा' इत्येवं वदता वाल्मीकिना रामसमत्वरामसमानख्यातिोक्त्या भगवद्भक्तफलेन निषादत्वेऽपि पूर्वकृतश्रवणादिमत्त्वेन तस्य तत्त्वज्ञत्वं सूचितम् ॥ ३३ ॥ उपागतो रामसमीपं प्राप्तः । विषयं स्वदेशम् ॥ ३४ ॥ समा-

तमार्तः संपरिष्वज्य गुहो राघवमब्रवीत् । यथायोध्या तथेदं ते राम किं करवाणि ते ॥ ३६
ईदृशं हि महाबाहो कः प्राप्स्यत्यतिथिं प्रियम् । ततो गुणवदन्नाद्यमुपादाय पृथग्विधम् ॥ ३७
अर्घ्यं चोपानयच्छीघ्रं वाक्यं चेदमुवाच ह । स्वागतं ते महाबाहो तवेयमखिला मही ॥ ३८
वयं प्रेष्या भवान्भर्ता साधु राज्यं प्रशाधि नः । भक्ष्यं भोज्यं च पेयं च लेह्यं चैतदुपस्थितम् ।
शयनानि च मुख्यानि वाजिनां खादनं च ते ॥ ३९
गुहमेवं ब्रुवाणं तु राघवः प्रत्युवाच ह । अर्चिताश्चैव हृष्टाश्च भवता सर्वदा वयम् ॥ ४०
पद्भ्यामभिगमाच्चैव स्नेहसंदर्शनेन च । भुजाभ्यां साधुवृत्ताभ्यां पीडयन्वाक्यमब्रवीत् ॥ ४१
दिष्ट्या त्वां गुह पश्यामि ह्यरोगं सह बान्धवैः । अपि ते कुशलं राष्ट्रे मित्रेषु च वनेषु च ॥ ४२
यत्त्विदं भवता किंचित्प्रीत्या समुपकल्पितम् । सर्वं तदनुजानामि नहि वर्ते प्रतिग्रहे ॥ ४३
कुशचीराजिनधरं फलमूलाशनं च माम् । विद्धि प्रणिहितं धर्मे तापसं वनगोचरम् ॥ ४४
अश्वानां खादनेनाहमर्थी नान्येन केनचित् । एतावतात्र भवता भविष्यामि सुपूजितः ॥ ४५
एते हि दयिता राज्ञः पितुर्दशरथस्य मे । एतैः सुविहितैरश्वैर्भविष्याम्यहमर्चितः ॥ ४६
अश्वानां प्रतिपानं च खादनं चैव सोऽन्वशात् । गुहस्तत्रैव पुरुषांस्त्वरितं दीयतामिति ॥ ४७
ततश्चीरोत्तरासङ्गः संध्यामन्वास्य पश्चिमाम् । जलमेवाददे भोज्यं लक्ष्मणेनाहृतं स्वयम् ॥ ४८
तस्य भूमौ शयानस्य पादौ प्रक्षाल्य लक्ष्मणः । सभार्यस्य ततोऽभ्येत्य तस्थौ वृक्षमुपाश्रितः ॥ ४९
गुहोऽपि सह सूतेन सौमित्रिमनुभाषयन् । अन्वजाग्रत्ततो राममप्रमत्तो धनुर्धरः ॥ ५०

तथा शयानस्य ततो यशस्विनो मनस्विनो दाशरथेर्महात्मनः ।
अदृष्टदुःखस्य सुखोचितस्य सा तदा व्यतीता सुचिरेण शर्वरी ॥ ५१

इत्यार्षे श्रीमद्रामायणे वाल्मीकीय आदिकाव्येऽयोध्याकाण्डे पञ्चाशः सर्गः ॥ ५० ॥

एकपञ्चाशः सर्गः ।

तं जाग्रतमदम्भेन भ्रातुरर्थाय लक्ष्मणम् । गुहः संतापसंतप्तो राघवं वाक्यमब्रवीत् ॥ १
इयं तात सुखा शय्या त्वदर्थमुपकल्पिता । प्रत्याश्वसिहि साध्वस्यां राजपुत्र यथासुखम् ॥ २

गच्छत्क्षेमालिङ्गनादिना संगतोऽभूत् ॥ ३५ ॥ आर्तो रामीयवल्कलादिधारणदर्शनेन तप्तः । इदमस्मत्पुरम् ॥ ३६ ॥ ईदृशवचने कारणमाह—ईदृशं हीति । अनेन भगवत्स्वरूपज्ञत्वमात्मनो ध्वनितम् । अन्नाद्यमन्नमोदनस्तदाद्यम् । भोज्यादीत्यर्थः ॥ ३७ ॥ ३८ ॥ नो राज्यं भक्ष्यादिकं च प्रशाधि स्वीकुरु । वाजिनां खादनं घासादि ॥ ३९ ॥ महाप्रभुरपि सन्स्वगृहादिह दूरं यत्पद्भ्यामागतोऽसि, यच्च 'तवेयमखिला मही' इत्यनेन स्नेहं दर्शयसि, तेन त्वया वयमर्चिता एव, हृष्टाश्च वयमित्युवाचेत्यर्थः । 'सर्वदा वयमर्चिताः' इत्यनेन मद्ध्यानमेव मे महती पूजा, तच्च सर्वदा तवास्ते इत्यप्यर्थो गर्भितः । अत एव वयं त्वयि सदा हृष्टाः ॥ ४० ॥ अतएव पुनरालिङ्गति, अत्यन्तप्रेमास्पदत्वं बोधयितुं भुजाभ्यामिति ॥ ४१ ॥ वनेषु चेति तस्याटविकत्वाद्वनकुशलप्रश्नः । क्वचित् 'धनेषु' इति पाठः ॥ ४२ ॥ अनुजानाम्यङ्गीकृत्य ददामि । प्रतिग्रहे भोगफलके ॥ ४३ ॥ धर्मे प्रणिहितं पित्राज्ञापालनलक्षणे धर्मे सावधानम् । अत्र तद्दत्तस्याग्रहे प्रतिग्रहेऽप्रतिग्रहीतृत्वरूपक्षत्रधर्मोपन्यासेनान्नभोजनायोग्यत्वे व्रतस्थत्वरूपहेतूपन्यासेन च तदन्नस्य भोजनयोग्यत्वं सूचयता तस्य तत्त्वज्ञत्वं सूचितम् । अन्यथा निषादत्वेनाभोज्यान्नतया तमेव हेतुमुपन्यसेत्, स वा कथं पक्वान्नमाहरेत् । एतेन तत्त्वज्ञः सर्वोऽपि भोज्यान्न एवेति ध्वनितम् ॥ ४४ ॥ ४५ ॥ एते अश्वाः ॥ ४६ ॥ प्रतिपानं जात्याश्वानां राजोपवाह्यानां घासदानानन्तरं यत्पाय्यते क्षीरादि तत्प्रतिपानम् । यच्च घृतशर्करादियुतयवचूर्णादि खाद्यते तत्खादनम् । त्वरितं दीयतामित्यन्वशादित्यन्वयः ॥ ४७ ॥ जलमेवाददे । तीर्थप्राप्तिनिमित्तकोपवासस्यावश्यकत्वात् ॥ ४८ ॥ अभ्येत्य ततोऽन्यत्र समीपदेश आगत्य तस्थावित्यनेन तस्य निद्राभावः सूचितः ॥ ४९ ॥ अन्वजाग्रदित्यार्षम् । अजागरीदित्यर्थः ॥ ५० ॥ सुचिरेण शर्वरीति निद्रागमनाच्चिरत्वप्रतिभासस्तस्याम् ॥ ५१ ॥ **इति श्रीरामाभिरामे श्रीरामीये रामायणतिलके वाल्मीकीय आदिकाव्येऽयोध्याकाण्डे पञ्चाशः सर्गः ॥ ५० ॥**

एवं रामे शयाने तद्रक्षार्थं जाग्रल्लक्ष्मणगुहसंवादः—तमित्यादि । अदम्भेनाकृत्रिमानुरागेण । भ्रातुरर्थाय भ्रातू रक्षार्थम् । राघवं रघुकुलजम् । संतापसंतप्तो रामस्य भूशय्यादिजेन संतापेन पीडितः ॥ १ ॥ इयमिति । प्रत्याश्वसिहि विश्रान्तो

उचितोऽयं जनः सर्वैः क्लेशानां त्वं सुखोचितः । गुप्त्यर्थं जागरिष्यामः काकुत्स्थस्य वयं निशाम् ॥ ३
नहि रामात्प्रियतमो ममास्ते भुवि कश्चन । ब्रवीम्येव च ते सत्यं सत्येनैव च ते शपे ॥ ४
अस्य प्रसादादाशंसे लोकेऽस्मिन्सुमहद्यशः । धर्मावाप्तिं च विपुलामर्थकामौ च पुष्कलौ ॥ ५
सोऽहं प्रियसखं रामं शयानं सह सीतया । रक्षिष्यामि धनुष्पाणिः सर्वथा ज्ञातिभिः सह ॥ ६
न मेऽस्त्यविदितं किंचिद्वनेऽस्मिंश्चरतः सदा । चतुरङ्गं ह्यतिबलं सुमहत्संतरेमहि ॥ ७
लक्ष्मणस्तु ततोवाच रक्ष्यमाणास्त्वयानघ । नात्र भीता वयं सर्वे धर्ममेवानुपश्यता ॥ ८
कथं दाशरथौ भूमौ शयाने सह सीतया । शक्या निद्रा मया लब्धुं जीवितं वा सुखानि वा ॥ ९
यो न देवासुरैः सर्वैः शक्यः प्रसहितुं युधि । तं पश्य सुखसंसुप्तं तृणेषु सह सीतया ॥ १०
यो मन्त्रतपसा लब्धो विविधैश्च पराक्रमैः । एको दशरथस्यैष पुत्रः सदृशलक्षणः ॥ ११
अस्मिन्प्रव्रजिते राजा न चिरं वर्तयिष्यति । विधवा मेदिनी नूनं क्षिप्रमेव भविष्यति ॥ १२
विनद्य सुमहानादं श्रमेणोपरताः स्त्रियः । निर्घोषोपरतं तात मन्ये राजनिवेशनम् ॥ १३
कौसल्या चैव राजा च तथैव जननी मम । नाशंसे यदि जीवन्ति सर्वे ते शर्वरीमिमाम् ॥ १४
जीवेदपि हि मे माता शत्रुघ्नस्यान्ववेक्षया । तद्दुःखं यदि कौसल्या वीरसूर्विनशिष्यति ॥ १५
अनुरक्तजनाकीर्णा सुखालोकप्रियावहा । राजव्यसनसंसृष्टा सा पुरी विनशिष्यति ॥ १६
कथं पुत्रं महात्मानं ज्येष्ठपुत्रमपश्यतः । शरीरं धारयिष्यन्ति प्राणा राज्ञो महात्मनः ॥ १७
विनष्टे नृपतौ पश्चात्कौसल्या विनशिष्यति । अनन्तरं च मातापि मम नाशमुपैष्यति ॥ १८
अतिक्रान्तमतिक्रान्तमनवाप्य मनोरथम् । राज्ये राममनिक्षिप्य पिता मे विनशिष्यति ॥ १९
सिद्धार्थाः पितरं वृत्तं तस्मिन्काले ह्युपस्थिते । प्रेतकार्येषु सर्वेषु संस्करिष्यन्ति राघवम् ॥ २०
रम्यचत्वरसंस्थानां संविभक्तमहापथाम् । हर्म्यप्रासादसंपन्नां गणिकावरशोभिताम् ॥ २१
रथाश्वगजसंबाधां तूर्यनादनिनादिताम् । सर्वकल्याणसंपूर्णां हृष्टपुष्टजनाकुलाम् ॥ २२
आरामोद्यानसंपन्नां समाजोत्सवशालिनीम् । सुखिता विचरिष्यन्ति राजधानीं पितुर्मम ॥ २३
अपि जीवेद्दशरथो वनवासात्पुनर्वयम् । प्रत्यागम्य महात्मानमपि पश्याम सुव्रतम् ॥ २४
अपि सत्यप्रतिज्ञेन सार्धं कुशलिनो वयम् । निवृत्ते वनवासेऽस्मिन्नयोध्यां प्रविशेमहि ॥ २५
परिदेवयमानस्य दुःखार्तस्य महात्मनः । तिष्ठतो राजपुत्रस्य शर्वरी सात्यवर्तत ॥ २६

भव ॥ २ ॥ अयं जन आटविकः ॥ ३ ॥ नहि रामादिति । सर्वात्मभूतात् ॥ ४ ॥ ५ ॥ ६ ॥ अविदितमज्ञातम् । किं च । चतुरङ्गमिति परकीयमिति शेषः । तादृशमपि परकीयं बलं संतरेमहि युद्धेन जयेम ॥ ७ ॥ ततोवाच । तत उवाचेति च्छेदः । आर्षः संधिः । अत्र देशे वयं न भीताः यतो धर्ममेवानुपश्यता त्वया रक्ष्यमाणा भवामः ॥ ८ ॥ तथापि जागरणे कारणमाह—कथमिति । जीवितं विशिष्टसुखजीवितजनकं भोजनादि ॥ ९ ॥ १० ॥ मन्त्रो गायत्र्यादिः । तपः कृच्छ्रादि । पराक्रमैस्तज्जन्यैर्ऋष्यशृङ्गाद्यानयनाश्वमेधाद्यनुष्ठानैः । एको मुख्यः । तत्र हेतुः—सदृशलक्षणः पुरुषोत्तमसदृशलक्षणः । दशरथसदृशलक्षण इत्यापाततोऽर्थः ॥ ११ ॥ विधवा विगतपतिका ॥ १२ ॥ श्रमेणोपरता राजभवनेऽयोध्यानगरे च । भविष्यन्तीति शेषः । निर्घोषोपरतमुपरतनिर्घोषं भवतीति मन्ये ॥ १३ ॥ जीवन्तीति नाशंसे न संभावयामि । यदि वा जीवन्त्येतावत्पर्यन्तम्, तदेमां शर्वरीमेव जीविष्यन्ति नाग्रे । अन्नपानाद्यभावादिति संभावयामीति शेषः ॥ १४ ॥ जीवेदपि । एतद्राज्याः परमपीति शेषः । यदि यत् । वीरसूः कौशल्या एकपुत्रत्वाद्विनशिष्यत्येव । तदतिदुःखमित्यर्थः ॥ १५ ॥ अनुरक्तै रामानुरक्तैर्जनैराकीर्णा व्याप्ता । सुखालोकरूपं प्रियमावहति सा सदासुखवल्लोका । इदानीं राजव्यसनेन दशरथमरणदुःखेन संसृष्टा युक्ता ॥ १६ ॥ राजव्यसनमेव दर्शयति—कथमिति ॥ १७ ॥ मातापि भर्तृपुत्रवियोगात्सत्यप्येकपुत्रसंनिधौ ॥ १८ ॥ मनोरथं रामराज्याभिषेकमनवाप्य । अतिक्रान्तमतिक्रान्तं नष्टं नष्टम् । इति क्रोशन्निति शेषः । प्रत्यागतं रामं राज्येऽनिक्षिप्यैव मे पिता विनशिष्यतीत्यन्वयः ॥ १९ ॥ तस्मिन्काले मरणकाल उपस्थिते ये वृत्तं मृतं पितरं रघुकुलजं सर्वप्रेतकार्येषु संस्करिष्यन्ति ते सिद्धार्था भाग्यवन्तः प्राप्तराज्याश्च । भरतादय इति शेषः । क्रोधात्तन्नामाग्रहणम् ॥ २० ॥ २१ ॥ २२ ॥ विचरिष्यन्ति । भरतादय इति शेषः ॥ २३ ॥ अपि जीवेदिति संभावने लिङ् । अपि च । अपि पश्याम अपि द्रक्ष्यामः ॥ २४ ॥ सत्यप्रतिज्ञेन रामेण ॥ २५ ॥ परिदेवयमानस्येति । इत्थमित्यादिः ।

तथाहि सत्यं ब्रुवति प्रजाहिते नरेन्द्रसूनौ गुरुसौहृदाद्गुहः ।
मुमोच बाष्पं व्यसनाभिपीडितो ज्वरातुरो नाग इव व्यथातुरः ॥ २७

इत्यार्षे श्रीमद्रामायणे वाल्मीकीय आदिकाव्येऽयोध्याकाण्ड एकपञ्चाशः सर्गः ॥ ५१ ॥

द्विपञ्चाशः सर्गः ।

प्रभातायां तु शर्वर्यां पृथुवक्षा महायशाः । उवाच रामः सौमित्रिं लक्ष्मणं शुभलक्षणम् ॥ १
भास्करोदयकालोऽसौ गता भगवती निशा । असौ सुकृष्णो विहगः कोकिलस्तात कूजति ॥ २
बर्हिणानां च निर्घोषः श्रूयते नदतां वने । तराम जाह्नवीं सौम्य शीघ्रगां सागरंगमाम् ॥ ३
विज्ञाय रामस्य वचः सौमित्रिर्मित्रनन्दनः । गुहमामन्त्र्य सूतं च सोऽतिष्ठद्भ्रातुरग्रतः ॥ ४
स तु रामस्य वचनं निशम्य प्रतिगृह्य च । स्थपतिस्तूर्णमाहूय सचिवानिदमब्रवीत् ॥ ५
अस्य वाहनसंयुक्तां कर्णग्राहवतीं शुभाम् । सुप्रतारां दृढां तीर्थे शीघ्रं नावमुपाहर ॥ ६
तं निशम्य गुहादेशं गुहामात्यो गतो महान् । उपोह्य रुचिरां नावं गुहाय प्रत्यवेदयत् ॥ ७
ततः स प्राञ्जलिर्भूत्वा गुहो राघवमब्रवीत् । उपस्थितेयं नौर्देव भूयः किं करवाणि ते ॥ ८
तवामरसुतप्रख्य तर्तुं सागरगामिनीम् । नौरियं पुरुषव्याघ्र शीघ्रमारोह सुव्रत ॥ ९
अथोवाच महातेजा रामो गुहमिदं वचः । कृतकामोऽस्मि भवता शीघ्रमारोप्यतामिति ॥ १०
ततः कलापान्संनह्य खड्गौ बद्ध्वा च धन्विनौ । जग्मतुर्येन तां गङ्गां सीतया सह राघवौ ॥ ११
राममेवं तु धर्मज्ञमुपागत्य विनीतवत् । किमहं करवाणीति सूतः प्राञ्जलिरब्रवीत् ॥ १२
ततोऽब्रवीद्दाशरथिः सुमन्त्रं स्पृशन्करेणोत्तमदक्षिणेन ।
सुमन्त्र शीघ्रं पुनरेव याहि राज्ञः सकाशे भव चाप्रमत्तः ॥ १३
निवर्तस्वेत्युवाचैनमेतावद्धि कृतं मम । रथं विहाय पद्भ्यां तु गमिष्यामो महावनम् ॥ १४
आत्मानं त्वभ्यनुज्ञातमवेक्ष्यार्तः स सारथिः । सुमन्त्रः पुरुषव्याघ्रमैक्ष्वाकमिदमब्रवीत् ॥ १५
नातिक्रान्तमिदं लोके पुरुषेणेह केनचित् । तव सभ्रातृभार्यस्य वासः प्राकृतवद्वने ॥ १६
न मन्ये ब्रह्मचर्ये वा स्वधीते वा फलोदयः । मार्दवार्जवयोर्वापि त्वां चेद्व्यसनमागतम् ॥ १७

तिष्ठतो जाग्रतः ॥ २६ ॥ गुरौ रामे सौहृदादित्युभयान्वयि । अतिस्नेहाज्ज्वरातुरो गुहः । व्यथातुरो नागो गज इव ॥ २७ ॥ **इति श्रीरामाभिरामे श्रीरामीये रामायणतिलके वाल्मीकीय आदिकाव्येऽयोध्याकाण्ड एकपञ्चाशः सर्गः ॥ ५१ ॥**

प्रभातायामिति ॥ १ ॥ सुकृष्णो विहगः काकः कोकिलपालकत्वाच्च कोकिलपदेनोक्तः । काकेति नामग्रहणस्य प्रातर्निन्द्यत्वादेवमुक्तिः ॥ २ ॥ ३ ॥ विज्ञाय तरणसाधनं शीघ्रमानेयमित्येवं रामवचनतात्पर्यं ज्ञात्वा गुहं सूतं चामन्त्र्यामन्त्रणेनैव तत्तात्पर्यं बोधयित्वा यथापूर्वं भ्रातुरग्रतोऽतिष्ठत् ॥ ४ ॥ स तु गुहस्तु रामस्य वचनं तराम जाह्नवीमित्येवं निशम्य तात्पर्यतो ज्ञात्वा प्रतिगृह्य नमस्कारपूर्वं प्रतिगृह्य सचिवानाहूय तन्मध्ये कंचित्प्रत्यब्रवीत् ॥ ५ ॥ अस्य वाहनसंयुक्ताम् । अस्य जलं निरस्य नावं तीरं प्रापयतीत्यस्य । वाहनमरित्रम् । मयूरव्यंसकादित्वात्समासः । कर्णग्राहः कर्णधारः । सुखेन प्रतारः प्रतरणं यया ताम् । दृढां दृढसंधिबन्धाम् । तीर्थेऽवतारमार्गे उपाहर समीपं प्रापय ॥ ६ ॥ उपोह्य समीपं प्राप्य ॥ ७ ॥ ८ ॥ ९ ॥ आरोप्यताम् । खनित्रपिटकवैदेहीवस्त्राभरणादिकमिति शेषः ॥ १० ॥ संनह्य कवचम् । कलापांस्तूणीरान् । येनावतरणमार्गेण नावमारुह्य तामनिर्वाच्यगुणां गङ्गां लोकास्तरन्ति तमवतारं तर्तुं जग्मतुः ॥ ११ ॥ एवं तु एवंभूतं तु रथादिनिरपेक्षं गच्छन्तं तु ॥ १२ ॥ उत्तमश्चासौ दक्षिणश्च तेन स्पर्शादिव्यापारे उत्तमेन स्पर्शमात्रेण सकलदुःखहारकत्वाद्दक्षिणेनेदृशेन करेण दक्षिणकरेण ॥ १३ ॥ गमनप्रत्याशानिवृत्तये पुनः सावधारणां निवृत्तिमाह—निवर्तस्वेति । एतावत्पर्यन्तं राजाज्ञया यानेन गमनं कृतम् । हि अतः परं ममानेन न प्रयोजनम् । यतो रथं विहाय पद्भ्यामेव महावनं गमिष्यामः, अतस्त्वं सर्वथा निवर्तस्व ॥ १४ ॥ अभ्यनुज्ञातम् । प्रतिनिवृत्त्यै इति शेषः ॥ १५ ॥ तदादौ लोकदृष्ट्या शोकापनुदं वचनमाह—नातीति । सभ्रातृभार्यस्य तव प्राकृतवत्क्षुद्रवद्वने वासो येन दैवेन कृतस्तदिदं दैवमिह लोके केनाप्यतिक्रान्तं लङ्घितं न । अतो हृदये मा शुच इत्यर्थः । यद्वा ते वनवासो जात इति यदिदमिह लोकेऽयोध्यास्थलोकमध्ये केनापि पुरुषेण न ह्यत्यन्तं क्रान्तं स्वीकृतं सर्वासंमतमेव, अतोऽस्मदादीन्दोषेण मा गृह्णीया इति तात्पर्यम् ॥ १६ ॥ किं च यदि त्वामीदृशं व्यसनमागतं तदा ब्रह्मचर्यादि निष्फलमिति

सह राघव वैदेह्या भ्रात्रा चैव वने वसन् । त्वं गतिं प्राप्स्यसे वीर त्रींल्लोकांस्तु जयन्निव ॥ १८
वयं खलु हता राम यत्त्वया ह्युपवञ्चिताः । कैकेय्या वशमेष्यामः पापाया दुःखभागिनः ॥ १९
इति ब्रुवन्नात्मसमं सुमन्त्रः सारथिस्तथा । दृष्ट्वा दूरगतं रामं दुःखार्तो रुरुदे चिरम् ॥ २०
ततस्तु विगते बाष्पे सूतं स्पृष्टोदकं शुचिम् । रामस्तु मधुरं वाक्यं पुनः पुनरुवाच तम् ॥ २१
इक्ष्वाकूणां त्वया तुल्यं सुहृदं नोपलक्षये । यथा दशरथो राजा मां न शोचेत्तथा कुरु ॥ २२
शोकोपहतचेताश्च वृद्धश्च जगतीपतिः । कामभारावसन्नश्च तस्मादेतद्ब्रवीमि ते ॥ २३
यद्यथा ज्ञापयेत्किंचित्स महात्मा महीपतिः । कैकेय्याः प्रियकामार्थं कार्यं तदविकाङ्क्षया ॥ २४
एतदर्थं हि राज्यानि प्रशासति नराधिपाः । यदेषां सर्वकृत्येषु मनो न प्रतिहन्यते ॥ २५
यद्यथा स महाराजो नालीकमधिगच्छति । न च ताम्यति शोकेन सुमन्त्र कुरु तत्तथा ॥ २६
अदृष्टदुःखं राजानं वृद्धमार्यं जितेन्द्रियम् । ब्रूयास्त्वमभिवाद्यैव मम हेतोरिदं वचः ॥ २७
न चाहमनुशोचामि लक्ष्मणो न च शोचति । अयोध्यायाश्च्युताश्चेति वने वत्स्यामहेति वा ॥ २८
चतुर्दशसु वर्षेषु निवृत्तेषु पुनःपुनः । लक्ष्मणं मां च सीतां च द्रक्ष्यसे शीघ्रमागतान् ॥ २९
एवमुक्त्वा तु राजानं मातरं च सुमन्त्र मे । अन्याश्च देवीः सहिताः कैकेयीं च पुनःपुनः ॥ ३०
आरोग्यं ब्रूहि कौसल्यामथ पादाभिवन्दनम् । सीताया मम चार्यस्य वचनाल्लक्ष्मणस्य च ॥ ३१
ब्रूयाश्चापि महाराजं भरतं क्षिप्रमानय । आगतश्चापि भरतः स्थाप्यो नृपमते पदे ॥ ३२
भरतं च परिष्वज्य यौवराज्येऽभिषिच्य च । अस्मत्संतापजं दुःखं न त्वामभिभविष्यति ॥ ३३
भरतश्चापि वक्तव्यो यथा राजनि वर्तसे । तथा मातृषु वर्तेथाः सर्वास्वेवाविशेषतः ॥ ३४
यथा च तव कैकेयी सुमित्रा चाविशेषतः । तथैव देवी कौसल्या मम माता विशेषतः ॥ ३५
तातस्य प्रियकामेन यौवराज्यमवेक्षता । लोकयोरुभयोः शक्यं नित्यदा सुखमेधितुम् ॥ ३६
निवर्त्यमानो रामेण सुमन्त्रः प्रतिबोधितः । तत्सर्वं वचनं श्रुत्वा स्नेहात्काकुत्स्थमब्रवीत् ॥ ३७
यदहं नोपचारेण ब्रूयाः स्नेहादविक्लवम् । भक्तिमानिति तत्तावद्वाक्यं त्वं क्षन्तुमर्हसि ॥ ३८

मन्ये ॥१७॥ इदानीं रामं भगवन्तं मत्वाह—सहेति । गतिमुत्कर्षमेकस्यैव त्रिलोकीजेतुर्जयेन पितृवाक्यपरिपालनेन च त्रींल्लोकाञ्जयन्निव । एवं च तवायं वनवासोऽपि महाफल एव ॥१८॥ वयं तु सर्वथा पीडिता इत्याह—वयमिति । उपवञ्चिताः । केचिद्रात्राववविदितगमनेन । अहं बलान्निवर्तनेन । एवं सर्वे त्यक्ताः ॥ १९ ॥ आत्मसममतिबुद्धिमन्मन्त्रियोग्यम् । 'दूरगतम्' इति पाठे दूरदेशावस्थानवन्तं निश्चित्य तत्समीपे दुःखार्तश्चिरं रुरोद ॥ २० ॥ स्पृष्टोदकमाचान्तम् । शुचिं पवित्रम् ॥ २१ ॥ सुहृदं व्यसनापनोदकम् । यत एवमतः—यथेत्यादि ॥ २२ ॥ कामभारावसन्नः कामवेगेन पीडितः । यद्वावसन्नो मदभिषेकादिमनोरथसमूहः । तस्मादेतदुक्तं वक्ष्यमाणं च ॥ २३ ॥ कैकेय्याः प्रियो यः कामो विषयो भरताभिषेकादिस्तदर्थं यथा येन प्रकारेण यद्वस्त्वाज्ञापयेत्तदविकाङ्क्षयास्मदादीनामविशङ्कया कार्यं सादरमनुष्ठेयम् ॥ २४ ॥ एतच्छब्दार्थमाह—यदेषामिति । प्रशासतीत्यभ्यस्तत्वादत् । सर्वकृत्येष्वपि कामक्रोधप्रवृत्तेष्वपि ॥ २५ ॥ यत्कार्यं प्रति यथा येन प्रकारेणालीकमप्रियम् । ताम्यति ग्लायति ॥ २६ ॥ अभिवाद्य मत्प्रतिनिधितया मदीयनमस्कारं कृत्वा ॥२७॥ द्वंद्वपदार्थमाह—न चेति । वने वत्स्यामहेति वेति संधिरार्षः । वत्स्यामहे इति वा नानुशोचामीति संबन्धः ॥ २८ ॥ पुनरागतानस्मान्पुनस्त्वं द्रक्ष्यसीति संबन्धः । पुनः पुनरभीक्ष्णं द्रक्ष्यसि वा ॥२९॥ सहिताः । मम मात्रेति शेषः । पुनःपुनरभीक्ष्णं पूर्वोक्तं वाक्यमुक्त्वा कौसल्यामित्युपलक्षणम् । सर्वाः प्रति कैकेयीं चारोग्यम् । अहमरोगोऽदुःख इति ब्रूहि । कैकेयीमिति न व्यङ्ग्योक्तिः । किं तु दैवकृतत्वेनास्या अनपराधित्वमित्याशयेन ॥ ३० ॥ अथारोग्यकथनानन्तरं सर्वान्प्रत्यार्यस्य ज्येष्ठस्य मम सीताया लक्ष्मणस्य च वचनात्पादाभिवन्दनं ब्रूहि ॥३१॥ एवं पितरं मातरं प्रति संदिश्य पुनः पितरं प्रति संदिशति—ब्रूया इति । महाराजं दशरथम् । नृपमते राजसंमते । पदे राज्ये ॥ ३२ ॥ अथ सुमन्त्रं प्रत्याह—भरतं चेति । अभिषिच्याभिषेचय्य ॥ ३३ ॥ राजनि दशरथे ॥ ३४ ॥ अविशेषतः । शत्रुघ्नसंबन्धात्कैकेय्यविशेषतः । कैकेय्यविशेषेत्यर्थः । एवं मम मातापि कैकेय्यविशेषाद्द्रष्टव्येत्यर्थः ॥ ३५ ॥ अवेक्षताङ्गीकुर्वता । उभयोर्लोकयोरिहपरलोकयोः । नित्यदा सर्वदा । छान्दसो दाप्रत्ययः । सुखं वर्धयितुं शक्यम् । तेन तथा वर्तस्व येन लोकद्वयेऽपि सुखं भवतीति व्यङ्ग्यम् । पर्यायोक्तमत्रालंकारः ॥ ३६ ॥ ३७ ॥ उपचारः स्वामिभृत्योचितः सत्कारः । तेन न ब्रूया ब्रूयाम् । छान्दसमेतत् । अपि तु स्नेहादविक्लवं वाक्यं ब्रवीमि

कथं हि त्वद्विहीनोऽहं प्रतियास्यामि तां पुरीम् । तव तात वियोगेन पुत्रशोकातुरामिव ॥ ३९
सराममपि तावन्मे रथं दृष्ट्वा तदा जनः । विना रामं रथं दृष्ट्वा विदीर्येतापि सा पुरी ॥ ४०
दैन्यं हि नगरी गच्छेद्दृष्ट्वा शून्यमिमं रथम् । सूतावशेषं स्वं सैन्यं हतवीरमिवाहवे ॥ ४१
दूरेऽपि निवसन्तं त्वां मानसेनाग्रतःस्थितम् । चिन्तयन्तोऽद्य नूनं त्वां निराहाराः कृताः प्रजाः ॥ ४२
दृष्टं तद्वै त्वया राम यादृशं त्वत्प्रवासने । प्रजानां संकुलं वृत्तं त्वच्छोकक्लान्तचेतसाम् ॥ ४३
आर्तनादो हि यः पौरैरुन्मुक्तस्त्वत्प्रवासने । सरथं मां निशाम्यैव कुर्युः शतगुणं ततः ॥ ४४
अहं किं चापि वक्ष्यामि देवीं तव सुतो मया । नीतोऽसौ मातुलकुलं संतापं मा कृथा इति ॥ ४५
असत्यमपि नैवाहं ब्रूयां वचनमीदृशम् । कथमप्रियमेवाहं ब्रूयां सत्यमिदं वचः ॥ ४६
मम तावन्नियोगस्थास्त्वद्बन्धुजनवाहिनः । कथं रथं त्वया हीनं प्रवाक्ष्यन्ति हयोत्तमाः ॥ ४७
तन्न शक्ष्याम्यहं गन्तुमयोध्यां त्वदृतेऽनघ । वनवासानुयानाय मामनुज्ञातुमर्हसि ॥ ४८
यदि मे याचमानस्य त्यागमेव करिष्यसि । सरथोऽग्निं प्रवेक्ष्यामि त्यक्तमात्र इह त्वया ॥ ४९
भविष्यन्ति वने यानि तपोविघ्नकराणि ते । रथेन प्रतिबाधिष्ये तानि सर्वाणि राघव ॥ ५०
त्वत्कृते न मया प्राप्तं रथचर्याकृतं सुखम् । आशंसे त्वत्कृते नाहं वनवासकृतं सुखम् ॥ ५१
प्रसीदेच्छामि तेऽरण्ये भवितुं प्रत्यनन्तरः । प्रीत्याभिहितमिच्छामि भव मे प्रत्यनन्तरः ॥ ५२
इमेऽपि च हया वीर यदि ते वनवासिनः । परिचर्यां करिष्यन्ति प्राप्स्यन्ति परमां गतिम् ॥ ५३
तव शुश्रूषणं मूर्ध्ना करिष्यामि वने वसन् । अयोध्यां देवलोकं वा सर्वथा प्रजहाम्यहम् ॥ ५४
नहि शक्या प्रवेष्टुं सा मयायोध्या त्वया विना । राजधानी महेन्द्रस्य यथा दुष्कृतकर्मणा ॥ ५५
वनवासे क्षयं प्राप्ते ममैष हि मनोरथः । यदनेन रथेनैव त्वां वहेयं पुरीं पुनः ॥ ५६
चतुर्दश हि वर्षाणि सहितस्य त्वया वने । क्षणभूतानि यास्यन्ति शतसंख्यानि चान्यथा ॥ ५७

तद्वाक्यं भक्तिमानिति ज्ञात्वा क्षन्तुमर्हसीति संबन्धः ॥ ३८ ॥ पुत्रशोकः पुत्रवियोगजः शोकः ॥ ३९ ॥ मे रथं मत्प्रवर्त्यं रथं दूराद्दृष्ट्वा । तदा दर्शनकाले । सराममपि । अपिः संभावने । सरामं संभावयमानो जनः पुरी च निकटगतं रथं विना रामं दृष्ट्वा विदीर्येतापि । अपिः संभावनायाम् ॥ ४० ॥ सूतावशेषं हतवीरं रथं दृष्ट्वा स्वसैन्यमिव ॥ ४१ ॥ दूरेऽपि निवसन्तं त्वां मानसेन व्यापारेणाग्रतः पुरः स्थितमिव चिन्तयन्त्यो रथेनागतप्रायो राम इति चिन्तयन्त्यः प्रजा जना अद्य एकस्य मम गमनदिने नूनं निश्चयेन निराहाराः कृता निराहारसंकल्पवत्यः कृताः । मरिष्यन्तीति यावत् ॥ ४२ ॥ तस्यैव युक्त्या साधनं करोति—दृष्टमित्यादिना । संकुलमार्तनादादि ॥ ४३ ॥ सरथं मामेव निशाम्येत्यन्वयः ॥ ४४ ॥ पुना रामं विना स्वगमनेऽनुपपत्तिमाह—अहमिति । अपि च अहं देवी किं वक्ष्यामि । देवीं कौसल्याम् । तव सुतो मया मातुलकुलं प्रापित इति ब्रूहि, तत्राह—ईदृशं वचनं प्रियमप्यसत्यं नैवाहं ब्रूयाम् । वनं प्रापित इत्येव तर्हि ब्रूहि तत्राह—इदं सत्यमप्यप्रियमेव, अतः कथं ब्रूयाम् । 'सत्यं ब्रूयात्प्रियं ब्रूयान्न ब्रूयात्सत्यमप्रियं' इति स्मृतेः । तस्मात्तव मातरं प्रतिवक्तुं योग्यस्योत्तरस्याभावादहं न गमिष्यामीति भावः । एतदेव ध्वनयन्वक्ष्यति—'तन्न शक्ष्याम्यहं गन्तुम्' इति । यत्तु कतकेनासत्यमपि मातुलकुलगमनं वक्ष्यामि न तु सत्यमपि वनगमनमप्रियत्वादित्युक्तम्, तत्तु 'तन्न शक्ष्यामि' इत्यादिनोक्तवचसां नगरगमनाभावप्रतिपादकत्वस्यैव लाभाच्चिन्त्यम् ॥ ४५ ॥ ४६ ॥ रथोऽपि नेतुमशक्य इत्यनुपपत्त्यन्तरमाह—ममेति । एतेऽश्वा मम नियोगस्था मत्प्रेरणमात्राधीना मत्प्रेरणया त्वद्बन्धुजनवहनशीला एव, न त्वन्यवहनशीलाः, नापि त्वद्बन्धुरहितरथवहनशीलाः । अतस्त्वया हीनं रथमेते कथं प्रवाक्ष्यन्ति, न कथमपि वहन्ति । अतो रथनयनं दुःशक्यमिति भावः ॥ ४७ ॥ उपसंहरति—तन्नेति ॥ ४८ ॥ त्यक्तमात्रे त्यागक्षण एव ॥ ४९ ॥ भविष्यन्ति संभावितानि । रथेन साधनेनाहमेव रथी भूत्वा प्रतिबाधिष्ये ॥ ५० ॥ ननु सूतेन त्वया कथं रथिकृत्यं कर्तुं शक्यं तत्राह—त्वत्कृते नेति । न केवलमहं सूतः किं तु प्रधानभूतो मन्त्री । सूतत्वं तु त्वत्कृतानुग्रहरूपफलेन तदर्थफलस्यापि हेतुत्वाङ्गीकारान्मयाङ्गीकृतमिति शेषः । तत्फलं च त्वदीयरथचर्यया त्वदनुग्रहकृतं सुखं मया प्राप्तम्, इदानीं त्वत्कृतेन त्वदङ्गीकृतवनानुगमनानुग्रहेण वनवासकृतं सुखं राज्यचिन्तादुःखाभावान्महत्सुखमाशंसे प्रार्थयामि । एतेन त्वदवतारं ज्ञात्वैव त्वद्रथचर्यासौभाग्याय सूतत्वं मयाङ्गीकृतमिति ध्वनितम् ॥ ५१ ॥ प्रत्यनन्तरः प्रत्यासन्नः । अनुकूल इति यावत् । प्रत्यनन्तरो भवेति त्वया प्रीत्याभिहितं वाक्यं श्रोतुमिच्छामि ॥ ५२ ॥ ५३ ॥ देवलोकं वेत्यनेन त्वद्भक्तानां भक्त्यन्तरायभूतदेवलोकप्राप्तिरपि हेयैवेति सूचितम् ॥ ५४ ॥ ५५ ॥ वनवासे क्षयं प्राप्ते वनवासकाले समाप्ते पुरीं वहेयं प्रापयेयमिति यत्, एष मे मनोरथः ॥ ५६ ॥ अन्यथा

भृत्यवत्सल तिष्ठन्तं भर्तृपुत्रगते पथि । भक्तं भृत्यं स्थितं स्थित्या न मां त्वं हातुमर्हसि ॥ ५८
एवं बहुविधं दीनं याचमानं पुनःपुनः । रामो भृत्यानुकम्पी तु सुमन्त्रमिदमब्रवीत् ॥ ५९
जानामि परमां भक्तिमहं ते भर्तृवत्सल । शृणु चापि यदर्थं त्वां प्रेषयामि पुरीमितः ॥ ६०
नगरीं त्वां गतं दृष्ट्वा जननी मे यवीयसी । कैकेयी प्रत्ययं गच्छेदिति रामो वनं गतः ॥ ६१
विपरीते तुष्टिहीना वनवासं गते मयि । राजानं नातिशङ्केत मिथ्यावादीति धार्मिकम् ॥ ६२
एष मे प्रथमः कल्पो यदम्बा मे यवीयसी । भरतारक्षितं स्फीतं पुत्रराज्यमवाप्स्यते ॥ ६३
मम प्रियार्थं राज्ञश्च सुमन्त्र त्वं पुरीं व्रज । संदिष्टश्चापि यानर्थांस्तांस्तान्ब्रूयास्तथा तथा ॥ ६४
इत्युक्त्वा वचनं सूतं सान्त्वयित्वा पुनःपुनः । गुहं वचनमक्लीबो रामो हेतुमदब्रवीत् ॥ ६५
नेदानीं गुह योग्योऽयं वासो मे सजने वने । अवश्यमाश्रमे वासः कर्तव्यस्तद्गतो विधिः ॥ ६६
सोऽहं गृहीत्वा नियमं तपस्विजनभूषणम् । हितकामः पितुर्भूयः सीताया लक्ष्मणस्य च ॥ ६७
जटाः कृत्वा गमिष्यामि न्यग्रोधक्षीरमानय । तत्क्षीरं राजपुत्राय गुहः क्षिप्रमुपाहरत् ॥ ६८
लक्ष्मणस्यात्मनश्चैव रामस्तेनाकरोज्जटाः । दीर्घबाहुर्नरव्याघ्रो जटिलत्वमधारयत् ॥ ६९
तौ तदा चीरसंपन्नौ जटामण्डलधारिणौ । अशोभेतामृषिसमौ भ्रातरौ रामलक्ष्मणौ ॥ ७०
ततो वैखानसं मार्गमास्थितः सहलक्ष्मणः । व्रतमादिष्टवान्रामः सहायं गुहमब्रवीत् ॥ ७१
अप्रमत्तो बले कोशे दुर्गे जनपदे तथा । भवेथा गुह राज्यं हि दुरारक्षतमं मतम् ॥ ७२
ततस्तं समनुज्ञाप्य गुहमिक्ष्वाकुनन्दनः । जगाम तूर्णमव्यग्रः सभार्यः सहलक्ष्मणः ॥ ७३
स तु दृष्ट्वा नदीतीरे नावमिक्ष्वाकुनन्दनः । तितीर्षुः शीघ्रगां गङ्गामिदं वचनमब्रवीत् ॥ ७४
आरोह त्वं नरव्याघ्र स्थितां नावमिमां शनैः । सीतां चारोपयान्वक्षं परिगृह्य मनस्विनीम् ॥ ७५
स भ्रातुः शासनं श्रुत्वा सर्वमप्रतिकूलयन् । आरोप्य मैथिलीं पूर्वमारुरोहात्मवांस्ततः ॥ ७६
अथारुरोह तेजस्वी स्वयं लक्ष्मणपूर्वजः । ततो निषादाधिपतिर्गुहो ज्ञातीनचोदयत् ॥ ७७
राघवोऽपि महातेजा नावमारुह्य तां ततः । ब्रह्मवत्क्षत्रवच्चैव जजाप हितमात्मनः ॥ ७८
आचम्य च यथाशास्त्रं नदीं तां सह सीतया । प्रणमत्प्रीतिसंतुष्टो लक्ष्मणश्च महारथः ॥ ७९

त्वया रहितस्य स्थितिपक्षे ॥ ५७ ॥ भर्तृपुत्रगते राजपुत्राश्रिते पथि यथा भृत्येन स्थातव्यं तथा त्वद्विषये तिष्ठन्तं सर्वभृत्यमध्ये भक्तिमन्तं भृत्यं स्थित्या भृत्ययोग्यया स्थित्या सर्वदा स्थितं नियुक्तम् । कार्यविषये कदाप्यपराधरहितमिति यावत् ॥ ५८ ॥ ५९ ॥ ६० ॥ रामो वनं गत इति प्रत्ययं निश्चयं कैकेयी गच्छेदित्यन्वयः ॥ ६१ ॥ अतिशङ्कान्यथाशङ्का तां न कुर्यात् ॥ ६२ ॥ इत्येष मे प्रथमः कल्पो मुख्यं प्रयोजनं त्वद्गमनस्येत्यन्वयः । भरतेनारक्षितं समन्ताद्रक्षितमीदृशं पुत्रराज्यं तज्जन्यं सुखं प्राप्नुयादिति च मम त्वद्गमनस्य प्रयोजनम् । भरतानयनस्य त्वदधीनत्वात् ॥ ६३ ॥ ६४ ॥ ६५ ॥ सजने वने वासो न योग्य इत्युक्तिरत्रैव वने स्थेयमिति कदाचिद्गुहः प्रार्थयेत्तत्प्रतिबन्धाय । आश्रमे जनपदरहिते वासो योग्यः, अतस्तद्गत आश्रमवासोचितो विधिर्जटाधारणादिरूप इदानीं कर्तव्य इत्यन्वयः ॥ ६६ ॥ सोऽहं नियमं वन्याहारभूशयनादिरूपं गृहीत्वा सीताया लक्ष्मणस्य चानुमत्या तपस्विजनभूषणं जटाः कृत्वा गमिष्यामि, अतो न्यग्रोधक्षीरमानय । भूयोऽतिशयेन पितुर्हितकामस्तत्प्रतिज्ञारक्षणेन । यत्तु सीताया हितकाम इति, तन्न । जटाधारणेन सीताहिताप्रसिद्धेः । अ- मतिस्त्वपेक्षितैव । अन्यथा संन्यासबुद्ध्या परमदुःखापत्तेः ॥ ६७ ॥ ६८ ॥ लक्ष्मणस्याकरोत् । तेनापि रामवदवस्थानस्य संकल्पितत्वात् ॥ ६९ ॥ ॥ ७० ॥ वैखानसं मार्गं वानप्रस्थाश्रमधर्मंस्थितः प्राप्तुं कृतबुद्धिः सन्व्रतं वानप्रस्थव्रतमादिष्टवानङ्गीकृतवान् । अत्र गङ्गारूपतीर्थप्राप्तौ, अग्रे प्रयागरूपतीर्थप्राप्तौ, तदग्रे पितृमरणश्रवणेऽपि यन्मुण्डनाकरणं रामलक्ष्मणयोस्तेनानेन परकृतिरूपार्थवादेन क्षत्रियाणां तीर्थादिषु मुण्डननिषेधं प्रतीम इत्यलम् । सहायं गङ्गातरणादिकृतसहायम् ॥ ७१ ॥ किमब्रवीत्तदाह— अप्रमत्त इति । दुःखेनारक्षा रक्षणं यस्य तद्दुरारक्षम् । अतिशयेन दुरारक्षं दुरारक्षतमम् । 'दुरारक्ष्यतमम्' इति पाठेऽतिशयेन दुःखेन रक्षितुं योग्यतममित्यर्थः ॥ ७२ ॥ ७३ ॥ ७४ ॥ स्थितामिमां नावं परिगृह्य हस्ते गृहित्वा सीतामारोपय, अन्वक्षं पश्चात्त्वमारोह ॥ ७५ ॥ अप्रतिकूलयन्ननुकूलयन् ॥ ७६ ॥ ॥ ७७ ॥ ब्रह्मवत्क्षत्रियवद्ब्राह्मणक्षत्रियार्हम् । ब्रह्मक्षत्रदेवताकमित्यर्थो वा । आत्मनो हितमुद्दिश्य जजाप । 'सुत्रामाणमृचा नावमारोहेत्' इति स्मृतेः । क्षत्रियाधिकारे पाठाद्ब्रह्मक्षत्रदेवताकत्वं चास्य ब्राह्मणे उक्तमिति कतकः । 'दैवीं नावम्' इत्यादिर्ब्रह्मक्षत्रसाधारणो मन्त्र इत्यन्ये ॥ ७८ ॥ प्रणमत् । अवभाव

अनुज्ञाय सुमन्त्रं च सबलं चैव तं गुहम् । आस्थाय नावं रामस्तु चोदयामास नाविकान् ॥ ८०
ततस्तैश्चालिता नौका कर्णधारसमाहिता । शुभस्फ्यवेगाभिहता शीघ्रं सलिलमत्यगात् ॥ ८१
मध्यं तु समनुप्राप्य भागीरथ्यास्त्वनिन्दिता । वैदेही प्राञ्जलिर्भूत्वा तां नदीमिदमब्रवीत् ॥ ८२
पुत्रो दशरथस्यायं महाराजस्य धीमतः । निदेशं पालयत्वेनं गङ्गे त्वदभिरक्षितः ॥ ८३
चतुर्दश हि वर्षाणि समग्राण्युष्य कानने । भ्रात्रा सह मया चैव पुनः प्रत्यागमिष्यति ॥ ८४
ततस्त्वां देवि सुभगे क्षेमेण पुनरागता । यक्ष्ये प्रमुदिता गङ्गे सर्वकामसमृद्धिनी ॥ ८५
त्वं हि त्रिपथगे देवि ब्रह्मलोकं समक्षसे । भार्या चोदधिराजस्य लोकेऽस्मिन्संप्रदृश्यसे ॥ ८६
सा त्वां देवि नमस्यामि प्रशंसामि च शोभने । प्राप्तराज्ये नरव्याघ्रे शिवेन पुनरागते ॥ ८७
गवां शतसहस्रं च वस्त्राण्यन्नं च पेशलम् । ब्राह्मणेभ्यः प्रदास्यामि तव प्रियचिकीर्षया ॥ ८८
सुराघटसहस्रेण मांसभूतौदनेन च । यक्ष्ये त्वां प्रीयतां देवि पुरीं पुनरुपागता ॥ ८९
यानि त्वत्तीरवासीनि दैवतानि च सन्ति हि । तानि सर्वाणि यक्ष्यामि तीर्थान्यायतनानि च ॥ ९०
पुनरेव महाबाहुर्मया भ्रात्रा च संगतः । अयोध्यां वनवासात्तु प्रविशत्वनघोऽनघे ॥ ९१
तथा संभाषमाणा सा सीता गङ्गामनिन्दिता । दक्षिणा दक्षिणं तीरं क्षिप्रमेवाभ्युपागमत् ॥ ९२
तीरं तु समनुप्राप्य नावं हित्वा नरर्षभः । प्रातिष्ठत सह भ्रात्रा वैदेह्या च परंतपः ॥ ९३
अथाब्रवीन्महाबाहुः सुमित्रानन्दवर्धनम् । भव संरक्षणार्थाय सजने विजनेऽपि वा ॥ ९४
अवश्यं रक्षणं कार्यं मद्विधैर्विजने वने । अग्रतो गच्छ सौमित्रे सीता त्वामनुगच्छतु ॥ ९५
पृष्ठतोऽनुगमिष्यामि सीतां त्वां चानुपालयन् । अन्योन्यस्य हि नो रक्षा कर्तव्या पुरुषर्षभ ॥ ९६
नहि तावदतिक्रान्ता सुकरा काचन क्रिया । अद्य दुःखं तु वैदेही वनवासस्य वेत्स्यति ॥ ९७
प्रणष्टजनसंबाधं क्षेत्रारामविवर्जितम् । विषमं च प्रपातं च वनमद्य प्रवेक्ष्यति ॥ ९८
श्रुत्वा रामस्य वचनं प्रतस्थे लक्ष्मणोऽग्रतः । अनन्तरं च सीताया राघवो रघुनन्दनः ॥ ९९

गतं तु गङ्गापरपारमाशु रामं सुमन्त्रः सततं निरीक्ष्य ।
अध्वप्रकर्षाद्विनिवृत्तदृष्टिर्मुमोच बाष्पं व्यथितस्तपस्वी ॥ १००
स लोकपालप्रतिमप्रभावस्तीर्त्वा महात्मा वरदो महानदीम् ।
ततः समृद्धाञ्शुभसस्यमालिनः क्षणेन वत्सान्मुदितानुपागमत् ॥ १०१
तौ तत्र हत्वा चतुरो महामृगान्वराहमृश्यं पृषतं महारुरुम् ।
आदाय मेध्यं त्वरितं बुभुक्षितौ वासाय काले ययतुर्वनस्पतिम् ॥ १०२

इत्यार्षे श्रीमद्रामायणे वाल्मीकीय आदिकाव्येऽयोध्याकाण्डे द्विपञ्चाशः सर्गः ॥ ५२ ॥

आर्षः ॥ ७९ ॥ ८० ॥ कर्णधारेण नाविकेन । समाहिता सज्जीकृता । स्फ्यमरित्रं तेन वेगादभिहता प्रणुन्ना ॥ ८१ ॥ गङ्गाया महादेवतात्वात्स्त्रीदेवतात्वाच्च सीता प्रार्थितवतीत्याह—मध्यमिति ॥ ८२ ॥ पालयतु पारयतु । समापयत्विति यावत् । रलयोः समानश्रुतित्वात् ॥ ८३ ॥ पुनः प्रत्यागमिष्यति । स्वदेशं यदीति शेष· ॥८४॥ सर्वकामसमृद्धिनी सर्वकामसमृद्धं सर्वकामपूरणमस्या अस्ति दातव्यत्वेनेत्यर्थः ॥ ८५ ॥ समक्षसे व्याप्नोषि । 'अक्षू व्याप्तौ संघाते च'। तत्त्वं चास्या बालकाण्डे निरूपितम् ॥ ८६ ॥ प्रशंसामि स्तौमि । शिवेन क्षेमेण ॥ ८७ ॥ ८८ ॥ मांसभूतौदनेन यक्ष्ये । महाबलिदानेनेति शेषः ॥ ८९ ॥ तीर्थानि प्रयागादीनि । आयतनानि काश्यादीनि ॥ ९० ॥ ९१ ॥ दक्षिणा भर्तुरनुकूला ॥९२॥९३॥ संरक्षणार्थम् । सीताया इति शेषः । भव । सावधान इति शेषः॥९४॥ यदेवमतः—अग्रत इति । एवं च कार्यवशाल्लघोरप्यग्रतो गमनमदोषायेति ध्वनितम् । मार्ग एव लघोरग्रतो गमनमदोषायेत्यन्ये । एवं स्त्र्यप्यविश्वसनीयेति च ध्वनितम् ॥ ९५ ॥ नोऽस्माकम् । सीतयापि पातिव्रत्यमहिम्नेतररक्षणम् ॥ ९६ ॥ कुत एवमतियत्नोऽत आह—नहीति । असुकरा दुष्करा काचन कापि क्रियातिक्रान्ता न, किं त्वितः प्रभृति दुष्करक्रियारम्भ इति भावः । यद्वा काचन क्रियापायलक्षणातिक्रान्तास्मानतिक्रम्य प्राप्ता चेत्ततो रक्षा सुकरा नहि । प्रहृतं प्रहृतमेवेति न्यायादित्यर्थः । अथेत्यादि सार्धश्लोक एकं वाक्यम् ॥ ९७ ॥ दुःखज्ञाने हेतुः—प्रणष्टेति । क्षेत्रं शाल्यादिक्षेत्रम् । विषमं निम्नोन्नतं प्रपातं गर्तादि तद्युक्तम् ॥ ९८ ॥ ९९ ॥ ॥ १०० ॥ वत्सान्वत्सदेशान् ॥ १०१ ॥ ऋश्यादयो हरिणभेदाः । काले सायंकाले । मांसस्य च वन्याहारान्तर्गतत्वान्न

त्रिपञ्चाशः सर्गः ।

स तं वृक्षं समासाद्य संध्यामन्वास्य पश्चिमाम् । रामो रमयतां श्रेष्ठ इति होवाच लक्ष्मणम् ॥ १
अद्येयं प्रथमा रात्रिर्याताऽऽजनपदाद्बहिः । या सुमन्त्रेण रहिता तां नोत्कण्ठितुमर्हसि ॥ २
जागर्तव्यमतन्द्रिभ्यामद्यप्रभृति रात्रिषु । योगक्षेमौ हि सीताया वर्तेते लक्ष्मणावयोः ॥ ३
रात्रिं कथंचिदेवेमां सौमित्रे वर्तयामहे । अपवर्तामहे भूमावास्तीर्य स्वयमर्जितैः ॥ ४
स तु संविश्य मेदिन्यां महार्हशयनोचितः । इमाः सौमित्रये रामो व्याजहार कथाः शुभाः ॥ ५
ध्रुवमद्य महाराजो दुःखं स्वपिति लक्ष्मण । कृतकामा तु कैकेयी तुष्टा भवितुमर्हति ॥ ६
सा हि देवी महाराजं कैकेयी राज्यकारणात् । अपि न च्यावयेत्प्राणान्दृष्ट्वा भरतमागतम् ॥ ७
अनाथश्च हि वृद्धश्च मया चैव विना कृतः । किं करिष्यति कामात्मा कैकेय्या वशमागतः ॥ ८
इदं व्यसनमालोक्य राज्ञश्च मतिविभ्रमम् । काम एवार्थधर्माभ्यां गरीयानिति मे मतिः ॥ ९
को ह्यविद्वानपि पुमान्प्रमदायाः कृते त्यजेत् । छन्दानुवर्तिनं पुत्रं तातो मामिव लक्ष्मण ॥ १०
सुखी बत सुभार्यश्च भरतः कैकयीसुतः । मुदितान्कोसलानेको यो भोक्ष्यत्यधिराजवत् ॥ ११
स हि राज्यस्य सर्वस्य सुखमेकं भविष्यति । ताते तु वयसातीते मयि चारण्यमाश्रिते ॥ १२
अर्थधर्मौ परित्यज्य यः काममनुवर्तते । एवमापद्यते क्षिप्रं राजा दशरथो यथा ॥ १३
मन्ये दशरथान्ताय मम प्रव्राजनाय च । कैकेयी सौम्य संप्राप्ता राज्याय भरतस्य च ॥ १४
अपीदानीं तु कैकेयी सौभाग्यमदमोहिता । कौसल्यां च सुमित्रां च सा प्रबाधेत मत्कृते ॥ १५
मातास्मत्कारणाद्देवी सुमित्रा दुःखमावसेत् । अयोध्यामित एव त्वं काले प्रविश लक्ष्मण ॥ १६
अहमेको गमिष्यामि सीतया सह दण्डकान् । अनाथाया हि नाथस्त्वं कौसल्याया भविष्यसि ॥ १७
क्षुद्रकर्मा हि कैकेयी द्वेषादन्यायमाचरेत् । परिदद्याद्धि धर्मज्ञ गरं ते मम मातरम् ॥ १८
नूनं जात्यन्तरे तात स्त्रियः पुत्रैर्वियोजिताः । जनन्या मम सौमित्रे तदप्येतदुपस्थितम् ॥ १९
मया हि चिरपुष्टेन दुःखसंवर्धितेन च । विप्रयुज्यत कौसल्या फलकाले धिगस्तु माम् ॥ २०
मा स्म सीमन्तिनी काचिज्जनयेत्पुत्रमीदृशम् । सौमित्रे योऽहमम्बाया दद्मि शोकमनन्तकम् ॥ २१
मन्ये प्रीतिविशिष्टा सा मत्तो लक्ष्मण सारिका । यत्तस्याः श्रूयते वाक्यं शुक पादमरेर्दश ॥ २२

दोषः । मृगयाधर्मकत्वाच्च न मृगहनने दोषः । बुभुक्षितौ हत्वा तानादाय गतावित्यनेन भोजनमर्थसिद्धमेवेति नोक्तम् ॥ १०२ ॥

इति श्रीरामाभिरामे श्रीरामीये रामायणतिलके वाल्मीकीय आदिकाव्येऽयोध्याकाण्डे द्विपञ्चाशः सर्गः ॥ ५२ ॥

स तमिति ॥ १ ॥ आ जनपदादिति च्छेदः । आ इति यातेत्यनेन संबध्यते । अस्मज्जनपदाद्बहिर्देशेऽद्येयं या रात्रिरायाता प्राप्ता, येयं वनवासरात्रिषु प्रथमा सुमन्त्रेण रहिता च, तामिमां प्राप्य नोत्कण्ठितुं नगरादि स्मर्तुम् ॥ २ ॥ न विद्यते तन्द्री ययोस्ताभ्याम् । इडभावो ह्रस्वत्वं चार्षम् । क्वचित्तु 'अतन्द्राभ्याम्' इत्येव पाठः । आवयोर्वर्तेतेऽस्मदायत्तावित्यर्थः । अप्राप्तप्राप्तिर्योगः । लब्धपरिपालनं क्षेमः ॥ ३ ॥ कथंचिदेवेमाम्, उटजादिनिर्माणाभावात् । स्वयमर्जितैः । तृणपर्णादिभिरिति शेषः । अपवर्तामहे यथाकथंचिच्छयनं कुर्मः ॥ ४ ॥ कथा वार्ताः ॥ ५ ॥ कृतकामा संपन्नमनोरथा ॥ ६ ॥ राज्यकारणान्महाराज्यपदाभिषेककारणात्प्राणानपि न च्यावयेत् । अपि तु च्यावयेदित्यर्थः ॥ ७ ॥ ८ ॥ ९ ॥ कामस्य गरीयस्त्वं साधयति—को हीत्यादिना । अत्यज्ञोऽपि कः पुमान्मामिव छन्दानुवर्तिनमाज्ञाकारिणं पुत्रं प्रमदायाः कृते प्रमदातोषनिमित्तं त्यजेत्, किं पुनः सर्वज्ञो राजा । तस्मात्सर्वतः प्रबलः काम इति भावः ॥ १० ॥ एवं वादो हि भगवतो लक्ष्मणमतिपरीक्षार्थमयोध्यां त्वं प्रविशेति लक्ष्मणं प्रति वक्तुं तदाशयं ज्ञातुं च न वास्तव इति बोध्यम् ॥ ११ ॥ एकं मुख्यं सुखम् । अनुभवितेति शेषः । ईदृशो भविष्यति । 'सुखमेकः' इति वा पाठः । एक एव राजा भविष्यतीत्यर्थ इति तीर्थः ॥ १२ ॥ यो भरतः काममनुवर्तते स यथा राजा दशरथो विपदमापन्न एवं विपदमापद्यते प्राप्नोतीत्यर्थः । अन्ये तु राजा दशरथो यथा राजत्वमापन्नस्तथा भरतो राजत्वमापद्यते इत्यर्थमाहुः ॥ १३ ॥ १४ ॥ मत्कृते मम दुःखसंपादननिमित्तम् ॥ १५ ॥ माता । तवेति शेषः । काले प्रातःकाले । उत्थायेत्यर्थः ॥ १६ ॥ नाथो रक्षकः ॥ १७ ॥ क्षुद्रकर्मा कैकेयी द्वेषादन्यायमाचरेत् । हि निश्चितम् । तदेवाह—हे धर्मज्ञ, ते मम च मातरं सुमित्रां कौसल्यां चोद्दिश्य गरं विषं हि तु दद्यात् ॥ १८ ॥ जात्यन्तरे जन्मान्तरे । एतत्पुत्रवियोगदुःखम् ॥ १९ ॥ फलकाले सुखानुभवकाले ॥ २० ॥ कुत इत्यतः—सौमित्रे इति ॥ २१ ॥ हे लक्ष्मण, अम्बया पालिता कृतवचनशिक्षा च सारिका मत्तोऽम्बाया

शोचन्त्याश्चाल्पभाग्याया न किंचिदुपकुर्वता । पुत्रेण किमपुत्राया मया कार्यमरिंदम ॥ २३
अल्पभाग्या हि मे माता कौसल्या रहिता मया । शेते परमदुःखार्ता पतिता शोकसागरे ॥ २४
एको ह्यहमयोध्यां च पृथिवीं चापि लक्ष्मण । तरेयमिषुभिः क्रुद्धो ननु वीर्यमकारणम् ॥ २५
अधर्मभयभीतश्च परलोकस्य चानघ । तेन लक्ष्मण नाद्याहमात्मानमभिषेचये ॥ २६
एतदन्यच्च करुणं विलप्य विजने बहु । अश्रुपूर्णमुखो दीनो निशि तूष्णीमुपाविशत् ॥ २७
विलापोपरतं रामं गतार्चिषमिवानलम् । समुद्रमिव निर्वेगमाश्वासयत लक्ष्मणः ॥ २८
ध्रुवमद्य पुरी राम अयोध्याऽऽयुधिनां वर । निष्प्रभा त्वयि निष्क्रान्ते गतचन्द्रेव शर्वरी ॥ २९
नैतदौपयिकं राम यदिदं परितप्यसे । विषादयसि सीतां च मां चैव पुरुषर्षभ ॥ ३०
न च सीता त्वया हीना न चाहमपि राघव । मुहूर्तमपि जीवावो जलान्मत्स्याविवोद्धृतौ ॥ ३१
नहि तातं न शत्रुघ्नं न सुमित्रां परंतप । द्रष्टुमिच्छेयमद्याहं स्वर्गं चापि त्वया विना ॥ ३२
ततस्तत्र समासीनौ नातिदूरे निरीक्ष्य ताम् । न्यग्रोधे सुकृतां शय्यां भेजाते धर्मवत्सलौ ॥ ३३

स लक्ष्मणस्योत्तमपुष्कलं वचो निशम्य चैवं वनवासमादरात् ।
समाः समस्ता विदधे परंतपः प्रपद्य धर्मं सुचिराय राघवः ॥ ३४
ततस्तु तस्मिन्विजने महाबलौ महावने राघववंशवर्धनौ ।
न तौ भयं संभ्रममभ्युपेयतुर्यथैव सिंहौ गिरिसानुगोचरौ ॥ ३५

इत्यार्षे श्रीमद्रामायणे वाल्मीकीय आदिकाव्येऽयोध्याकाण्डे त्रिपञ्चाशः सर्गः ॥ ५३ ॥

चतुष्पञ्चाशः सर्गः ।

ते तु तस्मिन्महावृक्षे उषित्वा रजनीं शुभाम् । विमलेऽभ्युदिते सूर्ये तस्माद्देशात्प्रतस्थिरे ॥ १
यत्र भागीरथीं गङ्गां यमुनाभिप्रवर्तते । जग्मुस्तं देशमुद्दिश्य विगाह्य सुमहद्वनम् ॥ २
ते भूमिभागान्विविधान्देशांश्चापि मनोहरान् । अदृष्टपूर्वान्पश्यन्तस्तत्र तत्र यशस्विनः ॥ ३

प्रीतिविशिष्टा अधिकप्रीतियुक्ता इति मन्ये । यद्यस्मात्तस्याः सारिकायाः सकाशादेवं शत्रुनिग्रहविषयम् 'शुक, पादमरेर्दश' इति वाक्यं श्रूयते । कौसल्ययेति शेषः । अस्मत्तस्तु तदपि नेति भावः । अत्रेदं वाक्यम्—अरेर्बिडालस्य पादं हे शुक, दशेत्यर्थकतया लोकप्रसिद्धमरेर्मत्पालयितुः कौसल्यायाः शत्रोः पादं दशेत्यर्थकतया रामेण योजितमिति वक्रोक्तिरलंकारः ॥ २२ ॥ अपुत्रायाः पुत्रकृतप्रयोजनरहितायाः ॥ २३ ॥ शेते । इदानीमिति शेषः ॥ २४ ॥ नन्वेवं हृदये शोकस्तर्हि मया सर्वनिवारणसहायेनोक्तं राज्यमेव कुतो नाङ्गीकृतमिति चेन्न, राज्यकरणे त्वदपेक्षापि मे न, किं त्वधर्मभयादेव मया तन्नाङ्गीकृतमित्याह—एक इत्यादि। तरेयम्। निरस्तारातिकां कर्तुं शक्त इत्यर्थः । ननु वीर्यमकारणं परलोकहिते, अपि तु धर्म एवेति शेषः ॥ २५ ॥ अधर्मात्कैकेय्यै पितृदत्तवरपालनप्रतिज्ञाक्षतिरूपादधर्माद्भीतः । अतएव परलोकस्य च नाशाद्भीत इति शेषः ॥ २६ ॥ अन्यच्च एतज्जातीयम् । विजने इत्यनेन स्वविलापेन लोकदुःखाभावो ध्वनितः । अश्रुपूर्णमुखत्वं नटवल्लोकव्यवहारानुसारेणेति बोध्यम् ॥ २७ ॥ २८ ॥ आयुधिनामिति च्छेदः ॥ २९ ॥ औपयिकं युक्तम् । यतस्त्वत्परितापेन सीताया मम च विषादो भवति ॥ ३० ॥ अथ गन्तव्यमिति यदुक्तं तदुत्तरं सीतावदहमप्यवर्जनीय इति वक्तुमात्मनः सीतासाधर्म्यमाह—न चेति । त्वया हीना सीता त्वया हीनोऽहं च जलादुद्धृतौ मत्स्याविव न जीवावो न जीवाव इति जीवाव इत्यस्यावृत्त्या नञ्द्वयान्वयः । जीवनाभावस्य सर्वथा सत्यत्वप्रतिपादनाय द्विरुक्तिः ॥ ३१ ॥ अत्र नोत्कण्ठितुमर्हसीत्यस्योत्तरम्—नहीति । नञ्त्रयस्य नेच्छेयं नेच्छेयं नेच्छेयमिति प्रकारेणेच्छेयमिति पदावृत्त्यान्वयः।स्वर्गं चाप्यद्य प्राप्तं द्रष्टुं त्वया विना नेच्छेयं किमुत गन्तुमिति भावः ॥३२॥ ततो लक्ष्मणवचनानन्तरम् । तत्र तस्मिन्नेव न्यग्रोधमूले समासीनौ सीतारामौ । न्यग्रोधमूले स्वावस्थानदेशादतिसमीपे लक्ष्मणेन सुकृतां सम्यक्प्रचितां शय्यां भेजाते। वत्सला च वत्सलश्च वत्सलौ 'पुमान्स्त्रिया' इत्येकशेषः ॥ ३३ ॥ स रामो लक्ष्मणस्य वनवासं प्रत्यादरादुच्यमानमेवंभूतमत एवोत्तमपुष्कलमत्यन्तश्रेष्ठं वचो निशम्य सुचिराय स्वयं वनवासरूपं धर्मं प्रपद्याङ्गीकृत्य समस्ताः समा वनवासं प्रतिविदधे । लक्ष्मणस्यानुमतिमिति शेषः ॥ ३४ ॥ भयं तत्कार्यमितस्ततः ईक्षणरूपं संभ्रमं च नोपेयतुः ॥ ३५ ॥ इति श्रीरामाभिरामे श्रीरामीये रामायणतिलके वाल्मीकीय आदिकाव्येऽयोध्याकाण्डे त्रिपञ्चाशः सर्गः ॥ ५३ ॥

ते इति ॥ १ ॥ गङ्गामभि यमुना प्रवर्तते तद्देशं प्रयागम् । गङ्गाया अतिपुण्यत्वध्वननायैवमुक्तिः ॥ २ ॥ भूमिभागा भूमिप्रदेशाः । ते पश्यन्तो जग्मुरिति संबन्धः ॥ ३ ॥ यथा

यथा क्षेमेण संपश्यन्पुष्पितान्विविधान्द्रुमान् । निर्वृत्तमात्रे दिवसे रामः सौमित्रिमब्रवीत् ॥ ४
प्रयागमभितः पश्य सौमित्रे धूममुत्तमम् । अग्नेर्भगवतः केतुं मन्ये संनिहितो मुनिः ॥ ५
नूनं प्राप्ताः स्म संभेदं गङ्गायमुनयोर्वयम् । तथाहि श्रूयते शब्दो वारिणोर्वारिघर्षजः ॥ ६
दारूणि परिभिन्नानि वनजैरुपजीविभिः । छिन्नाश्चाप्याश्रमे चैते दृश्यन्ते विविधा द्रुमाः ॥ ७
धन्विनौ तौ सुखं गत्वा लम्बमाने दिवाकरे । गङ्गायमुनयोः संधौ प्रापतुर्निलयं मुनेः ॥ ८
रामस्त्वाश्रममासाद्य त्रासयन्मृगपक्षिणः । गत्वा मुहूर्तमध्वानं भरद्वाजमुपागमत् ॥ ९
ततस्त्वाश्रममासाद्य मुनेर्दर्शनकाङ्क्षिणौ । सीतयानुगतौ वीरौ दूरादेवावतस्थतुः ॥ १०
स प्रविश्य महात्मानमृषिं शिष्यगणैर्युतम् । संशितव्रतमेकाग्रं तपसा लब्धचक्षुषम् ॥ ११
हुताग्निहोत्रं दृष्ट्वैव महाभागः कृताञ्जलिः । रामः सौमित्रिणा सार्धं सीतया चाभ्यवादयत् ॥ १२
न्यवेदयत चात्मानं तस्मै लक्ष्मणपूर्वजः । पुत्रौ दशरथस्यावां भगवन्रामलक्ष्मणौ ॥ १३
भार्या ममेयं कल्याणी वैदेही जनकात्मजा । मां चानुयाता विजनं तपोवनमनिन्दिता ॥ १४
पित्रा प्रव्राज्यमानं मां सौमित्रिरनुजः प्रियः । अयमन्वगमद्भ्राता वनमेव धृतव्रतः ॥ १५
पित्रा नियुक्ता भगवन्प्रवेक्ष्याम तपोवनम् । धर्ममेवाचरिष्यामस्तत्र मूलफलाशनाः ॥ १६
तस्य तद्वचनं श्रुत्वा राजपुत्रस्य धीमतः । उपानयत धर्मात्मा गामर्घ्यमुदकं ततः ॥ १७
नानाविधानन्नरसान्वन्यमूलफलाश्रयान् । तेभ्यो ददौ तप्ततपा वासं चैवाभ्यकल्पयत् ॥ १८
मृगपक्षिभिरासीनो मुनिभिश्च समन्ततः । राममागतमभ्यर्च्य स्वागतेनागतं मुनिः ॥ १९
प्रतिगृह्य तु तामर्चामुपविष्टं स राघवम् । भरद्वाजोऽब्रवीद्वाक्यं धर्मयुक्तमिदं तदा ॥ २०
चिरस्य खलु काकुत्स्थ पश्याम्यहमुपागतम् । श्रुतं तव मया चैव विवासनमकारणम् ॥ २१
अवकाशो विविक्तोऽयं महानद्योः समागमे । पुण्यश्च रमणीयश्च वसत्विह भवान्सुखम् ॥ २२
एवमुक्तस्तु वचनं भरद्वाजेन राघवः । प्रत्युवाच शुभं वाक्यं रामः सर्वहिते रतः ॥ २३
भगवन्नित आसन्नः पौरजानपदो जनः । सुदर्शमिह मां प्रेक्ष्य मन्येऽहमिममाश्रमम् ॥ २४
आगमिष्यति वैदेहीं मां चापि प्रेक्षको जनः । अनेन कारणेनाहमिह वासं न रोचये ॥ २५
एकान्ते पश्य भगवन्नाश्रमस्थानमुत्तमम् । रमते यत्र वैदेही सुखार्हा जनकात्मजा ॥ २६

यथासुखम् । जनानुमानशङ्काभावात्क्षेमेणोपविश्योत्थाय च शनैःशनैः स्वेच्छानुरोधेन संपश्यन्समपश्यन् । निर्वृत्तमात्रेऽर्धमण्डलकाले ॥ ४ ॥ भगवतोऽग्नेः केतुं लिङ्गं धूमं पश्य । यदेवमतोऽत्र मुनिः संनिहित इति मन्ये ॥ ५ ॥ संभेदं संगमम् । वारिणोर्गङ्गायमुनाजलयोः । वारिघर्षो विजातीयवारिसंबन्धः । 'घट्ट–' इति पाठेऽप्येवमेव ॥ ६ ॥ येषां दारूणि भिन्नानि ते द्रुमा दृश्यन्त इत्यन्वयः ॥ ७ ॥ 'धन्विनां विततौ' इति पाठे तेषां मध्ये विततौ मुख्याविति यावत् । संधावन्तर्वेदिदेशे । निलयमावासं तत्समीपदेशम् ॥ ८ ॥ आश्रमं तत्समीपवनप्रदेशम् । त्रासयन्धनुर्धरत्वादिस्वरूपमात्रेण केवलं त्रासयन् । भरद्वाजं तदाश्रमम् ॥ ९ ॥ आश्रमं भरद्वाजस्य । दूरादेवावतस्थतुः । कार्यवशानिर्गतशिष्यद्वारा विज्ञापनपूर्वकानुमतिलाभार्थमिति भावः ॥१०॥ स तथा लब्धानुमतिः । प्रविश्य । उटजमिति शेषः । संशितव्रतं तीक्ष्णव्रतम् । तपसा लब्धचक्षुषं त्रैकालिकसर्वजगद्वृत्तान्ताभिज्ञम् ॥ ११ ॥ दृष्ट्वावसरं ज्ञात्वा सौमित्रिणा सार्धम् । अभ्यवन्ददिति शेषः । सीतया च नमस्कारं कारितवान् । तदाह—अभ्यवादयत् ॥ १२ ॥ तत्र मूलफलाशना इत्यन्तेन स्ववृत्तान्तसहितमात्मानं भरद्वाजाय न्यवेदयत् ॥ १३ ॥ १४ ॥ १५ ॥ धर्ममेव वानप्रस्थधर्ममेव । मूलफलग्रहणं मांसस्याप्युपलक्षणम् ॥ १६ ॥ गां मधुपर्काङ्गं महोक्षम्॥१७॥अन्नमत्रादनीयमात्रम् । अत एव 'मूलफलाश्रयान्' इति वक्ष्यति । रसाः पानीयविशेषाः । वासं वासस्थानम् ॥ १८ ॥ आगतमागतं तेजोविशेषान्मर्यादारक्षणाय मध्ये मध्ये स्थित्वा निकटं प्राप्तं रामं मृगपक्षिभिर्मुनिभिश्च सह स्वागतेनाभ्यर्च्य मुनिभिः सह मुनी रामं समन्तत आसीनोऽभवदिति योजना । मृगपक्षिणामर्चा च प्रदक्षिणगमनादिरूपा वर्णिता ॥ १९ ॥ २० ॥ चिरस्य चिरकालस्य । इहाश्रम आगतं त्वां पश्यामि । अनेन पूर्वमपि कदाचिदागमनं ध्वनितम् । पूर्वरामावतारकालिकमागमनं मनसि निधाय वैषोक्तिः । पश्यामि चक्षुषा एवंरूपं पश्यामि । यः केवलं ध्यानगोचर एव सोऽप्येवंभूत इत्याश्चर्यं व्यञ्जयम् । अकारणं निर्निमित्तम् ॥ २१ ॥ २२ ॥ २३ ॥ इत आसन्न एतदाश्रमाददूरवर्ती पौरजानपदो जनो मां सुदर्शं सुखेन द्रष्टुं शक्यं प्रेक्ष्य ज्ञात्वा वैदेहीं मां च प्रेक्षको जनो वैदेह्यादिदर्शनार्थी जनस्तदर्थमिममाश्रममागमिष्यतीत्यहं मन्य इत्यन्वयः ॥ २४ ॥२५ ॥ यत्र यस्मिन्नाश्रमस्थाने । तादृशमेकान्ते वर्तमानं पश्य । ज्ञात्वा

एतच्छ्रुत्वा शुभं वाक्यं भरद्वाजो महामुनिः । राघवस्य तु तद्वाक्यमर्थग्राहकमब्रवीत् ॥ २७
दशक्रोश इतस्तात गिरिर्यस्मिन्निवत्स्यसि । महर्षिसेवितः पुण्यः पर्वतः शुभदर्शनः ॥ २८
गोलाङ्गूलानुचरितो वानरर्क्षनिषेवितः । चित्रकूट इति ख्यातो गन्धमादनसंनिभः ॥ २९
यावता चित्रकूटस्य नरः शृङ्गाण्यवेक्षते । कल्याणानि समाधत्ते न मोहे कुरुते मनः ॥ ३०
ऋषयस्तत्र बहवो विहृत्य शरदां शतम् । तपसा दिवमारूढाः कपालशिरसा सह ॥ ३१
प्रविविक्तमहं मन्ये तं वासं भवतः सुखम् । इह वा वनवासाय वस राम मया सह ॥ ३२
स रामं सर्वकामैस्तं भरद्वाजः प्रियातिथिम् । सभार्यं सह च भ्रात्रा प्रतिजग्राह हर्षयन् ॥ ३३
तस्य प्रयागे रामस्य तं महर्षिमुपेयुषः । प्रपन्ना रजनी पुण्या चित्राः कथयतः कथाः ॥ ३४
सीतातृतीयः काकुत्स्थः परिश्रान्तः सुखोचितः । भरद्वाजाश्रमे रम्ये तां रात्रिमवसत्सुखम् ॥ ३५
प्रभातायां तु शर्वर्यां भरद्वाजमुपागमत् । उवाच नरशार्दूलो मुनिं ज्वलिततेजसम् ॥ ३६
शर्वरीं भगवन्नद्य सत्यशील तवाश्रमे । उषिताः स्मोऽह वसतिमनुजानातु नो भवान् ॥ ३७
रात्र्यां तु तस्यां व्युष्टायां भरद्वाजोऽब्रवीदिदम् । मधुमूलफलोपेतं चित्रकूटं व्रजेति ह ॥ ३८
वासमौपयिकं मन्ये तव राम महाबल । नानानगगणोपेतः किंनरोरगसेवितः ॥ ३९
मयूरनादाभिरतो गजराजनिषेवितः । गम्यतां भवता शैलश्चित्रकूटः स विश्रुतः ॥ ४०
पुण्यश्च रमणीयश्च बहुमूलफलायुतः । तत्र कुञ्जरयूथानि मृगयूथानि चैव हि ॥ ४१
विचरन्ति वनान्तेषु तानि द्रक्ष्यसि राघव । सरित्प्रस्रवणप्रस्थान्दरीकन्दरनिर्झरान् ।
चरतः सीतया सार्धं नन्दिष्यति मनस्तव ॥ ४२

प्रहृष्टकोयष्टिभकोकिलस्वनैर्विनोदयन्तं च सुखं परं शिवम् ।
मृगैश्च मत्तैर्बहुभिश्च कुञ्जरैः सुरम्यमासाद्य समावसाश्रयम् ॥ ४३

इत्यार्षे श्रीमद्रामायणे वाल्मीकीय आदिकाव्येऽयोध्याकाण्डे चतुष्पञ्चाशः सर्गः ॥ ५४ ॥

पञ्चपञ्चाशः सर्गः ।

उषित्वा रजनीं तत्र राजपुत्रावरिंदमौ । महर्षिमभिवाद्याथ जग्मतुस्तं गिरिं प्रति ॥ १
तेषां स्वस्त्ययनं चैव महर्षिः स चकार ह । प्रस्थितान्प्रेक्ष्य तांश्चैव पिता पुत्रानिवौरसान् ॥ २

निर्दिशेत्यर्थः । अत्र भगवन्नित्यादिश्लोकत्रयस्य तीर्थेन वास्तवस्त्वर्थः—रावणवधार्थं गूढमवतीर्णं मां मा प्रकटीकुरु । अन्यथा सर्वोऽपि जनः सुदर्शं विष्णुं मां ज्ञात्वा वैदेहीं च मां लक्ष्मीं प्रेक्ष्य ज्ञात्वा तां मां प्रेक्षकः सन्निहागमिष्यति । अत एवंविधं प्रकटवासं न रोचये, अतो यत्र वैदेही रमते तम्, आश्रयतीत्याश्रमं जगत्, तस्य स्थानं सर्वोत्तमं मां त्वमेवैकान्ते पश्य । मत्स्वरूपं न प्रकटयेत्यन्तेन व्याख्यातम्, तदयुक्तम् । मुनिना रामस्वरूपप्रकटनस्य सर्ववेद्यं यथा भवति तथा प्राक् क्काप्यकरणात् । अक्षरमर्यादयापि तादृशार्थालाभाच्च । पौरजानपदो जन इति पदस्वारस्याच्चेति सुधियो विभावयन्तु ॥ २६ ॥ एतदिति । राघवस्यार्थग्राहकं तदुक्तप्रयोजनप्रतिपादकं तद्वक्ष्यमाणमब्रवीत् ॥ २७ ॥ दशक्रोशे इति सप्तम्यन्तम् । इतो मदाश्रमात् ॥ २८ ॥ २९ ॥ यावता यदा शृङ्गाण्यवेक्षते तदेति शेषः । समाधत्ते मनसा कर्तुमाशास्ते ॥ ३० ॥ तदुपपादयति—ऋषय इति । बहुदिनमृतनृकपालवच्छुक्लं शिरस्तेन सह तेन विद्यमानेनोपलक्षितास्तपसा शरदां शतं विहृत्यातिवार्धकेऽपि तपसा क्रीडिता दिवं स्वर्गमारूढाः । केचित्तु कपालशिरसेति शरीरोपलक्षणं, सशरीराः स्वर्गं गता इत्याहुः, तन्न । धर्मपुत्रादीनामपि कियद्दूरमेव धर्मवैभवदर्शनायैतच्छरीरेण गमनं ततस्तन्निरासपूर्वकमेव स्वर्गगमनश्रवणादिति कतकः ॥ ३१ ॥ वनवासाय वनवासनियमसिद्धये । इह वेति शिष्टाचारमात्रम् ॥ ३२ ॥ रामं तद्वजन्यां तत्र वसन्तं प्रतिजग्राहातिथियोग्यसत्कारैर्वशीकृतवान् ॥ ३३ ॥ रजनी प्रपन्ना प्राप्ता ॥ ३४ ॥ ३५ ॥ ३६ ॥ इहाश्रमे शर्वरीमुषिताः स्म । अह अथेत्यर्थे । वसतिं गन्तव्यां चित्रकूटरूपां तद्गमनं प्रत्यनुजानातु ॥ ३७ ॥ भरद्वाजः । तथा रामेण प्रार्थित इति शेषः । व्रज इति । अनुजगाविति शेषः ॥ ३८ ॥ औपयिकमुचितम् । नगा वृक्षाः ॥ ३९ ॥ ४० ॥ ४१ ॥ विचरन्ति । इदं शत्रन्तम् । सरितो नद्यः प्रस्रवणास्तनुतरजलप्रवाहास्तद्युताः प्रस्थाः सानूनि । दरी पाषाणनिर्भेदः । कन्दरा गिरिगुहाः । निर्झरा घनप्रवाहाः । तान्द्रक्ष्यसीत्यन्वयः । एते कुञ्जरादयः । सीतया सार्धं चरतस्तवेत्यन्वयः ॥ ४२ ॥ कोयष्टिभष्टिट्टिभः ॥ ४३ ॥ इति श्रीरामाभिरामे श्रीरामीये रामायणतिलके वाल्मीकीय आदिकाव्येऽयोध्याकाण्डे चतुष्पञ्चाशः सर्गः ॥ ५४ ॥

अथ भरद्वाजेन मार्गोपदेशः—उषित्वेति ॥ १ ॥ औरसान्पुत्रानिपितेव तान्प्रस्थितान्प्रेक्ष्य तेषां स्वस्त्ययनं चकार । चैवौ

ततः प्रचक्रमे वक्तुं वचनं स महामुनिः । भरद्वाजो महातेजा रामं सत्यपराक्रमम् ॥ ३
गङ्गायमुनयोः संधिमादाय मनुजर्षभ । कालिन्दीमनुगच्छेतां नदीं पश्चान्मुखाश्रिताम् ॥ ४
अथासाद्य तु कालिन्दीं प्रतिस्रोतःसमागताम् । तस्यास्तीर्थं प्रचरितं प्रकामं प्रेक्ष्य राघव ।
तत्र यूयं प्लवं कृत्वा तरतांशुमतीं नदीम् ॥ ५
ततो न्यग्रोधमासाद्य महान्तं हरितच्छदम् । परीतं बहुभिर्वृक्षैः श्यामं सिद्धोपसेवितम् ॥ ६
तस्मिन्सीताञ्जलिं कृत्वा प्रयुञ्जीताशिषां क्रियाम् । समासाद्य च तं वृक्षं वसेद्वातिक्रमेत वा ॥ ७
क्रोशमात्रं ततो गत्वा नीलं प्रेक्ष्य च काननम् । सल्लकीबदरीमिश्रं राम वन्यैश्च यामुनैः ॥ ८
स पन्थाश्चित्रकूटस्य गतस्य बहुशो मया । रम्यो मार्दवयुक्तश्च दावैश्चैव विवर्जितः ॥ ९
इति पन्थानमादिश्य महर्षिः संन्यवर्तत । अभिवाद्य तथेत्युक्त्वा रामेण विनिवर्तितः ॥ १०
उपावृत्ते मुनौ तस्मिन्रामो लक्ष्मणमब्रवीत् । कृतपुण्याः स्म भद्रं ते मुनिर्यन्नोऽनुकम्पते ॥ ११
इति तौ पुरुषव्याघ्रौ मन्त्रयित्वा मनस्विनौ । सीतामेवाग्रतः कृत्वा कालिन्दीं जग्मतुर्नदीम् ॥ १२
अथासाद्य तु कालिन्दीं शीघ्रस्रोतस्विनीं नदीम् । चिन्तामापेदिरे सद्यो नदीजलतितीर्षवः ॥ १३
तौ काष्ठसंघाटमथो चक्रतुः सुमहाप्लवम् । शुष्कैर्वंशैः समाकीर्णमुशीरैश्च समावृतम् ॥ १४
ततो वैतसशाखाश्च जम्बुशाखाश्च वीर्यवान् । चकार लक्ष्मणश्छित्त्वा सीतायाः सुखमासनम् ॥ १५
तत्र श्रियमिवाचिन्त्यां रामो दाशरथिः प्रियाम् । ईषत्स लज्जमानां तामध्यारोपयत प्लवम् ॥ १६
पार्श्वे तत्र च वैदेह्या वसने भूषणानि च । प्लवे कठिनकाजं च रामश्चक्रे समाहितः ॥ १७
आरोप्य सीतां प्रथमं संघाटं परिगृह्य तौ । ततः प्रतेरतुर्यत्तौ प्रीतौ दशरथात्मजौ ॥ १८
कालिन्दीमध्यमायाता सीता त्वेनामवन्दत । स्वस्ति देवि तरामि त्वां पारयेन्मे पतिर्व्रतम् ॥ १९
यक्ष्ये त्वां गोसहस्रेण सुराघटशतेन । स्वस्तिप्रत्यागते रामे पुरीमिक्ष्वाकुपालिताम् ॥ २०
कालिन्दीमथ सीता तु याचमाना कृताञ्जलिः । तीरमेवाभिसंप्राप्ता दक्षिणं वरवर्णिनी ॥ २१
ततः प्लवेनांशुमतीं शीघ्रगामूर्मिमालिनीम् । तीरजैर्बहुभिर्वृक्षैः संतेरुर्यमुनां नदीम् ॥ २२
तेषु ते प्लवमुत्सृज्य प्रस्थाय यमुनावनात् । श्यामं न्यग्रोधमासेदुः शीतलं हरितच्छदम् ॥ २३
न्यग्रोधं समुपागम्य वैदेही चाभ्यवन्दत । नमस्तेऽस्तु महावृक्ष पारयेन्मे पतिर्व्रतम् ॥ २४
कौसल्यां चैव पश्येम सुमित्रां च यशस्विनीम् । इति सीताञ्जलिं कृत्वा पर्यगच्छन्मनस्विनी ॥ २५
अवलोक्य ततः सीतामायाचन्तीमनिन्दिताम् । दयितां च विधेयां च रामो लक्ष्मणमब्रवीत् ॥ २६
सीतामादाय गच्छ त्वमग्रतो भरतानुज । पृष्ठतोऽनुगमिष्यामि सायुधो द्विपदां वर ॥ २७
यद्यत्फलं प्रार्थयते पुष्पं वा जनकात्मजा । तत्तत्प्रयच्छ वैदेह्या यत्रास्या रमते मनः ॥ २८

पादपूरणार्थौ ॥ २ ॥ प्रचक्रमे । मार्गोपदेशार्थमिति शेषः ॥ ३ ॥ पश्चान्मुखाश्रितां गङ्गाजलवेगाभिघातेन किंचिद्दूरं पश्चान्मुखं गतामिति तीर्थः । संधिः संगमतीर्थम् । संगमात्पश्चिमप्रदेश एवाश्रितस्वप्रयुक्तव्यवहाराम् । संगमपूर्वभागे तु गङ्गाया एव व्यवहार इति भाव इति कतकः । अन्ये तु—पश्चान्मुखया गङ्गयाश्रितां कालिन्दीमनुगच्छेतामित्यर्थः । अत एवाग्रे कालिन्दीमासाद्येत्युक्तिरित्याहुः ॥ ४ ॥ अथ शुद्धां कालिन्दीं प्रतिस्रोतो यथा भवति तथा समागतां विपरीतप्रवाहामासाद्य तस्यास्तीर्थमतरणप्रदेशं प्रचरितं गमनागमनाभ्यामतिक्षुण्णं दृष्ट्वा । प्लवं तरणसाधनम् । अंशुमतीं सूर्यतनयाम् ॥ ५ ॥ श्यामं श्यामनामकम् ॥ ६ ॥ आशिषां क्रियां करणं प्रयुञ्जीतास्माकं पुनरागमनं भवत्विति सीता वृक्षं नत्यादिना प्रार्थयेत् । वसेद्वातिक्रमेत वेत्येकवचनं सीताभिप्रायकम् । आश्रमे वसेत् । अन्यथाग्रे गच्छेदित्यर्थः ॥ ७ ॥ ततः कालिन्दीदक्षिणतीरवर्तिन्यग्रोधात् । यामुनैर्यमुनातीरजैः ॥ ८ ॥ मार्दवयुक्तः । वालुकोपेतत्वात्कण्टकपाषाणादिरहितत्वाच्च । दावैर्विवर्जितो वनाग्निरहितः ॥ ९ ॥ तथेत्युक्त्वा त्वदुपदिष्टमार्गेणैव गमिष्याम इत्युक्त्वा ॥ १० ॥ ११ ॥ १२ ॥ १३ ॥ काष्ठसंघाटः काष्ठसंघातस्तद्रूपं महाप्लवमुडुपम् । उशीरैर्नलदैः । वेतसैरित्यर्थ इति कतकोक्तमयुक्तम् ॥ १४ ॥ १५ ॥ अचिन्त्यामचिन्त्यप्रभावाम् । स रामः ॥ १६ ॥ कठिनं खनित्रम् । काजं पेठकम् । द्वंद्व एकवद्भावः । कठिनकं खनित्रम् । आजमजचर्मपिनद्धं पेटकमित्यर्थमन्ये ॥ १७ ॥ संघाटं प्लवम् ॥ १८ ॥ पतिर्व्रतं चतुर्दशवर्षावधिकं पारयेत्समापयेत् ॥ १९ ॥ स्वस्तिप्रत्यागते यक्ष्य इति संबन्धः ॥ २० ॥ २१ ॥ उक्तमेवोपसंहरति—तत इति । तीरजैर्वृक्षैरुपलक्षिताम् ॥ २२ ॥ यमुनातीरसंबन्धिवनात् ॥ २३ ॥ २४ ॥ पर्यगच्छत्परितोऽगच्छत् । प्रदक्षिणं चकारेति यावत् ॥ २५ ॥ विधेयामनुकूलां सीतामायाचन्तीं प्रार्थयन्तीमवलोक्याब्रवीदित्यन्वयः ॥२६॥२७॥२८॥

एकैकं पादपं गुल्मं लतां वा पुष्पशालिनीम् । अदृष्टरूपां पश्यन्ती रामं पप्रच्छ साबला ॥ २९
रमणीयान्बहुविधान्पादपान्कुसुमोत्करान् । सीतावचनसंरब्ध आनयामास लक्ष्मणः ॥ ३०
विचित्रवालुकजलां हंससारसनादिताम् । रेमे जनकराजस्य सुता प्रेक्ष्य तदा नदीम् ॥ ३१
क्रोशमात्रं ततो गत्वा भ्रातरौ रामलक्ष्मणौ । बहून्मेध्यान्मृगान्हत्वा चेरतुर्यमुनावने ॥ ३२
विहृत्य ते बर्हिणपूगनादिते शुभे वने वारणवानरायुते ।
समं नदीवप्रमुपेत्य सत्वरं निवासमाजग्मुरदीनदर्शनाः ॥ ३३

इत्यार्षे श्रीमद्रामायणे वाल्मीकीय आदिकाव्येऽयोध्याकाण्डे पञ्चपञ्चाशः सर्गः ॥ ५५ ॥

षट्पञ्चाशः सर्गः ।

अथ रात्र्यां व्यतीतायामवसुप्तमनन्तरम् । प्रबोधयामास शनैर्लक्ष्मणं रघुपुंगवः ॥ १
सौमित्रे शृणु वन्यानां वल्गु व्याहरतां स्वनम् । संप्रतिष्ठामहे कालः प्रस्थानस्य परंतप ॥ २
प्रसुप्तस्तु ततो भ्रात्रा समये प्रतिबोधितः । जहौ निद्रां च तन्द्रां च प्रसक्तं च परिश्रमम् ॥ ३
तत उत्थाय ते सर्वे स्पृष्ट्वा नद्याः शिवं जलम् । पन्थानमृषिभिर्जुष्टं चित्रकूटस्य तं ययुः ॥ ४
ततः संप्रस्थितः काले रामः सौमित्रिणा सह । सीतां कमलपत्राक्षीमिदं वचनमब्रवीत् ॥ ५
आदीप्तानिव वैदेहि सर्वतः पुष्पितान्नगान् । स्वैः पुष्पैः किंशुकान्पश्य मालिनः शिशिरात्यये ॥ ६
पश्य भल्लातकान्बिल्वान्नरैरनुपसेवितान् । फलपुष्पैरवनतान्नूनं शक्ष्याम जीवितुम् ॥ ७
पश्य द्रोणप्रमाणानि लम्बमानानि लक्ष्मण । मधूनि मधुकारीभिः संभृतानि नगे नगे ॥ ८
एष क्रोशति नत्यूहस्तं शिखी प्रतिकूजति । रमणीये वनोद्देशे पुष्पसंस्तरसंकटे ॥ ९
मातङ्गयूथानुसृतं पक्षिसंघानुनादितम् । चित्रकूटमिमं पश्य प्रवृद्धशिखरं गिरिम् ॥ १०
समभूमितले रम्ये द्रुमैर्बहुभिरावृते । पुण्ये रंस्यामहे तात चित्रकूटस्य कानने ॥ ११
ततस्तौ पादचारेण गच्छन्तौ सह सीतया । रम्यमासेदतुः शैलं चित्रकूटं मनोरमम् ॥ १२
तं तु पर्वतमासाद्य नानापक्षिगणायुतम् । बहुमूलफलं रम्यं संपन्नसरसोदकम् ॥ १३
मनोज्ञोऽयं गिरिः सौम्य नानाद्रुमलतायुतः । बहुमूलफलो रम्यः स्वाजीवः प्रतिभाति मे ॥ १४
मुनयश्च महात्मानो वसन्त्यस्मिञ्शिलोच्चये । अयं वासो भवेत्तात वयमत्र वसेमहि ॥ १५
इति सीता च रामश्च लक्ष्मणश्च कृताञ्जलिः । अभिगम्याश्रमं सर्वे वाल्मीकिमभिवादयन् ॥ १६
तान्महर्षिः प्रमुदितः पूजयामास धर्मवित् । आस्यतामिति चोवाच स्वागतं तं निवेद्य च ॥ १७
ततोऽब्रवीन्महाबाहुर्लक्ष्मणं लक्ष्मणाग्रजः । संनिवेद्य यथान्यायमात्मानमृषये प्रभुः ॥ १८

साबला सीता पप्रच्छ कोऽयं वृक्ष इत्यादि ॥ २९ ॥ रमणीयान्रम्यान् । कुसुमोत्करान्पादपान्कुसुमस्तोमविशिष्टवृक्षावयवान् । सीतावचनेन संरब्धत्वरावानानयामासेत्यन्वयः । आनयामासेत्यानिन्य इत्यर्थ आर्षम् ॥ ३० ॥ विचित्रेत्यादि नदीविशेषणम् । नदीं यमुनाम् ॥ ३१ ॥ चेरतुर्भुक्तवन्तौ ॥ ३२ ॥ वप्रं तीरम् ॥ ३३ ॥ इति श्रीरामाभिरामे श्रीरामीये रामायणतिलके वाल्मीकीय आदिकाव्येऽयोध्याकाण्डे पञ्चपञ्चाशः सर्गः ॥ ५५ ॥

अथावसुप्तं स्वप्रबोधानन्तरमपीषत्सुप्तम् । एतेन चतुर्दशवर्षपर्यन्तं लक्ष्मणः स्वापहीनोऽनाहारश्चेति लोकप्रवादोऽपास्तः ॥ १ ॥ वन्यानां शुकपिकादीनां स्वनं शृणु । प्रस्थानस्य कालो जातोऽतः संप्रतिष्ठामहे गच्छामः । 'संप्रतीक्षामहे कालम्' इति पाठे प्रस्थानकालं जानीम इत्यर्थः ॥ २ ॥ समये प्रबोधसमये । तन्द्रामालस्यम् ॥ ३ ॥ नद्याः कालिन्द्या जलं स्पृष्ट्वा स्नानाद्यन्तं नित्यकृत्यं कृत्वा ॥ ४ ॥ ५ ॥ आदीप्तानिव ज्वलितानिव । मालिनः स्वैः पुष्पैर्मालावत इव स्थितान् । शिशिरात्यये वसन्ते ॥ ६ ॥ शक्ष्याम जीवितुम् । जीवनसाधनफलादिसंपत्तेः ॥ ७ ॥ आढकचतुष्टयं द्रोणस्तत्प्रमाणमधुपूर्णानि मधूनि मधुपटलानि । मधुकारिभिर्मधुमक्षिकाभिः । नगे वृक्षे ॥ ८ ॥ नत्यूहो दात्यूहः । पुष्पसंस्तरसंकटे पुष्पैः कृतेन संस्तरेणाच्छादनेन संकटे निबिडे वनोद्देशे ॥ ९ ॥ १० ॥ ११ ॥ १२ ॥ संपन्नसरसोदकं स्वादूदकसहितम् ॥ १३ ॥ सुतरामाजीवो जीवनोपायो यस्मिन् ॥ १४ ॥ अयं वासो भवेद्वासयोग्यो भवेत् ॥ १५ ॥ वाल्मीकिमभिवादयन्नभ्यवादयन् । चित्रकूटे स्थित एव वाल्मीकी रामराज्यप्राप्तिसमये तमसातीरं गत इति न विरोध इति प्राञ्चः । प्राचेतसादयं वाल्मीकिरन्य एवेति तत्त्वम् ॥ १६ ॥ तं रामं प्रति स्वागतं स्वागतप्रश्नं निवेद्य विज्ञाप्य ॥ १७ ॥ आत्मानं संनिवेद्यामुक-

लक्ष्मणानय दारूणि दृढानि च वराणि च । कुरुष्वावसथं सौम्य वासे मेऽभिरतं मनः ॥ १९
तस्य तद्वचनं श्रुत्वा सौमित्रिर्विविधान्द्रुमान् । आजहार ततश्चक्रे पर्णशालामरिंदमः ॥ २०
तां निष्ठितां बद्धकटां दृष्ट्वा रामः सुदर्शनाम् । शुश्रूषमाणमेकाग्रमिदं वचनमब्रवीत् ॥ २१
ऐणेयं मांसमाहृत्य शालां यक्ष्यामहे वयम् । कर्तव्यं वास्तुशमनं सौमित्रे चिरजीविभिः ॥ २२
मृगं हत्वानय क्षिप्रं लक्ष्मणेह शुभेक्षण । कर्तव्यः शास्त्रदृष्टो हि विधिर्धर्ममनुस्मर ॥ २३
भ्रातुर्वचनमाज्ञाय लक्ष्मणः परवीरहा । चकार च यथोक्तं हि तं रामः पुनरब्रवीत् ॥ २४
ऐणेयं श्रपयस्वैतच्छालां यक्ष्यामहे वयम् । त्वर सौम्य मुहूर्तोऽयं ध्रुवश्च दिवसो ह्ययम् ॥ २५
स लक्ष्मणः कृष्णमृगं हत्वा मेध्यं प्रतापवान् । अथ चिक्षेप सौमित्रिः समिद्धे जातवेदसि ॥ २६
तत्तु पक्वं समाज्ञाय निष्टप्तं छिन्नशोणितम् । लक्ष्मणः पुरुषव्याघ्रमथ राघवमब्रवीत् ॥ २७
अयं सर्वः समस्ताङ्गः श्रितः कृष्णमृगो मया । देवता देवसंकाश यजस्व कुशलो ह्यसि ॥ २८
रामः स्नात्वा तु नियतो गुणवाञ्जपकोविदः । संग्रहेणाकरोत्सर्वान्मन्त्रान्सत्रावसानिकान् ॥ २९
इष्ट्वा देवगणान्सर्वान्विवेशावसथं शुचिः । बभूव च मनोह्लादो रामस्यामिततेजसः ॥ ३०
वैश्वदेवबलिं कृत्वा रौद्रं वैष्णवमेव च । वास्तुसंशमनीयानि मङ्गलानि प्रवर्तयन् ॥ ३१
जपं च न्यायतः कृत्वा स्नात्वा नद्यां यथाविधि । पापसंशमनं रामश्चकार बलिमुत्तमम् ॥ ३२
वेदिस्थलविधानानि चैत्यान्यायतनानि च । आश्रमस्यानुरूपाणि स्थापयामास राघवः ॥ ३३

तां वृक्षपर्णच्छदनां मनोज्ञां यथाप्रदेशं सुकृतां निवाताम् ।
वासाय सर्वे विविशुः समेताः सभां यथा देवगणाः सुधर्माम् ॥ ३४
सुरम्यमासाद्य तु चित्रकूटं नदीं च तां माल्यवतीं सुतीर्थाम् ।
ननन्द हृष्टो मृगपक्षिजुष्टां जहौ च दुःखं पुरविप्रवासात् ॥ ३५

इत्यार्षे श्रीमद्रामायणे वाल्मीकीय आदिकाव्येऽयोध्याकाण्डे षट्पञ्चाशः सर्गः ॥ ५६ ॥

सप्तपञ्चाशः सर्गः ।

कथयित्वा तु दुःखार्तः सुमन्त्रेण चिरं सह । रामे दक्षिणकूलस्थे जगाम स्वगृहं गुहः ॥ १
भरद्वाजाभिगमनं प्रयागे च सभाजनम् । आ गिरेर्गमनं तेषां तत्रस्थैरभिलक्षितम् ॥ २

पुत्रोऽमुकहेतोरागतोऽस्मीन्युक्त्वा ॥ १८ ॥ १९ ॥ २० ॥ निष्ठितामन्तर्बहिः काष्ठभित्त्या सुप्रतिष्ठापिताम् । बद्धकटां बद्धकवाटाम् । छान्दसो वर्णलोपः । यद्वा बद्धच्छदिषम् । बद्धः कटो वर्षावारको यस्यामित्यर्थात् । एकाग्रं लक्ष्मणम् ॥ २१ ॥ शालां पर्णशालाधिष्ठातृदेवताम् । वास्तुशमनं वास्तुशान्तिः । चिरजीविभिश्चिरजीवित्वेच्छावद्भिः ॥ २२ ॥ पशुवधदोषशङ्कां वारयति—कर्तव्य इति । यज्ञार्थपशुहिंसायां न दोष इति भावः । शास्त्रदृष्टः शास्त्रबोधितो धर्मशास्त्रबोधितकर्तव्यत्वरूपः ॥ २३ ॥ २४ ॥ ऐणेयं मृगमांसम् । एतच्छालामेनां शालां तदधिष्ठातृशिखिपर्जन्यादिपञ्चाशद्देवताः । अयं सौम्यो मुहूर्तः । दिवसश्चायं ध्रुवसंज्ञकः ॥ २५ ॥ २६ ॥ निष्टप्तं नितरां तप्तम् । छिन्नशोणितमुपरतरुधिरस्यन्दम् ॥ २७ ॥ सर्वः सर्वकर्मार्हः । समस्ताङ्गः शिरःपादादिसर्वाङ्गोपेतः । श्रितः पक्वः ॥ २८ ॥ गुणवान्कर्मापेक्षितप्रायत्यादिगुणवान् । सत्रावसानिकान्यागसमाप्तिप्रयोजनान्मन्त्रान्गृहीत्वा संग्रहेण वास्तुशान्त्याद्यकरोत् ॥ २९ ॥ ३० ॥ एवं गृहाधिष्ठितदेवतापूजामुक्त्वा पुनः स्नानपूर्वकं वैश्वदेवादिप्रकारमाह—वैश्वदेवेत्यादि । वास्तुसंशमनीयानि वास्तुदोषशमनार्थम् । मङ्गलानि मङ्गलपाठादीनि ॥ ३१ ॥ पापसंशमनं पापशमनसाधनं बलिं वैश्वदेवबलिमित्युपसंहारेण वादः ॥ ३२ ॥ वेदिस्थलानां बलिहरणवेदिस्थलानामष्टदिग्वर्तिनां विधानानि । चैत्यं गणपत्यायतनम् । आयतनानि विष्ण्वादेः । अनुरूपाणि । सूक्ष्ममार्गेणेति यावत् ॥ ३३ ॥ वृक्षपर्णैः कृतं छदनं छादनं यस्यां ताम् ॥ ३४ ॥ मृगपक्षिजुष्टां तां नदीमासाद्य हृष्टः ॥ ३५ ॥ इति श्रीरामाभिरामे श्रीरामीये रामायणतिलके वाल्मीकीय आदिकाव्येऽयोध्याकाण्डे षट्पञ्चाशः सर्गः ॥ ५६ ॥

एवं रामव्यापारमुक्त्वा विसृष्टसुमन्त्रव्यापारमाह—कथयित्वेति । रामे दक्षिणतीरस्थे सुमन्त्रेण सह दुःखार्तो गुहश्चिरं रामगुणान्कथयित्वा रामभद्रे दृष्टिपथादतिक्रान्ते तेन सह स्वगृहं जगाम ॥ १ ॥ भरद्वाजाभिगमनं रामादीनां भरद्वाजमुद्दिश्य गमनम् । सभाजनम् । भरद्वाजेनेति शेषः । 'सहासनम्' इति पाठान्तरम् । तत्रस्थैः शृङ्गवेरपुरस्थैर्गुहप्रेषितचारैः करणभूतैस्तन्मुखेनाभिलक्षितं ज्ञातं कृत्वा गुहानुज्ञातः सुमन्त्रो ययावित्यन्वयः । गङ्गोत्तरणतृतीयदिवसे भरद्वाजाश्रमात्प्रतिनिवृत्तदूतमुखात्तावत्पर्यन्तं तद्वृत्तं ज्ञात्वा तद्दिन एव शृङ्गवेरपुरात्सुमन्त्रस्य प्रति

अनुज्ञातः सुमन्त्रोऽथ योजयित्वा हयोत्तमान्। अयोध्यामेव नगरीं प्रययौ गाढदुर्मनाः॥ ३
स वनानि सुगन्धीनि सरितश्च सरांसि च। पश्यन्ययौ ययौ शीघ्रं ग्रामाणि नगराणि च॥ ४
ततः सायाह्नसमये द्वितीयेऽहनि सारथिः। अयोध्यां समनुप्राप्य निरानन्दां ददर्श ह॥ ५
स शून्यामिव निःशब्दां दृष्ट्वा परमदुर्मनाः। सुमन्त्रश्चिन्तयामास शोकवेगसमाहतः॥ ६
कच्चिन्न सगजा साश्वा सजना सजनाधिपा। रामसंतापदुःखेन दग्धा शोकाग्निना पुरी॥ ७
इति चिन्तापरः सूतो वाजिभिः शीघ्रयायिभिः। नगरद्वारमासाद्य त्वरितः प्रविवेश ह॥ ८
सुमन्त्रमभिधावन्तः शतशोऽथ सहस्रशः। क्व राम इति पृच्छन्तः सूतमभ्यद्रवन्नराः॥ ९
तेषां शशंस गङ्गायामहमापृच्छ्य राघवम्। अनुज्ञातो निवृत्तोऽस्मि धार्मिकेण महात्मना॥ १०
ते तीर्ण इति विज्ञाय बाष्पपूर्णमुखा नराः। अहो धिगिति निःश्वस्य हा रामेति विचुक्रुशुः॥ ११
शुश्राव च वचस्तेषां वृन्दं वृन्दं च तिष्ठताम्। हताः स्म खलु येनेह पश्याम इति राघवम्॥ १२
दानयज्ञविवाहेषु समाजेषु महत्सु च। न द्रक्ष्यामः पुनर्जातु धार्मिकं राममन्तरा॥ १३
किं समर्थं जनस्यास्य किं प्रियं किं सुखावहम्। इति रामेण नगरं पित्रेव परिपालितम्॥ १४
वातायनगतानां च स्त्रीणामन्वन्तरापणम्। राममेवाभितप्तानां शुश्राव परिदेवनाम्॥ १५
स राजमार्गमध्येन सुमन्त्रः पिहिताननः। यत्र राजा दशरथस्तदेवोपययौ गृहम्॥ १६
सोऽवतीर्य रथाच्छीघ्रं राजवेश्म प्रविश्य च। कक्ष्याः सप्ताभिचक्राम महाजनसमाकुलाः॥ १७
हर्म्यैर्विमानैः प्रासादैरवेक्ष्याथ समागतम्। हाहाकारकृता नार्यो रामादर्शनकर्शिताः॥ १८
आयतैर्विमलैर्नेत्रैरश्रुवेगपरिप्लुतैः। अन्योन्यमभिवीक्षन्ते व्यक्तमार्ततराः स्त्रियः॥ १९
ततो दशरथस्त्रीणां प्रासादेभ्यस्ततस्ततः। रामशोकाभितप्तानां मन्दं शुश्राव जल्पितम्॥ २०
सह रामेण निर्यातो विना राममिहागतः। सूतः किं नाम कौसल्यां क्रोशन्तीं प्रतिवक्ष्यति॥ २१
यथा च मन्ये दुर्जीवमेवं न सुकरं ध्रुवम्। आच्छिद्य पुत्रे निर्याते कौसल्या यत्र जीवति॥ २२
सत्यरूपं तु तद्वाक्यं राजस्त्रीणां निशामयन्। प्रदीप्त इव शोकेन विवेश सहसा गृहम्॥ २३
स प्रविश्याष्टमीं कक्ष्यां राजानं दीनमातुरम्। पुत्रशोकपरिद्यूनमपश्यत्पाण्डुरे गृहे॥ २४

निवृत्तिरिति बोध्यम्। अतएव 'रामस्य निर्गमदिनाद्दिने षष्ठेऽर्धरात्रके। हा हा लक्ष्मण हा सीते हा रामेति मृतो नृपः॥' इति पाद्मं संगच्छते। दिनद्वयेन शृङ्गवेरपुरे रामागमनम्, तद्द्वितीयदिने गङ्गोत्तरणम्, तदा दिनत्रयं सुमन्त्रस्य तत्र स्थितिः, तत्र तृतीयदिवसे मध्याह्ने प्रयागत आगतचारेभ्यो रामवृत्तान्तं लब्ध्वा ततः प्रस्थाय मध्येऽवस्थानम्, ततः षष्ठेऽपराह्णेऽयोध्याप्रवेशः सुमन्त्रस्य, तदर्धरात्रे राज्ञो मरणमिति॥ २॥ अनुज्ञातः। गुहेनेति शेषः॥ ३॥ यत्तः सावधानः। शीघ्रमतिवेगेन॥ ४॥ द्वितीयेऽहनि शृङ्गवेरपुरतः प्रतिनिवृत्तिदिवसात्॥ ५॥ शून्यामिव शून्यनगरीमिव॥ ६॥ चिन्ताप्रकारमाह—कच्चिदिति। नशब्दो वितर्के॥ ७॥ ८॥ अभ्यद्रवन्सूतसंमुखमाजग्मुः॥ ९॥ गङ्गायां शृङ्गवेरपुरे रामेणानुज्ञातस्तमापृच्छ्य निवृत्तोऽस्मि। ततः परं वृत्तान्तं न जानामीति शशंस॥ १०॥ तीर्णो गङ्गामुत्तीर्य गताः॥ ११॥ वृन्दं वृन्दं संघशस्तिष्ठतां तेषां जनानां य इह रथे रामं न पश्यामस्ते हताः खल्विति वचः शुश्राव॥१२॥ दानादिव्यवहारेषु धार्मिकं रामं वयमन्तरा दानादिव्यवहारमध्ये जातु पुनर्न द्रक्ष्याम इति च शुश्राव॥ १३॥ पित्रेव रामेण परिपालितं नगरमस्य जनस्य किं समर्थमुचितं किं प्रियं तत्करं वस्तु किमिहामुत्र सुखावहं वस्तिवति चिन्ताव्याप्तं बभूवेति शेषः॥ १४॥ अन्वनन्तरम्। वातायनगतानां स्त्रीणां राममुद्दिश्याभितप्तानां परिदेवनामन्तरापणमापणमध्ये गच्छञ्शुश्राव॥ १५॥ १६॥ कक्ष्या द्वाराणि॥ १७॥ हाहाकारः कृतो याभिस्ताः। हर्म्यं धनिकगृहम्। विमानं सप्तभूमिकं गृहम्। प्रासादो राजगृहम्। त्रिभूमिकं गृहमित्यन्ये। तदुपलक्षितामयोध्यां समागतमवेक्ष्येत्यन्वयः। यद्वा तैः करणैरवेक्ष्य तत्रारोहणपूर्वकमवेक्ष्येत्यन्वयः॥ १८॥ अन्योन्यमव्यक्तं यथा भवति तथा वीक्षन्ते। इतिकर्तव्यतामौढ्यादिति शेषः॥ १९॥ प्रासादेभ्यः सुमन्त्रस्य राजवेश्मप्रवेशं दृष्ट्वा प्रासादेभ्योऽवतीर्णानामित्यर्थः। मन्दं राजसांनिध्यान्मन्दत्वम्॥२०॥ किंनाम प्रतिवक्ष्यति। अतिघोरत्वान्न किमपि वक्तुं शक्यमिति भावः॥२१॥ अथ प्रत्येकं राममातॄणां दुःखप्रलापः—यथा चेति। यथा जीवं जीवनं दुःखजनकं मन्ये, एवं ध्रुवं निश्चयेन सुकरं सुकरनाशं नेति मन्ये। यत्र यतः पुत्रे रामे आच्छिद्य न्यायप्राप्तमभिषेकमाच्छिद्य त्यक्त्वा निर्याते सत्यपि कौसल्या जीवति। मन्ये इत्येकैकव्यक्त्यपेक्षयैकवचनम्॥ २२॥ सत्यरूपं परमार्थरूपं तत्स्त्रीणां वाक्यं निशामयञ्शोकेन प्रदीप्त इव सन्राजगृहं विवेश। अत्र श्लोकद्वये तीर्थकतकादिव्याख्या नात्यन्तं समञ्जसेत्युपेक्षिता॥ २३॥ स इति। परिद्यूनं म्लानम्॥ २४॥

अभिगम्य तमासीनं राजानमभिवाद्य च। सुमन्त्रो रामवचनं यथोक्तं प्रत्यवेदयत्॥ २५
स तूष्णीमेव तच्छ्रुत्वा राजा विद्रुतमानसः। मूर्च्छितो न्यपतद्भूमौ रामशोकाभिपीडितः॥ २६
ततोऽन्तःपुरमाविद्धं मूर्च्छिते पृथिवीपतौ। उच्छ्रित्य बाहू चुक्रोश नृपतौ पतिते क्षितौ॥ २७
सुमित्रया तु सहिता कौसल्या पतितं पतिम्। उत्थापयामास तदा वचनं चेदमब्रवीत्॥ २८
इमं तस्य महाभाग दूतं दुष्करकारिणः। वनवासादनुप्राप्तं कस्मान्न प्रतिभाषसे॥ २९
अद्येममनयं कृत्वा व्यपत्रपसि राघव। उत्तिष्ठ सुकृतं तेऽस्तु शोके न स्यात्सहायता॥ ३०
देव यस्या भयाद्रामं नानुपृच्छसि सारथिम्। नेह तिष्ठति कैकेयी विश्रब्धं प्रतिभाष्यताम्॥ ३१
सा तथोक्त्वा महाराजं कौसल्या शोकलालसा। धरण्यां निपपाताशु बाष्पविप्लुतभाषिणी॥ ३२
विलपन्तीं तथा दृष्ट्वा कौसल्यां पतितां भुवि। पतिं चावेक्ष्य ताः सर्वाः समन्ताद्रुरुदुः स्त्रियः॥ ३३

ततस्तमन्तःपुरनादमुत्थितं समीक्ष्य वृद्धास्तरुणाश्च मानवाः।
स्त्रियश्च सर्वा रुरुदुः समन्ततः पुरं तदासीत्पुनरेव संकुलम्॥ ३४

इत्यार्षे श्रीमद्रामायणे वाल्मीकीय आदिकाव्येऽयोध्याकाण्डे सप्तपञ्चाशः सर्गः॥ ५७॥

अष्टपञ्चाशः सर्गः।

प्रत्याश्वस्तो यदा राजा मोहात्प्रत्यागतस्मृतिः। तदाजुहाव तं सूतं रामवृत्तान्तकारणात्॥ १
तदा सूतो महाराजं कृताञ्जलिरुपस्थितः। राममेवानुशोचन्तं दुःखशोकसमन्वितम्॥ २
वृद्धं परमसंतप्तं नवग्रहमिव द्विपम्। विनिःश्वसन्तं ध्यायन्तमस्वस्थमिव कुञ्जरम्॥ ३
राजा तु रजसा सूतं ध्वस्ताङ्गं समुपस्थितम्। अश्रुपूर्णमुखं दीनमुवाच परमार्तवत्॥ ४
क्व नु वत्स्यति धर्मात्मा वृक्षमूलमुपाश्रितः। सोऽत्यन्तसुखितः सूत किमशिष्यति राघवः॥ ५
दुःखस्यानुचितो दुःखं सुमन्त्र शयनोचितः। भूमिपालात्मजो भूमौ शेते कथमनाथवत्॥ ६
यं यान्तमनुयान्ति स्म पदातिरथकुञ्जराः। स वत्स्यति कथं रामो विजनं वनमाश्रितः॥ ७
व्यालैर्मृगैराचरितं कृष्णसर्पनिषेवितम्। कथं कुमारौ वैदेह्या सार्धं वनमुपाश्रितौ॥ ८
सुकुमार्या तपस्विन्या सुमन्त्र सह सीतया। राजपुत्रौ कथं पादैरवरुह्य रथाद्गतौ॥ ९
सिद्धार्थः खलु सूत त्वं येन दृष्टौ ममात्मजौ। वनान्तं प्रविशन्तौ तावश्विनाविव मन्दरम्॥ १०
किमुवाच वचो रामः किमुवाच च लक्ष्मणः। सुमन्त्र वनमासाद्य किमुवाच च मैथिली॥ ११
आसितं शयितं भुक्तं सूत रामस्य कीर्तय। जीविष्याम्ययमेतेन ययातिरिव साधुषु॥ १२
इति सूतो नरेन्द्रेण चोदितः सज्जमानया। उवाच वाचा राजानं स बाष्पपरिबद्धया॥ १३

प्रत्यवेदयत्। विस्तरेण प्रतिपादनमग्रे भविष्यति॥ २५॥ २६॥ आविद्धं दुःखाभिहतम्॥ २७॥ २८॥ २९॥ अद्येति। इमं दुःखसाधनं पुत्रप्रवासनरूपमनयं कृत्वाद्य किं व्यपत्रपसि लज्जसे यन्न प्रतिभाषसे। तस्माच्छोकं विधूयोत्तिष्ठ। ते सुकृतं सत्यपरिपालनरूपं पुण्यमस्तु। किं च एवं शोके त्वया क्रियमाणे तव सहायता सहायसमूहः परिजनः सर्वोऽपि न स्यात्। त्वच्छोकेन सर्वोऽपि नश्येदित्यर्थः॥ ३०॥ कैकेयीभयान्न पृच्छामीति चेत्तत्राह—देवेति। विश्रब्धं निःशङ्कम्॥ ३१॥ विप्लुतभाषिणी गद्गदभाषिणी॥ ३२॥ ३३॥ ३४॥

इति श्रीरामाभिरामे श्रीरामीये रामायणतिलके वाल्मीकीय आदिकाव्येऽयोध्याकाण्डे सप्तपञ्चाशः सर्गः॥ ५७॥

प्रत्याश्वस्त इति। प्रत्याश्वस्तः कृतोपचारः। मोहान्मोहं परित्यज्य प्रत्यागतस्मृतिः प्रत्यागतसंज्ञः। 'प्रत्यागतः पुनः' इति पाठेऽप्ययमेवार्थः। रामवृत्तान्तकारणादाजुहाव रामवृत्तान्तं प्रष्टुम्॥ १॥ २॥ नवग्रहं नवो नूतनो ग्रहो ग्रहणं यस्य तं द्विपमिव विनिःश्वसन्तमस्वस्थं स्वीयमध्येन स्थितं कुञ्जरमिव ध्यायन्तम्॥ ३॥ रजसा मार्गरजसा। परमार्तवत्परमार्तोर्हं वच उवाच॥ ४॥ वत्स्यति। वनवासकालस्य बहुदीर्घत्वाद्भविष्यप्रयोगः॥ ५॥ दुःखस्यानुचितोऽपि दुःखं प्राप्तः। शयनमुत्तमम्॥ ६॥ ७॥ व्यालैरजगरैः। मृगैर्व्याघ्रादिभिः॥ ८॥ रथादवरुह्य कथं पादैर्गतौ॥ ९॥ अश्विनाविव मन्दरम्। मन्दरस्य कार्ष्ण्यमात्राद्घनसादृश्यम्॥ १०॥ ११॥ आसितादयो भावे निष्ठान्ताः। एतेनासनादिव्यापारश्रवणेन। ययातिरिव साधुषु। स्वर्गात्पतन्ययातिर्मां साधुषु पातयेतीन्द्रं प्रार्थयित्वा यथा साधुषु पतितस्तद्वार्तया सुखजीवनो जातः, एवं स्वर्गतुल्यात्पुत्रसंयोगाद्भ्रष्टस्य भवल्लक्षणसाधुसमागमात्पुत्रवार्ताश्रवणेन जीविष्यामीति भावः॥ १२॥ सज्जमानया स्खलन्त्या। बाष्पपरिबद्धया कण्ठगबाष्पनिरुद्धया॥ १३॥

अब्रवीन्मे महाराज धर्ममेवानुपालयन् । अञ्जलिं राघवः कृत्वा शिरसाभिप्रणम्य च ॥ १४
सूत मद्वचनात्तस्य तातस्य विदितात्मनः । शिरसा वन्दनीयस्य वन्द्यौ पादौ महात्मनः ॥ १५
सर्वमन्तःपुरं वाच्यं सूत मद्वचनात्त्वया । आरोग्यमविशेषेण यथार्हमभिवादनम् ॥ १६
माता च मम कौसल्या कुशलं चाभिवादनम् । अप्रमादं च वक्तव्या ब्रूयाश्चैनामिदं वचः ॥ १७
धर्मनित्या यथाकालमग्न्यगारपरा भव । देवि देवस्य पादौ च देववत्परिपालय ॥ १८
अभिमानं च मानं च त्यक्त्वा वर्तस्व मातृषु । अनुराजानमार्यां च कैकेयीमम्ब कारय ॥ १९
कुमारे भरते वृत्तिर्वर्तितव्या च राजवत् । अप्यज्येष्ठा हि राजानो राजधर्ममनुस्मर ॥ २०
भरतः कुशलं वाच्यो वाच्यो मद्वचनेन च । सर्वास्वेव यथान्यायं वृत्तिं वर्तस्व मातृषु ॥ २१
वक्तव्यश्च महाबाहुरिक्ष्वाकुकुलनन्दनः । पितरं यौवराज्यस्थो राज्यस्थमनुपालय ॥ २२
अतिक्रान्तवया राजा मा स्मैनं व्यपरोरुधः । कुमारराज्ये जीवस्व तस्यैवाज्ञाप्रवर्तनात् ॥ २३
अब्रवीच्चापि मां भूयो भृशमश्रूणि वर्तयन् । मातेव मम माता ते द्रष्टव्या पुत्रगर्धिनी ॥ २४
इत्येवं मां महाबाहुर्ब्रुवन्नेव महायशाः । रामो राजीवपत्राक्षो भृशमश्रूण्यवर्तयत् ॥ २५
लक्ष्मणस्तु सुसंक्रुद्धो निःश्वसन्वाक्यमब्रवीत् । केनायमपराधेन राजपुत्रो विवासितः ॥ २६
राज्ञा तु खलु कैकेय्या लघु चाश्रुत्य शासनम् । कृतं कार्यमकार्यं वा वयं येनाभिपीडिताः ॥ २७
यदि प्रव्राजितो रामो लोभकारणकारितम् । वरदाननिमित्तं वा सर्वथा दुष्कृतं कृतम् ॥ २८
इदं तावद्यथाकाममीश्वरस्य कृते कृतम् । रामस्य तु परित्यागे न हेतुमुपलक्षये ॥ २९
असमीक्ष्य समारब्धं विरुद्धं बुद्धिलाघवात् । जनयिष्यति संक्रोशं राघवस्य विवासनम् ॥ ३०

हे महाराज, राघवो धर्ममेवानुपालयंस्तत्पालनाद्धेतोरब्रवीद्वक्ष्यमाणं वचः । तदाह—सूत, मत्प्रतिनिधित्वेन राज्ञेऽञ्जलिं कृत्वा तथैव शिरसा नत्वा विदितात्मनो लोके धर्मिष्ठत्वेन प्रसिद्धस्य शिरसा वन्दनयोग्यस्य राज्ञः पादौ मद्वचनाद्रामोऽभिवादयत इत्युक्त्वा मत्प्रतिनिधित्वेन वन्द्यौ ॥ १४ ॥ १५ ॥ ततः सर्वमन्तःपुरं त्वया मद्वचनाद्रामो वः सर्वा अविशेषेणारोग्यं पृच्छतीति वाच्यम् । यथार्हं यथायोग्यं तासां मदभिवादनं च वाच्यम् ॥ १६ ॥ ततो मम माता कौसल्या मद्वचनात्कुशलं प्रणामं धर्मेऽप्रमादं च वक्तव्या । किं चैनामिदं वक्ष्यमाणं विशिष्य ब्रूयाः । किं तदित्याह—धर्मेत्यादि ॥ १७ ॥ १८ ॥ अभिमानः प्रधानमहिषीत्वप्रयुक्तोऽहंकारः । मानस्तत्प्रयुक्त इतरतिरस्कारकश्चित्तविकारः । मातृष्वित्यस्य मदीयास्विति शेषः । अनुगतो राजा यस्यास्तां कैकेयीं हे अम्ब, आर्यां श्लाघ्यां कारय । 'धारय' इति पाठेऽप्ययमेवार्थः। तया सह मा विरोत्सीरित्यर्थः ॥ १९ ॥ भरते च राजवद्वृत्तिः कार्या । तत्र हेतुः—अज्येष्ठा अपि राजानो हि निश्चयेन पूज्या इति यावत् । राजधर्ममनुस्मर । 'अर्थज्येष्ठा हि' इति पाठेऽर्थेन राजरूपार्थेन ज्येष्ठा हि यतोऽतः पूज्या इति शेषः । इति राजधर्ममनुस्मरेति । कतककृत्तु—राजानमनु राज्ञः पश्चात् । आर्यां कैकेयीमभिवादयेत्यर्थः । 'कैकेयीमभिवादय' इति पाठः । कुमारे चेत्यादि प्राग्वत् । कैकेय्या वरबलेनाधिकत्वाद्भरतस्य च राजदत्तार्थवत्त्वेन ज्येष्ठत्वात्तयोरभिवादनमम्बाया युक्तम् । तद्वैमुख्यनिवृत्तये च राजधर्ममनुस्मरेत्याह ॥ २० ॥ भरतो मद्वचनेन कुशलं वाच्यः । मातृषु न्यायमनतिक्रम्य वृत्तिं वर्तस्वेति वाच्यः ॥ २१ ॥ वक्तव्यश्चेति । भरत इति शेषः । राज्यस्थं प्रधानराज्यस्थम् ॥ २२ ॥ व्यपरोरुधः । राज्याद्भ्रंशयेत्यर्थः । तस्यैवाज्ञाप्रवर्तनान्मदनुग्रहाय तस्यैवाज्ञां प्रवर्तयन्कुमारराज्ये जीवस्व तोषं कुरु ॥ २३ ॥ अब्रवीदित्यादि वाक्यं भरतं प्रत्येव । अब्रवीदित्यादि श्लोकद्वयं प्रक्षिप्तमिति कतकः ॥ २४ ॥ २५ ॥ अथ लक्ष्मणवाक्यमाह—लक्ष्मण इति । केनेत्यादि सार्धसप्तश्लोकास्तद्वचः ॥ २६ ॥ येन विवासनेन वयं पीडितास्तद्विवासनं राज्ञा तु कार्यं वा अकार्यमिवाकार्यं कृतम् । कैकेय्या लघु शासनमाश्रुत्य प्रतिज्ञाय कृतम् । यद्वा तद्विवासनं कृतं कार्यं कर्तुं योग्यं वा भवतु, अकार्यमकर्तुं योग्यं वा भवतु, अस्माकं तु पीडा सर्वथैवेत्यर्थः ॥ २७ ॥ उक्तमेवार्थं प्रकारान्तरेणाह—यदीति । यदि यद्रामः प्रव्राजितस्तल्लोभरूपेण कारणेन कैकेय्या कारितम् । यद्वा कैकेय्यै प्रतिश्रुतवरदाननिमित्तकं वा भवतु । सर्वथा दुष्कृतं कृतमनुचितं कृतम् । एतद्व्यतिरिक्तं वरयेति सुवचत्वात् । वरदानकाले विशिष्य नियोगाभावाच्च । पतित्वेन भार्याशिक्षणे समग्राधिकाराच्च ॥ २८ ॥ ननु दैवप्रेरणयेदं जातमिति न दोषो राज्ञ इत्याशङ्क्य निरपराधपुत्रत्यागे दोषस्त्ववश्यं राज्ञ इत्याह—इदमिति । ईश्वरस्य कृत ईश्वरप्रेरणायां सत्यां यथाकाममीश्वरेच्छामनतिक्रम्येदं तावत्कृतं भवतु नाम, तथापि तु रामस्य परित्यागे हेतुभूतं दोषं न पश्यामि । अतः केवलं बुद्धिलाघवादसमीक्ष्योचितानुचितमनवेक्ष्य विरुद्धं धर्मशास्त्रविरुद्धमारब्धं रामविवासनं संक्रोशमिह परत्र च दुःखं जनयिष्यत्येव । निर्हेतुपुत्रदारत्यागस्योप-

अहं तावन्महाराजे पितृत्वं नोपलक्षये । भ्राता भर्ता च बन्धुश्च पिता च मम राघवः ॥ ३१
सर्वलोकप्रियं त्यक्त्वा सर्वलोकहिते रते । सर्वलोकोऽनुरज्येत कथं चानेन कर्मणा ॥ ३२
सर्वप्रजाभिरामं हि रामं प्रव्राज्य धार्मिकम् । सर्वलोकविरोधेन कथं राजा भविष्यति ॥ ३३
जानकी तु महाराज निःश्वसन्ती तपस्विनी । भूतोपहतचित्तेव विष्ठिता विस्मृता स्थिता ॥ ३४
अदृष्टपूर्वव्यसना राजपुत्री यशस्विनी । तेन दुःखेन रुदती नैव मां किंचिदब्रवीत् ॥ ३५
उद्वीक्षमाणा भर्तारं मुखेन परिशुष्यता । मुमोच सहसा बाष्पं प्रयान्तमुपवीक्ष्य सा ॥ ३६
तथैव रामोऽश्रुमुखः कृताञ्जलिः स्थितोऽब्रवील्लक्ष्मणबाहुपालितः ।
तथैव सीता रुदती तपस्विनी निरीक्षते राजरथं तथैव माम् ॥ ३७

इत्यार्षे श्रीमद्रामायणे वाल्मीकीय आदिकाव्येऽयोध्याकाण्डेऽष्टपञ्चाशः सर्गः ॥ ५८ ॥

एकोनषष्टितमः सर्गः ।

मम त्वश्वा निवृत्तस्य न प्रावर्तन्त वर्त्मनि । उष्णमश्रु विमुञ्चन्तो रामे संप्रस्थिते वनम् ॥ १
उभाभ्यां राजपुत्राभ्यामथ कृत्वाहमञ्जलिम् । प्रस्थितो रथमास्थाय तद्दुःखमपि धारयन् ॥ २
गुहेन सार्धं तत्रैव स्थितोऽस्मि दिवसान्बहून् । आशया यदि मां रामः पुनः शब्दापयेदिति ॥ ३
विषये ते महाराज महाव्यसनकर्शिताः । अपि वृक्षाः परिम्लानाः सपुष्पाङ्कुरकोरकाः ॥ ४
उपतप्तोदका नद्यः पल्वलानि सरांसि च । परिशुष्कपलाशानि वनान्युपवनानि च ॥ ५
न च सर्पन्ति सत्त्वानि व्याला न प्रसरन्ति च । रामशोकाभिभूतं तं निष्कूजमिव तद्वनम् ॥ ६
लीनपुष्करपत्राश्च नद्यश्च कलुषोदकाः । संतप्तपद्माः पद्मिन्यो लीनमीनविहंगमाः ॥ ७
जलजानि च पुष्पाणि माल्यानि स्थलजानि च । नातिभान्त्यल्पगन्धीनि फलानि च यथापुरम् ॥ ८
अत्रोद्यानानि शून्यानि प्रलीनविहगानि च । न चाभिरामानारामान्पश्यामि मनुजर्षभ ॥ ९
प्रविशन्तमयोध्यायां न कश्चिदभिनन्दति । नरा राममपश्यन्तो निःश्वसन्ति मुहुर्मुहुः ॥ १०

पातकेषु गणनादिति भावः ॥ २९ ॥ ३० ॥ 'गुरोरप्यवलिप्तस्य कार्याकार्यमजानतः । उत्पथप्रतिपन्नस्य परित्यागो विधीयते ॥' इति वचनार्थं हृदि निधायाह—अहमिति । भर्ता स्वामी । पिता चेति । 'ज्येष्ठो भ्राता पितुः सम' इत्युक्तेः । वस्तुतस्तु केवलमायिकत्वाल्लक्ष्मणादिशरीराणां तेषामेवमुक्तौ न दोष इति बोध्यम् ॥ ३१ ॥ सर्वलोकप्रियं रामं त्यक्त्वा स्थिते त्वयि प्राक्सर्वलोकहिते रते संप्रति सर्वलोकाऽहितेरते वानेन क्रूरेण कर्मणा सर्वलोकः कथमनुरज्येत । 'सर्वलोकहिते रतम्' इति पाठे रामविशेषणं सर्वलोकप्रियत्वे हेतुतयेति बोध्यम् ॥ ३२ ॥ कथं राजा भविष्यति । पितेति शेषः । इत्येवं राजानं ब्रूहीति लक्ष्मणोऽवोचदित्यर्थः ॥ ३३ ॥ विस्मृता विस्मृतसर्वप्रयोजनेऽवस्थिता । आश्चर्यं मन्यमानेव विष्ठिता स्थिता ॥ ३४ ॥ ३५ ॥ ३६ ॥ लक्ष्मणबाहुपालितो लक्ष्मणेन सेव्यमानः । अब्रवीत् । उक्तमिति शेषः । निरीक्षते राज्ञस्तव रथं मां च ॥ ३७ ॥ इति श्रीरामाभिरामे श्रीरामीये रामायणतिलके वाल्मीकीय आदिकाव्येऽयोध्याकाण्डेऽष्टपञ्चाशः सर्गः ॥५८॥

एवं रामवृत्तान्तमुक्त्वा प्रत्यागतिसमयानुभूतस्वदेशपुरवृत्तान्तमाह—मम त्विति । ममाश्वा मन्नियम्याश्वा न प्रावर्तन्त । यथापूर्वं रथवहनोन्मुखा नाभूवन्नित्यर्थः । स्वाज्ञानवभावर्णनेन स्वभावोक्तिरत्रालंकारः ॥ १ ॥ तद्दुःखं तद्वियोगदुःखम् ॥ २ ॥ बहून्रामस्य गङ्गोत्तरणदिनादिदिनत्रयम् । यद्यपि भरद्वाजाश्रमाच्चारप्रतिनिवृत्तिमत्तृतीयदिवस एव सुमन्त्रप्रस्थानम्, तथापि तद्दिनेऽल्पावशिष्टदिनपर्यन्तं स्थित्या बहूनित्युक्तम् । किमर्थं तत्र स्थितिस्तत्राह—शब्दापयेदिति । तत्समीपचरद्गुहमनुष्यमुखेनाकारयेदित्यर्थः ॥ ३ ॥ कैकेयीनिमित्तं रामविवासनं सर्वक्षोभकरमभूदित्याह—विषये ते इति । तव देशे पुष्पमपि न विकसितम् । अङ्कुरः शाखासु पल्लवोद्भेदः, कोरकाः पुष्पमुकुलानि तैः सहिता वृक्षाः । अत्र सर्वत्र हेत्वंशे चोत्प्रेक्षा बोध्या ॥ ४ ॥ उपतप्तोदकाः शुष्कोदकाः । पलाशः पर्णम् ॥ ५ ॥ सत्त्वानि प्राणिनो न सर्पन्ति न प्रसरन्तीत्यादावाहारार्थमपीति शेषः । यतस्तत्प्राणिजातं रामशोकाभिभूतं तद्वनं मार्गस्थमत्यन्तं पक्षिशब्दवन्निष्कूजमिव पक्षिशब्दरहितम् ॥ ६ ॥ लीनं संकुचितं पुष्करपत्रं नलिनीदलं यासु ताः । संतप्तपद्माः शुष्कपद्माः । पद्मिन्यः सरांसि । विहंगमा अत्र जलपक्षिणः ॥ ७ ॥ स्थलजानि माल्यानि पुष्पाणि । यथापुरं यथापूर्वम् ॥ ८ ॥ उद्यानानि पुष्पवाटिकाः । आरामान्कृत्रिमवनानि । अनेन मनुष्याणां सर्वशोऽत्यन्तदुःखवत्त्वं कैमुतिकन्यायेनैव प्रतिपादितं बोध्यम् ॥ ९ ॥ तदेवाह—प्रविश-

देव राजरथं दृष्ट्वा विना राममिहागतम् । दूरादश्रुमुखः सर्वो राजमार्गे गतो जनः ॥ ११
हर्म्यैर्विमानैः प्रासादैरवेक्ष्य रथमागतम् । हाहाकारकृता नार्यो रामादर्शनकर्शिताः ॥ १२
आयतैर्विमलैर्नेत्रैरश्रुवेगपरिप्लुतैः । अन्योन्यमभिवीक्षन्तेऽव्यक्तमार्ततराः स्त्रियः ॥ १३
नामित्राणां न मित्राणामुदासीनजनस्य च । अहमार्ततया कंचिद्विशेषं नोपलक्षये ॥ १४
अप्रहृष्टमनुष्या च दीननागतुरंगमा । आर्तस्वरपरिम्लानविनिःश्वसितनिःस्वना ॥ १५
निरानन्दा महाराज रामप्रव्राजनातुरा । कौसल्या पुत्रहीनेव अयोध्या प्रतिभाति मे ॥ १६
सूतस्य वचनं श्रुत्वा वाचा परमदीनया । बाष्पोपहतया सूतमिदं वचनमब्रवीत् ॥ १७
कैकेय्या विनियुक्तेन पापाभिजनभावया । मया न मन्त्रकुशलैर्वृद्धैः सह समर्थितम् ॥ १८
न सुहृद्भिर्न चामात्यैर्मन्त्रयित्वा न नैगमैः । मयायमर्थः संमोहात्स्त्रीहेतोः सहसा कृतः ॥ १९
भवितव्यतया नूनमिदं वा व्यसनं महत् । कुलस्यास्य विनाशाय प्राप्तं सूत यदृच्छया ॥ २०
सूत यद्यपि ते किंचिन्मयापि सुकृतं कृतम् । त्वं प्रापयाशु मां रामं प्राणाः संत्वरयन्ति माम् ॥ २१
यद्यद्यापि ममैवाज्ञा निवर्तयतु राघवम् । न शक्ष्यामि विना रामं मुहूर्तमपि जीवितुम् ॥ २२
अथवापि महाबाहुर्गतो दूरं भविष्यति । मामेव रथमारोप्य शीघ्रं रामाय दर्शय ॥ २३
वृत्तदंष्ट्रो महेष्वासः क्वासौ लक्ष्मणपूर्वजः । यदि जीवामि साध्वेनं पश्येयं सीतया सह ॥ २४
अतो नु किं दुःखतरं योऽहमिक्ष्वाकुनन्दनम् । इमामवस्थामापन्नो नेह पश्यामि राघवम् ॥ २५
हा राम रामानुज हा हा वैदेहि तपस्विनि । न मां जानीत दुःखेन म्रियमाणमनाथवत् ॥ २६
स तेन राजा दुःखेन भृशमर्पितचेतनः । अवगाढः सुदुष्पारं शोकसागरमब्रवीत् ॥ २७
रामशोकमहावेगः सीताविरहपारगः । श्वसितोर्मिमहावर्तो बाष्पवेगजलाविलः ॥ २८
बाहुविक्षेपमीनोऽसौ विक्रन्दितमहास्वनः । प्रकीर्णकेशशैवालः कैकेयीवडवामुखः ॥ २९
ममाश्रुवेगप्रभवः कुब्जावाक्यमहाग्रहः । वरवेलो नृशंसाया रामप्रव्राजना यतः ॥ ३०
यस्मिन्बत निमग्नोऽहं कौसल्ये राघवं विना । दुस्तरो जीवता देवि मयायं शोकसागरः ॥ ३१

न्तमिति ॥ १० ॥ देवेति संबुद्धिः । राजरथं राज्ञस्तव रथम् । अश्रुमुखः । अभूदिति शेषः ॥ ११ ॥ १२ ॥ अव्यक्तमिति च्छेदः । रामप्रवासजनितपीडयार्ताः । परस्परं सम्यङ्नेक्षन्त इत्यर्थः ॥ १३ ॥ अन्योन्यं शत्रूणां तथा मित्राणामुदासीनजनस्य चार्ततयार्तत्वगुणसाम्येन विशेषं नोपलक्षये इत्यन्वयः । यद्यपि रामस्य स्वतोऽमित्रासंभवः, कैकेयीकुब्जयोस्तत्त्वस्य दैववशात्संभवेऽपि तयोरार्तत्वभावः, तथाप्यनयोः शत्रुत्वमनयोर्मित्रत्वमयमुदासीन इति भेदो न ज्ञायत इति तात्पर्यम् ॥ १४ ॥ आर्तस्वरपरिम्लानविनिःश्वसितनिःस्वना । दीर्घशब्दवन्निःश्वासयुक्तेति यावत् ॥ १५ ॥ पुत्रहीना पुत्रवियुक्ता कौसल्येव । अनेन सर्वेषां रामे पुत्रवत्प्रेम ध्वनितम् ॥१६॥१७॥राजा, सर्वथा त्वया महदकार्यं कृतमिति सुमन्त्राभिप्रायं तदीयात्पुष्कवचनैर्निर्णीयाङ्गीकारेणोत्तरमाह—कैकेय्येति । पापाभिजनभावया पापकुलजया पापदेशजया पापाभिप्रायया च । 'कुलेऽप्यभिजनो जन्मभूम्याम्' इत्यमरः । विनियुक्तेन । रामप्रव्राजने इति शेषः । न समर्थितं न विचारितम् ॥ १८ ॥ नञोऽनेकधा प्रयोगः शोकेन चित्तवैक्लव्यात् । सहसा झटित्यविचारेणैव ॥ १९ ॥ भवितव्यतयावश्यप्रापकदुरदृष्टवशात् । वा इति वैशब्दसमानार्थम् । यदृच्छया दैवेच्छया ॥२०॥ यदि यदि वा । अथवेति यावत् । सुकृतं प्रियम् । संत्वरयन्ति । निष्क्रमितुमिच्छन्तीति यावत् ॥ २१ ॥ मदाज्ञया भवान्गत्वा राघवं निवर्तयतु । ननु भरताय त्वया राज्यस्य दत्तत्वात्त्वदाज्ञया मया कथं गन्तव्यं तत्राह—अद्यापि ममैवाज्ञा । यावद्भरतागमनमिति भावः । निवृत्तौ हेतुः—नेत्यादि ॥ २२ ॥ पुनरपि रामनिवर्तनस्याशक्यत्वात्स्वनयनमेवाह—अथवापीति ॥२३॥ वृत्तदंष्ट्रः कुन्दकुड्मलाकारदंष्ट्रः । यदि जीवामीति तत्समीपगमनपर्यन्तमपि जीवने संदेह इति भावः ॥ २४ ॥ अतो न्वित्यतःशब्दार्थमाह—इमामिति । एवमत्यन्तसंनिहितमरणकाले । उत्तमलोकदस्वस्मरणाभ्याससंपादनाय भगवतात्मवियोगः पितुः संपादित इति तत्त्वम् ॥ २५ ॥ २६ ॥ अर्पितचेतनो गतचेतनः । सुदुष्पारं शोकसागरमवगाढः प्रविष्टः । अब्रवीत् । शोकं सागरत्वेनावर्णयदित्यर्थः ॥ २७ ॥ तदाह—रामेत्यादि । रामशोकरूपो महानावेगो वैपुल्यं यस्य । सीताविरहरूपपारगतस्तत्पारसंबन्धः । श्वसितरूप ऊर्मियुक्तो महावर्तो यस्य सः । बाष्पवेगरूपनदीजलैराविलः ॥ २८ ॥ शोचितॄणां प्रकीर्णकेशा एव शैवालं यत्र । कैकेय्येव वडवामुखं यत्र ॥ २९ ॥ अश्रुवेगप्रभवः । षष्ठीतत्पुरुषः । अश्रुवेगोत्पादक इत्यर्थः । नृशंसायाः कैकेय्याः । वर एव वेला मर्यादा यस्य । यतो रामप्रव्राजनसमुद्रात्कालकूटमिव जातेति कतकः । अन्ये तु—रामप्रव्राजनमेवायतं विस्तारो यस्य स रामप्रव्राजनायत इत्यर्थ-

अशोभनं योऽहमिहाद्य राघवं दिदृक्षमाणो न लभे सलक्ष्मणम् ।
इतीव राजा विलपन्महायशाः पपात तूर्णं शयने स मूर्छितः ॥ ३२
इति विलपति पार्थिवे प्रनष्टे करुणतरं द्विगुणं च रामहेतोः ।
वचनमनुनिशम्य तस्य देवी भयमगमत्पुनरेव राममाता ॥ ३३

इत्यार्षे श्रीमद्रामायणे वाल्मीकीय आदिकाव्येऽयोध्याकाण्ड एकोनषष्टितमः सर्गः ॥ ५९ ॥

षष्टितमः सर्गः ।

ततो भूतोपसृष्टेव वेपमाना पुनःपुनः । धरण्यां गतसत्त्वेव कौसल्या सूतमब्रवीत् ॥ १
नय मां यत्र काकुत्स्थः सीता यत्र च लक्ष्मणः । तान्विना क्षणमप्यद्य जीवितुं नोत्सहे ह्यहम् ॥ २
निवर्तय रथं शीघ्रं दण्डकान्नय मामपि । अथ तान्नानुगच्छामि गमिष्यामि यमक्षयम् ॥ ३
बाष्पवेगोपहतया स वाचा सज्जमानया । इदमाश्वासयन्देवीं सूतः प्राञ्जलिरब्रवीत् ॥ ४
त्यज शोकं च मोहं च संभ्रमं दुःखजं तथा । व्यवधूय च संतापं वने वत्स्यति राघवः ॥ ५
लक्ष्मणश्चापि रामस्य पादौ परिचरन्वने । आराधयति धर्मज्ञः परलोकं जितेन्द्रियः ॥ ६
विजनेऽपि वने सीता वासं प्राप्य गृहेष्विव । विस्रम्भं लभतेऽभीता रामे विन्यस्तमानसा ॥ ७
नास्या दैन्यं कृतं किंचित्सुसूक्ष्ममपि लक्ष्यते । उचितेव प्रवासानां वैदेही प्रतिभाति मे ॥ ८
नगरोपवनं गत्वा यथा स्म रमते पुरा । तथैव रमते सीता निर्जनेषु वनेष्वपि ॥ ९
बालेव रमते सीता बालचन्द्रनिभानना । रामारामे ह्यदीनात्मा विजनेऽपि वने सती ॥ १०
तद्गतं हृदयं यस्यास्तदधीनं च जीवितम् । अयोध्या हि भवेदस्या रामहीना तथा वनम् ॥ ११
परिपृच्छति वैदेही ग्रामांश्च नगराणि च । गतिं दृष्ट्वा नदीनां च पादपान्विविधानपि ॥ १२
रामं वा लक्ष्मणं वापि दृष्ट्वा जानाति जानकी । अयोध्या क्रोशमात्रे तु विहारमिव संश्रिता ॥ १३
इदमेव स्मराम्यस्याः सहसैवोपजल्पितम् । कैकेयीसंश्रितं जल्पं नेदानीं प्रतिभाति माम् ॥ १४
ध्वंसयित्वा तु तद्वाक्यं प्रमादात्पर्युपस्थितम् । ह्लादनं वचनं सूतो देव्या मधुरमब्रवीत् ॥ १५
अध्वना वातवेगेन संभ्रमेणातपेन च । न विगच्छति वैदेह्याश्चन्द्रांशुसदृशी प्रभा ॥ १६
सदृशं शतपत्रस्य पूर्णचन्द्रोपमप्रभम् । वदनं तद्वदान्याया वैदेह्या न विकम्पते ॥ १७
अलक्तरसरक्ताभावलक्तरसवर्जितौ । अद्यापि चरणौ तस्याः पद्मकोशसमप्रभौ ॥ १८

माहुः ॥ ३० ॥ ३१ ॥ दिदृक्षमाणो यद्राघवं द्रष्टुं न लभे तदशोभनं मम महत्पापम् । पापजन्यं तददर्शनमिति यावत् ॥ ३२ ॥ रामहेतोरिति विलपति पार्थिवे प्रनष्टे मूर्च्छिते सति तस्य करुणतरं वचनं निशम्य देवी द्विगुणं भयमुपागमत् । भर्तृवियोगदुःखस्यापारस्य संभावनया ॥ ३३ ॥ इति श्रीरामाभिरामे श्रीरामीये रामायणतिलके वाल्मीकीय आदिकाव्येऽयोध्याकाण्ड एकोनषष्टितमः सर्गः ॥ ५९ ॥

तत इति । भूतोपसृष्टेव भूताविष्टेव । गतसत्त्वेव गतासुरिव । धरण्याम् । पतितेति शेषः ॥ १ ॥ २ ॥ अथ यदि ॥ ३ ॥ ४ ॥ संभ्रममावेगम् ॥ ५ ॥ रामस्य पादौ परिचरन्परलोकमाराधयति संपादयति ॥ ६ ॥ अभीतेति च्छेदः । विस्रम्भः प्रणयः ॥ ७ ॥ कृतम् । वनवासकृतं दैन्यमित्यर्थः ॥ ८ ॥ ९ ॥ बालेवेति । दुःखापरिज्ञानेनोपमा । तस्या देहाद्यभिमानाभावान्नाधिजं दुःखमिति भावः । अबालचन्द्रेत्यादि च्छेदः । रामारामे । रामरूपे आराम इत्यर्थः । भिन्नपदे वा ॥ १० ॥ रामहीनायोध्या यथा वनं तथा भवेदित्यन्वयः ॥ ११ ॥ नदीनां गतिं रामनगरवृक्षांश्च दृष्ट्वा रामं वा लक्ष्मणं वा पृच्छति पृष्ट्वा च जानाति । अयोध्यातः क्रोशमात्रे विद्यमानं विहारं संश्रिता यथा रमते स्म तथैव वनेऽप्यरमतेत्यर्थः ॥ १२ ॥ १३ ॥ इदमेव सीतायाः संबन्धीदमेव प्रस्तुतवृत्तान्तजातमेव स्मरामि । कैकेयीसंश्रितं कैकेयीमुद्दिश्य प्रवृत्तम् । सहसा हठेन । सीतया तस्याः परमदुःखकारिणीत्वान्मां प्रति यत्तद्विषयं जल्पं वाक्यमुपजल्पितमुक्तं तदिदानीं मां न प्रतिभात्येवेत्येवंरूपेण प्रमादात्पर्युपस्थितं मुखान्निर्गतं कैकेयीविषयं सीतावाक्यं ध्वंसयित्वा व्यवहारान्तरेणानुक्तप्रायमिव कृत्वा देव्याः कौसल्याया ह्लादनं मधुरं वचनं सूतोऽब्रवीदित्याह कविः ॥ १४ ॥ १५ ॥ १६ ॥ वदान्याया दात्र्या वल्गुवाचश्च । 'वदान्यो वल्गुवागपि' । न विकम्पते म्लानतां न याति ॥ १७ ॥ अलक्तरसवर्जितावपि तद्रसरक्तकान्ती । स्वभावरक्तता । पद्मकोशसमप्रभौ न तु मार्गगतिप्रयुक्तकाठिन्यभाजौ ॥ १८ ॥

नूपुरोत्कृष्टलीलेव खेलं गच्छति भामिनी । इदानीमपि वैदेही तद्रागान्यस्तभूषणा ॥ १९
गजं वा वीक्ष्य सिंहं वा व्याघ्रं वा वनमाश्रिता । नाहारयति संत्रासं बाहू रामस्य संश्रिता ॥ २०
न शोच्यास्ते न चात्मा ते शोच्यो नापि जनाधिपः । इदं हि चरितं लोके प्रतिष्ठास्यति शाश्वतम् २१
विधूय शोकं परिहृष्टमानसा महर्षियाते पथि सुव्यवस्थिताः ।
वने रता वन्यफलाशनाः पितुः शुभां प्रतिज्ञां प्रतिपालयन्ति ते ॥ २२
तथापि सूतेन सुयुक्तवादिना निवार्यमाणा सुतशोककर्शिता ।
न चैव देवी विरराम कूजितात्प्रियेति पुत्रेति च राघवेति च ॥ २३

इत्यार्षे श्रीमद्रामायणे वाल्मीकीय आदिकाव्येऽयोध्याकाण्डे षष्टितमः सर्गः ॥ ६० ॥

एकषष्टितमः सर्गः ।

वनं गते धर्मरते रामे रमयतां वरे । कौसल्या रुदती चार्ता भर्तारमिदमब्रवीत् ॥ १
यद्यपि त्रिषु लोकेषु प्रथितं ते महद्यशः । सानुक्रोशो वदान्यश्च प्रियवादी च राघवः ॥ २
कथं नरवरश्रेष्ठ पुत्रौ तौ सह सीतया । दुःखितौ सुखसंवृद्धौ कथं दुःखं सहिष्यतः ॥ ३
सा नूनं तरुणी श्यामा सुकुमारी सुखोचिता । कथमुष्णं च शीतं च मैथिली विसहिष्यते ॥ ४
भुक्त्वाशनं विशालाक्षी सूपदंशान्वितं शुभम् । वन्यं नैवारमाहारं कथं सीतोपभोक्ष्यति ॥ ५
गीतवादित्रनिर्घोषं श्रुत्वा शुभसमन्विता । कथं क्रव्यादसिंहानां शब्दं श्रोष्यत्यशोभनम् ॥ ६
महेन्द्रध्वजसंकाशः क्व नु शेते महाभुजः । भुजं परिघसंकाशमुपाधाय महाबलः ॥ ७
पद्मवर्णं सुकेशान्तं पद्मनिःश्वासमुत्तमम् । कदा द्रक्ष्यामि रामस्य वदनं पुष्करेक्षणम् ॥ ८
वज्रसारमयं नूनं हृदयं मे न संशयः । अपश्यन्त्या न तं यद्वै फलतीदं सहस्रधा ॥ ९
यत्त्वया करुणं कर्म व्यपोह्य मम बान्धवाः । निरस्ताः परिधावन्ति सुखार्हाः कृपणा वने ॥ १०
यदि पञ्चदशे वर्षे राघवः पुनरेष्यति । जह्याद्राज्यं च कोशं च भरतो नोपलक्ष्यते ॥ ११

नूपुरेणोत्कृष्टा तिरस्कृता हंसादिलीला यया सेव । खेलं विलासयुतम् । अर्शआद्यजन्तम् । तद्रागेण भर्तृप्रीतियोजकभूषणानुरागेणान्यस्तान्यत्यक्तानि भूषणानि यया ॥ १९ ॥ नाहारयति न करोति न संप्राप्नोतीति वा ॥ २० ॥ अतस्ते रामादयो न शोच्याः । ते तवात्माप्यत एव न शोच्यः । न राजापि । तेषां सुखश्रवणेन तस्यापि जीवनसंभवात् । इतोऽपि न शोच्यांश इत्याह—इदं हीत्यादि । प्राप्तमपि राज्यं महाबलोऽपि परित्यज्य पितृवचनमपालयदित्येवमादि रामचरितम् । स्वार्थमुद्दिश्य भर्तारमपि परित्यज्यातिघोरं कृतवती कैकेयीत्यादि । इदं रामचरितं शाश्वतं प्रतिष्ठास्यतीत्यनेन तन्नामवदेवास्य सुस्थिरत्वं वदता तस्येश्वरत्वं ध्वनितम् । न ह्यन्यचरित्रं शाश्वतं प्रतिष्ठां लभते ॥ २१ ॥ महर्षिभिर्याते ॥ २२ ॥ तथापीति । सूतेन निवार्यमाणा सूतोक्तं गृहीतवत्यपि न विरराम । दुःखप्राबल्यादिति शेषः ॥ २३ ॥ इति श्रीरामाभिरामे श्रीरामीये रामायणतिलके वाल्मीकीय आदिकाव्येऽयोध्याकाण्डे षष्टितमः सर्गः ॥ ६० ॥

परमपतिव्रतापि कौसल्या दुःखातिशयात्पूर्वं जानत्यपि त्रेताश्रयव्यवहारवल्लोकाश्रयेण राजानमुपालभते—वनमिति । आर्ता खिन्ना । 'स्वार्ता' इति पाठे सुतरामार्ता । 'रुदतीव' इति पाठे इव एवार्थे । यद्वा उक्तार्थध्वननायेवशब्दः ॥ १ ॥ अनुक्रोशादिविशिष्टो राघव इति ते महद्यशः प्रथितमिति योजना ॥ २ ॥ अथापि हे नरवरश्रेष्ठ, सीतया सह तौ पुत्रौ कथं त्यक्तवानिति शेषः । अथ ताञ्शोचति—दुःखिताविल्यादि । दुःखं प्राप्ताविल्यर्थः ॥ ३ ॥ तरुण्यतिक्रान्तकौमारा । श्यामा प्राप्तयौवना ॥ ४ ॥ सूपदंशान्वितं शोभनव्यञ्जनसहितम् । नैवारं नीवारसंबन्धिनम् ॥ ५ ॥ ६ ॥ महेन्द्रध्वजसंकाशस्तद्वत्सर्वलोकस्योत्सववदः ॥ ७ ॥ पद्मवर्णं पद्मदलवर्णम् । पद्मनिःश्वासं पद्मपत्रगन्धिनिःश्वासम् ॥ ८ ॥ यद्यतस्तमपश्यन्त्या इदं सहस्रधा न फलति न विशीर्यतेऽतस्तद्वज्रसारं वज्रवत्कठिनं नूनमित्युत्प्रेक्षा ॥ ९ ॥ त्वया व्यपोह्य वृद्धैरविचार्य यत्करुणं शोचनीयं कर्मानुचितवरदानरूपं कृतं तेन हेतुना मम बान्धवाः कैकेय्या निरस्ताः सुखार्हा अपि कृपणाः सन्तो वने धावन्ति । यद्वा व्यपोह्य अनादृत्य राज्यात्प्रभ्रंश्य वा त्वया निरस्ता वने परिधावन्तीति यत्तदकरुणं क्रूरं कर्म त्वया कृतमित्यर्थः ॥ १० ॥ ननु चतुर्दशवर्षानन्तरं तव पुत्रस्यैव राज्यं भविष्यति तत्राह—यदीति । तावत्पर्यन्तं वने जीवनमेव न संभाव्यते तथापि यदि जीवन्पुनरेष्यति तथापि भरतो राज्यं जह्यादिति नोपलक्ष्यते । न संभाव्यत इत्यर्थः ॥ ११ ॥

भोजयन्ति किल श्राद्धे केचित्स्वानेव बान्धवान् । ततः पश्चात्समीक्षन्ते कृतकार्या द्विजोत्तमान् ॥ १२

तत्र ये गुणवन्तश्च विद्वांसश्च द्विजातयः । न पश्चात्तेऽभिमन्यन्ते सुधामपि सुरोपमाः ॥ १३

ब्राह्मणेष्वपि वृत्तेषु भुक्तशेषं द्विजोत्तमाः । नाभ्युपेतुमलं प्राज्ञाः शृङ्गच्छेदमिवर्षभाः ॥ १४

एवं कनीयसा भ्रात्रा भुक्तं राज्यं विशांपते । भ्राता ज्येष्ठो वरिष्ठश्च किमर्थं नावमन्यते ॥ १५

न परेणाहृतं भक्ष्यं व्याघ्रः खादितुमिच्छति । एवमेव नरव्याघ्रः परलीढं न मन्यते ॥ १६

हविराज्यं पुरोडाशः कुशा यूपाश्च खादिराः । नैतानि यातयामानि कुर्वन्ति पुनरध्वरम् ॥ १७

तथा ह्यात्तमिदं राज्यं हृतसारां सुरामिव । नाभिमन्तुमलं रामो नष्टसोममिवाध्वरम् ॥ १८

नैवंविधमसत्कारं राघवो मर्षयिष्यति । बलवानिव शार्दूलो वालधेरभिमर्शनम् ॥ १९

नैतस्य सहिता लोका भयं कुर्युर्महामृधे । अधर्मं त्विह धर्मात्मा लोकं धर्मेण योजयेत् ॥ २०

नन्वसौ काञ्चनैर्बाणैर्महावीर्यो महाभुजः । युगान्त इव भूतानि सागरानपि निर्दहेत् ॥ २१

स तादृशः सिंहबलो वृषभाक्षो नरर्षभः । स्वयमेव हतः पित्रा जलजेनात्मजो यथा ॥ २२

द्विजातिचरितो धर्मः शास्त्रे दृष्टः सनातनैः । यदि ते धर्मनिरते त्वया पुत्रे विवासिते ॥ २३

गतिरेका पतिर्नार्या द्वितीया गतिरात्मजः । तृतीया ज्ञातयो राजंश्चतुर्थी नैव विद्यते ॥ २४

तत्र त्वं मम नैवासि रामश्च वनमाहितः । न वनं गन्तुमिच्छामि सर्वथा हा हता त्वया ॥ २५

हतं त्वया राष्ट्रमिदं सराज्यं हताः स्म सर्वाः सह मन्त्रिभिश्च ।
हता सपुत्रास्मि हताश्च पौराः सुतश्च भार्या च तव प्रहृष्टौ ॥ २६

अथापि कदाचिद्भरतो जह्यात्तथापि रामस्तन्नाङ्गीकरिष्यतीति सदृष्टान्तमाह—भोजयन्तीत्यादिना । केचिच्छ्राद्धकर्तारो वयोगुणैरधिकान्विप्राञ्श्राद्धे निमन्त्र्य वयोगुणहीनानपि स्वान्बान्धवाञ्श्राद्धे भोजयन्ति । ततः कृतकार्याः सन्तो निमन्त्रितान्द्विजर्षभान्पश्चादिष्टपङ्क्तौ भोजयितुं समीक्षन्ते विचारयन्ति ॥ १२ ॥ तत्र निमन्त्रितेषु ये गुणवन्तः श्राद्धापेक्षितगुणवन्तस्ते सुरोपमाः पश्चात्पङ्क्तौ सुधासदृशं स्वाद्वन्नमपि नानुमन्यन्ते ॥ १३ ॥ ननु कुतो नानुमन्यन्ते ब्राह्मणशेषभोजने शूद्रशेषभोजनवद्दोषाभावादत आह—ब्राह्मणेष्वपीति । ब्राह्मणेषु वृत्तेषु भुक्तवत्सु तद्भुक्तशेषमपि यतो द्विजोत्तमाः प्राज्ञाश्चातस्तद्भोजनमभ्युपेतुमङ्गीकर्तुं नालम् । अवमाननात् । ऋषभाः स्वशृङ्गच्छेदमिव । शृङ्गस्थानीयो हि सतां मानः ॥ १४ ॥ दार्ष्टान्तिके योजयति—एवमिति । कनीयो भुक्तत्वात्स्वयं ज्येष्ठो वयसा गुणैश्च वरिष्ठः संस्तेन त्यक्तमपि राज्यं किमर्थं नावमंस्यते । सर्वथा तिरस्करिष्यत्येवेत्यर्थः । मद्दर्शनानुरोधेनागतो मज्जीवनपर्यन्तमेव स्थास्यति तूष्णीं न पुना राज्यं करिष्यतीत्यर्थः ॥ १५ ॥ परेणाहृतं क्रोष्ट्रादिखादितशेषम् । परलीढं परास्वादितम् । न मन्यते न मंस्यते ॥ १६ ॥ एतानि हविरादीन्येकत्राध्वरे विनियोगाद्यातयामानि पुनरध्वरेऽध्वरान्तरे विनियुक्तानि न कुर्वन्ति । 'जीर्णं च परिभुक्तं च यातयाममिदं द्वयम्' इत्यमरः । यद्यपि 'मन्त्राः कृष्णाजिनं दर्भाः' इति स्मृत्या कुशानां यातयामत्वदोषो नेत्युक्तं तथापि तज्जीर्णस्वरूपयातयामत्वदोषाभावपरं न तु विनियुक्तविनियोगपरम् । 'ब्रह्मयज्ञेषु ये दर्भा विनियोज्या न तेऽन्यतः' इत्यनेन विनियुक्तविनियोगनिषेधस्य न्यायेन सर्वत्र लाभादित्याहुः ॥ १७ ॥ तथैवान्येनात्तमुपभुक्तपूर्वमिदं राज्यं रामोऽभिमन्तुमङ्गीकर्तुं नालम् । नष्टसोमं भुक्तसोममध्वरं तत्स्थं सोमरूपं हविः ॥ १८ ॥ वालधेः पुच्छस्य ॥ १९ ॥ शार्दूलवद्बलवत्त्वमेव दर्शयति—नैतस्येति । सहिताः सुरासुरैः सहिताः । लोकाः प्रतियोधाः । किमर्थं तर्हि मामाक्रम्य राज्यं न कृतवांस्तत्राह—अधर्मं त्विति । अधर्मं तु मत्वा न तथा कृतवानिति भावः । नन्वेवं तस्य धर्मनिष्ठता कथमत आह—इहेति । यो धर्मात्मा इह मनुष्यलोके लोकं धर्मेण योजयेत् । एवं धर्मप्रवर्तकस्य तस्य धर्मनिष्ठता अनुक्तिसिद्धैवेति भावः । यद्वा तुरप्यर्थे । अधर्ममधर्मप्रवृत्तमपि लोकं दण्डादिना यो धर्मेण योजयेत्स कथं स्वयमधर्मं कुर्यादित्यर्थः ॥ २० ॥ रामेऽशक्तिशङ्कापि नेत्याह—नन्विति । काञ्चनैः काञ्चनभूषितपुङ्खैर्युगान्ते युगान्तकाले ईश्वर इव भूतानि समुद्रांश्च निर्दहेन्नाशयेच्छोषयेच्च ॥ २१ ॥ पित्रा त्वया स्वयमेव स्वपुत्रो हतो भ्रष्टराज्यः कृतः । जलजेन मत्स्येन । स यथात्मजानेव भक्षयति तद्वदित्यर्थः ॥ २२ ॥ एवं चाहमेव हतेत्याह श्लोकत्रयेण—द्विजातीत्यादि । सनातनैर्ऋषिभिः शास्त्रे वेदे दृष्टस्त्रैवर्णिकैर्द्विजातिभिश्चरितो धर्मो यदि ते स सत्यः स्यात्तर्हि पुत्रो न विवासितः स्यादिति शेषः । एवं धर्ममुपेक्ष्य धर्मनिरते पुत्रे त्वया विवासिते सति ॥ २३ ॥ शास्त्रेणोच्यमानाः स्त्रियास्तिस्रो गतयः । तत्र तासु प्रथमगतिभूतस्त्वं मम नास्येव । सपत्नीवशत्वात् । 'नास्ति' इति पाठ आर्षत्वं बोध्यम् । द्वितीयगतिभूतो रामश्च वनमाहितो वनं प्रति प्रहितस्त्वया । न च तत्प्राप्तये वनं गन्तुमिच्छामि । सपतित्वात्वात् । तृतीया ज्ञातयस्त्वसंनिहितास्तस्मात्सर्वथा हता त्वया ॥ २४ ॥ २५ ॥ सुतश्च

इमां गिरं दारुणश[illegible]हितां निशम्य रामेति मुमोह दुःखितः ।
ततः स शोकं प्रविवेश पार्थिवः स्वदुष्कृतं चापि पुनस्तथास्मरत् ॥ २७

इत्यार्षे श्रीमद्रामायणे वाल्मीकीय आदिकाव्येऽयोध्याकाण्डे एकषष्टितमः सर्गः ॥ ६१ ॥

द्विषष्टितमः सर्गः ।

एवं तु क्रुद्धया राजा [illegible]भात्रा सशोकया । श्रावितः परुषं वाक्यं चिन्तयामास दुःखितः ॥ १
चिन्तयित्वा स च नृपो मोहव्याकुलितेन्द्रियः । अथ दीर्घेण कालेन संज्ञामाप परंतपः ॥ २
स संज्ञामुपलभ्यैव दीर्घमुष्णं च निःश्वसन् । कौसल्यां पार्श्वतो दृष्ट्वा ततश्चिन्तामुपागमत् ॥ ३
तस्य चिन्तयमानस्य प्रत्यभात्कर्म दुष्कृतम् । यदनेन कृतं पूर्वमज्ञानाच्छब्दवेधिना ॥ ४
अमनास्तेन शोकेन रामशोकेन च प्रभुः । द्वाभ्यामपि महाराजः शोकाभ्यामभितप्यते ॥ ५
दह्यमानस्तु शोकाभ्यां कौसल्यामाह दुःखितः । वेपमानोऽञ्जलिं कृत्वा प्रसादार्थमवाङ्मुखः ॥ ६
प्रसादये त्वां कौसल्ये रचितोऽयं मयाञ्जलिः । वत्सला चानृशंसा च त्वं हि नित्यं परेष्वपि ॥ ७
भर्ता तु खलु नारीणां गुणवान्निर्गुणोऽपि च । धर्मं विमृशमानानां प्रत्यक्षं देवि दैवतम् ॥ ८
सा त्वं धर्मपरा नित्यं दृष्टलोकपरावरा । नार्हसे विप्रियं वक्तुं दुःखितापि सुदुःखितम् ॥ ९
तद्वाक्यं करुणं राज्ञः श्रुत्वा दीनस्य भाषितम् । कौसल्या व्यसृजद्बाष्पं प्रणालीव नवोदकम् ॥ १०
सा मूर्ध्नि बद्ध्वा रुदती राज्ञः पद्ममिवाञ्जलिम् । संभ्रमादब्रवीत्त्रस्ता त्वरमाणाक्षरं वचः ॥ ११
प्रसीद शिरसा याचे भूमौ निपतितास्मि ते । याचितास्मि हता देव क्षन्तव्याहं नहि त्वया ॥ १२
नैषा हि सा स्त्री भवति श्लाघनीयेन धीमता । उभयोर्लोकयोर्लोके पत्या या संप्रसाद्यते ॥ १३
जानामि धर्मं धर्मज्ञ त्वां जाने सत्यवादिनम् । पुत्रशोकार्तया तत्तु मया किमपि भाषितम् ॥ १४
शोको नाशयते धैर्यं शोको नाशयते श्रुतम् । शोको नाशयते सर्वं नास्ति शोकसमो रिपुः ॥ १५
शक्यमापतितः सोढुं प्रहारो रिपुहस्ततः । सोढुमापतितः शोकः सुसूक्ष्मोऽपि न शक्यते ॥ १६
वनवासाय रामस्य पञ्चरात्रोऽत्र गण्यते । यः शोकहतहर्षायाः पञ्चवर्षोपमो मम ॥ १७

भार्या च भरतकैकेय्यौ प्रहृष्टौ ॥ २६ ॥ दारुणशब्दसंहितां दारुणशब्दयुक्ताम् । स्वदुष्कृतं वक्ष्यमाणम् ॥ २७ ॥ इति श्रीरामाभिरामे श्रीरामीये रामायणतिलके वाल्मीकीय आदिकाव्येऽयोध्याकाण्डे एकषष्टितमः सर्गः ॥ ६१ ॥

एवं कौसल्याक्रूरवचोभीतस्य राज्ञोऽञ्जलिपर्यन्तं दैन्यं दृष्ट्वा राजानमनुनयति—एवं त्विति । चिन्तयामासानयोच्यमानं सर्वं सत्यं किमिह कर्तव्यमिति विचारयामास ॥ १ ॥ मोहव्याकुलितेन्द्रियः । जात इति शेषः ॥ २ ॥ चिन्तामुपागमत्पुत्रविश्लेषजदुःखसाधनं कर्म ममेति चिन्तामाप ॥ ३ ॥ प्रत्यभात्प्रतिभातम् । दुष्कृतं कर्म मुनिकुमारवधरूपम् । शब्दमेव लक्ष्यदेशस्थं प्राप्य विध्यतीति शब्दवेधी ॥ ४ ॥ अमना दुर्मनाः । तेन शोकेन मुनिकुमारवधजेन शोकेन ॥ ५ ॥ अवाङ्मुखः स्वकृततदप्रियस्मरणाल्लज्जया ॥ ६ ॥ परेष्वपि शत्रुष्वपि ॥ ७ ॥ विमृशमानानां जानतीनाम् ॥ ८ ॥ दृष्टौ लोके परावरावुत्कर्षापकर्षौ यया सा । अपकृष्टा अपि भर्तारमेवं न वदन्तीति भावः ॥ ९ ॥ प्रणाली प्रासादादौ जलनिर्गममार्गः । नवोदकं वर्षजलम् ॥ १० ॥ स्वानुनयाय राज्ञा कृतं राज्ञोऽञ्जलिं पाणिभ्यां गृहीत्वा पद्ममिव मूर्ध्नि बद्ध्वा रुदती त्रस्ता अहमपि कैकेयीव[illegible]वचनादिकं प्राप्तवतीति सीता संभ्रमाद्राज्यत्वादादराच्च आह ॥ ११ ॥ भूमौ निपतितास्मि साष्टाङ्गं प्रणमामि । हे देव, त्वया याचिताहमनुनीताहं हतास्मि । ईश्वरेप्सितवैपरीत्यस्यान्याय्यत्वात् । अतस्त्वया क्षन्तव्या न किंतु दासीवत्प्रहर्तव्येत्यर्थः ॥ १२ ॥ एषा हि लोके सा स्त्री कुलस्त्री न भवति या उभयोर्लोकयोः श्लाघनीयेन पत्या संप्रसाद्यते ॥ १३ ॥ किमप्यत्यनुचितं भाषितं तत्क्षन्तव्यमिति शेषः ॥ १४ ॥ शोक एवमाद्यनुचितव्यवहारप्रवर्तक इत्याह—शोक इत्यादि ॥ १५ ॥ सुसूक्ष्मोऽपि शोकः सोढुं न शक्यते । किं पुनर्महानिति शेषः ॥ १६ ॥ स्वशोकस्य महत्त्वं दर्शयति—वनेति । पञ्चरात्र इत्यस्य गत इति शेषः । तत्र प्रथमा तमसातीरे, द्वितीया गुहपुरे, तृतीया गङ्गातीरे, चतुर्थी प्रयागे, पञ्चमी यमुनातीरे, षष्ठी चित्रकूटे । तद्दिने सुमन्त्रस्यायोध्याप्राप्तिः । अतएवाग्रे षष्ठीति दशरथोक्तिः । अथवाद्य दिने संपूर्णदिनं स्वनिकटे स्थितत्वेन स्वदेशे तमसातीरे एव स्थितत्वेन तद्दिनमगणय्य कौसल्ययाद्य पञ्चरात्रो गण्यत इत्युक्तम् । राजा तु तमपि गृहीत्वा षष्ठीति वक्ष्यति । यत्तु कतकेन निर्गमनात्सप्तरात्रः सुमन्त्रागमनदिने इत्युक्तम्, तदज्ञानात् । गङ्गोत्तरणदिनात्तृतीयेऽहनि चारप्रतिनिवृत्त्युत्तरं सायाह्ने तद्दिन एव सुमन्त्रप्रस्थानस्य वक्तुं शक्यत्वात् । रामस्य निर्गमनाद्दिने षष्ठे

तं हि चिन्तयमानायाः शोकोऽयं हृदि वर्धते । नदीनामिव वेगेन समुद्रसलिलं महत् ॥ १८
एवं हि कथयन्त्यास्तु कौसल्यायाः शुभं वचः । मन्दरश्मिरभूत्सूर्यो रजनी चाभ्यवर्तत ॥ १९
अथ प्रह्लादितो वाक्यैर्देव्या कौसल्यया नृपः । शोकेन च समाक्रान्तो निद्राया वशमेयिवान् ॥ २०

इत्यार्षे श्रीमद्रामायणे वाल्मीकीय आदिकाव्येऽयोध्याकाण्डे द्विषष्टितमः सर्गः ॥ ६२ ॥

त्रिषष्टितमः सर्गः ।

प्रतिबुद्धो मुहूर्तेन शोकोपहतचेतनः । अथ राजा दशरथः स चिन्तामभ्यपद्यत ॥ १
रामलक्ष्मणयोश्चैव विवासाद्वासवोपमम् । आपेदे उपसर्गस्तं तमः सूर्यमिवासुरम् ॥ २
सभार्ये हि गते रामे कौसल्यां कोसलेश्वरः । विवक्षुरसितापाङ्गीं स्मृत्वा दुष्कृतमात्मनः ॥ ३
स राजा रजनीं षष्ठीं रामे प्रव्राजिते वनम् । अर्धरात्रे दशरथः सोऽस्मरद्दुष्कृतं कृतम् ॥ ४
स राजा पुत्रशोकार्तः स्मृत्वा दुष्कृतमात्मनः । कौसल्यां पुत्रशोकार्तामिदं वचनमब्रवीत् ॥ ५
यदाचरति कल्याणि शुभं वा यदि वाशुभम् । तदेव लभते भद्रे कर्ता कर्मजमात्मनः ॥ ६
गुरुलाघवमर्थानामारम्भे कर्मणां फलम् । दोषं वा यो न जानाति स बाल इति होच्यते ॥ ७
कश्चिदाम्रवणं छित्त्वा पलाशांश्च निषिञ्चति । पुष्पं दृष्ट्वा फले गृध्नुः स शोचति फलागमे ॥ ८
अविज्ञाय फलं यो हि कर्म त्वेवानुधावति । स शोचेत्फलवेलायां यथा किंशुकसेवकः ॥ ९
सोऽहमाम्रवणं छित्त्वा पलाशांश्च न्यषेचयम् । रामं फलागमे त्यक्त्वा पश्चाच्छोचामि दुर्मतिः ॥ १०
लब्धशब्देन कौसल्ये कुमारेण धनुष्मता । कुमारः शब्दवेधीति मया पापमिदं कृतम् ॥ ११
तदिदं मेऽनुसंप्राप्तं देवि दुःखं स्वयंकृतम् । संमोहादिह बालेन यथा स्याद्भक्षितं विषम् ॥ १२
यथान्यः पुरुषः कश्चित्पलाशैर्मोहितो भवेत् । एवं मयाप्यविज्ञातं शब्दवेध्यमिदं फलम् ॥ १३
देव्यनूढा त्वमभवो युवराजो भवाम्यहम् । ततः प्रावृडनुप्राप्ता मम कामविवर्धिनी ॥ १४

इति पूर्वलिखितपाठविरोधाच्च ॥ १७ ॥ नदीनां वेगेन समुद्रसलिलमिवेत्युत्प्रेक्षामात्रं न तु तस्य तेन वृद्धिरित्याहुः । परे तु महत्समुद्रसलिलं वेगेन चन्द्रोदयवृद्धिवेगेन नदीनां हृदि तटद्वयान्तरे यथा वर्धत इत्यर्थः । समुद्रगामिनदीनां चन्द्रोदयकालिकसमुद्रवृद्ध्यावृद्धेः कियद्दूरमप्याप्युपलम्भादित्याहुः ॥ १८ ॥ शुभं वचोऽतिदुःखिताया अपि पत्यनुनयपरत्वाद्वचसः शुभत्वम् ॥ १९ ॥ २० ॥ इति श्रीरामाभिरामे श्रीरामीये रामायणतिलके वाल्मीकीय आदिकाव्येऽयोध्याकाण्डे द्विषष्टितमः सर्गः ॥ ६२ ॥

प्रतिबुद्ध इति ॥ १ ॥ वासवोपमं तं दशरथम् । उपसर्ग उपप्लवः । शोक इति यावत् । आसुरं तमोऽसुरस्य राहोः संबन्धि तम आवरणशक्तिर्यथा सूर्यमावृणोति तद्वत् ॥ २ ॥ आत्मनो दुष्कृतं स्मृत्वासितापाङ्गी विवक्षुरभवत् ॥ ३ ॥ षष्ठीं रजनीम् । प्राप्येति शेषः ॥ ४ ॥ ५ ॥ तदेव लभते तत्लभत एवेति च ॥ ६ ॥ अर्थानामैहिकानां कर्मणां पारलौकिकानामारम्भ आरम्भकाले फलं प्रति यो गुरुलाघवं गौरवं लाघवं च दोषं वा दोषं गुणं वा न जानाति केनचिदल्पेन हत्यादिना महदनिष्टं केनचिन्महतापि यागादिनाल्पफलं तथेदं कर्माल्पदोषं बहुगुणमिदं च बहुदोषमल्पगुणमित्येवं न जानाति स बाल इत्युच्यते, न स्तनंधयः ॥ ७ ॥ छित्त्वा । पलाशोपरोधनिवृत्त्यर्थमिति शेषः । पुष्पं दृष्ट्वा पुष्पमहत्त्वं दृष्ट्वा । फलमहत्त्वमनुमायेत्यर्थः । गृध्नुर्लिप्सुः । शोचति स्वतर्कितफलाभावात् ॥ ८ ॥ दृष्टान्तं दार्ष्टान्तिके योजयति—अविज्ञायेति । फलं क्रियमाणकर्मणो भावि फलमविज्ञायाविचार्य कर्म त्वेव कर्मैव तु लौकिकं वैदिकं वानुधावत्यनुतिष्ठति । शोचेत् तप्येदित्यर्थः ॥ ९ ॥ अस्तु प्रकृते किं तत्राह—सोऽहमिति । फलागमे रामकृतस्वोत्तरक्रियया लभ्यपारलौकिकफलप्राप्तिसमये रामाभिषेकजसुखप्राप्तिसमये वा ॥ १० ॥ यदाचरतीत्याद्युक्तविषयमाह—लब्धेति । कुमारोऽजकुमारः शब्दवेधीति लब्धः शब्दो येन तादृशेन मया । शब्दवेधीत्येवं लब्धकीर्तिनेति यावत् । कुमारेण जीवत्पितृकेण । इदं वक्ष्यमाणम् ॥ ११ ॥ तदिदं तत्फलमिदं दुःखम् । अज्ञानकृतकर्मणः कथमेवं फलं तत्राह—संमोहादिति । अज्ञानेनापि भक्षितं विषं यथा बालमपि हन्ति तद्वदित्यर्थः ॥ १२ ॥ शब्दवेध्यं शब्दवेधित्वमित्यर्थे आर्षम् । इदं फलमेवं दुष्फलमिति मयाप्यविज्ञातम् । अयं भावः—यथान्यः प्राकृतः पुरुषः पलाशैः पलाशपुष्पैर्मोहितस्तत्फलं न जानाति, तथाहमपि शब्दवेधित्वं लोकपूज्यं ज्ञात्वा तत्फलमेवं क्रूरमिति न ज्ञातवानिति । कतकस्तु—यथा पलाशपुष्पैरन्यो मोहितो भवति, तथाहम् । कैकेयीवाक्यैरिति शेषः । अथाज्ञानकृतस्यापि विषपानवदावश्यकं फलमित्युपसंहरति—एवमिति । शब्दवेधित्वरूपं सामर्थ्यं प्राप्य यत्कर्माविज्ञातं सत्कृतं तस्य कर्मण इदं फलं कैकेयीवाक्यकृतो मोह इत्यर्थं इत्याह ॥ १३ ॥ तादृशदुष्कर्मप्राप्तिः कदेत्यत्राह—देवीति ॥ १४ ॥

अपास्य हि रसान्भौमांस्तप्त्वा च जगदंशुभिः । परेताचरितां भीमां रविराचरते दिशम् ॥ १५
उष्णमन्तर्दधे सद्यः स्निग्धा ददृशिरे घनाः । ततो जहृषिरे सर्वे भेकसारङ्गबर्हिणः ॥ १६
क्लिन्नपक्षोत्तराः स्नाताः कृच्छ्रादिव पतत्रिणः । वृष्टिवातावधूताग्रान्पादपानभिपेदिरे ॥ १७
पतितेनाम्भसा छन्नः पतमानेन चासकृत् । आबभौ मत्तसारङ्गस्तोयराशिरिवाचलः ॥ १८
पाण्डुरारुणवर्णानि स्रोतांसि विमलान्यपि । सुस्रुवुर्गिरिधातुभ्यः सभस्मानि भुजंगवत् ॥ १९
तस्मिन्नतिसुखे काले धनुष्मानिषुमान्रथी । व्यायामकृतसंकल्पः सरयूमन्वगां नदीम् ॥ २०
निपाने महिषं रात्रौ गजं वाभ्यागतं मृगम् । अन्यद्वा श्वापदं किंचिज्जिघांसुरजितेन्द्रियः ॥ २१
अथान्धकारे त्वश्रौषं जले कुम्भस्य पूर्यतः । अचक्षुर्विषये घोषं वारणस्येव नर्दतः ॥ २२
ततोऽहं शरमुद्धृत्य दीप्तमाशीविषोपमम् । शब्दं प्रति गजप्रेप्सुरभिलक्ष्यमपातयम् ॥ २३
अमुञ्चं निशितं बाणमहमाशीविषोपमम् । तत्र वागुषसि व्यक्ता प्रादुरासीद्वनौकसः ॥ २४
हा हेति पततस्तोये बाणाद्व्यथितमर्मणः । तस्मिन्निपतिते भूमौ वागभूत्तत्र मानुषी ॥ २५
कथमस्मद्विधे शस्त्रं निपतेच्च तपस्विनि । प्रविविक्तां नदीं रात्रावुदाहारोऽहमागतः ॥ २६
इषुणाभिहतः केन कस्य वापकृतं मया । ऋषेर्हि न्यस्तदण्डस्य वने वन्येन जीवतः ॥ २७
कथं नु शस्त्रेण वधो मद्विधस्य विधीयते । जटाभारधरस्यैव वल्कलाजिनवाससः ॥ २८
को वधेन ममार्थी स्यात्किं वास्यापकृतं मया । एवं निष्फलमारब्धं केवलानर्थसंहितम् ॥ २९
न कश्चित्साधु मन्येत यथैव गुरुतल्पगम् । नेमं तथानुशोचामि जीवितक्षयमात्मनः ॥ ३०
मातरं पितरं चोभावनुशोचामि मद्वधे । तदेतन्मिथुनं वृद्धं चिरकालभृतं मया ॥ ३१
मयि पञ्चत्वमापन्ने कां वृत्तिं वर्तयिष्यति । वृद्धौ च मातापितरावहं चैकेषुणा हतः ॥ ३२
केन स्म निहताः सर्वे सुबालेनाकृतात्मना । तां गिरं करुणं श्रुत्वा मम धर्मानुकाङ्क्षिणः ॥ ३३
कराभ्यां सशरं चापं व्यथितस्यापतद्भुवि । तस्याहं करुणं श्रुत्वा ऋषेर्विलपतो निशि ॥ ३४
संभ्रान्तः शोकवेगेन भृशमासं विचेतनः । तं देशमहमागम्य दीनसत्त्वः सुदुर्मनाः ॥ ३५
अपश्यमिषुणा तीरे सरय्वास्तापसं हतम् । अवकीर्णजटाभारं प्रविद्धकलशोदकम् ॥ ३६
पांसुशोणितदिग्धाङ्गं शयानं शल्यवेधितम् । स मामुद्वीक्ष्य नेत्राभ्यां त्रस्तमस्वस्थचेतनम् ॥ ३७

प्रावृषं वर्णयति—अपास्येति । भौमान्रसानपास्य निरस्य । शोषयित्वेति यावत् । तेनैव हेतुना जगत्तप्त्वा परेताचरितामतएव भीमां दिशं दक्षिणां दिशमाचरते गच्छति । 'आविशते' इति पाठान्तरम् । 'उपास्य' इति पाठेऽपि सेवित्वेत्यर्थद्वारा शोषयित्वेत्यत्रैव पर्यवसानं बोध्यम् ॥ १५ ॥ सारङ्गा हरिणाश्चातका वा ॥ १६ ॥ क्लिन्नाः पक्षोत्तराः पक्षोपरिभागा येषाम् । अत एव कृच्छ्रात्कृच्छ्राद्याचरणनिमित्तं स्नाता इव । वृष्टियुक्तवातेन कम्पिताग्रान् ॥ १७ ॥ पतमानेन पतता । मत्ताः सारङ्गा यस्मिंस्तादृशोऽचलस्तोयराशिरिवाबभौ ॥ १८ ॥ गिरिधातुभ्यो धातुरूपहेतुभ्यः । क्वचित्पाण्डुरधातुसंयोगात्पाण्डुराणि । क्वचिदरुणधातुसंयोगादरुणानि । क्वचित्सभस्मानि, भस्मसंबन्धाद्भुजंगवत्कुटिलानीति शेषः ॥ १९ ॥ व्यायामो मृगयाविहारः ॥ २० ॥ जिघांसुरन्वगामित्यन्वयः ॥ २१ ॥ पूर्यतः । शत्रन्तत्वमार्षम् ॥ २२ ॥ शब्दं प्रतिशब्दं लक्ष्यं कृत्वा । यद्वा शब्दावगतवेध्यं प्रति गजप्रेप्सुर्गजरूपं वध्यं प्राप्तुमिच्छुः । तज्जिघांसया शरमुद्धृत्याभिलक्ष्यं संमुखमपातयम् ॥ २३ ॥ यत्र निशितं बाणममुञ्चं तत्र वनौकस आरण्यकमनुष्यस्य बाणाभिहतमर्मणस्तोये पततो हा हेति व्यक्ता वागुषसि प्रादुरासीत्, तत्र भूमौ तस्मिन्निपतिते सति मानुषी वागभूत् ॥ २४ ॥ २५ ॥ तामेव वाणीमाह—कथमित्यादि । अस्मद्विधे तपस्विन्यजातशत्रौ । प्रविविक्तां निर्जनाम् । रात्रावपररात्रे । उदाहार इत्यत्र दीर्घ आर्षः ॥ २६ ॥ न्यस्तदण्डस्य त्यक्तपरपीडस्य ॥ २७ ॥ जटाभारेत्यादिना हन्तुरपि लाभाभावः सूचितः ॥ २८ ॥ मम वधेन कः पुमानर्थी । मनुष्यमांसेन न कस्यापि प्रयोजनमिति व्यर्थ एव मद्वध इति भावः । परलोकनाशकत्वात्केवलानर्थसंहितमिहलोके च फलरहितम् ॥ २९ ॥ कश्चिदिहलोके परत्र वा यथा गुरुतल्पगं न साधु मन्यन्त एवमेनं न मन्येत कोऽपीत्यर्थः । आत्मन इमं जीवितक्षयं नानुशोचामि ॥ ३० ॥ ३१ ॥ एकेनेषुणा वृद्धौ हतौ, अहं च हतः । मद्वधेन तयोर्वधस्य सिद्धत्वादित्याशयः ॥ ३२ ॥ अकृतात्मनाजितेन्द्रियेण । धर्मानुकाङ्क्षिणो धर्मप्रतीक्षाशीलस्य मम कराभ्यामित्यन्वयः ॥ ३३ ॥ करुणं करुणाजनकं वचः श्रुत्वा । विलपतः । 'लालप्यतः' इति पाठे तु यङन्ताच्छता आर्षः ॥ ३४ ॥ ३५ ॥ प्रविद्धं ध्वस्तं पर्यस्तं वा ॥ ३६ ॥ त्रस्तं

इत्युवाच वचः क्रूरं दिधक्षन्निव तेजसा । किं तवापकृतं राजन्वने निवसता मया ॥ ३८
जिहीर्षुरम्भो गुर्वर्थं यदहं ताडितस्त्वया । एकेन खलु बाणेन मर्मण्यभिहते मयि ॥ ३९
द्वावन्धौ निहतौ वृद्धौ माता जनयिता च मे । तौ नूनं दुर्बलावन्धौ मत्प्रतीक्षौ पिपासितौ ॥ ४०
चिरमाशां कृतां कष्टां तृष्णां संधारयिष्यतः । न नूनं तपसो वास्ति फलयोगः श्रुतस्य वा ॥ ४१
पिता यन्मां न जानीते शयानं पतितं भुवि । जानन्नपि च किं कुर्यादशक्तश्चापरिक्रमः ॥ ४२
भिद्यमानमिवाशक्तस्त्रातुमन्यो नगो नगम् । पितुस्त्वमेव मे गत्वा शीघ्रमाचक्ष्व राघव ॥ ४३
न त्वामनुदहेत्क्रुद्धो वनमग्निरिवैधितः । इयमेकपदी राजन्यतो मे पितुराश्रमः ॥ ४४
तं प्रसाद्य गत्वा त्वं न त्वां संकुपितः शपेत् । विशल्यं कुरु मां राजन्मर्म मे निशितः शरः ॥ ४५
रुणद्धि मृदु सोत्सेधं तीरमम्बुरयो यथा । सशल्यः क्लिश्यते प्राणैर्विशल्यो विनशिष्यति ॥ ४६
इति मामविशच्चिन्ता तस्य शल्यापकर्षणे । दुःखितस्य च दीनस्य मम शोकातुरस्य च ॥ ४७
लक्षयामास स ऋषिश्चिन्तां मुनिसुतस्तदा । ताम्यमानं स मां कृच्छ्रादुवाच परमार्थवित् ॥ ४८
सीदमानो विवृत्ताङ्गोऽचेष्टमानो गतः क्षयम् । संस्तभ्य शोकं धैर्येण स्थिरचित्तो भवाम्यहम् ॥ ४९
ब्रह्महत्याकृतं तापं हृदयादपनीयताम् । न द्विजातिरहं राजन्मा भूत्ते मनसो व्यथा ॥ ५०
शूद्रायामस्मि वैश्येन जातो नरवराधिप । इतीव वदतः कृच्छ्राद्बाणाभिहतमर्मणः ॥ ५१
विघूर्णतो विचेष्टस्य वेपमानस्य भूतले । तस्य त्वाताम्यमानस्य तं बाणमहमुद्धरम् ।
स मामुद्वीक्ष्य संत्रस्तो जहौ प्राणांस्तपोधनः ॥ ५२

जलार्द्रगात्रं तु विलप्य कृच्छ्रं मर्मव्रणं संततमुच्छ्वसन्तम् ।
ततः सरय्वां तमहं शयानं समीक्ष्य भद्रे सुभृशं विषण्णः ॥ ५३

इत्यार्षे श्रीमद्रामायणे वाल्मीकीय आदिकाव्येऽयोध्याकाण्डे त्रिषष्टितमः सर्गः ॥ ६३ ॥

चतुःषष्टितमः सर्गः ।

वधमप्रतिरूपं तु महर्षेस्तस्य राघवः । विलपन्नेव धर्मात्मा कौसल्यामिदमब्रवीत् ॥ १
तदज्ञानान्महत्पापं कृत्वा संकुलितेन्द्रियः । एकस्त्वचिन्तयं बुद्ध्या कथं नु सुकृतं भवेत् ॥ २
ततस्तं घटमादाय पूर्णं परमवारिणा । आश्रमं तमहं प्राप्य यथाख्यातपथं गतः ॥ ३

नेत्राभ्यामुद्वीक्ष्य ॥ ३७ ॥ ३८ ॥ ३९ ॥ जनयिता पिता । नूनं निश्चयेन मत्प्रतीक्षौ ॥ ४० ॥ कृतामाशां पुत्रो जलमानेष्यतीत्येवंरूपाम् । ममागमनात्तृष्णां पिपासां च चिरं धारयिष्यतः । तपसः श्रुतस्य वेत्यत्र मामकस्य पित्र्यस्य चेति शेषः । फलयोगः फलसंबन्धो नास्ति ॥ ४१ ॥ अपरिक्रमः संचाराक्षमोऽन्धत्वात् ॥ ४२ ॥ अशक्तिर्वृद्धत्वात् । वातादिना भिद्यमानं नगं वृक्षमन्यो नग इव मां त्रातुमशक्तः । त्वमेव मे पितुराचक्ष्व ॥ ४३ ॥ एधितो वर्धितो वह्निर्वनमिव त्वां न दहेत् । मा दहत्वित्यर्थः । एकपदी सूक्ष्ममार्गः । यतो यया एकपद्या मे पितुराश्रमः । प्राप्यते सेयमेकपदी ॥ ४४ ॥ तत्र गत्वा तथा प्रसादय यथा त्वां न शपेत् । मां विशल्यं कुरु । ते शरो मे मर्म रुणद्धि पीडयति मृदु सिकताप्रायम् । सोत्सेधमुच्छ्रायवत्तीरम् । अम्बुरयो नदीवेग इव ॥ ४५ ॥ ४६ ॥ ॥ ४७ ॥ मम चिन्तां लक्षयामासेत्यन्वयः । एवं चिन्तया शल्यं नोद्धरतीति ज्ञातवान् । परमार्थः शास्त्रतत्त्वम् । 'परमार्तवत्' इति पाठे परममार्तः सन्नित्यर्थः ॥ ४८ ॥ क्षयं शक्तिक्षयं गतः प्राप्तः । विवृत्ताङ्गः परावृत्तनेत्रः । अचेष्टमानो हस्तपादादिचेष्टारहितः । धैर्येण शोकं संस्तभ्याहं स्थिरचित्तो भवामि । मम चित्ते मोहो नास्तीत्यर्थः । अतो यद्वदामि तच्छृण्वित्यर्थः । शोकं ब्रह्महत्यासिजं संस्तभ्य त्यक्त्वा । अधुना स्थिरचित्तो भवेति पाठान्तरेऽर्थः ॥ ४९ ॥ अतो ब्रह्महत्याकृतं तापं भयम् । अर्धर्चादिस्तापशब्दः ॥ ५० ॥ वैश्येन शूद्रायां जातः करणः । इतीव इत्येवंजातीयकम् ॥ ५१ ॥ आताम्यमानस्य ताम्यतः । व्यथया संकुचिताङ्गस्येति यावत् । उद्धरम् । अडभाव आर्षः । संत्रस्तः प्राणहरत्वात् । तपोधनस्तत्कुमारः ॥ ५२ ॥ कृच्छ्रं मर्मव्रणं प्राप्य विलप्य च संततमुच्छ्वसन्तं सरयूतीरे मृत्वा शयानं वीक्ष्याहं भृशं विषण्णोऽभवमिति कौसल्यां प्रत्युक्तानुवादः ॥ ५३ ॥ इति श्रीरामाभिरामे श्रीरामीये रामायणतिलके वाल्मीकीय आदिकाव्येऽयोध्याका[illegible]
त्रिषष्टितमः सर्गः ॥ ६३ ॥

वधमिति । राघवो दशरथो वधं स्मृत्वा पुत्रं प्रति विलपन्नेव कौसल्यामिदमब्रवीदवदत् ॥ १ ॥ संकुलितेन्द्रियः क्षुभितेन्द्रियः । कथं नु सुकृतं भवेदित्यचिन्तयम् ॥ २ ॥ तत एवं चिन्तानन्तरम् । यथाख्यातपथं मुनिकुमारोपदिष्टं मार्गं प्राप्या-

तत्राहं दुर्बलावन्धौ वृद्धावपरिणायकौ । अपश्यं तस्य पितरौ लूनपक्षाविव द्विजौ ॥ ४
तन्निमित्ताभिरासीनौ कथाभिरपरिश्रमौ । तामाशां मत्कृते हीनावुपासीनावनाथवत् ॥ ५
शोकोपहतचित्तश्च भयसंत्रस्तचेतनः । तच्चाश्रमपदं गत्वा भूयः शोकमहं गतः ॥ ६
पदशब्दं तु मे श्रुत्वा मुनिर्वाक्यमभाषत । किं चिरायसि मे पुत्र पानीयं क्षिप्रमानय ॥ ७
यन्निमित्तमिदं तात सलिले क्रीडितं त्वया । उत्कण्ठिता ते मातेयं प्रविश क्षिप्रमाश्रमम् ॥ ८
यद्व्यलीकं कृतं पुत्र मात्रा ते यदि वा मया । न तन्मनसि कर्तव्यं त्वया तात तपस्विना ॥ ९
त्वं गतिस्त्वगतीनां च चक्षुस्त्वं हीनचक्षुषाम् । समासक्तास्त्वयि प्राणाः कथं त्वं नाभिभाषसे ॥ १०
मुनिमव्यक्तया वाचा तमहं सज्जमानया । हीनव्यञ्जनया प्रेक्ष्य भीतचित्त इवाब्रुवम् ॥ ११
मनसः कर्म चेष्टाभिरभिसंस्तभ्य वाग्बलम् । आचचक्षे त्वहं तस्मै पुत्रव्यसनजं भयम् ॥ १२
क्षत्रियोऽहं दशरथो नाहं पुत्रो महात्मनः । सज्जनावमतं दुःखमिदं प्राप्तं स्वकर्मजम् ॥ १३
भगवंश्चापहस्तोऽहं सरयूतीरमागतः । जिघांसुः श्वापदं किंचिन्निपाने वागतं गजम् ॥ १४
ततः श्रुतो मया शब्दो जले कुम्भस्य पूर्यतः । द्विपोऽयमिति मत्वाहं बाणेनाभिहतो मया ॥ १५
गत्वा तस्यास्ततस्तीरमपश्यमिषुणा हृदि । विनिर्भिन्नं गतप्राणं शयानं भुवि तापसम् ॥ १६
ततस्तस्यैव वचनादुपेत्य परितप्यतः । स मया सहसा बाण उद्धृतो मर्मतस्तदा ॥ १७
स चोद्धृतेन बाणेन सहसा स्वर्गमास्थितः । भगवन्तावुभौ शोचन्नन्धाविति विलप्य च ॥ १८
अज्ञानाद्भवतः पुत्रः सहसाभिहतो मया । शेषमेवं गते यत्स्यात्तत्प्रसीदतु मे मुनिः ॥ १९
स तच्छ्रुत्वा वचः क्रूरं मया तदघशंसिना । नाशकत्तीव्रमायासं स कर्तुं भगवानृषिः ॥ २०
स बाष्पपूर्णवदनो निःश्वसञ्शोकमूर्च्छितः । मामुवाच महातेजाः कृताञ्जलिमुपस्थितम् ॥ २१
यद्येतदशुभं कर्म न स्म मे कथयेः स्वयम् । फलेन्मूर्धा स्म ते राजन्सद्यः शतसहस्रधा ॥ २२
क्षत्रियेण वधो राजन्वानप्रस्थे विशेषतः । ज्ञानपूर्वं कृतः स्थानाच्च्यावयेदपि वज्रिणम् ॥ २३
सप्तधा तु भवेन्मूर्धा मुनौ तपसि तिष्ठति । ज्ञानाद्विसृजतः शस्त्रं तादृशे ब्रह्मवादिनि ॥ २४

रुद्याश्रमं गतः ॥ ३ ॥ तत्राश्रमेऽपरिणायकौ संचारयितृपुरुषान्तररहितौ ॥ ४ ॥ तन्निमित्ताभिः पुत्रनिमित्ताभिः कथाभिर्हेतुभिरपरिश्रमावासीनौ । पुत्रो जलमानेष्यतीत्येवंरूपां तामाशामुपासीनौ सेवमानौ । मत्कृते मत्कृतदुष्कर्मनिमित्तम् । तामाशां प्रति हीनावपि तां सेवमानावपश्यमिति पूर्वेणान्वयः । 'उदासीनौ' इति पाठेऽनाथवदुदासीनौ दुःखिताविव ॥ ५ ॥ तौ दृष्ट्वा शोकोपहतचित्त इत्यादि । भूयोऽधिकम् ॥ ६ ॥ चिरायसि विलम्बयसि ॥ ७ ॥ यन्निमित्तं येन हेतुना एतावत्कालं त्वया सलिले क्रीडितं तेन ते मातोत्कण्ठिता सशोकस्मरणवत्यभूत् । 'यन्न दत्तम्' इति पाठे यत्त्वया शीघ्रं जलमावयोर्न दत्तम्, यत्त्वया सलिले क्रीडितं तेन ते मातोत्कण्ठितेत्यन्वयः ॥ ८ ॥ व्यलीकमप्रियम् ॥ ९ ॥ अगतीनां त्वं गतिः । हीनचक्षुषां त्वं चक्षुः । अतो यन्न भाषसे तत्कथं कस्मात् ॥ १० ॥ सुतपदशब्दत इव सुतधिया सज्जमानया गद्गदया अतएव हीनव्यञ्जनया व्यञ्जनाक्षरव्यक्तिरहितया अतएवाव्यक्तया वाचा वदन्तं मुनिं प्रेक्ष्य भीतचित्त इवाहं तादृश्यैव वाचाब्रुवमित्यन्वयः ॥ ११ ॥ मनस इति । मनसः कर्म भीतिरूपं वाग्बलमाश्रित्य चेष्टाभिरभीतिसाध्यव्यवहारैरभि अभितः संस्तभ्य भीताकारताम्माच्छाद्याभीत इवाचचक्षे ॥ १२ ॥ महात्मनस्तव पुत्रो नाहमिति योजना । सज्जनावमतं सज्जनगर्हितम् । मया भवता चेति शेषः ॥ १३ ॥ तदेवाह—भगवन्निति । निपाने आगतं श्वापदं व्याघ्रादिं गजं वा जिघांसुरित्यन्वयः ॥ १४ ॥ अयं शब्दहेतुः पदार्थ इत्यर्थः । द्विप इति मत्वाहं स्थितस्ततो मया स बाणेन हतः ॥ १५ ॥ गतप्राणं गतकल्पप्राणम् ॥ १६ ॥ तस्यैव त्वत्पुत्रस्यैव वचनाद्बाण उद्धृत इत्यन्वयः ॥ १७ ॥ अन्धौ मातापितरौ कोऽतःपरं रक्षिष्यतीति भगवन्तौ शोचन्विलप्य च स्वर्गमास्थित इत्यन्वयः ॥ १८ ॥ युष्मद्रक्षके पुत्रे एवं गते सति शेषं कर्तव्यं यत्स्यात्तत्र मह्यं भगवान्प्रसीदतु तदुद्दिश्य मामाज्ञापयत्वित्यन्वयः । युष्मद्रक्षणमपि मया कर्तुं शक्यमिति भावः ॥ १९ ॥ एवमज्ञानकृतत्वबोधनाच्छेषायुःपर्यन्तं रक्षणस्यापि कर्तव्यताबोधनाच्च मां दैवान्न भस्मसादकरोदित्याह—स इति । तीव्रमायासं भस्मीभावफलकशापदानम् ॥ २० ॥ २१ ॥ स्मशब्दौ वाक्यालंकारे । फलेद्विशीर्येत् ॥ २२ ॥ ज्ञानपूर्वत्वे सद्योऽनर्थप्राप्तिः स्यादित्याह—क्षत्रियेणेति । विशेषतोऽन्धत्वानाथत्वादेः ज्ञानपूर्वं कृतो यद्ययं वधः स्यात्तदा तच्छ्रवणजो मत्कोपो वज्रिणमपि स्थानाच्च्यावयेत्पातयेत्किमु त्वादृशमित्यर्थः ॥ २३ ॥ पुत्रकोपेनापि तत्कालनाशाभावोऽज्ञानादेवेत्याह—सप्तधा त्विति । स्वापेक्षया तपोन्यूनत्वात्सप्तधेति । ब्रह्मवादिनि ब्रह्मवादिसमे । 'ब्रह्मचारिणि' इति

अज्ञानाद्धि कृतं यस्मादिदं ते तेन जीवसे । अपि ह्यकुशलं न स्याद्राघवाणां कुतो भवान् ॥ २५
नय नौ नृप तं देशमिति मां चाभ्यभाषत । अद्य तं द्रष्टुमिच्छावः पुत्रं पश्चिमदर्शनम् ॥ २६
रुधिरेणावसिक्ताङ्गं प्रकीर्णाजिनवाससम् । शयानं भुवि निःसंज्ञं धर्मराजवशंगतम् ॥ २७
अथाहमेकस्तं देशं नीत्वा तौ भृशदुःखितौ । अस्पर्शयमहं पुत्रं तं मुनिं सह भार्यया ॥ २८
तौ पुत्रमात्मनः स्पृष्ट्वा तमासाद्य तपस्विनौ । निपेततुः शरीरेऽस्य पिता चैनमुवाच ह ॥ २९
नाभिवादयसे माद्य न च मामभिभाषसे । किं च शेषे तु भूमौ त्वं वत्स किं कुपितो ह्यसि ॥ ३०
नन्वहं तेऽप्रियः पुत्र मातरं पश्य धार्मिकीम् । किं च नालिङ्गसे पुत्र सुकुमार वचो वद ॥ ३१
कस्य वा पररात्रेऽहं श्रोष्यामि हृदयंगमम् । अधीयानस्य मधुरं शास्त्रं वान्यद्विशेषतः ॥ ३२
को मां संध्यामुपास्यैव स्नात्वा हुतहुताशनः । श्लाघयिष्यत्युपासीनः पुत्रशोकभयार्दितम् ॥ ३३
कन्दमूलफलं हृत्वा यो मां प्रियमिवातिथिम् । भोजयिष्यत्यकर्मण्यमप्रग्रहमनायकम् ॥ ३४
इमामन्धां च वृद्धां च मातरं ते तपस्विनीम् । कथं पुत्र भरिष्यामि कृपणां पुत्रगर्धिनीम् ॥ ३५
तिष्ठ मा मा गमः पुत्र यमस्य सदनं प्रति । श्वो मया सह गन्तासि जनन्या च समेधितः ॥ ३६
उभावपि च शोकार्तावनाथौ कृपणौ वने । क्षिप्रमेव गमिष्यावस्त्वया हीनौ यमक्षयम् ॥ ३७
ततो वैवस्वतं दृष्ट्वा तं प्रवक्ष्यामि भारतीम् । क्षमतां धर्मराजो मे बिभृयात्पितरावयम् ॥ ३८
दातुमर्हति धर्मात्मा लोकपालो महायशाः । ईदृशस्य ममाक्षय्यामेकामभयदक्षिणाम् ॥ ३९
अपापोऽसि यथा पुत्र निहतः पापकर्मणा । तेन सत्येन गच्छाशु ये लोकास्त्वस्त्रयोधिनाम् ॥ ४०
यां हि शूरा गतिं यान्ति सङ्ग्रामेष्वनिवर्तिनः । हतास्त्वभिमुखाः पुत्र गतिं तां परमां व्रज ॥ ४१
यां गतिं सगरः शैब्यो दिलीपो जनमेजयः । नहुषो धुन्धुमारश्च प्राप्तास्तां गच्छ पुत्रक ॥ ४२
या गतिः सर्वभूतानां स्वाध्यायात्तपसश्च या । भूमिदस्याहिताग्नेश्च एकपत्नीव्रतस्य च ॥ ४३

पाठान्तरम् ॥ २४ ॥ जीवसे जीवसि । ते तव यस्मादिदं कर्म ज्ञानात्कृतं तेन जीवसि । हिः पादपूरणार्थः । यदि ज्ञानपूर्वं कृतमिदं स्यात्तदा राघवाणां कुलमेव न स्यात्, कुतो भवान् । जीवेदिति शेषः ॥ २५ ॥ पश्चिमदर्शनमन्तदर्शनं द्रष्टुमिच्छावोऽतस्तं देशं नयेति मामभाषत ॥ २६ ॥ २७ ॥ अहं तं देशं नीत्वा तं पुत्रमस्पर्शयम् ॥ २८ ॥ तं तदवस्थमात्मनः पुत्रमासाद्य स्पृष्ट्वास्य शरीरे निपेततुः । पितैनमुवाच च ॥ २९ ॥ कुपितो जातकोपः ॥ ३० ॥ 'नन्वहम्' इति पाठः । अप्रिय इति च्छेद इति कतकः । 'न त्वहम्' इति पाठः । अहं यदि तव प्रियो न तथापि मातरं पश्येति संबन्ध इति तीर्थः ॥ ३१ ॥ अन्यद्वा पुराणम् । वैश्याच्छूद्र्यां जातत्वेन संकरत्वाद्वेदे प्रसङ्गो नोक्तः ॥ ३२ ॥ संध्यामिति । तन्त्रमार्गेणेति शेषः । हुतहुताशनो नमस्कारेण मन्त्रेण पञ्चयज्ञान्समापयेदित्युक्तरीत्या । श्लाघयिष्यति श्लाघनमुद्वर्तनं तत्पूर्वकं स्नापयिष्यति । 'नाप्सु श्लाघमानः स्नायात्' इति ब्रह्मचारिप्रकरणस्थापस्तम्बस्मृतौ तथा व्याख्यानात् ॥ ३३ ॥ कन्दं जलोद्भवपद्मादीनाम्, मूलं स्थलोद्भवानामिति तीर्थः । अकर्मण्यं कर्मानुष्ठानाक्षमम् । अप्रग्रहं नीवारादिसंग्रहरहितम् । अनायकं पालकहीनमित्यर्थे तीर्थः । कर्मणि साधुं कर्मण्यमित्यतिथिविशेषणम् । भोजयिष्यति । 'कर्मण्यम्' इत्येव च पाठः । अप्रग्रहं यष्टिग्रहणपूर्वकमार्गप्रदर्शकरहितम् । अत एवानायकं स्नानादिकर्मप्रवर्तकहीनमित्यर्थं कतकः ॥ ३४ ॥ भरिष्यामि । स्वयमन्ध इति शेषः ॥ ३५ ॥ मा मेत्याबाधे द्विर्वचनम् । मामुद्दिश्य तिष्ठ, मा गमः मा गच्छेति वा । समेधितः संगतः ॥ ३६ ॥ यमक्षयं यमगृहम् ॥ ३७ ॥ यमगृहगमने स्वप्रयोजनमाह—तत इति । धर्मराजो मे क्षमतां पुत्रवियोगजनकं पूर्वकृतापराधम् । अयं मे पुत्रः पितरौ बिभृयात्पालयतु ॥ ३८ ॥ ननु त्वया याचितेऽपि कथमेतल्लभ्यतेऽत आह—दातुमिति । लोकपालोपम ईदृशस्यानाथस्याभयदक्षिणां पुत्रदानेन । तदभावेन महाभयप्राप्तेरिति भावः । कतकस्तु—'यतोऽयं मे पुत्रः पितरौ बिभृयात्, अतोऽस्य धर्मराजो भवान्क्षमतां शस्त्रघातजन्यदुर्मरणजनकं पापं क्षमताम्' एवं मया प्रार्थितो दुर्मरणजां दुर्गतिं दूरीकृत्य त्वां स्वर्गं नयिष्यति' ईदृशस्य तपस्विनो ममैकां पुत्रतारणरूपाभयदक्षिणां लोकपालत्वाद्दातुमर्हतीत्यर्थमाह ॥ ३९ ॥ अथ अमृतस्य पुनर्लाभमशक्यं मत्वा विश्वामित्र इव त्रिशङ्कुं स्वमहिम्ना सुतं स्वर्गं प्रापयति—आपापोऽसीत्यादि । अपापस्त्वं पुत्र, पापकर्मणानेन क्षत्रियेण यथा निहतोऽसि, तेन हननेन प्रायश्चित्तरूपेण शुद्धः सत्येन मदीयेनास्त्रयोधिनां शूराणां लोकान्गच्छेत्यर्थः । यद्वा हे पुत्र, पापेन कर्मणा शस्त्रवधलक्षणेन निहतो यथा यद्यपि त्वमसि, तथा तेन मदीयेन सत्येनापापो भूत्वास्त्रयोधिनां लोकान्गच्छ ॥ ४० ॥ उक्तमेवार्थं पुनराह—यामिति ॥ ४१ ॥ तमेवार्थं विशेषत आह—यां गतिमिति ॥ ४२ ॥ सर्वभूतानां गतिराश्रयो ब्रह्म । एकपत्नीव्रता रामादयः ॥ ४३ ॥

गोसहस्रप्रदातॄणां गुरुसेवाभृतामपि । देहन्यासकृतां या च तां गतिं गच्छ पुत्रक ॥ ४४
न हि त्वस्मिन्कुले जातो गच्छत्यकुशलां गतिम् । स तु यास्यति येन त्वं निहतो मम बान्धवः ॥ ४५
एवं स कृपणं तत्र पर्यदेवयतासकृत् । तथोक्त्वा कर्तुमुदकं प्रवृत्तः सह भार्यया ॥ ४६
स तु दिव्येन रूपेण मुनिपुत्रः स्वकर्मभिः । स्वर्गमध्यारुहत्क्षिप्रं शक्रेण सह धर्मवित् ॥ ४७
आबभाषे च तौ वृद्धौ शक्रेण सह तापसः । आश्वस्य च मुहूर्तं तु पितरं वाक्यमब्रवीत् ॥ ४८
स्थानमस्मि महत्प्राप्तो भवतोः परिचारणात् । भवन्तावपि च क्षिप्रं मम मूलमुपैष्यथः ॥ ४९
एवमुक्त्वा तु दिव्येन विमानेन वपुष्मता । आरुरोह दिवं क्षिप्रं मुनिपुत्रो जितेन्द्रियः ॥ ५०
स कृत्वाथोदकं तूर्णं तापसः सह भार्यया । मामुवाच महातेजाः कृताञ्जलिमुपस्थितम् ॥ ५१
अद्यैव जहि मां राजन्मरणे नास्ति मे व्यथा । यः शरेणैकपुत्रं मां त्वमकार्षीरपुत्रकम् ॥ ५२
त्वयापि च यदज्ञानान्निहतो मे स बालकः । तेन त्वामपि शप्स्येऽहं सुदुःखमतिदारुणम् ॥ ५३
पुत्रव्यसनजं दुःखं यदेतन्मम सांप्रतम् । एवं त्वं पुत्रशोकेन राजन्कालं करिष्यसि ॥ ५४
अज्ञानात्तु हतो यस्मात्क्षत्रियेण त्वया मुनिः । तस्मात्त्वां नाविशत्याशु ब्रह्महत्या नराधिप ॥ ५५
त्वामप्येतादृशो भावः क्षिप्रमेव गमिष्यति । जीवितान्तकरो घोरो दातारमिव दक्षिणाम् ॥ ५६
एवं शापं मयि न्यस्य विलप्य करुणं बहु । चितामारोप्य देहं तन्मिथुनं स्वर्गमभ्ययात् ॥ ५७
तदेतच्चिन्तयानेन स्मृतं पापं मया स्वयम् । तदा बाल्यात्कृतं देवि शब्दवेध्यनुकर्षिणा ॥ ५८
तस्यायं कर्मणो देवि विपाकः समुपस्थितः । अपथ्यैः सह संभुक्ते व्याधिरन्नरसे यथा ॥ ५९
तस्मान्मामागतं भद्रे तस्योदारस्य तद्वचः । इत्युक्त्वा स रुदंस्त्रस्तो भार्यामाह तु भूमिपः ॥ ६०
यदहं पुत्रशोकेन संत्यजिष्यामि जीवितम् । चक्षुर्भ्यां त्वां न पश्यामि कौसल्ये त्वं हि मां स्पृश ॥ ६१
यमक्षयमनुप्राप्ता द्रक्ष्यन्ति नहि मानवाः । यदि मां संस्पृशेद्रामः सकृदन्वारमेत वा ॥ ६२
धनं वा यौवराज्यं वा जीवेयमिति मे मतिः । न तन्मे सदृशं देवि यन्मया राघवे कृतम् ॥ ६३
सदृशं तत्तु तस्यैव यदनेन कृतं मयि । दुर्वृत्तमपि कः पुत्रं त्यजेद्भुवि विचक्षणः ॥ ६४
कश्च प्रव्राज्यमानो वा नासूयेत्पितरं सुतः । चक्षुषा त्वां न पश्यामि स्मृतिर्मम विलुप्यते ॥ ६५
दूता वैवस्वतस्यैते कौसल्ये त्वरयन्ति माम् । अतस्तु किं दुःखतरं यदहं जीवितक्षये ॥ ६६

गुरुसेवाभृतस्तत्सेवाकर्तारः । देहन्यासकृतो महाप्रस्थानादिना परलोकार्थं तनुत्यजः ॥ ४४ ॥ अस्मिन्कुले मदीये नित्यतपस्विकुले । यास्यति । अकुशलां गतिमित्यनुकर्षः ॥ ४५ ॥ उदकं संस्कारपूर्वकम् ॥ ४६ ॥ स्वर्गमध्यारुहत् । तेन सत्येनाशु गच्छेति वचनानन्तरमेवेति शेषः । शक्रेण सहेत्यनेन मुनिपुत्रं स्वर्गे नेतुं शक्रः समागत इति ध्वनितम् ॥ ४७ ॥ आरुह्य पुनः शक्रेण सहागत्याबभाषे इत्यन्वयः । अस्यैव प्रपञ्चः—आश्वस्येत्यादि । अत्र वक्तुः शोकग्रस्ततया बभाषेऽब्रवीदिति पौनरुक्त्यं न दोषाय ॥ ४८ ॥ भवतोरिति । अनेन मातापितृसेवा धर्मान्तराभावेऽपि सर्वेन्द्रसालोक्यदेति ध्वनितम् । मूलं समीपम् ॥ ४९ ॥ वपुष्मता पुष्पकादिवत्प्रशस्ताकारेण ॥ ५० ॥ ५१ ॥ जहि प्राणैर्वियोजय ॥ ५२ ॥ यदज्ञानान्निहतोऽतः शप्स्ये, न तु प्रत्यक्षमेव भस्मीकरोमि । सुदुःखमतिदारुणमिति क्रियाविशेषणे ॥ ५३ ॥ दुःखं मरणपर्यवसायि सांप्रतं वर्तते । त्वन्निमित्तमिति शेषः । कालं करिष्यसि मृत्युं प्राप्स्यसि ॥ ५४ ॥ ब्रह्महत्या तत्समं पापम् ॥ ५५ ॥ एतादृशो भावः पुत्रशोकेन मरणरूपः । यथा तत्तद्वत्खु दक्षिणां दातारम् । यथा सा दक्षिणान्यतः प्राप्ता भवति तद्वत् ॥ ५६ ॥ देहे देहौ ॥ ५७ ॥ शब्दवेध्यनुकर्षिणा प्रथमं शब्दवेधिना पश्चाद्विद्धशल्यानुकर्षणमपि कृतवता । पापं मुनिकुमारवधरूपम् । तीर्थस्तु—'शब्दवेध्यानुशिक्षिणा' इति पाठम्, शब्देन वेद्धुं योग्यं शब्दवेध्यं तदनुशिक्षितुं शीलं यस्य तेनेत्यर्थं चाह । तदसमञ्जसमिति स्पष्टमेव ॥ ५८ ॥ विपाकः फलम् । अपथ्यैर्व्यञ्जनैः सह भुक्तेऽन्नरसे व्याधिर्यथोपतिष्ठते । 'व्याधिमन्नरसो यथा' इति पाठे उपस्थापयतीति शेषः ॥ ५९ ॥ उदारस्य श्रेष्ठस्य । तद्वचस्तद्वचःफलम् । त्रस्तो मरणभयादिति शेषः । रुदञ्जीवितं त्यक्ष्यामीति भार्यामाहेति संबन्धः ॥ ६० ॥ चक्षुर्भ्यां न पश्यामि । मुमूर्षुत्वादिति भावः ॥ ६१ ॥ नहि द्रक्ष्यन्तीति । इह विद्यमानान्स्वेष्टबन्धूनिति शेषः । इतःपरं त्वत्स्पर्शादिकं मे दुर्लभमिति भावः । यदि मामद्य रामः सकृदपि स्पृशेत् । अन्वारमेत्किंचिद्द्वारा वा स्पृशेत् ॥ ६२ ॥ यदि वा धनं कोशं यौवराज्यं वा लभेत, तदा जीवेयम् । राघवे यन्मया कृतं विवासनरूपं तन्मे वृत्तस्य सदृशं न ॥ ६३ ॥ अनेन रामेण यन्मयि कृतं राज्यं त्यक्त्वा मद्वचःपरिपालनरूपं तत्तस्यैव सदृशम् । अनन्वयोऽलंकारः । मत्सदृशोऽन्यायकृद्रामसदृश उचितकर्ता च

नहि पश्यामि धर्मज्ञं रामं सत्यपराक्रमम् । तस्य दर्शनजः शोकः सुतस्याप्रतिकर्मणः ॥ ६७
उच्छोषयति वै प्राणान्वारि स्तोकमिवातपः । न ते मनुष्या देवास्ते ये चारुशुभकुण्डलम् ॥ ६८
मुखं द्रक्ष्यन्ति रामस्य वर्षे पञ्चदशे पुनः । पद्मपत्रेक्षणं सुभ्रु सुदंष्ट्रं चारुनासिकम् ॥ ६९
धन्या द्रक्ष्यन्ति रामस्य ताराधिपसमं मुखम् । सदृशं शारदस्येन्दोः फुल्लस्य कमलस्य च ॥ ७०
सुगन्धि मम रामस्य धन्या द्रक्ष्यन्ति ये मुखम् । निवृत्तवनवासं तमयोध्यां पुनरागतम् ॥ ७१
द्रक्ष्यन्ति सुखिनो रामं शुक्रं मार्गगतं यथा । कौसल्ये चित्तमोहेन हृदयं सीदतेतराम् ॥ ७२
वेदये न च संयुक्ताञ्शब्दस्पर्शरसानहम् । चित्तनाशाद्विपद्यन्ते सर्वाण्येवेन्द्रियाणि हि ।
क्षीणस्नेहस्य दीपस्य संरक्ता रश्मयो यथा ॥ ७३
अयमात्मभवः शोको मामनाथमचेतनम् । संसाधयति वेगेन यथा कूलं नदीरयः ॥ ७४
हा राघव महाबाहो हा ममायासनाशन । हा पितृप्रिय मे नाथ हा ममासि गतः सुत ॥ ७५
हा कौसल्ये न पश्यामि हा सुमित्रे तपस्विनि । हा नृशंसे ममामित्रे कैकेयि कुलपांसनि ॥ ७६
इति मातुश्च रामस्य सुमित्रायाश्च संनिधौ । राजा दशरथः शोचञ्जीवितान्तमुपागमत् ॥ ७७

तथा तु दीनः कथयन्नराधिपः प्रियस्य पुत्रस्य विवासनातुरः ।
गतेऽर्धरात्रे भृशदुःखपीडितस्तदा जहौ प्राणमुदारदर्शनः ॥ ७८

इत्यार्षे श्रीमद्रामायणे वाल्मीकीय आदिकाव्येऽयोध्याकाण्डे चतुःषष्टितमः सर्गः ॥ ६४ ॥

पञ्चषष्टितमः सर्गः ।

अथ रात्र्यां व्यतीतायां प्रातरेवापरेऽहनि । वन्दिनः पर्युपातिष्ठंस्तत्पार्थिवनिवेशनम् ॥ १
सूताः परमसंस्कारा मागधाश्चोत्तमश्रुताः । गायकाः श्रुतिशीलाश्च निगदन्तः पृथक्पृथक् ॥ २
राजानं स्तुवतां तेषामुदात्ताभिहिताशिषाम् । प्रासादाभोगविस्तीर्णः स्तुतिशब्दो ह्यवर्तत ॥ ३
ततस्तु स्तुवतां तेषां सूतानां पाणिवादकाः । अपदानान्युदाहृत्य पाणिवादान्यवादयन् ॥ ४
तेन शब्देन विहगाः प्रतिबुद्धाश्च सस्वनुः । शाखास्थाः पञ्जरस्थाश्च ये राजकुलगोचराः ॥ ५
व्याहृताः पुण्यशब्दाश्च वीणानां चापि निःस्वनाः । आशीर्गेयं च गाथानां पूरयामास वेश्म तत् ॥ ६
ततः शुचिसमाचाराः पर्युपस्थानकोविदाः । स्त्रीवर्षवरभूयिष्ठा उपतस्थुर्यथा पुरा ॥ ७
हरिचन्दनसंपृक्तमुदकं काञ्चनैर्घटैः । आनिन्युः स्नानशिक्षाज्ञा यथाकालं यथाविधि ॥ ८

भुवि नाभूदस्ति भविष्यति वान्य इत्याह—दुर्वृत्तमपीति ॥ ६४ ॥ ६५ ॥ ६६ ॥ ६७ ॥ स्तोकमल्पं वारि आतपो यथा शुष्कं करोति । ये द्रक्ष्यन्ति न ते मनुष्याः, किंतु देवांशा एव ॥ ६८ ॥ ६९ ॥ ७० ॥ ७१ ॥ शुक्रं मार्गगतं यथा । मौढ्यादि विहाय स्वोच्चमार्गगतं शुक्रमिवेत्यर्थ इति तीर्थः । कतकस्तु—'शुकं मार्गगतं यथा' इति पाठः, हस्तात्पञ्जराद्वारान्यदेशगतं पुनश्च मार्गं यथास्थानं गतं प्राप्तं शुकं क्रीडाशुकमिवेत्यर्थं इत्याह । चित्तमोहेन दुःखातिशयप्राप्तमूर्च्छया । सीदतेतरामतिशयेन शीर्यतीव ॥ ७२ ॥ वेदये जानामि । संयुक्तानिन्द्रियसंयुक्तान् । संरक्ता भस्मतां प्राप्ता यथा दीपस्य रश्मयो विपद्यन्ते तथेन्द्रियाणीत्यर्थः ॥ ७३ ॥ संसाधयति नाशयति ॥ ७४ ॥ ७५ ॥ ७६ ॥ ७७ ॥ ७८ ॥

इति श्रीरामाभिरामे श्रीरामीये रामायणतिलके वाल्मीकीय आदिकाव्येऽयोध्याकाण्डे चतुःषष्टितमः सर्गः ॥ ६४ ॥

अथेति ॥ १ ॥ परमसंस्कारा व्याकरणादिशिक्षावन्तः परमालंकारा वा मागधा वंशावलीकीर्तकाः । 'मङ्गलाः' इति पाठेऽपि मङ्गलपाठकास्त एव । उत्तमश्रुता उत्तमं श्रुतं वंशपरम्पराश्रवणमेषां ते मागधाः । श्रुतिशीला गायकास्तन्त्रीनादविभाजनशीला गायकाः । पृथक्पृथङ् निगदन्तः । स्वस्वमार्गानुसारेणेति शेषः ॥ २ ॥ उदात्तमुच्चैःस्वरेणाभिहिता आशिषो यैस्तेषाम् । प्रासादानामाभोगेषु मध्येषु विस्तीर्णः । प्रतिध्वनिनेति शेषः ॥ ३ ॥ पाणिवादकाः पाणिवादनशीलाः । अपदानानि राज्ञा वृत्ताद्भुतकर्माण्युदाहृत्य तदनुगतं पाणिवादान्यवादयन् ॥ ४ ॥ सस्वनुः । फणादित्वात्पक्षे एत्वाभ्यासलोपाभावः । ये राजकुलगोचरा राजकुलवासयोग्या ये शुकादयः ॥ ५ ॥ तैः पूर्वश्लोकोक्तैः शुकादिभिर्व्याहृताः पुण्यशब्दाः काशीगङ्गादिरूपाः । गाथानां केवलगायकानामाशीर्गेयमाशीर्वादप्रधानं गानम् । यद्वा गाथा राज्ञां चरित्रादिप्रतिपादिकास्तासामाशीर्वादघटितं गानमित्यर्थः ॥ ६ ॥ पर्युपस्थानं परिचर्या । स्त्रीभिर्वर्षवरैः षण्ढैश्च भूयिष्ठाः । 'षण्ढो वर्षवरस्तुल्यौ' । परिचारका इति शेषः ॥ ७ ॥ स्नानशिक्षाज्ञाः स्नानविधिज्ञाः । यद्वारुणोदयात्पूर्वमेवोषसि स्नानार्थं जलमानेतव्यमिति शिक्षाज्ञाः ॥ ८ ॥

मङ्गलालम्भनीयानि प्राशनीयान्युपस्करान् । उपानिन्युस्तथा पुण्याः कुमारीबहुलाः स्त्रियः ॥ ९
सर्वलक्षणसंपन्नं सर्वं विधिवदर्चितम् । सर्वं सुगुणलक्ष्मीवत्तदभूदाभिहारिकम् ॥ १०
ततः सूर्योदयं यावत्सर्वं परिसमुत्सुकम् । तस्थावनुपसंप्राप्तं किंस्विदित्युपशङ्कितम् ॥ ११
अथ याः कोशलेन्द्रस्य शयनं प्रत्यनन्तराः । ताः स्त्रियस्तु समागम्य भर्तारं प्रत्यबोधयन् ॥ १२
अथाप्युचितवृत्तास्ता विनयेन नयेन च । नह्यस्य शयनं स्पृष्ट्वा किंचिदप्युपलेभिरे ॥ १३
ताः स्त्रियः स्वप्नशीलज्ञाश्चेष्टां संचलनादिषु । ता वेपथुपरीताश्च राज्ञः प्राणेषु शङ्किताः ॥ १४
प्रतिस्रोतस्तृणाग्राणां सदृशं संचकाशिरे । अथ संदेहमानानां स्त्रीणां दृष्ट्वा च पार्थिवम् ।
यत्तदाशङ्कितं पापं तदा जज्ञे विनिश्चयः ॥ १५
कौसल्या च सुमित्रा च पुत्रशोकपराजिते । प्रसुप्ते न प्रबुध्येते यथाकालसमन्विते ॥ १६
निष्प्रभा सा विवर्णा च सन्ना शोकेन संनता । न व्यराजत कौसल्या तारेव तिमिरावृता ॥ १७
कौसल्यानन्तरं राज्ञः सुमित्रा तदनन्तरम् । न स्म विभ्राजते देवी शोकाश्रुलुलितानना ॥ १८
ते च दृष्ट्वा तदा सुप्ते उभे देव्यौ च तं नृपम् । सुप्तमेवोद्गतप्राणमन्तःपुरमदृश्यत ॥ १९
ततः प्रचुक्रुशुर्दीनाः सस्वरं ता वराङ्गनाः । करेणव इवारण्ये स्थानप्रच्युतयूथपाः ॥ २०
तासामाक्रन्दशब्देन सहसोद्गतचेतने । कौसल्या च सुमित्रा च त्यक्तनिद्रे बभूवतुः ॥ २१
कौसल्या च सुमित्रा च दृष्ट्वा स्पृष्ट्वा च पार्थिवम् । हा भर्तेति परिक्रुश्य पेततुर्धरणीतले ॥ २२
सा कोसलेन्द्रदुहिता चेष्टमाना महीतले । न भ्राजते रजोध्वस्ता तारेव गगनच्युता ॥ २३
नृपे शान्तगुणे जाते कौसल्यां पतितां भुवि । अपश्यंस्ताः स्त्रियः सर्वा हतां नागवधूमिव ॥ २४
ततः सर्वा नरेन्द्रस्य कैकेयीप्रमुखाः स्त्रियः । रुदत्यः शोकसंतप्ता निपेतुर्गतचेतनाः ॥ २५
ताभिः स बलवान्नादः क्रोशन्तीभिरनुद्रुतः । येन स्फीतीकृतो भूयस्तद्गृहं समनादयत् ॥ २६
तत्समुत्त्रस्तसंभ्रान्तपर्युत्सुकजनाकुलम् । सर्वतस्तुमुलाक्रन्दं परितापार्तबान्धवम् ॥ २७

मङ्गलालम्भनीयानि मङ्गलार्थमालम्भनीयानि स्पर्शनीयानि गवादीनि । 'आलम्भः स्पर्शहिंसयोः' । प्राशनीयानि गङ्गोदकादीनि । दन्तधावनानन्तरं गण्डूषत्वेन प्राशनीयानि यानि नारिकेलोदकजीरकोदकानि च । उपस्करा दर्पणवस्त्राभरणादयः । कुमारीबहुलाः कुमार्यो बहुला यासु ताः । स्त्रियो वरनार्यः ॥ ९ ॥ आभिहारिकं प्रातःसमये राज्ञो यदभिहर्तव्यं मङ्गलार्थमानेतव्यम्, तत्सर्वं सर्वलक्षणयुक्तम् । सर्वं विधिवदर्चितं यथायोग्यं बहूकृतम् । सुगुणं च तल्लक्ष्मीवच्च ॥ १० ॥ परिसमुत्सुकम् । राजदर्शनं प्रतीति शेषः । तस्थौ । ततोऽनुपसंप्राप्तमप्राप्तराजदर्शनमत एव किंस्विदित्युपशङ्कितमभूत् ॥ ११ ॥ शयनं प्रति अनन्तरा आसन्नाः कौसल्यादिव्यतिरिक्ताः प्रत्यबोधयन्प्रतिबोधनोचितमृदुविनीतवचनैः स्पर्शैश्च ॥१२॥ उचितवृत्ताः स्पर्शनादिव्यापारोचिताः । किंचिदपि जीवचेष्टादि ॥१३॥ स्वप्नशीलज्ञाः स्वप्नभावज्ञाः । संचलनादिषु हृदयकरमूलनाडिषु चेष्टा नोपलेभिरे । ततो वेपथुयुक्ता राज्ञः प्राणेषु शङ्किता आसन् ॥ १४ ॥ प्रतिस्रोत इति । स्रोतोभिमुखस्थितवेतसादितृणाग्राणां सदृशं कम्पं संचकाशिरे प्रकाशितवत्यः । प्राप्ता इति यावत् । संदेहमानानां संदिहानानाम् । यदाशङ्कितं पापं मरणपूर्वम् । राज्ञेति शेषः । तस्य निश्चयो जज्ञे जातः ॥१५॥ यथाकालसमन्विते मृते इव । यद्वा यथाकालसमन्विते बह्वीषु रात्रिषु दुःखतो जागरणादयथाकाले प्रत्युषसि निद्रया समन्विते इत्यर्थः ॥ १६ ॥ शोकेन सन्नोपहता । संनता सुप्तिवशसंकुचितहस्तपादादिकरणा । कौसल्येति । अत्र सुप्तेति शेषः ॥ १७ ॥ न विभ्राजते न विशेषेण भ्राजते । तत्र हेतुः—शोकेत्यादि ॥ १८ ॥ ते उभे देव्यौ प्रश्वासादिना सुप्ते दृष्ट्वा नृपं च तं सुप्तमेव सन्तं तदवस्थायामेवोद्गतप्राणं लक्षणतो दृष्ट्वा सर्वमेवान्तःपुरमुद्गतप्राणं तत्कल्पमदृश्यत । 'अमन्यत' इति पाठेऽन्तःपुरं कर्तृ । नृपमुद्गतप्राणममन्यतेत्यर्थः । तीर्थस्तु—अदृश्यतेत्येतत्परस्परमपश्यदित्यर्थं व्याचष्टे ॥ १९ ॥ स्थानाद्वासस्थानात्प्रच्युतो यूथपो महागजो यासां ताः करेणव इव प्रचुक्रुशुरित्यन्वयः ॥ २० ॥ २१ ॥ हा भर्तेति । भर्तरितीत्यर्थः ॥ २२ ॥ अयोध्याजनपदवाची कोशलशब्दस्तालव्यमध्यः । कौसल्यापितृदेशवाची तु दन्त्यमध्यः ॥ २३ ॥ शान्तगुणे उपशान्तजीवनधर्मे ॥ २४ ॥ २५ ॥ ताभिः कैकेयीप्रभृतिभिः पश्चादन्तःपुरं प्रविष्टाभिः स्वनादेन प्रथमप्रविष्टानां स्त्रीणां बलवान्नादोऽनुद्रुतो युक्तः । अभूदिति शेषः । येनानुद्रवणेन स्फीतीकृतो वर्धितः स नादो भूयोऽधिकं तद्गेहं समनादयद्व्याप्तवान् । तीर्थस्तु—'येन स्थिरीकृतं भूयः' इति पठित्वा येन नादेन स्थिरीकृतं मुखरितं तद्गृहं कर्तृ भूयोऽत्यर्थं समनादयदनददित्यर्थमाह ॥ २६ ॥ पर्युत्सुकजनाकुलं पूर्ववृत्तान्त-

सद्योनिपतितानन्दं दीनं विक्लवदर्शनम् । बभूव नरदेवस्य सद्म दिष्टान्तमीयुषः ॥ २८
अतीतमाज्ञाय तु पार्थिवर्षभं यशस्विनं तं परिवार्य पत्नयः ।
भृशं रुदत्यः करुणं सुदुःखिताः प्रगृह्य बाहू व्यलपन्ननाथवत् ॥ २९

इत्यार्षे श्रीमद्रामायणे वाल्मीकीय आदिकाव्येऽयोध्याकाण्डे पञ्चषष्टितमः सर्गः ॥ ६५ ॥

षट्षष्टितमः सर्गः ।

तमग्निमिव संशान्तमम्बुहीनमिवार्णवम् । गतप्रभमिवादित्यं स्वर्गस्थं प्रेक्ष्य भूमिपम् ॥ १
कौसल्या बाष्पपूर्णाक्षी विविधं शोककर्शिता । उपगृह्य शिरो राज्ञः कैकेयीं प्रत्यभाषत ॥ २
सकामा भव कैकेयि भुङ्क्ष्व राज्यमकण्टकम् । त्यक्त्वा राजानमेकाग्रा नृशंसे दुष्टचारिणि ॥ ३
विहाय मां गतो रामो भर्ता च स्वर्गतो मम । विपथे सार्थहीनेव नाहं जीवितुमुत्सहे ॥ ४
भर्तारं तु परित्यज्य का स्त्री दैवतमात्मनः । इच्छेज्जीवितुमन्यत्र कैकेय्यास्त्यक्तधर्मणः ॥ ५
न लुब्धो बुध्यते दोषान्किंपाकमिव भक्षयन् । कुब्जानिमित्तं कैकेय्या राघवाणां कुलं हतम् ॥ ६
अनियोगे नियुक्तेन राज्ञा रामं विवासितम् । सभार्यं जनकः श्रुत्वा परितप्स्यत्यहं यथा ॥ ७
स मामनाथां विधवां नाद्य जानाति धार्मिकः । रामः कमलपत्राक्षो जीवन्नाशमितो गतः ॥ ८
विदेहराजस्य सुता तथा चारुतपस्विनी । दुःखस्यानुचिता दुःखं वने पर्युद्विजिष्यति ॥ ९
नदतां भीमघोषाणां निशासु मृगपक्षिणाम् । निशम्यमाना संत्रस्ता राघवं संश्रयिष्यति ॥ १०
वृद्धश्चैवाल्पपुत्रश्च वैदेहीमनुचिन्तयन् । सोऽपि शोकसमाविष्टो नूनं त्यक्ष्यति जीवितम् ॥ ११
साहमद्यैव दिष्टान्तं गमिष्यामि पतिव्रता । इदं शरीरमालिङ्ग्य प्रवेक्ष्यामि हुताशनम् ॥ १२
तां ततः संपरिष्वज्य विलपन्तीं तपस्विनीम् । व्यपनिन्युः सुदुःखार्तां कौसल्यां व्यावहारिकाः॥ १३
तैलद्रोण्यां तदामात्याः संवेश्य जगतीपतिम् । राज्ञः सर्वाण्यथादिष्टाश्चक्रुः कर्माण्यनन्तरम् ॥ १४
न तु संकालनं राज्ञो विना पुत्रेण मन्त्रिणः । सर्वज्ञाः कर्तुमीषुस्ते ततो रक्षन्ति भूमिपम् ॥ १५
तैलद्रोण्यां शायितं तं सचिवैस्तु नराधिपम् । हा मृतोऽयमिति ज्ञात्वा स्त्रियस्ताः पर्यदेवयन् ॥ १६

ज्ञानाय पर्युत्सुकजननिविडम् ॥ २७ ॥ दिष्टान्तं कालधर्ममुपेयुषः प्राप्तस्य सद्म परित्रस्तसंभ्रान्तत्वादिगुणविशिष्टं बभूव ॥ २८ ॥ अतीतं मृतं पत्नयः पत्न्यः । बाहू प्रगृह्याभिहत्य । अनाथवदनाथार्हम् ॥ २९ ॥ **इति श्रीरामाभिरामे श्रीरामीये रामायणतिलके वाल्मीकीय आदिकाव्येऽयोध्याकाण्डे पञ्चषष्टितमः सर्गः ॥ ६५ ॥**

तमिति ॥ १ ॥ राज्ञः शिर उपगृह्य । अङ्के कृत्वेत्यर्थः ॥ २ ॥ एकाग्रा पुत्रराज्यैकाग्रचित्ता ॥ ३ ॥ राज्यस्याकण्टकत्वं दर्शयति—विहायेति । विपथे कान्तारे । सार्थहीना सहायभूतपथिकसंघरहिता ॥ ४ ॥ आत्मनो दैवतं भर्तारं परित्यज्य त्यक्तधर्मणस्त्यक्तः स्त्रीधर्मो यया तादृश्याः कैकेय्या अन्यत्र अन्या पुत्रराज्ये का जीवितुमिच्छेत् । 'परिष्वज्य' इति पाठे भर्तारं परिष्वज्य । तेन सह भोगान्भुक्त्वा तं कालान्तरे परित्यज्येति शेषः ॥ ५ ॥ एवं साहसकरणे हेतुमाह—नेति । किंपाको निम्बः । कतकस्तु—किंपाको विषभेदस्तं कोपादिना भक्षयन्नात्महत्यादोषं न बुध्यते तद्वदित्यर्थ इत्याह । तत्र लुब्ध इति नात्यन्तं समञ्जसम् । धनलोभादिना परस्य विषभक्षणं कारयन्यथा हत्यादोषं न बुध्यत इति वक्तुमुचितम् । यत्कैकेय्या राघवाणां कुलं हतं तत्कुब्जानिमित्तं प्रेरकतया ॥ ६ ॥ अनियोगेऽनुचितनियोगे । वरव्याजात्कैकेय्या नियुक्तेन राज्ञा सभार्यं रामं विवासितं श्रुत्वा जनकोऽहमिव परितप्स्यति ॥ ७ ॥ जीवन्नेव नाशमदर्शनं गतः । 'जीवनाशमितो गतः' इति पाठे राज्ञो जीवनाशो यथा भवति तथा गत इत्यर्थः ॥ ८ ॥ चारुतपस्विनी । भर्तृसेवनादित्याशयः । पर्युद्वेगो भयम् । वने दुःखम् । प्राप्येति शेषः ॥ ९ ॥ निशम्यमाना । नादमिति शेषः । 'निशम्य नादम्' इति पाठान्तरम् ॥ १० ॥ अल्पपुत्रश्चेति । जनक इति शेषः । अल्पपुत्र इत्यस्य कन्यामात्रसंततिरित्यर्थ इति तीर्थः ॥ ११ ॥ दिष्टान्तं मरणम् । शरीरालिङ्गनपूर्वकमग्निप्रवेशो हेतुः—पतिव्रतेति ॥ १२ ॥ व्यावहारिका व्यवहारे बाह्याभ्यन्तरसकलराज्यकृत्ये नियुक्ता अमात्या व्यपनिन्युः । अन्तःपुराध्यक्षस्त्रीद्वारा भर्त्रालिङ्गनाद्विमोच्यान्यतो निन्युरित्यर्थः ॥ १३ ॥ तैलद्रोणी तैलपूर्णकटाहः । आदिष्टा वसिष्ठादिभिराज्ञप्ता अमात्यास्तस्यां नृपं संवेश्य स्थापयित्वानन्तरं कर्तव्यानि दुःखपरिपालनादीनि कर्माणि चक्रुः ॥ १४ ॥ पुत्रेण विना संकालनं प्रेतनिर्हारं न कर्तुमीषुः । यतः सर्वज्ञास्ततो हेतोस्तैलद्रोण्यां भूपं रक्षन्ति ॥ १५ ॥ शायितं ज्ञात्वा

बाहूनुच्छ्रित्य कृपणा नेत्रप्रस्रवणैर्मुखैः । रुदत्यः शोकसंतप्ताः कृपणं पर्यदेवयन् ॥ १७
हा महाराज रामेण संततं प्रियवादिना । विहीनाः सत्यसंधेन किमर्थं विजहासि नः ॥ १८
कैकेय्या दुष्टभावाया राघवेण विवर्जिताः । कथं सपत्न्या वत्स्यामः समीपे विधवा वयम् ॥ १९
स हि नाथः स चास्माकं तव च प्रभुरात्मवान् । वनं रामो गतः श्रीमान्विहाय नृपतिश्रियम् ॥ २०
त्वया तेन च वीरेण विना व्यसनमोहिताः । कथं वयं निवत्स्यामः कैकेय्या च विदूषिताः ॥ २१
यया च राजा रामश्च लक्ष्मणश्च महाबलः । सीतया सह संत्यक्ताः सा कमन्यं न हास्यति ॥ २२
ता बाष्पेण च संवीताः शोकेन विपुलेन च । व्यचेष्टन्त निरानन्दा राघवस्य वरस्त्रियः ॥ २३
निशा नक्षत्रहीनेव स्त्रीव भर्तृविवर्जिता । पुरी नाराजतायोध्या हीना राज्ञा महात्मना ॥ २४
बाष्पपर्याकुलजना हाहाभूतकुलाङ्गना । शून्यचत्वरवेश्मान्ता न बभ्राज यथापुरम् ॥ २५

गते तु शोकात्त्रिदिवं नराधिपे महीतलस्थासु नृपाङ्गनासु च ।
निवृत्तचारः सहसा गतो रविः प्रवृत्तचारा रजनी ह्युपस्थिता ॥ २६
ऋते तु पुत्राद्दहनं महीपतेर्नारोचयंस्ते सुहृदः समागताः ।
इतीव तस्मिञ्शयने न्यवेशयन्विचिन्त्य राजानमचिन्त्यदर्शनम् ॥ २७
गतप्रभा द्यौरिव भास्करं विना व्यपेतनक्षत्रगणेव शर्वरी ।
पुरी बभासे रहिता महात्मना कण्ठास्रकण्ठाकुलमार्गचत्वरा ॥ २८
नराश्च नार्यश्च समेत्य संघशो विगर्हमाणा भरतस्य मातरम् ।
तदा नगर्यां नरदेवसंक्षये बभूवुरार्ता न च शर्म लेभिरे ॥ २९

इत्यार्षे श्रीमद्रामायणे वाल्मीकीय आदिकाव्येऽयोध्याकाण्डे षट्षष्टितमः सर्गः ॥ ६६ ॥

सप्तषष्टितमः सर्गः ।

आक्रन्दिता निरानन्दा सास्रकण्ठजनाविला । अयोध्यायामवतता सा व्यतीयाय शर्वरी ॥ १
व्यतीतायां तु शर्वर्यामादित्यस्योदये ततः । समेत्य राजकर्तारः सभामीयुर्द्विजातयः ॥ २
मार्कण्डेयोऽथ मौद्गल्यो वामदेवश्च कश्यपः । कात्यायनो गौतमश्च जावालिश्च महायशाः ॥ ३
एते द्विजाः सहामात्यैः पृथग्वाचमुदीरयन् । वसिष्ठमेवाभिमुखाः श्रेष्ठं राजपुरोहितम् ॥ ४
अतीता शर्वरी दुःखं या नो वर्षशतोपमा । अस्मिन्पञ्चत्वमापन्ने पुत्रशोकेन पार्थिवे ॥ ५
स्वर्गस्थश्च महाराजो रामश्चारण्यमाश्रितः । लक्ष्मणश्चापि तेजस्वी रामेणैव गतः सह ॥ ६
उभौ भरतशत्रुघ्नौ केकयेषु परंतपौ । पुरे राजगृहे रम्ये मातामहनिवेशने ॥ ७

हा मृतोऽयमिति पर्यदेवयन् ॥ १६ ॥ नेत्राणां प्रस्रवणमश्रुप्रवाहो येषु मुखेषु तैः ॥ १७ ॥ १८ ॥ १९ ॥ तव प्रभुस्तव जीवनस्य प्रभुः ॥२०॥ विदूषिता राज्यगर्वातिरस्कृताः ॥२१॥ ॥ २२ ॥ राघवस्य दशरथस्य ॥ २३ ॥ न अराजतेति च्छेदः ॥ २४ ॥ शून्यचत्वरवेश्मान्ता संमार्जनालेपबल्यादिशून्यचत्वराद्यन्ता । यथापुरं यथापूर्वम् ॥ २५ ॥ राज्ञि शोकात्पुत्रशोकात्त्रिदिवं स्वर्गं गते नृपाङ्गनासु च शोकादेव महीतलस्थासु महीतले लुठन्तीषु । निवृत्तचारो निवृत्तकिरणप्रचारः । प्रवृत्तचारा प्रवृत्ततमःप्रचारा ॥२६॥ सुहृदो वसिष्ठाद्याः । पर्युषितदाहनिषेधवचनानि तु विप्रविषयाणीति न विरोधः । तस्मिञ्शयने तैलद्रोण्याम् ॥ २७ ॥ आ-कण्ठं धारारूपेण प्रवहद्भिरस्रैरुपलक्षिताः कण्ठा येषां तैराकुला मार्गाश्चत्वराश्च यस्यां सा ॥ २८ ॥ २९ ॥ एकः श्लोकोऽत्र सर्गे कतकसंख्यया भ्रष्ट इति ज्ञायते ॥ इति श्रीरामाभिरामे श्रीरामीये रामायणतिलके वाल्मीकीय आदिकाव्येऽयोध्याकाण्डे षट्षष्टितमः सर्गः ॥ ६६ ॥

संजाताक्रन्दा अतएव निरानन्दा । विद्यमानास्रकण्ठैर्जनैराविला आकुला । अवतता दुःखवशाद्दीर्घीभूता ॥ १ ॥ राजकर्तारो राज्ञोऽशेषकार्यकर्तारः ॥ २ ॥ ३ ॥ पृथग्वाचं राजकार्यविषये भिन्नभिन्नप्रस्थाना वाचोऽब्रुवन् । एवं च कार्यसिद्धेरयोगाद्वसिष्ठमेवाभिमुखा बभूवुः ॥ ४ ॥ पुत्रशोकेनास्मिन्पार्थिवे पञ्चत्वं मरणमापन्ने सति दुःखं यथा तथा वर्षशतोपमा शर्वर्यतीतेति संबन्धः ॥ ५ ॥ ६ ॥ केकयेषु तदाख्यदेशेषु । अवान्तरभेदापेक्षया बहुवचनमिति कतकः । वस्तुतोऽङ्गा इत्यादिवद्बहुवचनान्त एव जनपदवाचीत्यन्ये । राजगृहे राज-

इक्ष्वाकूणामिहाद्यैव कश्चिद्राजा विधीयताम् । अराजकं हि नो राष्ट्रं विनाशं समवाप्नुयात् ॥ ८
नाराजके जनपदे विद्युन्माली महास्वनः । अभिवर्षति पर्जन्यो महीं दिव्येन वारिणा ॥ ९
नाराजके जनपदे बीजमुष्टिः प्रकीर्यते । नाराजके पितुः पुत्रो भार्या वा वर्तते वशे ॥ १०
अराजके धनं नास्ति नास्ति भार्याप्यराजके । इदमत्याहितं चान्यत्कुतः सत्यमराजके ॥ ११
नाराजके जनपदे कारयन्ति सभां नराः । उद्यानानि च रम्याणि हृष्टाः पुण्यगृहाणि च ॥ १२
नाराजके जनपदे यज्ञशीला द्विजातयः । सत्राण्यन्वासते दान्ता ब्राह्मणाः संशितव्रताः ॥ १३
नाराजके जनपदे महायज्ञेषु यज्वनः । ब्राह्मणा वसुसंपूर्णा विसृजन्त्याप्तदक्षिणाः ॥ १४
नाराजके जनपदे प्रहृष्टनटनर्तकाः । उत्सवाश्च समाजाश्च वर्धन्ते राष्ट्रवर्धनाः ॥ १५
नाराजके जनपदे सिद्धार्था व्यवहारिणः । कथाभिरभिरज्यन्ते कथाशीलाः कथाप्रियैः ॥ १६
नाराजके जनपदे तूद्यानानि समागताः । सायाह्ने क्रीडितुं यान्ति कुमार्यो हेमभूषिताः ॥ १७
नाराजके जनपदे धनवन्तः सुरक्षिताः । शेरते विवृतद्वाराः कृषिगोरक्षजीविनः ॥ १८
नाराजके जनपदे वाहनैः शीघ्रवाहिभिः । नरा निर्यान्त्यरण्यानि नारीभिः सह कामिनः ॥ १९
नाराजके जनपदे बद्धघण्टा विषाणिनः । अटन्ति राजमार्गेषु कुञ्जराः षष्टिहायनाः ॥ २०
नाराजके जनपदे शरान्संततमस्यताम् । श्रूयते तलनिर्घोष इष्वस्त्राणामुपासने ॥ २१
नाराजके जनपदे वणिजो दूरगामिनः । गच्छन्ति क्षेममध्वानं बहुपण्यसमाचिताः ॥ २२
नाराजके जनपदे चरत्येकचरो वशी । भावयन्नात्मनात्मानं यत्र सायंगृहो मुनिः ॥ २३
नाराजके जनपदे योगक्षेमः प्रवर्तते । न चाप्यराजके सेना शत्रून्विषहते युधि ॥ २४
नाराजके जनपदे हृष्टैः परमवाजिभिः । नराः संयान्ति सहसा रथैश्च प्रतिमण्डिताः ॥ २५
नाराजके जनपदे नराः शास्त्रविशारदाः । संवदन्तोपतिष्ठन्ते वनेषूपवनेषु वा ॥ २६
नाराजके जनपदे माल्यमोदकदक्षिणाः । देवताभ्यर्चनार्थाय कल्प्यन्ते नियतैर्जनैः ॥ २७
नाराजके जनपदे चन्दनागुरुरूषिताः । राजपुत्रा विराजन्ते वसन्ते इव शालिनः ॥ २८
यथा ह्यनुदका नद्यो यथा वाप्यतृणं वनम् । अगोपाला यथा गावस्तथा राष्ट्रमराजकम् ॥ २९
ध्वजो रथस्य प्रज्ञानं धूमो ज्ञानं विभावसोः । तेषां यो नो ध्वजो राजा स देवत्वमितो गतः ॥ ३०

गृह्याख्ये पुरे ॥ ७ ॥ इक्ष्वाकूणामुक्तेक्ष्वाकूणां मध्ये । विपक्षे बाधकमाह—अराजकं हीति । हि यतोऽराजकं नो राष्ट्रं विनाशमवाप्नुयात्, अतः कश्चिद्राजा विधीयताम् । 'राजकं सद्धि राष्ट्रं नो नाशं नावाप्नुयाद्यथा' इति कतकसंमतः पाठः । नोऽस्माकं राष्ट्रं राजकं राजयुतं सन्नाशं नाप्नुयाद्यथा तथा कश्चिद्राजा विधीयतामित्यन्वयः । हिर्वाक्यालंकारे ॥ ८ ॥ ९ ॥ बीजमुष्टिर्न प्रकीर्यते बीजानामारोपो न क्रियते फलकाले लुण्टाकशङ्कया । पितुर्वशे पुत्रो भार्या वा पत्युर्वशे न वर्तते । अतिक्रमे दण्डयितृभावात् ॥ १० ॥ धनाद्यभावश्च परिपालकाभावात् । इदमुक्तरूपमत्याहितं महद्भयमराजके प्रथमं प्राप्नोति । 'अत्याहितं महाभीतिः' इत्यमरः । अन्यत्सत्यं पितापुत्रपतिभार्यारूपप्रधानसत्यादन्यत्क्रयविक्रयादिलक्षणं कुतः ॥ ११ ॥ सभां न कारयन्ति । न्यायविचारायेति शेषः । 'केऽपि यन्ति' इति पाठान्तरम् । उद्यानानीत्यादौ न यान्तीत्यनुकर्षः । वस्त्राद्यपहारभयात् । न कारयन्ति वा भयादेव । पुण्यगृहाणि पुण्यसंपादकगृहाणि विप्राद्यर्थानि ॥ १२ ॥ सत्रं यत्र सर्वे ऋत्विजः सर्वे च यजमानाः । नान्वासते नानुतिष्ठन्ति ॥ १३ ॥ वसुसंपूर्णा बहुधनाः । आप्तदक्षिणाः शास्त्रेण यथा प्राप्तदक्षिणा यज्वनो ऋत्विजः प्रति न विसृजन्ति ॥ १४ ॥ नर्तकः सूत्रधारः । नटाश्च प्रहृष्टा यत्र तादृशा उत्सवा देवाद्युत्सवाः । समाजास्तत्तद्राष्ट्रकार्यसिद्धिप्रयोजनाः समूहाः । ते उभयेऽपि दृष्टादृष्टशान्तिद्वारा राष्ट्रवर्धना भवन्ति ते न वर्धन्ते ॥ १५ ॥ व्यवहारिणः कमप्यर्थमुद्दिश्यान्योन्यं विवदमानाः सिद्धार्थाः निर्णीतार्थाः । यद्वा व्यवहारिणः पुण्यजीविनः असिद्धार्था अनिष्पन्नप्रयोजनाः । कथाशीलाः पुराणादिकथाश्रवणशीलाः । कथाप्रियैः कथाकथनप्रियैः पौराणिकैरुक्ताभिः कथाभिर्न रज्यन्ते वक्तृश्रोतॄणां स्वास्थ्याभावात् ॥ १६ ॥ समागता मिलिताः ॥ १७ ॥ १८ ॥ १९ ॥ विषाणिनः प्रशस्तदन्ताः ॥ २० ॥ उपासनेऽभ्यासे ॥ २१ ॥ २२ ॥ एकोऽसहाय एव चरतीत्येकचरो यतिः । वशी जितेन्द्रियः । आत्मना मनसा । आत्मानं ब्रह्म ॥ २३ ॥ २४ ॥ प्रतिमण्डिता भूषिताः । 'प्रतिमण्डितैः' इति पाठान्तरम् ॥ २५ ॥ संवदन्त उपतिष्ठन्ते । संधिस्त्वार्षः ॥ २६ ॥ कल्प्यन्ते प्रवर्त्यन्ते ॥ २७ ॥ २८ ॥ २९ ॥ प्रज्ञानमनुमापकः । तेषां राज्यकर्तॄणां नोऽस्माकं यो राजा ध्वजोऽस्मासु राज्यभारप्रतिष्ठाज्ञापकः स इतो देवत्वं गतः । एवं चास्मानितः परं

नाराजके जनपदे स्वकं भवति कस्यचित् । मत्स्या इव जना नित्यं भक्षयन्ति परस्परम् ॥ ३१
ये हि संभिन्नमर्यादा नास्तिकाश्छिन्नसंशयाः । तेऽपि भावाय कल्पन्ते राजदण्डनिपीडिताः ॥ ३२
यथा दृष्टिः शरीरस्य नित्यमेव प्रवर्तते । तथा नरेन्द्रो राष्ट्रस्य प्रभवः सत्यधर्मयोः ॥ ३३
राजा सत्यं च धर्मश्च राजा कुलवतां कुलम् । राजा माता पिता चैव राजा हितकरो नृणाम् ॥ ३४
यमो वैश्रवणः शक्रो वरुणश्च महाबलः । विशिष्यन्ते नरेन्द्रेण वृत्तेन महता ततः ॥ ३५
अहो तम इवेदं स्यान्न प्रज्ञायेत किंचन । राजा चेन्न भवेल्लोके विभजन्साध्वसाधुनी ॥ ३६
जीवत्यपि महाराजे तवैव वचनं वयम् । नातिक्रमामहे सर्वे वेलां प्राप्येव सागरः ॥ ३७
स नः समीक्ष्य द्विजवर्य वृत्तं नृपं विना राष्ट्रमरण्यभूतम् ।
कुमारमिक्ष्वाकुसुतं तथान्यं त्वमेव राजानमिहाभिषेचय ॥ ३८

इत्यार्षे श्रीमद्रामायणे वाल्मीकीय आदिकाव्येऽयोध्याकाण्डे सप्तषष्टितमः सर्गः ॥ ६७ ॥

अष्टषष्टितमः सर्गः ।

तेषां तद्वचनं श्रुत्वा वसिष्ठः प्रत्युवाच ह । मित्रामात्यजनान्सर्वान्ब्राह्मणांस्तानिदं वचः ॥ १
यदसौ मातुलकुले दत्तराज्यः परं सुखी । भरतो वसति भ्रात्रा शत्रुघ्नेन मुदान्वितः ॥ २
तच्छीघ्रं जवना दूता गच्छन्तु त्वरितं हयैः । आनेतुं भ्रातरौ वीरौ किं समीक्षामहे वयम् ॥ ३
गच्छन्त्विति ततः सर्वे वसिष्ठं वाक्यमब्रुवन् । तेषां तद्वचनं श्रुत्वा वसिष्ठो वाक्यमब्रवीत् ॥ ४
एहि सिद्धार्थ विजय जयन्ताशोकनन्दन । श्रूयतामितिकर्तव्यं सर्वानेव ब्रवीमि वः ॥ ५
पुरं राजगृहं गत्वा शीघ्रं शीघ्रजवैर्हयैः । त्यक्तशोकैरिदं वाच्यः शासनाद्भरतो मम ॥ ६
पुरोहितस्त्वां कुशलं प्राह सर्वे च मन्त्रिणः । त्वरमाणः स निर्याहि कृत्यमात्ययिकं त्वया ॥ ७
मा चास्मै प्रोषितं रामं मा चास्मै पितरं मृतम् । भवन्तः शंसिषुर्गत्वा राघवाणामितः क्षयम् ॥ ८
कौशेयानि च वस्त्राणि भूषणानि वराणि च । क्षिप्रमादाय राज्ञश्च भरतस्य च गच्छत ॥ ९

केऽपि जना न मंस्यन्तीति भावः ॥ ३० ॥ स्वकं जीवनमित्यर्थः ॥ ३१ ॥ ये संभिन्नमर्यादा उल्लङ्घितस्वजातिवर्णाश्रममर्यादाः । अतएव पूर्वं राजदण्डनिपीडिता नास्तिकाः सन्ति तेऽपीदानीं छिन्नसंशया राजदण्डशङ्कारहिताः सन्तो भावाय प्रभुत्वाय कल्पन्ते ॥ ३२ ॥ दृष्टिश्चक्षुर्यथा शरीरस्य हितसाधनेऽहितनिवारणे च नित्यमेव प्रवर्तते, तथा राजा राष्ट्रस्य सत्यधर्मयोः प्रभवः प्रवर्तको राजा प्रजानां हितसाधनेऽहितनिवारणे च नित्यमेव प्रवर्तते ॥ ३३ ॥ राजा सत्यं च धर्मश्च । सत्यधर्मयोः प्रवर्तक इत्यर्थः । कुलवतां क्षेत्रबीजशुद्धिमताम् । कुलं तत्प्रवर्तकः ॥ ३४ ॥ यमादयो महता वृत्तेन युक्तेन राज्ञा विशिष्यन्तेऽतिशय्यन्ते तिरस्क्रियन्ते । यमस्य दण्डमात्रं कुबेरस्य धनदत्वमेवेन्द्रस्य पालनमेव वरुणस्य सदाचारे नियमनमेव गुणचतुष्टयवता राज्ञा ते तिरस्क्रियन्त इति भावः॥३५॥ साध्वसाधुनी विभजन्व्यवस्थापयन्राजा चेन्न स्यात्तदाहो सूर्याभावे तम इव तमसीव न किंचन कर्तव्याकर्तव्ये प्रज्ञायेत प्रतीयेत । तम इति प्रथमा सप्तम्यर्थे । अकारान्ततमशब्दस्य तमे इति सप्तम्यन्तं वा । 'तमस्यपि तमं तथा' इति द्विरूपकोशात् ॥ ३६ ॥ राजनि जीवत्यपि तव वचनं वयं नातिक्रमाम । अत इदानीमपि त्वमेव गतिरिति वसिष्ठं प्रति सर्वेषामुक्तिः ॥ ३७ ॥ स त्वं नोऽस्माकं वृत्तं कृत्यं नृपं विना । प्रमुष्टमिति शेषः । तादृशं वीक्ष्य राष्ट्रं चेदन्तं विनारण्यभूतं समीक्ष्येक्ष्वाकुसुतं भरतं तथान्यं वा कंचिद्राजानमभिषेचय ॥ ३८ ॥

इति श्रीरामाभिरामे श्रीरामीये रामायणतिलके वाल्मीकीय आदिकाव्येऽयोध्याकाण्डे सप्तषष्टितमः सर्गः ॥ ६७ ॥

मित्रामात्यजनाः सुमन्त्रादयः । ब्राह्मणा मार्कण्डेयादयः ॥ १ ॥ यद्यस्माद्राज्ञा कैकेयीवचनाद्दत्तराज्यो भरतो मातुलकुले वसति ॥ २ ॥ अतस्तावानेतुं दूता गच्छन्तु । वयं किं समीक्षामहे विचारयामहे, राज्ञैव भरतराज्यस्य निश्चितत्वादिति भावः ॥ ३ ॥ मन्त्रिणो वसिष्ठवाक्यमनुजानन्ति—गच्छन्त्विति ॥ ४ ॥ सिद्धार्थादयो मन्त्रिसमाननामानो दूता न मन्त्रिण इत्याहुः । अन्ये तु—मन्त्रिणो दूताश्चेमे इत्याहुः । इतिकर्तव्यं गतैर्युष्माभिरनुष्ठेयकृत्यजातम् ॥ ५ ॥ शीघ्रजवैरतिवेगैः । मम शासनाद्भरतो वाच्य इत्यन्वयः ॥ ६ ॥ कथं वाच्यस्तदाह—पुरोहित इति । अत्ययमसह्यकालातिक्रमं तदेवात्ययिकम् । अतिक्रमे अतीत्यव्ययम् । कालातिक्रमे एति नश्यतीति वाच्योऽर्थः । विनयादित्वाट्ठक् । तादृशं कृत्यमस्ति, अतस्त्वरमाणो निर्याहीति वाच्यमित्यनुकर्षः ॥ ७ ॥ इतः स्त्रीरूपान्मूलात्क्षयं मा शंसिषुर्मा कथयन्तु ॥ ८ ॥ राज्ञः केक-

दत्तपथ्यशना दूता जग्मुः स्वं स्वं निवेशनम् । केकयांस्ते गमिष्यन्तो हयानारुह्य संमतान् ॥ १०
ततः प्रास्थानिकं कृत्वा कार्यशेषमनन्तरम् । वसिष्ठेनाभ्यनुज्ञाता दूताः संत्वरितं ययुः ॥ ११
न्यन्तेनापरतालस्य प्रलम्बस्योत्तरं प्रति । निषेवमाणास्ते जग्मुर्नदीं मध्येन मालिनीम् ॥ १२
ते हास्तिनपुरे गङ्गां तीर्त्वा प्रत्यङ्मुखा ययुः । पञ्चालदेशमासाद्य मध्येन कुरुजाङ्गलम् ॥ १३
सरांसि च सुफुल्लानि नदीश्च विमलोदकाः । निरीक्षमाणा जग्मुस्ते दूताः कार्यवशाद्द्रुतम् ॥ १४
ते प्रसन्नोदकां दिव्यां नानाविहगसेविताम् । उपातिजग्मुर्वेगेन शरदण्डां जलाकुलाम् ॥ १५
निकूलवृक्षमासाद्य दिव्यं सत्योपयाचनम् । अभिगम्याभिवाद्यं तं कुलिङ्गां प्राविशन्पुरीम् ॥ १६
अभिकालं ततः प्राप्य तेजोभिभवनाच्च्युताः । पितृपैतामहीं पुण्यां तेरुरिक्षुमतीं नदीम् ॥ १७
अवेक्ष्याञ्जलिपानांश्च ब्राह्मणान्वेदपारगान् । ययुर्मध्येन बाह्लीकान्सुदामानं च पर्वतम् ॥ १८
विष्णोः पदं प्रेक्षमाणा विपाशां चापि शाल्मलीम् । नदीर्वापीतटाकानि पल्वलानि सरांसि च ॥ १९
पश्यन्तो विविधांश्चापि सिंहान्व्याघ्रान्मृगान्द्विपान् । ययुः पथातिमहता शासनं भर्तुरीप्सवः ॥ २०
ते श्रान्तवाहना दूता विकृष्टेन सता पथा । गिरिव्रजं पुरवरं शीघ्रमासेदुरञ्जसा ॥ २१

भर्तुः प्रियार्थं कुलरक्षणार्थं भर्तुश्च वंशस्य परिग्रहार्थम् ।
अहेडमानास्त्वरया स्म दूता रात्र्यां तु ते तत्पुरमेव याताः ॥ २२

इत्यार्षे श्रीमद्रामायणे वाल्मीकीय आदिकाव्येऽयोध्याकाण्डेऽष्टषष्टितमः सर्गः ॥ ६८ ॥

यराजस्य ॥ ९ ॥ दत्तपथ्यशना दत्तं पथ्यशनसाधनं द्रव्यं येषां ते तथा । बाहुलकात्सप्तम्या अलुक् । जग्मुः । स्त्रीपुत्रादेः स्वप्रयाणकथनार्थम् । संमतान् । वेगवत्त्वेनेति शेषः ॥ १० ॥ प्रास्थानिकं कार्यशेषं प्रस्थानप्रयोजनकं कार्यशेषं विशिष्टपाथेयादिसंपादनलक्षणं कृत्वानन्तरं ययुः ॥ ११ ॥ अपरतालस्य तदाख्यदेशस्य न्यन्तेन पश्चिमभागेन । प्रलम्बाख्यदेशस्योत्तरं भागं प्रति निषेवमाणां मालिनीं नदीं मध्येनातीत्य जग्मुः । अपरतालप्रलम्बौ पर्वताविति कतकतीर्थौ । अयोध्यायाः पश्चिमाभिमुखं गच्छन्तस्तयोरन्योन्यं पूर्वापरस्थयोरपरतालप्रलम्बयोर्मध्येन मालिनीं निषेवमाणा उदङ्मुखाः कियद्दूरं गत्वा ततः प्रलम्बस्योत्तरभागेन पश्चिमाभिमुखा जग्मुरित्यर्थ तीर्थ आह ॥ १२ ॥ ते प्रत्यगुदीचीं दिशं यान्तस्तं पञ्चालदेशमासाद्याग्नेयीदिङ्मुखप्रवाहां गङ्गां हस्तिनापुरसमीपे तीर्त्वा प्रत्यङ्मुखाः सन्तो मध्येन कुरुजाङ्गलं कुरुजाङ्गलस्य मध्यमार्गमाश्रित्य ययुः ॥ १३ ॥ १४ ॥ शरदण्डां तदाख्यां नदीमुपगम्यातिजग्मुरतिचक्रमुः ॥ १५ ॥ निकूलवृक्षं शरदण्डापश्चिमतीरवृक्षम् । दिव्यं विशिष्टदेवताधिष्ठितम् । सत्योपयाचनं तन्नामकम् । अन्वर्थनामकत्वादिष्टदातारम्, अतएवाभिवाद्यं सर्वैर्नमस्कार्यं वृक्षमभिगम्य प्रदक्षिणीकृत्य कुलिङ्गाख्यां नगरीं प्राविशन् ॥ १६ ॥ अभिकालतेजोभिभवनौ ग्रामौ । 'ततो योधिवनच्युताः' इति पाठान्तरम् । पितृपैतामहीमित्यार्षम् । इक्ष्वाकूणां पितृपितामहसंबन्धिनीमिक्षुमतीं तेरुः ॥ १७ ॥ अञ्जलिपानानञ्जलिमात्रप्रमाणजलाहारानिक्षुमतीतीरस्थान्बाह्लीकाञ्जनपदानित्येके । तद्देशस्थानञ्जलिपानान्ब्राह्मणानवेक्ष्येत्यन्वयः । अञ्जलिना पिबन्ति तादृशान्वेदपारगान्ब्राह्मणान्दृष्ट्वेत्यनेन बाह्लीकदेशस्यात्यनाचारत्वं सूचितम् । यत्र वेदपारगा ब्राह्मणा अपीदृशाः, का कथान्येषामिति । तथा भारते कर्णपर्वणि—'बाह्लीका नाम ते देशा न तत्र दिवसं वसेत्' इति परे ॥ १८ ॥ विष्णोः पदं सुदामपर्वतस्थं विष्णुपदाङ्कितस्थानम् । विपाशाशाल्मल्यौ नद्यौ । ते प्रेक्ष्येत्यनुकर्षः ॥ १९ ॥ २० ॥ विकृष्टेन विप्रकृष्टेन । अतिदूरेणेत्यर्थः । सता निरुपद्रवेण । गिरिव्रजं केकयराजगृहापरनामकम् । 'सप्तरात्रेण गत्वा वै दूतास्ते श्रान्तवाहनाः' इति क्वचित्पाठस्तु दृश्यते ॥ २१ ॥ भर्तुरिति । भर्तुर्नियोक्तुर्वसिष्ठस्य प्रियार्थं शीघ्रगमनेन प्रीतिसंपादनार्थम् । यद्वा भर्तुर्दशरथस्य प्रियार्थं शीघ्रानीतभरतकृतौर्ध्वदेहिकेन परलोकप्राप्तेः । कुलस्य प्रजाकुलस्य रक्षणार्थम् । भर्तुर्दशरथस्य यो वंशो वंशपरम्परागतराज्यं तस्य परिग्रहार्थं भरतेन स्वीकारार्थम् । अहेडमाना उपेक्षारहिताः । 'हेडृ अनादरे' । अत एव त्वरया युक्ता दूता रात्र्यामेव तत्पुरं याताः ॥ २२ ॥ अत्र कतकोक्तसंख्यारीत्या षट् श्लोकास्त्रुटिताः ॥ **इति श्रीरामाभिरामे श्रीरामीये रामायणतिलके वाल्मीकीय आदिकाव्येऽयोध्याकाण्डेऽष्टषष्टितमः सर्गः ॥ ६८ ॥**

एकोनसप्ततितमः सर्गः ।

यामेव रात्रिं ते दूताः प्रविशन्ति स्म तां पुरीम् । भरतेनापि तां रात्रिं स्वप्नो दृष्टोऽयमप्रियः ॥ १
व्युष्टामेव तु तां रात्रिं दृष्ट्वा तं स्वप्नमप्रियम् । पुत्रो राजाधिराजस्य सुभृशं पर्यतप्यत ॥ २
तप्यमानं तमाज्ञाय वयस्याः प्रियवादिनः । आयासं विनयिष्यन्तः सभायां चक्रिरे कथाः ॥ ३
वादयन्ति तदा शान्तिं लासयन्त्यपि चापरे । नाटकान्यपरे स्माहुर्हास्यानि विविधानि च ॥ ४
स तैर्महात्मा भरतः सखिभिः प्रियवादिभिः । गोष्ठीहास्यानि कुर्वद्भिर्न प्राहृष्यत राघवः ॥ ५
तमब्रवीत्प्रियसखो भरतं सखिभिर्वृतम् । सुहृद्भिः पर्युपासीनः किं सखे नानुमोदसे ॥ ६
एवं ब्रुवाणं सुहृदं भरतः प्रत्युवाच ह । शृणु त्वं यन्निमित्तं मे दैन्यमेतदुपागतम् ॥ ७
स्वप्ने पितरमद्राक्षं मलिनं मुक्तमूर्धजम् । पतन्तमद्रिशिखरात्कलुषे गोमये ह्रदे ॥ ८
प्लवमानश्च मे दृष्टः स तस्मिन्गोमये ह्रदे । पिबन्नञ्जलिना तैलं हसन्निव मुहुर्मुहुः ॥ ९
ततस्तिलोदनं भुक्त्वा पुनः पुनरधःशिराः । तैलेनाभ्यक्तसर्वाङ्गस्तैलमेवान्वगाहत ॥ १०
स्वप्नेऽपि सागरं शुष्कं चन्द्रं च पतितं भुवि । उपरुद्धां च जगतीं तमसेव समावृताम् ॥ ११
औपवाह्यस्य नागस्य विषाणं शकलीकृतम् । सहसा चापि संशान्ता ज्वलिता जातवेदसः ॥ १२
अवदीर्णां च पृथिवीं शुष्कांश्च विविधान्द्रुमान् । अहं पश्यामि विध्वस्तान्सधूमांश्चैव पर्वतान् ॥ १३
पीठे कार्ष्णायसे चैव निषण्णं कृष्णवाससम् । प्रहरन्ति स्म राजानं प्रमदाः कृष्णपिङ्गलाः ॥ १४
त्वरमाणश्च धर्मात्मा रक्तमाल्यानुलेपनः । रथेन खरयुक्तेन प्रयातो दक्षिणामुखः ॥ १५
प्रहसन्तीव राजानं प्रमदा रक्तवासिनी । प्रकर्षन्ती मया दृष्टा राक्षसी विकृतानना ॥ १६
एवमेतन्मया दृष्टमिमां रात्रिं भयावहाम् । अहं रामोऽथवा राजा लक्ष्मणो वा मरिष्यति ॥ १७
नरो यानेन यः स्वप्ने खरयुक्तेन याति हि । अचिरात्तस्य धूमाग्रं चितायां संप्रदृश्यते ॥ १८
एतन्निमित्तं दीनोऽहं न वचः प्रतिपूजये । शुष्यतीव च मे कण्ठो न स्वस्थमिव मे मनः ॥ १९
न पश्यामि भयस्थानं भयं चैवोपधारये । भ्रष्टश्च स्वरयोगो मे छाया चापगता मम ।
जुगुप्स इव चात्मानं न च पश्यामि कारणम् ॥ २०

यामिति । यामेव रात्रिं प्राप्य दूताः पुरीं प्रविशन्ति स्मेति योजना । अयं वक्ष्यमाणः ॥ १ ॥ व्युष्टां प्रभातरूपां तां रात्रिं प्राप्याप्रियं स्वप्नं दृष्ट्वा पर्यतप्यतेत्यन्वयः । प्रातःकालिकत्वेन शीघ्रफलता स्वप्नस्य सूचिता ॥ २ ॥ आयासं दुःखप्रदर्शनजं दुःखं विनयिष्यन्तोऽपनेष्यन्तः ॥ ३ ॥ अन्ये तद्दूरीकुर्वन्तो वीणादि वादयन्ति । अपरे शान्तिं तस्य खेदशान्तिमुद्दिश्य लासयन्ति नर्तयन्ति वेश्याः । 'शान्तिं लोलयन्ति' इति पाठः । तस्य शान्तिं तूष्णीमवस्थानं लोलयन्ति चालयन्ति । श्लोकाद्यर्थप्रश्नव्याजेनेत्यर्थः । अपरे हास्यानि हास्यरसप्रधानानि विविधानि नाटकान्याहुः ॥ ४ ॥ गोष्ठीहास्यानि गोष्ठ्युचितानि हास्यानि नर्माणि ॥ ५ ॥ प्रियसखः । सखिमात्रस्य प्रियत्वाविवादाद्भूयोगतिर्ज्ञेया । अत्यन्तप्रिय इति । नानुमोदसे । गानादिति शेषः ॥ ६ ॥ ७ ॥ गोमये ह्रदे गोमयपूर्णे ह्रदे ॥ ८ ॥ ९ ॥ तिलोदनं तिलमिश्रमोदनम् । अन्वगाहतेत्यन्तः प्रथमः स्वप्नः ॥ १० ॥ स्वप्नान्तरमाह—स्वप्नेऽपीति । तमसा समावृतामेवोपरुद्धां तिरोहिताम् । यद्वासुररक्षोभिरुद्धाम् ॥ ११ ॥ औपवाह्यस्य राजवाहनस्य नागस्य दन्तिनो विषाणं दन्तः । ज्वलिता अग्नयोऽकस्माच्छान्ता दृष्टाः ॥ १२ ॥ अवदीर्णां विदीर्णाम् ॥ १३ ॥ कृष्णाश्च पिङ्गलाश्च प्रमदाः ॥ १४ ॥ १५ ॥ रक्तवासिनी रक्तवस्त्रा प्रहसन्तीव ॥ १६ ॥ इमां भयावहां रात्रिं प्राप्य एवमेतद्दृष्टम् । अहं मरिष्यामीति विपरिणामः ॥ १७ ॥ दृष्टदुःस्वप्नफलं निगमयति—नर इत्यादि । धूमाग्रं धूमशिखा ॥ १८ ॥ एतदुक्तं निमित्तं स्वप्नरूपम् । दृष्ट्वेति शेषः । वचो युष्माकं न प्रतिपूजये । 'न प्रति पेप्रिये' इति पाठे युष्माकं वचः प्रति न येन भृशं प्रीतो भवामीत्यर्थः । यङन्ताल्लडिति कतकः ॥ १९ ॥ भयस्थानं भयकारणम् । उपधारयेऽवशतो बिभर्मि । छाया कान्तिः । अपगता पूर्वरूपं त्यक्तवती । मलिनेत्यर्थः । आत्मानं जुगुप्स इव किमर्थं मम जन्मेत्येवमादिरूपेण । कारणं जुगुप्साकारणम् । 'जुगुप्सन्निव' इति पाठे जुगुप्सन्निव तिष्ठामि तत्कारणं च न पश्यामीत्यर्थः ॥ २० ॥

इमां च दुःस्वप्नगतिं निशम्य हि त्वनेकरूपामवितर्कितां पुरा ।
भयं महत्तद्धृदयान्न याति मे विचिन्त्य राजानमचिन्त्यदर्शनम् ॥ २१

इत्यार्षे श्रीमद्रामायणे वाल्मीकीय आदिकाव्येऽयोध्याकाण्ड एकोनसप्ततितमः सर्गः ॥ ६९ ॥

सप्ततितमः सर्गः ।

भरते ब्रुवति स्वप्नं दूतास्ते क्लान्तवाहनाः । प्रविश्यासह्यपरिखं रम्यं राजगृहं पुरम् ॥ १
समागम्य च राज्ञा ते राजपुत्रेण चार्चिताः । राज्ञः पादौ गृहीत्वा च तमूचुर्भरतं वचः ॥ २
पुरोहितस्त्वां कुशलं प्राह सर्वे च मन्त्रिणः । त्वरमाणश्च निर्याहि कृत्यमात्ययिकं त्वया ॥ ३
इमानि च महार्हाणि वस्त्राण्याभरणानि च । प्रतिगृह्य विशालाक्ष मातुलस्य च दापय ॥ ४
अत्र विंशतिकोट्यस्तु नृपतेर्मातुलस्य ते । दशकोट्यस्तु संपूर्णास्तथैव च नृपात्मज ॥ ५
प्रतिगृह्य तु तत्सर्वं स्वनुरक्तः सुहृज्जने । दूतानुवाच भरतः कामैः संप्रतिपूज्य तान् ॥ ६
कच्चित्स कुशली राजा पिता दशरथो मम । कच्चिदारोग्यता रामे लक्ष्मणे च महात्मनि ॥ ७
आर्या च धर्मनिरता धर्मज्ञा धर्मवादिनी । अरोगा चापि कौसल्या माता रामस्य धीमतः ॥ ८
कच्चित्सुमित्रा धर्मज्ञा जननी लक्ष्मणस्य या । शत्रुघ्नस्य च वीरस्य अरोगा चापि मध्यमा ॥ ९
आत्मकामा सदा चण्डी क्रोधना प्राज्ञमानिनी । अरोगा चापि मे माता कैकेयी किमुवाच ह ॥ १०
एवमुक्तास्तु ते दूता भरतेन महात्मना । ऊचुः संप्रश्रितं वाक्यमिदं तं भरतं तदा ॥ ११
कुशलास्ते नरव्याघ्र येषां कुशलमिच्छसि । श्रीश्च त्वां वृणुते पद्मा युज्यतां चापि ते रथः ॥ १२
भरतश्चापि तान्दूतानेवमुक्तोऽभ्यभाषत । आपृच्छेऽहं महाराजं दूताः संत्वरयन्ति माम् ॥ १३
एवमुक्त्वा तु तान्दूतान्भरतः पार्थिवात्मजः । दूतैः संचोदितो वाक्यं मातामहमुवाच ह ॥ १४
राजन्पितुर्गमिष्यामि सकाशं दूतचोदितः । पुनरप्यहमेष्यामि यदा मे त्वं स्मरिष्यसि ॥ १५
भरतेनैवमुक्तस्तु नृपो मातामहस्तदा । तमुवाच शुभं वाक्यं शिरस्याघ्राय राघवम् ॥ १६
गच्छ तातानुजाने त्वां कैकेयी सुप्रजास्त्वया । मातरं कुशलं ब्रूयाः पितरं च परंतप ॥ १७
पुरोहितं च कुशलं ये चान्ये द्विजसत्तमाः । तौ च तात महेष्वासौ भ्रातरौ रामलक्ष्मणौ ॥ १८
तस्मै हस्त्युत्तमांश्चित्रान्कम्बलानजिनानि च । सत्कृत्य केकयो राजा भरताय ददौ धनम् ॥ १९
अन्तःपुरेऽतिसंवृद्धान्व्याघ्रवीर्यबलोपमान् । दंष्ट्रायुक्तान्महाकायाञ्शुनश्चोपायनं ददौ ॥ २०

पुरा पूर्वमतर्कितामनेकरूपां दुःस्वप्नगतिं निशम्य हि दुःस्वप्नं स्मृत्वा हि स्मृत्वैव । चिन्ताया अविषयदर्शनमपि राजानं विचिन्त्य राजदर्शनविषयां चिन्तां प्राप्य महद्भयं मे हृदयान्न यातीत्यर्थः ॥२१॥ इति श्रीरामाभिरामे श्रीरामीये रामायणतिलके वाल्मीकीय आदिकाव्येऽयोध्याकाण्ड एकोनसप्ततितमः सर्गः ॥ ६९ ॥

असह्या दुःसहाः परिखाः परिखाप्रदेशवर्तिप्राकारयन्त्रसमूहो यस्य तत् । 'असह्यपरिघम्' इति पाठान्तरम् ॥ १ ॥ राज्ञा केकयेन राजपुत्रेण युधाजिता समागम्य वसिष्ठादिदत्तपदार्थपुरःसरतया संगमपूर्वं यथोचितं व्यवहारं कृत्वा ताभ्यामर्चिता राज्ञः स्वीयस्य भरतस्य पादौ गृहीत्वा नमस्कृत्य भरतं वच ऊचुः । राज्ञः केकयराजस्यैवेत्यन्ये ॥२॥ मन्त्रिणः प्राहुरिति विपरिणामः । आत्ययिकं कालातिक्रमासहम् । कृत्यमस्तीति शेषः ॥ ३ ॥ मातुलस्य च । चान्मातामहस्य च ॥ ४ ॥ अत्राहृतद्रव्ये विंशतिकोट्यस्तत्संख्याकवस्त्राभरणानि नृपतेर्मातामहस्य । तदर्धं मातुलस्य ॥ ५ ॥ सुहृज्जने मातुलादिरूपे । प्रदाप्येति शेषः । कामैरभिमतवस्तुजातैः ॥ ६ ॥ अथ क्रमेण कुशलं पृच्छति—राजेत्यादि ॥ ७ ॥ ८ ॥ ९ ॥ मातुः स्वभावानुवादपूर्वं तस्या आरोग्यं पृच्छति—आत्मकामेति आत्मप्रयोजनकामा । प्राज्ञमानिनी आत्मानं प्राज्ञां मन्यते सा ॥१०॥ संप्रश्रितं सविनयं संक्षिप्तं च ॥ ११ ॥ येषां कुशलमिच्छसि तेषां कुशलमेव । त्वरयाह्वानेन शङ्का न कार्या । पद्मा पद्मवती श्रीस्त्वां वृणुते तथा शोभा त्वयि दृश्यते । येन सर्वामङ्गलशङ्काव्यावृत्तिः, अतो यात्रायै रथो युज्यताम् ॥ १२ ॥ दूता मां संत्वरन्तीत्युक्त्वा महाराजमापृच्छे गमनानुज्ञायै इति दूतानभ्यभाषतेत्यन्वयः ॥ १३ ॥ संचोदितः शीघ्रं गच्छेत्येवं प्रेरितः ॥ १४ ॥ मे स्मरिष्यसीति शेषत्वविवक्षायां षष्ठी । मामित्यर्थः ॥ १५ ॥ १६ ॥ सुप्रजाः शुभप्रजावती ॥ १७ ॥ तौ च कुशलं ब्रूया इति संबन्धः ॥ १८ ॥ तस्मै भरतायेत्यन्वयः । चित्रान्कम्बलान् चित्राण्यजिनानि मृगाणाम् ॥ १९ ॥ अतिसंवृद्धानन्नेन वर्धितान । व्याघ्रवीर्यबलोपमास्तत्समवीर्यबल-

रुक्मनिष्कसहस्रे द्वे षोडशाश्वशतानि च । सत्कृत्य केकयीपुत्रं केकयो धनमादिशत् ॥ २१
तदामात्यानभिप्रेतान्विश्वास्यांश्च गुणान्वितान् । ददावश्वपतिः शीघ्रं भरतायानुयायिनः ॥ २२
ऐरावतानैन्द्रशिरान्नागान्वै प्रियदर्शनान् । खराञ्शीघ्रान्सुसंयुक्तान्मातुलोऽस्मै धनं ददौ ॥ २३
स दत्तं केकयेन्द्रेण धनं तन्नाभ्यनन्दत । भरतः केकयीपुत्रो गमनत्वरया तदा ॥ २४
बभूव ह्यस्य हृदये चिन्ता सुमहती तदा । त्वरया चापि दूतानां स्वप्नस्यापि च दर्शनात् ॥ २५
स स्ववेश्माभ्यतिक्रम्य नरनागाश्वसंकुलम् । प्रपेदे सुमहच्छ्रीमान्राजमार्गमनुत्तमम् ॥ २६
अभ्यतीत्य ततोऽपश्यदन्तःपुरमनुत्तमम् । ततस्तद्भरतः श्रीमानाविवेशानिवारितः ॥ २७
स मातामहमापृच्छ्य मातुलं च युधाजितम् । रथमारुह्य भरतः शत्रुघ्नसहितो ययौ ॥ २८
रथान्मण्डलचक्रांश्च योजयित्वा परं शतम् । उष्ट्रगोऽश्वखरैर्भृत्या भरतं यान्तमन्वयुः ॥ २९

बलेन गुप्तो भरतो महात्मा सहार्यकस्यात्मसमैरमात्यैः ।
आदाय शत्रुघ्नमपेतशत्रुर्गृहाद्ययौ सिद्ध इवेन्द्रलोकात् ॥ ३०

इत्यार्षे श्रीमद्रामायणे वाल्मीकीय आदिकाव्येऽयोध्याकाण्डे सप्ततितमः सर्गः ॥ ७० ॥

एकसप्ततितमः सर्गः ।

स प्राङ्मुखो राजगृहादभिनिर्याय वीर्यवान् । ततः सुदामां द्युतिमान्संतीर्यावेक्ष्य तां नदीम् ॥ १
ह्रादिनीं दूरपारां च प्रत्यक्स्रोतस्तरंगिणीम् । शतद्रूमतरच्छ्रीमान्नदीमिक्ष्वाकुनन्दनः ॥ २
ऐलधाने नदीं तीर्त्वा प्राप्य चापरपर्वतान् । शिलामाकुर्वतीं तीर्त्वा आग्नेयं शल्यकर्षणम् ॥ ३
सत्यसंधः शुचिर्भूत्वा प्रेक्षमाणः शिलावहाम् । अभ्यगात्स महाशैलान्वनं चैत्ररथं प्रति ॥ ४
सरस्वतीं च गङ्गां च युग्मेन प्रतिपद्य च । उत्तरान्वीरमत्स्यानां भारुण्डं प्राविशद्वनम् ॥ ५
वेगिनीं च कुलिङ्गाख्यां ह्रादिनीं पर्वतावृताम् । यमुनां प्राप्य संतीर्णो बलमाश्वासयत्तदा ॥ ६
शीतीकृत्वा तु गात्राणि क्लान्तानाश्वास्य वाजिनः । तत्र स्नात्वा च पीत्वा च प्रायादादाय चोदकम् ७

वतः । 'बलान्वितान्' इति पाठान्तरम् ॥ २० ॥ निष्कमुरोभूषणम् । धनमुक्तरूपम् ॥ २१ ॥ अमात्यान्स्वीयान् । अश्वपतिः केकयः ॥ २२ ॥ ऐरावतानिरावत्पर्वतभवानैरावतकुलोद्भवान्वा । ऐन्द्रशिरानिन्द्रशिरनामकदेशभवान्नागान्गजान् ॥ २३ ॥ २४ ॥ २५ ॥ स इति । स मातामहादिभ्यो लब्धधनो यात्रापरिकरसंनाहनाय स्ववेश्माभिगम्य कृतयात्रापरिकरस्ततोऽभ्यतिक्रम्य निर्गत्य नरादिसंकुलं राजमार्गं प्रपेदे । सुमहती श्रीः सुमहच्छ्रीस्तद्वान् ॥ २६ ॥ अभ्यतीत्य स्वगृहाद्राजगृहपर्यन्तं राजमार्गमतीत्येत्यर्थः ॥ २७ ॥ मातुलं च । चेन मातामहीमातुलान्यौ ॥ २८ ॥ मण्डलाकाराणि चक्राणि येषां तान् । कतकस्तु—मण्डलाकारतया रथप्रवर्तनसाधकं चक्रं मण्डलचक्रं चतुर्दिक्चक्रमध्यस्थं तद्येषां तान् । काश्यादौ च तथेदानीं प्रसिद्धमित्याह ॥ २९ ॥ बलेन मातुलीयेन च । आर्यकस्य मातामहस्य । 'सभार्यकः स्वात्मसमैः' इति पाठान्तरम् । भार्यासहित इत्यर्थः ॥ ३० ॥ **इति श्रीरामाभिरामे श्रीरामीये रामायणतिलके वाल्मीकीय आदिकाव्येऽयोध्याकाण्डे सप्ततितमः सर्गः ॥ ७० ॥**

सुदामां तदाख्यां नदीम् । इदं मार्गान्तरं चतुरङ्गबलगमनोचितम् । दूतास्तु शीघ्रं तन्नगरप्राप्तये कान्तारमार्गेण गताः । इदं च दूतमार्गोक्तनद्यादीनामिहानुक्तेरन्येषामुक्तेश्च ज्ञायते॥१॥ दूरं पारं परतीरं यस्यास्तां ह्रादिनीं नदीम् । प्रत्यक्स्रोतस्तरंगिणीं पश्चिमप्रवाहां नदीम् । ततः शतद्रूं तत्संज्ञिकाम् ॥ २ ॥ ऐलधाने तदाख्यग्रामे । नदीं तद्ग्रामवर्तिनीम् । 'ऐलधानीम्' इति पाठे तदाख्यामित्यर्थ इति कतकः । अपरपर्वता जनपदविशेषाः । 'अपरपर्यटान्' इति पाठान्तरम् । शिलां तदाख्यनदीम् । आकुर्वतीनामकं नद्यन्तरमिति कतकः । शिलामा समन्तात्कुर्वतीम् । शिलाकर्षणस्वभावामित्यर्थ इति तीर्थः । स्वमध्यपतितं वस्तु शिलारूपं कुर्वतीमित्यर्थः । तरणं च तद्वर्तिशिलाप्रायकाष्ठनौकयेत्यन्ये । आग्नेयमाग्नेयदिग्गतं शल्यकर्षणं तदोषध्युपेतं देशम् । तत्र च शिलावहा नदीति कतकः । आग्नेयं शल्यकर्तनमिति ग्रामद्वयम्, तन्मध्ये शिलावहा नदीति तीर्थः ॥ ३ ॥ महाशैलानतीत्य चैत्ररथं वनमभ्यगात् । चैत्ररथं यातुं महाशैलानत्यगादिति पाठान्तरेऽर्थः ॥ ४ ॥ सरस्वतीम् । इयमत्र पश्चिमप्रवाहा । गङ्गापदेनात्र सुचक्षुसीताद्यन्यतमाः पश्चिमप्रवाहा ग्राह्याः । एतास्तिस्रो गङ्गाप्रवाहा एवेति पुराणप्रसिद्धम् । तां युग्मेन संगमेन प्रतिपद्य प्राप्य वीरमत्स्यानां देशानामुत्तरान्देशान्प्राप्य भारुण्डाख्यं वनं प्राविशत् । 'उत्तरम्' इति पाठे वनविशेषणं तत् ॥ ५ ॥ ततो वेगिनीत्यादिविशेषवतीं कुलिङ्गाख्यां नदीं संतीर्णो यमुनां प्राप्य बलमाश्वासयत् ॥ ६ ॥ गात्राणि वाजिनाम् । शीतीकृत्वा स्नपनादिना ।

राजपुत्रो महारण्यमनभीक्ष्णोपसेवितम् । भद्रो भद्रेण यानेन मारुतः खमिवात्यगात् ॥ ८
भागीरथीं दुष्प्रतरां सोंऽशुधाने महानदीम् । उपायाद्राघवस्तूर्णं प्राग्वटे विश्रुते पुरे ॥ ९
स गङ्गां प्राग्वटे तीर्त्वा समायात्कुटिकोष्टिकाम् । सबलस्तां स तीर्त्वाथ समगाद्धर्मवर्धनम् ॥ १०
तोरणं दक्षिणार्धेन जम्बूप्रस्थं समागमत् । वरूथं च ययौ रम्यं ग्रामं दशरथात्मजः ॥ ११
तत्र रम्ये वने वासं कृत्वासौ प्राङ्मुखो ययौ । उद्यानमुज्जिहानायाः प्रियका यत्र पादपाः ॥ १२
स तांस्तु प्रियकान्प्राप्य शीघ्रानास्थाय वाजिनः । अनुज्ञाप्याथ भरतो वाहिनीं त्वरितो ययौ ॥ १३
वासं कृत्वा सर्वतीर्थे तीर्त्वा चोत्तरगां नदीम् । अन्या नदीश्च विविधैः पार्वतीयैस्तुरंगमैः ॥ १४
हस्तिपृष्ठकमासाद्य कुटिकामप्यवर्तत । ततार च नरव्याघ्रो लोहित्ये च कपीवतीम् ॥ १५
एकसाले स्थाणुमतीं विनते गोमतीं नदीम् । कलिङ्गनगरे चापि प्राप्य सालवनं तदा ॥ १६
भरतः क्षिप्रमागच्छत्सुपरिश्रान्तवाहनः । वनं च समतीत्याशु शर्वर्यामरुणोदये ॥ १७
अयोध्यां मनुना राज्ञा निर्मितां स ददर्श ह । तां पुरीं पुरुषव्याघ्रः सप्तरात्रोषितः पथि ॥ १८
अयोध्यामग्रतो दृष्ट्वा सारथिं चेदमब्रवीत् । एषा नातिप्रतीता मे पुण्योद्याना यशस्विनी ॥ १९
अयोध्या दृश्यते दूरात्सारथे पाण्डुमृत्तिका । यज्वभिर्गुणसंपन्नैर्ब्राह्मणैर्वेदपारगैः ॥ २०
भूयिष्ठमृद्धैराकीर्णा राजर्षिवरपालिता । अयोध्यायां पुरा शब्दः श्रूयते तुमुलो महान् ॥ २१
समन्तान्नरनारीणां तमद्य न शृणोम्यहम् । उद्यानानि हि सायाह्ने क्रीडित्वोपरतैर्नरैः ॥ २२
समन्ताद्विप्रधावद्भिः प्रकाशन्ते ममान्यथा । तान्यद्यानुरुदन्तीव परित्यक्तानि कामिभिः ॥ २३
अरण्यभूतेव पुरी सारथे प्रतिभाति माम् । नह्यत्र यानैर्दृश्यन्ते न गजैर्न च वाजिभिः ।
निर्यान्तो वाभियान्तो वा नरमुख्या यथा पुरा ॥ २४
उद्यानानि पुरा भान्ति मत्तप्रमुदितानि च । जनानां रतिसंयोगेष्वत्यन्तगुणवन्ति च ॥ २५
तान्येतान्यद्य पश्यामि निरानन्दानि सर्वशः । स्रस्तपर्णैरनुपथं विक्रोशद्भिरिव द्रुमैः ॥ २६
नाद्यापि श्रूयते शब्दो मत्तानां मृगपक्षिणाम् । सरक्तां मधुरां वाणीं कलं व्याहरतां बहु ॥ २७
चन्दनागुरुसंपृक्तधूपसंमूर्च्छितोऽमलः । प्रवाति पवनः श्रीमान्किं नु नाद्य यथा पुरा ॥ २८
भेरीमृदङ्गवीणानां कोणसंघट्टितः पुनः । किमद्य शब्दो विरतः सदाऽदीनगतिः पुरा ॥ २९
अनिष्टानि च पापानि पश्यामि विविधानि च । निमित्तान्यमनोज्ञानि तेन सीदति मे मनः ॥ ३०

आश्वास्य छायायां घासादिदानेन । उदकमादाय तीर्थबुद्ध्या ॥७॥ अनभीक्ष्णोपसेवितं बहुधा जनैरनुपसेवितम् । भद्रेण प्रशस्तेन रथेन । भद्रजातीयेन गजेन वा ॥ ८ ॥ अंशुधाने ग्रामे महानदीं गङ्गां दुष्प्रतरां ज्ञात्वा प्राग्वटे पुरे आगत्य तत्र तां तीर्त्वा कुटिकोष्टिकामायात् । तां तीर्त्वा धर्मवर्धनं ग्राममगात् ॥९ ॥ १० ॥ तोरणं दक्षिणार्धेन तोरणग्रामस्य दक्षिणभागेन जम्बूप्रस्थाख्यं ग्राममागतः । वरूथं तदाख्यम् ॥ ११ ॥ उज्जिहानायास्तन्नामकनगर्याः । प्रियकास्तन्नामानो वृक्षाः॥१२॥ 'सालैस्तु प्रियकान्' इति पाठे सालशब्दो वृक्षपर्यायः । 'स तांस्तु' इति पाठे स भरत इत्यर्थः । शीघ्रान्वाजिन आस्थाय रथे संयोज्यानुज्ञाप्य मया शीघ्रं गम्यते भवद्भिर्मन्दमागन्तव्यमित्येवम् । उज्जिहानाया अर्वाक्स्वदेशत्वेन भयाभावात् ॥१३॥ सर्वतीर्थे तदाख्यग्रामे । पार्वतीयैः पर्वतोद्भवैः । स्वार्थिकाणन्तमित्याहुः ॥ १४ ॥ हस्तिपृष्ठकं ग्रामः । कुटिका नदी । लोहित्ये ग्रामे कपीवतीं नदीम् । 'हस्तिपृष्ठ–' इति 'एकसाले' इति श्लोकद्वयं प्रक्षिप्तमिति कतकः ॥ १५ ॥ १६ ॥ भरत इति ॥ १७ ॥ १८ ॥ नातिप्रतीता नातिहृषिता । 'प्रतीतो हृषितः ख्यातः' इति वैजयन्ती ॥ १९ ॥ पाण्डुमृत्तिका । सुधाधवलितत्वान्निरानन्दत्वाच्च पाण्डुमृत्तिकारूपकम् । यज्वादिभिर्व्याप्तापि राजपालितापि पाण्डुमृत्तिकासमूह इव निःसारा ॥ २० ॥ २१ ॥ सायाह्ने उद्यानानि प्रविश्य रात्रौ क्रीडित्वोपरतैर्नरैः प्रातः समन्ताद्विप्रधावद्भिर्यानि पूर्वमत्यन्तं प्रकाशन्ते तान्यद्य कामिभिः परित्यक्तानि । अनु मां लक्षीकृत्य रुदन्तीव । ममान्यथा महारण्यानीव प्रकाशन्ते ॥ २२ ॥ २३ ॥ यानैः शिबिकादिभिः । अभियान्तः प्रविशन्तः ॥२४॥ मत्तप्रमुदितानि मत्तप्रमुदितभृङ्गकोकिलादिमन्ति तादृशस्त्रीपुरुषवन्ति च । रत्यर्थसंयोगे विविधकुसुमलतागृहदीर्घिकाक्रीडपर्वतादियुक्ततया यान्यत्यन्तगुणवन्त्यत्यन्तमनुकूलानि तान्यद्य निरानन्दानि पश्यामि ॥ २५ ॥ यतो विक्रोशद्भिरिव द्रुमैरुपलक्षितानि ॥ २६ ॥ अद्याप्युदितेऽपि सूर्येऽस्मासु प्रत्यासन्नेष्वपि । कलमव्यक्तम् ॥ २७ ॥ संमूर्च्छितो व्याप्तः ॥ २८ ॥ कोणो मेर्यादिवादनदण्डस्तेन संघट्टितस्तदाघातजनितो यः पुरा सदा अदीनगतिरनुभूतः स किं विरतः ॥ २९ ॥ अनिष्टान्यनिष्टसूचकानि । पापानि क्रूराणि काकादयः । 'पापं स्यात्क्रूर-

सर्वथा कुशलं सूत दुर्लभं मम बन्धुषु । तथा ह्यसति संमोहे हृदयं सीदतीव मे ॥ ३१
विषण्णः श्रान्तहृदयस्त्रस्तः संलुलितेन्द्रियः । भरतः प्रविवेशाशु पुरीमिक्ष्वाकुपालिताम् ॥ ३२
द्वारेण वैजयन्तेन प्राविशच्छ्रान्तवाहनः । द्वाःस्थैरुत्थाय विजयं पृष्टस्तैः सहितो ययौ ॥ ३३
स त्वनेकाग्रहृदयो द्वास्थं प्रत्यर्च्य तं जनम् । सूतमश्वपतेः क्लान्तमब्रवीत्तत्र राघवः ॥ ३४
किमहं त्वरयानीतः कारणेन विनानघ । अशुभाशङ्कि हृदयं शीलं च पततीव मे ॥ ३५
श्रुता नु यादृशाः पूर्वं नृपतीनां विनाशने । आकारांस्तानहं सर्वानिह पश्यामि सारथे ॥ ३६
संमार्जनविहीनानि परुषाण्युपलक्षये । असंयतकवाटानि श्रीविहीनानि सर्वशः ॥ ३७
बलिकर्मविहीनानि धूपसंमोदनेन च । अनाशितकुटुम्बानि प्रभाहीनजनानि च ॥ ३८
अलक्ष्मीकानि पश्यामि कुटुम्बिभवनान्यहम् । अपेतमाल्यशोभानि असंमृष्टाजिराणि च ॥ ३९
देवागाराणि शून्यानि न भान्तीह यथा पुरा । देवतार्चाः प्रविद्धाश्च यज्ञगोष्ठास्तथाविधाः ॥ ४०
माल्यापणेषु राजन्ते नाद्य पण्यानि वा तथा । दृश्यन्ते वणिजोऽप्यद्य न यथापूर्वमत्र वै ॥ ४१
ध्यानसंविग्नहृदया नष्टव्यापारयन्त्रिताः । देवायतनचैत्येषु दीनाः पक्षिमृगास्तथा ॥ ४२
मलिनं चाश्रुपूर्णाक्षं दीनं ध्यानपरं कृशम् । सस्त्रीपुंसं च पश्यामि जनमुत्कण्ठितं पुरे ॥ ४३
इत्येवमुक्त्वा भरतः सूतं तं दीनमानसः । तान्यनिष्टान्ययोध्यायां प्रेक्ष्य राजगृहं ययौ ॥ ४४

तां शून्यशृङ्गाटकवेश्मरथ्यां रजोरुणद्वारकवाटयन्त्राम् ।
दृष्ट्वा पुरीमिन्द्रपुरीप्रकाशां दुःखेन संपूर्णतरो बभूव ॥ ४५
बभूव पश्यन्मनसोऽप्रियाणि यान्यन्यदा नास्य पुरे बभूवुः ।
अवाक्शिरा दीनमना न हृष्टः पितुर्महात्मा प्रविवेश वेश्म ॥ ४६

इत्यार्षे श्रीमद्रामायणे वाल्मीकीय आदिकाव्येऽयोध्याकाण्ड एकसप्ततितमः सर्गः ॥ ७१ ॥

द्विसप्ततितमः सर्गः ।

अपश्यंस्तु ततस्तत्र पितरं पितुरालये । जगाम भरतो द्रष्टुं मातरं मातुरालये ॥ १
अनुप्राप्तं तु तं दृष्ट्वा कैकेयी प्रोषितं सुतम् । उत्पपात तदा हृष्टा त्यक्त्वा सौवर्णमासनम् । २
स प्रविश्यैव धर्मात्मा स्वगृहं श्रीविवर्जितम् । भरतः प्रेक्ष्य जग्राह जनन्याश्चरणौ शुभौ ॥ ३
तं मूर्ध्नि समुपाघ्राय परिष्वज्य यशस्विनम् । अङ्के भरतमारोप्य प्रष्टुं समुपचक्रमे ॥ ४
अद्य ते कतिचिद्रात्र्यश्च्युतस्यार्यकवेश्मनः । अपि नाध्वश्रमः शीघ्रं रथेनापततस्तव ५

पाप्मनोः' । अमनोज्ञान्यशुभसूचकानि निमित्तानि वामाक्षिस्पन्दादीनि ॥ ३० ॥ असति संमोहे तत्कारणे ॥ ३१ ॥ विषण्णो दीनः । श्रान्तहृदयः खिन्नचित्तः । संलुलितानि क्षुभितानीन्द्रियाणि यस्य सः ॥ ३२ ॥ वैजयन्तेनेन्द्रप्रासादद्वारतुल्यद्वारेण तन्नामकेन वा । विजयं पृष्टः कृतविजयप्रश्नः । 'विजयमुक्तः' इति पाठान्तरम् ॥ ३३ ॥ अनेकाग्रहृदयो व्याकुलहृदयः । द्वास्थं जनं प्रत्यर्च्य सोपचारं निवर्त्य । अश्वपतेः केकयस्य ॥ ३४ ॥ आनीतः । दूतद्वारेति शेषः । कारणेन विना कारणोक्तिं विना । अत एव मे हृदयमशुभाशङ्कि । शीलं धैर्यादिस्वभावः । पतति गलति ॥ ३५ ॥ श्रुताः । कथास्विति शेषः । तांस्तादृशान् ॥ ३६ ॥ तानाकारानाह— संमार्जनेत्यादि । ईदृशानि कुटुम्बिभवनान्युपलक्षये इति संबन्धः । असंयतकवाटानि । अनाशितकुटुम्बानीति वक्ष्यमाणत्वेन तद्बन्धनसामर्थ्याभावात् ॥ ३७ ॥ धूपसंमोदनेन परिमलेन हीनानीति शेषः । अनाशितकुटुम्बान्यभोजितकुटुम्बानि । प्रभा शोभा ॥ ३८ ॥ अलक्ष्मीकानि विचित्रध्वजतोरणाद्यभावात् ॥ ३९ ॥ देवतार्चाः प्रतिमाः । प्रविद्धा निरस्तपूजनाः । यज्ञगोष्ठास्तथाविधाः प्रविद्धा यज्ञरहिताः ॥ ४० ॥ माल्यापणेषु माल्यविक्रयापणेषु । पण्यानि माल्यरूपाणि ॥ ४१ ॥ नष्टेन व्यापारेण क्रयविक्रयादिव्यापारेण यन्त्रिता निरुद्धापणाः ॥ ४२ ॥ मलिनत्वादिगुणकं स्त्रीपुंसं पश्यामि ॥ ४३ ॥ ४४ ॥ शृङ्गाटकं चतुष्पथः । रजसारुणानि धूसराणि द्वारकवाटानि द्वारयन्त्राणि च यस्याम् ॥ ४५ ॥ अन्यदा राजजीवने ॥ ४६ ॥

इति श्रीरामाभिरामे श्रीरामीये रामायणतिलके वाल्मीकीय आदिकाव्येऽयोध्याकाण्ड एकसप्ततितमः सर्गः ॥ ७१ ॥

अपश्यन्निति ॥ १ ॥ २ ॥ स्वगृहं स्वमातृगृहम् ॥ ३ ॥ ४ ॥ आर्यकवेश्मनो मातामहगृहाच्च्युतस्य चलितस्य ते मार्गे कतिचित्कति रात्र्यो लभ्नास्तद्वक्तुमर्हसीत्यन्वयः । रथेन शीघ्रमाग-

आर्यकस्ते सुकुशली युधाजिन्मातुलस्तव । प्रवासाच्च सुखं पुत्र सर्वं मे वक्तुमर्हसि ॥ ६
एवं पृष्टस्तु कैकेय्या प्रियं पार्थिवनन्दनः । आचष्ट भरतः सर्वं मात्रे राजीवलोचनः ॥ ७
अद्य मे सप्तमी रात्रिश्च्युतस्यार्यकवेश्मनः । अम्बायाः कुशली तातो युधाजिन्मातुलश्च मे ॥ ८
यन्मे धनं च रत्नं च ददौ राजा परंतपः । परिश्रान्तं पथ्यभवत्ततोऽहं पूर्वमागतः ॥ ९
राजवाक्यहरैर्दूतैस्त्वर्यमाणोऽहमागतः । यदहं प्रष्टुमिच्छामि तदम्बा वक्तुमर्हति ॥ १०
शून्योऽयं शयनीयस्ते पर्यङ्को हेमभूषितः । न चायमिक्ष्वाकुजनः प्रहृष्टः प्रतिभाति मे ॥ ११
राजा भवति भूयिष्ठमिहाम्बाया निवेशने । तमहं नाद्य पश्यामि द्रष्टुमिच्छन्निहागतः ॥ १२
पितुर्ग्रहीष्ये पादौ च तं ममाख्याहि पृच्छतः । आहोस्विदम्बाज्येष्ठायाः कौसल्याया निवेशने ॥ १३
तं प्रत्युवाच कैकेयी प्रियवद्घोरमप्रियम् । अजानन्तं प्रजानन्ती राज्यलोभेन मोहिता ॥ १४
या गतिः सर्वभूतानां तां गतिं ते पिता गतः । राजा महात्मा तेजस्वी यायजूकः सतां गतिः ॥ १५
तच्छ्रुत्वा भरतो वाक्यं धर्माभिजनवाञ्छुचिः । पपात सहसा भूमौ पितृशोकबलार्दितः ॥ १६
हा हतोऽस्मीति कृपणं दीनां वाचमुदीरयन् । निपपात महाबाहुर्बाहू विक्षिप्य वीर्यवान् ॥ १७
ततः शोकेन संवीतः पितुर्मरणदुःखितः । विललाप महातेजा भ्रान्ताकुलितचेतनः ॥ १८
एतत्सुरुचिरं भाति पितुर्मे शयनं पुरा । शशिनेवामलं रात्रौ गगनं तोयदात्यये ॥ १९
तदिदं न विभात्यद्य विहीनं तेन धीमता । व्योमेव शशिना हीनमप्शुष्क इव सागरः ॥ २०
बाष्पमुत्सृज्य कण्ठेन स्वात्मना परिपीडितः । प्रच्छाद्य वदनं श्रीमद्वस्त्रेण जयतां वरः ॥ २१
तमार्तं देवसंकाशं समीक्ष्य पतितं भुवि । निकृत्तमिव सालस्य स्कन्धं परशुना वने ॥ २२
माता मातङ्गसंकाशं चन्द्रार्कसदृशं सुतम् । उत्थापयित्वा शोकार्तं वचनं चेदमब्रवीत् ॥ २३
उत्तिष्ठोत्तिष्ठ किं शेषे राजपुत्र महायशः । त्वद्विधा नहि शोचन्ति सन्तः सदसि संमताः ॥ २४
दानयज्ञाधिकारा हि शीलश्रुतितपोनुगा । बुद्धिस्ते बुद्धिसंपन्न प्रभेवार्कस्य मन्दिरे ॥ २५
स रुदित्वा चिरं कालं भूमौ परिविवृत्य च । जननीं प्रत्युवाचेदं शोकैर्बहुभिरावृतः ॥ २६
अभिषेक्ष्यति रामं तु राजा यज्ञं नु यक्ष्यते । इत्यहं कृतसंकल्पो हृष्टो यात्रामयासिषम् ॥ २७
तदिदं ह्यन्यथाभूतं व्यवदीर्णं मनो मम । पितरं यो न पश्यामि नित्यं प्रियहिते रतम् ॥ २८
अम्ब केनात्यगाद्राजा व्याधिना मय्यनागते । धन्या रामादयः सर्वे यैः पिता संस्कृतः स्वयम् ॥ २९
न नूनं मां महाराजः प्राप्तं जानाति कीर्तिमान् । उपजिघ्रेत्तु मां मूर्ध्नि तातः संनाम्य सत्वरम् ॥ ३०

च्छतस्तवाध्वनि श्रमो न न खलु तद्वद ॥ ५ ॥ आर्यको मातामहो मातुलश्च कुशली न वेति । इतः प्रवासादारभ्य मातुलगृहे सुखं न वेत्येतत्सर्वं वक्तुमर्हसि ॥ ६ ॥ ७ ॥ च्युतस्य चलितस्य । सप्तमी रात्रिः। एतद्दिनात्पूर्वा रात्रिः सप्तमीत्यर्थः । तेन सप्तरात्रोषितः पथीत्यनेन न विरोधः ॥ ८ ॥ परिश्रान्तं परिश्रान्तवाहनम् ॥ ९ ॥ १० ॥ शून्यः । पित्रेति शेषः । ते शयनीयः शयनार्हः ॥ ११ ॥ द्रष्टुमिच्छन्निहागतः । प्रायेणेह तस्यावस्थानात् ॥ १२ ॥ अम्बानां मध्ये या ज्येष्ठा तस्या निवेशने तिष्ठतीति शेषः ॥ १३ ॥ अजानन्तमिति । राजवृत्तान्तमिति शेषः । प्रियवत्प्रजानन्तीति योजना । तत्र हेतुः—राज्यलोभेनेति ॥१४॥ यायजूको यज्ञशीलः ॥१५॥ धर्माभिजनवान्धर्मयुक्तवंशवान् ॥१६॥ बाहू विक्षिप्य भूमावाहत्य ॥१७॥ शोकेन संवीत आवृतचित्तः । मरणदुःखिनो मरणश्रवणेन संजातदुःखः । भ्रान्ता अनवस्थिता आकुलिता खिन्ना चेतना यस्य स तादृशो विललाप ॥ १८ ॥ विलापं दर्शयति—एतदिति । पुरा भाति स्म ॥ १९ ॥ अप्शुष्क आपः शुष्का यस्मिन्कालाग्निना सः । 'अप्शुष्कमिव सागरम्' इति पाठे सागरस्वरूपमित्यर्थः । 'शुष्कापः' इति पाठान्तरम् ॥ २० ॥ श्रीमद्वदनं वस्त्रेणाच्छाद्य कण्टेन कण्ठस्वरेण सह बाष्पं नेत्रजलमुत्सृज्य भूमौ पतित्वा । विललापेति शेषः ॥ २१ ॥ सालस्य सालवृक्षस्य । स्कन्धं शाखाम् ॥ २२ ॥ २३ ॥ राजपुत्रेति । 'राजपुत्र' इति वा पाठः । सदसि संमताः सभ्याः ॥ २४ ॥ शीलं सद्वृत्तम्, श्रुतिः श्रुतम्, तपश्चान्द्रायणादि, तदनुगा । 'शीलश्रुतिमनोनुगा' इति पाठे तदुभयपरिशीलनविषयं यन्मनः संकल्पात्मकं तदनुगा बुद्धिरध्यवसायात्मिका । अर्कस्य मन्दिरेऽर्कमण्डले । तदेव हि तस्य गृहम् । तीर्थस्तु—'मन्दरे' इति पाठं मत्वात्युन्नतमन्दरपर्वतेऽर्कप्रभायाश्चिरावस्थानादेवमुक्तिरिति व्याचख्यौ ॥ २५ ॥ २६ ॥ यक्ष्यते करिष्यति । यात्रामयासिषं यात्रामकार्षम् । 'अयाचिषम्' । इति पाठे मातामहायेति शेषः ॥ २७ ॥ अन्यथाभूतं चिन्तितविपरीतं जातम् ॥ २८ ॥ रामेणौर्ध्वदेहिकं कृतमिति मन्वान आह—धन्या इत्यादि ॥ २९ ॥ पुनः शोचति—नेति । प्राप्तमिहाग-

क स पाणिः सुखस्पर्शस्तातस्याक्लिष्टकर्मणः । यो हि मां रजसा ध्वस्तमभीक्ष्णं परिमार्जति ॥ ३१
यो मे भ्राता पिता बन्धुर्यस्य दासोऽस्मि संमतः । तस्य मां शीघ्रमाख्याहि रामस्याक्लिष्टकर्मणः ॥ ३२
पिता हि भवति ज्येष्ठो धर्ममार्यस्य जानतः । तस्य पादौ ग्रहीष्यामि स हीदानीं गतिर्मम ॥ ३३
धर्मविद्धर्मशीलश्च महाभागो दृढव्रतः । आर्ये किमब्रवीद्राजा पिता मे सत्यविक्रमः ॥ ३४
पश्चिमं साधुसंदेशमिच्छामि श्रोतुमात्मनः । इति पृष्टा यथातत्त्वं कैकेयी वाक्यमब्रवीत् ॥ ३५
रामेति राजा विलपन्हा सीते लक्ष्मणेति च । स महात्मा परं लोकं गतो मतिमतां वरः ॥ ३६
इतीमां पश्चिमां वाचं व्याजहार पिता तव । कालधर्मं परिक्षिप्तः पाशैरिव महागजः ॥ ३७
सिद्धार्थास्तु नरा राममागतं सह सीतया । लक्ष्मणं च महाबाहुं द्रक्ष्यन्ति पुनरागतम् ॥ ३८
तच्छ्रुत्वा विषसादैवं द्वितीयाप्रियशंसनात् । विषण्णवदनो भूत्वा भूयः पप्रच्छ मातरम् ॥ ३९
क्व चेदानीं स धर्मात्मा कौसल्यानन्दवर्धनः । लक्ष्मणेन सह भ्रात्रा सीतया च समागतः ॥ ४०
तथा पृष्टा यथान्यायमाख्यातुमुपचक्रमे । मातास्य युगपद्वाक्यं विप्रियं प्रियशंसया ॥ ४१
स हि राजसुतः पुत्र चीरवासा महावनम् । दण्डकान्सह वैदेह्या लक्ष्मणानुचरो गतः ॥ ४२
तच्छ्रुत्वा भरतस्त्रस्तो भ्रातुश्चारित्रशङ्कया । स्वस्य वंशस्य माहात्म्यात्प्रष्टुं समुपचक्रमे ॥ ४३
कच्चिन्न ब्राह्मणधनं हृतं रामेण कस्यचित् । कच्चिन्नाढ्यो दरिद्रो वा तेनापापो विहिंसितः ॥ ४४
कच्चिन्न परदारान्वा राजपुत्रोऽभिमन्यते । कस्मात्स दण्डकारण्ये भ्राता रामो विवासितः ॥ ४५
अथास्य चपला माता तत्स्वकर्म यथातथम् । तेनैव स्त्रीस्वभावेन व्याहर्तुमुपचक्रमे ॥ ४६
एवमुक्ता तु कैकेयी भरतेन महात्मना । उवाच वचनं हृष्टा वृथापण्डितमानिनी ॥ ४७
न ब्राह्मणधनं किंचिद्धृतं रामेण कस्यचित् । कश्चिन्नाढ्यो दरिद्रो वा तेनापापो विहिंसितः ।
न रामः परदारान्स चक्षुर्भ्यामपि पश्यति ॥
४८
मया तु पुत्र श्रुत्वैव रामस्येहाभिषेचनम् । याचितस्ते पिता राज्यं रामस्य च विवासनम् ॥ ४९
स स्ववृत्तिं समास्थाय पिता ते तत्तथाकरोत् । रामस्तु सहसौमित्रिः प्रेषितः सह सीतया ॥ ५०
तमपश्यन्प्रियं पुत्रं महीपालो महायशाः । पुत्रशोकपरिद्यूनः पञ्चत्वमुपपेदिवान् ॥ ५१
त्वया त्विदानीं धर्मज्ञ राजत्वमवलम्ब्यताम् । त्वत्कृते हि मया सर्वमिदमेवंविधं कृतम् ॥ ५२
मा शोकं मा च संतापं धैर्यमाश्रय पुत्रक । त्वदधीना हि नगरी राज्यं चैतदनामयम् ॥ ५३
तत्पुत्र शीघ्रं विधिना विधिज्ञैर्वसिष्ठमुख्यैः सहितो द्विजेन्द्रैः ।
संकाल्य राजानमदीनसत्त्वमात्मानमुर्व्यामभिषेचयस्व ॥ ५४

इत्यार्षे श्रीमद्रामायणे वाल्मीकीय आदिकाव्येऽयोध्याकाण्डे द्विसप्ततितमः सर्गः ॥ ७२ ॥

तम् । संनाम्य । मूर्धानमिति शेषः ॥ ३० ॥ परिमार्जति परिमार्ष्टि ॥ ३१ ॥ आख्याहि । आगतमिति शेषः ॥ ३२ ॥ धर्मं जानत आर्यस्य श्रेष्ठस्य विवेकिनः पुरुषस्य ज्येष्ठो ज्येष्ठभ्राता पिता भवति । अतस्तस्य पादौ ग्रहीष्यामि । यतः स इदानीं मम गतिः ॥ ३३ ॥ ३४ ॥ पश्चिमं संदेशमन्त्यकालिकम् ॥ ३५ ॥ विलपन्परलोकं गतः । न तु किंचिदपि संदेशमवोचदित्यर्थः ॥ ३६ ॥ इमां वाचं सिद्धार्थास्त्वित्यादि वक्ष्यमाणाम् ॥ ३७ ॥ ३८ ॥ एवं द्वितीयेति । राजमरणापेक्षया रामवनगमनरूपाप्रियस्य द्वितीयत्वम् ॥ ३९ ॥ क्व चेदानीम् । गत इति शेषः । समागतो मिलितः ॥ ४० ॥ विप्रियं रामविवासनरूपम् । प्रियशंसया प्रियशङ्कया । एतच्छ्रवणे भरतस्य सुखं भविष्यतीति तर्केण । युगपद्राजमरणकथनसमकालमेव ॥ ४१ ॥ ४२ ॥ चारित्रशङ्कया रामस्य धर्मच्युतिशङ्कया त्रस्तः । स्ववंशस्य माहात्म्यमसदाचाराभावपूर्वकं सदाचारनिरतत्वमसदाचारत्यागित्वं च तत्संस्मृत्य । प्रष्टुम् । दण्डकारण्यगमनकारणमिति शेषः ॥ ४३ ॥ कस्यचित् । हेतोरिति शेषः । अपापो निरपराधः ॥ ४४ ॥ 'भ्रूणहेव विवासितः' इति पाठे सर्वशाखाध्यायी भ्रूणस्तस्य हन्तेत्यर्थ इति तीर्थः । भ्रूणो गर्भ इत्यन्ये ॥ ४५ ॥ स्त्रीस्वभावेन धर्माधर्महिताहितोचितानुचितविवेकशून्यतारूपेण ॥ ४६ ॥ ४७ ॥ ४८ ॥ इह राज्ये । ते राज्यं रामस्य च विवासनं ते पिता याचित इति संबन्धः ॥ ४९ ॥ स्ववृत्तिं स्वस्य सत्यस्थितिलक्षणाम् । तथाकरोत् । तुभ्यं राज्यं दत्तवानित्यर्थः ॥ ५० ॥ परिद्यूनः क्षीणो विलपन्वा ॥ ५१ ॥ धर्मज्ञ रामस्येव पित्राज्ञापालनरूपधर्मज्ञ ॥ ५२ ॥ मा शोकम् । कुर्विति शेषः । अनामयं निरुपद्रवं राज्यं चैतत्त्वदधीनम् ॥ ५३ ॥ संकाल्य प्रेतसंस्कारेण संस्कृत्य ॥ ५४ ॥ इति

त्रिसप्ततितमः सर्गः ।

श्रुत्वा च स पितुर्वृत्तं भ्रातरौ च विवासितौ । भरतो दुःखसंतप्त इदं वचनमब्रवीत् ॥ १
किं नु कार्यं हतस्येह मम राज्येन शोचतः । विहीनस्याथ पित्रा च भ्रात्रा पितृसमेन च ॥ २
दुःखे मे दुःखमकरोर्व्रणे क्षारमिवाददाः । राजानं प्रेतभावस्थं कृत्वा रामं च तापसम् ॥ ३
कुलस्य त्वमभावाय कालरात्रिरिवागता । अङ्गारमुपगुह्य स्म पिता मे नावबुद्धवान् ॥ ४
मृत्युमापादितो राजा त्वया मे पापदर्शिनि । सुखं परिहृतं मोहात्कुलेऽस्मिन्कुलपांसनि ॥ ५
त्वां प्राप्य हि पिता मेऽद्य सत्यसंधो महायशाः । तीव्रदुःखाभिसंतप्तो वृत्तो दशरथो नृपः ॥ ६
विनाशितो महाराजः पिता मे धर्मवत्सलः । कस्मात्प्रव्राजितो रामः कस्मादेव वनं गतः ॥ ७
कौसल्या च सुमित्रा च पुत्रशोकाभिपीडिते । दुष्करं यदि जीवेतां प्राप्य त्वां जननीं मम ॥ ८
नन्वार्येऽपि च धर्मात्मा त्वयि वृत्तिमनुत्तमाम् । वर्तते गुरुवृत्तिज्ञो यथा मातरि वर्तते ॥ ९
तथा ज्येष्ठा हि मे माता कौसल्या दीर्घदर्शिनी । त्वयि धर्मं समास्थाय भगिन्यामिव वर्तते ॥ १०
तस्याः पुत्रं महात्मानं चीरवल्कलवाससम् । प्रस्थाप्य वनवासाय कथं पापे न शोचसे ॥ ११
अपापदर्शिनं शूरं कृतात्मानं यशस्विनम् । प्रव्राज्य चीरवसनं किं नु पश्यसि कारणम् ॥ १२
लुब्धाया विदितो मन्ये न तेऽहं राघवं यथा । तथा ह्यनर्थो राज्यार्थं त्वया नीतो महानयम् ॥ १३
अहं हि पुरुषव्याघ्रावपश्यन्रामलक्ष्मणौ । केन शक्तिप्रभावेण राज्यं रक्षितुमुत्सहे ॥ १४
तं हि नित्यं महाराजो बलवन्तं महौजसम् । उपाश्रितोऽभूद्धर्मात्मा मेरुर्मेरुवनं यथा ॥ १५
सोऽहं कथमिमं भारं महाधुर्यसमुद्यतम् । दम्यो धुरमिवासाद्य सहेयं केन चौजसा ॥ १६
अथवा मे भवेच्छक्तिर्योगैर्बुद्धिबलेन वा । सकामां न करिष्यामि त्वामहं पुत्रगर्धिनीम् ॥ १७
न मे विकाङ्क्षा जायेत त्यक्तुं त्वां पापनिश्चयाम् । यदि रामस्य नावेक्षा त्वयि स्यान्मातृवत्सदा ॥ १८
उत्पन्ना तु कथं बुद्धिस्तवेयं पापदर्शिनी । साधुचारित्रविभ्रष्टे पूर्वेषां नो विगर्हिता ॥ १९
अस्मिन्कुले हि सर्वेषां ज्येष्ठो राज्येऽभिषिच्यते । अपरे भ्रातरस्तस्मिन्प्रवर्तन्ते समाहिताः ॥ २०

श्रीरामाभिरामे श्रीरामीये रामायणतिलके वाल्मीकीय आदिकाव्येऽयोध्याकाण्डे द्विसप्ततितमः सर्गः ॥ ७२ ॥

अथ सर्वानर्थमूलत्वं मातुस्तद्वचनादेव ज्ञात्वा तामुपालभते—श्रुत्वेति । वृत्तमत्ययः ॥ १ ॥ हतस्य त्वयापारदुःखं प्रापितस्य ॥ २ ॥ दुःखे दुःखकरणे दृष्टान्तः । व्रणे क्षारमिव । क्षारं खरमूत्रसहितचूर्णम् ॥ ३ ॥ कालरात्रिः संहाररात्रिः । मे पिताङ्गारमुपगुह्यालिङ्ग्य नावबुद्धवान् । स्मेति लोकोक्तौ ॥ ४ ॥ मे राजेति योजना । अस्मिन्कुले सुखं त्वया परिहृतम् ॥ ५ ॥ वृत्तोऽतीतः ॥ ६ ॥ कस्माद्विनाशितः, कस्मात्प्रव्राजितः, स वा कस्माद्वनं गतः । निष्प्रयोजनमेवेत्यर्थः ॥ ७ ॥ न केवलं पितृभ्रातृपीडा, अपि तु मात्रोरपीत्याह—कौसल्येत्यादि । मम जननीं त्वामेव मृत्युं प्राप्य यदि जीवेतां तदपि दुष्करं दुर्लभमेव ॥ ८ ॥ आर्यो रामः । गुरुषु कर्तव्यां वृत्तिं जानाति तादृशः ॥ ९ ॥ राममात्रापि न कश्चिदपराधस्त्वयि कृत इत्याह—तथेति । दीर्घदर्शिनी त्वत्तो दूरकालभाव्यनर्थं जानती । त्वयि धर्मं त्वच्चित्तानुवर्तनरूपं धर्ममास्थाय यथा भगिन्यां वर्तते तथा त्वयि वर्तत इत्यर्थः ॥ १० ॥ तस्यास्तादृशधर्मयुक्तायाः । चीरपर्यायं वल्कलं वासो यस्य तम् ॥ ११ ॥ किं कारणं फलं पश्यसि ॥ १२ ॥ अहं राघवं प्रति यथा यादृशो यादृशभक्तिमांस्तथा लुब्धाया राज्यलुब्धायास्ते न विदितो मन्ये । तत्र हेतुः तथाहि । तत एव राज्यार्थं महानयमनर्थः पितृनाशराज्यार्हज्येष्ठवनवासादिरूप आनीतः संपादितः ॥ १३ ॥ उक्तानर्थमात्रमेव त्वद्दुश्चेष्टाफलम्, न तु त्वदिष्टसिद्धिरित्याह—अहं हीति । न कथमपीति भावः ॥ १४ ॥ न केवलं ममैव रामशक्त्यपेक्षा, किं तु पितुरपीत्याह—तं हीति । मेरुः स्वजनितमेरुवनं यथा स्वरक्षणार्थमाश्रितः, अन्यथा परैराक्रमणीय एव स्यात्, एवं राजा इहामुत्रार्थसिद्ध्ये राममाश्रितः ॥ १५ ॥ सोऽहं ज्येष्ठरामैकबलः । भारं राज्यभारम् । महाधुर्येण समुद्यतं धृतं धुरमासाद्य दम्यो वत्सतर इव कथं सहेयम् । केन चौजसा बलेन सहेयम् । रामं विनेति शेषः ॥ १६ ॥ तर्हि त्वं षण्ढकल्पस्तत्राह—अथवेति । शक्ती राज्यभरणसामर्थ्यम् । योगैः 'योगः संहननोपायध्यानसंगतियुक्तिषु' इत्युक्तयोगैर्बुद्धियुक्तमहाप्राणत्वलक्षणबलेन यद्यपि भवेत्संभावितैवाथापि पुत्रगर्धिनीं पुत्रराज्याभिलाषवतीं त्वां सकामां पूर्णकामनां न करिष्यामि । अन्यथा त्वमिवाहमपि लोके दूषितः स्यामिति भावः ॥ १७ ॥ किं च । 'त्यजेदेकं कुलस्यार्थे' इति न्यायेन तव विवासनमेव सांप्रतम्, तथापि रामस्य त्वयि मातृवद्व्यवहारात्तन्न कर्तुं शक्यमित्याह—नेति । त्वां त्यक्तुं विकाङ्क्षा इच्छाभावो नैव जायेत, यदि रामस्य मातृवदवेक्षा त्वयि न स्यात् ॥ १८ ॥ इयं बुद्धिः कनिष्ठस्याभिषेकबुद्धिः ॥ १९ ॥ अस्या बुद्धेः पूर्वैर्गर्हितत्वमेव दर्श-

न हि मन्ये नृशंसे त्वं राजधर्ममवेक्षसे । गतिं वा न विजानासि राजवृत्तस्य शाश्वतीम् ॥ २१
सततं राजपुत्रेषु ज्येष्ठो राजाभिषिच्यते । राज्ञामेतत्समं तत्स्यादिक्ष्वाकूणां विशेषतः ॥ २२
तेषां धर्मैकरक्षाणां कुलचारित्रशोभिनाम् । अद्य चारित्रशौटीर्यं त्वां प्राप्य विनिवर्तितम् ॥ २३
तवापि सुमहाभागे जनेन्द्रकुलपूर्वके । बुद्धिमोहः कथमयं संभूतस्त्वयि गर्हितः ॥ २४
न तु कामं करिष्यामि तवाहं पापनिश्चये । यया व्यसनमारब्धं जीवितान्तकरं मम ॥ २५
एष त्विदानीमेवाहमप्रियार्थं तवानघे । निवर्तयिष्यामि वनाद्भ्रातरं स्वजनप्रियम् ॥ २६
निवर्तयित्वा रामं च तस्याहं दीप्ततेजसः । दासभूतो भविष्यामि सुस्थितेनान्तरात्मना ॥ २७
इत्येवमुक्त्वा भरतो महात्मा प्रियेतरैर्वाक्यगणैस्तुदंस्ताम् ।
शोकार्दितश्चापि ननाद भूयः सिंहो यथा मन्दरकन्दरस्थः ॥ २८

इत्यार्षे श्रीमद्रामायणे वाल्मीकीय आदिकाव्येऽयोध्याकाण्डे त्रिसप्ततितमः सर्गः ॥ ७३ ॥

चतुःसप्ततितमः सर्गः ।

तां तथा गर्हयित्वा तु मातरं भरतस्तदा । रोषेण महताविष्टः पुनरेवाब्रवीद्वचः ॥ १
राज्याद्भ्रंशस्व कैकेयि नृशंसे दुष्टचारिणि । परित्यक्तासि धर्मेण मा मृतं रुदती भव ॥ २
किं नु तेऽदूषयद्रामो राजा वा भृशधार्मिकः । ययोर्मृत्युर्विवासश्च त्वत्कृते तुल्यमागतौ ॥ ३
भ्रूणहत्यामसि प्राप्ता कुलस्यास्य विनाशनात् । कैकेयि नरकं गच्छ मा च तातसलोकताम् ४
यत्त्वया हीदृशं पापं कृतं घोरेण कर्मणा । सर्वलोकप्रियं हित्वा ममाप्यापादितं भयम् ॥ ५
त्वत्कृते मे पिता वृत्तो रामश्चारण्यमाश्रितः । अयशो जीवलोके च त्वयाहं प्रतिपादितः ॥ ६

यति—अस्मिन्निति । अस्मदीये कुले सर्वेषां ज्येष्ठोऽभिषिच्यते, न त्वापेक्षिकज्येष्टः । अपरे भ्रातरस्तस्मिन्समाहितास्तदधीनाः प्रवर्तन्ते । एवं किल नः सर्वेषामाचार इति शेषः । स्मरति च मनुः—'ज्येष्ठ एव तु गृह्णीयात्सकलं पैतृकं धनम् । अन्ये तमनुजीवेयुर्यथैव पितरं तथा ॥' इति ॥ २० ॥ राजधर्मं नावेक्षसे न जानासि । राजवृत्तस्य राजधर्मस्य शाश्वतीमव्यभिचरितां गतिं फलमपि न जानासीति मन्ये ॥ २१ ॥ एतद्राज्ञां सर्वराज्ञां समम्, यद्राजपुत्रेषु ज्येष्ठस्याभिषेकः । इक्ष्वाकूणां तज्ज्येष्ठाभिषेचनं विशेषतः स्यात्संभाव्यते । 'राज्ञां सर्वम्' इति पाठे सर्वमित्यत्र च्छान्दसी षष्ठ्यर्थे द्वितीया । सर्वेषामित्यर्थः ॥ २२ ॥ धर्मेणैकेन रक्षा रक्षणं येषां तेषां धर्मैकरक्षाणाम् । धर्ममेकं रक्षन्ति तेषां वा । कुलक्रमागतचारित्रेण शोभावतां यच्चारित्रविषयकं शौटीर्यं गर्वस्तदद्य त्वां प्राप्य त्वत्संबन्धान्निवर्तितमित्यर्थः ॥ २३ ॥ तथा त्वय्यपि महाकुलप्रसूतायामेवंविधबुद्धिकारणं न पश्यामीत्याह—तवापीति । हे सुमहाभागे । तदुपपादकं विशेषणं जनेन्द्रकुलपूर्वके इति । जनेन्द्रः कैकेयकुलकूटस्थः पूर्वकः कारणं यस्यास्तथाभूते । अतो महाकुलप्रसूतायास्तव गर्हितोऽयं बुद्धिमोहस्त्वयि कथं संभूत इत्यन्वयः । 'जनेन्द्राः कुलपूर्वगाः' इति पाठे तव पितृवंशराजानोऽपि कुलपूर्वं कुलज्येष्ठं गच्छन्ति । राजत्वेन तादृशा इत्यर्थः । शेषं प्राग्वत् ॥ २४ ॥ सर्वथा त्वद्बुद्धिमहं नानुवर्तिष्य इत्याह—न त्विति ॥ २५ ॥ न केवलं त्वदिष्टाकरणम् । किं त्वनिष्टमपि करिष्यामीत्याह—एष इति । अप्रियार्थं तत्संपादनार्थम् ॥ २६ ॥ दासभूतो दासत्वं प्राप्तः । मद्राज्येच्छोस्तवानिष्टसंपादनार्थमित्याशयः । न केवलं त्वत्कोपादेवं तदाचरणम्, अपि तु परमार्थत एवेत्याह—सुस्थितेनेति । सुखप्रतिष्ठेन चित्तेनेत्यर्थः । ज्येष्ठानुवर्तनस्यैव शास्त्रतः परमहितत्वादिति भावः ॥ २७ ॥ प्रियेतरैर्दुःखकरैः ॥ २८ ॥

इति श्रीरामाभिरामे श्रीरामीये रामायणतिलके वाल्मीकीय आदिकाव्येऽयोध्याकाण्डे त्रिसप्ततितमः सर्गः ॥ ७३ ॥

तामिति ॥ १ ॥ भ्रंशस्व भ्रष्टा भव । वनं गच्छेत्यर्थः । मृतं भर्तारमुद्दिश्य रुदती मा भव । धर्मत्यागेन भार्यापतिभावस्य नष्टत्वादिति भावः । केचित्तु—परित्यक्तधर्मणस्ते पुत्रजीवनमसंभावितम्, अतो मा मां मृतं दृष्ट्वा रुदती भवेत्यर्थः । तव पुत्रमरणकृतः शोकोऽस्त्विति भाव इत्याहुः ॥ २ ॥ अदूषयत्त्वत्संबन्धि किं गुणादिकमदूषयत् । तुल्यं युगपत् ॥ ३ ॥ तस्माद्भ्रूणहत्यां शाखाध्येतृब्रह्महत्यां प्राप्तासि । उत्तमक्षत्रियस्य राज्ञो भर्तुर्वधाद्रामादीनां विवासनाच्चेति भावः । नरकं गच्छ । प्राप्तकाले लोट् । नरक एव ते न्यायप्राप्त इत्यर्थः ॥ ४ ॥ ईदृशं भर्तृमरणरामविवासनरूपम् । घोरेण कर्मणा । कर्मणो घोरत्वं च सामान्यविषयवरद्वयस्येदृशविशेषविषयत्वकरणम् । सर्वलोकप्रियं रामं हित्वा विवास्य । भयं कैकेयीपुत्रोऽयं तद्वदेव दुष्टस्वभाव इति लोककलङ्करूपम् । यद्वा त्वद्दोषतो रामो मां त्यक्ष्यतीति भयम् । यद्वा महापातकयुतायास्तव संसर्गेण पञ्चमपातकित्वरूपभयम् ॥ ५ ॥ तदेवाह—त्वदिति । जीवलोके च । चात्परलोके च । प्रतिपादितः प्रापितः ॥ ६ ॥

मातृरूपे ममामित्रे नृशंसे राज्यकामुके । न तेऽहमभिभाष्योऽस्मि दुर्वृत्ते पतिघातिनि ॥ ७
कौसल्या च सुमित्रा च याश्चान्या मम मातरः । दुःखेन महताविष्टास्त्वां प्राप्य कुलदूषिणीम् ॥ ८
न त्वमश्वपतेः कन्या धर्मराजस्य धीमतः । राक्षसी तत्र जातासि कुलप्रध्वंसिनी पितुः ॥ ९
यत्त्वया धार्मिको रामो नित्यं सत्यपरायणः । वनं प्रस्थापितो वीरः पितापि त्रिदिवं गतः ॥ १०
यत्प्रधानासि तत्पापं मयि पित्रा विना कृते । भ्रातृभ्यां च परित्यक्ते सर्वलोकस्य चाप्रिये ॥ ११
कौसल्यां धर्मसंयुक्तां वियुक्तां पापनिश्चये । कृत्वा कं प्राप्स्यसे ह्यद्य लोकं निरयगामिनी ॥ १२
किं नावबुध्यसे क्रूरे नियतं बन्धुसंश्रयम् । ज्येष्ठं पितृसमं रामं कौसल्यायात्मसंभवम् ॥ १३
अङ्गप्रत्यङ्गजः पुत्रो हृदयाच्चाभिजायते । तस्मात्प्रियतरो मातुः प्रिय एव तु बान्धवाः ॥ १४
अन्यदा किल धर्मज्ञा सुरभिः सुरसंमता । वहमानौ ददर्शोर्व्यां पुत्रौ विगतचेतसौ ॥ १५
तावर्धदिवसं श्रान्तौ दृष्ट्वा पुत्रौ महीतले । रुरोद पुत्रशोकेन बाष्पपर्याकुलेक्षणम् ॥ १६
अधस्ताद्व्रजतस्तस्याः सुरराज्ञो महात्मनः । बिन्दवः पतिता गात्रे सूक्ष्माः सुरभिगन्धिनः ॥ १७
निरीक्षमाणस्तां शक्रो ददर्श सुरभिं स्थिताम् । आकाशे विष्ठितां दीनां रुदतीं भृशदुःखिताम् ॥ १८
तां दृष्ट्वा शोकसंतप्तां वज्रपाणिर्यशस्विनीम् । इन्द्रः प्राञ्जलिरुद्विग्नः सुरराजोऽब्रवीद्वचः ॥ १९
भयं कच्चिन्न चास्मासु कुतश्चिद्विद्यते महत् । कुतोनिमित्तः शोकस्ते ब्रूहि सर्वहितैषिणि ॥ २०
एवमुक्ता तु सुरभिः सुरराजेन धीमता । प्रत्युवाच ततो धीरा वाक्यं वाक्यविशारदा ॥ २१
शान्तं पापं न वः किंचित्कुतश्चिदमराधिप । अहं तु मग्नौ शोचामि स्वपुत्रौ विषमे स्थितौ ॥ २२
एतौ दृष्ट्वा कृशौ दीनौ सूर्यरश्मिप्रतापितौ । बध्यमानौ बलीवर्दौ कर्षकेण दुरात्मना ॥ २३
मम कायात्प्रसूतौ हि दुःखितौ भारपीडितौ । यौ दृष्ट्वा परितप्येऽहं नास्ति पुत्रसमः प्रियः ॥ २४
यस्याः पुत्रसहस्रैस्तु कृत्स्नं व्याप्तमिदं जगत् । तां दृष्ट्वा रुदतीं शक्रो न सुतान्मन्यते परम् ॥ २५
इन्द्रो ह्यश्रुनिपातं तं स्वगात्रे पुण्यगन्धिनम् । सुरभिं मन्यते दृष्ट्वा भूयसीं तामिहेश्वरः ॥ २६
समाप्रतिमवृत्ताया लोकधारणकाम्यया । श्रीमत्या गुणमुख्यायाः स्वभावपरिचेष्टया ॥ २७

न तेऽहमभिभाष्यः । मत्संभाषणं त्वया न कार्यमित्यर्थः ॥७॥ ॥ ८ ॥ न त्वमश्वपतेः कन्या । तत्कुलोचिता कन्या न भवसीत्यर्थः । पितुरित्यस्य ममेति शेषः । यद्वा स्वपितुः कुलस्य प्रध्वंसिनी दुश्चरित्रत्वव्यवस्थापिका ॥ ९ ॥ पिता मम । गतो गमितः ॥ १० ॥ यत्प्रधाना यत्पापप्रधाना । तत्पापं तत्पापफलम् । पितृभ्रातृरहितेऽत एव त्वन्निमित्तं सर्वलोकाप्रिये मयि वृत्तं तद्राहित्यरूपं सर्वलोकाप्रियत्वरूपं च ॥ ११ ॥ हे पापनिश्चये, वियुक्तां पतिपुत्रवियुक्तां कृत्वा। कं लोकं कं नरकलोकम् ॥१२॥ बन्धुसंश्रयं बन्धूनामाश्रयभूतम् । कौसल्याया आत्मसंभवमौरसम् । संधिस्त्वार्षः । एवंगुणविशिष्टं किं नावबुध्यसे । न जानासीत्यर्थः ॥ १३ ॥ अस्त्वौरसस्ततः किं तत्राह—अङ्गेत्यादि । अङ्गानि मुखवक्षउदरपाणिपादरूपाणि । प्रत्यङ्गानि नेत्राङ्गुल्यादीनि । एतेन 'अङ्गादङ्गात्संभवसि' इति श्रुतौ वीप्सयाङ्गप्रत्यङ्गग्रहणं सूचितम् । एतेन तस्य सर्वाङ्गतेजःसंभूतत्वं दर्शितम् । 'यदेतद्रेतस्तत्सर्वेभ्योऽङ्गेभ्यस्तेजःसंभूतम्' इति श्रुतेः । स्त्रिया रक्तमेव रेतः । हृदयं हृदयपुण्डरीकमात्माधिष्ठानम् । अनेन 'हृदयादधिजायसे' इति श्रुत्यर्थ उक्तः । यदेवं तस्मान्मातुरौरसः पुत्रः प्रियतरः । 'आत्मा वै पुत्रनामासि' इति श्रुतेः । निरुपाधिप्रेमास्पदत्वं चात्मनः सर्वलोकसिद्धमेव । बान्धवाः पितृमात्रादयः प्रिया एव, न तु प्रियतराः । एवं चौरसवियोगदुःखमतिदुःसहमिति भावः । 'प्रियत्वान्न तु बान्धवः' इति पाठं मत्वा तीर्थेनेत्थं व्याख्यातम्—प्रियत्वादेव न बान्धवो बन्धुदत्तपुत्रादिवन्न भवतीति । तत्र नार्थसामञ्जस्यमिति कतकसंमतपाठ एव ज्यायान् ॥ १४ ॥ अत्रार्थे इतिहासमाह—अन्यदेति । कस्मिंश्चित्पूर्वकाल इत्यर्थः । सुरभिः कामधेनुः । किलेत्यैतिह्ये । धर्मज्ञाः पुराविदो वृद्धा एवं वदन्ति किलेत्यर्थः । वहमानौ हलम् ॥ १५ ॥ अर्धदिवसं दिवसस्यार्धं व्याप्य वहनेन श्रान्तौ दृष्ट्वा । पुत्रौ स्वाङ्गजौ कुतोऽपि हेतोर्भुवं गतौ । वक्ष्यति च—मम कायात्प्रसूताविति ॥ १६ ॥ सुरराज्ञः सुरराजस्य । अनित्यत्वान्न टच् ॥ १७ ॥ १८ ॥ १९ ॥ अस्मास्वमरेषु । कुतोनिमित्तः किंनिमित्तकः । कुत इत्याद्यादित्वात्प्रथमार्थे तसिल् । न चास्मास्विति नञि काकुर्द्रष्टव्या ॥ २० ॥ २१ ॥ किंचिदपि भयं कुतोऽपि हेतोर्युष्माकं नास्ति । शान्तं पापमित्यादिकमनुचितश्रवणजदोषनिवर्तको वचनविशेषो युष्मद्दुःखजनकं पापं शान्तमित्यर्थकः । किं त्वहं मग्नौ दुःखमग्नौ विषमे देशे स्थितौ कर्षकेण प्रतोदादिना वध्यमानौ ताड्यमानौ दृष्ट्वा शोचामि ॥ २२ ॥ २३ ॥ नास्ति पुत्रसमः प्रिय इति सुरभिवचनोपसंहारः ॥ २४ ॥ अथेन्द्रव्यापारमाह—यस्या इति । पुत्रसहस्रैः साक्षात्पुत्रसंतानपतितैः । तां रुदतीं दृष्ट्वा इन्द्रोऽपि सुतात्परमधिकं किमपि न मन्यते॥२५॥ इह संसारे । भूयसीं सर्वोत्कृष्टाम् ॥ २६ ॥ समं सर्वप्राण्यनुग्रहे

यस्याः पुत्रसहस्राणि सापि शोचति कामधुक् । किं पुनर्या विना रामं कौसल्या [illegible]र्तयिष्यति ॥ २८
एकपुत्रा च साध्वी च विवत्सेयं त्वया कृता । तस्मात्त्वं सततं दुःखं प्रेत्य चेह च लप्स्यसे ॥ २९
अहं त्वपचितिं भ्रातुः पितुश्च [illegible]कलामिमाम् । वर्धनं यशसश्चापि करिष्यामि न संशयः ॥ ३०
आनाय्य च महाबाहुं कोशलेन्द्रं महाबलम् । स्वयमेव प्रवेक्ष्यामि वनं मुनिनिषेवितम् ॥ ३१
नह्यहं पापसंकल्पे पापे पापं त्वया कृतम् । शक्तो धारयितुं पौरैरश्रुकण्ठैर्निरीक्षितः ॥ ३२
सा त्वमग्निं प्रविश वा स्वयं वा विश दण्डकान् । रज्जुं बद्ध्वाथवा कण्ठे नहि तेऽन्यत्परायणम् ॥ ३३
अहमप्यवनीं प्राप्ते रामे सत्यपराक्रमे । कृतकृत्यो भविष्यामि विप्रवासितकल्मषः ॥ ३४
इति नाग इवारण्ये तोमरा[illegible]शतोदितः । पपात भुवि संक्रुद्धो निःश्वसन्निव पन्नगः ॥ ३५
संरक्तनेत्रः शिथिलाम्बरस्तथा विधूतसर्वाभरणः परंतपः ।
बभूव भूमौ पतितो नृपात्मजः शचीपतेः केतुरिवोत्सवक्षये ॥ ३६

इत्यार्षे श्रीमद्रामायणे वाल्मीकीय आदिकाव्येऽयोध्याकाण्डे चतुःसप्ततितमः सर्गः ॥ ७४ ॥

पञ्चसप्ततितमः सर्गः ।

दीर्घकालात्समुत्थाय संज्ञां लब्ध्वा स वीर्यवान् । नेत्राभ्यामश्रुपूर्णाभ्यां दीनामुद्वीक्ष्य मातरम् ॥ १
सोऽमात्यमध्ये भरतो जननीमभ्यकुत्सयत् । राज्यं न कामये जातु मन्त्रये नापि मातरम् ॥ २
अभिषेकं न जानामि योऽभूद्राज्ञा समीक्षितः । विप्रकृष्टे ह्यहं देशे शत्रुघ्नसहितोऽभवम् ॥ ३
वनवासं न जानामि रामस्याहं महात्मनः । विवासनं च सौमित्रेः सीतायाश्च यथाभवत् ॥ ४
तथैव क्रोशतस्तस्य भरतस्य महात्मनः । कौसल्या शब्दमाज्ञाय सुमित्रां चेदमब्रवीत् ॥ ५
आगतः क्रूरकार्यायाः कैकेय्या भरतः सुतः । तमहं द्रष्टुमिच्छामि भरतं दीर्घदर्शिनम् ॥ ६
एवमुक्त्वा सुमित्रां तां विवर्णवदना कृशा । प्रतस्थे भरतो यत्र वेपमाना विचेतना ॥ ७
स तु राजात्मजश्चापि शत्रुघ्नसहितस्तदा । प्रतस्थे भरतो येन कौसल्याया निवेशनम् ॥ ८
ततः शत्रुघ्नभरतौ कौसल्यां प्रेक्ष्य दुःखितौ । पर्यष्वजेतां दुःखार्तां पतितां नष्टचेतनाम् ॥ ९

वैषम्यरहितमप्रतिमं सर्वोत्तमं वृत्तं चरित्रं यस्याः । श्रीमत्या इष्टदानैश्वर्यशक्तिमत्याः । गुणमुख्यायाः सत्यरूपमुख्यगुणवत्याः । लोकधारणकाम्यया प्रवृत्ताया इति शेषः । स्वभावपरिचेष्टया 'आहारनिद्राभयमैथुनानि सामान्यमेतत्पशुभिर्नराणाम्' इति सामान्यप्राप्तमिथुनीभावलक्षणया ॥ २७ ॥ यस्याः पुत्रसहस्राणि संतानपरम्पराद्वारेण सन्ति सापि शोचति, किं पुनर्मानुषी एकपुत्रा कौसल्या रामं विना वर्तयिष्यति जीविष्यति । शोकेन विशिष्टा सतीति शेषः । इदं किं वक्तव्यमित्यर्थः ॥ २८ ॥ विवत्सा विवत्सेव । यदेवम्—तस्मादिति ॥ २९ ॥ अपचितिं पूजाम् । पितुरिमां वक्ष्यमाणौर्ध्वदेहिकक्रियारूपां पूजां करिष्यामीत्यपकर्षः ॥ ३० ॥ अथ यशोवर्धनं भ्रातृपूजां चाह—आनाय्येत्यादि । महाबाहुं रामम् । वनं प्रवेक्ष्यामि । तद्व्रतसमाप्तये तत्प्रतिनिधितयेति भावः ॥ ३१ ॥ पापं ज्येष्ठविवासनपूर्वकं कनिष्ठराज्यरूपम् ॥ ३२ ॥ अस्य मरणान्तमेव प्रायश्चित्तमित्याह—सेति । बुद्धिपूर्वकृतमहापापेत्यर्थः । कण्ठे रज्जुं बद्ध्वेत्यस्य म्रियस्वेति शेषः । परायणं गतिः ॥ ३३ ॥ विप्रवासितकल्मषो दूरीकृतकलङ्कः ॥ ३४ ॥ इतीत्यस्य विलप्येति शेषः । 'नाग इवारण्यस्तोमर—' इति पाठान्तरम् । संक्रुद्धः पन्नग इव श्वसन्नित्यन्वयः । पाठान्तरेऽरण्ये तत्संनिधनि बन्धनस्थाने तोमराङ्कुशतोदितो नाग इवेत्यर्थः । भुवि पपात । भरत इति शेषः ॥ ३५ ॥ शचीपतेः केतुरिन्द्रध्वजः । उत्सवक्षय उत्सवान्ते ॥ ३६ ॥ इति श्रीरामाभिरामे श्रीरामीये रामायणतिलके वाल्मीकीय आदिकाव्येऽयोध्याकाण्डे चतुःसप्ततितमः सर्गः ॥ ७४ ॥

दीनां स्वमनीषितभङ्गतः ॥ १ ॥ अमात्या भरतागमनं श्रुत्वा प्राप्ताः सुमन्त्रादयः । अभ्यकुत्सयत् । लोकस्येव स्वस्यापि कैकेयीकृतव्यवहारे परमानिष्टताख्यापनायोक्तरीत्यैव सर्वलोकसमक्षं जगर्ह इत्यर्थः । अथ प्रयोजकत्वानुमन्तृत्वाद्यपि स्वस्य प्रकृतविषये नास्तीति मन्त्रिणः प्रत्यापयति—राज्यमित्यादि । मातरं नैव मन्त्रये । अपिरेवार्थे । राज्यग्रहणार्थं न प्रेरयामि । तत्र हेतुः—राज्यं न कामये इति ॥ २ ॥ योऽभिषेको राज्ञा समीक्षितश्चिन्तितः । अज्ञाने हेतुमाह—विप्रकृष्ट इति । अतिदूरतरे इत्यर्थः ॥ ३ ॥ ४ ॥ तथैव प्राग्वदेव ॥ ५ ॥ दीर्घदर्शिनमैहिकामुष्मिककर्मणः कालान्तरभाविफलज्ञानक्षमबुद्धिमन्तम् । अतएव तं द्रष्टुमिच्छामि ॥ ६ ॥ ७ ॥ चापिभ्यां सुमन्त्रादयः । येन मार्गेण निवेशनम् । प्राप्यत इति शेषः ॥ ८ ॥ कौसल्यां स्वगृहात्प्रस्थिताम् ॥ ९ ॥

३५

रुदन्तौ रुदती दुःखात्समेत्यार्या मनस्विनी । भरतं प्रत्युवाचेदं कौसल्या भृशदुःखिता ॥ १०
इदं ते राज्यकामस्य राज्यं प्राप्तमकण्टकम् । संप्राप्तं बत कैकेय्या शीघ्रं क्रूरेण कर्मणा ॥ ११
प्रस्थाप्य चीरवसनं पुत्रं मे वनवासिनम् । कैकेयी कं गुणं तत्र पश्यति क्रूरदर्शिनी ॥ १२
क्षिप्रं मामपि कैकेयी प्रस्थापयितुमर्हति । हिरण्यनाभो यत्रास्ते सुतो मे सुमहायशाः ॥ १३
अथवा स्वयमेवाहं सुमित्रानुचरा सुखम् । अग्निहोत्रं पुरस्कृत्य प्रस्थास्ये येन राघवः ॥ १४
कामं वा स्वयमेवाद्य तत्र मां नेतुमर्हसि । यत्रासौ पुरुषव्याघ्रस्तप्यते मे सुतस्तपः ॥ १५
इदं हि तव विस्तीर्णं धनधान्यसमाचितम् । हस्त्यश्वरथसंपूर्णं राज्यं निर्यातितं तया ॥ १६
इत्यादिबहुभिर्वाक्यैः क्रूरैः संभर्त्सितोऽनघः । विव्यथे भरतस्तीव्रं व्रणे तुद्येव सूचिना ॥ १७
पपात चरणौ तस्यास्तदा संभ्रान्तचेतनः । विलप्य बहुधासंज्ञो लब्धसंज्ञस्ततदाभवत् ॥ १८
एवं विलपमानां तां प्राञ्जलिर्भरतस्तदा । कौसल्यां प्रत्युवाचेदं शोकैर्बहुभिरावृताम् ॥ १९
आर्ये कस्मादजानन्तं गर्हसे मामकल्मषम् । विपुलां च मम प्रीतिं स्थितां जानासि राघवे ॥ २०
कृतशास्त्रानुगा बुद्धिर्मा भूत्तस्य कदाचन । सत्यसंधः सतां श्रेष्ठो यस्यार्योऽनुमते गतः ॥ २१
प्रैष्यं पापीयसां यातु सूर्यं च प्रति मेहतु । हन्तु पादेन गां सुप्तां यस्यार्योऽनुमते गतः ॥ २२
कारयित्वा महत्कर्म भर्ता भृत्यमनर्थकम् । अधर्मो योऽस्य सोऽस्यास्तु यस्यार्योऽनुमते गतः ॥ २३
परिपालयमानस्य राज्ञो भूतानि पुत्रवत् । ततस्तु द्रुह्यतां पापं यस्यार्योऽनुमते गतः ॥ २४
बलिषड्भागमुद्धृत्य नृपस्यारक्षितुः प्रजाः । अधर्मो योऽस्य सोऽस्यास्तु यस्यार्योऽनुमते गतः ॥ २५
संश्रुत्य च तपस्विभ्यः सत्रे वै यज्ञदक्षिणाम् । तां चापलपतां पापं यस्यार्योऽनुमते गतः ॥ २६
हस्त्यश्वरथसंबाधे युद्धे शस्त्रसमाकुले । मा स्म कार्षीत्सतां धर्मं यस्यार्योऽनुमते गतः ॥ २७
उपदिष्टं सुसूक्ष्मार्थं शास्त्रं यत्नेन धीमता । स नाशयतु दुष्टात्मा यस्यार्योऽनुमते गतः ॥ २८
मा च तं व्यूढबाह्वंसं चन्द्रभास्करतेजसम् । द्राक्षीद्राज्यस्थमासीनं यस्यार्योऽनुमते गतः ॥ २९

समेत्यालिङ्ग्य । तादृशसमयेऽप्यालिङ्गनकरणयोग्यं विशेषणम्—मनस्विनीति ॥ १० ॥ राज्यं प्राप्तम् । भुङ्क्ष्वेति शेषः । राज्यप्राप्तिप्रकारमाह—क्रूरेण रामविवासनरूपेण कर्मणा । कैकेय्या । तयेत्यर्थे शेषत्वविवक्षायाम् । संप्राप्तं राजतः । ततश्च त्वया प्राप्तमिति भावः ॥ ११ ॥ त्वमपि मे पुत्र इति तव राज्यदाने न किमपि मे दुःखम्, अपि तु चीरवसनं वनचारिणं चीरवसनत्वादिवनचारिवेषं मे पुत्रं रामं त्वदागमनादपि पूर्वं शीघ्रं वनं प्रति प्रस्थाप्य राजानं मारितवती कैकेयी तत्र तादृशप्रस्थापने कं गुणं पश्यतीति न जाने । इति दुःखमिति शेषः । स्थिते तु रामे स एव पितृवाक्यात्त्वामेवाभिषिच्य रक्षेत्, अतो व्यर्थोऽयं तत्प्रयास इति भावः ॥ १२ ॥ मामपि प्रस्थापयितुमर्हति । मां प्रति तस्या दुःखहेतुत्वप्रकृतेरिति भावः । हिरण्यनाभो हिरण्यवर्णनाभियुक्तः । इदमसाधारणं रामलक्षणम् ॥ १३ ॥ कैकेयीचित्तानुवृत्तेस्तव राजसंस्कारेऽधिकारो नास्तीति ध्वनयन्त्याह—अथवेति । अग्निहोत्रमिति राजदेहस्याप्युपलक्षणम् । कैकेयीवर्त्मगमने भरतो मे प्रेतकार्यं न कुर्यादिति राज्ञा निषेधादिति भावः ॥ १४ ॥ अथवा तवातत्पक्षत्वे राजसंस्कारादि कृत्वा पश्चान्मां तत्र नयेत्याह—कामं वेति । तप्स्यते तप्यते चेत्यपि बोध्यम् ॥ १५ ॥ समाचितं व्याप्तम् । निर्यातितं दत्तम् । 'निर्यातनं वैरशुद्धौ दाने न्यासार्पणे मतम्' ॥ १६ ॥ व्रणे प्राचीने सूचिना प्रतुद्येव संभर्त्सितः । कैकेयीपक्षत्वधिया गर्हितो विव्यथे । पितृभ्रातृवियोगखिन्नेनाश्वासार्थमागतस्थलेऽपि खेदहेतुवचनश्रवणादिति भावः ॥ १७ ॥ असंज्ञ इति छेदः ॥ १८ ॥ विलपमानामिदं ते राज्यकामस्येत्यादि भाषमाणाम् ॥ १९ ॥ अजानन्तम् । अत्रत्यवृत्तान्तमिति शेषः । राघवे तद्विषये मम हृदि पूर्वं स्थितां विपुलां प्रीतिं जानास्येव । इदानीं तु ततोऽधिका पितृबुद्धेरपि तत्रैवोपसंहारात् ॥ २० ॥ इममर्थं परबुद्धेरप्रत्यक्षत्वाच्छपथैः प्रत्याययति—कृतेति । सत्यसंधत्वादिगुणविशिष्ट आर्यो रामो यस्यानुमते संमते सति वनं गतस्तस्य कृतशास्त्रानुगा गुरुशिक्षितश्रुतिस्मृतिमार्गगा बुद्धिर्मा भूत् । इतोऽधिकानर्थाभावादयं परमः शपथः । अतः परं प्रपञ्चः । सामान्येन शपथकरणमपि विशेषतः स्वस्मिन्नपि पर्यवस्यतीति बोध्यम् ॥ २१ ॥ प्रैष्यं प्रेष्यत्वं प्रति । मेहतु अभिमुखं मूत्रादि करोतु ॥ २२ ॥ यो भर्ता भृत्यं महत्कर्म कारयित्वा अनर्थकं भृतिरहितं करोति तस्य योऽधर्मः सोऽस्यास्त्वित्यन्वयः ॥ २३ ॥ ततस्तस्मै । आद्यादित्वाच्चतुर्थ्यर्थे तसिः । यस्यानुमते गतस्तस्यास्त्विति शेषः ॥ २४ ॥ बलिः करस्तद्रूपं षड्भागमुद्धृत्यादाय प्रजा अरक्षितुर्योऽधर्मः सोऽस्यास्तु ॥ २५ ॥ सत्रे यागे । संश्रुत्य प्रतिज्ञाय । अपलपतां तपस्विभ्यो ऋत्विग्भ्यः ॥ २६ ॥ सतां धर्मममपराङ्मुखतया युद्धम् ॥ २७ ॥ सुसूक्ष्मार्थं शास्त्रं वेदः । धीमता । आचार्येणेति शेषः । ब्रह्मोज्झत्वरूपं पापं प्राप्नोत्वित्यर्थः ॥ २८ ॥ व्यूढौ विशालौ बाहू अंसौ च यस्य तं रामं

पायसं कृसरं छागं वृथा सोऽश्नातु निर्घृणः । गुरूंश्चाप्यवजानातु यस्यार्योऽनुमते गतः ॥ ३०
गवां स्पृशतु पादेन गुरून्परिवदेत च । मित्रे द्रुह्येत सोऽत्यर्थं यस्यार्योऽनुमते गतः ॥ ३१
विश्वासात्कथितं किंचित्परिवादं मिथः क्वचित् । विवृणोतु स दुष्टात्मा यस्यार्योऽनुमते गतः ॥ ३२
अकर्ता चाकृतज्ञश्च त्यक्तश्च निरपत्रपः । लोके भवतु विद्विष्टो यस्यार्योऽनुमते गतः ॥ ३३
पुत्रैर्दासैश्च भृत्यैश्च स्वगृहे परिवारितः । स एको मृष्टमश्नातु यस्यार्योऽनुमते गतः ॥ ३४
अप्राप्य सदृशान्दारानैनपत्यः प्रमीयताम् । अनवाप्य क्रियां धर्म्यां यस्यार्योऽनुमते गतः ॥ ३५
मात्मनः संततिं द्राक्षीत्स्वेषु दारेषु दुःखितः । आयुः समग्रमप्राप्य यस्यार्योऽनुमते गतः ॥ ३६
राजस्त्रीबालवृद्धानां वधे यत्पापमुच्यते । भृत्यत्यागे च यत्पापं तत्पापं प्रतिपद्यताम् ॥ ३७
लाक्षया मधुमांसेन लोहेन च विषेण च । सदैव बिभृयाद्भृत्यान्यस्यार्योऽनुमते गतः ॥ ३८
सङ्ग्रामे समुपोढे च शत्रुपक्षभयंकरे । पलायमानो वध्येत यस्यार्योऽनुमते गतः ॥ ३९
कपालपाणिः पृथिवीमटतां चीरसंवृतः । भिक्षमाणो यथोन्मत्तो यस्यार्योऽनुमते गतः ॥ ४०
मद्यप्रसक्तो भवतु स्त्रीष्वक्षेषु च नित्यशः । कामक्रोधाभिभूतश्च यस्यार्योऽनुमते गतः ॥ ४१
मास्य धर्मे मनो भूयादधर्मं स निषेवताम् । अपात्रवर्षी भवतु यस्यार्योऽनुमते गतः ॥ ४२
संचितान्यस्य वित्तानि विविधानि सहस्रशः । दस्युभिर्विप्रलुप्यन्तां यस्यार्योऽनुमते गतः ॥ ४३
उभे संध्ये शयानस्य यत्पापं परिकल्प्यते । तच्च पापं भवेत्तस्य यस्यार्योऽनुमते गतः ॥ ४४
यदग्निदायके पापं यत्पापं गुरुतल्पगे । मित्रद्रोहे च यत्पापं तत्पापं प्रतिपद्यताम् ॥ ४५
देवतानां पितॄणां च मातापित्रोस्तथैव च । मा स्म कार्षीत्स शुश्रूषां यस्यार्योऽनुमते गतः ॥ ४६
सतां लोकात्सतां कीर्त्याः सज्जुष्टात्कर्मणस्तथा । भ्रश्यतु क्षिप्रमद्यैव यस्यार्योऽनुमते गतः ॥ ४७
अपास्य मातृशुश्रूषामनर्थे सोऽवतिष्ठताम् । दीर्घबाहुर्महावक्षा यस्यार्योऽनुमते गतः ॥ ४८
बहुभृत्यो दरिद्रश्च ज्वररोगसमन्वितः । समायात्ससततं क्लेशं यस्यार्योऽनुमते गतः ॥ ४९
आशामाशंसमानानां दीनानामूर्ध्वचक्षुषाम् । अर्थिनां वितथां कुर्याद्यस्यार्योऽनुमते गतः ॥ ५०
मायया रमतां नित्यं पुरुषः पिशुनोऽशुचिः । राज्ञो भीतस्त्वधर्मात्मा यस्यार्योऽनुमते गतः ॥ ५१
[illegible] सतीं भार्यामृतुकालानुरोधिनीम् । अतिवर्तेत दुष्टात्मा यस्यार्योऽनुमते गतः ॥ ५२
विप्रलु[illegible] दुष्कृतं ब्राह्मणस्य यत् । तदेतत्प्रतिपद्येत यस्यार्योऽनुमते गतः ॥ ५३
ब्राह्मणायोद्यतां पूजां विहन्तु कलुषेन्द्रियः । बालवत्सां च गां दोग्धु यस्यार्योऽनुमते गतः ॥ ५४

राज्यस्थम् । अतएवासीनं सिंहासने मा द्राक्षीत् । तादृशरामदर्शनभाग्यरहितो भवतु । ज्येष्ठानुवर्तनरहितो भवत्वित्यर्थः । तावत्पर्यन्तं जीवनं मा भूदिति वा ॥ २९ ॥ कृसरं तिलमुद्गतण्डुलात्मकम् । छागं छागमांसम् । वृथा श्राद्धादिनिमित्तं विना अश्नातु अशनजं पापं प्राप्नोतु ॥ ३० ॥ गवामिति । अङ्गमिति शेषः । परिवदेतापवदेत् । मित्रे मित्राय ॥ ३१ ॥ विश्वासादयं क्वापि न प्रकटयिष्यतीति विश्वासात् । मिथो रहसि । 'मिथोऽन्योन्यरहस्ययोः' । किंचित्परिवादं कस्यचित्सुरापानादिदोषम् ॥ ३२ ॥ अकर्ता प्रत्युपकाराकर्ता । अतएवाकृतज्ञः, अतएव त्यक्तः सज्जनैः । 'त्यक्तात्मा' इति पाठे सज्जनैस्त्यक्त आत्मा स्वरूपं यस्येत्येवार्थः । उद्बन्धनादिना त्यक्तदेह इत्यर्थ तीर्थः । अतएव लोके विद्विष्टश्च भवतु ॥ ३३ ॥ एको मृष्टमश्नातु, इतरेष्वभोजितेषु ॥ ३४ ॥ प्रमीयतां म्रियताम् । धर्म्यां क्रियामग्निहोत्रादिकाम् । म्रियतामित्यनुकर्षः ॥ ३५ ॥ दुःखित इत्यस्य भवत्विति शेषः । अप्राप्येत्यस्य म्रियतामिति शेषः ॥ ३६ ॥ राजस्त्रीत्यादौ यस्यार्य इत्याद्यनुषङ्गः ॥ ३७ ॥ लाक्षयेति । पतनीयतासंपादकवस्तुविक्रयेत्यर्थः । भृत्यान्भरणीयान्पुत्रदारादीन् ॥ ३८ ॥ समुपोढे प्राप्ते ॥ ३९ ॥ चीरं जीर्णमलिनवस्त्रम् । ब्रह्महा भवत्विति शेषः । तादृशी निषिद्धाचरणा प्रव्रज्या भवत्विति वा भावः ॥ ४० ॥ ४१ ॥ अपात्रवर्षी अपात्रे दाता ॥ ४२ ॥ दस्युभिर्विप्रलुप्यन्ताम् । त्यागभोगविहीनानि भवन्त्विति भावः ॥ ४३ ॥ उभे संध्ये । व्याप्येति शेषः ॥ ४४ ॥ ४५ ॥ देवतानामिति । देवतादिशुश्रूषारहितस्य यत्पापं तत्पापं स प्रतिपद्यतामित्यर्थः ॥ ४६ ॥ सतां कीर्त्याः सद्भिः क्रियमाणश्लाघायाः भ्रश्यतु । सा मा भूत्तस्येत्यर्थः ॥ ४७ ॥ अनर्थे स्त्रीवशत्वाद्यनर्थे ॥ ४८ ॥ समायात्प्राप्नुयात् ॥ ४९ ॥ अर्थिनामाशामिति संबन्धः । आशंसमानानां स्तुवताम् । ऊर्ध्वचक्षुषां दातृमुखनिरीक्षकाणाम् ॥ ५० ॥ मायया वञ्चनया । राज्ञो भीत इति । भयकारणं पिशुनत्वाद्येव ॥ ५१ ॥ ऋतुकालानुरोधिनीमृतुस्नानकालत्वात्स्वसंनिहिताम् ॥ ५२ ॥ विप्रलुप्तप्रजातस्यान्नाद्यदानेन प्रनष्टसंतानस्य, स्त्रीद्वेषाद्वा तथाभूतस्य । यद्वा विप्रलुप्ता विवर्जिता प्रजाता जातापत्या जाया येन तस्य ॥ ५३ ॥ विहन्तु विघ्नयतु । बालवत्सां दोग्धु

धर्मदारान्परित्यज्य परदारान्निषेवताम् । त्यक्तधर्मरतिर्मूढो यस्यार्योऽनुमते गतः ॥ ५५
पानीयदूषके पापं तथैव विषदायके । यत्तदेकः स लभतां यस्यार्योऽनुमते गतः ॥ ५६
तृषार्ते सति पानीये विप्रलम्भेन योजयन् । यत्पापं लभते तत्स्याद्यस्यार्योऽनुमते गतः ॥ ५७
भक्त्या विवदमानेषु मार्गमाश्रित्य पश्यतः । तेन पापेन युज्येत यस्यार्योऽनुमते गतः ॥ ५८
एवमाश्वासयन्नेव दुःखार्तोऽनुपपात ह । विहीनां पतिपुत्राभ्यां कौसल्यां पार्थिवात्मजः ॥ ५९
तदा तं शपथैः कष्टैः शपमानमचेतनम् । भरतं शोकसंतप्तं कौसल्या वाक्यमब्रवीत् ॥ ६०
मम दुःखमिदं पुत्र भूयः समुपजायते । शपथैः शपमानो हि प्राणानुपरुणत्सि मे ॥ ६१
दिष्ट्या न चलितो धर्मादात्मा ते सहलक्षणः । वत्स सत्यप्रतिज्ञो हि सतां लोकानवाप्स्यसि ॥ ६२
इत्युक्त्वा चाङ्कमानीय भरतं भ्रातृवत्सलम् । परिष्वज्य महाबाहुं रुरोद भृशदुःखिता ॥ ६३
एवं विलपमानस्य दुःखार्तस्य महात्मनः । मोहाच्च शोकसंरम्भाद्बभूव लुलितं मनः ॥ ६४

लालप्यमानस्य विचेतनस्य प्रनष्टबुद्धेः पतितस्य भूमौ ।
मुहुर्मुहुर्निःश्वसतश्च दीर्घं सा तस्य शोकेन जगाम रात्रिः ॥ ६५

इत्यार्षे श्रीमद्रामायणे वाल्मीकीय आदिकाव्येऽयोध्याकाण्डे पञ्चसप्ततितमः सर्गः ॥ ७५ ॥

षट्सप्ततितमः सर्गः ।

तमेवं शोकसंतप्तं भरतं कैकयीसुतम् । उवाच वदतांश्रेष्ठो वसिष्ठः श्रेष्ठवागृषिः ॥ १
अलं शोकेन भद्रं ते राजपुत्र महायशः । प्राप्तकालं नरपतेः कुरु संयानमुत्तमम् ॥ २
वसिष्ठस्य वचः श्रुत्वा भरतो धरणीं गतः । प्रेतकृत्यानि सर्वाणि कारयामास धर्मवित् ॥ ३
उद्धृत्य तैलसंसेकात्स तु भूमौ निवेशितम् । अपीतवर्णवदनं प्रसुप्तमिव भूमिपम् ॥ ४
संवेश्य शयने चाग्र्ये नानारत्नपरिष्कृते । ततो दशरथं पुत्रो विललाप सुदुःखितः ॥ ५
किं ते व्यवसितं राजन्प्रोषिते मय्यनागते । विवास्य रामं धर्मज्ञं लक्ष्मणं च महाबलम् ॥ ६
क्व यास्यसे महाराज हित्वेमं दुःखितं जनम् । हीनं पुरुषसिंहेन रामेणाक्लिष्टकर्मणा ॥ ७

शास्त्रोक्तदोहनाधिकं दोग्धु ॥ ५४ ॥ परदारान्निषेवतां यत्पापं तत्पापं प्रतिपद्यताम् । मूढः । भूयादिति शेषः ॥ ५५ ॥ एको यत्पापद्वयं तदेक एव लभतामित्यर्थः ॥ ५६ ॥ विप्रलम्भेन वञ्चनया योजयन् । अप्रयच्छन्निति यावत् ॥ ५७ ॥ भक्त्या शिवविष्ण्वादिदेवताभक्त्या । मार्गं तत्तदुपोद्बलकशैववैष्णवादिशास्त्रमाश्रित्यायमुत्कृष्टोऽयं नेति विवदमानेषु यत्पापं यच्च तयोर्विवादं पश्यतः शृण्वतः पापं तेन पापेन स युज्येतेत्यर्थः । 'तस्य पापेन' इति पाठे तेषां यत्पापं तेन यस्यानुमते गतस्तस्य योगः संबन्धो भूयादित्यर्थः । भावे च युज्येतेति प्रयोगः । 'अयं परस्त्वयं नेति संरक्षाभिनिवेशिनः । यातुधाना भवन्त्येव पिशाचाश्च न संशयः ॥' इति शिवपुराणोक्तेः, 'यो ब्रह्मविष्णुरुद्राणां भेदं युक्तिनिवेशतः । साधयेदुदरव्याधियुक्तो भवति मानवः ॥' इति कर्मविपाकशास्त्रोक्तेश्च । अत्र विवदमानानां जयोपायं ज्ञात्वा तदकथयतः पापमिति तीर्थव्याख्या । द्वयोः साम्यस्थापनपूर्वकं तेषां कलहशमनमकुर्वतः कलहप्रियस्य यत्पापमिति कतकव्याख्या ॥ ५८ ॥ ५९ ॥ ६० ॥ भूयोऽप्यधिकं दुःखम् । हि यदेवं कष्टैः शपथैः शपमानो मे प्राणानुपरुणत्सि पीडयसि ॥ ६१ ॥ अथ विशुद्धभावं ज्ञात्वानुगृह्णाति—दिष्ट्येति । आत्मान्तःकरणम् । लक्षणैः शुभलक्षणैः सहितः सहलक्षणस्ते आत्मेत्यर्थः । हे वत्स, हि यदि सत्यप्रतिज्ञो भविष्यसि तदा सतां लोकानवाप्स्यसि । कैकेय्यग्रे कृतां रामानयनप्रतिज्ञां सत्यां कुर्विति व्यङ्ग्यम् ॥ ६२ ॥ एवमनुगृह्य पुत्रोचितकृत्येनाश्वासयति—इत्युक्त्वेति ॥ ६३ ॥ शोकसंरम्भाच्छोकाधिक्यात् । तत एव मोहः । लुलितं क्षुभितम् ॥ ६४ ॥ दीर्घं यथा भवति तथा रात्री रात्रिशेषः । पाठान्तरे घर्ममुष्णं यथा भवति तथा ॥ ६५ ॥ अत्रैकश्लोकोऽधिक इति कतकसंख्यया ज्ञायते ॥ इति श्रीरामाभिरामे श्रीरामीये रामायणतिलके वाल्मीकीय आदिकाव्येऽयोध्याकाण्डे पञ्चसप्ततितमः सर्गः ॥ ७५ ॥

तमिति । वसिष्ठः । भरतागमनं श्रुत्वागत इति शेषः ॥ १ ॥ संयानं प्रेतनिर्हारम् ॥ २ ॥ धरणीं गतः । वसिष्ठं साष्टाङ्गं नमस्कृत्येत्यर्थः । 'धारणां गतः' इति पाठे धैर्यं प्राप्त इत्यर्थः । कारयामास तत्करणार्थं मन्त्रिणः प्रेरयामासेत्यर्थः ॥ ३ ॥ बहुदिवसतैलावस्थानोपाधिना अपीतवर्णं वदनं यस्य तम् ॥ ४ ॥ दशरथमिति । उद्दिश्येति शेषः ॥ ५ ॥ व्यवसितं मनीषितम् । प्रोषिते देशान्तरगते ॥ ६ ॥ रामेण हीनमिमं

योगक्षेमं तु तेऽव्यग्रं कोऽस्मिन्कल्पयिता पुरे । त्वयि प्रयाते स्वस्तात रामे च वनमाश्रिते ॥ ८
विधवा पृथिवी राजंस्त्वया हीना न राजते । हीनचन्द्रेव रजनी नगरी प्रतिभाति माम् ॥ ९
एवं विलपमानं तं भरतं दीनमानसम् । अब्रवीद्वचनं भूयो वसिष्ठस्तु महामुनिः ॥ १०
प्रेतकार्याणि यान्यस्य कर्तव्यानि विशांपतेः । तान्यव्यग्रं महाबाहो क्रियतामविचारितम् ॥ ११
तथेति भरतो वाक्यं वसिष्ठस्याभिपूज्य तत् । ऋत्विक्पुरोहिताचार्यांस्त्वरयामास सर्वशः ॥ १२
ये त्वग्नयो नरेन्द्रस्य अग्न्यगाराद्बहिष्कृताः । ऋत्विग्भिर्याजकैश्चैव ते हूयन्ते यथाविधि ॥ १३
शिबिकायामथारोप्य राजानं गतचेतनम् । बाष्पकण्ठा विमनसस्तमूहुः परिचारकाः १४
हिरण्यं च सुवर्णं च वासांसि विविधानि च । प्रकिरन्तो जना मार्गं नृपतेरग्रतो ययुः ॥ १५
चन्दनागुरुनिर्यासान्सरलं पद्मकं तथा । देवदारूणि चाहृत्य क्षेपयन्ति तथापरे ॥ १६
गन्धानुच्चावचांश्चान्यांस्तत्र गत्वाथ भूमिपम् । तत्र संवेशयामासुश्चितामध्ये तमृत्विजः ॥ १७
तदा हुताशनं हुत्वा जेपुस्तस्य तमृत्विजः । जगुश्च ते यथाशास्त्रं तत्र सामानि सामगाः ॥ १८
शिबिकाभिश्च यानैश्च यथार्हं तस्य योषितः । नगरान्निर्ययुस्तत्र वृद्धैः परिवृतास्तथा ॥ १९
प्रसव्यं चापि तं चक्रुरृत्विजोऽग्निचितं नृपम् । स्त्रियश्च शोकसंतप्ताः कौसल्याप्रमुखास्तदा ॥ २०
क्रौञ्चीनामिव नारीणां निनादस्तत्र शुश्रुवे । आर्तानां करुणं काले क्रोशन्तीनां सहस्रशः ॥ २१
ततो रुदन्त्यो विवशा विलप्य च पुनःपुनः । यानेभ्यः सरयूतीरमवतेरुर्नृपाङ्गनाः ॥ २२

कृत्वोदकं ते भरतेन सार्धं नृपाङ्गना मन्त्रिपुरोहिताश्च ।
पुरं प्रविश्याश्रुपरीतनेत्रा भूमौ दशाहं व्यनयन्त दुःखम् ॥ २३

इत्यार्षे श्रीमद्रामायणे वाल्मीकीय आदिकाव्येऽयोध्याकाण्डे षट्सप्ततितमः सर्गः ॥ ७६ ॥

सप्तसप्ततितमः सर्गः ।

ततो दशाहेऽतिगते कृतशौचो नृपात्मजः । द्वादशेऽहनि संप्राप्ते श्राद्धकर्माण्यकारयत् ॥ १
ब्राह्मणेभ्यो धनं रत्नं ददावन्नं च पुष्कलम् । बास्तिकं बहु शुक्लं च गाश्चापि बहुशस्तदा ॥ २
दासीर्दासांश्च यानानि वेश्मानि सुमहान्ति च । ब्राह्मणेभ्यो ददौ पुत्रो राज्ञस्तस्यौर्ध्वदेहिकम् ॥ ३
ततः प्रभातसमये दिवसे च त्रयोदशे । विललाप महाबाहुर्भरतः शोकमूर्च्छितः ॥ ४

दुःखितं जनं हित्वा क्व यास्यसीत्यन्वयः ॥ ७ ॥ ते तवास्मिन्पुरेऽयोध्यायाम् । योगक्षेमं प्रजानाम् । अव्यग्रं परित्यक्तदुःखपारवश्यं यथा तथा । स्वः स्वर्गम् ॥ ८ ॥ ९ ॥ १० ॥ अविचारितं प्राचीनवैभवादिस्मरणरहितं यथा तथा ॥ ११ ॥ ऋत्विजो यज्ञकर्मणि वृताः । पुरोहितः सर्वहितप्रवर्तकः । तदुक्तम्—'मन्त्रे च धर्मकृत्ये च शान्तिकर्मणि पौष्टिके । अध्वरे यश्च कुशलः स स्याद्राजपुरोहितः ॥' इति । उपनीय वेदाध्यापक आचार्यः ॥ १२ ॥ अग्न्यगाराद्बहिष्कृता अन्तःशवसत्त्वाद्बहिःप्रदेशे प्रतिष्ठापिताः । याजकैरुपद्रष्टृभिः हूयन्ते स्म ॥ १३ ॥ १४ ॥ हिरण्यं रजतम् । स्वर्णरजतपुष्पाणीति यावत् ॥ १५ ॥ निर्यासो गुग्गुल्वादिः । सरलपद्मके काष्ठभेदः । देवदारूणि देवदारुकाष्ठानि । क्षेपयन्ति । चितायामिति शेषः ॥ १६ ॥ तत्र चितादेशे गत्वा तं चितामध्ये संवेशयामासुः स्थापयामासुः ॥ १७ ॥ जेपुः पैतृमेधिकमन्त्रान् । तस्य परलोकशुद्ध्यर्थमिति शेषः । तदृत्विजस्तद्यज्ञप्रवर्तकाः ॥ १८ ॥ १९ ॥ प्रसव्यमप्रदक्षिणम् । अग्निचितमग्निं चितवन्तम् । अश्वमेधान्तयज्ञकर्तारम् । स्त्रियश्च प्रसव्यं चक्रुरित्यन्वयः ॥ २० ॥ २१ ॥ २२ ॥ दशाहम् । अत्यन्तसंयोगे द्वितीया । दुःखमाशौचम् । भूमौ । शयाना इति शेषः । इदं ब्रह्मचर्यमात्रोपलक्षणम् । ननु 'द्वादशाहेन भूपालः क्षत्रियः षोडशेऽहनि' इति स्मृतेः कथं क्षत्रियस्य दशाहेनाशौचात्यय इति चेन्न । 'क्षत्रियस्तु दशाहेन स्वकर्मनिरतः शुचिः' इति पराशरोक्तेरिति दिक् ॥ २३ ॥ ॥ **इति श्रीरामाभिरामे श्रीरामीये रामायणतिलके वाल्मीकीय आदिकाव्येऽयोध्याकाण्डे षट्सप्ततितमः सर्गः ॥ ७६ ॥**

तत इति । दशाहेऽतिगते एकादशेऽह्नि कृतशौचोऽनुष्ठितप्रेतविमुक्तिदैकादशाहश्राद्धः । श्राद्धकर्माणि द्वितीयमासिकादिसपिण्डीकरणान्तश्राद्धानि ॥ १ ॥ बास्तिकं छागसमूहम् । आर्षष्ठक् । बस्तोऽजः । शुक्लं रजतम् । 'शुक्लो योगान्तरे श्वेते शुक्लं च रजते मतम्' ॥ २ ॥ ऊर्ध्वदेहोद्भवमौर्ध्वदेहिकं पारलौकिकम् ॥ ३ ॥ त्रयोदशे त्रयोदशेऽहनि शोधनार्थमुपागतो विललापेत्यन्वयः । दशाहाभ्यन्तरेऽस्थिसंचयनं कृत्वा सकलश्राद्धानन्तरं त्रयोदशेऽहनि चिताभस्मोद्धारपूर्वकं स्थलशुद्धिः कर्तव्येति क्षत्रियधर्म इति वाल्मीक्युक्तेर्ज्ञायते इति कतकः ।

शब्दापिहितकण्ठश्च शोधनार्थमुपागतः । चितामूले पितुर्वाक्यमिदमाह सुदुःखितः ॥ ५
तात यस्मिन्निसृष्टोऽहं त्वया भ्रातरि राघवे । तस्मिन्वनं प्रव्रजिते शून्ये त्यक्तोऽस्म्यहं त्वया ॥ ६
यस्या गतिरनाथायाः पुत्रः प्रव्राजितो वनम् । तामम्बां तात कौसल्यां त्यक्त्वा त्वं क्व गतो नृप ॥ ७
दृष्ट्वा भस्मारुणं तच्च दग्धास्थि स्थानमण्डलम् । पितुः शरीरनिर्वाणं निष्टनन्विषसाद ह ॥ ८
स तु दृष्ट्वा रुदन्दीनः पपात धरणीतले । उत्थाप्यमानः शक्रस्य यन्त्रध्वज इवोच्छ्रितः ॥ ९
अभिपेतुस्ततः सर्वे तस्यामात्याः शुचिव्रतम् । अन्तकाले निपतितं ययातिमृषयो यथा ॥ १०
शत्रुघ्नश्चापि भरतं दृष्ट्वा शोकपरिप्लुतम् । विसंज्ञो न्यपतद्भूमौ भूमिपालमनुस्मरन् ॥ ११
उन्मत्त इव निश्चित्तो विललाप सुदुःखितः । स्मृत्वा पितुर्गुणाङ्गानि तानि तानि तदा तदा ॥ १२
मन्थराप्रभवस्तीव्रः कैकेयीग्राहसंकुलः । वरदानमयोऽक्षोभ्योऽमज्जयच्छोकसागरः ॥ १३
सुकुमारं च बालं च सततं लालितं त्वया । क्व तात भरतं हित्वा विलपन्तं गतो भवान् ॥ १४
ननु भोज्येषु पानेषु वस्त्रेष्वाभरणेषु च । प्रवारयति सर्वान्नस्तन्नः कोऽद्य करिष्यति ॥ १५
अवदारणकाले तु पृथिवी नावदीर्यते । विहीना या त्वया राज्ञा धर्मज्ञेन महात्मना ॥ १६
पितरि स्वर्गमापन्ने रामे चारण्यमाश्रिते । किं मे जीवितसामर्थ्यं प्रवेक्ष्यामि हुताशनम् ॥ १७
हीनो भ्रात्रा च पित्रा च शून्यामिक्ष्वाकुपालिताम् । अयोध्यां न प्रवेक्ष्यामि प्रवेक्ष्यामि तपोवनम् ॥ १८
तयोर्विलपितं श्रुत्वा व्यसनं चाप्यवेक्ष्य तत् । भृशमार्ततरा भूयः सर्व एवानुगामिनः ॥ १९
ततो विषण्णौ श्रान्तौ च शत्रुघ्नभरतावुभौ । धरायां स्म व्यचेष्टेतां भग्नशृङ्गाविवर्षभौ ॥ २०
ततः प्रकृतिमान्वैद्यः पितुरेषां पुरोहितः । वसिष्ठो भरतं वाक्यमुत्थाप्य तमुवाच ह ॥ २१
त्रयोदशोऽयं दिवसः पितुर्वृत्तस्य ते विभो । सावशेषास्थिनिचये किमिह त्वं विलम्बसे ॥ २२
त्रीणि द्वन्द्वानि भूतेषु प्रवृत्तान्यविशेषतः । तेषु चापरिहार्येषु नैवं भवितुमर्हसि ॥ २३
सुमन्त्रश्चापि शत्रुघ्नमुत्थाप्याभिप्रसाद्य च । श्रावयामास तत्त्वज्ञः सर्वभूतभवाभवौ ॥ २४
उत्थितौ तौ नरव्याघ्रौ प्रकाशेते यशस्विनौ । वर्षातपपरिग्लानौ पृथगिन्द्रध्वजाविव ॥ २५
अश्रूणि परिमृद्नन्तौ रक्ताक्षौ दीनभाषिणौ । अमात्यास्त्वरयन्ति स्म तनयौ चापराः क्रियाः ॥ २६

इत्यार्षे श्रीमद्रामायणे वाल्मीकीय आदिकाव्येऽयोध्याकाण्डे सप्तसप्ततितमः सर्गः ॥ ७७ ॥

तीर्थस्तु—शोधनमस्थिसंचयनमित्याह । शब्देन रोदनशब्देन पिहित आवृतः कण्ठो यस्य । चितामूले इदं वाक्यमाह ॥ ४ ॥ ॥ ५ ॥ तदेवाह—ताततेति । निसृष्टो दत्तः । प्रव्रजिते प्रव्राजिते । अहं शून्ये त्यक्तो निरवलम्बतया निरस्तः ॥ ६ ॥ यस्या अनाथाया गतिरवलम्बः । पुत्र इत्यर्थः ॥ ७ ॥ भस्मारुणं भस्मयुतम्, अतिदाहारुणं च । दग्धास्थि दग्धान्यस्थीनि यस्मिन् । स्थानमण्डलं चितास्थानमण्डलम् । पितुः शरीरनिर्वाणं शरीरनाशस्थानम् । तद्दृष्ट्वा निष्टनन्नत्यन्तं विलपन्विषसाद ॥ ८ ॥ दीनो दुःखितो भूत्वा पपात । उत्थाप्यमानः पुरुषैः । यन्त्रबद्धो ध्वजो यन्त्रध्वजः स इव पपात । शक्रयन्त्रध्वजस्याकाशस्थस्य भूमौ पातायोगात् । गृहाद्यलंकारार्थं ध्वजयन्त्ररूपेण ध्वजसदृशरूपेण निर्मित इत्यर्थ इति कतकः । उत्पाततः पतितेन तेनोपमेत्यन्ये ॥ ९ ॥ अन्तकाले पुण्यक्षयकाले ॥ १० ॥ ॥ ११ ॥ गुणाङ्गान्युपलालनगुणस्याङ्गभूतानि विचित्रवस्त्राभरणादिदानादिकर्माणि स्मृत्वा विललाप ॥ १२ ॥ वरदानमयत्वादक्षोभ्यः । अमज्जयत् । अस्मानिति शेषः ॥ १३ ॥ १४ ॥ नन्विति । बहून्याभरणादीनि दिव्यवस्तून्युपस्थाप्याङ्ग एषु किं तेऽपेक्षितं गृहाणेति प्रकर्षेणास्मदिष्टवरणं कारयति भवान् । तदद्य नः कः करिष्यति । त्वयि गते इति शेषः ॥ १५ ॥ या त्वया विहीना सा पृथिवी अवदारणकाले तस्मिन्नपि नावदीर्यते ॥ १६ ॥ १७ ॥ १८ ॥ अनुगामिनोऽनुचराः । आर्ततरा अभूवन्निति शेषः ॥ १९ ॥ व्यचेष्टेतां व्यलुठेताम् । 'विश्रान्तौ' इति पाठे विशेषेण श्रान्तावित्यर्थः ॥ २० ॥ प्रकृतिमान्सत्त्वप्रकृतिः । वैद्यः । 'सर्वज्ञभिषजौ वैद्यौ' ॥ २१ ॥ वृत्तस्य कृतदाहस्य । सावशेषास्थिनिचयेऽस्थिसंचयनाख्यकर्मण आशौचान्तरा कृतस्याप्यवशेषो भूशुद्धिभस्मोद्धारलक्षणः, तेन सहितः सावशेषस्तस्मिन्कर्तव्ये सतीत्यर्थः । एतेन त्रयोदशेऽहन्यस्थिसंचयनं स्मृतिविरुद्धमित्यपास्तम् ॥ २२ ॥ त्रीणि द्वन्द्वानि—बुभुक्षापिपासे शोकमोहौ जरामृती जन्ममरणे सुखदुःखे लाभालाभौ चेति तीर्थः । अस्ति जायते वर्धतेऽपक्षीयते विपरिणमते विनश्यतीत्येवंरूपाणीति कतकः । भूतेषु प्राणिषु । एवं भवितुमतिशोकाक्रान्ततया भवितुम् ॥ २३ ॥ सर्वभूतभवाभवौ उत्पत्तिविनाशौ ॥ २४ ॥ २५ ॥ परिमृद्नन्तौ मार्जयन्तौ । तनयौ राजपुत्रौ । अपराः क्रिया भस्मोद्धारादिक्रियाः । उद्दिश्येति शेषः ॥ २६ ॥ **इति श्रीरामाभिरामे श्रीरामीये रामायणतिलके वाल्मीकीय आदिकाव्येऽयोध्याकाण्डे सप्तसप्ततितमः सर्गः ॥ ७७ ॥**

अष्टसप्ततितमः सर्गः ।

अथ यात्रां समीहन्तं शत्रुघ्नो लक्ष्मणानुजः । भरतं शोकसंतप्तमिदं वचनमब्रवीत् ॥ १
गतिर्यः सर्वभूतानां दुःखे किं पुनरात्मनः । स रामः सत्त्वसंपन्नः स्त्रिया प्रव्राजितो वनम् ॥ २
बलवान्वीर्यसंपन्नो लक्ष्मणो नाम योऽप्यसौ । किं न मोचयते रामं कृत्वापि पितृनिग्रहम् ॥ ३
पूर्वमेव तु निग्राह्यः समवेक्ष्य नयानयौ । उत्पथं यः समारूढो नार्या राजा वशं गतः ॥ ४
इति संभाषमाणे तु शत्रुघ्ने लक्ष्मणानुजे । प्राग्द्वारेऽभूत्तदा कुब्जा सर्वाभरणभूषिता ॥ ५
लिप्ता चन्दनसारेण राजवस्त्राणि बिभ्रती । विविधं विविधैस्तैस्तैर्भूषणैश्च विभूषिता ॥ ६
मेखलादामभिश्चित्रैरन्यैश्च वरभूषणैः । बभासे बहुभिर्बद्धा रज्जुभिरिव वानरी ॥ ७
तां समीक्ष्य तदा द्वाःस्थो भृशं पापस्य कारिणीम् । गृहीत्वाकरुणं कुब्जां शत्रुघ्नाय न्यवेदयत् ॥ ८
यस्याः कृते वने रामो न्यस्तदेहश्च वः पिता । सेयं पापा नृशंसा च तस्याः कुरु यथामति ॥ ९
शत्रुघ्नश्च तदाज्ञाय वचनं भृशदुःखितः । अन्तःपुरचरान्सर्वानित्युवाच धृतव्रतः ॥ १०
तीव्रमुत्पादितं दुःखं भ्रातृणां मे तथा पितुः । यथा सेयं नृशंसस्य कर्मणः फलमश्नुताम् ॥ ११
एवमुक्त्वा च तेनाशु सखीजनसमावृता । गृहीता बलवत्कुब्जा सा तद्गृहमनादयत् ॥ १२
ततः सुभृशसंतप्तस्तस्याः सर्वः सखीजनः । क्रुद्धमाज्ञाय शत्रुघ्नं व्यपलायत सर्वशः ॥ १३
अमन्त्रयत कृत्स्नश्च तस्याः सर्वः सखीजनः । यथायं समुपक्रान्तो निःशेषं नः करिष्यति ॥ १४
सानुक्रोशां वदान्यां च धर्मज्ञां च यशस्विनीम् । कौसल्यां शरणं यामः सा हि नोऽस्ति ध्रुवा गतिः ॥ १५
स च रोषेण संवीतः शत्रुघ्नः शत्रुशासनः । संचकर्ष तदा कुब्जां क्रोशन्तीं पृथवीतले ॥ १६
तस्यां ह्याकृष्यमाणायां मन्थरायां ततस्ततः । चित्रं बहुविधं भाण्डं पृथिव्यां तद्व्यशीर्यत ॥ १७
तेन भाण्डेन विस्तीर्णं श्रीमद्राजनिवेशनम् । अशोभत तदा भूयः शारदं गगनं यथा ॥ १८
स बली बलवत्क्रोधाद्गृहीत्वा पुरुषर्षभः । कैकेयीमभिनिर्भर्त्स्य बभाषे परुषं वचः ॥ १९
तैर्वाक्यैः परुषैर्दुःखैः कैकेयी भृशदुःखिता । शत्रुघ्नभयसंत्रस्ता पुत्रं शरणमागता ॥ २०
तं प्रेक्ष्य भरतः क्रुद्धं शत्रुघ्नमिदमब्रवीत् । अवध्याः सर्वभूतानां प्रमदाः क्षम्यतामिति ॥ २१
हन्यामहमिमां पापां कैकेयीं दुष्टचारिणीम् । यदि मां धार्मिको रामो नासूयेन्मातृघातकम् ॥ २२
इमामपि हतां कुब्जां यदि जानाति राघवः । त्वां च मां चैव धर्मात्मा नाभिभाषिष्यते ध्रुवम् ॥ २३

यात्रां रामसमीपयात्रां समीहन्तं समीहमानम् । विचारयन्तमित्यर्थः ॥ १ ॥ दुःखे दुःखजनकसंकटे प्राप्ते यः सर्वभूतानां गतिः स्मरणमात्रेण सर्वदुःखनाशकः । आत्मनः स्वस्यावयोश्च गतिरिति किं वक्तव्यम् । अनेनातिसंकटे भगवत्स्मरणमेव दुःखनाशे समर्थं नान्यदिति सूचितम् । स रामः स्त्रिया प्रव्राजितः स च गत इत्येतदनुचितं तेन कृतम् । सामर्थ्ये सतीति शेषः ॥ २ ॥ किं वा रामो राज्यलोभात्पित्राज्ञामुल्लङ्घितवानित्ययशोभयादेवं करोतु, लक्ष्मणः सर्वथानुचितं कृतवानित्याह—बलवानिति । लक्ष्मणो नामानुचितकर्तृत्वेन शोच्यः । योऽप्यस्मद्भ्राता असौ पितृनिग्रहं कृत्वा रामं न मोचयते स्म वनवासात् ॥ ३ ॥ कथं पितृनिग्रह उचितस्तत्राह—पूर्वमिति । यो राजा नार्या वशं गतः सन्नुत्पथमन्यायमार्गमारूढः प्राप्तः, अतो लक्ष्मणः स्वयं नयानयौ न्यायान्यायौ अभिषेकविषयौ समीक्ष्य विचार्य 'गुरोरप्यवलिप्तस्य' इति शास्त्रानुसारेण वनप्रव्राजनात्पूर्वमेव तत्प्रसङ्गकाल एव निग्राह्यः । नेदमनुचितमिति भावः ॥ ४ ॥ प्राग्द्वारे शत्रुघ्नाधिष्ठितद्वारे कुब्जा दैवादागताभूत् ॥ ५ ॥ राजवस्त्राणि राजार्हवस्त्राणि ॥ ६ ॥ वानरी कुरूपत्वात् । अत्र गुरुलघुप्रयुक्तश्छन्दोभङ्ग आर्षः । पाठान्तरे चः पादपूरणे ॥ ७ ॥ अकरुणं निर्दयम् ॥ ८ ॥ वने रामः । तिष्ठतीति शेषः । यथामति । निग्रहमिति शेषः ॥ ९ ॥ धृतव्रतः । कर्तव्यत्वेनावधृतव्रत इत्यर्थः । 'द्रुतं वचः' इति पाठान्तरम् ॥ १० ॥ अश्नुतां प्राप्नुताम् । तथा कर्तव्यं मयेति शेषः ॥ ११ ॥ १२ ॥ १३ ॥ समुपक्रान्त आरब्धपराक्रमः ॥ १४ ॥ अतः—सानुक्रोशामिति । सा नोऽस्माकं ध्रुवा गतिरस्ति, अतस्तां शरणं याम इत्यमन्त्रयतेत्यन्वयः ॥ १५ ॥ पृथिवीतले । पातयित्वेति शेषः ॥ १६ ॥ भाण्डं भूषणमात्रेऽपि ॥ १७ ॥ १८ ॥ गृहीत्वा कुब्जाम् । कैकयीमभिनिर्भर्त्स्य । कुब्जामोचनार्थमागतामिति शेषः । निर्भर्त्सनमत्र हस्तेन दूरीकरणम् ॥ १९ ॥ परुषैर्मर्मग्राहिभिः । अत एव दुःखैः । पुत्रं शरणमागता । कुब्जामोचनार्थमिति शेषः ॥ २० ॥ यतः सर्वभूतानामवध्या अतः क्षम्यतामित्यब्रवीत् ॥ २१ ॥ मातृघातकं मां प्रति यदि रामो नासूयेन्न कुप्येत् तदाहमिमां मातरमपि हन्याम् ॥ २२ ॥ जानाति ज्ञास्यते । नाभिभाषिष्यते स्त्रीघातिनाविति मत्वा इत्यब्रवीदिति पूर्वेण

भरतस्य वचः श्रुत्वा शत्रुघ्नो लक्ष्मणानुजः । न्यवर्तत ततो दोषात्तां मुमोच च मूर्च्छिताम् ॥ २४
सा पादमूले कैकेय्या मन्थरा निपपात ह । निःश्वसन्ती सुदुःखार्ता कृपणं विललाप ह ॥ २५

शत्रुघ्नविक्षेपविमूढसंज्ञां समीक्ष्य कुब्जां भरतस्य माता ।
शनैः समाश्वासयदार्तरूपां क्रौञ्चीं विलग्नामिव वीक्षमाणाम् ॥ २६

इत्यार्षे श्रीमद्रामायणे वाल्मीकीय आदिकाव्येऽयोध्याकाण्डेऽष्टसप्ततितमः सर्गः ॥ ७८ ॥

एकोनाशीतितमः सर्गः ।

ततः प्रभातसमये दिवसेऽथ चतुर्दशे । समेत्य राजकर्तारो भरतं वाक्यमब्रुवन् ॥ १
गतो दशरथः स्वर्गं यो नो गुरुतरो गुरुः । रामं प्रव्राज्य वै ज्येष्ठं लक्ष्मणं च महाबलम् ॥ २
त्वमद्य भव नो राजा राजपुत्र महायशः । संगत्या नापराध्नोति राज्यमेतदनायकम् ॥ ३
आभिषेचनिकं सर्वमिदमादाय राघव । प्रतीक्षते त्वां स्वजनः श्रेणयश्च नृपात्मज ॥ ४
राज्यं गृहाण भरत पितृपैतामहं ध्रुवम् । अभिषेचय चात्मानं पाहि चास्मान्नरर्षभ ॥ ५
आभिषेचनिकं भाण्डं कृत्वा सर्वं प्रदक्षिणम् । भरतस्तं जनं सर्वं प्रत्युवाच धृतव्रतः ॥ ६
ज्येष्ठस्य राजता नित्यमुचिता हि कुलस्य नः । नैवं भवन्तो मां वक्तुमर्हन्ति कुशला जनाः ॥ ७
रामः पूर्वो हि नो भ्राता भविष्यति महीपतिः । अहं त्वरण्ये वत्स्यामि वर्षाणि नव पञ्च च ॥ ८
युज्यतां महती सेना चतुरङ्गमहाबला । आनयिष्याम्यहं ज्येष्ठं भ्रातरं राघवं वनात् ॥ ९
आभिषेचनिकं चैव सर्वमेतदुपस्कृतम् । पुरस्कृत्य गमिष्यामि रामहेतोर्वनं प्रति ॥ १०
तत्रैव तं नरव्याघ्रमभिषिच्य पुरस्कृतम् । आनयिष्यामि वै रामं हव्यवाहमिवाध्वरात् ॥ ११
न सकामां करिष्यामि स्वामिमां पुत्रगृद्धिनीम् । वने वत्स्याम्यहं दुर्गे रामो राजा भविष्यति ॥ १२
क्रियतां शिल्पिभिः पन्थाः समानि विषमाणि च । रक्षिणश्चानुसंयान्तु पथि दुर्गविचारकाः ॥ १३
एवं संभाषमाणं तं रामहेतोर्नृपात्मजम् । प्रत्युवाच जनः सर्वः श्रीमद्वाक्यमनुत्तमम् ॥ १४
एवं ते भाषमाणस्य पद्मा श्रीरुपतिष्ठताम् । यस्त्वं ज्येष्ठे नृपसुते पृथिवीं दातुमिच्छसि ॥ १५

अनुत्तमं तद्वचनं नृपात्मजप्रभाषितं संश्रवणे निशम्य च ।
प्रहर्षजास्तं प्रति बाष्पबिन्दवो निपेतुरार्याननेत्रसंभवाः ॥ १६

संबन्धः ॥ २३ ॥ २४ ॥ २५ ॥ शत्रुघ्नविक्षेपः शत्रुघ्नेनेतस्ततः कर्षणं तेन प्रनष्टज्ञानाम् । विलग्नां यन्त्रादिना संयताम् ॥ २६ ॥ इति श्रीरामाभिरामे श्रीरामीये रामायणतिलके वाल्मीकीय आदिकाव्येऽयोध्याकाण्डेऽष्टसप्ततितमः सर्गः ७८

तत इति ॥ १ ॥ रक्षासाधनत्वाद्राजा गुरुः, तत्राप्ययं गुरुतरः । ज्येष्ठं राज्यार्हम् ॥ २ ॥ यत एतद्राज्यमनायकं ततो राजा भव । ननु ज्येष्ठे विद्यमाने कथमहं राजा तत्राह— संगत्या ज्येष्ठस्य वनवासं प्रति पितुराज्ञासंगत्या तव च राज्यं प्रति तदाज्ञासंगत्या राज्यं कुर्वन्नपि भवान्नापराध्नोति । धर्मविरोधज्येष्ठविरोधलोकविरोधान्न प्राप्नोति । पित्राज्ञाया उभाभ्यामपि पालनीयत्वादिति बहवः । एतद्राज्यमनायकमप्यमात्यादीनां संगत्यैकमत्येन दैवगत्या वा नापराध्नोति न नश्यति, अतो नो राजा भवेत्यर्थं तीर्थ आह ॥ ३ ॥ आभिषेचनिकमभिषेचनप्रयोजनं वस्तुजातं रामाभिषेकाय विततम् । स्वजनो मन्त्र्यादिः । श्रेणयः पौराः ॥ ४ ॥ ५ ॥ भाण्डमुपकरणम् ॥ ६ ॥ राजता राजत्वम् ॥ ७ ॥ पूर्वो ज्येष्ठः । अरण्ये वत्स्यामि । रामप्रतिनिधित्वेनेति शेषः ॥ ८ ॥ आनयिष्यामि । इडार्षः ॥ ९ ॥ रामहेतो रामाभिषेकार्थम् ॥ १० ॥ पुरस्कृतमग्रतः कृतम् । अध्वरान्महायज्ञशालायाः । स्वाग्निहोत्रगृहमित्यर्थः ॥ ११ ॥ मातृगन्धिनीं केवलमातृव्यपदेशां मातृसंज्ञामात्रामित्यर्थं इति तीर्थः । कतकस्तु—'पुत्रगृद्धिनीम्' इति पाङ्क्तः पाठः । पुत्रगर्धिनीमित्यर्थं इत्याह ॥ १२ ॥ शिल्पिनः खनकाः । यत्र पथोऽभावस्तत्र पन्था गमनमार्गः क्रियताम् । विषमाणि च निम्नोन्नतानि च समानि क्रियन्ताम् । रथादिसुखगत्यर्थमिति भावः । पथि विद्यमानेषु दुर्गेषु विशेषेण जनांश्चारयन्तीति पथिदुर्गविचारकाः । 'पथिदुर्गविशारदाः' इति पाठे तत्र वर्तमानदुर्गे चोरादिभीत्या गन्तुमशक्यप्रदेशे [illegible] इत्यर्थः ॥ १३ ॥ एवं संभाषमाणं तं प्रति सर्वोऽपि जनः श्रीमच्छुभमनुत्तमं वाक्यमुवाच ॥ १४ ॥ तदेवाह—एवमिति । एवं रामराज्यविषयं भाषमाणस्य ते पद्मा तदाख्या पद्मचिह्ना च श्रीरुपतिष्ठताम् । ज्येष्ठानुसरणादिति भावः । तदेवाह—यस्त्वमिति । ज्येष्ठे ज्येष्ठाय पृथिवीं दातुमिच्छसि, अतः श्रीस्त्वामुपतिष्ठताम् ॥ १५ ॥ संश्रवणे रामानयनप्रतिज्ञाविषयेऽनुत्तमं नृपात्मजेन प्रभाषितं तद्वचनं निशम्य स्थि-

ऊचुस्ते वचनमिदं निशम्य हृष्टाः सामात्याः सपरिषदो वियातशोकाः ।
पन्थानं नरवर भक्तिमाञ्जनश्च व्यादिष्टस्तव वचनाच्च शिल्पिवर्गः ॥ १७

इत्यार्षे श्रीमद्रामायणे वाल्मीकीय आदिकाव्येऽयोध्याकाण्ड एकोनाशीतितमः सर्गः ॥ ७९ ॥

अशीतितमः सर्गः ।

अथ भूमिप्रदेशज्ञाः सूत्रकर्मविशारदाः । स्वकर्माभिरताः शूराः खनका यन्त्रकास्तथा ॥ १
कर्मान्तिकाः स्थपतयः पुरुषा यन्त्रकोविदाः । तथा वर्धकयश्चैव मार्गिणो वृक्षतक्षकाः ॥ २
सूपकाराः सुधाकारा वंशचर्मकृतस्तथा । समर्था ये च द्रष्टारः पुरतश्च प्रतस्थिरे ॥ ३
स तु हर्षात्तमुद्देशं जनौघो विपुलः प्रयान् । अशोभत महावेगः सागरस्येव पर्वणि ॥ ४
ते स्ववारं समास्थाय वर्त्मकर्मणि कोविदाः । करणैर्विविधोपेतैः पुरस्तात्संप्रतस्थिरे ॥ ५
लता वल्लीश्च गुल्मांश्च स्थाणूनश्मन एव च । जनास्ते चक्रिरे मार्गं छिन्दन्तो विविधान्द्रुमान् ॥ ६
अवृक्षेषु च देशेषु केचिद्वृक्षानरोपयन् । केचित्कुठारैष्टङ्कैश्च दात्रैश्छिन्दन्क्वचित्क्वचित् ॥ ७
अपरे वीरणस्तम्बान्बलिनो बलवत्तराः । विधमन्ति स्म दुर्गाणि स्थलानि च ततस्ततः ॥ ८
अपरेऽपूरयन्कूपान्पांसुभिः श्वभ्रमायतम् । निम्नभागांस्तथैवाशु समांश्चक्रुः समन्ततः ॥ ९
बबन्धुर्बन्धनीयांश्च क्षोद्यान्संचुक्षुदुस्तथा । बिभिदुर्भेदनीयांश्च तांस्तान्देशान्नरास्तदा ॥ १०
अचिरेण तु कालेन परिवाहान्बहूदकान् । चक्रुर्बहुविधाकारान्सागरप्रतिमान्बहून् ॥ ११
निर्जलेषु च देशेषु खानयामासुरुत्तमान् । उदपानान्बहुविधान्वेदिकापरिमण्डितान् ॥ १२
ससुधाकुट्टिमतलः प्रपुष्पितमहीरुहः । मत्तोद्घुष्टद्विजगणः पताकाभिरलंकृतः ॥ १३

तानां जनानां प्रति भरतमुद्दिश्य प्रहर्षजा आर्याननेत्रसंभवा हर्षयुक्तमुखस्थनेत्रजबिन्दवो निपेतुरिति तीर्थः । अत्र आननपदमधिकम् । कतकस्तु—'नृपात्मजः प्रभाषितम्' इति सविसर्गपाठः । नृपात्मजो जनैः प्रभाषितमनुत्तमं तद्वचनमाशीर्वचनं संश्रवणे सम्यक्श्रवणविषये प्राप्तं निशम्य श्रुत्वा हृष्टोऽभूदिति शेषः । अथ तं प्रति तं जनं लक्षीकृत्य । कर्मप्रवचनीयत्वाद्द्वितीया । आर्यस्य पूज्यस्य भरतस्यार्यं पूज्यं यदाननं मुखम् । जनाशीर्वादश्रवणजसंतोषेण पूज्यत्वं मुखस्य । तद्वर्तिनेत्रसंभवाः, अतएव प्रहर्षजा बिन्दवो निपेतुः । अनुक्तभरतसौख्यकथनं चास्य श्लोकस्य प्रयोजनमित्याह । अत्र कतकपाठस्तद्व्याख्या च ज्यायसी ॥ १६ ॥ इदं वचनं रामानयनवचनम् । वियातो विशेषेण यातो गतः शोको येषां ते । जना इति विशेष्यम् । 'विधूतशोकाः' इति पाठान्तरम् । हे नरवर, तव वचनाद्रामे त्वयि च भक्तिमाञ्शिल्पिवर्गः । पन्थानं कर्तुं व्यादिष्टो रक्षकजनश्च रक्षणं कर्तुं व्यादिष्टः ॥ १७ ॥ इति श्रीरामाभिरामे श्रीरामीये रामायणतिलके वाल्मीकीय आदिकाव्येऽयोध्याकाण्ड एकोनाशीतितमः सर्गः ॥ ७९ ॥

भूमिप्रदेशज्ञा अन्तःसजलनिर्जलादिभूमिप्रदेशज्ञाः । सूत्रकर्मविशारदाः शिबिरादिनिर्माणे सूत्रग्रहणकुशलाः । निर्जलेष्वगाधवापीकूपादिनिर्माणं सूत्रकर्मेति कतकः । खनकाः स्वकर्मणि खननेऽभिरताः । परसेनयावष्टम्भेऽपि खनने दक्षाः, अतएव शूराः । यन्त्रका जलप्रवाहादियन्त्रणसमर्थाः ॥ १ ॥ कर्मान्तिका वेतनजीविनः । स्थपतयो रथादिकर्तारः प्रधानवर्धकयः । यन्त्रकोविदाः क्षेपणीयादियन्त्रकरणकुशलाः । 'पथदर्शनकोविदाः' इति पाठान्तरम् । वर्धकयस्तक्षाणः । मार्गिणस्तत्तद्वनमार्गविशेषरक्षानियुक्ताः । वृक्षतक्षका मार्गावरोधिवृक्षच्छेत्तारः ॥ २ ॥ सूपकाराः सूदाः । सुधा अवलेपः । वंशचर्मकृतो वंशदलैः कटशूर्पादिकृतः । चर्मकृतोऽवस्थानार्थमश्वपृष्ठारोप्यमाणपल्ययनादिकृतः । समर्था द्रष्टारः पूर्वानुभूतमार्गामार्गद्रष्टारः ॥ ३ ॥ स त्विति । एवं मार्गसंनाहप्रवृत्तौ जनौघो रामदर्शनकौतुकजहर्षान्महावेगो महावेगवान्प्रयान्गच्छन्पर्वणि सागरस्य महावेगो जलौघ इवाशोभत ॥ ४ ॥ ते मार्गशोधकाः । स्ववारं स्वसमूहं समास्थाय । 'वारसंघातसंचयाः' इत्यमरः । विविधोपेतैर्नानाप्रकारयुक्तैः । पिटकखनित्रदात्रादिकरणैर्युक्ता इति शेषः ॥ ५ ॥ लताः शाखाः । स्थाणूञ्शङ्कून् । अपसारयन्त इति शेषः ॥ ६ ॥ अरोपयन् । छायार्थमिति शेषः । टङ्कः पाषाणभेदनः । छिन्दन् । अडभाव आर्षः ॥ ७ ॥ बलिनो रूढमूलान्वीरणस्तम्बान् विधमन्ति हस्ताभ्यामेव निःसारयन्ति । दुर्गाणि स्थलान्युन्नतान्प्रदेशान्विधमन्ति खननेन समीकुर्वन्ति ॥ ८ ॥ कूपान्मार्गमध्यवर्तिनः । तादृशमायतं श्वभ्रं गर्तं च पांसुभिरपूरयन् ॥ ९ ॥ बन्धनीयान्सेतून् । क्षोद्यान्क्षोदनीयाञ्शर्कराभूयिष्ठप्रदेशान् । संचुक्षुदुश्चूर्णयामासुः । भेदनीयाञ्जलनिर्गमार्थं भेद्यान् ॥ १० ॥ परिवाहानल्पप्रवाहान्बन्धनेन बहूदकांश्चक्रुः ॥ ११ ॥ खानयामासुरखनन् । उदपानान्कूपवाप्यादीन् । वेदिकाभिः परितोऽलंकृतान् ॥ १२ ॥ ससुधाकुट्टिमतलस्तत्र तत्र सच्छायजला-

चन्दनोदकसंसिक्तो नानाकुसुमभूषितः । बह्वशोभत सेनायाः पन्थाः सुरपथोपमः ॥ १४
आज्ञाप्याथ यथाज्ञप्ति युक्तास्तेऽधिकृता नराः । रमणीयेषु देशेषु बहुस्वादुफलेषु च ॥ १५
यो निवेशस्त्वभिप्रेतो भरतस्य महात्मनः । भूयस्तं शोभयामासुर्भूषाभिर्भूषणोपमम् ॥ १६
नक्षत्रेषु प्रशस्तेषु मुहूर्तेषु च तद्विदः । निवेशान्स्थापयामासुर्भरतस्य महात्मनः ॥ १७
बहुपांसुचयाश्चापि परिखाः परिवारिताः । तत्रेन्द्रनीलप्रतिमाः प्रतोलीवरशोभिताः ॥ १८
प्रासादमालासंयुक्ताः सौधप्राकारसंवृताः । पताकाशोभिताः सर्वे सुनिर्मितमहापथाः ॥ १९
वितर्दिभिरिवाकाशे विटङ्काग्रविमानकैः । समुच्छ्रितैर्निवेशास्ते बभुः शक्रपुरोपमाः ॥ २०
जाह्नवीं तु समासाद्य विविधद्रुमकाननाम् । शीतलामलपानीयां महामीनसमाकुलाम् ॥ २१
सचन्द्रतारागणमण्डितं यथा नभः क्षपायाममलं विराजते ।
नरेन्द्रमार्गः स तदा व्यराजत क्रमेण रम्यः शुभशिल्पिनिर्मितः ॥ २२

इत्यार्षे श्रीमद्रामायणे वाल्मीकीय आदिकाव्येऽयोध्याकाण्डेऽशीतितमः सर्गः ॥ ८० ॥

एकाशीतितमः सर्गः ।

ततो नान्दीमुखीं रात्रिं भरतं सूतमागधाः । तुष्टुवुः सविशेषज्ञाः स्तवैर्मङ्गलसंस्तवैः ॥ १
सुवर्णकोणाभिहतः प्राणदद्यामदुन्दुभिः । दध्मुः शङ्खांश्च शतशो वाद्यांश्चोच्चावचस्वरान् ॥ २
स तूर्यघोषः सुमहान्दिवमापूरयन्निव । भरतं शोकसंतप्तं भूयः शोकैररन्धयत् ॥ ३
ततः प्रबुद्धो भरतस्तं घोषं संनिवर्त्य च । नाहं राजेति चोक्त्वा तं शत्रुघ्नमिदमब्रवीत् ॥ ४
पश्य शत्रुघ्न कैकेय्या लोकस्यापकृतं महत् । विसृज्य मयि दुःखानि राजा दशरथो गतः ॥ ५
तस्यैषा धर्मराजस्य धर्ममूला महात्मनः । परिभ्रमति राजश्रीर्नौरिवाकर्णिका जले ॥ ६
यो हि नः सुमहान्नाथः सोऽपि प्रव्राजितो वने । अनया धर्ममुत्सृज्य मात्रा मे राघवः स्वयम् । ७
इत्येवं भरतं वीक्ष्य विलपन्तमचेतनम् । कृपणा रुरुदुः सर्वाः सुस्वरं योषितस्तदा ॥ ८
तथा तस्मिन्विलपति वसिष्ठो राजधर्मवित् । सभामिक्ष्वाकुनाथस्य प्रविवेश महायशाः ॥ ९

शयसमीपे विश्रमार्थं निवासाय ससुधातलः सुधानिबद्धभूदेशः सकुट्टिमतलश्च । 'कुट्टिमोऽस्त्री निबद्धा भूः' । क्वचित्सुधाभिः क्वचिन्मृत्तिकाभिरेव बद्धचत्वर इत्यर्थः ॥१३॥१४॥ अथ मार्गकरणानन्तरमधिकृता मार्गशिबिरादिनिवेशाधिकारिणो यथाज्ञप्ति यथाभरताज्ञापनं शिबिरादिनिवेशेऽनुचरानाज्ञाप्य यो यादृशो भरतस्याभिमतो निवेशस्तं तथा कृत्वा भूयोऽधिकभूषाभिः शोभयामासुर्वितानकनककलशरत्नध्वजादिभिर्भूषयामासुः । निवेशः शिबिरम् । भूषणोपमं मार्गस्यालंकारसदृशम् । अतिरमणीयमिति यावत् ॥ १५ ॥ १६ ॥ निवेशाञ्शिबिराणि ॥१७॥ बहुपांसुचया इत्यनेन शर्करादिराहित्यसूचनम् । परिखाः सगर्ताः पर्यन्तभित्तयः । तत्र परिखावच्छेदेनेत्यर्थः । इन्द्रनीलमणिनिर्मिताः प्रतिमाश्चित्रप्रतिमा येषु निवेशेषु । 'इन्द्रकीलप्रतिमाः' इति पाठे इन्द्रकीलपर्वतसदृश इत्यर्थः । एवमुख्याः परिखा इति यावत् । प्रतोली रथ्या ॥ १८ ॥ सौधसदृशैः प्राकारैः संवृताः ॥ १९ ॥ आकाशे वितर्दिभिरिव विधिधिष्ण्यैरिव स्थितैरुपलक्षिताः । विटङ्कं कपोतपालिका तद्युक्ताग्रैर्विमानकैः सप्तभूमिकगृहैरत्युन्नतैरुपलक्षिता इत्यर्थं इति कतकः । 'विसर्पद्भिरिवाकाशे' इति पाठान्तरम् । तदोर्ध्वमूर्ध्वं गच्छद्भिरिवेत्यर्थः कथंचियोज्यः ॥ २० ॥ जाह्नवीं समासाद्याभिव्याप्य प्रवर्तितो नरेन्द्रमार्गो व्यराजतेत्यन्वयः ॥ २१ ॥ २२ ॥ इति श्रीरामाभिरामे श्रीरामीये रामायणतिलके वाल्मीकीय आदिकाव्येऽयोध्याकाण्डेऽशीतितमः सर्गः ॥ ८० ॥

नान्दीमुखीं भरताभिषेकाय वसिष्ठेन करिष्यमाणनान्दीमुखाद्यभ्युदयप्राग्वर्तिनीम् । रामानयनाभ्युदयप्रारम्भयुक्ता नान्दीमुखीति कश्चित् । रात्रिम् । अल्पावशेषां दृष्ट्वेति शेषः । सविशेषज्ञा राजनि राजपुत्रे चापेक्षितविशेषस्तवं जानन्ति तादृशाः । मङ्गलसंस्तवैर्मङ्गलप्रतिपादकैः ॥ १ ॥ सुवर्णकोणः सुवर्णदण्डः । यामदुन्दुभिर्यामावसानसूचको दुन्दुभिः । उच्चावचानुच्चावचस्वरान्वाद्यान्वाद्यविशेषान्दध्मुः । 'नान्द्यान्' इति पाठः । मङ्गलावीनित्यर्थं इति तीर्थः ॥ २ ॥ शोकैः शोकोत्पादनैः । अरन्धयद्धिनस्ति स्म । 'रध पाकहिंसनयोः' ॥ ३ ॥ ४ ॥ कैकेय्या हेतुना मद्विषये जायमानं लोकस्य सूतमागधादेरपकृतमनुचितं कर्म पश्य । एवंरूपाणि दुःखानि दुःखकराणि मयि विसृज्य राजा गतः ॥ ५ ॥ तस्य । योगतस्तस्येत्यर्थः । अकर्णिका अकर्णधारा । 'अकण्टका' इति पाठः । कण्टको नाविकस्तद्रहितेत्यर्थं इति कतकः ॥ ६ ॥ ७ ॥ ८ ॥ राजधर्मविद्राजपुरो-

शातकुम्भमयीं रम्यां मणिरत्नसमाकुलाम् । सुधर्मामिव धर्मात्मा सगणः प्रत्यपद्यत ॥ १०
स काञ्चनमयं पीठं स्वस्त्यास्तरणसंवृतम् । अध्यास्त सर्ववेदज्ञो दूताननुशशास च ॥ ११
ब्राह्मणान्क्षत्रियान्योधानमात्यान्गणवल्लभान् । क्षिप्रमानयताव्यग्राः कृत्यमात्ययिकं हि नः ॥ १२
सराजपुत्रं शत्रुघ्नं भरतं च यशस्विनम् । युधाजितं सुमन्त्रं च ये च तत्र हिता जनाः ॥ १३
ततो हलहलाशब्दो महान्समुदपद्यत । रथैरश्वैर्गजैश्चापि जनानामुपगच्छताम् ॥ १४
ततो भरतमायान्तं शतक्रतुमिवामराः । प्रत्यनन्दन्प्रकृतयो यथा दशरथं तथा ॥ १५
ह्रद इव तिमिनागसंवृतः स्तिमितजलो मणिशङ्खशर्करः ।
दशरथसुतशोभिता सभा सदशरथेव बभूव सा पुरा ॥ १६

इत्यार्षे श्रीमद्रामायणे वाल्मीकीय आदिकाव्येऽयोध्याकाण्ड एकाशीतितमः सर्गः ॥ ८१ ॥

द्व्यशीतितमः सर्गः ।

तामार्यगणसंपूर्णां भरतः प्रग्रहां सभाम् । ददर्श बुद्धिसंपन्नः पूर्णचन्द्रां निशामिव ॥ १
आसनानि यथान्यायमार्याणां विशतां तदा । अस्त्राङ्गरागप्रभया द्योतिता सा सभोत्तमा ॥ २
सा विद्वज्जनसंपूर्णा सभा सुरुचिरा तथा । अदृश्यत घनापाये पूर्णचन्द्रेव शर्वरी ॥ ३
राज्ञस्तु प्रकृतीः सर्वाः स संप्रेक्ष्य च धर्मवित् । इदं पुरोहितो वाक्यं भरतं मृदु चाब्रवीत् ॥ ४
तात राजा दशरथः स्वर्गतो धर्ममाचरन् । धनधान्यवतीं स्फीतां प्रदाय पृथिवीं तव ॥ ५
रामस्तथा सत्यवृत्तिः सतां धर्ममनुस्मरन् । नाजहात्पितुरादेशं शशी ज्योत्स्नामिवोदितः ॥ ६
पित्रा भ्रात्रा च ते दत्तं राज्यं निहतकण्टकम् । तद्भुङ्क्ष्व मुदितामात्यः क्षिप्रमेवाभिषेचय ॥ ७
उदीच्याश्च प्रतीच्याश्च दाक्षिणात्याश्च केवलाः । कोट्यापरान्ताः सामुद्रा रत्नान्युपहरन्तु ते ॥ ८
तच्छ्रुत्वा भरतो वाक्यं शोकेनाभिपरिप्लुतः । जगाम मनसा रामं धर्मज्ञो धर्मकाङ्क्षया ॥ ९
सबाष्पकलया वाचा कलहंसस्वरो युवा । विललाप सभामध्ये जगर्हे च पुरोहितम् ॥ १०

हितकर्तव्यधर्मवेत्ता । अतः स्वकृत्यं स्वयं संपादयतीत्याह—सभामित्यादि ॥ ९ ॥ तद्विशेषणम्—शातकुम्भमयीमित्यादि । सगणः सशिष्यगणः ॥ १० ॥ स्वस्त्यास्तरणसंवृतं स्वस्तिकाकारमण्डलवदास्तरणसंवृतं पीठमध्यास्त, ततो दूताननुशशास च ॥११॥ गणवल्लभाः सेनानायकाः । आत्ययिकं कालविलम्बासहिष्णु ॥ १२ ॥ सराजपुत्रं राजपुत्रैरितरैः सहितं शत्रुघ्नम् । युधाजिन्नामा कश्चिन्मन्त्री । ये च हिता जनास्तांश्चानयत ॥ १३ ॥ हलहलेति शब्दानुकरणम् ॥ १४ ॥ १५ ॥ ह्रद इव सभा । ह्रदोऽत्र सामुद्रः । भिन्नलिङ्गत्वेऽपि सहृदयोद्वेगाभावाच्चन्द्र इव मुखमितिवन्न दुष्टोपमा । तिमिरनेकयोजनायामविस्तारो मत्स्यः । नागा जलगजाः सर्पाश्च । मणयो मुक्ताद्याः । शर्कराः सुवर्णखनिमृत्तिकाः । सभायां जलस्थाने सभातेजः । एतदेव ध्वनयता स्तिमितजल इत्युक्तम् । चित्रस्थतिमिनागसंवृतत्वम् । मणयश्च स्तम्भादिषु विद्यन्त एव । शङ्खाश्चित्रेषु स्वर्णशर्करास्थाने कुट्टिमादौ स्वर्णलेपः । प्रकारान्तरेण जलादिवर्णने तु कवेर्न्यूनतादोषः । मम तु विभक्तिविपरिणामेनैषामेव सभायामप्यन्वयान्न दोषः । एतेन वसिष्ठो जलम्, तिमिनागौ भरतशत्रुघ्नौ, मण्यादयोऽमात्यपौरजानपदा इति कतकोक्तमपास्तम् । दशरथसुतशोभिता सभा पुरा सदशरथा सभेव बभाविति योजना । पितृसमानाकारत्वात्पुत्रस्येदानीमपि सदशरथेवेत्युत्प्रेक्षा । पुरा यथेत्यंशे उपमेति तयोरत्र संसृष्टिः ॥ १६ ॥ इति श्रीरामाभिरामे श्रीरामीये रामायणतिलके वाल्मीकीय आदिकाव्येऽयोध्याकाण्ड एकाशीतितमः सर्गः ॥ ८१ ॥

प्रग्रहा प्रकृष्टैर्वसिष्ठादिभिर्ग्रहः परिग्रहोऽधिष्ठानं यस्यां सा । निशापक्षे प्रकृष्टगुर्वादिग्रहवतीम् ॥ १ ॥ आर्याणां त्रैवर्णिकानाम् । आसनानि विशतामासनेषूपविशताम् ॥ २ ॥ घनापाये शरदि ॥ ३ ॥ स वसिष्ठः । संप्रेक्ष्य च । चात्कृतानुमतिकांश्च कृत्वा ॥ ४ ॥ धर्मं सत्यपरिपालनरूपम् ॥ ५ ॥ सतां धर्मं जीवतो वाक्यकरणादित्येवंरूपम् ॥ ६ ॥ निहतकण्टकं रामस्य वनवासदानात्तथा ॥ ७ ॥ उदीच्यादयस्तत्तद्दिशि प्रत्येकसिंहासनाधीश्वरा ये च केवलाः सिंहासनरहिताः । चात्प्राच्या अपरान्ता द्वीपवासिनः । सामुद्राः पोतवणिजः । कोट्योऽसंख्यातानि रत्नानि हरन्तु । 'कोट्योऽपरान्ताः' इति पाठान्तरम् । कोट्यो रत्नान्यनेककोटिसंख्यरत्नानि । यद्वापरान्तास्तत्तद्दिगन्तवासिनः । सामुद्राः समुद्रद्वीपवासिनः ॥ ८ ॥ धर्मज्ञो ज्येष्ठाभिषेकरूपधर्मज्ञः । धर्मकाङ्क्षया ज्येष्ठानुवर्तनरूपधर्मलिप्सया । मनसा जगाम सस्मार ॥ ९ ॥ जगर्हे । सर्वज्ञोऽपि कथमेवमनुचिते मां प्रवर्तयसीत्युक्तवानित्यर्थः ॥ १० ॥ विद्यास्नातस्य सर्वविद्यानन्तरभाविस्नानयुतस्य रामस्य । मद्विधश्चरितब्रह्मच-

चरितब्रह्मचर्यस्य विद्यास्नातस्य धीमतः । धर्मे प्रयतमानस्य को राज्यं मद्विधो हरेत् ॥ ११
कथं दशरथाज्जातो भवेद्राज्यापहारकः । राज्यं चाहं च रामस्य धर्मं वक्तुमिहार्हसि ॥ १२
ज्येष्ठः श्रेष्ठश्च धर्मात्मा दिलीपनहुषोपमः । लब्धुमर्हति काकुत्स्थो राज्यं दशरथो यथा ॥ १३
अनार्यजुष्टमस्वर्ग्यं कुर्यां पापमहं यदि । इक्ष्वाकूणामहं लोके भवेयं कुलपांसनः ॥ १४
यद्धि मात्रा कृतं पापं नाहं तदपि रोचये । इहस्थो वनदुर्गस्थं नमस्यामि कृताञ्जलिः ॥ १५
राममेवानुगच्छामि स राजा द्विपदां वरः । त्रयाणामपि लोकानां राघवो राज्यमर्हति ॥ १६
तद्वाक्यं धर्मसंयुक्तं श्रुत्वा सर्वे सभासदः । हर्षान्मुमुचुरश्रूणि रामे निहितचेतसः ॥ १७
यदि त्वार्यं न शक्ष्यामि विनिवर्तयितुं वनात् । वने तत्रैव वत्स्यामि यथार्यो लक्ष्मणस्तथा ॥ १८
सर्वोपायं तु वर्तिष्ये विनिवर्तयितुं बलात् । समक्षमार्यमिश्राणां साधूनां गुणवर्तिनाम् ॥ १९
विष्टिकर्मान्तिकाः सर्वे मार्गशोधकदक्षकाः । प्रस्थापिता मया पूर्वं यात्रा च मम रोचते ॥ २०
एवमुक्त्वा तु धर्मात्मा भरतो भ्रातृवत्सलः । समीपस्थमुवाचेदं सुमन्त्रं मन्त्रकोविदम् ॥ २१
तूर्णमुत्थाय गच्छ त्वं सुमन्त्र मम शासनात् । यात्रामाज्ञापय क्षिप्रं बलं चैव समानय ॥ २२
एवमुक्तः सुमन्त्रस्तु भरतेन महात्मना । प्रहृष्टः सोऽदिशत्सर्वं यथासंदिष्टमिष्टवत् ॥ २३
ताः प्रहृष्टाः प्रकृतयो बलाध्यक्षा बलस्य च । श्रुत्वा यात्रां समाज्ञप्तां राघवस्य निवर्तने ॥ २४
ततो योधाङ्गनाः सर्वा भर्तॄन्सर्वान्गृहे गृहे । यात्रागमनमाज्ञाय त्वरयन्ति स्म हर्षिताः ॥ २५
ते हयैर्गोरथैः शीघ्रं स्यन्दनैश्च मनोजवैः । सहयोषिद्बलाध्यक्षा बलं सर्वमचोदयन् ॥ २६
सज्जं तु तद्बलं दृष्ट्वा भरतो गुरुसंनिधौ । रथं मे त्वरयस्वेति सुमन्त्रं पार्श्वतोऽब्रवीत् ॥ २७
भरतस्य तु तस्याज्ञां परिगृह्य प्रहर्षितः । रथं गृहीत्वोपययौ युक्तं परमवाजिभिः ॥ २८

स राघवः सत्यधृतिः प्रतापवान्ब्रुवन्सुयुक्तं दृढसत्यविक्रमः ।
गुरुं महारण्यगतं यशस्विनं प्रसादयिष्यन्भरतोऽब्रवीत्तदा ॥ २९
तूर्णं त्वमुत्थाय सुमन्त्र गच्छ बलस्य योगाय बलप्रधानान् ।
आनेतुमिच्छामि हि तं वनस्थं प्रसाद्य रामं जगतो हिताय ॥ ३०
स सूतपुत्रो भरतेन सम्यगाज्ञापितः संपरिपूर्णकामः ।
शशास सर्वान्प्रकृतिप्रधानान्बलस्य मुख्यांश्च सुहृज्जनं च ॥ ३१
ततः समुत्थाय कुले कुले ते राजन्यवैश्या वृषलाश्च विप्राः ।
अयूयुजन्नुष्ट्ररथान्खरांश्च नागान्हयांश्चैव कुलप्रसूतान् ॥ ३२

इत्यार्षे श्रीमद्रामायणे वाल्मीकीय आदिकाव्येऽयोध्याकाण्डे द्व्यशीतितमः सर्गः ॥ ८२ ॥

र्योद्विः ॥ ११ ॥ रामस्य । स्वमिति शेषः । हे भगवन् । एवं विज्ञाय धर्मं न्याय्यं वक्तुमिह सभायामर्हसि । नेदृशमन्याय्यमित्यर्थः ॥ १२ ॥ १३ ॥ १४ ॥ ननु त्वन्मात्रा प्रयासेन राज्यसंपादनादस्माभिरेवमुक्तमत आह—यद्धीति । वनदुर्गस्थं वनरूपदुर्गस्थम् ॥ १५ ॥ द्विपदां मनुष्याणां वरः श्रेष्ठो राजा अस्य राज्यस्येति शेषः ॥ १६ ॥ मध्ये कविवाक्यम्—तद्वाक्यमिति ॥ १७ ॥ सर्वथा स्वस्य राज्यचिन्ता नास्तीति प्रतिपादकं पुनर्भरतवाक्यम्—यदि त्विति ॥ १८ ॥ आर्याश्चैवर्णिकास्ते च ते मिश्राः पूज्यास्तेषां युष्माकं समक्षमित्यन्वयः ॥ १९ ॥ विष्टयो भृतिं विना कर्मकराः । कर्मान्तिका उक्ताः ॥ २० ॥ २१ ॥ २२ ॥ अदिशदाज्ञापयति स्म । इष्टवदिष्टार्हम् । इष्टानुरूपमिति यावत् ॥ २३ ॥ निवर्तने निवर्तननिमित्तम् । बलस्य यात्रां समाज्ञप्तां श्रुत्वा प्रकृतयो बलाध्यक्षाश्च प्रहृष्टा इत्यन्वयः ॥ २४ ॥ यात्रागमनं रामयात्रार्थं गमनम् ॥ २५ ॥ गोरथैः । शकटैरित्यर्थः ॥ २६ ॥ सज्जं गमनाय संनद्धम् । गुरुर्वसिष्ठः ॥ २७ ॥ २८ ॥ गुरुं रामं प्रसादयिष्यन्निवृत्तये ॥ २९ ॥ बलस्य योगाय बलसंमेलनाय । बलप्रधानान् । आज्ञापयेति शेषः ॥ ३० ॥ संपरिपूर्णकामस्तस्यापि रामदर्शने उत्कटेच्छत्वात् ॥ ३१ ॥ कुले कुले गृहे गृहे । 'कुलं जनपदे गृहे' । कुलप्रसूतानुत्तमान् ॥ ३२ ॥ इति श्रीरामाभिरामे श्रीरामीये रामायणतिलके वाल्मीकीय आदिकाव्येऽयोध्याकाण्डे द्व्यशीतितमः सर्गः ॥ ८२ ॥

त्र्यशीतितमः सर्गः ।

ततः समुत्थितः कल्यमास्थाय स्यन्दनोत्तमम् । प्रययौ भरतः शीघ्रं रामदर्शनकाङ्क्षया ॥ १
अग्रतः प्रययुस्तस्य सर्वे मन्त्रिपुरोहिताः । अधिरुह्य हयैर्युक्तान्रथान्सूर्यरथोपमान् ॥ २
नवनागसहस्राणि कल्पितानि यथाविधि । अन्वयुर्भरतं यान्तमिक्ष्वाकुकुलनन्दनम् ॥ ३
षष्टी रथसहस्राणि धन्विनो विविधायुधाः । अन्वयुर्भरतं यान्तं राजपुत्रं यशस्विनम् ॥ ४
शतं सहस्राण्यश्वानां समारूढानि राघवम् । अन्वयुर्भरतं यान्तं राजपुत्रं यशस्विनम् ॥ ५
कैकेयी च सुमित्रा च कौसल्या च यशस्विनी । रामानयनसंतुष्टा ययुर्यानेन भास्वता ॥ ६
प्रयाताश्चार्यसंघाता रामं द्रष्टुं सलक्ष्मणम् । तस्यैव च कथाश्चित्राः कुर्वाणा हृष्टमानसाः ॥ ७
मेघश्यामं महाबाहुं स्थिरसत्त्वं दृढव्रतम् । कदा द्रक्ष्यामहे रामं जगतः शोकनाशनम् ॥ ८
दृष्ट एव हि नः शोकमपनेष्यति राघवः । तमः सर्वस्य लोकस्य समुद्यन्निव भास्करः ॥ ९
इत्येवं कथयन्तस्ते संप्रहृष्टाः कथाः शुभाः । परिष्वजानाश्चान्योन्यं ययुर्नागरिकास्तदा ॥ १०
ये च तत्रापरे सर्वे संमता ये च नैगमाः । रामं प्रतिययुर्हृष्टाः सर्वाः प्रकृतयः शुभाः ॥ ११
मणिकाराश्च ये केचित्कुम्भकाराश्च शोभनाः । सूत्रकर्मविशेषज्ञा ये च शस्त्रोपजीविनः ॥ १२
मायूरकाः क्राकचिका वेधका रोचकास्तथा । दन्तकाराः सुधाकारा ये च गन्धोपजीविनः ॥ १३
सुवर्णकाराः प्रख्यातास्तथा कम्बलकारकाः । स्नापकोष्णोदका वैद्या धूपकाः शौण्डिकास्तथा ॥ १४
रजकास्तुन्नवायाश्च ग्रामघोषमहत्तराः । शैलूषाश्च सह स्त्रीभिर्यान्ति कैवर्तकास्तथा ॥ १५
समाहिता वेदविदो ब्राह्मणा वृत्तसंमताः । गोरथैर्भरतं यान्तमनुजग्मुः सहस्रशः ॥ १६
सुवेषाः शुद्धवसनास्ताम्रमृष्टानुलेपिनः । सर्वे ते विमलैर्यानैः शनैर्भरतमन्वयुः ॥ १७
प्रहृष्टमुदिता सेना सान्वयात्कैकयीसुतम् । भ्रातुरानयने यान्तं भरतं भ्रातृवत्सलम् ॥ १८
ते गत्वा दूरमध्वानं रथयानाश्वकुञ्जरैः । समासेदुस्ततो गङ्गां शृङ्गवेरपुरं प्रति ॥ १९
यत्र रामसखा वीरो गुहो ज्ञातिगणैर्वृतः । निवसत्यप्रमादेन देशं तं परिपालयन् ॥ २०
उपेत्य तीरं गङ्गायाश्चक्रवाकैरलंकृतम् । व्यवतिष्ठत सा सेना भरतस्यानुयायिनी ॥ २१
निरीक्ष्यानुत्थितां सेनां तां च गङ्गां शिवोदकाम् । भरतः सचिवान्सर्वानब्रवीद्वाक्यकोविदः ॥ २२
निवेशयत मे सैन्यमभिप्रायेण सर्वतः । विश्रान्ताः प्रतरिष्यामः श्व इमां सागरंगमाम् ॥ २३
दातुं च तावदिच्छामि स्वर्गतस्य महीपतेः । और्ध्वदेहनिमित्तार्थमवतीर्योदकं नदीम् ॥ २४

कल्यं प्रातःकाले ॥ १ ॥ २ ॥ यथाविधि कल्पितानि गजसंनहनोक्तविधिना कृतसंनाहानि ॥ ३ ॥ ४ ॥ समारूढानि । सादिभिरिति शेषः ॥ ५ ॥ कैकेयी च स्वकृतेः पुत्रं प्रत्यहिततया जातत्वान्मया किं कृतमिति खिन्ना पुनः प्रकृतिमापन्ना हर्षेण ययौ । अत एव मध्यमत्वेऽप्यादौ तदुल्लेखः । यानेनेत्येकवचनं प्रत्येकापेक्षया । सौहार्दादेकयानेनैव तिसृणां गमनं वा ॥ ६ ॥ आर्यसंघातास्त्रैवर्णिकसमूहाः ॥ ७ ॥ ८ ॥ ९ ॥ परिष्वजानाः परिष्वजमानाः । नगरे चरन्तीति नागरिकाः । 'चरति' इति ठक् ॥ १० ॥ तत्र नगरे संमताः प्रसिद्धाः । नैगमा वणिजः । प्रकृतयः श्रेणयः ॥ ११ ॥ श्रेणीर्विविच्याह—मणिकारा इति । शाणादौ मणिशोधकाः । सूत्रकर्मविशेषज्ञास्तन्तुवायाः । शस्त्रोपजीविनः शस्त्रनिर्माणोपजीविनः ॥ १२ ॥ मायूरका लीलामयूरग्राहिणः । इदमुपलक्षणं शुकादिकग्राहिणाम् । यद्वा मयूरपिञ्छैश्छत्रादिव्यञ्जनकारिणः । क्रकचः करपत्रं तेन जीवन्ति ते क्राकचिकाः । वेधका मणिमुक्तादिवेधकर्तारः । रोचकाः काचकुप्यादिकर्तार इति कतकः । दन्तकारा गजदन्तादिभिः समुद्रकादिकर्तारो दन्तलेखकाश्च । सुधाकाराः सुधालेपकाराः । गन्धोपजीविनो गन्धद्रव्यविक्रयिकाः ॥ १३ ॥ स्नापका उष्णोदकस्नापकाः । उष्णोदका अङ्गमर्दकाः । 'उष्णोदकं समुल्लेखोद्वाहनोद्वर्तनेषु च' । धूपका धूपक्रियया जीविनः । शौण्डिका मद्यकृतः । 'शुण्डा करिकरे मद्ये' ॥१४॥ तुन्नवायाः सूच्या सीवनकर्तारः । ग्रामे घोषे च वर्तमाना महत्तराः । शैलूषा नटाः । कैवर्तकाः । 'कैवर्तकारवाः' इति पाठे कारवाः कर्मीराः ॥ १५ ॥ गोरथैः शकटैः ॥ १६ ॥ गोरोचनकुङ्कुमादिसंबन्धात्ताम्रवर्णं मृष्टं संपूर्णमनुलेपोऽनुलेपनं येषां ते ॥ १७ ॥ प्रहर्षः कायिकरोमाञ्चादिरूपः । मोदो मानसः ॥ १८ ॥ शृङ्गवेरपुरं प्रति । शृङ्गवेरपुर इत्यर्थः ॥ १९ ॥ अप्रमादेन सावधानतया ॥ २० ॥ २१ ॥ अनुत्थितां गमनेऽनुद्योगाम् ॥२२॥ अद्य विश्रान्ताः, श्वः प्रतरिष्यामः, इत्यभिप्रायेणेति मदभिप्रायज्ञापनेन निवेशयतेत्यर्थः ॥ २३ ॥ और्ध्वदेहनिमित्तार्थम् । एतच्छरीरपातोत्तरकालिकदेहभवसुखप्रयोजनायेत्यर्थः । यद्वा एतद्देहपातादूर्ध्वं जातदेहो निमित्तं यस्य परलोकस्य स ऊर्ध्व-

तस्यैवं ब्रुवतोऽमात्यास्तथेत्युक्त्वा समाहिताः। न्यवेशयंस्तां छन्देन स्वेन स्वेन पृथक्पृथक् ॥ २५
निवेश्य गङ्गामनु तां महानदीं चमूं विधानैः परिबर्हशोभिनीम्।
उवास रामस्य तदा महात्मनो विचिन्तमानो भरतो निवर्तनम् ॥ २६

इत्यार्षे श्रीमद्रामायणे वाल्मीकीय आदिकाव्येऽयोध्याकाण्डे त्र्यशीतितमः सर्गः ॥ ८३ ॥

चतुरशीतितमः सर्गः।

ततो निविष्टां ध्वजिनीं गङ्गामन्वाश्रितां नदीम्। निषादराजो दृष्ट्वैव ज्ञातीन्स परितोऽब्रवीत् ॥ १
महतीयमितः सेना सागराभा प्रदृश्यते। नास्यान्तमवगच्छामि मनसापि विचिन्तयन् ॥ २
यदा नु खलु दुर्बुद्धिर्भरतः स्वयमागतः। स एष हि महाकायः कोविदारध्वजो रथे ३
बन्धयिष्यति वा पाशैरथ वास्मान्वधिष्यति। अनु दाशरथिं रामं पित्रा राज्याद्विवासितम् ॥ ४
संपन्नां श्रियमन्विच्छंस्तस्य राज्ञः सुदुर्लभाम्। भरतः कैकयीपुत्रो हन्तुं समधिगच्छति ॥ ५
भर्ता चैव सखा चैव रामो दाशरथिर्मम। तस्यार्थकामाः संनद्धा गङ्गानूपेऽत्र तिष्ठत ॥ ६
तिष्ठन्तु सर्वदाशाश्च गङ्गामन्वाश्रिता नदीम्। बलयुक्ता नदीरक्षा मांसमूलफलाशनाः ॥ ७
नावां शतानां पञ्चानां कैवर्तानां शतं शतम्। संनद्धानां तथा यूनां तिष्ठन्त्वित्यभ्यचोदयत् ॥ ८
यदि तुष्टस्तु भरतो रामस्येह भविष्यति। इयं स्वस्तिमती सेना गङ्गामद्य तरिष्यति ॥ ९
इत्युक्त्वोपायनं गृह्य मत्स्यमांसमधूनि च। अभिचक्राम भरतं निषादाधिपतिर्गुहः ॥ १०
तमायान्तं तु संप्रेक्ष्य सूतपुत्रः प्रतापवान्। भरतायाचचक्षेऽथ समयज्ञो विनीतवत् ॥ ११
एष ज्ञातिसहस्रेण स्थपतिः परिवारितः। कुशलो दण्डकारण्ये वृद्धो भ्रातुश्च ते सखा ॥ १२
तस्मात्पश्यतु काकुत्स्थ त्वां निषादाधिपो गुहः। असंशयं विजानीते यत्र तौ रामलक्ष्मणौ ॥ १३
एतत्तु वचनं श्रुत्वा सुमन्त्राद्भरतः शुभम्। उवाच वचनं शीघ्रं गुहः पश्यतु मामिति ॥ १४
लब्ध्वानुज्ञां संप्रहृष्टो ज्ञातिभिः परिवारितः। आगम्य भरतं प्रह्वो गुहो वचनमब्रवीत् ॥ १५
निष्कुटश्चैव देशोऽयं वञ्चिताश्चापि ते वयम्। निवेदयाम ते सर्वं स्वके दाशगृहे वस ॥ १६

देहनिमित्तः परलोकः। स्वार्थिकोऽण्। तदर्थमित्यर्थः। मध्येमिलितनद्यन्तरे एवमनुक्त्या गङ्गायास्तर्पणेन पितृस्वर्गप्रापिकत्वं सूचितम् ॥ २४ ॥ स्वेन स्वेन च्छन्देन स्वस्वेच्छया ॥ २५ ॥ गङ्गामनु। गङ्गां लक्षीकृत्येत्यर्थः। परिबर्हो यात्रोपयुक्तपटवेश्माद्युपकरणजातम्। विधानैर्वासव्यवस्थाकल्पनैः। रामस्य निवर्तनं विचिन्तमानः। चिन्तयमान इत्यर्थः ॥ २६ ॥

इति श्रीरामाभिरामे श्रीरामीये रामायणतिलके वाल्मीकीय आदिकाव्येऽयोध्याकाण्डे त्र्यशीतितमः सर्गः ॥ ८३ ॥

गङ्गामनु आश्रिताम्। निविष्टां क्वचित्कार्येऽभिनिवेशवतीम् ॥ १ ॥ इत इह गङ्गातीरे। नास्या अन्तमित्यर्थे संधिरार्षः ॥ २ ॥ यदा नु खलु यस्माद्धेतोर्दुर्बुद्धिर्भरतः। स्वयमागतस्ततो महती सेना प्रदृश्यत इत्यन्वयः। रामपीडार्थं प्रवृत्त इत्याशयेन दुर्बुद्धितावादः। भरतागमनचिह्नमाह—स इति। महाकायो महाप्रमाण इक्ष्वाकुकुलचिह्नभूतः कोविदारध्वजो रथे दृश्यते, अतो भरत एवायमिति भावः ॥ ३ ॥ नन्वायातु भरतः किमस्माकमत आह—बन्धयिष्यतीति। स्वामात्यैरिति शेषः। वधिष्यतीति वा। अनु ततः पश्चाद्रामं वधिष्यति। इति मन्ये इति शेषः ॥४॥ ननु रामवधेऽस्य किं फलमत आह—संपन्नामिति। संपूर्णामित्यर्थः। सार्वकालिकीमिति यावत्। तस्य राज्ञो रामस्य। सुदुर्लभां तस्मिञ्जीवति दुष्प्रापाम्। अतो रामं हन्तुं समधिगच्छति बुद्धिं प्राप्नोति ॥ ५ ॥ नन्वेवमपि तव का भीतिरत आह—भर्तेत्यादि। एवं च तत्पक्षत्वादस्माकं भीतिरिति भावः। अस्माभिश्च सखित्वादेव रामेष्टं कर्तव्यम्, अतो नास्माभिरेते गङ्गां तारयितव्याः,अतो यूयं तस्य रामस्यार्थकामाः प्रयोजनेच्छवः संनद्धा अत्र गङ्गानूपे मत्संनिधौ तिष्ठत ॥ ६ ॥ सर्वे मामका दाशास्तु गङ्गां नदीमेवान्वाश्रिताः। नदीरक्षा नदीतरणमार्गविघ्नवन्तो मांसमूलफलाशना एतद्वीप्या तीरे आगन्तुमशक्यतया नावारोपितमांसाद्यशना बलवन्तः सन्तस्तिष्ठन्तु ॥ ७ ॥ बलवत्तामेवाह—नावामिति। पञ्चशतसंख्याकनावां प्रत्येकं संनद्धानां युद्धसंनाहवतां यूनां युद्धार्हाणां कैवर्तानां शतं शतमारुह्य तिष्ठन्त्वित्यभ्यचोदयत् ॥ ८ ॥ एवं स्थितैरपि युद्धे त्वरा न कार्येत्याह—यदीति। यदि रामविषये तुष्टस्तदेयं सेना स्वस्तिमती तरिष्यति। अन्यथा नौकासु स्थिता एतान्निहन्म इति भावः। 'यदादुष्टः' इति पाठेऽदुष्ट इति च्छेदः ॥ ९ ॥ अभिचक्राम दर्शनार्थम् ॥ १० ॥ ११ ॥ स्थपतिः प्रभुः। दण्डकारण्ये कुशलो निग्रहानुग्रहसमर्थश्चारैस्तत्रत्यवृत्तान्तज्ञः ॥ १२ ॥ अपि चानेन प्रयोजनमस्तीत्याह—असंशयमिति ॥ १३ ॥ १४ ॥ १५ ॥ अयं देशो नि-

अस्ति मूलफलं चैतन्निषादैः स्वयमर्जितम् । आर्द्रं शुष्कं यथा मांसं वन्यं चोच्चावचं तथा ॥ १७
आशंसे स्वाशिता सेना वत्स्यत्येनां विभावरीम् । आर्चितो विविधैः कामैः श्वः ससैन्यो गमिष्यसि ॥१८

इत्यार्षे श्रीमद्रामायणे वाल्मीकीय आदिकाव्येऽयोध्याकाण्डे चतुरशीतितमः सर्गः ॥ ८४ ॥

पञ्चाशीतितमः सर्गः ।

एवमुक्तस्तु भरतो निषादाधिपतिं गुहम् । प्रत्युवाच महाप्राज्ञो वाक्यं हेत्वर्थसंहितम् ॥ १
ऊर्जितः खलु ते कामः कृतो मम गुरोः सखे । यो मे त्वमीदृशीं सेनामभ्यर्चयितुमिच्छसि ॥ २
इत्युक्त्वा स महातेजा गुहं वचनमुत्तमम् । अब्रवीद्भरतः श्रीमान्पन्थानं दर्शयन्पुनः ॥ ३
कतरेण गमिष्यामि भरद्वाजाश्रमं पथा । गहनोऽयं भृशं देशो गङ्गानूपो दुरत्ययः ॥ ४
तस्य तद्वचनं श्रुत्वा राजपुत्रस्य धीमतः । अब्रवीत्प्राञ्जलिर्भूत्वा गुहो गहनगोचरः ॥ ५
दाशास्त्वनुगमिष्यन्ति देशज्ञाः सुसमाहिताः । अहं चानुगमिष्यामि राजपुत्र महाबल ॥ ६
कच्चिन्न दुष्टो व्रजसि रामस्याक्लिष्टकर्मणः । इयं ते महती सेना शङ्कां जनयतीव मे ॥ ७
तमेवमभिभाषन्तमाकाश इव निर्मलः । भरतः श्लक्ष्णया वाचा गुहं वचनमब्रवीत् ॥ ८
मा भूत्स कालो यत्कष्टं न मां शङ्कितुमर्हसि । राघवः स हि मे भ्राता ज्येष्ठः पितृसमो मतः ॥ ९
तं निवर्तयितुं यामि काकुत्स्थं वनवासिनम् । बुद्धिरन्या न मे कार्या गुह सत्यं ब्रवीमि ते ॥ १०
स तु संहृष्टवदनः श्रुत्वा भरतभाषितम् । पुनरेवाब्रवीद्वाक्यं भरतं प्रति हर्षितः ॥ ११
धन्यस्त्वं न त्वया तुल्यं पश्यामि जगतीतले । अयत्नादागतं राज्यं यस्त्वं त्यक्तुमिहेच्छसि ॥ १२
शाश्वती खलु ते कीर्तिर्लोकाननु चरिष्यति । यस्त्वं कृच्छ्रगतं रामं प्रत्यानयितुमिच्छसि ॥ १३
एवं संभाषमाणस्य गुहस्य भरतं तदा । बभौ नष्टप्रभः सूर्यो रजनी चाभ्यवर्तत ॥ १४
संनिवेश्य स तां सेनां गुहेन परितोषितः । शत्रुघ्नेन समं श्रीमाञ्छयनं पुनरागमत् ॥ १५
रामचिन्तामयः शोको भरतस्य महात्मनः । उपस्थितो ह्यनर्हस्य धर्मप्रेक्ष्यस्य तादृशः ॥ १६
अन्तर्दाहेन दहनः संतापयति राघवम् । वनदाहाग्निसंतप्तं गूढोऽग्निरिव पादपम् ॥ १७
प्रसृतः सर्वगात्रेभ्यः स्वेदं शोकाग्निसंभवम् । यथा सूर्याग्निसंतप्तो हिमवान्प्रसृतो हिमम् ॥ १८
ध्याननिर्दरशैलेन विनिःश्वसितधातुना । दैन्यपादपसङ्घेन शोकायासाधिशृङ्गिणा ॥ १९

ष्कुटो गृहारामकल्पः । वयं वञ्चिताः । प्रस्थानसमयेऽप्रेषितनियोगदेशत्वात् । इयमुपचारोक्तिः । सर्वं राज्यं ते निवेदयाम, वयं त्वदीयाः अतः स्वीयदाशगृहे वस ॥ १६ ॥ वन्यं नीवारश्यामाकादि ॥ १७ ॥ स्वाशिता सुष्ठु भोजिता वत्स्यतीत्याशंसे प्रार्थये । 'वसत्वेनाम्' इति पाठान्तरम् । तत्राशंसे इति पुनरुक्तम् ॥ १८ ॥ इति श्रीरामभिरामे श्रीरामीये रामायणतिलके वाल्मीकीय आदिकाव्येऽयोध्याकाण्डे चतुरशीतितमः सर्गः ॥ ८४ ॥

एवमिति । हेत्वर्थसंहितं हेत्वर्थाभ्यामुपपत्तिप्रयोजनाभ्यां संयुक्तम् ॥ १ ॥ ऊर्जितो महांस्तेऽयं कामः कामनाविषयो मत्सत्कारो मम कृत एव खलु । कथं तत्राह—यो मे इति । तव श्रद्धयैव सर्वं कृतमित्यर्थः ॥ २ ॥ पन्थानं दर्शयन्गन्तव्यपथि संमुखं हस्तं कुर्वन्पुनः पुनरब्रवीदित्यन्वयः । आदरेण वारंवारं कथनम् । 'गुहं वचनमुत्तमम्,' 'निषादाधिपतिं पुनः' इति द्वितीयचतुर्थपादौ पाठान्तरे ॥ ३ ॥ कतरेण पथा । गहनो दुष्प्रवेशः ॥ ४ ॥ गहनगोचरो गहनं वनं गोचरो देशो यस्य सः ॥ ५ ॥ दाशास्त्विति । अतो गहनविषया न काचिच्छङ्केति भावः ॥ ६ ॥ अपि त्वक्लिष्टकर्मणो रामस्य विषये दुष्टो दुष्टभावो न व्रजसि कच्चित् । रामद्रोहं कर्तुं न व्रजसि कच्चिदित्यर्थः । ननु का ते दोषशङ्का तत्राह—इयं ते इति । रामसंदर्शनमात्राय गमने एतावत्सेनाया व्यर्थत्वान्मम संदेह इति भावः ॥ ७ ॥ आकाश इवेत्युपमया त्रैकालिकमलसंबन्धाभावो दर्शितः ॥ ८ ॥ यद्यत्र काले । कष्टं त्वदाशङ्कितं रामद्रोहरूपं जायते स कालो मा भूत् । हि यतो राघवो ज्येष्ठो भ्राता पितृसमः, अतो मां शङ्कितुं नार्हसि ॥ ९ ॥ तदेवाह—तमिति । मे मयि । 'न ते कार्या' इति पाठान्तरम् ॥ १० ॥ ११ ॥ १२ ॥ चरिष्यति प्रचरिष्यति ॥ १३ ॥ नष्टप्रभो मन्दीभूतरश्मिः ॥ १४ ॥ 'गुहेन परिरक्षितः' इति पाठे परिहृतचोरबाध इत्यर्थः ॥१५॥ अनर्हस्य दुःखानर्हस्य । धर्मप्रेक्ष्यस्य धर्मदृष्टेः । तादृशो वागगोचरः । उपस्थितः प्राप्तः ॥ १६ ॥ दहनः शोकाग्निः । राघवं भरतम् । वनदाहकोऽग्निर्वनदाहाग्निर्दावाग्निस्तेन संतप्तं शुष्कम् । गूढोऽग्निः कोटरसंसक्तोऽग्निः ॥ १७ ॥ स्वेदं प्रसृतः । कर्तरि निष्ठा । गत्यर्थत्वात् ॥ १८ ॥ दुःखे पर्वतरूपम् । रामविषयध्यानान्येव निर्दरशैला विदार-

प्रमोहानन्तसत्त्वेन संतापौषधिवेणुना । आक्रान्तो दुःखशैलेन मज्जता कैकयीसुतः ॥ २०
विनिःश्वसन्वै भृशदुर्मनास्ततः प्रमूढसंज्ञः परमापदं गतः ।
शमं न लेभे हृदयज्वरार्दितो नरर्षभो यूथहतो यथर्षभः ॥ २१
गुहेन सार्धं भरतः समागतो महानुभावः सजनः समाहितः ।
सुदुर्मनास्तं भरतं तदा पुनः शनैः समाश्वासयदग्रजं प्रति ॥ २२

इत्यार्षे श्रीमद्रामायणे वाल्मीकीय आदिकाव्येऽयोध्याकाण्डे पञ्चाशीतितमः सर्गः ॥ ८५ ॥

षडशीतितमः सर्गः ।

आचचक्षेऽथ सद्भावं लक्ष्मणस्य महात्मनः । भरतायाप्रमेयाय गुहो गहनगोचरः ॥ १
तं जाग्रतं गुणैर्युक्तं वरचापेषुधारिणम् । भ्रातृगुप्त्यर्थमत्यन्तमहं लक्ष्मणमब्रुवम् ॥ २
इयं तात सुखा शय्या त्वदर्थमुपकल्पिता । प्रत्याश्वसिहि शेष्वास्यां सुखं राघवनन्दन ॥ ३
उचितोऽयं जनः सर्वो दुःखानां त्वं सुखोचितः । धर्मात्मंस्तस्य गुप्त्यर्थं जागरिष्यामहे वयम् ॥ ४
नहि रामात्प्रियतरो ममास्ति भुवि कश्चन । मोत्सुको भूर्ब्रवीम्येतदथ सत्यं तवाग्रतः ॥ ५
अस्य प्रसादादाशंसे लोकेऽस्मिन्सुमहद्यशः । धर्मावाप्तिं च विपुलामर्थकामौ च केवलौ ॥ ६
सोऽहं प्रियसखं रामं शयानं सह सीतया । रक्षिष्यामि धनुष्पाणिः सर्वैः स्वैर्ज्ञातिभिः सह ॥ ७
नहि मेऽविदितं किंचिद्वनेऽस्मिंश्चरतः सदा । चतुरङ्गं ह्यपि बलं प्रसहेम वयं युधि ॥ ८
एवमस्माभिरुक्तेन लक्ष्मणेन महात्मना । अनुनीता वयं सर्वे धर्ममेवानुपश्यता ॥ ९
कथं दाशरथौ भूमौ शयाने सह सीतया । शक्या निद्रा मया लब्धुं जीवितानि सुखानि वा ॥ १०
यो न देवासुरैः सर्वैः शक्यः प्रसहितुं युधि । तं पश्य गुह संविष्टं तृणेषु सह सीतया ॥ ११
महता तपसा लब्धो विविधैश्च परिश्रमैः । एको दशरथस्यैष पुत्रः सदृशलक्षणः ॥ १२
अस्मिन्प्रव्राजिते राजा न चिरं वर्तयिष्यति । विधवा मेदिनी नूनं क्षिप्रमेव भविष्यति ॥ १३
विनद्य सुमहानादं श्रमेणोपरताः स्त्रियः । निर्घोषो विरतो नूनमद्य राजनिवेशने ॥ १४
कौसल्या चैव राजा च तथैव जननी मम । नाशंसे यदि ते सर्वे जीवेयुः शर्वरीमिमाम् ॥ १५
जीवेदपि च मे माता शत्रुघ्नस्यान्ववेक्षया । दुःखिता या हि कौसल्या वीरसूर्विनशिष्यति ॥ १६
अतिक्रान्तमतिक्रान्तमनवाप्य मनोरथम् । राज्ये राममनिक्षिप्य पिता मे विनशिष्यति ॥ १७
सिद्धार्था पितरं वृत्तं तस्मिन्काले ह्युपस्थिते । प्रेतकार्येषु सर्वेषु संस्करिष्यन्ति भूमिपम् ॥ १८
रम्यचत्वरसंस्थानां सुविभक्तमहापथाम् । हर्म्यप्रासादसंपन्नां सर्वरत्नविभूषिताम् ॥ १९
गजाश्वरथसंबाधां तूर्यनादविनादिताम् । सर्वकल्याणसंपूर्णां हृष्टपुष्टजनाकुलाम् ॥ २०
आरामोद्यानसंपूर्णां समाजोत्सवशालिनीम् । सुखिता विचरिष्यन्ति राजधानीं पितुर्मम ॥ २१
अपि सत्यप्रतिज्ञेन सार्धं कुशलिना वयम् । निवृत्ते समये ह्यस्मिन्सुखिताः प्रविशेमहि ॥ २२

णरहितशिलासमूहा यस्मिन् । निःशेषतो दीर्णशिलासमूहा यस्मिन्निति वा । विनिःश्वसितमेव गैरिकादिधातुर्यस्मिन् । श्वाससंपर्केण भूषणानामन्यवर्णजननात् । दैन्यं करणानां स्वस्वविषयप्रवृत्तिवैमुख्यं स एव पादपसङ्घो यस्मिन् । शोकजा आयासाक्षिप्तश्रान्तयस्ता एवाभ्यधिरूढानि शृङ्गाणि तद्वता ॥ १९ ॥ प्रमोहा एवानन्तसत्त्वानि वन्यप्राणिनो यस्मिंस्तेन । संतापोऽन्तर्बहिःकरणसंताप एव ओषधयो वेणवश्च यस्मिन् । मज्जता मग्नं कुर्वता सकरणग्राममात्मानमधो नयता । एवंभूतेन दुःखरूपशैलेनाक्रान्तः । अभूदिति शेषः ॥ २० ॥ प्रकर्षेण मूढा संज्ञा चेतना यस्य । यूथहतो यूथभ्रष्टः ॥ २१ ॥ समाहित एकाग्रचित्तः । सजनः सपरिवारः । गुहेन सार्धं समागतो मिलितो भरतोऽग्रजं प्रति सुदुर्मना बभूव । तादृशं तं भरतं गुहः पुनराश्वासयत् ॥ २२ ॥ इति श्रीरामाभिरामे श्रीरामीये रामायणतिलके वाल्मीकीय आदिकाव्येऽयोध्याकाण्डे पञ्चाशीतितमः सर्गः ॥ ८५ ॥

सद्भावं ज्येष्ठानुवर्तनरूपं साधुत्वम् ॥ १ ॥ तदेवाह—तमिति । भ्रातृगुप्त्यर्थं जाग्रतं विनिद्रम् । गुणैः स्नेहसौशील्यादिगुणैः क्षत्रगुणैश्च युक्तम् ॥ २ ॥ इयं तातेत्यादिरुक्तानुवादः पूर्वमेव व्याख्यातः ॥ ३ ॥ तस्य रामस्य ॥ ४ ॥ ५ ॥ ६ ॥ ७ ॥ ८ ॥ ९ ॥ १० ॥ ११ ॥ १२ ॥ १३ ॥ १४ ॥ १५ ॥ १६ ॥ १७ ॥ १८ ॥ १९ ॥ २० ॥ २१ ॥ २२ ॥

परिदेवयमानस्य तस्यैवं हि महात्मनः । तिष्ठतो राजपुत्रस्य शर्वरी संन्यवर्तत ॥ २३
प्रभाते विमले सूर्ये कारयित्वा जटा उभौ । अस्मिन्भागीरथीतीरे सुखं संतारितौ मया ॥ २४
जटाधरौ तौ द्रुमचीरवाससौ महाबलौ कुञ्जरयूथपोपमौ ।
वरेषुधी चापधरौ परंतपौ व्यपेक्षमाणौ सह सीतया गतौ ॥ २५

इत्यार्षे श्रीमद्रामायणे वाल्मीकीय आदिकाव्येऽयोध्याकाण्डे षडशीतितमः सर्गः ॥ ८६ ॥

सप्ताशीतितमः सर्गः ।

गुहस्य वचनं श्रुत्वा भरतो भृशमप्रियम् । ध्यानं जगाम तत्रैव यत्र तच्छ्रुतमप्रियम् ॥ १
सुकुमारो महासत्त्वः सिंहस्कन्धो महाभुजः । पुण्डरीकविशालाक्षस्तरुणः प्रियदर्शनः ॥ २
प्रत्याश्वस्य मुहूर्तं तु कालं परमदुर्मनाः । ससाद सहसा तोत्रैर्हृदि विद्ध इव द्विपः ॥ ३
भरतं मूर्च्छितं दृष्ट्वा विवर्णवदनो गुहः । बभूव व्यथितस्तत्र भूमिकम्पे यथा द्रुमः ॥ ४
तदवस्थं तु भरतं शत्रुघ्नोऽनन्तरस्थितः । परिष्वज्य रुरोदोच्चैर्विसंज्ञः शोककर्शितः ॥ ५
ततः सर्वाः समापेतुर्मातरो भरतस्य ताः । उपवासकृशा दीना भर्तृव्यसनकर्शिताः ॥ ६
ताश्च तं पतितं भूमौ रुदत्यः पर्यवारयन् । कौसल्या त्वनुसृत्यैनं दुर्मनाः परिषस्वजे ॥ ७
वत्सला स्वं यथा वत्समुपगुह्य तपस्विनी । परिपप्रच्छ भरतं रुदन्तं शोकलालसा ॥ ८
पुत्र व्याधिर्न ते कच्चिच्छरीरं प्रतिबाधते । अस्य राजकुलस्याद्य त्वदधीनं हि जीवितम् ॥ ९
त्वां दृष्ट्वा पुत्र जीवामि रामे सभ्रातृके गते । वृत्ते दशरथे राज्ञि नाथ एकस्त्वमद्य नः ॥ १०
कच्चिन्न लक्ष्मणे पुत्र श्रुतं ते किंचिदप्रियम् । पुत्रे वा ह्येकपुत्रायाः सहभार्ये वनं गते ॥ ११
स मुहूर्तं समाश्वस्य रुदन्नेव महायशाः । कौसल्यां परिसान्त्व्येदं गुहं वचनमब्रवीत् ॥ १२
भ्राता मे क्वावसद्रात्रिं क्व सीता क्व च लक्ष्मणः । अस्वपच्छयने कस्मिन्किं भुक्त्वा गुह शंस मे ॥ १३
सोऽब्रवीद्भरतं हृष्टो निषादाधिपतिर्गुहः । यद्विधं प्रतिपेदे च रामे प्रियहितेऽतिथौ ॥ १४
अन्नमुच्चावचं भक्ष्याः फलानि विविधानि च । रामायाभ्यवहारार्थं बहुशोऽपहृतं मया ॥ १५
तत्सर्वं प्रत्यनुज्ञासीद्रामः सत्यपराक्रमः । न हि तत्प्रत्यगृह्णात्स क्षत्रधर्ममनुस्मरन् ॥ १६
नह्यस्माभिः प्रतिग्राह्यं सखे देयं तु सर्वदा । इति तेन वयं सर्वे अनुनीता महात्मना ॥ १७
लक्ष्मणेन यदानीतं पीतं वारि महात्मना । औपवास्यं तदाकार्षीद्राघवः सह सीतया ॥ १८
ततस्तु जलशेषेण लक्ष्मणोऽप्यकरोत्तदा । वाग्यतास्ते त्रयः संध्यां समुपासन्त संहिताः ॥ १९

॥ २३ ॥ २४ ॥ २५ ॥ पञ्चविंशतिश्लोका अत्र सर्गे ॥ **इति श्रीरामाभिरामे श्रीरामीये रामायणतिलके वाल्मीकीय आदिकाव्येऽयोध्याकाण्डे षडशीतितमः सर्गः ॥ ८६ ॥**

भृशमप्रियं जटाधारणरूपम् । यत्र तत्रैव । यत्र क्षण इत्यर्थः । ध्यानं जगाम । स्वाभिलषितकार्यसंकटं जातमिति चिन्तां प्रापेत्यर्थः ॥ १ ॥ सुकुमारत्वादिगुणेन जटादिकं श्रुतम् । अतो निवृत्तिर्दुर्लभेति चिन्तां जगाम ॥ २ ॥ ततो मुहूर्तं कालं परमदुर्मनाः परमखिन्नः प्रत्याश्वस्य पुनश्च सहसा दुःखवेगेन ससादावशोऽभूत् । तोत्रैरङ्कुशैः । हृदि हृदयदेशे ॥ ३ ॥ ४ ॥ तदवस्थमचेतनावस्थम् । अनन्तरस्थितः समीपस्थितः ॥ ५ ॥ ६ ॥ अनुसृत्य समीपं प्राप्य ॥ ७ ॥ स्वं वत्सं स्वपुत्रं यथा तथोपगुह्य ॥ ८ ॥ व्याधिः पित्तप्रकोपादिलक्षणो भ्रममूर्च्छादिः ॥ ९ ॥ १० ॥ भ्रममूर्च्छादेः कारणान्तरं पृच्छति—कच्चिदिति । अप्रियं प्राणात्ययरूपम् । एकपुत्रायाः । ममेति शेषः ॥ ११ ॥ मुहूर्ते विसंज्ञः सन्पश्चात्समाश्वस्येत्यर्थः । परिसान्त्व्य त्वच्छङ्कितं किमपि नास्ति, किं तु तयोर्जटाधारणश्रवणजदुःखेन मूर्च्छितोऽस्मीत्युक्त्वा ॥ १२ ॥ १३ ॥ हृष्टो लक्ष्मणवद्भरतस्यापि पूर्णभ्रातृभक्तिदर्शनेन तुष्टः । यद्विधं यादृशं व्यवहारं रामे प्रतिपेदे कृतवांस्तमब्रवीद्रामकृतं चेत्यन्वयः ॥ १४ ॥ तमेवाह—अन्नमित्यादि ॥ १५ ॥ प्रत्यनुज्ञासीन्मदनुग्रहार्थं केवलमङ्गीकृत्य पुनर्मह्यमेव दत्तवान् । क्षत्रधर्ममप्रतिग्रहरूपम् । न प्रत्यगृह्णादभ्यवहाराय न स्वीकृतवान् ॥ १६ ॥ तमेव धर्ममाह—नहीति । नन्वेवं भरद्वाजादिदत्ताङ्गीकारः कथमिति चेन्न । मधुपर्कादिना राजपूजाया ब्राह्मणं प्रति विधानेन तद्दत्ताङ्गीकारस्य स्वाभ्युदयफलकत्वेन च तस्य युक्तत्वात् । गुहस्य निषादत्वेन राजपूजानधिकारात् । अस्वदेश्यत्वेन करग्रहणायोग्यत्वाच्च तदीयानङ्गीकार इति न दोषः । यद्यपि गुहस्य तत्त्वज्ञत्वेनास्त्येव भगवत्पूजाधिकारः, तथापि व्रतस्थत्वात्तदभोजनमिति तत्त्वम् ॥ १७ ॥ औपवास्यमुपवासम् । स्वार्थे ष्यञ् ॥ १८ ॥ अकरोत् । पानक्रियामिति

सौमित्रिस्तु ततः पश्चादकरोत्स्वास्तरं शुभम् । स्वयमानीय बर्हींषि क्षिप्रं राघवकारणात् ॥ २०
तस्मिन्समाविशद्रामः स्वास्तरे सह सीतया । प्रक्षाल्य च तयोः पादौ व्यपाक्रामत्सलक्ष्मणः ॥ २१
एतत्तदिङ्गुदीमूलमिदमेव च तत्तृणम् । अस्मिन्रामश्च सीता च रात्रिं तां शयितावुभौ ॥ २२

नियम्य पृष्ठे तु तलाङ्गुलित्रवाञ्शरैः सुपूर्णाविषुधी परंतपः ।
महद्धनुः सज्जमुपोह्य लक्ष्मणो निशामतिष्ठत्परितोऽस्य केवलम् ॥ २३
ततस्त्वहं चोत्तमबाणचापभृत्स्थितोऽभवं तत्र स यत्र लक्ष्मणः ।
अतन्द्रितैर्ज्ञातिभिरात्तकार्मुकैर्महेन्द्रकल्पं परिपालयं तदा ॥ २४

इत्यार्षे श्रीमद्रामायणे वाल्मीकीय आदिकाव्येऽयोध्याकाण्डे सप्ताशीतितमः सर्गः ॥ ८७ ॥

अष्टाशीतितमः सर्गः ।

तच्छ्रुत्वा निपुणं सर्वं भरतः सह मन्त्रिभिः । इङ्गुदीमूलमागम्य रामशय्यामवेक्षत ॥ १
अब्रवीज्जननीः सर्वा इह तस्य महात्मनः । शर्वरी शयिता भूमाविदमस्य विमर्दितम् ॥ २
महाराजकुलीनेन महाभागेन धीमता । जातो दशरथेनोर्व्यां न रामः स्वप्तुमर्हति ॥ ३
अजिनोत्तरसंस्तीर्णे वरास्तरणसंचये । शयित्वा पुरुषव्याघ्रः कथं शेते महीतले ॥ ४
प्रासादाग्रविमानेषु वलभीषु च सर्वदा । हैमराजतभौमेषु वरास्तरणशालिषु ॥ ५
पुष्पसंचयचित्रेषु चन्दनागुरुगन्धिषु । पाण्डुराभ्रप्रकाशेषु शुकसङ्घरुतेषु च ॥ ६
प्रासादवरवर्येषु शीतवत्सु सुगन्धिषु । उषित्वा मेरुकल्पेषु कृतकाञ्चनभित्तिषु ॥ ७
गीतवादित्रनिर्घोषैर्वराभरणनिःस्वनैः । मृदङ्गवरशब्दैश्च सततं प्रतिबोधितः ॥ ८
बन्दिभिर्वन्दितः काले बहुभिः सूतमागधैः । गाथाभिरनुरूपाभिः स्तुतिभिश्च परंतपः ॥ ९
अश्रद्धेयमिदं लोके न सत्यं प्रतिभाति मा । मुह्यते खलु मे भावः स्वप्नोऽयमिति मे मतिः ॥ १०
न नूनं दैवतं किंचित्कालेन बलवत्तरम् । यत्र दाशरथी रामो भूमावेवमशेत सः ॥ ११
यस्मिन्विदेहराजस्य सुता च प्रियदर्शना । दयिता शयिता भूमौ स्नुषा दशरथस्य च ॥ १२
इयं शय्या मम भ्रातुरिदमावर्तितं शुभम् । स्थण्डिले कठिने सर्वं गात्रैर्विमृदितं तृणम् ॥ १३
मन्ये साभरणा सुप्ता सीतास्मिञ्शयने शुभा । तत्र तत्र हि दृश्यन्ते सक्ताः कनकबिन्दवः ॥ १४

शेषः । त्रयः सुमन्त्रेण संहिताः समाहितन्चित्ताः ॥ १९ ॥ ततः पश्चात्संध्यावन्दनोत्तरम् बर्हींषि दर्भान् । स्वास्तरं शयनम् ॥ २० ॥ व्यपक्रामत् । शयनप्रदेशाद्बहिर्दूरमिति शेषः ॥ २१ ॥ २२ ॥ इषुधी पृष्ठे बद्ध्वा । तलयोः करतलयोरङ्गुलित्राणवान् । सज्जं धनुरुपोह्य धृत्वास्य परितो भ्रमन्नतिष्ठत् । केवलं निद्रारहितः ॥ २३ ॥ परिपाल्यं पर्यपाल्यम् ॥ २४ ॥

इति श्रीरामाभिरामे श्रीरामीये रामायणतिलके वाल्मीकीय आदिकाव्येऽयोध्याकाण्डे सप्ताशीतितमः सर्गः ॥ ८७ ॥

तदिति ॥ १ ॥ इह भूमौ । शर्वरी शयिता । अधिकरणे निष्ठा । एतद्देशावच्छिन्नशयनाधिकरणं शर्वरीत्यर्थः । इदमस्य विमर्दितम् । अङ्गानामिति शेषः । विमर्दनाधिकरणमित्यर्थः ॥ २ ॥ उक्तविशेषणेन दशरथेन हेतुना जातो नोर्व्यां स्वप्तुमर्हति ॥ ३ ॥ अजिनेन राजार्हकन्दलीचमूर्वादिमृगाजिनविशेषरूपेणोत्तरेण मञ्चोत्तरच्छदेन संस्तीर्णे । तानि चाजिनानि शीतोष्णयोरुष्णशीते वरास्तरणानां कार्पासवस्त्ररत्नकम्बलाद्यास्तरणानां संचयः समूहो यत्र पर्यङ्के शीतकाल औष्ण्यार्थं तद्बाहुल्यम् ॥ ४ ॥ प्रासादाग्रविमानेषु विमानाकारप्रासादाग्रगृहेषु । वलभी कूटागारम् । हैमानि राजतानि च भौमानि भूतलानि येषु ॥ ५ ॥ शुकसङ्घरुतेषु तद्रुतवत्सु ॥ ६ ॥ प्रासादवराणां प्रासादश्रेष्ठानां मध्ये वर्येषु श्रेष्ठेषु । तेषूषित्वा कथं भूमौ शेत इति संबन्धः ॥ ७ ॥ वराभरणानां परिचारिकानूपुराद्याभरणानां निःस्वनगीतादिशब्दैः स्तुतिभिश्च प्रतिबोध्यमानः कथं भूमौ केवलं शेत इति संबन्धः ॥ ८ ॥ ९ ॥ इदं रामस्य भूशयनम् । लोकेऽत्रत्यजनेषु तन्मध्ये तन्मुखाच्छ्रुतमप्यश्रद्धेयमेव । तदेव विवृणोति—मा मां सत्यं न प्रतिभाति । तस्मादेतद्विषये भावोऽन्तःकरणं मुह्यते । मम मोह इत्यर्थः । अथवा स्वप्नोऽयं भवितुमर्हतीति मतिः । स्वप्ने ह्यसंभावितमपि संभाव्यते ॥ १० ॥ कालेन कालतो बलवत्तरं किंचित्किमपि दैवतं नास्तीति नूनं मन्ये । यत्र काले प्राप्ते सति रामोऽपि भूमावशेत ॥ ११ ॥ यस्मिन्काले दशरथदयिता प्रिया स्नुषा भूमौ शयिता ततो न बलवत्किंचित् ॥ १२ ॥ १३ ॥ कनकबिन्दवो भूषणा-

उत्तरीयमिहासक्तं सुव्यक्तं सीतया तदा । तथा ह्येते प्रकाशन्ते सक्ताः कौशेयतन्तवः ॥ १५
मन्ये भर्तुः सुखा शय्या येन बाला तपस्विनी । सुकुमारी सती दुःखं न विजानाति मैथिली ॥ १६
हा हतोऽस्मि नृशंसोऽस्मि यत्सभार्यः कृते मम । ईदृशीं राघवः शय्यामधिशेते ह्यनाथवत् ॥ १७
सार्वभौमकुले जातः सर्वलोकसुखावहः । सर्वप्रियकरस्त्यक्त्वा राज्यं प्रियमनुत्तमम् ॥ १८
कथमिन्दीवरश्यामो रक्ताक्षः प्रियदर्शनः । सुखभागी न दुःखार्हः शयितो भुवि राघवः ॥ १९
धन्यः खलु महाभागो लक्ष्मणः शुभलक्षणः । भ्रातरं विषमे काले यो राममनुवर्तते ॥ २०
सिद्धार्था खलु वैदेही पतिं यानुगता वनम् । वयं संशयिताः सर्वे हीनास्तेन महात्मना ॥ २१
अकर्णधारा पृथिवी शून्येव प्रतिभाति मे । गते दशरथे स्वर्गं रामे चारण्यमाश्रिते ॥ २२
न च प्रार्थयते कश्चिन्मनसापि वसुंधराम् । वने निवसतस्तस्य बाहुवीर्याभिरक्षिताम् ॥ २३
शून्यसंवरणारक्षामयन्त्रितहयद्विपाम् । अनावृतपुरद्वारां राजधानीमरक्षिताम् ॥ २४
अप्रहृष्टबलां शून्यां विषमस्थामनावृताम् । शत्रवो नाभिमन्यन्ते भक्ष्यान्विषकृतानिव ॥ २५
अद्यप्रभृति भूमौ तु शयिष्येऽहं तृणेषु वा । फलमूलाशनो नित्यं जटाचीराणि धारयन् ॥ २६
तस्याहमुत्तरं कालं निवत्स्यामि सुखं वने । तत्प्रतिश्रुतमार्यस्य नैव मिथ्या भविष्यति ॥ २७
वसन्तं भ्रातुरर्थाय शत्रुघ्नो मानुवत्स्यति । लक्ष्मणेन सहायोध्यामार्यो मे पालयिष्यति ॥ २८
अभिषेक्ष्यन्ति काकुत्स्थमयोध्यायां द्विजातयः । अपि मे देवताः कुर्युरिमं सत्यं मनोरथम् ॥ २९

प्रसाद्यमानः शिरसा मया स्वयं बहुप्रकारं यदि न प्रपत्स्यते ।
ततोऽनुवत्स्यामि चिराय राघवं वनेचरं नार्हति मामुपेक्षितुम् ॥ ३०

इत्यार्षे श्रीमद्रामायणे वाल्मीकीय आदिकाव्येऽयोध्याकाण्डेऽष्टाशीतितमः सर्गः ॥ ८८ ॥

एकोननवतितमः सर्गः ।

व्युष्य रात्रिं तु तत्रैव गङ्गाकूले स राघवः । काल्यमुत्थाय शत्रुघ्नमिदं वचनमब्रवीत् ॥ १
शत्रुघ्नोत्थाय किं शेषे निषादाधिपतिं गुहम् । शीघ्रमानय भद्रं ते तारयिष्यति वाहिनीम् ॥ २
जागर्मि नाहं स्वपिमि तथैवार्यं विचिन्तयन् । इत्येवमब्रवीद्भ्राता शत्रुघ्नो विप्रचोदितः ॥ ३
इति संवदतोरेवमन्योन्यं नरसिंहयोः । आगम्य प्राञ्जलिः काले गुहो वचनमब्रवीत् ॥ ४
कच्चित्सुखं नदीतीरेऽवात्सीः काकुत्स्थ शर्वरीम् । कच्चिच्च सहसैन्यस्य तव नित्यमनामयम् ॥ ५
गुहस्य तत्तु वचनं श्रुत्वा स्नेहादुदीरितम् । रामस्यानुवशो वाक्यं भरतोऽपीदमब्रवीत् ॥ ६
सुखा नः शर्वरी धीमन्पूजिताश्चापि ते वयम् । गङ्गां तु नौभिर्बह्वीभिर्दाशाः संतारयन्तु नः ॥ ७

वयवकनकशकलानीति कतकः ॥ १४ ॥ १५ ॥ भर्तुः शय्या कोमला वा कठिना वा स्त्रीणां सुखैव मन्ये । यतः—सुकुमारीत्यादि ॥ १६ ॥ मम कृते कैकेयीप्रवृत्तेः । स्वानुमतिराहित्येऽपि स्वमुद्दिश्य जातत्वादिति भावः ॥ १७ ॥ १८ ॥ १९ ॥ विषमे काले संकटकाले ॥ २० ॥ या पतिमनु अनुसृत्य वनं गता सा सिद्धार्था । वयं संशयिता रामसेवाविषयसंशयमापन्नाः । कालान्तरप्रार्थनीयसेवत्वात् । इदानीमस्मत्सेवानुमतौ संशयादिति भावः ॥ २१ ॥ अकर्णधारा नौरिव शून्या प्रवृत्तिशून्या ॥ २२ ॥ कश्चिन्मादृशः ॥ २३ ॥ शून्यसंवरणारक्षां संवरणानां प्राकाराणामासमन्ताद्रक्षया शून्यां हीनाम् । अनावृतत्वं रक्षकाभावात् ॥ २४ ॥ अप्रहृष्टं बलं यस्याम् । अतएव शून्यां क्षीणबलाम् । नाभिमन्यन्ते स्वीकर्तुं नेच्छन्ति । अत्र तद्बाहुवीर्यै रक्षितत्वं हेतुः ॥ २५ ॥ अतस्तमेव राज्यार्हमानेष्यामि । यदि स व्रतभङ्गः कथं कार्य इति वदेत्तदा तत्प्रतिनिधितयाहं व्रतमनुष्ठास्ये इत्याह—अद्येत्यादि ॥ २६ ॥ तस्य व्रतसंकल्पं स्वयं गृहीत्वा तत्परिपालनार्थमुत्तरं कालं चतुर्दशवर्षपर्यन्तमहं वने वत्स्यामि । एवं सति नार्यस्य तत्प्रतिश्रुतं मिथ्या भविष्यति ॥ २७ ॥ वसन्तमिति ॥ २८ ॥ २९ ॥ प्रसाद्येति । प्रपत्स्यते । निवृत्तिविषये प्रसादमिति शेषः । उपेक्षितुं नार्हति । भक्तवत्सलत्वादिति भावः ॥ ३० ॥ इति श्रीरामाभिरामे **श्रीरामीये रामायणतिलके वाल्मीकीय आदिकाव्येऽयोध्याकाण्डेऽष्टाशीतितमः सर्गः ॥ ८८ ॥**

व्युष्योषित्वा । काल्यमुषःकाले । उषःपर्यायौ कल्यकाल्यावुभावपीति ज्ञायते ॥ १ ॥ २ ॥ आर्यं विचिन्तयन्नहमपि यथा त्वं तथैव जागर्मि न स्वपिमीत्येवमब्रवीदित्यन्वयः ॥ ३ ॥ ४ ॥ शर्वरीमवात्सीः । अत्यन्तसंयोगे द्वितीया ॥ ५ ॥ रामस्यानुवशो रामाधीनः ॥ ६ ॥ ते त्वया पूजिताः ॥ ७ ॥

ततो गुहः संत्वरितः श्रुत्वा भरतशासनम् । प्रतिप्रविश्य नगरं तं ज्ञातिजनमब्रवीत् ॥ ८
उत्तिष्ठत प्रबुध्यध्वं भद्रमस्तु हि वः सदा । नावः समुपकर्षध्वं तारयिष्यामि वाहिनीम् ॥ ९
ते तथोक्ता समुत्थाय त्वरिता राजशासनात् । पञ्च नावां शतान्येव समानिन्युः समन्ततः ॥ १०
अन्याः स्वस्तिकविज्ञेया महाघण्टाधराधराः । शोभमानाः पताकिन्यो युक्तवाहाः सुसंहताः ॥ ११
ततः स्वस्तिकविज्ञेयां पाण्डुकम्बलसंवृताम् । सनन्दिघोषां कल्याणीं गुहो नावमुपाहरत् ॥ १२
तामारुरोह भरतः शत्रुघ्नश्च महाबलः । कौसल्या च सुमित्रा च याश्चान्या राजयोषितः ॥ १३
पुरोहितश्च तत्पूर्वं गुरवो ब्राह्मणाश्च ये । अनन्तरं राजदारास्तथैव शकटापणाः ॥ १४
आवासमादीपयतां तीर्थं चाप्यवगाहताम् । भाण्डानि चाददानानां घोषस्तु दिवमस्पृशत् ॥ १५
पताकिन्यस्तु ता नावः स्वयं दाशैरधिष्ठिताः । वहन्त्यो जगमारूढं तदा संपेतुराशुगाः ॥ १६
नारीणामभिपूर्णास्तु काश्चित्काश्चित्तु वाजिनाम् । काश्चित्तत्र वहन्ति स्म यानयुग्यं महाधनम् ॥ १७
तास्तु गत्वा परं तीरमवरोप्य च तं जगम् । निवृत्ताः काण्डचित्राणि क्रियन्ते दाशबन्धुभिः ॥ १८
सवैजयन्तास्तु गजा गजारोहैः प्रचोदिताः । तरन्तः स्म प्रकाशन्ते सपक्षा इव पर्वताः ॥ १९
नावश्चारुरुहुस्त्वन्ये प्लवैस्तेरुस्तथापरे । अन्ये कुम्भघटैस्तेरुरन्ये तेरुश्च बाहुभिः ॥ २०
सा पुण्या ध्वजिनी गङ्गां दाशैः संतारिता स्वयम् । मैत्रे मुहूर्ते प्रययौ प्रयागवनमुत्तमम् ॥ २१

आश्वासयित्वा च चमूं महात्मा निवेशयित्वा च यथोपजोषम् ।
द्रष्टुं भरद्वाजमृषिप्रवर्यं ऋत्विक्सदस्यैर्भरतः प्रतस्थे ॥ २२
स ब्राह्मणस्याश्रममभ्युपेत्य महात्मनो देवपुरोहितस्य ।
ददर्श रम्योटजवृक्षदेशं महद्वनं विप्रवरस्य रम्यम् ॥ २३

इत्यार्षे श्रीमद्रामायणे वाल्मीकीय आदिकाव्येऽयोध्याकाण्ड एकोननवतितमः सर्गः ॥ ८९ ॥

नवतितमः सर्गः ।

भरद्वाजाश्रमं गत्वा क्रोशादेव नरर्षभः । जनं सर्वमवस्थाप्य जगाम सह मन्त्रिभिः ॥ १

प्रतिप्रविश्य ततो निवृत्तिपूर्वकं प्रविश्य ॥ ८ ॥ ९ ॥ नावां पञ्चशतानि समानिन्युः ॥ १० ॥ अन्याः पञ्चशतनौकाभ्योऽन्याः । स्वस्तिकविज्ञेयाः स्वस्तिकाख्यया लोकप्रसिद्धा राजार्हनौभेदाः । महाघण्टां धारयन्ति ता महाघण्टाधराः पताकास्ता धारयन्तीत्यर्थः । शोभमानाः स्वर्णादिरूपितचित्रैः शोभमानाः । पताकिन्यो बह्वरित्रवत्यः । अरित्रं नावाकर्षणदण्डः । युक्तवाहा नौवहने नाविकवत्यः । 'युक्तवाताः' इति पाठे युक्तगतयः । सुसंहता दृढसंधिबन्धाः ॥ ११ ॥ सनन्दिघोषामुपरिप्रतिष्ठितमङ्गलवादित्रघोषमहिताम् । तत इतरस्वस्तिकाभ्यो विलक्षणां स्वस्तिकाख्यां पाण्डुकम्बलो राजास्तरणकम्बलस्तद्वतीं राजार्हां नावं गुहः स्वयमेवोपाहरत् ॥ १२ ॥ १३ ॥ तत्पूर्वं समातृकभरतारोहात्पूर्वमनन्तरं तेषां तासां चानन्तरम् । राजदारा अनुचरप्रभुस्त्रियः । शकटान्यापणाः पण्यानीतरनौष्वारोपिता इति शेषः ॥ १४ ॥ आवासमुषितावासमादीपयतामभिमात्कुर्वताम् । अयं सेनाधर्मः । तीर्थं नद्यवतारमवगाहतामहमहमिकया विशताम् । भाण्डान्युपकरणानि ॥ १५ ॥ आशुगाः शीघ्राः ॥ १६ ॥ नारीणामित्यादौ तृतीयार्थस्य शेषत्वविवक्षाया षष्ठी । नारीभिः पूर्णा इत्याद्यर्थः । यानानि शकटादीनि । युग्या अश्वाश्वतरबलीवर्दाद्याः । महाधनं बहुमूल्यम् । यद्वा महाधनं जीवाजीवरूपनानाप्रकारम् ॥ १७ ॥ तं जनमवरोप्य निवृत्ता नावः समारुह्य दाशबन्धुभिः क्रीडार्थं काण्डचित्राणि काण्डे जले चित्राणि चित्रगमनानि लघुत्वात्क्रियन्ते स्मेत्यर्थः । 'काण्डोऽस्त्रीदण्डबाणार्ववर्गावसरवारिपु' इत्यमरः ॥ १८ ॥ सवैजयन्ताः सध्वजाः ॥ १९ ॥ प्लवा वेणुतृणादिनिर्मिताः कुम्भा महान्तः । घटाः स्वल्पाः । विपरीतं वा ॥ २० ॥ मैत्रे मुहूर्ते उदयात्तृतीयमुहूर्ते । नाडीद्वयं मुहूर्तः । 'रौद्रः सार्पस्तथा मैत्रः पैत्रो वासव एव च । आर्यो वैश्यस्तथा ब्राह्मः प्राजो रौद्राग्निरेव च ॥ ऐन्द्रोऽथ निर्ऋतिश्चैव वारुणो यमसाधकौ । एते क्रमेण विज्ञेया मुहूर्ता दश पञ्च च ॥' इत्युक्तेः ॥ २१ ॥ यथोपजोषं यथासुखमाश्वासयित्वा विश्राम्य निवेशयित्वा प्रयागवने स्थापयित्वा ॥ २२ ॥ देवपुरोहितस्य । भरद्वाजो ह्युतथ्यभार्यायां ममतायां बृहस्पतेर्जातः—इति पुराणे प्रसिद्धम् । तं च भर्तृभिया त्यक्तुकामां ममतां देवा ऊचुः—'उतथ्यस्य क्षेत्रजत्वेन बृहस्पतेरौरसत्वेन भरद्वाजानममुं भर' इति तस्माद्भरद्वाज इति तस्य नाम ॥ २३ ॥ **इति श्रीरामाभिरामे श्रीरामीये रामायणतिलके वाल्मीकीय आदिकाव्येऽयोध्याकाण्ड एकोननवतितमः सर्गः ॥ ८९ ॥**

जगाम । द्रष्टुमिति शेषः । अवस्थाप्य । आश्रमोपरोधनि-

पद्भ्यामेव तु धर्मज्ञो न्यस्तशस्त्रपरिच्छदः । वसानो वाससी क्षौमे पुरोधाय पुरोहितम् ॥ २
ततः संदर्शने तस्य भरद्वाजस्य राघवः । मन्त्रिणस्तानवस्थाप्य जगामानुपुरोहितम् ॥ ३
वसिष्ठमथ दृष्ट्वैव भरद्वाजो महातपाः । संचचालासनात्तूर्णं शिष्यानर्घ्यमिति ब्रुवन् ॥ ४
समागम्य वसिष्ठेन भरतेनाभिवादितः । अबुध्यत महातेजाः सुतं दशरथस्य तम् ॥ ५
ताभ्यामर्घ्यं च पाद्यं च दत्त्वा पश्चात्फलानि च । आनुपूर्व्याच्च धर्मज्ञः पप्रच्छ कुशलं कुले ॥ ६
अयोध्यायां बले कोशे मित्रेष्वपि च मन्त्रिषु । जानन्दशरथं वृत्तं न राजानमुदाहरत् ॥ ७
वसिष्ठो भरतश्चैनं पप्रच्छतुरनामयम् । शरीरेऽग्निषु शिष्येषु वृक्षेषु मृगपक्षिषु ॥ ८
तथेति तु प्रतिज्ञाय भरद्वाजो महायशाः । भरतं प्रत्युवाचेदं राघवस्नेहबन्धनात् ॥ ९
किमिहागमने कार्यं तव राज्यं प्रशासतः । एतदाचक्ष्व सर्वं मे न हि मे शुध्यते मनः ॥ १०
सुषुवे यममित्रघ्नं कौसल्यानन्दवर्धनम् । भ्रात्रा सह सभार्यो यश्चिरं प्रव्राजितो वनम् ॥ ११
नियुक्तः स्त्रीनिमित्तेन पित्रा योऽसौ महायशाः । वनवासी भवेतीह समाः किल चतुर्दश ॥ १२
कच्चिन्न तस्यापापस्य पापं कर्तुमिहेच्छसि । अकण्टकं भोक्तुमना राज्यं तस्यानुजस्य च ॥ १३
एवमुक्तो भरद्वाजं भरतः प्रत्युवाच ह । पर्यश्रुनयनो दुःखाद्वाचा संसज्जमानया ॥ १४
हतोऽस्मि यदि मामेवं भगवानपि मन्यते । मत्तो न दोषमाशङ्के मैवं मामनुशाधि हि ॥ १५
न चैतदिष्टं माता मे यदवोचन्मदन्तरे । नाहमेतेन तुष्टश्च न तद्वचनमाददे ॥ १६
अहं तु तं नरव्याघ्रमुपयातः प्रसादकः । प्रतिनेतुमयोध्यायां पादौ चास्याभिवन्दितुम् ॥ १७
तं मामेवंगतं मत्वा प्रसादं कर्तुमर्हसि । शंस मे भगवन्रामः क्व संप्रति महीपतिः ॥ १८
वसिष्ठादिभिर्ऋत्विग्भिर्याचितो भगवांस्ततः । उवाच तं भरद्वाजः प्रसादाद्भरतं वचः ॥ १९
त्वय्येतत्पुरुषव्याघ्र युक्तं राघववंशजे । गुरुवृत्तिर्दमश्चैव साधूनां चानुयायिता ॥ २०
जाने चैतन्मनःस्थं ते दृढीकरणमस्त्विति । अपृच्छं त्वां तवात्यर्थं कीर्तिं समभिवर्धयन् ॥ २१
जाने च रामं धर्मज्ञं ससीतं सहलक्ष्मणम् । अयं वसति ते भ्राता चित्रकूटे महागिरौ ॥ २२
श्वस्तु गन्तासि तं देशं वसाद्य सह मन्त्रिभिः । एतं मे कुरु सुप्राज्ञ कामं कामार्थकोविद ॥ २३

वृत्तय इति शेषः ॥ १ ॥ पद्भ्यामिति विनयप्रदर्शनार्थम् ॥ २ ॥ ततः संदर्शने आश्रमप्रवेशानन्तरमृषिदर्शनावसरे । अनुपुरोहितं पुरोहितस्य पश्चात् ॥ ३ ॥ शिष्यान्प्रति अर्घ्यमानयतेति ब्रुवन् ॥ ४ ॥ अबुध्यत । वसिष्ठेन सहागमनादिति शेषः ॥ ५ ॥ ताभ्यां वसिष्ठभरताभ्याम् । आनुपूर्व्यात्क्रमेण । प्रथमं ब्राह्मणस्य पश्चात्क्षत्रियस्य । कुले गृहे ॥ ६ ॥ वृत्तमतीतम् । अत एव राजानं नोदाहरद्राजकुशलं न पृष्टवान् ॥ ७ ॥ शरीरादित्रयस्य यथायोगं तपःसाधनत्वात्तदनामयप्रश्नः । मृगपक्षिणामभयावस्थानद्वारा धर्मसाधनत्वाच्छिष्यवत्प्रियत्वाच्च तदनामयप्रश्नः ॥ ८ ॥ तथेति प्रतिज्ञायानामयमित्युक्त्वा । राघवो रामः ॥ ९ ॥ न शुध्यते न विश्वसिति ॥ १० ॥ अविश्वासबीजमाह—सुषुवे इति । कौसल्या यं सुषुवे । चिरं चिरकालमुद्दिश्य प्रव्राजितः ॥ ११ ॥ वनवासी भवेति नियुक्तः ॥ १२ ॥ इह वने । तस्य रामस्य । तस्यानुजस्य लक्ष्मणस्य च । पापं कर्तुमिहेच्छसीत्यन्वयः । तत्र हेतुः—अकण्टकमसपत्नम् ॥ १३ ॥ पर्यश्रुनयनः परिप्लुतनयनः । संसज्जमानया स्खलन्त्या ॥ १४ ॥ मामेवं पापप्रसक्तं यदि भगवान्सर्वज्ञो मन्यते तदा हतोऽस्मि व्यर्थजन्मास्मि । दोषं प्रव्राजनदोषं मत्तो मद्रूपनिमित्ततो नेत्यहमाशङ्के स्वानुभवतो जानामि । अतो मामेवं मानुशाधि मैवं कर्णकठोरं ब्रूहि ॥ १५ ॥ ननु कथमपलापः क्रियतेऽत आह—न चेति । मदन्तरे मद्विषये । यत्तु मया विनेत्यर्थ इति, तन्न । अन्तरेणेत्यव्ययस्यैव तदर्थत्वात् । मम त्ववसरवाची अन्तरशब्द इति न दोषः । यन्मे मातावोचन्मदभिषेकरामवनवासादि तन्मे नेष्टम् । तदेव विवृणोति—नाहमिति । एतेन मातृकृतव्यापारेण । न च तद्वचनमाददेऽङ्गीकरोमि । इदानीमपीति शेषः ॥ १६ ॥ अथ स्वागमनकारणमाह—अहं त्विति । प्रसादक उपयातः । प्रसादयितुमागत इत्यर्थः ॥ १७ ॥ एवंगतमेवंबुद्धिम् । क्व संप्रति कस्मिन्प्रदेशे ॥ १८ ॥ याचितो भरताय प्रसन्नो भवेति प्रार्थितः । प्रसादात्प्रसादं प्राप्य ॥ १९ ॥ एतदुक्तरूपं वचस्त्वयि युक्तं तवोचितम् । तदेव समर्थयति—गुर्विति । गुरुवृत्तिर्गुरुसेवा । यतो गुरुसेवादित्रयं राघववंशजे प्रायो दृष्टमिति शेषः । यद्वा एतत्त्रयं त्वयि युक्तमित्यन्वयः ॥ २० ॥ दृढीकरणमन्यथाभावान्निवृत्तिः । बहूनामग्रे उक्तो ह्यर्थो नान्यथा कर्तुं शक्यते । मुख्यप्रयोजनमाह—कीर्तिं समभिवर्धयन् । असर्वज्ञजनं प्रतीति शेषः । हेतौ शता । कीर्त्यभिवृद्धिहेतवेऽपृच्छमित्यर्थः ॥ २१ ॥ अथ रामः क्वेति प्रश्नस्योत्तरमाह—जाने चेति ॥ २२ ॥ एतमग्रवासरूपम् । कामार्थकोविद वाञ्छि-

ततस्तथेत्येवमुदारदर्शनः प्रतीतरूपो भरतोऽब्रवीद्वचः ।
चकार बुद्धिं च तदाश्रमे तदा निशानिवासाय नराधिपात्मजः ॥ २४

इत्यार्षे श्रीमद्रामायणे वाल्मीकीय आदिकाव्ये बालकाण्डे नवतितमः सर्गः ॥ ९० ॥

एकनवतितमः सर्गः ।

कृतबुद्धिं निवासाय तत्रैव स मुनिस्तदा । भरतं केकयीपुत्रमातिथ्येन न्यमन्त्रयत् ॥ १
अब्रवीद्भरतस्त्वेनं नन्विदं भवता कृतम् । पाद्यमर्घ्यमथातिथ्यं वने यदुपपद्यते ॥ २
अथोवाच भरद्वाजो भरतं प्रहसन्निव । जाने त्वां प्रीतिसंयुक्तं तुष्येस्त्वं येनकेनचित् ॥ ३
सेनायास्तु तवैवास्याः कर्तुमिच्छामि भोजनम् । मम प्रीतिर्यथारूपा त्वमर्हो मनुजर्षभ ॥ ४
किमर्थं चापि निक्षिप्य दूरे बलमिहागतः । कस्मान्नेहोपयातोऽसि सबलः पुरुषर्षभ ॥ ५
भरतः प्रत्युवाचेदं प्राञ्जलिस्तं तपोधनम् । न सैन्येनोपयातोऽस्मि भगवन्भगवद्भयात् ॥ ६
राज्ञा हि भगवन्नित्यं राजपुत्रेण वा तथा । यत्नतः परिहर्तव्या विषयेषु तपस्विनः ॥ ७
वाजिमुख्या मनुष्याश्च मत्ताश्च वरवारणाः । प्रच्छाद्य भगवन्भूमिं महतीमनुयान्ति माम् ॥ ८
ते वृक्षानुदकं भूमिमाश्रमेषूटजांस्तथा । न हिंस्युरिति तेनाहमेक एवागतस्ततः ॥ ९
आनीयतामितः सेनेत्याज्ञप्तः परमर्षिणा । तथानुचक्रे भरतः सेनायाः समुपागमम् ॥ १०
अग्निशालां प्रविश्याथ पीत्वापः परिमृज्य च । आतिथ्यस्य क्रियाहेतोर्विश्वकर्माणमाह्वयत् ॥ ११
आह्वये विश्वकर्माणमहं त्वष्टारमेव च । आतिथ्यं कर्तुमिच्छामि तत्र मे संविधीयताम् ॥ १२
आह्वये लोकपालांस्त्रीन्देवाञ्शक्रपुरोगमान् । आतिथ्यं कर्तुमिच्छामि तत्र मे संविधीयताम् ॥ १३
प्राक्स्रोतसश्च या नद्यस्तिर्यक्स्रोतस एव च । पृथिव्यामन्तरिक्षे च समायान्त्वद्य सर्वशः ॥ १४
अन्याः स्रवन्तु मैरेयं सुरामन्याः सुनिष्ठिताम् । अपराश्चोदकं शीतमिक्षुकाण्डरसोपमम् ॥ १५
आह्वये देवगन्धर्वान्विश्वावसुहहाहुहून् । तथैवाप्सरसो देवगन्धर्वैश्चापि सर्वशः ॥ १६
घृताचीमथ विश्वाचीं मिश्रकेशीमलम्बुपाम् । नागदत्तां च हेमां च सोमामद्रिकृतस्थलीम् ॥ १७
शक्रं याश्चोपतिष्ठन्ति ब्रह्माणं याश्च भामिनीः । सर्वास्तुम्बुरुणा सार्धमाह्वये सपरिच्छदाः ॥ १८
वनं कुरुषु यद्दिव्यं वासोभूषणपत्रवत् । दिव्यनारीफलं शश्वत्तत्कौबेरमिहैव तु ॥ १९

तार्थप्रदानसमर्थ ॥ २३ ॥ प्रतीतरूपः प्रसिद्धयशाः । 'रूपं यशस्याभिरूप्ये वर्णे चैव निरूपणे' इति कोशात् । तदाश्रमे भरद्वाजाश्रमे ॥ २४ ॥ **इति श्रीरामाभिरामे श्रीरामीये रामायणतिलके वाल्मीकीय आदिकाव्येऽयोध्याकाण्डे नवतितमः सर्गः ॥ ९० ॥**

कृतबुद्धिं कृतनिश्चयम् । आतिथ्येन विशिष्टभोजनोपेतातिथिसत्काररूपहेतुना । फलमपि हेतुः ॥ १ ॥ वने यदुपपद्यते तेनातिथ्यं कृतं नन्वित्यब्रवीदित्यन्वयः ॥ २ ॥ वनवासित्वेन दरिद्रत्वादेतदधिकातिथ्यकरणेऽसामर्थ्यं मन्यत इत्याशयेन प्रहसन्निवेति । येनकेनचिदपि तुष्येस्तुष्टो भवेरिति मन्ये । वन्येनाप्यातिथ्येन प्रीतियुक्त इति जाने ॥ ३ ॥ अथापि । सेनाया इत्यादि । मम प्रीतिर्यथारूपा ममेच्छा यादृशी तथारूपां तां त्वमर्होऽसि । अङ्गीकर्तुमिति शेषः ॥ ४ ॥ बलं दूरे निक्षिप्यैकाकी किमर्थमागतः । अयमेवार्थो व्यतिरेकमुखेन दर्श्यते—कस्मादिति ॥ ५ ॥ अत्रोत्तरमाह—भरत इति । भगवद्भयाद्भगवदाश्रमपीडाप्रसङ्गभयादित्यर्थः ॥ ६ ॥ विषयेषु देशेषु परिहर्तव्यास्तदाश्रमवर्तिवृक्षोदकादिबाधाप्रसङ्गनिमित्तमनुपरोध्याः ॥ ७ ॥ तदेवाह—वाजीत्यादि ॥ ८ ॥ ९ ॥ परमर्षिणा श्रुतभरतवचसा । समुपागमं समीपानयनम् ॥ १० ॥ पीत्वापः परिमृज्येति । हृदयंगमाभिर्द्विरोष्ठौ परिमृज्येत्सकृदाचम्येत्युक्तरीत्याचम्य । आतिथ्यक्रियाहेतोरातिथ्यसंपादननिमित्तम् । विश्वकर्मा सृष्टिकर्तृविशेषः ॥ ११ ॥ आह्वानप्रकारमाह—आह्वये इति । त्वष्टारं तक्षणादिव्यापारोपेतं विश्वकर्माणम् । संविधीयतां विश्वकर्मसाध्यगृहादिसर्वं सिद्धं क्रियताम् ॥ १२ ॥ त्रीन्यमवरुणकुबेरानिति तीर्थः । कार्यविशेषेष्वेषामपि नियोगो बोध्यः ॥ १३ ॥ अन्तरिक्षे नदी आकाशगङ्गा ॥ १४ ॥ तासां कृत्यमाह—अन्या इति । मैरेयं मद्यभेदो धात्रीधातकीप्रभृतिनिर्मितः । सुरा गौडी माध्वी पैष्टी चेति त्रिविधा । सुनिष्ठितां सुनिष्पादिताम् । इक्षुकाण्डरसोपमं तद्वन्मधुरम् ॥ १५ ॥ हहा हाहाः । छन्दोवशाद्ध्रस्वपाठः ॥ १६ ॥ १७ ॥ सपरिच्छदाः सालंकाराः । नृत्यगीताद्यपेक्षितपरिकरोपेताश्च । 'ब्राह्मणम्' इति पाठे बृहस्पतिं या उपतिष्ठन्तीत्यनुकर्ष इति कतकः । ताः सर्वा भामिनीराह्वये इति संबन्धः ॥ १८ ॥ कुरुषूत्तरकुरुषु यद्दिव्यं वनं चैत्ररथाख्यम् । दिव्यत्वोपपादकं वासोभूषणा-

इह मे भगवान्सोमो विधत्तामन्नमुत्तमम् । भक्ष्यं भोज्यं च चोष्यं च लेह्यं च विविधं बहु ॥ २०
विचित्राणि च माल्यानि पादपप्रच्युतानि च । सुरादीनि च पेयानि मांसानि विविधानि च ॥ २१
एवं समाधिना युक्तस्तेजसाप्रतिमेन च । शिक्षास्वरसमायुक्तं सुव्रतश्चाब्रवीन्मुनिः ॥ २२
मनसा ध्यायतस्तस्य प्राङ्मुखस्य कृताञ्जलेः । आजग्मुस्तानि सर्वाणि दैवतानि पृथक्पृथक् ॥ २३
मलयं दर्दुरं चैव ततः स्वेदनुदोऽनिलः । उपस्पृश्य ववौ युक्त्या सुप्रियात्मा सुखं शिवः ॥ २४
ततोऽभ्यवर्षन्त घना दिव्याः कुसुमवृष्टयः । देवदुन्दुभिघोषश्च दिक्षु सर्वासु शुश्रुवे ॥ २५
प्रववुश्चोत्तमा वाता ननृतुश्चाप्सरोगणाः । प्रजगुर्देवगन्धर्वा वीणाः प्रमुमुचुः स्वरान् ॥ २६
स शब्दो द्यां च भूमिं च प्राणिनां श्रवणानि च । विवेशोच्चावचः श्लक्ष्णः समो लयगुणान्वितः ॥ २७
तस्मिन्नेवंगते शब्दे दिव्ये श्रोत्रसुखे नृणाम् । ददर्श भारतं सैन्यं विधानं विश्वकर्मणः ॥ २८
बभूव हि समा भूमिः समन्तात्पञ्चयोजनम् । शाद्वलैर्बहुभिश्छन्ना नीलवैदूर्यसंनिभैः ॥ २९
तस्मिन्बिल्वाः कपित्थाश्च पनसा बीजपूरकाः । आमलक्यो बभूवुश्च चूताश्च फलभूषिताः ॥ ३०
उत्तरेभ्यः कुरुभ्यश्च वनं दिव्योपभोगवत् । आजगाम नदी सौम्या तीरजैर्बहुभिर्वृता ॥ ३१
चतुःशालानि शुभ्राणि शालाश्च गजवाजिनाम् । हर्म्यप्रासादसंयुक्ततोरणानि शुभानि च ॥ ३२
सितमेघनिभं चापि राजवेश्म सुतोरणम् । शुक्लमाल्यकृताकारं दिव्यगन्धसमुक्षितम् ॥ ३३
चतुरस्रमसंबाधं शयनासनयानवत् । दिव्यैः सर्वरसैर्युक्तं दिव्यभोजनवस्त्रवत् ॥ ३४
उपकल्पितसर्वान्नं धौतनिर्मलभाजनम् । क्लृप्तसर्वासनं श्रीमत्स्वास्तीर्णशयनोत्तमम् ॥ ३५
प्रविवेश महाबाहुरनुज्ञातो महर्षिणा । वेश्म तद्रत्नसंपूर्णं भरतः कैकयीसुतः ॥ ३६
अनुजग्मुश्च ते सर्वे मन्त्रिणः सपुरोहिताः । बभूवुश्च मुदा युक्तास्तं दृष्ट्वा वेश्मसंविधिम् ॥ ३७
तत्र राजासनं दिव्यं व्यजनं छत्रमेव च । भरतो मन्त्रिभिः सार्धमभ्यवर्तत राजवत् ॥ ३८
आसनं पूजयामास रामायाभिप्रणम्य च । वालव्यजनमादाय न्यषीदत्सचिवासने ॥ ३९

न्येव पत्राणि यद्वार्तिवृक्षाणां तत् । दिव्यनार्य एव फलानि यत्र तत् । इहैव तु इह वने एव । आगच्छत्विति शेषः । 'इहेतु वै' इति पाठान्तरम् । तद्देवताधिष्ठानादिदमेव वनं तथा भवत्वित्यर्थः ॥ १९ ॥ २० ॥ पादपप्रच्युतानि वृक्षेभ्यः स्वयं पतितानि ॥ २१ ॥ शिक्षास्वरसमायुक्तं शिक्षाप्रतिपाद्यवर्णोच्चारणलक्षणोपेतम् । तथा व्याकरणोपदिश्यमानप्रकृतिप्रत्ययस्वरोपेतम् । स्वरेत्युपलक्षणम् । 'एकः शब्दः सम्यग्ज्ञातः सुप्रयुक्तः स्वर्गे लोके कामधुग्भवति' इत्युक्तेः । समाधितेजस्तपोभिर्युक्त एवंगुणोपेतमाह्वानवाक्यमब्रवीदित्यर्थः । महर्षेस्तपोबलात्स्वर्गे कामधुक्त्वेन प्रसिद्धादपि वचनादिहैव सर्वं सिद्धमिति भावः ॥ २२ ॥ मनसा ध्यायतो मनसा ध्यानपूर्वककृताह्वानस्य तान्याहूतानि ॥ २३ ॥ मलयदर्दुरौ चन्दनपर्वतौ । उपस्पृश्य स्पृष्ट्वा । युक्त्या यथोचितवृत्त्या शैत्यमान्द्यसौरभयोगेन सुप्रियात्मा सुप्रियस्वरूपः अतएव शिवः सुखद ईदृशोऽनिलः सुखं ववौ ॥ २४ ॥ घना मेघाः ॥ २५ ॥ वीणा । वाद्यमाना इति शेषः । स्वरान्षड्जादीन् ॥ २६ ॥ लयो वृत्तगीतानुगततालप्रमाणम् ॥ २७ ॥ भरतस्येदं भारतं सैन्यं विश्वकर्मणो विधानं ददर्श ॥ २८ ॥ तदेवं विधानं दर्शयति—बभूवेत्यादि । छन्ना बभूवेत्यनुकर्षः । शाद्वलं कोमलतृणमत्र ॥ २९ ॥ तस्मिन्पञ्चयोजनमिते देशे । फलभूषिताः कपित्थादयो बभूवुरित्यन्वयः ॥ ३० ॥ वनं चैत्ररथम् । नदी । जातावेकवचनम् । तीरजैर्वृक्षैः ॥ ३१ ॥ चतुःशालानि शुभ्राणि । गृहाणि जानातीति शेषः । तथा गजादीनां शालाश्च जाताः । तोरणानि पुरद्वाराणि ॥ ३२ ॥ सितमेघनिभं सुधालेपेन शुक्लमाल्यैः कृत आकारो यस्य । दिव्यैर्गन्धैर्गन्धवज्जलैरुक्षितं सिक्तम् ॥ ३३ ॥ यानं शिबिकादि ॥ ३४ ॥ धौतत्वेन प्रक्षालितत्वेन निर्मलानि भाजनानि यस्मिन् ॥ ३५ ॥ ३६ ॥ वेश्मसंविधिं वेश्मसंविधानम् ॥ ३७ ॥ राजानं सिंहासनम् । राजवद्राजयोग्यम् । तदभ्यवर्तत प्रदक्षिणीकृतवान् ॥ ३८ ॥ न तु तत्रोपविष्ट इत्याह—आसनं पूजयामासेति । रामचन्द्रीयमेतदिति बुद्ध्या रामाय प्रणम्यासनोपरि प्रतिष्ठितं रामं ध्यात्वेति शेषः । वालव्यजनमादाय । रामसेवाशेषतयेति शेषः । सचिवासने सचिवार्थक्लृप्तासने सिंहासनाधस्तले । अत्रेदं बोध्यम्—भरतेन वाचोक्तमपि राज्यानभिलाषं लोका न श्रद्दध्युः, अतः क्रिययापि सर्वलोकप्रत्यायनाय महर्षिणा तपोव्ययेनापीदृशमातिथ्यकरणम् । किं च पुष्पादिभिः पूजेवेयमपि क्रिया विष्णोरंशभूतभरततुष्ट्ये इति तत्करणम् । किं च भरतं प्रति त्वं दुष्टबुद्ध्यागतोऽसि किम्, इति प्रश्ने तस्य ऋषेरसर्वज्ञत्वासामर्थ्यादिशङ्कावारणाय स्वसामर्थ्यदर्शनम् । अपि च भगवदेकचित्तानां स्वर्गसुखमिहापि भवतीति भगवद्रामप्रीतिमाहात्म्यं प्रदर्शयितुं तद्दर्शनेन च तेषां तत्राधिकां प्रीतिमुत्पादयितुं तथाकरणं मुनेरिति दिक् ॥ ३९ ॥

आनुपूर्व्यान्निषेदुश्च सर्वे मन्त्रिपुरोहिताः । ततः सेनापतिः पश्चात्प्रशास्ता च न्यषीदत ॥ ४०
ततस्तत्र मुहूर्तेन नद्यः पायसकर्दमाः । उपातिष्ठन्त भरतं भरद्वाजस्य शासनात् ॥ ४१
आसामुभयतःकूलं पाण्डुमृत्तिकलेपनाः । रम्याश्चावसथा दिव्या ब्राह्मणस्य प्रसादजाः ॥ ४२
तेनैव च मुहूर्तेन दिव्याभरणभूषिताः । आगुर्विंशतिसाहस्रा ब्रह्मणा प्रहिताः स्त्रियः ॥ ४३
सुवर्णमणिमुक्तेन प्रवालेन च शोभिताः । आगुर्विंशतिसाहस्राः कुबेरप्रहिताः स्त्रियः ॥ ४४
याभिर्गृहीतः पुरुषः सोन्माद इव लक्ष्यते । आगुर्विंशतिसाहस्रा नन्दनादप्सरोगणाः ॥ ४५
नारदस्तुम्बुरुर्गोपः प्रभया सूर्यवर्चसः । एते गन्धर्वराजानो भरतस्याग्रतो जगुः ॥ ४६
अलम्बुषा मिश्रकेशी पुण्डरीकाथ वामना । उपानृत्यन्त भरतं भरद्वाजस्य शासनात् ॥ ४७
यानि माल्यानि देवेषु यानि चैत्ररथे वने । प्रयागे तान्यदृश्यन्त भरद्वाजस्य तेजसा ॥ ४८
बिल्वा मार्दङ्गिका आसञ्शम्याग्राहा बिभीतकाः । अश्वत्था नर्तकाश्चासन्भरद्वाजस्य तेजसा ॥ ४९
ततः सरलतालाश्च तिलकाः समतालकाः । प्रहृष्टास्तत्र संपेतुः कुब्जा भूत्वाथ वामनाः ॥ ५०
शिंशपामलकी जम्बूर्याश्चान्याः कानने लताः । प्रमदाविग्रहं कृत्वा भरद्वाजाश्रमेऽवसन् ॥ ५१
सुरां सुरापाः पिबत पायसं च बुभुक्षिताः । मांसानि च सुमेध्यानि भक्ष्यन्तां यो यदिच्छति ॥ ५२
उच्छोद्य स्नापयन्ति स्म नदीतीरेषु वल्गुषु । अप्येकमेकं पुरुषं प्रमदाः सप्त चाष्ट च ॥ ५३
संवाहन्त्यः समापेतुर्नार्यो विपुललोचनाः । परिमृज्य तदान्योन्यं पाययन्ति वराङ्गनाः ॥ ५४
हयान्गजान्खरानुष्ट्रांस्तथैव सुरभेः सुतान् । अभोजयन्वाहनपास्तेषां भोज्यं यथाविधि ॥ ५५
इक्षूंश्च मधुलाजांश्च भोजयन्ति स्म वाहनान् । इक्ष्वाकुवरयोधानां चोदयन्तो महाबलाः ॥ ५६
नाश्वबन्धोऽश्वमाजानन्न गजं कुञ्जरग्रहः । मत्तप्रमत्तमुदिता सा चमूस्तत्र संबभौ ॥ ५७
तर्पिताः सर्वकामैश्च रक्तचन्दनरूषिताः । अप्सरोगणसंयुक्ताः सैन्या वाचमुदीरयन् ॥ ५८
नैवायोध्यां गमिष्यामो न गमिष्याम दण्डकान् । कुशलं भरतस्यास्तु रामस्यास्तु तथा सुखम् ॥ ५९
इति पादातयोधाश्च हस्त्यश्वारोहबन्धकाः । अनाथास्तं विधिं लब्ध्वा वाचमेतामुदीरयन् ॥ ६०
संप्रहृष्टा विनेदुस्ते नरास्तत्र सहस्रशः । भरतस्यानुयातारः स्वर्गोऽयमिति चाब्रुवन् ॥ ६१
नृत्यन्तश्च हसन्तश्च गायन्तश्चैव सैनिकाः । समन्तात्परिधावन्तो माल्योपेताः सहस्रशः ॥ ६२
ततो भुक्तवतां तेषां तदन्नममृतोपमम् । दिव्यानुद्वीक्ष्य भक्ष्यांस्तानभवद्भक्षणे मतिः ॥ ६३

आनुपूर्व्याद्यथोचितोपवेशनप्रकारेण । प्रशास्ता शिबिररक्षकः ॥ ४० ॥ ४१ ॥ उभयतःकूलमुभयोः कूलयोः । पाण्डुमृत्तिकालेपनाः सुधालिप्ताः । ब्राह्मणस्य भरद्वाजस्य ॥ ४२ ॥ आगुरागतवत्यः ॥ ४३ ॥ सुवर्णमणिमुक्तेनेति समाहारद्वन्द्वः ॥ ४४ ॥ गृहीतो दर्शनादिनात्मवशीकृतः । सोन्मादः । उद्भूतसंतोषसहित इत्यर्थः । नन्दनमिन्द्रवनम् ॥ ४५ ॥ नारदादयो गन्धर्वराजाः कान्त्या सूर्यसमा ययुः ॥ ४६ ॥ ४७ ॥ प्रयागे प्रयागक्षेत्रे ॥४८॥ बिल्वा बिल्ववृक्षाः । मार्दङ्गिका मृदङ्गवादकरूपधराः । एवं बिभीनकाः शम्याख्यतालग्राहकाः । 'वह्नौ तालविशेषे च शमे तालक्रियान्तरे । शम्या यज्ञायुधे' इति ॥ ४९ ॥ सरलो देवदारुविशेषः ॥ ५० ॥ शिंशपादयो ये स्त्रीलिङ्गशब्दवाच्या वृक्षाः । लता मल्लिकामालत्यादयः । मुनेस्तपोमाहात्म्यादेव वृक्षादीनां तत्तद्रूपतापत्तिः पुनर्लतादिरूपप्रत्यापत्तिश्चेति मन्तव्यम् ॥ ५१ ॥ तत्र प्रमदारूपं धृत्वा किं कुर्युस्तदाह—सुरामिति । एवमूचुरिति शेषः ॥ ५२ ॥ उच्छोद्योद्वर्तनं कृत्वा । एकमेकं पुरुषम् । अत्रैकं बहुव्रीहिवदिति बहुव्रीहिवद्भावाभाव आर्षः ॥ ५३ ॥ संवाहन्त्यः पादसंवाहनादि कुर्वत्यः । परिमृज्य जलार्द्रमङ्गं वस्त्रादिना परिमृज्यालंकृत्य च पाययन्ति । मध्वादिकमिति शेषः ॥ ५४ ॥ सुरभेः सुता वृषभाः । तेषां हयादीनां भोज्यम् । तांस्तत्तत्पालका अभोजयन्नित्यर्थः ॥ ५५ ॥ इक्ष्वाकुवरयोधानां वाहनानि चोदयन्तो भक्षणाय प्रेरयन्तः । तानिक्ष्वादीन्भोजयन्ति स्म ॥ ५६ ॥ मत्ता मदकरद्रव्यसेवया । प्रमत्ता मधुपानेन कार्याकार्यविवेकशून्या । मुदिता स्रक्चन्दनस्त्र्यादिभोगेन ॥ ५७ ॥ सैन्याः सेनासमवेताः । उदीरयन्नुदैरयन् ॥ ५८ ॥ तां वाचमाह—नैवेति । न गमिष्यामेत्यार्षः सलोपः । भरतस्य कुशलमस्तु । यत्संगत्या भूमौ स्वर्गसुखलाभः ॥ ५९ ॥ हस्त्यश्वारोहास्तद्बन्धकाश्च । पादातरूपयोधाः । चेन रथिकसंग्रहः । तं विधिं तादृशसत्कारम् । अनाथा अपरतन्त्रा इवेत्यर्थ इति कतकः । अयाचका इत्यर्थ इत्यन्ये । वक्तृणामतिहर्षयुक्तया कवेरपि वर्णनीयमयीभावात्पुनरुक्तिर्न दोषाय ॥ ६० ॥ विनादः प्रहृष्टानां शब्दविशेषः ॥ ६१ ॥ ६२ ॥ अभवद्भक्षणे मतिः । तृप्तानामपि भक्ष्यसौष्ठवात्पुनराकाङ्क्षाभूदित्यर्थः ॥ ६३ ॥

प्रेष्याश्चेट्यश्च वध्वश्च बलस्थाश्चापि सर्वशः । बभूवुस्ते भृशं प्रीताः सर्वे चाहतवाससः ॥ ६४
कुञ्जराश्च खरोष्ट्राश्च गोश्वाश्च मृगपक्षिणः । बभूवुः सुभृतास्तत्र नातो ह्यन्यमकल्पयन् ॥ ६५
नाशुक्लवासास्तत्रासीत्क्षुधितो मलिनोऽपि वा । रजसा ध्वस्तकेशो वा नरः कश्चिददृश्यत ॥ ६६
आजैश्चापि च वाराहैर्निष्ठानवरसंचयैः । फलनिर्यूहसंसिद्धैः सूपैर्गन्धरसान्वितैः ॥ ६७
पुष्पध्वजवतीः पूर्णाः शुक्लस्यान्नस्य चाभितः । ददृशुर्विस्मितास्तत्र नरा लौहीः सहस्रशः ॥ ६८
बभूवुर्वनपार्श्वेषु कूपाः पायसकर्दमाः । ताश्च कामदुघा गावो द्रुमाश्चासन्मधुश्च्युतः ॥ ६९
वाप्यो मैरेयपूर्णाश्च मृष्टमांसचयैर्वृताः । प्रतप्तपैठरैश्चापि मार्गमायूरकौक्कुटैः ॥ ७०
पात्रीणां च सहस्राणि स्थालीनां नियुतानि च । न्यर्बुदानि च पात्राणि शातकुम्भमयानि च ॥ ७१
स्थाल्यः कुम्भ्यः करम्भ्यश्च दधिपूर्णाः सुसंस्कृताः । यौवनस्थस्य गौरस्य कपित्थस्य सुगन्धिनः ॥ ७२
ह्रदाः पूर्णा रसालस्य दध्नः श्वेतस्य चापरे । बभूवुः पयसश्चान्ये शर्कराणां च संचयाः ॥ ७३
कल्कांश्चूर्णकषायांश्च स्नानानि विविधानि च । ददृशुर्भाजनस्थानि तीर्थेषु सरितां नराः ॥ ७४
शुक्लानंशुमतश्चापि दन्तधावनसंचयान् । शुक्लांश्चन्दनकल्कांश्च समुद्गेष्ववतिष्ठतः ॥ ७५
दर्पणान्परिमृष्टांश्च वाससां चापि संचयान् । पादुकोपानहं चैव युग्मान्यत्र सहस्रशः ॥ ७६
आञ्जनीः कङ्कतान्कूर्चांश्छत्राणि च धनूंषि च । मर्मत्राणानि चित्राणि शयनान्यासनानि च ॥ ७७
प्रतिपानह्रदान्पूर्णान्खरोष्ट्रगजवाजिनाम् । अवगाह्य सुतीर्थांश्च ह्रदान्सोत्पलपुष्करान् ।
आकाशवर्णप्रतिमान्स्वच्छतोयान्सुखाप्लवान् ॥ ७८
नीलवैदूर्यवर्णांश्च मृदून्यवससंचयान् । निर्वापार्थं पशूनां ते ददृशुस्तत्र सर्वशः ॥ ७९
व्यस्मयन्त मनुष्यास्ते स्वप्नकल्पं तदद्भुतम् । दृष्ट्वातिथ्यं कृतं तावद्भरद्वाजमहर्षिणा ॥ ८०

प्रेष्याः सेवकाः । चेट्यो दास्यः । बलस्थाः सेनास्थाः । अहतवाससो नूत्नवस्त्रपरिधानाः ॥ ६४ ॥ अतो मुनिदत्तादन्यपदार्थं नाकल्पयन् । नाभुञ्जन्नित्यर्थः । 'नान्यो ह्यन्यमकल्पयत्' इति पाठे हिरप्यर्थे । अन्योऽपि सेनामन्तर्गतोऽपि । मार्गस्थः प्रसङ्गात्तद्देशमागतः । अन्यमृषिकल्पितादन्यं पदार्थं नाकल्पयन्न भुक्तवानित्यर्थः । अनेनात्याधिक्यं सामग्र्याः सूचितम् ॥ ६५ ॥ ६६ ॥ 'निष्ठानं व्यञ्जनं ज्ञेयम्' इति हलायुधः । आम्रादिफलसंबन्धिक्वथितरससिद्धैरित्याजादिविशेषणं गन्धरसान्वितैरिति च । 'वार्योपीडे क्वाथरसे निर्यूहो नागदन्तके' इति वैजयन्ती । एतैराजादिभिः पूर्णा लौहीः स्वर्णरजतादिपात्रीर्ददृशुरित्यन्वयः । लोहशब्दः पञ्चलोहसाधारणः । पात्रीणां विशेषणं शोभार्थम् । कल्पितपुष्पध्वजयुक्ता अभितः शुक्लस्यान्नस्यौदनस्य च पूर्णाः पात्रीर्ददृशुः ॥ ६७ ॥ ६८ ॥ वनपार्श्वेषु चैत्ररथवनवत्प्रतिभासमानवनप्रदेशेषु पञ्चयोजनमितेषु तत्रत्याः कूपाः पायसकर्दमा बभूवुः । तत्रत्या गावश्च कामदुघा बभूवुः ॥ ६९ ॥ निषादादिबलतृप्त्यर्थं प्रतापमात्रेण संस्कार्याः प्रतप्तास्तथा पिठरः कपालं तेषु संस्कृताः पक्वाः पैठरास्तैर्मृगादिसंबन्धिमांसचयैर्वृताः ॥७०॥ पात्रीणामन्नाधाराणाम् । स्थालीनां व्यञ्जनस्थालीनाम् । पात्राणि भोजनपात्राणीति कतकः । पात्राणां हस्तप्रक्षालनाद्युपयुक्तानाम् । स्थालीनां क्षुद्रजनपानपात्राणामिति तीर्थः ॥ ७१ ॥ कुम्भ्यः स्थाल्यो जलपानपात्रविशेषाः । करम्भ्यो दधिमन्थनपात्राणि । यौवनस्थस्य मथनोत्तरं यामान्तरितस्य सुपक्वस्य च केशरादिसंबन्धाद्गौरस्य पीतवर्णस्य । 'पीतो गौरो हरिद्राभः' । कपित्थस्य तक्रस्य । सुगन्धिनस्तादृशद्रव्यसंयुक्तस्य ॥ ७२ ॥ ह्रदाः पूर्णा इति पूर्वान्वयि । तथा रसालस्य तक्रविशेषस्य । 'अपक्वतक्रं सव्योषं चतुर्जातं गुडार्द्रकम् । सजीरकं रसालं स्यान्मज्जिका शिखरिण्यपि ॥' इति वैजयन्ती । तक्रमत्र निर्जलम् । व्योषं शुण्ठीमरीचपिप्पल्यः । चतुर्जातम् 'त्रिगन्धमेलात्वक्पत्रैश्चतुर्जातं सकेसरैः' इति शार्ङ्गधरे । पत्रं तजपत्रम् । गुडः खण्डशर्करा । आर्द्रकं प्रसिद्धम् । तस्य च पूर्णा ह्रदाः । श्वेतस्य दध्नश्चापरे पयसोऽन्ये पूर्णा ह्रदा इत्यनुषङ्गः । शर्कराणां च संचया राशयः ॥ ७३ ॥ कल्कानामलकादीनाम् । चूर्णकषायान्सुरभिचूर्णानि । 'कषायोऽथ सुरभौ लोहितेऽपि च' । चूर्णकषाया नलदादिचूर्णक्वथितकषाया इति कतकः । स्नानानि स्नानार्थान्युष्णोदकानि तदर्थान्यन्यद्रव्याणि च । सरितां तीर्थेषु स्नानघटेषु ॥ ७४ ॥ शुक्लान्निर्मलानंशुमतोऽग्रेकूर्चवतो दन्तधावनानामपामार्गादिकाष्ठानां संचयान् । चन्दनकल्कान्घृष्टचन्दनान् । समुद्गेषु संपुटेषु । ददृशुरिति संबन्धः ॥ ७५ ॥ पादुकोपानहम् । पादुका दार्वादिनिर्मिताः, उपानहश्चर्मादिकृताः । समाहारे टच्समासान्तः ॥ ७६ ॥ आञ्जनीरञ्जनयुक्तकरण्डिकाः । कङ्कतान्केशमार्जनानि । कूर्चाञ्श्मश्रुप्रसाधकान् । मर्मत्राणानि कवचानि ॥ ७७ ॥ भुक्तजरणार्थं यत्पीयते तत्प्रतिपानम् । खरादीनामवगाहनयोग्यसुखावतारान्पद्मोत्पलसहितान्ह्रदान्ददृशुरिति संबन्धः । आकाशेत्याद्यर्धं पूर्वान्वयि । उपाधिशेषान्नीलवर्णानित्यर्थः । सुखेनाप्लवः स्नानं येषु तान् ॥ ७८ ॥ यवसं तृणम् । निर्वापार्थं भक्षणार्थम् ॥ ७९ ॥ स्वप्नकल्पं मर्त्यदुर्लभम् । द्रागुत्पन्नविचित्रपदा-

इत्येवं रममाणानां देवानामिव नन्दने । भरद्वाजाश्रमे रम्ये सा रात्रिर्व्यत्यवर्तत ॥ ८१
प्रतिजग्मुश्च ताः सर्वा गन्धर्वाश्च यथागतम् । भरद्वाजमनुज्ञाप्य ताश्च सर्वा वराङ्गनाः ॥ ८२
तथैव मत्ता मदिरोत्कटा नरास्तथैव दिव्यागुरुचन्दनोक्षिताः ।
तथैव दिव्या विविधाः स्रगुत्तमाः पृथग्विकीर्णा मनुजैः प्रमर्दिताः ॥ ८३

इत्यार्षे श्रीमद्रामायणे वाल्मीकीय आदिकाव्येऽयोध्याकाण्ड एकनवतितमः सर्गः ॥ ९१ ॥

द्विनवतितमः सर्गः ।

ततस्तां रजनीं व्युष्य भरतः सपरिच्छदः । कृतातिथ्यो भरद्वाजं कामादभिजगाम ह ॥ १
तमृषिः पुरुषव्याघ्रं प्रेक्ष्य प्राञ्जलिमागतम् । हुताग्निहोत्रो भरतं भरद्वाजोऽभ्यभाषत ॥ २
कच्चिदत्र सुखा रात्रिस्तवास्मद्विषये गता । समग्रस्ते जनः कच्चिदातिथ्ये शंस मेऽनघ ॥ ३
तमुवाचाञ्जलिं कृत्वा भरतोऽभिप्रणम्य च । आश्रमादुपनिष्क्रान्तमृषिमुत्तमतेजसम् ॥ ४
सुखोषितोऽस्मि भगवन्समग्रबलवाहनः । बलवत्तर्पितश्चाहं बलवान्भगवंस्त्वया ॥ ५
अपेतक्लमसंतापाः सुभिक्षाः सुप्रतिश्रयाः । अपि प्रेष्यानुपादाय सर्वे स्म सुसुखोषिताः ॥ ६
आमन्त्रयेऽहं भगवन्कामं त्वामृषिसत्तम । समीपं प्रस्थितं भ्रातुर्मैत्रेणेक्षस्व चक्षुषा ॥ ७
आश्रमं तस्य धर्मज्ञ धार्मिकस्य महात्मनः । आचक्ष्व कतमो मार्गः कियानिति च शंस मे ॥ ८
इति पृष्टस्तु भरतं भ्रातुर्दर्शनलालसम् । प्रत्युवाच महातेजा भरद्वाजो महातपाः ॥ ९
भरतार्धतृतीयेषु योजनेष्वजने वने । चित्रकूटगिरिस्तत्र रम्यनिर्दरकाननः ॥ १०
उत्तरं पार्श्वमासाद्य तस्य मन्दाकिनी नदी । पुष्पितद्रुमसंछन्ना रम्यपुष्पितकानना ॥ ११
अनन्तरं तत्सरितश्चित्रकूटं च पर्वतम् । तयोः पर्णकुटीं तात तत्र तौ वसतो ध्रुवम् ॥ १२
दक्षिणेन च मार्गेण सव्यदक्षिणमेव च । गजवाजिसमाकीर्णां वाहिनीं वाहिनीपते ॥ १३
वाहयस्व महाभाग ततो द्रक्ष्यसि राघवम् । प्रयाणमिति च श्रुत्वा राजराजस्य योषितः ॥ १४
हित्वा यानानि यानार्हा ब्राह्मणं पर्यवारयन् । वेपमाना कृशा दीना सह देव्या सुमित्रया ॥ १५
कौसल्या तत्र जग्राह कराभ्यां चरणौ मुनेः । असमृद्धेन कामेन सर्वलोकस्य गर्हिता ॥ १६
कैकेयी तत्र जग्राह चरणौ सव्यपत्रपा । तं प्रदक्षिणमागम्य भगवन्तं महामुनिम् ॥ १७

र्थत्वात् ॥ ८० ॥ ८१ ॥ ताः सर्वा अप्सरसः । अनुज्ञाप्य दत्तानुमतिकं कृत्वा ॥ ८२ ॥ स्वप्नादिवदेतदृषिकृतमातिथ्यं मिथ्या नेति दर्शयति—तथैवेति । मत्ता दृप्ताः । मदिरया उत्कटाः प्रमत्ताः । 'मत्ते शौण्डोत्कटक्षीबाः' । तथैव अनुभवकाल इव वर्तन्त इति शेषः । स्रक्षूत्तमाः स्रगुत्तमा उपभोगवशात्प्रकीर्णाः प्रमर्दिताश्च ॥ ८३ ॥ इति श्रीरामाभिरामे श्रीरामीये रामायणतिलके वाल्मीकीय आदिकाव्येऽयोध्याकाण्ड एकनवतितमः सर्गः ॥ ९१ ॥

व्युष्योषित्वा । सपरिच्छदः सपरिवारः । कामाद्रामप्राप्तिकामात् ॥ १ ॥ २ ॥ अस्मद्विषयेऽस्मदाश्रमे । सुखा सुखरूपा । आतिथ्ये ते जनः समग्रः सम्यक्तृप्तिकः । अभूदिति शेषः । अनेन हि तप एव महत्सर्वेष्टसाधनं न तु राज्यादीति ऋषिणा बोधितो भरतः ॥ ३ ॥ जनसमूहस्य बहुत्वात्सर्वेषां स्वदर्शनेन कृतकृत्यत्वायाश्रमान्निष्क्रान्तमृषिमुवाच ॥ ४ ॥ बलवदत्यन्तम् । बलवान्सेनासहितः ॥ ५ ॥ क्लमो ग्लानिः । संतापो देहौष्ण्यम् । अपि प्रेष्यानुपादाय प्रेष्यानप्यादाय । तैरपि सहेत्यर्थः । सुभिक्षाः सुसमृद्धान्नपानाः । सुप्रतिश्रयाः शोभनावासाः ॥ ६ ॥ आमन्त्रये पृच्छामि । काममधिकम् । मैत्रेण स्निग्धेन ॥ ७ ॥ तस्य रामस्य कियान्कियद्दूरदेशे कतमस्तस्य मार्ग इति शंस ॥ ८ ॥ ९ ॥ अर्धतृतीययोजनेषु । सार्धयोजनद्वयेऽतीते इत्यर्थः । निर्दरा विदीर्णाः पाषाणाः । वर्तन्त इति शेषः ॥ १० ॥ मन्दाकिनी तदाख्या काचिन्नदी । चित्रकूटोत्तरपार्श्वं प्राप्य तिष्ठतीति शेषः ॥ ११ ॥ तस्या अनन्तरं तत्परपार्श्वे चित्रकूटं पर्वतम्, तयो रामलक्ष्मणयोः पर्णकुटीं च द्रक्ष्यसि । तत्र पर्वते वसतः । ध्रुवं निश्चयेन ॥ १२ ॥ दक्षिणेनैव मार्गेण यमुनाया दक्षिणतीरमार्गेणैव गत्वा किंचिद्दूरं ततः पश्चात्सव्यदक्षिणं तस्य मार्गस्य शाखामार्गयोः सव्यभागवर्ती यो दक्षिणदिग्गामी मार्गोऽस्ति तं मार्गं वाहिनीं वाहयस्व, न त्वन्यं शाखामार्गम् । तस्याल्पत्वाद्वनमार्गत्वाच्च ॥ १३ ॥ राजराजस्य दशरथस्य ॥ १४ ॥ ब्राह्मणं भरद्वाजं पर्यवारयन् । नमस्कारार्थं स्त्रिय इति शेषः । वेपमानत्वादिगुणविशिष्टा कौसल्या ॥ १५ ॥ असमृद्धेन फलसमृद्धिरहितेन कामेन मनोरथेनोपलक्षिता इत्यादि कैकेयीविशेषणम् ॥ १६ ॥ सव्य-

अदूराद्भरतस्यैव तस्थौ दीनमनास्तदा । तत्र पप्रच्छ भरतं भरद्वाजो महामुनिः ॥ १८
विशेषं ज्ञातुमिच्छामि मातॄणां तव राघव । एवमुक्तस्तु भरतो भरद्वाजेन धार्मिकः ॥ १९
उवाच प्राञ्जलिर्भूत्वा वाक्यं वचनकोविदः । यामिमां भगवन्दीनां शोकानशनकर्शिताम् ॥ २०
पितुर्हि महिषीं देवीं देवतामिव पश्यसि । एषा तं पुरुषव्याघ्रं सिंहविक्रान्तगामिनम् ॥ २१
कौसल्या सुषुवे रामं धातारमदितिर्यथा । अस्या वामभुजं श्लिष्टा या सा तिष्ठति दुर्मनाः ॥ २२
इयं सुमित्रा दुःखार्ता देवी राज्ञश्च मध्यमा । कर्णिकारस्य शाखेव शीर्णपुष्पा वनान्तरे ॥ २३
एतस्यास्तौ सुतौ देव्याः कुमारौ देववर्णिनौ । उभौ लक्ष्मणशत्रुघ्नौ वीरौ सत्यपराक्रमौ ॥ २४
यस्याः कृते नरव्याघ्रौ जीवनाशमितो गतौ । राजा पुत्रविहीनश्च स्वर्गं दशरथो गतः ॥ २५
क्रोधनामकृतप्रज्ञां दृप्तां सुभगमानिनीम् । ऐश्वर्यकामां कैकेयीमनार्यामार्यरूपिणीम् ॥ २६
ममैतां मातरं विद्धि नृशंसां पापनिश्चयाम् । यतोमूलं हि पश्यामि व्यसनं महदात्मनः ॥ २७
इत्युक्त्वा नरशार्दूलो बाष्पगद्गदया गिरा । विनिःश्वस्य स ताम्राक्षः क्रुद्धो नाग इव श्वसन् ॥ २८
भरद्वाजो महर्षिस्तं ब्रुवन्तं भरतं तदा । प्रत्युवाच महाबुद्धिरिदं वचनमर्थवित् ॥ २९
न दोषेणावगन्तव्या कैकेयी भरत त्वया । रामप्रव्राजनं ह्येतत्सुखोदर्कं भविष्यति ॥ ३०
देवानां दानवानां च ऋषीणां भावितात्मनाम् । हितमेव भविष्यद्धि रामप्रव्राजनादिह ॥ ३१
अभिवाद्य तु संसिद्धः कृत्वा चैनं प्रदक्षिणम् । आमन्त्र्य भरतः सैन्यं युज्यतामिति चाब्रवीत् ॥ ३२
ततो वाजिरथान्युक्त्वा दिव्यान्हेमविभूषितान् । अध्यारोहत्प्रयाणार्थं बहून्बहुविधो जनः ॥ ३३
गजकन्या गजाश्चैव हेमकक्ष्याः पताकिनः । जीमूता इव घर्मान्ते सघोषाः संप्रतस्थिरे ॥ ३४
विविधान्यपि यानानि महान्ति च लघूनि च । प्रययुः सुमहार्हाणि पादैरपि पदातयः ॥ ३५
अथ यानप्रवेकैस्तु कौसल्याप्रमुखाः स्त्रियः । रामदर्शनकाङ्क्षिण्यः प्रययुर्मुदितास्तदा ॥ ३६
चन्द्रार्कतरुणाभासां नियुक्तां शिबिकां शुभाम् । आस्थाय प्रययौ श्रीमान्भरतः सपरिच्छदः ॥ ३७
सा प्रयाता महासेना गजवाजिसमाकुला । दक्षिणां दिशमावृत्य महामेघ इवोत्थितः ॥ ३८
वनानि च व्यतिक्रम्य जुष्टानि मृगपक्षिभिः । गङ्गायाः परवेलायां गिरिष्वथ नदीष्वपि ॥ ३९
सा संप्रहृष्टद्विपवाजियूथा वित्रासयन्ती मृगपक्षिसंघान् ।
महद्वनं तत्प्रविगाहमाना रराज सेना भरतस्य तत्र ॥ ४०

इत्यार्षे श्रीमद्रामायणे वाल्मीकीय आदिकाव्येऽयोध्याकाण्डे द्विनवतितमः सर्गः ॥ ९२ ॥

त्रिनवतितमः सर्गः ।

तथा महत्या यायिन्या ध्वजिन्या वनवासिनः । अर्दिता यूथपा मत्ताः सयूथाः संप्रदुद्रुवुः ॥ १

पत्रपा अतएव सलज्जा ॥ १७ ॥ दीनमनाः । अप्राप्तमनोरथत्वात् । कैकेयीति विशेष्यम् ॥ १८ ॥ विशेषं तत्तन्नामरूपम् ॥ १९ ॥ शोकानशनकर्शितां शोकवशप्राप्तानशनेन कृशीकृताम् ॥ २० ॥ यां पश्यसि एषेत्यन्वयः । सिंहवद्विक्रान्तगमनशीलम् ॥ २१ ॥ धातारमुपेन्द्रम् ॥ २२ ॥ कर्णिकारो वृक्षविशेषः ॥ २३ ॥ देववर्णिनौ देवतुल्यरूपौ ॥ २४ ॥ यस्याः कैकेय्या जीवनाशं गतौ तादृशापदं प्राप्तौ ॥ २५ ॥ दृप्तां गर्विताम् । अकृतप्रज्ञामशिक्षितबुद्धिम् । आर्यरूपिणीं सतीमिव प्रतिभासमानाम् ॥ २६ ॥ यतोमूलं यन्मूलम् ॥ २७ ॥ २८ ॥ २९ ॥ दोषेण दुष्टकृत्यकर्तृत्वेन । सुखोदर्कं देवानामृषीणां च सुखफलम् ॥ ३० ॥ तदेवाह—देवानामित्यादि । भविष्यदिति शत्रन्तम् । जानीहीति शेषः । एवं देवादिकृतोऽयं मन्थराद्वारा कैकेय्या बुद्धिमोह इति भावः । अत एव नैषा दोषभागिति बोध्यम् । देवादीनां सुखदत्वात् ॥ ३१ ॥ संसिद्धः प्राप्ताशीर्वादरूपानुग्रहः । स्वमातृकृत्यस्य ज्ञातिहितावहत्वाच्च । युज्यतां गमनाय संनह्यताम् ॥ ३२ ॥ ३३ ॥ गजकन्याः करेणवः । सघोषा घण्टाघोषसहिताः ॥ ३४ ॥ सुमहार्हाणि यानान्यारुह्य तद्योग्याः प्रययुः । पदातयस्तु पादैरेव प्रययुः ॥ ३५ ॥ यानप्रवेकैर्यानोत्तमैः ॥ ३६ ॥ चन्द्रार्कतरुणाभासां तरुणचन्द्रार्कसदृशीम् । क्वचिद्भागे स्फटिकादिनिर्मितां क्वचिद्भागे पद्मरागादिनिर्मितामिति यावत् । नियुक्ता । वाहकैरिति शेषः ॥ ३७ ॥ ३८ ॥ गङ्गायाः परवेलायां पश्चिमतीरे स्थिता सेना गिरिषु नदीषु च वर्तमानवनान्यतिक्रम्य । प्रयाता बभूवेति शेषः ॥ ३९ ॥ सेति ॥ ४० ॥ इति श्रीरामाभिरामे श्रीरामीये रामायणतिलके वाल्मीकीय आदिकाव्येऽयोध्याकाण्डे द्विनवतितमः सर्गः ॥ ९२ ॥

यायिन्या गच्छन्त्या । यूथपा यूथनाथाः ॥ १ ॥

ऋक्षाः पृषतमुख्याश्च रुरवश्च समन्ततः । दृश्यन्ते वनवाटेषु गिरिष्वपि नदीषु च ॥ २
स संप्रतस्थे धर्मात्मा प्रीतो दशरथात्मजः । वृतो महत्या नादिन्या सेनया चतुरङ्गया ॥ ३
सागरौघनिभा सेना भरतस्य महात्मनः । महीं संछादयामास प्रावृषि द्यामिवाम्बुदः ॥ ४
तुरंगौघैरवतता वारणैश्च महाबलैः । अनालक्ष्या चिरं कालं तस्मिन्काले बभूव सा ॥ ५
स गत्वा दूरमध्वानं संपरिश्रान्तवाहनः । उवाच वचनं श्रीमान्वसिष्ठं मन्त्रिणां वरम् ॥ ६
यादृशं लक्ष्यते रूपं यथा चैव मया श्रुतम् । व्यक्तं प्राप्ता स्म तं देशं भरद्वाजो यमब्रवीत् ॥ ७
अयं गिरिश्चित्रकूटस्तथा मन्दाकिनी नदी । एतत्प्रकाशते दूरान्नीलमेघनिभं वनम् ॥ ८
गिरेः सानूनि रम्याणि चित्रकूटस्य संप्रति । वारणैरवमृद्यन्ते मामकैः पर्वतोपमैः ॥ ९
मुञ्चन्ति कुसुमान्येते नगाः पर्वतसानुषु । नीला इवातपापाये तोयं तोयधरा घनाः ॥ १०
किंनराचरितं देशं पश्य शत्रुघ्न पर्वते । हयैः समन्तादाकीर्णं मकरैरिव सागरम् ॥ ११
एते मृगगणा भान्ति शीघ्रवेगाः प्रचोदिताः । वायुप्रविद्धाः शरदि मेघजाला इवाम्बरे ॥ १२
कुर्वन्ति कुसुमापीडाञ्शिरःसु सुरभीनमी । मेघप्रकाशैः फलकैर्दाक्षिणात्या नरा यथा ॥ १३
निष्कूजमिव भूत्वेदं वनं घोरप्रदर्शनम् । अयोध्येव जनाकीर्णा संप्रति प्रतिभाति मे ॥ १४
खुरैरुदीरितो रेणुर्दिवं प्रच्छाद्य तिष्ठति । तं वहत्यनिलः शीघ्रं कुर्वन्निव मम प्रियम् ॥ १५
स्यन्दनांस्तुरगोपेतान्सूतमुख्यैरधिष्ठितान् । एतान्संपततः शीघ्रं पश्य शत्रुघ्न कानने ॥ १६
एतान्वित्रासितान्पश्य बर्हिणः प्रियदर्शनान् । एवमापततः शैलमधिवासं पतत्रिणाम् ॥ १७
अतिमात्रमयं देशो मनोज्ञः प्रतिभाति मे । तापसानां निवासोऽयं व्यक्तं स्वर्गपथोऽनघ ॥ १८
मृगा मृगीभिः सहिता बहवः पृषता वने । मनोज्ञरूपा लक्ष्यन्ते कुसुमैरिव चित्रिताः ॥ १९
साधु सैन्याः प्रतिष्ठन्तां विचिन्वन्तु च काननम् । यथा तौ पुरुषव्याघ्रौ दृश्येते रामलक्ष्मणौ ॥ २०
भरतस्य वचः श्रुत्वा पुरुषाः शस्त्रपाणयः । विविशुस्तद्वनं शूरा धूमाग्रं ददृशुस्ततः ॥ २१
ते समालोक्य धूमाग्रमूचुर्भरतमागताः । नामनुष्ये भवत्यग्निर्व्यक्तमत्रैव राघवौ ॥ २२
अथ नात्र नरव्याघ्रौ राजपुत्रौ परंतपौ । अन्ये रामोपमाः सन्ति व्यक्तमत्र तपस्विनः ॥ २३
तच्छ्रुत्वा भरतस्तेषां वचनं साधुसंमतम् । सैन्यानुवाच सर्वांस्तानमित्रबलमर्दनः ॥ २४
यत्ता भवन्तस्तिष्ठन्तु नेतो गन्तव्यमग्रतः । अहमेव गमिष्यामि सुमन्त्रो धृतिरेव च ॥ २५

पृषताः सबिन्दवः । रुरवोऽबिन्दवः । अर्दिता दृश्यन्त इत्यर्थः ॥ २ ॥ नादिन्या घोषवत्या ॥ ३ ॥ ४ ॥ तस्मिन्काले मार्गगमनकाले । सा मही ॥ ५ ॥ मन्त्रिणां मन्त्रविदां वरं श्रेष्ठम् ॥ ६ ॥ भरद्वाजो यं देशं चित्रकूटं यादृशमब्रवीद्यथा चास्माभिः श्रुतं तथैवास्य देशस्य रूपं लक्ष्यते । तस्माद्व्यक्तं तं देशं प्राप्ताः स्म । छान्दसो विसर्गलोपः ॥ ७ ॥ प्राप्तिमेव विवृणोति—अयमिति ॥ ८ ॥ अवमृद्यन्ते पीड्यन्ते ॥ ९ ॥ अत एवैते नगा वृक्षा गजानामाघातेन चलितशाखाः पर्वतसानुषु कुसुमानि मुञ्चन्ति ॥ १० ॥ ११ ॥ प्रचोदिताः सैनिकैः । वायुप्रविद्धाः वायुप्रेरिताः । मेघजाला मेघसमूहाः । 'मेघराज्यः' इति पाठान्तरम् ॥ १२ ॥ अमी भटा मेघप्रकाशैः फलकैः शस्त्रनिवारणचर्मभिरुपलक्षिता दाक्षिणात्या नरा इव शिरःसु कुसुमापीडान्कुसुमनिर्मितभूषणविशेषान्कुर्वन्ति धारयन्तीति तीर्थः । अमी वृक्षा निबिडप्रत्यग्रपलाशभूयिष्ठतया मेघवदवभासमानैः फलकैर्महास्कन्धशाखाभिरुपलक्षिता दाक्षिणात्या दक्षिणदिग्भवाः शशिप्रभान्सुरभीन्कुसुमापीडान्स्तबकशेखरान्कुर्वन्ति । 'दाक्षिणात्याः शशिप्रभान्' इति पाठ इति कतकः ॥ १३ ॥ इदं वनं पूर्वं निष्कूजं जलशब्दरहितम्, अतएव घोरदर्शनं भूत्वा सांप्रतमस्मदागमने जनाकीर्णायोध्येव भाति । पाठान्तरे जनाकीर्णमिदं वनमयोध्येव भाति ॥ १४ ॥ वहत्यपनयति । मम प्रियं कुर्वन्निव । चित्रकूटदर्शनेन निरोधनिवर्तकत्वादिति भावः ॥ १५ ॥ संपततो गच्छतः ॥ १६ ॥ १७ ॥ व्यक्तं स्पष्टम् । स्वर्गपथः स्वर्गप्रदेशः ॥ १८ ॥ पृषतानां सबिन्दुत्वात्कुसुमैश्चित्रिता इवेत्युक्तिः ॥ १९ ॥ साधु यथोचितं प्रतिष्ठन्तां गच्छन्तु । गमनफलं विचिन्वन्त्वित्यादि ॥ २० ॥ धूमाग्रं धूमशिखाम् । तेन वह्निमनुमाय तत्संपादकत्वेन राघवावनुमाय भरतमूचुः ॥ २१ ॥ नामनुष्ये वनदाहाभावविशिष्टतया प्रत्यक्षं दृश्यमाने इति शेषः । तस्मान्मनुष्यकारणकवह्न्यनुपपत्त्या अत्रैव राघवाविति जानीमः ॥ २२ ॥ राजभीत्या निश्चयेन तथा वक्तुमशक्नुवन्तः पक्षान्तरमाहुः—अथेति । अत्र न तौ तथाप्यन्ये तपस्विनोऽत्र भविष्यन्ति । तन्मुखात्तद्वासस्थानलाभो भविष्यतीति भावः ॥ २३ ॥ साधुसंमतं न्यायवित्संमतं तेषां वचनं श्रुत्वा तत्र प्रदेशे रामावस्थितिं निश्चित्य सर्वान्सैन्यानुवाच ॥ २४ ॥ वचनमाह—यत्ता इति । यत्ताः सावधानाः ।

एवमुक्तास्ततः सैन्यास्तत्र तस्थुः समन्ततः । भरतो यत्र धूमाग्रं तत्र दृष्टिं समादधत् ॥ २६
व्यवस्थिता या भरतेन सा चमूर्निरीक्षमाणापि च भूमिमग्रतः ।
बभूव हृष्टा नचिरेण जानती प्रियस्य रामस्य समागमं तदा ॥ २७

इत्यार्षे श्रीमद्रामायणे वाल्मीकीय आदिकाव्येऽयोध्याकाण्डे त्रिनवतितमः सर्गः ॥ ९३ ॥

चतुर्नवतितमः सर्गः ।

दीर्घकालोषितस्तस्मिन्गिरौ गिरिवरप्रियः । वैदेह्याः प्रियमाकाङ्क्षन्स्वं च चित्तं विलोभयन् ॥ १
अथ दाशरथिश्चित्रं चित्रकूटमदर्शयत् । भार्याममरसंकाशः शचीमिव पुरंदरः ॥ २
न राज्यभ्रंशनं भद्रे न सुहृद्भिर्विनाभवः । मनो मे बाधते दृष्ट्वा रमणीयमिमं गिरिम् ॥ ३
पश्येममचलं भद्रे नानाद्विजगणायुतम् । शिखरैः खमिवोद्विद्धैर्धातुमद्भिर्विभूषितम् ॥ ४
केचिद्रजतसंकाशाः केचित्क्षतजसंनिभाः । पीतमाञ्जिष्ठवर्णाश्च केचिन्मणिवरप्रभाः ॥ ५
पुष्पार्ककेतकाभाश्च केचिज्ज्योतीरसप्रभाः । विराजन्तेऽचलेन्द्रस्य देशा धातुविभूषिताः ॥ ६
नानामृगगणैर्द्वीपितरक्ष्वृक्षगणैर्वृतः । अदुष्टैर्भात्ययं शैलो बहुपक्षिसमाकुलः ॥ ७
आम्रजम्ब्वसनैर्लोध्रैः प्रियालैः पनसैर्धवैः । अङ्कोलैर्भव्यतिनिशैर्बिल्वतिन्दुकवेणुभिः ॥ ८
काश्मर्यारिष्टवरणैर्मधूकैस्तिलकैरपि । बदर्यामलकैर्नीपैर्वेत्रधन्वनबीजकैः ॥ ९
पुष्पवद्भिः फलोपेतैश्छायावद्भिर्मनोरमैः । एवमादिभिराकीर्णः श्रियं पुष्यत्ययं गिरिः ॥ १०
शैलप्रस्थेषु रम्येषु पश्येमान्कामहर्षणान् । किंनरान्द्वन्द्वशो भद्रे रममाणान्मनस्विनः ॥ ११
शाखावसक्तान्खड्गांश्च प्रवराण्यम्बराणि च । पश्य विद्याधरस्त्रीणां क्रीडोद्देशान्मनोरमान् ॥ १२
जलप्रपातैरुद्भेदैर्निष्यन्दैश्च क्वचित्क्वचित् । स्रवद्भिर्भात्ययं शैलः स्रवन्मद इव द्विपः ॥ १३
गुहासमीरणो गन्धान्नानापुष्पभवान्बहून् । घ्राणतर्पणमभ्येत्य कं नरं न प्रहर्षयेत् ॥ १४
यदीह शरदोऽनेकास्त्वया सार्धमनिन्दिते । लक्ष्मणेन च वत्स्यामि न मां शोकः प्रधर्षति ॥ १५
बहुपुष्पफले रम्ये नानाद्विजगणायुते । विचित्रशिखरे ह्यस्मिन्रतवानस्मि भामिनि ॥ १६
अनेन वनवासेन मम प्राप्तं फलद्वयम् । पितुश्चानृण्यता धर्मे भरतस्य प्रियं तथा ॥ १७
वैदेहि रमसे कच्चिच्चित्रकूटे मया सह । पश्यन्ती विविधान्भावान्मनोवाक्कायसंमतान् ॥ १८

कोलाहलमकुर्वन्त । धृतिरित्यशोकमन्त्रिणो नामान्तरम् ॥ २५ ॥ २६ ॥ अपि च । या चमूर्भरतेन व्यवस्थिता भरतेन व्यवस्थापिता सा वासाय अग्रतो भूमिं निरीक्षमाणा । नचिरेण शीघ्रम् ॥ २७ ॥ इति श्रीरामाभिरामे श्रीरामीये रामायणतिलके वाल्मीकीय आदिकाव्येऽयोध्याकाण्डे त्रिनवतितमः सर्गः ॥ ९३ ॥

अथ कविस्तत्रस्थितरामवृत्तान्तं वर्णयति—दीर्घेत्यादि । प्रियं संतोषमाकाङ्क्षन्निच्छन्स्वानुरोधेन घोरं वनमागतायाश्चित्तखेदस्योपशमनीयतया चित्रकूटरामणीयकदर्शनेन तच्चित्तमुपलालयन्स्वं च चित्तं वनवासादिखिन्नं तथा कुर्वंश्चित्रकूटमदर्शयदित्यन्वयः ॥ १ ॥ २ ॥ विनाभवो विनावस्थानम् । मे मनो न बाधत इत्यन्वयः । दृष्ट्वा । स्थितस्येति शेषः ॥ ३ ॥ खमिवोद्विद्धैः । श्लीलितादिवत्कर्तरि निष्ठा । खस्य वेधकैरित्यर्थः । अभ्रंलिहैरिति यावत् ॥ ४ ॥ क्षतजं रुधिरम् । पीतवर्णा माञ्जिष्ठवर्णाश्च ॥ ५ ॥ पुष्पः पुष्परागः । अर्कः स्फटिकः । केतकानि केतकपुष्पाणि । ज्योतिर्नक्षत्रम् । रसः पारदरसः ॥ ६ ॥ द्वीपी महाव्याघ्रः । तरक्षुः क्षुद्रव्याघ्रः । अदुष्टैस्तपस्विवैभवाद्धिंसादिदोषरहितैः ॥ ७ ॥ असनः पीतसारः । प्रियालो राजादनः । धवाङ्कोलभव्यतिनिशा वृक्षविशेषाः ॥ ८ ॥ अरिष्टो निम्बः । धन्वन इन्द्रयवः । बीजप्रचुरफलविशेषा दाडिमादयः ॥ ९ ॥ पुष्यति वर्धयति ॥ १० ॥ कामहर्षणान् । देशानिति शेषः । तत्र रममाणान्किंनरान्पश्य ॥ ११ ॥ खड्गान् । किंनराणामिति शेषः । कथा विद्याधरीणां क्रीडोद्देशान्पश्य । तासां शाखावसक्तान्यम्बराणि च पश्य ॥ १२ ॥ जलप्रपातैरुच्चप्रदेशात्पतद्भिर्जलप्रवाहैरुद्भेदैर्भुवमुद्भिद्य निर्गतैर्निष्यन्दैरल्पनिर्झरैः । स्रवद्भिरित्युभयविशेषणं प्रवहद्भिरित्यर्थकम् ॥ १३ ॥ गुहासमीरणो गुहाद्वारप्रवृत्तः समीरणः । घ्राणतर्पणम् । कुर्वाण इति शेषः । अभ्येत्य प्राप्य ॥ १४ ॥ शरदः संवत्सरान् ॥ १५ ॥ रतवान्रतिमान् । रतिः प्रीतिः ॥ १६ ॥ धर्मे सत्यपालनलक्षणे ॥ १७ ॥ मनोवाक्कायसंमतांस्त्वत्प्रियान्वर्णने वाक्प्रियता । भावाः पदार्थाः । 'संयता' इति पाठे सम्यङ्नियमितकरणत्रयेत्यर्थः । 'संयताः' इति बहुवच-

[illegible]मृतं प्राहु राज्ञि राजर्षयः परे । वनवासं भवार्थाय प्रेत्य मे प्रपितामहाः ॥ १९
शिलाः शैलस्य शोभन्ते विशालाः शतशोऽभितः । बहुला बहुलैर्वर्णैर्नीलपीतसितारुणैः ॥ २०
निशि भान्त्यचलेन्द्रस्य हुताशनशिखा इव । ओषध्यः स्वप्रभालक्ष्म्या भ्राजमानाः सहस्रशः ॥ २१
केचित्क्षयनिभा देशाः केचिदुद्यानसंनिभाः । केचिदेकशिला भान्ति पर्वतस्यास्य भामिनि ॥ २२
भित्त्वेव वसुधां भाति चित्रकूटः समुत्थितः । चित्रकूटस्य कूटोऽयं दृश्यते सर्वतः शुभः ॥ २३
कुष्ठस्थगरपुंनागभूर्जपत्रोत्तरच्छदान् । कामिनां स्वास्तरान्पश्य कुशेशयदलायुतान् ॥ २४
मृदिताश्चापविद्धाश्च दृश्यन्ते कमलस्रजः । कामिभिर्वनिते पश्य फलानि विविधानि च ॥ २५
वस्वौकसारां नलिनीमतीत्यैवोत्तरान्कुरून् । पर्वतश्चित्रकूटोऽसौ बहुमूलफलोदकः ॥ २६

इमं तु कालं वनिते विजह्रिवांस्त्वया च सीते सह लक्ष्मणेन ।
रतिं प्रपत्स्ये कुलधर्मवर्धिनीं सतां पथि स्वैर्नियमैः परैः स्थितः ॥ २७

इत्यार्षे श्रीमद्रामायणे वाल्मीकीय आदिकाव्येऽयोध्याकाण्डे चतुर्नवतितमः सर्गः ॥ ९४ ॥

पञ्चनवतितमः सर्गः ।

अथ शैलाद्वि[illegible] मैथिलीं कोसलेश्वरः । अदर्शयच्छुभजलां रम्यां मन्दाकिनीं नदीम् ॥ १
अब्रवीच्च वरारोहां चन्द्रचारुनिभाननाम् । विदेहराजस्य सुतां रामो राजीवलोचनः ॥ २
विचित्रपुलिनां रम्यां हंससारससेविताम् । कुसुमैरुपसंपन्नां पश्य मन्दाकिनीं नदीम् ॥ ३
नानाविधैस्तीररुहैर्वृतां पुष्पफलद्रुमैः । राजन्तीं राजराजस्य नलिनीमिव सर्वतः ॥ ४
मृगयूथनिपीतानि कलुषाम्भांसि सांप्रतम् । तीर्थानि रमणीयानि रतिं संजनयन्ति मे ॥ ५
जटाजिनधराः काले वल्कलोत्तरवाससः । ऋषयस्त्ववगाहन्ते नदीं मन्दाकिनीं प्रिये ॥ ६
आदित्यमुपतिष्ठन्ते नियमादूर्ध्वबाहवः । एते परे विशालाक्षि मुनयः संशितव्रताः ॥ ७
मारुतोद्धूतशिखरैः प्रनृत्त इव पर्वतः । पादपैः पुष्पपत्राणि सृजद्भिरभितो नदीम् ॥ ८
क्वचिन्मणिनिकाशोदां क्वचित्पुलिनशालिनीम् । क्वचित्सिद्धजनाकीर्णां पश्य मन्दाकिनीं नदीम् ॥ ९
निर्धूतान्वायुना पश्य विततान्पुष्पसंचयान् । पा[illegible]यमानानपरान्पश्य त्वं तनुमध्यमे ॥ १०

नान्तपाठे भावानित्यस्य विशेषणम् । लिङ्गव्यत्यय आर्ष इति तीर्थः । तत्र न कंचिद्युक्तमर्थं पश्यामः ॥ १८ ॥ इदमेव नियमसहितं वनेऽवस्थानमेव । अमृतं प्राहुर्मोक्षसाधनं प्राहुः । मे प्रपितामहा मन्वादयः । वनवासे प्रेत्यैतच्छरीरत्यागोत्तरं भवार्थाय भवः शिवो हिरण्यगर्भस्तल्लोकप्राप्तिरूपायार्थाय प्रयोजनायाहुरित्येके । भवार्थाय संसारक्लेशनिवृत्तये इति कतको व्याचष्टे ॥ १९ ॥ अभित इति पदम् ॥ २० ॥ अचलेन्द्रसंबन्ध्योषध्यः [illegible] शोभमाना अग्निशिखा इव निशि भान्ति ॥ २१ ॥ क्षयनिभा गृहसदृशाः । अतिनिबिडबहुपलाशवृक्षकत्वात् । उद्यानसंनिभाश्चम्पकमालत्यादिबाहुल्यात् । एकशिला अनेकजनावस्थानक्षमैकशिलायुक्ताः ॥ २२ ॥ कूटोऽग्रभागः ॥ २३ ॥ कुष्ठमुत्पलमिति तीर्थः । स्थगरः पुत्रजीवकः, भूर्जो भूर्जपत्रवृक्षः, एतेषां पत्राण्युत्तरच्छदा येषां तान्कामिनां स्वास्तरानास्तरणानि कुशेशयं पद्मं तद्दलैरासमन्तायुतान्पश्य ॥ २४ ॥ फलानि भुक्तानीति शेषः ॥ २५ ॥ वस्वौकसारा कुबेरनगरी । नलिनी शक्रनगरी । 'वस्वौकसारा श्रीदस्य शक्रस्य नलिनी पुरी' इति हरिः । अतीत्य शोभते इति शेषेणान्वयः ॥ २६ ॥ हे वनिते सीते, परैः श्रेष्ठैः स्वैः स्वीयैर्नियमैः सह सतां पथि स्थितः सन् इमं कालं चतुर्दशवर्षमितं त्वया लक्ष्मणेन च सह विजह्रिवान्प्राप्तविहारो यदि भविष्यामि तदा कुलधर्मवर्धिनीं रतिं सौख्यं प्रपत्स्ये प्राप्स्यामि ॥ २७ ॥ अष्टाविंशतिश्लोका अत्रेति कतकः ॥ इति श्रीरामाभिरामे श्रीरामीये रामायणतिलके वाल्मीकीय आदिकाव्येऽयोध्याकाण्डे चतुर्नवतितमः सर्गः ॥ ९४ ॥

अथ नदीप्रदर्शनेनोपलालयति—अथेति ॥ १ ॥ वरारोहामुत्तमस्त्रीम् ॥ २ ॥ कुसुमैः पद्मादिभिः ॥ ३ ॥ पुष्पफलयुतैर्द्रुमैस्तीरभवै राजन्तीं शोभमानाम् । राजराजः कुबेरस्तस्य नलिनी सौगन्धिकाख्या ॥ ४ ॥ तीर्थान्यवतारमार्गाः । रतिं प्रीतिम् ॥ ५ ॥ ६ ॥ उपतिष्ठते मन्त्रैरुपस्थानं कुर्वते । एते परे मुनयः प्रकाशन्ते । जपपरा इति शेषः ॥ ७ ॥ प्रनृत्त इव नृत्तं कर्तुमुपक्रान्त इव । अतएव पुष्पाञ्जलिकरणं पादपैः ॥ ८ ॥ मणिनिकाशं मुक्तानिकाशमुदकं यस्यास्ताम् ॥ ९ ॥ अम्भसि पोप्लूयमानान्पुनःपुनः प्लवमानान्पुष्पसंचयान्पश्य । 'पश्येहाचलमध्यमे' इति पाठः । कृशत्वाचलनाशक्तमध्यवती-

पश्यैतद्वल्गुवचसो रथाङ्गाह्वयना द्विजाः । अधिरोहन्ति कल्याणि निष्कूजन्तः शुभा गिरः ॥ ११
दर्शनं चित्रकूटस्य मन्दाकिन्याश्च शोभने । अधिकं पुरवासाच्च मन्ये तव च दर्शनात् ॥ १२
विधूतकल्मषैः सिद्धैस्तपोदमशमान्वितैः । नित्यविक्षोभितजलां विगाहस्व मया सह ॥ १३
सखीवच्च विगाहस्व सीते मन्दाकिनीं नदीम् । कमलान्यवमज्जन्ती पुष्कराणि च भामिनि ॥ १४
त्वं पौरजनवद्व्यालानयोध्यामिव पर्वतम् । मन्यस्व वनिते नित्यं सरयूवदिमां नदीम् ॥ १५
लक्ष्मणश्चैव धर्मात्मा मन्निदेशे व्यवस्थितः । त्वं चानुकूला वैदेहि प्रीतिं जनयती मम ॥ १६
उपस्पृशंस्त्रिषवणं मधुमूलफलाशनः । नायोध्यायै न राज्याय स्पृहये च त्वया सह ॥ १७

इमां हि रम्यां गजयूथलोडितां निपीततोयां गजसिंहवानरैः ।
सुपुष्पितां पुष्पभरैरलंकृतां न सोऽस्ति यः स्यान्न गतक्लमः सुखी ॥ १८
इतीव रामो बहुसंगतं वचः प्रियासहायः सरितं प्रति ब्रुवन् ।
चचार रम्यं नयनाञ्जनप्रभं स चित्रकूटं रघुवंशवर्धनः ॥ १९

इत्यार्षे श्रीमद्रामायणे वाल्मीकीय आदिकाव्येऽयोध्याकाण्डे पञ्चनवतितमः सर्गः ॥ ९५ ॥

त्यर्थ इति कतकः ॥ १० ॥ रथाङ्गाह्वयनाश्चक्रवाकाः । रथाङ्गं तद्वाचकः शब्दोऽह्वयने नामनि येषामिति विग्रहः । अधिरोहन्ति । पुलिनानीति शेषः ॥ ११ ॥ तव दर्शनाच्चाधिकमधिकसुखावहम् ॥ १२ ॥ १३ ॥ सखीवत् । मन्दाकिन्या इति शेषः । कमलपुष्करे रक्तसितपद्मे तान्यवमजन्ती प्रक्षिपन्ती ॥ १४ ॥ १५ ॥ १६ ॥ उपस्पृशन्स्नानं कुर्वन् ॥ १७ ॥ सुपुष्पितां सुपुष्पितवनान्तामवगाह्य यः सुखी न स्यात्स नास्तीत्यन्वयः ॥ १८ ॥ सरितं प्रति सरितं वर्णयन् । नयनयोग्याञ्जनवन्नीलप्रभम् ॥ १९ ॥ इति श्रीरामाभिरामे श्रीरामीये रामायणतिलके वाल्मीकीय आदिकाव्येऽयोध्याकाण्डे पञ्चनवतितमः सर्गः ॥ ९५ ॥

---

१. इतः परं प्रक्षिप्तोऽयं सर्गो दृश्यते—

रामस्तु नलिनीं रम्यां चित्रकूटं च पर्वतम् । उत्तरे तु गिरेः पादे चित्रकूटस्य राघवः ॥ १
ददर्श कंदरं रम्यं शिलाधातुसमन्वितम् । सुखप्रसेकैस्तरुभिः पुष्पभारावलम्बिभिः ॥ २
संवृतं च रहस्यं च मत्तद्विजगणायुतम् । तद्दृष्ट्वा सर्वभूतानां मनोदृष्टिहरं वनम् ॥ ३
उवाच सीतां काकुत्स्थो वनदर्शनविस्मितः । वैदेहि रमते चक्षुस्तवास्मिन्गिरिकंदरे ॥ ४
परिश्रमविघातार्थं साधु तावदिहास्यताम् । त्वदर्थमिह विन्यस्ता त्वियं श्लक्ष्णसमा शिला ॥ ५
यस्याः पार्श्वे तरुः पुष्पैः प्रविष्ट इव केसरैः । राघवेणैवमुक्ता सा सीता प्रकृतिदक्षिणा ॥ ६
उवाच प्रणयस्निग्धमिदं श्लक्ष्णतरं वचः । अवश्यकार्यं वचनं तव मे रघुनन्दन ॥ ७
बहुशो भ्रमतश्चाय तव चैवं मनोरथः । एवमुक्त्वा वरारोहा शिलां तामुपसर्प ह ॥ ८
सह भर्त्रानवद्याङ्गी रन्तुकामा मनस्विनी । तामेवं ब्रुवतीं सीतां रामो वचनमब्रवीत् ॥ ९
रम्यं पश्यसि भूतार्थे वनं पुष्पितपादपम् । पश्य देवि गिरौ रम्ये रम्यपुष्पाङ्कितानिमान् ॥ १०
गजदन्तक्षतान्वृक्षान्पश्य निर्यासवर्षिणः । झिल्लिकाविरुतैर्दीर्घै रुदतीव समन्ततः ॥ ११
पुत्रप्रियोऽसौ शकुनिः पुत्रपुत्रेति भाषते । मधुरां करुणां वाचं पुरेव जननी मम ॥ १२
विहगो भृङ्गराजोऽयं शालस्कन्धसमाश्रितः । संगीतमिव कुर्वाणः कोकिलेनानुकूजति ॥ १३
अयं वा बालकः शङ्के कोकिलानां विहंगमः । सुखबद्धमसंबद्धं तथा ह्येष प्रभाषते ॥ १४
एषा कुसुमिता नूनं पुष्पभारानता लता । दृश्यते मामिवालम्ब्य श्रमाद्देवि त्वमाश्रिता ॥ १५
एवमुक्ता प्रियस्याङ्के मैथिली प्रियभाषिणी । भूयस्तरां त्वनिन्द्याङ्गी समारोहत भामिनी ॥ १६
अङ्के तु परिवर्तन्ती सीता सुरसुतोपमा । हर्षयामास रामस्य मनो मनसिजार्पितम् ॥ १७
स निघृष्याङ्गुलिं रामो धौते मनःशिलोच्चये । चकार तिलकं तस्या ललाटे रुचिरं तदा ॥ १८

बालार्कसमवर्णेन तेजसा गिरिधातुना । चकासे विनिविष्टेनससंध्येव निशा सिता ॥ १९
केसरस्य च पुष्पाणि करेणामृद्य राघवः । अलकं पूरयामास मैथिल्याः प्रीतमानसः ॥ २०
अभिरम्य तदा तस्यां शिलायां रघुनन्दनः । अन्वीयमानो वैदेह्या देशमन्यं जगाम ह ॥ २१
विचरन्ती तदा सीता ददर्श हरियूथपम् । वने बहुमृगाकीर्णे वित्रस्ता राममाश्लिषत् ॥ २२
रामस्तां परिरब्धाङ्गीं परिरभ्य महाभुजः । सान्त्वयामास वामोरूमवभर्त्स्याथ वानरम् ॥ २३
मनःशिलायास्तिलकः सीतायाः सोऽथ वक्षसि । समदृश्यत संक्रान्तो रामस्य विपुलौजसः ॥ २४
प्रजहास तदा सीता गते वानरपुंगवे । दृष्ट्वा भर्तरि संक्रान्तमपाङ्गं समनःशिलम् ॥ २५
नातिदूरे त्वशोकानां प्रदीप्तमिव काननम् । ददर्श पुष्पस्तबकैस्तर्जद्भिरिव वानरैः ॥ २६
वैदेही त्वब्रवीद्राममशोककुसुमार्थिनी । वयं तदभिगच्छामो वनमिक्ष्वाकुनन्दन ॥ २७
तस्याः प्रिये स्थितो रामो देव्या दिव्यार्थरूपया । सहितस्तदशोकानां विशोकः प्रययौ वनम् ॥ २८
तदशोकवनं रामः सभार्यो व्यचरत्तदा । गिरिपुत्र्या पिनाकीव सह हैमवतं वनम् ॥ २९
तावन्योन्यमशोकस्य पुष्पैः पल्लवधारिभिः । समलंचक्रतुरुभौ कामिनौ नीललोहितौ ॥ ३०
आबद्धवनमालौ तौ कृतापीडावतंसकौ । भार्यापती तावचलं शोभयांचक्रतुर्भृशम् ॥ ३१
एवं स विविधान्देशान्दर्शयित्वा प्रियां प्रियः । आजगामाश्रमपदं सुसंश्लिष्टमलंकृतम् ॥ ३२
प्रत्युज्जगाम तं भ्राता लक्ष्मणो गुरुवत्सलः । दर्शयन्विविधं धर्मं सौमित्रिः सुकृतं तदा ॥ ३३
शुद्धबाणहतांस्तत्र मेध्यान्कृष्णमृगान्दश । राशीकृताञ्शुष्यमाणानन्यान्कांश्चन कांश्चन ॥ ३४
तद्दृष्ट्वा कर्म सौमित्रेर्भ्राता प्रीतोऽभवत्तदा । क्रियन्तां बलयश्चेति रामः सीतामथावशात् ॥ ३५
अग्रं प्रदाय भूतेभ्यः सीताथ वरवर्णिनी । तयोरुपददद्भ्रात्रोर्मधु मांसं च तद्भृशम् ॥ ३६
तयोस्तुष्टिमथोत्पाद्य वीरयोः कृतशौचयोः । विधिवज्जानकी पश्चाच्चक्रे सा प्राणधारणम् ॥ ३७
शिष्टं मांसं निकृष्टं यच्छोषणायावकल्पितम् । तद्रामवचनात्सीता काकेभ्यः पर्यरक्षत ॥ ३८
तां ददर्श तदा भर्ता काकेनायासितां दृढम् । यस्या हारान्तरचरः कामचारी विहंगमः ॥ ३९
काकेनारोध्यमानां तां सा मुमोह तदातुरम् । सा चुकोपानवद्याङ्गी भर्तृप्रणयदर्पिता ॥ ४०
इतश्चेतश्च तां काको वारयन्तीं पुनःपुनः । पक्षतुण्डनखाग्रैश्च कोपयामास कोपनाम् ॥ ४१
तस्याः प्रस्फुरमाणोष्ठं भ्रुकुटीपुटसूचितम् । मुखमालोक्य काकुत्स्थस्तं काकं प्रत्यषेधयत् ॥ ४२
स धृष्टमानो विहगो रामवाक्यमचिन्तयन् । सीतामभिपपातैव ततश्चुक्रोध राघवः ॥ ४३
सोऽभिमन्त्र्य शरैषीकामैषीकास्त्रेण वीर्यवान् । काकं तमभिसंधाय ससर्ज पुरुषर्षभः ॥ ४४
स तेनाभिद्रुतः काकस्त्रींल्लोकान्पर्यगात्ततः । देवैर्दत्तवरः पक्षी हारान्तरचरो लघुः ॥ ४५
यत्र यत्रागमत्काकस्तत्र तत्र ददर्श ह । इषीकां भूतसंकाशां स रामं पुनरागमत् ॥ ४६
स मूर्ध्ना न्यपतत्काको राघवस्य महात्मनः । सीतायास्तत्र पश्यन्त्या मानुषीमैरयद्गिरम् ॥ ४७
प्रसादं कुरु मे राम प्राणैः सामव्यमस्तु मे । अस्त्रस्यास्य प्रभावेण शरणं न लभे क्वचित् ॥ ४८
तं काकमब्रवीद्रामः पादयोः शिरसा गतम् । सानुक्रोशतया धीमानिदं वचनमर्थवत् ॥ ४९
मया रोषपरीतेन सीताप्रियहितार्थिना । अस्त्रमेतत्समादाय त्वद्वधायाभिमन्त्रितम् ॥ ५०
यत्तु मे चरणौ मूर्ध्ना गतस्त्वं जीवितेप्सया । अत्रास्त्रवेक्षा त्वयि मे रक्ष्यो हि शरणागतः ॥ ५१
अमोघं क्रियतामस्त्रमेकमङ्गं परित्यज । किमङ्गं शातयतु ते शरैषीका ब्रवीहि मे ॥ ५२
एतावद्धि मया शक्यं तव कर्तुं प्रियं खग । एकाङ्गहीनं ह्यस्त्रेण जीवितं मरणाद्वरम् ॥ ५३
एवमुक्तस्तु रामेण संप्रधार्य स वायसः । अभ्यगच्छद्द्वयोरक्ष्णस्त्यागमेकस्य पण्डितः ॥ ५४
सोऽब्रवीद्राघवं काको नेत्रमेकं त्यजाम्यहम् । एकनेत्रोऽपि जीवेऽहं त्वत्प्रसादान्नराधिप ॥ ५५
रामानुज्ञातमस्त्रं तत्काकस्य नयनेऽपतत् । वैदेही विस्मिता तत्र काकस्य नयने हृते ॥ ५६
निपत्य शिरसा काको जगामाशु यथेप्सितम् । लक्ष्मणानुचरो रामश्चकारानन्तरक्रियाः ॥ ५७

इत्यार्षे श्रीमद्रामायणे वाल्मीकीय आदिकाव्येऽयोध्याकाण्डे प्रक्षिप्तः सर्गः ।

षण्णवतितमः सर्गः ।

तां तदा दर्शयित्वा तु मैथिलीं गिरिनिम्नगाम् । निषसाद गिरिप्रस्थे सीतां मांसेन छन्दयन् ॥ १
इदं मेध्यमिदं स्वादु निष्टप्तमिदमग्निना । एवमास्ते स धर्मात्मा सीतया सह राघवः ॥ २
तथा तत्रासतस्तस्य भरतस्योपयायिनः । सैन्यरेणुश्च शब्दश्च प्रादुरास्तां नभःस्पृशौ ॥ ३
एतस्मिन्नन्तरे त्रस्ताः शब्देन महता ततः । अर्दिता यूथपा मत्ताः स्वयूथाद्दुद्रुवुर्दिशः ॥ ४
स तं सैन्यसमुद्भूतं शब्दं शुश्राव राघवः । तांश्च विप्रद्रुतान्सर्वान्यूथपानन्ववैक्षत ॥ ५
तांश्च विप्रद्रुतान्दृष्ट्वा तं च श्रुत्वा महास्वनम् । उवाच रामः सौमित्रिं लक्ष्मणं दीप्ततेजसम् ॥ ६
हन्त लक्ष्मण पश्येह सुमित्रा सुप्रजास्त्वया । भीमस्तनितगम्भीरं तुमुलः श्रूयते स्वनः ॥ ७
गजयूथानि वारण्ये महिषा वा महावने । वित्रासिता मृगाः सिंहैः सहसा प्रद्रुता दिशः ॥ ८
राजा वा राजपुत्रो वा मृगयामटते वने । अन्यद्वा श्वापदं किंचित्सौमित्रे ज्ञातुमर्हसि ॥ ९
सुदुश्चरो गिरिश्चायं पक्षिणामपि लक्ष्मण । सर्वमेतद्यथातत्त्वमभिज्ञातुमिहार्हसि ॥ १०
स लक्ष्मणः संत्वरितः सालमारुह्य पुष्पितम् । प्रेक्षमाणो दिशः सर्वाः पूर्वां दिशमवैक्षत ॥ ११
उदङ्मुखः प्रेक्षमाणो ददर्श महतीं चमूम् । गजाश्वरथसंबाधां यत्तैर्युक्तां पदातिभिः ॥ १२
तामश्वरथसंपूर्णां रथध्वजविभूषिताम् । शशंस सेनां रामाय वचनं चेदमब्रवीत् ॥ १३
अग्निं संशमयत्वार्यः सीता च भजतां गुहाम् । सज्जं कुरुष्व चापं च शरांश्च कवचं तथा ॥ १४
तं रामः पुरुषव्याघ्रो लक्ष्मणं प्रत्युवाच ह । अङ्गावेक्षस्व सौमित्रे कस्येमां मन्यसे चमूम् ॥ १५
एवमुक्तस्तु रामेण लक्ष्मणो वाक्यमब्रवीत् । दिधक्षन्निव तां सेनां रुषितः पावको यथा ॥ १६
संपन्नं राज्यमिच्छंस्तु व्यक्तं प्राप्याभिषेचनम् । आवां हन्तुं समभ्येति कैकेय्या भरतः सुतः ॥ १७
एष वै सुमहाञ्छ्रीमान्विटपी संप्रकाशते । विराजत्युज्ज्वलस्कन्धः कोविदारध्वजो रथे ॥ १८
भजन्त्येते यथाकाममश्वानारुह्य शीघ्रगान् । एते भ्राजन्ति संहृष्टा गजानारुह्य सादिनः ॥ १९
गृहीतधनुषावावां गिरिं वीर श्रयावहे । अथवेहैव तिष्ठावः संनद्धावुद्यतायुधौ ॥ २०
अपि नौ वशमागच्छेत्कोविदारध्वजो रणे । अपि द्रक्ष्यामि भरतं यत्कृते व्यसनं महत् ॥ २१
त्वया राघव संप्राप्तं सीतया च मया तथा । यन्निमित्तं भवान्राज्याच्च्युतो राघव शाश्वतात् ॥ २२
संप्राप्तोऽयमरिर्वीर भरतो वध्य एव हि । भरतस्य वधे दोषं नाहं पश्यामि राघव ॥ २३
पूर्वापकारिणं हत्वा न ह्यधर्मेण युज्यते । पूर्वापकारी भरतस्त्यागे धर्मश्च राघव ॥ २४
एतस्मिन्निहते कृत्स्नामनुशाधि वसुंधराम् । अद्य पुत्रं हतं संख्ये कैकेयी राज्यकामुका ॥ २५

मांसेन छन्दयन्मांसविशेषप्रदर्शनेन लालयन्सान्त्वयन् । गिरिनिम्नगां मन्दाकिनीम् ॥ १ ॥ तेन लालनप्रकारमाह—इदमिति । एवमित्यस्य ब्रुवन्निति शेषः ॥ २ ॥ आसतो गिरिप्रदेश आसीनस्य । उपयायिनो रामसमीप आगच्छतो भरतस्य सैन्यरेणुः सैन्यशब्दश्च प्रादुरास्तां प्रादुर्बभूवतुः ॥ ३ ॥ एतस्मिन्नन्तरे सेनाशब्दप्रवृत्तिसमये ॥ ४ ॥ स राघवो रामः । सैन्यसमुद्भूतं तदुत्पादितम् ॥ ५ ॥ 'स निःस्वनम्' इति पाठे स इति पदम् ॥ ६ ॥ भीमं भयंकरं यत्स्तनितं मेघशब्दस्तद्वद्गम्भीरं यथा भवति तथा योऽयं स्वनः श्रूयतेऽस्य कारणं पश्येति योजना ॥ ७ ॥ यत्सहसा मृगाः प्रद्रुता दिशस्तस्य कारणम् । तथा सिंहैर्वित्रासितानि गजयूथानि वा । अथ तैर्वित्रासिता महिषा वा दिशः प्रद्रुतास्तत्कारणं च पश्य । वाशब्दौ चार्थे ॥ ८ ॥ तत्कारणमुन्नयन्स्वयमाह—राजा वेति । राजादिर्मृगयामटते ज्ञातुमर्हसि । अन्यद्वा श्वापदं दुष्टजन्तुः । वनं क्षोभयतीति शेषः ॥ ९ ॥ १० ॥ सालो वृक्षः ॥ ११ ॥ यत्तैः सज्जैः ॥ १२ ॥ सेनां शशंस । सेनां श्रुतशब्दकारणमुक्तवान् ॥ १३ ॥ अग्निं संशमयतु । परसेनादर्शनजक्षोभकालिकोऽयं व्यापारः सर्वजनसिद्धः । गुहामन्तर्गृहम् । शरांश्च । गृहाणेति शेषः ॥ १४ ॥ तं युद्धसंनाहवादिनं रामो विमृश्यकारित्वादाह—अङ्गेति । यामिमां चमूं भयहेतुं मन्यसे सा कस्येत्यवेक्षस्वेत्यर्थः ॥ १५ ॥ रुषितः क्रुद्धः ॥ १६ ॥ अभिषेचनं राज्यं प्राप्य । संपन्नमकण्टकम् ॥ १७ ॥ तच्चिह्नमाह—एष इति । य एष वृक्षो महान्संप्रकाशते तत्समीपे तं लक्षीकृत्य रथे कोविदारध्वजो विराजते ॥ १८ ॥ भजन्त्येतद्देशमागच्छन्ति । सादिनो गृहीतसादिचिह्ना गजारोहाः ॥ १९ ॥ अतः—गृहीतधनुषाविति ॥ २० ॥ अपि नौ वशमागच्छेदिति कामप्रवेदने लिङ् । महद्व्यसनं त्वया प्राप्तमित्युत्तरेणान्वयः ॥ २१ ॥ यन्निमित्तं यस्माद्धेतोः ॥ २२ ॥ वध्यत्वेऽयमेव हेतुः ॥ २३ ॥ त्यागे वधे ॥ २४ ॥ संख्ये युद्धे मया पश्येदित्युत्तरेणान्वयः । 'मृधमास्कन्दनं संख्यं समीकं सांपरायिकम्'

मया पश्येत्सुदुःखार्तो हस्तिभिन्नमिव द्रुमम् । कैकेयीं च वधिष्यामि सानुबन्धां सबान्धवाम् ॥ २६
कलुषेणाद्य महता मेदिनी परिमुच्यताम् । अद्येमं संयतं क्रोधमसत्कारं च मानद ॥ २७
मोक्ष्यामि शत्रुसैन्येषु कक्षेष्विव हुताशनम् । अद्यैव चित्रकूटस्य काननं निशितैः शरैः ॥ २८
छिन्दञ्छत्रुशरीराणि करिष्ये शोणितोक्षितम् । शरैर्निर्भिन्नहृदयान्कुञ्जरांस्तुरगांस्तथा ॥ २९
श्वापदाः परिकर्षन्तु नरांश्च निहतान्मया । शराणां धनुषश्चाहमनृणोऽस्मिन्महावने ।
ससैन्यं भरतं हत्वा भविष्यामि न संशयः ॥ ३०

इत्यार्षे श्रीमद्रामायणे वाल्मीकीय आदिकाव्येऽयोध्याकाण्डे षण्णवतितमः सर्गः ॥ ९६ ॥

सप्तनवतितमः सर्गः ।

सुसंरब्धं तु भरतं लक्ष्मणं क्रोधमूर्च्छितम् । रामस्तु परिसान्त्व्याथ वचनं चेदमब्रवीत् ॥ १
किमत्र धनुषा कार्यमसिना वा सचर्मणा । महाबले महोत्साहे भरते स्वयमागते ॥ २
पितुः सत्यं प्रतिश्रुत्य हत्वा भरतमाहवे । किं करिष्यामि राज्येन सापवादेन लक्ष्मण ॥ ३
यद्द्रव्यं बान्धवानां वा मित्राणां वा क्षये भवेत् । नाहं तत्प्रतिगृह्णीयां भक्ष्यान्विषकृतानिव ॥ ४
धर्ममर्थं च कामं च पृथिवीं चापि लक्ष्मण । इच्छामि भवतामर्थे एतत्प्रतिशृणोमि ते ॥ ५
भ्रातॄणां संग्रहार्थं च सुखार्थं चापि लक्ष्मण । राज्यमप्यहमिच्छामि सत्येनायुधमालभे ॥ ६
नेयं मम मही सौम्य दुर्लभा सागराम्बरा । नहीच्छेयमधर्मेण शक्रत्वमपि लक्ष्मण ॥ ७
यद्विना भरतं त्वां च शत्रुघ्नं वापि मानद । भवेन्मम सुखं किंचिद्भस्म तत्कुरुतां शिखी ॥ ८
मन्येऽहमागतोऽयोध्यां भरतो भ्रातृवत्सलः । मम प्राणैः प्रियतरः कुलधर्ममनुस्मरन् ॥ ९
श्रुत्वा प्रव्राजितं मां हि जटावल्कलधारिणम् । जानक्या सहितं वीर त्वया च पुरुषोत्तम ॥ १०
स्नेहेनाक्रान्तहृदयः शोकेनाकुलितेन्द्रियः । द्रष्टुमभ्यागतो ह्येष भरतो नान्यथागतः ॥ ११
अम्बां च कैकयीं रुष्य भरतश्चाप्रियं वदन् । प्रसाद्य पितरं श्रीमान्राज्यं मे दातुमागतः ॥ १२
प्राप्तकालं यथैषोऽस्मान्भरतो द्रष्टुमर्हति । अस्मासु मनसाप्येष नाहितं किंचिदाचरेत् ॥ १३
विप्रियं कृतपूर्वं ते भरतेन कदा नु किम् । ईदृशं वा भयं तेऽद्य भरतं यद्विशङ्कसे ॥ १४
नहि ते निष्ठुरं वाच्यो भरतो नाप्रियं वचः । अहं ह्यप्रियमुक्तः स्यां भरतस्याप्रिये कृते ॥ १५
कथं नु पुत्राः पितरं हन्युः कस्यांचिदापदि । भ्राता वा भ्रातरं हन्यात्सौमित्रे प्राणमात्मनः ॥ १६
यदि राज्यस्य हेतोस्त्वमिमां वाचं प्रभाषसे । वक्ष्यामि भरतं दृष्ट्वा राज्यमस्मै प्रदीयताम् ॥ १७

॥ २५ ॥ सानुबन्धां सकुब्जाम् ॥ २६ ॥ कलुषेण पापेन कैकेयीरूपेण । असत्कारं कैकेयीकृतम् ॥ २७ ॥ २८ ॥ २९ ॥ भरतलक्ष्मणयोः समतया रामोपकरणत्वाल्लक्ष्मणस्य भरतविषय एवं वादः । रामस्य तूभयोरपि स्वोपकरणत्वान्न क्वापि क्रोध इति तत्त्वमत्र ॥ ३० ॥ इति श्रीरामाभिरामे श्रीरामीये रामायणतिलके वाल्मीकीय आदिकाव्येऽयोध्याकाण्डे षण्णवतितमः सर्गः ॥ ९६ ॥

अथ तत्कोपशमनाय [illegible] भगवान्सर्वभूतभावज्ञस्तदागमनप्रयोजनकथनेन—सुसंरब्धमिति । भरतं प्रति सुसंरब्धमत्यन्तक्षुब्धोद्योगवन्तम् ॥ १ ॥ अत्र भरतविषये ॥ २ ॥ पितुः सत्यं पालयिष्यामीति प्रतिज्ञाय सापवादेन पित्रा भरताय दत्तं रामोऽपहृतवानित्येवंरूपापवादसहितेन ॥ ३ ॥ क्षये नाशे । कृत इति शेषः ॥ ४ ॥ एतदुक्तार्थजातमुद्दिश्य प्रतिशृणोमि प्रतिजाने ॥ ५ ॥ तमेवार्थं शपथेन द्रढयति—भ्रातॄणामिति । संग्रहार्थं सम्यक्पालनार्थम् । अतएव तेषां सुखार्थं च ॥ ६ ॥ दुर्लभेति न, अपि तु सुलभैव, किं तु तां नेच्छामि । शक्रत्वमपि नेच्छेयम्, इमां महीमेव नेच्छामीति नेत्यर्थः ॥ ७ ॥ ८ ॥ मन्येऽहमिति । द्रष्टुमभ्यागत इति मन्ये इत्यन्वयः । आगतः । मातुलगृहादिति शेषः । कुलधर्मं ज्येष्ठस्य राज्यमित्येवंरूपम् ॥ ९ ॥ १० ॥ ११ ॥ रुष्य । तद्विषयरोषं कृत्वेत्यर्थः । प्रसाद्य त्वद्दत्तं राज्यं मया प्राप्तम्, तन्मया रामाय दीयते, अतो न ते सत्यभ्रंशदोष इति तदनुमन्यस्वेति प्रसाद्य ॥ १२ ॥ यथैष भरतस्तथा एतत्कर्तृकमस्मद्दर्शनयोग्यत्वं प्राप्तकालमुचितम् ॥ १३ ॥ कृतपूर्वं यदद्य भरतं शङ्कसे । ईदृशं वा भयं भयजनकं वाक्यं कृतपूर्वमुक्तपूर्वं वा यदद्य भरतं शङ्कसे इत्यन्वयः ॥ १४ ॥ अतस्ते त्वया भरतोऽप्रियं निष्ठुरं न वाच्यः । यतो भरतस्याप्रिये अप्रियवचने कृते उक्ते अहमप्यप्रियमुक्तः स्यां त्वया ॥ १५ ॥ आत्मनः प्राणं प्राणसमं भ्रातरमित्यन्वयः ॥ १६ ॥ इमां वाचं भरतवधविषयाम् ।

उच्यमानो हि भरतो मया लक्ष्मण तद्वचः । राज्यमस्मै प्रयच्छेति बाढमित्येव मंस्यते ॥ १८
तथोक्तो धर्मशीलेन भ्रात्रा तस्य हिते रतः । लक्ष्मणः प्रविवेशेव स्वानि गात्राणि लज्जया ॥ १९
तद्वाक्यं लक्ष्मणः श्रुत्वा व्रीडितः प्रत्युवाच ह । त्वां मन्ये द्रष्टुमायातः पिता दशरथः स्वयम् ॥ २०
व्रीडितं लक्ष्मणं दृष्ट्वा राघवः प्रत्युवाच ह । एष मन्ये महाबाहुरिहास्मान्द्रष्टुमागतः ॥ २१
अथवा नौ ध्रुवं मन्ये मन्यमानः सुखोचितौ । वनवासमनुध्याय गृहाय प्रतिनेष्यति ॥ २२
इमां चाप्येष वैदेहीमत्यन्तसुखसेविनीम् । पिता मे राघवः श्रीमान्वनादादाय यास्यति ॥ २३
एतौ तौ संप्रकाशेते गोत्रवन्तौ मनोरमौ । वायुवेगसमौ वीरौ जवनौ तुरगोत्तमौ ॥ २४
स एष सुमहाकायः कम्पते वाहिनीमुखे । नागः शत्रुंजयो नाम वृद्धस्तातस्य धीमतः ॥ २५
न तु पश्यामि तच्छत्रं पाण्डुरं लोकविश्रुतम् । पितुर्दिव्यं महाभाग संशयो भवतीह मे ॥ २६
वृक्षाग्रादवरोह त्वं कुरु लक्ष्मण मद्वचः । इतीव रामो धर्मात्मा सौमित्रिं तमुवाच ह ॥ २७
अवतीर्य तु सालाग्रात्तस्मात्स समितिंजयः । लक्ष्मणः प्राञ्जलिर्भूत्वा तस्थौ रामस्य पार्श्वतः ॥ २८
भरतेनाथ संदिष्टा संमर्दो न भवेदिति । समन्तात्तस्य शैलस्य सेना वासमकल्पयत् ॥ २९
अध्यर्धमिक्ष्वाकुचमूर्योजनं पर्वतस्य ह । पार्श्वे न्यविशदावृत्य गजवाजिनराकुला ॥ ३०

सा चित्रकूटे भरतेन सेना धर्मं पुरस्कृत्य विधूय दर्पम् ।
प्रसादनार्थं रघुनन्दनस्य विरोचते नीतिमता प्रणीता ॥ ३१

इत्यार्षे श्रीमद्रामायणे वाल्मीकीय आदिकाव्येऽयोध्याकाण्डे सप्तनवतितमः सर्गः ॥ ९७ ॥

अष्टनवतितमः सर्गः ।

निवेश्य सेनां तु विभुः पद्भ्यां पदवतां वरः । अभिगन्तुं स काकुत्स्थमियेष गुरुवर्तकम् ॥ १
निविष्टमात्रे सैन्ये तु यथोद्देशं विनीतवत् । भरतो भ्रातरं वाक्यं शत्रुघ्नमिदमब्रवीत् ॥ २
क्षिप्रं वनमिदं सौम्य नरसंघैः समन्ततः । लुब्धैश्च सहितैरेभिस्त्वमन्वेषितुमर्हसि ॥ ३
गुहो ज्ञातिसहस्रेण शरचापासिपाणिना । समन्वेषतु काकुत्स्थावस्मिन्परिवृतः स्वयम् ॥ ४
अमात्यैः सह पौरैश्च गुरुभिश्च द्विजातिभिः । सह सर्वं चरिष्यामि पद्भ्यां परिवृतः स्वयम् ॥ ५
यावन्न रामं द्रक्ष्यामि लक्ष्मणं वा महाबलम् । वैदेहीं वा महाभागां न मे शान्तिर्भविष्यति ॥ ६
यावन्न चन्द्रसंकाशं तद्द्रक्ष्यामि शुभाननम् । भ्रातुः पद्मविशालाक्षं न मे शान्तिर्भविष्यति ॥ ७

प्रदीयतामिति वक्ष्यामीत्यन्वयः ॥ १७ ॥ ननु त्वदुक्तेऽपि स न दद्यात्तत्राह—उच्यमान इति । प्रयच्छेत्युच्यमान इत्यर्थः । राज्यलिप्सा चेत्तदेव दापयिष्यामि, किं भ्रातृवधेनेत्याशयः ॥ १८ ॥ लज्जया गात्राणि प्रविवेशेव । अत्यन्तसंकुचितोऽभूदित्यर्थः । तस्य रामस्य हिते रतः ॥ १९ ॥ एवमनुचितोक्तिलज्जापरिहारायोचितं वाक्यमाह—तदिति । भरतप्रसङ्गस्तु त्वदाशयपरिज्ञानायैव केवलमुपन्यस्त इत्याशयः ॥ २० ॥ एवं पितृप्रसङ्गो लक्ष्मणस्य व्रीडापरिहारमूल इति ज्ञात्वा तदेवानुकुर्वन्नाह—व्रीडितमिति । एष लक्ष्मणप्रस्तावितः पिता ॥ २१ ॥ नौ सुखोचितौ मन्यमानः । वनवासमनुध्याय कष्टं विचिन्त्य ॥ २२ ॥ इमां सीताम् ॥ २३ ॥ गोत्रवन्तौ प्रशस्तनामानौ प्रशस्तकुलौ वा । 'गात्रवन्तौ' इति पाठे प्रशस्तशरीरौ । जवनौ वेगवन्तौ ॥ २४ ॥ पितुरागमने चिह्नान्तरमाह—स एष इति । कम्पते चलत्यागच्छति । अयं शत्रुंजयो रामेण सुयज्ञाय दत्तादन्य एव । अतएव तातस्य शत्रुंजय इत्युक्तम् ॥ २५ ॥ इह छत्रविषये ॥ २६ ॥ इतीवेत्येव । सौमित्रिं वृक्षाग्रस्थितम् । अथ वृक्षावरोहणमाज्ञापयति—वृक्षाग्रादिति । मद्वचः कुरु । शङ्कां विहाय मद्वचसा सालावरोहणं कुर्वित्यर्थः ॥ २७ ॥ अवतीर्येति । रामाज्ञयेत्यादिः ॥ २८ ॥ रामाश्रमस्य संमर्दो न भवेदिति संदिष्टा आज्ञप्ता सेना शैलस्य समन्ताद्दूरभागे वासमकल्पयत् ॥ २९ ॥ अध्यर्धं सार्धयोजनम् ॥ ३० ॥ धर्मं पुरस्कृत्य दर्पं विधूय प्रणीता शिक्षिता सेना ॥ ३१ ॥ इति श्रीरामाभिरामे श्रीरामीये रामायणतिलके वाल्मीकीय आदिकाव्येऽयोध्याकाण्डे सप्तनवतितमः सर्गः ॥ ९७ ॥

पादवतां चरप्राणिनां वरः श्रेष्ठो विभुर्भरतः । गुरुवर्तकं गुरुशुश्रूषापरम् ॥ १ ॥ यथोद्देशममुकस्यामुकदिशि वास इति स्वाम्युपदिष्टप्रदेशमनतिक्रम्य निविष्टे सैन्ये इत्यर्थः । विनीतवद्विनीतार्थे ॥ २ ॥ लुब्धा निषादाः । एभिरास्वैर्गृहमृत्यैः ॥ ३ ॥ ज्ञातिसहस्रेण परिवृत इत्यन्वयः ॥ ४ ॥ चरिष्यामि । अहमन्वेषयामीति शेषः । पौरैः सहवर्तमानैरमात्यैर्द्विजातिभिः सहवर्तमानैर्गुरुभिश्च परिवृतः ॥ ५ ॥ ६ ॥ शुभाननमिति कर्म-

सिद्धार्थः खलु सौमित्रिर्यश्चन्द्रविमलोपमम् । मुखं पश्यति रामस्य राजीवाक्षं महाद्युति ॥ ८
यावन्न चरणौ भ्रातुः पार्थिवव्यञ्जनान्वितौ । शिरसा प्रग्रहीष्यामि न मे शान्तिर्भविष्यति ॥ ९
यावन्न राज्ये राज्यार्हः पितृपैतामहे स्थितः । अभिषिक्तो जलक्लिन्नो न मे शान्तिर्भविष्यति ॥ १०
कृतकृत्या महाभागा वैदेही जनकात्मजा । भर्तारं सागरान्तायाः पृथिव्या यानुगच्छति ॥ ११
सुशुभश्चित्रकूटोऽसौ गिरिराजसमो गिरिः । यस्मिन्वसति काकुत्स्थः कुबेर इव नन्दने ॥ १२
कृतकार्यमिदं दुर्गवनं व्यालनिषेवितम् । यदध्यास्ते महाराजो रामः शस्त्रभृतां वरः ॥ १३
एवमुक्त्वा महाबाहुर्भरतः पुरुषर्षभः । पद्भ्यामेव महातेजाः प्रविवेश महद्वनम् ॥ १४
स तानि द्रुमजालानि जातानि गिरिसानुषु । पुष्पिताग्राणि मध्येन जगाम वदतां वरः ॥ १५
स गिरेश्चित्रकूटस्य सालमारुह्य सत्वरम् । रामाश्रमगतस्याग्नेर्ददर्श ध्वजमुच्छ्रितम् ॥ १६
तं दृष्ट्वा भरतः श्रीमान्मुमोद सहबान्धवः । अत्र राम इति ज्ञात्वा गतः पारमिवाम्भसः ॥ १७

स चित्रकूटे तु गिरौ निशम्य रामाश्रमं पुण्यजनोपपन्नम् ।
गुहेन सार्धं त्वरितो जगाम पुनर्निवेश्यैव चमूं महात्मा ॥ १८

इत्यार्षे श्रीमद्रामायणे वाल्मीकीय आदिकाव्येऽयोध्याकाण्डेऽष्टनवतितमः सर्गः ॥ ९८ ॥

नवनवतितमः सर्गः ।

निविष्टायां तु सेनायामुत्सुको भरतस्ततः । जगाम भ्रातरं द्रष्टुं शत्रुघ्नमनुदर्शयन् ॥ १
ऋषिं वसिष्ठं संदिश्य मातॄर्मे शीघ्रमानय । इति त्वरितमग्रे स जगाम गुरुवत्सलः ॥ २
सुमन्त्रस्त्वपि शत्रुघ्नमदूरादन्वपद्यत । रामदर्शनजस्तर्षो भरतस्येव तस्य च ॥ ३
गच्छन्नेवाथ भरतस्तापसालयसंस्थिताम् । भ्रातुः पर्णकुटीं श्रीमानुटजं च ददर्श ह ॥ ४
शालायास्त्वग्रतस्तस्या ददर्श भरतस्तदा । काष्ठानि चावभग्नानि पुष्पाण्यपचितानि च ॥ ५
सलक्ष्मणस्य रामस्य ददर्शाश्रममेयुषः । कृतं वृक्षेष्वभिज्ञानं कुशचीरैः क्वचित्क्वचित् ॥ ६
ददर्श भवने तस्मिन्महतः संचयान्कृतान् । मृगाणां महिषाणां च करीषैः शीतकारणात् ॥ ७
गच्छन्नेव महाबाहुर्द्युतिमान्भरतस्तदा । शत्रुघ्नं चाब्रवीद्धृष्टस्तानमात्यांश्च सर्वशः ॥ ८
मन्ये प्राप्ताः स्म तं देशं भरद्वाजो यमब्रवीत् । नातिदूरे हि मन्येऽहं नदीं मन्दाकिनीमितः ॥ ९
उच्चैर्बद्धानि चीराणि लक्ष्मणेन भवेदयम् । अभिज्ञानकृतः पन्था विकाले गन्तुमिच्छता ॥ १०

धारयः । शान्तिर्दुःखशान्तिः ॥ ७ ॥ चन्द्रविमलोपमं विमलचन्द्रसदृशम् ॥ ८ ॥ पार्थिवव्यञ्जनं रेखाध्वजकुलिशातपत्रादि । तावन्मे न शान्तिरित्यन्वयः ॥ ९ ॥ १० ॥ ११ ॥ गिरिराजसमो हिमवत्सदृशः ॥ १२ ॥ कृतकार्यं कृतार्थम् । स्थावरत्वमोचकरामपादरजोव्याप्ततयेति भावः । दुर्गं दुष्प्रवेशम् । व्यालाः सर्पाः ॥ १३ ॥ १४ ॥ मध्येनेत्येनबन्तम् । तद्योगे तानीति द्वितीया । द्रुमजालानां मध्ये इत्यर्थः ॥ १५ ॥ अग्नेर्ध्वजं धूमम् । 'रामाश्रमगतस्यान्ते' इति पाठे तदाश्रमगतस्य सालस्यान्ते उपरि बद्धमुच्छ्रितं ध्वजं कोविदारध्वजं दृष्ट्वेत्यर्थः । धूमदर्शनस्य पूर्वमेव जातत्वेन तस्यानिर्णायकत्वादिति कतकः ॥ १६ ॥ तं ध्वजम् ॥ १७ ॥ पुण्यजनास्तपस्विनः । पुनर्निवेश्यान्वेषणनियोजितामपि चमूं स्थापयित्वा । गुहेनेति प्रधानजनोपलक्षणम् ॥ १८ ॥ **इति श्रीरामाभिरामे श्रीरामीये रामायणतिलके वाल्मीकीय आदिकाव्येऽयोध्याकाण्डेऽष्टनवतितमः सर्गः ॥ ९८ ॥**

निविष्टायामिति । शत्रुघ्नमिति प्रतियोगे द्वितीया । शत्रुघ्नस्य रामाश्रमप्रत्यासत्तिचिह्नादि दर्शयन्नित्यर्थः ॥ १ ॥ आनयेति संदिश्य स्वयं त्वरितः सन्नग्रे जगाम । न तु मातॄः प्रतीक्ष्य स्थित इत्यर्थः ॥ २ ॥ रामदर्शनजस्तर्षो रामदर्शनमुद्दिश्य जनितोऽभिलाषः । स भरतवत्तस्य च शत्रुघ्नस्य सुमन्त्रस्य च । अतः शत्रुघ्नं भरतमनुधावन्तमदूरात्तत्समीपं यथा भवति तथान्वपद्यतान्वधावत् ॥ ३ ॥ तापसानामालयैः सह संस्थिताम् । यद्वा तापसालयसमानसंस्थानाम् । पर्णकुटीं पर्णप्राधान्येन निर्मितां कुटीं शालाम् । इयं दर्शनार्थमागततपस्व्यादिसंव्यवहारप्रयोजना उटजबहिःस्था । उटजं सभित्तिकवाटं दारुबद्धं गृहं सीतानिवेशार्थं कृतम् ॥ ४ ॥ तस्याः शालायाः पर्णकुटीसंज्ञायाः । अवभग्नानि होमार्थमपचितानि बल्यर्थं संपादितानि ॥ ५ ॥ एयुषः । आङ्पूर्वादिणः क्वसुः । कुशैर्वल्कलैश्च मार्गपरिज्ञानार्थं कृतमभिज्ञानं चिह्नं ददर्श ॥ ६ ॥ शीतकारणाच्छीतनिवृत्तिकारणात्तद्रूपप्रयोजनार्थं मृगादीनां करीषैः कृतान्संचयान्ददर्श । चैत्रशुक्लदशम्यां प्रस्थानेन तत्र काले वैशाखान्तमपररात्रे शीतस्य जायमानत्वात् ॥ ७ ॥ एवमेतान्पदार्थान्पश्यन्गच्छन्नेव शत्रुघ्नमब्रवीत् ॥ ८ ॥ मन्दाकिनीमित इति । आश्रम इति शेषः ॥ ९ ॥ यत उच्चैर्बद्धानि चीराणि तस्माद्धि-

इतश्चोदात्तदन्तानां कुञ्जराणां तरस्विनाम् । शैलपार्श्वे परिक्रान्तमन्योन्यमभिगर्जताम् ॥ ११
यमेवाधातुमिच्छन्ति तापसाः सततं वने । तस्यासौ दृश्यते धूमः संकुलः कृष्णवर्त्मनः ॥ १२
अत्राहं पुरुषव्याघ्रं गुरुसत्कारकारिणम् । आर्यं द्रक्ष्यामि संहृष्टं महर्षिमिव राघवम् ॥ १३
अथ गत्वा मुहूर्तं तु चित्रकूटं स राघवः । मन्दाकिनीमनु प्राप्तस्तं जनं चेदमब्रवीत् ॥ १४
जगत्यां पुरुषव्याघ्र आस्ते वीरासने रतः । जनेन्द्रो निर्जनं प्राप्य धिङ्मे जन्म सजीवितम् ॥ १५
मत्कृते व्यसनं प्राप्तो लोकनाथो महाद्युतिः । सर्वान्कामान्परित्यज्य वने वसति राघवः ॥ १६
इति लोकसमाकृष्टः पादेष्वद्य प्रसादयन् । रामं तस्य पतिष्यामि सीताया लक्ष्मणस्य च ॥ १७
एवं स विलपंस्तस्मिन्वने दशरथात्मजः । ददर्श महतीं पुण्यां पर्णशालां मनोरमाम् ॥ १८
सालतालाश्वकर्णानां पर्णैर्बहुभिरावृताम् । विशालां मृदुविस्तीर्णां कुशैर्वेदिमिवाध्वरे ॥ १९
शक्रायुधनिकाशैश्च कार्मुकैर्भारसाधनैः । रुक्मपृष्ठैर्महासारैः शोभितां शत्रुबाधकैः ॥ २०
अर्करश्मिप्रतीकाशैर्घोरैस्तूणगतैः शरैः । शोभितां दीप्तवदनैः सर्पैर्भोगवतीमिव ॥ २१
महारजतवासोभ्यामसिभ्यां च विराजिताम् । रुक्मबिन्दुविचित्राभ्यां चर्मभ्यां चापि शोभिताम् २२
गोधाङ्गुलित्रैरासक्तैश्चित्रकाञ्चनभूषितैः । अरिसंघैरनाधृष्यां मृगैः सिंहगुहामिव ॥ २३
प्रागुदक्प्रवणां वेदिं विशालां दीप्तपावकाम् । ददर्श भरतस्तत्र पुण्यां रामनिवेशने ॥ २४
निरीक्ष्य स मुहूर्तं तु ददर्श भरतो गुरुम् । उटजे राममासीनं जटामण्डलधारिणम् ॥ २५
कृष्णाजिनधरं तं तु चीरवल्कलवाससम् । ददर्श राममासीनमभितः पावकोपमम् ॥ २६
सिंहस्कन्धं महाबाहुं पुण्डरीकनिभेक्षणम् । पृथिव्याः सागरान्ताया भर्तारं धर्मचारिणम् ॥ २७
उपविष्टं महाबाहुं ब्रह्माणमिव शाश्वतम् । स्थण्डिले दर्भसंस्तीर्णे सीतया लक्ष्मणेन च ॥ २८
तं दृष्ट्वा भरतः श्रीमान्दुःखमोहपरिप्लुतः । अभ्यधावत धर्मात्मा भरतः कैकयीसुतः ॥ २९
दृष्ट्वैव विललापार्तो बाष्पसंदिग्धया गिरा । अशक्नुवन्वारयितुं धैर्याद्वचनमब्रवन् ॥ ३०
यः संसदि प्रकृतिभिर्भवेद्युक्त उपासितुम् । वन्यैर्मृगैरुपासीनः सोऽयमास्ते ममाग्रजः ॥ ३१
वासोभिर्बहुसाहस्रैर्यो महात्मा पुरोचितः । मृगाजिने सोऽयमिह प्रवस्ते धर्ममाचरन् ॥ ३२
अधारयद्यो विविधाश्चित्राः सुमनसः सदा । सोऽयं जटाभारमिमं सहते राघवः कथम् ॥ ३३
यस्य यज्ञैर्यथादिष्टैर्युक्तो धर्मस्य संचयः । शरीरक्लेशसंभूतं स धर्मं परिमार्गते ॥ ३४

काले मार्गस्य स्पष्टदर्शनायोग्ये काले जलहरणाद्यर्थं गन्तुमिच्छता लक्ष्मणेनाभिज्ञानकृतः कृताभिज्ञान आश्रमपन्था अयमेव भवेत् ॥ १० ॥ अभिज्ञानकरणकारणं वनमार्गं दर्शयति—इतश्चेति । 'इदं च' इति पाठान्तरम् । उदात्तदन्तानां महादन्तानाम् । परिक्रान्तं परिक्रमणं स्यात् । गमनमार्ग इति यावत् । तत्र गमननिवृत्त्यर्थं चेदमभिज्ञानकरणमिति भावः ॥ ११ ॥ तापसा वने यमाधातुं सायंप्रातर्होमार्थमिच्छन्ति तस्यायं दृश्यते धूमः ॥ १२ ॥ १३ ॥ स राघवो भरतो मन्दाकिनीमनु चित्रकूटं प्राप्त इत्यन्वयः । तं जनममात्यादिजनम् ॥ १४ ॥ वीरासने योगिनामासने ॥ १५ ॥ १६ ॥ इति लोकेन समाकृष्टो निन्दितो यस्मादतो मे जन्म धिक् । सोऽहमेतदपयशःपरिहाराय रामं प्रसादयन्रामप्रसादहेतवे तस्य रामस्य पादेषु । पूजायां बहुवचनम् । सीताया लक्ष्मणस्य च पादयोः पतिष्यामि । स्वापराधप्रसादनाय कनीयःस्वपि प्रणामो लोकप्रसिद्ध इति कतकः । अन्यस्तु श्रद्धाजाड्यात् 'सीतायाश्च पुनःपुनः' पाठं कल्पयति ॥ १७ ॥ १८ ॥ साला वटपलाशादिदृढविशालपर्णवन्तो वृक्षाः । अश्वकर्णो वृक्षविशेषः ॥ १९ ॥ भारसाधनैरतिगुरुकार्यसाधनैः । 'सारो बले स्थिरांशे च' ॥ २० ॥ भोगवती नागलोकः ॥ २१ ॥ महारजनवासोभ्यां स्वर्णमयकोशाभ्याम् । चर्म फलकम् ॥ २२ ॥ काञ्चनभूषितैर्गोधाङ्गुलित्रैः । उपलक्षितामिति शेषः । सिंहगुहामीव पर्णशालां ददर्शेत्यन्वयः ॥ २३ ॥ प्रागुदक्प्रवणामीशानभागे निम्नाम् ॥ २४ ॥ निरीक्ष्येति । अग्निमिति शेषः । गुरुं रामं ददर्श । कृष्णाजिनेत्याद्युच्यमानविशेषणं रामम् ॥ २५ ॥ अभितः समीपे ददर्श ॥ २६ ॥ २७ ॥ शाश्वतं ब्रह्माणं हिरण्यगर्भम् ॥ २८ ॥ अभ्यधावत धावन्निव त्वरया जगाम । अत्र भरतस्येव कवेरपि वर्णनीयमयीभावेनातिहर्षाविष्टत्वादत्र प्रकरणे द्विरुक्तिर्न दोषाय ॥ २९ ॥ दृष्ट्वैव दर्शनमात्रेणैवार्तः खिन्नः सन् । तां चार्तिं धैर्याद्वारयितुमशक्नुवन् । अतएव बाष्पसंदिग्धवर्णया गिरा वागिन्द्रियेण वचनमब्रुवन्नव्यक्तं वदन्विललाप ॥ ३० ॥ विलापप्रकारमाह—यः संसदीति ॥ ३१ ॥ बहुसहस्रद्रव्यमूल्यैर्वासोभिरलंकर्तुं यः पुरे उचितः स मृगाजिनेऽन्तरीयोत्तरीयरूपे मृगचर्मणी प्रवस्ते । धर्मं पितृवचनपरिपालनरूपम् ॥ ३२ ॥ ३३ ॥ यथादिष्टैर्यथा विहितैर्ऋत्विक्क्लेशसा-

चन्दनेन महार्हेण यस्याङ्गमुपसेवितम् । मलेन तस्याङ्गमिदं कथमार्यस्य सेव्यते ॥ ३५
मन्निमित्तमिदं दुःखं प्राप्तो रामः सुखोचितः । धिग्जीवितं नृशंसस्य मम लोकविगर्हितम् ॥ ३६
इत्येवं विलपन्दीनः प्रस्विन्नमुखपङ्कजः । पादावप्राप्य रामस्य पपात भरतो रुदन् ॥ ३७
दुःखाभितप्तो भरतो राजपुत्रो महाबलः । उक्त्वार्येति सकृद्दीनं पुनर्नोवाच किंचन ॥ ३८
बाष्पैः पिहितकण्ठश्च प्रेक्ष्य रामं यशस्विनम् । आर्येत्येवाभिसंक्रुश्य व्याहर्तुं नाशकत्ततः ॥ ३९
शत्रुघ्नश्चापि रामस्य ववन्दे चरणौ रुदन् । तावुभौ च समालिङ्ग्य रामोऽप्यश्रूण्यवर्तयत् ॥ ४०

ततः सुमन्त्रेण गुहेन चैव समीयतू राजसुतावरण्ये ।
दिवाकरश्चैव निशाकरश्च यथाम्बरे शुक्रबृहस्पतिभ्याम् ॥ ४१
तान्पार्थिवान्वारणयूथपार्हान्समागतांस्तत्र महत्यरण्ये ।
वनौकसस्तेऽभिसमीक्ष्य सर्वे त्वश्रूण्यमुञ्चन्प्रविहाय हर्षम् ॥ ४२

इत्यार्षे श्रीमद्रामायणे वाल्मीकीय आदिकाव्येऽयोध्याकाण्डे नवनवतितमः सर्गः ॥ ९९ ॥

शततमः सर्गः ।

जटिलं चीरवसनं प्राञ्जलिं पतितं भुवि । ददर्श रामो दुर्दर्शं युगान्ते भास्करं यथा ॥ १
कथंचिदभिविज्ञाय विवर्णवदनं कृशम् । भ्रातरं भरतं रामः परिजग्राह पाणिना ॥ २
आघ्राय रामस्तं मूर्ध्नि परिष्वज्य च राघवम् । अङ्के भरतमारोप्य पर्यपृच्छत सादरम् ॥ ३
क नु तेऽभूत्पिता तात यदरण्यं त्वमागतः । न हि त्वं जीवतस्तस्य वनमागन्तुमर्हसि ॥ ४
चिरस्य बत पश्यामि दूराद्भरतमागतम् । दुष्प्रतीकमरण्येऽस्मिन्किं तात वनमागतः ॥ ५
कच्चिन्नु धरते तात राजा यत्त्वमिहागतः । कच्चिन्न दीनः सहसा राजा लोकान्तरं गतः ॥ ६
कच्चित्सौम्य न ते राज्यं भ्रष्टं बालस्य शाश्वतम् । कच्चिच्छुश्रूषसे तात पितुः सत्यपराक्रम ॥ ७
कच्चिद्दशरथो राजा कुशली सत्यसंगरः । राजसूयाश्वमेधानामाहर्ता धर्मनिश्चितः ॥ ८
स कच्चिद्ब्राह्मणो विद्वान्धर्मनित्यो महाद्युतिः । इक्ष्वाकूणामुपाध्यायो यथावत्तात पूज्यते ॥ ९
तात कच्चिच्च कौसल्या सुमित्रा च प्रजावती । सुखिनी कच्चिदार्या च देवी नन्दति कैकयी ॥ १०
कच्चिद्विनयसंपन्नः कुलपुत्रो बहुश्रुतः । अनसूयुरनुद्रष्टा सत्कृतस्ते पुरोहितः ॥ ११

ध्यैर्यस्य धर्मसंचयो युक्तः स स्वशरीरक्लेशेन संभूतमुत्पन्नं धर्मं मार्गते ॥ ३४ ॥ मलेन । दण्डवत्त्रिषवणाच्छन्नमात्रान्मलस्थितिरङ्गे ॥ ३५ ॥ ३६ ॥ पादावप्राप्येति दुःखातिशयवशात् ॥ ३७ ॥ तत एव पुनर्नोवाच ॥ ३८ ॥ ततो बाष्पावरुद्धकण्ठत्वात् ॥ ३९ ॥ ४० ॥ राजसुतौ रामलक्ष्मणौ ॥ ४१ ॥ अश्रूण्यमुञ्चन्प्रविहाय हर्षम् । पूर्वं तद्दर्शनजसंतोषः, पश्चात्तद्दुःखदर्शनजदुःखादश्रुपातश्च ॥ ४२ ॥ इति श्रीरामाभिरामे श्रीरामीये रामायणतिलके वाल्मीकीय आदिकाव्येऽयोध्याकाण्डे नवनवतितमः सर्गः ॥ ९९ ॥

जटिलमिति । 'अद्यप्रभृति भूमौ तु शयिष्ये', 'जटाचीराणि धारयन्' इत्यष्टाशीतितमे भरतोक्तेर्भरतस्य जटिलत्वम् । यद्यपि नवतितमे सर्गे 'वसानो वाससी क्षौमे' इति भरद्वाजदर्शनवेलायां श्रूयते, तथापि गुहग्रामे प्रतिज्ञातस्य भरद्वाजाश्रमनिर्गमनानन्तरं धारणमिति न विरोधः । युगान्ते भास्करं यथेति । भुवि । पतितमिति शेषः ॥ १ ॥ २ ॥ 'पर्यपृच्छतसमाहितः' इति पाठे समाहितः कुशलप्रश्नद्वारा धर्मबोधने सावधानचित्तः ॥ ३ ॥ हे तात, ते पिता क्वाभूत् । इह परत्र वेत्यर्थः । कुत एवं संशयस्तत्राह—न हीति । जीवतस्तस्य । सेवां हित्वेति शेषः । नार्हसि । मदसंनिधौ तवैव पितृशुश्रूषाया अवश्यकर्तव्यत्वादिति भावः ॥ ४ ॥ दूरान्मातामहदेशाच्चिरस्यागतं भरतं पश्यामि । बतेति हर्षे । दुष्प्रतीकमिति भरतविशेषणं वनविशेषणं च । आद्ये कार्श्यवैवर्ण्यादिना दुर्ज्ञेयाकारम्, वनमपि भीषणतया । तथा ईदृशं वनं किमागतः । किमागमनप्रयोजनमीदृशारण्ये इत्यर्थः । अरण्यं गजाद्युपभोग्यम् । तद्वर्ति वनमाम्रादियुक्तं मनुष्यभोग्यम् ॥ ५ ॥ अथ भरतागमनं राजाज्ञया वा स्यात्, राजमरणे दुःखाद्वा । तत्राद्यमुपन्यस्यति—कच्चिन्न्विति । धरते प्राणान्धारयति । अथवा लोकान्तरं गतः । यत्त्वमिहागत इत्यनुकर्षः ॥ ६ ॥ अन्त्यमेव पक्षमवलम्ब्याह—न ते राज्यं भ्रष्टमिति । मूलप्रभोरत्ययात्प्राप्तभ्रंशकम् । अनिश्चयाल्लोकप्रतारणाय वा पुनर्जीवनपक्षमवलम्ब्याह—कच्चिच्छुश्रूषस इति ॥ ७ ॥ धर्मनिश्चितो धर्मे निश्चितं निश्चयो यस्य सः ॥ ८ ॥ उपाध्यायो वसिष्ठः ॥ ९ ॥ नन्दति । मद्वनवासलब्धराज्यलाभाभ्यामिति व्यङ्ग्यम् ॥ १० ॥ कुलपुत्रो महाकुलप्रसूतस्ते पुरोहितस्त्वावकसकलहितकृत्यानुष्ठाता । एवेन

कच्चिदग्निषु ते युक्तो विधिज्ञो मतिमानृजुः । हुतं च होष्यमाणं च काले वेदयते सदा ॥ १२
कच्चिद्देवान्पितॄन्भृत्यान्गुरून्पितृसमानपि । वृद्धांश्च तात वैद्यांश्च ब्राह्मणांश्चाभिमन्यसे ॥ १३
इष्वस्त्रवरसंपन्नमर्थशास्त्रविशारदम् । सुधन्वानमुपाध्यायं कच्चित्त्वं तात मन्यसे ॥ १४
कच्चिदात्मसमाः शूराः श्रुतवन्तो जितेन्द्रियाः । कुलीनाश्चेङ्गितज्ञाश्च कृतास्ते तात मन्त्रिणः ॥ १५
मन्त्रो विजयमूलं हि राज्ञां भवति राघव । सुसंवृतो मन्त्रिधुरैरमात्यैः शास्त्रकोविदैः ॥ १६
कच्चिन्निद्रावशं नैषि कच्चित्कालेऽवबुध्यसे । कच्चिच्चापररात्रेषु चिन्तयस्यर्थनैपुणम् ॥ १७
कच्चिन्मन्त्रयसे नैकः कच्चिन्न बहुभिः सह । कच्चित्ते मन्त्रितो मन्त्रो राष्ट्रं न परिधावति ॥ १८
कच्चिदर्थं विनिश्चित्य लघुमूलं महोदयम् । क्षिप्रमारभसे कर्म न दीर्घयसि राघव ॥ १९
कच्चित्तु सुकृतान्येव कृतरूपाणि वा पुनः । विदुस्ते सर्वकार्याणि न कर्तव्यानि पार्थिवाः ॥ २०
कच्चिन्न तर्कैर्युक्त्या वा ये चाप्यपरिकीर्तिताः । त्वया वा तव वामात्यैर्बुध्यते तात मन्त्रितम् ॥ २१
कच्चित्सहस्रैर्मूर्खाणामेकमिच्छसि पण्डितम् । पण्डितो ह्यर्थकृच्छ्रेषु कुर्यान्निःश्रेयसं महत् ॥ २२
सहस्राण्यपि मूर्खाणां यद्युपास्ते महीपतिः । अथवाप्ययुतान्येव नास्ति तेषु सहायता ॥ २३
एकोऽप्यमात्यो मेधावी शूरो दक्षो विचक्षणः । राजानं राजपुत्रं वा प्रापयेन्महतीं श्रियम् ॥ २४
कच्चिन्मुख्या महत्स्वेव मध्यमेषु च मध्यमाः । जघन्याश्च जघन्येषु भृत्यास्ते तात योजिताः ॥ २५
अमात्यानुपधातीतान्पितृपैतामहाञ्शुचीन् । श्रेष्ठाञ्छ्रेष्ठेषु कच्चित्त्वं नियोजयसि कर्मसु ॥ २६
कच्चिन्नोग्रेण दण्डेन भृशमुद्वेजिताः प्रजाः । राष्ट्रे तवावजानन्ति मन्त्रिणः कैकयीसुत ॥ २७
कच्चित्त्वां नावजानन्ति याजकाः पतितं यथा । उग्रप्रतिग्रहीतारं कामयानमिव स्त्रियः ॥ २८
उपायकुशलं वैद्यं भृत्यं संदूषणे रतम् । शूरमैश्वर्यकामं च यो न हन्ति स हन्यते ॥ २९

वसिष्ठपुत्रः कश्चिदुक्तः ॥ ११ ॥ विधिज्ञः सकलहोमविधिज्ञः । युक्तो नियुक्तः । काले होमकाले । वेदयते हुतं होष्यमाणं चाग्निम् ॥ १२ ॥ वैद्या विद्यासु सर्वासु निपुणास्तान्ब्राह्मणानभिमन्यसे बहु मन्यसे । ब्राह्मणसामान्यविषयः प्रश्नोऽग्रे भविष्यति । यद्वा वैद्यांश्चिकित्साप्रवीणान्ब्रह्मणानित्यर्थः । 'अपूतो ह्येषोऽमेध्यो यो भिषज्यति' इति श्रुत्युक्तनिन्दा तु शास्त्रानभिज्ञचिकित्साप्रवृत्तपरा । शास्त्राभिज्ञस्य भैषज्यं महते पुण्याय । तज्जीविकापरो वा निषेध इति दिक् ॥ १३ ॥ इषुरमन्त्रो बाणप्रयोगः । अस्त्रं समन्त्रः सः । वरशब्द उभयसंबद्धः । अर्थशास्त्रं राजनीतिशास्त्रं तत्र विशारदं पण्डितं सुधन्वानं तन्नामानमुपाध्यायं धनुर्वेदाचार्यम् ॥ १४ ॥ १५ ॥ मन्त्रिधुरैर्मन्त्रिश्रेष्ठैः । शास्त्रकोविदैर्नीतिशास्त्रज्ञैः । सुसंवृतः सुतरांगुप्तः ॥१६॥ अर्थनैपुणमर्थप्राप्त्युपायम् ॥ १७ ॥ नैकः । एकेन मन्त्रे क्रियमाणे स्वकार्याभिनिवेशेन गुणागुणयोर्याथार्थ्यग्रहणं न सिध्यति । बहुभिर्मन्त्रणे प्रथममैकमत्यमेव न घटेत, मन्त्रभेदश्च भवेदिति भावः । राष्ट्रं न परिधावति । लोकैर्न ज्ञायत इत्यर्थः ॥ १८ ॥ लघुमूलमल्पयत्नसाध्यम् । महोदयं महाफलम् । न दीर्घयसि न विलम्बयसि ॥ १९ ॥ पार्थिवाः सामन्तास्ते मन्त्रितानि सर्वकार्याणि सुकृतानि निष्पन्नान्येव कृतरूपाणि कृतकल्पानि वा विदन्ति । न कर्तव्यानि भावित्वेनेत्यर्थः ॥ २० ॥ ये त्वदीया मन्त्रास्त्वयामात्यैश्चापरिकीर्तिता अपि । युक्त्यार्थापत्त्या तर्कैस्तत्साध्यैरनुमानैर्वा । यद्वा तर्कास्तत्कारणानुपामकाः, युक्तयः साक्षात्तदनुमापिकाः । परैर्न बुध्यन्ते किल । किं च परकृतं मन्त्रितं त्वया त्वदमात्यैर्वा बुध्यते किल ॥ २१ ॥ सहस्रैः । त्यक्तैरपीति शेषः । पण्डितपरिग्रहे हेतुमाह—पण्डित इति । अर्थकृच्छ्रेष्वर्थसंकटेषु निःश्रेयसं कुर्यात् । अव्यभिचरितनिस्तारोपायबोधनेनेति शेषः ॥ २२ ॥ सहायता सहायकार्यक्षमता ॥ २३ ॥ विचक्षणोऽभ्यस्तनीतिशास्त्रः ॥ २४ ॥ मुख्या महान्तः ॥ २५ ॥ उपधा उत्कोचस्तमतीतांस्तदग्राहिणः । यद्वोपाधिप्रयुक्तसंश्रयरहितान् । अतएव पितृपैतामहान् । शुचीन्बाह्यान्तरेन्द्रियशुद्धान् ॥ २६ ॥ उद्वेजिताः प्रजा मन्त्रिणश्च राष्ट्रे तव त्वां नावजानन्ति नावमन्यन्ते ॥ २७ ॥ याजकाः किंचित्पापानुसंधानेन पतितमिव त्वामयाज्योऽयमिति मत्वा नावजानन्ति किल । तत्र दृष्टान्तः—उग्रेत्यादि । स्त्रियः कुलस्त्रियः । उग्राख्यहीनजातीयस्त्रीप्रतिग्रहीतारम् । तां च कामयानं कामयमानं तस्यामत्यन्तासक्तं यथावजानन्तीत्यर्थ इति कतकः । 'उग्रप्रति'–इति पाठः । उग्रेण कर्मणा बलात्कारादिना प्रतिग्रहीतारं कामयानं कामुकं स्त्रिय इव याजकाः पतितमिव च नावजानन्ति प्रजा इति शेषः । प्रजातिक्रमणमुग्रकरग्रहणं च त्वयि नास्ति कच्चिदिति भाव इति तीर्थः । परे तु—उग्रप्रतिग्रहीतारम् । उग्रः शिवस्तत्प्रतिग्रहीतारमल्पपुंस्त्वम् । तत्प्रतिग्रहीतुरीदृशषण्ढतायाः कर्मविपाकशास्त्र उक्तेरित्याहुः ॥ २८ ॥ उपायकुशलं सामाद्युपायचतुरम् । वैद्यं विद्याविदं राजनीतिशास्त्रज्ञं भृत्यं संदूषणे रतम् । येन केनापि हेतुनाप्तभृत्यविघटने रतम् । शूरं मरणनिर्भयम् । ऐश्वर्यकामं राज्याभिलाषिणम् । यो न हन्ति स हन्यते वध्यते इत्यर्थ इति

कच्चिद्धृष्टश्च शूरश्च धृतिमान्मतिमाञ्शुचिः। कुलीनश्चानुरक्तश्च दक्षः सेनापतिः कृतः॥ ३०
बलवन्तश्च कच्चित्ते मुख्या युद्धविशारदाः। दृष्टापदाना विक्रान्तास्त्वया सत्कृत्य मानिताः॥ ३१
कच्चिद्बलस्य भक्तं च वेतनं च यथोचितम्। संप्राप्तकालं दातव्यं ददासि न विलम्बसे॥ ३२
कालातिक्रमणे ह्येव भक्तवेतनयोर्भृताः। भर्तुरप्यतिकुप्यन्ति सोऽनर्थः सुमहान्कृतः॥ ३३
कच्चित्सर्वेऽनुरक्तास्त्वां कुलपुत्राः प्रधानतः। कच्चित्प्राणांस्तवार्थेषु संत्यजन्ति समाहिताः॥ ३४
कच्चिज्जानपदो विद्वान्दक्षिणः प्रतिभानवान्। यथोक्तवादी दूतस्ते कृतो भरत पण्डितः॥ ३५
कच्चिदष्टादशान्येषु स्वपक्षे दश पञ्च च। त्रिभिस्त्रिभिरविज्ञातैर्वेत्सि तीर्थानि चारणैः॥ ३६
कच्चिद्व्यपास्ताहितान्प्रतियातांश्च सर्वदा। दुर्बलाननवज्ञाय वर्तसे रिपुसूदन॥ ३७
कच्चिन्न लोकायतिकान्ब्राह्मणांस्तात सेवसे। अनर्थकुशला ह्येते बालाः पण्डितमानिनः॥ ३८
धर्मशास्त्रेषु मुख्येषु विद्यमानेषु दुर्बुधाः। बुद्धिमान्वीक्षिकीं प्राप्य निरर्थं प्रवदन्ति ते॥ ३९
वीरैरध्युषितां पूर्वमस्माकं तात पूर्वकैः। सत्यनामां दृढद्वारां हस्त्यश्वरथसंकुलाम्॥ ४०
ब्राह्मणैः क्षत्रियैर्वैश्यैः स्वकर्मनिरतैः सदा। जितेन्द्रियैर्महोत्साहैर्वृतामार्यैः सहस्रशः॥ ४१
प्रासादैर्विविधाकारैर्वृतां वैद्यजनाकुलाम्। कच्चित्समुदितां स्फीतामयोध्यां परिरक्षसे॥ ४२
कच्चिच्चैत्यशतैर्जुष्टः सुनिविष्टजनाकुलः। देवस्थानैः प्रपाभिश्च तटाकैश्चोपशोभितः॥ ४३
प्रहृष्टनरनारीकः समाजोत्सवशोभितः। सुकृष्टसीमा पशुमान्हिंसाभिरभिवर्जितः॥ ४४
अदेवमातृको रम्यः श्वापदैः परिवर्जितः। परित्यक्तो भयैः सर्वैः खनिभिश्चोपशोभितः॥ ४५
विवर्जितो नरैः पापैर्मम पूर्वैः सुरक्षितः। कच्चिज्जनपदः स्फीतः सुखं वसति राघव॥ ४६
कच्चित्ते दयिताः सर्वे कृषिगोरक्ष्यजीविनः। वार्तायां सांप्रतं तात लोकोऽयं सुखमेधते॥ ४७

तीर्थः। उपायकुशलं राज्ञः सकाशादर्थग्रहणार्थं व्याधिवर्धनोपायकुशलं वैद्यं भिषजं स्वामिसंदूषणे रतं भृत्यं सेवकं च राजानमपच्छिद्य तदैश्वर्यकामं शूरं सेवकरूपं प्रभुं च यो न हन्ति स राजा तैरेव भिषजादिभिर्हन्यते इत्यर्थं कतक आह ॥ २९ ॥ शूराः परयोधाभिभवनसमर्थाः। धृतिमान्विपदि प्रशस्तधैर्यः। दक्षश्चतुरः ॥ ३० ॥ मुख्या गणमुख्याः। दृष्टापदाना दृष्टं द्वित्रिवारानुभूतमपदानं पूर्ववृत्तं पौरुषं येषां ते। विक्रान्ताः शूराः ॥ ३१ ॥ भक्तं दैनंदिनदेयान्नम्। वेतनं प्रतिमासदेयम् ॥ ३२ ॥ भृता भृतिजीविनो भृत्याः ॥ ३३ ॥ कुलपुत्रा ज्ञातयः। प्रधानतः प्रधानाः ॥ ३४ ॥ प्रतिभानवान्प्रत्युत्पन्नमतिः। यथोक्तवादी यथोक्तसंदेशप्रतिसंदेशवक्ता। पण्डितः परिच्छेत्ता। 'दूतं चैव प्रकुर्वीत सर्वशास्त्रविशारदम्। इङ्गिताकारचेष्टाज्ञं शुचिं दक्षं कुलोद्भवम् ॥' इति मनोः ॥ ३५ ॥ कच्चिदष्टादशेति। तानि च—मन्त्री, पुरोहितः, युवराजः, सेनापतिः, दौवारिकः, अन्तःपुराधिकृतः, बन्धनागाराधिकृतः, धनाध्यक्षः, राजाज्ञया आज्ञाप्येषु वक्ता, प्राड्विवाकसंज्ञो व्यवहारप्रष्टा, धर्मासनाधिकृतः, व्यवहारनिर्णेता सभ्याख्यः, सेनायाः जीवितभृतिदानाध्यक्षः, कर्मान्ते वेतनग्राहिणः, नगराध्यक्षः, राष्ट्रान्तपालः—अयमेवाटविकः दुष्टानां दण्डनाधिकारी, जलगिरिवनस्थलदुर्गपालाः। एतान्येव स्वपक्षे मन्त्रिपुरोहितयुवराजान्हित्वा च पञ्चदश। एकैकस्मिन्विषये त्रिभिस्त्रिभिरभिज्ञातैः परस्परमितरैश्चाभिज्ञातैरेतान्यष्टादशतीर्थानि वेत्सि कच्चित्। 'योनौ जलावतारे च मन्त्र्याद्यष्टादशस्वपि। पुण्यक्षेत्रे तथा पात्रे तीर्थं स्याद्दर्शनेष्वपि ॥' इति। स्वदेशेऽप्येतैर्न्यायतो व्यवहारः प्रवर्त्यते नवेति विचारणीयं परदेशे चेति भावः ॥ ३६ ॥ व्यपास्तान्निष्कासितान्। प्रतियातान्पुनरागतान्। दुर्बलान्दुर्बलानपि। अनवज्ञायेति। दुर्बलोऽयमहितः किमस्माकं करिष्यतीत्युपेक्षां न करोषि कच्चित् ॥ ३७ ॥ लोकायतिकांश्चार्वाकमतानुसारिणः प्रत्यक्षमात्रप्रमाणकान्। अपरे लोकायतिकाः शुष्कतर्कवावदूकाः। ब्राह्मणत्वेऽपि तदपरिग्रहे हेतुमाह—अनर्थेति। परलोकतत्साधनाभावरूपानर्थप्रतिपादनकुशलाः। अतएव बाला अज्ञाः। वेदज्ञसंनिधाविति शेषः। पण्डितमानिनः स्वयूथ्येष्वेव केवलमात्मनः पण्डितान्मन्यन्ते नान्यत्र ॥ ३८ ॥ द्वितीयलोकायतानां त्यागे हेतुमाह—धर्मेत्यादि। मुख्येषु मुख्यप्रमाणभूतेषु। आन्वीक्षिकी तर्कविद्या। शुष्कतर्कविद्याजनितां बुद्धिमवलम्ब्य निरर्थं निष्प्रयोजनं वदन्ति। 'यथात्मनो ज्ञानाश्रयत्वमीशो जगन्निमित्तकारणं नित्यज्ञानादिगुणकश्च' इत्यादिश्रुतिविरुद्धवादाभिप्रायमिदम् ॥ ३९ ॥ सत्यनामामयोध्येत्यन्वर्थनामाम् ॥ ४० ॥ आर्यैरुक्तत्रैवर्णिकैः ॥ ४१ ॥ समुदितां सिद्धाम्। स्फीतां समृद्धाम् ॥ ४२ ॥ चैत्यशतैरश्वमेधान्तयागानेकचयनप्रदेशैः। 'कच्चिच्चैत्यशतैः' इति पाठः। सुनिविष्टैः सुप्रतिष्ठितैर्जनैराकुलो निबिडः ॥ ४३ ॥ 'प्रभिन्नरनारीकः' इति पाठे प्रमेदः संतोषः। सुकृष्टाः सीमास्तत्तत्क्षेत्रप्रान्तदेशाः पशवश्च यस्मिन्स तथा ॥ ४४ ॥ अदेवमातृक इति। नदीमातृक इत्यर्थः। 'नद्यम्बुजीवनो देशो नदीमातृक उच्यते। वृष्टिनिष्पाद्यसस्यस्तु विज्ञेयो देवमातृकः ॥' इति। खनिः स्वर्णरत्नाद्याकरः। ईदृशो जनपदः सर्वैर्भयैः परित्यक्तः कच्चिदस्ति ॥ ४५ ॥ स च सुखं वसति कच्चिदित्यर्थः ॥ ४६ ॥ कृषिगोरक्ष्यजीविनो वैश्याः।

तेषां गुप्तिपरीहारैः कच्चित्ते भरणं कृतम् । रक्ष्या हि राज्ञा धर्मेण सर्वे विषयवासिनः ॥ ४८
कच्चित्स्त्रियः सान्त्वयसे कच्चित्तास्ते सुरक्षिताः । कच्चिन्न श्रद्दधास्यासां कच्चिद्गुह्यं न भाषसे ॥ ४९
कच्चिन्नागवनं गुप्तं कच्चित्ते सन्ति धेनुकाः । कच्चिन्न गणिकाश्वानां कुञ्जराणां च तृप्यसि ॥ ५०
कच्चिद्दर्शयसे नित्यं मानुषाणां विभूषितम् । उत्थायोत्थाय पूर्वाह्णे राजपुत्र महापथे ॥ ५१
कच्चिन्न सर्वे कर्मान्ताः प्रत्यक्षास्तेऽविशङ्कया । सर्वे वा पुनरुत्सृष्टा मध्यमे वात्र कारणम् ॥ ५२
कच्चिद्दुर्गाणि सर्वाणि धनधान्यायुधोदकैः । यन्त्रैश्च प्रतिपूर्णानि तथा शिल्पिधनुर्धरैः ॥ ५३
आयस्ते विपुलः कच्चित्कच्चिदल्पतरो व्ययः । अपात्रेषु न ते कच्चित्कोशो गच्छति राघव ॥ ५४
देवतार्थे च पित्रर्थे ब्राह्मणाभ्यागतेषु च । योधेषु मित्रवर्गेषु कच्चिद्गच्छति ते व्ययः ॥ ५५
कच्चिदार्योऽपि शुद्धात्मा क्षारितश्चापकर्मणा । अदृष्टः शास्त्रकुशलैर्न लोभाद्बध्यते शुचिः ॥ ५६
गृहीतश्चैव पृष्टश्च काले दृष्टः सकारणः । कच्चिन्न मुच्यते चोरो धनलोभान्नरर्षभ ॥ ५७
व्यसने कच्चिदाढ्यस्य दुर्बलस्य च राघव । अर्थं विरागाः पश्यन्ति तवामात्या बहुश्रुताः ॥ ५८
यानि मिथ्याभिशस्तानां पतन्त्यश्रूणि राघव । तानि पुत्रपशून्घ्नन्ति प्रीत्यर्थमनुशासतः ॥ ५९
कच्चिद्वृद्धांश्च बालांश्च वैद्यान्मुख्यांश्च राघव । दानेन मनसा वाचा त्रिभिरेतैर्बुभूषसे ॥ ६०
कच्चिद्गुरूंश्च वृद्धांश्च तापसान्देवतातिथीन् । चैत्यांश्च सर्वान्सिद्धार्थान्ब्राह्मणांश्च नमस्यसि ॥ ६१
कच्चिदर्थेन वा धर्ममर्थं धर्मेण वा पुनः । उभौ वा प्रीतिलोभेन कामेन न विबाधसे ॥ ६२
कच्चिदर्थं च कामं च धर्मं च जयतां वर । विभज्य काले कालज्ञ सर्वान्वरद सेवसे ॥ ६३
कच्चित्ते ब्राह्मणाः शर्म सर्वशास्त्रार्थकोविदः । आशंसते महाप्राज्ञ पौरजानपदैः सह ॥ ६४

वार्ता । 'कृषिगोरक्ष्यवाणिज्यकेयं वार्तेत्युदाहृतम्' । तत्र सांप्रतं वर्तन्ते इति शेषः । लोको जीवलोकः कृष्यादौ स्थितः सुखमेधते कच्चित् ॥ ४७ ॥ गुप्तिपरीहारैः । गुप्तिरिष्टप्रापणम्, परीहारोऽनिष्टपरिहारः, तैः । तेषां कृष्यादिजीविनां भरणं कृतं कच्चिदिति तीर्थः । 'गुप्तपरीहारैः' इति पाठः । गुप्त्यर्थनियुक्तै राजमनुष्यैः क्रियमाणतस्कराद्यनर्थपरिहारैस्ते त्वया भरणं कृतं कच्चिदिति कतकः ॥ ४८ ॥ ताः स्त्रियः सुरक्षिताः । त्वयेत्यर्थः । न श्रद्दधास्यासामिति । वचनादिकं वास्तवमिति शेषः । गुह्यमप्रकाश्यवृत्तान्तमिष्टेति मत्वा न भाषसे कच्चित् ॥ ४९ ॥ नागवनं गजोत्पत्तिस्थानभूतं वनम् । धेनुका धेनवः । स्वार्थे कः । गणिकाः करिण्यः । 'वेश्याकरिण्योर्गणिका' । करिण्यादिसंपादनविषये तृप्तिं नाप्नोषि कच्चित् ॥ ५० ॥ भूषितम् । सभायां स्थित्वात्मानमिति शेषः । तथा महापथे चात्मानं दर्शयसे ॥ ५१ ॥ कर्मान्ताः कर्मकरा अविशङ्कया निर्भयतया ते प्रत्यक्षा न किल । वाथवा सर्वे ते उत्सृष्टाः परित्यक्तदर्शना न । अत्र कर्मकरविषये मध्यमे वनादिदर्शनादर्शनयोर्मध्यरीत्या करणमेव कारणमर्थप्राप्तिकारणम् ॥ ५२ ॥ ५३ ॥ आयो धनागमः । व्ययो भोगबलरक्षाद्यर्थं त्यागः । अपात्रेषु नटगायकादिषु ॥ ५४ ॥ अभ्यागतोऽतिथिर्यः कश्चित् । व्ययः । आयाच्च्यून इति शेषः ॥ ५५ ॥ आर्यः साधुः शुद्धात्मापि स्वल्पकर्मणा स्तेयागम्यागमनादिदोषेण क्षारितोऽभिशस्तः शास्त्रकुशलैर्धर्मशास्त्रकुशलैरदृष्ट एवानिर्णीतदोष एव । लोभाद्धनलोभाच्छुचिरपि न बध्यते न दण्ड्यते कच्चित् ॥ ५६ ॥ गृहीतः पालकैर्धनस्वामिना वा । सकारणो दृष्टश्चोरत्वेन ग्रहणकारणैर्युक्तो दृष्टः । पृष्टः प्रश्नेनापि निश्चितचौर्यः । धनलोभाच्चोरेणैवोत्कोचतया दीयमानधनलोभात्पालकैर्न मुच्यते कच्चित् ॥ ५७ ॥ आढ्यस्य धनिकस्य दुर्बलस्य दरिद्रस्य च व्यसने विवादरूपसंकटे राजकीयैकनिवर्त्ये प्राप्ते तवामात्या विरागाः सन्तो विगतधनरागाः सन्तोऽर्थं तयोर्व्यवहारं पश्यन्ति कच्चित् ॥ ५८ ॥ मिथ्याभिशस्तानां राज्ञा विचार्यानिवर्तितमिथ्याभियोगानां प्रजानां यान्यश्रूणि पतन्ति । 'पादन्यासानि' इति पाठान्तरम् । तदा जायन्ते इति शेषः । आर्षं नपुंसकत्वम् । तानि प्रीत्यर्थं राज्यभोगजप्रीतिमात्रार्थं राज्यमनुशासतो राज्ञः पुत्रादीन्घ्नन्ति ॥ ५९ ॥ वैद्या भिषजः । दानमभिमतवस्तुनः । मनः स्नेहयुतम् । वाक्सान्त्वयुता । एतैस्त्रिभिः प्रत्येकं बुभूषसे प्राप्तुमिच्छसि वशीकर्तुमिच्छसि संभावयितुमिच्छसि वा कच्चित् ॥ ६० ॥ चैत्यांश्चतुष्पथस्थमहावृक्षान्देवतावासभूतान् । सिद्धार्थान्विद्यावृत्ततपोभिः कृतार्थितजन्मनो ब्राह्मणान् ॥ ६१ ॥ कच्चिदर्थेनेति धर्मार्जनयोग्यपूर्वाह्णेऽर्थार्जनेन धर्मबाधः । तथा तद्योग्यमध्याह्ने धर्मार्जनेन तद्बाधः । प्रीतिलोभेन कामेन विषयसंतोषलोभरूपेण कामेन तदुभयकालसेवितेन तयोर्बाध इति तीर्थः । अर्थप्राप्तिरूपेण हेतुना धर्मं न बाधसे । धर्मं हित्वार्थं न गृह्णासीत्यर्थः । धर्मेण धर्मप्राप्तिहेतुनार्थं कुटुम्बनिर्वाहापेक्षितमर्थं न बाधसे । उभयमपि विषयसंतोषलोभेन गणिकाद्यासक्त्या बाधसे नेत्यर्थं इति कतकः ॥ ६२ ॥ विभज्य सेवसे । काले पूर्वाह्णतदुत्तरकालसार्धयामोत्तररात्रिरूपेण क्रमेण धर्मार्थकामसेवाकाले ॥ ६३ ॥ शर्म सुखमाशंसते प्रार्थयते

नास्तिक्यमनृतं क्रोधं प्रमादं दीर्घसूत्रताम् । अदर्शनं ज्ञानवतामालस्यं पञ्चवृत्तिताम् ॥ ६५
एकचिन्तनमर्थानामनर्थज्ञैश्च मन्त्रणम् । निश्चितानामनारम्भं मन्त्रस्यापरिरक्षणम् ॥ ६६
मङ्गलाद्यप्रयोगं च प्रत्युत्थानं च सर्वतः । कच्चित्त्वं वर्जयस्येतान्राजदोषांश्चतुर्दश ॥ ६७
दशपञ्चचतुर्वर्गान्सप्तवर्गं च तत्त्वतः । अष्टवर्गं त्रिवर्गं च विद्यास्तिस्रश्च राघव ॥ ६८
इन्द्रियाणां जयं बुद्ध्या षाड्गुण्यं दैवमानुषम् । कृत्यं विंशतिवर्गं च तथा प्रकृतिमण्डलम् ॥ ६९
यात्रा दण्डविधानं च द्वियोनी संधिविग्रहौ । कच्चिदेतान्महाप्राज्ञ यथावदनुमन्यसे ॥ ७०

॥ ६४ ॥ 'प्रमादोऽनवधानता' । दीर्घसूत्रश्चिरक्रियस्तद्भावः । अवश्यकर्तव्यस्य विचारादिना कालविलम्बनम् । ज्ञानवतां विदुषामदर्शनम् । आलस्यं नित्यकृत्यालस्यम् । पञ्चवृत्तितां चक्षुरादिपञ्चेन्द्रियपरवशताम् ॥ ६५ ॥ अर्थानां राज्यप्रयोजनानामेकेन चिन्तनम् । अनर्थज्ञैर्विपरीतदर्शिभिः । निश्चितानां मन्त्रिभिः सह कर्तव्यत्वेन निश्चितानामनारम्भम् ॥ ६६ ॥ मङ्गलस्यादौ प्रातःकालेऽप्रयोगमननुष्ठानम् । सर्वतः प्रत्युत्थानं सर्वदिगवस्थितरिपूद्देशेन युगपद्दण्डयात्रामित्यर्थ इति तीर्थः । कंचन प्रत्युत्थानायोग्यं पुरुषमुद्दिश्यापि प्रभावमुक्त्वा चापल्यादासनाच्चलनमित्यर्थ इति कतकः ॥ ६७ ॥ दशवर्गादीन्बुद्ध्वा यथावदनुमन्यसे । तेषु त्याज्यांशमुपादेयांशं च ज्ञात्वानुजानासीति तृतीयस्थेन संबन्धः । दशवर्गस्तु—'मृगयाक्षौ दिवास्वापः परिवादः स्त्रियो मदः । तौर्यत्रिकं वृथाट्या च कामजो दशको गणः ॥' इति मनूक्तः । तौर्यत्रिकं नृत्यगीतवाद्यम् । वृथाट्या वृथापर्यटनम् । पञ्चवर्गस्तु—'औदकं पार्वतं वार्क्षमैरिणं धान्वनं तथा । इति दुर्गं पञ्चविधं पञ्चवर्ग उदाहृतः ॥' ईरिणं सर्वसस्यशून्यप्रदेशः । तत्संबन्धि दुर्गमैरिणम् । तस्यापि परैर्गन्तुमशक्यत्वात् । धान्वनमुष्णकाले दुर्गं भवति । चतुर्वर्गस्तु—'साम दानं च भेदश्च दण्डश्चेति चतुर्गुणः' । सप्तवर्गस्तु—'स्वाम्यमात्यश्च राष्ट्रं च दुर्गकोशौ बलं सुहृत् । परस्परोपकारीदं राज्यं सप्ताङ्गमुच्यते ॥' अष्टवर्गस्तु—'पैशुन्यं साहसं द्रोहमीर्ष्यासूयार्थदूषणम् । वाग्दण्डयोश्च पारुष्यं क्रोधजोऽपि गणोऽष्टकः ॥' इति । कृषिवाणिज्यदुर्गसेतुकुञ्जरबन्धनखन्याकरकरादानशून्यनिवेशनान्यष्टवर्ग इति तीर्थः । त्रिवर्गो धर्मार्थकामाः । उत्साहप्रभुमन्त्रशक्तित्रयं वा । तिस्रो विद्यास्त्रयी वार्ता दण्डनीतिः । त्रयी वेदत्रयी । वार्ता कृष्यादि । दण्डनीतिर्नीतिशास्त्रम् ॥ ६८ ॥ इन्द्रियाणां जयं जयोपायम् । स च योगाभ्यास एव । षाड्गुण्यं षड्गुणाः । 'संधिर्नो विग्रहो यानमासनं द्वैधमाश्रयः' इति । द्वैधं शत्रुवर्ग्याणामुपजापः । दैवमानुषम् । दैवं मानुषं च व्यसनमित्यर्थः । 'हुताशनो जलं व्याधिर्दुर्भिक्षो मरकस्तथा' इत्येतद्दैवम् । मरको मरणनिमित्तं मार्यादि । मानुषं तु—'आयुक्तकेभ्यश्चोरेभ्यः परेभ्यो राजवल्लभात् । पृथिवीपतिलोभाच्च व्यसनं मानुषं त्विदम् ॥' इति । आयुक्तका अधिकारिणः । कृत्यं तु—'अलब्धवेतनो लुब्धो मानी चाप्यवमानितः । क्रुद्धश्च कोपितोऽकस्मात्तथा भीतश्च भीषितः ॥ भेद्याः शत्रौ तु चत्वारो नृपकृत्यमिदं स्मृतम् ॥' विंशतिवर्गस्तु असंधेयोऽविग्राह्य एव । स च—'बालो वृद्धो दीर्घरोगी तथा ज्ञातिबहिष्कृतः । भीरुको भीरुजनको लुब्धो लुब्धजनस्तथा ॥ विरक्तप्रकृतिश्चैव विषयेष्वतिसक्तिमान् । अनेकचित्तमन्त्रश्च देवब्राह्मणनिन्दकः ॥ दैवोपहतकश्चैव दैवचिन्तक एव च । दुर्भिक्षव्यसनोपेतो बलव्यसनसंयुतः । अदेशस्थो बहुरिपुर्युक्तोऽकालेन यश्च वै । सत्यधर्मरतश्चैव विंशतिः पुरुषा अमी ॥ एतैः सधिं न कुर्वीत विग्रही स्यात्तु केवलम् ॥' इति । कतकस्तु—राज्यस्त्रीस्थानदेशानां ज्ञातिधनयोश्च यस्यापहारस्ते षट्, मदमानदेशपीडावन्तस्त्रयः, ज्ञानार्थशक्तिधर्माणां येषां विघातस्ते चत्वारः, दैवचिन्तकः, रिपुमित्रावमन्तारौ, बन्धुविनाशनं यस्य, लोकानुग्रहरहितः, दूषितमण्डलः, एकार्थाभिनिवेशित्वं यस्य, एते विग्राह्या एवेत्याह । प्रकृतयश्च मण्डलं च प्रकृतिमण्डलम् । प्रकृतिवर्गस्तु—'अमात्यो राष्ट्रदुर्गाणि कोशो दण्डश्च पञ्चमः । एताः प्रकृतयस्तज्ज्ञैर्विजिगीषोरुदाहृताः ॥' इति । मण्डलं द्वादशराजमण्डलम् । तत्र विजिगीषुर्मध्ये । 'अरिर्मित्रमरेर्मित्रं मित्रमित्रमतः परम् । मित्रारिमित्रमित्रं च विजिगीषोः पुरःसराः ॥ पार्ष्णिग्राहस्ततः पश्चादाक्रन्दस्तदनन्तरम् । आसारावनयोश्चैव विजिगीषोस्तु पृष्ठतः ॥' आसारौ पार्ष्णिग्राहासाराक्रन्दासाराविति । आसारपृष्ठभागस्थौ मध्यमोदासीनाविति । 'अरेश्च विजिगीषोश्च मध्यमो भूम्यनन्तरः । अनुग्रहे संहतयोर्व्यस्तयोर्निग्रहे प्रभुः ॥' इति । 'मण्डलाद्बहिरेतेषामुदासीनो बलाधिकः । अनुग्रहे संहतानां व्यस्तानां च वधे प्रभुः ॥' इति ॥ ६९ ॥ यात्रा यानम् । तच्च पञ्चविधम्—'विगृह्य संधाय तथा संभूयाथ प्रसङ्गतः । उपेक्ष्य चेति निपुणैर्यानं पञ्चविधं स्मृतम् ॥' बलवत्तया पार्ष्णिग्राहादिभिर्विगृह्यान्यत्र शत्रौ यानं विगृह्ययानम्, तैः संधायान्यत्र यानं संधाययानम्, सामन्तैः सह यानं संभूययानम्, अन्योद्देशेन यात्राप्रसङ्गमुत्पाद्यान्यं प्रति यानं प्रसङ्गयानम्, बलवत्तया शत्रुमुपेक्ष्य तस्य मित्रेषु यानमुपेक्ष्ययानम्, दण्डविधानं दण्डः सेना तद्विधानं व्यूहरचनाभेदः । 'दण्डो धर्मे मानभेदे लकुटे मदसैन्ययोः' । 'द्वियोनी संधिविग्रहौ' इति । संधिविग्रहयानेत्यादिषड्गुणानां मध्ये संधिविग्रहौ द्वयोर्योनी । तत्र द्वैधीभावसमाश्रयौ संधियोनिकौ यानासने विग्रहयोनिके इति भेदः । तत्र द्वैधीभावो नाम—'बलिनोर्द्विषतोर्मध्ये वाचात्मानं समर्पयन् । द्वैधीभावेन वर्तेत काकाक्षिवदलक्षितम् ॥' इति । अरिभिः पीड्यमानस्य

मन्त्रिभिस्त्वं यथोद्दिष्टं चतुर्भिस्त्रिभिरेव वा । कच्चित्समस्तैर्व्यस्तैश्च मन्त्रं मन्त्रयसे बुध ॥ ७१
कच्चित्ते सफला वेदाः कच्चित्ते सफलाः क्रियाः । कच्चित्ते सफला दाराः कच्चित्ते सफलं श्रुतम् ॥ ७२
कच्चिदेषैव ते बुद्धिर्यथोक्ता मम राघव । आयुष्या च यशस्या च धर्मकामार्थसंहिता ॥ ७३
यां वृत्तिं वर्तते तातो यां च नः प्रपितामहः । तां वृत्तिं वर्तसे कच्चिद्या च सत्पथगा शुभा ॥ ७४
कच्चित्स्वादुकृतं भोज्यमेको नाश्नासि राघव । कच्चिदाशंसमानेभ्यो मित्रेभ्यः संप्रयच्छसि ॥ ७५

राजा तु धर्मेण हि पालयित्वा महीपतिर्दण्डधरः प्रजानाम् ।
अवाप्य कृत्स्नां वसुधां यथावदितश्च्युतः स्वर्गमुपैति विद्वान् ॥ ७६

इत्यार्षे श्रीमद्रामायणे वाल्मीकीय आदिकाव्येऽयोध्याकाण्डे शततमः सर्गः ॥ १०० ॥

एकोत्तरशततमः सर्गः ।

तं तु रामः समाज्ञाय भ्रातरं गुरुवत्सलम् । लक्ष्मणेन सह भ्रात्रा प्रष्टुं समुपचक्रमे ॥ १
किमेतदिच्छेयमहं श्रोतुं प्रव्याहृतं त्वया । यस्मात्त्वमागतो देशमिमं चीरजटाजिनी ॥ २
यन्निमित्तमिमं देशं कृष्णाजिनजटाधरः । हित्वा राज्यं प्रविष्टस्त्वं तत्सर्वं वक्तुमर्हसि ॥ ३
इत्युक्तः केकयीपुत्रः काकुत्स्थेन महात्मना । प्रगृह्य बलवद्भूयः प्राञ्जलिर्वाक्यमब्रवीत् ॥ ४
आर्य तातः परित्यज्य कृत्वा कर्म सुदुष्करम् । गतः स्वर्गं महाबाहुः पुत्रशोकाभिपीडितः ॥ ५
स्त्रिया नियुक्तः कैकेय्या मम मात्रा परंतप । चकार सा महत्पापमिदमात्मयशोहरम् ॥ ६
सा राज्यफलमप्राप्य विधवा शोककर्शिता । पतिष्यति महाघोरे नरके जननी मम ॥ ७
तस्य मे दासभूतस्य प्रसादं कर्तुमर्हसि । अभिषिञ्चस्व चाद्यैव राज्येन मघवानिव ॥ ८
इमाः प्रकृतयः सर्वा विधवा मातरश्च याः । त्वत्सकाशमनुप्राप्ताः प्रसादं कर्तुमर्हसि ॥ ९
तथानुपूर्व्या युक्तश्च युक्तं चात्मनि मानद । राज्यं प्राप्नुहि धर्मेण सकामान्सुहृदः कुरु ॥ १०
भवत्वविधवा भूमिः समग्रा पतिना त्वया । शशिना विमलेनेव शारदी रजनी यथा ॥ ११
एभिश्च सचिवैः सार्धं शिरसा याचितो मया । भ्रातुः शिष्यस्य दासस्य प्रसादं कर्तुमर्हसि ॥ १२

बलवदाश्रयणं समाश्रयः । कालप्रतीक्षया तूष्णीमवस्थानमासनम् ॥ ७० ॥ यथोद्दिष्टं नीतिशास्त्रोक्तमन्त्रविचारमार्गमनतिक्रम्येत्यर्थः । 'यथोद्दिष्टैः' इति पाठे मन्त्रिलक्षणलक्षितैरित्यर्थः । व्यस्तैरेकैकशः । एवं हि तत्तन्मनःपरिज्ञानं भवति । त्रिभिश्चतुर्भिरित्यनेन बहुभिर्नैकेनेति सूचितम् ॥ ७१ ॥ वेदाः सफलास्तद्विहितकर्मप्रवृत्त्या । क्रिया राजकार्याणि तत्तदुद्देश्यफलयुक्तानि । यद्वा क्रियाः संपादितधनादीनि क्रियास्तेषां सफलत्वं च दानभोगाभ्याम् । दाराणां सफलत्वं धर्मरतिप्रजाभिः । श्रुतसाफल्यं विनीतत्वम् ॥ ७२ ॥ उक्ता एषा बुद्धिर्यथा मम तथैव तवापि वर्तते कच्चित् । 'कच्चिदेष्वेव' इति पाठान्तरम् ॥ ७३ ॥ सत्पथगा शिष्टानुष्ठानमार्गगा ॥ ७४ ॥ स्वादुकृतं स्वादुतया कृतं सिद्धम् । आशंसमानेभ्यः स्नेहवृत्त्यपेक्षयेच्छद्भ्यः । मित्रेभ्यः स्निग्धेभ्यः ॥ ७५ ॥ महीपती राजा क्षत्रियः । इतश्च्युत एतद्देहलोकाभ्याम् ॥ ७६ ॥ इति श्रीरामाभिरामे श्रीरामीये रामायणतिलके वाल्मीकीय आदिकाव्येऽयोध्याकाण्डे शततमः सर्गः ॥ १०० ॥

एवं कच्चित्प्रश्नानन्तरं स्वस्य राजत्वाभावं सूचयितुं तदुत्तरमप्रयच्छन्तं भरतं प्रति रामेणागमनप्रयोजनप्रश्नः—तं त्विति । समाज्ञाय कुशलप्रश्नव्याजेन सर्वधर्माञ्ज्ञापयित्वा । यद्वा प्राप्तराज्यपरित्यागेन जटादिधारणेन गुरौ स्वस्मिन्भक्तियुक्तं ज्ञात्वा ॥ १ ॥ यस्मात्त्वमिमं देशं चीरजटाजिनी भूत्वागतोऽसि तस्मादेवंरूपेणागमनं किंकारणकमिति त्वया प्रस्पष्टं व्याहृतं श्रोतुमहमिच्छेयम् ॥ २ ॥ एतस्यैव श्लोकस्य व्याख्यानम्—यदिति ॥ ३ ॥ प्रगृह्य, बलवद्यथा तथा शोकं निगृह्येत्यर्थः ॥ ४ ॥ पूर्वपृष्टमेवार्थं क्व नु तेऽभूत्पितेत्येवंरूपं भङ्ग्यन्तरेण पुनः पृष्टं ज्ञात्वा तदुत्तरमाह—आर्येति । परित्यज्य । अस्मान्सर्वानिमं च लोकमिति शेषः । 'आर्यं परित्यज्य' इति पाठे विवास्येत्यर्थः । सुदुष्करं कर्म ज्येष्ठार्हं राज्यं कनिष्ठसात्कृत्वा ॥ ५ ॥ मम मात्रा कैकेय्या नियुक्त इति पूर्वश्लोकान्वयि सा चकारेत्यन्वयः । 'सुमहत्' इति पाठे सेत्यध्याहारः ॥ ६ ॥ ७ ॥ एवं पितृमरणे श्रुते तदुचितकृत्ये कृते ततः परं यद्वक्तव्यं तत्संक्षेपेणाधुनैव ब्रूते भरतः—तस्य म इति । कैकेयीपुत्रत्वात्प्राप्तापवादस्य । राज्येन राज्यनिमित्तम् ॥ ८ ॥ यस्मान्मातरो वयं च सर्वे त्वत्प्रसादनार्थमागताः ॥ ९ ॥ यतश्च त्वमानुपूर्व्या ज्येष्ठत्वलक्षणया युक्तो यतश्चात्मनि त्वयि अभिषेचनं युक्तं तस्माद्धर्मेण राज्यं प्राप्नुहि ॥ १० ॥ रजनी यथा तादृशी भूमिः शशिनेव त्वया युताऽविधवा भवत्वित्यन्वयः । पतिनेत्यार्षम् । 'विमलेनेह' इति पाठान्तरम् ॥ ११ ॥ १२ ॥

तदिदं शाश्वतं पित्र्यं सर्वं सचिवमण्डलम् । पूजितं पुरुषव्याघ्र नातिक्रमितुमर्हसि ॥ १३
एवमुक्त्वा महाबाहुः सबाष्पः कैकयीसुतः । रामस्य शिरसा पादौ जग्राह भरतः पुनः ॥ १४
तं मत्तमिव मातङ्गं निःश्वसन्तं पुनःपुनः । भ्रातरं भरतं रामः परिष्वज्येदमब्रवीत् ॥ १५
कुलीनः सत्त्वसंपन्नस्तेजस्वी चरितव्रतः । राज्यहेतोः कथं पापमाचरेन्मद्विधो जनः ॥ १६
न दोषं त्वयि पश्यामि सूक्ष्ममप्यरिसूदन । न चापि जननीं बाल्यात्त्वं विगर्हितुमर्हसि ॥ १७
कामकारो महाप्राज्ञ गुरूणां सर्वदानघ । उपपन्नेषु दारेषु पुत्रेषु च विधीयते ॥ १८
वयमस्य यथा लोके संख्याताः सौम्य साधुभिः । भार्याः पुत्राश्च शिष्याश्च त्वमपि ज्ञातुमर्हसि ॥ १९
वने वा चीरवसनं सौम्यकृष्णाजिनाम्बरम् । राज्ये वापि महाराजो मां वासयितुमीश्वरः ॥ २०
यावत्पितरि धर्मज्ञ गौरवं लोकसत्कृते । तावद्धर्मभृतां श्रेष्ठ जनन्यामपि गौरवम् ॥ २१
एताभ्यां धर्मशीलाभ्यां वनं गच्छेति राघव । मातापितृभ्यामुक्तोऽहं कथमन्यत्समाचरे ॥ २२
त्वया राज्यमयोध्यायां प्राप्तव्यं लोकसत्कृतम् । वस्तव्यं दण्डकारण्ये मया वल्कलवाससा ॥ २३
एवमुक्त्वा महाराजो विभागं लोकसंनिधौ । व्यादिश्य च महाराजो दिवं दशरथो गतः ॥ २४
स च प्रमाणं धर्मात्मा राजा लोकगुरुस्तव । पित्रा दत्तं यथाभागमुपभोक्तुं त्वमर्हसि ॥ २५

यदब्रवीन्मां नरलोकसत्कृतः पिता महात्मा विबुधाधिपोपमः ।
तदेव मन्ये परमात्मनो हितं न सर्वलोकेश्वरभावमव्ययम् ॥ २६

इत्यार्षे श्रीमद्रामायणे वाल्मीकीय आदिकाव्येऽयोध्याकाण्डे एकोत्तरशततमः सर्गः ॥ १०१ ॥

द्व्युत्तरशततमः सर्गः ।

रामस्य वचनं श्रुत्वा भरतः प्रत्युवाच ह । किं मे धर्माद्विहीनस्य राजधर्मः करिष्यति ॥ १
शाश्वतोऽयं सदा धर्मः स्थितोऽस्मासु नरर्षभ । ज्येष्ठे पुत्रे स्थिते राजन्न कनीयान्भवेन्नृपः ॥ २

शाश्वतं परम्पराप्राप्तं सचिवमण्डलं तत्प्रार्थनं पूर्वं सदा पूजितं सफलं कृतं तदिदानीमतिक्रमितुं नार्हसि ॥ १३ ॥ १४ ॥ मत्तमथाप्यकस्मात्प्राप्तदुःखेन निःश्वसन्तं मातङ्गमिव स्थितं भरतमित्यन्वयः ॥ १५ ॥ पापं पित्राज्ञाभङ्गरूपम् ॥ १६ ॥ बाल्यादज्ञानात् ॥ १७ ॥ कथं कैकेयीगर्हणमज्ञानमूलं तत्राह—कामकार इति । स्वच्छन्दाचरणमित्यर्थः । स्वेच्छया नियोजनमिति यावत् । गुरूणां पित्रादीनाम् । उपपन्नेषु संमतेषु दारेषु पुत्रेषु च कामकारो विधीयत इति संबन्धः ॥ १८ ॥ ततः किमत आह—वयमिति । भार्याः पुत्राः शिष्याश्च लोके साधुभिर्यथा समाख्याता इच्छाविनियोगार्हतया तथास्य राज्ञो वयं सर्वे इति त्वमपि ज्ञातुमर्हसि ॥ १९ ॥ प्रकृते किं तत्राह—वने इत्यादि ॥ २० ॥ प्रकृतमम्बागर्हाभावमुपसंहरति—यावदिति । तावत्तावत्परिमाणकमित्यर्थः । अतः कैकेय्या अप्यस्मन्नियोजने तथैवाधिकार इति भावः ॥ २१ ॥ समाचरे समाचरिष्यामि ॥ २२ ॥ त्वया राज्यं प्राप्तव्यम् । मया दण्डके वस्तव्यम् ॥ २३ ॥ एवं विभागं लोकसंनिधौ मन्त्रिपुरोहितादिजनसंनिधावुक्त्वा तानेवं विभागं कुरुतेति व्यादिश्य च आज्ञाप्य च दिवं गत इत्यन्वयः ॥ २४ ॥ यथाभागं पितृकल्पितचतुर्दशवर्षपर्यन्तम् । अनेन तदनन्तरमहं भोक्ष्यामीति सूचितम् । मात्रापि चतुर्दशवर्षपर्यन्तं वनवास एव वृतः, न तु सर्वथा मे राज्यत्यागः । पित्रापि तावदेवानुमतमिति भावः ॥ २५ ॥ पिता महात्मा ब्रह्मणा तुल्यः । अव्ययं सर्वलोकेश्वरत्वं ब्रह्मत्वम् । पित्राननुमतमिति शेषः । न हितमित्यन्वयः । ननु पितृमरणश्रवणोत्तरं शोकमुल्लङ्घ्याभिषेकप्रत्याख्यानमेव कुत इति चेच्छृणु । भरतस्याभिषेककरणप्रत्याशावारणाय कैकेय्या लोकानां चान्यथा संभावनावारणाय शोककालेऽपि धैर्यमवलम्ब्य तत्करणं शोककालेऽप्येवं धैर्यं कर्तव्यमिति लोकोपदेशायेति मम प्रतिभाति । तीर्थस्तु—पूर्वं न स्वर्गं गतो मृतकल्पो विधवास्तत्कल्पा इत्यर्थं मत्वा मरणनिश्चयाभावेन राज्यस्वीकारार्थैव राजानं मृतकल्पं वदतीति बुद्ध्या शोकाकरणपूर्वकमभिषेकप्रत्याख्यानं कृतवान् । स्ववाक्ये दिवं गत इत्यत्राप्येवमेवेत्याह । कतकस्तु—गतः स्वर्गमिति भरतेनोक्तेऽपि पितृमरणोचितसर्वकार्यकरणे कृते भरतस्तस्य मे इत्याद्युक्तवान् । कविस्तु—संक्षेपेणादावुक्त्वाग्रे विस्तरेण वदतीति प्रायः कवेः स्वभाव इत्याह ॥ २६ ॥

इति श्रीरामाभिरामे श्रीरामीये रामायणतिलके वाल्मीकीय आदिकाव्येऽयोध्याकाण्डे एकोत्तरशततमः सर्गः ॥ १०१ ॥

अथ भरतः पितृवृत्तान्तप्रश्नोत्तरमुक्त्वा कच्चित्प्रश्नोत्तरमाह—रामस्येति । धर्माद्राज्यायोग्यत्वेन राजधर्माद्राज्याद्विहीनस्य त्वत्सृष्टराजधर्मो मे कोपयुक्तः । अनुपनीतयागवत् । अतोऽनवसरदुःस्थो मयि कच्चिदादिप्रश्न इति भावः ॥ १ ॥ कुतस्ते उक्तधर्माभावोऽत आह—शाश्वत इति । शाश्वतः कुलक्रमागतः । अस्मास्वस्मत्पूर्वेषु । सदा सर्वदा । 'यथा' इति पाठे यथा

स समृद्धां मया सार्धमयोध्यां गच्छ राघव । अभिषेचय चात्मानं कुलस्यास्य भवाय नः ॥ ३
राजानं मानुषं प्राहुर्देवत्वे संमतो मम । यस्य धर्मार्थसहितं वृत्तमाहुरमानुषम् ॥ ४
केकयस्थे च मयि तु त्वयि चारण्यमाश्रिते । धीमान्स्वर्गं गतो राजा यायजूकः सतां मतः ॥ ५
निष्क्रान्तमात्रे भवति सहसीते सलक्ष्मणे । दुःखशोकाभिभूतस्तु राजा त्रिदिवमभ्यगात् ॥ ६
उत्तिष्ठ पुरुषव्याघ्र क्रियतामुदकं पितुः । अहं चायं च शत्रुघ्नः पूर्वमेव कृतोदकौ ॥ ७
प्रियेण किल दत्तं हि पितृलोकेषु राघव । अक्षयं भवतीत्याहुर्भवांश्चैव पितुः प्रियः ॥ ८
त्वामेव शोचंस्तव दर्शनेप्सुस्त्वय्येव सक्तामनिवर्त्य बुद्धिम् ।
त्वया विहीनस्तव शोकरुग्णस्त्वां संस्मरन्नेव गतः पिता ते ॥ ९

इत्यार्षे श्रीमद्रामायणे वाल्मीकीय आदिकाव्येऽयोध्याकाण्डे द्व्युत्तरशततमः सर्गः ॥ १०२ ॥

त्र्युत्तरशततमः सर्गः ।

तां श्रुत्वा करुणां वाचं पितुर्मरणसंहिताम् । राघवो भरतेनोक्तां बभूव गतचेतनः ॥ १
तं तु वज्रमिवोत्सृष्टमाहवे दानवारिणा । वाग्वज्रं भरतेनोक्तममनोज्ञं परंतपः ॥ २
प्रगृह्य रामो बाहू वै पुष्पिताङ्ग इव द्रुमः । वने परशुना कृत्तस्तथा भुवि पपात ह ॥ ३
तथा हि पतितं रामं जगत्यां जगतीपतिम् । कूलघातपरिश्रान्तं प्रसुप्तमिव कुञ्जरम् ॥ ४
भ्रातरस्ते महेष्वासं सर्वतः शोककर्शितम् । रुदन्तः सह वैदेह्या सिषिचुः सलिलेन वै ॥ ५
स तु संज्ञां पुनर्लब्ध्वा नेत्राभ्यामश्रुमुत्सृजन् । उपाक्रामत काकुत्स्थः कृपणं बहु भाषितुम् ॥ ६
स रामः स्वर्गतं श्रुत्वा पितरं पृथिवीपतिम् । उवाच भरतं वाक्यं धर्मात्मा धर्मसंहितम् ॥ ७
किं करिष्याम्ययोध्यायां ताते दिष्टां गतिं गते । कस्तां राजवराद्धीनामयोध्यां पालयिष्यति ॥ ८
किं न तस्य मया कार्यं दुर्जातेन महात्मनः । यो मृतो मम शोकेन स मया न च संस्कृतः ॥ ९
अहो भरत सिद्धार्थो येन राजा त्वयानघ । शत्रुघ्नेन च सर्वेषु प्रेतकृत्येषु सत्कृतः ॥ १०
निष्प्रधानामनेकाग्रां नरेन्द्रेण विना कृताम् । निवृत्तवनवासोऽपि नायोध्यां गन्तुमुत्सहे ॥ ११
समाप्तवनवासं मामयोध्यायां परंतप । कोऽनुशासिष्यति पुनस्ताते लोकान्तरे गते ॥ १२
पुरा प्रेक्ष्य सुवृत्तं मां पिता यान्याह सान्त्वयन् । वाक्यानि तानि श्रोष्यामि कुतः कर्णसुखान्यहं॥ १३
एवमुक्त्वाथ भरतं भार्यामभ्येत्य राघवः । उवाच शोकसंतप्तः पूर्णचन्द्रनिभाननाम् ॥ १४
सीते मृतस्ते श्वशुरः पितृहीनोऽसि लक्ष्मण । भरतो दुःखमाचष्टे स्वर्गतिं पृथिवीपतेः ॥ १५

शास्त्रं स्थितः प्रतिष्ठितः । अयं कस्तत्राह—ज्येष्ठे इति । एवं च कनीयस्त्वान्मे न राजत्वमिति भावः ॥ २ ॥ यदेवमतः—स इति । गच्छागच्छ । भवायाभ्युदयाय ॥ ३ ॥ ननु देवलप्रापकं तपो विहाय किं मे राज्येन तत्राह—राजानमिति । सर्वे जना यद्यपि राजानं मानुषं प्राहुस्तथापि मम स देवत्वे संमतः । तत्र हेतुमाह—यस्येति । अमानुषम् । मनुष्येऽसंभावितमित्यर्थः ॥ ४ ॥ उक्तमपि राजमरणं रामेण विषयान्तरोत्तरदानादश्रुतमिव मत्वा पुनस्तदेवाह—केकयस्थे इति । सतां मतः सद्भिः पूज्यमानः ॥ ५ ॥ ६ ॥ कृतोदकाविति । कृतसपिण्डीकरणान्तसर्वकृत्यौ ॥ ७ ॥ तर्हि किं कृतकरणेनेत्यत आह—प्रियेणेति । भवान्प्रियः । ज्येष्ठत्वादिति भावः ॥ ८ ॥ प्रकारान्तरेणापि प्रियत्वमेवोपपादयति—त्वामेवेति । तव शोकरुग्ण इत्यनेन त्वच्छोक एव तदवसादहेतुरिति दर्शितम् ॥ ९ ॥ इति श्रीरामाभिरामे श्रीरामीये रामायणतिलके वाल्मीकीय आदिकाव्येऽयोध्याकाण्डे द्व्युत्तरशततमः सर्गः ॥ १०२ ॥

करुणां शोकावहाम् ॥ १ ॥ तं भरतोक्तं वाग्वज्रं रण इन्द्रोत्सृष्टवज्रतुल्यं श्रुत्वा ॥ २ ॥ बाहू प्रगृह्यातिशिथिलौ कृत्वोद्धृत्य वा निष्पीड्य वा भुवि पपात । भरतादिदर्शनेन हर्षात्पुष्पिताङ्गद्रुमसादृश्यम् ॥ ३ ॥ ४ ॥ सिषिचुर्मोहशान्तये सर्वगात्राणि जलेन सिषिचुः ॥ ५ ॥ कृपणं भाषितुम् । लोकानुसारेण विलपितुमित्यर्थः ॥ ६ ॥ ७ ॥ दिष्टां गतिं दैवकल्पितां गतिं स्वसुकृतातिसृष्टां वा ॥ ८ ॥ दुर्जातेन वृथाजन्मना ॥ ९ ॥ सत्कृतः संस्कारकर्मणा पूजितः ॥ १० ॥ निष्प्रधानां प्रधानहीनाम् । अतएवानेकाग्रां बहुनायकाम् । अत्रोभयत्र हेतुः—नरेन्द्रेण विना कृतामिति ॥ ११ ॥ अनुशासिष्यति हिताहितविषयप्रवृत्तिनिवृत्ती कारयिष्यति ॥ १२ ॥ सुवृत्तं शोभननियोगाचरणम् । कुतः पुरुषात् ॥ १३ ॥ अभ्येत्याभिमुखो भूत्वा ॥ १४ ॥ स्वर्गतिरूपं दुःखम् ॥ १५

ततो बहुगुणं तेषां बाष्पं नेत्रेष्वजायत । तथा ब्रुवति काकुत्स्थे कुमाराणां यशस्विनाम् ॥ १६
ततस्ते भ्रातरः सर्वे भृशमाश्वास्य दुःखितम् । अब्रुवञ्जगतीभर्तुः क्रियतामुदकं पितुः ॥ १७
सा सीता स्वर्गतं श्रुत्वा श्वशुरं तं महानृपम् । नेत्राभ्यामश्रुपूर्णाभ्यां न शशाकेक्षितुं प्रियम् ॥ १८
सान्त्वयित्वा तु तां रामो रुदतीं जनकात्मजाम् । उवाच लक्ष्मणं तत्र दुःखितो दुःखितं वचः ॥ १९
आनयेङ्गुदिपिण्याकं चीरमाहर चोत्तरम् । जलक्रियार्थं तातस्य गमिष्यामि महात्मनः ॥ २०
सीता पुरस्ताद्व्रजतु त्वमेनामभितो व्रज । अहं पश्चाद्गमिष्यामि गतिर्ह्येषा सुदारुणा ॥ २१
ततो नित्यानुगस्तेषां विदितात्मा महामतिः । मृदुर्दान्तश्च कान्तश्च रामे च दृढभक्तिमान् ॥ २२
सुमन्त्रस्तैर्नृपसुतैः सार्धमाश्वास्य राघवम् । अवतारयदालम्ब्य नदीं मन्दाकिनीं शिवाम् ॥ २३
ते सुतीर्थां ततः कृच्छ्रादुपगम्य यशस्विनः । नदीं मन्दाकिनीं रम्यां सदा पुष्पितकाननाम् ॥ २४
शीघ्रस्रोतसमासाद्य तीर्थं शिवमकर्दमम् । सिषिचुस्तूदकं राज्ञे तत३ एतद्भवत्विति ॥ २५
प्रगृह्य तु महीपालो जलापूरितमञ्जलिम् । दिशं याम्यामभिमुखो रुदन्वचनमब्रवीत् ॥ २६
एतत्ते राजशार्दूल विमलं तोयमक्षयम् । पितृलोकगतस्याद्य मद्दत्तमुपतिष्ठतु ॥ २७
ततो मन्दाकिनीतीरं प्रत्युत्तीर्य स राघवः । पितुश्चकार तेजस्वी निर्वापं भ्रातृभिः सह ॥ २८
ऐङ्गुदं बदरैर्मिश्रं पिण्याकं दर्भसंस्तरे । न्यस्य रामः सुदुःखार्तो रुदन्वचनमब्रवीत् ॥ २९
इदं भुङ्क्ष्व महाराज प्रीतो यदशना वयम् । यदन्नः पुरुषो भवति तदन्नास्तस्य देवताः ॥ ३०
ततस्तेनैव मार्गेण प्रत्युत्तीर्य सरित्तटात् । आरुरोह नरव्याघ्रो रम्यसानुं महीधरम् ॥ ३१
ततः पर्णकुटीद्वारमासाद्य जगतीपतिः । परिजग्राह पाणिभ्यामुभौ भरतलक्ष्मणौ ॥ ३२
तेषां तु रुदतां शब्दात्प्रतिशब्दोऽभवद्गिरौ । भ्रातॄणां सह वैदेह्या सिंहानां नर्दतामिव ॥ ३३
महाबलानां रुदतां कुर्वतामुदकं पितुः । विज्ञाय तुमुलं शब्दं त्रस्ता भरतसैनिकाः ॥ ३४
अब्रुवंश्चापि रामेण भरतः संगतो ध्रुवम् । तेषामेव महाञ्शब्दः शोचतां पितरं मृतम् ॥ ३५
अथ वाहान्परित्यज्य तं सर्वेऽभिमुखाः स्वनम् । अप्येकमनसो जग्मुर्यथास्थानं प्रधाविताः ॥ ३६
हयैरन्ये गजैरन्ये रथैरन्ये स्वलंकृतैः । सुकुमारास्तथैवान्ये पद्भिरेव नरा ययुः ॥ ३७
अचिरप्रोषितं रामं चिरविप्रोषितं यथा । द्रष्टुकामो जनः सर्वो जगाम सहसाश्रमम् ॥ ३८
भ्रातॄणां त्वरितास्ते तु द्रष्टुकामाः समागमम् । ययुर्बहुविधैर्यानैः खुरनेमिसमाकुलैः ॥ ३९

॥ १६ ॥ क्रियतामित्यब्रुवन् ॥ १७ ॥ १८ ॥ १९ ॥ इङ्गुदीपिण्याकं तपस्विभोज्यतापसतरुफलपिण्याकम् । अनिःसारिततैलं पिष्ट्वा चूर्णीकृतमिङ्गुदीबीजमत्र पिण्याकत्वेनोपचर्यते । निःसारितसारस्य तस्य निषिद्धत्वात् । उत्तरमुत्तमं नवीनं चीरम् ॥ २० ॥ अभितः पश्चात् । एषा गतिः सुदारुणा शोकादिकालिकी । तदुक्तं—'सर्वे कनिष्ठप्रथमा इतरे तु स्त्रियोऽग्रतः' इत्याशौचस्नानप्रकरणे ॥ २१ ॥ नित्यानुगः कुलक्रमादागतानुचरः । विदितात्मा ज्ञातात्मस्वरूपः । तेषां कुमाराणाम् ॥ २२ ॥ अवतारयदवातारयत् ॥ २३ ॥ ते सीतादयः ॥ २४ ॥ अकर्दमं तीर्थमवतारमार्गम् । तत३ एतद्भवत्वित्युच्चार्य सिषिचुर्ददुः । ततेत्येतत्पितुर्नामगोत्ररूपोपलक्षणं बोध्यम् । संबोधने प्लुतकरणादसंधिः । केचित्तु—ततेत्युक्तौ नामाद्युच्चारणस्य न प्रयोजनमस्मादेवाचारादित्याहुः ॥ २५ ॥ एतदेव विवृणोति—प्रगृह्येति । याम्यां दक्षिणाम् । यत्त्वाधुनिकनिबन्धेषु सुमन्तुनाम्ना लिखितं वचनं क्षत्रियाणामुदङ्मुखजलदानबोधकं तन्निर्मूलम् । एतदाचारविरोधात् । निकृष्टक्षत्रियपरं वा । रुदन्नित्यनेन पित्रादिविषये रोदनेन निषेध इति सूचितम् ॥ २६ ॥ २७ ॥ प्रत्युत्तीर्य तीरमागत्य निर्वापं चकार पिण्डं ददौ न च यदाकदाचित्पितुर्मरणश्रवणे पुत्रस्य दशाहाशौचतायाः स्मृतिप्रोक्तत्वेन कथं कृतक्रियस्य पितुः प्रथमदिन एव पिण्डदानमिति वाच्यम् । तस्याः स्मृतेः क्षत्रियेतरविषयत्वात्कलिविषयत्वाद्वा न दोषः ॥ २८ ॥ ऐङ्गुदमिङ्गुदीबीजसंबन्धि । बदरैर्बदरफलैः ॥ २९ ॥ ननु राज्ञे कथं पिण्याकपिण्डदानं तत्राह—यदशना इति । यदशना इत्यस्य तदशना अस्मत्पितर इति शेषः । तत्र सामान्येनार्थान्तरन्यासमाह—यदन्न इति ॥ ३० ॥ प्रत्युत्तीर्य परावृत्य ॥ ३१ ॥ ३२ ॥ प्रतिशब्दः प्रतिध्वनिः । 'प्रतिश्रुत्वा' इति पाठेऽप्ययमेवार्थः ॥ ३३ ॥ त्रस्ताः का विपत्प्रादुरभूदिति भीताः ॥ ३४ ॥ ततो निश्चित्याब्रुवन्निति ॥ ३५ ॥ स्वनमभिमुखाः स्वनोत्पत्तिदिशमभिमुखाः । यथास्थानं यथोचितं प्रधावितास्त्वरिता गच्छन्ति स्म ॥ ३६ ॥ कैस्तत्राह—हयैरित्यादि । सुकुमारा इति पूर्वान्वयि । अन्ये तेभ्यो भिन्नाः ॥ ३७ ॥ आश्रममिति पदम् ॥ ३८ ॥ खुरसमाकुलयानाः पश्वादयः । नेमिसमाकुलानि रथशकटादीनि ॥ ३९ ॥

सा भूमिर्बहुभिर्यानै रथनेमिसमाहता । मुमोच तुमुलं शब्दं द्यौरिवाभ्रसमागमे ॥ ४०
तेन वित्रासिता नागाः करेणुपरिवारिताः । आवासयन्तो गन्धेन जग्मुरन्यद्वनं ततः ॥ ४१
वराहमृगसिंहाश्च महिषाः सृमरास्तथा । व्याघ्रगोकर्णगवया वित्रेसुः पृषतैः सह ॥ ४२
रथाङ्गहंसा नत्यूहाः प्लवाः कारण्डवाः परे । तथा पुंस्कोकिलाः क्रौञ्चा विसंज्ञा भेजिरे दिशः ॥ ४३
तेन शब्देन वित्रस्तैराकाशं पक्षिभिर्वृतम् । मनुष्यैरावृता भूमिरुभयं प्रबभौ तदा ॥ ४४
ततस्तं पुरुषव्याघ्रं यशस्विनमकल्मषम् । आसीनं स्थण्डिले रामं ददर्श सहसा जनः ॥ ४५
विगर्हमाणः कैकेयीं मन्थरासहितामपि । अभिगम्य जनो रामं बाष्पपूर्णमुखोऽभवत् ॥ ४६
तान्नरान्बाष्पपूर्णाक्षान्समीक्ष्याथ सुदुःखितान् । पर्यष्वजत धर्मज्ञः पितृवन्मातृवच्च सः ॥ ४७

स तत्र कांश्चित्परिषस्वजे नरान्नराश्च केचित्तु तमभ्यवादयन् ।
चकार सर्वान्सवयस्यबान्धवान्यथार्हमासाद्य तदा नृपात्मजः ॥ ४८
ततः स तेषां रुदतां महात्मनां भुवं च खं चानुविनादयन्स्वनः ।
गुहा गिरीणां च दिशश्च संततं मृदङ्गघोषप्रतिमो विशुश्रुवे ॥ ४९

इत्यार्षे श्रीमद्रामायणे वाल्मीकीय आदिकाव्येऽयोध्याकाण्डे त्र्युत्तरशततमः सर्गः ॥ १०३ ॥

चतुरुत्तरशततमः सर्गः ।

वसिष्ठः पुरतः कृत्वा दारान्दशरथस्य च । अभिचक्राम तं देशं रामदर्शनतर्षितः ॥ १
राजपत्न्यश्च गच्छन्त्यो मन्दं मन्दाकिनीं प्रति । ददृशुस्तत्र तत्तीर्थं रामलक्ष्मणसेवितम् ॥ २
कौसल्या बाष्पपूर्णेन मुखेन परिशुष्यता । सुमित्रामब्रवीद्दीनां याश्चान्या राजयोषितः ॥ ३
इदं तेषामनाथानां क्लिष्टमक्लिष्टकर्मणाम् । वने प्राक्कलनं तीर्थं ये ते निर्विषयीकृताः ॥ ४
इतः सुमित्रे पुत्रस्ते सदा जलमतन्द्रितः । स्वयं हरति सौमित्रिर्मम पुत्रस्य कारणात् ॥ ५
जघन्यमपि ते पुत्रः कृतवान्न तु गर्हितः । भ्रातुर्यदर्थरहितं सर्वं तद्गर्हितं गुणैः ॥ ६
अद्यायमपि ते पुत्रः क्लेशानामतथोचितः । नीचानर्थसमाचारं सज्जं कर्म प्रमुञ्चतु ॥ ७
दक्षिणाग्रेषु दर्भेषु सा ददर्श महीतले । पितुरिङ्गुदिपिण्याकं न्यस्तमायतलोचना ॥ ८
तं भूमौ पितुरार्तेन न्यस्तं रामेण वीक्ष्य सा । उवाच देवी कौसल्या सर्वा दशरथस्त्रियः ॥ ९
इदमिक्ष्वाकुनाथस्य राघवस्य महात्मनः । राघवेण पितुर्दत्तं पश्यतैतद्यथाविधि ॥ १०
तस्य देवसमानस्य पार्थिवस्य महात्मनः । नैतदौपयिकं मन्ये भुक्तभोगस्य भोजनम् ॥ ११

समाहता अभिहता । आक्रान्तेति यावत् ॥ ४० ॥ तेन शब्देन । गन्धेनावासयन्तो मदगन्धेन दिङ्मुखानि सुरभीकुर्वन्तः ॥ ४१ ॥ गोकर्णसृमरौ मृगविशेषौ ॥ ४२ ॥ रथाङ्गश्चक्रवाकः । नत्यूहो जलकुक्कुटः । प्लवा बकविशेषाः ॥ ४३ ॥ ४४ ॥ ४५ ॥ ॥ ४६ ॥ पर्यष्वजत । परिष्वङ्गयोग्यानिति शेषः ॥ ४७ ॥ तदेवाह—स तत्रेति ॥ ४८ ॥ अनुविनादयन्प्रतिध्वनयन् ॥ ४९ ॥ अत्र कतकरीत्या श्लोकद्वयं गतम् ॥ इति श्रीरामाभिरामे श्रीरामीये रामायणतिलके वाल्मीकीय आदिकाव्येऽयोध्याकाण्डे त्र्युत्तरशततमः सर्गः ॥ १०३ ॥

दशरथस्य दारानित्यन्वयः । तर्षितः साभिलाषः ॥ १ ॥ तीर्थमवतारमार्गम् ॥ २ ॥ ३ ॥ ये ते प्रसिद्धा रामादयो निर्विषयीकृता राज्यान्निष्कासितास्तेषां वने वसताम् । प्राक्कलनम् । बहुव्रीहिरयम् । प्रथमपरिग्रहवत् । तीर्थं पुण्यतीर्थम् । गङ्गायमुनापरपारभवमिदमेव । 'प्राक्केवलम्' इति पाठ आधुनिककल्पितः । नापि तत्रार्थसामञ्जस्यमिति कतकः । 'तत्रापि' इति पाठे प्राक्परिगृहीतमिति शेषः । प्राक्परिगृहीतं तीर्थं जलानयनादिव्यवहारोपयोगी मार्गः । इदमेवेति केवलं निश्चितमित्यर्थो वक्तुं शक्यः । 'केवलं निश्चिते क्लीबं वाच्यवच्चैककृत्स्नयोः' इति ॥ ४ ॥ ५ ॥ जघन्यं हीनमपि जलाहरणादिकं ते पुत्रः कृतवानथाप्यसौ न गर्हितः । कुतस्तत्राह—गुणैर्ज्येष्ठत्वसौभ्रात्रधार्मिकत्वादिभिर्विशिष्टस्य भ्रातुर्यदर्थरहितं प्रयोजनरहितं तदेव गर्हितं भवति । तीर्थं तु—भ्रातुर्यदर्थसहितं प्रयोजनसहितम् । तद्गुणैः प्रयोजनैर्विहितं कल्पितं तत्सर्वगुणफलकमित्यर्थसहितम् । 'विहितम्' इति पाठं चाह ॥ ६ ॥ क्लेशानामनुभूयमानानां तथा यथानुभवमुचितो नेत्यतथोचितस्तेऽयं पुत्रो नीचार्हो योऽनर्थो दुःखजनकः समाचारोऽनुष्ठानं यस्मिंस्तत्तथा सज्जं प्रस्तुतं यथोक्तं कर्म मुञ्चतु । रामस्य प्रत्यावर्तिष्यमाणत्वादिति भावः । एकः शत्रुघ्नस्तु भरतसङ्गादेतत्कर्म न करोत्येवायमपि मुञ्चत्विति अपेरर्थः ॥ ७ ॥ न्यस्तं रामेण ॥ ८ ॥ स्त्रियः । प्रतीति शेषः ॥ ९ ॥ १० ॥ औप-

चतुरन्तां महीं भुक्त्वा महेन्द्रसदृशो भुवि । कथमिङ्गुदिपिण्याकं स भुङ्क्ते वसुधाधिपः ॥ १२
अतो दुःखतरं लोके न किंचित्प्रतिभाति मे । यत्र रामः पितुर्दद्यादिङ्गुदिक्षोदमृद्धिमान् ॥ १३
रामेणेङ्गुदिपिण्याकं पितुर्दत्तं समीक्ष्य मे । कथं दुःखेन हृदयं न स्फोटति सहस्रधा ॥ १४
श्रुतिस्तु खल्वियं सत्या लौकिकी प्रतिभाति मे । यदन्नः पुरुषो भवति तदन्नास्तस्य देवताः ॥ १५
एवमार्तां सपत्न्यस्ता जग्मुराश्वास्य तां तदा । ददृशुश्चाश्रमे रामं स्वर्गच्युतमिवामरम् ॥ १६
तं भोगैः संपरित्यक्तं रामं संप्रेक्ष्य मातरः । आर्ता मुमुचुरश्रूणि सस्वरं शोककर्शिताः ॥ १७
तासां रामः समुत्थाय जग्राह चरणाम्बुजान् । मातॄणां मनुजव्याघ्रः सर्वासां सत्यसंगरः ॥ १८
ताः पाणिभिः सुखस्पर्शैर्मृद्वङ्गुलितलैः शुभैः । प्रममार्जू रजः पृष्ठाद्रामस्यायतलोचनाः ॥ १९
सौमित्रिरपि ताः सर्वा मातृः संप्रेक्ष्य दुःखितः । अभ्यवादयदासक्तं शनै रामादनन्तरम् ॥ २०
यथा रामे तथा तस्मिन्सर्वा ववृतिरे स्त्रियः । वृत्तिं दशरथाज्जाते लक्ष्मणे शुभलक्षणे ॥ २१
सीतापि चरणांस्तासामुपसंगृह्य दुःखिता । श्वश्रूणामश्रुपूर्णाक्षी संबभूवाग्रतः स्थिता ॥ २२
तां परिष्वज्य दुःखार्ता माता दुहितरं यथा । वनवासकृतां दीनां कौसल्या वाक्यमब्रवीत् ॥ २३
वैदेहराजन्यसुता स्नुषा दशरथस्य च । रामपत्नी कथं दुःखं संप्राप्ता विजने वने ॥ २४
पद्ममातपसंतप्तं परिक्लिष्टमिवोत्पलम् । काञ्चनं रजसा ध्वस्तं क्लिष्टं चन्द्रमिवाम्बुदैः ॥ २५
मुखं ते प्रेक्ष्य मां शोको दहत्यग्निरिवाश्रयम् । भृशं मनसि वैदेहि व्यसनारणिसंभवः ॥ २६
ब्रुवन्त्यामेवमार्तायां जनन्यां भरताग्रजः । पादावासाद्य जग्राह वसिष्ठस्य च राघवः ॥ २७

पुरोहितस्याग्निसमस्य तस्य वै बृहस्पतेरिन्द्र इवामराधिपः ।
प्रगृह्य पादौ सुसमृद्धतेजसः सहैव तेनोपविवेश राघवः ॥ २८
ततो जघन्यं सहितैः स्वमन्त्रिभिः पुरप्रधानैश्च तथैव सैनिकैः ।
जनेन धर्मज्ञतमेन धर्मवानुपोपविष्टो भरतस्तदाग्रजम् ॥ २९
उपोपविष्टस्तु तदातिवीर्यवांस्तपस्विवेषेण समीक्ष्य राघवम् ।
श्रिया ज्वलन्तं भरतः कृताञ्जलिर्यथा महेन्द्रः प्रयतः प्रजापतिम् ॥ ३०
किमेष वाक्यं भरतोऽद्य राघवं प्रणम्य सत्कृत्य च साधु वक्ष्यति ।
इतीव तस्यार्यजनस्य तत्त्वतो बभूव कौतूहलमुत्तमं तदा ॥ ३१
स राघवः सत्यधृतिश्च लक्ष्मणो महानुभावो भरतश्च धार्मिकः ।
वृताः सुहृद्भिश्च विरेजिरेऽध्वरे यथा सदस्यैः सहितास्त्रयोऽग्नयः ॥ ३२

इत्यार्षे श्रीमद्रामायणे वाल्मीकीय आदिकाव्येऽयोध्याकाण्डे चतुरुत्तरशततमः सर्गः ॥ १०४ ॥

पञ्चोत्तरशततमः सर्गः ।

ततः पुरुषसिंहानां वृतानां तैः सुहृद्गणैः । शोचतामेव रजनी दुःखेन व्यत्यवर्तत ॥

यिकमुचितं न भवतीति मन्ये । तत्र हेतुः—भुक्तभोगस्येति । भुक्ता भोगा येन तस्य ॥ ११ ॥ चतुरन्तां चतुःसमुद्रावसानाम् ॥ १२ ॥ क्षोदं पिष्टम् ॥ १३ ॥ न स्फोटति न स्फुटति न विशीर्णं भवति ॥ १४ ॥ श्रुतिरित्याद्याश्वासनप्रकारः । सत्या सत्यार्था । लौकिकी लोकविदिता लोकप्रसिद्धा ॥ १५ ॥ एवं श्रुतिस्त्वित्यादिप्रकारेण ॥ १६ ॥ १७ ॥ १८ ॥ पृष्ठात्पृष्ठदेशात् । 'पृष्ठं तु चरमं तनोः' ॥ १९ ॥ आसक्तम् । भावे निष्ठा । स्नेहासङ्गोपेतम् ॥ २० ॥ ववृतिरे वर्तितवत्यः ॥ २१ ॥ उपसंगृह्य स्पृष्ट्वा ॥ २२ ॥ वनेत्यादि । वनवासकृतदीनत्ववतीमिति यावत् ॥ २३ ॥ २४ ॥ परिक्लिष्टं परमृदितमुत्पलं रक्तोत्पलम् । ध्वस्तमभिभूतम् ॥ २५ ॥ ते मुखं प्रेक्ष्य । स्थितामिति शेषः । मनसि संक्रान्तो व्यसनारणिसंभवः शोकोऽग्निराश्रयं गृहमिव काष्ठानीव वा मां दहति । 'आशयम्' इति पाठेऽप्याशयो गृहमेव । आशय्यतेऽत्रेति व्युत्पत्तेः ॥ २६ ॥ २७ ॥ २८ ॥ तत इति । वसिष्ठरामोपवेशनानन्तरं जघन्यं जघनभागं पृष्ठभागमाश्रितः सन्नुपोपविष्टो बभूवेत्यन्वयः ॥ २९ ॥ उपोपविष्ट इत्यादि जनाभिप्रायानुभाषणम् ॥ ३० ॥ किमिति । किं साधु वक्ष्यति वदिष्यतीति योजना ॥ ३१ ॥ त्रयोऽग्नयः शत्रुघ्नस्याप्राधान्येन परिहरणात् ॥ ३२ ॥ **इति श्रीरामाभिरामे श्रीरामीये रामायणतिलके वाल्मीकीय आदिकाव्येऽयोध्याकाण्डे चतुरुत्तरशततमः सर्गः ॥ १०४ ॥**

पूर्वसर्गान्तोक्तरीत्या सुहृद्गणवृतत्वम् । शोचतां पितृमरण-

रजन्यां सुप्रभातायां भ्रातरस्ते सुहृद्वृताः। मन्दाकिन्यां हुतं जप्यं कृत्वा राममुपागमन्॥ २
तूष्णीं ते समुपासीना न कश्चित्किंचिदब्रवीत्। भरतस्तु सुहृन्मध्ये रामं वचनमब्रवीत्॥ ३
सान्त्विता मामिका माता दत्तं राज्यमिदं मम। तद्ददामि तवैवाहं भुङ्क्ष्व राज्यमकण्टकम्॥ ४
महतेवाम्बुवेगेन भिन्नः सेतुर्जलागमे। दुरावरं त्वदन्येन राज्यखण्डमिदं महत्॥ ५
गतिं खर इवाश्वस्य तार्क्ष्यस्येव पतत्रिणः। अनुगन्तुं न शक्तिर्मे गतिं तव महीपते॥ ६
सुजीवं नित्यशस्तस्य यः परैरुपजीव्यते। राम तेन तु दुर्जीवं यः परानुपजीवति॥ ७
यथा तु रोपितो वृक्षः पुरुषेण विवर्धितः। ह्रस्वकेन दुरारोहो रूढस्कन्धो महाद्रुमः॥ ८
स यदा पुष्पितो भूत्वा फलानि न विदर्शयेत्। स तां नानुभवेत्प्रीतिं यस्य हेतोः प्ररोपितः॥ ९
एषोपमा महाबाहो तदर्थं वेत्तुमर्हसि। यत्र त्वमस्मान्वृषभो भर्ता भृत्यान्न शाधि हि॥ १०
श्रेणयस्त्वां महाराज पश्यन्त्वग्र्याश्च सर्वशः। प्रतपन्तमिवादित्यं राज्यस्थितमरिंदमम्॥ ११
तथानुयाने काकुत्स्थ मत्ता नर्दन्तु कुञ्जराः। अन्तःपुरगता नार्यो नन्दन्तु सुसमाहिताः॥ १२
तस्य साध्वनुमन्यन्त नागरा विविधा जनाः। भरतस्य वचः श्रुत्वा रामं प्रत्यनुयाचतः॥ १३
तमेवं दुःखितं प्रेक्ष्य विलपन्तं यशस्विनम्। रामः कृतात्मा भरतं समाश्वासयदात्मवान्॥ १४
नात्मनः कामकारो हि पुरुषोऽयमनीश्वरः। इतश्चेतरतश्चैनं कृतान्तः परिकर्षति॥ १५
सर्वे क्षयान्ता निचयाः पतनान्ताः समुच्छ्रयाः। संयोगा विप्रयोगान्ता मरणान्तं च जीवितम्॥ १६
यथा फलानां पक्वानां नान्यत्र पतनाद्भयम्। एवं नरस्य जातस्य नान्यत्र मरणाद्भयम्॥ १७
यथागारं दृढस्थूणं जीर्णं भूत्वोपसीदति। तथावसीदन्ति नरा जरामृत्युवशंगताः॥ १८
अत्येति रजनी या तु सा न प्रतिनिवर्तते। यात्येव यमुना पूर्णं समुद्रमुदकार्णवम्॥ १९

दुःखेन ॥ १ ॥ मन्दाकिन्यां तत्तीरे। हुतं प्रातरौपासनहोमम्। जप्यं गायत्रीजपम्। 'द्वारम्' इति पाठ उटजद्वारमित्यर्थ इति केचित्, तन्न। उत्तरसर्गे मन्दाकिनीतीरे राममुवाचेत्युक्तेः। तस्मात् 'रामम्' इति पाठो रामाधिष्ठितनदीतीरमित्यर्थ उचितः ॥ २ ॥ ३ ॥ माता कैकेयी प्रथमं राज्ञा राज्यदानेन सान्त्विता कृताश्वासा, अनन्तरं तया ममेदं राज्यं दत्तम्। तद्राज्यमकण्टकमुक्तप्रकारेण पितृवचनस्यापि परिपालनात्प्रत्यूहरहितम् ॥ ४ ॥ जलागमे वर्षाकालेऽम्बुवेगेन भिन्नः सेतुरिव। इदं महदयोध्यादेशीयं राज्यखण्डं भरतखण्डाख्यं राज्यं त्वदन्येन दुरावरमावरितुमशक्यम् ॥ ५ ॥ ननु त्वया वीरेण सुरक्ष्यमेतत्तत्राह—गतिमिति। अश्वगतिमनुगन्तुं खरो यथा न शक्तः, तार्क्ष्यगत्यनुगमने यथेतरपक्षिणोऽशक्ताः, तथा तव गतिं त्वदीयां राज्यपालनशक्तिमनुगन्तुं मे न शक्तिः। इवशब्दो यथार्थे निपातानामनेकार्थत्वात् ॥ ६ ॥ यः परैर्नित्यश उपजीव्यते तस्य सुजीवम्। शोभनं जीवनमित्यर्थः। भावघञन्तं क्लीबमपि क्वचित्। 'घञजपाः पुंसि' इति तु प्रायिकमिति बोध्यम्। तस्येत्यर्थे तेनेत्यार्षम्। दुर्जीवं दुःखजीवनम्। तस्मात्तव राज्यक[illegible]ति भावः ॥ ७ ॥ लोकरक्षणार्थं दशरथेनोत्पाद्य वर्धितः सकलगुणसंपन्नो यदि लोकरक्षणं न करिष्यसि तदा व्यर्थस्तत्प्रयास इत्यमुमर्थमुपमानप्रदर्शनमुखेनाह—यथा त्विति। यथा वृक्षः फलार्थिना पुंसा रोपितः कृतबीजावापोऽनन्तरं शनैर्वर्धितः। तत्र वृद्ध्यतिशयमाह—ह्रस्वकेन वामनेन दुरारोहोऽत एव रूढस्कन्धो महाद्रुमोऽथ पुष्पितो भूत्वा यदा फलानि न दर्शयति तदा स तदारोपकः पुमान्यस्य फलस्य हेतोः स द्रुमः प्रभावित उत्पादितः स तां प्रीतिं स्वाभिमतफलप्राप्तिजां प्रीतिं नानुभवेत्, तथा त्वमिति एषोपमा त्वयि भवति। यत्र रक्षणकाले वृषभः श्रेष्ठस्त्वं भर्ता पालनसमर्थोऽस्मान्भृत्यान्न शाधि न शिक्षयसि, अतस्तदर्थं तस्या उपमाया अर्थं राजप्रयासानर्थक्यरूपं वेत्तुमर्हसि ॥ ८ ॥ ९ ॥ १० ॥ श्रेणयो नानाजातीयसङ्घाः। अग्र्याः प्रधानाः ॥ ११ ॥ १२ ॥ तस्य वचः साध्वित्यनुमन्यन्तेति योजना। अन्वमन्यन्तेत्यर्थः ॥ १३ ॥ दुःखितं प्रेक्ष्य दुःखेनैवं वक्ष्यतीत्यालोच्य। कृतात्मा शिक्षितबुद्धिः। आत्मवान्धीरः ॥ १४ ॥ आश्वासनप्रकारो नात्मन इति। आत्मनो जीवस्य कामकारः स्वेच्छया यत्किंचित्प्रवर्तनसामर्थ्यं न नास्ति, हि यतोऽयं पुरुषोऽनीश्वर ईश्वरत्वस्वातन्त्र्यरहितः तस्मादेवमितश्चास्माद्देहाच्च लोकाच्चेतरतः परस्माद्देहाच्च लोकाच्च कृतान्तः कालोऽन्तर्यामिरूपः कर्मानुरूपं कर्षति, एवं च मम वनवासे न राजा नापि कैकेयी कारणं किंतु देवादीनामदृष्टमित्यान्तरो भावः ॥ १५ ॥ इदानीं राजमरणशोकावकाशोऽपि नास्तीत्याह—सर्वे इति। निचयाः संग्रहा नाशान्ताः। समुच्छ्रया विद्यादिकृतमौन्नत्यम्। तस्मान्नश्वरत्वेन निश्चिते कः शोक इति भावः ॥ १६ ॥ यथा फलानां पतनमशक्यपरिहारम्, एवं मरणमपि तथा। तस्मान्नृपस्य तस्य न शोच्यता ॥ १७ ॥ तदेव दृष्टान्तान्तरेणोपपादयति—यथेति ॥ १८ ॥ अतीतरजन्यप्रतिनिवृत्तौ दृष्टान्तो यमुना यात्येव। न प्रतिनिवर्तत

अहोरात्राणि गच्छन्ति सर्वेषां प्राणिनामिह । आयूंषि क्षपयन्त्याशु ग्रीष्मे जलमिवांशवः ॥ २०
आत्मानमनुशोच त्वं किमन्यमनुशोचसि । आयुस्तु हीयते यस्य स्थितस्याथ गतस्य च ॥ २१
सहैव मृत्युर्व्रजति सह मृत्युर्निषीदति । गत्वा सुदीर्घमध्वानं सह मृत्युर्निवर्तते ॥ २२
गात्रेषु वलयः प्राप्ताः श्वेताश्चैव शिरोरुहाः । जरया पुरुषो जीर्णः किं हि कृत्वा प्रभावयेत् ॥ २३
नन्दन्त्युदित आदित्ये नन्दन्त्यस्तमितेऽहनि । आत्मनो नावबुध्यन्ते मनुष्या जीवितक्षयम् ॥ २४
हृष्यन्त्यृतुमुखं दृष्ट्वा नवं नवमिवागतम् । ऋतूनां परिवर्तेन प्राणिनां प्राणसंक्षयः ॥ २५
यथा काष्ठं च काष्ठं च समेयातां महार्णवे । समेत्य तु व्यपेयातां कालमासाद्य कंचन ॥ २६
एवं भार्याश्च पुत्राश्च ज्ञातयश्च वसूनि च । समेत्य व्यवधावन्ति ध्रुवो ह्येषां विनाभवः ॥ २७
नात्र कश्चिद्यथाभावं प्राणी समतिवर्तते । तेन तस्मिन्न सामर्थ्यं प्रेतस्यास्त्यनुशोचतः ॥ २८
यथा हि सार्थं गच्छन्तं ब्रूयात्कश्चित्पथि स्थितः । अहमप्यागमिष्यामि पृष्ठतो भवतामिति ॥ २९
एवं पूर्वैर्गतो मार्गः पैतृपितामहैर्ध्रुवः । तमापन्नः कथं शोचेद्यस्य नास्ति व्यतिक्रमः ॥ ३०
वयसः पतमानस्य स्रोतसो वानिवर्तिनः । आत्मा सुखे नियोक्तव्यः सुखभाजः प्रजाः स्मृताः ॥ ३१
धर्मात्मा सुशुभैः कृत्स्नैः क्रतुभिश्चाप्तदक्षिणैः । न च शोच्यः पिता तात स्वर्गतः सत्कृतः सताम् ॥ ३२
स जीर्णमानुषं देहं परित्यज्य पिता हि नः । दैवीमृद्धिमनुप्राप्तो ब्रह्मलोकविहारिणीम् ॥ ३३
तं तु नैवंविधः कश्चित्प्राज्ञः शोचितुमर्हति । त्वद्विधो मद्विधश्चापि श्रुतवान्बुद्धिमत्तरः ॥ ३४
एते बहुविधाः शोका विलापरुदिते तदा । वर्जनीया हि धीरेण सर्वावस्थासु धीमता ॥ ३५
स स्वस्थो भव मा शोको यात्वा चावस तां पुरीम् । तथा पित्रा नियुक्तोऽसि वशिना वदतां वर ॥ ३६
यत्राहमपि तेनैव नियुक्तः पुण्यकर्मणा । तत्रैवाहं करिष्यामि पितुरार्यस्य शासनम् ॥ ३७
न मया शासनं तस्य त्यक्तुं न्याय्यमरिंदम । स त्वयापि सदा मान्यः स वै बन्धुः स नः पिता ॥ ३८

इत्यर्थः । उदकार्णवमित्यत्रोदकपदमधिकम् ॥ १९ ॥ गच्छन्तीति शत्रन्तम् । अंशवो रविकिरणाः । 'आशये' इति पाठे जलाशय इत्यर्थः ॥ २० ॥ यदेवमतस्त्वमात्मानं प्रति अनुशोच । मृत्युर्दुर्वार आयाति, का मे गतिरिहामुत्रेति चिन्तय । अन्यं राजानम् । तदेव शोच्यत्वमाह—आयुरिति । आयुस्तु यस्य । यस्यकस्यापि हीयत इत्यर्थः ॥ २१ ॥ तदेवाह—सहेति मृत्युः सह व्रजति सह निषीदति सह गत्वा सह निवर्तते । अन्तर्यामिण एव मृत्युरूपत्वात् । अतोऽपरिहार्यः स इति भावः ॥ २२ ॥ वलयो जराकृताः । किं हि कृत्वा किं बलं प्राप्य प्रभावयेत्प्रभुत्वं भावयेत् । यद्वा किं कृत्वा कमुपायं कृत्वा एतत्सर्वपरिहारे समर्थो भवेदित्यर्थः ॥ २३ ॥ आयुःक्षयकारकत्वेनानिष्टसाधनव्युदयादाविष्टसाधनत्वबुद्ध्यातिमूढा मनुष्या इत्याह—नन्दन्तीति ॥ २४ ॥ नवं नवमिवेतः प्रागप्राप्तमिव । ऋतुमुखमृतुप्रारम्भः, परिवर्तः पुनःपुनः प्राप्तिः, तं दृष्ट्वा हृष्यन्ति न जानन्ति तत्परिवर्तनेन प्राणिनां नाश इतीत्यन्वयः । 'आत्ममुखम्' इति पाठे स्वस्वाभिमुखमृतूनां परिवर्तं दृष्ट्वा हृष्यन्तीत्यर्थः ॥ २५ ॥ काष्ठं काष्ठं पोतद्वयम् ॥ २६ ॥ विनाभवः । विप्रयोग इति यावत् ॥ २७ ॥ अत्र संसारे कश्चिदपि प्राणी यथाभावं यथाप्राप्तं स्वभावं मृतिजनिलक्षणं न समतिवर्तते न लङ्घयति, तेन हेतुना प्रेतस्य । संबन्धसामान्ये षष्ठी । प्रेतमनुशोचतोऽस्य तस्मिन्स्वीयप्रेतभावनिवर्तने सामर्थ्यं नास्ति ॥ २८ ॥ पूर्वगतिसमानगतित्वे दृष्टान्तः—यथेति । पुरतो गच्छन्तं सार्थं पथि स्थितः पथिकः ॥ २९ ॥ उक्ताया लोकस्थितेः प्रकृतोपयोगमाह—एवमिति । पैतृपितामहैः । वृद्धिरार्षी । पितृपैतामहैरित्यर्थः । 'पितृपैतामहः' इति पाठे तत्संबन्धी मार्ग इत्यर्थः । ध्रुवोऽवश्यं प्राप्यः । यस्य मार्गस्य व्यतिक्रमो लङ्घनं नास्ति तमापन्नः स्वयमपि तं प्राप्तः पित्रादीन्कथं शोचेत् ॥ ३० ॥ स्रोतसो वा गङ्गादिप्रवाहस्येवानिवर्तिनः प्रत्यावृत्तिरहितस्य पतमानस्य गच्छतो वयसः । नाशं दृष्ट्वेति शेषः । आत्मा सुखे तत्साधने धर्मे नियोक्तव्यः । कुतः । यतः प्रजाः सुखभाजः सुखसाधनाप्तिनिमित्तजन्मभाजः स्मृताः ॥ ३१ ॥ यदेवमतः—धर्मात्मेति । उपसंहरति—न स इति । सतां सत्कृतः सद्भिः पूज्यमानः ॥ ३२ ॥ ब्रह्मलोकविहारिणीं तल्लोके विहारार्हाम् । दैवीमृद्धिं देवसंबन्धिनीं तपआदिसमृद्धिम् ॥ ३३ ॥ श्रुतवानधीतात्मविद्यः । 'तद्विधो यद्विधश्चासि' इति पाठे श्रुतवान्बुद्धिमत्तरश्च यद्विधोऽसि तद्विधो भवान्न शोचितुमर्हतीत्यर्थ इति तीर्थः । ब्रह्मलोकं प्राप्तस्यात्यन्तं शोकोऽनुचित इति भावः ॥ ३४ ॥ बहुविधा दशरथमरणमद्विवासनादिविषयभेदेन बहुप्रकाराः । शोको मानसः । विलापरुदिते तत्कार्ये ॥ ३५ ॥ स्वस्थः शोकरहितः । मा शोकः । त्वां परिभवत्विति शेषः । यात्वा गत्वा तां पुरीमयोध्यामावस । कुत एवं नियोगस्तत्राह—तथेति । वशिना सत्यवशवता सत्याधीनत्ववता ॥ ३६ ॥ यत्र यस्मिन्कृत्ये । तत्रैव । प्रवृत्तः स्यामिति शेषः ॥ ३७ ॥ त्यागस्यान्याय्यत्वे

तद्वचः पितुरेवाहं संमतं धर्मचारिणाम् । कर्मणा पालयिष्यामि वनवासेन राघव ॥ ३९
धार्मिकेणानृशंसेन नरेण गुरुवर्तिना । भवितव्यं नरव्याघ्र परलोकं जिगीषता ॥ ४०
आत्मानमनुतिष्ठ त्वं स्वभावेन नरर्षभ । निशाम्य तु शुभं वृत्तं पितुर्दशरथस्य नः ॥ ४१

इत्येवमुक्त्वा वचनं महात्मा पितुर्निदेशप्रतिपालनार्थम् ।
यवीयसं भ्रातरमर्थवच्च प्रभुर्मुहूर्ताद्विरराम रामः ॥ ४२

इत्यार्षे श्रीमद्रामायणे वाल्मीकीय आदिकाव्येऽयोध्याकाण्डे पञ्चोत्तरशततमः सर्गः ॥ १०५ ॥

षडुत्तरशततमः सर्गः ।

एवमुक्त्वा तु विरते रामे वचनमर्थवत् । ततो मन्दाकिनीतीरे रामं प्रकृतिवत्सलम् ॥ १
उवाच भरतश्चित्रं धार्मिको धार्मिकं वचः । को हि स्यादीदृशो लोके यादृशस्त्वमरिंदम ॥ २
न त्वां प्रव्यथयेद्दुःखं प्रीतिर्वा न प्रहर्षयेत् । संमतश्चापि वृद्धानां तांश्च पृच्छसि संशयान् ॥ ३
यथा मृतस्तथा जीवन्यथासति यथा सति । यस्यैष बुद्धिलाभः स्यात्परितप्येत केन सः ॥ ४
परावरज्ञो यश्च स्याद्यथा त्वं मनुजाधिप । स एव व्यसनं प्राप्य न विषीदितुमर्हति ॥ ५
अमरोपमसत्त्वस्त्वं महात्मा सत्यसंगरः । सर्वज्ञः सर्वदर्शी च बुद्धिमांश्चासि राघव ॥ ६
न त्वामेवंगुणैर्युक्तं प्रभवाभवकोविदम् । अविषह्यतमं दुःखमासादयितुमर्हति ॥ ७
प्रोषिते मयि यत्पापं मात्रा मत्कारणात्कृतम् । क्षुद्रया तदनिष्टं मे प्रसीदतु भवान्मम ॥ ८
धर्मबन्धेन बद्धोऽस्मि तेनेमां नेह मातरम् । हन्मि तीव्रेण दण्डेन दण्डार्हां पापकारिणीम् ॥ ९
कथं दशरथाज्जातः शुभाभिजनकर्मणः । जानन्धर्ममधर्मं च कुर्यां कर्म जुगुप्सितम् ॥ १०
गुरुः क्रियावान्वृद्धश्च राजा प्रेतः पितेति च । तातं न परिगर्हेऽहं दैवतं चेति संसदि ॥ ११

हेतुः—सदा मान्य इत्यादि ॥ ३८ ॥ कर्मणा तदुचितव्यापारेण ॥ ३९ ॥ नरेण । 'नृपेण' इति पाठः । क्षत्रियेणेत्यर्थ इति कतकः । परलोकं जिगीषता धार्मिकत्वादिस्वभाववता भावितव्यम् ॥ ४० ॥ नः पितुर्वृत्तं शुभं निशाम्य पर्यालोच्य तेन स उत्तमां गतिं गत इति ज्ञात्वा त्वं स्वभावेन धार्मिकत्वादिलक्षणेनोपलक्षितः । आत्मानमात्मनः परलोकहितमनुतिष्ठ । चिन्तयेत्यर्थः ॥ ४१ ॥ ४२ ॥ इति श्रीरामाभिरामे श्रीरामीये रामायणतिलके वाल्मीकीय आदिकाव्येऽयोध्याकाण्डे पञ्चोत्तरशततमः सर्गः ॥ १०५ ॥

अथ भरतः क्षात्रधर्मावष्टम्भेन रामप्रत्यावृत्तिं प्रार्थयते—एवमुक्त्वेति ॥ १ ॥ चित्रमुक्तियुक्तिविशेषोपपन्नत्वाल्लोकस्य विस्मयजनकम् । को हि स्यात् । न कोऽपीत्यर्थः । यादृशो यादृशमाहात्म्यवान् ॥ २ ॥ वृद्धानां संमतोऽपि धर्मविषये रामवदेव वर्तितव्यमिति दृष्टान्तभूतोऽपि लोकमर्यादामनुसरंस्तान्वृद्धान्संशयान्संशयास्पदधर्मान्पृच्छसि । एवं च सर्वज्ञात्मकामत्वात्तव न दुःखमिति भावः ॥ ३ ॥ यथा मृतस्तथा जीवन् । अस्य यथा जीवंस्तथा मृत इति वाक्यशेष आर्थिको बोध्यः । यथा मृतस्त्यक्तदेह आत्मा देहपुत्रादिभिरसंबन्धस्तथा जीवन्नपि तैरसंबन्धः नित्यशुचिसुखचिदात्मनो नित्याशुचिदुःखजडेन देहेन तदीयैश्चासंबन्धात् । यथा च जीवन्स्वकर्मानुरूपं संसरति तथा मृतोऽपि स्वकर्मानुरूपं परत्र । किं च यथा जीवन्सर्वैः संबद्धस्तथा मृतोऽपि । सर्वात्मत्वादस्य । किं च यथाऽसति अविद्यमाने न रागो जायते तथा सति विद्यमानेऽपि रागो न युक्तः । यथा वा सति साधौ द्वेषो न युक्तस्तथाऽसति असाधावपि द्वेषो न युक्तः । किंच यथाऽसति प्रपञ्चेऽनुरागस्तथा सति ब्रह्मणि युक्तः । किं च सति ब्रह्मणि तन्निष्ठितस्य यथा न बन्धो मुक्तिश्च भवति तथा लोकसंग्रहार्थमसन्निष्ठस्यापि न बन्धो मुक्तिश्च भवति । यस्य त्वादृशस्य एष उक्तार्थविषयको बुद्धिलाभः स्यात्स राजयोगी केन परितप्येत । न केनापि हेतुनेत्यर्थः ॥ ४ ॥ परावरज्ञः सप्रपञ्चात्मतत्त्वज्ञः । विषीदितुमित्यार्षम् । विषत्तुमित्यर्थः ॥ ५ ॥ अमर ईश्वरः स यथा शुद्धसत्त्वोपाधिस्तद्वच्छुद्धसत्त्वप्रधानः । अत्रोपमाशब्दप्रयोगो लोकप्रतारणाय । सत्त्वोपाधिरीश्वरस्त्वमेवेति भावः । सर्वज्ञः सर्वविषयकज्ञानरूपोपाधिवृत्तिमान् । सर्वदर्शी सर्वसाक्षी । बुद्धिमान्सर्वबुद्धिप्रवर्तकः । अन्तर्यामीति यावत् ॥ ६ ॥ प्रभवाभवकोविदं भूतानामुत्पत्तिनाशज्ञम् । आसादयितुमवसादयितुम् । एवं च त्वामेवंविधं यद्यपि दुःखं न पीडयति तथापि मादृशं पीडयत्येवेति स्वस्थो भव । मा शोक इत्यस्योत्तरमेतत्पर्यन्तम् ॥ ७ ॥ मत्कारणान्मद्राज्यनिमित्ततो मेऽनिष्टं मदसंमतमेव, अतो भवान्प्रसीदतु । मद्दत्तं राज्यं परिगृह्णात्विति यावत् ॥ ८ ॥ धर्मबन्धेन धर्मरूपेण बन्धनेन । इहेदृशापराधविषये । इमां सर्वान्तर्यामिणस्तव द्वेषिणीम् । अत एव दण्डार्हाम् ॥ ९ ॥ १० ॥ मातृवत्पिताप्यन्याय्यकारीत्याह—गुरुरिति । क्रियावान्कृतश्रेष्ठ-

को हि धर्मार्थयोर्हीनमीदृशं कर्म किल्बिषम् । स्त्रियः प्रियचिकीर्षुः सन्कुर्याद्धर्मज्ञ धर्मवित् ॥ १२
अन्तकाले हि भूतानि मुह्यन्तीति पुरा श्रुतिः । राज्ञैवं कुर्वता लोके प्रत्यक्षा सा श्रुतिः कृता ॥ १३
साध्वर्थमभिसंधाय क्रोधान्मोहाच्च साहसात् । तातस्य यदतिक्रान्तं प्रत्याहरतु तद्भवान् ॥ १४
पितुर्हि समतिक्रान्तं पुत्रो यः साधु मन्यते । तदपत्यं मतं लोके विपरीतमतोऽन्यथा ॥ १५
तदपत्यं भवानस्तु मा भवान्दुष्कृतं पितुः । अति यत्तत्कृतं कर्म लोको धीरविगर्हितम् ॥ १६
कैकेयीं मां च तातं च सुहृदो बान्धवांश्च नः । पौरजानपदान्सर्वांस्त्रातुं सर्वमिदं भवान् ॥ १७
क्व चारण्यं क्व च क्षात्रं क्व जटाः क्व च पालनम् । ईदृशं व्याहतं कर्म न भवान्कर्तुमर्हति ॥ १८
एष हि प्रथमो धर्मः क्षत्रियस्याभिषेचनम् । येन शक्यं महाप्राज्ञ प्रजानां परिपालनम् ॥ १९
कश्च प्रत्यक्षमुत्सृज्य संशयस्थमलक्षणम् । आयतिस्थं चरेद्धर्मं क्षत्रबन्धुरनिश्चितम् ॥ २०
अथ क्लेशजमेव त्वं धर्मं चरितुमिच्छसि । धर्मेण चतुरो वर्णान्पालयन्क्लेशमाप्नुहि ॥ २१
चतुर्णामाश्रमाणां हि गार्हस्थ्यं श्रेष्ठमुत्तमम् । आहुर्धर्मज्ञ धर्मज्ञास्तं कथं त्यक्तुमिच्छसि ॥ २२
श्रुतेन बालः स्थानेन जन्मना भवतो ह्यहम् । स कथं पालयिष्यामि भूमिं भवति तिष्ठति ॥ २३
हीनबुद्धिगुणो बालो हीनस्थानेन चाप्यहम् । भवता च विना भूतो न वर्तयितुमुत्सहे ॥ २४
इदं निखिलमप्यग्र्यं राज्यं पित्र्यमकण्टकम् । अनुशाधि स्वधर्मेण धर्मज्ञः सह बान्धवैः ॥ २५
इहैव त्वाभिषिञ्चन्तु सर्वाः प्रकृतयः सह । ऋत्विजः [illegible] मन्त्रविन्मन्त्रकोविदाः ॥ २६
अभिषिक्तस्त्वमस्माभिरयोध्यां पालने व्रज । विजित्य तरसा लोकान्मरुद्भिरिव वासवः ॥ २७
ऋणानि त्री[illegible]र्हृदः साधु निर्दहन् । सुहृदस्तर्पयन्कामैस्त्वमेवात्रानुशाधि माम् ॥ २८

क्रतुः । प्रेतः सङ्श्राद्धादौ ॥ ११ ॥ एवं गुरुत्वादिहेतुभिर्यद्यप्यहं न परिगर्हे तथापि वस्तुतो गर्ह्य एवेत्याह—को हीति । को हि धर्मवित् धर्मार्थयोर्हीनं ताभ्यां हीनं कामप्रधानम् । ॥ १२ ॥ अन्तकाले मृतिकाले । मुह्यन्ति विपरीतबुद्धिं प्राप्नुवन्ति । पुरा श्रुतिः पुरातनी गाथा । प्रत्यक्षा सत्या ॥ १३ ॥ क्रोधाद्विषमद्यैव पास्यामीत्युक्तिसूचितात् । कैकेयीक्रोधात् । तत्क्रोधभयादिति यावत् । मोहात्कैकेयीविषयात् । साहसादविमृश्यकारित्वात् । तातस्य यदतिक्रान्तम् । भावे निष्ठा । ज्येष्ठाभिषेकलक्षणसाध्वर्थाननुष्ठानं तत्साध्वर्थमभिसंधाय राजोक्तार्थेषु कतमस्य साधुत्वमिति विचार्य प्रत्याहरतु निवर्तयतु ॥ १४ ॥ तदेवोपपादयति—पितुर्हीति । अतिक्रान्तमतिक्रमस्तं साधु मन्यते । तद्वैपरीत्याचरणेन साधु यथा तथा संपादयति—तदपत्यं मतमपतनहेतुत्वादपत्यशब्दवाच्यम् ॥ १५ ॥ अपत्यमस्तु अन्वर्थापत्यमस्तु । मा भवान्दुष्कृतं पितुः । अनुमन्यतामिति शेषः । तदेवाह—अतीति । यत्तत्कृतं दशरथकृतं कर्म तदतिधर्ममतिक्रम्य प्रवृत्तम् । अत एव लोके धीरैर्विगर्हितम् । अतस्तदनुमननमनुचितमिति । पितृवचसः परिपाल्यत्वे युक्तं धर्मवदभिषेकवचनमेव परिपालयेति व्यङ्ग्यम् ॥ १६ ॥ सर्वांस्त्रातुमिदं सर्वं मदुक्तं भवाननुमन्यतामिति भावः ॥ १७ ॥ पित्रुक्तवनवासस्य गर्हितत्वमेवाह—क्व चेति ॥ १८ ॥ ननु वानप्रस्थाश्रमः क्षत्रियस्याप्यस्ति तत्राह—एष हीति । येनाभिषेचनेन पालनं तद्रूपधर्मसंपादनं प्रथम आद्यो धर्म इत्यर्थः । एवं च स आश्रमो राज्यपरिपालनोत्तरं वार्धके उचितो नापि स मुख्यो धर्म इति भावः ॥ १९ ॥ तस्यामुख्यत्वमेव दर्शयति—कश्चेति । प्रत्यक्षं प्रत्यक्षसुखसाधनं धर्मं प्रजापालनरूपमुत्सृज्य संशयस्थमप्रत्यक्षत्वात्को हि तद्वेद यद्यमुष्मिँल्लोकेऽस्ति वा न वेति श्रुत्याभिनीयमानसंदेहास्पदम् । अलक्षणमसुखलक्षणम् । आयतिस्थमुत्तरवयःप्राप्यम् । अनिश्चितमनित्यानुष्ठानम् । नहि प्रजापालनवत्क्षत्रियस्य नित्यप्राप्तोऽयं धर्मः । नित्यत्वे तद्रहितदशरथादेः पापित्वप्रसङ्गः । तं क्षत्रबन्धुः क्षत्राणां बन्धुरिति समासेन क्षत्रियकुलसंमत इत्यर्थः । निन्दायां बन्धुचप्रत्ययान्तस्तु निन्द्यक्षत्रियादिवाचीति कतकः । कश्चरेत् । न कोऽपीत्यर्थः । अन्ये तु—क्षत्रबन्धुरपि निन्द्यः क्षत्रियोऽपि राज्यानर्होऽपीदृशं धर्मं न चरेत्, किं पुनर्वाच्यं राज्याधिकारीत्यर्थमाहुः ॥ २० ॥ ननु शरीरक्लेशसाध्यधर्म एवान्तरङ्गस्तत्राह—अथेति । पक्षान्तरेऽथेतिशब्दः ॥ २१ ॥ ननूत्तमत्वेन श्रुतत्वात्तदाश्रमकरणं युक्तमत आह—चतुर्णामिति । सर्वेषां गृहस्थपाल्यत्वादिति भावः ॥ २२ ॥ श्रुतेन विद्यया । बालोऽवरः । जन्मना तत्संपाद्येन स्थानेन कनिष्ठभ्रातृत्वेन च बालः ॥ २३ ॥ हीनो बुद्धिगुणः सत्त्वं यस्य सः । तेन हीनसत्त्वगुण इत्यर्थः । हीनस्थानेन चोपलक्षितः । अतएव बालः । त्वया विना वर्तयितुं जीवितुमपि नोत्सहे, किं पुना राज्यं पालयितुमित्यर्थः ॥ २४ ॥ २५ ॥ सह संभूय । मन्त्रविदिति संबोधनम् ॥ २६ ॥ पालने राज्यपरिपालननिमित्तम् । तरसा बलेन । लोकाञ्शत्रुलोकान्मरुद्भिरिवास्माभिः सह वासव इव त्वं विजित्य तां पालयेति शेषः ॥ २७ ॥ ऋणानीति । 'जायमानो वै ब्राह्मणस्त्रिभिर्ऋणवाञ्जायते' इति श्रुतौ ब्राह्मणपदमुपलक्षणमिति भावः । अत्रायोध्यायाम् । स्थित्वेति शेषः ॥ २८ ॥

अद्यार्य मुदिताः सन्तु सुहृदस्तेऽभिषेचने । अद्य भीताः पलायन्तु दुष्प्रदास्ते दिशो दश ॥ २९
आक्रोशं मम मातुश्च प्रमृज्य पुरुषर्षभ । अद्य तत्रभवन्तं च पितरं रक्ष किल्बिषात् ॥ ३०
शिरसा त्वाभियाचेऽहं कुरुष्व करुणां मयि । बान्धवेषु च सर्वेषु भूतेष्विव महेश्वरः ॥ ३१
अथवा पृष्ठतः कृत्वा वनमेव भवानितः । गमिष्यति गमिष्यामि भवता सार्धमप्यहम् ॥ ३२
तथाभिरामो भरतेन ताम्यता प्रसाद्यमानः शिरसा महीपतिः ।
न चैव चक्रे गमनाय सत्त्ववान्मतिं पितुस्तद्वचने प्रतिष्ठितः ॥ ३३
तदद्भुतं स्थैर्यमवेक्ष्य राघवे समं जनो हर्षमवाप दुःखितः ।
न यात्ययोध्यामिति दुःखितोऽभवत्स्थिरप्रतिज्ञत्वमवेक्ष्य हर्षितः ॥ ३४
तदर्त्विजो नैगमयूथवल्लभास्तथा विसंज्ञाश्रुकलाश्च मातरः ।
तथा ब्रुवाणं भरतं प्रतुष्टुवुः प्रणम्य रामं च ययाचिरे सह ॥ ३५

इत्यार्षे श्रीमद्रामायणे वाल्मीकीय आदिकाव्येऽयोध्याकाण्डे षडुत्तरशततमः सर्गः ॥ १०६ ॥

सप्तोत्तरशततमः सर्गः ।

पुनरेवं ब्रुवाणं तं भरतं लक्ष्मणाग्रजः । प्रत्युवाच ततः श्रीमाञ्ज्ञातिमध्ये सुसत्कृतः ॥ १
उपपन्नमिदं वाक्यं यस्त्वमेवमभाषथाः । जातः पुत्रो दशरथात्कैकेय्यां राजसत्तमात् ॥ २
पुरा भ्रातः पिता नः स मातरं ते समुद्वहन् । मातामहे समाश्रौषीद्राज्यशुल्कमनुत्तमम् ॥ ३
देवासुरे च संग्रामे जनन्यै तव पार्थिवः । संप्रहृष्टो ददौ राजा वरमाराधितः प्रभुः ॥ ४
ततः सा संप्रतिश्राव्य तव माता यशस्विनी । अयाचत नरश्रेष्ठं द्वौ वरौ वरवर्णिनी ॥ ५
तव राज्यं नरव्याघ्र मम प्रव्राजनं तथा । तच्च राजा तथा तस्यै नियुक्तः प्रददौ वरम् ॥ ६
तेन पित्राहमप्यत्र नियुक्तः पुरुषर्षभ । चतुर्दश वने वासं वर्षाणि वरदानिकम् ॥ ७
सोऽहं वनमिदं प्राप्तो निर्जनं लक्ष्मणान्वितः । सीतया चाप्रतिद्वन्द्वः सत्यवादे स्थितः पितुः ॥ ८
भवानपि तथेत्येव पितरं सत्यवादिनम् । कर्तुमर्हसि राजेन्द्र क्षिप्रमेवाभिषिञ्चनात् ॥ ९
ऋणान्मोचय राजानं मत्कृते भरत प्रभुम् । पितरं त्राहि धर्मज्ञ मातरं चाभिनन्दय ॥ १०

दुष्प्रदा दुःखप्रदाः ॥ २९ ॥ आक्रोशं निन्दाम् । तत्रभवन्तं पूज्यम् ॥ ३० ॥ त्वा त्वाम् । मयि बान्धवेषु च करुणां कुर्विति संबन्धः ॥ ३१ ॥ पृष्ठतः कृत्वा तिरस्कृत्य । मत्प्रार्थनामिति शेषः । इतोऽपि वनमेव । जनसंबाधभयेनास्माद्वनादपि वनान्तरमित्यर्थः ॥ ३२ ॥ ताम्यता ग्लायता । गमनाय । अयोध्यां प्रतीति शेषः ॥ ३३ ॥ तत्स्थैर्यं पितृवचनस्थितिस्थैर्यम् । दुःखहर्षयोर्युगपत्प्रवृत्तौ निमित्तं स्वयमेव व्याकरोति कविः—न यातीति ॥ ३४ ॥ नैगमाः पुरे भवाः । 'निगमो निश्चये वेदे पुरे पथि वणिक्पथे' इति । तद्यूथवल्लभास्तद्गणमुख्याः । विसंज्ञा विचित्ताश्च ता अश्रुकला अश्रुप्रचुराश्च ॥ ३५ ॥ इति श्रीरामाभिरामे श्रीरामीये रामायणतिलके वाल्मीकीय आदिकाव्येऽयोध्याकाण्डे षडुत्तरशततमः सर्गः ॥ १०६ ॥

रामो राजनियोगपालनमेव परमो धर्मो बहूनां सुखसाधनत्वादित्याशयेनावददित्याह—पुनरिति ॥ १ ॥ इदमुक्तवाक्यम् । उपपन्नं युक्तिमत् । तत्र हेतुः—जात इत्यादि ॥ २ ॥ इदानीं त्वया राज्यस्य मया वनवासस्य चाकरणे राज्ञः प्रतिज्ञाहानिकृतो महानधर्म इत्याह—पुरेति । तव पुत्र्यां जनिष्यते तस्मै राज्यं दास्यामीति प्रतिज्ञातवानित्यर्थः ॥ ३ ॥ ननु 'स्त्रीषु नर्मविवाहे च वृत्त्यर्थे प्राणसंकटे । गोब्राह्मणार्थे हिंसायां नानृतं स्याज्जुगुप्सितम् ॥' इति स्मृतेः कौसल्यायां विद्यमानायां कैकेयीविवाहस्य नर्मविवाहत्वात्तत्प्रतिज्ञाहानिर्न दोषायेत्यत आह—देवासुरे चेति । देवासुरे तत्संबन्धिनि । एवं चोपकारप्रत्युपकाररूपत्वादेनदनृते महान्दोष इति भावः । वरं वरद्वयम् ॥ ४ ॥ ततो हेतोः संप्रतिश्राव्य प्रतिज्ञां कारयित्वा ॥ ५ ॥ याचनप्रकारमाह—तवेति । नियुक्तो वरबलेन नियोजितः । तद्वरं तद्रूपवरम् ॥ ६ ॥ अत्र दण्डकाख्ये वने । चतुर्दश वर्षाणि वरदानिकं वरदाननिमित्तकं वासं नियुक्तः । तं प्रति प्रेरित इत्यर्थः । अत्रायमप्यर्थः—देवेभ्यो मद्दत्तवरदाननिमित्तकम् । अन्तर्यामिणा तथा प्रेरणात् । अतएवात्र दण्डकारण्ये । एतत्प्रसङ्गेनैव तत्प्रयोजननिष्पत्तेरिति ॥ ७ ॥ ननु वने रक्षआदिभ्यो नानादुःखसंभावनेत्यतोऽप्रतिद्वन्द्व इति । समाधिकबलशत्रुहीनः । सर्वेऽपि मत्तो हीनबला एवेति न तद्भयावकाश इति व्यङ्ग्योऽर्थः । आपाततस्तु अप्रतिद्वन्द्वः स्पर्धारहित इति ॥ ८ ॥ तथेत्येव तथैवेति पितृनियुक्त एवेति । अर्हसीत्यार्षम् । 'अर्हति' इति पाठान्तरम् । अतएव संबोधनम्—राजेन्द्रेति ॥ ९ ॥ ऋणात्कैकेयीसंबन्ध्यृणात् । मत्कृते मत्प्रीत्यर्थम् । त्राहीत्यार्षम् । अभिनन्दय न तु नि-

श्रूयते धीमता तात श्रुतिर्गीता यशस्विना । गयेन यजमानेन गयेष्वेव पितॄन्प्रति ॥ ११
पुन्नाम्नो नरकाद्यस्मात्पितरं त्रायते सुतः । तस्मात्पुत्र इति प्रोक्तः पितॄन्यः पाति सर्वतः ॥ १२
एष्टव्या बहवः पुत्रा गुणवन्तो बहुश्रुताः । तेषां वै समवेतानामपि कश्चिद्गयां व्रजेत् ॥ १३
एवं राजर्षयः सर्वे प्रतीता रघुनन्दन । तस्मात्त्राहि नरश्रेष्ठ पितरं नरकात्प्रभो ॥ १४
अयोध्यां गच्छ भरत प्रकृतीरुपरञ्जय । शत्रुघ्नसहितो वीर सह सर्वैर्द्विजातिभिः ॥ १५
प्रवेक्ष्ये दण्डकारण्यमहमप्यविलम्बयन् । आभ्यां तु सहितो वीर वैदेह्या लक्ष्मणेन च ॥ १६

त्वं राजा भरत भव स्वयं नराणां वन्यानामहमपि राजराण्मृगाणाम् ।
गच्छ त्वं पुरवरमद्य संप्रहृष्टः संहृष्टस्त्वहमपि दण्डकान्प्रवेक्ष्ये ॥ १७
छायान्ते दिनकरभाः प्रबाधमानं वर्षत्रं भरत करोतु मूर्ध्नि शीताम् ।
एतेषामहमपि काननद्रुमाणां छायां तामतिशयनीं शनैः श्रयिष्ये ॥ १८
शत्रुघ्नस्त्वतुलमतिस्तु ते सहायः सौमित्रिर्मम विदितः प्रधानमित्रम् ।
चत्वारस्तनयवरा वयं नरेन्द्रं सत्यस्थं भरत चराम मा विषीद ॥ १९

इत्यार्षे श्रीमद्रामायणे वाल्मीकीय आदिकाव्येऽयोध्याकाण्डे सप्तोत्तरशततमः सर्गः ॥ १०७ ॥

अष्टोत्तरशततमः सर्गः ।

आश्वासयन्तं भरतं जाबालिर्ब्राह्मणोत्तमः । उवाच रामं धर्मज्ञं धर्मापेतमिदं वचः ॥ १
साधु राघव मा भूत्ते बुद्धिरेवं निरर्थिका । प्राकृतस्य नरस्येव ह्यार्यबुद्धेस्तपस्विनः ॥ २
कः कस्य पुरुषो बन्धुः किमाप्यं कस्य केनचित् । एको हि जायते जन्तुरेक एव विनश्यति ॥ ३
तस्मान्माता पिता चेति राम सज्जेत यो नरः । उन्मत्त इव स ज्ञेयो नास्ति कश्चिद्धि कस्यचित् ॥ ४
यथा ग्रामान्तरं गच्छन्नरः कश्चिद्बहिर्वसेत् । उत्सृज्य च तमावासं प्रतिष्ठेतापरेऽहनि ॥ ५
एवमेव मनुष्याणां पिता माता गृहं वसु । आवासमात्रं काकुत्स्थ सज्जन्ते नात्र सज्जनाः ॥ ६
पित्र्यं राज्यं समुत्सृज्य स नार्हसि नरोत्तम । आस्थातुं कापथं दुःखं विषमं बहुकण्टकम् ॥ ७
समृद्धायामयोध्यायामात्मानमभिषेचय । एकवेणीधरा हि त्वा नगरी संप्रतीक्षते ॥ ८
राजभोगाननुभवन्महार्हान्पार्थिवात्मज । विहर त्वमयोध्यायां यथा शक्रस्त्रिविष्टपे ॥ ९
न ते कश्चिद्दशरथस्त्वं च तस्य न कश्चन । अन्यो राजा त्वमन्यस्तु तस्मात्कुरु यदुच्यते ॥ १०

न्दय । तत्कृतस्यार्थम् बहूपकारत्वादिति व्यङ्ग्यम् ॥ १० ॥ स्वोक्तस्यावश्यकत्वे संमतिमाह—श्रूयते इति । गयेषु गयाप्रदेशेषु यजमानेन यागं कुर्वता । पितॄन्प्रति पितृप्रीतिमुद्दिश्य ॥ ११ ॥ तां श्रुतिमाह—पुन्नाम्न इति । पुदिति नरकनाम । त्रायतेः कः प्रत्ययः । व्युत्पत्त्यन्तरमाह—पितॄनिति पितॄन्पाति इत्यर्थे पुत्रस्य पृषोदरादित्वात्साधुत्वम् । पितॄनुद्दिश्य कृतेष्टापूर्तादिना स्वर्लोकप्रापणेन तेषां रक्षणमित्याहुः ॥ १२ ॥ गयां पितृस्वर्गसाधनं गयाक्षेत्रम् । एषा च पितॄणां परलोकसाधनं पुत्रेणावश्यं कार्यमित्यर्थे संमतिः ॥ १३ ॥ एवं पितृपरलोकसाधनम् ॥ १४ ॥ १५ ॥ १६ ॥ वन्यानामिति । अनेन भाविवानरराजाधिपत्यादि सूचितम् ॥ १७ ॥ दिनकरभा इति द्वितीयाबहुवचनम् । वर्षत्रं छत्रम् । शीतां छायामित्यन्वयः ॥ १८ ॥ सौमित्रिर्लक्ष्मणः । चराम । विधौ लोट् । संपादयामेत्यर्थः ॥ १९ ॥ इति श्रीरामाभिरामे श्रीरामीये रामायणतिलके वाल्मीकीय आदिकाव्येऽयोध्याकाण्डे सप्ताधिकशततमः सर्गः ॥ १०७ ॥

भरताश्वासनं कुर्वन्तं रामम् । धर्मापेतं धर्ममार्गविरुद्धम् । लोकायतिकमतावलम्बनमिति यावत् । वच उवाचेत्यन्वयः ॥ १ ॥ साधु सम्यग्युक्तिमदिदं वच इति पूर्वान्वय्येतत् । इदंशब्दार्थो राघवेत्यादि । प्राकृतस्य पामरस्य नरस्येव निरर्थिका एवं बुद्धिः पितृवचः पालनीयमित्येवंरूपा । आर्यबुद्धेस्तपस्विनस्ते मा भूत् ॥ २ ॥ कुतो मा भूदित्यत्र पितापुत्रसंबन्धस्यैव मिथ्यात्वादित्याह—क इति । कस्य पुरुषस्य केनचित्संबन्धात् । किमाप्यं किं प्राप्यम् । न किमपीत्यर्थः । संबन्धाभावादिति भावः । संबन्धाभावे हेतुमाह—एको हीति ॥ ३ ॥ यः सज्जेत स उन्मत्त इव ज्ञेयः ॥ ४ ॥ ५ ॥ आवासमात्रं पान्थानामिव । अतो नात्र सज्जनाः सज्जन्ते ॥६॥ पित्र्यं राज्यमित्यास्तिकमतावलम्बिरामाभिप्रायेणोक्तिः । कापथं वनमार्गम् । आस्तिकसेव्यं मार्गं च ॥ ७ ॥ एकवेणीधरत्वं विरहिणीलक्षणम् । त्वा त्वाम् ॥ ८ ॥ ९ ॥ उक्तं संबन्धाभावमुपसंहरति—न ते इति । मिथ्यापितृवचनाभिनिवेशमुक्त्वा राज्यं कुर्विति यदुच्यते तत्कुरु । अन्यस्त्वजनकाद्यन्यः संप्रति

बीजमात्रं पिता जन्तोः शुक्रं शोणितमेव च । संयुक्तमृतुमन्मात्रा पुरुषस्येह जन्म तत् ॥ ११
गतः स नृपतिस्तत्र गन्तव्यं यत्र तेन वै । प्रवृत्तिरेषा भूतानां त्वं तु मिथ्या विहन्यसे ॥ १२
अर्थे धर्मपरा ये ये तांस्ताञ्शोचामि नेतरान् । ते हि दुःखमिह प्राप्य विनाशं प्रेत्य लेभिरे ॥ १३
अष्टकापितृदेवत्यमित्ययं प्रसृतो जनः । अन्नस्योपद्रवं पश्य मृतो हि किमशिष्यति ॥ १४
यदि भुक्तमिहान्येन देहमन्यस्य गच्छति । दद्यात्प्रवसतां श्राद्धं न तत्पथ्यशनं भवेत् ॥ १५
दानसंवनना ह्येते ग्रन्था मेधाविभिः कृताः । यजस्व देहि दीक्षस्व तपस्तप्यस्व संत्यज ॥ १६
स नास्ति परमित्येतत्कुरु बुद्धिं महामते । प्रत्यक्षं यत्तदातिष्ठ परोक्षं पृष्ठतः कुरु ॥ १७
सतां बुद्धिं पुरस्कृत्य सर्वलोकनिदर्शिनीम् । राज्यं स त्वं निगृह्णीष्व भरतेन प्रसादितः ॥ १८

इत्यार्षे श्रीमद्रामायणे वाल्मीकीय आदिकाव्येऽयोध्याकाण्डेऽष्टोत्तरशततमः सर्गः ॥ १०८ ॥

नवोत्तरशततमः सर्गः ।

जाबालेस्तु वचः श्रुत्वा रामः सत्यपराक्रमः । उवाच परया सूक्त्या बुद्ध्या विप्रतिपन्नया ॥ १
भवान्मे प्रियकामार्थं वचनं यदिहोक्तवान् । अकार्यं कार्यसंकाशमपथ्यं पथ्यसंनिभम् ॥ २
निर्मर्यादस्तु पुरुषः पापाचारसमन्वितः । मानं न लभते सत्सु भिन्नचारित्रदर्शनः ॥ ३

राजा । एवं क्षणभङ्गवादेनान्यत्वं गूढाशयतयोक्तम् । नन्वेवमपि तत्संताननिविष्टतया कश्चित्संबन्धो भवेत्, अन्यथा पितरं विनापि पुत्रोत्पत्तिः स्यादिति चेन्न । तावतापि निमित्तकारणत्वमेव नोपादानत्वम्, तेन यूकालिक्षादेरिव तवापि तेन न कश्चित्संबन्ध इत्याशयः ॥ १० ॥ बीजमात्रं निमित्तकारणमात्रम् । मात्रपदेनोपादानत्वव्यावृत्तिः । तर्ह्युपादानं किं तत्राह—ऋतुमन्मात्रेति । ऋतुमत्या मात्रेत्यर्थे पुंवद्भावः । यत्तादृश्या मात्रा गर्भे धृतं संयुक्तं परस्परमिलितं शुक्रं शोणितं च तदिह लोके पुरुषस्य शरीरस्य जन्मोपादानकारणं भवतीत्यर्थः । एवं च शुक्रशोणितयोगादाकृष्टपञ्चभूतसमूह एव पुरुषश्चेतनो न तस्य केनचित्संबन्ध इत्याशयः ॥ ११ ॥ गत इति । यत्र येषु भूतेषु गन्तव्यं तत्र तेषु मतो लयं प्राप्तः । त्वमपि तथैव लयं प्राप्स्यसीति स्थिरस्य कस्यचिदभावात्कः केन संबन्ध इति भावः । उक्ता एषा भूतसमूहरूपस्य तेषु लयप्राप्तिरूपा प्रवृत्तिर्मर्त्यानां स्वभावप्राप्तेति शेषः । अतस्त्वं मिथ्या विहन्यसे । राज्यरूपात्पुरुषार्थादिति शेषः ॥ १२ ॥ नन्वर्थविघातेऽपि धर्मो मे भविष्यतीत्यत्राह—अर्थे इत्यादि । अर्थे प्रत्यक्षसिद्धपुरुषार्थे प्राप्ते तं परित्यज्य ये ये आस्तिका धर्मपरास्तांस्ताञ्शोचामि । धर्मफलभोक्तुरभावादिति भावः । तदेवाह—ते हीति । प्रेत्यान्तसमयं प्राप्य विनाशं भेजिरे, न त्वत्रोपार्जितधर्मस्य तत्रावस्थितिरस्ति । 'प्राप्य विनाशं प्रतिपेदिरे' इति पाठान्तरम् ॥ १३ ॥ नन्वेवं श्राद्धाद्याचारासंगतिस्तत्राह—अष्टकेति । तदादि यत्पितृदेवत्यं श्राद्धकर्मेति तत्र प्रसृतः प्रवृत्तोऽयं जनस्तस्यान्नस्य स्वभोगसाधनस्योपद्रवं नाशं केवलं करोति पश्य विचारय । तामेव विचार्यां युक्तिमाह—मृतो हीति ॥ १४ ॥ ननु तैरत्रभोजनेऽपि तदुद्देशेन दत्तं लोकान्तरे तमुपतिष्ठतीत्येतमर्थं भोक्तृभावेन दूषितमपि युक्त्यन्तरेण दूषयति—यदीति । प्रवसतामुद्देशं कृत्वा श्राद्धं दद्यात् । प्राप्तकाले लिङ् । तद्दानमेवोचितमित्यर्थः । न तु तत्पथ्यशनं तस्मै दीयमानं पथ्यशनं पाथेयं न्याय्यं भवेत् । भारवहनेन दुःखदत्वादिति भावः । एतेनैव न्यायेन देवार्थदानमपि व्यर्थमित्युपपादितम् ॥ १५ ॥ एवं वैदिकाचारं प्रदूष्य तत्प्रतिपादकागमाप्रामाण्यमाह—दानेति । यजस्व देवपूजां कुरु, देहि अन्नादिदानम्, दीक्षस्व यागार्थम्, तपश्चान्द्रायणादि, संत्यज प्रव्रजेत्येवंपरा वेदादयो ग्रन्था दानसंवननादानाय वशीकरणोपायभूता मेधादिभिर्वार्तादिना जीवने क्लेशं पश्यद्भिः पामरप्रतारणायानायासेन धनग्रहणाय कृताः । अतो न ते प्रमाणमिति भावः ॥ १६ ॥ परमैहिकात्परं परलोकप्रयोजनं किंचिद्धर्माख्यं नास्तीति बुद्धिं कुरु । परोक्षमनुमानशब्दादिगम्यं पृष्ठतः कुरु त्यज ॥ १७ ॥ सतां प्रत्यक्षसिद्धस्यैव सत्त्वं वदताम् । त एव हि साधवो न तु शब्दप्रमाणकादेः सत्त्वं वदन्त इति भावः । भिन्ने पदे वा । स त्वं तामुक्तामित्यर्थो वा । सर्वलोकनिदर्शिनीं सर्वलोकसंमतामित्यर्थः ॥ १८ ॥ इति श्रीरामाभिरामे श्रीरामीये रामायणतिलके वाल्मीकीय आदिकाव्येऽयोध्याकाण्डेऽष्टोत्तरशततमः सर्गः ॥ १०८ ॥

तदेतत्खण्डयति रामः—जाबालेरिति । सत्यपराक्रमः सत्यप्रधानः पराक्रमो यस्य सः । 'सत्यात्मनां वरः' इति पाठे सत्यस्वभावानां श्रेष्ठ इत्यर्थः । विप्रतिपन्नया जाबाल्युक्तार्थे प्रतिपत्तिहितया बुद्ध्या युक्तः सन् । सूक्त्या वेदलक्षणसुवचनालम्बनेनोवाच ॥ १ ॥ प्रियकामार्थं प्रीतिहेतुकामभोगसंपादनार्थम् । अकार्यं परमार्थतः कर्तुमनर्हम् । कार्यसंकाशम् । प्रमाणाभासयुक्तत्वात् । अपथ्यं दुःखोदर्कम् ॥ २ ॥ निर्मर्याद उत्पथवर्ती भिन्नचारित्रदर्शनः साधुसंमतचारित्रप्रतिपादकशा-

कुलीनमकुलीनं वा वीरं पुरुषमानिनम् । चारित्रमेव व्याख्याति शुचिं वा यदि वाशुचिम् ॥ ४
अनार्यस्त्वार्यसंस्थानः शौचाद्धीनस्तथा शुचिः । लक्षण्यवदलक्षण्यो दुःशीलः शीलवानिव ॥ ५
अधर्मं धर्मवेषेण यद्यहं लोकसंकरम् । अभिपत्स्ये शुभं हित्वा क्रियां विधिविवर्जिताम् ॥ ६
कश्चेतयानः पुरुषः कार्याकार्यविचक्षणः । बहु मन्येत मां लोके दुर्वृत्तं लोकदूषणम् ॥ ७
कस्य यास्याम्यहं वृत्तं केन वा स्वर्गमाप्नुयाम् । अनया वर्तमानोऽहं वृत्त्या हीनप्रतिज्ञया ॥ ८
कामवृत्तो न्वयं लोकः कृत्स्नः समुपवर्तते । यद्वृत्ताः सन्ति राजानस्तद्वृत्ताः सन्ति हि प्रजाः ॥ ९
सत्यमेवानृशंसं च राजवृत्तं सनातनम् । तस्मात्सत्यात्मकं राज्यं सत्ये लोकः प्रतिष्ठितः ॥ १०
ऋषयश्चैव देवाश्च सत्यमेव हि मेनिरे । सत्यवादी हि लोकेऽस्मिन्परं गच्छति चाक्षयम् ॥ ११
उद्विजन्ते यथा सर्पान्नरादनृतवादिनः । धर्मः सत्यपरो लोके मूलं सर्वस्य चोच्यते ॥ १२
सत्यमेवेश्वरो लोके सत्ये धर्मः सदाश्रितः । सत्यमूलानि सर्वाणि सत्यान्नास्ति परं पदम् ॥ १३
दत्तमिष्टं हुतं चैव तप्तानि च तपांसि च । वेदाः सत्यप्रतिष्ठानास्तस्मात्सत्यपरो भवेत् ॥ १४
एकः पालयते लोकमेकः पालयते कुलम् । मज्जत्येको हि निरय एकः स्वर्गे महीयते ॥ १५
सोऽहं पितुर्निदेशं तु किमर्थं नानुपालये । सत्यप्रतिश्रवः सत्यं सत्येन समयी कृतम् ॥ १६

स्त्वाद्विपरीतव्यवहारप्रतिपादकलोकायतिकादिशास्त्रप्रसक्तः सत्सु मानं पूजां न लभते ॥ ३ ॥ इदानीं वेदोक्ताचार एव पुंसामिहामुत्र संमानहेतुरित्याह—कुलीनमिति । पुरुषमानिनम् । अधीरमिति यावत् । चारित्रं वेदानुमताचारः । तत्संपन्नः सन्कुलीनत्वादिख्यातिं ख्यापयति—असंपन्नश्चाकुलीनत्वादिति भावः ॥ ४ ॥ किं च त्वत्संमताचाराङ्गीकारे सर्वथानर्थप्राप्तिरेवेत्याह—अनार्य इत्यादि । आर्यसंस्थानस्तत्सदृशः । शुचिः शुचिरिव भासमान इति शेषः । लक्षण्यवल्लक्षणयुक्तवद्भासमानो भवति । त्वदुक्ताचारव्यवहर्तेति शेषः ॥ ५ ॥ यद्यहं त्वदुपदिष्टं लोकसंकरकारकमधर्ममार्गं धर्मवेषेण युक्तोऽभिपत्स्ये, तदा विधिविवर्जितां श्रुत्याद्युक्तविधानरहितां क्रियां कृत्वा तत एव शुभं हित्वाऽशुभं प्राप्नुयामिति शेषः ॥ ६ ॥ तामेवाशुभप्राप्तिं दर्शयति—कश्चेतयान इति । चेतन इत्यर्थः । लोकदूषणं परलोकदूषणमार्गालम्बनम् ॥ ७ ॥ अनया त्वदुपदिष्टया वृत्त्या हीना सत्यपरिपालनविषयिणी प्रतिज्ञा यस्यां तया वर्तमानः केन साधनेन स्वर्गमाप्नुयाम् । न केनापि । किं चेदं त्वदुपदिष्टं वृत्तं कस्य किंसंबन्धि अहं यास्यामि यत्पित्रादिषु न कस्यापि । पित्रादिवृत्तानुसरणमेव च 'येनास्य पितरो याताः' इति शास्त्रविहितमिति भावः ॥ ८ ॥ किं च त्वदुपदिष्टमार्गे तिष्ठन्नहं प्रथमतः कामवृत्तो यथेष्टचारी स्याम् । तदनु अयं कृत्स्नो लोकस्तथा समुपवर्तेत इत्यर्थः । एवं निर्बन्धे कारणमाह—यद्वृत्ता इति ॥ ९ ॥ तस्मात्त्वदुपदिष्टस्य मार्गस्य सर्वलोकनाशकत्वेन शास्त्रीयमार्गालम्बनमेवोचितमित्याह—सत्यमिति । अनृशंसं भूतानुकम्पाप्रधानं सनातनमनादिशास्त्रसिद्धं राजवृत्तं च । सत्यमेव सत्यवचनमेव मुख्यो राजाचार इत्यर्थः । यतो राजवृत्तं सत्यात्मकम्, तस्मात्तेषां राज्यमपि सत्यात्मकं सत्यैकप्रतिष्ठितम् । न केवलं राज्यमेव, अपि तु सर्वोऽपि लोकः सत्ये प्रतिष्ठितः ॥ १० ॥ सत्यमेव हि मेनिरे । सत्यलोकान्तसकललोकप्रदमिति शेषः । परमक्षयं ब्रह्मलोकम् ॥ ११ ॥ अनृतवादिनो नरात्तथोद्विजन्ते यथा सर्पात् । सत्यं परं श्रेष्ठं यस्य स धर्मः सर्वस्य मूलमुच्यते ॥ १२ ॥ लोके ईश्वरः सत्यमेव । सत्यपदवाच्य इति प्रसिद्ध इत्यर्थः । तथा सद्भिराश्रितो धर्मः सत्ये सत्यपदवाच्ये ईश्वरे प्रतिष्ठितः । आदौ तस्यैव धर्मोपदेष्टृत्वादित्यर्थः । 'सत्ये पद्मा प्रतिष्ठिता' इति पाठान्तरम् । पद्मा लक्ष्मीः । सत्यमूलानि सर्वाणीत्यनेन जगदुपादानप्रवर्तकत्वेन सर्वाधिष्ठानत्वेन । च तत्सिद्धिर्दर्शिता । तस्यैव तत्त्वे हेतुमाह—सत्यात्परं पदं नास्ति । अनेन तदितरस्य सर्वस्य मिथ्यात्वमचेतनत्वं च दर्शितम् । एतेन चेतनानधिष्ठिता मायैव जगदुपादानकारणमिति निरस्तम् । चेतनाधिष्ठानं विना तत्परिणामासंभवात् । तस्याः परिणामित्वेन मिथ्यात्वेन चेतनाधिष्ठानत्वासंभवाच्च ॥ १३ ॥ एवं नास्तिकं प्रतीश्वरं प्रसाध्य वेदप्रामाण्यं साधयति—दत्तमित्यादि । दत्तादीनि प्रतिपादयन्तो वेदाः । सत्यप्रतिष्ठानाः सत्यादीश्वराच्छ्वासप्रश्वासवदाविर्भूता इति वक्तृदोषशङ्काकलङ्कराहित्येन तत्प्रतिपादितदानादीनां फलसंवाददर्शनेन च सर्वत्राप्रामाण्यशङ्कारहिताः । किं तु स्वतःप्रमाणभूता एवेति भावः । तस्मात्सत्यस्येश्वरवाचकवाच्यत्वेन तदभेदात् सत्यपरः सत्यपालनतत्परो भवेदित्यर्थः ॥ १४ ॥ वेदोक्तधर्माधर्मफलस्य प्रत्यक्षमनुभूयमानत्वेन तत्प्रामाण्यं सिद्धमित्याह—एक इति । लोकं राज्यम् । कुलं स्वकुलमात्रम् । एतेन पालनसाधनधर्मफलतारतम्य[illegible] वेदोक्तस्यानुभवो दर्शितः । निरयोऽत्र दुःखम् । स्वर्गश्च सुखम् । तेन धर्माधर्मफलानुभवो दर्शितः ॥ १५ ॥ सोऽहमुक्तरीत्या एवं विवेकवानित्यर्थः । ननु स्त्रीवशतया पितृकृते नियोगे किमियता निर्बन्धनेन तत्राह—सत्येति । यतो मे पिता सत्यप्रतिश्रवः सत्यप्रतिज्ञः स्वप्रति[illegible]ीकारवान्समयी सदाचारवान्, अतस्तेन सत्येन सत्यपरिपालनेन हेतुना

नैव लोभान्न मोहाद्वा न चाज्ञानात्तमोन्वितः । सेतुं सत्यस्य भेत्स्यामि गुरोः सत्यप्रतिश्रव १७
असत्यसंधस्य सतश्चलस्यास्थिरचेतसः । नैव देवा न पितरः प्रतीच्छन्तीति नः श्रुतम् ॥ १८
प्रत्यगात्ममिमं धर्मं सत्यं पश्याम्यहं ध्रुवम् । भारः सत्पुरुषैश्चीर्णस्तदर्थमभिनन्द्यते ॥ १९
क्षात्रं धर्ममहं त्यक्ष्ये ह्यधर्मं धर्मसंहितम् । क्षुद्रैर्नृशंसैर्लुब्धैश्च सेवितं पापकर्मभिः ॥ २०
कायेन कुरुते पापं मनसा संप्रधार्य तत् । अनृतं जिह्वया चाह त्रिविधं कर्म पातकम् ॥ २१
भूमिः कीर्तिर्यशो लक्ष्मीः पुरुषं प्रार्थयन्ति हि । सत्यं समनुवर्तन्ते सत्यमेव भजेत्ततः ॥ २२
श्रेष्ठं ह्यनार्यमेव स्याद्यद्भवानवधार्य माम् । आह युक्तिकरैर्वाक्यैरिदं भद्रं कुरुष्व ह ॥ २३
कथं ह्यहं प्रतिज्ञाय वनवासमिमं गुरोः । भरतस्य करिष्यामि वचो हित्वा गुरोर्वचः ॥ २४
स्थिरा मया प्रतिज्ञाता प्रतिज्ञा गुरुसंनिधौ । प्रहृष्टमानसा देवी कैकेयी चाभवत्तदा ॥ २५
वनवासं वसन्नेव शुचिर्नियतभोजनः । मूलपुष्पफलैः पुण्यैः पितॄन्देवांश्च तर्पयन् ॥ २६
संतुष्टपञ्चवर्गोऽहं लोकयात्रां प्रवाहये । अकुहः श्रद्दधानः सन्कार्याकार्यविचक्षणः ॥ २७
कर्मभूमिमिमां प्राप्य कर्तव्यं कर्म यच्छुभम् । अग्निर्वायुश्च सोमश्च कर्मणां फलभागिनः ॥ २८
शतं क्रतूनामाहृत्य देवराट् त्रिदिवं गतः । तपांस्युग्राणि चास्थाय दिवं प्राप्ता महर्षयः ॥ २९

अमृष्यमाणः पुनरुग्रतेजा निशम्य तन्नास्तिकवाक्यहेतुम् ।
अथाब्रवीत्तं नृपतेस्तनूजो विगर्हमाणो वचनानि तस्य ॥ ३०

सत्यमेव मां प्रति कृतम् । उक्तमित्यर्थः ॥ १६ ॥ अतो लोभाद्राज्यस्य । मोहादुक्तस्य विस्मरणात् । प्रतिज्ञात्यागे दोषस्याज्ञानाद्वा । त्वदुक्तवाक्याच्छास्त्रादावश्रद्धारूपतमोयुक्तो वा । पूर्वं सत्यप्रतिश्रवः शपथपूर्वकं कृतप्रतिज्ञः सन्नैव भेत्स्यामि न भेत्स्यामि न च भेत्स्यामीति त्रिवारोक्त्या सर्वथा दार्ढ्यं सूचितम् ॥१७॥ एवं सत्ये दृढस्थितौ हेतुमाह—असत्यसंधस्य प्रतिज्ञाविषयसत्यहीनस्य । चलस्य चञ्चलस्वभावस्य । तस्यैव विवरणम्—अस्थिरेत्यादि । ईदृशस्य सतः एतैर्गुणैर्युक्तस्य देवादयो हव्यकव्यादि न गृह्णन्तीति नः श्रुतम् ॥ १८ ॥ प्रत्यगात्मनो जीवानुद्दिश्य प्रवृत्तमित्यर्थे प्रत्यगात्ममित्यार्षत्वात्साधु । इमं सत्यं सत्यपालनरूपं धर्ममहं ध्रुवं सर्वधर्मेषु मुख्यं पश्यामि । अयं भारो वनवासे जटावल्कलादिभारः सत्यपालनरूपो वा पूर्वैः सत्पुरुषैराचीर्णस्तदर्थं मयाप्यभिनन्द्यत आद्रियते ॥ १९ ॥ ननु स्वधर्मो राज्यपालनमेव किमिति नाभिनन्द्यते तत्राह—क्षात्रमिति । धर्मसंहितं धर्मवत्प्रतिभासमानं वस्तुतोऽधर्मं क्षुद्रादिभिः सेवितमीदृशं क्षात्रधर्मं पित्राज्ञाभङ्गेन राज्यकरणरूपमहं त्यक्ष्ये । न तु न्याय्यं क्षात्रधर्ममिति भावः ॥ २० ॥ अस्य पापस्य शरीरसाध्यत्वेऽपि कायिकवाचिकमानसिकसकलपापप्रसक्तिरित्याह—कायेनेति । आदौ मनसा एवं कर्म करिष्य इति तत्पापं संप्रधार्य ततो जिह्वया ऋतं धर्मजनकं ततो भिन्नमनृतं तत्कर्म कर्तव्यत्वेन जिह्वया तत्सहायभूतेषु पुरुषेष्वाह । ततः कायेन कुरुते । अतः पापं कर्म क्रियारूपं पापं त्रिविधम् । कायिकवाचिकमानसिकरूपत्रिविधजनकमित्यर्थः । तेन कायिकं पापं बहुदुःखजनकमिति भावः । कलौ तु पापसंकल्पादितो न दोष इत्युक्तं भागवते—'नानुद्वेष्टि कलिं सम्राट् सारङ्ग इव सारभुक् । कुशलान्याशु सिद्ध्यन्ति नेतराणि कृतानि यत् ॥' सम्राट् परीक्षित् । सारमाह—कुशलानि पुण्यान्याशु संकल्पमात्रात्सिध्यन्ति । यथा मानसपूजा । इतराणि पापानि संकल्पमात्रान्न फलन्ति । यद्यतस्तानि कृतान्येव फलन्तीति तदर्थः ॥२१॥ अथ सत्यस्य सर्वार्थसाधनत्वमाह—भूमिरिति । प्रार्थयन्तीति । सत्यवन्तमिति शेषः । समनुवर्तन्ते इति । शिष्टा इति शेषः । यदेवं ततः सत्यमेव भजेदित्यर्थः ॥ २२ ॥ यद्भवानवधार्य युक्तत्वेन निश्चित्य मां प्रति युक्तिरेव करः करणं येषां तैर्वाक्यैरिदं भद्रं राज्यं ह निश्चयेन कुरुष्व स्वीकुरुष्वेति श्रेष्ठं हि श्रेष्ठमिवाह तदनार्यमन्याय्यमेव स्याद्भवेत् ॥२३॥ अनार्यत्वमेव दर्शयन् 'राज्यं त्वं प्रतिगृह्णीष्व भरतेन प्रसादितः' इत्यस्योत्तरमाह—कथमिति । गुरोः पुरत इमं गुर्वाज्ञप्तं गुरोर्वचो हित्वेत्यन्वयः ॥ २४ ॥ कैकेयी चेति । एवं च तस्या हर्षदस्य पुनरहर्षदत्वमत्यन्तमनुचितमिति भावः ॥ २५ ॥ तर्पयन् प्रतिज्ञां पालयिष्यामीति शेषः ॥ २६ ॥ संतुष्टपञ्चवर्गो मूलादिभिस्तुष्टपञ्चेन्द्रियवर्गः । लोकयात्रां पितृवचनपालनव्यवहारम् । प्रवाहये प्रवाहरूपेण प्रवर्तयामीत्यर्थः । अकुहोऽकपटशीलः । श्रद्दधान आस्तिकः ॥ २७ ॥ शुभकरणे हेतुः—अग्निरित्यादि । यच्छुभं कर्म कर्तव्यम् । तेषां शुभकर्मणां तत्तल्लोकप्राप्तिः फलमिति भावः ॥ २८ ॥ शतमिति । अनेन पूर्वोक्तं समर्थितम् । अतीतानागतश्चेन्द्रादीनां तत्तत्फलानुभवेन तत्तद्वेदभागप्रामाण्यं दर्शितं च ॥ २९ ॥ नास्तिकवाक्यहेतुं नास्ति परलोक इति वचनोपपादकम् 'यदि भुक्तमिहान्येन' इत्याद्युक्तशुष्कतर्करूपम् । अमृष्यमाणः जाबालिमिति शेषः । तस्य जाबालेः । अनेन नास्तिकवृत्तयो ब्राह्मणा अपि राज्ञोऽवश्यं वाग्दण्डेन दण्ड्या इति सूचितम् ॥ ३० ॥

सत्यं सधर्मं च पराक्रमं च भूतानुकम्पां प्रियवादितां च ।
द्विजातिदेवातिथिपूजनं च पन्थानमाहुस्त्रिदिवस्य सन्तः ॥ ३१

तेनैवमाज्ञाय यथावदर्थमेकोदयं संप्रतिपद्य विप्राः ।
धर्मं चरन्तः सकलं यथावत्काङ्क्षन्ति लोकागममप्रमत्ताः ॥ ३२

निन्दाम्यहं कर्म कृतं पितुस्तद्यस्त्वामगृह्णाद्विषमस्थबुद्धिम् ।
बुद्ध्यानयैवंविधया चरन्तं सुनास्तिकं धर्मपथादपेतम् ॥ ३३

यथा हि चोरः स तथा हि बुद्धस्तथागतं नास्तिकमत्र विद्धि ।
तस्माद्धि यः शक्यतमः प्रजानां स नास्तिके नाभिमुखो बुधः स्यात् ॥ ३४

त्वत्तो जना पूर्वतरे द्विजाश्च शुभानि कर्माणि बहूनि चक्रुः ।
छित्त्वा सदेमं च परं च लोकं तस्माद्द्विजाः स्वस्ति कृतं हुतं च ॥ ३५

धर्मे रताः सत्पुरुषैः समेतास्तेजस्विनो दानगुणप्रधानाः ।
अहिंसका वीतमलाश्च लोके भवन्ति पूज्या मुनयः प्रधानाः ॥ ३६

इति ब्रुवन्तं वचनं सदोषं रामं महात्मानमदीनसत्त्वम् ।
उवाच पथ्यं पुनरास्तिकं च सत्यं वचः सानुनयं च विप्रः ॥ ३७

न नास्तिकानां वचनं ब्रवीम्यहं न नास्तिकोऽहं न च नास्ति किंचन ।
समीक्ष्य कालं पुनरास्तिकोऽभवं भवेय काले पुनरेव नास्तिकः ॥ ३८

स चापि कालोऽयमुपागतः शनैर्यथा मया नास्तिकवागुदीरिता ।
निवर्तनार्थं तव राम कारणात्प्रसादनार्थं च मयैतदीरितम् ॥ ३९

इत्यार्षे श्रीमद्रामायणे वाल्मीकीय आदिकाव्येऽयोध्याकाण्डे नवोत्तरशततमः सर्गः ॥ १०९ ॥

पराक्रमश्चान्द्रायणादि तपः । यत इमानि त्रिदिवस्य पन्थानमाहुः सन्तः ॥ ३१ ॥ यतश्च तेन सद्वचनेनैवमर्थमेकोदयं मुख्यफलवन्तं यथावदाज्ञाय श्रुत्वा । संप्रतिपद्य श्रुत्यनुकूलतर्कैर्निर्णीय । तं धर्ममप्रमत्ताः सावधाना यथावच्चरन्तो लोकागमं तत्तल्लोकप्राप्तिं काङ्क्षन्ति ॥ ३२ ॥ अतः—निन्दामीति । अनयानुपदोक्तया । एवंविधया प्रत्यक्षैकप्रमाणवादिचार्वाकमतानुसारिण्या चरन्तं लोकनाशायाटन्तम् । अत एव नास्तिकत्वादिगुणयुक्तम् । विषमस्थबुद्धिमवैदिकदुर्मार्गप्रतिष्ठितबुद्धिं त्वां यो मे पितागृह्णाद्याजकत्वेनाङ्गीकृतवांस्तत्पितुः कर्म निन्दामि ॥ ३३ ॥ बौद्धादयो राज्ञश्चोरवद्दण्ड्या इत्याह—यथा हीति । बुद्धो बुद्धमतानुसारी तथा चोरवद्दण्ड्य इति हि प्रसिद्धम् । नास्तिकं चार्वाकम् । तथागतं तत्सदृशं चोरवद्दण्ड्यं विद्धि । नास्तिकविशेषस्तथागतः । तमपि चोरवद्दण्ड्यमिति शेष इत्यन्ये । वेदप्रामाण्यापहर्तृत्वेन तेषामपि चोरत्वात् । हि निश्चयेन । तस्मात्प्रजानामनुग्रहाय राज्ञा चोरवदेव दण्डयितुं शक्यतमो यः स चोरवदेव दण्ड्यः । दण्डायोग्ये तु बुधो ब्राह्मणो नास्तिकेऽभिमुखो न स्यात् । तत्संभाषणादि न कुर्वीतेत्यर्थः । तुल्यन्यायाद्दण्डासमर्थो ब्राह्मणोऽपि तद्विमुखः स्यादिति सूचितम् ॥ ३४ ॥ अथ वेदोक्तधर्मे शिष्टाचारं प्रमाणयति—यतः । त्वत्तोऽन्ये इति शेषः । त्वदन्ये द्विजा जनाः । पूर्वतरे श्रेष्ठाः । आर्षमिदम् । 'यदा' इति पाठे नाध्याहारापेक्षा। तस्यैव यत इत्यर्थकत्वात् । बहूनि शुभानि चक्रुः । इमं लोकं परं च लोकं छित्त्वा ऐहिकामुष्मिकफलकामनां त्यक्त्वापि वेदोक्तोऽयं धर्म इत्येतावतैव कर्माणि चक्रुरिति तात्पर्यम् । तस्माद्ये द्विजाः स्वस्ति अहिंसासत्यादिकम्, कृतं तपोदानपरोपकारादि, हुतं यज्ञादि कुर्वते । वेदप्रामाण्यादेव ॥ ३५ ॥ तथा धर्मे रता निष्ठावन्तो ये ते प्रधानाः श्रेष्ठा मुनयो वसिष्ठाद्या ऋषयः पूज्या भवन्ति लोके । न त्वादृशा इत्यर्थः ॥ ३६ ॥ इति धिक्कृतो जाबालिः स्वविषयकोपशमनायाह—इतीति । पथ्यं परमार्थम् ॥ ३७ ॥ तदेवाह—नेति । किंच न परलोकादि नास्तीति न, किं त्वस्त्येव । कालं पारलौकिकं व्यवहारकालम् । काले लौकिकव्यवहारकाले । एवं च सर्वमतज्ञेन कालविशेषेऽन्यथावाग्व्यवहारेऽपि न तस्य नास्तिकत्वं भवतीति भावः ॥ ३८ ॥ स चापि कालः । लौकिकव्यवहारप्रयोजन इत्यर्थः । तत्प्रयोजनमाह—निवर्तनार्थमिति । निवर्तनरूपं प्रयोजनमुद्दिश्य । कारणात्त्वदीयाज्जि[illegible]शयस्य लोकेऽतिप्रसिद्धिसंपादनरूपकारणास्तिकवागुक्ता । तादृशीं वाणीं श्रुत्वा क्रुद्धस्य तव प्रसादनार्थं चैतन्न नास्तिकानामित्याद्युदीरितम् ॥ ३९ ॥ **इति श्रीरामाभिरामे श्रीरामीये रामायणतिलके वाल्मीकीय आदिकाव्येऽयोध्याकाण्डे नवोत्तरशततमः सर्गः ॥ १०९ ॥**

दशोत्तरशततमः सर्गः ।

क्रुद्धमाज्ञाय रामं तु वसिष्ठः प्रत्युवाच ह । जाबालिरपि जानीते लोकस्यास्य गतागतिम् ॥ १
निवर्तयितुकामस्तु त्वामेतद्वाक्यमब्रवीत् । इमां लोकसमुत्पत्तिं लोकनाथ निबोध मे ॥ २
सर्वं सलिलमेवासीत्पृथिवी तत्र निर्मिता । ततः समभवद्ब्रह्मा स्वयंभूर्दैवतैः सह ॥ ३
स वराहस्ततो भूत्वा प्रोज्जहार वसुंधराम् । असृजच्च जगत्सर्वं सह पुत्रैः कृतात्मभिः ॥ ४
आकाशप्रभवो ब्रह्मा शाश्वतो नित्य अव्ययः । तस्मान्मरीचिः संजज्ञे मरीचेः कश्यपः सुतः ॥ ५
विवस्वान्कश्यपाज्जज्ञे मनुर्वैवस्वतः स्वयम् । स तु प्रजापतिः पूर्वमिक्ष्वाकुस्तु मनोः सुतः ॥ ६
यस्येयं प्रथमं दत्ता समृद्धा मनुना मही । तमिक्ष्वाकुमयोध्यायां राजानं विद्धि पूर्वकम् ॥ ७
इक्ष्वाकोस्तु सुतः श्रीमान्कुक्षिरित्येव विश्रुतः । कुक्षेरथात्मजो वीर विकुक्षिरुदपद्यत ॥ ८
विकुक्षेस्तु महातेजा बाणः पुत्रः प्रतापवान् । बाणस्य च महाबाहुरनरण्यो महातपाः ॥ ९
नानावृष्टिर्बभूवास्मिन्न दुर्भिक्षः सतां वरे । अनरण्ये महाराजे तस्करो वापि कश्चन ॥ १०
अनरण्यान्महाराज पृथू राजा बभूव ह । तस्मात्पृथोर्महातेजास्त्रिशङ्कुरुदपद्यत ॥ ११
स सत्यवचनाद्वीरः सशरीरो दिवं गतः । त्रिशङ्कोरभवत्सूनुर्धुंधुमारो महायशाः ॥ १२
धुंधुमारान्महातेजा युवनाश्वो व्यजायत । युवनाश्वसुतः श्रीमान्मांधाता समपद्यत ॥ १३
मांधातुस्तु महातेजाः सुसंधिरुदपद्यत । सुसंधेरपि पुत्रौ द्वौ ध्रुवसंधिः प्रसेनजित् ॥ १४
यशस्वी ध्रुवसंधेस्तु भरतो रिपुसूदनः । भरतात्तु महाबाहोरसितो नाम जायत ॥ १५
यस्यैते प्रतिराजान उदपद्यन्त शत्रवः । हैहयास्तालजङ्घाश्च शूराश्च शशबिन्दवः ॥ १६
तांस्तु सर्वान्प्रतिव्यूह्य युद्धे राजा प्रवासितः । स च शैलवरे रम्ये बभूवाभिरतो मुनिः ॥ १७
द्वे चास्य भार्ये गर्भिण्यौ बभूवतुरिति श्रुतिः । तत्र चैका महाभागा भार्गवं देववर्चसम् ॥ १८
ववन्दे पद्मपत्राक्षी काङ्क्षिणी पुत्रमुत्तमम् । एका गर्भविनाशाय सपत्न्यै गरलं ददौ ॥ १९
भार्गवश्च्यवनो नाम हिमवन्तमुपाश्रितः । तमृषिं साभ्युपागम्य कालिंदी त्वभ्यवादयत् ॥ २०
स तामभ्यवदत्प्रीतो वरेप्सुं पुत्रजन्मनि । पुत्रस्ते भविता देवि महात्मा लोकविश्रुतः ॥ २१
धार्मिकश्च सुभीमश्च वंशकर्तारिसूदनः । श्रुत्वा प्रदक्षिणं कृत्वा मुनिं तमनुमान्य च ॥ २२
पद्मपत्रसमानाक्षं पद्मगर्भसमप्रभम् । ततः सा गृहमागम्य पत्नी पुत्रमजायत ॥ २३

अथ वसिष्ठो भगवतो जाबालिविषयकोपनाटनं शमयितुमभिषेकस्वीकारशेषतया ब्रह्माणमारभ्य ज्येष्ठाभिषेकरूपं कुलाचारं कथयति—क्रुद्धमित्यादि । गतागतिं परलोकगमनं ततः पुनरिहागतिं च । अनेनास्तिकतामूलं जाबाल्युक्तौ ॥ १ ॥ लोकनाथेत्यनेन लोकनाथावतारत्वं ध्वनयति ॥ २ ॥ सर्वमिति । पूर्वाह्नान्तेऽपहृतं सर्वं जगत्पराह्नादौ सलिलमेव सविग्रहहिरण्यगर्भात्मनावस्थितमभूत् । तत्र सलिलान्तः पृथिवी निर्मिता सलिलरूपेण भगवता स्वेच्छया । ब्रह्मा विराड्रूपो दैवतैः सह 'अग्निर्वाग्भूत्वा मुखं प्राविशत्' इत्याद्युपदिष्टरीत्या ॥३॥ ततः स त्रिमूर्तेर्विराजो विष्ण्वात्मकोंऽशो वराहरूपो भूत्वा वसुंधरां प्रोज्जहार । तस्यैव विराजो रजःप्रधानः सृष्टिव्यापारवानंशो ब्रह्मा इति व्यवह्रियमाणः सर्वं जगत्पुत्रैः सह निजानुग्रहप्राप्तसृष्ट्यादिशक्तिमद्भिर्दक्षादिभिः सहासृजत् ॥ ४ ॥ नन्वसावेव सर्वादिर्नेत्याह—आकाशप्रभव इति । आकाशपदेन कारणोपाधिकं ब्रह्मेश्वराख्यम् । ब्रह्मेति त्रिमूर्तेर्ग्रहणम् । अस्मिञ्शाश्वतत्वनित्यत्वाव्ययत्वान्यापेक्षिकाणि । तस्माद्विराजो ब्रह्मणः ॥ ५ ॥ तत्र मन्वन्ता मानसी सृष्टिः । मनोः क्षेत्रे इक्ष्वाकुः ॥ ६ ॥ तस्य साक्षात्क्षत्रियत्वात्समृद्धा चतुःसमुद्रवसना मही सर्वा भूर्दत्ता पित्रा । मनुनेति शेषः ॥ ७ ॥ विश्रुतः प्रसिद्धः ॥ ८ ॥ ९ ॥ सतां वरे श्रेष्ठेऽस्मिन्नरण्ये राज्यं कुर्वति नानावृष्टिर्न तन्मूलो वा दुर्भिक्षः ॥ १० ॥ ११ ॥ स त्रिशङ्कुः सत्यवचनात्स्वीयाद्भगवतो विश्वामित्रस्य सत्यप्रतिज्ञानाच्च ॥ १२ ॥ धुंधुमाराद्युवनाश्व इति । त्रिशङ्कुसुतो युवनाश्व इत्यन्यत्र श्रूयमाणं कल्पान्तरविषयम् । यद्वान्यत्र त्रिशङ्कुसुत इत्यस्य तत्पौत्र इत्यर्थः ॥ १३ ॥ पुत्रौ द्वाविति । तत्र ध्रुवसंधिर्ज्येष्ठः । तत्पुत्रावलम्बनेनाग्रेऽयोध्याराज्यपरम्परावचनेन ज्येष्ठस्यैवाभिषेक इति सूचितम् ॥ १४ ॥ १५ ॥ यस्यासितस्य । एते प्रतिशत्रव उदपद्यन्त । सोऽभवदित्यन्वयः ॥ १६ ॥ तान्हैहयादिचतुर्विधशत्रून् । युद्धे स्वसैन्यं प्रतिव्यूह्यावस्थितोऽपि शत्रुबाहुल्यात्तज्जयोऽशक्य इति बुध्या प्रवासितः संजातप्रवासो बभूव । शत्रुजयोद्देशेन हिमवद्गिरिं तपसे जगामेत्यन्वयः ॥ १७ ॥ इति श्रुतिः प्रसिद्धिः । तत्र चेत्यादि बालकाण्डे व्याख्यातप्रायम् ॥ १८ ॥ १९ ॥ २० ॥ २१ ॥ २२ ॥ २३ ॥

सपत्न्या तु गरस्तस्यै दत्तो गर्भजिघांसया । गरेण सह तेनैव तस्मात्स सगरोऽभवत् ॥ २४
स राजा सगरो नाम यः समुद्रमखानयत् । इष्ट्वा पर्वणि वेगेन त्रासयान इमाः प्रजाः ॥ २५
असमञ्जस्तु पुत्रोऽभूत्सगरस्येति नः श्रुतम् । जीवन्नेव स पित्रा तु निरस्तः पापकर्मकृत् ॥ २६
अंशुमानपि पुत्रोऽभूदसमञ्जस्य वीर्यवान् । दिलीपोंऽशुमतः पुत्रो दिलीपस्य भगीरथः ॥ २७
भगीरथात्ककुत्स्थश्च काकुत्स्था येन तु स्मृताः । काकुत्स्थस्य तु पुत्रोऽभूद्रघुर्येन तु राघवाः ॥ २८
रघोस्तु पुत्रस्तेजस्वी प्रवृद्धः पुरुषादकः । कल्माषपादः सौदास इत्येवं प्रथितो भुवि ॥ २९
कल्माषपादपुत्रोऽभूच्छङ्खणस्त्विति नः श्रुतम् । यस्तु तद्वीर्यमासाद्य सहसैन्यो व्यनीनशत् ॥ ३०
शङ्खणस्य तु पुत्रोऽभूच्छूरः श्रीमान्सुदर्शनः । सुदर्शनस्याग्निवर्ण अग्निवर्णस्य शीघ्रगः ॥ ३१
शीघ्रगस्य मरुः पुत्रो मरोः पुत्रः प्रशुश्रुवः । प्रशुश्रुवस्य पुत्रोऽभूदम्बरीषो महामतिः ॥ ३२
अम्बरीषस्य पुत्रोऽभून्नहुषः सत्यविक्रमः । नहुषस्य च नाभागः पुत्रः परमधार्मिकः ॥ ३३
अजश्च सुव्रतश्चैव नाभागस्य सुतावुभौ । अजस्य चैव धर्मात्मा राजा दशरथः सुतः ॥ ३४
तस्य ज्येष्ठोऽसि दायादो राम इत्यभिविश्रुतः । तद्गृहाण स्वकं राज्यमवेक्षस्व जगन्नृप ॥ ३५
इक्ष्वाकूणां हि सर्वेषां राजा भवति पूर्वजः । पूर्वजे नावरः पुत्रो ज्येष्ठो राजाभिषिच्यते ॥ ३६

स राघवाणां कुलधर्ममात्मनः सनातनं नाद्य विहन्तुमर्हसि ।
प्रभूतरत्नामनुशाधि मेदिनीं प्रभूतराष्ट्रां पितृवन्महायशाः ॥ ३७

इत्यार्षे श्रीमद्रामायणे वाल्मीकीय आदिकाव्येऽयोध्याकाण्डे दशोत्तरशततमः सर्गः ॥ ११० ॥

एकादशोत्तरशततमः सर्गः ।

वसिष्ठः स तदा राममुक्त्वा राजपुरोहितः । अब्रवीद्धर्मसंयुक्तं पुनरेवापरं वचः ॥ १
पुरुषस्येह जातस्य भवन्ति गुरवः सदा । आचार्यश्चैव काकुत्स्थ पिता माता च राघव ॥ २
पिता ह्येनं जनयति पुरुषं पुरुषर्षभ । प्रज्ञां ददाति चाचार्यस्तस्मात्स गुरुरुच्यते ॥ ३
स तेऽहं पितुराचार्यस्तव चैव परंतप । मम त्वं वचनं कुर्वन्नातिवर्तेः सतां गतिम् ॥ ४
इमा हि ते परिषदो ज्ञातयश्च नृपास्तथा । एषु तात चरन्धर्मं नातिवर्तेः सतां गतिम् ॥ ५
वृद्धाया धर्मशीलाया मातुर्नार्हस्यवर्तितुम् । अस्या हि वचनं कुर्वन्नातिवर्तेः सतां गतिम् ॥ ६

तेनैव । सह जात इति शेषः ॥ २४ ॥ अखानयत् । स्वपुत्रैरिति शेषः । इष्ट्वा दीक्षितो भूत्वा । वेगेन खननवेगेन । त्रासयान उद्वेजयन् ॥ २५ ॥ २६ ॥ २७ ॥ येन कूटस्थेन ककुत्स्थेन । येन रघुणा राघवपदवाच्याः ॥ २८ ॥ रघोः पुत्रः प्रवृद्धादिनामचतुष्टयेन प्रसिद्धः ॥ २९ ॥ कल्माषपादपुत्रः शङ्खणनामा । यः शङ्खणस्तु तत्प्रसिद्धं वीर्यं पराक्रमं युद्धे प्राप्य दैवात्सहसैन्यो व्यनीनशन्नष्टोऽभूत् । स्वार्थे णिरिति कतकः । तीर्थस्तु—यः शङ्खणस्तद्वीर्यं वसिष्ठवीर्यमासाद्य तच्छापाद्राक्षसत्वं प्राप्य कल्माषपादो राक्षसभावेन स्वसैन्यं स्वपुत्रं शङ्खणं च भक्षितवानिति कथेत्याह ॥ ३० ॥ ३१ ॥ ३२ ॥ ३३ ॥ अजो नामागज्येष्ठपुत्रः ॥ ३४ ॥ दायादः सुतः । 'दायादौ सुतबान्धवौ' । तत्तस्मात्स्वकं राज्यं गृहाण ॥ ३५ ॥ पूर्वजे विद्यमानेऽवरः कनिष्ठो नाभिषिच्यते, अपि तु ज्येष्ठ एवाभिषिच्यते ॥ ३६ ॥ कुलधर्मं कुलक्रमागतं ज्येष्ठाभिषेकधर्मं विहन्तुं नार्हसि । प्रभूतराष्ट्रां प्रभूतावान्तरदेशाम् ॥ ३७ ॥

इति श्रीरामाभिरामे श्रीरामीये रामायणतिलके वाल्मीकीय आदिकाव्येऽयोध्याकाण्डे दशोत्तरशततमः सर्गः ॥ ११० ॥

मनुमारभ्य त्वत्पर्यन्तं ज्येष्ठेनैव राज्यं पाल्यते इति न्यायेन निवर्त्यमानस्यापि तदनङ्गीकारमालोच्य पितृवचनादपि मद्वचनं गरीय इति वाक्यमुपक्रमते—वसिष्ठ इति ॥ १ ॥ गुरव उपास्याः ॥ २ ॥ जनयति शरीरमात्रेण प्रज्ञां ददाति । उपनयनसंस्कारपूर्वं वेदविषयां प्रज्ञां ददाति । तस्मादाचार्य एव गुरुसमवाये गुरुरुच्यते । तदु[illegible]—'आचार्यः श्रेष्ठो गुरूणां स हि विद्यातस्तं जनयति तच्छ्रेष्ठं जन्म शरीरमेव मातापितरौ जनयतः शौर्यत्स्वभावं सर्वयोनिसुलभं प्राकृतं मलजं शरीरम्' इति ॥ ३ ॥ नातिवर्तेर्नातिवर्तेथाः । सत्पथभ्रंशो न भवतीत्यर्थः ॥ ४ ॥ परिषदस्त्वत्संबन्धिन्यः श्रेणयः । ज्ञातयो बान्धवाः । नृपाः सेवकनृपाः । एषु रक्षारूपं धर्मं चरन्ननुतिष्ठन्नित्यर्थः ॥ ५ ॥ मातुः शुश्रूषणे वचनकरणे चावर्तितुं नार्हसीत्यर्थः । 'पितुः शतगुणं माता गौ[illegible]वे'

भरतस्य वचः कुर्वन्याचमानस्य राघव । आत्मानं नातिवर्तेस्त्वं सत्यधर्मपराक्रम ॥ ७
एवं मधुरमुक्तः स गुरुणा राघवः स्वयम् । प्रत्युवाच समासीनं वसिष्ठं पुरुषर्षभः ॥ ८
यन्मातापितरौ वृत्तं तनये कुरुतः सदा । न सुप्रतिकरं यत्तु मात्रा पित्रा च यत्कृतम् ॥ ९
यथाशक्तिप्रदानेन स्वापनोच्छादनेन च । नित्यं च प्रियवादेन तथा संवर्धनेन च ॥ १०
स हि राजा दशरथः पिता जनयिता मम । आज्ञापयन्मां यत्तस्य न तन्मिथ्या भविष्यति ॥ ११
एवमुक्तेन रामेण भरतः प्रत्यनन्तरम् । उवाच विपुलोरस्कः सूतं परमदुर्मनाः ॥ १२
इह तु स्थण्डिले शीघ्रं कुशानास्तर सारथे । आर्यं प्रत्युपवेक्ष्यामि यावन्मे संप्रसीदति ॥ १३
निराहारो निरालोको धनहीनो यथा द्विजः । शये पुरस्ताच्छालायां यावन्मां प्रतियास्यति ॥ १४
स तु राममवेक्षन्तं सुमन्त्रं प्रेक्ष्य दुर्मनाः । कुशोत्तरमुपस्थाप्य भूमावेवास्थितः स्वयम् ॥ १५
तमुवाच महातेजा रामो राजर्षिसत्तमः । किं मां भरत कुर्वाणं तात प्रत्युपवेक्ष्यसे ॥ १६
ब्राह्मणो ह्येकपार्श्वेन नरान्रोद्धुमिहार्हति । न तु मूर्धाभिषिक्तानां विधिः प्रत्युपवेशने ॥ १७
उत्तिष्ठ नरशार्दूल हित्वैतद्दारुणं व्रतम् । पुरवर्यामितः क्षिप्रमयोध्यां याहि राघव ॥ १८
आसीनस्त्वेव भरतः पौरजानपदं जनम् । उवाच सर्वतः प्रेक्ष्य किमार्यं नानुशासथ ॥ १९
ते तदोचुर्महात्मानं पौरजानपदा जनाः । काकुत्स्थमभिजानीमः सम्यग्वदति राघवः ॥ २०
एषोऽपि हि महाभागः पितुर्वचसि तिष्ठति । अतएव न शक्ताः स्म व्यावर्तयितुमञ्जसा ॥ २१
तेषामाज्ञाय वचनं रामो वचनमब्रवीत् । एवं निबोध वचनं सुहृदां धर्मचक्षुषाम् ॥ २२
एतच्चैवोभयं श्रुत्वा सम्यक्संपश्य राघव । उत्तिष्ठ त्वं महाबाहो मां च स्पृश तथोदकम् ॥ २३
अथोत्थाय जलं स्पृष्ट्वा भरतो वाक्यमब्रवीत् । शृण्वन्तु मे परिषदो मन्त्रिणः शृणुयुस्तथा ॥ २४
न याचे पितरं राज्यं नानुशासामि मातरम् । एवं परमधर्मज्ञं नानुजानामि राघवम् ॥ २५

इति स्मृतेरित्याशयः ॥ ६ ॥ आत्मानं त्वां प्रति राज्यप्रत्यर्पणपूर्वं प्रतिनिवृत्तिं याचमानस्य भरतस्य वचः कुर्वन्नित्यर्थः ॥ ७ ॥ ८ ॥ मातापितरौ यद्वृत्तं तनये कुरुतो यादृशं पुत्रस्योपकारं कुरुतस्ताभ्यां कृतमुपकाररूपं वस्तु यत्तन्न सुप्रतिकरम् । अशक्यप्रत्युपकारमित्यर्थः ॥ ९ ॥ तदेवाह—यथाशक्तिप्रदानेन बालस्य जीवनार्थं पदार्थभोजनशक्त्यनुरोधतः क्षीरान्नादिप्रदानेन । उच्छादनमुद्वर्तनं तिलपिष्टादिना । संवर्धनं क्रीडनम् । एतैर्यत्ताभ्यां कृतं तन्न सुप्रतिकरमित्यन्वयः ॥ १० ॥ जनयितोत्पादकः पिता, न तु गौणः । पिता यदाज्ञापयद्वनवासरूपम् । एवं च भवदाज्ञातः पूर्वं तेनाज्ञादानान्मया चावश्यमिति प्रतिज्ञानात् । भवदाज्ञयापि तदन्यथाकरणमधुनात्यन्तमनुचितमिति भावः ॥ ११ ॥ प्रत्यनन्तरं समीपवर्तिनम् ॥ १२ ॥ आर्यं प्रत्युपवेक्ष्यामि । आर्यमुद्दिश्य प्रत्युपवेशनकर्म करिष्य इत्यर्थः । तत्रोपरोद्धव्यस्य गृहद्वारसमीपे कुशेषु यावत्कार्यसिद्धि निराहारतयावगुण्ठिताननस्यैकपार्श्वेनैव पार्श्वान्तरपरिवृत्तिराहित्येन शयनमिति ॥ १३ ॥ एतदुत्तरम् 'निराहारः' इत्यादि पद्यं प्रक्षिप्तमिति कतकस्वरसः । धनहीनोऽधमर्णेन धनहीनः कृतो द्विज उत्तमर्णो यथा स्वधनग्रहणायाधमर्णद्वारि शेते तद्वदहं शये यावन्मां मद्वचनमङ्गीकृत्य प्रतियास्यत्ययोध्यामित्यर्थस्तस्य ॥ १४ ॥ स तु भरतो राममवेक्षन्तं प्रतीक्षमाणं सुमन्त्रं प्रेक्ष्य तद्गुरोधात्कुशानयने विलम्बमानमिति यावत् । कुशोत्तरं कुशास्तरणं स्वयमेवोपस्थाप्यास्तीर्य भूमावेवास्थितः । प्रत्युपवेशनमनुष्ठितवानित्यर्थः ॥ १५ ॥ किं कुर्वाणं किमन्याय्यं कुर्वाणम् ॥ १६ ॥ ब्राह्मणः । धनादिना वियोजित इति शेषः । एकपार्श्वेनेति प्रत्युपवेशधर्मोपलक्षणम् । अनेन क्षत्रियाणामेतत्करणे प्रायश्चित्तमिति सूचितम् ॥ १७ ॥ तस्मादुत्तिष्ठेति ॥ १८ ॥ आसीन एव प्रत्युपविष्ट एव । नानुशासथ नानुशिष्टेत्यर्थः । इत्युवाचेत्यन्वयः ॥ १९ ॥ काकुत्स्थं रामं प्रति राघवो भवान्भरतः सम्यग्वदतीति जानीमः ॥ २० ॥ एषोऽपि महाभागो रामः पितुर्वचसि तिष्ठति तदपि सम्यगेव । यदेवमत एवेत्यर्थः । अत्र भगवता स्वव्यावर्तननिश्चयेनागतानामपि पौरादीनामन्तर्यामिविधया स्वानुकूलवचनप्रयोगः कारितः । भरतस्य तु यशःख्यापनाय ज्येष्ठे कनिष्ठेनैवं वर्तितव्यमिति लोकव्यवहारबोधनाय च तथा प्रवर्तनमिति प्रतिभाति ॥ २१ ॥ रामो वचनमब्रवीदिति । भरतं प्रतीति शेषः । धर्मचक्षुषां धर्मदर्शिनाम् । निबोध शृणु ॥ २२ ॥ उभयं त्वद्विषयं मद्विषयं च वचनं श्रुत्वा संपश्य विचारय । विचारेणापि कर्तव्यं निश्चेतुमशक्तश्चेन्मयोक्तं कुरु इति शेषः । तत्स्वोक्तमाह—उत्तिष्ठेति । क्षत्रियाविहितप्रत्युपवेशनप्रायश्चित्तमाह—मां च स्पृश तथोदकम् । उदकस्पर्श आचमनार्थः ॥ २३ ॥ परिषदः सभ्याः ॥ २४ ॥ न याचे न याचितवान् । नानुशासामि नानुशिष्टवान् । शब्दार्थः । नानुजानामि । वनवासायेति शेषः । 'नाभिजानामि' इति पाठे वनवासोद्युक्त-

यदि त्ववश्यं वस्तव्यं कर्तव्यं च पितुर्वचः । अहमेव निवत्स्यामि चतुर्दश वने समाः ॥ २६
धर्मात्मा तस्य सत्येन भ्रातुर्वाक्येन विस्मितः । उवाच रामः संप्रेक्ष्य पौरजानपदं जनम् ॥ २७
विक्रीतमाहितं क्रीतं यत्पित्रा जीवता मम । न तल्लोपयितुं शक्यं मया वा भरतेन वा ॥ २८
उपाधिर्न मया कार्यो वनवासे जुगुप्सितः । युक्तमुक्तं च कैकेय्या पित्रा मे सुकृतं कृतम् ॥ २९
जानामि भरतं क्षान्तं गुरुसत्कारकारिणम् । सर्वमेवात्र कल्याणं सत्यसंधे महात्मनि ॥ ३०
जनेन धर्मशीलेन वनात्प्रत्यागतः पुनः । भ्रात्रा सह भविष्यामि पृथिव्याः पतिरुत्तमः ॥ ३१
वृत्तो राजा हि कैकेय्या मया तद्वचनं कृतम् । अनृतान्मोचयानेन पितरं तं महीपतिम् ॥ ३२

इत्यार्षे श्रीमद्रामायणे वाल्मीकीय आदिकाव्येऽयोध्याकाण्ड एकादशोत्तरशततमः सर्गः ॥ १११ ॥

द्वादशाधिकशततमः सर्गः ।

तमप्रतिमतेजोभ्यां भ्रातृभ्यां रोमहर्षणम् । विस्मिताः संगमं प्रेक्ष्य समुपेता महर्षयः ॥ १
अन्तर्हिता मुनिगणाः स्थिताश्च परमर्षयः । तौ भ्रातरौ महाभागौ काकुत्स्थौ प्रशशंसिरे ॥ २
सदार्यौ राजपुत्रौ द्वौ धर्मज्ञौ धर्मविक्रमौ । श्रुत्वा वयं हि संभाषामुभयोः स्पृहयामहे ॥ ३
ततस्त्वृषिगणाः क्षिप्रं दशग्रीववधैषिणः । भरतं राजशार्दूलमित्यूचुः संगता वचः ॥ ४
कुलेजात महाप्राज्ञ महावृत्त महायशः । ग्राह्यं रामस्य वाक्यं ते पितरं यद्यवेक्षसे ॥ ५
सदानृणमिमं रामं वयमिच्छामहे पितुः । अनृणत्वाच्च कैकेय्याः स्वर्गं दशरथो गतः ॥ ६
एतावदुक्त्वा वचनं गन्धर्वाः समहर्षयः । राजर्षयश्चैव तथा सर्वे स्वां स्वां गतिं गताः ॥ ७
ह्लादितस्तेन वाक्येन शुशुभे शुभदर्शनः । रामः संहृष्टवदनस्तानृषीनभ्यपूजयत् ॥ ८
त्रस्तगात्रस्तु भरतः स वाचा सज्जमानया । कृताञ्जलिरिदं वाक्यं राघवं पुनरब्रवीत् ॥ ९
राम धर्ममिमं प्रेक्ष्य कुलधर्मानुसंततम् । कर्तुमर्हसि काकुत्स्थ मम मातुश्च याचनाम् ॥ १०
रक्षितुं सुमहद्राज्यमहमेकस्तु नोत्सहे । पौरजानपदांश्चापि रक्तान्रञ्जयितुं तदा ॥ ११
ज्ञातयश्चापि योधाश्च मित्राणि सुहृदश्च नः । त्वामेव हि प्रतीक्षन्ते पर्जन्यमिव कर्षकाः ॥ १२
इदं राज्यं महाप्राज्ञ स्थापय प्रतिपद्य हि । शक्तिमान्स हि काकुत्स्थ लोकस्य परिपालने ॥ १३

मिति शेषः ॥ २५ ॥ अहमेव । प्रतिनिधित्वेनेति शेषः ॥२६॥ तस्य भ्रातुर्भरतस्य ॥ २७ ॥ यज्जीवता पित्रा विक्रीतं मूल्यं गृहीत्वा दत्तम् । आहितमाधिरूपेण न्यस्तम् । क्रीतं मूल्यं दत्त्वा गृहीतम् । एवं चेदं राज्यं कैकेय्यै आधिरूपेण दत्तं विक्रीतं वेति भावः ॥ २८ ॥ उपाधिः प्रतिनिधिः । जुगुप्सितत्वं च स्वस्य तत्समर्थत्वात् । असमर्थे हि कर्तरि स विहितः । उक्तौ कृतौ च युक्तत्वं वररूपऋणापाकरणार्थत्वाद्बहूपकारकत्वाच्च । अतस्तस्या मातुस्तस्य पितुश्च वचनमवश्यमेव कार्यमिति शेषः । अयुक्तवादित्वे हि 'गुरोरप्यवलिप्तस्ये'त्यादिन्यायविषयत्वं स्यादिति भावः ॥ २९ ॥ अत्र भरते । सर्वमेव कल्याणं राज्यपरिपालनादिरूपम् । संभावयामीति शेषः ॥ ३० ॥ ३१ ॥ तद्वचनं कैकेयीवचनम् । मोचयानेन मोचयमानेन । एवं मदुक्तकरणेन त्वमपि पितरमनृतान्मोचयेति ध्वनितम् ॥ ३२ ॥

इति श्रीरामाभिरामे श्रीरामीये रामायणतिलके वाल्मीकीय आदिकाव्येऽयोध्याकाण्ड एकादशोत्तरशततमः सर्गः ॥१११॥

भ्रातृभ्यामित्यार्षी तृतीया । भ्रात्रोः संगममित्यर्थः । संगमं प्रेक्ष्य विस्मिता इत्यन्वयः । समुपेताः स्वार्थरावणवधसंपत्तये तत्र स्थले समवेता महर्षयो नारदाद्याः ॥ १ ॥ अन्तर्हितास्तयोः संगमं द्रष्टुमागता अदृश्यरूपा आकाशस्थाः ॥ २ ॥ धर्मविक्रमौ धर्ममार्गवर्तिनौ । उभयोः संभाषां संभाषणं श्रुत्वोभाभ्यां स्पृहयामहे प्रीता भवामः । यद्वा तादृशसंभाषणं श्रोतुं पुनः पुनर्वाञ्छामहे इति ॥ ३ ॥ संगता ऐकमत्यं प्राप्ताः ॥ ४ ॥ पितरं यद्यवेक्षसे । पितुः सुखं यदीच्छसीत्यर्थः ॥ ५ ॥ सदानृणं सता स्वकृतसमीचीनानुष्ठानेन सर्वतोऽनृणमित्यर्थः । अनृणत्वात् । रामप्रतिज्ञयेति शेषः । यदि राम इदानीं विपरीतं कुर्यात्प्रतिनिधिद्वारा वानुतिष्ठेत्तदा ते पितुः पुनः स्वर्गाद्भ्रंश एवेति ध्वनिः ॥ ६ ॥ ७ ॥ अभ्यपूजयत् । सम्यगस्मां धर्मतो रक्षितवन्त इत्युक्तवानित्यर्थः ॥ ८ ॥ त्रस्तगात्र उद्विग्नगात्रः । 'ध्वस्त–' इति पाठान्तरम् ॥ ९ ॥ राम इमं धर्मं ज्येष्ठस्य राज्यमित्येवंरूपं कुले कुलधर्मबुद्ध्यानुसंततं संबद्धम् । 'धर्ममथ प्रेक्ष्य कालधर्मांश्च संततम्' इति पाठे धर्ममुक्तम् । अथाथवा । कालधर्मान्कालकृतस्वशक्तिमन्निष्ठतदभावलक्षणान्प्रेक्ष्य विचार्य मम मातुः कौसल्यायाश्च याचनां कर्तुमर्हसि ॥ १० ॥ अथ कालकृतां स्वस्य रक्षणाशक्तिं दर्शयति—रक्षितुमिति । एकोऽसहायः । रक्ताननुरक्तान् ॥ ११ ॥ हि यतस्त्वामेव प्रतीक्षन्ते ॥ १२ ॥ अत इदं राज्यं प्रतिपद्य स्वीकृत्य कस्मिंश्चित्स्थापय

एवमुक्त्वापतद्भ्रातुः पादयोर्भरतस्तदा । भृशं संप्रार्थयामास राघवेऽतिप्रियं वदन् ॥ १४
तमङ्के भ्रातरं कृत्वा रामो वचनमब्रवीत् । श्यामं नलिनपत्राक्षं मत्तहंसस्वरः स्वयम् ॥ १५
आगता त्वामियं बुद्धिः स्वजा वैनयिकी च या । भृशमुत्सहसे तात रक्षितुं पृथिवीमपि ॥ १६
अमात्यैश्च सुहृद्भिश्च बुद्धिमद्भिश्च मन्त्रिभिः । सर्वकार्याणि संमन्त्र्य महान्त्यपि हि कारय ॥ १७
लक्ष्मीश्चन्द्रादपेयाद्वा हिमवान्वा हिमं त्यजेत् । अतीयात्सागरो वेलां न प्रतिज्ञामहं पितुः ॥ १८
कामाद्वा तात लोभाद्वा मात्रा तुभ्यमिदं कृतम् । न तन्मनसि कर्तव्यं वर्तितव्यं च मातृवत् ॥ १९
एवं ब्रुवाणं भरतः कौसल्यासुतमब्रवीत् । तेजसादित्यसंकाशं प्रतिपच्चन्द्रदर्शनम् ॥ २०
अधिरोहार्य पादाभ्यां पादुके हेमभूषिते । एते हि सर्वलोकस्य योगक्षेमं विधास्यतः ॥ २१
सोऽधिरुह्य नरव्याघ्रः पादुके व्यवमुच्य च । प्रायच्छत्सुमहातेजा भरताय महात्मने ॥ २२
स पादुके संप्रणम्य रामं वचनमब्रवीत् । चतुर्दश हि वर्षाणि जटाचीरधरो ह्यहम् ॥ २३
फलमूलाशनो वीर भवेयं रघुनन्दन । तवागमनमाकाङ्क्षन्वसन्वै नगराद्बहिः ॥ २४
तव पादुकयोर्न्यस्य राज्यतन्त्रं परंतप । चतुर्दशे हि संपूर्णे वर्षेऽहनि रघूत्तम ॥ २५
न द्रक्ष्यामि यदि त्वां तु प्रवेक्ष्यामि हुताशनम् । तथेति च प्रतिज्ञाय तं परिष्वज्य सादरम् ॥ २६
शत्रुघ्नं च परिष्वज्य वचनं चेदमब्रवीत् । मातरं रक्ष कैकेयीं मा रोषं कुरु तां प्रति ॥ २७
मया च सीतया चैव शप्तोऽसि रघुनन्दन । इत्युक्त्वाश्रुपरीताक्षो भ्रातरं विससर्ज ह ॥ २८

स पादुके ते भरतः स्वलंकृते महोज्ज्वले संपरिगृह्य धर्मवित् ।
प्रदक्षिणं चैव चकार राघवं चकार चैवोत्तमनागमूर्धनि ॥ २९
अथानुपूर्व्या प्रतिपूज्य तं जनं गुरूंश्च मन्त्रीन्प्रकृतीस्तथानुजौ ।
व्यसर्जयद्राघववंशवर्धनः स्थितः स्वधर्मे हिमवानिवाचलः ॥ ३०

हि । हिर्वाक्यालंकारे । हि यतः स त्वद्दत्तराज्यो लोकपालने शक्तिमान्भवति । 'शक्तिमानसि' इति पाठेऽयं मदीय इति स्वीकारमात्रेण लोकस्य समस्तस्य पालने शक्तिमानसि । रामस्य राज्यमित्येतावल्लोकपरिपालनेऽपेक्षितसहायतयेत्यर्थः ॥ १३ ॥ एवमुक्तप्रकारम् ॥ १४ ॥ स्वयमङ्के कृत्वेत्यन्वयः ॥ १५ ॥ इयं बुद्धिर्मद्वनवासविरोधिनी । स्वीयत्वेनाङ्गीकृत्य स्थापनविषया । आगता जाता । सा स्वजा स्वाभाविकी । गुरुसेवया प्राप्तो यो विनयः शिक्षा तज्जन्या च । इतरा च सर्वा दुष्टेति भावः । अथ या त्वया स्वस्याशक्तिरुक्ता पालने सा नास्त्येवेत्याह—भृशमिति ॥ १६ ॥ अमात्याः प्रधानमन्त्रिणः । मन्त्रिण उपमन्त्रिणः । कारय । राजाज्ञयेति शेषः ॥ १७ ॥ अथ मातृयाचनयापीदानीं परावृत्तिरशक्येत्याह—लक्ष्मीरित्यादि । पितुः प्रतिज्ञां न त्यजेयमिति शेषः ॥ १८ ॥ कामात्त्वद्गतस्नेहात् । लोभात्त्वद्व्याजेन राज्यकरणलोभात् । तुभ्यं मात्रा तव मात्रा । षष्ठ्यर्थे आर्षी चतुर्थी । यदिदं कृतं तत्तवानिष्टमप्यनिष्टमिति मनसि न कर्तव्यम् । मदाज्ञयेति शेषः । अतस्तस्यां मातृवदेव वर्तितव्यं शुश्रूषितव्यम् । तदर्हमिति मतिः । कामाद्देवानामिच्छातः । लोभाद्वा लोभादेव । तेषां देवलोकराज्यलोभात् । तव मात्रा देवैरेव मन्थराद्वारा इदं कृतं कारितमिति गूढोऽर्थः । शेषं प्राग्वत् ॥ १९ ॥ प्रतिपच्चन्द्रदर्शनमित्यनेन तद्वदादरणीयदर्शनत्वं वर्धिष्णुत्वं चिरमदर्शनं च सूचितम् ॥ २० ॥ एते उटजसंनिहिते । अधिरोहेत्यनेन भद्रासनस्थानीयपादुकयोः प्रतिनिधिभूतयोरारोहणेन राज्यप्रतिपत्तिः कारिता । एषा च प्रार्थना वसिष्ठनियोगानन्तरं बोध्या । भरद्वाजं प्रति 'एते प्रयच्छ संहृष्टः पादुके हेमभूषिते' इति वसिष्ठोक्तित्वेन वक्ष्यमाणत्वात्प्रतिनिधित्वमेवाह—एते हीत्यादिना ॥ २१ ॥ स रामः पादुकेऽधिरुह्य व्यवमुच्य पुनस्ततोऽवरुह्य भरताय प्रायच्छत् । एतेन प्रतिनिधिदानद्वारा राज्यरक्षानियोगः कृतः । प्रतिपद्य स्थापयेति चिरं भरतप्रार्थनं च साधितम् । अधिरोहणेन शक्तिविशेषस्य तत्र स्थापनम् । यद्दर्शनेन सर्वज्ञत्वसंपत्तिरिति बोध्यम् । तदुक्तं पाद्मे—'ज्ञात्वा तदाज्ञां ताभ्यां च भरतः क्षितिमन्वशात्' इति । ताभ्यां पादुकाभ्यां तद्दर्शनमात्रेणेदृशे विषये भगवत एवमाज्ञेति ज्ञात्वा तथा व्यवहारमकरोदित्यर्थः । भरतस्तु पाञ्चजन्यावतारत्वादाच्छादितसार्वज्ञ्य इत्यनेन सूचितम् । भगवत्स्पर्शेनाचेतनेऽपि सार्वज्ञ्यदानशक्तिमत्त्वमिति भगवन्माहात्म्यातिशयद्वारा रामस्येश्वरत्वं च सूचितम् ॥ २२ ॥ जटाचीरधर इत्यादिना राज्यकृतभोगाभावः सूचितः ॥ २३ ॥ २४ ॥ राज्यतन्त्रं राज्यव्यापारं न्यस्य त्वद्बुद्ध्या विनिवेश्य । चतुर्दशे वर्षे संपूर्णे पञ्चदशवर्षाद्यदिवसे यदि त्वां न द्रक्ष्यामि तदाग्निं प्रवेक्ष्यामि ॥ २५ ॥ २६ ॥ २७ ॥ शप्तोऽसि । रोषाकरणायेति शेषः ॥ २८ ॥ संपरिगृह्य । शिरसेति शेषः । उत्तमनागमूर्धनि राजोपवाह्यगजमस्तके । तत्कालाभिषिक्तराजाधिरोहणधियेति शेषः । सर्वलोकप्रख्यापनार्थमे-

तं मातरो बाष्पगृहीतकण्ठ्यो दुःखेन नामन्त्रयितुं हि शेकुः ।
स चैव मातॄरभिवाद्य सर्वा रुदन्कुटीं स्वां प्रविवेश रामः ॥ ३१

इत्यार्षे श्रीमद्रामायणे वाल्मीकीय आदिकाव्येऽयोध्याकाण्डे द्वादशाधिकशततमः सर्गः ॥ ११२ ॥

त्रयोदशाधिकशततमः सर्गः ।

ततः शिरसि कृत्वा तु पादुके भरतस्तदा । आरुरोह रथं हृष्टः शत्रुघ्नसहितस्तदा ॥ १
वसिष्ठो वामदेवश्च जाबालिश्च दृढव्रतः । अग्रतः प्रययुः सर्वे मन्त्रिणो मन्त्रपूजिताः ॥ २
मन्दाकिनीं नदीं रम्यां प्राङ्मुखास्ते ययुस्तदा । प्रदक्षिणं च कुर्वाणाश्चित्रकूटं महागिरिम् ॥ ३
पश्यन्धातुसहस्राणि रम्याणि विविधानि च । प्रययौ तस्य पार्श्वेन ससैन्यो भरतस्तदा ॥ ४
अदूराच्चित्रकूटस्य ददर्श भरतस्तदा । आश्रमं यत्र स मुनिर्भरद्वाजः कृतालयः ॥ ५
स तमाश्रममागम्य भरद्वाजस्य वीर्यवान् । अवतीर्य रथात्पादौ ववन्दे कुलनन्दनः ॥ ६
ततो हृष्टो भरद्वाजो भरतं वाक्यमब्रवीत् । अपि कृत्यं कृतं तात रामेण च समागतम् ॥ ७
एवमुक्तः स तु ततो भरद्वाजेन धीमता । प्रत्युवाच भरद्वाजं भरतो धर्मवत्सलः ॥ ८
स याच्यमानो गुरुणा मया च दृढविक्रमः । राघवः परमप्रीतो वसिष्ठं वाक्यमब्रवीत् ॥ ९
पितुः प्रतिज्ञां तामेव पालयिष्यामि तत्त्वतः । चतुर्दश हि वर्षाणि या प्रतिज्ञा पितुर्मम ॥ १०
एवमुक्तो महाप्राज्ञो वसिष्ठः प्रत्युवाच ह । वाक्यज्ञो वाक्यकुशलं राघवं वचनं महत् ॥ ११
एते प्रयच्छ संहृष्टः पादुके हेमभूषिते । अयोध्यायां महाप्राज्ञ योगक्षेमकरो भव ॥ १२
एवमुक्तो वसिष्ठेन राघवः प्राङ्मुखः स्थितः । पादुके हेमविकृते मम राज्याय ते ददौ ॥ १३
निवृत्तोऽहमनुज्ञातो रामेण सुमहात्मना । अयोध्यामेव गच्छामि गृहीत्वा पादुके शुभे ॥ १४
एतच्छ्रुत्वा शुभं वाक्यं भरतस्य महात्मनः । भरद्वाजः शुभतरं मुनिर्वाक्यमुदाहरत् ॥ १५
नैतच्चित्रं नरव्याघ्रे शीलवृत्तविदां वरे । यदार्यं त्वयि तिष्ठेत्तु निम्नोत्सृष्टमिवोदकम् ॥ १६
अनृणः स महाबाहुः पिता दशरथस्तव । यस्य त्वमीदृशः पुत्रो धर्मात्मा धर्मवत्सलः ॥ १७
तमृषिं तु महाप्राज्ञमुक्तवाक्यं कृताञ्जलिः । आमन्त्रयितुमारेभे चरणावुपगृह्य च ॥ १८
ततः प्रदक्षिणं कृत्वा भरद्वाजं पुनः पुनः । भरतस्तु ययौ श्रीमानयोध्यां सह मन्त्रिभिः ॥ १९
यानैश्च शकटैश्चैव हयैर्नागैश्च सा चमूः । पुनर्विवृत्ता विस्तीर्णा भरतस्यानुयायिनी ॥ २०
ततस्ते यमुनां दिव्यां नदीं तीर्त्वोर्मिमालिनीम् । ददृशुस्तां पुनः सर्वे गङ्गां शिवजलां नदीम् ॥ २१

तत् ॥ २९ ॥ ३० ॥ सर्वाः सकैकेयीकाः । अनेन कैकेय्या दोषराहित्यं सूचितम् । रुदन्रुदन्निव ॥ ३१ ॥ इति श्रीरामाभिरामे श्रीरामीये रामायणतिलके वाल्मीकीय आदिकाव्येऽयोध्यकाण्डे द्वादशोत्तरशततमः सर्गः ॥ ११२ ॥

तत इति । पूर्वं सर्वलोकज्ञानाय गजमस्तके स्थापयित्वा पुनः सादरं तत आदाय स्वमस्तके कृत्वेत्यर्थः । यद्वा शिरसीत्यस्य गजशिरसीत्येवार्थः ॥ १ ॥ मन्त्रे गाढकार्यविचारे निश्चेतृत्वेन पूजिता इत्यर्थः ॥ २ ॥ मन्दाकिनीं चित्रकूटोत्तरपार्श्ववर्तिनीम् । प्रदक्षिणमिति । उत्तरपार्श्वस्थां मन्दाकिनीं प्राप्य प्राङ्मुखतया गमनात्सिद्धं तस्य प्रदक्षिणकरणम् ॥ ३ ॥ पार्श्वेनोत्तरपार्श्वेन ॥ ४ ॥ यत्र यमुनादक्षिणकूले । अतएव चित्रकूटस्यादूरात् । अनेन यमुनादक्षिणतटेऽपि कश्चिद्भरद्वाजाश्रम इति ज्ञायते । अतएवाग्रे भरद्वाजामन्त्रणोत्तरं ततस्ते यमुनां तीर्त्वेति वक्ष्यति । संप्रति तत्र स्थितिस्तु रामभरतयोः संवादं शिष्यद्वारा झटिति श्रोतुमिति बोध्यम् ॥ ५ ॥ ६ ॥ कृत्यं कर्तव्यं कृतमपि । अपिः प्रश्ने । कृत्यमेवाह—रामेण चेति ॥ ७ ॥ ८ ॥ गुरुणा वसिष्ठेन मात्रा च परमप्रीतः । सत्यपरिपालनविषये इति शेषः । या कैकेयीनिमित्तं मम पितुः प्रतिज्ञा चतुर्दशवर्षाणि रामेण वने वस्तव्यमिति, तामेव पितुः प्रतिज्ञां पालयिष्यामीति संबन्धः ॥ ९ ॥ १० ॥ एवमुक्तः । रामेणेति शेषः ॥ ११ ॥ प्रयच्छ । प्रतिनिधित्वेनेति शेषः । अप्राप्तप्राप्तिर्योगः, प्राप्तस्य परिपालनं क्षेमः, तत्करो भवेति । एतद्द्वारा भरते सार्वश्यसंपादनेनेति शेषः ॥ १२ ॥ हेमविकृते हेम्ना विचित्रतया कृते । मम राज्याय । मम राज्यरक्षाशस्त्यनुग्रहार्थमित्यर्थः ॥ १३ ॥ १४ ॥ १५ ॥ यदार्यं शोभनचरित्रं त्वयि तिष्ठेदिति यत्तदुत्सृष्टमुदकं निम्ने निष्ठेदितिवन्न चित्रम् । निम्नेति लुप्तसप्तम्यन्तम् ॥ १६ ॥ १७ ॥ उक्तवाक्यम् । उक्तरीत्येति शेषः । आमन्त्रयितुमारेभे आमन्त्रणं कृतवान् ॥ १८ ॥ १९ ॥ २० ॥ यमुनां तीर्त्वा गङ्गां ददृशुरिति । यमुनां तीर्त्वा तस्मिन्नेव दिने भरद्वाजं दृष्ट्वा गङ्गां ददृशुरित्यर्थः

तां रम्यजलसंपूर्णां संतीर्य सहबान्धवः । शृङ्गवेरपुरं रम्यं प्रविवेश ससैनिकः ॥ २२
शृङ्गवेरपुराद्भूय अयोध्यां संददर्श ह । अयोध्यां तु तदा दृष्ट्वा पित्रा भ्रात्रा विवर्जिताम् ॥ २३
भरतो दुःखसंतप्तः सारथिं चेदमब्रवीत् । सारथे पश्य विध्वस्ता अयोध्या न प्रकाशते ।
निराकारा निरानन्दा दीना प्रतिहतस्वना ॥ २४

इत्यार्षे श्रीमद्रामायणे वाल्मीकीय आदिकाव्येऽयोध्याकाण्डे त्रयोदशाधिकशततमः सर्गः ॥ ११३ ॥

चतुर्दशाधिकशततमः सर्गः ।

स्निग्धगम्भीरघोषेण स्यन्दनेनोपयान्प्रभुः । अयोध्यां भरतः क्षिप्रं प्रविवेश महायशाः ॥ १
बिडालोलूकचरितामालीननरवारणाम् । तिमिराभ्याहतां कालीमप्रकाशां निशामिव ॥ २
राहुशत्रोः प्रियां पत्नीं श्रिया प्रज्वलितप्रभाम् । ग्रहेणाभ्युदितेनैकां रोहिणीमिव पीडिताम् ॥ ३
अल्पोष्णक्षुब्धसलिलां घर्मतप्तविहंगमाम् । लीनमीनझषग्राहां कृशां गिरिनदीमिव ॥ ४
विधूमामिव हेमाभां शिखामग्नेः समुत्थिताम् । हविरभ्युक्षितां पश्चाच्छिखां विप्रलयं गताम् ॥ ५
विध्वस्तकवचां रुग्णगजवाजिरथध्वजाम् । हतप्रवीरामापन्नां चमूमिव महाहवे ॥ ६
सफेनां सस्वनां भूत्वा सागरस्य समुत्थिताम् । प्रशान्तमारुतोद्धूतां जलोर्मिमिव निःस्वनाम् ॥ ७
त्यक्तां यज्ञायुधैः सर्वैरभिरूपैश्च याजकैः । सुत्याकाले सुनिर्वृत्ते वेदिं गतरवामिव ॥ ८
गोष्ठमध्ये स्थितामार्तामचरन्तीं नवं तृणम् । गोवृषेण परित्यक्तां गवां पत्नीमिवोत्सुकाम् ॥ ९
प्रभाकराद्यैः सुस्निग्धैः प्रज्वलद्भिरिवोत्तमैः । वियुक्तां मणिभिर्जात्यैर्नवां मुक्तावलीमिव ॥ १०
सहसा चरितां स्थानान्महीं पुण्यक्षयोद्गताम् । संहृतद्युतिविस्तारां तारामिव दिवश्च्युताम् ॥ ११
पुष्पनद्धां वसन्तान्ते मत्तभ्रमरशालिनीम् । द्रुतदावाग्निविप्लुष्टां क्लान्तां वनलतामिव ॥ १२
संमूढनिगमां सर्वां संक्षिप्तविपणापणाम् । प्रच्छन्नशशिनक्षत्रां द्यामिवाम्बुधरैर्वृताम् ॥ १३
क्षीणपानोत्तमैर्भग्नैः शरावैरभिसंवृताम् । हतशौण्डामिव ध्वस्तां पानभूमिमसंस्कृताम् ॥ १४
वृक्णभूमितलां निम्नां वृक्णपात्रैः समावृताम् । उपयुक्तोदकां भग्नां प्रपां निपतितामिव ॥ १५

इति कश्चित् । तत्तु पूर्वोक्तरीत्यासामञ्जस्याद्धेयम् । जलस्य शिवत्वं रम्यत्वं च दर्शनमात्रेण सकलपापापहन्तृत्वं मधुरत्वं च ॥ २१ ॥ २२ ॥ शृङ्गवेरपुरादिति । निर्गत्येति शेषः ॥ २३ ॥ विध्वस्ता विध्वस्तशोभा । निराकारा निरलंकारा ॥ २४ ॥ इति **श्रीरामाभिरामे श्रीरामीये रामायणतिलके वाल्मीकीय आदिकाव्येऽयोध्याकाण्डे त्रयोदशाधिकशततमः सर्गः ॥११३॥**

उपयानुपगच्छन् ॥ १ ॥ बिडालादिभिश्चरितां तत्संचारवतीम् । आ समन्ताल्लीनानि श्लिष्टानि लग्नानि नराणां वारणानि कवाटानि यस्याम् । तिमिरेणालक्ष्यतां प्राप्ताम् । अतएव कालीं तत एवाप्रकाशां निशामिव स्थितामयोध्यां प्रविवेशेत्यन्वयः ॥ २ ॥ राहुशत्रोश्चन्द्रस्य श्रिया दिव्यैश्वर्येण युक्ताम् । अतएव प्रज्वलितप्रभाम् । अभ्युदितेन ग्रहेण राहुणा पीडितभर्तृकाम् । अतएवैकामसहायां रोहिणीमिव स्थिताम् ॥ ३ ॥ आतपवशादल्पोष्णं क्षुब्धं कलुषं च सलिलं यस्यास्ताम् । झषो मत्स्यविशेषः । क्षुब्धेत्यार्षम् ॥ ४ ॥ विधूमामत एव हेमाभामग्नेः समुत्थितां शिखामिव पूर्वं रामस्थितिसमये जाज्वल्यमानरूपतया स्थितां पश्चाद्रामविवासनकाले हविरभ्युक्षितां पयोहोमीयपयःसिक्तामत एव विप्रलयं गतां शिखामिव स्थिताम् । 'अध्वराग्नेः समुत्थिताम्' इति पाठो बहुसंमतस्तत्राप्यर्थः प्राग्वदेव । शिखामित्यस्य चावृत्तिः ॥ ५ ॥ ६ ॥ समुत्थितां प्रबलमारुतेन समुत्थिताम्, अत एव सफेनां सस्वनामूर्मिमिव भूत्वा तत्सदृशं रूपं प्राप्य पश्चात्प्रशान्तमारुतेनोदल्पं धूतां कम्पितामत एव निःस्वनां सागरस्य जलोर्मिमिव स्थिताम् ॥ ७ ॥ यज्ञायुधैः स्फ्यादिभिः । अभिरूपैः प्रशस्तैः । सुत्याकाले यागकाले । निर्वृत्ते समाप्ते सति ॥ ८ ॥ गोष्ठो व्रजं तत्र स्थिताम् । गोवृषेण श्रेष्ठगवां वृषभेण । यद्वा गवां प्रियेण वृषेण त्यक्तामत एवार्तां तत्रोत्सुकां नवं तृणमचरन्तीमभक्षयन्तीं गवां तरुणवृषाणां पत्नीमिव स्थिताम् । 'गवां पङ्क्तिमिव' इति पाठान्तरम् । पत्नीमित्यस्य पङ्क्तिमित्यर्थं तीर्थ आह, तच्चिन्त्यम् ॥ ९ ॥ प्रभाकराद्यैः पद्मरागाद्यैः । स्फटिकाद्यैरिति कतकोक्तं तु न युक्तम् ॥ १० ॥ स्थानात्सहसा चरितां चलिताम् । पुण्यक्षयेति लुप्तसप्तम्यन्तम् । पुण्यक्षये सति महीं प्राप्ताम् । संहृतो द्युतिविस्तारो यस्यास्ताम् ॥ ११ ॥ द्रुतदावाग्निविप्लुष्टां वेगवद्दावाग्निना व्याप्ताम् ॥ १२ ॥ संमूढाः शोकाकुलचित्ता निगमा वणिजो यस्याम् । यद्वा संमूढो जनसंचाररहितो निगमः पन्था यस्याम् । 'निगमो निश्चये वेदे पुरे पथि वणिक्पथे' । संक्षिप्ता विपणापणाः पण्यवीथयोऽस्याम् ॥ १३ ॥ क्षीणपानोत्तमैः क्षीणमद्यैः । भग्नैः शरावैः संवृताम् । हतशौण्डां हतमद्यपाम् ॥ १४ ॥ वृक्णभू-

विपुलां विततां चैव युक्तपाशां तरस्विनाम् । भूमौ बाणैर्विनिकृत्तां पतितां ज्यामिवायुधात् ॥ १६
सहसा युद्धशौण्डेन हयारोहेण वाहिताम् । निहतां प्रतिसैन्येन वडवामिव पातिताम् ॥ १७
भरतस्तु रथस्थः सञ्श्रीमान्दशरथात्मजः । वाहयन्तं रथश्रेष्ठं सारथिं वाक्यमब्रवीत् ॥ १८
किं नु खल्वद्य गम्भीरो मूर्च्छितो न निशाम्यते । यथापुरमयोध्यायां गीतवादित्रनिःस्वनः ॥ १९
वारुणीमदगन्धश्च माल्यगन्धश्च मूर्च्छितः । चन्दनागुरुगन्धश्च न प्रवाति समन्ततः ॥ २०
यानप्रवरघोषश्च सुस्निग्धहयनिःस्वनः । प्रमत्तगजनादश्च महांश्च रथनिःस्वनः ॥ २१
नेदानीं श्रूयते पुर्यामस्यां रामे विवासिते । चन्दनागुरुगन्धांश्च महार्हाश्च वनस्रजः ॥ २२
गते रामे हि तरुणाः संतप्ता नोपभुञ्जते । बहिर्यात्रां न गच्छन्ति चित्रमाल्यधरा नराः ॥ २३
नोत्सवाः संप्रवर्तन्ते रामशोकार्दिते पुरे । सा हि नूनं मम भ्रात्रा पुरस्यास्य द्युतिर्गता ॥ २४
नहि राजत्ययोध्येयं सासारेवार्जुनी क्षपा । कदा नु खलु मे भ्राता महोत्सव इवागतः ॥ २५
जनयिष्यत्ययोध्यायां हर्षं ग्रीष्म इवाम्बुदः । तरुणैश्चारुवेषैश्च नरैरुन्नतगामिभिः ॥ २६
संपतद्भिरयोध्यायां नाभिभान्ति महापथाः । इति ब्रुवन्सारथिना दुःखितो भरतस्तदा ॥ २७
अयोध्यां संप्रविश्यैव विवेश वसतिं पितुः । तेन हीनां नरेन्द्रेण सिंहहीनां गुहामिव ॥ २८
तदा तदन्तःपुरमुज्झितप्रभं सुरैरिवोत्कृष्टमभास्करं दिनम् ।
निरीक्ष्य सर्वत्र विभक्तमात्मवान्मुमोच बाष्पं भरतः सुदुःखितः ॥ २९

इत्यार्षे श्रीमद्रामायणे वाल्मीकीय आदिकाव्येऽयोध्याकाण्डे चतुर्दशाधिकशततमः सर्गः ॥ ११४ ॥

पञ्चदशाधिकशततमः सर्गः ।

ततो निक्षिप्य मातॄस्ता अयोध्यायां दृढव्रतः । भरतः शोकसंतप्तो गुरूनिदमथाब्रवीत् ॥ १
नन्दिग्रामं गमिष्यामि सर्वानामन्त्रयेऽत्र वः । तत्र दुःखमिदं सर्वं सहिष्ये राघवं विना ॥ २
गतश्चाहोदिवं राजा वनस्थः स गुरुर्मम । रामं प्रतीक्षे राज्याय स हि राजा महायशाः ॥ ३
एतच्छ्रुत्वा शुभं वाक्यं भरतस्य महात्मनः । अब्रुवन्मन्त्रिणः सर्वे वसिष्ठश्च पुरोहितः ॥ ४
सुभृशं श्लाघनीयं च यदुक्तं भरत त्वया । वचनं भ्रातृवात्सल्यादनुरूपं तवैव तत् ॥ ५
नित्यं ते बन्धुलुब्धस्य तिष्ठतो भ्रातृसौहृदे । मार्गमार्यं प्रपन्नस्य नानुमन्येत कः पुमान् ॥ ६
मन्त्रिणां वचनं श्रुत्वा यथाभिलषितं प्रियम् । अब्रवीत्सारथिं वाक्यं रथो मे युज्यतामिति ॥ ७
प्रहृष्टवदनः सर्वा मातॄः समभिभाष्य च । आरुरोह रथं श्रीमाञ्शत्रुघ्नेन समन्वितः ॥ ८
आरुह्य तु रथं क्षिप्रं शत्रुघ्नभरतावुभौ । ययतुः परमप्रीतौ वृतौ मन्त्रिपुरोहितैः ॥ ९
अग्रतो गुरवः सर्वे वसिष्ठप्रमुखा द्विजाः । प्रययुः प्राङ्मुखाः सर्वे नन्दिग्रामो यतो भवेत् ॥ १०

मितलां भिन्नचत्वराम् । भिन्नपात्रैर्युक्ताम् । भग्नां भग्नस्तम्भाम् । उपयुक्तोदकां समाप्तोदकाम् ॥ १५ ॥ विपुलां विशालाम् । विततां धनुष्यातताम् । युक्तपाशां धनुष्कोट्योर्ज्याबन्धनार्थपाशयुताम् । तरस्विनां बाणैर्विनिकृत्तां छिन्नाम् । आयुधाद्धनुषः पतिताम् ॥ १६ ॥ सहसा बलात्कारेण वाहितां प्रधाविताम् । प्रतिसैन्येन निहतामत एव पातिताम् ॥ १७ ॥ १८ ॥ यथापुरं यथापूर्वं न निशाम्यते खलु । अत्र किं कुर्म इति योजना ॥ १९ ॥ मदकरो गन्धो मदगन्धः । मूर्च्छितो व्याप्तः ॥ २० ॥ २१ ॥ २२ ॥ २३ ॥ मम भ्रात्रा । सहेति शेषः ॥ २४ ॥ अर्जुनी शारदी शुक्लपक्षसंबन्धिनी वा । सासारा वेगवद्वृष्टिधारासहिता । महोत्सव इव ग्रीष्मेऽम्बुद इव च ॥ २५ ॥ उन्नतगामिभिः संतोषादुद्धतगामिभिः ॥ २६ ॥ २७ ॥ २८ ॥ सुरैरुत्कृष्टं कृतशोकमभास्करं दिनमिव । एवं हि श्रूयते—पुरा देवासुरे युद्धेऽसुरैर्देवाः पराजिताः । राहुणा च भानुः पातितः । तदा दिवारात्रविभागरहिते काले स्वस्वलोकाद्ब्रह्मलोकं गतैर्देवैः प्रार्थितस्य ब्रह्मणो नियोगादत्रिः सप्तरात्रं सूर्याधिपत्यं चकारेति तीर्थः । देवैरुत्कृष्टं भास्करहीनं दिनम् । कविकल्पितमत्रोपमानमिति कतकः । विभक्तं विगतसंस्कारम् । भक्तं सेवितं संस्कृतं तद्भिन्नमिति यावत् ॥ २९ ॥ इति श्रीरामाभिरामे श्रीरामीये रामायणतिलके वाल्मीकीय आदिकाव्येऽयोध्याकाण्डे चतुर्दशोत्तरशततमः सर्गः ॥ ११४ ॥

तत इति ॥ १ ॥ अत्रायोध्यायाम् । तेन सहागमनकारितं राघवं विना दुःखम् । पितृभ्रातृवियोगजं दुःखमिति यावत् ॥ २ ॥ तदेवाह—गतश्चेति ॥ ३ ॥ ४ ॥ ५ ॥ बन्धुलुब्धस्य बन्धुजनपरिपालनेऽधिकस्पृहावतः । आर्यं श्रेष्ठम् । नानुमन्येत । त्वद्वचनमिति शेषः ॥ ६ ॥ यथाभिलषितं स्वाभिलषितमनतिक्रम्य प्रवृत्तम् ॥ ७ ॥ ८ ॥ ९ ॥ नन्दिग्रामो यतो भवेत्तेन

बलं च तदनाहूतं गजाश्वरथसंकुलम् । प्रययौ भरते याते सर्वे च पुरवासिनः ॥ ११
रथस्थः स तु धर्मात्मा भरतो भ्रातृवत्सलः । नन्दिग्रामं ययौ तूर्णं शिरस्याधाय पादुके ॥ १२
भरतस्तु ततः क्षिप्रं नन्दिग्रामं प्रविश्य सः । अवतीर्य रथात्तूर्णं गुरूनिदमभाषत ॥ १३
एतद्राज्यं मम भ्रात्रा दत्तं संन्यासमुत्तमम् । योगक्षेमवहे चेमे पादुके हेमभूषिते ॥ १४
भरतः शिरसा कृत्वा संन्यासं पादुके ततः । अब्रवीद्दुःखसंतप्तः सर्वं प्रकृतिमण्डलम् ॥ १५
छत्रं धारयत क्षिप्रमार्यपादाविमौ मतौ । आभ्यां राज्ये स्थितो धर्मः पादुकाभ्यां गुरोर्मम ॥ १६
भ्रात्रा तु मयि संन्यासो निक्षिप्तः सौहृदादयम् । तमिमं पालयिष्यामि राघवागमनं प्रति ॥ १७
क्षिप्रं संयोजयित्वा तु राघवस्य पुनः स्वयम् । चरणौ तौ तु रामस्य द्रक्ष्यामि सहपादुकौ ॥ १८
ततो निक्षिप्तभारोऽहं राघवेण समागतः । निवेद्य गुरवे राज्यं भजिष्ये गुरुवर्तिताम् ॥ १९
राघवाय च संन्यासं दत्त्वेमे वरपादुके । राज्यं चेदमयोध्यां च धूतपापो भवाम्यहम् ॥ २०
स वल्कलजटाधारी मुनिवेषधरः प्रभुः । नन्दिग्रामेऽवसद्धीरः ससैन्यो भरतस्तदा ॥ २१
सवालव्यजनं छत्रं धारयामास स स्वयम् । भरतः शासनं सर्वं पादुकाभ्यां निवेदयन् ॥ २२
ततस्तु भरतः श्रीमानभिषिच्यार्यपादुके । तदधीनस्तदा राज्यं कारयामास सर्वदा ॥ २३
तदा हि यत्कार्यमुपैति किंचिदुपायनं चोपहृतं महार्हम् ।
स पादुकाभ्यां प्रथमं निवेद्य चकार पश्चाद्भरतो यथावत् ॥ २४

इत्यार्षे श्रीमद्रामायणे वाल्मीकीय आदिकाव्येऽयोध्याकाण्डे पञ्चदशाधिकशततमः सर्गः ॥ ११५ ॥

षोडशाधिकशततमः सर्गः ।

प्रतियाते तु भरते वसन्रामस्तदा वने । लक्षयामास सोद्वेगमथौत्सुक्यं तपस्विनाम् ॥ १
ये तत्र चित्रकूटस्य पुरस्तात्तापसाश्रमे । राममाश्रित्य निरतास्तानलक्षयदुत्सुकान् ॥ २

मार्गेण स प्राप्तो भवेत्तेन ययुः ॥ १० ॥ तदनाहूतं भरतेनाकृताह्वानमपि ॥ ११ ॥ १२ ॥ १३ ॥ एतदयोध्याराज्यम् । मम भ्रात्रा संन्यासवत्समीचीनवस्तुनिक्षेपवन्मयि दत्तं स्थापितम् । कालान्तरे ग्रहणाय । विश्वस्तपुरुषे रक्षणार्थं वस्तुस्थापनं न्यासो निक्षेप इति च । न्यासस्यापि राज्यस्य रक्षणं भगवत्पादुकाधीनमेव न मदधीनमित्याह—योगेत्यादि । इत्युवाचेति पूर्वेणान्वयः ॥ १४ ॥ पादुके संन्यासं पादुकात्मकं सद्वस्तुन्यासम् । 'वेदाः प्रमाणम्' इतिवत्साधु । शिरसा कृत्वा । प्रणम्येति यावत् ॥ १५ ॥ इमौ पादुकारूपावार्यपादाविति । पादशब्दः पूजावाची । विधेयाभिप्रायेण चेमाविति पुंलिङ्गनिर्देशः । 'शैत्यं हि यत्सा प्रकृतिर्जलस्य' इति । तत्परमपूज्यरामभावनाविषये इमे पादुके इत्यर्थः । राज्येऽपेक्षितो मम गुरोर्धर्मव्यवहारोऽनयोरेव स्थितः, अत आभ्यां पादुकाभ्यां छत्रं धारयत । एतत्संनिधानादेव तत्तद्व्यवहारे धर्मव्यवहारांशज्ञानं ममेति भावः ॥ १६ ॥ अयं राज्यरूपः । संन्यासो निक्षेपो निक्षिप्तः । राघवागमनं प्रति तावत्पर्यन्तम् ॥ १७ ॥ संयोजयित्वा चरणयोः पादुके ॥ १८ ॥ समागतो मिलितः । निवेद्य प्रत्यर्प्य । गुरुवर्तितां गुरूचितशुश्रूषाम् ॥ १९ ॥ २० ॥ अवसद्धीरो धीमान् ॥ २१ ॥ वालव्यजनेन सहितं छत्रम् । स भरतः । सर्वं शासनं ताभ्यां निवेदयन्नुक्तविशेषणं छत्रं स्वयमेव धारयामास ॥ २२ ॥ आर्यपादुके अभिषिच्य तयो राज्याभिषेकं कृत्वा । तदधीनः पादुकाधीनः ॥ २३ ॥ यत्कार्यं राज्यविषयम् । पश्चाद्यथावत्कोशागारस्थमुपायनं चकार । प्रजान्यायकार्यं च यथावच्छास्त्रानतिक्रमेण चकार ॥ २४ ॥ इति श्रीरामाभिरामे श्रीरामीये रामायणतिलके वाल्मीकीय आदिकाव्येऽयोध्याकाण्डे पञ्चदशाधिकशततमः सर्गः ॥ ११५ ॥

सोद्वेगं सभयम् । औत्सुक्यमाश्रमान्तरगमनौत्सुक्यम् ॥ १ ॥ पुरस्तात्पूर्वं ये तापसाः । चित्रकूटस्याश्रमे । संधिरार्षः । राममाश्रित्य निरता नितरां रताः सानन्दास्तानुत्सुकानलक्षयत् । अत्रेदं बोध्यम्—चैत्रशुक्लदशम्यां पुष्ये रामवनप्रस्थानम् । ततः पूर्णिमायामर्धरात्रे दशरथमरणम् । ततः पक्षेण भरतागमनमयोध्यायाम् । तत और्ध्वदेहिकेन पक्षो गतः । एवं वैशाखे गते ज्येष्ठे भरतस्य चित्रकूटं प्रति प्रस्थानम् । अग्रे वर्षाकाले संनिहिते सति कार्तिक्यन्तं चित्रकूटे वासो रामस्य । तदनन्तरं तापसौत्सुक्यलक्षणम् । न तु भरतनिवृत्त्यनन्तरमेवैतदिति । अत एव पाद्मे भरतस्यायोध्यां प्रति निवृत्त्यनन्तरमुक्तम्—'राघवश्चित्रकूटाद्रौ सानुजोऽरमत श्रिया । कदाचिदङ्के वैदेह्या निद्राणे रघुनन्दने ॥ ऐन्द्रः काकः समागम्य जानकीं वीक्ष्य कामुकः । विददार नखैस्तीक्ष्णैः पीनोन्नतपयोधरम् ॥ तद्दृष्ट्वा राघवः क्रुद्धः कुशं जग्राह पाणिना । ब्राह्मेणास्त्रेण संयोज्य चिक्षेप ध्वाङ्क्षमारणे ॥ तं दृष्ट्वा घोरसंकाशं ज्वलत्कालानलोपमम् । दृष्ट्वा काकः प्रदुद्राव निनदन्दारुणस्वनम् ॥

नयनैर्भ्रुकुटीभिश्च रामं निर्दिश्य शङ्किताः । अन्योन्यमुपजल्पन्तः शनैश्चक्रुर्मिथः कथाः ॥ ३
तेषामौत्सुक्यमालक्ष्य रामस्त्वात्मनि शङ्कत । कृताञ्जलिरुवाचेदमृषिं कुलपतिं ततः ॥ ४
न कच्चिद्भगवन्किंचित्पूर्ववृत्तमिदं मयि । दृश्यते विकृतं येन विक्रियन्ते तपस्विनः ॥ ५
प्रमादाच्चरितं किंचित्कच्चिन्नावरजस्य मे । लक्ष्मणस्यर्षिभिर्दृष्टं नानुरूपं महात्मनः ॥ ६
कच्चिच्छुश्रूषमाणा वः शुश्रूषणपरा मयि । प्रमदाभ्युचितां वृत्तिं सीता युक्तां न वर्तते ॥ ७
अथर्षिर्जरया वृद्धस्तपसा च जरां गतः । वेपमान इवोवाच रामं भूतदयापरम् ॥ ८
कुतः कल्याणसत्त्वायाः कल्याणाभिरतेः सदा । चलनं तात वैदेह्यास्तपस्विषु विशेषतः ॥ ९
त्वन्निमित्तमिदं तावत्तापसान्प्रतिवर्तते । रक्षोभ्यस्तेन संविग्नाः कथयन्ति मिथः कथाः ॥ १०
रावणावरजः कश्चित्खरो नामेह राक्षसः । उत्पाट्य तापसान्सर्वाञ्जनस्थाननिवासिनः ॥ ११
धृष्टश्च जितकाशी च नृशंसः पुरुषादकः । अवलिप्तश्च पापश्च त्वां च तात न मृष्यते ॥ १२
त्वं यदाप्रभृति ह्यस्मिन्नाश्रमे तात वर्तसे । तदाप्रभृति रक्षांसि विप्रकुर्वन्ति तापसान् ॥ १३
दर्शयन्ति हि बीभत्सैः क्रूरैर्भीषणकैरपि । नानारूपैर्विरूपैश्च रूपैरसुखदर्शनैः ॥ १४
अप्रशस्तैरशुचिभिः संप्रयुज्य च तापसान् । प्रतिघ्नन्त्यपरान्क्षिप्रमनार्याः पुरतः स्थितान् ॥ १५
तेषु तेष्वाश्रमस्थानेष्वबुद्धमवलीय च । रमन्ते तापसांस्तत्र नाशयन्तोऽल्पचेतसः ॥ १६
अवक्षिपन्ति स्रुग्भाण्डानग्नीन्सिञ्चन्ति वारिणा । कलशांश्च प्रमर्दन्ति हवने समुपस्थिते ॥ १७
तैर्दुरात्मभिराविष्टानाश्रमान्प्रजिघांसवः । गमनायान्यदेशस्य चोदयन्त्यृषयोऽद्य माम् ॥ १८
तत्पुरा राम शारीरीमुपहिंसां तपस्विषु । दर्शयन्ति हि दुष्टास्ते त्यक्ष्याम इममाश्रमम् ॥ १९
बहुमूलफलं चित्रमविदूरादितो वनम् । अश्वस्याश्रममेवाहं श्रयिष्ये सगणः पुनः ॥ २०

वायसस्त्रिषु लोकेषु बभ्राम भयपीडितः । यत्र यत्र ययौ काकः शरणार्थी च वायसः ॥ तत्र तत्र तदस्त्रं तु प्रविवेश भयावहम् । ब्रह्माणमिन्द्रं रुद्रं मां शरणार्थी जगाम सः ॥ तं दृष्ट्वा वायसं भीतं देवता न ररक्षिम । न शक्ताः स्म वयं त्रातुं राघवास्त्राद्भयंकरात् ॥ इत्यब्रूम महादेवा अन्यथास्त्रं दहेच्च नः । पुनश्चागाद्विधिं काको दयया विधिराह तम् ॥ भो भो बलिभुजां श्रेष्ठ तमेव शरणं व्रज । स एव रक्षकः श्रीशः शरणागतवत्सलः ॥ इत्युक्तः सोऽथ बलिभुग्ब्रह्मणा रघुनन्दनम् । उपेत्य सहसा भूमौ निपपात भयातुरः ॥ प्राणसंशयमापन्नं दृष्ट्वा सीता तु वायसम् । त्राहि त्राहीति भर्तारमुवाच दयिता विभुम् ॥ तच्छिरः पादयोस्तस्य युयुजे चाथ जानकी । तमुत्थाप्य करेणाथ कृपापीयूषसागरः ॥ ररक्षासौ निजास्त्राय तदेकाक्षि ददौ तदा । वायसोऽपि मुहुर्नत्वा सीतायै राघवाय च ॥ स्वलोकं प्रययौ हृष्टो राघवेणाभिपालितः । ततो रामो महातेजा वैदेह्या लक्ष्मणेन च ॥ उवास चित्रकूटाद्रौ स्तूयमानो महर्षिभिः ॥' इति ॥ २ ॥ कथमलक्षयत्तत्राह—नयनैरित्यादि । निर्दिश्य प्रदर्श्य । शङ्किता रामः किं मंस्यत इति भीताः । नयनादिभिः प्रदर्श्यान्योन्यमुपजल्पन्त आह्वयन्तः । शनैरुपांशु कथाश्चक्रुः । अयं राम इह सस्त्रीक आस्ते, राक्षसाश्चैतद्द्वेषेणेह संचरन्तोऽस्मान्बाधन्ते, अतोऽन्यत्र गन्तव्यमित्येवंरूपाः कथाश्चक्रुः ॥ ३ ॥ शङ्कत । अशङ्कतेत्यर्थः । एतदाश्रमत्यागकारणमात्मनिष्ठं दोषमशङ्कतेत्यर्थः । अत एव कृताञ्जलिः सन्कुलपतिमृषिसंघस्वामिनमाश्रमस्वामिनं वा । 'कुलमन्वयसघातगृहाश्रमेषु च' ॥ ४ ॥ मयि पूर्ववृत्तं पूर्वराजवृत्तं न दृश्यते कच्चित् । विकृतं वा दृश्यते कच्चित् । येन तपस्विनो विक्रियन्ते । इदं तपस्विविक्रियारूपं किंचित्कारणकं भवति तन्निवेदयतु भवानिति शेषः ॥ ५ ॥ अवरजस्य लक्ष्मणस्य नानुरूपं चरितमयुक्ताचरणं प्रमादाज्जातं किंचिदृषिभिर्न दृष्टं कच्चित् ॥ ६ ॥ वः शुश्रूषमाणा अर्घ्यपाद्यादिना युष्मान्सेवमाना अधुना मच्छुश्रूषानुरोधात्प्रमदोचितां युष्मासु युक्तां वृत्तिं शुश्रूषाविषयां सीता न वर्तते कच्चित् ॥ ७ ॥ तपसा च वृद्ध इत्यनुकर्षः । वेपमान इव कथं वा रामो मंस्यत इति कम्पः । जरया वा कम्पः । इव एवार्थे ॥ ८ ॥ सत्त्वं स्वभावः ॥ ९ ॥ त्वन्निमित्तं त्वत्तो हेतोः । इदं भयं रक्षोभ्यः समागतमिति भावः ॥ १० ॥ कथं तत्राह—रावणेति । उत्पाट्य संपीड्य ॥ ११ ॥ जितकाशी जिताहवो जितभयो वा त्वां च न मृष्यते पीडयितुमिच्छति ॥१२॥ विप्रकुर्वन्त्यपकुर्वन्ति ॥ १३ ॥ तमपकारं दर्शयति—दर्शयन्तीति । बीभत्सैर्जुगुप्सितरूपैरात्मानं दर्शयन्तीत्यन्वयः ॥१४॥ अप्रशस्तैः पापजनकैरशुचिभिः पदार्थैस्तापसान्संप्रयुज्य विप्रकुर्वन्ति । अपरानपि मृदून्प्रतिघ्नन्त्यपि पीडयन्त्यपि ॥ १५ ॥ अबुद्धमविदितं यथा भवति तथा निद्रादाववलीय च निर्भयमाश्लिष्य च तदालिङ्गनेनाल्पचेतसो विचेतसस्तापसान्नाशयन्तो रमन्ते ॥ १६ ॥ स्रुग्भाण्डान्स्रुगादियज्ञसंभारानवक्षिपन्त्यवस्कन्दयन्ति । कलशानुदकपात्राणि । प्रमर्दो भङ्गः । हवने होमकर्मणि समुपस्थिते प्रवृत्ते ॥ १७ ॥ प्रजिघांसवः परित्यक्तुमिच्छवो मिथो मिलिताः ॥ १८ ॥ शारीरीमुपहिंसां प्राणवियोगरूपां पुरा दर्शयन्ति दर्शयिष्यन्ति, अत इममाश्रमं त्यक्ष्यामः ॥ १९ ॥ अश्वस्य न

खरस्त्वय्यपि चायुक्तं पुरा राम प्रवर्तते । सहास्माभिरितो गच्छ यदि बुद्धिः प्रवर्तते ॥ २१
सकलत्रस्य संदेहो नित्यं युक्तस्य राघव । समर्थस्यापि सहितो वासो दुःखमिहाद्य ते ॥ २२
इत्युक्तवन्तं रामस्तं राजपुत्रस्तपस्विनम् । न शशाकोत्तरैर्वाक्यैरवबद्धुं समुत्सुकम् ॥ २३
अभिनन्द्य समापृच्छय समाधाय च राघवम् । स जगामाश्रमं त्यक्त्वा कुलैः कुलपतिः सह ॥ २४
रामः संसाध्य ऋषिगणमनुगमनाद्देशात्तस्मात्कुलपतिमभिवाद्य ऋषिम् ।
सम्यक्प्रीतैस्तैरनुमत उपदिष्टार्थः पुण्यं वासाय स्वनिलयमुपसंपेदे ॥ २५
आश्रममृषिविरहितं प्रभुः क्षणमपि न जहौ स राघवः ।
राघवं हि सततमनुगतास्तापसाश्चार्षचरिते धृतगुणाः ॥ २६

इत्यार्षे श्रीमद्रामायणे वाल्मीकीय आदिकाव्येऽयोध्याकाण्डे षोडशाधिकशततमः सर्गः ॥ ११६ ॥

सप्तदशाधिकशततमः सर्गः ।

राघवस्त्वपयातेषु सर्वेष्वनुविचिन्तयन् । न तत्रारोचयद्वासं कारणैर्बहुभिस्तदा ॥ १
इह मे भरतो दृष्टो मातरश्च सनागराः । सा च मे स्मृतिरन्वेति तान्नित्यमनुशोचतः ॥ २
स्कन्धावारनिवेशेन तेन तस्य महात्मनः । हयहस्तिकरीषैश्च उपमर्दः कृतो भृशम् ॥ ३
तस्मादन्यत्र गच्छाम इति संचिन्त्य राघवः । प्रातिष्ठत स वैदेह्या लक्ष्मणेन च संगतः ॥ ४
सोऽत्रेराश्रममासाद्य तं ववन्दे महायशाः । तं चापि भगवानत्रिः पुत्रवत्प्रत्यपद्यत ॥ ५
स्वयमातिथ्यमादिश्य सर्वमस्य सुसत्कृतम् । सौमित्रिं च महाभागां सीतां च समसान्त्वयत् ॥ ६
पत्नीं च तमनुप्राप्तां वृद्धामामन्त्र्य सत्कृताम् । सान्त्वयामास धर्मज्ञः सर्वभूतहिते रतः ॥ ७
अनसूयां महाभागां तापसीं धर्मचारिणीम् । प्रतिगृह्णीष्व वैदेहीमब्रवीदृषिसत्तमः ॥ ८
रामाय चाचचक्षे तां तापसीं धर्मचारिणीम् । दश वर्षाण्यनावृष्ट्या दग्धे लोके निरन्तरम् ॥ ९
यया मूलफले सृष्टे जाह्नवी च प्रवर्तिता । उग्रेण तपसा युक्ता नियमैश्चाप्यलंकृता ॥ १०

विद्यते श्वः संचयो यस्य तस्य महर्षेः । पृषोदरादित्वात्साधु । एतेन रक्षोभयनिवारणक्षमत्वं तस्य दर्शितम् ॥ २० ॥ पुरा प्रवर्तते प्रवर्तयिष्यति । अतस्तव नित्ययुक्तस्यापि सदा सावधानस्यापि रक्षोनिग्रहे समर्थस्यापि सकलत्रस्यापि । हेतुगर्भमेतत् । इहाश्रमे संदेहः संदेहवानेव वासः । अर्शआद्यच् । दुःखो दुःखजनकः । अतस्तवाप्यत्रावस्थानमनुचितमिति व्यङ्ग्यम्, अतस्त्वमपि सहास्माभिरितो गच्छेत्यन्वयः ॥ २१ ॥ २२ ॥ अवबद्धुम् 'अहं रक्षांसि निवारयिष्यामि, मा भैष्ट' इत्यादिवचनैर्निवारयितुं न शशाक । तत्र हेतुः—समुत्सुकमिति । कार्यशेषस्य स्वीयान्यदेशगमनसाध्यत्वाच्च ॥ २३ ॥ अभिनन्द्य स्तुत्वा समाधाय स्ववियोगखिन्नं समाश्वास्य । कुलैर्ऋषिसंघैः ॥ २४ ॥ रामस्तस्माद्देशादपयान्तमृषिगणमनुगमनादनुव्रजनेन संसाध्य प्रस्थाप्य कुलपतिमृषिमभिवाद्य सम्यक्प्रीतैस्तैरनुमतः कृतानुमतिक उपदिष्टार्थो रक्षःसंदेहादत्रावस्थानमनुचितमिति कृतोपदेशः पुण्यं स्वनिलयं स्ववासायोपसंपेदे ॥ २५ ॥ क्षणमपि न जहौ । सीतारक्षणार्थमिति भावः । आर्षमृषिसंबन्धि चरितं वृत्तं यस्य तादृशे राघवे धृतगुणा निश्चितनिजरक्षासामर्थ्यगुणाः केचित्तापसाः सततं निरन्तरं राघवमनुगता हि अनुगता एव नाश्रमान्तरं जग्मुः ॥ २६ ॥ इति श्रीरामाभिरामे श्रीरामीये रामायणतिलके वाल्मीकीय आदिकाव्येऽयोध्याकाण्डे षोडशाधिकशततमः सर्गः ॥ ११६ ॥

अनुविचिन्तयन्वक्ष्यमाणलक्षणमुपाधिम् ॥ १ ॥ तमेवाह—इहेति । मे मया । संबन्धसामान्ये षष्ठी । सा मे स्मृतिर्मां नित्यमनुशोचतस्तानन्वेति विषयीकरोति । एवं च तादृशतत्स्मरणेन ममापि शोको वर्धत इति भावः ॥ २ ॥ राजधानीतो निर्गतायाः सेनाया निवासस्थानं स्कन्धावारः । तस्य भरतस्य तेन पुरतो दृश्यमानेन । अनेन स्मृत्युद्बोधकत्वमुक्तम् । उपमर्दो भूमेरशुचिता ॥ ३ ॥ ४ ॥ स रामः । तमत्रिं तमपि जगत्कारणमपि रामं लोकव्यवहारानुसरणेन पुत्रवदङ्गीचकारालिङ्गनमूर्धाघ्राणादिभिः ॥ ५ ॥ स्वयमादिश्य विज्ञाप्यास्य सर्वमातिथ्यं सुसत्कृतं कृत्वा समसान्त्वयत्प्रीतियुक्तेन चक्षुषापश्यत् ॥ ६ ॥ तं देशमनुप्राप्तां वृद्धां पत्नीमनसूयानाम्नीं तापसीत्वादिगुणयुक्तां वाचा सत्कृतां सर्वैः सत्कृतां वामन्त्र्य संबोध्य सान्त्वयामास प्रीत्या सीतां दर्शयामास । अनन्तरं वैदेहीं प्रतिगृह्णीष्वेत्यब्रवीदित्यर्थः ॥ ७ ॥ ८ ॥ तामाचचक्षे तद्वैभवं कथितवान् । तदेव दर्शयति—दशेत्यादि ॥ ९ ॥ मूलफले । ऋषीणां जीवनायेति शेषः । जाह्नवी गङ्गा च प्रवर्तिता । दशवर्षमनावृष्ट्या भूमेर्निर्जलत्वात्तेषां स्नानार्थं मन्त्रसिद्धिवैभवेनावाहिताम् ।

दश वर्षसहस्राणि यया तप्तं महत्तपः । अनसूयाव्रतैस्तात प्रत्यूहाश्च निबर्हिताः ॥ ११
देवकार्यनिमित्तं च यया संत्वरमाणया । दशरात्रं कृता रात्रिः सेयं मातेव तेऽनघ ॥ १२
तामिमां सर्वभूतानां नमस्कार्यां तपस्विनीम् । अभिगच्छतु वैदेही वृद्धामक्रोधनां सदा ॥ १३
एवं ब्रुवाणं तमृषिं तथेत्युक्त्वा स राघवः । सीतामालोक्य धर्मज्ञामिदं वचनमब्रवीत् ॥ १४
राजपुत्रि श्रुतं त्वेतन्मुनेरस्य समीरितम् । श्रेयोऽर्थमात्मनः शीघ्रमभिगच्छ तपस्विनीम् ॥ १५
अनसूयेति या लोके कर्मभिः ख्यातिमागता । तां शीघ्रमभिगच्छ त्वमभिगम्यां तपस्विनीम् ॥ १६
सीता त्वेतद्वचः श्रुत्वा राघवस्य यशस्विनी । तामत्रिपत्नीं धर्मज्ञामभिचक्राम मैथिली ॥ १७
शिथिलां वलितां वृद्धां जरापाण्डुरमूर्धजाम् । सततं वेपमानाङ्गीं प्रवाते कदलीमिव ॥ १८
तां तु सीता महाभागामनसूयां पतिव्रताम् । अभ्यवादयदव्यग्रा स्वं नाम समुदाहरत् ॥ १९
अभिवाद्य च वैदेही तापसीं तां दमान्विताम् । बद्धाञ्जलिपुटा हृष्टा पर्यपृच्छदनामयम् ॥ २०
ततः सीतां महाभागां दृष्ट्वा तां धर्मचारिणीम् । सान्त्वयन्त्यब्रवीद्वृद्धा दिष्ट्या धर्ममवेक्षसे ॥ २१
त्यक्त्वा ज्ञातिजनं सीते मानवृद्धिं च मानिनि । अवरुद्धं वने रामं दिष्ट्या त्वमनुगच्छसि ॥ २२
नगरस्थो वनस्थो वा शुभो वा यदि वाशुभः । यासां स्त्रीणां प्रियो भर्ता तासां लोका महोदयाः २३
दुःशीलः कामवृत्तो वा धनैर्वा परिवर्जितः । स्त्रीणामार्यस्वभावानां परमं दैवतं पतिः ॥ २४
नातो विशिष्टं पश्यामि बान्धवं विमृशन्त्यहम् । सर्वत्र योग्यं वैदेहि तपःकृतमिवाव्ययम् ॥ २५
न त्वेवमनुगच्छन्ति गुणदोषमसत्स्त्रियः । कामवक्तव्यहृदया भर्तृनाथाश्चरन्ति याः ॥ २६
प्राप्नुवन्त्ययशश्चैव धर्मभ्रंशं च मैथिलि । अकार्यवशमापन्नाः स्त्रियो याः खलु तद्विधाः ॥ २७
त्वद्विधास्तु गुणैर्युक्ता दृष्टलोकपरावराः । स्त्रियः स्वर्गे चरिष्यन्ति यथा पुण्यकृतस्तथा ॥ २८

तदेवमेतं त्वमनुव्रता सती पतिप्रधाना समयानुवर्तिनी ।
भव स्वभर्तुः सहधर्मचारिणी यशश्च धर्मं च ततः समाप्स्यसि ॥ २९

इत्यार्षे श्रीमद्रामायणे वाल्मीकीये आदिकाव्येऽयोध्याकाण्डे सप्तदशाधिकशततमः सर्गः ॥ ११७ ॥

अष्टादशाधिकशततमः सर्गः ।

सा त्वेवमुक्ता वैदेही त्वनसूयानसूयया । प्रतिपूज्य वचो मन्दं प्रवक्तुमुपचक्रमे ॥ १
नैतदाश्चर्यमार्यायां यन्मां त्वमनुभाषसे । विदितं तु ममाप्येतद्यथा नार्याः पतिर्गुरुः ॥ २

स्वाश्रमे इति शेषः ॥ १० ॥ अनसूयाव्रतैस्तत्कृतैर्व्रतैः । प्रत्यूहा ऋषिणां तपोविघ्नाः ॥ ११ ॥ देवकार्यनिमित्तमिति । माण्डव्यऋषिणा 'प्रातर्विधवा भव' इति कस्यांचिदृषिपत्न्यामनसूयासख्यां शप्तायां 'प्रागेव मा भूत्' इति तया प्रतिशापे दत्ते तत्प्रतिशापेन व्याकुलैर्देवैः प्रार्थितानसूया दशरात्रावधिकालमेकरात्रित्वेन कृत्वा देवकार्यं कृतवती, सख्या वैधव्यं च परिहृतवतीति गाथेति कतकः । सेयं मातेव ते । पूज्येति शेषः ॥ १२ ॥ अभिगच्छतु । दर्शनार्थमिति शेषः । ननु वैदेह्या अल्पवयस्त्वेन व्यवहारानभिज्ञत्वात्कचिद्व्यवहारे स्खलनेऽनर्थः स्यादत आह—अक्रोधनां सदेति ॥ १३ ॥ १४ ॥ अस्य मुनेः समीरितं वचनं यतः श्रुतम्, अत आत्मनः श्रेयोर्थमित्यादि ॥ १५ ॥ तामनसूयेत्यन्वर्थनाम्नीम् । अभिगम्याम् । अक्रोधनत्वात् ॥ १६ ॥ १७ ॥ शिथिलां श्लथसंधिबन्धाम् । वलितां संजातवलिम् । वृद्धामिति सर्वोपपादकं विशेषणम् । प्रवाते कदलीमिव वेपमानाङ्गीं स्थिताम् ॥ १८ ॥ समुदाहरत् । अभिवादनाङ्गत्वेनेति शेषः ॥ १९ ॥ अनामयमिति । तपस्विनां स्वायत्तकुशलतयारोग्यप्रश्न एवोचित इति भावः ॥ २० ॥ धर्मचारिणीं भर्तृसमानधर्मचारिणीम् । दिष्ट्या दैवयोगेन ॥ २१ ॥ मानं राजसुताहं कथं वनं गच्छेयमित्येवंरूपम् । वनेऽवरुद्धं वनवासे पित्रा नियुक्तम् ॥ २२ ॥ शुभोऽनुकूलः । अशुभः प्रतिकूलः । प्रियो लौकिकालौकिकनिमित्ततोऽप्रियत्वानास्पदम् ॥ २३ ॥ आर्यस्वभावः पूज्यस्वभावः ॥ २४ ॥ अतो विशिष्टं भर्तुर्विशिष्टम् । बान्धवमिष्टबन्धुम् । सर्वत्र योग्यमिहामुत्र चेष्टसाधनतया भजनयोग्यम् । तपःकृतम् । भावे निष्ठा । तपोनुष्ठानमिति यावत् ॥ २५ ॥ याः कामवक्तव्यहृदयाः कामाधीनहृदयाः । 'गृह्याधीनौ तु वक्तव्यौ' । भर्तृनाथा भर्तृणां नाथभूतास्तन्नियन्त्र्यः । यद्वा भर्तॄन्भोगार्थं नाथन्ते याचन्ते ताः । चरन्ति स्वेच्छया इतस्ततो यान्ति ॥ २६ ॥ तद्विधा उक्तनिकृष्टगुणवत्यः ॥ २७ ॥ दृष्टो लोकः परोऽवरश्च याभिस्ताः ॥ २८ ॥ समय आचारः ॥ २९ ॥ **इति श्रीरामाभिरामे श्रीरामीये रामायणतिलके वाल्मीकीय आदिकाव्येऽयोध्याकाण्डे सप्तदशोत्तरशततमः सर्गः ॥ ११७ ॥**

अनसूयासूयारहिता । अनसूययान्वर्थतन्नाम्न्या । वचोऽनसूयायाः ॥ १ ॥ अनुभाषसे शिक्षयसि । नार्याः गुरुः पतिरिति

यद्यप्येष भवेद्भर्ता अनार्यो वृत्तिवर्जितः । अद्वैधमत्र वर्तव्यं तथाप्येष मया भवेत् ॥ ३
किं पुनर्यो गुणश्लाघ्यः सानुक्रोशो जितेन्द्रियः । स्थिरानुरागो धर्मात्मा मातृवत्पितृवत्प्रियः ॥ ४
यां वृत्तिं वर्तते रामः कौसल्यायां महाबलः । तामेव नृपनारीणामन्यासामपि वर्तते ॥ ५
सकृद्दृष्टास्वपि स्त्रीषु नृपेण नृपवत्सलः । मातृवद्वर्तते वीरो मानमुत्सृज्य धर्मवित् ॥ ६
आगच्छन्त्याश्च विजनं वनमेवं भयावहम् । समाहितं हि मे श्वश्र्वा हृदये यत्स्थिरं मम ॥ ७
पाणिप्रदानकाले च यत्पुरा त्वग्निसंनिधौ । अनुशिष्टं जनन्या मे वाक्यं तदपि मे धृतम् ॥ ८
न विस्मृतं तु मे सर्वं वाक्यैः स्वैर्धर्मचारिणि । पतिशुश्रूषणान्नार्यास्तपो नान्यद्विधीयते ॥ ९
सावित्री पतिशुश्रूषां कृत्वा स्वर्गे महीयते । तथावृत्तिश्च याता त्वं पतिशुश्रूषया दिवम् ॥ १०
वरिष्ठा सर्वनारीणामेषा च दिवि देवता । रोहिणी न विना चन्द्रं मुहूर्तमपि दृश्यते ॥ ११
एवंविधाश्च प्रवराः स्त्रियो भर्तृदृढव्रताः । देवलोके महीयन्ते पुण्येन स्वेन कर्मणा ॥ १२
ततोऽनसूया संहृष्टा श्रुत्वोक्तं सीतया वचः । शिरस्याघ्राय चोवाच मैथिलीं हर्षयन्त्युत ॥ १३
नियमैर्विविधैराप्तं तपो हि महदस्ति मे । तत्संश्रित्य बलं सीते छन्दये त्वां शुचिव्रते ॥ १४
उपपन्नं च युक्तं च वचनं तव मैथिलि । प्रीता चास्म्युचितां सीते करवाणि प्रियं च किम् ॥ १५
तस्यास्तद्वचनं श्रुत्वा विस्मिता मन्दविस्मया । कृतमित्यब्रवीत्सीता तपोबलसमन्विताम् ॥ १६
सा त्वेवमुक्ता धर्मज्ञा तया प्रीततराभवत् । सफलं च प्रहर्षं ते हन्त सीते करोम्यहम् ॥ १७
इदं दिव्यं वरं माल्यं वस्त्रमाभरणानि च । अङ्गरागं च वैदेहि महार्हमनुलेपनम् ॥ १८
मया दत्तमिदं सीते तव गात्राणि शोभयेत् । अनुरूपमसंक्लिष्टं नित्यमेव भविष्यति ॥ १९
अङ्गरागेण दिव्येन लिप्ताङ्गी जनकात्मजे । शोभयिष्यसि भर्तारं यथा श्रीर्विष्णुमव्ययम् ॥ २०
सा वस्त्रमङ्गरागं च भूषणानि स्रजस्तथा । मैथिली प्रतिजग्राह प्रीतिदानमनुत्तमम् ॥ २१
प्रतिगृह्य च तत्सीता प्रीतिदानं यशस्विनी । श्लिष्टाञ्जलिपुटा धीरा समुपास्त तपोधनाम् ॥ २२

यथा भवत्योपदिष्टमेतद्विदितमेतद्विषयकं ज्ञानं ममापि ॥ २ ॥ तदेव दर्शयति—यद्यपीति । एष भर्ता यद्यप्यनार्यः पूज्यचरित्रहीनो वृत्तिवर्जितो जीवनरहितो दरिद्रश्च भवेत् । तथापि मया मद्विधयात्र भर्तर्यद्वैधं प्रकारद्वयरहितं यथा भवति तथा वर्तव्यं वर्तितव्यम् । प्रीतिप्रकारेणैव वर्तितव्यमित्यर्थः ॥ ३ ॥ गुणश्लाघ्यत्वादिविशिष्टे सा वृत्तिरिति किं पुनर्वक्तव्यम् । मातृवत्पितृवत्प्रियः । मयीति शेषः । प्रियः प्रीतिमान् । ममेति वा शेषः । प्रीतिविषय इत्यर्थः । 'मातृवर्ती पितृप्रियः' इति पाठे मातृवर्ती मातृसेवारतः पितुः प्रीतिविषय इत्यर्थ इति तीर्थः ॥ ४ ॥ अन्यासामपि नृपनारीणाम् । सुमित्रादीनां विषयेऽपीत्यर्थः । तथान्यासामपि विषये मदतिरिक्तस्त्रीमात्रविषयेऽपि तामेव वृत्ति कुरुत इत्यर्थः । नृपनारीणामित्यनेनैव सुमित्रादीनां लाभादित्यन्ये ॥ ५ ॥ नृपेण दशरथेन । मानमहं महाप्रभुरित्यभिमानं त्यक्त्येत्यर्थः । अन्यमते उक्तार्थे सत्यत्वप्रत्यायनार्थैतदुक्तिरिति बोध्यम् ॥ ६ ॥ यन्मे श्वश्र्वा समाहितं त्वदुक्तार्थकमेव वाक्यं शिक्षितम्, तन्मे हृदि स्थिरं वर्तते ॥ ७ ॥ तदपि मे धृतं मात्रनुशासनमपि मे हृद्गतमेवास्ति ॥ ८ ॥ यच्च स्वैरात्मीयैर्बन्धुवर्गैः पतिशुश्रूषणादिप्रकारैर्बोधितमर्थजातं तच्च मे न विस्मृतं त्वित्यर्थः ॥ ९ ॥ सावित्री सत्यवतः स्त्री । तथावृत्तिः सावित्रीसमानवृत्तिः । त्वमनसूया । यातेत्युक्तिः पातिव्रत्यमहिम्ना स्वर्गस्य हस्तगतत्वादिति तीर्थः । तपोर्थमिह वर्तमानापि पतिसेवया मूर्त्यन्तरेण दिवं यातेत्यर्थ इति कतकः ॥ १० ॥ रोहिणी विनाचन्द्रं मुहूर्तमपि न दृश्यते । पूर्वकृतपतिशुश्रूषावशादेवं पतिसाहित्यं प्राप्तमिति भावः ॥ ११ ॥ प्रवराः स्त्रियोऽरुन्धत्यादयः ॥ १२ ॥ हर्षयन्त्युत हर्षयन्त्यपीत्यर्थः । 'उताप्यर्थविकल्पयोः' ॥ १३ ॥ तद्बलं संश्रित्याश्रित्य । छन्दये वरं वृणीष्वेति प्रार्थयामि ॥ १४ ॥ १५ ॥ विस्मिता जाताश्चर्या । अहो तपसो माहात्म्यं यन्ममापि वरदाने सामर्थ्यम् । मन्दविस्मया मन्दस्मिता । कृतं भवत्या अनुग्रहेणैव सर्वं मे पूर्णं न किंचित्कर्तव्यमस्तीति भावः ॥ १६ ॥ तया लोभरहितवाचा । प्रहर्षं लोभराहित्यजं स्वनिष्ठम् । ते त्वद्विषयम् ॥ १७ ॥ अङ्गरागः । उद्वर्तनेनाङ्गानि रञ्जयतीत्यङ्गरागः केशरचन्दनादिजः । अनुलेपनं तु 'कर्पूरागुरुकस्तूरीकङ्कोलैर्यक्षकर्दमः' इत्युक्तप्रकारो दिव्यगन्धद्रव्यकल्क इति तीर्थः । कतकस्तु—अङ्गरागमङ्गरञ्जनकरमनुलेपनं दिव्यगन्धद्रव्यकल्कमित्यर्थ इत्याह । इदमेव युक्तम् ॥ १८ ॥ शोभयेच्छोभयिष्यति । अनुरूपं त्वदेकोचितम् । नित्यमेवासंक्लिष्टमुपभोगेऽप्यशुचित्वमृदितत्वादिदोषरहितं भविष्यति ॥ १९ ॥ शोभयिष्यसीत्यनेन त्वत्पूजया भर्तुरपि पूजा कृतेति सूचितम् ॥ २० ॥ क्षत्रियत्वात्प्रतिग्रहानधिकारेण प्रीतिदानमित्युक्तम् । लक्ष्म्युद्देशेन ब्राह्मणादिभ्यो दत्तमक्षयं चेत्साक्षाल्लक्ष्म्यै प्रीत्या दत्तं तथेति किं वक्तव्यमिति देव्यै तद्दानमनसूयाया इति बोध्यम् ॥ २१ ॥ श्लिष्टाञ्जलिपुटा

तथा सीतामुपासीनामनसूया दृढव्रता । वचनं प्रष्टुमारेभे कथां कांचिदनुप्रियाम् ॥ २३
स्वयंवरे किल प्राप्ता त्वमनेन यशस्विना । राघवेणेति मे सीते कथा श्रुतिमुपागता ॥ २४
तां कथां श्रोतुमिच्छामि विस्तरेण च मैथिलि । यथाभूतं च कार्त्स्न्येन तन्मे त्वं वक्तुमर्हसि ॥ २५
एवमुक्ता तु सा सीता तापसीं धर्मचारिणीम् । श्रूयतामिति चोक्त्वा वै कथयामास तां कथाम् ॥ २६
मिथिलाधिपतिर्वीरो जनको नाम धर्मवित् । क्षत्रकर्मण्यभिरतो न्यायतः शास्ति मेदिनीम् ॥ २७
तस्य लाङ्गलहस्तस्य कृषतः क्षेत्रमण्डलम् । अहं किलोत्थिता भित्त्वा जगतीं नृपतेः सुता ॥ २८
स मां दृष्ट्वा नरपतिर्मुष्टिविक्षेपतत्परः । पांसुगुण्ठितसर्वाङ्गीं विस्मितो जनकोऽभवत् ॥ २९
अनपत्येन च स्नेहादङ्कमारोप्य च स्वयम् । ममेयं तनयेत्युक्त्वा स्नेहो मयि निपातितः ॥ ३०
अन्तरिक्षे च वागुक्ता प्रतिमामानुषी किल । एवमेतन्नरपते धर्मेण तनया तव ॥ ३१
ततः प्रहृष्टो धर्मात्मा पिता मे मिथिलाधिपः । अवाप्तो विपुलामृद्धिं मामवाप्य नराधिपः ॥ ३२
दत्ता चास्मीष्टवद्देव्यै ज्येष्ठायै पुण्यकर्मणे । तया संभाविता चास्मि स्निग्धया मातृसौहृदात् ॥ ३३
पतिसंयोगसुलभं वयो दृष्ट्वा तु मे पिता । चिन्तामभ्यगमद्दीनो वित्तनाशादिवाधनः ॥ ३४
सदृशाच्चापकृष्टाच्च लोके कन्यापिता जनात् । प्रधर्षणमवाप्नोति शक्रेणापि समो भुवि ॥ ३५
तां धर्षणामदूरस्थां संदृश्यात्मनि पार्थिवः । चिन्तार्णवगतः पारं नाससादाप्लवो यथा ॥ ३६
अयोनिजां हि मां ज्ञात्वा नाध्यगच्छत्स चिन्तयन् । सदृशं चाभिरूपं च महीपालः पतिं मम ॥ ३७
तस्य बुद्धिरियं जाता चिन्तयानस्य संततम् । स्वयंवरं तनूजायाः करिष्यामीति धर्मतः ॥ ३८
महायज्ञे तदा तस्य वरुणेन महात्मना । दत्तं धनुर्वरं प्रीत्या तूणी चाक्षय्यसायकौ ॥ ३९
असंचाल्यं मनुष्यैश्च यत्नेनापि च गौरवात् । तन्न शक्ता नमयितुं स्वप्नेष्वपि नराधिपाः ॥ ४०
तद्धनुः प्राप्य मे पित्रा व्याहृतं सत्यवादिना । समवाये नरेन्द्राणां पूर्वमामन्त्र्य पार्थिवान् ॥ ४१
इदं च धनुरुद्यम्य सज्यं यः कुरुते नरः । तस्य मे दुहिता भार्या भविष्यति न संशयः ॥ ४२
तच्च दृष्ट्वा धनुःश्रेष्ठं गौरवाद्गिरिसंनिभम् । अभिवाद्य नृपा जग्मुरशक्तास्तस्य तोलने ॥ ४३
सुदीर्घस्य तु कालस्य राघवोऽयं महाद्युतिः । विश्वामित्रेण सहितो यज्ञं द्रष्टुं समागतः ॥ ४४
लक्ष्मणेन सह भ्रात्रा रामः सत्यपराक्रमः । विश्वामित्रस्तु धर्मात्मा मम पित्रा सुपूजितः ॥ ४५
प्रोवाच पितरं तत्र राघवौ रामलक्ष्मणौ । सुतौ दशरथस्येमौ धनुर्दर्शनकाङ्क्षिणौ ॥ ४६

रचिताञ्जलिपुटा ॥ २२ ॥ अन्वनन्तरं प्रियां कांचित्कथां श्रोतुकामा वचनं प्रष्टुमारेभे ॥ २३ ॥ अनेन रामेण । श्रुतिं मम श्रोत्रपथम् ॥ २४ ॥ विस्तरेण च विस्तरेणैव ॥ २५ ॥ २६ ॥ २७ ॥ क्षेत्रमण्डलं यज्ञयोग्यक्षेत्रम् । चयनप्रकरणे 'षड्गवेन कृषति' इति श्रुतेः । कृषतस्तस्य पुरो जगतीं भुवं भित्त्वोत्थिता । एतावन्मात्रेणाहं नृपतेर्जनकस्य सुता ॥ २८ ॥ मुष्टिविक्षेपतत्परः । 'या जाता ओषधयो देवेभ्यः' इत्यादिमन्त्रोक्तप्रकारेणौषधिमुष्टिविकिरणतत्पर इति तीर्थः । निम्नोन्नतसमीकरणाय मृत्तिकामुष्टिविक्षेपतत्पर इति कतकः ॥ २९ ॥ अत्र चौ त्वर्थे ॥ ३० ॥ प्रतिमामानुषी प्रतिमया स्वरूपेण मानुषी मनुष्यवाक्तुल्या वागन्तरिक्षे उक्ता । तां वाचमाह—एवमिति । एतन्ममेयं तनयेत्येतत् । एवमर्थवदेव । यतो हे नरपते, धर्मेण न्यायेनैषा त्वत्क्षेत्रजातत्वात्तव तनयैव ॥ ३१ ॥ मामवाप्य । यज्ञभूमेरिति शेषः । मल्लाभोत्तरं तस्य महति समृद्धिर्जातेति भावः ॥ ३२ ॥ इष्टवद्देव्यै इष्टायै देव्यै राज्ञ्यै । इष्टमिति भावे क्तः । इष्टमिच्छा तद्वत्यै विषयतासंबन्धेनेत्यक्षरार्थः । आर्षं वा साधुत्वमुक्तार्थे । यद्वा संतानेच्छावत्यै देव्यै इत्यर्थः । पुण्यकर्मणे इति देवीविशेषणम् । तृतीयान्तः पाठः क्वचित् । संभाविता संवर्धिता ॥ ३३ ॥ पतिसंयोगसुलभं पाणिग्रहणोचितम् ॥ ३४ ॥ सदृशादपकृष्टाच्च वरवर्गजनात्कन्यायाः पिता इन्द्रसमोऽपि भुवि स्थितो लोके प्रधर्षणमसंमानादिरूपं क्लेशमाप्नोति । किमुताधिकादिति शेषः ॥ ३५ ॥ अदूरस्थां निकटप्राप्तां धर्षणां कन्यानिमित्ततिरस्[illegible] संदृश्य संभाव्य । प्लवः पोतः ॥ ३६ ॥ सदृशं कुलविद्यादिना । अभिरूपं वयःसौन्दर्यादिना । वरमिति शेषः ॥ ३७ ॥ ३८ ॥ महायज्ञे लक्षयज्ञे । तस्य मत्पितृपूर्वजस्य देवरातस्य । तदा शत्रुजयसमर्थधनुर्लाभाय तपःकरणकाले । दक्षयज्ञे हि शिवेन पीडिता देवाः शिवं संप्रार्थ्य धनुर्याचितवन्तः स च देवेभ्यो दत्त्वोक्तवान्, इदं देवराताय दीयतामिति । ततो देवैर्वरुणद्वारा देवराताय दत्तम् । यद्वा व्रियते सर्वदेवैरिति व्युत्पत्त्या वरुणः शिव एव ॥ ३९ ॥ गौरवाद्भारवत्त्वात् ॥ ४० ॥ ४१ ॥ न संशय इति पित्रा व्याहृतमिति पूर्वेण संबन्धः ॥ ४२ ॥ तोलने चालने । अभिवाद्य नमस्कृत्य ॥ ४३ ॥ ४४ ॥ ४५ ॥ इमौ धनुर्दर्शनकाङ्क्षिणौ । अतो रामाय दैविकं देवदत्तं धनुर्द-

इत्युक्तस्तेन विप्रेण तद्धनुः समुपानयत् । तद्धनुर्दर्शयामास राजपुत्राय दैविकम् ॥ ४७
निमेषान्तरमात्रेण तदानम्य महाबलः । ज्यां समारोप्य झटिति पूरयामास वीर्यवान् ॥ ४८
तेनापूरयता वेगान्मध्ये भग्नं द्विधा धनुः । तस्य शब्दोऽभवद्भीमः पतितस्याशनेर्यथा ॥ ४९
ततोऽहं तत्र रामाय पित्रा सत्याभिसंधिना । उद्यता दातुमुद्यम्य जलभाजनमुत्तमम् ॥ ५०
दीयमानां न तु तदा प्रतिजग्राह राघवः । अविज्ञाय पितुश्छन्दमयोध्याधिपतेः प्रभोः ॥ ५१
ततः श्वशुरमामन्त्र्य वृद्धं दशरथं नृपम् । मम पित्रा त्वहं दत्ता रामाय विदितात्मने ॥ ५२
मम चैवानुजा साध्वी ऊर्मिला शुभदर्शना । भार्यार्थे लक्ष्मणस्यापि दत्ता पित्रा मम स्वयम् ॥ ५३
एवं दत्तास्मि रामाय तथा तस्मिन्स्वयंवरे । अनुरक्तास्मि धर्मेण पतिं वीर्यवतां वरम् ॥ ५४

इत्यार्षे श्रीमद्रामायणे वाल्मीकीय आदिकाव्येऽयोध्याकाण्डेऽष्टादशाधिकशततमः सर्गः ॥ ११८ ॥

एकोनविंशत्यधिकशततमः सर्गः ।

अनसूया तु धर्मज्ञा श्रुत्वा तां महतीं कथाम् । पर्यष्वजत बाहुभ्यां शिरस्याघ्राय मैथिलीम् ॥ १
व्यक्ताक्षरपदं चित्रं भाषितं मधुरं त्वया । यथा स्वयंवरं वृत्तं तत्सर्वं च श्रुतं मया ॥ २
रमेयं कथया ते तु दृढं मधुरभाषिणि । रविरस्तंगतः श्रीमानुपोह्य रजनीं शुभाम् ॥ ३
दिवसं परिकीर्णानामाहारार्थं पतत्रिणाम् । संध्याकाले निलीनानां निद्रार्थं श्रूयते ध्वनिः ॥ ४
एते चाप्यभिषेकार्द्रा मुनयः कलशोद्यताः । सहिता उपवर्तन्ते सलिलाप्लुतवल्कलाः ॥ ५
अग्निहोत्रे च ऋषिणा हुते च विधिपूर्वकम् । कपोताङ्गारुणो धूमो दृश्यते पवनोद्धतः ॥ ६
अल्पपर्णा हि तरवो घनीभूताः समन्ततः । विप्रकृष्टेन्द्रिये देशे न प्रकाशन्ति वै दिशः ॥ ७
रजनीचरसत्त्वानि प्रचरन्ति समन्ततः । तपोवनमृगा ह्येते वेदितीर्थेषु शेरते ॥ ८
संप्रवृत्ता निशा सीते नक्षत्रसमलंकृता । ज्योत्स्नाप्रावरणश्चन्द्रो दृश्यतेऽभ्युदितोऽम्बरे ॥ ९
गम्यतामनुजानामि रामस्यानुचरी भव । कथयन्त्या हि मधुरं त्वयाहमपि तोषिता ॥ १०
अलंकुरु च तावत्त्वं प्रत्यक्षं मम मैथिलि । प्रीतिं जनय मे वत्से दिव्यालंकारशोभिनी ॥ ११
सा तदा समलंकृत्य सीता सुरसुतोपमा । प्रणम्य शिरसा पादौ रामं त्वभिमुखी ययौ ॥ १२
तथा तु भूषितां सीतां ददर्श वदतां वरः । राघवः प्रीतिदानेन तपस्विन्या जहर्ष च ॥ १३
न्यवेदयत्ततः सर्वं सीता रामाय मैथिली । प्रीतिदानं तपस्विन्या वसनाभरणस्रजाम् ॥ १४
प्रहृष्टस्त्वभवद्रामो लक्ष्मणश्च महारथः । मैथिल्याः सत्क्रियां दृष्ट्वा मानुषेषु सुदुर्लभाम् ॥ १५
ततः स शर्वरीं प्रीतः पुण्यां शशिनिभाननाम् । अर्चितस्तापसैः सर्वैरुवास रघुनन्दनः ॥ १६

र्शयेति विश्वामित्रः पितरं प्रोवाचेति संबन्धः ॥ ४६ ॥ ४७ ॥ पूरयामास सज्यं कृत्वाकृष्टवान् ॥ ४८ ॥ ४९ ॥ उत्तमं जलभाजनमुद्यम्य पित्राहं रामाय दातुमुद्यतेति संबन्धः ॥ ५० ॥ छन्दमभिप्रायम् ॥ ५१ ॥ ५२ ॥ ५३ ॥ ५४ ॥

इति श्रीरामाभिरामे श्रीरामीये रामायणतिलके वाल्मीकीय आदिकाव्येऽयोध्याकाण्डेऽष्टादशाधिकशततमः सर्गः॥११८॥

अनसूयेति ॥ १ ॥ स्वयंवरं वृत्तं स्वयंवरो वृत्तः । अर्धर्चादिः स्वयंवरः ॥ २ ॥ उपोह्य समीपं प्रापय्य ॥ ३ ॥ दिवसं व्याप्याहारार्थं परितः कीर्णानां संचरताम् । निलीनानां निलीयमानानाम् ॥ ४ ॥ कलशोद्यता उद्यतकलशाः । सहिताः परस्परं मिलिताः ॥ ५ ॥ कपोताङ्गवत्पारावतकण्ठवदरुणो मेचकः । 'श्यामे रक्तेऽरुणोऽर्के च' ॥ ६ ॥ अल्पपर्णा अपि तरवस्तमसाऽव्यक्तपर्णान्तरत्वाद्घनीभूता इवं । विप्रकृष्टेन्द्रिये देशे । इन्द्रियविप्रकृष्टे दूरे देशे इत्यर्थः । न प्रकाशन्ति न प्रकाशन्ते ॥ ७ ॥ वेदितीर्थेष्वग्निहोत्रवेदिसंबन्धात्पुण्यक्षेत्ररूपाश्रमप्रदेशेषु । तीर्थशब्दः पुण्यक्षेत्रवाची ॥ ८ ॥ चन्द्रो दृश्यते इत्यनेन कार्तिक्युत्तरं प्रतिपदि यात्रेति सूचितम् ॥ ९ ॥ अनुचरी भव शुश्रूषुर्भव ॥ १० ॥ अलंकुरु । आत्मानमिति शेषः । प्रीतिं जनय । अलंकृत्य दिव्यस्वस्वरूपानुभावनेनेति शेषः ॥ ११ ॥ १२ ॥ १३ ॥ सर्वं न्यवेदयदित्यस्यैव प्रपञ्चः—प्रीतिदानमित्यादि । अत्र कर्मणि ल्युट् ॥ १४ ॥ मानुषेषु मनुष्यलोकेषु ॥ १५ ॥ पुण्यामनसूयया पुण्यया कृतालंकारां सीतां दृष्ट्वा शर्वरीमुवास ॥ १६ ॥

४४

तस्यां राऽयां व्यतीतायामभिषिच्य हुताग्निकान् । आपृच्छेतां नरव्याघ्रौ तापसान्वनगोचरान् ॥ १७
तावूचुस्ते वनचरास्तापसा धर्मचारिणः । वनस्य तस्य संचारं राक्षसैः समभिप्लुतम् ॥ १८
रक्षांसि पुरुषादानि नानारूपाणि राघव । वसन्त्यस्मिन्महारण्ये व्यालाश्च रुधिराशनाः ॥ १९
उच्छिष्टं वा प्रमत्तं वा तापसं ब्रह्मचारिणम् । अदन्त्यस्मिन्महारण्ये तान्निवारय राघव ॥ २०
एष पन्था महर्षीणां फलान्याहरतां वने । अनेन तु वनं दुर्गं गन्तुं राघव ते क्षमम् ॥ २१

इतीरितः प्राञ्जलिभिस्तपस्विभिर्द्विजैः कृतस्वस्त्ययनः परंतपः ।
वनं सभार्यः प्रविवेश राघवः सलक्ष्मणः सूर्य इवाभ्रमण्डलम् ॥ २२

इत्यार्षे श्रीमद्रामायणे वाल्मीकीय आदिकाव्येऽयोध्याकाण्ड एकोनविंशाधिकशततमः सर्गः ॥ ११९ ॥

आपृच्छेताम् । वनान्तरगमनार्थमिति शेषः ॥ १७ ॥ संचारं देशम् । वृद्धिरार्षी । समभिप्लुतं सम्यगुपद्रुतम् ॥ १८ ॥ व्याला हिंस्रपशवः । 'सर्पौ हिंस्रः पशुर्व्यालः' इत्यमरः ॥ १९ ॥ उच्छिष्टमशुचिम् । प्रमत्तमसावधानम् । तान्रक्षोव्यालान् ॥२०॥ क्षमं युक्तम् ॥ २१ ॥ इतीरित एवमुपदिष्टमार्गः । कृतस्वस्त्ययनः कृतमङ्गलाशीर्वादः ॥ २२ ॥ इति श्रीरामाभिरामे श्रीरामीये रामायणतिलके वाल्मीकीय आदिकाव्येऽयोध्याकाण्ड एकोनविंशाधिकशततमः सर्गः ॥ ११९ ॥

इति श्रीरामायणेऽयोध्याकाण्डं समाप्तम् ।

॥ श्रीः ॥

आदिकविश्रीवाल्मीकिमहामुनिप्रणीतं

रामायणम् ।

तिलकाख्यया व्याख्यया समेतम् ।

अरण्यकाण्डम् ।

प्रथमः सर्गः ।

प्रविश्य तु महारण्यं दण्डकारण्यमात्मवान् । रामो ददर्श दुर्धर्षस्तापसाश्रममण्डलम् ॥ १
कुशचीरपरिक्षिप्तं ब्राह्मया लक्ष्म्या समावृतम् । यथा प्रदीप्तं दुर्दर्शं गगने सूर्यमण्डलम् ॥ २
शरण्यं सर्वभूतानां सुसंमृष्टाजिरं सदा । मृगैर्बहुभिराकीर्णं पक्षिसंघैः समावृतम् ॥ ३
पूजितं चोपनृत्तं च नित्यमप्सरसां गणैः । विशालैरग्निशरणैः स्रुग्भाण्डैरजिनैः कुशैः ॥ ४
समिद्भिस्तोयकलशैः फलमूलैश्च शोभितम् । आरण्यैश्च महावृक्षैः पुण्यस्वादुफलैर्वृतम् ॥ ५
बलिहोमार्चितं पुण्यं ब्रह्मघोषनिनादितम् । पुष्पैश्चान्यैः परिक्षिप्तं पद्मिन्या च सपद्मया ॥ ६
फलमूलाशनैर्दान्तैश्चीरकृष्णाजिनाम्बरैः । सूर्यवैश्वानराभैश्च पुराणैर्मुनिभिर्युतम् ॥ ७
पुण्यैश्च नियताहारैः शोभितं परमर्षिभिः । तद्ब्रह्मभवनप्रख्यं ब्रह्मघोषनिनादितम् ॥ ८
ब्रह्मविद्भिर्महाभागैर्ब्राह्मणैरुपशोभितम् । तद्दृष्ट्वा राघवः श्रीमांस्तापसाश्रममण्डलम् ॥ ९
अभ्यगच्छन्महातेजा विज्यं कृत्वा महद्धनुः । दिव्यज्ञानोपपन्नास्ते रामं दृष्ट्वा महर्षयः ॥ १०
अभिजग्मुस्तदा प्रीता वैदेहीं च यशस्विनीम् । ते तु सोममिवोद्यन्तं दृष्ट्वा वै धर्मचारिणम् ॥ ११
लक्ष्मणं चैव दृष्ट्वा तु वैदेहीं च यशस्विनीम् । मङ्गलानि प्रयुञ्जानाः प्रत्यगृह्णन्दृढव्रताः ॥ १२
रूपसंहननं लक्ष्मीं सौकुमार्यं सुवेषताम् । ददृशुर्विस्मिताकारा रामस्य वनवासिनः ॥ १३

अथ ऋषिदर्शितवर्त्मना रामस्य दण्डकारण्यप्रवेशमाह—प्रविश्येति । ऋषिदर्शितवर्त्मनेति शेषः । दण्डकारण्यं तत्संज्ञकं महारण्यम् । दण्डकस्य राज्ञो देशः शुक्रशापवशादरण्यमभूत् । ततःप्रभृति दण्डकारण्यसंज्ञा तस्य । प्रायेण महाराष्ट्रदेशोऽयम् । आत्मवान्स्वायत्तचित्तः । दुर्धर्षो द्विषद्भिरप्रधृष्यः । 'दुर्धर्षम्' इति पाठे रक्षोयुतत्वादशक्यप्रवेशमित्यर्थः । मण्डलं समूहः ॥ १ ॥ आश्रममण्डलं वर्णयति—कुशेति । परिक्षिप्तं व्याप्तम् । ब्राह्मी लक्ष्मीर्ब्रह्मविद्याभ्यासजनितस्तेजोविशेषः । तत्समावृतत्वादेव गगने प्रदीप्तं दुर्दर्शं रक्षआदिभिर्द्रष्टुमशक्यं सूर्यमण्डलं यथा तथा भुवि स्थितम् ॥ २ ॥ शरण्यं वासायार्हं सर्वत्राणार्हं च । सुसंमृष्टाजिरमलंकृतप्राङ्गणम् ॥ ३ ॥ अप्सरसां गणैरुपनृत्तमुप समीपे कृतनर्तनम् । अतिमनोरमदेशत्वात् । अतएव तैः पूजितं च । अग्निशरणैरग्निहोत्रगृहैः स्रुगादिभिर्यज्ञोपकरणैश्च शोभितम् ॥ ४ ॥ आरण्यैररण्यभवैः ॥ ५ ॥ बलिहोमार्चितं वैश्वदेवहोमबलिहरणैः सत्कृतम् । ब्रह्मघोषो वेदघोषस्तेन निनादितं संजातनिनादम् । पद्मिनी सरः । सपद्मया पद्मपुष्पयुक्तया ॥ ६ ॥ पुराणैर्वृद्धैः ॥ ७ ॥ ब्रह्मभवनं ब्रह्मलोकः । ब्रह्मघोषो वेदघोषः ॥ ८ ॥ ब्रह्मविद्भिः सर्वत्र ब्रह्मानन्यत्वज्ञानवद्भिः । ब्राह्मणैरुक्तलक्षणैरन्वर्थब्राह्मणैस्तादृशैर्युक्तत्वादेव ब्रह्मभवनप्रख्यत्वमाश्रमस्य ॥ ९ ॥ विज्यमवरोपितगुणम् । आश्रमवर्तिमृगादित्रासनिवृत्त्यर्थमिति भावः । दिव्यज्ञानोपपन्ना आदिगुर्ववतारो रामो रावणादीन्हनिष्यतीत्येवं ज्ञानयुक्तास्ते रामं सीतां च, चाल्लक्ष्मणं च, दृष्ट्वा प्रीता अभिजग्मुराभिमुख्येन जग्मुः । उद्यन्तं सोममिव तद्वत्प्रियदर्शनम् । 'सोमोऽस्माकं ब्राह्मणानां राजा' इति श्रुतेः । स्वकुलरक्षकसोमराजमिव स्वरक्षकं धर्मचारिणं रामं दृष्ट्वा लक्ष्मणं यशस्विनीं पातिव्रत्ययशोवतीं रक्षःकुलसंहारजयशोवतीं च सीतां दृष्ट्वा । अतएवाग्रे रक्षणप्रार्थनोपपद्यते । मङ्गलान्याशीर्वादान्प्रत्यगृह्णन्संरक्षकेष्टदेवताबुद्ध्या प्रतिगृहीतवन्तः ॥ १० ॥ ११ ॥ १२ ॥ रूपसंहननम् । 'अङ्गान्यभूषितान्येव प्रेक्षणी-

वैदेहीं लक्ष्मणं रामं नेत्रैरनिमिषैरिव। आश्चर्यभूतान्ददृशुः सर्वे ते वनवासिनः॥ १४
अत्रैनं हि महाभागाः सर्वभूतहिते रताः। अतिथिं पर्णशालायां राघवं संन्यवेशयन्॥ १५
ततो रामस्य सत्कृत्य विधिना पावकोपमाः। आजह्रुस्ते महाभागाः सलिलं धर्मचारिणः॥ १६
मङ्गलानि प्रयुञ्जाना मुदा परमया युताः। मूलं पुष्पं फलं सर्वमाश्रमं च महात्मनः॥ १७
निवेदयित्वा धर्मज्ञास्ते तु प्राञ्जलयोऽब्रुवन्। धर्मपालो जनस्यास्य शरण्यश्च महायशाः॥ १८
पूजनीयश्च मान्यश्च राजा दण्डधरो गुरुः। इन्द्रस्यैव चतुर्भागः प्रजा रक्षति राघव॥ १९
राजा तस्माद्वरान्भोगान्रम्यान्भुङ्क्ते नमस्कृतः। ते वयं भवता रक्ष्या भवद्विषयवासिनः।
नगरस्थो वनस्थो वा त्वं नो राजा जनेश्वरः॥ २०
न्यस्तदण्डा वयं राजञ्जितक्रोधा जितेन्द्रियाः। रक्षणीयास्त्वया शश्वद्गर्भभूतास्तपोधनाः॥ २१
एवमुक्त्वा फलैर्मूलैः पुष्पैरन्यैश्च राघवम्। वन्यैश्च विविधाहारैः सलक्ष्मणमपूजयन्॥ २२
तथान्ये तापसाः सिद्धा रामं वैश्वानरोपमाः। न्यायवृत्ता यथान्यायं तर्पयामासुरीश्वरम्॥ २३

इत्यार्षे श्रीमद्रामायणे वाल्मीकीय आदिकाव्येऽरण्यकाण्डे प्रथमः सर्गः॥ १॥

द्वितीयः सर्गः।

कृतातिथ्योऽथ रामस्तु सूर्यस्योदयनं प्रति। आमन्त्र्य स मुनीन्सर्वान्वनमेवान्वगाहत॥ १
नानामृगगणाकीर्णमृक्षशार्दूलसेवितम्। ध्वस्तवृक्षलतागुल्मं दुर्दर्शसलिलाशयम्॥ २
निष्कूजमानशकुनि झिल्लिकागणनादितम्। लक्ष्मणानुचरो रामो वनमध्यं ददर्श ह॥ ३

यैर्विभूषणैः। येन भूषितवद्भान्ति तद्रूपमिति कथ्यते॥' इति लक्षितं रूपं तद्युक्तं संहननमापादकेशं सुश्लिष्टसंधिबन्धः। 'अङ्गप्रत्यङ्गकानां च संनिवेशो यथोचितम्। सुश्लिष्टसंधिबन्धो यस्तत्सौन्दर्यमिहोच्यते॥' इत्युक्तलक्षणं सौन्दर्यम्। लक्ष्मीं कान्तिं लावण्यम्। 'मुक्ताफलेषु च्छायायास्तरलत्वमिवान्तरा। प्रतिभाति यदङ्गेषु लावण्यं तन्निगद्यते॥' सौकुमार्यं परचित्तग्राहितालक्षणं मार्दवं वा। विस्मितानामद्भुतवस्तुदर्शनवतां य आकारो मुखप्रसादविस्फारितेक्षणत्वादिरूपस्तथाविधाकाराः। विस्मितचित्ता इति यावत्। वनवासिन इति रामविशेषणम्। तादृशस्यापीदृशं रूपादीत्याश्चर्यम्॥ १३॥ तदेवाह—वैदेहीमिति। अनिमेषैर्निमेषरहितैः। आश्चर्यभूतान्रूपादिभिर्विस्मयप्रापकान्सर्वे ते वनवासिन ऋषयो मृगादयश्च। तद्दर्शनानन्दविच्छेदभयेन च निमेषराहित्यम्॥ १४॥ अत्राश्रममण्डले। अतिथिं न्यायतः पूजार्हम्। पर्णशालायां प्रातिस्विक्याम्॥ १५॥ रामस्य सत्कृत्येऽतिकर्मणः शेषत्वविवक्षायां षष्ठी। भवद्दर्शनादिभिर्वयं धन्या इत्यादिप्रियवचनैः सत्कृत्य सलिलं सलिलादिपूजाद्रव्यमाजह्रुः। रामपूजार्थमिति शेषः॥ १६॥ आश्रमं च स्ववासस्थानभूतम्॥ १७॥ प्राञ्जलयः। निजकुलदेवतावतारत्वात्। अन्यथा हि क्षत्रिये ब्राह्मणाञ्जलिकरणस्यानौचित्यं स्यात्॥ १८॥ पूजनीयो देवताबुद्ध्या पालकत्वेन गुरुत्वाद्वा। मान्यो राजबुद्ध्या सत्कारार्हः। तदेवाह—राजेत्यादि। दण्डधरो दुष्टनिग्रहकर्ता। सर्वलोकप्रसिद्धं पूजाहेतुमाह—इन्द्रस्येति। इन्द्रस्याशेषयागपूज्यस्य चतुर्भागश्चतुर्थोऽशः। यद्वा इन्द्रस्य परमात्मनो विष्णोश्चतुर्थोऽशः। एवकारेण न यस्य कस्यापि देवतासामान्यस्येति सूचितम्॥ १९॥ नमस्कृतः। लोकैरिति शेषः। एवं राजमात्रस्याप्येवंविधत्वे साक्षाद्भगवतस्त्वेवंविधत्वमिति किमु वक्तव्यमिति ध्वनिः। ते वयमृषयः। रक्ष्यत्वे हेतुः—भवद्विषयवासिन इति। विषयो देशः। सार्वभौमत्वाद्दण्डकारण्यमपि तद्देश एवेति भावः। विष्ण्ववतारत्वात्सर्वो देशस्तवैवेति गूढोऽभिप्रायः। ननु वनस्थेन बलहीनेन मया कथं भवन्तो रक्ष्यास्तत्राह—नगरस्थ इति। नगरमयोध्या। त्वं नो राजा रक्षकः। राजा जनेश्वर इत्याभ्यामिहामुत्र च त्वमेव रक्षकः। सर्वशक्तिसंपन्नस्य नगरवनवासाभ्यामुपचयापचययोरभावादिति ध्वनितम्॥ २०॥ ननु महाप्रभावाणां कुतो रक्षकान्तरापेक्षेत्यत आह—न्यस्तेति। त्यक्तभूतनिग्रहाः। तत्र हेतुर्जितक्रोधाः। तपोनाशभयात्। अतो रक्षितव्याः। गर्भभूताः। यथा मातुर्गर्भे प्राप्तो जीवो मात्रा रक्ष्यते तद्वद्रक्ष्या इत्यर्थः॥ २१॥ अन्यैर्नीवारादिभिर्विविधाहारैः। सलक्ष्मणमित्यनेन लक्ष्मणस्याप्याहारभक्षणं स्पष्टमुक्तम्॥ २२॥ अन्ये सिद्धाः संकल्पसिद्धाः। न्यायो धर्मस्तदनुरुद्धं वृत्तं चरित्रं येषां ते। यथान्यायमीश्वरार्हपदार्थोपस्थापनेनेश्वरं तर्पयामासुः॥ २३॥ **इति श्रीरामाभिरामे श्रीरामीये रामायणतिलके वाल्मीकीय आदिकाव्येऽरण्यकाण्डे प्रथमः सर्गः॥ १॥**

उदयनं प्रति उदयकाले। अन्वगाहत प्राविशत्॥ १॥ ध्वस्तवृक्षलतागुल्मम्। विराधसंचारवशादिति शेषः। दुर्दर्शसलिलाशययुक्तहेतुवशादेव॥ २॥ निष्कूजमानाः शकुनयो यत्र तत्। विराधभयादेवम्। झिल्लिकागणमात्रशब्दयुतं वन-

सीतया सह काकुत्स्थस्तस्मिन्घोरमृगायुते । ददर्श गिरिशृङ्गाभं पुरुषादं महास्वनम् ॥ ४
गभीराक्षं महावक्त्रं विकटं विकटोदरम् । बीभत्सं विषमं दीर्घं विकृतं घोरदर्शनम् ॥ ५
वसानं चर्म वैयाघ्रं वसार्द्रं रुधिरोक्षितम् । त्रासनं सर्वभूतानां व्यादितास्यमिवान्तकम् ॥ ६
त्रीन्सिंहांश्चतुरो व्याघ्रान्द्वौ वृकौ पृषतान्दश । सविषाणं वसादिग्धं गजस्य च शिरो महत् ॥ ७
अवसज्यायसे शूले विनदन्तं महास्वनम् । स रामं लक्ष्मणं चैव सीतां दृष्ट्वा च मैथिलीम् ॥ ८
अभ्यधावत्सुसंक्रुद्धः प्रजाः काल इवान्तकः । स कृत्वा भैरवं नादं चालयन्निव मेदिनीम् ॥ ९
अङ्केनादाय वैदेहीमपक्रम्य तदाब्रवीत् । युवां जटाचीरधरौ सभार्यौ क्षीणजीवितौ ॥ १०
प्रविष्टौ दण्डकारण्यं शरचापासिपाणिनौ । कथं तापसयोर्वां च वासः प्रमदया सह ॥ ११
अधर्मचारिणौ पापौ कौ युवां मुनिदूषकौ । अहं वनमिदं दुर्गं विराधो नाम राक्षसः ॥ १२
चरामि सायुधो नित्यमृषिमांसानि भक्षयन् । इयं नारी वरारोहा मम भार्या भविष्यति ॥ १३
युवयोः पापयोश्चाहं पास्यामि रुधिरं मृधे । तस्यैवं ब्रुवतो दुष्टं विराधस्य दुरात्मनः ॥ १४
श्रुत्वा सगर्वितं वाक्यं संभ्रान्ता जनकात्मजा । सीता प्रवेपितोद्वेगात्प्रवाते कदली यथा ॥ १५
तां दृष्ट्वा राघवः सीतां विराधाङ्कगतां शुभाम् । अब्रवील्लक्ष्मणं वाक्यं मुखेन परिशुष्यता ॥ १६
पश्य सौम्य नरेन्द्रस्य जनकस्यात्मसंभवाम् । मम भार्यां शुभाचारां विराधाङ्के प्रवेशिताम् ॥ १७
अत्यन्तसुखसंवृद्धां राजपुत्रीं यशस्विनीम् । यदभिप्रेतमस्मासु प्रियं वरवृतं च यत् ॥ १८
कैकेय्यास्तु सुसंवृत्तं क्षिप्रमद्यैव लक्ष्मण । या न तुष्यति राज्येन पुत्रार्थे दीर्घदर्शिनी ॥ १९
ययाहं सर्वभूतानां प्रियः प्रस्थापितो वनम् । अद्येदानीं सकामा सा या माता मध्यमा मम ॥ २०
परस्पर्शात्तु वैदेह्या न दुःखतरमस्ति मे । पितुर्विनाशात्सौमित्रे स्वराज्यहरणात्तथा ॥ २१
इति ब्रुवति काकुत्स्थे वाष्पशोकपरिप्लुतः । अब्रवील्लक्ष्मणः क्रुद्धो रुद्धो नाग इव श्वसन् ॥ २२
अनाथ इव भूतानां नाथस्त्वं वासवोपमः । मया प्रेष्येण काकुत्स्थ किमर्थं परितप्यसे ॥ २३
शरेण निहतस्याद्य मया क्रुद्धेन रक्षसः । विराधस्य गतासोर्हि मही पास्यति शोणितम् ॥ २४

मध्यं ददर्शेति संबन्धः ॥ ३ ॥ घोरमृगास्तरक्ष्वादयः । पुरुषादं राक्षसम् ॥ ४ ॥ गभीराक्षं महाकूपवदगाधचक्षुषम् । विकटं विशालम् । बीभत्सं कुत्सितम् । विषमं निम्नोन्नतसंस्थानम् । विकृतं वक्ष्यमाणधर्मैर्विपरीतवेषम् । अतएव घोरदर्शनम् ॥ ५ ॥ वसा मांसान्तर्गतस्नेहः । व्यादितास्यम् । व्यात्तास्यमित्यर्थः ॥ ६ ॥ पृषता बिन्दुयुक्ता मृगाः ॥ ७ ॥ भक्षणार्थे सिंहादीनायसे शूलेऽवसज्ज्य महास्वनं यथा तथा विनदन्तम् ॥ ८ ॥ काले युगान्तकाले क्रुद्धोऽन्तकः प्रजा अभि उद्दिश्य यथा धावति तथाभ्यधावत् ॥ ९ ॥ अङ्केन कटिप्रदेशेन । सभार्यौ । भार्याशब्दो योषिन्मात्रवाची । एकया योषिता सहितौ । यद्वा विराधस्येदं निन्दोक्तिरूपमेव वाक्यम् ॥ १० ॥ तदेवाह—कथमिति । प्रमदयैकया सह द्वयोर्वासः कथं चेत्यन्वयः ॥ ११ ॥ अतएवाह—अधर्मचारिणौ । मुनिदूषकौ । मुनिवेषविरुद्धशरचापासिधारणादेकभार्यारक्तत्वाच्च । अतएव पापौ । तयोर्भीत्युत्पादनाय विराधः स्वयमेव स्वस्वरूपमाह—अहमिति ॥ १२ ॥ १३ ॥ मृधे युद्धे ॥ १४ ॥ सगर्वितम् । भावे निष्ठा । सगर्वमिति यावत् । उद्वेगाद्भयात् ॥ १५ ॥ परिशुष्यता शोकसंकुचितेन मुखेनोपलक्षित इव ॥ १६ ॥ प्रवेशिताम् । विराधेनेति शेषः ॥ १७ ॥ अस्मासु विषये यद्दुःखं **कैकेय्या वने संपादनीयतयाभिप्रेतं । यत्स्वस्य प्रियं वरवृतं च** तत्क्षिप्रमद्यैव सुसंवृत्तं सिद्धम् । या पुत्रार्थे पुत्रप्रयोजननिमित्तं राज्येन राज्याभिषेकमात्रेण न तुष्यति । दीर्घदर्शिनी अस्मन्नाशेन स्वपुत्रस्य चिरं राज्यं पश्यन्ती ॥ १८ ॥ १९ ॥ यया दीर्घदर्शिन्या सर्वभूतहितोऽहं वनमपि प्रस्थापितः । पितृराज्यदार्ढ्याय या मे मध्यमा माता कौसल्यातः कनिष्ठत्वात्सुमित्रातो ज्येष्ठत्वात्साद्य दिवस इदानीमस्मिन्काले सकामा जाता । कौसल्यापेक्षया कनिष्ठत्वात्पूर्वं यवीयसीत्युक्तिरपि नासंगता । तीर्थस्तु—कौसल्यासुमित्राभ्यां कनीयसी, इतरदशरथपत्नीभ्यो ज्येष्ठेत्याह । भगवतोऽपीदृशोक्तिस्तु लक्ष्मणोत्साहवर्धनायेति शेषः ॥ २० ॥ तदर्थमेव पुनरप्याह—परेति । पितुर्मरणात्स्वराज्यहरणादधिकदुःखजनको वैदेहीपरस्पर्शः । इतोऽधिकं दुःखजनकं तु न मे किंचिदिति दुःखातिशयो **व्यङ्ग्यः** ॥ २१ ॥ बाष्पशोकाभ्यां नेत्रचित्तगताभ्यां परिप्लुतो व्याप्तस्तथा क्रुद्धः कैकेयीं प्रति विराधं प्रति च । **रुद्धो नाग इव** । आहितुण्डिकेन मन्त्ररुद्धः पेटीरुद्धो वा सर्प इवेत्यर्थः । **श्वसन्रा**मविषाददर्शनेन ॥ २२ ॥ अनाथ इव नाथापेक्षः **प्राणी नाथ**रहितः सन्यथा शोचति तद्वत् । **कीदृशस्त्वम्** । भूतानां **सर्व**जीवानां नाथस्त्राता । तेन तस्य नाथनिरपेक्षत्वं **ध्वनितम्** । तदुपपादकमेव वासवोपम इत्यपि । मया प्रेष्येण । **युक्त इति** शेषः ॥ २३ ॥ किं त्वया शक्यं तत्राह—**शरेणेति** ॥ २४ ॥

राज्यकामे मम क्रोधो भरते यो बभूव ह । तं विराधे विमोक्ष्यामि वज्री वज्रमिवाचले ॥ २५
मम भुजबलवेगवेगितः पततु शरोऽस्य महान्महोरसि ।
व्यपनयतु तनोश्च जीवितं पततु ततश्च महीं विघूर्णितः ॥ २६

इत्यार्षे श्रीमद्रामायणे वाल्मीकीय आदिकाव्येऽरण्यकाण्डे द्वितीयः सर्गः ॥ २ ॥

तृतीयः सर्गः ।

अथोवाच पुनर्वाक्यं विराधः पूरयन्वनम् । पृच्छतो मम हि ब्रूतं कौ युवां क्व गमिष्यतः ॥ १
तमुवाच ततो रामो राक्षसं ज्वलिताननम् । पृच्छन्तं सुमहातेजा इक्ष्वाकुकुलमात्मनः ॥ २
क्षत्रियौ वृत्तसंपन्नौ विद्धि नौ वनगोचरौ । त्वां तु वेदितुमिच्छावः कस्त्वं चरसि दण्डकान् ॥ ३
तमुवाच विराधस्तु रामं सत्यपराक्रमम् । हन्त वक्ष्यामि ते राजन्निबोध मम राघव ॥ ४
पुत्रः किल जवस्याहं माता मम शतह्रदा । विराध इति मामाहुः पृथिव्यां सर्वराक्षसाः ॥ ५
तपसा चाभिसंप्राप्ता ब्रह्मणो हि प्रसादजा । शस्त्रेणावध्यता लोकेऽच्छेद्याभेद्यत्वमेव च ॥ ६
उत्सृज्य प्रमदामेनामनपेक्षौ यथागतम् । त्वरमाणौ पलायेथां न वां जीवितमाददे ॥ ७
तं रामः प्रत्युवाचेदं कोपसंरक्तलोचनः । राक्षसं विकृताकारं विराधं पापचेतसम् ॥ ८
क्षुद्र धिक्त्वां तु हीनार्थं मृत्युमन्वेषसे ध्रुवम् । रणे प्राप्स्यसि संतिष्ठ न मे जीवन्विमोक्ष्यसे ॥ ९
ततः सज्यं धनुः कृत्वा रामः सुनिशिताञ्शरान् । सुशीघ्रमभिसंधाय राक्षसं निजघान ह ॥ १०
धनुषा ज्यागुणवता सप्त बाणान्मुमोच ह । रुक्मपुङ्खान्महावेगान्सुपर्णानिलतुल्यगान् ॥ ११
ते शरीरं विराधस्य भित्त्वा बर्हिणवाससः । निपेतुः शोणितादिग्धा धरण्यां पावकोपमाः ॥ १२
स विद्धो न्यस्य वैदेहीं शूलमुद्यम्य राक्षसः । अभ्यद्रवत्सुसंक्रुद्धस्तदा रामं सलक्ष्मणम् ॥ १३
स विनद्य महानादं शूलं शक्रध्वजोपमम् । प्रगृह्याशोभत तदा व्यात्तानन इवान्तकः ॥ १४
अथ तौ भ्रातरौ दीप्तं शरवर्षं ववर्षतुः । विराधे राक्षसे तस्मिन्कालान्तकयमोपमे ॥ १५
स प्रहस्य महारौद्रः स्थित्वाजृम्भत राक्षसः । जृम्भमाणस्य ते बाणाः कायान्निष्पेतुराशुगाः ॥ १६
स्पर्शात्तु वरदानेन प्राणान्संरोध्य राक्षसः । विराधः शूलमुद्यम्य राघवावभ्यधावत ॥ १७
तच्छूलं वज्रसंकाशं गगने ज्वलनोपमम् । द्वाभ्यां शराभ्यां चिच्छेद रामः शस्त्रभृतां वरः ॥ १८

विराधे मोक्ष्यामि । भरतेन राज्यकामनायाः प्रदर्शितत्वात्तमुपेक्ष्य ॥ २५ ॥ भुजबलवेगेन धनुष्कर्षणवेगेन वेगित आहितवेगो महीं पततु । विराध इति शेषः । विघूर्णितः संजातभ्रमणः ॥ २६ ॥ **इति श्रीरामाभिरामे श्रीरामीये रामायणतिलके वाल्मीकीय आदिकाव्येऽरण्यकाण्डे द्वितीयः सर्गः ॥ २ ॥**

अथेति । वनं पूरयन्नित्यस्य शब्देनेति शेषः । युवयोः स्वरूपं पृच्छते मह्यं ब्रूतम् । लोण्मध्यमद्विवचनम् । प्रश्नप्रकारः—काविव्यादि ॥ १ ॥ ज्वलिताननं राक्षसत्वान्मुखनिःसृताभिज्वालया । आत्मन इक्ष्वाकुसंबन्धि कुलमुवाचेत्यर्थः ॥ २ ॥ क्षत्रियौ । इक्ष्वाकुवंशजाविति शेषः । वनगोचरौ । बहुव्रीहिः । कुतश्चिद्धेतोरिति शेषः ॥ ३ ॥ निबोध । मम वचनान्मम स्वरूपमिति शेषः ॥ ४ ॥ जवस्य जवनाम्नः ॥ ५ ॥ लोके प्राणिलोके । शस्त्रेण शस्त्रसामान्येन । किं च । अच्छेद्याभेद्यत्वं प्राणवियोजनाय च्छेदभेदाशक्यगात्रत्वं च प्राप्तमित्यर्थः ॥ ६ ॥ यदेवमतः—उत्सृज्येत्यादि । अनपेक्षौ प्रमदाशया युद्धाशया च रहितौ । वां युवयोः ॥ ७ ॥ ८ ॥ हीनार्थं परदारस्पर्शलक्षणहीनकर्मकरम् । अतएव त्वां धिक् । मृत्युमन्वेषसे ध्रुवम् । उक्तदुष्कर्मकरणादिति शेषः । तं च मृत्युं रणे सम्यक्प्राप्स्यसि । तिष्ठ । क्षणमिति शेषः ॥९॥ अभिसंधाय । धनुषीति शेषः ॥ १० ॥ ज्यागुणवता ज्यारूपरज्जुमता ज्याशब्दवतेति वा । सुपर्णानिलाभ्यां तुल्यं गच्छन्ति तान् ॥ ११ ॥ बर्हिणवाससो बर्हिणो मयूरस्तत्संबन्धिबर्हवासस इत्यर्थः । शोणितादिग्धा रक्तलिप्ताः ॥ १२ ॥ स विद्धोऽपि रामबाणताडितोऽपि वरदानमाहात्म्यादगतासुर्व्यथामात्रेण वैदेहीं हित्वा शूलमुद्यम्याभ्यद्रवत् ॥ १३ ॥ महानादं विनद्य कृत्वा । शक्रध्वजोपमं दैर्घ्येण स्थौल्येन च । व्यात्ताननो विवृताननः ॥ १४ ॥ कालान्तकयमाः प्राणतनुमनःसंहारप्रधानाः संहाररुद्रस्य मूर्तयस्तत्सदृशे ॥ १५ ॥ प्रहस्य शस्त्रावध्ये मयि वृथैषां बाणपात इति हासः । ते बाणा रामलक्ष्मणविसृष्टा जृम्भणेन शरीरलग्ना अपि कायान्निर्जग्मुः । आशुगाः शीघ्रगा इत्यर्थे केवलं यौगिकम् ॥ १६ ॥ स्पर्शात्तु वरदानेन । वरदानसंबन्धादित्यर्थः । संरोध्य धृत्वा । परमदुःखं प्राप्तोऽपीति शेषः ॥ १७ ॥ तच्छूलम् । करस्थमूलभागमेवेति शेषः । गगने ज्वलनोपमम् ।

तद्रामविशिखैश्छिन्नं शूलं तस्यापतद्भुवि । पपाताशनिना च्छिन्नं मेरोरिव शिलातलम् ॥ १९
तौ खड्गौ क्षिप्रमुद्यम्य कृष्णसर्पाविवोद्यतौ । तूर्णमापेततुस्तस्य तदा प्रहरतां बलात् ॥ २०
स वध्यमानः सुभृशं भुजाभ्यां परिगृह्य तौ । अप्रकम्प्यौ नरव्याघ्रौ रौद्रः प्रस्थातुमैच्छत ॥ २१
तस्याभिप्रायमाज्ञाय रामो लक्ष्मणमब्रवीत् । वहत्वयमलं तावत्पथानेन तु राक्षसः ॥ २२
यथा चेच्छति सौमित्रे तथा वहतु राक्षसः । अयमेव हि नः पन्था येन याति निशाचरः ॥ २३
स तु स्वबलवीर्येण समुत्क्षिप्य निशाचरः । बालाविव स्कन्धगतौ चकारातिबलोद्धतः ॥ २४
तावारोप्य ततः स्कन्धं राघवौ रजनीचरः । विराधो विनदन्घोरं जगामाभिमुखो वनम् ॥ २५
वनं महामेघनिभं प्रविष्टो द्रुमैर्महद्भिर्विविधैरुपेतम् ।
नानाविधैः पक्षिकुलैर्विचित्रं शिवायुतं व्यालमृगैर्विकीर्णम् ॥ २६

इत्यार्षे श्रीमद्रामायणे वाल्मीकीय आदिकाव्येऽरण्यकाण्डे तृतीयः सर्गः ॥ ३ ॥

चतुर्थः सर्गः ।

ह्रियमाणौ तु काकुत्स्थौ दृष्ट्वा सीता रघूत्तमौ । उच्चैःस्वरेण चुक्रोश प्रगृह्य सुमहाभुजौ ॥ १
एष दाशरथी रामः सत्यवाञ्छीलवाञ्शुचिः । रक्षसा रौद्ररूपेण ह्रियते सहलक्ष्मणः ॥ २
मामृक्षा भक्षयिष्यन्ति शार्दूलद्वीपिनस्तथा । मां हरोत्सृज काकुत्स्थौ नमस्ते राक्षसोत्तम ॥ ३
तस्यास्तद्वचनं श्रुत्वा वैदेह्या रामलक्ष्मणौ । वेगं प्रचक्रतुर्वीरौ वधे तस्य दुरात्मनः ॥ ४
तस्य रौद्रस्य सौमित्रिः सव्यं बाहुं बभञ्ज ह । रामस्तु दक्षिणं बाहुं तरसा तस्य रक्षसः ॥ ५
स भग्नबाहुः संविग्नः पपाताशु विमूर्च्छितः । धरण्यां मेघसंकाशो वज्रभिन्न इवाचलः ॥ ६
मुष्टिभिर्बाहुभिः पद्भिः सूदयन्तौ तु राक्षसम् । उद्यम्योद्यम्य चाप्येनं स्थण्डिले निष्पिपेषतुः ॥ ७
स विद्धो बहुभिर्बाणैः खड्गाभ्यां च परिक्षतः । निष्पिष्टो बहुधा भूमौ न ममार स राक्षसः ॥ ८
तं प्रेक्ष्य रामः सुभृशमवध्यमचलोपमम् । भयेष्वभयदः श्रीमानिदं वचनमब्रवीत् ॥ ९
तपसा पुरुषव्याघ्र राक्षसोऽयं न शक्यते । शस्त्रेण युधि निर्जेतुं राक्षसं निखनावहे ॥ १०
कुञ्जरस्येव रौद्रस्य राक्षसस्यास्य लक्ष्मण । वनेऽस्मिन्सुमहच्छ्वभ्रं खन्यतां रौद्रवर्चसः ॥ ११
इत्युक्त्वा लक्ष्मणं रामः प्रदरः खन्यतामिति । तस्थौ विराधमाक्रम्य कण्ठे पादेन वीर्यवान् ॥ १२
तच्छ्रुत्वा राघवेणोक्तं राक्षसः प्रश्रितं वचः । इदं प्रोवाच काकुत्स्थं विराधः पुरुषर्षभम् ॥ १३
हतोऽहं पुरुषव्याघ्र शक्रतुल्यबलेन वै । मया तु पूर्वं त्वं मोहान्न ज्ञातः पुरुषर्षभ ॥ १४
कौसल्या सुप्रजास्तात रामस्त्वं विदितो मया । वैदेही च महाभागा लक्ष्मणश्च महायशाः ॥ १५
अभिशापादहं घोरां प्रविष्टो राक्षसीं तनुम् । तुम्बुरुर्नाम गन्धर्वः शप्तो वैश्रवणेन हि ॥ १६

शिखाभागावच्छेदेनेति भावः ॥ १८ ॥ अशनिर्वज्रम् ॥ १९ ॥ तदा पतनकाल एव प्रहरतामित्यर्थः ॥ २० ॥ भुजाभ्यां परिगृह्य । एकैकेनैकैकम् ॥ २१ ॥ तस्याभिप्रायं काननान्तर्नयनविषयम् ॥ २२ ॥ यथेच्छति तथा वहतु यथास्येष्टं भवति तथा वहतु । अनेन निर्भयत्वं दर्शितम् । तत्र हेतुमाह—अयमेवेति ॥ २३ ॥ स्कन्धगतौ चकार स्कन्धावारोपयामास ॥ २४ ॥ २५ ॥ शिवायुतं शिवाभिर्वृतम् ॥ २६ ॥ **इति श्रीरामाभिरामे श्रीरामीये रामायणतिलके वाल्मीकीय आदिकाव्येऽरण्यकाण्डे तृतीयः सर्गः ॥ ३ ॥**

सुमहान्तौ स्वभुजौ प्रगृह्योद्यम्य ॥ १ ॥ क्रोशनप्रकारमाह—एष इति ॥ २ ॥ शार्दूलद्वीपिनः सबिन्द्वबिन्दुव्याघ्राः । मां हर ते नम इत्युक्ती रामलक्ष्मणयोः प्रेमातिशयत्वात् ॥ ३ ॥ वेगं त्वराम् ॥ ४ ॥ बाहुं बभञ्ज । नैतावतापि प्राणहानिरिति न वरदानविरोधः । अभेद्याच्छेद्यत्वं च प्राणनाशक्षमावयवविशेषपरं बोध्यम् । बभञ्ज । मुष्टिप्रहारेणेति शेषः । अभेद्याच्छेद्यत्ववरस्तु शस्त्रकरणकतद्विषय इत्यन्ये ॥ ५ ॥ संविग्नः खिन्नः ॥ ६ ॥ सूदयन्तौ हिंसन्तौ ॥ ७ ॥ न ममार । वरदानबलादिति भावः ॥ ८ ॥ भयेषु भयकालेषु । अभयदः स्वगुणादिश्रवणस्मरणकीर्तनादिना ॥ ९ ॥ निखनावहे भूमौ गर्ते पातयावहे ॥ १० ॥ ११ ॥ प्रदरो गर्तः । कण्ठ आक्रम्य गयमिव ॥ १२ ॥ प्रश्रितं शापान्तकालप्राप्तेः प्रश्रयप्राप्तिः ॥ १३ ॥ प्रदरकरणरूपप्राणान्तव्यापारात्पूर्वं रामस्त्वमिति न ज्ञातः ॥ १४ ॥ इदानीं कथं ते ज्ञानं तत्राह—कौसल्येत्यादि । त्वया कौसल्यासुप्रजा इति त्वं विदितः । कौसल्यापुत्र इति ज्ञातोऽसीत्यर्थः । एवं च कौसल्यायामीश्वरोऽवतीर्णो वैदेही च लक्ष्मीर्लक्ष्मणश्च तदंश इति सूचितम् ॥ १५ ॥ एवं ज्ञाने

प्रसाद्यमानस्य मया सोऽब्रवीन्मां महायशाः । यदा दाशरथी रामस्त्वां वधिष्यति संयुगे ॥ १७
तदा प्रकृतिमापन्नो भवान्स्वर्गं गमिष्यति । अनुपस्थीयमानो मां स क्रुद्धो व्याजहार ह ॥ १८
इति वैश्रवणो राजा रम्भासक्तमुवाच ह । तव प्रसादान्मुक्तोऽहमभिशापात्सुदारुणात् ॥ १९
भुवनं स्वं गमिष्यामि स्वस्ति तेऽस्तु परंतप । इतो वसति धर्मात्मा शरभङ्गः प्रतापवान् ॥ २०
अध्यर्धयोजने तात महर्षिः सूर्यसंनिभः । तं क्षिप्रमभिगच्छ त्वं स ते श्रेयोऽभिधास्यति ॥ २१
अवटे चापि मां राम निक्षिप्य कुशली व्रज । रक्षसां गतसत्त्वानामेष धर्मः सनातनः ॥ २२
अवटे ये निधीयन्ते तेषां लोकाः सनातनाः । एवमुक्त्वा तु काकुत्स्थं विराधः शरपीडितः ॥ २३
बभूव स्वर्गसंप्राप्तो न्यस्तदेहो महाबलः । तच्छ्रुत्वा राघवो वाक्यं लक्ष्मणं व्यादिदेश ह ॥ २४
कुञ्जरस्येव रौद्रस्य राक्षसस्यास्य लक्ष्मण । वनेऽस्मिन्सुमहाञ्श्वभ्रः खन्यतां रौद्रकर्मणः ॥ २५
इत्युक्त्वा लक्ष्मणं रामः प्रदरः खन्यतामिति । तस्थौ विराधमाक्रम्य कण्ठे पादेन वीर्यवान् । २६
ततः खनित्रमादाय लक्ष्मणः श्वभ्रमुत्तमम् । अखनत्पार्श्वतस्तस्य विराधस्य महात्मनः ॥ २७
तं मुक्तकण्ठमुत्क्षिप्य शङ्कुकर्णं महास्वनम् । विराधं प्राक्षिपच्छ्वभ्रे नदन्तं भैरवस्वनम् ॥ २८

तमाहवे दारुणमाशुविक्रमौ स्थिरावुभौ संयति रामलक्ष्मणौ ।
मुदान्वितौ चिक्षिपतुर्भयावहं नदन्तमुत्क्षिप्य बलेन राक्षसम् ॥ २९
अवध्यतां प्रेक्ष्य महासुरस्य तौ शितेन शस्त्रेण तदा नरर्षभौ ।
समर्थ्य चात्यर्थविशारदावुभौ बिले विराधस्य वधं प्रचक्रतुः ॥ ३०
स्वयं विराधेन हि मृत्युमात्मनः प्रसह्य रामेण यथार्थमीप्सितः ।
निवेदितः काननचारिणा स्वयं न मे वधः शस्त्रकृतो भवेदिति ॥ ३१
तदेव रामेण निशम्य भाषितं कृता मतिस्तस्य बिलप्रवेशने ।
बिलं च तेनातिबलेन रक्षसा प्रवेश्यमानेन वनं विनादितम् ॥ ३२
प्रहृष्टरूपाविव रामलक्ष्मणौ विराधमुर्व्यां प्रदरे निपात्य तम् ।
ननन्दतुर्वीतभयौ महावने दिवि स्थितौ चन्द्रदिवाकराविव ॥ ३३

इत्यार्षे श्रीमद्रामायणे वाल्मीकीय आदिकाव्येऽरण्यकाण्डे चतुर्थः सर्गः ॥ ४ ॥

कारणमाह—अभिशापादिति । तुम्बुरुरहं वैश्रवणेन शप्तः, तस्माच्छापाद्राक्षसीं तनुं प्रविष्टः, अतो मे ज्ञानशक्तिरस्तीत्यर्थः ॥ १६ ॥ १७ ॥ प्रकृतिं गान्धर्वीम् । प्रकृतक्रोधकारणमाह—अनुपस्थीयमानोऽवसरेष्वसेव्यमानः । व्याजहारेत्यस्य राक्षसीं तनुं प्रविशेतीति शेषः ॥ १८ ॥ अनुपस्थाने कारणमाह—इतीति । उक्तं शापं तत्प्रतीकारं चोवाचेत्यर्थः । शापमुक्तिकालजानन्दपारवश्यात्पुनरुक्तिर्न दोषाय । 'रम्भासक्तं पुरानघ' इति पाठे पुनरुक्त्यभाव एव ॥ १९ ॥ स्वं भुवनं स्वं लोकम् । 'भवनम्' इति पाठान्तरम् ॥ २० ॥ अध्यर्धयोजने सार्धयोजने ॥ २१ ॥ गतसत्त्वानां गतप्राणानाम् । सनातनः परम्पराप्राप्तः । अतएव कलिराक्षसेषु यवनेष्वेतद्धर्मप्रवृत्तिः ॥ २२ ॥ उक्तमेव विवृणोति—अवटे इति ॥ २३ ॥ न्यस्तदेहोऽवटनिक्षिप्तदेहः स्वर्गसंप्राप्तः । संप्राप्तस्वर्ग इत्यर्थः । बभूव । तथा भवितुमुद्यतो बभूवेत्यर्थः । यद्वा बभूवेत्यर्धेन संक्षिप्ततयोक्तस्य विस्तरमाह—तच्छ्रुत्वेति । अवटनिक्षेपेण स्वर्गप्राप्तिं श्रुत्वा ॥ २४ ॥ कुञ्जरस्येव । निखननार्थमिवेत्यर्थः । खन्यतामिति । शीघ्रमिति शेषः । ममातर्कितस्यैतन्मरणोपायस्यानेनापि कथनान्निश्चितत्वेन शीघ्रता कार्येत्याशयः ॥ २५ ॥ पादेन कण्ठ आक्रम्य तस्थौ श्वभ्राद्दूरपरिलुण्ठनव्यावृत्त्यर्थम् ॥ २६ ॥ विराधस्य महात्मनः । महात्मनो महाशरीरस्य गन्धर्वत्वप्रत्यापत्त्यभिप्रायेण रामस्वरूपज्ञानाभिप्रायेण च कविना महात्मन इति प्रयुक्तं वा ॥ २७ ॥ मुक्तकण्ठं श्वभ्रे क्षेपणार्थं रामेण मुक्तकण्ठाक्रमणम् । शङ्कुवत्कठिनकर्णम् । उत्क्षिप्य चालयित्वा । महास्वनत्वादेव भैरवस्वनत्वं यथा तथा धन्योऽहमतिधन्योऽहमिति नदन्तं श्वभ्रे प्राक्षिपत् ॥ २८ ॥ आशुविक्रमौ क्षिप्रकारिणौ । संयति स्थिरौ दृढचित्तौ । आहवे निर्जितं बलेनोत्क्षिप्य संचाल्य गर्ते चिक्षिपतुः ॥ २९ ॥ अवध्यतां शस्त्रेणावध्यतां प्रेक्ष्य । 'असह्यताम्' इति पाठेऽप्यवध्यतामित्येवार्थः । प्रेक्ष्य विचार्य । समर्थ्य बिलं संपाद्य तत्र बिले वधं प्रचक्रतुः । मृत्पूरणेनेति शेषः ॥ ३० ॥ उक्तमेवार्थमुपसंहरति—स्वयमिति । यथार्थं स्वप्रयोजनोचितम् । रामेण कर्त्रा प्रसह्य स्वयं स्वस्य यो मृत्युरीप्सितस्तमात्मनो मृत्युं प्रसह्योद्दिश्य । 'प्रपद्य' इति पाठेऽप्ययमेवार्थः । काननचारिणा विराधेन मे वधः शस्त्रकृतो न भवेदिति निवेदितोऽभूद्राम इति शेषः ॥ ३१ ॥ तदेव भाषितं विराधोक्तं शस्त्रेण मे न मृत्युरित्येवंरूपम् ॥ ३२ ॥ प्रहृष्टरूपाविव । इवशब्द

पञ्चमः सर्गः ।

हत्वा तु तं भीमबलं विराधं राक्षसं वने । ततः सीतां परिष्वज्य समाश्वास्य च वीर्यवान् ॥ १
अब्रवीच्च तदा रामो लक्ष्मणं दीप्ततेजसम् । कष्टं वनमिदं दुर्गं न च स्मो वनगोचराः ॥ २
अभिगच्छामहे शीघ्रं शरभङ्गं तपोधनम् । आश्रमं शरभङ्गस्य राघवोऽभिजगाम ह ॥ ३
तस्य देवप्रभावस्य तपसा भावितात्मनः । समीपे शरभङ्गस्य ददर्श महदद्भुतम् ॥ ४
विभ्राजमानं वपुषा सूर्यवैश्वानरप्रभम् । रथप्रवरमारूढमाकाशे विबुधानुगम् ॥ ५
असंस्पृशन्तं वसुधां ददर्श विबुधेश्वरम् । संप्रभाभरणं देवं विरजोम्बरधारिणम् ॥ ६
तद्विधैरेव बहुभिः पूज्यमानं महात्मभिः । हरितैर्वाजिभिर्युक्तमन्तरिक्षगतं रथम् ॥ ७
ददर्शादूरतस्तस्य तरुणादित्यसंनिभम् । पाण्डुराभ्रघनप्रख्यं चन्द्रमण्डलसंनिभम् ॥ ८
अपश्यद्विमलं छत्रं चित्रमाल्योपशोभितम् । चामरव्यजने चाग्र्ये रुक्मदण्डे महाधने ॥ ९
गृहीते वरनारीभ्यां धूयमाने च मूर्धनि । गन्धर्वामरसिद्धाश्च बहवः परमर्षयः ॥ १०
अन्तरिक्षगतं देवं गीर्भिरग्र्याभिरैडयन् । सह संभाषमाणे तु शरभङ्गेन वासवे ॥ ११
दृष्ट्वा शतक्रतुं तत्र रामो लक्ष्मणमब्रवीत् । रामोऽथ रथमुद्दिश्य भ्रातुर्दर्शयताद्भुतम् ॥ १२
अर्चिष्मन्तं श्रिया जुष्टमद्भुतं पश्य लक्ष्मण । प्रतपन्तमिवादित्यमन्तरिक्षगतं रथम् ॥ १३
ये हयाः पुरुहूतस्य पुरा शक्रस्य नः श्रुताः । अन्तरिक्षगता दिव्यास्त इमे हरयो ध्रुवम् ॥ १४
इमे च पुरुषव्याघ्र ये तिष्ठन्त्यभितो दिशम् । शतं शतं कुण्डलिनो युवानः खड्गपाणयः ॥ १५
विस्तीर्णविपुलोरस्काः परिघायतबाहवः । शोणांशुवसनाः सर्वे व्याघ्रा इव दुरासदाः ॥ १६
उरोदेशेषु सर्वेषां हारा ज्वलनसंनिभाः । रूपं बिभ्रति सौमित्रे पञ्चविंशतिवार्षिकम् ॥ १७
एतद्धि किल देवानां वयो भवति नित्यदा । यथेमे पुरुषव्याघ्रा दृश्यन्ते प्रियदर्शनाः ॥ १८
इहैव सह वैदेह्या मुहूर्तं तिष्ठ लक्ष्मण । यावज्जानाम्यहं व्यक्तं क एष द्युतिमान्रथे ॥ १९
तमेवमुक्त्वा सौमित्रिमिहैव स्थीयतामिति । अभिचक्राम काकुत्स्थः शरभङ्गाश्रमं प्रति ॥ २०
ततः समभिगच्छन्तं प्रेक्ष्य रामं शचीपतिः । शरभङ्गमनुज्ञाप्य विबुधानिदमब्रवीत् ॥ २१
इहोपयात्यसौ रामो यावन्मां नाभिभाषते । निष्ठां नयत तावत्तु ततो माऽद्रष्टुमर्हति ॥ २२

एवार्थे । दिवि स्थितौ चन्द्रदिवाकराविव महावने विजह्रतुः । नीलत्वाद्विशालत्वाच्च वनस्याकाशसदृशम् । उभावपि चन्द्रवत्कलासंपन्नौ सूर्यवत्प्रतापयुतौ ॥ ३३ ॥ इति श्रीरामाभिरामे **श्रीरामीये रामायणतिलके वाल्मीकीय आदिकाव्येऽरण्यकाण्डे चतुर्थः सर्गः ॥ ४ ॥**

समाश्वास्य समाश्वास्येव । विराधाद्भीतामिवेति शेषः ॥ १ ॥ इदं वनं कष्टं पीडाजनकं दुर्गं विषमं क्रमणायोग्यं च । वयं चेतः पूर्वं कदापि वनगोचरा न स्मः । कदापीदृशं वनं न दृष्टं यस्मात् ॥ २ ॥ अतः शीघ्रं शरभङ्गं गच्छामहे । गच्छाम इत्यर्थः । इत्युक्त्वेति शेषः ॥ ३ ॥ भावितः शुद्ध आत्मा यस्य तस्य । समीपे महदद्भुतं ददर्श ॥ ४ ॥ तदेवाह—विभ्राजमानमिति । वपुषा वपुःकान्त्या । विबुधानुगं देवानुचरम् । बहुव्रीहिः ॥ ५ ॥ वसुधामसंस्पृशन्तम् । रथादव[illegible] शेषः । विबुधेश्वरं शक्रम् । अतिशयप्रभावदाभरणम् । विरजस्कमम्बरं भर्तुं शीलं यस्य तम् ॥ ६ ॥ तद्विधैस्तद्विधाभरणादिमद्भिः । हरितैः श्यामवर्णैस्तादृशं रथं च ददर्श ॥ ७ ॥ पाण्डुराभ्रस्येव घना अधिका प्रख्या कान्तिर्यस्य तत् ॥ ८ ॥ चामरव्यजने बालव्यजने । रुक्मं स्वर्णम् । महाधने रत्नखुतत्वाद्बहुमूल्ये ॥ ९ ॥ १० ॥ ११ ॥ उक्तलक्षणे वासवे शरभङ्गेन संभाषमाणे तु तं शतक्रतुं दृष्ट्वा ज्ञात्वा रामोऽब्रवीत् । उक्तस्यैव प्रपञ्चः—रामोऽथेति । उद्दिश्य हस्तेन निर्दिश्य । दर्शयत । अदर्शयतेत्यर्थः ॥ १२ ॥ १३ ॥ पुरु बहु यथा तथा यज्वभिराहूयते यागायेति पुरुहूतः । नोऽस्माभिः ॥ १४ ॥ शतं शतम् । अष्टदिक्ष्विति शेषः । शतशब्दोऽनन्तवाची ॥ १५ ॥ विस्तीर्णविपुलान्यतिशयेन विशालान्युरांसि येषां ते । आयता दीर्घाः । शोणांशूनि शोणप्रभाणि वसनानि येषाम् । 'शोणाश्मवसनाः' इति पाठे पद्मरागसदृशवसना इत्यर्थः । 'शोणांशु' इत्येव प्राचीनः पाठ इति कतकः ॥ १६ ॥ ज्वलनसंनिभा दीप्तिमात्रेण ॥ १७ ॥ एतद्धि पञ्चविंशतिवर्षप्रमाणकम् । नित्यदेत्यार्षम् । ये इमे देवा यथा यादृशाश्शुभदर्शनवयस्का दृश्यन्ते एतदेवैषां नित्यदा वय इति पूर्वेण संबन्धः ॥ १८ ॥ यावज्जानामि ज्ञास्यामि तावत्तिष्ठेत्यन्वयः । क एष रथे इन्द्रत्वेनानुमितोऽपि प्रमाणान्तरेणापि ज्ञातव्य इत्यर्थः ॥ १९ ॥ उक्तानुवादपूर्वं व्यापारान्तरोपदेशः—तमेवमित्यादि । इहैव स्थीयतामिति । एवमुक्त्वेत्यर्थः ॥ २० ॥ अनुज्ञाप्य गमनाय कृतानुमतिकं कृत्वा ॥ २१ ॥ यावदसौ मां

जितवन्तं कृतार्थं हि तदा[illegible] । कर्म ह्यनेन कर्तव्यं महदन्यैः सुदुष्करम् ॥ २३
अथ वज्री तमामन्त्र्य मानयित्वा च तापसम् । रथेन हययुक्तेन ययौ दिवमरिंदमः ॥ २४
प्रयाते तु सहस्राक्षे राघवः सपरिच्छदः । अग्निहोत्रमुपासीनं शरभङ्गमुपागमत् ॥ २५
तस्य पादौ च संगृह्य रामः सीता च लक्ष्मणः । निषेदुस्तदनुज्ञाता लब्धवासा निमन्त्रिताः ॥ २६
ततः शक्रोपयानं तु पर्यपृच्छत राघवः । शरभङ्गश्च तत्सर्वं राघवाय न्यवेदयत् ॥ २७
मामेष वरदो राम ब्रह्मलोकं निनीषति । जितमुग्रेण तपसा दुष्प्रापमकृतात्मभिः ॥ २८
अहं ज्ञात्वा नरव्याघ्र वर्तमानमदूरतः । ब्रह्मलोकं न गच्छामि त्वामदृष्ट्वा प्रियातिथिम् ॥ २९
त्वयाहं पुरुषव्याघ्र धार्मिकेण महात्मना । समागम्य गमिष्यामि त्रिदिवं चावरं परम् ॥ ३०
अक्षया नरशार्दूल जिता लोका मया शुभाः । ब्राह्म्याश्च नाकपृष्ठ्याश्च प्रतिगृह्णीष्व मामकान् ॥ ३१
एवमुक्तो नरव्याघ्रः सर्वशास्त्रविशारदः । ऋषिणा शरभङ्गेन राघवो वाक्यमब्रवीत् ॥ ३२
अहमेवाहरिष्यामि स्वाँल्लो[illegible]न्महामुने । आवासं त्वहमिच्छामि प्रदिष्टमिह कानने ॥ ३३
राघवेणैवमुक्तस्तु शक्रतुल्यबलेन वै । शरभङ्गो महाप्राज्ञः पुनरेवाब्रवीद्वचः ॥ ३४
इह राम महातेजाः सुतीक्ष्णो नाम धार्मिकः । वसत्यरण्ये नियतः स ते श्रेयो विधास्यति ॥ ३५
इमां मन्दाकिनीं राम प्रतिस्रोतामनुव्रज । नदीं पुष्पोडुपवहां ततस्तत्र गमिष्यसि ॥ ३६
एष पन्था नरव्याघ्र मुहूर्तं पश्य तात माम् । यावज्जहामि गात्राणि जीर्णां त्वचमिवोरगः ॥ ३७

नाभिभाषते तावन्मां निष्ठां स्थानान्तरं स्वर्गं वा नयत मया सह गच्छत । ततो वनचारित्वाद्धेतोर्मा मामद्रष्टुमर्हति । द्रष्टुं नार्हतीत्यर्थः । अ इति निषेधार्थमव्ययं पृथक्पदम् । विपदि स्थितेनैवं वैभवस्य दर्शनमनुचितमित्यर्थः ॥ २२ ॥ कृतार्थं निस्तीर्णविपदम् । जितवन्तम् । रावणमिति शेषः । तदा । वैभवयुक्तमिमं द्रक्ष्यामीति शेषः । कतकस्त्वेतत्पद्यं प्रक्षिप्तमित्याह तद्वृथैव । मद्रीत्या व्याख्याने सर्वसामञ्जस्यात् । रामो यावन्मां नाभिभाषते तावत्कर्मणो रावणवधस्य निष्ठां समाप्तिं नयत । ततो मां द्रष्टुमर्हति । अन्यैः सुदुष्करं महत्कर्म तेन कर्तव्यमस्ति रावणवधरूपम्, अतस्तत्करणेन कृतार्थं कृतदेवप्रयोजनं रावणजयिनं द्रष्टास्मि । इति तीर्थव्याख्याने । संप्रत्यदर्शनहेतुस्तु पूर्वोक्त एवोपरितो बोध्यः ॥ २३ ॥ अथ वज्रीति । देवैरालापोत्तरं तं तापसं शरभङ्गमामन्त्र्य मानयित्वा संपूज्य च दिवं ययौ ॥ २४ ॥ सपरिच्छदः स्त्रीभ्रातृसहितः ॥ २५ ॥ पादौ संगृह्य राम ईश्वरोऽपि ब्राह्मणा एवं पूज्या इत्यन्याञ्शिक्षयितुमेवं चकार । तदनुज्ञाता आसनावस्थानाय कृतानुमतिकाः । अतएव लब्धवासा लब्धवासस्थानाः । निमन्त्रिता भोजनाद्यर्थम् । तादृशा निषेदुः ॥ २६ ॥ शक्रोपयानमिन्द्रागमनप्रयोजनम् ॥ २७ ॥ निवेदनप्रकारमाह—मामेष इति । उग्रेण तपसा मया जितं ब्रह्मलोकमेष वरद इन्द्रो ब्रह्माज्ञया मां निनीषति । यद्वा देवेन्द्रवेषधारी ब्रह्मैवायम् । अकृतात्मभिरननुष्ठितभगवदुपासनैः ॥ २८ ॥ तर्हि किमिति विलम्बितं तत्राह—अहमिति । ज्ञात्वा योगचक्षुषा । न गच्छामि योगसिद्ध्या स्वेच्छया देहत्यागात्त्वां प्रियातिथिमतिप्रियमतिथिम् ॥ २९ ॥ त्वया समागम्य । त्वत्समागमश्च सकृदपि संवृत्त एतावत्कालपर्यन्तानुष्ठितोपासनातोऽधिकफलद इति भावः । त्रिदिवमवरं परं च । परो ब्रह्मलोकः ॥ ३० ॥

समागमस्य यथाधिकफलता भवति तथा करोति—अक्षया इति । के ते लोकास्तत्राह—ब्राह्म्या इति । उभयत्र ष्यञ् आर्षः । ब्रह्मलोका नाकपृष्ठलोकाश्च जिता मामकास्तान्प्रतिगृह्णीष्व स्वकृतत्वेनाङ्गीकुरुष्व । अनेन सर्वकर्मणां भगवदर्पणमकरोदिति सूचितम् । 'कामतोऽकामतो वापि यत्करोमि शुभाशुभम् । तत्सर्वं त्वयि संन्यस्तं त्वत्प्रयुक्तः करोम्यहम् ॥ नाहं कर्ता सर्वमेतद्ब्रह्मैव कुरुते तथा । एतद्ब्रह्मार्पणं प्रोक्तमृषिभिस्तत्त्वदर्शिभिः ॥' इति कौर्मोक्तिः । भगवत्यर्पितधर्माणामनन्तफलत्वं गीतादिषु स्पष्टमेव । मुक्तिपर्यवसायित्वात् ॥३१॥३२॥ अहमेवेति । तपसेत्यर्थः । त्वद्दत्तप्रतिग्रहे नाहमधिकारीत्यापाततोऽर्थः । वास्तवस्तु ऋषेः परमभक्तस्यानुग्रहाय तदर्पितधर्माङ्गीकारमाह भगवान्—अहमेवेति । मयि न्यासत्वेन स्थापितानिमांस्त्वदर्जितान्सर्वाँल्लोकांस्तुभ्यमहमेवाहरिष्यामि प्रा[illegible]जनप्रतारणायाह—आवासं त्विति । प्रदिष्टमुपदिष्टम् ॥ ३३ ॥ ३४ ॥ इहारण्ये वसति । अदूरे इति शेषः ॥ ३५ ॥ प्रतिस्रोताम् । आबन्तत्वमार्षम् । मन्दाकिनीं तामिव पुण्यां तन्नामिकां वा । चित्रकूटस्थेयमेव । प्रतिस्रोतसं कृत्वा व्रज । पूर्ववाहिन्यां पुरुषेण पश्चिमाभिमुखतया गमने प्रतिस्रोतस्त्वं भवति । पुष्पवल्लघु उडुपवहा । उडुपं प्लवः । पुष्पसमूहवहानिति वा ॥ ३६ ॥ एष पन्था इति मार्गोपदेशः । अथ ऋषिर्भगवत्प्रार्थितस्योत्तरत्वात्स्वाभीष्टं भगवन्तं प्रार्थयते—मुहूर्तं तात पश्य माम् । अयं कृतार्थो भवत्वित्यभिध्यानपूर्वकं कटाक्षेणेति शेषः । तातेति गूढं जगज्जनकेत्यर्थमपि । गात्राणि गात्रावयवान् ॥ ३७ ॥ ततोऽग्निं स इति । 'वृद्धः शौचक्रियालुप्तः प्रत्याख्यातभिषक्क्रियः । आत्मानं घातयेद्यस्तु भृग्वग्न्यनशनाम्बुभिः ॥' इत्युक्तेऽग्निप्रवेशोऽन्त्येष्टिमार्गेणाग्निं समाधाय मन्त्रवत्तदुक्तमन्त्रैर्हुत्वा चाग्निप्रवेशोक्तमन्त्रैरुपनिषदुक्तैः

ततोऽग्निं स समाधाय हुत्वा चाज्येन मन्त्रवत् । शरभङ्गो महातेजाः प्रविवेश हुताशनम् ॥ ३८
तस्य रोमाणि केशांश्च तदा वह्निर्महात्मनः । जीर्णां त्वचं तदस्थीनि यच्च मांसं च शोणितम् ॥ ३९
स च पावकसंकाशः कुमारः समपद्यत । उत्थायाग्निचयात्तस्माच्छरभङ्गो व्यरोचत ॥ ४०
स [illegible]नामृषीणां च महात्मनाम् । देवानां च व्यतिक्रम्य ब्रह्मलोकं व्यरोहत ॥ ४१
स पुण्यकर्मा भुवने द्विजर्षभः पितामहं सानुचरं ददर्श ह ।
पितामहश्चापि समीक्ष्य तं द्विजं ननन्द सुस्वागतमित्युवाच ॥ ४२

इत्यार्षे श्रीमद्रामायणे वाल्मीकीय आदिकाव्येऽरण्यकाण्डे पञ्चमः सर्गः ॥ ५ ॥

षष्ठः सर्गः ।

शरभङ्गे दिवं प्राप्ते मुनिसङ्घाः समागताः । अभ्यगच्छन्त काकुत्स्थं रामं ज्वलिततेजसम् ॥ १
वैखानसा वालखिल्याः संप्रक्षाला मरीचिपाः । अश्मकुट्टाश्च बहवः पत्राहाराश्च तापसाः ॥ २
दन्तोलूखलिनश्चैव तथैवोन्मज्जकाः परे । गात्रशय्या अशय्याश्च तथै[illegible]ः ॥ ३
मुनयः सलिलाहारा वायुभक्षास्तथापरे । आकाशनिलयाश्चैव तथा स्थण्डिलशायिनः ॥ ४
तथोर्ध्ववासिनो दान्तास्तथार्द्रपटवाससः । सजपाश्च तपोनिष्ठास्तथा पञ्चतपोन्विताः ॥ ५
सर्वे ब्राह्म्या श्रिया युक्ता दृढयोगसमाहिताः । शरभङ्गाश्रमे राममभिजग्मुश्च तापसाः ॥ ६
अभिगम्य च धर्मज्ञा रामं धर्मभृतां वरम् । ऊचुः परमधर्मज्ञमृषिसङ्घाः समागताः ॥ ७
त्वमिक्ष्वाकुकुलस्यास्य पृथिव्याश्च महारथः । प्रधानश्चापि नाथश्च देवानां मघवानिव ॥ ८
विश्रुतस्त्रिषु लोकेषु यशसा विक्रमेण च । पितृव्रतत्वं सत्यं च त्वयि धर्मश्च पुष्कलः ॥ ९
त्वामासाद्य महात्मानं धर्मज्ञं धर्मवत्सलम् । अर्थित्वान्नाथ वक्ष्यामस्तच्च नः क्षन्तुमर्हसि ॥ १०
अधर्मः सुमहान्नाथ भवेत्तस्य तु भूपतेः । यो हरेद्बलिषड्भागं न च रक्षति पुत्रवत् ॥ ११

प्रविवेश ॥ ३८ ॥ तस्येति । तस्य शरभङ्गस्य रोमादीनि वह्निर्ददाहेति शेषः ॥ ३९ ॥ स्वर्गारोहणार्थं दिव्यशरीरपरिग्रहमग्निप्रवेशस्य पूर्वकृतोपासनस्य च फलभूतमाह—स चेति ॥ ४० ॥ आहिताग्निलोकाः 'कर्मणा पितृलोकः' इति श्रुताश्चन्द्रप्रदक्षिणाः । ऋषिलोकाः 'विद्यया देवलोकः' इति श्रुताः सूर्यप्रदक्षिणाः । देवानामाजानदेवानां ब्रह्मविष्णुरुद्राणां च लोकाः, यान्ध्रुवः प्रदक्षिणं करोति । ततो ब्रह्मलोकं तुर्यं व्यरोहतारूढवान् ॥ ४१ ॥ पितामहं ब्रह्मादित्रयसमष्टिरूपम् ॥ ४२ ॥

इति श्रीरामाभिरामे श्रीरामीये रामायणतिलके वाल्मीकीय आदिकाव्येऽरण्यकाण्डे पञ्चमः सर्गः ॥ ५ ॥

मुनिसङ्घा दण्डकारण्यवासिनः समागता मिलिताः । अभ्यगच्छन्त । स्वरक्षणप्रार्थनार्थमिति शेषः ॥ १ ॥ वैखानसा इति । 'ये नखास्ते वैखानसा ये वालास्ते वालखिल्याः' इति श्रुतेः । प्रजापतेर्नखलोमजाः । संप्रक्षाला भगवतः पादप्रक्षालनजा महर्षयः । अश्वस्तनिकाः संप्रक्षाला इत्यन्ये । मरीचिपा रविचन्द्रान्यतरकिरणजीविनः । अश्मकुट्टा अपक्वकुट्टितान्नभक्षकाः ॥ २ ॥ दन्तोलूखलिनो दन्तातिरिक्तावहननसाधनरहिताः । उन्मज्जकाः कण्ठदघ्ने जले स्थित्वा तपः कुर्वन्तः । गात्रशय्या अनास्तरणशायिनः । अशय्या निद्राहीनाः । अनवकाशिका एकपादस्य स्थित्यवकाशदानरहिताः । एकपादस्थितिमन्त इति यावत् ॥ ३ ॥ आकाशनिलया अनावृतप्रदेशस्थायिनः । स्थण्डिलशायिन उपलिप्ताना[illegible]ः ॥ ४ ॥ ऊर्ध्ववासिनो गिरिशिखराद्यूर्ध्वप्रदेशे नित्यं वासशालिनः । 'व्रतोपवासिनः' इति पाठस्तु चिन्त्यः । तस्य साधारणधर्मत्वादिति कतकः । आर्द्रपटवाससो नित्यमार्द्रवस्त्रवसनशीलाः । सजपाः सदा जपपराः । तपोनिष्ठाः सदा स्वाध्यायाध्ययनशीलाः । 'तपो हि स्वाध्यायः' इत्युक्तेः । पञ्चतपोन्विता ग्रीष्मे पञ्चाग्निमध्यस्थाः ॥ ५ ॥ ब्राह्म्या श्रिया ब्रह्मविद्यानुष्ठानजनितब्रह्मवर्चसेन । दृढयोगसमाहिता योगैकाग्रचित्ताः ॥ ६ ॥ ७ ॥ किमूचुस्तत्राह—त्वमिति । इक्ष्वाकुकुलस्य पृथिव्याश्च । चेन सकलत्रैलोक्यस्येति गूढम् । प्रधानत्वेन जगद्धारणकर्तृत्वं नाथत्वेन पालकत्वं गर्भितम् । देवानां मघवानिव ॥ ८ ॥ यशसा विक्रमेण च श्रुतः प्रसिद्धः । तेन रूपेणेति शेषः । पितृवचनपालनं व्रतं यस्य तद्भावः सत्यं सत्यवचनं च । त्वयि तिष्ठतीति शेषः । किं च त्वयि स्मृते धर्मश्च पुष्कलः । अङ्गहीनोऽपि सकलाङ्गपूर्णो भवतीत्यर्थः । 'प्रमादात्कुर्वतां कर्म प्रच्यवेताध्वरेषु च । तद्विष्णोः स्मरणादेव संपूर्णं स्यादिति श्रुतिः ॥' इति स्मृतेः ॥ ९ ॥ धर्मज्ञं शरणागतरक्षणरूपधर्मज्ञम् । धर्मवत्सलं धर्मानुष्ठातृप्रियम् । त्वामासाद्य शरणं प्राप्यार्थित्वादर्थिभावेन यत्क्रूरमपि वक्ष्यामस्तत्क्षन्तुमर्हसीति योजना । यद्यपि 'सत्सु कार्यवतां पुंसामलमेवाग्रतः स्थितिः' इति न्यायेन त्वदग्रेऽवस्थानमेव सकलमनोरथपूरकत्वात्तः कार्यसाधनम्, तथाप्यार्त्यतिशयेन किंचिद्वक्ष्यमाणं क्षन्तव्यमिति भावः ॥ १० ॥ जगद्रक्षणतत्परस्य विनापि कथनं स्वरक्षणेऽपि [illegible], तथाप्यार्त्यतिशयेन लोकरीत्या राजधर्मं बोधयन्ति—अधर्म इति । न च रक्षति विषयवा-

युञ्जानः स्वानिव प्राणान्प्राणैरिष्टान्सुतानिव । नित्ययुक्तः सदा रक्षन्सर्वान्विषयवासिनः ॥ १२
प्राप्नोति शाश्वतीं राम कीर्तिं स बहुवार्षिकीम् । ब्राह्मणः स्थानमासाद्य तत्र चापि महीयते ॥ १३
यत्करोति परं धर्मं मुनिर्मूलफलाशनः । तत्र राज्ञश्चतुर्भागः प्रजा धर्मेण रक्षतः ॥ १४
सोऽयं ब्राह्मणभूयिष्ठो वानप्रस्थगणो महान् । त्वन्नाथोऽनाथवद्राम राक्षसैर्हन्यते भृशम् ॥ १५
एहि पश्य शरीराणि मुनीनां भावितात्मनाम् । हतानां राक्षसैर्घोरैर्बहूनां बहुधा वने ॥ १६
पम्पानदीनिवासानामनुमन्दाकिनीमपि । चित्रकूटालयानां च क्रियते कदनं महत् ॥ १७
एवं वयं न मृष्यामो विप्रकारं तपस्विनाम् । क्रियमाणं वने घोरं रक्षोभिर्भीमकर्मभिः ॥ १८
ततस्त्वां शरणार्थं च शरण्यं समुपस्थिताः । परिपालय नो राम वध्यमानान्निशाचरैः ॥ १९
परा त्वत्तो गतिर्वीर पृथिव्यां नोपपद्यते । परिपालय नः सर्वान्राक्षसेभ्यो नृपात्मज ॥ २०
एतच्छ्रुत्वा तु काकुत्स्थस्तापसानां तपस्विनाम् । इदं प्रोवाच धर्मात्मा सर्वानेव तपस्विनः ॥ २१
नैवमर्हथ मां वक्तुमाज्ञाप्योऽहं तपस्विनाम् । केवलेन स्वकार्येण प्रवेष्टव्यं वनं मया ॥ २२
विप्रकारमपाक्रष्टुं राक्षसैर्भवतामिमम् । पितुस्तु निर्देशकरः प्रविष्टोऽहमिदं वनम् ॥ २३
भवतामर्थसिद्ध्यर्थमागतोऽहं यदृच्छया । तस्य मेऽयं वने वासो भविष्यति महाफलः ॥ २४
तपस्विनां रणे शत्रून्हन्तुमिच्छामि राक्षसान् । पश्यन्तु वीर्यमृषयः सभ्रातुर्मे तपोधनाः ॥ २५
दत्त्वा वरं चापि तपोधनानां धर्मे धृतात्मा सह लक्ष्मणेन ।
तपोधनैश्चापि सहार्यदत्तः सुतीक्ष्णमेवाभिजगाम वीरः ॥ २६

इत्यार्षे श्रीमद्रामायणे वाल्मीकीय आदिकाव्येऽरण्यकाण्डे षष्ठः सर्गः ॥ ६ ॥

सिन इत्यपकृष्यते । बलिषड्भागं करभागरूपं षष्ठांशम् । यद्वा बलये पूजायै दत्तं षड्भागं षष्ठांशम् । प्रजाभिः स्वानिष्टपरिहारायेत्यर्थः ॥ ११ ॥ अथ रक्षणेऽभ्युदयमाहुः—युञ्जान इति । युञ्जानः प्रजारक्षणे यतमानः सर्वान्देशवासिनः स्वान्प्राणानिव प्राणैरिष्टान्प्राणेभ्योऽप्यधिकप्रियान्सुतानिव नित्ययुक्तः सदा सावधानो रक्षन् ॥ १२ ॥ इह शाश्वतीम् । अस्यैव विवरणम् । बहुवार्षिकीं कीर्तिमैहिकीमामुष्मिकं च ब्रह्मलोकरूपं फलं प्राप्नोति । तदाहुः—ब्राह्मण इति ॥ १३ ॥ ननु षष्ठांशग्रहात्प्रजारक्षणावश्यकत्वेऽपि वनवासिरक्षणं कुतस्तत्राह—यदिति । यदिति सामान्ये नपुंसकम् । प्रजा वानप्रस्थप्रजाः । चतुर्भागश्चतुर्थांशः । इदमुपलक्षणं षड्भागस्यापि । तत्रोपवासिभिक्षाहारिधर्मात्षड्भागप्राप्तिः तेन धर्मषड्भागप्रतिपादकस्मृत्यविरोधः । राजपरिपालितदेशभवफलाद्यशनवतो धर्माच्चतुर्थो भागः । तदन्नभोजनादिपुष्टाङ्गधर्मात्त्वर्धं राज्ञः । 'अप्रदातुस्तु तस्यार्धं कर्तुश्चार्धं न संशयः' इति स्मृतेरिति बोध्यम् ॥ १४ ॥ अथ विवक्षितमर्थमाहुः—सोऽयमिति । ब्राह्मणभूयिष्ठ इत्यनेन क्षत्रवैश्यवानप्रस्थसत्तापि तत्र बोधिता । त्वं नाथो रक्षको यस्य स त्वन्नाथः सोऽप्यनाथवद्बध्यते, अतस्त्वादृशस्योपेक्षानुचितेति भावः ॥ १५ ॥ स्ववचसो मिथ्यात्वपरिहारायाहुः—एहीति । मुनयो मननशीलाः । भावितात्मानो निदिध्यासननिष्ठाः । शरीराणि केवलं हत्वा त्यक्तानि । बहुधा बहुप्रकारैरङ्गप्रत्यङ्गच्छेदनादिभिः ॥ १६ ॥ सकलदण्डकारण्यपीडामाहुः—पम्पेत्यादि । पम्पा च नद्यश्च तत्र निवासो येषां तेषाम् । पम्पारूपा नदी वा । अनुमन्दाकिनीमपीति । अनुर्लक्षणे कर्मप्रवचनीयः । मन्दाकिन्या अत्रत्यपुण्यनद्यास्तीरवासिनाम् । मन्दाकिन्या विस्तीर्णप्रवाहत्वाद्दुरवगाहतया पृथगुक्ती राघवाख्याने ॥ १७ ॥ विप्रकारं दुःखं न मृष्यामः सोढुमशक्ताः ॥ १८ ॥ शरण्यं रक्षणसमर्थम् । शरणार्थं रक्षणार्थम् ॥ १९ ॥ त्वत्तः परा गतिस्त्वदन्यस्त्राता ॥ २० ॥ तपस्विनां तपोबलयुतानां तापसानामृषीणाम् ॥ २१ ॥ तदेवाह—नैवमिति । एवमुक्तं प्रार्थनारूपं वचः । आज्ञाप्यः शिष्यादिरिवेदं कुर्विति शिक्षणीयः । केवलेनोपाध्यन्तररहितेन स्वकार्येण पितृवचनपरिपालनात्मकेन हेतुना मयावश्यं वनं प्रवेष्टव्यमेव । स च मे वनप्रवेशो राक्षसैः क्रियमाणं भवतामिमं विप्रकारमपाक्रष्टुमपि भविष्यतीत्यर्थ इति तीर्थकतकौ । भवच्छत्रुहननं केवलं मदीयमेवं कार्यं बहुधर्मोपचयजनकत्वान्मदिष्टसाधनमेव । यद्यपि स्वविप्रकारनाशे भवन्तः समर्था एव तथापि मम धर्मोपचयायैवैषा भवदीया मम प्रेरणेति भावः । अन्वयस्त्वत्र स्फुट एवेत्यन्ये । किं च पित्राज्ञापरिपालनार्थमिदं वनं प्रविष्ट एवास्मि । प्रविष्टे च मयि सोऽर्थोऽवश्यं भाव्य एवेति भवतामेवं प्रार्थनमनवसरमिति भावः ॥ २२ ॥ २३ ॥ तदेवाह—भवतामिति । यदृच्छया आगत एवाहं भवतामर्थसिद्ध्यर्थमपि भविष्याम्येवेति शेषः । पितुस्त्वित्यनेनोक्त एवार्थः कविना श्लोकान्तरेण वर्ण्यते । इयमपि शैली कवेरिति कतकतीर्थौ । यतः शत्रून्हन्तुमिच्छामि, अतस्तस्य यदृच्छया वनमागतस्य मेऽयं वनवासो महाफलो भविष्यतीति स्वगतो विचारः । अथ ऋषिधैर्याय प्रकाशं प्रतिजानीते—पश्यन्त्विति । सर्वथा हनिष्यामीति यावत् ॥ २४ ॥ ॥ २५ ॥ वरमुक्तवचनात्मना । धर्मे धृतात्मा धर्मे स्थित-

सप्तमः सर्गः

रामस्तु सहितो भ्रात्रा सीतया च परंतपः । सुतीक्ष्णस्याश्रमपदं जगाम सह तैर्द्विजैः ॥ १
स गत्वा दूरमध्वानं नदीस्तीर्त्वा बहूदकाः । ददर्श विमलं शैलं महामेरुमिवोन्नतम् ॥ २
ततस्तदिक्ष्वाकुवरौ सततं विविधैर्द्रुमैः । काननं तौ विविशतुः सीतया सह राघवौ ॥ ३
प्रविष्टस्तु वनं घोरं बहुपुष्पफलद्रुमम् । ददर्शाश्रममेकान्ते चीरमालापरिष्कृतम् ॥ ४
तत्र तापसमासीनं मलपङ्कजधारिणम् । रामः सुतीक्ष्णं विधिवत्तपोधनमभाषत ॥ ५
रामोऽहमस्मि भगवन्भवन्तं द्रष्टुमागतः । तन्माभिवद धर्मज्ञ महर्षे सत्यविक्रम ॥ ६
स निरीक्ष्य ततो धीरो रामं धर्मभृतां वरम् । समाश्लिष्य च बाहुभ्यामिदं वचनमब्रवीत् ॥ ७
स्वागतं ते रघुश्रेष्ठ राम सत्यभृतां वर । आश्रमोऽयं त्वयाक्रान्तः सनाथ इव सांप्रतम् ॥ ८
प्रतीक्षमाणस्त्वामेव नारोहेऽहं महायशः । देवलोकमितो वीर देहं त्यक्त्वा महीतले ॥ ९
चित्रकूटमुपादाय राज्यभ्रष्टोऽसि मे श्रुतः । इहोपयातः काकुत्स्थ देवराजः शतक्रतुः ॥ १०
उपागम्य च मे देवो महादेवः सुरेश्वरः । सर्वाँल्लोकाञ्जितानाह मम पुण्येन कर्मणा ॥ ११
तेषु देवर्षिजुष्टेषु जितेषु तपसा मया । मत्प्रसादात्सभार्यस्त्वं विहरस्व सलक्ष्मणः ॥ १२
तमुग्रतपसं दीप्तं महर्षिं सत्यवादिनम् । प्रत्युवाचात्मवान्रामो ब्रह्माणमिव वासवः ॥ १३
अहमेवाहरिष्यामि स्वयं लोकान्महामुने । आवासं त्वहमिच्छामि प्रदिष्टमिह कानने ॥ १४
भवान्सर्वत्र कुशलः सर्वभूतहिते रतः । आख्यातं शरभङ्गेन गौतमेन महात्मना ॥ १५
एवमुक्तस्तु रामेण महर्षिर्लोकविश्रुतः । अब्रवीन्मधुरं वाक्यं हर्षेण महता युतः ॥ १६
अयमेवाश्रमो राम गुणवान्रम्यतामिति । ऋषिसङ्घानुचरितः सदा मूलफलैर्युतः ॥ १७

च्चित्तः । आर्यं पूज्यं दत्तं यस्य सः । तपोधनैः सह सुतीक्ष्णमभिजगाम ॥ २६ ॥ इति श्रीरामाभिरामे श्रीरामीये रामायणतिलके वाल्मीकीय आदिकाव्येऽरण्यकाडे षष्ठः सर्गः ॥ ६ ॥

द्विजैः प्रार्थनार्थमागतैर्वानप्रस्थैः ॥ १ ॥ विमलं पवित्रम् । 'महामेघमिव' इति पाठे स्थितमिति शेषः । नैल्यस्थौल्याभ्यां सादृश्यम् । उन्नतमिति स्वरूपकथनम् ॥ २ ॥ ३ ॥ ४ ॥ अत्र 'ततस्तदिक्ष्वाकुवरौ' इत्यादिश्लोकत्रयं प्रक्षिप्तमिति कतकः । मलपङ्कजधारिणं मलस्य सर्वाघस्य शान्तये पङ्कजे पद्मासने स्थित्वा धारणशीलम् । यद्वा पङ्कजे हृदयपङ्कजे धारिणमैश्वरयोगधारणशीलमित्यर्थ इति कतकः । तीर्थस्तु—'मलपङ्कजटाधरम्' इति पठित्वा मलमुद्वर्तनादिसंस्काराभावाच्छरीरजं पङ्को वनसंचाराच्छरीरलग्न इति भेद इत्याह । विधिवदुपगम्येति शेषः ॥ ५ ॥ तन्माभिवदेति । मा इति माम् । उक्तयोगधारणशीलत्वेन वाग्व्यवहाराभावादेवं प्रार्थना । सत्यविक्रम अक्षततपःस्वभाव ॥ ६ ॥ स निरीक्ष्येति । उक्तवचनात्समाधितो व्युत्थाय । रामं दृष्ट्वेत्यर्थः ॥ ७ ॥ सनाथ इव सस्वामिक इव अत्रायमाश्रमो ब्रह्मचर्याद्याश्रमव्यवहार्योऽयं देहस्त्वया जीवरूपेणाक्रान्तोऽपि सांप्रतमथ बहिश्चक्षुषानुभवन्सनाथ इव मायया सच्चिदानन्दस्यैवैवं शरीररूपेण प्रतिभासमानस्येदृशस्य । त्वद्रूपस्य दर्शनेन चित्तशुद्ध्या पूर्वं जीवाभेदेनाहमिति प्रतीत्या गृहीतस्य तद्वैलक्षण्येनेदानीं ब्रह्माभेदनिबन्धनसनाथत्वव्यवहारः । इवेन जडानामप्यतिरिक्तत्वाभावः सूचित इति ध्वनिः ॥ ८ अतस्त्वां प्रतीक्षमाण इति । त्वां स्वात्मभूतम् । महायश इति संबोधनम् । देवलोकं देवस्य ब्रह्मणो लोकम् ॥ ९ ॥ ननु कात्र मदागमनसंभावना तत्राह—चित्रेति । यदा राज्यभ्रष्टश्चित्रकूटमुपादाय प्राप्य स्थितोऽसि तदाप्रभृति मे मया श्रुतोऽसि । आश्रमोऽयमित्यस्य व्यङ्ग्येऽर्थे तु—चित्रं विचित्रफलहेतुकूटं दुरवगाहत्वात्संसारं प्राप्य राज्यभ्रष्टो विद्यासंसर्गेण स्वाराज्यान्नित्यशुद्धबुद्धमुक्तस्वरूपाद्भ्रष्टस्तद्योगात्संसारं प्राप्तस्त्वमेव मया श्रुतिवाक्येभ्यः श्रुतोऽसि, अतस्तत्प्रतीक्षया न देवलोकं गत इति व्यङ्ग्योऽर्थः । नन्विदानीं क्व ते देवलोकारोहणप्रसक्तिस्तत्राह—इहेति । शरभङ्गाह्वानानन्तरमिहाप्यागत इत्यर्थः ॥ १० ॥ पुण्येन कर्मणा जितानित्यनेन श्रवणसंपत्तावपि निदिध्यासनसंपत्त्यभावोऽस्योक्तः । पूजावचनेषु पौनरुक्त्यं न दोषाय । देवादिपदानां प्रवृत्तिनिमित्तभेदस्य स्पष्टत्वान्न पौनरुक्त्यमिति केचित् ॥ ११ ॥ अथ सर्वं पुण्यमनन्तफलत्वाय भगवत्यर्पयति—तेष्विति ॥ १२ ॥ १३ ॥ अहमेवेति । तपसेत्यर्थः । त्वत्तः प्रतिग्रहे नाहमधिकारीति आपाततोऽर्थः । वास्तवस्तु तद्दत्तपुण्याङ्गीकारेणानुगृह्णाति भगवान्—अहमेवेति । न्यासत्वेन त्वया स्थापितं तुभ्यं प्रापयिष्यामि । अहमेवेत्यनेन सर्वकर्मफलदाता सर्वोपासनास्वहमेवेति सूचितम् । अथ लोकदृष्ट्येतरजनप्रतारणायावासमिति । प्रदिष्टम् । त्वयेति शेषः ॥ १४ ॥ गौतमेन गौतमगोत्रेण शरभङ्गेन । सर्वत्र इह परत्र च कुशल इत्याख्यातम् । एवं चानभिज्ञोऽहमित्युत्तरं दातुमशक्यमित्याशयः ॥ १५ ॥ १६ ॥ अयमेवास्मदीयः ॥ १७ ॥

इममाश्रममागम्य मृगसङ्घा महीयसः। अहत्वा प्रतिगच्छन्ति लोभयित्वाकुतोभयाः॥ १८
नान्यो दोषो भवेदत्र मृगेभ्योऽन्यत्र विद्धि वै। तच्छ्रुत्वा वचनं तस्य महर्षेर्लक्ष्मणाग्रजः॥ १९
उवाच वचनं धीरो विगृह्य सशरं धनुः। तानहं सुमहाभाग मृगसङ्घान्समागतान्॥ २०
हन्यां निशितधारेण शरेणानतपर्वणा। भवांस्तत्राभिषज्येत किं स्यात्कृच्छ्रतरं ततः॥ २१
एतस्मिन्नाश्रमे वासं चिरं तु न समर्थये। तमेवमुक्त्वोपरमं रामः संध्यामुपागमत्॥ २२
अन्वास्य पश्चिमां संध्यां तत्र वासमकल्पयत्। सुतीक्ष्णस्याश्रमे रम्ये सीतया लक्ष्मणेन च॥ २३

ततः शुभं तापसयोग्यमन्नं स्वयं सुतीक्ष्णः पुरुषर्षभाभ्याम्।
ताभ्यां सुसत्कृत्य ददौ महात्मा संध्यानिवृत्तौ रजनीं समीक्ष्य॥ २४

इत्यार्षे श्रीमद्रामायणे वाल्मीकीय आदिकाव्येऽरण्यकाण्डे सप्तमः सर्गः॥ ७॥

अष्टमः सर्गः।

रामस्तु सहसौमित्रिः सुतीक्ष्णेनाभिपूजितः। परिणाम्य निशां तत्र प्रभाते प्रत्यबुध्यत॥ १
उत्थाय च यथाकालं राघवः सह सीतया। उपस्पृश्य सुशीतेन तोयेनोत्पलगन्धिना॥ २
अथ तेऽग्निं सुरांश्चैव वैदेही रामलक्ष्मणौ। काल्यं विधिवदभ्यर्च्य तपस्विशरणे वने॥ ३
उदयन्तं दिनकरं दृष्ट्वा विगतकल्मषाः। सुतीक्ष्णमभिगम्येदं श्लक्ष्णं वचनमब्रुवन्॥ ४
सुखोषिताः स्म भगवंस्त्वया पूज्येन पूजिताः। आपृच्छामः प्रयास्यामो मुनयस्त्वरयन्ति नः॥ ५
त्वरामहे वयं द्रष्टुं कृत्स्नमाश्रममण्डलम्। ऋषीणां पुण्यशीलानां दण्डकारण्यवासिनाम्॥ ६
अभ्यनुज्ञातुमिच्छामः सहैभिर्मुनिपुंगवैः। धर्मनित्यैस्तपोदान्तैर्विशिखैरिव पावकैः॥ ७
अविषह्यातपो यावत्सूर्यो नातिविराजते। अमार्गेणागतां लक्ष्मीं प्राप्येवान्वयवर्जितः॥ ८
तावदिच्छामहे गन्तुमित्युक्त्वा चरणौ मुनेः। ववन्दे सहसौमित्रिः सीतया सह राघवः॥ ९
तौ संस्पृशन्तौ चरणावुत्थाप्य मुनिपुंगवः। गाढमाश्लिष्य सस्नेहमिदं वचनमब्रवीत्॥ १०
अरिष्टं गच्छ पन्थानं राम सौमित्रिणा सह। सीतया चानया सार्धं छाययेवानुवृत्तया॥ ११
पश्याश्रमपदं रम्यं दण्डकारण्यवासिनाम्। एषां तपस्विनां वीर तपसा भावितात्मनाम्॥ १२
सुप्राज्यफलमूलानि पुष्पितानि वनानि च। प्रशस्तमृगयूथानि शान्तपक्षिगणानि च॥ १३

अनेन गुणमुक्त्वा दोषमाह—इममिति। इममाश्रमं दण्डकारण्याश्रमम्। महीयसोऽतिशयितमहत्त्ववतोऽपि। अहत्वा हननमकृत्वा लोभयित्वा रूपकान्तिगतिविशेषैश्चित्तक्षोभं कृत्वा गच्छन्तीत्यर्थः। अनेन भावी मारीचवृत्तान्तः सूचितः। अकुतोभयास्ते इव॥ १८॥ अत्र दण्डकारण्ये। नान्यो दोषो भवेदत्रेत्यस्यैव विवरणम्—मृगेभ्योऽन्यत्र विद्धि वै इति। मृगेभ्योऽन्यत्र न भयमिति विद्धीत्यर्थः। दण्डकारण्याभिप्रायेण मुन्युक्तं तदाश्रममात्राभिप्रायं परिकल्प्य रामोऽवादीदित्याह। तच्छ्रुत्वा मृगेभ्यो भयविषयं वचनम्॥ १९॥ ॥ २०॥ हन्याम्। प्राप्तकाले लिङ्। प्राप्तमृगहननं कुर्याम्। परं त्वेवं कृत्वात्र स्थातुमशक्यमित्याह—भवानिति। तत्र मृगसङ्घवधे भवान्मयाभिषज्येत। अभिषङ्गः पराभवः। कृतपराभवो यो भवेत्ततः परं मे कृच्छ्रतरं किं स्यात्, न किमपि॥ २१॥ यदेवमतः—एतस्मिन्निति। चिरं चिरकालं वासं न समर्थये नेच्छामि। मृगसङ्घवधं विना स्थातुमशक्यं तद्वधेन च भवतां पीडेत्याशयः। उपरममुपरम्य। क्वचित् 'उपरम्य' इत्येव पाठः। संध्यामुपागमत्संध्यां वन्दितुमुपागतवान्॥ २२॥ २३॥ संध्यानिवृत्तौ रजनीमभ्यवहारार्हां समीक्ष्येति यावत्॥ २४॥ **इति श्रीरामाभिरामे श्रीरामीये रामायणतिलके वाल्मीकीय आदिकाव्येऽरण्यकाण्डे सप्तमः सर्गः॥७॥**

परिणाम्यातिवाह्य॥ १॥ उपस्पृश्य स्नात्वा। उत्पलगन्धिनोत्पलगन्धवता॥ २॥ काल्यं यथाकालप्राप्तमित्यभ्यर्चनक्रियाविशेषणम्॥ ३॥ ४॥ ५॥ ६॥ अभ्यनुज्ञातुमिच्छामस्त्वत्कर्तृकं गमनानुज्ञानं प्रार्थयामः। विशिखैर्विधूमैः॥ ७॥ अविषह्यातपः सोढुमशक्यातपो यावज्जात एवातिविराजते तावद्गन्तुमिच्छाम इत्यन्वयः। अमार्गेणान्यायेनागतां लक्ष्मीमैश्वर्यं प्राप्यान्वयवर्जितोऽन्वयः संबन्धस्तद्विवर्जितः। गुरुसाधुजनसेवारहितो दुष्प्रभुरिवाकुलज इव वा यावदविषह्यप्रतापो न ततः पूर्वं गन्तुमिच्छाम इत्यर्थः॥ ८॥ ९॥ १०॥ अरिष्टं निरुपद्रवम्॥ ११॥ आश्रमपदमिति। जातावेकवचनम्॥ १२॥ उक्तविशेषणविशिष्टानि वनानि सरांसि च द्रक्ष्यसि इत्यन्वयः। शान्तपक्षिगणत्वं परस्परवि-

फुल्लपङ्कजखण्डानि प्रसन्नसलिलानि च । कारण्डवविकीर्णानि तटाकानि सरांसि च ॥ १४
द्रक्ष्यसे दृष्टिरम्याणि गिरिप्रस्रवणानि च । रमणीयान्यरण्यानि मयूराभिरुतानि च ॥ १५
गम्यतां वत्स सौमित्रे भवानपि च गच्छतु । आगन्तव्यं च ते दृष्ट्वा पुनरेवाश्रमं प्रति ॥ १६
एवमुक्तस्तथेत्युक्त्वा काकुत्स्थः सहलक्ष्मणः । प्रदक्षिणं मुनिं कृत्वा प्रस्थातुमुपचक्रमे ॥ १७
ततः शुभतरे तूणी धनुषी चायतेक्षणा । ददौ सीता तयोर्भ्रात्रोः खड्गौ च विमलौ ततः ॥ १८
आबध्य च शुभे तूणी चापे चादाय सस्वने । निष्क्रान्तावाश्रमाद्गन्तुमुभौ तौ रामलक्ष्मणौ ॥ १९
शीघ्रं तौ रूपसंपन्नावनुज्ञातौ महर्षिणा । प्रस्थितौ धृतचापासी सीतया सह राघवौ ॥ २०

इत्यार्षे श्रीमद्रामायणे वाल्मीकीय आदिकाव्येऽरण्यकाण्डेऽष्टमः सर्गः ॥ ८ ॥

नवमः सर्गः ।

सुतीक्ष्णेनाभ्यनुज्ञातं प्रस्थितं रघुनन्दनम् । हृद्यया स्निग्धया वाचा भर्तारमिदमब्रवीत् ॥ १
अधर्मं तु सुसूक्ष्मेण विधिना प्राप्यते महान् । निवृत्तेन च शक्योऽयं व्यसनात्कामजादिह ॥ २
त्रीण्येव व्यसनान्यत्र कामजानि भवन्त्युत । मिथ्यावाक्यं तु परमं तस्माद्गुरुतरावुभौ ॥ ३
परदाराभिगमनं विनावैरं च रौद्रता । मिथ्यावाक्यं न ते भूतं न भविष्यति राघव ॥ ४
कुतोऽभिलषणं स्त्रीणां परेषां धर्मनाशनम् । तव नास्ति मनुष्येन्द्र न चाभूत्ते कदाचन ॥ ५
मनस्यपि यथा राम न चैतद्विद्यते क्वचित् । स्वदारनिरतश्चैव नित्यमेव नृपात्मज ॥ ६
धर्मिष्ठः सत्यसंधश्च पितुर्निर्देशकारकः । त्वयि धर्मश्च सत्यं च त्वयि सर्वं प्रतिष्ठितम् ॥ ७
तच्च सर्वं महाबाहो शक्यं वोढुं जितेन्द्रियैः । तव वश्येन्द्रियत्वं च भूतानां शुभदर्शन ॥ ८
तृतीयं यदिदं रौद्रं परप्राणाभिहिंसनम् । निर्वैरं क्रियते मोहात्तच्च ते समुपस्थितम् ॥ ९
प्रतिज्ञातस्त्वया वीर दण्डकारण्यवासिनाम् । ऋषीणां रक्षणार्थाय वधः संयति रक्षसाम् ॥ १०
एतन्निमित्तं वचनं दण्डका इति विश्रुतम् । प्रस्थितस्त्वं सह भ्रात्रा धृतबाणशरासनः ॥ ११

रोधाभावात् ॥ १३ ॥ कारण्डवैर्विकीर्णानि व्याप्तानि ॥ १४ ॥ ॥ १५ ॥ ते त्वया । सकलऋषीणामाश्रमान्दृष्ट्वा पुनरपि ममाश्रमं प्रत्यागन्तव्यमित्यर्थः ॥ १६ ॥ १७ ॥ ततो धनुरादिदानानन्तरं विमलौ निशितौ खड्गौ च ददौ ॥ १८ ॥ चापे । चापशब्दो द्विलिङ्गः ॥ १९ ॥ २० ॥ **इति श्रीरामाभिरामे श्रीरामीये रामायणतिलके वाल्मीकीय आदिकाव्येऽरण्यकाण्डेऽष्टमः सर्गः ॥ ८ ॥**

राक्षसवधप्रतिज्ञां पुनरुक्तां कारयितुं तेजोवृद्ध्यर्थं च राक्षसवधमापाततो निषेधती सीताब्रवीत् । सीतेति शेषः । हृद्यया युक्तिमत्त्वेन हृदयंगमया । स्निग्धया स्नेहप्रवृत्तया ॥ १ ॥ अधर्ममिति । यद्यपि भवान्महान्महापुरुषोऽथापि सुसूक्ष्मेण विधिना सूक्ष्मेण मार्गेण विचारणे सति भवानधर्मं तु प्राप्यते प्राप्नोति । छान्दसः श्यन् । अतिदुर्बलमृगवधप्रतिज्ञया वनप्रवेशे सतीत्यर्थः । वर्तमानसामीप्ये लट् । अयमधर्मस्तु कामजाद्व्यसनाद्विनिवृत्तेन त्वया निवर्तयितुं शक्यः ॥ २ ॥ किं तत्कामजं व्यसनं कश्चायमधर्मो यत्तन्निवृत्त्या निवर्तनीय इत्याशङ्कायामाह—त्रीण्येवेति । कानि त्रीणीत्यतः—मिथ्येति । स्वदेहस्त्रीपुत्रादिरागवशान्मिथ्यावाक्यप्रवृत्तिः पुंसस्तत्परमकं व्यसनस्वरूपं तदनन्तरं ततोऽपि गुरुतरावत्यन्तगुरुव्यसनभूतौ ॥ ३ ॥ कौ तौ तत्राह—परदारेति । विनावैरं रौद्रता रौद्रभावावलम्बनम् । मृगाणामत्यन्तदुर्बलत्वेन तेषु वैरप्रसक्त्यभावादिति भावः । एवं व्यसनत्रयं निरूप्य प्रकृतेऽधर्मप्राप्तिपरिहाराय व्यसनं परिशेषयितुमाह—मिथ्येति ॥ ४ ॥ परदाराभिमर्शनमपि त्वयि नास्तीत्याह—कुत इति । कुतोऽपि हेतोरित्यर्थकं कुत इति पूर्वान्वयि । धर्मनाशनं परेषां स्त्रीणामभिलषणं तत्पूर्वकं तत्स्पर्शादि तव नास्ति वर्तमानकाले नाभूत्पूर्वं च । ततः परं न भविष्यति च ॥ ५ ॥ किंबहुना मनस्यप्येतन्न विद्यते । अनेनेच्छाया अपि निरासः । तस्यैवोपपादनम्—स्वदारेति ॥ ६ ॥ यतस्त्वं धर्मिष्ठत्वादिगुणः, अतस्त्वयि धर्मः प्रतिष्ठितः । सर्वं सत्यं च त्वयि प्रतिष्ठितम् ॥ ७ ॥ ननूक्तव्यसने मयि न भविष्यत इति कथं तव निर्णयोऽत आह—तच्चेति । वोढुं शक्यमग्रेऽपि तत्परिपालनं कर्तुं शक्यम् । यतस्तत्परिपालनकारणं जितेन्द्रियत्वं त्वय्यस्ति, अतो न भविष्यत इति निर्णयः ॥ ८ ॥ तृतीयं तु व्यसनं प्रसक्तमित्याह—तृतीयमिति । यन्मोहान्निर्वैरं परप्राणाभिहिंसनं क्रियते तदिदं रौद्राख्यं मृगयारूपं तृतीयं व्यसनं ते तच्च तत्तु तत्सदृशं तु समुपस्थितम् । राक्षसैः स्वापराधाकरणान्निर्वैरत्वमस्येति बोध्यम् ॥ ९ ॥ कुतोऽस्याधर्मस्य मम प्राप्तिरत आह—प्रतिज्ञात इति ॥ १० ॥ ननु प्रतिज्ञामात्रेण कथमधर्मप्राप्तिस्तत्राह—एतदिति । प्रतिज्ञातरक्षोवधार्थमि-

ततस्त्वां प्रस्थितं दृष्ट्वा मम चिन्ताकुलं मनः । त्वद्वृत्तं चिन्तयन्त्या वै भवेन्निःश्रेयसं हितम् ॥ १२
नहि मे रोचते वीर गमनं दण्डकान्प्रति । कारणं तत्र वक्ष्यामि वदन्त्याः श्रूयतां मम ॥ १३
त्वं हि बाणधनुष्पाणिर्भ्रात्रा सह वनं गतः । दृष्ट्वा वनचरान्सर्वान्कच्चित्कुर्याः शरव्ययम् ॥ १४
क्षत्रियाणामिह धनुर्हुताशस्येन्धनानि च । समीपतः स्थितं तेजो बलमुच्छ्रयते भृशम् ॥ १५
पुरा किल महाबाहो तपस्वी सत्यवाक्शुचिः । कस्मिंश्चिदभवत्पुण्ये वने रतमृगद्विजे ॥ १६
तस्यैव तपसो विघ्नं कर्तुमिन्द्रः शचीपतिः । खड्गपाणिरथागच्छदाश्रमं भटरूपधृक् ॥ १७
तस्मिंस्तदाश्रमपदे निहितः खड्ग उत्तमः । स न्यासविधिना दत्तः पुण्ये तपसि तिष्ठतः ॥ १८
स तच्छस्त्रमनुप्राप्य न्यासरक्षणतत्परः । वने तु विचरत्येव रक्षन्प्रत्ययमात्मनः ॥ १९
यत्र गच्छत्युपादातुं मूलानि च फलानि च । न विना याति तं खड्गं न्यासरक्षणतत्परः ॥ २०
नित्यं शस्त्रं परिवहन्क्रमेण स तपोधनः । चकार रौद्रीं स्वां बुद्धिं त्यक्त्वा तपसि निश्चयम् ॥ २१
ततः स रौद्राभिरतः प्रमत्तोऽधर्मकर्शितः । तस्य शस्त्रस्य संवासाज्जगाम नरकं मुनिः ॥ २२
एवमेतत्पुरावृत्तं शस्त्रसंयोगकारणम् । अग्निसंयोगवद्धेतुः शस्त्रसंयोग उच्यते ॥ २३
स्नेहाच्च बहुमानाच्च स्मारये त्वां तु शिक्षये । न कथंचन सा कार्या गृहीतधनुषा त्वया ॥ २४
बुद्धिर्वैरं विना हन्तुं राक्षसान्दण्डकाश्रितान् । अपराधं विना हन्तुं लोको वीर न मंस्यते ॥ २५
क्षत्रियाणां तु वीराणां वनेषु नियतात्मनाम् । धनुषा कार्यमेतावदार्तानामभिरक्षणम् ॥ २६
क्व च शस्त्रं क्व च वनं क्व च क्षात्रं तपः क्व च । व्याविद्धमिदमस्माभिर्देशधर्मस्तु पूज्यताम् ॥ २७
कदर्यकलुषा बुद्धिर्जायते शस्त्रसेवनात् । पुनर्गत्वा त्वयोध्यायां क्षत्रधर्मं चरिष्यसि ॥ २८
अक्षया तु भवेत्प्रीतिः श्वश्रूश्वशुरयोर्मम । यदि राज्यं हि संन्यस्य भवेस्त्वं निरतो मुनिः ॥ २९

त्यर्थः । दण्डका इति विश्रुतं प्रसिद्धम् । वनमित्यर्थः । प्रस्थितेन त्वया पूर्वं प्रतिज्ञातत्वात्तत्कर्तव्यमेवेति तत्प्रसक्तिरिति भावः ॥ ११ ॥ ततो हेतोस्त्वां प्रस्थितं दृष्ट्वा तद्वृत्तं सत्यप्रतिज्ञत्वरूपं चरित्रं दृष्ट्वा तव निःश्रेयसं पारलौकिकं सुखं हितमिहलोकसुखं चिन्तयन्त्या मम मनश्चिन्ताकुलं भवेद्भवति । रक्षसां बलवत्त्वेन तेभ्योऽनिष्टसंभावनयैहिकसुखभङ्गोऽपि संभावित इति भावः ॥ १२ ॥ यदेवमतः—नहि मे इति । कारणं तद्गमनारुचौ—ममेति । सकाशादिति शेषः ॥ १३ ॥ हि यतस्त्वं वनं गतः सर्वान्वनचरान्राक्षसान्दृष्ट्वा शरव्ययं कच्चित्कुर्याः करिष्यसि । इदमेव हिंसालक्षणाधर्मप्राप्तौ कारणम् ॥ १४ ॥ शरमोक्षमकृत्वावास्थनं त्वशक्यमित्याह—क्षत्रियाणामिति । समीपतः स्थितं धनुर्यत्समीपस्थितं तस्य पुंसस्तेजोबलं तेजस आधिक्यं करोति । यथा वह्नेस्तेजस आधिक्यमिन्धनानि कुर्वते ॥ १५ ॥ अत्रेतिहासमाह—पुरेति । रतमृगद्विजे इति । उपशान्तमृगपक्षिके । तपस्तेप इति शेषः ॥ १६ ॥ भटो योधः ॥ १७ ॥ तदा तस्मिन्नाश्रमे पुण्ये तपसि तिष्ठतस्तस्य मुनेः । शेषे षष्ठी । तस्मै मुनये स खड्गो न्यासविधिना कालान्तरे आदानाय रक्षणार्थं स्थापनकर्मणा ॥ १८ ॥ आत्मनः प्रत्ययं विश्वासं रक्षन्नेव विचरति ॥ १९ ॥ तदेव दर्शयति—यत्रेति ॥ २० ॥ परिवहन्नरक्षणेऽधर्मं कलङ्कं च पश्यंस्तपसि निश्चयरूपां स्वां बुद्धिं त्यक्त्वा रौद्रीं बुद्धिं चकार ॥ २१ ॥ रौद्राभिरतो रौद्रकर्मणि प्रीतिमान् । अधर्मेण कर्शितो हीनधर्मः कृतः । संवासाद्धारणात् ॥ २२ ॥ शस्त्रसंयोगकारणमिति बहुव्रीहिः । अग्निसंयोगो यथा काष्ठानां विकारहेतुस्तद्वच्छस्त्रसंयोगः शस्त्रिणो विकारहेतुः ॥ २३ ॥ स्नेहाद्भवद्विषयाद्बहुमानात्त्वत्कर्तृकान्मद्विषयात् । किंच बहुमानो नाम मदीयोऽयं भर्तेत्येवमभिमानः । स्मारये । पुरावृत्तमिति शेषः । अत्र स्नेहो हेतुः । बहुमानाच्च त्वां तु शिक्षये इत्यर्थः । तदेव शिक्षणं करोति—न कथंचनेति । यत्तु तीर्थः 'स्मारये त्वां न शिक्षये' इति पठति व्याचष्टे च, तत्तु उत्तरवाक्ये करिष्यमाणशिक्षणेन व्याहतमिति कतकः ॥ २४ ॥ सा केत्यत्राह—बुद्धिरिति । अस्यैव प्रपञ्चः—अपराधं विनेति । हन्तुम् । राक्षसानिति शेषः । न मंस्यते । तव यत्नमौचित्येनेति शेषः । 'लोकान्वीर न कामये' इति पाठे लोकान्हन्तुं नेच्छामि, राक्षसवदितरप्राणिवधस्याप्येवं सति प्रसङ्गादिति भावः ॥ २५ ॥ नन्वस्मदपराधाकरणेऽप्यार्तमुनिजनरक्षणार्थमेव तेषां वधोऽस्त्वित्यत आह—क्षत्रियाणामिति । क्षत्रियाणां क्षत्रधर्मार्हपदप्रतिष्ठितानाम् । अतएव वीराणां राज्यरक्षणशेषतया युद्धादिप्रवृत्तिमतामेतावद्धनुषा कार्यं यद्वनेषु वसतां नियतात्मनामार्तानामभिरक्षणम् ॥ २६ ॥ अस्माकं तु नात्राप्यधिकार इत्याह—क्व चेति । क्षात्रं दुष्टवधादि । तपो जटावल्कलादिधारणपूर्वकमस्माभिरिदानीमनुतिष्ठासितमिदम् । व्याविद्धं परस्परव्याहतम् । तस्माद्देशधर्मस्तपोवनधर्मस्तु पूज्यतां सेव्यताम् ॥ २७ ॥ यतः शस्त्रसेवनात्कदर्याणां कृपणानामिव कलुषा बुद्धिर्जायते धर्मानुष्ठानविरोधिनी, अतः शस्त्रसेवनं वने न कर्तव्यमिति ध्वनिः । ननु क्षत्रियस्य मम युद्धमेव धर्मोऽत आह—पुनरिति । स एव तस्य देशः कालश्चेत्यर्थः ॥ २८ ॥ शस्त्रसेवननिषेधमेव द्रढयति—अक्षयेति । यदि राज्यं त्यक्त्वा

धर्मादर्थः प्रभवति धर्मात्प्रभवते सुखम् । धर्मेण लभते सर्वं धर्मसारमिदं जगत् ॥ ३०
आत्मानं नियमैस्तैस्तैः कर्षयित्वा प्रयत्नतः । प्राप्यते निपुणैर्धर्मो न सुखाल्लभते सुखम् ॥ ३१
नित्यं शुचिमतिः सौम्य चर धर्मं तपोवने । सर्वं तु विदितं तुभ्यं त्रैलोक्यमपि तत्त्वतः ॥ ३२
स्त्रीचापलादेतदुपाहृतं मे धर्मं च वक्तुं तव कः समर्थः ।
विचार्य बुद्ध्या तु सहानुजेन यद्रोचते तत्कुरु माचिरेण ॥ ३३

इत्यार्षे श्रीमद्रामायणे वाल्मीकीय आदिकाव्येऽरण्यकाण्डे नवमः सर्गः ॥ ९ ॥

दशमः सर्गः ।

वाक्यमेतत्तु वैदेह्या व्याहृतं भर्तृभक्तया । श्रुत्वा धर्मे स्थितो रामः प्रत्युवाचाथ जानकीम् ॥ १
हितमुक्तं त्वया देवि स्निग्धया सदृशं वचः । कुलं व्यपदिशन्त्या च धर्मज्ञे जनकात्मजे ॥ २
किं नु वक्ष्याम्यहं देवि त्वयैवोक्तमिदं वचः । क्षत्रियैर्धार्यते चापो नार्तशब्दो भवेदिति ॥ ३
ते चार्ता दण्डकारण्ये मुनयः संशितव्रताः । मां सीते स्वयमागम्य शरण्यं शरणं गताः ॥ ४
वसन्तः कालकालेषु वने मूलफलाशनाः । न लभन्ते सुखं भीरु राक्षसैः क्रूरकर्मभिः ॥ ५
भक्ष्यन्ते राक्षसैर्भीमैर्नरमांसोपजीविभिः । ते भक्ष्यमाणा मुनयो दण्डकारण्यवासिनः ॥ ६
अस्मानभ्यवपद्येति मामूचुर्द्विजसत्तमाः । मया तु वचनं श्रुत्वा तेषामेवं मुखाच्च्युतम् ॥ ७
कृत्वा वचनशुश्रूषां वाक्यमेतदुदाहृतम् । प्रसीदन्तु भवन्तो मेऽह्रीरेषा तु ममातुला ॥ ८
यदीदृशैरहं विप्रैरुपस्थेयैरुपस्थितः । किं करोमीति च मया व्याहृतं द्विजसंनिधौ ॥ ९
सर्वैरेव समागम्य वागियं समुदाहृता । राक्षसैर्दण्डकारण्ये बहुभिः कामरूपिभिः ॥ १०
अर्दिताः स्म भृशं राम भवान्नस्तत्र रक्षतु । होमकाले तु संप्राप्ते पर्वकालेषु चानघ ॥ ११

वने निरतस्त्वं मुनिवृत्तिर्भवेस्तदा मम श्वश्रूश्वशुरयोरक्षया प्रीतिर्भवेत् । श्वशुरस्य वनवासोचितधर्मानुष्ठानेन स्वर्गलाभजा प्रीतिः श्वश्र्वास्तु युद्धादिराहित्येन सुखवासजा प्रीतिरिति बोध्यम् ॥ २९ ॥ हिंसालक्षणस्याधर्मत्वान्मुनिधर्मानुष्ठानमेवोचितमित्याह—धर्मादिति । धर्मादहिंसाप्रधानात् ॥ ३० ॥ सर्वथा धर्म एव संपाद्य इत्याह—आत्मानमिति । आत्मानम् । स्थूलदेहद्वयमित्यर्थः । निपुणैः समर्थैः । सुखं सुखसाधनो धर्मः ॥ ३१ ॥ उपसंहरति—नित्यमिति । त्रैलोक्यमपि त्रिलोकवर्तिप्रजा पुमर्थो । पुमर्थतत्साधनकलाप इत्यर्थः । तुभ्यं त्वया ॥ ३२ ॥ अथ विनयेन क्षमापयति—स्त्रीति । माचिरेण । विलम्बो मास्त्वित्यर्थः । अत्रेदं गूढं सीतातात्पर्यम्—यदि सकलरक्षःक्षयेण सकलत्रिभुवनवर्त्यार्तरक्षणमनपराधिपीडां विहाय कर्तुं शक्यं तदा क्षात्रधर्मं चर, नो चेच्छुद्धतपोधर्मं चरेति धनुषा कार्यमेतावदार्ताभिरक्षणमित्यनेनेदं ध्वनितम् । 'क्षत्रियाणां तु वीराणां वनेषु नियतात्मनाम्' इति पूर्वार्धस्य वनेष्वपि वसतां क्षत्रियाणां वीराणामुत्तरार्धोक्तमावश्यकमिति गूढतात्पर्यम् ॥ ३३ ॥ इति श्रीरामाभिरामे श्रीरामीये रामायणतिलके वाल्मीकीय आदिकाव्येऽरण्यकाण्डे नवमः सर्गः ॥ ९ ॥

एवं युद्धस्यापाततः सीतया धर्मत्वं प्रतिपादितं तद्वाक्याविरोधेनैव धर्मत्वं प्रतिपादयति रामः—वाक्यमिति । 'संवर्धितः' इति पाठे संवर्धिततेजाः । 'धर्मे स्थितः' इति पाठान्तरम् ॥ १ ॥ कुलं व्यपदिशन्त्या 'क्षत्रियाणां तु वीराणाम्' इत्यादिना क्षत्रियकुलधर्मं बोधयन्त्या ॥ २ ॥ अत्रोत्तरमहं किं नु वक्ष्यामि । त्वयैवोत्तरं दत्तमित्यर्थः । इदंशब्दार्थः—क्षत्रियैरिति । रक्षकाभावकृत आर्तानां शब्दो मा भूदित्यर्थं क्षत्रियैश्चापो धार्यत इत्येवोऽर्थो धनुषा कार्यमेतावदार्तानामभिरक्षणमिति वाक्येनोक्त इति शेषः ॥ ३ ॥ त्वद्वचनस्यायमेवानुष्ठानकाल इत्याह—ते चेति । संशितव्रतास्तीक्ष्णव्रताः । स्वयमागम्य शरणं गता इत्यनेन नाहं गर्वादिदोषेण रक्षोवधार्थं प्रवर्ते, किंत्वस्मच्छरणागतेषु वैरेण ममापि वैरमर्थादायातमिति निर्वैरं वधप्रसक्तिर्न मे इत्युक्तम् ॥ ४ ॥ कालकालेषु सर्वकालेष्वित्यर्थः । राक्षसैरित्यस्य वध्यमाना इति शेषः ॥ ५ ॥ ६ ॥ अभ्यवपद्यानुगृहाणेति मामूचुः । पद्यतेरार्षं परस्मैपदम् । एवं रक्षेत्येवम् । तेषां मुखाच्च्युतं वचनं श्रुत्वा ॥ ७ ॥ वचनशुश्रूषां वचनानुपालनलक्षणशुश्रूषां कृत्वा । मनसि कृत्वेत्यर्थः । 'चरणशुश्रूषाम्' इत्यपि पाठः । यदीदृशैरुपस्थितैरस्मामी रक्षणार्थमुपास्यैरुपस्थितः । रक्षणार्थमिति शेषः । एषा ममाह्रीरकीर्तिः, अतः प्रसीदन्त्वित्यर्थः । तीर्थस्तु—एषा मम ह्रीः, अतः प्रसीदन्त्विति व्याचष्टे ॥ ८ ॥ किं करोमि । किं करवाणीत्यर्थः । लोडर्थे लडार्षः ॥ ९ ॥ सर्वैः । एवं मयोक्तैस्तैः सर्वैरित्यर्थः । ॥ १० ॥ स्म स्मः । तत्र रक्षःपीडाविषये । रक्षत्विति भव-

धर्षयन्ति स्म दुर्धर्षा राक्षसाः पिशिताशनाः । राक्षसैर्धर्षितानां च तापसानां तपस्विनाम् ॥ १२
गतिं मृगयमाणानां भवान्नः परमा गतिः । कामं तपःप्रभावेण शक्ता हन्तुं निशाचरान् ॥ १३
चिरार्जितं न चेच्छामस्तपः खण्डयितुं वयम् । बहुविघ्नं तपो नित्यं दुश्चरं चैव राघव ॥ १४
तेन शापं न मुञ्चामो भक्ष्यमाणाश्च राक्षसैः । तदर्द्यमानान्रक्षोभिर्दण्डकारण्यवासिभिः ॥ १५
रक्षकस्त्वं सह भ्रात्रा त्वन्नाथा हि वयं वने । मया चैतद्वचः श्रुत्वा कार्त्स्न्येन परिपालनम् ॥ १६
ऋषीणां दण्डकारण्ये संश्रुतं जनकात्मजे । संश्रुत्य च न शक्ष्यामि जीवमानः प्रतिश्रवम् ॥ १७
मुनीनामन्यथा कर्तुं सत्यमिष्टं हि मे सदा । अप्यहं जीवितं जह्यां त्वां वा सीते सलक्ष्मणाम् ॥ १८
न तु प्रतिज्ञां संश्रुत्य ब्राह्मणेभ्यो विशेषतः । तदवश्यं मया कार्यमृषीणां परिपालनम् ॥ १९
अनुक्तेनापि वैदेहि प्रतिज्ञाय कथं पुनः । मम स्नेहाच्च सौहार्दादिदमुक्तं त्वया वचः ॥ २०
परितुष्टोऽस्म्यहं सीते न ह्यनिष्टोऽनुशास्यते । सदृशं चानुरूपं च कुलस्य तव शोभने ।
सधर्मचारिणी मे त्वं प्राणेभ्योऽपि गरीयसी ॥ २१

इत्येवमुक्त्वा वचनं महात्मा सीतां प्रियां मैथिलराजपुत्रीम् ।
रामो धनुष्मान्सह लक्ष्मणेन जगाम रम्याणि तपोवनानि ॥ २२

इत्यार्षे श्रीमद्रामायणे वाल्मीकीय आदिकाव्येऽरण्यकाण्डे दशमः सर्गः ॥ १० ॥

एकादशः सर्गः ।

अग्रतः प्रययौ रामः सीता मध्ये सुशोभना । पृष्ठतस्तु धनुष्पाणिर्लक्ष्मणोऽनुजगाम ह ॥ १
तौ पश्यमानौ विविधाञ्शैलप्रस्थान्वनानि च । नदीश्च विविधा रम्या जग्मतुः सह सीतया ॥ २
सारसांश्चक्रवाकांश्च नदीपुलिनचारिणः । सरांसि च सपद्मानि युतानि जलजैः खगैः ॥ ३
यूथबन्धांश्च पृषतां मदोन्मत्तान्विषाणिनः । महिषांश्च वराहांश्च गजांश्च द्रुमवैरिणः ॥ ४
ते गत्वा दूरमध्वानं लम्बमाने दिवाकरे । ददृशुः सहिता रम्यं तटाकं योजनायतम् ॥ ५
पद्मपुष्करसंबाधं गजयूथैरलंकृतम् । सारसैर्हंसकादम्बैः संकुलं जलजातिभिः ॥ ६
प्रसन्नसलिले रम्ये तस्मिन्सरसि शुश्रुवे । गीतवादित्रनिर्घोषो न तु कश्चन दृश्यते ॥ ७
ततः कौतूहलाद्रामो लक्ष्मणश्च महारथः । मुनिं धर्मभृतं नाम प्रष्टुं समुपचक्रमे ॥ ८
इदमत्यद्भुतं श्रुत्वा सर्वेषां नो महामुने । कौतूहलं महज्जातं किमिदं साधु कथ्यताम् ॥ ९
तेनैवमुक्तो धर्मात्मा राघवेण मुनिस्तदा । प्रभावं सरसः क्षिप्रमाख्यातुमुपचक्रमे ॥ १०

च्छब्दयोगात्प्रथमपुरुषः पर्वकालेषु दर्शपूर्णमासेष्टिकालेषु ॥ ११ ॥ धर्षयन्त्यभिभवन्ति ॥ १२ ॥ गतिं त्रातारम् ॥ १३ ॥ १४ ॥ तेनातिक्लेशार्जिततपोव्ययभयेन ॥ १५ ॥ रक्षकस्त्वम् । भवेति शेषः । त्वन्नाथास्त्वं नाथो येषां ते । कार्त्स्न्येन कृत्स्नरक्षःपीडानिवर्तनेन ॥ १६ ॥ चतुर्दशवर्षपर्यन्तं पित्राज्ञया राज्यत्यागेऽप्यग्रे राज्यसंबन्धस्यावश्यकत्वाच्छरणागतरक्षणेऽस्त्येवाधिकारः । किं च क्षत्रजातेरेवात्राधिकारः, न तु राज्यपदस्थस्यैवेति तात्पर्यम् । संश्रुतं प्रतिज्ञातम् । जीवमानो जीवन् । प्रतिश्रवं प्रतिज्ञाम् ॥ १७ ॥ न शक्ष्यामीत्यत्र हेतुः—सत्यमिष्टमित्यादि ॥ १८ ॥ यस्मैकस्मै अपि प्रतिज्ञां प्रतिज्ञाय न जह्याम् । किं पुनर्ब्राह्मणेभ्य इत्यर्थः ॥ १९ ॥ अनुक्तेनापि ऋषिभिरिति कार्यमिति च शेषः । प्रतिज्ञाय कथं पुनर्न कार्यमिति शेषः । स्नेहः प्रीतिः । सौहार्दं शोभनहृदयता । प्रीतौ सत्यामपि तादृशहृदयत्वाभाव एवमनुशासनादर्शनादुभयमुक्तम् ॥ २० ॥ न ह्यनिष्टोऽनुशास्यते । यस्मिन्यस्य प्रीतिर्नास्ति नासावनुशिष्यते । हितं नोपदिश्यत इत्यर्थः । सदृशं तव स्नेहस्य । त्वदुक्तं वच इति शेषः । कुलस्यानुरूपम् ॥ २१ ॥ २२ ॥ इति श्रीरामाभिरामे श्रीरामीये रामायणतिलके वाल्मीकीय आदिकाव्येऽरण्यकाण्डे दशमः सर्गः ॥ १० ॥

अग्रत इति ॥ १ ॥ २ ॥ जलजाः खगा दात्यूहादयः ॥ ३ ॥ यूथबन्धान्यूथरूपेण संबद्धान् । पृषतामिति षष्ठी । विषाणिनो महिषानित्यन्वयः ॥ ४ ॥ दिवाकरे लम्बमाने । सायाह्न इत्यर्थः । योजनायतं चतुर्दिक्षु योजनायतम् ॥ ५ ॥ पद्मपुष्करसंबाधं पद्मानि रक्तानि पुष्करं पुण्डरीकं तैः संबाधः संमर्दो यस्मिंस्तम् । पद्मानां पुष्करे जले संबाधो नैबिड्यं यत्र तमिति कतकः । गजयूथैरलंकृतम् । तीरे जले चेति शेषः । हंसा राजहंसाः । कादम्बाः कलहंसाः । जलजातिभिर्जले जातिर्जन्म येषां तैर्मत्स्यादिभिः ॥ ६ ॥ गीतवादित्रनिर्घोषो गीतोपेतवाद्यशब्दः । न तु कश्चनेति गीतादिकर्तेत्यर्थः ॥ ७ ॥ धर्मभृतं नाम धर्मभृतनामकं धर्मभृन्नामकं वा शरणागतेष्व-

इदं पञ्चाप्सरो नाम तटाकं सार्वकालिकम् । निर्मितं तपसा राम मुनिना माण्डकर्णिना ॥ ११
स हि तेपे तपस्तीव्रं माण्डकर्णिर्महामुनिः । दशवर्षसहस्राणि वायुभक्षो जलाशये ॥ १२
ततः प्रव्यथिताः सर्वे देवाः साग्निपुरोगमाः । अब्रुवन्वचनं सर्वे [illegible] परसमागताः ॥ १३
अस्माकं कस्यचित्स्थानमेष प्रार्थयते मुनिः । इति संविग्नमनसः सर्वे तत्र दिवौकसः ॥ १४
ततः कर्तुं तपोविघ्नं सर्वदे[illegible]ताः । प्रधानाप्सरसः पञ्च विद्युच्चलितवर्चसः ॥ १५
अप्सरोभिस्ततस्ताभिर्मुनिर्दृष्टपरावरः । नीतो मदनवश्यत्वं देवानां कार्यसिद्धये ॥ १६
ताश्चैवाप्सरसः पञ्च मुनेः प[illegible]गताः । तटाके निर्मितं तासां तस्मिन्नन्तर्हितं गृहम् ॥ १७
तत्रैवाप्सरसः पञ्च निवसन्त्यो यथासुखम् । रमयन्ति तपोयोगान्मुनिं यौवनमास्थितम् ॥ १८
तासां संक्रीडमानानामेष वादित्रनिःस्वनः । श्रूयते भूषणोन्मिश्रो गीतशब्दो मनोहरः ॥ १९
आश्चर्यमिति तस्यैतद्वचनं भावितात्मनः । राघवः प्रतिजग्राह सह भ्रात्रा महायशाः ॥ २०
एवं कथयमानः स ददर्शाश्रममण्डलम् । कुशचीरपरिक्षिप्तं ब्राह्मया लक्ष्म्या समावृतम् ॥ २१
प्रविश्य सह वैदेह्या लक्ष्मणेन च राघवः । तदा तस्मिन्स काकुत्स्थः श्रीमत्याश्रममण्डले ॥ २२
उषित्वा स सुखं तत्र पूज्यमानो महर्षिभिः । जगाम चाश्रमांस्तेषां पर्यायेण तपस्विनाम् ॥ २३
येषामुषितवान्पूर्वं सकाशे स महास्त्रवित् । क्वचित्परिदशान्मासानेकसंवत्सरं क्वचित् ॥ २४
क्वचिच्च चतुरो मासान्पञ्च षट् च परान्क्वचित् । अपरत्राधिकान्मासानध्यर्धमधिकं क्वचित् ॥ २५
त्रीन्मासानष्टमासांश्च राघवो न्यवसत्सुखम् । तत्र संवसतस्तस्य मुनीनामाश्रमेषु वै ॥ २६
रमतश्चानुकूल्येन ययुः संवत्सरा दश । परिसृत्य च धर्मज्ञो राघवः सह सीतया ॥ २७
सुतीक्ष्णस्याश्रमपदं पुनरेवाजगाम ह । स तमाश्रममागम्य मुनिभिः परिपूजितः ॥ २८
तत्रापि न्यवसद्रामः किंचित्कालमरिंदमः । अथाश्रमस्थो विनयात्कदा[illegible]त्तं महामुनिम् ॥ २९
उपासीनः स काकुत्स्थः सुतीक्ष्णमिदमब्रवीत् । अस्मिन्नरण्ये भगवन्नगस्त्यो मुनिसत्तमः ॥ ३०
वसतीति मया नित्यं कथाः कथयतां श्रुतम् । न तु जानामि तं देशं वनस्यास्य महत्तया ॥ ३१
कुत्राश्रमपदं रम्यं महर्षेस्तस्य धीमतः । प्रसादार्थं भगवतः सानुजः सह सीतया ॥ ३२
अगस्त्यमधिगच्छेयमभिवादयितुं मुनिम् । मनोरथो महानेष हृदि संपरिवर्तते ॥ ३३
यदहं तं मुनिवरं शुश्रूषेयमपि स्वयम् । इति रामस्य स मुनिः श्रुत्वा धर्मात्मनो वचः ॥ ३४
सुतीक्ष्णः प्रत्युवाचेदं प्रीतो दशरथात्मजम् । अहमप्येतदेव त्वां वक्तुकामः सलक्ष्मणम् ॥ ३५
अगस्त्यमभिगच्छेति सीतया सह राघव । दिष्ट्या त्विदानीमर्थेऽस्मिन्स्वयमेव ब्रवीषि माम् ॥ ३६

नुयायिष्वेकम् ॥ ८ ॥ ९ ॥ १० ॥ पञ्चाप्सरसां क्रीडासाधनत्वात्पञ्चाप्सरोनामत्वेन प्रसिद्धम् । सर्वकालोदकपूर्त्यादिगुणकं सार्वकालिकम् ॥ ११ ॥ १२ ॥ अग्निरूपपुरोगमसहिताः साग्निपुरोगमाः सर्वे प्रव्यथिता अभूवन् । ततः सर्वेऽब्रुवन्नित्यर्थः ॥ १३ ॥ इति संविग्नमनसः । अभूवन्निति शेषः ॥ १४ ॥ तत उद्विग्नसर्वदेवैस्तपोविघ्नाय नियुक्तः । विद्युच्चलितवर्चसश्चलितविद्युत्कान्तयः । प्रधानाप्सरसः पञ्चेत्यनेन तत्परिवारभूतान्यसत्ता ध्वनिता । ता आगता इति शेषः ॥ १५ ॥ दृष्टपरावरो दृष्टैहिकपारलौकिकधर्माधर्मः ॥ १६ ॥ निर्मितं तेनैव मुनिना । क्रीडार्थमिति शेषः ॥ १७ ॥ तत्रैव निर्मिते गृहे । तपोयोगो यौवने हेतुः ॥ १८ ॥ भूषणोन्मिश्रो वलयादिभूषणध्वनिमिश्रः ॥ १९ ॥ वचनं तदर्थमाश्चर्यमिति प्रतिजग्राह ॥ २० ॥ एवं कथयमान आश्चर्यमित्येवं कथयन्ब्राह्मया लक्ष्म्या ब्रह्मविद्यानुष्ठानजलक्ष्म्या । ब्रह्मवर्चसेनेति यावत् ॥ २१ ॥ प्रविश्याश्रममण्डलमित्यनुषङ्गः । आश्रममण्डले । उवासेति शेषः ॥ २२ ॥ तद्वासप्रकारमाह—उषित्वेति । एकस्याश्रमे इति शेषः । अथ पर्यायेण सर्वेषामाश्रमाञ्जगाम ॥ २३ ॥ किं च येषामृषीणामाश्रमे पूर्वमुषितवान्पुनरपि तेषामाश्रमाञ्जगाम । तद्भक्त्यतिशयात् । यथा सुतीक्ष्णाश्रमे पुनरागमनम् । एकत्र वासाभावादेवाह—क्वचिदिति । परिदशान्दशत्वसंख्यां परिगतान् । दशसंख्यान्मासानित्यर्थः ॥ २४ ॥ परान्वर्षतोऽधिकान् । एवमधिकानित्याद्यपि ॥ २५ ॥ २६ ॥ रमतो रममाणस्य । परिसृत्य सर्वमुन्याश्रमानटित्वा । 'परिसृत्य' इति पाठान्तरम् । 'प्रतिश्रुत्य' इति पाङ्क्तः पाठः ॥ २७ ॥ यतः पुनरागन्तव्यमिति प्रतिज्ञाय गतः, अतः पुनराजगामेत्यर्थः ॥ २८ ॥ २९ ॥ उपासीनः समीपस्थः ॥ ३० ॥ कथाः कथयताम् । सकाशादिति शेषः ॥ ३१ ॥ ३२ ॥ ३३ ॥ मनोरथाभिनयः—यदहमित्यादि ॥ ३४ ॥ ३५ ॥ एतच्छब्दार्थः—अगस्त्यमित्यादि । अस्मिन्नर्थे मद्रुपदिदिक्षितार्थे

अ[illegible]भि ते राम यत्रागस्त्यो महामुनिः । योजनान्याश्रमात्तात याहि चत्वारि वै ततः ।
दक्षिणेन महाञ्छ्रीमानगस्त्यभ्रातुराश्रमः ॥ ३७
स्थलीप्रायवनोद्देशे पिप्पलीवनशोभिते । बहुपुष्पफले रम्ये नानाविहगनादिते ॥ ३८
पद्मिन्यो विविधास्तत्र प्रसन्नसलिलाशयाः । हंसकारण्डवाकीर्णाश्चक्रवाकोपशोभिताः ॥ ३९
तत्रैकां रजनीं व्युष्य प्रभाते राम गम्यताम् । दक्षिणां दिशमास्थाय वनखण्डस्य पार्श्वतः ॥ ४०
तत्रागस्त्याश्रमपदं गत्वा योजनमन्तरम् । रमणीये वनोद्देशे बहुपादपशोभिते ॥ ४१
रंस्यते तत्र वैदेही लक्ष्मणश्च त्वया सह । स हि रम्यो वनोद्देशो बहुपादपसंयुतः ॥ ४२
यदि बुद्धिः कृता द्रष्टुमगस्त्यं तं महामुनिम् । अद्यैव गमने बुद्धिं रोचयस्व महामते ॥ ४३
इति रामो मुनेः श्रुत्वा सह भ्रात्राभिवाद्य च । प्रतस्थेऽगस्त्यमुद्दिश्य सानुजः सह सीतया ॥ ४४
पश्यन्वनानि चित्राणि पर्वतांश्चाभ्रसंनिभान् । सरांसि सरितश्चैव पथि मार्गवशानुगान् ॥ ४५
सुतीक्ष्णेनोपदिष्टेन गत्वा तेन पथा सुखम् । इदं परमसंहृष्टो वाक्यं लक्ष्मणमब्रवीत् ॥ ४६
एतदेवाश्रमपदं नूनं तस्य महात्मनः । अगस्त्यस्य मुनेर्भ्रातुर्दृश्यते पुण्यकर्मणः ॥ ४७
यथा हीमे वनस्यास्य ज्ञाताः पथि सहस्रशः । संनताः फलभारेण पुष्पभारेण च द्रुमाः ॥ ४८
पिप्पलीनां च पक्वानां वनादस्मादुपागतः । गन्धोऽयं पवनोत्क्षिप्तः सहसा कटुकोदयः ॥ ४९
तत्र तत्र च दृश्यन्ते संक्षिप्ताः काष्ठसंचयाः । लूनाश्च परिदृश्यन्ते दर्भा वैदूर्यवर्चसः ॥ ५०
एतच्च वनमध्यस्थं कृष्णाभ्रशिखरोपमम् । पावकस्याश्रमस्थस्य धूमाग्रं संप्रदृश्यते ॥ ५१
विविक्तेषु च तीर्थेषु कृतस्नाना द्विजातयः । पुष्पोपहारं कुर्वन्ति कुसुमैः स्वयमार्जितैः ॥ ५२
ततः सुतीक्ष्णवचनं यथा सौम्य मया श्रुतम् । अगस्त्यस्याश्रमो भ्रातुर्नूनमेष भविष्यति ॥ ५३
निगृह्य तरसा मृत्युं लोकानां हितकाम्यया । यस्य भ्रात्रा कृतेयं दिक्शरण्या पुण्यकर्मणा ॥ ५४
इहैकदा किल क्रूरो वातापिरपि चेल्वलः । भ्रातरौ सहितावास्तां ब्राह्मणघ्नौ महासुरौ ॥ ५५
धारयन्ब्राह्मणं रूपमिल्वलः संस्कृतं वदन् । आमन्त्रयति विप्रान्स श्राद्धमुद्दिश्य निर्घृणः ॥ ५६
भ्रातरं संस्कृतं कृत्वा ततस्तं मेषरूपिणम् । तान्द्विजान्भोजयामास श्राद्धदृष्टेन कर्मणा ॥ ५७
ततो भुक्तवतां तेषां विप्राणामिल्वलोऽब्रवीत् । वातापे निष्क्रमस्वेति स्वरेण महता वदन् ॥ ५८
ततो भ्रातुर्वचः श्रुत्वा वातापिर्मेषवन्नदन् । भित्त्वा भित्त्वा शरीराणि ब्राह्मणानां विनिष्पतत् ॥ ५९
ब्राह्मणानां सहस्राणि तैरेवं कामरूपिभिः । विनाशितानि संहत्य नित्यशः पिशिताशनैः ॥ ६०
अगस्त्येन तदा देवैः प्रार्थितेन महर्षिणा । अनुभूय किल श्राद्धे भक्षितः स महासुरः ॥ ६१
ततः [illegible]त्युक्त्वा दत्त्वा हस्तेऽवनेजनम् । भ्रातरं निष्क्रमस्वेति इल्वलः समभाषत ॥ ६२

॥ ३६ ॥ 'योजनादाश्रमादस्मादभि चत्वारि वै ततः' इति कतकपाठेऽस्मादाश्रमाद्योजनादभि अधिकं चत्वारि योजनानीत्यर्थः । दक्षिणेन गन्तव्यानीति । ततस्तद्भ्रातुराश्रम इत्यर्थः । पाठान्तरे तु चतुर्योजनोत्तरमिति स्पष्ट एवार्थः ॥ ३७ ॥ तदाश्रमचिह्नं स्थलीप्रायवनोद्देशत्वादि ॥ ३८ ॥ ३९ ॥ तत्रागस्त्यभ्रात्राश्रमे । इध्मवाहेत्यस्य नाम । 'अगस्त्यः प्राग्दुहितरमुपयेमे धृतव्रताम् । यस्यां दृढव्रतो जात इध्मवाहात्मजो मुनिः ॥' इति भागवतं तु देवराच्च सुतोत्पत्तिरिति न्यायेनेत्येके । दक्षिणां दिशमायोजनमन्तरमवकाशं गत्वा तत्रागस्त्याश्रमं द्रक्ष्यसि ॥ ४० ॥ ४१ ॥ ४२ ॥ ४३ ॥ मुनेः श्रुत्वेति । वचनमिति शेषः ॥ ४४ ॥ मार्गवशानुगान्मार्गवशात्प्राप्तान् ॥ ४५ ॥ ४६ ॥ ४७ ॥ नूनमेतदेवेत्यत्र हेतुमाह—यथा हीति । यथा यादृशचिह्नवत्तया वनं श्रुतं तथैवास्य फलभारेण पुष्पभारेण च संनताः सहस्रशो द्रुमा ज्ञाता ज्ञायमाना वर्तन्ते ॥ ४८ ॥ असाधारणलिङ्गानुभवमप्याह—पिप्पलीनामिति । पिप्पलीफलानामित्यर्थः । कटुकोदयः कटुकरससंबन्ध्युदयः ॥ ४९ ॥ ५० ॥ कृष्णाभ्रं नीलाभ्रं शिखरं पर्वतशिखरं चोपमा यस्य ॥ ५१ ॥ विविक्तेषु निर्मलेष्वेकान्तेषु च स्वयमेवार्जितैः । देवपूजार्थमिति शेषः ॥ ५२ ॥ ५३ ॥ मृत्युं तत्तुल्यं दैत्यम् । शरण्या वासयोग्या लोकानाम् ॥ ५४ ॥ कोऽसौ मृत्युतुल्योऽसुरो योऽगस्त्येन निगृहीतो लोकरक्षणायेत्यतस्तदाख्यायिकामाह—इहेति । वने इत्यर्थः । एकदा कस्मिंश्चित्पूर्वकाले ॥ ५५ ॥ ब्राह्मणरूपं ब्राह्मणसदृशवेषम् । संस्कृतं वदन् । ब्राह्मणवदिति शेषः । एतदुभयं विश्वासार्थम् ॥ ५६ ॥ संस्कृतं कृत्वा श्राद्धोचितपाकसंस्कारसंस्कृतं कृत्वा ॥ ५७ ॥ ५८ ॥ मेषवन्नदन् । मृतसंजीवनीवैभवादुदरान्तरिति शेषः । विनिष्पतद्विनिर्गतवान् । अडभाव आर्षः ॥ ५९ ॥ संहत्य समेत्य ॥ ६० ॥ प्रार्थितेन प्रार्थितासुरद्वयसंहारेण । महर्षिणागस्त्येन । श्राद्धे श्राद्धव्यापारमनुभूय भक्षितः । सोऽसुरो वातापिः ॥ ६१ ॥ तत इल्वलः

स तदा भाषमाणं तु भ्रातरं विप्रघातिनम् । अब्रवीत्प्रहसन्धीमानगस्त्यो मुनिसत्तमः ॥ ६३
कुतो निष्क्रमितुं शक्तिर्मया जीर्णस्य रक्षसः । भ्रातुस्तु मेषरूपस्य गतस्य यमसादनम् ॥ ६४
अथ तस्य वचः श्रुत्वा भ्रातुर्निधनसंश्रितम् । प्रधर्षयितुमारेभे मुनिं क्रोधान्निशाचरः ॥ ६५
सोऽभ्यद्रवद्द्विजेन्द्रं तं मुनिना दीप्ततेजसा । चक्षुषानलकल्पेन निर्दग्धो निधनं गतः ॥ ६६
तस्यायमाश्रमो भ्रातुस्तटाकवनशोभितः । विप्रानुकम्पया येन कर्मेदं दुष्करं कृतम् ॥ ६७
एवं कथयमानस्य तस्य सौमित्रिणा सह । रामस्यास्तं गतः सूर्यः संध्याकालोऽभ्यवर्तत ॥ ६८
उपास्य पश्चिमां संध्यां सह भ्रात्रा यथाविधि । प्रविवेशाश्रमपदं तमृषिं चाभ्यवादयत् ॥ ६९
सम्यक्प्रतिगृहीतस्तु मुनिना तेन राघवः । न्यवसत्तां निशामेकां प्राश्य मूलफलानि च ॥ ७०
तस्यां रात्र्यां व्यतीतायामुदिते रविमण्डले । भ्रातरं तमगस्त्यस्य आमन्त्रयत राघवः ॥ ७१
अभिवादये त्वा भगवन्सुखमस्म्युषितो निशाम् । आमन्त्रये त्वां गच्छामि गुरुं ते द्रष्टुमग्रजम् ॥ ७२
गम्यतामिति तेनोक्तो जगाम रघुनन्दनः । यथोद्दिष्टेन मार्गेण वनं तच्चावलोकयन् ॥ ७३
नीवारान्पनसान्सालान्वञ्जुलांस्तिनिशांस्तथा । चिरिबिल्वान्मधूकांश्च बिल्वानथ च तिन्दुकान् ॥ ७४
पुष्पितान्पुष्पिताग्राभिर्लताभिरुपशोभितान् । ददर्श रामः शतशस्तत्र कान्तारपादपान् ॥ ७५
हस्तिहस्तैर्विमृदितान्वानरैरुपशोभितान् । मत्तैः शकुनिसङ्घैश्च शतशः प्रतिनादितान् ॥ ७६
ततोऽब्रवीत्समीपस्थं रामो राजीवलोचनः । पृष्ठतोऽनुगतं वीरं लक्ष्मणं लक्ष्मिवर्धनम् ॥ ७७
स्निग्धपत्रा यथा वृक्षा यथा क्षान्ता मृगद्विजाः । आश्रमो नातिदूरस्थो महर्षेर्भावितात्मनः ॥ ७८
अगस्त्य इति विख्यातो लोके स्वेनैव कर्मणा । आश्रमो दृश्यते तस्य परिश्रान्तश्रमापहः ॥ ७९
प्राज्यधूमाकुलवनश्चीरमालापरिष्कृतः । प्रशान्तमृगयूथश्च नानाशकुनिनादितः ॥ ८०
निगृह्य तरसा मृत्युं लोकानां हितकाम्यया । दक्षिणा दिक्कृता येन शरण्या पुण्यकर्मणा ॥ ८१
तस्येदमाश्रमपदं प्रभावाद्यस्य राक्षसैः । दिगियं दक्षिणा त्रासाद्दृश्यते नोपभुज्यते ॥ ८२
यदा प्रभृति चाक्रान्ता दिगियं पुण्यकर्मणा । तदा प्रभृति निर्वैराः प्रशान्ता रजनीचराः ॥ ८३
नाम्ना चेयं भगवतो दक्षिणा दिक्प्रदक्षिणा । प्रथिता त्रिषु लोकेषु दुर्धर्षा क्रूरकर्मभिः ॥ ८४
मार्गं निरोद्धुं सततं भास्करस्याचलोत्तमः । संदेशं पालयंस्तस्य विन्ध्यशैलो न वर्धते ॥ ८५
अयं दीर्घायुषस्तस्य लोके विश्रुतकर्मणः । अगस्त्यस्याश्रमः श्रीमान्विनीतमृगसेवितः ॥ ८६
एष लोकार्चितः साधुर्हिते नित्यं रतः सताम् । अस्मानधिगतानेष श्रेयसा योजयिष्यति ॥ ८७
आराधयिष्याम्यत्राहमगस्त्यं तं महामुनिम् । शेषं च वनवासस्य सौम्य वत्स्याम्यहं प्रभो ॥ ८८
अत्र देवाः सगन्धर्वाः सिद्धाश्च परमर्षयः । अगस्त्यं नियताहाराः सततं पर्युपासते ॥ ८९
नात्र जीवेन्मृषावादी क्रूरो वा यदि वा शठः । नृशंसः पापवृत्तो वा मुनिरेष तथाविधः ॥ ९०
अत्र देवाश्च यक्षाश्च नागाश्च पतगैः सह । वसन्ति नियताहारा धर्ममाराधयिष्णवः ॥ ९१

श्राद्धान्ते संपन्नमित्युक्त्वा हस्तोदकं दत्त्वा भ्रातरं निष्क्रमस्वेत्यभ्यभाषत ॥ ६२ ॥ ६३ ॥ मया जीर्णस्य । भुक्तस्येति शेषः ॥ ६४ ॥ प्रधर्षयितुं हिंसितुम् ॥ ६५ ॥ चक्षुषा चक्षुर्वीक्षणेन । अनलकल्पेनाग्नितुल्येन ॥ ६६ ॥ ६७ ॥ ६८ ॥ ६९ ॥ ७० ॥ ७१ ॥ अभिवादये त्वेति पादे नवाक्षरत्वमार्षम् ॥ ७२ ॥ ७३ ॥ नीवारा जलकदम्बाः । वञ्जुलोऽशोकः । तिनिशो धवः । चिरिबिल्वो नक्तमालः ॥ ७४ ॥ ७५ ॥ ७६ ॥ ७७ ॥ यथा श्रुतास्तथा स्निग्धपत्रा वृक्षा दृश्यन्ते इति शेषः । अतो निकट आश्रमः ॥ ७८ ॥ अगं विन्ध्यं स्तम्भयतीत्यगस्त्यः । पृषोदरादिः । स्वेन कर्मणा विन्ध्यस्तम्भनकर्मणा परिश्रान्तश्रमापहन्ता ॥ ७९ ॥ प्राज्यैर्भूरिभिर्धूमैः पाकयज्ञधूमैराकुलं वनं यस्मिन् ॥ ८० ॥ ८१ ॥ यस्य प्रभावाद्राक्षसैरियमगस्त्याश्रमप्रदेशवर्तिनी दक्षिणा दिग्दृश्यते केवलम् । त्रासान्महर्षिभीत्या नोपभुज्यते । न स्वदेशत्वेनाङ्गीक्रियत इत्यर्थः ॥ ८२ ॥ निर्वैराः प्राणिषु वैररहिताः । प्रशान्तास्त्यक्तक्रूरकर्माणः ॥ ८३ ॥ भगवतोऽगस्त्यस्य महिम्ना प्रदक्षिणा एतदाश्रमावच्छेदेन निर्वैरत्वादिसंपादनसमर्था । क्रूरकर्मभी रक्षोभिर्दुर्धर्षा, अतो नाम्ना च नाम्नापि संपूर्णा दिगेव दक्षिणेति त्रिषु लोकेषु प्रथिता ॥ ८४ ॥ मेरुस्पर्धया भास्करमार्गं निरोद्धुं वर्धितुकामोऽप्यचलो विन्ध्यस्तस्यागस्त्यस्य संदेशं मदागमनपर्यन्तं मा वर्धस्वेत्येवमाज्ञां पालयन्न वर्धते । अद्यापीति शेषः ॥ ८५ ॥ ८६ ॥ अधिगतान्स्वाश्रमं प्राप्ताञ्छ्रेयसा योजयिष्यति । दिव्यशस्त्रादिदानेनेति गूढोऽभिसंधिः ॥ ८७ ॥ प्रभो । शुश्रूषणसमर्थेत्यर्थः ॥ ८८ ॥ ८९ ॥ क्रूरो निर्दयः । शठो मूढविप्रियकारी । नृशंसो घातुकः । तथाविधो दुर्वृत्तासहिष्णुः ॥ ९० ॥ पतगा

अत्र सिद्धा महात्मानो विमानैः सूर्यसंनिभैः । त्यक्त्वा देहान्नवैर्देहैः स्वर्याताः परमर्षयः ॥ ९२
यक्षत्वममरत्वं च राज्यानि विविधानि च । अत्र देवाः प्रयच्छन्ति भूतैराराधिताः शुभैः ॥ ९३
आगताः स्माश्रमपदं सौमित्रे प्रविशाग्रतः । निवेदयेह मां प्राप्तमृषये सह सीतया ॥ ९४

इत्यार्षे श्रीमद्रामायणे वाल्मीकीय आदिकाव्येऽरण्यकाण्ड एकादशः सर्गः ॥ ११ ॥

द्वादशः सर्गः ।

स प्रविश्याश्रमपदं लक्ष्मणो राघवानुजः । अगस्त्यशिष्यमासाद्य वाक्यमेतदुवाच ह ॥ १
राजा दशरथो नाम ज्येष्ठस्तस्य सुतो बली । रामः प्राप्तो मुनिं द्रष्टुं भार्यया सह सीतया ॥ २
लक्ष्मणो नाम तस्याहं भ्राता त्ववरजो हितः । अनुकूलश्च भक्तश्च यदि ते श्रोत्रमागतः ॥ ३
ते वयं वनमत्युग्रं प्रविष्टाः पितृशासनात् । द्रष्टुमिच्छामहे सर्वे भगवन्तं निवेद्यताम् ॥ ४
तस्य तद्वचनं श्रुत्वा लक्ष्मणस्य तपोधनः । तथेत्युक्त्वाग्निशरणं प्रविवेश निवेदितुम् ॥ ५
स प्रविश्य मुनिश्रेष्ठं तपसा दुष्प्रधर्षणम् । कृताञ्जलिरुवाचेदं रामागमनमञ्जसा ॥ ६
यथोक्तं लक्ष्मणेनैव शिष्योऽगस्त्यस्य संमतः । पुत्रौ दशरथस्येमौ रामो लक्ष्मण एव च ॥ ७
प्रविष्टावाश्रमपदं सीतया सह भार्यया । द्रष्टुं भवन्तमायातौ शुश्रूषार्थमरिंदमौ ॥ ८
यदत्रानन्तरं तत्त्वमाज्ञापयितुमर्हसि । ततः शिष्यादुपश्रुत्य प्राप्तं रामं सलक्ष्मणम् ॥ ९
वैदेहीं च महाभागामिदं [illegible]त् । दिष्ट्या रामश्चिरस्याद्य द्रष्टुं मां समुपागतः ॥ १०
मनसा काङ्क्षितं ह्यस्य मयाप्यागमनं प्रति । गम्यतां सत्कृतो रामः सभार्यः सहलक्ष्मणः ॥ ११
प्रवेश्यतां समीपं मे किमसौ न प्रवेशितः । एवमुक्तस्तु मुनिना धर्मज्ञेन महात्मना ॥ १२
अभिवाद्याब्रवीच्छिष्यस्तथेति नियताञ्जलिः । तदा निष्क्रम्य संभ्रान्तः शिष्यो लक्ष्मणमब्रवीत् ॥ १३
कोऽसौ रामो मुनिं द्रष्टुमेतु प्रविशतु स्वयम् । ततो गत्वाश्रमपदं शिष्येण सह लक्ष्मणः ॥ १४
दर्शयामास काकुत्स्थं सीतां च जनकात्मजाम् । तं शिष्यः प्रश्रितं वाक्यमगस्त्यवचनं ब्रुवन् ॥ १५
प्रावेशयद्यथान्यायं सत्कारार्हं सुसत्कृतम् । प्रविवेश ततो रामः सीतया सह लक्ष्मणः ॥ १६
प्रशान्तहरिणाकीर्णमाश्रमं ह्यवलोकयन् । स तत्र ब्रह्मणः स्थानमग्नेः स्थानं तथैव च ॥ १७
विष्णोः स्थानं महेन्द्रस्य स्थानं चैव विवस्वतः । सोमस्थानं भवस्थानं स्थानं कौबेरमेव च ॥ १८
धातुर्विधातुः स्थानं च वायोः स्थानं तथैव च । स्थानं च पाशहस्तस्य वरुणस्य महात्मनः ॥ १९

गरुडादयः । धर्मं स्वर्गादिजनकम् ॥ ९१ ॥ अत्राश्रमे सिद्धाः । तपसेति शेषः । नवैर्देहैर्दिव्यदेहैः ॥ ९२ ॥ अत्राश्रमे । भूतैः प्राणिभिः कर्तृभिः शुभैः सत्कर्मभिराराधिता देवादय आश्रममाहात्म्यादल्पकालेनैव राज्यादीनि प्रयच्छन्तीत्यर्थः ॥ ९३ ॥ ॥ ९४ ॥ इति श्रीरामाभिरामे श्रीरामीये रामायणतिलके वाल्मीकीय आदिकाव्येऽरण्यकाण्ड एकादशः सर्गः ॥ ११ ॥

॥ १ ॥ २ ॥ हितः शुभकारी । अनुकूलस्तदिच्छावशवर्ती । पूज्यविषयानुरागो भक्तिस्तद्वान्भक्तः । यदीति संभावनायाम् । बहुदिनं वने वासादस्मच्छ्रवणं तवापि संभावितमित्यर्थः ॥ ३ ॥ भगवन्तं द्रष्टुमिच्छामहे, अतो दर्शनार्थमागता इति निवेद्यतामित्यर्थः ॥ ४ ॥ अग्निशरणमग्निहोत्रगृहम् । निवेदितुं निवेदयितुम् ॥ ५ ॥ अञ्जसा शीघ्रम् ॥ ६ ॥ संमत इष्टः ॥ ७ ॥ द्रष्टुं तदनन्तरं कियत्कालं शुश्रूषार्थं सेवार्थं चागतौ ॥ ८ ॥ अनन्तरं तत्त्वं वक्तव्यतत्त्वमुपश्रुत्य । भगवदागमनश्रवणानन्दमनुभूयेत्यर्थ इति तीर्थः ॥ ९ ॥ मां द्रष्टुं समागत इति यत्तद्दिष्ट्या मम भाग्येन । किं चान्तर्भावितण्यर्थो दृशिः । मामात्मानं दर्शयितुम् । यद्वने वसतश्चिरस्य चिरकालस्य गमनेऽप्यागतस्तद्दिष्ट्या मद्भाग्येन । उद्बुद्धेनेत्यर्थः ॥ १० ॥ तदेवाह—मनसेति । एतदागमनमुद्दिश्य काङ्क्षितम् । इच्छा कृतेति यावत् । सत्कृतः । आचारोपचारव्यवहारैरित्यर्थः ॥ ११ ॥ किमसौ न प्रवेशितः । कस्माद्धेतोर्विलम्बः कृत इत्यर्थः ॥ १२ ॥ अभिवाद्यागमननियोगप्रयुक्तं पुनरभिवादनं कृत्वा । तथेत्यानयामीत्येवम् ॥ १३ ॥ स्वयं प्रविशतु । भगवतावगतवृत्तान्तत्वान्नास्य शिष्यमुखापेक्षेति भावः । आश्रमपदमाश्रमप्रान्तदेशम् ॥ १४ ॥ लक्ष्मणः काकुत्स्थं रामं प्रदर्शयामास । शिष्यमिति शेषः । तं दृष्टं रामं शिष्योऽगस्त्यवचनमुच्यत इति वचनमगस्त्योक्तं वाक्यं प्रश्रितं प्रीतियुक्तं ब्रुवन्प्रावेशयदित्यन्वयः ॥१५॥ सुसत्कृतं पाद्यार्घ्यादिभिरग्रे गत्या मार्गप्रदर्शनेन च सत्कृतम् ॥ १६ ॥ अगस्त्याश्रमस्थदेवतास्थानदर्शनमाह—स तत्रेति । तत्राश्रमे स रामः । ब्रह्मणो हिरण्यगर्भस्य कल्पितं स्थानम् । अग्निरत्र रुद्रः ॥ १७ ॥ भगः स्थूलमण्डलाभिमानी ॥ १८ ॥ धाता कार्यप्रजापतिः । विधाता विश्वकर्मेति कतकः ॥ १९ ॥

स्थानं तथैव गायत्र्या वसूनां स्थानमेव च । स्थानं च नागराजस्य गरुडस्थानमेव च ॥ २०
कार्त्तिकेयस्य च स्थानं धर्मस्थानं च पश्यति । ततः शिष्यैः परिवृतो मुनिरप्यभिनिष्पतत् ॥ २१
तं ददर्शाग्रतो रामो मुनीनां दीप्ततेजसम् । अब्रवीद्वचनं वीरो लक्ष्मणं लक्ष्मिवर्धनम् ॥ २२
बहिर्लक्ष्मण निष्क्रामत्यगस्त्यो भगवानृषिः । औदार्येणावगच्छामि निधानं तपसामिदम् ॥ २३
एवमुक्त्वा महाबाहुरगस्त्यं सूर्यवर्चसम् । जग्राहापततस्तस्य पादौ च रघुनन्दनः ॥ २४
अभिवाद्य तु धर्मात्मा तस्थौ रामः कृताञ्जलिः । सीतया सह वैदेह्या तदा रामः सलक्ष्मणः ॥ २५
प्रतिगृह्य च काकुत्स्थमर्चयित्वासनोदकैः । कुशलप्रश्नमुक्त्वा च आस्यतामिति सोऽब्रवीत् ॥ २६
अग्निं हुत्वा प्रदायार्घ्यमतिथीन्प्रतिपूज्य च । वानप्रस्थेन धर्मेण स तेषां भोजनं ददौ ॥ २७
प्रथमं चोपविश्याथ धर्मज्ञो मुनिपुंगवः । उवाच राममासीनं प्राञ्जलिं धर्मकोविदम् ॥ २८
अन्यथा खलु काकुत्स्थ तपस्वी समुदाचरन् । दुःसाक्षीव परे लोके स्वानि मांसानि भक्षयेत् ॥ २९
राजा सर्वस्य लोकस्य धर्मचारी महारथः । पूजनीयश्च मान्यश्च भवान्प्राप्तः प्रियातिथिः ॥ ३०
एवमुक्त्वा फलैर्मूलैः पुष्पैश्चान्यैश्च राघवम् । पूजयित्वा यथाकामं ततोऽगस्त्यस्तमब्रवीत् ॥ ३१
इदं दिव्यं महच्चापं हेमवज्रविभूषितम् । वैष्णवं पुरुषव्याघ्र निर्मितं विश्वकर्मणा ॥ ३२
अमोघः सूर्यसंकाशो ब्रह्मदत्तः शरोत्तमः । दत्तो मम महेन्द्रेण तूणी चाक्षय्यसायकौ ॥ ३३
संपूर्णौ निशितैर्बाणैर्ज्वलद्भिरिव पावकैः । महाराजतकोशोऽयमसिर्हेमविभूषितः ॥ ३४
अनेन धनुषा राम हत्वा संख्ये महासुरान् । आजहार श्रियं दीप्तां पुरा विष्णुर्दिवौकसाम् ॥ ३५
तद्धनुस्तौ च तूणी च शरं खड्गं च मानद । जयाय प्रतिगृह्णीष्व वज्रं वज्रधरो यथा ॥ ३६
एवमुक्त्वा महातेजाः समस्तं तद्वरायुधम् । दत्त्वा रामाय भगवानगस्त्यः पुनरब्रवीत् ॥ ३७

इत्यार्षे श्रीमद्रामायणे वाल्मीकीय आदिकाव्येऽरण्यकाण्डे द्वादशः सर्गः ॥ १२ ॥

त्रयोदशः सर्गः ।

राम प्रीतोऽस्मि भद्रं ते परितुष्टोऽस्मि लक्ष्मण । अभिवादयितुं यन्मां प्राप्तौ स्थः सह सीतया ॥ १
अध्वश्रमेण वां खेदो बाधते प्रचुरश्रमः । व्यक्तमुत्कण्ठते वापि मैथिली जनकात्मजा ॥ २

गायत्रीति सरस्वतीसाविच्योरप्युपलक्षणम् ॥ २० ॥ एषां स्थानानि पश्यतीत्यन्वयः । एतेन पूजास्थाने एतावतां देवानां पूजावश्यकीति सूचितम् । अभिनिष्पतत् । अडभाव आर्षः । अभ्युत्थानं कृतवानित्यर्थः ॥ २१ ॥ मुनीनामग्रतः । स्थितमिति शेषः । ईदृशं तमगस्त्यं ददर्शेत्यन्वयः ॥ २२ ॥ औदार्येण तेजोविशेषजनितौज्ज्वल्येन ॥ २३ ॥ एवमगस्त्यमुक्त्वा लक्ष्मणं प्रति बोधयित्वा । आपतत आश्रमादागच्छतस्तस्य ऋषेः पादौ जग्राह । हस्ताभ्यां मूर्ध्ना च पादौ स्पृष्ट्वा नमश्चकारेत्यर्थः ॥ २४ ॥ योगरूढिभ्यां रामशब्दद्वयापौनरुक्त्यम् ॥ २५ ॥ प्रतिगृह्य । उत्थापनपूर्वकमालिङ्ग्येत्यर्थः ॥ २६ ॥ अर्चनस्यैव विस्तारोपदेशः—अग्निमिति । वैश्वदेवहोमं कृत्वेत्यर्थः । अतिथीन्रामादीन् ॥ २७ ॥ आसीनं पश्चादासीनमित्यर्थः इति प्राञ्चः । मम तु भाति—प्रथममिति भोजनं ददावित्यनेनान्वेति । अथोपविश्य अतिथिपूजाव्यग्रतया तावत्पर्यन्तमनुपवेशनमिति ॥ २८ ॥ एवं क्षत्रियपूजानुचितेत्याशङ्कां समाधित्सुः प्रकृतं धर्ममुवाचेत्याह—अन्यथेति । अन्यथा समुदाचरन् । एवमतिथिपूजनमकुर्वन्नित्यर्थः । दुःसाक्षी कूटसाक्षी । एवं च प्रत्यवायपरि हारायैवातिथिपू आवश्यकत्वाशयः ॥ २९ ॥ त्वदधिकोऽतिथिश्च नास्तीत्याह—राजेति । सर्वलोकराजा । सर्वलोकनियन्तृत्वेनेश्वरत्वं गर्भितम् । धर्मचारी धर्माचरणेन तत्प्रवर्तकः । ईदृशत्वं प्रियातिथिः सन्प्राप्तः । अतः पूजनीयो मान्यश्च । मान्यत्वेनेतः परं त्वमेवास्माकमाराधनीय इति सूचितम् ॥ ३० ॥ ३१ ॥ हेम्ना वज्रेण च भूषितम् । वैष्णवमिति । परशुरामाद्गृहीत्वा वरुणहस्ते दत्तं यद्रामेण तदेव वरुणादादाय महेन्द्रोऽगस्त्ये निक्षिप्तवानिति कतकः । योगेन महेन्द्रपदेनात्र वरुण एवेत्यन्ये ॥ ३२ ॥ ब्रह्मणा दत्तो ब्रह्मदत्तस्तदाख्यश्च । तूणी चेति चेन धनुःशरयोरुभयोरिन्द्रदत्तत्वं गम्यते ॥ ३३ ॥ महारजतं सुवर्णम् । हेमविभूषितो मुष्टिदेशे ॥ ३४ ॥ ३५ ॥ वज्रं वज्रधरो यथेत्यनेन त्वदीयमेव त्वया स्वीक्रियत इति ध्वनितम् ॥ ३६ ॥ वरायुधं वरस्य विष्णोरायुधं च ॥ ३७ ॥ इति श्रीरामाभिरामे श्रीरामीये रामायणतिलके वाल्मीकीय आदिकाव्येऽरण्यकाण्डे द्वादशः सर्गः ॥ १२ ॥

राम, प्रीतोऽस्मि । लक्ष्मण, त्वयि च परितुष्टोऽस्मि । रामसेवातत्परत्वेन परितोषः । भगवद्विषयप्रीतेरेव भक्तित्वेन लब्धृकोऽहमिति ध्वनितम् । स्थ इति अस्तेर्लटि मध्यमपुरुषद्विवचनम् ॥ १ ॥ अध्वश्रमेणाध्वगमनादिप्रयुक्तखेदादिकार्य-

एषा च सुकुमारी च खेदैश्च न विमानिता । प्राज्यदोषं वनं प्राप्ता भर्तृस्नेहप्रचोदिता ॥ ३
यथैषा रमते राम इह सीता तथा कुरु । दुष्करं कृतवत्येषा वने त्वामभिगच्छती ॥ ४
एषा हि प्रकृतिः स्त्रीणामा सृष्टे रघुनन्दन । समस्थमनुरज्यन्ते विषमस्थं त्यजन्ति च ॥ ५
शतह्रदानां लोलत्वं शस्त्राणां तीक्ष्णतां तथा । गरुडानिलयोः शैघ्र्यमनुगच्छन्ति योषितः ॥ ६
इयं तु भवतो भार्या दोषैरेतैर्विवर्जिता । श्लाघ्या च व्यपदेश्या च यथा देवेष्वरुन्धती ॥ ७
अलंकृतोऽयं देशश्च यत्र सौमित्रिणा सह । वैदेह्या चानया राम वत्स्यसि त्वमरिंदम ॥ ८
एवमुक्तस्तु मुनिना राघवः संयताञ्जलिः । उवाच प्रश्रितं वाक्यमृषिं दीप्तमिवानलम् ॥ ९
धन्योऽस्म्यनुगृहीतोऽस्मि यस्य मे मुनिपुंगवः । गुणैः सभ्रातृभार्यस्य गुरुर्नः परितुष्यति ॥ १०
किं तु व्यादिश मे देशं सोदकं बहुकाननम् । यत्राश्रमपदं कृत्वा वसेयं निरतः सुखम् ॥ ११
ततोऽब्रवीन्मुनिश्रेष्ठः श्रुत्वा रामस्य भाषितम् । ध्यात्वा मुहूर्तं धर्मात्मा ततोवाच वचः शुभम् ॥ १२
इतो द्वियोजने तात बहुमूलफलोदकः । देशो बहुमृगः श्रीमान्पञ्चवट्यभिविश्रुतः ॥ १३
तत्र गत्वाश्रमपदं कृत्वा सौमित्रिणा सह । रमस्व त्वं पितुर्वाक्यं यथोक्तमनुपालयन् ॥ १४
विदितो ह्येष वृत्तान्तो मम सर्वस्तवानघ । तपसश्च प्रभावेण स्नेहाद्दशरथस्य च ॥ १५
हृदयस्थं च ते छन्दो विज्ञातं तपसा मया । इह वासं प्रतिज्ञाय मया सह तपोवने ॥ १६
अतश्च त्वामहं ब्रूमि गच्छ पञ्चवटीमिति । स हि रम्यो वनोद्देशो मैथिली तत्र रंस्यते ॥ १७
स देशः श्लाघनीयश्च नातिदूरे च राघव । गोदावर्याः समीपे च मैथिली तत्र रंस्यते ॥ १८
प्राज्यमूलफलैश्चैव नानाद्विजगणैर्युतः । विविक्तश्च महाबाहो पुण्यो रम्यस्तथैव च ॥ १९
भवानपि सदाचारः शक्तश्च परिरक्षणे । अपि चात्र वसन्राम तापसान्पालयिष्यसि ॥ २०
एतदालक्ष्यते वीर मधूकानां महावनम् । उत्तरेणास्य गन्तव्यं न्यग्रोधमपि गच्छता ॥ २१
ततः स्थलमुपारुह्य पर्वतस्याविदूरतः । ख्यातः पञ्चवटीत्येव नित्यपुष्पितकाननः ॥ २२
अगस्त्येनैवमुक्तस्तु रामः सौमित्रिणा सह । सत्कृत्यामन्त्रयामास तमृषिं सत्यवादिनम् ॥ २३
तौ तु तेनाभ्यनुज्ञातौ कृतपादाभिवन्दनौ । तमाश्रमं पञ्चवटीं जग्मतुः सह सीतया ॥ २४

कारी श्रमः । खेदो दुःखम् । प्रचुरश्रमस्तज्जं दुःखं बाधते । मैथिलीमिति शेषः । अत एवेयं व्यक्तमुत्कण्ठते । क्वचिद्विश्रान्तये इति शेषः ॥ २ ॥ न विमानिता इतः प्राक्कदापि न पीडिता । खेदैः खेदजनकैः । 'दुःखैः' इति पाठान्तरम् । प्राज्यदोषं प्रभूतदोषम् ॥ ३ ॥ ४ ॥ दुष्करकरणप्रतिपादनशेषतया लोकव्यवहारमाह—एषेति । आ सृष्टेः सृष्टिमारभ्य । समस्थं धनधान्यादियुक्ततया सम्यगवस्थितम् । विषमस्थं दरिद्ररोगादिग्रस्तम् ॥ ५ ॥ एकत्रानवस्थानाद्विद्युतां चाञ्चल्यमनुगच्छन्ती । बहुकालगतस्नेहबन्धच्छेदेन शस्त्रतैक्ष्ण्यानुगमः । निन्द्यकार्यकरणे वाय्वादिशैघ्र्यानुगमः ॥ ६ ॥ श्लाघ्या दोषराहित्यपूर्वकं गुणसंपदा सद्भिः प्रशंसनीया । व्यपदेश्या पतिव्रतास्वग्रगण्या ॥ ७ ॥ अयं देशो मदाश्रमरूप आगमनमात्रेणालंकृतः । हे राम, यत्र देशे इतःपरं वत्स्यसि सोऽलंकृतो भविष्यतीति किं वक्तव्यमित्यर्थः ॥ ८ ॥ ९ ॥ १० ॥ किं तु किंचिद्वक्तव्यमस्तीत्यर्थः । व्यादिश बोधय । आश्रमपदं वासस्थानम् । निरतः प्रीतः ॥ ११ ॥ ध्यात्वा । वासोचितं देशमिति शेषः । तत उवाचेत्यर्थे संधिरार्षः ॥ १२ ॥ तत्र पञ्चवटसमूहसत्त्वात्पञ्चवटीति नाम्नाभिविश्रुतः प्रसिद्धः ॥ १३ ॥ १४ ॥ एष वृत्तान्तः पितृवचनपरिपालनाय वनवासरूपः । तव स्नेहात्तपसः प्रभावेण च विदितः । नह्यस्निग्धवृत्तान्तं तपसा ज्ञातुं यतते कश्चित् । दशरथस्य च वृत्तान्तः कैकेयीवशत्वप्राणत्यागादिरूपस्तत एव मे विदितः ॥ १५ ॥ यदिह वासं प्रतिज्ञाय । 'आराधयिष्याम्यत्राहमगस्त्यं तं महामुनिम् । शेषं च वनवासस्य सौम्य वत्स्याम्यहं प्रभो ॥' इत्यनेन मम समीपे इह मदाश्रमे वासं प्रतिज्ञाय पुनर्वा प्रति व्यादिश मे वासमित्येतद्वदसि तन्मूलं ते हृदयस्थं छन्दोऽभिप्रायो मया ज्ञातम् । अत्रावस्थाने प्रतिज्ञातराक्षसवधनिर्वाहो न भवति, अत्र राक्षसागमनाभावादित्येवंरूप इति भावः ॥ १६ ॥ अतस्त्वदभिप्रायज्ञानात्त्वां पञ्चवटीं गच्छेति ब्रूमि ब्रवीमि । न तु शिष्टव्यवहारोचितमपीह तिष्ठेति ब्रवीमीत्यर्थः । तद्वनार्थवादमाह—सहीति ॥ १७ ॥ १८ ॥ विविक्त एकान्तः पुण्यः पुण्यजनको रम्यो दृष्टिमनसोः ॥ १९ ॥ परिरक्षणे शक्तः । तापसानामिति शेषः । भवानपीत्यनेन स्वस्यापि तापसरक्षणे सामर्थ्यबोधनेन स्वाश्रमे रक्षसामपीडा सूचिता । अत्र पञ्चवट्याश्रमे । पालयिष्यसि प्रतिज्ञातपालननिर्वाहं करिष्यसि ॥ २० ॥ अस्य मधूकवनस्योत्तरेणेत्यर्थः । न्यग्रोधं तदुपलक्षितमाश्रमं गच्छता ॥ २१ ॥ स्थलं निर्वनं देशमुपारुह्य प्राप्य कस्यचित्पर्वतस्याविदूरतः समीपतः पञ्चवटीत्येव ख्यातो देशः ॥ २२ ॥ सत्कृ-

गृहीतचापौ तु नराधिपात्मजौ विषक्ततूणी समरेष्वकातरौ ।
यथोपदिष्टेन पथा महर्षिणा प्रजग्मतुः पञ्चवटीं समाहितौ ॥ २५

इत्यार्षे श्रीमद्रामायणे वाल्मीकीय आदिकाव्येऽरण्यकाण्डे त्रयोदशः सर्गः ॥ १३ ॥

चतुर्दशः सर्गः ।

अथ पञ्चवटीं गच्छन्नन्तरा रघुनन्दनः । आससाद महाकायं गृध्रं भीमपराक्रमम् ॥ १
तं दृष्ट्वा तौ महाभागौ वनस्थं रामलक्ष्मणौ । मेनाते राक्षसं पक्षिं ब्रुवाणौ को भवानिति ॥ २
ततो मधुरया वाचा सौम्यया प्रीणयन्निव । उवाच वत्स मां विद्धि वयस्यं पितुरात्मनः ॥ ३
स तं पितृसखं मत्वा पूजयामास राघवः । स तस्य कुलमव्यग्रमथ पप्रच्छ नाम च ॥ ४
रामस्य वचनं श्रुत्वा कुलमात्मानमेव च । आचचक्षे द्विजस्तस्मै सर्वभूतसमुद्भवम् ॥ ५
पूर्वकाले महाबाहो ये प्रजापतयोऽभवन् । तान्मे निगदतः सर्वानादितः शृणु राघव ॥ ६
कर्दमः प्रथमस्तेषां विकृतस्तदनन्तरम् । शेषश्च संश्रयश्चैव बहुपुत्रश्च वीर्यवान् ॥ ७
स्थाणुर्मरीचिरत्रिश्च क्रतुश्चैव महाबलः । पुलस्त्यश्चाङ्गिराश्चैव प्रचेताः पुलहस्तथा ॥ ८
दक्षो विवस्वानपरोऽरिष्टनेमिश्च राघव । कश्यपश्च महातेजास्तेषामासीच्च पश्चिमः ॥ ९
प्रजापतेस्तु दक्षस्य बभूवुरिति विश्रुताः । षष्टिर्दुहितरो राम यशस्विन्यो महायशः ॥ १०
कश्यपः प्रतिजग्राह तासामष्टौ सुमध्यमाः । अदितिं च दितिं चैव दनूमपि च कालकाम् ॥ ११
ताम्रां क्रोधवशां चैव मनुं चाप्यनलामपि । तास्तु कन्यास्ततः प्रीतः कश्यपः पुनरब्रवीत् ॥ १२
पुत्रांस्त्रैलोक्यभर्तॄन्वै जनयिष्यथ मत्समान् । अदितिस्तन्मना राम दितिश्च दनुरेव च ॥ १३
कालका च महाबाहो शेषास्त्वमनसोऽभवन् । अदित्यां जज्ञिरे देवास्त्रयस्त्रिंशदरिंदम ॥ १४
आदित्या वसवो रुद्रा अश्विनौ च परंतप । दितिस्त्वजनयत्पुत्रान्दैत्यांस्तात यशस्विनः ॥ १५
तेषामियं वसुमती पुरासीत्सवनार्णवा । दनुस्त्वजनयत्पुत्रमश्वग्रीवमरिंदम ॥ १६
नरकं कालकं चैव कालकापि व्यजायत । क्रौञ्चीं भासीं तथा श्येनीं धृतराष्ट्रीं तथा शुकीम् ॥ १७
ताम्रा तु सुषुवे कन्याः पञ्चैता लोकविश्रुताः । उलूकाञ्जनयत्क्रौञ्ची भासी भासान्व्यजायत ॥ १८
श्येनी श्येनांश्च गृध्रांश्च व्यजायत सुतेजसः । धृतराष्ट्री तु हंसांश्च कलहंसांश्च सर्वशः ॥ १९
चक्रवाकांश्च भद्रं ते विजज्ञे सापि भामिनी । शुकी नतां विजज्ञे तु नतायां विनता सुता ॥ २०
दश क्रोधवशा राम विजज्ञेऽप्यात्मसंभवाः । मृगीं च मृगमन्दां च हरीं भद्रमदामपि ॥ २१
मातङ्गीमथ शार्दूलीं श्वेतां च सुरभीं तथा । सर्वलक्षणसंपन्नां सुरसां कद्रुकामपि ॥ २२
अपत्यं तु मृगाः सर्वे मृग्या नरवरोत्तम । ऋक्षाश्च मृगमन्दायाः सृमराश्चमरास्तथा ॥ २३

स्य प्रदक्षिणनमस्कारादिभिः ॥ २३ ॥ २४ ॥ विषक्ते तूणी ययोस्ते । पूर्वपदे पुंवत्त्वम् ॥ २५ ॥ इति श्रीरामाभिरामे श्रीरामीये रामायणतिलके वाल्मीकीय आदिकाव्येऽरण्यकाण्डे त्रयोदशः सर्गः ॥ १३ ॥

अन्तरा मध्ये ॥ १ ॥ तं पक्षिणं राक्षसं मेनाते विज्ञातवन्तौ । तं राक्षसं ब्रुवाणौ परस्परं कथयन्तौ को भवानिति । पप्रच्छतुरिति शेषः ॥ २ ॥ आत्मनः पितुः । श्रीरामस्य तव पितुरित्यर्थः ॥ ३ ॥ ४ ॥ वचनम् । वंशनामप्रश्नविषयकं वचनमित्यर्थः । स्वोत्पत्तिकथनप्रसङ्गात्सर्वभूतसमुद्भवमाचचक्ष इत्यर्थः । आत्मानमात्मनाम चेत्यर्थः ॥ ५ ॥ पूर्वकाले ब्रह्मणोऽहरादिकाले । तान्प्रजापतीन् ॥ ६ ॥ कर्दमाद्याः सप्तदश प्रजापतयो बभूवुः ॥ ७ ॥ ८ ॥ ९ ॥ दक्षस्य षष्टिर्दुहितरो बभूवुरित्यन्वयः । महायश इति रामसंबुद्धिः ॥ १० ॥ दक्षकन्यानां कश्यपपत्नीनां नामान्याह—अदितिमित्यादि । अष्टावित्युपलक्षणम् । कश्यपाय त्रयोदशेत्यन्यत्रोक्तेः । वक्ष्यमाणसंतानोपयोगिन्योऽष्टाविति वा ॥ ११ ॥ १२ ॥ तन्मनास्तत्सदृशपुत्राभिलाषवती । इदं दितिदनुकालकानां विशेषणम् ॥ १३ ॥ अमनसस्तथामनोरथहीनाः । तत्फलं तासां कन्यासंतानं वक्ष्यति ॥ १४ ॥ अश्विनौ चेत्यन्तास्त्रयस्त्रिंशत् ॥ १५ ॥ तेषां दितिपुत्राणाम् । वनैरर्णवैश्च सहिता सवनार्णवा ॥ १६ ॥ १७ ॥ क्रौञ्च्यादिसंतानमाह—उलूकानिति ॥ १८ ॥ १९ ॥ संबोधनाय मध्ये मध्ये भद्रं ते इति प्रयोगः । हे राम, ते भद्रमस्तु । शृण्विति शेषः ॥ २० ॥ क्रोधवशा कश्यपषष्ठपत्नी । तस्या दशापत्यान्याह—मृगीं चेति ॥ २१ ॥ २२ ॥ सृमराः श्यामकेशपुच्छाः । चमराः श्वेतकेशपुच्छा इति भेदः ॥ २३ ॥

ततस्त्विरावतीं नाम जज्ञे भद्रमदा सुताम् । तस्यास्त्वैरावतः पुत्रो लोकनाथो महागजः ॥ २४
हर्यांश्च हरयोऽपत्यं वानरांश्च तपस्विनः । गोलाङ्गूलांश्च शार्दूली व्याघ्रांश्चाजनयत्सुतान् ॥ २५
मातङ्ग्यास्त्वथ मातङ्गा अपत्यं मनुजर्षभ । दिशागजं तु काकुत्स्थ श्वेता व्यजनयत्सुतान् ॥ २६
ततो दुहितरौ राम सुरभिर्देव्यजायत । रोहिणीं नाम भद्रं ते गन्धर्वीं च यशस्विनीम् ॥ २७
रोहिण्यजनयद्गावो गन्धर्वी वाजिनः सुतान् । सुरसाजनयन्नागान्राम कद्रूश्च पन्नगान् ॥ २८
मनुर्मनुष्याञ्जनयत्कश्यपस्य महात्मनः । ब्राह्मणान्क्षत्रियान्वैश्याञ्शूद्रांश्च मनुजर्षभ ॥ २९
मुखतो ब्राह्मणा जाता उरसः क्षत्रियास्तथा । ऊरुभ्यां जज्ञिरे वैश्याः पद्भ्यां शूद्रा इति श्रुतिः ॥ ३०
सर्वान्पुण्यफलान्वृक्षाननलापि व्यजायत । विनता च शुकीपौत्री कद्रूश्च सुरसा स्वसा ॥ ३१
कद्रूर्नागसहस्रं तु विजज्ञे धरणीधरान् । द्वौ पुत्रौ विनतायास्तु गरुडोऽरुण एव च ॥ ३२
तस्माज्जातोऽहमरुणात्संपातिश्च ममाग्रजः । जटायुरिति मां विद्धि श्येनीपुत्रमरिंदम ॥ ३३
सोऽहं वाससहायस्ते भविष्यामि यदीच्छसि । सीतां च तात रक्षिष्ये त्वयि याते सलक्ष्मणे ॥ ३४

जटायुषं तु प्रतिपूज्य राघवो मुदा परिष्वज्य च संनतोऽभवत् ।
पितुर्हि शुश्राव सखित्वमात्मवाञ्जटायुषा संकथितं पुनःपुनः ॥ ३५
स तत्र सीतां परिदाय मैथिलीं सहैव तेनातिबलेन पक्षिणा ।
जगाम तां पञ्चवटीं सलक्ष्मणो रिपून्दिधक्षन्स वनानि पालयन् ॥ ३६

इत्यार्षे श्रीमद्रामायणे वाल्मीकीय आदिकाव्येऽरण्यकाण्डे चतुर्दशः सर्गः ॥ १४ ॥

पञ्चदशः सर्गः ।

ततः पञ्चवटीं गत्वा नानाव्यालमृगायुताम् । उवाच लक्ष्मणं रामो भ्रातरं दीप्ततेजसम् ॥ १
आगताः स्म यथोद्दिष्टं यं देशं मुनिरब्रवीत् । अयं पञ्चवटीदेशः सौम्य पुष्पितकाननः ॥ २
सर्वतश्चार्यतां दृष्टिः कानने निपुणो ह्यसि । आश्रमः कतरस्मिन्नो देशे भवति संमतः ॥ ३
रमते यत्र वैदेही त्वमहं चैव लक्ष्मण । तादृशो दृश्यतां देशः संनिकृष्टजलाशयः ॥ ४
वनरामण्यकं यत्र जलरामण्यकं तथा । संनिकृष्टं च यस्मिंस्तु समित्पुष्पकुशोदकम् ॥ ५
एवमुक्तस्तु रामेण लक्ष्मणः संयताञ्जलिः । सीतासमक्षं काकुत्स्थमिदं वचनमब्रवीत् ॥ ६
परवानस्मि काकुत्स्थ त्वयि वर्षशतं स्थिते । स्वयं तु रुचिरे देशे क्रियतामिति मां वद ॥ ७
सुप्रीतस्तेन वाक्येन लक्ष्मणस्य महाद्युतिः । विमृशन्रोचयामास देशं सर्वगुणान्वितम् ॥ ८

॥ २४ ॥ हरयः सिंहाः । गोलाङ्गूला इति पूर्वान्वयि ॥ २५ ॥ २६ ॥ २७ ॥ गावः । गा इत्यर्थः । नागा बहुफणाः सर्पाः, तदन्ये पन्नगा इति तीर्थः । निर्विषा नागाः, तदन्ये पन्नगा इति कतकः ॥ २८ ॥ जनयन् । अजनयदित्यर्थः ॥ २९ ॥ उरसो बाहुमध्यात् । क्वचित्तु 'बाहुभ्याम्' इति पाठः ॥ ३० ॥ अनलापि व्यजायतेत्यनेन कश्यपस्याष्टानामपि पत्नीनां संतानान्युक्त्वा स्ववंशप्रदर्शनायाह—विनता चेत्यादि । शुकीपौत्री शुकीपुत्री नता तस्या विनता पुत्रीत्यर्थः । सुरसा कद्रूश्च नाम्ना सुते ॥ ३१ ॥ नागसहस्रम् । पन्नगसहस्रमित्यर्थः । अतो नोक्तेन विरोधः ॥ ३२ ॥ श्येनीपुत्रमिति । ननु ताम्रापुत्र्यौ शुकीश्येन्यौ । सा श्येनी शुकीपौत्रीपुत्रस्यारुणस्य कथं भार्येति चेत्, तत्संतानपरम्परापतिता अन्यैषा श्येनीत्यदोषः । विधिनिषेधयोर्मनुष्याधिकारत्वाद्वा ॥ ३३ ॥ वाससहायो वासस्थाने सीतारक्षणे सहायभूतः । यदीच्छसि । उक्तार्थमिति शेषः । तदेवाह—सीतामिति । त्वयि याते मृगयायर्थम् ॥ ३४ ॥ ३५ ॥ परिदाय रक्षणार्थम् । जटायुषे इति शेषः । 'परिधाय' इति पाठे परिवार्येत्यर्थः ॥ ३६ ॥ **इति श्रीरामाभिरामे श्रीरामीये रामायणतिलके वाल्मीकीय आदिकाव्येऽरण्यकाण्डे चतुर्दशः सर्गः ॥ १४ ॥**

'व्यालः श्वापदसर्पयोः' इति कोशः । मृगा हरिणादयः ॥ १ ॥ यं देशं मुनिरब्रवीत्, यथोद्दिष्टं तं देशमागताः स्मेत्यन्वयः ॥ २ ॥ दृष्टिश्चार्यताम् । प्रेक्ष्यतामित्यर्थः । निपुण आश्रमोचितदेशज्ञान इति शेषः । संमतः । सीताया इति शेषः ॥ ३ ॥ तदेवाह—रमत इति । त्वं रमसे, अहं रमे इत्यर्थः ॥ ४ ॥ वनरामण्यकं वनस्य रमणीयत्वम् ॥ ५ ॥ संयताञ्जलिर्बद्धाञ्जलिः ॥ ६ ॥ हे काकुत्स्थ, त्वयि स्थिते विद्यमाने वर्षशतमप्यहं परवानेव त्वदधीन एव । न कदाचिदपि मे स्वातन्त्र्यमित्यर्थः । स्वयं तु त्वमयं रुचिरो देश इति विचार्य तत्र रुचिरे देशे क्रियतामिति वद ॥ ७ ॥ विमृशन्पर्यालोचयन् ॥ ८ ॥

स तं रुचिरमाक्रम्य देशमाश्रमकर्मणि । हस्ते गृहीत्वा हस्तेन रामः सौमित्रिमब्रवीत् ॥ ९
अयं देशः समः श्रीमान्पुष्पितैस्तरुभिर्वृतः । इहाश्रमपदं रम्यं यथावत्कर्तुमर्हसि ॥ १०
इयमादित्यसंकाशैः पद्मैः सुरभिगन्धिभिः । अदूरे दृश्यते रम्या पद्मिनी पद्मशोभिता ॥ ११
यथाख्यातमगस्त्येन मुनिना भावितात्मना । इयं गोदावरी रम्या पुष्पितैस्तरुभिर्वृता ॥ १२
हंसकारण्डवाकीर्णा चक्रवाकोपशोभिता । नातिदूरे न चासन्ने मृगयूथनिपीडिता ॥ १३
मयूरनादिता रम्याः प्रांशवो बहुकंदराः । दृश्यन्ते गिरयः सौम्याः फुल्लैस्तरुभिरावृताः ॥ १४
सौवर्णै राजतैस्ताम्रैर्देशे देशे तथा शुभैः । गवाक्षिता इवाभान्ति गजाः परमभक्तिभिः ॥ १५
सालैस्तालैस्तमालैश्च खर्जूरैः पनसैर्द्रुमैः । नीवारैस्तिनिशैश्चैव पुंनागैश्चोपशोभिताः ॥ १६
चूतैरशोकैस्तिलकैः केतकैरपि चम्पकैः । पुष्पगुल्मलतोपेतैस्तैस्तैस्तरुभिरावृताः ॥ १७
स्यन्दनैश्चन्दनैर्नीपैः पनसैर्लकुचैरपि । धवाश्वकर्णखदिरैः शमीकिंशुकपाटलैः ॥ १८
इदं पुण्यमिदं रम्यमिदं बहुमृगद्विजम् । इह वत्स्याम सौमित्रे सार्धमेतेन पक्षिणा ॥ १९
एवमुक्तस्तु रामेण लक्ष्मणः परवीरहा । अचिरेणाश्रमं भ्रातुश्चकार सुमहाबलः ॥ २०
पर्णशालां सुविपुलां तत्र संघातमृत्तिकाम् । सुस्तम्भां मस्करैर्दीर्घैः कृतवंशां सुशोभनाम् ॥ २१
शमीशाखाभिरास्तीर्य दृढपाशावपाशिताम् । कुशकाशशरैः पर्णैः सुपरिच्छादितां तथा ॥ २२
समीकृततलां रम्यां चकार सुमहाबलः । निवासं राघवस्यार्थे प्रेक्षणीयमनुत्तमम् ॥ २३
स गत्वा लक्ष्मणः श्रीमान्नदीं गोदावरीं तदा । स्नात्वा पद्मानि चादाय सफलः पुनरागतः ॥ २४
ततः पुष्पबलिं कृत्वा शान्तिं च स यथाविधि । दर्शयामास रामाय तदाश्रमपदं कृतम् ॥ २५
स तं दृष्ट्वा कृतं सौम्यमाश्रमं सह सीतया । राघवः पर्णशालायां हर्षमाहारयत्परम् ॥ २६
सुसंहृष्टः परिष्वज्य बाहुभ्यां लक्ष्मणं तदा । अतिस्निग्धं च गाढं च वचनं चेदमब्रवीत् ॥ २७
प्रीतोऽस्मि ते महत्कर्म त्वया कृतमिदं प्रभो । प्रदेयो यन्निमित्तं ते परिष्वङ्गो मया कृतः ॥ २८
भावज्ञेन कृतज्ञेन धर्मज्ञेन च लक्ष्मण । त्वया पुत्रेण धर्मात्मा न संवृत्तः पिता मम ॥ २९
एवं लक्ष्मणमुक्त्वा तु राघवो लक्ष्मिवर्धनः । तस्मिन्देशे बहुफले न्यवसत्ससुखं सुखी ॥ ३०
कंचित्कालं स धर्मात्मा सीतया लक्ष्मणेन च । अन्वास्यमानो न्यवसत्स्वर्गलोके यथामरः ॥ ३१

इत्यार्षे श्रीमद्रामायणे वाल्मीकीय आदिकाव्येऽरण्यकाण्डे पञ्चदशः सर्गः ॥ १५ ॥

षोडशः सर्गः ।

वसतस्तस्य तु सुखं राघवस्य महात्मनः । शरद्व्यपाये हेमन्तऋतुरिष्टः प्रवर्तत ॥ १

हस्तेन स्वहस्तेन । हस्ते लक्ष्मणस्य हस्ते । लक्ष्मणं गृहीत्वेत्यर्थः । अनेन स्नेहाधिक्यमन्तरङ्गत्वं स्वामित्वं च दर्शितम् ॥ ९ ॥ १० ॥ आदित्यसंकाशैः । तद्वदुज्ज्वलैरिति शेषः । पद्मशोभिता पद्मश्रिया शोभायुक्ता ॥ ११ ॥ यथाख्यातं तथेयं गोदावरी दृश्यत इत्यर्थः ॥ १२ ॥ मृगयूथैः पानार्थमागतैर्निपीडिता । निबिडेति यावत् ॥ १३ ॥ प्रांशव उन्नताः । फुल्लैर्विकसितपुष्पवद्भिः ॥ १४ ॥ सौवर्णैः सुवर्णाभैः परमभक्तिभिर्गवाक्षिता गजा इव । भक्तिभिर्गवाक्षाकारनीलपीतादिवर्णरचनारूपालंकारैरलंकृताः ॥ १५ ॥ सालाद्या वृक्षविशेषाः ॥ १६ ॥ १७ ॥ १८ ॥ इदं स्थलम् । पक्षिणा जटायुषा ॥ १९ ॥ २० ॥ संघाता मृत्तिका यस्यां सा । दीर्घैर्मस्करैर्वेणुभिः कृतवंशां कृतवंशकार्याम् ॥ २१ ॥ आस्तीर्येति तिर्यग्वंशपरिक्षेपोपरीति शेषः । दृढपाशावपाशितां दृढबन्धनबद्धाम् ॥ २२ ॥ तलं भूतलम् । राघवस्यार्थे निवासमेकान्तभूतं चकारेति शेषः ॥ २३ ॥ स गत्वेति । एवं संपादनानन्तरमिति शेषः । सफलो मार्गस्थवृक्षेभ्यो गृहीतफलः ॥ २४ ॥ कृत्वा । स्वयमेवेति शेषः । शान्तिं वास्तुशान्तिम् ॥ २५ ॥ आहारयत्प्राप्तवान् ॥ २६ ॥ २७ ॥ ईदृशे महति कर्मणि दातुं प्रदेयोऽर्थ उचितः । यन्निमित्तं यत्प्रदेयनिमित्तं ते मया परिष्वङ्गः कृतः । अन्यस्य देयस्याभावात् ॥ २८ ॥ भावोऽभिप्रायः । कृतमुपकारः । न संवृत्तो न मृतः, किंतु जीवत्येव । पितृवदेव त्वया परिपालनादिति भावः ॥ २९ ॥ ३० ॥ ३१ ॥

इति श्रीरामाभिरामे श्रीरामीये रामायणतिलके वाल्मीकीय आदिकाव्येऽरण्यकाण्डे पञ्चदशः सर्गः ॥ १५ ॥

अथ कविः शूर्पणखादर्शनं वक्तुं कामोद्दीपकं हेमन्तं वर्णयति लक्ष्मणमुखेन—वसत इति । पञ्चवट्यामिति शेषः । इष्टः । रामस्येति शेषः । कामिनां च । शरद्व्यपाये शरदृतुगमने । हेमन्तऋतुरिति 'ऋत्यकः' इति संध्यभावः । भिन्नपदत्वं वा

स कदाचित्प्रभातायां शर्वर्यां रघुनन्दनः । प्रययावभिषेकार्थं रम्यां गोदावरीं नदीम् ॥ २
प्रह्वः कलशहस्तस्तु सीतया सह वीर्यवान् । पृष्ठतोऽनुव्रजन्भ्राता सौमित्रिरिदमब्रवीत् ॥ ३
अयं स कालः संप्राप्तः प्रियो यस्ते प्रियंवद । अलंकृत इवाभाति येन संवत्सरः शुभः ॥ ४
नीहारपरुषो लोकः पृथिवी सस्यशालिनी । जलान्यनुपभोग्यानि सुभगो हव्यवाहनः ॥ ५
नवाग्रयणपूजाभिरभ्यर्च्य पितृदेवताः । कृताग्रयणकाः काले सन्तो विगतकल्मषाः ॥ ६
प्राज्यकामा जनपदाः संपन्नतरगोरसाः । विचरन्ति महीपाला यात्रार्थं विजिगीषवः ॥ ७
सेवमाने दृढं सूर्ये दिशमन्तकसेविताम् । विहीनतिलकेव स्त्री नोत्तरा दिक्प्रकाशते ॥ ८
प्रकृत्या हिमकोशाढ्यो दूरसूर्यश्च सांप्रतम् । यथार्थनामा सुव्यक्तं हिमवान्हिमवान्गिरिः ॥ ९
अत्यन्तसुखसंचारा मध्याह्ने स्पर्शतः सुखाः । दिवसाः सुभगादित्याश्छायाः सलिलदुर्भगाः ॥ १०
मृदुसूर्याः सुनीहाराः पटुशीताः समाहिताः । शून्यारण्या हिमध्वस्ता दिवसा भान्ति सांप्रतम् ॥ ११
निवृत्ताकाशशयनाः पुष्यनीता हिमारुणाः । शीतवृद्धतरायामास्त्रियामा यान्ति सांप्रतम् ॥ १२
रविसंक्रान्तसौभाग्यस्तुषारारुणमण्डलः । निःश्वासान्ध इवादर्शश्चन्द्रमा न प्रकाशते ॥ १३
ज्योत्स्ना तुषारमलिना पौर्णमास्यां न राजते । सीतेव चातपश्यामा लक्ष्यते न च शोभते ॥ १४
प्रकृत्या शीतलस्पर्शो हिमविद्धश्च सांप्रतम् । प्रवाति पश्चिमो वायुः काले द्विगुणशीतलः ॥ १५
बाष्पच्छन्नान्यरण्यानि यवगोधूमवन्ति च । शोभन्तेऽभ्युदिते सूर्ये नदद्भिः क्रौञ्चसारसैः ॥ १६
खर्जूरपुष्पाकृतिभिः शिरोभिः पूर्णतण्डुलैः । शोभन्ते किंचिदालम्बाः शालयः कनकप्रभाः ॥ १७
मयूखैरुपसर्पद्भिर्हिमनीहारसंवृतैः । दूरमभ्युदितः सूर्यः शशाङ्क इव लक्ष्यते ॥ १८
आग्राह्यवीर्यः पूर्वाह्णे मध्याह्ने स्पर्शतः सुखः । संसक्तः किंचिदापाण्डुरातपः शोभते क्षितौ ॥ १९
अवश्यायनिपातेन किंचित्प्रक्लिन्नशाद्वला । वनानां शोभते भूमिर्निविष्टतरुणातपा ॥ २०
स्पृशन्सुविपुलं शीतमुदकं द्विरदः सुखम् । अत्यन्ततृषितो वन्यः प्रतिसंहरते करम् ॥ २१
एते हि समुपासीना विहगा जलचारिणः । नावगाहन्ति सलिलमप्रगल्भा इवाहवम् ॥ २२

॥ १ ॥ २ ॥ पृष्ठतः । रामस्येति शेषः ॥ ३ ॥ येन हेमन्तेन शुभोऽयं संवत्सरः सुपक्वसस्यादिसंपत्त्या अलंकृत इवाभाति ॥ ४ ॥ हेमन्तधर्मानाह—नीहारेण परुषः कठिनस्पर्शशरीरः । वस्त्रादिस्पर्शसहशरीर इति कश्चित् । जलानुपभोगः शैत्यातिशयात् । सुभग इष्टः ॥ ५ ॥ काल आग्रयणानुष्ठानकाले । नवाग्रयणपूजाभिर्नवान्नप्राशनाय यदाग्रयणाख्यं कर्म तद्रूपपूजाभिः पितृन्देवांश्च संतर्प्य कृताग्रयणकाः सन्तो विगतकल्मषा अभवन् ॥ ६ ॥ प्राज्यं भूरि यथा भवति तथा संपन्नोऽन्नप्राप्तिविषयः कामो येषां ते प्राज्यकामाः । संपन्नतरगोरसा बहुलतरक्षीरादयो जनपदाः । भवन्तीति शेषः । तथाभूतेषु जनपदेषु । यात्रार्थं दर्शनार्थम् ॥ ७ ॥ अन्तकसेवितां दिशं दक्षिणाम् ॥ ८ ॥ प्रकृत्या स्वभावेन । हिमकोशैर्घनीभूतहिमसमूहैराढ्यो हिमवानिति सांप्रतम् । यतो दूरसूर्योऽतः सुव्यक्तं प्रकटं हिमवान्सन्हिमवानिति यथार्थनामा भवति ॥ ९ ॥ मध्याह्ने सुखः संचारो येषु ते । यथा मध्याह्ने स्पर्शत आतपस्पर्शतः सुखजनकाः । अतएव सुभगादित्याः सुसेव्यादित्याः । छायाः सलिलानि च दुर्भगान्यसेव्यानि येषु ॥ १० ॥ नीहारः सूर्यावरकं हिमम् । मृदुसूर्या ईषदुष्णसूर्याः । पटुशीताः शून्यारण्याः हिमनाशितपर्णत्वात् । हिमध्वस्ता हिमध्वस्तपङ्कजाः ॥ ११ ॥ निवृत्ताकाशशयना निवृत्तानावृतप्रदेशशयनाः । पुष्यनीताः पुष्यनक्षत्रबोधितरात्रिकालपरिमाणाः । हिमारुणा हिमधूसराः । कपोतवर्णेऽप्यरुणशब्दः । शीतं वृद्धतरं यासु ताः । आयामा दैर्घ्यवत्यस्त्रियामा रात्रयः ॥ १२ ॥ रवौ संक्रान्तं सौभाग्यं सुभगत्वमुपभोग्यस्वरूपं यस्य सः । तुषारधूसरमण्डलो निःश्वासान्धो निःश्वासमलिन आदर्श इव न प्रकाशते ॥ १३ ॥ आतपश्यामा आतपेन वैवर्ण्यं प्राप्ता सीतेव लक्ष्यते सत्तामात्रेण । न तु शोभत इत्यर्थः ॥ १४ ॥ प्रकृत्या शीतलस्पर्शः पश्चिमदिग्वायुः । सांप्रतं हिमविद्धत्वात्काले प्रातःकाले द्विगुणशीतलः ॥ १५ ॥ बाष्प ऊष्मा तेन च्छन्नान्यरण्यानि । प्रातःकाले कूपोदकादिष्विव वनादप्यूष्मा प्रादुर्भवतीत्यनुभवप्रमाणकमिति तीर्थः । यवगोधूमाद्यङ्कुर[illegible]न्दुदर्शनाद्वृक्षेषु च तद्दर्शनाद्बाष्पच्छन्नानि । बाष्पो नेत्रजलेऽपीत्यन्ये ॥ १६ ॥ खर्जूरपुष्पाकृतित्वं प्रलम्बत्वेन पीतत्वेन च । किंचिदालम्बाः किंचिन्नम्राः । कनकप्रभाः परिणतत्वात् ॥ १७ ॥ नीहारो हिमातिशयरूपो वृक्षपर्वताद्यदर्शनसंपादनक्षमस्तत्संवृतैरुपसर्पद्भिर्मयूखैरुपलक्षितः । शशाङ्कसदृश इत्यर्थः ॥ १८ ॥ आग्राह्यवीर्य ईषद्ग्राह्योष्ण्यः । स्पर्शतः सुखः सुखस्पर्शः ॥ १९ ॥ अवश्यायो हिमबिन्दुः ॥ २० ॥ प्रतिसंहरते करम् । दुःस्पर्शशैत्यवशादिति भावः ॥ २१ ॥ समुपासीनाः । जलसमीपदेशमिति शेषः । नावगाहन्ति नावगाहन्ते ॥ २२ ॥

अवश्यायतमोनद्धा नीहारतमसावृताः । प्रसुप्ता इव लक्ष्यन्ते विपुष्पा वनराजयः ॥ २३
बाष्पसंछन्नसलिला रुतविज्ञेयसारसाः । हिमार्द्रवालुकास्तीरैः सरितो भान्ति सांप्रतम् ॥ २४
तुषारपतनाच्चैव मृदुत्वाद्भास्करस्य च । शैत्यादगाग्रस्थमपि प्रायेण रसवज्जलम् ॥ २५
जराजर्झरितैः पत्रैः शीर्णकेसरकर्णिकैः । नालशेषा हिमध्वस्ता न भान्ति कमलाकराः ॥ २६
अस्मिंस्तु पुरुषव्याघ्र काले दुःखसमन्वितः । तपश्चरति धर्मात्मा त्वद्भक्त्या भरतः पुरे ॥ २७
त्यक्त्वा राज्यं च मानं च भोगांश्च विविधान्बहून् । तपस्वी नियताहारः शेते शीते महीतले ॥ २८
सोऽपि वेलामिमां नूनमभिषेकार्थमुद्यतः । वृतः प्रकृतिभिर्नित्यं प्रयाति सरयूं नदीम् ॥ २९
अत्यन्तसुखसंवृद्धः सुकुमारो हिमार्दितः । कथं त्वपररात्रेषु सरयूमवगाहते ॥ ३०
पद्मपत्रेक्षणः श्यामः श्रीमान्निरुदरो महान् । धर्मज्ञः सत्यवादी च ह्रीनिषेधो जितेन्द्रियः ॥ ३१
प्रियाभिभाषी मधुरो दीर्घबाहुररिंदमः । संत्यज्य विविधान्सौख्यानार्यं सर्वात्मना श्रितः ॥ ३२
जितः स्वर्गस्तव भ्रात्रा भरतेन महात्मना । वनस्थमपि तापस्ये यस्त्वामनुविधीयते ॥ ३३
न पित्र्यमनुवर्तन्ते मातृकं द्विपदा इति । ख्यातो लोकप्रवादोऽयं भरतेनान्यथा कृतः ॥ ३४
भर्ता दशरथो यस्याः साधुश्च भरतः सुतः । कथं नु साम्बा कैकेयी तादृशी क्रूरदर्शिनी ॥ ३५
इत्येवं लक्ष्मणे वाक्यं स्नेहाद्वदति धार्मिके । परिवादं जनन्यास्तमसहन्राघवोऽब्रवीत् ॥ ३६
न तेऽम्बा मध्यमा तात गर्हितव्या कदाचन । तामेवेक्ष्वाकुनाथस्य भरतस्य कथां कुरु ॥ ३७
निश्चितैव हि मे बुद्धिर्वनवासे दृढव्रता । भरतस्नेहसंतप्ता बालिशीक्रियते पुनः ॥ ३८
संस्मराम्यस्य वाक्यानि प्रियाणि मधुराणि च । हृद्यान्यमृतकल्पानि मनःप्रह्लादनानि च ॥ ३९
कदा ह्यहं समेष्यामि भरतेन महात्मना । शत्रुघ्नेन च वीरेण त्वया च रघुनन्दन ॥ ४०
इत्येवं विलपंस्तत्र प्राप्य गोदावरीं नदीम् । चक्रेऽभिषेकं काकुत्स्थः सानुजः सह सीतया ॥ ४१
तर्पयित्वाथ सलिलैस्तैः पितॄन्दैवतान्यपि । स्तुवन्ति स्मोदितं सूर्यं देवताश्च तथानघाः ॥ ४२

कृताभिषेकः स रराज रामः सीताद्वितीयः सह लक्ष्मणेन ।
कृताभिषेकस्त्वगराजपुत्र्या रुद्रः सनन्दिर्भगवानिवेशः ॥ ४३

इत्यार्षे श्रीमद्रामायणे वाल्मीकीय आदिकाव्येऽरण्यकाण्डे षोडशः सर्गः ॥ १६ ॥

सप्तदशः सर्गः ।

कृताभिषेको रामस्तु सीता सौमित्रिरेव च । तस्माद्गोदावरीतीरात्ततो जग्मुः स्वमाश्रमम् ॥ १
आश्रमं तदुपागम्य राघवः सहलक्ष्मणः । कृत्वा पौर्वाह्णिकं कर्म पर्णशालामुपागमत् ॥ २

अवश्यायतमोभ्यां नद्धा रात्रौ । नीहारतमसावृताः प्रत्यूषे ॥ २३ ॥ बाष्पो धूम ऊष्मा वा ॥२४॥ अगाग्रस्थं पर्वताग्रस्थम् ॥ २५ ॥ जरया कालकृतया झर्झरितानि घूर्णनानि येषां तैः । शीर्णानि केसराणि कर्णिकानि च येषां तैः ॥ २६ ॥ २७ ॥ २८ ॥ ॥ २९ ॥ ३० ॥ निरुदरोऽतुन्दिलः । ह्रिया परनारीविषये निषेधश्चक्षुरादीन्द्रियनिर्वर्तनं यस्य सः । तत्र हेतुर्जितेन्द्रियत्वम् ॥ ३१ ॥ सौख्यान्सौख्यसाधनान् । आर्यं त्वां सर्वात्मना श्रितः । त्वत्सदृशव्यवहारवान् । सर्वात्मना इतरव्यासङ्गत्यागपूर्वकं त्वद्विषयमननादिमानित्यर्थं इति कतकः ॥ ३२ ॥ स्वर्गो जित एव स्वाधीनः कृतः । यतो वनस्थमपि त्वां तापस्ये तापसधर्मे स्थित्वा अनुविधीयतेऽनुकरोति । सेवत इत्यर्थः । धीङो दैवादिकस्य रूपम् ॥ ३३ ॥ द्विपदा मनुष्याः पित्र्यं स्वभावं नानुवर्तन्ते, किंतु मातृकं स्वभावमनुवर्तन्त इति प्रसिद्धो लोकवादो भरतेनान्यथा कृतः । पितृस्वभाव एवाङ्गीकृतः, न मातुरित्यर्थः ॥ ३४ ॥ भरतं स्तुत्वा कैकेयीं निन्दति—भर्तेत्यादि ॥ ३५ ॥ स्नेहाद्भरतरामयोः स्नेहात् ॥ ३६ ॥ न गर्हितव्या । दैवकृतत्वात्तद्बुद्धेः । तामेव पूर्वोक्तामेव ॥ ३७ ॥ बालिशीक्रियते । गुणाश्रयस्य भरतस्य वियोगमसहमाना चाञ्चल्यं प्राप्नोतीत्यर्थः ॥ ३८ ॥ स्नेहमेव प्रकाशयति—संस्मरामीति । प्रियाण्यपि केनचिदुच्यमानानि कर्णकठोराणि भवन्तीति मधुराणीति । हृद्यानि मन्त्रवत्परहृदयबन्धनानि । सामान्यतो माधुर्यमुक्त्वातिशयेनाह—अमृतकल्पानीति । अतएव मनःप्रह्लादनानि ॥ ३९ ॥ त्वयेत्यस्य सहित इति शेषः ॥ ४० ॥ ४१ ॥ ४२ ॥ रुद्रोपमया संहाराविष्टचित्तत्वं दर्शयति ॥४३॥ इति श्रीरामाभिरामे श्रीरामीये रामायणतिलके वाल्मीकीय आदिकाव्येऽरण्यकाण्डे षोडशः सर्गः ॥ १६ ॥

ततोऽवगाहनोत्तरम् ॥ १ ॥ पौर्वाह्णिकं प्रातःकालिकम् ।

उवास सुखितस्तत्र पूज्यमानो महर्षिभिः । स रामः पर्णशालायामासीनः सह सीतया ॥ ३
विरराज महाबाहुश्चित्रया चन्द्रमा इव । लक्ष्मणेन सह भ्रात्रा चकार विविधाः कथाः ॥ ४
तदासीनस्य रामस्य कथासंसक्तचेतसः । तं देशं राक्षसी काचिदाजगाम यदृच्छया ॥ ५
सा तु शूर्पणखा नाम दशग्रीवस्य रक्षसः । भगिनी राममासाद्य ददर्श त्रिदशोपमम् ॥ ६
दीप्तास्यं च महाबाहुं पद्मपत्रायतेक्षणम् । गजविक्रान्तगमनं जटामण्डलधारिणम् ॥ ७
सुकुमारं महासत्त्वं पार्थिवव्यञ्जनान्वितम् । राममिन्दीवरश्यामं कंदर्पसदृशप्रभम् ॥ ८
बभूवेन्द्रोपमं दृष्ट्वा राक्षसी काममोहिता । सुमुखं दुर्मुखी रामं वृत्तमध्यं महोदरी ॥ ९
विशालाक्षं विरूपाक्षी सुकेशं ताम्रमूर्धजा । प्रियरूपं विरूपा सा सुस्वरं भैरवस्वना ॥ १०
तरुणं दारुणा वृद्धा दक्षिणं वामभाषिणी । न्यायवृत्तं सुदुर्वृत्ता प्रियमप्रियदर्शना ॥ ११
शरीरजसमाविष्टा राक्षसी राममब्रवीत् । जटी तापसवेषेण सभार्यः शरचापधृक् ॥ १२
आगतस्त्वमिमं देशं कथं राक्षससेवितम् । किमागमनकृत्यं ते तत्त्वमाख्यातुमर्हसि ॥ १३
एवमुक्तस्तु राक्षस्या शूर्पनख्या परंतपः । ऋजुबुद्धितया सर्वमाख्यातुमुपचक्रमे ॥ १४
आसीद्दशरथो नाम राजा त्रिदशविक्रमः । तस्याहमग्रजः पुत्रो रामो नाम जनैः श्रुतः ॥ १५
भ्रातायं लक्ष्मणो नाम यवीयान्मामनुव्रतः । इयं भार्या च वैदेही मम सीतेति विश्रुता ॥ १६
नियोगात्तु नरेन्द्रस्य पितुर्मातुश्च यन्त्रितः । धर्मार्थं धर्मकाङ्क्षी च वनं वस्तुमिहागतः ॥ १७
त्वां तु वेदितुमिच्छामि कस्य त्वं कासि कस्य वा । त्वं हि तावन्मनोज्ञाङ्गी राक्षसी प्रतिभासि मे ॥ १८
इह वा किंनिमित्तं त्वमागता ब्रूहि तत्त्वतः । साब्रवीद्वचनं श्रुत्वा राक्षसी मदनार्दिता ॥ १९
श्रूयतां राम तत्त्वार्थं वक्ष्यामि वचनं मम । अहं शूर्पणखा नाम राक्षसी कामरूपिणी ॥ २०
अरण्यं विचरामीदमेका सर्वभयंकरा । रावणो नाम मे भ्राता यदि ते श्रोत्रमागतः ॥ २१
प्रवृद्धनिद्रश्च सदा कुम्भकर्णो महाबलः । विभीषणस्तु धर्मात्मा न तु राक्षसचेष्टितः ।
प्रख्यातवीर्यौ च रणे भ्रातरौ खरदूषणौ ॥ २२
तानहं समतिक्रान्ता राम त्वा पूर्वदर्शनात् । समुपेतास्मि भावेन भर्तारं पुरुषोत्तमम् ॥ २३
अहं प्रभावसंपन्ना स्वच्छन्दबलगामिनी । चिराय भव भर्ता मे सीतया किं करिष्यसि ॥ २४
विकृता च विरूपा च न सेयं सदृशी तव । अहमेवानुरूपा ते भार्या रूपेण पश्य माम् ॥ २५
इमां विरूपामसतीं करालां निर्णतोदरीम् । अनेन सह ते भ्रात्रा भक्षयिष्यामि मानुषीम् ॥ २६

पर्णशालां बाह्याम् ॥ २ ॥ ३ ॥ चित्रया चित्रानक्षत्रेण ॥ ४ ॥ ५ ॥ शूर्पणखा । 'नखमुखात्संज्ञायाम्' इति ङीपोऽभावः ॥ ६ ॥ दीप्तास्यं कान्तिमन्मुखम् । गजस्येव मन्दतया विक्रान्तं गमनं यस्य ॥ ७ ॥ व्यञ्जनं लक्षणम् ॥ ८ ॥ सुमुखमित्यादि । विषयालंकारोऽत्र ॥ ९ ॥ १० ॥ दारुणा । अदारुणमिति शेषः । दक्षिणं सुभाषिणम् । वामभाषिणी दुष्टभाषिणी ॥ ११ ॥ शरीरजः कामः ॥ १२ ॥ तत्त्वं यथा तथाख्यातुमर्हसि ॥ १३ ॥ शूर्पनख्येति यौगिकम् । ऋजुबुद्धितया तयैव ॥ १४ ॥ १५ ॥ १६ ॥ नियोगादाज्ञाबलाद्यन्त्रितो नियतः । धर्मकाङ्क्षी पितृवाक्यनिर्वहणरूपधर्माभिलाषी । धर्मार्थं तस्यैव धर्मस्य परिपालनाय ॥ १७ ॥ कस्य त्वम् । कन्येति शेषः । कासि किंनामासि । कस्य वंशजेति शेषः । राक्षसी । एवं मनोज्ञाङ्गत्वस्य कामरूपत्वं विनासंभवात् । कामरूपत्वं च राक्षसीत्वं विना नेति भावः ॥ १८ ॥ मदनार्दिता । रामदर्शनादिति शेषः ॥ १९ ॥ २० ॥ यदि ते श्रोत्रमागतः । प्रायः श्रुत एव भविष्यतीति भावः ॥ २१ ॥ सदा प्रवृद्धनिद्र इत्यन्वयः । भ्रातरौ खरदूषणौ । विभीषणत्रिशिरा अराक्षसस्वभावत्वान्नोक्तः ॥ २२ ॥ तान्रावणादीन्वीर्येण समतिक्रान्ता ततोऽधिका, अतस्तान्समतिक्रान्ता । त्वदभिसरणे तन्निमित्तभयरहितेत्यावृत्त्या योज्यम् । हे राम, त्वा त्वां पूर्वदर्शनात्प्रथमदर्शनक्षणमारभ्य । यद्वापूर्वदर्शनाद्देवादिष्वितः प्रागदृष्टदिव्यत्वद्रूपदर्शनाद्धेतोर्भावेन त्वां पुरुषोत्तमं भर्तारं सर्वजगतां भर्तारं समुपेतास्मि ॥ २३ ॥ प्रभावसंपन्ना प्रकृष्टेन भावेन शृङ्गारेण संपन्ना । यद्वा प्रभावेण शक्त्यतिशयेन संपन्ना । अत एव स्वच्छन्देन स्वेच्छया बलेन च सर्वलोकगमनशीला । यदेवमतः—चिरायेति ॥ २४ ॥ आत्मनो देवयोनिभेदत्वेनानाभिमतग्रहणसामर्थ्याभिमानेन स्वस्मिन्रामप्रवृत्तये सीतादूषणमाह—विकृता चेति । विकृता मायास्वरूपतया परिणामाख्यविकारवती । विरूपा नानारूपोच्चावचकार्यकारिणी । अत एव शुद्धमुक्तस्वभावस्य तव न सदृशीति परमार्थः । यथाश्रुतार्थस्तु स्पष्ट एव । अहमेवानुरूपा । उभयोरपि मायाधिष्ठातृत्वादित्यर्थः ॥ २५ ॥ वैरूप्यमेवाह—निर्णतोदरीमत्यन्तनिम्नोदरीम् । असतीं स्वपुरुषस्य दुस्तरानेकसंसारदुःखदत्वात् ।

ततः पर्वतशृङ्गाणि वनानि विविधानि च । पश्यन्सह मया कामी दण्डकान्विचरिष्यसि ॥ २७
इत्येवमुक्तः काकुत्स्थः प्रहस्य मदिरेक्षणाम् । इदं वचनमारेभे वक्तुं वाक्यविशारदः ॥ २८

इत्यार्षे श्रीमद्रामायणे वाल्मीकीय आदिकाव्येऽरण्यकाण्डे सप्तदशः सर्गः ॥ १७ ॥

अष्टादशः सर्गः ।

तां तु शूर्पणखां रामः कामपाशावपाशिताम् । स्वेच्छया श्लक्ष्णया वाचा स्मितपूर्वमथाब्रवीत् ॥ १
कृतदारोऽस्मि भवति भार्येयं दयिता मम । त्वद्विधानां तु नारीणां सुदुःखा ससपत्नता ॥ २
अनुजस्त्वेष मे भ्राता शीलवान्प्रियदर्शनः । श्रीमानकृतदारश्च लक्ष्मणो नाम वीर्यवान् ॥ ३
अपूर्वी भार्यया चार्थी तरुणः प्रियदर्शनः । अनुरूपश्च ते भर्ता रूपस्यास्य भविष्यति ॥ ४
एनं भज विशालाक्षि भर्तारं भ्रातरं मम । असपत्ना वरारोहे मेरुमर्कप्रभा यथा ॥ ५
इति रामेण सा प्रोक्ता राक्षसी काममोहिता । विसृज्य रामं सहसा ततो लक्ष्मणमब्रवीत् ॥ ६
अस्य रूपस्य ते युक्ता भार्याहं वरवर्णिनी । मया सह सुखं सर्वान्दण्डकान्विचरिष्यसि ॥ ७
एवमुक्तस्तु सौमित्री राक्षस्या वाक्यकोविदः । ततः शूर्पनखीं स्मित्वा लक्ष्मणो युक्तमब्रवीत् ॥ ८
कथं दासस्य मे दासी भार्या भवितुमिच्छसि । सोऽहमार्येण परवान्भ्रात्रा कमलवर्णिनि ॥ ९
समृद्धार्थस्य सिद्धार्था मुदितामलवर्णिनी । आर्यस्य त्वं विशालाक्षि भार्या भव यवीयसी ॥ १०
एतां विरूपामसतीं करालां निर्णतोदरीम् । भार्यां वृद्धां परित्यज्य त्वामेवैष भजिष्यति ॥ ११
को हि रूपमिदं श्रेष्ठं संत्यज्य वरवर्णिनि । मानुषीषु वरारोहे कुर्याद्भावं विचक्षणः ॥ १२
इति सा लक्ष्मणेनोक्ता कराला निर्णतोदरी । मन्यते तद्वचः सत्यं परिहासाविचक्षणा ॥ १३
सा रामं पर्णशालायामुपविष्टं परंतपम् । सीतया सह दुर्धर्षमब्रवीत्काममोहिता ॥ १४
इमां विरूपामसतीं करालां निर्णतोदरीम् । वृद्धां भार्यामवष्टभ्य न मां त्वं बहु मन्यसे ॥ १५
अद्येमां भक्षयिष्यामि पश्यतस्तव मानुषीम् । त्वया सह चरिष्यामि निःसपत्ना यथासुखम् ॥ १६
इत्युक्त्वा मृगशावाक्षीमलातसदृशेक्षणा । अभ्यगच्छत्सुसंक्रुद्धा महोल्का रोहिणीमिव ॥ १७
तां मृत्युपाशप्रतिमामापतन्तीं महाबलः । निगृह्य रामः कुपितस्ततो लक्ष्मणमब्रवीत् ॥ १८
क्रूरैरनार्यैः सौमित्रे परिहासः कथंचन । न कार्यः पश्य वैदेहीं कथंचित्सौम्य जीवतीम् ॥ १९

कार्यरूपेण सतीं च त्वया सह प्रौढ्या निर्मनुष्ये वन आगमनाच्चासतीम् । सती हि वृद्धानां श्वश्र्वादीनां सविध एव पातिव्रत्यरक्षणाय तिष्ठेदित्याशयः ॥ २६ ॥ २७ ॥ २८ ॥ **इति श्रीरामाभिरामे श्रीरामीये रामायणतिलके वाल्मीकीय आदिकाव्येऽरण्यकाण्डे सप्तदशः सर्गः ॥ १७ ॥**

तामिति । कामपाशेनावपाशितां संजातपाशबन्धाम् । 'स्वेच्छया' इति पाठे परिहासविनोदेनेत्यर्थः । अतएव स्मितपूर्वमिति तीर्थः । 'स्वच्छन्दाम्' इति पाठो युक्तः । स्वेच्छाचारिणीमित्यर्थः ॥ १ ॥ कृतदार ऊढभार्यः । भवतीति संबुद्धिः । इयं भार्या मम दयिता । संनिहिता चेति शेषः । ससपत्नता सशत्रुता । पत्युर्भार्यान्तरं हि भार्यान्तरस्य शत्रुभूतं भवति । सपत्नीसाहित्यमिति वार्थः । अगुणवचनत्वेऽप्यार्षः पुंवद्भावः । सपत्नीशब्दश्च सपत्नप्रकृतिकोऽपि भर्तुर्द्वितीयभार्यायामेव रूढ इति ध्येयम् ॥ २ ॥ अकृतदारोऽकृतपरदारपरिग्रह इति । धातूनामनेकार्थत्वादसंनिहितदार इति वा हृदिस्थोऽर्थः । नहि रामो मिथ्या ब्रूते । परिहासादौ मिथ्याभाषणे न दोष इत्यनेन सूच्यते इति वयम् । एवमुत्तरत्रापि ॥ ३ ॥ अपूर्वी इतः प्राग्भार्यासुखानभिज्ञः, अत एव भार्ययार्थी प्रयोजनवान् । आन्तराशयस्तु—इतः पूर्वं परभार्यासुखानभिज्ञो भार्ययार्थी स्वभार्यार्थीति । अस्य ते रूपस्यायमनुरूपो भविष्यति । यत्प्रीकरिष्यतीति शेषः ॥ ४ ॥ भर्तारमेनं भजेत्यन्वयः । भर्तृत्वेन सेवस्वेति यावत् । असपत्ना । सांप्रतमिति शेषः । अर्कप्रभा मेरुं यथा भजति तथा । एवंविधोऽपि वादो रामस्य स्वं प्रति काममोहतः प्राप्ताया द्रागधिक्कारे दुःखं माभूदित्याहुः ॥ ५ ॥ ६ ॥ ७ ॥ शूर्पनखीमिति शुद्धयौगिकम् ॥ ८ ॥ दासस्य मे भार्या भूत्वा कथं दासी भवितुमिच्छसीति योजना । परवान्पराधीनः । कमलवर्णिनि रक्तकमलसदृशवर्णवति ॥ ९ ॥ १० ॥ एतामिति । परमार्थस्तु—विशिष्टरूपां विरूपां त्रैलोक्यसुन्दरीम् । असतीं न विद्यतेऽन्या सती यस्यास्ताम् । करालामवयवसंनिवेशैर्युक्तैर्निम्नोन्नताम् । निर्णतोदरीं तनुमध्याम् । अर्थान्तरमपि प्रागुक्तरीत्या द्रष्टव्यम् । वृद्धां ज्ञानवृद्धाम्, अनादिं च ॥ ११ ॥ १२ ॥ कराला दारुणा । परिहासाविचक्षणा तत्तद्वाक्ये परिहासत्वज्ञानरहिता ॥ १३ ॥ १४ ॥ १५ ॥ पश्यतस्तव । पश्यन्तं त्वामनादृत्य ॥ १६ ॥ १७ ॥ निगृह्य । वाचेति शेषः ॥ १८ ॥ **अनार्यैः परिहासो न कथ-**

इमां विरूपामसतीमतिमत्तां महोदरीम् । राक्षसीं पुरुषव्याघ्र विरूपयितुमर्हसि ॥ २०
इत्युक्तो लक्ष्मणस्तस्याः क्रुद्धो रामस्य पश्यतः । उद्धृत्य खड्गं चिच्छेद कर्णनासे महाबलः ॥ २१
निकृत्तकर्णनासा तु विस्वरं सा विनद्य च । यथागतं प्रदुद्राव घोरा शूर्पणखा वनम् ॥ २२
सा विरूपा महाघोरा राक्षसी शोणितोक्षिता । ननाद विविधान्नादान्यथा प्रावृषि तोयदः ॥ २३
सा विक्षरन्ती रुधिरं बहुधा घोरदर्शना । प्रगृह्य बाहू गर्जन्ती प्रविवेश महावनम् ॥ २४
ततस्तु सा राक्षससङ्घसंवृतं खरं जनस्थानगतं विरूपिता ।
उपेत्य तं भ्रातरमुग्रतेजसं पपात भूमौ गगनाद्यथाऽशनिः ॥ २५
ततः सभार्यं भयमोहमूर्च्छिता सलक्ष्मणं राघवमागतं वनम् ।
विरूपणं चात्मनि शोणितोक्षिता शशंस सर्वं भगिनी खरस्य सा ॥ २६

इत्यार्षे श्रीमद्रामायणे वाल्मीकीय आदिकाव्येऽरण्यकाण्डेऽष्टादशः सर्गः ॥ १८ ॥

एकोनविंशः सर्गः ।

तां तथा पतितां दृष्ट्वा विरूपां शोणितोक्षिताम् । भगिनीं क्रोधसंतप्तः खरः पप्रच्छ राक्षसः ॥ १
उत्तिष्ठ तावदाख्याहि प्रमोहं जहि संभ्रमम् । व्यक्तमाख्याहि केन त्वमेवंरूपा विरूपिता ॥ २
कः कृष्णसर्पमासीनमाशीविषमनागसम् । तुदत्यभिसमापन्नमङ्गुल्यग्रेण लीलया ॥ ३
कालपाशं समासज्य कण्ठे मोहान्न बुध्यते । यस्त्वामद्य समासाद्य पीतवान्विषमुत्तमम् ॥ ४
बलविक्रमसंपन्ना कामगा कामरूपिणी । इमामवस्थां नीता त्वं केनान्तकसमागता ॥ ५
देवगन्धर्वभूतानामृषीणां च महात्मनाम् । कोऽयमेवं महावीर्यस्त्वां विरूपां चकार ह ॥ ६
नहि पश्याम्यहं लोके यः कुर्यान्मम विप्रियम् । अमरेषु सहस्राक्षं महेन्द्रं पाकशासनम् ॥ ७

मपि कार्य इत्यत्रानुभवं प्रमाणयति—पश्य वैदेहीं भक्षयितुमुद्युक्ता । अस्मत्कृतपरिहासदोषादिति शेषः । इदं परिहासेनाप्यनृतवचनं सत्यनिष्ठस्य रामस्य सर्वानर्थमूलम् । मूलविद्यायां मायायां बीजावेशमूलं चेति कतकः । हे सौम्य, कथंचिज्जीवतीमेवेत्युत्तरश्लोकान्वयि ॥ १९ ॥ इमां स्वतो विरूपाम् । विरूपय । पार्श्वस्थित इति शेषः ॥ २० ॥ कर्णनासे इत्यार्षत्वादेकवत्त्वाभावः ॥ २१ ॥ २२ ॥ विविधान्नादान्ननाद । चकारेत्यर्थः ॥ २३ ॥ प्रगृह्योद्यम्य ॥ २४ ॥ अशनिरिव गगनाद्भूमौ पपात ॥ २५ ॥ अथास्याः खरं प्रति स्ववृत्तान्तकथनं कविः संक्षिप्याह—तत इति । भयजनितमोहेन विसंज्ञतया मूर्च्छिता व्याप्ता । राघवं वनमागतं शशंस । आत्मविरूपणं च शशंस । अत्रेदं बोध्यम्—दशवर्षगमनोत्तरं पुनः सुतीक्ष्णाश्रमगमनं रामस्य । तत्र च वर्षाकालापगमपर्यन्तं स्थित्वा किंचिच्छिष्टे एकादशेऽगस्त्याश्रमगमनम् । ततो वर्षाकालारम्भे पञ्चवट्यां वासः । 'मयूरनादिता रम्या' इति तत्रोक्तेः । एवं वसतस्तस्य शरद्व्यपाये हेमन्तर्तुः प्रविष्ट इत्युक्तेरत्र द्वादशवर्षपूर्तिः 'पञ्चमे पञ्चमे वर्षे द्वौ द्वावधिकमासकौ' इत्युक्तेर्मार्गशुक्लैकादश्यां त्रयोदशारम्भः । अतएव पाद्म उक्तम्—'तत्र तु द्वादशाब्दानि रामस्य अतिचक्रमुः ॥ कस्मिंश्चिदथ काले तु राक्षसी कामरूपिणी । तत्र शूर्पणखा भेजे राघवं रावणानुजा ॥' इति केचित् । अन्ये तु—त्रयोदशे किंचिदवशिष्टे शूर्पणखागमनम्, ततो माघे सीताहरणमित्याहुः । भारते युधिष्ठिरवनवासस्याधिकमासं गृहीत्वार्वागेव समाप्तेः । 'पञ्चमे पञ्चमे वर्षे द्वौ मासावुपजायतः । एषामभ्यधिका मासाः पञ्च च द्वादश क्षपाः ॥ त्रयोदशानां वर्षाणामिति मे वर्तते मतिः ॥' इति भीष्मेणोक्तत्वात्तद्रीत्यात्रापि तथैवोचितमिति पूर्वव्याख्यैव युक्तेति मम भाति । यत्तु 'तत्र त्रयोदशाब्दानि रामस्य अतिचक्रमुः' इति पाद्मे पाठः क्वचित्, तत्रापि प्रवेशमात्रेण तदतिक्रमव्यवहारः । यथान्ये तु वादिनामर्धावस्थितौ तद्व्यवहार इति बोध्यम् । प्रचुरस्तु 'द्वादशाब्दानि' इत्येव पाठः ॥ २६ ॥ इति श्रीरामाभिरामे श्रीरामीये रामायणतिलके वाल्मीकीय आदिकाव्येऽरण्यकाण्डेऽष्टादशः सर्गः ॥ १८ ॥

अथ पूर्वसर्गान्ते संक्षिप्ततया कथितार्थस्यैव विस्तारः—तामिति ॥ १ ॥ प्रमोहो विसंज्ञता । संभ्रमश्चित्ताप्रतिष्ठानम् । एवंरूपा अतिप्रसिद्धसौन्दर्या त्वं केन विरूपितेत्यन्वयः ॥ २ ॥ आशिषि दंष्ट्रायां विषं यस्य तम् । पृषोदरादित्वात्साधुः । अभिसमापन्नमभिमुखे स्थितम् । तुदति व्यथयति ॥ ३ ॥ उत्तमं विषं त्वद्विरूपतालक्षणम् ॥ ४ ॥ अन्तकसमा त्वं कस्य समीपं गता येनेमामवस्थां नीता । अन्तकसमा त्वं केनेमामवस्थां नीता सती अत्रागतेत्यर्थो वा ॥ ५ ॥ महात्मनाम् । मध्ये इति शेषः ॥ ६ ॥ महेन्द्रमिति सहस्राक्षत्वपाकशासनत्वे विशेषणे । महेन्द्रमित्यस्यान्तरेणेति शेषः । पश्यामीत्यत्र तमित्यध्याहारः । मनुष्यादीनां तु स्वाप्रियकरणे संभावनैव नेति भावः । कश्चित्तु 'अन्तरेण सहस्राक्षम्' इत्येव पाठः

अद्याहं मार्गणैः प्राणानादास्ये जीवितान्तगैः । सलिले क्षीरमासक्तं निष्पिबन्निव सारसः ॥ ८
निहतस्य मया संख्ये शरसंकृत्तमर्मणः । सफेनं रुधिरं कस्य मेदिनी पातुमिच्छति ॥ ९
कस्य पत्ररथाः कायान्मांसमुत्कृत्य संगताः । प्रहृष्टा भक्षयिष्यन्ति निहतस्य मया रणे ॥ १०
तं न देवा न गन्धर्वा न पिशाचा न राक्षसाः । मयापकृष्टं कृपणं शक्तास्त्रातुं महाहवे ॥ ११
उपलभ्य शनैः संज्ञां तं मे शंसितुमर्हसि । येन त्वं दुर्विनीतेन वने विक्रम्य निर्जिता ॥ १२
इति भ्रातुर्वचः श्रुत्वा क्रुद्धस्य च विशेषतः । ततः शूर्पणखा वाक्यं सबाष्पमिदमब्रवीत् ॥ १३
तरुणौ रूपसंपन्नौ सुकुमारौ महाबलौ । पुण्डरीकविशालाक्षौ चीरकृष्णाजिनाम्बरौ ॥ १४
फलमूलाशनौ दान्तौ तापसौ ब्रह्मचारिणौ । पुत्रौ दशरथस्यास्तां भ्रातरौ रामलक्ष्मणौ ॥ १५
गन्धर्वराजप्रतिमौ पार्थिवव्यञ्जनान्वितौ । देवौ वा दानवावेतौ न तर्कयितुमुत्सहे ॥ १६
तरुणी रूपसंपन्ना सर्वाभरणभूषिता । दृष्टा तत्र मया नारी तयोर्मध्ये सुमध्यमा ॥ १७
ताभ्यामुभाभ्यां संभूय प्रमदामधिकृत्य ताम् । इमामवस्थां नीताहं यथाऽनाथाऽसती तथा ॥ १८
तस्याश्चानृजुवृत्तायास्तयोश्च हतयोरहम् । सफेनं पातुमिच्छामि रुधिरं रणमूर्धनि ॥ १९
एष मे प्रथमः कामः कृतस्तत्र त्वया भवेत् । तस्यास्तयोश्च रुधिरं पिबेयमहमाहवे ॥ २०
इति तस्यां ब्रुवाणायां चतुर्दश महाबलान् । व्यादिदेश खरः क्रुद्धो राक्षसानन्तकोपमान् ॥ २१
मानुषौ शस्त्रसंपन्नौ चीरकृष्णाजिनाम्बरौ । प्रविष्टौ दण्डकारण्यं घोरं प्रमदया सह ॥ २२
तौ हत्वा तां च दुर्वृत्तामुपावर्तितुमर्हथ । इयं च भगिनी तेषां रुधिरं मम पास्यति ॥ २३
मनोरथोऽयमिष्टोऽस्या भगिन्या मम राक्षसाः । शीघ्रं संपाद्यतां गत्वा तौ प्रमथ्य स्वतेजसा ॥ २४
युष्माभिर्निहतौ दृष्ट्वा तावुभौ भ्रातरौ रणे । इयं प्रहृष्टा मुदिता रुधिरं युधि पास्यति ॥ २५
इति प्रतिसमादिष्टा राक्षसास्ते चतुर्दश । तत्र जग्मुस्तया सार्धं घना वातेरिता इव ॥ २६

इत्यार्षे श्रीमद्रामायणे वाल्मीकीय आदिकाव्येऽरण्यकाण्ड एकोनविंशः सर्गः ॥ १९ ॥

विंशः सर्गः

ततः शूर्पणखा घोरा राघवाश्रममागता । राक्षसानाचचक्षे तौ भ्रातरौ सह सीतया ॥ १
ते रामं पर्णशालायामुपविष्टं महाबलम् । ददृशुः सीतया सार्धं लक्ष्मणेनापि सेवितम् ॥ २
तां दृष्ट्वा राघवः श्रीमानागतांस्तांश्च राक्षसान् । अब्रवीद्भ्रातरं रामो लक्ष्मणं दीप्ततेजसम् ॥ ३
मुहूर्तं भव सौमित्रे सीतायाः प्रत्यनन्तरः । इमानस्या वधिष्यामि पदवीमागतानिह ॥ ४

॥ ७ ॥ जीवितस्यान्तं गमयन्ति प्रापयन्ति तैः । तृषया निष्पिबन्सारसो हंसो यथा सलिल आसक्तं क्षीरमादत्ते, एवं प्राणानादास्ये इत्यर्थः ॥ ८ ॥ शरैः संकृत्तानि मर्माणि यस्य तस्य कण्ठकर्तनकालिकम् । सफेनमित्युपलक्षणम् । दीर्घधारं सोष्णं च ॥ ९ ॥ संगता मिलिताः । पत्ररथाः पक्षिणः ॥१०॥११॥ विक्रम्य शौर्यं कृत्वा ॥ १२ ॥ १३ ॥ श्रीरामचन्द्रे दोषाणामभावाद्गुणोक्त्यैव तं बोधयति—तरुणावित्यादि । व्याख्यातप्रायम् ॥ १४ ॥ १५ ॥ देवौ वेति । यद्यपि दशरथपुत्राविति तत्सकाशाच्छ्रुतम्, अथाप्यमानुषचारित्र्यदर्शनादनिश्चय इति भावः ॥ १६ ॥ १७ ॥ तां प्रमदामधिकृत्य निमित्तीकृत्य । ताभ्यामुभाभ्यां संभूयैकनियोगादपरेणेमामवस्थां नीता । यथाऽनाथाऽसती कुलटा तथेत्यन्वयः ॥ १८ ॥ तस्या हताया इति विपरिणामः । रुधिरं पातुमिच्छामीत्यनेन स्वस्यास्तत्कामुकीत्वशङ्कां वारयति ॥ १९ ॥ उक्तमेवार्थमुत्कटेच्छाद्योतनाय पुनराह—एष इति ॥ २० ॥ चतुर्दशेति । प्रभुतया रामे मानुषबुद्ध्या च सेनारहितानामेव चतुर्दशानां प्रेषणम् । यद्यपि 'याज्ञवल्क्यसुता राजंस्त्रयो वै लोकविश्रुताः । चन्द्रकान्तमहामेघविजया ब्राह्मणोत्तमाः ॥ खरश्च दूषणश्चैव त्रिशिरा ब्रह्मवित्तमाः । आसंस्तेषां च शिष्याश्च चतुर्दश सहस्रधा ॥' इति शान्तिधर्मे भीष्मोक्तेरग्रे तेषां शिवशापेन राक्षसत्वं दाशरथेर्विष्णोर्हस्तेन शापमोक्षश्चोक्तः, तथापि शापवशादेव राक्षसयोनित्वाद्भगवद्रूपाज्ञानमादौ प्राणवियोगकाले च शापान्तं स्मृत्वा तत्स्वरूपज्ञानात्स्वस्वरूपप्राप्तिः । ब्रह्मवित्तमा इत्यत्र ब्रह्म वेद इत्याहुः ॥ २१ ॥ २२ ॥ मम भगिनीयं तेषां रुधिरं पास्यतीत्यन्वयः । अत्र रुधिरं मम पास्यतीति विपरीतार्थापत्तियुक्तवाक्येन तेषां संनिधानप्रयुक्तो बुद्धिमोहः सूचितः कविना ॥ २३ ॥ २४ ॥ २५ ॥ वातनुन्ना मेघा इव जग्मुरिति संबन्धः ॥ २६ ॥

इति श्रीरामाभिरामे श्रीरामीये रामायणतिलके वाल्मीकीय आदिकाव्येऽरण्यकाण्ड एकोनविंशः सर्गः ॥ १९ ॥

तत इति । सह सीतया । वर्तमानाविति शेषः ॥ १ ॥ २ ॥ ३ ॥ प्रत्यनन्तरः प्रत्यासन्नः । पालक इति यावत् । अस्याः

वाक्यमेतत्ततः श्रुत्वा रामस्य विदितात्मनः । तथेति लक्ष्मणो वाक्यं राघवस्य प्रपूजयन् ॥ ५
राघवोऽपि महच्चापं चामीकरविभूषितम् । चकार सज्यं धर्मात्मा तानि रक्षांसि चाब्रवीत् ॥ ६
पुत्रौ दशरथस्यावां भ्रातरौ रामलक्ष्मणौ । प्रविष्टौ सीतया सार्धं दुश्चरं दण्डकावनम् ॥ ७
फलमूलाशनौ दान्तौ तापसौ ब्रह्मचारिणौ । वसन्तौ दण्डकारण्ये किमर्थमुपहिंसथ ॥ ८
युष्मान्पापात्मकान्हन्तुं विप्रकारान्महाहवे । ऋषीणां तु नियोगेन संप्राप्तः सशरासनः ॥ ९
तिष्ठतैवात्र संतुष्टा नोपावर्तितुमर्हथ । यदि प्राणैरिहार्थो वो निवर्तध्वं निशाचराः ॥ १०
तस्य तद्वचनं श्रुत्वा राक्षसास्ते चतुर्दश । ऊचुर्वाचं सुसंक्रुद्धा ब्रह्मघ्नाः शूलपाणयः ॥ ११
संरक्तनयना घोरा रामं संरक्तलोचनम् । परुषा मधुराभाषं हृष्टाऽदृष्टपराक्रमम् ॥ १२
क्रोधमुत्पाद्य नो भर्तुः खरस्य सुमहात्मनः । त्वमेव हास्यसे प्राणान्सद्योऽस्माभिर्हतो युधि ॥ १३
का हि ते शक्तिरेकस्य बहूनां रणमूर्धनि । अस्माकमग्रतः स्थातुं किं पुनर्योद्धुमाहवे ॥ १४
एभिर्बाहुप्रयुक्तैश्च परिघैः शूलपट्टिशैः । प्राणांस्त्यक्ष्यसि वीर्यं च धनुश्च करपीडितम् ॥ १५
इत्येवमुक्त्वा संरब्धा राक्षसास्ते चतुर्दश । उद्यतायुधनिस्त्रिंशा राममेवाभिदुद्रुवुः ॥ १६
चिक्षिपुस्तानि शूलानि राघवं प्रति दुर्जयम् । तानि शूलानि काकुत्स्थः समस्तानि चतुर्दश ॥ १७
तावद्भिरेव चिच्छेद शरैः काञ्चनभूषितैः । ततः पश्चान्महातेजा नाराचान्सूर्यसंनिभान् ॥ १८
जग्राह परमक्रुद्धश्चतुर्दश शिलाशितान् । गृहीत्वा धनुरायम्य लक्ष्यानुद्दिश्य राक्षसान् ॥ १९
मुमोच राघवो बाणान्वज्रानिव शतक्रतुः । ते भित्त्वा रक्षसां वेगाद्वक्षांसि रुधिरप्लुताः ॥ २०
विनिष्पेतुस्तदा भूमौ वल्मीकादिव पन्नगाः । तैर्भग्नहृदया भूमौ भिन्नमूला इव द्रुमाः ॥ २१
निपेतुः शोणितस्नाता विकृता विगतासवः । तान्भूमौ पतितान्दृष्ट्वा राक्षसी क्रोधमूर्च्छिता ॥ २२
उपगम्य खरं सा तु किंचित्संशुष्कशोणिता । पपात पुनरेवार्ता सनिर्यासेव वल्लरी ॥ २३
भ्रातुः समीपे शोकार्ता ससर्ज निनदं महत् । सस्वरं मुमुचे बाष्पं विवर्णवदना तदा ॥ २४

निपातितान्प्रेक्ष्य रणे तु राक्षसान्प्रधाविता शूर्पणखा पुनस्ततः ।
वधं च तेषां निखिलेन रक्षसां शशंस सर्वं भगिनी खरस्य सा ॥ २५

इत्यार्षे श्रीमद्रामायणे वाल्मीकीय आदिकाव्येऽरण्यकाण्डे विंशतितमः सर्गः ॥ २० ॥

एकविंशः सर्गः ।

स पुनः पतितां दृष्ट्वा क्रोधाच्छूर्पणखां पुनः । उवाच व्यक्तया वाचा तामनर्थार्थमागताम् ॥ १
मया त्विदानीं शूरास्ते राक्षसाः पिशिताशनाः । त्वत्प्रियार्थं विनिर्दिष्टाः किमर्थं रुद्यते पुनः ॥ २
भक्ताश्चैवानुरक्ताश्च हिताश्च मम नित्यशः । हन्यमाना न हन्यन्ते न न कुर्युर्वचो मम ॥ ३

पदवीं मार्गम् । अस्याः पक्षपातेनास्मद्वधार्थमागतानिति यावत् ॥ ४ ॥ ५ ॥ चामीकरं स्वर्णम् ॥ ६ ॥ ७ ॥ उपहिंसथ यूयम् । अस्मानिति शेषः ॥ ८ ॥ अनपकारिणामस्माकं हिंसार्थया युष्मत्प्रवृत्त्या युष्मद्वधार्थमस्मदपेक्षितनिमित्तं संपन्नमित्याह—युष्मानिति । विप्रकारान्भवत्कृतपीडारूपान्निमित्ताज्जातनियोगेन युष्मान्हन्तुं सशरासनोऽहं संप्राप्तः संप्राप्तनिमित्तः । यद्वा विप्रकारानित्यर्शआद्यजन्तम् । अस्मास्वस्मदीयेषु च वृथा वैरवतो युष्मानित्यर्थः ॥ ९ ॥ अतः संतुष्टा मत्तः प्राप्तयुद्धसंतोषा यूयमत्र तिष्ठतैव । नोपावर्तितुमर्हथ । 'उपसर्पितुम्' इति पाठेऽप्ययमेवार्थः । इहार्थः । इहलोके देहे चेत्यर्थः ॥ १० ॥ ब्रह्मघ्ना इत्यर्थः (?) ॥ ११ ॥ अदृष्टपराक्रममिति छेदः । संधिरार्षः ॥ १२ ॥ १३ ॥ स्थातुमपि का ते शक्तिरिति योजना ॥ १४ ॥ १५ ॥ १६ ॥ १७ ॥ तावद्भिश्चतुर्दशरक्षोविमुक्तचतुर्दशशूलसंख्याकैः ॥ १८ ॥ शिलाशिताञ्शाणोपलनिघृष्टान् ॥ १९ ॥ २० ॥ विनिष्पेतुर्विनिष्पत्य च निममज्जुः । वल्मीकाद्वल्मीकं प्राप्य पन्नगा इव । निमग्ना इत्यर्थः ॥ २१ ॥ २२ ॥ नासाकर्णक्षतांशे किंचित्संशुष्कशोणितत्वात्सनिर्यासा वल्लरीव ॥ २३ ॥ २४ ॥ उत्तरसर्गार्थस्य संक्षेपतः कथनम् ॥ २५ ॥ **इति श्रीरामाभिरामे श्रीरामीये रामायणतिलके वाल्मीकीय आदिकाव्येऽरण्यकाण्डे विंशतितमः सर्गः ॥ २० ॥**

अनर्थार्थम् । स्वकुलस्येति शेषः ॥ १ ॥ २ ॥ भक्ता अतएव मय्यनुरक्ता अतएव मम हिताः परैर्हन्यमाना अपि ये न हन्यन्ते न हन्तुं शक्यन्ते । मम वचो न कुर्युरिति च न ।

किमेतच्छ्रोतुमिच्छामि कारणं यत्कृते पुनः । हा नाथेति विनर्दन्ती सर्पवच्चेष्टसे क्षितौ ॥ ४
अनाथवद्विलपसि किं नु नाथे मयि स्थिते । उत्तिष्ठोत्तिष्ठ मा मैवं वैक्लव्यं त्यज्यतामिति ॥ ५
इत्येवमुक्ता दुर्धर्षा खरेण परिसान्त्विता । विमृज्य नयने सास्रे खरं भ्रातरमब्रवीत् ॥ ६
अस्मीदानीमहं प्राप्ता हृतश्रवणनासिका । शोणितौघपरिक्लिन्ना त्वया च परिसान्त्विता ॥ ७
प्रेषिताश्च त्वया शूरा राक्षसास्ते चतुर्दश । निहन्तुं राघवं घोरं मत्प्रियार्थं सलक्ष्मणम् ॥ ८
ते तु रामेण सामर्षाः शूलपट्टिशपाणयः । समरे निहताः सर्वे सायकैर्मर्मभेदिभिः ॥ ९
तान्भूमौ पतितान्दृष्ट्वा क्षणेनैव महाजवान् । रामस्य च महत्कर्म महांस्त्रासोऽभवन्मम ॥ १०
सास्मि भीता समुद्विग्ना विषण्णा च निशाचर । शरणं त्वां पुनः प्राप्ता सर्वतो भयदर्शिनी ॥ ११
[illegible]ध्युषिते परित्रासोर्मिमालिनि । किं मां न त्रायसे मग्नां विपुले शोकसागरे ॥ १२
एते च निहता भूमौ रामेण निशितैः शरैः । ये च मे पदवीं प्राप्ता राक्षसाः पिशिताशनाः ॥ १३
मयि ते यद्यनुक्रोशो यदि रक्षःसु तेषु च । रामेण यदि शक्तिस्ते तेजो वास्ति निशाचर ॥ १४
दण्डकारण्यनिलयं जहि राक्षसकण्टकम् । यदि रामममित्रघ्नं न त्वमद्य वधिष्यसि ॥ १५
तव चैवाग्रतः प्राणांस्त्यक्ष्यामि निरपत्रपा । बुद्ध्याहमनुपश्यामि न त्वं रामस्य संयुगे ॥ १६
स्थातुं प्रतिमुखे शक्तः सबलोऽपि महारणे । शूरमानी न शूरस्त्वं मिथ्यारोपितविक्रमः ॥ १७
अपयाहि जनस्थानात्त्वरितः सहबान्धवः । जहि त्वं समरे मूढान्यथा तु कुलपांसन ॥ १८
मानुषौ तौ न शक्नोषि हन्तुं वै रामलक्ष्मणौ । निःसत्त्वस्याल्पवीर्यस्य वासस्ते कीदृशस्त्विह ॥ १९
रामतेजोभिभूतो हि त्वं क्षिप्रं विनशिष्यसि । स हि तेजःसमायुक्तो रामो दशरथात्मजः ॥ २०
भ्राता चास्य महावीर्यो येन चास्मि विरूपिता । एवं विलप्य बहुशो राक्षसी प्रदरोदरी ॥ २१
भ्रातुः समीपे शोकार्ता नष्टसंज्ञा बभूव ह । कराभ्यामुदरं हत्वा रुरोद भृशदुःखिता ॥ २२

इत्यार्षे श्रीमद्रामायणे वाल्मीकीय आदिकाव्येऽरण्यकाण्ड एकविंशः सर्गः ॥ २१ ॥

द्वाविंशः सर्गः ।

एवमाधर्षितः शूरः शूर्पणख्या खरस्ततः । उवाच रक्षसां मध्ये खरः खरतरं वचः ॥ १
तवापमानप्रभवः क्रोधोऽयमतुलो मम । न शक्यते धारयितुं लवणाम्भ इवोल्बणम् ॥ २
न रामं गणये वीर्यान्मानुषं क्षीणजीवितम् । आत्मदुश्चरितैः प्राणान्हतो योऽद्य विमोक्ष्यते ॥ ३
बाष्पः संधार्यतामेष संभ्रमश्च विमुच्यताम् । अहं रामं सह भ्रात्रा नयामि यमसादनम् ॥ ४
परश्वधहतस्याद्य मन्दप्राणस्य भूतले । रामस्य रुधिरं रक्तमुष्णं पास्यसि राक्षसि ॥ ५

तत्किमर्थं रुद्यत इत्यर्थः ॥ ३ ॥ यत्कृते यच्छोकनिमित्तम् ॥ ४ ॥ ५ ॥ ६ ॥ अहमिदानीं पूर्वं त्वत्समीपं प्राप्तास्मि त्वया च परिसान्त्वितास्मि । शूराश्च मदर्थं प्रेषितास्तद्वृत्तान्तं वक्ष्यामीति ॥ ७ ॥ ८ ॥ ९ ॥ क्षणेनैव । न ते चिरकालयुद्धपूर्वमित्यर्थः । रामस्य च महत्कर्म दृष्ट्वेत्यनुषङ्गः ॥ १० ॥ भीता अतएव समुद्विग्ना कम्पमाना अतएव विषण्णा दुःखिता । सर्वतो भयदर्शिनी । सर्वतो रामप्रतिभासनात् ॥ ११ ॥ १२ ॥ ये च मे पदवीं प्राप्तास्त एते भूतौ स्थितेन पदातिना रामेण हताः ॥ १३ ॥ यदि ते शक्तिः । योद्धुमिति शेषः ॥ १४ ॥ १५ ॥ निरपत्रपा छिन्नकर्णनासिकत्वात् । खरस्य क्रोधोत्पत्त्यर्थमाह—बुद्ध्येति ॥ १६ ॥ सबलोऽपि चतुरङ्गबलोपेतोऽपि । महारणे इत्युत्तरान्वयि । मिथ्या मृषैव स्वस्मिन्नारोपितो विक्रमो येन ॥ १७ ॥ अतस्त्वं सहबान्धवस्त्वरितो जनस्थानादपयाहि निर्गच्छ । समरे तौ त्वं जहि । हे कुलपांसन, अन्यथा तु ॥ १८ ॥ तदेव व्याचष्टे—मानुषाविति । तौ हन्तुं यदि न शक्नोषि तदा निर्वीर्यत्वादिगुणस्य ते इह कीदृशो वासः । जुगुप्सित एवेत्यर्थः ॥ १९ ॥ तामेव शक्तिं द्रढयति—रामतेज इति ॥ २० ॥ प्रदरोदरी निम्नोदरी ॥ २१ ॥ २२ ॥ इति श्रीरामाभिरामे श्रीरामीये रामायणतिलके वाल्मीकीय आदिकाव्येऽरण्यकाण्ड एकविंशः सर्गः ॥ २१ ॥

आधर्षितः कोपादवमानितः । खरस्तीक्ष्णगुणः । खरतरं तीक्ष्णतरम् ॥ १ ॥ तवापमानेत्यस्य त्वत्कृतापमानेत्यर्थः । धारयितुम् । आत्मनीति शेषः । ममेति मयेत्यर्थे संबन्धे षष्ठी । लवणाम्भ इवोल्बणम् । व्रण इति शेषः । व्रणे निक्षिप्तं लवणयुक्तमम्भ इव धारयितुं न शक्यत इत्यर्थ इति तीर्थः । लवणाम्भो लवणसमुद्राम्भ इवेत्यर्थ इति कतकः ॥ २ ॥ आत्मदुश्चरितैस्त्वद्विरूपकरणरूपैः । स्वयं हत एव मद्दर्शनात्प्राणान्मोक्ष्यते तं रामं न गणये इत्यन्वयः । वीर्यात्स्वपराक्रमात् ॥ ३ ॥ संभ्रमो भयम् ॥ ४ ॥ परश्वधहतस्येति । परश्वधस्तस्य मुख्य-

संप्रहृष्टो वचः श्रुत्वा खरस्य मृत्युचोदितम् । प्रशशंस पुनर्मौर्ख्याद्भ्रातरं रक्षसां वरम् ॥ ६
तया परुषितः पूर्वं पुनरेव प्रशंसितः । अब्रवीद्दूषणं नाम खरः सेनापतिं तदा ॥ ७
चतुर्दश सहस्राणि मम चित्तानुवर्तिनाम् । रक्षसां भीमवेगानां समरेष्वनिवर्तिनाम् ॥ ८
नीलजीमूतवर्णानां लोकहिंसाविहारिणाम् । सर्वोद्योगमुदीर्णानां रक्षसां सौम्य कारय ॥ ९
उपस्थापय मे क्षिप्रं रथं सौम्य धनूंषि च । शरांश्च चित्रान्खड्गांश्च शक्तीश्च विविधाः शिताः ॥ १०
अग्रे निर्यातुमिच्छामि पौलस्त्यानां महात्मनाम् । वधार्थं दुर्विनीतस्य रामस्य रणकोविद ॥ ११
इति तस्य ब्रुवाणस्य सूर्यवर्णं महारथम् । सदश्वैः शबलैर्युक्तमाचचक्षेऽथ दूषणः ॥ १२
तं मेरुशिखराकारं तप्तकाञ्चनभूषणम् । हेमचक्रमसंबाधं वैदूर्यमयकूबरम् ॥ १३
मत्स्यैः पुष्पैर्द्रुमैः शैलैश्चन्द्रकान्तैश्च काञ्चनैः । माङ्गल्यैः पक्षिसङ्घैश्च ताराभिश्च समावृतम् ॥ १४
ध्वजनिस्त्रिंशसंपन्नं किंकिणीवरभूषितम् । सदश्वयुक्तं सोऽमर्षादारुरोह खरस्तदा ॥ १५
खरस्तु तन्महत्सैन्यं रथचर्मायुधध्वजम् । निर्यातेत्यब्रवीत्प्रेक्ष्य दूषणः सर्वराक्षसान् ॥ १६
ततस्तद्राक्षसं सैन्यं घोरचर्मायुधध्वजम् । निर्जगाम जनस्थानान्महानादं महाजवम् ॥ १७
मुद्गरैः पट्टिशैः शूलैः सुतीक्ष्णैश्च परश्वधैः । खड्गैश्चक्रैः रथस्थैश्च भ्राजमानैः सतोमरैः ॥ १८
शक्तिभिः परिघैर्घोरैरतिमात्रैश्च कार्मुकैः । गदासिमुसलैर्वज्रैर्गृहीतैर्भीमदर्शनैः ॥ १९
राक्षसानां सुघोराणां सहस्राणि चतुर्दश । निर्यातानि जनस्थानात्खरचित्तानुवर्तिनाम् ॥ २०
तांस्तु निर्धावतो दृष्ट्वा राक्षसान्भीमदर्शनान् । खरस्याथ रथः किंचिज्जगाम तदनन्तरम् ॥ २१
ततस्ताञ्छबलानश्वांस्तप्तकाञ्चनभूषितान् । खरस्य मतमाज्ञाय सारथिः पर्यचोदयत् ॥ २२
संचोदितो रथः शीघ्रं खरस्य रिपुघातिनः । शब्देनापूरयामास दिशः सप्रदिशस्तथा ॥ २३

प्रवृद्धमन्युस्तु खरः खरस्वरो रिपोर्वधार्थं त्वरितो यथान्तकः ।
अचूचुदत्सारथिमुन्नदन्पुनर्महाबलो मेघ इवाश्मवर्षवान् ॥ २४

इत्यार्षे श्रीमद्रामायणे वाल्मीकीय आदिकाव्येऽरण्यकाण्डे द्वाविंशः सर्गः ॥ २२ ॥

त्रयोविंशः सर्गः ।

तत्प्रयातं बलं घोरमशिवं शोणितोदकम् । अभ्यवर्षन्महाघोरस्तुमुलो गर्दभारुणः ॥ १
निपेतुस्तुरगास्तस्य रथयुक्ता महाजवाः । समे पुष्पचिते देशे राजमार्गे यदृच्छया ॥ २
श्यामं रुधिरपर्यन्तं बभूव परिवेषणम् । अलातचक्रप्रतिमं प्रतिगृह्य दिवाकरम् ॥ ३
ततो ध्वजमुपागम्य हेमदण्डं समुच्छ्रितम् । समाक्रम्य महाकायस्तस्थौ गृध्रः सुदारुणः ॥ ४

मायुधमित्यनेन ज्ञायते । रुधिरं रक्तम् । रक्तवर्णमित्यर्थः ॥ ५ ॥ मौर्ख्यादव्यवस्थितचित्ततालक्षणात् । पुनः प्रशशंस च, त्वत्समो वीरो नास्तीत्येवमादि ॥ ६ ॥ तदेवाह—तयेति ॥ ७ ॥ यानि लोकानां प्राणिनां हिंसैवासाधारण्येन विहारः क्रीडा, येषां रक्षसां चतुर्दश सहस्राणि वर्तन्ते, तेषां सर्वोद्योगं सर्वप्रकारेणोद्योगं चतुरङ्गबलोपेततया सर्वायुधसामग्रीसमेततया चोद्योगं कारय ॥ ८ ॥ ९ ॥ १० ॥ पौलस्त्यानां राक्षसानामग्रे रामस्य वधार्थं निर्यातुमिच्छामीत्यन्वयः ॥ ११ ॥ शबलैश्चित्रवर्णैः । आचचक्षे । उपस्थितमिति शेषः ॥ १२ ॥ वैदूर्यमयौ कूबरौ युगंधरौ यस्य तम् । असंबाधं विशालम् ॥ १३ ॥ माङ्गल्यैर्मङ्गलमलंकारस्तत्प्रयोजनैः । काञ्चनैरिति मत्स्यादिसर्वान्वयि ॥ १४ ॥ किंकिणी क्षुद्रघण्टिका । अमर्षात्क्रोधात् ॥ १५ ॥ तन्महत्सैन्यं प्रेक्ष्य तत्प्रति निर्यातेत्यब्रवीत् । दूषणः । दूषणश्चेत्यर्थः ॥ १६ ॥ तत उभयनियोगानन्तरम् । राक्षसं रक्षसामिदम् ॥ १७ ॥ मुद्गरादय आयुधविशेषाः । वज्रैर्वज्राकारैरष्टास्रैरायुधैः ॥ १८ ॥ १९ ॥ २० ॥ खरस्य रथोऽपि सेनास्थानात्किंचिदनन्तरं सर्वसेनानिर्याणं किंचित्कालं प्रतीक्ष्य जगामेत्यर्थः ॥ २१ ॥ मतमाज्ञायाभीष्टं ज्ञात्वा ॥ २२ ॥ संचोदित इत्यादि श्लोकद्वयं कतकसंख्यारीत्या प्रक्षिप्तम् ॥ २३ ॥ २४ ॥ इति श्रीरामाभिरामे श्रीरामीये रामायणतिलके वाल्मीकीय आदिकाव्येऽरण्यकाण्डे द्वाविंशः सर्गः ॥ २२ ॥

अथ खरप्रस्थाने उत्पातवर्णनम्—शोणितसहितमुदकम् । प्रयातं प्रस्थितम् । गर्दभारुणो धूसरः । तुमुलस्तुमुलशब्दः । अभ्यवर्षत् । मेघ इति शेषः ॥ १ ॥ रथयुक्ता रथे युक्ताः । पुष्पचिते पुष्पयुते । अनेन पातनिमित्तराहित्यम् ॥ २ ॥ रुधिरो रक्तवर्णः पर्यन्तः प्रान्तभागो यस्य । अलातचक्रप्रतिमं तद्वद्वर्तुलम् । दिवाकरं प्रतिगृह्य सूर्यमण्डलेनात्यन्तं संबध्य

जनस्थानसमीपे च समाक्रम्य खरस्वनाः । विस्वरान्विविधान्नादान्मांसादान्मृगपक्षिणः ॥ ५
व्याजहुरभिदीप्तायां दिशि वै भैरवस्वनम् । अशिवं यातुधानानां शिवा घोरा महास्वनाः ॥ ६
प्रभिन्नगज[illegible]तोयशोणितधारिणः । आकाशं तदनाकाशं चक्रुर्भीमाम्बुवाहकाः ॥ ७
बभूव तिमिरं घोरमुद्धतं रोमहर्षणम् । दिशो वा प्रदिशो वापि सुव्यक्तं न चकाशिरे ॥ ८
क्षतजार्द्रसवर्णाभा संध्या कालं विना बभौ । खरं चाभिमुखं नेदुस्तदा घोरा मृगाः खगाः ॥ ९
कङ्कगोमायुगृध्राश्च चुक्रुशुर्भयशंसिनः । नि[illegible] युद्धे शिवा घोरनिदर्शनाः ॥ १०
नेदुर्ब[illegible]भिमुखं ज्वालोद्गारिभिराननैः । कबन्धः परिघाभासो दृश्यते भास्करान्तिके ॥ ११
जग्राह सूर्यं स्वर्भानुरपर्वणि महाग्रहः । प्रवाति मारुत शीघ्रं निष्प्रभोऽभूद्दिवाकरः ॥ १२
उत्पेतुश्च विना रात्रिं ताराः खद्योतसप्रभाः । संलीनमीनविहगा नलिन्यः शुष्कपङ्कजाः ॥ १३
तस्मिन्क्षणे बभूवुश्च विना पुष्पफलैर्द्रुमाः । उद्धूतश्च विना वातं रेणुर्जलधरारुणः ॥ १४
चीचीकूचीति वाश्यन्तो बभूवुस्तत्र सारिकाः । उल्काश्चापि सनिर्घोषा निपेतुर्घोरदर्शनाः ॥ १५
प्रचचाल मही चापि सशैलवनकानना । खरस्य च रथस्थस्य नर्दमानस्य धीमतः ॥ १६
प्राकम्पत भुजः सव्यः स्वरश्चास्यावसज्जत । सास्रा संपद्यते दृष्टिः पश्यमानस्य सर्वतः ॥ १७
ललाटे च रुजो जाता न च मोहान्न्यवर्तत । तान्समीक्ष्य महोत्पातानुत्थितान्रोमहर्षणान् ॥ १८
अब्रवीद्राक्षसान्सर्वान्प्रहसन्स खरस्तदा । महोत्पातानिमान्सर्वानुत्थितान्घोरदर्शनान् ॥ १९
न चिन्तयाम्यहं वीर्याद्बलवान्दुर्बलानिव । तारा अपि शरैस्तीक्ष्णैः पातयेयं नभस्तलात् ॥ २०
मृत्युं मरणधर्मेण संक्रुद्धो योजयाम्यहम् । राघवं तं बलोत्सिक्तं भ्रातरं चापि लक्ष्मणम् ॥ २१
अहत्वा सायकैस्तीक्ष्णैर्नोपावर्तितुमुत्सहे । यन्निमित्तं तु रामस्य लक्ष्मणस्य विपर्ययः ॥ २२
सकामा भगिनी मेऽस्तु पीत्वा तु रुधिरं तयोः । न कश्चित्प्राप्तपूर्वो मे संयुगेषु पराजयः ॥ २३
[illegible]भ्याकमतत्प्रत्यक्षं नानृतं कथयाम्यहम् । देवराजमपि क्रुद्धो मत्तैरावतगामिनम् ॥ २४
वज्रहस्तं रणे हन्यां किं पुनस्तौ च मानवौ । सा तस्य गर्जितं श्रुत्वा राक्षसानां महाचमूः ॥ २५
प्रहर्षमतुलं लेभे मृत्[illegible]पाशावपाशिता । समेयुश्च महात्मानो युद्धदर्शनकाङ्क्षिणः ॥ २६
ऋषयो देवगन्धर्वाः सिद्धाश्च सह चारणैः । समेत्य चोचुः सहितास्तेऽन्योन्यं पुण्यकर्मणः ॥ २७
स्वस्ति गोब्राह्मणेभ्यस्तु लोकानां ये च संमताः । जयतां राघवो युद्धे पौलस्त्यान्रजनीचरान् ॥ २८
चक्रहस्तो यथा विष्णुः सर्वानसुरसत्तमान् । एतच्चान्यच्च बहुशो ब्रुवाणाः परमर्षयः ॥ २९
जातकौतूहलास्तत्र विमानस्थाश्च देवताः । ददृशुर्वाहिनीं तेषां राक्षसानां गतायुषाम् ॥ ३०
रथेन तु खरो वेगात्सैन्यस्याग्राद्विनिःसृतः । श्येनगामी पृथुग्रीवो यज्ञशत्रुर्विहंगमः ॥ ३१

॥ ३ ॥ ४ ॥ खरस्वनाः परुषशब्दाः ॥ ५ ॥ अभिदीप्तायां रवियुक्तायाम् । 'विवस्वदाप्ता भवति प्रदीप्ता' इति वसन्तराजोक्तेः । शिवा यातुधानानामशिवमशुभं व्याजहुः ॥ ६ ॥ 'प्रभिन्नगज—' इति पाठे मत्तगजेत्यर्थः । 'प्रभिन्नगिरि—' इति पाठे गैरिकादिधातुस्राविण इत्यर्थः । तोयमिव शोणितं धरन्ति । अनाकाशमप्रकाशम् ॥ ७ ॥ उद्धतं सान्द्रम् ॥ ८ ॥ क्षतजार्द्रसवर्णाभा रुधिरार्द्रवस्त्रादिसमानवर्णा । संध्येति विशेष्यम् । कालं विना बभौ । मेघेष्विति शेषः ॥ ९ ॥ युद्धे नित्यमशिवकरा अशुभशंसिन्यः शिवा घोरनिदर्शना भयदर्शिकाः । खरबलस्य चाभिमुखं नेदुः । पूर्वं दिगभिमुखं शिवाशब्द उक्तः । इदानीं खरसैन्याभिमुख्येनेति भेदः । परिघाभासः परिघ आयुधविशेषस्तत्सदृशः । कबन्धो धूमकेतुरिति तीर्थः ॥ १० ॥ ११ ॥ शीघ्रं प्रचण्डं यथा भवति तथेत्यर्थः । संमुख इति शेषः ॥ १२ ॥ खद्योतसप्रभत्वं निस्तेजस्कत्वेन चाञ्चल्येन च ॥ १३ ॥ विना पुष्पफलैः । पुष्पादिरहिता बभूवुरित्यर्थः । उद्धूत उत्क्षिप्तः जलधरारुणो धूसरः ॥ १४ ॥ चीचीकूचीति शब्दानुकरणम् । वाश्यन्तः । आर्षम् । न तु शिक्षितं शब्दमित्यर्थः ॥ १५ ॥ १६ ॥ सव्यो वामः । स्वरश्चावसज्जत । हीनोऽभूदित्यर्थः ॥ १७ ॥ तानुत्पातानुत्थितान्समीक्ष्यापि मोहान्न न्यवर्तत । युद्धयात्राया इति शेषः ॥ १८ ॥ १९ ॥ २० ॥ बलोत्सिक्तं बलाधिकम् ॥ २१ ॥ यन्निमित्तं शूर्पणखानिमित्तम् । विपर्ययः क्रूरबुद्धिरूपः ॥ २२ ॥ २३ ॥ एतन्मम पराजयाभावरूपं वस्तु ॥ २४ ॥ २५ ॥ २६ ॥ पुण्यकर्मणः । पुण्यकर्माण इत्यर्थे आर्षम् ॥ २७ ॥ ये लोकानां संमता गोब्राह्मणव्यतिरिक्तास्तेभ्यश्च । स्वस्तीत्यर्थः ॥ २८ ॥ २९ ॥ ३० ॥ सैन्यस्याग्राद्विनिःसृतः पूर्वं सैन्यसंबद्ध एव तदग्रभागे स्थितः, इदानीं तु सेनां बहुदूरे पृष्ठतस्त्यक्त्वा स्वयमेवाग्रे गत इत्यर्थः । श्येनगाम्यादयो द्वादश खरामात्याः ॥ ३१

दुर्जयः करवीराक्षः परुषः कालकार्मुकः । हेममाली महामाली सर्पास्यो रुधिराशनः ॥ ३२
द्वादशैते महावीर्याः प्रतस्थुरभितः खरम् । महाकपालः स्थूलाक्षः प्रमाथस्त्रिशिरास्तथा ।
चत्वार एते सेनाग्रे दूषणं पृष्ठतोऽन्वयुः ॥ ३३

सा भीमवेगा समराभिकाङ्क्षिणी सुदारुणा राक्षसवीरसेना ।
तौ राजपुत्रौ सहसाभ्युपेता माला ग्रहाणामिव चन्द्रसूर्यौ ॥ ३४

इत्यार्षे श्रीमद्रामायणे वाल्मीकीय आदिकाव्येऽरण्यकाण्डे त्रयोविंशः सर्गः ॥ २३ ॥

चतुर्विंशः सर्गः ।

आश्रमं प्रतियाते तु खरे खरपराक्रमे । तानेवौत्पातिकान्रामः सह भ्रात्रा ददर्श ह ॥ १
तानुत्पातान्महाघोरान्रामो दृष्ट्वात्यमर्षणः । प्रजानामहितान्दृष्ट्वा वाक्यं लक्ष्मणमब्रवीत् ॥ २
इमान्पश्य महाबाहो सर्वभूतापहारिणः । समुत्थितान्महोत्पातान्संहर्तुं सर्वराक्षसान् ॥ ३
अमी रुधिरधारास्तु विसृजन्ते खरस्वनाः । व्योम्नि मेघा विवर्तन्ते परुषा गर्दभारुणाः ॥ ४
सधूमाश्च शराः सर्वे मम युद्धाभिनन्दिताः । रुक्मपृष्ठानि चापानि विचेष्टन्ते विचक्षण ॥ ५
यादृशा इह कूजन्ति पक्षिणो वनचारिणः । अग्रतो नो भयं प्राप्तं संशयो जीवितस्य च ॥ ६
संप्रहारस्तु सुमहान्भविष्यति न संशयः । अयमाख्याति मे बाहुः स्फुरमाणो मुहुर्मुहुः ॥ ७
संनिकर्षे तु नः शूर जयं शत्रोः पराजयम् । सुप्रभं च प्रसन्नं च तव वक्त्रं हि लक्ष्यते ॥ ८
उद्यतानां हि युद्धार्थं येषां भवति लक्ष्मण । निष्प्रभं वदनं तेषां भवत्यायुःपरिक्षयः ॥ ९
रक्षसां नर्दतां घोषः श्रूयतेऽयं महाध्वनिः । आहतानां च भेरीणां राक्षसैः क्रूरकर्मभिः ॥ १०
अनागतविधानं तु कर्तव्यं शुभमिच्छता । आपदाशङ्कमानेन पुरुषेण विपश्चिता ॥ ११
तस्माद्गृहीत्वा वैदेहीं शरपाणिर्धनुर्धरः । गुहामाश्रय शैलस्य दुर्गां पादपसंकुलाम् ॥ १२
प्रति[illegible]लितुमिच्छामि न हि वाक्यमिदं त्वया । शापितो मम पादाभ्यां गम्यतां वत्स मा चिरम् ॥ १३
त्वं हि शूरश्च बलवान्हन्या एतान्न संशयः । स्वयं निहन्तुमिच्छामि सर्वानेव निशाचरान् ॥ १४
एवमुक्तस्तु रामेण लक्ष्मणः सह सीतया । शरानादाय चापं च गुहां दुर्गां समाश्रयत् ॥ १५
तस्मिन्प्रविष्टे तु गुहां लक्ष्मणे सह सीतया । हन्त निर्युक्तमित्युक्त्वा रामः कवचमाविशत् ॥ १६

॥ ३२ ॥ ३३ ॥ सा सेना । तौ राजपुत्रौ । सहसा तत्क्षणमेवाभ्युपेतेत्यन्वयः ॥ ३४ ॥ इति श्रीरामाभिरामे श्रीरामीये रामायणतिलके वाल्मीकीय आदिकाव्येऽरण्यकाण्डे त्रयोविंशः सर्गः ॥ २३ ॥

औत्पातिकानुत्पातान् । स्वार्थे ठक् ॥ १ ॥ अत्यमर्षणोऽत्यस्वस्थचित्तः । प्रजानां प्रकृतत्वाद्राक्षसा एवात्र प्रजाः ॥ २ ॥ सर्वभूतापहारिणस्तत्सूचकान्प्रकृते सर्वराक्षसान् । संहर्तुं तत्संहारं सूचयितुम् ॥ ३ ॥ ४ ॥ राक्षसानां दुर्निमित्तान्युक्त्वा स्वस्य जयसूचकान्याह—सधूमा इति । उत्पातवशाद्धूमसंवृद्धाः । मम युद्धेऽभिनन्द आनन्दो येषां संजातस्तादृशाः । अतएव विचेष्टन्ते तूणीरेषु चलन्ति । स्वगतानन्दस्य शरेषूपचारः । चापानि च विचेष्टन्ते स्वाधिष्ठातृदेवतासांनिध्यात्स्फुरन्त्यानि भवन्ति ॥ ५ ॥ अग्रत आसन्नदेशकाले । नो भयं जीवितसंशयश्च प्राप्तः । अभयं प्राप्तम् । चादसुराणां जीवितस्य संशयः प्राप्त इत्यर्थ इति तीर्थः ॥ ६ ॥ संप्रहारो रणः । एवं भयेष्वपि स्वस्याभयसूचकं निमित्तमाह—अयमिति । स्फुरमाणः स्फुरन् । दक्षिण इति शेषः । तीर्थव्याख्याने जयसूचकान्तरमाहेति व्याख्येयम् ॥ ७ ॥ सन्निकर्षे आसन्नकाले । जयमित्यादेराख्यातीत्यनेनान्वयः । तवाप्यङ्गं शुभसूचकमित्याह—सुप्रभमिति ॥ ८ ॥ येषां च वदनं निष्प्रभं भवति तेषामायुःक्षयो भवति । वर्तमानसामीप्ये लट् । नैवमस्माकमिति शेषः । येषामायुःक्षयो भवति तेषां वदनं निष्प्रभमिति व्याख्याने बीजं चिन्त्यम् ॥ ९ ॥ १० ॥ अनागतस्याजिगमिषितस्यानिष्टस्य विधानं प्रतिविधानं परिहारः ॥ ११ ॥ आश्रमं हित्वा शैलस्य दुर्गामितरैर्गन्तुमशक्यां गुहामाश्रय ॥ १२ ॥ इदं वाक्यं मयोच्यमानं त्वया प्रतिकूलितुं विपरीतं कर्तुं नेच्छामि । भिन्नकर्तृके तुमुनार्षः । उक्तं कुर्वित्यर्थः । मा चिरमविलम्बेन ॥ १३ ॥ त्वं हीति । अनेनासामर्थ्यान्मां वारयतीति शङ्का निराकृता । स्वयमिति । तथैव शापोद्धारस्य सत्त्वादिति भावः ॥ १४ ॥ १५ ॥ हन्तेति हर्षे । शीघ्रमस्मदुक्तं निर्व्यूढमित्युक्त्वा कवचमाविशद्धृतवान् ॥ १६ ॥

स तेनाग्निनिकाशेन कवचेन विभूषितः । बभूव रामस्तिमिरे महानग्निरिवोत्थितः ॥ १७
स चापमुद्यम्य महच्छरानादाय वीर्यवान् । संबभूवास्थितस्तत्र ज्यास्वनैः पूरयन्दिशः ॥ १८
ततो देवाः सगन्धर्वाः सिद्धाश्च सह चारणैः । समेयुश्च महात्मानो युद्धदर्शनकाङ्क्षया ॥ १९
ऋषयश्च महात्मानो लोके ब्रह्मर्षिसत्तमाः । समेत्य चोचुः सहितास्तेऽन्योन्यं पुण्यकर्मणः ॥ २०
स्वस्ति गोब्राह्मणानां च लोकानां चेति संस्थिताः । जयतां राघवो युद्धे पौलस्त्यान्रजनीचरान् ॥ २१
चक्रहस्तो यथा युद्धे सर्वानसुरपुंगवान् । एवमुक्त्वा पुनः प्रोचुरालोक्य च परस्परम् ॥ २२
चतुर्दश सहस्राणि रक्षसां भीमकर्मणाम् । एकश्च रामो धर्मात्मा कथं युद्धं भविष्यति ॥ २३
इति राजर्षयः सिद्धाः सगणाश्च द्विजर्षभाः । जातकौतूहलास्तस्थुर्विमानस्थाश्च देवताः ॥ २४
आविष्टं तेजसा रामं सङ्ग्रामशिरसि स्थितम् । दृष्ट्वा सर्वाणि भूतानि भयाद्विव्यथिरे तदा ॥ २५
रूपमप्रतिमं तस्य रामस्याक्लिष्टकर्मणः । बभूव रूपं क्रुद्धस्य रुद्रस्येव महात्मनः ॥ २६
इति संभाष्यमाणे तु देवगन्धर्वचारणैः । ततो गम्भीरनिर्ह्रादं घोरचर्मायुधध्वजम् ॥ २७
अनीकं यातुधानानां समन्तात्प्रत्यपद्यत । वीरालापान्विसृजतामन्योन्यमभिगच्छताम् ॥ २८
चापानि विस्फारयतां जृम्भतां चाप्यभीक्ष्णशः । विप्रघुष्टस्वनानां च दुन्दुभींश्चाभिनिघ्नताम् ॥ २९
तेषां सुविपुलः शब्दः पूरयामास तद्वनम् । तेन शब्देन वित्रस्तास्त्रासिता वनचारिणः ॥ ३०
दुद्रुवुर्यत्र निःशब्दं पृष्ठतो नावलोकयन् । तच्चानीकं महावेगं रामं समनुवर्तत ॥ ३१
धृतनानाप्रहरणं गम्भीरं सागरोपमम् । रामोऽपि चारयंश्चक्षुः सर्वतो रणपण्डितः ॥ ३२
ददर्श खरसैन्यं तद्युद्धायाभिमुखो गतः । वितत्य च धनुर्भीमं तूण्याश्चोद्धृत्य सायकान् ॥ ३३
क्रोधमाहारयत्तीव्रं वधार्थं सर्वरक्षसाम् । दुष्प्रेक्ष्यश्चाभवत्क्रुद्धो युगान्ताग्निरिव ज्वलन् ॥ ३४
तं दृष्ट्वा तेजसाविष्टं प्राव्यथन्वनदेवताः । तस्य रुष्टस्य रूपं तु रामस्य ददृशे तदा ।
दक्षस्येव क्रतुं हन्तुमुद्यतस्य पिनाकिनः ॥ ३५

तत्कार्मुकैराभरणै रथैश्च तद्वर्मभिश्चाग्निसमानवर्णैः ।
बभूव सैन्यं पिशिताशनानां सूर्योदये नीलमिवाभ्रजालम् ॥ ३६

इत्यार्षे श्रीमद्रामायणे वाल्मीकीय आदिकाव्येऽरण्यकाण्डे चतुर्विंशः सर्गः ॥ २४ ॥

पञ्चविंशः सर्गः ।

अवष्टब्धधनुं रामं क्रुद्धं तं रिपुघातिनम् । ददर्शाश्रममागम्य खरः सह पुरःसरैः ॥ १
तं दृष्ट्वा सगुणं चापमुद्यम्य खरनिःस्वनम् । रामस्याभिमुखं सूतं चोद्यतामित्यचोदयत् ॥ २

नानारत्नकान्त्याभिसादृश्यं कवचे ॥ १७ ॥ संबभूवास्थितः । सम्यगास्थितो बभूवेत्यर्थः ॥ १८ ॥ १९ ॥ लोके ब्रह्मर्षिसत्तमाः । त्रैलोक्येऽपि ब्रह्मर्षित्वेन प्रसिद्धा इत्यर्थः । पुण्यकर्मणः पुण्यकर्माणः । अदीर्घत्वमार्षम् ॥ २० ॥ गोब्राह्मणानामिति षष्ठी चतुर्थ्यर्थे आर्षी । तेभ्य इत्यर्थः । 'लोकानां येऽभिसंगताः' इति पाठे लोकानां लोकपालानां संगताः । हविर्होमादिद्वारोपकारका इत्यर्थः ॥ २१ ॥ २२ ॥ धर्मात्मा । अच्छद्मयोधीत्यर्थः ॥ २३ ॥ सगणा विद्याधरादिदशदेवयोनिगणसहिताः । इतीत्यस्य वदन्त इति शेषः ॥ २४ ॥ तेजसा वैष्णवेन क्षात्रेण । एतेन सहजस्वभावो भगवतो ब्राह्म एव । क्षात्रस्तु स्वेच्छया कार्याय भगवता स्वीक्रियत इति सूचितम् ॥ २५ ॥ रुद्रस्य रूपमिव रामस्य रूपमप्रतिमम् ॥ २६ ॥ इति वाक्ये संभाषमाणे त्वित्यर्थः ॥ २७ ॥ अन्योन्यमभिगच्छताम् । एवं युद्धं कर्तव्यमिति च बोधनार्थमिति शेषः ॥ २८ ॥ जृम्भताम् । देहममताराहित्येन युद्धप्रवृत्तये मादकद्रव्यस्वीकारजं जृम्भणम् । अभीक्ष्णशः पुनः पुनः । पुनः पुनः इत्येव पाठः । विप्रघुष्टोऽतिशयेन कृतः स्वनो यैस्तेषाम् ॥ २९ ॥ ३० ॥ यत्र निःशब्दं शब्दाभावस्तं देशं दुद्रुवुः । पृष्ठतो नावलोकयन् । भीतिवशादिति शेषः ॥ ३१ ॥ ३२ ॥ ३३ ॥ सर्वरक्षसां वधार्थम् । सर्वरक्षोवधद्वारत्वादस्य युद्धस्येति भावः । क्रोधमाहारयत्प्राप्तवान् ॥ ३४ ॥ प्राव्यथन्प्राव्यथन्त ॥ ३५ ॥ नीलाभ्रजालस्थानीया राक्षसाः । सूर्योदयः सूर्यकिरणस्थानीयः कार्मुकादिसंबन्धः ॥ ३६ ॥ **इति श्रीरामाभिरामे श्रीरामीये रामायणतिलके वाल्मीकीय आदिकाव्येऽरण्यकाण्डे चतुर्विंशः सर्गः ॥ २४ ॥**

उकारान्तोऽपि धनुःशब्दो धनुर्वाचकः । **अवष्टब्धमवलम्बितं** धनुर्येन तम् ॥ १ ॥ **रामस्याभिमुखं रथश्चोद्यतामिति**

स खरस्याज्ञया सूतस्तुरगान्समचोदयत् । यत्र रामो महाबाहुरेको धुन्वन्धनुः स्थितः ॥ ३
तं तु निष्पतितं दृष्ट्वा सर्वतो रजनीचराः । मुञ्चमाना महानादं सचिवाः पर्यवारयन् ॥ ४
स तेषां यातुधानानां मध्ये रथगतः खरः । बभूव मध्ये ताराणां लोहिताङ्ग इवोद्धतः ॥ ५
ततः शरसहस्रेण राममप्रतिमौजसम् । अर्दयित्वा महानादं ननाद समरे खरः ॥ ६
ततस्तं भीमधन्वानं क्रुद्धाः सर्वे निशाचराः । रामं नानाविधैः शस्त्रैरभ्यवर्षन्त दुर्जयम् ॥ ७
मुद्गरैरायसैः शूलैः प्रासैः खड्गैः परश्वधैः । राक्षसाः समरे शूरं निजघ्नू रोषतत्पराः ॥ ८
ते बलाहकसंकाशा महाकाया महाबलाः । अभ्यधावन्त काकुत्स्थं रथैर्वाजिभिरेव च ॥ ९
गजैः पर्वतकूटाभै रामं युद्धे जिघांसवः । ते रामे शरवर्षाणि व्यसृजन्रक्षसां गणाः ॥ १०
शैलेन्द्रमिव धाराभिर्वर्षमाणा महाघनाः । सर्वैः परिवृतो रामो राक्षसैः क्रूरदर्शनैः ॥ ११
तिथिष्विव महादेवो वृतः पारिषदां गणैः । तानि मुक्तानि शस्त्राणि यातुधानैः स राघवः ॥ १२
प्रतिजग्राह विशिखैर्नद्योघानिव सागरः । स तैः प्रहरणैर्घोरैर्भिन्नगात्रो न विव्यथे ॥ १३
रामः प्रदीप्तैर्बहुभिर्वज्रैरिव महाचलः । स विद्धः क्षतजादिग्धः सर्वगात्रेषु राघवः ॥ १४
बभूव रामः संध्याभ्रैर्दिवाकर इवावृतः । विषेदुर्देवगन्धर्वाः सिद्धाश्च परमर्षयः ॥ १५
एकं सहस्रैर्बहुभिस्तदा दृष्ट्वा समावृतम् । ततो रामस्तु संक्रुद्धो मण्डलीकृतकार्मुकः ॥ १६
ससर्ज निशितान्बाणाञ्छतशोऽथ सहस्रशः । दुरावरान्दुर्विषहान्कालपाशोपमान्रणे ॥ १७
मुमोच लीलया कङ्कपत्रान्काञ्चनभूषणान् । ते शराः शत्रुसैन्येषु मुक्ता रामेण लीलया ॥ १८
आददू रक्षसां प्राणान्पाशाः कालकृता इव । भित्त्वा राक्षसदेहांस्तांस्ते शरा रुधिराप्लुताः ॥ १९
अन्तरिक्षगता रेजुर्दीप्ताग्निसमतेजसः । असंख्येयास्तु रामस्य सायकाश्चापमण्डलात् ॥ २०
विनिष्पेतुरतीवोग्रा रक्षःप्राणापहारिणः । तैर्धनूंषि ध्वजाग्राणि चर्माणि कवचानि च ॥ २१
बाहून्सहस्ताभरणानूरून्करिकरोपमान् । चिच्छेद रामः समरे शतशोऽथ सहस्रशः ॥ २२
हयान्काञ्चनसंनाहान्रथयुक्तान्ससारथीन् । गजांश्च सगजारोहान्सहयान्सादिनस्तदा ॥ २३
चिच्छिदुर्बिभिदुश्चैव रामबाणा गुणच्युताः । पदातीन्समरे हत्वा अनयद्यमसादनम् ॥ २४
ततो नालीकनाराचैस्तीक्ष्णाग्रैश्च विकर्णिभिः । भीममार्तस्वरं चक्रुश्छिद्यमाना निशाचराः ॥ २५
तत्सैन्यं विविधैर्बाणैरर्दितं मर्मभेदिभिः । न रामेण सुखं लेभे शुष्कं वनमिवाग्निना ॥ २६
केचिद्भीमबलाः शूराः प्रासाञ्शूलान्परश्वधान् । चिक्षिपुः परमक्रुद्धा रामाय रजनीचराः ॥ २७
तेषां बाणैर्महाबाहुः शस्त्राण्यावार्य वीर्यवान् । जहार समरे प्राणांश्चिच्छेद च शिरोधरान् ॥ २८
ते छिन्नशिरसः पेतुश्छिन्नचर्मशरासनाः । सुपर्णवातविक्षिप्ता जगत्यां पादपा यथा ॥ २९
अवशिष्टाश्च ये तत्र विषण्णास्ते निशाचराः । खरमेवाभ्यधावन्त शरणार्थं शराहताः ॥ ३०
तान्सर्वान्धनुरादाय समाश्वास्य च दूषणः । अभ्यधावत्सुसंक्रुद्धः क्रुद्धं क्रुद्ध इवान्तकः ॥ ३१

सूतमचोदयत् ॥ २ ॥ ३ ॥ सचिवाः श्येनगाम्यादयः ॥ ४ ॥ लोहिताङ्गो भौमः स इव । क्रोधेनास्यापि रक्ताङ्गत्वात् ॥ ५ ॥ अर्दयित्वार्दयित्वेव ॥ ६ ॥ ७ ॥ ८ ॥ बलाहका मेघाः ॥ ९ ॥ १० ॥ ॥ ११ ॥ तिथिषु प्रदोषतिथिषु । पारिषदाम् । नुडभाव आर्षः ॥ १२ ॥ प्रतिजग्राह तानि शस्त्राणि स्वशरैरवरुरोध । नद्योघा नदीप्रवाहाः ॥ १३ ॥ वज्रैरिव महाचल इत्यनेन लेशतोऽपि व्यथाभावः । स विद्धः । अनेन द्रष्टॄणां किंचिद्घृणित्वं सूचयति । आदिग्ध आलिप्तः ॥ १४ ॥ अतएव देवादयो विषेदुः ॥ १५ ॥ १६ ॥ दुरावारानशक्यनिवारणान् । दुर्विषहान् । अतिपीडाजनकानिति यावत् ॥ १७ ॥ कङ्कपत्रांस्तद्युतशरान् । लीलयेति । युगपत्सकलप्रपञ्चसंहारस्वरूपस्यैतावन्मात्रं लीलैवेति नाश्चर्यायेति भावः ॥ १८ ॥ रुधिराप्लुतास्तत्सिक्ताः ॥ १९ ॥ अतएव दीप्ताग्निसमतेजसः । चापमण्डलात् । संधानमोचनशैघ्र्यान्मण्डलाकारता चापस्य ॥ २० ॥ चर्माणि फलकान् ॥ २१ ॥ सहस्ताभरणान्साङ्गदान् ॥ २२ ॥ २३ ॥ छेदभेदौ द्वैधीभावविदारणरूपौ । पदातीन्हत्वा यमगृहमप्रापयदित्यन्वयः ॥ २४ ॥ नालीका मुखमात्रायःसंयुक्ताः । नाराचाः सर्वत आयसाः । विकर्णिनोऽग्राङ्कुशा उद्धारे प्राणहराः ॥ २५ ॥ २६ ॥ २७ ॥ आवार्य वारितानि कृत्वा ॥ २८ ॥ सुपर्णवातेन गरुडपक्षवातेनामृतहरणयुद्धे विक्षिप्ता भग्नाः पादपा नन्दनस्थाः कल्पवृक्षादयो यथा तद्वत् । समग्रालंकारयुतशरीरत्वाद्रक्षस्तनूनां कल्पवृक्षादिसाम्यमिति कतकः ॥ २९ ॥ अवशिष्टा हतावशिष्टाः ॥ ३० ॥ तान्सर्वाञ्शरणार्थिनः ।

निवृत्तास्तु पुनः सर्वे दूषणाश्रयनिर्भयाः । राममेवाभ्यधावन्त सालतालशिलायुधाः ॥ ३२
शूलमुद्गरहस्ताश्च पाशहस्ता महाबलाः । सृजन्तः शरवर्षाणि शस्त्रवर्षाणि संयुगे ॥ ३३
द्रुमवर्षाणि मुञ्चन्तः शिलावर्षाणि राक्षसाः । तद्बभूवाद्भुतं युद्धं तुमुलं रोमहर्षणम् ॥ ३४
रामस्यास्य महाघोरं पुनस्तेषां च रक्षसाम् । ते समन्तादभिक्रुद्धा राघवं पुनरार्दयन् ॥ ३५
ततः सर्वा दिशो दृष्ट्वा प्रदिशश्च समावृताः । राक्षसैः सर्वतः प्राप्तैः शरवर्षाभिरावृतः ॥ ३६
स कृत्वा भैरवं नादमस्त्रं परमभास्वरम् । समयोजयद्गान्धर्वं राक्षसेषु महाबलः ॥ ३७
ततः शरसहस्राणि निर्ययुश्चापमण्डलात् । सर्वा दश दिशो बाणैरापूर्यन्त समागतैः ॥ ३८
नाददानं शरान्घोरान्विमुञ्चन्तं शरोत्तमान् । विकर्षमाणं पश्यन्ति राक्षसास्ते शरार्दिताः ॥ ३९
शरान्धकारमाकाशमावृणोत्सदिवाकरम् । बभूवावस्थितो रामः प्रक्षिपन्निव ताञ्छरान् ॥ ४०
युगपत्पतमानैश्च युगपच्च हतैर्भृशम् । युगपत्पतितैश्चैव विकीर्णा वसुधाभवत् ॥ ४१
निहताः पतिताः क्षीणाश्छिन्ना भिन्ना विदारिताः । तत्र तत्र स्म दृश्यन्ते राक्षसास्ते सहस्रशः ॥ ४२
सोष्णीषैरुत्तमाङ्गैश्च साङ्गदैर्बाहुभिस्तथा । ऊरुभिर्बाहुभिश्छिन्नैर्नानारूपैर्विभूषणैः ॥ ४३
हयैश्च द्विपमुख्यैश्च रथैर्भिन्नैरनेकशः । चामरव्यजनैश्छत्रैर्ध्वजैर्नानाविधैरपि ॥ ४४
रामेण बाणाभिहतैर्विच्छिन्नैः शूलपट्टिशैः । विच्छिन्नैः समरे भूमिर्विस्तीर्णाभूद्भयंकरा ॥ ४५
तान्दृष्ट्वा निहतान्सर्वे राक्षसाः परमातुराः । न तत्र चलितुं शक्ता रामं परपुरंजयम् ॥ ४६

इत्यार्षे श्रीमद्रामायणे वाल्मीकीय आदिकाव्येऽरण्यकाण्डे पञ्चविंशः सर्गः ॥ २५ ॥

षड्विंशः सर्गः ।

दूषणस्तु स्वकं सैन्यं हन्यमानं विलोक्य च । संदिदेश महाबाहुर्भीमवेगान्दुरासदान् ॥ १
राक्षसान्पञ्चसाहस्रान्समरेष्वनिवर्तिनः । ते शूलैः पट्टिशैः खड्गैः शिलावर्षैर्द्रुमैरपि ॥ २
शरवर्षैरविच्छिन्नं ववर्षुस्तं समन्ततः । तद्द्रुमाणां शिलानां च वर्षं प्राणहरं महत् ॥ ३
प्रतिजग्राह धर्मात्मा राघवस्तीक्ष्णसायकैः । प्रतिगृह्य च तद्वर्षं निमीलित इवर्षभः ॥ ४
रामः क्रोधं परं लेभे वधार्थं सर्वरक्षसाम् । ततः क्रोधसमाविष्टः प्रदीप्त इव तेजसा ॥ ५
शरैरभ्यकिरत्सैन्यं सर्वतः सहदूषणम् । ततः सेनापतिः क्रुद्धो दूषणः शत्रुदूषणः ॥ ६
शरैरशनिकल्पैस्तं राघवं समवारयत् । ततो रामः सुसंक्रुद्धः क्षुरेणास्य महद्धनुः ॥ ७
चिच्छेद समरे वीरश्चतुर्भिश्चतुरो हयान् । हत्वा चाश्वाञ्शरैस्तीक्ष्णैरर्धचन्द्रेण सारथेः ॥ ८
शिरो जहार तद्रक्षस्त्रिभिर्विव्याध वक्षसि । स च्छिन्नधन्वा विरथो हताश्वो हतसारथिः ॥ ९
जग्राह गिरिशृङ्गाभं परिघं लोमहर्षणम् । वेष्टितं काञ्चनैः पट्टैर्देवसैन्याभिमर्दनम् ॥ १०
आयसैः शङ्कुभिस्तीक्ष्णैः कीर्णं परवसोक्षितम् । वज्राशनिसमस्पर्शं परगोपुरदारणम् ॥ ११

क्रुद्धं रामं क्रुद्धोऽन्तक इवाभ्यधावत् ॥ ३१ ॥ दूषणाश्रयेण दूषणाश्रयबलेन निर्भयाः ॥ ३२ ॥ ३३ ॥ ३४ ॥ ३५ ॥ ततः सर्वा दिशः प्रदिशश्चावृता दृष्ट्वा स रामो भैरवं नादं कृत्वा सर्वतः प्राप्तै राक्षसैः शरवर्षाभिः शरवृष्टिभिरावृतः कालोचितं परमभास्वरं गान्धर्वमस्त्रं राक्षसेषु राक्षसविषये समयोजयत् । धनुषीत्यर्थः ॥ ३६ ॥ ३७ ॥ ३८ ॥ नाददानमिति । अतिशैघ्र्यवशाच्छरग्रहणमोचने न पश्यन्ति, किं तु विकर्षमाणमेव धनुः पश्यन्ति ॥ ३९ ॥ दिवाकरसहितमाकाशं कर्म । शरान्धकारं कर्तृ । आवृणोत् । अन्धकारोऽस्त्रियाम् । प्रक्षिपन्निव भूयो भूयः प्रक्षिपन्नेवेत्यर्थः । इवशब्द एवार्थे ॥ ४० ॥ विकीर्णा कृताच्छादना । 'विस्तीर्णा' इति पाठेऽप्ययमेवार्थः ॥ ४१ ॥ निहताः सद्योहताः । पतिताः पातानन्तरं मृताः । क्षीणाः कण्ठगतप्राणाः । छिन्नभिन्नौ व्याख्यातौ ॥ ४२ ॥ विभूषणैरुपलक्षितैः । राक्षसैरिति शेषः ॥ ४३ ॥ ४४ ॥ विच्छिन्नैर्विशेषतश्छिन्नैश्चामरादिभिर्विशेषतश्छिन्नैः शूलपट्टिशैश्चेत्यर्थः ॥ ४५ ॥ रामं चलितुं रामं प्रति संमुखं गन्तुम् ॥ ४६ ॥ इति श्रीरामाभिरामे श्रीरामीये रामायणतिलके वाल्मीकीय आदिकाव्येऽरण्यकाण्डे पञ्चविंशः सर्गः ॥ २५ ॥

दूषणस्त्विति ॥ १ ॥ पञ्चसाहस्रान्पञ्चसहस्रसैन्यरूपान् ॥ २ ॥ ३ ॥ प्रतिजग्राह रुरोध । निमीलितो वर्षधारया निमीलिताक्षः ॥ ४ ॥ ५ ॥ ६ ॥ क्षुरेण क्षुरधारेण शरेण ॥ ७ ॥ ८ ॥ तद्रक्षः कर्म । व्यधने रामः कर्ता ॥ ९ ॥ १० ॥ परेषां शत्रूणां वसयोक्षितं सिक्तम् । शत्रूणां गाव इन्द्रियाणि तेषां परं शरीरं तस्य दारणं विदारकम् । यद्वा तेषां पुरद्वारविदारकम् ॥ ११

तं महोरगसंकाशं प्रगृह्य परिघं रणे । दूषणोऽभ्यपतद्रामं क्रूरकर्मा निशाचरः ॥ १२
तस्याभिपतमानस्य दूषणस्य च राघवः । द्वाभ्यां शराभ्यां चिच्छेद सहस्ताभरणौ भुजौ ॥ १३
भ्रष्टस्तस्य महाकायः पपात रणमूर्धनि । परिघश्छिन्नहस्तस्य शक्रध्वज इवाग्रतः ॥ १४
कराभ्यां च विकीर्णाभ्यां पपात भुवि दूषणः । विषाणाभ्यां विशीर्णाभ्यां मनस्वीव महागजः ॥ १५
दृष्ट्वा तं पतितं भूमौ दूषणं निहतं रणे । साधु साध्विति काकुत्स्थं सर्वभूतान्यपूजयन् ॥ १६
एतस्मिन्नन्तरे क्रुद्धास्त्रयः सेनाग्रचारिणः । संहत्याभ्यद्रवन्रामं मृत्युपाशावपाशिताः ॥ १७
महाकपालः स्थूलाक्षः प्रमाथी च महाबलः । महाकपालो विपुलं शूलमुद्यम्य राक्षसः ॥ १८
स्थूलाक्षः पट्टिशं गृह्य प्रमाथी च परश्वधम् । दृष्ट्वैवापततस्तांस्तु राघवः सायकैः शितैः ॥ १९
तीक्ष्णाग्रैः प्रतिजग्राह संप्राप्तानतिथीनिव । महाकपालस्य शिरश्चिच्छेद रघुनन्दनः ॥ २०
असंख्येयैस्तु बाणौघैः प्रममाथ प्रमाथिनम् । स्थूलाक्षस्याक्षिणी स्थूले पूरयामास सायकैः ॥ २१
स पपात हतो भूमौ विटपीव महाद्रुमः । दूषणस्यानुगान्पञ्चसाहस्रान्कुपितः क्षणात् ॥ २२
हत्वा तु पञ्चसाहस्रैरनयद्यमसादनम् । दूषणं निहतं श्रुत्वा तस्य चैव पदानुगान् ॥ २३
व्यादिदेश खरः क्रुद्धः सेनाध्यक्षान्महाबलान् । अयं विनिहतः संख्ये दूषणः सपदानुगः ॥ २४
महत्या सेनया सार्धं युद्ध्वा रामं कुमानुषम् । शस्त्रैर्नानाविधाकारैर्हनध्वं सर्वराक्षसाः ॥ २५
एवमुक्त्वा खरः क्रुद्धो राममेवाभिदुद्रुवे । श्येनगामी पृथुग्रीवो यज्ञशत्रुर्विहंगमः ॥ २६
दुर्जयः करवीराक्षः पुरुषः कालकार्मुकः । हेममाली महामाली सर्पास्यो रुधिराशनः ॥ २७
द्वादशैते महावीर्या बलाध्यक्षाः ससैनिकाः । राममेवाभ्यधावन्त विसृजन्तः शरोत्तमान् ॥ २८
ततः पावकसंकाशैर्हेमवज्रविभूषितैः । जघान शेषं तेजस्वी तस्य सैन्यस्य सायकैः ॥ २९
ते रुक्मपुङ्खा विशिखाः सधूमा इव पावकाः । निजघ्नुस्तानि रक्षांसि वज्रा इव महाद्रुमान् ॥ ३०
रक्षसां तु शतं रामः शतेनैकेन कर्णिना । सहस्रं तु सहस्रेण जघान रणमूर्धनि ॥ ३१
तैर्भिन्नवर्माभरणाश्छिन्नभिन्नशरासनाः । निपेतुः शोणितादिग्धा धरण्यां रजनीचराः ॥ ३२
तैर्मुक्तकेशैः समरे पतितैः शोणितोक्षितैः । विस्तीर्णा वसुधा कृत्स्ना महावेदिः कुशैरिव ॥ ३३
तत्क्षणे तु महाघोरं वनं निहतराक्षसम् । बभूव निरयप्रख्यं मांसशोणितकर्दमम् ॥ ३४
चतुर्दशसहस्राणि रक्षसां भीमकर्मणाम् । हतान्येकेन रामेण मानुषेण पदातिना ॥ ३५
तस्य सैन्यस्य सर्वस्य खरः शेषो महारथः । राक्षसस्त्रिशिराश्चैव रामश्च रिपुसूदनः ॥ ३६
शेषा हता महावीर्या राक्षसा रणमूर्धनि । घोरा दुर्विषहाः सर्वे लक्ष्मणस्याग्रजेन ते ॥ ३७

ततस्तु तद्भीमबलं महाहवे समीक्ष्य धर्मेण हतं बलीयसा ।
रथेन रामं महता खरस्ततः समाससादेन्द्र इवोद्यताशनिः ॥ ३८

इत्यार्षे श्रीमद्रामायणे वाल्मीकीय आदिकाव्येऽरण्यकाण्डे षड्विंशः सर्गः ॥ २६ ॥

सप्तविंशः सर्गः ।

खरं तु रामाभिमुखं प्रयान्तं वाहिनीपतिः । राक्षसस्त्रिशिरा नाम संनिपत्येदमब्रवीत् ॥ १

॥ १२ ॥ १३ ॥ हस्तच्छेदानन्तरं भ्रष्टो घूर्णनेन स्थानाद्भ्रष्टः । तथा छिन्नहस्तस्य परिघः पपात ॥ १४ ॥ विकीर्णाभ्यां विक्षिप्ताभ्यां भुजाभ्यामुपलक्षितो दूषणश्च पपात । विगतासुरिति शेषः । विषाणाभ्यां दन्ताभ्याम् ॥ १५ ॥ १६ ॥ संहत्य मिलित्वा मृत्युपाशेनावपाशिता बद्धाः ॥ १७ ॥ १८ ॥ १९ ॥ ॥ २० ॥ २१ ॥ २२ ॥ पञ्चसाहस्रान्पञ्चसाहस्रैरित्यनेन भगवतोऽमोघेषुत्वं सूचितम् ॥ २३ ॥ २४ ॥ हनध्वमित्यार्षम् ॥ २५ ॥ २६ ॥ २७ ॥ २८ ॥ २९ ॥ ३० ॥ शतमेकेन शतेन तत्संख्याकेन । कर्णिना बाणविशेषेण । एवं सहस्रं सहस्रेण ॥ ३१ ॥ शोणितादिग्धाः शोणितलिप्ताः ॥ ३२ ॥ विस्तीर्णा विशेषेण छन्ना । महावेदिरश्वमेधादिवेदिः ॥ ३३ ॥ ॥ ३४ ॥ मानुषेण मानुषवेषेणापि ॥ ३५ ॥ त्रिशिराश्चैवेति । स्वल्पमूलबलेन महेति शेषः ॥ ३६ ॥ ३७ ॥ उद्यताशनिरुद्यतवज्रः ॥ ३८ ॥ इति श्रीरामाभिरामे श्रीरामीये रामायणतिलके वाल्मीकीय आदिकाव्येऽरण्यकाण्डे षड्विंशः सर्गः ॥ २६ ॥ खरमिति । संनिपत्य त्वरया तत्समीपमागम्य ॥ १ ॥

मां नियोजय विक्रान्तं त्वं निवर्तस्व साहसात् । पश्य रामं महाबाहुं संयुगे विनिपातितम् ॥ २
प्रतिजानामि ते सत्यमायुधं चाहमालभे । यथा रामं वधिष्यामि वधार्हं सर्वरक्षसाम् ॥ ३
अहं वास्य रणे मृत्युरेष वा समरे मम । विनिवर्त्य रणोत्साहं मुहूर्तं प्राश्निको भव ॥ ४
प्रहृष्टो वा हते रामे जनस्थानं प्रयास्यसि । मयि वा निहते रामं संयुगाय प्रयास्यसि ॥ ५
खरस्त्रिशिरसा तेन मृत्युलोभात्प्रसादितः । गच्छ युध्येत्यनुज्ञातो राघवाभिमुखो ययौ ॥ ६
त्रिशिरास्तु रथेनैव वाजियुक्तेन भास्वता । अभ्यद्रवद्रणे रामं त्रिशृङ्ग इव पर्वतः ॥ ७
शरधारासमूहान्स महामेघ इवोत्सृजन् । व्यसृजत्सदृशं नादं जलार्द्रस्येव दुन्दुभेः ॥ ८
आगच्छन्तं त्रिशिरसं राक्षसं प्रेक्ष्य राघवः । धनुषा प्रतिजग्राह विधुन्वन्सायकाञ्शितान् ॥ ९
स संप्रहारस्तुमुलो रामत्रिशिरसोस्तदा । संबभूवातिबलिनोः सिंहकुञ्जरयोरिव ॥ १०
ततस्त्रिशिरसा बाणैर्ललाटे ताडितस्त्रिभिः । अमर्षी कुपितो रामः संरब्ध इदमब्रवीत् ॥ ११
अहो विक्रमशूरस्य राक्षसस्येदृशं बलम् । पुष्पैरिव शरैर्योऽहं ललाटेऽस्मि परिक्षतः ॥ १२
ममापि प्रतिगृह्णीष्व शरांश्चापगुणाच्च्युतान् । एवमुक्तस्तु संरब्धः शरानाशीविषोपमान् ॥ १३
त्रिशिरोवक्षसि क्रुद्धो निजघान चतुर्दश । चतुर्भिस्तुरगानस्य शरैः संनतपर्वभिः ॥ १४
न्यपातयत तेजस्वी चतुरस्तस्य वाजिनः । अष्टभिः सायकैः सूतं रथोपस्थे न्यपातयत् ॥ १५
रामश्चिच्छेद बाणेन ध्वजं चास्य समुच्छ्रितम् । ततो हतरथात्तस्मादुत्पतन्तं निशाचरम् ॥ १६
चिच्छेद रामस्तं बाणैर्हृदये सोऽभवज्जडः । सायकैश्चाप्रमेयात्मा सामर्षात्तस्य रक्षसः ॥ १७
शिरांस्यपातयत्त्रीणि वेगवद्भिस्त्रिभिः शरैः । सधूमशोणितोद्गारी रामबाणाभिपीडितः ॥ १८
न्यपतत्पतितैः पूर्वं समरस्थो निशाचरः । हतशेषास्ततो भग्ना राक्षसाः खरसंश्रयाः ॥ १९
द्रवन्ति स्म न तिष्ठन्ति व्याधत्रस्ता मृगा इव । तान्खरो द्रवतो दृष्ट्वा निवर्त्य रुषितस्त्वरन् ।
राममेवाभिदुद्राव राहुश्चन्द्रमसं यथा ॥ २०

इत्यार्षे श्रीमद्रामायणे वाल्मीकीय आदिकाव्येऽरण्यकाण्डे सप्तविंशः सर्गः ॥ २७ ॥

अष्टाविंशः सर्गः ।

निहतं दूषणं दृष्ट्वा रणे त्रिशिरसा सह । खरस्याप्यभवत्त्रासो दृष्ट्वा रामस्य विक्रमम् ॥ १
स दृष्ट्वा राक्षसं सैन्यमविषह्यं महाबलम् । हतमेकेन रामेण दूषणस्त्रिशिरा अपि ॥ २
तद्बलं हतभूयिष्ठं विमनाः प्रेक्ष्य राक्षसः । आससाद खरो रामं नमुचिर्वासवं यथा ॥ ३
विकृष्य बलवच्चापं नाराचान्रक्तभोजनान् । खरश्चिक्षेप रामाय क्रुद्धानाशीविषानिव ॥ ४
ज्यां विधुन्वन्सुबहुशः शिक्षयास्त्राणि दर्शयन् । चचार समरे मार्गाञ्शरैरथगतः खरः ॥ ५

विनिपातितम् । मयेति शेषः ॥ २ ॥ आलभे स्पृशामि । यथा वधिष्यामि तथा प्रयतिष्ये इति शेषः । सर्वरक्षसां वधार्हम् । सर्वरक्षसां वध्यमित्यर्थः ॥ ३ ॥ 'अहं वा समरे' इति पाठे मृत्युरित्यस्यास्येति शेषः । 'रणोत्साहात्' इति पाठे ततो मनो निवर्त्येत्यर्थः । प्राश्निको मध्यस्थः । उभययुद्धसाक्षीत्यर्थः ॥ ४ ॥ संयुगाय संयुगं कर्तुम् ॥ ५ ॥ मृत्युलोभान्मृत्युकृते युद्धलोभात् । मृत्युसमये रक्षःप्रकृतिविपर्ययात्तस्य भगवत्तत्त्वं ज्ञात्वा तद्धस्तमृत्युलोभादित्यर्थश्च । युध्य युद्धं कुरुष्व । अनुज्ञातः । खरेणेति शेषः ॥ ६ ॥ ७ ॥ जलार्द्रस्येति । अनेन नादवैपरीत्येन मृत्युसांनिध्यं सूचितम् ॥ ८ ॥ ९ ॥ १० ॥ ११ ॥ अहो इत्यादि व्यङ्ग्योक्तिः । पुष्पैरिव परिक्षत इत्यनेन त्वगपि न विद्धेत्याशयः ॥ १२ ॥ १३ ॥ तुरगान् । वेगवतोऽश्वानित्यर्थः ॥ १४ ॥ १५ ॥ हतरथाद्धतहयसारथिकाद्रथात् ॥ १६ ॥ जडः । आयुधपरिग्रह इति शेषः ॥ १७ ॥ १८ ॥ पूर्वं पतितैः शिरोभिरुपलक्षितः पश्चाद्व्यपतत् । 'चतुर्दशसहस्राणि मम चित्तानुवर्तिनाम्' इति सेनोद्योगे खरोक्तेश्चतुर्दश सहस्राणि हतानि खरत्रिशिरसावेवावशिष्टाविति पूर्वसर्गान्ते उक्तेर्हतशेषान्निवर्त्येति अत्रत्योक्तेश्चतुर्दशसहस्रं यूथपा अत्रेति ज्ञायते । हतशेषा इति तु खरीयमूलबलाभिप्रायं बोध्यम् ॥ १९ ॥ २० ॥ इति श्रीरामाभिरामे श्रीरामीये रामायणतिलके वाल्मीकीय आदिकाव्येऽरण्यकाण्डे सप्तविंशः सर्गः ॥ २७ ॥

निहतमिति ॥ १ ॥ रक्षसामिदं राक्षसं सैन्यं हतं दृष्ट्वेत्यन्वयः ॥ २ ॥ हतभूयिष्ठमल्पावशेषम् ॥ ३ ॥ ४ ॥ शिक्षया धनुर्विद्याभ्यासेन । मार्गाञ्शरसंधानक्षेपणादिप्रकारभेदान्दर्श-

स सर्वाश्च दिशो बाणैः प्रदिशश्च महारथः । पूरयामास तं दृष्ट्वा रामोऽपि सुमहद्धनुः ॥ ६
स सायकैर्दुर्विषहैर्विस्फुलिङ्गैरिवाग्निभिः । नभश्चकाराविवरं पर्जन्य इव वृष्टिभिः ॥ ७
तद्बभूव शितैर्बाणैः खररामविसर्जितैः । पर्याकाशमनाकाशं सर्वतः शरसंकुलम् ॥ ८
शरजालावृतः सूर्यो न तदा स्म प्रकाशते । अन्योन्यवधसंरम्भादुभयोः संप्रयुध्यतोः ॥ ९
ततो नालीकनाराचैस्तीक्ष्णाग्रैश्च विकर्णिभिः । आजघान रणे रामं तोत्रैरिव महाद्विपम् ॥ १०
तं रथस्थं धनुष्पाणिं राक्षसं पर्यवस्थितम् । ददृशुः सर्वभूतानि पाशहस्तमिवान्तकम् ॥ ११
हन्तारं सर्वसैन्यस्य पौरुषे पर्यवस्थितम् । परिश्रान्तं महासत्त्वं मेने रामं खरस्तदा ॥ १२
तं सिंहमिव विक्रान्तं सिंहविक्रान्तगामिनम् । दृष्ट्वा नोद्विजते रामः सिंहः क्षुद्रमृगं यथा ॥ १३
ततः सूर्यनिकाशेन रथेन महता खरः । आससादाथ तं रामं पतङ्ग इव पावकम् ॥ १४
ततोऽस्य सशरं चापं मुष्टिदेशे महात्मनः । खरश्चिच्छेद रामस्य दर्शयन्हस्तलाघवम् ॥ १५
स पुनस्त्वपरान्सप्त शरानादाय मर्मणि । निजघान रणे क्रुद्धः शक्राशनिसमप्रभान् ॥ १६
ततः शरसहस्रेण राममप्रतिमौजसम् । अर्दयित्वा महानादं ननाद समरे खरः ॥ १७
ततस्तत्प्रहतं बाणैः खरमुक्तैः सुपर्वभिः । पपात कवचं भूमौ रामस्यादित्यवर्चसम् ॥ १८
स शरैरर्दितः क्रुद्धः सर्वगात्रेषु राघवः । रराज समरे रामो विधूमोऽग्निरिव ज्वलन् ॥ १९
ततो गम्भीरनिर्ह्रादं रामः शत्रुनिबर्हणः । चकारान्ताय स रिपोः सज्यमन्यन्महद्धनुः ॥ २०
सुमहद्वैष्णवं यत्तदतिसृष्टं महर्षिणा । वरं तद्धनुरुद्यम्य खरं समभिधावतः ॥ २१
ततः कनकपुङ्खैस्तु शरैः संनतपर्वभिः । चिच्छेद रामः संक्रुद्धः खरस्य समरे ध्वजम् ॥ २२
स दर्शनीयो बहुधा विच्छिन्नः काञ्चनो ध्वजः । जगाम धरणीं सूर्यो देवतानामिवाज्ञया ॥ २३
तं चतुर्भिः खरः क्रुद्धो रामं गात्रेषु मार्गणैः । विव्याध हृदि मर्मज्ञो मातङ्गमिव तोयदैः ॥ २४
स रामो बहुभिर्बाणैः खरकार्मुकनिःसृतैः । विद्धो रुधिरसिक्ताङ्गो बभूव रुषितो भृशम् ॥ २५
स धनुर्धन्विनां श्रेष्ठः संगृह्य परमाहवे । मुमोच परमेष्वासः षट् शरानभिलक्षितान् ॥ २६
शिरस्येकेन बाणेन द्वाभ्यां बाह्वोरथार्पयत् । त्रिभिश्चन्द्रार्धवक्त्रैश्च वक्षस्यभिजघान ह ॥ २७
ततः पश्चान्महातेजा नाराचान्भास्करोपमान् । जघान राक्षसं क्रुद्धस्त्रयोदश शिलाशितान् ॥ २८
रथस्य युगमेकेन चतुर्भिः शबलान्हयान् । षष्ठेन च शिरः संख्ये चिच्छेद खरसारथेः ॥ २९
त्रिभिस्त्रिवेणून्बलवान्द्वाभ्यामक्षं महाबलः । द्वादशेन तु बाणेन खरस्य सकरं धनुः ॥ ३०
छित्त्वा वज्रनिकाशेन राघवः प्रहसन्निव । त्रयोदशेनेन्द्रसमो बिभेद समरे खरम् ॥ ३१
प्रभग्नधन्वा विरथो हताश्वो हतसारथिः । गदापाणिरवप्लुत्य तस्थौ भूमौ खरस्तदा ॥ ३२
तत्कर्म रामस्य महारथस्य समेत्य देवाश्च महर्षयश्च ।
अपूजयन्प्राञ्जलयः प्रहृष्टास्तदा विमानाग्रगताः समेताः ॥ ३३

इत्यार्षे श्रीमद्रामायणे वाल्मीकीय आदिकाव्येऽरण्यकाण्डेऽष्टाविंशः सर्गः ॥ २८ ॥

यन्रथस्थः खरः समरे चचार । अनेकविधरथसंचरणैः ॥ ५ ॥ ६ ॥ स रामः । नभ आकाशमविवरं नीरन्ध्रं चकार ॥ ७ ॥ पर्याकाशं परितो विद्यमानमाकाशमनाकाशं निरवकाशं बभूव ॥ ८ ॥ ९ ॥ १० ॥ ११ ॥ सर्वसैन्यस्य हन्तारं रामं खरः परिश्रान्तं मेने । अनेनायं प्रहारावसर इति खरबोधः सूचितः । अतएवानुपदं तेन रामधनुषश्छेदः ॥ १२ ॥ १३ ॥ १४ ॥ मुष्टिदेशे धनुर्ग्रहणप्रदेशोपरि देशे ॥ १५ ॥ स खरः । मर्मणि कवचबन्धसंधिषु ॥ १६ ॥ १७ ॥ प्रहतं कवचं पपात ॥ १८ ॥ शरैरर्दितः संक्षतः कृतः ॥ १९ ॥ २० ॥ महर्षिणागस्त्येन । अतिसृष्टं दत्तम् । वरं श्रेष्ठम् ॥ २१ ॥ २२ ॥ देवतानामाज्ञया सूर्य इवेति कविकल्पितोपमानिकोपमेयम् ॥ २३ ॥ २४ ॥ २५ ॥ अभिलक्षितानभिलक्षितविषयान् ॥ २६ ॥ तानेव विषयानाह—शिरस्येकेनेत्यादि ॥ २७ ॥ भास्करोपमानित्यस्य गृहीत्वेति शेषः ॥ २८ ॥ उपात्तत्रयोदशानां विनियोगमाह—रथस्येत्यादि ॥ २९ ॥ त्रिवेणुर्नाम रथमुखस्थो युगाधारदण्डः ॥ ३० ॥ प्रहसन्निव लीलयैव बिभेद खरं हवीति शेषमाह कतकः ॥ ३१ ॥ ३२ ॥ महारथस्य पूज्यस्य । तत्कर्म । दृष्ट्वेति शेषः । अपूजयन् । नमस्कारस्तुत्यादिभिस्तमतोषयन्नित्यर्थः ॥ ३३ ॥ इति श्रीरामाभिरामे श्रीरामीये रामायणतिलके वाल्मीकीय आदिकाव्येऽरण्यकाण्डेऽष्टाविंशः सर्गः ॥ २८ ॥

एकोनत्रिंशः सर्गः ।

खरं तु विरथं रामो गदापाणिमवस्थितम् । मृदुपूर्वं महातेजाः परुषं वाक्यमब्रवीत् ॥ १
गजाश्वरथसंबाधे बले महति तिष्ठता । कृतं ते दारुणं कर्म सर्वलोकजुगुप्सितम् ॥ २
उद्वेजनीयो भूतानां नृशंसः पापकर्मकृत् । त्रयाणामपि लोकानामीश्वरोऽपि न तिष्ठति ॥ ३
कर्म लोकविरुद्धं तु कुर्वाणं क्षणदाचर । तीक्ष्णं सर्वजनो हन्ति सर्पं दुष्टमिवागतम् ॥ ४
लोभात्पापानि कुर्वाणः कामाद्वा यो न बुध्यते । हृष्टः पश्यति तस्यान्तं ब्राह्मणी करकादिव ॥ ५
वसतो दण्डकारण्ये तापसान्धर्मचारिणः । किं नु हत्वा महाभागान्फलं प्राप्स्यसि राक्षस ॥ ६
न चिरं पापकर्माणः क्रूरा लोकजुगुप्सिताः । ऐश्वर्यं प्राप्य तिष्ठन्ति शीर्णमूला इव द्रुमाः ॥ ७
अवश्यं लभते कर्ता फलं पापस्य कर्मणः । घोरं पर्यागते काले द्रुमः पुष्पमिवार्तवम् ॥ ८
न चिरात्प्राप्यते लोके पापानां कर्मणां फलम् । सविषाणामिवान्नानां भुक्तानां क्षणदाचर ॥ ९
पापमाचरतां घोरं लोकस्याप्रियमिच्छताम् । अहमासादितो राजा प्राणान्हन्तुं निशाचर ॥ १०
अद्य भित्त्वा मया मुक्ताः शराः काञ्चनभूषणाः । विदार्यातिपतिष्यन्ति वल्मीकमिव पन्नगाः ॥ ११
ये त्वया दण्डकारण्ये भक्षिता धर्मचारिणः । तानद्य निहतः संख्ये ससैन्योऽनुगमिष्यसि ॥ १२
अद्य त्वां निहतं बाणैः पश्यन्तु परमर्षयः । निरयस्थं विमानस्था ये त्वया निहताः पुरा ॥ १३
प्रहरस्व यथाकामं कुरु यत्नं कुलाधम । अद्य ते पातयिष्यामि शिरस्तालफलं यथा ॥ १४
एवमुक्तस्तु रामेण क्रुद्धः संरक्तलोचनः । प्रत्युवाच ततो रामं प्रहसन्क्रोधमूर्च्छितः ॥ १५
प्राकृतान्राक्षसान्हत्वा युद्धे दशरथात्मज । आत्मना कथमात्मानमप्रशस्यं प्रशंससि ॥ १६
विक्रान्ता बलवन्तो वा ये भवन्ति नरर्षभाः । कथयन्ति न ते किंचित्तेजसा चातिगर्विताः ॥ १७
प्राकृतास्त्वकृतात्मानो लोके क्षत्रियपांसनाः । निरर्थकं विकत्थन्ते यथा राम विकत्थसे ॥ १८
कुलं व्यपदिशन्वीर समरे कोऽभिधास्यति । मृत्युकाले तु संप्राप्ते स्वयमप्रस्तवे स्तवम् ॥ १९
सर्वथा तु लघुत्वं ते कत्थनेन विदर्शितम् । सुवर्णप्रतिरूपेण तप्तेनेव कुशाग्निना ॥ २०

मृदुपूर्वं न्यायमवलम्ब्य मृदूक्तिपूर्वम् । परुषं परुषार्थकम् ॥ १ ॥ त्वत्कृतान्यायेनायं तव नाश इत्याह—गजेत्यादि । बले तिष्ठता बलविषयस्वामित्वेन तिष्ठता, ईदृशेन यद्दारुणं कर्म कृतं भवति तत्सर्वं लोकनिन्द्यं भवति ॥ २ ॥ एवंविधकर्मकर्तुर्नेह सुखमित्याह—उद्वेजनीय इति । उद्वेजक इत्यर्थः । नृशंसो घातुकः क्रूरः एवंगुणक ईश्वरोऽपि न तिष्ठति न चिरं तिष्ठति ॥ ३ ॥ तदेवाह—कर्मेत्यादि । सर्वजनो हन्ति अकृतापकारोऽपि हन्ति । स सर्ववध्य इति यावत् ॥ ४ ॥ अप्राप्तप्राप्तीच्छा कामः । प्राप्ताधिकेच्छा लोभः । तस्य पापस्यान्तं स्वनाशरूपं परिपाकं पश्यति । पापफलमनुभवतीत्यर्थः । करका वर्षोपलास्तानत्ति करकात्सा ब्राह्मणी रक्तपुच्छिकेव । रक्तपुच्छिकायाः करका विषम् । तन्निगरणमात्रेण तन्मृत्युरिति प्रसिद्धिः । सा यथा स्वानर्थमपश्यन्ती तद्भुङ्क्ते । भोजनोत्तरं तन्नाशं लोकः पश्यति । एवं यः कर्मकरणकाले नाशकमिदमिति न बुध्यते तस्य तत्कर्मप्राप्तमन्तं नाशं लोको हृष्टः सन्पश्यतीत्यर्थ इति कतकः ॥ ५ ॥ ततः किं तत्राह—वसत इति । किं नु फलमग्रे प्राप्स्यसि तन्न विद्म इति शेषः ॥ ६ ॥ इदं न प्रत्यक्षमित्याह—नेति । पापकर्माणः पूर्वपुण्येनैश्वर्यं प्राप्यापि न चिरं तिष्ठन्ति ॥ ७ ॥ काले पापानुभवकाले । घोरं दुःखरूपफलम् ॥ ८ ॥ ९ ॥ घोरम् । कर्मणः फलं भवतीति शेषः । अतो हेतोरहं राजा दुष्टनिग्रहाधिकारी । हे निशाचर, रक्षसां प्राणान्हन्तुमासादितः । ऋषिभिरिति शेषः । त्वयेति वा । 'राज्ञा' इति पाठे राज्ञा दशरथेनासादितो नियुक्त इत्यर्थ इति तीर्थः ॥ १० ॥ अद्य मया मुक्ता बाणास्त्वद्वपुर्भित्त्वा भूमिं विदार्यातिपतिष्यन्ति भुवमतिक्रम्य पतिष्यन्ति पातालं गमिष्यन्तीति यावत् ॥ ११ ॥ अत्र ऋष्यनुगमनं प्राणनाशमात्रेण । अतएव निरयस्थमिति वक्ष्यति ॥ १२ ॥ निरयस्थमिति । ननु भगवता हतस्य मृतिसमये भगवद्दर्शनवतः कथं निरयस्थत्वमिति चेन्न । अत्युग्रस्य ब्रह्मवधकर्मणः फलस्यावश्यं भोक्तव्यत्वेनादौ भगवदिच्छयैव निरयभोगपूर्वमुत्तमपदप्राप्तेः सत्त्वेनादोषात् ॥ १३ ॥ कुलाधम कुलेनाधम ॥ १४ ॥ १५ ॥ १६ ॥ अतिगर्विता न कथयन्तीत्यन्वयः ॥ १७ ॥ अकृतात्मानः कल्मषचित्ताः ॥ १८ ॥ कुलं व्यपदिशन्कुलीनत्वं प्रकटयन्मृत्युकाले तत्तुल्ययुद्धकाले संप्राप्ते । अप्रस्तवेऽप्रस्तावे । घञभाव आर्षः । स्वस्तवरूपं वचनं कोऽभिधास्यति । न कोऽपीत्यर्थः । 'अहमासादितो राजा' इति रामोक्तेरिदमुक्तवान् ॥ १९ ॥ कत्थनेन प्राकृतेन ते त्वया सर्वथैवात्मनो लघुत्वं दर्शितम् । यथा सुवर्णप्रतिरूपेण स्वर्णतुल्यरूपेण पित्तलेन कुशाग्निना स्वर्णादिशोधनाग्निना तप्तेन यथा स्वस्य कृष्णवर्णत्वरूपं लाघवं दर्शितं भवति, तद्वत्तापात्पूर्वं हि तत्र

न तु मामिह तिष्ठन्तं पश्यसि त्वं गदाधरम् । धराधरमिवाकम्प्यं पर्वतं धातुभिश्चितम् ॥ २१
पर्याप्तोऽहं गदापाणिर्हन्तुं प्राणान्रणे तव । त्रयाणामपि लोकानां पाशहस्त इवान्तकः ॥ २२
कामं बह्वपि वक्तव्यं त्वयि वक्ष्यामि न त्वहम् । अस्तं प्राप्नोति सविता युद्धविघ्नस्ततो भवेत् ॥ २३
चतुर्दश सहस्राणि राक्षसानां हतानि ते । त्वद्विनाशात्करोम्यद्य तेषामश्रुप्रमार्जनम् ॥ २४
इत्युक्त्वा परमक्रुद्धः स गदां परमाङ्गदाम् । खरश्चिक्षेप रामाय प्रदीप्तामशनिं यथा ॥ २५
खरबाहुप्रमुक्ता सा प्रदीप्ता महती गदा । भस्म वृक्षांश्च गुल्मांश्च कृत्वागात्तत्समीपतः ॥ २६
तामापतन्तीं महतीं मृत्युपाशोपमां गदाम् । अन्तरिक्षगतां रामश्चिच्छेद बहुधा शरैः ॥ २७
सा विशीर्णा शरैर्भिन्ना पपात धरणीतले । गदा मन्त्रौषधिबलैर्व्यालीव विनिपातिता ॥ २८

इत्यार्षे श्रीमद्रामायणे वाल्मीकीय आदिकाव्येऽरण्यकाण्डे एकोनत्रिंशः सर्गः ॥ २९ ॥

त्रिंशः सर्गः ।

भित्त्वा तु तां गदां बाणै राघवो धर्मवत्सलः । स्मयमान इदं वाक्यं संरब्धमिदमब्रवीत् ॥ १
एतत्ते बलसर्वस्वं दर्शितं राक्षसाधम । शक्तिहीनतरो मत्तो वृथा त्वमुपगर्जसि ॥ २
एषा बाणविनिर्भिन्ना गदा भूमितलं गता । अभिधानप्रगल्भस्य तव प्रत्ययघातिनी ॥ ३
यत्त्वयोक्तं विनष्टानामिदमश्रुप्रमार्जनम् । राक्षसानां करोमीति मिथ्या तदपि ते वचः ॥ ४
नीचस्य क्षुद्रशीलस्य मिथ्यावृत्तस्य रक्षसः । प्राणानपहरिष्यामि गरुत्मानमृतं यथा ॥ ५
अद्य ते भिन्नकण्ठस्य फेनबुद्बुदभूषितम् । विदारितस्य मद्बाणैर्मही पास्यति शोणितम् ॥ ६
पांसुरूषितसर्वाङ्गः स्रस्तन्यस्तभुजद्वयः । स्वप्स्यसे गां समाश्लिष्य दुर्लभां प्रमदामिव ॥ ७
प्रवृद्धनिद्रे शयिते त्वयि राक्षसपांसने । भविष्यन्ति शरण्यानां शरण्या दण्डका इमे ॥ ८
जनस्थाने हतस्थाने तव राक्षस मच्छरैः । निर्भया विचरिष्यन्ति सर्वतो मुनयो वने ॥ ९
अद्य विप्रसरिष्यन्ति राक्षस्यो हतबान्धवाः । बाष्पार्द्रवदना दीना भयादन्यभयावहाः ॥ १०
अद्य शोकरसज्ञास्ता भविष्यन्ति निरर्थिकाः । अनुरूपकुलाः पत्न्यो यासां त्वं पतिरीदृशः ॥ ११
नृशंसशील क्षुद्रात्मन्नित्यं ब्राह्मणकण्टक । त्वत्कृते शङ्कितैरग्नौ मुनिभिः पात्यते हविः ॥ १२
तमेवमभिसंरब्धं ब्रुवाणं राघवं वने । खरो निर्भर्त्सयामास रोषात्खरतरस्वरः ॥ १३
दृढं खल्ववलिप्तोऽसि भयेष्वपि च निर्भयः । वाच्यावाच्यं ततो हि त्वं मृत्योर्वश्यो न बुध्यसे ॥ १४

स्वर्णताबुद्धिः सा तापे यथा नश्यति तथा त्वया स्वस्मिन्स्थिता प्राक्शूरत्वबुद्धिः कत्थनेनापहृतेत्यर्थः । 'तुषाग्निना' इति पाठान्तरम् ॥ २० ॥ अयमेव ते कत्थने हेतुरित्याह—न त्विति । गदाधरं मां यतो न पश्यसि सारतो न जानासि, अतो विकत्थसे इत्यन्वयः । धराधरमिति पर्वतविशेषणम् । तेन कुलाचलसादृश्यबोधनम् ॥ २१ ॥ स्वकं सारं दर्शयति—पर्याप्त इति । गदापाणिरिति । गदाहस्त इत्यर्थः । तव त्रयाणां लोकानां चेत्यर्थः ॥ २२ ॥ यद्यपि त्वद्विषये कामं बहु वक्तव्यमस्ति, अथाप्यहं न वक्ष्यामि । त्वद्वल्लघुत्वापत्तेः । हेत्वन्तरमप्याह—अस्तमिति ॥ २३ ॥ यानि ते त्वया हतानि तेषां तत्संबन्धिस्त्रीपुत्रादीनामश्रुमार्जनं करिष्यामि । त्वद्विनाशात्त्वन्मरणात् ॥ २४ ॥ परमा अङ्गदाः कनकवलयानि यस्यास्तां प्रसिद्धां हस्तस्थां गदां चिक्षेप ॥ २५ ॥ भस्म कृत्वा । स्वज्वालयेति शेषः । तत्समीपतो रामसमीपतः ॥ २६ ॥ २७ ॥ मन्त्रादिबलैर्विनिपातिता व्यालीव ॥ २८ ॥ इति श्रीरामाभिरामे श्रीरामीये रामायणतिलके वाल्मीकीय आदिकाव्येऽरण्यकाण्ड एकोनत्रिंशः सर्गः ॥ २९ ॥

भित्त्वेति ॥ १ ॥ लब्धावसरो भगवांस्त्वयैव कत्थनं कृतमित्याह—एतदिति । शक्तिहीनतरः शक्त्या हीनतरः ॥ २ ॥ अभिधाने केवलं प्रगल्भस्य तवानया शत्रुवधो भवत्येवेत्ययं यः प्रत्ययो विश्वासस्तस्य स्वनाशेन घातिका ॥ ३ ॥ ४ ॥ ५ ॥ ६ ॥ स्रस्तं स्थानादत एव भूमौ न्यस्तं भुजद्वयं येन सः । गां भुवम् ॥ ७ ॥ प्रवृद्धनिद्रे प्रवृद्धदीर्घनिद्रे । शरण्याः सुखवासभूताः । शरण्यानां तपोमहिम्ना सर्वजनशरण्यानाम् ॥ ८ ॥ हतस्थाने हतराक्षसवासे ॥ ९ ॥ विप्रसरिष्यन्ति । मद्भयेन जनस्थानात्पलायिष्यन्तीत्यर्थः ॥ १० ॥ शोकरसज्ञाः शोकस्थायिकरसज्ञाः । निरर्थिका निःशेषतो नष्टोऽर्थः कामादिपुरुषार्थो यासां ताः । अनुरूपकुलास्त्वत्सदृशदुर्वृत्तत्वादिगुणवत्कुलाः । ईदृशः पापकर्मा ॥ ११ ॥ अस्यैव विवरणम्—नृशंसेत्यादि । शङ्कितैस्त्वद्भटेभ्यः । यद्यपि भगवत ईदृशेषु क्षुद्रेष्वेवं वादोऽनुचितः, तथापि निरयस्थमिति स्वोक्तिं सत्यां कर्तुं मरणकाले क्रोधजनकतमोगुणोद्रेकस्य तामसगुणगतिसंपादकस्योद्भवायेति बोध्यम् ॥ १२ ॥ १३ ॥ ततो हि अवलिप्तत्वादेव । मृत्युवश्योऽपि वाच्यावाच्यं न जानीषे ॥ १४ ॥

कालपाशपरिक्षिप्ता भवन्ति पुरुषा हि ये । कार्याकार्यं न जानन्ति ते निरस्तषडिन्द्रियाः ॥ १५
एवमुक्त्वा ततो रामं संरुध्य भ्रुकुटिं ततः । स ददर्श महासालमविदूरे निशाचरः ॥ १६
रणे प्रहरणस्यार्थे सर्वतो ह्यवलोकयन् । स तमुत्पाटयामास संदष्टदशनच्छदम् ॥ १७
तं समुत्क्षिप्य बाहुभ्यां विनर्दित्वा महाबलः । राममुद्दिश्य चिक्षेप हतस्त्वमिति चाब्रवीत् ॥ १८
तमापतन्तं बाणौघैश्छित्त्वा रामः प्रतापवान् । रोषमाहारयत्तीव्रं निहन्तुं समरे खरम् ॥ १९
जातस्वेदस्ततो रामो रोषरक्तान्तलोचनः । निर्बिभेद सहस्रेण बाणानां समरे खरम् ॥ २०
तस्य बाणान्तराद्रक्तं बहु सुस्राव फेनिलम् । गिरेः प्रस्रवणस्येव धाराणां च परिस्रवः ॥ २१
विकलः स कृतो बाणैः खरो रामेण संयुगे । मत्तो रुधिरगन्धेन तमेवाभ्यद्रवत्तरुम् ॥ २२
तमापतन्तं संक्रुद्धं कृतास्त्रो रुधिराप्लुतम् । अपासर्पद्द्वित्रिपदं किंचित्त्वरितविक्रमः ॥ २३
ततः पावकसंकाशं वधाय समरे शरम् । खरस्य रामो जग्राह ब्रह्मदण्डमिवापरम् ॥ २४
स तद्दत्तं मघवता सुरराजेन धीमता । संदधे च स धर्मात्मा मुमोच च खरं प्रति ॥ २५
स विमुक्तो महाबाणो निर्घातसमनिःस्वनः । रामेण धनुरायम्य खरस्योरसि चापतत् ॥ २६
स पपात खरो भूमौ दह्यमानः शराग्निना । रुद्रेणेव विनिर्दग्धः श्वेतारण्ये यथान्धकः ॥ २७
स वृत्र इव वज्रेण फेनेन नमुचिर्यथा । बलो वेन्द्राशनिहतो निपपात हतः खरः ॥ २८
एतस्मिन्नन्तरे देवाश्चारणैः सह संगताः । दुन्दुभींश्चाभिनिघ्नन्तः पुष्पवर्षं समन्ततः ॥ २९
रामस्योपरि संहृष्टा ववर्षुर्विस्मितास्तदा । अर्धाधिकमुहूर्तेन रामेण निशितैः शरैः ॥ ३०
चतुर्दश सहस्राणि रक्षसां कामरूपिणाम् । खरदूषणमुख्यानां निहतानि महामृधे ॥ ३१
अहो बत महत्कर्म रामस्य विदितात्मनः । अहो वीर्यमहो दार्ढ्यं विष्णोरिव हि दृश्यते ॥ ३२
इत्येवमुक्त्वा ते सर्वे ययुर्देवा यथागतम् । ततो राजर्षयः सर्वे संगताः परमर्षयः ॥ ३३
सभाज्य मुदिता रामं सागस्त्या इदमब्रुवन् । एतदर्थं महातेजा महेन्द्रः पाकशासनः ॥ ३४
शरभङ्गाश्रमं पुण्यमाजगाम पुरंदरः । आनीतस्त्वमिमं देशमुपायेन महर्षिभिः ॥ ३५
एषां वधार्थं शत्रूणां रक्षसां पापकर्मणाम् । तदिदं नः कृतं कार्यं त्वया दशरथात्मज ॥ ३६

परिक्षेपो बन्धः । निरस्तषडिन्द्रियाः सान्तःकरणचक्षुरादिपञ्चेन्द्रियैर्निरस्ता विनाशितस्वातन्त्र्याः । मृत्युकाले स्फुरितभगवद्रूपः । श्लेषेण स्वाविनयं क्षमापयति च—कालेति । अतस्त्वया मदुक्तयः क्षन्तव्या इति व्यङ्ग्यमित्यन्ये । तेषां निरयस्थमिति भगवदुक्तेरसंगतिः स्पष्टैव ॥ १५ ॥ भ्रुकुटिं संनिरुध्य संनिबध्य ॥ १६ ॥ प्रहरणमायुधं तदर्थे । सर्वतः प्रसृतमिति शेषः । तादृशसालमवलोकयन्नित्यर्थः । दशनच्छदमधरम् । संदष्टदशनच्छदं यथा भवति तथा ॥ १७ ॥ समुत्क्षिप्य भ्रामयित्वा । हतो मारितः ॥ १८ ॥ १९ ॥ जातस्वेदः । रोषादिति शेषः । न तु श्रमादिति । अयं रोषोऽपि भगवतारोपित एव नटवन्न तु वास्तवो मानुषत्वस्थिरीकरणायेति बोध्यम् । रक्तवर्णेऽन्तभागेऽपाङ्गभागे लोचने यस्य सः । सहस्रेणानन्तेन ॥ २० ॥ बाणान्तराद्बाणक्षतविवरात्प्रस्रवणस्य प्रस्रवणाख्यस्य परिस्रवः प्रवाहः ॥ २१ ॥ विकलः परवशः कृतः । न तु मृत इत्यर्थः । तदेवाह—मत्त इति ॥ २२ ॥ आपतन्तं बाणक्षेपावकाशो यथा न भवति तथोपर्यापतन्तं खरं दृष्ट्वात्यासत्तौ धनुर्व्यापारो न स्यादिति स्वशरीरे तद्रुधिरपातभिया च द्वित्रीणि पदानि त्वरितपदन्यासो बाणं संदधदेव पृष्ठतोऽपासर्पत् । अनेन महाबलत्वं खरस्योक्तम् । नत्वन्यथा रामधनुश्छेदोऽनन्ततद्बाणसहनं वा सुशकम् । अत एवाग्रे तद्वधाय विशिष्य स्वशक्तिरूपवैष्णवबाणग्रहणम् ॥ २३ ॥ ब्रह्मदण्डमिव ब्रह्मास्त्रमिवामोघम् ॥ २४ ॥ मघवता दत्तमगस्त्यद्वारा ॥ २५ ॥ धनुरायम्य विमुक्तः स खरस्योरस्यपतदित्यन्वयः ॥ २६ ॥ श्वेतारण्ये यथान्धकः । अन्धकासुरः श्वेतारण्ये रुद्रेण हत इति पुराणप्रसिद्धम् । रुद्रेणेवेति इवशब्दो वाक्यालंकारे । 'श्वेतारण्ये यथान्तकः' इति प्रचुरः पाठः । तत्र कावेरीतीरवर्तिनि श्वेतारण्ये मार्कण्डेयचिरजीवित्वायान्तकसंहारो रुद्रेण कृत इति तन्माहात्म्ये प्रसिद्धिः । कौर्मे तूत्तरखण्डे—श्वेतस्य राजर्षेः परमशैवस्य कालञ्जरे पर्वते तपस्यभिरतस्य मारणायागतस्यान्तकस्य शिवेन वामपादप्रहारेण संहारः कृत इति षट्त्रिंशेऽध्याये उक्तम् ॥ २७ ॥ वज्रेण वृत्र इव फेनेन तदाच्छादितवज्रेण नमुचिरिव । न शुष्केण न चार्द्रेणेति ब्रह्मणा तस्मै वरदानात् । अशनिहतो बलो वा । वाशब्द इवार्थे । बल इव । एवं च अन्तकादिवधस्य रुद्रेन्द्रातिरिक्तासाध्यत्ववत्खरवधस्य रामातिरिक्तासाध्यत्वं प्रकाशितं कविना ॥ २८ ॥ २९ ॥ अर्धाधिकमुहूर्तेन किंचिदूनघटिकात्रयेण ॥ ३० ॥ ३१ ॥ ३२ ॥ राजर्षयो नहुषाद्याः । परमर्षयो भृग्वाद्याः ॥ ३३ ॥ सभाज्य पूजयित्वा । एतदर्थं रक्षसां वधार्थंतद्देशवासनियोजनार्थम् । क्षणं स्थित्वा रामं प्रस्थाप्य भवद्भिर्ब्रह्मलोकाय प्रस्थातव्यमित्युक्त्वा शरभङ्गं प्रतीन्द्रो गत

स्वधर्मं प्रचरिष्यन्ति दण्डकेषु महर्षयः । एतस्मिन्नन्तरे वीरो लक्ष्मणः सह सीतया ॥ ३७
गिरिदुर्गाद्विनिष्क्रम्य संविवेशाश्रमे सुखी । ततो रामस्तु विजयी पूज्यमानो महर्षिभिः ॥ ३८
प्रविवेशाश्रमं वीरो लक्ष्मणेनाभिपूजितः । तं दृष्ट्वा शत्रुहन्तारं महर्षीणां सुखावहम् ॥ ३९
बभूव हृष्टा वैदेही भर्तारं परिषस्वजे । मुदा परमया युक्ता दृष्ट्वा रक्षोगणान्हतान् ।
रामं चैवाव्ययं दृष्ट्वा तुतोष जनकात्मजा ॥ ४०

ततस्तु तं राक्षससङ्घमर्दनं संपूज्यमानं मुदितैर्महात्मभिः ।
पुनः परिष्वज्य मुदान्वितानना बभूव हृष्टा जनकात्मजा तदा ॥ ४१

इत्यार्षे श्रीमद्रामायणे वाल्मीकीय आदिकाव्येऽरण्यकाण्डे त्रिंशः सर्गः ॥ ३० ॥

एकत्रिंशः सर्गः ।

त्वरमाणस्ततो गत्वा जनस्थानादकम्पनः । प्रविश्य लङ्कां वेगेन रावणं वाक्यमब्रवीत् ॥ १
जनस्थानस्थिता राजन्राक्षसा बहवो हताः । खरश्च निहतः संख्ये कथंचिदहमागतः ॥ २
एवमुक्तो दशग्रीवः क्रुद्धः संरक्तलोचनः । अकम्पनमुवाचेदं निर्दहन्निव तेजसा ॥ ३
केन भीमं जनस्थानं हतं मम परासुना । को हि सर्वेषु लोकेषु गतिं नाभिगमिष्यति ॥ ४
न हि मे विप्रियं कृत्वा शक्यं मघवता सुखम् । प्राप्तुं वैश्रवणेनापि न यमेन च विष्णुना ॥ ५
कालस्य चाप्यहं कालो दहेयमपि पावकम् । मृत्युं मरणधर्मेण संयोजयितुमुत्सहे ॥ ६
वातस्य तरसा वेगं निहन्तुमपि चोत्सहे । दहेयमपि संक्रुद्धस्तेजसादित्यपावकौ ॥ ७
तथा क्रुद्धं दशग्रीवं कृताञ्जलिरकम्पनः । भयात्संदिग्धया वाचा रावणं याचतेऽभयम् ॥ ८
दशग्रीवोऽभयं तस्मै प्रददौ रक्षसां वरः । स विस्रब्धोऽब्रवीद्वाक्यमसंदिग्धमकम्पनः ॥ ९
पुत्रो दशरथस्यास्ते सिंहसंहननो युवा । रामो नाम महास्कन्धो वृत्तायतमहाभुजः ॥ १०
श्यामः पृथुयशाः श्रीमानतुल्यबलविक्रमः । हतस्तेन जनस्थाने खरश्च सहदूषणः ॥ ११
अकम्पनवचः श्रुत्वा रावणो राक्षसाधिपः । नागेन्द्र इव निःश्वस्य इदं वचनमब्रवीत् ॥ १२
स सुरेन्द्रेण संयुक्तो रामः सर्वामरैः सह । उपयातो जनस्थानं ब्रूहि कच्चिदकम्पन ॥ १३
रावणस्य पुनर्वाक्यं निशम्य तदकम्पनः । आचचक्षे बलं तस्य विक्रमं च महात्मनः ॥ १४
रामो नाम महातेजाः श्रेष्ठः सर्वधनुष्मताम् । दिव्यास्त्रगुणसंपन्नः परं धर्मं गतो युधि ॥ १५
तस्यानुरूपो बलवान्रक्ताक्षो दुन्दुभिस्वनः । कनीयाँल्लक्ष्मणो भ्राता राकाशशिनिभाननः ॥ १६
स तेन सह संयुक्तः पावकेनानिलो यथा । श्रीमान्राजवरस्तेन जनस्थानं निपातितम् ॥ १७
नैव देवा महात्मानो नात्र कार्या विचारणा । शरा रामेण तूत्सृष्टा रुक्मपुङ्खाः पतत्रिणः ॥ १८
सर्पाः पञ्चानना भूत्वा भक्षयन्ति स्म राक्षसान् । येन येन च गच्छन्ति राक्षसा भयकर्शिताः ॥ १९

इत्याशयः ॥ ३४ ॥ ३५ ॥ ३६ ॥ एतस्मिन्नन्तरे देवानां ऋषीणां च निर्गमनसमये ॥ ३७ ॥ ३८ ॥ ३९ ॥ ४० ॥ हर्षातिशयात्पुनरालिङ्गनम् । इदं युद्धं प्रायः शिशिरार्धे ॥ ४१ ॥ इति श्रीरामाभिरामे श्रीरामीये रामायणतिलके वाल्मीकीय आदिकाव्येऽरण्यकाण्डे त्रिंशः सर्गः ॥ ३० ॥

त्वरमाण इति । खरसङ्ग्रामात्पलायितः । शूर्पणखागमनात्पूर्वमेव लङ्कां प्रविश्येत्यर्थः । संपूर्णं दण्डकारण्यं जनस्थानपदवाच्यम्, अतो गोदावरीतीराद्गतोऽपि जनस्थानाद्गत इत्युक्तः ॥ १ ॥ खरश्चेति चेन दूषणत्रिशिरसोः संग्रहः । कथंचिदहमागतः केवलं प्रेक्षकतया स्थितत्वाद्रामबाणाविषयीकृततयेत्याशयः ॥ २ ॥ ३ ॥ भीमं सर्वलोकभयदं जनस्थानम् । परासुनेति क्रोधान्मुमूर्षुणेत्यर्थे प्रयुक्तम् । गतिं स्थितिम् ॥ ४ ॥ ५ ॥ ६ ॥ निहन्तुं भङ्क्तुम् । आदित्यपावकौ उभावपि । युगपदिति शेषः ॥ ७ ॥ संदिग्धया संदिग्धाक्षरया । अभयमिति च्छेदः ॥ ८ ॥ ९ ॥ 'वराङ्गरूपोपेतो यः सिंहसंहननो हि सः' इति कोशः ॥ १० ॥ अतुल्यं केनापि तुलानर्हं बलं विक्रमश्च यस्य सः । स दूषणः खरश्च हत इत्यन्वयः ॥ ११ ॥ नागेन्द्रः सर्पश्रेष्ठः ॥ १२ ॥ स रामः सर्वामरसहितेन्द्रेण जनस्थानं कच्चिदुपागत इत्यन्वयः ॥ १३ ॥ १४ ॥ परं धर्मम् अतिशयितं शौर्यम् ॥ १५ ॥ राकाशशिनिभानन इति । राका पूर्णिमा । 'पूर्णे राका निशाकरे' इत्यमरः । पूर्णनिशाकरवदन इत्यर्थः ॥ १६ ॥ राजवरः । राजराज इति यावत् ॥ १७ ॥ महात्मानो देवाः । नैवागता इति शेषः । रामेण तु । न तु लक्ष्मणेनापीत्यर्थः ॥ १८ ॥ भयात्पलायनाय येन मार्गेण

तेन तेन स्म पश्यन्ति राममेवाग्रतः स्थितम् । इत्थं विनाशितं तेन जनस्थानं तवानघ ॥ २०
अकम्पनवचः श्रुत्वा रावणो वाक्यमब्रवीत् । गमिष्यामि जनस्थानं रामं हन्तुं सलक्ष्मणम् ॥ २१
अथैवमुक्ते वचने प्रोवाचेदमकम्पनः । शृणु राजन्यथावृत्तं रामस्य बलपौरुषम् ॥ २२
असाध्यः कुपितो रामो विक्रमेण महायशाः । आपगायास्तु पूर्णाया वेगं परिहरेच्छरैः ॥ २३
सताराग्रहनक्षत्रं नभश्चाप्यवसादयेत् । असौ रामस्तु सीदन्तीं श्रीमानभ्युद्धरेन्महीम् ॥ २४
भित्त्वा वेलां समुद्रस्य लोकानाप्लावयेद्विभुः । वेगं वापि समुद्रस्य वायुं वा विधमेच्छरैः ॥ २५
संहृत्य वा पुनर्लोकान्विक्रमेण महायशाः । शक्तः श्रेष्ठः स पुरुषः स्रष्टुं पुनरपि प्रजाः ॥ २६
नहि रामो दशग्रीव शक्यो जेतुं रणे त्वया । रक्षसां वापि लोकेन स्वर्गः पापजनैरिव ॥ २७
न तं वध्यमहं मन्ये सर्वैर्देवासुरैरपि । अयं तस्य वधोपायस्तन्ममैकमनाः शृणु ॥ २८
भार्या तस्योत्तमा लोके सीता नाम सुमध्यमा । श्यामा समविभक्ताङ्गी स्त्रीरत्नं रत्नभूषिता ॥ २९
नैव देवी न गन्धर्वी नाप्सरा न च पन्नगी । तुल्या सीमन्तिनी तस्या मानुषी तु कुतो भवेत् ॥ ३०
तस्यापहर भार्यां त्वं तं प्रमथ्य महावने । सीतया रहितो रामो न चैव हि भविष्यति ॥ ३१
अरोचयत तद्वाक्यं रावणो राक्षसाधिपः । चिन्तयित्वा महाबाहुरकम्पनमुवाच ह ॥ ३२
बाढं कल्यं गमिष्यामि एकः सारथिना सह । आनेष्यामि च वैदेहीमिमां हृष्टो महापुरीम् ॥ ३३
तदेवमुक्त्वा प्रययौ खरयुक्तेन रावणः । रथेनादित्यवर्णेन दिशः सर्वाः प्रकाशयन् ॥ ३४
स रथो राक्षसेन्द्रस्य नक्षत्रपथगो महान् । चञ्चूर्यमाणः शुशुभे जलदे चन्द्रमा इव ॥ ३५
स दूरे चाश्रमं गत्वा ताटकेयमुपागमत् । मारीचेनार्चितो राजा भक्ष्यभोज्यैरमानुषैः ॥ ३६
तं स्वयं पूजयित्वा तु आसनेनोदकेन च । अर्थोपहितया वाचा मारीचो वाक्यमब्रवीत् ॥ ३७
कच्चित्सुकुशलं राजँल्लोकानां राक्षसाधिप । आशङ्के नाधिजाने त्वं यतस्तूर्णमुपागतः ॥ ३८

गच्छन्ति राक्षसास्तेन तेन मार्गेणागत्याग्रतः स्थितमेव रामं पश्यन्ति । अनेनानन्ताकारताप्रदर्शनेन रामस्यापरिच्छिन्नशक्तित्वं च सूचितम् ॥ १९॥२०॥२१॥ बलं पराभिभवसामर्थ्यम् । पौरुषं महापुरुषकर्म । वृत्तं चरितम् । यथा यादृशं तत्सर्वं शृण्वित्यर्थः ॥ २२ ॥ कुपितः कुपितोऽन्तक इव संहारे प्रवृत्तो रामः पराक्रमेण ततो निवर्तयितुमसाध्यः । ब्रह्मादिभिरपीति शेषः । परिहरेत्परावर्तयेत् । अनेन कृष्णबलभद्रावतारस्यापि सूचनम् ॥ २३ ॥ नभोऽप्यवसादयेत्ताराराहितं कुर्यात्, त्रिविक्रमावतार इव । महीमभ्युद्धरेत्, यज्ञवराह इव । शक्यार्थे एते लिङः ॥ २४ ॥ वेलां मर्यादामाप्लावयेत्, प्रलयकाल इव । समुद्रस्य वेगं विधमेत् । समुद्रे सेतुबन्धनसामर्थ्यं दर्शितम् । वायुमित्युपलक्षणं भूतपञ्चकस्य ॥ २५ ॥ संहृत्य पुनः स्रष्टुं शक्तः । अत्र पुनरपिशब्दाभ्यां सर्वसृष्टिसंहाराणां तदधीनत्वमुक्तम् । अनेन जगत्स्थितिसंहारकर्तृत्वमस्य व्यञ्जयम् । अकम्पनस्यापि भगवत्प्रसादादेवं ज्ञानम् ॥ २६ ॥ लोकेन समूहेन । सहितेनापीति शेषः ॥ २७ ॥ अपिना त्वयापि । एतेनेन्द्रजिन्निर्जितेन्द्रादिसाहाय्येऽपि तस्य जयोऽसुकर इति ध्वनितम् । ममेति । मुखादिति शेषः ॥ २८ ॥ श्यामा यौवनमध्यस्था ॥ २९ ॥ कुतो भवेत् । तुल्येति शेषः ॥ ३० ॥ तं रामं प्रमथ्य । केनाप्युपायेनोच्चाट्येति यावत् । तस्य भार्यामपहर बलात्कारेण हर ॥ ३१ ॥ अरोचयतेष्टत्वेन ज्ञातवान् । चिन्तयित्वा रामस्य सीतया सहानवस्थानोपायम् ॥ ३२ ॥ कल्यं प्रातः । मान्तमव्ययम् । हृष्ट इति । अकम्पनवाक्यं श्रुत्वा त्रेतामुखे श्रीरामोऽवतरिष्यतीति सनत्कुमारवाक्यस्मरणाद्धृष्टः । तदेतदुत्तररामायणे स्पष्टम् । तत्र हि सनत्कुमारं प्रति विष्णुहस्तमृतानां का गतिरिति रावणेन पृष्टे तेन हतानां तल्लोकप्राप्तिरिति सनत्कुमारवचः श्रुत्वा 'एवं श्रुत्वा महाबाहू राक्षसेन्द्रः प्रतापवान् । त्वया सह विरोधेप्सुश्चिन्तयामास राघवः ॥ एतदर्थं महाबाहो रावणेन दुरात्मना । सुता जनकराजस्य हृता राम महावने ॥' इत्युक्तमिति तीर्थः । उत्तमस्त्रीलाभो भविष्यतीति हृष्ट इत्यर्थ उचितः । श्रुतस्यापि तस्यार्थस्य तामसत्वेन विस्मरणात् । ते पद्ये तु न यथाश्रुतार्थे । वक्ष्यमाणविष्णुपुराणविरोधात् । किं तु श्रीरामस्य स्वमृत्योरवतारं श्रुत्वा त्वया सह मृत्युविघातकविरोधेच्छुस्तां हृतवान् । तद्वियोगे तव मरणमित्याशयेनेति तयोरर्थ इत्यन्ये । वस्तुतस्त्वेतेषां श्लोकानां तद्वतां सर्गाणां च प्रक्षिप्तत्वान्न ते प्रमाणभूताः । अतएव ते सर्गाः कतकादिभिस्तीर्थेन च न व्याख्याताः । एतेन 'एतदर्थं महाबाहो रावणेन दुरात्मना । विज्ञायापहृता सीता त्वत्तो मरणकाङ्क्षया ॥' इति तत्र पाठो दृश्यते । तत्र च त्वदुक्तार्थासंभव इत्यपास्तम् ॥३३॥३४॥ चञ्चूर्यमाणो भृशं चरन् । जलदसदृशं गगनं चन्द्रसदृशो रथः ॥ ३५ ॥ मारीचाश्रमम् । पूर्वं रामनिरस्तस्य दुःखात्तपःप्रवृत्तेरेवमुक्तिः । ताटकेयं ताटकापत्यम् ॥ ३६ ॥ अर्थोपहितया किंप्रयोजनमत्रागमनमिति प्रयोजनयुक्तया ॥ ३७ ॥ कच्चित्सुकुशलमिति सामान्यप्रश्नः । लोकानां राक्षसलोकानाम् । आशङ्के । भयमिति शेषः । नाधिजाने । क्षेममिति शेषः । यतस्त्वमेकाकी तूर्णमागतः ॥ ३८ ॥

एवमुक्तो महातेजा मारीचेन स रावणः । ततः पश्चादिदं वाक्यमब्रवीद्वाक्यकोविदः ॥ ३९
आरक्षो मे हतस्तात रामेणाक्लिष्टकारिणा । जनस्थानमवध्यं तत्सर्वं युधि निपातितम् ॥ ४०
तस्य मे कुरु साचिव्यं तस्य भार्यापहारणे । राक्षसेन्द्रवचः श्रुत्वा मारीचो वाक्यमब्रवीत् ॥ ४१
आख्याता केन वा सीता मित्ररूपेण शत्रुणा । त्वया राक्षसशार्दूल को न नन्दति नन्दितः ॥ ४२
सीतामिहानयस्वेति को ब्रवीति ब्रवीहि मे । रक्षोलोकस्य सर्वस्य कः शृङ्गं छेत्तुमिच्छति ॥ ४३
प्रोत्साहयति यश्च त्वां स च शत्रुरसंशयम् । आशीविषमुखाद्दंष्ट्रामुद्धर्तुं चेच्छति त्वया ॥ ४४
कर्मणानेन केनासि कापथं प्रतिपादितः । सुखसुप्तस्य ते राजन्प्रहृतं केन मूर्धनि ॥ ४५

विशुद्धवंशाभिजनाग्रहस्तस्तेजोमदः संस्थितदोर्विषाणः ।
उदीक्षितुं रावण नेह युक्तः स संयुगे राघवगन्धहस्ती ॥ ४६
असौ रणान्तःस्थितिसंधिवालो विदग्धरक्षोमृगहा नृसिंहः ।
सुप्तस्त्वया बोधयितुं न शक्यः शराङ्गपूर्णो निशितासिदंष्ट्रः ॥ ४७
चापापहारे भुजवेगपङ्के शरोर्मिमाले सुमहाहवौघे ।
न रामपातालमुखेऽतिघोरे प्रस्कन्दितुं राक्षसराज युक्तम् ॥ ४८
प्रसीद लङ्केश्वर राक्षसेन्द्र लङ्कां प्रसन्नो भव साधु गच्छ ।
त्वं स्वेषु दारेषु रमस्व नित्यं रामः सभार्यो रमतां वनेषु ॥ ४९

एवमुक्तो दशग्रीवो मारीचेन स रावणः । न्यवर्तत पुरीं लङ्कां विवेश च गृहोत्तमम् ॥ ५०

इत्यार्षे श्रीमद्रामायणे वाल्मीकीय आदिकाव्येऽरण्यकाण्डे एकत्रिंशः सर्गः ॥ ३१ ॥

द्वात्रिंशः सर्गः ।

ततः शूर्पणखा दृष्ट्वा सहस्राणि चतुर्दश । हतान्येकेन रामेण रक्षसां भीमकर्मणाम् ॥ १
दूषणं च खरं चैव हतं त्रिशिरसं रणे । दृष्ट्वा पुनर्महानादान्ननाद जलदोपमा ॥ २
सा दृष्ट्वा कर्म रामस्य कृतमन्यैः सुदुष्करम् । जगाम परमोद्विग्ना लङ्कां रावणपालिताम् ॥ ३
सा ददर्श विमानाग्रे रावणं दीप्ततेजसम् । उपोपविष्टं सचिवैर्मरुद्भिरिव वासवम् ॥ ४
आसीनं सूर्यसंकाशे काञ्चने परमासने । रुक्मवेदिगतं प्राज्यं ज्वलन्तमिव पावकम् ॥ ५
देवगन्धर्वभूतानामृषीणां च महात्मनाम् । अजेयं समरे घोरं व्यात्ताननमिवान्तकम् ॥ ६
देवासुरविमर्देषु वज्राशनिकृतव्रणम् । ऐरावतविषाणाग्रैरुत्कृष्टकिणवक्षसम् ॥ ७

॥ ३९ ॥ आरक्षः समाजस्थानं जनस्थानाख्यम् । आरक्षोऽन्तपालः खरादिरित्यर्थ इत्यन्ये ॥ ४० ॥ ४१ ॥ सा सीता केनाख्याता हर्तव्यत्वेन कथिता । येन कथिता स मित्ररूपस्ते शत्रुः । त्वया दानादिना नन्दितः को न नन्दति । 'निन्दितः' इति पाठे निन्दितोऽवमानितः । कस्त्वां न नन्दति न संतुष्यति । क्रुध्यतीति यावत् । त्वया तिरस्कृतस्तावकमैश्वर्यमसहमानः संस्त्वया सह कृत्रिममित्रभावं प्राप्तः संस्त्वद्वेदर्शीं बुद्धिमुपदिशतीति भावः ॥ ४२ ॥ सीतामिहानयेति को ब्रवीति तं ब्रवीहि । ईडार्षः । शृङ्गमौन्नत्यम् ॥ ४३ ॥ स च शत्रुरसंशयमित्यत्र हेतुमाह—आशीविषेत्यादि च । यस्मात्त्वया प्रयोज्येनाशीविषमुखाद्दंष्ट्रामुद्धर्तुमुद्धारयितुमिच्छति ॥ ४४ ॥ केन शत्रुणानेन कर्मणा एतत्कर्मोपदेशेन कापथं नाशमार्गमिति यावत् । प्रहृतम् । वृथैव दुःखमुत्पादितमित्यर्थः ॥ ४५ ॥ राघवरूपो गन्धहस्ती । यस्य गन्धं समाघ्रायान्ये गजाः पलायन्ते स गन्धहस्ती मत्तगज उदीक्षितुमपीह देशे काले न युक्तः किं पुनर्योद्धुमित्यर्थः । विशुद्धवंशोऽभिजनोऽभिजनमेवाग्रहस्तः शुण्डाग्रं यस्य । तेजः प्रताप एव मदो यस्य सः । संस्थितौ समीचीनावस्थानौ दोषौ बाहू एव विषाणे दन्तौ यस्य ॥ ४६ ॥ रणान्तःस्थितिरूपा रणमध्यावस्थानरूपाः संधयो वालाश्च यस्य । विदग्धरक्षसां रणचतुराणां राक्षसमृगाणां हन्ता । शररूपैरङ्गैः पूर्णः ॥ ४७ ॥ चाप एवापहारः प्राणिप्राणापहारको ग्राहो यस्मिन् । भुजयोः शरग्रहणसंधानमोक्षविषयो वेग एव पङ्को यस्मिन्दुस्तरत्वात्तत्र । शरा एवोर्मिमालास्तरङ्गा यस्मिन् । सुमहानाहव एव ओघो जलं यस्य तस्मिन् । राम एव पातालं पातालप्रविष्टमहार्णवस्तस्य मुखे वडवामुखरूपे । प्रस्कन्दितुं पतितुम् ॥ ४८ ॥ ४९ ॥ ५० ॥
इति श्रीरामाभिरामे श्रीरामीये रामायणतिलके वाल्मीकीय आदिकाव्येऽरण्यकाण्डे एकत्रिंशः सर्गः ॥ ३१ ॥

तत इति ॥ १ ॥ महानादान्ननाद । शोकादिति शेषः ॥ २ ॥ ३ ॥ ४ ॥ रुक्मवेदिं प्राप्तां हिरण्येष्टकचितां वेदिं प्राप्तम् । प्राज्यं भूर्याज्यहोमवन्तम् । अतएव ज्वलन्तम् ॥ ५ ॥ ६ ॥ विमर्दो युद्धम् । वज्राशनिकृतव्रणमित्यनेन तदवध्यत्व-

विंशद्भुजं दशग्रीवं दर्शनीयपरिच्छदम् । विशालवक्षसं वीरं राजलक्षणलक्षितम् ॥ ८
नद्धवैदूर्यसंकाशं तप्तकाञ्चनभूषणम् । सुभुजं शुक्लदशनं महास्यं पर्वतोपमम् ॥ ९
विष्णुचक्रनिपातैश्च शतशो देवसंयुगे । अन्यैः शस्त्रैः प्रहारैश्च महायुद्धेषु ताडितम् ॥ १०
अहताङ्गैः समस्तैस्तं [illegible]वप्रहरणैस्तदा । अक्षोभ्याणां समुद्राणां क्षोभणं क्षिप्रकारिणम् ॥ ११
क्षेप्तारं पर्वताग्राणां सुराणां च प्रमर्दनम् । उच्छेत्तारं च धर्माणां परदाराभिमर्शनम् ॥ १२
सर्वदिव्यास्त्रयोक्तारं यज्ञविघ्नकरं सदा । पुरीं भोगवतीं गत्वा पराजित्य च वासुकिम् ॥ १३
तक्षकस्य प्रियां भार्यां पराजित्य जहार यः । कैलासं पर्वतं गत्वा विजित्य नरवाहनम् ॥ १४
विमानं पुष्पकं तस्य कामगं वै जहार यः । वनं चैत्ररथं दिव्यं नलिनीं नन्दनं वनम् ॥ १५
विनाशयति यः क्रोधाद्देवोद्यानानि वीर्यवान् । चन्द्रसूर्यौ महाभागावुत्तिष्ठन्तौ परंतपौ ॥ १६
निवारयति बाहुभ्यां यः शैलशिखरोपमः । दशवर्षसहस्राणि तपस्तप्त्वा महावने ॥ १७
पुरा स्वयंभुवे धीरः शिरांस्युपजहार यः । देवदानवगन्धर्वपिशाचपतगोरगैः ॥ १८
अभयं यस्य सङ्ग्रामे मृत्युतो मानुषादृते । मन्त्रैरभिष्टुतं पुण्यमध्वरेषु द्विजातिभिः ॥ १९
हविर्धानेषु यः सोममुपहन्ति महाबलः । प्राप्तयज्ञहरं दुष्टं ब्रह्मघ्नं क्रूरकारिणम् ॥ २०
कर्कशं निरनुक्रोशं प्रजानामहिते रतम् । रावणं सर्वभूतानां सर्वलोकभयावहम् ॥ २१
राक्षसी भ्रातरं क्रूरं सा ददर्श महाबलम् । तं दिव्यवस्त्राभरणं दिव्यमाल्योपशोभितम् ॥ २२
आसने सूपविष्टं तं काले कालमिवोद्यतम् । राक्षसेन्द्रं महाभागं पौलस्त्यकुलनन्दनम् ॥ २३
उपगम्याब्रवीद्वाक्यं राक्षसी भयविह्वला । रावणं शत्रुहन्तारं मन्त्रिभिः परिवारितम् ॥ २४

तमब्रवीद्दीप्तविशाललोचनं प्रदर्शयित्वा भयलोभमोहिता ।
सुदारुणं वाक्यमभीतचारिणी महात्मना शूर्पणखा विरूपिता ॥ २५

इत्यार्षे श्रीमद्रामायणे वाल्मीकीय आदिकाव्येऽरण्यकाण्डे द्वात्रिंशः सर्गः ॥ ३२ ॥

त्रयस्त्रिंशः सर्गः ।

ततः शूर्पणखा दीना रावणं लोकरावणम् । अमात्यमध्ये संक्रुद्धा परुषं वाक्यमब्रवीत् ॥ १
प्रमत्तः कामभोगेषु स्वैरवृत्तो निरङ्कुशः । समुत्पन्नं भयं घोरं बोद्धव्यं नावबुध्यसे ॥ २
सक्तं ग्राम्येषु भोगेषु कामवृत्तं महीपतिम् । लुब्धं न बहु मन्यन्ते श्मशानाग्निमिव प्रजाः ॥ ३
स्वयं कार्याणि यः काले नानुतिष्ठति पार्थिवः । स तु वै सह राज्येन तैश्च कार्यैर्विनश्यति ॥ ४
अयुक्तचारं दुर्दर्शमस्वाधीनं नराधिपम् । वर्जयन्ति नरा दूरान्नदीपङ्कमिव द्विपाः ॥ ५

मुक्तम् । ऐरावतदन्ताग्रैरुत्कृष्टं विलेखनं तेन जातो यः किणस्तदङ्कितवक्षसम् ॥ ७ ॥ परिच्छदश्छत्रचामरालंकरणादीनि ॥ ८ ॥ वैदूर्यं श्यामरक्तम् । श्याममित्यन्ये । स्वशरीरनद्धवैदूर्यकान्तिसदृशशरीरकान्तिमित्यर्थः । 'स्निग्धवैदूर्य-' इति पाठो बहुलम् ॥ ९ ॥ १० ॥ क्षोभणं क्षोभकर्तारम् ॥ ११ ॥ १२ ॥ परदाराभिमर्शनं विवृणोति—पुरीमिति ॥ १३ ॥ १४ ॥ नलिनीं चैत्ररथवनमध्यवर्तिनीं सरसीम् ॥ १५ ॥ उत्तिष्ठन्तावुदयन्तौ ॥ १६ ॥ १७ ॥ उपजहारोपहारत्वेन दत्तवान् ॥ १८ ॥ यस्य सङ्ग्रामे मृत्युतोऽभयम् । मनुष्यातिरिक्ततो मरणभयहीन इत्यर्थः । मन्त्रैः प्रातरनुवाकग्रावस्तोत्रादिभिरभिष्टुतम् ॥ १९ ॥ सोमं हविर्धानेषु सोमाभिषवशालासूपहन्ति नाशयति । प्राप्तान्दक्षिणाकालं प्राप्तान्यज्ञान्हरति तम् ॥ २० ॥ सर्वभूतानां [illegible]क्रोशशब्दकारिणम् ॥ २१ ॥ राक्षसी शूर्पणखा ॥ २२ ॥ काले प्रलयकाले । पौलस्त्या राक्षसाः ॥ २३ ॥ २४ ॥ उपगम्याब्रवीदित्युक्तं तस्य विवरणम्—तमिति । प्रदर्शयित्वा । स्वकं वैरूप्यमिति शेषः । भयं राक्षसवधेन रामजम् । लोभस्तत्सौन्दर्यात्तद्विषयस्ताभ्यां मोहिता । अभीतं यथा भवति तथा सर्वलोकेषु चरति तच्छीला ॥ २५ ॥

इति श्रीरामाभिरामे श्रीरामीये रामायणतिलके वाल्मीकीय आदिकाव्येऽरण्यकाण्डे द्वात्रिंशः सर्गः ॥ ३२ ॥

तत इति ॥ १ ॥ कामभोगेषु प्रमत्तोऽतिशयप्रसक्तः । निरङ्कुशः सन्बोद्धव्यं नावबुध्यस इत्यन्वयः ॥ २ ॥ हेयोपादेयराजगुणानाह रावणस्य गुणहीनत्वं वक्तुम्—सक्तमिति । ग्राम्यभोगः स्त्र्यादिभोगः । तदेवाह—कामवृत्तमिति । कामचेष्टापरम् । लुब्धं भोगलोलुपम् । [illegible] । अस्पृश्यत्वेन सादृश्यम् ॥ ३ ॥ तैः कार्यैरननुष्ठितैः ॥ ४ ॥ अयुक्तचारम-

ये न रक्षन्ति विषयमस्वाधीनं नराधिपाः । ते न वृद्ध्या प्रकाशन्ते गिरयः सागरे यथा ॥ ६
आत्मवद्भिर्विगृह्य त्वं देवगन्धर्वदानवैः । अयुक्तचारश्चपलः कथं राजा भविष्यसि ॥ ७
त्वं तु बालस्वभावश्च बुद्धिहीनश्च राक्षस । ज्ञातव्यं तं न जानीषे कथं राजा भविष्यसि ॥ ८
येषां चाराश्च कोशश्च नयश्च जयतां वर । अस्वाधीना नरेन्द्राणां प्राकृतैस्ते जनैः समाः ॥ ९
यस्मात्पश्यन्ति दूरस्थान्सर्वानर्थान्नराधिपाः । चारेण तस्मादुच्यन्ते राजानो दीर्घचक्षुषः ॥ १०
अयुक्तचारं मन्ये त्वां प्राकृतैः सचिवैर्युतः । स्वजनं च यतः स्थानं निहतं नावबुध्यसे ॥ ११
चतुर्दश सहस्राणि रक्षसां भीमकर्मणाम् । हतान्येकेन रामेण खरश्च सहदूषणः ॥ १२
ऋषीणामभयं दत्तं कृतक्षेमाश्च दण्डकाः । धर्षितं च जनस्थानं रामेणाक्लिष्टकारिणा ॥ १३
त्वं तु लुब्धः प्रमत्तश्च पराधीनश्च राक्षस । विषये स्वे समुत्पन्नं यद्भयं नावबुध्यसे ॥ १४
तीक्ष्णमल्पप्रदातारं प्रमत्तं गर्वितं शठम् । व्यसने सर्वभूतानि नाभिधावन्ति पार्थिवम् ॥ १५
अतिमानिनमग्राह्यमात्मसंभावितं नरम् । क्रोधनं व्यसने हन्ति स्वजनोऽपि नराधिपम् ॥ १६
नानुतिष्ठति कार्याणि भयेषु न बिभेति च । क्षिप्रं राज्याच्च्युतो दीनस्तृणैस्तुल्यो भवेदिह ॥ १७
शुष्ककाष्ठैर्भवेत्कार्यं लोष्टैरपि च पांसुभिः । न तु स्थानात्परिभ्रष्टैः कार्यं स्याद्वसुधाधिपैः ॥ १८
उपभुक्तं यथा वासः स्रजो वा मृदिता यथा । एवं राज्यात्परिभ्रष्टः समर्थोऽपि निरर्थकः ॥ १९
अप्रमत्तश्च यो राजा सर्वज्ञो विजितेन्द्रियः । कृतज्ञो धर्मशीलश्च स राजा तिष्ठते चिरम् ॥ २०
नयनाभ्यां प्रसुप्तो वा जागर्ति नयचक्षुषा । व्यक्तक्रोधप्रसादश्च स राजा पूज्यते जनैः ॥ २१
त्वं तु रावण दुर्बुद्धिर्गुणैरेतैर्विवर्जितः । यस्य तेऽविदितश्चारै रक्षसां सुमहान्वधः ॥ २२

परावमन्ता विषयेषु सङ्गवान्न देशकालप्रविभागतत्त्ववित् ।
अयुक्तबुद्धिर्गुणदोषनिश्चये विपन्नराज्यो नचिराद्विपत्स्यसे ॥ २३
इति स्वदोषान्परिकीर्तितांस्तया समीक्ष्य बुद्ध्या क्षणदाचरेश्वरः ।
धनेन दर्पेण बलेन चान्वितो विचिन्तयामास चिरं स रावणः ॥ २४

इत्यार्षे श्रीमद्रामायणे वाल्मीकीय आदिकाव्येऽरण्यकाण्डे त्रयस्त्रिंशः सर्गः ॥ ३३ ॥

चतुस्त्रिंशः सर्गः ।

ततः शूर्पणखां दृष्ट्वा ब्रुवतीं परुषं वचः । अमात्यमध्ये संक्रुद्धः परिपप्रच्छ रावणः ॥ १
कश्च रामः कथंवीर्यः किंरूपः किंपराक्रमः । किमर्थं दण्डकारण्यं प्रविष्टश्च सुदुस्तरम् ॥ २
आयुधं किं च रामस्य येन ते राक्षसा हताः । खरश्च निहतः संख्ये दूषणस्त्रिशिरास्तथा ॥ ३
तत्त्वं ब्रूहि मनोज्ञाङ्गि केन त्वं च विरूपिता । इत्युक्ता राक्षसेन्द्रेण राक्षसी क्रोधमूर्च्छिता ॥ ४
ततो रामं यथान्यायमाख्यातुमुपचक्रमे । दीर्घबाहुर्विशालाक्षश्चीरकृष्णाजिनाम्बरः ॥ ५

नियोजितचारम् । दुर्दर्शमुचिते काले प्रजाभ्यो दर्शनदानरहितम् । अस्वाधीनं स्त्र्यादिपरतन्त्रम् ॥ ५ ॥ विषयं देशम् । अस्वाधीनं स्वभिन्नाधीनम् । पूर्वं स्वाधीनं देशं पश्चात्परायत्तं ये न रक्षन्ति । स्वाधीनीकरणेनेति शेषः । ते न प्रकाशन्ते सागरे मग्ना गिरय इव ॥ ६ ॥ आत्मवद्भिर्वशीकृतान्तर्बहिरिन्द्रियैः । विगृह्य विरुध्य ॥ ७ ॥ ८ ॥ प्राकृतै राजव्यवहारानर्हदासीदासजनैः ॥ ९ ॥ १० ॥ स्वजनं स्वस्य जना यस्मिंस्तत् ॥ ११ ॥ १२ ॥ कृतं क्षेमं येषु ते कृतक्षेमाः ॥ १३ ॥ १४ ॥ तीक्ष्णं स्वामात्यादिविषये तैक्ष्ण्यादिगुणविशिष्टम् । शठो गूढविप्रियकारी तादृशम् । राजानं सर्वभूतानि भृत्यामात्यादिसर्वप्रजाः नाभिधावन्ति तद्रक्षणाय न प्रवर्तन्ते ॥ १५ ॥ अग्राह्यं स्वीयैरनुपसर्प्यम् । आत्मसंभावितमात्मना स्वेनैव संभावितं बहुमानं प्राप्तम् । क्रोधनमस्थाने क्रोधवन्तम् ॥ १६ ॥ नानुतिष्ठति यस्यामात्यादिस्वजनोऽपीत्याकर्षः । स राज्याच्च्युतो भवेदित्यन्वयः ॥ १७ ॥ १८ ॥ १९ ॥ सर्वज्ञः स्वपरसर्ववृत्तान्तज्ञः ॥ २० ॥ प्रसुप्तो वा प्रसुप्तोऽपि । व्यक्तक्रोधप्रसादः फलदानेन ॥ २१ ॥ अविदितः । येन त्वया न ज्ञात इत्यर्थः ॥ २२ ॥ परेषामवमन्ता केवलमवमन्तैव, न तु तन्नाशविषयबुद्धिः । नचिरात्क्षिप्रं विपत्स्यसे । आपदं प्राप्स्यसीत्यर्थः ॥ २३ ॥ धनेनाक्षयकोशेन । दर्पेण राजत्वाहंकारेण । बलेन प्राणबलेन, चतुरङ्गबलेन च । चिन्तयामास । मारीचः कलहं निवारयति, एषा कलहार्थं प्रोत्साहयति, किमत्र कर्तव्यमिति विचारयामासेत्यर्थः ॥ २४ ॥ **इति श्रीरामाभिरामे श्रीरामीये रामायणतिलके वाल्मीकीय आदिकाव्येऽरण्यकाण्डे त्रयस्त्रिंशः सर्गः ॥ ३३ ॥**

तत इति ॥ १ ॥ २ ॥ ३ ॥ ४ ॥ **किंरूप इत्यस्योत्तरम्**

कंदर्पसमरूपश्च रामो दशरथात्मजः । शक्रचापनिभं चापं विकृष्य कनकाङ्गदम् ॥ ६
दीप्तान्क्षिपति नाराचान्सर्पानिव महाविषान् । नाददानं शरान्घोरान्विमुञ्चन्तं महाबलम् ॥ ७
न कार्मुकं विकर्षन्तं रामं पश्यामि संयुगे । हन्यमानं तु तत्सैन्यं पश्यामि शरवृष्टिभिः ॥ ८
इन्द्रेणेवोत्तमं सस्यमाहतं त्वश्मवृष्टिभिः । रक्षसां भीमवीर्याणां सहस्राणि चतुर्दश ॥ ९
निहतानि शरैस्तीक्ष्णैस्तेनैकेन पदातिना । अर्धाधिकमुहूर्तेन खरश्च सहदूषणः ।
ऋषीणामभयं दत्तं कृतक्षेमाश्च दण्डकाः ॥ १०
एका कथंचिन्मुक्ताहं परिभूय महात्मना । स्त्रीवधं शङ्कमानेन रामेण विदितात्मना ॥ ११
भ्राता चास्य महातेजा गुणतस्तुल्यविक्रमः । अनुरक्तश्च भक्तश्च लक्ष्मणो नाम वीर्यवान् ॥ १२
अमर्षी दुर्जयो जेता विक्रान्तो बुद्धिमान्बली । रामस्य दक्षिणो बाहुर्नित्यं प्राणो बहिश्चरः ॥ १३
रामस्य तु विशालाक्षी पूर्णेन्दुसदृशानना । धर्मपत्नी प्रिया नित्यं भर्तुः प्रियहिते रता ॥ १४
सा सुकेशी सुनासोरूः सुरूपा च यशस्विनी । देवतेव वनस्यास्य राजते श्रीरिवापरा ॥ १५
तप्तकाञ्चनवर्णाभा रक्ततुङ्गनखी शुभा । सीता नाम वरारोहा वैदेही तनुमध्यमा ॥ १६
नैव देवी न गन्धर्वी न यक्षी न च किंनरी । तथारूपा मया नारी दृष्टपूर्वा महीतले ॥ १७
यस्य सीता भवेद्भार्या यं च हृष्टा परिष्वजेत् । अभिजीवेत्स सर्वेषु लोकेष्वपि पुरंदरात् ॥ १८
सा सुशीला वपुःश्लाघ्या रूपेणाप्रतिमा भुवि । तवानुरूपा भार्या सा त्वं च तस्याः पतिर्वरः ॥ १९
तां तु विस्तीर्णजघनां पीनोत्तुङ्गपयोधराम् । भार्यार्थे तु तवानेतुमुद्यताहं वराननाम् ॥ २०
विरूपितास्मि क्रूरेण लक्ष्मणेन महाभुज । तां तु दृष्ट्वाद्य वैदेहीं पूर्णचन्द्रनिभाननाम् ॥ २१
मन्मथस्य शराणां च त्वं विधेयो भविष्यसि । यदि तस्यामभिप्रायो भार्यात्वे तव जायते ।
शीघ्रमुद्ध्रियतां पादो जयार्थमिह दक्षिणः ॥ २२
रोचते यदि ते वाक्यं ममैतद्राक्षसेश्वर । क्रियतां निर्विशङ्केन वचनं मम रावण ॥ २३
विज्ञायैषामशक्तिं च क्रियतां च महाबल । सीता तवानवद्याङ्गी भार्यात्वे राक्षसेश्वर ॥ २४
निशम्य रामेण शरैरजिह्मगैर्हतान्जनस्थानगतान्निशाचरान् ।
खरं च दृष्ट्वा निहतं च दूषणं त्वमद्य कृत्यं प्रतिपत्तुमर्हसि ॥ २५

इत्यार्षे श्रीमद्रामायणे वाल्मीकीय आदिकाव्येऽरण्यकाण्डे चतुस्त्रिंशः सर्गः ॥ ३४ ॥

पञ्चत्रिंशः सर्गः ।

ततः शूर्पणखावाक्यं तच्छ्रुत्वा रोमहर्षणम् । सचिवानभ्यनुज्ञाय कार्यं बुद्ध्वा जगाम ह ॥ १
तत्कार्यमनुगम्यान्तर्यथावदुपलभ्य च । दोषाणां च गुणानां च संप्रधार्य बलाबलम् ॥ २

—दीर्घबाहुरित्यादि ॥ ५ ॥ कश्च राम इत्यस्योत्तरम्—दशरथात्मजः । कनकाङ्गदं कनकवलयभूषितं चापम् ॥ ६ ॥ ७ ॥ ८ ॥ ९ ॥ खरश्च सहदूषणो हत इत्यर्थः । किमर्थं दण्डकारण्यं प्रविष्ट इत्यस्योत्तरम्—ऋषीणामित्यादि ॥ १० ॥ पूर्वतनं स्ववृत्तं गोपयन्त्याह—एकेति । परिभूय नासाकर्णहीनां कृत्वा ॥ ११ ॥ १२ ॥ रामस्य दक्षिणो बाहुरित्यनेन सर्वतत्कार्यधुरंधरत्वम् । बहिश्चरः प्राण इत्यनेन निरतिशयप्रेमास्पदत्वं सूच्यते ॥ १३ ॥ १४ ॥ १५ ॥ १६ ॥ १७ ॥ यस्य सीता भार्या यं च हृष्टा परिष्वजेत्स एव सर्वेषु कालेषु लोकेषु च पुरंदरादप्यभ्यधिकं जीवेत् । तस्या लक्ष्म्यवतारत्वादिति व्यञ्जयम् ॥ १८ ॥ १९ ॥ तवानेतुमुद्यताहमिति मृषावचो रावणसंतोषार्थम् ॥ २० ॥ २१ ॥ भार्यात्वे भर्यात्वेन संपादने ॥ २२ ॥ २३ ॥ एषां रामादीनामशक्तिम् । तेषां राज्याद्यभावाद्वकारात्तव शक्तिं च विज्ञाय सीता तव भार्यात्वे क्रियताम् । भार्यात्वे तद्व्यवहारे यथा विषयो भवति तथ क्रियताम् । यत्यतामित्यर्थः ॥ २४ ॥ अद्य कृत्यमेतत्कालोचितकृत्यं कर्तुं योग्यं तत्प्रतिपत्तुं निश्चित्य ज्ञात्वा प्रवर्तयितुमर्हसीत्यर्थः ॥ २५ ॥ इति श्रीरामाभिरामे श्रीरामीये रामायणतिलके वाल्मीकीय आदिकाव्येऽरण्यकाण्डे चतुस्त्रिंशः सर्गः ॥ ३४ ॥

तत इति । 'शूर्प शोणितभाजनम्' । 'नख विदूषणे' इति धातुः । शूर्पेण शोणितभाजनेन यज्ञादिसत्क्रियां नखयति विदूषयतीति शूर्पणखेति तीर्थः । शूर्पाकारनखवतीत्यर्थे संज्ञायां शूर्पणखा अन्यत्र शूर्पणखीति परे । रोमहर्षणम् । शूर्पणखावाक्यस्य कामविकारजनकतया रोमाञ्चकरत्वं सचिवेभ्यस्तद्वाक्यस्य प्रतिपाद्यं कार्यं बुद्ध्वा तत्संमतिपूर्वकं तत्कर्तव्यत्वेन निर्धार्य तानभ्यनुज्ञाय दत्ताभ्यनुज्ञान्कृत्वा जगाम । मारीचाश्रममिति शेषः ॥ १ ॥ तत्कार्यं सीतापहाररूपं । अन्तश्चित्ते

इतिकर्तव्यमित्येव कृत्वा निश्चयमात्मनः । स्थिरबुद्धिस्ततो रम्यां यानशालां जगाम ह ॥ ३
यानशालां ततो गत्वा प्रच्छन्नं राक्षसाधिपः । सूतं संचोदयामास रथः संयुज्यतामिति ॥ ४
एवमुक्तः क्षणेनैव सारथिर्लघुविक्रमः । रथं संयोजयामास तस्याभिमतमुत्तमम् ॥ ५
कामगं रथमास्थाय काञ्चनं रत्नभूषितम् । पिशाचवदनैर्युक्तं खरैः कनकभूषणैः ॥ ६
मेघप्रतिमनादेन स तेन धनदानुजः । राक्षसाधिपतिः श्रीमान्ययौ नदनदीपतिम् ॥ ७
स श्वेतवालव्यजनः श्वेतच्छत्रो दशाननः । स्निग्धवैदूर्यसंकाशस्तप्तकाञ्चनभूषणः ॥ ८
दशग्रीवो विंशतिभुजो दर्शनीयपरिच्छदः । त्रिदशारिर्मुनीन्द्रघ्नो दशशीर्ष इवाद्रिराट् ॥ ९
कामगं रथमास्थाय शुशुभे राक्षसाधिपः । विद्युन्मण्डलवान्मेघः सबलाक इवाम्बरे ॥ १०
सशैलसागरानूपं वीर्यवानवलोकयन् । नानापुष्पफलैर्वृक्षैरनुकीर्णं सहस्रशः ॥ ११
शीतमङ्गलतोयाभिः पद्मिनीभिः समन्ततः । विशालैराश्रमपदैर्वेदिमद्भिरलंकृतम् ॥ १२
कदल्यटविसंशोभं नारिकेलोपशोभितम् । सालैस्तालैस्तमालैश्च तरुभिश्च सुपुष्पितैः ॥ १३
अत्यन्तनियताहारैः शोभितं परमर्षिभिः । नागैः सुपर्णैर्गन्धर्वैः किंनरैश्च सहस्रशः ॥ १४
जितकामैश्च सिद्धैश्च चारणैश्चोपशोभितम् । आजैर्वैखानसैर्माषैर्वालखिल्यैर्मरीचिपैः ॥ १५
दिव्याभरणमाल्याभिर्दिव्यरूपाभिरावृतम् । क्रीडारतविधिज्ञाभिरप्सरोभिः सहस्रशः ॥ १६
सेवितं देवपत्नीभिः श्रीमतीभिरुपासितम् । देवदानवसङ्घैश्च चरितं त्वमृताशिभिः ॥ १७
हंसक्रौञ्चप्लवाकीर्णं सारसैः संप्रसादितम् । वैदूर्यप्रस्तरं स्निग्धं सान्द्रं सागरतेजसा ॥ १८
पाण्डुराणि विशालानि दिव्यमाल्ययुतानि च । तूर्यगीताभिजुष्टानि विमानानि समन्ततः ॥ १९
तपसा जितलोकानां कामगान्यभिसंपतन् । गन्धर्वाप्सरसश्चैव ददर्श धनदानुजः ॥ २०
निर्यासरसमूलानां चन्दनानां सहस्रशः । वनानि पश्यन्सौम्यानि घ्राणतृप्तिकराणि च ॥ २१
अगुरूणां च मुख्यानां वनान्युपवनानि च । तक्कोलानां च जात्यानां फलानां च सुगन्धिनाम् ॥ २२
पुष्पाणि च तमालस्य गुल्मानि मरिचस्य च । मुक्तानां च समूहानि शुष्यमाणानि तीरतः ॥ २३
शैलानि प्रवरांश्चैव प्रवालनिचयांस्तथा । काञ्चनानि च शृङ्गाणि राजतानि तथैव च ॥ २४
प्रस्रवाणि मनोज्ञानि प्रसन्नान्यद्भुतानि च । धनधान्योपपन्नानि स्त्रीरत्नैरावृतानि च ॥ २५
हस्त्यश्वरथगाढानि नगराणि विलोकयन् । तं समं सर्वतः स्निग्धं मृदुसंस्पर्शमारुतम् ॥ २६
अनूपे सिन्धुराजस्य ददर्श त्रिदिवोपमम् । तत्रापश्यत्स मेघाभं न्यग्रोधं मुनिभिर्वृतम् ॥ २७
समन्ताद्यस्य ताः शाखाः शतयोजनमायताः । यस्य हस्तिनमादाय महाकायं च कच्छपम् ॥ २८

अनुगम्योद्दिश्य । दोषाणां गुणानां च स्वरूपं यथावदुपलभ्य सीतापहारे एतावन्तो गुणा इति निश्चित्य । बलाबलं यथावत्संप्रधार्य इत्येव कर्तव्यमित्यात्मनः स्वस्य निश्चियं कृत्वा अकम्पनशूर्पणखाभ्यामुक्तत्वात्सीताहरणमवश्यं कर्तव्यमिति निश्चित्य यानशालां जगाम ॥ २ ॥ ३ ॥ दुष्टे कर्मणि प्रवृत्तौ वृद्धादिनिरोधशङ्कया प्रच्छन्नं गूढम् ॥ ४ ॥ ५ ॥ देवयोनिभेदाः पिशाचा वदनभागे तत्सदृशैरित्यर्थः ॥ ६ ॥ नदनदीपतिः समुद्रस्तं तीर्त्वा ययौ ॥ ७ ॥ ८ ॥ ९ ॥ विद्युत्स्थाने आभरणानि । मेघस्थाने रावणः । बलाकास्थाने छत्रम् ॥ १० ॥ शैलसहितसागरानूपं तत्कूलम् । तस्यैव वर्णनं नानापुष्पैरित्यादिना ॥ ११ ॥ १२ ॥ कदल्यटविः कदलीवनं तेन शोभावत् ॥ १३ ॥ अत्यन्तमतिशयेन पर्णवातादिरूपो नियत आहारो येषां तैः ॥ १४ ॥ अजो ब्रह्मा तत्पुत्रैर्वैखानसैरयोनिजैः प्रसिद्धैः । माषैर्माषसंज्ञकैः ॥ १५ ॥ १६ ॥ अमृताशिभिरमृतभोजनैः ॥ १७ ॥ प्लवा मण्डूकाः । वैदूर्यप्रस्तरं वैदूर्यसदृशश्यामप्रस्तरम् । सागरतेजसा सागरोर्मिवैभवेन स्निग्धं सान्द्रं शीतलम् ॥ १८ ॥ १९ ॥ अभिसंपतन्गच्छन्मार्गवशाद्विमानानि गन्धर्वाप्सरसश्च ददर्श ॥ २० ॥ निर्यासरूपरसयुक्तमूलानां चन्दनानामित्यर्थः । यद्वा । निर्यासरसस्य मूलामामुपादानकारणानां गुग्गुलादिवृक्षाणां चन्दनानां च वनानि पश्यन् ॥ २१ ॥ जात्यानामुत्तमानाम् । तक्कोलाः सुगन्धफला वृक्षविशेषास्तेषां वनानि पश्यन् ॥ २२ ॥ २३ ॥ शैलानि शिलासमूहान् ॥ २४ ॥ प्रस्रवाणि निर्झराः ॥ २५ ॥ समं समभूतलं देशम् ॥ २६ ॥ तत्र समुद्रानूपे ॥ २७ ॥ यस्य दिव्यवटस्य । प्रसङ्गात्तन्माहात्म्यं कविराह—यस्येति पञ्चभिः श्लोकैः । गरुडोऽमृताहरणप्रस्तावे भक्षार्थं महाकायं गजं कच्छपं चादाय क्वचित्स्थित्वा भक्षणाय यस्य शाखां जगाम । गत्वा च यस्य शाखां भारेण बभञ्ज । तस्या भग्नशाखाया अधो वैखानसाद्या अनेके ऋषयः समागता बभूवुः । तेषां शाखापातेन नाशो मा भूदिति तां शाखां तौ गजकच्छपौ च

भक्षार्थं गरुडः शा नामाजगाम महाबलः । तस्य तां सहसा शाखां भारेण पतगोत्तमः ॥ २९
सुपर्णः पर्णबहुलां बभञ्जाथ महाबलः । तत्र वैखानसा माषा वालखिल्या मरीचिपाः ॥ ३०
आजा बभूवुर्धूम्राश्च संगताः परमर्षयः । तेषां दयार्थं गरुडस्तां शाखां शतयोजनाम् ॥ ३१
भग्नामादाय वेगेन तौ चोभौ गजकच्छपौ । एकपादेन धर्मात्मा भक्षयित्वा तदामिषम् ॥ ३२
निषादविषयं हत्वा शाखया पतगोत्तमः । प्रहर्षमतुलं लेभे मोक्षयित्वा महामुनीन् ॥ ३३
स तु तेन प्रहर्षेण द्विगुणीकृतविक्रमः । अमृतानयनार्थं वै चकार मतिमान्मतिम् ॥ ३४
अयोजालानि निर्मथ्य भित्त्वा रत्नगृहं वरम् । महेन्द्रभवनाद्गुप्तमाजहारामृतं ततः ॥ ३५
तं महर्षिगणैर्जुष्टं सुपर्णकृतलक्षणम् । नाम्ना सुभद्रं न्यग्रोधं ददर्श धनदानुजः ॥ ३६
तं तु गत्वा परं पारं समुद्रस्य नदीपतेः । ददर्शाश्रममेकान्ते पुण्ये रम्ये वनान्तरे ॥ ३७
तत्र कृष्णाजिनधरं जटामण्डलधारिणम् । ददर्श नियताहारं मारीचं नाम राक्षसम् ॥ ३८
स रावणः समागम्य विधिवत्तेन रक्षसा । मारीचेनार्चितो राजा सर्वकामैरमानुषैः ॥ ३९
तं स्वयं पूजयित्वा च भोजनेनोदकेन च अर्थोपहितया वाचा मारीचो वाक्यमब्रवीत् ॥ ४०
कच्चित्ते कुशलं राजंल्लङ्कायां राक्षसेश्वर । केनार्थेन पुनस्त्वं वै तूर्णमेव इहागतः ॥ ४१
एवमुक्तो महातेजा मारीचेन स रावणः । ततः पश्चादिदं वाक्यमब्रवीद्वाक्यकोविदः ॥ ४२

इत्यार्षे श्रीमद्रामायणे वाल्मीकीय आदिकाव्येऽरण्यकाण्डे पञ्चत्रिंशः सर्गः ॥ ३५ ॥

षट्त्रिंशः सर्गः ।

मारीच श्रूयतां तात वचनं मम भाषतः । आर्तोऽस्मि मम चार्तस्य भवान्हि परमा गतिः ॥ १
जानीषे त्वं जनस्थानं भ्राता यत्र खरो मम । दूषणश्च महाबाहुः स्वसा शूर्पणखा च मे ॥ २
त्रिशिराश्च महाबाहू राक्षसः पिशिताशनः । अन्ये च बहवः शूरा लब्धलक्षा निशाचराः ॥ ३
वसन्ति मन्नियोगेन अधिवासं च राक्षसाः । बाधमाना महारण्ये मुनीन्ये धर्मचारिणः ॥ ४
चतुर्दशसहस्राणि रक्षसां भीमकर्मणाम् । शूराणां लब्धलक्षाणां खरचित्तानुवर्तिनाम् ॥ ५
ते त्विदानीं जनस्थाने वसमाना महाबलाः । संगताः परमायत्ता रामेण सह संयुगे ॥ ६
नानाशस्त्रप्रहरणाः खरप्रमुखराक्षसाः । तेन संजातरोषेण रामेण रणमूर्धनि ॥ ७
अनुक्त्वा परुषं किंचिच्छरैर्व्यापारितं धनुः । चतुर्दशसहस्राणि रक्षसामुग्रतेजसाम् ॥ ८
निहतानि शरैर्दीप्तैर्मानुषेण पदातिना । खरश्च निहतः संख्ये दूषणश्च निपातितः ॥ ९
हत्वा त्रिशिरसं चापि निर्भया दण्डकाः कृताः । पित्रा निरस्तः क्रुद्धेन सभार्यः क्षीणजीवितः ॥ १०

महाबलत्वादादायान्यत्र जगाम । तदागच्छन्नेव तौ शाखां चैकपादेन धृत्वान्तरिक्ष एव तदामिषं गजकच्छपरूपं भक्षयित्वा तया शाखया प्रक्षिप्तया निषादविषयं निषाददेशं हत्वा मुनींश्च वधान्मोक्षयित्वा प्रहर्षं लेभे ॥ २८ ॥ २९ ॥ ३० ॥ ३१ ॥ ३२ ॥ ३३ ॥ स तेनैव हर्षेणामिषभक्षणनिषादनाशनमुनिरक्षणजसंतोषेण ॥ ३४ ॥ अयोजालान्ययःशृङ्खलनिर्मितजालानि रत्नमयगेहोपरि पक्षिप्रवेशपरिहाराय बद्धानि बलान्निर्मथ्य छित्त्वा रत्नमयगृहं च भित्त्वा गुप्तममृतं महेन्द्रभवनादाजहार ॥ ३५ ॥ सुपर्णेन कृतं भग्नैकमहाशाखास्वरूपं लक्षणं यस्य तम् ॥ ३६ ॥ ३७ ॥ ३८ ॥ सर्वकामैरभिलषितसर्वभोग्यवस्तुभिरर्चितो बभूवेति शेषः ॥ ३९ ॥ ४० ॥ पूजोत्तरं कुशलं पृच्छति—कच्चिदिति ॥ ४१ ॥ इदमग्रिमसर्गवक्ष्यमाणम् ॥ ४२ ॥ इति श्रीरामाभिरामे श्रीरामीये रामायणतिलके वाल्मीकीय आदिकाव्येऽरण्यकाण्डे पञ्चत्रिंशः सर्गः ॥३५॥

मारीचेति । तातेत्युपलालनेन कार्यं वदिष्यन्पूर्वं वृत्तं स्मारयति ॥ १ ॥ जानीषे इति । भ्रात्रादयो मन्नियोगाज्जनस्थानं प्राप्य वसन्तीति त्वं जानीषे किलेत्यन्वयः ॥ २ ॥ लब्धलक्षा लब्धयुद्धोत्साहाः ॥ ३ ॥ अथ तत्रस्थित्वा क्रियमाणं वृत्तं च जानीषे इत्याह—अधिवासं चेति । मुनीन्बाधमाना बाधहेतवे । हेतौ शानच् । अधिवासं च कुर्वन्ति । मन्नियोगादिति शेषः । अधिवास उपद्रव इति कतकः । 'रतिवासम्' इति पाठे रतिवासं रत्या प्रीत्या वासो यत्र कर्मणि तथा ॥ ४ ॥ ५ ॥ चतुर्दश सहस्राणि यानि सन्ति ते त्विदानीमित्यन्वयः । वसमाना वसन्तः । रामेण संयुगे संगताः । तेन सह समरमकार्षुरित्यर्थः । परमत्यर्थमायत्ताः संनद्धाः ॥ ६ ॥ ७ ॥ किंचिदपि परुषमनुक्त्वा शरैः शरमोक्षणव्यापारैर्व्यापारितं संजातव्यापारं कृतम् ॥ ८ ॥ ९ ॥ अथ भगिनीवैरूप्यं निष्कारणं मन्यमानः क्रोधाद्दूषयति रामम्—पित्रेत्यादिना । क्षीण-

स हन्ता तस्य सैन्यस्य रामः क्षत्रियपांसनः । अशीलः कर्कशस्तीक्ष्णो मूर्खो लुब्धोऽजितेन्द्रियः ११
त्यक्तधर्मा त्वधर्मात्मा भूतानामहिते रतः । येन वैरं विनारण्ये सत्त्वमास्थाय केवलम् ॥ १२
कर्णनासापहारेण भगिनी मे विरूपिता । अस्य भार्यां जन[illegible]तां सुरसुतोपमाम् ॥ १३
आनयिष्यामि विक्रम्य सहायस्तत्र मे भव । त्वया ह्यहं सहायेन पार्श्वस्थेन महाबल ॥ १४
भ्रातृभिश्च सुरान्सर्वान्नाहमत्राभिचिन्तये । तत्सहायो भव त्वं मे समर्थो ह्यसि राक्षस ॥ १५
वीर्ये युद्धे च दर्पे च न ह्यस्ति सदृशस्तव । उपायतो महाञ्शूरो महामायाविशारदः ॥ १६
एतदर्थमहं प्राप्तस्त्वत्समीपं निशाचर । शृणु तत्कर्म साहाय्ये यत्कार्यं वचनान्मम ॥ १७
सौवर्णस्त्वं मृगो भूत्वा चित्रो रजतबिन्दुभिः । आश्रमे तस्य रामस्य सीतायाः प्रमुखे चर ॥ १८
त्वां च निःसंशयं सीता दृष्ट्वा तु मृगरूपिणम् । गृह्यतामिति भर्तारं लक्ष्मणं चाभिधास्यति ॥ १९
ततस्तयोरपाये तु शून्ये सीतां यथासुखम् । निराबाधो हरिष्यामि राहुश्चन्द्रप्रभामिव ॥ २०
ततः पश्चात्सुखं रामे भार्याहरणकर्शिते । विस्रब्धं प्रहरिष्यामि कृतार्थेनान्तरात्मना ॥ २१
तस्य रामकथां श्रुत्वा मारीचस्य महात्मनः । शुष्कं समभवद्वक्त्रं परित्रस्तो बभूव च ॥ २२
ओष्ठौ परिलिहञ्शुष्कौ नेत्रैरनिमिषैरिव । मृतभूत इवार्तस्तु रावणं समुदैक्षत ॥ २३

स रावणं त्रस्तविषण्णचेता महावने रामपराक्रमज्ञः ।
कृताञ्जलिस्तत्त्वमुवाच वाक्यं हितं च तस्मै हितमात्मनश्च ॥ २४

इत्यार्षे श्रीमद्रामायणे वाल्मीकीय आदिकाव्येऽरण्यकाण्डे षट्त्रिंशः सर्गः ॥ ३६ ॥

सप्तत्रिंशः सर्गः ।

तच्छ्रुत्वा राक्षसेन्द्रस्य वाक्यं वाक्यविशारदः । प्रत्युवाच महातेजा मारीचो राक्षसेश्वरम् ॥ १
सुलभाः पुरुषा राजन्सततं प्रियवादिनः । अप्रियस्य च पथ्यस्य वक्ता श्रोता च दुर्लभः ॥ २
न नूनं बुध्यसे रामं महावीर्यगुणोन्नतम् । अयुक्तचारश्चपलो महेन्द्रवरुणोपमम् ॥ ३
अपि स्वस्ति भवेत्तात सर्वेषामपि रक्षसाम् । अपि रामो न संक्रुद्धः कुर्याल्लोकानराक्षसान् ॥ ४
अपि ते जीवितान्ताय नोत्पन्ना जनकात्मजा । अपि सीतानिमित्तं च न भवेद्व्यसनं महत् ॥ ५
अपि त्वामीश्वरं प्राप्य कामवृत्तं निरङ्कुशम् । न विनश्येत्पुरी लङ्का त्वया सह सराक्षसा ॥ ६
त्वद्विधः कामवृत्तो हि दुःशीलः पापमन्त्रितः । आत्मानं स्वजनं राष्ट्रं स राजा हन्ति दुर्मतिः ॥ ७
न च पित्रा परित्यक्तो नामर्यादः कथंचन । न लुब्धो न च दुःशीलो न च क्षत्रियपांसनः ॥ ८

जीवितः । निरपराधं स्त्रीवैरूप्यकरणादेव तथात्वं मन्यते ॥ १० ॥ अतएवाशीलोऽजितेन्द्रियश्च । अस्थाने क्रोधात् ॥ ११ ॥ सत्त्वं बलमेव केवलमाश्रित्य न तु धर्मम् ॥ १२ ॥ १३ ॥ १४ ॥ भ्रातृभिः कुम्भकर्णादिभिः । नाभिचिन्तये न गणयामि ॥ १५ ॥ उपायतः । उपायेष्वित्यर्थः । तत्रैव हेतुगर्भं विशेषणम्—महामायेत्यादि ॥ १६ ॥ मम साहाय्ये यत्कर्म त्वया कार्यं तत्कर्म शृण्वित्यन्वयः ॥ १७ ॥ १८ ॥ १९ ॥ अपायेऽपगमे ॥ २० ॥ ततः सुखं क्लेशरहितं यथा भवति तथा विस्रब्धं यथा भवति तथा च प्रहरिष्यामि ॥ २१ ॥ रामकथां रामप्रसङ्गं श्रुत्वा मारीचस्त्रस्तो बभूव । तेन त्रासेन च तस्य मुखं शुष्कमभवत् ॥ २२ ॥ चिन्तावशादनिमिषैरिव नेत्रैरुपलक्षित इति शेषः । मृतभूतो मृतप्रायः ॥ २३ ॥ आत्मनो हितमित्यार्षी षष्ठी ॥ २४ ॥ इति श्रीरामाभिरामे श्रीरामीये रामायणतिलके वाल्मीकीय आदिकाव्येऽरण्यकाण्डे षट्त्रिंशः सर्गः ॥ ३६ ॥

तदिति ॥ १ ॥ प्रियवादिनः स्वामिहिताहितविचारमुपेक्ष्य राज्ञ आपातप्रियतया संतोषाय तत्कालमधुरवाक्यवक्तारः पुरुषाः सुलभाः । अपि तु अप्रियस्यापि तत्कालमप्रियतया प्रतीयमानस्यापि कालान्तरे पथ्यस्य वचसो वक्ता भृत्यस्तस्य च श्रोता हितवत्प्रतिभासमानमपीदं पथ्यमेवेति ग्रहीता राजा विवेकी दुर्लभः । अतो मयोच्यमानमापाततोऽप्रियमिव भासमानमप्युदर्के परमहितं शृण्विति शेषः ॥ २ ॥ अबोधे हेतुः—अयुक्तचारत्वमनियुक्तचारत्वम् ॥ ३ ॥ एतदबोधकृतश्च तवानर्थो भावीत्याह—अपीति । रक्षसां स्वस्तीत्यार्षम् । अपि स्वस्ति भवेदपि क्षेमं संपद्येतापि किम् । तव दुर्बुद्धिनिवृत्त्येति शेषः । तथा संक्रुद्धो रामो लोकमराक्षसं न कुर्यादपि किम् । एवमग्रेऽपि बोध्यम् ॥ ४ ॥ ५ ॥ ६ ॥ पापमन्त्रितः सहि कृतकर्तव्यार्थविचारः ॥ ७ ॥ एवं महावीर्यत्वं रामं प्रतिपाद्य रावणोक्तदूषणानि निराचष्टे—न च पित्रेत्यादि ।

न च धर्मगुणैर्हीनः कौसल्यानन्दवर्धनः । न च तीक्ष्णो हि भूतानां सर्वभूतहिते रतः ॥ ९
वञ्चितं पितरं दृष्ट्वा कैकेय्या सत्यवादिनम् । करिष्यामीति धर्मात्मा ततः प्रव्रजितो वनम् ॥ १०
कैकेय्याः प्रियकामार्थं पितुर्दशरथस्य च । हित्वा राज्यं च भोगांश्च प्रविष्टो दण्डकावनम् ॥ ११
न रामः कर्कशस्तात नाविद्वान्नाजितेन्द्रियः । अनृतं न श्रुतं चैव नैवं त्वं वक्तुमर्हसि ॥ १२
रामो विग्रहवान्धर्मः साधुः सत्यपराक्रमः । राजा सर्वस्य लोकस्य देवानामिव वासवः ॥ १३
कथं नु तस्य वैदेहीं रक्षितां स्वेन तेजसा । इच्छसे प्रसभं हर्तुं प्रभामिव विवस्वतः ॥ १४
शरार्चिषमनाधृष्यं चापखड्गेन्धनं रणे । रामाग्निं सहसा दीप्तं न प्रवेष्टुं त्वमर्हसि ॥ १५
धनुर्व्यादितदीप्तास्यं शरार्चिषममर्षणः । चापबाणधरं तीक्ष्णं शत्रुसेनापहारिणम् ॥ १६
राज्यं सुखं च संत्यज्य जीवितं चेष्टमात्मनः । नात्यासादयितुं तात रामान्तकमिहार्हसि ॥ १७
अप्रमेयं हि तत्तेजो यस्य सा जनकात्मजा । न त्वं समर्थस्तां हर्तुं रामचापाश्रयां वने ॥ १८
तस्य वै नरसिंहस्य सिंहोरस्कस्य भामिनी । प्राणेभ्योऽपि प्रियतरा भार्या नित्यमनुव्रता ॥ १९
न सा धर्षयितुं शक्या मैथिल्योजस्विनः प्रिया । दीप्तस्येव हुताशस्य शिखा सीता सुमध्यमा ॥ २०
किमुद्यमं व्यर्थमिमं कृत्वा ते राक्षसाधिप । दृष्टश्चेत्त्वं रणे तेन तदन्तमुपजीवितम् ॥ २१
जीवितं च सुखं चैव राज्यं चैव सुदुर्लभम् । स सर्वैः सचिवैः सार्धं विभीषणपुरस्कृतैः ॥ २२
मन्त्रयित्वा तु धर्मिष्ठैः कृत्वा निश्चयमात्मनः । दोषाणां च गुणानां च संप्रधार्य बलाबलम् ॥ २३
आत्मनश्च बलं ज्ञात्वा राघवस्य च तत्त्वतः । हितं हि तव निश्चित्य क्षमं त्वं कर्तुमर्हसि ॥ २४

अहं तु मन्ये तव न क्षमं रणे समागमं कोशलराजसूनुना ।
इदं हि भूयः शृणु वाक्यमुत्तमं क्षमं च युक्तं च निशाचराधिप ॥ २५

इत्यार्षे श्रीमद्रामायणे वाल्मीकीय आदिकाव्येऽरण्यकाण्डे सप्तत्रिंशः सर्गः ॥ ३७ ॥

अष्टत्रिंशः सर्गः ।

कदाचिदप्यहं वीर्यात्पर्यटन्पृथिवीमिमाम् । बलं नागसहस्रस्य धारयन्पर्वतोपमः ॥ १
नीलजीमूतसंकाशस्तप्तकाञ्चनकुण्डलः । भयं लोकस्य जनयन्किरीटी परिघायुधः ॥ २
व्यचरन्दण्डकारण्यमृषिमांसानि भक्षयन् । विश्वामित्रोऽथ धर्मात्मा मद्वित्रस्तो महामुनिः ॥ ३
स्वयं गत्वा दशरथं नरेन्द्रमिदमब्रवीत् । अयं रक्षतु मां रामः पर्वकाले समाहितः ॥ ४

॥ ८ ॥ तैक्ष्ण्याभावे हेतुः—सर्वभूतहिते रतत्वम् ॥ ९ ॥ कैकेय्या वञ्चितं पितरं दृष्ट्वा तं सत्यवादिनं करिष्यामीति वनं स्वयमेव प्रव्रजितः, न तु किंचित्पापात्पित्रा प्रवासित इत्यर्थः ॥ १० ॥ कैकेय्याः प्रियस्य कामस्य मनोरथस्य पूरणार्थम् ॥ ११ ॥ अनृतं न श्रुतं चैवानृतप्रसङ्गमपि न जानाति । तेन तत्कथनं दूरापास्तमित्यर्थः । एवं वक्तुं रामं दुर्गुणं वक्तुम् ॥ १२ ॥ १३ ॥ अथ सीतापहारस्याशक्यत्वमाह—कथं न्विति । स्वेन तेजसा पातिव्रत्यवैभवेन । किं च तस्य रामस्य स्वेन तेजसा सहजप्रतापेनेत्यर्थः ॥ १४ ॥ शरार्चिषं शरज्वालं खड्गचापपदेन तद्धतशस्त्रवस्तद्रूपमिन्धनं यस्य ॥ १५ ॥ रामेऽन्तकरूपकोपपादकविशेषणान्याह—धनुरिति । धनुरेव व्यादितम् । व्यात्तमिति यावत् । दीप्तं ज्वालादीप्तमास्यं यस्य रामरूपान्तकस्य । ज्वालादीप्तत्वमेव शरार्चिषमित्यनेनोक्तम् ॥ १६ ॥ अत्यासादयितुमत्यन्तं प्राप्तुम् ॥ १७ ॥ अप्रमेयं हि तत्तेज इत्यनेनावाङ्मनसगोचरत्वं ध्वनितम् । यस्य सेत्यनेन तस्या अपि तत्त्वं सूचितम् ॥ १८ ॥ नरसिंहस्येत्यनेन हिरण्यकशिपुप्रभृतिहन्तायमेवेति सूचितम् । नित्यमनुव्रतेत्यनेन तस्यास्तच्छक्तित्वं सूचितम् ॥ १९ ॥ न सेति । रजस्तमःप्रधानेन त्वादृशेनेत्यर्थः ॥ २० ॥ व्यर्थमिममुद्यमं कृत्वा ते न किमपि हितमित्यर्थः । तेन चेत्त्वं रणे दृष्टस्तदा तदन्तं तद्दर्शनावसानं तव जीवितमित्यर्थः ॥ २१ ॥ जीवितमिति । जीविताद्युद्दिश्य स त्वं विभीषणपुरोगमैर्धार्मिष्ठैर्मन्त्रयित्वा अनन्तरं निश्चयं कृत्वा दोषगुणबलाबलनिर्धारणविषयमात्मनो रामस्य च दोषगुणबलाबलं संप्रधार्य विचार्य तदनन्तरं स्वस्य रामस्य च बलं तत्त्वतो ज्ञात्वा निश्चित्य तव आत्मनो हितमिदमिति निश्चित्य यत्क्षमं तत्कर्तुमर्हसीत्यर्थः ॥ २२ ॥ २३ ॥ २४ ॥ सत्सचिवान्तर्गतस्य मम त्वेष निश्चय इत्याह—अहं त्विति । इदं वक्ष्यमाणम् ॥ २५ ॥ इति श्रीरामाभिरामे श्रीरामीये रामायणतिलके वाल्मीकीय आदिकाव्येऽरण्यकाण्डे सप्तत्रिंशः सर्गः ॥ ३७ ॥

अथ स्वानुभवसिद्धं रामबलमाह—कदाचिदित्यादि । अहमपीति संबन्धः ॥ १ ॥ २ ॥ मद्वित्रस्तः । मत्तो वित्रस्त

मारीचान्मे भयं घोरं समुत्पन्नं नरेश्वर । इत्येवमुक्तो धर्मात्मा राजा दशरथस्तदा ॥ ५
प्रत्युवाच महाभागं विश्वामित्रं महामुनिम् । ऊनद्वादशवर्षोऽयमकृतास्त्रश्च राघवः ॥ ६
कामं तु मम तत्सैन्यं मया सह गमिष्यति । बलेन चतुरङ्गेण स्वयमेत्य निशाचरान् ॥ ७
वधिष्यामि मुनिश्रेष्ठ शत्रुं तव यथेप्सितम् । एवमुक्तः स तु मुनी राजानमिदमब्रवीत् ॥ ८
रामान्नान्यद्बलं लोके पर्याप्तं तस्य रक्षसः । देवतानामपि भवान्समरेष्वभिपालकः ॥ ९
आसीत्तव कृतं कर्म त्रिलोकविदितं नृप । काममस्ति महत्सैन्यं तिष्ठत्विह परंतप ॥ १०
बालोऽप्येष महातेजाः समर्थस्तस्य निग्रहे । गमिष्ये राममादाय स्वस्ति तेऽस्तु परंतप ॥ ११
इत्येवमुक्त्वा स मुनिस्तमादाय नृपात्मजम् । जगाम परमप्रीतो विश्वामित्रः स्वमाश्रमम् ॥ १२
तं तथा दण्डकारण्ये यज्ञमुद्दिश्य दीक्षितम् । बभूवोपस्थितो रामश्चित्रं विस्फारयन्धनुः ॥ १३
अजातव्यञ्जनः श्रीमान्बालः श्यामः शुभेक्षणः । एकवस्त्रधरो धन्वी शिखी कनकमालया ॥ १४
शोभयन्दण्डकारण्यं दीप्तेन स्वेन तेजसा । अदृश्यत तदा रामो बालचन्द्र इवोदितः ॥ १५
ततोऽहं मेघसंकाशस्तप्तकाञ्चनकुण्डलः । बली दत्तवरो दर्पादाजगामाश्रमान्तरम् ॥ १६
तेन दृष्टः प्रविष्टोऽहं सहसैवोद्यतायुधः । मां तु दृष्ट्वा धनुः सज्यमसंभ्रान्तश्चकार ह ॥ १७
अवजानन्न संमोहाद्बालोऽयमिति राघवम् । विश्वामित्रस्य तां वेदिमभ्यधावं कृतत्वरः ॥ १८
तेन मुक्तस्ततो बाणः शितः शत्रुनिबर्हणः । तेनाहं ताडितः क्षिप्तः समुद्रे शतयोजने ॥ १९
नेच्छता तात मां हन्तुं तदा वीरेण रक्षितः । रामस्य शरवेगेन निरस्तो भ्रान्तचेतनः ॥ २०
पातितोऽहं तदा तेन गम्भीरे सागराम्भसि । प्राप्य संज्ञां चिरात्तात लङ्कां प्रति गतः पुरीम् ॥ २१
एवमस्मि तदा मुक्तः सहायास्ते निपातिताः । अकृतास्त्रेण रामेण बालेनाक्लिष्टकर्मणा ॥ २२
तन्मया वार्यमाणस्तु यदि रामेण विग्रहम् । करिष्यस्यापदं घोरां क्षिप्रं प्राप्य नशिष्यसि ॥ २३
क्रीडारतिविधिज्ञानां समाजोत्सवदर्शिनाम् । रक्षसां चैव संतापमनर्थं चाहरिष्यसि ॥ २४
हर्म्यप्रासादसंबाधां नानारत्नविभूषिताम् । द्रक्ष्यसि त्वं पुरीं लङ्कां विनष्टां मैथिलीकृते ॥ २५
अकुर्वतोऽपि पापानि शुचयः पापसंश्रयात् । परपापैर्विनश्यन्ति मत्स्या नागह्रदे यथा ॥ २६
दिव्यचन्दनदिग्धाङ्गान्दिव्याभरणभूषितान् । द्रक्ष्यस्यभिहतान्भूमौ तव दोषात्तु राक्षसान् ॥ २७
हृतदारान्सदारांश्च दश विद्रवतो दिशः । हतशेषानशरणान्द्रक्ष्यसि त्वं निशाचरान् ॥ २८
शरजालपरिक्षिप्तामग्निज्वालासमावृताम् । प्रदग्धभवनां लङ्कां द्रक्ष्यसि त्वमसंशयम् ॥ २९
परदाराभिमर्शात्तु नान्यत्पापतरं महत् । प्रमदानां सहस्राणि तव राजन्परिग्रहे ॥ ३०

इत्यर्थः ॥ ३ ॥ पर्वकाले यागकाले ॥ ४ ॥ ५ ॥ पञ्चदशवर्षोऽपि तथा दशरथेनानूदितोऽप्यत्यन्तबाल्यद्योतनायातिबालेनापीदृशं कृतं किमधुना वाच्यमिति रावणस्यात्यन्तभयाय मारीचेन तथा दशरथेनोक्त इत्यूनद्वादशवर्ष इत्युक्तम् । 'ऊनषोडशवर्षोऽयम्' इति पाठान्तरम् ॥ ६ ॥ ७ ॥ ८ ॥ यद्यपि भवान्देवानामपि सहायकृदासीत् । अन्यच्च तव त्वया कृतं कर्म त्रिलोकविदितं त्रिषु लोकेषु विदितं तथापि रामादन्यद्बलं तस्य रक्षसो न पर्याप्तम्, अतः कामं तव बलं यदस्ति तदत्रैव तिष्ठतु तदुपयोगाभावात् । अत एव बालोऽपि यतस्ततोऽयं रामोऽतो देय एवेति शेषः ॥ ९ ॥ १० ॥ ११ ॥ १२ ॥ उपस्थितो रामस्तद्रक्षणार्थं समीपं प्राप्तः सन् ॥ १३ ॥ अजातव्यञ्जनः । श्मश्र्वादिपुंस्त्वचिह्नप्रादुर्भावहीन इत्यर्थः । एकवस्त्रधरो ब्रह्मचर्ये स्थितः । शिखी काकपक्षधरः । कनकमालयोपलक्षितः ॥ १४ ॥ १५ ॥ आजगामेत्युत्तमपुरुषः । अत्र पारोक्ष्यार्थकलिटा दैवपारवश्याद्देवाहमागतो न तु तदागमनं मम प्रत्यक्षमिति ध्वनयति । यद्वा बहुकालिकत्वेन विस्मृतत्वाद्वा तत्त्वारोपः । आर्षो वा लिट् । आश्रमान्तरमाश्रममध्यम् । दत्तवरो ब्रह्मदत्तदेवावध्यत्ववरः ॥ १६ ॥ प्रविष्टोऽहं तेन न दृष्ट इत्यन्वयः ॥ १७ ॥ १८ ॥ शतयोजने तटात्तत्पर्यन्तदेशस्थिते समुद्रे क्षिप्तः ॥ १९ ॥ नेच्छतानिच्छता । एतच्च रक्षणं केवलं कृपाजन्यमिति मारीचाशयः । भाविकार्यार्थमिति वस्तुतत्त्वम् ॥ २० ॥ २१ ॥ ये मे सहाया अपरे गतास्ते निपातिता इत्यन्वयः ॥ २२ ॥ २३ ॥ अनर्थं मरणरूपमाहरिष्यसि यत्नात्संपादयिष्यसि ॥ २४ ॥ २५ ॥ सङ्गदोषाद्रक्षःकुलमात्रस्य नाशः प्राप्नोतीत्याह—अकुर्वतोऽपीति । परपापैः परेषां पापात्मनां पापैर्निमित्तैः । नागह्रदे सर्पयुक्तह्रदे सर्पनिग्रहाय प्रविष्टेन राजप्रेरितधीवरादिना गरुडेन वा यथा प्रसङ्गान्मत्स्या नश्यन्ति तद्वत् ॥ २६ ॥ २७ ॥ हृतदारान्परिहृतदारान् । त्यक्तदारानिति यावत् ॥ २८ ॥ २९ ॥ तव परिग्रहेऽन्तःपुरे प्रमदानां

भव [illegible]तः स्वकुलं रक्ष राक्षसान् । मानं वृद्धिं च राज्यं च जीवितं च[illegible]ः ॥ ३१
कलत्राणि च सौम्यानि मित्रवर्गं तथैव च । यदीच्छसि चिरं भोक्तुं मा कृथा रामविप्रियम् ॥ ३२
निवार्यमाणः सुहृदा मया भृशं प्रसह्य सीतां यदि धर्षयिष्यसि ।
गमिष्यसि क्षीणबलः सबान्धवो यमक्षयं रामशरात्तजीवितः ॥ ३३

इत्यार्षे श्रीमद्रामायणे वाल्मीकीय आदिकाव्येऽरण्यकाण्डेऽष्टात्रिंशः सर्गः ॥ ३८ ॥

एकोनचत्वारिंशः सर्गः ।

एवमस्मि तदा मुक्तः कथंचित्तेन संयुगे । इदानीमपि यद्वृत्तं तच्छृणुष्व यदुत्तरम् ॥ १
राक्षसाभ्यामहं द्वाभ्यामनिर्विण्णस्तथाकृतः । सहितो मृगरूपाभ्यां प्रविष्टो दण्डकावने ॥ २
दीप्तजिह्वो महादंष्ट्रस्तीक्ष्णशृङ्गो महाबलः । व्यचरन्दण्डकारण्यं मांसभक्षो महामृगः ॥ ३
अग्निहोत्रेषु तीर्थेषु चैत्यवृक्षेषु रावण । अत्यन्तघोरो व्यचरंस्तापसांस्तान्प्रधर्षयन् ॥ ४
निहत्य दण्डकारण्ये तापसान्धर्मचारिणः । रुधिराणि पिबंस्तेषां तन्मांसानि च भक्षयन् ॥ ५
ऋषिमांसाशनः क्रूरस्त्रासयन्वनगोचरान् । तदा रुधिरमत्तोऽहं व्यचरं दण्डकावनम् ॥ ६
तदाहं दण्[illegible] विचरन्धर्मदूषकः । आसादयं तदा रामं तापसं धर्ममाश्रितम् ॥ ७
वैदेहीं च महाभागां लक्ष्मणं च महारथम् । तापसं नियताहारं सर्वभूतहिते रतम् ॥ ८
सोऽहं वनगतं रामं परिभूय महाबलम् । तापसोऽयमिति ज्ञात्वा पूर्ववैरमनुस्मरन् ॥ ९
अभ्यधावं सुसंक्रुद्धस्तीक्ष्णशृङ्गो मृगाकृतिः । जिघांसुरकृतप्रज्ञस्तं प्रहारमनुस्मरन् ॥ १०
तेन त्यक्तास्त्रयो बाणाः शिताः शत्रुनिबर्हणाः । विकृष्य सुमहच्चापं सुपर्णानिलतुल्यगाः ॥ ११
ते बाणा वज्रसंकाशाः सुघोरा रक्तभोजनाः । आजग्मुः सहिताः सर्वे त्रयः संनतपर्वणः ॥ १२
पराक्रमज्ञो रामस्य शठो दृष्टभयः पुरा । समुत्क्रान्तस्ततो मुक्तस्तावुभौ राक्षसौ हतौ ॥ १३
शरेण मुक्तो रामस्य कथंचित्प्राप्य जीवितम् । इह प्रव्राजितो युक्तस्तापसोऽहं समाहितः ॥ १४
वृक्षे वृक्षे हि पश्यामि चीरकृष्णाजिनाम्बरम् । गृहीतधनुषं रामं पाशहस्तमिवान्तकम् ॥ १५
अपि रामसहस्राणि भीतः पश्यामि रावण । रामभूतमिदं सर्वमरण्यं प्रतिभाति मे ॥ १६
राममेव हि पश्यामि रहिते राक्षसेश्वर । दृष्ट्वा स्वप्नगतं राममुद्भ्रमामीव चेतनः ॥ १७
रकारादीनि नामानि रामत्रस्तस्य रावण । रत्नानि च रथाश्चैव वित्रासं जनयन्ति मे ॥ १८
अहं तस्य प्रभावज्ञो न युद्धं तेन ते क्षमम् । बलिं वा नमुचिं वापि हन्याद्धि रघुनन्दनः ॥ १९
रणे रामेण युध्यस्व क्षमां वा कुरु रावण । न ते रामकथा कार्या यदि मां द्रष्टुमिच्छसि ॥ २०

सहस्राणि, अतस्तास्वेव रमस्व । नान्यत्र मनो धेहीत्यर्थः ॥ ३० ॥ ३१ ॥ ३२ ॥ ३३ ॥ इति श्रीरामाभिरामे श्रीरामीये रामायणतिलके वाल्मीकीय आदिकाव्येऽरण्यकाण्डेऽष्टत्रिंशः सर्गः ॥ ३८ ॥

पुनः स्वानुभवसिद्धं रामवृत्तमाह—एवमिति । तदा विश्वामित्रयज्ञरक्षणसमये तेन कथंचिन्मुक्तोऽस्मि । इदानीं प्रौढावस्थायामपि यद्वृत्तं मद्विषयं यदुत्तरं यत्सर्वलोकोत्तरं तदतिरिक्ताश्चर्यं तच्छृणुष्व । शृण्विति यावत् ॥ १ ॥ पूर्वं तथाकृतः प्राणसंकटं प्रापितोऽप्यहमनिर्विण्णोऽप्राप्ततद्विषयप्रवृत्तिवैराग्यः । ताभ्यां मृगरूपाभ्यां सहितोऽहमपि मृगरूपः सन्प्रविष्ट इत्यन्वयः ॥ २ ॥ तदेवाह—दीप्तेति ॥ ३ ॥ ४ ॥ ५ ॥ वनगोचरानृषीनन्यजीवांश्च ॥ ६ ॥ आसादयं प्राप्तवान् । तापसं धर्मं तापससंबन्धिधर्ममाश्रितम् ॥ ७ ॥ ८ ॥ ९ ॥ अकृतप्रज्ञोऽकृतविचारः । तं प्रहारं पूर्वं रामदत्तप्रहारम् ॥ १० ॥ ॥ ११ ॥ संनतपर्वणः । अदीर्घत्वमार्षम् ॥ १२ ॥ शठो गूढविप्रियकारी । दृष्टभयः । रामादिति शेषः । समुत्क्रान्तः पलायितः ॥ १३ ॥ प्रव्राजितः परिव्राजितः कृतसकलदुर्वृत्तपरित्यागः । युक्तो योगाभ्यासरतः । अत एव तापसस्तपोनिष्ठः । समाहितः स्थिरान्तःकरणः ॥ १४ ॥ १५ ॥ १६ ॥ रहिते रामरहितेऽपि वने उद्भ्रमामि भीतो भवामीव । चेतनः सुषुप्तौ नष्टचैतन्योऽपि तद्दर्शनवशाल्लब्धचैतन्यः प्रलपामीत्यर्थः ॥ १७ ॥ रकारादीनीति । एवं च साक्षाद्दर्शने यत्त्रासः स वक्तुमशक्य इति भावः । तन्नामैकदेशसत्तावदपि नाम भयजनकम्, किं वक्तव्यं संपूर्णतन्नाम्नो भयजनकत्वमिति । 'स्थाने, हृषीकेश तव प्रकीर्त्या' इति गीताश्लोकार्थोऽत्र व्यङ्ग्यः ॥ १८ ॥ १९ ॥ तस्माद्रामेण रणे युध्यस्वैतदुचितम्, न तु तद्दारापहार उचितः । सर्वकुलनाशकत्वात् । युद्धे एकस्यैव नाशादिति भावः । मुख्यपक्षमाह—क्षमां वेति । यदि मां जीवन्तं द्रष्टुमिच्छसि तदा

बहवः साधवो लोके युक्ता धर्ममनुष्ठिताः । परेषामपराधेन विनष्टाः सपरिच्छदाः ॥ २१
सोऽहं परापराधेन विनशेयं निशाचर । कुरु यत्ते क्षमं तत्त्वमहं त्वां नानुयामि वै ॥ २२
रामश्च हि महातेजा महासत्त्वो महाबलः । अपि राक्षसलोकस्य भवेदन्तकरोऽपि हि ॥ २३
यदि शूर्पणखाहेतोर्जनस्थानगतः खरः । अतिवृत्तो हतः पूर्वं रामेणाक्लिष्टकर्मणा ।
अत्र ब्रूहि यथातत्त्वं को रामस्य व्यतिक्रमः ॥ २४
इदं वचो बन्धुहितार्थिना मया यथोच्यमानं यदि नाभिपत्स्यसे ।
सबान्धवस्त्यक्ष्यसि जीवितं रणे हतोऽद्य रामेण शरैरजिह्मगैः ॥ २५

इत्यार्षे श्रीमद्रामायणे वाल्मीकीय आदिकाव्येऽरण्यकाण्डे एकोनचत्वारिंशः सर्गः ॥ ३९ ॥

चत्वारिंशः सर्गः ।

मारीचस्य तु तद्वाक्यं क्षमं युक्तं च रावणः । उक्तो न प्रतिजग्राह मर्तुकाम इवौषधम् ॥ १
तं पथ्यहितवक्तारं मारीचं राक्षसाधिपः । अब्रवीत्परुषं वाक्यमयुक्तं कालचोदितः ॥ २
दुष्कुलैतदयुक्तार्थं मारीच मयि कथ्यते । वाक्यं निष्फलमत्यर्थं बीजमुप्तमिवोखरे ॥ ३
त्वद्वाक्यैर्न तु मां शक्यं भेत्तुं रामस्य संयुगे । मूर्खस्य पापशीलस्य मानुषस्य विशेषतः ॥ ४
यस्त्यक्त्वा सुहृदो राज्यं मातरं पितरं तथा । स्त्रीवाक्यं प्राकृतं श्रुत्वा वनमेकपदे गतः ॥ ५
अवश्यं तु मया तस्य संयुगे खरघातिनः । प्राणैः प्रियतरा सीता हर्तव्या तव संनिधौ ॥ ६
एवं मे निश्चिता बुद्धिर्हृदि मारीच विद्यते । न व्यावर्तयितुं शक्या सेन्द्रैरपि सुरासुरैः ॥ ७
दोषं गुणं वा संपृष्टस्त्वमेवं वक्तुमर्हसि । अपायं वा उपायं वा कार्यस्यास्य विनिश्चये ॥ ८
संपृष्टेन तु वक्तव्यं सचिवेन विपश्चिता । उद्यताञ्जलिना राज्ञो य इच्छेद्भूतिमात्मनः ॥ ९
वाक्यमप्रतिकूलं तु मृदुपूर्वं शुभं हितम् । उपचारेण वक्तव्यो युक्तं च वसुधाधिपः ॥ १०
सावमर्दं तु यद्वाक्यमथवा हितमुच्यते । नाभिनन्देत तद्राजा मानार्थी मानवर्जितम् ॥ ११

रामकथा न कार्या । तत्कथाया रक्षस्तेजोपहारकत्वादुभयोरपि तेजोनाशे मरणादप्यधिका दुःखावस्थेति भावः ॥ २० ॥ साधवोऽकृतपरापचाराः । युक्ता योगवन्तः । अनुष्ठिता इति कर्तरि निष्ठा ॥ २१ ॥ परापराधेन । तवापराधेनेत्यर्थः । विनशेयं विनशिष्यामि । अतः—हे राक्षस, यत्ते क्षमं रणः क्षमा वा तत्त्वमेव कुरु । अहं तु त्वां नानुयामि । त्वद्बुद्धिं नानुगच्छामीत्यर्थः ॥ २२ ॥ तत्र हेतुमाह—रामश्च हीति । तेजः पराक्रमः । सत्त्वं बुद्धिबलम् । बलं शारीरम् । हि यतो महातेजस्त्वादिगुणः रामः प्रसिद्धः, अत ईदृशो रामो राक्षसलोकस्यान्तकरो हि निश्चयेन भवेदित्यपि संभाव्यते, अतो नानुयामि त्वद्बुद्धिम् । सकलराक्षसकुलनाशभियेति भावः ॥ २३ ॥ खरादिनाशस्य तत्कृतान्यायमूलत्वात्तत्र क्षमैव युक्तेत्याह—यदीति । सीताहननप्रयत्नदोषनिरूपितशूर्पणखाहेतोरतिवृत्तस्तूष्णीमवस्थितेन रामेण यदि शूर्पणखावाक्यजनितरोषात्स्वयं योद्धुं गतो रामेण हतस्तदा को रामस्य व्यतिक्रमोऽन्यायस्तत्त्वमेव ब्रूहि ॥ २४ ॥ सिद्धान्तमाह—इदमिति । यथोच्यमानं परमार्थत उच्यमानं यदि नाभिपत्स्यसे नाङ्गीकरिष्यसि, तदा रणे हतः सबान्धवस्त्वं जीवितं त्यक्ष्यसि इति मया अद्यैव निश्चीयते ॥ २५ ॥ इति श्रीरामाभिरामे श्रीरामीये रामायणतिलके वाल्मीकीय आदिकाव्येऽरण्यकाण्ड एकोनचत्वारिंशः सर्गः ॥ ३९ ॥

मारीचस्य मारीचेन क्षमं निवृत्तिसमर्थं युक्तं न्याय्यं कालोचितं च वाक्यमुक्त उपदिष्टो रावणो मुमूर्षुरौषधमिव तदुक्तं न प्रतिजग्राह ॥ १ ॥ २ ॥ शत्रोर्मानुषस्य स्तावकत्वात्क्रोधेनाह—दुष्कुलेति । अयुक्तार्थं राजचित्तप्रतिकूलत्वादयुक्तार्थम् । निष्फलं तमोगुणाक्रान्ते मम हृदये तस्यानवकाशात् ॥ ३ ॥ संयुगे पापशीलत्वादिगुणस्य स्त्रीताटकाहन्तृत्वाद्रामस्य भार्याहरणविषये स्थितं मां तद्वाक्यैर्भेत्तुं निवर्तयितुं न शक्यमित्यर्थः । मामिति द्वितीया छान्दसत्वात् ॥ ४ ॥ तत्र मूर्खत्वमुपपादयति—य इति । प्राकृतमसारम् । स्त्री कैकेयी । एकपदे द्राक् ॥ ५ ॥ संयुगे खरहन्तुरित्यन्वयः ॥ ६ ॥ ७ ॥ अपि चापृष्टोत्तरप्रलापस्तवासंगत इत्याह—दोषं गुणं वेति । कस्यचित्संदिग्धस्य कार्यस्य निश्चये निश्चयसिद्ध्यर्थमत्रानुष्ठिते को गुणः, को दोषः, क उपायः, कोऽपायः, इति यदि पृष्टं स्यात्तदा एवं वक्तुमर्हसि गुणदोषादिकमित्यर्थः । मया तु निश्चिते कार्ये केवलं साहाय्ये नियुज्यसे, अतो न ते जल्पः संगत इति भावः ॥ ८ ॥ पृष्टोत्तरमेव राजनि सचिवेन विनीतेन वाच्यमित्याह—संपृष्टेन त्विति । उद्यताञ्जलिनेत्यनेन विनीतता दर्शिता ॥ ९ ॥ उपचारेण राजनीत्युक्तमार्गेण युक्तम् ॥ १० ॥ सावमर्दं तु राजपृष्टावमर्दसहितम् । अथवा यद्यप्यर्थे । यद्यपि हितं तथापि नाभिनन्देत । त्वं त्वपृष्ट एव ममाहितमवमर्दसहितम् । मानहीनं वदसीत्यनुचितमिति भावः

पञ्चरूपाणि राजानो धारयन्त्यमितौजसः । अग्नेरिन्द्रस्य सोमस्य यमस्य वरुणस्य च ॥ १२
औष्ण्यं तथा विक्रमं च सौम्यं दण्डं प्रसन्नताम् । धारयन्ति महात्मानो राजानः क्षणदाचर ॥ १३
तस्मात्सर्वास्ववस्थासु मान्याः पूज्याश्च नित्यदा । त्वं तु धर्ममविज्ञाय केवलं मोहमाश्रितः ॥ १४
अभ्यागतं तु दौरात्म्यात्परुषं वदसीदृशम् । गुणदोषौ न पृच्छामि क्षमं चात्मनि राक्षस ॥ १५
मयोक्तमपि चैतावत्त्वां प्रत्यमितविक्रम । अस्मिंस्तु स भवान्कृत्ये साहाय्यं कर्तुमर्हसि ॥ १६
शृणु तत्कर्म साहाय्ये यत्कार्यं वचनान्मम । सौवर्णस्त्वं मृगो भूत्वा चित्रो रजतबिन्दुभिः ॥ १७
आश्रमे तस्य रामस्य सीतायाः प्रमुखे चर । प्रलोभयित्वा वैदेहीं यथेष्टं गन्तुमर्हसि ॥ १८
त्वां हि मायामयं दृष्ट्वा काञ्चनं जातविस्मया । आनयैनमिति क्षिप्रं रामं वक्ष्यति मैथिली ॥ १९
अपक्रान्ते च काकुत्स्थे दूरं गत्वाप्युदाहर । हा सीते लक्ष्मणेत्येवं रामवाक्यानुरूपकम् ॥ २०
तच्छ्रुत्वा रामपदवीं सीतया च प्रचोदितः । अनुगच्छति संभ्रान्तं सौमित्रिरपि सौहृदात् ॥ २१
अपक्रान्ते च काकुत्स्थे लक्ष्मणे च यथासुखम् । आहरिष्यामि वैदेहीं सहस्राक्षः शचीमिव ॥ २२
एवं कृत्वा त्विदं कार्यं यथेष्टं गच्छ राक्षस । राज्यस्यार्धं प्रदास्यामि मारीच तव सुव्रत ॥ २३
गच्छ सौम्य शिवं मार्गं कार्यस्यास्य विवृद्धये । अहं त्वानुगमिष्यामि सरथो दण्डकावनम् ॥ २४
प्राप्य सीतामयुद्धेन वञ्चयित्वा तु राघवम् । लङ्कां प्रति गमिष्यामि कृतकार्यः सह त्वया ॥ २५
नो चेत्करोषि मारीच हन्मि त्वामहमद्य वै । एतत्कार्यमवश्यं मे बलादपि करिष्यसि ।
राज्ञो विप्रतिकूलस्थो न जातु सुखमेधते ॥ २६

आसाद्य तं जीवितसंशयस्ते मृत्युर्ध्रुवो ह्यद्य मया विरुध्यतः ।
एतद्यथावत्परिगण्य बुद्ध्या यदत्र पथ्यं कुरु तत्तथा त्वम् ॥ २७

इत्यार्षे श्रीमद्रामायणे वाल्मीकीय आदिकाव्येऽरण्यकाण्डे चत्वारिंशः सर्गः ॥ ४० ॥

एकचत्वारिंशः सर्गः ।

आज्ञप्तो रावणेनेत्थं प्रतिकूलं च राजवत् । अब्रवीत्परुषं वाक्यं निःशङ्को राक्षसाधिपम् ॥ १
केनायमुपदिष्टस्ते विनाशः पापकर्मणा । सपुत्रस्य सराज्यस्य सामात्यस्य निशाचर ॥ २
कस्त्वया सुखिना राजन्नाभिनन्दति पापकृत् । केनेदमुपदिष्टं ते मृत्युद्वारमुपायतः ॥ ३
शत्रवस्तव सुव्यक्तं हीनवीर्या निशाचर । इच्छन्ति त्वां विनश्यन्तमुपरुद्धं बलीयसा ॥ ४

॥ ११ ॥ ततो वक्तुरनिष्टमपीत्याह—पञ्चेति । के पञ्चेत्यत्राह—अग्नेरिति ॥ १२ ॥ कानि रूपाणि तत्राह क्रमेण—औष्ण्यमिति । औष्ण्यं तैक्ष्ण्यम् । सौम्यं दयार्द्रचित्तत्वम् । दण्डं दुष्टनिग्रहम् । एवं च तादृशे वक्तरि तीक्ष्णदण्डपात इत्याशयः ॥ १३ ॥ धर्मं राजधर्मम् ॥ १४ ॥ अभ्यागतमतिथिमित्यनेन पूज्यत्वातिशयं सूचयति—गुणदोषप्रश्ने किं मम हितमिति प्रश्ने वा ईदृशं वक्तुं युक्तम् । न चैतदेकमपि मया पृष्टमिति भावः ॥ १५ ॥ अपि च अपि तु मया त्वां प्रत्येतावदेवोक्तम् । किं तत्राह—अस्मिन्सीतापहाररूपे कृत्ये स भवान्मया नियुक्तः साहाय्यं कर्तुमर्हसीति ॥ १६ ॥ किं तन्मत्कर्तव्यं साहाय्यं तत्राह—शृण्विति । साहाय्ये मम वचनाद्यत्कार्यं तत्कर्म शृण्विति संबन्धः ॥ १७ ॥ १८ ॥ १९ ॥ रामवाक्यानुरूपकं रामध्वनिसदृशध्वनियुक्तम् ॥ २० ॥ २१ ॥ २२ ॥ २३ ॥ शिवं मार्गं गच्छ । सौम्यो भूत्वा प्रस्थितो भवेत्यर्थः । किं च शिवं मनोहरं मार्गं मृगरूपं गच्छ प्राप्नुहि ॥ २४ ॥ २५ ॥ अथ राजत्वात्स्ववाक्याकरणे दण्डमाह—नो चेदिति । मद्वचनाननुष्ठाने मरणमेव, अनुष्ठाने तु जीवनं मत्तो बहुधनादिप्राप्तिश्च । एवं प्रार्थनयाकरणे बलान्मद्बलहेतुकमरणभयात्त्वं च करिष्यस्येव ॥ २६ ॥ रामात्पर्यायद्वये इव कदाचिज्जीवनं संभाव्यत एव । मद्वचनाकरणे तु सर्वथाद्य मृत्युरेवेत्याह—आसाद्येति । तं रामम् । संशयो न तु नाशनिश्चयः । एतन्मदुक्तवचनम् ॥ २७ ॥ इति श्रीरामाभिरामे श्रीरामीये रामायणतिलके वाल्मीकीय आदिकाव्येऽरण्यकाण्डे चत्वारिंशः सर्गः ॥ ४० ॥

राजवद्राजयोग्यं रावणेनाज्ञप्तो रामलक्ष्मणप्रतारणरूपं कार्यं प्रतिकूलमन्यथा वधं करिष्यामीत्येवं प्रतिकूलवाक्यसहितं यथाज्ञप्तो मृत्योर्निःशङ्को मारीचः परुषं शब्दतोऽर्थतश्च वाक्यमब्रवीत् ॥ १ ॥ विनाशो विनाशोपायः ॥२॥ सुखिना त्वया । सहावस्थानमिति शेषः । को नाभिनन्दति । केन पापकृता । उपायत उपायव्याजेन ॥ ३ ॥ तथोपदेष्टारस्त्वत्तो हीनवीर्यास्तव शत्रवः । ये त्वां त्वत्तो बलवत्तरेण शत्रुणोपरुद्धं विनश्यन्तं

केनेदमुपदिष्टं ते क्षुद्रेणाहितबुद्धिना । य त्वामिच्छति नश्यन्तं स्वकृतेन निशाचर ॥ ५
वध्याः खलु न वध्यन्ते सचिवास्तव रावण । ये त्वामुत्पथमारूढं न निगृह्णन्ति सर्वशः ॥ ६
अमात्यैः कामवृत्तो हि राजा कापथमाश्रितः । निग्राह्यः सर्वथा सद्भिः स निग्राह्यो न गृह्यसे ॥ ७
धर्ममर्थं च कामं च यशश्च जयतां वर । स्वामिप्रसादात्सचिवाः प्राप्नुवन्ति निशाचर ॥ ८
विपर्यये तु तत्सर्वं व्यर्थं भवति रावण । व्यसनं स्वामिवैगुण्यात्प्राप्नुवन्तीतरे जनाः ॥ ९
राजमूलो हि धर्मश्च यशश्च जयतां वर । तस्मात्सर्वास्ववस्थासु रक्षितव्या नराधिपाः ॥ १०
राज्यं पालयितुं शक्यं न तीक्ष्णेन निशाचर । न चातिप्रतिकूलेन नाविनीतेन राक्षस ॥ ११
ये तीक्ष्णमन्त्राः सचिवा भुज्यन्ते सह तेन वै । विषमेषु रथाः शीघ्रं मन्दसारथयो यथा ॥ १२
बहवः साधवो लोके युक्तधर्ममनुष्ठिताः । परेषामपराधेन विनष्टाः सपरिच्छदाः ॥ १३
स्वामिना प्रतिकूलेन प्रजास्तीक्ष्णेन रावण । रक्ष्यमाणा न वर्धन्ते मृगा गोमायुना यथा ॥ १४
अवश्यं विनशिष्यन्ति सर्वे रावण राक्षसाः । येषां त्वं कर्कशो राजा दुर्बुद्धिरजितेन्द्रियः ॥ १५
तदिदं काकतालीयं घोरमासादितं मया । अत्र त्वं शोचनीयोऽसि ससैन्यो विनशिष्यसि ॥ १६
मां निहत्य तु रामोऽसावचिरात्त्वां वधिष्यति । अनेन कृतकृत्योऽस्मि म्रिये चाप्यरिणा हतः ॥ १७
दर्शनादेव रामस्य हतं मामवधारय । आत्मानं च हतं विद्धि हत्वा सीतां सबान्धवम् ॥ १८
आनयिष्यसि चेत्सीतामाश्रमात्सहितो मया । नैव त्वमपि नाहं वै नैव लङ्का न राक्षसाः ॥ १९

निवार्यमाणस्तु मया हितैषिणा न मृष्यसे वाक्यमिदं निशाचर ।
परेतकल्पा हि गतायुषो नरा हितं न गृह्णन्ति सुहृद्भिरीरितम् ॥ २०

इत्यार्षे श्रीमद्रामायणे वाल्मीकीय आदिकाव्येऽरण्यकाण्डे एकचत्वारिंशः सर्गः ॥ ४१ ॥

द्विचत्वारिंशः सर्गः ।

एवमुक्त्वा तु परुषं मारीचो रावणं ततः । गच्छावेत्यब्रवीद्दीनो भयाद्रात्रिंचरप्रभोः ॥ १
दृष्टश्चाहं पुनस्तेन शरचापासिधारिणा । मद्वधोद्यतशस्त्रेण निहतं जीवितं च मे ॥ २

ग्रहीतुमिच्छन्ति ॥ ४ ॥ स्वकृतेन स्वनिर्मितविनाशोपायेन ॥ ५ ॥ ये त्वामेवं कुपथमारूढं न निगृह्णन्ति न वारयन्त्यमात्यास्ते वध्या वधयोग्याः । कुतस्त्वया न वध्यन्त इत्यर्थः ॥ ६ ॥ तत्र नीतिशास्त्रमाह—अमात्यैरिति ॥ ७ ॥ कुतस्तैरेवमनुष्ठेयं तत्राह—धर्ममिति ॥ ८ ॥ विपर्यये स्वामिवैगुण्ये । तत्र न केवलं तेषामेव व्यसनप्राप्तिः, किं तु सर्वजनानाम् । तदाह —इतरे जना इति । अपीति शेषः ॥ ९ ॥ १० ॥ तीक्ष्णेन क्रूरदण्डेन । प्रतिकूलेन । स्वप्रकृतीनामिति शेषः ॥ ११ ॥ तीक्ष्णमन्त्रास्तीक्ष्णोपायप्रयोक्तारस्तेन तन्मन्त्रग्राहिणा राज्ञा सह भुज्यन्ते स्वसमतया स्थाप्यन्ते । मन्दो मन्दबुद्धिः सारथिर्येषां ते रथा यथा विषमे सारथिभिः सह नश्यन्ति तथा ते राजानो मन्त्रिभिः सह नश्यन्ति ॥ १२ ॥ युक्तधर्ममनुष्ठिता युक्तधर्मानुष्ठातारः । साधवो नीतिमार्गनिष्ठाः । सपरिच्छदाः सपरिजनाः ॥ १३ ॥ तीक्ष्णदण्डेन प्रजानां प्रतिकूलेन रक्ष्यमाणाः प्रजा न वर्धन्ते । गोमायुना मृगघातकजीवेन रक्ष्यमाणा मृगा इव ॥ १४ ॥ कर्कशः क्रूरबुद्धिः कठिनश्च ॥ १५ ॥ तदिदं त्वत्तो मरणरूपं घोरं काकतालीयमाकस्मिकं मयासादितं यद्यपि तथापि तत्प्रति न मया शोकः क्रियते । 'जातस्य हि ध्रुवो मृत्युः' इति न्यायात् । तथापि त्वं ससैन्यो विनशिष्यसि यदत्रार्थे त्वं मया शोचनीयोऽसि ॥ १६ ॥ ननु मम मरणं कथं निश्चितं तत्राह—मामिति । मां निहत्य रामस्त्वां सबान्धवमचिराद्वधिष्यति । तस्मादुभयथापि मरणं निश्चितं त्वत्तो वा रामाद्वा । तत्रानेन वधेन कृतकृत्योऽस्मि । यन्मृधे रणेऽरिणा हतो म्रिये । राजतो बलान्मरणापेक्षया रणे शत्रुतो मृत्योः स्वर्गदत्वादायमृत्योरपमृत्युत्वेन दुर्मरणत्वेन शास्त्र उक्ते राज्ञा मारितस्य शौचोदकदानाद्यभावश्रवणाद्रामतो मरणेन कृतकृत्योऽहमिति व्यञ्जयम् । ईदृशं ज्ञानं चास्य तपसा योगेन च शुद्धचित्तत्वादिति बोध्यम् ॥ १७ ॥ आत्मानं रावणम् । सबान्धवमात्मानमित्यन्वयः ॥ १८ ॥ कदाचिद्यदि मया जीवता सहैव सीतामानयिष्यसि तदा पश्चादपि सर्वथा निश्चित इत्यर्थः ॥ १९ ॥ न मृष्यसे । प्रतिकूलबुद्ध्या न परिगृह्णासीत्यर्थः । परेतकल्पा मृतप्रायाः ॥ २० ॥ इति श्रीरामाभिरामे श्रीरामीये रामायणतिलके वाल्मीकीय आदिकाव्येऽरण्यकाण्डे एकचत्वारिंशः सर्गः ॥ ४१ ॥

रात्रिंचरप्रभो रावणाद्भयमधुनैव निन्द्यमरणरूपं तस्माद्गच्छावेत्यब्रवीत् । त्वमहं चेत्यर्थः ॥ १ ॥ तथा वदन्नेव निजदुःखमप्याह—दृष्टश्चाहमिति । पुनर्यदाहं तेन दृष्टो भविष्यामि तदोच्यमानविशेषणेन रामेण जीवितं निहतं नष्टमेव ।

नहि रामं पराक्रम्य जीवन्प्रतिनिवर्तते । वर्तते प्रतिरूपोऽसौ यमदण्डहतस्य ते ॥ ३
किं तु कर्तुं मया शक्यमेवं त्वयि दुरात्मनि । एष गच्छाम्यहं तात स्वस्ति तेऽस्तु निशाचर ॥ ४
प्रहृष्टस्त्वभवत्तेन वचनेन स राक्षसः । परिष्वज्य सुसंश्लिष्टमिदं वचनमब्रवीत् ॥ ५
एतच्छौटीर्ययुक्तं ते मच्छन्दवशवर्तिनः । इदानीमसि मारीचः पूर्वमन्यो हि राक्षसः ॥ ६
आरुह्यतामयं शीघ्रं खगो रत्नविभूषितः । मया सह रथो युक्तः पिशाचवदनैः खरैः ॥ ७
प्रलोभयित्वा वैदेहीं यथेष्टं गन्तुमर्हसि । तां शून्ये प्रसभं सीतामानयिष्यामि मैथिलीम् ॥ ८
ततस्तथेत्युवाचैनं रावणं ताटकासुतः । ततो रावणमारीचौ विमानमिव तं रथम् ॥ ९
आरुह्यााययतुः शीघ्रं तस्मादाश्रममण्डलात् । तथैव तत्र पश्यन्तौ पत्तनानि वनानि च ॥ १०
गिरींश्च सरितः सर्वा राष्ट्राणि नगराणि च । समेत्य दण्डकारण्यं राघवस्याश्रमं ततः ॥ ११
ददर्श सहमारीचो रावणो राक्षसाधिपः । अवतीर्य रथात्तस्मात्ततः काञ्चनभूषणात् ॥ १२
हस्ते गृहीत्वा मारीचं रावणो वाक्यमब्रवीत् । एतद्रामाश्रमपदं दृश्यते कदलीवृतम् ॥ १३
क्रियतां तत्सखे शीघ्रं यदर्थं वयमागताः । स रावणवचः श्रुत्वा मारीचो राक्षसस्तदा ॥ १४
मृगो भूत्वाश्रमद्वारि रामस्य विचचार ह । स तु रूपं समास्थाय महदद्भुतदर्शनम् ॥ १५
मणिप्रवरशृङ्गाग्रः सितासितमुखाकृतिः । रक्तपद्मोत्पलमुख इन्द्रनीलोत्पलश्रवाः ॥ १६
किंचिदभ्युन्नतग्रीव इन्द्रनीलनिभोदरः । मधूकनिभपार्श्वश्च कंजकिंजल्कसंनिभः ॥ १७
वैदूर्यसंकाशखुरस्तनुजङ्घः सुसंहतः । इन्द्रायुधसवर्णेन पुच्छेनोर्ध्वं विराजितः ॥ १८
मनोहरस्निग्धवर्णो रत्नैर्नानाविधैर्वृतः । क्षणेन राक्षसो जातो मृगः परमशोभनः ॥ १९
वनं प्रज्वलयन्रम्यं रामाश्रमपदं च तत् । मनोहरं दर्शनीयं रूपं कृत्वा स राक्षसः ॥ २०
प्रलोभनार्थं वैदेह्या नानाधातुविचित्रितम् । विचरन्गच्छते शष्पं शाद्वलानि समन्ततः ॥ २१
रौप्यैर्बिन्दुशतैश्चित्रं भूत्वा च प्रियनन्दनः । विटपीनां किसलयान्भक्षयन्विचचार ह ॥ २२
कदलीगृहकं गत्वा कर्णिकारानितस्ततः । तमाश्रमं मन्दगतिं सीतासंदर्शनं ततः ॥ २३
राजीवचित्रपृष्ठः स विरराज महामृगः । रामाश्रमपदाभ्याशे विचचार यथासुखम् ॥ २४
पुनर्गत्वा निवृत्तश्च विचचार मृगोत्तमः । गत्वा मुहूर्तं त्वरया पुनः प्रतिनिवर्तते ॥ २५
विक्रीडंश्च पुनर्भूमौ पुनरेव निषीदति । आश्रमद्वारमागम्य मृगयूथानि गच्छति ॥ २६
मृगयूथैरनुगतः पुनरेव निवर्तते । सीतादर्शनमाकाङ्क्षन्राक्षसो मृगतां गतः ॥ २७
परिभ्रमति चित्राणि मण्डलानि विनिष्पतन् । समुद्वीक्ष्य च सर्वे तं मृगा येऽन्ये वनेचराः ॥ २८
उपगम्य समाघ्राय विद्रवन्ति दिशो दश । राक्षसः सोऽपि तान्वन्यान्मृगान्मृगवधे रतः ॥ २९
प्रच्छादनार्थं भावस्य न भक्षयति संचरन् । तस्मिन्नेव ततः काले वैदेही शुभलोचना ॥ ३०

चकारात्तव च जीवितं नष्टम् ॥ २ ॥ यमदण्डहतस्य तेऽसौ रामः प्रतिरूपो यमदण्डप्रतिरूपो वर्तते ॥ ३ ॥ अथाशक्यपरिहारमनर्थं शोचति—किं त्विति ॥ ४ ॥ तेन वचनेन गच्छामीति वचनेन । सुसंश्लिष्टं गाढम् ॥ ५ ॥ मच्छन्दवशवर्तिनो मदभिप्रायवशवर्तिनः । शौटीर्यं वीर्यं तद्युक्तम् । एतद्वचो योग्यमिति शेषः । इदानीं मारीचोऽसि स्वप्रकृतिं प्राप्तोऽसि । पूर्वमन्यो हि राक्षसस्तदाविष्ट इति शेषः ॥ ६ ॥ खग आकाशगामी रथः ॥ ७ ॥ शून्ये रामलक्ष्मणरहिते समये ॥ ८ ॥ ९ ॥ आश्रममण्डलान्मारीचाश्रममण्डलादित्यर्थः । पत्तननगरयोरराजधानीराजधानीत्वेन भेदः । पत्तनशब्दोऽर्धर्चादिः ॥ १० ॥ ११ ॥ १२ ॥ १३ ॥ १४ ॥ १५ ॥ मणिप्रवरशृङ्गाग्र इन्द्रनीलरत्नाकारशृङ्गाग्रः । मणिशब्दः केवल इन्द्रनीले इति कविसमय इति कतकः । क्वचित्सिता क्वचिदसिता मुखस्याकृतिः शोभा यस्य सः । तदेवाह—रक्तपद्मोत्पलेति । उत्पलं नीलोत्पलम् । इन्द्रनीलवदुत्पलवच्छ्रवः श्रवणं यस्य सः ॥ १६ ॥ मधूकपुष्पसदृशपार्श्वद्वयः । कञ्जं पद्मं तत्किंजल्कसदृशवर्णः ॥ १७ ॥ सुसंहतः श्लिष्टसंधिबन्धः ॥ १८ ॥ १९ ॥ प्रज्वलयन्प्रदीपयन् ॥ २० ॥ शाद्वलानि विचरन्भक्षयन्गच्छते गच्छति ॥ २१ ॥ चित्रमिति क्रियाविशेषणम् । विटपीनामिति दीर्घ आर्षश्छन्दोनुरोधात् । 'भक्षादन्' इति पाठ आर्षोऽनुनासिकलोपः ॥ २२ ॥ कदलीगृहं कदलीवाटिकाम् । कर्णिकारांस्तद्वनं च गत्वा त्यक्त्वा सीतासंदर्शनमपेक्ष्येतस्ततो मन्दगतिं समाश्रयन्विचचार विरराज च ॥ २३ ॥ २४ ॥ २५ ॥ मृगयूथानि गच्छति । तत्पृष्ठतो गच्छतीत्यर्थः ॥ २६ ॥ २७ ॥ विनिष्पतन् । प्रागल्भ्येन कुर्वन्नित्यर्थः ॥ २८ ॥ विद्रवन्ति । अमुगलनिश्चयादिति शेषः ॥ २९ ॥ मृगवधे रतोऽपि भावस्य

कुसुमापचये व्यग्रा पादपानत्यवर्तत । कर्णिकारानशोकांश्च चूतांश्च मदिरेक्षणा ॥ ३१
कुसुमान्यपचिन्वन्ती चचार रुचिरानना । अनर्हा वनवासस्य सा तं रत्नमयं मृगम् ॥ ३२
मुक्तामणिविचित्राङ्गं ददर्श परमाङ्गना । तं वै रुचिरदन्तोष्ठं रूप्यधातुतनूरुहम् ॥ ३३
विस्मयोत्फुल्लनयना सस्नेहं समुदैक्षत । स च तां रामदयितां पश्यन्मायामयो मृगः ॥ ३४
विचचार ततस्तत्र दीपयन्निव तद्वनम् । अदृष्टपूर्वं दृष्ट्वा तं नानारत्नमयं मृगम् ।
विस्मयं परमं सीता जगाम जनकात्मजा ॥ ३५

इत्यार्षे श्रीमद्रामायणे वाल्मीकीय आदिकाव्येऽरण्यकाण्डे द्विचत्वारिंशः सर्गः ॥ ४२ ॥

त्रिचत्वारिंशः सर्गः ।

सा तं संप्रेक्ष्य सुश्रोणी कुसुमानि विचिन्वती । हेमराजतवर्णाभ्यां पार्श्वाभ्यामुपशोभितम् ॥ १
प्रहृष्टा चानवद्याङ्गी मृष्टहाटकवर्णिनी । भर्तारमपि चक्रन्द लक्ष्मणं चैव सायुधम् ॥ २
आहूयाहूय च पुनस्तं मृगं साधु वीक्षते । आगच्छागच्छ शीघ्रं वै आर्यपुत्र सहानुज ॥ ३
तावाहूतौ नरव्याघ्रौ वैदेह्या रामलक्ष्मणौ । वीक्षमाणौ तु तं देशं तदा ददृशतुर्मृगम् ॥ ४
शङ्कमानस्तु तं दृष्ट्वा लक्ष्मणो वाक्यमब्रवीत् । तमेवैनमहं मन्ये मारीचं राक्षसं मृगम् ॥ ५
चरन्तो मृगयां हृष्टाः पापेनोपाधिना वने । अनेन निहता राम राजानः पापरूपिणा ॥ ६
अस्य मायाविदो मायामृगरूपमिदं कृतम् । भानुमत्पुरुषव्याघ्र गन्धर्वपुरसंनिभम् ॥ ७
मृगो ह्येवंविधो रत्नविचित्रो नास्ति राघव । जगत्यां जगतीनाथ मायैषा हि न संशयः ॥ ८
एवं ब्रुवाणं काकुत्स्थं प्रतिवार्य शुचिस्मिता । उवाच सीता संहृष्टा छद्मना हृतचेतना ॥ ९
आर्यपुत्राभिरामोऽसौ मृगो हरति मे मनः । आनयैनं महाबाहो क्रीडार्थं नो भविष्यति ॥ १०
इहाश्रमपदेऽस्माकं बहवः पुण्यदर्शनाः । मृगाश्चरन्ति सहिताश्चमराः सृमरास्तथा ॥ ११
ऋक्षाः पृषतसङ्घाश्च वानराः किंनरास्तथा । विहरन्ति महाबाहो रूपश्रेष्ठा महाबलाः ॥ १२
न चान्यः सदृशो राजन्दृष्टः पूर्वं मृगो मया । तेजसा क्षमया दीप्त्या यथायं मृगसत्तमः ॥ १३
नानावर्णविचित्राङ्गो रत्नभूतो ममाग्रतः । द्योतयन्वनमव्यग्रं द्योतते शशिसंनिभः ॥ १४
अहो रूपमहो लक्ष्मीः स्वरसंपच्च शोभना । मृगोऽद्भुतो विचित्राङ्गो हृदयं हरतीव मे ॥ १५
यदि ग्रहणमभ्येति जीवन्नेव मृगस्तव । आश्चर्यभूतं भवति विस्मयं जनयिष्यति ॥ १६

राक्षसस्य संछादनार्थं संस्पृशन्नपि मृगान्न भक्षयति ॥ ३० ॥ अपचयो ग्रहणम् । अत्राशोकचूतकुसुमानामपचयोक्त्या शिशिरान्तकालोऽयम् । 'गन्धवान्सुरभिर्मासो जातपुष्पफलद्रुमः' इति, 'संतापयति सौमित्रे क्रूरश्चैत्रवनानिलः' इति च पम्पातीरे रामोक्तेश्च । किंचाग्रे द्वादशमासोत्तरं यद्येषा मां नाङ्गीकरोति तदैनां हन्मीति रावणप्रतिज्ञा । ततो हनुमद्दर्शनकाले च तं प्रति सीतावाक्यम्—'वर्तते दशमो मासो द्वौ तु शेषौ प्लवंगम' इति संगच्छते । माघशुक्लाष्टम्यां हरणे हि मार्गशुक्लाष्टम्यां ततोऽर्वागेव वा दशमसमाप्त्या तस्य वर्तमानत्वोक्तिरसंगतैव स्यात् । तच्छुक्लपक्षान्ते हनूमतस्तद्दर्शनात् ॥ ३१ ॥ अनर्हा वनवासस्येत्यनेन नगरवासः सूचितः ॥ ३२ ॥ रूप्यं रजतम्, धातवो गैरिकाद्याः, तत्सदृशरोमयुक्तम् ॥ ३३ ॥ ३४ ॥ ३५ ॥

इति श्रीरामाभिरामे श्रीरामीये रामायणतिलके वाल्मीकीय आदिकाव्येऽरण्यकाण्डे द्विचत्वारिंशः सर्गः ॥ ४२ ॥

सा तमिति ॥ १ ॥ मृष्टहाटकं शुद्धं हेम तत्सदृशवर्णा । चक्रन्द । आह्वाने क्रदिः । चक्रन्देति रोदनार्थेन भाव्यशुभमिति सूचितं कविना ॥ २ ॥ ३ ॥ तावाहूतौ । सीतयेति शेषः ॥ ४ ॥ ५ ॥ मृगयां चरन्तस्तां कुर्वन्तः । उपाधिना मृगरूपच्छलेन ॥ ६ ॥ अस्य मायाविदो माया या श्रुता सा मृगरूपमिदं कृतम् । मायैव मृगरूपेण परिणतेत्यर्थः । भानुमत्प्रकाशयुतं गन्धर्वपुरवदापातरमणीयम् ॥ ७ ॥ नास्त्येवमुपादानकमृगासंभवात् ॥ ८ ॥ काकुत्स्थं लक्ष्मणं प्रतिवार्य नायं राक्षसः, अपि तु चित्रमृगः नैतद्ग्रहणविघ्नस्त्वया कार्य इत्युक्त्वेत्यर्थः । छद्मना वञ्चनेन हृतचेतना सेव ॥ ९ ॥ नोऽस्माकम् । अयोध्यागमनोत्तरम् । तत्र सख्यभिप्रायेण बहुवचनम् ॥ १० ॥ सृमरचमरौ कृष्णशुक्लपुच्छौ ॥ ११ ॥ १२ ॥ अन्यः सदृश एतत्सदृशोऽन्य इत्यर्थः । तेजसा विचित्रगतिसामर्थ्येन । क्षमया सौम्यभावेन । दीप्त्या देहकान्त्या ॥१३॥ शशिसंनिभत्वेनाह्लादकत्वम् ॥ १४ ॥ स्वरसंपद्ध्वनिसमृद्धिः ॥ १५ ॥ तव ग्रहणं त्वत्कर्तृकग्रहणम् । जीवतो ग्रहणमाश्चर्य-

समाप्तवनवासानां राज्यस्थानां च नः पुनः । अन्तःपुरे विभूषार्थो मृग एष भविष्यति ॥ १७
भरतस्यार्यपुत्रस्य श्वश्रूणां मम च प्रभो । मृगरूपमिदं दिव्यं विस्मयं जनयिष्यति ॥ १८
जीवन्न यदि तेऽभ्येति ग्रहणं मृगसत्तमः । अजिनं नरशार्दूल रुचिरं तु भविष्यति ॥ १९
निहतस्यास्य सत्त्वस्य जाम्बूनदमयत्वचि । शष्पबृस्यां विनीतायामिच्छाम्यहमुपासितम् ॥ २०
कामवृत्तमिदं रौद्रं स्त्रीणामसदृशं मतम् । वपुषा त्वस्य सत्त्वस्य विस्मयो जनितो मम ॥ २१
तेन काञ्चनरोम्णा तु मणिप्रवरशृङ्गिणा । तरुणादित्यवर्णेन नक्षत्रपथवर्चसा ॥ २२
बभूव राघवस्यापि मनो विस्मयमागतम् । इति सीतावचः श्रुत्वा दृष्ट्वा च मृगमद्भुतम् ॥ २३
लोभितस्तेन रूपेण सीतया च प्रचोदितः । उवाच राघवो हृष्टो भ्रातरं लक्ष्मणं वचः ॥ २४
पश्य लक्ष्मण वैदेह्याः स्पृहामुल्लसितामिमाम् । रूपश्रेष्ठतया ह्येष मृगोऽद्य नभविष्यति ॥ २५
न वने नन्दनोद्देशे न चैत्ररथसंश्रये । कुतः पृथिव्यां सौमित्रे योऽस्य कश्चित्समो मृगः ॥ २६
प्रतिलोमानुलोमाश्च रुचिरा रोमराजयः । शोभन्ते मृगमाश्रित्य चित्राः कनकबिन्दुभिः ॥ २७
पश्यास्य जृम्भमाणस्य दीप्तामग्निशिखोपमाम् । जिह्वां मुखान्निःसरन्तीं मेघादिव शतह्रदाम् ॥ २८
मसारगल्वर्कमुखः शङ्खमुक्तानिभोदरः । कस्य नामानिरूप्योऽसौ न मनो लोभयेन्मृगः ॥ २९
कस्य रूपमिदं दृष्ट्वा जाम्बूनदमयप्रभम् । नानारत्नमयं दिव्यं न मनो विस्मयं व्रजेत् ॥ ३०
मांसहेतोरपि मृगान्विहारार्थं च धन्विनः । घ्नन्ति लक्ष्मण राजानो मृगयायां महावने ॥ ३१
धनानि व्यवसायेन विचीयन्ते महावने । धातवो विविधाश्चापि मणिरत्नसुवर्णिनः ॥ ३२
तत्सारमखिलं नृणां धनं निचयवर्धनम् । मनसा चिन्तितं सर्वं यथा शुक्रस्य लक्ष्मण ॥ ३३
अर्थी येनार्थकृत्येन संव्रजत्यविचारयन् । तमर्थमर्थशास्त्रज्ञाः प्राहुरर्थ्याः सुलक्ष्मण ॥ ३४
एतस्य मृगरत्नस्य परार्ध्ये काञ्चनत्वचि । उपवेक्ष्यति वैदेही मया सह सुमध्यमा ॥ ३५
न कादली न प्रियकी न प्रवेणी न चाविकी । भवेदेतस्य सदृशी स्पर्शेऽनेनेति मे मतिः ॥ ३६

भूतं भवति यतोऽतो विस्मयं जनयिष्यति ॥ १६ ॥ १७ ॥ १८ ॥ इतोऽपि यदि ते ग्रहणं प्राप्नोति तदापि मे प्रयोजनमित्याह—अजिनमिति ॥ १९ ॥ शष्पबृस्यां बालतृणपरिकल्पिततापसासने विनीतायां प्रसारितायामस्य जाम्बूनदमयत्वच्युपासितुं त्वत्समीपे स्थातुमिच्छामि । यद्वा भगवदुपासनां कर्तुमित्यर्थः ॥ २० ॥ इदं कामेन स्वप्रयोजनेच्छया पतिनियोजनरूपं रौद्रम्, अत एव स्त्रीणामसदृशं कैकेयीवदिति मम निर्णीतं तथाप्यस्य सत्त्वस्य वपुषा मम विस्मयो जनित इति जातकौतुकनिवृत्त्यर्थमनुचितमपि करोमीति शेषः ॥ २१ ॥ 'काञ्चनरूपेण' इति पाठे रूपेण मृगेण । 'रूपं मृगेऽपि विज्ञेयम्' इति हलायुधः । नक्षत्रसदृशनानाबिन्दूपलक्षितत्वात्तत्पथसदृशेन ॥ २२ ॥ राघवस्यापि संभावितासंभावितवस्तुतत्त्वनिरूपणकुशलमतेरपि मनो विस्मयमागतं प्राप्तं तदिव बभूव । भवितव्यतायाः प्राबल्यात् ॥ २३ ॥ तदेवाह—लोभित इति ॥ २४ ॥ रूपेणालौकिकविचित्रस्वरूपेण श्रेष्ठः । सर्वश्रेष्ठरूपेण हेतुना । अद्येष मृगो न भविष्यति न जीविष्यति । जीवनमस्य न संभावितमित्यर्थः । प्रायेण मृगत्वमत्र न संभावितमित्यर्थ इति कतकः ॥ २५ ॥ नन्दन इत्युद्देशः कीर्तनं यस्य तत्र वने चैत्ररथसंश्रये तदाख्ये वनेऽपि न योऽस्य कश्चित्समो मृगः स पृथिव्यामस्ति इति कुतः संभाव्यते इत्यर्थः ॥ २६ ॥ तदेवाह—प्रतिलोमेत्यादि । कनकबिन्दुभिः सहिता रोमराजय इत्यन्वयः ॥ २७ ॥ शतह्रदा विद्युत् ॥ २८ ॥ 'मसारगल्वर्कमुखः शङ्खमुक्तानिभोदरः' इति पाठे मसार इन्द्रनीलस्तस्य गल्वर्कश्चषकस्तदाकारास्यसंपुट इत्यर्थ इति तीर्थः । अनिरूप्य इदमित्थमिति निरूपयितुमशक्यः । पाठान्तरे यस्येत्यादि ॥ २९ ॥ ३० ॥ मांसहेतोरपि विहारार्थं च घ्नन्ति, किं पुनरेवंविधत्वग्लाभार्थमिति भावः ॥ ३१ ॥ महावने । राजभिरिति शेषः । व्यवसायेन मृगवधोद्यमेन । धनानि विचीयन्ते संगृह्यन्ते । ननु वने कुतो धनं तत्राह—धातव इति । मणिरत्नं सुवर्णं च येषु तादृशा धातवः । वज्रादिमणिसुवर्णाद्युक्तास्ताम्रादिधातव इति यावत् ॥ ३२ ॥ निचयवर्धनं कोशवर्धनं तद्रूपं धनं नृणां सारमतिप्रशस्तं भवति । शुक्रं ब्रह्म । 'स पर्यगाच्छुक्रमकायमव्रणम्' इति श्रुतेः । एवं च शुक्रस्य ब्रह्मलोकं प्राप्तस्य तद्रूपमापन्नस्य मनसा चिन्तितं संकल्पमात्रसिद्धं सर्वं भोग्यवस्तु यथा सर्वस्मात्सारतरं तद्वत् ॥३३॥ ननु तथापि विचार्य कर्तव्यं तत्राह—अर्थीति । अर्थयर्थापेक्षः पुमान्येनार्थकृत्येनार्थनिमित्तेन कर्तव्येन कर्मणा तत्सौन्दर्याक्षिप्तहृदयोऽविचारयन्नेव व्रजति तत्संपादनार्थं तमेवार्थ्याः अर्थसंपादनचतुरा अर्थशास्त्रज्ञा अर्थमर्थपदवाच्यमाहुः ॥ ३४ ॥ अतोऽविचारितंवात्र प्रवृत्तिरित्याह—एतस्येति । अत्र विचारो न कर्तव्यः । एतन्मूलेन महतोऽर्थस्य सिद्धिरिति गूढतात्पर्यम् ॥ ३५ ॥ अस्य परार्ध्यत्वमेव दर्शयति—

एष चैव मृगः श्रीमान्यश्च दिव्यो नभश्चरः । उभावेतौ मृगौ दिव्यौ तारामृगमहीमृगौ ॥ ३७
यदि वायं तथा यन्मां भवेद्वदसि लक्ष्मण । मायैषा राक्षसस्येति कर्तव्योऽस्य वधो मया ॥ ३८
एतेन हि नृशंसेन मारीचेनाकृतात्मना । वने विचरता पूर्वं हिंसिता मुनिपुंगवाः ॥ ३९
उत्थाय बहवो येन मृगयायां जनाधिपाः । निहताः परमेष्वासास्तस्माद्वध्यस्त्वयं मृगः ॥ ४०
पुरस्तादिह वातापिः परिभूय तपस्विनः । उदरस्थो द्विजान्हन्ति स्वगर्भोऽश्वतरीमिव ॥ ४१
स कदाचिच्चिराल्लोके आससाद महामुनिम् । अगस्त्यं तेजसा युक्तं भक्ष्यस्तस्य बभूव ह ॥ ४२
समुत्थाने च तद्रूपं कर्तुकामं समीक्ष्य तम् । उत्स्मयित्वा तु भगवान्वातापिमिदमब्रवीत् ॥ ४३
त्वयाविगण्य वातापे परिभूताश्च तेजसा । जीवलोके द्विजश्रेष्ठास्तस्मादसि जरां गतः ॥ ४४
तद्रक्षोऽपि न भवेदेव वातापिरिव लक्ष्मण । मद्विधं योऽतिमन्येत धर्मनित्यं जितेन्द्रियम् ॥ ४५
भवेद्धतोऽयं वातापिरगस्त्येनेव मा गतः । इह त्वं भव संनद्धो यन्त्रितो रक्ष मैथिलीम् ॥ ४६
अस्यामायत्तमस्माकं यत्कृत्यं रघुनन्दन । अहमेनं वधिष्यामि ग्रहीष्याम्यथवा मृगम् ॥ ४७
यावद्गच्छामि सौमित्रे मृगमानयितुं द्रुतम् । पश्य लक्ष्मण वैदेह्या मृगत्वचि गतां स्पृहाम् ॥ ४८
त्वया प्रधानया ह्येष मृगोऽद्य नभविष्यति । अप्रमत्तेन ते भाव्यमाश्रमस्थेन सीतया ॥ ४९
यावत्पृषतमेकेन सायकेन निहन्म्यहम् । हत्वैतच्चर्म आदाय शीघ्रमेष्यामि लक्ष्मण ॥ ५०
प्रदक्षिणेनातिबलेन पक्षिणा जटायुषा बुद्धिमता च लक्ष्मण ।
भवाप्रमत्तः प्रतिगृह्य मैथिलीं प्रतिक्षणं सर्वत एव शङ्कितः ॥ ५१

इत्यार्षे श्रीमद्रामायणे वाल्मीकीय आदिकाव्येऽरण्यकाण्डे त्रिचत्वारिंशः सर्गः ॥ ४३ ॥

चतुश्चत्वारिंशः सर्गः ।

तथा तु तं समुद्दिश्य भ्रातरं रघुनन्दनः । दधारासिं महातेजा जाम्बूनदमयत्सरुम् ॥ १
ततस्त्रिविनतं चापमादायात्मविभूषणम् । आबध्य च कलापौ द्वौ जगामोदग्रविक्रमः ॥ २
तं वन्यराजो राजेन्द्रमापतन्तं निरीक्ष्य वै । बभूवान्तर्हितस्त्रासात्पुनः संदर्शनेऽभवत् ॥ ३

नेति । कदल्या इयं त्वक्कादली । मृदूच्चकर्बुरनीलाग्ररोमा मृगविशेषः कदली । प्रियकी मृदूच्चमसृणघनरोमयुक्तो मृगः प्रियकस्तस्येयं प्रियकी । प्रवेणी अजविशेषसंबन्धिनी । आविकी अविलक् । प्रत्येकं नत्रुक्तिः सर्वथा सादृश्याभावबोधनाय । अनेनैतदीयलचा ॥ ३६ ॥ यश्च नभश्चरो मृगो मृगशिरोनक्षत्ररूपः । तदेवाह—तारामृगेति ॥ ३७ ॥ अथ लक्ष्मणमतमङ्गीकृत्यापि प्रवृत्तिमाह—यदि वेति । राक्षसमायैषा न मृग इति यथा मां वदसि, यदि वा तथैवष भवेत्तथाप्यस्य वधो मया कर्तव्य एव । राक्षसवधस्य प्रतिज्ञातत्वात् ॥ ३८ ॥ ३९ ॥ उत्थाय प्रादुर्भूयोत्प्लुत्य वा ॥ ४० ॥ पुरस्तात्पूर्वमिह दण्डकारण्ये । 'स्वगर्भोऽश्वतरीमिव' इति । अश्वतरी स्वगर्भेण म्रियत इति प्रसिद्धिः । अश्वतरी गर्दभादश्वायामुत्पन्नेति तीर्थः । अश्वतरी कर्कटीति परे । वृश्चिक इति कतकः । अत्राद्यव्याख्यैव ज्यायसी । तस्या गर्भस्योदरपाटनं विना न निःसरणमिति सर्वजनप्रसिद्धेः ॥४१॥४२॥ समुत्थाने श्राद्धान्ते । तद्रूपं राक्षसंरूपम् । उत्स्मयित्वेषद्धसित्वा ॥ ४३ ॥ अविगण्याविचार्य पापम् । तस्माद्द्विजपरिभवजपापेन । जरां जीर्णताम् ॥ ४४ ॥ यो मारीचो मद्विधमतिमन्येतातिक्रामेत्तद्रक्षोऽपि मारीचाख्यं वातापिरिव नभवेदेव न जीवेदेव ॥ ४५ ॥ उक्तमेवार्थं पुनराह दार्ढ्याय—भवेदिति । मा मां गतः प्राप्तो मारीचोऽगस्त्येन वातापिरिव मया हतो भवेत् । भविष्यतीत्यर्थः । संनद्धो धनुःकवचादियुक्तः । यन्त्रितो यत्नवान्व्यापारान्तरहीनः ॥४६॥ अस्माकं यत्कृत्यमावश्यकं कर्तव्यं तदस्यामेतद्रक्षणविषय आयत्तं स्थितम् । तन्मुख्यकृत्ये त्वं सावधानस्तिष्ठ । स्वकर्तव्यमाह—अहमिति । अत्र पूर्वश्लोकचतुर्थचरणश्लेषेणायन्त्रितो यन्त्रणया हीनोऽतियत्नरहितः सीतां रक्ष । यदस्माकं कृत्यमवतारग्रहणप्रयोजनं तदस्यामायत्तमनयैव साधनीयमित्यपि सूचितम् ॥ ४७ ॥ यावद्गच्छामि । गमिष्यामीत्यर्थः । आनयितुमानेतुम् । तत्र हेतुः—पश्येति ॥ ४८ ॥ प्रधानया सर्वोत्तमया नभविष्यति न जीविष्यति । अनेन जीवतो ग्रहणमसुशकमिति दर्शितम् । ते त्वया । सीतया सहेति शेषः । अनया प्रेरिते कर्तव्ये चेत्यप्यर्थः ॥ ४९ ॥ यावदिति । तावदप्रमत्तेन भाव्यमित्यन्वयः ॥ ५० ॥ प्रदक्षिणेन समर्थेन । सर्वतः सर्वदिग्वर्तिरक्षोसुरेभ्यः ॥ ५१ ॥ इति श्रीरामाभिरामे श्रीरामीये रामायणतिलके वाल्मीकीय आदिकाव्येऽरण्यकाण्डे त्रिचत्वारिंशः सर्गः ॥ ४३ ॥

त्सरुः खड्गमुष्टिः ॥ १ ॥ मध्ये स्थलत्रये विनतं त्रिविनतम् । आत्मविभूषणम् । चापस्य वीरालंकारत्वात् । आत्मविभूषणमित्यनेनागस्त्यदत्तं वैष्णवमिति सूचितम् । कलापौ तूणीरौ ॥ २ ॥ वन्यराजो वन्यानां मृगाणां राजा । विचित्रम-

बद्धासिर्धनुरादाय प्रदुद्राव यतो मृगः । तं स्म पश्यति रूपेण द्योतयन्तमिवाग्रतः ॥ ४
अवेक्ष्यावेक्ष्य धावन्तं धनुष्पाणिर्महावने । अतिवृत्तमिवोत्पाताल्लोभयानं कदाचन ॥ ५
शङ्कितं तु समुद्भ्रान्तमुत्पतन्तमिवाम्बरम् । दृश्यमानमदृश्यं च वनोद्देशेषु केषुचित् ॥ ६
छिन्नाभ्रैरिव संवीतं शारदं चन्द्रमण्डलम् । मुहूर्तादेव ददृशे मुहुर्दूरात्प्रकाशते ॥ ७
दर्शनादर्शनेनैव सोऽपाकर्षत राघवम् । स दूरमाश्रमस्यास्य मारीचो मृगतां गतः ॥ ८
आसीत्क्रुद्धस्तु काकुत्स्थो विवशस्तेन मोहितः । अथावतस्थे सुश्रान्तश्छायामाश्रित्य शाद्वले ॥ ९
स तमुन्मादयामास मृगरूपो निशाचरः । मृगैः परिवृतोऽथान्यैरदूरात्प्रत्यदृश्यत ॥ १०
ग्रहीतुकामं दृष्ट्वा तं पुनरेवाभ्यधावत । तत्क्षणादेव संत्रासात्पुनरन्तर्हितोऽभवत् ॥ ११
पुनरेव ततो दूराद्वृक्षखण्डाद्विनिःसृतः । दृष्ट्वा रामो महातेजास्तं हन्तुं कृतनिश्चयः ॥ १२
भूयस्तु शरमुद्धृत्य कुपितस्तत्र राघवः । सूर्यरश्मिप्रतीकाशं ज्वलन्तमरिमर्दनम् ॥ १३
संधाय स दृढं चापे विकृष्य बलवद्बली । तमेव मृगमुद्दिश्य ज्वलन्तमिव पन्नगम् ॥ १४
मुमोच ज्वलितं दीप्तमस्त्रं ब्रह्मविनिर्मितम् । स भृशं मृगरूपस्य विनिर्भिद्य शरोत्तमः ॥ १५
मारीचस्यैव हृदयं बिभेदाशनिसंनिभः । तालमात्रमथोत्प्लुत्य न्यपतत्स भृशातुरः ॥ १६
व्यनदद्भैरवं नादं धरण्यामल्पजीवितः । म्रियमाणस्तु मारीचो जहौ तां कृत्रिमां तनुम् ॥ १७
स्मृत्वा तद्वचनं रक्षो दध्यौ केन तु लक्ष्मणम् । इह प्रस्थापयेत्सीता तां शून्ये रावणो हरेत् ॥ १८
स प्राप्तकालमाज्ञाय चकार च ततः स्वनम् । सदृशं राघवस्येव हा सीते लक्ष्मणेति च ॥ १९
तेन मर्मणि निर्विद्धं शरेणानुपमेन हि । मृगरूपं तु तत्त्यक्त्वा राक्षसं रूपमास्थितः ॥ २०
चक्रे स सुमहाकायो मारीचो जीवितं त्यजन् । तं दृष्ट्वा पतितं भूमौ राक्षसं भीमदर्शनम् ॥ २१
रामो रुधिरसिक्ताङ्गं चेष्टमानं महीतले । जगाम मनसा सीतां लक्ष्मणस्य वचः स्मरन् ॥ २२
मारीचस्य तु मायैषा पूर्वोक्ता लक्ष्मणेन तु । तत्तथा ह्यभवच्चाद्य मारीचोऽयं मया हतः ॥ २३
हा सीते लक्ष्मणेत्येवमाक्रुश्य तु महास्वनम् । ममार राक्षसः सोऽयं श्रुत्वा सीता कथं भवेत् ॥ २४
लक्ष्मणश्च महाबाहुः कामवस्थां गमिष्यति । इति संचिन्त्य धर्मात्मा रामो हृष्टतनूरुहः ॥ २५
तत्र रामं भयं तीव्रमाविवेश विषादजम् । राक्षसं मृगरूपं तं हत्वा श्रुत्वा च तत्स्वनम् ॥ २६
निहत्य पृषतं चान्यं मांसमादाय राघवः । त्वरमाणो जनस्थानं ससाराभिमुखं तदा ॥ २७

इत्यार्षे श्रीमद्रामायणे वाल्मीकीय आदिकाव्येऽरण्यकाण्डे चतुश्चत्वारिंशः सर्गः ॥ ४४ ॥

गत्वात् । पुनः संदर्शने दृष्टिविषये ॥ ३ ॥ रूपेण स्वरूपेणाग्रतो द्योतयन्तं द्योतमानमिव स्थितम् ॥ ४ ॥ अतिवृत्तमतिक्रान्तम् । कदाचन लोभयानं हस्तप्राप्तमिव दृश्यमानम् ॥ ५ ॥ शङ्कितम् । इषुपातादिति शेषः । वनोद्देशेषु क्वचिद्दृश्यमानं क्वचिददृश्यमानम् ॥ ६ ॥ छिन्नाभ्रसंवीतचन्द्रसादृश्योपपादकमुत्तरार्धम् ॥ ७ ॥ दर्शनादर्शनेनेति द्वन्द्वैकवद्भावः । स मृगतां गतो मारीचः । अस्याश्रमस्य दूरं गत इत्यर्थः ॥ ८ ॥ तेन दर्शनादर्शनेन विलोभ्य मोहयता मारीचेन मोहितो वञ्चितो विवशस्तत्स्वरलोभपरवश इव सुतरां छायामाश्रित्यावतस्थे ॥ ९ ॥ उन्मादयामास बहुदूरधावनेन चित्तविभ्रमं चकार ॥ १० ॥ ११ ॥ १२ ॥ भूयः कुपित इत्यन्वयः ॥ १३ ॥ १४ ॥ ब्रह्मविनिर्मितमस्त्रं ब्रह्मास्त्रं ब्रह्मदत्तबाणं च । मृगरूपसदृशरूपस्य मायाकृतरूपे यक्षवत्प्रविश्य स्थितस्य ॥ १५ ॥ मारीचस्यैव हृदयम्, न तु तत्कृतमायामृगाकारमात्रस्य । तालमात्रमुत्प्लुत्य । शरवेगकृतवेधादिति शेषः ॥ १६ ॥ १७ ॥ तद्वचनं रावणवचनम् । दध्यौ ध्यानं कृतवान् । केन मत्कृतेनोपायेन सीता लक्ष्मणं प्रस्थापयेत्तां च शून्ये रावणो हरेदिति दध्यौ ॥ १८ ॥ प्राप्तकालमाज्ञाय रावणोक्तमुपायमेव युक्तं मत्वा ॥ १९ ॥ मर्मणि प्राणस्थाने । रक्षस इदं राक्षसं रूपमास्थितः । पूर्वोक्तं शब्दं चक्र इत्यन्वयः ॥ २० ॥ सुमहाकायो महाशरीरम् ॥ २१ ॥ २२ ॥ लक्ष्मणवच एवाह—मारीचस्य त्विति ॥ २३ ॥ सीता कथं भवेत् । किमधैर्यं नाटयित्वा लक्ष्मणं प्रेषयेदुत धीरा भवेदित्यर्थः ॥ २४ ॥ कामवस्थाम् । अधैर्यादिति शेषः । हृष्टतनूरुहस्त्रासादिव रोमाञ्चिततनुः । वस्तुत एतन्मूलेन सर्वकार्यनिष्पत्तिरिति हर्षाद्रोमाञ्चिततनुः ॥ २५ ॥ तत्र नटवद्भगवान्मनुष्यरूपत्वाद्भयशोकादिमत्त्वं नाटयतीति कविरपि सर्वलोकवेद्यं तथैवाह—तत्र रामं भयमिति । तात्त्विकमर्थं तु हृष्टतनूरुह इति हृष्टपदेन प्रागेव ध्वनितवान् ॥ २६ ॥ पृषतं मृगम् । जनस्थानमभिमुखं जनस्थानवर्तिनिजाश्रमाभिमुखम् ॥ २७ ॥ इति श्रीरामाभिरामे श्रीरामीये रामायणतिलके वाल्मीकीय आदिकाव्येऽरण्यकाण्डे चतुश्चत्वारिंशः सर्गः ॥ ४४ ॥

पञ्चचत्वारिंशः सर्गः ।

आर्तस्वरं तु तं भर्तुर्विज्ञाय सदृशं वने । उवाच लक्ष्मणं सीता गच्छ जानीहि राघवम् ॥ १
नहि मे जीवितं स्थाने हृदयं वावतिष्ठते । क्रोशतः परमार्तस्य श्रुतः शब्दो मया भृशम् ॥ २
आक्रन्दमानं तु वने भ्रातरं त्रातुमर्हसि । तं क्षिप्रमभिधाव त्वं भ्रातरं शरणैषिणम् ॥ ३
रक्षसां वशमापन्नं सिंहानामिव गोवृषम् । न जगाम तथोक्तस्तु भ्रातुराज्ञाय शासनम् ॥ ४
तमुवाच ततस्तत्र क्षुभिता जनकात्मजा । सौमित्रे मित्ररूपेण भ्रातस्त्वमसि शत्रुवत् ॥ ५
यस्त्वमस्यामवस्थायां भ्रातरं नाभिपद्यसे । इच्छसि त्वं विनश्यन्तं रामं लक्ष्मण मत्कृते ॥ ६
लोभात्तु मत्कृते नूनं नानुगच्छसि राघवम् । व्यसनं ते प्रियं मन्ये स्नेहो भ्रातरि नास्ति ते ॥ ७
तेन तिष्ठसि विस्रब्धं तमपश्यन्महाद्युतिम् । किं हि संशयमापन्ने तस्मिन्निह मया भवेत् ॥ ८
कर्तव्यमिह तिष्ठन्त्या यत्प्रधानस्त्वमागतः । एवं ब्रुवाणां वैदेहीं बाष्पशोकसमन्विताम् ॥ ९
अब्रवील्लक्ष्मणस्त्रस्तां सीतां मृगवधूमिव । पन्नगासुरगन्धर्वदेवदानवराक्षसैः ॥ १०
अशक्यस्तव वैदेहि भर्ता जेतुं न संशयः । देवि देवमनुष्येषु गन्धर्वेषु पतत्रिषु ॥ ११
राक्षसेषु पिशाचेषु किंनरेषु मृगेषु च । दानवेषु च घोरेषु न स विद्येत शोभने ॥ १२
यो रामं प्रतियुध्येत समरे वासवोपमम् । अवध्यः समरे रामो नैवं त्वं वक्तुमर्हसि ॥ १३
न त्वामस्मिन्वने हातुमुत्सहे राघवं विना । अनिवार्यं बलं तस्य बलैर्बलवतामपि ॥ १४
त्रिभिर्लोकैः समुदितैः सेश्वरैः सामरैरपि । हृदयं निर्वृतं तेऽस्तु संतापस्त्यज्यतां तव ॥ १५
आगमिष्यति ते भर्ता शीघ्रं हत्वा मृगोत्तमम् । न स तस्य स्वरो व्यक्तं न कश्चिदपि दैवतः ॥ १६
गन्धर्वनगरप्रख्या माया तस्य च रक्षसः । न्यासभूतासि वैदेहि न्यस्ता मयि महात्मना ॥ १७
रामेण त्वं वरारोहे न त्वां त्यक्तुमिहोत्सहे । कृतवैराश्च कल्याणि वयमेतैर्निशाचरैः ॥ १८
खरस्य निधने देवि जनस्थानवधं प्रति । राक्षसा विविधा वाचो व्याहरन्ति महावने ॥ १९
हिंसाविहारा वैदेहि न चिन्तयितुमर्हसि । लक्ष्मणेनैवमुक्ता तु क्रुद्धा संरक्तलोचना ॥ २०
अब्रवीत्परुषं वाक्यं लक्ष्मणं सत्यवादिनम् । अनार्यकरुणारम्भ नृशंस कुलपांसन ॥ २१
अहं तव प्रियं मन्ये रामस्य व्यसनं महत् । रामस्य व्यसनं दृष्ट्वा तेनैतानि प्रभाषसे ॥ २२

अथ सीता रामविषयशोकनाटनेन लक्ष्मणमुद्वासयति—आर्तेति । भर्तुः स्वरेण सदृशं स्वरम् । भर्तुः स्वर इत्येव ज्ञात्वेत्यर्थः ॥ १ ॥ क्रोशतो रामस्य ॥ २ ॥ ३ ॥ आज्ञाय शासनम् । 'अप्रमत्तेन ते भाव्यमाश्रमस्थेन सीतया' इत्युक्तमनुचिन्त्येत्यर्थः ॥ ४ ॥ क्षुभिता क्षुभितेव । शत्रुवच्छत्रुयोग्यवृत्तः ॥ ५ ॥ तदेवाह—यस्त्वमिति । नाभिपद्यसे न प्राप्तो भवसि । मत्कृते मत्परिग्रहार्थम् ॥ ६ ॥ ७ ॥ विस्रब्धं विश्वस्तं यथा यथा । 'विश्रब्धः' इति पाठान्तरम् । त्वद्रक्षणं विहाय कथं गच्छामीत्यत्राह—किं हीति । यो रामः प्रधानं यस्य स यत्प्रधानस्त्वमिहागतस्तस्मिन्रामे संशयमापन्ने सति मया तिष्ठन्त्या त्वद्रक्षणेन जीवन्त्या किं कर्तव्यं भवेत् । तदभावे मरणमेव श्रेयः, तच्चानेनकेनापि भवतु रक्षसा वान्येन जन्तुना वा स्वतो वह्निप्रवेशादिना वेति भावः । अत्रायं ध्वनिः—राक्षससंहारप्रधानकार्यकरणायागतस्य तव त्वद्भ्रातुर्वा तस्मिन्कार्ये इह मदवस्थित्या संशयमापन्ने इह जीवन्त्या मया किं कार्यं भवेत् । सर्वत्रोत्पत्तिस्थितिसंहारेषु तव भ्रातुरहमेव सहकारिणी । प्रकृतश्च संहारोऽत्र मत्स्थित्या न निर्वर्तेत इति ॥ ८ ॥ ९ ॥ एवं बोधिततत्त्वोऽपि मानुष्यनाटनेन लोकव्यवहारानुसाराल्लक्ष्मणोऽवदद्दित्याह—अब्रवीदिति ॥ १० ॥ ११ ॥ न स विद्येत । नश्येदेवेत्यर्थः ॥ १२ ॥ न स विद्येतेत्युक्तम्, तत्र स कस्तत्राह—यो राममिति ॥ १३ ॥ बलवतामिन्द्रादीनामपि बलैस्तस्य बलमनिवार्यमधृष्यम् ॥ १४ ॥ तव त्वया ॥ १५ ॥ स स्वरो व्यक्तं स्पष्टं तस्य रामस्य न भवति दैवतः । अशरीरदेवतासंबन्धी कश्चित्स्वर इत्यपि नेत्यर्थः । तदापि शङ्का युक्ता । न त्वेवमपीत्यर्थः ॥ १६ ॥ किं तर्हि गन्धर्वनगरप्रख्या तद्वन्मिथ्या तस्य रक्षसो मायैव वञ्चनार्थं तत्कृतोऽयं स्वर इत्यर्थः । त्वं न्यासरूपतया मयि निक्षिप्तासि, अतस्त्वां त्यक्तुं नोत्सहे इत्युत्तरेणान्वयः ॥ १७ ॥ १८ ॥ खरस्य निधने रामेण कृते सति जनस्थानवधं जनस्थानवर्तिसपरिकररक्षोवधं प्रतिलक्ष्य कृतवैरा इत्यन्वयः । व्याहरन्त्यस्मद्व्यामोहनार्थम्, अतस्त्वां त्यक्तुं नोत्सहे ॥ १९ ॥ हिंसैव साधुजनपीडैव विहारो येषां ते तथा । इदं पूर्वान्वयि । अतस्त्वं रामस्य क्लेशं न चिन्तयितुमर्हसि ॥ २० ॥ अनार्यकरुणारम्भ, अनार्यया कुत्सितया करुणया रामव्यसनेऽपि मद्विषयारम्भो मद्रक्षणारम्भो यस्य तत्संबोधनम् ॥ २१ ॥ तेन रामव्यसनप्रियत्वेन । अत्र रामव्यसनं रामस्य प्रतिज्ञाता-

नैव चित्रं सपत्नेषु पापं लक्ष्मण यद्भवेत् । त्वद्विधेषु नृशंसेषु नित्यं प्रच्छन्नचारिषु ॥ २३
सुदुष्टस्त्वं वने राममेकमेकोऽनुगच्छसि । मम हेतोः प्रतिच्छन्नः प्रयुक्तो भरतेन वा ॥ २४
तन्न सिध्यति सौमित्रे तवापि भरतस्य वा । कथमिन्दीवरश्यामं रामं पद्मनिभेक्षणम् ॥ २५
उपसंश्रित्य भर्तारं कामयेयं पृथग्जनम् । समक्षं तव सौमित्रे प्राणांस्त्यक्ष्याम्यसंशयम् ॥ २६
रामं विना क्षणमपि नैव जीवामि भूतले । इत्युक्तः परुषं वाक्यं सीतया रोमहर्षणम् ॥ २७
अब्रवील्लक्ष्मणः सीतां प्राञ्जलिः स जितेन्द्रियः । उत्तरं नोत्सहे वक्तुं दैवतं भवती मम ॥ २८
वाक्यमप्रतिरूपं तु न चित्रं स्त्रीषु मैथिलि । स्वभावस्त्वेष नारीणामेषु लोकेषु दृश्यते ॥ २९
विमुक्तधर्माश्चपलास्तीक्ष्णा भेदकराः स्त्रियः । न सहे हीदृशं वाक्यं वैदेहि जनकात्मजे ॥ ३०
श्रोत्रयोरुभयोर्मध्ये तप्तनाराचसंनिभम् । उपशृण्वन्तु मे सर्वे साक्षिणो हि वनेचराः ॥ ३१
न्यायवादी यथा वाक्यमुक्तोऽहं परुषं त्वया । धिक्त्वामद्य विनश्यन्तीं यन्मामेवं विशङ्कसे ३२
स्त्रीत्वादुष्टस्वभावेन गुरुवाक्ये व्यवस्थितम् । गच्छामि यत्र काकुत्स्थः स्वस्ति तेऽस्तु वरानने ॥ ३३
रक्षन्तु त्वां विशालाक्षि समग्रा वनदेवताः । निमित्तानि हि घोराणि यानि प्रादुर्भवन्ति मे ।
अपि त्वां सह रामेण पश्येयं पुनरागतः ॥ ३४
लक्ष्मणेनैवमुक्ता तु रुदती जनकात्मजा । प्रत्युवाच ततो वाक्यं तीव्रबाष्पपरिप्लुता ॥ ३५
गोदावरीं प्रवेक्ष्यामि हीना रामेण लक्ष्मण । आबन्धिष्येऽथवा त्यक्ष्ये विषमे देहमात्मनः ॥ ३६
पिबामि वा विषं तीक्ष्णं प्रवेक्ष्यामि हुताशनम् । न त्वहं राघवादन्यं कदापि पुरुषं स्पृशे ॥ ३७

र्थस्य सर्वरक्षोवधरूपस्य हानिस्तत्प्रियत्वेनेति गूढं तात्पर्यम् । अत एषा मद्विषया करुणानार्या कुत्सिता । प्रधानकार्यविरोधित्वादिति बोध्यम् ॥ २२ ॥ अथ पुनर्नटवदाह—नैवेत्यादि । सपत्नेषु ज्ञातित्वात् ॥ २३ ॥ सुदुष्टः सुतरां दुष्टहृदयः ॥२४॥ तन्न सिध्यति मत्परिग्रहरूपम् ॥ २५ ॥ उपसंश्रित्योपभुज्य ॥ २६ ॥ २७ ॥ २८ ॥ अप्रतिरूपमत्यन्तानुचितम् ॥ २९ ॥ तीक्ष्णाः क्रूराः । भेदकराः । 'कृञो हेतु' इति टः । सुतभ्रातृपित्रादेरिति शेषः ॥ ३० ॥ वनेचराः । देवा इति शेषः ॥ ३१ ॥ यत्परुषमुक्तस्तदुपशृण्वन्त्विति योजना । यद्यस्मान्मामेवं वागगोचरदुर्भाववन्तं विशङ्कसे तत एव दोषादद्य विनश्यन्तीमासन्नविनाशां विपरीतमतिं त्वा त्वां धिगित्यर्थः । अत्र नशेर्नाशेच्छार्थः । तेन राक्षसकुलस्य नाशेच्छावतीं त्वां धिक् । यतो यदर्थं मामेवं विशङ्कसे वदसि इति गूढम् । यद्वा विनश्यन्तीं शङ्कितया प्रतिक्षणं परिणामरूपेण विनश्यतीं त्वां धिक् । यन्मां त्वदस्पृष्टं त्वदाक्रमणायोग्यमेवं विशङ्कसे । त्वदाक्रान्तेषु किलैवं संभावनेति ॥ ३२ ॥ पुनर्वेषानुसारेणाह—स्त्रीत्वादिति । स्त्रीत्वादुष्टस्वभावेन क्रौर्येण युता त्वं गुरुवाक्ये ज्येष्ठनियोगे स्थितं मामेवं ब्रूषे इति शेषः । अतो यत्र काकुत्स्थस्तत्र गच्छामि गमिष्ये । ते स्वस्त्यस्तु । सर्वत इति शेषः ॥ ३३ ॥ यानि घोराणि निमित्तानि मे प्रादुर्भवन्ति तैस्त्वत्पीडां शङ्कमानोऽहं रामेण सह पुनरागतस्त्वां पश्येयम् । एतदपि संभवेदित्यर्थः ॥ ३४ ॥ किमनेन सामान्यपुरुषप्रसङ्गः शङ्क्य इति मन्यमाना स्वदार्ढ्यं प्रकाशयति—लक्ष्मणेनेति ॥ ३५ ॥ आबन्धिष्ये । रज्ज्वा कण्ठमिति शेषः । विषमे भृग्वादिविषमे स्थित्वा । ततः प्रपातेनेति शेषः ॥ ३६ ॥ सर्वथा कर्तव्यमर्थमाह—प्रवेक्ष्यामि हुताशनम् । अत एवात्र वाशब्दानुक्तिः । अनेन साक्षाद्रावणगृहं न गमिष्यामि, किं त्वहं स्वरूपेणाग्नौ स्थित्वा माययैव तद्धस्तं गमिष्यामीति ध्वनितम् । तदुक्तं कूर्मपुराणे—'रामस्य सुभगां भार्यां रावणो राक्षसेश्वरः । सीतां विशालनयनां चकमे कालनोदितः ॥ गृहीत्वा मायया वेषं चरन्तीं विजने वने । समाहर्तुं मनश्चक्रे तापसः किल कामिनीम् । विज्ञाय सा च तद्भावं स्मृत्वा दाशरथिं पतिम् ॥' तद्भावं लङ्कायामेव हृदि कृतम् । तापसो भूत्वा हरिष्यामीति भावमित्यर्थः । 'जगाम शरणं वह्निमावसथ्यं शुचिस्मिता । प्रपद्ये पावकं देवं साक्षिणं विश्वतोमुखम् । आत्मानं दीप्तवपुषं सर्वभूतहृदि स्थितम् ॥' इत्याद्यष्टश्लोकानुक्त्वा 'इति वह्न्यष्टकं जप्त्वा रामपत्नी यशस्विनी । ध्यायन्ती मनसा तस्थौ राममुन्मीलितेक्षणा ॥ अथावसथ्याद्भगवान्हव्यवाहो महेश्वरः । आविरासीत्सुदीप्तात्मा तेजसा निर्दहन्निव ॥ सृष्ट्वा मायामयीं सीतां स रावणवधेच्छया । सीतामादाय रामेष्टां पावकोऽन्तरधीयत ॥ कृत्वा तु रावणवधं रामो लक्ष्मणसंयुतः । समादायाभवत्सीतां शङ्काकुलितमानसः ॥ सा प्रत्ययाय भूतानां सीता मायामयी पुनः । विवेश पावकं दीप्तं ददाह ज्वलनोऽपि ताम् ॥ दग्ध्वा मायामयीं सीतां भगवानुग्रदीधितिः । रामायादर्शयत्सीतां पावकोऽसौ सुरप्रियः ॥ एतत्पतिव्रतानां वै माहात्म्यं कथितं मया । स्त्रीणां सर्वाघशमनं प्रायश्चित्तमिदं स्मृतम् ॥' इत्युत्तरखण्डे चतुस्त्रिंशेऽध्याये । अनेन स्त्रीणां जातिभ्रंशकरापद्यग्निप्रवेशो न दोषाय सर्वप्रायश्चित्तं चेति ध्वनितम् । कदाप्यन्यं पुरुषं न स्पृशे इत्यन्वयः । अत्र पत्यसांनिध्य इति शेषः । तेन विराधस्पर्शेऽपि न हानिः ।

इति लक्ष्मणमाश्रुत्य सीता शोकसमन्विता । पाणिभ्यां रुदती दुःखादुदरं प्रजघान ह ॥ ३८
तामार्तरूपां विमना रुदन्तीं सौमित्रिरालोक्य विशालनेत्राम् ।
आश्वासयामास न चैव भर्तुस्तं भ्रातरं किंचिदुवाच सीता ॥ ३९
ततस्तु सीतामभिवाद्य लक्ष्मणः कृताञ्जलिः किंचिदभिप्रणम्य ।
अवेक्षमाणो बहुशः स मैथिलीं जगाम रामस्य समीपमात्मवान् ॥ ४०

इत्यार्षे श्रीमद्रामायणे वाल्मीकीय आदिकाव्येऽरण्यकाण्डे पञ्चचत्वारिंशः सर्गः ॥ ४५ ॥

षट्चत्वारिंशः सर्गः ।

तया परुषमुक्तस्तु कुपितो राघवानुजः । स विकाङ्क्षन्भृशं रामं प्रतस्थे नचिरादिव ॥ १
तदासाद्य दशग्रीवः क्षिप्रमन्तरमास्थितः । अभिचक्राम वैदेहीं परिव्राजकरूपधृक् ॥ २
श्लक्ष्णकाषायसंवीतः शिखी छत्री उपानही । वामे चांसेऽवसज्याथ शुभे यष्टिकमण्डलू ॥ ३
परिव्राजकरूपेण वैदेहीमन्ववर्तत । तामाससादातिबलो भ्रातृभ्यां रहितां वने ॥ ४
रहितां सूर्यचन्द्राभ्यां संध्यामिव महत्तमः । तामपश्यत्ततो बालां राजपुत्रीं यशस्विनीम् ॥ ५
रोहिणीं शशिना हीनां ग्रहवद्भृशदारुणः । तमुग्रं पापकर्माणं जनस्थानगता द्रुमाः ॥ ६
संदृश्य न प्रकम्पन्ते न प्रवाति च मारुतः । शीघ्रस्रोताश्च तं दृष्ट्वा वीक्षन्तं रक्तलोचनम् ॥ ७
स्तिमितं गन्तुमारेमे भयाद्गोदावरी नदी । रामस्य त्वन्तरं प्रेप्सुर्दशग्रीवस्तदन्तरे ॥ ८
उपतस्थे च वैदेहीं भिक्षुरूपेण रावणः । अभव्यो भव्यरूपेण भर्तारमनुशोचतीम् ॥ ९
अभ्यवर्तत वैदेहीं चित्रामिव शनैश्चरः । सहसा भव्यरूपेण तृणैः कूप इवावृतः ॥ १०
अतिष्ठत्प्रेक्ष्य वैदेहीं रामपत्नीं यशस्विनीम् । तिष्ठन्संप्रेक्ष्य च तदा पत्नीं रामस्य रावणः ॥ ११
शुभां रुचिरदन्तोष्ठीं पूर्णचन्द्रनिभाननाम् । आसीनां पर्णशालायां बाष्पशोकाभिपीडिताम् ॥ १२

तदा पतिसंनिधानात् । किं च साक्षाद्भगवतीस्पर्शे रावणो विराधवत्तत्क्षणादेव म्रियेत, एवं च सर्वराक्षसवधो न स्यादिति मायासीतारचना । किं चास्य कार्यं हनुमत्पुच्छाग्निना लङ्कादाहः । अन्यथा रावणवशेन लोकपालाग्निना कथं तन्नगरदाहः स्यात् । एतच्छक्तिप्रवेशेन तु तत्कार्यसामर्थ्यं तस्येति मन्तव्यम् । किंचैवं प्रतिज्ञाय रावणस्पर्शे जगन्मातुः प्रतिज्ञाभङ्गः स्यात् ॥ ३७ ॥ आश्रुत्य लक्ष्मणं प्रति प्रतिज्ञाय दुःखात्सकलकरणतापादिव । उदरं प्रजघानेत्यनेन सर्वरक्षोमरणं विना न मे उदरपूर्तिरिति सूचितम् । अन्यथा शोके वक्षआघातस्यैव स्त्रीषु प्रसिद्ध्या संगतिः स्यात् ॥ ३८ ॥ विमनाः सौमित्रिस्तां रुदन्तीमार्तस्येव कृतरूपामालोक्य लोकानुसारत आश्वासयामास । सा च तं न किंचिदुवाच । आश्वासनव्याजेन गमनविलम्बं करोतीति कोपेनेति शेषः ॥ ३९ ॥ अभिवाद्य । मनसेति शेषः । किंचिदभिप्रणम्येति कायिकः स उक्तः । अत्र किंचिदित्यनेन कोपः सूचितः । यद्यपि कोपेऽपि यथोचितव्यवहारत्यागो लक्ष्मणस्यानुचितस्तथापि प्रतिज्ञोत्तरं तथैव स्वच्छायां संदर्श्य तस्या अग्निप्रवेशोद्यमेन च्छायाबुद्ध्या किंचित्प्राञ्जलित्वं किंचिदेव नमनमित्यनेन सूचितम् । कथमेना रामेण विना त्यक्ष्यामीति बहुशोऽवेक्षमाणोऽग्निं प्रविष्टा न वेति च वीक्षमाणः ॥ ४० ॥ इति श्रीरामाभिरामे श्रीरामीये रामायणतिलके वाल्मीकीय आदिकाव्येऽरण्यकाण्डे पञ्चचत्वारिंशः सर्गः ॥ ४५ ॥

नचिरादिव । शीघ्रमेवेत्यर्थः । विकाङ्क्षन्विशेषेण काङ्क्षमाणस्तत्सविधगमनमिच्छन्नित्यर्थः । काङ्क्षिः शङ्कायामपि । तेन रामं विरुद्धं शङ्कमानः शीघ्रमितोऽनपसरणे कार्यनाशाद्रामोऽपि विरुद्धः स्यादिति शङ्कमानः शीघ्रं जगामेति व्यङ्ग्यम् । अत एव व्यवहितपूर्वसर्गान्ते मारीचस्य तथाशब्दोत्तरं सीताविषयां महतीं चिन्तामुक्त्वा ततः पुनरपि मांसार्थमितरमृगवधप्रवृत्तिरुक्ता सा विलम्बायैव ॥ १ ॥ तदा लक्ष्मणस्यापगमेऽन्तरं रामलक्ष्मणयोरपसरणेनावकाशमासाद्य प्राप्य ॥ २ ॥ शिखी उपानहीति । व्रीह्यादित्वादिनिः । अनेन त्रिदण्डिसंन्यासिविशेषः सूचितः । तदुक्तं भारते—'रावणस्तु यतिर्भूत्वा मुण्डः कुण्डी त्रिदण्डधृक्' इति । तत्र मुण्ड इत्यनेन जटित्वव्यावृत्तिः । कुण्डं कमण्डलुः । यष्टिस्त्रिदण्डात्मिका । भ्रातृभ्यां परस्परभ्रातृभ्यां रामलक्ष्मणाभ्याम् ॥ ३ ॥ ४ ॥ ५ ॥ ग्रहवत्केतुवत् । तं संदृश्येत्यन्वयः ॥ ६ ॥ शीघ्रस्रोता शीघ्रप्रवाहापि नदी तं वीक्षन्तं वीक्षमाणं दृष्ट्वा तद्भयात्स्तिमितं मन्दं गन्तुमारेमे इत्यन्वयः ॥ ७ ॥ अन्तरमपकारयोग्यं छिद्रम् । तदन्तर उभयरहितदेशकाले ॥ ८ ॥ उपतस्थे । अतिसमीपं प्रापेत्यर्थः । अनुशोचतीं तामिव ॥ ९ ॥ चित्रां चित्राख्यनक्षत्रम् । भव्यरूपेण परमशान्तयतिरूपेण ॥ १० ॥ ११ ॥ बाष्पैः शोकेन चाभिपीडिताम् । स्वयममी प्रविश्य मां रक्षसे दत्तवतीति शोकबाष्पौ । रामव्यसनशङ्कयेत्यापात-

स तां पद्मपलाशाक्षीं पीतकौशेयवासिनीम् । अभ्यगच्छत वैदेहीं हृष्टचेता निशाचरः ॥ १३
दृष्ट्वा कामशराविद्धो ब्रह्मघोषमुदीरयन् । अब्रवीत्प्रश्रितं वाक्यं रहिते राक्षसाधिपः ॥ १४
तामुत्तमां त्रिलोकानां पद्महीनामिव श्रियम् । विभ्राजमानां वपुषा रावणः प्रशशंस ह ॥ १५
रौप्यकाञ्चनवर्णाभे पीतकौशेयवासिनि । कमलानां शुभां मालां पद्मिनीव च बिभ्रती ॥ १६
ह्रीः श्रीः कीर्तिः शुभा लक्ष्मीरप्सरा वा शुभानने । भूतिर्वा त्वं वरारोहे रतिर्वा स्वैरचारिणी ॥ १७
समाः शिखरिणः स्निग्धाः पाण्डुरा दशनास्तव । विशाले विमले नेत्रे रक्तान्ते कृष्णतारके ॥ १८
विशालं जघनं पीनमूरू करिकरोपमौ । एतावुपचितौ वृत्तौ संहतौ संप्रगल्भितौ ॥ १९
पीनोन्नतमुखौ कान्तौ स्निग्धतालफलोपमौ । मणिप्रवेकाभरणौ रुचिरौ तौ पयोधरौ ॥ २०
चारुस्मिते चारुदति चारुनेत्रे विलासिनि । मनो हरसि मे रामे नदीकूलमिवाम्भसा ॥ २१
करान्तमितमध्यासि सुकेशे संहतस्तनि । नैव देवी न गन्धर्वी न यक्षी न च किंनरी ॥ २२
नैवंरूपा मया नारी दृष्टपूर्वा महीतले । रूपमग्र्यं च लोकेषु सौकुमार्यं वयश्च ते ॥ २३
इह वासश्च कान्तारे चित्तमुन्माथयन्ति मे । सा प्रतिक्राम भद्रं ते न त्वं वस्तुमिहार्हसि ॥ २४
राक्षसानामयं वासो घोराणां कामरूपिणाम् । प्रासादाग्राणि रम्याणि नगरोपवनानि च ॥ २५
संपन्नानि सुगन्धीनि युक्तान्याचरितुं त्वया । वरं माल्यं वरं गन्धं वरं वस्त्रं च शोभने ॥ २६
भर्तारं च वरं मन्ये त्वद्युक्तमसितेक्षणे । का त्वं भवसि रुद्राणां मरुतां वा शुचिस्मिते ॥ २७
वसूनां वा वरारोहे देवता प्रतिभासि मे । नेह गच्छन्ति गन्धर्वा न देवा न च किंनराः ॥ २८
राक्षसानामयं वासः कथं तु त्वमिहागता । इह शाखामृगाः सिंहा द्वीपिव्याघ्रमृगा वृकाः ॥ २९
ऋक्षास्तरक्षवः कङ्काः कथं तेभ्यो न बिभ्यसे । मदान्वितानां घोराणां कुञ्जराणां तरस्विनाम् ॥ ३०
कथमेका महारण्ये न बिभेषि वरानने । कासि कस्य कुतश्च त्वं किंनिमित्तं च दण्डकान् ॥ ३१
एका चरसि कल्याणि घोरान्राक्षससेवितान् । इति प्रशस्ता वैदेही रावणेन महात्मना ॥ ३२
द्विजातिवेषेण हि तं दृष्ट्वा रावणमागतम् । सर्वैरतिथिसत्कारैः पूजयामास मैथिली ॥ ३३
उपानीयासनं पूर्वं पाद्येनाभिनिमन्त्र्य च । अब्रवीत्सिद्धमित्येव तदा तं सौम्यदर्शनम् ॥ ३४

द्विजातिवेषेण समीक्ष्य मैथिली समागतं पात्रकुसुम्भधारिणम् ।
अशक्यमुद्द्वेष्टुमुपायदर्शनान्न्यमन्त्रयद्ब्राह्मणवत्तथागतम् ॥ ३५
इयं बृसी ब्राह्मण काममास्यतामिदं च पाद्यं प्रतिगृह्यतामिति ।
इदं च सिद्धं वनजात-ुत्तमं त्वदर्थमव्यग्रमिहोपभुज्यताम ॥ ३६

तोऽर्थः ॥ १२ ॥ १३ ॥ ब्रह्मघोषं ब्राह्मणत्वप्रत्यभिज्ञानाय वेदघोषमुदीरयन्कुर्वन् ॥ १४ ॥ १५ ॥ रौप्यकाञ्चनमुत्तमकाञ्चनम् ॥ १६ ॥ ह्रीर्गौरी । श्रीरैश्वर्यप्रधाना भगवच्छक्तिः । लक्ष्मीः सौभाग्यप्रधाना । भूतिरणिमादिसिद्धिः । रतिः कामपत्नी । स्वैरचारिणीत्वं वन आगमनात् ॥ १७ ॥ प्रशशंसेत्यस्य प्रपञ्चः— समा इत्यादि । समा इति समसंस्थानाः । शिखरिणः कुन्दकुड्मलवत्प्रशस्ताग्राः ॥ १८ ॥ संप्रगल्भितावालिङ्गनादौ संजातप्रागल्भ्यौ । 'संप्रवल्गितौ' इति पाठे आलिङ्गनोद्यतावित्यर्थः ॥ १९ ॥ मणिप्रवेको मणिश्रेष्ठः ॥ २० ॥ नदी कर्त्री । कूलं स्वकूलम् ॥ २१ ॥ करान्तेनाङ्गुष्ठप्रदेशिनी । चक्रप्रमाणेन मितं मध्यं यस्यास्तथाभूते ॥ २२ ॥ रूपं सुकुमारता वयः कान्तारवास इति चत्वारि चित्तमुन्माथयन्ति विकृतं कुर्वन्ति । प्रतिक्राम निर्गच्छ । रामचन्द्राधिष्ठितस्थाने राक्षसपराक्रमासंभवादेवं वचनम् ॥ २३ ॥ २४ ॥ २५ ॥ आचरितुमुपभोक्तुम् । त्वद्युक्तं त्वत्संयुक्तमाल्यादि वरम् । अन्यत्तु विफलमिति भावः ॥ २६ ॥ २७ ॥ २८ ॥ द्वीपिव्याघ्रौ सबिन्दुनिर्बिन्दू ॥ २९ ॥ तरक्षुर्मृगादनः । बिभ्यसे बिभेषि ॥ ३० ॥ ३१ ॥ प्रशस्ता कृतप्रशंसा ॥ ३२ ॥ द्विजातिवेषेण तमागतं रावणं दृष्ट्वा द्विजातिवेषोऽयं रावण इति ज्ञात्वापि । अतिथिसत्कारैरतिथियोग्यसत्कारैः ॥ ३३ ॥ पाद्येनाभिमन्त्र्य सत्कृत्य । तदा पाद्यदानोत्तरकाले सौम्यदर्शनं तं सिद्धं पक्वमन्नमित्यब्रवीत् ॥३४॥ पात्रं कमण्डलुः । कुसुम्भं तद्रक्तवस्त्रम् । तदुभयधारिणम् । उपायानां ब्राह्मणत्वप्रतिपत्त्यै रावणेन कृतानां काषायवस्त्रब्रह्मघोषदण्डादीनां दर्शनात् । उद्वेष्टुमुपेक्षितुमशक्यमिति विचार्येति शेषः । तथागतं ब्राह्मणवेषेणागतं रावणं ब्राह्मणवदेव न्यमन्त्रयत् । पाठान्तरं त्वत्राशक्तकल्पितम् । अयमेव रक्षःसंहारोपाय इति दर्शनादित्यपि गूढमन्त्र ॥ ३५ ॥ निमन्त्रणप्रकारः—इयं बृसीत्यादि । वनजातं वन्यपदार्थजातं स-

निमन्त्र्यमाणः प्रतिपूर्णभाषिणीं नरेन्द्रपत्नीं प्रसमीक्ष्य मैथिलीम् ।
प्रसह्य तस्या हरणे दृढं मनः समर्पयामास वधाय रावणः ॥ ३७
ततः सुवेषं मृगयागतं पतिं प्रतीक्षमाणा सहलक्ष्मणं तदा ।
निरीक्षमाणा हरितं ददर्श तन्महद्वनं नैव तु रामलक्ष्मणौ ॥ ३८

इत्यार्षे श्रीमद्रामायणे वाल्मीकीय आदिकाव्येऽरण्यकाण्डे षट्चत्वारिंशः सर्गः ॥ ४६ ॥

सप्तचत्वारिंशः सर्गः ।

रावणेन तु वैदेही तदा पृष्टा जिहीर्षुणा । परिव्राजकरूपेण शशंसात्मानमात्मना ॥ १
ब्राह्मणश्चातिथिश्चैष अनुक्तो हि शपेत माम् । इति ध्यात्वा मुहूर्तं तु सीता वचनमब्रवीत् ॥ २
दुहिता जनकस्याहं मैथिलस्य महात्मनः । सीता नाम्नास्मि भद्रं ते रामस्य महिषी प्रिया ॥ ३
उषित्वा द्वादश समा इक्ष्वाकूणां निवेशने । भुञ्जाना मानुषान्भोगान्सर्वकामसमृद्धिनी ॥ ४
तत्र त्रयोदशे वर्षे राजामन्त्रयत प्रभुः । अभिषेचयितुं रामं समेतो राजमन्त्रिभिः ॥ ५
तस्मिन्संभ्रियमाणे तु राघवस्याभिषेचने । कैकेयी नाम भर्तारं ममार्या याचते वरम् ॥ ६
परिगृह्य तु कैकेयी श्वशुरं सुकृतेन मे । मम प्रव्राजनं भर्तुर्भरतस्याभिषेचनम् ॥ ७
द्वावयाचत भर्तारं सत्यसंधं नृपोत्तमम् । नाद्य भोक्ष्ये न च स्वप्स्ये न पास्ये च कदाचन ॥ ८
एष मे जीवितस्यान्तो रामो यद्यभिषिच्यते । इति ब्रुवाणां कैकेयीं श्वशुरो मे स पार्थिवः ॥ ९
अयाचतार्थैरन्वर्थैर्न च याच्ञां चकार सा । मम भर्ता महातेजा वयसा पञ्चविंशकः ॥ १०
अष्टादश हि वर्षाणि मम जन्मनि गण्यते । रामेति प्रथितो लोके सत्यवाञ्शीलवाञ्शुचिः ॥ ११
विशालाक्षो महाबाहुः सर्वभूतहिते रतः । कामार्तश्च महाराजः पिता दशरथः स्वयम् ॥ १२
कैकेय्याः प्रियकामार्थं तं रामं नाभ्यषेचयत् । अभिषेकाय तु पितुः समीपं राममागतम् ॥ १३
कैकेयी मम भर्तारमित्युवाच द्रुतं वचः । तव पित्रा समाज्ञप्तं ममेदं शृणु राघव ॥ १४
भरताय प्रदातव्यमिदं राज्यमकण्टकम् । त्वया तु खलु वस्तव्यं नव वर्षाणि पञ्च च ॥ १५
वने प्रव्रज काकुत्स्थ पितरं मोचयानृतात् । तथेत्युवाच तां रामः कैकेयीमकुतोभयः ॥ १६
चकार तद्वचः श्रुत्वा भर्ता मम दृढव्रतः । दद्यान्न प्रतिगृह्णीयात्सत्यं ब्रूयान्न चानृतम् ॥ १७

दर्थमेव सिद्धं कृतं तदिहोपभुज्यताम् ॥ ३६ ॥ एवं निमन्त्र्यमाणो रावण आत्मवधाय स्वनाशाय तस्याः प्रसह्य हरणे मनो दृढं निश्चितं समर्पयामास । सम्यग्वधाय कृतवानित्यर्थः ॥ ३७ ॥ सुवेषं शोभनाकारम् । मृगयागतं मृगयां प्रति गतम् । हरितं श्यामम् ॥ ३८ ॥ इति श्रीरामाभिरामे श्रीरामीये रामायणतिलके वाल्मीकीय आदिकाव्येऽरण्यकाण्डे षट्चत्वारिंशः सर्गः ॥ ४६ ॥

रावणेन त्विति । आत्मानं जिहीर्षुणा परिव्राजकरूपेण रावणेन पृष्टा वैदेही आत्मना स्वयमेवात्मानं शशंस ॥ १ ॥ ननु पूजामात्रं कर्तव्यं किं प्रतिवचनेनेत्याह—ब्राह्मणश्चेति । एष अनुक्त इत्यार्षोऽसंधिः । अनुक्तोऽनुक्तप्रतिवचनः ॥ २ ॥ ३ ॥ सर्वकामसमृद्धिनी । व्रीह्यादित्वादिनिः ॥ ४ ॥ राजमन्त्रिभी राज्ञो राज्यनिर्वाहकर्ममन्त्रिभिरित्यर्थः ॥ ५ ॥ संभ्रियमाणे । संपाद्यमानसंभारे इत्यर्थः । भर्तारं दशरथम् । ममार्या मम पूज्या श्वश्रूः । 'अनार्या' इति क्वचित्पाठः ॥ ६ ॥ मे श्वशुरं सुकृतेन परिगृह्य वररूपेण सुकृतेन वशीकृत्य । यद्वा धर्मेण शापयित्वेत्यर्थः । मम भर्तुः प्रव्राजनं भरतस्याभिषेचनमिति द्वौ वरावयाचत ॥ ७ ॥ ८ ॥ ९ ॥ अन्वर्थैरनुगतार्थैः सप्रयोजनैरुपभोगक्षमैरर्थैरयाचत । सर्वाण्युत्तमवस्तूनि तुभ्यं दास्यामि रामाभिषेचने विघ्नं मा कुर्विति याच्यमाना न याच्ञां चकार नाङ्गीकृतवती । वयसा पञ्चविंशकः । वननिर्गमनकाल इति शेषः । नन्विदमयुक्तम् । 'ऊनषोडशवर्षोऽयम्' इति विश्वामित्रं प्रति दशरथोक्तेः । 'उषित्वा द्वादश समाः' इत्यत्रोक्तेश्चेति चेन्न । अल्पान्तरत्वात् अतितरुणावस्थायामपि राज्यं त्यक्तवानित्यर्थे तात्पर्येणास्थया तथोक्तेः । यद्वातिक्रान्तपञ्चविंशक इत्यर्थः । मम भर्ता वयसा महातेजाः । अतितरुण इत्यर्थः । पञ्चविंशकः सांख्यसिद्धं पञ्चविंशं तत्त्वं चैतन्यं सोऽयमेव । एतच्चैतन्येनैव जगद्व्याप्तं न ततोऽधिकं किंचिदस्तीति सूचयितुं तथोक्तिरिति तत्त्वम् ॥ १० ॥ तथा मम जन्मतो वनप्रवेशसमयेऽतीतानीत्यर्थः । गण्यत इत्यार्षमेकत्वम् । मम पञ्चतन्मात्रपञ्चमहाभूतपञ्चेन्द्रियाहंकारबुद्धिमनोरूपाण्यष्टादश वर्षाणि पर्वाणि जन्मनि कार्ये गण्यन्त इति तन्मूलीभूता प्रकृतिरहमिति सूचितम् ॥ ११ ॥ कामार्तः कैकेयीकामार्तः ॥ १२ ॥ १३ ॥ १४ ॥ १५ ॥ अनृतान्मोचय । तद्दत्तवरानुपालनेनेति

एतद्ब्राह्मण रामस्य व्रतं ध्रुवमनुत्तमम् । तस्य भ्राता तु वैमात्रो लक्ष्मणो नाम वीर्यवान् ॥ १८
रामस्य पुरुषव्याघ्रः सहायः समरेऽरिहा । स भ्राता लक्ष्मणो नाम ब्रह्मचारी दृढव्रतः ॥ १९
अन्वगच्छद्धनुष्पाणिः प्रव्रजन्तं मया सह । जटी तापसरूपेण मया सह सहानुजः ॥ २०
प्रविष्टो दण्डकारण्यं धर्मनित्यो दृढव्रतः । ते वयं प्रच्युता राज्यात्कैकेय्यास्तु कृते त्रयः ॥ २१
विचराम द्विजश्रेष्ठ वनं गम्भीरमोजसा । समाश्वस मुहूर्तं तु शक्यं वस्तुमिह त्वया ॥ २२
आगमिष्यति मे भर्ता वन्यमादाय पुष्कलम् । रुरून्गोधान्वराहांश्च हत्वादायामिषं बहु ॥ २३
स त्वं नाम च गोत्रं च कुलमाचक्ष्व तत्त्वतः । एकश्च दण्डकारण्ये किमर्थं चरसि द्विज ॥ २४
एवं ब्रुवत्यां सीतायां रामपत्न्यां महाबलः । प्रत्युवाचोत्तरं तीव्रं रावणो राक्षसाधिपः ॥ २५
येन वित्रासिता लोकाः सदेवासुरमानुषाः । अहं स रावणो नाम सीते रक्षोगणेश्वरः ॥ २६
त्वां तु काञ्चनवर्णाभां दृष्ट्वा कौशेयवासिनीम् । रतिं स्वकेषु दारेषु नाधिगच्छाम्यनिन्दिते ॥ २७
बह्वीनामुत्तमस्त्रीणामाहृतानामितस्ततः । सर्वासामेव भद्रं ते ममाग्रमहिषी भव ॥ २८
लङ्का नाम समुद्रस्य मध्ये मम महापुरी । सागरेण परिक्षिप्ता निविष्टा गिरिमूर्धनि ॥ २९
तत्र सीते मया सार्धं वनेषु विचरिष्यसि । न चास्य वनवासस्य स्पृहयिष्यसि भामिनि ॥ ३०
पञ्च दास्यः सहस्राणि सर्वाभरणभूषिताः । सीते परिचरिष्यन्ति भार्या भवसि मे यदि ॥ ३१

शेषः ॥ १६ ॥ १७ ॥ वैमात्रः । शुभ्रादिषु विमातृशब्दपाठेऽप्यार्षोऽण् । असहोदरो भ्रातेत्यर्थः । विभिन्नाया मातुरपत्यं वैमात्रः ॥ १८ ॥ १९ ॥ २० ॥ कैकेय्याः कृते तन्निमित्तम् ॥ २१ ॥ यदि वस्तुं शक्यं तर्हि मुहूर्तं समाश्वस । विश्रामं कुर्वित्यर्थः ॥ २२ ॥ हत्वा आदायेति च्छेदः । आदनमादस्तदर्थमित्यर्थः ॥ २३ ॥ गोत्रमार्षम् । कुलं प्रसिद्धवंश्यकृतम् । यद्वा गोत्रं पितृकुलम् । कुलं मातुः ॥ २४ ॥ २५ ॥ २६ ॥ दृष्ट्वा पूर्वं श्रुत्वा । अद्य दृष्ट्वा चेत्यर्थः ॥ २७ ॥ २८ ॥ २९ ॥ वनेषूपवनेषु ॥ ३० ॥ पञ्चेत्यादि । रक्षोयोनौ तमोगुणप्रधानायां जातत्वादुद्रिक्ततमसा भगवन्मायया ज्ञानाच्छादनादेवमुक्तिः । सर्वथा तत्त्वज्ञो रावणः कथमेवं वदेदिति तु श्रद्धाजाड्यमेव । तत्त्वज्ञचिह्नानुपलम्भात् । सीतारामौ सर्वेश्वरावित्येतन्मात्रज्ञानं रावणस्यास्त्येवेत्यपि श्रद्धाजाड्यमेव । विष्णुपुराणादिविरोधात् । तथा चोक्तं विष्णुपुराणे—'मैत्रेय उवाच—हिरण्यकशिपुत्वे च रावणत्वे च विष्णुना । अवाप निहतो भोगानप्राप्यानमरैरपि ॥ न लयं तत्र तेनैव निहतः स कथं पुनः । संप्राप्तः शिशुपालत्वे सायुज्यं शाश्वते हरौ ॥ एतदिच्छाम्यहं श्रोतुं सर्वधर्मभृतां वर । कौतूहलपरेणैतत्पृष्टो मे वक्तुमर्हसि ॥ पराशर उवाच—दैत्येश्वरस्य तु वधायाखिललोकोत्पत्तिस्थितिविनाशकारिणापूर्वां तनुं गृह्णता नृसिंहरूपमाविष्कृतम् । तत्र हिरण्यकशिपोर्विष्णुरयमित्येवं न मनस्यभूत् । निरतिशयपुण्यजातसंभूतमेतत्सत्त्वमिति रजउद्रेकप्रेरितैकाग्रमतिस्तद्भावनायोगात्ततोऽवाप्तवधहेतुकीं निरतिशयामेवाखिलत्रैलोक्याधिक्यधारिणीं दशाननत्वे भोगसंपदमवाप । नातस्तस्मिन्ननादिनिधने परब्रह्मभूते भगवत्यनालम्बनीकृते मनसस्तत्र लयम् । दशाननत्वेऽप्यनङ्गपराधीनतया जानकीसमासक्तचेतसो दाशरथिरूपधारिणस्तद्रूपदर्शनमेवासीत् । नायमच्युत इत्यासक्तिर्विपद्यतोऽन्तःकरणस्य मानुषबुद्धिरेव केवलमभूत् । विपद्यत इति विपद्यतोऽपीत्यर्थः । तस्मिन्नपि समये विष्णुत्वबुद्धिर्नासीदिति भावः । पुनरच्युतविनिपातनमात्रफलमखिलभूमण्डलश्लाघ्यचेदिराजकुलजन्माव्याहतं चैश्वर्यं शिशुपालत्वे चावाप । तत्र त्वखिलान्येव भगवन्नामकारणान्यभवन् । नामानि गोविन्दादीनि । कारणानि गवां रक्षणादीनीत्यर्थः । ततश्च तत्कारणकृतानां तेषामशेषाणामेवाच्युतनाम्नामनवरतमनेकजन्मसंवर्धितविद्वेषानुबन्धिचित्तो विनिन्दन्संतर्जनादिषूच्चारणमकरोत् । तच्च रूपमुत्फुल्लपद्मदलामलाक्षमत्युज्ज्वलपीतवस्त्रधार्यमलकिरीटकेयूरकटकोपशोभितमुदारपीवरचतुर्बाहुशङ्खचक्रगदाधरमतिप्रौढवैरानुभावादटनभोजनस्नानासनशयनादिष्वशेषावस्थान्तरेषु नैवापययावस्यात्मचेतसः । ततस्तमेवानुक्रोशेषूच्चारयंस्तमेव हृदये धारयन्नात्मवधाय भगवदस्त्रचक्रांशुमालोज्ज्वलमक्षय्यतेजःस्वरूपं परमब्रह्मस्वरूपमपगतरागद्वेषादिदोषं भगवन्तमद्राक्षीत् । तावच्च भगवच्चक्रेणाशु व्यापादितः । तेन तत्स्मरणदग्धाखिलाघसंचयो भगवतैवान्तमुपनीतस्तस्मिन्नेव लयमुपययौ । एतत्तवाभिहितम् । भगवानिह कीर्तितः संस्मृतश्च द्वेषानुबन्धेनाप्यखिलसुरासुरादिदुर्लभं फलं प्रयच्छति किमुत सम्यग्भक्तिमन्तम्' इति । लोकदृष्ट्या तु सीतासादृश्यात्सीताबुद्ध्या हरणाच्चाततायित्वसंपत्त्या तद्वधे भगवतः प्रवृत्तिः । एवं चेदृशोक्तीनां यद्वातद्वाप्रकारेणान्यथा योजनप्रयासस्तीर्थादीनां विफल एव । विष्णुपुराणोक्तरीत्यैव भागवत उक्तम्—'एते चांशकलाः पुंसः कृष्णस्तु भगवान्स्वयम्' इति । एते इत्यनेन पूर्वोक्ता अवतारा ऋष्यादयश्च परामृश्यन्ते । पुंसः परमेश्वरस्य । तत्रावतारा अंशाः । ऋष्यादयः कलाः । यद्यपि कृष्णोऽप्यंश एव । तत्रैव दशमे 'तत्रांशेनावतीर्णस्य विष्णोर्वीर्याणि शंस नः' इत्याद्युक्तेः । 'उज्जहारात्मनः केशौ सितकृष्णौ महामुने' इति विष्णुपुराणाद्युक्तेः । द्वितीये भागवतेऽप्येवमेव । भारतेऽप्येवमेव । एतेन 'तत्रांशेनावतीर्णस्य' इत्यादि

रावणेनैवमुक्ता तु कुपिता जनकात्मजा । प्रत्युवाचानवद्याङ्गी तमनादृत्य राक्षसम् ॥ ३२
महागिरिमिवाकम्प्यं महेन्द्रसदृशं पतिम् । महोदधिमिवाक्षोभ्यमहं राममनुव्रता ॥ ३३
सर्वलक्षणसंपन्नं न्यग्रोधपरिमण्डलम् । सत्यसंधं महाभागमहं राममनुव्रता ॥ ३४
महाबाहुं महोरस्कं सिंहविक्रान्तगामिनम् । नृसिंहं सिंहसंकाशमहं राममनुव्रता ॥ ३५
पूर्णचन्द्राननं रामं राजवत्सं जितेन्द्रियम् । पृथुकीर्तिं महाबाहुमहं राममनुव्रता ॥ ३६
त्वं पुनर्जम्बुकः सिंहीं मामिहेच्छसि दुर्लभाम् । नाहं शक्या त्वया स्प्रष्टुमादित्यस्य प्रभा यथा ॥ ३७
पादपान्काञ्चनान्नूनं बहून्पश्यसि मन्दभाक् । राघवस्य प्रियां भार्यां यस्त्वमिच्छसि राक्षस ॥ ३८
क्षुधितस्य च सिंहस्य मृगशत्रोस्तरस्विनः । आशीविषस्य वदनाद्दंष्ट्रामादातुमिच्छसि ॥ ३९
मन्दरं पर्वतश्रेष्ठं पाणिना हर्तुमिच्छसि । कालकूटं विषं पीत्वा स्वस्तिमान्गन्तुमिच्छसि ॥ ४०
अक्षि सूच्या प्रमृजसि जिह्वया लेढि च क्षुरम् । राघवस्य प्रियां भार्यामधिगन्तुं त्वमिच्छसि ॥ ४१
अवसज्य शिलां कण्ठे समुद्रं तर्तुमिच्छसि । सूर्याचन्द्रमसौ चोभौ पाणिभ्यां हर्तुमिच्छसि ॥ ४२
यो रामस्य प्रियां भार्यां प्रधर्षयितुमिच्छसि । अग्निं प्रज्वलितं दृष्ट्वा वस्त्रेणाहर्तुमिच्छसि ॥ ४३
कल्याणवृत्तां यो भार्यां रामस्याहर्तुमिच्छसि । अयोमुखानां शूलानां मध्ये चरितुमिच्छसि ।
रामस्य सदृशीं भार्यां योऽधिगन्तुं त्वमिच्छसि ॥ ४४

यदन्तरं सिंहसृगालयोर्वने यदन्तरं स्यन्दनिकासमुद्रयोः ।
सुराग्र्यसौवीरकयोर्यदन्तरं तदन्तरं दाशरथेस्तवैव च ॥ ४५
यदन्तरं काञ्चनसीसलोहयोर्यदन्तरं चन्दनवारिपङ्कयोः ।
यदन्तरं हस्तिबिडालयोर्वने तदन्तरं दाशरथेस्तवैव च ॥ ४६
यदन्तरं वायसवैनतेययोर्यदन्तरं मद्गुमयूरयोरपि ।
यदन्तरं हंसकगृध्रयोर्वने तदन्तरं दाशरथेस्तवैव च ॥ ४७
तस्मिन्सहस्राक्षसमप्रभावे रामे स्थिते कार्मुकबाणपाणौ ।
हृतापि तेऽहं न जरां गमिष्ये आज्यं यथा मक्षिकयावगीर्णम् ॥ ४८

दशमस्थश्लोकव्याख्यानमपास्तम्, तथापि तत्तत्कारणकृतनाम्नां तत्र लाभाद्बहुशो ज्ञानकार्यनाटनाच्च शङ्खचक्रादीनां प्रत्यक्षतो दर्शनाच्च स्वयं भगवानित्युक्तिः । नैतावता रामादवताराणां ततो न्यूनत्वमिति भ्रमः कार्यः । श्रीधरोऽपि—'मत्स्याद्यवताराणां सर्वज्ञत्वसर्वशक्तिमत्त्वेऽपि यावदुपयोगमेव ज्ञानशक्त्याविष्कारः । अज्ञानाविष्कारश्च बहुशः । कृष्णे त्वन्त्योऽल्पः । यथाभिमन्युमरणे नाहं तत्र संनिहित आसमतस्तस्य मरणमिति । यथा द्रौपद्याः सभायां नयनकालेनाहं द्वारकायां संनिहितः किंतु सौभवधार्थं गतोऽतो भवतामयं क्लेश इति । सौभवधे च मायिकं मृतवसुदेवशरीरं दृष्ट्वा मोह इत्याद्यज्ञानमाद्यमल्पम् । रामावतारेऽपि ज्ञानाविष्कारस्तत्र तत्र दर्शितो दर्शयिष्यते च । अवताराश्चेमे विराज एवांशाः । भागवते प्रथमे तृतीयेऽध्याये—'जगृहे पौरुषं रूपं भगवान्महदादिभिः । संभूतं षोडशकलमादौ लोकसिसृक्षया ॥' इत्यादिना वैराजं रूपमुक्त्वा 'एतन्नानावताराणां निधानं बीजमव्ययम् । यस्यांशांशेन सृज्यन्ते देवतिर्यङ्नरादयः ॥' इत्युक्तेः । एतदुक्तं वैराजं निधानं कार्यावसाने प्रवेशस्थानम् । बीजमुद्गमकारणम् । अव्ययं स्वयं चिरस्थायि । न केवलमवताराणामेव बीजं किं तु सर्वेषामित्याह—यस्येति । यद्यपि विराट् जीव एव तथापि तदन्तर्यामिणस्तथोपासनायैवमुक्तम् । सितकृष्णकेशोद्धारेण च तेषां मूर्धन्यत्वेन मुख्यत्वात्तद्वन्मुख्ययोः प्रधानयोर्मदंशयोस्तत्त्वज्ञयोस्तद्वर्णयोर्वैकुण्ठस्थभूतलस्थयोर्विष्णुशेषयोरवतार इति सूचितम् । अतएवान्ते कृष्णं प्रति देवदूतेन 'त्वां विना स्वर्गो न शोभतेऽतस्त्वमागच्छे'ति निवेदितमिति स्पष्टं पुराणेषु । अत्र रामं प्रत्यपि तथैवोक्तम् । अंशत्वं चैषामौपाधिकम् । 'मायायाः सांशत्वात्' इत्यलम् ॥ ३१ ॥ रावणेनेति । कुपिता कुपितेव ॥ ३२ ॥ पर्वतसमुद्रोपमाभ्यां धैर्यगाम्भीर्ये दर्शिते ॥ ३३ ॥ न्यग्रोधपरिमण्डलं तत्सदृशपरिणाहं तद्वत्सर्वाश्रयं च राममुद्दिश्यानुसरणमेव व्रतं यस्याः सा ॥ ३४ ॥ सिंहस्य विक्रान्तं पदक्षेपस्तद्वत्पदनिक्षेपेण सगर्वगमनशीलम् । सिंहसंकाशम् । पराक्रमे इति भावः । नृसिंहमित्यस्य हिरण्यकशिपुहन्तृत्वं व्यङ्ग्यम् ॥ ३५ ॥ राजा चासौ वत्सः श्रेष्ठराजस्तम् । यद्वा दशरथपुत्रम् ॥ ३६ ॥ यथादित्यप्रभादित्यात्पृथक्कृत्य केनापि स्प्रष्टुमशक्या, तथाहं शक्तिशक्तिमतोरवियोगादिति गूढम् ॥ ३७ ॥ काञ्चनवृक्षदर्शनं मुमूर्षुलक्षणम् । मन्दं क्षीणमायुरादि भजति स मन्दभाक् ॥ ३८ ॥ क्षुधितस्य सिंहस्य सर्पस्य वदनाद्दंष्ट्राग्रहणेच्छावत्ते मदिच्छा । एवं सर्वत्र निदर्शनालंकारः ॥ ३९ ॥ ४० ॥ लेढि लेक्षि ॥ ४१ ॥ ॥ ४२ ॥ ४३ ॥ ४४ ॥ स्यन्दनिका क्षुद्रनदी । सुराग्र्यमग्र्यसुराम् । सौवीरकमारनालं काञ्जिकम् ॥ ४५ ॥ काञ्चनसीसलोहयोरित्यर्थः । हस्ती गजः । बिडालो मार्जारः ॥ ४६ ॥ मद्गुर्जलकाकः ॥ ४७ ॥ जरां जीर्णावस्थां सुखोदर्काम् ।

इतीव तद्वाक्यमदुष्टभावा सुदुष्टमुक्त्वा रजनीचरं तम् ।
गात्रप्रकम्पाद्व्यथिता बभूव वातोद्धता सा कदलीव तन्वी ॥ ४९
तां वेपमानामुपलक्ष्य सीतां स रावणो मृत्युसमप्रभावः ।
कुलं बलं नाम च कर्म चात्मनः समाचचक्षे भयकारणार्थम् ॥ ५०

इत्यार्षे श्रीमद्रामायणे वाल्मीकीय आदिकाव्येऽरण्यकाण्डे सप्तचत्वारिंशः सर्गः ॥ ४७ ॥

अष्टचत्वारिंशः सर्गः ।

एवं ब्रुवत्यां सीतायां संरब्धः परुषं वचः । ललाटे भ्रुकुटिं कृत्वा रावणः प्रत्युवाच ह ॥ १
भ्राता वैश्रवणस्याहं सापत्नो वरवर्णिनि । रावणो नाम भद्रं ते दशग्रीवः प्रतापवान् ॥ २
यस्य देवाः सगन्धर्वाः पिशाचपतगोरगाः । विद्रवन्ति सदा भीता मृत्योरिव सदा प्रजाः ॥ ३
येन वैश्रवणो भ्राता वैमात्रः कारणान्तरे । द्वन्द्वमासादितः क्रोधाद्रणे विक्रम्य निर्जितः ॥ ४
मद्भयार्तः परित्यज्य स्वमधिष्ठानमृद्धिमत् । कैलासं पर्वतश्रेष्ठमध्यास्ते नरवाहनः ॥ ५
यस्य तत्पुष्पकं नाम विमानं कामगं शुभम् । वीर्यादावर्जितं भद्रे येन यामि विहायसम् ॥ ६
मम संजातरोषस्य मुखं दृष्ट्वैव मैथिलि । विद्रवन्ति परित्रस्ताः सुराः शक्रपुरोगमाः ॥ ७
यत्र तिष्ठाम्यहं तत्र मारुतो वाति शङ्कितः । तीव्रांशुः शिशिरांशुश्च भयात्संपद्यते दिवि ॥ ८
निष्कम्पपत्रास्तरवो नद्यश्च स्तिमितोदकाः । भवन्ति यत्र तत्राहं तिष्ठामि च चरामि च ॥ ९
मम पारे समुद्रस्य लङ्का नाम पुरी शुभा । संपूर्णा राक्षसैर्घोरैर्यथेन्द्रस्यामरावती ॥ १०
प्राकारेण परिक्षिप्ता पाण्डुरेण विराजिता । हेमकक्ष्या पुरी रम्या वैदूर्यमयतोरणा ॥ ११
हस्त्यश्वरथसंबाधा तूर्यनादविनादिता । सर्वकामफलैर्वृक्षैः संकुलोद्यानभूषिता ॥ १२
तत्र त्वं वस हे सीते राजपुत्रि मया सह । न स्मरिष्यसि नारीणां मानुषीणां मनस्विनि ॥ १३
भुञ्जाना मानुषान्भोगान्दिव्यांश्च वरवर्णिनि । न स्मरिष्यसि रामस्य मानुषस्य गतायुषः ॥ १४
स्थापयित्वा प्रियं पुत्रं राज्ये दशरथो नृपः । मन्दवीर्यस्ततो ज्येष्ठः सुतः प्रस्थापितो वनम् ॥ १५
तेन किं भ्रष्टराज्येन रामेण गतचेतसा । करिष्यसि विशालाक्षि तापसेन तपस्विना ॥ १६
रक्ष राक्षसभर्तारं कामय स्वयमागतम् । न मन्मथशराविष्टं प्रत्याख्यातुं त्वमर्हसि ॥ १७
प्रत्याख्याय हि मां भीरु पश्चात्तापं गमिष्यसि । चरणेनाभिहत्येव पुरूरवसमुर्वशी ॥ १८

मक्षिकयावगीर्णं भुक्तमाज्यं यथा तां नाशयति तद्वत् ॥ ४८ ॥ इतीवेत्येवम् । सुदुष्टमत्यन्तदुःखजनकं तत्पूर्वोक्तं वाक्यम् । वातोद्धता महावातप्रकम्प्यमाना ॥ ४९ ॥ भयकारणार्थं भयोत्पादनार्थम् ॥ ५० ॥ **इति श्रीरामाभिरामे श्रीरामीये रामायणतिलके वाल्मीकीय आदिकाव्येऽरण्यकाण्डे सप्तचत्वारिंशः सर्गः ॥ ४७ ॥**

एवमिति । परुषम् । क्रोधावेशेन वर्णानां चर्वणेनैवोच्चारणाच्छ्रुतिकट्वक्षरमित्यर्थः । संरब्धः क्रुद्धः ॥ १ ॥ सापत्नः । शिवाद्यण् । 'सापत्ने' इति पाठे मातृसपत्नीपुत्रत्वे प्रसिद्ध इत्यर्थः । भ्रातेत्यत्र च 'साक्षात्' इति तदा पाठः । एतेन कुलप्राशस्त्यमुक्तम् ॥ २ ॥ ३ ॥ वैमात्रः प्राग्वत् । 'द्वैमात्रः' इति पाठे द्वितीया माता द्विमाता । तदपत्यमित्यर्थे 'मातुरुत्–' इत्युत्वाभाव आर्षः । अस्य द्विशब्दस्य द्विपूरणार्थत्वेऽपि संख्यार्थत्वाभावान्नोत्वमित्यन्ये । कारणान्तरे निमित्तविशेषे । द्वन्द्वं द्वन्द्वयुद्धम् । आसादितः प्रापितः ॥ ४ ॥ स्वमधिष्ठानं स्वां पुरीं लङ्काम् । कैलासाश्रयणं प्रबलाश्रयणबुद्ध्या ॥ ५ ॥ येन पुष्पकेण वीर्यादावर्जितमाच्छिद्य गृहीतम् । मयेति शेषः ॥ ६ ॥ ७ ॥ तीव्रांशुरपि मम भयाच्छिशिरांशुः संपद्यते ॥८॥ यत्र चरामि । येन मार्गेण गच्छामीति यावत् । यत्र च तिष्ठामि तत्र भवन्तीत्यन्वयः ॥ ९ ॥ समुद्रस्य पारे मम लङ्का नाम पुरीत्यन्वयः ॥ १० ॥ प्राकारस्य पाण्डुरत्वं सुधालेपाद्राजतत्वाद्वा । हेम्नः कक्ष्या अवच्छेदा यस्यां सा । तोरणं पुरद्वारम् ॥ ११ ॥ १२ ॥ मानुषीणां नारीणां न स्मरिष्यसि । शेषे षष्ठी । मन्नगरे दिव्यनारीसमागमादिति भावः । युगपन्मानुषदिव्यभोगस्तत्रान्यत्र तूभयं युगपद्दुर्लभमिति भावः ॥ १३ ॥ गतायुष एकादशसहस्रसंख्यया मितायुषः । खरादिवधजक्रोधेन मया वधाद्वा तत्त्वम् ॥ १४ ॥ यो रामो मन्दवीर्य इति ज्ञात्वा ज्येष्ठोऽपि राज्ये प्रियं भरतं स्थापयित्वा वनं प्रस्थापितः ॥ १५ ॥ तेन गतचेतसा किं करिष्यसीत्यन्वयः । भ्रष्टराज्यत्वाच्चेतोहीनत्वम् । तापसेन तपस्विना तापसश्रेष्ठतपस्विना । यद्वा तापसेन शोच्यत्वेन । तपस्विनाऽशूरेण ॥ १६ ॥ 'रक्ष रक्षणे' । रक्ष पालय ॥ १७ ॥ उर्वशी पुरूरवसं चरणेनाभि-

अङ्गुल्या न समो रामो मम युद्धे स मानुषः । तव भाग्येन संप्राप्तं भजस्व वरवर्णिनि ॥ १९
एवमुक्ता तु वैदेही क्रुद्धा संरक्तलोचना । अब्रवीत्परुषं वाक्यं रहिते राक्षसाधिपम् ॥ २०
कथं वैश्रवणं देवं सर्वदेवनमस्कृतम् । भ्रातरं व्यपदिश्य त्वमशुभं कर्तुमिच्छसि ॥ २१
अवश्यं विनशिष्यन्ति सर्वे रावण राक्षसाः । येषां त्वं कर्कशो राजा दुर्बुद्धिरजितेन्द्रियः ॥ २२
अपहृत्य शचीं भार्यां शक्यमिन्द्रस्य जीवितुम् । नहि रामस्य भार्यां मामानीय स्वस्तिमान्भवेत् ॥ २३
जीवेच्चिरं वज्रधरस्य पश्चाच्छचीं प्रधृष्याप्रतिरूपरूपाम् ।
न मादृशीं राक्षस धर्षयित्वा पीतामृतस्यापि तवास्ति मोक्षः ॥ २४

इत्यार्षे श्रीमद्रामायणे वाल्मीकीय आदिकाव्येऽरण्यकाण्डेऽष्टचत्वारिंशः सर्गः ॥ ४८ ॥

एकोनपञ्चाशः सर्गः ।

सीताया वचनं श्रुत्वा दशग्रीवः प्रतापवान् । हस्ते हस्तं समाहन्य चकार सुमहद्वपुः ॥ १
स मैथिलीं पुनर्वाक्यं बभाषे वाक्यकोविदः । नोन्मत्तया श्रुतौ मन्ये मम वीर्यपराक्रमौ ॥ २
उद्वहेयं भुजाभ्यां तु मेदिनीमम्बरे स्थितः । आपिबेयं समुद्रं च मृत्युं हन्यां रणे स्थितः ॥ ३
अर्कं तुद्यां शरैस्तीक्ष्णैर्विभिन्द्यां हि महीतलम् । कामरूपेण उन्मत्ते पश्य मां कामरूपिणम् ॥ ४
एवमुक्तवतस्तस्य रावणस्य शिखिप्रभे । क्रुद्धस्य हरिपर्यन्ते रक्ते नेत्रे बभूवतुः ॥ ५
सद्यः सौम्यं परित्यज्य तीक्ष्णरूपं स रावणः । स्वं रूपं कालरूपाभं भेजे वैश्रवणानुजः ॥ ६
संरक्तनयनः श्रीमांस्तप्तकाञ्चनभूषणः । क्रोधेन महताविष्टो नीलजीमूतसंनिभः ॥ ७
दशास्यो विंशतिभुजो बभूव क्षणदाचरः । स परिव्राजकच्छद्म महाकायो विहाय तत् ॥ ८
प्रतिपेदे स्वकं रूपं रावणो राक्षसाधिपः । रक्ताम्बरधरस्तस्थौ स्त्रीरत्नं प्रेक्ष्य मैथिलीम् ॥ ९
स तामसितकेशान्तां भास्करस्य प्रभामिव । वसनाभरणोपेतां मैथिलीं रावणोऽब्रवीत् ॥ १०
त्रिषु लोकेषु विख्यातं यदि भर्तारमिच्छसि । मामाश्रय वरारोहे तवाहं सदृशः पतिः ॥ ११
मां भजस्व चिराय त्वमहं श्लाघ्यः पतिस्तव । नैव चाहं क्वचिद्भद्रे करिष्ये तव विप्रियम् ॥ १२
त्यज्यतां मानुषो भावो मयि भावः प्रणीयताम् । राज्याच्च्युतमसिद्धार्थं रामं परिमितायुषम् ॥ १३
कैर्गुणैरनुरक्तासि मूढे पण्डितमानिनि । यः स्त्रियो वचनाद्राज्यं विहाय ससुहृज्जनम् ॥ १४

हृत्य यथा पश्चात्तापं गतेति पुराणेषु प्रसिद्धम् । तथा पश्चात्तापं गमिष्यसि ॥ १८ ॥ अङ्गुल्या न समोऽङ्गुलीबलेनापि तुल्यो न । अनेन मया नीतां पुना राम आनयिष्यतीति न शङ्क्यमिति भावः । संप्राप्तम् । मामिति शेषः ॥ १९ ॥ २० ॥ रहिते रामरहिते । आश्रमे स्थितेति शेषः । ईदृशवंश्यस्येदृशं कृत्यमनुचितमिति मिथ्यैवान्यवंशं स्ववंशत्वेन कथयसीति व्यङ्ग्यम् ॥ २१ ॥ एवंभूतस्य राज्ञः प्रजानां सर्वथा नाशः । मम नयने सर्वजीवितच्छेद एवेति भावः ॥ २२ ॥ २३ ॥ अप्रतिरूपरूपामनुपमसौन्दर्याम् । मोक्षः । मृत्योरिति शेषः अतिमलिनान्तःकरणत्वान्मोक्षो ज्ञानैकप्राप्यस्तव नास्त्येवेति भावः ॥ २४ ॥ अत्र सर्गे रावणोक्तौ—'सप्तसप्तकवेत्ताहमष्टाष्टकविभूषितः । पञ्चपञ्चकतत्त्वज्ञो रावणोऽहं भजस्व माम् ॥' इति श्लोकः क्वचित्पठ्यते । तमेवं व्याचक्षते—'सप्तसप्तकं षडङ्गसहितवेदोपवेदसहितचतुर्दशविद्यारूपं तद्वेत्ता । अष्टाष्टकविभूषितश्चतुःषष्टिकलाभूषितः । पञ्चपञ्चकतत्त्वज्ञः पञ्चविंशतितत्त्वस्वरूपवेत्ता । नित्यानित्यवस्तुविवेकवानिति यावत्' इति । स कतकाद्यव्याख्यातत्वात्प्रक्षिप्त इति ज्ञायते । आद्यपादेऽर्थासंगतिरपि । परपादपर्यालोचनया तृतीयपादोक्तज्ञानवत ईदृशे कर्मणि प्रवृत्तिरप्यनुचितेति भाति ॥ इति श्रीरामाभिरामे श्रीरामीये रामायणतिलके वाल्मीकीय आदिकाव्येऽरण्यकाण्डेऽष्टचत्वारिंशः सर्गः ॥ ४८ ॥

हस्ते हस्तं समाहन्य । समाहत्येत्यर्थः । विनिष्पीड्येति यावत् । महिषादयः स्त्रियैव हतास्तथा कदाचिदेषा हरणसमये क्रौर्यं कुर्यादिति शङ्कया क्रूरस्वीयमहद्रूपाङ्गीकारः । यद्वा कपटेनापि शान्तस्वभावयतिवेषधारणात्तद्वेषभाव्येन हरणे स्वस्य प्रतिबद्धतां दृष्ट्वा स्वरूपग्रहणम् । मम रावणस्याप्ययं वेषः क्रौर्यप्रतिबन्धक इत्यतश्च हस्ते हस्ताघात इत्यतश्च बोध्यम् ॥ १ ॥ न श्रुतौ । अग्रे वक्ष्यमाणाविति शेषः ॥ २ ॥ तानेवाह—उद्वहेयमित्यादि । आपिबेयमिति ॥ ३ ॥ कामेन चित्तजेन रूपेण च उन्मत्ते इत्यर्थः ॥ ४ ॥ हरिपर्यन्ते श्यामप्रान्ते ॥ ५ ॥ सौम्यं भिक्षुरूपम् । तीक्ष्णरूपं प्रशस्ततीक्ष्णं रूपं मृत्युतुल्यरूपं भेजे ॥ ६ ॥ ७ ॥ परिव्राजकच्छद्म कपटपरिव्राजकरूपम् ॥ ८ ॥ ९ ॥ भास्करस्य प्रभामिव । तस्या अपि पर्यन्ते श्यामरूपतायाश्छान्दोग्य उक्तिः ॥ १० ॥ ११ ॥ १२ ॥ मानुषो भावो मनुष्यरामविषयको भावः स्नेहबन्धः ॥ १३ ॥ १४ ॥

अस्मिन्व्यालानुचरिते वने वसति दुर्मतिः । इत्युक्त्वा मैथिलीं वाक्यं प्रियार्हा प्रियवादिनी ॥ १५
अभिगम्य सुदुष्टात्मा राक्षसः काममोहितः । जग्राह रावणः सीतां बुधः खे रोहिणीमिव ॥ १६
वामेन सीतां पद्माक्षीं मूर्धजेषु करेण सः । ऊर्वोस्तु दक्षिणेनैव परिजग्राह पाणिना ॥ १७
तं दृष्ट्वा गिरिशृङ्गाभं तीक्ष्णदंष्ट्रं महाभुजम् । प्राद्रवन्मृत्युसंकाशं भयार्ता वनदेवताः ॥ १८
स च मायामयो दिव्यः खरयुक्तः खरस्वनः । प्रत्यदृश्यत हेमाङ्गो रावणस्य महारथः ॥ १९
ततस्तां परुषैर्वाक्यैरभितर्ज्य महास्वनः । अङ्केनादाय वैदेहीं रथमारोहयत्तदा ॥ २०
सा गृहीतातिचुक्रोश रावणेन यशस्विनी । रामेति सीता दुःखार्ता रामं दूरं गतं वने ॥ २१
तामकामां स कामार्तः पन्नगेन्द्रवधूमिव । विचेष्टमानामादाय उत्पपाताथ रावणः ॥ २२
ततः सा राक्षसेन्द्रेण ह्रियमाणा विहायसा । भृशं चुक्रोश मत्तेव भ्रान्तचित्ता यथातुरा ॥ २३
हा लक्ष्मण महाबाहो गुरुचित्तप्रसादक । ह्रियमाणां न जानीषे रक्षसा कामरूपिणा ॥ २४
जीवितं सुखमर्थं च धर्महेतोः परित्यजन् । ह्रियमाणामधर्मेण मां राघव न पश्यसि ॥ २५
ननु नामाविनीतानां विनेतासि परंतप । कथमेवंविधं पापं न त्वं शाधि हि रावणम् ॥ २६
ननु सद्योऽविनीतस्य दृश्यते कर्मणः फलम् । कालोऽप्यङ्गी भवत्यत्र सस्यानामिव पक्तये ॥ २७
त्वं कर्म कृतवानेतत्कालोपहतचेतनः । जीवितान्तकरं घोरं रामाद्व्यसनमाप्नुहि ॥ २८
हन्तेदानीं सकामा तु कैकेयी बान्धवैः सह । ह्रिये यद्धर्मकामस्य धर्मपत्नी यशस्विनः ॥ २९
आमन्त्रये जनस्थानं कर्णिकारांश्च पुष्पितान् । क्षिप्रं रामाय शंसध्वं सीतां हरति रावणः ॥ ३०
हंससारससंघुष्टां वन्दे गोदावरीं नदीम् । क्षिप्रं रामाय शंसध्वं सीतां हरति रावणः ॥ ३१
दैवतानि च यान्यस्मिन्वने विविधपादपे । नमस्करोम्यहं तेभ्यो भर्तुः शंसत मां हृताम् ॥ ३२
यानि कानिचिदप्यत्र सत्त्वानि विविधानि च । सर्वाणि शरणं यामि मृगपक्षिगणानि वै ॥ ३३
ह्रियमाणां प्रियां भर्तुः प्राणेभ्योऽपि गरीयसीम् । विवशा ते हृता सीता रावणेनेति शंसत ॥ ३४
विदित्वा तु महाबाहुरमुत्रापि महाबलः । आनेष्यति पराक्रम्य वैवस्वतहृतामपि ॥ ३५
सा तदा करुणावाचो विलपन्ती सुदुःखिता । वनस्पतिगतं गृध्रं ददर्शायतलोचना ॥ ३६
सा तमुद्वीक्ष्य सुश्रोणी रावणस्य वशंगता । समाक्रन्दद्भयपरा दुःखोपहितया गिरा ॥ ३७
जटायो पश्य मामार्य ह्रियमाणामनाथवत् । अनेन राक्षसेन्द्रेण करुणं पापकर्मणा ॥ ३८
नैष वारयितुं शक्यस्त्वया क्रूरो निशाचरः । सत्त्ववाञ्जितकाशी च सायुधश्चैव दुर्मतिः ॥ ३९
रामाय तु यथातत्त्वं जटायो हरणं मम । लक्ष्मणाय च तत्सर्वमाख्यातव्यमशेषतः ॥ ४०

इत्यार्षे श्रीमद्रामायणे वाल्मीकीय आदिकाव्येऽरण्यकाड एकोनपञ्चाशः सर्गः ॥ ४९ ॥

प्रियवादिनीम् । रावणादन्यत्रेति शेषः ॥ १५ ॥ काममोहितो जग्राहेत्यत्यन्तानौचित्ये दृष्टान्तः । बुधः खे रोहिणीमिव । खे आकाशे शून्ये च । रौहिणेयो बुधो रोहिणीं स्वमातरं यदि कामाद्गृह्णीयात्तदा तत्सदृशमिदं घोरं यद्यथोक्तौ च कल्पनमित्यतिशयोक्तिरत्र व्यङ्ग्या । सीतया सद्यो मरणपर्यवसायिशापादानं तु समूलनाशनस्य वेदवत्यंशेन प्रतिज्ञातस्य निर्वाहाय ऋषीणां देवानामग्रे रामप्रतिज्ञातस्य च निर्वाहाय ॥१६॥ वामेनेति । अननुरक्ततया शापदानभिया । स्ववामाङ्गासनलनिवारणायैवं ग्रहणमित्याहुः ॥ १७ ॥ १८ ॥ १९ ॥ परुषैरितः परं रामप्रत्याशा त्याज्येत्येवमादिभिः । अङ्केन । हस्तान्तरैरित्यर्थः ॥ २० ॥ अतिचुक्रोशेत्यादि तच्छायाया अपि मनुष्यभावनाढ्यम् ॥ २१ ॥ अकामां विरागिणीम् । विचेष्टमानां तत आत्मानं मोचयितुम् ॥ २२ ॥ मत्तेवातिदुःखवशादुन्मत्तेव । तथा भ्रान्तचित्तातुरा शोकातुरा यथा क्रोशति तथा चुक्रोश । अत्रेवयथाभ्यां सर्वचेष्टानां नाट्यत्वं सूचितम् ॥ २३ ॥ २४ ॥ २५ ॥ ननु नामेति प्रसिद्धौ । विनेता शिक्षकः । न शाधि प्राप्तकालं शासनं न करोषि । हिर्वाक्यालंकारे । शोकातुरत्वाद्वाधिकपदं न दोषाय ॥ २६ ॥ स्वयमेव तत्र हेतुमुन्नयति—नन्विति । अविनीतस्य पुरुषस्याविनयरूपकर्मणः फलं सद्यो न दृश्यते । यतस्तत्र कालोऽप्यङ्गी भवति सहकारिकारणं भवति । पक्तिः पाकः ॥ २७ ॥ अधुना स्वेष्टं शापमाह—त्वमिति । व्यसनं पुत्रपौत्रादिनाशरूपम् ॥ २८ ॥ सकामा तु । जातेति शेषः । यत इत्यादिः ॥ २९ ॥ हरतीति शंसध्वमिति संबन्धः ॥ ३० ॥ ३१ ॥ ३२ ॥ ३३ ॥ ते सीतेत्यन्वयः ॥ ३४ ॥ अमुत्रापि परलोकेऽपि गतां वैवस्वतहृतामपि मां विदित्वा पराक्रम्य पराक्रमं कृत्वानेष्यत्येव, अतो यूयं शंसतेत्यन्वयः ॥ ३५ ॥ गृध्रं जटायुषम् ॥ ३६ ॥ ३७ ॥ ३८ ॥ 'तुभ्यम्' इति पाठे त्वयेत्यर्थे आर्षं तत् । न शक्य इत्यत्र हेतुः—सत्त्ववानित्यादि ॥ ३९ ॥ ४० ॥ इति

पञ्चाशः सर्गः ।

तं शब्दमवसुप्तस्तु जटायुरथ शुश्रुवे । निरैक्षद्रावणं क्षिप्रं वैदेहीं च ददर्श सः ॥ १
ततः पर्वतशृङ्गाभस्तीक्ष्णतुण्डः खगोत्तमः । वनस्पतिगतः श्रीमान्व्याजहार शुभां गिरम् ॥ २
दशग्रीव स्थितो धर्मे पुराणे सत्यसंश्रवः । भ्रातस्त्वं निन्दितं कर्म कर्तुं नार्हसि सांप्रतम् ॥ ३
जटायुर्नाम नाम्नाहं गृध्रराजो महाबलः । राजा सर्वस्य लोकस्य महेन्द्रवरुणोपमः ॥ ४
लोकानां च हिते युक्तो रामो दशरथात्मजः । तस्यैषा लोकनाथस्य धर्मपत्नी यशस्विनी ॥ ५
सीता नाम वरारोहा यां त्वं हर्तुमिहेच्छसि । कथं राजा स्थितो धर्मे परदारान्परामृशेत् ॥ ६
रक्षणीया विशेषेण राजदारा महाबल । निवर्तय गतिं नीचां परदाराभिमर्शनात् ॥ ७
न तत्समाचरेद्धीरो यत्परोऽस्य विगर्हयेत् । यथात्मनस्तथान्येषां दारा रक्ष्या विमर्शनात् ॥ ८
अर्थं वा यदि वा कामं शिष्टाः शास्त्रेष्वनागतम् । व्यवस्यन्त्यनु राजानं धर्मं पौलस्त्यनन्दन ॥ ९
राजा धर्मश्च कामश्च द्रव्याणां चोत्तमो निधिः । धर्मः शुभं वा पापं वा राजमूलं प्रवर्तते ॥ १०
पापस्वभावश्चपलः कथं त्वं रक्षसां वर । ऐश्वर्यमभिसंप्राप्तो विमानमिव दुष्कृती ॥ ११
कामस्वभावो यः सोऽसौ न शक्यस्तं प्रमार्जितुम् । नहि दुष्टात्मनामार्यमावसत्यालये चिरम् ॥ १२
विषये वा पुरे वा ते यदा रामो महाबलः । नापराध्यति धर्मात्मा कथं तस्यापराध्यसि ॥ १३
यदि शूर्पणखाहेतोर्जनस्थानगतः खरः । अतिवृत्तो हतः पूर्वं रामेणाक्लिष्टकर्मणा ॥ १४
अत्र ब्रूहि यथातत्त्वं को रामस्य व्यतिक्रमः । यस्य त्वं लोकनाथस्य हृत्वा भार्यां गमिष्यसि ॥ १५
क्षिप्रं विसृज वैदेहीं मा त्वा घोरेण चक्षुषा । दहेद्दहनभूतेन वृत्रमिन्द्राशनिर्यथा ॥ १६
सर्पमाशीविषं बद्ध्वा वस्त्रान्ते नावबुध्यसे । ग्रीवायां प्रतिमुक्तं च कालपाशं न पश्यसि ॥ १७
स भारः सौम्य भर्तव्यो यो नरं नावसादयेत् । तदन्नमपि भोक्तव्यं जीर्यते यदनामयम् ॥ १८
यत्कृत्वा नभवेद्धर्मो न कीर्तिर्न यशो ध्रुवम् । शरीरस्य भवेत्खेदः कस्तत्कर्म समाचरेत् ॥ १९

श्रीरामाभिरामे श्रीरामीये रामायणतिलके वाल्मीकीय आदिकाव्येऽरण्यकाण्ड एकोनपञ्चाशः सर्गः ॥ ४९ ॥

तं शब्दं 'जटायो पश्य माम्' इति शब्दम् । अवसुप्तो भोजनोत्तरं दिवैव गाढसुप्तोऽपि शुश्रुवे । ततस्तेन शब्देन प्रबुद्धो रावणं निरैक्षत ॥ १ ॥ २ ॥ दशग्रीवेति संबुद्धिः । अहं सत्यसंश्रवः सत्यप्रतिज्ञः । सीतारक्षणेऽहं सहाय इत्युक्तत्वादिति भावः । नाम्ना जटायुरिति प्रसिद्धेः, अतो मत्समक्षमीदृशं कर्म कर्तुं नार्हसि । भ्रातरिति सामप्रयोगः । यद्येवं न त्यक्ष्यसि तदा सत्यप्रतिज्ञत्वान्मया सह युद्धं भावीति दण्डप्रयोगश्च व्यङ्ग्यः ॥ ३ ॥ राजेति । सर्वस्य लोकस्य राजत्वेन तवापि राजेति ध्वनितम् ॥ ४ ॥ धर्मपत्नीत्यनेनैतद्धरणे महापापं सूचितम् ॥ ५ ॥ कथं राजेति शेषः । धर्मे प्रजापालनरूपे ॥ ६ ॥ राजदारा इति । तद्धरणस्य गुरुतल्पसमत्वादिति भावः ॥ ७ ॥ अस्य पुरुषस्य परः स्वेतरः प्राणी यत्कर्म विगर्हयेत्, न तत्समाचरेत् । स्वदारवत्परदाराश्च विमर्शनात्परस्पर्शाद्रक्ष्याः ॥ ८ ॥ शास्त्रेष्वनागतं शास्त्रेष्ववगतं परमसूक्ष्मत्वाच्छास्त्रतोऽनवगतमप्यर्थं या राजानमनुसृत्य व्यवस्यन्ति शास्त्रेऽस्फुटमपि राज्ञ आचरणं दृष्ट्वा प्रजा आचरन्ति । तस्माद्राज्ञोऽधर्मप्रवृत्तिरनुचितेति तात्पर्यम् । 'न व्यवस्यन्ति राजानः,' इति पाठे शास्त्रेष्वनागतं तत्राप्रतिपादितं धर्मं राजानो न व्यवस्यन्ति । नेच्छन्तीत्यर्थः । तस्माच्छास्त्रानुसारिधर्मे एव मतिं कुर्यादित्याशयः ॥ ९ ॥ तथा राजा द्रव्याणामुत्तमवस्तूनामुत्तमो निधिः । 'तथा धर्मश्च कामश्च' इति पाठे प्रजानामिति राजेति च शेषः । द्रव्याणामिति प्राग्वदेव । यतो धनादिकं राजमूलम्, अतो राजा प्रजानां धर्मादिरूप इत्यर्थः । शुभं कामम् ॥ १० ॥ एवंभूतराजधर्महीने त्वयि कथमैश्वर्यागम इत्याह—पापेति । दुष्कृती स्वायोग्यं देवयानमिव ॥ ११ ॥ नन्वैश्वर्येण पुण्यमपि मय्यनुमीयतां तत्राह—कामेति । यः पुमान्कामस्वभावो भवति सोऽसौ तं स्वभावं प्रमार्जितुं न शक्यः । तन्मार्जनं हि 'धर्मेण पापमपनुदति' इति श्रुतेर्धर्मेण स्यान्न च स तस्मिन्नस्तीत्याह—नहीति । यस्माद्दुष्टात्मनामालय आर्यं पूज्यं पुण्यं चिरं चिरकालेनापि नावसति ॥ १२ ॥ यदा रामः । यस्माद्राम इत्यर्थः ॥ १३ ॥ अनपराधोऽसिद्धः खरादिवधादित्याशङ्क्याह—यदीति । अनपराधे हेतुः—पूर्वमतिवृत्तोऽतिक्रान्तोचितवृत्तः ॥ १४ ॥ गमिष्यसीत्यत्र काकुः । न जीवन् गमिष्यसीत्यर्थः ॥ १५ ॥ त्वा त्वां घोरेण चक्षुषा मा दहेत् । राम इति शेषः । इन्द्राशनिरिन्द्रप्रयुक्तं वज्रम् ॥ १६ ॥ १७ ॥ भारो भारवद्द्रव्यम् । अनामयं रोगानुत्पादकम् ॥ १८ ॥ यत्कर्म कृत्वा धर्मः कीर्तिः पारलौकिकी पुण्यातिशयजा बलाद्यैश्वर्यातिशयजं यशस्तच्च भवेन्नोत्पद्येत । पूर्वार्जितं च धर्मादि नभवेन्नश्येत् । किं च येन शरीरस्य खेदस्तत्कर्म कस्त्वद्विधः समाचरेत् । न कोऽपीत्यर्थः ॥ १९ ॥

षष्टिवर्षसहस्राणि जातस्य मम रावण । पितृपैतामहं राज्यं यथावदनुतिष्ठतः ॥ २०
वृद्धोऽहं त्वं युवा धन्वी सरथः कवची शरी । न चाप्यादाय कुशली वैदेहीं मे गमिष्यसि ॥ २१
न शक्तस्त्वं बलाद्धर्तुं वैदेहीं मम पश्यतः । हेतुभिर्न्यायसंयुक्तैर्ध्रुवां वेदश्रुतीमिव ॥ २२
युध्यस्व यदि शूरोऽसि मुहूर्तं तिष्ठ रावण । शयिष्यसे हतो भूमौ यथा पूर्वं खरस्तथा ॥ २३
असकृत्संयुगे येन निहता दैत्यदानवाः । न चिराच्चीरवासास्त्वां रामो युधि वधिष्यति ॥ २४
किं नु शक्यं मया कर्तुं गतौ दूरं नृपात्मजौ । क्षिप्रं त्वं नश्यसे नीच तयोर्भीतो न संशयः ॥ २५
नहि मे जीवमानस्य नयिष्यसि शुभामिमाम् । सीतां कमलपत्राक्षीं रामस्य महिषीं प्रियाम् ॥ २६
अवश्यं तु मया कार्यं प्रियं तस्य महात्मनः । जीवितेनापि रामस्य तथा दशरथस्य च ॥ २७
तिष्ठतिष्ठ दशग्रीव मुहूर्तं पश्य रावण । वृन्तादिव फलं त्वां तु पातयेयं रथोत्तमात् ।
युद्धातिथ्यं प्रदास्यामि यथाप्राणं निशाचर ॥ २८

इत्यार्षे श्रीमद्रामायणे वाल्मीकीय आदिकाव्येऽरण्यकाण्डे पञ्चाशः सर्गः ॥ ५० ॥

एकपञ्चाशः सर्गः ।

इत्युक्तः क्रोधताम्राक्षस्तप्तकाञ्चनकुण्डलः । राक्षसेन्द्रोऽभिदुद्राव पतगेन्द्रममर्षणः ॥ १
स संप्रहारस्तुमुलस्तयोस्तस्मिन्महामृधे । बभूव वातोद्धुतयोर्मेघयोर्गगने यथा ॥ २
तद्बभूवाद्भुतं युद्धं गृध्रराक्षसयोस्तदा । सपक्षयोर्माल्यवतोर्महापर्वतयोरिव ॥ ३
ततो नालीकनाराचैस्तीक्ष्णाग्रैश्च विकर्णिभिः । अभ्यवर्षन्महाघोरैर्गृध्रराजं महाबलम् ॥ ४
स तानि शरजालानि गृध्रः पत्ररथेश्वरः । जटायुः प्रतिजग्राह रावणास्त्राणि संयुगे ॥ ५
तस्य तीक्ष्णनखाभ्यां तु चरणाभ्यां महाबलः । चकार बहुधा गात्रे व्रणान्पतगसत्तमः ॥ ६
अथ क्रोधाद्दशग्रीवो जग्राह दश मार्गणान् । मृत्युदण्डनिभान्घोराञ्शत्रोर्निधनकाङ्क्षया ॥ ७
स तैर्बाणैर्महावीर्यः पूर्णमुक्तैरजिह्मगैः । बिभेद निशितैस्तीक्ष्णैर्गृध्रं घोरैः शिलीमुखैः ॥ ८
स राक्षसरथे पश्यञ्जानकीं बाष्पलोचनाम् । अचिन्तयित्वा बाणांस्तान्राक्षसं समभिद्रवत् ॥ ९
ततोऽस्य सशरं चापं मुक्तामणिविभूषितम् । चरणाभ्यां महातेजा बभञ्ज पतगोत्तमः ॥ १०
ततोऽन्यद्धनुरादाय रावणः क्रोधमूर्च्छितः । ववर्ष शरवर्षाणि शतशोऽथ सहस्रशः ॥ ११
शरैरावारितस्तस्य संयुगे पतगेश्वरः । कुलायमभिसंप्राप्तः पक्षिवच्च बभौ तदा ॥ १२
स तानि शरजालानि पक्षाभ्यां तु विधूय ह । चरणाभ्यां महातेजा बभञ्जास्य महद्धनुः ॥ १३
तच्चाग्निसदृशं दीप्तं रावणस्य शरावरम् । पक्षाभ्यां च महातेजा व्यधुनोत्पतगेश्वरः ॥ १४

षष्टिवर्षसहस्राणि । गतानीत्यर्थः । राज्यम् । पक्षिराज्यमित्यर्थः । पितृपैतामहम् । पितृपितामहेभ्य आगतमित्यर्थः ॥ २० ॥ मे वैदेहीं दशरथमित्रत्वान्मम स्नुषां वैदेहीमादाय । न कुशली गमिष्यसीत्यर्थः ॥ २१ ॥ मम पश्यतः । मां पश्यन्तमनादृत्येत्यर्थः । न्यायसंयुक्तैर्वैशेषिकाद्युक्ततर्काभासयुक्तैर्हेतुभिर्हेत्वाभासैर्ध्रुवां सनातनीं धर्मब्रह्मपरां वेदश्रुतिम् । छान्दसो दीर्घः । तच्छाखाध्येता तथा पूर्वापरमीमांसान्यायविदोऽग्रे हर्तुमन्यथा कर्तुं न शक्नोति तद्वदित्यर्थः ॥ २२ ॥ मुहूर्तं रामागमनपर्यन्तम् ॥ २३ ॥ संयुगे । रामेणेति शेषः । न वधिष्यति, अपि तु वधिष्यतीत्यर्थः । अनेन रामस्येश्वरत्वं व्यञ्जयम् ॥ २४ ॥ नश्यसे पलायसि । न संशय इत्यन्वयः ॥ २५ ॥ जीवमानस्य जीवतः । नयिष्यसि नेष्यसि ॥ २६ ॥ २७ ॥ यथाप्राणम् । यथाबलमित्यर्थः ॥ २८ ॥ इति श्रीरामाभिरामे श्रीरामीये रामायणतिलके वाल्मीकीय आदिकाव्येऽरण्यकाण्डे पञ्चाशः सर्गः ॥ ५० ॥

इतीति ॥ १ ॥ वातोद्धुतयोर्वातप्रवर्तितयोः ॥ २ ॥ माल्यवतोः । द्वौ माल्यवन्तौ । एको दण्डकारण्ये, अपरो मेरुपार्श्वे । सपक्षयोः पक्षसहितयोः । यद्वा यथार्थोक्ता कल्पनेयम् । यदि द्वौ माल्यवन्तौ सपक्षौ युध्येयातां तदा तत्सदृशमिदमिति तेनानुपमत्वं फलति ॥ ३ ॥ ४ ॥ प्रतिजग्राह सेहे । रावणास्त्राणि रावणक्षिप्तानीति शरजालविशेषणम् । अस्यतेरौणादिकस्त्रन् । 'रावणास्तानि' इति पाठस्तु सुगम एव ॥ ५ ॥ तस्य रावणस्य गात्रे इत्यन्वयः ॥ ६ ॥ ७ ॥ पूर्णमुक्तैराकर्णपूर्णाकृष्टधनुर्मुक्तैः ॥ ८ ॥ ९ ॥ १० ॥ ११ ॥ आवारित आ समन्तात्प्राप्तः । कुलायं वासस्थानं संप्राप्तो यः पक्षी तद्वद्बभौ ॥ १२ ॥ १३ ॥ यत्प्रसिद्धम् । शरावरं कवचम् । व्यधुनो-

काञ्चनोरश्छदान्दिव्यान्पिशाचवदनान्खरान् । तांश्चास्य जवसंपन्नाञ्जघान समरे बली ॥ १५
अथ त्रिवेणुसंपन्नं कामगं पावकार्चिषम् । मणिसोपानचित्राङ्गं बभञ्ज च महारथम् ॥ १६
पूर्णचन्द्रप्रतीकाशं छत्रं च व्यजनैः सह । पातयामास वेगेन ग्राहिभी राक्षसैः सह ॥ १७
सारथेश्चास्य वेगेन तुण्डेन च महच्छिरः । पुनर्व्यपहनच्छ्रीमान्पक्षिराजो महाबलः ॥ १८
स भग्नधन्वा विरथो हताश्वो हतसारथिः । अङ्केनादाय वैदेहीं पपात भुवि रावणः ॥ १९
दृष्ट्वा निपतितं भूमौ रावणं भग्नवाहनम् । साधुसाध्विति भूतानि गृध्रराजमपूजयन् ॥ २०
परिश्रान्तं तु तं दृष्ट्वा जरया पक्षियूथपम् । उत्पपात पुनर्हृष्टो मैथिलीं गृह्य रावणः ॥ २१
तं प्रहृष्टं निधायाङ्के रावणं जनकात्मजाम् । गच्छन्तं खड्गशेषं च प्रनष्टहतसाधनम् ॥ २२
गृध्रराजः समुत्पत्य रावणं समभिद्रवत् । समावार्य महातेजा जटायुरिदमब्रवीत् ॥ २३
वज्रसंस्पर्शबाणस्य भार्यां रामस्य रावण । अल्पबुद्धे हरस्येनां वधाय खलु रक्षसाम् ॥ २४
समित्रबन्धुः सामात्यः सबलः सपरिच्छदः । विषपानं पिबस्येतत्पिपासित इवोदकम् ॥ २५
अनुबन्धमजानन्तः कर्मणामविचक्षणाः । शीघ्रमेव विनश्यन्ति यथा त्वं विनशिष्यसि ॥ २६
बद्धस्त्वं कालपाशेन क गतस्तस्य मोक्ष्यसे । वधाय बडिशं गृह्य सामिषं जलजो यथा ॥ २७
नहि जातु दुराधर्षौ काकुत्स्थौ तव रावण । धर्षणं चाश्रमस्यास्य क्षमिष्येते तु राघवौ ॥ २८
यथा त्वया कृतं कर्म भीरुणा लोकगर्हितम् । तस्कराचरितो मार्गो नैष वीरनिषेवितः ॥ २९
युद्ध्यस्व यदि शूरोऽसि मुहूर्तं तिष्ठ रावण । शयिष्यसि हतो भूमौ यथा भ्राता खरस्तथा ॥ ३०
परेतकाले पुरुषो यत्कर्म प्रतिपद्यते । विनाशायात्मनोऽधर्म्यं प्रतिपन्नोऽसि कर्म तत् ॥ ३१
पापानुबन्धो वै यस्य कर्मणः को नु तत्पुमान् । कुर्वीत लोकाधिपतिः स्वयंभूर्भगवानपि ॥ ३२
एवमुक्त्वा शुभं वाक्यं जटायुस्तस्य रक्षसः । निपपात भृशं पृष्ठे दशग्रीवस्य वीर्यवान् ॥ ३३
तं गृहीत्वा नखैस्तीक्ष्णैर्विददार समन्ततः । अधिरूढो गजारोहो यथा स्याद्दुष्टवारणम् ॥ ३४
विददार नखैरस्य तुण्डं पृष्ठे समर्पयन् । केशांश्चोत्पाटयामास नखपक्षमुखायुधः ॥ ३५
स तदा गृध्रराजेन क्लिश्यमानो मुहुर्मुहुः । अमर्षस्फुरितोष्ठः सन्प्राकम्पत च राक्षसः ॥ ३६
संपरिष्वज्य वैदेहीं वामेनाङ्केन रावणः । तलेनाभिजघानार्तो जटायुं क्रोधमूर्छितः ॥ ३७
जटायुस्तमतिक्रम्य तुण्डेनास्य खगाधिपः । वामबाहून्दश तदा व्यपाहरदरिंदमः ॥ ३८
संछिन्नबाहोः सद्यो वै बाहवः सहसाभवन् । विषज्वालावलीयुक्ता वल्मीकादिव पन्नगाः ॥ ३९
ततः क्रोधाद्दशग्रीवः सीतामुत्सृज्य वीर्यवान् । मुष्टिभ्यां चरणाभ्यां च गृध्रराजमपोथयत् ॥ ४०

त्पातयामास । 'शरासनम्' इति पाठे शरप्रक्षेपकारणम् । तच्च द्वितीयं धनुश्च बभञ्जेत्यन्वयः । व्यधुनोत्कम्पयति स्म । रावणमिति शेषः ॥ १४ ॥ १५ ॥ त्रिवेणुर्युगंधरः ॥ १६ ॥ ग्राहिभिश्छत्रादिधारकैः ॥ १७ ॥ १८ ॥ अङ्केन कटिभागेन ॥ १९ ॥ २० ॥ २१ ॥ प्रनष्टानि स्वत एव नष्टानि हतानि गृध्रेण नाशितानि साधनानि युद्धसाधनानि यस्य तम् ॥ २२ ॥ समावार्य संनिरुध्य ॥ २३ ॥ वज्रतुल्यः स्पर्शो येषां तादृशा बाणा यस्य ॥ २४ ॥ सबलः सचतुरङ्गबलः । परिच्छदः । दासीदासादि निदर्शनात्र । तत्सहितो नङ्क्ष्यसीति तात्पर्यम् ॥ २५ ॥ अनुबन्धं बलम् ॥ २६ ॥ तस्य ततः । कालपाशान्मोक्ष्यसे इत्यर्थः । बडिशं मत्स्यवेधनम् । जलजो मत्स्यः ॥२७॥ अस्याश्रमस्य तव धर्षणं त्वत्कृतमभिभवं नहि क्षमिष्येते ॥ २८ ॥ यथा तादृशं त्वया कृतं कर्म तत्तस्कराचरितो मार्गो न वीरसेवितः ॥ २९ ॥ ३० ॥ परेतकाले मृत्युकाले । अधर्म्यं तज्जनकम् । प्रतिपन्नोऽसि प्राप्तोऽसि ॥ ३१ ॥ यस्य कर्मणः कर्तुः पापानुबन्धः पापफलसंबन्ध आवश्यकः शास्त्रदृष्टः को नु पुमान्वै निश्चयेन तत्कर्म कुर्वीत । लोकाधिपतिरपीन्द्रादिरपि समर्थोऽपि पापफलं कर्म न कुर्यात् । स्वयंभूर्भगवानपि पापपुण्यतत्फलतदधिकारिस्रष्टापि कर्तुमकर्तुमन्यथा कर्तुं शक्तोऽपि नेदृशं कर्म कुर्यात्तादृशमैश्वर्यमत्तेन त्वया क्रियमाणं कर्माचिरादेव फलदं भविष्यतीति तात्पर्यम् ॥ ३२ ॥ पृष्ठे पश्चाद्भागे ॥ ३३ ॥ दुष्टवारणमधिरूढो गजारोहो हस्तिपको गजविषये यथा स्यात्तादृशव्यापारो भवेद्गजक्षतकरणव्यापारो भवेत्तथा । 'विरराद' इति पाठेऽपि क्षतानि चकारेत्येवार्थः ॥ ३४ ॥ अस्य विददार । एनं विददारेत्यर्थः । तादृशक्रियाणाम् । बाहुल्यात्पुनरुक्तिः ॥ ३५ ॥ ३६ ॥ वैदेहीं संपरिष्वज्य । पतनेन पलायनभिया ॥ ३७ ॥ तं तलप्रहारमतिक्रम्य सोढ्वा व्यवहारद्युगपद्दशापि तुण्डेन धृत्वा त्रोटितवान् ॥ ३८ ॥ संछिन्नबाहोः कर्तितबाहोरपि तस्य बाहवः पुनः सहसा समभवन् । वल्मीकात्पन्नगा इव ॥ ३९ ॥ ४० ॥

ततो मुहूर्तं सङ्ग्रामो बभूवातुलवीर्ययोः । राक्षसानां च मुख्यस्य पक्षिणां प्रवरस्य च ॥ ४१
तस्य व्यायच्छमानस्य रामस्यार्थे स रावणः । पक्षौ पादौ च पार्श्वौ च खड्गमुद्धृत्य सोऽच्छिनत् ४२
स च्छिन्नपक्षः सहसा रक्षसा रौद्रकर्मणा । निपपात महागृध्रो धरण्यामल्पजीवितः ॥ ४३
तं दृष्ट्वा पतितं भूमौ क्षतजार्द्रं जटायुषम् । अभ्यधावत वैदेही स्वबन्धुमिव दुःखिता ॥ ४४
तं नीलजीमूतनिकाशकल्पं सपाण्डुरोरस्कमुदारवीर्यम् ।
ददर्श लङ्काधिपतिः पृथिव्यां जटायुषं शान्तमिवाग्निदावम् ॥ ४५
ततस्तु तं पत्त्ररथं महीतले निपातितं रावणवेगमर्दितम् ।
पुनश्च संगृह्य शशिप्रभानना रुरोद सीता जनकात्मजा तदा ॥ ४६

इत्यार्षे श्रीमद्रामायणे वाल्मीकीय आदिकाव्येऽरण्यकाण्ड एकपञ्चाशः सर्गः ॥ ५१ ॥

द्विपञ्चाशः सर्गः ।

सा तु ताराधिपमुखी रावणेन निरीक्ष्य तम् । गृध्रराजं विनिहतं विललाप सुदुःखिता ॥ १
निमित्तं लक्षणं स्वप्नं शकुनिस्वरदर्शनम् । अवश्यं सुखदुःखेषु नराणां परिदृश्यते ॥ २
न नूनं राम जानासि महद्व्यसनमात्मनः । धावन्ति नूनं काकुत्स्थ मदर्थं मृगपक्षिणः ॥ ३
अयं हि कृपया राम मां त्रातुमिह संगतः । शेते विनिहतो भूमौ ममाभाग्याद्विहंगमः ॥ ४
त्राहि मामद्य काकुत्स्थ लक्ष्मणेति वराङ्गना । सुसंत्रस्ता समाक्रन्दच्छृण्वतां तु यथान्तिके ॥ ५
तां क्लिष्टमाल्याभरणां विलपन्तीमनाथवत् । अभ्यधावत वैदेहीं रावणो राक्षसाधिपः ॥ ६
तां लतामिव वेष्टन्तीमालिङ्गन्तीं महाद्रुमान् । मुञ्च मुञ्चेति बहुशः प्राप तां राक्षसाधिपः ॥ ७
क्रोशन्तीं राम रामेति रामेण रहितां वने । जीवितान्ताय केशेषु जग्राहान्तकसंनिभः ॥ ८
प्रधर्षितायां वैदेह्यां बभूव सचराचरम् । जगत्सर्वममर्यादं तमसान्धेन संवृतम् ॥ ९
न वाति मारुतस्तत्र निष्प्रभोऽभूद्दिवाकरः । दृष्ट्वा सीतां परामृष्टां देवो दिव्येन चक्षुषा ॥ १०
कृतं कार्यमिति श्रीमान्व्याजहार पितामहः । प्रहृष्टा व्यथिताश्चासन्सर्वे ते परमर्षयः ॥ ११
दृष्ट्वा सीतां परामृष्टां दण्डकारण्यवासिनः । रावणस्य विनाशं च प्राप्तं बुद्ध्वा यदृच्छया ॥ १२
स तु तां राम रामेति रुदतीं लक्ष्मणेति च । जगामादाय चाकाशं रावणो राक्षसेश्वरः ॥ १३

॥ ४१ ॥ व्यायच्छमानस्य व्यायामं पराक्रमं कुर्वाणस्य ॥ ४२ ॥ अल्पजीवितो घटीमात्रावस्थानोचितप्राणः ॥ ४३ ॥ ४४ ॥ अग्निदावं दावाग्निम् । परनिपात आर्षः ॥ ४५ ॥ संगृह्य बाहुभ्यामालिङ्ग्य ॥ ४६ ॥ इति श्रीरामाभिरामे श्रीरामीये रामायणतिलके वाल्मीकीय आदिकाव्येऽरण्यकाण्ड एकपञ्चाशः सर्गः ॥ ५१ ॥

सा त्विति ॥ १ ॥ नराणां सुखदुःखेषु निमित्तं सूचनं वामदक्षिणाङ्गस्पन्दनादिरूपं लक्षणं चिह्नम् । तथा जलादर्शादावात्मनः शिरसोऽदर्शनं च लक्षणम् । स्वप्नम् । 'स्वप्ने यः पुरुषं कृष्णं कृष्णदन्तं प्रपश्यति । स एनं हन्ति' इत्यादि स्वप्नाध्यायोपदिष्टम् । तथा शकुनीनां वामदक्षिणगमनविशेषदर्शनम् । तथा तेषां स्वराणां दर्शनमनुभवः । एतत्सर्वं यथायोगं परिदृश्यते सर्वेण । 'लक्षणज्ञानम्' इति पाठेऽङ्गस्फुरणादिज्ञानमित्यर्थः । शकुनिग्रहणं मृगाद्युपलक्षणम् ॥ २ ॥ किं ततस्तत्राह—न नूनमिति । मदर्थं मदपहारसूचनप्रयोजनमुद्दिश्य मृगपक्षिणोऽशुभसूचनमार्गेण धावन्ति । त्वं तु तैः सूचितमपि स्वस्य महद्व्यसनं न जानासि नूनम् । जानीथाश्चेन्नोपेक्षेथा इति तात्पर्यमिति लोकाभिनयेन रामोपालम्भः ॥ ३ ॥ ४ ॥ यथान्तिके निकटे स्थितानां शृण्वतां श्रवणं भवेत्तथा समाक्रन्दत् । न तूच्चैः । शीघ्रं रामागमनं मा भूदिति तात्पर्येण ॥ ५ ॥ क्लिष्टानि परिमृदितानि माल्याभरणानि यस्यास्ताम् ॥ ६ ॥ वेष्टन्तीं लतामिव वृक्षानालिङ्गन्तीम् । मा मुञ्च मुञ्चेति बहुशो वृक्षान्वदन्तीमिति शेषः । मोचय मोचयेत्यर्थो वा । प्राप इतस्ततो धावन्तीं समीपगत आसीत् ॥ ७ ॥ जीवितान्ताय । अनेन परस्त्रीकेशस्पर्शो यस्यकस्यापि जीवितापहारीति बोधितम् ॥ ८ ॥ अमर्यादं त्यक्तस्वस्वप्रकृतिकम् । जलमुष्णमग्निः शीत इत्येवमादि । अन्धेन तमसा बाह्येनाभ्यन्तरेण च ॥ ९ ॥ मर्यादात्यागमेवाह—न वातीति । देवो ब्रह्मापि ब्रह्मलोकस्थ एव दिव्येन चक्षुषा सीतां परामृष्टां रक्षसा केशेषु गृहीतां दृष्ट्वा ॥ १० ॥ श्रीमान्निखिलसकलैश्वर्यवान्पितामहः कृतं यदर्थमवतीर्णो देवानां तत्कार्यं कृतं सिद्धमित्यब्रवीत् ॥ ११ ॥ प्रहर्षव्यथयोर्हेतुमाह—दृष्ट्वेति । तत्कालं नाटितदैन्याया हरणं दृष्ट्वा तन्मायामोहितत्वाद्व्यथिताः । यदृच्छया आयासं विनैव सपरिवारस्य रावणस्य नाशं प्राप्तं बुद्ध्वा

तप्ताभरणवर्णाङ्गी पीतकौशेयवासिनी । रराज राजपुत्री तु विद्युत्सौदामनी यथा ॥ १४

उद्धृतेन च वस्त्रेण तस्याः पीतेन रावणः । अधिकं परिबभ्राज गिरिर्दीप्त इवाग्निना ॥ १५

तस्याः परमकल्याण्यास्ताम्राणि सुरभीणि च । पद्मपत्राणि वैदेह्या अभ्यकीर्यन्त रावणम् ॥ १६

तस्याः कौशेयमुद्धूतमाकाशे कनकप्रभम् । बभौ चादित्यरागेण ताम्रमभ्रमिवातपे ॥ १७

तस्यास्तद्विमलं वक्त्रमाकाशे रावणाङ्कगम् । न रराज विना रामं विनालमिव पङ्कजम् ॥ १८

बभूव जलदं नीलं भित्त्वा चन्द्र इवोदितः । सुललाटं सुकेशान्तं पद्मगर्भाभमव्रणम् ॥ १९

शुक्लैः सुविमलैर्दन्तैः प्रभावद्भिरलंकृतम् । तस्याः सुनयनं वक्त्रमाकाशे रावणाङ्कगम् ॥ २०

रुदितं व्यपमृष्टास्रं चन्द्रवत्प्रियदर्शनम् । सुनासं चारुताम्रोष्ठमाकाशे हाटकप्रभम् ॥ २१

राक्षसेन्द्रसमाधूतं तस्यास्तद्वदनं शुभम् । शुशुभे न विना रामं दिवा चन्द्र इवोदितः ॥ २२

सा हेमवर्णा नीलाङ्गं मैथिली राक्षसाधिपम् । शुशुभे काञ्चनी काञ्ची नीलं गजमिवाश्रिता ॥ २३

सा पद्मपीता हेमाभा रावणं जनकात्मजा । विद्युद्घनमिवाविश्य शुशुभे तप्तभूषणा ॥ २४

तस्या भूषणघोषेण वैदेह्या राक्षसेश्वरः । बभूव विमलो नीलः सघोष इव तोयदः ॥ २५

उत्तमाङ्गच्युता तस्याः पुष्पवृष्टिः समन्ततः । सीताया ह्रियमाणायाः पपात धरणीतले ॥ २६

सा तु रावणवेगेन पुष्पवृष्टिः समन्ततः । समाधूता दशग्रीवं पुनरेवाभ्यवर्तत ॥ २७

अभ्यवर्तत पुष्पाणां धारा वैश्रवणानुजम् । नक्षत्रमाला विमला मेरुं नगमिवोत्तमम् ॥ २८

चरणान्नूपुरं भ्रष्टं वैदेह्या रत्नभूषितम् । विद्युन्मण्डलसंकाशं पपात धरणीतले ॥ २९

तरुप्रवालरक्ता सा नीलाङ्गं राक्षसेश्वरम् । प्रशोभयत वैदेही गजं कक्ष्येव काञ्चनी ॥ ३०

तां महोल्कामिवाकाशे दीप्यमानां स्वतेजसा । जहाराकाशमाविश्य सीतां वैश्रवणानुजः ॥ ३१

तस्यास्तान्यग्निवर्णानि भूषणानि महीतले । सघोषाण्यवशीर्यन्त क्षीणास्तारा इवाम्बरात् ॥ ३२

तस्याः स्तनान्तराद्भ्रष्टो हारस्ताराधिपद्युतिः । वैदेह्या निपतन्भाति गङ्गेव गगनच्युता ॥ ३३

उत्पातवाताभिहता नानाद्विजगणायुताः । मा भैरिति विधूताग्रा व्याजह्रुरिव पादपाः ॥ ३४

नलिन्यो ध्वस्तकमलास्त्रस्तमीनजलेचराः । सखीमिव गतोत्साहां शोचन्तीव स्म मैथिलीम् ॥ ३५

दृष्टा इत्यर्थः । भागसंधिरत्र ॥ १२ ॥ १३ ॥ तप्ताभरणवर्णाङ्गी तप्तकाञ्चनाभरणसदृशवर्णयुक्ताङ्गी सौदामनी विद्युदिति । सुदाम्नो बहुरत्नादिमत्त्वात्तद्भवा विद्युदतिप्रकाशमाना भवति तद्वत्सीतेत्यर्थः ॥ १४ ॥ अग्निना दीप्तो गिरिरिवेत्यनेनासन्नभस्मता सूचिता । असङ्गाया अपि चिच्छक्तेस्तस्या रावणविनाशसांनिध्यद्योतनाय कवी रावणेन तस्या आसत्तिं वर्णयति ॥ १५ ॥ पद्मपत्राणि रावणमभ्यकीर्यन्त । रावणाङ्गे पतितान्यभूवन्नित्यर्थः ॥ १६ ॥ आतपे इत्यनेन ईषत्तप इत्यर्थकेन संध्याकालं लक्षयति । तत्र काले आदित्यरागेण तत्किरणेन युक्तमभ्रमिव तत्करयुतं वासो बभौ ॥ १७ ॥ विनालमिव पङ्कजम् । शोकशुष्कत्वात् ॥ १८ ॥ नीलं जलदं भित्त्वा तन्मध्य उदितश्चन्द्र इव बभौ । तत्कान्तिधूसरो हि सततमुदेति । वक्त्रं विशिनष्टि—सुललाटमिति । पद्मगर्भवदाभा यस्य तत् ॥ १९ ॥ रावणाङ्कगम् । न बभाविति शेषः ॥ २० ॥ रुदितं रोदनवत् । अर्शआद्यच् । अतएवापमृष्टास्रमपमार्जिताश्रुकम् ॥ २१ ॥ दिवोदितचन्द्रवदपगतशोभम् ॥ २२ ॥ शुशुभे शोभयति स्म । नीलं गजमाश्रिता काञ्चनी काञ्चीव ॥ २३ ॥ पद्मपीता पद्मकेसरवत्पीतदेहा । तप्तकाञ्चनभूषणा ॥ २४ ॥ 'अभूत्सचपलो नीलः' इति पाठे चपला विद्युत्तया सहितो घोषवान्मेघ इवाभूदित्यर्थः ॥ २५ ॥ उत्तमाङ्गेति । मातः, त्वया संपादितोऽस्मन्मनोरथ इति हर्षाद्देवैः क्रियमाणा पुष्पवृष्टिस्तदुत्तमाङ्गाच्च्युता तत्काले भूमौ पपातेति कतकः । वस्तुतो रावणसंनिधौ देवानां तथा वीर्यासंभवात् । उत्तमाङ्गे धृतपुष्पाणां तद्वेगेन ततश्च्युत्योत्तमाङ्गच्युतेत्युक्तम् । अतएवाग्रे भूमौ पुष्पयुतं मार्गं दृष्ट्वा रामो वक्ष्यति—'अभिजानामि पुष्पाणि तानीमानीह लक्ष्मण । अपिनद्धानि वैदेह्या मया दत्तानि कानने ॥' इति ॥ २६ ॥ रावणगमनवेगजनितवायुना समाधूतापि पुनर्दशग्रीवमेवाभ्यवर्तताभितोऽवर्तिष्ट । अनवरतं जायमानत्वात् ॥ २७ ॥ २८ ॥ २९ ॥ तरुप्रवालरक्तवर्णा । रक्तकिसलयवर्णेत्यर्थः । क्रोधातिशयादेवं वर्णोऽस्याः । कक्ष्या गजाच्छादिनी ॥ ३० ॥ तां सीतामित्यन्वयः । अत्र प्रकरणे वारंवारं वैश्रवणानुजत्वोक्त्या ईदृशक्रियाया अत्यनौचित्यप्रदर्शनेन शीघ्रफलदत्वं सूचयति ॥ ३१ ॥ क्षीणाः क्षीणपुण्याः, तारास्तारारूपावस्थिताः । पुण्यकृत इत्यर्थः ॥ ३२ ॥ ३३ ॥ उत्पातवात ऊर्ध्ववातः । द्विजगणैः पक्षिगणैर्युक्ता व्याजह्रुरिव । उत्प्रेक्षालंकारः ॥ ३४ ॥ त्रस्ता मीनप्रभृतिजलेचरा यासां ताः । सखीमिव मैथिलीं गतोत्साहाम् । 'गतोच्छ्वासाः' इति पाठे रावणत्रासाच्छुष्कजलतया गतप्राणा इत्यर्थः ॥ ३५ ॥

समन्तादभिसंपत्य सिंहव्याघ्रमृगद्विजाः । अन्वधावंस्तदा रोषात्सीताच्छायानुगामिनः ॥ ३६
जलप्रपातास्रमुखाः शृङ्गैरुच्छ्रितबाहुभिः । सीतायां ह्रियमाणायां विक्रोशन्तीव पर्वताः ॥ ३७
ह्रियमाणां तु वैदेहीं दृष्ट्वा दीनो दिवाकरः । प्रविध्वस्तप्रभः श्रीमानासीत्पाण्डुरमण्डलः ॥ ३८
नास्ति धर्मः कुतः सत्यं नार्जवं नानृशंसता । यत्र रामस्य वैदेहीं सीतां हरति रावणः ॥ ३९
इति भूतानि सर्वाणि गणशः पर्यदेवयन् । वित्रस्तका दीनमुखा रुरुदुर्मृगपोतकाः ॥ ४०
उद्वीक्ष्योद्वीक्ष्य नयनैर्भयादिव विलक्षणैः । सुप्रवेपितगात्राश्च बभूवुर्वनदेवताः ॥ ४१
विक्रोशन्तीं दृढं सीतां दृष्ट्वा दुःखं तथागताम् । तां तु लक्ष्मण रामेति क्रोशन्तीं मधुरस्वराम् ॥ ४२
अवेक्षमाणां बहुशो वैदेहीं धरणीतलम् । स तामाकुलकेशान्तां विप्रमृष्टविशेषकाम् ।
जहारात्मविनाशाय दशग्रीवो मनस्विनीम् ॥ ४३

ततस्तु सा चारुदती शुचिस्मिता विनाकृता बन्धुजनेन मैथिली ।
अपश्यती राघवलक्ष्मणावुभौ विवर्णवक्त्रा भयभारपीडिता ॥ ४४

इत्यार्षे श्रीमद्रामायणे वाल्मीकीय आदिकाव्येऽरण्यकाण्डे द्विपञ्चाशः सर्गः ॥ ५२ ॥

त्रिपञ्चाशः सर्गः ।

खमुत्पतन्तं तं दृष्ट्वा मैथिली जनकात्मजा । दुःखिता परमोद्विग्ना भये महति वर्तिनी ॥ १
रोषरोदनताम्राक्षी भीमाक्षं राक्षसाधिपम् । रुदती करुणं सीता ह्रियमाणा तमब्रवीत् ॥ २
न व्यपत्रपसे नीच कर्मणानेन रावण । ज्ञात्वा विरहितां यो मां चोरयित्वा पलायसे ॥ ३
त्वयैव नूनं दुष्टात्मन्भीरुणा हर्तुमिच्छता । ममापवाहितो भर्ता मृगरूपेण मायया ॥ ४
यो हि मामुद्यतस्त्रातुं सोऽप्ययं विनिपातितः । गृध्रराजः पुराणोऽसौ श्वशुरस्य सखा मम ॥ ५
परमं खलु ते वीर्यं दृश्यते राक्षसाधम । विश्राव्य नामधेयं हि युद्धे नास्मि जिता त्वया ॥ ६
ईदृशं गर्हितं कर्म कथं कृत्वा न लज्जसे । स्त्रियाश्चाहरणं नीच रहिते च परस्य च ॥ ७
कथयिष्यन्ति लोकेषु पुरुषाः कर्म कुत्सितम् । सुनृशंसमधर्मिष्ठं तव शौटीर्यमानिनः ॥ ८
धिक्ते शौर्यं च सत्त्वं च यत्त्वया कथितं तदा । कुलाक्रोशकरं लोके धिक्ते चारित्रमीदृशम् ॥ ९
किं शक्यं कर्तुमेवं हि यज्जवेनैव धावसि । मुहूर्तमपि तिष्ठ त्वं न जीवन्प्रतियास्यति ॥ १०
नहि चक्षुःपथं प्राप्य तयोः पार्थिवपुत्रयोः । ससैन्योऽपि समर्थस्त्वं मुहूर्तमपि जीवितुम् ॥ ११
न त्वं तयोः शरस्पर्शं सोढुं शक्तः कथंचन । वने प्रज्वलितस्येव स्पर्शमग्नेर्विहंगमः ॥ १२
साधु कृत्वात्मनः पथ्यं साधु मां मुञ्च रावण । मत्प्रधर्षणसंक्रुद्धो भ्रात्रा सह पतिर्मम ॥ १३

रोषाद्रावणविषयात् ॥ ३६ ॥ जलप्रपातरूपाण्यस्राणि मुखे येषां ते ॥ ३७ ॥ ३८ ॥ आर्जवमजैह्म्यम् । अनृशंसता दया । यत्र यस्मादित्यर्थः ॥ ३९ ॥ गणशः सङ्घशः । वित्रस्तकाः । स्वार्थे कः । मृगपोतका मृगबालकाः ॥ ४० ॥ विलक्षणैर्विगतलक्षणैः । विगतशोभैरिति यावत् ॥ ४१ ॥ विक्रोशन्तीमित्यर्धं पूर्वान्वयि ॥ ४२ ॥ धरणीतलमवेक्षमाणां रामलक्ष्मणागमनकाङ्क्षया । वस्तुतस्तदनुगमनाकाङ्क्षयेति तत्त्वम् । विप्रमृष्टो विलुलितो विशेषकस्तिलको यस्यास्ताम् ॥ ४३ ॥ भयभारपीडिता सेव । विवर्णवक्त्रेत्यर्थः ॥ ४४ ॥ इति श्रीरामाभिरामे श्रीरामीये रामायणतिलके वाल्मीकीय आदिकाव्येऽरण्यकाण्डे द्विपञ्चाशः सर्गः ॥ ५२ ॥

अथ सीतया क्रियमाणपारुष्य एव तां हरतिस्मेत्याह—खमिति । वर्तिनीत्यसुप्यपि णिनिरार्षः ॥ १ ॥ रोषरोदनाभ्यां हेतुभ्यां ताम्राक्षी ॥ २ ॥ विरहिताम् । रामलक्ष्मणाभ्यामिति शेषः । अनेन कर्मणा चौर्येण ॥ ३ ॥ अपवाहितोऽन्यत्र नायितः । मायया मृगरूपेण । मारीचेनेति शेषः ॥ ४ ॥ पुराणो वृद्धः । अतएवास्य निपातनम्, न तु त्वद्वीर्यहेतुकमिति भावः ॥ ५ ॥ परमं खल्विति व्यङ्ग्योक्तिः ॥ ६ ॥ स्त्रिया हरणमेव गर्हितम् । राक्षसादिविवाहानां शास्त्रे गर्हितत्वात्तत्रापि परस्य विवाहितायास्तत्रापि रहिते पतिरहिते काले देशे चेत्यतिनिन्द्यं ते कर्मेति भावः ॥ ७ ॥ शौटीर्यमानिनः शूरमानिनः । तादृशस्येदृशि लोके निन्दा मरणादप्यधिकेति भावः ॥ ८ ॥ सत्त्वं शारीरं बलम् । तदापहरणपूर्वकाले । कुलाक्रोशः कुलनिन्दा । चारित्रमाचारः ॥ ९ ॥ हि यत एवंरूपेण हृत्वा धावसि, अतः किं कर्तुं शक्यम् । मुहूर्तमपि तिष्ठ त्वम् । यदि शूर इति शेषः । अवस्थितौ किं स्यात्तदाह—नेति ॥ १० ॥ तदेवोपपादयति—नहीति ॥ ११ ॥ १२ ॥ साधु आत्मनः पथ्यं कृत्वा । विचार्येत्यर्थः । 'साधु

विधास्यति विनाशाय त्वं मां यदि न मुञ्चसि । येन त्वं व्यवसायेन बलान्मां हर्तुमिच्छसि ॥ १४
व्यवसायस्तु ते नीच भविष्यति निरर्थकः । नह्यहं तमपश्यन्ती भर्तारं विबुधोपमम् ॥ १५
उत्सहे शत्रुवशगा प्राणान्धारयितुं चिरम् । न नूनं चात्मनः श्रेयः पथ्यं वा समवेक्षसे ॥ १६
मृत्युकाले यथा मर्त्यो विपरीतानि सेवते । मुमूर्षूणां तु सर्वेषां यत्पथ्यं तन्न रोचते ॥ १७
पश्यामीह हि कण्ठे त्वां कालपाशावपाशितम् । यथा चास्मिन्भयस्थाने न बिभेषि निशाचर ॥ १८
व्यक्तं हिरण्मयांस्त्वं हि संपश्यसि महीरुहान् । नदीं वैतरणीं घोरां रुधिरौघविवाहिनीम् ॥ १९
खड्गपत्रवनं चैव भीमं पश्यसि रावण । तप्तकाञ्चनपुष्पां च वैदूर्यप्रवरच्छदाम् ॥ २०
द्रक्ष्यसे शाल्मलीं तीक्ष्णामायसैः कण्टकैश्चिताम् । नहि त्वमीदृशं कृत्वा तस्यालीकं महात्मनः ॥ २१
धारितुं शक्ष्यसि चिरं विषं पीत्वेव निर्घृण । बद्धस्त्वं कालपाशेन दुर्निवारेण रावण ॥ २२
क्व गतो लप्स्यसे शर्म मम भर्तुर्महात्मनः । निमेषान्तरमात्रेण विना भ्रातरमाहवे ॥ २३
राक्षसा निहता येन सहस्राणि चतुर्दश । कथं स राघवो वीरः सर्वास्त्रकुशलो बली ॥ २४
न त्वां हन्याच्छरैस्तीक्ष्णैरिष्टभार्यापहारिणम् । एतच्चान्यच्च परुषं वैदेही रावणाङ्कगा ।
भयशोकसमाविष्टा करुणं विललाप ह ॥ २५

तदा भृशार्तां बहु चैव भाषिणीं विलापपूर्वं करुणं च भामिनीम् ।
जहार पापस्तरुणीं विचेष्टतीं नृपात्मजामागतगात्रवेपथुः ॥ २६

इत्यार्षे श्रीमद्रामायणे वाल्मीकीय आदिकाव्येऽरण्यकाण्डे त्रिपञ्चाशः सर्गः ॥ ५३ ॥

चतुःपञ्चाशः सर्गः ।

ह्रियमाणा तु वैदेही कंचिन्नाथमपश्यती । ददर्श गिरिशृङ्गस्थान्पञ्च वानरपुंगवान् ॥ १
तेषां मध्ये विशालाक्षी कौशेयं कनकप्रभम् । उत्तरीयं वरारोहा शुभान्याभरणानि च ॥ २
मुमोच यदि रामाय शंसेयुरिति भामिनी । वस्त्रमुत्सृज्य तन्मध्ये निक्षिप्तं सहभूषणम् ॥ ३
संभ्रमात्तु दशग्रीवस्तत्कर्म च न बुद्धवान् । पिङ्गाक्षस्तां विशालाक्षीं नेत्रैरनिमिषैरिव ॥ ४
विक्रोशन्तीं तदा सीतां ददृशुर्वानरोत्तमाः । स च पम्पामतिक्रम्य लङ्कामभिमुखः पुरीम् ॥ ५
जगाम मैथिलीं गृह्य रुदतीं राक्षसेश्वरः । तां जहार सुसंहृष्टो रावणो मृत्युमात्मनः ॥ ६
उत्सङ्गेनैव भुजगीं तीक्ष्णदंष्ट्रां महाविषाम् । वनानि सरितः शैलान्सरांसि च विहायसा ॥ ७

कुर्वात्मनः' इति पाठान्तरम् । साधु मां मुञ्च शीघ्रं मां मुञ्च । यावन्मे भर्ता नायातीत्यर्थः ॥ १३ ॥ विनाशाय विधास्यति । यत्नमिति शेषः । येन व्यवसायेन स्त्रीभोगव्यवसायेन ॥ १४ ॥ तन्नैरर्थक्यमेवाह—नहीति ॥ १५ ॥ श्रेयस्तत्कालसुखावहं पथ्यं वा परिणामसुखावहं वा न समवेक्षसे न विचारयसि । यथा मर्त्यो मृत्युकाले विपरीतानि सेवते तथा त्वमपीति भावः ॥ १६ ॥ १७ ॥ १८ ॥ हिरण्मयवृक्षदर्शनं मृत्युचिह्नम् । वैतरण्यादियातनास्थानं पश्यसीति । वर्तमानसामीप्ये लट् ॥ १९ ॥ २० ॥ शाल्मली यातनावृक्षः ॥ २१ ॥ धारितुं धर्तुम् । जीवितमिति शेषः ॥ २२ ॥ मम भर्तुरपराधम् । कृत्वेति शेषः । भ्रातरं विना । एकाकिनेति यावत् ॥ २३ ॥ २४ ॥ २५ ॥ आगतगात्रवेपथुः भारातिशयात् ॥ २६ ॥ इति श्रीरामाभिरामे श्रीरामीये रामायणतिलके वाल्मीकीय आदिकाव्येऽरण्यकाण्डे त्रिपञ्चाशः सर्गः ॥ ५३ ॥

अपश्यत्यपश्यन्ती ॥ १ ॥ २ ॥ यदि रामाय शंसेयुरिति । दैवगत्या दृष्टाय रामाय शंसेयुरिति प्रत्याशयेति शेषः । वस्तुतोऽयं यदिशब्दो 'वेदाः प्रमाणं यदि स्युः' इतिवत् । वस्त्रमुत्तरीयमुत्सृज्य तन्मध्ये वानरमध्ये सहभूषणं भूषणसहितं कर्णोत्पलादि च निक्षिप्तम् । तयेति शेषः ॥ ३ ॥ तत्कर्म च तत्कर्म तु वस्त्रभूषणप्रक्षेपकर्म तु । संभ्रमात्सभयहरणजनितचित्तक्षोभात् । अतिभारेण शिरसामधोमुखतया च ॥ ४ ॥ ५ ॥ सुसंहृष्टः । मृत्योस्तत्त्वेनाज्ञानात् । केचित्तु—लब्धं रामहस्तान्मृत्युद्वारमिति संहृष्टः । विना चोत्कटं पापं पुण्यक्षयाभावेन न मृत्युः संनिहितः स्यादिति तमोगुणावृतः सन्मातर्यपि विरुद्धशब्दव्यवहारं कृतवानिति वदन्ति । तेषामेतत्सर्गान्ते वक्ष्यमाणम् 'बभूव मोहान्मुदितः' इत्यसंगतं स्यात् । तथा 'आत्मानं बुद्धिवैक्लव्यात्कृतकृत्यममन्यत' इत्युत्तरसर्गादिस्थं चासंगतं स्यात् ॥ ६ ॥ विहायसाकाशमार्गेण क्षिप्रं समतीयायेत्यन्वयः ॥ ७ ॥

स क्षिप्रं समतीयाय शरश्चापादिव च्युतः । तिमिनक्रनिकेतं तु वरुणालयमक्षयम् ॥ ८
सरितां शरणं गत्वा समतीयाय सागरम् । संभ्रमात्परिवृत्तोर्मी रुद्धमीनमहोरगः ॥ ९
वैदेह्यां ह्रियमाणायां बभूव वरुणालयः । अन्तरिक्षगता वाचः ससृजुश्चारणास्तथा ॥ १०
एतदन्तो दशग्रीव इति सिद्धास्तदाब्रुवन् । स तु सीतां विचेष्टन्तीमङ्केनादाय रावणः ॥ ११
प्रविवेश पुरीं लङ्कां रूपिणीं मृत्युमात्मनः । सोऽभिगम्य पुरीं लङ्कां सुविभक्तमहापथाम् ॥ १२
संरूढकक्ष्यां बहुलां स्वमन्तःपुरमाविशत् । तत्र तामसितापाङ्गीं शोकमोहसमन्विताम् ॥ १३
निदधे रावणः सीतां मयो मायामिवासुरीम् । अब्रवीच्च दशग्रीवः पिशाचीर्घोरदर्शनाः ॥ १४
यथा नैनां पुमान्स्त्री वा सीतां पश्यत्यसंमतः । मुक्तामणिसुवर्णानि वस्त्राण्याभरणानि च ॥ १५
यद्यदिच्छेत्तदेवास्या देयं मच्छन्दतो यथा । या च वक्ष्यति वैदेहीं वचनं किंचिदप्रियम् ॥ १६
अज्ञानाद्यदि वा ज्ञानान्न तस्या जीवितं प्रियम् । तथोक्त्वा राक्षसीस्तास्तु राक्षसेन्द्रः प्रतापवान् १७
निष्क्रम्यान्तःपुरात्तस्मात्किं कृत्यमिति चिन्तयन् । ददर्शाष्टौ महावीर्यान्राक्षसान्पिशिताशनान् ॥ १८
स तान्दृष्ट्वा महावीर्यो वरदानेन मोहितः । उवाच तानिदं वाक्यं प्रशस्य बलवीर्यतः ॥ १९
नानाप्रहरणाः क्षिप्रमितो गच्छत सत्वराः । जनस्थानं हतस्थानं भूतं पूर्वं खरालयम् ॥ २०
तत्रास्यतां जनस्थाने शून्ये निहतराक्षसे । पौरुषं बलमाश्रित्य त्रासमुत्सृज्य दूरतः ॥ २१
बहुसैन्यं महावीर्यं जनस्थाने निवेशितम् । सदूषणखरं युद्धे निहतं रामसायकैः ॥ २२
ततः क्रोधो ममापूर्वो धैर्यस्योपरि वर्धते । वैरं च सुमहज्जातं रामं प्रति सुदारुणम् ॥ २३
निर्यातयितुमिच्छामि तच्च वैरं महारिपोः । नहि लप्स्याम्यहं निद्रामहत्वा संयुगे रिपुम् ॥ २४
तं त्विदानीमहं हत्वा खरदूषणघातिनम् । रामं शर्मोपलप्स्यामि धनं लब्ध्वेव निर्धनः ॥ २५
जनस्थाने वसद्भिस्तु भवद्भी राममाश्रिता । प्रवृत्तिरुपनेतव्या किं करोतीति तत्त्वतः ॥ २६
अप्रमादाच्च गन्तव्यं सर्वैरेव निशाचरैः । कर्तव्यश्च सदा यत्नो राघवस्य वधं प्रति ॥ २७
युष्माकं तु बलं ज्ञातं बहुशो रणमूर्धनि । अतश्चास्मिञ्जनस्थाने मया यूयं निवेशिताः ॥ २८

ततः प्रियं वाक्यमुपेत्य राक्षसा महार्थमष्टावभिवाद्य रावणम् ।
विहाय लङ्कां सहिताः प्रतस्थिरे यतो जनस्थानमलक्ष्यदर्शनाः ॥ २९
ततस्तु सीतामुपलभ्य रावणः सुसंप्रहृष्टः परिगृह्य मैथिलीम् ।
प्रसज्य रामेण च वैरमुत्तमं बभूव मोहान्मुदितः स रावणः ॥ ३०

इत्यार्षे श्रीमद्रामायणे वाल्मीकीय आदिकाव्येऽरण्यकाण्डे चतुःपञ्चाशः सर्गः ॥ ५४ ॥

तिमिर्मत्स्यविशेषः ॥ ८ ॥ संभ्रमाज्जगन्मात्रपहारदर्शनजक्षोभात्परिवृत्तोर्मिः स्वभावप्राप्तोर्मिप्रवृत्तिरहितः । रुद्धा रुद्धप्रचारा मीनादयो यस्मिन् ॥ ९ ॥ १० ॥ एतदन्तः सीताहरणकर्मावसानः । सिद्धाः सिद्धाश्च ॥ ११ ॥ रूपिणीमात्मनो मृत्युमित्यन्वयः ॥ १२ ॥ संरूढकक्ष्यां बहुजनाकीर्णद्वाराम् । बहुलां विपुलाम् । 'संरूढकक्ष्याबहुलम्' इति पाठे तादृशबहुतरद्वारवदित्यन्तःपुरविशेषणम् ॥ १३ ॥ मायामिवासुरीमित्यनेन मायारूपैवैषा सीता या लङ्कामागतेति ध्वनितम् । मुख्यमाता स्वाग्निं प्रविष्टेति पूर्वमेव ध्वनितम् । अतएव रावणस्य वह्नीयैषा जाता । मायात्वादेव रावणस्य तदज्ञानम् । पिशाचीः । राक्षसीरित्यर्थ इति तीर्थः ॥ १४ ॥ असंमतोऽस्मदननुज्ञातः पुमांस्तथाभूता स्त्री वा न पश्यति तथा रक्षतेति शेषः ॥ १५ ॥ मच्छन्दतो मदाज्ञया यद्यद्वस्तु यदेच्छेत्तदेव यथास्या इष्टं भवति तथैव तत्सर्वं देयम् । मच्छन्दतः इत्यस्य मद्वशप्रासिसिद्ध्यर्थमित्यर्थ इति कतकः । अस्या अप्रियं च न वाच्यमित्याह—या चेति । तस्या जीवितं न प्रियम् । तां मारयामीत्यर्थः ॥ १६ ॥ १७ ॥ १८ ॥ वरदानेन पैतामहेन मोहितो रामशतादपि न मे भीरिति चिन्तयानः । मोहकृतैषा चिन्ता । तान्बलवीर्यतः प्रशस्येत्यन्वयः ॥ १९ ॥ हतस्थानं रामेणेति । शून्यं कृतमित्यर्थः । पूर्वं खरालयत्वं भूतं प्राप्तम् ॥ २० ॥ २१ ॥ २२ ॥ धैर्यस्योपरि क्रोधः । धैर्योपमर्दकः क्रोध इत्यर्थः ततः खरादिवधात्, न तु भीत्या । नापि वृथा क्रोध इत्यर्थः ॥ २३ ॥ निर्यातयितुं प्रत्यपकारेणापनेतुम् ॥ २४ ॥ २५ ॥ प्रवृत्तिर्वार्ता । उपनेतव्या मम प्रापणीया ॥ २६ ॥ २७ ॥ २८ ॥ महार्थं महानर्थोऽभिधेयं यस्य तत् । यतो यद्दिशि जनस्थानं तद्दिशीत्यर्थः । अलक्ष्यदर्शना अन्तर्धानविद्यया ॥ २९ ॥ उपलभ्य प्राप्य स्पृष्ट्वा च परिगृह्य स्वगृहे स्थापयित्वा परिग्रहत्वेन विभाव्य च । प्रसज्य संपाद्य । मोहान्मुदितः खर-

पञ्चपञ्चाशः सर्गः ।

संदिश्य राक्षसान्घोरान्रावणोऽष्टौ महाबलान् । आत्मानं बुद्धिवैक्लव्यात्कृतकृत्यममन्यत ॥ १
स चिन्तयानो वैदेहीं कामबाणैः प्रपीडितः । प्रविवेश गृहं रम्यं सीतां द्रष्टुमभित्वरन् ॥ २
स प्रविश्य तु तद्वेश्म रावणो राक्षसाधिपः । अपश्यद्राक्षसीमध्ये सीतां दुःखपरायणाम् ॥ ३
अश्रुपूर्णमुखीं दीनां शोकभारावपीडिताम् । वायुवेगैरिवाक्रान्तां मज्जन्तीं नावमर्णवे ॥ ४
मृगयूथपरिभ्रष्टां मृगीं श्वभिरिवावृताम् । अधोगतमुखीं सीतां तामभ्येत्य निशाचरः ॥ ५
तां तु शोकवशाद्दीनामवशां राक्षसाधिपः । स बलाद्दर्शयामास गृहं देवगृहोपमम् ॥ ६
हर्म्यप्रासादसंबाधं स्त्रीसहस्रनिषेवितम् । नानापक्षिगणैर्जुष्टं नानारत्नसमन्वितम् ॥ ७
दान्तकैस्तापनीयैश्च स्फाटिकै राजतैस्तथा । वज्रवैदूर्यचित्रैश्च स्तम्भैर्दृष्टिमनोरमैः ॥ ८
दिव्यदुन्दुभिनिर्घोषं तप्तकाञ्चनभूषणम् । सोपानं काञ्चनं चित्रमारुरोह तया सह ॥ ९
दान्तका राजताश्चैव गवाक्षाः प्रियदर्शनाः । हेमजालावृताश्चासंस्तत्र प्रासादपङ्क्तयः ॥ १०
सुधामणिविचित्राणि भूमिभागानि सर्वशः । दशग्रीवः स्वभवने प्रादर्शयत मैथिलीम् ॥ ११
दीर्घिकाः पुष्करिण्यश्च नानापुष्पसमावृताः । रावणो दर्शयामास सीतां शोकपरायणाम् ॥ १२
दर्शयित्वा तु वैदेहीं कृत्स्नं तद्भवनोत्तमम् । उवाच वाक्यं पापात्मा सीतां लोभितुमिच्छया ॥ १३
दश राक्षसकोट्यश्च द्वाविंशतिरथापराः । वर्जयित्वा जनान्वृद्धान्बालांश्च रजनीचरान् ॥ १४
तेषां प्रभुरहं सीते सर्वेषां भीमकर्मणाम् । सहस्रमेकमेकस्य मम कार्यपुरःसरम् ॥ १५
यदिदं राज्यतन्त्रं मे त्वयि सर्वं प्रतिष्ठितम् । जीवितं च विशालाक्षि त्वं मे प्राणैर्गरीयसी ॥ १६
बह्वीनामुत्तमस्त्रीणां मम योऽसौ परिग्रहः । तासां त्वमीश्वरी सीते मम भार्या भव प्रिये ॥ १७
साधु किं तेऽन्यथाबुद्ध्या रोचयस्व वचो मम । भजस्व माभितप्तस्य प्रसादं कर्तुमर्हसि ॥ १८
परिक्षिता समुद्रेण लङ्केयं शतयोजना । नेयं धर्षयितुं शक्या सेन्द्रैरपि सुरासुरैः ॥ १९
न देवेषु न यक्षेषु न गन्धर्वेषु नर्षिषु । अहं पश्यामि लोकेषु यो मे वीर्यसमो भवेत् ॥ २०
राज्यभ्रष्टेन दीनेन तापसेन पदातिना । किं करिष्यसि रामेण मानुषेणाल्पतेजसा ॥ २१
भजस्व सीते मामेव भर्ताहं सदृशस्तव । यौवनं त्वध्रुवं भीरु रमस्वेह मया सह ॥ २२
दर्शने मा कृथा बुद्धिं राघवस्य वरानने । कास्य शक्तिरिहागन्तुमपि सीते मनोरथैः ॥ २३
न शक्यो वायुराकाशे पाशैर्बद्धुं महाजवः । दीप्यमानस्य वाप्यग्नेर्ग्रहीतुं विमलाः शिखाः ॥ २४
त्रयाणामपि लोकानां न तं पश्यामि शोभने । विक्रमेण नयेद्यस्त्वां मद्बाहुपरिपालिताम् ॥ २५
लङ्कायाः सुमहद्राज्यमिदं त्वमनुपालय । त्वत्प्रेष्या मद्विधाश्चैव देवाश्चापि चराचरम् ॥ २६

हन्तुर्वधो मम सुकरः स्त्रीवियोगेनातिखिन्नस्येति हर्षितः ॥३०॥ इति श्रीरामाभिरामे श्रीरामीये रामायणतिलके वाल्मीकीय आदिकाव्येऽरण्यकाण्डे चतुःपञ्चाशः सर्गः ॥ ५४ ॥

बुद्धिवैक्लव्याद्बुद्धिवैपरीत्यात् ॥ १ ॥ २ ॥ ३ ॥ शोको वायुस्थाने अश्रु चार्णवजलस्थाने । अनेनाश्रुवेगातिशय उक्तः ॥ ४ ॥ अधोगतमवनतं मुखं यस्याः ॥ ५ ॥ अनिच्छन्तीमपि तद्दर्शनं बलाद्दर्शयामासेत्यन्वयः ॥ ६ ॥ ७ ॥ दान्तकैर्गजदन्तकृतैः । तपनीयं स्वर्णम् । स्तम्भैर्युतमिति शेषः ॥ ८ ॥ तया सीतया ॥ ९ ॥ हेममयजालकैरावृताः ॥ १० ॥ सुधया मणिभिश्च विचित्राणि भूमिभागानीत्यार्षं क्लीबत्वम् ॥ ११ ॥ दीर्घिका वाप्यः ॥ १२ ॥ लोभितुं सामनिग्रहाभ्यां प्रलोभयितुम् ॥ १३ ॥ दशेति । द्वात्रिंशत्कोटिसंख्याः ॥ १४ ॥ तेषामप्येकस्यैकस्यैकमेकं सहस्रं मम कार्ये प्रयोजने साधकतया पुरःसरम् । अस्तीति शेषः ॥ १५ ॥ मे मम यदिदमुक्तरूपं राज्यतन्त्रं राजपरिकरस्तत्त्वयि प्रतिष्ठितम् । त्वदधीनमित्यर्थः ॥ १६ ॥ बह्वीनामुत्तमस्त्रीणामन्तःपुरसंचारिणीनाम् । यो मम परिग्रहो भार्या । नित्यपुंलिङ्गः परिग्रहशब्दो भार्यावाची । मम भार्या सती तासां त्वमीश्वरी स्वामिनी भव ॥ १७ ॥ साधु हितं मम वचो रोचयस्वेत्यन्वयः । अन्यथाबुद्ध्या ते तव किम् । न किमपि फलमित्यर्थः । मा मां भजस्व । अभितप्तस्य कामाभितप्तस्य ॥ १८ ॥ शतयोजना । भूमेरिति शेषः । अशक्यधर्षणत्वे पूर्वार्धं हेतुः । एवं च रामस्यात्रागमनमसंभावितमिति भावः ॥ १९ ॥ २० ॥ २१ ॥ २२ ॥ अस्य रामस्य ॥ २३ ॥ यथा वायुर्बद्धुमशक्यो यथा चाग्निशिखा ग्रहीतुमशक्यास्तथेहागन्तुमशक्यमित्यर्थः ॥ २४ ॥ २५ ॥ मद्विधास्त्वत्प्रेष्या भविष्यन्ति । मां चेदङ्गीकरिष्यसि तदा-

अभिषेकजलक्लिन्ना तुष्टा च रमयस्व च । दुष्कृतं यत्पुरा कर्म वनवासेन तद्गतम् ॥ २७
यश्च ते सुकृतं कर्म तस्येह फलमाप्नुहि । इह सर्वाणि माल्यानि दिव्यगन्धानि मैथिलि ॥ २८
भूषणानि च मुख्यानि तानि सेव मया सह । पुष्पकं नाम सुश्रोणि भ्रातुर्वैश्रवणस्य मे ॥ २९
विमानं सूर्यसंकाशं तरसा निर्जितं रणे । विशालं रमणीयं च तद्विमानं मनोजवम् ॥ ३०
तत्र सीते मया सार्धं विहरस्व यथासुखम् । वदनं पद्मसंकाशं विमलं चारुदर्शनम् ॥ ३१
शोकार्तं तु वरारोहे न भ्राजति वरानने । एवं वदति तस्मिन्सा वस्त्रान्तेन वराङ्गना ॥ ३२
पिधायेन्दुनिभं सीता मन्दमश्रूण्यवर्तयत् । ध्यायन्तीं तामिवास्वस्थां सीतां चिन्ताहतप्रभाम् ॥ ३३
उवाच वचनं वीरो रावणो रजनीचरः । अलं व्रीडेन वैदेहि धर्मलोपकृतेन ते ॥ ३४
आर्षोऽयं देवि निष्पन्दो यस्त्वामभिभविष्यति । एतौ पादौ मया स्निग्धौ शिरोभिः परिपीडितौ ॥ ३५
प्रसादं कुरु मे क्षिप्रं वश्यो दासोऽहमस्मि ते । इमाः शून्यमया वाचः शुष्यमाणेन भाषिताः ॥ ३६
न चापि रावणः कांचिन्मूर्ध्ना स्त्रीं प्रणमेत ह । एवमुक्त्वा दशग्रीवो मैथिलीं जनकात्मजाम् ।
कृतान्तवशमापन्नो ममेयमिति मन्यते ॥ ३७

इत्यार्षे श्रीमद्रामायणे वाल्मीकीय आदिकाव्येऽरण्यकाण्डे पञ्चपञ्चाशः सर्गः ॥ ५५ ॥

षट्पञ्चाशः सर्गः ।

सा तथोक्ता तु वैदेही निर्भया शोककर्शिता । तृणमन्तरतः कृत्वा रावणं प्रत्यभाषत ॥ १
राजा दशरथो नाम धर्मसेतुरिवाचलः । सत्यसंधः परिज्ञातो यस्य पुत्रः स राघवः ॥ २
रामो नाम स धर्मात्मा त्रिषु लोकेषु विश्रुतः । दीर्घबाहुर्विशालाक्षो दैवतं स पतिर्मम ॥ ३
इक्ष्वाकूणां कुले जातः सिंहस्कन्धो महाद्युतिः । लक्ष्मणेन सह भ्रात्रा यस्ते प्राणान्वधिष्यति ॥ ४
प्रत्यक्षं यद्यहं तस्य त्वया वै धर्षिता बलात् । शयिता त्वं हतः संख्ये जनस्थाने यथा खरः ॥ ५
य एते राक्षसाः प्रोक्ता घोररूपा महाबलाः । राघवे निर्विषाः सर्वे सुपर्णे पन्नगा यथा ॥ ६
तस्य ज्याविप्रमुक्तास्ते शराः काञ्चनभूषणाः । शरीरं विधमिष्यन्ति गङ्गाकूलमिवोर्मयः ॥ ७
असुरैर्वा सुरैर्वा त्वं यद्यवध्योऽसि रावण । उत्पाद्य सुमहद्वैरं जीवंस्तस्य न मोक्ष्यसे ॥ ८

सेवकवत्त्वदाज्ञावशो भविष्यामि । तथाभूते मयि राक्षसा देवाश्च मद्वशास्त्वद्वशाः संपन्ना एव । किं विशेषेण । सर्वं चराचरं त्वत्प्रेष्यं भवति तदेत्यर्थः ॥ २६ ॥ अभिषेकश्रमनिवृत्तिद्वारा भोगाय स्नानं तदुदकेन क्लिन्नार्द्रा श्रमापनयनात्तुष्टा च मां रमयस्व । यत्पूर्वं संचितं किंचिद्दुष्कृतमासीत्तद्वनवासेन तद्गततदुःखेन गतं क्षीणम् ॥ २७ ॥ इह लङ्कायाम् । मदङ्गीकारादिति शेषः ॥ २८ ॥ २९ ॥ ३० ॥ ३१ ॥ ३२ शोकेनास्वस्थामिव चिन्तया हतप्रभामिव ध्यायन्तीमिव तामुवाचेत्यन्वयः ॥ ३३ ॥ तूष्णीमवस्थानाद्व्रीडया तूष्णीं स्थितेति मन्यमान आह—अलमिति । धर्मलोपः स्वभर्तृत्यागपराङ्गीकाररूपस्तत्कृतेन व्रीडेन लज्जयालम् । मास्त्वित्यर्थः ॥ ३४ ॥ कुतस्तत्राह—आर्ष इति । हे देवि, त्वामभि त्वामुद्दिश्य मया क्रियमाणो निष्पन्दः स्नेहबन्धः प्रार्थनारूपो यश्चाग्रे भविष्यति सोऽयमार्षो ऋषिदृष्ट एव । क्षत्रियाणामुचितत्वेन वेदोक्त एव । बलात्कारेण राक्षस इति विवाहेषु स्मृत्या गणनात् । एवमुक्तिरपि तमोगुणप्राधान्येनैव । कन्याया बलात्कारेण प्रहणस्यैव राक्षसविवाहपदार्थत्वादिति बोध्यम् । पुनः प्रसादयति—एताविति ॥ ३५ ॥ इमा दासोऽहमित्यन्ताः शुष्यमाणेन कामपीडितेन मया भाषिता उक्ता वाचः शून्या यथा न भवन्ति तथा कुर्विति शेषः ॥ ३६ ॥ एवंविधं प्रसादनं न क्काप्यभूदित्याह—न चापीति । मन्यतेऽमंस्त । अत्र रसाभासः ॥ ३७ ॥ इति श्रीरामाभिरामे श्रीरामीये रामायणतिलके वाल्मीकीय आदिकाव्येऽरण्यकाण्डे पञ्चपञ्चाशः सर्गः ॥५५॥

निर्भया स्त्रियो बलादुपभोगे मूर्धा ते विपतिष्यतीत्यप्सरसो रावणं प्रति शापं चित्ते विज्ञाय निर्भया । बलात्कारे योगवशाददृश्यास्पृश्या च भविष्यामीति धिया निर्भया वा । तृणमन्तरतः कृत्वा । साक्षात्पापात्मकपरपुरुषसंभाषणजदोषपरिहारायेति शेषः ॥ १ ॥ धर्मसेतुरिवेत्यत्र धर्मेति पृथक्पदं लुप्तषष्ठीकम् । धर्मस्याचलः सेतुरिव मर्यादाप्रतिष्ठापकः । परिज्ञातः प्रसिद्धः ॥ २ ॥ ३ ॥ स कस्तत्राह—य इति ॥ ४ ॥ शयिता शयनकर्ता । मृतोऽभूरिति शेषः । इडार्षः ॥ ५ ॥ प्रोक्तास्त्वया । मत्पुर इति शेषः ॥ ६ ॥ ७ ॥ तस्य रामस्य वैरं क्रोधमुत्पाद्य तत्संनिधिं प्राप्तस्ततो जीवन्न मोक्ष्यसे । तस्य

स ते जीवितशेषस्य राघवोऽन्तकरो बली । पशोर्यूपगतस्येव जीवितं तव दुर्लभम् ॥ ९
यदि पश्येत्स रामस्त्वां रोषदीप्तेन चक्षुषा । रक्षस्त्वमद्य निर्दग्धो यथा रुद्रेण मन्मथः ॥ १०
यश्चन्द्रं नभसो भूमौ पातयेन्नाशयेत वा । सागरं शोषयेद्वापि स सीतां मोचयेदिह ॥ ११
गतासुस्त्वं गतश्रीको गतसत्त्वो गतेन्द्रियः । लङ्का वैधव्यसंयुक्ता त्वत्कृते नभविष्यति ॥ १२
न ते पापमिदं कर्म सुखोदर्कं भविष्यति । याहं नीता विनाभावं पतिपार्श्वात्त्वया बलात् ॥ १३
स हि देवरसंयुक्तो मम भर्ता महाद्युतिः । निर्भयो वीर्यमाश्रित्य शून्ये वसति दण्डके ॥ १४
स ते वीर्यं बलं दर्पमुत्सेकं च यथाविधम् । व्यपनेष्यति गात्रेभ्यः शरवर्षेण संयुगे ॥ १५
यदा विनाशो भूतानां दृश्यते कालचोदितः । तदा कार्ये प्रमाद्यन्ति नराः कालवशं गताः ॥ १६
मां प्रधृष्य स ते कालः प्राप्तोऽयं राक्षसाधम । आत्मनो राक्षसानां च वधायान्तःपुरस्य च ॥ १७
न शक्या यज्ञमध्यस्था वेदिः स्रुग्भाण्डमण्डिता । द्विजातिमन्त्रसंपूता चण्डालेनावमर्दितुम् ॥ १८
तथाहं धर्मनित्यस्य धर्मपत्नी दृढव्रता । त्वया स्प्रष्टुं न शक्याहं राक्षसाधम पापिना ॥ १९
क्रीडन्ती राजहंसेन पद्मषण्डेषु नित्यशः । हंसी सा तृणमध्यस्थं कथं द्रक्ष्येत मद्गुकम् ॥ २०
इदं शरीरं निःसंज्ञं बन्ध वा घातयस्व वा । नेदं शरीरं रक्ष्यं मे जीवितं वापि राक्षस ॥ २१
न तु शक्यमपक्रोशं पृथिव्यां दातुमात्मनः । एवमुक्त्वा तु वैदेही क्रोधात्सुपरुषं वचः ॥ २२
रावणं जानकी तत्र पुनर्नोवाच किंचन । सीताया वचनं श्रुत्वा परुषं रोमहर्षणम् ॥ २३
प्रत्युवाच ततः सीतां भयसंदर्शनं वचः । शृणु मैथिलि मद्वाक्यं मासान्द्वादश भामिनि ॥ २४
कालेनानेन नाभ्येषि यदि मां चारुहासिनि । ततस्त्वां प्रातराशार्थं सूदाश्छेत्स्यन्ति लेशशः ॥ २५
इत्युक्त्वा परुषं वाक्यं रावणः शत्रुरावणः । राक्षसीश्च ततः क्रुद्ध इदं वचनमब्रवीत् ॥ २६
शीघ्रमेव हि राक्षस्यो विरूपा घोरदर्शनाः । दर्पमस्यापनेष्यन्तु मांसशोणितभोजनाः ॥ २७
वचनादेव तास्तस्य सुघोरा घोरदर्शनाः । कृतप्राञ्जलयो भूत्वा मैथिलीं पर्यवारयन् ॥ २८
स ताः प्रोवाच राजासौ रावणो घोरदर्शनाः । प्रचल्य चरणोत्कर्षैर्दारयन्निव मेदिनीम् ॥ २९
अशोकवनिकामध्ये मैथिली नीयतामिति । तत्रेयं रक्ष्यतां गूढं युष्माभिः परिवारिता ॥ ३०
तत्रैनां तर्जनैर्घोरैः पुनः सान्त्वैश्च मैथिलीम् । आनयध्वं वशं सर्वा वन्यां गजवधूमिव ॥ ३१
इति प्रतिसमादिष्टा राक्षस्यो रावणेन ताः । अशोकवनिकां जग्मुर्मैथिलीं परिगृह्य तु ॥ ३२
सर्वकामफलैर्वृक्षैर्नानापुष्पफलैर्वृताम् । सर्वकालमदैश्चापि द्विजैः समुपसेविताम् ॥ ३३

मनुष्यत्वादिति भावः ॥ ८ ॥ तदेवाह—अन्तकरो नाशकरः ॥ ९ ॥ रक्ष इति रावणसंबोधनम् । निर्दग्धः । भवेरिति शेषः ॥ १० ॥ यो रामः पातयेदित्यादि । शक्यार्थे लिङ् । यच्च तव शतयोजनसमुद्रमध्यगा लङ्काऽगम्येति बुद्धिः, सा वृथैवेत्याह—सागरं शोषयेद्वापि । वाशब्द एवार्थे । स इह स्थितां सीतां मोचयेदेवेत्यर्थः ॥ ११ ॥ त्वत्कृतेन त्वत्कृतापराधेन ॥ १२ ॥ पतिपार्श्वाद्विनाभावं पतिपार्श्ववियोगम् ॥ १३ ॥ देवरसंयुक्तो लक्ष्मणसंयुतः स खरादिहन्ता । 'दैवतसंयुक्तः' इति पाठे दैवानुकूल्यवानित्यर्थः ॥ १४ ॥ वीर्यं पराक्रमः । बलं शारीरम् । दर्पो मदः । उत्सेकोऽमर्यादत्वम् ॥ १५ ॥ कार्ये प्रमाद्यन्ति । उचिते कार्ये वैपरीत्यं प्राप्नुवन्तीत्यर्थः ॥ १६ ॥ मां प्रधृष्य । स्थितस्येति शेषः । स ते काल इति । नाशकाल इत्यर्थः । स्वमरणेन वैधव्यमेवान्तःपुरवधः ॥ १७ ॥ यज्ञमध्यस्था यज्ञशालामध्यस्था स्रुगादियज्ञोपकरणमण्डितवेदिश्चण्डालेनावमर्दितुं स्प्रष्टुं न शक्या तथा त्वयाहमिति योजना ॥ १८ ॥ १९ ॥ पद्मषण्डानि पद्मसमूहाः । तृणमध्यस्थं जलनील्यादितृणमध्यस्थं द्रक्ष्येत पश्येत् । मद्गुकं जलवायसम् ॥ २० ॥ एवं निर्भयोक्तौ लोकानुसारेण पतिव्रतोचितं हेतुमाह—इदमिति । निःसंज्ञं स्वतो जडम् ॥ २१ ॥ अपक्रोशं सीताऽसती जातेति निन्दाम् । सुपरुषं सुतरां परुषम् । अनेन प्रबन्धेन रजस्तमोयुतानामीश्वरालाभो दर्शितः ॥ २२ ॥ २३ ॥ भयसंदर्शनं भयोत्पादकम् । द्वादश । प्रतीक्षे इति शेषः । यत्तु पाद्मे—'दशमासात्परं सीते यदि मां न भजिष्यसि । तदा हन्मि' इत्युक्तम्, तत्तु पुनः सीतासविधगमनकालिकं वच इति न विरोधः ॥ २४ ॥ नाभ्येषि । स्वारस्येनेति शेषः ॥ २५ ॥ शत्रून्रावयति क्रोशयति शत्रुरावणः ॥ २६ ॥ अपनेष्यन्त्वपनयन्तु ॥ २७ ॥ कृतप्राञ्जलयः । रावणं प्रतीति शेषः ॥ २८ ॥ चरणोत्कर्षैः पदोत्क्षेपैर्मेदिनीं दारयन्निव । प्रचल्य द्वित्राणि पदानि चलित्वा ॥ २९ ॥ नीयतामिति प्रोवाचेत्यन्वयः । परिवारिता क्षणमप्यवियुक्ता । रक्ष्यतामित्यर्थः ॥ ३० ॥ ३१ ॥ ३२ ॥ सर्वे कामाः फलन्ति येभ्यस्तादृशैर्वृक्षैः । कल्पवृक्षैरित्यर्थः । सर्वकालमदैः सर्वकालं

सा तु शोकपरीताङ्गी मैथिली जनकात्मजा । राक्षसीवशमापन्ना व्याघ्रीणां हरिणी यथा ॥ ३४
शोकेन महता त्रस्ता मैथिली जनकात्मजा । न शर्म लभते भीरुः पाशबद्धा मृगी यथा ॥ ३५
न विन्दते तत्र तु शर्म मैथिली विरूपनेत्राभिरतीव तर्जिता ।
पतिं स्मरन्ती दयितं च देवरं विचेतनाभूद्भयशोकपीडिता ॥ ३६

इत्यार्षे श्रीमद्रामायणे वाल्मीकीय आदिकाव्येऽरण्यकाण्डे षट्पञ्चाशः सर्गः ॥ ५६ ॥

मद्युतैर्द्विजः पक्षिभिः ॥ ३३ ॥ ३४ ॥ शोकेन त्रस्ता सेव । इतरजनप्रतारणाय नटवल्लोकरीत्यनुसरणमनयोर्लोको यथा वास्तवममन्यत तथैव कविरपि वर्णयति तत्प्रतारणार्थैवेति मन्तव्यम् ॥ ३५ ॥ ३६ ॥ इति श्रीरामाभिरामे श्रीरामीये रामायणतिलके वाल्मीकीय आदिकाव्येऽरण्यकाण्डे षट्पञ्चाशः सर्गः ॥ ५६ ॥

---

१. इतः परं प्रक्षिप्तोऽयं सर्गो दृश्यते—

प्रवेशितायां सीतायां लङ्कां प्रति पितामहः । तदा प्रोवाच देवेन्द्रं परितुष्टं शतक्रतुम् ॥ १
त्रैलोक्यस्य हितार्थाय रक्षसामहिताय च । लङ्कां प्रवेशिता सीता रावणेन दुरात्मना ॥ २
पतिव्रता महाभागा नित्यं चैव सुखैधिता । अपश्यन्ती च भर्तारं पश्यन्ती राक्षसीजनम् ॥ ३
राक्षसीभिः परिवृता भर्तृदर्शनलालसा । निविष्टा हि पुरी लङ्का तीरे नदनदीपतेः ॥ ४
कथं ज्ञास्यति तां रामस्तत्रस्थां तामनिन्दिताम् । दुःखं संचिन्तयन्ती सा बहुशः परिदुर्लभा ॥ ५
प्राणयात्रामकुर्वाणा प्राणांस्त्यक्ष्यत्यसंशयम् । स भूयः संशयो जातः सीतायाः प्राणसंक्षये ॥ ६
स त्वं शीघ्रमितो गत्वा सीतां पश्य शुभाननाम् । प्रविश्य नगरीं लङ्कां प्रयच्छ हविरुत्तमम् ॥ ७
एवमुक्तोऽथ देवेन्द्रः पुरीं रावणपालिताम् । आगच्छन्निद्रया सार्धं भगवान्पाकशासनः ॥ ८
निद्रां चोवाच गच्छ त्वं राक्षसान्संप्रमोहय । सा तथोक्ता मघवता देवी परमहर्षिता ॥ ९
देवकार्यार्थसिद्ध्यर्थं प्रामोहयत राक्षसान् । एतस्मिन्नन्तरे देवः सहस्राक्षः शचीपतिः ॥ १०
आससाद वनस्थां तां वचनं चेदमब्रवीत् । देवराजोऽस्मि भद्रं ते इह चास्मि शुचिस्मिते ॥ ११
अहं त्वां कार्यसिद्ध्यर्थं राघवस्य महात्मनः । साहाय्यं कल्पयिष्यामि मा शुचो जनकात्मजे ॥ १२
मत्प्रसादात्समुद्रं स तरिष्यति बलैः सह । मयैवेह च राक्षस्यो मायया मोहिताः शुभे ॥ १३
तस्मादन्नमिदं सीते हविष्यान्नमहं स्वकम् । स त्वां सगृह्य वैदेहि आगतः सह निद्रया ॥ १४
एतदत्स्यसि मद्धस्तान्न त्वां बाधिष्यते शुभे । क्षुधा तृषा च रम्भोरु वर्षाणामयुतैरपि ॥ १५
एवमुक्ता तु देवेन्द्रमुवाच परिशङ्किता । कथं जानामि देवेन्द्रं त्वामिहस्थं शचीपतिम् ॥ १६
देवलिङ्गानि दृष्टानि रामलक्ष्मणसंनिधौ । तानि दर्शय देवेन्द्र यदि त्वं देवराट् स्वयम् ॥ १७
सीताया वचनं श्रुत्वा तथा चक्रे शचीपतिः । पृथिवीं नास्पृशत्पद्भ्यामनिमेषेक्षणानि च ॥ १८
अरजोऽम्बरधारी च नम्लानकुसुमस्तथा । तं ज्ञात्वा लक्षणैः सीता वासवं परिहर्षिता ॥ १९
उवाच वाक्यं रुदती भगवद्राघवं प्रति । सह भ्रात्रा महाबाहुर्दिष्ट्या मे श्रुतिमागतः ॥ २०
यथा मे श्वशुरो राजा यथा च मिथिलाधिपः । तथा त्वामद्य पश्यामि सनाथो मे पतिस्त्वया ॥ २१
तवाज्ञया च देवेन्द्र पयोभूतमिदं हविः । अशिष्यामि त्वया दत्तं रघूणां कुलवर्धनम् ॥ २२
इन्द्रहस्ताद्गृहीत्वा तत्पायसं सा शुचिस्मिता । न्यवेदयत भर्त्रे सा लक्ष्मणाय च मैथिली ॥ २३
यदि जीवति मे भर्ता सह भ्रात्रा महाबलः । इदमस्तु तयोर्भक्त्या तदाश्नात्पायसं स्वयम् ॥ २४
इतीव तत्प्राश्य हविर्वरानना जहौ क्षुधादुःखसमुद्भवं च तम् ।
इन्द्रात्प्रवृत्तिमुपलभ्य जानकी काकुत्स्थयोः प्रीतमना बभूव ॥ २५
स चापि शक्रस्त्रिदिवालयं तदा प्रीतो ययौ राघवकार्यसिद्धये ।
आमन्त्र्य सीतां स ततो महात्मा जगाम निद्रासहितः स्वमालयम् ॥ २६

इत्यार्षे श्रीमद्रामायणे वाल्मीकीय आदिकाव्येऽरण्यकाण्डे प्रक्षिप्तः सर्गः ।

सप्तपञ्चाशः सर्गः ।

राक्षसं मृगरूपेण चरन्तं कामरूपिणम् । निहत्य रामो मारीचं तूर्णं पथि न्यवर्तत ॥ १
तस्य संत्वरमाणस्य द्रष्टुकामस्य मैथिलीम् । क्रूरस्वनोऽथ गोमायुर्विननादास्य पृष्ठतः ॥ २
स तस्य स्वरमाज्ञाय दारुणं रोमहर्षणम् । शङ्कयामास गोमायोः स्वरेण परिशङ्कितः ॥ ३
अशुभं बत मन्येऽहं गोमायुर्वाशते यथा । स्वस्ति स्यादपि वैदेह्या राक्षसैर्भक्षणं विना ॥ ४
मारीचेन तु विज्ञाय स्वरमालक्ष्य मामकम् । विक्रुष्टं मृगरूपेण लक्ष्मणः शृणुयाद्यदि ॥ ५
स सौमित्रिः स्वरं श्रुत्वा तां च हित्वाथ मैथिलीम् । तयैव प्रहितः क्षिप्रं मत्सकाशमिहैष्यति ॥ ६
राक्षसैः सहितैर्नूनं सीताया ईप्सितो वधः । काञ्चनश्च मृगो भूत्वा व्यपनीयाश्रमात्तु माम् ॥ ७
दूरं नीत्वाथ मारीचो राक्षसोऽभूच्छराहतः । हा लक्ष्मण हतोऽस्मीति यद्वाक्यं व्याजहार ह ॥ ८
अपि स्वस्ति भवेद्द्वाभ्यां रहिताभ्यां मया वने । जनस्थाननिमित्तं हि कृतवैरोऽस्मि राक्षसैः ॥ ९
निमित्तानि च घोराणि दृश्यन्तेऽद्य बहूनि च । इत्येवं चिन्तयन्रामः श्रुत्वा गोमायुनिःस्वनम् ॥ १०
निवर्तमानस्त्वरितो जगामाश्रममात्मवान् । आत्मनश्चापनयनं मृगरूपेण रक्षसा ॥ ११
आजगाम जनस्थानं राघवः परिशङ्कितः । तं दीनमानसं दीनमासेदुर्मृगपक्षिणः ॥ १२
सव्यं कृत्वा महात्मानं घोरांश्च ससृजुः स्वरान् । तानि दृष्ट्वा निमित्तानि महाघोराणि राघवः॥ १३
ततो लक्ष्मणमायान्तं ददर्श विगतप्रभम् । ततो विदूरे रामेण समीयाय स लक्ष्मणः ॥ १४
विषण्णः सन्विषण्णेन दुःखितो दुःखभागिना । स जगर्हेऽथ तं भ्राता दृष्ट्वा लक्ष्मणमागतम् ॥ १५
विहाय सीतां विजने वने राक्षससेविते । गृहीत्वा च करं सव्यं लक्ष्मणं रघुनन्दनः ॥ १६
उवाच मधुरोदर्कमिदं परुषमार्तवत् । अहो लक्ष्मण गर्ह्यं ते कृतं यत्त्वं विहाय ताम् ॥ १७
सीतामिहागतः सौम्य कच्चित्स्वस्ति भवेदिति । न मेऽस्ति संशयो वीर सर्वथा जनकात्मजा ॥ १८
विनष्टा भक्षिता वापि राक्षसैर्वनचारिभिः । अशुभान्येव भूयिष्ठं यथा प्रादुर्भवन्ति मे ॥ १९
अपि लक्ष्मण सीतायाः सामग्र्यं प्राप्नुयामहे । जीवन्त्याः पुरुषव्याघ्र सुताया जनकस्य वै ॥ २०
यथा वै मृगसंघाश्च गोमायुश्चैव भैरवम् । वाशन्ते शकुनाश्चापि प्रदीप्तामभितो दिशम् ।
अपि स्वस्ति भवेत्तस्या राजपुत्र्या महाबल ॥ २१

इदं हि रक्षो मृगसंनिकाशं प्रलोभ्य मां दूरमनुप्रयातम् ।
हतं कथंचिन्महता श्रमेण स राक्षसोऽभून्म्रियमाण एव ॥ २२

अथ कवी रामवृत्तान्तमाह—राक्षसमिति ॥ १ ॥ यदा पथि निवृत्तस्तदा तस्य मैथिलीं द्रष्टुकामस्य तां द्रष्टुं संत्वरमाणस्य तस्यैवं स्थितस्य पृष्ठतो गोमायुः शिवा ननादेत्यन्वयः ॥ २ ॥ ३ ॥ यथा भाव्यशुभं तथा वाशत इत्यर्थः । वैदेह्याः । वैदेह्यै राक्षसैर्भक्षणं विना तत्कर्तृकभक्षणाभावरूपं स्वस्ति स्यादित्यर्थः । अपिः कामप्रवेदने ॥ ४ ॥ मारीचेन मामकं स्वरं विज्ञाय मामकस्वरध्वनिं ज्ञात्वालक्ष्य मदपकारोपायमवधार्य यन्मृगरूपेण तेनाक्रुष्टं हा सीते लक्ष्मणेति च, तद्यदि लक्ष्मणः शृणुयात्तदा तं स्वरं श्रुत्वा मदीयस्वरत्वेन ज्ञात्वा मैथिल्यैव प्रहितस्तां हित्वैष्यति ॥ ५ ॥ ६ ॥ सहितैरीप्सितः कर्तुमिष्टः । नूनं निश्चयेन । तत्रैवानुकूलतर्कमाह—काञ्चन इत्यादि । यतः काञ्चनमृगो भूत्वा मां व्यपनीयाकृष्य दूरं नीत्वा राक्षसोऽभूत् । न तु चर्मप्रयोजनमृग एव स्थितः । इति वाक्यं व्याजहार च यत्तस्मात्तस्या वध ईप्सित इत्यन्वयः । काव्यलिङ्गालंकारः ॥ ७ ॥ ८ ॥ अथ चिन्तां नाटयति—अपीति । स्वस्त्यभवने हेतुः—जनस्थानेति । जनस्थानं स्थानविशेषः । जनानां लोकानां राक्षसेभ्यो भयनिवृत्त्या इह स्थाननिमित्तं चेत्यर्थ ॥ ९ ॥ हेत्वन्तरमाप—निमित्तानीति ॥ १० ॥ मृगरूपेणात्मनोऽपनयनं दूरमाकर्षणं दृष्ट्वा परिशङ्कितो जनस्थानं खरादिवासभूतमाजगाम । अनेन ततोऽपि परतो मारीचव्यसनेन गत इति सूचितम् ॥ ११ ॥ दीनमानसम् । दीनमानसत्वं नाटयति—दीनं शरीरेणापि म्लानम् । आसेदुर्विपरीतार्थसूचकत्वेन प्रापुः ॥ १२ ॥ तदेवाह—सव्यमप्रदक्षिणम् ॥ १३ ॥ अविदूरे समीपे समीयाय संगतोऽभूत् ॥ १४ ॥ समगुणकः सन्मिलित्वा । स रामो लक्ष्मणस्य भ्राता सीतां विहायागतं लक्ष्मणं दृष्ट्वा । लक्ष्मणम् । षष्ठ्यर्थे द्वितीया । लक्ष्मणस्य सव्यं करं गृहीत्वा जगर्हे ॥ १५ ॥ १६ ॥ गर्हणामाह—उवाचेति । मधुरोदर्कं शब्दतो माधुर्योत्तरम्, अर्थतः परुषमिदं वक्ष्यमाणमार्तवदार्तोर्हमुवाच । यद्वा मधुरोदर्कं तात्पर्यतो मधुरमापाततः परुषम् । ते कृतं त्वया कृतम् ॥ १७ ॥ कच्चित्स्वस्ति भवेत् । कल्याणं न संभाव्यत इत्यर्थः ॥ १८ ॥ विनष्टापहृता । यथा प्रादुर्भवन्ति । विनष्टेत्यादि निश्चितम् ॥ १९ ॥ अथापि । वा प्रश्ने । सामग्र्यं क्षेममनपहरणरूपम् ॥ २० ॥ वाशन्ते नदन्ति । प्रदीप्ता सूर्याधिष्ठिता ॥ २१ ॥ मृगसंनिकाशं मृगवत्प्रतिभास-

मनश्च मे दीनमिहाप्रहृष्टं चक्षुश्च सव्यं कुरुते विकारम् ।
असंशयं लक्ष्मण नास्ति सीता हृता मृता वा पथि वर्तते वा ॥ २३

इत्यार्षे श्रीमद्रामायणे वाल्मीकीय आदिकाव्येऽरण्यकाण्डे सप्तपञ्चाशः सर्गः ॥ ५७ ॥

अष्टपञ्चाशः सर्गः ।

स दृष्ट्वा लक्ष्मणं दीनं शून्यं दशरथात्मजः । पर्यपृच्छत धर्मात्मा वैदेहीमागतं विना ॥ १
प्रस्थितं दण्डकारण्यं या मामनुजगाम ह । क्व सा लक्ष्मण वैदेही यां हित्वा त्वमिहागतः ॥ २
राज्यभ्रष्टस्य दीनस्य दण्डकान्परिधावतः । क्व सा दुःखसहाया मे वैदेही तनुमध्यमा ॥ ३
यां विना नोत्सहे वीर मुहूर्तमपि जीवितुम् । क्व सा प्राणसहाया मे सीता सुरसुतोपमा ॥ ४
पतित्वममराणां हि पृथिव्याश्चापि लक्ष्मण । विना तां तपनीयाभां नेच्छेयं जनकात्मजाम् ॥ ५
कच्चिज्जीवति वैदेही प्राणैः प्रियतरा मम । कच्चित्प्रव्राजनं वीर न मे मिथ्या भविष्यति ॥ ६
सीतानिमित्तं सौमित्रे मृते मयि गते त्वयि । कच्चित्सकामा कैकेयी सुखिता सा भविष्यति ॥ ७
सपुत्रराज्यां सिद्धार्थां मृतपुत्रा तपस्विनी । उपस्थास्यति कौसल्या कच्चिन्नसौम्येन कैकयीम् ॥ ८
यदि जीवति वैदेही गमिष्याम्याश्रमं पुनः । संवृत्ता यदि वृत्ता सा प्राणांस्त्यक्ष्यामि लक्ष्मण ॥ ९
यदि मामाश्रमगतं वैदेही नाभिभाषते । पुरः प्रहसिता सीता विनशिष्यामि लक्ष्मण ॥ १०
ब्रूहि लक्ष्मण वैदेही यदि जीवति वा न वा । त्वयि प्रमत्ते रक्षोभिर्भक्षिता वा तपस्विनी ॥ ११
सुकुमारी च बाला च नित्यं चादुःखभागिनी । मद्वियोगेन वैदेही व्यक्तं शोचति दुर्मनाः ॥ १२
सर्वथा रक्षसा तेन जिह्मेन सुदुरात्मना । वदता लक्ष्मणेत्युच्चैस्तवापि जनितं भयम् ॥ १३
श्रुतश्च मन्ये वैदेह्या स स्वरः सदृशो मम । त्रस्तया प्रेषितस्त्वं च द्रष्टुं मां शीघ्रमागतः ॥ १४
सर्वथा तु कृतं कष्टं सीतामुत्सृजता वने । प्रतिकर्तुं नृशंसानां रक्षसां दत्तमन्तरम् ॥ १५
दुःखिताः खरघातेन राक्षसाः पिशिताशनाः । तैः सीता निहता घोरैर्भविष्यति न संशयः ॥ १६
अहोऽस्मि व्यसने मग्नः सर्वथा रिपुनाशन । किं त्विदानीं करिष्यामि शङ्के प्राप्तव्यमीदृशम् ॥ १७
इति सीतां वरारोहां चिन्तयन्नेव राघवः । आजगाम जनस्थानं त्वरया सहलक्ष्मणः ॥ १८

विगर्हमाणोऽनुजमार्तरूपं क्षुधाश्रमेणैव पिपासया च ।
विनिःश्वसञ्शुष्कमुखो विषण्णः प्रतिश्रयं प्राप्य समीक्ष्य शून्यम् ॥ १९
स्वमाश्रमं स प्रविगाह्य वीरो विहारदेशाननुसृत्य कांश्चित् ।
एतत्तदित्येव निवासभूमौ प्रहृष्टरोमा व्यथितो बभूव ॥ २०

इत्यार्षे श्रीमद्रामायणे वाल्मीकीय आदिकाव्येऽरण्यकाण्डेऽष्टपञ्चाशः सर्गः ॥ ५८ ॥

मानम् । म्रियमाण एव न ततः पूर्वमित्यर्थः ॥ २२ ॥ सव्यं वामम् । वास्तवमर्थमाह—पथि वर्तते वा ह्रियमाणा वर्तते वेत्यर्थः । इदं वस्तुतत्त्वमुक्तम् ॥ २३ ॥ इति श्रीरामाभिरामे श्रीरामीये रामायणतिलके वाल्मीकीय आदिकाव्येऽरण्यकाण्डे सप्तपञ्चाशः सर्गः ॥ ५७ ॥

पुनस्तदेव विस्तरेणाह—स इति । शून्यं संतोषादिहीनचित्तम् । वैदेहीं विनागतं तां त्यक्त्वागतम् ॥ १ ॥ २ ॥ ३ ॥ प्राणसहाया । तां विना सहायाः प्राणाः कथं स्थास्यन्तीति भावः ॥ ४ ॥ अमराणां पतित्वमिन्द्रत्वम् ॥ ५ ॥ मे प्रव्राजनं चतुर्दश समा वनप्रव्राजनव्रतधारणं तु सीताजीवने मम जीवनाच्च मिथ्या भविष्यति । तदभावे मध्ये एव मम मरणे तद्धानिरिति भावः ॥ ६ ॥ सीतानिमित्तं तद्विनाशनिमित्तम् । मयि मृते त्वयि चैकाकिन्ययोध्यां गते इत्यर्थः । सकामा पूर्णमनोरथा ॥ ७ ॥ सौम्येन विनयेन ॥ ८ ॥ संवृत्ता सद्वृत्ता यदि वृत्ता । मृतेत्यर्थः ॥ ९ ॥ प्रहसिता प्रहसितमुखी ॥ १० ॥ प्रमत्तेऽनुचितकारिणि ॥ ११ ॥ १२ ॥ तवापि ज्ञातमद्बलवीर्यादिमतोऽपि ॥ १३ ॥ मम सदृशो मम स्वरेण सदृशः । यस्मात्त्वमत्रागतस्तस्मात्स स्वरस्तया श्रुत इति शङ्के ॥ १४ ॥ प्रतिकर्तुं मत्कृतापकारस्य प्रत्यपकारं कर्तुम् । तदपेक्षाणां रक्षसामन्तरमवकाशो दत्तः ॥ १५ ॥ १६ ॥ किं त्विदानीं करिष्यामीति शङ्के । ईदृशं दुःखं प्राप्तव्यमवश्यमनुभवितव्यमिति शङ्क इति धैर्यावलम्बनम् । उत्प्रेक्षा ॥ १७ ॥ जनस्थानं तद्वर्तिस्वाश्रमम् ॥ १८ ॥ विगर्हमाण इत्यादिवक्ष्यमाणसर्गार्थसंग्रहः । श्रमेण बहुदूरधावनजेन । 'श्रमाच्चैव' इति प्रायः पाठः । प्रतिश्रयमाश्रमसमीपदेशं शून्यं सीतया ॥ १९ ॥ प्रतिश्रयं प्रेक्ष्यानन्तरं स्वाश्रमं प्रविगाह्य तमपि शून्यं वीक्ष्य ततः सी-

एकोनषष्टितमः सर्गः ।

अथाश्रमादुपावृत्तमन्तरा रघुनन्दनः । परिपप्रच्छ सौमित्रिं रामो दुःखादिदं वचः ॥ १
तमुवाच किमर्थं त्वमागतोऽपास्य मैथिलीम् । यदा सा तव विश्वासाद्वने विरहिता मया ॥ २
दृष्ट्वैवाभ्यागतं त्वां मे मैथिलीं त्यज्य लक्ष्मण । शङ्कमानं महत्पापं यत्सत्यं व्यथितं मनः ॥ ३
स्फुरते नयनं सव्यं बाहुश्च हृदयं च मे । दृष्ट्वा लक्ष्मण दूरे त्वां सीताविरहितं पथि ॥ ४
एवमुक्तस्तु सौमित्रिर्लक्ष्मणः शुभलक्षणः । भूयो दुःखसमाविष्टो दुःखितं राममब्रवीत् ॥ ५
न स्वयं कामकारेण तां त्यक्त्वाहमिहागतः । प्रचोदितस्तयैवोग्रैस्त्वत्सकाशमिहागतः ॥ ६
आर्येणेव परिक्रुष्टं लक्ष्मणेति सुविस्वरम् । परित्राहीति यद्वाक्यं मैथिल्यास्तच्छ्रुतिं गतम् ॥ ७
सा तमार्तस्वरं श्रुत्वा तव स्नेहेन मैथिली । गच्छ गच्छेति मामाशु रुदती भयविक्लवा ॥ ८
प्रचोद्यमानेन मया गच्छेति बहुशस्तया । प्रत्युक्ता मैथिली वाक्यमिदं तत्प्रत्ययान्वितम् ॥ ९
न तत्पश्याम्यहं रक्षो यदस्य भयमावहेत् । निर्वृता भव नास्त्येतत्केनाप्येतदुदाहृतम् ॥ १०
विगर्हितं च नीचं च कथमार्योऽभिधास्यति । त्राहीति वचनं सीते यस्त्रायेत्त्रिदशानपि ॥ ११
किंनिमित्तं तु केनापि भ्रातुरालम्ब्य मे स्वरम् । विस्वरं व्याहृतं वाक्यं लक्ष्मण त्राहि मामिति ॥ १२
राक्षसेनेरितं वाक्यं त्रासात्त्राहीति शोभने । न भवत्या व्यथा कार्या कुनारीजनसेविता ॥ १३
अलं विक्लवतां गन्तुं स्वस्था भव निरुत्सुका । न चास्ति त्रिषु लोकेषु पुमान्यो राघवं रणे ॥ १४
जातो वा जायमानो वा संयुगे यः पराजयेत् । अजेयो राघवो युद्धे देवैः शक्रपुरोगमैः ॥ १५
एवमुक्ता तु वैदेही परिमोहितचेतना । उवाचाश्रूणि मुञ्चन्ती दारुणं मामिदं वचः ॥ १६
भावो मयि तवात्यर्थं पाप एव निवेशितः । विनष्टे भ्रातरि प्राप्तुं न च त्वं मामवाप्स्यसे ॥ १७
संकेताद्भरतेन त्वं रामं समनुगच्छसि । क्रोशन्तं हि यथात्यर्थं नैनमभ्यवपद्यसे ॥ १८
रिपुः प्रच्छन्नचारी त्वं मदर्थमनुगच्छसि । राघवस्यान्तरं प्रेप्सुस्तथैनं नाभिपद्यसे ॥ १९
एवमुक्तस्तु वैदेह्या संरब्धो रक्तलोचनः । क्रोधात्प्रस्फुरमाणोष्ठ आश्रमादभिनिर्गतः ॥ २०
एवं ब्रुवाणं सौमित्रिं रामः संतापमोहितः । अब्रवीद्दुष्कृतं सौम्य तां विना त्वमिहागतः ॥ २१

तायाः कांश्चिद्विहारदेशाननुसृत्य तेषु तां विचित्य तानपि शून्यान्निरीक्ष्य एतत्क्रीडावशेषस्थानं तत्रत्यक्रीडाविशेषं च स्मृत्वा हृष्टरोमा शोकेन व्यथितश्च बभूव ॥ २० ॥ इति **श्रीरामाभिरामे श्रीरामीये रामायणतिलके वाल्मीकीय आदिकाव्येऽरण्यकाण्डेऽष्टपञ्चाशः सर्गः ॥ ५८ ॥**

अथ विस्तरेण मार्गमध्यकृतां कथामाह—अथेति । उपवृत्तं सीतावचनात्स्वसमीपं प्राप्तम् । अन्तरा मध्येमार्गम् ॥ १ ॥ यदा यस्मात्तव विश्वासात्सा वने मया स्वेन विरहिता कृता, अतस्त्वामपास्य किमर्थं त्वमागतः ॥ २ ॥ महत्पापं सीताहरणादिरूपं शङ्कमानं यन्मे मनो व्यथितमासीन्मारीचवधकाले मच्छब्दसदृशशब्दस्य तेन करणात्तन्मैथिलीं त्यज्याभ्यागतं त्वां दृष्ट्वैव सत्यमिति जाने । एकलत्वेन सर्वस्य सभावयितुं शक्यत्वादिति भावः ॥ ३ ॥ यस्य सत्यत्वसंभावनायां शरीरनिमित्तानि तत्कालानुभूयमानान्याह—स्फुरते इति । स्फुरति । सव्यं वामम् । बाहुरपि वाम एव । हृदयं च वामभाग एव ॥ ४ ॥ पूर्वं सीतावचनाद्दुःखितोऽकृत्यं कृतमिति रामवचनाद्भूयो दुःखितः ॥ ५ ॥ कामकारेण स्वेच्छया प्रचोदितः । उग्रैर्दुःश्रवैः । वचोभिरिति शेषः ॥ ६ ॥ लक्ष्मणेति सुतरां विस्वरं परित्राहीति च आर्येणेव त्वयेव यत्परिक्रुष्टं तन्मैथिल्याः श्रुतिं गतम् ॥ ७ ॥ ८ ॥ तत्प्रत्ययान्वितं तस्या अपि प्रत्ययेन विश्वसनीयत्वेनान्वितं तत्त्वेन योग्यमिदं वक्ष्यमाणं वाक्यं प्रत्युक्ता प्रतिवचनत्वेनोक्ता ॥ ९ ॥ किं तत्तत्राह—नेति । एतत्कातरवचनम् । नास्य रामस्य । केनापि रक्षसान्येन वोदाहृतम् ॥ १० ॥ तद्वचनत्वाभावे हेतुः—विगर्हितमिति । क्षत्रियस्य निन्दितम्, अतएव नीचं कुत्सितम् । यो देवानपि त्रायेद्देवत्राणेऽपि यः समर्थः स कथमीदृग्वाक्यं ब्रूयात् ॥ ११ ॥ किंनिमित्तं कुत्सितं किंचिन्निमित्तमाश्रित्य केनापि रक्षसेरितम् ॥ १२ ॥ १३ ॥ विक्लवतां गन्तुमलं वैक्लव्यमालम्ब्यालम् । मास्त्वित्यर्थः । पुमान्विद्यमान इति शेषः । यः पराजयेदित्यपकर्षः ॥ १४ ॥ जायमान इत्यनेन जनिष्यमाण इत्यर्थकेन भाविनोऽपि वारणम् । अतः संयुगे इत्यस्य न पौनरुक्त्यम् ॥ १५ ॥ १६ ॥ भावो मयीत्यादि व्याख्यातप्रायम् । विनष्टे भ्रातरि मां प्राप्तुमत्यर्थपापरूप एव भावस्तव हृदि मद्विषये निवेशितो दैवेनेति शेषः । न च मामवाप्स्यसे । तन्नाशे ममापि नाशात् ॥ १७ ॥ संकेतात् । पापरूपं संकेतं कृत्वेत्यर्थः । नाभिपद्यसे नाभ्यवपद्यसे । क्रोशन्तं क्रोशतस्तस्य त्राणाय न गच्छसि ॥ १८ ॥ १९ ॥ २० ॥ दुष्कृतमकृत्यम् । कृतमिति

जानन्नपि समर्थं मां रक्षसामपवारणे । अनेन क्रोधवाक्येन मैथिल्या निर्गतो भवान् ॥ २२
नहि ते परितुष्यामि त्यक्त्वा यदसि मैथिलीम । क्रुद्धायाः परुषं श्रुत्वा स्त्रिया यत्त्वमिहागतः॥ २३
सर्वथा त्वपनीतं ते सीतया यत्प्रचोदितः । क्रोधस्य वशमागम्य नाकरोः शासनं मम ॥ २४
असौ हि राक्षसः शेते शरेणाभिहतो मया । मृगरूपेण येनाहमाश्रमादपवाहितः ॥ २५
विकृष्य चापं परिधाय सायकं सलीलबाणेन च ताडितो मया ।
मार्गीं तनुं त्यज्य च विक्लवस्वरो बभूव केयूरधरः स राक्षसः ॥ २६
शराहतेनैव तदार्तया गिरा स्वरं ममालम्ब्य सुदूरसुश्रवम् ।
उपाहृतं तद्वचनं सुदारुणं त्वमागतो येन विहाय मैथिलीम् ॥ २७

इत्यार्षे श्रीमद्रामायणे वाल्मीकीय आदिकाव्येऽरण्यकाण्ड एकोनषष्टितमः सर्गः ॥ ५९ ॥

षष्टितमः सर्गः ।

भृशमाव्रजमानस्य तस्याधो वामलोचनम् । प्रास्फुरच्चास्खलद्रामो वेपथुश्चास्य जायते ॥ १
उपालक्ष्य निमित्तानि सोऽशुभानि मुहुर्मुहुः । अपि क्षेमं तु सीताया इति वै व्याजहार ह ॥ २
त्वरमाणो जगामाथ सीतादर्शनलालसः । शून्यमावसथं दृष्ट्वा बभूवोद्विग्नमानसः ॥ ३
उद्भ्रमन्निव वेगेन विक्षिपन्रघुनन्दनः । तत्र तत्रोटजस्थानमभिवीक्ष्य समन्ततः ॥ ४
ददर्श पर्णशालां च सीतया रहितां तदा । श्रिया विरहितां ध्वस्तां हेमन्ते पद्मिनीमिव ॥ ५
रुदन्तमिव वृक्षैश्च ग्लानपुष्पमृगद्विजम् । श्रिया विहीनं विध्वस्तं संत्यक्तं वनदैवतैः ॥ ६
विप्रकीर्णाजिनकुशं विप्रविद्धबृसीकटम् । दृष्ट्वा शून्योटजस्थानं विललाप पुनः पुनः ॥ ७
हृता मृता वा नष्टा वा भक्षिता वा भविष्यति । निलीनाप्यथवा भीरुरथवा वनमाश्रिता ॥ ८
गता विचेतुं पुष्पाणि फलान्यपि च वा पुनः । अथवा पद्मिनीं याता जलार्थं वा नदीं गता ॥ ९
यत्नान्मृगयमाणस्तु नाससाद वने प्रियाम् । शोकरक्तेक्षणः श्रीमानुन्मत्त इव लक्ष्यते ॥ १०
वृक्षाद्वृक्षं प्रधावन्स गिरींश्चापि नदीनदम् । बभ्राम विलपन्रामः शोकपङ्कार्णवप्लुतः ॥ ११

शेषः ॥ २१ ॥ लक्ष्यक्षार्थमिति चेत्तत्राह—जानन्नपीति । अनेन मैथिल्याः क्रोधवाक्येन किं भवानाश्रमान्निर्गतः ॥ २२ ॥ यन्मथिलीं त्यक्त्वा इहागतोऽसि तेन ते न परितुष्यामि । यच्च क्रुद्धायाः स्त्रियाः परुषं श्रुत्वा त्वमिहागतोऽसि तेन ते न तुष्यामि । क्रुद्धस्त्रीणा वाक्ये मर्यादालेशस्याप्यभावादिति भावः ॥ २३ ॥ अपनीतमपनयः । अनीतिरिति यावत् । कृतेति शेषः । यत्तया प्रचोदितः सन्क्रोधवशं प्राप्य मम शासनं नाकरोः ॥ २४ ॥ अधुना स्ववृत्तान्तमाह—असाविति । बुद्धिस्थित्वैवं निर्देशः । अपवाहितो दूरमाकृष्टः ॥ २५ ॥ परिधाय संधाय । सलीलबाणेन नातिविकृष्य मुक्तेन । मार्गीं मृगसंबन्धिनीम् ॥ २६ ॥ स दूरेऽपि संश्रवः संश्रवणं यस्य तं स्वरं मम मत्स्वरसदृशमालम्ब्य तद्वचनमुपाहृतमुक्तम्॥२७॥ **इति श्रीरामाभिरामे श्रीरामीये रामायणतिलके वाल्मीकीय आदिकाव्येऽरण्यकाण्ड एकोनषष्टितमः सर्गः ॥ ५९ ॥**

आव्रजमानस्याश्रममागच्छतः । अधः प्रास्फुरत्स्वयमस्खलद्वेपथुः कम्पश्चास्याजायत ॥ १ ॥ अपि क्षेममिति तु व्याजहारेत्यन्वयः ॥ २ ॥ ३ ॥ उद्भ्रमन्नितस्ततो भ्रजन् । विक्षिपन्हस्तादीन्निक्षिपंस्तत्रतत्र सीता भविष्यतीत्याशयाभिवीक्ष्य ॥ ४ ॥ ५ ॥ रुदन्तमित्यादेराश्रमो विशेष्यः । वर्णनीयमयी भावेन कवेरपि संनिहितवैपरीत्यम् ॥ ६ ॥ ७ ॥ नष्टाऽदर्शनं गता । स्वयोगशक्त्या पुनरलभ्यदर्शना जातेति तात्पर्यम् ॥ ८ ॥ ९ ॥ नदीं गतेत्यादि संतर्क्य तत्रतत्र यत्नान्मृगयमाणोऽपि नाससाद । उन्मत्त इवेत्ययमिवशब्दो मृगयमाणः प्रधावन्बभ्रामेत्यादौ सर्वत्र संबध्यः । एतत्सर्वं लोकव्यवहारनटनं भगवतश्चित्स्वरूपस्य लोके सर्वतो भार्या प्रियतमेति बोधयितुम् । अतएव मातापितृवियोगो नैतावच्छोककारणम् । तदुक्तं भागवते—'स मनुजोऽजभवार्चिताङ्घ्रिरलङ्घ्यवीर्यः' इत्यादिना विशिष्टं राममुपक्रम्य 'रक्षोधमेन वृकवद्विपिनेऽसमक्षं वैदेहराजदुहितर्यपयापितायाम् । भ्रात्रा वने कृपणवत्प्रियया वियुक्तः स्त्रीसङ्गिनां गतिमिति प्रथयंश्चचार ॥' इति, 'नेदं यशो रघुपतेः सुरयाच्ञयात्तलीलातनोरधिकसाम्यविमुक्तधाम्नः । रक्षोवधो जलधिबन्धनमस्त्रपूगैर्यत्तस्य शत्रुहनने कपयः सहायाः ॥' इति च । यद्यथा सुग्रीवाद्याश्रयणवदिदमपि लीलैवेति न तत्तस्य स्तुतिरिति तदर्थः । लीलाप्रयोजनं च तच्छ्रवणेन लोकोद्धारः । एतन्नवम एकादशाध्यायस्थे पद्ये । तथा पञ्चमेऽपि—'मर्त्यावतारस्त्विह मर्त्यशिक्षणं रक्षोवधायैव न केवलं विभोः । कुतोऽन्यथा स्याद्रमतः स्व आत्मन्सीताकृतानि व्यसनानीश्वरस्य ॥' इति ॥ १० ॥ **नदीनदं नदीसंबन्धिनदम् ।** जातावेकवचनम् । 'नारा' इति लोकप्रसिद्धम् । 'नदाः पश्चिमप्रवाहाः' इति कतकः । **पश्चिमप्रवाहाया अपि नर्मदाया नदत्व-**

अस्ति कच्चित्त्वया दृष्टा सा कदम्बप्रिया प्रिया । कदम्ब यदि जानीषे शंस सीतां शुभाननाम् ॥ १२

स्निग्धपल्लवसंकाशां पीतकौशेयवासिनीम् । शंसस्व यदि सा दृष्टा बिल्व बिल्वोपमस्तनी ॥ १३

अथवार्जुन शंस त्वं प्रियां तामर्जुनप्रियाम् । जनकस्य सुता तन्वी यदि जीवति वा न वा ॥ १४

ककुभः ककुभोरूं तां व्यक्तं जानाति मैथिलीम् । लतापल्लवपुष्पाढ्यो भाति ह्येष वनस्पतिः ॥ १५

भ्रमरैरुपगीतश्च यथा द्रुमवरो ह्यसि । एष व्यक्तं विजानाति तिलकस्तिलकप्रियाम् ॥ १६

अशोक शोकापनुद शोकोपहतचेतनम् । त्वन्नामानं कुरु क्षिप्रं प्रियासंदर्शनेन माम् ॥ १७

यदि ताल त्वया दृष्टा पक्वतालोपमस्तनी । कथयस्व वरारोहां कारुण्यं यदि ते मयि ॥ १८

यदि दृष्टा त्वया जम्बो जाम्बूनदसमप्रभा । प्रियां यदि विजानासि निःशङ्कं कथयस्व मे ॥ १९

अहो त्वं कर्णिकाराद्य पुष्पितः शोभसे भृशम् । कर्णिकारप्रियां साध्वीं शंस दृष्टा यदि प्रिया ॥ २०

चूतनीपमहासालान्पनसान्कुररांस्तथा । दाडिमानपि तान्गत्वा दृष्ट्वा रामो महायशाः ॥ २१

बकुलानथ पुंनागांश्चन्दनान्केतकांस्तथा । पृच्छन्रामो वने भ्रान्त उन्मत्त इव लक्ष्यते ॥ २२

अथवा मृगशावाक्षीं मृग जानासि मैथिलीम् । मृगविप्रेक्षणी कान्ता मृगीभिः सहिता भवेत् ॥ २३

गज सा गजनासोरूर्यदि दृष्टा त्वया भवेत् । तां मन्ये विदितां तुभ्यमाख्याहि वरवारण ॥ २४

शार्दूल यदि सा दृष्टा प्रिया चन्द्रनिभानना । मैथिली मम विस्रब्धः कथयस्व न ते भयम् ॥ २५

किं धावसि प्रिये नूनं दृष्टासि कमलेक्षणे । वृक्षैराच्छाद्य चात्मानं किं मां न प्रतिभाषसे ॥ २६

तिष्ठ तिष्ठ वरारोहे न तेऽस्ति करुणा मयि । नात्यर्थं हास्यशीलासि किमर्थं मामुपेक्षसे ॥ २७

पीतकौशेयकेनासि सूचिता वरवर्णिनि । धावन्त्यपि मया दृष्टा तिष्ठ यद्यस्ति सौहृदम् ॥ २८

नैव सा नूनमथवा हिंसिता चारुहासिनी । कृच्छ्रं प्राप्तं हि मां नूनं यथापेक्षितुमर्हति ॥ २९

व्यक्तं सा भक्षिता बाला राक्षसैः पिशिताशनैः । विभज्याङ्गानि सर्वाणि मया विरहिता प्रिया ॥ ३०

नूनं तच्छुभदन्तोष्ठं सुनासं शुभकुण्डलम् । पूर्णचन्द्रनिभं ग्रस्तं मुखं निष्प्रभतां गतम् ॥ ३१

सा हि चन्दनवर्णाभा ग्रीवा ग्रैवेयकोचिता । कोमला विलपन्त्यास्तु कान्ताया भक्षिता शुभा ॥ ३२

नूनं विक्षिप्यमाणौ तौ बाहू पल्लवकोमलौ । भक्षितौ वेपमानाग्रौ सहस्ताभरणाङ्गदौ ॥ ३३

मया विरहिता बाला रक्षसां भक्षणाय वै । सार्थेनैव परित्यक्ता भक्षिता बहुबान्धवा ॥ ३४

हा लक्ष्मण महाबाहो पश्यसे त्वं प्रियां क्वचित् । हा प्रिये क्व गता भद्रे हा सीतेति पुनः पुनः ॥ ३५

व्यवहाराभावाच्चिन्त्यं तत् ॥ ११ ॥ उन्मत्त इवेत्युक्तं विवृणोति—अस्ति कच्चिदिति प्रश्ने । कदम्बप्रियत्वात्सर्वथा त्वया दृष्टेत्यर्थः । यदीति 'वेदा यदि प्रमाणम्' इतिवत् ॥ १२ ॥ स्निग्धपल्लवसंकाशां तद्वत्कोमलाङ्गीम् ॥ १३ ॥ अर्जुनः करवीरः । 'करवीरः करालश्च करवीरी तथार्जुनः' इति निघण्टुः ॥ १४ ॥ ककुभो मरुवकः । ककुभस्य बहिस्त्वचोऽपि श्लक्ष्णत्वात्तद्वच्छ्लक्ष्णोरूपम् । तस्य ज्ञातृत्वोपपादकम्—लतेत्यादि । तत्संबन्धं विना कथमियती संपदस्येति भावः ॥ १५ ॥ उप समीपे गीतः । क्रियमाणझंकार इत्यर्थः । तथा द्रुमवरो ह्यसीति स्तौति । तत उत्तरमलब्ध्वान्यं प्रत्याह—एष इति । तत्प्रियत्वात्तज्ज्ञेयत्वसंभावना ॥ १६ ॥ त्वन्नामानम् । अशोकं कुर्वित्यर्थः । शोकापनुदत्वादेनत्करणयोग्यता ॥ १७ ॥ १८ ॥ निःशङ्कम् । मरणादिकथनेऽपि शङ्का न कार्येति भावः ॥ १९ ॥ २० ॥ रामः । पप्रच्छेति शेषः ॥ २१ ॥ उन्मत्त इव मानुषव्यवहारनटनवशात् वस्तुनो नोन्मत्त इत्यर्थः । उन्मादस्यापि विरहे औचित्याद्दशावस्थासु गणितत्वाच्च ॥ २२ ॥ मृगीभिः सहिता भवेदित्यादौ संभावनायां लिङ् । संभावनाबीजं मृगविप्रेक्षणीत्वम् ॥ २३ ॥ गजस्य वेत्तृत्वसंभावनाबीजं गजनासोरुत्वम् । यद्वोन्नतत्वा दूरदर्शित्वम् ॥ २४ ॥ न ते भयम् । त्वया भक्षिता चेदपि तथा कथनेऽपि तव मत्तो न भयमित्यर्थः ॥२५॥ अतिविरहवशात्सर्वतस्तद्भ्रमावस्थां नाटयति—किमिति ॥ २६ ॥ नात्यर्थं हास्यशीलासि नात्यन्तं परिहासशीलासि । किमर्थमिति । इतः परमदर्शने मृतिर्मे प्रसक्तेति भावः ॥२७॥ पीतवस्त्रेण सूचितासि धावन्ती दृष्टासि च तस्मात्तिष्ठ ॥ २८ ॥ पुनर्बोधावस्था । नूनं सा नैव या दृष्टा । तर्हि सा केत्यत्राह—अथवा हिंसिता रक्षोभिः । तत्र हेतुः—यथा एवंप्रकारेण कृच्छ्रं नूनं मां प्राप्तं सापेक्षितुमर्हति । नापेक्षते । तस्मान्नैव सेत्यर्थः । 'उपेक्षितुम्' इति पाठे काकुः ॥ २९ ॥ उक्तमेव स्पष्टयति व्यक्तमिति ॥ ३० ॥ निष्प्रभतां गतम् । रक्षोभिर्ग्रासादिति शेषः ॥ ३१ ॥ सर्वत्रोत्प्रेक्षा । ग्रैवेयं ग्रीवाभूषणम् ॥ ३२ ॥ विक्षिप्यमाणावितस्ततः क्षिप्यमाणौ ॥ ३३ ॥ रक्षसां भक्षणाय सा बाला मया स्वविरहिता कृता । बहुबान्धवापि या सार्थेन परित्यक्ता हीना स्त्री सेव भक्षिता । रक्षोभिरिति शेषः ॥ ३४ ॥ पश्यसे पश्यसि । हा सीते ।

इत्येवं विलपन्रामः परिधावन्वनाद्वनम् । क्वचिदुद्भ्रमते योगात्क्वचिद्विभ्रमते बलात् ॥ ३६
क्वचिन्मत्त इवाभाति कान्तान्वेषणतत्परः । स वनानि नदीः शैलान्गिरिप्रस्रवणानि च ।
काननानि च वेगेन भ्रमत्यपरिसंस्थितः ॥ ३७

तदा स गत्वा विपुलं महद्वनं परीत्य सर्वं त्वथ मैथिलीं प्रति ।
अनिष्ठिताशः स चकार मार्गणे पुनः प्रियायाः परमं परिश्रमम् ॥ ३८

इत्यार्षे श्रीमद्रामायणे वाल्मीकीय आदिकाव्येऽरण्यकाण्डे षष्टितमः सर्गः ॥ ६० ॥

एकषष्टितमः सर्गः ।

दृष्ट्वाश्रमपदं शून्यं रामो दशरथात्मजः । रहितां पर्णशालां च प्रविद्धान्यासनानि च ॥ १
अदृष्ट्वा तत्र वैदेहीं संनिरीक्ष्य च सर्वशः । उवाच रामः प्राक्रुश्य प्रगृह्य रुचिरौ भुजौ ॥ २
क्व नु लक्ष्मण वैदेही कं वा देशमितो गता । केनाहृता वा सौमित्रे भक्षिता केन वा प्रिया ॥ ३
वृक्षेणावार्य यदि मां सीते हसितुमिच्छसि । अलं ते हसितेनाद्य मां भजस्व सुदुःखितम् ॥ ४
यैः परिक्रीडसे सीते विश्वस्तैर्मृगपोतकैः । एते हीनास्त्वया सौम्ये ध्यायन्त्यस्राविलेक्षणाः ॥ ५
सीतया रहितोऽहं वै नहि जीवामि लक्ष्मण । वृतं शोकेन महता सीताहरणजेन माम् ॥ ६
परलोके महाराजो नूनं द्रक्ष्यति मे पिता । कथं प्रतिज्ञां संश्रुत्य मया त्वमभियोजितः ॥ ७
अपूरयित्वा तं कालं मत्सकाशमिहागतः । कामवृत्तमनार्यं वा मृषावादिनमेव च ॥ ८
धिक्त्वामिति परे लोके व्यक्तं वक्ष्यति मे पिता । विवशं शोकसंतप्तं दीनं भग्नमनोरथम् ॥ ९
मामिहोत्सृज्य करुणं कीर्तिर्नरमिवानृजुम् । क्व गच्छसि वरारोहे मा मोत्सृज सुमध्यमे ॥ १०
त्वया विरहितश्चाहं त्यक्ष्ये जीवितमात्मनः । इतीव विलपन्रामः सीतादर्शनलालसः ॥ ११
न ददर्श सुदुःखार्तो राघवो जनकात्मजाम् । अनासादयमानं तं सीतां शोकपरायणम् ॥ १२
पङ्कमासाद्य विपुलं सीदन्तमिव कुञ्जरम् । लक्ष्मणो राममत्यर्थमुवाच हितकाम्यया ॥ १३
मा विषादं महाबुद्धे कुरु यत्नं मया सह । इदं गिरिवरं वीर बहुकंदरशोभितम् ॥ १४
प्रियकाननसंचारा वनोन्मत्ता च मैथिली । सा वनं वा प्रविष्टा स्यान्नलिनीं वा सुपुष्पिताम् ॥ १५
सरितं वापि संप्राप्ता मीनवञ्जुलसेविताम् । वित्रासयितुकामा वा लीना स्यात्कानने क्वचित् ॥ १६
जिज्ञासमाना वैदेही त्वां मां च पुरुषर्षभ । तस्या ह्यन्वेषणे श्रीमन्क्षिप्रमेव यतावहे ॥ १७
वनं सर्वं विचिनुवो यत्र सा जनकात्मजा । मन्यसे यदि काकुत्स्थ मा स्म शोके मनः कृथाः ॥ १८
एवमुक्तः स सौहार्दाल्लक्ष्मणेन समाहितः । सह सौमित्रिणा रामो विचेतुमुपचक्रमे ॥ १९
तौ वनानि गिरींश्चैव सरितश्च सरांसि च । निखिलेन विचिन्वन्तौ सीतां दशरथात्मजौ ॥ २०

इकारलोप आर्षः ॥ ३५ ॥ परिधावन्नुद्भ्रमते उत्पतति । विभ्रमते वात्यावत् ॥ ३६ ॥ अपरिसंस्थितः क्वचिदपि स्थितिमलभमानो भ्रमति ॥ ३७ ॥ अनिष्ठिताशोऽनिवृत्ताशः । मार्गणेऽन्वेषणे । पुनः परमं परिश्रमं चकार । 'अर्धो वा एष आत्मनः' इति श्रुतेस्तस्याः प्रियात्वम् । एतत्सर्वं लोकव्यवहारनटनमित्युक्तमेव, न त्वेतावता भगवति तमोरजसोः संभावनेति दिक् ॥ ३८ ॥ इति श्रीरामाभिरामे श्रीरामीये रामायणतिलके वाल्मीकीय आदिकाव्येऽरण्यकाण्डे षष्टितमः सर्गः ॥ ६० ॥

प्रविद्धानीतस्ततः प्रक्षिप्तानि ॥ १ ॥ प्राक्रुश्य हा इति शब्दं कृत्वा बाहू प्रगृह्योत्क्षिप्य ॥ २ ॥ तदेव वचनम्—क्वेति ॥ ३ ॥ वृक्षेणेत्यादि पुनः प्रलापः । आवार्याच्छाद्य ॥ ४ ॥ विश्वस्तैश्चिरकालसहवासेन विश्वासं प्राप्तैः । ध्यायन्ति । त्वामिति शेषः ॥ ५ ॥ ६ ॥ मरणेऽपि परलोके मम धिक्कार एव प्राप्नोतीत्याह—कथमिति । संश्रुत्य प्रतिज्ञाय । अभियोजितो नियुक्तः ॥ ७ ॥ ८ ॥ पुनः सीतामुद्दिश्य प्रलपति-विवशमिति ॥ ९ ॥ अनृजुं छलशीलं मामुत्सृज्य क्व गच्छसि । दृष्ट्वेवाह—मां मा उत्सृज्य त्यज ॥ १० ॥ ११ ॥ सीतामनासादयमानमप्राप्नुवानं रामं लक्ष्मण उवाचेत्यन्वयः ॥ १२ ॥ १३ ॥ विषादं मा कुर्विति शेषः । कुरु यत्नम् । अन्वेषण इति शेषः ॥ १४ ॥ प्रियः काननसंचारो यस्याः सा । वनोन्मत्ता वनस्य पुष्पितत्वदर्शनादुन्मत्ता हर्षवती ॥ १५ ॥ वञ्जुलो वेतसः । संभावनायां लिङ् । सर्वत्र वित्रासयितुकामा अस्मान् ॥ १६ ॥ जिज्ञासमानावयोरन्वेषणसामर्थ्यम् । यतावहे यत्नं कुर्वः ॥ १७ ॥ यत्र सा । अस्तीति शेषः ॥ १८ ॥ विचेतुमन्वेष्टुम् ॥ १९ ॥ २० ॥ २१ ॥ २२ ॥ 'नेह पश्यामि

तस्य शैलस्य सानूनि शिलाश्च शिखराणि च । निखिलेन विचिन्वन्तौ नैव तामभिजग्मतुः ॥ २१
विचित्य सर्वतः शैलं रामो लक्ष्मणमब्रवीत् । नेह पश्यामि सौमित्रे वैदेहीं पर्वते शुभाम् ॥ २२
ततो दुःखाभिसंतप्तो लक्ष्मणो वाक्यमब्रवीत् । विचरन्दण्डकारण्यं भ्रातरं दीप्ततेजसम् ॥ २३
प्राप्स्यसे त्वं महाप्राज्ञ मैथिलीं जनकात्मजाम् । यथा विष्णुर्महाबाहुर्बलिं बद्ध्वा महीमिमाम् ॥ २४
एवमुक्तस्तु वीरेण लक्ष्मणेन स राघवः । उवाच दीनया वाचा दुःखाभिहतचेतनः २५
वनं सुविचितं सर्वं पद्मिन्यः फुल्लपङ्कजाः । गिरिश्चायं महाप्राज्ञ बहुकंदरनिर्झरः ।
नहि पश्यामि वैदेहीं प्राणेभ्योऽपि गरीयसीम् ॥ २६
एवं स विलपन्रामः सीताहरणकर्शितः । दीनः शोकसमाविष्टो मुहूर्तं विह्वलोऽभवत् ॥ २७
स विह्वलितसर्वाङ्गो गतबुद्धिर्विचेतनः । विषसादातुरो दीनो निःश्वस्याशीतमायतम् ॥ २८
बहुशः स तु निःश्वस्य रामो राजीवलोचनः । हा प्रियेति विचुक्रोश बहुशो बाष्पगद्गदः ॥ २९
तं सान्त्वयामास ततो लक्ष्मणः प्रियबान्धवम् । बहुप्रकारं शोकार्तः प्रश्रितः प्रश्रिताञ्जलिः ॥ ३०
अनादृत्य तु तद्वाक्यं लक्ष्मणोष्ठपुटच्युतम् । अपश्यंस्तां प्रियां सीतां प्राक्रोशत्स पुनः पुनः ॥ ३१

इत्यार्षे श्रीमद्रामायणे वाल्मीकीय आदिकाव्येऽरण्यकाण्डे एकषष्टितमः सर्गः ॥ ६१ ॥

द्विषष्टितमः सर्गः ।

सीतामपश्यन्धर्मात्मा शोकोपहतचेतनः । विललाप महाबाहू रामः कमललोचनः ॥ १
पश्यन्निव च तां सीतामपश्यन्मन्मथार्दितः । उवाच राघवो वाक्यं विलापाश्रयदुर्वचम् ॥ २
त्वमशोकस्य शाखाभिः पुष्पप्रियतरा प्रिये । आवृणोषि शरीरं ते मम शोकविवर्धिनी ॥ ३
कदलीकाण्डसदृशौ कदल्या संवृतावुभौ । ऊरू पश्यामि ते देवि नासि शक्ता निगूहितुम् ॥ ४
कर्णिकारवनं भद्रे हसन्ती देवि सेवसे । अलं ते परिहासेन मम बाधावहेन वै ॥ ५
विशेषेणाश्रमस्थाने हासोऽयं न प्रशस्यते । अवगच्छामि ते शीलं परिहासप्रियं प्रिये ॥ ६
आगच्छ त्वं विशालाक्षि शून्योऽयमुटजस्तव । सुव्यक्तं राक्षसैः सीता भक्षिता वा हृतापि वा ॥ ७
नहि सा विलपन्तं मामुपसंप्रैति लक्ष्मण । एतानि मृगयूथानि साश्रुनेत्राणि लक्ष्मण ॥ ८
शंसन्तीव हि मे देवीं भक्षितां रजनीचरैः । हा ममार्ये क्व यातासि हा साध्वि वरवर्णिनि ॥ ९
हा सकामाद्य कैकेयी देवि मेऽद्य भविष्यति । सीतया सह निर्यातो विना सीतामुपागतः ॥ १०
कथं नाम प्रवेक्ष्यामि शून्यमन्तःपुरं मम । निर्वीर्य इति लोको मां निर्दयश्चेति वक्ष्यति ॥ ११
कातरत्वं प्रकाशं हि सीतापनयनेन मे । निवृत्तवनवासश्च जनकं मिथिलाधिपम् ॥ १२
कुशलं परिपृच्छन्तं कथं शक्ष्ये निरीक्षितुम् । विदेहराजो नूनं मां दृष्ट्वा विरहितं तया ॥ १३
सुताविनाशसंतप्तो मोहस्य वशमेष्यति । अथवा न गमिष्यामि पुरीं भरतपालिताम् ॥ १४

वैदेहीम्' इत्युक्तेऽपि पुनर्विलापपरिहाराय लक्ष्मणोऽत्रवदित्याह—तत इति । दण्डकारण्यं विचरंस्त्वं सीतां प्राप्स्यसि ॥२३॥ तत्र दृष्टान्तः—यथा विष्णुरिति ॥ २४ ॥ २५ ॥ अस्तु लक्ष्मणैवं कृतं करणेन किमित्याह रामः—वनमिति ॥ २६ ॥ विह्वलः परवशः ॥ २७ ॥ गतबुद्धिर्ज्ञानशून्य इव । विचेतनश्चेष्टारहित इव । अशीतमुष्णम् । आयतं दीर्घम् ॥ २८ ॥ हा प्रिये इतीति । इकारलोप आर्षः ॥ २९ ॥ प्रश्रितो विनयोपेतः । प्रश्रिताञ्जलिर्बद्धाञ्जलिः ॥ ३० ॥ ३१ ॥ इति श्रीरामाभिरामे श्रीरामीये रामायणतिलके वाल्मीकीय आदिकाव्येऽरण्यकाण्डे एकषष्टितमः सर्गः ॥ ६१ ॥

एवं प्रियावियोगो दुःसह इति बोधयन्पुनः शोचति—सीतामिति । शोकोपहतचेतनः शोकेन सीतावियोगजेनोपहतज्ञान इव ॥ १ ॥ अपश्यन्नपि भ्रमावस्थत्वात्पश्यन्निव विलापाश्रयत्वेन । दुर्वचं गद्गदकण्ठत्वात् ॥ २ ॥ ते स्वस्य सीतायाः ॥ ३ ॥ 'कदलीस्कन्ध–' इति पाठेऽपि स्कन्धः काण्डम् । निगूहितुं शक्ता नासि । आत्मानमिति शेषः ॥ ४ ॥ ततो वनान्तरं गच्छतीति भ्रमवानाह—कर्णिकारेति ॥ ५ ॥ ६ ॥ पुनर्भ्रमनिवृत्त्याह—सुव्यक्तमिति ॥ ७ ॥ उपसंप्रैति । हासरसेनोपेक्षत इत्यर्थः ॥ ८ ॥ भक्षितां शंसन्तीव । तत्र बीजम्—साश्रुनेत्राणीति ॥ ९ ॥ विना सीतामुपागत इति सकामा भविष्यति । त्वया भक्षितयेति शेषः ॥ १० ॥ ११ ॥ कातरत्वमशूरत्वम् । सीतापनयनेन सीतायाशेन ॥ १२ ॥ तया सीतया । विरहितं हीनम् ॥ १३ ॥ 'तात एव कृतार्थः स तत्रैव वसतादिति' इत्यर्धमधिकं कतकपाठे । ततो दशरथ

स्वर्गोऽपि हि तया हीनः शून्य एव मतो मम । तन्मामुत्सृज्य हि वने गच्छायोध्यापुरीं शुभाम् ॥ १५
न त्वहं तां विना सीतां जीवेयं हि कथंचन । गाढमाश्लिष्य भरतो वाच्यो मद्वचनात्त्वया ॥ १६
अनुज्ञातोऽसि रामेण पालयेति वसुंधराम् । अम्बा च मम कैकेयी सुमित्रा च त्वया विभो ॥ १७
कौसल्या च यथान्यायमभिवाद्या ममाज्ञया । रक्षणीया प्रयत्नेन भवता सूक्तचारिणा ॥ १८
[illegible] विनाशोऽयं मम चामित्रसूदन । विस्तरेण जनन्या मे विनिवेद्यस्त्वया भवेत् ॥ १९

इति विलपति राघवे तु दीने वनमुपगम्य तया विना सुकेश्या ।
भयविकलमुखस्तु लक्ष्मणोऽपि व्यथितमना भृशमातुरो बभूव ॥ २०

इत्यार्षे श्रीमद्रामायणे वाल्मीकीय आदिकाव्येऽरण्यकाण्डे द्विषष्टितमः सर्गः ॥ ६२ ॥

त्रिषष्टितमः सर्गः ।

स राजपुत्रः प्रियया विहीनः शोकेन मोहेन च पीड्यमानः ।
विषादयन्भ्रातरमार्तरूपो भूयो विषादं प्रविवेश तीव्रम् ॥ १
स लक्ष्मणं शोकवशाभिपन्नं शोके निमग्नो विपुले तु रामः ।
उवाच वाक्यं व्यसनानुरूपमुष्णं विनिःश्वस्य रुदन्सशोकम् ॥ २
न मद्विधो दुष्कृतकर्मकारी मन्ये द्वितीयोऽस्ति वसुंधरायाम् ।
शोकानुशोको हि परम्पराया मामेति भिन्दन्हृदयं मनश्च ॥ ३
पूर्वं मया नूनमभीप्सितानि पापानि कर्माण्यसकृत्कृतानि ।
तत्रायमद्यापतितो विपाको दुःखेन दुःखं यदहं विशामि ॥ ४
राज्यप्रणाशः स्वजनैर्वियोगः पितुर्विनाशो जननीवियोगः ।
सर्वाणि मे लक्ष्मण शोकवेगमापूरयन्ति प्रविचिन्तितानि ॥ ५
सर्वं तु दुःखं मम लक्ष्मणेदं शान्तं शरीरे वनमेत्य क्लेशम् ।
सीतावियोगात्पुनरभ्युदीर्णं काष्ठैरिवाग्निः सहसोपदीप्तः ॥ ६
सा नूनमार्या मम राक्षसेन ह्यभ्याहृता खं समुपेत्य भीरुः ।
अप्यस्वरं सुस्वरविप्रलापा भयेन विक्रन्दितवत्यभीक्ष्णम् ॥ ७
तौ लोहितस्य प्रियदर्शनस्य सदोचितावुत्तमचन्दनस्य ।
वृत्तौ स्तनौ शोणितपङ्कदिग्धौ नूनं प्रियाया मम नाभिपातः ॥ ८
तच्छ्लक्ष्णसुव्यक्तमृदुप्रलापं तस्या मुखं कुञ्चितकेशभारम् ।
रक्षोवशं नूनमुपागताया न भ्राजते राहुमुखे यथेन्दुः ॥ ९

एव कृतार्थः । वसतादिति लोट् व्यत्ययेन । यतस्तत्रैव स्वर्गे एव वसति । न तु जीवन्ती कौसल्येत्यर्थः । पक्षान्तरमादत्ते—अथवेति ॥ १४ ॥ १५ ॥ १६ ॥ १७ ॥ १८ ॥ १९ ॥ भयविकलमुखो भयेन विवर्णमुखः ॥ २० ॥ इति श्रीरामाभिरामे श्रीरामीये रामायणतिलके वाल्मीकीय आदिकाव्येऽरण्यकाण्डे द्विषष्टितमः सर्गः ॥ ६२ ॥

शोकः इष्टवियोगजो वृत्तिविशेषः । तज्जन्यं चित्तवैकल्यं मोहः ॥ १ ॥ शोकवशेनाभिपन्नं पीडितम् । 'विपुलेति रामः' इति पाठेऽतिशयिते शोके इत्यर्थः । व्यसनानुरूपं लोकस्य दुःखप्रसङ्गे उचितम् ॥ २ ॥ शोकमनुप्रवृत्तः शोकः शोकानुशोकः सः । परम्परायाः । तृतीयार्थे षष्ठी । परम्परयाऽविच्छेदेन हि यतो मां हृदयं तदधिष्ठानमात्मानं मनश्च भिन्दन्नेति प्राप्नोति ॥ ३ ॥ उक्तमेव विस्तरेणाह—पूर्वमिति । अभीप्सितानि चिकीर्षाविषयत्वं प्राप्तानि । तत्र तेषां मध्ये केषांचिद्विपाकः फलपरिपाकोऽयमद्यापतितः । प्राप्तदुःखेन दुःखम् । दुःखपरम्परामित्यर्थः ॥ ४ ॥ तामेवाह—राज्येति । एतानि प्रविचिन्तितानि शोकवेगमिदानींतनमापूरयन्ति ॥ ५ ॥ वनमेत्य प्राप्य शरीरे क्लेशमनुभूयापि सीतासंनिधानात्सर्वं शान्तम् । अद्य सीतावियोगात्पुनरुदीर्णं वृद्धिं प्राप्तम् । प्रियावियोग एव दुःसह इति भावः ॥ ६ ॥ सा राक्षसेन नूनमभ्याहृता । तदा खमाकाशं समुपेत्य प्राप्यास्वरं विस्वरं विक्रन्दितवत्यपि संभाव्यत एवमित्यन्वयः ॥ ७ ॥ लोहितस्य चन्दनस्य हरिचन्दनस्य । 'लोहितं हरिचन्दनम्' इति कोशात् । शोणितपङ्कदिग्धौ । भक्षणाय राक्षसैर्विशसनादिति भावः । मम नाभिपातः । एवमपि मम शरीरस्याभिपातो न जायत इत्यर्थः ॥ ८ ॥ ९ ॥

तां हारपाशस्य सदोचितान्तां ग्रीवां प्रियाया मम सुव्रतायाः ।
रक्षांसि नूनं परिपीतवन्ति शून्ये हि भित्त्वा रुधिराशनानि ॥ १०
मया विहीना विजने वने सा रक्षोभिराहृत्य विकृष्यमाणा ।
नूनं विनादं कुररीव दीना सा मुक्तवत्यायतकान्तनेत्रा ॥ ११
अस्मिन्मया सार्धमुदारशीला शिलातले पूर्वमुपोपविष्टा ।
कान्तस्मिता लक्ष्मण जातहासा त्वामाह सीता बहुवाक्यजातम् ॥ १२
गोदावरीयं सरितां वरिष्ठा प्रिया प्रियाया मम नित्यकालम् ।
अप्यत्र गच्छेदिति चिन्तयामि नैकाकिनी याति हि सा कदाचित् । १३
पद्मानना पद्मपलाशनेत्रा पद्मानि वानेतुमभिप्रयाता ।
तदप्ययुक्तं नहि सा कदाचिन्मया विना गच्छति पङ्कजानि ॥ १४
कामं त्विदं पुष्पितवृक्षषण्डं नानाविधैः पक्षिगणैरुपेतम् ।
वनं प्रयाता नु तदप्ययुक्तमेकाकिनी सातिबिभेति भीरुः ॥ १५
आदित्य भो लोककृताकृतज्ञ लोकस्य सत्यानृतकर्मसाक्षिन् ।
मम प्रिया सा क्व गता हृता वा शंसस्व मे शोकहतस्य सर्वम् ॥ १६
लोकेषु सर्वेषु न नास्ति किंचिद्यत्ते न नित्यं विदितं भवेत्तत् ।
शंसस्व वायो कुलपालिनीं तां मृता हृता वा पथि वर्तते वा ॥ १७
इतीव तं शोकविधेयदेहं रामं विसंज्ञं विलपन्तमेव ।
उवाच सौमित्रिरदीनसत्त्वो न्याय्ये स्थितः कालयुतं च वाक्यम् ॥ १८
शोकं विसृज्याद्य धृतिं भजस्व सोत्साहता चास्तु विमार्गणेऽस्याः ।
उत्साहवन्तो हि नरा न लोके सीदन्ति कर्मस्वतिदुष्करेषु ॥ १९
इतीव सौमित्रिमुदग्रपौरुषं ब्रुवन्तमार्तं रघुवंशसत्तमः ।
न चिन्तयामास धृतिं विमुक्तवान्पुनश्च दुःखं महदप्युपागमत् ॥ २०

इत्यार्षे श्रीमद्रामायणे वाल्मीकीय आदिकाव्येऽरण्यकाडे त्रिषष्टितमः सर्गः ॥ ६३ ॥

चतुःषष्टितमः सर्गः ।

स दीनो दीनया वाचा लक्ष्मणं वाक्यमब्रवीत् । शीघ्रं लक्ष्मण जानीहि गत्वा गोदावरीं नदीम् ॥ १

हारपाशो हाररूपा माला तस्या उचितान्तामुचितोऽन्तः प्रान्तभागो यस्यास्ताम् । तां कम्बुतुल्यां ग्रीवामित्यर्थः । 'परिपीतवन्ती' इति पाठे रुधिरमिति शेषः । भविष्यन्ति जातानीति वा । शून्ये विजने ॥ १० ॥ ११ ॥ उपोपविष्टा समीपावस्थिता । निःशब्दं स्मितम् । ईषत्सशब्दो हासः ॥ १२ ॥ मम प्रियाया नित्यकालं प्रियेत्यन्वयः । अत्र गोदावर्यामियं चिन्ता असंगतेत्याह—नैकाकिनीति ॥ १३ ॥ एवमग्रेऽपि । गच्छति पङ्कजानि । आनेतुमिति शेषः ॥ १४ ॥ अतिबिभेत्यत्यन्तं भीता भवति ॥ १५ ॥ लोककृताकृतज्ञेत्यादिना तादृशसूक्ष्मज्ञानवतस्तज्ज्ञानं सर्वथास्तीति भावः ॥ १६ ॥ यत्ते नित्यं विदितं न भवेत्तद्वस्तु सर्वेषु लोकेषु नैवास्ति । अतः सापि तव विदितैवेति तां शंसस्वेत्यन्वयः । कुलपालिनीमित्यनेन तस्या महत्त्वात्तज्ज्ञानं मम नेति वक्तुमशक्यमिति सूचितम् ॥ १७ ॥ इतीवातीवशब्दौ पर्यायौ । शोकविधेयदेहं तमिव । कालयुतं कालोचितम् ॥ १८ ॥ १९ ॥ न चिन्तयामास लक्ष्मणोक्तं युक्तमिति न विचारयामास, किं तु धैर्यं त्यक्त्वानेव । अत एव पुनर्दुःखं प्रापत् ॥ २० ॥ इति श्रीरामाभिरामे श्रीरामीये रामायणतिलके वाल्मीकीय आदिकाव्येरण्यकाण्डे त्रिषष्टितमः सर्गः ॥ ६३ ॥

एवं शोककरणं चारद्वारा श्रवणेन रावणस्य मनुष्यत्वबुद्धिदार्ढ्यपूर्वकं स्ववध्यत्वसंपादनायेति बोध्यम् । तदुक्तं ब्रह्माण्डपुराणे—'स्त्रीपुंमलानुषङ्गात्मा देहो नास्य विजायते । किं तु निर्दोषचैतन्यं सुखनित्यां स्वकां तनुम् ॥ प्रकाशयति सैवेयं जनिर्विष्णोर्न चापरा । तथाप्यसुरमोहार्थं परेषां च क्वचित्क्वचित् ॥ दुःखाज्ञानश्रमादींश्च दर्शयेच्छुद्धसद्गुणः । क्व व्रणादि क्व चाज्ञानं स्वतन्त्राचिन्त्यसद्गुणे ॥ मोक्षाभावाय तेषां तु दर्शयत्तानजो हरिः । कृष्णो ह्यत्यक्तदेहोऽपि त्यक्तदेहस्य देहवत् ॥ लोकानां दर्शयामास स्वरूपसदृशाकृतिम् ॥' इति । एतेन रावणस्येश्वरत्वबुद्धिप्रतिबन्धेन मोक्षाभावोऽपि शोकफलमित्युक्तम् । एवं रावणद्वारा सीताहरणमपि तत्पुण्यातिशयनाशेन वध्यतासंपादनाय । तथा च केदारखण्डे उक्ताख्यायिका—महता तपसा लब्धबलो रावणस्तदधिकतपोबलं

अपि गोदावरीं सीता पद्मान्यानयितुं गता । एवमुक्तस्तु रामेण लक्ष्मणः पुनरेव हि ॥ २
नदीं गोदावरीं रम्यां जगाम लघुविक्रमः । तां लक्ष्मणस्तीर्थवतीं विचित्वा राममब्रवीत् ॥ ३
नैनां पश्यामि तीर्थेषु क्रोशतो न शृणोति मे । कं नु सा देशमापन्ना वैदेही क्लेशनाशिनी ॥ ४
नहि तं वेद्मि वै राम यत्र सा तनुमध्यमा । लक्ष्मणस्य वचः श्रुत्वा दीनः संतापमोहितः ॥ ५
रामः समभिचक्राम स्वयं गोदावरीं नदीम् । स तामुपस्थितो रामः क्व सीतेत्येवमब्रवीत् ॥ ६
भूतानि राक्षसेन्द्रेण वधार्हेण हृतामपि । न तां शशंसू रामाय तथा गोदावरी नदी ॥ ७
ततः प्रचोदिता भूतैः शंस चास्मै प्रियामिति । न च सा ह्यवदत्सीतां पृष्टा रामेण शोचता ॥ ८
रावणस्य च तद्रूपं कर्मापि च दुरात्मनः । ध्यात्वा भयात्तु वैदेहीं सा नदी न शशंस ह ॥ ९
निराशस्तु तया नद्या सीताया दर्शने कृतः । उवाच रामः सौमित्रिं सीतादर्शनकर्शितः ॥ १०
एषा गोदावरी सौम्य किंचिन्न प्रतिभाषते । किं तु लक्ष्मण वक्ष्यामि समेत्य जनकं वचः ॥ ११
मातरं चैव वैदेह्या विना तामहमप्रियम् । या मे राज्यविहीनस्य वने वन्येन जीवतः ॥ १२
सर्वं व्यपानयच्छोकं वैदेही क्व नु सा गता । ज्ञातिवर्गविहीनस्य वैदेहीमप्यपश्यतः ॥ १३
मन्ये दीर्घा भविष्यन्ति रात्रयो मम जाग्रतः । मन्दाकिनीं जनस्थानमिमं प्रस्रवणं गिरिम् ॥ १४
सर्वाण्यनुचरिष्यामि यदि सीता हि लभ्यते । एते महामृगा वीरा मामीक्षन्ते पुनः पुनः ॥ १५
वक्तुकामा इह हि मे इङ्गितान्युपलक्षये । तांस्तु दृष्ट्वा नरव्याघ्रो राघवः प्रत्युवाच ह ॥ १६
क्व सीतेति निरीक्षन्वै बाष्पसंरुद्धया गिरा । एवमुक्ता नरेन्द्रेण ते मृगाः सहसोत्थिताः ॥ १७
दक्षिणाभिमुखाः सर्वे दर्शयन्तो नभःस्थलम् । मैथिली ह्रियमाणा सा दिशं यामभ्यपद्यत ॥ १८
तेन मार्गेण गच्छन्तो निरीक्षन्ते नराधिपम् । येन मार्गं च भूमिं च निरीक्षन्ते स्म ते मृगाः ॥ १९
पुनर्नदन्तो गच्छन्ति लक्ष्मणेनोपलक्षिताः । तेषां वचनसर्वस्वं लक्षयामास चेङ्गितम् ॥ २०
उवाच लक्ष्मणो धीमाञ्ज्येष्ठं भ्रातरमार्तवत् । क्व सीतेति त्वया पृष्टा यदि मे सहसोत्थिताः ॥ २१
दर्शयन्ति क्षितिं चैव दक्षिणां च दिशं मृगाः । साधु गच्छावहे देव दिशमेतां च नैर्ऋतीम् ॥ २२
यदि तस्यागमः कश्चिदार्या वा साथ लक्ष्यते । बाढमित्येव काकुत्स्थः प्रस्थितो दक्षिणां दिशम् ॥ २३
लक्ष्मणानुगतः श्रीमान्वीक्षमाणो वसुंधराम् । एवं संभाषमाणौ तावन्योन्यं भ्रातरावुभौ ॥ २४
वसुंधरायां पतितपुष्पमार्गमपश्यताम् । पुष्पवृष्टिं निपतितां दृष्ट्वा रामो महीतले ॥ २५
उवाच लक्ष्मणं वीरो दुःखितो दुःखितं वचः । अभिजानामि पुष्पाणि तानीमानीह लक्ष्मण ॥ २६

विना जेतुमशक्यो देवाश्च स्वयं तदधिकं तपः कर्तुमक्षमाः, अतस्तेषां कार्यमत्यन्तानुचितसीतानुरागमोहानुवृत्तिसंपादनेन रावणस्य तपोवीर्यभ्रंशं संपाद्य कर्तव्यमिति लक्ष्म्या सह विचार्य तदर्थं विष्णुः सीतया ब्रह्मविद्यया सहावतीर्ण इति ॥ १ ॥ २ ॥ लघुविक्रमोऽविलम्बितपादन्यासः । तीर्थवतीमवतारवतीं पुण्योदकवतीं च ॥ ३ ॥ न शृणोति मे । वाक्यमिति शेषः । क्लेशनाशिनी । सति दर्शन इति भावः ॥ ४ ॥ तं देशम् ॥ ५ ॥ तां गोदावरीम् ॥ ६ ॥ भूतान्युक्तरूपेण पृच्छ्यमानानि । राक्षसेन्द्रेण हृतां ज्ञात्वापि रक्षोभयाद्रामाय न शशंसुः । तथा गोदावरी च न शशंसेत्यर्थः ॥ ७ ॥ तथाभूतैरस्मै सीतां शंसेति प्रचोदितापि गोदावरी पृष्टापि नावदत् ॥ ८ ॥ तत्र हेतुः—रावणस्येति ॥ ९ ॥ नद्या सीतामशंसन्त्या रामः सीतादर्शने निराशः कृतः । इयं गोदावरी दिव्य देवता न ब्रूते, अतस्तद्दर्शनं दुर्लभमिति निराशोऽभूत् ॥ १० ॥ तदेवाह—एषेति ॥ ११ ॥ १२ ॥ १३ ॥ मन्दाकिनी काचिन्नदी । प्रस्रवणस्तदाख्यो गिरिः ॥ १४ ॥ सर्वाण्यनुचरिष्याम्यनुचरवत्सेविष्यामि ॥ १५ ॥ एषामिङ्गितानि तथोपलक्षये यथावक्तुकामा इवेमे इत्यर्थः ॥ १६ ॥ निरीक्षन्मृगचेष्टाज्ञानाय सूक्ष्मदृष्टिं कुर्वन् । एवमुक्ता एवं पृष्टाः ॥ १७ ॥ नभःस्थलं दर्शयन्तः । उन्मुखतयाकाशविलोकनेङ्गितेनेत्यर्थः । ह्रियमाणा सीता यां दिशमभ्यपद्यत ॥ १८ ॥ तेन मार्गेण दिङ्मार्गेण गच्छन्ती धावन्तो नराधिपं रामं निरीक्षन्ते । एवमिङ्गितं लक्ष्मणोऽपश्यदित्याह—येनेति । येन हेतुना मार्गमाकाशमार्गं पुनर्भूमौ गमनाय भूमिं च निरीक्षन्ते ॥ १९ ॥ पुनश्च मार्गं दर्शयितुमिच्छन्तो लक्ष्मणेनोपालक्षितास्तेषामिङ्गितं लक्ष्मणो लक्षयामासेत्यर्थः । आकाशमार्गेण गत्वा दक्षिणदिशि दूरे स्थापिता सीता दक्षिणदिशि गच्छतेत्येवं तदिङ्गितम् । तेषां च वचनसर्वस्वभूतं स्वयं लक्षयामास ॥ २० ॥ ततो ज्ञात्वा भ्रातरमप्युवाचेत्यर्थः । आर्तवदार्तार्हम् ॥ २१ ॥ २२ ॥ तस्यागमः । तस्या आगम इत्यर्थः । आर्षो दीर्घः । ज्ञापकं वस्तु दृश्येतेत्यर्थः ॥ २३ ॥ २४ ॥ पतितपुष्पमार्गं पतितपुष्पयुतं मार्गम् ॥ २५ ॥ अभिजानामि प्रत्यभिजानामि ॥ २६ ॥

अपिनद्धानि वैदेह्या मया दत्तानि कानने । मन्ये सूर्यश्च वायुश्च मेदिनी च यशस्विनी ॥ २७
अभिरक्षन्ति पुष्पाणि प्रकुर्वन्तो मम प्रियम् । एवमुक्त्वा महाबाहुर्लक्ष्मणं पुरुषर्षभम् ॥ २८
उवाच रामो धर्मात्मा गिरिं प्रस्रवणाकुलम् । कच्चित्क्षितिभृतां नाथ दृष्टा सर्वाङ्गसुन्दरी ॥ २९
रामा रम्ये वनोद्देशे मया विरहिता त्वया । क्रुद्धोऽब्रवीद्गिरिं तत्र सिंहः क्षुद्रमृगं यथा ॥ ३०
तां हेमवर्णां हेमाङ्गीं सीतां दर्शय पर्वत । यावत्सानूनि सर्वाणि न ते विध्वंसयाम्यहम् ॥ ३१
एवमुक्तस्तु रामेण पर्वतो मैथिलीं प्रति । दर्शयन्निव तां सीतां नादर्शयत राघवे ॥ ३२
ततो दाशरथी राम उवाच च शिलोच्चयम् । मम बाणाग्निनिर्दग्धो भस्मीभूतो भविष्यसि ॥ ३३
असेव्यः सर्वतश्चैव निस्तृणद्रुमपल्लवः । इमां वा सरितं चाद्य शोषयिष्यामि लक्ष्मण ॥ ३४
यदि नाख्याति मे सीतां मध्यचन्द्रनिभाननाम् । एवं प्ररुषितो रामो दिधक्षन्निव चक्षुषा ॥ ३५
ददर्श भूमौ निष्क्रान्तं राक्षसस्य पदं महत् । त्रस्ताया रामकाङ्क्षिण्याः प्रधावन्त्या इतस्ततः ॥ ३६
राक्षसेनानुसृप्ताया वैदेह्याश्च पदानि तु । स समीक्ष्य परिक्रान्तं सीताया राक्षसस्य च ॥ ३७
भग्नं धनुश्च तूणी च विकीर्णं बहुधा रथम् । संभ्रान्तहृदयो रामः शशंस भ्रातरं प्रियम् ॥ ३८
पश्य लक्ष्मण वैदेह्याः कीर्णाः कनकबिन्दवः । भूषणानां हि सौमित्रे माल्यानि विविधानि च ॥ ३९
तप्तबिन्दुनिकाशैश्च चित्रैः क्षतजबिन्दुभिः । आवृतं पश्य सौमित्रे सर्वतो धरणीतलम् ॥ ४०
मन्ये लक्ष्मण वैदेही राक्षसैः कामरूपिभिः । भित्त्वा भित्त्वा विभक्ता वा भक्षिता वा भविष्यति ॥ ४१
तस्या निमित्तं सीताया द्वयोर्विवदमानयोः । बभूव युद्धं सौमित्रे घोरं राक्षसयोरिह ॥ ४२
मुक्तामणिचितं चेदं रमणीयं विभूषितम् । धरण्यां पतितं सौम्य कस्य भग्नं महद्धनुः ॥ ४३
राक्षसानामिदं वत्स सुराणामथवापि वा । तरुणादित्यसंकाशं वैदूर्यगुलिकाचितम् ॥ ४४
विशीर्णं पतितं भूमौ कवचं कस्य काञ्चनम् । छत्रं शतशलाकं च दिव्यमाल्योपशोभितम् ॥ ४५
[illegible]मिदं सौम्य भूमौ कस्य निपातितम् । काञ्चनोरश्छदाश्चेमे पिशाचवदनाः खराः ॥ ४६
भीमरूपा महाकायाः कस्य वा निहता रणे । दीप्तपावकसंकाशो द्युतिमान्समरध्वजः ॥ ४७
अपविद्धश्च भग्नश्च कस्य साङ्ग्रामिको रथः । रथाक्षमात्रा विशिखास्तपनीयविभूषणाः ॥ ४८
कस्येमे निहता बाणाः प्रकीर्णा घोरदर्शनाः । शरावरौ शरैः पूर्णौ विध्वस्तौ पश्य लक्ष्मण ॥ ४९
प्रतोदाभीषुहस्तोऽयं कस्य वा सारथिर्हतः । पदवी पुरुषस्यैषा व्यक्तं कस्यापि रक्षसः ॥ ५०
वैरं शतगुणं पश्य मम तैर्जीवितान्तकम् । सुघोरहृदयैः सौम्य राक्षसैः कामरूपिभिः ॥ ५१
हृता मृता वा वैदेही भक्षिता वा तपस्विनी । न धर्मस्त्रायते सीतां ह्रियमाणां महावने ॥ ५२

अपिनद्धानि केशपाशे बद्धानि । अम्लानत्वेन रविरपनयनेन वायुर्धारणेन वसुंधरा मत्प्रियं सीताज्ञापनरूपं प्रकुर्वन्तो रक्षन्तीति मन्ये ॥ २७ ॥ २८ ॥ मया विरहिता कच्चिद्रम्ये वनोद्देशे सर्वाङ्गसुन्दरी दृष्टा ॥ २९ ॥ क्रुद्धस्तदधिष्ठातृदेवतोद्देशेन क्रोधः ॥ ३० ॥ हेमाङ्गीमित्यनेन लावण्यमुक्तम् ॥ ३१ ॥ दर्शयन्निव वक्ष्यमाणलिङ्गद्वारा नादर्शयत् । वाग्राहित्येन साक्षादिति शेषः । राघवे तद्विषये ॥ ३२ ॥ ३३ ॥ ३४ ॥ दिधक्षन्निव । न तु वास्तवी दिधक्षेति भावः ॥ ३५ ॥ निष्क्रान्तं प्रवृत्तविक्षेपम् । महदत्यायतविस्तृतम् ॥ ३६ ॥ अनुसृप्ताया अनुगम्यमानायाः । जटायुयुद्धसमये सीताया रावणेन भूमौ विसृज्य पुनर्ग्रहणादेवमुक्तिः । परिक्रान्तं परिवृतम् । एतत्सर्वं समीक्ष्य भ्रातरं शशंसेत्यन्वयः ॥ ३७ ॥ ३८ ॥ कनकबिन्दवो भूषणावयवीभूतस्वर्णशकलानि । भूषणानामिति पूर्वान्वयि ॥ ३९ ॥ तप्तबिन्दुनिकाशैस्तपनीयबिन्दुसदृशैः क्षतजबिन्दुभिः रुधिरबिन्दुभिः ॥ ४० ॥ मन्ये इति । सीताया वा इमे रुधिरबिन्दवः सीतानिमित्तं सुन्दोपसुन्दवद्युध्यमानयो रक्षसोर्वेति विकल्पालंकारः श्लोकद्वयेनोक्तः ॥ ४१ ॥ ४२ ॥ ४३ ॥ वैदूर्यगुलिकाचितं वैदूर्यमण्यलंकृतम् ॥ ४४ ॥ ४५ ॥ काञ्चनोरश्छदाः काञ्चनमयतनुत्राणाः ॥ ४६ ॥ समरे स्वामिप्रकाशको ध्वजो यत्र स समरध्वज इति रथविशेषणम् । तादृशो रथोऽपविद्धः परिवृत्य पातितो भग्नश्चेत्युत्तरेणान्वयः । केचित्तु—ध्वजोपविद्धो ध्वस्तो रथो भग्न इत्यन्वयमाहुः ॥ ४७ ॥ रथाक्षमात्राश्चतुः[illegible] विशिखाः फलभागा इत्यर्थः ॥ ४८ ॥ निहताः परेण योधेन । शरावरौ तूणीरौ ॥ ४९ ॥ प्रतोदस्तोत्रम् । अभीषवः प्रग्रहाः । कस्यापि राक्षसपुरुषस्यैषा पदवी पदसंचारमार्गः ॥ ५० ॥ अतो मम तै राक्षसैः सह एतन्निमित्तजं वैरं पूर्ववैराच्छतगुणं सत्तेषां जीवितान्तकं जीवित[illegible]रूपं संपन्नं पश्य ॥ ५१ ॥ एवं रक्षोभिः सीताविपत्तिं निश्चित्य धर्मं निन्दति—नेति । यतः सीतां धर्मो न त्रायते । एवं च भक्षितायां हतायां वा

भक्षितायां हि वैदेह्यां हृतायामपि लक्ष्मण । के हि लोके प्रियं कर्तुं शक्ताः सौम्य ममेश्वराः ॥ ५३
कर्तारमपि लोकानां शूरं करुणवेदिनम् । अज्ञानादवमन्येरन्सर्वभूतानि लक्ष्मण ॥ ५४
मृदुं लोकहिते युक्तं दान्तं करुणवेदिनम् । निर्वीर्य इति मन्यन्ते नूनं मां त्रिदशेश्वराः ॥ ५५
मां प्राप्य हि गुणो दोषः संवृत्तः पश्य लक्ष्मण । अद्यैव सर्वभूतानां रक्षसामभवाय च ॥ ५६
संहृत्यैव शशिज्योत्स्नां महान्सूर्य इवोदितः । संहृत्यैव गुणान्सर्वान्मम तेजः प्रकाशते ॥ ५७
नैव यक्षा न गन्धर्वा न पिशाचा न राक्षसाः । किंनरा वा मनुष्या वा सुखं प्राप्स्यन्ति लक्ष्मण ॥ ५८
ममास्त्रबाणसंपूर्णमाकाशं पश्य लक्ष्मण । असंपातं करिष्यामि ह्यद्य त्रैलोक्यचारिणाम् ॥ ५९
संनिरुद्धग्रहगणमावारितनिशाकरम् । विप्रनष्टानलमरुद्भास्करद्युतिसंवृतम् ॥ ६०
विनिर्मथितशैलाग्रं शुष्यमाणजलाशयम् । ध्वस्तद्रुमलतागुल्मं विप्रणाशितसागरम् ॥ ६१
त्रैलोक्यं तु करिष्यामि संयुक्तं कालकर्मणा । न ते कुशलिनीं सीतां प्रदास्यन्ति ममेश्वराः ॥ ६२
अस्मिन्मुहूर्ते सौमित्रे मम द्रक्ष्यन्ति विक्रमम् । नाकाशमुत्पतिष्यन्ति सर्वभूतानि लक्ष्मण ॥ ६३
समाकुलममर्यादं जगत्पश्याद्य लक्ष्मण । आकर्णपूर्णैरिषुभिर्जीवलोकदुरावरैः ॥ ६४
करिष्ये मैथिलीहेतोरपिशाचमराक्षसम् । मम रोषप्रयुक्तानां विशिखानां बलं सुराः ॥ ६५
द्रक्ष्यन्त्यद्य विमुक्तानाममर्षाद्दूरगासिनाम् । नैव देवा न दैतेया न पिशाचा न राक्षसाः ॥ ६६
भविष्यन्ति मम क्रोधात्त्रैलोक्ये ऽपि प्रणाशिते । देवदानवयक्षाणां लोका ये रक्षसामपि ॥ ६७
बहुधा निपतिष्यन्ति बाणौघैः शकलीकृताः । निर्मर्यादानिमाँल्लोकान्करिष्याम्यद्य सायकैः ॥ ६८
हृतां मृतां वा सौमित्रे न दास्यन्ति ममेश्वराः । तथारूपां हि वैदेहीं न दास्यन्ति यदि प्रियाम् ॥ ६९
नाशयामि जगत्सर्वं त्रैलोक्यं सचराचरम् । यावद्दर्शनमस्या वै तापयामि च सायकैः ॥ ७०
इत्युक्त्वा क्रोधताम्राक्षः स्फुरमाणोष्ठसंपुटः । वल्कलाजिनमाबध्य जटाभारमबन्धयत् ॥ ७१
तस्य क्रुद्धस्य रामस्य तथाभूतस्य धीमतः । त्रिपुरं जघ्नुषः पूर्वं रुद्रस्येव बभौ तनुः ॥ ७२
लक्ष्मणादथ चादाय रामो निष्पीड्य कार्मुकम् । शरमादाय संदीप्तं घोरमाशीविषोपमम् ॥ ७३
संदधे धनुषि श्रीमान्रामः परपुरंजयः । युगान्ताग्निरिव क्रुद्ध इदं वचनमब्रवीत् ॥ ७४
यथा जरा यथा मृत्युर्यथा कालो यथा विधिः । नित्यं न प्रतिहन्यन्ते सर्वभूतेषु लक्ष्मण ।
तथाहं क्रोधसंयुक्तो न निवार्यो ऽस्म्यसंशयम् ॥ ७५

वैदेह्यां के हि लोके मम प्रियं कर्तुं शक्ताः, न के ऽपि । धर्मासाध्ये तेषामकिंचित्करत्वादिति भावः ॥ ५२ ॥ ५३ ॥ अथ पौरुषमेवावलम्बितुं तच्छेषतया कांचिल्लोकस्थितिमाह—कर्तारमिति । सर्वलोकस्योत्पत्तिस्थितिसंहारकर्तारमपि श्रुत्यादिप्रसिद्धं शूरं त्रिपुरसंहारादिविषयकात्यन्तशौर्यवन्तं महेश्वरमपि करुणवेदिनं करुणं यथा तथा वेदितुं शीलमस्य तम् । दयाहृष्ट्या तूष्णीं स्थितमज्ञानात्तद्वैभवाज्ञानादवमन्येरन् । किमयं कुपितो ऽपि करिष्यतीति न गणयन्तीत्यर्थः ॥ ५४ ॥ यदेवमतः—मृदुमिति । लोकहिते प्राणिसौख्यसंपादने युक्तं युक्तचित्तम् । अतएव मृदुस्वभावम् । दान्तं नानाप्रकारेण दुर्विषयप्रवृत्तिरहितेन्द्रियवर्गम् । मां त्रिदशेश्वरा इन्द्रादयो निर्वीर्यं मन्यन्ते । यतः सीतात्राणं न कृतवन्त इत्यर्थः ॥ ५५ ॥ तस्मात्पौरुषमेवावलम्बनीयमित्याह—मामिति । गुणो ऽपि मार्दवादिर्मां प्राप्य दोषो ऽनिष्टसाधनं वृत्त इति हेतोरेतं त्यक्त्वा पौरुषमवलम्बे । पश्य । अद्य मम तेज एव प्रकाशते सर्वभूतानामभवाय नाशाय । शशिज्योत्स्नां संहृत्यैव प्रलयकालोदितो महासूर्य इव । शशिज्योत्स्नातुल्यान्मामकान्गुणान्संहृत्यैव रविवत्तेजो मदीयं प्रकाशते पश्येत्यन्वयः ॥ ५६ ॥ ५७ ॥ तदेव प्रपञ्चयति—नैवेति ॥ ५८ ॥ पश्य । अचिरादेवेति शेषः । त्रैलोक्यचारिणामसंपातं बाणावरणात्क्रियाराहित्यं यथा भवति तथा करिष्यामि ॥ ५९ ॥ संनिरुद्धप्रचारो ग्रहगणो यत्र तत्त्रैलोक्यम् । विप्रनष्टा अनलादिद्युतयो यत्र तच्च तत्संवृतम् । तमसा संवृतमित्यर्थः ॥ ६० ॥ ६१ ॥ कालकर्मणा कालसाध्यं कर्म नाशस्तेन । 'कालधर्मणा' इति पाठे ऽपि तद्रूपेण कालधर्मेणेत्यर्थः । तत्पुरुषे ऽनिजार्षः ॥ ६२ ॥ ६३ ॥ अमर्यादं त्यक्तस्वस्वप्रकृत्यवस्थानम् । जीवलोकेन दुरावरैर्दुर्निवारैः । दुरावरशब्दः खलन्तः ॥ ६४ ॥ ६५ ॥ देवादयो नभविष्यन्ति । प्रत्येकं सर्वे नभविष्यन्तीत्यर्थः ॥ ६६ ॥ ६७ ॥ ६८ ॥ तथारूपां यथापूर्वस्वभावाम् । अत्र न दास्यन्तीति पौनरुक्त्यं क्रोधातिशयान्न दोषाय ॥ ६९ ॥ ७० ॥ ७१ ॥ ७२ ॥ निष्पीड्य दृढमुष्टिबन्धेन गृहीत्वा ॥ ७३ ॥ ७४ ॥ यथा जरादयो ऽनिवार्यास्तथाहमस्मात्कर्मणः केनापि वारयितुमशक्यः । विधिर्दैवम् । 'विधिर्विधाने दैवे ऽपि' इति कोशः

**पुरेव मे चारुदतीमनिन्दितां दिशन्ति सीतां यदि नाथ मैथिलीम् ।
सदेवगन्धर्वमनुष्यपन्नगं जगत्सशैलं परिवर्तयाम्यहम् ॥** ७६

इत्यार्षे श्रीमद्रामायणे वाल्मीकीय आदिकाव्येऽरण्यकाण्डे चतुःषष्टितमः सर्गः ॥ ६४ ॥

पञ्चषष्टितमः सर्गः ।

तप्यमानं तदा रामं सीताहरणकर्शितम् । लोकानामभवे युक्तं सांवर्तकमिवानलम् ॥ १
वीक्षमाणं धनुः सज्यं निःश्वसन्तं पुनः पुनः । दग्धुकामं जगत्सर्वं युगान्ते च यथा हरम् ॥ २
अदृष्टपूर्वं संक्रुद्धं दृष्ट्वा रामं स लक्ष्मणः । अब्रवीत्प्राञ्जलिर्वाक्यं मुखेन परिशुष्यता ॥ ३
पुरा भूत्वा मृदुर्दान्तः सर्वभूतहिते रतः । न क्रो[illegible]ः प्रकृतिं हातुमर्हसि ॥ ४
चन्द्रे लक्ष्मीः प्रभा सूर्ये गतिर्वायौ भुवि क्षमा । एतच्च नियतं नित्यं त्वयि चानुत्तमं यशः ॥ ५
एकस्य नापराधेन लोकान्हन्तुं त्वमर्हसि । ननु जानामि कस्यायं भग्नः साङ्ग्रामिको रथः ॥ ६
केन वा कस्य वा हेतोः संयुगः सपरिच्छदः । खुरनेमिक्षतश्चायं सिक्तो रुधिरबिन्दुभिः ॥ ७
देशो निर्वृत्तसङ्ग्रामः सुघोरः पार्थिवात्मज । एकस्य तु विमर्दोऽयं न द्वयोर्वदतां वर ॥ ८
नहि वृत्तं हि पश्यामि बलस्य महतः पदम् । नैकस्य तु कृते लोकान्विनाशयितुमर्हसि ॥ ९
युक्तदण्डा हि मृदवः प्रशान्ता वसुधाधिपाः । सदा त्वं सर्वभूतानां शरण्यः परमा गतिः ॥ १०
को नु दारप्रणाशं ते साधु मन्येत राघव । सरितः सागराः शैला देवगन्धर्वदानवाः ॥ ११
नालं ते विप्रियं कर्तुं दीक्षितस्येव साधवः । येन राजन्हृता सीता तमन्वेषितुमर्हसि ॥ १२
मद्द्वितीयो धनुष्पाणिः सहायैः परमर्षिभिः । समुद्रं वा विचेष्यामः पर्वतांश्च वनानि च ॥ १३
गुहाश्च विविधा घोराः पद्मिन्यो विविधास्तथा । देवगन्धर्वलोकांश्च विचेष्यामः समाहिताः १४
यावन्नाधिगमिष्यामस्तव भार्यापहारिणम् । न चेत्साम्ना प्रदास्यन्ति पत्नीं ते त्रिदशेश्वराः ।
कोशलेन्द्र ततः पश्चात्प्राप्तकालं करिष्यसि ॥ १५

॥ ७५ ॥ पुरेवेति । अत्र पुरेत्यावर्तते । पुरेव पूर्वरूपसदृशरूपवतीं पुरा न दिशन्ति । न दास्यन्तीत्यर्थः । परिवर्तयामि नाशयामि । नन्वेवंविधः क्रोधः कथमस्य किमर्थं चेति चेच्छृणु । मनुष्यदेहधारणेन तद्व्यवहारनटनमेवैतत् । किंच । ईदृशदुःखकालेऽस्य क्रोधाभावे रावणोऽमनुष्यबुद्धिं कुर्यात् । तथा च तद्वधोऽशक्यः स्यादित्येतदर्थं च सः । मृत्युं मरणधर्मेण योजयामि इत्यादि वचोऽपि रावणवचोवदेव । आरोपितक्रोधमूलकत्वात् । अतएव शरैर्वधमिष्यामीत्युक्तिः । लक्ष्मणस्तु तत्त्वज्ञोऽपि तद्वदेवातत्त्वज्ञ इव तन्मायामोहितो वा प्रलयकालिकरौद्रशक्त्यावेशं संभाव्यानुनयति स्म । किंचास्य क्रोधस्यारोपितत्वाभावेऽद्य सीताया अलाभे सर्वजगत्परिवर्तनं प्रतिज्ञाय कथं लक्ष्मणप्रार्थनयापि तामन्यथयेत् । अन्यथा कैकेय्यग्रे कृतां वनवासप्रतिज्ञां कथं कौसल्यावचसा न त्यक्तवान् । तस्मात्सा यथार्था, इयं तु आरोपितेत्येव सारम् । अनेन व्यवहारेण क्रोधादिकाले कृताया अयुक्ताया अपि प्रतिज्ञाया अपालनेऽत्यन्तदोषाभाव इत्यपि सूचितम् ॥ ७६ ॥ **इति श्रीरामाभिरामे श्रीरामीये रामायणतिलके वाल्मीकीय आदिकाव्येऽरण्यकाण्डे चतुःषष्टितमः सर्गः ॥ ६४ ॥**

अभवे नाशे । युक्तमुद्युक्तम् । सांवर्तकं प्रलयकालिकम् ॥ १ ॥ हरं कालाग्निरुद्रम् ॥ २ ॥ अदृष्टपूर्वं पूर्वमेवं कदाप्यदृष्टसंहारशक्त्यावेशं संक्रुद्धं रामं दृष्ट्वा राममब्रवीदिति रामपदद्वयसंबन्धः । मुखपरिशोषो लोकविनाशभयेन ॥ ३ ॥ प्रकृतिं सर्वभूतहितत्वरूपाम् ॥ ४ ॥ एतच्च उक्तचतुष्टयं च अनुत्तमं यशश्च त्वयि नियतमित्यर्थः ॥ ५ ॥ एकस्यापराध इति कथं ज्ञायते तत्राह—नन्विति । ननु जानाम्येक एवापराद्ध इति कुतस्तत्राह—कस्यचिदेव न केषांचिदित्यर्थः । सायुधपरिकरो भग्न इत्यन्वयः ॥ ६ ॥ स केन भग्नः केन हेतुनेत्येतत्तु न जानामीति शेषः । खुरनेमिक्षतत्वादिविशिष्टोऽयं देशो निर्वृत्तसङ्ग्रामो दृश्यते इति शेषः । एवंभूतैर्हेतुभिरयं विमर्दः सङ्ग्राम एकस्य रथिकस्य केनचित्सह न तु द्वयो रथिकयोरिति शेषः ॥ ७ ॥ ८ ॥ तदेवाह—नहीति । वृत्तं भुवि कृतचिह्नम् । अत एकस्य कृते लोकनाशो न युक्तः ॥ ९ ॥ युक्तदण्डा यथापराधदण्डाः । मृदवोऽकठिनाः ॥१०॥ किंच यदि त्वद्दारप्रणाशो लोककर्तृको लोकानुमतो वा स्यात्तद्युक्तं तन्नाशनम् । नैवमस्तीत्याह—को न्विति ॥ ११ ॥ सरिदादयस्ते विप्रियं कर्तुं नालं न समर्था न स्पृहावन्तो वा । दीक्षितस्य यजमानस्य साधवो ज्ञानसंपन्ना ऋत्विगादयो यथा विप्रियं शापादि दातुं व्यङ्गं वा कर्म कर्तुमसमर्थास्तद्वत् ॥१२॥ मद्द्वितीयोऽहं द्वितीयः सहायो यस्य सः । समुद्रादिस्थाश्रमेषु विचयनार्थं परमर्षिभिः सहायैरित्युक्तम् ॥ १३ ॥ १४ ॥ यद्यस्मद्विचयनेनाशक्या

शीलेन साम्ना विनयेन सीतां नयेन न प्राप्स्यसि चेन्नरेन्द्र ।
ततः समुत्सादय हेमपुङ्खैर्महेन्द्रवज्रप्रतिमैः शरौघैः ॥ १६

इत्यार्षे श्रीमद्रामायणे वाल्मीकीय आदिकाव्येऽरण्यकाण्डे पञ्चषष्टितमः सर्गः ॥ ६५ ॥

षट्षष्टितमः सर्गः ।

तं तथा शोकसंतप्तं विलपन्तमनाथवत् । मोहेन महता युक्तं परिद्यूनमचेतसम् ॥ १
ततः सौमित्रिराश्वास्य मुहूर्तादिव लक्ष्मणः । रामं संबोधयामास चरणौ चाभिपीडयन् ॥ २
महता तपसा चापि महता चापि कर्मणा । राज्ञा दशरथेनासील्लब्धोऽमृतमिवामरैः ॥ ३
तव चैव गुणैर्बद्धस्त्वद्वियोगान्महीपतिः । राजा देवत्वमापन्नो भरतस्य यथा श्रुतम् ॥ ४
यदि दुःखमिदं प्राप्तं काकुत्स्थ न सहिष्यसे । प्राकृतश्चाल्पसत्त्वश्च इतरः कः सहिष्यति ॥ ५
आश्वसिहि नरश्रेष्ठ प्राणिनः कस्य नापदः । संस्पृशन्त्यग्निवद्राजन्क्षणेन व्यपयान्ति च ॥ ६
लोकस्वभाव एवैष ययातिर्नहुषात्मजः । गतः शक्रेण सालोक्यमनयस्तं समस्पृशत् ॥ ७
महर्षियों वसिष्ठस्तु यः पितुर्नः पुरोहितः । अह्ना पुत्रशतं जज्ञे तथैवास्य पुनर्हतम् ॥ ८
या चेयं जगतो माता सर्वलोकनमस्कृता । अस्याश्च चलनं भूमेर्दृश्यते कोसलेश्वर ॥ ९
यौ धर्मौ जगतो नेत्रौ यत्र सर्वं प्रतिष्ठितम् । आदित्यचन्द्रौ ग्रहणमभ्युपेतौ महाबलौ ॥ १०
सुमहान्त्यपि भूतानि देवाश्च पुरुषर्षभ । न दैवस्य प्रमुञ्चन्ति सर्वभूतानि देहिनः ॥ ११
शक्रादिष्वपि देवेषु वर्तमानौ नयानयौ । श्रूयेते नरशार्दूल न त्वं व्यथितुमर्हसि ॥ १२
मृतायामपि वैदेह्यां नष्टायामपि राघव । शोचितुं नार्हसे वीर यथान्यः प्राकृतस्तथा ॥ १३
त्वद्विधा नहि शोचन्ति सततं सर्वदर्शनाः । सुमहत्स्वपि कृच्छ्रेषु रामानिर्विण्णदर्शनाः ॥ १४
तत्त्वतो हि नरश्रेष्ठ बुद्ध्या समनुचिन्तय । बुद्ध्या युक्ता महाप्राज्ञा विजानन्ति शुभाशुभे ॥ १५
अदृष्टगुणदोषाणामध्रुवाणां तु कर्मणाम् । नान्तरेण क्रियां तेषां फलमिष्टं च वर्तते ॥ १६

तत्प्राप्तिः स्यात्, ततः परं देवाः सर्वज्ञा यदि ते पत्नीं पत्नीवार्तां न दास्यन्ति, ततः पश्चात्प्राप्तकालं चतुर्थोपायं दण्डं तेषु करिष्यसि ॥ १५ ॥ शीलं सुचरित्रम् । साम साधुवादः । विनयः प्रश्रयः । नयो नीतिः ॥ १६ ॥ **इति श्रीरामाभिरामे श्रीरामीये रामायणतिलके वाल्मीकीय आदिकाव्येऽरण्यकाण्डे पञ्चषष्टितमः सर्गः ॥ ६५ ॥**

एवं क्रोधमुपशमय्य सहजप्रकृतिप्राप्तये बोधयति लक्ष्मणो रामम्—तमिति । परिद्यूनं क्षीणमचेतसमस्वस्थचित्तमिव ॥ १ ॥ मुहूर्तादिव मुहूर्तादेव ॥ २ ॥ बोधनप्रकारः—महतेत्यादि । तपसा पुत्रकामनया कृतेन व्रतादिना कर्मणा ऋष्यशृङ्गानयनपूर्वकमहायागेन ॥ ३ ॥ भरतस्य । मुखादिति शेषः । यथा यथावच्छ्रुतम् ॥ ४ ॥ इतरः क इति । 'यद्यदाचरति श्रेष्ठस्तत्तदेवेतरो जनः' इत्युक्तेः । 'मर्त्यावतारस्त्विह मर्त्यशिक्षितम्' इति भागवतोक्तरीत्या लोकशिक्षणार्थमपि त्वदवतारादिति भावः ॥ ५ ॥ आश्वसिहीति । 'न ह वै शरीरस्य सतः प्रियाप्रिययोरपहतिरस्ति' इति श्रुतेः ॥ ६ ॥ तदेव विवृणोति—लोकेति । एव औपाधिकदुःखसंबन्धो लोकस्य शरीरिणः स्वभाव एव । तदेवाह—ययातिरिति । अनयोऽनयमूलं दुःखं तच्च स्वर्गाद्भ्रंशरूपम् । समस्पृशदित्यनेनाचिरस्थितिकस्पर्शमात्रार्थकेन पुनरविलम्बेनैव दौहित्रप्रयुक्तसुखोत्तरकालिकदुःखनिवृत्तिरप्यस्य सूचिता ॥ ७ ॥ यो महर्षिर्यः पुनर्नः पितुः पुरोहितस्तस्य पुत्रशतं जज्ञे । अह्ना एकाह्ना च पुनर्विश्वामित्रेण हतम् । पूर्वं सुखोत्तरकालिकदुःखानन्तरं सुखं व्यञ्जययोक्त्वात्र सुखानन्तरं दुःखमुक्तम् । एवं च महतामप्यवश्यं जायमाने ईदृशे सुखे दुःखे च न हर्षशोकौ भवादृशस्योचिताविति भावः ॥ ८ ॥ चलनम् । भूकम्पजं दुःखमित्यर्थः ॥ ९ ॥ यौ धर्मौ परावरधर्मप्रवर्तकौ । नेत्रौ जगतः संसारचक्रस्य कालपरिच्छेदद्वारा प्रवर्तकौ । अत एव यत्र सर्वं प्रतिष्ठितम् । तौ च ग्रहणं राहुग्रासदुःखं प्राप्तौ ॥ १० ॥ दैवस्य कर्मणो वशं न प्रमुञ्चन्तीत्यर्थः । किं पुनर्वक्तव्यं देहिनः सर्वभूतानि देहवन्ति सर्वभूतानि न मुञ्चन्तीति । पुंस्त्वमार्षम् ॥ ११ ॥ नयानयौ तन्मूलसुखदुःखे ॥ १२ ॥ १३ ॥ अनिर्विण्णदर्शना विषादरहितदर्शना विषादराहित्येन कृत्याकृत्यतत्त्वज्ञानवन्तः ॥ १४ ॥ तत्त्वतः समनुचिन्तय । युक्तायुक्तं कृत्याकृत्यं चेति शेषः । शुभाशुभे कर्तव्याकर्तव्ये युक्तायुक्ते बुद्धियुक्ता जानन्ति । तस्मात्त्वं बुद्ध्या विचिन्तयेति शेषः ॥ १५ ॥ एवं दुःखमूलं प्राचीनं कर्म बुद्ध्वा दुःखं सोढव्यमेवेत्याह—अदृष्टेति । शास्त्रैकसमधिगम्यतया प्रत्यक्षेणादृष्टगुणदोषाणां धर्मत्वाधर्मत्वे गुणदोषौ । आपाततो धर्मवद्भासमानानामधर्मत्वाद्वैपरीत्याच्च । अध्रुवाणां फलनाश्यानाम् । अनेन फलावश्यंभावः सूचितः । तादृशानां कर्मणां निष्पत्तिः क्रियां

मामेवं हि पुरा वीर त्वमेव बहुशोक्तवान् । अनुशिष्याद्धि को नु त्वामपि साक्षाद्बृहस्पतिः ॥ १७
बुद्धिश्च ते महाप्राज्ञ देवैरपि दुरन्वया । शोकेनाभिप्रसुप्तं ते ज्ञानं संबोधयाम्यहम् ॥ १८
दिव्यं च मानुषं चैवमात्मनश्च पराक्रमः । इक्ष्वाकुवृषभावेक्ष्य यतस्व द्विषतां वधे ॥ १९
किं ते सर्वविनाशेन कृतेन पुरुषर्षभ । तमेव तु रिपुं पापं विज्ञायोद्धर्तुमर्हसि ॥ २०

इत्यार्षे श्रीमद्रामायणे वाल्मीकीय आदिकाव्येऽरण्यकाण्डे षट्षष्टितमः सर्गः ॥ ६६ ॥

सप्तषष्टितमः सर्गः ।

पूर्वजोऽप्युक्तवाक्यस्तु लक्ष्मणेन सुभाषितम् । सारग्राही महासारं प्रतिजग्राह राघवः ॥ १
स निगृह्य महाबाहुः प्रवृद्धं रोषमात्मनः । अवष्टभ्य धनुश्चित्रं रामो लक्ष्मणमब्रवीत् ॥ २
किं करिष्यावहे वत्स क्व वा गच्छाव लक्ष्मण । केनोपायेन पश्यावः सीतामिह विचिन्तय ॥ ३
तं तथा परितापार्तं लक्ष्मणो वाक्यमब्रवीत् । इदमेव जनस्थानं त्वमन्वेषितुमर्हसि ॥ ४
राक्षसैर्बहुभिः कीर्णं नानाद्रुमलतायुतम् । सन्तीह गिरिदुर्गाणि निर्दराः कंदराणि च ॥ ५
गुहाश्च विविधा घोरा नानामृगगणाकुलाः । आवासाः किंनराणां च गन्धर्वभवनानि च ॥ ६
तानि युक्तो मया सार्धं समन्वेषितुमर्हसि । त्वद्विधा बुद्धिसंपन्ना महात्मानो नरर्षभाः ॥ ७
आपत्सु न प्रकम्पन्ते वायुवेगैरिवाचलाः । इत्युक्तस्तद्वनं सर्वं विचचार सलक्ष्मणः ॥ ८
क्रुद्धो रामः शरं घोरं संधाय धनुषि क्षुरम् । ततः पर्वतकूटाभं महाभागं द्विजोत्तमम् ॥ ९
ददर्श पतितं भूमौ क्षतजार्द्रं जटायुषम् । तं दृष्ट्वा गिरिशृङ्गाभं रामो लक्ष्मणमब्रवीत् ॥ १०
अनेन सीता वैदेही भक्षिता नात्र संशयः । गृध्ररूपमिदं व्यक्तं रक्षो भ्रमति काननम् ॥ ११
भक्षयित्वा विशालाक्षीमास्ते सीतां यथासुखम् । एनं वधिष्ये दीप्ताग्रैः शरैर्घोरैरजिह्मगैः ॥ १२
इत्युक्त्वाभ्यपतद्द्रष्टुं संधाय धनुषि क्षुरम् । क्रुद्धो रामः समुद्रान्तां चालयन्निव मेदिनीम् ॥ १३
तं दीनदीनया वाचा सफेनं रुधिरं वमन् । अभ्यभाषत पक्षी स रामं दशरथात्मजम् ॥ १४
यामोषधीमिवायुष्मन्नन्वेषसि महावने । सा देवी मम च प्राणा रावणेनोभयं हृतम् ॥ १५
त्वया विरहिता देवी लक्ष्मणेन च राघव । ह्रियमाणा मया दृष्टा रावणेन बलीयसा ॥ १६
सीतामभ्यवपन्नोऽहं रावणश्च रणे प्रभो । विध्वंसितरथच्छत्रः पतितो धरणीतले ॥ १७
एतदस्य धनुर्भग्नमेते चास्य शरास्तथा । अयमस्य रणे राम भग्नः साङ्ग्रामिको रथः ॥ १८
अयं तु सारथिस्तस्य मत्पक्षनिहतो भुवि । परिश्रान्तस्य मे पक्षौ छित्त्वा खड्गेन रावणः ॥ १९
सीतामादाय वैदेहीमुत्पपात विहायसम् । रक्षसा निहतं पूर्वं मां न हन्तुं त्वमर्हसि ॥ २०

तत्तत्पुरुषव्यापारमन्तरेण न भवति । स्वव्यापारेण कृतानां तेषामिष्टं फलं सुखं चादनिष्टं च फलं वर्तते प्रवर्तत एव, न तु न प्रवर्तत इति । अतः सोढव्यमेवेति भावः ॥ १६ ॥ इयं च बुद्धिस्त्वद्दत्तैव मे, अतस्तवोपदेशे किं सामर्थ्यमिति न वाच्यमित्याह—मामिति । अकारणे क्रोधवशमापन्नमिति शेषः । बहुशोक्तवानिति संधिरार्षः । अनुशिष्याच्छिक्षितुं शक्तः स्याद्बृहस्पतिरपि । अन्यस्य का गणनेत्यर्थः ॥ १७ ॥ देवैरपि दुरन्वयान्वेतुमनुगन्तुमशक्या । त्वज्ज्ञानपरिच्छेदो देवानामप्यशक्य इति भावः । अनेनेश्वरता सूचिता । तथापि शोकेनान्तर्हितमिव ते ज्ञानं संबोधयामि बोधयामीव ॥ १८ ॥ दिव्यं देवोचितम्, मानुषं मनुष्योचितम् । एवमुभयविधपराक्रमाश्रयत्वमात्मनोऽवेक्ष्य । तत्राद्यः परशुरामविषयः, अन्त्यो रक्षोविषयः । एवं च देवोचितपराक्रमस्यायं नावसर इति भावः ॥ १९ ॥ कृतेनानुष्ठितेन ॥ २० ॥ इति श्रीरामाभिरामे श्रीरामीये रामायणतिलके वाल्मीकीय आदिकाव्येऽरण्यकाण्डे षट्षष्टितमः सर्गः ॥ ६६ ॥

पूर्वजोऽपि रामो लक्ष्मणेन सुभाषितं यथा भवति तथोक्तवाक्यस्तद्वाक्यस्य महासारं सयुक्तिकत्वात्सारांशम् ॥ १ ॥ २ ॥ ३ ॥ ४ ॥ इह जनस्थाने । गिरिगतानि दुर्गाणि । गन्तुमशक्यदेशाः सन्तीत्यर्थः । निर्दरा विदीर्णपाषाणाः ॥ ५ ॥ ६ ॥ ७ ॥ ८ ॥ क्षुरम् । तद्वन्निशितं शरमित्यर्थः । तं संधाय विचचारेत्यन्वयः ॥ ९ ॥ १० ॥ ११ ॥ १२ ॥ १३ ॥ सफेनं फेनसहितम् । दीनदीनयातिशयितदीनया दीनसदृशा वा ॥ १४ ॥ ओषधीमिव संजीवनौषधीमिव । अन्वेषस्यन्वेषसे ॥ १५ ॥ १६ ॥ अहं सीतामभ्यवपन्नः सीतापरित्राणच्छयाभिगतः । मया रावणश्च रणे विध्वंसितरथच्छत्रो धरणीतले पतितश्च कृतः ॥ १७ ॥ १८ ॥ १९ ॥ २० ॥ तस्य

रामस्तस्य तु विज्ञाय सीतासक्तां प्रियां कथाम् । गृध्रराजं परिष्वज्य परित्यज्य महद्धनुः ॥ २१
निपपातावशो भूमौ रुरोद सहलक्ष्मणः । द्विगुणीकृततापार्तो रामो धीरतरोऽपि सन् ॥ २२
एकमेकायने कृच्छ्रे निःश्वसन्तं मुहुर्मुहुः । समीक्ष्य दुःखितो रामः सौमित्रिमिदमब्रवीत् ॥ २३
राज्यं भ्रष्टं वने वासः सीता नष्टा मृतो द्विजः । ईदृशीयं ममालक्ष्मीर्दहेदपि हि पावकम् ॥ २४
संपूर्णमपि चेदद्य प्रतरेयं महोदधिम् । सोऽपि नूनं ममालक्ष्म्या विशुष्येत्सरितां पतिः ॥ २५
नास्त्यभाग्यतरो लोके मत्तोऽस्मिन्सचराचरे । येनेयं महती प्राप्ता मया व्यसनवागुरा ॥ २६
अयं पितुर्वयस्यो मे गृध्रराजो महाबलः । शेते विनिहतो भूमौ मम भाग्यविपर्ययात् ॥ २७
इत्येवमुक्त्वा बहुशो राघवः सहलक्ष्मणः । जटायुषं च पस्पर्श पितृस्नेहं निदर्शयन् ॥ २८

निकृत्तपक्षं रुधिरावसिक्तं तं गृध्रराजं परिगृह्य राघवः ।
क्व मैथिलि प्राणसमे गतेति विमुच्य वाचं निपपात भूमौ ॥ २९

इत्यार्षे श्रीमद्रामायणे वाल्मीकीय आदिकाव्येऽरण्यकाण्डे सप्तषष्टितमः सर्गः ॥ ६७ ॥

अष्टषष्टितमः सर्गः ।

रामः प्रेक्ष्य तु तं गृध्रं भुवि रौद्रेण पातितम् । सौमित्रिं मित्रसंपन्नमिदं वचनमब्रवीत् ॥ १
ममायं नूनमर्थेषु यतमानो विहंगमः । राक्षसेन हतः संख्ये प्राणांस्त्यजति मत्कृते ॥ २
अतिखिन्नः शरीरेऽस्मिन्प्राणो लक्ष्मण विद्यते । तथा स्वरविहीनोऽयं विक्लवं समुदीक्षते ॥ ३
जटायो यदि शक्नोषि वाक्यं व्याहरितुं पुनः । सीतामाख्याहि भद्रं ते वधमाख्याहि चात्मनः ॥ ४
किंनिमित्तो जहारार्यां रावणस्तस्य किं मया । अपराधं तु यं दृष्ट्वा रावणेन हृता प्रिया ॥ ५
कथं तच्चन्द्रसंकाशं मुखमासीन्मनोहरम् । सीतया कानि चोक्तानि तस्मिन्काले द्विजोत्तम ॥ ६
कथंवीर्यः कथंरूपः किंकर्मा स च राक्षसः । क्व चास्य भवनं तात ब्रूहि मे परिपृच्छतः ॥ ७
तमुद्वीक्ष्य स धर्मात्मा विलपन्तमनाथवत् । वाचा विक्लवया राममिदं वचनमब्रवीत् ॥ ८
सा हृता राक्षसेन्द्रेण रावणेन दुरात्मना । मायामास्थाय विपुलां वातदुर्दिनसंकुलाम् ॥ ९
[illegible] मे तात पक्षौ छित्त्वा निशाचरः । सीतामादाय वैदेहीं प्रयातो दक्षिणामुखः ॥ १०
उपरुध्यन्ति मे प्राणा दृष्टिर्भ्रमति राघव । पश्यामि वृक्षान्सौवर्णानुशीरकृतमूर्धजान् ॥ ११
येन याति मुहूर्तेन सीतामादाय रावणः । विप्रनष्टं धनं क्षिप्रं तत्स्वामी प्रतिपद्यते ॥ १२
विन्दो नाम मुहूर्तोऽसौ न च काकुत्स्थ सोऽबुधत् । झषवद्बडिशं गृह्य क्षिप्रमेव विनश्यति ॥ १३

स्वरूपं विज्ञाय । सीतासक्तां सीतासंबद्धां कथां च श्रुत्वा ॥२१॥ द्विगुणीकृततापार्तः । सीतावियोगजो जटायुवधजस्तापश्चेति तापस्य द्वैगुण्यम् । तेनार्तो बभूवेति शेषः ॥२२॥ एकमसहायम् । एकस्मिन्नध्वैतालक्षणेऽयने श्वासमार्गेऽतएव कृच्छ्रे मुहुर्मुहुर्निःश्वसन्तमिति कतकसंमतपाठेऽर्थः । 'एकमेकायने दुर्गे निःश्वसन्तं कथंचन' इति पाठे दुर्गे लताकण्टकसंकीर्ण एकायने एकमार्गे पतित्वा कथंचन निःश्वसन्तम् । मृतप्रायमित्यर्थ इति तीर्थः ॥ २३ ॥ ममालक्ष्मीर्मद्दुष्कर्मसंबद्धालक्ष्मीः पावकं सर्वदाहकमपि दहेत् । किमुत मच्छ्रियमित्यर्थः ॥ २४ ॥ एतद्दुःखपरितापशान्तये संपूर्णं महोदधिमपि प्रतरेयं तदा सोऽपि सरितां पतिर्नूनं निश्चयेन ममालक्ष्म्या विशुष्येत् ॥२५॥ येनाऽभाग्येन । वागुरा मृगादिबन्धनजालम् ॥ २६ ॥ पितुर्वयस्यः सखा ॥ २७ ॥ पितृस्नेहं पितरीव स्नेहम् ॥२८॥ २९ ॥

इति श्रीरामाभिरामे श्रीरामीये रामायणतिलके वाल्मीकीय आदिकाव्येऽरण्यकाण्डे सप्तषष्टितमः सर्गः ॥ ६७ ॥

रौद्रेण रक्षसा । अनेन रक्षसां तमःप्राधान्यमेवेति सूचितम् । मित्रसंपन्नं मित्रत्वेन संपन्नं सर्वजनेषु मैत्र्या युक्तम् ॥ १ ॥ २ ॥ तथातिखिन्नप्राण इव स्वरहीनो विह्वलेक्षणश्च ॥ ३ ॥ व्याहरितुं व्याहर्तुम् । वधं वधप्रकारम् ॥४॥ यमपराधं दृष्ट्वा तु प्रिया सीता हृता सोऽपराधस्तस्य मया किं कृतः, अपि तु न । अतः—किंनिमित्त इति । किं निमित्तं हृदि यस्य स रावण आर्यां जहार ॥ ५ ॥ ६ ॥ ७ ॥ ८ ॥ किंकर्मेत्यस्योत्तरम्—मायामिति । वातेन दुर्दिनेन च संकुलाम् ॥९॥१०॥ अन्यप्रश्नोत्तरासामर्थ्यं ध्वनयन्प्राणोपरोधमाह—उपेति । उशीरेण नलदेन कृता मूर्धजाः केशा येषां तान्सौवर्णान्वृक्षान्पश्यामि । तादृशसौवर्णवृक्षदर्शनं मरणचिह्नम् ॥ ११ ॥ ज्योतिषज्ञानबलादाह—येनेति ॥ १२ ॥ कोऽसौ मुहूर्तस्तत्राह—विन्द इति । लाभार्थाद्विदेर्निष्पन्नोऽसावित्याहुः । स च रावणो निजकर्माननुकूलं तं नावबुधत् । 'बुधिरवगमने' इत्यस्य लुङि रूपम् । न केवलं मुहूर्तमहिम्ना इष्टप्राप्तिरेव, अपि तु शत्रु-

न च त्वया व्यथा कार्या जनकस्य सुतां प्रति । वैदेह्यां रंस्यसे क्षिप्रं हत्वा तं रणमूर्धनि ॥ १४
असंमूढस्य गृध्रस्य रामं प्रत्यनुभाषतः । आस्यात्सुस्राव रुधिरं म्रियमाणस्य सामिषम् ॥ १५
पुत्रो विश्रवसः साक्षाद्भ्राता वैश्रवणस्य च । इत्युक्त्वा दुर्लभान्प्राणान्मुमोच पतगेश्वरः ॥ १६
ब्रूहि ब्रूहीति रामस्य ब्रुवाणस्य कृताञ्जलेः । त्यक्त्वा शरीरं गृध्रस्य प्राणा जग्मुर्विहायसम् ॥ १७
स निक्षिप्य शिरो भूमौ प्रसार्य चरणौ तथा । विक्षिप्य च शरीरं स्वं पपात धरणीतले ॥ १८
तं गृध्रं प्रेक्ष्य ताम्राक्षं गतासुमचलोपमम् । रामः सुबहुभिर्दुःखैर्दीनः सौमित्रिमब्रवीत् ॥ १९
बहूनि रक्षसां वासे वर्षाणि वसता सुखम् । अनेन दण्डकारण्ये विशीर्णमिह पक्षिणा ॥ २०
अनेकवार्षिको यस्तु चिरकालसमुत्थितः । सोऽयमद्य हतः शेते कालो हि दुरतिक्रमः ॥ २१
पश्य लक्ष्मण गृध्रोऽयमुपकारी हतश्च मे । सीतामभ्यवपन्नो हि रावणेन बलीयसा ॥ २२
गृध्रराज्यं परित्यज्य पितृपैतामहं महत् । मम हेतोरयं प्राणान्मुमोच पतगेश्वरः ॥ २३
सर्वत्र खलु दृश्यन्ते साधवो धर्मचारिणः । शूराः शरण्याः सौमित्रे तिर्यग्योनिगतेष्वपि ॥ २४
सीताहरणजं दुःखं न मे सौम्य तथागतम् । यथा विनाशो गृध्रस्य मत्कृते च परंतप ॥ २५
राजा दशरथः श्रीमान्यथा मम महायशाः । पूजनीयश्च मान्यश्च तथायं पतगेश्वरः ॥ २६
सौमित्रे हर काष्ठानि निर्मथिष्यामि पावकम् । गृध्रराजं दिधक्ष्यामि मत्कृते निधनं गतम् ॥ २७
नाथं पतगलोकस्य चितिमारोपयाम्यहम् । इमं धक्ष्यामि सौमित्रे हतं रौद्रेण रक्षसा ॥ २८
या गतिर्यज्ञशीलानामाहिताग्नेश्च या गतिः । अपरावर्तिनां या च या च भूमिप्रदायिनाम् ॥ २९
मया त्वं समनुज्ञातो गच्छ लोकाननुत्तमान् । गृध्रराज महासत्त्व संस्कृतश्च मया व्रज ॥ ३०
एवमुक्त्वा चितां दीप्तामारोप्य पतगेश्वरम् । ददाह रामो धर्मात्मा स्वबन्धुमिव दुःखितः ॥ ३१
रामोऽपि सहसौमित्रिर्वनं यात्वा स वीर्यवान् । स्थूलान्हत्वा महारोहीननु तस्तार तं द्विजम् ॥ ३२
रोहिमांसानि चोद्धृत्य पेशीकृत्वा महायशाः । शकुनाय ददौ रामो रम्ये हरितशाद्वले ॥ ३३
यत्तत्प्रेतस्य मर्त्यस्य कथयन्ति द्विजातयः । तत्स्वर्गगमनं क्षिप्रं तस्य रामो जजाप ह ॥ ३४
ततो गोदावरीं गत्वा नदीं नरवरात्मजौ । उदकं चक्रतुस्तस्मै गृध्रराजाय तावुभौ ॥ ३५
शास्त्रदृष्टेन विधिना जलं गृध्राय राघवौ । स्नात्वा तौ गृध्रराजाय उदकं चक्रतुस्तदा ॥ ३६

नाशोऽपीत्याह—झषेति । बडिशं गृहीत्वा झष इव क्षिप्रमेव विनश्यति । वर्तमाननिर्देशेनातिसांनिध्यं विनाशस्य दर्शयति ॥ १३ ॥ अतः—न चेति ॥ १४ ॥ असंमूढस्य मृतिकालेऽप्यभ्रान्तस्य । रामं प्रत्यनुभाषत उत्तरं भाषमाणस्य ॥ १५ ॥ इत्युक्त्वैतावन्मात्रमुक्त्वा । तद्वीर्यतद्भवनादिकथनात्पूर्वमिति शेषः ॥ १६ ॥ १७ ॥ १८ ॥ १९ ॥ अस्मिन्दण्डकारण्ये बहूनि वर्षाणि सुखं वसतानेन पक्षिणेहैव दण्डकारण्ये विशीर्णं देहविशरणं प्राप्तम् ॥ २० ॥ अनेकवार्षिक इत्यस्यैव विवरणम्—चिरकालसमुत्थित इति ॥ २१ ॥ मे उपकारीत्यन्वयः । सीतामभ्यवपन्नः सीतां मोचयितुं प्रवृत्तः ॥ २२ ॥ २३ ॥ सर्वत्र सर्वजातिषु ॥ २४ ॥ तथा आगतमिति च्छेदः । प्राप्तमित्यर्थः । मन्निमित्तं यो गृध्रविनाशस्तज्जं दुःखं यथा मां प्राप्तम् । सीताहरणजदुःखाद्गृध्रविनाशजंदुःखमधिकमिति भावः । तस्याः पुनः प्राप्तिसंभावनासत्त्वादस्य तदभावाच्चेति तात्पर्यम् ॥ २५ ॥ २६ ॥ दिधक्ष्यामि दग्धुमिच्छामि सद्गतिसिद्धये । इयनार्षः ॥ २७ ॥ २८ अपरावर्तिनाम् सङ्ग्रामे इति शेषः । गम्यत इति गतिर्लोकः । यज्ञशीलानां लोकान्क्रमेण प्राप्य मदनुज्ञातः सन्ननुत्तमान्येभ्यः परे उत्तमा न सन्ति तांल्लोकान्ब्रह्मणो लोकान्क्रममुक्तिदान्गच्छ । अनेन संकल्पमात्रात्कर्मानधिकृततिरश्चः साधनहीनस्यापि तल्लोकदानेन भगवान्रामः स्वस्वरूपांशे माययावृतज्ञान इति प्रलपतां मुखं ध्वस्तम् । शोकादि तु नटनमित्युक्तमेवासकृत् । तदुक्तम्—'संस्कारमकरोत्तस्य रामो ब्रह्मविधानतः । स्वपदं च ददौ तस्मै सोऽपि रामप्रसादतः ॥ हरेः सामान्यरूपेण प्रययौ परमं पदम् ॥' इति जटायुषं प्रक्रम्य पाद्मे । एतेन तिरश्चामपि स्नेहादिना दाहादि युक्तमिति ध्वनितम् । सारूप्यमुक्तिलाभश्चोक्तः । मया मद्रूपेण सामान्यहरिरूपेण ॥ २९ ॥ ३० ॥ ३१ ॥ स प्रसिद्धमहिमा रामः । महारोहीन्महामृगान् । रोहिशब्द इकारान्तोऽपि मृगवाची । तान्हत्वा पिण्डदानार्थं मांसमादायागत्यानु अनन्तरं तं द्विजं पक्षिणमुद्दिश्य पिण्डदानार्थं शाद्वलं तृणं तस्तार ॥ ३२ ॥ तत्र तन्मांसान्युत्कृत्य पेशीकृत्वा पेशीकृत्य पिण्डं कृत्वा शकुनाय ददौ ॥ ३३ ॥ यत्तन्मन्त्रजातं प्रेतस्य मर्त्यस्य स्वर्गादिगमनमुद्दिश्य ब्राह्मणाः कथयन्ति तत्स्वर्गगमनं तद्गमनसाधनं तत्तस्य क्षिप्रं स्वर्गगमनाय रामो जजाप ॥ ३४ ॥ ३५ ॥ उक्तस्य सर्वस्यास्य स्नानपूर्वकत्वं दर्शयितुं पुनराह—शास्त्रेति । तत्र पाठक्रमादर्थक्रमस्य बलवत्त्वात्पूर्वं स्नानम्, तत

स गृध्रराजः कृतवान्यशस्करं सुदुष्करं कर्म रणे निपातितः ।
महर्षिकल्पेन च संस्कृतस्तदा जगाम पुण्यां गतिमात्मनः शुभाम् ॥ ३७
कृतोदकौ तावपि पक्षिसत्तमे स्थिरां च बुद्धिं प्रणिधाय जग्मतुः ।
प्रवेश्य सीताधिगमे ततो मनो वनं सुरेन्द्राविव विष्णुवासवौ ॥ ३८

इत्यार्षे श्रीमद्रामायणे वाल्मीकीय आदिकाव्येऽरण्यकाण्डेऽष्टषष्टितमः सर्गः ॥ ६८ ॥

एकोनसप्ततितमः सर्गः ।

कृत्वैवमुदकं तस्मै प्रस्थितौ राघवौ तदा । अवेक्षन्तौ वने सीतां जग्मतुः पश्चिमां दिशम् ॥ १
तां दिशं दक्षिणां गत्वा खड्गचापासिधारिणौ । अविप्रहतमैक्ष्वाकौ पन्थानं प्रतिपेदतुः ॥ २
गुल्मैर्वृक्षैश्च बहुभिर्लताभिश्च प्रवेष्टितम् । आवृतं सर्वतो दुर्गं गहनं घोरदर्शनम् ॥ ३
व्यतिक्रम्य तु वेगेन गृहीत्वा दक्षिणां दिशम् । सुभीमं तन्महारण्यं व्यतियातौ महाबलौ ॥ ४
ततः परं जनस्थानात्त्रिक्रोशं गम्य राघवौ । क्रौञ्चारण्यं विविशतुर्गहनं तौ महौजसौ ॥ ५
नानामेघघनप्रख्यं प्रहृष्टमिव सर्वतः । नानावर्णैः शुभैः पुष्पैर्मृगपक्षिगणैर्युतम् ॥ ६
दिदृक्षमाणौ वैदेहीं तद्वनं तौ विचिन्वतुः । तत्र तत्रावतिष्ठन्तौ सीताहरणदुःखितौ ॥ ७
ततः पूर्वेण तौ गत्वा त्रिक्रोशं भ्रातरौ तदा । क्रौञ्चारण्यमतिक्रम्य मतङ्गाश्रममन्तरे ॥ ८
दृष्ट्वा तु तद्वनं घोरं बहुभीममृगद्विजम् । नानावृक्षसमाकीर्णं सर्वं गहनपादपम् ॥ ९
ददृशाते गिरौ तत्र दरीं दशरथात्मजौ । पातालसमगम्भीरां तमसा नित्यसंवृताम् ॥ १०
आसाद्य च नरव्याघ्रौ दर्यास्तस्या विदूरतः । ददर्शतुर्महारूपां राक्षसीं विकृताननाम् ॥ ११
भयदामल्पसत्त्वानां बीभत्सां रौद्रदर्शनाम् । लम्बोदरीं तीक्ष्णदंष्ट्रां करालीं परुषत्वचम् ॥ १२
भक्षयन्तीं मृगान्भीमान्विकटां मुक्तमूर्धजाम् । अवैक्षतां तु तौ तत्र भ्रातरौ रामलक्ष्मणौ ॥ १३
सा समासाद्य तौ वीरौ व्रजन्तं भ्रातुरग्रतः । एहि रंस्यावहेत्युक्त्वा समालम्भत लक्ष्मणम् ॥ १४
उवाच चैनं वचनं सौमित्रिमुपगुह्य च । अहं त्वयोमुखी नाम लाभस्ते त्वमसि प्रियः ॥ १५
नाथ पर्वतदुर्गेषु नदीनां पुलिनेषु च । आयुश्चिरमिदं वीर त्वं मया सह रंस्यसे ॥ १६
एवमुक्तस्तु कुपितः खड्गमुद्धृत्य लक्ष्मणः । कर्णनासास्तनं तस्या निचकर्तारिसूदनः ॥ १७
कर्णनासे निकृत्ते तु विस्वरं विननाद सा । यथागतं प्रदुद्राव राक्षसी घोरदर्शना ॥ १८
तस्यां गतायां गहनं व्रजन्तौ वनमोजसा । आसेदतुरमित्रघ्नौ भ्रातरौ रामलक्ष्मणौ ॥ १९

उदकदानम्, ततः पिण्डदानमिति क्रमो बोध्यः ॥ ३६ ॥ पुण्यां पुण्यैकलभ्याम् । अतएव शुभां शुभैकस्वभावाम् ॥ ३७ ॥ पक्षिसत्तमे तद्विषये । पितरीवेत्यर्थः । स्थिरां बुद्धिं तस्मिन्पितृबुद्धिं निधाय सीताधिगमे सीताप्राप्तिसूचके निमित्ते मनः प्रवेश्य तादृशं निमित्तं दृष्ट्वा वनं जग्मतुः ॥ ३८ ॥ इति श्रीरामाभिरामे श्रीरामीये रामायणतिलके वाल्मीकीय आदिकाव्येऽरण्यकाण्डेऽष्टषष्टितमः सर्गः ॥ ६८ ॥

पश्चिमामित्यत्रोपरितनश्लोके दक्षिणामित्युक्तेर्नैर्ऋतीं जग्मतुरिति लभ्यते ॥ १ ॥ अविप्रहतं जनाक्षुण्णम् ॥ २ ॥ गुल्मादिभिः प्रवेष्टितम्, अतएव सर्वत आवृतम्, अतएव दुर्गं दुष्प्रवेशं गहनं वनरूपं पन्थानं प्रतिपेदतुरित्यन्वयः ॥ ३ ॥ वेगेनातिक्रम्य चलित्वा तन्महारण्यं व्यतियातौ व्यतिक्रम्य गतौ ॥ ४ ॥ गम्य गत्वा । गहनं दुष्प्रवेशम् । क्रौञ्चारण्यं क्रौञ्चारण्याख्यं गहनं वनमिति वा ॥ ५ ॥ अनेकमेघानां घनः समूहस्तत्प्रख्यं तद्वच्छयामम् । सर्वतः प्रहृष्टमिव । पुष्पविकासादिना तद्गतजन्तुहर्षेण वा तस्य प्रहृष्टत्वव्यपदेशः ॥ ६ ॥ ७ ॥ क्रौञ्चारण्यमतिक्रम्य तद्वनात्पूर्वेण त्रिक्रोशं गत्वान्तरे मध्येमार्गं मतङ्गाश्रमं ददृशतुः । अथ घोरत्वादिविशेषणम् । तद्वनं मतङ्गाश्रमवनं दृष्ट्वा तत उच्यमानविशेषणां तत्र गिरौ दरीं ददृशाते ॥ ८ ॥ ९ ॥ १० ॥ तस्याविदूर इति संधिरार्षः । तद्दरीसमीपे इत्यर्थः ॥ ११ ॥ बीभत्सां जुगुप्सिताम् । परुषत्वचं कर्कशत्वचम् । करालीं तुङ्गाकाराम् । 'करालो भीषणे तुङ्गे' ॥ १२ ॥ विकटामतिस्थूलाकारां तत्र तत्रास्थानेऽपि । निम्नोन्नतां वा ॥ १३ ॥ भ्रातू रामस्याग्रतो व्रजन्तम् । एहि रंस्यावहेत्युक्त्वेत्यत्र इकारलोप आर्षः । समालम्भत गृहीतवती ॥ १४ ॥ उपगुह्यालिङ्ग्य । अयोमुखीत्यन्वर्थं नाम । अहं ते तव लाभो निध्याद्विवल्लाभरूपास्मि, त्वं च मे प्रियो भर्तासि ॥ १५ ॥ आयुश्चिरं चिरमायुः ॥ १६ ॥ कर्णनासास्तनमिति समाहारद्वन्द्वः ॥ १७ ॥ कर्णनासे इति सप्तमी ॥ १८ ॥ तस्यां

लक्ष्मणस्तु महातेजाः सत्यवा[illegible]शुचिः । अब्रवीत्प्राञ्जलिर्वाक्यं भ्रातरं दीप्ततेजसम् ॥ २०
स्पन्दते मे दृढं बाहुरुद्विग्नमिव मे मनः । प्रायशश्चाप्यनिष्टानि निमित्तान्युपलक्षये ॥ २१
तस्मात्सज्जीभवार्य त्वं कुरुष्व वचनं मम । ममैव हि निमित्तानि सद्यः शंसन्ति संभ्रमम् ॥ २२
एष वञ्जुलको नाम पक्षी परमदारुणः । आवयोर्विजयं युद्धे शंसन्निव विनर्दति ॥ २३
तयोरन्वेषतोरेवं सर्वं तद्वनमोजसा । संजज्ञे विपुलः शब्दः प्रभञ्जन्निव तद्वनम् ॥ २४
संवेष्टितमिवात्यर्थं गहनं मातरिश्वना । वनस्य तस्य शब्दोऽभूद्वनमापूरयन्निव ॥ २५
तं शब्दं काङ्क्षमाणस्तु रामः खड्गी सहानुजः । ददर्श सुमहाकायं राक्षसं विपुलोरसम् ॥ २६
आसेदतुश्च तद्रक्षस्तावुभौ प्रमुखे स्थितम् । विवृद्धमशिरोग्रीवं कबन्धमुदरेमुखम् ॥ २७
रोमभिर्निशितैस्तीक्ष्णैर्महागिरिमिवोच्छ्रितम् । नीलमेघनिभं रौद्रं मेघस्तनितनिःस्वनम् ॥ २८
अग्निज्वालानिकाशेन ललाटस्थेन दीप्यता । महापक्ष्मेण पिङ्गेन विपुलेनायतेन च ॥ २९
एकेनोरसि घोरेण नयनेन सुदर्शिना । महादंष्ट्रोपपन्नं तं लेलिहानं महामुखम् ॥ ३०
भक्षयन्तं महाघोरानृक्षसिंहमृगद्विजान् । घोरौ भुजौ विकुर्वाणमुभौ योजनमायतौ ॥ ३१
कराभ्यां विविधान्गृह्य ऋक्षान्पक्षिगणान्मृगान् । आकर्षन्तं विकर्षन्तमनेकान्मृगयूथपान् ॥ ३२
स्थितमावृत्य पन्थानं तयोर्भ्रात्रोः प्रपन्नयोः । अथ तं समतिक्रम्य क्रोशमात्रं ददर्शतुः ॥ ३३
महान्तं दारुणं भीमं कबन्धं भुजसंवृतम् । कबन्धमिव संस्थानादतिघोरप्रदर्शनम् ॥ ३४
स महाबाहुरत्यर्थं प्रसार्य विपुलौ भुजौ । जग्राह सहितावेव राघवौ पीडयन्बलात् ॥ ३५
खड्गिनौ दृढधन्वानौ तिग्मतेजौ महाभुजौ । भ्रातरौ विवशं प्राप्तौ कृष्यमाणौ महाबलौ ॥ ३६
तत्र धैर्याच्च शूरस्तु राघवो नैव विव्यथे । बाल्यादनाश्रयाच्चैव लक्ष्मणस्त्वभिविव्यथे ॥ ३७
उवाच च विषण्णः सन्राघवं राघवानुजः । पश्य मां विवशं वीर राक्षसस्य वशंगतम् ॥ ३८
मयैकेन तु निर्युक्तः परिमुच्यस्व राघव । मां हि भूतबलिं दत्त्वा पलायस्व यथासुखम् ॥ ३९
अधिगन्तासि वैदेहीमचिरेणेति मे मतिः । प्रतिलभ्य च काकुत्स्थ पितृपैतामहीं महीम् ॥ ४०
तत्र मां राम राज्यस्थः स्मर्तुमर्हसि सर्वदा । लक्ष्मणेनैवमुक्तस्तु रामः सौमित्रिमब्रवीत् ॥ ४१
मा स्म त्रासं वृथा वीर नहि त्वादृग्विषीदति । एतस्मिन्नन्तरे क्रूरौ भ्रातरौ रामलक्ष्मणौ ॥ ४२
तावुवाच महाबाहुः कबन्धो दानवोत्तमः । कौ युवां वृषभस्कन्धौ महाखड्गधनुर्धरौ ॥ ४३
घोरं देशमिमं प्राप्तौ दैवेन मम चाक्षुषौ । वदतं कार्यमिह वां किमर्थं चागतौ युवाम् ॥ ४४

गतायां पश्चाद्व्रजन्तौ गहनं दुष्प्रवेशं वनमासेदतुः प्रापतुः ॥ १९ ॥ २० ॥ बाहुर्वामः । अनिष्टानि तत्सूचकानि ॥ २१ ॥ सज्जीभव यत्तो भव । संभ्रमं भयम् ॥ २२ ॥ ततः कंचिच्छकुनमप्याह—एष इति । वञ्चुलकः कण्ठवालः । 'वञ्जुलकः' इत्यपि पाठान्तरम् । अनेन युद्धमवश्यंभावि जयश्चेत्युभयं सूचितम् ॥ २३ ॥ अन्वेषतोः । सीतामिति शेषः । ओजसा सामर्थ्येन ॥ २४ ॥ तद्गहनं वनमत्यन्तं मातरिश्वना संवेष्टितं व्याप्तमिव जातम् । ततस्तस्य वनस्य मध्ये शब्दोऽभवत् ॥ २५ ॥ तं शब्दं काङ्क्षमाणः तदुत्पत्तिनिमित्तं काङ्क्षमाणः ॥ २६ ॥ आसेदतुर्ददृशतुः । विवृद्धं विवृद्धाकारम् । अशिरोग्रीवमदृश्यमानशिरोग्रीवम् । अतएव कबन्धमन्वर्थतन्नामकम् । उदरेमुखम् । 'अमूर्धमस्तकात्–' इत्यलुक् ॥ २७ ॥ निशितैरित्यस्य विवरणम्—तीक्ष्णैरिति । उपलक्षितमिति शेषः । 'रोमभिर्निबिडैस्तीक्ष्णैः' इति क्वचित्पाठः ॥ २८ ॥ उच्यमानविशेषणेन ललाटस्थेनैकेन नयनेनोरःप्रदेशान्तर्गतशिरस्त्वादुरस्युरःप्रदेशेऽन्तरुपलभ्यमानेन नयनेनोपलक्षितं मुखं लेलिहानम् । महापक्ष्मेणेत्यार्षम् ॥ २९ ॥ ३० ॥ विकुर्वाणं विक्षिपन्तम् ॥ ३१ ॥ आकर्षन्तमिष्टान्मृगानाभिमुख्येन कर्षन्तम् । अनिष्टान्मृगान्मुञ्चन्तम् ॥ ३२ ॥ प्रपन्नयोः । पन्थानमिति शेषः । आवृत्य स्थितं तं ज्ञात्वा तद्भुजवेष्टनं समतिक्रम्य दूरे स्थितौ तं क्रोशमात्रं ददर्शतुः ॥ ३३ ॥ भुजाभ्यां जन्तून्संवृणोतीति भुजसंवृत्तम् । संस्थानाद्देहस्थित्याऽशिरस्कत्वलक्षणकबन्धवत्स्थितम् ॥ ३४ ॥ सहितौ । नैकमपि मुक्त्वेत्यर्थः ॥ ३५ ॥ तिग्मतेजौ तीक्ष्णतेजसौ । तादृशवेषधरावित्यर्थः । विवशं प्राप्तौ बलात्कर्षणं प्राप्तौ ॥ ३६ ॥ तत्र तस्यामवस्थायाम् । अनाश्रयात् । धैर्यस्येति शेषः । धैर्यानालम्बनादित्यर्थः । तत्र हेतुर्बाल्यं बालबुद्धित्वं शुद्धसत्त्वाप्रधानत्वम् । 'अनाश्रयत्वात्' इति पाठे आश्रयभूतस्य रामस्यापि कबन्धभुजावृतत्वादिति भावः ॥ ३७ ॥ ३८ ॥ निर्युक्तो निर्योजितरक्षोबलिः संस्त्वं किंचित्स्ववशमात्मानं परिमुच्यस्व । पलायनेनेति शेषः । तस्यैव विवरणमुत्तरार्धम्—मां हीति । भूतबलिम् । महाभूताकाररक्षसे बलिमित्यर्थः ॥ ३९ ॥ अधिगन्ता प्राप्ता ॥ ४० ॥ ४१ ॥ एतस्मिन्नन्तरे इति । लक्ष्मणविषादनिवृत्तिफलकरामाश्वासनसमये इति शेषः ॥ ४२ ॥ ४३ ॥ दैवेन दैवगत्या । मम चाक्षुषौ

इमं देशमनुप्राप्तौ क्षुधार्तस्येह तिष्ठतः । सबाणचापखड्गौ च तीक्ष्णशृङ्गाविवर्षभौ ॥ ४५
मां तूर्णमनुसंप्राप्तौ दुर्लभं जीवितं हि वाम् । तस्य तद्वचनं श्रुत्वा कबन्धस्य दुरात्मनः ॥ ४६
उवाच लक्ष्मणं रामो मुखेन परिशुष्यता । कृच्छ्रात्कृच्छ्रतरं प्राप्य दारुणं सत्यविक्रम ॥ ४७
व्यसनं जीवितान्ताय प्राप्तमप्राप्य तां प्रियाम् । कालस्य सुमहद्वीर्यं सर्वभूतेषु लक्ष्मण ॥ ४८
त्वां च मां च नरव्याघ्र व्यसनैः पश्य मोहितौ । नहि भारोऽस्ति दैवस्य सर्वभूतेषु लक्ष्मण ॥ ४९
शूराश्च बलवन्तश्च कृतास्त्राश्च रणाजिरे । कालाभिपन्नाः सीदन्ति यथा वालुकसेतवः ॥ ५०
इति ब्रुवाणो दृढस[illegible]विक्रमो महायशा दाशरथिः प्रतापवान् ।
अवेक्ष्य [illegible]क्रमः स्थिरां तदा स्वां मतिमात्मनाकरोत् ॥ ५१

इत्यार्षे श्रीमद्रामायणे वाल्मीकीय आदिकाव्येऽरण्यकाण्ड एकोनसप्ततितमः सर्गः ॥ ६९ ॥

सप्ततितमः सर्गः ।

तौ तु तत्र स्थितौ दृष्ट्वा भ्रातरौ रामलक्ष्मणौ । बाहुपाशपरिक्षिप्तौ कबन्धो वाक्यमब्रवीत् ॥ १
तिष्ठतः किं नु मां दृष्ट्वा क्षुधार्तं क्षत्रियर्षभौ । आहारार्थं तु संदिष्टौ दैवेन हतचेतनौ ॥ २
तच्छ्रुत्वा लक्ष्मणो वाक्यं प्राप्तकालं हितं तदा । उवाचार्तिसमापन्नो विक्रमे कृतनिश्चयः ॥ ३
त्वां स मां च पुरा तूर्णमादत्ते राक्षसाधमः । तस्मादसिभ्यामस्याशु बाहू छिन्दावहे गुरू ॥ ४
भीषणोऽयं [illegible] राक्षसो भुजविक्रमः । लोकं ह्यतिजितं कृत्वा ह्यावां हन्तुमिहेच्छति ॥ ५
निश्चेष्टानां वधो राजन्कुत्सितो जगतीपतेः । क्रतुमध्योपनीतानां पशूनामिव राघव ॥ ६
एतत्संजल्पितं श्रुत्वा तयोः क्रुद्धस्तु राक्षसः । विदार्यास्यं ततो रौद्रं तौ भक्षयितुमारभत् ॥ ७
ततस्तौ देशकालज्ञौ खड्गाभ्यामेव राघवौ । अच्छिन्दतां सुसंहृष्टौ बाहू तस्यांसदेशयोः ॥ ८
दक्षिणो दक्षिणं बाहुमसक्तमसिना ततः । चिच्छेद रामो वेगेन सव्यं वीरस्तु लक्ष्मणः ॥ ९
स पपात महाबाहुश्छिन्नबाहुर्महास्वनः । खं च गां च दिशश्चैव नादयञ्जलदो यथा ॥ १०
स निकृत्तौ भुजौ दृष्ट्वा शोणितौघपरिप्लुतः । दीनः पप्रच्छ तौ वीरौ कौ युवामिति दानवः ॥ ११
इति तस्य ब्रुवाणस्य लक्ष्मणः शुभलक्षणः । शशंस तस्य काकुत्स्थं कबन्धस्य महाबलः ॥ १२
अयमिक्ष्वा[illegible]दायादो रामो नाम जनैः श्रुतः । तस्यैवावरजं विद्धि भ्रातरं मां च लक्ष्मणम् ॥ १३

चक्षुर्गोचरौ ॥ ४४ ॥ एवं कार्यादिकं पृष्ट्वा तदुपेक्ष्य स्वप्रयोजनं संपन्नमित्याह—इमं देशमिति । इह तिष्ठतः क्षुधार्तस्य मम भाग्यादिमं देशमनुप्राप्तौ ॥ ४५ ॥ ततः किं तत्राह—दुर्लभमिति ॥ ४६ ॥ मुखेन परिशुष्यतोपलक्षितं लक्ष्मणमुवाच—हे सत्यविक्रम, कृच्छ्रात्कष्टात्कष्टतरं राज्यभ्रंशवनवासप्रियापहारादि प्राप्य स्थितयोरावयोस्तां प्रियामप्राप्यैव जीवितान्तायेदं व्यसनं प्राप्तम् । यदेवमतः सर्वेष्वपि भूतेषु कालस्य वीर्यं सुमहत् । अनर्गलप्रचारमस्तीति शेषः ॥ ४७ ॥ ४८ ॥ कुतः, यतः—त्वां चेति । महाबलपराक्रमावपि व्यसनैर्दुःखैर्मोहितौ कालः करोतीति पश्य । उक्तार्थस्यैव प्रपञ्चः—नहीति । 'नाति' इति पाठान्तरम् ॥ ४९ ॥ ५० ॥ उदग्रविक्रम उत्कटपराक्रमो रामः सौमित्रिमवेक्ष्य । दीनमिति शेषः । स्वां मतिमात्मनात्मवैभवेन स्थिरामकरोत् । ईषदपि विषादं न प्राप्तवानित्यर्थः । अत्र लक्ष्मणस्यापि लोकव्यवहारनाट्यमेवेत्यन्ये ॥ ५१ ॥ इति श्रीरामाभिरामे श्रीरामीये रामायणतिलके वाल्मीकीय आदिकाव्येऽरण्यकाण्ड एकोनसप्ततितमः सर्गः ॥ ६९ ॥

[illegible] बाहुभ्यां पाशाकारेण परितो व्याप्तौ ॥ १ ॥ क्षुधार्तं मां दृष्ट्वा भीतौ नु किं तिष्ठतम् । यतो मे आहारार्थं संदिष्टौ, अतो न जीवनसंभावनेत्यर्थः ॥ २ ॥ ३ ॥ पुरा आदत्ते । आदास्यतीत्यर्थः ॥ ४ ॥ भुजमात्रेण विक्रमो यस्य । न त्वायुधेनेत्यर्थः । अतिजितं सर्वथा पराजितम् ॥ ५ ॥ अस्य बाहुच्छेद एव युक्तः, न तु प्राणवियोजनमित्याह—निश्चेष्टानामिति । शस्त्रादिभिर्विक्रमहीनानाम् । जगतीपतेः क्षत्रियस्य । क्रतुमध्यं प्राप्तानां पशूनां वध इव । स यथा स्वर्गफलदोऽपि शास्त्रविहितोऽपि कुत्सितः । सांख्यपातञ्जलाद्युक्तरीत्याऽधर्मजनकत्वात् । लोकदृष्ट्या च कुत्सितः । एतेन तद्वधस्यापीषत्पापफलदता सूचिता । केचित्तु—'क्रतुमध्यापनीतानाम्' इति पाठं श्रद्धाजाड्येन कल्पयित्वा क्रतुमध्यादन्यत्र नीतानां वधो यथा कुत्सित इति व्याचक्षते ॥ ६ ॥ तयोरेतत्संजल्पितं श्रुत्वेति संबन्धः । भक्षयितुमारभत् । हस्ताभ्यामाकृष्टवानित्यर्थः ॥ ७ ॥ सुसंहृष्टौ कदलीकाण्डच्छेदेन तच्छेदेन हस्तसुखलाभात् ॥ ८ ॥ दक्षिणः समर्थो दक्षिणपार्श्वस्थो वा ॥ ९ ॥ गां भूमिम् ॥ १० ॥ कौ युवामिति पप्रच्छ । पूर्वमप्राप्तोत्तरत्वात्पुनः प्रश्नः ॥ ११ ॥ १२ ॥ इक्ष्वाकुदायादो दशरथ

मात्रा प्रतिहते राज्ये रामः प्रव्राजितो वनम् । मया सह चरत्येष भार्यया च महद्वनम् ॥ १४
अस्य देवप्रभावस्य वसतो विजने वने । रक्षसापहृता भार्या यामिच्छन्तावि[illegible]गतौ ॥ १५
त्वं तु को वा किमर्थं वा कबन्धसदृशो वने । आस्येनोरसि दीप्तेन भग्नजङ्घो विचेष्टसे ॥ १६
एवमुक्तः कबन्धस्तु लक्ष्मणेनोत्तरं वचः । उवाच वचनं प्रीतस्तदिन्द्रवचनं स्मरन् ॥ १७
स्वागतं वां नरव्याघ्रौ दिष्ट्या पश्यामि वामहम् । दिष्ट्या चेमौ निकृत्तौ मे युवाभ्यां बाहुबन्धनौ ॥ १८
विरूपं यच्च मे रूपं प्राप्तं ह्यविनयाद्यथा । तन्मे शृणु नरव्याघ्र तत्त्वतः [illegible]संसतस्तव ॥ १९

इत्यार्षे श्रीमद्रामायणे वाल्मीकीय आदिकाव्येऽरण्यकाण्डे सप्ततितमः सर्गः ॥ ७० ॥

एकसप्ततितमः सर्गः ।

पुरा राम महाबाहो [illegible] । रूपमासीन्ममाचिन्त्यं त्रिषु लोकेषु विश्रुतम् ॥ १
यथा सूर्यस्य सोमस्य शक्रस्य च यथा वपुः । सोऽहं रूपमिदं कृत्वा लोकवित्रासनं महत् ॥ २
ऋषीन्वनगतान्राम त्रासयामि ततस्ततः । ततः स्थूलशिरा नाम महर्षिः कोपितो मया ॥ ३
स चिन्वन्विविधं वन्यं रूपेणानेन धर्षितः । तेनाहमुक्तः प्रेक्ष्यैवं घोरशापाभिधायिना ॥ ४
एतदेवं नृशंसं ते रूपमस्तु विगर्हितम् । स मया याचितः क्रुद्धः शापस्यान्तो भवेदिति ॥ ५
अभि[illegible] तेनेदं भाषितं वचः । यदा छित्त्वा भुजौ रामस्त्वां दहेद्विजने वने ॥ ६
तदा त्वं प्राप्स्यसे रूपं स्वमेव विपुलं शुभम् । श्रिया विराजितं पुत्रं दनोस्त्वं विद्धि लक्ष्मण ॥ ७
इन्द्रशापादिदं रूपं प्राप्तमेवं रणाजिरे । अहं हि तपसोग्रेण पितामहमतोषयम् ॥ ८
दीर्घमायुः स मे प्रादात्ततो मां विभ्रमोऽस्पृशत् । दीर्घमायुर्मया प्राप्तं किं मां शक्रः करिष्यति ॥ ९
इत्येवं बुद्धिमास्थाय रणे शक्रमधर्षयम् । तस्य बाहुप्रमुक्तेन वज्रेण शतपर्वणा ॥ १०
सक्थिनी च शिरश्चैव शरीरे संप्रवेशितम् । स मया याच्यमानः सन्नानयद्यमसादनम् ॥ ११
पितामहवचः सत्यं तदस्त्विति ममाब्रवीत् । अनाहारः कथं शक्तो भग्नसक्थिशिरोमुखः ॥ १२
वज्रिणाभिहतः कालं सुदीर्घमपि जीवितुम् । स एवमुक्तः शक्रो मे बाहू योजनमायतौ ॥ १३
तदा चास्यं च मे कुक्षौ तीक्ष्णदंष्ट्रमकल्पयत् । सोऽहं भुजाभ्यां दीर्घाभ्यां संक्षिप्यास्मिन्वनेचरान् ॥ १४
सिंहद्वीपिमृगव्याघ्रान्भक्षयामि समन्ततः । स तु मामब्रवीदिन्द्रो यदा रामः सलक्ष्मणः ॥ १५
छेत्स्यते समरे बाहू तदा स्वर्गं गमिष्यसि । अनेन वपुषा तात वनेऽस्मिन्राजसत्तम ॥ १६
यद्यत्पश्यामि सर्वस्य ग्रहणं साधु रोचये । अवश्यं ग्रहणं रामो मन्येऽहं समुपैष्यति ॥ १७

पुत्रः ॥ १३ ॥ १४ ॥ यामिच्छन्तौ यामन्वेषयन्तौ ॥ १५ ॥ विचेष्टसे । चेष्टमानस्तिष्ठसीत्यर्थः ॥ १६ ॥ प्रीतः शापमोक्षकालप्रत्यभिज्ञानात् । तदिन्द्रवचनं वक्ष्यमाणम् ॥ १७ ॥ बाह्वोर्बन्धनं ययोरंसदेशयोस्तौ बाहुबन्धनावंसदेशौ ॥ १८ ॥ यथाऽविनयाद्यादृशाविनयात्प्राप्तं तच्छृण्वित्यन्वयः ॥ १९ ॥ इति श्रीरामाभिरामे श्रीरामीये रामायणतिलके वाल्मीकीय [illegible]ऽरण्यकाण्डे सप्ततितमः सर्गः ॥ ७० ॥

अचिन्त्यमचिन्त्यवैभवम् ॥ १ ॥ तदेवाह—यथेति । इदं रूपं रक्षोरूपं वैभवेन कृत्वा ॥ २ ॥ ऋषींस्त्रासयामीत्यन्वयः ॥ ३ ॥ एवमुक्तः ॥ ४ ॥ एवंशब्दार्थः—एतदेवेति । एतदेव रूपं नृशंसं क्रूरं विगर्हितं चास्त्वित्यवदत् ॥ ५ ॥ अभिशापकृतस्य मत्कर्तृकत्वत्प्रधर्षणे त्वया कृतस्यास्य शापस्यान्तो भवत्विति याचितः । तेनैवं याचितेन । तद्वच आह—यदेति । तदा त्वं विपुलमुत्तमं श्रिया विराजितं रूपं प्राप्स्यस इति तेन [illegible] संबन्धः । एवंभूतं मां दनोः पुत्रं विद्धीत्यन्वयः । 'श्रिया विराजितं पुत्रं दनुं त्वं विद्धि लक्ष्मण' इति पाठान्तरम् । तदा श्रियाः श्रीनाम्नो दानवस्य पुत्रं दनुनामानमित्यर्थः ॥ ६ ॥ ७ ॥ ननु कु[illegible] शापेऽपि कथं कबन्धरूपताप्राप्तिस्तत्राह—इन्द्रेति । तच्छापबीजमाह—अहमिति । ऋषिशापतो घोररूपप्राप्त्यनन्तरमुग्रेण तपसा पितामहमतोषयम् । स्व[illegible]मयेनेति शेषः ॥ ८ ॥ विभ्रमो गर्वः । तमेवाह—दीर्घमिति ॥ ९ ॥ शतपर्वणा शतधारेण ॥ १० ॥ सक्थिनी नाभ्यधोभागोपलक्षणम् । शरीरे शरीरमध्यस्थ उदरभागे । एवंभूतेनोर्ध्वाधरव्यवहाररहितेन मया मरणं याच्यमानोऽपि तन्नाकरोत् ॥ ११ ॥ किमिति नाकरोत्तत्राह—पितामहेति । तद्वचो दीर्घायुर्दानरूपम् ॥ १२ ॥ वज्रिणा त्वयाभिहतो जीवितुं कथं शक्त इत्यन्वयः । एवमुक्तः । अनाहारस्याक्रियस्य कथं जीवनमित्युक्तः ॥ १३ ॥ वनेचरान्वने संचारवतः ॥ १४ ॥ १५ ॥ १६ ॥ सर्वस्य ग्रहणं साधु रोचये । म[illegible]

इमां बुद्धिं पुरस्कृत्य देहन्यासकृतश्रमः । स त्वं रामोऽसि भद्रं ते नाहमन्येन राघव ॥ १८
शक्यो हन्तुं यथा तत्त्वमेवमुक्तं महर्षिणा । अहं हि मतिसाचिव्यं करिष्यामि नरर्षभ ॥ १९
मित्रं चैवोपदेक्ष्यामि युवाभ्यां संस्कृतोऽग्निना । परिगृह्य तु धर्मात्मा दनुना तेन राघवः ॥ २०
इदं जगाद वचनं लक्ष्मणस्य च पश्यतः । रावणेन हृता भार्या सीता मम यशस्विनी ॥ २१
निष्क्रान्तस्य जनस्थानात्सह भ्रात्रा यथासुखम् । नाममात्रं तु जानामि न रूपं तस्य रक्षसः ॥ २२
निवासं वा प्रभावं वा वयं तस्य न विद्महे । शोकार्तानामनाथानामेवं विपरिधावताम् ॥ २३
कारुण्यं सदृशं कर्तुमुपकारेण वर्तताम् । [illegible] भग्नानि काले शुष्काणि कुञ्जरैः ॥ २४
धक्ष्यामस्त्वां वयं वीर श्वभ्रे महति कल्पिते । स त्वं सीतां समाचक्ष्व येन वा यत्र वा हृता ॥ २५
कुरु कल्याणमत्यर्थं यदि जानासि तत्त्वतः । एवमुक्तस्तु रामेण वाक्यं दनुरनुत्तमम् ॥ २६
प्रोवाच कुशलो वक्ता वक्तारमपि राघवम् । दिव्यमस्ति न मे ज्ञानं नाभिजानासि मैथिलीम् ॥ २७
यस्तां वक्ष्यति तं वक्ष्ये दग्धः स्वं रूपमास्थितः । योऽभिजानाति तद्रक्षस्तद्वक्ष्ये राम तत्परम् ॥ २८
अदग्धस्य हि विज्ञातुं शक्तिरस्ति न मे प्रभो । राक्षसं तु महावीर्यं सीता येन हृता तव ॥ २९
विज्ञानं हि महद्भ्रष्टं शापदोषेण राघव । स्वकृतेन मया प्राप्तं रूपं लोकविगर्हितम् ॥ ३०
किंतु यावन्न यात्यस्तं सविता श्रान्तवाहनः । तावन्मामवटे क्षिप्त्वा दह राम यथाविधि ॥ ३१
दग्धस्त्वयाहमवटे न्यायेन रघुनन्दन । वक्ष्यामि तं महावीर यस्तं वेत्स्यति राक्षसम् ॥ ३२
तेन सख्यं च कर्तव्यं न्याय्यवृत्तेन राघव । कल्पयिष्यति ते वीर साहाय्यं लघुविक्रम ॥ ३३
नहि तस्यास्त्यविज्ञातं त्रिषु लोकेषु राघव । सर्वान्परिसृतो लोकान्पुरा वै कारणान्तरे ॥ ३४

इत्यार्षे श्रीमद्रामायणे वाल्मीकीय आदिकाव्येऽरण्यकाण्ड एकसप्ततितमः सर्गः ॥ ७१ ॥

द्विसप्ततितमः सर्गः ।

एवमुक्तौ तु तौ वीरौ कबन्धेन नरेश्वरौ । गिरिप्रदरमासाद्य पावकं विससर्जतुः ॥ १
लक्ष्मणस्तु महोल्काभिर्ज्वलिताभिः समन्ततः । चितामादीपयामास सा प्रजज्वाल सर्वतः ॥ २
तच्छरीरं कबन्धस्य घृतपिण्डोपमं महत् । मेदसा पच्यमानस्य मन्दं दहत पावकः ॥ ३
स विधूय चितामाशु विधूमोऽग्निरिवोत्थितः । अरजे वाससी बिभ्रन्माल्यं दिव्यं महाबलः ॥ ४
ततश्चिताया वेगेन भास्वरो विरजाम्बरः । उत्पपाताशु संहृष्टः सर्वप्रत्यङ्गभूषणः ॥ ५
विमाने भास्वरे तिष्ठन्हंसयुक्ते यशस्करे । प्रभया च महातेजा दिशो दश विराजयन् ॥ ६

मीत्यर्थः । ऋषेरिन्द्रस्य च वाक्यविश्वासादवश्यं रामो मम हस्ते ग्रहणमेष्यतीति मन्ये मन्यमानस्तिष्ठामि ॥ १७ ॥ मम देहन्यासे देहत्यागे कृतश्रमः कृतयत्नो रामो मम हस्ते ग्रहणमेष्यतीतीमां बुद्धिं पुरस्कृत्य सर्वस्य ग्रहणं साधु रोचये अयमेव रामो भवेदिति बुद्ध्या किमपि न त्यजामीत्याशयः ॥ १८ ॥ सर्वथा दाहोत्तरं तव बुद्धिं मित्रं चोपदेक्ष्यामि ॥१९॥ दनुना दनुनाम्ना ॥ २० ॥ वह्निसंस्कारं करिष्यामि मम साहाय्यं कु[illegible]—इदमिति ॥ २१ ॥ यथासुखं हृतेत्यन्वयः । नाममात्रम् । आप्तस्य जटायोर्वाक्यादिति भावः ॥ २२ ॥ २३ ॥ उपकारेण परोपकारेण वर्ततामस्माकं सदृशमुचितं कारुण्यं सीताहर्तृदेशादिकथनरूपमुपकारं कर्तुमर्हसि । दाहविषये त्वया चिन्ता न कार्येत्याह—काष्ठानीति । ॥ २४ ॥ कल्पिते इहैव कृते । येन कर्त्रा । यत्र देशे ॥ २५ ॥ कल्याणं तत्त्वाख्यानरूपम् । दाह एव मे दिव्यज्ञानसाधनं तत्कुरु । ततः परं सर्वं वक्ष्यामीत्याह—एवमिति ॥ २६ ॥ कुशलो वक्ता वक्तृताचातुर्यवान् । वक्तारं प्रशस्तवक्तारः ॥ २७ ॥ यस्ताम् । सखेति शेषः । तत्परं दाहात्परम् ॥ २८ ॥ २९ ॥ विज्ञानमतीन्द्रियविषयम् । स्वकृतेनानुचितकर्मणा ॥ ३० ॥ ३१ ॥ ३२ ॥ तेन यो राक्षसं ज्ञास्यति तेन । न्याय्यवृत्तेन नीतिमच्चरित्रेण ॥ ३३ ॥ कारणान्तरे कस्मिंश्चिन्निमित्ते जाते सतीत्यर्थः ॥ ३४ ॥ इति श्रीरामाभिरामे श्रीरामीये रामायणतिलके वाल्मीकीय आदिकाव्येऽरण्यकाण्ड एकसप्ततितमः सर्गः ॥ ७१ ॥

प्रदरं गर्तमासाद्य कबन्धं प्रापय्य सर्वतः काष्ठानि दत्त्वा तत्राग्निं ददतुः ॥ १ ॥ २ ॥ मेदसा । पूर्णस्येति शेषः । मेदःपूर्णत्वान्मन्ददाहः । दहतादहत् ॥ ३ ॥ अरजे निर्मले ॥ ४ ॥ चिताया उत्पपात । भास्वरः कान्तिमान् । सर्वेषु प्रत्यङ्गेषु करचरणादिषु भूषणानि यस्य ॥ ५ ॥ हंसयुक्ते राम-

सोऽन्तरिक्षगतो वाक्यं कबन्धो राममब्रवीत् । शृणु राघव तत्त्वेन यथा सीतामवाप्स्यसि ॥ ७
राम षड्युक्तयो लोके याभिः सर्वं विमृश्यते । परिमृष्टो दशान्तेन दशाभागेन सेव्यते ॥ ८
दशाभागगतो हीनस्त्वं हि राम सलक्ष्मणः । यत्कृते व्यसनं प्राप्तं त्वया दारप्रधर्षणम् ॥ ९
तदवश्यं त्वया कार्यः स सुहृत्सुहृदां वर । अकृत्वा नहि ते सिद्धिमहं पश्यामि चिन्तयन् ॥ १०
श्रूयतां राम वक्ष्यामि सुग्रीवो नाम वानरः । भ्रात्रा निरस्तः क्रुद्धेन वालिना शक्रसूनुना ॥ ११
ऋष्यमूके गिरिवरे पम्पापर्यन्तशोभिते । निवसत्यात्मवान्वीरश्चतुर्भिः सह वानरैः ॥ १२
वानरेन्द्रो महावीर्यस्तेजोवानमितप्रभः । सत्यसंधो विनीतश्च धृतिमान्मतिमान्महान् ॥ १३
दक्षः प्रगल्भो द्युतिमान्महाबलपराक्रमः । भ्रात्रा विवासितो वीर राज्यहेतोर्महात्मना ॥ १४
स ते सहायो मित्रं च सीतायाः परिमार्गणे । भविष्यति हि ते राम मा च शोके मनः कृथाः ॥ १५
भवितव्यं हि यच्चापि न तच्छक्यमिहान्यथा । कर्तुमिक्ष्वाकुशार्दूल कालो हि दुरतिक्रमः ॥ १६
गच्छ शीघ्रमितो वीर सुग्रीवं तं महाबलम् । वयस्यं तं कुरु क्षिप्रमितो गत्वाद्य राघव ॥ १७
अद्रोहाय समागम्य दीप्यमाने विभावसौ । न च ते सोऽवमन्तव्यः सुग्रीवो वानराधिपः ॥ १८
कृतज्ञः कामरूपी च सहायार्थी च वीर्यवान् । शक्तौ ह्यद्य युवां कर्तुं कार्यं तस्य चिकीर्षितम् ॥ १९
कृतार्थो वाकृतार्थो वा तव कृत्यं करिष्यति । स ऋक्षरजसः पुत्रः पम्पामटति शङ्कितः ॥ २०
भास्करस्यौरसः पुत्रो वालिना कृतकिल्बिषः । संनिधायायुधं क्षिप्रमृष्यमूकालयं कपिम् ॥ २१
कुरु राघव सत्येन वयस्यं वनचारिणम् । स हि स्थानानि कार्त्स्न्येन सर्वाणि कपिकुञ्जरः ॥ २२
नरमांसाशिनां लोके नैपुण्यादधिगच्छति । न तस्याविदितं लोके किंचिदस्ति हि राघव ॥ २३
यावत्सूर्यः प्रतपति सहस्रांशुः परंतप । स नदीर्विपुलाञ्शैलान्गिरिदुर्गाणि कंदरान् ॥ २४
अन्विष्य वानरैः सार्धं पत्नीं तेऽधिगमिष्यति । वानरांश्च महाकायान्प्रेषयिष्यति राघव ॥ २५
दिशो विचेतुं तां सीतां त्वद्वियोगेन शोचतीम् । अन्वेष्यति वरारोहां मैथिलीं रावणालये ॥ २६

कृतसंस्कारप्रभावेण पूर्वतपःप्रभावेण चैवंभूतं विमानं प्राप्तः ॥ ६ ॥ तत्त्वेन । परमार्थत उच्यमानमिति शेषः ॥ ७ ॥ अथ प्रतिज्ञातमुपायमाह—राम षडिति । षड्युक्तयः संधिविग्रहयानासनद्वैधीभावसमाश्रयाख्या लोके सन्ति । याभिर्युक्तिभिः सर्वं वस्तुजातं राज्ञा विमृश्यते विमृश्य प्राप्यते । तत्र दशान्तेन दुर्दशापरिपाककालेन यः परिमृष्टः स दशाभागेन दशाभागं दुर्दशापदिपाकावस्थां प्राप्तेन सेव्यत इति नीतिः । तस्मात्त्वयान्त्य उपायः समाश्रयः कार्य इत्यर्थः । 'परिभ्रष्टः' इति पाठे दशान्तेन दुर्दशापरिपाककालेनार्थाद्भ्रंशित इत्यर्थः ॥ ८ ॥ नन्वहं दशाभागं प्राप्त इति कथं त्वया निर्णीतं तत्राह—दशाभागगत इति । यतस्त्वं सलक्ष्मण एव हीनः । राज्यादिनेत्यर्थः । यत्कृते यद्दशाभागनिमित्तं त्वया दारप्रधर्षणं प्राप्तं तेन त्वं ज्ञायते दुर्दशाभोगकालं प्राप्त इति ॥ ९ ॥ यदेवमतस्त्वया स सुहृद्दशाभागप्राप्तः सुहृत्कार्यः । तत्कारणावश्यकत्वे हेतुमाह—अकृत्वेति ॥ १० ॥ तादृशः सुहृत्क इत्यत आह—श्रूयतामिति ॥ ११ ॥ पम्पापर्यन्तेन पम्पाप्रदेशेन शोभिते । चतुर्भिः । मन्त्रिभिरिति शेषः ॥ १२ ॥ तेजोवान्प्रतापी । अमितप्रभोऽपरिच्छिन्नकान्तिः ॥ १३ ॥ द्युतिमान् । तद्गुणानां वास्तवत्वबोधनायोक्तस्यापि कस्यचित्पुनः कथनम् ॥ १४ ॥ हे राम, ते भविष्यति । हिर्निश्चये ॥ १५ ॥ यद्भवितव्यं राज्यभ्रंशदारापहारादिदुःखं तदन्यथा कर्तुं केनापि न शक्यमिति । अतः शोके मनो मा कृथा इति शेषः । ते इत्यादीनां पुनरुक्तिस्तु रामदुःखेन तस्यापि दुःखितचित्तत्वान्न दोषाय ॥ १६ ॥ तं गच्छातं वयस्यं कुर्वित्यन्वयः ॥ १७ ॥ परस्परं द्रोहपरिहारायाग्निसाक्षिकं सख्यं कार्यमित्याह—अद्रोहायेति ॥ १८ ॥ तस्य तिर्यक्त्वात्तदवमतिः कुतो न कार्येत्यत्र हेतुमाह—कृतज्ञ इति । ननु स किमर्थं मया सह मैत्रीं कुर्यादत आह—सहायार्थीति । नन्वावाभ्यामशक्ताभ्यां कस्तस्य सहायार्थ इत्यत आह—शक्तौ हीति । तस्य चिकीर्षितं कार्यं कर्तुं युवां शक्तावित्यन्वयः ॥ १९ ॥ ननु तस्य तिरश्चोऽस्मत्साहाय्ये का शक्तिस्तत्राह—कृतार्थ इति । स कृतार्थस्त्वया कृतप्रयोजनः करिष्यमाणप्रयोजनोऽपि तव कार्यं सीतान्वेषणादिरूपं स करिष्यत्येव । तथासामर्थ्ये प्रयोजकं तस्य कुलीनत्वमाह—स ऋक्षेति । पुत्रः । क्षेत्रज इत्यर्थः ॥ २० ॥ तदेवाह—भास्करस्यौरस इति । कृतकिल्बिषः कृतवैरः, अत एव वालिनः शङ्कितोऽटति । तमभिसंनिधायायुधं संनिधाय संस्थाप्य तेन सत्येन च तं कपिं वयस्यं कुरु । हि यतः स रक्षसां स्थानानि सर्वाणि जानाति ॥ २१ ॥ २२ ॥ २३ ॥ २४ ॥ अधिगमिष्यति ज्ञास्यति ॥ २५ ॥ रावणालये शोचन्तीमिति संबन्धः । अनेन ज्ञायते सर्वदिक्षु रावणालयाः सन्ति । तत्र किंदिक्स्थरावणालये इति ज्ञातुं सर्वदिग्विचय

स मेरुशृङ्गाग्रगतामनिन्दितां प्रविश्य पातालतलेऽपि वाश्रिताम् ।
प्लवङ्गमानामृषभस्तव प्रियां निहत्य रक्षांसि पुनः प्रदास्यति ॥ २७

इत्यार्षे श्रीमद्रामायणे वाल्मीकीय आदिकाव्येऽरण्यकाण्डे द्विसप्ततितमः सर्गः ॥ ७२ ॥

त्रिसप्ततितमः सर्गः ।

दर्शयित्वा तु रामाय सीतायाः परिमार्गणे । वाक्यमन्वर्थमर्थज्ञः कबन्धः पुनरब्रवीत् ॥ १
एष राम शिवः पन्था यत्रैते पुष्पिता द्रुमाः । प्रतीचीं दिशमाश्रित्य प्रकाशन्ते मनोरमाः ॥ २
जम्बूप्रियालपनसा न्यग्रोधप्लक्षतिन्दुकाः । अश्वत्थाः कर्णिकाराश्च चूताश्चान्ये च पादपाः ॥ ३
धन्वना नागवृक्षाश्च तिलका नक्तमालकाः । नीलाशोकाः कदम्बाश्च करवीराश्च पुष्पिताः ॥ ४
अग्निमुख्या अशोकाश्च सुरक्ताः पारिभद्रकाः । तानारुह्याथवा भूमौ पातयित्वा स तान्बलात् ॥ ५
फलान्यमृतकल्पानि भक्षयित्वा गमिष्यथ । तदतिक्रम्य काकुत्स्थ वनं पुष्पितपादपम् ॥ ६
नन्दनप्रतिमं त्वन्यत्कुरवस्तूत्तरा इव । सर्वकालफला यत्र पादपा मधुरस्रवाः ॥ ७
सर्वे च ऋतवस्तत्र वने चैत्ररथे यथा । फलभारनतास्तत्र महाविटपधारिणः ॥ ८
शोभन्ते सर्वतस्तत्र मेघपर्वतसंनिभाः । तानारुह्याथवा भूमौ पातयित्वाथवा सुखम् ॥ ९
फलान्यमृतकल्पानि लक्ष्मणस्ते प्रदास्यति । चङ्क्रमन्तौ वराञ्शैलाञ्शैलाच्छैलं वनाद्वनम् ॥ १०
ततः पुष्करिणीं वीरौ पम्पां नाम गमिष्यथ । अशर्करामविभ्रंशां समतीर्थामशैवलाम् ॥ ११
राम संजातवालूकां कमलोत्पलशोभिताम् । तत्र हंसाः प्लवाः क्रौञ्चाः कुरराश्चैव राघव ॥ १२
वल्गुस्वराणि कूजन्ति पम्पासलिलगोचराः । नोद्विजन्ते नरान्दृष्ट्वा वधस्याकोविदाः पुरा ॥ १३
घृतपिण्डोपमान्स्थूलांस्तान्द्विजान्भक्षयिष्यथ । रोहितांश्चक्रतुण्डांश्च नलमीनांश्च राघव ॥ १४
पम्पायामिषुभिर्मत्स्यांस्तत्र राम वरान्हतान् । निस्त्वक्पक्षानयस्तप्तानकृशानेककण्टकान् ॥ १५
तव भक्त्या समायुक्तो लक्ष्मणः संप्रदास्यति । भृशं तान्खादतो मत्स्यान्पम्पायाः पुष्पसंचये ॥ १६
पद्मगन्धि शिवं वारि सुखशीतमनामयम् । उद्धृत्य स तदा क्लिष्टं रूप्यस्फटिकसंनिभम् ॥ १७
अथ पुष्करपर्णेन लक्ष्मणः पाययिष्यति । स्थूलान्गिरिगुहाशय्यान्वानरान्वनचारिणः ॥ १८
सायाह्ने विचरन्राम दर्शयिष्यति लक्ष्मणः । अपां लोभादुपावृत्तान्वृषभानिव नर्दतः ॥ १९
स्थूलान्पीतांश्च पम्पायां द्रक्ष्यसि त्वं नरोत्तम । सायाह्ने विचरन्राम विटपी माल्यधारिणः ॥ २०
शिवोदकं च पम्पायां दृष्ट्वा शोकं विहास्यसि । सुमनोभिश्चितास्तत्र तिलका नक्तमालकाः ॥ २१
उत्पलानि च फुल्लानि पङ्कजानि च राघव । न तानि कश्चिन्माल्यानि तत्रारोपयिता नरः ॥ २२
न च वै ग्लानतां यान्ति न च शीर्यन्ति राघव । मतङ्गशिष्यास्तत्रासन्नृषयः सुसमाहिताः ॥ २३

नम् ॥ २६ ॥ अनिन्दितां निर्मलाम् । अनेन सीतायाः शुद्धत्वं ज्ञापितम् ॥ २७ ॥ इति श्रीरामाभिरामे श्रीरामीये रामायणतिलके वाल्मीकीय आदिकाव्येऽरण्यकाण्डे द्विसप्ततितमः सर्गः ॥ ७२ ॥

परिमार्गणे उपायं दर्शयित्वा पुनर्वाक्यमब्रवीत् ॥ १ ॥ यत्र प्रकाशन्ते तत्र गन्तुमेष शिवोऽदुष्टः पन्थाः ॥ २ ॥ एते के तत्राह—जम्बू इत्यादि ॥ ३ ॥ धन्वना धवाः । नागवृक्षो नागकेसरः ॥ ४ ॥ अग्निमुख्योऽरुष्करः । रक्ता रक्तचन्दनाः । पारिभद्रको मन्दारः । बलात्तान्वृक्षान्भूमौ पातयित्वा शाखां धृत्वा भूमिपर्यन्तं संनाम्य ॥ ५ ॥ ६ ॥ अन्यद्गमिष्यथेति शेषः । उत्तरकुरुवच्च ॥ ७ ॥ विटपाः शाखाः ॥ ८ ॥ ९ ॥ चङ्क्रमन्तौ चङ्क्रम्यमाणौ ॥ १० ॥ तीर्थमवतारमार्गः । अविभ्रंशां शैवलासंबन्धेन पादभ्रंशाहेतुम् ॥ ११ ॥ संजातवालूकामिति दीर्घ आर्षः । प्लवा मण्डूकाः ॥ १२ ॥ वधस्याकोविदा वधमजानानाः ॥ १३ ॥ द्विजान्पक्षिणः । रोहिता मत्स्यविशेषाः । चक्रतुण्डा नलमीनाश्च त एव ॥ १४ ॥ अयस्तप्ताञ्शूलाग्रे पक्वान् । अकृशा अनेके च कण्टका येषां विद्यन्ते तान् ॥ १५ ॥ पुष्पसंचये पद्मादिपुष्पसमूहे वर्तमानम् ॥ १६ ॥ अत एव पद्मगन्धिः । अक्लिष्टं मलादिकश्मलहीनम् ॥ १७ ॥ पुष्करपर्णेन पद्मपर्णेनोद्धृत्य मत्स्यान्खादतस्ते जलं पाययिष्यतीति संबन्धः । गिरिगुहासु शय्यासनं येषां तान् ॥ १८ ॥ १९ ॥ पीताञ्जलपानं कृतवतः । विटपी विटपिनः । आर्षमेकत्वं प्रथमान्तत्वम् । माल्यधारिणः पुष्पवतस्तान्दृष्ट्वा शीतोदकं च दृष्ट्वा शोकं हास्यसि ॥ २० ॥ अन्यान्यपि शोकहन्तॄणि दर्शनीयान्याह—सुमनोभिरिति ॥ २१ ॥ आरोपयिता गृहीत्वा धारयिता । महावनत्वान्मनुष्यसंचाराभावेनेत्यर्थः ॥ २२ ॥ अम्लानाशीर्णत्वे

५८

तेषां भाराभितप्तानां वन्यमाहरतां गुरोः । ये प्रपेतुर्महीं तूर्णं शरीरात्स्वेदबिन्दवः ॥ २४
तानि माल्यानि जातानि मुनीनां तपसा तदा । स्वेदबिन्दुसमुत्थानि न विनश्यन्ति राघव ॥ २५
तेषां गतानामद्यापि दृश्यते परिचारिणी । श्रमणी शबरी नाम काकुत्स्थ चिरजीविनी ॥ २६
त्वां तु धर्मे स्थिता नित्यं सर्वभूतनमस्कृतम् । दृष्ट्वा देवोपमं राम स्वर्गलोकं गमिष्यति ॥ २७
ततस्तद्राम पम्पायास्तीरमाश्रित्य पश्चिमम् । आश्रमस्थानमतुलं गुह्यं काकुत्स्थ पश्यसि ॥ २८
न तत्राक्रमितुं नागाः शक्नुवन्ति तदाश्रमे । ऋषेस्तस्य मतङ्गस्य विधानात्तच्च काननम् ॥ २९
मतङ्गवनमित्येव विश्रुतं रघुनन्दन । तस्मिन्नन्दनसंकाशे देवारण्योपमे वने ॥ ३०
नानाविहगसंकीर्णे रंस्यसे राम निर्वृतः । ऋष्यमूकस्तु पम्पायाः पुरस्तात्पुष्पितद्रुमः ॥ ३१
सुदुःखारोहणश्चैव शिशुनागाभिरक्षितः । उदारो ब्रह्मणा चैव पूर्वकालेऽभिनिर्मितः ॥ ३२
शयानः पुरुषो राम तस्य शैलस्य मूर्धनि । यः स्वप्ने लभते वित्तं तत्प्रबुद्धोऽधिगच्छति ॥ ३३
यस्त्वेनं विषमाचारः पापकर्माधिरोहति । तत्रैव प्रहरन्त्येनं सुप्तमादाय राक्षसाः ॥ ३४
ततोऽपि शिशुनागानामाक्रन्दः श्रूयते महान् । क्रीडतां राम पम्पायां मतङ्गाश्रमवासिनाम् ॥ ३५
सक्ता रुधिरधाराभिः संहत्य परमद्विपाः । प्रचरन्ति पृथक्कीर्णा मेघवर्णास्तरस्विनः ॥ ३६
ते तत्र पीत्वा पानीयं विमलं चारु शोभनम् । अत्यन्तसुखसंस्पर्शं सर्वगन्धसमन्वितम् ॥ ३७
निवृत्ताः संविगाहन्ते वनानि वनगोचराः । ऋक्षांश्च द्वीपिनश्चैव नीलकोमलकप्रभान् ॥ ३८
रुरूनपेतानजयान्दृष्ट्वा शोकं प्रहास्यसि । राम तस्य तु शैलस्य महती शोभते गुहा ॥ ३९
शिलापिधाना काकुत्स्थ दुःखं चास्याः प्रवेशनम् । तस्या गुहायाः प्राग्द्वारे महाञ्शीतोदको ह्रदः ॥ ४०
बहुमूलफलो रम्यो नानानगसमाकुलः । तस्यां वसति धर्मात्मा सुग्रीवः सह वानरैः ॥ ४१
कदाचिच्छिखरे तस्य पर्वतस्यापि तिष्ठति । कबन्धस्त्वनुशास्यैवं तावुभौ रामलक्ष्मणौ ॥ ४२
स्रग्वी भास्करवर्णाभः खे व्यरोचत वीर्यवान् । तं तु खस्थं महाभागं तावुभौ रामलक्ष्मणौ ॥ ४३
प्रस्थितौ त्वं व्रजस्वेति वाक्यमूचतुरन्तिके । गम्यतां कार्यसिद्ध्यर्थमिति तावब्रवीत्स च ॥ ४४
सुप्रीतौ तावनुज्ञाप्य कबन्धः प्रस्थितस्तदा ॥ ४५

स तत्कबन्धः प्रतिपद्य रूपं वृतः श्रिया भास्करसर्वदेहः ।
निदर्शयन्राममवेक्ष्य खस्थः सख्यं कुरुष्वेति तदाभ्युवाच ॥ ४६

इत्यार्षे श्रीमद्रामायणे वाल्मीकीय आदिकाव्येऽरण्यकाण्डे त्रिसप्ततितमः सर्गः ॥ ७३ ॥

हेतुः—मतङ्गेत्यादि ॥ २३ ॥ भारेण तप्तानां गुर्वर्थं आह्रियमाणवन्यभारेण श्रान्तानाम् ॥ २४ ॥ तानि माल्यानीति विधेयापेक्षं क्लीबत्वम् ॥ २५ ॥ शबरी नाम शबरीत्याख्या । श्रमणी तापसी ॥ २६ ॥ त्वां दृष्ट्वा स्वर्गलोकं गमिष्यति । पूर्वार्जिततपसस्त्वद्दर्शनस्य च माहात्म्यात्स्वर्गलोकोऽत्र ब्रह्मलोक इति वदन्ति । 'देवलोकम्' इति पाठेऽपि स एवार्थः ॥ २७ ॥ तदाश्रमस्थानं शबरीवासरूपं मतङ्गाश्रमस्थानम् । गुह्यमाश्रमेषु गुह्यम् ॥ २८ ॥ नागा गजाः । तत्र तदाश्रमे । तस्मिन्मतङ्गाश्रमे इत्यर्थः । यद्यपि तत्र विविधा नागाः सन्ति, तथापि मतङ्गस्य विधानात्प्रभावात्तदेकदेशमतङ्गाश्रमे न संचार इत्यर्थः ॥ २९ ॥ ततस्तच्च वनं मतङ्गवनमित्येव विश्रुतम् । देवारण्यं नन्दनादि तत्सदृशम् ॥ ३० ॥ पम्पायाः । पम्पातीरवर्तिमतङ्गाश्रमादित्यर्थः ॥ ३१ ॥ सुदुःखारोहणोऽत्युच्चत्वात् । हेत्वन्तरमप्याह—शिशुभिर्नागैः सर्पैरभिरक्षितः । उदारो दाता । ब्रह्मणा पूर्वकाले सृष्टिकाले निर्मितो विद्योदार्यतपःप्राधान्येन निर्मितः ॥ ३२ ॥ औदार्यमेव दर्शयति—शयान इति ॥ ३३ ॥ अन्यमप्यतिशयमाह—य इति । तत्रैव पर्वतमूर्ध्न्येव ॥ ३४ ॥ शिशुनागानां बालगजानाम् ॥ ३५ ॥ रुधिरधाराभिरीषद्रक्तमदधाराभिः सक्ताः संबद्धाः संहत्य संभूय संचरन्ति पृथक्कीर्णाश्चरन्ति ॥ ३६ ॥ ३७ ॥ नीलमणिवत्कोमलकान्तीन् ॥ ३८ ॥ अपेतान्मनुष्यं दृष्ट्वा पलायितान् । अजयान्प्राणिजयहीनान् । अनेनाक्रूरता । अथासाधारणं चिह्नमाह—रामेति ॥ ३९ ॥ शिलापिधानेति गुहानामेति तीर्थः । विशेषणमित्यन्ये ॥ ४० ॥ तस्यां गुहायाम् ॥ ४१ ॥ कदाचित्पर्वतस्य शिखरेऽपि तिष्ठति । अपिधानश्च ॥ ४२ ॥ ४३ ॥ प्रस्थितावावां सुग्रीवसमीपं प्रस्थितौ । त्वं व्रजस्व । पुण्यलोकमिति शेषः । अन्तिके समीपे वर्तमानं देवभूतं तावूचतुः । स ताभ्यां कृतानुमतिकः कबन्धः ॥ ४४ ॥ ४५ ॥ उक्तार्थोपसंहारः—स तदिति । निदर्शयन् । मार्गादिकमिति शेषः । किंचिद्दूरं गत्वा पुना राममवेक्ष्य सख्यं कुरुष्वेत्युवाच ॥ ४६ ॥ इति श्रीरामाभिरामे श्रीरामीये रामायणतिलके वाल्मीकीय आदिकाव्येऽरण्यकाण्डे त्रिसप्ततितमः सर्गः ॥ ७३ ॥

चतुःसप्ततितमः सर्गः ।

तौ कबन्धेन तं मार्गं पम्पाया दर्शितं वने । आतस्थतुर्दिशं गृह्य प्रतीचीं नृवरात्मजौ ॥ १
तौ [illegible]चितानेकान्क्षौद्रपुष्पफलद्रुमान् । वीक्षन्तौ जग्मतुर्द्रष्टुं सुग्रीवं रामलक्ष्मणौ ॥ २
कृत्वा तु शैलपृष्ठे तु तौ वासं रघुनन्दनौ । पम्पायाः पश्चिमं तीरं राघवावुपतस्थतुः ॥ ३
तौ पुष्करिण्याः पम्पायास्तीरमासाद्य पश्चिमम् । अपश्यतां ततस्तत्र शबर्या रम्यमाश्रमम् ॥ ४
तौ तमाश्रममासाद्य द्रुमैर्बहुभिरावृतम् । सुरम्यमभिवीक्षन्तौ शबरीमभ्युपेयतुः ॥ ५
तौ दृष्ट्वा तु तदा सिद्धा समुत्थाय कृताञ्जलिः । पादौ जग्राह रामस्य लक्ष्मणस्य च धीमतः ॥ ६
पाद्यमाचमनीयं च सर्वं प्रादाद्यथाविधि । तामुवाच ततो रामः श्रमणीं धर्मसंस्थिताम् ॥ ७
कच्चित्ते निर्जिता विघ्नाः कच्चित्ते वर्धते तपः । कच्चित्ते नियतः कोप आहारश्च तपोधने ॥ ८
कच्चित्ते नियमाः प्राप्ताः कच्चित्ते मनसः सुखम् । कच्चित्ते गुरुशुश्रूषा सफला चारुभाषिणि ॥ ९
रामेण तापसी पृष्टा सा सिद्धा सिद्धसंमता । शशंस शबरी वृद्धा रामाय प्रत्यवस्थिता ॥ १०
अद्य प्राप्ता तपःसिद्धिस्तव संदर्शनान्मया । अद्य मे सफलं जन्म गुरवश्च सुपूजिताः ॥ ११
अद्य मे सफलं तप्तं स्वर्गश्चैव भविष्यति । त्वयि देववरे राम पूजिते पुरुषर्षभ ॥ १२
तवाहं चक्षुषा सौम्य पूता सौम्येन मानद । गमिष्याम्यक्षयांल्लोकांस्त्वत्प्रसादादरिंदम ॥ १३
चित्रकूटं त्वयि प्राप्ते विमानैरतुलप्रभैः । इतस्ते दिवमारूढा यानहं पर्यचारिषम् ॥ १४
तैश्चाहमुक्ता धर्मज्ञैर्महाभागैर्महर्षिभिः । आगमिष्यति ते रामः सुपुण्यमिममाश्रमम् ॥ १५
स ते प्रतिग्रहीतव्यः सौमित्रिसहितोऽतिथिः । तं च दृष्ट्वा वरांल्लोकानक्षयांस्त्वं गमिष्यसि ॥ १६
एवमुक्ता महाभागैस्तदाहं पुरुषर्षभ । मया तु संचितं वन्यं विविधं पुरुषर्षभ ॥ १७
तवार्थे पुरुषव्याघ्र पम्पायास्तीरसंभवम् । एवमुक्तः स धर्मात्मा शबर्या शबरीमिदम् ॥
राघवः प्राह विज्ञाने तां नित्यमबहिष्कृताम् । दनोः सकाशात्तत्त्वेन प्रभावं ते महात्मनाम् ॥ १९
श्रुतं प्रत्यक्षमिच्छामि संद्रष्टुं यदि मन्यसे । एतत्तु वचनं श्रुत्वा रामवक्त्रविनिःसृतम् ॥ २०
शबरी दर्शयामास तावुभौ तद्वनं महत् । पश्य मेघघनप्रख्यं मृगपक्षिसमाकुलम् ॥ २१
मतङ्गवनमित्येव विश्रुतं रघुनन्दन । इह ते भावितात्मानो गुरवो मे महाद्युतेः ।
जुहवांचक्रिरे नीडं मन्त्रवन्मन्त्रपूजितम् ॥ २२

यः कबन्धेन कथितस्तं मार्गं गृहीत्वा पम्पामुद्दिश्य प्रतीचीं दिशमातस्थतुः प्रतस्थतुः ॥ १ ॥ आचितानेकान्विद्यमानाननेकान् । माधुर्येण क्षौद्रं मधु तत्तुल्यपुष्पफलान् ॥ २ ॥ उपतस्थतुः प्रापतुः ॥ ३ ॥ ४ ॥ तं शबर्याश्रमम् ॥ ५ ॥ सिद्धा सिद्धयोगा ॥ ६ ॥ ७ ॥ विघ्नास्तपोविघ्नाः कामादयः । कोपो नियतो निगृहीतः । आहारश्च नियत इत्यनुकर्षः ॥ ८ ॥ ९ ॥ प्रत्यवस्थिता अभिमुखं स्थिता ॥ १० ॥ अद्य प्राप्ता तपःसिद्धिरित्यादिः शबर्या उपचारवत्परमार्थदशावादः ॥ ११ ॥ स्वर्गो ब्रह्मलोकः । देववरे सर्वान्तरात्मनि ॥ १२ ॥ अक्षयांल्लोकानपुनरावृत्तिकान्ब्रह्मलोकान् ॥ १३ ॥ चित्रकूटमिति । तदासक्तिवैभवमात्रादित्यर्थः । इतोऽस्मदाश्रमात् ॥ १४ ॥ आगमिष्यति । अनुग्रहायेति शेषः ॥ १५ ॥ ते त्वया तं दृष्ट्वास्मत्सेवाफलभूतं तद्दर्शनं प्राप्य । अक्षयांल्लोकान्ब्रह्मलोकम् । अवयवाभिप्रायेण गुणाभिप्रायेण वा बहुवचनम् ॥ १६ ॥ एवमुक्ताहं यतः, अतो मया त्वदर्थं वन्यं सम्यक्परीक्ष्य माधुर्ययुतं संचितमित्यर्थः । तदुक्तं पाद्मे शबरीं प्रस्तुत्य—'प्रत्युद्गम्य प्रणम्याथ निवेश्य कुशविष्टरे । पादप्रक्षालनं कृत्वा तत्तोयं पापनाशनम् ॥ शिरसा धार्य पीत्वा च वन्यैः पुष्पैरथार्चयत् । फलानि च सुपक्वानि मूलानि मधुराणि च ॥ स्वयमास्वाद्य माधुर्यं परीक्ष्य परिभक्ष्य च । पश्चान्निवेदयामास राघवाभ्यां दृढव्रता ॥ फलान्यास्वाद्य काकुत्स्थस्तस्यै मुक्तिं परां ददौ ॥' इति ॥ १७ ॥ १८ ॥ विज्ञाने आगतानागतज्ञाने । अबहिष्कृताम् । तादृशज्ञानवतीमित्यर्थ इति तीर्थः । विज्ञाने ब्रह्मविद्यायां मैत्रेय्यादिवदबहिष्कृताम् । तत्राप्यधिकारिणीमित्यर्थ इति कतकः । विशिष्टं ज्ञानं येषां तेषां संबन्धो यस्यास्तत्संबोधनं हे विज्ञाने, इति संबोध्य । तां नित्यमबहिष्कृताम् । भोजनादिव्यवहारादिति शेषः । तद्दत्तमाहाराद्यङ्गीकृत्येति च शेष इत्यन्ये । किमाह तदाह—दनोरिति । ते महात्मनां त्वदाचार्याणाम् । दनोः सकाशाच्छ्रुतं प्रत्यक्षं कर्तुमिच्छामीति शेषः । संद्रष्टुं यदि मन्यसे । संदर्शयितुं योग्यं यदि मन्यस इत्यर्थः ॥ १९ ॥ २० ॥ मेघो वर्षुको यो घनस्तद्वन्नीलम् । 'मिह सेचने' बाहुलकाद्धत्वम् ॥ २१ ॥ मतङ्गवनं तत्तपोमहिम्ना विश्रुतं प्रसिद्धम् । ते प्रसिद्धाः । मन्त्रपूजितं मन्त्रस्य गायत्र्या जपेन पूजितमतिशुद्धम् । नीडं देहपञ्जरम् । 'तीर्थम्' इति पाठेऽपि स एवार्थः । मन्त्रवत्तद्धोममन्त्रवत् । जुहवांचक्रिरे हुतवन्तः ।

इयं प्रत्यक्स्थली वेदी यत्र ते मे सुसत्कृताः । पुष्पोपहारं कुर्वन्ति श्रमादुद्वेपिभिः करैः ॥ २३
तेषां तपःप्रभावेण पश्याद्यापि रघूत्तम । द्योतयन्ती दिशः सर्वाः श्रिया वेद्यतुलप्रभा ॥ २४
अशक्नुवद्भिस्तैर्गन्तुमुपवासश्रमालसैः । चिन्तितेनागतान्पश्य समेतान्सप्त सागरान् ॥ २५
कृताभिषेकैस्तैर्न्यस्ता वल्कलाः पादपेष्विह । अद्यापि न विशुष्यन्ति प्रदेशे रघुनन्दन ॥ २६
देवकार्याणि कुर्वद्भिर्यानीमानि कृतानि वै । पुष्पैः कुवलयैः सार्धं म्लानत्वं न तु यान्ति वै ॥ २७
कृत्स्नं वनमिदं दृष्टं श्रोतव्यं च श्रुतं त्वया । तदिच्छाम्यभ्यनुज्ञाता त्यक्ष्याम्येतत्कलेवरम् ॥ २८
तेषामिच्छाम्यहं गन्तुं समीपं भावितात्मनाम् । मुनीनामाश्रमो येषामहं च परिचारिणी ॥ २९
धर्मिष्ठं तु वचः श्रुत्वा राघवः सहलक्ष्मणः । प्रहर्षमतुलं लेभे आश्चर्यमिति चाब्रवीत् ॥ ३०
तामुवाच ततो रामः शबरीं संशितव्रताम् । अर्चितोऽहं त्वया भद्रे गच्छ कामं यथासुखम् ॥ ३१
इत्येवमुक्ता जटिला चीरकृष्णाजिनाम्बरा । अनुज्ञाता तु रामेण हुत्वात्मानं हुताशने ॥ ३२
ज्वलत्पावकसंकाशा स्वर्गमेव जगाम ह । दिव्याभरणसंयुक्ता दिव्यमाल्यानुलेपना ॥ ३३
दिव्याम्बरधरा तत्र बभूव प्रियदर्शना । विराजयन्ती तं देशं विद्युत्सौदामनी यथा ॥ ३४
यत्र ते सुकृतात्मानो विहरन्ति महर्षयः । तत्पुण्यं शबरी स्थानं जगामात्मसमाधिना ॥ ३५

इत्यार्षे श्रीमद्रामायणे वाल्मीकीय आदिकाव्येऽरण्यकाण्डे चतुःसप्ततितमः सर्गः ॥ ७४ ॥

पञ्चसप्ततितमः सर्गः ।

दिवं तु तस्यां यातायां शबर्यां स्वेन तेजसा । लक्ष्मणेन सह भ्रात्रा चिन्तयामास राघवः ॥ १
चिन्तयित्वा तु धर्मात्मा प्रभावं तं महात्मनाम् । हितकारिणमेकाग्रं लक्ष्मणं राघवोऽब्रवीत् ॥ २
दृष्टो मयाश्रमः सौम्य बह्वाश्चर्यः कृतात्मनाम् । विश्वस्तमृगशार्दूलो नानाविहगसेवितः ॥ ३
सप्तानां च समुद्राणां तेषां तीर्थेषु लक्ष्मण । उपस्पृष्टं च विधिवत्पितरश्चापि तर्पिताः ॥ ४
प्रनष्टमशुभं यन्नः कल्याणं समुपस्थितम् । तेन त्वेतत्प्रहृष्टं मे मनो लक्ष्मण संप्रति ॥ ५
हृदये मे नरव्याघ्र शुभमाविर्भविष्यति । तदागच्छ गमिष्यावः पम्पां तां प्रियदर्शनाम् ॥ ६
ऋष्यमूको गिरिर्यत्र नातिदूरे प्रकाशते । यस्मिन्वसति धर्मात्मा सुग्रीवोंऽशुमतः सुतः ॥ ७
नित्यं वालिभयात्त्रस्तश्चतुर्भिः सह वानरैः । अहं त्वरे च तं द्रष्टुं सुग्रीवं वानरर्षभम् ॥ ८
तदधीनं हि मे कार्यं सीतायाः परिमार्गणम् । इति ब्रुवाणं तं वीरं सौमित्रिरिदमब्रवीत् ॥ ९
गच्छावस्त्वरितं तत्र ममापि त्वरते मनः । आश्रमात्तु ततस्तस्मान्निष्क्रम्य स विशांपतिः ॥ १०

यद्वा तीर्थमध्वरं जुहवांचक्रिरे । कृतवन्त इत्यर्थः ॥ २२ ॥ प्रत्यक्स्थली तन्नाम्नी वेदी । यत्र यस्यां सुसत्कृतात्यन्तं पूज्या मे मत्संबन्धिनस्ते गुरवः श्रमादुद्वेपिभिः कम्पवद्भिर्वृद्धतरत्वात्करैः पुष्पोपहारं देवताभ्यः कुर्वन्ति ॥ २३ ॥ तेषां मदाचार्याणां प्रभावेणेयं वेदिस्तत्पूजाकाल इवाद्यापि सर्वा दिशो द्योतयन्त्यतुलप्रभा दृश्यते पश्य ॥ २४ ॥ आश्चर्यान्तरं दर्शयति—अशक्नुवद्भिरिति । सागरादितीर्थं गन्तुमशक्नुवद्भिरित्यर्थः । तत्र हेतुः—उपवासश्रमालसैः कृच्छ्रादिशास्त्रीयोपवासैर्जनितेन श्रमेणालसैः । ईदृशैस्तैश्चिन्तितेन तेषां ध्यानेन तदभिषेकतीर्थे आगतान्सप्तसागरान्समेतान्पश्य ॥ २५ ॥ आश्चर्यान्तरमाह—कृताभिषेकैरिति । न विशुष्यन्ति । तीर्थवैभवात्तत्तपोवैभवाच्चेति भावः ॥ २६ ॥ आश्चर्यान्तरमाह—देवेति । कृतानि दत्तान्यतिमृदुकुवलयसहितानि पुष्पाणि माद्यापि म्लानत्वं यान्ति । तत्तपःप्रभावादिति शेषः ॥ २७ ॥ उपसंहरति—कृत्स्नमिति । दृष्टं त्वया मया दर्शितम् । श्रुतं त्वया मया श्रावितम् । अभ्यनुज्ञाता । त्वयेति शेषः । तत्तस्मादेतत्कलेवरं त्यक्ष्यामीतीच्छामि ॥ २८ ॥ येषां मुनीनामयमाश्रमो येषां चाहं परिचारिणी तेषां भावितात्मनां सदानुसंहितपरमात्मनां मुनीनां समीपं गन्तुमहमिच्छामीति चाब्रवीत् ॥ २९ ॥ श्रुतार्थमुद्दिश्येति शेषः ॥ ३० ॥ संशितव्रतां तीक्ष्णव्रताम् ॥ ३१ ॥ आत्मानं हुताशने हुत्वा । स्वाचार्योपदिष्टमार्गेणेत्यर्थः ॥ ३२ ॥ स्वर्गं ब्रह्मलोकमेव ॥ ३३ ॥ ३४ ॥ यत्र ब्रह्मलोके । तत्पुण्यस्थानम् । शबर्यात्मसमाधिना जगाम । ब्रह्मसमाधिनेत्यर्थः ॥ ३५ ॥

इति श्रीरामाभिरामे श्रीरामीये रामायणतिलके वाल्मीकीय आदिकाव्येऽरण्यकाण्डे चतुःसप्ततितमः सर्गः ॥ ७४ ॥

दिवं त्विति ॥ १ ॥ महात्मनां प्रभावं शबर्युक्तम् ॥ २ ॥ ३ ॥ तेषां मुनीनाम् । सप्तानां समुद्राणां तीर्थेषु लोकोपकाराय तैः स्थापितेषु । उपस्पृष्टं स्नातम् ॥ ४ ॥ तेन कल्याणोपस्थानेन ॥ ५ ॥ शुभं मित्रलाभादि ॥ ६ ॥ अंशुमतः सूर्यस्य ॥ ७ ॥ त्वरे त्वरामि ॥ ८ ॥ ९ ॥ ममापि त्वरते ।

आजगाम ततः पम्पां लक्ष्मणेन सह प्रभुः । समीक्षमाणः पुष्पाढ्यं सर्वतो विपुलद्रुमम् ॥ ११
कोयष्टिभिश्चार्जुनकैः शतपत्रैश्च कीचकैः । एतैश्चान्यैश्च बहुभिर्नादितं तद्वनं महत् ॥ १२
स रामो विविधान्वृक्षान्सरांसि विविधानि च । पश्यन्कामाभिसंतप्तो जगाम परमं ह्रदम् ॥ १३
स तामासाद्य वै रामो दूरात्पानीयवाहिनीम् । मतङ्गसरसं नाम ह्रदं समवगाहत ॥ १४
तत्र जग्मतुरव्यग्रौ राघवौ हि समाहितौ । स तु शोकसमाविष्टो रामो दशरथात्मजः ॥ १५
विवेश नलिनीं रम्यां पङ्कजैश्च समावृताम् । तिलकाशोकपुंनागबकुलोद्दालकाशिनीम् ॥ १६
रम्योपवनसंबाधां रम्यसंपीडितोदकाम् । स्फटिकोपमतोयां तां श्लक्ष्णवालुकसंततताम् ॥ १७
मत्स्यकच्छपसंबाधां तीरस्थद्रुमशोभिताम् । सखीभिरेव संयुक्तां लताभिरनुवेष्टिताम् ॥ १८
किंनरोरगगन्धर्वयक्षराक्षससेविताम् । नानाद्रुमलताकीर्णां शीतवारिनिधिं शुभाम् ॥ १९
पद्मसौगन्धिकैस्ताम्रां शुक्लां कुमुदमण्डलैः । नीलां कुवलयोद्घाटैर्बहुवर्णां कुथामिव ॥ २०
अरविन्दोत्पलवतीं पद्मसौगन्धिकायुताम् । पुष्पिताम्रवणोपेतां बर्हिणोद्घुष्टनादिताम् ॥ २१
स तां दृष्ट्वा ततः पम्पां रामः सौमित्रिणा सह । विललाप च तेजस्वी रामो दशरथात्मजः ॥ २२
तिलकैर्बीजपूरैश्च वटैः शुक्लद्रुमैस्तथा । पुष्पितैः करवीरैश्च पुंनागैश्च सुपुष्पितैः ॥ २३
मालतीकुन्दगुल्मैश्च भण्डीरैर्निचुलैस्तथा । अशोकैः सप्तपर्णैश्च केतकैरतिमुक्तकैः ॥ २४
अन्यैश्च विविधैर्वृक्षैः प्रमदेवोपशोभिताम् । अस्यास्तीरे तु पूर्वोक्तः पर्वतो धातुमण्डितः ॥ २५
ऋष्यमूक इति ख्यातश्चित्रपुष्पितपादपः । हरिर्ऋक्षरजोनाम्नः पुत्रस्तस्य महात्मनः ॥ २६
अध्यास्ते तु महावीर्यः सुग्रीव इति विश्रुतः । सुग्रीवमभिगच्छ त्वं वानरेन्द्रं नरर्षभ ॥ २७
इत्युवाच पुनर्वाक्यं लक्ष्मणं सत्यविक्रमः । कथं मया विना सीता शक्यं लक्ष्मण जीवितुम् ॥ २८

इत्येवमुक्त्वा मदनाभिपीडितः स लक्ष्मणं वाक्यमनन्यचेतनः ।
विवेश पम्पां नलिनीमनोरमां तमुत्तमं शोकमुदीरयाणः ॥ २९
क्रमेण गत्वा प्रविलोकयद्वनं ददर्श पम्पां शुभदर्शकाननाम् ।
अनेकनानाविधपक्षिसंकुलां विवेश रामः सह लक्ष्मणेन ॥ ३०

इत्यार्षे श्रीमद्रामायणे वाल्मीकीय आदिकाव्येऽरण्यकाण्डे पञ्चसप्ततितमः सर्गः ॥ ७५ ॥

पम्पादर्शने ॥ १० ॥ ११ ॥ १२ ॥ १३ ॥ पानीयवाहिनीं पानार्हातिमधुरसुशीतनिर्मलजलवाहिनीम् । अनेन पम्पानदीति लभ्यते । वाहिनीमित्यस्य धारिणीमित्यर्थो वा । मतङ्गसरसमित्यकारान्तः । तच्च पम्पायामेव प्रदेशभेदो गङ्गायां मणिकर्णिकेव ॥ १४ ॥ १५ ॥ १६ ॥ श्लक्ष्णा मृदुस्पर्शाः ॥ १७ ॥ १८ ॥ १९ ॥ कुवलयोद्घाटैः कुवलयसमूहैः । कुथा गजास्तरणचित्रकम्बलः ॥ २० ॥ अरविन्दपद्मयो रक्तश्वेतविषयत्वेन भेदः ॥ २१ ॥ विललाप । सीतावियोगादिति शेषः ॥ २२ ॥ शुक्लद्रुमो लोध्रः ॥ २३ ॥ भण्डीरो वटः । निचुलो वञ्जुलः । अतिमुक्तो माधवीलता ॥ २४ ॥ पूर्वोक्तः कबन्धोक्तः ॥ २५ ॥ तस्य प्रसिद्धतरस्य ऋक्षरजोनामकस्य पुत्रो हरिर्वानरः ॥ २६ ॥ २७ ॥ इत्युवाचान्तरान्तरा सीताशोकम् ॥ २८ ॥ उपसंहरति—इतीति । अनन्यचेतनो नास्त्यन्यत्र सीतायाश्चेतनं चित्तं यस्य सः । नलिनीभिर्मनोरमां पम्पां मतङ्गसरसः प्रदेशवर्तिनीं विवेश ॥ २९ ॥ शुभदर्शं शुभदर्शनं काननं यस्यां तां पम्पां ददर्श । सर्वत इति शेषः । विवेश च । मतङ्गसरसोवच्छेदेनेति बोध्यम् ॥ ३० ॥

विराधादिकबन्धांस्तान्हत्वा स्वपदमादिशत् ।
विचरन्दण्डकारण्ये भवारण्ये स मे गतिः ॥

इति श्रीरामाभिरामे श्रीरामीये रामायणतिलके वाल्मीकीय आदिकाव्येऽरण्यकाण्डे पञ्चसप्ततितमः सर्गः ॥ ७५ ॥

इति श्रीरामायणे वाल्मीकीयेऽरण्यकाण्डं समाप्तम् ।

॥ श्रीः ॥

आदिकविश्रीवाल्मीकिमुनिप्रणीतं

रामायणम् ।

तिलकाख्यया व्याख्यया समेतम् ।

किष्किन्धाकाण्डम् ।

प्रथमः सर्गः ।

स तां पुष्करिणीं गत्वा पद्मोत्पलझषाकुलाम् । रामः सौमित्रिसहितो विललापाकुलेन्द्रियः ॥ १
तत्र दृष्ट्वैव तां हर्षादिन्द्रियाणि चकम्पिरे । स कामवशमापन्नः सौमित्रिमिदमब्रवीत् ॥ २
सौमित्रे शोभते पम्पा वैदूर्यविमलोदका । फुल्लपद्मोत्पलवती शोभिता विविधैर्द्रुमैः ॥ ३
सौमित्रे पश्य पम्पायाः काननं शुभदर्शनम् । यत्र राजन्ति शैला वा द्रुमाः सशिखरा इव ॥ ४
मां तु शोकाभिसंतप्तमाधयः पीडयन्ति वै । भरतस्य च दुःखेन वैदेह्या हरणेन च ॥ ५
शोकार्तस्यापि मे पम्पा शोभते चित्रकानना । व्यवकीर्णा बहुविधैः पुष्पैः शीतोदका शिवा ॥ ६
नलिनैरपि संछन्ना ह्यत्यर्थशुभदर्शना । सर्पव्यालानुचरिता मृगद्विजसमाकुला ॥ ७
अधिकं प्रविभात्येतन्नीलपीतं तु शाद्वलम् । द्रुमाणां विविधैः पुष्पैः परिस्तोमैरिवार्पितम् ॥ ८
पुष्पभारसमृद्धानि शिखराणि समन्ततः । लताभिः पुष्पिताग्राभिरुपगूढानि सर्वतः ॥ ९
सुखानिलोऽयं सौमित्रे कालः प्रचुरमन्मथः । गन्धवान्सुरभिर्मासो जातपुष्पफलद्रुमः ॥ १०
पश्य रूपाणि सौमित्रे वनानां पुष्पशालिनाम् । सृजतां पुष्पवर्षाणि वर्षं तोयमुचामिव ॥ ११
प्रस्तरेषु च रम्येषु विविधाः काननद्रुमाः । वायुवेगप्रचलिताः पुष्पैरवकिरन्ति गाम् ॥ १२
पतितैः पतमानैश्च पादपस्थैश्च मारुतः । कुसुमैः पश्य सौमित्रे क्रीडतीव समन्ततः ॥ १३
विक्षिपन्विविधाः शाखा नगानां कुसुमोत्कटाः । मारुतश्चलितः स्थानैः षट्पदैरनुगीयते ॥ १४

सुग्रीवस्यावनं तुर्ये इन्द्रसूनोश्च मर्दनम् ।
मारुतेर्मुद्रिकादानं कृतं येन स मे गतिः ॥

स विराधादिवधेन प्रसिद्धपराक्रमः पम्पादर्शनोद्दीपितकामो वा तां सुग्रीवाधिष्ठितऋष्यमूकसमीपगां पुष्करिणीं पम्पानद्यन्तरगतं पम्पाख्यं मतङ्गाख्यं वा सरोविशेषम् । विललाप पर्यदेवयत् ॥ १ ॥ तां पम्पां दृष्ट्वा तज्जन्यहर्षात्तस्येन्द्रियाणि चकम्पिरे उद्रिक्तविकाराणीवाभूवन् । कामवशमापन्न इव ॥ २ ॥ वैदूर्यवत्तत्प्रभावाद्विमलोदका पम्पा तदाख्यसरोवरावच्छिन्ना पम्पानदी । तज्जलस्यौपाधिकश्यामलप्रतिभासाद्वैदूर्यप्रभासादृश्यम् । उपाधिमाह—फुल्लेति । द्रुमादिच्छायया तथाभानम् ॥ ३ ॥ पम्पायाः काननं तत्परिसरवर्तिकाननम् । यत्र कानने सशिखरा इवोन्नताग्रशाखाभिः सशृङ्गा इव द्रुमाः शैला वा शैला इव राजन्ति ॥ ४ ॥ शोकाभिसंतप्तं राज्यभ्रंशसीतावियोगादिना शोकतप्तम् । आधयः पीडयन्तीत्युक्तम् । तानाधीनाह—भरतस्येति । दुःखेन जटावल्कलादिदुःखस्मरणेन ॥ ५ ॥ एवं शोकार्तस्यापि शोभते । सुखावहा वर्तते इत्यर्थः ॥ ६ ॥ व्यालाः श्वापदाः ॥ ७ ॥ नीलानुबद्धं पीतं नीलपीतम् । शाद्वलं हरितप्रदेशः । परिस्तोमैः कुथैरर्पितं युक्तम् । 'परिस्तोमः कुथो द्वयोः' । 'द्रुमाणामुच्छ्रितैः' इति पाठे उच्छ्रितगन्धैः । यद्वा परिस्तोमैः परिस्तोमभूतै राशीभूतैरिव स्थितैः पुष्पैरर्पितं युक्तम् ॥ ८ ॥ शिखराणि द्रुमाग्राणि । उपगूढानि व्याप्तानि । सर्वतः सर्वावच्छेदेन ॥ ९ ॥ अयं कालो वसन्तः । प्रचुरमन्मथः कामोद्दीपकः । अतएव गन्धवान्कामोद्दीपनेन गर्ववान् । 'गन्धो गन्धक आमोदे लेशे संबन्धगर्वयोः' इति । सुरभिर्मासो मधुमासः । जातानि पुष्पफलानि यत्र तादृग्द्रुमः ॥ १० ॥ ११ ॥ प्रस्तरेषु समशिलातलेषु ॥ १२ ॥ १३ ॥ कुसुमोत्कटा बहुकुसुमाः । 'कुसुमोत्कचाः' इति पाठे कुसुमैरुद्भूतकचाः संजातकेशा इवेत्यर्थ इति

मत्तकोकिलसंनादैर्नर्तयन्निव पादपान् । शैलकंदरनिष्क्रान्तः प्रगीत इव चानिलः ॥ १५
तेन विक्षिपतात्यर्थं पवनेन समन्ततः । अमी संसक्तशाखाग्रा ग्रथिता इव पादपाः ॥ १६
स एव सुखसंस्पर्शो वाति चन्दनशीतलः । गन्धमभ्यवहन्पुण्यं श्रमापनयनोऽनिलः ॥ १७
अमी पवनविक्षिप्ता विनदन्तीव पादपाः । षट्पदैरनुकूजद्भिर्वनेषु मधुगन्धिषु ॥ १८
गिरिप्रस्थेषु रम्येषु पुष्पवद्भिर्मनोरमैः । संसक्तशिखराः शैला विराजन्ति महाद्रुमैः ॥ १९
पुष्पसंच्छन्नशिखरा मारुतोत्क्षेपचञ्चलाः । अमी मधुकरोत्तंसाः प्रगीता इव पादपाः ॥ २०
सुपुष्पितांस्तु पश्यैतान्कर्णिकारान्समन्ततः । हाटकप्रतिसंछन्नान्नरान्पीताम्बरानिव ॥ २१
अयं वसन्तः सौमित्रे नानाविहगनादितः । सीतया विप्रहीणस्य शोकसंदीपनो मम ॥ २२
मां हि शोकसमाक्रान्तं संतापयति मन्मथः । हृष्टं प्रवदमानश्च समाह्वयति कोकिलः ॥ २३
एष दात्यूहको हृष्टो रम्ये मां वननिर्झरे । प्रणदन्मन्मथाविष्टं शोचयिष्यति लक्ष्मण ॥ २४
श्रुत्वैतस्य पुरा शब्दमाश्रमस्था मम प्रिया । मामाहूय प्रमुदिता परमं प्रत्यनन्दत ॥ २५
एवं विचित्राः पतगा नानारावविराविणः । वृक्षगुल्मलताः पश्य संपतन्ति समन्ततः ॥ २६
विमिश्रा विहगाः पुंभिरात्मव्यूहाभिनन्दिताः । भृङ्गराजप्रमुदिताः सौमित्रे मधुरस्वराः ॥ २७
अस्याः कूले प्रमुदिताः सङ्घशः शकुनास्त्विह । दात्यूहरतिविक्रन्दैः पुंस्कोकिलरुतैरपि ॥ २८
स्वनन्ति पादपाश्चेमे ममानङ्गप्रदीपकाः । अशोकस्तबकाङ्गारः षट्पदस्वननिःस्वनः ॥ २९
मां हि पल्लवताम्रार्चिर्वसन्ताग्निः प्रधक्ष्यति । नहि तां सूक्ष्मपक्ष्माक्षीं सुकेशीं मृदुभाषिणीम् ॥ ३०
अपश्यतो मे सौमित्रे जीवितेऽस्ति प्रयोजनम् । अयं हि रुचिरस्तस्याः कालो रुचिरकाननः ॥ ३१
कोकिलाकुलसीमान्तो दयिताया ममानघ । मन्मथायाससंभूतो वसन्तगुणवर्धितः ॥ ३२
अयं मां धक्ष्यति क्षिप्रं शोकाग्निर्नचिरादिव । अपश्यतस्तां वनितां पश्यतो रुचिरान्द्रुमान् ॥ ३३
ममायमात्मप्रभवो भूयस्त्वमुपयास्यति । अदृश्यमाना वैदेही शोकं वर्धयतीह मे ॥ ३४
दृश्यमानो वसन्तश्च स्वेदसंसर्गदूषकः । मां हि सा मृगशावाक्षी चिन्ताशोकबलात्कृतम् ॥ ३५
संतापयति सौमित्रे क्रूरश्चैत्रवनानिलः । अमी मयूराः शोभन्ते प्रनृत्यन्तस्ततस्ततः ॥ ३६

कतकः । तादृशीः शाखा विक्षिपंश्चालयन्मारुतश्चलितस्थानैस्तत्कुसुमस्थानतश्चलितैः । आहिताग्न्यादिरयम् । षट्पदैरनुगीयते । पुष्पं हरन्मारुतोऽनुसृत्य गीयत इत्यर्थः ॥ १४ ॥ मत्तेति । अत्र वायोर्गानकर्तृत्वेन नर्तकाचार्यसाधर्म्यमुच्यते । मत्तकोकिलकृतैः संनादैर्मृदङ्गादिध्वनिभिर्नर्तयन्निव नृत्यं शिक्षयन्निव । शैलकंदरनिष्क्रान्तस्तन्निष्क्रमकाले ध्वनियुतत्वात्प्रगीतवानिव ॥ १५ ॥ तेन मन्दत्वादिगुणवता विक्षिपता वृक्षांश्चालयता ग्रथिताः कृतग्रथना इव ॥ १६ ॥ गन्धमभ्यवहन्वातीति संबन्धः ॥ १७ ॥ अनुकूजद्भिः षट्पदैर्विनदन्तीव ॥ १८ ॥ संसक्तशिखराः संपन्नशेखरा इवेत्यर्थ इति कतकः । गिरिप्रस्थेषूत्पन्नैर्द्रुमैः शैलाः संबद्धाग्रभागा इत्यर्थ इति तीर्थः ॥१९॥ पुष्पैः संच्छन्नाः शिखराः शाखाग्रभागा येषाम् । मारुतकृतोत्क्षेपणेन चालनेन चञ्चला मधुकररूप उत्तंसश्चूडा येषां ते । प्रगीता इव । प्रारब्धनृत्यगीता इवेत्यर्थः ॥ २० ॥ कर्णिकारः पीतपुष्प इत्यनेन ज्ञायते ॥ २१ ॥ २२ ॥ हृष्टं यथा तथा प्रवदमानः कोकिलो मां समाह्वयति । स्पर्धयेवेत्यर्थः ॥ २३ ॥ दात्यूहको जलकुक्कुटः । हृष्टः कामावेशेन । वननिर्झरे वनमध्यगे प्रस्रवणे ॥ २४ ॥ मामाहूय । प्रदर्शनार्थमिति शेषः । परममतिशयेन ॥ २५ ॥ पतगाः कर्तारो वृक्षादीन्कर्मभूतान्संपतन्ति पश्य ॥ २६ ॥ पुंभिर्विहगैर्विमिश्राः संबद्धाः । आत्मव्यूहेषु स्वस्वजातिसमूहेषु । अभिनन्दिताः प्राप्तानन्दाः भृङ्गराजप्रमुदिताः प्रमुदितभृङ्गराजा इव मधुरस्वनाः । अस्याः कूले सन्तीति शेषः । यद्वा भृङ्गराजसंबन्धेन प्रमुदिता मधुरस्वरा भृङ्ग्यश्चात्र सन्तीति शेषः ॥ २७ ॥ तथास्या इह कूले शकुनाश्च प्रमुदिताः सन्ति । दात्यूहानां रतिसंबन्धिनो विक्रन्दा दात्यूहरतिविक्रन्दास्तैः ॥ २८ ॥ अशोकस्तबकरूपा अङ्गारा यस्य । अग्नेः सशब्दत्वादाह—षट्पदस्वन इव निःस्वनो यस्य । पल्लवरूपा अर्चिषो यस्य ॥ २९ ॥ ३० ॥ अयं हीति । अयं कालो वसन्तकालस्तस्या मम दयिताया रुचिर इष्टः ॥ ३१ ॥ कोकिलैराकुलः सीम्नां वनसीम्नामन्तो मध्यप्रदेशो येन सः । मन्मथायासेन कामपीडया संभूतो जनितः । वसन्तगुणैर्मन्दानिलपुष्पितकाननत्वादिरूपैर्वर्धितः प्रज्वलितः ॥ ३२ ॥ नचिरादिवेदानीमेव । 'अचिरादिव' इति पाठान्तरम् ॥ ३३ ॥ आत्मप्रभवः कामः । भूयस्त्वं वैपुल्यम् ॥ ३४ ॥ स्वेदसंसर्गः कामविकारजस्तेन दूषयति मलिनीकरोति तादृशः । यद्वा तं दूषयति नाशयति मलयानिलसंबन्धात्तादृशः । चिन्ताशोकाभ्यां बलात्कृतं बलात्कृतपीडम् ॥ ३५ ॥ चैत्रसंबन्धी वनानिलः ॥ ३६ ॥

स्वैः पक्षैः पवनोद्धूतैर्गवाक्षैः स्फाटिकैरिव । शिखिनीभिः परिवृतास्त एते मदमूर्च्छिताः ॥ ३७
मन्मथाभिपरीतस्य मम मन्मथवर्धनाः । पश्य लक्ष्मण नृत्यन्तं मयूरमुपनृत्यति ॥ ३८
शिखिनी मन्मथार्तैषा भर्तारं गिरिसानुनि । तामेव मनसा रामां मयूरोऽप्यनुधावति ॥ ३९
वितत्य रुचिरौ पक्षौ रुतैरुपहसन्निव । मयूरस्य वने नूनं रक्षसा न हृता प्रिया ॥ ४०
तस्मान्नृत्यति रम्येषु वनेषु सह कान्तया । मम त्वयं विना वासः पुष्पमासे सुदुःसहः ॥ ४१
पश्य लक्ष्मण संरागस्तिर्यग्योनिगतेष्वपि । अधुना शिखिनी कामाद्भर्तारमभिवर्तते ॥ ४२
ममाप्येवं विशालाक्षी जानकी जातसंभ्रमा । मदनेनाभिवर्तेत यदि नापहृता भवेत् ॥ ४३
पश्य लक्ष्मण पुष्पाणि निष्फलानि भवन्ति मे । पुष्पभारसमृद्धानां वनानां शिशिरात्यये ॥ ४४
रुचिराण्यपि पुष्पाणि पादपानामतिश्रिया । निष्फलानि महीं यान्ति समं मधुकरोत्करैः ॥ ४५
नदन्ति कामं शकुना मुदिताः सङ्घशः कलम् । आह्वयन्त इवान्योन्यं कामोन्मादकरा मम ॥ ४६
वसन्तो यदि तत्रापि यत्र मे वसति प्रिया । नूनं परवशा सीता सापि शोचत्यहं यथा ॥ ४७
नूनं न तु वसन्तस्तं देशं स्पृशति यत्र सा । कथं ह्यसितपद्माक्षी वर्तयेत्सा मया विना ॥ ४८
अथवा वर्तते तत्र वसन्तो यत्र मे प्रिया । किं करिष्यति सुश्रोणी सा तु निर्भर्त्सिता परैः ॥ ४९
श्यामा पद्मपलाशाक्षी मृदुभाषा च मे प्रिया । नूनं वसन्तमासाद्य परित्यक्ष्यति जीवितम् ॥ ५०
दृढं हि हृदये बुद्धिर्मम संपरिवर्तते । नालं वर्तयितुं सीता साध्वी मद्विरहं गता ॥ ५१
मयि भावो हि वैदेह्यास्तत्त्वतो विनिवेशितः । ममापि भावः सीतायां सर्वथा विनिवेशितः ॥ ५२
एष पुष्पवहो वायुः सुखस्पर्शो हिमावहः । तां विचिन्तयतः कान्तां पावकप्रतिमो मम ॥ ५३
सदा सुखमहं मन्ये यं पुरा सह सीतया । मारुतः स विना सीतां शोकसंजननो मम ॥ ५४
तां विनाथ विहङ्गोऽसौ पक्षी प्रणदितस्तदा । वायसः पादपगतः प्रहृष्टमभिकूजति ॥ ५५
एष वै तत्र वैदेह्या विहगः प्रतिहारकः । पक्षी मां तु विशालाक्ष्याः समीपमुपनेष्यति ॥ ५६

शिखिनीभिर्मयूरीभिः । मदमूर्च्छिता मत्ताः ॥ ३७ ॥ अभिपरीतस्य व्याप्तस्य ॥ ३८ ॥ अनुधावति नृत्यप्रसङ्गेनाग्रे गताम् ॥ ३९ ॥ रुतैरुपहसन्निव । मामिति शेषः ॥ ४० ॥ यतो न हृता तस्मान्नृत्यतीत्यर्थः । विना सीतां विनायं मम पुष्पमासे चैत्रे वासः सुदुःसहः । अतिपीडाजनकत्वात् ॥ ४१ ॥ नन्वेतावान्रागस्त्वयानुचितस्तत्राह—पश्येति । संरागोऽतिशयितो रागः ॥ ४२ ॥ ४३ ॥ वन्यानि पुष्पाणि मे सीतावियोगाद्भोगसाधनत्वाभावान्निष्फलानि भवन्ति ॥ ४४ ॥ उक्तस्यैव विवरणं पुष्पाणीत्यादि—अतिश्रिया रुचिराणीत्यन्वयः । मधुकरोत्करैर्मधुकरसमूहैः ॥ ४५ ॥ आह्वयन्त इव नदन्तीत्यन्वयः ॥ ४६ ॥ यदि सीतावासदेशेऽपि वसन्तोऽस्ति तदा मद्वदेव सापि शोचति । सामग्र्याः समत्वात् ॥ ४७ ॥ यद्यपि तत्र वसन्तो न भवेत्कदाचित्, तथापि मया विना सा कथं वर्तयेज्जीवेत् । मद्विरह एव तन्नाशे पर्याप्त इति भावः ॥ ४८ ॥ अथवा वर्तते तत्र वसन्तस्तथापि परैः शत्रुभिः पीडिता यतः सा, अतस्तस्या वसन्तः किं करिष्यति । परकृतपीडासत्त्वे कामपीडानवकाशादिति भाव इति प्राञ्चः । परे तु तत्र वसन्तो नास्त्येव । तत्सत्त्वे मया विना सा कथं तत्र तिष्ठेत् । आगतोव स्यादित्यर्थः । तदेव सूचयन्नाह—अथवेति । परनिर्भर्त्सनवशान्नायातीत्याशय इत्याहुः ॥ ४९ ॥ सर्वथा तस्याः कामपीडया नाश एव प्राप्त इत्याह—श्यामेति ॥ ५० ॥ तदेव विवृणोति—दृढमिति । साध्वी सीता मद्विरहं गता संप्राप्ता, वसन्तसत्त्वेऽसत्त्वे वा सर्वथा वर्तयितुं जीवितुं नालं न समर्था ॥ ५१ ॥ एवं निश्चयकारणं परस्परानुरागसाम्यं दर्शयति—मयि भाव इति ॥ ५२ ॥ हिमवहोऽपि पावकप्रतिमोऽत्युष्ण इति विरोधाभासः ॥ ५३ ॥ यं वायुम् । सीतया सह स्थितिकाले सदा सुखं मन्ये इत्यन्वयः ॥ ५४ ॥ तदा सीतासंयोगकालेऽसौ वायसः पक्षी विहंग आकाशगः सन्प्रणदितस्तेन च तद्वियोगं सूचितवानित्याशयः । अथ तां विना तद्वियोगावस्थायां पादपगतः प्रहृष्टमभिकूजति तेन तत्संयोगं सूचयतीत्याशयः । तदेव विवृणोति—विहगः सन्प्रतिहारकः । अपहारक इत्यर्थः । तु इदानीं तु स पक्षी तस्याः समीपं मां नेष्यतीत्यर्थः । कतकस्तु—'पक्षी प्रणदितस्तथा' इति, 'विहगः प्रीतिकारकः' इति च प्राचीनः पाठः । असौ पक्षी तथातिसुखं यथा भवति तथा विहगः सन्नाकाशगः प्रणदितो नादं कृतवान् । अस्य पूर्वमिति शेषः । तत्संयोगकाले इत्यर्थः । अथेदानीं तां विना तद्वियोगकाले । अन्यथेति शेषः । दुःखनाद इत्यर्थः । अथ कंचिच्छकुनमाह—पादपगतो वायसः प्रहृष्टं यथा कूजति । एष विहग एवंनादविशिष्टो विहगो वायसो यत्र सीता तिष्ठति तत्र तस्याः प्रीतिकारकोऽतिपीडाभावसूचकः । मां तु मां च तस्याः समीपं तत्समीपगमनद्वारमुपनेष्यत्युपस्थापयिष्यतीत्यर्थ इत्याह ॥ ५५ ॥ ५६ ॥

पश्य लक्ष्मण संनादं वने मदविवर्धनम् । पुष्पिताग्रेषु वृक्षेषु द्विजानामवकूजताम् ॥ ५७
विक्षिप्तां पवनेनैतामसौ तिलकमञ्जरीम् । षट्पदः सहसाभ्येति मदोद्धूतामिव प्रियाम् ॥ ५८
कामिनामयमत्यन्तमशोकः शोकवर्धनः । स्तबकैः पवनोत्क्षिप्तैस्तर्जयन्निव मां स्थितः ॥ ५९
अमी लक्ष्मण दृश्यन्ते चूताः कुसुमशालिनः । विभ्रमोत्सिक्तमनसः साङ्गरागा नरा इव ॥ ६०
सौमित्रे पश्य पम्पायाश्चित्रासु वनराजिषु । किंनरा नरशार्दूल विचरन्ति यतस्ततः ॥ ६१
इमानि शुभगन्धीनि पश्य लक्ष्मण सर्वशः । नलिनानि प्रकाशन्ते जले तरुणसूर्यवत् ॥ ६२
एषा प्रसन्नसलिला पद्मनीलोत्पलायुता । हंसकारण्डवाकीर्णा पम्पा सौगन्धिकायुता ॥ ६३
जले तरुणसूर्याभैः षट्पदाहतकेसरैः । पङ्कजैः शोभते पम्पा समन्तादभिसंवृता ॥ ६४
चक्रवाकयुता नित्यं चित्रप्रस्थवनान्तरा । मातङ्गमृगयूथैश्च शोभते सलिलार्थिभिः ॥ ६५
पवनाहतवेगाभिरूर्मिभिर्विमलेऽम्भसि । पङ्कजानि विराजन्ते ताड्यमानानि लक्ष्मण ॥ ६६
पद्मपत्रविशालाक्षीं सततं प्रियपङ्कजाम् । अपश्यतो मे वैदेहीं जीवितं नाभिरोचते ॥ ६७
अहो कामस्य वामत्वं यो गतामपि दुर्लभाम् । स्मारयिष्यति कल्याणीं कल्याणतरवादिनीम् ॥ ६८
शक्यो धारयितुं कामो भवेदभ्यागतो मया । यदि भूयो वसन्तो मां न हन्यात्पुष्पितद्रुमः ॥ ६९
यानि स्म रमणीयानि तया सह भवन्ति मे । तान्येवारमणीयानि जायन्ते मे तया विना ॥ ७०
पद्मकोशपलाशानि द्रष्टुं दृष्टिर्हि मन्यते । सीताया नेत्रकोशाभ्यां सदृशानीति लक्ष्मण ॥ ७१
पद्मकेसरसंसृष्टो वृक्षान्तरविनिःसृतः । निःश्वास इव सीताया वाति वायुर्मनोहरः ॥ ७२
सौमित्रे पश्य पम्पाया दक्षिणे गिरिसानुषु । पुष्पितां कर्णिकारस्य यष्टिं परमशोभिताम् ॥ ७३
अधिकं शैलराजोऽयं धातुभिस्तु विभूषितः । विचित्रं सृजते रेणुं वायुवेगविघट्टितम ॥ ७४
गिरिप्रस्थास्तु सौमित्रे सर्वतः संप्रपुष्पितैः । निष्पत्रैः सर्वतो रम्यैः प्रदीप्ता इव किंशुकैः ॥ ७५
पम्पातीररुहाश्चेमे संसिक्ता मधुगन्धिनः । मालतीमल्लिकापद्मकरवीराश्च पुष्पिताः ॥ ७६
केतक्यः सिन्दुवाराश्च वासन्त्यश्च सुपुष्पिताः । मातुलिङ्गाश्च पूर्णाश्च कुन्दगुल्माश्च सर्वशः ॥ ७७
चिरिबिल्वा मधूकाश्च वञ्जुला बकुलास्तथा । चम्पकास्तिलकाश्चैव नागवृक्षाश्च पुष्पिताः ॥ ७८
पद्मकाश्चैव शोभन्ते नीलाशोकाश्च पुष्पिताः । लोध्राश्च गिरिपृष्ठेषु सिंहकेसरपिञ्जराः ॥ ७९
अङ्कोलाश्च कुरण्टाश्च चूर्णकाः पारिभद्रकाः । चूताः पाटलयश्चापि कोविदाराश्च पुष्पिताः ॥ ८०
मुचुकुन्दार्जुनाश्चैव दृश्यन्ते गिरिसानुषु । केतकोद्दालकाश्चैव शिरीषाः शिंशपा धवाः ॥ ८१
शाल्मल्यः किंशुकाश्चैव रक्ताः कुरवकास्तथा । तिनिशा नक्तमालाश्च चन्दनाः स्यन्दनास्तथा ॥ ८२
हिन्तालास्तिलकाश्चैव नागवृक्षाश्च पुष्पिताः । पुष्पितान्पुष्पिताग्राभिर्लताभिः परिवेष्टितान् ॥ ८३
द्रुमान्पश्येह सौमित्रे पम्पाया रुचिरान्बहून् । वातविक्षिप्तविटपान्यथासन्नान्द्रुमानिमान् ॥ ८४

पुनः कामपीडां नाटयति—पश्येति । शृण्वित्यर्थः । अवकूजतां शब्दं कुर्वताम् ॥ ५७ ॥ मदोद्धूतां मदेन स्खलन्तीम् ॥ ५८ ॥ ॥ ५९ ॥ विभ्रमोत्सिक्तमनसः शृङ्गारोद्रिक्तचित्ताः ॥ ६० ॥ विचरन्ति । किंनरीभिः सहेति शेषः । स्वनायिकासहितनाथ-कान्तरदर्शनमुद्दीपनम् ॥ ६१ ॥ नलिनान्यत्र रक्तकम-लानि ॥ ६२ ॥ नीलोत्पलैरासमन्ताद्युतः ॥ ६३ ॥ जले षट्पदाहतकेसरैर्जले भ्रमरपातितपुष्पधूलिभिरभिसंवृता व्याप्ता शोभते ॥ ६४ ॥ चित्रप्रस्थानि चित्रप्रदेशानि वनान्तराणि यस्याः सा ॥ ६५ ॥ पवनाहतवेगाभिः पवनाघातजनितवे-गाभिः । अम्भसि पङ्कजानि विराजन्त इत्यन्वयः ॥ ६६ ॥ अपश्यतो मे । आत्मने इति शेषः । यद्वा कर्तुः शेषत्वविव-क्षायां मे इति षष्ठी ॥ ६७ ॥ वामत्वं कौटिल्यं गतः । वियुक्तां दुर्लभामप्राप्यां स्मारयिष्यति स्मारयतीत्यर्थः । चित्तवैक-ल्यबोधनद्वाराम्यथाप्रयोगो विरहपरिपोषाय ॥ ६८ ॥ कामः कामकृततापः । भूयोऽधिकम् ॥ ६९ ॥ रमणीयानि भवन्ति स्म ॥ ७० ॥ पद्मकोशस्य पलाशानि दलानि कामोद्दीपकान्यपि तन्नेत्रकोशाभ्यां तन्नेत्रपुटाभ्यां सदृशानीति द्रष्टुं दृष्टिर्मन्यत इत्यर्थः ॥ ७१ ॥ पद्मकेसरेत्यादिना शैत्यसौरभ्ये । वृक्षान्त-रेत्यादिना मान्द्यम् ॥ ७२ ॥ ७३ ॥ ७४ ॥ किंशुकैः प्रदीप्ता इवेत्यन्वयः ॥ ७५ ॥ पम्पातीररुहास्तत्तीरवृक्षाः । संसिक्ता-स्तज्जलसेकेन वर्धिताः । मालती जातिः ॥ ७६ ॥ वासन्ती हेमपुष्पिका ॥ ७७ ॥ चिरिबिल्वो नक्तमालः ॥ ७८ ॥ पद्मका गन्धवृक्षविशेषाः सिंहकेसराः पिञ्जरा यैस्ते ॥ ७९ ॥ चूर्णकाः शाल्मलीविशेषाः । पारिभद्रको मन्दारः ॥ ८० ॥ मुचुकुन्दाः । 'मुचिलिन्दाः' इति पाठान्तरम् ॥ ८१ ॥ ८२ ॥ पुष्पिताः । सन्तीति शेषः । तान्पश्येत्याह—पुष्पितानिति । समासोक्त्य-लंकारः ॥ ८३ ॥ तानेवोपमामुखेनोपपादयति—वातेति

लताः समनुवर्तन्ते मत्ता इव वरस्त्रियः । पादपात्पादपं गच्छञ्शैलाच्छैलं वनाद्वनम् ॥ ८५
वाति नैकरसास्वादसंमोदित इवानिलः । केचित्पर्याप्तकुसुमाः पादपा मधुगन्धिनः ॥ ८६
केचिन्मुकुलसंवीताः श्यामवर्णा इवाबभुः । इदं मृष्टमिदं स्वादु प्रफुल्लमिदमित्यपि ॥ ८७
रागरक्तो मधुकरः कुसुमेष्वेव लीयते । निलीय पुनरुत्पत्य सहसान्यत्र गच्छति ।
मधुलुब्धो मधुकरः पम्पातीरद्रुमेष्वसौ ॥ ८८
इयं कुसुमसंघातैरुपस्तीर्णा सुखाकृता । स्वयं निपतितैर्भूमिः शयनप्रस्तरैरिव ॥ ८९
विविधा विविधैः पुष्पैस्तैरेव नगसानुषु । विस्तीर्णाः पीतरक्ताभाः सौमित्रे प्रस्तराः कृताः ॥ ९०
हिमान्ते पश्य सौमित्रे वृक्षाणां पुष्पसंभवम् । पुष्पमासे हि तरवः संघर्षादिव पुष्पिताः ॥ ९१
आह्वयन्त इवान्योन्यं नगाः षट्पदनादिनः । कुसुमोत्तंसविटपाः शोभन्ते बहु लक्ष्मण ॥ ९२
एष कारण्डवः पक्षी विगाह्य सलिलं शुभम् । रमते कान्तया सार्धं काममुद्दीपयन्निव ॥ ९३
मन्दाकिन्यास्तु यदिदं रूपमेतन्मनोहरम् । स्थाने जगति विख्याता गुणास्तस्या मनोरमाः ॥ ९४
यदि दृश्येत सा साध्वी यदि चेह वसेमहि । स्पृहयेयं न शक्राय नायोध्यायै रघूत्तम ॥ ९५
न ह्येवं रमणीयेषु शाद्वलेषु तया सह । रमतो मे भवेच्चिन्ता न स्पृहान्येषु वा भवेत् ॥ ९६
अमी हि विविधैः पुष्पैस्तरवो विविधच्छदाः । काननेऽस्मिन्विना कान्तां चिन्तामुत्पादयन्ति मे ॥ ९७
पश्य शीतजलां चेमां सौमित्रे पुष्करायुताम् । चक्रवाकानुचरितां कारण्डवनिषेविताम् ॥ ९८
प्लवैः क्रौञ्चैश्च संपूर्णां महामृगनिषेविताम् । अधिकं शोभते पम्पा विकूजद्भिर्विहंगमैः ॥ ९९
दीपयन्तीव मे कामं विविधा मुदिता द्विजाः । श्यामां चन्द्रमुखीं स्मृत्वा प्रियां पद्मनिभेक्षणाम् ।
पश्य सानुषु चित्रेषु मृगीभिः सहितान्मृगान् ॥ १००
मां पुनर्मृगशावाक्ष्या वैदेह्या विरहीकृतम् । व्यथयन्तीव मे चित्तं संचरन्तस्ततस्ततः ॥ १०१
अस्मिन्सानुनि रम्ये हि मत्तद्विजगणाकुले । पश्येयं यदि तां कान्तां ततः स्वस्ति भवेन्मम ॥ १०२
जीवेयं खलु सौमित्रे मया सह सुमध्यमा । सेवेत यदि वैदेही पम्पायाः पवनं शुभम् ॥ १०३
पद्मसौगन्धिकवहं शिवं शोकविनाशनम् । धन्या लक्ष्मण सेवन्ते पम्पाया वनमारुतम् ॥ १०४
श्यामा पद्मपलाशाक्षी प्रिया विरहिता मया । कथं धारयति प्राणान्विवशा जनकात्मजा ॥ १०५
किं नु वक्ष्यामि धर्मज्ञं राजानं सत्यवादिनम् । जनकं पृष्टसीतं तं कुशलं जनसंसदि ॥ १०६
या मामनुगता मन्दं पित्रा प्रस्थापितं वनम् । सीता धर्मं समास्थाय क नु सा वर्तते प्रिया ॥ १०७
तया विहीनः कृपणः कथं लक्ष्मण धारये । या मामनुगता राज्याद्भ्रष्टं विहतचेतसम् ॥ १०८
तच्चार्वञ्चितपद्माक्षं सुगन्धि शुभमव्रणम् । अपश्यतो मुखं तस्याः सीदतीव मतिर्मम ॥ १०९
स्मितहास्यान्तरयुतं गुणवन्मधुरं हितम् । वैदेह्या वाक्यमतुलं कदा श्रोष्यामि लक्ष्मण ॥ ११०

॥ ८४ ॥ ८५ ॥ नैकरसास्वादसंमोदित इवानेकरसास्वादेन जातहर्ष इव ॥ ८६ ॥ मधुलिप्सया पुष्पात्पुष्पान्तरं गच्छन् । उत्प्रेक्षते—इदं मृष्टमिति । मृष्टं मधुरम् ॥ ८७ ॥ ८८ ॥ स्वयं निपतितैः कुसुमसमूहैरुपस्तीर्णेयं भूमिः । शयनप्रस्तरैः शयनार्थतल्पप्रसरणैरिव सुखाकृता सुखकरी । 'सुखप्रियादानुलोम्ये' इति डाच् ॥ ८९ ॥ विविधैस्तैः पुष्पैर्नगसानुषु विस्तीर्णाः पीतरक्ताभाः, अतएव विविधाः प्रस्तराः शय्याः कृता इत्युत्प्रेक्षा ॥ ९० ॥ हिमान्ते शिशिरान्ते । पुष्पमासे चैत्रे । संघर्षः स्पर्धा ॥ ९१ ॥ नगा वृक्षाः । विटपाः शाखाः । कुसुमयुक्तशाखावन्त इत्यर्थः ॥ ९२ ॥ उद्दीपयन्निव । ममेति शेषः ॥ ९३ ॥ मन्दाकिन्यास्तत्सदृशपम्पायाः । अतिशयोक्तिरत्र । यत इदं मनोरममतो यज्जगति तस्या गुणा विख्याता एतत्स्थाने । युक्तमित्यर्थः ॥ ९४ ॥ वसेमहि । तया सहेति शेषः । शक्राय शक्रपदप्राप्तये ॥ ९५ ॥ उक्तमेवानुरागातिशयेन पुनराह—नहीति । अन्येषु सुखान्तरेषु ॥ ९६ ॥ ९७ ॥ इमां पम्पाम् । पुष्करैरासमन्तायुताम् ॥ ९८ ॥ ९९ ॥ स्मृत्वा स्मारयित्वा दीपयन्तीवेत्यन्वयः ॥ १०० ॥ विरहीकृतं विरहितं कृतम् । पश्येत्यनुकर्षः । संचरन्तः । मृगीभिः सहिता मृगा इति शेषः ॥ १०१ ॥ १०२ ॥ स्वस्ति भवेदित्यस्यैव विवरणम्—जीवेयमिति । यदि सा मया सहैवंभूतं पद्मानां सौगन्धिकानां च गन्धवहं पवनं सेवेत तदा जीवेयमित्यन्वयः ॥ १०३ ॥ पम्पावनवायुं ये नायिकया सह सेवन्ते ते धन्या इत्यर्थः ॥ १०४ ॥ विवशा शत्रुवशत्वात् ॥ १०५ ॥ पृष्टा सीता क्वेति येन तम् । किं नु कुशलं वक्ष्यामि ॥ १०६ ॥ मन्दं मन्दभाग्यम् ॥ १०७ ॥ धारये । प्राणानिति शेषः ॥ १०८ ॥ अञ्चिते पूजिते पद्मतुल्ये अक्षिणी यत्र तादृशम् ॥ १०९ ॥ स्मितेनेषद्धास्येन विनोदवचनेनान्तरे मध्ये एव

प्राप्य दुःखं वने श्यामा मां मन्मथविकर्शितम् । नष्टदुःखेव हृष्टेव साध्वी साध्वभ्यभाषत ॥ १११
किं नु वक्ष्याम्ययोध्यायां कौसल्यां हि नृपात्मज । क्व सा स्नुषेति पृच्छन्तीं कथं चापि मनस्विनीम् ॥
गच्छ लक्ष्मण पश्य त्वं भरतं भ्रातृवत्सलम् । नह्यहं जीवितुं शक्तस्तामृते जनकात्मजाम् ॥ ११३
इति रामं महात्मानं विलपन्तमनाथवत् । उवाच लक्ष्मणो भ्राता वचनं युक्तमव्ययम् ॥ ११४
संस्तम्भ राम भद्रं ते मा शुचः पुरुषोत्तम । नेदृशानां मतिर्मन्दा भवत्यकलुषात्मनाम् ॥ ११५
स्मृत्वा वियोगजं दुःखं त्यज स्नेहं प्रिये जने । अतिस्नेहपरिष्वङ्गाद्वर्तिरार्द्रापि दह्यते ॥ ११६
यदि गच्छति पातालं ततोऽभ्यधिकमेव वा । सर्वथा रावणस्तात नभविष्यति राघव ॥ ११७
प्रवृत्तिर्लभ्यतां तावत्तस्य पापस्य रक्षसः । ततो हास्यति वा सीतां निधनं वा गमिष्यति ॥ ११८
यदि याति दितेर्गर्भं रावणः सह सीतया । तत्राप्येनं हनिष्यामि न चेद्दास्यति मैथिलीम् ॥ ११९
स्वास्थ्यं भद्र भजस्वार्य त्यज्यतां कृपणा मतिः । अर्थो हि नष्टकार्यार्थैरयत्नेनाधिगम्यते ॥ १२०
उत्साहो बलवानार्य नास्त्युत्साहात्परं बलम् । सोत्साहस्य हि लोकेषु न किंचिदपि दुर्लभम् ॥ १२१
उत्साहवन्तः पुरुषा नावसीदन्ति कर्मसु । उत्साहमात्रमाश्रित्य प्रतिलप्स्याम जानकीम् ॥ १२२
त्यज्यतां कामवृत्तत्वं शोकं संन्यस्य पृष्ठतः । महात्मानं कृतात्मानमात्मानं नावबुध्यसे ॥ १२३
एवं संबोधितस्तेन शोकोपहतचेतनः । त्यज्य शोकं च मोहं च रामो धैर्यमुपागमत् ॥ १२४
सोऽभ्यतिक्रामदव्यग्रस्तामचिन्त्यपराक्रमः । रामः पम्पां सुरुचिरां रम्यां पारिप्लवद्रुमाम् ॥ १२५

निरीक्षमाणः सहसा महात्मा सर्वं वनं निर्झरकंदरं च ।
उद्विग्नचेताः सह लक्ष्मणेन विचार्य दुःखोपहतः प्रतस्थे ॥ १२६
तं मत्तमातङ्गविलासगामी गच्छन्तमव्यग्रमना महात्मा ।
स लक्ष्मणो राघवमिष्टचेष्टो ररक्ष धर्मेण बलेन चैव ॥ १२७
तावृष्यमूकस्य समीपचारी चरन्ददर्शाद्भुतदर्शनीयौ ।
शाखामृगाणामधिपस्तरस्वी वितत्रसे नैव विचेष्ट चेष्टम् ॥ १२८

युतम्, न त्वोष्ठप्रदेशाद्बहिरिति पतिव्रतालक्षणसूचनम् । इदं पूर्ववर्णितमुखान्वयि । कश्चित्तु प्रसन्नहास्यविशेषेण युतमिति वाक्यविशेषणमाह । गुणवत्प्रसादवत् । मधुरमपरुषाक्षरम् ॥ ११० ॥ वने दुःखं प्राप्यापि नष्टदुःखेव ॥ १११ ॥ क्व सा स्नुषा, कथं किंप्रकारेति च पृच्छन्तीं किं नु वक्ष्यामि । यथाजातं वक्ष्यामि वान्यथा वा । उभयमपि वक्तुं न शक्यत इत्यर्थः ॥ ११२ ॥ ११३ ॥ अव्ययमनपायार्थम् ॥ ११४ ॥ संस्तम्भ । शोकं निरुन्धीत्यर्थः । अकलुषात्मनामपीदृशानां शोकमनसां मतिर्मन्दा नेति न, अपि तु मन्देव ॥ ११५ ॥ अतः—स्मृत्वेत्यादि । 'संयोगा विप्रयोगान्ता.' इति न्यायेन विप्रयोगविषयेऽवश्यंभावि वियोगदुःखं स्मृत्वा स्नेहं त्यज । विपक्षे बाधकमाह—अतिस्नेहेति । आर्द्रा जलसिक्तापि । एवं शान्तमपि चित्तमतिस्नेहसंबन्धेन तद्वियोगजशोकदीपेन दीप्येतैवेति भावः ॥ ११६ ॥ ततोऽभ्यधिकं पातालादभ्यधिकं गुप्तदेशम् । नभविष्यति । न जीविष्यतीत्यर्थः ॥ ११७ ॥ तावत्प्रथमम् । प्रवृत्तिर्वासवृत्तान्तः ॥ ११८ ॥ दितेरसुरमातुः ॥ ११९ ॥ स्वास्थ्यं धैर्यं स्वस्वभावरूपम् । नष्टः कार्योऽवश्यं सेव्योऽर्थो येषां तैः पुंभिः सोऽर्थोऽयत्ने यत्नाभावे सति नाधिगम्यते ॥ १२० ॥ अतः—उत्साह इति । बलवान्कार्यसाधनसमर्थः ॥ १२१ ॥ उत्साहमात्रं शत्रुसंहारे पौरुषम् ॥ १२२ ॥ कामवृत्तत्वं कामपरतन्त्रत्वम् । शोकं पृष्ठतः संन्यस्य । कामजशोकसेवने कामस्य वृद्धेस्तत्सेवनं पृष्ठतः कृत्वेत्यर्थः । महात्मानं रजस्तमोमलास्पृष्टचित्तं निरतिशयशौर्यधैर्यादिस्वभावचित्तं च । कृतात्मानं श्रुतिस्मृत्यादिषु गुरुभिः शिक्षितस्वरूपम् । किं नावबुध्यसे । यद्यपीश्वरस्य लोकवद्धर्माधर्माश्रयं चित्तं नास्ति तथापि मायिकं तदाश्रयं तदस्ति । तत्स्वीकारे बाधकाभावात् ॥ १२३ ॥ एवं द्वित्रिवचनमात्रेण शुद्धसत्त्वप्रकृतिकत्वादारोपितशोकादि संत्यज्य धैर्यमुपागमत् । मोहः कामजो मोहजश्च शोकः ॥ १२४ ॥ अतिक्रामदत्यक्रामत् । पारिप्लवा वायुचञ्चलास्तीरद्रुमा यस्यां ताम् ॥ १२५ ॥ विचार्य । लक्ष्मणोक्तेर्युक्तत्वमिति शेषः ॥ १२६ ॥ धर्मेण 'संस्तम्भ राम' इत्यादिनीतिरूपधर्मबोधनेन । बलेन 'यदि गच्छति पातालम्' इत्यादिस्वबलकथनेन च ॥ १२७ ॥ एवं वृत्तमनूद्य वर्तिष्यमाणं दर्शयति—ताविति । वितत्रसे वितत्रास । वाल्यानीतत्वशङ्कया त्रासः । इष्टमिष्टभोजनादिविषयचेष्टामपि नैव विचेष्ट च न चकार च । 'विश्रान्तिमत्तस्य बभूव चित्तम्' इत्याद्युत्तरकपाठे तस्य सुग्रीवस्य चित्तं तद्दर्शनेन विश्रान्तिमत् । भयबद्धभूवेत्यर्थः ॥ १२८ ॥ उक्तमेव विवृणोति—स ताविति ।

स तौ महात्मा गजमन्दगामी शाखामृगस्तत्र चरंश्चरन्तौ ।
दृष्ट्वा विषादं परमं जगाम चिन्तापरीतो भयभारभग्नः ॥ १२९
तमाश्रमं पुण्यसुखं शरण्यं सदैव शाखामृगसेवितान्तम् ।
त्रस्ताश्च दृष्ट्वा हरयो विजग्मुर्महौजसौ राघवलक्ष्मणौ तौ ॥ १३०

इत्यार्षे श्रीमद्रामायणे वाल्मीकीय आदिकाव्ये किष्किन्धाकाण्डे प्रथमः सर्गः ॥ १ ॥

द्वितीयः सर्गः ।

तौ तु दृष्ट्वा महात्मानौ भ्रातरौ रामलक्ष्मणौ । वरायुधधरौ वीरौ सुग्रीवः शङ्कितोऽभवत् ॥ १
उद्विग्नहृदयः सर्वा दिशः समवलोकयन् । न व्यतिष्ठत कस्मिंश्चिद्देशे वानरपुंगवः ॥ २
नैव चक्रे मनः स्थातुं वीक्ष्यमाणो महाबलौ । कपेः परमभीतस्य चित्तं व्यवससाद ह ॥ ३
चिन्तयित्वा स धर्मात्मा विमृश्य गुरुलाघवम् । सुग्रीवः परमोद्विग्नः सर्वैस्तैर्वानरैः सह ॥ ४
ततः स सचिवेभ्यस्तु सुग्रीवः प्लवगाधिपः । शशंस परमोद्विग्नः पश्यंस्तौ रामलक्ष्मणौ ॥ ५
एतौ वनमिदं दुर्गं वालिप्रणिहितौ ध्रुवम् । छद्मना चीरवसनौ प्रचरन्ताविहागतौ ॥ ६
ततः सुग्रीवसचिवा दृष्ट्वा परमधन्विनौ । जग्मुर्गिरितटात्तस्मादन्यच्छिखरमुत्तमम् ॥ ७
ते क्षिप्रमभिगम्याथ यूथपा यूथपर्षभम् । हरयो वानरश्रेष्ठं परिवार्योपतस्थिरे ॥ ८
एवमेकायनगताः प्लवमाना गिरेर्गिरिम् । प्रकम्पयन्तो वेगेन गिरीणां शिखराणि च ॥ ९
ततः शाखामृगाः सर्वे प्लवमाना महाबलाः । बभञ्जुश्च नगांस्तत्र पुष्पितान्दुर्गमाश्रितान् ॥ १०
आप्लवन्तो हरिवराः सर्वतस्तं महागिरिम् । मृगमार्जारशार्दूलांस्त्रासयन्तो ययुस्तदा ॥ ११
ततः सुग्रीवसचिवाः पर्वतेन्द्रे समाहिताः । संगम्य कपिमुख्येन सर्वे प्राञ्जलयः स्थिताः ॥ १२
ततस्तु भयसंत्रस्तं वालिकिल्बिषशङ्कितम् । उवाच हनुमान्वाक्यं सुग्रीवं वाक्यकोविदः ॥ १३
संभ्रमस्त्यज्यतामेष सर्वैर्वालिकृते महान् । मलयोऽयं गिरिवरो भयं नेहास्ति वालिनः ॥ १४
यस्मादुद्विग्नचेतास्त्वं विद्रुतो हरिपुंगव । तं क्रूरदर्शनं क्रूरं नेह पश्यामि वालिनम् ॥ १५
यस्मात्तव भयं सौम्य पूर्वजात्पापकर्मणः । स नेह वाली दुष्टात्मा न ते पश्याम्यहं भयम् ॥ १६
अहो शाखामृगत्वं ते व्यक्तमेव प्लवंगम । लघुचित्ततयात्मानं न स्थापयसि यो मतौ ॥ १७
बुद्धिविज्ञानसंपन्न इङ्गितैः सर्वमाचर । नह्यबुद्धिं गतो राजा सर्वभूतानि शास्ति हि ॥ १८

भयभारभग्नो भयभारेण भग्नोत्साहः ॥ १२९ ॥ तमाश्रमं मतङ्गशापाद्वालिना दुष्प्रवेशम्, अतएव शरण्यम् । सेवितान्तं सेवितमध्यं सेवितप्रान्तं वा । तौ दृष्ट्वा त्रस्ता हरयो वालिप्रेरितबुद्ध्या भीता विजग्मुर्गताः ॥ १३० ॥ इति श्रीरामाभिरामे श्रीरामीये रामायणतिलके वाल्मीकीय आदिकाव्ये किष्किन्धाकाण्डे प्रथमः सर्गः ॥ १ ॥

तदेव विस्तारयति—तौ त्विति ॥ १ ॥ न व्यतिष्ठत न व्यवस्थितोऽभूत् ॥ २ ॥ व्यवससाद विषण्णमभूत् ॥ ३ ॥ अवस्थितिप्रस्थानयोर्गुरुलाघवं विमृश्य सचिवैः सह विचार्य ॥ ४ ॥ ततो विचारानन्तरं प्रस्थानेच्छया सचिवेभ्यः शशंस । भयहेतुमिति शेषः ॥ ५ ॥ तमेवाह—एताविति । छद्मना । विश्वासार्थं ऋषिवेषेणेत्यर्थः । ध्रुवमित्युत्प्रेक्षायाम् । अतो ज्ञात्वा प्रस्थातव्यमित्याशयः ॥ ६ ॥ ततः सुग्रीवोक्त्यनन्तरम् । सुग्रीवसचिवास्तौ परमधन्विनावतएव शङ्कास्पदौ दृष्ट्वा तस्मात्पूर्वमधिष्ठिताद्गिरितटादन्यत्तस्यैव गिरेः शिखरं जग्मुः । सुग्रीवेण सहेति शेषः । 'अन्यं शिखरम्' इति पाठे पुंस्त्वमार्षम् ॥ ७ ॥ ते क्षिप्रं शिखरान्तरमभिक्रम्य प्राप्य यूथपर्षभं वानरश्रेष्ठं सुग्रीवं परिवार्योपतस्थिरे उपविष्टाः ॥ ८ ॥ उक्तमेव विवृणोति—एवमिति । उक्तरीत्या स्थितिगतिभयाभयसुखदुःखादावेकायनमेकमार्गसमानत्वं गताः गिरेः प्रागधिष्ठितगिरिशृङ्गाद्गिरिं तस्यैव शिखरान्तरं मृगत्रासादिकुर्वतो ययुर्गतवन्तः ॥ ९ ॥ १० ॥ ११ ॥ सुग्रीवसचिवा हनुमदादयः ॥ १२ ॥ वालिकिल्बिषेण वालिप्रवर्तनया किल्बिषाद्वधाच्छङ्कितम् ॥ १३ ॥ संभ्रमश्चित्तक्षोभः । वालिकृते वालिनिमित्तम् । सर्ववानरैः मलयो मलयपर्यायो ऋष्यमूकः ॥ १४ ॥ यस्माद्वालिनः ॥ १५ ॥ तदेवाह—आदराद्यस्मात्तवेति । पूर्वजाद्वालिनः । इह पर्वते । तस्मात्ते भयं न पश्यामीत्यन्वयः ॥ १६ ॥ शाखामृगत्वं बहुचेष्टचपलचित्तमर्कटत्वम् । तदेवाह—लघुचित्ततयेति । लघु चपलम् ॥ १७ ॥ ननु ततो भयाभावेऽपि तत्प्रेरिताद्भयम्, तत्राह—बुद्धीति । इङ्गितैरन्तराशयगमकैश्चेष्टाविशेषैर्बुद्ध्या निश्चयात्मकेन विज्ञानेन पारक्याशयज्ञानेन संपन्नः संस्तदुचितं सर्वमाचर । सर्वभूतानि निजशास्यप्रजा-

सुग्रीवस्तु शुभं वाक्यं श्रुत्वा सर्वं हनूमतः । ततः शुभतरं वाक्यं हनूमन्तमुवाच ह ॥ १९
दीर्घबाहू विशालाक्षौ शरचापासिधारिणौ । कस्य न स्याद्भयं दृष्ट्वा ह्येतौ सुरसुतोपमौ ॥ २०
वालिप्रणिहितावेव शङ्केऽहं पुरुषोत्तमौ । राजानो बहुमित्राश्च विश्वासो नात्र हि क्षमः ॥ २१
अरयश्च मनुष्येण विज्ञेयाश्छद्मचारिणः । विश्वस्तानामविश्वस्ताश्छिद्रेषु प्रहरन्त्यपि ॥ २२
कृत्येषु वाली मेधावी राजानो बहुदर्शिनः । भवन्ति परहन्तारस्ते ज्ञेयाः प्राकृतैर्नरैः ॥ २३
तौ त्वया प्राकृतेनेव गत्वा ज्ञेयौ प्लवंगम । इङ्गितानां प्रकारैश्च रूपव्याभाषणेन च ॥ २४
लक्षयस्व तयोर्भावं प्रहृष्टमनसौ यदि । विश्वासयन्प्रशंसाभिरिङ्गितैश्च पुनः पुनः ॥ २५
ममैवाभिमुखं स्थित्वा पृच्छ त्वं हरिपुंगव । प्रयोजनं प्रवेशस्य वनस्यास्य धनुर्धरौ ॥ २६
शुद्धात्मानौ यदि त्वेनौ जानीहि त्वं प्लवंगम । व्याभाषितैर्वा रूपैर्वा विज्ञेया दुष्टतानयोः ॥ २७
इत्येवं कपिराजेन संदिष्टो मारुतात्मजः । चकार गमने बुद्धिं यत्र तौ रामलक्ष्मणौ ॥ २८
तथेति संपूज्य वचस्तु तस्य कपिः सुभीतस्य दुरासदस्य ।
महानुभावो हनुमान्ययौ तदा स यत्र रामोऽतिबली सलक्ष्मणः ॥ २९

इत्यार्षे श्रीमद्रामायणे वाल्मीकीय आदिकाव्ये किष्किन्धाकाण्डे द्वितीयः सर्गः ॥ २ ॥

तृतीयः सर्गः ।

वचो विज्ञाय हनुमान्सुग्रीवस्य महात्मनः । पर्वतादृष्यमूकात्तु पुप्लुवे यत्र राघवौ ॥ १
कपिरूपं परित्यज्य हनुमान्मारुतात्मजः । भिक्षुरूपं ततो भेजे शठबुद्धितया कपिः ॥ २
ततश्च हनुमान्वाचा श्लक्ष्णया सुमनोज्ञया । विनीतवदुपागम्य राघवौ प्रणिपत्य च ॥ ३
आबभाषे च तौ वीरौ यथावत्प्रशशंस च । संपूज्य विधिवद्वीरौ हनुमान्वानरोत्तमः ॥ ४
उवाच कामतो वाक्यं मृदु सत्यपराक्रमौ । राजर्षिदेवप्रतिमौ तापसौ संशितव्रतौ ॥ ५
देशं कथमिमं प्राप्तौ भवन्तौ वरवर्णिनौ । त्रासयन्तौ मृगगणानन्यांश्च वनचारिणः ॥ ६
पम्पातीररुहान्वृक्षान्वीक्षमाणौ समन्ततः । इमां नदीं शुभजलां शोभयन्तौ तरस्विनौ ॥ ७

जातम् ॥ १८ ॥ नेदं भयं चापलमूलमित्याह—सुग्रीव इति ॥ १९ ॥ तदेवाह—दीर्घेति ॥ २० ॥ ननु वनचारिणा वानरेण वालिना कुतोऽनयोः प्रवर्तना, तत्राह—राजान इति । बहुमित्रा जात्यन्तरेष्वपि मित्रवन्तः, यथा दशरथो गृध्रराजेन मित्रवान्, एवं वालिनापि नरमैत्र्यं संभावितमिति भावः ॥ २१ ॥ नन्वथापि तापसाभ्यां कुतो भयम्, तत्राह—अरयश्चेति । यतस्ते छद्मचारिणः, अतो विज्ञेयाः । यतश्च विश्वस्तानां वञ्चनया प्राप्तविश्वासानामरीणां स्वयमविश्वस्ताश्छिद्रेषु प्रहारावकाशेषु प्रहरन्ति । अतो विज्ञेया इत्यर्थः ॥ २२ ॥ उक्तमुपनयति—कृत्येष्विति । राजानो बहुदर्शिनो नानाविधवञ्चनोपायज्ञाः परहन्तारो भवन्ति । ते एते प्राकृतैः प्राकृतवेषैश्चारैर्ज्ञेया ज्ञातव्यान्तराशयाः ॥ २३ ॥ यत एवमतः—ताविति । प्राकृतेनेव । उदासीनेनेव । इङ्गितानां प्रकारैर्विशेषैः । रूपेण सौम्यासौम्याकारेण । व्याभाषणेन तत्तत्प्रसङ्गे दीयमानोत्तरेण च ॥ २४ ॥ तयोर्मनुष्ययोः । यदि त्वयि समीपस्थिते प्रहृष्टमनसावुत्तरप्रत्युत्तरादौ संतुष्टमनसौ तदा तयोरभिमुखं स्थित्वा ममैव प्रशंसाभिस्तद्बोधकवाक्यैरिङ्गितैर्मामकाभिप्रायबोधनैर्मयि तौ विश्वासयन्नस्य वनस्य प्रवेशस्य प्रयोजनं पृच्छ । यद्वा ममैवाभिमुखं यथा तथा स्थित्वा प्रशंसाभिस्तयोः स्तुतिभिः, इङ्गितैः स्वीयैस्तावात्मनि मयि च विश्वासयन्पृच्छेत्यन्वयः । स्वाभिमुखस्थितिकथनमन्यादृशवचनकथनसंभावनया तन्निरासायेति बोध्यम् ॥ २५ ॥ २६ ॥ प्रश्नावसरं दर्शयति—शुद्धेति । यद्येतौ शुद्धात्मानावस्मासु द्वेषरहितौ जानीहि ज्ञास्यसि तर्ह्येव तदभिमतं प्रयोजनं पृच्छ । उपसंहरति—व्याभाषितैरिति । दुष्टता दुष्टता चेति तन्त्रेण पदच्छेदः ॥ २७ ॥ २८ ॥ २९ ॥ इति श्रीरामाभिरामे श्रीरामीये रामायणतिलके वाल्मीकीय आदिकाव्ये किष्किन्धाकाण्डे द्वितीयः सर्गः ॥ २ ॥

विज्ञाय तात्पर्यतो ज्ञात्वा ॥ १ ॥ भिक्षुरूपं प्राकृततापसरूपम् । शठबुद्धितयाऽविश्वस्तबुद्धितया ॥ २ ॥ विनीतवद्विनीतयोग्यम् ॥ ३ ॥ यथावत्प्रशशंस । न तु मिथ्यास्तुतिरित्यर्थः । आबभाषे वक्तुमभिमुखीचकार । संपूज्य वाचा प्रशस्य ॥ ४ ॥ कामतः सुग्रीवोपदेशाविरुद्धस्वेच्छातः । राजर्षी च देवौ च तत्प्रतिमौ ॥ ५ ॥ वरवर्णिनौ ब्रह्मचारिश्रेष्ठौ । अन्यांश्च रक्षोऽसुरादीन् ॥ ६ ॥ समन्ततो वीक्षमाणौ । किंचिद्वस्त्वन्वेषमाणाविवेत्यर्थः । इमां नदीमिति । सरस्यपि विस्तृतत्वेन नदीत्वोप-

धैर्यवन्तौ सुवर्णाभौ कौ युवां चीरवाससौ । निःश्वसन्तौ वरभुजौ पीडयन्ताविमाः प्रजाः ॥ ८
सिंहविप्रेक्षितौ वीरौ महाबलपराक्रमौ । चक्रचापनिभे चापे गृहीत्वा शत्रुनाशनौ ॥ ९
श्रीमन्तौ रूपसंपन्नौ वृषभश्रेष्ठविक्रमौ । हस्तिहस्तोपमभुजौ द्युतिमन्तौ नरर्षभौ ॥ १०
प्रभया पर्वतेन्द्रोऽसौ युवयोरवभासितः । राज्यार्हावमरप्रख्यौ कथं देशमिहागतौ ॥ ११
पद्मपत्रेक्षणौ वीरौ जटामण्डलधारिणौ । अन्योन्यसदृशौ वीरौ देवलोकादिहागतौ ॥ १२
यदृच्छयेव संप्राप्तौ चन्द्रसूर्यौ वसुंधराम् । विशालवक्षसौ वीरौ मानुषौ देवरूपिणौ ॥ १३
सिंहस्कन्धौ महोत्साहौ समदाविव गोवृषौ । आयताश्च सुवृत्ताश्च बाहवः परिघोपमाः ॥ १४
सर्वभूषणभूषार्हाः किमर्थं न विभूषिताः । उभौ योग्यावहं मन्ये रक्षितुं पृथिवीमिमाम् ॥ १५
ससागरवनां कृत्स्नां विन्ध्यमेरुविभूषिताम् । इमे च धनुषी चित्रे श्लक्ष्णे चित्रानुलेपने ॥ १६
प्रकाशेते यथेन्द्रस्य वज्रे हेमविभूषिते । संपूर्णाश्च शितैर्बाणैस्तूणाश्च शुभदर्शनाः ॥ १७
जीवितान्तकरैर्घोरैर्ज्वलद्भिरिव पन्नगैः । महाप्रमाणौ विपुलौ तप्तहाटकभूषणौ ॥ १८
खड्गावेतौ विराजेते निर्मुक्तभुजगाविव । एवं मां परिभाषन्तं कस्माद्वै नाभिभाषथः ॥ १९
सुग्रीवो नाम धर्मात्मा कश्चिद्वानरपुंगवः । वीरो विनिकृतो भ्रात्रा जगद्भ्रमति दुःखितः ॥ २०
प्राप्तोऽहं प्रेषितस्तेन सुग्रीवेण महात्मना । राज्ञा वानरमुख्यानां हनुमान्नाम वानरः ॥ २१
युवाभ्यां स हि धर्मात्मा सुग्रीवः सख्यमिच्छति । तस्य मां सचिवं वित्तं वानरं पवनात्मजम् ॥ २२
भिक्षुरूपप्रतिच्छन्नं सुग्रीवप्रियकारणात् । ऋष्यमूकादिह प्राप्तं कामगं कामचारिणम् ॥ २३
एवमुक्त्वा तु हनुमांस्तौ वीरौ रामलक्ष्मणौ । वाक्यज्ञो वाक्यकुशलः पुनर्नोवाच किंचन ॥ २४
एतच्छ्रुत्वा वचस्तस्य रामो लक्ष्मणमब्रवीत् । प्रहृष्टवदनः श्रीमान्भ्रातरं पार्श्वतः स्थितम् ॥ २५
सचिवोऽयं कपीन्द्रस्य सुग्रीवस्य महात्मनः । तमेव काङ्क्षमाणस्य ममान्तिकमिहागतः ॥ २६
तमभ्यभाष सौमित्रे सुग्रीवसचिवं कपिम् । वाक्यज्ञं मधुरैर्वाक्यैः स्नेहयुक्तमरिंदमम् ॥ २७
नानृग्वेदविनीतस्य नायजुर्वेदधारिणः । नासामवेदविदुषः शक्यमेवं विभाषितुम् ॥ २८
नूनं व्याकरणं कृत्स्नमनेन बहुधा श्रुतम् । बहु व्याहरतानेन न किंचिदपशब्दितम् ॥ २९
न मुखे नेत्रयोश्चापि ललाटे च भ्रुवोस्तथा । अन्येष्वपि च सर्वेषु दोषः संविदितः क्वचित् ॥ ३०
अविस्तरमसंदिग्धमविलम्बितमव्यथम् । उरस्थं कण्ठगं वाक्यं वर्तते मध्यमस्वरम् ॥ ३१

चार इति केचित् । नंद्यवेत्यन्ये ॥ ७ ॥ शोभनो वर्ण आभा कान्तिश्च ययोस्तौ । निःश्वसन्तौ । किंचिद्दुःखवशेनेति शेषः । इमा वन्याः प्रजाः पीडयन्तौ । स्वरूपमात्रेणेति शेषः ॥ ८ ॥ ९ ॥ हस्तः शुण्डादण्डः ॥ १० ॥ राज्यार्हौ देवतुल्यौ । देशं हित्वा कथमिहागताविल्यर्थः । आकारतो महाराजत्वनिश्चयादेवमुक्तिः ॥ ११ ॥ देवलोकादिह भूतल आगताविव ॥ १२ ॥ १३ ॥ समदौ हृष्टौ गोवृषौ तरुणवृषभाविव ॥ १४ ॥ ॥ १५ ॥ चित्रमनुलेपनं स्वर्णजलरूषणं ययोस्ते ॥ १६ ॥ हेमभूषिते वज्रे यथा ॥ १७ ॥ १८ ॥ निर्मुक्तौ मुक्तकञ्चुकौ कस्माद्वै कस्माद्धेतोर्नाभिभाषथः । प्रत्युत्तरमिति शेषः ॥ १९ ॥ ननु कस्त्वं कस्य वा यस्यास्माभिः प्रत्युत्तरं देयम्, तत्राह—सुग्रीव इति । सुग्रीवस्याक्षुद्रत्वबोधनाय तत्स्तुतिपूर्वकमुक्तिः । विनिकृतो निरस्तः ॥ २० ॥ २१ ॥ ननु त्वद्राज्ञास्मत्समीपे प्रेषणं किमर्थम्, तत्राह—युवाभ्यामिति ॥ २२ ॥ वानरराजसचिवस्य मानुषं रूपं कुतस्तत्राह—भिक्षुरूपेति । अनेन शुद्धं वानरत्वमेव नेत्यपि बोधितम् । ईदृशं वित्तमिति प्राक्तनेनान्वयः ॥ २३ ॥ २४ ॥ २५ ॥ तमेव सुग्रीवमेव काङ्क्षमाणस्येच्छत इत्यर्थः ॥२६॥ तमभ्यभाष । अभिभाषस्वेति यावत् । वाक्येति वाक्यज्ञं वाक्यरचनाभिज्ञम् । मधुरैर्वाक्यैः स्नेहयुक्तमभ्यभाषेत्यन्वयः ॥ २७ ॥ विनयः प्रातिशाख्यादिज्ञानपूर्वकाभ्यासः । ऋग्वेदविषये तद्धीनो यो न भवति तेन । एकैकानुवाकेऽनुवाकान्तरसांकर्येण तद्धारणस्य दुष्करत्वाद्यजुर्वेदधारणाहीनभिन्नेन । गायनविषयोहादेर्दुर्ज्ञेयत्वात्सामवेदज्ञानहीनभिन्नेनैवं प्रभाषितुं शक्यम् । न तद्धीनेनेत्यर्थः । षष्ठ्यार्षी, शेषे वा । यद्वा तद्धीनैरेवं प्रभाषितुं न शक्यम् । अशक्यमित्यर्थः । तेनायं सर्वथा तज्ज्ञ इति नोपेक्षार्ह इति व्यङ्ग्यम् ॥ २८ ॥ ननु वेदमात्राध्यायिना न किंचिद्राजमन्त्रादि ज्ञातुं शक्यं तत्राह—नूनमिति । कृत्स्नं पदतदर्थस्वरूपनिर्णयोपयोगिन्यायसहितम् । व्याकरणबोध्यसाधुत्वस्यार्थघटितत्वात् । अनेन सर्वज्ञत्वं सूचितम् । तथा श्रवणे हेतुमाह—बह्विति ॥ २९ ॥ इङ्गितैरप्यसौ विश्वासयोग्य इत्याह—न मुखे इति । दोषः संविदितः । व्यवहारकाले इति शेषः ॥ ३० ॥ अथ वचनरचनासौष्ठवमाह—अविस्तरमिति । नातिविस्तारमित्यर्थः । असंदिग्धमसंदिग्धार्थमसंदिग्धाक्षरं च । अविलम्बितम् । अनेनास्खलद्गीष्टम् ।

संस्कारक्रमसंपन्नामद्रुतामविलम्बिताम् । उच्चारयति कल्याणीं वाचं हृदयहर्षिणीम् ॥ ३२
अनया चित्रया वाचा त्रिस्थानव्यञ्जनस्थया । कस्य नाराध्यते चित्तमुद्यतासेररेरपि ॥ ३३
एवंविधो यस्य दूतो न भवेत्पार्थिवस्य तु । सिद्ध्यन्ति हि कथं तस्य कार्याणां गतयोऽनघ ॥ ३४
एवंगुणगणैर्युक्ता यस्य स्युः कार्यसाधकाः । तस्य सिद्ध्यन्ति सर्वेऽर्था दूतवाक्यप्रचोदिताः ॥ ३५
एवमुक्तस्तु सौमित्रिः सुग्रीवसचिवं कपिम् । अभ्यभाषत वाक्यज्ञो वाक्यज्ञं पवनात्मजम् ॥ ३६
विदिता नौ गुणा विद्वन्सुग्रीवस्य महात्मनः । तमेव चावां मार्गावः सुग्रीवं प्लवगेश्वरम् ॥ ३७
यथा ब्रवीषि हनुमन्सुग्रीववचनादिह । तत्तथा हि करिष्यावो वचनात्तव सत्तम ॥ ३८

तत्तस्य वाक्यं निपुणं निशम्य प्रहृष्टरूपः पवनात्मजः कपिः ।
मनः समाधाय जयोपपत्तौ सख्यं तदा कर्तुमियेष ताभ्याम् ॥ ३९

इत्यार्षे श्रीमद्रामायणे वाल्मीकीय आदिकाव्ये किष्किन्धाकाण्डे तृतीयः सर्गः ॥ ३ ॥

चतुर्थः सर्गः ।

ततः प्रहृष्टो हनुमान्कृत्यवानिति तद्वचः । श्रुत्वा मधुरभावं च सुग्रीवं मनसा गतः ॥ १
भाव्यो राज्यागमस्तस्य सुग्रीवस्य महात्मनः । यदयं कृत्यवान्प्राप्तः कृत्यं चैतदुपागतम् ॥ २
ततः परमसंहृष्टो हनूमान्प्लवगोत्तमः । प्रत्युवाच ततो वाक्यं रामं वाक्यविशारदम् ॥ ३
किमर्थं च वनं घोरं पम्पाकाननमण्डितम् । आगतः सानुजो दुर्गं नानाव्यालमृगायुतम् ॥ ४
तस्य तद्वचनं श्रुत्वा लक्ष्मणो रामचोदितः । आचचक्षे महात्मानं रामं दशरथात्मजम् ॥ ५
राजा दशरथो नाम द्युतिमान्धर्मवत्सलः । चातुर्वर्ण्यं स्वधर्मेण नित्यमेवाभिपालयन् ॥ ६
न द्वेष्टा विद्यते तस्य स तु द्वेष्टि न कंचन । स तु सर्वेषु भूतेषु पितामह इवापरः ॥ ७
अग्निष्टोमादिभिर्यज्ञैरिष्टवानाप्तदक्षिणैः । तस्यायं पूर्वजः पुत्रो रामो नाम जनैः श्रुतः ॥ ८
शरण्यः सर्वभूतानां पितुर्निर्देशपारगः । ज्येष्ठो दशरथस्यायं पुत्राणां गुणवत्तरः ॥ ९
राजलक्षणसंयुक्तः संयुक्तो राज्यसंपदा । राज्याद्भ्रष्टो मया वस्तुं वने सार्धमिहागतः ॥ १०
भार्यया च महाभाग सीतयानुगतो वशी । दिनक्षये महातेजाः प्रभयेव दिवाकरः ॥ ११
अहमस्यावरो भ्राता गुणैर्दास्यमुपागतः । कृतज्ञस्य बहुज्ञस्य लक्ष्मणो नाम नामतः ॥ १२

अव्यथं न विद्यते श्रोतृश्रुतेर्व्यथा यस्मात्ता[illegible]शम् । तेनाश्रुतिकटुवर्णमित्यर्थः । उरस्थं मध्यमारूपेण, कण्ठगं वैखरीरूपेण, कण्ठविवराच्छ्रोतृश्रोत्रं गतम्, अतएव मध्यमस्वरं नात्युच्चैर्नातिनीचैः ॥ ३१ ॥ संस्कारक्रमसंपन्नां संस्काराणां क्रमे क्रमेण जनने संपन्नां समर्थाम् । विशिष्टानुपूर्वीविशेषणरूपेण पदादीनां ग्रहणाय क्रमवत्तत्तद्वर्णाकारसंस्कारानन्तःकरण उत्पाद्य तत्क्रमेण क्रमवद्वर्णावभासपदवाक्यज्ञानम्' इति वाक्यप्रदीपाद्दां स्पष्टम् । तेन मध्यमवृत्त्योच्चारणं सूचितम् । तदाह—अद्रुतामविलम्बितामिति । अतएव हृदयहर्षिणीम् ॥ ३२ ॥ त्रिस्थानव्यञ्जनस्थया त्रिषु स्थानेषूरःकण्ठशिरःसु यद्व्यञ्जनमभिव्यक्तिस्तया तिष्ठति श्रोतृग्राह्यस्वरूपं लभते तादृश्या । अनेन 'नित्य एव स्फोटरूपः शब्दः' इति सूचितम् । नाराध्यते नानुकूल्यते ॥ ३३ ॥ कार्याणां गतयः परिपाकाः ॥ ३४ ॥ दूतवाक्यप्रचोदितास्तद्वाक्यबोधिताः ॥ ३५ ॥ एवमुक्तः रामेणेति शेषः ॥ ३६ ॥ नावावयोः । तमेव सुग्रीवमेव । मार्गावो मार्गयावः ॥ ३७ ॥ यथा ब्रवीषि सख्यमिच्छतीति यदवादीः । तत्तथैव करिष्याव इत्यर्थः ॥ ३८ ॥ जयोपपत्तौ । सुग्रीवस्येति शेषः । ताभ्यां रामसुग्रीवाभ्याम् ॥ ३९ ॥ इति श्रीरामाभिरामे श्रीरामीये रामायणतिलके वाल्मीकीय आदिकाव्ये किष्किन्धाकाण्डे तृतीयः सर्गः ॥ २४ ॥

तद्वचः । 'सचिवोऽयं कपीन्द्रस्य सुग्रीवस्य महात्मनः । तमेव काङ्क्षमाणस्य ममान्तिकमुपागतः ॥' इति रामवचः 'महात्मनः' इति सोपचारप्रयोगतः सुग्रीवविषये मधुरभावं सौम्यभावं श्रुत्वा 'तमेव काङ्क्षमाणः' इत्यनेन सुग्रीवे रामः किंचित्कृत्यवानिति विज्ञाय प्रहृष्टः सुग्रीवं सुग्रीवाभिमतसिद्धिं मनसा गतो दृष्टवान् ॥ १ ॥ तदेव विवृणोति—भाव्य इति । अवश्यंभावीत्यर्थः । यदयं महापुरुषः कृत्यवान्, प्रयोजनसापेक्षः प्राप्तः, एतत्कृत्यं चोपागतम् । सुग्रीवं प्राप्तमित्यर्थः ॥ २ ॥ एवं सुहृदयत्वमवगत्य स्वस्वाम्युक्तं पृच्छति—तत इति ॥ ३ ॥ पम्पाकाननेन मण्डितमलंकृतम् । घोरमन्यदिति शेषः ॥ ४ ॥ रामचोदितः । इङ्गितेनेति शेषः । आचचक्षे बोधितवान् ॥ ५ ॥ ६ ॥ पितामह इव । पालकत्वेनेत्यर्थः ॥ ७ ॥ ८ ॥ निर्देशो नियोगस्तत्पारगः । तस्य समाप्तकल्पत्वादेवमुक्तम् ॥ ९ ॥ संयुक्तः संयुज्यमानः । भ्रष्टः किंचिन्निमित्तवशात् ॥ १० ॥ ॥ ११ ॥ अवरः कनीयान् । दास्यमुपागतः । अस्येति शेषः

सुखार्हस्य महार्हस्य सर्वभूतहितात्मनः । ऐश्वर्येण विहीनस्य वनवासे रतस्य च ॥ १३
रक्षसापहृता भार्या रहिते कामरूपिणा । तच्च न ज्ञायते रक्षः पत्नी येनास्य वा हृता ॥ १४
दनुर्नाम दितेः पुत्रः शापाद्राक्षसतां गतः । आख्यातस्तेन सुग्रीवः समर्थो वानराधिपः ॥ १५
स ज्ञास्यति महावीर्यस्तव भार्यापहारिणम् । एवमुक्त्वा दनुः स्वर्गं भ्राजमानो दिवं गतः ॥ १६
एतत्ते सर्वमाख्यातं याथातथ्येन पृच्छतः । अहं चैव च रामश्च सुग्रीवं शरणं गतौ ॥ १७
एष दत्त्वा च वित्तानि प्राप्य चानुत्तमं यशः । लोकनाथः पुरा भूत्वा सुग्रीवं नाथमिच्छति ॥ १८
सीता यस्य स्नुषा चासीच्छरण्यो धर्मवत्सलः । तस्य पुत्रः शरण्यस्य सुग्रीवं शरणं गतः ॥ १९
सर्वलोकस्य धर्मात्मा शरण्यः शरणं पुरा । गुरुर्मे राघवः सोऽयं सुग्रीवं शरणं गतः ॥ २०
यस्य प्रसादे सततं प्रसीदेयुरिमाः प्रजाः । स रामो वानरेन्द्रस्य प्रसादमभिकाङ्क्षते ॥ २१
येन सर्वगुणोपेताः पृथिव्यां सर्वपार्थिवाः । मानिताः सततं राज्ञा सदा दशरथेन वै ॥ २२
तस्यायं पूर्वजः पुत्रस्त्रिषु लोकेषु विश्रुतः । सुग्रीवं वानरेन्द्रं तु रामः शरणमागतः ॥ २३
शोकाभिभूते रामे तु शोकार्ते शरणं गते । कर्तुमर्हति सुग्रीवः प्रसादं सह यूथपैः ॥ २४
एवं ब्रुवाणं सौमित्रिं करुणं साश्रुपातनम् । हनूमान्प्रत्युवाचेदं वाक्यं वाक्यविशारदः ॥ २५
ईदृशा बुद्धिसंपन्ना जितक्रोधा जितेन्द्रियाः । द्रष्टव्या वानरेन्द्रेण दिष्ट्या दर्शनमागताः ॥ २६
स हि राज्याच्च विभ्रष्टः कृतवैरश्च वालिना । हृतदारो वने त्रस्तो भ्रात्रा विनिकृतो भृशम् ॥ २७
करिष्यति स साहाय्यं युवयोर्भास्करात्मजः । सुग्रीवः सह चास्माभिः सीतायाः परिमार्गणे ॥ २८
इत्येवमुक्त्वा हनुमाञ्श्लक्ष्णं मधुरया गिरा । बभाषे साधु गच्छामः सुग्रीवमिति राघवम् ॥ २९
एवं ब्रुवन्तं धर्मात्मा हनूमन्तं स लक्ष्मणः । प्रतिपूज्य यथान्यायमिदं प्रोवाच राघवम् ॥ ३०
कपिः कथयते हृष्टो यथायं मारुतात्मजः । कृत्यवान्सोऽपि संप्राप्तः कृतकृत्योऽसि राघव ॥ ३१
प्रसन्नमुखवर्णश्च व्यक्तं हृष्टश्च भाषते । नानृतं वक्ष्यते वीरो हनूमान्मारुतात्मजः ॥ ३२
ततः स सुमहाप्राज्ञो हनूमान्मारुतात्मजः । जगामादाय तौ वीरौ हरिराजाय राघवौ ॥ ३३
भिक्षुरूपं परित्यज्य वानरं रूपमास्थितः । पृष्ठमारोप्य तौ वीरौ जगाम कपिकुञ्जरः ॥ ३४

स तु विपुलयशाः कपिप्रवीरः पवनसुतः कृतकृत्यवत्प्रहृष्टः ।
गिरिवरमुरुविक्रमः प्रयातः स शुभमतिः सह रामलक्ष्मणाभ्याम् ॥ ३५

इत्यार्षे श्रीमद्रामायणे वाल्मीकीय आदिकाव्ये किष्किन्धाकाण्डे चतुर्थः सर्गः ॥ ४ ॥

पञ्चमः सर्गः ।

ऋष्यमूकात्तु हनुमान्गत्वा तं मलयं गिरिम् । आचचक्षे तदा वीरौ कपिराजाय राघवौ ॥ १
अयं रामो महाप्राज्ञ संप्राप्तो दृढविक्रमः । लक्ष्मणेन सह भ्रात्रा रामोऽयं सत्यविक्रमः ॥ २

॥ १२ ॥ १३ ॥ रहिते आवाभ्यां रहिते काले । न ज्ञायते । विशिष्येति शेषः ॥ १४ ॥ दनुः कबन्धः 'स ज्ञास्यति' इत्याख्यातः ॥ १५ ॥ स्वर्गं गन्तुं दिवमाकाशं गत उत्पतितः ॥ १६ ॥ १७ ॥ नाथं रक्षकमिच्छति । दैवगत्येति शेषः ॥ १८ ॥ यः शरण्यो धर्मवत्सलश्चासीदित्यर्थः ॥ १९ ॥ २० ॥ २१ ॥ सर्वगुणोपेताः । मूर्धाभिषिक्ता इति यावत् । सदा प्रतिदिनम् । सततमनुक्षणम् ॥ २२ ॥ २३ ॥ शोकाभिभूते शोकाविष्टे । शोकार्ते शोकपीडिते ॥ २४ ॥ साश्रुपातनमस्माकमप्यन्यशरणापेक्षेत्यश्रुपातनसहितम् ॥ २५ ॥ द्रष्टव्या द्रष्टुं योग्याः ॥ २६ ॥ स हीत्यनेन तस्यापि सहायापेक्षत्वं दर्शितम् ॥ २७ ॥ यदेवम्, अतः परिमार्गणे साहाय्यं करिष्यतीत्यन्वयः ॥ २८ ॥ २९ ॥ ३० ॥ सोऽपि त्वया कृत्यवानिति यथा कथयते तथा जाने । एनं देशं संप्राप्तस्त्वं कृतकृत्योऽसीत्यर्थः ॥ ३१ ॥ उक्तं समर्थयते—प्रसन्नेति । मुखवर्णो मुखशोभा ॥ ३२ ॥ ३३ ॥ वानरं वानरस्येदम् । आर्षोऽण् ॥ ३४ ॥ उक्तं संगृह्णाति—स त्विति । कृतकृत्यवत्तदर्हम् । गिरिवरं ऋष्यमूकम् ॥ ३५ ॥ इति श्रीरामाभिरामे श्रीरामीये रामायणतिलके वाल्मीकीय आदिकाव्ये किष्किन्धाकाण्डे चतुर्थः सर्गः ॥ ४ ॥

ऋष्यमूकादिति । ऋष्यमूके सुग्रीववासस्थाने राघवौ स्थापयित्वा, ततः सुग्रीवानयनार्थं ऋष्यमूकैकदेशं मलयाख्यं गिरिं गत्वेत्यन्वयः ॥ १ ॥ अयं रामः । मलयस्थसुग्रीवदृष्टिपथवर्तित्वादेवं निर्देशः । पुनराहादरात्—रामोऽयमिति । सत्यविक्रमत्वदृढत्वाभ्यां त्वच्छत्रुनिरसनक्षमता व्यज्यते ॥ २ ॥

इक्ष्वाकूणां कुले जातो रामो दशरथात्मजः । धर्मे निगदितश्चैव पितुर्निर्देशकारकः ॥ ३
राजसूयाश्वमेधैश्च वह्निर्येनाभितर्पितः । दक्षिणाश्च तथोत्सृष्टा गावः शतसहस्रशः ॥ ४
तपसा सत्यवाक्येन वसुधा तेन पालिता । स्त्रीहेतोस्तस्य पुत्रोऽयं रामोऽरण्यं समागतः ॥ ५
तस्यास्य वसतोऽरण्ये नियतस्य महात्मनः । रावणेन हृता भार्या स त्वां शरणमागतः ॥ ६
भवता सख्यकामौ तौ भ्रातरौ रामलक्ष्मणौ । प्रगृह्य चार्चयस्वैतौ पूजनीयतमावुभौ ॥ ७
श्रुत्वा हनूमतो वाक्यं सुग्रीवो वानराधिपः । दर्शनीयतमो भूत्वा प्रीत्योवाच च राघवम् ॥ ८
भवान्धर्मविनीतश्च सुतपाः सर्ववत्सलः । आख्याता वायुपुत्रेण तत्त्वतो मे भवद्गुणाः ॥ ९
तन्ममैवैष सत्कारो लाभश्चैवोत्तमः प्रभो । यत्त्वमिच्छसि सौहार्दं वानरेण मया सह ॥ १०
रोचते यदि मे सख्यं बाहुरेष प्रसारितः । गृह्यतां पाणिना पाणिर्मर्यादा बध्यतां ध्रुवा ॥ ११
एतत्तु वचनं श्रुत्वा सुग्रीवस्य सुभाषितम् । संप्रहृष्टमना हस्तं पीडयामास पाणिना ॥ १२
हृष्टः सौहृदमालम्ब्य पर्यष्वजत पीडितम् । ततो हनूमान्संत्यज्य भिक्षुरूपमरिंदमः ॥ १३
काष्ठयोः स्वेन रूपेण जनयामास पावकम् । दीप्यमानं ततो वह्निं पुष्पैरभ्यर्च्य सत्कृतम् ॥ १४
तयोर्मध्ये तु सुप्रीतो निदधौ सुसमाहितः । ततोऽग्निं दीप्यमानं तौ चक्रतुश्च प्रदक्षिणम् ॥ १५
सुग्रीवो राघवश्चैव वयस्यत्वमुपागतौ । ततः सुप्रीतमनसौ तावुभौ हरिराघवौ ॥ १६
अन्योन्यमभिवीक्षन्तौ न तृप्तिमभिजग्मतुः । त्वं वयस्योऽसि हृद्यो मे एकं दुःखं सुखं च नौ ॥ १७
सुग्रीवो राघवं वाक्यमित्युवाच प्रहृष्टवत् । ततः सुपर्णबहुलां भङ्क्त्वा शाखां सुपुष्पिताम् ॥ १८
सालस्यास्तीर्य सुग्रीवो निषसाद सराघवः । लक्ष्मणायाथ संहृष्टो हनुमान्मारुतात्मजः ॥ १९
शाखां चन्दनवृक्षस्य ददौ परमपुष्पिताम् । ततः प्रहृष्टः सुग्रीवः श्लक्ष्णं मधुरया गिरा ॥ २०
प्रत्युवाच तदा रामं हर्षव्याकुललोचनः । अहं विनिकृतो राम चरामीह भयार्दितः ॥ २१
हृतभार्यो वने त्रस्तो दुर्गमेतदुपाश्रितः । सोऽहं त्रस्तो वने भीतो वसाम्युद्भ्रान्तचेतनः ॥ २२
वालिना निकृतो भ्रात्रा कृतवैरश्च राघव । वालिनो मे महाभाग भयार्तस्याभयं कुरु ॥ २३
कर्तुमर्हसि काकुत्स्थ भयं मे न भवेद्यथा । एवमुक्तस्तु तेजस्वी धर्मज्ञो धर्मवत्सलः ॥ २४
प्रत्यभाषत काकुत्स्थः सुग्रीवं प्रहसन्निव । उपकारफलं मित्रं विदितं मे महाकपे ॥ २५
वालिनं तं वधिष्यामि तव भार्यापहारिणम् । अमोघाः सूर्यसंकाशा ममेमे निशिताः शराः ॥ २६
तस्मिन्वालिनि दुर्वृत्ते निपतिष्यन्ति वेगिताः । कङ्कपत्रप्रतिच्छन्ना महेन्द्राशनिसंनिभाः ॥ २७
तीक्ष्णाग्रा ऋजुपर्वाणः सरोषा भुजगा इव । तमद्य वालिनं पश्य तीक्ष्णैराशीविषोपमैः ॥ २८

इक्ष्वाकूणामित्यनेन स्वरूपकथनम् । धर्मे स्वसत्यपरिपालनरूपधर्मनिमित्तम् । निगदितः प्रेरितः । पित्रेति शेषः । अतएव तस्य पितुर्निर्देशकारकः ॥ ३ ॥ ४ ॥ स्त्रीहेतोः पित्रा स्त्रियै दत्तस्य वरस्य पालनहेतोः ॥ ५ ॥ ६ ॥ प्रगृह्य दर्शनाकाङ्क्षिणोर्दर्शनं दत्वा ॥ ७ ॥ दर्शनीयतमो भूत्वा । इच्छावशादिति शेषः ॥ ८ ॥ धर्मविनीतो धर्मे शिक्षितः ॥ ९ ॥ एष मन्मैत्रीच्छारूपः । तदेवाह—यत्त्वमिति । वानरेण तिर्यग्योनिनापि ॥ १० ॥ रोचते यदीति । कार्यवशादिति शेषः । ध्रुवा मर्यादानुल्लङ्घनीयोऽन्योन्यकार्यसंपादनविषयो निश्चयः । बध्यतां बुद्ध्या विचार्य प्रतिज्ञायताम् ॥ ११ ॥ हस्तं पीडयामास दक्षिणहस्तेन दक्षिणहस्तं गृहीतवान् ॥ १२ ॥ पीडितं पर्यष्वजत गाढमालिङ्गितवान् । कृतसौहार्दस्थैर्याय दनूपदिष्टाग्निसाक्षिकत्वसिद्धये च रामप्रेरितहनूमतः प्रवृत्तिः—तत इति । भिक्षुरूपं परित्यज्य 'तौ त्वया प्राकृतेनेव गत्वा ज्ञेयौ प्लवंगम' इति सुग्रीवाज्ञाकरणप्रतीतये रामागमननिवेदनसमये पुनः कृतं भिक्षुरूपं परित्यज्य ॥ १३ ॥ स्वेन रूपेण वानररूपेण काष्ठयोररण्योरग्निं जनयामास । ततो दीप्यमानमग्निं तयोर्मध्ये निदधौ । निहितं च तं पुष्पैरभ्यर्च्य सत्कृतं परिस्तरणादिसत्कृतं चाकरोत् ॥ १४ ॥ प्रदक्षिणं चक्रतुः । मैत्रीदार्ढ्यायेति शेषः ॥ १५ ॥ १६ ॥ हृद्यो हृदयप्रियः । एकम् । समानमित्यर्थः ॥ १७ ॥ प्रहृष्टवत्प्रहृष्टः सन्नेतावत्पर्यन्तं सम्यग्विश्वासाभावात्सुग्रीवः पृथगासनस्थ एवासीदिति ज्ञायते । तदाह—ततः सुपर्णेति ॥ १८ ॥ आस्तीर्य । राघवायेति शेषः । सराघवो निषसाद । स्वयं तत्र स्थित इत्यर्थः ॥ १९ ॥ लक्ष्मणाय विषादपरिहारार्थं चन्दनशाखास्तरणप्रदानम् । अथ कार्यमर्यादाबन्धनाय प्रवृत्तिः—तत इति ॥ २० ॥ इह वने इत्यन्वयः ॥ २१ ॥ २२ ॥ अभयं कुर्वभयप्रतिज्ञां कुरु ॥ २३ ॥ तदेव दार्ढ्याय पुनराह—कर्तुमिति ॥ २४ ॥ लीलावसृष्टैकेषुमात्रसाध्यत्वात्प्रहसन्निवेति । उपकारः फलं यस्य तम् ॥ २५ ॥ २६ ॥ वेगिताः संजातवेगाः ॥ २७ ॥ २८ ॥

शरैर्विनिहतं भूमौ प्रकीर्णमिव पर्वतम्। स तु तद्वचनं श्रुत्वा राघवस्यात्मनो हितम्।
सुग्रीवः परमप्रीतः परमं वाक्यमब्रवीत्॥ २९

तव प्रसादेन नृसिंह वीर प्रियां च राज्यं च समाप्नुयामहम्।
तथा कुरु त्वं नरदेव वैरिणं यथा न हिंस्यात्स पुनर्ममाग्रजम्॥ ३०
सीताकपीन्द्रक्षणदाचराणां राजीवहेमज्वलनोपमानि।
सुग्रीवरामप्रणयप्रसङ्गे वामानि नेत्राणि समं स्फुरन्ति॥ ३१

इत्यार्षे श्रीमद्रामायणे वाल्मीकीय आदिकाव्ये किष्किन्धाकाण्डे पञ्चमः सर्गः॥ ५॥

षष्ठः सर्गः।

पुनरेवाब्रवीत्प्रीतो राघवं रघुनन्दनम्। अयमाख्याति ते राम सेवको मन्त्रिसत्तमः॥ १
हनूमान्यन्निमित्तं त्वं निर्जनं वनमागतः। लक्ष्मणेन सह भ्रात्रा वसतश्च वने तव॥ २
रक्षसापहृता भार्या मैथिली जनकात्मजा। त्वया वियुक्ता रुदती लक्ष्मणेन च धीमता॥ ३
अन्तरं प्रेप्सुना तेन हत्वा गृध्रं जटायुषम्। भार्यावियोगजं दुःखं प्रापितस्तेन रक्षसा॥ ४
भार्यावियोगजं दुःखं नचिरात्त्वं विमोक्ष्यसे। अहं तामानयिष्यामि नष्टां वेदश्रुतीमिव॥ ५
रसातले वा वर्तन्तीं वर्ततीं वा नभस्तले। अहमानीय दास्यामि तव भार्यामरिंदम॥ ६
इदं तथ्यं मम वचस्त्वमवेहि च राघव। न शक्या सा जरयितुमपि सेन्द्रैः सुरासुरैः॥ ७
तव भार्या महाबाहो भक्ष्यं विषकृतं यथा। त्यज शोकं महाबाहो तां कान्तामानयामि ते॥ ८
अनुमानात्तु जानामि मैथिली सा न संशयः। ह्रियमाणा मया दृष्टा रक्षसा रौद्रकर्मणा॥ ९
क्रोशन्ती रामरामेति लक्ष्मणेति च विस्वरम्। स्फुरन्ती रावणस्याङ्के पन्नगेन्द्रवधूर्यथा॥ १०
आत्मना पञ्चमं मां हि दृष्ट्वा शैलतले स्थितम्। उत्तरीयं तया त्यक्तं शुभान्याभरणानि च॥ ११
तान्यस्माभिर्गृहीतानि निहितानि च राघव। आनयिष्याम्यहं तानि प्रत्यभिज्ञातुमर्हसि॥ १२
तमब्रवीत्ततो रामः सुग्रीवं प्रियवादिनम्। आनयस्व सखे शीघ्रं किमर्थं प्रविलम्बसे॥ १३
एवमुक्तस्तु सुग्रीवः शैलस्य गहनां गुहाम्। प्रविवेश ततः शीघ्रं राघवप्रियकाम्यया॥ १४
उत्तरीयं गृहीत्वा तु स तान्याभरणानि च। इदं पश्येति रामाय दर्शयामास वानरः॥ १५
ततो गृहीत्वा वासस्तु शुभान्याभरणानि च। अभवद्बाष्पसंरुद्धो नीहारेणेव चन्द्रमाः॥ १६
सीतास्नेहप्रवृत्तेन स तु बाष्पेण दूषितः। हा प्रियेति रुदन्धैर्यमुत्सृज्य न्यपतत्क्षितौ॥ १७
हृदि कृत्वा स बहुशस्तमलंकारमुत्तमम्। निशश्वास भृशं सर्पो बिलस्थ इव रोषितः॥ १८
अविच्छिन्नाश्रुवेगस्तु सौमित्रिं प्रेक्ष्य पार्श्वतः। परिदेवयितुं दीनं रामः समुपचक्रमे॥ १९
पश्य लक्ष्मण वैदेह्या संत्यक्तं ह्रियमाणया। उत्तरीयमिदं भूमौ शरीराद्भूषणानि च॥ २०
शाद्वलिन्यां ध्रुवं भूम्यां सीतया ह्रियमाणया। उत्सृष्टं भूषणमिदं तथा रूपं हि दृश्यते॥ २१

॥ २९॥ मम वैरिणमग्रजं तथा कुरु, यथा पुनः स मम न हिंस्यात्॥ ३०॥ सीतादीनां राजीवादिभिः क्रमेणान्वयः। कपीन्द्रोऽत्र वाली। पुंसां वामनेत्रस्पन्दोऽशुभशंसी, स्त्रीणां स शुभशंसी॥ ३१॥ इति श्रीरामाभिरामे श्रीरामीये रामायणतिलके वाल्मीकीय आदिकाव्ये किष्किन्धाकाण्डे पञ्चमः सर्गः॥ ५॥

आख्यात्याख्यातवान्। तन्निमित्तमिति शेषः॥ १॥ तत्किं तत्राह—यन्निमित्तमिति॥ २॥ त्वया लक्ष्मणेन च वियुक्ता तव भार्या सीताऽन्तरं प्रेप्सुना छिद्रं दिदृक्षुणा हृता, तेन लोकरावणेन रक्षसा त्वं भार्यावियोगजं दुःखं प्रापित इति व्याख्यातवान्॥ ३॥ ४॥ रामेण स्वकार्यसाधने प्रतिज्ञाते सति स्वयमपि तत्कार्यसाधनं प्रतिजानीते—भार्येत्यादि। न चिरान्नष्टां मधुकैटभहृतां देवस्य धर्मस्य ब्रह्मणश्च ज्ञानसाधनभूता श्रुतित्रयी तामिव। दीर्घ आर्षः॥ ५॥ वर्तन्तीं वर्तमानाम्॥ ६॥ तथ्यम्। तथ्यमेवावेहीत्यन्वयः॥ ७॥ विषकृतं विषमिश्रितम्॥ ८॥ या दृष्टा सा मैथिलीत्यनुमानात्स्वद्वार्यात्वानुमानकाद्रामेत्याक्रोशालिङ्गाज्जानामीत्यन्वयः॥ ९॥ १०॥ आत्मना पञ्चमम्। मन्त्रिचतुष्टयसहितं मामित्यर्थः॥ ११॥ आनयिष्याम्यानेष्यामि। दृष्टेत्यत्र प्रमाणप्रदर्शनमिदम्॥ १२॥ १३॥ गहनां दुष्प्रवेशाम्॥ १४॥ १५॥ १६॥ हा प्रिये इतीत्यत्र संधिरार्षः॥ १७॥ हृदीति प्रियासंबन्धेन प्रीत्यतिशयात्॥ १८॥ १९॥ २०॥ शाद्वलभू-

एवमुक्तस्तु रामेण लक्ष्मणो वाक्यमब्रवीत् । नाहं जानामि केयूरे नाहं जानामि कुण्डले ॥ २२
नूपुरे त्वभिजानामि नित्यं पादाभिवन्दनात् । ततस्तु राघवो वाक्यं सुग्रीवमिदमब्रवीत् ॥ २३
ब्रूहि सुग्रीव कं देशं ह्रियन्ती लक्षिता त्वया । रक्षसा रौद्ररूपेण मम प्राणप्रिया हृता ॥ २४
क्व वा वसति तद्रक्षो महद्व्यसनदं मम । यन्निमित्तमहं सर्वान्नाशयिष्यामि राक्षसान् ॥ २५
हरता मैथिलीं येन मां च रोषयता ध्रुवम् । आत्मनो जीवितान्ताय मृत्युद्वारमपावृतम् ॥ २६
मम दयिततमा हृता वनाद्रजनिचरेण विमथ्य येन सा ।
कथय मम रिपुं तमद्य वै प्लवगपते यमसंनिधिं नयामि ॥ २७

इत्यार्षे श्रीमद्रामायणे वाल्मीकीय आदिकाव्ये किष्किन्धाकाण्डे षष्ठः सर्गः ॥ ६ ॥

सप्तमः सर्गः ।

एवमुक्तस्तु सुग्रीवो रामेणार्तेन वानरः । अब्रवीत्प्राञ्जलिर्वाक्यं सबाष्पं बाष्पगद्गदः ॥ १
न जाने निलयं तस्य सर्वथा पापरक्षसः । सामर्थ्यं विक्रमं वापि दौष्कुलेयस्य वा कुलम् ॥ २
सत्यं तु प्रतिजानामि त्यज शोकमरिंदम । करिष्यामि तथा यत्नं यथा प्राप्स्यसि मैथिलीम् ॥ ३
रावणं सगणं हत्वा परितोष्यात्मपौरुषम् । तथास्मि कर्ता न चिराद्यथा प्रीतो भविष्यसि ॥ ४
अलं वैक्लव्यमालम्ब्य धैर्यमात्मगतं स्मर । त्वद्विधानां न सदृशमीदृशं बुद्धिलाघवम् ॥ ५
मयापि व्यसनं प्राप्तं भार्याविरहजं महत् । नाहमेवं हि शोचामि धैर्यं न च परित्यजे ॥ ६
नाहं तामनुशोचामि प्राकृतो वानरोऽपि सन् । महात्मा च विनीतश्च किं पुनर्धृतिमान्महान् ॥ ७
बाष्पमापतितं धैर्यान्निग्रहीतुं त्वमर्हसि । मर्यादां सत्त्वयुक्तानां धृतिं नोत्स्रष्टुमर्हसि ॥ ८
व्यसने वार्थकृच्छ्रे वा भये वा जीवितान्तगे । विमृशंश्च स्वया बुद्ध्या धृतिमान्नावसीदति ॥ ९
बालिशस्तु नरो नित्यं वैक्लव्यं योऽनुवर्तते । स मज्जत्यवशः शोके भाराक्रान्तेव नौर्जले ॥ १०
एषोऽञ्जलिर्मया बद्धः प्रणयात्त्वां प्रसादये । पौरुषं श्रय शोकस्य नान्तरं दातुमर्हसि ॥ ११
ये शोकमनुवर्तन्ते न तेषां विद्यते सुखम् । तेजश्च क्षयते तेषां न त्वं शोचितुमर्हसि ॥ १२
शोकेनाभिप्रपन्नस्य जीविते चापि संशयः । स शोकं त्यज राजेन्द्र धैर्यमाश्रय केवलम् ॥ १३
हितं वयस्यभावेन ब्रूमि नोपदिशामि ते । वयस्यतां पूजयन्मे न त्वं शोचितुमर्हसि ॥ १४
मधुरं सान्त्वितस्तेन सुग्रीवेण स राघवः । मुखमश्रुपरिक्लिन्नं वस्त्रान्तेन प्रमार्जयत् ॥ १५

म्युत्सर्गे लिङ्गमाह—तथा रूपमिति । अभग्नतया यथा पूर्वरूपमित्यर्थः ॥ २१ ॥ नाहमिति । ऊर्ध्वदृष्ट्या परस्त्रीत्वेन कदाप्यदर्शनादिति भावः ॥ २२ ॥ २३ ॥ कं देशम । उद्दिश्येति शेषः । प्राणप्रिया प्राणेभ्योऽपीष्टा । प्राणसंबन्धस्य तदधीनत्वादिति भावः ॥ २४ ॥ यन्निमित्तं प्रियापहारि तन्निमित्तम् ॥ २५ ॥ २६ ॥ विमथ्य वञ्चयित्वा ॥ २७ ॥ **इति श्रीरामाभिरामे श्रीरामीये रामायणतिलके वाल्मीकीय आदिकाव्ये किष्किन्धाकाण्डे षष्ठः सर्गः ॥**

एवमिति ॥ १ ॥ तस्य पापरक्षसः पापं कृतवतो रक्षसो निलयं निलयस्थानं गुप्तवासस्थानं सर्वथा न जाने । नहीदृश पापं कर्म कृत्वा राजधान्यां वस्तुमर्हतीति भावः । सामर्थ्य शौर्यादि । विक्रमं विशेषेण क्रामति पादविक्षेपं करोति यत्र तद्वासनगरम् । दौष्कुलेयस्येत्यनेन रक्षःकुलजत्वं ध्वनितम् । तज्जाने एवेति शेषः । वाशब्दस्त्वर्थे । अतएव लङ्काद्वीपं निर्दिश्य । 'स हि देशस्तु वध्यस्य रावणस्य दुरात्मनः । राक्षसाधिपतेर्वासः सहस्राक्षसमद्युतेः ॥' इति हनूमदादिप्रेषणकालिकसुग्रीववचसा न विरोधः ॥ २ ॥ यद्यप्येतावज्जानामि, तथापि तदुपवर्णनं निष्फलम् । तावन्मात्रज्ञानेऽपि तद्वधासंभवात् क्वचिद्गुप्ते स्थितिसंभवात् । एतावत्त्ववगम्यतामित्याह—सत्यं त्विति ॥ ३ ॥ परितोष्यं भवतः परितोषार्हम् । आत्मनः सपरिवारस्य मम । पौरुषमवलम्ब्येति शेषः ॥ ४ ॥ न सदृशमयुक्तम् ॥ ५ ॥ ६ ॥ तां प्रियाम् ॥ ७ ॥ सत्त्वयुक्तानां सत्त्वगुणवताम् ॥ ८ ॥ व्यसने इष्टवियोगजे । अर्थकृच्छ्रे धननाशे । भये चौरव्याघ्रादिजे । जीवितान्तगे जीवितनाशप्रापके । विमृशन् । प्रारब्धवेगमिति शेषः ॥ ९ ॥ यो बालिशः, यश्च नित्यं वैक्लव्यमनुवर्तते, स मज्जति । तुश्चार्थे । भाराक्रान्तातिभारवती ॥ १० ॥ अन्तरमवसरम् ॥ ११ ॥ १२ ॥ १३ ॥ ब्रूमि ब्रवीमि ॥ १४ ॥ प्रमार्जयत्प्रामार्जयत्

प्रकृतिस्थस्तु काकुत्स्थः सुग्रीववचनात्प्रभुः । संपरिष्वज्य सुग्रीवमिदं वचनमब्रवीत् ॥ १६
कर्तव्यं यद्वयस्येन स्निग्धेन च हितेन च । अनुरूपं च युक्तं च कृतं सुग्रीव तत्त्वया ॥ १७
एष च प्रकृतिस्थोऽहमनुनीतस्त्वया सखे । दुर्लभो हीदृशो बन्धुरस्मिन्काले विशेषतः ॥ १८
किं तु यत्नस्त्वया कार्यो मैथिल्याः परिमार्गणे । राक्षसस्य च रौद्रस्य रावणस्य दुरात्मनः ॥ १९
मया च यदनुष्ठेयं विस्रब्धेन तदुच्यताम् । वर्षास्विव च सुक्षेत्रे सर्वं संपद्यते तव ॥ २०
मया च यदिदं वाक्यमभिमानात्समीरितम् । तत्त्वया हरिशार्दूल तत्त्वमित्युपधार्यताम् ॥ २१
अनृतं नोक्तपूर्वं मे न च वक्ष्ये कदाचन । एतत्ते प्रतिजानामि सत्येनैव शपाम्यहम् ॥ २२
ततः प्रहृष्टः सुग्रीवो वानरैः सचिवैः सह । राघवस्य वचः श्रुत्वा प्रतिज्ञातं विशेषतः ॥ २३
एवमेकान्तसंपृक्तौ ततस्तौ नरवानरौ । उभावन्योन्यसदृशं सुखं दुःखमभाषताम् ॥ २४

महानुभावस्य वचो निशम्य हरिर्नृपाणामधिपस्य तस्य ।
कृतं स मेने हरिवीरमुख्यस्तदा च कार्यं हृदयेन विद्वान् ॥ २५

इत्यार्षे श्रीमद्रामायणे वाल्मीकीय आदिकाव्ये किष्किन्धाकाण्डे सप्तमः सर्गः ॥ ७ ॥

अष्टमः सर्गः ।

परितुष्टस्तु सुग्रीवस्तेन वाक्येन हर्षितः । लक्ष्मणस्याग्रजं शूरमिदं वचनमब्रवीत् ॥ १
सर्वथाहमनुग्राह्यो देवतानां न संशयः । उपपन्नो गुणोपेतः सखा यस्य भवान्मम ॥ २
शक्यं खलु भवेद्राम सहायेन त्वयानघ । सुरराज्यमपि प्राप्तुं स्वराज्यं किमुत प्रभो ॥ ३
सोऽहं सभाज्यो बन्धूनां सुहृदां चैव राघव । यस्याग्निसाक्षिकं मित्रं लब्धं राघववंशजम् ॥ ४
अहमप्यनुरूपस्ते वयस्यो ज्ञास्यसे शनैः । न तु वक्तुं समर्थोऽहं त्वयि ह्यात्मगतान्गुणान् ॥ ५
महात्मनां तु भूयिष्ठं त्वद्विधानां कृतात्मनाम् । निश्चला भवति प्रीतिर्धैर्यमात्मवतां वर ॥ ६
रजतं वा सुवर्णं वा शुभान्याभरणानि च । अविभक्तानि साधूनामवगच्छन्ति साधवः ॥ ७
आढ्यो वापि दरिद्रो वा दुःखितः सुखितोऽपि वा । निर्दोषश्च सदोषश्च वयस्यः परमा गतिः ॥ ८
धनत्यागः सुखत्यागो देशत्यागोऽपि वानघ । वयस्यार्थे प्रवर्तन्ते स्नेहं दृष्ट्वा तथाविधम् ॥ ९
तत्तथेत्यब्रवीद्रामः सुग्रीवं प्रियदर्शनम् । लक्ष्मणस्याग्रतो लक्ष्म्या वासवस्येव धीमतः ॥ १०
ततो रामं स्थितं दृष्ट्वा लक्ष्मणं च महाबलम् । सुग्रीवः सर्वतश्चक्षुर्वने लोलमपातयत् ॥ ११
स ददर्श ततः सालमविदूरे हरीश्वरः । सुपुष्पमीषत्पत्राढ्यं भ्रमरैरुपशोभितम् ॥ १२
तस्यैकां पर्णबहुलां शाखां भङ्क्त्वा सुशोभिताम् । रामस्यास्तीर्य सुग्रीवो निषसाद सराघवः ॥ १३

॥ १५ ॥ १६ ॥ कर्तव्यं यत् । शोकनाशार्थमिति शेषः ॥ १७ ॥ प्रकृतिस्थः स्वभावस्थः । दुःखहीन इत्यर्थः । अस्मिन्काले व्यसनकाले ॥ १८ ॥ रावणस्य संहारे चेति शेषः ॥ १९ ॥ मया च यदनुष्ठेयम् । तवेति शेषः । वर्षास्विव । सुक्षेत्र उप्तं बीजमिति । शेषः संपद्यते । सफलं भविष्यतीत्यर्थः । शैघ्य-प्रत्यायनाय वर्तमानप्रयोगः ॥ २० ॥ इदं वाक्यं वालिनं वधिष्यामीति वाक्यमभिमानात्तत इव ॥ २१ ॥ एतदनृतवचनाभावं सत्येन । तत्साक्षितयेत्यर्थः ॥ २२ ॥ २३ ॥ संपृक्तौ कृतसख्यसंपन्नौ । अभाषतामभाषेताम् ॥ २४ ॥ २५ ॥ इति श्रीरामाभिरामे श्रीरामीये रामायणतिलके वाल्मीकीय आदिकाव्ये किष्किन्धाकाण्डे सप्तमः सर्गः ॥ ७ ॥

तेन वाक्येन 'अनृतं नोक्तपूर्वं मे' इत्यादिवाक्येन ॥ १ ॥ उपपन्नः संपन्नः ॥ २ ॥ ३ ॥ सभाज्यः पूज्यः । यस्य येन । राघववंशजं मित्रं लब्धम् ॥ ४ ॥ अनुरूपो योग्यः । ज्ञास्यसे । आनुरूप्यमिति शेषः । न तु वक्तुं समर्थः । 'आत्मप्रशंसा मरणं मम' इति न्यायात् ॥ ५ ॥ भूयिष्ठमधिकं प्रीतिर्निश्चला भवति । वयस्यानामिति शेषः । आत्मवतां स्वाधीनानाम् ॥ ६ ॥ साधूनां वयस्यानाम् । साधवो वयस्याः । रजतमित्याद्युपलक्षणम् ॥ ७ ॥ वयस्यः परमा गतिः । वयस्यस्येति शेषः ॥ ८ ॥ तथाविधम् । स्वरसतो धनादित्यागप्रवर्तकमित्यर्थः ॥ ९ ॥ तत्तथेति । यदुक्तं वयस्ययोर्धनविभागादिकं तन्ममापि संमतमित्यब्रवीदित्यर्थः । लक्ष्म्या कान्त्या युतो रामो वासवस्येव वासवसदृशस्य लक्ष्मणस्येत्यन्वयः । लक्ष्मणस्याग्रत इत्यनेन यथा मम लक्ष्मणस्य मैत्री तथैव तवापीत्यपि सूचितम् ॥ १० ॥ ततस्तद्दिनापगमोत्तरम् । द्वितीयदिन इत्यर्थः । स्थितं दृष्ट्वा । भूमाविति शेषः ॥ ११ ॥ ईषत्सुपुष्पं पत्राढ्यं पत्रबहुलम् ॥ १२ ॥ सराघवः सुग्रीवो

तावासीनौ ततो दृष्ट्वा हनूमानपि लक्ष्मणम् । शालशाखां समुत्पाट्य विनीतमुपवेशयत् ॥ १४
सुखोपविष्टं रामं तु प्रसन्नमुदधिं यथा । सालपुष्पावसंकीर्णे तस्मिन्गिरिवरोत्तमे ॥ १५
ततः प्रहृष्टः सुग्रीवः श्लक्ष्णया शुभया गिरा । उवाच प्रणयाद्रामं हर्षव्याकुलिताक्षरम् ॥ १६
अहं विनिकृतो भ्रात्रा चराम्येष भयार्दितः । ऋष्यमूकं गिरिवरं हृतभार्यः सुदुःखितः ॥ १७
सोऽहं त्रस्तो भये मग्नो वने संभ्रान्तचेतनः । वालिना निकृतो भ्रात्रा कृतवैरश्च राघव ॥ १८
वालिनो मे भयार्तस्य सर्वलोकाभयंकर । ममापि त्वमनाथस्य प्रसादं कर्तुमर्हसि ॥ १९
एवमुक्तस्तु तेजस्वी धर्मज्ञो धर्मवत्सलः । प्रत्युवाच स काकुत्स्थः सुग्रीवं प्रहसन्निव ॥ २०
उपकारफलं मित्रमपकारोऽरिलक्षणम् । अद्यैव तं वधिष्यामि तव भार्यापहारिणम् ॥ २१
इमे हि मे महाभाग पत्रिणस्तिग्मतेजसः । कार्तिकेयवनोद्भूताः शरा हेमविभूषिताः ॥ २२
कङ्कपत्रपरिच्छन्ना महेन्द्राशनिसंनिभाः । सुपर्वाणः सुतीक्ष्णाग्राः सरोषा भुजगा इव ॥ २३
वालिसंज्ञममित्रं ते भ्रातरं कृतकिल्बिषम् । शरैर्विनिहतं पश्य विकीर्णमिव पर्वतम् ॥ २४
राघवस्य वचः श्रुत्वा सुग्रीवो वाहिनीपतिः । प्रहर्षमतुलं लेभे साधुसाध्विति चाब्रवीत् ॥ २५
राम शोकाभिभूतोऽहं शोकार्तानां भवान्गतिः । वयस्य इति कृत्वा हि त्वय्यहं परिदेवये ॥ २६
त्वं हि पाणिप्रदानेन वयस्यो मेऽग्निसाक्षिकम् । कृतः प्राणैर्बहुमतः सत्येन च शपाम्यहम् ॥ २७
वयस्य इति कृत्वा च विस्रब्धः प्रवदाम्यहम् । दुःखमन्तर्गतं तन्मे मनो हरति नित्यशः ॥ २८
एतावदुक्त्वा वचनं बाष्पदूषितलोचनः । बाष्पदूषितया वाचा नोच्चैः शक्नोति भाषितुम् ॥ २९
बाष्पवेगं तु सहसा नदीवेगमिवागतम् । धारयामास धैर्येण सुग्रीवो रामसंनिधौ ॥ ३०
स निगृह्य तु तं बाष्पं प्रमृज्य नयने शुभे । विनिःश्वस्य च तेजस्वी राघवं पुनरूचिवान् ॥ ३१
पुराहं वालिना राम राज्यात्स्वादवरोपितः । परुषाणि च संश्राव्य निर्धूतोऽस्मि बलीयसा ॥ ३२
हृता भार्या च मे तेन प्राणेभ्योऽपि गरीयसी । सुहृदश्च मदीया ये संयता बन्धनेषु ते ॥ ३३
यत्नवांश्च स दुष्टात्मा मद्विनाशाय राघव । बहुशस्तत्प्रयुक्ताश्च वानरा निहता मया ॥ ३४
शङ्कया त्वेतयाहं च दृष्ट्वा त्वामपि राघव । नोपसर्पाम्यहं भीतो भये सर्वे हि बिभ्यति ॥ ३५
केवलं हि सहाया मे हनुमत्प्रमुखास्त्विमे । अतोऽहं धारयाम्यद्य प्राणान्कृच्छ्रगतोऽपि सन् ॥ ३६
एते हि कपयः स्निग्धा मां रक्षन्ति समन्ततः । सह गच्छन्ति गन्तव्ये नित्यं तिष्ठन्ति चास्थिते॥ ३७
संक्षेपस्त्वेष मे राम किमुक्त्वा विस्तरं हि ते । स मे ज्येष्ठो रिपुर्भ्राता वाली विश्रुतपौरुषः ॥ ३८
तद्विनाशेऽपि मे दुःखं प्रमृष्टं स्यादनन्तरम् । सुखं मे जीवितं चैव तद्विनाशनिबन्धनम् ॥ ३९
एष मे राम शोकान्तः शोकार्तेन निवेदितः । दुःखितः सुखितो वापि सख्युर्नित्यं सखा गतिः ॥ ४०
श्रुत्वैतच्च वचो रामः सुग्रीवमिदमब्रवीत् । किंनिमित्तमभूद्वैरं श्रोतुमिच्छामि तत्त्वतः ॥ ४१

निषसाद ॥ १३ ॥ १४ ॥ सुखोपविष्टं रामं तु । शेषः ॥ १५ ॥ १६ ॥ अहं विनिकृत इति पूर्वदिवसोक्तार्थस्मारणं तदर्थस्यावश्यानुष्ठेयत्वाभिप्रायेण ॥ १७ ॥ १८ ॥ १९ ॥ २० ॥ ननु भ्रातृत्वमरित्वेन विरुद्धमिति जनाशङ्कायां स्वयमेवोत्तरयति—उपकारेत्यादि । उपकाररूपफलमेव मित्रत्वे प्रयोजकम्, न त्वेकोदरे जन्मेत्याशयः ॥ २१ ॥ कार्तिकेयस्य स्कन्दस्योत्पत्तिक्षेत्रभूतं वनं शरवणं तत्रोत्पन्नकाण्डाः ॥ २२ ॥ शोभनानि पर्वाणि येषां ते ॥ २३ ॥ भ्रातरममित्रमप्येकोदरजन्ममात्रेण तथा व्यवहृतं पश्य । द्वित्रैर्दिवसैरिति शेषः ॥ २४ ॥ २५ ॥ दुःखाशयात्पुनराह—रामेत्यादि । शोकार्तगतित्वाद्वयस्यत्वाच्च त्वयि देवनम् ॥ २६ ॥ वयस्यत्वमुपपादयन्करुणामुत्पादयति—त्वं हीति । अग्निसाक्षिकं पाणिप्रदानेन वयस्य इत्यन्वयः ॥ २७ ॥ अवक्तव्यमपि वयस्य इति कृत्वा विस्रब्धो विश्वस्तो वदामि । हरति क्षीणं करोति ॥ २८ ॥ न शक्नोति नाशक्नोत् ॥ २९ ॥ ३० ॥ ॥ ३१ ॥ वालिविनिकारं संक्षेपेणाह—पुराहमिति । स्वाद्राज्याद्विद्यमानज्येष्ठोचिताद्वानरराज्यात् । अवरोपितोऽपहृताधिकारः । निर्धूतो भर्त्सितः ॥ ३२ ॥ बन्धनेषु बन्धनागारेषु । संयता बद्धाः ॥ ३३ ॥ तत्प्रयुक्ता मद्वधाय तत्प्रेरिताः ॥ ३४ ॥ एतया शङ्कया मद्वधाय वालिप्रेरितत्वशङ्कया । नोपसर्पामि नोपासर्पम् । भये यत्किंचिद्भयप्राप्तौ । बिभ्यति । सर्वत एवेति शेषः ॥ ३५ ॥ ३६ ॥ ३७ ॥ संक्षेपस्त्वेष इत्येतच्छब्दार्थः—स मे ज्येष्ठ इति ॥ ३८ ॥ तद्विनाशेऽपीति । यद्यपि भ्रातृनाशो दुःखाय, तथाप्यनन्तरं संप्रति विद्यमानं मे दुःखं तद्विनाशे एव प्रमृष्टं स्यात् । अपिरेवार्थे । तदेवाह—सुखमिति ॥ ३९ ॥ ४० ॥ तन्निमित्तं तत्त्वतः श्रोतुमिच्छा-

सुखं हि कारणं श्रुत्वा वैरस्य तव वानर । आनन्तर्याद्विधास्यामि संप्रधार्य बलाबलम् ॥ ४२
बलवान्हि ममामर्षः श्रुत्वा त्वामवमानितम् । वर्धते हृदयोत्कम्पी प्रावृड्वेग इवाम्भसः ॥ ४३
हृष्टः कथय विस्रब्धो यावदारोप्यते धनुः । सृष्टश्च हि मया बाणो निरस्तश्च रिपुस्तव ॥ ४४
एवमुक्तस्तु सुग्रीवः काकुत्स्थेन महात्मना । प्रहर्षमतुलं लेभे चतुर्भिः सह वानरैः ॥ ४५
ततः प्रहृष्टवदनः सुग्रीवो लक्ष्मणाग्रजे । वैरस्य कारणं तत्त्वमाख्यातुमुपचक्रमे ॥ ४६

इत्यार्षे श्रीमद्रामायणे वाल्मीकीय आदिकाव्ये किष्किन्धाकाण्डेऽष्टमः सर्गः ॥ ८ ॥

नवमः सर्गः ।

वाली नाम मम भ्राता ज्येष्ठः शत्रुनिषूदनः । पितुर्बहुमतो नित्यं मम चापि तथा पुरा ॥ १
पितर्युपरते तस्मिञ्ज्येष्ठोऽयमिति मन्त्रिभिः । कपीनामीश्वरो राज्ये कृतः परमसंमतः ॥ २
राज्यं प्रशासतस्तस्य पितृपैतामहं महत् । अहं सर्वेषु कालेषु प्रणतः प्रेष्यवत्स्थितः ॥ ३
मायावी नाम तेजस्वी पूर्वजो दुन्दुभेः सुतः । तेन तस्य महद्वैरं वालिनः स्त्रीकृतं पुरा ॥ ४
स तु सुप्ते जने रात्रौ किष्किन्धाद्वारमागतः । नर्दति स्म सुसंरब्धो वालिनं चाह्वयद्रणे ॥ ५
प्रसुप्तस्तु मम भ्राता नर्दतो भैरवस्वनम् । श्रुत्वा न ममृषे वाली निष्पपात जवात्तदा ॥ ६
स तु वै निःसृतः क्रोधात्तं हन्तुमसुरोत्तमम् । वार्यमाणस्ततः स्त्रीभिर्मया च प्रणतात्मना ॥ ७
स तु निर्धूय ताः सर्वा निर्जगाम महाबलः । ततोऽहमपि सौहार्दान्निःसृतो वालिना सह ॥ ८
स तु मे भ्रातरं दृष्ट्वा मां च दूरादवस्थितम् । असुरो जातसंत्रासः प्रदुद्राव तदा भृशम् ॥ ९
तस्मिन्द्रवति संत्रस्ते ह्यावां द्रुततरं गतौ । प्रकाशोऽपि कृतो मार्गश्चन्द्रेणोद्गच्छता तदा ॥ १०
स तृणैरावृतं दुर्गं धरण्या विवरं महत् । प्रविवेशासुरो वेगादावामासाद्य विष्ठितौ ॥ ११
तं प्रविष्टं रिपुं दृष्ट्वा बिलं रोषवशं गतः । मामुवाच ततो वाली वचनं क्षुभितेन्द्रियः ॥ १२
इह तिष्ठाद्य सुग्रीव बिलद्वारि समाहितः । यावदत्र प्रविश्याहं निहन्मि समरे रिपुम् ॥ १३
मया त्वेतद्वचः श्रुत्वा याचितः स परंतपः । शापयित्वा स मां पद्भ्यां प्रविवेश बिलं ततः ॥ १४
तस्य प्रविष्टस्य बिलं साग्रः संवत्सरो गतः । स्थितस्य च बिलद्वारि स कालो व्यत्यवर्तत ॥ १५
अहं तु नष्टं तं ज्ञात्वा स्नेहादागतसंभ्रमः । भ्रातरं न प्रपश्यामि पापशङ्कि च मे मनः ॥ १६
अथ दीर्घस्य कालस्य बिलात्तस्माद्विनिःसृतम् । सफेनं रुधिरं दृष्ट्वा ततोऽहं भृशदुःखितः ॥ १७
नर्दतामसुराणां च ध्वनिमें श्रोत्रमागतः । न रतस्य च सङ्ग्रामे क्रोशतोऽपि स्वनो गुरोः ॥ १८
अहं त्ववगतो बुद्ध्या चिह्नैस्तैर्भ्रातरं हतम् । पिधाय च बिलद्वारं शिलया गिरिमात्रया ॥ १९

मीत्यन्वयः ॥ ४१ ॥ तत्र तेन वैरस्य कारणं श्रुत्वा युवयोर्बलाबलं च श्रुत्वा, आनन्तर्यात्तदनन्तरोत्पन्नविमर्शात्संप्रधार्य निश्चित्य । हि निश्चयेन । तव सुखं त्वत्सुखसाधनं वालिवधं विधास्यामि ॥ ४२ ॥ अम्भःसंबन्धी प्रावृट्कालिको वेग इव मेऽमर्षो वर्धते ॥ ४३ ॥ यावदारोप्यते आरोपयिष्यामि । सृष्टो विसृष्टः रिपुर्निरस्तश्च । समुच्चयालंकारः । व्यङ्ग्यातिशयोक्तिश्च ॥ ४४ ॥ ४५ ॥ तत्त्वं तात्त्विकं वैरस्य कारणमित्यन्वयः ॥ ४६ ॥ **इति श्रीरामाभिरामे श्रीरामीये रामायणतिलके वाल्मीकीय आदिकाव्ये किष्किन्धाकाण्डेऽष्टमः सर्गः ॥ ८ ॥**

उपक्रान्तमेवाह—वालीति । पितुः क्षेत्रिणः । मात्रैक्याच्च भ्रातृत्वं भीमार्जुनादिवत् ॥ १ ॥ कपीनां राज्ये इत्यन्वयः ॥ २ ॥ पितृपैतामहम् । आर्षत्वादुत्तरपदवृद्धिः ॥ ३ ॥ मायावीत्यन्वर्थं नाम । पूर्वजो ज्येष्ठः । स्त्रीकृतं स्त्रीनिमित्तम् । अयमितिहासः क्वचित्पुराणे शोधनीयो बहुदर्शिभिः ॥ ४ ॥ सुप्ते जने रात्रौ सुप्तजने भागेऽर्धरात्रे रणनिमित्तम् ॥ ५ ॥ ६ ॥ ७ ॥ ८ ॥ ९ ॥ १० ॥ तृणैरावृतं छन्नं विवरं बिलमासाद्य प्राप्य विष्ठितौ स्थितौ ॥ ११ ॥ बिलं प्रवेष्टं दृष्ट्वा ॥ १२ ॥ १३ ॥ एतद्वचो रिपुवधाय बिलप्रवेशवचनं याचितः । सहप्रवेशमिति शेषः । स्वपादाभ्यां शापयित्वा स्वपादशपथपूर्वं सहप्रवेशान्निवार्य यावन्मदागमनं तावद्बिलद्वारि तिष्ठेति चोक्त्वेत्यर्थः ॥ १४ ॥ साग्रः संवत्सरः किंचिदधिकः संवत्सरः । द्वारि स्थितस्य च मम स कालः साग्रः संवत्सरो व्यत्यवर्ततातिक्रान्तः । तावत्पर्यन्तं मया तत्रैव स्थितमित्याशयः ॥ १५ ॥ ततो यदा हतं भ्रातरं न पश्यामि तदाहं भ्रातरं नष्टं दर्शनाविषयं जातम् । स्नेहादागतसंभ्रम आगतक्षोभो जातः । पापशङ्कि मरणशङ्कि मे मनो जातं च ॥ १६ ॥ १७ ॥ सङ्ग्रामे रतस्य निरतस्य क्रोशतोऽपि गुरोः स्वनो न श्रोत्रमागत इत्यनुकर्षः ॥ १८ ॥ चिह्नैर्बिलद्वारि रुधिरनिःसरणासुरीयसङ्ग्रामक्रोशनादिभिर्भ्रातरं

शोकार्तश्चोदकं कृत्वा किष्किन्धामागतः सखे । गूहमानस्य मे तत्त्वं यत्नतो मन्त्रिभिः श्रुतम् ॥ २०
ततोऽहं तैः समागम्य समेतैरभिषेचितः । राज्यं प्रशासतस्तस्य न्यायतो मम राघव ॥ २१
आजगाम रिपुं हत्वा दानवं स तु वानरः । अभिषिक्तं तु मां दृष्ट्वा क्रोधात्संरक्तलोचनः ॥ २२
मदीयान्मन्त्रिणो बद्ध्वा परुषं वाक्यमब्रवीत् । निग्रहे च समर्थस्य तं पापं प्रति राघव ॥ २३
न प्रावर्तत मे बुद्धिर्भ्रातृगौरवयन्त्रिता । हत्वा शत्रुं स मे भ्राता प्रविवेश पुरं तदा ॥ २४
मानयंस्तं महात्मानं यथावच्चाभिवादयम् । उक्ताश्च नाशिषस्तेन प्रहृष्टेनान्तरात्मना ॥ २५
नत्वा पादावहं तस्य मुकुटेनास्पृशं प्रभो । अपि वाली मम क्रोधान्न प्रसादं चकार सः ॥ २६

इत्यार्षे श्रीमद्रामायणे वाल्मीकीय आदिकाव्ये किष्किन्धाकाण्डे नवमः सर्गः ॥ ९ ॥

दशमः सर्गः ।

ततः क्रोधसमाविष्टं संरब्धं तमुपागतम् । अहं प्रसादयांचक्रे भ्रातरं हितकाम्यया ॥ १
दिष्ट्यासि कुशली प्राप्तो निहतश्च त्वया रिपुः । अनाथस्य हि मे नाथस्त्वमेको नाथ नन्दन ॥ २
इदं बहुशलाकं ते पूर्णचन्द्रमिवोदितम् । छत्रं सवालव्यजनं प्रतीच्छस्व मया धृतम् ॥ ३
आर्तस्तस्य बिलद्वारि स्थितः संवत्सरं नृप । दृष्ट्वा च शोणितं द्वारि बिलाच्चापि समुत्थितम् ॥ ४
शोकसंविग्नहृदयो भृशं व्याकुलितेन्द्रियः । अपिधाय बिलद्वारं शैलशृङ्गेण तत्तदा ॥ ५
तस्माद्देशादपाक्रम्य किष्किन्धां प्राविशं पुनः । विषादात्त्विह मां दृष्ट्वा पौरैर्मन्त्रिभिरेव च ॥ ६
अभिषिक्तो न कामेन तन्मे क्षन्तुं त्वमर्हसि । त्वमेव राजा मानार्हः सदा चाहं यथा पुरा ॥ ७
राजभावे नियोगोऽयं मम त्वद्विरहात्कृतः । सामात्यपौरनगरं स्थितं निहतकण्टकम् ॥ ८
न्यासभूतमिदं राज्यं तव निर्यातयाम्यहम् । मा च रोषं कृथाः सौम्य मम शत्रुनिषूदन ॥ ९
याचे त्वां शिरसा राजन्मया बद्धोऽयमञ्जलिः । बलादस्मिन्समागम्य मन्त्रिभिः पुरवासिभिः ॥ १०
राज्यभावे नियुक्तोऽहं शून्यदेशजिगीषया । स्निग्धमेवं ब्रुवाणं मां स विनिर्भर्त्स्य वानरः ॥ ११
धिक्त्वामिति च मामुक्त्वा बहु तत्तदुवाच ह । प्रकृतीश्च समानीय मन्त्रिणश्चैव संमतान् ॥ १२
मामाह सुहृदां मध्ये वाक्यं परमगर्हितम् । विदितं वो मया रात्रौ मायावी स महासुरः ॥ १३
मां समाह्वयत क्रुद्धो युद्धाकाङ्क्षी तदा पुरा । तस्य तद्भाषितं श्रुत्वा निःसृतोऽहं नृपालयात् ॥ १४
अनुयातश्च मां तूर्णमयं भ्राता सुदारुणः । स तु दृष्ट्वैव मां रात्रौ सद्वितीयं महाबलः ॥ १५
प्राद्रवद्भयसंत्रस्तो वीक्ष्यावां समुपागतौ । अभिद्रुतस्तु वेगेन विवेश स महाबिलम् ॥ १६
तं प्रविष्टं विदित्वा तु सुघोरं सुमहद्बिलम् । अयमुक्तोऽथ मे भ्राता मया तु क्रूरदर्शनः ॥ १७
अहत्वा नास्ति मे शक्तिः प्रतिगन्तुमितः पुरीम् । बिलद्वारि प्रतीक्ष त्वं यावदेनं निहन्म्यहम् ॥ १८

हतमवगतो ज्ञातवान् । पिधाय राक्षसनिर्गमशङ्कया ॥ १९ ॥ यत्नतो गूहमानस्यापि मे तत्त्वं वालिवृत्तान्तविषयं मन्त्रिभिर्वा- लिमन्त्रिभिः श्रुतम् ॥ २० ॥ समेतैर्मिलितैः । तस्य राज्यमिति बुद्ध्यैव न्यायतः प्रशासतो मम समीपमाजगाम स वानर इत्य- न्वयः ॥ २१ ॥ २२ ॥ मदीयान्मदभिषेककर्तॄन् । निग्रहे समर्थ- स्यापि मे बुद्धिर्भ्रातृगौरवेण यन्त्रिता संकुचिता सती तं पापं प्रति निग्रहाय न प्रावर्तत ॥ २३ ॥ उक्तानुवादपूर्वमवशिष्टव्या- पारकथनम्—हत्वेत्यादि ॥ २४ ॥ २५ ॥ अपि । तथापीत्य- र्थः ॥ २६ ॥ इति श्रीरामाभिरामे श्रीरामीये रामायणतिलके वाल्मीकीय आदिकाव्ये किष्किन्धाकाण्डे नवमः सर्गः ॥९॥

संरब्धं क्रोधावेशादेव क्षुभितचित्तम् । हितकाम्ययात्महिते- च्छया ॥ १ ॥ २ ॥ ३ ॥ ४ ॥ ५ ॥ विषादात्प्राविशमित्य- न्वयः ॥ ६ ॥ अभिषिक्तो बलान्न कामेन न मदीयराज्ये- च्छया । तत्तस्मान्मे दैवागतापराधं क्षन्तुमर्हसि । यथा पुरा तव सेवकस्तथैव सदा । इदानीमपीत्यर्थः ॥ ७ ॥ राजभावे राज्येऽयं मम नियोगो मन्त्रिभिस्त्वद्विरहात्कृतः । अमात्यपौर- सहितं नगरं निहतकण्टकम् । अराजत्वप्रयुक्तदोषरहितं कर्तु- मिति शेषः । तच्चेदं त्वदीयराज्यं मयि न्यासभूतं स्थितम् । अहं तव निर्यातयामि, मा रोषं कृथा इत्यन्वयः ॥ ८ ॥ ९ ॥ १० ॥ शून्यदेशस्य राजहीनदेशस्य या परेषां जिगीषा तया तन्निवृत्ति- हेतुना । 'मशकार्थो धूमः' इतिवदयं प्रयोगः ॥ ११ ॥ तत्तदु- वाच । अवाच्यवचनजातमित्यर्थः । प्रकृतीः स्वीयप्रजाः ॥ १२ ॥ मां प्रति परमं गर्हितं वाक्यं सुहृदां मध्य आह, मम विगर्ह- णाहेतुं च सभासदानभ्येत्याह—विदितं व इति । युष्माकं विदितं प्रत्यक्षसिद्धम् ॥ १३ ॥ १४ ॥ सद्वितीयं भ्रात्रा ससहायम् ॥ १५ ॥ १६ ॥ १७ ॥ शक्तिरिच्छाशक्तिः ।

स्थितोऽयमिति मत्वाहं प्रविष्टस्तु दुरासदम् । तं मे मार्गयतस्तत्र गतः संवत्सरस्तदा ॥ १९
स तु दृष्टो मया शत्रुरनिर्वेदाद्भयावहः । निहतश्च मया सद्यः स सर्वैः सह बन्धुभिः ॥ २०
तस्यैव च प्रवृत्तेन रुधिरौघेण तद्बिलम् । पूर्णमासीद्दुराक्रामं स्तनतस्तस्य भूतले ॥ २१
सूदयित्वा तु तं शत्रुं विक्रान्तं तमहं सुखम् । निष्क्रामं नेह पश्यामि बिलस्य पिहितं मुखम् ॥ २२
विक्रोशमानस्य तु मे सुग्रीवेति पुनः पुनः । यतः प्रतिवचो नास्ति ततोऽहं भृशदुःखितः ॥ २३
पादप्रहारैस्तु मया बहुभिः परिपातितम् । ततोऽहं तेन निष्क्रम्य पथा पुरमुपागतः ॥ २४
तत्रानेनास्मि संरुद्धो राज्यं मृगयतात्मनः । सुग्रीवेण नृशंसेन विस्मृत्य भ्रातृसौहृदम् ॥ २५
एवमुक्त्वा तु मां तत्र वस्त्रेणैकेन वानरः । तदा निर्वासयामास वाली विगतसाध्वसः ॥ २६
तेनाहमपविद्धश्च हृतदारश्च राघव । तद्भयाच्च महीं सर्वां क्रान्तवान्सवनार्णवाम् ॥ २७
ऋष्यमूकं गिरिवरं भार्याहरणदुःखितः । प्रविष्टोऽस्मि दुराधर्षं वालिनः कारणान्तरे ॥ २८
एतत्ते सर्वमाख्यातं वैरानुकथनं महत् । अनागसा मया प्राप्तं व्यसनं पश्य राघव ॥ २९
वालिनश्च भयात्तस्य सर्वलोकभयापह । कर्तुमर्हसि मे वीर प्रसादं तस्य निग्रहात् ॥ ३०
एवमुक्तः स तेजस्वी धर्मज्ञो धर्मसंहितम् । वचनं वक्तुमारेभे सुग्रीवं प्रहसन्निव ॥ ३१
अमोघाः सूर्यसंकाशा निशिता मे शरा इमे । तस्मिन्वालिनि दुर्वृत्ते पतिष्यन्ति रुषान्विताः ॥ ३२
यावत्तं नहि पश्येयं तव भार्यापहारिणम् । तावत्स जीवेत्पापात्मा वाली चारित्रदूषकः ॥ ३३
आत्मानुमानात्पश्यामि मग्नस्त्वं शोकसागरे । त्वामहं तारयिष्यामि बाढं प्राप्स्यसि पुष्कलम् ॥ ३४
तस्य तद्वचनं श्रुत्वा हर्षपौरुषवर्धनम् । सुग्रीवः परमप्रीतः सुमहद्वाक्यमब्रवीत् ॥ ३५

इत्यार्षे श्रीमद्रामायणे वाल्मीकीय आदिकाव्ये किष्किन्धाकाण्डे दशमः सर्गः ॥ १० ॥

एकादशः सर्गः ।

रामस्य वचनं श्रुत्वा हर्षपौरुषवर्धनम् । सुग्रीवः पूजयांचक्रे राघवं प्रशशंस च ॥ १
असंशयं प्रज्वलितस्तीक्ष्णैर्मर्मातिगैः शरैः । त्वं दहेः कुपितो लोकान्युगान्त इव भास्करः ॥ २
वालिनः पौरुषं यत्तद्यच्च वीर्यं धृतिश्च या । तन्ममैकमनाः श्रुत्वा विधत्स्व यदनन्तरम् ॥ ३
समुद्रात्पश्चिमात्पूर्वं दक्षिणादपि चोत्तरम् । क्रामत्यनुदिते सूर्ये वाली व्यपगतक्लमः ॥ ४
अग्राण्यारुह्य शैलानां शिखराणि महान्त्यपि । ऊर्ध्वमुत्पात्य तरसा प्रतिगृह्णाति वीर्यवान् ॥ ५
बहवः सारवन्तश्च वनेषु विविधा द्रुमाः । वालिना तरसा भग्ना बलं प्रथयतात्मनः ॥ ६
महिषो दुन्दुभिर्नाम कैलासशिखरप्रभः । बलं नागसहस्रस्य धारयामास वीर्यवान् ॥ ७
स वीर्योत्सेकदुष्टात्मा वरदानेन मोहितः । जगाम स महाकायः समुद्रं सरितां पतिम् ॥ ८

प्रतीक्ष प्रतीक्षस्व ॥ १८ ॥ स्थितोऽयम् । बिलद्वारीति शेषः ॥ १९ ॥ अनिर्वेदात्संवत्सरान्वेषणेऽपि दर्शनाभावाद्भयावहः । स तु कथंचिद्दृष्टो निहतश्च । समुच्चयालंकारः ॥ २० ॥ भुवस्तलेऽधस्तले पाताले स्तनतः शब्दं कुर्वतस्तस्यास्यात्प्रवृत्तेन रुधिरौघेण पूर्णं तद्बिलं दुराक्रममासीत् ॥ २१ ॥ विक्रान्तं शूरं तं प्रसिद्धं मायाविनं सुखं सूदयित्वा त्विहागन्तुं निष्क्रामं निर्गममार्गं न पश्यामि । यतो बिलस्य मुखं पिहितम् ॥ २२ ॥ २३ ॥ तेन पथा बिलद्वारमार्गेण ॥ २४ ॥ आत्मनो राज्यं मृगयता मार्गयतानेन तत्र बिलद्वारे संरुद्धो निरुद्धगतिकः कृतः ॥ २५ ॥ एकेन वस्त्रेणेति । अन्यत्सर्वं मम हृत्वेत्यर्थः ॥ २६ ॥ अपविद्धो निरस्तः ॥ २७ ॥ ऋष्यमूकं प्रविष्टोऽस्म्यन्यत्र निर्भयस्थितिमलभमानः । अत्र निर्भयस्थितिः कथं तत्राह—दुराधर्षमिति । मतङ्गशापलक्षणे कारणविशेषे सति वालिना दुराधर्षं दुष्प्रवेशम् ॥ २८ ॥ वैरानुकथनं वैरकारणम् ॥ २९ ॥ वालिन इति पञ्चमी ॥ ३० ॥ ३१ ॥ रुषान्विता रुष्टेन मया पातिताः ॥ ३२ ॥ चारित्रदूषकः । निषिद्धानिषिद्धज्ञानवत्त्वे सति जीवतो भ्रातुर्भार्यापहारात् ॥ ३३ ॥ आत्मानुमानात् । अयं शोकाब्धिमग्नो रिपुहृतदारत्वान्मद्वदित्यनुमानम् । बाढं प्राप्स्यसि भार्यां पुष्कलं राज्यं च ॥ ३४ ॥ ३५ ॥ इति श्रीरामाभिरामे श्रीरामीये रामायणतिलके वाल्मीकीय आदिकाव्ये किष्किन्धाकाण्डे दशमः सर्गः ॥ १० ॥

इदानीं वालिनो बलमाह—रामस्येति वचनं वालिवधविषयम् ॥ १ ॥ राघवं प्रशशंसेत्युक्तम्, तां प्रशंसामाह—असंशयमिति ॥ २ ॥ पौरुषं बलवैभवम् । वीर्यं परसंहारशक्तः । धृती रणे धैर्यम् ॥ ३ ॥ अनुदिते सूर्ये क्रामति । ब्राह्मे मुहूर्ते उत्थायेति शेषः ॥ ४ ॥ ऊर्ध्वमुत्पात्य । कन्दुकवदिति भावः ॥ ५ ॥ ६ ॥ महिषस्तद्रूपधरः ॥ ७ ॥ ८ ॥

ऊर्मिमन्तमतिक्रम्य सागरं रत्नसंचयम् । मम युद्धं प्रयच्छेति तमुवाच महार्णवम् ॥ ९
ततः समुद्रो धर्मात्मा समुत्थाय महाबलः । अब्रवीद्वचनं राजन्नसुरं कालचोदितम् ॥ १०
समर्थो नास्मि ते दातुं युद्धं युद्धविशारद । श्रूयतां त्वभिधास्यामि यस्ते युद्धं प्रदास्यति ॥ ११
शैलराजो महारण्ये तपस्विशरणं परम् । शंकरश्वशुरो नाम्ना हिमवानिति विश्रुतः ॥ १२
महाप्रस्रवणोपेतो बहुकंदरनिर्झरः । स समर्थस्तव प्रीतिमतुलां कर्तुमर्हति ॥ १३
तं भीतमिति विज्ञाय समुद्रमसुरोत्तमः । हिमवद्वनमागम्य शरश्चापादिव च्युतः ॥ १४
ततस्तस्य गिरेः श्वेता राजेन्द्रप्रतिमाः शिलाः । चिक्षेप बहुधा भूमौ दुन्दुभिर्विननाद च ॥ १५
ततः श्वेताम्बुदाकारः सौम्यः प्री[illegible]तिः । हिमवानब्रवीद्वाक्यं स्व एव शिखरे स्थितः ॥ १६
क्लेष्टुमर्हसि मां न त्वं दुन्दुभे धर्मवत्सल । रणकर्मस्वकुशलस्तपस्विशरणो ह्ययम् ॥ १७
तस्य तद्वचनं श्रुत्वा गिरिराजस्य धीमतः । उवाच दुन्दुभिर्वाक्यं क्रोधात्संरक्तलोचनः ॥ १८
यदि युद्धेऽसमर्थस्त्वं मद्भयाद्वा निरुद्यमः । तमाचक्ष्व प्रदद्यान्मे यो हि युद्धं युयुत्सतः ॥ १९
हिमवानब्रवीद्वाक्यं श्रुत्वा वाक्यविशारदः । अनुक्तपूर्वं धर्मात्मा क्रोधात्तमसुरोत्तमम् ॥ २०
वाली नाम महाप्राज्ञ शक्रपुत्रः प्रतापवान् । अध्यास्ते वानरः श्रीमान्किष्किन्धामतुलप्रभाम् ॥ २१
स समर्थो महाप्राज्ञस्तव युद्धविशारदः । द्वन्द्वयुद्धं स दातुं ते नमुचेरिव वासवः ॥ २२
तं शीघ्रमभिगच्छ त्वं यदि युद्धमिहेच्छसि । स हि दुर्धर्षणो नित्यं शूरः समरकर्मणि ॥ २३
श्रुत्वा हिमवतो वाक्यं कोपाविष्टः स दुन्दुभिः । जगाम तां पुरीं तस्य किष्किन्धां वालिनस्तदा ॥ २४
धारयन्माहिषं वेषं तीक्ष्णशृङ्गो भयावहः । प्रावृषीव महामेघस्तोयपूर्णो नभस्तले ॥ २५
ततस्तु द्वारमागम्य किष्किन्धाया महाबलः । ननर्द कम्पयन्भूमिं दुन्दुभिर्दुन्दुभिर्यथा ॥ २६
समांपजान्द्रुमान्भञ्जन्वसुधां दारयन्खुरैः । विषाणेनोल्लिखन्दर्पात्तद्द्वारं द्विरदो यथा ॥ २७
अन्तःपुरगतो वाली श्रुत्वा शब्दममर्षणः । निष्पपात सह स्त्रीभिस्ताराभिरिव चन्द्रमाः ॥ २८
मितं व्यक्ताक्षरपदं तमुवाच स दुन्दुभिम् । हरीणामीश्वरो वाली सर्वेषां वनचारिणाम् ॥ २९
किमर्थं नगरद्वारमिदं रुद्ध्वा विनर्दसे । दुन्दुभे विदितो मेऽसि रक्ष प्राणान्महाबल ॥ ३०
तस्य तद्वचनं श्रुत्वा वानरेन्द्रस्य धीमतः । उवाच दुन्दुभिर्वाक्यं क्रोधात्संरक्तलोचनः ॥ ३१
न त्वं स्त्रीसंनिधौ वीर वचनं वक्तुमर्हसि । मम युद्धं प्रयच्छाद्य ततो ज्ञास्यामि ते बलम् ॥ ३२
अथवा धारयिष्यामि क्रोधमद्य निशामिमाम् । गृह्यतामुदयः स्वैरं कामभोगेषु वानर ॥ ३३
दीयतां संप्रदानं च परिष्वज्य च वानरान् । सर्वशाखामृगेन्द्रस्त्वं संसाधय सुहृज्जनम् ॥ ३४
सुदृष्टां कुरु किष्किन्धां कुरुष्वात्मसमं पुरे । क्रीडस्व च समं स्त्रीभिरहं ते दर्पशासनः ॥ ३५
यो हि मत्तं प्रमत्तं वा भग्नं वा रहितं कृशम् । हन्यात्स भ्रूणहा लोके त्वद्विधं मदमोहितम् ॥ ३६
स प्रहस्याब्रवीन्मन्दं क्रोधात्तमसुरेश्वरम् । विसृज्य ताः स्त्रियः सर्वास्ताराप्रभृतिकास्तदा ॥ ३७
मत्तोऽयमिति मामंस्था यद्यभीतोऽसि संयुगे । मदोऽयं संप्रहारेऽस्मिन्वीरपानं समर्थ्यताम् ॥ ३८

ऊर्मिमन्तमूर्मिमत्त्वाद्याकारवन्तं समुद्रमतिक्रम्याविगणय्य तं तदधिष्ठातृदेवतामुवाच ॥ ९ ॥ १० ॥ ११ ॥ १२ ॥ १३ ॥ १४ ॥ गजेन्द्र ऐरावतः ॥ १५ ॥ १६ ॥ १७ ॥ १८ ॥ युद्धे असमर्थ इति च्छेदः ॥ १९ ॥ अनुक्तपूर्वमितः पूर्वं नोक्तो युद्धदातास्य तमसुरम् ॥ २० ॥ २१ ॥ एकः सशब्दः प्रसिद्धपराक्रमार्थकः ॥ २२ ॥ २३ ॥ २४ ॥ २५ ॥ २६ ॥ २७ ॥ २८ ॥ हरीणामीश्वरः । अहमस्मीति शेषः ॥ २९ ॥ नगरद्वारम् । मामकमिति शेषः । मे विदितोऽसि मया ज्ञातबलोऽसि, अतः प्राणान्रक्ष ॥ ३० ॥ ३१ ॥ ३२ ॥ स्त्रीसमूहगतो युद्धाय नाह्वातव्य इति स्मृत्वा पक्षान्तरमाह—अथवेति । स्वैरं कामभोगेषूदयस्तावत्पर्यन्तं कालो मत्प्रोक्तोऽवधिर्गृह्यताम् । उदयपर्यन्तं त्वां प्रतीक्ष इत्यर्थः ॥ ३३ ॥ वानरान्परिष्वज्य तेभ्यः संप्रदानं प्रीतिदानं दीयताम् । संसाधयामन्त्रयस्व । पाठान्तरेऽप्युक्तार्थ एव ॥ ३४ ॥ सुदृष्टां पुनर्दर्शनासंभवात् । आत्मसमं पुत्रादिकं राज्यरक्षायै राजानं कुरुष्व । क्रीडस्व आ उदयम् ॥ ३५ ॥ मत्तं पानादिना । प्रमत्तमनवहितम् । रहितमायुधादिभिः । त्वद्विधं त्वामिव स्त्रीमध्यगम् । मदमोहितं स्त्रीभोगार्थं कृतमधुपानादितिकर्तव्यतामूढम् ॥ ३६ ॥ ३७ ॥ मदोऽयं स्त्रीगोष्ठीजनितोऽपि वीरपानम् । वीरै रणे मनसोत्साहार्थं क्रियमाणः

तमेवमुक्त्वा संक्रुद्धो मालामुत्क्षिप्य काञ्चनीम् । पित्रा दत्तां महेन्द्रेण युद्धाय [illegible] ॥ ३९
विषाणयोर्गृहीत्वा तं दुन्दुभिं गिरिसंनिभम् । अविध्यत तदा वाली विनदन्कपिकुञ्जरः ॥ ४०
वाली व्यापादयांचक्रे ननर्द च महास्वनम् । श्रोत्राभ्यामथ रक्तं तु तस्य सुस्राव पात्यतः ॥ ४१
तयोस्तु क्रोधसंरम्भात्परस्परजयैषिणोः । युद्धं समभवद्घोरं दुन्दुभेर्वालिनस्तथा ॥ ४२
अयुध्यत तदा वाली शक्रतुल्यपराक्रमः । मुष्टिभिर्जानुभिः पद्भिः शिलाभिः पादपैस्तथा ॥ ४३
परस्परं घ्नतोस्तत्र वानरासुरयोस्तदा । आसीद्धीनोऽसुरो युद्धे शक्रसूनुर्व्यवर्धत ॥ ४४
तं तु दुन्दुभिमुद्यम्य धरण्यामभ्यपातयत् । युद्धे प्राणहरे तस्मिन्निष्पिष्टो दुन्दुभिस्तदा ॥ ४५
स्रोतोभ्यो बहु रक्तं तु तस्य सुस्राव पात्यतः । पपात च महाबाहुः क्षितौ प[illegible]त्वमागतः ॥ ४६
तं तोलयित्वा बाहुभ्यां गतसत्त्वमचेतनम् । चिक्षेप वेगवान्वाली वेगेनैकेन योजनम् ॥ ४७
तस्य वेगप्रविद्धस्य वक्त्रात्क्षतजबिन्दवः । प्रपेतुर्मारुतोत्क्षिप्ता मतङ्गस्याश्रमं प्रति ॥ ४८
तान्दृष्ट्वा पतितांस्तत्र मुनिः शोणितविप्रुषः । क्रुद्धस्तस्य महाभाग चिन्तयामास को न्वयम् ॥ ४९
येनाहं सहसा स्पृष्टः शोणितेन दुरात्मना । कोऽयं दुरात्मा दुर्बुद्धिरकृतात्मा च बालिशः ॥ ५०
इत्युक्त्वा स विनिष्क्रम्य ददर्श मुनिसत्तमः । महिषं पर्वताकारं गतासुं पतितं भुवि ॥ ५१
स तु विज्ञाय तपसा वानरेण कृतं हि तत् । उत्ससर्ज महाशापं क्षेप्तारं वानरं प्रति ॥ ५२
इह तेनाप्रवेष्टव्यं प्रविष्टस्य वधो भवेत् । वनं मत्संश्रयं येन दूषितं रुधिरस्रवैः ॥ ५३
क्षिपता पादपाश्चेमे संभग्नाश्चासुरीं तनुम् । समन्तादाश्रमं पूर्णं योजनं मामकं यदि ॥ ५४
आक्रमिष्यति दुर्बुद्धिर्व्यक्तं स नभविष्यति । ये चास्य सचिवाः केचित्संश्रिता मामकं वनम् ॥ ५५
न च तैरिह वस्तव्यं श्रुत्वा यान्तु यथासुखम् । तेऽपि वा यदि तिष्ठन्ति शपिष्ये तानपि ध्रुवम् ॥ ५६
वनेऽस्मिन्मामके नित्यं पुत्रवत्परिरक्षिते । पत्राङ्कुरविनाशाय फलमूलाभवाय च ॥ ५७
दिवसश्चाद्य मर्यादा यं द्रष्टा श्वोऽस्मि वानरम् । बहुवर्षसहस्राणि स वै शैलो भविष्यति ॥ ५८
ततस्ते वानराः श्रुत्वा गिरं मुनिसमीरिताम् । निश्चक्रमुर्वनात्तस्मात्तान्दृष्ट्वा वालिरब्रवीत् ॥ ५९
किं भवन्तः समस्ताश्च मतङ्गवनवासिनः । मत्समीपमनुप्राप्ता अपि स्वस्ति वनौकसाम् ॥ ६०
ततस्ते कारणं सर्वं तथा शापं च वालिनः । शशंसुर्वानराः सर्वे वालिने हेममालिने ॥ ६१
एतच्छ्रुत्वा तदा वाली वचनं वानरेरितम् । स महर्षिं समासाद्य याचते स्म कृताञ्जलिः ॥ ६२
महर्षिस्तमनादृत्य प्रविवेशाश्रमं प्रति । शापधारणभीतस्तु वाली विह्वलतां गतः ॥ ६३
ततः शापभयाद्भीतो ऋष्यमूकं महागिरिम् । प्रवेष्टुं नेच्छति हरिर्द्रष्टुं वापि नरेश्वर ॥ ६४
तस्याप्रवेशं ज्ञात्वाहमिदं राम महावनम् । [illegible] सहामात्यो विषादेन विवर्जितः ॥ ६५
एषोऽस्थिनिचयस्तस्य दुन्दुभेः संप्रकाशते । वीर्योत्सेकान्निरस्तस्य [illegible]निभो महान् ॥ ६६
इमे च विपुलाः सालाः सप्त शाखावलम्बिनः । यत्रैकं घटते वाली निष्पत्रयितुमोजसा ॥ ६७

पानविशेषः । समर्थ्यतां ज्ञायताम् ॥ ३८ ॥ उत्क्षिप्य कण्ठे प्रतिमुच्य । एषा हि माला सङ्ग्रामजयदा ॥ ३९ ॥ अविध्यत क्षिप्तवान् ॥ ४० ॥ व्यापादयांचक्रे पातितवान् । पात्यतः पात्यमानस्य ॥ ४१ ॥ अस्यैव प्रपञ्चः—तयोरित्यादि ॥ ४२ ॥ ४३ ॥ हीनो हीनबलः ॥ ४४ ॥ उद्यम्य हस्ताभ्यामूर्ध्वीकृत्य । 'उत्साद्य' इति पाठे उत्पाटितविषाणं कृत्वेत्यर्थः ॥ ४५ ॥ स्रोतोभ्यो नासादिद्वारेभ्यः ॥ ४६ ॥ तोलयित्वा हस्तग्रहणेन भारं ज्ञात्वा । योजनं तावद्दूरम् ॥ ४७ ॥ ४८ ॥ तस्य विप्रुषः कर्तारं को न्वयमिति चिन्तयामास ॥ ४९ ॥ चिन्ताया एवाभिनयः—येनेत्यादि ॥ ५० ॥ ५१ ॥ ५२ ॥ अप्रवेष्टव्यम् । न प्रवेष्टव्यमित्यर्थः ॥ ५३ ॥ आसुरीं तनुं क्षिपता येनेमे पादपाः संभग्ना इत्यन्वयः । स यदि मामकमाश्रमं तदागमनमुद्दिश्य समन्तात्परिसरवर्ति पूर्णं योजनं तत्पर्यन्तम् ॥ ५४ ॥ आक्रमिष्यति पद्भ्यां स्प्रक्ष्यति तर्हि नभविष्यति । न जीविष्यतीत्यर्थः ॥ ५५ ॥ तैर्वालिसचिवैः । श्रुत्वा मदुत्सृष्टं शापम् ॥ ५६ ॥ शापमेव हेतूपन्यासपूर्वमाह—वने इति । फलाद्यभावाय तन्नाशाय जायन्ते यतः, अतः शपिष्यामि ॥ ५७ ॥ अद्य दिवसोऽयं दिवसः । मर्यादा दास्यमानशापस्य । तदेवाह—यमिति । अस्म्यहं यं वानरं वालिसंबन्धिनं श्वो द्रष्टा स शैलो भविष्यति ॥५८॥५९॥ ॥ ६० ॥ ६१ ॥ याचते स्मायाचत । शापमोक्षमिति शेषः ॥६२॥ शापधारणेन शापविषयदोषज्ञानेन ॥ ६३ ॥ ६४ ॥ ६५ ॥ अस्थिनिचयः शुष्ककायः ॥ ६६ ॥ इमे विपुला विशालमूलस्कन्धाः शाखाविलम्बिनः प्रशस्तबहुशाखावन्तः । यत्र येषु । एकमेक-

एतदस्यासमं वीर्यं मया राम प्रकाशितम् । कथं तं वालिनं हन्तुं समरे शक्ष्यसे नृप ॥ ६८
तथा ब्रुवाणं सुग्रीवं प्रहसँल्लक्ष्मणोऽब्रवीत् । कस्मिन्कर्मणि निर्वृत्ते श्रद्दध्या वालिनो वधम् ॥ ६९
तमुवाचाथ सुग्रीवः सप्त सालानिमान्पुरा । एवमेकैकशो वाली विव्याथाथ स चासकृत् ॥ ७०
रामो निर्दारयेदेषां बाणेनैकेन च द्रुमम् । वालिनं निहतं मन्ये दृष्ट्वा रामस्य विक्रमम् ॥ ७१
हतस्य महिषस्यास्थि पादेनैकेन लक्ष्मण । उद्यम्य प्रक्षिपेच्चापि तरसा द्वे धनुःशते ॥ ७२
एवमुक्त्वा तु सुग्रीवो रामं रक्तान्तलोचनः । ध्यात्वा मुहूर्तं काकुत्स्थं पुनरेव वचोऽब्रवीत् ॥ ७३
शूरश्च शूरमानी च प्रख्यातबलपौरुषः । बलवान्वानरो वाली संयुगेष्वपराजितः ॥ ७४
दृश्यन्ते चास्य कर्माणि दुष्कराणि सुरैरपि । यानि संचिन्त्य भीतोऽहमृष्यमूकमुपाश्रितः ॥ ७५
तमजय्यमधृष्यं च वानरेन्द्रममर्षणम् । विचिन्तयन्नमुं चापि ऋष्यमूकममुं त्वहम् ॥ ७६
उद्विग्नः शङ्कितश्चाहं विचरामि महावने । अनुरक्तैः सहामात्यैर्हनुमत्प्रमुखैर्वरैः ॥ ७७
उपालब्धं च मे श्लाघ्यं सन्मित्रं मित्रवत्सल । त्वामहं पुरुषव्याघ्र हिमवन्तमिवाश्रितः ॥ ७८
किं तु तस्य बलज्ञोऽहं दुर्भ्रातुर्बलशालिनः । अप्रत्यक्षं तु मे वीर्यं समरे तव राघव ॥ ७९
न खल्वहं त्वां तुलये नावमन्ये न भीषये । कर्मभिस्तस्य भीमैश्च कातर्यं जनितं मम ॥ ८०
कामं राघव ते वाणी प्रमाणं धैर्यमाकृतिः । सूचयन्ति परं तेजो भस्मच्छन्नमिवानलम् ॥ ८१
तस्य तद्वचनं श्रुत्वा सुग्रीवस्य महात्मनः । स्मितपूर्वमतो रामः प्रत्युवाच हरिं प्रति ॥ ८२
यदि न प्रत्ययोऽस्मासु विक्रमे तव वानर । प्रत्ययं समरे श्लाघ्यमहमुत्पादयामि ते ॥ ८३
एवमुक्त्वा तु सुग्रीवं सान्त्वयँल्लक्ष्मणाग्रजः । राघवो दुन्दुभेः कायं पादाङ्गुष्ठेन लीलया ॥ ८४
तोलयित्वा महाबाहुश्चिक्षेप दशयोजनम् । असुरस्य तनुं शुष्कां पादाङ्गुष्ठेन वीर्यवान् ॥ ८५
क्षिप्तं दृष्ट्वा ततः कायं सुग्रीवः पुनरब्रवीत् । लक्ष्मणस्याग्रतो रामं तपन्तमिव भास्करम् ।
हरीणामग्रतो वीरमिदं वचनमर्थवत् ॥ ८६
आर्द्रः समांसः प्रत्यग्रः क्षिप्तः कायः पुरा सखे । परिश्रान्तेन मत्तेन भ्रात्रा मे वालिना तदा ॥ ८७
लघुः संप्रति निर्मांसस्तृणभूतश्च राघव । क्षिप्त एवं प्रहर्षेण भवता रघुनन्दन ॥ ८८
नात्र शक्यं बलं ज्ञातुं तव वा तस्य वाधिकम् । आर्द्रं शुष्कमिति ह्येतत्सुमहद्राघवान्तरम् ॥ ८९
स एव संशयस्तात तव तस्य च यद्बलम् । सालमेकं विनिर्भिद्य भवेद्व्यक्तिर्बलाबले ॥ ९०

कालमेव वाली ओजसा ओजोयुक्तकम्पनेन सर्वान्निष्पत्रयितुं पत्रहीनान्कर्तुं घटते चेष्टते । त इमे सप्त साला इत्यर्थः । अनेन वायोरप्यधिकं बलं सूचितम् । नहि वायोर्युगपत्कम्पनेन सकलार्द्रपत्रपातनं क्वचिद्दृष्टचरम् । कश्चित्तु निष्पत्रयितुम् । निष्पत्रीकर्तुमित्यर्थः । एकं सालं शरेण भित्त्वा शरो निष्पत्रं यथा गच्छति तथा कर्तुम् । अतिव्यथयितुमिति यावत् । 'सपत्रनिष्पत्रादतिव्यथने' इति शास्त्रादप्राकृतकपित्वाच्च बाणव्यापारस्यापि संभव इति व्याचख्यौ ॥ ६७ ॥ उक्तं वालिवीर्यमुपसंहरति—एतदिति ॥ ६८ ॥ प्रहसन् । भगवद्वीर्याज्ञानादेवं वाद इति हासः ॥६९॥ एवमुक्तप्रकारेणैकैकशः एकैकस्मिन्काले सप्तापि स वाल्यसकृद्विव्याथ पीडितवान् । आर्षं परस्मैपदम् । सकृत्कृतेः काकतालीयत्वव्युदासायासकृदिति । 'विव्याध' इति पाठान्तरम् । तुल्योऽर्थः ॥ ७० ॥ एकेन बाणेनैषामेकं द्रुममपि चेन्निर्दारयेत्तदापि वालिनं हतं मन्ये । तद्वधयोग्यतासंभावनयेति भावः । पादेन । अस्पृश्यो हस्तेन स्पर्शायोग्यत्वात् । तरसा बलेन प्रक्षिपेदपि चेत्तदापि रामस्य विक्रमं दृष्ट्वा वालिनं हतं मन्य इति संबन्धः ॥ ७१ ॥ ७२ ॥ ध्यात्वा रामवीर्यस्याप्रत्यक्षत्वाद्रामेण वालिवधः शक्यो न वेति संचिन्त्य ॥ ७३ ॥ पुनर्मित्रभावेनाह—शूरश्चेति ॥ ७४ ॥ यानि वालिकर्माणि संचिन्त्य । भीतस्तेन सह रणाय भीतः ॥ ७५ ॥ उक्तमेव भीत्या पुनराह—तमजय्यमिति ॥ ७६ ॥ ७७ ॥ त्वा मित्रभूतम् ॥ ७८ ॥ यदि मामाश्रितस्तर्हि त्यज वालिभयम्, तत्राह—किं त्विति । तद्बलं ज्ञातं त्वद्बलं चाज्ञातमतो भयमित्यर्थः ॥ ७९ ॥ न तुलये । त्वद्बलपरीक्षां न कुर्वे इति भावः । नावमन्ये न भीषये च, कि तु स्वकातर्यादेव पुनर्ब्रवीमीति भावः ॥ ८० ॥ वाणी वालिवधविषया प्रमाणं विश्वसनीया । यतो धैर्यमकातर्येण तृणीकृत्य वादः । आकृतिरनुभवसिद्धो दिव्यविग्रह एते द्वे । परं तेजः सकलजगत्संहारकं तेजः काममतिशयेन सूचयन्ति सूचयतः । भस्मच्छन्नानलोपमया गुप्तावस्थितिमहाशक्तिमत्त्वं सूचितम् ॥८१॥८२॥ अस्मासु विक्रमेऽस्मन्निष्ठविक्रमे । प्रत्ययो विश्वासः ॥८३ ॥ ८४ ॥ ८५ ॥ अर्थवदुपपत्तियुक्तमिदं वचनमब्रवीत् । अनुत्पन्नप्रत्यय इति शेषः ॥ ८६ ॥ तदेवाह—आर्द्र इति । प्रत्यग्रो नूतनः । मत्तेन भोगार्थं पीतमदेन ॥ ८७ ॥ ८८ ॥ बलाधिक्यनिर्णये हेतुमाह—आर्द्रमिति ॥ ८९ ॥ यद्बलम् ।

कृत्वैतत्कार्मुकं सज्यं हस्तिहस्तमिवापरम् । आकर्णपूर्णमायम्य विसृजस्व महाशरम् ॥ ९१
इमं हि सालं प्रहितस्त्वया शरो न संशयोऽत्रास्ति विदारयिष्यति ।
अलं विमर्शेन मम प्रियं ध्रुवं कुरुष्व राजन्प्रतिशापितो मया ॥ ९२
यथा हि तेजःसु वरः सदा रविर्यथा हि शैलो हिमवान्महाद्रिषु ।
यथा चतुष्पत्सु च केसरी वरस्तथा नराणामसि विक्रमे वरः ॥ ९३

इत्यार्षे श्रीमद्रामायणे वाल्मीकीय आदिकाव्ये किष्किन्धाकाण्ड एकादशः सर्गः ॥ ११ ॥

द्वादशः सर्गः ।

एतच्च वचनं श्रुत्वा सुग्रीवस्य सुभाषितम् । प्रत्ययार्थं महातेजा रामो जग्राह कार्मुकम् ॥ १
स गृहीत्वा धनुर्घोरं शरमेकं च मानदः । सालमुद्दिश्य चिक्षेप पूरयन्स रवैर्दिशः ॥ २
स विसृष्टो बलवता बाणः स्वर्णपरिष्कृतः । भित्त्वा तालान्गिरिप्रस्थं सप्त भूमिं विवेश ह ॥ ३
सायकस्तु मुहूर्तेन तालान्भित्त्वा महाजवः । निष्पत्य च पुनस्तूणं तमेव प्रविवेश ह ॥ ४
तान्दृष्ट्वा सप्त निर्भिन्नान्सालान्वानरपुंगवः । रामस्य शरवेगेन विस्मयं परमं गतः ॥ ५
स मूर्ध्ना न्यपतद्भूमौ प्रलम्बीकृतभूषणः । सुग्रीवः परमप्रीतो राघवाय कृताञ्जलिः ॥ ६
इदं चोवाच धर्मज्ञं कर्मणा तेन हर्षितः । रामं सर्वास्त्रविदुषां श्रेष्ठं शूरमवस्थितम् ॥ ७
सेन्द्रानपि सुरान्सर्वांस्त्वं बाणैः पुरुषर्षभ । समर्थः समरे हन्तुं किं पुनर्वालिनं प्रभो ॥ ८
येन सप्त महाताला गिरिर्भूमिश्च दारिता । बाणेनैकेन काकुत्स्थ स्थाता ते को रणाग्रतः ॥ ९
अद्य मे विगतः शोकः प्रीतिरद्य परा मम । सुहृदं त्वां समासाद्य महेन्द्रवरुणोपमम् ॥ १०
तमद्यैव प्रियार्थं मे वैरिणं भ्रातृरूपिणम् । वालिनं जहि काकुत्स्थ मया बद्धोऽयमञ्जलिः ॥ ११
ततो रामः परिष्वज्य सुग्रीवं प्रियदर्शनम् । प्रत्युवाच महाप्राज्ञो लक्ष्मणानुगतं वचः ॥ १२
अस्माद्गच्छाम किष्किन्धां क्षिप्रं गच्छ त्वमग्रतः । गत्वा चाह्वय सुग्रीव वालिनं भ्रातृगन्धिनम् ॥ १३
सर्वे ते त्वरितं गत्वा किष्किन्धां वालिनः पुरीम् । वृक्षैरात्मानमावृत्य ह्यतिष्ठन्गहने वने ॥ १४
सुग्रीवोऽप्यनदद्घोरं वालिनो ह्वानकारणात् । गाढं परिहितो वेगान्नादैर्भिन्दन्निवाम्बरम् ॥ १५
तं श्रुत्वा निनदं भ्रातुः क्रुद्धो वाली महाबलः । निष्पपात सुसंरब्धो भास्करोऽस्ततटादिव ॥ १६
ततः सुतुमुलं युद्धं वालिसुग्रीवयोरभूत् । गगने ग्रहयोर्घोरं बुधाङ्गारकयोरिव ॥ १७

तत्रेति शेषः । 'यद्वले' इति पाठे यदित्यव्ययम् । यः संशयोऽस्थिप्रक्षेपात्प्राग्बलविषय आसीत् सोऽद्याप्यस्त्येवेत्यर्थः । तर्हि किं ते प्रत्ययकारकं तत्राह—सालमेकमिति । एकं सालमुक्तेषु विनिर्भिद्य बलाबलविषये व्यक्तिः प्रकटता भवेत् ॥९० ॥ ९१ ॥ त्वया प्रहितः क्षिप्तः शर इमं सालं विदारयिष्यति । अत्र न संदेहः, तस्मात्त्वया विमर्शो विचारो न कर्तव्यः । मया सख्या सप्रति शापितः शपथपूर्वं नियुक्तः, अतो मम प्रियं ध्रुवं कुरुष्वेत्यर्थः ॥ ९२ ॥ तेजःसु तेजस्विषु । विक्रमे वरः श्रेष्ठत्वेनाभिमतोऽसि । भवसीत्यर्थः । सालभेदने सतीति शेषः ॥ ९३ ॥ **इति श्रीरामाभिरामे श्रीरामीये रामायणतिलके वाल्मीकीय आदिकाव्ये किष्किन्धाकाण्ड एकादशः सर्गः ॥ ११ ॥**

॥ १ ॥ २ ॥ स एकसालोद्देशेनैव क्षिप्तोऽपि बाणः सप्तसालान्भित्त्वा तदाश्रमगिरिप्रस्थमपि भित्त्वा तदाधारभूमिमपि भित्त्वा सप्तभूमिरसातलं विवेशेत्यर्थः ॥ ३ ॥ निष्पत्य रसातलपर्यन्तं गत्वा तत्रत्यासुरान्हत्वा तमेव तूणं पूर्वाधारं तूणम् । अनेन रामबाणानां चेतनपरशक्तिमद्देवताधिष्ठितत्वं सूचयति । तदुक्तम्—'युगपत्सप्ततालांश्च रघुनाथो बिभेद ह । पातालदानवान्हत्वा पुनस्तूणं विवेश च ॥' इति ॥ ४ ॥ ५ ॥ प्रलम्बीकृतभूषणः । साष्टाङ्गप्रणामवशाल्लम्बमानावस्थापन्नोरःकण्ठादिवर्तिसकलभूषणः । कृताञ्जलिः । उत्थानानन्तरमिति शेषः ॥ ६ ॥ ७ ॥ ८ ॥ भूमिश्च । चात्सप्तपातालास्तद्वर्तिनोऽसुराश्च ॥ ९ ॥ १० ॥ ११ ॥ लक्ष्मणानुगतम् । तत्सममित्यर्थः । यद्वा लक्ष्मणवरिप्रयत्वेनानुगतं स्वीकृतम् । सुग्रीवमित्यर्थः ॥ १२ ॥ अस्मादृष्यमूकात् । भ्रातृगन्धिनमनर्थकभ्रातृव्यपदेशम् ॥ १३ ॥ आत्मानं स्वदेहान् ॥ १४ ॥ ह्वानकारणादाह्वाननिमित्तं गाढं परिहितं वस्त्रं येनेत्यर्थः । वाससा दृढं कटिं बद्ध्वेत्यर्थः । वेगान्नादकारणप्राणवेगात् । उत्पन्नैरिति शेषः ॥ १५ ॥ भास्करोऽस्ततटादतिदूरमप्युदयपर्वतमत्यल्पेन कालेन याति, एवमदृश्यस्थानतया तत्तुल्यगुहातः क्षणेन बहिरागत इत्यर्थः । यत्त्वस्तपदेनोदयगिरिलक्षणम्, यद्यपि मेरूत्तरवासिनोऽधिकुलेयमुक्तिरिति व्याख्यानं तत्क्लिष्टमसंगतं चेति स्पष्टं सुधियाम् ॥ १६ ॥ बुधाङ्गारकयोरिव । 'बलगो-

तलैरशनिकल्पैश्च वज्रकल्पैश्च मुष्टिभिः । जघ्नतुः समरेऽन्योन्यं भ्रातरौ क्रोधमूर्च्छितौ ॥ १८
ततो रामो धनुष्पाणिस्तावुभौ समुदैक्षत । अन्योन्यसदृशौ वीरावुभौ देवाविवाश्विनौ ॥ १९
यन्नावगच्छत्सुग्रीवं वालिनं वापि राघवः । ततो न कृतवान्बुद्धिं मोक्तुमन्तकरं शरम् ॥ २०
एतस्मिन्नन्तरे भग्नः सुग्रीवस्तेन वालिना । अपश्यन्राघवं नाथमृष्यमूकं प्रदुद्रुवे ॥ २१
क्लान्तो रुधिरसिक्ताङ्गः प्रहारैर्जर्जरीकृतः । वालिनाभिद्रुतः क्रोधात्प्रविवेश महावनम् ॥ २२
तं प्रविष्टं वनं दृष्ट्वा वाली शापभयात्ततः । मुक्तो ह्यसि त्वमित्युक्त्वा स निवृत्तो महाबलः ॥ २३
राघवोऽपि सह भ्रात्रा सह चैव हनूमता । तदेव वनमागच्छत्सुग्रीवो यत्र वानरः ॥ २४
तं समीक्ष्यागतं रामं सुग्रीवः सहलक्ष्मणम् । ह्रीमान्दीनमुवाचेदं वसुधामवलोकयन् ॥ २५
आह्वयस्वेति मामुक्त्वा दर्शयित्वा च विक्रमम् । वैरिणा घातयित्वा च किमिदानीं त्वया कृतम् ॥ २६
तामेव वेलां वक्तव्यं त्वया राघव तत्त्वतः । वालिनं न निहन्मीति ततो नाहमितो व्रजे ॥ २७
तस्य चैवं ब्रुवाणस्य सुग्रीवस्य महात्मनः । करुणं दीनया वाचा राघवः पुनरब्रवीत् ॥ २८
सुग्रीव श्रूयतां तात क्रोधश्च व्यपनीयताम् । कारणं येन बाणोऽयं स मया न विसर्जितः ॥ २९
अलंकारेण वेषेण प्रमाणेन गतेन च । त्वं च सुग्रीव वाली च सदृशौ स्थः परस्परम् ॥ ३०
स्वरेण वर्चसा चैव प्रेक्षितेन च वानर । विक्रमेण च वाक्यैश्च व्यक्तिं वां नोपलक्षये ॥ ३१
ततोऽहं रूपसादृश्यान्मोहितो वानरोत्तम । नोत्सृजामि महावेगं शरं शत्रुनिबर्हणम् ॥ ३२
जीवितान्तकरं घोरं सादृश्यात्तु विशङ्कितः । मूलघातो न नौ स्याद्धि द्वयोरिति कृतो मया ॥ ३३
त्वयि वीर विपन्ने हि अज्ञानाल्लाघवान्मया । मौढ्यं च मम बाल्यं च ख्यापितं स्यात्कपीश्वर ॥ ३४
दत्ताभयवधो नाम पातकं महदद्भुतम् । अहं च लक्ष्मणश्चैव सीता च वरवर्णिनी ॥ ३५
त्वदधीना वयं सर्वे वनेऽस्मिञ्शरणं भवान् । तस्माद्युध्यस्व भूयस्त्वं मा माशङ्कीश्च वानर ॥ ३६
एतन्मुहूर्ते तु मया पश्य वालिनमाहवे । निरस्तमिषुणैकेन चेष्टमानं महीतले ॥ ३७
अभिज्ञानं कुरुष्व त्वमात्मनो वानरेश्वर । येन त्वामभिजानीयां द्वन्द्वयुद्धमुपागतम् ॥ ३८
गजपुष्पीमिमां फुल्लामुत्पाट्य शुभलक्षणाम् । कुरु लक्ष्मण कण्ठेऽस्य सुग्रीवस्य महात्मनः ॥ ३९
ततो गिरितटे जातामुत्पाट्य कुसुमायुताम् । लक्ष्मणो गजपुष्पीं तां तस्य कण्ठे व्यसर्जयत् ॥ ४०
स तया शुशुभे श्रीमाँल्लतया कण्ठसक्तया । मालयेव बलाकानां ससंध्य इव तोयदः ॥ ४१
विभ्राजमानो वपुषा रामवाक्यसमाहितः । जगाम सह रामेण किष्किन्धां पुनराप सः ॥ ४२

इत्यार्षे श्रीमद्रामायणे वाल्मीकीय आदिकाव्ये किष्किन्धाकाण्डे द्वादशः सर्गः ॥ १२ ॥

कर्णयोर्यथा' इति पाठान्तरम् । वज्रगोकर्णौ तदाख्यपर्वतौ यथा तथेति शेषः ॥ १७ ॥ अशनिर्दम्भोलिः । वज्रं वज्रायुधम् ॥ १८ ॥ १९ ॥ नावगच्छत् । विविच्येति शेषः ॥ २० ॥ राघवं नाथं रक्षकमित्यपश्यन्नजानन् ॥ २१ ॥ २२ ॥ वनं प्रविष्टम् । ऋष्यमूकस्येति शेषः । स निवृत्तः परावृत्तः ॥ २३ ॥ २४ ॥ ह्रीमान्पराभूतत्वात् ॥२५॥ विक्रमं सालभेदनेन । घातयित्वा युद्धप्रेरणद्वारा । किं कृतम् । अनुचितमेव कृतमित्यर्थः ॥ २६ ॥ तामेव वेलाम् । सप्तम्यर्थे द्वितीया । वालिना युद्धप्रेरणवेलायाम् । ततस्तदेत्यर्थः । इतः । ऋष्यमूकवनादित्यर्थः ॥ २७ ॥ २८ ॥ स बाणो वालिसंहारको बाणः ॥ २९ ॥ तदेव कारणमाह—अलंकारेणेति ॥३०॥ वर्चः शरीरकान्तिः । वां युवयोः ॥ ३१ ॥ मोहित इति । नन्विदमनुचितं यद्भगवतो मोहः । अमोहे मोह इत्यनृतकथनं च । किं च पलायनसमये ऋष्यमूकाभिमुखधावनेन व्यक्तिरस्त्येवेति चेन्न । वालिन आयुर्दायासमाप्त्या तथाकारणेऽपि सुग्रीवसंतोषाय स्वस्मिन्मानुष्यबुद्ध्यनुत्पादाय चात्मनि मोहोत्प्रेक्षया समाधानादक्षतेः मोहित इत्यस्त्येवेति शेषः । ईदृशे विषय एवंविधानृतवचनं न दोषायेत्यप्यनेन ध्वनितम् । नोत्सृजामि नोदसृजम् ॥ ३२ ॥ विशङ्कितः शङ्कावान् । हि निश्चयेन नावावयोर्द्वयोरपि त्वन्नाशेन मूलघातो न स्यान्मा भूदित्येतदर्थं मया कृतः शरानुत्सर्ग इति शेषः ॥ ३३ ॥ मूलघातमेव दर्शयति—त्वयीति । मया विपन्ने मद्व्यापारतो नाशिते । अज्ञानमनिश्चयप्रवृत्तिः । लाघवाच्चापल्यात् ॥ ३४ ॥ बाधकान्तरमाह—दत्तमभयमस्मै स दत्ताभयस्तस्य वधो महत्पातकमिति नाम प्रसिद्धम् । स्वमूलघातमप्याह—अहमिति ॥ ३५ ॥ मा माशङ्कीरित्यबाधायां द्वित्वम् ॥ ३६ ॥ ३७ ॥ ३८ ॥ गजपुष्पी नागपुष्पी लता । शुभं सम्यग्लक्षयतीति शुभलक्षणा ताम् ॥ ३९ ॥ व्यसर्जयन्निसृष्टवान् । समर्पितवानित्यर्थः ॥ ४० ॥ लतया शुक्लपुष्पनागपुष्पीलतया । संध्यारागसहिततोयद इव स्वयं बलाकानां मालयेव तया लतया शुशुभे ॥ ४१ ॥ राम-

त्रयोदशः सर्गः ।

ऋष्यमूकात्स धर्मात्मा किष्किन्धां लक्ष्मणाग्रजः । जगाम सह सुग्रीवो वालिविक्रमपालिताम् ॥ १
समुद्यम्य महच्चापं रामः काञ्चनभूषितम् । शरांश्चादित्यसंकाशान्गृहीत्वा रणसाधकान् ॥ २
अग्रतस्तु ययौ तस्य राघवस्य महात्मनः । सुग्रीवः संहतग्रीवो लक्ष्मणस्य महाबलः ॥ ३
पृष्ठतो हनुमान्वीरो नलो नीलश्च वीर्यवान् । तारश्चैव महातेजा हरियूथपयूथपः ॥ ४
ते वीक्षमाणा वृक्षांश्च पुष्पभारावलम्बिनः । प्रसन्नाम्बुवहाश्चैव सरितः सागरंगमाः ॥ ५
कंदराणि च शैलांश्च निर्दराणि गुहास्तथा । शिखराणि च मुख्यानि दरीश्च प्रियदर्शनाः ॥ ६
वैदूर्यविमलैस्तोयैः पद्मैश्चाकोशकुड्मलैः । शोभितान्सजलान्मार्गे तटाकांश्चावलोकयन् ॥ ७
कारण्डैः सारसैर्हंसैर्वञ्जुलैर्जलकुक्कुटैः । चक्रवाकैस्तथा चान्यैः शकुनैः प्रतिनादितान् ॥ ८
मृदुशष्पाङ्कुराहारान्निर्भयान्वनचारिणाम् । चरतां सर्वतः पश्यन्स्थलीषु हरिणान्स्थितान् ॥ ९
तटाकवैरिणश्चापि शुक्लदन्तविभूषितान् । घोरानेकचरान्वन्यान्द्विरदान्कूलघातिनः ॥ १०
मत्तान्गिरितटोद्घुष्टान्पर्वतानिव जङ्गमान् । वानरान्द्विरदप्रख्यान्महीरेणुसमुक्षितान् ॥ ११
वने वनचरांश्चान्यान्खेचरांश्च विहंगमान् । पश्यन्तस्त्वरिता जग्मुः सुग्रीववशवर्तिनः ॥ १२
तेषां तु गच्छतां तत्र त्वरितं रघुनन्दनः । द्रुमषण्डवनं दृष्ट्वा रामः सुग्रीवमब्रवीत् ॥ १३
एष मेघ इवाकाशे वृक्षषण्डः प्रकाशते । मेघसंघातविपुल पर्यन्तकदलीवृतम् ॥ १४
किमेतज्ज्ञातुमिच्छामि सखे कौतूहलं मम । कौतूहलापनयनं कर्तुमिच्छाम्यहं त्वया ॥ १५
तस्य तद्वचनं श्रुत्वा राघवस्य महात्मनः । गच्छन्नेवाचचक्षेऽथ सुग्रीवस्तन्महद्वनम् ॥ १६
एतद्राघव विस्तीर्णमाश्रमं श्रमनाशनम् । उद्यानवनसंपन्नं स्वादुमूलफलोदकम् ॥ १७
अत्र सप्तजना नाम मुनयः शंसितव्रताः । सप्तैवासन्नधःशीर्षा नियतं जलशायिनः ॥ १८
सप्तरात्रे कृताहारा वायुनाचलवासिनः । दिवं वर्षशतैर्याताः सप्तभिः सकलेवराः ॥ १९
तेषामेतत्प्रभावेण द्रुमप्राकारसंवृतम् । आश्रमं सुदुराधर्षमपि सेन्द्रैः सुरासुरैः ॥ २०
पक्षिणो वर्जयन्त्येतत्तथान्ये वनचारिणः । विशन्ति मोहाद्येऽप्यत्र न निवर्तन्ति ते पुनः ॥ २१
विभूषणरवाश्चात्र श्रूयन्ते सकलाक्षराः । तूर्यगीतस्वनश्चापि गन्धो दिव्यश्च राघव ॥ २२
त्रेताग्नयोऽपि दीप्यन्ते धूमो ह्येष प्रदृश्यते । वेष्टयन्निव वृक्षाग्रान्कपोताङ्गारुणो घनः ॥ २३
एते वृक्षाः प्रकाशन्ते धूमसंसक्तमस्तकाः । मेघजालप्रतिच्छन्ना वैदूर्यगिरयो यथा ॥ २४
कुरु प्रणामं धर्मात्मंस्तपामुद्दिश्य राघव । लक्ष्मणेन सह भ्रात्रा प्रयतः संहताञ्जलिः ॥ २५
प्रणमन्ति हि ये तेषामृषीणां भावितात्मनाम् । न तेषामशुभं किंचिच्छरीरे राम विद्यते ॥ २६

वाक्ये तत्करणे समाहित उद्युक्तः ॥ ४२ ॥ इति श्रीरामाभिरामे श्रीरामीये रामायणतिलके वाल्मीकीय आदिकाव्ये किष्किन्धाकाण्डे द्वादशः सर्गः ॥ १२ ॥

ऋष्यमूकादिति ॥ १ ॥ २ ॥ संहतग्रीवो दृढबन्धबद्धग्रीवः हरियूथपानामपि यूथं पाति तादृशः ॥ ३ ॥ ४ ॥ ५ ॥ कंदराणि मन्दिराकारपर्वतविवराणि । निर्दराणि शिलाविवराणि । गुहा देवखातगिरिबिलानि । दर्यो गह्वराणि ॥ ६ ॥ आकोशमग्रभागपर्यन्तं कुड्मलं मुकुलरूपं स्तेनेषद्विकसितैः पद्मैः शोभितानवलोकयन् ॥ ७ ॥ कारण्डैः कारण्डवैः ॥ ८ ॥ शष्पं तृणम् ॥ ९ ॥ कूलघातित्वादेव तटाकवैरित्वम् । एकचरानसहायचरान् ॥ १० ॥ द्विरदप्रख्यान्गजतुल्यान् ॥ ११ ॥ १२ ॥ द्रुमाणां षण्डः समूहो यस्मिंस्तादृशं वनम् ॥ १३ ॥ वृक्षषण्डो वृक्षसमूहः । मेघैलाद्युत्तरान्वयि ॥ १४ ॥ त्वया कर्त्रा । कौतूहलस्यौत्सुक्यस्यापनयनं निवर्तनं कर्तुं कारयितुमिच्छामि ॥ १५ ॥ १६ ॥ उद्यानैरुपवनैश्च संपन्नं युक्तम् ॥ १७ ॥ सप्तजना नाम सप्तजना इति प्रसिद्धा अधःशीर्षा भूप्रतिष्ठापितशिरसः ॥ १८ ॥ केवलवायुनैव सप्तरात्रे गत कृताहाराः । सप्तभिर्वर्षशतैः सकलेवरा दिवं याताः ॥ १९ ॥ एतदाश्रमम् । अर्धर्चादिराश्रमशब्दः ॥ २० ॥ वर्जयन्ति न प्रविशन्ति पुनर्न निवर्तन्ति । अत्रैव म्रियन्त इत्यर्थः ॥ २१ ॥ सकलाक्षराः कलाक्षराभिर्मधुराक्षराभिर्वाग्भिः सहिता भूषणरवाः । अप्सरसामिति शेषः । दिव्यो गन्धश्च तासामेवानुभूयत इति शेषः ॥ २२ ॥ न केवलं भोगभूमिः, कर्मभूमिरपीत्याह—त्रेतेत्यादि । कपोताङ्गवदरुणो धूसरो घन इव धूमो वृक्षाग्रान्वेष्टयन्व्याप्नुवन्दृश्यते ॥ २३ ॥ २४ ॥ तेषामुद्दिश्य । तानुद्दिश्येति यावत् ॥ २५ ॥ तेषां प्रणमन्ति

ततो रामः सह भ्रात्रा लक्ष्मणेन कृताञ्जलिः । समुद्दिश्य महात्मानस्तानृषीनभ्यवादयत् ॥ २७
अभिवाद्य च धर्मात्मा रामो भ्राता च लक्ष्मणः । सुग्रीवो वानराश्चैव जग्मुः सं‍हृष्टमानसाः ॥ २८
ते गत्वा दूरमध्वानं तस्मात्सप्तजनाश्रमात् । ददृशुस्तां दुराधर्षां किष्किन्धां वालिपालिताम् ॥ २९
ततस्तु रामानुजरामवानराः प्रगृह्य शस्त्राण्युदितोग्रतेजसः ।
पुरीं सुरेशात्मजवीर्यपालितां वधाय शत्रोः पुनरागतास्त्विह ॥ ३०

इत्यार्षे श्रीमद्रामायणे वाल्मीकीय आदिकाव्ये किष्किन्धाकाण्डे त्रयोदशः सर्गः ॥ १३ ॥

चतुर्दशः सर्गः ।

सर्वे ते त्वरितं गत्वा किष्किन्धां वालिनः पुरीम् । वृक्षैरात्मानमावृत्य व्यतिष्ठन्गहने वने ॥ १
विसार्य सर्वतो दृष्टिं कानने काननप्रियः । सुग्रीवो विपुलग्रीवः क्रोधमाहारयद्भृशम् ॥ २
ततस्तु निनदं घोरं कृत्वा युद्धाय चाह्वयत् । परिवारैः परिवृतो नादैर्भिन्दन्निवाम्बरम् ॥ ३
गर्जन्निव महामेघो वायुवेगपुरःसरः । अथ बालार्कसदृशो दृप्तसिंहगतिस्तनः ॥ ४
दृष्ट्वा रामं क्रियादक्षं सुग्रीवो वाक्यमब्रवीत् । हरिवागुरया व्याप्तां तप्तकाञ्चनतोरणाम् ॥ ५
प्राप्ताः स्म ध्वजयन्त्राढ्यां किष्किन्धां वालिनः पुरीम् । प्रतिज्ञा या कृता वीर त्वया वालिवधे पुरा ॥ ६
सफलां कुरु तां क्षिप्रं लतां काल इवागतः । एवमुक्तस्तु धर्मात्मा सुग्रीवेण स राघवः ॥ ७
तमेवोवाच वचनं सुग्रीवं शत्रुसूदनः । कृताभिज्ञानचिह्नस्त्वमनया गजसाह्वया ॥ ८
लक्ष्मणेन समुत्पाट्य एषा कण्ठे कृता तव । शोभसेऽप्यधिकं वीर लतया कण्ठसक्तया ॥ ९
विपरीत इवाकाशे सूर्यो नक्षत्रमालया । अद्य वालिसमुत्थं ते भयं वैरं च वानर ॥ १०
एकेनाहं प्रमोक्ष्यामि बाणमोक्षेण संयुगे । मम दर्शय सुग्रीव वैरिणं भ्रातृरूपिणम् ॥ ११
वाली विनिहतो यावद्वने पांसुषु चेष्टते । यदि दृष्टिपथं प्राप्तो जीवन्स विनिवर्तते ॥ १२
ततो दोषेण मा गच्छेत्सद्यो गर्हेच्च मां भवान् । प्रत्यक्षं सप्त ते ताला मया बाणेन दारिताः ॥ १३
ततो वेत्सि बलेनाद्य वालिनं निहतं रणे । अनृतं नोक्तपूर्वं मे चिरं कृच्छ्रेऽपि तिष्ठता ॥ १४
धर्मलोभपरीतेन न च वक्ष्ये कथंचन । सफलां च करिष्यामि प्रतिज्ञां जहि संभ्रमम् ॥ १५
प्रसूतं कलमक्षेत्रं वर्षेणेव शतक्रतुः । तदाह्वाननिमित्तं च वालिनो हेममालिनः ॥ १६
सुग्रीव कुरु तं शब्दं निष्पतेद्येन वानरः । जितकाशी जयश्लाघी त्वया चाधर्षितः पुरात् ॥ १७
निष्पतिष्यत्यसङ्गेन वाली स प्रियसंयुगः । रिपूणां धर्षितं श्रुत्वा मर्षयन्ति न संयुगे ॥ १८

तान्प्रणमन्ति ॥ २६ ॥ महात्मानो महात्मनस्तानृषीनुद्दिश्याभ्यवादयन्नमस्कृतवान् ॥ २७ ॥ वानरा हनुमदादयः । एतत्कथाप्रश्नादिकं वाल्यायुःसमाप्तिकाललाभाय ॥ २८ ॥ २९ ॥ शस्त्राणि । वानराणां शस्त्रं शिलादि ॥ ३० ॥ इति श्रीरामाभिरामे श्रीरामीये रामायणतिलके वाल्मीकीय आदिकाव्ये किष्किन्धाकाण्डे त्रयोदशः सर्गः ॥ १३ ॥

गहने निबिडे दुष्प्रवेशे ॥ १ ॥ २ ॥ ३ ॥ वायोर्वेगः पुरःसरो यस्य स महामेघ इव । बालार्कसदृशो वर्णेन प्रतापेन च ॥ ४ ॥ हरिरूपवागुरया व्याप्तां वागुराकारतया स्थितहरिकाम् ॥ ५ ॥ ध्वजैर्यन्त्रैः प्राकारयुद्धापेक्षितैराढ्याम् ॥ ६ ॥ यथा आगतः कालो ऋतुविशेषरूपो लतां प्राक्सपुष्पां ततः सफलां करोति, तथा स्वकृतप्रतिज्ञां त्वमपि सफलां कुर्वित्यर्थः ॥ ७ ॥ गजसाह्वया गजेन समाना आह्वा नाम यस्यास्तया ॥ ८ ॥ ९ ॥ नक्षत्रमालयाकाशे विपरीतो विशेषेण परीतो वेष्टितः सूर्य इव । कविविकल्पितोपमालीकोपमा । तेन तादृशः सूर्यो यदि भवेत्तदा तरुणार्कवर्णस्य कण्ठसक्तशुक्लपुष्पमालस्योपमा स्यादित्यतिशयोक्तिरत्र व्यङ्ग्या । केचित्तु विपरीते इति सप्तम्यन्तम् । 'परीतं तु दिवा प्रोक्तं विपरीतं तु शर्वरी । पौर्णमासीगतश्चन्द्रः सूर्य इत्यभिधीयते ॥' इति व्याचक्षते ॥ १० ॥ प्रमोक्ष्यामि प्रमोचयिष्यामि ॥ ११ ॥ चेष्टते लुठिष्यति । मद्दर्शनानन्तरमेवेति शेषः ॥ १२ ॥ यदि मद्दृष्टिपथं गतो जीवन्स विनिवर्तते ततस्तदा मा मां दोषेणोपलक्षितं गच्छेदवगच्छेन्मां गर्हेच्च । किं च मद्बलस्य दृष्टत्वाद्वालिनं निहतमेवावेहीत्याह—प्रत्यक्षमिति ॥ १३ ॥ वेत्सि विद्धि । कृच्छ्रेऽपि प्राणसंकटेऽपि । मे मया ॥ १४ ॥ धर्मलोभेन धर्मलिप्सया परीतेन व्याप्तचित्तेनेति पूर्वान्वयि ॥ १५ ॥ सफलां करिष्यामीत्यत्र दृष्टान्तः—प्रसूतमिति । अङ्कुरितमित्यर्थः । कलमक्षेत्रमिति । व्रीहिक्षेत्रमित्यर्थः ॥ १६ ॥ जितकाशी जितश्वासो जितभयो वा । त्वया आधर्षितः सन्पुराद्येन निष्पतेत्तं शब्दं कुर्वित्यर्थः ॥ १७ ॥ ननु कृतेऽप्याह्वाने क्यादिसक्तो न निष्प-

जानन्तस्तु स्वकं वीर्यं स्त्रीसमक्षं विशेषतः । स तु रामवचः श्रुत्वा सुग्रीवो हेमपिङ्गलः ॥ १९
ननर्द क्रूरनादेन विनिर्भिन्दन्निवाम्बरम् । तत्र शब्देन वित्रस्ता गावो यान्ति हतप्रभाः ॥ २०
राजदोषपरामृष्टाः कुलस्त्रिय इवाकुलाः । द्रवन्ति च मृगाः शीघ्रं भग्ना इव रणे हयाः ।
पतन्ति च खगा भूमौ क्षीणपुण्या इव ग्रहाः ॥ २१

ततः स जीमूतकृतप्रणादो नादं ह्यमुञ्चत्त्वरया प्रतीतः ।
सूर्यात्मजः शौर्यविवृद्धतेजाः सरित्पतिर्वानिलचञ्चलोर्मिः ॥ २२

इत्यार्षे श्रीमद्रामायणे वाल्मीकीय आदिकाव्ये किष्किन्धाकाण्डे चतुर्दशः सर्गः ॥ १४ ॥

पञ्चदशः सर्गः ।

अथ तस्य निनादं तं सुग्रीवस्य महात्मनः । शुश्रावान्तःपुरगतो वाली भ्रातुरमर्षणः ॥ १
श्रुत्वा तु तस्य निनदं सर्वभूतप्रकम्पनम् । मदश्चैकपदे नष्टः क्रोधश्चापादितो महान् ॥ २
ततो रोषपरीताङ्गो वाली स कनकप्रभः । उपरक्त इवादित्यः सद्यो निष्प्रभतां गतः ॥ ३
वाली दंष्ट्राकरालस्तु क्रोधाद्दीप्ताग्निलोचनः । भात्युत्पतितपद्माभः समृणाल इव ह्रदः ॥ ४
शब्दं दुर्मर्षणं श्रुत्वा निष्पपात ततो हरिः । वेगेन च पदन्यासैर्दारयन्निव मेदिनीम् ॥ ५
तं तु तारा परिष्वज्य स्नेहाद्दर्शितसौहृदा । उवाच त्रस्तसंभ्रान्ता हितोदर्कमिदं वचः ॥ ६
साधु क्रोधमिमं वीर नदीवेगमिवागतम् । शयनादुत्थितः काल्यं त्यज भुक्तामिव स्रजम् ॥ ७
काल्यमेतेन सङ्ग्रामं करिष्यसि च वानर । वीर ते शत्रुबाहुल्यं फल्गुता वा न विद्यते ॥ ८
सहसा तव निष्क्रामो मम तावन्न रोचते । श्रूयतामभिधास्यामि यन्निमित्तं निवार्यते ॥ ९
पूर्वमापतितः क्रोधात्स त्वामाह्वयते युधि । निष्पत्य च निरस्तस्ते हन्यमानो दिशो गतः ॥ १०
त्वया तस्य निरस्तस्य पीडितस्य विशेषतः । इहैत्य पुनराह्वानं शङ्कां जनयतीव मे ॥ ११
दर्पश्च व्यवसायश्च यादृशस्तस्य नर्दतः । निनादस्य च संरम्भो नैतदल्पं हि कारणम् ॥ १२
नासहायमहं मन्ये सुग्रीवं तमिहागतम् । अवष्टब्धसहायश्च यमाश्रित्यैष गर्जति ॥ १३
प्रकृत्या निपुणश्चैव बुद्धिमांश्चैव वानरः । नापरीक्षितवीर्येण सुग्रीवः सख्यमेष्यति ॥ १४

तिष्यति तत्राह—निपतिष्यतीति । असङ्गेन । स्त्र्यादिसङ्गपरित्यागेनेत्यर्थः । यतः प्रियसंयुगः । न मर्षयन्तीत्यस्य शूरा इति शेषः ॥ १८ ॥ विशेषतो न मर्षयन्तीत्यनुषङ्गः ॥ १९ ॥ गावो महान्तो वृषभाः । हतप्रभा हतशक्तयः ॥ २० ॥ राजदोषेण प्रजारक्षणाभावरूपेण राजदोषेण परैरन्यैरामृष्टा, अत एवाकुला व्याकुलाः कुलस्त्रिय इव गावो यान्ति । ग्रहा देवाः ॥ २१ ॥ जीमूतवत्कृतप्रणादः । प्रतीतः । रामे इति शेषः । शौर्ये पराक्रमकरणे विवृद्धं तेजो यस्य । सरित्पतिर्वा समुद्र इव ॥ २२ ॥ **इति श्रीरामाभिरामे श्रीरामीये रामायणतिलके वाल्मीकीय आदिकाव्ये किष्किन्धाकाण्डे चतुर्दशः सर्गः ॥ १४ ॥**

अथेति ॥ १ ॥ एकपदे तत्क्षणे । आपादितः संपादितः ॥ २ ॥ कनकप्रभस्य । क्रोधादतिरक्तत्वे सहजप्रभानाशेनोपरक्तादित्योपमेयता, एतदादीन्यासन्नमृत्युलक्षणानि ॥ ३ ॥ उत्पतितपद्मस्येकदेशे तन्त्रम् । उत्पतितैरुद्धतैः पद्मैरुत्पतिता नष्टा पद्मकृतशोभा यस्य तादृशो मृणालसहितो ह्रद इव । दंष्ट्रा मृणालस्थानीया ॥ ४ ॥ दुर्मर्षणं दुःसहम् । वेगेन युक्तैः पदन्यासैः ॥ ५ ॥ त्रस्तसंभ्रान्ता । कर्मधारये पुंवत्त्वम् । त्रस्ता भीता । संभ्रान्ता क्षुभितचित्ता । हितोदर्कं हितरूपोत्तरकालफलम् ॥ ६ ॥ काल्यं प्रातःकाले शयनादुत्थितो भुक्तां स्रजमिव त्यज क्रोधम् ॥ ७ ॥ काल्यं प्रातःकाले सङ्ग्रामं कुरु । हे वीर, यद्यपि सङ्ग्रामे शत्रोर्बाहुल्यं त्वत्त आधिक्यं न विद्यते, नापि तव फल्गुता लघुता विद्यते, अथापि सहसा हठात्तवाद्य निष्क्रामो निष्क्रमणं मम न रोचते । कुतस्तत्राह—श्रूयतामिति ॥ ८ ॥ ९ ॥ पूर्वं क्रोधादापतितः सुग्रीवो युद्धाय त्वामाह्वयत, तदा ते त्वया निष्पत्य निरस्तो हन्यमानश्च दिशो गतः ॥ १० ॥ तस्य तथानिरस्तस्य पुनरेत्याह्वानं शङ्कां जनयत्येव ॥ ११ ॥ कुतस्तत्राह—दर्पश्चेति । दर्पो गर्वः । व्यवसायो युद्धविषयः । यादृशश्च नर्दतो निनादस्य संरम्भो वृद्धिरेतदेतस्य कारणं नाल्पम् । अयं दर्पादिः कारणविशेषपूर्वकः, कार्यविशेषत्वादित्यनुमितम् ॥ १२ ॥ कारणविशेषं दर्शयति—नेति । अवष्टब्धसहायः परिगृहीतसहायः । सर्वथा सहायसंबन्धमूलोऽयं संरम्भ इति भावः ॥ १३ ॥ नन्विति तस्य बुद्धिः कुतस्तत्राह—प्रकृत्येति । निपुण उचितकृत्यनिष्पादने समर्थस्तत्क्षमबुद्धिमांश्च । ननु सहायवन्तं वधिष्यामीति चेत्तत्राह—अपरीक्षितशत्रुनाशकवीर्येण पुंसा सुग्रीवः सख्यं नैष्यति । अतस्तत्सहायभूतः शङ्कनीय एव ॥ १४ ॥

पूर्वमेव मया वीर श्रुतं कथयतो वचः । अङ्गदस्य कुमारस्य वक्ष्याम्यद्य हितं वचः ॥ १५
अङ्गदस्तु कुमारोऽयं वनान्तमुपनिर्गतः । प्रवृत्तिस्तेन कथिता चारैरासीन्निवेदिता ॥ १६
अयोध्याधिपतेः पुत्रौ शूरौ समरदुर्जयौ । इक्ष्वाकूणां कुले जातौ प्रथितौ रामलक्ष्मणौ ॥ १७
सुग्रीवप्रियकामार्थं प्राप्तौ तत्र दुरासदौ । स ते भ्रातुर्हि विख्यातः सहायो रणकर्मणि ॥ १८
रामः परबलामर्दी युगान्ताग्निरिवोत्थितः । निवासवृक्षः साधूनामापन्नानां परा गतिः ॥ १९
आर्तानां संश्रयश्चैव यशसश्चैकभाजनम् । ज्ञानविज्ञानसंपन्नो निदेशे निरतः पितुः ॥ २०
धातूनामिव शैलेन्द्रो गुणानामाकरो महान् । तत्क्षमो न विरोधस्ते सह तेन महात्मना ॥ २१
दुर्जयेनाप्रमेयेण रामेण रणकर्मसु । शूर वक्ष्यामि ते किंचिन्न चेच्छाम्यभ्यसूयितुम् ॥ २२
श्रूयतां क्रियतां चैव तव वक्ष्यामि यद्धितम् । यौवराज्येन सुग्रीवं तूर्णं साध्वभिषेचय ॥ २३
विग्रहं मा कृथा वीर भ्रात्रा राजन्यवीयसा । अहं हि ते क्षमं मन्ये तेन रामेण सौहृदम् ॥ २४
सुग्रीवेण च संप्रीतिं वैरमुत्सृज्य दूरतः । लालनीयो हि ते भ्राता यवीयानेष वानरः ॥ २५
तत्र वा सन्निहस्थो वा सर्वथा बन्धुरेव ते । नहि तेन समं बन्धुं भुवि पश्यामि कंचन ॥ २६
दानमानादिसत्कारैः कुरुष्व प्रत्यनन्तरम् । वैरमेतत्समुत्सृज्य तव पार्श्वे स तिष्ठतु ॥ २७
सुग्रीवो विपुलग्रीवो महाबन्धुर्मतस्तव । भ्रातृसौहृदमालम्ब्य नान्या गतिरिहास्ति ते ॥ २८
यदि ते मत्प्रियं कार्यं यदि चावैषि मां हिताम् । याच्यमानः प्रियत्वेन साधुवाक्यं कुरुष्व मे ॥ २९

प्रसीद पथ्यं शृणु जल्पितं हि मे न रोषमेवानुविधातुमर्हसि ।
क्षमो हि ते कोशलराजसूनुना न विग्रहः शक्रसमानतेजसा ॥ ३०
तदा हि तारा हितमेव वाक्यं तं वालिनं पथ्यमिदं बभाषे ।
न रोचते तद्वचनं हि तस्य कालाभिपन्नस्य विनाशकाले ॥ ३१

इत्यार्षे श्रीमद्रामायणे वाल्मीकीय आदिकाव्ये किष्किन्धाकाण्डे पञ्चदशः सर्गः ॥ १५ ॥

षोडशः सर्गः ।

तामेवं ब्रुवतीं तारां ताराधिपनिभाननाम् । वाली निर्भर्त्सयामास वचनं चेदमब्रवीत् ॥ १
गर्जतोऽस्य सुसंरब्धं भ्रातुः शत्रोर्विशेषतः । मर्षयिष्यामि केनापि कारणेन वरानने ॥ २
अधर्षितानां शूराणां समरेष्वनिवर्तिनाम् । धर्षणामर्षणं भीरु मरणादतिरिच्यते ॥ ३
सोढुं न च समर्थोऽहं युद्धकामस्य संयुगे । सुग्रीवस्य च संरम्भं हीनग्रीवस्य गर्जितम् ॥ ४
न च कार्यो विषादस्ते राघवं प्रति मत्कृते । धर्मज्ञश्च कृतज्ञश्च कथं पापं करिष्यति ॥ ५

न केवलं मदनुमित एवायमर्थः, किंतु शब्दप्रमाणादप्यवगत इत्याह—पूर्वमेवेति । यन्मया पूर्वमङ्गदस्य कुमारस्य वचः श्रुतं तत्तव हितमद्य त्वां वक्ष्यामि ॥ १५ ॥ तदेवाह—अङ्गदस्त्विति । वनान्तं वनमध्यं या तस्मै चारैर्निवेदिता प्रवृत्तिरासीत् । प्रवृत्तिः सुग्रीववृत्तान्तः । सा तेन मम कथिता ॥ १६ ॥ १७ ॥ तत्र तयोर्मध्ये यस्तव भ्रातुः सहायो विख्यातः । हि यतः स परबलामर्दी । साधूनां निवासवृक्ष आश्रयः । आपन्नानां शरणागतानां गतिः शरणम् ॥ १८ ॥ १९ ॥ आर्तानां शत्रुपीडितानाम् । तन्नाशाय संश्रयः संश्रयार्हः । ज्ञानं ब्रह्मज्ञानम् । धर्मविषयं विज्ञानं शिल्पनैपुणं वा । निदेशे निरत इत्यनेन स्वराज्यमरक्षितवतः कुतः पररक्षणसामर्थ्यमित्यपास्तम् ॥ २० ॥ तत्तस्मात्तेनोच्यमानगुणकेन रामेण तव विरोधो न क्षमो न युक्तः ॥ २१ ॥ दुर्जयेनेत्याद्यर्धं पूर्वान्वयि । किंचिद्वक्ष्यमाणं त्वयाभ्यासूयितुं नेच्छामि । कथमियं मां प्रतिवदतीति मदसूया न कर्तव्येत्यर्थः । आर्षत्वादसमानकर्तृत्वेऽपि तुमुन् ॥ २२ ॥ २३ ॥ तेन बलीयसा रामेण ॥ २४ ॥ २५ ॥ तत्र तस्मिन्दूरदेशे वा सन्निवद्यमानः, इहस्थस्त्वत्समीपस्थो वा भुवि न पश्यामि । तवेति शेषः ॥ २६ ॥ प्रत्यनन्तरं स्वाधीनम् ॥ २७ ॥ भ्रातृसौहृदमालम्ब्यैव तव गतिर्नान्या गतिरस्तीत्यर्थः ॥ २८ ॥ यदि ते । यदि त्वयेत्यर्थः ॥ २९ ॥ ३० ॥ तदा हीत्यादि कविवाक्यम् ॥ ३१ ॥ इति श्रीरामाभिरामे श्रीरामीये रामायणतिलके वाल्मीकीय आदिकाव्ये किष्किन्धाकाण्डे पञ्चदशः सर्गः ॥ १५ ॥

तामिति ॥ १ ॥ सुसंरब्धम् । भावे निष्ठा । सुसंरम्भमित्यर्थः । केनापि । न केनापि त्वदुक्तकारणेनेत्यर्थः ॥ २ ॥ धर्षणामर्षणं सहनम् ॥ ३ ॥ संयुगे संरम्भम् । संयुगनिमित्तं संरम्भमित्यर्थः ॥ ४ ॥ राघवं प्रति राघवनिमित्तभयमालक्ष्य मत्कृते त्वया विषादो न कार्यः । यतो धर्मज्ञत्वादिगुणः सः

निवर्तस्व सह स्त्रीभिः कथं भूयोऽनुगच्छसि । सौहृदं दर्शितं तावन्मयि भक्तिस्त्वया कृता ॥ ६
प्रतियोत्स्याम्यहं गत्वा सुग्रीवं जहि संभ्रमम् । दर्पं चास्य विनेष्यामि न च प्राणैर्वियोक्ष्यते ॥ ७
अहं ह्याजिस्थितस्यास्य करिष्यामि यदीप्सितम् । वृक्षैर्मुष्टिप्रहारैश्च पीडितः प्रतियास्यति ॥ ८
न मे गर्वितमायस्तं सहिष्यति दुरात्मवान् । कृतं तारे सहायत्वं दर्शितं सौहृदं मयि ॥ ९
शापितासि मम प्राणैर्निवर्तस्व जनेन च । अलं जित्वा निवर्तिष्ये तमहं भ्रातरं रणे ॥ १०
तं तु तारा परिष्वज्य वालिनं प्रियवादिनी । चकार रुदती मन्दं दक्षिणा सा प्रदक्षिणम् ॥ ११
ततः स्वस्त्ययनं कृत्वा मन्त्रविद्विजयैषिणी । अन्तःपुरं सह स्त्रीभिः प्रविष्टा शोकमोहिता ॥ १२
प्रविष्टायां तु तारायां सह स्त्रीभिः स्वमालयम् । नगर्या निर्ययौ क्रुद्धो महासर्प इव श्वसन् ॥ १३
स निःश्वस्य महारोषो वाली परमवेगवान् । सर्वतश्चारयन्दृष्टिं शत्रुदर्शनकाङ्क्षया ॥ १४
स ददर्श ततः श्रीमान्सुग्रीवं हेमपिङ्गलम् । सुसंवीतमवष्टब्धं दीप्यमानमिवानलम् ॥ १५
तं स दृष्ट्वा महाबाहुः सुग्रीवं पर्यवस्थितम् । गाढं परिदधे वासो वाली परमकोपनः ॥ १६
स वाली गाढसंवीतो मुष्टिमुद्यम्य वीर्यवान् । सुग्रीवमेवाभिमुखो ययौ योद्धुं कृतक्षणः ॥ १७
श्लिष्टं मुष्टिं समुद्यम्य संरब्धतरमागतः । सुग्रीवोऽपि समुद्दिश्य वालिनं हेममालिनम् ॥ १८
तं वाली क्रोधताम्राक्षं सुग्रीवं रणकोविदम् । आपतन्तं महावेगमिदं वचनमब्रवीत् ॥ १९
एष मुष्टिर्महान्बद्धो गाढः सुनियताङ्गुलिः । मया वेगविमुक्तस्ते प्राणानादाय यास्यति ॥ २०
एवमुक्तस्तु सुग्रीवः क्रुद्धो वालिनमब्रवीत् । तव चैष हरन्प्राणान्मुष्टिः पततु मूर्धनि ॥ २१
ताडितस्तेन तं क्रुद्धः समभिक्रम्य वेगतः । अभवच्छोणितोद्गारी सापीड इव पर्वतः ॥ २२
सुग्रीवेण तु निःशङ्कं सालमुत्पाट्य तेजसा । गात्रेष्वभिहतो वाली वज्रेणेव महागिरिः ॥ २३
स तु वृक्षेण निर्भग्नः सालताडनविह्वलः । गुरुभारभराक्रान्ता नौःससार्थेव सागरे ॥ २४
तौ भीमबलविक्रान्तौ सुपर्णसमवेगितौ । प्रयुद्धौ घोरवपुषौ चन्द्रसूर्याविवाम्बरे ॥ २५
परस्परममित्रघ्नौ छिद्रान्वेषणतत्परौ । ततोऽवर्धत वाली तु बलवीर्यसमन्वितः ॥ २६
सूर्यपुत्रो महावीर्यः सुग्रीवः परिहीयत । वालिना भग्नदर्पस्तु सुग्रीवो मन्दविक्रमः ॥ २७
वालिनं प्रति सामर्षो दर्शयामास राघवम् । वृक्षैः सशाखैः शिखरैर्वज्रकोटिनिभैर्नखैः ॥ २८
मुष्टिभिर्जानुभिः पद्भिर्बाहुभिश्च पुनः पुनः । तयोर्युद्धमभूद्घोरं वृत्रवासवयोरिव ॥ २९
तौ शोणिताक्तौ युध्येतां वानरौ वनचारिणौ । मेघाविव महाशब्दैस्तर्जमानौ परस्परम् ॥ ३०
हीयमानमथापश्यत्सुग्रीवं वानरेश्वरम् । प्रेक्षमाणं दिशश्चैव राघवः स मुहुर्मुहुः ॥ ३१
ततो रामो महातेजा आर्तं दृष्ट्वा हरीश्वरम् । स शरं वीक्षते वीरो वालिनो वधकाङ्क्षया ॥ ३२
ततो धनुषि संधाय शरमाशीविषोपमम् । पूरयामास तच्चापं कालचक्रमिवान्तकः ॥ ३३
तस्य ज्यातलघोषेण त्रस्ताः पत्ररथेश्वराः । प्रदुद्रुवुर्मृगाश्चैव युगान्त इव मोहिताः ॥ ३४

पापं मद्वधरूपम् ॥ ५ ॥ कथं भूयोऽनुगच्छसि । निवर्तस्वेत्युच्यमानापीति भावः । भक्तिरनुरागः ॥ ६ ॥ दर्पं च दर्पमेव । वियोक्ष्यते वियोजयिष्यते । सोदरत्वात् ॥ ७ ॥ उक्तमेव विवृणोति—ईप्सितं त्वदीप्सितम् । दर्पमोचनेनेत्यर्थः । वृक्षैर्वृक्षप्रहारैः ॥ ८ ॥ गर्वितं दर्पम् । आयस्तं तत्प्रवृत्तं दृढयत्नम् । भावे निष्ठा । सहायत्वं बुद्धिसाचिव्यम् ॥ ९ ॥ जनेन स्वपरिवारजनेनालं जित्वा जयमात्रं कृत्वा निवर्तिष्ये । नतु वधमित्यर्थः । 'अहं जित्वा' इति पाठस्त्वसांप्रदायिकः ॥ १० ॥ ११ ॥ मन्त्रवित्स्वस्त्ययनमन्त्रवेत्री । देवांशत्वाद्वेदनम् ॥ १२ ॥ १३ ॥ सर्वतो दृष्टिं चारयन् । स्थित इति शेषः ॥ १४ ॥ सुसंवीतं बद्धकच्छम् । अवष्टब्धं युयुत्सया दृढं भूमिमाक्रम्य स्थितम् ॥ १५ ॥ १६ ॥ गाढं संवीतो दृढं बद्धकच्छः ॥ १७ ॥ सुग्रीवोऽपि वालिनं समुद्दिश्य श्लिष्टं दृढबद्धमुष्टिमुद्यम्य किंचित्संमुखमागतः ॥ १८ ॥ १९ ॥ वेगविमुक्तः । त्वदुपरीति शेषः ॥ २० ॥ एवमुक्तो वालिना तव प्राणान्हरन्नेव मुष्टिर्मामकस्तव मूर्ध्नि पतत्वित्यब्रवीत् ॥ २१ ॥ सुग्रीवमभिक्रम्य स्थितेन वालिना वेगतस्ताडितः सुग्रीवः सापीडः सनिर्झरः पर्वत इवाभवत् ॥ २२ ॥ निःशङ्कं शोणितोद्गारजदुःखसंबन्धरहितं यथातथाभिहतो वाली सागरे नौरिव विह्वलोऽभवत् ॥ २३ ॥ २४ ॥ सुपर्णेन समं वेगितं वेगो ययोस्तौ। प्रकृष्टं युद्धं ययोस्तौ । चन्द्रसूर्याविवेति ययथार्थोत्प्रेक्षयोक्तिरेषा ॥ २५ ॥ २६ ॥ परिहीयत । अडभाव आर्षः ॥ २७ ॥ राघवं दर्शयामास । स्वहानिमिति शेषः ॥ २८ ॥ २९ ॥ युध्येतामयुध्येताम् ॥ ३० ॥ ३१ ॥ स रामः शरं वीक्षतेस्म

मुक्तस्तु वज्रनिर्घोषः प्रदीप्ताशनिसंनिभः । राघवेण महाबाणो वालिवक्षसि पातितः ॥ ३५
ततस्तेन महातेजा वीर्ययुक्तः कपीश्वरः । वेगेनाभिहतो वाली निपपात महीतले ॥ ३६
इन्द्रध्वज इवोद्धूतः पौर्णमास्यां महीतले । आश्वयुक्समये मासि गतसत्त्वो विचेतनः ।
बाष्पसंरुद्धकण्ठस्तु वाली चार्तस्वरः शनैः ॥ ३७

नरोत्तमः काल इवान्तकोपमं शरोत्तमं काञ्चनरूपभासितम् ।
ससर्ज दीप्तं तममित्रमर्दनं सधूममग्निं मुखतो यथा हरः ॥ ३८
अथोक्षितः शोणिततोयविस्रवैः प्रपुष्पिताशोक इवाचलोद्गतः ।
विचेतनो वासवसूनुराहवे प्रभ्रंशितेन्द्रध्वजवत्क्षितिं गतः ॥ ३९

इत्यार्षे श्रीमद्रामायणे वाल्मीकीय आदिकाव्ये किष्किन्धाकाण्डे षोडशः सर्गः ॥ १६ ॥

सप्तदशः सर्गः ।

ततः शरेणाभिहतो रामेण रणकर्कशः । पपात सहसा वाली निकृत्त इव पादपः ॥ १
स भूमौ न्यस्तसर्वाङ्गस्तप्तकाञ्चनभूषणः । अपतद्देवराजस्य मुक्तरश्मिरिव ध्वजः ॥ २
तस्मिन्निपतिते भूमौ हर्यृक्षाणां गणेश्वरे । नष्टचन्द्रमिव व्योम न व्यराजत मेदिनी ॥ ३
भूमौ निपतितस्यापि तस्य देहं महात्मनः । न श्रीर्जहाति न प्राणा न तेजो न पराक्रमः ॥ ४
शक्रदत्ता वरा माला काञ्चनी रत्नभूषिता । दधार हरिमुख्यस्य प्राणांस्तेजः श्रियं च सा ॥ ५
स तया मालया वीरो हैमया हरियूथपः । संध्यानुगतपर्यन्तः पयोधर इवाभवत् ॥ ६
तस्य माला च देहश्च मर्मघाती च यः शरः । त्रिधेव रचिता लक्ष्मीः पतितस्यापि शोभते ॥ ७
तदस्त्रं तस्य वीरस्य स्वर्गमार्गप्रभावनम् । रामबाणासनक्षिप्तमावहत्परमां गतिम् ॥ ८
तं तथा पतितं संख्ये गतार्चिषमिवानलम् । ययातिमिव पुण्यान्ते देवलोकादिह च्युतम् ॥ ९
आदित्यमिव कालेन युगान्ते भुवि पातितम् । महेन्द्रमिव दुर्धर्षमुपेन्द्रमिव दुःसहम् ॥ १०
महेन्द्रपुत्रं पतितं वालिनं हेममालिनम् । व्यूढोरस्कं महाबाहुं दीप्तास्यं हरिलोचनम् ॥ ११
लक्ष्मणानुचरो रामो ददर्शोपससर्प च । तं तथा पतितं वीरं गतार्चिषमिवानलम् ॥ १२
बहुमान्यं च तं वीरं वीक्षमाणं शनैरिव । उपयातौ महावीर्यौ भ्रातरौ रामलक्ष्मणौ ॥ १३
तं दृष्ट्वा राघवं वाली लक्ष्मणं च महाबलम् । अब्रवीत्परुषं वाक्यं प्रश्रितं धर्मसंहितम् ॥ १४
स भूमावल्पतेजोऽसुर्निहतो नष्टचेतनः । अर्थसंहितया वाचा गर्वितं रणगर्वितम् ॥ १५
पराङ्मुखवधं कृत्वा कोऽत्र प्राप्तस्त्वया गुणः । यदहं युद्धसंरब्धस्त्वत्कृते निधनं गतः ॥ १६
कुलीनः सत्त्वसंपन्नस्तेजस्वी चरितव्रतः । रामः करुणवेदी च प्रजानां च हिते रतः ॥ १७

॥ ३२ ॥ ३३ ॥ पत्ररथाः पक्षिणः ॥ ३४ ॥ मुक्तो बाणः । पातित इत्यर्थः ॥ ३५ ॥ ३६ ॥ आश्वयुक्समये । आश्वयुगाश्वयुजी पौर्णमासी यत्र मासे तस्मिन्नाश्विने मासि पौर्णमास्यामिन्द्रध्वजोत्सवान्ते उद्धूत उत्क्षिप्त इन्द्रध्वजो यथा भूमौ पपात तद्वद्वाली ग्रीष्मान्ते पतित इत्यर्थः । अतएव सुग्रीवाभिषेकसमये श्रावणो मासोऽधुना वर्तते इति वचनेन न विरोधः ॥ ३७ ॥ उक्तमुपसंहरति—नरोत्तम इति । मुखतः । मुखस्थललाटनेत्रेणेत्यर्थः ॥ ३८ ॥ शोणिततोयस्य विस्रवैः स्रुतिभिः । प्रभ्रंशित उत्सवान्ते पातितः ॥ ३९ ॥ इति श्रीरामाभिरामे श्रीरामीये रामायणतिलके वाल्मीकीय आदिकाव्ये किष्किन्धाकाण्डे षोडशः सर्गः ॥ १६ ॥

तत इति ॥ १ ॥ मुक्तरश्मिर्मुक्तरथरज्जुबन्धनः ॥ २ ॥ मेदिनी तद्राज्यभूमिः ॥ ३ ॥ ४ ॥ प्राणाद्यहानेः कारणमाह—शक्रेति ॥ ५ ॥ हैमया हैम्या । संध्यया संध्यारागेणानुगतः पर्यन्तो यस्य । पयोधरसाम्यं तु वालिदेहस्य ॥ ६ ॥ त्रिधा रचितेव त्रिधा विभक्तेव माला । देहशररूपा लक्ष्मीरिति यावत् ॥ ७ ॥ स्वर्गमार्गप्रभावनं तत्प्रकाशकं सत्परमां गतिं ब्रह्मलोकमावहत्प्रापयति स्म । बाणा अस्यन्तेऽनेनेति बाणासनं धनुः ॥ ८ ॥ ९ ॥ महेन्द्रमुपेन्द्रस्यैव वृत्रवधोत्तरमिदं नामेत्येके । महेन्द्र आजानदेवः । उपेन्द्रः कर्मदेव इत्यन्ये ॥ १० ॥ हरिलोचनं पीतनेत्रम् । हरिच्छब्दः पीतपर्यायः । 'हरिद्राभः पालाशो हरितो हरित्' इति कोशः । आर्षस्तलोपः ॥ ११ ॥ ॥ १२ ॥ बहुमान्य संमान्य । शनैरेवोपयातौ समीपं गतौ ॥ १३ ॥ १४ ॥ अल्पं तेजोऽसवश्च यस्य सः । नष्टचेतनो नष्टचेष्टः । गर्वितं गर्वोपेतं यथा भवति तथा रणगर्वितं राममर्थयुक्तया वाचा परुषमब्रवीदित्यन्वयः ॥ १५ ॥ पराङ्मुखवधं युयुत्सया त्वदनभिमुखवधम् । तदेवाह—युद्धसंरब्धो

सानुक्रोशो महोत्साहः समयज्ञो दृढव्रतः । इत्येतत्सर्वभूतानि कथयन्ति यशो भुवि ॥ १८
दमः शमः क्षमा धर्मो धृतिः सत्त्वं पराक्रमः । पार्थिवानां गुणा राजन्दण्डश्चाप्यपकारिषु ॥ १९
तान्गुणान्संप्रधार्याहमग्र्यं चाभिजनं तव । तारया प्रतिषिद्धः सन्सुग्रीवेण समागतः ॥ २०
न मामन्येन संरब्धं प्रमत्तं वेद्धुमर्हसि । इति ते बुद्धिरुत्पन्ना बभूवादर्शने तव ॥ २१
स त्वां विनिहतात्मानं धर्मध्वजमधार्मिकम् । जाने पापसमाचारं तृणैः कूपमिवावृतम् ॥ २२
सतां वेषधरं पापं प्रच्छन्नमिव पावकम् । नाहं त्वामभिजानामि धर्मच्छद्माभिसंवृतम् ॥ २३
विषये वा पुरे वा ते यदा पापं करोम्यहम् । न च त्वामवजानेऽहं कस्मात्त्वं हंस्यकिल्बिषम् ॥ २४
फलमूलाशनं नित्यं वानरं वनगोचरम् । मामिहाप्रतियुध्यन्तमन्येन च समागतम् ॥ २५
त्वं नराधिपतेः पुत्रः प्रतीतः प्रियदर्शनः । लिङ्गमप्यस्ति ते राजन्दृश्यते धर्मसंहितम् ॥ २६
कः क्षत्रियकुले जातः श्रुतवान्नष्टसंशयः । धर्मलिङ्गप्रतिच्छन्नः क्रूरं कर्म समाचरेत् ॥ २७
त्वं राघवकुले जातो धर्मवानिति विश्रुतः । अभव्यो भव्यरूपेण किमर्थं परिधावसे ॥ २८
साम दानं क्षमा धर्मः सत्यं धृतिपराक्रमौ । पार्थिवानां गुणा राजन्दण्डश्चाप्यपकारिषु ॥ २९
वयं वनचरा राम मृगा मूलफलाशिनः । एषा प्रकृतिरस्माकं पुरुषस्त्वं नरेश्वर ॥ ३०
भूमिर्हिरण्यं रूपं च निग्रहे कारणानि च । तत्र कस्ते वने लोभो मदीयेषु फलेषु वा ॥ ३१
नयश्च विनयश्चोभौ निग्रहानुग्रहावपि । राजवृत्तिरसंकीर्णा न नृपाः कामवृत्तयः ॥ ३२
त्वं तु कामप्रधानश्च कोपनश्चानवस्थितः । राजवृत्तेषु संकीर्णः शरासनपरायणः ॥ ३३
न तेऽस्त्यपचितिर्धर्मे नार्थे बुद्धिरवस्थिता । इन्द्रियैः कामवृत्तः सन्कृष्यसे मनुजेश्वर ॥ ३४
हत्वा बाणेन काकुत्स्थ मामिहानपराधिनम् । किं वक्ष्यसि सतां मध्ये कर्म कृत्वा जुगुप्सितम्॥ ३५
राजहा ब्रह्महा गोघ्नश्चोरः प्राणिवधे रतः । नास्तिकः परिवेत्ता च सर्वे निरयगामिनः ॥ ३६
सूचकश्च कदर्यश्च मित्रघ्नो गुरुतल्पगः । लोकं पापात्मनामेते गच्छन्ते नात्र संशयः ॥ ३७
अधार्यं चर्म मे सद्भी रोमाण्यस्थि च वर्जितम् । अभक्ष्याणि च मांसानि त्वद्विधैर्धर्मचारिभिः॥ ३८
पञ्च पञ्चनखा भक्ष्या ब्रह्मक्षत्रेण राघव । शल्यकः श्वाविधो गोधा शशः कूर्मश्च पञ्चमः ॥ ३९
चर्म चास्थि च मे राम न स्पृशन्ति मनीषिणः। अभक्ष्याणि च मांसानि सोऽहं पञ्चनखो हतः॥ ४०
तारया वाक्यमुक्तोऽहं सत्यं सर्वज्ञया हितम् । तदतिक्रम्य मोहेन कालस्य वशमागतः ॥ ४१
त्वया नाथेन काकुत्स्थ न सनाथा वसुंधरा । प्रमदा शीलसंपूर्णा पत्येव च विधर्मणा ॥ ४२

युद्धार्थमन्यस्मै कृतक्रोधः ॥ १६ ॥ १७ ॥ समयज्ञ उचितानुचितकालज्ञः ॥ १८ ॥ दमशमावन्तर्बाह्येन्द्रियनिग्रहः । क्षमा शक्यप्रतिक्रियापकारसहिष्णुता ॥ १९ ॥ तान्राजयोग्यान् । अभिजनं महाकुलप्रसूतत्वम् ॥ २० ॥ अन्येन संयुक्तम्, अतएव ते त्वयि प्रमत्तमसावधानं मां न वेद्धुमर्हसीति बुद्धिस्तवादर्शने तव दर्शनात्प्रागुत्पन्ना ॥ २१ ॥ विनिहतात्मानमधर्माचरणान्नष्टात्मानम् ॥ २२ ॥ प्रच्छन्नम् । भस्मनेति शेषः । छद्म व्याजः ॥ २३ ॥ विषये देशे । यदा यस्मात्पापं न करोमि । नेत्यस्यानुकर्षः । त्वां नावजाने तवावज्ञां च न करोमि ॥ २४ ॥ २५ ॥ लिङ्गं जटावल्कलधरत्वमस्ति । मदहिंसासाधनमिति शेषः । तच्च प्रत्यक्षदृश्यमेवेत्याह—दृश्यत इति ॥ २६ ॥ २७ ॥ अभव्योऽविनीतः ॥ २८ ॥ २९ ॥ एषा वनचरत्वादिरूपा प्रकृतिः स्वभावः । पुरुषस्त्वम्, तेन ग्रामवासित्वादन्नाशित्वं व्यङ्ग्यम् ॥ ३० ॥ रूपं रूप्यम् । कारणानि चेति । आहुरिति शेषः । वने विद्यमानेषु मदीयेषु मूलेषु फलेषु वा कस्ते लोभोऽपेक्षा । न कापीत्यर्थः । एवं च वनचरत्वपुरचरत्वमृगत्वमनुष्यत्वमूलाशनत्वान्नाशनत्वनरेश्वरत्ववानरेश्वरत्वरूपवैधर्म्यान्नावयोर्विरोधप्रसक्तिरिति भावः ॥ ३१ ॥ नयो नीतिः । विनयः प्रश्रयः । असंकीर्णा निग्रहानुग्रहादिविषये विपरीता ॥ ३२ ॥ शरासनपरायणो यत्र क्वापि शराणामसनं त्यागस्तत्परायणः ॥ ३३ ॥ अपचितिः पूजा । कामवृत्तः सन्निन्द्रियैः कृष्यस इति संबन्धः ॥ ३४ ॥ ३५ ॥ परिवेत्ता ज्येष्ठेऽकृतदारे कृताग्निहोत्रे च कृतदारः कृताग्निहोत्रोऽनुजः ॥ ३६ ॥ गच्छन्ते गच्छन्ति । तेषु प्रकृते राजहत्त्वं दोषो बोध्यः ॥ ३७ ॥ यद्यपि क्षत्रियस्य मृगहननमप्यस्ति, तथापि मद्विषयमिदमप्रयोजनमित्याह—अधार्यमिति । वर्जितम् । अस्पृश्यत्वेन स्मृतिषूक्तमित्यर्थः ॥ ३८ ॥ अभक्ष्याणीत्यत्र प्रमाणमाह—पञ्च पञ्चेत्यादि । ब्रह्मक्षत्रेणेति समाहारद्वन्द्वः । शल्यकः श्वाविच्छुक्तिकाकारशल्यावृतसर्वाङ्गो जन्तुविशेष इत्यन्ये । श्वाविधः कण्टकाकारदीर्घरोमभिः शुनां वेधको जन्तुः ॥ ३९ ॥ सोऽहं पञ्चनखो हतः । अभक्ष्यः पञ्चनखो हत इत्यर्थः ॥ ४० ॥ ४१ ॥ त्वं तु न राज्यार्ह

शठो नैकृतिकः क्षुद्रो मिथ्याप्रश्रितमानसः । कथं दशरथेन त्वं जातः पापो महात्मना ॥ ४३
छिन्नचारित्र्यकक्ष्येण सतां धर्मातिवर्तिना । त्यक्तधर्माङ्कुशेनाहं निहतो रामहस्तिना ॥ ४४
अशुभं चाप्ययुक्तं च सतां चैव विगर्हितम् । वक्ष्यसे चेदृशं कृत्वा सद्भिः सह समागतः ॥ ४५
उदासीनेषु योऽस्मासु विक्रमोऽयं प्रकाशितः । अपकारिषु ते राम नैवं पश्यामि विक्रमम् ॥ ४६
दृश्यमानस्तु युध्येथा मया युधि नृपात्मज । अद्य वैवस्वतं देवं पश्येस्त्वं निहतो मया ॥ ४७
त्वयाऽदृश्येन तु रणे निहतोऽहं दुरासदः । प्रसुप्तः पन्नगेनेव नरः पापवशं गतः ॥ ४८
सुग्रीवप्रियकामेन यदहं निहतस्त्वया । मामेव यदि पूर्वं त्वमेतदर्थमचोदयः ।
मैथिलीमहमेकाह्ना तव चानीतवान्भवेः ॥ ४९
राक्षसं च दुरात्मानं तव भार्यापहारिणम् । कण्ठे बद्ध्वा प्रदद्यां तेऽनिहतं रावणं रणे ॥ ५०
न्यस्तां सागरतोये वा पाताले वापि मैथिलीम् । आनयेयं तवादेशाच्छ्वेतामश्वतरीमिव ॥ ५१
युक्तं यत्प्राप्नुयाद्राज्यं सुग्रीवः स्वर्गते मयि । अयुक्तं यदधर्मेण त्वयाहं निहतो रणे ॥ ५२
काममेवंविधो लोकः कालेन विनियुज्यते । क्षमं चेद्भवता प्राप्तमुत्तरं साधु चिन्त्यताम् ॥ ५३

इत्येवमुक्त्वा परिशुष्कवक्त्रः शराभिघाताद्व्यथितो महात्मा ।
समीक्ष्य रामं रविसंनिकाशं तूष्णीं बभौ वानरराजसूनुः ॥ ५४

इत्यार्षे श्रीमद्रामायणे वाल्मीकीय आदिकाव्ये किष्किन्धाकाण्डे सप्तदशः सर्गः ॥ १७ ॥

अष्टादशः सर्गः ।

इत्युक्तः प्रश्रितं वाक्यं धर्मार्थसहितं हितम् । परुषं वालिना रामो निहतेन विचेतसा ॥ १
तं निष्प्रभमिवादित्यं मुक्ततोयमिवाम्बुदम् । उक्तवाक्यं हरिश्रेष्ठमुपशान्तमिवानलम् ॥ २
धर्मार्थगुणसंपन्नं हरीश्वरमनुत्तमम् । अधिक्षिप्तस्तदा रामः पश्चाद्वालिनमब्रवीत् ॥ ३
धर्ममर्थं च कामं च समयं चापि लौकिकम् । अविज्ञाय कथं बाल्यान्मामिहाद्य विगर्हसे ॥ ४
अपृष्ट्वा बुद्धिसंपन्नान्वृद्धानाचार्यसंमतान् । सौम्यं वानरचापल्यात्त्वं मां वक्तुमिहेच्छसि ॥ ५
इक्ष्वाकूणामियं भूमिः सशैलवनकानना । मृगपक्षिमनुष्याणां निग्रहानुग्रहेष्वपि ॥ ६

इत्याह—त्वयेति ॥ ४२ ॥ शठो गूढविप्रियकृत् । निकृतिं परापकारं चरतीति नैकृतिकः । मिथ्यैव प्रश्रितं मानसं यस्य सः । अजितान्तःकरण इति यावत् ॥ ४३ ॥ छिन्ना चारित्र्यस्य कक्ष्या मर्यादा येन स तथा । सतां धर्ममतिक्रान्तेन ॥ ४४ ॥ वक्ष्यसे । किं वक्ष्यसीत्यर्थः । किमित्यध्याहारः ॥ ४५ ॥ अपकारिषु दारापहारिषु ॥ ४६ ॥ ४७ ॥ अदृश्येनाप्राप्तदर्शनेन त्वया पन्नगवन्निहतः । अतस्त्वं पापवशं गत इत्यर्थः ॥ ४८ ॥ एतदर्थं सीताया आहरणमुद्दिश्य मामेव पूर्वं प्राप्य यद्यचोदयस्तदा तव मैथिलीमहमेकाह्नानीतवान्भवेः । भवेयमिति यावत् ॥ ४९ ॥ अनिहतम् । अनिहतमेवेत्यर्थः ॥ ५० ॥ सागरतोये तन्मध्यवर्तिद्वीपे । श्वेतामश्वतरीमिव श्वेताश्वतरीरूपिणीं श्रुतिं मधुकैटभाभ्यां पाताले निगृहीतां यथा हयग्रीवो भुवमानयति स्म तद्वत् ॥ ५१ ॥ ५२ ॥ लोकः सर्वोऽपि कालेन कालधर्मेण मृत्युना विनियुज्यते । एवंविधः स्वभावः काममस्तु । तस्मान्मे मरणकृतो न विषादः, अपि तु भवता राज्यं प्राप्तं चेत्तदा मद्वधकारणस्य त्वद्राज्यस्य लोकैः प्रश्ने क्षमं युक्तमुत्तरं साधु सम्यग्विचिन्त्यताम् ॥ ५३ ॥ उपसंहरति—इत्येवमिति । अस्य सर्गस्य तीर्थेन रामस्तुतिपरतया यद्योजनं तन्न कविनिबद्धस्य वक्तुर्वालिनस्तात्पर्यविषयभूतम् । 'यदयुक्तं मया पूर्वं प्रमादाद्वाक्यमप्रियम् । तत्रापि खलु मे दोषं कर्तुं नार्हसि राघव ॥' इत्यग्रे वाल्युक्तेः । नापि वाल्मीकेः । तस्य दुरुक्त्यनुवादकत्वात् । अतात्पर्यविषयमपि बुद्धिवैभवादक्षरार्थत्वेन वर्ण्यत इति चेत्काव्यान्तरमेव भगवतः स्तावकं क्रियताम्, किमनेन प्रयासेनेति दिक् ॥ ५४ ॥ इति श्रीरामाभिरामे श्रीरामीये रामायणतिलके वाल्मीकीय आदिकाव्ये किष्किन्धाकाण्डे सप्तदशः सर्गः ॥ १७ ॥

प्रश्रितं प्रश्रयाभासोपेतम् । एवं धर्मार्थसहितत्वं चाभासरूपमेव । तत्र 'मामेव यदि पूर्वम्' इत्यादि हिताभासोऽर्थाभासश्च । धर्माभासो राजहेत्यादि । परुषत्वं तु मुख्यमेव । निहतेन विरुद्धेन ॥ १ ॥ २ ॥ धर्मार्थगुणसंपन्नमित्यब्रवीदिति क्रियाविशेषणम् । अधिक्षिप्तः परुषमुक्तः ॥ ३ ॥ लौकिकं समयं लोकाचारम् ॥ ४ ॥ अविज्ञाने हेतुमाह—अपृष्ट्वेति । आचार्यसंमतान्स्वस्वकुलाचारशिक्षकान् । वानरत्वादेवैतदभावः वानरत्वप्रयुक्तचापल्यादेवं वादस्तवेत्यर्थः । इच्छसैषीः ॥ ५ ॥ इयं भूमिरिक्ष्वाकूणां मनुनास्मत्कुलकूटस्थेन दत्तेत्यर्थः । तथा मृगादिपर्यन्तं निग्रहानुग्रहेष्वधिकारोऽपि दत्त इति शेषः

तां पालयति धर्मात्मा भरतः सत्यवानृजुः । धर्मकामार्थतत्त्वज्ञो निग्रहानुग्रहे रतः ॥ ७
नयश्च विनयश्चोभौ यस्मिन्सत्यं च सुस्थितम् । विक्रमश्च यथा दृष्टः स राजा देशकालवित् ॥ ८
तस्य धर्मकृतादेशा वयमन्ये च पार्थिवाः । चरामो वसुधां कृत्स्नां धर्मसंतानमिच्छवः ॥ ९
यस्मिन्नृपतिशार्दूले भरते धर्मवत्सले । पालयत्यखिलां पृथ्वीं कश्चरेद्धर्मविप्रियम् ॥ १०
ते वयं मार्गविभ्रष्टं स्वधर्मे परमे स्थिताः । भरताज्ञां पुरस्कृत्य चिन्तयामो यथाविधि ॥ ११
त्वं तु संक्लिष्टधर्मश्च कर्मणा च विगर्हितः । कामतन्त्रप्रधानश्च न स्थितो राजवर्त्मनि ॥ १२
ज्येष्ठो भ्राता पिता वापि यश्च विद्यां प्रयच्छति । त्रयस्ते पितरो ज्ञेया धर्मे च पथि वर्तिनः ॥ १३
यवीयानात्मनः पुत्रः शिष्यश्चापि गुणोदितः । पुत्रवत्ते त्रयश्चिन्त्या धर्मश्चैवात्र कारणम् ॥ १४
सूक्ष्मः परमविज्ञेयः सतां धर्मः प्लवंगम । हृदिस्थः सर्वभूतानामात्मा वेद शुभाशुभम् ॥ १५
चपलश्चपलैः सार्धं वानरैरकृतात्मभिः । जात्यन्ध इव जात्यन्धैर्मन्त्रयन्प्रेक्षसे नु किम् ॥ १६
अहं तु व्यक्ततामस्य वचनस्य ब्रवीमि ते । नहि मां केवलं रोषात्त्वं विगर्हितुमर्हसि ॥ १७
तदेतत्कारणं पश्य यदर्थं त्वं मया हतः । भ्रातुर्वर्तसि भार्यायां त्यक्त्वा धर्मं सनातनम् ॥ १८
अस्य त्वं धरमाणस्य सुग्रीवस्य महात्मनः । रुमायां वर्तसे कामात्स्नुषायां पापकर्मकृत् ॥ १९

॥ ६ ॥ तां पितृपितामहादिक्रमागतां भुवम् । निग्रहानुग्रहे । दुष्टशिष्टयोरिति शेषः ॥ ७ ॥ यथादृष्टोऽपरोक्षानुभवसिद्धः स राजास्मिन्काले । सर्वभूमेरिति शेषः ॥ ८ ॥ ततः किं तत्राह—तस्येति । धर्माय कृत आदेशो नियोगो येषां ते । धर्मसंतानं धर्मवृद्धिम् । धर्मपदमधर्मनिवृत्तेरप्युपलक्षणम् ॥९॥ धर्मविप्रियं धर्मनाशं कश्चरेदाचरितुं शक्नुयात् ॥ १० ॥ ते वयमिदानींतनमूलप्रभुभरताज्ञया मार्गविभ्रष्टं चिन्तयामो विचारयामः । 'निगृह्णीमः' इति पाठान्तरम् ॥ ११ ॥ ततः किं तत्राह—त्वं तु कर्मणा चारित्रेण गर्हितो लोके निन्दितः, अतएव संक्लिष्टः पीडितो धर्मो येन तादृशः । कामतन्त्रं कामरूपः पुरुषार्थः स एव प्रधानो मुख्यो यस्य सः ॥ १२ ॥ तदुपपादयति—ज्येष्ठ इति । विद्यां त्रय्यादिविद्याम् । धर्मे च पथि वर्तिनो धर्ममार्गे वर्तो वर्तनं येषां तेषां ॥ १३ ॥ अत्र चिन्तने । तथा धर्मो धर्मज्ञानमेव कारणम् ॥ १४ ॥ तच्च न सर्वेषां सुलभमित्याह—सूक्ष्म इति । सतां सूक्ष्मो यो धर्मः स परा सद्गुरूपदेशादिजा मा शोभा येषां तैरेव विज्ञेयः, अन्यैः परमत्यर्थमविज्ञेय एव । किं चेश्वर एव तज्ज्ञ इत्याह—हृदिस्थ इति । सर्वभूतानामात्मा तत्त्वभूतो व्यापकश्च, अतएव सर्वप्राणिहृदिस्थः स सर्वभूतानां सर्वप्राणिनां शुभाशुभं वेद । एवं चान्तर्यामित्वात्तव पापमहं जाने इति व्यङ्ग्यमत्र ॥ १५ ॥ त्वं तु धर्मज्ञानप्रसक्तिहीन एवेत्याह—चपल इति । जात्यन्धो जात्यन्धैरिव चपलैरकृतात्मभिराचार्याशिक्षितैर्वानरैः सह मन्त्रयंश्चिन्तयन्किं नु कथं नु प्रेक्षसे ज्ञास्यसि । धर्ममिति शेषः । 'रक्षसे नु किम्' इति पाठे रक्षणीयप्रजाजातं किं नु रक्षसि, न किमपि । अतो धर्मभ्रष्टो राजदण्ड्यस्त्वमिति भावः ॥ १६ ॥ अथ धर्मभ्रष्टत्वं व्यक्तमेव वक्तुमाह—अहं त्विति । अस्य वचनस्य चपलश्चपलैरिति वचनस्य व्यक्तताम् । व्यक्तोऽर्थोऽस्येत्यर्शआद्यजन्तं व्यक्तपदम् । तद्भावो व्यक्तता तदर्थस्त्वं ब्रवीमि ॥ १७ ॥ पश्य युक्तमयुक्तं वेति चिन्तय । वर्तसि वर्तसे ॥ १८ ॥ ननु 'भ्रातुर्ज्येष्ठस्य यो भार्यां जीवतो महिषीं प्रियाम् । धर्मेण मातरं यस्तु स्वीकरोति जुगुप्सितः ॥' इत्यग्रे प्रायोपवेशसमयेऽङ्गदोक्तेः । सुग्रीवस्यापि ज्येष्ठभ्रातुः पितृसमस्य भार्यावमर्शनं तुल्यमित्यत आह—अस्य त्वमिति । धरमाणस्य प्राणान्धारयत एव जीवतस्त्वया निर्श्वायमानजीवनस्यैव पत्न्यां तव स्नुषाभूतायां रुमायां यतो वर्तसे, अतस्त्वं स्पष्टं पापकर्मकृत् । सुग्रीवस्तु तव जीवननिश्चयाभावात्त्वत्पत्न्यां तारायां प्रागवर्तिष्ट । अतः परं वर्त्स्यति च । किंच त्रैवर्णिकेष्वपि देवरस्य मृतभ्रातृस्त्रियामपुत्रायां वृत्तिदर्शनात्तिर्यग्योनिषु तस्यां वृत्तिर्न दोषः । तथावृत्तौ च मरणज्ञानमेव प्रयोजकं तिर्यक्ष्विति भगवदाशयः । अनेन त्रैवर्णिकेतरस्त्रीणां मृतभर्तृकाणां तरुणीनां स्वजातीयपुरुषाङ्गीकारो नाधर्म इति सूचितम् । दृश्यते च तथा व्यवहारः शूद्रादिजातौ । न च मनुष्याधिकारस्य निषेधादिशास्त्रस्य कथं तिर्यक्षु प्रवृत्तिरिति वाच्यम् । तिर्यग्योनेरपि मनुष्यवद्राजादिव्यवहारदर्शनेन मनुष्यतुल्यज्ञानवत्त्वादस्त्येवायं दोष इत्याशयात् । किंच धर्मेऽनधिकारिणामपीन्द्रादीनां वृत्रवधादौ ब्रह्महत्यादिदोषस्मरणेन निषेधेषु तदतिक्रमप्रायश्चित्तादौ च देवानामधिकारवदेषामप्यधिकारे बाधकाभावः । किंच देवादीनां स्वयजनीयेन्द्रान्तराभावादनधिकार इति पूर्वमीमांसायां निर्णीतम् । एवं च तदनपेक्षदानादिधर्मेषु ब्रह्मविद्यायां चाधिकारोऽस्त्येवेत्युत्तरमीमांसायां स्पष्टम् । तद्वदीदृशानां ज्ञानवतां तिरश्चामप्यधिकारे बाधकाभावः । किंच सर्वदेवतावाचकपदानामन्तर्यामीश्वरवाचकत्वेन सर्वत्र देवानामधिकारोऽस्त्येव । न च ब्राह्मणत्वाद्यभावात्तेषामनधिकारः । तेषामपि क्षत्रियत्वाद्वैवस्वतमन्वादेरिव । अतएव चन्द्रवरुणादीनां यज्ञः स्मर्यते पुराणेषु । तत्र तत्र कर्मण्यर्थवादतः फलकल्पनवत्पुराणस्यार्थवादैस्तदधिकारस्यापि कल्पयितुं युक्तत्वात् । किंच 'त्रैवर्णिकस्याधिकारः' इत्यत्र त्रैवर्णिकपदं वेदतदर्थज्ञानवत्परम् ।

तद्व्यतीतस्य ते धर्मात्कामवृत्तस्य वानर । भ्रातृभार्याभिमर्शेऽस्मिन्दण्डोऽयं प्रतिपादितः ॥ २०
नहि लोकविरुद्धस्य लोकवृत्तादपेयुषः । दण्डादन्यत्र पश्यामि निग्रहं हरियूथप ॥ २१
न च ते मर्षये पापं क्षत्रियोऽहं कुलोद्गतः । औरसीं भगिनीं वापि भार्यां वाप्यनुजस्य यः ॥ २२
प्रचरेत नरः कामात्तस्य दण्डो वधः स्मृतः । भरतस्तु महीपालो वयं त्वादेशवर्तिनः ॥ २३
त्वं च धर्मादतिक्रान्तः कथं शक्यमुपेक्षितुम् । गुरुधर्मव्यतिक्रान्तं प्राज्ञो धर्मेण पालयन् ॥ २४
भरतः कामयुक्तानां निग्रहे पर्यवस्थितः । वयं तु भरतादेशावधिं कृत्वा हरीश्वर ।
त्वद्विधान्भिन्नमर्यादान्निग्रहीतुं व्यवस्थिताः ॥ २५
सुग्रीवेण च मे सख्यं लक्ष्मणेन यथा तथा । दारराज्यनिमित्तं च निःश्रेयसकरः स मे ॥ २६
प्रतिज्ञा च मया दत्ता तदा वानरसंनिधौ । प्रतिज्ञा च कथं शक्या मद्विधेनानवेक्षितुम् ॥ २७
तदेभिः कारणैः सर्वैर्महद्भिर्धर्मसंश्रितैः । शासनं तव यद्युक्तं तद्भवाननुमन्यताम् ॥ २८
सर्वथा धर्म इत्येव द्रष्टव्यस्तव निग्रहः । वयस्यस्योपकर्तव्यं धर्ममेवानुपश्यता ॥ २९
शक्यं त्वयापि तत्कार्यं धर्ममेवानुवर्तता । श्रूयते मनुना गीतौ श्लोकौ चारित्रवत्सलौ ।
गृहीतौ धर्मकुशलैस्तथा तच्चरितं मया ॥ ३०
राजभिर्धृतदण्डाश्च कृत्वा पापानि मानवाः । निर्मलाः स्वर्गमायान्ति सन्तः सुकृतिनो यथा ॥ ३१
शासनाद्वापि मोक्षाद्वा स्तेनः पापात्प्रमुच्यते । राजा त्वशासन्पापस्य तदवाप्नोति किल्बिषम् ॥ ३२

अतो देवादीनां तदधिकारः सिद्ध इति भगवतो व्यासवाल्मीकिप्रभृतीनां चाशयः । जैमिनेस्त्वेतदंशेऽज्ञानमेव । अतएव तद्दूरीकरणार्थं मार्कण्डेयेनात्मानं प्रति धर्मान्पृच्छतो जैमिनेर्विन्ध्यारण्यवासितत्त्वज्ञपक्षिमुखेन धर्मबोधनं कृतम् । तेन हि पक्षिणां ज्ञानानधिकार इति स्वोक्तेस्तस्याविश्वासे जातेऽन्यत्रापि व्यासादिविरुद्धे स्वोक्तेऽर्थे तस्याप्रामाण्यग्रहो भविष्यतीति तदाशय इत्यन्यत्र विस्तरः । अतएव गृध्रराजस्य भगवता दाहादि कृतम्, अग्रे च संपातिना तद्भ्रात्रा करिष्यमाणमुदकदानादि नासंमतमिति दिक् ॥ १९ ॥ उपसंहरति—तदिति । तस्माद्धर्माद्व्यतीतस्य धर्मभ्रष्टस्य । एवं चेदृशे व्यवहारे प्राणान्तो दण्ड इति सूचितम् ॥ २० ॥ लोकवृत्ताल्लोकव्यवहारमर्यादातोऽपेयुषोऽपगतवतः । दण्डादन्यत्र । ततोऽन्यमित्यर्थः । केचित्तु—अनेन तिर्यग्योनिव्यवहारमर्यादाप्येषैवेति ध्वनितम् । दृश्यते च गृहे पाल्यमानेषु पारावतादिष्वन्यं स्वभार्यासहितं दृष्टवत्सु परस्परं युद्धम् । भार्याया बहुप्रकारताडनादिदण्ड इत्याहुः ॥ २१ ॥ क्षत्रियोऽहम् । दण्डाधिकारीत्यर्थः । दण्डादन्यत्र निग्रहं न पश्यामीत्युक्तेऽर्थे स्मृतिं प्रमाणयति—औरसीमिति ॥ २२ ॥ २३ ॥ गुरुर्महान्यो धर्मस्तं व्यतिक्रान्तं तत्प्रच्युतम् । निग्रहमिति शेषः । प्राज्ञो विद्वान्धर्मेण पालयन् । धर्मयुक्तमिति शेषः ॥ २४ ॥ भरतादेशावधिं कृत्वा भरतादेशं तदाज्ञामवधिं प्रमाणं कृत्वा । ननु भरतेन रामं प्रत्याज्ञाया अकृतत्वान्मृषोक्तिरेषेति चेन्न अस्मादेव भगवद्वाक्यात्तथा भरतोक्तेरनुमानेनाक्षतेः । यद्वा राज्यमूलप्रभौ पर्यवस्थिते सर्वेषां तदीयानां दण्ड्यदण्डनादावनुक्तापि तदाज्ञा सिद्धैवेति न दोषः । अपि च स्वराज्ये भगवता भरतस्य पालनाज्ञायां दत्तायामर्थात्स्वस्मिन्प्रधानराजपुरुषत्वसिद्धौ तदाज्ञार्थसिद्धैवेति न दोषः ॥ २५ ॥ अथ कारणान्तरमपि वालिवधे दर्शयति—सुग्रीवेणेति । लक्ष्मणेन यथा तथा सुग्रीवेणापि मम सख्यमस्ति । यस्मात्ततः स सुग्रीवो दारराज्यनिमित्तं स्वदारप्राप्त्यर्थं राज्यप्राप्त्यर्थं च मे मम निःश्रेयसकरो मन्निःश्रेयसविषये कृतप्रतिज्ञः ॥ २६ ॥ तत्प्रतिज्ञोत्तरं मयापि तदभिमतविषया प्रतिज्ञा दत्ता कृता च । सा प्रतिज्ञा मद्विधेन कथमनवेक्षितुमसमापयितुं शक्या ॥२७॥ एभिरुक्तैः कारणैरेकैकमेव तव वधे पर्याप्तम्, किं पुनर्मिलितानि । तस्माद्यत्तव मया शासनमिदं कृतम्, तद्युक्तं शास्त्रसंमतमिति भवानप्यनुमन्यतां चिन्तयतु । तव भ्रातृभार्यापहारकत्वेन दण्ड्यत्वात्सखिकार्यस्य स्वकार्यत्वात्क्षत्रियस्य तत्प्रतिज्ञाहानौ च महतोऽधर्मस्य श्रवणात्त्वद्वधो मे आवश्यको धर्मश्चेत्याशयः ॥ २८ ॥ सर्वथा मया यः कृतस्तव निग्रहः स धर्म एवेति त्वया द्रष्टव्यः । दुष्टनिग्रहफलकत्वादवतारग्रहणस्येत्याशयो गूढः । किं च धर्ममेवानुपश्यता जानता मित्रस्योपकर्तव्यम् । मित्रोपकारकरणमपि धर्म एवेति सुग्रीवोपकाररूपत्वाद्वधस्य धर्मत्वमिति भावः ॥ २९ ॥ किं चानुतापादिना धर्ममनुवर्तता एतद्दुष्कर्मप्रायश्चित्तरूपधर्मानुवृत्तिं कुर्वता त्वयापि तत्कार्यं मत्कृतनिग्रहरूपं कार्यं शक्यं राजप्रार्थनापूर्वं कारयितुं शक्यम् । सत्यनुतापे त्वया प्रार्थनापूर्वमयं दण्डः स्वस्य कारणीय एवेति त्वत्करणीयस्यैव मया कृतत्वान्नात्र क्षोभः कार्य इति भावः । पापिनामेवं स्वदण्डप्रार्थना स्मृतिसिद्धेत्याह—श्रूयत इति । चारित्रवत्सलौ चरित्रप्रतिपादनतत्परौ धर्मकुशलैर्गृहीतौ च भवतस्तत्तदर्थतत्त्वमेव तथा शास्त्रोक्तप्रकारेणैव मया चरितं कृतम् ॥ ३० ॥ तौ श्लोकावाह—राजभिरिति । अनेन स्वकृतदण्डस्य शास्त्रसंमतत्वं दण्ड्यहितत्वं चोक्तम् ॥ ३१ ॥ त्वयापि प्रार्थनापूर्वमयमर्थः कारणीयः स्यादित्यर्थप्रतिपादकं श्लोकमाह—शासनाद्वेति ।

आर्येण मम मांधात्रा व्यसनं घोरमीप्सितम् । श्रमणेन कृते पापे यथा पापं कृतं त्वया ॥ ३३
अन्यैरपि कृतं पापं प्रमत्तैर्वसुधाधिपैः । प्रायश्चित्तं च कुर्वन्ति तेन तच्छाम्यते रजः ॥ ३४
तदलं परितापेन धर्मतः परिकल्पितः । वधो वानरशार्दूल न वयं स्ववशे स्थिताः ॥ ३५
शृणु चाप्यपरं भूयः कारणं हरिपुंगव । तच्छ्रुत्वा हि महद्वीर न मन्युं कर्तुमर्हसि ॥ ३६
न मे तत्र मनस्तापो न मन्युर्हरिपुंगव । वागुराभिश्च पाशैश्च कूटैश्च विविधैर्नराः ॥ ३७
प्रतिच्छन्नाश्च दृश्याश्च गृह्णन्ति सुबहून्मृगान् । प्रधावितान्वा वित्रस्तान्विस्रब्धानतिविष्ठितान् ॥ ३८
प्रमत्तानप्रमत्तान्वा नरा मांसाशिनो भृशम् । विध्यन्ति विमुखांश्चापि न च दोषोऽत्र विद्यते ॥ ३९
यान्ति राजर्षयश्चात्र मृगयां धर्मकोविदाः । तस्मात्त्वं निहतो युद्धे मया बाणेन वानर ।
अयुध्यन्प्रतियुध्यन्वा यस्माच्छाखामृगो ह्यसि ॥ ४०
दुर्लभस्य च धर्मस्य जीवितस्य शुभस्य च । राजानो वानरश्रेष्ठ प्रदातारो न संशयः ॥ ४१
तान्न हिंस्यान्न चाक्रोशेन्नाक्षिपेन्नाप्रियं वदेत् । देवा मानुषरूपेण चरन्त्येते महीतले ॥ ४२
त्वं तु धर्ममविज्ञाय केवलं रोषमास्थितः । विदूषयसि मां धर्मे पितृपैतामहे स्थितम् ॥ ४३
एवमुक्तस्तु रामेण वाली प्रव्यथितो भृशम् । न दोषं राघवे दध्यौ धर्मेऽधिगतनिश्चयः ॥ ४४
प्रत्युवाच ततो रामं प्राञ्जलिर्वानरेश्वरः । यत्त्वमात्थ नरश्रेष्ठ तत्तथैव न संशयः ॥ ४५
प्रतिवक्तुं प्रकृष्टे हि नापकृष्टस्तु शक्नुयात् । यदयुक्तं मया पूर्वं प्रमादाद्वाक्यमप्रियम् ॥ ४६
तत्रापि खलु मां दोषं कर्तुं नार्हसि राघव । त्वं हि दृष्टार्थतत्त्वज्ञः प्रजानां च हिते रतः ।
कार्यकारणसिद्धौ च प्रसन्ना बुद्धिरव्यया ॥ ४७
मामप्यवगतं धर्माद्व्यतिक्रान्तपुरस्कृतम् । धर्मसंहितया वाचा धर्मज्ञ परिपालय ॥ ४८

पापोऽहं मे दण्डं कुर्वितिप्रार्थना स्वसमीपमागतस्य पापिनः शासनाद्दण्डकरणाद्वा मोक्षाद्दयया विसर्जनाद्वा । स्तेन इति पापोपलक्षणम् । तत्र द्वितीयः पक्षो राज्ञो दोषायेत्याह—राजा त्विति । राजा तु पापस्याशासन्पापनिग्रहमकुर्वन् । अनेन त्वद्दण्डकरणमस्मादृशामावश्यकमिति ध्वनितम् ॥ ३२ ॥ अथात्रार्थे शिष्टाचारमपि प्रमाणयति—आर्येणेति । मम कूटस्थेन मांधात्रा त्वया यत्प्रकारं पापं कृतं तत्प्रकारे पापे केनचिच्छ्रमणेनार्हतेन कृते सति कर्तुमीप्सितं घोरं व्यसनं दण्डरूपं मांधात्रा कृतम् ॥ ३३ ॥ अन्यैरपि वसुधाधिपैः प्रमत्तपुरुषैः कृतं पापं प्रतिशुद्धये । दण्डनं कृतमित्यध्याहारः । न केवलं राजदण्ड एव पापप्रायश्चित्तम्, अन्यदपि मन्वाद्युक्तमित्याह—प्रायश्चित्तं च कुर्वन्ति । कृतपाप इति शेषः । तेन कर्त्रनुष्ठितप्रायश्चित्तेन ॥ ३४ ॥ धर्मतः शास्त्रतः । न वयं स्ववशे स्थिताः, किंतु शास्त्राधीना इति शेषः । एतेनादर्शनपूर्वकं वधोऽधर्म इति यदुक्तं तदपि समाहितम् । दण्डार्थवधे दर्शनानपेक्षणात् । एवं वालिनः संध्योपासनाद्यनुष्ठानेन शास्त्रज्ञत्वमवलम्ब्य समाहितम् ॥ ३५ ॥ अथ केवलशाखामृगत्वमवलम्ब्यापि समाधत्ते—शृणु चापीति । छन्नेनानभिमुखस्य निःशङ्कवधे कारणं शृणिवत्यर्थः । तन्महत्कारणं श्रुत्वा मन्युं न कर्तुमर्हसि ॥ ३६ ॥ तत्र प्रच्छन्नवधे मनस्तापः कथमेवं कृतमिति पश्चात्तापो न । नापि वधस्य कारणं मन्युर्मम क्रोधः यद्वा मन्युः शोकः । मृगाणां तादृशवधस्य राज्ञां स्वभावतया न दोष इत्याह—वागुराभिरिति । कूटैस्तृणच्छन्नश्वभ्रादिसंपादनरूपैः ॥ ३७ ॥ पर्णाद्याच्छादितत्वादिरूपैः प्रतिच्छन्ना इत्यन्वयः । विस्रब्धान्विश्वस्तान् । अतिविष्ठितान्स्वपालितमृगैर्विष्ठितान्विरोधेन स्थितान् । युध्यमानानिति यावत् ॥ ३८ ॥ ३९ ॥ न दोष इत्यत्र शिष्टाचारं प्रमाणयति—यान्तीति । मृगयां नानाप्रकारमृगवधयुक्तां कर्तुं राजर्षयो धर्मकोविदा यान्ति । प्रतियुध्यन्नन्येन युद्धं कुर्वन् । मांसादिलोभाभावेऽपि क्षत्रियस्वाभाव्यात्तव वधो मया कृतः इतरव्याघ्रादितिर्यग्जन्तुवत् । तत्र मे न कश्चिन्महान्दोषः । अल्पस्तु प्राणायाममात्रापनेय इति भावः ॥ ४० ॥ शुभस्यैहिकाभ्युदयस्य । राजानः क्षत्रियाः ॥ ४१ ॥ न हिंस्यात् । रणव्यतिरेकेणेत्यर्थः । आक्रोशो निन्दा । आक्षेपोऽवमाननम् । अप्रियवादः प्रतिकूलवचनम् । त्वं तु न तादृशो राजेति भावः । एतेन राज्ञो वधादौ ब्रह्मवधादिदोष इति सूचितम् ॥ ४२ ॥ ४३ ॥ प्रव्यथितो भगवति मिथ्यादोषोक्त्या प्रव्यथितो न दोषं राघवे दध्यौ । तथा ध्यानस्यापि पापावहत्वादिति भावः । यद्वा ध्यानेनापि नाविन्दत् । शुद्धबुद्धमुक्तस्वभावत्वादिति भावः । धर्मेऽधिगतनिश्चयो भगवद्वचनादेव धर्मविषये जातनिश्चयः ॥ ४४ ॥ ४५ ॥ प्रकृष्टे प्रकृष्टज्ञानैश्वर्ये । अपकृष्टः । मादृश इति शेषः । यत्प्रमादाद्वाक्यमुक्तं तदयुक्तमेव ॥ ४६ ॥ तत्राप्यज्ञानजाप्रियोक्तावपि दोषं कर्तुं दोषं भावयितुम् । तत्र हेतुः—त्वं हीति । दृष्टेनापरोक्षानुभवेनार्थतत्त्वस्य धर्मादितत्त्वस्य ज्ञाता । कार्यं दण्डः, कारणं तद्धेतुभूतं पापम्, तयोः सिद्धौ निश्चये तव बुद्धिरन्तःकरणं प्रसन्ना निर्मला । वैषम्यरहितेत्यर्थः ॥ ४७ ॥ धर्मादेव व्यतिक्रान्तानां पुरस्कृतमग्रेसरम् । अवगतं तदग्रेसरत्वेन प्रसिद्धं

बाष्पसंरुद्धकण्ठस्तु वाली सार्तरवः शनैः । उवाच रामं संप्रेक्ष्य पङ्कलग्न इव द्विपः ॥ ४९
न चात्मानमहं शोचे न तारां नापि बान्धवान् । यथा पुत्रं गुणज्येष्ठमङ्गदं कनकाङ्गदम् ॥ ५०
स ममादर्शनाद्दीनो बाल्यात्प्रभृति लालितः । तटाक इव पीताम्बुरुपशोषं गमिष्यति ॥ ५१
बालश्चाकृतबुद्धिश्च एकपुत्रश्च मे प्रियः । तारेयो राम भवता रक्षणीयो महाबलः ॥ ५२
सुग्रीवे चाङ्गदे चैव विधत्स्व मतिमुत्तमाम् । त्वं हि गोप्ता च शास्ता च कार्याकार्यविधौ स्थितः ॥ ५३
या ते नरपते वृत्तिर्भरते लक्ष्मणे च या । सुग्रीवे चाङ्गदे राजंस्तां चिन्तयितुमर्हसि ॥ ५४
मद्दोषकृतदोषां तां यथा तारां तपस्विनीम् । सुग्रीवो नावमन्येत तथावस्थातुमर्हसि ॥ ५५
त्वया ह्यनुगृहीतेन शक्यं राज्यमुपासितुम् । त्वद्वशे वर्तमानेन तव चित्तानुवर्तिना ॥ ५६
शक्यं दिवं चार्जयितुं वसुधां चापि शासितुम् । त्वत्तोऽहं वधमाकाङ्क्षन्वार्यमाणोऽपि तारया ॥ ५७
सुग्रीवेण सह भ्रात्रा द्वन्द्वयुद्धमुपागतः । इत्युक्त्वा वानरो रामं विरराम हरीश्वरः ॥ ५८
स तमाश्वासयद्रामो वालिनं व्यक्तदर्शनम् । साधुसंमतया वाचा धर्मतत्त्वार्थयुक्तया ॥ ५९
न वयं भवता चिन्त्या नाप्यात्मा हरिसत्तम । वयं भवद्विशेषेण धर्मतः कृतनिश्चयाः ॥ ६०
दण्ड्ये यः पातयेद्दण्डं दण्ड्यो यश्चापि दण्ड्यते । कार्यकारणसिद्धार्थावुभौ तौ नावसीदतः ॥ ६१
तद्भवान्दण्डसंयोगादस्माद्विगतकल्मषः । गतः स्वां प्रकृतिं धर्म्यां दण्डदिष्टेन वर्त्मना ॥ ६२
त्यज शोकं च मोहं च भयं च हृदये स्थितम् । त्वया विधानं हर्यग्र्य न शक्यमतिवर्तितुम् ॥ ६३
यथा त्वय्यङ्गदो नित्यं वर्तते वानरेश्वर । तथा वर्तेत सुग्रीवे मयि चापि न संशयः ॥ ६४

स तस्य वाक्यं मधुरं महात्मनः समाहितं धर्मपथानुवर्तितम् ।
निशम्य रामस्य रणावमर्दिनो वचः सुयुक्तं निजगाद वानरः ॥ ६५
शराभितप्तेन विचेतसा मया प्रभाषितस्त्वं यदजानता विभो ।
इदं महेन्द्रोपमभीमविक्रम प्रसादितस्त्वं क्षम मे हरीश्वर ॥ ६६

इत्यार्षे श्रीमद्रामायणे वाल्मीकीय आदिकाव्ये किष्किन्धाकाण्डेऽष्टादश. सर्गः ॥ १८ ॥

मामपि पापिष्ठतरं धर्मसंहितया वाचा परिपालय । उत्तमलोकान्प्राप्नुहीति वाचानुगृहाणेत्यर्थः ॥ ४८ ॥ उवाच । पुत्रादिमायाकृष्टः सन्नुवाचेत्यर्थः ॥ ४९ ॥ न त्वात्मानम् । भगवता त्वया हतत्वाद्भुक्तभोगत्वात् । न ताराम् । सुग्रीवस्यापि तस्यामनुरागात् । न बान्धवान् । सुग्रीवतोऽपि सेवया जीवनलाभात् । पुत्रं शोचामि बालत्वात् ॥ ५० ॥ मया लालितः स ममादर्शनाच्छोषं गमिष्यति । पीताम्बुः सस्याद्युपयोजिताम्बुः ॥ ५१ ॥ तारेयस्तारापत्यम् । एकपुत्रत्वेनातिलालितत्वम् ॥ ५२ ॥ मतिमुत्तमाम् । 'मरणान्तानि वैराणि' इति न्यायेनेति भावः । सुग्रीवे च । तत्रैवेत्यर्थः । भ्रातृस्नेहोद्बोधेन वा तत्राप्यनुग्रहप्रार्थनम् । कार्यविधौ गोप्ता । अकार्यविधौ शास्ता ॥ ५३ ॥ ५४ ॥ मद्दोषकृतदोषां मत्कृतसुग्रीवापकारदोषानुसरणमात्रेण कृतदोषाम्, न तु स्वतः कृततदपकाराम् । तपस्विनीं शोच्याम् । अवस्थातुमवस्थापयितुम् ॥ ५५ ॥ राज्यं वानरराज्यम् ॥ ५६ ॥ शक्यमिति । स्वाराज्यमपि त्वत्प्रसादलभ्यमिति भावः । अहं त्वदुपदेशतस्त्वद्दर्शनतश्चेदानीं क्षीणपापस्त्वत्तो वधमुत्तमलोकराज्यफलकमाकाङ्क्षन्नपेक्षमाण इदानीमस्मि । अतस्तारया वार्यमाणोऽपि यद्भ्रात्रा युद्धमुपागतः प्राप्तस्तत्पूर्वकृतपुण्यपरिपाकेनेति शेषः ॥ ५७ ॥ ५८ ॥ व्यक्तदर्शनमुद्बुद्धबोधम् ॥ ५९ ॥ न वयं गुप्तवधरूपाकृत्यकारित्वेन चिन्त्याः । नाप्यात्मा भ्रातृभार्यापहरणरूपाकृत्यकारित्वेन । तत्र हेतुः—वयमित्यादि । भवद्विशेषेण त्वदपेक्षया विशेषेण विशेषज्ञत्वेन । धर्मतो धर्मशास्त्रमार्गेण । कृते त्वत्कृतपापे स्वकृतवधद्योतकत्वरूपे व्यापारे च निश्चयोऽत्र पापेऽयमेव दण्ड इति निश्चयो येषां तादृशाः ॥ ६० ॥ अत्रार्थे स्मृतिमुपन्यस्यति—दण्ड्ये य इति । कार्यकारणेति भावप्रधानो निर्देशः । कार्यत्वं दण्ड्यत्वम्, कारणत्वं दण्डयितृत्वम्, ताभ्यां सिद्धार्थौ निष्पन्नपरलोकप्रयोजनौ, अतएव नावसीदतः । एवं न्याय्यदण्डकर्तृत्वान्नाहमकृत्यकारी, जातदण्डत्वाच्च त्वमपि न तथेति भावः ॥ ६१ ॥ तदेवाह—स्वां प्रकृतिं स्वकीयं शुद्धस्वभावत्वम् । दण्डदिष्टेन दण्डबोधकशास्त्रोक्तेन मार्गेण ॥ ६२ ॥ भयं भ्रातृभार्याहरणकर्मजनितनरकभयं मद्दूषणनिमित्तपरलोकभयं च । दण्डेन कर्मणो नाशान्मद्दूषणस्य मया क्षान्तत्वाच्च । शोकमोहौ तारातारेयविषयौ । विधानं प्राग्भवीयं कर्म । अत्रान्ते दण्डस्यैव संहारात्तिरश्चामपि ज्ञानवतां शास्त्रार्थेऽधिकारो दृढः कृत इति बोध्यम् ॥ ६३ ॥ तथा वर्तेत । पितृवदेव तं पालयिष्याव इति भावः । अस्मत्तस्तथा वृत्तिं प्राप्नुयादित्यक्षरार्थः ॥ ६४ ॥ तस्य वाक्यमात्मनः सुगतेः पुत्रपालनस्य च प्रतिपादकम् ॥ ६५ ॥ इदं प्रभाषणम् ॥ ६६ ॥ **इति श्रीरामाभिरामे श्रीरामीये रामायणतिलके वाल्मीकीय आदिकाव्ये किष्किन्धाकाण्डेऽष्टादशः सर्गः ॥ १८ ॥**

एकोनविंशः सर्गः ।

स [illegible]राजः शयानः शरपीडितः । प्रत्युक्तो हेतुमद्वाक्यैर्नोत्तरं प्रत्यपद्यत ॥ १
अश्मभिः परिभिन्नाङ्गः पादपैराहतो भृशम् । रामबाणेन चाक्रान्तो जीवितान्ते मुमोह सः ॥ २
तं भार्या बाणमोक्षेण रामदत्तेन संयुगे । हतं प्लवगशार्दूलं तारा शुश्राव वालिनम् ॥ ३
सा सपुत्राप्रियं श्रुत्वा वधं भर्तुः सुदारुणम् । निष्पपात भृशं तस्मादुद्विग्ना गिरिकंदरात् ॥ ४
ये त्वङ्गदपरीवारा वानरा हि महाबलाः । ते सका[illegible]कमालोक्य रामं त्रस्ताः प्रदुद्रुवुः ॥ ५
सा ददर्श ततस्त्रस्तान्ह[illegible] द्रुतम् । यूथादिव परिभ्रष्टान्मृगान्निहतयूथपान् ॥ ६
तमुवाच समासाद्य दुःखितान्दुःखिता सती । रामवित्रासितान्सर्वाननुबद्धानिवेषुभिः ॥ ७
वानरा राजसिंहस्य यस्य यूयं पुरःसराः । तं विहाय सुवित्रस्ताः कस्माद्द्रवत दुर्गताः ॥ ८
राज्यहेतोः स चेद्भ्राता भ्रात्रा क्रूरेण पातितः । रामेण प्रसृतैर्दूरान्मार्गणैर्दूरपातिभिः ॥ ९
कपिपत्न्या वचः श्रुत्वा कपयः कामरूपिणः । प्राप्तकालमविश्लिष्टमूचुर्वचनमङ्गनाम् ॥ १०
जीवपुत्रे निवर्तस्व पुत्रं रक्षस्व चाङ्गदम् । अन्तको रामरूपेण हत्वा नयति वालिनम् ॥ ११
क्षिप्तान्वृक्षान्समाविध्य विपुलाश्च तथा शिलाः । वाली वज्रसमैर्बाणैर्वज्रेणेव निपातितः ॥ १२
अभिभूतमिदं सर्वं विद्रुतं वानरं बलम् । अस्मिन्प्लवगशार्दूले हते शक्रसमप्रभे ॥ १३
रक्ष्यतां नगरी शूरैरङ्गदश्चाभिषिच्यताम् । पदस्थं वालिनः पुत्रं भजिष्यन्ति प्लवंगमाः ॥ १४
अथवा रुचितं स्थानमिह ते रुचिरानने । आविशन्ति च दुर्गाणि क्षिप्रमद्यैव वानराः ॥ १५
अभार्याः सहभार्याश्च सन्त्यत्र वनचारिणः । लुब्धेभ्यो विप्रलब्धेभ्यस्तेभ्यो नः सुमहद्भयम् ॥ १६
अल्पान्तरगतानां तु श्रुत्वा वचनमङ्गना । आत्मनः प्रतिरूपं सा बभाषे चारुहासिनी ॥ १७
पुत्रेण मम किं कार्यं राज्येनापि किमात्मना । कपिसिंहे महाभागे तस्मिन्भर्तरि नश्यति ॥ १८
पादमूलं गमिष्यामि तस्यैवाहं महात्मनः । योऽसौ रामप्रयुक्तेन शरेण विनिपातितः ॥ १९
एवमुक्त्वा प्रदुद्राव रुदती शोकमूर्च्छिता । शिरश्चोरश्च बाहुभ्यां दुःखेन समभिघ्नती ॥ २०
सा व्रजन्ती ददर्शाथ पतिं निपतितं भुवि । हन्तारं वानरेन्द्राणां समरेष्वनिवर्तिनाम् ॥ २१
क्षेप्तारं पर्वतेन्द्राणां वज्राणामिव वासवम् । महावातसमाविष्टं महामेघौघनिःस्वनम् ॥ २२

हेतुमद्वाक्यैर्हेतूपन्यासयुतैर्वाक्यैः । प्रत्युक्त उक्तप्रत्युत्तरः ॥ १ ॥ जीवितान्ते तत्समये । मुमोह विसंज्ञोऽभूत् ॥ २ ॥ ३ ॥ अप्रियमिति च्छेदः । सपुत्रा । पुत्रोऽङ्गदः । गिरिकंदरं गिरिगह्वरं किष्किन्धाख्यम् ॥ ४ ॥ ५ ॥ सा तारा । आपततः पलायमानान् ॥ ६ ॥ इषुभिरनुबद्धानिवानुसृतानिव रामवित्रासितान्रामाद्विशस्तान् ॥ ७ ॥ वचनमाह—वानरा इति । यस्य वालिनः । दुर्गता मत्रादिकमपश्यन्तः ॥ ८ ॥ भ्राता प्रयोजककर्ता । रामः प्रयोज्यकर्ता । बाणाः करणम् । दूराद्दूरे स्थित्वा तैः स पातितश्चेत्किं युष्माभिः पलायितमिति शेषः । तत्सेवयैव भवज्जीवनसंभवादिति भावः ॥ ९ ॥ प्राप्तकालं कालोचितम् । अविश्लिष्टं सर्वसंमतिपूर्वमेकरूपम् । 'अविक्लिष्टम्' इति पाठे व्यक्तमित्यर्थः । अङ्गनाम् । वालिन इति शेषः ॥ १० ॥ पुत्रं रक्षस्व रामादिति शेषः । कुतः पुत्रस्य भयं तत्राह—अन्तक इत्यादि । नयति । यमपुरमिति शेषः ॥ ११ ॥ वृक्षान्वालिप्रहितान् । अयं सर्वोऽपि संभाव्यवादः । एवं ब[illegible]बाणत्यागवादोऽपि ॥ १२ ॥ अभिभूतमिव द्रुतम् । वानरं वानराणामिदम् ॥ १३ ॥ पदस्थं वानरराज्यपदस्थं पुत्रमङ्गदं भजिष्यन्ति । अन्यथाराजकेऽत्रास्माभिरवस्थातुमशक्यमिति भावः ॥ १४ ॥ अथवेति । सरामे सुग्रीवे किष्किन्धामागच्छत्यभिषिक्तेनाप्यङ्गदेनास्मत्पालनमशक्यमेवेति नेह स्थातुं योग्यमिति शेषः । हे रुचिरानने, यद्यपीदं स्थानं ते तुभ्यं रुचितमभीष्टम्, तथापीह किष्किन्धायां विद्यमानानि दुर्गाण्यद्यैव वानराः सुग्रीवहनुमदादय आविशन्ति । वर्तमानसामीप्ये लट् । तेषु प्रविष्टेषु येऽभार्याः सभार्याः वानराः सुग्रीवावलम्बिनः प्रागस्माभिः कृतवैरास्ते च प्रवेक्ष्यन्ति । ततश्च लुब्धेभ्यो राज्यादिविषये विप्रलब्धेभ्यः पूर्वमस्माभिर्वञ्चितेभ्योऽस्माकं तुमुलं महद्भयमस्ति । यत इति शेषः । केचित्तु—इह ते स्थानमस्माकमरुचितमभिमतम् । इतरत्पूर्ववदित्याहुः ॥ १५ ॥ १६ ॥ अल्पान्तरगतानां नातिदूरवर्तिनाम् । 'अवान्तरगतानाम्' इति पाठे मध्येमार्ग[illegible]गतानामित्यर्थः । तेषां वानराणां वचनं श्रुत्वात्मनः प्रतिरूपं कालोचितं बभाषे ॥ १७ ॥ १८ ॥ १९ ॥ २० ॥ २१ ॥ पर्वतेन्द्राणां क्षेप्तारम् । रणेष्विति शेषः । रणभेदमपेक्ष्य वज्राणामिति बहुवचनप्रयोगः । महता वातेन समं [illegible] यस्य रणेषु

शक्रतुल्यपराक्रान्तं वृष्ट्वेवोपरतं घनम् । नर्दन्तं नर्दतां भीमं शूरं शूरेण पातितम् ।
शार्दूलेनामिषस्यार्थे मृगराजमिवाहतम् ॥ २३
अर्चितं सर्वलोकस्य सपताकं सवेदिकम् । नागहेतोः सुपर्णेन चैत्यमुन्माथितं यथा ॥ २४
अवष्टभ्यावतिष्ठन्तं ददर्श धनुरूर्जितम् । रामं रामानुजं चैव भर्तुश्चैव तथानुजम् ॥ २५
तानतीत्य समासाद्य भर्तारं निहतं रणे । समीक्ष्य व्यथिता भूमौ संभ्रान्ता निपपात ह ॥ २६
सुप्तेव पुनरुत्थाय आर्यपुत्रेति वादिनी । रुरोद सा पतिं दृष्ट्वा संवीतं मृत्युदामभिः ॥ २७
तामवेक्ष्य तु सुग्रीवः क्रोशन्तीं कुररीमिव । विषादमगमत्कष्टं दृष्ट्वा चाङ्गदमागतम् ॥ २८

इत्यार्षे श्रीमद्रामायणे वाल्मीकीय आदिकाव्ये किष्किन्धाकाण्ड एकोनविंशः सर्गः ॥ १९ ॥

विंशः सर्गः ।

रामचापविसृष्टेन शरेणान्तकरेण तम् । दृष्ट्वा विनिहतं भूमौ तारा ताराधिपानना ॥ १
सा समासाद्य भर्तारं पर्यष्वजत भामिनी । इषुणाभिहतं दृष्ट्वा वालिनं कुञ्जरोपमम् ॥ २
वानरं पर्वतेन्द्राभं शोकसंतप्तमानसा । तारा तरुमिवोन्मूलं पर्यदेवयतातुरा ॥ ३
रणे दारुणविक्रान्त प्रवीर प्लवतां वर । किमिदानीं पुरोभागामद्य त्वं नाभिभाषसे ॥ ४
उत्तिष्ठ हरिशार्दूल भजस्व शयनोत्तमम् । नैवंविधाः शेरते हि भूमौ नृपतिसत्तमाः ॥ ५
अतीव खलु ते कान्ता वसुधा वसुधाधिप । गतासुरपि तां गात्रैर्मां विहाय निषेवसे ॥ ६
व्यक्तमद्य त्वया वीर धर्मतः संप्रवर्तता । किष्किन्धेव पुरी रम्या स्वर्गमार्गे विनिर्मिता ॥ ७
यान्यस्माभिस्त्वया सार्धं वनेषु मधुगन्धिषु । विहृतानि त्वया काले तेषामुपरमः कृतः ॥ ८
निरानन्दा निराशाहं निमग्ना शोकसागरे । त्वयि पञ्चत्वमापन्ने महायूथपयूथपे ॥ ९
हृदयं सुस्थितं मह्यं दृष्ट्वा निपतितं भुवि । यन्न शोकाभिसंतप्तं स्फुटतेऽद्य सहस्रधा ॥ १०
सुग्रीवस्य त्वया भार्या हृता स च विवासितः । यत्तत्तस्य त्वया व्युष्टिः प्राप्तेयं प्लवगाधिप ॥ ११
निःश्रेयसपरा मोहात्त्वया चाहं विगर्हिता । यैषाब्रुवं हितं वाक्यं वानरेन्द्र हितैषिणी ॥ १२
रूपयौवनदृप्तानां दक्षिणानां च मानद । नूनमप्सरसामार्य चित्तानि प्रमथिष्यसि ॥ १३
कालो निःसंशयो नूनं जीवितान्तकरस्तव । बलाद्येनावपन्नोऽसि सुग्रीवस्यावशो वशी ॥ १४
अस्थाने वालिनं हत्वा युध्यमानं परेण च । न संतप्यति काकुत्स्थः कृत्वा कर्म सुगर्हितम् ॥ १५
वैधव्यं शोकसंतापं कृपणाकृपणा सती । अदुःखोपचिता पूर्वं वर्तयिष्याम्यनाथवत् ॥ १६

तम् ॥ २२ ॥ शक्रतुल्यं पराक्रान्तं पराक्रमो यस्य तम् । वृष्ट्वेव जलमुत्सृज्य विरतम् । नर्दतां मध्ये भीमं नर्दन्तं मृगराजं प्रभूतमांसादिमत्त्वेन मृगश्रेष्ठम् । शार्दूलो व्याघ्रः ॥ २३ ॥ सर्वलोकस्य सर्वलोकेनार्चितम् । चैत्यं चतुष्पथवर्तिवल्मीकम् । नागहेतोरन्तर्विद्यमाननागभक्षणार्थं सुपर्णेन गरुडेन यथोन्मथितं तथा सुग्रीवस्य राज्यभोगहेतो रामेणोन्मथितमित्यर्थः ॥ २४ ॥ २५ ॥ तानतीत्य मार्गस्थान्रामादीनतीत्य ॥ २६ ॥ संवीतं बद्धम् ॥ २७ ॥ २८ ॥ इति श्रीरामाभिरामे श्रीरामीये रामायणतिलके वाल्मीकीय आदिकाव्ये किष्किन्धाकाण्ड एकोनविंशः सर्गः ॥ १९ ॥

अन्तकरेण मृत्युकारिणा ॥ १ ॥ २ ॥ उन्मूलमुत्पाटितमूलम् । पतितमिति शेषः ॥ ३ ॥ प्लवतां वानराणां श्रेष्ठ, इदानीं पुरोभागामेतस्मिन्काले कृतापराधां मत्वाद्य नाभिभाषसे किमित्यन्वयः ॥ ४ ॥ ५ ॥ ६ ॥ हे वीर, धर्मतः संप्रवर्तता धर्मेण युद्धमाचरता त्वयाद्य स्वर्गमार्गे स्वर्गसाधनरणभूमौ किष्किन्धेवान्या रम्या पुरी निर्मिता । नो चेत्कथं किष्किन्धां विहायात्र शेष इत्यर्थः । कतकस्तु—धर्मतः प्रवर्तिता रक्षिता किष्किन्धेवान्यापि स्वर्गमार्गे स्वर्गरूपदेशे निर्मितेत्यर्थमाह ॥ ७ ॥ यानि त्वया सार्धं विहृतानि तेषामत्र काले त्वयोपरमः समाप्तिः कृता ॥ ८ ॥ ९ ॥ मह्यं मम हृदयं सुस्थितमतिदृढम्, यत्त्वां पतितं दृष्ट्वा न स्फुटेत् ॥ १० ॥ स विवासित इति यत्तत्प्रसिद्धं कर्म तस्य कर्मण इयं व्युष्टिः । परिपाकः प्राप्त इत्यर्थः ॥ ११ ॥ यैषाहं हितं वाक्यमब्रुवम्, सा त्वया मोहाद्विगर्हिता । अस्वीकृतवचना कृतेति यावत् ॥ १२ ॥ दक्षिणानां विदग्धानां समर्थानां वा चित्तानि प्रमथिष्यसि । प्राप्तदिव्यदेहेनाप्सरसां काममोहजननेनेति शेषः ॥ १३ ॥ कालः । प्राप्त इति शेषः । अवपन्नः प्रापितोऽसि । कालविशेषणं निःसंशय इति । तत्तदायुर्विषयसंदेहर[illegible]त इत्यर्थः ॥ १४ ॥ न संतप्यति तदस्थानेऽयुक्तम् ॥ १५ ॥ कृपणाकृपणातिशयेन कृपणा । आबाधायां वा द्विलम् । पूर्वमदुःखोप-

लालितश्चाङ्गदो वीरः सुकुमारः सुखोचितः । वत्स्यते कामवस्थां मे पितृव्ये क्रोधमूर्च्छिते ॥ १७
कुरुष्व पितरं पुत्र सुदृष्टं धर्मवत्सलम् । दुर्लभं दर्शनं तस्य तव वत्स भविष्यति ॥ १८
समाश्वासय पुत्रं त्वं संदेशं संदिशस्व मे । मूर्ध्नि चैनं समाघ्राय प्रवासं प्रस्थितो ह्यसि ॥ १९
रामेण हि महत्कर्म कृतं त्वामभिनिघ्नता । आनृण्यं तु गतं तस्य सुग्रीवस्य प्रतिश्रवे ॥ २०
सकामो भव सुग्रीव रुमां त्वं प्रतिपत्स्यसे । भुङ्क्ष्व राज्यमनुद्विग्नः शस्तो भ्राता रिपुस्तव ॥ २१
किं मामेवं प्रलपतीं प्रियां त्वं नाभिभाषसे । इमाः पश्य वरा बह्वयो भार्यास्ते वानरेश्वर ॥ २२
तस्या विलपितं श्रुत्वा वानर्यः सर्वतश्च ताः । परिगृह्याङ्गदं दीना दुःखार्ताः प्रतिचुक्रुशुः ॥ २३

किमङ्गदं साङ्गदवीरबाहो विहाय यातोऽसि चिरं प्रवासम् ।
न युक्तमेवं गुणसंनिकृष्टं विहाय पुत्रं प्रियचारुवेषम् ॥ २४
यद्यप्रियं किंचिदसंप्रधार्य कृतं मया स्यात्तव दीर्घबाहो ।
क्षमस्व मे तद्धरिवंशनाथ व्रजामि मूर्ध्ना तव वीर पादौ ॥ २५
तथा तु तारा करुणं रुदन्ती भर्तुः समीपे सह वानरीभिः ।
व्यवस्यत प्रायमनिन्द्यवर्णा उपोपवेष्टुं भुवि यत्र वाली ॥ २६

इत्यार्षे श्रीमद्रामायणे वाल्मीकीय आदिकाव्ये किष्किन्धाकाण्डे विंशः सर्गः ॥ २० ॥

एकविंशः सर्गः ।

ततो निपतितां तारां च्युतां तारामिवाम्बरात् । शनैराश्वासयामास हनुमान्हरियूथपः ॥ १
गुणदोषकृतं जन्तुः स्वकर्मफलहेतुकम् । अव्यग्रस्तदवाप्नोति सर्वं प्रेत्य शुभाशुभम् ॥ २
शोच्या शोचसि कं शोच्यं दीनं दीनानुकम्पसे । कश्च कस्यानुशोच्योऽस्ति देहेऽस्मिन्बुद्बुदोपमे ॥ ३
अङ्गदस्तु कुमारोऽयं द्रष्टव्यो जीवपुत्रया । आयत्यां च विधेयानि समर्थान्यस्य चिन्तय ॥ ४
जानास्यनियतामेवं भूतानामागतिं गतिम् । तस्माच्छुभं हि कर्तव्यं पण्डिते नेह लौकिकम् ॥ ५
यस्मिन्हरिसहस्राणि शतानि नियुतानि च । वर्तयन्ति कृताशानि सोऽयं दिष्टान्तमागतः ॥ ६
यदयं न्यायदृष्टार्थः सामदानक्षमापरः । गतो धर्मजितां भूमिं नैनं शोचितुमर्हसि ॥ ७

चिता, अदुःखं दुःखरहितं यथा भवति तथोपचिता वर्धिता ॥ १६ ॥ मे मया लालितः कामवस्थां प्राप्य वत्स्यत इत्यर्थः ॥ १७ ॥ पितरं सुदृष्टं कुरुष्व ॥ १८ ॥ मूर्ध्नि मूर्धनमुपाघ्राय संदेशं कर्तव्योपदेशं संदिशस्वेत्यन्वयः । प्रस्थितः प्रस्थानुकामः ॥ १९ ॥ प्रतिश्रवे प्रतिज्ञाविषये । अनेन रामस्य वालिवधविषयदोषाभावो ध्वनितः ॥ २० ॥ शस्तो हिंसितः ॥ २१ ॥ २२ ॥ तस्या विलपितं ताराया विलापम् ॥ २३ ॥ किमङ्गदं साङ्गदवीरबाहो साङ्गदो वीरहन्ता बाहुर्यस्य तादृश । गुणसंनिकृष्टं गुणैस्तव प्रत्यासन्नम् । प्रियश्चारुर्वेषो यस्य तं पुत्रं विहाय चिरं प्रवासं गन्तुं न युक्तमित्यन्वयः ॥ २४ ॥ असंप्रधार्याविचार्य । हरिवंशानां वानरसमूहानां नाथ, व्रजामि । स्पृशामीत्यर्थः ॥ २५ ॥ यत्र वाली तत्रोपभुवि तद्भूसमीपभुवि प्रायमुपवेष्टुं प्रायोपवेशं कर्तुं व्यवस्यत निश्चितवती ॥ २६ ॥ इति श्रीरामाभिरामे श्रीरामीये रामायणतिलके वाल्मीकीय आदिकाव्ये किष्किन्धाकाण्डे विंशः सर्गः ॥ २० ॥

तत इति ॥ १ ॥ जन्तुः फलहेतुकं स्वर्गनरकादिफलसाधनम् । स्वार्थे कः । गुणैः शमादिभिः, दोषेण रागादिना वा कृतं यत्स्वकर्मास्ति तत्तस्य शुभाशुभरूपं फलं प्रेत्याव्यग्रोऽनाकुलोऽवाप्नोति । गुणदोषकृतं ज्ञानाज्ञानकृतमित्यर्थ इति कश्चित् ॥ २ ॥ शोच्या पापपुण्यकर्मपाशवशगत्वेन शोचनीया । त्वं कमन्यं शोच्यं शोचसि । कर्मवशगं भर्त्रादिकम् । कर्मफलवशतो दीना त्वं कमन्यं पुत्रादिकमनुकम्पसे । बुद्बुदोपमे देहेऽतीते कः कस्यानुशोच्योऽस्ति । उपलक्षणम् । कस्य कोऽनुशोचकोऽस्तीत्यपि बोध्यम् । विदुषो नोचितः शोक इति भावः ॥ ३ ॥ द्रष्टव्यः वालिशोकनिवृत्त्यर्थमिति शेषः । अस्य वालिनो मरिष्यमाणस्यायत्यां मरणोत्तरकाले यानि विधेयानि कार्याणि समर्थानि श्रेष्ठानि तानि त्वं चिन्तय विचारय ॥ ४ ॥ अनियतामव्यवस्थिताम् । तस्माच्छुभं परलोकसुखावहं यत्तत्कर्तव्यम् । हे पण्डिते, इह पतिपित्रादिवियोगकाले न लौकिकं बहुरोदनादि कर्तव्यम् । प्रीतिमात्रबोधकतया मृतेष्टासाधनत्वेन च तस्य लौकिकत्वम् ॥ ५ ॥ यस्मिन् । जीवतीति शेषः । कृताशानि कृतभोग्याशानि । वर्तयन्ति जीवन्ति । दिष्टान्तमायुर्दायकल्पकल्पितकालान्तरम् ॥ ६ ॥ न्यायेन नीतिशास्त्रेण दृष्टोऽर्थो राजकार्यं येन । सामादिपरो वानरेषु ।

सर्वे च हरिशार्दूलाः पुत्रश्चायं तवाङ्गदः । हर्यृक्षपतिराज्यं च त्वत्सनाथमनिन्दिते ॥ ८
ताविमौ शोकसंतप्तौ शनैः प्रेरय भामिनि । त्वया परिगृहीतोऽयमङ्गदः शास्तु मेदिनीम् ॥ ९
संततिश्च यथा दृष्टा कृत्यं यच्चापि सांप्रतम् । राज्ञस्तत्क्रियतां सर्वमेष कालस्य निश्चयः ॥ १०
संस्कार्यो हरिराजस्तु अङ्गदश्चाभिषिच्यताम् । सिंहासनगतं पुत्रं पश्यन्ती शान्तिमेष्यसि ॥ ११
सा तस्य वचनं श्रुत्वा भर्तृव्यसनपीडिता । अब्रवीदुत्तरं तारा हनुमन्तमवस्थितम् ॥ १२
अङ्गदप्रतिरूपाणां पुत्राणामेकतः शतम् । हतस्याप्यस्य वीरस्य गात्रसंश्लेषणं वरम् ॥ १३
न चाहं हरिराज्यस्य प्रभवाम्यङ्गदस्य वा । पितृव्यस्तस्य सुग्रीवः सर्वकार्येष्वनन्तरः ॥ १४
नह्येषा बुद्धिरास्थेया हनूमन्नङ्गदं प्रति । पिता हि बन्धुः पुत्रस्य न माता हरिसत्तम ॥ १५

नहि मम हरिराजसंश्रयात्क्षमतरमस्ति परत्र चेह वा ।
अभिमुखहतवीरसेवितं शयनमिदं मम सेवितुं क्षमम् ॥ १६

इत्यार्षे श्रीमद्रामायणे वाल्मीकीय आदिकाव्ये किष्किंधाकाण्ड एकविंशः सर्गः ॥ २१ ॥

द्वाविंशः सर्गः ।

वीक्षमाणस्तु मन्दासुः सर्वतो मन्दमुच्छ्वसन् । आदावेव तु सुग्रीवं ददर्शानुजमग्रतः ॥ १
तं प्राप्तविजयं वाली सुग्रीवं प्लवगेश्वरम् । आभाष्य व्यक्तया वाचा सस्नेहमिदमब्रवीत् ॥ २
सुग्रीव दोषेण न मां गन्तुमर्हसि किल्बिषात् । कृष्यमाणं भविष्येण बुद्धिमोहेन मां बलात् ॥ ३
युगपद्विहितं तात न मन्ये सुखमावयोः । सौहार्दं भ्रातृयुक्तं हि तदिदं जातमन्यथा ॥ ४
प्रतिपद्य त्वमद्यैव राज्यमेषां वनौकसाम् । मामप्यद्यैव गच्छन्तं विद्धि वैवस्वतक्षयम् ॥ ५
जीवितं च हि राज्यं च श्रियं च विपुलां तथा । प्रजहाम्येष वै तूर्णमहं चागर्हितं यशः ॥ ६

धर्मजितां धर्मेण भूमिं जितवतां राज्ञां भूमिं स्थानं गतः । गन्तेत्यर्थः । अतो नैतच्छोक उचितः ॥ ७ ॥ त्वमपि न शोककरणार्हेत्याह—सर्वे चेति । त्वत्सनाथं त्वयैवैकया सनाथम् ॥ ८ ॥ ताविमौ सुग्रीवाङ्गदौ शनैः प्रेरय । उत्तरकार्यकरणायेति शेषः ॥ ९ ॥ संततिरङ्गदो यथा दृष्टा यत्प्रयोजनकतया शास्त्रे दृष्टा, यच्च राज्ञः सांप्रतं परलोकहितं कृत्यं तत्क्रियताम् । एष कालस्येदानींतनकालस्योचितो निश्चयोऽनुष्ठाननिश्चयः ॥ १० ॥ तदेवाह—संस्कार्य इति । रामबाणस्यामोघत्वान्मरणनिश्चयेनैवमुक्तिः ॥ ११ ॥ १२ ॥ यदुक्तम् 'पुत्रेण सुखिनी भव' इति, तत्प्रत्याख्याति तारा—अङ्गदेति । अङ्गदतुल्यानां पुत्राणां शतमेकतः सुखसाधनैककोटौ । हतस्यापि पत्युर्गात्रसंश्लेषोऽपरकोटौ । तयोर्मध्ये द्वितीयो वरमतिशयितसुखसाधनम् । परलोके परमानन्दहेतुत्वात् । तस्मात्सहगमनं करिष्य इति भावः ॥ १३ ॥ राज्यं त्वदधीनमिति यदुक्तं तन्निराचष्टे—न चेति । न राज्यस्य प्रभवामि न योग्या । स्त्रीत्वात् । अङ्गदस्य वा राज्यदाने न प्रभवामि । अनन्तरः समर्थो मत्तः प्रत्यासन्नश्च ॥ १४ ॥ एषा बुद्धिर्मत्कर्तृकाभिषेकबुद्धिः । पिता तत्तुल्यः सुग्रीवो बन्धुः सुखदानाधिकारी न मातेत्यर्थः ॥ १५ ॥ १६ ॥ **इति श्रीरामाभिरामे श्रीरामीये रामायणतिलके वाल्मीकीय आदिकाव्ये किष्किन्धाकाण्ड-एकविंशः सर्गः ॥ २१ ॥**

सर्वतो वीक्षमाणः स आत्मजस्याग्रतः स्थितं सुग्रीवमेवादौ ददर्श ॥ १ ॥ आभाष्य सुग्रीवेति संबोध्य ॥ २ ॥ हे सुग्रीव, मां किल्बिषात्प्राग्भवीयदुष्कृतवशाद्भविष्येण भविष्यतावश्यंभाविना बुद्धिमोहेन त्वयि शत्रुबुद्धिरूपेण बलात्कृष्यमाणं मां ज्ञात्वा त्वं दोषेण स्वापकारदोषवत्त्वेन मां गन्तुमवगन्तुं नार्हसि ॥ ३ ॥ कार्यानुमितं कर्मप्राबल्यं दर्शयति—युगपदिति । भ्रातृयुक्तं भ्रात्रोर्युक्तमुचितं सौहार्दं सुखं च राज्यसुखं चावयोः कर्मणा युगपन्न विहितमिति मन्ये, यतस्तदिदमुचितमपि सौहार्दं सुखं चान्यथा जातम् । विघटितमित्यर्थः ॥ ४ ॥ अथ रामशरक्षीणपापत्वात्प्राप्तदिव्यप्रकृतिः स्वयमेव सुग्रीवाय स्वानन्तरं प्राप्तं राज्यं ददाति—प्रतिपद्येति । प्रतिपद्यस्वेत्यर्थः । वैवस्वतक्षयं यमगृहम् । ननु राजनि मृते तत्पुत्र एव राज्याधिकारी, न तु तत्कनीयान्भ्रातेति चेन्न । पुत्रस्य बालत्वेन राज्यरक्षणासामर्थ्याद्बलवदाश्रितत्वाच्च पुत्रनाशो मा भूदिति तथोक्तिः । भगवता रामेणापि राज्यरक्षणासामर्थ्येनाङ्गदस्य सुग्रीवोऽभिषिक्तो राज्ये, यौवराज्ये चाङ्गदः । सुग्रीवानन्तरं त्वङ्गदस्यैव राज्याधिकारः, न तु सुग्रीवपुत्राणामज्येष्ठपुत्रत्वादित्याहुः ॥ ५ ॥ अगर्हितं यशः प्रशस्तं यशो वाली केनाप्यवध्य इत्येवम् । तच्च प्रजहामि । एकेनैव शरेण रामहतत्वादिति प्राञ्चः । अन्ये—तु चस्त्वर्थे यश इत्युत्तरं बोध्यः । अगर्हितं यशस्तु प्राप्नोमीति

अस्यां त्वहमवस्थायां वीर वक्ष्यामि यद्वचः । यद्यप्यसुकरं राजन्कर्तुमेव त्वमर्हसि ॥ ७
सुखार्हं सुखसंवृद्धं बालमेनमबालिशम् । बाष्पपूर्णमुखं पश्य भूमौ पतितमङ्गदम् ॥ ८
मम प्राणैः प्रियतरं पुत्रं पुत्रमिवौरसम् । मया हीनमहीनार्थं सर्वतः परिपालय ॥ ९
त्वमप्यस्य पिता दाता परित्राता च सर्वशः । भयेष्वभयदश्चैव यथाहं प्लवगेश्वर ॥ १०
एष तारात्मजः श्रीमांस्त्वया तुल्यपराक्रमः । रक्षसां च वधे तेषामग्रतस्ते भविष्यति ॥ ११
अनुरूपाणि कर्माणि विक्रम्य बलवान्रणे । करिष्यत्येष तारेयस्तेजस्वी तरुणोऽङ्गदः ॥ १२
सुषेणदुहिता चेयमर्थसूक्ष्मविनिश्चये । औत्पातिके च विविधे सर्वतः परिनिष्ठिता ॥ १३
यदेषा साध्विति ब्रूयात्कार्यं तन्मुक्तसंशयम् । नहि तारामतं किंचिदन्यथा परिवर्तते ॥ १४
राघवस्य च ते कार्यं कर्तव्यमविशङ्कया । स्यादधर्मो ह्यकरणे त्वां च हिंस्यादमानितः ॥ १५
इमां च मालामाधत्स्व दिव्यां सुग्रीव काञ्चनीम् । उदारा श्रीः स्थिता ह्यस्यां संप्रजह्यान्मृते मयि ॥ १६
इत्येवमुक्तः सुग्रीवो वालिना भ्रातृसौहृदात् । हर्षं त्यक्त्वा पुनर्दीनो ग्रहग्रस्त इवोडुराट् ॥ १७
तद्वालिवचनाच्छान्तः कुर्वन्युक्तमतन्द्रितः । जग्राह सोऽभ्यनुज्ञातो मालां तां चैव काञ्चनीम् ॥ १८
तां मालां काञ्चनीं दत्त्वा दृष्ट्वा चैवात्मजं स्थितम् । संसिद्धः प्रेत्यभावाय स्नेहादङ्गदमब्रवीत् ॥ १९
देशकालौ भजस्वाद्य क्षममाणः प्रियाप्रिये । सुखदुःखसहः काले सुग्रीववशगो भव ॥ २०
यथा हि त्वं महाबाहो लालितः सततं मया । न तथा वर्तमानं त्वां सुग्रीवो बहु मन्यते ॥ २१
न स्यामित्रैर्गतं गच्छेर्मा शत्रुभिररिंदम । भर्तुरर्थपरो दान्तः सुग्रीववशगो भव ॥ २२
न चातिप्रणयः कार्यः कर्तव्योऽप्रणयश्च ते । उभयं हि महादोषं तस्मादन्तरदृग्भव ॥ २३
इत्युक्त्वाथ विवृत्ताक्षः शरसंपीडितो भृशम् । विवृतैर्दशनैर्भीमैर्बभूवोत्क्रान्तजीवितः ॥ २४
ततो विचुक्रुशुस्तत्र वानरा हतयूथपाः । परिदेवयमानास्ते सर्वे प्लवगसत्तमाः ॥ २५

शेषः । वाली भगवता रामेण च्छन्नेन हत इत्येवंरूपं च यश इत्याहुः ॥ ६ ॥ अस्यामवस्थायां चरमदशायां यद्यप्यसुकरं मयात्यन्तमपकृतत्वात्, तथापि कर्तुमर्हस्येवेति योजना । सात्त्विकत्वात्सात्त्विकसमाश्रयणाच्चेत्याशयः । स्वयं राज्यस्य दत्तत्वाद्राजन्निति संबोधनम् ॥ ७ ॥ तदेवाह—सुखार्हमिति । अबालिशं समर्थम् ॥ ८ ॥ प्राणैः प्राणेभ्यो मम पुत्रं स्वमौरसं पुत्रमिवाहीनार्थमक्षीणैहिकसकलप्रयोजनं यथा तथा सर्वतः सर्वत्र देशे काले च पालय । स्वानन्तरमस्यैव राज्यं देहीति व्यङ्ग्यम् ॥ ९ ॥ पालनप्रकारमेव दर्शयति—त्वमपीति । सर्वत्र भवेति शेषः ॥ १० ॥ उक्तं स्वपुत्रस्याबालिशत्वं दर्शयति—एष इति । रक्षसां वधे रामप्रत्युपकारप्रसङ्गप्राप्ते ॥ ११ ॥ अनुरूपाणि मदनुरूपाणि ॥ १२ ॥ तारारक्षणं तत उपकारमादर्श्य सूचयति—सुषेणेति । तद्दुहिता तारा । अर्थानां मध्ये सूक्ष्मः परमदुर्ज्ञेयो योऽर्थस्तस्य निश्चये । औत्पातिके विविधे नानाप्रकारोत्पातसूचितानिष्टशान्त्यनुष्ठेयनिश्चये, सर्वत्र ऐहिकामुष्मिकनिश्चये च परिनिष्ठितातिसमर्था ॥ १३ ॥ ततः किं तत्राह—यदिति । तत्कार्यं त्यक्तसंशयं कार्यमनुष्ठेयम् । तदेव द्रढयति—नहीति । मदनुभवसिद्धमेतदिति भावः । अनेन त्रैवर्णिकेतरत्वेन तरुणत्वेनावश्यं कर्तव्यपुरुषान्तरस्वीकारायास्ताराया देवरत्वात्सुग्रीवस्य स्वीकारोऽप्यनुमत इति गम्यते ॥ १४ ॥ अथ भ्रात्रे वक्तव्यमुपदेशमाह—राघवस्येति । अकरणेऽधर्मः स्यात् । मिथ्याप्रतिज्ञत्वापत्तेरिति भावः । एवं पारलौकिकमनिष्टं प्रदर्श्यैहिकमपि तदाह—त्वां चेति । मामिव धर्मभ्रष्टत्वादिति भावः ॥ १५ ॥ अथ राज्यानुमतिं क्रिययापि दर्शयति—इमां चेति । उदारा प्रशस्ता श्रीर्जयलक्ष्मीरस्यां स्थिता । महेन्द्रानुग्रहात् । हि यतो मृते मयि शवस्पर्शादेनां सा श्रीर्जह्यात् । अत इदानीमेवेमां गृहाणेति भावः ॥ १६ ॥ एवं वालिवचः श्रुत्वा, पूर्वं वाली दुष्ट इति बुद्ध्या तद्वधे जातं हर्षमिदानीमेव सौमनस्यदर्शनेन त्यक्त्वा दीनः । विषण्णोऽभूदित्यर्थः । ग्रहग्रस्तो राहुग्रस्तः ॥ १७ ॥ तद्वालिवचनात्तादृशवालिवचनेन शान्तः शान्तवैरो युक्तं भ्रातृस्नेहोचितदर्शनादिव्यवहारमतन्द्रितः कुर्वन्मालाग्रहणे वालिनाभ्यनुज्ञातो मालां जग्राह ॥ १८ ॥ प्रेत्यभावाय संसिद्धो निश्चितमरणः ॥ १९ ॥ देशकालौ तत्तत्कर्मोचितौ भजस्व जानीहि । प्रियाप्रिये इष्टानिष्टयोगजे काले सेवाकाले सुग्रीववशगस्तत्सेवापरो भव ॥ २० ॥ विपक्षे बाधकमाह—यथा हीति । बालतया केवलं लालितो यथा सेवोचितकालेऽपि सेवारहितोऽवर्तिष्ठ, तथा सेवाराहित्येन वर्तमानं त्वां सुग्रीवो न बहु मन्येत, अतः सेवां कुर्वित्युपदेशः ॥ २१ ॥ किं चास्य सुग्रीवस्यामित्रैरनुपकारकैस्तथा शत्रुभिरपकारकैश्च गतं संगतं सख्यं मा गच्छेः मा गच्छ । भर्तुः सुग्रीवस्यार्थपरः प्रयोजनसाधनपरः ॥२२॥ नातिप्रणयः पुत्रत्वात् । अप्रणयश्च न कार्यः । अस्मद्वधादि नान्तरदृक् । 'अत्यासत्तिर्विनाशाय त्वतिदूरं तु निष्फलम् । सेवा मध्यमभावेन राजवह्निगुरुस्त्रियाम् ॥' इति न्यायेन मध्यममार्गेण लम्बस्वेत्याशयः ॥ २३ ॥ २४ ॥ हतो यूथपो येषां तादृशाः परिदेवयमाना विचुक्रुशुरित्यन्वयः

किष्किन्धा ह्यद्य शून्या च स्वर्गते वानरेश्वरे । उद्यानानि च शून्यानि पर्वताः काननानि च ॥ २६
हते प्लवगशार्दूले निष्प्रभा वानराः कृताः । येन दत्तं महद्युद्धं गन्धर्वस्य महात्मनः ॥ २७
गोलभस्य महाबाहोर्दश वर्षाणि पञ्च च । नैव रात्रौ न दिवसे तद्युद्धमुपशाम्यति ॥ २८
ततः षोडशमे वर्षे गोलभो विनिपातितः । तं हत्वा दुर्विनीतं तु वाली दंष्ट्राकरालवान् ।
सर्वाभयंकरोऽस्माकं कथमेष निपातितः ॥ २९

हते तु वीरे प्लवगाधिपे तदा वनेचरास्तत्र न शर्म लेभिरे ।
वनेचराः सिंहयुते महावने यथा हि गावो निहते गवां पतौ ॥ ३०

ततस्तु तारा व्यसनार्णवप्लुता मृतस्य भर्तुर्वदनं समीक्ष्य सा ।
जगाम भूमिं परिरभ्य वालिनं महाद्रुमं छिन्नमिवाश्रिता लता ॥ ३१

इत्यार्षे श्रीमद्रामायणे वाल्मीकीय आदिकाव्ये किष्किन्धाकाण्डे द्वाविंशः सर्गः ॥ २२ ॥

त्रयोविंशः सर्गः ।

ततः समुपजिघ्रन्ती कपिराजस्य तन्मुखम् । पतिं लोकश्रुता तारा मृतं वचनमब्रवीत् ॥ १
शेषे त्वं विषमे दुःखमकृत्वा वचनं मम । उपलोपचिते वीर सुदुःखे वसुधातले ॥ २
मत्तः प्रियतरा नूनं वानरेन्द्र मही तव । शेषे हि तां परिष्वज्य मां च न प्रतिभाषसे ॥ ३
सुग्रीवस्य वशं प्राप्तो विधिरेष भवत्यहो । सुग्रीव एव विक्रान्तो वीर साहसिकप्रिय ॥ ४
ऋक्षवानरमुख्यास्त्वां बलिनं पर्युपासते । तेषां विलपितं कृच्छ्रमङ्गदस्य च शोचतः ॥ ५
मम चेमा गिरः श्रुत्वा किं त्वं न प्रतिबुध्यसे । इदं तद्वीरशयनं तत्र शेषे हतो युधि ॥ ६
शायिता निहता यत्र त्वयैव रिपवः पुरा । विशुद्धसत्त्वाभिजन प्रिययुद्ध मम प्रिय ॥ ७
मामनाथां विहायैकां गतस्त्वमसि मानद । शूराय न प्रदातव्या कन्या खलु विपश्चिता ॥ ८
शूरभार्यां हतां पश्य सद्यो मां विधवां कृताम् । अवभग्नश्च मे मानो भग्ना मे शाश्वती गतिः ॥ ९
अगाधे च निमग्नास्मि विपुले शोकसागरे । अश्मसारमयं नूनमिदं मे हृदयं दृढम् ॥ १०
भर्तारं निहतं दृष्ट्वा यन्नाद्य शतधा कृतम् । सुहृच्चैव च भर्ता च प्रकृत्या च मम प्रियः ॥ ११
प्रहारे च पराक्रान्तः शूरः पञ्चत्वमागतः । पतिहीना तु या नारी कामं भवतु पुत्रिणी ॥ १२
धनधान्यसमृद्धापि विधवेत्युच्यते बुधैः । स्वगात्रप्रभवे वीर शेषे रुधिरमण्डले ॥ १३
कृमिरागपरिस्तोमे स्वकीये शयने यथा । रेणुशोणितसंवीतं गात्रं तव समन्ततः ॥ १४

॥ २५ ॥ अस्यैव प्रपञ्चः—किष्किन्धेत्यादि ॥ २६ ॥ २७ ॥ गोलभस्य तदाख्यस्य । महद्युद्धं पञ्चदशवर्षावध्यहोरात्रमविश्रमं युद्धम् । तदेवाह—नैवेति ॥ २८ ॥ दंष्ट्राकरालवान् । आर्षः स्वार्थे मतुप् । दंष्ट्राकराल इत्यर्थः । अस्माकं सर्वाभयंकरः सर्वेभ्योऽभयंकरः स एष वीरः कथं निपातितः ॥ २९ ॥ वनेचराः प्लवंगमा न शर्म लेभिरे इत्यन्वयः । अपरं वनेचरा इति गवां विशेषणम् ॥ ३० ॥ 'समीक्ष्य' इति पाठः ॥ ३१ ॥ इति श्रीरामाभिरामे श्रीरामीये रामायणतिलके वाल्मीकीय आदिकाव्ये किष्किन्धाकाण्डे द्वाविंशः सर्गः ॥ २२ ॥

अथ तारा मृतं दृष्ट्वा पुनः प्रलपति—तत इति । लोकश्रुता लोकप्रसिद्धा ॥ १ ॥ उपलैः पाषाणैरुपचिते व्याप्ते । सुदुःखे सुतरां दुःखकरे ॥ २ ॥ ३ ॥ एष विधी रामरूपः सुग्रीवस्य वशं प्राप्तोऽधीनो भवति । अहो इत्याश्चर्ये । ननु त्वद्वशं प्राप्तो येनाथैव भार्यया योजितः स्यादिति भावः । अतः सुग्रीव एव विक्रान्तोऽत्र राज्ये भवतेति शेषः । साहसिकं साहसकर्म ॥ ४ ॥ पर्युपासते पर्युपासन्त ॥५॥ यत्र त्वया निहता रिपवः शायितास्तदिदं वीरशयनम् । तत्र त्वमपि शेषे ॥ ६ ॥ विशुद्धसत्त्वाभिजन विशुद्धसत्त्ववंशभव । प्रिययुद्ध । प्रिययुद्धत्वाद्युद्धेनैव मरणं जातमिति भावः ॥ ७ ॥ ८ ॥ शूराय कन्याया अदाने हेतुः—शूरस्य तव भार्यां मां विधवां कृतां पश्य । मानो राजपत्नीत्वाभिमानः । शाश्वती स्थिरा गतिः सुखप्राप्तिः ॥ ९ ॥ १० ॥ कृतम् । शोकेनेति शेषः । प्रकृत्यानुपाधितः ॥ ११ ॥ प्रहारे रणे पराक्रान्तः परेणाक्रान्तोऽभिभूतः पञ्चत्वमागतः एतदृष्ट्वापि यद्धृदयं न भिन्नमतो दृढमिति पूर्वेणान्वयः । ननु सपुत्रायाः कस्ते शोकः, अत आह—पतिहीनेत्यादि ॥ १२ ॥ १३ ॥ कृमेरिन्द्रगोपादे राग इव रागो यस्य तादृशः परिस्तोम आस्तरणं यस्मिन् । कृमिरागो लाक्षारागः । 'कृमिरागं बहुत्पार्यां

परिरब्धुं न शक्नोमि भुजाभ्यां प्लवगर्षभ । कृतकृत्योऽद्य सुग्रीवो वैरेऽस्मिन्नतिदारुणे ॥ १५
यस्य रामविमुक्तेन हृतमेकेषुणा भयम् । शरेण हृदि लग्नेन गात्रसंस्पर्शने तव ॥ १६
वार्यामि त्वां निरीक्षन्ती त्वयि पञ्चत्वमागते । उद्बबर्ह शरं नीलस्तस्य गात्रगतं तदा ॥ १७
गिरिगह्वरसंलीनं दीप्तमाशीविषं यथा । तस्य निष्कृष्यमाणस्य बाणस्यापि बभौ द्युतिः ॥ १८
अस्तमस्तकसंनद्धरश्मेर्दिनकरादिव । पेतुः क्षतजधारास्तु व्रणेभ्यस्तस्य सर्वशः ॥ १९
ताम्रगैरिकसंपृक्ता धारा इव धराधरात् । अवकीर्णं विमार्जन्ती भर्तारं रणरेणुना ॥ २०
अस्रैर्नयनजैः शूरं सिषेचास्त्रसमाहतम् । रुधिरोक्षितसर्वाङ्गं दृष्ट्वा विनिहतं पतिम् ॥ २१
उवाच तारा पिङ्गाक्षं पुत्रमङ्गदमङ्गना । अवस्थां पश्चिमां पश्य पितुः पुत्र सुदारुणाम् ॥ २२
संप्रसक्तस्य वैरस्य गतोऽन्तः पापकर्मणा । बालसूर्योज्ज्वलतनुं प्रयातं यमसादनम् ॥ २३
अभिवादय राजानं पितरं पुत्र मानदम् । एवमुक्तः समुत्थाय जग्राह चरणौ पितुः ॥ २४
भुजाभ्यां पीनवृत्ताभ्यामङ्गदोऽहमिति ब्रुवन् । अभिवादयमानं त्वामङ्गदं त्वं यथा पुरा ॥ २५
दीर्घायुर्भव पुत्रेति किमर्थं नाभिभाषसे । अहं पुत्रसहाया त्वामुपासे गतचेतनम् ।
सिंहेन पातितं सद्यो गौः सवत्सेव गोवृषम् ॥ २६
इष्ट्वा सङ्ग्रामयज्ञेन रामप्रहरणाम्भसा । तस्मिन्नवभृथे स्नातः कथं पत्न्या मया विना ॥ २७
या दत्ता देवराजेन तव तुष्टेन संयुगे । शातकौम्भीं प्रियां मालां तां ते पश्यामि नेह किम् ॥ २८
राज्यश्रीर्न जहाति त्वां गतासुमपि मानद । सूर्यस्यावर्तमानस्य शैलराजमिव प्रभा ॥ २९

न मे वचः पथ्यमिदं त्वया कृतं न चास्मि शक्ता हि निवारणे तव ।
हता सपुत्रास्मि हतेन संयुगे सह त्वया श्रीर्विजहाति मामपि ॥ ३०

इत्यार्षे श्रीमद्रामायणे वाल्मीकीय आदिकाव्ये किष्किन्धाकाण्डे त्रयोविंशः सर्गः ॥ २३ ॥

चतुर्विंशः सर्गः ।

तामाशु वेगेन दुरासदेन त्वभिप्लुतां शोकमहार्णवेन ।
पश्यंस्तदा वाल्यनुजस्तरस्वी भ्रातुर्वधेनाप्रतिमेन तेपे ॥ १
स बाष्पपूर्णेन मुखेन पश्यन्क्षणेन निर्विण्णमना मनस्वी ।
जगाम रामस्य शनैः समीपं भृत्यैर्वृतः संपरिदूयमानः ॥ २
स तं समासाद्य गृहीतचापमुदात्तमाशीविषतुल्यबाणम् ।
यशस्विनं लक्षणलक्षिताङ्गमवस्थितं राघवमित्युवाच ॥ ३

लाक्षिकं प्रियदर्शनम्' इत्युत्पलमालाकोशादित्यन्ये ॥ १४ ॥ परिरब्धुमालिङ्गितुं न शक्नोमि । रेणुशोणितसंवीतत्वाच्छोकेन भुजयोर्बलाभावाच्च गात्रसंलग्नशरत्वाच्च । अस्मिन्वैरे वालिविषये वैरे । कृतकृत्यः कृतानुष्ठेयानुष्ठानः ॥ १५ ॥ शरेण तव गात्रसंस्पर्शने वार्या निवारिता भवामीत्यन्वयः ॥ १६ ॥ एवं तद्वचः श्रुत्वा नीलः शरमुद्बबर्होद्धृतवान् । अस्य बाणस्यातितेजस्विशत्रुवधेन तेजःक्षयाच्च पुनस्तूणगमनमिति बोध्यम् ॥ १७ ॥ १८ ॥ दिनकरादिति पञ्चमी षष्ठ्यर्थे । रुधिररक्तत्वादिति भावः । व्रणेभ्यः शरशिलापादपजनितेभ्यः ॥ १९ ॥ रणरेणुनावकीर्णं व्याप्तम् ॥ २० ॥ २१ ॥ पश्चिमावस्था मरणम् ॥ २२ ॥ पापकर्मणा प्राचीनपापवशात्संप्रसक्तस्य प्राप्तस्य वैरस्यान्तोऽवसानं गतः प्राप्तवान् ॥ २३ ॥ २४ ॥ त्वामभिवादयमानम् । इदं तारावाक्यम् ॥ २५ ॥ उपासे समीपे तिष्ठामि ॥ २६ ॥ रामस्य प्रहरणं बाणस्तद्रूपेणाम्भसा मया विना कथमवभृथे स्नातः ॥ २७ ॥ मालामिह न पश्यामि । किं न सुग्रीवाय मालादानस्यादर्शनं शोकवशाद्दृष्टस्यापि विस्मरणं चेत्येवमुक्तिः ॥ २८ ॥ आवर्तमानस्यास्तं गच्छतः । शैलराजं तमेवास्ताचलम् ॥ २९ ॥ पथ्यमिदं वच इति स्मृतिसंनिहितस्य प्रागुपदिष्टस्य परामर्शः ॥ ३० ॥ इति श्रीरामाभिरामे श्रीरामीये रामायणतिलके [illegible] आदिकाव्ये किष्किन्धाकाण्डे त्रयोविंशः सर्गः ॥ २३ ॥

तां ताराम् । आशुवेगेन शोकमहार्णवेनाभिप्लुतां खिन्नाम् । अप्रतिमेनासदृशेन । आत्मन इति शेषः ॥ १ ॥ बाष्पपूर्णेन मुखेनोपलक्षितां तारां पश्यन्निर्विण्णमनाः खिन्नः संपरिदूयमानः सम्यगनुतप्यमानः ॥ २ ॥ उदात्तं धीरोदात्तस्वभावम् । लक्षणैः सामुद्रिकशास्त्रोक्तराजलक्षणैर्लक्षितमङ्गं यस्य तम् ॥ ३ ॥

यथा प्रतिज्ञातमिदं नरेन्द्र कृतं त्वया दृष्टफलं च कर्म ।
ममाद्य भोगेषु नरेन्द्रसूनो मनो निवृत्तं हतजीवितेन ॥ ४

अस्यां महिष्यां तु भृशं रुदत्यां पुरेऽतिविक्रोशति दुःखतप्ते ।
हते नृपे संशयितेऽङ्गदे च न राम राज्ये रमते मनो मे ॥ ५

क्रोधादमर्षादतिविप्रधर्षाद्भ्रातुर्वधो मेऽनुमतः पुरस्तात् ।
हते त्विदानीं हरियूथपेऽस्मिन्सुतीक्ष्णमिक्ष्वाकुवर प्रतप्स्ये ॥ ६

श्रेयोऽद्य मन्ये मम शैलमुख्ये तस्मिन्हि वासश्चिरमृष्यमूके ।
यथा तथा वर्तयतः स्ववृत्त्या नेमं निहत्य त्रिदिवस्य लाभः ॥ ७

न त्वा जिघांसामि चरेति यन्मामयं महात्मा मतिमानुवाच ।
तस्यैव तद्राम वचोऽनुरूपमिदं वचः कर्म च मेऽनुरूपम् ॥ ८

भ्राता कथं नाम मया गुणस्य भ्रातुर्वधं राम विरोचयेत ।
राज्यस्य दुःखस्य च वीर सारं विचिन्तयन्कामपुरस्कृतोऽपि ॥ ९

वधो हि मे मतो नासीत्स्वमाहात्म्यव्यतिक्रमात् । ममासीद्बुद्धिदौरात्म्यात्प्राणहारी व्यतिक्रमः ॥ १०
द्रुमशाखावभग्नोऽहं मुहूर्तं परिनिष्टनन् । सान्त्वयित्वा त्वनेनोक्तो न पुनः कर्तुमर्हसि ॥ ११
भ्रातृत्वमार्यभावश्च धर्मश्चानेन रक्षितः । मया क्रोधश्च कामश्च कपित्वं च प्रदर्शितम् ॥ १२

अचिन्तनीयं परिवर्जनीयमनीप्सनीयं स्वनवेक्षणीयम् ।
प्राप्तोऽस्मि पाप्मानमिदं वयस्य भ्रातुर्वधात्त्वाष्ट्रवधादिवेन्द्रः ॥ १३

पाप्मानमिन्द्रस्य मही जलं च वृक्षाश्च कामं जगृहुः स्त्रियश्च ।
को नाम पाप्मानमिमं सहेत शाखामृगस्य प्रतिपत्तुमिच्छेत् ॥ १४

नार्होमि संमानमिमं प्रजानां न यौवराज्यं कुत एव राज्यम् ।
अधर्मयुक्तं कुलनाशयुक्तमेवंविधं राघव कर्म कृत्वा ॥ १५

पापस्य कर्तास्मि विगर्हितस्य क्षुद्रस्य लोकापकृतस्य लोके ।
शोको महान्मामभिवर्ततेऽयं वृष्टेर्यथा निम्नमिवाम्बुवेगः ॥ १६

दृष्टफलं राज्यभोगफलं कर्म वालिवधरूपम् । हतजीवितेन कुत्सितजीवितेन साध्येषु भोगेष्वित्यन्वयः ॥ ४ ॥ अस्यां तारायाम् । पुरे तत्स्थे जनेऽतिविक्रोशत्यत्यन्तं रुदति अङ्गदे संशयिते पितृवियोगात्संशयितजीविते ॥ ५ ॥ अतिविप्रधर्षाद्भ्रातृकृताधिकपराभवाद्धेतोर्ममोत्पन्नात्क्रोधादमर्षादसहिष्णुतया च सुतीक्ष्णमतिशयेन प्रतप्स्ये तपामि ॥ ६ ॥ यथातथा येनकेनापि प्रकारेण । स्ववृत्त्या स्वजात्युचितवृत्त्या वर्तयतो जीवत ऋष्यमूकवास एव श्रेयो मन्ये, न तु त्रिदिवस्य लाभ इत्यन्वयः ॥ ७ तद्वचस्तस्यैवानुरूपम् । ईषत्करघातेऽपि मयि तदकृत्वान्तरभ्रातृस्नेहबद्धतया त्वां न जिघांसामि । कदापि चर गच्छेति यत्तद्वच इत्यर्थः । इदं कर्म भ्रातृवधरूपम् । वचस्तदर्थमाकारणरूपम् ॥ ८ ॥ कामः पुरस्कृतो येन तादृशोऽपि भ्राता राज्यस्य तत्सुखस्य । दुःखस्य भ्रातृवधे भाविदुःखस्य सारं तारतम्यं विचिन्तयन्विचारयन्कथं भ्रातुर्वधं रोचयेत । एवं चाहं तत्तारतम्यानभिज्ञ इति भावः ॥ ९ ॥ उक्तमेव विवृणोति—वधो हीति । मां हन्तुं तस्य मतिर्नासीदित्यर्थः । तत्र हेतुः—स्वमाहात्म्यव्यतिक्रमादनुचितकर्मकारी वालीत्ययशःप्रसङ्गभयात् । प्राणहारी । भ्रातुरिति शेषः । व्यतिक्रमोऽन्यायः ॥ १० ॥ द्रुमशाखयावभग्नः पलायितः, अत एव मुहूर्तं परिनिष्टनंस्त्वामाक्रोशन्यदाभवं तदा तेन भ्रात्रा सान्त्वयित्वा पुनरेवं दुश्चेष्टां कर्तुं नार्हसीत्युक्तः । न पुनर्मां हतवानित्यर्थः ॥ ११ ॥ अत एव भ्रातृत्वमित्यादि ॥ १२ ॥ अचिन्तनीयं चिन्तयितुमप्ययोग्यम्, अतएवार्यैर्नित्यं परिहरणीयं यत्किंचिदुपाधिनाप्यनीप्सनीयम् । आत्मकर्तृकमपि सर्वथानवेक्षणीयं दर्शनानर्हमिदं प्राप्तोऽस्मि । इदंपदार्थमाह—[illegible] । हे वयस्य, भ्रातुर्ज्येष्ठस्य भ्रातुर्वधात्पाप्मानम् । तद्रूपं वस्त्वित्यर्थः । त्वाष्ट्रो विश्वरूपः ॥ १३ ॥ प्रतिपत्तुं प्राप्तुं क इच्छेत्को वा सहेत । महीतुं शक्नुयादित्यर्थः ॥ १४ ॥ प्रजानां संमानं ताभिः क्रियमाणं स्वसंमाननमपि नार्हामि । पापस्तम्भत्वात् । न यौवराज्यम् । ज्येष्ठस्य पुत्रमङ्गदं राज्ये कृत्वा । यथाप्राप्तं यौवराज्यमित्यर्थः । एवंविधं कर्म कृत्वा राज्यं सर्वथा नार्हामीत्यन्वयः ॥ १५ ॥ क्षुद्रस्य क्षुद्रयोग्यस्य । लोके इहलोके विगर्हितस्य निन्दितस्य लोकापकृतस्य । परलोकेऽपरमार्थसाधनस्य पापस्य कर्तास्मि । अतो महाञ्शोको मामिव तथाभिवर्तते । यथा वृष्टेरम्बुवेगो निम्नम् । इवशब्दस्तथाशब्दार्थे

६४

सोदर्यघातापरगात्रवालः संतापहस्ताक्षिशिरोविषाणः ।
एनोमयो मामभिहन्ति हस्ती दृप्तो नदीकूलमिव प्रवृद्धः ॥ १७
अंहो बतेदं नृवराविषह्यं निवर्तते मे हृदि साधु वृत्तम् ।
अग्नौ विवर्णं परितप्यमानं किट्टं यथा राघव जातरूपम् ॥ १८
महाबलानां हरियूथपानामिदं कुलं राघव मन्निमित्तम् ।
अस्याङ्गदस्यापि च शोकतापादर्धस्थितप्राणमितीव मन्ये ॥ १९
सुतः सुलभ्यः सुजनः सुवश्यः कुतस्तु पुत्रः सदृशोऽङ्गदेन ।
न चापि विद्येत स वीरदेशो यस्मिन्भवेत्सोदरसंनिकर्षः ॥ २०
अद्याङ्गदो वीरवरो न जीवेज्जीवेत माता परिपालनार्थम् ।
विना तु पुत्रं परितापदीना सा नैव जीवेदिति निश्चितं मे ॥ २१
सोऽहं प्रवेक्ष्याम्यतिदीप्तमग्निं भ्रात्रा च पुत्रेण च सख्यमिच्छन् ।
इमे विचेष्यन्ति हरिप्रवीराः सीतां निदेशे परिवर्तमानाः ॥ २२
कृत्स्नं तु ते सेत्स्यति कार्यमेतन्मय्यप्यतीते मनुजेन्द्रपुत्र ।
कुलस्य हन्तारमजीवनार्हं [illegible]हि कृतागसं माम् ॥ २३
इत्येवमार्तस्य रघुप्रवीरः श्रुत्वा वचो वालिजघन्यजस्य ।
संजातबाष्पः परवीरहन्ता रामो मुहूर्तं विमना बभूव ॥ २४
तस्मिन्क्षणेऽभीक्ष्णमवेक्षमाणः क्षितिक्षमावान्भुवनस्य गोप्ता ।
रामो रुदन्तीं व्यसने निमग्नां समुत्सुकः सोऽथ ददर्श ताराम् ॥ २५
तां चारुनेत्रां कपिसिंहनाथां पतिं समाश्लिष्य तदा शयानाम् ।
उत्थापयामासुरदीनसत्त्वां मन्त्रिप्रधानाः कपिराजपत्नीम् ॥ २६
सा विस्फुरन्ती परिरभ्यमाणा भर्तुः समीपादपनीयमाना ।
ददर्श रामं शरचापपाणिं स्वतेजसा सूर्यमिव ज्वलन्तम् ॥ २७
सुसंवृतं पार्थिवलक्षणैश्च तं चारुनेत्रं मृगशावनेत्रा ।
अदृष्टपूर्वं पुरुषप्रधानमयं स काकुत्स्थ इति प्रजज्ञे ॥ २८
तस्येन्द्रकल्पस्य दुरासदस्य महानुभावस्य समीपमार्या ।
आर्तातितूर्णं व्यसनं प्रपन्ना जगाम तारा परिविह्वलन्ती ॥ २९
तं सा समासाद्य विशुद्धसत्त्वं शोकेन संभ्रान्तशरीरभावा ।
मनस्विनी वाक्यमुवाच तारा रामं रणोत्कर्षणलब्धलक्ष्यम् ॥ ३०

॥ १६ ॥ सोदर्यघात एवापरगात्रभागो वालश्च यस्य । तज्जसंताप एव हस्ताक्षिशिरोविषाणं यस्य सः । दृप्तो मत्तः । प्रवृद्धो महान् ॥ १७ ॥ हे नृवर, इदमंहः पापम् । बत खेदे । अविषह्यं सोढुमशक्यं प्राप्य मे हृदि स्थितं साधु वृत्तं जन्मान्तरार्जितपुण्यं निवर्तते । विवर्णम्, अतएवाग्नौ परितप्यमानं जातरूपमविषह्यमशक्यसहावस्थानं प्राप्य किट्टं मलं यथा निवर्तते तथेत्यर्थः । यथा बलवतोत्तमेनाधमः स्थातुं न शक्नोति, तथा बलवताधमेन सहोत्तमोऽपीत्याशयः । एवं चानेन पापेन सर्वपुण्यक्षयो जात इति तात्पर्यम् । केचित्तु—अग्नौ परितप्यमानं जातरूपं स्वर्णं यथा विवर्णं विवर्णताकारकं किट्टं दाहकक्षारद्रव्यं प्राप्य निवर्तते भस्म भवति तथेत्यर्थं इत्याहुः ॥ १८ ॥ मन्निमित्तम् । मयैतत्स्वामिवधादिति भावः । अपि चास्याङ्गदस्य शोकतापाच्च । इतीव मन्य इत्युत्प्रेक्षाबोधकम् ॥ १९ ॥ सुलभ्यः । सुलभ इत्यर्थः ॥ २० ॥ अङ्गदो न जीवेत् । यदि जीवेत्तदा माता तारा पुत्रपालनाय जीवेत् । तदभावे तु सा सर्वथा न जीवेदित्यर्थः ॥ २१ ॥ सख्यं समानत्वम् । निदेशे त्वदाज्ञायाम् ॥ २२ ॥ अनुजानीहि । अग्निप्रवेशायेति शेषः ॥ २३ ॥ संजातबाष्पो दुःखिप्राणिदर्शनेन । महतामयं स्वभावः ॥ २४ ॥ तस्मिन्क्षणे तस्मिन्नवसरे तारां रुदन्तीमभीक्ष्णं वारंवारमवेक्षमाणो जीवन्तीमिच्छन्क्षितिरिव क्षमावान्समुत्सुकः । शोकापनयनायेति शेषः ॥ २५ ॥ कपिसिंहनाथां कपिसिंहानां स्वामिनीम् ॥ २६ ॥ २७ ॥ पुरुषप्रधानं पुरुषश्रेष्ठम् । सोऽङ्गदोक्तः काकुत्स्थोऽयमिति प्रजज्ञ इति संबन्धः ॥ २८ ॥ परिविह्वलन्ती कष्टेन स्खलनपूर्वं गच्छन्ती ॥ २९ ॥ संभ्रान्तो विस्मृतः शरीरभावो राजस्त्रीत्वादिर्यया सा । रणेषु युद्धेषूत्कर्षणेन सर्वाधिकोत्कर्षेण लक्ष्यं येन । सर्वतोऽधि-

त्वमप्रमेयश्च दुरासदश्च जितेन्द्रियश्चोत्तमधर्मकश्च ।
अक्षीणकीर्तिश्च विचक्षणश्च क्षितिक्षमावान्क्षतजोपमाक्षः ॥ ३१
त्वमात्तबाणासनबाणपाणिर्महाबलः संहननोपपन्नः ।
मनुष्यदेहाभ्युदयं विहाय दिव्येन देहाभ्युदयेन युक्तः ॥ ३२
येनैव बाणेन हतः प्रियो मे तेनैव बाणेन हि मां जहीहि ।
हता गमिष्यामि समीपमस्य न मां विना वीर रमेत वाली ॥ ३३
स्वर्गेऽपि पद्मामलपत्रनेत्र समेत्य संप्रेक्ष्य च मामपश्यन् ।
नह्येष उच्चावचताम्रचूडा विचित्रवेषाप्सरसोऽभजिष्यत् ॥ ३४
स्वर्गेऽपि शोकं च विवर्णतां च मया विना प्राप्स्यति वीर वाली ।
रम्ये नगेन्द्रस्य तटावकाशे विदेहकन्यारहितो यथा त्वम् ॥ ३५
त्वं वेत्थ तावद्वनिताविहीनः प्राप्नोति दुःखं पुरुषः कुमारः ।
तत्त्वं प्रजानञ्जहि मां न वाली दुःखं ममादर्शनजं भजेत ॥ ३६
यच्चापि मन्येत भवान्महात्मा स्त्रीघातदोषस्तु भवेन्न मह्यम् ।
आत्मेयमस्येति हि मां जहि त्वं न स्त्रीवधः स्यान्मनुजेन्द्रपुत्र ॥ ३७
शास्त्रप्रयोगाद्विविधाच्च वेदादनन्यरूपाः पुरुषस्य दाराः ।
दारप्रधानाद्धि न दानमन्यत्प्रदृश्यते ज्ञानवतां हि लोके ॥ ३८
त्वं चापि मां तस्य मम प्रियस्य प्रदास्यसे धर्ममवेक्ष्य वीर ।
अनेन दानेन न लप्स्यसे त्वमधर्मयोगं मम वीर घातात् ॥ ३९
आर्तामनाथामपनीयमानामेवंगतां नार्हसि मामहन्तुम् ।
अहं हि मातङ्गविलासगामिना प्लवंगमानामृषभेण धीमता ॥ ४०
विना वराहोत्तमहेमपालिना चिरं न शक्ष्यामि नरेन्द्र जीवितुम् ।
इत्येवमुक्तस्तु विभुर्महात्मा तारां समाश्वास्य हितं बभाषे ॥ ४१

कवेध्यवेधक इत्यर्थः ॥ ३० ॥ अप्रमेयो देशतः कालतश्चापरिच्छेद्यो गुणैयत्तया दुर्ज्ञेयश्च । दुरासदो योगिभिरपि प्राप्तुमशक्यः । उत्तमधर्मकः पुरुषोत्तमधर्मा । अक्षीणकीर्तिः । पापवदाभासमानेनापि कर्मणेति शेषः । अत एव पुरुषोत्तमधर्मा । क्षतजोपमाक्षो रक्ताक्षः ॥ ३१ ॥ आत्तबाणासनश्चासौ बाणपाणिश्चेति कर्मधारयः । संहननं दृढगात्रता, तादृशेन त्वया हतो वाली । मनुष्यदेहाभ्युदयं मनुष्यलोकवर्तिदेहप्राप्यमभ्युदयसुखं विहाय दिव्यदेहेन प्राप्यो योऽभ्युदयस्तेन युक्तः । समास आर्षः ॥ ३२ ॥ अतः—येनैवेति । रमेत रंस्यते ॥ ३३ ॥ पद्मस्यामलं यत्पत्रं तद्वन्नेत्र, समेत्याप्सरोभिस्ताः संप्रेक्ष्य, मामपश्यन्न रमेतेत्यन्वयः । उच्चावचैर्नानाप्रकारैस्ताम्रै रक्तपुष्पैः कृतः शेखरो याभिस्ता अप्सरसो नाभजिष्यन्न भजिष्यति । रक्तपुष्पधारणं वालीवशीकरणाय ॥ ३४ ॥ तटावकाशे तटदेशे ॥ ३५ ॥ यद्वनिताहीनो दुःखं प्राप्नोति तत्त्वं वेत्थ' अतस्तज्जानंस्त्वं मां जहि । कुमारः सुन्दरः पुरुषः । यद्वा दुःखहेतुमाह—कुमार इति । कुत्सितो मारो यस्य । मारकत्वेन मदनस्य प्रसिद्धेः । अथवा कुत्सितो मारो मरणं यस्य मरणादपि दुःखजनकत्वादेवमुक्तिः । भावे घञ् ॥ ३६ ॥ मह्यं स्त्रीघातदोषो भवेदिति भवान्महात्मा मन्येत तदपि न । इयं तारास्य वालिन आत्मेति ज्ञात्वा जहि । एवं च तदभिन्नत्वान्मम न ते स्त्रीवधदोष इति भावः । महात्मेत्यनेन ताटकावधादिकृतवतः स्त्रीवधोऽकिंचित्कर इत्यपि सूचितम् ॥ ३७ ॥ स्त्रीणां पुरुषात्मत्वमेव साधयति—शास्त्रेति । शास्त्रे शास्त्रीययागाद्यनुष्ठाने प्रकर्षेण सहैव योगादधिकारात् । विविधाच्च वेदात् । 'अर्धो वा एष आत्मनो यत्पत्नी' इति श्रुतेः । अनन्यरूपा अभिन्नरूपाः । न केवलं दोषाभावमात्रम्, अपि तु स्त्रीदानफलमपीत्याह—दारेति । अन्यदधिकं दानं नेति भावः ॥ ३८ ॥ त्वं चापीति । एवं च 'धर्मेण पापमपनुदति' इति न्यायेनापि हे वीर, ते न मद्वधदोष इति भावः । यद्वा मम वीरस्य पत्युश्छलेन घातात्प्राप्तमधर्मसंबन्धं न लप्स्यते । किं च—तत एव मच्छापतः प्राप्तमधर्मयोगधर्मफलयोगं स्त्रीवियोगरूपं न लप्स्यसे । ममावधे तु लप्स्यस एव । अत एव क्वचित्पठ्यते—'अचिरेणैव कालेन त्वया वीर्यबलाहृता । सा सीता मम शापेन न चिरात्त्वयि वत्स्यति ॥' इति ॥ ३९ ॥ अपनीयमानाम् । प्रियसकाशादन्यत इति शेषः । अहन्तुं नार्हसि । अपि तु हन्तुमेवेत्यर्थः । तत्र हेतुः—अहं हीति ॥ ४० ॥ वराहोत्तमहेममालिना श्रेष्ठयोग्योत्तमस्वर्णमालावता ॥ ४१ ॥

मा वीरभार्ये विमतिं कुरुष्व लोको हि सर्वो विहितो विधात्रा ।
तं चैव सर्वं सुखदुःखयोगं लोकोऽब्रवीत्तेन कृतं विधात्रा ॥ ४२
त्रयोऽपि लोका विहितं विधानं नातिक्रमन्ते वशगा हि तस्य ।
प्रीतिं परां प्राप्स्यसि तां तथैव पुत्रश्च ते प्राप्स्यति यौवराज्यम् ॥ ४३
धात्रा विधानं विहितं तथैव न शूरपत्न्यः परिदेवयन्ति ।
आश्वासिता तेन महात्मना तु प्रभावयुक्तेन परंतपेन ।
सा वीरपत्नी ध्वनता मुखेन सुवेषरूपा विरराम तारा ॥ ४४

इत्यार्षे श्रीमद्रामायणे वाल्मीकीय आदिकाव्ये किष्किन्धाकाण्डे चतुर्विंशः सर्गः ॥ २४ ॥

पञ्चविंशः सर्गः ।

स सुग्रीवं च तारां च साङ्गदां सहलक्ष्मणः । समानशोकः काकुत्स्थः सान्त्वयन्निदमब्रवीत् ॥ १
न शोकपरितापेन श्रेयसा युज्यते मृतः । यदत्रानन्तरं कार्यं तत्समाधातुमर्हथ ॥ २
लोकवृत्तमनुष्ठेयं कृतं वो बाष्पमोक्षणम् । न कालादुत्तरं किंचित्परं कर्म उपासितुम् ॥ ३
नियतिः कारणं लोके नियतिः कर्मसाधनम् । नियतिः सर्वभूतानां नियोगेष्विह कारणम् ॥ ४
न कर्ता कस्यचित्कश्चिन्नियोगेनापि चेश्वरः । स्वभावे वर्तते लोकस्तस्य कालः परायणम् ॥ ५
न कालः कालमत्येति न कालः परिहीयते । स्वभावं च समासाद्य न किंचिदतिवर्तते ॥ ६
न कालस्यास्ति बन्धुत्वं न हेतुर्न पराक्रमः । न मित्रज्ञातिसंबन्धः कारणं नात्मनोऽवशः ॥ ७

विमतिं मरणविषयां विरुद्धमतिम् । सर्वो लोको विधात्रा विहितोऽहरादौ सृष्टस्तं लोकं सुखदुःखाभ्यामवर्ज्याभ्यां योगोऽस्य तं तेनैव विधात्रा कृतम् । लोक्यतेऽनेनेति लोको वेदोऽब्रवीत् । 'न ह वै सशरीरस्य सतः प्रियाप्रिययोरपहतिरस्ति' इति श्रुतेः ॥ ४२ ॥ त्रयोऽपि लोका लोकत्रयवासिनोऽपि जना विधातृविहितं विधानं नातिक्रमन्ते । हि यतस्तस्य वशगा ब्रह्मादिस्थावरान्ताः । वाली परां प्रीतिं त्वत्संबन्धजां प्राप्स्यति मत्संकल्पात् । किं च भवत्यपि वालिसंबन्धजां प्रीतिं सुग्रीवसंबन्धात्प्राप्स्यसि । ते पुत्रो यौवराज्यं प्राप्स्यति च । चेनाहमपि शापं प्राप्स्याम्येवेति ॥ ४३ ॥ धात्रेदं विधानं तथैव विहितम्, यथा मयोक्तं कृतं च । अनेन सर्वज्ञत्वशक्तिराविष्कृता । एवमीश्वरकृतं सर्वं ज्ञात्वा शूरपत्न्यो न शोचन्ति । ध्वनता मुखेनोपलक्षिता विरराम त्यक्तपरिदेवनाभूत् ॥ ४४ ॥ इति श्रीरामाभिरामे श्रीरामीये रामायणतिलके वाल्मीकीय आदिकाव्ये किष्किन्धाकाण्डे चतुर्विंशः सर्गः ॥ २४ ॥

समानशोकः । सुग्रीवादिभिरिति शेषः ॥ १ ॥ शोकयुक्तः परितापस्तेन । शोकश्चित्तधर्मः । तावन्मात्रेणैव न मृतस्य श्रेयः । समाधातुमनुष्ठातुम् ॥ २ ॥ लोकवृत्तं लोकाचारोऽप्यनुष्ठेय एव । तच्च बाष्पमोक्षणरूपं कृतम् । युष्माभिरिति शेषः । यद्वा कृतं पर्याप्तम् । बाष्पमोक्षणमिति द्वितीया तृतीयार्थे । यतः कालात् तत्तत्कर्मणि विहितात्कालादुत्तरं परम्, तस्मिन्नतिक्रान्त इति यावत् । किंचिदपि परं कर्म विहितं कर्मोपासितुं कर्तुमशक्यम् । कालस्योपादेयकारणत्वात् । अकाले कृतस्याकृतप्रायत्वादिति भावः ॥ ३ ॥ कालस्य मुख्यत्वं दर्शयति—नियतिरिति । नियतिः नियम्यतेऽनयेति नियतिः कालः । कालकृता व्यवस्था निमेषादिपरार्धान्ता । कालस्त्वीश्वर एव । लोके लोकसृष्ट्यादिव्यवहारे । कर्मणो लौकिकालौकिककर्मप्रवृत्तेर्दिनादिरूपेण कारणं काल एव । सर्वभूतानां नियोगाधिकृतप्राणिमात्रस्य नियोगेषु ज्योतिष्टोमादिषु नियतिर्वसन्तादिः कारणम् ॥ ४ ॥ कालातिरिक्तं न साक्षात्प्रवर्तकमित्याह—न कर्तेत्यादि । कस्यचित्कृष्यादेः कश्चित्कर्ता न नियतिनिरपेक्षः कश्चिदीश्वरो न नियतिनैरपेक्ष्येण समर्थो न । यतो लोको लोकव्यवहारः स्वभावे ईश्वरसहिते प्राकृतस्वकर्मणि वर्तते तदधीनो वर्तते । तस्य च स्वभावस्य कालः परायणम् । सहकारीत्यर्थः । तदुक्तं सूतसंहितायां शिववाक्येन—'स्वभावादेव संभूतं समस्तमिति केचन । तन्न सिध्यति विप्रेन्द्रा देशकालाद्यपेक्षणात् ॥ मत्तः कर्मानुरूपेण जगज्जन्मादि जायते । एष स्वभावो विप्रेन्द्रा इति वेदार्थनिर्णयः ॥ न मया केवलेनापि न च केवलकर्मणा । प्राणिनां कर्मपाकेन मया च मुनिसत्तमाः ॥ जगतः संभवो नाशः स्थितिश्च भवति द्विजाः ॥' इति ॥ ५ ॥ कालात्मा भगवानेव सर्वकर्मप्रवर्तक इत्याह—न काल इति । कालो भगवानीश्वरः कालं स्वकृतां कालव्यवस्थां जन्ममरणादिरूपां नात्येति नातिक्रामति, स भगवान्कालो न परिहीयते । अनुक्षणं जगद्धानिकरस्य हानिकारणाभावात् । स्वभावमुक्तलक्षणं समासाद्य किंचिदत्युत्कृष्टमपि जीवजातं नातिवर्तते । उत्पत्तियोग्यमुत्पद्यते नश्वरं नश्यत्येवेत्यर्थः ॥ ६ ॥ स च भगवान् पक्षपातस्वभाव

किं तु कालपरीणामो द्रष्टव्यः साधु पश्यता । धर्मश्चार्थश्च कामश्च कालक्रमसमाहिताः ॥ ८
इतः स्वां प्रकृतिं वाली गतः प्राप्तः क्रियाफलम् । सामदानार्थसंयोगैः पवित्रं प्लवगेश्वरः ॥ ९
स्वधर्मस्य च संयोगाज्जितस्तेन महात्मना । स्वर्गः परिगृहीतश्च प्राणानपरिरक्षता ॥ १०
एषा वै नियतिः श्रेष्ठा यां गतो हरियूथपः । तदलं परितापेन प्राप्तकालमुपास्यताम् ॥ ११
वचनान्ते तु रामस्य लक्ष्मणः परवीरहा । अवदत्प्रश्रितं वाक्यं सुग्रीवं गतचेतसम् ॥ १२
कुरु त्वमस्य सुग्रीव प्रेतकार्यमनन्तरम् । ताराङ्गदाभ्यां सहितो वालिनो दहनं प्रति ॥ १३
समाज्ञापय काष्ठानि शुष्काणि च बहूनि च । चन्दनानि च दिव्यानि वालिसंस्कारकारणात् ॥ १४
समाश्वासय दीनं त्वमङ्गदं दीनचेतसम् । मा भूर्बालिशबुद्धिस्त्वं त्वदधीनमिदं पुरम् ॥ १५
अङ्गदस्त्वानयेन्माल्यं वस्त्राणि विविधानि च । घृतं तैलमथो गन्धान्यच्चात्र समनन्तरम् ॥ १६
त्वं तार शिबिकां शीघ्रमादायागच्छ संभ्रमात् । त्वरा गुणवती युक्ता ह्यस्मिन्काले विशेषतः ॥ १७
सज्जीभवन्तु प्लवगाः शिबिकावाहनोचिताः । समर्था बलिनश्चैव निर्हरिष्यन्ति वालिनम् ॥ १८
एवमुक्त्वा तु सुग्रीवं सुमित्रानन्दवर्धनः । तस्थौ भ्रातृसमीपस्थो लक्ष्मणः परवीरहा ॥ १९
लक्ष्मणस्य वचः श्रुत्वा तारः संभ्रान्तमानसः । प्रविवेश गुहां शीघ्रं शिबिकासक्तमानसः ॥ २०
आदाय शिबिकां तारः स तु पर्यापतत्पुनः । वानरैरुह्यमानां तां शूरैरुद्वहनोचितैः ॥ २१
दिव्यां भद्रासनयुतां शिबिकां स्यन्दनोपमाम् । पक्षिकर्मभिराचित्रां द्रुमकर्मविभूषिताम् ॥ २२
आचितां चित्रपत्तीभिः सुनिविष्टां समन्ततः । विमानमिव सिद्धानां जालवातायनायुताम् ॥ २३
सुनियुक्तां विशालां च सुकृतां शिल्पिभिः कृताम् । दारुपर्वतकोपेतां चारुकर्मपरिष्कृताम् ॥ २४
वराभरणहारैश्च चित्रमाल्योपशोभिताम् । गुहागहनसंछन्नां रक्तचन्दनभूषिताम् ॥ २५
पुष्पौघैः समभिच्छन्नां पद्ममालाभिरेव च । तरुणादित्यवर्णाभिर्भ्राजमानाभिरावृताम् ॥ २६
ईदृशीं शिबिकां दृष्ट्वा रामो लक्ष्मणमब्रवीत् । क्षिप्रं विनीयतां वाली प्रेतकार्यं विधीयताम् ॥ २७

इत्याह—न कालस्येति । न कालस्य बन्धुत्वमस्ति । प्राप्तकालं वस्तु सर्वथा संहरत्येव । न तु पक्षपातेन किमपि त्यजतीत्यर्थः । न हेतुः । स्वसृज्ये स्वनाश्ये वा स्वकृतव्यवस्थातिरिक्तकारणनिरपेक्ष इत्यर्थः । यद्वा प्राप्तकालसंहारनिवर्तनेन कश्चिदपि हेतुर्मन्त्रतन्त्रौषधादिः प्रभवतीत्यर्थः । तस्यैव प्रपञ्चः—न पराक्रमः । महापराक्रमवतामपि काले प्राप्ते संहारो भवत्येव न मित्रज्ञातिसंबन्धो न बहुमित्रता न बहुज्ञातिता प्राप्तकालसंहारनिवर्तने हेतुः । सोऽपि भगवानात्मनः प्रत्यग्वर्गस्य जीवजातस्य न वशस्तदिच्छाधीनो न, किंतु परमस्वतन्त्र एव । तेन च भगवता कालेन क्रियमाणो नियत्यधीनः स्वस्वकर्मपरिणाम एव सर्वसुखदुःखादिलाभ इत्येव साधु पश्यता सुमतिना विवेकवता द्रष्टव्यो ज्ञातव्यः । ननु विषादहर्षौ कर्तव्यौ नापि, स्वसामर्थ्यनिन्देति भावः । एवं धर्मादयोऽपि, चादधर्मादयोऽपि, कालक्रमेणैव समाहिताः संपादिता भवन्ति ॥ ७ ॥ ८ ॥ प्रकृतमाह—इत इति । सामदानाभ्यामर्जितैरर्थसंयोगैरैश्वर्यैः पवित्रं शुभं क्रियाफलं भोगमिह लोके प्राप्तवान्वाली इतो लोकाद्देहाच्च गतोऽपगतः स्वां प्रकृतिं गतः प्राप्तः । कार्याणां कारणे लयात् । एवं चन्द्रलोकं गतो वालीति सूचितम् ॥ ९ ॥ स्वधर्मस्य संयोगात्तेन महात्मना वालिना पूर्वं स्वर्गो जितोऽर्जितः । युद्धे प्राणानपरिरक्षतेदानीं परिगृहीतश्च प्राप्तश्च ॥ १० ॥ एषा नियतिः कालकृतव्यवस्थाप्राप्तिः । प्राप्तकालम् । कर्मेति शेषः ॥ ११ ॥ १२ ॥ अस्य प्रेतकार्यं कुर्वित्यन्वयः । दहनं प्रति दहननिमित्तम् । यतस्वेति शेषः ॥ १३ ॥ वालिसंस्कारनिमित्तं काष्ठान्यानेतुं समाज्ञापयेति संबन्धः ॥ १४ ॥ त्वं सुग्रीव, अङ्गदं समाश्वासय ॥ १५ ॥ कः कुत्राज्ञापनीयस्तत्राह—अङ्गदस्त्विति । समनन्तरमपेक्षितम् ॥ १६ ॥ तारः सचिवः । संभ्रमाद्वेगात् । हि यतोऽस्मिन्काले विशेषतस्त्वरा युक्ता, सैव चेदृशेऽवसरे गुणवतीति संबन्धः ॥ १७ ॥ समर्था बलिनः शिबिकावाहनोचिता ये निर्हरिष्यन्ति ते सज्जीभवन्त्वित्यन्वयः । निर्हारो दहनदेशनयनम् ॥ १८ ॥ १९ ॥ २० ॥ २१ ॥ भद्रासनयुतां मध्ये राजोचितमहार्हासनवतीम् । पक्षिकर्मभिः पक्षिप्रतिकृतिभिरा समन्ताच्चित्रां चित्रवतीम् । द्रुमकर्मभिर्द्रुमप्रतिकृतिभिर्भूषिताम् ॥ २२ ॥ चित्रपत्तीभिश्चित्रपदातिभिः । दीर्घ आर्षः । सुनिविष्टां सुसंनिवेशाम् । जालवातायनयुतां जालवन्निर्मितवातमार्गयुताम् ॥ २३ ॥ सुनियुक्तां सुश्लिष्टाम् । शिल्पिभिर्विशालां कृतामेवमुक्तरीत्या सुकृताम् । दारुनिर्मितक्रीडापर्वतयुक्ताम् । चारुकर्मभिः परिष्क्रियाकर्मभिः परिष्कृताम् ॥ २४ ॥ तदेवाह—वराभरणहारैरिति । युक्तामिति शेषः । गुहागहनशब्देन शिबिकोपरि प्रसार्यमाणं पञ्जरमुच्यते ॥ २५ ॥ २६ ॥ विनीयताम् । दहनदेशमिति शेषः ॥ २७ ॥

ततो वालिनमुद्यम्य सुग्रीवः शिबिकां तदा । आरोपयत विक्रोशन्नङ्गदेन सहैव तु ॥ २८
आरोप्य शिबिकां चैव वालिनं गतजीवितम् । अलंकारैश्च विविधैर्माल्यैर्वस्त्रैश्च भूषितम् ॥ २९
आज्ञापयत्तदा राजा सुग्रीवः प्लवगेश्वरः । और्ध्वदेहिकमार्यस्य क्रियतामनुकूलतः ॥ ३०
विश्राणयन्तो रत्नानि विविधानि बहूनि च । अग्रतः प्लवगा यान्तु शिबिका तदनन्तरम् ॥ ३१
राज्ञामृद्धिविशेषा हि दृश्यन्ते भुवि यादृशाः । तादृशैरिह कुर्वन्तु वानरा भर्तृसत्क्रियाम् ॥ ३२
तादृशं वालिनः क्षिप्रं प्राकुर्वन्नौर्ध्वदेहिकम् । अङ्गदं परिरभ्याशु तारप्रभृतयस्तथा ॥ ३३
क्रोशन्तः प्रययुः सर्वे वानरा हतबान्धवाः । ततः प्रणिहिताः सर्वा वानर्योऽस्य वशानुगाः ॥ ३४
चुक्रुशुर्वीरवीरेति भूयः क्रोशन्ति ताः प्रियम् । ताराप्रभृतयः सर्वा वानर्यो हतबान्धवाः ॥ ३५
अनुजग्मुश्च भर्तारं क्रोशन्त्यः करुणस्वनाः । तासां रुदितशब्देन वानरीणां वनान्तरे ॥ ३६
वनानि गिरयश्चैव विक्रोशन्तीव सर्वतः । पुलिने गिरिनद्यास्तु विविक्ते जलसंवृते ॥ ३७
चितां चक्रुः सुबहवो वानरा वनचारिणः । अवरोप्य ततः स्कन्धाच्छिबिकां वानरोत्तमाः ॥ ३८
तस्थुरेकान्तमाश्रित्य सर्वे शोकपरायणाः । ततस्तारा पतिं दृष्ट्वा शिबिकातलशायिनम् ॥ ३९
आरोप्याङ्के शिरस्तस्य विललाप सुदुःखिता । हा वानरमहाराज हा नाथ मम वत्सल ॥ ४०
हा महार्ह महाबाहो हा मम प्रिय पश्य माम् । जनं न पश्यसीमं त्वं कस्माच्छोकाभिपीडितम् ॥ ४१
प्रहृष्टमिह ते वक्त्रं गतासोरपि मानद । अस्तार्कसमवर्णं च दृश्यते जीवतो यथा ॥ ४२
एष त्वां रामरूपेण कालः कर्षति वानर । येन स्म विधवाः सर्वाः कृता एकेषुणा रणे ॥ ४३
इमास्तास्तव राजेन्द्र वानर्योऽप्लवगास्तव । पादैर्विकृष्टमध्वानमागताः किं न बुध्यसे ॥ ४४
तवेष्टा ननु चैवेमा भार्याश्चन्द्रनिभाननाः । इदानीं नेक्षसे कस्मात्सुग्रीवं प्लवगेश्वर ॥ ४५
एते हि सचिवा राजंस्तारप्रभृतयस्तव । पुरवासिजनश्चायं परिवार्य विषीदति ॥ ४६
विसर्जयैनान्सचिवान्यथापुरमरिंदम । ततः क्रीडामहे सर्वा वनेषु मदनोत्कटाः ॥ ४७
एवं विलपतीं तारां पतिशोकपरीवृताम् । उत्थापयन्ति स्म तदा वानर्यः शोककर्शिताः ॥ ४८
सुग्रीवेण ततः सार्धं सोऽङ्गदः पितरं रुदन् । चितामारोपयामास शोकेनाभिप्लुतेन्द्रियः ॥ ४९
ततोऽग्निं विधिवद्दत्त्वा सोपसव्यं चकार ह । पितरं दीर्घमध्वानं प्रस्थितं व्याकुलेन्द्रियः ॥ ५०
संस्कृत्य वालिनं तं तु विधिवत्प्लवगर्षभाः । आजग्मुरुदकं कर्तुं नदीं शुभजलां शिवाम् ॥ ५१
ततस्ते सहितास्तत्र अङ्गदं स्थाप्य चाग्रतः । सुग्रीवतारासहिताः सिषिचुर्वानरा जलम् ॥ ५२
सुग्रीवेणैव दीनेन दीनो भूत्वा महाबलः । समानशोकः काकुत्स्थः प्रेतकार्याण्यकारयत् ॥ ५३

ततोऽथ तं वालिनमग्र्यपौरुषं प्रकाशमिक्ष्वाकुवरेषुणा हतम् ।
प्रदीप्य दीप्ताग्निसमौजसं तदा सलक्ष्मणं राममुपेयिवान्हरिः ॥ ५४

इत्यार्षे श्रीमद्रामायणे वाल्मीकीय आदिकाव्ये किष्किन्धाकाण्डे पञ्चविंशः सर्गः ॥ २५ ॥

उद्यम्य हस्ताभ्यां भूमेरूर्ध्वं कृत्वा ॥ २८ ॥ शिबिकामारोप्य शिबिकायां स्थापयित्वा ॥ २९ ॥ आज्ञापनप्रकारः—और्ध्वदेहिकमित्यादि । और्ध्वदेहिकं तत्क्रियायोग्यं स्थानमनुकूलतो नदीतीरसमीपतः क्रियतामित्युत्तरमिति द्रष्टव्यम् ॥ ३० ॥ विश्राणयन्तः क्षिपन्तः । इत्याज्ञापयदित्यन्वयः ॥ ३१ ॥ तादृशं ऋद्धिविशेषैः सत्क्रियां कुर्वन्तु ॥ ३२ ॥ ३३ ॥ प्रणिहिताः समेताः ॥ ३४ ॥ ३५ ॥ ३६ ॥ विक्रोशन्तीव । प्रतिध्वनिनेति शेषः । जलसंवृते समन्ताज्जलावृतभूदेशे ॥ ३७ ॥ ३८ ॥ ३९ ॥ ४० ॥ महार्ह उत्तमभोगार्ह ॥ ४१ ॥ ४२ ॥ रणे सुग्रीवेण सह युद्धे ॥ ४३ ॥ अप्लवगाः प्लुतगतिमजानन्त्यः । विकृष्टं दूरम् ॥ ४४ ॥ ४५ ॥ ४६ ॥ यथापुरं यथापूर्वं क्रीडामहे । त्वया सहेति विललापेति शेषः ॥ ४७ ॥ ४८ ॥ ४९ ॥ अपसव्यमपसव्यप्रदक्षिणम् ॥ ५० ॥ विधिवद्देवांशत्वेन स्वयंज्ञातवेदत्वाज्ज्ञानवत् । तिर्यग्देहोचितविधिवदित्यर्थः । विधिवदग्निहोत्रविधिनेत्यर्थं इत्यन्ये ॥ ५१ ॥ ५२ ॥ प्रेतकार्याणि जलदानादिरूपाण्यकारयत् । तदितिकर्तव्यतामुपदिष्टवानित्यर्थः ॥ ५३ ॥ ५४ ॥ इति श्रीरामाभिरामे श्रीरामीये रामायणतिलके वाल्मीकीय आदिकाव्ये किष्किन्धाकाण्डे पञ्चविंशः सर्गः ॥ २५ ॥

षड्विंशः सर्गः ।

ततः शोकाभिसंतप्तं सुग्रीवं क्लिन्नवाससम । शाखामृगमहामात्राः परिवार्योपतस्थिरे ॥ १
अभिगम्य महाबाहुं राममक्लिष्टकारिणम् । स्थिताः प्राञ्जलयः सर्वे पितामहमिवर्षयः ॥ २
ततः काञ्चनशैलाभस्तरुणार्कनिभाननः । अब्रवीत्प्राञ्जलिर्वाक्यं हनुमान्मारुतात्मजः ॥ ३
भवत्प्रसादात्काकुत्स्थ पितृपैतामहं महत् । वानराणां सुदंष्ट्राणां संपन्नबलशालिनाम् ॥ ४
महात्मनां सुदुष्प्रापं प्राप्तं राज्यमिदं प्रभो । भवता समनुज्ञातः प्रविश्य नगरं शुभम् ॥ ५
संविधास्यति कार्याणि सर्वाणि ससुहृद्गणः । स्नातोऽयं विविधैर्गन्धैरौषधैश्च यथाविधि ॥ ६
अर्चयिष्यति माल्यैश्च रत्नैश्च त्वां विशेषतः । इमां गिरिगुहां रम्यामभिगन्तुं त्वमर्हसि ॥ ७
कुरुष्व स्वामिसंबन्धं वानरान्संप्रहर्षय । एवमुक्तो हनुमता राघवः परवीरहा ॥ ८
प्रत्युवाच हनूमन्तं बुद्धिमान्वाक्यकोविदः । चतुर्दश समाः सौम्य ग्रामं वा यदि वा पुरम् ॥ ९
न प्रवेक्ष्यामि हनुमन्पितुर्निर्देशपारगः । सुसमृद्धां गुहां दिव्यां सुग्रीवो वानरर्षभः ॥ १०
प्रविष्टो विधिवद्वीरः क्षिप्रं राज्येऽभिषिच्यताम् । एवमुक्त्वा हनूमन्तं रामः सुग्रीवमब्रवीत् ॥ ११
वृत्तज्ञो वृत्तसंपन्नमुदारबलविक्रमम् । इममप्यङ्गदं वीरं यौवराज्येऽभिषेचय ॥ १२
ज्येष्ठस्य हि सुतो ज्येष्ठः सदृशो विक्रमेण च । अङ्गदोऽयमदीनात्मा यौवराज्यस्य भाजनम् ॥ १३
पूर्वोऽयं वार्षिको मासः श्रावणः सलिलागमः । प्रवृत्ताः सौम्य चत्वारो मासा वार्षिकसंज्ञिताः १४
नायमुद्योगसमयः प्रविश त्वं पुरीं शुभाम् । अस्मिन्वत्स्याम्यहं सौम्य पर्वते सहलक्ष्मणः ॥ १५
इयं गिरिगुहा रम्या विशाला युक्तमारुता । प्रभूतसलिला सौम्य प्रभूतकमलोत्पला ॥ १६
कार्तिके समनुप्राप्ते त्वं रावणवधे यत । एष नः समयः सौम्य प्रविश त्वं स्वमालयम् ॥ १७
अभिषिञ्चस्व राज्ये च सुहृदः संप्रहर्षय । इति रामाभ्यनुज्ञातः सुग्रीवो वानरर्षभः ॥ १८
प्रविवेश पुरीं रम्यां किष्किन्धां वालिपालिताम् । तं वानरसहस्राणि प्रविष्टं वानरेश्वरम् ॥ १९
अभिवार्य प्रविष्टानि सर्वतः प्लवगेश्वरम् । ततः प्रकृतयः सर्वा दृष्ट्वा हरिगणेश्वरम् ॥ २०
प्रणम्य मूर्ध्ना पतिता वसुधायां समाहिताः । सुग्रीवः प्रकृतीः सर्वाः संभाष्योत्थाप्य वीर्यवान् ॥ २१
भ्रातुरन्तःपुरं सौम्यं प्रविवेश महाबलः । प्रविष्टं भीमविक्रान्तं सुग्रीवं वानरर्षभम् ॥ २२
अभ्यषिञ्चन्त सुहृदः सहस्राक्षमिवामराः । तस्य पाण्डुरमाजह्रुश्छत्रं हेमपरिष्कृतम् ॥ २३
शुक्ले च वालव्यजने हेमदण्डे यशस्करे । तथा रत्नानि सर्वाणि सर्वबीजौषधानि च ॥ २४
सक्षीराणां च वृक्षाणां प्ररोहान्कुसुमानि च । शुक्लानि चैव वस्त्राणि श्वेतं चैवानुलेपनम् ॥ २५
सुगन्धीनि च माल्यानि स्थलजान्यम्बुजानि च । चन्दनानि च दिव्यानि गन्धांश्च विविधान्बहून् ॥ २६
अक्षतं जातरूपं च प्रियङ्गुमधुसर्पिषी । दधि चर्म च वैयाघ्रं परार्ध्यौ चाप्युपानहौ ॥ २७
समालम्भनमादाय गोरोचनं मनःशिलाम् । आजग्मुस्तत्र मुदिता वराः कन्याश्च षोडश ॥ २८
ततस्ते वानरश्रेष्ठमभिषेक्तुं यथाविधि । रत्नैर्वस्त्रैश्च भक्ष्यैश्च तोषयित्वा द्विजर्षभान् ॥ २९
ततः कुशपरिस्तीर्णं समिद्धं जातवेदसम् । मन्त्रपूतेन हविषा हुत्वा मन्त्रविदो जनाः ॥ ३०

क्लिन्नवाससमार्द्रवाससम् । शाखामृगमहामात्रा वानरबलप्रधानाः ॥ १ ॥ २ ॥ ३ ॥ ४ ॥ ५ ॥ कार्याणि राजकार्याणि । यथाविधिस्नातो राज्याभिषेकाभिषिक्तः ॥ ६ ॥ ७ ॥ स्वामिसंबन्धं वानरस्वामित्वसंबन्धम् । सुग्रीवस्य राज्याभिषेकेणेति शेषः ॥ ८ ॥ ९ ॥ १० ॥ अभिषिच्यताम् । मदाज्ञया त्वयेति शेषः ॥ ११ ॥ १२ ॥ यतो ज्येष्ठस्य ज्येष्ठः सुतो विक्रमेण ज्येष्ठस्य सदृशश्च, तस्माद्यौवराज्ये योग्यः ॥ १३ ॥ सीतान्वेषणोद्योगं सुग्रीवस्यालक्ष्याह—पूर्वोऽयमिति । ये चत्वारो वार्षिकसंज्ञकाः प्रवृत्तास्तेषामयं पूर्व इति योजना ॥ १४ ॥ १५ ॥ युक्तमारुता । मारुतेन युक्तेत्यर्थः । अस्यां स्थास्यामीति शेषः ॥ १६ ॥ यत यतस्व । एष नः समय इति । आश्विनेऽतीतयत्नारम्भरूपः संकेत इत्यर्थः ॥ १७ ॥ १८ ॥ १९ ॥ २० ॥ मूर्ध्ना प्रणम्य नम्रीभूय वसुधायां दण्डवत्पतिताः । उत्थाप्य वसुधायां पतिता इति शेषः ॥ २१ ॥ प्रविष्टं भीमविक्रान्तमिति । 'प्रविश्य त्वभिनिष्क्रान्तमिति' इति पाठे प्रविश्यान्तःपुरगतशोकादिकं दृष्ट्वाभिषेकाय तु पुनर्निष्क्रान्तं प्रतिनिवृत्तम् । सभामागतमित्यर्थः ॥ २२ ॥ २३ ॥ २४ ॥ क्षीरवृक्षप्ररोहा अधोजटाः ॥ २५ ॥ गन्धान्गन्धद्रव्याणि ॥ २६ ॥ २७ ॥ समालम्भनमनुलेपनद्रव्यम् । तदेवाह—गोरोचनमित्यादि ॥ २८ ॥ २९ ॥ ततः—कुशेति । अनेनाभि-

ततो हेमप्रतिष्ठाने वरास्तरणसंवृते । प्रासादशिखरे रम्ये चित्रमाल्योपशोभिते ॥ ३१
प्राङ्मुखं विधिवन्मन्त्रैः स्थापयित्वा वरासने । नदीनदेभ्यः संहृत्य तीर्थेभ्यश्च समन्ततः ॥ ३२
आहृत्य च समुद्रेभ्यः सर्वेभ्यो वानरर्षभाः । अपः कनककुम्भेषु निधाय विमलं जलम् ॥ ३३
शुभैर्ऋषभशृङ्गैश्च कलशैश्चैव काञ्चनैः । शास्त्रदृष्टेन विधिना महर्षिविहितेन च ॥ ३४
गजो गवाक्षो गवयः शरभो गन्धमादनः । मैन्दश्च द्विविदश्चैव हनूमाञ्जाम्बवांस्तथा ॥ ३५
अभ्यषिञ्चत सुग्रीवं प्रसन्नेन सुगन्धिना । सलिलेन सहस्राक्षं वसवो वासवं यथा ॥ ३६
अभिषिक्ते तु सुग्रीवे सर्वे वानरपुंगवाः । प्रचुक्रुशुर्महात्मानो हृष्टाः शतसहस्रशः ॥ ३७
रामस्य तु वचः कुर्वन्सुग्रीवो वानरेश्वरः । अङ्गदं संपरिष्वज्य यौवराज्येऽभ्यषेचयत् ॥ ३८
अङ्गदे चाभिषिक्ते तु सानुक्रोशाः प्लवंगमाः । साधु साध्विति सुग्रीवं महात्मानो ह्यपूजयन् ॥ ३९
रामं चैव महात्मानं लक्ष्मणं च पुनः पुनः । प्रीताश्च तुष्टुवुः सर्वे तादृशे तत्र वर्तिनि ॥ ४०
हृष्टपुष्टजनाकीर्णा पताकाध्वजशोभिता । बभूव नगरी रम्या किष्किन्धा गिरिगह्वरे ॥ ४१

निवेद्य रामाय तदा महात्मने महाभिषेकं कपिवाहिनीपतिः ।
रुमां च भार्यामुपलभ्य वीर्यवानवाप राज्यं त्रिदशाधिपो यथा ॥ ४२

इत्यार्षे श्रीमद्रामायणे वाल्मीकीय आदिकाव्ये किष्किन्धाकाण्डे षड्विंशः सर्गः ॥ २६ ॥

सप्तविंशः सर्गः ।

अभिषिक्ते तु सुग्रीवे प्रविष्टे वानरे गुहाम् । आजगाम सह भ्रात्रा रामः प्रस्रवणं गिरिम् ॥ १
शार्दूलमृगसंघुष्टं सिंहैर्भीमरवैर्वृतम् । नानागुल्मलतागूढं बहुपादपसंकुलम् ॥ २
ऋक्षवानरगोपुच्छैर्मार्जारैश्च निषेवितम् । मेघराशिनिभं शैलं नित्यं शुचिकरं शिवम् ॥ ३
तस्य शैलस्य शिखरे महतीमायतां गुहाम् । प्रत्यगृह्णत वासार्थं रामः सौमित्रिणा सह ॥ ४
कृत्वा च समयं रामः सुग्रीवेण सहानघः । कालयुक्तं महद्वाक्यमुवाच रघुनन्दनः ॥ ५
विनीतं भ्रातरं भ्राता लक्ष्मणं लक्ष्मिवर्धनम् । इयं गिरिगुहा रम्या विशाला युक्तमारुता ॥ ६
अस्यां वत्स्याम सौमित्रे वर्षरात्रमरिंदम । गिरिशृङ्गमिदं रम्यमुत्तमं पार्थिवात्मज ॥ ७
श्वेताभिः कृष्णताम्राभिः शिलाभिरुपशोभितम् । नानाधातुसमाकीर्णं नदीदर्दुरसंयुतम् ॥ ८
विविधैर्वृक्षषण्डैश्च चारुचित्रलतायुतम् । नानाविहगसंघुष्टं मयूरवरनादितम् ॥ ९
मालतीकुन्दगुल्मैश्च सिन्दुवारैः शिरीषकैः । कदम्बार्जुनसर्जैश्च पुष्पितैरुपशोभितम् ॥ १०
इयं च नलिनी रम्या फुल्लपङ्कजमण्डिता । नातिदूरे गुहाया नौ भविष्यति नृपात्मज ॥ ११
प्रागुदक्प्रवणे देशे गुहा साधु भविष्यति । पश्चाच्चैवोन्नता सौम्य निवातेयं भविष्यति ॥ १२
गुहाद्वारे च सौमित्रे शिला समतला शिवा । कृष्णा चैवायता चैव भिन्नाञ्जनचयोपमा ॥ १३

साध्यकर्माधिकारं तेषां दर्शयति । मनुष्यसदृशसर्वव्यवहारा- द्देवत्वाच्च ॥ ३० ॥ ३१ ॥ मन्त्रैः स्थापयित्वा । 'वमवस्त्वा- गायत्रेण च्छन्दसा' इत्यादिमन्त्रैरासने स्थापयित्वेत्यर्थः ॥ ३२ ॥ अप आहृत्य मिलिताः कृत्वा विमलं जलं कुम्भेषु नि- धायेति संबन्धः ॥ ३३ ॥ महर्षिविहितेन बौधायनादिविहि- तेन ॥ ३४ ॥ ३५ ॥ ३६ ॥ हृष्टाः प्रचुक्रुशुः किलकिला- शब्दं कृतवन्तः ॥ ३७ ॥ ३८ ॥ ३९ ॥ तादृशे तत्रवर्तिनि । अभिषिक्ते सुग्रीवेऽङ्गदे च, तत्र किष्किन्धायां वर्तिनि । वर्त- माने सतीत्यर्थः ॥ ४० ॥ ४१ ॥ ४२ ॥ इति श्रीरामाभिरामे श्रीरामीये रामायणतिलके वाल्मीकीय आदिकाव्ये किष्कि- न्धाकाण्डे षड्विंशः सर्गः ॥ २६ ॥

गुहां किष्किन्धाख्याम् । प्रस्रवणं तदाख्यम् ॥ १ ॥ गिरि- वर्णनम्—शार्दूलेति ॥ २ ॥ ३ ॥ प्रत्यगृह्णत प्रत्यग्रहीत् ॥ ४ ॥ समयं पूर्वोक्तम् । कालयुक्तं तत्कालोचितम् ॥ ५ ॥ युक्तमारुतोचितवाता ॥ ६ ॥ वर्षरात्रम् । जातावेकवचनम् । वार्षिका मासा इत्यर्थः ॥ ७ ॥ नदीसंबन्धिदर्दुरैः संयुतम् ॥ ८ ॥ वृक्षषण्डैश्चारु सुन्दरम् ॥ ९ ॥ १० ॥ गुहाया नाति- दूरे भविष्यति । भाविवारिपूरवृद्ध्या गुहा समीपवर्तिनी भवि- ष्यतीत्यर्थः ॥ ११ ॥ प्रागुदक्प्रवण ईशानदिङ्नम्रवति देशे वर्तमाना गुहा साधु सम्यग्भविष्यति । सुखसाधनमिति शेषः । पौरस्त्यवर्षवातप्रवेशाभावाच्च साधुत्वं बोध्यम् । तेन निर्ऋति- द्वारत्वं सूचितम् । पश्चाद्भागे चैषोन्नता, अतएव पुरोवातनिरो- धकत्वान्निवाता च ॥ १२ ॥ गुहाद्वारे इति । तेन बहिरुपवे-

गिरिशृङ्गमिदं तात पश्य चोत्तरतः शुभम् । भिन्नाञ्जनचयाकारमम्भोधरमिवोदितम् ॥ १४
दक्षिणस्यामपि दिशि स्थितं श्वेतमिवाम्बरम् । कैलासशिखरप्रख्यं नानाधातुविराजितम् ॥ १५
प्राचीनवाहिनीं चैव नदीं भृशमकर्दमाम् । गुहायाः परतः पश्य त्रिकूटे जाह्नवीमिव ॥ १६
चन्दनैस्तिलकैः सालैस्तमालैरतिमुक्तकैः । पद्मकैः सरलैश्चैव अशोकैश्चैव शोभिताम् ॥ १७
वानीरैस्तिनिशैश्चैव बकुलैः केतकैरपि । हिन्तालैस्तिनिशैर्नीपैर्वेतसैः कृतमालकैः ॥ १८
तीरजैः शोभिता भाति नानारूपैस्ततस्ततः । वसनाभरणोपेता प्रमदेवाभ्यलंकृता ॥ १९
शतशः पक्षिसङ्घैश्च नानानादविनादिता । एकैकमनुरक्तैश्च चक्रवाकैरलंकृता ॥ २०
पुलिनैरतिरम्यैश्च हंससारससेविता । प्रहसन्त्येव भात्येषा नानारत्नसमन्विता ॥ २१
क्वचिन्नीलोत्पलैश्छन्ना भाति रक्तोत्पलैः क्वचित् । क्वचिदाभाति शुक्लैश्च दिव्यैः कुमुदकुड्मलैः ॥ २२
पारिप्लवशतैर्जुष्टा बर्हिक्रौञ्चविनादिता । रमणीया नदी सौम्या मुनिसङ्घनिषेविता ॥ २३
पश्य चन्दनवृक्षाणां पङ्क्तीः सुरुचिरा इव । ककुभानां च दृश्यन्ते मनसैवोदिताः समम् ॥ २४
अहो सुरमणीयोऽयं देशः शत्रुनिषूदन । दृढं रंस्याव सौमित्रे साध्वत्र निवसावहे ॥ २५
इतश्च नातिदूरे सा किष्किन्धा चित्रकानना । सुग्रीवस्य पुरी रम्या भविष्यति नृपात्मज ॥ २६
गीतवादित्रनिर्घोषः श्रूयते जयतां वर । नदतां वानराणां च मृदङ्गाडम्बरैः सह ॥ २७
लब्ध्वा भार्यां कपिवरः प्राप्य राज्यं सुहृद्वृतः । ध्रुवं नन्दति सुग्रीवः संप्राप्य महतीं श्रियम् ॥ २८
इत्युक्त्वा न्यवसत्तत्र राघवः सहलक्ष्मणः । बहुदृश्यदरीकुञ्जे तस्मिन्प्रस्रवणे गिरौ ॥ २९
सुसुखे हि बहुद्रव्ये तस्मिन्हि धरणीधरे । वसतस्तस्य रामस्य रतिरल्पापि नाभवत् ॥ ३०
हृतां हि भार्यां स्मरतः प्राणेभ्योऽपि गरीयसीम् । उदयाभ्युदितं दृष्ट्वा शशाङ्कं स विशेषतः ॥ ३१
आविवेश न तं निद्रा निशासु शयनं गतम् । तत्समुत्थेन शोकेन बाष्पोपहतचेतनम् ॥ ३२
तं शोचमानं काकुत्स्थं नित्यं शोकपरायणम् । तुल्यदुःखोऽब्रवीद्भ्राता लक्ष्मणोऽनुनयं वचः ॥ ३३
अलं वीर व्यथां गत्वा न त्वं शोचितुमर्हसि । शोचतो ह्यवसीदन्ति सर्वार्था विदितं हि ते ॥ ३४
भवान्क्रियापरो लोके भवान्देवपरायणः । आस्तिको धर्मशीलश्च व्यवसायी च राघव ॥ ३५
न ह्यव्यवसितः शत्रुं राक्षसं तं विशेषतः । समर्थस्त्वं रणे हन्तुं विक्रमे जिह्मकारिणम् ॥ ३६
समुन्मूलय शोकं त्वं व्यवसायं स्थिरीकुरु । ततः सपरिवारं तं राक्षसं हन्तुमर्हसि ॥ ३७
पृथिवीमपि काकुत्स्थ ससागरवनाचलाम् । परिवर्तयितुं शक्तः किं पुनस्तं हि रावणम् ॥ ३८
शरत्कालं प्रतीक्षस्व प्रावृट्कालोऽयमागतः । ततः सराष्ट्रं सगणं रावणं तं वधिष्यसि ॥ ३९
अहं तु खलु ते वीर्यं प्रसुप्तं प्रतिबोधये । दीप्तैराहुतिभिः काले भस्मच्छन्नमिवानलम् ॥ ४०
लक्ष्मणस्य हि तद्वाक्यं प्रतिपूज्य हितं शुभम् । राघवः सुहृदं स्निग्धमिदं वचनमब्रवीत् ॥ ४१
वाच्यं यदनुरक्तेन स्निग्धेन च हितेन च । सत्यविक्रमयुक्तेन यदुक्तं लक्ष्मण त्वया ॥ ४२

शनसौकर्यम् ॥ १३ ॥ उत्तरत उत्तरभागे ॥ १४ ॥ श्वेतमिवाम्बरं श्वेतवस्त्रमिव स्थितम् । 'श्वेतमिवापरम्' इति पाठेऽपरं शृङ्गं श्वेतमिव । रूप्यमिव स्थितमित्यर्थः ॥ १५ ॥ त्रिकूटे पूर्वोषितत्रिकूटाचले । जाह्नवीपदेन तत्रत्या जाह्नवीसदृशी मन्दाकिन्याख्या नदी ॥ १६ ॥ अतिमुक्तः पुण्ड्रकः । पद्मकश्चन्दनभेदः । सरलः पीतद्रुमः ॥ १७ ॥ १८ ॥ १९ ॥ एकैकमनुरक्तैः परस्परानुरागयुक्तैः ॥ २० ॥ २१ ॥ २२ ॥ पारिप्लवा जलपक्षिणः ॥ २३ ॥ सुरुचिरा इव । इवोऽप्यर्थे । शोभमानाश्चन्दनवृक्षपङ्क्तीरपि पश्य । मनसा संकल्पेन सममेवोदिताः । ककुभानां वृक्षविशेषाणां पङ्क्तय इति शेषः ॥ २४ ॥ ॥ २५ ॥ २६ ॥ नातिदूरत्वगमकम्—गीतेत्यादि । मृदङ्गाडम्बरैर्मृदङ्गशब्दैः ॥ २७ ॥ २८ ॥ बहूनि दृश्यान्युत्तमवस्तूनि यत्र ता दर्यः कुञ्जाश्च यस्मिन्निति गिरिविशेषणम् ॥ २९ ॥ बहुद्रव्ये सुखसाधनबहुद्रव्यवति । रतिः सुखम् ॥ ३० ॥ उदये उदयपर्वतेऽभ्युदितमुदयं प्राप्तम् ॥ ३१ ॥ ३२ ॥ अनुनयमनुनयवत् ॥ ३३ ॥ व्यथां गत्वालम् । व्यथा मास्त्वित्यर्थः ॥ ३४ ॥ क्रियापरो नित्यकर्मानुष्ठाता । देवपरायणो देवपूजकः । व्यवसाय्युद्यमी ॥ ३५ ॥ अव्यवसितः । शोकेनोद्यमहीनस्त्वं हन्तुं न समर्थः । विक्रमे विक्रमस्थाने रणे । जिह्मकारिणं कुटिलम् ॥ ३६ ॥ अतः शोकं समुन्मूलय । व्यवसायमुद्योगम् ॥ ३७ ॥ परिवर्तनमधरोत्तरीकरणम् ॥ ३८ ॥ ॥ ३९ ॥ दीप्तैः । दीपकैर्वाक्यैरिति शेषः । काले होमकाले ॥ ४० ॥ ४१ ॥ अनुरक्तेनानुरागयुतेन । स्निग्धेन तत्कालोचितप्रियपरेण । हितेनोदर्कहितैषिणा । सत्यविक्रमयुक्तेनामोघ-

६५

एष शोकः परित्यक्तः सर्वकार्यावसादकः । विक्रमेष्वप्रतिहतं तेजः प्रोत्साहयाम्यहम् ॥ ४३
शरत्कालं प्रतीक्षिष्ये स्थितोऽस्मि वचने तव । सुग्रीवस्य नदीनां च प्रसादमनुपालयन् ॥ ४४
उपकारेण वीरस्तु प्रतिकारेण युज्यते । अकृतज्ञोऽप्रतिकृतो हन्ति सत्त्ववतां मनः ॥ ४५
तदेव युक्तं प्रणिधाय लक्ष्मणः कृताञ्जलिस्तत्प्रतिपूज्य भाषितम् ।
उवाच रामं स्वभिरामदर्शनं प्रदर्शयन्दर्शनमात्मनः शुभम् ॥ ४६
यथोक्तमेतत्तव सर्वमीप्सितं नरेन्द्र कर्ता नचिरात्तु वानरः ।
शरत्प्रतीक्षः क्षमतामिमं भवाञ्जलप्रपातं रिपुनिग्रहे धृतः ॥ ४७
नियम्य कोपं परिपाल्यतां शरत्क्षमस्व मासांश्चतुरो मया सह ।
वसाचलेऽस्मिन्मृगराजसेविते संवर्तयञ्शत्रुवधे समर्थः ॥ ४८

इत्यार्षे श्रीमद्रामायणे वाल्मीकीय आदिकाव्ये किष्किन्धाकाण्डे सप्तविंशः सर्गः ॥ २७ ॥

अष्टाविंशः सर्गः ।

स तदा वालिनं हत्वा सुग्रीवमभिषिच्य च । वसन्माल्यवतः पृष्ठे रामो लक्ष्मणमब्रवीत् ॥ १
अयं स कालः संप्राप्तः समयोऽद्य जलागमः । संपश्य त्वं नभो मेघैः संवृतं गिरिसंनिभैः ॥ २
नवमासधृतं गर्भं भास्करस्य गभस्तिभिः । पीत्वा रसं समुद्राणां द्यौः प्रसूते रसायनम् ॥ ३
शक्यमम्बरमारुह्य मेघसोपानपङ्क्तिभिः । कुटजार्जुनमालाभिरलंकर्तुं दिवाकरः ॥ ४
संध्यारागोत्थितैस्ताम्रैरन्तेष्वपि च पाण्डुभिः । स्निग्धैरभ्रपटच्छेदैर्बद्धव्रणमिवाम्बरम् ॥ ५
मन्दमारुतनिःश्वासं संध्याचन्दनरञ्जितम् । आपाण्डुजलदं भाति कामातुरमिवाम्बरम् ॥ ६
एषा धर्मपरिक्लिष्टा नववारिपरिप्लुता । सीतेव शोकसंतप्ता मही बाष्पं विमुञ्चति ॥ ७
मेघोदरविनिर्मुक्ताः कर्पूरदलशीतलाः । शक्यमञ्जलिभिः पातुं वाताः केतकगन्धिनः ॥ ८
एष फुल्लार्जुनः शैलः केतकैरभिवासितः । सुग्रीव इव शान्तारिर्धाराभिरभिषिच्यते ॥ ९
मेघकृष्णाजिनधरा धारायज्ञोपवीतिनः । मारुतापूरितगुहाः प्राधीता इव पर्वताः ॥ १०
कशाभिरिव हैमीभिर्विद्युद्भिरभिताडितम् । अन्तस्तनितनिर्घोषं सवेदनमिवाम्बरम् ॥ ११

विक्रमयुक्तेन ॥ ४२ ॥ विक्रमकालेषु तेजः । सहजमिति शेषः । प्रोत्साहयामि वर्धयामि । अधुना त्वाच्छन्नमिव तदिति भावः ॥ ४३ ॥ शरत्कालं तत्प्रान्तम् । सुग्रीवस्य प्रसादं चित्तसौमनस्यम् । नदीनां चामलोदकत्वरूपम् ॥ ४४ ॥ उपकारेण युक्तो वीरोऽवश्यं प्रतिकारेण प्रत्युपकारेण युज्यते । केनचित्कृतोपकारो वीरपुरुषोऽवश्यं प्रत्युपकरोत्येवेति भावः । कुत एवं निश्चयस्तत्राह—अकृतज्ञो भूत्वा यद्यप्रतिकृतोऽकृतप्रत्युपक्रियो भवति, तदा सत्त्ववतामस्मादृशां मनो हन्ति मैत्रीं नाशयत्येव । अतो मित्रत्वादवश्यं स प्रत्युपकर्तेति भावः ॥ ४५ ॥ तदेव रामवाक्यमेव युक्तं प्रणिधाय निश्चित्यात्मनः शुभं दर्शनं शुभां बुद्धिं प्रदर्शयन्नुवाच ॥ ४६ ॥ जलप्रपातं वर्षाकालम् । धृतः स्थिरनिश्चयः ॥ ४७ ॥ किं तु सुग्रीवेणापि रावणं हनिष्यामीत्युक्त्वा कुतो विलम्ब्यत इत्येवं क्रुद्धं राममालक्ष्याह—नियम्येति । शरत्तदन्तः संवर्तयन्भुक्तकालं क्षपयन् ॥ ४८ ॥ **इति श्रीरामाभिरामे श्रीरामीये रामायणतिलके वाल्मीकीय आदिकाव्ये किष्किन्धाकाण्डे सप्तविंशः सर्गः ॥ २७ ॥**

स तदेति ॥ १ ॥ स विरहिप्रमाथकः । स कस्तत्राह—अद्य जलागमः समयः संप्रवृत्तस्तं संपश्य । नभ आकाशम् ॥ २ ॥ समुद्राणां रसं जलं भास्करस्य गभस्तिभिर्द्यौः पीत्वा कार्तिकादिनवमासधृतं गर्भं जलरूपं रसायनं लोकजीवातुभूतं प्रसूते त्यजति । गर्भमाहात्म्यात्समुद्रस्य क्षारस्यापि स्वादुता ॥ ३ ॥ दिवाकरोऽलंकर्तुं शक्यम् । सुकर इत्यर्थः ॥ ४ ॥ संध्यारागोत्थितैरुद्भिन्नसंध्यारागैः । अतएव ताम्रैरन्तेषु पर्यन्तभागेषु श्वेतैः स्निग्धैः । किंचिज्जलसंबन्धात् । अभ्रपटच्छेदैरभ्ररूपैश्छिन्नपटैर्बद्धव्रणमिवेत्युत्प्रेक्षा ॥ ५ ॥ मन्दमारुत एव निःश्वासो यस्य तम् । संध्यारूपेण चन्दनेन हरिचन्दनेन रञ्जितम् । आपाण्डुजलदं प्रान्तपाण्डुजलदम् । जलदस्थाने कामातुरस्य कपोलादि ॥ ६ ॥ घर्मेण रवितेजसा परिक्लिष्टा सतप्ता । बाष्पमूष्माणं, बाष्पं नेत्रजलं च ॥ ७ ॥ मेघैः खोदराद्विनिर्मुक्ता इति मन्दता । कर्पूरलिप्तदलवच्छीतलाः केतकगन्धिनो वाताः । अञ्जलिभिः पातुमित्यादरातिशयादुक्तिः । जलवच्छीतहरत्वाच्च ॥८॥ फुल्लाः पुष्पिता अर्जुना यस्मिन् । धारा जलधाराः । अत्र शैलस्याभिषेचनदाहकत्वाद्धाराभिः ॥ ९ ॥ धारा वर्षधारास्तद्रूपयज्ञोपवीतधराः । मारुतापूरितत्वेन शब्दवत्त्वं । प्राधीताः । उपक्रान्ताध्ययना बटव इवेत्यर्थः ॥ १० ॥ अन्त-

नीलमेघाश्रिता विद्युत्स्फुरन्ती प्रतिभाति मे । स्फुरन्ती रावणस्याङ्के वैदेहीव तपस्विनी ॥ १२
इमास्ता मन्मथवतां हिताः प्रतिहता दिशः । अनुलिप्ता इव घनैर्नष्टग्रहनिशाकराः ॥ १३
क्वचिद्बाष्पाभिसंरुद्धान्वर्षागमसमुत्सुकान् । कुटजान्पश्य सौमित्रे पुष्पितान्गिरिसानुषु ।
मम शोकाभिभूतस्य कामसंदीपनान्स्थितान् ॥ १४

रजः प्रशान्तं सहिमोऽद्य वायुर्निदाघदोषप्रसराः प्रशान्ताः ।
स्थिता हि यात्रा वसुधाधिपानां प्रवासिनो यान्ति नराः स्वदेशान् ॥ १५
संप्रस्थिता मानसवासलुब्धाः प्रियान्विताः संप्रति चक्रवाकाः ।
अभीक्ष्णवर्षोदकविक्षतेषु यानानि मार्गेषु न संपतन्ति ॥ १६
क्वचित्प्रकाशं क्वचिदप्रकाशं नभः प्रकीर्णाम्बुधरं विभाति ।
क्वचित्क्वचित्पर्वतसंनिरुद्धं रूपं यथा शान्तमहार्णवस्य ॥ १७
व्यामिश्रितं सर्जकदम्बपुष्पैर्नवं जलं पर्वतधातुताम्रम् ।
मयूरकेकाभिरनुप्रयातं शैलापगाः शीघ्रतरं वहन्ति ॥ १८
रसाकुलं षट्पदसंनिकाशं प्रभुज्यते जम्बुफलं प्रकामम् ।
अनेकवर्णं पवनावधूतं भूमौ पतत्याम्रफलं विपक्वम् ॥ १९
विद्युत्पताकाः सबलाकमालाः शैलेन्द्रकूटाकृतिसंनिकाशाः ।
गर्जन्ति मेघाः समुदीर्णनादा मत्ता गजेन्द्रा इव संयुगस्थाः ॥ २०
वर्षोदकाप्यायितशाद्वलानि प्रवृत्तनृत्तोत्सवबर्हिणानि ।
वनानि निर्वृष्टबलाहकानि पश्यापराह्णेष्वधिकं विभान्ति ॥ २१
समुद्वहन्तः सलिलातिभारं बलाकिनो वारिधरा नदन्तः ।
महत्सु शृङ्गेषु महीधराणां विश्रम्य विश्रम्य पुनः प्रयान्ति ॥ २२
मेघाभिकामा परिसंपतन्ती संमोदिता भाति बलाकपङ्क्तिः ।
वातावधूता वरपौण्डरीकी लम्बेव माला रुचिराम्बरस्य ॥ २३
बालेन्द्रगोपान्तरचित्रितेन विभाति भूमिर्नवशाद्वलेन ।
गात्रानुपृक्तेन शुकप्रभेण नारीव लाक्षोक्षितकम्बलेन ॥ २४
निद्रा शनैः केशवमभ्युपैति द्रुतं नदी सागरमभ्युपैति ।
हृष्टा बलाका घनमभ्युपैति कान्ता सकामा प्रियमभ्युपैति ॥ २५

र्गतस्तनितरूपो निर्घोषः कशाप्रहारे क्रियमाणः शब्दो यस्य तत् । सवेदनमित्यस्योत्तमाश्वमिति शेषः ॥ ११ ॥ १२ ॥ घनैरनुलिप्ता इव, अतएव नष्टा अदृश्या ग्रहादयो यासु ताः, प्रतिहताः प्रतिहतप्राचीत्वादिज्ञानाः इमा दिशो मन्मथवतां मन्मथोत्सवसावधानप्रियासहितानां हिताः सुखजनिकाः ॥१३॥ बाष्पाभिसंरुद्धान्नववारिसेकजमहीसमुद्गतोष्मणा वृतान्वर्षाया आगमेन समुत्सुकान्सहर्षान्सानुषु स्थितानित्यन्वयः ॥ १४ ॥ सहिमः सशीतः । निदाघस्य ग्रीष्मस्य दोषप्रसरास्तापादयः । स्थिता स्तब्धा । निवृत्तेति यावत् । स्वदेशान्यान्ति । प्रियावियुक्तैः स्थातुमशक्यत्वात् ॥ १५ ॥ मानसं सरः । अभीक्ष्णमतिशयितं यद्वर्षोदकं तेन विक्षतेषु क्लिष्टगमनेषु । मार्गेष्विति शेषः । यानानि रथादीनि न संपतन्ति न गच्छन्ति ॥१६॥ शान्तमहार्णवस्य निस्तरंगसमुद्रस्य ॥ १७ ॥ सर्जादिपुष्पैर्मिश्रं पर्वतसंबन्धिधातुभिस्ताम्रं ताम्रवर्णं मयूरशब्दैरनुप्रयातमनुसृतं जलं नद्यः शीघ्रं वहन्ति समुद्वहन्ते ॥ १८ ॥ रसाकुलं रसवत् । षट्पदसंनिकाशं भ्रमरसदृशवर्णम् । प्रकाशं यथेच्छं यथा भवति तथा प्रभुज्यते । जनैरिति शेषः । आम्रफलस्यातिपक्वत्वात्स्वत एव भूमौ पातः ॥ १९ ॥ बलाकमालया तत्पङ्क्त्या सहिताः । कूटः शिखरं तदाकारसदृशाकाराः ॥ २० ॥ प्रवृत्तेत्यादि । नृत्तोत्सवप्रवृत्तमयूराणि । नितरां वृष्टा बलाहका येषु तानि ॥ २१ ॥ सलिलातिभारं सलिलरूपभारम् । भारवत्त्वाच्च विश्रम्य विश्रम्य गमनम् ॥ २२ ॥ गर्भार्थं मेघेष्वभिकामो यस्याः सा । परिसंपतन्ती नभसि गच्छन्ती, अत एव संमोहिता हर्षवती । बलाकपङ्क्तिरित्यार्षो ह्रस्वः । तदुत्प्रेक्षा—वातेत्यादि । वरा श्रेष्ठा पौण्डरीकी श्वेतपद्मसंबन्धिनी लम्बा रुचिराम्बरस्य मालेव ॥ २३ ॥ बालैरिन्द्रगोपैरन्तरे मध्ये मध्ये चित्रितेन शाद्वलेन युता भूमिः । स्वतः शुकवर्णेन मध्ये मध्ये लाक्षाबिन्दुयुतेन कम्बलेन गात्रानुपृक्तेन गात्रसंपृक्तेन वृता नारीव ॥ २४ ॥ निद्रेति । आषाढ्यां स्वापोत्सवाद्धृष्टा गर्भधारणार्थम्

जाता वनान्ताः शिखिसुप्रनृत्ता जाताः कदम्बाः सकदम्बशाखाः ।
जाता वृषा गोषु समानकामा जाता मही सस्यवनाभिरामा ॥ २६
वहन्ति वर्षन्ति नदन्ति भान्ति ध्यायन्ति नृत्यन्ति समाश्वसन्ति ।
नद्यो घना मत्तगजा वनान्ताः प्रियाविहीनाः शिखिनः प्लवंगमाः ॥ २७
प्रहर्षिताः केतकिपुष्पगन्धमाघ्राय मत्ता वननिर्झरेषु ।
प्रतापशब्दाकुलिता गजेन्द्राः सार्धं मयूरैः समदा नदन्ति ॥ २८
धारानिपातैरभिहन्यमानाः कदम्बशाखासु विलम्बमानाः ।
क्षणार्जितं पुष्परसावगाढं शनैर्मदं षट्चरणास्त्यजन्ति ॥ २९
अङ्गारचूर्णोत्करसंनिकाशैः फलैः सुपर्याप्तरसैः समृद्धैः ।
जम्बूद्रुमाणां प्रविभान्ति शाखा निपीयमाना इव षट्पदौघैः ॥ ३०
तडित्पताकाभिरलंकृतानामुदीर्णगम्भीरमहारवाणाम् ।
विभान्ति रूपाणि बलाहकानां रणोत्सुकानामिव वानराणाम् ॥ ३१
मार्गानुगः शैलवनानुसारी संप्रस्थितो मेघरवं निशम्य ।
युद्धाभिकामः प्रतिनादशङ्की मत्तो गजेन्द्रः प्रतिसंनिवृत्तः ॥ ३२
क्वचित्प्रगीता इव षट्पदौघैः क्वचित्प्रनृत्ता इव नीलकण्ठैः ।
क्वचित्प्रमत्ता इव वारणेन्द्रैर्विभान्त्यनेकाश्रयिणो वनान्ताः ॥ ३३
कदम्बसर्जार्जुनकन्दलाढ्या वनान्तभूमिर्मधुवारिपूर्णा ।
मयूरमत्ताभिरुतप्रनृत्तैरापानभूमिप्रतिमा विभाति ॥ ३४
मुक्तासमाभं सलिलं पतद्वै सुनिर्मलं पत्रपुटेषु लग्नम् ।
हृष्टा विवर्णच्छदना विहंगाः सुरेन्द्रदत्तं तृषिताः पिबन्ति ॥ ३५
षट्पादतन्त्रीमधुराभिधानं प्लवंगमोदीरितकण्ठतालम् ।
आविष्कृतं मेघमृदङ्गनादैर्वनेषु संगीतमिव प्रवृत्तम् ॥ ३६
क्वचित्प्रनृत्तैः क्वचिदुन्नदद्भिः क्वचिच्च वृक्षाग्रनिषण्णकायैः ।
व्यालम्बबर्हाभरणैर्मयूरैर्वनेषु संगीतमिव प्रवृत्तम ॥ ३७
स्वनैर्घनानां प्लवगाः प्रबुद्धा विहाय निद्रां चिरसंनिरुद्धाम् ।
अनेकरूपाकृतिवर्णनादा नवाम्बुधाराभिहता नदन्ति ॥ ३८
नद्यः समुद्वाहितचक्रवाकास्तटानि शीर्णान्यपवाहयित्वा ।
दृप्ता नवप्रावृतपूर्णभोगा द्रुतं स्वभर्तारमुपोपयन्ति ॥ ३९

॥ २५ ॥ शिखिनां सुष्ठु प्रनृत्तं येषु ते । सकदम्बाः सकदम्बपुष्पाः शाखा येषाम् । समानकामाः । उभयेऽपि कामवन्त इत्यर्थः । सस्यैर्वनैश्चाभिरामा ॥ २६ ॥ वहनादिक्रियाणां नद्यादीनां च क्रमेणान्वयाद्यथासंख्यमत्रालंकारः । प्लवंगमाः समाश्वसन्ति । सुग्रीवराज्यलाभात् ॥ २७ ॥ वननिर्झरे क्रीडया केतकगन्धमाघ्राय प्रहर्षिताः । प्रपातशब्दः प्रपतन्निर्झरशब्दः ॥ २८ ॥ पुष्परसैस्तदास्वादैरवगाढं वृद्धं मदं क्षणेनोत्सवेनार्जितम् ॥ २९ ॥ अङ्गारः शान्ताग्निस्तच्चूर्णस्य य उत्करस्तत्समैः । अनेन फलानामतिमहत्त्वं सूचितम् । अत्युक्तिरत्रालंकारः ॥ ३० ॥ ३१ ॥ पृष्ठतो मेघरवं निशम्य श्रुत्वा प्रतिनादशङ्की शत्रुभूतगजान्तरनादशङ्की प्रतिनिवृत्तः ॥ ३२ ॥ अनेकाश्रयिणोऽनेकभावाश्रयिणः ॥ ३३ ॥ कन्दलं स्थलोत्पलम् । मधुवारि मधुसदृशवारि । आपानभूमिर्मद्यपानभूमिस्तस्यामपि कदम्बादिपुष्पाणि । मद्यपूर्णता मत्तजनशब्दस्तन्नृत्यं च ॥ ३४ ॥ विवर्णच्छदनाः जलसेकतो विवर्णपक्षाः ॥ ३५ ॥ षट्पदो भ्रमरस्तद्ध्वनिरूपं तन्त्रीणां मधुरमभिधानं गीतं यस्मिन् । प्लवंगमानां मेकानामुदीरितमेव कण्ठतालं सूत्रधारमुखशब्दतालो यस्मिन् । मेघशब्दा एव मृदङ्गनादास्तैराविष्कृतं प्रकटितं संगीतं वनेषु प्रवृत्तमिव ॥ ३६ ॥ प्रनृत्तैरारब्धनृत्तैः । उन्नदन्तो गायकास्तैः । वृक्षाग्रनिषण्णकायास्ते संगीतोपलक्षितनृत्यद्रष्टारः ॥ ३७ ॥ चिरसंनिरुद्धां चिरसंपादिताम् । शुष्कमृत्तिकास्विति शेषः । प्लवगा मेकाः । अनेकरूपाकृतिः संस्थानं वर्णो नीलपीतादिर्नादश्च येषाम् ॥ ३८ ॥ कामातुरयुवतिवृत्तान्तं नदीष्वारोपयति—नद्य इति । वारिपूरेण समुद्वाहिता उन्नमिताश्चक्रवाकरूपस्तना याभिः । शीर्णानि तटानि रोधकजरतीस्थानीयान्यपवाहयित्वा निरस्य नवप्रावृतपूर्णभोगा द्रुतं नवं प्रावृतं पुष्पाद्युपहा-

नीलेषु नीला नववारिपूर्णा मेघेषु मेघाः प्रतिभान्ति सक्ताः ।
दवाग्निदग्धेषु दवाग्निदग्धाः शैलेषु शैला इव बद्धमूलाः ॥ ४०
प्रमत्तसंनादितबर्हिणानि सशक्रगोपाकुलशाद्वलानि ।
चरन्ति नीपार्जुनवासितानि गजाः सुरम्याणि वनान्तराणि ॥ ४१
नवाम्बुधाराहतकेसराणि ध्रुवं परिष्वज्य सरोरुहाणि ।
कदम्बपुष्पाणि सकेसराणि नवानि हृष्टा भ्रमराः पिबन्ति ॥ ४२
मत्ता गजेन्द्रा मुदिता गवेन्द्रा वनेषु विक्रान्ततरा मृगेन्द्राः ।
रम्या नगेन्द्रा निभृता नरेन्द्राः प्रक्रीडितो वारिधरैः सुरेन्द्रः ॥ ४३
मेघाः समुद्भूतसमुद्रनादा महाजलौघैर्गगनावलम्बाः ।
नदीस्तटाकानि सरांसि वापीर्महीं च कृत्स्नामपवाहयन्ति ॥ ४४
वर्षप्रवेगा विपुलाः पतन्ति प्रवान्ति वाताः समुदीर्णवेगाः ।
प्रनष्टकूलाः प्रवहन्ति शीघ्रं नद्यो जलं विप्रतिपन्नमार्गाः ॥ ४५
नरैर्नरेन्द्रा इव पर्वतेन्द्राः सुरेन्द्रनीतैः पवनोपनीतैः ।
घनाम्बुकुम्भैरभिषिच्यमाना रूपं श्रियं स्वामिव दर्शयन्ति ॥ ४६
घनोपगूढं गगनं न तारा न भास्करो दर्शनमभ्युपैति ।
नवैर्जलौघैर्धरणी वितृप्ता तमोविलिप्ता न दिशः प्रकाशाः ॥ ४७
महान्ति कूटानि महीधराणां धाराविधौतान्यधिकं विभान्ति ।
महाप्रमाणैर्विपुलैः प्रपातैर्मुक्ताकलापैरिव लम्बमानैः ॥ ४८
शैलोपलप्रस्खलमानवेगाः शैलोत्तमानां विपुलाः प्रपाताः ।
गुहासु संनादितबर्हिणासु हारा विकीर्यन्त इवावभान्ति ॥ ४९
शीघ्रं प्रवेगा विपुलाः प्रपाता निर्धौतशृङ्गोपतला गिरीणाम् ।
मुक्ताकलापप्रतिमाः पतन्तो महागुहोत्सङ्गतलैर्ध्रियन्ते ॥ ५०
सुरतामर्दविच्छिन्नाः स्वर्गस्त्रीहारमौक्तिकाः । पतन्ति चातुला दिक्षु तोयधाराः समन्ततः ॥ ५१
विलीयमानैर्विहगैर्निमीलद्भिश्च पङ्कजैः । विकसन्त्या च मालत्या गतोऽस्तं ज्ञायते रविः ॥ ५२
वृत्ता यात्रा नरेन्द्राणां सेना पथ्येव वर्तते । वैराणि चैव मार्गाश्च सलिलेन समीकृताः ॥ ५३
मासि प्रौष्ठपदे ब्रह्म ब्राह्मणानां विवक्षताम् । अयमध्यायसमयः सामगानामुपस्थितः ॥ ५४
विवृत्तकर्मायतनो नूनं संचितसंचयः । आषाढीमभ्युपगतो भरतः कोशलाधिपः ॥ ५५
नूनमापूर्यमाणायाः सरय्वा वर्धते रयः । मां समीक्ष्य समायान्तमयोध्याया इव स्वनः ॥ ५६
इमां स्फीतगुणा वर्षा सुग्रीवः सुखमश्नुते । विजितारिः सदारश्च राज्ये महति च स्थितः ॥ ५७

रात्पूर्णभोगायाहृतं स्वीकृतम् । उपोपयान्ति । 'प्रसमुपोदः पादपूरणे' इति द्वित्वम् ॥ ३९ ॥ नीलेषु मेघेषु सक्ता नीलमेघाः प्रतिभान्ति । दवाग्निदग्धेषु शैलेषु तादृशाः शैला यदि सक्ता भवन्ति तदा त इव । बद्धमूला इत्युभयान्वयि ॥ ४० ॥ प्रमत्तशब्दवन्मयूरवन्ति । शक्रगोप इन्द्रगोपः ॥ ४१ ॥ ४२ ॥ गवेन्द्रा वृषभाः । निभृतास्त्यक्तोद्योगाः । सर्वत्र जाता इति शेषः । सुरेन्द्रो देवेन्द्रः प्रक्रीडितः । कर्तरि निष्ठा ॥ ४३ ॥ समुद्भूतस्तिरस्कृतः समुद्रनादो यैः । अपवाहयन्ति प्रवहज्जलानि कुर्वन्ति ॥ ४४ ॥ वर्षप्रवेगा वृष्टयः । विप्रतिपन्नः प्रतिबद्धो मार्गो नृणां याभिस्ताः ॥ ४५ ॥ रूपं निर्मलमाकारम् । श्रियं विविधधातुयुक्तस्वरूपां दर्शयन्तीव ॥ ४६ ॥ घनोपगूढत्वाद्गगनस्य ताराग्विदर्शनाभावः । वितृप्ता जामितां प्राप्ता ॥ ४७ ॥ प्रपातैर्निर्झरैः ॥ ४८ ॥ प्रपतन्तीति प्रपाता निर्झराः । विकीर्यन्तस्त्रुट्यन्तः ॥ ४९ ॥ निर्धौतं क्षालितं शृङ्गाणामुपतलं यैस्ते ॥ ५० ॥ ५१ ॥ ज्ञायतेऽनुमीयते । अनुमानालंकारः ॥ ५२ ॥ वृत्ता निवृत्ता । 'पृक्ता' इति पाठेऽप्ययमेवार्थः । प्रस्थितापि सेना पथ्येव वर्तते । समीकृताः । निरुद्धत्वं साधारणधर्मः ॥ ५३ ॥ प्रौष्ठपदो भाद्रपदः । ब्रह्म वेदं विवक्षतामध्येतुमिच्छताम् । अध्यायसमय उपाकरणकालः ॥ ५४ ॥ निवृत्तं कर्म च्छादनादि कर्म यस्य तादृशमायतनं यस्य । संचिताः संचया जीवनसाधनानि येन स भरत आषाढीं प्राप्याभ्युपगतः कृतयत्किंचिद्व्रतसंकल्पः ॥ ५५ ॥ मामायान्तं समीक्ष्य । वनतः प्रतिनिवृत्तमिति शेषः ॥ ५६ ॥ वर्षाः ।

अहं तु हृतदारश्च राज्याच्च महतश्च्युतः । नदीकूलमिव क्लिन्नमवसीदामि लक्ष्मण ॥ ५८
शोकश्च मम विस्तीर्णो वर्षाश्च भृशदुर्गमाः । रावणश्च महाञ्छत्रुरपारः प्रतिभाति मे ॥ ५९
अयात्रां चैव दृष्ट्वेमां मार्गांश्च भृशदुर्गमान् । प्रणते चैव सुग्रीवे न मया किंचिदीरितम् ॥ ६०
अपि चापिपरिक्लिष्टं चिराद्दारैः समागतम् । आत्मकार्यगरीयस्त्वाद्वक्तुं नेच्छामि वानरम् ॥ ६१
स्वयमेव हि विश्रम्य ज्ञात्वा कालमुपागतम् । उपकारं च सुग्रीवो वेत्स्यते नात्र संशयः ॥ ६२
तस्मात्कालप्रतीक्षोऽहं स्थितोऽस्मि शुभलक्षण । सुग्रीवस्य नदीनां च प्रसादमभिकाङ्क्षयन् ॥ ६३
उपकारेण वीरो हि प्रतीकारेण युज्यते । अकृतज्ञोऽप्रतिकृतो हन्ति सत्त्ववतां मनः ॥ ६४

अथैवमुक्तः प्रणिधाय लक्ष्मणः कृताञ्जलिस्तत्प्रतिपूज्य भाषितम् ।
उवाच रामं स्वभिरामदर्शनं प्रदर्शयन्दर्शनमात्मनः शुभम् ॥ ६५
यदुक्तमेतत्तव सर्वमीप्सितं नरेन्द्र कर्ता नचिराद्धरीश्वरः ।
शरत्प्रतीक्षः क्षमतामिदं भवाञ्जलप्रपातं रिपुनिग्रहे धृतः ॥ ६६

इत्यार्षे श्रीमद्रामायणे वाल्मीकीय आदिकाव्ये किष्किन्धाकाण्डेऽष्टाविंशः सर्गः ॥ २८ ॥

एकोनत्रिंशः सर्गः ।

समीक्ष्य विमलं व्योम गतविद्युद्बलाहकम् । सारसाकुलसंघुष्टं रम्यज्योत्स्नानुलेपनम् ॥ १
समृद्धार्थं च सुग्रीवं मन्दधर्मार्थसंग्रहम् । अत्यर्थं चासतां मार्गमेकान्तगतमानसम् ॥ २
निवृत्तकार्यं सिद्धार्थं प्रमदाभिरतं सदा । प्राप्तवन्तमभिप्रेतान्सर्वानेव मनोरथान् ॥ ३
स्वां च पत्नीमभिप्रेतां तारां चापि समीप्सिताम् । विहरन्तमहोरात्रं कृतार्थं विगतज्वरम् ॥ ४
क्रीडन्तमिव देवेशं गन्धर्वाप्सरसां गणैः । मन्त्रिषु न्यस्तकार्यं च मन्त्रिणामनवेक्षकम् ॥ ५
उच्छिन्नराज्यसंदेहं कामवृत्तमिव स्थितम् । निश्चितार्थोऽर्थतत्त्वज्ञः कालधर्मविशेषवित् ॥ ६
प्रसाद्य वाक्यैर्विविधैर्हेतुमद्भिर्मनोरमैः । वाक्यविद्वाक्यतत्त्वज्ञं हरीशं मारुतात्मजः ॥ ७
हितं तथ्यं च पथ्यं च सामधर्मार्थनीतिमत् । प्रणयप्रीतिसंयुक्तं विश्वासकृतनिश्चयम् ॥ ८
हरीश्वरमुपागम्य हनूमान्वाक्यमब्रवीत् । राज्यं प्राप्तं यशश्चैव कौली श्रीरभिवर्धिता ॥ ९
मित्राणां संग्रहः शेषस्तद्भवान्कर्तुमर्हति । यो हि मित्रेषु कालज्ञः सततं साधु वर्तते ॥ १०
तस्य राज्यं च कीर्तिश्च प्रतापश्चापि वर्धते । यस्य कोशश्च दण्डश्च मित्राण्यात्मा च भूमिप ।
समान्येतानि सर्वाणि स राज्यं महदश्नुते ॥ ११

प्राप्येति शेषः ॥ ५७ ॥ नदीकूलं कर्तृ ॥ ५८ ॥ वर्षाश्च विस्तीर्णा इत्यनुकर्षः । अपारो दुष्प्रापवैरनिर्यातनपारः ॥ ५९ ॥ अयात्रां वर्षत्वशाद्यात्राभावम् । कार्योन्मुखतया सुग्रीवे प्रणतेऽपि मया सीतान्वेषणाद्युद्दिश्य किंचिदपि नोक्तम् ॥ ६० ॥ अपि च तदानीं गरीयसे आत्मकार्याय वक्तुमनुचितमित्याह—अपि चेति । अपिपरिक्लिष्टमतिपरिक्लिष्टम् । गरीयस्त्वादल्पकालाल्पयत्नासाध्यत्वात् । नेच्छामि नैषिषम् ॥ ६१ ॥ शेषं व्याख्यातम् ॥ ६२ ॥ ६३ ॥ ६४ ॥ ६५ ॥ ६६ ॥ **इति श्रीरामाभिरामे श्रीरामीये रामायणतिलके वाल्मीकीय आदिकाव्ये किष्किन्धाकाण्डेऽष्टाविंशः सर्गः ॥ २८ ॥**

ईदृशं व्योम समीक्ष्य हरीश्वरमुपागम्य हनूमानब्रवीदित्युत्तरेण नवमश्लोकस्थेनान्वयः ॥ १ ॥ मन्दो धर्मार्थयोः संग्रहो यस्य तम् । असतां मार्गं कामप्रवृत्तिलक्षणम् । अत्यर्थमाश्रयन्तमिति शेषः । एकान्तगतमानसं कामभोगाद्येकान्तदेशगतचित्तम् ॥ २ ॥ निवृत्तकार्यं निष्पन्नवालिवधरूपस्वकार्यम् । सिद्धार्थं प्राप्तराज्यम् । अभिप्रेतानीप्सितानर्थान्प्राप्तवन्तम् ॥ ३ ॥ स्वां पत्नीं रुमाम् ॥ ४ ॥ ५ ॥ उच्छिन्नराज्यसंदेहं मन्त्रिसाष्टवेन नष्टराज्यपालनसंदेहम् । निश्चितार्थो निश्चितसर्वशास्त्रार्थः, अतएवार्थतत्त्वज्ञः कर्तव्याकर्तव्यसकलार्थतत्त्वज्ञः । कालेति । कालोचितं धर्मविशेषमनुष्ठेयं वेत्ति तादृशः ॥ ६ ॥ वाक्यैः प्रसादप्रयोजनैः ॥ ७ ॥ हितं तत्कालहितम् । पथ्यं कालान्तरहितम् । तथ्यं सत्यम् । सामादिचतुष्कवदेतच्चतुष्टयं वाक्यविशेषणम् । प्रणयत्वं प्राप्तया प्रीत्या संयुक्तम् । विश्वासे स्ववचनप्रामाण्ये कृतनिश्चयमीदृशं हरीश्वरमित्यन्वयः ॥ ८ ॥ तत्र प्रसादप्रयोजनवाक्यान्याह—राज्यं प्राप्तमित्यादि । कौली कुलक्रमागता ॥ ९ ॥ शेषः कर्तव्यशेषः । कालज्ञः प्रत्युपकारकालज्ञः । साधु वर्तते साध्वनुष्ठानवान्वर्तते ॥ १० ॥ दण्ड्यतेऽनेन दण्डः सैन्यम् । आत्मा सकरणग्रामः । समानि । स्ववशत्वेन

तद्भवान्वृत्तसंपन्नः स्थितः पथि निरत्यये । मित्रार्थमभिनीतार्थं यथावत्कर्तुमर्हति ॥ १२
संत्यज्य सर्वकर्माणि मित्रार्थे यो न वर्तते । संभ्रमाद्विकृतोत्साहः सोऽनर्थेनावरुध्यते ॥ १३
यो हि कालव्यतीतेषु मित्रकार्येषु वर्तते । स कृत्वा महतोऽप्यर्थान्न मित्रार्थेन युज्यते ॥ १४
तदिदं मित्रकार्यं नः कालातीतमरिंदम । क्रियतां राघवस्यैतद्वैदेह्याः परिमार्गणम् ॥ १५
न च कालमतीतं ते निवेदयति कालवित् । त्वरमाणोऽपि स प्राज्ञस्तव राजन्वशानुगः ॥ १६
कुलस्य हेतुः स्फीतस्य दीर्घबन्धुश्च राघवः । अप्रमेयप्रभावश्च स्वयं चाप्रतिमो गुणैः ॥ १७
तस्य त्वं कुरु वै कार्यं पूर्वं तेन कृतं तव । हरीश्वर कपिश्रेष्ठानाज्ञापयितुमर्हसि ॥ १८
नहि तावद्भवेत्कालो व्यतीतश्चोदनादृते । चोदितस्य हि कार्यस्य भवेत्कालव्यतिक्रमः ॥ १९
अकर्तुरपि कार्यस्य भवान्कर्ता हरीश्वर । किं पुनः प्रतिकर्तुस्ते राज्येन च वधेन च ॥ २०
शक्तिमानतिविक्रान्तो वानरर्क्षगणेश्वर । कर्तुं दाशरथेः प्रीतिमाज्ञायां किं नु सज्जसे ॥ २१
कामं खलु शरैः शक्तः सुरासुरमहोरगान् । वशे दाशरथिः कर्तुं त्वत्प्रतिज्ञामवेक्षते ॥ २२
प्राणत्यागाविशङ्केन कृतं तेन महत्प्रियम् । तस्य मार्गाम वैदेहीं पृथिव्यामपि चाम्बरे ॥ २३
देवदानवगन्धर्वा असुराः समरुद्गणाः । न च यक्षा भयं तस्य कुर्युः किमिव राक्षसाः ॥ २४
तदेवंशक्तियुक्तस्य पूर्वं प्रतिकृतस्तथा । रामस्यार्हसि पिङ्गेश कर्तुं सर्वात्मना प्रियम् ॥ २५
नाधस्तादवनौ नाप्सु गतिर्नोपरि चाम्बरे । कस्यचित्सज्जतेऽस्माकं कपीश्वर तवाज्ञया ॥ २६
तदाज्ञापय यः किं ते कुतो वापि व्यवस्यतु । हरयो ह्यप्रधृष्यास्ते सन्ति कोट्यग्रतोऽनघ ॥ २७
तस्य तद्वचनं श्रुत्वा काले साधु निरूपितम् । सुग्रीवः सत्त्वसंपन्नश्चकार मतिमुत्तमाम् ॥ २८
संदिदेशातिमतिमान्नीलं नित्यकृतोद्यमम् । दिक्षु सर्वासु सर्वेषां सैन्यानामुपसंग्रहे ॥ २९
यथा सेना समग्रा मे यूथपालाश्च सर्वशः । समागच्छन्त्यसङ्गेन सेनाग्र्येण तथा कुरु ॥ ३०
ये त्वन्तपालाः प्लवगाः शीघ्रगा व्यवसायिनः । समानयन्तु ते शीघ्रं त्वरिताः शासनान्मम ।
स्वयं चानन्तरं कार्यं भवानेवानुपश्यतु ॥ ३१

समत्वम् । 'समवेतानि' इति पाठे मिलितानीत्यर्थः । न त्वेकमपि पृथग्भूतमिति भावः ॥ ११ ॥ निरत्यये निरपाये । अभिनीतार्थं प्रतिज्ञातार्थम् ॥ १२ ॥ संभ्रमात्त्वरया । विशेषेण कृतोत्साहः । अन्यत्र कर्मणीति शेषः ॥ १३ ॥ कालव्यतीतेषु करणोचितकालमतिक्रान्तेषु पश्चात्तेषु वर्तते तत्सिद्ध्यर्थं यतते स मित्रस्य महतोऽर्थान्कृत्वापि मित्रार्थेन मित्रत्वप्रयोजनकार्येण न युज्यते । उचितकाले-कृतम् । कृतमप्यकृतप्रायमिति भावः ॥ १४ ॥ तत्कालातीतम् । भविष्यतीति शेषः । तस्मात्क्रियतामित्यादि ॥ १५ ॥ ननु तत्कार्यकालात्ययश्चेत्स तं ज्ञापयिष्यत्येवेत्याह—न चेति । कालवित्कालज्ञोऽपि स प्राज्ञत्वात्त्वदभिप्रायमेव केवलमनुगच्छेत् । तूष्णीं तिष्ठतीति भावः ॥ १६ ॥ त्वदीयस्य स्फीतस्य महतः कुलस्य हेतुर्वृद्धिहेतुः । दीर्घबन्धुरिदानीं कालान्तरे च बन्धुः । स्वयं च । चाल्लक्ष्मणः ॥ १७ ॥ कृतम् । तव कार्यमिति शेषः । आज्ञापयितुमर्हसि । रामनियोगात्पूर्वमिति शेषः ॥ १८ ॥ नन्वेवमपि कालव्यतिक्रमस्तुल्योऽत आह—नहीति । चोदनादृते रामप्रेरणां विना जातोऽपि कालातिक्रमो न दोषायेति भावः । तत्प्रेरणया यदि कार्यकरणं तदा कालव्यतिक्रमो भवेदेवेत्यर्थः ॥ १९ ॥ अकर्तुरप्यनुपकर्तुरपि कार्यस्य कर्ता । अर्हे तृच् । प्रतिकर्तुरुपकर्तुः ॥ २० ॥ आज्ञायां किं नु सज्जसे किमर्थं तदाज्ञाप्रतीक्षया विलम्बसे ॥ २१ ॥ यद्यपि रामस्य न सहायापेक्षा, तथापि सपरिवारोऽहं सीतामन्वेषयिष्यामीति त्वत्प्रतिज्ञामवेक्षते । सत्यासत्या वेति परीक्षत इत्यर्थः ॥ २२ ॥ प्राणत्यागाविशङ्केनानपकारिवालिप्राणत्याजने तदनौचित्यशङ्कारहितेन मित्रकृत्यं स्वकृत्यमेवेति बुद्ध्या तव प्रियं कृतम् । मार्गामान्वेषयाम ॥ २३ ॥ भयमिति । रणे इति शेषः ॥ २४ ॥ प्रतिकृतः कृतोपकारस्य । पिङ्गेश कपिराज ॥ २५ ॥ इदानीं सुग्रीवस्याज्ञावैभवं दर्शयति—नाधस्तादिति । तवाज्ञयाह्वाने सत्यस्माकं हरीणां मध्ये यः कश्चिदपि सज्जते विलम्बते तस्य कस्यचित्कस्यापि बलिनो दुर्बलस्य वाधस्तात्पातालेऽन्यत्र वा गतिर्जीवनं नास्ति ॥ २६ ॥ यदेवं तदाज्ञापय । आज्ञाप्रकारं पृच्छति—कः कपिस्ते किं किं नियोगं कुतो वापि । सार्वविभक्तिकस्तसिः । कुत्रापि स्थितो व्यवस्यत्वनुतिष्ठतु । आज्ञापनीया सेना कियत्यस्ति तत्राह—हरय इति । कोट्यग्रतः । कोटिघटितसंख्याया न्यर्बुदस्याग्र उपरि या संख्या समुद्राख्या तया संख्येयेत्यर्थः ॥ २७ ॥ मतिं तदनुष्ठानविषयाम् ॥ २८ ॥ २९ ॥ असङ्गेनाविलम्बेन । सेनाग्र्येण सेनानाथेन । सहेति शेषः ॥ ३० ॥ अन्तपाला दिगन्तवर्तिसेनापतयः । समानयन्तु समागच्छन्तु । अनन्तरमानयनानन्तरम् । कार्यं सेनादर्शनगण-

त्रिपञ्चरात्रादूर्ध्वं यः प्राप्नुयादिह वानरः । तस्य प्राणान्तिको दण्डो नात्र कार्या विचारणा ॥ ३२

हरींश्च वृद्धानुपयातु साङ्गदो भवान्ममाज्ञामधिकृत्य निश्चितम् ।
इति व्यवस्थां हरिपुंगवेश्वरो विधाय वेश्म प्रविवेश वीर्यवान् ॥ ३३

इत्यार्षे श्रीमद्रामायणे वाल्मीकीय आदिकाव्ये किष्किन्धाकाण्ड एकोनत्रिंशः सर्गः ॥ २९ ॥

त्रिंशः सर्गः ।

गृहं प्रविष्टे सुग्रीवे विमुक्ते गगने घनैः । वर्षरात्रे स्थितो रामः कामशोकाभिपीडितः ॥ १
पाण्डुरं गगनं दृष्ट्वा विमलं चन्द्रमण्डलम् । शारदीं रजनीं चैव दृष्ट्वा ज्योत्स्नानुलेपनाम् ॥ २
कामवृत्तं च सुग्रीवं नष्टां च जनकात्मजाम् । दृष्ट्वा कालमतीतं च मुमोह परमातुरः ॥ ३
स तु संज्ञामुपागम्य मुहूर्तान्मतिमान्नृपः । मनःस्थामपि वैदेहीं चिन्तयामास राघवः ॥ ४
दृष्ट्वा च विमलं व्योम गतविद्युद्बलाहकम् । सारसारवसंघुष्टं विललापार्तया गिरा ॥ ५
आसीनः पर्वतस्याग्रे हेमधातुविभूषिते । शारदं गगनं दृष्ट्वा जगाम मनसा प्रियाम् ॥ ६
सारसारावसंनादैः सारसारावनादिनी । आश्रमे रमते बाला साद्य मे रमते कथम् ॥ ७
पुष्पितांश्चासनान्दृष्ट्वा काञ्चनानिव निर्मलान् । कथं सा रमते बाला पश्यन्ती मामपश्यती ॥ ८
या पुरा कलहंसानां कलेन कलभाषिणी । बुध्यते चारुसर्वाङ्गी साद्य मे रमते कथम् ॥ ९
निःस्वनं चक्रवाकानां निशम्य सहचारिणाम् । पुण्डरीकविशालाक्षी कथमेषा भविष्यति ॥ १०
सरांसि सरितो वापीः काननानि वनानि च । तां विना मृगशावाक्षीं चरन्नाद्य सुखं लभे ॥ ११
अपि तां मद्वियोगाच्च सौकुमार्याच्च भामिनीम् । सुदूरं पीडयेत्कामः शरद्गुणनिरन्तरः ॥ १२
एवमादि नरश्रेष्ठो विललाप नृपात्मजः । विहंग इव सारङ्गः सलिलं त्रिदशेश्वरात् ॥ १३
ततश्चञ्चूर्य रम्येषु फलार्थी गिरिसानुषु । ददर्श पर्युपावृत्तो लक्ष्मीवांल्लक्ष्मणोऽग्रजम् ॥ १४

स चिन्तया दुःसहया परीतं विसंज्ञमेकं विजने मनस्वी ।
भ्रातुर्विषादात्त्वरितोऽतिदीनः समीक्ष्य सौमित्रिरुवाच दीनम् ॥ १५
किमार्य कामस्य वशंगतेन किमात्मपौरुष्यपराभवेन ।
अयं ह्रिया संह्रियते समाधिः किमत्र योगेन निवर्तते न ॥ १६

नादि । अनुपश्यतु । संपादयत्विति यावत् ॥ ३१ ॥ त्रिपञ्चरात्रात्पञ्चदशदिनादूर्ध्वं य आगच्छेत्तस्य दण्डस्तेन पक्षमध्ये सर्वैरागन्तव्यमिति भावः । कार्तिकशुक्लादावियमाज्ञेति बोध्यम् ॥ ३२ ॥ वृद्धान्हरीन्साङ्गदो भवानुपयातु । संमाननार्थमिति शेषः ॥ ३३ ॥ इति श्रीरामाभिरामे श्रीरामीये रामायणतिलके वाल्मीकीय आदिकाव्ये किष्किन्धाकाण्ड एकोनत्रिंशः सर्गः ॥ २९ ॥

॥ १ ॥ २ ॥ कालं सेनोद्योगकालम् । मुमोह व्याकुलचित्तो बभूव ॥ ३ ॥ संज्ञां चित्तस्वास्थ्यम् । मनःस्थां मनःसंनिहितामपि चिन्तयामास । जीवति न वा कथमेनां प्रत्यानेष्यामीति चिन्ता ॥ ४ ॥ सारसशब्दैः संघुष्टं शब्दवद्व्योम दृष्ट्वेति संबन्धः ॥ ५ ॥ हेमवर्णा धातवो हेमधातवः ॥ ६ ॥ सारसनादसदृशनादवती या सारसानामारावाय परस्परसमाह्वानाय कृतैर्नादैर्या रमते आश्रमे ॥ ७ ॥ काञ्चनानिव काञ्चनपुष्पानिव निर्मलानासनवृक्षान्दृष्ट्वा सौन्दर्यातिशयात्पुनः पुनस्तान्पश्यन्ती तदा च मामपश्यन्ती कथं वर्तते ॥ ८ ॥ कलेन शब्देन बुध्यत इत्यन्वयः । कलभाषिणी कोमलशब्दवती ॥ ९ ॥ निशम्य श्रुत्वा ॥ १० ॥ काननवनयोः कान्तारोपवनात्मना भेदः ॥ ११ ॥ अपि तामित्यादि । शरद्गुणनिरन्तरः शरद्गुणैर्निरन्तरप्रवृत्तः कामः मद्वियोगसौकुमार्यातिशयाभ्यां हेतुभ्यां सुदूरमतिशयेन पीडयेदेव ॥ १२ ॥ सारङ्गाख्यचातकविहगस्तृषितो यथा त्रिदशेश्वराज्जलं काङ्क्षमाणो विलपतिस्म एवं सीताप्राप्तिं काङ्क्षमाणो विललाप ॥ १३ ॥ ततस्तत्र काले । रम्येषु गिरिसानुषु चञ्चर्य भ्रातृदुःखेन गर्हितं चरित्वा । यङ्लुगन्तादार्षोऽसमासे ल्यप् । पर्युपावृत्तो लक्ष्मणोऽग्रजं रामं ददर्श ॥ १४ ॥ विषादाद्विषाददर्शनात् ॥ १५ ॥ अथ लक्ष्मणः कर्मयोगज्ञानयोगावेव पौरुषवृद्धये दुःखशान्तये चानुतिष्ठेति स्मारयति—किमार्येत्यादि । हे आर्य, कामस्य वशंगतेन त्वया किं कर्म कृतं स्यात्, अपि चैवं कामवशत्वेनात्मपौरुषस्य स्वपौरुषस्याभिभवेन किं प्रयोजनं साधितं स्यात्, तस्मात्कामवशत्वं त्यक्त्वा कर्मयोगं कुरु । किंच ज्ञानादिकर्मयोगोत्तरकालमवसरप्राप्तोऽयं समाधिर्ब्रह्मानुसंधानम् । ह्रिया हरतीति ह्रीः शोकस्तेन किमर्थं संह्रियते । अत्रास्यामवस्थायां योगेन समाधिना । सर्वं दुःखमिति शेषः । किं न निवर्तते । अपि तु निवर्तेत

क्रियाभियोगं मनसः प्रसादं समाधियोगानुगतं च कालम् ।
सहायसामर्थ्यमदीनसत्त्वः स्वकर्महेतुं च कुरुष्व तात ॥ १७
न जानकी मानववंशनाथ त्वया सनाथा सुलभा परेण ।
न चाग्निचूडां ज्वलितामुपेत्य न दह्यते वीरवरार्ह कश्चित् ॥ १८
स लक्ष्मणं लक्ष्मणमप्रधृष्यं स्वभावजं वाक्यमुवाच रामः ।
हितं च पथ्यं च नयप्रसक्तं ससामधर्मार्थसमाहितं च ॥ १९
निःसंशयं कार्यमवेक्षितव्यं क्रियाविशेषोऽप्यनुवर्तितव्यः ।
न तु प्रवृद्धस्य दुरासदस्य कुमारवीर्यस्य फलं च चिन्त्यम् ॥ २०
अथ पद्मपलाशाक्षीं मैथिलीमनुचिन्तयन् । उवाच लक्ष्मणं रामो मुखेन परिशुष्यता ॥ २१
तर्पयित्वा सहस्राक्षः सलिलेन वसुंधराम् । निर्वर्तयित्वा सस्यानि कृतकर्मा व्यवस्थितः ॥ २२
दीर्घगम्भीरनिर्घोषाः शैलद्रुमपुरोगमाः । विसृज्य सलिलं मेघाः परिशान्ता नृपात्मज ॥ २३
नीलोत्पलदलश्यामाः श्यामीकृत्वा दिशो दश । विमदा इव मातंगाः शान्तवेगाः पयोधराः ॥ २४
जलगर्भा महामेघाः कुटजार्जुनगन्धिनः । चरित्वा विरताः सौम्य वृष्टिवाताः समुद्यताः ॥ २५
घनानां वारणानां च मयूराणां च लक्ष्मण । नादः प्रस्रवणानां च प्रशान्तः सहसानघ ॥ २६
अभिवृष्टा महामेघैर्निर्मलाश्चित्रसानवः । अनुलिप्ता इवाभान्ति गिरयश्चन्द्ररश्मिभिः ॥ २७
शाखासु सप्तच्छदपादपानां प्रभासु तारार्कनिशाकराणाम् ।
लीलासु चैवोत्तमवारणानां श्रियं विभज्याद्य शरत्प्रवृत्ता ॥ २८
संप्रत्यनेकाश्रयचित्रशोभा लक्ष्मीः शरत्कालगुणोपपन्ना ।
सूर्याग्रहस्तप्रतिबोधितेषु पद्माकरेष्वभ्यधिकं विभाति ॥ २९
सप्तच्छदानां कुसुमोपगन्धी षट्पादवृन्दैरनुगीयमानः ।
मत्तद्विपानां पवनानुसारी दर्पं विनेष्यन्नधिकं विभाति ॥ ३०
अभ्यागतैश्चारुविशालपक्षैः स्मरप्रियैः पद्मरजोवकीर्णैः ।
महानदीनां पुलिनोपयातैः क्रीडन्ति हंसाः सह चक्रवाकैः ॥ ३१

इवेत्यर्थः । एवमेव पाङ्क्तः पाठ इति कतककृत् । पाठान्तरं त्वस्य योजनाशक्त्या कल्पितमिति च सः ॥ १६ ॥ उक्तमेव विवृणोति—क्रियाभियोगमिति । क्रियाणां शौचस्नानादीनामभितः कार्त्स्न्येन योगमनुष्ठानं मनसः प्रसादं चास्थाय, कालं सर्वकालं समाधियोगानुगतं तेन संबद्धमेव कुरुष्व । तथादीनसत्त्वोऽक्षीणसत्त्वः सन्स्वकर्महेतुं पौरुषवृद्धेः कारणं सहायसामर्थ्यं तद्घटनरूपं स्वकर्म देवार्चनादिरूपकर्मयोगं च कुरुष्व । अनेन यावत्फलं निदिध्यासनजातकर्मसमुच्चय उक्तः ॥ १७ ॥ त्वया सनाथा नाथवती जानकी परेण न सुलभा न सुग्रहा । ज्वलितामग्निचूडामग्निशिखामुपेत्य स्पृष्ट्वा कश्चिदपि न दह्यते इति न, अपि तु वह्निव्यतिरिक्तः सर्वोऽपि दह्यत एव । अतो या नीता सा तत्प्रतिकृतिरेव, सा तु त्वदुपासितामाविति व्यङ्ग्यम् ॥ १८ ॥ रामोऽप्रधृष्यं न्यायोपेतत्वादविचाल्यं स्वभावजं तत्त्वार्थकं वाक्यमुक्तवन्तं लक्षणसहितं लक्ष्मणमुवाच । किमुवाच—यत्त्वया प्रत्युक्तं वाक्यं तद्धितं तत्कालसुखम् । पथ्यं कालान्तरेऽपि सुखम् । नयप्रसक्तं राजनीत्युपेतम् । सामसहितधर्मार्थाभ्यां समाहितं संगतम् ॥ १९ ॥ तस्मात्त्वदुक्तं निःसंशयं कार्यं त्वद्वाक्यार्थोऽनुष्ठेय एव । अनुष्ठेयमाह—अवेक्षितव्यं समाधियोगेन भगवत्तत्त्वं द्रष्टव्यम् । क्रियाविशेषः कर्मयोगः, सोऽप्यनुवर्तितव्योऽनुष्ठेयः । हे कुमार, न तु कर्मज्ञानयोगौ हित्वा प्रकर्षेण वृद्धिं प्राप्तस्य, अत एव दुरासदस्य वीर्यस्य वीर्यवतः कर्मणः फलं च फलमेव चिन्त्यमपेक्षणीयम् । अनेन यावत्फलं निदिध्यासनकर्मसमुच्चय उक्तः ॥ २० ॥ लक्ष्मणवचसा तत्कालं स्वस्थस्यापि पुनर्मैथिलीं स्मृत्वा खिद्यमानस्य शरदनुभववर्णनम्—अथेत्यादि ॥ २१ ॥ निर्वर्तयित्वा संपाद्य । अहं त्वकृतकर्मेति व्यङ्ग्यम् ॥ २२ ॥ गच्छन्तीति गमाः । पचाद्यच् । शैलद्रुमपुर इति द्वितीयाबहुवचनान्तम् । तान्गच्छन्ति तथा भूत्वा सलिलं विसृज्य परिशान्ताः ॥ २३ ॥ नीलोत्पलदलश्यामा इति पयोधरविशेषणम् । अहं त्वशान्तकामवेग इति व्यङ्ग्यम् । एवमग्रेऽप्यूह्यम् ॥ २४ ॥ वृष्टिसहितवाताः समुद्यता अपि विरताः ॥ २५ ॥ २६ ॥ महामेघैरभिवृष्टाः, अत एव निर्मलाः ॥ २७ ॥ श्रियं विभज्येति । शाखाप्रभालीलासु त्रिधा विभागं कृत्वेत्यर्थः ॥ २८ ॥ अनेकपदार्थाश्रयाश्चित्राः शोभा यस्याः सा । अग्रहस्ताः प्रथमविसृतकिरणाः ॥ २९ ॥ पवनमनुसरति तच्छीलः । विनेष्यन्नलं शोषयन् । शरत्काल इति शेषः । [illegible] दर्पमधिकं कुर्वन्विभाति ॥ ३० ॥ मानससरस्तः स्वेन सहा-

मदप्रगल्भेषु च वारणेषु गवां समूहेषु च दर्पितेषु ।
प्रसन्नतोयासु च निम्नगासु विभाति लक्ष्मीर्बहुधा विभक्ता ॥ ३२
नभः समीक्ष्याम्बुधरैर्विमुक्तं विमुक्तबर्हाभरणा वनेषु ।
प्रियास्वरक्ता विनिवृत्तशोभा गतोत्सवा ध्यानपरा मयूराः ॥ ३३
मनोज्ञगन्धैः प्रियकैरनल्पैः पुष्पाग्रभारावनताग्रशाखैः ।
सुवर्णगौरैर्नयनाभिरामैरुद्योतितानीव वनान्तराणि ॥ ३४
प्रियान्वितानां नलिनीप्रियाणां वनप्रियाणां कुसुमोद्गतानाम् ।
मदोत्कटानां मदलालसानां गजोत्तमानां गतयोऽद्य मन्दाः ॥ ३५
व्यक्तं नभः शस्त्रविधौतवर्णं कृशप्रवाहानि नदीजलानि ।
कह्लारशीताः पवनाः प्रवान्ति तमोविमुक्ताश्च दिशः प्रकाशाः ॥ ३६
सूर्यातपक्रामणनष्टपङ्का भूमिश्चिरोद्घाटितसान्द्ररेणुः ।
अन्योन्यवैरेण समायुतानामुद्योगकालोऽद्य नराधिपानाम् ॥ ३७
शरद्गुणाप्यायितरूपशोभाः प्रहर्षिताः पांसुसमुत्थिताङ्गाः ।
मदोत्कटाः संप्रति युद्धलुब्धा वृषा गवां मध्यगता नदन्ति ॥ ३८
समन्मथा तीव्रतरानुरागा कुलान्विता मन्दगतिः करेणूः ।
मदान्वितं संपरिवार्य यान्तं वनेषु भर्तारमनुप्रयाति ॥ ३९
त्यक्त्वा वराण्यात्मविभूषितानि बर्हाणि तीरोपगता नदीनाम् ।
निर्भर्त्स्यमाना इव सारसौघैः प्रयान्ति दीना विमना मयूराः ॥ ४०
वित्रास्य कारण्डवचक्रवाकान्महारवैर्भिन्नकटा गजेन्द्राः ।
सरःसु बद्धाम्बुजभूषणेषु विक्षोभ्य विक्षोभ्य जलं पिबन्ति ॥ ४१
व्यपेतपङ्कासु सवालुकासु प्रसन्नतोयासु सगोकुलासु ।
ससारसारावविनादितासु नदीषु हंसा निपतन्ति हृष्टाः ॥ ४२
नदीघनप्रस्रवणोदकानामतिप्रवृद्धानिलबर्हिणानाम् ।
प्लवंगमानां च गतोत्सवानां ध्रुवं रवाः संप्रति संप्रनष्टाः ॥ ४३
अनेकवर्णाः सुविनष्टकाया नवोदितेष्वम्बुधरेषु नष्टाः ।
क्षुधार्दिता घोरविषा बिलेभ्यश्चिरोषिता विप्रसरन्ति सर्पाः ॥ ४४
चञ्चच्चन्द्रकरस्पर्शहर्षोन्मीलिततारका । अहो रागवती संध्या जहातु स्वयमम्बरम् ॥ ४५
रात्रिः शशाङ्कोदितसौम्यवक्त्रा तारागणोन्मीलितचारुनेत्रा ।
ज्योत्स्नांशुकप्रावरणा विभाति नारीव शुक्लांशुकसंवृताङ्गी ॥ ४६

भ्यागतैश्चक्रवाकैः सह क्रीडन्ति ॥ ३१ ॥ ३२ ॥ विमुक्तं त्यक्तं बर्हरूपमाभरणं यैः । अरक्ता रागरहिताः ॥ ३३ ॥ प्रियकैरसनवृक्षैः ॥ ३४ ॥ कुसुमोद्गतानां सतच्छदकुसुमाघ्राणप्रवृत्तानाम् । 'उद्गतानाम्' इत्येव पाङ्कः पाठः । 'उद्धतानाम्' इति कल्पित इति कतककृतः । मदोत्कटा अधिकमदाः, अत एव मदलालसाः । मदशब्देन तज्जन्यः कामभोगस्तत्रेच्छावन्तः ॥ ३५ ॥ शस्त्रवदुत्तेजितासिवद्विधौतो विमलो वर्णो नैल्यं यस्य तत् । कह्लारशीताः । कह्लाराश्च शीताश्चेत्यर्थः ॥ ३६ ॥ सूर्यातपस्य क्रामणं संबन्धः । चिरेणोद्घाटितः प्रकाशितः सान्द्रो रेणुर्यया । अनेन शरदुत्तरार्धकालोऽयमिति ज्ञायते ॥ ३७ ॥ आप्यायिते वर्धिते रूपशोभे येषाम् । पांसुसमुत्थिताङ्गाः पांसुकाङ्गाः ॥ ३८ ॥ समन्मथत्वादिविशेषणचतुष्टयं करेण्वाः । करेणूरिति दीर्घत्वमार्षम् ॥ ३९ ॥ विभूषितं विभूषणम् । विमना मयूराः । मनःपर्यायो मनशब्दोऽकारान्तोऽपि द्विरूपकोशात् ॥ ४० ॥ बद्धाम्बुजानि निकसितकमलानि ॥ ४१ ॥ ससारसाश्च तास्तदारावविनादिताश्च तासु ॥ ४२ ॥ अतिप्रवृद्धानिलो महावायुः । बर्हिणा मयूराः । प्लवंगमा भेकाः ॥ ४३ ॥ अनेके वर्णा येषां ते । नवोदितेष्वम्बुधरेषु सुविनष्टकायाः सुतरां नष्टदेहयात्राः, अतएव नष्टा मृतप्रायाः ॥ ४४ ॥ चञ्चतां शोभमानानां चन्द्रकिरणानां स्पर्शेन यो हर्षस्तेनोन्मीलिता ईषत्प्रकाशितास्तारका नक्षत्राणि नेत्रकनीनिका च यया सा । रागवती रक्तवर्णानुरक्ता च । अम्बरमाकाशं वस्त्रं च । समासोक्तिरलंकारः । कान्तकरस्पर्शसुखादर्धोन्मीलितनयनायास्तदनुरागवशात्स्वतो विगलितवसनायाः कामुक्या वृत्तान्तस्य संध्यायामारोपादिति बोध्यम् ॥ ४५ ॥ शशाङ्कोदितेति । उदितशशाङ्केत्यर्थः ।

विपक्वशालीप्रसवानि भुक्त्वा प्रहर्षिता सारसचारुपङ्क्तिः ।
नभः समाक्रामति शीघ्रवेगा वातावधूता ग्रथितेव माला ॥ ४७
सुप्तैकहंसं कुमुदैरुपेतं महाह्रदस्थं सलिलं विभाति ।
घनैर्विमुक्तं निशि पूर्णचन्द्रं तारागणाकीर्णमिवान्तरिक्षम् ॥ ४८
प्रकीर्णहंसाकुलमेखलानां प्रबुद्धपद्मोत्पलमालिनीनाम् ।
वाप्युत्तमानामधिकाद्य लक्ष्मीर्वराङ्गनानामिव भूषितानाम् ॥ ४९
वेणुस्वरव्यञ्जिततूर्यमिश्रः प्रत्यूषकालेऽनिलसंप्रवृत्तः ।
संमूर्च्छितो गह्वरगोवृषाणामन्योन्यमापूरयतीव शब्दः ॥ ५०
नवैर्नदीनां कुसुमप्रहासैर्व्याधूयमानैर्मृदुमारुतेन ।
धौतामलक्षौमपटप्रकाशैः कूलानि काशैरुपशोभितानि ॥ ५१
वनप्रचण्डा मधुपानशौण्डाः प्रियान्विताः षट्चरणाः प्रहृष्टाः ।
वनेषु मत्ताः पवनानुयात्रां कुर्वन्ति पद्मासनरेणुगौराः ॥ ५२
जलं प्रसन्नं कुसुमप्रहासं क्रौञ्चस्वनं शालिवनं विपक्वम् ।
मृदुश्च वायुर्विमलश्च चन्द्रः शंसन्ति वर्षव्यपनीतकालम् ॥ ५३
मीनोपसंदर्शितमेखलानां नदीवधूनां गतयोऽद्य मन्दाः ।
कान्तोपभुक्तालसगामिनीनां प्रभातकालेष्विव कामिनीनाम् ॥ ५४
सचक्रवाकानि सशैवलानि काशैर्दुकूलैरिव संवृतानि ।
सपत्त्ररेखाणि सरोचनानि वधूमुखानीव नदीमुखानि ॥ ५५
प्रफुल्लबाणासनचित्रितेषु प्रहृष्टषट्पादनिकूजितेषु ।
गृहीतचापोद्यतदण्डचण्डः प्रचण्डचापोऽद्य वनेषु कामः ॥ ५६
लोकं सुवृष्ट्या परितोषयित्वा नदीस्तटाकानि च पूरयित्वा ।
निष्पन्नसस्यां वसुधां च कृत्वा त्यक्त्वा नभस्तोयधराः प्रनष्टाः ॥ ५७
दर्शयन्ति शरन्नद्यः पुलिनानि शनैःशनैः । नवसंगमसव्रीडा जघनानीव योषितः ॥ ५८
प्रसन्नसलिलाः सौम्य कुरराभिविनादिताः । चक्रवाकगणाकीर्णा विभान्ति सलिलाशयाः ॥ ५९
अन्योन्यबद्धवैराणां जिगीषूणां नृपात्मज । उद्योगसमयः सौम्य पार्थिवानामुपस्थितः ॥ ६०
इयं सा प्रथमा यात्रा पार्थिवानां नृपात्मज । न च पश्यामि सुग्रीवमुद्योगं च तथाविधम् ॥ ६१
असनाः सप्तपर्णाश्च कोविदाराश्च पुष्पिताः । दृश्यन्ते बन्धुजीवाश्च श्यामाश्च गिरिसानुषु ॥ ६२
हंससारसचक्राह्वैः कुररैश्च समंततः । पुलिनान्यवकीर्णानि नदीनां पश्य लक्ष्मण ॥ ६३
चत्वारो वार्षिका मासा गता वर्षशतोपमाः । मम शोकाभितप्तस्य तथा सीतामपश्यतः ॥ ६४

तारागणा एवोन्मीलितानि चारूणि नेत्राणि यस्याः सा ॥४६॥ शालिप्रसवा व्रीहयः । मालेव नभः समाक्रामति ॥ ४७ ॥ सुप्तैकहंसमिति चन्द्रप्रतिबिम्बवत् ॥ ४८ ॥ प्रकीर्णा हंसा एवाकुला मेखला यासाम् । वाप्युत्तमानामुत्तमवापीनाम् ॥ ४९ ॥ वेणुस्वररूपेण व्यञ्जितेन व्यक्तेन तूर्येण वाद्यघोषेण मिश्रः प्रत्यूषकाले प्रातःकालेऽनिलेन संप्रवृत्तस्तत्संबन्धेन जातः संमूर्च्छितो व्याप्तो गह्वराणां गिरिगह्वराणां गोवृषाणां च वनवर्तिनां शब्दोऽन्योन्यमापूरयतीव वर्धयतीव । गह्वरगोवृषशब्दाः साजात्यात्परस्परवर्धका इत्यर्थः । 'गह्वरगोवृषाणाम्' इति पाठः ॥ ५० ॥ नदीनां कूलानि मृदुमारुतेन व्याधूयमानैः कम्पितैः कुसुमप्रहासैः कुसुमविकासंयुतैः काशैरुपशोभितानि ॥ ५१ ॥ प्रचण्डाः प्रगल्भाः । शौण्डा मत्ताः । पद्मानामसनपुष्पाणां च रेणुभिर्गौराः पीताः पवनानुयात्रां कुर्वन्ति । गन्धलोभादिति भावः ॥ ५२ ॥ कुसुमरूपः प्रहासो यस्य तम् । शालिवनं शालिसमूहः । वर्षस्य व्यपनीतं व्यपनयो यस्मिंस्तं कालम् ॥ ५३ ॥ मीना एवोपसंदर्शिता मेखला यासाम् ॥ ५४ ॥ चक्रवाकशैवलकाशा रोचनापत्त्ररेखादुकूलस्थानीयाः ॥ ५५ ॥ सप्तम्यन्ते वनविशेषणे । वनेष्विति शेषः । गृहीतेन चापेनोद्यते आरब्धे विरहिविषयके दण्डे । चण्डः प्रचण्डः । प्रचण्डश्चापो यस्य सः । इदं हेतुगर्भम् ॥ ५६ ॥ ५७ ॥ दर्शयन्तीति पद्ये समासोक्तिः स्पष्टैव व्यङ्ग्या ॥ ५८ ॥ ५९ ॥ ६० ॥ यात्रा । यात्राकाल इत्यर्थः । तथाविधं यात्रोपयोगिनमुद्योगं च तस्य न पश्यामीत्यनुकर्षः ॥ ६१ ॥ श्यामास्तमालाः ॥ ६२ ॥ ६३ ॥ चत्वार इति । यद्यपि चतुर्थो मासो विद्यत एव, तथापि तत्रोद्योगाभावेन

चक्रवाकीव भर्तारं पृष्ठतोऽनुगता वनम् । विषमं दण्डकारण्यमुद्यानमिव चाङ्गना ॥ ६५
प्रियाविहीने दुःखार्ते हृतराज्ये विवासिते । कृपां न कुरुते राजा सुग्रीवो मयि लक्ष्मण ॥ ६६
अनाथो हृतराज्योऽयं रावणेन च धर्षितः । दीनो दूरगृहः कामी मां चैव शरणं गतः ॥ ६७
इत्येतैः कारणैः सौम्य सुग्रीवस्य दुरात्मनः । अहं वानरराजस्य परिभूतः परंतपः ॥ ६८
स कालं परिसंख्याय सीतायाः परिमार्गणे । कृतार्थः समयं कृत्वा दुर्मतिर्नावबुध्यते ॥ ६९
स किष्किन्धां प्रविश्य त्वं ब्रूहि वानरपुंगवम् । मूर्खं ग्राम्यसुखे सक्तं सुग्रीवं वचनान्मम ॥ ७०
अर्थिनामुपपन्नानां पूर्वं चाप्युपकारिणाम् । आशां संश्रुत्य यो हन्ति स लोके पुरुषाधमः ॥ ७१
शुभं वा यदि वा पापं यो हि वाक्यमुदीरितम् । सत्येन परिगृह्णाति स वीरः पुरुषोत्तमः ॥ ७२
कृतार्था ह्यकृतार्थानां मित्राणां न भवन्ति ये । तान्मृतानपि क्रव्यादाः कृतघ्नान्नोपभुञ्जते ॥ ७३
नूनं काञ्चनपृष्ठस्य विकृष्टस्य मया रणे । द्रष्टुमिच्छसि चापस्य रूपं विद्युद्गणोपमम् ॥ ७४
घोरं ज्यातलनिर्घोषं क्रुद्धस्य मम संयुगे । निर्घोषमिव वज्रस्य पुनः संश्रोतुमिच्छसि ॥ ७५
काममेवंगतेऽप्यस्य परिज्ञाते पराक्रमे । त्वत्सहायस्य मे वीर न चिन्ता स्यान्नृपात्मज ॥ ७६
यदर्थमयमारम्भः कृतः परपुरंजय । समयं नाभिजानाति कृतार्थः प्लवगेश्वरः ॥ ७७
वर्षाः समयकालं तु प्रतिज्ञाय हरीश्वरः । व्यतीतांश्चतुरो मासान्विहरन्नावबुध्यते ॥ ७८
सामात्यपरिषत्क्रीडन्पानमेवोपसेवते । शोकदीनेषु नास्मासु सुग्रीवः कुरुते दयाम् ॥ ७९
उच्यतां गच्छ सुग्रीवस्त्वया वीर महाबल । मम रोषस्य यद्रूपं ब्रूयाश्चैनमिदं वचः ॥ ८०
न स संकुचितः पन्था येन वाली हतो गतः । समये तिष्ठ सुग्रीव मा वालिपथमन्वगाः ॥ ८१
एक एव रणे वाली शरेण निहतो मया । त्वां तु सत्यादतिक्रान्तं हनिष्यामि सबान्धवम् ॥ ८२
यदेवं विहिते कार्ये यद्धितं पुरुषर्षभ । तत्तद्ब्रूहि नरश्रेष्ठ त्वरा कालव्यतिक्रमः ॥ ८३

कुरुष्व सत्यं मम वानरेश्वर प्रतिश्रुतं धर्ममवेक्ष्य शाश्वतम् ।
मा वालिनं प्रेतगतो यमक्षये त्वमद्य पश्येर्मम चोदितः शरैः ॥ ८४
स पूर्वजं तीव्रविवृद्धकोपं लालप्यमानं प्रसमीक्ष्य दीनम् ।
चकार तीव्रां मतिमुग्रतेजा हरीश्वरे मानववंशवर्धनः ॥ ८५

इत्यार्षे श्रीमद्रामायणे वाल्मीकीय आदिकाव्ये किष्किन्धाकाण्डे त्रिंशः सर्गः ॥ ३० ॥

तस्यापि गतप्रायत्वाद्गता इत्युक्तिः ॥ ६४ ॥ का सा सीता तत्राह—चक्रेति । या विषमं दण्डकारण्याख्यं वनमुद्यानमिव ज्ञात्वा चक्रवाकी भर्तारमिव मां पृष्ठतोऽनुगता ॥ ६५ ॥ ६६ ॥ कृपाया अकरणे हेतुमुन्नयति—अनाथ इति । 'दूरग्रहः' इति पाठे दूरवर्तिस्त्रीविषयो ग्रहो रावणोऽभिनिवेशो वा यस्येत्यर्थः ॥ ६७ ॥ वानरराजस्य वानरराजेन । शेषे षष्ठी ॥ ६८ ॥ परिसंख्याय गणयित्वा न बध्यते । समयमिति शेषः ॥ ६९ ॥ ७० ॥ उपपन्नां बलवीर्यादियुक्तानामाशामभिमतार्थविषयाम् । संश्रुत्य प्रतिज्ञाय ॥ ७१ ॥ सत्येनामोघतया ॥ ७२ ॥ न भवन्ति । कार्यायेति शेषः । क्रव्यादाः श्वादयः ॥७३॥७४॥ संश्रोतुमिच्छसीत्युत्तरमिति सुग्रीवं ब्रूहीति संबन्धः ॥ ७५ ॥ एवंगते इत्यस्य विवरणम्—पराक्रमे परिज्ञाते इति । त्वत्सहायस्य मे पराक्रमे ज्ञातेऽप्यस्य सुग्रीवस्य चिन्ता वालिवन्मामपि मारयिष्यतीति चिन्ता कामं न स्यादित्याश्चर्यमिति भावः ॥ ७६ ॥ यदर्थं सीतान्वेषणार्थमयमारम्भ एतत्सख्यरूपः कृतस्तद्विषयं समयं कृतार्थो निष्पन्नस्वप्रयोजनो नाभिजानाति न स्मरति ॥ ७७ ॥ वर्षाः-वर्षोत्तरकालं समयकालं संकेतविषयं कालं प्रतिज्ञाय । व्यतीतान्व्यतीतप्रायान् ॥ ७८ ॥ पानं मद्यपानम् ॥ ७९ ॥ उच्यतामित्युक्तम्, किं वक्तव्यमित्यत आह—यद्रूपमिति । मम रोषस्य यद्रूपमुच्चितमिति शेषः । तद्बूया इदं वचश्च ब्रूयाः ॥ ८० ॥ तद्वच आह—नेति । समये तिष्ठ । समयं माहासीरित्यर्थः ॥ ८१ ॥ ८२ ॥ एवं तेन कार्ये यद्यद्धितमस्माकं तस्य च तत्तद्ब्रूहि । त्वराहेतुः कालव्यतिक्रमः । आयत इति शेषः ॥ ८३ ॥ उपदेशसंक्षेपः—कुरुष्वेति । प्रेतगतः प्रेतत्वं प्राप्तः । यमक्षये यमगृहे मा वालिनं पश्येः । मम शरैश्चोदितः प्रेरितः । प्रेतत्वायेति शेषः । इति ब्रूहीत्यन्वयः ॥ ८४ ॥ मानववंशवर्धनो लक्ष्मणः ॥ ८५ ॥ इति श्रीरामाभिरामे श्रीरामीये रामायणतिलके वाल्मीकीय आदिकाव्ये किष्किन्धाकाण्डे त्रिंशः सर्गः ॥ ३० ॥

एकत्रिंशः सर्गः ।

स कामिनं दीनमदीनसत्त्वं शोकाभिपन्नं समुदीर्णकामम् ।
नरेन्द्रसूनुर्नरदेवपुत्रं रामानुजः पूर्वजमित्युवाच ॥ १
न वानरः स्थास्यति साधुवृत्ते न मन्यते कर्मफलानुषङ्गान् ।
न भोक्ष्यते वानरराज्यलक्ष्मीं यथा हि नातिक्रमतेऽस्य बुद्धिः ॥ २
मतिक्षयाद्ग्राम्यसुखेषु सक्तस्तव प्रसादात्प्रतिकारबुद्धिः ।
हतोऽग्रजं पश्यतु वीर वालिनं न राज्यमेवं विगुणस्य देयम् ॥ ३
न धारये कोपमुदीर्णवेगं निहन्मि सुग्रीवमसत्यमद्य ।
हरिप्रवीरैः सह वालिपुत्रो नरेन्द्रपुत्र्या विचयं करोतु ॥ ४
तमात्तबाणासनमुत्पतन्तं निवेदितार्थं रणचण्डकोपम् ।
उवाच रामः परवीरहन्ता स्ववीक्षितं सानुनयं च वाक्यम् ॥ ५
नहि वै त्वद्विधो लोके पापमेवं समाचरेत् । कोपमार्येण यो हन्ति स वीरः पुरुषोत्तमः ॥ ६
नेदमत्र त्वया ग्राह्यं साधुवृत्तेन लक्ष्मण । तां प्रीतिमनुवर्तस्व पूर्ववृत्तं च संगतम् ॥ ७
सामोपहितया वाचा रूक्षाणि परिवर्जयन् । वक्तुमर्हसि सुग्रीवं व्यतीतं कालपर्यये ॥ ८
सोऽग्रजेनानुशिष्टार्थो यथावत्पुरुषर्षभः । प्रविवेश पुरीं वीरो लक्ष्मणः परवीरहा ॥ ९
ततः शुभमतिः प्राज्ञो भ्रातुः प्रियहिते रतः । लक्ष्मणः प्रतिसंरब्धो जगाम भवनं कपेः ॥ १०
शक्रबाणासनप्रख्यं धनुः कालान्तकोपमम् । प्रगृह्य गिरिशृङ्गाभं मन्दरः सानुमानिव ॥ ११
यथोक्तकारी वचनमुत्तरं चैव सोत्तरम् । बृहस्पतिसमो बुद्ध्या मत्वा रामानुजस्तदा ॥ १२
कामक्रोधसमुत्थेन भ्रातुः क्रोधाग्निना वृतः । प्रभञ्जन इवाप्रीतः प्रययौ लक्ष्मणस्ततः ॥ १३
सालतालाश्वकर्णांश्च तरसा पातयन्बलात् । पर्यस्यन्गिरिकूटानि द्रुमानन्यांश्च वेगितः ॥ १४
शिलाश्च शकलीकुर्वन्पद्भ्यां गज इवाशुगः । दूरमेकपदं त्यक्त्वा ययौ कार्यवशाद्द्रुतम् ॥ १५
तामपश्यद्बलाकीर्णां हरिराजमहापुरीम् । दुर्गामिक्ष्वाकुशार्दूलः किष्किन्धां गिरिसंकटे ॥ १६
रोषात्प्रस्फुरमाणोष्ठः सुग्रीवं प्रति लक्ष्मणः । ददर्श वानरान्भीमान्किष्किन्धायां बहिश्चरान् ॥ १७
तं दृष्ट्वा वानराः सर्वे लक्ष्मणं पुरुषर्षभम् । शैलशृङ्गाणि शतशः प्रवृद्धांश्च महीरुहान् ।
जगृहुः कुञ्जरप्रख्या वानराः पर्वतान्तरे ॥ १८

स लक्ष्मणः ॥ १ ॥ साधुवृत्ते साधूनां वृत्ते स्थिरस्नेहतालक्षणे । कर्मणा जनितान्फलानुषङ्गानकण्टकराज्यभोगसंबन्धान्न मन्यते । सख्यमूलानिति शेषः । अतएव वानरराज्यलक्ष्मीं न भोक्ष्यते । हि यस्मात्तस्मात्तथा तत्प्रकारास्य बुद्धिः प्रेमपरिपालनेऽत्यन्तं न क्रमते । 'तथा हि नातिक्रमते' इति पाठः पाङ्क्तः ॥ २ ॥ तत्र हेतुमाह—मतिक्षयादिति । मतिक्षये हेतुस्तव प्रसादः । अतस्तस्य प्रतिकारबुद्धिः प्रत्युपकारबुद्धिर्न वर्तत इति शेषः । न देयम् । दत्तं नानुपालनीयमित्यर्थः ॥ ३ ॥ न धारये धारयितुं न शक्नोमि । वालिपुत्रोऽङ्गदो विचयमन्वेषणम् । सुग्रीवं हत्वा तस्मै राज्यसमर्पणादिति भावः ॥ ४ ॥ निवेदितार्थं विज्ञापितसुग्रीववधप्रवृत्तिम् । स्ववीक्षितं सुष्ठुवीक्षितं समयोचितम् ॥ ५ ॥ त्वद्विधो धर्मज्ञः । पापं मित्रवधाध्यवसायरूपम् । आर्येण सम्यग्विवेकेन ॥ ६ ॥ इदं मित्रघातरूपं वस्तु न प्राह्यं न निश्चेयम् । साधुवृत्तं साधुत्वं तेन तां पूर्वकृतां प्रीतिमनुवर्तस्व । सुग्रीवे इति शेषः । पूर्ववृत्तं संगतं च सख्यं च स्मरेति शेषः ॥ ७ ॥ कालपर्यये कालातिक्रमे व्यतीतमतिक्रममेव कालोऽतिक्रान्त इत्येव वक्तुमर्हसि । नापरं किंचिदित्यर्थः ॥ ८ ॥ अग्रजेन रामेण ॥ ९ ॥ भवनं प्रतिजगाम । संरब्धो नाटितकालातिक्रमजकोपः ॥ १० ॥ कालान्तकोपमं कालादिवद्भयंकरम् । सानुमान्मन्दर इव जगामेत्यन्वयः ॥ ११ ॥ यथोक्तकारी । रामस्येति शेषः । वचनं सुग्रीवं प्रति स्वेन वक्तव्यम् । उत्तरं तदुपरि सुग्रीवेण वक्तव्यम् । सोत्तरं तदुपरि स्ववक्तव्योत्तरसहितम् । मत्वालोच्य ॥ १२ ॥ भ्रातू रामस्य यः कामो मनोरथस्तज्जन्यो यः क्रोधस्तद्विघातजन्यः क्रोधस्तत्समुत्थेन तज्जन्येन क्रोधाग्निना वृतः अत एवाप्रीतः प्रभञ्जनो वायुरिव वेगेन प्रययौ ॥ १३ ॥ तरसोरुवेगेन । पर्यस्यन्क्षिपन् । वेगितः संजातवेगः ॥ १४ ॥ एकपदमेकैकपदम् । दूरं यथा भवति तथा त्यक्त्वा कार्यवशाद्द्रुतं ययौ ॥ १५ ॥ बलाकीर्णां वानरसेनाव्याप्ताम् । गिरिसंकटे भूधरमध्ये वर्तमानाम् ॥ १६ ॥ १७ ॥ क्रुद्धलक्ष्मणदर्शनेन भीत्या

तान्गृहीतप्रहरणान्सर्वान्दृष्ट्वा तु लक्ष्मणः । बभूव द्विगुणं क्रुद्धो बह्विन्धन इवानलः ॥ १९
तं ते भयपरीताङ्गाः क्षुब्धं दृष्ट्वा प्लवंगमाः । कालमृत्युयुगान्ताभं शतशो विद्रुता दिशः ॥ २०
ततः सुग्रीवभवनं प्रविश्य हरिपुंगवाः । क्रोधमागमनं चैव लक्ष्मणस्य न्यवेदयन् ॥ २१
तारया सहितः कामी सक्तः कपिवृषस्तदा । न तेषां कपिसिंहानां शुश्राव वचनं तदा ॥ २२
ततः सचिवसंदिष्टा हरयो रोमहर्षणाः । गिरिकुञ्जरमेघाभा नगरान्निर्ययुस्तदा ॥ २३
नखदंष्ट्रायुधाः सर्वे वीरा विकृतदर्शनाः । सर्वे शार्दूलदंष्ट्राश्च सर्वे विवृतदर्शनाः ॥ २४
दशनागबलाः केचित्केचिद्दशगुणोत्तराः । केचिन्नागसहस्रस्य बभूवुस्तुल्यवर्चसः ॥ २५
ततस्तैः कपिभिर्व्याप्तां द्रुमहस्तैर्महाबलैः । अपश्यल्लक्ष्मणः क्रुद्धः किष्किन्धां तां दुरासदाम् ॥ २६
ततस्ते हरयः सर्वे प्राकारपरिखान्तरात् । निष्क्रम्योदग्रसत्त्वास्तु तस्थुराविष्कृतं तदा ॥ २७
सुग्रीवस्य प्रमादं च पूर्वजस्यार्थमात्मवान् । दृष्ट्वा क्रोधवशं वीरः पुनरेव जगाम सः ॥ २८
स दीर्घोष्णमहोच्छ्वासः कोपसंरक्तलोचनः । बभूव नरशार्दूलः सधूम इव पावकः ॥ २९
बाणशल्यस्फुरज्जिह्वः सायकासनभोगवान् । स्वतेजोविषसंभूतः पञ्चास्य इव पन्नगः ॥ ३०
तं दीप्तमिव कालाग्निं नागेन्द्रमिव कोपितम् । समासाद्याङ्गदस्त्रासाद्विषादमगमत्परम् ॥ ३१
सोऽङ्गदं रोषताम्राक्षः संदिदेश महायशाः । सुग्रीवः कथ्यतां वत्स ममागमनमित्युत ॥ ३२
एष रामानुजः प्राप्तस्त्वत्सकाशमरिंदम । भ्रातुर्व्यसनसंतप्तो द्वारि तिष्ठति लक्ष्मणः ॥ ३३
तस्य वाक्यं यदि रुचिः क्रियतां साधु वानरः । इत्युक्त्वा शीघ्रमागच्छ वत्स वाक्यमरिंदम ॥ ३४
लक्ष्मणस्य वचः श्रुत्वा शोकाविष्टोऽङ्गदोऽब्रवीत् । पितुः समीपमागम्य सौमित्रिरयमागतः ॥ ३५

अथाङ्गदस्तस्य सुतीव्रवाचा संभ्रान्तभावः परदीनवक्त्रः ।
निर्गत्य पूर्वं नृपतेस्तरस्वी ततो रुमायाश्चरणौ ववन्दे ॥ ३६
संगृह्य पादौ पितुरुग्रतेजा जग्राह मातुः पुनरेव पादौ ।
पादौ रुमायाश्च निपीडयित्वा निवेदयामास ततस्तदर्थम् ॥ ३७

स निद्राक्लान्तसंवीतो वानरो न विबुद्धवान् । बभूव मदमत्तश्च मदनेन च मोहितः ॥ ३८
ततः किलकिलां चक्रुर्लक्ष्मणं प्रेक्ष्य वानराः । प्रसादयन्तस्तं क्रुद्धं भयमोहितचेतसः ॥ ३९
ते महौघनिभं दृष्ट्वा वज्राशनिसमस्वनम् । सिंहनादं समं चक्रुर्लक्ष्मणस्य समीपतः ॥ ४०
तेन शब्देन महता प्रत्यबुध्यत वानरः । मदविह्वलताम्राक्षो व्याकुलः स्रग्विभूषणः ॥ ४१

शैलशृङ्गादिग्रहो वानराणाम् ॥ १८ ॥ द्विगुणं क्रुद्धः । मां दृष्ट्वैव प्रणामं त्यक्त्वा प्रहरणं गृह्णन्तीति कोपद्वैगुण्यम् ॥ १९ ॥ २० ॥ २१ ॥ २२ ॥ ततः सचिवसंदिष्टाः सुग्रीवं बोधयित्वा तदनुमत्या लक्ष्मणोऽस्माभिर्यावत्प्रवेश्यते तावद्धठाल्लक्ष्मणप्रवेशं निरुन्धानास्तिष्ठत इत्येवं सचिवैर्हनूमदादिभिः संदिष्टा हरयो नगरान्निर्ययुः ॥ २३ ॥ विकृतदर्शना भीमदर्शनाः । विवृतदर्शनाः प्रकटदर्शनाः ॥ २४ ॥ दशगुणोत्तराः । शतनागबला इत्यर्थः । नागसहस्रस्य तुल्यवर्चसो नागसहस्रतेजस्तुल्यतेजसः ॥ २५ ॥ दुरासदामपश्यदित्यन्वयः ॥ २६ ॥ प्राकाराद्बहिर्वर्तिनी परिखा तदन्तरात्तदवधेरपि बहिर्निष्क्रम्याविष्कृतं प्रकटितं यथा तथा तस्थुः ॥ २७ ॥ प्रमादं च । चाद्वानरप्रतिरोधं च । पूर्वजस्य रामस्यार्थं च दृष्ट्वा विचार्य ॥ २८ ॥ दीर्घ उष्णो महानुच्छ्वासो यस्य ॥ २९ ॥ बाणस्य शल्यमिव स्फुरन्ती जिह्वा यस्य सः । सायकासनं धनुरेव भोगो यस्य । स्वतेजोरूपविषेण संभूतो व्याप्तः ॥ ३० ॥ विषादमगमत् । एतावत्पर्यन्तं रामकार्यं न चिन्तितमिति विषादः ॥ ३१ ॥ इत्युत । एवंप्रकारेणेत्यर्थः ॥ ३२ ॥ तं प्रकारं दर्शयति—एष इति ॥ ३३ ॥ इदमुक्तं मम वाक्यं तस्मै इत्युक्तप्रकारेणोक्त्वा स वानरः सुग्रीवः साधु साधुकारी यथा भवति तथा क्रियताम् । अनन्तरं तस्यास्माकं यदि रुचिर्भवति तदा तस्य वाक्यं श्रुत्वा शीघ्रमागच्छ ॥ ३४ ॥ ३५ ॥ 'लक्ष्मणस्य' इति श्लोकेन संक्षिप्योक्तस्यार्थस्य विस्तरः—अथेति । संभ्रान्तभावः संभ्रान्तचित्तः । परिदीनवक्त्रः परमतिशयेन दीनं वक्त्रं यस्य सः । 'परिदीन–' इति पाठान्तरम् । निर्गत्य । लक्ष्मणसंनिहितदेशात्परावृत्त्येत्यर्थः । पूर्वं नृपतेस्ततो रुमायाः । इदमुपलक्षणम् । तारायाश्चरणावित्यन्वयः ॥ ३६ ॥ तदेव विस्तारयति—संगृह्येति । मातुस्तारायाः ॥ ३७ ॥ निद्रया क्लान्तः संवीतः । व्याप्तश्चेत्यर्थः । न विबुद्धवान् । तद्वार्तां तद्वचनं चेत्यर्थः । यतो मदनेन मोहितो मदमत्तश्च बभूवासीत् ॥ ३८ ॥ ततोऽङ्गदस्य सुग्रीवसमीपगमनानन्तरं वानराणां भयक्रोधादिजः शब्दसमूहः किलकिला । तं लक्ष्मणम् ॥ ३९ ॥ ते लक्ष्मणं दृष्ट्वा महौघनिभं तच्छब्दसदृशशब्दं वज्रादिसदृशशब्दं च समं सह सिंहनादं चक्रुः । सुग्री-

अथाङ्गदवचः श्रुत्वा तेनैव च समागतौ । मन्त्रिणौ वानरेन्द्रस्य संमतोदारदर्शनौ ॥ ४२
यक्षश्चैव प्रभावश्च मन्त्रिणावर्थधर्मयोः । वक्तुमुच्चावचं प्राप्तं लक्ष्मणं तौ शशंसतुः ॥ ४३
प्रसादयित्वा सुग्रीवं वचनैः सार्थनिश्चितैः । आसीनं पर्युपासीनौ यथा शक्रं मरुत्पतिम् ॥ ४४
सत्यसंधौ महाभागौ भ्रातरौ रामलक्ष्मणौ । मनुष्यभावं संप्राप्तौ राज्यार्हौ राज्यदायिनौ ॥ ४५
तयोरेको धनुष्पाणिर्द्वारि तिष्ठति लक्ष्मणः । यस्य भीताः प्रवेपन्तो नादान्मुञ्चन्ति वानराः ॥ ४६
स एष राघवभ्राता लक्ष्मणो वाक्यसारथिः । व्यवसायरथः प्राप्तस्तस्य रामस्य शासनात् ॥ ४७
अयं च तनयो राजंस्ताराया दयितोऽङ्गदः । लक्ष्मणेन सकाशं ते प्रेषितस्त्वरयानघ ॥ ४८
सोऽयं रोषपरीताक्षो द्वारि तिष्ठति वीर्यवान् । वानरान्वानरपते चक्षुषा निर्दहन्निव ॥ ४९
तस्य मूर्ध्ना प्रणामं त्वं सपुत्रः सहबान्धवः । गच्छ शीघ्रं महाराज रोषो ह्यद्योपशाम्यताम् ॥ ५०
यथा हि रामो धर्मात्मा तत्कुरुष्व समाहितः । राजंस्तिष्ठ स्वसमये भव सत्यप्रतिश्रवः ॥ ५१

इत्यार्षे श्रीमद्रामायणे वाल्मीकीय आदिकाव्ये किष्किन्धाकाण्डे एकत्रिंशः सर्गः ॥ ३१ ॥

द्वात्रिंशः सर्गः ।

अङ्गदस्य वचः श्रुत्वा सुग्रीवः सचिवैः सह । लक्ष्मणं कुपितं श्रुत्वा मुमोचासनमात्मवान् ॥ १
स च तानब्रवीद्वाक्यं निश्चित्य गुरुलाघवम् । मन्त्रज्ञान्मन्त्रकुशलो मन्त्रेषु परिनिष्ठितः ॥ २
न मे दुर्व्याहृतं किंचिन्नापि मे दुरनुष्ठितम् । लक्ष्मणो राघवभ्राता क्रुद्धः किमिति चिन्तये ॥ ३
असुहृद्भिर्ममामित्रैर्नित्यमन्तरदर्शिभिः । मम दोषानसंभूताञ्श्रावितो राघवानुजः ॥ ४
अत्र तावद्यथाबुद्धिः सर्वैरेव यथाविधि । भावस्य निश्चयस्तावद्विज्ञेयो निपुणं शनैः ॥ ५
न खल्वस्ति मम त्रासो लक्ष्मणान्नापि राघवात् । मित्रं त्वस्थानकुपितं जनयत्येव संभ्रमम् ॥ ६
सर्वथा सुकरं मित्रं दुष्करं प्रतिपालनम् । अनित्यत्वात्तु चित्तानां प्रीतिरल्पेऽपि भिद्यते ॥ ७
अतो निमित्तं त्रस्तोऽहं रामेण तु महात्मना । यन्ममोपकृतं शक्यं प्रतिकर्तुं न तन्मया ॥ ८
सुग्रीवेणैवमुक्ते तु हनूमान्हरिपुंगवः । उवाच स्वेन तर्केण मध्ये वानरमन्त्रिणाम् ॥ ९
सर्वथा नैतदाश्चर्यं यत्त्वं हरिगणेश्वर । न विस्मरस्यविस्रब्धमुपकारं कृतं शुभम् ॥ १०
राघवेण तु वीरेण भयमुत्सृज्य दूरतः । त्वत्प्रियार्थं हतो वाली शक्रतुल्यपराक्रमः ॥ ११

वोद्बोधनायेति शेषः ॥ ४० ॥ ४१ ॥ अथेति । वानरशब्देन प्रबुद्धस्य वानरेन्द्रस्य सुग्रीवस्य समीपमङ्गदवचः श्रुत्वा तेनाङ्गदेनैव सह मन्त्रिणौ वानरेन्द्रस्य समीपमागतौ । संमतौ च तावुदारदर्शनौ च संमतोदारदर्शनौ ॥ ४२ ॥ कौ तौ तत्राह—यक्ष इत्यादि । अर्थधर्मयोर्विषय उच्चावचं स्वराज्ञे वक्तुं प्राप्तं लक्ष्मणं शशंसतुः ॥ ४३ ॥ सार्थनिष्ठितैरर्थनिश्चयसहितैर्वचनैः प्रसादयित्वा शशंसतुरित्यन्वयः ॥ ४४ ॥ राज्यार्हौ त्रिलोकीराज्यार्हौ । राज्यदायिनौ । तवेति शेषः । मनुष्यभावं प्राप्तावित्यनेन वस्तुनो न मनुष्याविति सूचितम् ॥ ४५ ॥ यस्य भीता यस्माद्भीताः ॥ ४६ ॥ वाक्यं रामवाक्यं सारथिर्यस्य । व्यवसायः कर्तव्यार्थनिश्चयः स रथो यस्य ॥ ४७ ॥ ४८ ॥ ४९ ॥ ५० ॥ धर्मात्मा । वदतीति शेषः । सत्यप्रतिश्रवः सत्यप्रतिज्ञः ॥ ५१ ॥

इति श्रीरामाभिरामे श्रीरामीये रामायणतिलके वाल्मीकीय आदिकाव्ये किष्किन्धाकाण्ड एकत्रिंशः सर्गः ॥ ३१ ॥

अङ्गदस्येति ॥ १ ॥ गुरुलाघवम् । गुरुत्वलघुत्वे इत्यर्थः ॥ २ ॥ दुर्व्याहृतमनुचितवचनमुक्तम् । दुरनुष्ठितमनुचितं कृत्यम् । कृतमिति शेषः ॥ ३ ॥ कोपकारणमुन्नयति—असुहृद्भिरिति । असुहृदः शत्रवः । अमित्रा अपकारिणः । अन्तरं छिद्रम् । असंभूताननुत्पन्नान् । श्रावितः । नूनमिति शेषः ॥ ४ ॥ अत्र लक्ष्मणकोपविषये । तावत्प्रथमतः । यथा तत्त्वात्मिका बुद्धिर्ज्ञानं यस्मिन्निश्चये स भावस्य कोपस्य निश्चयस्तात्त्विककोपनिमित्तस्य निश्चयो विज्ञेयः कर्तव्यः ॥ ५ ॥ त्रासः । मदपराधमूल इति शेषः । कुतस्तर्हि त्रासोऽत आह—मित्रमिति । अस्थानेऽकाण्डे वास्तवापराधाभावेऽपि रिपुकृतमिथ्योपजापेन कुपितं संजातकोपं मित्रं संभ्रमं भयं जनयत्येव ॥ ६ ॥ रिपुजोपजापपरिहारेण सख्यपालनं दुष्करमित्याह—सर्वथेति । अल्पेऽपि । उपजापे इति शेषः ॥ ७ ॥ अतो निमित्तमस्मान्निमित्तात् । अथ स्वदोषशङ्कानिवृत्तये कृतज्ञतां मन्त्रिभ्यो दर्शयति—रामेण त्विति ॥ ८ ॥ अथ मुख्यमन्त्री हनूमान्कोपनिमित्तं निश्चित्याह—सुग्रीवेणेति । तर्को युक्तिः ॥ ९ ॥ अथ निश्चयं विवक्षुः स्वस्य गुणग्राहित्वरूपं मन्त्रिलक्षणं प्रकटयति—सर्वथेति ॥ १० ॥ उपकारमेवाह—राघवेणेति । भयं वालिपरा-

सर्वथा प्रणयात्क्रुद्धो राघवो नात्र संशयः । भ्रातरं संप्रहितवाँल्लक्ष्मणं लक्ष्मिवर्धनम् ॥ १२
त्वं प्रमत्तो न जानीषे कालं कालविदां वर । फुल्लसप्तच्छदश्यामा प्रवृत्ता तु शरच्छुभा ॥ १३
निर्मलग्रहनक्षत्रा द्यौः प्रनष्टबलाहका । प्रसन्नाश्च दिशः सर्वाः सरितश्च सरांसि च ॥ १४
प्राप्तमुद्योगकालं तु नावैषि हरिपुंगव । त्वं प्रमत्त इति व्यक्तं लक्ष्मणोऽयमिहागतः ॥ १५
आर्तस्य हृतदारस्य परुषं पुरुषान्तरात् । वचनं मर्षणीयं ते राघवस्य महात्मनः ॥ १६
कृतापराधस्य हि ते नान्यत्पश्याम्यहं क्षमम् । अन्तरेणाञ्जलिं बद्ध्वा लक्ष्मणस्य प्रसादनात् ॥ १७
नियुक्तैर्मन्त्रिभिर्वाच्यो ह्यवश्यं पार्थिवो हितम् । इत एव भयं त्यक्त्वा ब्रवीम्यवधृतं वचः ॥ १८
अभिक्रुद्धः समर्थो हि चापमुद्यम्य राघवः । सदेवासुरगन्धर्वं वशे स्थापयितुं जगत् ॥ १९
न स क्षमः कोपयितुं यः प्रसाद्यः पुनर्भवेत् । पूर्वोपकारं स्मरता कृतज्ञेन विशेषतः ॥ २०
तस्य मूर्ध्ना प्रणम्य त्वं सपुत्रः ससुहृज्जनः । राजंस्तिष्ठ स्वसमये भर्तुर्भार्येव तद्वशे ॥ २१

न रामरामानुजशासनं त्वया कपीन्द्र युक्तं मनसाप्यपोहितुम् ।
मनो हि ते ज्ञास्यति मानुषं बलं स राघवस्यास्य सुरेन्द्रवर्चसः ॥ २२

इत्यार्षे श्रीमद्रामायणे वाल्मीकीय आदिकाव्ये किष्किन्धाकाण्डे द्वात्रिंशः सर्गः ॥ ३२ ॥

त्रयस्त्रिंशः सर्गः ।

अथ प्रतिसमादिष्टो लक्ष्मणः परवीरहा । प्रविवेश गुहां रम्यां किष्किन्धां रामशासनात् ॥ १
द्वारस्था हरयस्तत्र महाकाया महाबलाः । बभूवुर्लक्ष्मणं दृष्ट्वा सर्वे प्राञ्जलयः स्थिताः ॥ २
निःश्वसन्तं तु तं दृष्ट्वा क्रुद्धं दशरथात्मजम् । बभूवुर्हरयस्त्रस्ता न चैनं पर्यवारयन् ॥ ३
स तां रत्नमयीं दिव्यां श्रीमान्पुष्पितकाननाम् । रम्यां रत्नसमाकीर्णां ददर्श महतीं गुहाम् ॥ ४
हर्म्यप्रासादसंबाधां नानारत्नोपशोभिताम् । सर्वकामफलैर्वृक्षैः पुष्पितैरुपशोभिताम् ॥ ५
देवगन्धर्वपुत्रैश्च वानरैः कामरूपिभिः । दिव्यमाल्याम्बरधरैः शोभितां प्रियदर्शनैः ॥ ६
चन्दनागुरुपद्मानां गन्धैः सुरभिगन्धिताम् । मैरेयाणां मधूनां च संमोदितमहापथाम् ॥ ७
विन्ध्यमेरुगिरिप्रख्यैः प्रासादैर्नैकभूमिभिः । ददर्श गिरिनद्यश्च विमलास्तत्र राघवः ॥ ८
अङ्गदस्य गृहं रम्यं मैन्दस्य द्विविदस्य च । गवयस्य गवाक्षस्य गजस्य शरभस्य च ॥ ९
विद्युन्मालेश्च संपातेः सूर्याक्षस्य हनूमतः । वीरबाहोः सुबाहोश्च नलस्य च महात्मनः ॥ १०
कुमुदस्य सुषेणस्य तारजाम्बवतोस्तथा । दधिवक्त्रस्य नीलस्य सुपाटलसुनेत्रयोः ॥ ११
एतेषां कपिमुख्यानां राजमार्गे महात्मनाम् । ददर्श गृहमुख्यानि महासाराणि लक्ष्मणः ॥ १२
पाण्डुराभ्रप्रकाशानि गन्धमाल्ययुतानि च । प्रभूतधनधान्यानि स्त्रीरत्नैः शोभितानि च ॥ १३
पाण्डुरेण तु शैलेन परिक्षिप्तं दुरासदम् । वानरेन्द्रगृहं रम्यं महेन्द्रसदनोपमम् ॥ १४

क्रमजं वालिनश्छलेन वधकृतं लोकापवादजं वा ॥ ११ ॥ प्रणयात्क्रुद्धः । न तु त्वद्रिपूपजापत इत्यर्थः ॥ १२ ॥ प्रणयकोपस्यापि निमित्ताभासं दर्शयति—त्वमिति । कालं प्रतिज्ञातं सीतान्वेषणकालम् । प्रवृत्ता प्रकर्षेण वृत्ता । गतप्रायेति यावत् ॥ १३ ॥ १४ ॥ व्यक्तम् । ज्ञात्वेति शेषः ॥ १५ ॥ पुरुषान्तराल्लक्ष्मणाच्छ्रुतं परुषं वचनं ते त्वया मर्षणीयम् । तत्संभावनमालक्ष्यायमुपदेशः ॥ १६ ॥ १७ ॥ नियुक्तैः । हितोपदेश इति शेषः । भयं त्यक्त्वा ब्रवीमि राजानमपि कार्यवशात्परस्मा अञ्जलिं कुर्विति वचोऽवधृतं निश्चितं वदामि ॥ १८ ॥ १९ ॥ यः पुनः प्रसाद्यो भवेत्स कोपयितुं न क्षमो न युक्तः ॥ २० ॥ ॥ २१ ॥ अपोहितुमुपेक्षितुम् । सराघवस्य सलक्ष्मणस्यास्य रामस्य मानुषं मनुष्यमतिक्रान्तं बलं ते मनो ज्ञास्यति जानात्येव । वालिवधादिनेति भावः ॥ २२ ॥ इति श्रीरामाभिरामे श्रीरामीये रामायणतिलके वाल्मीकीय आदिकाव्ये किष्किन्धाकाण्डे द्वात्रिंशः सर्गः ॥ ३२ ॥

अथैवं हनुमद्वचनानन्तरम् । प्रतिसमादिष्टोऽङ्गदात्प्रतिसंदेशं प्राप्तः ॥ १ ॥ स्थिता हरयः प्राञ्जलयो बभूवुरित्यन्वयः ॥ २ ॥ पर्यवारयन् । भयेन लक्ष्मणं परिवार्य गन्तुं नाशक्नुवन्नित्यर्थः ॥ ३ ॥ पुष्पितानि काननानि यस्यां सा ताम् । रत्नसमाकीर्णामनेकोत्तमवस्त्वाक्रान्ताम् ॥ ४ ॥ तस्यैव प्रपञ्चः—हर्म्येति । सर्वकामफलैः सर्वदापेक्षितफलयुक्तैः ॥ ५ ॥ ६ ॥ पद्मं पद्मकाख्यं गन्धद्रव्यम् । सुरभिगन्धितां सुगन्धिताम् । मधूनां च सर्वैरिति शेषः ॥ ७ ॥ ८ ॥ ९ ॥ १० ॥ ११ ॥ १२ ॥ १३ ॥ पाण्डुरेण शैलेन परिक्षिप्तं स्फटिकशिलामयव-

शुक्लैः प्रासादशिखरैः कैलासशिखरोपमैः । सर्वकामफलैर्वृक्षैः पुष्पितैरुपशोभितम् ॥ १५
महेन्द्रदत्तैः श्रीमद्भिर्नीलजीमूतसंनिभैः । दिव्यपुष्पफलैर्वृक्षैः शीतच्छायैर्मनोरमैः ॥ १६
हरिभिः संवृतद्वारं बलिभिः शस्त्रपाणिभिः । दिव्यमाल्यावृतं शुभ्रं तप्तकाञ्चनतोरणम् ॥ १७
सुग्रीवस्य गृहं रम्यं प्रविवेश महाबलः । अवार्यमाणः सौमित्रिर्महाभ्रमिव भास्करः ॥ १८
स सप्तकक्ष्या धर्मात्मा यानासनसमावृताः । ददर्श सुमहद्गुप्तं ददर्शान्तःपुरं महत् ॥ १९
हैमराजतपर्यङ्कैर्बहुभिश्च वरासनैः । महार्हास्तरणोपेतैस्तत्र तत्र समावृतम् ॥ २०
प्रविशन्नेव सततं शुश्राव मधुरस्वनम् । तन्त्रीगीतसमाकीर्णं समतालपदाक्षरम् ॥ २१
बह्वीश्च विविधाकारा रूपयौवनगर्विताः । स्त्रियः सुग्रीवभवने ददर्श स महाबलः ॥ २२
दृष्ट्वाभिजनसंपन्नास्तत्र माल्यकृतस्रजः । वरमाल्यकृतव्यग्रा भूषणोत्तमभूषिताः ॥ २३
नातृप्तान्नातिच व्यग्रान्नानुदात्तपरिच्छदान् । सुग्रीवानुचरांश्चापि लक्षयामास लक्ष्मणः ॥ २४
कूजितं नूपुराणां च काञ्चीनां निःस्वनं तथा । स निशम्य ततः श्रीमान्सौमित्रिर्लज्जितोऽभवत् ॥ २५
रोषवेगप्रकुपितः श्रुत्वा चाभरणस्वनम् । चकार ज्यास्वनं वीरो दिशः शब्देन पूरयन् ॥ २६
चारित्रेण महाबाहुरपकृष्टः स लक्ष्मणः । तस्थावेकान्तमाश्रित्य रामकोपसमन्वितः ॥ २७
तेन चापस्वनेनाथ सुग्रीवः प्लवगाधिपः । विज्ञायागमनं त्रस्तः स चचाल वरासनात् ॥ २८
अङ्गदेन यथा मह्यं पुरस्तात्प्रतिवेदितम् । सुव्यक्तमेष संप्राप्तः सौमित्रिर्भ्रातृवत्सलः ॥ २९
अङ्गदेन समाख्यातो ज्यास्वनेन च वानरः । बुबुधे लक्ष्मणं प्राप्तं मुखं चास्योपशुष्यत ॥ ३०
ततस्तारां हरिश्रेष्ठः सुग्रीवः प्रियदर्शनाम् । उवाच हितमव्यग्रस्त्राससंभ्रान्तमानसः ॥ ३१
किं नु रुट्कारणं सुभ्रु प्रकृत्या मृदुमानसः । सरोष इव संप्राप्तो येनायं राघवानुजः ॥ ३२
किं पश्यसि कुमारस्य रोषस्थानमनिन्दिते । न खल्वकारणे कोपमाहरेन्नरपुंगवः ॥ ३३
यद्यस्य कृतमस्माभिर्बुध्यसे किंचिदप्रियम् । तद्बुद्ध्या संप्रधार्याशु क्षिप्रमेवाभिधीयताम् ॥ ३४
अथवा स्वयमेवैनं द्रष्टुमर्हसि भामिनि । वचनैः सान्त्वयुक्तैश्च प्रसादयितुमर्हसि ॥ ३५
त्वद्दर्शने विशुद्धात्मा न स्म कोपं करिष्यति । नहि स्त्रीषु महात्मानः क्वचित्कुर्वन्ति दारुणम् ॥ ३६
त्वया सान्त्वैरुपक्रान्तं प्रसन्नेन्द्रियमानसम् । ततः कमलपत्राक्षं द्रक्ष्याम्यहमरिंदमम् ॥ ३७

सा प्रस्खलन्ती मदविह्वलाक्षी प्रलम्बकाञ्चीगुणहेमसूत्रा ।
सलक्षणा लक्ष्मणसंनिधानं जगाम तारा नमिताङ्गयष्टिः ॥ ३८
स तां समीक्ष्यैव हरीशपत्नीं तस्थावुदासीनतया महात्मा ।
अवाङ्मुखोऽभून्मनुजेन्द्रपुत्रः स्त्रीसंनिकर्षाद्विनिवृत्तकोपः ॥ ३९

प्रेण वेष्टितम् ॥ १४ ॥ १५ ॥ महेन्द्रदत्तैर्वृक्षैः कल्पवृक्षैः ॥ १६ ॥ १७ ॥ १८ ॥ सप्तकक्ष्या इत्यस्यातिक्रम्येति शेषः ॥ १९ ॥ २० ॥ तन्त्रीगीतेन वीणावाद्यघोषेण सहितं मधुरस्वनं मुरजादेः शुश्राव ॥ २१ ॥ २२ ॥ अभिजनसंपन्ना आभिजात्ययुक्ताः । वरमाल्यकृतव्यग्रा वरमाल्यानामुत्तमस्रजां कृतं करणं तत्र व्यग्राः ॥ २३ ॥ अव्यग्रान्परिचर्यात्वरारहितान् । अनुदात्तपरिच्छदान्प्रशस्यालंकाररहितान् ॥ २४ ॥ लज्जितोऽभवत् । अयोध्यातोऽप्यधिकसौभाग्यदर्शनाल्लज्जा । परस्त्रीदर्शनकृता लज्जेत्यन्ये ॥ २५ ॥ रोषवेगेन प्रकुपितः । इदानीमपि कामभोगं न त्यजतीति कोपवृद्धिः । 'रोषवेगप्रचलितः' इति पाठान्तरम् । अर्थस्तुल्यः । आभरणस्वनं श्रुत्वा स्त्रीणां ततो निवृत्तये ज्यास्वनं चकार ॥ २६ ॥ तदेवाह—चारित्रेणेति । चारित्रेण स्त्रीगोष्ठ्यां प्रवेष्टुं नोचितमिति पर्यालोचनयापकृष्टो निवर्तितान्तःपुरप्रवेशः सन्नेकान्तमाश्रित्य रामकोपसमन्वितो रामकार्याप्रवृत्तिदर्शनकोपेन समन्वितस्तस्थौ ॥ २७ ॥ २८ ॥ २९ ॥ समाख्यातो बोधितलक्ष्मणागमनः । उपशुष्यतोपाशुष्यत ॥ ३० ॥ ३१ ॥ सरोष इव सरोष एव ॥ ३२ ॥ रोषस्थानं रोषकारणम् । ममापराधमित्यर्थः ॥ ३३ ॥ अस्माभिः कृतं यत्किंचिदित्यन्वयः ॥ ३४ ॥ निर्निमित्तकोपासंभवान्निमित्तं चानिर्णीय स्वस्य समीपगमनमनुचितमिति पक्षान्तरं गृह्णाति—अथवेति । स्वयमेव । मां विहायेत्यर्थः ॥ ३५ ॥ विशुद्धात्मा गतक्रोधचित्तः ॥ ३६ ॥ उपक्रान्तमुपक्रान्तक्षमापनम् ॥ ३७ ॥ प्रस्खलन्ती मदालसतया पदे पदे स्खलन्ती । मदविह्वलाक्षी भोगार्थं कृतमधुपानमदेनालसचकितनेत्रा । प्रलम्बे काञ्चीगुणहेमसूत्रे यस्याः । काञ्चीगुणो रशना । नमिताङ्गयष्टिः । स्तनभारेणेति शेषः ॥ ३८ ॥ हरीशपत्नीं सुग्रीवपत्नीं ताराम् ॥ ३९ ॥

सा पानयोगाच्च निवृत्तलज्जा दृष्टिप्रसादाच्च नरेन्द्रसूनोः ।
उवाच तारा प्रणयप्रगल्भं वाक्यं महार्थं परिसान्त्वरूपम् ॥ ४०
किं कोपमूलं मनुजेन्द्रपुत्र कस्ते न संतिष्ठति वाङ्निदेशे ।
कः शुष्कवृक्षं वनमापतन्तं दवाग्निमासीदति निर्विशङ्कः ॥ ४१
स तस्या वचनं श्रुत्वा सान्त्वपूर्वमशङ्कितः । भूयः प्रणयदृष्टार्थं लक्ष्मणो वाक्यमब्रवीत् ॥ ४२
किमयं कामवृत्तस्ते लुप्तधर्मार्थसंग्रहः । भर्ता भर्तृहिते युक्ते न चैवमवबुध्यसे ॥ ४३
न चिन्तयति राज्यार्थं सोऽस्माञ्शोकपरायणान् । सामान्यपरिषत्कारे काममेवोपसेवते ॥ ४४
स मासांश्चतुरः कृत्वा प्रमाणं प्लवगेश्वरः । व्यतीतांस्तान्मदोदग्रो विहरन्नावबुध्यते ॥ ४५
नहि धर्मार्थसिद्ध्यर्थं पानमेव प्रशस्यते । पानादर्थश्च कामश्च धर्मश्च परिहीयते ॥ ४६
धर्मलोपो महांस्तावत्कृते ह्यप्रतिकुर्वतः । अर्थलोपश्च मित्रस्य नाशे गुणवतो महान् ॥ ४७
मित्रं ह्यर्थगुणश्रेष्ठं सत्यधर्मपरायणम् । तद्द्वयं तु परित्यक्तं न तु धर्मे व्यवस्थितम् ॥ ४८
तदेवं प्रस्तुते कार्ये कार्यमस्माभिरुत्तरम् । तत्कार्यं कार्यतत्त्वज्ञे त्वमुदाहर्तुमर्हसि ॥ ४९
सा तस्य धर्मार्थसमाधियुक्तं निशम्य वाक्यं मधुरस्वभावम् ।
तारा गतार्थे मनुजेन्द्रकार्ये विश्वासयुक्तं तमुवाच भूयः ॥ ५०
न कोपकालः क्षितिपालपुत्र न चापि कोपः स्वजने विधेयः ।
त्वदर्थकामस्य जनस्य तस्य प्रमादमप्यर्हसि वीर सोढुम् ॥ ५१
कोपं कथं नाम गुणप्रकृष्टः कुमार कुर्यादपकृष्टसत्त्वे ।
कस्त्वद्विधः कोपवशं हि गच्छेत्सत्त्वावरुद्धस्तपसः प्रसूतिः ॥ ५२
जानामि कोपं हरिवीरबन्धोर्जानामि कार्यस्य च कालसङ्गम् ।
जानामि कार्यं त्वयि यत्कृतं नस्तच्चापि जानामि यदत्र कार्यम् ॥ ५३
तच्चापि जानामि तथाविषह्यं बलं नरश्रेष्ठ शरीरजस्य ।
जानामि यस्मिंश्च जनेऽवबद्धं कामेन सुग्रीवमसक्तमद्य ॥ ५४
न कामतन्त्रे तव बुद्धिरस्ति त्वं वै यथा मन्युवशं प्रपन्नः ।
न देशकालौ हि यथार्थधर्माववेक्षते कामरतिर्मनुष्यः ॥ ५५

प्रणयप्रगल्भं मैत्रीममर्थनसमर्थम् । परिसान्त्वरूपं परितः सान्त्वरूपम् । 'पतिसान्त्व-' इति पाठः सुगमः ॥ ४० ॥ वाङ्-निदेशेऽनुशिष्टकार्यानुष्ठाने । आपतन्तं दग्ध्वा तिष्ठन्तम् ॥४१॥ भूयोऽधिकं प्रणयप्रकाशपूर्वं दृष्टोऽर्थो यस्मिंस्तत् ॥ ४२ ॥ अयं ते भर्ता लुप्तधर्मार्थसंग्रहो वर्तते । अर्थोऽत्र मित्ररूपः । एनं किं न बुध्यसे ॥ ४३ ॥ लुप्तधर्मादित्वमेवाह—नेति । राज्यार्थं राज्यस्थैर्यार्थं सामान्या परिषद्यस्य तादृशः । भूत्वेति शेषः ॥ ४४ ॥ विहरंस्त्वया क्रीडन् ॥ ४५ ॥ ४६ ॥ पानादर्थादिनाशमुपपादयति—धर्मेति । महान्धर्मलोपः प्रतिज्ञाहानि-रूपः । कृते उपकारेऽप्रतिकुर्वतः प्रत्युपकारमकुर्वतः । तावत्प्रथमम् । ततो गुणवतो मित्रस्य मैत्रीनाशे महानर्थलोपो भवति ॥ ४७ ॥ अर्थगुणश्रेष्ठं मित्रार्थसाधनलक्षणश्रेष्ठगुणवत् । सत्यधर्मपरायणमेतद्गुणद्वयवन्मित्रं हि प्रसिद्धम् । तद्द्वयं गुण-द्वयमपि तव भर्त्रा परित्यक्तम्, न तु धर्मे मैत्रीपालनरूपे धर्मे व्यवस्थितम् ॥ ४८ ॥ तत्तस्मादेवं सति प्रस्तुते कार्ये प्रस्तुतकार्य-सिद्धिनिमित्तमित उत्तरं यदस्माभिः कार्यं तत्कार्यमुदाहर्तुमर्हसि ॥ ४९ ॥ धर्मार्थसमाधियुक्तं तत्संबन्धयुक्तम् । अगतार्थे अप्रयोजने मनुजेन्द्रकार्ये तद्विषये विश्वासयुक्तं यथा तथा भूयः पुनरुवाच ॥ ५० ॥ न कोपकालः । अर्थस्यातीतत्वादिति भावः । प्रमादमज्ञानभूतमपराधम् ॥ ५१ ॥ तस्य सोढव्यतां समर्थयति—कोपं कथं नामेति । अपकृष्टसत्त्वे हीने सत्त्वावरुद्धः सहजसत्त्वगुणावरुद्धविपरीतव्यापारः । 'सत्त्वाविरुद्धः' इति पाठे सहजगुणाविरुद्धव्यापारः । अतएव तपसः प्रसूतिः ॥ ५२ ॥ जानामि कोपमिति । हरिवीरबन्धो रामस्य कोपं कोपनिमित्तं कार्यस्य कालसङ्गं विलम्बं च जानामि । त्वयि यदायत्तं नः कार्यं राज्यदानलक्षणं त्वया कृतं तदपि जानामि । यदत्र विषये कार्यं प्रतिकर्तव्यरूपं तदपि जानामि ॥ ५३ ॥ तव कोपस्यायुक्तत्वे हेतुमपि जानामीत्याह—तच्चापीति । शरीरजस्य कामस्य तथाऽविषह्यं बलं तच्चापि जानामि । एवं सुग्रीवं यस्मिञ्जने स्त्रीजने कामेनावबद्धं संभावयसि तं च जानामि । तथाद्यान्यत्र कृत्येऽसक्तमव्यापारं च जानामि ॥ ५४ ॥ नन्वेवं सति मम कोपस्यायुक्तता कथमत आह—नेति । यथा त्वं वै निश्चयेन मन्युवशं प्रपन्नो दृश्यसे तथा जानामि । कामतन्त्रे कामस्वभावपरिज्ञाने तव बुद्धिर्नास्ति । चिरकालं स्त्रीसङ्गाभावादिति भावः । तमेव कामस्वभावमाह—नेति । हि प्रसिद्धम् । यथा देशकालौ भोगायोग्यौ न जानाति तथार्थधर्मा-

तं कामवृत्तं मम संनिकृष्टं कामाभियोगाच्च विमुक्तलज्जम् ।
क्षमस्व तावत्परवीरहन्तस्त्वद्भ्रातरं वानरवंशनाथम् ॥ ५६
महर्षयो धर्मतपोभिरामाः कामानुकामाः प्रतिबद्धमोहाः ।
अयं प्रकृत्या चपलः कपिस्तु कथं न सज्जेत सुखेषु राजा ॥ ५७
इत्येवमुक्त्वा वचनं महार्थं सा वानरी लक्ष्मणमप्रमेयम् ।
पुनः सखेदं मदविह्वलाक्षी भर्तुर्हितं वाक्यमिदं बभाषे ॥ ५८
उद्योगस्तु चिराज्ञप्तः सुग्रीवेण नरोत्तम । कामस्यापि विधेयेन तवार्थप्रतिसाधने ॥ ५९
आगता हि महावीर्या हरयः कामरूपिणः । कोटीः शतसहस्राणि नानानगनिवासिनः ॥ ६०
तदागच्छ महाबाहो चारित्रं रक्षितं त्वया । अच्छलं मित्रभावेन सतां दारावलोकनम् ॥ ६१
तारया चाभ्यनुज्ञातस्त्वरया वापि चोदितः । प्रविवेश महाबाहुरभ्यन्तरमरिंदमः ॥ ६२
ततः सुग्रीवमासीनं काञ्चने परमासने । महार्हास्तरणोपेते ददर्शादित्यसंनिभम् ॥ ६३
दिव्याभरणचित्राङ्गं दिव्यरूपं यशस्विनम् । दिव्यमाल्याम्बरधरं महेन्द्रमिव दुर्जयम् ॥ ६४
दिव्याभरणमालाभिः प्रमदाभिः समन्ततः । संरब्धतररक्ताक्षो बभूवान्तकसंनिभः ॥ ६५
रुमां तु वीरः परिरभ्य गाढं वरासनस्थो वरहेमवर्णः ।
ददर्श सौमित्रिमदीनसत्त्वं विशालनेत्रः स विशालनेत्रम् ॥ ६६

इत्यार्षे श्रीमद्रामायणे वाल्मीकीये आदिकाव्ये किष्किन्धाकाण्डे त्रयस्त्रिंशः सर्गः ॥ ३३ ॥

चतुस्त्रिंशः सर्गः ।

तमप्रतिहतं क्रुद्धं प्रविष्टं पुरुषर्षभम् । सुग्रीवो लक्ष्मणं दृष्ट्वा बभूव व्यथितेन्द्रियः ॥ १
क्रुद्धं निःश्वसमानं तं प्रदीप्तमिव तेजसा । भ्रातुर्व्यसनसंतप्तं दृष्ट्वा दशरथात्मजम् ॥ २
उत्पपात हरिश्रेष्ठो हित्वा सौवर्णमासनम् । महान्महेन्द्रस्य यथा स्वलंकृत इव ध्वजः ॥ ३
उत्पतन्तमनूत्पेतू रुमाप्रभृतयः स्त्रियः । सुग्रीवं गगने पूर्णं चन्द्रं तारागणा इव ॥ ४
संरक्तनयनः श्रीमान्संचचार कृताञ्जलिः । बभूवावस्थितस्तत्र कल्पवृक्षो महानिव ॥ ५
रुमाद्वितीयं सुग्रीवं नारीमध्यगतं स्थितम् । अब्रवील्लक्ष्मणः क्रुद्धः सतारं शशिनं यथा ॥ ६
सत्त्वाभिजनसंपन्नः सानुक्रोशो जितेन्द्रियः । कृतज्ञः सत्यवादी च राजा लोके महीयते ॥ ७
यस्तु राजा स्थितोऽधर्मे मित्राणामुपकारिणाम् । मिथ्या प्रतिज्ञां कुरुते को नृशंसतरस्ततः ॥ ८
शतमश्वानृते हन्ति सहस्रं तु गवानृते । आत्मानं स्वजनं हन्ति पुरुषः पुरुषानृते ॥ ९

वपि नावेक्षते । मनुष्य इति । मनुष्योऽपि न जानाति किमुत तिर्यग्जन्तुरिति भावः ॥ ५५ ॥ मम संनिकृष्टं स्वभार्यया मम समीपे कामवशाद्वर्तमानम् । कामाभियोगः कामावेशः । क्षमस्वेति । परवशप्रवृत्तापराधत्वात्स्वभ्रातृत्वाच्च क्षमैवात्र योग्या, न तु कोप इत्याशयः ॥ ५६ ॥ कामवशत्वं नास्यैवेत्याह—महर्षय इति । कामे कामभोगेऽनुकामोऽभिलाषो येषां ते, अतएव स्त्रीषु प्रतिबद्धमोहाः । कपिस्तत्रापि राजा ॥ ५७ ॥ भर्तुर्हितम् । उद्दिश्येति शेषः ॥ ५८ ॥ चिराज्ञप्तः । त्वदागमनात्पूर्वमेवेति शेषः ॥ ५९ ॥ कामविधेयस्योद्योगाज्ञापि न विश्वसनीयेत्यत आह—आगता इति । कोटीः । शतेत्यस्य बहुत्वे तात्पर्यम् ॥ ६० ॥ चारित्रं रक्षितं झटित्यन्तःपुरागमनेन । अच्छलं छलमधर्मः । स नेत्यर्थः । मित्रभावेन, नतु विकारेण ॥ ६१ ॥ त्वरया रामाज्ञाकरणत्वरया ॥ ६२ ॥ ६३ ॥ ६४ ॥ प्रमदाभिः समं ददर्शेत्यन्वयः । ततः संरब्धतररक्ताक्षो बभूवेत्यन्वयः ॥ ६५ ॥ परिरभ्यावस्थित एव सन्ददर्शेत्यन्वयः ॥ ६६ ॥ इति श्रीरामाभिरामे श्रीरामीये रामायणतिलके वाल्मीकीय आदिकाव्ये किष्किन्धाकाण्डे त्रयस्त्रिंशः सर्गः ॥ ३३ ॥

तमिति । अप्रतिहतं केनाप्यप्रतिबद्धम् ॥ १ ॥ २ ॥ महान्महेन्द्रध्वजो यथालंकृतः ॥ ३ ॥ अनूत्पेतुः पश्चादुत्थितवत्यः ॥ ४ ॥ संचचार संमुखमाजगाम । अवस्थितो बभूवेत्यस्य लक्ष्मण इति शेषः । कल्पवृक्षोपमया सर्वहितत्वं व्यञ्जयम् ॥ ५ ॥ सतारं शशिनमिव स्थितम् ॥ ६ ॥ सत्त्वाभिजनाभ्यां संपन्नः । तल्लक्षणानि सानुक्रोशत्वादीनि ॥ ७ ॥ अधर्मे स्थित इत्यन्वयः । अधर्ममार्गस्थः । नृशंसतरः क्रूरतरः ॥ ८ ॥ प्रकृतोपयुक्तमसत्यदोषमाह—शतमिति । एकाश्वनिमित्तकेऽनृते दानादिप्रतिज्ञाविघाते सति सोऽनृतवाक् । शतं हन्ति शताश्वहननदोषभाक् । गोविषयानृते गोसहस्रहननभाक् । एवं पुरुषानृते

पूर्वं कृतार्थो मित्राणां न तत्प्रतिकरोति यः । कृतघ्नः सर्वभूतानां स वध्यः प्लवगेश्वर ॥ १०
गीतोऽयं ब्रह्मणा श्लोकः सर्वलोकनमस्कृतः । दृष्ट्वा कृतघ्नं क्रुद्धेन तन्निबोध प्लवंगम ॥ ११
गोघ्ने चैव सुरापे च चौरे भग्नव्रते तथा । निष्कृतिर्विहिता सद्भिः कृतघ्ने नास्ति निष्कृतिः ॥ १२
अनार्यस्त्वं कृतघ्नश्च मिथ्यावादी च वानर । पूर्वं कृतार्थो रामस्य न तत्प्रतिकरोषि यत् ॥ १३
ननु नाम कृतार्थेन त्वया रामस्य वानर । सीताया मार्गणे यत्नः कर्तव्यः कृतमिच्छता ॥ १४
स त्वं ग्राम्येषु भोगेषु सक्तो मिथ्याप्रतिश्रवः । न त्वां रामो विजानीते सर्पं मण्डूकराविणम् ॥ १५
महाभागेन रामेण पापः करुणवेदिना । हरीणां प्रापितो राज्यं त्वं दुरात्मा महात्मना ॥ १६
कृतं चेन्नातिजानीषे राघवस्य महात्मनः । सद्यस्त्वं निशितैर्बाणैर्हतो द्रक्ष्यसि वालिनम् ॥ १७
न स संकुचितः पन्था येन वाली हतो गतः । समये तिष्ठ सुग्रीव मा वालिपथमन्वगाः ॥ १८

न नूनमिक्ष्वाकुवरस्य कार्मुकाच्छरांश्च तान्पश्यसि वज्रसंनिभान् ।
ततः सुखं नाम निषेवसे सुखी न रामकार्यं मनसाप्यवेक्षसे ॥ १९

इत्यार्षे श्रीमद्रामायणे वाल्मीकीये आदिकाव्ये किष्किन्धाकाण्डे चतुस्त्रिंशः सर्गः ॥ ३४ ॥

पञ्चत्रिंशः सर्गः ।

तथा ब्रुवाणं सौमित्रिं प्रदीप्तमिव तेजसा । अब्रवील्लक्ष्मणं तारा ताराधिपनिभानना ॥ १
नैवं लक्ष्मण वक्तव्यो नायं परुषमर्हति । हरीणामीश्वरः श्रोतुं तव वक्त्राद्विशेषतः ॥ २
नैवाकृतज्ञः सुग्रीवो न शठो नापि दारुणः । नैवानृतकथो वीर न जिह्मश्च कपीश्वरः ॥ ३
उपकारं कृतं वीरो नाप्ययं विस्मृतः कपिः । रामेण वीर सुग्रीवो यदन्यैर्दुष्करं रणे ॥ ४
रामप्रसादात्कीर्तिं च कपिराज्यं च शाश्वतम् । प्राप्तवानिह सुग्रीवो रुमां मां स परंतप ॥ ५
सुदुःखशयितः पूर्वं प्राप्येदं सुखमुत्तमम् । प्राप्तकालं न जानीते विश्वामित्रो यथा मुनिः ॥ ६
घृताच्यां किल संसक्तो दश वर्षाणि लक्ष्मण । अहोऽमन्यत धर्मात्मा विश्वामित्रो महामुनिः ॥ ७
स हि प्राप्तं न जानीते कालं कालविदां वर । विश्वामित्रो महातेजाः किं पुनर्यः पृथग्जनः ॥ ८
देहधर्मगतस्यास्य परिश्रान्तस्य लक्ष्मण । अवितृप्तस्य कामेषु रामः क्षन्तुमिहार्हति ॥ ९
न च रोषवशं तात गन्तुमर्हसि लक्ष्मण । निश्चयार्थमविज्ञाय सहसा प्राकृतो यथा ॥ १०
सत्त्वयुक्ता हि पुरुषास्त्वद्विधाः पुरुषर्षभ । अविमृश्य न रोषस्य सहसा यान्ति वश्यताम् ॥ ११

पुरुषविषयकिंचित्प्रतिज्ञाहानौ स पुरुषः प्रथममात्मानं हन्त्यात्मघातदोषभाक् । निजं पुण्यलोकं नाशयति वा । तथा स्वजनस्य पित्रादेः पुण्यलोकं च नाशयति ॥ ९ ॥ अथ कृतघ्नदोषमाह—पूर्वमिति । कृतार्थः । मित्रैरिति शेषः । सर्वभूतानां सर्वलोकानां वध्यः । सर्वलोकबहिष्कार्य इत्यर्थः ॥ १० ॥ नायमर्थः स्वकल्पनामात्रकल्पित इत्याह—गीत इति । ब्रह्मणा हिरण्यगर्भेणायं श्लोकः पूर्वोक्तः सर्वलोकनमस्कृतः । ब्रह्मवदेव सर्वस्मर्तृसंमत इत्यर्थः । अथ रामवचनमाह—त्वां कृतघ्नं दृष्ट्वा क्रुद्धेन रामेण यदुक्तं तच्छृणु ॥ ११ ॥ किं तत्तत्राह—गोघ्न इति ॥ १२ ॥ कुतोऽहं कृतघ्नस्तत्राह—पूर्वमिति ॥ १३ ॥ मिथ्यावादित्वं दर्शयति—नन्विति । यत्नः प्राक्प्रतिज्ञातः । कृतमिच्छता कृतस्य प्रतिकृतं कर्तुमिच्छता ॥ १४ ॥ मण्डूकराविणं स्वगृहीतमुखस्थमण्डूकशब्देन शब्दवन्तं सर्पं यथा जनोऽनवलोकनान्मण्डूकमेव जानीते न तु सर्पम्, तथा तव स्वरूपं रामो नाज्ञासीदिति भावः । कश्चित्तु—मण्डूकग्रहणार्थं सर्पो मण्डूकवद्रौति तेन स्वरेण स्वगण इति विस्रब्धः स्वसमीपमागतो मण्डूकस्तेन गृह्यते । एवं वञ्चकं त्वां नाज्ञासीदित्यर्थ इत्याह । तत्तु तथा लोकाप्रसिद्ध्योपेक्ष्यम् ॥ १५ ॥ पापस्त्वमित्यन्वयः ॥ १६ ॥ १७ ॥ १८ ॥ शरान्नूनं न पश्यसि । यतो ग्राम्यसुखं निषेवसे तेन च सुखी सन्रामकार्यं मनसापि नावेक्षसे ॥ १९ ॥ इति श्रीरामाभिरामे श्रीरामीये रामायणतिलके वाल्मीकीय आदिकाव्ये किष्किन्धाकाण्डे चतुस्त्रिंशः सर्गः ॥ ३४ ॥

॥ १ ॥ तवेति । तव सुहृदो वक्त्रात् । मुखादित्यर्थः ॥ २ ॥ नार्हतीत्यत्र हेतुः—नैवेत्यादि । अनृतकथोऽनृतवाक् ॥ ३ ॥ ४ ॥ ५ ॥ यदि न कृतघ्नः, कथं तर्हि कालात्ययानभिज्ञस्तत्राह—सुदुःखेति । सुतरामनुभूतदुःखः । प्राप्तकालमवश्यं कर्तव्यम् ॥ ६ ॥ घृताच्यामिति । अहो दिनम् । यद्यपि पूर्वं बालकाण्डे मेनकासंबन्ध उक्तस्तथाप्येतद्वचनाद्घृताचीसंबन्धोऽपि तस्य ज्ञेय इत्याहुः ॥ ७ ॥ ८ ॥ देहधर्मा आहारनिद्रामैथुनानि । 'पशुधर्म-' इति पाठेऽप्ययमेवार्थः ॥ ९ ॥ निश्चयार्थं कर्त-

प्रसादये त्वां धर्मज्ञ सुग्रीवार्थं समाहिता । महान्रोषसमुत्पन्नः संरम्भस्त्यज्यतामयम् ॥ १२
रुमां मां चाङ्गदं राज्यं धनधान्यपशूनि च । रामप्रियार्थं सुग्रीवस्त्यजेदिति मतिर्मम ॥ १३
समानेष्यति सुग्रीवः सीतया सह राघवम् । शशाङ्कमिव रोहिण्या हत्वा तं राक्षसाधमम् ॥ १४
शतकोटिसहस्राणि लङ्कायां किल रक्षसाम् । अयुतानि स षट्त्रिंशत्सहस्राणि शतानि च ॥ १५
अहत्वा तांश्च दुर्धर्षान्राक्षसान्कामरूपिणः । अशक्यं रावणं हन्तुं येन सा मैथिली हृता ॥ १६
ते न शक्या रणे हन्तुमसहायेन लक्ष्मण । रावणः क्रूरकर्मा च सुग्रीवेण विशेषतः ॥ १७
एवमाख्यातवान्वाली स ह्यभिज्ञो हरीश्वरः । आगमस्तु न मे व्यक्तः श्रवात्तस्य ब्रवीम्यहम् ॥ १८
त्वत्सहायनिमित्तं हि प्रेषिता हरिपुंगवाः । आनेतुं वानरान्युद्धे सुबहून्हरिपुंगवान् ॥ १९
तांश्च प्रतीक्षमाणोऽयं विक्रान्तान्सुमहाबलान् । राघवस्यार्थसिद्ध्यर्थं न निर्याति हरीश्वरः ॥ २०
कृता सुसंस्था सौमित्रे सुग्रीवेण पुरा यथा । अद्य तैर्वानरैः सर्वैरागन्तव्यं महाबलैः ॥ २१
ऋक्षकोटिसहस्राणि गोलाङ्गूलशतानि च । अद्य त्वामुपयास्यन्ति जहि कोपमरिंदम ।
कोट्योऽनेकास्तु काकुत्स्थ कपीनां दीप्ततेजसाम् ॥ २२

तव हि मुखमिदं निरीक्ष्य कोपात्क्षतजसमे नयने निरीक्षमाणाः ।
हरिवरवनिता न यान्ति शान्तिं प्रथमभयस्य हि शङ्किताः स्म सर्वाः ॥ २३

इत्यार्षे श्रीमद्रामायणे वाल्मीकीये आदिकाव्ये किष्किन्धाकाण्डे पञ्चत्रिंशः सर्गः ॥ ३५ ॥

षट्त्रिंशः सर्गः ।

इत्युक्तस्तारया वाक्यं प्रश्रितं धर्मसंहितम् । मृदुस्वभावः सौमित्रिः प्रतिजग्राह तद्वचः ॥ १
तस्मिन्प्रतिगृहीते तु वाक्ये हरिगणेश्वरः । लक्ष्मणात्सुमहत्त्रासं वस्त्रं क्लिन्नमिवात्यजत् ॥ २
ततः कण्ठगतं माल्यं चित्रं बहुगुणं महत् । चिच्छेद विमदश्चासीत्सुग्रीवो वानरेश्वरः ॥ ३
स लक्ष्मणं भीमबलं सर्ववानरसत्तमः । अब्रवीत्प्रश्रितं वाक्यं सुग्रीवः संप्रहर्षयन् ॥ ४
प्रनष्टा श्रीश्च कीर्तिश्च कपिराज्यं च शाश्वतम् । रामप्रसादात्सौमित्रे पुनश्चाप्तमिदं मया ॥ ५
कः शक्तस्तस्य देवस्य ख्यातस्य स्वेन कर्मणा । तादृशं प्रतिकुर्वीत अंशेनापि नृपात्मज ॥ ६

व्यार्थनिश्चयम् ॥ १० ॥ ११ ॥ रोषेण समुत्पन्नः संरम्भः क्षोभः ॥ १२ ॥ १३ ॥ १४ ॥ कथमयं रावणं हनिष्यतीत्यत्र तत्साहायकसाध्यत्वात्तद्वधस्येत्याह—शतेति । एषा संख्या विवक्षितैव । दशकोटिः समुद्रः शतकोटिर्मध्यं मध्यानां सहस्रं तथा षष्टिसहस्राधिकत्रिलक्षाणि । तदुपरि षट्त्रिंशत्सहस्राणि । तदुपरि तावन्ति शतानीत्यर्थः ॥ १५ ॥ १६ ॥ तावतां वधे परमशूरस्यापि सहायापेक्षास्तीत्याह—ते इति । यस्मादसहायेन रामेण ते हन्तुमशक्या यस्माद्रावणश्च क्रूरकर्मा क्रूरपराक्रमस्तस्माद्विशेषतः सुग्रीवेण सहायेन प्रयोजनमस्ति । तत्समप्रतिसेनाघटनस्य सुग्रीवाधीनत्वात्सर्वेषां मनुष्यावध्यत्वाच्चेति भावः । यत्तु तीर्थः—सुग्रीवेण सहायेन ते राक्षसा हन्तुमशक्याः, रावणश्च हन्तुमशक्य इत्यन्वयं कृत्वा वाली किलोक्तवान्रावणवधाय सुग्रीवं वृथा प्रार्थयते रामस्तस्यासावशक्य इति कथां च कल्पयति, तदपार्थकम् । रामस्य सहायापेक्षासमर्थनस्यैव प्रस्तुतत्वात् ॥ १७ ॥ नन्वेषा रक्षःसंख्या त्वया कथं ज्ञाता तत्राह—एवमिति । आगमस्तु न मे व्यक्तः, रावणस्यैवं बलप्राप्तिप्रकारस्तु न मया ज्ञातः । संख्यामात्रं प्रसङ्गात्पूर्वं श्रुतम् । तस्य श्रवात्तन्मुखतो वाक्यश्रवणात् ॥ १८ ॥ ननु सहाय्यसंपत्तिप्रवृत्तेरस्मिन्नदर्शनात्कोपो नस्तत्राह—त्वदिति ॥ १९ ॥ राघवार्थं तान्प्रतीक्षमाणस्तिष्ठति, अतएवेदानीं न निर्याति ॥ २० ॥ ते तर्हि कदागमिष्यन्ति तत्राह—कृतेति । सुसंस्था शोभनागमनकालमर्यादा पुरा पूर्वं दूतप्रेषणसमये यथा कृता तथा तैः सर्वैरद्यागन्तव्यम् ॥ २१ ॥ रक्षःसेनापेक्षया स्वसेनाधिक्यमाह—ऋक्षेति । शतकोटिर्मध्यं तद्दशगुणात्मिका सहस्रकोटिस्तत्संख्या ऋक्षाः । गोलाङ्गुलानां शतानि च शतकोटिः । अन्ये कपयोऽनेकाः कोट्यः । असंख्या इत्यर्थः ॥ २२ ॥ प्रथमभयस्य तत्सदृशभयस्य वालिवधतत्सुग्रीववधभयस्य । षष्ठ्यार्षी ॥ २३ ॥

इति श्रीरामाभिरामे श्रीरामीये रामायणतिलके वाल्मीकीय आदिकाव्ये किष्किन्धाकाण्डे पञ्चत्रिंशः सर्गः ॥ ३५ ॥

इतीति ॥ १ ॥ तस्मिंस्तारानुनयवाक्ये ॥ २ ॥ माल्यं मालाम् । बहुगुणं बहुविधकाममदकरम्, अत एव तच्छेदफलं विमदश्चासीदिति ॥ ३ ॥ लक्ष्मणं संप्रहर्षयन्नित्यन्वयः ॥ ४ ॥ ५ ॥ शक्तः समर्थः । तस्य देवावतारस्य । स्वेन कर्मणा धनुर्भङ्गवालिवधादिना ख्यातस्य । तादृशं तज्जनितोपकारसदृ-

सीतां प्राप्स्यति धर्मात्मा वधिष्यति च रावणम् । सहायमात्रेण मया राघवः स्वेन तेजसा ॥ ७
सहायकृत्यं किं तस्य येन सप्त महाद्रुमाः । गिरिश्च वसुधा चैव बाणेनैकेन दारिताः ॥ ८
धनुर्विस्फारयाणस्य यस्य शब्देन लक्ष्मण । सशैला कम्पिता भूमिः सहायैः किं नु तस्य वै ॥ ९
अनुयात्रां नरेन्द्रस्य करिष्येऽहं नरर्षभ । गच्छतो रावणं हन्तुं वैरिणं सपुरःसरम् ॥ १०
यदि किंचिदतिक्रान्तं विश्वासात्प्रणयेन वा । प्रेष्यस्य क्षमितव्यं मे न कश्चिन्नापराध्यति ॥ ११
इति तस्य ब्रुवाणस्य सुग्रीवस्य महात्मनः । अभवल्लक्ष्मणः प्रीतः प्रेम्णा चेदमुवाच ह ॥ १२
सर्वथा हि मम भ्राता सनाथो वानरेश्वर । त्वया नाथेन सुग्रीव प्रश्रितेन विशेषतः ॥ १३
यस्ते प्रभावः सुग्रीव यच्च ते शौचमीदृशम् । अर्हस्त्वं कपिराज्यस्य श्रियं भोक्तुमनुत्तमाम् ॥ १४
सहायेन तु सुग्रीव त्वया रामः प्रतापवान् । वधिष्यति रणे शत्रूनचिरान्नात्र संशयः ॥ १५
धर्मज्ञस्य कृतज्ञस्य सङ्ग्रामेष्वनिवर्तिनः । उपपन्नं च युक्तं च सुग्रीव तव भाषितम् ॥ १६
दोषज्ञः प्रतिसामर्थ्ये कोऽन्यो भाषितुमर्हति । वर्जयित्वा मम ज्येष्ठं त्वां च वानरसत्तम ॥ १७
सदृशश्चासि रामेण विक्रमेण बलेन च । सहायो दैवतैर्दत्तश्चिराय हरिपुंगव ॥ १८
किं तु शीघ्रमितो वीर निष्क्रम त्वं मया सह । सान्त्वयस्व वयस्यं च भार्याहरणदुःखितम् ॥ १९
यच्च शोकाभिभूतस्य श्रुत्वा रामस्य भाषितम् । मया त्वं परुषाण्युक्तस्तत्क्षमस्व सखे मम ॥ २०

इत्यार्षे श्रीमद्रामायणे वाल्मीकीये आदिकाव्ये किष्किन्धाकाण्डे षट्त्रिंशः सर्गः ॥ ३६ ॥

सप्तत्रिंशः सर्गः ।

एवमुक्तस्तु सुग्रीवो लक्ष्मणेन महात्मना । हनूमन्तं स्थितं पार्श्वे वचनं चेदमब्रवीत् ॥ १
महेन्द्रहिमवद्विन्ध्यकैलासशिखरेषु च । मन्दरे पाण्डुशिखरे पञ्चशैलेषु ये स्थिताः ॥ २
तरुणादित्यवर्णेषु भ्राजमानेषु नित्यशः । पर्वतेषु समुद्रान्ते पश्चिमस्यां तु ये दिशि ॥ ३
आदित्यभवने चैव गिरौ संध्याभ्रसंनिभे । पद्माचलवनं भीमाः संश्रिता हरिपुंगवाः ॥ ४
अञ्जनाम्बुदसंकाशाः कुञ्जरेन्द्रमहौजसः । अञ्जने पर्वते चैव ये वसन्ति प्लवंगमाः ॥ ५
महाशैलगुहावासा वानराः कनकप्रभाः । मेरुपार्श्वगताश्चैव ये च धूम्रगिरिं श्रिताः ॥ ६
तरुणादित्यवर्णाश्च पर्वते ये महारुणे । पिबन्तो मधु मैरेयं भीमवेगाः प्लवंगमाः ॥ ७
वनेषु च सुरम्येषु सुगन्धिषु महत्सु च । तापसाश्रमरम्येषु वनान्तेषु समन्ततः ॥ ८
तांस्तांस्त्वमानय क्षिप्रं पृथिव्यां सर्ववानरान् । सामदानादिभिः कल्पैर्वानरैर्वेगवत्तरैः ॥ ९
प्रेषिताः प्रथमं ये च मयाज्ञाता महाजवाः । त्वरणार्थं तु भूयस्त्वं संप्रेषय हरीश्वरान् ॥ १०

शम् ॥ ६ ॥ सहायमात्रेणोपलक्षितम् । स्वयमेवार्थनिर्वाहकः, अहं तु परिकरमात्रमित्यर्थः ॥ ७ ॥ सहायकृत्यं सहायसाध्यं कृत्यम् । येन पातालानि तत्स्थदैत्याश्च ॥ ८ ॥ ९ ॥ अनुयात्रां पश्चाद्गमनम् । सपुरःसरं युद्धाग्रे पुरःसरैः सहितं रावणम् ॥ १० ॥ विश्वासादयं न क्रूरोऽमित्र इति विश्वासात्प्रणयेन वा यदि किंचिदतिक्रान्तमपराद्धं तदुक्तहेतुभ्यां प्रेष्यस्य दासस्य क्षमितव्यं क्षन्तव्यम् । यस्माद्यो दासो नापराध्यति तादृशदासासंभवः । स्वामिचित्तानुवर्तनस्य सर्वथासंभवात् ॥ ११ ॥ १२ ॥ ॥ १३ ॥ शौचमिन्द्रियनिग्रहः ॥ १४ ॥ १५ ॥ उपपन्नं योग्यम् । युक्तं युक्तियुक्तम् ॥ १६ ॥ दोषज्ञो विद्वान्को रामसुग्रीवाभ्यामन्यो भवद्वाक्यसदृशं वाक्यं वक्तुमर्हति ॥ १७ ॥ १८ ॥ वयस्यं रामम् ॥ १९ ॥ स्वोक्तवाक्यानां रामोक्तत्वशङ्काव्यावृत्तये स्वोक्तित्वमेव बोधयन्स्वापराधं क्षमापयति—यच्चेति । रामभाषितं सीतावियोगजविलापरूपम् ॥ २० ॥

इति श्रीरामाभिरामे श्रीरामीये रामायणतिलके वाल्मीकीय आदिकाव्ये किष्किन्धाकाण्डे षट्त्रिंशः सर्गः ॥ ३६ ॥

अथ सुग्रीवेणापरिमितदूतप्रेषणमनेककोटिनिजसेनासंमेलनम्—एवमिति ॥ १ ॥ २ ॥ पर्वतेषूक्तातिरिक्तेषु । तथा पश्चिमस्यां तु ये दिशि । पश्चिमस्यामित्यार्षम् ॥ ३ ॥ आदित्यभवने गिरौ ये स्थिताः । उदयाचलास्ताचलयोरित्यर्थः । पद्माचलो गिरिविशेषः ॥ ४ ॥ ५ ॥ महाशैल[illegible]तः ॥ ६ ॥ ७ ॥ तापसाश्रमरम्येषु रम्यतापसाश्रमेषु । यद्वा तै रम्येष्विति वनविशेषणम् ॥ ८ ॥ क्षिप्रमानयेत्युक्ते मयैव गन्तव्यमित्याशङ्क्याह—'सामदानादिभिः कल्पैर्वानरैर्वेगवत्तरैः' इत्यादिना दुष्टे दण्डः । कल्पैरुपायैः । आनयेत्यस्य चानायेत्यर्थः इति कतकः ॥ ९ ॥ ननु प्रेषिता एव पूर्वं दूता इत्यत्राह—प्रेषिता इति । प्रथमं पूर्वं ये महाजवा दूताः प्रेषितास्ते मया ज्ञाता एव, तथापि तेषां त्वरणार्थमपरान्हरीश्वरा-

ये प्रसक्ताश्च कामेषु दीर्घसूत्राश्च वानराः । इहानयस्व ताञ्शीघ्रं सर्वानेव कपीश्वरान् ॥ ११
अहोभिर्दशभिर्ये च नागच्छन्ति ममाज्ञया । हन्तव्यास्ते दुरात्मानो राजशासनदूषकाः ॥ १२
शतान्यथ सहस्राणि कोट्यश्च मम शासनात् । प्रयान्तु कपिसिंहानां निदेशे मम ये स्थिताः ॥ १३
मेघपर्वतसंकाशाश्छादयन्त इवाम्बरम् । घोररूपाः कपिश्रेष्ठा यान्तु मच्छासनादितः ॥ १४
ते गतिज्ञा गतिं गत्वा पृथिव्यां सर्ववानराः । आनयन्तु हरीन्सर्वांस्त्वरिताः शासनान्मम ॥ १५
तस्य वानरराजस्य श्रुत्वा वायुसुतो वचः । दिक्षु सर्वासु विक्रान्तान्प्रेषयामास वानरान् ॥ १६
ते पदं विष्णुविक्रान्तं पतत्रिज्योतिरध्वगाः । प्रयाताः प्रहिता राज्ञा हरयस्तु क्षणेन वै ॥ १७
ते समुद्रेषु गिरिषु वनेषु च सरःसु च । वानरा वानरान्सर्वान्रामहेतोरचोदयन् ॥ १८
मृत्युकालोपमस्याज्ञां राजराजस्य वानराः । सुग्रीवस्याययुः श्रुत्वा सुग्रीवभयशङ्किताः ॥ १९
ततस्तेऽञ्जनसंकाशा गिरेस्तस्मान्महाबलाः । तिस्रः कोट्यः प्लवंगानां निर्ययुर्यत्र राघवः ॥ २०
अस्तं गच्छति यत्रार्कस्तस्मिन्गिरिवरे रताः । संतप्तहेमवर्णाभास्तस्मात्कोट्यो दश च्युताः ॥ २१
कैलासशिखरेभ्यश्च सिंहकेसरवर्चसाम् । ततः कोटिसहस्राणि वानराणां समागमन् ॥ २२
फलमूलेन जीवन्तो हिमवन्तमुपाश्रिताः । तेषां कोटिसहस्राणां सहस्रं समवर्तत ॥ २३
अङ्गारकसमानानां भीमानां भीमकर्मणाम् । विन्ध्याद्वानरकोटीनां सहस्राण्यापतन्द्रुतम् ॥ २४
क्षीरोदवेलानिलयास्तमालवनवासिनः । नारिकेलाशनाश्चैव तेषां संख्या न विद्यते ॥ २५
वनेभ्यो गह्वरेभ्यश्च सरिद्भ्यश्च महाबलाः । आगच्छद्वानरी सेना पिबन्तीव दिवाकरम् ॥ २६
ये तु त्वरयितुं याता वानराः सर्ववानरान् । ते वीरा हिमवच्छैले ददृशुस्तं महाद्रुमम् ॥ २७
तस्मिन्गिरिवरे पुण्ये यज्ञो माहेश्वरः पुरा । सर्वदेवमनस्तोषो बभूव सुमनोरमः ॥ २८
अन्ननिःस्यन्दजातानि मूलानि च फलानि च । अमृतस्वादुकल्पानि ददृशुस्तत्र वानराः ॥ २९
तदन्नसंभवं दिव्यं फलमूलं मनोहरम् । यः कश्चित्सकृदश्नाति मासं भवति तर्पितः ॥ ३०
तानि मूलानि दिव्यानि फलानि च फलाशनाः । औषधानि च दिव्यानि जगृहुर्हरिपुंगवाः ॥ ३१
तस्माच्च यज्ञायतनात्पुष्पाणि सुरभीणि च । आनिन्युर्वानरा गत्वा सुग्रीवप्रियकारणात् ॥ ३२
ते तु सर्वे हरिवराः पृथिव्यां सर्ववानरान् । संचोदयित्वा त्वरितं यूथानां जग्मुरग्रतः ॥ ३३
ते तु तेन मुहूर्तेन कपयः शीघ्रचारिणः । किष्किन्धां त्वरया प्राप्ताः सुग्रीवो यत्र वानरः ॥ ३४
ते गृहीत्वौषधीः सर्वाः फलं मूलं च वानराः । तं प्रतिग्राहयामासुर्वचनं चेदमब्रुवन् ॥ ३५
सर्वे परिसृताः शैलाः सरितश्च वनानि च । पृथिव्यां वानराः सर्वे शासनादुपयान्ति ते ॥ ३६
एवं श्रुत्वा ततो हृष्टः सुग्रीवः प्लवगाधिपः । प्रतिजग्राह च प्रीतस्तेषां सर्वमुपायनम् ॥ ३७

इत्यार्षे श्रीमद्रामायणे वाल्मीकीय आदिकाव्ये किष्किन्धाकाण्डे सप्तत्रिंशः सर्गः ॥ ३७ ॥

न्प्रेषय ॥ १० ॥ कामेषु तद्भोगेषु प्रसक्ता ये च दीर्घसूत्रा विलम्बितव्यापाराः । आनयस्वानायय ॥ ११ ॥ ये दूताः ॥ १२ ॥ प्रेषणीयदूतसंख्यामाह—शतानीति । एतेन दूतानन्त्यमुक्तम् ॥ १३ ॥ तदेव स्पष्टयति—छादयन्त इवाम्बरमिति ॥ १४ ॥ गतिं गत्वा वेगवत्तरां गतिं गत्वा ॥ १५ ॥ १६ ॥ विष्णुविक्रान्तं पदमाकाशम् । पतत्रिज्योतिरध्वगाः पक्षिणां नक्षत्राणां च मार्गगाः ॥ १७ ॥ १८ ॥ मृत्युकालोपमस्य । निग्रहविषय इति शेषः ॥ १९ ॥ तस्माद्गिरेरञ्जनगिरेः ॥ २० ॥ २१ ॥ २२ ॥ २३ ॥ २४ ॥ असंख्यं बलमित्याह—तेषां संख्या न विद्यत इति ॥ २५ ॥ २६ ॥ ये च त्वरयितुं याता हनुमत्प्रेषिता महाद्रुममतिप्रसिद्धभगवद्धामभूतं माहेश्वरयज्ञवाटस्थं ददृशुः । पूर्वं नीलप्रेषितान्दूतांश्च ददृशुरिति शेषः । अतस्तेषां तत एव परावृत्तिः ॥ २७ ॥ माहेश्वरो यज्ञो महेश्वरदेवत्यो दिव्योऽश्वमेध इति कतकः । सर्वदेवानां मनस्तोषो यत्र सः ॥ २८ ॥ अन्ननिस्यन्दाद्धोमद्रव्याज्यादिस्रवणाज्जातानि ॥ २९ ॥ ३० ॥ औषधानि संजीवन्यादीनि ॥ ३१ ॥ ३२ ॥ ते तु सर्वे दूतरूपा यूथानामग्रतः । स्वप्रेरितबलानामागमनात्पूर्वमित्यर्थः ॥ ३३ ॥ ३४ ॥ ते हनुमत्प्रेष्यसहिता नीलप्रेषिता दूताः ॥ ३५ ॥ ३६ ॥ ३७ ॥ इति श्रीरामाभिरामे श्रीरामीये रामायणतिलके वाल्मीकीय आदिकाव्ये किष्किन्धाकाण्डे सप्तत्रिंशः सर्गः ॥ ३७ ॥

अष्टत्रिंशः सर्गः ।

प्रतिगृह्य च तत्सर्वमुपायनमुपाहृतम् । वानरान्सान्त्वयित्वा च सर्वानेव व्यसर्जयत् ॥ १
विसर्जयित्वा स हरीन्सहस्रान्कृतकर्मणः । मेने कृतार्थमात्मानं राघवं च महाबलम् ॥ २
स लक्ष्मणो भीमबलं सर्ववानरसत्तमम् । अब्रवीत्प्रश्रितं वाक्यं सुग्रीवं संप्रहर्षयन् ॥ ३
किष्किन्धाया विनिष्काम यदि ते सौम्य रोचते । तस्य तद्वचनं श्रुत्वा लक्ष्मणस्य सुभाषितम् ॥ ४
सुग्रीवः परमप्रीतो वाक्यमेतदुवाच ह । एवं भवतु गच्छाम स्थेयं त्वच्छासने मया ॥ ५
तमेवमुक्त्वा सुग्रीवो लक्ष्मणं शुभलक्षणम् । विसर्जयामास तदा ताराद्याश्चैव योषितः ॥ ६
एहीत्युच्चैर्हरिवरान्सुग्रीवः समुदाहरत् । तस्य तद्वचनं श्रुत्वा हरयः शीघ्रमाययुः ॥ ७
बद्धाञ्जलिपुटाः सर्वे ये स्युः स्त्रीदर्शनक्षमाः । तानुवाच ततः प्राप्तान्राजार्कसदृशप्रभः ॥ ८
उपस्थापयत क्षिप्रं शिबिकां मम वानराः । श्रुत्वा तु वचनं तस्य हरयः शीघ्रविक्रमाः ॥ ९
समुपस्थापयामासुः शिबिकां प्रियदर्शनाम् । तामुपस्थापितां दृष्ट्वा शिबिकां वानराधिपः ॥ १०
लक्ष्मणारुह्यतां शीघ्रमिति सौमित्रिमब्रवीत् । इत्युक्त्वा काञ्चनं यानं सुग्रीवः सूर्यसंनिभम् ॥ ११
बहुभिर्हरिभिर्युक्तमारुरोह सलक्ष्मणः । पाण्डुरेणातपत्रेण ध्रियमाणेन मूर्धनि ॥ १२
शुक्लैश्च वालव्यजनैर्धूयमानैः समन्ततः । शङ्खभेरीनिनादैश्च बन्दिभिश्चाभिनन्दितः ॥ १३
निर्ययौ प्राप्य सुग्रीवो राज्यश्रियमनुत्तमाम् । स वानरशतैस्तीक्ष्णैर्बहुभिः शस्त्रपाणिभिः ॥ १४
परिकीर्णो ययौ तत्र यत्र रामो व्यवस्थितः । स तं देशमनुप्राप्य श्रेष्ठं रामनिषेवितम् ॥ १५
अवातरन्महातेजाः शिबिकायाः सलक्ष्मणः । आसाद्य च ततो रामं कृताञ्जलिपुटोऽभवत् ॥ १६
कृताञ्जलौ स्थिते तस्मिन्वानराश्चाभवंस्तथा । तटाकमिव तं दृष्ट्वा रामः कुड्मलपङ्कजम् ॥ १७
वानराणां महत्सैन्यं सुग्रीवे प्रीतिमानभूत् । पादयोः पतितं मूर्ध्ना तमुत्थाप्य हरीश्वरम् ॥ १८
प्रेम्णा च बहुमानाच्च राघवः परिषस्वजे । परिष्वज्य च धर्मात्मा निषीदेति ततोऽब्रवीत् ॥ १९
निषण्णं तं ततो दृष्ट्वा क्षितौ रामोऽब्रवीत्ततः । धर्ममर्थं च कामं च काले यस्तु निषेवते ॥ २०
विभज्य सततं वीर स राजा हरिसत्तम । हित्वा धर्मं तथार्थं च कामं यस्तु निषेवते ॥ २१
स वृक्षाग्रे यथा सुप्तः पतितः प्रतिबुध्यते । अमित्राणां वधे युक्तो मित्राणां संग्रहे रतः ॥ २२
त्रिवर्गफलभोक्ता च राजा धर्मेण युज्यते । उद्योगसमयस्त्वेष प्राप्तः शत्रुनिषूदन ॥ २३
संचिन्त्यतां हि पिङ्गेश हरिभिः सह मन्त्रिभिः । एवमुक्तस्तु सुग्रीवो रामं वचनमब्रवीत् ॥ २४
प्रनष्टा श्रीश्च कीर्तिश्च कपिराज्यं च शाश्वतम् । त्वत्प्रसादान्महाबाहो पुनः प्राप्तमिदं मया ॥ २५
तव देव प्रसादाच्च भ्रातुश्च जयतां वर । कृतं न प्रतिकुर्याद्यः पुरुषाणां हि दूषकः ॥ २६
एते वानरमुख्याश्च शतशः शत्रुसूदन । प्राप्ताश्चादाय बलिनः पृथिव्यां सर्ववानरान् ॥ २७
ऋक्षाश्च वानराः शूरा गोलाङ्गूलाश्च राघव । कान्तारवनदुर्गाणामभिज्ञा घोरदर्शनाः ॥ २८
देवगन्धर्वपुत्राश्च वानराः कामरूपिणः । स्वैः स्वैः परिवृताः सैन्यैर्वर्तन्ते पथि राघव ॥ २९
शतैः शतसहस्रैश्च वर्तन्ते कोटिभिस्तथा । अयुतैश्चावृता वीर शङ्कुभिश्च परंतप ॥ ३०

प्रतिगृह्येति ॥ १ ॥ राघवं च कृतार्थमित्यनुषङ्गः ॥ २ ॥ ३ ॥ विनिष्कामेति प्रार्थने लोट् ॥ ४ ॥ स्थेयम् । तत्र हातव्यमित्यर्थः ॥ ५ ॥ ६ ॥ एहि । एतेत्यर्थः ॥ ७ ॥ स्त्रीदर्शनक्षमाः स्त्रीसमूहेऽपि राजदर्शनक्षमाः । अत्याप्ता इति यावत् ॥ ८ ॥ ९ ॥ १० ॥ ११ ॥ हरिभिर्वाहकैः । सलक्ष्मण इत्यनेनैकवाहनारोहणात्सख्यातिशयः सूचितः ॥ १२ ॥ १३ ॥ ॥ १४ ॥ १५ ॥ १६ ॥ वानराश्च तथाभवन् । कृताञ्जलिपुटा अभवन्नित्यर्थः । आह्लाद[illegible] । तदुपमेयं वानराणां महत्सैन्यम् ॥ १७ ॥ १८ ॥ १९ ॥ २० ॥ २१ ॥ वृक्षाग्रे सुप्तः पतितः सन्यथा प्रतिबुध्यते, तथा कामपरो राज्यभ्रष्टः सन्प्रतिबुध्यत इत्यर्थः ॥ २२ ॥ त्रिवर्गो धर्मार्थकामल[illegible] तत्फलस्य च यथाकालं भोक्ता ॥ २३ ॥ संचिन्त्यताम् । सीतान्वेषणादिप्रतिज्ञापरिपूर्त्युपायश्चिन्त्यतामित्यर्थः ॥ २४ ॥ २५ ॥ हे देव, तव प्रसादात्तव भ्रातुः प्रसादाच्चेत्यर्थः । पुरुषाणां मध्ये स एव दूषकः । धर्मनाशक इत्यर्थः ॥ २६ ॥ आदायाहूय ॥ २७ ॥ २८ ॥ २९ ॥ शतैरित्यादौ 'केचित्' इत्यध्याहारः । परिवृता इत्यर्थकम् 'आवृताः' इति च सर्वत्र योज्यम् । शतसहस्रं लक्षम् । लक्षशतं कोटिः । दशसहस्रम-

अर्बुद[illegible]तैर्मध्यैश्चान्त्यैश्च वानराः । समुद्राश्च परार्धाश्च हरयो हरियूथपाः ॥ ३१
आगमिष्यन्ति ते राजन्महेन्द्रसमविक्रमाः । मेघपर्वतसंकाशा मेरुविन्ध्यकृतालयाः ॥ ३२
ते त्वामभिगमिष्यन्ति राक्षसं योद्धुमाहवे । निहत्य रावणं युद्धे ह्यानयिष्यन्ति मैथिलीम् ॥ ३३

ततः समुद्योगमवेक्ष्य वीर्यवान्हरिप्रवीरस्य निदेशवर्तिनः ।
बभूव हर्षाद्वसुधाधिपात्मजः प्रबुद्धनीलोत्पलतुल्यदर्शनः ॥ ३४

इत्यार्षे श्रीमद्रामायणे वाल्मीकीय आदिकाव्ये किष्किन्धाकाण्डेऽष्टत्रिंशः सर्गः ॥ ३८ ॥

एकोनचत्वारिंशः सर्गः ।

इति ब्रुवाणं सुग्रीवं रामो धर्मभृतां वरः । बाहुभ्यां संपरिष्वज्य प्रत्युवाच कृताञ्जलिम् ॥ १
यदिन्द्रो वर्षते वर्षं न तच्चित्रं भविष्यति । आदित्योऽसौ सहस्रांशुः कुर्याद्वितिमिरं नभः ॥ २
चन्द्रमा रजनीं कुर्यात्प्रभया सौम्य निर्मलाम् । त्वद्विधो वापि मित्राणां प्रीतिं कुर्यात्परंतप ॥ ३
एवं त्वयि न तच्चित्रं भवेद्यत्सौम्य शोभनम् । जानाम्यहं त्वां सुग्रीव सततं प्रियवादिनम् ॥ ४
त्वत्सनाथः सखे संख्ये जेतास्मि सकलानरीन् । त्वमेव मे सुहृन्मित्रं साहाय्यं कर्तुमर्हसि ॥ ५
जह[illegible]विनाशाय मैथिलीं राक्षसाधमः । वञ्चयित्वा तु पौलोमीमनुह्लादो यथा शचीम् ॥ ६
नचिरात्तं वधिष्यामि रावणं निशितैः शरैः । पौलोम्याः पितरं दृप्तं शतक्रतुरिवारिहा ॥ ७
एतस्मिन्नन्तरे चैव रजः समभिवर्तत । उष्णतीव्रां सहस्रांशोश्छादयद्गगने प्रभाम् ॥ ८
दिशः पर्याकुलाश्चासंस्तमसा तेन दूषिताः । चचाल च मही सर्वा सशैलवनकानना ॥ ९
ततो नरेन्द्रसंकाशैस्तीक्ष्णदंष्ट्रैर्महाबलैः । कृत्स्ना संछादिता भूमिरसंख्येयैः प्लवंगमैः ॥ १०
निमेषान्तरमात्रेण ततस्तैर्हरियूथपैः । कोटीशतपरीवारैर्वानरैर्हरियूथपैः ॥ ११
नादेयैः पार्वतेयैश्च सामुद्रैश्च महाबलैः । हरिभिर्मेघनिर्ह्रादैरन्यैश्च वनवासिभिः ॥ १२
तरुणादित्यवर्णैश्च शशिगौरैश्च वानरैः । पद्मकेसरवर्णैश्च श्वेतैर्हेमकृतालयैः ॥ १३
कोटीसहस्रैर्दशभिः श्रीमान्परिवृतस्तदा । वीरः शतबलिर्नाम वानरः प्रत्यदृश्यत ॥ १४
ततः काञ्चनशैलाभस्ताराया वीर्यवान्पिता । अनेकैर्बहुसाहस्रैः कोटिभिः प्रत्यदृश्यत ॥ १५
तथापरेण कोटीनां सहस्रेण समन्वितः । पिता रुमायाः संप्राप्तः सुग्रीवश्वशुरो विभुः ॥ १६
पद्मकेसरसंकाशस्तरुणार्कनिभाननः । बुद्धिमान्वानरश्रेष्ठः सर्ववानरसत्तमः ॥ १७
अनेकैर्बहुसाहस्रैर्वानराणां समन्वितः । पिता हनुमतः श्रीमान्केसरी प्रत्यदृश्यत ॥ १८
गोलाङ्गूलमहाराजो गवाक्षो भीमविक्रमः । वृतः कोटिसहस्रेण वानराणामदृश्यत ॥ १९
ऋक्षाणां भीमवेगानां धूम्रः शत्रुनिबर्हणः । वृतः कोटिसहस्राभ्यां द्वाभ्यां समभिवर्तत ॥ २०

युतम् । कोटिलक्षं शङ्कुः ॥ ३० ॥ शङ्कुसहस्रमर्बुदम् । अर्बुदाद्दशगुणं मध्यम् । तस्माद्दशगुणोऽन्त्यः । ततो विंशतिगुणः समुद्रः । ततस्त्रिंशद्गुणः परार्धस्तेनासंख्यत्वमुक्तम् ॥ ३१ ॥ ३२ ॥ ये आनयिष्यन्ति ते त्वामभिगमिष्यन्तीत्यन्वयः ॥ ३३ ॥ प्रबुद्धनीलोत्पलतुल्यदर्शनो विकसितनीलोत्पलसदृशनेत्रः ॥ ३४ ॥ **इति श्रीरामाभिरामे श्रीरामीये रामायणतिलके वाल्मीकीय आदिकाव्ये किष्किन्धाकाण्डेऽष्टत्रिंशः सर्गः ॥ ३८ ॥**

इतीति ॥ १ ॥ उपकर्तृत्वं तव सहजधर्म एवेति भगवान्सुग्रीवं स्तौति—यदिति । वर्षत इति यत्तन्न चित्रम् । स्वाभाविकत्वादिति शेषः ॥ २ ॥ निर्मलां रविकिरणजतापरहिताम् । त्वद्विधः सात्त्विको मित्राणां प्रत्युपकारेण प्रीतिं कुर्यादिति यत्तदपि न चित्रम् ॥ ३ ॥ एवं त्वयि मित्रप्रत्युपकारार्थं सेनामेलनं यत्तन्न चित्रम् । हे सौम्य, शोभनं भद्रं जातम् ॥ ४ ॥ संख्ये युद्धे ॥ ५ ॥ यथा पौलोमीपितरं वञ्चयित्वा कृतानुमतिकं कृत्वा शचीं योऽनुह्लादो जहारात्मविनाशाय । इन्द्रस्तत्पितरमनुमन्तारं हर्तारं चानुह्लादं हत्वा शचीं प्रत्यानीतवानिति पुराणगाथा । एवं य आत्मविनाशाय मैथिलीं जहार मारीचेन मां वञ्चयित्वा तं नचिराच्छीघ्रमरिहेन्द्र इव वधिष्यामि । पौलोम्याः पितरमिवेत्यनेन रावणकृतो जानक्यतिक्रमाभावः सूचितः ॥ ६ ॥ ७ ॥ अभिवर्तताभ्यवर्तत ॥ ८ ॥ ९ ॥ १० ॥ उक्तमेव प्रपञ्चयति—निमेषेति ॥ ११ ॥ वनवासिभिरुक्ततालादिवनवासिभिः ॥ १२ ॥ हेमा हेमाचलः ॥ १३ ॥ १४ ॥ तारापिता सुषेणः ॥ १५ ॥ रुमापिता तारः ॥ १६ ॥ १७ ॥ १८ ॥ गोलाङ्गूलो वानरावान्तरजातिः ॥ १९ ॥ २० ॥ २१ ॥ २२ ॥ २३ ॥ २४ ॥ २५ ॥ २६

महाबलनिभैर्घोरैः पनसो नाम यूथपः । आजगाम महावीर्यस्तिसृभिः कोटिभिर्वृतः ॥ २१
नीलाञ्जनचयाकारो नीलो नामैष यूथपः । अदृश्यत महाकायः कोटिभिर्दशभिर्वृतः ॥ २२
ततः काञ्चनशैलाभो गवयो नाम यूथपः । आजगाम महावीर्यः कोटिभिः पञ्चभिर्वृतः ॥ २३
दरीमुखश्च बलवान्यूथपोऽभ्याययौ तदा । वृतः कोटिसहस्रेण सुग्रीवं समवस्थितः ॥ २४
मैन्दश्च द्विविदश्चोभावश्विपुत्रौ महाबलौ । कोटिकोटिसहस्रेण वानराणामदृश्यताम् ॥ २५
गजश्च बलवान्वीरस्तिसृभिः कोटिभिर्वृतः । ऋक्षराजो महातेजा जाम्बवान्नाम नामतः ॥ २६
कोटिभिर्दशभिर्व्याप्तः सुग्रीवस्य वशे स्थितः । रुमणो नाम तेजस्वी विक्रान्तैर्वानरैर्वृतः ॥ २७
आगतो बलवांस्तूर्णं कोटीशतसमावृतः । ततः कोटीसहस्राणां सहस्रेण शतेन च ॥ २८
पृष्ठतोऽनुगतः प्राप्तो हरिभिर्गन्धमादनः । ततः पद्मसहस्रेण वृतः शङ्कुशतेन च ॥ २९
युवराजोऽङ्गदः प्राप्तः पितुस्तुल्यपराक्रमः । ततस्ताराद्युतिस्तारो हरिभिर्भीमविक्रमैः ॥ ३०
पञ्चभिर्हरिकोटीभिर्दूरतः पर्यदृश्यत । इन्द्रजानुः कपिर्वीरो यूथपः प्रत्यदृश्यत ॥ ३१
एकादशानां कोटीनामीश्वरस्तैश्च संवृतः । ततो रम्भस्त्वनुप्राप्तस्तरुणादित्यसंनिभः ॥ ३२
अयुतेन वृतश्चैव सहस्रेण शतेन च । ततो यूथपतिर्वीरो दुर्मुखो नाम वानरः ॥ ३३
प्रत्यदृश्यत कोटीभ्यां द्वाभ्यां परिवृतो बली । कैलासशिखराकारैर्वानरैर्भीमविक्रमैः ॥ ३४
वृतः कोटिसहस्रेण हनुमान्प्रत्यदृश्यत । नलश्चापि महावीर्यः संवृतो द्रुमवासिभिः ॥ ३५
कोटीशतेन संप्राप्तः सहस्रेण शतेन च । ततो दरीमुखः श्रीमान्कोटिभिर्दशभिर्वृतः ॥ ३६
संप्राप्तोऽभिनदंस्तस्य सुग्रीवस्य महात्मनः । शरभः कुमुदो वह्निर्वानरो रम्भ एव च ॥ ३७
एते चान्ये च बहवो वानराः कामरूपिणः । आवृत्य पृथिवीं सर्वां पर्वतांश्च वनानि च ॥ ३८
यूथपाः समनुप्राप्ता येषां संख्या न विद्यते । आगताश्च निविष्टाश्च पृथिव्यां सर्ववानराः ॥ ३९.
आप्लवन्तः प्लवन्तश्च गर्जन्तश्च प्लवंगमाः । अभ्यवर्तन्त सुग्रीवं सूर्यमभ्रगणा इव ॥ ४०
कुर्वाणा बहुशब्दांश्च प्रकृष्टा बाहुशालिनः । शिरोभिर्वानरेन्द्राय सुग्रीवाय न्यवेदयन् ॥ ४१
अपरे वानरश्रेष्ठाः संगम्य च यथोचितम् । सुग्रीवेण समागम्य स्थिताः प्राञ्जलयस्तदा ॥ ४२
सुग्रीवस्त्वरितो रामे सर्वांस्तांस्त्वरितांस्तदा । निवेदयित्वा धर्मज्ञः स्थितः प्राञ्जलिरब्रवीत् ॥ ४३

यथासुखं पर्वतनिर्झरेषु वनेषु सर्वेषु च वानरेन्द्राः ।
निवेशयित्वा विधिवद्बलानि बलं बलज्ञः प्रतिपत्तुमीष्टे ॥ ४४

इत्यार्षे श्रीमद्रामायणे वाल्मीकीये आदिकाव्ये किष्किन्धाकाण्डे एकोनचत्वारिंशः सर्गः ॥ ३९ ॥

चत्वारिंशः सर्गः ।

अथ राजा समृद्धार्थः सुग्रीवः प्लवगेश्वरः । उवाच नरशार्दूलं रामं परबलार्दनम् ॥ १
आगता विनिविष्टाश्च बलिनः कामचारिणः । वानरेन्द्रा महेन्द्राभा ये मद्विषयवासिनः ॥ २
त इमे बहुविक्रान्तैर्बलिभिर्भीमविक्रमैः । आगता वानरा घोरा दैत्यदानवसंनिभाः ॥ ३
ख्यातकर्मापदानाश्च बलवन्तो जितक्लमाः । पराक्रमेषु विख्याता व्यवसायेषु चोत्तमाः ॥ ४

॥ २७ ॥ २८ ॥ २९ ॥ ताराद्युतिर्नक्षत्रप्रभः । अयं रुमा-
पितुरन्यस्तारः ॥ ३० ॥ ३१ ॥ ३२ ॥ ३३ ॥ ३४ ॥ ३५
॥ ३६ ॥ ३७ ॥ ३८ ॥ ३९ ॥ ४० ॥ शिरोभिर्न्यवेदयन् ।
बहुसंमर्दाद्दूरे स्थित्वा नमस्कारेणैवात्मानं न्यवेदयन्नित्यर्थः
॥ ४१ ॥ अपरे संगम्य समीपदेशं प्राप्य यथोचितं निवेद्य
जग्मुः । अपरे हनूमदङ्गदादयः समागम्य निकटमागत्य
स्थिताः ॥ ४२ ॥ धर्मज्ञो राजधर्मज्ञः । रामाभिमुखं प्राञ्जलिः
स्थितो भूत्वा सर्वान्यूथपतीन्निवेदयित्वा यूथपानब्रवीत् ॥ ४३ ॥
भो वानरेन्द्राः, पर्वतादिषु यथासुखं स्वानि बलानि निवेशयित्वा
तेषु यो बलज्ञो बलतत्त्वज्ञः प्रतिपत्तुं क आगतः को नागत इति
ज्ञातुमीष्टे ईशो भवेत् । लिङर्थे लट् ॥ ४४ ॥ इति श्रीरा-
माभिरामे श्रीरामीये रामायणतिलके वाल्मीकीय आदि-
काव्ये किष्किन्धाकाण्ड एकोनचत्वारिंशः सर्गः ॥ ३९ ॥

अथेति ॥ १ ॥ विनिविष्टाश्चेति । स्वस्वसेनानिवेशा इति
शेषः । निवेशिता इत्यर्थः । मद्विषयवासिनो मम विषये वान-
रराज्ये वासिनः ॥ २ ॥ बहुविक्रान्तैर्बहुषु स्थलेषु कृतपरा-
क्रमैः । अतएव भीमविक्रमैः । स्वयूथैः सहेति शेषः ॥ ३ ॥
ख्यातं कर्मणि युद्धेऽपदानं शौर्यं येषाम् ॥ ४ ॥ अमुचराः

पृथिव्यम्बुचरा राम नानानगनिवासिनः । कोट्योघाश्च इमे प्राप्ता वानरास्तव किंकराः ॥ ५
निदेशवर्तिनः सर्वे सर्वे गुरुहिते स्थिताः । अभिप्रेतमनुष्ठातुं तव शक्ष्यन्त्यरिंदम ॥ ६
त इमे बहुसाहस्रैरनेकैर्बहुविक्रमैः । आगता वानरा घोरा दैत्यदानवसंनिभाः ॥ ७
यन्मन्यसे नरव्याघ्र प्राप्तकालं तदुच्यताम् । त्वत्सैन्यं त्वद्वशे युक्तमाज्ञापयितुमर्हसि ॥ ८
काममेवमिदं कार्यं विदितं मम तत्त्वतः । तथापि तु यथायुक्तमाज्ञापयितुमर्हसि ॥ ९
तथा ब्रुवाणं सुग्रीवं रामो दशरथात्मजः । बाहुभ्यां संपरिष्वज्य इदं वचनमब्रवीत् ॥ १०
ज्ञायतां सौम्य वैदेही यदि जीवति वा न वा । स च देशो महाप्राज्ञ यस्मिन्वसति रावणः ॥ ११
अभिगम्य तु वैदेहीं निलयं रावणस्य च । प्राप्तकालं विधास्यामि तस्मिन्काले सह त्वया ॥ १२
नाहमस्मिन्प्रभुः कार्ये वानरेन्द्र न लक्ष्मणः । त्वमस्य हेतुः कार्यस्य प्रभुश्च प्लवगेश्वर ॥ १३
त्वमेवाज्ञापय विभो मम कार्यविनिश्चयम् । त्वं हि जानासि मे कार्यं मम वीर न संशयः ॥ १४
सुहृद्द्वितीयो विक्रान्तः प्राज्ञः कालविशेषवित् । भवानस्मद्धिते युक्तः सुहृदाप्तोऽर्थवित्तमः ॥ १५
एवमुक्तस्तु सुग्रीवो विनतं नाम यूथपम् । अब्रवीद्रामसांनिध्ये लक्ष्मणस्य च धीमतः ॥ १६
शैलाभं मेघनिर्घोषमूर्जितं प्लवगेश्वरम् । सोमसूर्यनिभैः सार्धं वानरैर्वानरोत्तम ॥ १७
देशकालनयैर्युक्तो विज्ञः कार्यविनिश्चये । वृतः शतसहस्रेण वानराणां तरस्विनाम् ॥ १८
अधिगच्छ दिशं पूर्वां सशैलवनकाननाम् । तत्र सीतां च वैदेहीं निलयं रावणस्य च ॥ १९
मार्गध्वं गिरिदुर्गेषु वनेषु च नदीषु च । नदीं भागीरथीं रम्यां सरयूं कौशिकीं तथा ॥ २०
कालिन्दीं यमुनां रम्यां यामुनं च महागिरिम् । सरस्वतीं च सिन्धुं च शोणं मणिनिभोदकम् ॥ २१
महीं कालमहीं चापि शैलकाननशोभिताम् । ब्रह्ममालान्विदेहांश्च मालवान्काशिकोसलान् ॥ २२
मागधांश्च महाग्रामान्पुण्ड्रांस्त्वङ्गांस्तथैव च । भूमिं च कोशकाराणां भूमिं च रजताकराम् ॥ २३
सर्वं च तद्विचेतव्यं मृगयद्भिस्ततस्ततः । रामस्य दयितां भार्यां सीतां दशरथस्नुषाम् ॥ २४
समुद्रमवगाढांश्च पर्वतान्पत्तनानि च । मन्दरस्य च ये कोटिं संश्रिताः केचिदालयाः ॥ २५
कर्णप्रावरणाश्चैव तथा चाप्योष्ठकर्णकाः । घोरलोहमुखाश्चैव जवनाश्चैकपादकाः ॥ २६
अक्षया बलवन्तश्च तथैव पुरुषादकाः । किरातास्तीक्ष्णचूडाश्च हेमाभाः प्रियदर्शनाः ॥ २७
आममीनाशनाश्चापि किराता द्वीपवासिनः । अन्तर्जलचरा घोरा नरव्याघ्रा इति स्मृताः ॥ २८
एतेषामाश्रयाः सर्वे विचेयाः काननौकसः । गिरिभिर्ये च गम्यन्ते प्लवनेन प्लवेन च ॥ २९

समुद्रमध्यद्वीपचराः । कोट्योघा इत्यसंख्यत्वोपलक्षणम् ॥ ५ ॥ गुरुहिते स्वामिहिते । तवाभिप्रेतमनुष्ठातुं शक्ष्यन्ति । समर्था इत्यर्थः ॥ ६ ॥ अनेकैः । सहेति शेषः ॥ ७ ॥ प्राप्तकालं कालोचितं तदुच्यताम् । मन्नियोगः कार्य इत्यर्थः । नन्विदं त्वत्सैन्यं न मन्नियोज्यतामर्हति तत्राह—त्वत्सैन्यमिति ॥ ८ ॥ इदं कार्यं सीतान्वेषणरूपम् ॥ ९ ॥ १० ॥ ११ ॥ तस्मिन्काले वृत्तान्तावगत्यनन्तरकाले ॥ १२ ॥ अस्मिन्कार्ये वानरप्रेषणरूपे । अस्य कार्यस्येति । सिद्धेरिति शेषः ॥ १३ ॥ मम कार्यविनिश्चयम् । ज्ञात्वेति शेषः । हे वीर, त्वं मम सुहृदित्यन्वयः ॥ १४ ॥ द्वितीयः सुहृल्लक्ष्मणापेक्षया ॥ १५ ॥ १६ ॥ सोमसूर्यनिभैस्तत्सदृशकान्तिभिः ॥ १७ ॥ नयो नीतिः । विज्ञः । तज्ज्ञस्त्वमिति शेषः ॥ १८ ॥ निलयं रावणस्य निलयस्थानम् । यद्वा चतुर्दिक्षु रावणवासस्थानमनेन सूचितम् ॥ १९ ॥ मार्गध्वमिति सामान्यतो नियोगः । विशेषेणाह—नदीमित्यादि । द्वितीयान्तानां प्राप्येति शेषः ॥ २० ॥ कालिन्दीं यमुनाम् । यामुनो गिरिर्यमुनोत्पत्तिस्थानभूतः कालिन्दगिरिः ॥ २१ ॥ महीकालमह्यौ नद्यौ । अथ प्राच्यदेशानाह—ब्रह्ममालानिति । हिमवद्विन्ध्यमध्यवर्त्यार्यावर्तापेक्षया प्राच्यादिविभागोऽत्र विवक्षित इत्याहुः ॥ २२ ॥ कोशकाराणां भूमिं कौशेयतन्तूत्पादकजन्तूत्पत्तिस्थानभूतां भूमिम् । रजताकरां रजतखनिम् ॥ २३ ॥ एतानि प्राप्य एतत्पूर्वोक्तं सर्वं सर्वावयवं विचेतव्यम् । तत्र किं विचेतव्यं तत्राह—रामस्य दयितामिति ॥ २४ ॥ समुद्रमवगाढान्समुद्रान्तर्गतान् । पत्तनानि समुद्रद्वीपवर्तीनि । आलया ग्रामाः ॥ २५ ॥ कर्णप्रावरणाः प्रावरणं वस्त्रं तद्वद्विशालश्रवणपुटाः । ओष्ठकर्णका ओष्ठपर्यन्तकर्णाः । लोहमुखा लोहवत्कठिनकृष्णमुखाः । एकपादपा एकपादाः सन्तो जवना वेगगतयः ॥ २६ ॥ अक्षया अक्षयसंतानाः । एते उक्ताः पुरुषाः । तथैव पुरुषादका रक्षोभेदाः । तीक्ष्णसूच्यग्रसदृशतैक्ष्ण्यवती चूडा केशपाशो येषाम् ॥ २७ ॥ आममीनाशना अपक्वमत्स्यभुजः । नरव्याघ्रा अधःप्रदेशे नराकारा एव सन्त उपरिभागे व्याघ्राकाराः, अतएव घोराः ॥ २८ ॥ काननौकस इति संबोधनम् । गिरिभिर्ये च गम्यन्ते गिरीनाक्रम्य ये देशा द्वीपाश्च गम्यन्ते, ये च प्लवनेन कूर्दनेन गम्यन्ते, ये च प्लवेनोडुपेन गम्यन्ते, ते च

यत्नवन्तो यवद्वीपं सप्तराज्योपशोभितम् । सुवर्णरूप्यकद्वीपं सुवर्णकरमण्डितम् ॥ ३०
यवद्वीपमतिक्रम्य शिशिरो नाम पर्वतः । दिवं स्पृशति शृङ्गेण देवदानवसेवितः ॥ ३१
एतेषां गिरिदुर्गेषु प्रपातेषु वनेषु च । मार्गध्वं सहिताः सर्वे रामपत्नीं यशस्विनीम् ॥ ३२
ततो रक्तजलं प्राप्य शोणाख्यं शीघ्रवाहिनम् । गत्वा पारं समुद्रस्य सिद्धचारणसेवितम् ॥ ३३
तस्य तीर्थेषु रम्येषु विचित्रेषु वनेषु च । रावणः सह वैदेह्या मार्गितव्यस्ततस्ततः ॥ ३४
पर्वतप्रभवा नद्यः सुभीमबहुनिष्कुटाः । मार्गितव्या दरीमन्तः पर्वताश्च वनानि च ॥ ३५
ततः समुद्रद्वीपांश्च सुभीमान्द्रष्टुमर्हथ । ऊर्मिमन्तं महारौद्रं क्रोशन्तमनिलोद्धतम् ॥ ३६
तत्रासुरा महाकायाश्छायां गृह्णन्ति नित्यशः । ब्रह्मणा समनुज्ञाता दीर्घकालं बुभुक्षिताः ॥ ३७
तं कालमेघप्रतिमं महोरगनिषेविनम् । अभिगम्य महानादं तीर्थेनैव महोदधिम् ॥ ३८
ततो रक्तजलं भीमं लोहितं नाम सागरम् । गत्वा प्रेक्ष्यथ तां चैव बृहतीं कूटशाल्मलीम् ॥ ३९
गृहं च वैनतेयस्य नानारत्नविभूषितम् । तत्र कैलाससंकाशं विहितं विश्वकर्मणा ॥ ४०
तत्र शैलनिभा भीमा मन्देहा नाम राक्षसाः । शैलशृङ्गेषु लम्बन्ते नानारूपा भयावहाः ॥ ४१
ते पतन्ति जले नित्यं सूर्यस्योदयनं प्रति । अभितप्ताः स्म सूर्येण लम्बन्ते स्म पुनः पुनः ॥ ४२
निहता ब्रह्मतेजोभिरहन्यहनि राक्षसाः । ततः पाण्डुरमेघाभं क्षीरोदं नाम सागरम् ॥ ४३
गत्वा द्रक्ष्यथ दुर्धर्षा मुक्ताहारमिवोर्मिभिः । तस्य मध्ये महाञ्श्वेतो ऋषभो नाम पर्वतः ॥ ४४
दिव्यगन्धैः कुसुमितैराचितैश्च नगैर्वृतः । सरश्च राजतैः पद्मैर्ज्वलितैर्हेमकेसरैः ॥ ४५
नाम्ना सुदर्शनं नाम राजहंसैः समाकुलम् । विबुधाश्चारणा यक्षाः किंनराश्चाप्सरोगणाः ॥ ४६
हृष्टाः समधिगच्छन्ति नलिनीं तां रिरंसवः । क्षीरोदं समतिक्रम्य तदा द्रक्ष्यथ वानराः ॥ ४७
जलोदं सागरं शीघ्रं सर्वभूतभयापहम् । तत्र तत्कोपजं तेजः कृतं हयमुखं महत् ॥ ४८
अस्याहुस्तं महावेगमोदनं सचराचरम् । तत्र विक्रोशतां नादो भूतानां सागरौकसाम् ।
श्रूयते चासमर्थानां दृष्ट्वाभूद्वडवामुखम् ॥ ४९
स्वादूदस्योत्तरे तीरे योजनानि त्रयोदश । जातरूपशिलो नाम सुमहान्कनकप्रभः ॥ ५०

विचेया इत्यन्वयः ॥ २९ ॥ ततः परं यत्नवन्तो भूत्वा सप्तराज्योपशोभितं यवद्वीपम्, तथा सुवर्णद्वीपम्, रूप्यकद्वीपम् । विचेतव्यमिति शेषः । सुवर्णकरमण्डितमिति । सुवर्णं कुर्वन्ति ये तैः शोभितम् ॥ ३० ॥ ततः परं यवाख्यद्वीपमतिक्रम्य शिशिरनामा पर्वतोऽस्ति ॥ ३१ ॥ एतेषामुक्तद्वीपानाम् ॥ ३२ ॥ ततः समुद्रस्य पारं गत्वा रक्तवर्णजलम्, अतएव शोणाख्यं नदं प्राप्य ॥ ३३ ॥ तस्य तीर्थेष्ववतारभेदेषु ॥ ३४ ॥ बहुनिष्कुटा बहूपवनप्रदेशाः । दरीमन्तो दरीयुक्ताः ॥ ३५ ॥ समुद्रद्वीपानुक्तदेशात्परिवर्तीक्षुसमुद्रद्वीपान् । ऊर्मिमन्तम्, अतएव क्रोशन्तं महाघोषम् ॥ ३६ ॥ तत्रेक्षुसमुद्रे । समनुज्ञाताः समनुज्ञातच्छायाद्वारकग्रहणसामर्थ्यादिमन्तः, छायागृहीतप्राणिभक्षणानुमतिकाश्च ॥ ३७ ॥ इक्षुरसस्यापि श्यामत्वात्तदुदधेः कालमेघप्रतिमत्वम् । तीर्थेनोपायेनाभिगम्य प्राप्य ॥ ३८ ॥ तत इक्षुसागरात्परतः । रक्तजलं रक्तवर्णजलम् । अत एव लोहिताख्यं कूटशाल्मलीं शाल्मलीद्वीपत्वप्रयोजकं वृक्षम् । जम्बूद्वीपे जम्बुवत् ॥ ३९ ॥ तत्र कूटशाल्मलीसमीपे ॥ ४० ॥ शैलशृङ्गेषु सुरासमुद्रान्तर्वर्तिशैलशृङ्गेषु । लम्बन्ते । अधोमुखा इति शेषः ॥ ४१ ॥ सूर्यस्योदयनं प्रति सूर्योदयं प्राप्योर्ध्वमुखाः सूर्येण युध्यमानाः सूर्येणाभितप्तास्तन्मण्डलब्रह्मतेजोभितप्ताः । ब्रह्मतेजोभिरहन्यहनि त्रैवर्णिकप्रवर्तितैर्ब्रह्मविद्यातेजोभिर्निहताः सन्तः सुरोदजले पतन्ति । ततः पुनरुज्जीविता लम्बन्ते स्म । शैलशृङ्गेष्विति शेषः । अत्र कतककृतः—'शैलशृङ्गेषु लम्बन्ते' इत्यादि श्लोकद्वयं प्रक्षिप्तम् । 'तानि रक्षांसि मन्देहारुणे द्वीपे प्रक्षिपन्ति' इति श्रुतावरुणद्वीपे तत्प्रक्षेपोक्तेरत्रारुणद्वीपप्रसङ्गाभावात्प्राचीनपुस्तकेष्वदर्शनाच्चेत्याहुः । ततः—पाण्डुरेति । अत्र सुराक्षीरोदयोर्मध्ये सर्पिर्दधिसमुद्रयोर्विवेचनानुक्तिस्तत्र विचेतव्यदुर्गस्थलाभावादिति कतकः । अनुक्तमपि तदुभयविवेचनमर्थतोऽवगन्तव्यमिति तीर्थः ॥ ४२ ॥ ४३ ॥ मुक्ताहारमिव । ऊर्मिभिस्तद्वन्तमिवेत्यर्थः ॥ ४४ ॥ सरश्च नाम्ना सुदर्शनमित्यन्वयः ॥ ४५ ॥ नामशब्दः प्रसिद्ध्यर्थः ॥ ४६ ॥ नलिनीम् । उक्तं सुदर्शनं सर इत्यर्थः ॥ ४७ ॥ जलोदं शुद्धजलरूपोदकम् । तत्र जलसमुद्रे तत्कोपजमौर्वब्रह्मर्षिकोपजं हयमुखं वडवामुखं तेजो ब्रह्मणा कृतमस्ति ॥ ४८ ॥ अस्याहुतं महावेगं सचराचरं सर्वं जगद्युगान्ते ओदनं वदन्ति । अनेन तस्य ब्रह्मरूपता सूचिता । तद्वडवामुखं दृष्ट्वा तत्र पतनभीत्या विक्रोशतामसमर्थानाम्, चात्समर्थानामपि, सागरौकसां भूतानां यो नादोऽभूत्स श्रूयते ॥ ४९ ॥ स्वादूदस्य शुद्धोदकस्य समुद्रस्य । 'उत्तरे तीरे' इति पाञ्चः पाठः ॥ ५० ॥

तत्र चन्द्रप्रतीकाशं पन्नगं धरणीधरम् । पद्मपत्रविशालाक्षं ततो द्रक्ष्यथ वानराः ॥ ५१
आसीनं पर्वतस्याग्रे सर्वदेवनमस्कृतम् । सहस्रशिरसं देवमनन्तं नीलवाससम् ॥ ५२
त्रिशिराः काञ्चनः केतुस्तालस्तस्य महात्मनः । स्थापितः पर्वतस्याग्रे विराजति सवेदिकः ॥ ५३
पूर्वस्यां दिशि निर्माणं कृतं तत्त्रिदशेश्वरैः । ततः परं हेममयः श्रीमानुदयपर्वतः ॥ ५४
तस्य कोटिर्दिवं स्पृष्ट्वा शतयोजनमायता । जातरूपमयी दिव्या विराजति सवेदिका ॥ ५५
सालैस्तालैस्तमालैश्च कर्णिकारैश्च पुष्पितैः । जातरूपमयैर्दिव्यैः शोभते सूर्यसंनिभैः ॥ ५६
तत्र योजनविस्तारमुच्छ्रितं दशयोजनम् । शृङ्गं सौमनसं नाम जातरूपमयं ध्रुवम् ॥ ५७
तत्र पूर्वं पदं कृत्वा पुरा विष्णुस्त्रिविक्रमे । द्वितीयं शिखरे मेरोश्चकार पुरुषोत्तमः ॥ ५८
उत्तरेण परिक्रम्य जम्बूद्वीपं दिवाकरः । दृश्यो भवति भूयिष्ठं शिखरं तन्महोच्छ्रयम् ॥ ५९
तत्र वैखानसा नाम वालखिल्या महर्षयः । प्रकाशमाना दृश्यन्ते सूर्यवर्णास्तपस्विनः ॥ ६०
अयं सुदर्शनो द्वीपः पुरो यस्य प्रकाशते । तस्मिंस्तेजश्च चक्षुश्च सर्वप्राणभृतामपि ॥ ६१
शैलस्य तस्य पृष्ठेषु कंदरेषु वनेषु च । रावणः सह वैदेह्या मार्गितव्यस्ततस्ततः ॥ ६२
काञ्चनस्य च शैलस्य सूर्यस्य च महात्मनः । आविष्टा तेजसा संध्या पूर्वा रक्ता प्रकाशते ॥ ६३
पूर्वमेतत्कृतं द्वारं पृथिव्या भुवनस्य च । सूर्यस्योदयनं चैव पूर्वा ह्येषा दिगुच्यते ॥ ६४
तस्य शैलस्य पृष्ठेषु निर्झरेषु गुहासु च । रावणः सह वैदेह्या मार्गितव्यस्ततस्ततः ॥ ६५
ततः परमगम्या स्याद्दिक्पूर्वा त्रिदशावृता । रहिता चन्द्रसूर्याभ्यामदृश्या तमसावृता ॥ ६६
शैलेषु तेषु सर्वेषु कंदरेषु नदीषु च । ये च नोक्ता मयोद्देशा विचेया तेषु जानकी ॥ ६७
एतावद्वानरैः शक्यं गन्तुं वानरपुंगवाः । अभास्करममर्यादं न जानीमस्ततः परम् ॥ ६८
अभिगम्य तु वैदेहीं निलयं रावणस्य च । मासे पूर्णे निवर्तध्वमुदयं प्राप्य पर्वतम् ॥ ६९
ऊर्ध्वं मासान्न वस्तव्यं वसन्वध्यो भवेन्मम । सिद्धार्थाः संनिवर्तध्वमधिगम्य च मैथिलीम् ॥ ७०

महेन्द्रकान्तां वनषण्डमण्डितां दिशं चरित्वा निपुणेन वानराः ।
अवाप्य सीतां रघुवंशजप्रियां ततो निवृत्ताः सुखिनो भविष्यथ ॥ ७१

इत्यार्षे श्रीमद्रामायणे वाल्मीकीय आदिकाव्ये किष्किन्धाकाण्डे चत्वारिंशः सर्गः ॥ ४० ॥

चन्द्रप्रतीकाशं श्वेतवर्णम् ॥ ५१ ॥ ५२ ॥ त्रिशिरः शिरःप्रदेशवर्तित्रिस्कन्धवान् । सवेदिक आधारवेदिबन्धसहितः ॥ ५३ ॥ अयमेव तालः पूर्वस्यां दिशि पूर्वदिग्व्यवस्थाया निर्माणं कृतम् । अभिज्ञाशङ्कुवत्प्रमाणनिर्माणं कृतमित्यर्थः ॥ ५४ ॥ कोटिः शिखरम् । सवेदिका साधारपर्वता ॥ ५५ ॥ ५६ ॥ तत्र शतयोजनदीर्घे उदयगिरिशिखरे ॥ ५७ ॥ तत्र सौमनसे शृङ्गे । त्रिविक्रमे त्रिभिः पदैस्त्रिलोक्या आक्रमणप्रस्तावे प्रथमं पदं तत्र कृत्वा द्वितीयं पदं मेरोः शिखरे चकार ॥ ५८ ॥ अस्तानन्तरमुत्तरेण जम्बूद्वीपं परिक्रम्य तन्महोच्छ्रयं शिखरं सौमनसाख्यं प्राप्य स्थितो दिवाकरो जम्बूद्वीपवर्तिनां भूयिष्ठं दृश्यो भवति । सौमनसे शिखरे इत्यर्थः । इदं सत्ययुगाभिप्रायम् । त्रेतायां क्षीरसागरमध्यगस्य द्वापरे सुरोदमध्यगस्य कलौ लङ्कामध्यगस्य जम्बूद्वीपस्थमनुष्यदृश्यताया अन्यत्रोक्तत्वात् ॥ ५९ ॥ ६० ॥ यस्य पुरः पुरस्तात्समीप एवायं प्रागुक्तसुदर्शनसरश्चिह्नो द्वीपः प्रकाशते, तस्मिन्सौमनसशिखरे भगवत्युदिते सर्वप्राणभृतां प्राणिनां तेजःसंबन्धो भवति, चक्षुश्च प्रकाशते ॥ ६१ ॥ ६२ ॥ काञ्चनशैलस्य सूर्यस्य च तेजसाविष्टा समाक्रान्ता पूर्वा संध्योदयावच्छिन्ना पूर्वा दिग्रक्ता सती प्रकाशते ॥ ६३ ॥ तदेवाह—पूर्वमिति । चो हेतौ । यतो भुवनस्य प्रकाशनहेतोः सूर्यस्योदयनमवेक्ष्य पूर्वं प्रथमं पृथिव्या एतद्द्वारमूर्ध्वस्थानां पृथिवीप्रवेशस्य द्वारं पृथ्वीस्थानां भुवनस्य ब्रह्मभुवनस्य प्रवेशद्वारमेतदुदयगिरिरूपं कृतम्, अत एषा पूर्वा दिगुच्यते । अन्ये तु—एतद्द्वारमेतद्दिग्वर्तिमहद्भूविवरं सृष्टं ब्रह्मणा, तस्मादेषा पूर्वा दिगुच्यते ॥ ६४ ॥ तस्य शैलस्योदयशैलस्य ॥ ६५ ॥ ततः परमुदयाद्रेः पुरस्तात्त्रिदशावृता तद्दिगधिष्ठात्रिन्द्रादित्रिदशाधिष्ठिता । उदयाचलात्परमगम्यत्वे हेतुमाह—रहितेति ॥ ६६ ॥ उक्तार्थोपसंहारः—शैलेष्वित्यादि ॥ ६७ ॥ ६८ ॥ ६९ ॥ सिद्धार्थाः कृतान्वेषणकृत्याः ॥ ७० ॥ ७१ ॥

इति श्रीरामाभिरामे श्रीरामीये रामायणतिलके वाल्मीकीय आदिकाव्ये किष्किन्धाकाण्डे चत्वारिंशः सर्गः ॥ ४० ॥

एकचत्वारिंशः सर्गः ।

ततः प्रस्थाप्य सुग्रीवस्तन्महद्वानरं बलम् । दक्षिणां प्रेषयामास वानरानभिलक्षितान् ॥ १
नीलमग्निसुतं चैव हनूमन्तं च वानरम् । पितामहसुतं चैव जाम्बवन्तं महौजसम् ॥ २
सुहोत्रं च शरारिं च शरगुल्मं तथैव च । गजं गवाक्षं गवयं सुषेणं वृषभं तथा ॥ ३
मैन्दं च द्विविदं चैव सुषेणं गन्धमादनम् । उल्कामुखमनङ्गं च हुताशनसुतावुभौ ॥ ४
अङ्गदप्रमुखान्वीरान्वीरः कपिगणेश्वरः । वेगविक्रमसंपन्नान्संदिदेश विशेषवित् ॥ ५
तेषामग्रेसरं चैव बृहद्बलमथाङ्गदम् । विधाय हरिवीराणामादिशद्दक्षिणां दिशम् ॥ ६
ये केचन समुद्देशास्तस्यां दिशि सुदुर्गमाः । कपीशः कपिमुख्यानां स तेषां समुदाहरत् ॥ ७
सहस्रशिरसं विन्ध्यं नानाद्रुमलतायुतम् । नर्मदां च नदीं रम्यां महोरगनिषेविताम् ॥ ८
ततो गोदावरीं रम्यां कृष्णवेणीं महानदीम् । मेखलानुत्कलांश्चैव दशार्णनगराण्यपि ॥ ९
आब्रवन्तीमवन्तीं च सर्वमेवानुपश्यत । विदर्भानृष्टिकांश्चैव रम्यान्माहिषकानपि ॥ १०
तथा मत्स्यकलिङ्गांश्च कौशिकांश्च समन्ततः । अन्वीक्ष्य दण्डकारण्यं सपर्वतनदीगुहम् ॥ ११
नदीं गोदावरीं चैव सर्वमेवानुपश्यत । तथैवान्ध्रांश्च पुण्ड्रांश्च चोलान्पाण्ड्यांश्च केरलान् ॥ १२
अयोमुखश्च गन्तव्यः पर्वतो धातुमण्डितः । विचित्रशिखरः श्रीमांश्चित्रपुष्पितकाननः ॥ १३
सुचन्दनवनोद्देशो मार्गितव्यो महागिरिः । ततस्तामापगां दिव्यां प्रसन्नसलिलाशयाम् ॥ १४
तत्र द्रक्ष्यथ कावेरीं विहृतामप्सरोगणैः । तस्यासीनं नगस्याग्रे मलयस्य महौजसः ॥ १५
द्रक्ष्यथादित्यसंकाशमगस्त्यमृषिसत्तमम् । ततस्तेनाभ्यनुज्ञाताः प्रसन्नेन महात्मना ॥ १६
ताम्रपर्णीं ग्राहजुष्टां तरिष्यथ महानदीम् । सा चन्दनवनैश्चित्रैः प्रच्छन्नद्वीपवारिणी ॥ १७
कान्तेव युवती कान्तं समुद्रमवगाहते । ततो हेममयं दिव्यं मुक्तामणिविभूषितम् ॥ १८
युक्तं कवाटं पाण्ड्यानां गता द्रक्ष्यथ वानराः । ततः समुद्रमासाद्य संप्रधार्यार्थनिश्चयम् ॥ १९
अगस्त्येनान्तरे तत्र सागरे विनिवेशितः । चित्रसानुनगः श्रीमान्महेन्द्रः पर्वतोत्तमः ॥ २०
जातरूपमयः श्रीमानवगाढो महार्णवम् । नानाविधैर्नगैः फुल्लैर्लताभिश्चोपशोभितम् ॥ २१
देवर्षियक्षप्रवरैरप्सरोभिश्च शोभितम् । सिद्धचारणसङ्घैश्च प्रकीर्णं सुमनोरमम् ॥ २२
तमुपैति सहस्राक्षः सदा पर्वसु पर्वसु । द्वीपस्तस्यापरे पारे शतयोजनविस्तृतः ॥ २३
अगम्यो मानुषैर्दीप्तस्तं मार्गध्वं समन्ततः । तत्र सर्वात्मना सीता मार्गितव्या विशेषतः ॥ २४

तत इति । अभिलक्षितान्कार्यसमर्थत्वेन निर्णीतान् ॥ १ ॥ ॥ २ ॥ ४ ॥ अयं सुषेणस्तारापितुरन्यः । हुताशनसुताविति । अग्नित्वव्याप्यं हुताशनत्वमित्यग्निहुताशनयोर्भेदः ॥ ४ ॥ विशेषविदन्वेष्टव्यदेशविशेषवित् ॥ ५ ॥ अग्रेसरं मुख्यम् । 'असंग्रहम्' इति पाठेऽसंकोचप्रभुमित्यर्थः । दक्षिणां दिशमादिशत । अन्वेष्टव्यत्वेनेति शेषः ॥ ६ ॥ तस्यां दिशि ये दुर्गमास्तान्समुदाहरदुवाच ॥ ७ ॥ अत्राप्यार्यावर्तापेक्षया दक्षिणत्वं तदाह—सहस्रशिरसं सहस्रशिखरम् ॥८॥ गोदावरीं विन्ध्यपूर्वप्रदेशवर्तिगोदावरीं नदीम् । मेखलादयो देशभेदाः ॥९॥ 'ऋष्टिकान्' इति पाठः ॥ १० ॥ मत्स्याश्च कलिङ्गाश्च तान् ॥ ११ ॥ नदीं गोदावरीं दण्डकारण्यवर्तिगोदावरीप्रदेशम् ॥ १२ ॥ अयोमुख इति मलयस्य नामान्तरम् । सुचन्दनवनत्वलिङ्गात् ॥ १३ ॥ १४ ॥ तस्यायोमुखपर्यायस्य ॥ १५ ॥ अगस्त्यमिति । यद्यपि पञ्चवटीत उदग्भागेऽगस्त्याश्रमः पूर्वमुक्तस्तथाप्यत्रापि बोध्यः । वाल्मीकेरनेकदेशेष्वाश्रमवत् । समाननामान्य एवायमित्यन्ये ॥ १६ ॥ ग्राहजुष्टामित्यादि ताम्रपर्णीविशेषणम् । चन्दनैः प्रच्छन्नानि द्वीपानि वारि च यस्याः सा प्रच्छन्नद्वीपवारिणी । प्रच्छन्नशरीरेति यावत् ॥ १७ ॥ अतएव युवती कान्तेव ॥ १८ ॥ युक्तं पुरप्राकारघटितम् । अर्थे समुद्रतरणरूपे । निश्चयं शक्ताशक्तनिश्चयम् । संप्रधार्य कृत्वा ॥ १९ ॥ तत्र प्लवनसाधनभूतः पर्वत उपदिश्यते—अगस्त्येनेति । सागरेऽन्तरे सागरखातसंबन्धिन्यन्तरेऽवकाशेऽगस्त्येन विनिवेशितः प्रतिष्ठापितो महेन्द्रः पर्वतोत्तमोऽस्ति । श्रीमान्सुन्दरः ॥ २० ॥ अवगाढः प्रविष्टैकपार्श्वः ॥ २१ ॥ २२ ॥ तद्युक्तविशेषणविशिष्टम् । सहस्राक्ष उपैतीत्यनेन महेन्द्राधिष्ठितत्वादन्वर्थनामकत्वं महेन्द्रस्य सूचितम् । अपरे पारेऽपरे परतीरे । अपरशब्दो विशेषवाची परतीरविशेषे । प्रतिष्ठित इति शेषः । द्वीप इति । उत्तरभागे दक्षिणे लवणसमुद्र इति तस्य द्वीपत्वम् । सगरखातोऽप्येकदेशेनोदग्भागे च समुद्रसंबद्धः ॥ २३ ॥ दीप्तः । स्वर्णभूयिष्ठत्वात्तत्र द्वीपे । सर्वात्मना सर्वप्रकारेण । विशेषत एकदेशमप्यनुपेक्ष्य ॥ २४ ॥

स हि देशस्तु वध्यस्य रावणस्य दुरात्मनः । राक्षसाधिपतेर्वासः सहस्राक्षसमद्युतेः ॥ २५
दक्षिणस्य समुद्रस्य मध्ये तस्य तु राक्षसी । अङ्गारकेति विख्याता छायामाक्षिप्य भोजनी ॥ २६
एवं निःसंशयान्कृत्वा संशयान्नष्टसंशयाः । मृगयध्वं नरेन्द्रस्य पत्नीममिततेजसः ॥ २७
तमतिक्रम्य लक्ष्मीवान्समुद्रे शतयोजने । गिरिः पुष्पितको नाम सिद्धचारणसेवितः ॥ २८
चन्द्रसूर्यांशुसंकाशः सागराम्बुसमाश्रयः । भ्राजते विपुलैः शृङ्गैरम्बरं विलिखन्निव ॥ २९
तस्यैकं काञ्चनं शृङ्गं सेवते यं दिवाकरः । न तं कृतघ्नाः पश्यन्ति न नृशंसा न नास्तिकाः ॥ ३०
प्रणम्य शिरसा शैलं तं विमार्गथ वानराः । तमतिक्रम्य दुर्धर्षं सूर्यवान्नाम पर्वतः ॥ ३१
अध्वना दुर्विगाहेन योजनानि चतुर्दश । ततस्तमप्यतिक्रम्य वैद्युतो नाम पर्वतः ॥ ३२
सर्वकामफलैर्वृक्षैः सर्वकालमनोहरैः । तत्र भुक्त्वा वरार्हाणि मूलानि च फलानि च ॥ ३३
मधूनि पीत्वा जुष्टानि परं गच्छत वानराः । तत्र नेत्रमनःकान्तः कुञ्जरो नाम पर्वतः ॥ ३४
अगस्त्यभवनं यत्र निर्मितं विश्वकर्मणा । तत्र योजनविस्तारमुच्छ्रितं दशयोजनम् ॥ ३५
शरणं काञ्चनं दिव्यं नानारत्नविभूषितम् । तत्र भोगवती नाम सर्पाणामालयः पुरी ॥ ३६
विशालरथ्या दुर्धर्षा सर्वतः परिरक्षिता । रक्षिता पन्नगैर्घोरैस्तीक्ष्णदंष्ट्रैर्महाविषैः ॥ ३७
सर्पराजो महाघोरो यस्यां वसति वासुकिः । निर्याय मार्गितव्या च सा च भोगवती पुरी ॥ ३८
तत्र चानन्तरोद्देशा ये केचन समावृताः । तं च देशमतिक्रम्य महानृषभसंस्थितिः ॥ ३९
सर्वरत्नमयः श्रीमानृषभो नाम पर्वतः । गोशीर्षकं पद्मकं च हरिश्यामं च चन्दनम् ॥ ४०
दिव्यमुत्पद्यते यत्र तच्चैवाग्निसमप्रभम् । न तु तच्चन्दनं दृष्ट्वा स्प्रष्टव्यं तु कदाचन ॥ ४१
रोहिता नाम गन्धर्वा घोरं रक्षन्ति तद्वनम् । तत्र गन्धर्वपतयः पञ्च सूर्यसमप्रभाः ॥ ४२
शैलूषो ग्रामणीः शिक्षः शुको बभ्रुस्तथैव च । रविसोमाग्निवपुषां निवासः पुण्यकर्मणाम् ॥ ४३
अन्ते पृथिव्या दुर्धर्षास्ततः स्वर्गजितः स्थिताः । ततः परं न वः सेव्यः पितृलोकः सुदारुणः ॥ ४४
राजधानी यमस्यैषा कष्टेन तमसावृता । एतावदेव युष्माभिर्वीरवानरपुंगवाः ।
शक्यं विचेतुं गन्तुं वा नातो गतिमतां गतिः ॥ ४५
सर्वमेतत्समालोक्य यच्चान्यदपि दृश्यते । गतिं विदित्वा वैदेह्याः संनिवर्तितुमर्हथ ॥ ४६
यश्च मासान्निवृत्तोऽग्रे दृष्टा सीतेति वक्ष्यति । मत्तुल्यविभवो भोगैः सुखं स विहरिष्यति ॥ ४७
ततः प्रियतरो नास्ति मम प्राणाद्विशेषतः । कृतापराधो बहुशो मम बन्धुर्भविष्यति ॥ ४८
अमितबलपराक्रमा भवन्तो विपुलगुणेषु कुलेषु च प्रसूताः ।
मनुजपतिसुतां यथा लभध्वं तदधिगुणं पुरुषार्थमारभध्वम् ॥ ४९

इत्यार्षे श्रीमद्रामायणे वाल्मीकीय आदिकाव्ये किष्किन्धाकाण्ड एकचत्वारिंशः सर्गः ॥ ४१ ॥

॥ २५ ॥ समुद्रसंबद्धत्वात्सागरोऽपि समुद्रत्वेन समुद्रश्च सागरत्वेन व्यवह्रियत इत्यविरोधः । तस्य तु रावणस्य तु । भोजनी भोक्तृशीला ॥ २६ ॥ संशयान् संशयविषयान्देशान्निःसंशयान्सम्यगन्वेषणेन कृत्वा, ततो नष्टसंशया आप्तसत्त्वासत्त्वनिश्चयास्तत्रासत्त्वे सति तं लङ्काद्वीपमतिक्रम्य मृगयध्वम् ॥ २७ ॥ क्व मार्गणीया तत्राह—लक्ष्मीवानिति ॥ २८ ॥ २९ ॥ तस्य काञ्चनं शृङ्गमस्ति । भगवान्सूर्यः सेवते नित्यं संनिहितो भवति । शृङ्गशब्दोऽर्धर्चादिः । अतश्चन्द्रसूर्याधिष्ठितत्वात्तं कृतघ्ना न पश्यन्ति ॥ ३० ॥ ३१ ॥ चतुर्दशेति । तैरुपलक्षित इत्यर्थः ॥ ३२ ॥ ३३ ॥ ३४ ॥ तत्र कुञ्जरपर्वते । अगस्त्यभवनवर्णनम्—योजनेत्यादि । इदं तृतीयमगस्त्यस्थानम् ॥ ३५ ॥ शरणं गृहम् । अगस्त्यस्येति शेषः । तत्र कुञ्जरपर्वत एव । आलयशब्दो नित्यं पुंलिङ्गः । यद्यपि भोगवती रसातले प्रसिद्धा, तथापि रावणस्य जनस्थानवत्सर्पाणामपि भोगवत्याख्यपुरं भूमावप्यस्तीति वासुकेर्भुव उपर्यपि योगवैभवात्स्थितिरिति चेत एवावगन्तव्यम् । यथागस्त्यस्य कुञ्जरपर्वतावच्छिन्ने विश्वकर्मनिर्मितभवने नक्षत्रपदे मलये पञ्चवटी दक्षिणभागे च वासस्तथेति ध्येयम् ॥ ३६ ॥ ३७ ॥ निर्याय विशेषतो गत्वा ॥ ३८ ॥ समावृता गुप्तास्ते च मार्गितव्याः । ऋषभसंस्थितिर्ऋषभाकारसंस्थानवान् ॥ ३९ ॥ गोशीर्षकादयश्चन्दनभेदाः ॥ ४० ॥ ४१ ॥ तच्चन्दनास्प्रष्टृत्वे हेतुः—रोहिता इति ॥ ४२ ॥ ४३ ॥ तत ऋषभात्परतः पृथिव्या अन्ते पुण्यकर्मणां निवासस्तत्र स्वर्गजित एव स्थिता भवन्ति, अतो हेतोस्ततः परं पितृलोको न सेव्योऽगम्यः ॥ ४४ ॥ ४५ ॥ ४६ ॥ ४७ ॥ बहुशः कृतापराधोऽपीत्यर्थः ॥ ४८ ॥ लभध्वं लप्स्यध्वम् । तथा तत्कार्यमुद्दिश्याधिगुणमधिकगुणोपेतं

द्विचत्वारिंशः सर्गः ।

अथ प्रस्थाप्य स हरीन्सुग्रीवो दक्षिणां दिशम् । अब्रवीन्मेघसंकाशं सुषेणं नाम वानरम् ॥ १
तारायाः पितरं राजा श्वशुरं भीमविक्रमम् । अब्रवीत्प्राञ्जलिर्वाक्यमभिगम्य प्रणम्य च ॥ २
महर्षिपुत्रं मारीचमर्चिष्मन्तं महाकपिम् । वृतं कपिवरैः शूरैर्महेन्द्रसदृशद्युतिम् ॥ ३
बुद्धिविक्रमसंपन्नं वैनतेयसमद्युतिम् । मरीचिपुत्रान्मारीचानर्चिर्माल्यान्महाबलान् ॥ ४
ऋषिपुत्रांश्च तान्सर्वान्प्रतीचीमादिशद्दिशम् । द्वाभ्यां शतसहस्राभ्यां कपीनां कपिसत्तमाः ॥ ५
सुषेणप्रमुखा यूयं वैदेहीं परिमार्गथ । सौराष्ट्रान्सहबाह्लीकांश्चन्द्रचित्रांस्तथैव च ॥ ६
स्फीताञ्जनपदान्रम्यान्विपुलानि पुराणि च । पुंनागगहनं कुक्षिं बकुलोद्दालकाकुलम् ॥ ७
तथा केतकखण्डांश्च मार्गध्वं हरिपुंगवाः । प्रत्यक्स्रोतोवहाश्चैव नद्यः शीतजलाः शिवाः ॥ ८
तापसानामरण्यानि कान्तारगिरयश्च ये । तत्र स्थलीर्मरुप्राया अत्युच्चशिशिराः शिलाः ॥ ९
गिरिजालावृतां दुर्गां मार्गित्वा पश्चिमां दिशम् । ततः पश्चिममागम्य समुद्रं द्रष्टुमर्हथ ॥ १०
तिमिनक्राकुलजलं गत्वा द्रक्ष्यथ वानराः । ततः केतकखण्डेषु तमालगहनेषु च ॥ ११
कपयो विहरिष्यन्ति नारिकेलवनेषु च । तत्र सीतां च मार्गध्वं निलयं रावणस्य च ॥ १२
वेलातलनिविष्टेषु पर्वतेषु वनेषु च । मुरचीपत्तनं चैव रम्यं चैव जटापुरम् ॥ १३
अवन्तीमङ्गलेपां च तथा चालक्षितं वनम् । राष्ट्राणि च विशालानि पत्तनानि ततस्ततः ॥ १४
सिन्धुसागरयोश्चैव संगमे तत्र पर्वतः । महान्सोमगिरिर्नाम शतशृङ्गो महाद्रुमः ॥ १५
तत्र प्रस्थेषु रम्येषु सिंहाः पक्षगमाः स्थिताः । तिमिमत्स्यगजांश्चैव नीडान्यारोपयन्ति ते ॥ १६
तानि नीडानि सिंहानां गिरिशृङ्गगताश्च ये । दृप्तास्तृप्ताश्च मातङ्गास्तोयदस्वननिःस्वनाः ॥ १७
विचरन्ति विशालेऽस्मिंस्तोयपूर्णे समन्ततः । तस्य शृङ्गं दिवस्पर्शं काञ्चनं चित्रपादपम् ॥ १८
सर्वमाशु विचेतव्यं कपिभिः कामरूपिभिः । कोटिं तत्र समुद्रस्य काञ्चनीं शतयोजनाम् ॥ १९
दुर्दर्शां पारियात्रस्य गत्वा द्रक्ष्यथ वानराः । कोट्यस्तत्र चतुर्विंशद्गन्धर्वाणां तपस्विनाम् ॥ २०
वसन्त्यग्निनिकाशानां घोराणां पापकर्मणाम् । पावकार्चिःप्रतीकाशाः समवेताः समन्ततः ॥ २१
नात्यासादयितव्यास्ते वानरैर्भीमविक्रमैः । नादेयं च फलं तस्माद्देशात्किंचित्प्लवंगमैः ॥ २२
दुरासदा हि ते वीराः सत्त्ववन्तो महाबलाः । फलमूलानि ते तत्र रक्षन्ते भीमविक्रमाः ॥ २३
तत्र यत्नश्च कर्तव्यो मार्गितव्या च जानकी । नहि तेभ्यो भयं किंचित्कपित्वमनुवर्तताम् ॥ २४
तत्र वैदूर्यवर्णाभो वज्रसंस्थानसंस्थितः । नानाद्रुमलताकीर्णो वज्रो नाम महागिरिः ॥ २५

पुरुषार्थं पुरुषयत्नमारभध्वम् ॥ ४९ ॥ इति श्रीरामाभिरामे श्रीरामीये रामायणतिलके वाल्मीकीय आदिकाव्ये किष्किन्धाकाण्ड एकचत्वारिंशः सर्गः ॥ ४१ ॥

अथेति ॥ १ ॥ श्वशुरत्वात्प्राञ्जलिः प्रणम्याब्रवीत् । एतद्विशेषकथनायैव पुनरब्रवीदित्युक्तिः ॥ २ ॥ महर्षिपुत्रं मारीचं महर्षेर्मरीचेः पुत्रम् । अर्चिष्मन्तमर्चिष्मदाख्यम् । अयं तेषु प्रधानः । अर्चिर्माल्याख्या अन्येऽपि मरीचिपुत्राः ॥ ३ ॥ मारीचशब्दस्य व्युत्पत्त्यन्तरसंभवान्मरीचिपुत्रानित्युक्तम् ॥ ४ ॥ ५ ॥ परिमार्गथ मार्गध्वम् । चन्द्रचित्रानिति । शूरान् । 'भीमान्' इति पाठान्तरम् । देशविशेषा इमे ॥ ६ ॥ विपुलानि विशालानि । कुक्षिर्देशविशेषः ॥ ७ ॥ प्रत्यक्स्रोतोवहाः पश्चिमाभिमुखप्रवाहाः ॥ ८ ॥ कान्तारगिरयः कान्तारयुक्ता गिरयः । स्थल्यकृत्रिमा भूः । शिशिराः शीतलाः ॥ ९ ॥ तत्रादर्शने ततः किंचित्पश्चिमं गत्वा समुद्रं द्रष्टुमर्हथ । तत्र समुद्रं द्रक्ष्यथेति निश्चय एव ॥ १० ॥ ११ ॥ कपयो भवत्सैनिकाः ॥ १२ ॥ १३ ॥ अवन्त्यङ्गलेपे पुर्यौ । आलक्षिताख्यं वनम् ॥ १४ ॥ महाद्रुमो महान्तो द्रुमाः यस्मिन्सः ॥ १५ ॥ सिंहास्तदाख्याः । पक्षगमाः पक्षिणः स्थिताः । ते पक्षिणस्तिमिमत्स्यगजान्नीडानि स्ववासस्थानान्यारोपयन्ति प्रापयन्ति ॥ १६ ॥ १७ ॥ तोयपूर्णे प्रस्थे ॥ १८ ॥ कोटिं शृङ्गम् । समुद्रस्य । मध्ये इति शेषः ॥ १९ ॥ २० ॥ घोराणाम्, अतएव पापकर्मणां संहर्तॄणाम् । पावकार्चिःप्रतीकाशाः कोट्यः समवेता इत्यन्वयः ॥ २१ ॥ नात्यासादयितव्या न द्रष्टव्या नापराद्धव्या वा । नादेयं न ग्राह्यम् ॥ २२ ॥ २३ ॥ यत्नः कर्तव्यः । मार्गण इति शेषः । ननु पापकारित्वात्तदनासादने कथं तत्र मार्गणसंभवः, अत आह—नहि तेभ्य इति । तद्देशे । मृगपक्ष्यादिवत्प्राकृतमृगस्वभावे तिष्ठतामित्यर्थः । अतएव नापराद्धव्या इति पूर्वं व्याख्यातम् ॥ २४ ॥ वैदूर्यवर्ण आभा च यस्य सः । वज्रवत्कठिनसंस्थानेन संस्थितः ॥ २५ ॥

श्रीमान्समुदितस्तत्र योजनानां शतं समम् । गुहास्तत्र विचेतव्याः प्रयत्नेन प्लवंगमाः ॥ २६
चतुर्भागे समुद्रस्य चक्रवान्नाम पर्वतः । तत्र चक्रं सहस्रारं निर्मितं विश्वकर्मणा ॥ २७
तत्र पञ्चजनं हत्वा हयग्रीवं च दानवम् । आजहार ततश्चक्रं शङ्खं च पुरुषोत्तमः ॥ २८
तत्र सानुषु रम्येषु विशालासु गुहासु च । रावणः सह वैदेह्या मार्गितव्यस्ततस्ततः ॥ २९
योजनानि चतुःषष्टिर्वराहो नाम पर्वतः । सुवर्णशृङ्गः सुमहानगाधे वरुणालये ॥ ३०
तत्र प्राग्ज्योतिषं नाम जातरूपमयं पुरम् । तस्मिन्वसति दुष्टात्मा नरको नाम दानवः ॥ ३१
तत्र सानुषु रम्येषु विशालासु गुहासु च । रावणः सह वैदेह्या मार्गितव्यस्ततस्ततः ॥ ३२
तमतिक्रम्य शैलेन्द्रं काञ्चनान्तरदर्शनम् । पर्वतः सर्वसौवर्णो धाराप्रस्रवणायुतः ॥ ३३
तं गजाश्च वराहाश्च सिंहा व्याघ्राश्च सर्वतः । अभिगर्जन्ति सततं तेन शब्देन दर्पिताः ॥ ३४
यस्मिन्हरिहयः श्रीमान्महेन्द्रः पाकशासनः । अभिषिक्तः सुरै राजा मेघो नाम स पर्वतः ॥ ३५
तमतिक्रम्य शैलेन्द्रं महेन्द्रपरिपालितम् । षष्टिं गिरिसहस्राणि काञ्चनानि गमिष्यथ ॥ ३६
तरुणादित्यवर्णानि भ्राजमानानि सर्वशः । जातरूपमयैर्वृक्षैः शोभितानि सुपुष्पितैः ॥ ३७
तेषां मध्ये स्थितो राजा मेरुरुत्तमपर्वतः । आदित्येन प्रसन्नेन शैलो दत्तवरः पुरा ॥ ३८
तेनैवमुक्तः शैलेन्द्रः सर्व एव त्वदाश्रयाः । मत्प्रसादाद्भविष्यन्ति दिवा रात्रौ च काञ्चनाः ॥ ३९
त्वयि ये चापि वत्स्यन्ति देवगन्धर्वदानवाः । ते भविष्यन्ति भक्ताश्च प्रभया काञ्चनप्रभाः ॥ ४०
विश्वेदेवाश्च वसवो मरुतश्च दिवौकसः । आगत्य पश्चिमां संध्यां मेरुमुत्तमपर्वतम् ॥ ४१
आदित्यमुपतिष्ठन्ति तैश्च सूर्योऽभिपूजितः । अदृश्यः सर्वभूतानामस्तं गच्छति पर्वतम् ॥ ४२
योजनानां सहस्राणि दश तानि दिवाकरः । मुहूर्तार्धेन तं शीघ्रमभियाति शिलोच्चयम् ॥ ४३
शृङ्गे तस्य महद्दिव्यं भवनं सूर्यसंनिभम् । प्रासादगणसंबाधं विहितं विश्वकर्मणा ॥ ४४
शोभितं तरुभिश्चित्रैर्नानापक्षिसमाकुलैः । निकेतं पाशहस्तस्य वरुणस्य महात्मनः ॥ ४५
अन्तरा मेरुमस्तं च तालो दशशिरा महान् । जातरूपमयः श्रीमान्भ्राजते चित्रवेदिकः ॥ ४६
तेषु सर्वेषु दुर्गेषु सरःसु च सरित्सु च । रावणः सह वैदेह्या मार्गितव्यस्ततस्ततः ॥ ४७
यत्र तिष्ठति धर्मज्ञस्तपसा स्वेन भावितः । मेरुसावर्णिरित्येष ख्यातो वै ब्रह्मणा समः ॥ ४८
प्रष्टव्यो मेरुसावर्णिर्महर्षिः सूर्यसंनिभः । प्रणम्य शिरसा भूमौ प्रवृत्तिं मैथिलीं प्रति ॥ ४९
एतावज्जीवलोकस्य भास्करो रजनीक्षये । कृत्वा वितिमिरं सर्वमस्तं गच्छति पर्वतम् ॥ ५०
एतावद्वानरैः शक्यं गन्तुं वानरपुंगवाः । अभास्करममर्यादं न जानीमस्ततः परम् ॥ ५१
अधिगम्य तु वैदेहीं निलयं रावणस्य च । अस्तं पर्वतमासाद्य पूर्णे मासे निवर्तत ॥ ५२
ऊर्ध्वं मासान्न वस्तव्यं वसन्वध्यो भवेन्मम । सहैव शूरो युष्माभिः श्वशुरो मे गमिष्यति ॥ ५३
श्रोतव्यं सर्वमेतस्य भवद्भिर्दिष्टकारिभिः । गुरुरेष महाबाहुः श्वशुरो मे महाबलः ॥ ५४

समुदितः प्रतिष्ठितः । समम् । आयामतो विस्तारतश्च शतयोजन इत्यर्थः ॥ २६ ॥ चतुर्भागे चतुर्थभागे । गत इति शेषः ॥ २७ ॥ तत्र चक्रवत्पर्वते । पञ्चजनं तदाख्यम्, हयस्येव ग्रीवा यस्य तं च ॥ २८ ॥ २९ ॥ ३० ॥ तत्र वराहपर्वते । जातरूपं स्वर्णम् ॥ ३१ ॥ ३२ ॥ काञ्चनान्तरदर्शनं काञ्चनगर्भा अन्तरा निर्दरा यस्मिंस्तस्य दर्शनम् । भविष्यतीति शेषः ॥ ३३ ॥ तं प्राप्य स्थिता गजादयस्तेन शब्देन स्वध्वनिजप्रतिध्वनिशब्देन दर्पिताः सर्वतोऽभिगर्जन्ति ॥ ३४ ॥ सः सौवर्ण इत्युक्तः ॥ ३५ ॥ ३६ ॥ ३७ ॥ तेषां षष्टिसहस्रपर्वतानां मध्ये राजेव मेरुवत्काञ्चनः पर्वतोऽस्ति । एनं सावर्णिमेरुरिति वदन्ति ॥ ३८ ॥ कीदृशो वरस्तत्राह—तेनैवमिति । आदित्येनैवमुक्त इत्येवंशब्दार्थः सर्व एवेति ॥ ३९ ॥ ते भक्ताः । मयीति शेषः । काञ्चनप्रभाश्च भविष्यन्ति ॥ ४० ॥ विश्वेदेवादयस्तमुत्तमपर्वतं मेरुं सावर्णिमेरुमागत्य तत्र स्थित्वा पश्चिमां संध्यां प्राप्यादित्यमुपतिष्ठन्तीत्यग्रिमेणान्वयः ॥ ४१ ॥ इतः पूर्वभागस्था अनुक्ता अपि द्वीपा विचेतव्या इत्यर्थतः सिद्धम् ॥ ४२ ॥ ततः परं दशयोजनसहस्रेऽस्ताचल इत्याह—योजनानामिति । तान्युक्तसंख्यायोजनानि । अतीत्येति शेषः । मुहूर्तार्धमेका घटी तया तं शिलोच्चयमस्तमभियाति ॥ ४३ ॥ अथ वरुणपुरवर्णनम्—शृङ्ग इति ॥ ४४ ॥ ४५ ॥ दशशिरा दशस्कन्धः ॥ ४६ ॥ ४७ ॥ यत्र मेरौ । ब्रह्मणा समो महामेरुवर्तिप्रजापतिसमः ॥ ४८ ॥ मैथिलीं प्रति प्रवृत्तिं मैथिलीसंबन्धिप्रवृत्तिं प्रष्टव्य इत्यन्वयः ॥ ४९ ॥ एतावदुदयाचलमारभ्य मेरुसावर्णिपर्यन्तम् ॥ ५० ॥ ५१ ॥ निवर्तत निवर्तध्वम् ॥ ५२ ॥ ५३ ॥ दिष्टं संदिष्टम् ॥ ५४ ॥ प्रमाणं

भवन्तश्चापि विक्रान्ताः प्रमाणं सर्व एव हि । प्रमाणमेनं संस्थाप्य पश्यध्वं पश्चिमां दिशम् ॥ ५५
कृतकृत्या भविष्यामः कृतस्य प्रतिकर्मणा । अतोऽन्यदपि यत्कार्यं कार्यस्यास्य प्रियं भवेत् ।
संप्रधार्य भवद्भिश्च देशकालार्थसंहितम् ॥ ५६
ततः सुषेणप्रमुखाः प्लवंगमाः सुग्रीववाक्यं निपुणं निशम्य ।
आमन्त्र्य सर्वे प्लवगाधिपास्ते जग्मुर्दिशं तां वरुणाभिगुप्ताम् ॥ ५७

इत्यार्षे श्रीमद्रामायणे वाल्मीकीय आदिकाव्ये किष्किन्धाकाण्डे द्विचत्वारिंशः सर्गः ॥ ४२ ॥

त्रिचत्वारिंशः सर्गः ।

ततः संदिश्य सुग्रीवः श्वशुरं पश्चिमां दिशम् । वीरं शतबलं नाम वानरं वानरेश्वरः ॥ १
उवाच राजा सर्वज्ञः सर्ववानरसत्तमः । वाक्यमात्महितं चैव रामस्य च हितं तदा ॥ २
वृतः शतसहस्रेण त्वद्विधानां वनौकसाम् । वैवस्वतसुतैः सार्धं प्रविष्टः सर्वमन्त्रिभिः ॥ ३
दिशं ह्युदीचीं विक्रान्त हिमशैलावतंसिकाम् । सर्वतः परिमार्गध्वं रामपत्नीं यशस्विनीम् ॥ ४
अस्मिन्कार्ये विनिर्वृत्ते कृते दाशरथेः प्रिये । ऋणान्मुक्ता भविष्यामः कृतार्थार्थविदां वर ॥ ५
कृतं हि प्रियमस्माकं राघवेण महात्मना । तस्य चेत्प्रतिकारोऽस्ति सफलं जीवितं भवेत् ॥ ६
अर्थिनः कार्यनिर्वृत्तिमकर्तुरपि यश्चरेत् । तस्य स्यात्सफलं जन्म किं पुनः पूर्वकारिणः ॥ ७
एतां बुद्धिं समास्थाय दृश्यते जानकी यथा । तथा भवद्भिः कर्तव्यमस्मत्प्रियहितैषिभिः ॥ ८
अयं हि सर्वभूतानां मान्यस्तु नरसत्तमः । अस्मासु च गतः प्रीतिं रामः परपुरंजयः ॥ ९
इमानि बहुदुर्गाणि नद्यः शैलान्तराणि च । भवन्तः परिमार्गन्तु बुद्धिविक्रमसंपदा ॥ १०
तत्र म्लेच्छान्पुलिन्दांश्च शूरसेनांस्तथैव च । प्रस्थलान्भरतांश्चैव कुरूंश्च सह मद्रकैः ॥ ११
काम्बोजयवनांश्चैव शकानां पत्तनानि च । अन्वीक्ष्य वरदांश्चैव हिमवन्तं विचिन्वथ ॥ १२
लोध्रपद्मकखण्डेषु देवदारुवनेषु च । रावणः सह वैदेह्या मार्गितव्यस्ततस्ततः ॥ १३
ततः सोमाश्रमं गत्वा देवगन्धर्वसेवितम् । कालं नाम महासानुं पर्वतं तं गमिष्यथ ॥ १४
महत्सु तस्य शैलेषु पर्वतेषु गुहासु च । विचिन्वत महाभागां रामपत्नीमनिन्दिताम् ॥ १५
तमतिक्रम्य शैलेन्द्रं हेमगर्भं महागिरिम् । ततः सुदर्शनं नाम पर्वतं गन्तुमर्हथ ॥ १६
ततो देवसखा नाम पर्वतः पतगालयः । नानापक्षिसमाकीर्णो विविधद्रुमभूषितः ॥ १७
तस्य काञ्चनखण्डेषु निर्दरेषु गुहासु च । रावणः सह वैदेह्या मार्गितव्यस्ततस्ततः ॥ १८
तमतिक्रम्य चाकाशं सर्वतः शतयोजनम् । अपर्वतनदीवृक्षं सर्वसत्त्वविवर्जितम् ॥ १९
तत्तु शीघ्रमतिक्रम्य कान्तारं रोमहर्षणम् । कैलासं पाण्डुरं प्राप्य हृष्टा यूयं भविष्यथ ॥ २०
तत्र पाण्डुरमेघाभं जाम्बूनदपरिष्कृतम् । कुबेरभवनं रम्यं निर्मितं विश्वकर्मणा ॥ २१
विशाला नलिनी यत्र प्रभूतकमलोत्पला । हंसकारण्डवाकीर्णा अप्सरोगणसेविता ॥ २२

कर्तव्याकर्तव्यनिश्चायकाः । अथाप्येनं सुषेणं विशिष्य प्रमाणं संस्थाप्य ॥ ५५ ॥ कृतस्य प्रतिकर्मणोपकारप्रत्युपकारेण । अस्य कार्यस्येति । रावणवधान्तरामकार्यस्येत्यर्थः ॥ ५६ ॥ ५७ ॥
इति श्रीरामाभिरामे श्रीरामीये रामायणतिलके वाल्मीकीय आदिकाव्ये किष्किन्धाकाण्डे द्विचत्वारिंशः सर्गः ॥ ४२ ॥

तत इति ॥ १ ॥ सर्वज्ञो देशवृत्ताभिज्ञः ॥ २ ॥ वैवस्वतसुतैर्यमसुतैः ॥ ३ ॥ विक्रान्तेति शतबलस्य संबुद्धिः । सर्वत इति सामान्यतो नियोगः ॥ ४ ॥ विनिर्वृत्ते विशेषेणानुष्ठिते । कृतार्थाः कृतकृत्याः । अर्थविदां लब्धाभीष्टानाम् । संधिरार्षः ॥ ५ ॥ अस्ति क्रियेत ॥ ६ ॥ अर्थिनः स्वस्मात्प्रयोजनार्थिनः । कार्यनिर्वृत्तिं तत्प्रयोजनानुष्ठानम् । अकर्तुः पूर्वमुपकाराकर्तुरपि यश्चरेत्कुर्यात् ॥ ७ ॥ ८ ॥ ९ ॥ इमानि वक्ष्यमाणानि ॥ १० ॥ प्रस्थला भरताश्च देशविशेषाः । कुरून्दक्षिणकुरून् ॥ ११ ॥ १२ ॥ लोध्रपद्मकखण्डेषु । हैमवतेष्विति शेषः ॥ १३ ॥ तं कालाख्यं पर्वतम् ॥ १४ ॥ तस्य शैलेषु गण्डपर्वतेषु । पर्वतेषु ततो महत्सु तेषु ॥ १५ ॥ तं कालपर्वतम् ॥ १६ ॥ ततः सुदर्शनात्परतः । पतगाः पक्षिणः ॥ १७ ॥ १८ ॥ तं देवसखपर्वतमतिक्रम्याकाशं शून्यदेशम् । शून्यत्वोपपादकम्—अपर्वतेत्यादि ॥ १९ ॥ कान्तारमपर्वतवनजादिना । रोमहर्षणं भयंकरत्वात् ॥ २० ॥ २१ ॥ नलिनी

तत्र वैश्रवणो राजा सर्वलोकनमस्कृतः । धनदो रमते श्रीमान्गुह्यकैः सह यक्षराट् ॥ २३
तस्य चन्द्रनिकाशेषु पर्वतेषु गुहासु च । रावणः सह वैदेह्या मार्गितव्यस्ततस्ततः ॥ २४
क्रौञ्चं तु गिरिमासाद्य बिलं तस्य सुदुर्गमम् । अप्रमत्तैः प्रवेष्टव्यं दुष्प्रवेशं हि तत्स्मृतम् ॥ २५
वसन्ति हि महात्मानस्तत्र सूर्यसमप्रभाः । देवैरभ्यर्थिताः सम्यग्देवरूपा महर्षयः ॥ २६
क्रौञ्चस्य तु गुहाश्चान्याः सानूनि शिखराणि च । दर्दराश्च नितम्बाश्च विचेतव्यास्ततस्ततः ॥ २७
अवृक्षं कामशैलं च मानसं विहगालयम् । न गतिस्तत्र भूतानां देवानां न च रक्षसाम् ॥ २८
स च सर्वैर्विचेतव्यः ससानुप्रस्थभूधरः । क्रौञ्चं गिरिमतिक्रम्य मैनाको नाम पर्वतः ॥ २९
मयस्य भवनं तत्र दानवस्य स्वयंकृतम् । मैनाकस्तु विचेतव्यः ससानुप्रस्थकंदरः ॥ ३०
स्त्रीणामश्वमुखीनां तु निकेतस्तत्र तत्र तु । तं देशं समतिक्रम्य आश्रमं सिद्धसेवितम् ॥ ३१
सिद्धा वैखानसा यत्र वालखिल्याश्च तापसाः । वन्दितव्यास्ततः सिद्धास्तपसा वीतकल्मषाः ॥ ३२
प्रष्टव्या चापि सीतायाः प्रवृत्तिर्विनयान्वितैः । हिमपुष्करसंछन्नं तत्र वैखानसं सरः ॥ ३३
तरुणादित्यसंकाशैर्हंसैर्विचरितं शुभैः । औपवाह्यः कुबेरस्य सार्वभौम इति स्मृतः ॥ ३४
गजः पर्येति तं देशं सदा सह करेणुभिः । तत्सरः समतिक्रम्य नष्टचन्द्रदिवाकरम् ।
अनक्षत्रगणं व्योम निष्पयोदमनादितम् ॥ ३५
गभस्तिभिरिवार्कस्य स तु देशः प्रकाश्यते । विश्राम्यद्भिस्तपःसिद्धैर्देवकल्पैः स्वयंप्रभैः ॥ ३६
तं तु देशमतिक्रम्य शैलोदा नाम निम्नगा । उभयोस्तीरयोस्तस्याः कीचका नाम वेणवः ॥ ३७
ते नयन्ति परं तीरं सिद्धान्प्रत्यानयन्ति च । उत्तराः कुरवस्तत्र कृतपुण्यप्रतिश्रयाः ।
ततः काञ्चनपद्माभिः पद्मिनीभिः कृतोदकाः ॥ ३८
नीलवैडूर्यपत्राढ्या नद्यस्तत्र सहस्रशः । रक्तोत्पलवनैश्चात्र मण्डिताश्च हिरण्मयैः ॥ ३९
तरुणादित्यसंकाशा भान्ति तत्र जलाशयाः । महार्हमणिरत्नैश्च काञ्चनप्रभकेसरैः ॥ ४०
नीलोत्पलवनैश्चित्रैः स देशः सर्वतो वृतः । निस्तुलाभिश्च मुक्ताभिर्मणिभिश्च महाधनैः ॥ ४१
उद्भूतपुलिनास्तत्र जातरूपैश्च निम्नगाः । सर्वरत्नमयैश्चित्रैरवगाढा नगोत्तमैः ॥ ४२
जातरूपमयैश्चापि हुताशनसमप्रभैः । नित्यपुष्पफलास्तत्र नगाः पत्ररथाकुलाः ॥ ४३
दिव्यगन्धरसस्पर्शाः सर्वकामान्स्रवन्ति च । नानाकाराणि वासांसि फलन्त्यन्ये नगोत्तमाः ॥ ४४
मुक्तावैडूर्यचित्राणि भूषणानि तथैव च । स्त्रीणां यान्यनुरूपाणि पुरुषाणां तथैव च ॥ ४५
सर्वर्तुसुखसेव्यानि फलन्त्यन्ये नगोत्तमाः । महार्हमणिचित्राणि फलन्त्यन्ये नगोत्तमाः ॥ ४६
शयनानि प्रसूयन्ते चित्रास्तरणवन्ति च । मनःकान्तानि माल्यानि फलन्त्यत्रापरे द्रुमाः ॥ ४७

सरसी ॥ २२ ॥ २३ ॥ तस्य कैलासस्य । पर्वतेषु गण्डपर्वतेषु ॥ २४ ॥ तस्य क्रौञ्चस्य । बिलं स्कन्दशक्तिकृतं बिवरम् ॥ २५ ॥ तत्र क्रौञ्चगुहायाम् ॥ २६ ॥ २७ ॥ कामशैलं कामतपःस्थानशैलम् । तद्विशेषणमवृक्षम् । मानसं तदाख्यम् । तत्र मानसपर्वते ॥ २८ ॥ स चेति । क्रौञ्चपर्वत इत्यर्थः । सानूनि प्रस्थाः, भूधराः पर्यन्तपर्वताः, तैः सहितः । मैनाक इति । मैनाकोऽयं समुद्रमध्यादन्यः ॥ २९ ॥ ३० ॥ ३१ ॥ ३२ ॥ वैखानसं वैखानसानामिदम् ॥ ३३ ॥ विचरितं सेवितम् । औपवाह्यो वाहनम् ॥ ३४ ॥ तत्सरोऽतिक्रम्य वर्तमानं व्योम । कियानवकाशश्चन्द्रादिसर्वज्योतिर्गणप्रकाशरहितः ॥ ३५ ॥ नापि सान्धकार इत्याह—गभस्तिभिरिवेति । चन्द्रादिज्योतींष्यभिभूयार्कगभस्तिसदृशैः स्वीयैर्गभस्तिभिः प्रकाश्यते । के ते । यैः स्वगभस्तिभिः प्रकाश्यते तत्राह—विश्राम्यद्भिरिति । सुखोपविष्टैः स्वतपःसिद्धैः, अतएव देवकल्पैः सूर्यादिदेवतुल्यैः स्वयंप्रभैश्च सूर्यादिवत्स देशः प्रकाश्यते । यत्तु तत्र चन्द्रादीनां संचाराभाव एवेति, तन्न । अग्रे सुप्रसिद्धचन्द्रादिसंचारवदुत्तरकुरूणां तदूर्ध्वमुपदेशानुपपत्तेः ॥ ३६ ॥ निम्नगा । अस्तीति शेषः । अन्तःसुषिरो वेणुः कीचकः ॥ ३७ ॥ परं तीरम् । शैलोदाया इति शेषः । कृतपुण्यानां प्रतिश्रया निवासभूताः । पद्मिनीभिः सरसीभिः । कृतोदकाः कृतोदककार्याः ॥ ३८ ॥ तत आरभ्योत्तरकुरुदेशस्य भोगभूमित्वकथनम् । दिव्यनद्योऽपि तत्र सन्तीत्याह—नीलेत्यादि ॥ ३९ ॥ जलाशयास्तटाकादयः ॥४०॥ निस्तुलाभिर्वर्तुलाभिः । 'निस्तुलं वृत्तम्' इत्यमरः ॥ ४१ ॥ जातरूपैः स्वर्णैरुद्भूतपुलिना युक्तपुलिनाः । नगोत्तमैः पर्वतैरवगाढा व्याप्ताः ॥ ४२ ॥ नगा वृक्षाः । पत्ररथैः पक्षिभिराकुला व्याप्ताः ॥ ४३ ॥ ४४ ॥ इत उत्तरं केचिच्छ्लोकाः 'रमन्ते सततं तत्र नारीभिर्भास्वरप्रभाः' इत्यन्ताः प्रक्षिप्ताः, प्राचीनपुस्तकेष्वनुपलम्भादिति

पानानि च महार्हाणि भक्ष्याणि विविधानि च । स्त्रियश्च गुणसंपन्ना रूपयौवनलक्षिताः ॥ ४८
गन्धर्वाः किंनराः सिद्धा नागा विद्याधरास्तथा । रमन्ते सततं तत्र नारीभिर्भास्वरप्रभाः ॥ ४९
सर्वे सुकृतकर्माणः सर्वे रतिपरायणाः । सर्वे कामार्थसहिता वसन्ति सह योषितः ॥ ५०
गीतवादित्रनिर्घोषः सोत्कृष्टहसितस्वनैः । श्रूयते सततं तत्र सर्वभूतमनोरमः ॥ ५१
तत्र नामुदितः कश्चिन्नात्र कश्चिदसत्प्रियः । अहन्यहनि वर्धन्ते गुणास्तत्र मनोरमाः ॥ ५२
तमतिक्रम्य शैलेन्द्रमुत्तरः पयसां निधिः । तत्र सोमगिरिर्नाम मध्ये हेममयो महान् ॥ ५३
स तु देशो विसूर्योऽपि तस्य भासा प्रकाशते । सूर्यलक्ष्म्याभिविज्ञेयस्तपतेव विवस्वता ॥ ५४
भगवांस्तत्र विश्वात्मा शंभुरेकादशात्मकः । ब्रह्मा वसति देवेशो ब्रह्मर्षिपरिवारितः ॥ ५५
न कथंचन गन्तव्यं कुरूणामुत्तरेण वः । अन्येषामपि भूतानां नानुक्रामति वै गतिः ॥ ५६
स हि सोमगिरिर्नाम देवानामपि दुर्गमः । तमालोक्य ततः क्षिप्रमुपावर्तितुमर्हथ ॥ ५७
एतावद्वानरैः शक्यं गन्तुं वानरपुंगवाः । अभास्करममर्यादं न जानीमस्ततः परम् ॥ ५८
सर्वमेतद्विचेतव्यं यन्मया परिकीर्तितम् । यदन्यदपि नोक्तं च तत्रापि क्रियतां मतिः ॥ ५९

ततः कृतं दाशरथेर्महत्प्रियं महत्प्रियं चापि ततो मम प्रियम् ।
कृतं भविष्यत्यनिलानलोपमा विदेहजादर्शनजेन कर्मणा ॥ ६०
ततः कृतार्थाः सहिताः सबान्धवा मयार्चिताः सर्वगुणैर्मनोरमैः ।
चरिष्यथोर्वीं प्रति शान्तशात्रवाः सहप्रिया भूतधराः प्लवंगमाः ॥ ६१

इत्यार्षे श्रीमद्रामायणे वाल्मीकीय आदिकाव्ये किष्किन्धाकाण्डे त्रिचत्वारिंशः सर्गः ॥ ४३ ॥

चतुश्चत्वारिंशः सर्गः ।

विशेषेण तु सुग्रीवो हनूमत्यर्थमुक्तवान् । स हि तस्मिन्हरिश्रेष्ठे निश्चितार्थोऽर्थसाधने ॥ १
अब्रवीच्च हनूमन्तं विक्रान्तमनिलात्मजम् । सुग्रीवः परमप्रीतः प्रभुः सर्ववनौकसाम् ॥ २
न भूमौ नान्तरिक्षे वा नाम्बरे नामरालये । नाप्सु वा गतिसङ्गं ते पश्यामि हरिपुंगव ॥ ३
सासुराः सहगन्धर्वाः सनागनरदेवताः । विदिताः सर्वलोकास्ते ससागरधराधराः ॥ ४
गतिर्वेगश्च तेजश्च लाघवं च महाकपे । पितुस्ते सदृशं वीर मारुतस्य महौजसः ॥ ५
तेजसा वापि ते भूतं न समं भुवि विद्यते । तद्यथा लभ्यते सीता तत्त्वमेवानुचिन्तय ॥ ६
त्वय्येव हनुमन्नस्ति बलं बुद्धिः पराक्रमः । देशकालानुवृत्तिश्च नयश्च नयपण्डित ॥ ७

कतकः ॥ ४५ ॥ ४६ ॥ ४७ ॥ ४८ ॥ ४९ ॥ ५० ॥ ५१ ॥ असदविद्यमानं प्रियं यस्य तादृशः ॥ ५२ ॥ अत्र सुमेर्वन्वेषणं नोक्तम्, तत्र रक्षसां वासासंभवादित्याहुः । मध्ये उत्तरसमुद्रमध्ये ॥ ५३ ॥ स तु देशो विसूर्योऽपि सूर्यसंचाररहितोऽपि तस्य भासा सोमगिरिप्रभया तपता विवस्वता युक्तदेश इव सूर्यलक्ष्म्या सूर्योपेतदेशश्रिया युक्तः प्रकाशते ॥ ५४ ॥ विश्वमतति व्याप्नोतीति विश्वात्मा व्यापकस्तेन विष्णुरूपः । 'विष्लृ व्याप्तौ' इत्यनुसारात् । स एव शंभुः शं भवत्यस्मात्स एवैकादशात्मक एकादशानुवाकार्थैकादशरुद्रात्मकः । स एव ब्रह्मा बृंहणत्वाज्जगत्स्रष्टृत्वात् । एवं रूपत्रयात्मा भगवांस्तत्र सोमगिरौ । कार्यब्रह्मलोकत्वाद्वसतीत्यर्थः ॥ ५५ ॥ नानुक्रामति वै गतिः । तस्य कार्यब्रह्मलोकत्वेन ब्रह्मर्षिव्यतिरिक्तस्य तत्रागतेः । ब्रह्मर्षिपदेन दहरादिमार्गेण ब्रह्मोपासका ऋषय उच्यन्ते ॥ ५६ ॥ तदाह—देवानामपि दुर्गम इति ॥ ५७ ॥ ५८ ॥ तत्रापि मतिः क्रियतामिति । अन्वेषणायेति भावः ॥ ५९ ॥ प्रियमित्यस्य स्वस्येत्यादिः । विदेहजादर्शनजेन कर्मणा विदेहजादर्शनमुद्दिश्य जातेन कर्मणा । अन्वेषणकर्मणेति यावत् ॥ ६० ॥ भूतधरा भूतैः प्राणिभिर्ध्रियन्ते ते भूतधराः । प्राणिभिरुपजीव्या इत्यर्थः ॥ ६१ ॥ इति श्रीरामाभिरामे श्रीरामीये रामायणतिलके वाल्मीकीय आदिकाव्ये किष्किन्धाकाण्डे त्रिचत्वारिंशः सर्गः ॥ ४३ ॥

हनूमत्यर्थस्य सविशेषमुक्तौ हेतुः—स हीति । अर्थसाधने तद्विषये । निश्चितार्थः तादृशार्थतद्विषयकनिश्चयवान् ॥ १ ॥ उक्तिप्रकारं दर्शयति—अब्रवीच्चेति । सर्ववनौकसाम् । मध्य इति शेषः ॥ २ ॥ अन्तरिक्षं पृथिव्यासन्नपक्षिमार्गः । अम्बरं मेघमार्गः । अमरालयः स्वर्गः । गतिसङ्गं गतिप्रतिबन्धम् ॥ ३ ॥ सर्वलोकविशेषणम्—सासुरा इत्यादि ॥ ४ ॥ लाघवं क्षिप्रकारित्वम् ॥ ५ ॥ भूतं प्राणी । तत्तस्माद्यथा सीता लभ्यते तदर्थजातं त्वमेवानुचिन्तय ॥ ६ ॥ बलं शारीरम् । पराक्रम उत्साहः । देशकालानुवृत्तिस्तदनुचितकर्मानुष्ठानम् । नये नीति-

ततः कार्यसमासङ्गमवगम्य हनूमति । विदित्वा हनुमन्तं च चिन्तयामास राघवः ॥ ८
सर्वथा निश्चितार्थोऽयं हनूमति हरीश्वरः । निश्चितार्थतरश्चापि हनूमान्कार्यसाधने ॥ ९
तदेव प्रस्थितस्यास्य परिज्ञातस्य कर्मभिः । भर्त्रा परिगृहीतस्य ध्रुवः कार्यफलोदयः ॥ १०
तं समीक्ष्य महातेजा व्यवसायोत्तरं हरिम् । कृतार्थ इव संहृष्टः प्रहृष्टेन्द्रियमानसः ॥ ११
ददौ तस्य ततः प्रीतः स्वनामाङ्कोपशोभितम् । अङ्गुलीयमभिज्ञानं राजपुत्र्याः परंतपः ॥ १२
अनेन त्वां हरिश्रेष्ठ चिह्नेन जनकात्मजा । मत्सकाशादनुप्राप्तमनुद्विग्नानुपश्यति ॥ १३
व्यवसायश्च ते वीर सत्त्वयुक्तश्च विक्रमः । सुग्रीवस्य च संदेशः सिद्धिं कथयतीव मे ॥ १४
स तद्गृह्य हरिश्रेष्ठः कृत्वा मूर्ध्नि कृताञ्जलिः । वन्दित्वा चरणौ चैव प्रस्थितः प्लवगर्षभः ॥ १५

स तत्प्रकर्षन्हरिणां महद्बलं बभूव वीरः पवनात्मजः कपिः ।
गताम्बुदे व्योम्नि विशुद्धमण्डलः शशीव नक्षत्रगणोपशोभितः ॥ १६
अतिबल बलमाश्रितस्तवाहं हरिवर विक्रम विक्रमैरनल्पैः ।
पवनसुत यथाधिगम्यते सा जनकसुता हनुमंस्तथा कुरुष्व ॥ १७

इत्यार्षे श्रीमद्रामायणे वाल्मीकीय आदिकाव्ये किष्किन्धाकाण्डे चतुश्चत्वारिंशः सर्गः ॥ ४४ ॥

पञ्चचत्वारिंशः सर्गः ।

सर्वांश्चाहूय सुग्रीवः प्लवगान्प्लवगर्षभः । समस्तांश्चाब्रवीद्राजा रामकार्यार्थसिद्धये ॥ १
एवमेतद्विचेतव्यं भवद्भिर्वानरोत्तमैः । तदुग्रशासनं भर्तुर्विज्ञाय हरिपुंगवाः ॥ २
शलभा इव संछाद्य मेदिनीं संप्रतस्थिरे । रामः प्रस्रवणे तस्मिन्न्यवसत्सहलक्ष्मणः ॥ ३
प्रतीक्षमाणस्तं मासं सीताधिगमने कृतः । उत्तरां तु दिशं रम्यां गिरिराजसमावृताम् ॥ ४
प्रतस्थे सहसा वीरो हरिः शतबलिस्तदा । पूर्वां दिशं प्रतिययौ विनतो हरियूथपः ॥ ५
ताराङ्गदादिसहितः प्लवगः पवनात्मजः । अगस्त्याचरितामाशां दक्षिणां हरियूथपः ॥ ६
पश्चिमां च दिशं घोरां सुषेणः प्लवगेश्वरः । प्रतस्थे हरिशार्दूलो दिशं वरुणपालिताम् ॥ ७
ततः सर्वा दिशो राजा चोदयित्वा यथातथम् । कपिसेनापतिर्वीरो मुमोद सुखितः सुखम् ॥ ८
एवं संचोदिताः सर्वे राज्ञा वानरयूथपाः । स्वां स्वां दिशमभिप्रेत्य त्वरिताः संप्रतस्थिरे ॥ ९
नदन्तश्चोन्नदन्तश्च गर्जन्तश्च प्लवंगमाः । क्ष्वेडन्तो धावमानाश्च विनदन्तो महाबलाः ॥ १०
एवं संचोदिताः सर्वे राज्ञा वानरयूथपाः । आनयिष्यामहे सीतां हनिष्यामश्च रावणम् ॥ ११
अहमेको वधिष्यामि प्राप्तं रावणमाहवे । ततश्चोन्मथ्य सहसा हरिष्ये जनकात्मजाम् ॥ १२

शाखे । पण्डितेति संबुद्धिः ॥ ७ ॥ तत एवं सुग्रीववचनात्कार्यसमासङ्गं कार्यसिद्धिसंबन्धमवगम्य स्वयं च तत्सामर्थ्यानुभवेन तस्मिन्कार्यसाधकत्वं विदित्वा, चात्तद्गम्यदेश एव सीतां विदित्वा । चिन्तयामास अस्मिन्स्वकर्तव्यसमर्पणं युक्तमिति विचारयामास ॥ ८ ॥ चिन्ताप्रकारमाह—सर्वथेति । निश्चितार्थ एतदर्थविषयकनिश्चयवान् । स्वतोऽप्ययमतिशयेन कार्यसाधने निश्चितार्थः ॥ ९ ॥ प्रस्थितस्य भर्त्रा प्रस्थापितस्य । परिज्ञातस्य परीक्षितस्य । परिगृहीतस्य । श्रेष्ठतयेति शेषः । कार्यस्य फलोदयः सीतादर्शनप्राप्तिरूपः । स ध्रुवो निश्चितार्थः ॥ १० ॥ व्यवसायोत्तरं कार्यसाधने श्रेष्ठं तं हरिं हनूमन्तं समीक्ष्य प्रहृष्टेन्द्रियमानसो बभूव ॥ ११ ॥ ततो निश्चितकार्यसाधकत्वादेव हेतोः राजपुत्र्या अभिज्ञानं प्रत्यभिज्ञासाधनं ददौ ॥ १२ ॥ १३ ॥ तावत्पर्यन्तं मद्गमननिश्चयः कथमत आह—व्यवसायश्चेति ॥ १४ ॥ तदभिज्ञानपदार्थम् ॥ १५ ॥ स तद्धरिणाम् । दीर्घाभाव आर्षः । महद्बलं प्रकर्षन् ॥ १६ ॥ हरिवरविक्रम श्रेष्ठसिंहविक्रम, अतिबल, पवनसुत हनूमन्, तवैव बलमाश्रितोऽहमस्मि, अतोऽनल्पैर्विक्रमैर्जनकसुता यथाधिगम्यते यथा कुरुष्व । इत्यब्रवीदिति शेषः । रामसुग्रीवयोः साधारणमिदं वचः ॥ १७ ॥ कतकेन तु चतुस्त्रिंशत्संख्यश्लोकः सर्गोऽयमुक्तः ॥ इति श्रीरामाभिरामे श्रीरामीये रामायणतिलके वाल्मीकीय आदिकाव्ये किष्किन्धाकाण्डे चतुश्चत्वारिंशः सर्गः ॥ ४४ ॥

सर्वानिति ॥ १ ॥ उक्तिप्रकारः—एवमिति ॥ २ ॥ प्राप्तनियोगानामुद्योगः—शलभा इवेति ॥ ३ ॥ यः सीताभ्यधिगमे तद्वृत्तान्तज्ञानेऽवधिभूतः कृतस्तं मासमित्यन्वयः । गिरिराजो हिमालयः ॥ ४ ॥ ५ ॥ ६ ॥ ७ ॥ यथातथम् । यथायोग्यमित्यर्थः । मुमोद चिक्रीड ॥ ८ ॥ अभिप्रेत्योद्दिश्य ॥ ९ ॥ नादादयः शब्दावान्तरभेदाः ॥ १० ॥ [illegible] इत्यादेरु-

वेपमानां श्रमेणाद्य भवद्भिः स्थीयतामिति । एक एवाहरिष्यामि पातालादपि जानकीम् ॥ १३
विधमिष्याम्यहं वृक्षान्दारयिष्याम्यहं गिरीन् । धरणीं दारयिष्यामि क्षोभयिष्यामि सागरान् ॥ १४
अहं योजनसंख्यायाः प्लवेयं नात्र संशयः । शतयोजनसंख्यायाः शतं समधिकं ह्यहम् ॥ १५
भूतले सागरे वापि शैलेषु च वनेषु च । पातालस्यापि वा मध्ये न ममाच्छिद्यते गतिः ॥ १६
इत्येकैकस्तदा तत्र वानरा बलदर्पिताः । ऊचुश्च वचनं तस्य हरिराजस्य संनिधौ ॥ १७

इत्यार्षे श्रीमद्रामायणे वाल्मीकीय आदिकाव्ये किष्किन्धाकाण्डे पञ्चचत्वारिंशः सर्गः ॥ ४५ ॥

षट्चत्वारिंशः सर्गः ।

गतेषु वानरेन्द्रेषु रामः सुग्रीवमब्रवीत् । कथं भवान्विजानीते सर्वं वै मण्डलं भुवः ॥ १
सुग्रीवश्च ततो राममुवाच प्रणतात्मवान् । श्रूयतां सर्वमाख्यास्ये विस्तरेण वचो मम ॥ २
यदा तु दुन्दुभिं नाम दानवं महिषाकृतिम् । प्रतिकालयते वाली मलयं प्रति पर्वतम् ॥ ३
तदा विवेश महिषो मलयस्य गुहां प्रति । विवेश वाली तत्रापि मलयं तज्जिघांसया ॥ ४
ततोऽहं तत्र निक्षिप्तो गुहाद्वारि विनीतवत् । न च निष्क्रामते वाली तदा संवत्सरे गते ॥ ५
ततः क्षतजवेगेन आपुपूरे तदा बिलम् । तदहं विस्मितो दृष्ट्वा भ्रातुः शोकविषार्दितः ॥ ६
अथाहं गतबुद्धिस्तु सुव्यक्तं निहतो गुरुः । शिला पर्वतसंकाशा बिलद्वारि मया कृता ॥ ७
अशक्नुवन्निष्क्रमितुं महिषो विनशिष्यति । ततोऽहमागां किष्किन्धां निराशस्तस्य जीविते ॥ ८
राज्यं च सुमहत्प्राप्य तारां च रुमया सह । मित्रैश्च सहितस्तत्र वसामि विगतज्वरः ॥ ९
आजगाम ततो वाली हत्वा तं वानरर्षभः । ततोऽहमददां राज्यं गौरवाद्भययन्त्रितः ॥ १०
स मां जिघांसुर्दुष्टात्मा वाली प्रव्यथितेन्द्रियः । परिकालयते वाली धावन्तं सचिवैः सह ॥ ११
ततोऽहं वालिना तेन सोऽनुबद्धः प्रधावितः । नदीश्च विविधाः पश्यन्वनानि नगराणि च ॥ १२
आदर्शतलसंकाशा ततो वै पृथिवी मया । अलातचक्रप्रतिमा दृष्टा गोष्पदवत्कृता ॥ १३
पूर्वां दिशं ततो गत्वा पश्यामि विविधान्द्रुमान् । पर्वतान्सदरीन्रम्यान्सरांसि विविधानि च ॥ १४
उदयं तत्र पश्यामि पर्वतं धातुमण्डितम् । क्षीरोदं सागरं चैव नित्यमप्सरसालयम् ॥ १५
परिकाल्यमानस्तु तदा वालिनाभिद्रुतो ह्यहम् । पुनरावृत्य सहसा प्रस्थितोऽहं तदा विभो ॥ १६
दे[illegible]स्ततो भूयः प्रस्थितो दक्षिणां दिशम् । विन्ध्यपादपसंकीर्णां चन्दनद्रुमशोभिताम् ॥ १७
द्रुमशैलान्तरे पश्यन्भूयो दक्षिणतोऽपराम् । अपरां च दिशं प्राप्तो वालिना समभिद्रुतः ॥ १८
स पश्यन्विविधान्देशानस्तं च गिरिसत्तमम् । प्राप्य चास्तं गिरिश्रेष्ठमुत्तरं संप्रधावितः ॥ १९

चुरित्यनेनान्वयः ॥ ११ ॥ १२ ॥ श्रमेण वेपमानामिति जनकजाविशेषणम् ॥ १३ ॥ १४ ॥ अहं योजनेत्येकस्य वाक्यम् । शतयोजनेत्यन्यस्य ॥ १५ ॥ १६ ॥ एकैकः । एकश इत्यर्थः ॥ १७ ॥ इति श्रीरामाभिरामे श्रीरामीये रामायणतिलके वाल्मीकीय आदिकाव्ये किष्किन्धाकाण्डे पञ्चचत्वारिंशः सर्गः ॥ ४५ ॥

गतेष्विति ॥ १ ॥ प्रणत आत्मा देहो यस्यास्तीति ॥ २ ॥ दुन्दुभिं नामेति । अत्र दुन्दुभिशब्देन महिषशब्देन च तत्पुत्रो मायाविनामा दानव उच्यते । तद्वृत्तान्तस्यैवाग्रे वक्ष्यमाणत्वात् । 'मायावी नाम तेजस्वी दुन्दुभेः पूर्वजः सुतः' इति प्रागुक्तेस्तस्य तत्पुत्रत्वम्, पितुर्महिषाकारत्वात्तत्पुत्रस्य च तदाकारत्वमिति च बोध्यम् ॥ ३ ॥ मलयं मलयगुहाम् ॥ ४ ॥ ५ ॥ आपुपूरे पूर्णम् ॥ ६ ॥ निहत इति । गतबुद्धिः भ्रान्तबुद्धिः । जात इति शेषः । ततः—मयेत्यादि ॥ ७ ॥ विनशिष्यतीत्यस्येति बुद्ध्वेति शेषः । तस्य वालिनः ॥ ८ ॥ तारां च प्राप्येति संबन्धः । वसाम्यवसम् ॥ ९ ॥ १० ॥ परिकालयते सचिवैः सह धावन्तमनुधावति स्म ॥ ११ ॥ ततस्तेन वालिना सोऽहमनुबद्धोऽनुद्रुतः प्रधावितः ॥ १२ ॥ ततो वै तदनुधावनहेतोर्मया गोष्पदवत्परिभ्राम्यमाणेयं पृथिव्यलातचक्रप्रतिमादर्शतलसंकाशा च दृष्टा । गोष्पदवदित्यनेन लङ्घनेऽप्रयास उक्तः । अलातचक्रेत्यनेन स्वीयो भ्रमणवेगः । आदर्शतलेत्यनेन भूतलचक्रवर्तिपदार्थस्य स्पष्टमनुभव उक्तः ॥ १३ ॥ उक्तमेव विवृणोति—पूर्वां दिशमिति ॥ १४ ॥ अप्सरसशब्दोऽकारान्तोऽप्यार्षः ॥ १५ ॥ परिकाल्यमानः परिकालयमानः । पलायमान इत्यर्थः । अकारलोप आर्षः । पुनरावृत्योदयगिरिभुवः ॥ १६ ॥ तस्या विशस्तां दिशं त्यक्त्वा ॥ १७ ॥ द्रुमान्तरे शैलान्तरे च तत्समहितं वालिनं पश्यन्नपरां पश्चिमां दिशम् । समभिद्रुत इति शेषः ॥ १८ ॥ गिरिसत्त-

हिमवन्तं च मेरुं च समुद्रं च तथोत्तरम् । यदा न विन्दे शरणं वालिना समभिद्रुतः ॥ २०
ततो मां बुद्धिसंपन्नो हनुमान्वाक्यमब्रवीत् । इदानीं मे स्मृतं राजन्यथा वाली हरीश्वरः ॥ २१
मतङ्गेन तदा शप्तो ह्यस्मिन्नाश्रममण्डले । प्रविशेद्यदि वा वाली मूर्धास्य शतधा भवेत् ॥ २२
तत्र वासः सुखोऽस्माकं निरुद्विग्नो भविष्यति । तत्र पर्वतमासाद्य ऋष्यमूकं नृपात्मज ॥ २३
न विवेश तदा वाली मतङ्गस्य भयात्तदा । एवं मया तदा राजन्प्रत्यक्षमुपलक्षितम् ।
पृथिवीमण्डलं सर्वं गुहामस्म्यागतस्ततः ॥ २४

इत्यार्षे श्रीमद्रामायणे वाल्मीकीय आदिकाव्ये किष्किन्धाकाण्डे षट्चत्वारिंशः सर्गः ॥ ४६ ॥

सप्तचत्वारिंशः सर्गः ।

दर्शनार्थं तु वैदेह्याः सर्वतः कपिकुञ्जराः । व्यादिष्टा कपिराजेन यथोक्तं जग्मुरञ्जसा ॥ १
ते सरांसि सरित्कक्षानाकाशं नगराणि च । नदीदुर्गांस्तथा देशान्विचिन्वन्ति समन्ततः ॥ २
सुग्रीवेण समाख्याताः सर्वे वानरयूथपाः । तत्र देशान्विचिन्वन्ति सशैलवनकाननान् ॥ ३
विचित्य दिवसं सर्वे सीताधिगमने धृताः । समायान्ति स्म मेदिन्यां निशाकालेषु वानराः ॥ ४
सर्वर्तुकांश्च देशेषु वानराः सफलद्रुमान् । आसाद्य रजनीं शय्यां चक्रुः सर्वेष्वहःसु ते ॥ ५
तदहः प्रथमं कृत्वा मासे प्रस्रवणं गताः । कपिराजेन संगम्य निराशाः कपिकुञ्जराः ॥ ६
विचित्य तु दिशं पूर्वां यथोक्तां सचिवैः सह । अदृष्ट्वा विनयः सीतामाजगाम महाबलः ॥ ७
दिशमप्युत्तरां सर्वां विचित्य स महाकपिः । आगतः सह सैन्येन भीतः शतबलिस्तदा ॥ ८
सुषेणः पश्चिमामाशां विचित्य सह वानरैः । समेत्य मासे पूर्णे तु सुग्रीवमुपचक्रमे ॥ ९
तं प्रस्रवणपृष्ठस्थं समासाद्याभिवाद्य च । आसीनं सह रामेण सुग्रीवमिदमब्रुवन् ॥ १०
विचिताः पर्वताः सर्वे वनानि गहनानि च । निम्नगाः सागरान्ताश्च सर्वे जनपदाश्च ये ॥ ११
गुहाश्च विचिताः सर्वा याश्च ते परिकीर्तिताः । विचिताश्च महागुल्मा लतावितससंतताः ॥ १२
गहनेषु च देशेषु दुर्गेषु विषमेषु च । सत्त्वान्यतिप्रमाणानि विचितानि हतानि च ।
ये चैव गहना देशा विचितास्ते पुनः पुनः ॥ १३

उदारसत्त्वाभिजनो हनूमान्स मैथिलीं ज्ञास्यति वानरेन्द्र ।
दिशं तु यामेव गता तु सीता तामास्थितो वायुसुतो हनूमान् ॥ १४

इत्यार्षे श्रीमद्रामायणे वाल्मीकीय आदिकाव्ये किष्किन्धाकाण्डे सप्तचत्वारिंशः सर्गः ॥ ४७ ॥

मम् । अभिधावित इति शेषः ॥ १९ ॥ मेरुं महामेरुम् । न विन्दे न लभे ॥ २० ॥ किमब्रवीत्तदाह—इदानीमिति । मे मया स्मृतम् । किं स्मृतं तदाह—यथेति ॥ २१ ॥ तदा पूर्वकाले । अस्मिन्नाश्रममण्डले वाली यदा प्रविशेत्तदास्य मूर्धा शतधा भवेदिति हरीश्वरो मतङ्गेन शप्तः ॥ २२ ॥ तत्र मतङ्गाश्रमे । निरुद्विग्नो निर्भयः । आसाद्य स्थितस्य मम । समीपमिति शेषः । न विवेशेत्यन्वयः ॥ २३ ॥ तदा । जातशापकृतादिति शेषः । गुहाम् । ऋष्यमूकस्येति शेषः ॥ २४ ॥ **इति श्रीरामाभिरामे श्रीरामीये रामायणतिलके वाल्मीकीय आदिकाव्ये किष्किन्धाकाण्डे षट्चत्वारिंशः सर्गः ॥ ४६ ॥**

यथोक्तम् । स्वस्वान्वेषणीयतयोक्तं देशमनतिक्रम्येत्यर्थः ॥ १ ॥ आकाशम् । वनगिर्यनावृतप्रदेशमित्यर्थः । नदीदुर्गानिति । नदीप्रवाहैर्गन्तुमशक्या देशा नदीदुर्गास्तान् ॥ २ ॥ ३ ॥ दिवसमित्यत्यन्तसंयोगे द्वितीया । धृता उद्युक्ताः । मेदिन्यां सर्वाधारभूतायाम् । निद्रासौकर्यार्थमिति भावः ॥ ४ ॥ तेषु देशेषु सर्वर्तुकान्नित्यसंनिहितसर्वर्तुयुक्तान्, अत एव सदा सफलद्रुमान्सर्वेष्वहःसु विचयनसमये समासाद्य कामं प्राप्य, रजनीं रजन्यां शय्यां चक्रुः । तादृशवृक्षवत्त्वं च देशस्य रामप्रसादात् ॥ ५ ॥ तदहः प्रस्थानदिवसं प्रथमं कृत्वा गताः । पुनर्मासे गते निराशाः सीतालाभे प्रस्रवणं गता आगताः, कपिराजेन संगम्य स्थिता इत्यन्वयः ॥ ६ ॥ ७ ॥ ८ ॥ उपचक्रमे प्राप्तः ॥ ९ ॥ १० ॥ सागरान्ताः सागरमध्यवर्तिद्वीपाः ॥ ११ ॥ लतावितसैर्लताप्रतानैः संतताः समन्ताद्व्याप्तास्तादृशा महागुल्मा लतागृहविशेषाः ॥ १२ ॥ १३ ॥ दिक्त्रयासत्त्वसिद्धनिश्चयमर्थमनुवदति—उदारेति ॥ १४ ॥ **इति श्रीरामाभिरामे श्रीरामीये रामायणतिलके वाल्मीकीय आदिकाव्ये किष्किन्धाकाण्डे सप्तचत्वारिंशः सर्गः ॥ ४७ ॥**

अष्टचत्वारिंशः सर्गः ।

सह ताराङ्गदाभ्यां तु सहसा हनुमान्कपिः । सुग्रीवेण यथोद्दिष्टं गन्तुं देशं प्रचक्रमे ॥ १
स तु दूरमुपागम्य सर्वैस्तैः कपिसत्तमैः । ततो विचित्य विन्ध्यस्य गुहाश्च गहनानि च ॥ २
पर्वताग्रनदीदुर्गान्सरांसि विपुलद्रुमान् । वृक्षखण्डांश्च विविधान्पर्वतान्वनपादपान् ॥ ३
अन्वेषमाणास्ते सर्वे वानराः सर्वतोदिशम् । न सीतां ददृशुर्वीरा मैथिलीं जनकात्मजाम् ॥ ४
ते भक्षयन्तो मूलानि फलानि विविधान्यपि । निर्जलं निर्जनं शून्यं गहनं घोरदर्शनम् ॥ ५
तादृशान्यप्यरण्यानि विचित्य भृशपीडिताः । स देशश्च दुरन्वेष्यो गुहागहनवान्महान् ॥ ६
त्यक्त्वा तु तं ततो देशं सर्वे वै हरियूथपाः । देशमन्यं दुराधर्षं विविशुश्चाकुतोभयाः ॥ ७
यत्र वन्ध्यफला वृक्षा विपुष्पाः पर्णवर्जिताः । निस्तोयाः सरितो यत्र मूलं यत्र सुदुर्लभम् ॥ ८
न सन्ति महिषा यत्र न मृगा न च हस्तिनः । शार्दूलाः पक्षिणो वापि ये चान्ये वनगोचराः ॥ ९
न चात्र वृक्षा नौषध्यो न वल्लयो नापि वीरुधः । स्निग्धपत्राः स्थले यत्र पद्मिन्यः फुल्लपङ्कजाः ॥ १०
प्रेक्षणीयाः सुगन्धाश्च भ्रमरैश्च विवर्जिताः । कण्डुर्नाम महाभागः सत्यवादी तपोधनः ॥ ११
महर्षिः परमामर्षी नियमैर्दुष्प्रधर्षणः । तस्य तस्मिन्वने पुत्रो बालको दशवार्षिकः ॥ १२
प्रनष्टो जीवितान्ताय क्रुद्धस्तेन महामुनिः । तेन धर्मात्मना शप्तं कृत्स्नं तत्र महद्वनम् ॥ १३
अशरण्यं दुराधर्षं मृगपक्षिविवर्जितम् । तस्य ते काननान्तांस्तु गिरीणां कंदराणि च ॥ १४
प्रभवाणि नदीनां च विचिन्वन्ति समाहिताः । तत्र चापि महात्मनो नापश्यञ्जनकात्मजाम् ॥ १५
हर्तारं रावणं वापि सुग्रीवप्रियकारिणः । ते प्रविश्य तु तं भीमं लतागुल्मसमावृतम् ॥ १६
ददृशुर्भीमकर्माणमसुरं सुरनिर्भयम् । तं दृष्ट्वा वानरा घोरं स्थितं शैलमिवासुरम् ॥ १७
गाढं परिहिताः सर्वे दृष्ट्वा तं पर्वतोपमम् । सोऽपि तान्वानरान्सर्वान्नष्टाः स्थेत्यब्रवीद्बली ॥ १८
अभ्यधावत संक्रुद्धो मुष्टिमुद्यम्य संगतम् । तमापतन्तं सहसा वालिपुत्रोऽङ्गदस्तदा ॥ १९
रावणोऽयमिति ज्ञात्वा तलेनाभिजघान ह । स वालिपुत्राभिहतो वक्त्राच्छोणितमुद्वमन् ॥ २०
असुरो न्यपतद्भूमौ पर्यस्त इव पर्वतः । ते तु तस्मिन्निरुच्छ्वासे वानरा जितकाशिनः ॥ २१
विचिन्वन्प्रायशस्तत्र सर्वं ते गिरिगह्वरम् । विचितं तु ततः सर्वं सर्वे ते काननौकसः ॥ २२
अन्यदेवापरं घोरं विविशुर्गिरिगह्वरम् । ते विचित्य पुनः खिन्ना विनिष्पत्य समागताः ।
एकान्ते वृक्षमूले तु निषेदुर्दीनमानसाः ॥ २३

इत्यार्षे श्रीमद्रामायणे वाल्मीकीय आदिकाव्ये किष्किन्धाकाण्डेऽष्टचत्वारिंशः सर्गः ॥ ४८ ॥

प्रचक्रमे । अन्वेष्टुमिति शेषः ॥ १ ॥ २ ॥ ३ ॥ अन्वेषमाणास्ते विविधानि फलान्यपि भक्षयन्तः सीतां न ददृशुः ॥ ४ ॥ ५ ॥ यत्र निर्जलत्वादिवद्गहनं तादृशान्यपि दुरन्वेष्याणि विचित्येत्यन्वयः । भृशपीडिता निर्जलारण्यान्वेषणेन क्षुत्पिपासाभ्यां पीडिताः । स देशो निर्जलादिदेशो यद्यपि दुरन्वेष्यः, अथापि तं विचित्य ततस्तं देशं त्यक्त्वान्यदेशं विविशुरित्यग्रिमेणान्वयः ॥ ६ ॥ ७ ॥ वन्ध्यफला अनुत्पन्नफलाः ॥ ८ ॥ ९ ॥ वल्लयो वृक्षाद्याश्रिताः । वीरुधो भूम्याधाराः । स्थले यत्र । स्थले नेत्यनुकर्षः ॥ १० ॥ भ्रमरैर्विवर्जिता विगतं वर्जितं यासु ताः । संयुक्ता इत्यर्थः । तादृशाः फुल्लपङ्कजाश्च यत्र न सन्ति । यत्र वने कण्डुर्नाम महर्षिरासीत् ॥ ११ ॥ वने । पूर्वमिति शेषः । इदानीमुक्तलक्षणः ॥ १२ ॥ जीवितान्ताय जीवितान्तं गत्वा प्रनष्टस्तेन बालदुर्मरणेन क्रुद्धो मुनिरभूत् । ततस्तेन धर्मात्मना शापानुग्रहसमर्थप्रबलधर्मवता । तत्र काले शप्तमभूत् ॥ १३ ॥ शापस्वरूपमाह—अशरण्यमनावासम् । ते वानरास्तस्य काननान्तान्विचिन्वन्तीत्यन्वयः ॥ १४ ॥ नदीनां प्रभवाण्युत्पत्तिस्थानानि ॥ १५ ॥ ते प्रविश्य । वनान्तरमिति शेषः । तमसुरं ददृशुरित्यन्वयः ॥ १६ ॥ सुरेभ्यो निर्भयः सुरनिर्भयः । तथावरदानादिति भावः ॥ १७ ॥ गाढं परिहिता दृढं परिबद्धवस्त्राः । संनद्धा इति यावत् ॥ १८ ॥ १९ ॥ २० ॥ २१ ॥ सर्वं विचितम् । ज्ञात्वेति शेषः ॥ २२ ॥ २३ ॥ इति श्रीरामाभिरामे श्रीरामीये रामायणतिलके वाल्मीकीय आदिकाव्ये किष्किन्धाकाण्डेऽष्टचत्वारिंशः सर्गः ॥ ४८ ॥

एकोनपञ्चाशः सर्गः ।

अथाङ्गदस्तदा सर्वान्वानरानिदमब्रवीत् । परिश्रान्तो महाप्राज्ञः समाश्वास्य शनैर्वचः ॥ १
वनानि गिरयो नद्यो दुर्गाणि गहनानि च । दरी गिरिगुहाश्चैव विचिताः सर्वमन्ततः ॥ २
तत्र तत्र सहास्माभिर्जानकी न च दृश्यते । तथा रक्षोऽपहर्ता च सीतायाश्चैव दुष्कृती ॥ ३
कालश्च नो महान्यातः सुग्रीवश्चोग्रशासनः । तस्माद्भवन्तः सहिता निचिन्वन्तु समन्ततः ॥ ४
विहाय तन्द्रीं शोकं च निद्रां चैव समुत्थिताम् । विचिनुध्वं तथा सीतां पश्यामो जनकात्मजाम् ५
अनिर्वेदं च दाक्ष्यं च मनसश्चापराजयम् । कार्यसिद्धिकराण्याहुस्तस्मादेतद्ब्रवीम्यहम् ॥ ६
अद्यापीदं वनं दुर्गं विचिन्वन्तु वनौकसः । खेदं त्यक्त्वा पुनः सर्वं वनमेव विचिन्वताम् ॥ ७
अवश्यं कुर्वतां तस्य दृश्यते कर्मणः फलम् । परं निर्वेदमागम्य नहि नोन्मीलनं क्षमम् ॥ ८
सुग्रीवः क्रोधनो राजा तीक्ष्णदण्डश्च वानरः । भेतव्यं तस्य सततं रामस्य च महात्मनः ॥ ९
हितार्थमेतदुक्तं वः क्रियतां यदि रोचते । उच्यतां हि क्षमं यत्तत्सर्वेषामेव वानराः ॥ १०
अङ्गदस्य वचः श्रुत्वा वचनं गन्धमादनः । उवाच व्यक्तया वाचा पिपासाश्रमखिन्नया ॥ ११
सदृशं खलु वो वाक्यमङ्गदो यदुवाच ह । हितं चैवानुकूलं च क्रियतामस्य भाषितम् ॥ १२
पुनर्मार्गामहे शैलान्कंदरांश्च शिलास्तथा । काननानि च शून्यानि गिरिप्रस्रवणानि च ॥ १३
यथोद्दिष्टानि सर्वाणि सुग्रीवेण महात्मना । विचिन्वन्तु वनं सर्वे गिरिदुर्गाणि संगताः ॥ १४
ततः समुत्थाय पुनर्वानरास्ते महाबलाः । विन्ध्यकाननसंकीर्णां विचेरुर्दक्षिणां दिशम् ॥ १५
ते शारदाभ्रप्रतिमं श्रीमद्रजतपर्वतम् । शृङ्गवन्तं दरीवन्तमधिरुह्य च वानराः ॥ १६
तत्र लोध्रवनं रम्यं सप्तपर्णवनानि च । विचिन्वन्तो हरिवराः सीतादर्शनकाङ्क्षिणः ॥ १७
तस्याग्रमधिरूढास्ते श्रान्ता विपुलविक्रमाः । न पश्यन्ति स्म वैदेहीं रामस्य महिषीं प्रियाम् ॥ १८
ते तु दृष्टिगतं दृष्ट्वा तं शैलं बहुकंदरम् । अध्यारोहन्त हरयो वीक्षमाणाः समन्ततः ॥ १९
अवरुह्य ततो भूमिं श्रान्ता विगतचेतसः । स्थिता मुहूर्तं तत्राथ वृक्षमूलमुपाश्रिताः ॥ २०
ते मुहूर्तं समाश्वस्ताः किंचिद्भग्नपरिश्रमाः । पुनरेवोद्यताः कृत्स्नां मार्गितुं दक्षिणां दिशम् ॥ २१
हनुमत्प्रमुखास्तावत्प्रस्थिताः प्लवगर्षभाः । विन्ध्यमेवादितः कृत्वा विचेरुश्च समन्ततः ॥ २२

इत्यार्षे श्रीमद्रामायणे वाल्मीकीय आदिकाव्ये किष्किन्धाकाण्ड एकोनपञ्चाशः सर्गः ॥ ४९ ॥

पञ्चाशः सर्गः ।

सह ताराङ्गदाभ्यां तु संगम्य हनुमान्कपिः । विचिनोति च विन्ध्यस्य गुहाश्च गहनानि च ॥ १
सिंहशार्दूलजुष्टांश्च गुहाश्च परितस्तदा । विषमेषु नगेन्द्रस्य महाप्रस्रवणेषु च ॥ २
आसेदुस्तस्य शैलस्य कोटिं दक्षिणपश्चिमाम् । तेषां तत्रैव वसतां स कालो व्यत्यवर्तत ॥ ३
स हि देशो दुरन्वेष्यो गुहागहनवान्महान् । तत्र वायुसुतः सर्वं विचिनोति स्म पर्वतम् ॥ ४

समाश्वास्य । वानरानिति शेषः ॥ १ ॥ २ ॥ रक्षस्तद्रूपोऽपहर्तेत्याद्यर्थः ॥ ३ ॥ नो महान्यातः । मासमध्य इति शेषः । तन्मध्येऽल्पोऽवशिष्ट इति भावः । परावृत्य गमने महदनिष्टमित्याह—सुग्रीवश्चेति ॥ ४ ॥ तथा विचिनुध्वम्, यथा सीतां पश्याम इत्यन्वयः ॥ ५ ॥ अनिर्वेदमखेदम् । दाक्ष्यं सामर्थ्यम् । अपराजयं कार्यापराङ्मुखत्वम् । एतद्वक्ष्यमाणम् ॥ ६ ॥ हे वनौकसः, इदं दुर्गवनमद्यापि विचिन्वन्तु भवन्तः । आदरात्पुनराह—खेदं त्यक्त्वा पुनर्विचिन्वताम् ॥ ७ ॥ निर्वेदं खेदम् । नोन्मीलनमनुन्मीलनमनुद्योग इति यावत् । न क्षमं न युक्तम् ॥ ८ ॥ तत्र हेतुः—सुग्रीव इति ॥ ९ ॥ यदि मदुक्तमेतन्न रोचते तर्हि यदन्यत्क्षमं तदुच्यताम् ॥ १० ॥ ११ ॥ वो युष्माकम् । यदङ्गद उवाच तत्सदृशम् । तस्यैवेति शेषः ॥ १२ ॥ १३ ॥ १४ ॥ १५ ॥ १६ ॥ १७ ॥ तस्य रजतपर्वतस्य ॥ १८ ॥ दृष्टिगतं दृष्टिगोचरम् । अध्यारोहन्त । अवारोहन्तेत्यर्थः ॥ १९ ॥ २० ॥ २१ ॥ आदितस्तावद्विन्ध्यं विचेरुः । अन्वेषणायेति शेषः । तावच्छब्दो वाक्यालंकारे ॥ २२ ॥ इति श्रीरामाभिरामे श्रीरामीये रामायणतिलके वाल्मीकीय आदिकाव्ये किष्किन्धाकाण्ड एकोनपञ्चाशः सर्गः ॥ ४९ ॥

सहेति ॥ १ ॥ विषमेषु क्लेशजनकेषु ॥ २ ॥ दक्षिणपश्चिमां कोटिं नैर्ऋत्यभागीयशृङ्गम् । स कालः सुग्रीवकल्पितः कालः । व्यत्यवर्तत व्यतिक्रान्तः ॥ ३ ॥ स देशो नैर्ऋत्यवि-

परस्परेण रहिता अन्योन्यस्याविदूरतः । गजो गवाक्षो गवयः शरभो गन्धमादनः ॥ ५
मैन्दश्च द्विविदश्चैव हनूमाञ्जाम्बवानपि । अङ्गदो युवराजश्च तारश्च वनगोचरः ॥ ६
गिरिजालावृतान्देशान्मार्गित्वा दक्षिणां दिशम् । विचिन्वन्तस्ततस्तत्र ददृशुर्विवृतं बिलम् ॥ ७
दुर्गमृक्षबिलं नाम दानवेनाभिरक्षितम् । क्षुत्पिपासापरीतास्तु श्रान्ताश्च सलिलार्थिनः ॥ ८
अवकीर्णं लतावृक्षैर्ददृशुस्ते महाबिलम् । तत्र क्रौञ्चाश्च हंसाश्च सारसाश्चापि निष्क्रमन् ॥ ९
जलार्द्राश्चक्रवाकाश्च रक्ताङ्गाः पद्मरेणुभिः । ततस्तद्बिलमासाद्य सुगन्धि दुरतिक्रमम् ॥ १०
विस्मयव्यग्रमनसो बभूवुर्वानरर्षभाः । संजातपरिशङ्कास्ते तद्बिलं प्लवगोत्तमाः ॥ ११
अभ्यपद्यन्त संहृष्टास्तेजोवन्तो महाबलाः । नानासत्त्वसमाकीर्णं दैत्येन्द्रनिलयोपमम् ॥ १२
दुर्दर्शमिव घोरं च दुर्विगाह्यं च सर्वशः । ततः पर्वतकूटाभो हनूमान्मारुतात्मजः ॥ १३
अब्रवीद्वानरान्घोरान्कान्तारवनकोविदः । गिरिजालावृतान्देशान्मार्गित्वा दक्षिणां दिशम् ॥ १४
वयं सर्वे परिश्रान्ता न च पश्याम मैथिलीम् । अस्माच्चापि बिलाद्धंसाः क्रौञ्चाश्च सह सारसैः॥ १५
जलार्द्राश्चक्रवाकाश्च निष्पतन्ति स्म सर्वशः । नूनं सलिलवानत्र कूपो वा यदि वा ह्रदः ॥ १६
तथा चेमे बिलद्वारे स्निग्धास्तिष्ठन्ति पादपाः । इत्युक्तास्तद्बिलं सर्वे विविशुस्तिमिरावृतम् ॥ १७
अचन्द्रसूर्यं हरयो ददृशू रोमहर्षणम् । निशाम्य तस्मात्सिंहांश्च तांस्तांश्च मृगपक्षिणः ॥ १८
प्रविष्टा हरिशार्दूला बिलं तिमिरसंवृतम् । न तेषां सज्जते दृष्टिर्न तेजो न पराक्रमः ॥ १९
वायोरिव गतिस्तेषां दृष्टिस्तमसि वर्तते । ते प्रविष्टास्तु वेगेन तद्बिलं कपिकुञ्जराः ॥ २०
प्रकाशं चाभिरामं च ददृशुर्देशमुत्तमम् । ततस्तस्मिन्बिले भीमे नानापादपसंकुले ॥ २१
अन्योन्यं संपरिष्वज्य जग्मुर्योजनमन्तरम् । ते नष्टसंज्ञास्तृषिताः संभ्रान्ताः सलिलार्थिनः ॥ २२
परिपेतुर्बिले तस्मिन्कंचित्कालमतन्द्रिताः । ते कृशा दीनवदनाः परिश्रान्ताः प्लवंगमाः ॥ २३
आलोकं ददृशुर्वीरा निराशा जीविते यदा । ततस्तं देशमागम्य सौम्या वितिमिरं वनम ॥ २४
ददृशुः काञ्चनान्वृक्षान्दीप्तवैश्वानरप्रभान् । सालांस्तालांस्तमालांश्च पुंनागान्वञ्जुलान्धवान् ॥ २५
चम्पकान्नागवृक्षांश्च कर्णिकारांश्च पुष्पितान् । स्तवकैः काञ्चनैश्चित्रै रक्तैः किसलयैस्तथा ॥ २६
आपीडैश्च लताभिश्च हेमाभरणभूषितान् । तरुणादित्यसंकाशान्वैदूर्यमयवेदिकान् ॥ २७
विभ्राजमानान्वपुषा पादपांश्च हिरण्मयान् । नीलवैदूर्यवर्णाश्च पद्मिनीः पतगैर्वृताः ॥ २८
महद्भिः काञ्चनैर्वृक्षैर्वृतं बालार्कसंनिभैः । जातरूपमयैर्मत्स्यैर्महद्भिश्चाथ पङ्कजैः ॥ २९
नलिनीस्तत्र ददृशुः प्रसन्नसलिलायुताः । काञ्चनानि विमानानि राजतानि तथैव च ॥ ३०
तपनीयगवाक्षाणि मुक्ताजालावृतानि च । हैमराजतभौमानि वैदूर्यमणिमन्ति च ॥ ३१

न्ध्यकोटिप्रदेशः ॥ ४ ॥ परस्परेण रहिताः प्रत्येकमन्योन्यस्याविदूरतो भूत्वा हनूमान्गजादयश्च विचिन्वन्ति स्म ॥ ५ ॥ ६ ॥ विवृतमनावृतद्वारम् ॥ ७ ॥ दुर्गं दुर्गमम् । दानवेन मयेन ॥ ८ ॥ तत्र ततः । निष्क्रमन्निराक्रमन् ॥ ९ ॥ सुगन्धि । बिलान्तर्वक्ष्यमाणदिव्यगन्धपुष्पसंबद्धवातसङ्गात् ॥ १० ॥ संजातपरिशङ्काः संजातजलसंभावनाः ॥ ११ ॥ दैत्येन्द्रनिलयः पातालम् ॥ १२ ॥ १३ ॥ कान्तारवनकोविदस्तत्प्रवेशादौ समर्थः ॥ १४ ॥ १५ ॥ १६ ॥ इत्युक्ताः । हनूमतेति शेषः ॥ १७ ॥ निशाम्यावलोक्य ॥ १८ ॥ न सज्जते न प्रतिबध्यते । तेजः प्रभावः । अन्ये तु—तेषां दृष्टिर्न सज्जते । तत्रत्यपदार्थेष्विति शेषः । तिमिरावृतत्वात्, अतएव तेजःपराक्रमयोरपि कुण्ठितगमनम् । यद्यपि वायोरिव गतिस्तथापि यतो दृष्टिस्तमसि प्रतिबद्धा वर्तते, अतो वेगेन परस्परहस्तग्रहणपूर्वकं प्रविष्टा इत्यर्थः । अतएव 'गृह्य हस्तैः परस्परम्' इत्यग्रे हनुमदुक्तिरित्याहुः ॥ १९ ॥ २० ॥ २१ ॥ अन्योन्यं संपरिष्वज्य । तिमिरदेशविनिर्गमजसंतोषवशादिति शेषः । यद्वान्योन्यं हस्तावलम्बनं कृत्वा । हस्तेन परस्परस्योरआदि सम्यग्धृत्वेति यावत् । पूर्वोक्तस्यैव विस्तरः । नष्टसंज्ञास्तृषावशात्, तदाह—तृषिता इति ॥ २२ ॥ परिपेतुरिति । अधोमार्गावलम्बनान्धकारे गताः ॥ २३ ॥ आलोकमेव ददृशुः न तु जलम् । जीविते निराशा यदा बभूवुस्तदोच्यमानलक्षणं देशमागम्य काञ्चनान्वृक्षांश्च ददृशुः । यद्वा जीविते निराशा बभूवुस्तदा भगवत्कृपया आलोकं ददृशुरुच्यमानविशेषणे देशे काञ्चनान्वृक्षान्ददृशुः ॥ २४ ॥ २५ ॥ २६ ॥ आपीडैः स्तबकशेखरैर्लताभिश्च संयुक्तान्पादपान्ददृशुः ॥ २७ ॥ पद्मिनीः पद्मलताः ॥ २८ ॥ २९ ॥ पद्मादियुता नलिनीः सरांसि च ददृशुः ॥ ३० ॥ मुक्ताजालैर्मुक्ताखचितजालैरावृतानि । हैमेत्यादि गृहमुख्यानीत्यस्य विशेषणम् ॥ ३१ ॥ ३२ ॥ ३३

ददृशुस्तत्र हरयो गृहमुख्यानि सर्वशः । पुष्पितान्फलिनो वृक्षान्प्रवालमणिसंनिभान् ॥ ३२
काञ्चनभ्रमरांश्चैव मधूनि च समन्ततः । मणिकाञ्चनचित्राणि शयनान्यासनानि च ॥ ३३
विविधानि विशालानि ददृशुस्ते समन्ततः । हैमराजतकांस्यानां भाजनानां च राशयः ॥ ३४
अगुरूणां च दिव्यानां चन्दनानां च संचयान् । शुचीन्यभ्यवहाराणि मूलानि च फलानि च ॥ ३५
महार्हाणि च यानानि मधूनि रसवन्ति च । दिव्यानामम्बराणां च महार्हाणां च संचयान् ॥ ३६
कम्बलानां च चित्राणामजिनानां च संचयान् । तत्र तत्र विचिन्वन्तो बिले तत्र महाप्रभाः ॥ ३७
ददृशुर्वानराः शूराः स्त्रियं कांचिददूरतः । तां च ते ददृशुस्तत्र चीरकृष्णाजिनाम्बराम् ॥ ३८
तापसीं नियताहारां ज्वलन्तीमिव तेजसा । विस्मिता हरयस्तत्र व्यवतिष्ठन्त सर्वशः ।
पप्रच्छ हनुमांस्तत्र कासि त्वं कस्य वा बिलम् ॥ ३९

ततो हनूमान्गिरिसंनिकाशः कृताञ्जलिस्तामभिवाद्य वृद्धाम् ।
पप्रच्छ का त्वं भवनं बिलं च रत्नानि चेमानि वदस्व कस्य ॥ ४०

इत्यार्षे श्रीमद्रामायणे वाल्मीकीय आदिकाव्ये किष्किन्धाकाण्डे पञ्चाशः सर्गः ॥ ५० ॥

एकपञ्चाशः सर्गः ।

इत्युक्त्वा हनुमांस्तत्र चीरकृष्णाजिनाम्बराम् । अब्रवीत्तां महाभागां तापसीं धर्मचारिणीम् ॥ १
इदं प्रविष्टाः सहसा बिलं तिमिरसंवृतम् । क्षुत्पिपासापरिश्रान्ताः परिखिन्नाश्च सर्वशः ॥ २
महद्धरण्या विवरं प्रविष्टाः स्म पिपासिताः । इमांस्त्वेवंविधान्भावान्विविधानद्भुतोपमान् ॥ ३
दृष्ट्वा वयं प्रव्यथिताः संभ्रान्ता नष्टचेतसः । कस्यैते काञ्चना वृक्षास्तरुणादित्यसंनिभाः ॥ ४
शुचीन्यभ्यवहाराणि मूलानि च फलानि च । काञ्चनानि विमानानि राजतानि गृहाणि च ॥ ५
तपनीयगवाक्षाणि मणिजालावृतानि च । पुष्पिताः फलवन्तश्च पुण्याः सुरभिगन्धयः ॥ ६
इमे जाम्बूनदमयाः पादपाः कस्य तेजसा । काञ्चनानि च पद्मानि जातानि विमले जले ॥ ७
कथं मत्स्याश्च सौवर्णा दृश्यन्ते सह कच्छपैः । आत्मनस्त्वनुभावाद्वा कस्य वैतत्तपोवनम् ॥ ८
अजानतां नः सर्वेषां सर्वमाख्यातुमर्हसि । एवमुक्ता हनुमता तापसी धर्मचारिणी ॥ ९
प्रत्युवाच हनूमन्तं सर्वभूतहिते रता । मयो नाम महातेजा मायावी वानरर्षभ ॥ १०
तेनेदं निर्मितं सर्वं मायया काञ्चनं वनम् । पुरा दानवमुख्यानां विश्वकर्मा बभूव ह ॥ ११
येनेदं काञ्चनं दिव्यं निर्मितं भवनोत्तमम् । स तु वर्षसहस्राणि तपस्तप्त्वा महद्वने ॥ १२
पितामहाद्वरं लेभे सर्वमौशनसं धनम् । विधाय सर्वं बलवान्सर्वकामेश्वरस्तदा ॥ १३
उवास सुखितः कालं कंचिदस्मिन्महावने । तमप्सरसि हेमायां सक्तं दानवपुंगवम् ॥ १४
विक्रम्यैवाशनिं गृह्य जघानेशः पुरंदरः । इदं च ब्रह्मणा दत्तं हेमायै वनमुत्तमम् ॥ १५

॥ ३४ ॥ ३५ ॥ यानानि शिबिकादीनि ॥ ३६ ॥ ३७ ॥ ३८ ॥ व्यवतिष्ठन्त तूष्णीमवस्थिता बभूवुः ॥ ३९ ॥ पप्रच्छ हनूमानित्यर्थस्यैव सविशेषप्रतिपादनम्—ततो हनूमानिति ॥ ४० ॥ इति श्रीरामाभिरामे श्रीरामीये रामायणतिलके वाल्मीकीय आदिकाव्ये किष्किन्धाकाण्डे पञ्चाशः सर्गः ॥ ५० ॥

इत्युक्त्वा का त्वं कस्य भवनमित्यादि पृष्ट्वा ॥ १ ॥ किमब्रवीत्तदाह—इदमिति । सहसा हठात् ॥ २ ॥ उक्तमेवार्थं प्रपञ्चयति—महदिति । भावान्पदार्थान् ॥ ३ ॥ ४ ॥ ५ ॥ ६ ॥ कस्य तेजसा । संभूता इति शेषः ॥ ७ ॥ आत्मनः । तवेत्यर्थः । कस्य वा । अन्यस्य वेत्यर्थः ॥ ८ ॥ अजानतामेतत्स्वरूपमजानताम् ॥ ९ ॥ १० ॥ मायया विचित्रनिर्माणशक्त्या । को मय इत्याशङ्क्य तत्प्रसिद्धिमाह—पुरेति । विश्वकर्मा शिल्पी । ह प्रसिद्धम् ॥ ११ ॥ येनेदं निर्मितं स दानवानां विश्वकर्मेत्यन्वयः । निर्माणशक्तिबीजमाह—स त्विति ॥ १२ ॥ वरं विचित्रसृष्टिसामर्थ्यरूपम् । अपि च सर्वमौशनसं धनं निर्माणसाधनपदार्थजातं निर्माणसाधनशिल्पं शास्त्रज्ञानं च लेभे । शिल्पशास्त्रस्योशनःप्रणीतत्वात्तद्धनत्वव्यपदेशः । बलवानुक्तरूपबलवान् । सर्वकामेश्वरः स्वसृष्टिभोग्यविशेषाणामीश्वरो भोक्ता ॥ १३ ॥ सुखितोऽत्रोवास । हेमायां तदाख्याप्सरसि सक्तम् ॥ १४ ॥ दानवपुंगवमशनिं गृह्य गृहीत्वा विक्रम्यैव युद्धं कृत्वैव पुरंदरो जघान । यद्यप्यसुरशिल्पी मयो नित्य इति कथं हननं तस्य, तथापि य एवासुरशिल्पिपदस्थः सर्वोऽपि मयाख्य इति 'प्रवाहनित्यतैव तस्येन्द्रवत् इति' न दोषः ।

शाश्वतः कामभोगश्च गृहं चेदं हिरण्मयम् । दुहिता मेरुसावर्णेरहं तस्याः स्वयंप्रभा ॥ १६
इदं रक्षामि भवनं हेमाया वानरोत्तम । मम प्रियसखी हेमा नृत्तगीतविशारदा ॥ १७
तया दत्तवरा चास्मि रक्षामि भवनं महत् । किं कार्यं कस्य वा हेतोः कान्ताराणि प्रपद्यथ ॥ १८
कथं चेदं वनं दुर्गं युष्माभिरुपलक्षितम् । शुचीन्यभ्यवहाराणि मूलानि च फलानि च ।
भुक्त्वा पीत्वा च पानीयं सर्वं मे वक्तुमर्हसि ॥ १९

इत्यार्षे श्रीमद्रामायणे वाल्मीकीय आदिकाव्ये किष्किन्धाकाण्ड एकपञ्चाशः सर्गः ॥ ५१ ॥

द्विपञ्चाशः सर्गः ।

अथ तानब्रवीत्सर्वान्विश्रान्तान्हरियूथपान् । इदं वचनमेकाग्रा तापसी धर्मचारिणी ॥ १
वानरा यदि वः खेदः प्रनष्टः फलभक्षणात् । यदि चैतन्मया श्राव्यं श्रोतुमिच्छामि तां कथाम् ॥ २
तस्यास्तद्वचनं श्रुत्वा हनूमान्मारुतात्मजः । आर्जवेन यथातत्त्वमाख्यातुमुपचक्रमे ॥ ३
राजा सर्वस्य लोकस्य महेन्द्रवरुणोपमः । रामो दाशरथिः श्रीमान्प्रविष्टो दण्डकावनम् ॥ ४
लक्ष्मणेन सह भ्रात्रा वैदेह्या सह भार्यया । यस्य भार्या जनस्थानाद्रावणेन हृता बलात् ॥ ५
वीरस्तस्य सखा राज्ञः सुग्रीवो नाम वानरः । राजा वानरमुख्यानां येन प्रस्थापिता वयम् ॥ ६
अगस्त्यचरितामाशां दक्षिणां यमरक्षिताम् । सहैभिर्वानरैर्मुख्यैरङ्गदप्रमुखैर्वयम् ॥ ७
रावणं सहिताः सर्वे राक्षसं कामरूपिणम् । सीतया सह वैदेह्या मार्गध्वमिति चोदिताः ॥ ८
विचित्य तु वनं सर्वं समुद्रं दक्षिणां दिशम् । वयं बुभुक्षिताः सर्वे वृक्षमूलमुपाश्रिताः ॥ ९
विवर्णवदनाः सर्वे सर्वे ध्यानपरायणाः । नाधिगच्छाम हे पारं मग्नाश्चिन्तामहार्णवे ॥ १०
चारयन्तस्ततश्चक्षुर्दृष्टवन्तो महद्बिलम् । लतापादपसंपन्नं तिमिरेण समावृतम् ॥ ११
अस्माद्धंसा जलक्लिन्नाः पक्षैः सलिलरेणुभिः । कुरराः सारसाश्चैव निष्पतन्ति पतत्रिणः ॥ १२
साध्वत्र प्रविशामेति मया तूक्ताः प्लवंगमाः । तेषामपि हि सर्वेषामनुमानमुपागतम् ॥ १३
अस्मिन्निपतिताः सर्वेऽप्यथ कार्यत्वरान्विताः । ततो गाढं निपतिता गृह्य हस्तैः परस्परम् ॥ १४
इदं प्रविष्टाः सहसा बिलं तिमिरसंवृतम् । एतन्नः कार्यमेतेन कृत्येन वयमागताः ॥ १५
त्वां चैवोपगताः सर्वे परिद्यूना बुभुक्षिताः । आतिथ्यधर्मदत्तानि मूलानि च फलानि च ॥ १६
अस्माभिरुपभुक्तानि बुभुक्षापरिपीडितैः । यत्त्वया रक्षिताः सर्वे म्रियमाणा बुभुक्षया ॥ १७
ब्रूहि प्रत्युपकारार्थं किं ते कुर्वन्तु वानराः । एवमुक्ता तु सर्वज्ञा वानरैस्तैः स्वयंप्रभा ॥ १८
प्रत्युवाच ततः सर्वानिदं वानरयूथपान् । सर्वेषां परितुष्टास्मि वानराणां तरस्विनाम् ॥ १९

तस्मिंश्च हते इदं वनं शाश्वतः कामभोग इदं गृहं च मयभुक्तायै हेमायै न्यायप्राप्तत्वाद्भगवता ब्रह्मणा दत्तमित्यर्थः । एतेन विचित्रनिर्माणसामर्थ्यगुणयोगादत्र ब्रह्मशब्दो मयदानवपर इत्यपास्तम् । हतेन दानासंभवात् ॥ १५ ॥ स्वयंप्रभेत्यन्वर्थं नाम तस्याः, तेन सूर्यावलोकाभावेऽपि प्रकाशवत्त्वमुपपादितम् । तस्या हेमाया भवनमित्यन्वयः ॥ १६ ॥ ननु त्वं किमर्थं रक्षसि तत्राह—मम प्रियसखीति ॥ १७ ॥ दत्तवरा । रक्षणसामर्थ्यवत्त्वात्सखित्वेन प्रार्थितरक्षणा च । एवं स्ववृत्तान्तमुक्त्वा हनूमदादिवृत्तान्तं पृच्छति—किमिति ॥ १८ ॥ अभ्यवहाराण्यभ्यवहार्याणि ॥ १९ ॥ इति श्रीरामाभिरामे श्रीरामीये रामायणतिलके वाल्मीकीय आदिकाव्ये किष्किन्धाकाण्ड एकपञ्चाशः सर्गः ॥ ५१ ॥

इदं वचनं वक्ष्यमाणम् ॥ १ ॥ यदि चैतत्किं कार्यमित्यादि प्राक्पृष्टार्थतत्त्वम् ॥ २ ॥ ३ ॥ सर्वलोकराजत्वेन तस्येश्वरत्वं सूचितम् ॥ ४ ॥ बलाद्बलात्कारेण ॥ ५ ॥ ६ ॥ अङ्गदप्रमुखैर्वानरैः सह वयं प्रस्थापिताः ॥ ७ ॥ सहिता मिलिताः सन्तो रावणं सीतया सह मार्गध्वमिति वयं चोदिताश्च स्मः ॥ ८ ॥ तदाह—विचित्य त्विति । समुद्रं विचेतुकामा इति शेषः ॥ ९ ॥ नाधिगच्छाम । हे इति स्वयंप्रभासंबोधनम् । नाध्यगच्छाम पारम् । चिन्तामहार्णवस्येति शेषः ॥ १० ॥ ११ ॥ सलिलरेणुभिः । सलिलपद्मरेणुयुक्तपक्षैरुपलक्षिता इत्यर्थः । निष्पतन्ति निष्पतिताः ॥ १२ ॥ अनुमानं जलानुमापको हेतुरागतं मनःप्राप्तम् ॥ १३ ॥ अस्मिन्देशे ततो गच्छामेत्युक्त्वा निबिडान्धकारत्वात्परस्परं हस्तैर्गाढं गृहीत्वा निपतिताः । गुहामिति शेषः । 'हस्ते' इति पाठेऽपि हस्तैरित्येवार्थः । परिष्वज्येति पूर्वोक्तस्वरसात् ॥ १४ ॥ एतत्सीतान्वेषणरूपम् ॥ १५ ॥ यतो बुभुक्षिता अतः परिद्यूनाः क्षीणाः ॥ १६ ॥ १७ ॥ किं ते कुर्वन्तु । प्रियमिति शेषः ॥ १८ ॥ परितु-

चरन्त्या मम धर्मेण न कार्यमिह केनचित् । एवमुक्तः शुभं वाक्यं तापस्या धर्मसंहितम् ॥ २०
उवाच हनुमान्वाक्यं तामनिन्दितलोचनाम् । शरणं त्वां प्रपन्नाः स्मः सर्वे वै धर्मचारिणीम् ॥ २१
यः कृतः समयोऽस्मासु सुग्रीवेण महात्मना । स तु कालो व्यतिक्रान्तो बिले च परिवर्तताम् ॥ २२
सा त्वमस्माद्बिलादस्मानुत्तारयितुमर्हसि । तस्मात्सुग्रीववचनादतिक्रान्तान्गतायुषः ॥ २३
त्रातुमर्हसि नः सर्वान्सुग्रीवभयशङ्कितान् । महच्च कार्यमस्माभिः कर्तव्यं धर्मचारिणि ॥ २४
तच्चापि न कृतं कार्यमस्माभिरिह वासिभिः । एवमुक्ता हनुमता तापसी वाक्यमब्रवीत् ॥ २५
जीवता दुष्करं मन्ये प्रविष्टेन निवर्तितुम् । तपसः सुप्रभावेण नियमोपार्जितेन च ॥ २६
सर्वानेव बिलादस्मात्तारयिष्यामि वानरान् । निमीलयत चक्षूंषि सर्वे वानरपुंगवाः ॥ २७
नहि निष्क्रमितुं शक्यमनिमीलितलोचनैः । ततो निमीलिताः सर्वे सुकुमाराङ्गुलैः करैः ॥ २८
सहसा पिदधुर्दृष्टिं हृष्टा गमनकाङ्क्षया । वानरास्तु महात्मानो हस्तरुद्धमुखास्तदा ॥ २९
निमेषान्तरमात्रेण बिलादुत्तारितास्तया । उवाच सर्वांस्तांस्तत्र तापसी धर्मचारिणी ॥ ३०
निःसृतान्विषमात्तस्मात्समाश्वास्येदमब्रवीत् । एष विन्ध्यो गिरिः श्रीमान्नानाद्रुमलतायुतः ॥ ३१
एष प्रस्रवणः शैलः सागरोऽयं महोदधिः । स्वस्ति वोऽस्तु गमिष्यामि भवनं वानरर्षभाः ।
इत्युक्त्वा तद्बिलं श्रीमत्प्रविवेश स्वयंप्रभा ॥ ३२

इत्यार्षे श्रीमद्रामायणे वाल्मीकीय आदिकाव्ये किष्किन्धाकाण्डे द्विपञ्चाशः सर्गः ॥ ५२ ॥

त्रिपञ्चाशः सर्गः ।

ततस्ते ददृशुर्घोरं सागरं वरुणालयम् । अपारमभिगर्जन्तं घोरैरूर्मिभिराकुलम् ॥ १
मयस्य मायाविहितं गिरिदुर्गं विचिन्वताम् । तेषां मासो व्यतिक्रान्तो यो राज्ञा समयः कृतः ॥ २
विन्ध्यस्य तु गिरेः पादे संप्रपुष्पितपादपे । उपविश्य महात्मानश्चिन्तामापेदिरे तदा ॥ ३
ततः पुष्पातिभाराग्रांल्लताशतसमावृतान् । द्रुमान्वासन्तिकान्दृष्ट्वा बभूवुर्भयशङ्किताः ॥ ४
ते वसन्तमनुप्राप्तं प्रतिवेद्य परस्परम् । नष्टसंदेशकालार्था निपेतुर्धरणीतले ॥ ५
ततस्तान्कपिवृद्धांश्च शिष्टांश्चैव वनौकसः । वाचा मधुरयाभाष्य यथावदनुमान्य च ॥ ६
स तु सिंहवृषस्कन्धः पीनायतभुजः कपिः । युवराजो महाप्राज्ञ अङ्गदो वाक्यमब्रवीत् ॥ ७
शासनात्कपिराजस्य वयं सर्वे विनिर्गताः । मासः पूर्णो बिलस्थानां हरयः किं न बुध्यत ॥ ८
वयमाश्वयुजे मासि कालसंख्याव्यवस्थिताः । प्रस्थिताः सोऽपि चातीतः किमतः कार्यमुत्तरम् ॥ ९

ष्टास्मि । प्रत्युपचिकीर्षावचनेनैवेति भावः । धर्मेण चरन्त्या धर्मानुष्ठानेन वर्तमानायाः ॥ १९ ॥ अत्र कतकस्तु द्विपञ्चाशत्सर्गसमाप्तिमाह—एवमुक्त इति ॥ २० ॥ २१ ॥ समयः कालावधिर्मासरूपः । बिले च बिले एव ॥ २२ ॥ तस्माद्धेतोरस्माद्बिलादस्मानित्यन्वयः । गतायुषो नष्टजीवितान् । तत्र हेतुः—सुग्रीववचनादतिक्रान्तानिति । सुग्रीवाज्ञप्तकालादतिक्रान्तकालानित्यर्थः ॥ २३ ॥ २४ ॥ २५ ॥ प्रविष्टेनेदं बिलं प्रविष्टेन प्राणिना जीवतास्मान्निवर्तितुं दुष्करं मन्ये । तर्हि वयं किं कुर्मस्तत्राह—तपस इति ॥ २६ ॥ २७ ॥ निमीलिताः सन्तोऽकस्मादुन्मीलनभिया सुकुमाराङ्गुलैः करैः ॥ २८ ॥ सहसा दृष्टिं पिदधुः ॥ २९ ॥ ३० ॥ इदमब्रवीत् । दिङ्मोहशान्त्यर्थमिति भावः ॥ ३१ ॥ प्रस्रवणः किष्किन्धासमीपप्रस्रवणादन्योऽयमित्याहुः । अत्युच्चत्वात्ततोऽपि तस्य दर्शनमित्यन्ये । यत्रेच्छा तत्र गन्तव्यमिति तात्पर्यम् ॥ ३२ ॥ **इति श्रीरामाभिरामे श्रीरामीये रामायणतिलके वाल्मीकीय** आदिकाव्ये किष्किन्धाकाण्डे द्विपञ्चाशः सर्गः ॥ ५२ ॥

तत इति ॥ १ ॥ गिरिदुर्गं ऋक्षबिलाख्यम् । समयः कालावधिः ॥ २ ॥ तदा शिशिरारम्भसमये ॥ ३ ॥ पुष्पातिभारयुक्तान्यग्राणि येषाम् । वासन्तिकान्वसन्तकाले फलवत आम्रादीन् ॥ ४ ॥ भयकृतशङ्कां विवृणोति—ते इति । वसन्तमनुप्राप्तं प्रकृतशिशिरकालस्योत्तरकालमासगतया प्राप्तप्रायम् । नष्टः संदेशकाले राजसंदिष्टमासरूपे कालेऽनुष्ठेयोऽर्थो येषां ते ॥ ५ ॥ तान्भयेन भूतले पतितान् । शिष्टान्वृद्धेभ्योऽन्यान् । अनुमान्य संपूज्य ॥ ६ ॥ प्राज्ञ अङ्गद इत्यार्षम् ॥ ७ ॥ शासनव्यतिक्रमं दर्शयति—मास इति । अन्वेषणावधित्वेन दत्त इत्यर्थः । किं न बुध्यत नाबुध्यत । कालात्ययमिति शेषः ॥ ८ ॥ कालात्ययमेवाह—वयमिति । आश्वयुजे । अतीतप्राये इति शेषः । 'कार्तिके समनुप्राप्ते त्वं रावणवधे यत' इत्युक्तेः । ततः पञ्चदशरात्रकालसंख्यया प्रवर्तितदूतैर्व्यवस्थिता मिलिताः । एवं चामान्तमानेनाश्विनस्योत्तरे दीपोत्स-

भवन्तः प्रत्ययं प्राप्ता नीतिमार्गविशारदाः । हितेष्वभिरता भर्तुर्निसृष्टाः सर्वकर्मसु ॥ १०

कर्मस्वप्रतिमाः सर्वे दिक्षु विश्रुतपौरुषाः । मां पुरस्कृत्य निर्याताः पिङ्गाक्षप्रतिचोदिताः ॥ ११

इदानीमकृतार्थानां मर्तव्यं नात्र संशयः । हरिराजस्य संदेशमकृत्वा कः सुखी भवेत् ॥ १२

अस्मिन्नतीते काले तु सुग्रीवेण कृते स्वयम् । प्रायोपवेशनं युक्तं सर्वेषां च वनौकसाम् ॥ १३

तीक्ष्णः प्रकृत्या सुग्रीवः स्वामिभावे व्यवस्थितः । न क्षमिष्यति नः सर्वानपराधकृतो गतान् ॥ १४

अप्रवृत्तौ च सीतायाः पापमेव करिष्यति । तस्मात्क्षममिहाद्यैव गन्तुं प्रायोपवेशनम् ॥ १५

त्यक्त्वा पुत्रांश्च दारांश्च धनानि च गृहाणि च । ध्रुवं नो हिंसते राजा सर्वान्प्रतिगतानितः ॥ १६

वधेनाप्रतिरूपेण श्रेयान्मृत्युरिहैव नः । न चाहं यौवराज्येन सुग्रीवेणाभिषेचितः ॥ १७

नरेन्द्रेणाभिषिक्तोऽस्मि रामेणाक्लिष्टकर्मणा । स पूर्वं बद्धवैरो मां राजा दृष्ट्वा व्यतिक्रमम् ॥ १८

घातयिष्यति दण्डेन तीक्ष्णेन कृतनिश्चयः । किं मे सुहृद्भिर्व्यसनं पश्यद्भिर्जीवितान्तरे ।

इहैव प्रायमासिष्ये पुण्ये सागररोधसि ॥ १९

एतच्छ्रुत्वा कुमारेण युवराजेन भाषितम् । सर्वे ते वानरश्रेष्ठाः करुणं वाक्यमब्रुवन् ॥ २०

तीक्ष्णः प्रकृत्या सुग्रीवः प्रियारक्तश्च राघवः । समीक्ष्याकृतकार्यांस्तु तस्मिंश्च समये गते ॥ २१

अदृष्टायां च वैदेह्यां दृष्ट्वा चैव समागतान् । राघवप्रियकामाय घातयिष्यत्यसंशयम् ॥ २२

न क्षमं चापराद्धानां गमनं स्वामिपार्श्वतः । प्रधानभूताश्च वयं सुग्रीवस्य समागताः ॥ २३

इहैव सीतामन्वीक्ष्य प्रवृत्तिमुपलभ्य वा । नो चेद्गच्छाम तं वीरं गमिष्यामो यमक्षयम् ॥ २४

प्लवंगमानां तु भयार्दितानां श्रुत्वा वचस्तार इदं बभाषे ।
अलं विषादेन बिलं प्रविश्य वसाम सर्वे यदि रोचते वः ॥ २५

इदं हि मायाविहितं सुदुर्गमं प्रभूतपुष्पोदकभोज्यपेयम् ।
इहास्ति नो नैव भयं पुरंदरान्न राघवाद्वानरराजतोऽपि वा ॥ २६

वामायुते पक्षे सर्वसेनागमनं किष्किन्धायाम् । रामस्य क्रोधस्तु तत्रैव पक्षे कार्तिकसंनिधावपि तदुद्यमाभावकृतः । ततः कार्तिकेऽवधिरन्वेषणस्य । ततो मार्गशुक्ल इदं वचनम् । प्रायस्तद्वर्षे पौषः क्षयमासः । 'कार्तिकादित्रये नान्यतः' इत्युक्तः, अतो मार्गशुक्ल एव आम्रादीनां पुष्पोद्गमः । उत्पाततां वा । तादृशरीत्या पुष्पोद्गमं दृष्ट्वापि वसन्तामन्नतानुमानेन भयोपपत्तिः । कतकादयस्तु—अन्वेषणेऽवधित्वेन दत्तः पौषो मासः । 'आश्वयुजे' इत्यस्य तत्प्रत्यासन्नकार्तिकान्ते इत्यर्थः । कालसंख्येति । कार्तिकोत्तरं पञ्चदशरात्रसंख्याकालेनावधिना वानरानयनाय दूतप्रेषणम् । ततः पूर्णिमान्तमानेन मार्गशुक्ले सर्ववानरागमनम् । ततः पौषाद्यदिने दिक्ष्वन्वेषणाय वानरप्रस्थानम् । तत्र पौषे माघकृष्णीयकिंचिद्दिनसहितेऽतीते इदं वाक्यमित्याहुः । तेषां सीतानयनोत्तरं सीतां प्रति द्वादशमासा रावणावधिरिति स्पष्टमेव, पम्पायां चैत्र आगमनमित्यस्योक्तत्वात् । ततः पूर्वं फाल्गुने सीतापहार इति च स्पष्टमेव । एवं च माघकृष्णे तच्छुक्लादौ वा हनूमतः सीतासमीपगमने हनूमन्तं प्रति 'वर्तते दशमो मासो द्वौ तु शेषौ प्लवंगम' इति सीतोक्तिविरोधः । किं च हनूमतो लङ्काप्रवेशदिने प्रदोषसमय एव पूर्णकलचन्द्रोदयवर्णनं च विरोध इत्याहुः ॥ ९ ॥ उक्तमेव विस्तरेणाह—भवन्त इति । प्रत्ययमन्वेषणार्थराजनियोगं प्राप्ता ज्ञातवन्तो भवन्तो मां पुरस्कृत्य निर्याता इत्यन्वयः ॥ १० ॥ ११ ॥ तस्य कालस्य च विले गतत्वादिदानीमकृतार्थानामस्माकं मर्तव्यं मरणमेवानुष्ठेयम् । कुतस्तत्राह—हरिराजस्येति ॥ १२ ॥ प्रायोपवेशनं युक्तम् । प्राणत्यागायेति शेषः ॥ १३ ॥ स्वामिभावे निग्रहानुग्रहकृद्राजभावे व्यवस्थितोऽपराधः कालातिक्रमरूपः । गतान्स्वसमीपं प्राप्तान् ॥ १४ ॥ अप्रवृत्तौ प्रवृत्तिप्रतिपादनाभावे । पापं वधरूपम् ॥ १५ ॥ पुत्रादींस्त्यक्त्वा प्रायोपवेशनं गन्तुं कर्तुं क्षमं युक्तमित्यन्वयः । तत्र हेतुः—ध्रुवमिति ॥ १६ ॥ अप्रतिरूपेणापराधमूलत्वेनास्य वधस्याप्रतिरूपत्वम् । ननु युवराजत्वेनाभिषिच्य कथमसौ त्वां हनिष्यतीत्यत आह—न चाहमिति ॥ १७ ॥ पूर्वं मां प्रति बद्धवैरः स राजा सुग्रीवो व्यतिक्रममाज्ञालङ्घनं दृष्ट्वा घातयिष्यत्येव ॥ १८ ॥ जीवितान्तरे राजाज्ञया जीवितनाशावधौ काले प्राप्ते मम व्यसनं पश्यद्भिरपि सुहृद्भिः किं कार्यमिति किं साध्यमित्यर्थकं शेषः । यदेवमतः—इहैवेति ॥ १९ ॥ २० ॥ प्रियायां रक्तोऽनुरक्तः । तस्मिन्समयेऽन्वेषणावधिकाले ॥ २१ ॥ २२ ॥ अपराद्धानां कृतापराधानाम् । स्वामिपार्श्वतः स्वामिपार्श्वे सुग्रीवस्य प्रधानभूताः सेवका वयमिह समागताः ॥ २३ ॥ उपलभ्य वा गच्छाम । नो चेदिहैव स्थित्वा यमगृहं गमिष्यामः ॥ २४ ॥ बिलं स्वयंप्रभाया बिलम् ॥ २५ ॥ कथमत्र प्राणत्राणमत आह—इदं हीति । नो इति लोकोक्तौ

श्रुत्वाङ्गदस्यापि वचोऽनुकूलमूचुश्च सर्वे हरयः प्रतीताः ।
यथा न हन्येम तथा विधानमसक्तमद्यैव विधीयतां नः ॥ २७

इत्यार्षे श्रीमद्रामायणे वाल्मीकीय आदिकाव्ये किष्किन्धाकाण्डे त्रिपञ्चाशः सर्गः ॥ ५३ ॥

चतुःपञ्चाशः सर्गः ।

तथा ब्रुवति तारे तु ताराधिपतिवर्चसि । अथ मेने हृतं राज्यं हनूमानङ्गदेन तत् ॥ १
बुद्ध्या ह्यष्टाङ्गया युक्तं चतुर्बलसमन्वितम् । चतुर्दशगुणं मेने हनूमान्वालिनः सुतम् ॥ २
आपूर्यमाणं शश्वच्च तेजोबलपराक्रमैः । शशिनं शुक्लपक्षादौ वर्धमानमिव श्रिया ॥ ३
बृहस्पतिसमं बुद्ध्या विक्रमे सदृशं पितुः । शुश्रूषमाणं तारस्य शुक्रस्येव पुरंदरम् ॥ ४
भर्तुरर्थे परिश्रान्तं सर्वशास्त्रविशारदः । अभिसंधातुमारेभे हनूमानङ्गदं ततः ॥ ५
स चतुर्णामुपायानां द्वितीयमुपवर्णयन् । भेदयामास तान्सर्वान्वानरान्वाक्यसंपदा ॥ ६
तेषु सर्वेषु भिन्नेषु ततोऽभीषयदङ्गदम् । भीषणैर्विविधैर्वाक्यैः कोपोपायसमन्वितैः ॥ ७
त्वं समर्थतरः पित्रा युद्धे तारेय वै ध्रुवम् । दृढं धारयितुं शक्तः कपिराज्यं यथा पिता ॥ ८
नित्यमस्थिरचित्ता हि कपयो हरिपुंगव । नाज्ञाप्यं विषहिष्यन्ति पुत्रदारं विना त्वया ॥ ९
त्वां नैते ह्यनुरज्येयुः प्रत्यक्षं प्रवदामि ते । यथायं जाम्बवान्नीलः सुहोत्रश्च महाकपिः ॥ १०
नह्यहं त इमे सर्वे सामदानादिभिर्गुणैः । दण्डेन न त्वया शक्याः सुग्रीवादपकर्षितुम् ॥ ११
विगृह्यासनमप्याहुर्दुर्बलेन बलीयसा । आत्मरक्षाकरस्तस्मान्न विगृह्णीत दुर्बलः ॥ १२
यां चेमां मन्यसे धात्रीमेतद्बिलमिति श्रुतम् । एतल्लक्ष्मणबाणानामीषत्कार्यं विदारणम् ॥ १३

॥ २६ ॥ अङ्गदस्यापि । अपिना तारस्य । असक्तमविलम्बम् ॥ २७ ॥ इति श्रीरामाभिरामे श्रीरामीये रामायणतिलके वाल्मीकीय आदिकाव्ये किष्किन्धाकाण्डे त्रिपञ्चाशः सर्गः ॥ ५३ ॥

ताराधिपतिवर्चसि तारे तथा ब्रुवति । तुशब्दादङ्गदे प्रतिषेधाकरणात्तदनुमन्यमाने सति । अथानन्तरमङ्गदेन राज्यं सुग्रीवीयं कपिराज्यं हृतमिति मेने । तद्राज्यं स्वयंप्रभाबिलराज्यमित्यर्थ इत्यन्ये ॥ १ ॥ नन्वङ्गदे कथं राज्यापहारचिन्तात आह—बुद्ध्येति । अष्टाङ्गयाष्टगुणया । तेऽत्र गुणाः । 'शुश्रूषा श्रवणं चैव ग्रहणं धारणं तथा । ऊहापोहार्थविज्ञानं तत्त्वज्ञानं च धीगुणाः ॥' इति प्रसिद्धाः । चतुर्बलम् । सामदानभेदनिग्रहरूपोपायचतुष्टयजम् । चतुर्दशगुणम् । 'देशकालज्ञता दार्ढ्यं सर्वक्लेशसहिष्णुता । सर्वविज्ञानता दाक्ष्यमूर्जः संवृतमन्त्रता ॥ अविसंवादिता शौर्यं भक्तिज्ञत्वं कृतज्ञता । शरणागतवात्सल्यममर्षित्वमचापलम् ॥' इत्युक्तचतुर्दशगुणयुक्तम् ॥ २ ॥ ३ ॥ तारस्य वचः शुश्रूषमाणं यतोऽपश्यत्ततो राज्यं हृतं मेने । शुक्रस्येव पुरंदरम् । विपरीतोपदेशग्रहे उपमैषा । शुक्रशब्दोऽत्र बृहस्पतिपर इति कश्चित् ॥ ४ ॥ भर्तुः सुग्रीवस्यार्थेऽर्थकरणे परिश्रान्तं विमुखम् । सर्वशास्त्रविशारद इति हनुमद्विशेषणम् । अभिसंधातुं तारादिभ्यो भेदयितुम् ॥ ५ ॥ स इति । अभिसंधित्सुर्हनुमानित्यर्थः । द्वितीय उपायो भेदस्तमुपवर्णयन् । हेतौ शता । तदुपायावलम्बनहेतुना तान्सर्वानङ्गदानुवर्तिनः । वाक्यसंपदा भेदजननक्षमन्यायोपेतेन । 'हीनाश्रयो न कर्तव्यः कर्तव्यो महदाश्रयः' इत्यादिवाक्यसमूहेन ॥ ६ ॥ कोपोपायो दण्डस्तत्समन्वितैः । 'कोपापायसमन्वितैः' इति पाङ्क्तः पाठः । कोपापनयनसामर्थ्ययुक्तैरभीषयन्न्यायप्रदर्शनपूर्वं भयमुत्पादयामास ॥ ७ ॥ भीषणमेव स्तुतिपूर्वं करोति—त्वमिति । त्वं पित्रा सुग्रीवेण युद्धे समर्थतरः । यद्वा त्वं पित्रा सदृश इति शेषः । अतएव युद्धे समर्थतर इत्यर्थः । दृढं धारयितुं शक्तः । अस्य यदि सर्वे कपयस्त्वामनुवर्त्स्यन्तीति शेषः । कपिराज्यं किष्किन्धायां वा ऋक्षबिले वा ॥ ८ ॥ न च तदस्तीत्याह—नित्यमिति । स्वभावादिति भावः । अस्थैर्ये कारणान्तरमप्याह—पुत्रदारं विनेति । पुत्रदाराणां किष्किन्धावर्तिनां सुग्रीवायत्तत्वात्त्वया सह बिलेऽवस्थाने तद्वियोगस्य स्पष्टत्वात् । निगृह्य स्थापनमप्यशक्यमित्याह—त्वयाज्ञाप्यं त्वत्कर्तृकमाज्ञापनं न सहिष्यन्ति । त्वत्तोऽप्यधिकबलत्वादिति भावः ॥ ९ ॥ पुत्रदारं हित्वा एते त्वां नानुरज्येयुस्त्वयि नानुरक्ता भवेयुः । उक्तमर्थं स्पष्टं यथा भवति तथा प्रवदामि प्रदर्शयामि । तदेव दर्शयति—अयं जाम्बवानिति ॥ १० ॥ अहमिति स्वनिर्देशः । ते इमे सर्वे सामदानादिभिर्गुणैरुपायैस्त्वया सुग्रीवादपकर्षितुं शक्या न हि । नापि दण्डेन ॥ ११ ॥ ननु गच्छत यूयमपि, एकेनैव मया स्थेयमत आह—विगृह्येति । दुर्बलेन सह विगृह्य बलीयसासनं स्थितिः शक्येत्याहुः । न तु दुर्बलस्य बलीयसा विगृह्यासनं शक्यम् । तस्मादात्मरक्षाकर आत्मरक्षाकरणेच्छुः पुरुषो दुर्बलः सन्बलीयसा न विगृह्णीत ॥ १२ ॥ नन्वेषा गुहा न बलवतः साध्येत्याशङ्क्याह—यामिति । यामिमां गुहां धात्रीं रक्षिकां मन्यसे । नेयं रक्षिकेति शेषः । कुतस्तत्राह—यदेतद्बिलमृक्षबिलं निर्भयमिति ताराच्छ्रुतम् । एतदेतद्विषयविदारणं

स्वल्पं हि कृतमिन्द्रेण क्षिपता ह्यशनिं पुरा। लक्ष्मणो निशितैर्बाणैर्भिन्द्यात्पत्रपुटं यथा॥ १४
लक्ष्मणस्य च नाराचा बहवः सन्ति तद्विधाः। वज्राशनिसमस्पर्शा गिरीणामपि दारकाः॥ १५
अवस्थानं यदैव त्वमासिष्यसि परंतप। तदैव हरयः सर्वे त्यक्ष्यन्ति कृतनिश्चयाः॥ १६
स्मरन्तः पुत्रदाराणां नित्योद्विग्ना बुभुक्षिताः। खेदिता दुःखशय्याभिस्त्वां करिष्यन्ति पृष्ठतः॥ १७
स त्वं हीनः सुहृद्भिश्च हितकामैश्च बन्धुभिः। तृणादपि भृशोद्विग्नः स्पन्दमानाद्भविष्यसि॥ १८
अत्युग्रवेगा निशिता घोरा लक्ष्मणसायकाः। अपावृत्तं जिघांसन्तो महावेगा दुरासदाः॥ १९
अस्माभिस्तु गतं सार्धं विनीतवदुपस्थितम्। आनुपूर्व्यात्तु सुग्रीवो राज्ये त्वां स्थापयिष्यति॥ २०
धर्मराजः पितृव्यस्ते प्रीतिकामो दृढव्रतः। शुचिः सत्यप्रतिज्ञश्च स त्वां जातु न नाशयेत्॥ २१
प्रियकामश्च ते मातुस्तदर्थं चास्य जीवितम्। तस्यापत्यं च नास्त्यन्यत्तस्मादङ्गद गम्यताम्॥ २२

इत्यार्षे श्रीमद्रामायणे वाल्मीकीय आदिकाव्ये किष्किन्धाकाण्डे चतुःपञ्चाशः सर्गः॥ ५४॥

पञ्चपञ्चाशः सर्गः।

श्रुत्वा हनुमतो वाक्यं प्रश्रितं धर्मसंहितम्। स्वामिसत्कारसंयुक्तमङ्गदो वाक्यमब्रवीत्॥ १
स्थैर्यमात्ममनःशौचमानृशंस्यमथार्जवम्। विक्रमश्चैव धैर्यं च सुग्रीवे नोपपद्यते॥ २
भ्रातुर्ज्येष्ठस्य यो भार्यां जीवतो महिषीं प्रियाम्। धर्मेण मातरं यस्तु स्वीकरोति जुगुप्सितः॥ ३
कथं स धर्मं जानीते येन भ्रात्रा दुरात्मना। युद्धायाभिनियुक्तेन बिलस्य पिहितं मुखम्॥ ४
सत्यात्पाणिगृहीतश्च कृतकर्मा महायशाः। विस्मृतो राघवो येन स कस्य सुकृतं स्मरेत्॥ ५
लक्ष्मणस्य भयेनेह नाधर्मभयभीरुणा। आदिष्टा मार्गितुं सीता धर्मस्तस्मिन्कथं भवेत्॥ ६
तस्मिन्पापे कृतघ्ने तु स्मृतिभिन्ने चलात्मनि। आर्यः को विश्वसेज्जातु तत्कुलीनो विशेषतः॥ ७

लक्ष्मणबाणानामीषत्कार्यमीषत्करम्। खलभाव आर्षः॥ १३॥ पुरा पूर्वं मायया भूतलान्तर्निर्मितैतत्पुरवर्तिमयवधार्थमशनिं तत्प्रदेशभुवि क्षिपतेन्द्रेण स्वल्पमेव कृतं मयवधमात्रं कृतम्, न तु पुरं भग्नम्। लक्ष्मणस्तु निशितैर्बाणैरेतत्पुरमपि पत्रपुटमिव भिन्द्यात्॥ १४॥ कुतस्तत्राह—लक्ष्मणस्येति। तद्विधा इत्यस्य विवरणं वज्राशनीत्यादि—वज्रमिन्द्रकरस्थम्। अशनिर्मेघस्थः। यद्वा तद्विधा वालिहन्तृबाणसदृशाः॥ १५॥ यदैवात्र बिले त्वमवस्थानमासिष्यसि प्राप्स्यसि तदैव सर्वे हरयः कृतनिश्चयास्त्वां त्यक्ष्यन्ति॥ १६॥ नित्योद्विग्ना रामलक्ष्मणसुग्रीवेभ्यः। बुभुक्षिताः पुत्रदारादिजसुखभोगेच्छवस्त्वया दुःखशय्याभिर्दुःखस्थित्यादिभिः खेदिताः सन्तस्त्वां पृष्ठतः करिष्यन्ति। सर्वथा त्यक्ष्यन्त्येवेत्यर्थः॥ १७॥ स्पन्दमानात्तृणादपि लघुरिति शेषः। अतएव भृशोद्विग्नो भविष्यसि। यद्वा तादृशतृणात्तद्दृष्ट्वा भृशोद्विग्नः। रामाद्यागमनशङ्कयेति भावः॥ १८॥ अतोऽत्युग्रवेगा निशिता घोरा लक्ष्मणसायका अपावृत्तं व्युत्थितं त्वां जिघांसन्तो भवेयुः। सर्वत्रात्र लक्ष्मणनामग्रहणं तस्य क्रूरस्वभावत्वात्, ईदृशानां रामालक्ष्यत्वाच्च॥ १९॥ एवं वास्तवं भयं प्रदर्श्य सुग्रीवसमाश्रयणमेव हितमित्याह—अस्माभिरिति। आनुपूर्व्याज्ज्येष्ठपुत्रत्वप्रयुक्तानुक्रमात्॥ २०॥ राज्येऽवस्थाने हेतुमाह—धर्मेति। धर्मराजो धर्ममार्गवर्ती राजा तथा प्रीतिकाम एव त्वयि, न तु त्वद्वधकामः॥ २१॥ इतश्च सर्वथैवमेवेत्याह—प्रियकाम इति। अस्य जीवितम्।

तदर्थं त्वन्मातुः प्रीतिसंपादनप्रयोजनम्। गम्यताम्। अस्माभिः सार्धमिति शेषः॥ २२॥ इति श्रीरामाभिरामे श्रीरामीये रामायणतिलके वाल्मीकीय आदिकाव्ये किष्किन्धाकाण्डे चतुःपञ्चाशः सर्गः॥ ५४॥

प्रश्रितं विनीतम्। स्वामिसत्कारसंयुक्तं सुग्रीवसन्मानयुक्तमिति हनुमद्वाक्यविशेषणम्॥ १॥ आत्ममनसोः शौचं कामादिदोषराहित्यम्॥ २॥ तदनुपपत्तिमेव दर्शयति—भ्रातुरिति। ज्येष्ठस्य भ्रातुर्भार्यां धर्मेण मातरं धर्ममार्गेण वर्तमानां ज्येष्ठभ्रातृपत्नीं तां मातृतुल्यां जीवतो मम समक्षम्। अनेन 'देवराच्च सुतोत्पत्तिः' इत्यतोऽपि धर्मत्वं वारितम्। यद्वा जीवतो महिषीमिति महिषयुद्धकालिकस्वीकारपरम्। यः स्वीकरोति कथं स धर्मं जानीत इत्यन्वयः। एतेन हनुमदुक्तं धर्मराजत्वं प्रत्याख्यातम्। एतद्वचोऽङ्गदस्य केवलरोषमूलं त्रैवर्णिकातिरिक्तधर्मास्मरणमूलकम्॥ ३॥ स उक्तजुगुप्सितकर्मकारी। धर्माज्ञाने उपपत्त्यन्तरमप्याह—युद्धाय युद्धार्थं गच्छता भ्रात्राभिनियुक्तेन। बिलरक्षणनियुक्तेनेत्यर्थः॥ ४॥ सत्यादग्निसाक्षिकतया पाणिगृहीतो मित्रं कृतो राघवोऽपि येन विस्मृतः, स कस्य सुकृतमुपकारं स्मरेत्। न कस्यापीत्यतः कथं कृतज्ञ इत्यर्थः॥ ५॥ ननु तत्कार्ये प्रवृत्तत्वात्कथं न कृतज्ञोऽत आह—लक्ष्मणस्येति। भयोपाधिक्येषा प्रवृत्तिर्न धर्ममूलेति भावः। 'धर्ममस्मिन्' इति पाठे धर्मं धर्मधीमूलं प्रवर्तनमित्यर्थः॥ ६॥ स्मृतिभिन्ने स्मृतिर्मन्वादीनां भिन्ना त्यक्ता येन। चलात्मनि चञ्चलान्तःकरणे। तत्कुलीनो तज्ज्ञातिकोटिप्रविष्टः

राज्ये पुत्रं प्रतिष्ठाप्य सगुणो विगुणोऽपि वा । कथं शत्रुकुलीनं मां सुग्रीवो जीवयिष्यति ॥ ८
भिन्नमन्त्रोऽपराद्धश्च भिन्नशक्तिः कथं ह्यहम् । किष्किन्धां प्राप्य जीवेयमनाथ इव दुर्बलः ॥ ९
उपांशुदण्डेन हि मां बन्धनेनोपपादयेत् । शठः क्रूरो नृशंसश्च सुग्रीवो राज्यकारणात् ॥ १०
बन्धनाच्चावसादान्मे श्रेयः प्रायोपवेशनम् । अनुजानन्तु मां सर्वे गृहं गच्छन्तु वानराः ॥ ११
अहं वः प्रतिजानामि न गमिष्याम्यहं पुरीम् । इहैव प्रायमासिष्ये श्रेयो मरणमेव मे ॥ १२
अभिवादनपूर्वं तु राजा कुशलमेव च । अभिवादनपूर्वं तु राघवौ बलशालिनौ ॥ १३
वाच्यस्तातो यवीयान्मे सुग्रीवो वानरेश्वरः । आरोग्यपूर्वं कुशलं वाच्या माता रुमा च मे ॥ १४
मातरं चैव मे तारामाश्वासयितुमर्हथ । प्रकृत्या प्रियपुत्रा सा सानुक्रोशा तपस्विनी ॥ १५
विनष्टमिह मां श्रुत्वा व्यक्तं हास्यति जीवितम् । एतावदुक्त्वा वचनं वृद्धांस्तानभिवाद्य च ॥ १६
विवेश चाङ्गदो भूमौ रुदन्दर्भेषु दुर्मुखः । तस्य संविशतस्तत्र रुदन्तो वानरर्षभाः ॥ १७
नयनेभ्यः प्रमुमुचुरुष्णं वै वारि दुःखिताः । सुग्रीवं चैव निन्दन्तः प्रशशंसन्त वालिनम् ॥ १८
परिवार्याङ्गदं सर्वे व्यवसन्प्रायमासितुम् । तद्वाक्यं वालिपुत्रस्य विज्ञाय प्लवगर्षभाः ॥ १९
उपस्पृश्योदकं सर्वे प्राङ्मुखाः समुपाविशन् । दक्षिणाग्रेषु दर्भेषु उदक्तीरं समाश्रिताः ॥ २०
मुमूर्षवो हरिश्रेष्ठा एतत्क्षममिति स्म ह । रामस्य वनवासं च क्षयं दशरथस्य च ॥ २१
जनस्थानवधं चैव वधं चैव जटायुषः । हरणं चैव वैदेह्या वालिनश्च वधं तथा ।
रामकोपं च वदतां हरीणां भयमागतम् ॥ २२

स संविशद्भिर्बहुभिर्महीधरो महाद्रिकूटप्रतिमैः प्लवंगमैः ।
बभूव संनादितनिर्झरान्तरो भृशं नदद्भिर्जलदैरिवाम्बरम् ॥ २३

इत्यार्षे श्रीमद्रामायणे वाल्मीकीय आदिकाव्ये किष्किन्धाकाण्डे पञ्चपञ्चाशः सर्गः ॥ ५५ ॥

षट्पञ्चाशः सर्गः ।

उपविष्टास्तु ते सर्वे यस्मिन्प्रायं गिरिस्थले । हरयो गृध्रराजश्च तं देशमुपचक्रमे ॥ १
संपातिर्नाम नाम्ना तु चिरजीवी विहंगमः । भ्राता जटायुषः श्रीमान्विख्यातबलपौरुषः ॥ २
कंदरादभिनिष्क्रम्य स विन्ध्यस्य महागिरेः । उपविष्टान्हरीन्दृष्ट्वा हृष्टात्मा गिरमब्रवीत् ॥ ३
विधिः किल नरं लोके विधानेनानुवर्तते । यथायं विहितो भक्ष्यश्चिरान्मह्यमुपागतः ॥ ४
परम्पराणां भक्षिष्ये वानराणां मृतं मृतम् । उवाचैतद्वचः पक्षी तान्निरीक्ष्य प्लवंगमान् ॥ ५

॥ ७ ॥ तदेव विवृणोति—राज्ये इति । सुग्रीवः सगुणो निर्गुणो वास्तु, न मे तद्विचारेण किंचित्, अपि तु शत्रुकुलीनं मां पुत्रं राज्ये प्रतिष्ठाप्य कथं सुग्रीवो जीवयिष्यति । न कथमपीत्यर्थः ॥ ८ ॥ इतोऽपि न जीवयिष्यतीत्याह—भिन्नेति । भिन्नो बिलप्रवेशरूपो मन्त्रो यस्य सः । एवं मन्त्रस्य यस्यकस्यापि मुखाच्छ्रवणेऽवश्यंभाविनि स्पष्टमपराद्धश्च भवामि । हीनशक्तिः सुग्रीवापेक्षया हीनबलः । हनुमदुक्तरीत्या सहायबलहीनश्च ॥ ९ ॥ उपांशुदण्डस्यैव रूपम्—बन्धनेनेति । पुत्र इतिकृत्वा वधाभावः । अपराद्ध इति च बन्धननिश्चयः ॥ १० ॥ तदेव द्वयमाह—बन्धनादिति । अवसादो बन्धनजं दुःखम् ॥ ११ ॥ १२ ॥ राजा सुग्रीवः कुशलमेव वाच्य इत्यनुकर्षः । न त्विदानीं दुःखवशादुक्तमित्यर्थः । राघवौ कुशलं वाच्यौ ॥ १३ ॥ अथ मातुः कुशलविज्ञापनाशेषतया, आरोग्यपूर्वकत्वविशेषाभिधित्सया च पुनः सुग्रीवे कुशलविज्ञापनमाह—वाच्यस्तात इति ॥ १४ ॥ १५ ॥ वृद्धाञ्जाम्बवदादीन् ॥ १६ ॥ १७ ॥ सुग्रीवं निन्दन्तः । अङ्गदपक्ष्या इति शेषः ॥ १८ ॥ व्यवसन् । व्यवास्यन्नित्यर्थः ॥ १९ ॥ २० ॥ हरिश्रेष्ठा अपि एतत्प्रायोपवेशनमेवास्माकमद्य क्षमं युक्तमिति मन्यन्ते स्मेति शेषः । स्वामिनि म्रियमाणे तं परित्यज्यास्माकं गमनमयुक्तमिति तत्क्षमत्वव्यवसायः । रामस्य वनवासमित्यादिनाग्रिमसर्गार्थसंक्षेपः ॥ २१ ॥ भयमागतम् । संपातिजं वक्ष्यमाणं भयमित्यर्थः ॥ २२ ॥ भृशं नदद्भिः । संपातिजभयादिति शेषः ॥ २३ ॥ इति श्रीरामाभिरामे श्रीरामीये रामायणतिलके वाल्मीकीय आदिकाव्ये किष्किन्धाकाण्डे पञ्चपञ्चाशः सर्गः ॥ ५५ ॥

गिरिस्थले गिरिप्रदेशे ॥ १ ॥ २ ॥ ३ ॥ विधिः क्रियाफलम् । नरं प्राणिनं विधानेन प्राचीनकर्मानुसारेण । यथा । तद्यथा तथोच्यत इत्यर्थः । अयमामिषरूपोऽस्माकं भक्ष्यश्चिरान्मह्यं स्वत एवोपागतः ॥ ४ ॥ यतः परम्पराणां पङ्क्तित उपविष्टानां वानराणां मध्ये मृतं मृतं क्रमशो भक्षिष्ये । तस्मादिति

तस्य तद्वचनं श्रुत्वा भक्ष्यलुब्धस्य पक्षिणः । अङ्गदः परमायस्तो हनूमन्तमथाब्रवीत् ॥ ६
पश्य सीतापदेशेन साक्षाद्वैवस्वतो यमः । इमं देशमनुप्राप्तो वानराणां विपत्तये ॥ ७
रामस्य न कृतं कार्यं न कृतं राजशासनम् । हरीणामियमज्ञाता विपत्तिः सहसागता ॥ ८
वैदेह्याः प्रियकामेन कृतं कर्म जटायुषा । गृध्रराजेन यत्तत्र श्रुतं वस्तदशेषतः ॥ ९
तथा सर्वाणि भूतानि तिर्यग्योनिगतान्यपि । प्रियं कुर्वन्ति रामस्य त्यक्त्वा प्राणान्यथा वयम् ॥ १०
अन्योन्यमुपकुर्वन्ति स्नेहकारुण्ययन्त्रिताः । ततस्तस्योपकारार्थं त्यजतात्मानमात्मना ॥ ११
प्रियं कृतं हि रामस्य धर्मज्ञेन जटायुषा । राघवार्थे परिश्रान्ता वयं संत्यक्तजीविताः ॥ १२
कान्ताराणि प्रपन्नाः स्म न च पश्याम मैथिलीम् । स सुखी गृध्रराजस्तु रावणेन हतो रणे ।
मुक्तश्च सुग्रीवभयाद्गतश्च परमां गतिम् ॥ १३
जटायुषो विनाशेन राज्ञो दशरथस्य च । हरणेन च वैदेह्याः संशयं हरयो गताः ॥ १४
रामलक्ष्मणयोर्वासमरण्ये सह सीतया । राघवस्य च बाणेन वालिनश्च तथा वधम् ॥ १५
रामकोपादशेषाणां रक्षसां च तथा वधम् । कैकेय्या वरदानेन इदं च विकृतं कृतम् ॥ १६

तदसुखमनुकीर्तितं वचो भुवि पतितांश्च निरीक्ष्य वानरान् ।
भृशचकितमतिर्महामतिः कृपणमुदाहृतवान्स गृध्रराजः ॥ १७

तत्तु श्रुत्वा तथा वाक्यमङ्गदस्य मुखोद्गतम् । अब्रवीद्वचनं गृध्रस्तीक्ष्णतुण्डो महास्वनः ॥ १८
कोऽयं गिरा घोषयति प्राणैः प्रियतरस्य मे । जटायुषो वधं भ्रातुः कम्पयन्निव मे मनः ॥ १९
कथमासीज्जनस्थाने युद्धं राक्षसगृध्रयोः । नामधेयमिदं भ्रातुश्चिरस्याद्य मया श्रुतम् ॥ २०
इच्छेयं गिरिदुर्गाच्च भवद्भिरवतारितुम् । यवीयसो गुणज्ञस्य श्लाघनीयस्य विक्रमैः ॥ २१
अतिदीर्घस्य कालस्य परितुष्टोऽस्मि कीर्तनात् । तदिच्छेयमहं श्रोतुं विनाशं वानरर्षभाः ॥ २२
भ्रातुर्जटायुषस्तस्य जनस्थाननिवासिनः । तस्यैव च मम भ्रातुः सखा दशरथः कथम् ॥ २३
यस्य रामः प्रियः पुत्रो ज्येष्ठो गुरुजनप्रियः । सूर्यांशुदग्धपक्षत्वान्न शक्नोमि विसर्पितुम् ।
इच्छेयं पर्वतादस्मादवतर्तुमरिंदमाः ॥ २४

इत्यार्षे श्रीमद्रामायणे वाल्मीकीय आदिकाव्ये किष्किन्धाकाण्डे षट्पञ्चाशः सर्गः ॥ ५६ ॥

पूर्वेण संबन्धः ॥ ५ ॥ परमायस्तः परमखिन्नः ॥ ६ ॥ सीतापदेशेनेति । सीताव्याजेन प्राप्तप्रायोपवेशनानामित्यर्थः । 'गृध्रापदेशेन' इति पाठः सुगमः ॥ ७ ॥ अज्ञाताऽचिन्तिता ॥ ८ ॥ तिर्यग्योनिभूतानामस्माकमिव तिर्यग्यान्यन्तरस्यापि सीतानिमित्तं विपत्तिजातेत्याह—वैदेह्या इति । प्रत्यक्षं ह्रियमाणाया इति शेषः ॥ ९ ॥ रामस्य प्रियं कुर्वन्तीत्यनेन तस्मिन्सर्वप्रेमास्पदत्वं सूचयता सर्वात्मत्वं सूचितम् ॥ १० ॥ सार्वात्म्यमेव द्रढयति—अन्योन्यमिति । स्नेहकारुण्ययन्त्रिताः रामे इति शेषः । सर्वस्य रामत्वात्स्वीयस्नेहेनैव परस्परोपकारकरणमित्यर्थः । स्नेहविषयता रामातिरिक्तनैयत्येन सूचितम् । तत उक्तस्नेहादियन्त्रणतः । तस्य रामस्योपकारार्थमित्यस्य प्रवृत्ता इति शेषः ॥ ११ ॥ ननु प्राणत्यागेन कथं रामस्य संतोषः, अत आह—प्रियमिति । हि यतो जटायुषा प्राणांस्त्यजता प्रियं कृतमिति रामस्य मतमिति शेषः । तथास्मन्मरणेनापि रामस्तथा मंस्यतीति भावः ॥ १२ ॥ सुखीति । सुखित्वमेव परमगतिप्राप्त्या दर्शयति—रावणेनेत्यादि । मुक्तश्चेति । अनेन सर्वतिर्यग्योनिराजत्वं कपीन्द्रस्य सूचितम् । गतश्च परमां गतिम् । रामानुग्रहादिति शेषः ॥ १३ ॥ जटायुषो विनाशेन । प्राप्तिति शेषः । यदि पुनर्मुहूर्तमपि युद्धे रावणं निरुन्ध्यात्तदा रामदृग्गोचरो रावणः सीतां न हरेदिति भावः । राज्ञो दशरथस्य च प्राणविनाशेन । यदि पक्षमात्रमपि राजजीवनं स्यात्तदा रामं प्रत्यानयेदेवेति भावः । वैदेहीहरणं तु स्पष्टमेव वानराणां प्राणसंशयकारणम् ॥ १४ ॥ १५ ॥ विकृतमरण्यवासवालिवधरक्षोवधरूपम् । इदं चास्मन्मरणरूपं च । कैकेय्या वरदानेनैव कृतमित्यर्थः ॥ १६ ॥ भृशचकितमतिः क्षुभितचित्तः । कृपणं दीनम् ॥ १७ ॥ अस्यैव प्रपञ्चः—तत्त्विति ॥ १८ ॥ को घोषयति । स मया प्रष्टव्य इति शेषः ॥ १९ ॥ प्रश्नमेवाह—कथमिति ॥ २० ॥ गिरिदुर्गाद्भवद्भिरवतारितुमिच्छेयम् । आत्मानमिति शेषः । अवतारणफलमाह—यवीयस इति । कनिष्ठस्येत्यर्थः ॥ २१ ॥ श्रोतुमिच्छेयम् । युष्मत्समीपमागत्येति शेषः । अन्वयस्तु—यस्य रामः प्रियः पुत्रः स दशरथो मम भ्रातुस्तस्यैव जटायुषः सखा, अतस्तत्स्नेहात्प्रयतमानस्य तस्य जनस्थानवासिनस्तस्य प्रसिद्धविक्रमस्य जटायुषो विनाशः कथमभवदिति तस्य विनाशं श्रोतुमिच्छेयमिति । कथं सखेत्यन्वयस्तु नोचितः, तदुत्तरस्याप्यभावात् ॥ २२ ॥ २३ ॥ स्वस्यावतारण-

सप्तपञ्चाशः सर्गः ।

शोकाद्भ्रष्टस्वरमपि श्रुत्वा वानरयूथपाः । श्रद्दधुर्नैव तद्वाक्यं कर्मणा तस्य शङ्किताः ॥ १
ते प्रायमुपविष्टास्तु दृष्ट्वा गृध्रं प्लवंगमाः । चक्रुर्बुद्धिं तदा रौद्रां सर्वान्नो भक्षयिष्यति ॥ २
सर्वथा प्रायमासीनान्यदि नो भक्षयिष्यति । कृतकृत्या भविष्यामः क्षिप्रं सिद्धिमितो गताः ॥ ३
एतां बुद्धिं ततश्चक्रुः सर्वे ते हरियूथपाः । अवतार्य गिरेः शृङ्गाद्गृध्रमाहाङ्गदस्तदा ॥ ४
बभूवर्क्षरजो नाम वानरेन्द्रः प्रतापवान् । ममार्यः पार्थिवः पक्षिन्धार्मिकौ तस्य चात्मजौ ॥ ५
सुग्रीवश्चैव वाली च पुत्रौ घनबलावुभौ । लोके विश्रुतकर्माभूद्राजा वाली पिता मम ॥ ६
राजा कृत्स्नस्य जगत इक्ष्वाकूणां महारथः । रामो दाशरथिः श्रीमान्प्रविष्टो दण्डकावनम् ॥ ७
लक्ष्मणेन सह भ्रात्रा वैदेह्या सह भार्यया । पितुर्निदेशनिरतो धर्मं पन्थानमाश्रितः ॥ ८
तस्य भार्या जनस्थानाद्रावणेन हृता बलात् । रामस्य तु पितुर्मित्रं जटायुर्नाम गृध्रराट् ॥ ९
ददर्श सीतां वैदेहीं ह्रियमाणां विहायसा । रावणं विरथं कृत्वा स्थापयित्वा च मैथिलीम् ।
परिश्रान्तश्च वृद्धश्च रावणेन हतो रणे ॥ १०
एवं गृध्रो हतस्तेन रावणेन बलीयसा । संस्कृतश्चापि रामेण जगाम गतिमुत्तमाम् ॥ ११
ततो मम पितृव्येण सुग्रीवेण महात्मना । चकार राघवः सख्यं सोऽवधीत्पितरं मम ॥ १२
मम पित्रा निरुद्धो हि सुग्रीवः सचिवैः सह । निहत्य वालिनं रामस्ततस्तमभिषेचयत् ॥ १३
स राज्ये स्थापितस्तेन सुग्रीवो वानरेश्वरः । राजा वानरमुख्यानां तेन प्रस्थापिता वयम् ॥ १४
एवं रामप्रयुक्तास्तु मार्गमाणास्ततस्ततः । वैदेहीं नाधिगच्छामो रात्रौ सूर्यप्रभामिव ॥ १५
ते वयं दण्डकारण्यं विचित्य सुसमाहिताः । अज्ञानात्तु प्रविष्टाः स्म धरण्या विवृतं बिलम् ॥ १६
मयस्य मायाविहितं तद्बिलं च विचिन्वताम् । व्यतीतस्तत्र नो मासो यो राज्ञा समयः कृतः ॥ १७
ते वयं कपिराजस्य सर्वे वचनकारिणः । कृतां संस्थामतिक्रान्ता भयात्प्रायमुपासिताः ॥ १८
क्रुद्धे तस्मिंस्तु काकुत्स्थे सुग्रीवे च सलक्ष्मणे । गतानामपि सर्वेषां तत्र नो नास्ति जीवितम् ॥ १९

इत्यार्षे श्रीमद्रामायणे वाल्मीकीय आदिकाव्ये किष्किन्धाकाण्डे सप्तपञ्चाशः सर्गः ॥ ५७ ॥

अष्टपञ्चाशः सर्गः ।

इत्युक्तः करुणं वाक्यं वानरैस्त्यक्तजीवितैः । सबाष्पो वानरान्गृध्रः प्रत्युवाच महास्वनः ॥ १
यवीयान्स मम भ्राता जटायुर्नाम वानराः । यमाख्यात हतं युद्धे रावणेन बलीयसा ॥ २
वृद्धभावादपक्षत्वाच्छृण्वंस्तदपि मर्षये । नहि मे शक्तिरस्त्यद्य भ्रातुर्वैरविमोक्षणे ॥ ३
पुरा वृत्रवधे वृत्ते स चाहं च जयैषिणौ । आदित्यमुपयातौ स्वो ज्वलन्तं रश्मिमालिनम् ॥ ४

सापेक्षत्वे हेतुमाह—सूर्येति । अवतर्तुमवतारयितुम् ॥ २४ ॥ **इति श्रीरामाभिरामे श्रीरामीये रामायणतिलके वाल्मीकीय आदिकाव्ये किष्किन्धाकाण्डे षट्पञ्चाशः सर्गः ॥ ५६ ॥**

भ्रष्टस्वरमपि । भक्षणवचनस्वरापेक्षया भ्रष्टस्वरमित्यर्थः । तेन स्वरेण यद्यपि स निश्चितशोकः परितुष्टोऽस्मीति श्रद्धेयवचनो भवति तथापि न श्रद्दधुः, यतस्तस्य कर्मणा शङ्किताः । भक्षणार्थं वचनमेव करोतीति बुद्ध्येति भावः ॥ १ ॥ तदेवाह—**चक्रुरित्यादि** । अस्यार्थंस्यतीति शेषः ॥ २ ॥ सिद्धिं मरणरूपाम् ॥ ३ ॥ एतां बुद्धिं भक्षणाभीष्टत्वबुद्धिम् ॥ ४ ॥ कोऽयं घोषयतीति प्रथमप्रश्नोत्तरमाह—**बभूवेति** । आर्यः पितामहः । पार्थिवः । वानराणामिति शेषः ॥ ५ ॥ घनबलौ बहुबलौ । 'ओघबलौ' इति पाठान्तरम् ॥ ६ ॥ ७ ॥ ८ ॥ ९ ॥ 'रावणेन विहायसा' इति पाठे ह्रियमाणामिति शेषः । स्थापयित्वा । भूमाविति शेषः ॥ १० ॥ ११ ॥ १२ ॥ स्वपितृवधे कारणमाह—**ममेति** । निरुद्धो निरुद्धराज्यः ॥ १३ ॥ १४ ॥ १५ ॥ १६ ॥ १७ ॥ १८ ॥ १९ ॥ **इति श्रीरामाभिरामे श्रीरामीये रामायणतिलके वाल्मीकीय आदिकाव्ये किष्किन्धाकाण्डे सप्तपञ्चाशः सर्गः ॥ ५७ ॥**

त्यक्तजीवितैस्त्यक्तजीवनाशभयैः । सबाष्पोऽश्रुपूर्णनयनः । 'सबाष्पम्' इति पाठान्तरम् ॥ १ ॥ आख्याताख्यातवन्तः ॥ २ ॥ तदपि भ्रातृवधमपि ॥ ३ ॥ अत्र शक्तिर्नास्तीत्यनेन पूर्वं महती शक्तिरासीदिति सूचितम् । तदेवाह—**पुरेति** । पुरा पूर्वं वृत्रवधे वृत्ते सति सजटायुरहं च जयैषिणौ वृत्रवधेनेन्द्रस्यातिप्रबलत्वं निर्णीय तज्जयैषिणौ भूत्वा प्रथममाकाशमार्गेण स्वर्गं गतौ । ततो गरुडवद्भृशं जवेन तं विजित्यावृत्या

आवृत्त्याकाशमार्गेण जवेन स्वर्गतौ भृशम् । मध्यं प्राप्ते तु सूर्ये तु जटायुरवसीदति ॥ ५
तमहं भ्रातरं दृष्ट्वा सूर्यरश्मिभिरर्दितम् । पक्षाभ्यां छादयामास स्नेहात्परमविह्वलम् ॥ ६
निर्दग्धपत्रः पतितो विन्ध्येऽहं वानरर्षभाः । अहमस्मिन्वसन्भ्रातुः प्रवृत्तिं नोपलक्षये ॥ ७
जटायुषस्त्वेवमुक्तो भ्राता संपातिना तदा । युवराजो महाप्राज्ञः प्रत्युवाचाङ्गदस्तदा ॥ ८
जटायुषो यदि भ्राता श्रुतं ते गदितं मया । आख्याहि यदि जानासि निलयं तस्य रक्षसः ॥ ९
अदीर्घदर्शिनं तं वै रावणं राक्षसाधमम् । अन्तिके यदि वा दूरे यदि जानासि शंस नः ॥ १०
ततोऽब्रवीन्महातेजा भ्राता ज्येष्ठो जटायुषः । आत्मानुरूपं वचनं वानरान्संप्रहर्षयन् ॥ ११
निर्दग्धपक्षो गृध्रोऽहं गतवीर्यः प्लवंगमाः । वाङ्मात्रेणापि रामस्य करिष्ये साह्यमुत्तमम् ॥ १२
जानामि वारुणाँल्लोकान्विष्णोस्त्रैविक्रमानपि । देवासुरविमर्दांश्च ह्यमृतस्य विमन्थनम् ॥ १३
रामस्य यदिदं कार्यं कर्तव्यं प्रथमं मया । जरया च हृतं तेजः प्राणाश्च शिथिला मम ॥ १४
तरुणी रूपसंपन्ना सर्वाभरणभूषिता । ह्रियमाणा मया दृष्टा रावणेन दुरात्मना ॥ १५
क्रोशन्ती रामरामेति लक्ष्मणेति च भामिनी । भूषणान्यपविध्यन्ती गात्राणि च विधुन्वती ॥ १६
सूर्यप्रभेव शैलाग्रे तस्याः कौशेयमुत्तमम् । असिते राक्षसे भाति यथा विद्युदिवाम्बरे ॥ १७
तां तु सीतामहं मन्ये रामस्य परिकीर्तनात् । श्रूयतां मे कथयतो निलयं तस्य रक्षसः ॥ १८
पुत्रो विश्रवसः साक्षाद्भ्राता वैश्रवणस्य च । अध्यास्ते नगरीं लङ्कां रावणो नाम राक्षसः ॥ १९
इतो द्वीपे समुद्रस्य संपूर्णे शतयोजने । तस्मिँल्लङ्का पुरी रम्या निर्मिता विश्वकर्मणा ॥ २०
जाम्बूनदमयैर्द्वारैश्चित्रैः काञ्चनवेदिकैः । प्रासादैर्हेमवर्णैश्च महद्भिः सुसमा कृता ॥ २१
प्राकारेणार्कवर्णेन महता च समन्विता । तस्यां वसति वैदेही दीना कौशेयवासिनी ॥ २२
रावणान्तःपुरे रुद्धा राक्षसीभिः सुरक्षिता । जनकस्यात्मजां राज्ञस्तस्यां द्रक्ष्यथ मैथिलीम् ॥ २३
ज्ञानेन खलु पश्यामि दृष्ट्वा प्रत्यागमिष्यथ । आद्यः पन्थाः कुलिङ्गानां ये चान्ये धान्यजीविनः ॥ २४
द्वितीयो बलिभोजानां ये च वृक्षफलाशनाः । भासास्तृतीयं गच्छन्ति क्रौञ्चाश्च कुररैः सह ॥ २५
श्येनाश्चतुर्थं गच्छन्ति गृध्रा गच्छन्ति पञ्चमम् । बलवीर्योपपन्नानां रूपयौवनशालिनाम् ॥ २६
षष्ठस्तु पन्था हंसानां वैनतेयगतिः परा । वैनतेयाच्च नो जन्म सर्वेषां वानरर्षभाः ॥ २७

प्रत्यावृत्त्यादित्यं दर्पादुपयातौ स्वः । अथ तमुपायान्तयोरावयोर्मध्ये जटायुः सवितरि मध्यं प्राप्तेऽवसीदति स्मेति कतकः । अन्ये तु—जयैषिणौ परस्परौ येनोत्पत्त्यादित्य. प्रथमं प्राप्यते स आवयोः प्रबल इति प्रतिज्ञापूर्वमिति शेष इत्याहुः । तेषामावृत्त्येति पदस्येन्द्रप्रसन्नस्य चाप्रगतिः ॥ ४ ॥ ५ ॥ छादयामास । अपरोक्षेऽपि लिडुत्तम आर्षः ॥ ६ ॥ निर्दग्धपक्षः । सूर्यकिरणैरिति शेषः । भ्रातुर्जटायुषः प्रवृत्तिमित्यन्वयः ॥ ७ ॥ जटायुषो भ्रात्रेत्यन्वयः ॥ ८ ॥ यदि जटायुषो रामभक्तस्य भ्राता, यदि च मत्कथितं रामवृत्तान्तरूपं वस्तु ते त्वया श्रुतम्, यदि च तस्य रक्षसो निलयं जानासि तत्र्याख्याहीति प्रार्थने लोट् ॥ ९ ॥ अदीर्घदर्शिनं भाव्यनर्थविचारासमर्थं रावणमन्तिके दूरे वा तिष्ठन्तं यदि जानासि तदा नः शंस ॥ १० ॥ ११ ॥ रामस्य साह्यम । रामकार्यप्रवृत्तानां युष्माकं सहायत्वमित्यर्थः ॥ १२ ॥ वारुणाँल्लोकाञ्जलप्रधानाल्लोकान् । त्रैविक्रमास्त्रिविक्रमावतारे आक्रान्तान्भूरादिलोकान् । देवासुरविमर्दास्तद्युद्धानि । हिश्चार्थे । अमृतस्य मन्थनं च । अनेन च ब्रह्माद्दरादिक्षणमारभ्यैतत्क्षणपर्यन्तं सर्ववृत्तान्तज्ञत्वं स्वस्य निवेदितम् ॥ १३ ॥ रामस्येदं कार्यं प्रथममवश्यं मया कर्तव्यम्, परंतु जरादिमत्त्वादशक्यमिति भावः ॥ १४ ॥ १५ ॥ १६ ॥ १७ ॥ तां तु रावणाद्ध्रियमाणत्वेन दृष्टाम् । सीतात्वेन ज्ञाने हेतुः—रामस्य परिकीर्तनम् ॥ १८ ॥ १९ ॥ स च लङ्केशः शतयोजने शतयोजनान्तरतः स्थिते समुद्रस्य द्वीपे तिष्ठतीति शेषः । तस्मिन्द्वीपे सा लङ्कापुरी विश्वकर्मणा निर्मिता ॥ २० ॥ २१ ॥ २२ ॥ तस्यां मैथिलीं द्रक्ष्यथ ॥ २३ ॥ एतदग्रे 'लङ्कायामभिगुप्तायां सागरेण समन्ततः । संप्राप्य सागरस्यान्ते संपूर्णे शतयोजने ॥ आसाद्य दक्षिणं कूलं ततो द्रक्ष्यथ रावणम् । तत्र वै त्वरिताः क्षिप्रं विक्रमध्वं प्लवंगमाः ॥' इत्यादिश्लोकद्वयं प्रक्षिप्तमिति कतकः । देवयोनित्वेन दिव्यज्ञानेन यूयं तां दृष्ट्वा प्रत्यागमिष्यथेत्यपि पश्यामि । अतो निःसंशयं गच्छतेति शेषः । अथ स्वस्य देवयोनित्वप्रदर्शनशेषतया पक्षिमार्गानाह—आद्य इति । पन्था आकाशमार्गः । अन्ये धान्यजीविनः पारावतादयः ॥ २४ ॥ बलिभोजाः काकाः । वृक्षफलाशनाः शुकादयः । भासाः पक्षिविशेषाः ॥ २५ ॥ बलवीर्येत्यादि हंसविशेषणम् ॥ २६ ॥ वैनतेयाद्विनतापुत्रादरुणात् । 'तस्माज्जातोऽहमरुणात्संपातिस्तु ममाग्रजः' इत्यरण्ये जटायुवाक्यात् । एवं दिव्यज्ञानेन युष्मद्वृत्त-

गर्हितं तु कृतं कर्म येन स्म पिशिताशिनः । प्रतिकार्यं च मे तस्य वैरं भ्रातृकृतं भवेत् ॥ २८
इहस्थोऽहं प्रपश्यामि रावणं जानकीं तथा । अस्माकमपि सौपर्णं दिव्यं चक्षुर्बलं तथा ॥ २९
तस्मादाहारवीर्येण निसर्गेण च वानराः । आयोजनशतात्साग्राद्वयं पश्याम नित्यशः ॥ ३०
अस्माकं विहिता वृत्तिर्निसर्गेण च दूरतः । विहिता वृक्षमूले तु वृत्तिश्चरणयोधिनाम् ॥ ३१
उपायो दृश्यतां कश्चिल्लङ्घने लवणाम्भसः । अभिगम्य तु वैदेहीं समृद्धार्था गमिष्यथ ॥ ३२
समुद्रं नेतुमिच्छामि भवद्भिर्वरुणालयम् । प्रदास्याम्युदकं भ्रातुः स्वर्गतस्य महात्मनः ॥ ३३
ततो नीत्वा तु तं देशं तीरे नदनदीपतेः । निर्दग्धपक्षं संपातिं वानराः सुमहौजसः ॥ ३४
तं पुनः प्रापयित्वा च तं देशं पतगेश्वरम् । बभूवुर्वानरा हृष्टाः प्रवृत्तिमुपलभ्य ते ॥ ३५

इत्यार्षे श्रीमद्रामायणे वाल्मीकीय आदिकाव्ये किष्किन्धाकाण्डेऽष्टपञ्चाशः सर्गः ॥ ५८ ॥

एकोनषष्टितमः सर्गः ।

ततस्तदमृतास्वादं गृध्रराजेन भाषितम् । निशम्य वदतो हृष्टास्ते वचः प्लवगर्षभाः ॥ १
जाम्बवान्वानरश्रेष्ठः सह सर्वैः प्लवंगमैः । भूतलात्सहसोत्थाय गृध्रराजानमब्रवीत् ॥ २
क्व सीता केन वा दृष्टा को वा हरति मैथिलीम् । तदाख्यातु भवान्सर्वं गतिर्भव वनौकसाम् ॥ ३
को दाशरथिबाणानां वज्रवेगनिपातिनाम् । स्वयं लक्ष्मणमुक्तानां न चिन्तयति विक्रमम् ॥ ४
स हरीन्प्रतिसंमुक्तान्सीताश्रुतिसमाहितान् । पुनराश्वासयन्प्रीत इदं वचनमब्रवीत् ॥ ५
श्रूयतामिह वैदेह्या यथा मे हरणं श्रुतम् । येन चापि ममाख्यातं यत्र चायतलोचना ॥ ६
अहमस्मिन्गिरौ दुर्गे बहुयोजनमायते । चिरान्निपतितो वृद्धः क्षीणप्राणपराक्रमः ॥ ७
तं मामेवंगतं पुत्रः सुपार्श्वो नाम नामतः । आहारेण यथाकालं बिभर्ति पततां वरः ॥ ८
तीक्ष्णकामास्तु गन्धर्वास्तीक्ष्णकोपा भुजंगमाः । मृगाणां तु भयं तीक्ष्णं ततस्तीक्ष्णक्षुधा वयम् ॥ ९
स कदाचित्क्षुधार्तस्य ममाहाराभिकाङ्क्षिणः । गतः सूर्येऽहनि प्राप्तो मम पुत्रो ह्यनामिषः ॥ १०
स मयाहारसंरोधात्पीडितः प्रीतिवर्धनः । अनुमान्य यथातत्त्वमिदं वचनमब्रवीत् ॥ ११

ज्ञानम् ॥ २७ ॥ युष्मत्सहायकरणं च वैरशुद्ध्या स्वप्रयोजनमपीत्याह—गर्हितमिति । येन रावणेन परदारहरणरूपं गर्हितं कर्म कृतं तस्य पिशिताशिनो भ्रातृकृतं वैरमुद्दिश्य यत्प्रतिकार्यं तच्च मे कृतं भवेत् । युष्मत्प्रवर्तनेनेति शेषः ॥ २८ ॥ ननु कथं लङ्कास्था सीतेति त्वया ज्ञातं तत्राह—इहस्थ इति । सौपर्णं सुपर्णलिङ्गकचक्षुष्मतीविद्यासिद्धिजम् । सा च विद्या बह्वृचब्राह्मणे तृतीयपञ्चिकायामुक्ता ॥ २९ ॥ तस्मादुक्तविद्यासिद्धेः । निसर्गेणाहारवीर्येण च मांसविशेषाहारबलेन च । आङभिविधौ । साग्रात्किंचिदधिकाद्योजनशतात् ॥ ३० ॥ अस्माकं तु निसर्गेण जातिस्वभावेन दूरतो दूरवर्तिदर्शनबलसंपादकेन भक्ष्यविशेषेण वृत्तिर्विहिता । धात्रेति शेषः । कुक्कुटादीनां तु स्वावासवृक्षमूल एव तावद्दूरदृष्टिमात्रसंपादिका च वृत्तिर्विहिता ॥ ३१ ॥ गमिष्यथ । किष्किन्धामिति शेषः ॥ ३२ ॥ नेतुं नाययितुम् ॥ ३३ ॥ ३४ ॥ ३५ ॥ **इति श्रीरामाभिरामे श्रीरामीये रामायणतिलके वाल्मीकीय आदिकाव्ये किष्किन्धाकाण्डेऽष्टपञ्चाशः सर्गः ॥ ५८ ॥**

तत इति । ते प्लवगर्षभा अमृतास्वादं गृध्रराजाभिभाषितं निशम्य हर्षादेव तद्वदतोऽनुवदन्तो हृष्टा बभूवुरित्यर्थः । वदत इत्यत्र नुमभाव आर्षः ॥ १ ॥ अब्रवीत् । लङ्कायां सीतादर्शनं त्वदेकसाक्षिकमन्यसाक्षिकमपि वेति दार्ढ्यायापृच्छदित्यर्थः । भूतलादुत्थाय । प्रायोपवेशं त्यक्त्वेत्यर्थः ॥ २ ॥ प्रश्नमेवाह—क्वेति । सीतां को हरति स्म, ह्रियमाणा च केन दृष्टा, त्वयान्येनापि वा, हृता च क्व वा वर्तते इति सर्वं भवानाख्यातु । सामान्यतः श्रुत्वा प्रायोपवेशादुत्थितानां विशिष्य वदत्वित्यर्थः ॥ ३ ॥ को जानकीहर्ता स्वयं रामबाणानां विक्रमं न चिन्तयतीत्यन्वयः ॥ ४ ॥ प्रतिसंमुक्तांस्त्यक्तप्रायोपवेशान् । सीताश्रुतिसमाहितान्सीताविषयवृत्तान्तश्रवणे सावधानान्पुनराश्वासयन्नन्यसाक्षिकताप्रदर्शनेन भूयः स्वोक्तार्थं प्रत्यापयन् ॥ ५ ॥ वैदेह्या हरणं यथा मे मया श्रुतम्, येन च ममाख्यातम्, यत्र सायतलोचना वर्तते इति श्रुतम्, तदपीहेदानीं श्रूयताम् ॥ ६ ॥ तदेवाह—अहमिति । दुर्गे दुर्गमे । क्षीणः प्राणो बलं पराक्रमश्च यस्य सः ॥ ७ ॥ ८ ॥ तीक्ष्णकामाः । 'स्त्रीकामा वै गन्धर्वाः' इति श्रुतेः । यथा कामादिविषये गन्धर्वादेस्तैक्ष्ण्यं स्वभावात्तत एव स्वभावादेव वयं पतगाः । तीक्ष्णक्षुधा इत्यर्थः ॥ ९ ॥ यस्मादेवम्, अतः क्षुधार्तस्य, अतएवाहारकाङ्क्षिणो ममाहारार्थं सूर्येऽहन्यह्नि सूर्ये सूर्योदयकाले गतो मम पुत्रः सायमनामिषः प्राप्त आगतः ॥ १० ॥ यत एवम्, अतः स मम प्रीतिवर्धनो मयाहारसंरोधात्पीडितो

अहं तात यथाकालमामिषार्थी खमाप्लुतः । महेन्द्रस्य गिरेर्द्वारमावृत्य सुसमाश्रितः ॥ १२
तत्र सत्त्वसहस्राणां सागरान्तरचारिणाम् । पन्थानमेकोऽध्यवसं संनिरोद्धुमवाङ्मुखः ॥ १३
तत्र कश्चिन्मया दृष्टः सूर्योदयसमप्रभाम् । स्त्रियमादाय गच्छन्वै भिन्नाञ्जनचयोपमः ॥ १४
सोऽहमभ्यवहारार्थं तौ दृष्ट्वा कृतनिश्चयः । तेन साम्ना विनीतेन पन्थानमनुयाचितः ॥ १५
नहि सामोपपन्नानां प्रहर्ता विद्यते भुवि । नीचेष्वपि जनः कश्चित्किमङ्ग बत मद्विधः ॥ १६
स यातस्तेजसा व्योम संक्षिपन्निव वेगितः । अथाहं खेचरैर्भूतैरभिगम्य सभाजितः ॥ १७
दिष्ट्या जीवति सीतेति अब्रुवन्मां महर्षयः । कथंचित्सकलत्रोऽसौ गतस्ते स्वस्त्यसंशयम् ॥ १८
एवमुक्तस्ततोऽहं तैः सिद्धैः परमशोभनैः । स च मे रावणो राजा रक्षसां प्रतिवेदितः ॥ १९
पश्यन्दाशरथेर्भार्यां रामस्य जनकात्मजाम् । भ्रष्टाभरणकौशेयां शोकवेगपराजिताम् ॥ २०
रामलक्ष्मणयोर्नाम क्रोशन्तीं मुक्तमूर्धजाम् । एष कालात्ययस्तात इति वाक्यविदां वरः ॥ २१
एतदर्थं समग्रं मे सुपार्श्वः प्रत्यवेदयत् । तच्छ्रुत्वापि हि मे बुद्धिर्नासीत्काचित्पराक्रमे ॥ २२
अपक्षो हि कथं पक्षी कर्म किंचित्समारभेत् । यत्तु शक्यं मया कर्तुं वाग्बुद्धिगुणवर्तिना ॥ २३
श्रूयतां तत्र वक्ष्यामि भवतां पौरुषाश्रयम् । वाङ्मतिभ्यां हि सर्वेषां करिष्यामि प्रियं हि वः ॥ २४
यद्धि दाशरथेः कार्यं मम तन्नात्र संशयः । तद्भवन्तो मतिश्रेष्ठा बलवन्तो मनस्विनः ॥ २५
प्रहिताः कपिराजेन देवैरपि दुरासदाः । रामलक्ष्मणबाणाश्च विहिताः कङ्कपत्रिणः ॥ २६
त्रयाणामपि लोकानां पर्याप्तास्त्राणनिग्रहे । कामं खलु दशग्रीवस्तेजोबलसमन्वितः ।
भवतां तु समर्थानां न किंचिदपि दुष्करम् ॥ २७
तदलं कालसङ्गेन क्रियतां बुद्धिनिश्चयः । नहि कर्मसु सज्जन्ते बुद्धिमन्तो भवद्विधाः ॥ २८

इत्यार्षे श्रीमद्रामायणे वाल्मीकीय आदिकाव्ये किष्किन्धाकाण्डे एकोनषष्टितमः सर्गः ॥ ५९ ॥

षष्टितमः सर्गः ।

ततः कृतोदकं स्नातं तं गृध्रं हरियूथपाः । उपविष्टा गिरौ रम्ये परिवार्य समन्ततः ॥ १
तमङ्गदमुपासीनं तैः सर्वैर्हरिभिर्वृतम् । जनितप्रत्ययो हर्षात्संपातिः पुनरब्रवीत् ॥ २

दुर्वचनेन खेदं प्रापितः सन्मामनुमान्य क्षमापयित्वा यथातत्त्वमिदं वक्ष्यमाणं वचनमब्रवीत ॥ ११ ॥ सुसमाश्रितः स्थितः ॥ १२ ॥ पन्थानं संनिरोद्धुमवसमित्यन्वयः ॥ १३ ॥ सूर्योदयसमप्रभामुदयकालिकसूर्यसमप्रभाम् ॥ १४ ॥ तौ स्त्रीपुरुषौ । कृतनिश्चयः । इमावेव हत्वा पितुरभ्यवहारार्थं नेष्यामीति कृतनिश्चय इत्यर्थः । ततस्तेन विनीतेन सता साम्नैव पन्थानमभियाचितोऽस्मि । अत एवासौ त्यक्त इति शेषः ॥ १५ ॥ तत्र हेतुः—नहि सामेति ॥ १६ ॥ अथ सस्त्रीकस्य तस्य गमनानन्तरं खेचरैर्भूतैः सिद्धचारणादिभिः सभाजितः पूजितोऽस्मि ॥ १७ ॥ 'दिष्ट्या जीवति सीता' इति पाठः । दिष्ट्या सीता त्वद्दृष्टिपथं प्राप्ता जीवति स्म । त्वया तद्धननस्यषत्करत्वात् । एवं पूजयित्वा मा महर्षयोऽब्रुवन् । असौ त्वया दृष्टः पुरुषः सकलत्रः कथंचित्कुशली गतः, अतोऽसंशयं ते स्वस्त्यस्त्विति कतकः । अन्ये तु—'दिष्ट्या जीवसि तातेति' इति पाठः । हे तात, त्वं दिष्ट्या रावणं प्राप्यापि जीवसीत्यब्रुवन् । यतोऽसौ सकलत्रः, अतोऽसंशयं त्वा संशयमप्राप्य गतः । अतस्ते स्वस्ति जातमित्यर्थमाहुः ॥ १८ ॥ अथ स हर्ता रावण इति सा रामभार्येति चाहं प्रतिवेदितः ॥ १९ ॥ अतोऽहं भ्रष्टाभरणत्वादिगुणां रामभार्यां पश्यन्निस्थित इत्येव तावन्मे कालात्ययः कालातिपातहेतुरिति समग्रमेतदर्थं वाक्यविदां वरः सुपार्श्वो मे प्रत्यवेदयत् । तच्छ्रुत्वापीति । सामान्यतः पूर्वं मया दृष्टमपि पुत्राद्धर्ता रावणो हृता रामपत्नीति निश्चित्य श्रुत्वापि ॥ २० ॥ २१ ॥ २२ ॥ वाग्बुद्धिभ्यां साध्यो यो गुण उपकारलक्षणस्तन्मात्रवर्तनशीलेन ॥ २३ ॥ पौरुषाश्रयं पराक्रमप्रतिष्ठाभूतम् । किं चैष उपकारो न केवलं भवत्प्रयोजन एव, अपि तु स्वप्रयोजनफलोऽपीत्याह—वाङ्मतिभ्यामिति । दाशरथेः कार्यमुद्दिश्य वः सर्वेषां वाङ्मतिभ्यां यत्प्रियं करिष्यामि तन्ममैव कार्यम् । अत्र संशयो न ॥ २४ ॥ तत्तस्मान्मया भवतां कार्यसिद्धेरसंशयं दृष्टत्वाद्भवन्तोऽवश्यं कार्ये यतन्तामिति शेषः ॥ २५ ॥ विहिताः । विधात्रेति शेषः ॥ २६ ॥ त्राणनिग्रहे त्राणे निग्रहे च पर्याप्ताः । समाहारद्वन्द्वः । यद्यपि दशग्रीवो लोकदृष्ट्या प्रबलः, तथापि भवतां रामलक्ष्मणसहायत्वेनैव समर्थानां सुकर एवेति भावः ॥ २७ ॥ कालसङ्गः कालविलम्बः । सज्जन्तेऽलसा भवन्ति ॥ २८ **इति श्रीरामाभिरामे श्रीरामीये रामायणतिलके वाल्मीकीय आदिकाव्ये किष्किन्धाकाण्डे एकोनषष्टितमः सर्गः ॥ ५९ ॥**

तत इति ॥ १ ॥ जनितप्रत्यय एष्यन्त्यन्वेषका इति नि-

कृत्वा निःशब्दमेकाग्राः शृण्वन्तु हरयो मम । तथ्यं संकीर्तयिष्यामि यथा जानामि मैथिलीम् ॥ ३
अस्य विन्ध्यस्य शिखरे पतितोऽस्मि पुरानघ । सूर्यतापपरीताङ्गो निर्दग्धः सूर्यरश्मिभिः ॥ ४
लब्धसंज्ञस्तु षड्रात्राद्विवशो विह्वलन्निव । वीक्षमाणो दिशः सर्वा नाभिजानामि किंचन ॥ ५
ततस्तु सागराञ्शैलान्नदीः सर्वाः सरांसि च । वनानि च प्रदेशांश्च निरीक्ष्य मतिरागता ॥ ६
हृष्टपक्षिगणाकीर्णः कंदरोदरकूटवान् । दक्षिणस्योदधेस्तीरे विन्ध्योऽयमिति निश्चितः ॥ ७
आसीच्चात्राश्रमं पुण्यं सुरैरपि सुपूजितम् । ऋषिर्निशाकरो नाम यस्मिन्नुग्रतपाभवत् ॥ ८
अष्टौ वर्षसहस्राणि तेनास्मिन्नृषिणा गिरौ । वसतो मम धर्मज्ञे स्वर्गते तु निशाकरे ॥ ९
अवतीर्य च विन्ध्याग्रात्कृच्छ्रेण विषमाच्छनैः । तीक्ष्णदर्भां वसुमतीं दुःखेन पुनरागतः ॥ १०
तमृषिं द्रष्टुकामोऽस्मि दुःखेनाभ्यागतो भृशम् । जटायुषा मया चैव बहुशोऽधिगतो हि सः ॥ ११
तस्याश्रमपदाभ्याशे ववुर्वाताः सुगन्धिनः । वृक्षो नापुष्पितः कश्चिदफलो वा न दृश्यते ॥ १२
उपेत्य चाश्रमं पुण्यं वृक्षमूलमुपाश्रितः । द्रष्टुकामः प्रतीक्षे च भगवन्तं निशाकरम् ॥ १३
अथ पश्यामि दूरस्थमृषिं ज्वलिततेजसम् । कृताभिषेकं दुर्धर्षमुपावृत्तमुदङ्मुखम् ॥ १४
तमृक्षाः सृमरा व्याघ्राः सिंहा नानासरीसृपाः । परिवार्योपगच्छन्ति दातारं प्राणिनो यथा ॥ १५
ततः प्राप्तमृषिं ज्ञात्वा तानि सत्त्वानि वै ययुः । प्रविष्टे राजनि यथा सर्वं सामात्यकं बलम् ॥ १६
ऋषिस्तु दृष्ट्वा मां तुष्टः प्रविष्टश्चाश्रमं पुनः । मुहूर्तमात्रान्निर्गम्य ततः कार्यमपृच्छत ॥ १७
सौम्य वैकल्यतां दृष्ट्वा रोम्णां ते नावगम्यते । अग्निदग्धाविमौ पक्षौ प्राणाश्चापि शरीरके ॥ १८
गृध्रौ द्वौ दृष्टपूर्वौ मे मातरिश्वसमौ जवे । गृध्राणां चैव राजानौ भ्रातरौ कामरूपिणौ ॥ १९
ज्येष्ठोऽवितस्त्वं संपाते जटायुरनुजस्तव । मानुषं रूपमास्थाय गृह्णीतां चरणौ मम ॥ २०
किं ते व्याधिसमुत्थानं पक्षयोः पतनं कथम् । दण्डो वायं धृतः केन सर्वमाख्याहि पृच्छतः ॥ २१

इत्यार्षे श्रीमद्रामायणे वाल्मीकीये आदिकाव्ये किष्किन्धाकाण्डे षष्टितमः सर्गः ॥ ६० ॥

एकषष्टितमः सर्गः ।

ततस्तद्दारुणं कर्म दुष्करं सहसा कृतम् । आचचक्षे मुनेः सर्वं सूर्यानुगमनं तथा ॥ १
भगवन्व्रणयुक्तत्वाल्लज्जया चाकुलेन्द्रियः । परिश्रान्तो न शक्नोमि वचनं परिभाषितुम् ॥ २

शाकरमुन्युक्तरीत्या रामदूतागमनदर्शनान्निशाकरोक्तपक्षप्ररोहादिदर्शनाच्च निशाकरवचसि विश्वस्तः । हर्षात्पक्षलाभजनितहर्षादात्मानमुपासीनमङ्गदं प्रति पुनरब्रवीत् ॥ २ ॥ तथ्यं मैथिलीं जानामीति मद्वाक्यं सत्यं यथा भवद्भिः प्रतिपत्तव्यं तथा संकीर्तयिष्यामि ॥ ३ ॥ सूर्यरश्मिभिर्निर्दग्धः, अतएव विवशः । षड्रात्रात्परं लब्धसंज्ञः । विह्वलन्निव परमार्त एव सन् ॥ ४ ॥ ५ ॥ ६ ॥ कंदराण्युदरे यस्य स चासौ कूटवान् । शृङ्गवानित्यर्थः ॥ ७ ॥ यस्मिन्नाश्रमे उग्रतपाभवदिति संधिरार्षः ॥ ८ ॥ निशाकरे ऋषौ स्वर्गते तेन विनात्र गिरौ वसतो ममाष्टौ वर्षसहस्राणि गतानीति शेषः ॥ ९ ॥ अथ तत्स्थितिकालिकीं तद्दर्शनप्रवृत्तिमाह—अवतीर्येति । तीक्ष्णदर्भां तीक्ष्णाग्रा दर्भा यस्याम् ॥ १० ॥ तमृषिं द्रष्टुकामोऽस्मि । द्रष्टुकामोऽभुवमित्यर्थः । अत एव दुःखेन तदभ्याशमभ्यागतः । ननु तद्वासोऽत्रेति त्वया कथं ज्ञातमत आह—जटायुषेति । अधिगतः प्राप्तः । सेवित इत्यर्थः ॥ ११ ॥ १२ ॥ १३ ॥ उदङ्मुखमुपावृत्तं समुद्रे स्नात्वोदङ्मुखतया प्रत्यावृत्तम् ॥ १४ ॥ तस्य स्वसेवायोग्यत्वप्रदर्शनाय तिर्यग्योनिसेव्यत्वं तपोमहिमजं दर्शयति—तमृक्षा इति ॥ १५ ॥ प्राप्तमाश्रममागतम् ॥ १६ ॥ १७ ॥ ते रोम्णां वैकल्यं दृष्ट्वा नावगम्यते । न प्रत्यभिज्ञायते भवानित्यर्थः । वैकल्यमेवाह—अग्निदग्धौ ताविव । अतएव शरीरकेऽल्पे शरीरे । प्राणाः चाद्विक्रमबलेऽपि ते दग्धकल्पाः ॥ १८ ॥ अथ प्रत्यभिज्ञामूलामभिज्ञामाह—गृध्राविति ॥ १९ ॥ अवितो ज्ञातः । गृह्णीतामगृह्णीताम् ॥ २० ॥ किं कीदृशम् । व्याधिसमुत्थानमिति षष्ठीतत्पुरुषः । अयं दण्डो व्रणकरः प्रहारः केन धृतः केन कृतः ॥ २१ ॥ इति श्रीरामाभिरामे श्रीरामीये रामायणतिलके वाल्मीकीय आदिकाव्ये किष्किन्धाकाण्डे षष्टितमः सर्गः ॥ ६० ॥

तद्दारुणं कर्मेन्द्रेण युद्धरूपमनेन दुष्करं सहसा दर्पात्कृतं प्रथममाचचक्षे । तथा तदनन्तरकृतं सूर्यानुगमनं सर्वं प्रकृतविन्ध्यपतनप्रयोजनत्वेनाचचक्षे ॥ १ ॥ तदेवाह—भगवन्निति । व्रणयुक्तत्वादिन्द्रयुद्धे वज्रप्रहारजव्रणयुक्तत्वात्परिश्रान्तस्तथा पक्षनाशफलकानुचितकर्मकरणजलज्जयाकुलितेन्द्रियश्चाहं प्रतिभाषितुं सम्यगुत्तरं दातुं न शक्नोमि, तथापि कथं-

अहं चैव जटायुश्च संघर्षाद्गर्वमोहितौ । आकाशं पतितौ दूराज्जिज्ञासन्तौ पराक्रमम् ॥ ३
कैलासशिखरे बद्ध्वा मुनीनामग्रतः पणम् । रविः स्यादनुयातव्यो यावदस्तं महागिरिम् ॥ ४
अप्यावां युगपत्प्राप्तावपश्याव महीतले । रथचक्रप्रमाणानि नगराणि पृथक्पृथक् ॥ ५
क्वचिद्वादित्रघोषश्च क्वचिद्भूषणनिःस्वनः । गायन्तीः स्माङ्गना बह्वीः पश्यावो रक्तवाससः ॥ ६
तूर्णमुत्पत्य चाकाशमादित्यपदमास्थितौ । आवामालोकयावस्तद्वनं शाद्वलसंस्थितम् ॥ ७
उपलैरिव संछन्ना दृश्यते भूः शिलोच्चयैः । आपगाभिश्च संवीता सूत्रैरिव वसुंधरा ॥ ८
हिमवांश्चैव विन्ध्यश्च मेरुश्च सुमहागिरिः । भूतले संप्रकाशन्ते नागा इव जलाशये ॥ ९
तीव्रः खेदश्च स्वेदश्च भयं चासीत्तदावयोः । समाविशत मोहश्च ततो मूर्च्छा च दारुणा ॥ १०
न च दिग्ज्ञायते याम्या न चाग्नेयी न वारुणी । युगान्ते नियतो लोको हतो दग्ध इवाग्निना ॥ ११
मनश्च मे हतं भूयश्चक्षुः प्राप्य तु संश्रयम् । यत्नेन महता ह्यस्मिन्मनः संधाय चक्षुषी ॥ १२
यत्नेन महता भूयो भास्करः प्रतिलोकितः । तुल्यः पृथ्वीप्रमाणेन भास्करः प्रतिभाति नौ ॥ १३
जटायुर्मामनापृच्छ्य निपपात महीं ततः । तं दृष्ट्वा तूर्णमाकाशादात्मानं मुक्तवाहनम् ॥ १४
पक्षाभ्यां च मया गुप्तो जटायुर्न प्रदह्यत । प्रमादात्तत्र निर्दग्धः पतन्वायुपथादहम् ॥ १५
आशङ्के तं निपतितं जनस्थाने जटायुषम् । अहं तु पतितो विन्ध्ये दग्धपक्षो जडीकृतः ॥ १६
राज्याच्च हीनो भ्रात्रा च पक्षाभ्यां विक्रमेण च । सर्वथा मर्तुमेवेच्छन्पतिष्ये शिखराद्गिरेः ॥ १७

इत्यार्षे श्रीमद्रामायणे वाल्मीकीय आदिकाव्ये किष्किन्धाकाण्ड एकषष्टितमः सर्गः ॥ ६१ ॥

द्विषष्टितमः सर्गः ।

एवमुक्त्वा मुनिश्रेष्ठमरुदं भृशदुःखितः । अथ ध्यात्वा मुहूर्तं च भगवानिदमब्रवीत् ॥ १
पक्षौ च ते प्रपक्षौ च पुनरन्यौ भविष्यतः । चक्षुषी चैव प्राणाश्च विक्रमश्च बलं च ते ॥ २
पुराणे सुमहत्कार्यं भविष्यं हि मया श्रुतम् । दृष्टं मे तपसा चैव श्रुत्वा च विदितं मम ॥ ३
राजा दशरथो नाम कश्चिदिक्ष्वाकुवर्धनः । तस्य पुत्रो महातेजा रामो नाम भविष्यति ॥ ४
अरण्यं च सह भ्रात्रा लक्ष्मणेन गमिष्यति । तस्मिन्नर्थे नियुक्तः सन्पित्रा सत्यपराक्रमः ॥ ५
नैर्ऋतो रावणो नाम तस्य भार्यां हरिष्यति । राक्षसेन्द्रो जनस्थाने अवध्यः सुरदानवैः ॥ ६
सा च कामैः प्रलोभ्यन्ती भक्ष्यैर्भोज्यैश्च मैथिली । न भोक्ष्यति महाभागा दुःखमग्ना यशस्विनी ॥ ७

च्चिद्ब्रवीमीति शेषः ॥ २ ॥ संघर्षात्पतनविषयस्पर्धातः । गर्वमोहितावित्यन्द्रजयगर्वमोहितौ ॥ ३ ॥ पणं बद्ध्वा प्रतिज्ञां कृत्वा । प्रतिज्ञामेवाह—रविरिति । रविर्यावदस्तं महाद्रिं यायात्तत: प्रागावाभ्यां रविरनुयातव्योऽनुप्राप्तव्य इति प्रतिज्ञा ॥ ४ ॥ युगपत्प्राप्तौ । आकाशमिति शेषः । अपश्याव दृष्टवन्तौ ॥ ५ ॥ क्वचिदूर्ध्वदिक्प्रदेशविशेषे ॥ ६ ॥ आकाशमाकाशपथदर्वाक्तनं भूवर्तिवनम् । शाद्वलसंस्थितं शाद्वलाना बालतृणवद्देशानामिव संस्थानं यस्य तत् ॥ ७ ॥ उपलैः सूक्ष्मपाषाणैः ॥ ८ ॥ नागा गजाः ॥ ९ ॥ तदा सवितरि मध्यं प्राप्ते मोहो दिङ्मोहस्ततो मोहादनन्तरं दारुणा मूर्च्छा । सेन्द्रियमनउपप्लवो मूर्च्छा ॥ १० ॥ मोहमूर्च्छे एव प्रकाशयति—न चेति । युगान्ते नियतो नियतदाहोऽपि लोक आवाभ्यां तत्कालेऽग्निना दग्धो हत इव दृष्टोऽभूत् ॥ ११ ॥ मनश्च मे भूयोऽभ्यधिकं संश्रयं चक्षुः प्राप्य तेन सह हतं सारतेजसा प्रतिहतदर्शनशक्तिकमभूत् । अस्मिन्सूर्ये पुनश्चक्षुषी मनश्च संधाय ॥ १२ ॥ कथं सूर्यो दृष्ट इत्यत्र तत्प्रकारमाह—तुल्य इति । पृथ्व्यत्र जम्बूद्वीपावच्छिन्ना बोध्या ॥ १३ ॥ ततः सूर्यदर्शनानन्तरम् । अनापृच्छ्य । मोहवशादिति शेषः । तं दृष्ट्वेति । मोहात्पतन्तं जटायुं दृष्ट्वाकाशादात्मानं मुक्तवानिति सूर्यसमीपवर्त्याकाशप्रदेशादात्मानं स्वशरीरं जटायुरक्षणार्थं मुक्तवान् । पक्षौ विस्तार्य पतितवानित्यर्थः ॥ १४ ॥ प्रमादाज्जटायुपरित्राणविषयचित्ताभिषङ्गात् । तत्र तस्मिन्काले । निर्दग्धो निर्दग्धपक्षः । अथ वायुपथात्पतन्नहमाशङ्केऽनुमितवान्, न तु प्रत्यक्षतो दृष्टवानित्यर्थः ॥ १५ ॥ १६ ॥ सर्वथा मर्तुमेवेच्छन् । शिखरात्पतिष्य इत्याहेति शेषः ॥ १७ ॥ **इति श्रीरामाभिरामे श्रीरामीये रामायणतिलके वाल्मीकीय आदिकाव्ये किष्किन्धाकाण्ड एकषष्टितमः सर्गः ॥ ६१ ॥**

एवमिति ॥ १ ॥ पक्षप्रपक्षौ सूक्ष्मपक्षमहापक्षौ । प्राणाः पुष्टप्राणाः । चक्षुषी उद्भूतशक्तिके ॥ २ ॥ पुराणे नारदादिभिरुच्यमाने भविष्यरामचरितरूपे पुराणे श्रुत्वा विदितं तपसा दृष्टं च ॥ ३ ॥ किं तत्तत्राह—राजेत्यादि ॥ ४ ॥ तस्मिन्नर्थेऽरण्यगमनरूपे ॥ ५ ॥ ६ ॥ प्रलोभ्यन्ती प्रलोभ्यमाना

परमान्नं च वैदेह्या ज्ञात्वा दास्यति वासवः । यदन्नममृतप्रख्यं सुराणामपि दुर्लभम् ॥ ८
तदन्नं मैथिली प्राप्य विज्ञायेन्द्रादिदं त्विति । अग्रमुद्धृत्य रामाय भूतले निर्वपिष्यति ॥ ९
यदि जीवति मे भर्ता लक्ष्मणो वापि देवरः । देवत्वं गच्छतोर्वापि तयोरन्नमिदं त्विति ॥ १०
एष्यन्ति प्रेषितास्तत्र रामदूताः प्लवंगमाः । आख्येया राममहिषी त्वया तेभ्यो विहंगम ॥ ११
सर्वथा तु न गन्तव्यमीदृशः क्व गमिष्यसि । देशकालौ प्रतीक्षस्व पक्षौ त्वं प्रतिपत्स्यसे ॥ १२
उत्सहेयमहं कर्तुमद्यैव त्वां सपक्षकम् । इहस्थस्त्वं हि लोकानां हितं कार्यं करिष्यसि ॥ १३
त्वयापि खलु तत्कार्यं तयोश्च नृपपुत्रयोः । ब्राह्मणानां गुरूणां च मुनीनां वासवस्य च ॥ १४
इच्छाम्यहमपि द्रष्टुं भ्रातरौ रामलक्ष्मणौ । नेच्छे चिरं धारयितुं प्राणांस्त्यक्ष्ये कलेवरम् ।
महर्षिस्त्वब्रवीदेवं दृष्टतत्त्वार्थदर्शनः ॥ १५

इत्यार्षे श्रीमद्रामायणे वाल्मीकीय आदिकाव्ये किष्किन्धाकाण्डे द्विषष्टितमः सर्गः ॥ ६२ ॥

त्रिषष्टितमः सर्गः ।

एतैरन्यैश्च बहुभिर्वाक्यैर्वाक्यविशारदः । मां प्रशस्याभ्यनुज्ञाप्य प्रविष्टः स स्वमालयम् ॥ १
कंदरात्तु विसर्पित्वा पर्वतस्य शनैः शनैः । अहं विन्ध्यं समारुह्य भवतः प्रतिपालये ॥ २
अद्य त्वेतस्य कालस्य वर्षं साग्रशतं गतम् । देशकालप्रतीक्षोऽस्मि हृदि कृत्वा मुनेर्वचः ॥ ३
महाप्रस्थानमासाद्य स्वर्गते तु निशाकरे । मां निर्दहति संतापो वितर्कैर्बहुभिर्वृतम् ॥ ४
उदितां मरणे बुद्धिं मुनिवाक्यैर्निवर्तये । बुद्धिर्या तेन मे दत्ता प्राणानां रक्षणे मम ॥ ५
सा मेऽपनयते दुःखं दीप्तेवाग्निशिखा तमः । बुध्यता च मया वीर्यं रावणस्य दुरात्मनः ॥ ६
पुत्रः संतर्जितो वाग्भिर्न त्राता मैथिली कथम् । तस्या विलपितं श्रुत्वा तौ च सीतावियोजितौ ॥ ७

॥ ७ ॥ परमान्नं पायसम् । ज्ञात्वा । निराहारतामिति शेषः । वासवो दास्यति । स्वपुरुषद्वारेति शेषः ॥ ८ ॥ इन्द्रादिन्द्रपुरुषात्, न तु रावणपुरुषादिति विज्ञायाभ्रलम्पाशित्वादिरूपैर्देवचिह्नैः राम आगत्यैनं हत्वा त्वां नयिष्यति । सवत्सरतृप्तिकरमिदमन्नं भुक्त्वा देवकार्यसिद्धये मनुष्यभावं कृतवत्या प्राणा धर्तव्याः । 'देवैरपि मनुष्यभावे आहारं विना जीवितुं न शक्यते' इत्यादिवचनैश्च निश्चिनुयेत्यर्थः । निर्वपिष्यति दास्यति । ननु त्रेतायामस्थिगतप्राणत्वात्स्योक्तत्वाज्जीवितुं शक्यत एवेति चेन्न, तथा सत्यपि क्षीणतायां देहवैरूप्ये रावणस्यानुरागभङ्गेन तत्पुण्यक्षये तस्य वधो न स्यादिति रूपलावण्याद्यहानाय तद्दानेनादोषात् । रावणस्य तु तथैव रूपादिदर्शनेन मद्दत्ताहाराग्रहणेऽपि वन्यफलादीन्याहारं करोतीति बुद्ध्या तस्यामनुष्यत्वनिश्चयः । एतेनाहारं विनापि पूर्वरूपादिसत्त्वज्ञानेन तस्य तस्याममनुष्यत्वबुद्धौ तत्संबन्धाद्रामेऽपि तत्त्वबुद्धौ रामतो रावणवधो न स्यादित्यपास्तम् ॥ ९ ॥ दानमन्त्रः—यदीति । यदि जीवति तदाप्युपतिष्ठतु । कालान्तरे देवत्वं गच्छतोः प्राप्नुवतोरप्युपतिष्ठत्विति शेषः ॥ १० ॥ तत्र लङ्कायाम् । गन्तुमेष्यन्त्यागमिष्यन्ति । इहेति शेषः ॥ ११ ॥ न गन्तव्यम् । इमं देशं विहायेति शेषः ॥ १२ ॥ उत्सहेयम् । यदि त्वया देवकार्यायेह स्थातव्यं स्यादिति शेषः । पक्षवत्त्वे हि चापल्याद्गन्तव्यमेवेतोऽन्यत्र त्वयेति भावः ॥ १३ ॥ लोकानामेवेत्येव न, अपि तु तयोर्नृपपुत्रयोस्तत्कार्यं दूतानां सीताबोधनरूपं त्वयापि कार्यं त्वयापि कर्तुमर्हम् । तत्रापि देवाशत्वेन त्वद्धितमपि तदिति भावः । तत्कार्यस्य लोकसंबन्धित्वं दर्शयति—ब्राह्मणानामिति । तत्कार्यमिति शेषः ॥ १४ ॥ इच्छाम्यहमिति । दृष्टतत्त्वार्थदर्शनो दृष्टं सिद्धं तत्त्वार्थदर्शनं यस्य स महर्षिरेवं भाव्यर्थमब्रवीत्, अतो हेतोरहमपि भ्रातरौ रामलक्ष्मणौ द्रष्टुमिच्छामि । यदि महर्षिरेवं मां प्रति नावक्ष्यत्तदा प्राणांश्चिरं धारयितुं नैच्छं नेच्छम्, अपि तु कलेवरं त्यक्ष्ये इत्येवेच्छमित्यर्थ इति कतकः । अन्ये तु—निशाकरवाक्यमेवेदम्, अर्थपदार्थोऽपि स एवेत्याहुः ॥ १५ ॥ इति श्रीरामाभिरामे श्रीरामीये रामायणतिलके वाल्मीकीय आदिकाव्ये किष्किन्धाकाण्डे द्विषष्टितमः सर्गः ॥ ६२ ॥

एतैरिति । मां प्रशस्य भाविदेवकार्यसाधकत्वेन स्तुत्वाभ्यनुज्ञाप्यामन्त्र्य ॥ १ ॥ पर्वतकंदरादहं शनैः शनैर्विसर्पित्वा निःसृत्य । विन्ध्यं विन्ध्यशिखरम् ॥ २ ॥ एतस्य कालस्य मुनिसंवादानन्तरकालस्य साग्रं वर्षशतं गतम् । शतशब्दोऽनन्तवाची । तेन किंचिदधिकाष्टवर्षसहस्राणीत्यर्थः । प्राक्तथैव तेनोक्तेः ॥ ३ ॥ वितर्कैर्विचारैः । संतापः पक्षादिहीनजीवनजः ॥ ४ ॥ निवर्तये । स्मेति शेषः । मम प्राणानां रक्षणे तेन या मे बुद्धिर्दत्तेत्यन्वयः ॥ ५ ॥ रावणस्य वीर्यं बुध्यता मत्पुत्रवीर्यादल्पमिति जानता ॥ ६ ॥ कथं न त्रातेति संतर्जितः । ननु सीतेत्यज्ञानादरक्षणमत आह—तस्या इति । हा राम हा लक्ष्मणेत्येवमात्मकं तस्या विलपितं श्रुत्वा तौ

न मे दशरथस्नेहात्पुत्रेणोत्पादितं प्रियम् । तस्य त्वेवं ब्रुवाणस्य संहतैर्वानरैः सह ॥ ८
उत्पेततुस्तदा पक्षौ समक्षं वनचारिणाम् । स दृष्ट्वा स्वां तनुं पक्षैरुद्गतैररुणच्छदैः ॥ ९
प्रहर्षमतुलं लेभे वानरांश्चेदमब्रवीत् । निशाकरस्य राजर्षेः प्रभावादमितौजसः ॥ १०
आदित्यरश्मिनिर्दग्धौ पक्षौ पुनरुपस्थितौ । यौवने वर्तमानस्य ममासीद्यः पराक्रमः ॥ ११
तमेवाद्यावगच्छामि बलं पौरुषमेव च । सर्वथा क्रियतां यत्नः सीतामधिगमिष्यथ ॥ १२
पक्षलाभो ममायं वः सिद्धिप्रत्ययकारकः । इत्युक्त्वा तान्हरीन्सर्वान्संपातिः पतगोत्तमः ॥ १३
उत्पपात गिरेः शृङ्गाज्जिज्ञासुः खगमो गतिम् । तस्य तद्वचनं श्रुत्वा प्रतिसंहृष्टमानसाः ।
बभूवुर्हरिशार्दूला विक्रमाभ्युदयोन्मुखाः ॥ १४

अथ पवनसमानविक्रमाः प्लवगवराः प्रतिलब्धपौरुषाः ।
अभिजिदभिमुखां दिशं ययुर्जनकसुतापरिमार्गणोन्मुखाः ॥ १५

इत्यार्षे श्रीमद्रामायणे वाल्मीकीये आदिकाव्ये किष्किन्धाकाण्डे त्रिषष्टितमः सर्गः ॥ ६३ ॥

चतुःषष्टितमः सर्गः ।

आख्याता गृध्रराजेन समुत्प्लुत्य प्लवंगमाः । संगताः प्रीतिसंयुक्ता विनेदुः सिंहविक्रमाः ॥ १
संपातेर्वचनं श्रुत्वा हरयो रावणक्षयम् । हृष्टाः सागरमाजग्मुः सीतादर्शनकाङ्क्षिणः ॥ २
अभिगम्य तु तं देशं ददृशुर्भीमविक्रमाः । कृत्स्नं लोकस्य महतः प्रतिबिम्बमवस्थितम् ॥ ३
दक्षिणस्य समुद्रस्य समासाद्योत्तरां दिशम् । संनिवेशं ततश्चक्रुर्हरिवीरा महाबलाः ॥ ४
प्रसुप्तमिव चान्यत्र क्रीडन्तमिव चान्यतः । क्वचित्पर्वतमात्रैश्च जलराशिभिरावृतम् ॥ ५
संकुलं दानवेन्द्रैश्च पातालतलवासिभिः । रोमहर्षकरं दृष्ट्वा विषेदुः कपिकुञ्जराः ॥ ६
आकाशमिव दुष्पारं सागरं प्रेक्ष्य वानराः । विषेदुः सहिताः सर्वे कथं कार्यमिति ब्रुवन् ॥ ७
विषण्णां वाहिनीं दृष्ट्वा सागरस्य निरीक्षणात् । आश्वासयामास हरीन्भयार्तान्हरिसत्तमः ॥ ८
न विषादे मनः कार्यं विषादो दोषवत्तरः । विषादो हन्ति पुरुषं बालं क्रुद्ध इवोरगः ॥ ९
यो विषादं प्रसहते विक्रमे समुपस्थिते । तेजसा तस्य हीनस्य पुरुषार्थो न सिध्यति ॥ १०
तस्यां रात्र्यां व्यतीतायामङ्गदो वानरैः सह । हरिवृद्धैः समागम्य पुनर्मन्त्रममन्त्रयत् ॥ ११
सा वानराणां ध्वजिनी परिवार्याङ्गदं बभौ । वासवं परिवार्येव मरुतां वाहिनी स्थितम् ॥ १२
कोऽन्यस्तां वानरीं सेनां शक्तः स्तम्भयितुं भवेत् । अन्यत्र वालितनयादन्यत्र च हनूमतः ॥ १३
ततस्तान्हरिवृद्धांश्च तच्च सैन्यमरिंदमः । अनुमान्याङ्गदः श्रीमान्वाक्यमर्थवदब्रवीत् ॥ १४
क इदानीं महातेजा लङ्घयिष्यति सागरम् । कः करिष्यति सुग्रीवं सत्यसंधमरिंदमम् ॥ १५

रामलक्ष्मणौ शीघ्रमिवाकृतार्थेन निरुत्साहौ वचः श्रुत्वा ताभ्यां विना कृतं रामलक्ष्मणाविति सुजानम् । एवं रामसर्वानि च सुज्ञानमिति भावः ॥ ७ ॥ तस्मादृशरथस्नेहादवश्यकर्तव्यं प्रियं मे पुत्रेण नोत्पादितम् ॥ ८ ॥ अरुणच्छदैररुणवर्णपत्रैः ॥ ९ ॥ १० ॥ ११ ॥ १२ ॥ सिद्धिप्रत्ययः कार्यसिद्धिविश्वासः ॥ १३ ॥ गतिं जिज्ञासुर्गमनशक्तिं स्वस्य गमनशक्तिं विज्ञातुमिच्छुः । विक्रमाभ्युदये सीताधिगमनरूपे उन्मुखाः ॥ १४ ॥ प्रतिलब्धं प्राप्तं पौरुषं पौरुषप्रकाशनकालो येषां ते । अभिजिदभिमुखामभिजिन्नक्षत्राभिमुखां दिशं दक्षिणाम् । रावणाभिजित् । बाहुलकात्कर्मणि क्विप् । अभिजेतव्यो रावणः संमुखो यस्यां तां दिशम् ॥ १५ ॥ इति श्रीरामाभिरामे श्रीरामीय रामायणतिलके वाल्मीकीय आदिकाव्ये किष्किन्धाकाण्डे त्रिषष्टितमः सर्गः ॥ ६३ ॥

आख्याताः आख्यातसीतावृत्तान्ताः । संगता मिलिताः ॥ १ ॥ रावणक्षयं रावणनाशं रावणगृहं चोद्दिश्यांके वनान्तं श्रुत्वा ॥ २ ॥ तं देशं सागरतीररूपं देशमभिगम्य । यत्रेत्यादि । यत्र महतो लोकस्य सचन्द्रार्कग्रहस्य कृत्स्नं प्रतिबिम्बं स्थितं तं समुद्रं ददृशुः । 'प्रतिबिम्बमवस्थितम्' इति प्राचीनः पाठः । 'प्रतिबिम्बमिव स्थितम्' इत्याधुनिकपाठो न युक्तः । कृत्स्नलोकप्रतिबिम्बभावाप्रसिद्धेः ॥ ३ ॥ तस्य च दक्षिणसमुद्रस्योत्तरां दिशमाश्रित्य संनिवेशमवस्थितिस्थलं चक्रुः ॥ ४ ॥ प्रसुप्तमिव चान्यत्र निस्तरङ्गप्रदेशे । अन्यतोऽन्यत्र पर्वतमात्रैस्तत्सदृशैर्जलराशिभिरूर्मिभिः ॥ ५ ॥ ६ ॥ ब्रुवन्नब्रुवन् ॥ ७ ॥ हरिसत्तमोऽङ्गदः ॥ ८ ॥ विषादो दोषवत्तर इत्यस्य विवरणम्—विषादो हन्तीत्यादि ॥ ९ ॥ विषादं प्रसहते प्रसह्य विषादे प्रवर्तते । तेजसा हीनस्य । विषादवशादिति भावः ॥ १० ॥ ११ ॥ १२ ॥ १३ ॥ अनुमान्याभिपूज्य ॥ १४ ॥ सत्यसंधं सत्या संधा सीताप्रत्यर्पणप्रतिज्ञा

को वीरो योजनशतं लङ्घयेत प्लवंगमः । इमांश्च यूथपान्सर्वान्मोचयेत्को महाभयात् ॥ १६
कस्य प्रसादाद्दारांश्च पुत्रांश्चैव गृहाणि च । इतो निवृत्ताः पश्येम सिद्धार्थाः सुखिनो वयम् ॥ १७
कस्य प्रसादाद्रामं च लक्ष्मणं च महाबलम् । अभिगच्छेम संहृष्टाः सुग्रीवं च वनौकसम् ॥ १८
यदि कश्चित्समर्थो वः सागरप्लवने हरिः । स ददात्विह नः शीघ्रं पुण्यामभयदक्षिणाम् ॥ १९
अङ्गदस्य वचः श्रुत्वा न कश्चित्किंचिदब्रवीत् । स्तिमितेवाभवत्सर्वा सा तत्र हरिवाहिनी ॥ २०
पुनरेवाङ्गदः प्राह तान्हरीन्हरिसत्तमः । सर्वे बलवतां श्रेष्ठा भवन्तो दृढविक्रमाः ।
व्यपदेशकुले जाताः पूजिताश्चाप्यभीक्ष्णशः ॥ २१
नहि वो गमने सङ्गः कदाचित्कस्यचिद्भवेत् । ब्रुवध्वं यस्य या शक्तिः प्लवने प्लवगर्षभाः ॥ २२

इत्यार्षे श्रीमद्रामायणे वाल्मीकीय आदिकाव्ये किष्किन्धाकाण्डे चतुःषष्टितमः सर्गः ॥ ६४ ॥

पञ्चषष्टितमः सर्गः ।

अथाङ्गदवचः श्रुत्वा ते सर्वे वानरर्षभाः । स्वं स्वं गतौ समुत्साहमूचुस्तत्र यथाक्रमम् ॥ १
गजो गवाक्षो गवयः शरभो गन्धमादनः । मैन्दश्च द्विविदश्चैव अङ्गदो जाम्बवांस्तथा ॥ २
आबभाषे गजस्तत्र प्लवेयं दशयोजनम् । गवाक्षो योजनान्याह गमिष्यामीति विंशतिम् ॥ ३
शरभो वानरस्तत्र वानरांस्तानुवाच ह । त्रिंशतं तु गमिष्यामि योजनानां प्लवंगमाः ॥ ४
ऋषभो वानरस्तत्र वानरांस्तानुवाच ह । चत्वारिंशद्गमिष्यामि योजनानां न संशयः ॥ ५
वानरांस्तु महातेजा अब्रवीद्गन्धमादनः । योजनानां गमिष्यामि पञ्चाशत्तु न संशयः ॥ ६
मैन्दस्तु वानरस्तत्र वानरांस्तानुवाच ह । योजनानां परं षष्टिमहं प्लवितुमुत्सहे ॥ ७
ततस्तत्र महातेजा द्विविदः प्रत्यभाषत । गमिष्यामि न संदेहः सप्ततिं योजनान्यहम् ॥ ८
सुषेणस्तु महातेजाः सत्त्ववान्कपिसत्तमः । अशीतिं प्रतिजानेऽहं योजनानां पराक्रमे ॥ ९
तेषां कथयतां तत्र सर्वांस्ताननुमान्य च । ततो वृद्धतमस्तेषां जाम्बवान्प्रत्यभाषत ॥ १०
पूर्वमस्माकमप्यासीत्कश्चिद्गतिपराक्रमः । ते वयं वयसः पारमनुप्राप्ताः स्म सांप्रतम् ॥ ११
किं तु नैवं गते शक्यमिदं कार्यमुपेक्षितुम् । यदर्थं कपिराजश्च रामश्च कृतनिश्चयौ ॥ १२
सांप्रतं कालमस्माकं या गतिस्तां निबोधत । नवतिं योजनानां तु गमिष्यामि न संशयः ॥ १३
तांश्च सर्वान्हरिश्रेष्ठाञ्जाम्बवानिदमब्रवीत् । न खल्वेतावदेवासीद्गमने मे पराक्रमः ॥ १४
मया वैरोचने यज्ञे प्रभविष्णुः सनातनः । प्रदक्षिणीकृतः पूर्वं क्रममाणस्त्रिविक्रमः ॥ १५
स इदानीमहं वृद्धः प्लवने मन्दविक्रमः । यौवने च तदासीन्मे बलमप्रतिमं परम् ॥ १६
संप्रत्येतावदेवाद्य शक्यं मे गमने स्वतः । नैतावता च संसिद्धिः कार्यस्यास्य भविष्यति ॥ १७
अथोत्तरमुदारार्थमब्रवीदङ्गदस्तदा । अनुमान्य तदा प्राज्ञो जाम्बवन्तं महाकपिम् ॥ १८
अहमेतद्गमिष्यामि योजनानां शतं महत् । निवर्तने तु मे शक्तिः स्यान्न वेति न निश्चितम् ॥ १९
तमुवाच हरिश्रेष्ठं जाम्बवान्वाक्यकोविदः । ज्ञायते गमने शक्तिस्तव हर्यृक्षसत्तम ॥ २०
कामं शतसहस्रं वा नह्येष विधिरुच्यते । योजनानां भवाञ्शक्तो गन्तुं प्रतिनिवर्तितुम् ॥ २१

यस्य तादृशम् ॥ १५ ॥ १६ ॥ १७ ॥ १८ ॥ १९ ॥ २० ॥ व्यपदेशकुले विगतोऽपदेशः कलङ्को यस्मात्तादृशे कुले । पूजिता राज्ञा महाबलत्वेन सत्कृताः ॥ २१ ॥ सङ्गः प्रतिबन्धः । ब्रुवध्वं ब्रूध्वम् ॥ २२ ॥ **इति श्रीरामाभिरामे श्रीरामीये रामायणतिलके वाल्मीकीय आदिकाव्ये किष्किन्धाकाण्डे चतुःषष्टितमः सर्ग. ॥ ६४ ॥**

अथेति ॥ १ ॥ २ ॥ ३ ॥ त्रिंशदित्यर्थे त्रिशतमित्यार्षम् ॥ ४ ॥ ५ ॥ ६ ॥ ७ ॥ ८ ॥ पराक्रमे गमने ॥ ९ ॥ वृद्धतमस्तेषामिति निर्धारणे षष्ठी ॥ १० ॥ स्म स्मः । इत्यर्थः ॥ ११ ॥ एवंगते प्लवनप्राप्तौ । यदर्थं कृतनिश्चयावस्म प्रतीक्षितनयंतद्विषये कृतनिश्चयौ ॥ १२ ॥ साम्प्रतं कालं सम्प्रतिकाले ॥ १३ ॥ १४ ॥ १५ ॥ १६ ॥ एतावता प्लवनेन ॥ १७ ॥ १८ ॥ १९ ॥ २० ॥ काममिति । शतसहस्रमपि योजनानां गन्तुं त्वं काम समर्थः, तथापि स्वामिनस्त्वंनैव विधिः प्रेरणं न युक्तमित्युच्यते । अस्माभिरिति शेषः । इममेवार्थं प्रपञ्चयति—योजनानामिति । शतसहस्रमिति शेषः ।

नहि प्रेषयिता तात स्वामी प्रेष्यः कथंचन । भवतायं जनः सर्वः प्रेष्यः प्लवगसत्तम ॥ २२
भवान्कलत्रमस्माकं स्वामिभावे व्यवस्थितः । स्वामी कलत्रं सैन्यस्य गतिरेषा परंतप ॥ २३
अपि वै तस्य कार्यस्य भवान्मूलमरिंदम । तस्मात्कलत्रवत्तात प्रतिपाल्यः सदा भवान् ॥ २४
मूलमर्थस्य संरक्ष्यमेष कार्यविदां नयः । मूले हि सति सिध्यन्ति गुणाः सर्वे फलोदयाः ॥ २५
तद्भवानस्य कार्यस्य साधनं सत्यविक्रम । बुद्धिविक्रमसंपन्नो हेतुरत्र परंतप ॥ २६
गुरुश्च गुरुपुत्रश्च त्वं हि नः कपिसत्तम । भवन्तमाश्रित्य वयं समर्था ह्यर्थसाधने ॥ २७
उक्तवाक्यं महाप्राज्ञं जाम्बवन्तं महाकपिः । प्रत्युवाचोत्तरं वाक्यं वालिसूनुरथाङ्गदः ॥ २८
यदि नाहं गमिष्यामि नान्यो वानरपुंगवः । पुनः खल्विदमस्माभिः कार्यं प्रायोपवेशनम् ॥ २९
नह्यकृत्वा हरिपतेः संदेशं तस्य धीमतः । तत्रापि गत्वा प्राणानां न पश्ये परिरक्षणम् ॥ ३०
स हि प्रसादे चात्यर्थं कोपे च हरिरीश्वरः । अतीत्य तस्य संदेशं विनाशो गमने भवेत् ॥ ३१
तत्तथा ह्यस्य कार्यस्य न भवत्यन्यथा गतिः । तद्भवानेव दृष्टार्थः संचिन्तयितुमर्हति ॥ ३२
सोऽङ्गदेन तदा वीरः प्रत्युक्तः प्लवगर्षभः । जाम्बवानुत्तमं वाक्यं प्रोवाचेदं ततोऽङ्गदम् ॥ ३३
तस्य ते वीर कार्यस्य न किंचित्परिहास्यते । एष संचोदयाम्येनं यः कार्यं साधयिष्यति ॥ ३४
ततः प्रतीतं प्लवतां वरिष्ठमेकान्तमाश्रित्य सुखोपविष्टम् ।
संचोदयामास हरिप्रवीरो हरिप्रवीरं हनुमन्तमेव ॥ ३५

इत्यार्षे श्रीमद्रामायणे वाल्मीकीये आदिकाव्ये किष्किन्धाकाण्डे पञ्चषष्टितमः सर्गः ॥ ६५ ॥

षट्षष्टितमः सर्गः ।

अनेकशतसाहस्रीं विषण्णां हरिवाहिनीम् । जाम्बवान्समुदीक्ष्यैवं हनूमन्तमथाब्रवीत् ॥ १
वीर वानरलोकस्य सर्वशास्त्रविदां वर । तूष्णीमेकान्तमाश्रित्य हनूमन्किं न जल्पसि ॥ २
हनूमन्हरिराजस्य सुग्रीवस्य समो ह्यसि । रामलक्ष्मणयोश्चापि तेजसा च बलेन च ॥ ३
अरिष्टनेमिनः पुत्रो वैनतेयो महाबलः । गरुत्मानिव विख्यात उत्तमः सर्वपक्षिणाम् ॥ ४
बहुशो हि मया दृष्टः सागरे स महाबलः । भुजंगानुद्धरन्पक्षी महाबाहुर्महाबलः ॥ ५
पक्षयोर्यद्बलं तस्य भुजवीर्यबलं तव । विक्रमश्चापि तेजश्च न ते तेनापहीयते ॥ ६

गन्तुं प्रतिनिवर्तितुं च शक्त इत्यर्थः ॥ २१ ॥ प्रेषयिता स्वामी न प्रेष्यः । प्रेष्यैरिति भेदः ॥ २२ ॥ भवान्कलत्रम् । कलत्रवद्दृष्टस्यायस्त्वबुद्ध्या यावत्स्वप्राणबलं परिपाल्य इत्यर्थः । स्वामिभावे स्वामित्वे । एतेन लोके कलत्रस्य भर्ता संसारव्यवहारविषये आज्ञाप्यत्वमप्रभुत्वं च कलत्रस्येति दर्शितम् । तस्मात्स्वामी सैन्यस्य कलत्रवत्परिपाल्यः । स्वामिना च कलत्रेण भर्तेव सैन्यमाज्ञाप्यम् । एषा गतिः । लोकस्येति शेषः ॥ २३ ॥ तदेव स्पष्टमाह—तस्मात्कलत्रवदिति ॥ २४ ॥ नयो निश्चयः । गुणा गुणभूताः । अप्रधानभूता इति यावत् । तादृशाः फलोदयाः फलोत्पत्तयः सिध्यन्ति ॥ २५ ॥ साधनपदस्यैव व्याख्या—हेतुरिति ॥ २६ ॥ गुरुर्युवराजत्वात् ॥ २७ ॥ २८ ॥ यद्यहं न गमिष्यामि, अन्यश्च न गमिष्यति, तदा पुनर्मरणमेव ज्याय इति भावः ॥ २९ ॥ तस्य धीमतो हरिपतेः संदेशमकृत्वा प्राणानां परिरक्षणं न पश्यामि । तत्रापि लङ्कायामपि गत्वागमनशक्त्यभावात्तत्र पश्यामीत्यन्वयः ॥ ३० ॥ सुग्रीवः प्रसादेऽत्यर्थकोपे चेश्वरः । निग्रहानुग्रहाधिकृत इति भावः । गमने किष्किन्धागमने ॥ ३१ ॥ तत्तस्मादस्य कार्यस्य समुद्रलङ्घनस्य गतिः प्राप्तिरन्यथा यथा न भवति [illegible] यथा न भवति । हि निश्चयेन । तथा भवानेव तदुद्दिश्य संचिन्तयितुमर्हति । यतो भवान्दृष्टार्थः । बुद्धिमत्त्वाच्चिरवृद्धत्वाच्चापरोक्षीकृतसमस्तकृत्याकृत्यतत्त्वार्थ इत्यर्थः ॥ ३२ ॥ ३३ ॥ कार्यस्य न परिहास्यते । शेषे षष्ठी । अनुष्ठानमिति शेषो वा । एषः । एषोऽहमित्यर्थः । एनं तम् ॥ ३४ ॥ एकान्तमाश्रित्येति । यूथाद्बहिः क्वचिदिति शेषः ॥ ३५ ॥ इति श्रीरामाभिरामे श्रीरामीये रामायणतिलके वाल्मीकीय आदिकाव्ये किष्किन्धाकाण्डे पञ्चषष्टितमः सर्गः ॥ ६५ ॥

अनेकेति ॥ १ ॥ एवमब्रवीदित्येवंशब्दार्थः—वीर वानरेति । वानरलोकस्य वीरेत्यन्वयः । निर्धारणे षष्ठी । यद्वा हे वीर, वानरलोकस्य कृत्यमुद्दिश्य किं न जल्पसीत्यन्वयः ॥ २ ॥ बलेन च सम इत्यनुकर्षः ॥ ३ ॥ अरिष्टनेमिनः काश्यपस्य । नान्तत्वमार्षम्, सर्वपक्षिणामुत्तमो गरुत्मानिव भवान्सर्वोत्तमो विख्यात इत्यन्वयः ॥ ४ ॥ महाबल इत्येकत्र बलं शारीरं परत्रान्तरमिति भेदः ॥ ५ ॥ 'भुजवीर्यबलं तव' इति प्राचीनपाठे तस्य पक्षयोर्यद्बलं तव च भुजवीर्यबलम् । उभयं

बलं बुद्धिश्च तेजश्च सत्त्वं च हरिपुंगव । विशिष्टं सर्वभूतेषु किमात्मानं न सज्जसे ॥ ७
अप्सराप्सरसां श्रेष्ठा विख्याता पुञ्जिकस्थला । अञ्जनेति परिख्याता पत्नी केसरिणो हरेः ॥ ८
विख्याता त्रिषु लोकेषु रूपेणाप्रतिमा भुवि । अभिशापादभूत्तात कपित्वे कामरूपिणी ॥ ९
दुहिता वानरेन्द्रस्य कुञ्जरस्य महात्मनः । मानुषं विग्रहं कृत्वा रूपयौवनशालिनी ॥ १०
विचित्रमाल्याभरणा कदाचित्क्षौमधारिणी । अचरत्पर्वतस्याग्रे प्रावृडम्बुदसंनिभे ॥ ११
तस्या वस्त्रं विशालाक्ष्याः पीतं रक्तदशं शुभम् । स्थितायाः पर्वतस्याग्रे मारुतोऽपाहरच्छनैः ॥ १२
स ददर्श ततस्तस्या वृत्तावूरू सुसंहतौ । स्तनौ च पीनौ सहितौ सुजातं चारु चाननम् ॥ १३
तां बलादायतश्रोणीं तनुमध्यां यशस्विनीम् । दृष्ट्वैव शुभसर्वाङ्गीं पवनः काममोहितः ॥ १४
स तां भुजाभ्यां दीर्घाभ्यां पर्यष्वजत मारुतः । मन्मथाविष्टसर्वाङ्गो गतात्मा तामनिन्दिताम् ॥ १५
सा तु तत्रैव संभ्रान्ता सुव्रता वाक्यमब्रवीत् । एकपत्नीव्रतमिदं को नाशयितुमिच्छति ॥ १६
अञ्जनाया वचः श्रुत्वा मारुतः प्रत्यभाषत । न त्वां हिंसामि सुश्रोणि माभूत्ते मनसो भयम् ॥ १७
मनसास्मि गतो यत्त्वां परिष्वज्य यशस्विनि । वीर्यवान्बुद्धिसंपन्नस्तव पुत्रो भविष्यति ॥ १८
महा सत्त्वो महातेजा महाबलपराक्रमः । लङ्घने प्लवने चैव भविष्यति मया समः ॥ १९
एवमुक्ता ततस्तुष्टा जननी ते महाकपे । गुहायां त्वां महाबाहो प्रजज्ञे प्लवगर्षभ ॥ २०
अभ्युत्थितं ततः सूर्यं बालो दृष्ट्वा महावने । फलं चेति जिघृक्षुस्त्वमुत्प्लुत्याभ्युत्पतो दिवम् ॥ २१
शतानि त्रीणि गत्वाथ योजनानां महाकपे । तेजसा तस्य निर्धूतो न विषादं गतस्ततः ॥ २२
त्वामप्युपगतं तूर्णमन्तरिक्षं महाकपे । क्षिप्तमिन्द्रेण ते वज्रं कोपाविष्टेन तेजसा ॥ २३
तदा शैलाग्रशिखरे वामो हनुरभज्यत । ततोऽभि नामधेयं ते हनुमानिति कीर्तितम् ॥ २४
ततस्त्वां निहतं दृष्ट्वा वायुर्गन्धवहः स्वयम् । त्रैलोक्यं भृशसंक्रुद्धो न ववौ वै प्रभञ्जनः ॥ २५
संभ्रान्ताश्च सुराः सर्वे त्रैलोक्ये क्षुभिते सति । प्रसादयन्ति संक्रुद्धं मारुतं भुवनेश्वराः ॥ २६
प्रसादिते च पवने ब्रह्मा तुभ्यं वरं ददौ । अशस्त्रवध्यतां तात समरे सत्यविक्रम ॥ २७
वज्रस्य च निपातेन विरुजं त्वां समीक्ष्य च । सहस्रनेत्रः प्रीतात्मा ददौ ते वरमुत्तमम् ॥ २८
स्वच्छन्दतश्च मरणं तव स्यादिति वै प्रभो । स त्वं केसरिणः पुत्रः क्षेत्रजो भीमविक्रमः ॥ २९

तुल्यमिति शेषः । ते विक्रमश्च तेजश्च तेन गरुत्मता नापहीयते न न्यूनो भवति ॥ ६ ॥ विशिष्टमात्मानमभिजनबलपराक्रमवैभवविशिष्टमात्मानं किं न सज्जसे । समुद्रलङ्घनाय किं न सज्जीकरोषीत्यर्थः ॥ ७ ॥ तदेव बोधयति—अप्सराप्सरसामिति । अप्सरा इत्येकवचनान्तोऽपि । संधिरार्षः । अप्सरा इत्याबन्त आर्ष इत्यन्ये । पुञ्जिकस्थलेति नाम्ना या विख्याता सैव केसरिणः पत्न्यञ्जनेति नाम्ना ख्याता ॥ ८ ॥ तस्या वानरपत्नीत्वे हेतुः—अभिशापादिति । ऋषिशापाद्वानरीजन्म । कपित्वे । कपिशरीरत्वेऽपीत्यर्थः । कामरूपिणी । देवतास्वभावानुवृत्तेरिति भावः ॥ ९ ॥ कुत्र तज्जन्मेत्यत्राह—दुहितेति ॥ १० ॥ अम्बुदसंनिभे इति पर्वताग्रविशेषणम् ॥ ११ ॥ रक्ता दशाः प्रान्ततन्तवो यस्य तत् ॥ १२ ॥ सुसंहतौ सुसंश्लिष्टौ सहितौ परस्परसंसक्तौ पीनौ च स्तनौ ददर्श ॥ १३ ॥ पवनः काममोहितः । आसीदिति शेषः ॥ १४ ॥ मारुतस्तां पर्यष्वजत । मन्मथाविष्टसर्वाङ्गः कामाक्रान्तकृत्स्नज्ञानकर्मेन्द्रियः, अतएव तां गतात्मा तद्गर्भप्रविष्टात्मतेजा बभूव । देवत्वाद्विनापि योनिसंबन्धं निजतेजःप्रवेशनमिति बोध्यम् ॥ १५ ॥ एकः पतिर्यस्यास्तद्व्रतं तं धर्मम् ॥ १६ ॥ त्वां न हिंसामि योनिसंबन्धेन तावकमेकपत्नीव्रतं न नाशयामि । अनेन बलात्परपुरुषेणालिङ्गनादावपि न पातिव्रत्यभङ्गः, किं तु योनिभोगेनैवेति सूचितम् ॥ १७ ॥ यद्यस्मात्त्वां परिष्वज्य मनसा मानसभोगेन त्वां गतोऽस्मि स्वतेजसा त्वद्गर्भं प्राप्तोऽस्मि, तस्मादीदृशस्ते पुत्रो भविष्यति ॥ १८ ॥ मया मारुतेन ॥ १९ ॥ ततस्तुष्टा मनसा महादेवततेजःसंक्रमकथनात् । गुहायां तत्पर्वतगुहायाम् । तदानीमेवेति भावः ॥ २० ॥ फलमिति । जिघृक्षुरुत्पत्योत्प्लुत्य दिवमभ्युत्पतः । 'उत्प्लुत्याभ्युत्थितो दिवम्' इति पाठान्तरे उत्प्लुत्य दिवमभ्युत्थित इति योजना । उदयकालिकभास्करस्याम्रफलवद्रक्तवृत्तत्वात्फलबुद्धिविषयत्वम् । यथा जातमात्राजादिबालानां प्राचीनवासनया स्तनपानादौ प्रवृत्तिः, तथैवास्य जातमात्रस्य वानरोचितफलादानप्रवृत्तिरिति बोध्यम् ॥ २१ ॥ तस्य रवेस्तेजसा निर्धूतः क्षिप्तोऽपि ततो वायुबलवत्त्वान्न विषादं गतः ॥ २२ ॥ तूर्णं शीघ्रमन्तरिक्षमुपगतं प्राप्तं त्वां दृष्ट्वेन्द्रेण ते तव शरीरे वज्रं क्षिप्तम् ॥ २३ ॥ तदा तस्मिन्काले ॥ २४ ॥ त्रैलोक्यं न ववौ न गच्छति स्म ॥ २५ ॥ २६ ॥ २७ ॥ वज्रस्य निपातेन । चाद्गिरौ निपातेन च । विरुजं तज्जनितपीडाभाववन्तम् ।

मारुतस्यौरसः पुत्रस्तेजसा चापि तत्समः । त्वं हि वायुसुतो वत्स प्लवने चापि तत्समः ॥ ३०
वयमद्य गतप्राणा भवानस्मासु सांप्रतम् । दाक्ष्यविक्रमसंपन्नः कपिराज इवापरः ॥ ३१
त्रिविक्रमे मया तात सशैलवनकानना । त्रिःसप्तकृत्वः पृथिवी परिक्रान्ता प्रदक्षिणम् ॥ ३२
तदा चौषधयोऽस्माभिः संचिता देवशासनात् । निर्मथ्यममृतं याभिस्तदानीं नो महद्बलम् ॥ ३३
स इदानीमहं वृद्धः परिहीनपराक्रमः । सांप्रतं कालमस्माकं भवान्सर्वगुणान्वितः ॥ ३४
तद्विजृम्भस्व विक्रान्त प्लवतामुत्तमो ह्यसि । त्वद्वीर्यं द्रष्टुकामा हि सर्वा वानरवाहिनी ॥ ३५
उत्तिष्ठ हरिशार्दूल लङ्घयस्व महार्णवम् । परा हि सर्वभूतानां हनुमन्या गतिस्तव ॥ ३६
विषण्णा हरयः सर्वे हनुमन्किमुपेक्षसे । विक्रमस्व महावेग विष्णुस्त्रीन्विक्रमानिव ॥ ३७

ततः कपीनामृषभेण चोदितः प्रतीतवेगः पवनात्मजः कपिः ।
प्रहर्षयंस्तां हरिवीरवाहिनीं चकार रूपं पवनात्मजस्तदा ॥ ३८

इत्यार्षे श्रीमद्रामायणे वाल्मीकीये आदिकाव्ये किष्किन्धाकाण्डे षट्षष्टितमः सर्गः ॥ ६६ ॥

सप्तषष्टितमः सर्गः ।

तं दृष्ट्वा जृम्भमाणं ते क्रमितुं शतयोजनम् । वेगेनापूर्यमाणं च सहसा वानरोत्तमम् ॥ १
सहसा शोकमुत्सृज्य प्रहर्षेण समन्विताः । विनेदुस्तुष्टुवुश्चापि हनूमन्तं महाबलम् ॥ २
प्रहृष्टा विस्मिताश्चापि ते वीक्षन्त समन्ततः । त्रिविक्रमं कृतोत्साहं नारायणमिव प्रजाः ॥ ३
संस्तूयमानो हनुमान्व्यवर्धत महाबलः । समाविध्य च लाङ्गूलं हर्षाद्बलमुपेयिवान् ॥ ४
तस्य संस्तूयमानस्य वृद्धैर्वानरपुंगवैः । तेजसापूर्यमाणस्य रूपमासीदनुत्तमम् ॥ ५
यथा विजृम्भते सिंहो विवृते गिरिगह्वरे । मारुतस्यौरसः पुत्रस्तथा संप्रति जृम्भते ॥ ६
अशोभत मुखं तस्य जृम्भमाणस्य धीमतः । अम्बरीषोपमं दीप्तं विधूम इव पावकः ॥ ७
हरीणामुत्थितो मध्यात्संप्रहृष्टतनूरुहः । अभिवाद्य हरीन्वृद्धान्हनूमानिदमब्रवीत् ॥ ८
आरुजन्पर्वताग्राणि हुताशनसखोऽनिलः । बलवानप्रमेयश्च वायुराकाशगोचरः ॥ ९

तेनाप्यनुत्पादितत्वमिति भावः ॥ २८ ॥ २९ ॥ मारुतस्यौरस इति तथा दर्शितं प्राक् ॥ ३० ॥ कपिराजः सुग्रीवः ॥ ३१ ॥ त्रिविक्रमे त्रिविक्रमावतारसमये ॥ ३२ ॥ देवशासनात्संचिताः । याभिः सागरे प्रक्षिप्यामृतं निर्मथ्यं निर्मथनेन लभ्यम् ॥ ३३ ॥ सांप्रतं कालमिति गमस्यर्थे द्वितीया । अस्माकमिति निर्धारणे षष्ठी । अस्मिन्कालेऽस्माकं मध्ये भवानेव सर्वगुणान्वित इत्यर्थः ॥ ३४ ॥ तद्विजृम्भस्व निःसीमनिजबलविजृम्भणं कुरु ॥ ३५ ॥ उत्तिष्ठ लङ्घयस्वेत्यत्र हेतुः —परा हीति । हनूमन, परा श्रेष्ठतरा या तव गतिर्लङ्काद्वीपगमनं सा सर्वभूतानामुपकाराय । न केवलमस्माकमेवेति शेषः ॥ ३६ ॥ विषण्णा अर्थस्य स्वासाध्यत्वाद्दीनाः । किमुपेक्षसे । तानिति शेषः ॥ ३७ ॥ कपीनामृषभेण । कपिशब्दोऽत्र च्छत्रिन्यायेन ऋक्षसाधारणः । स्वां समुद्रतरणोचितमहाविग्रहम् । प्रकृतेस्तद्वश्यत्वाद्रूपमहत्त्वस्वल्पत्वकरणं नानुपपन्नम् । एवं जाम्बवता हनुमदभिजनपराक्रमादिज्ञापनं तस्य सहजबलाविर्भावाय । तथाज्ञापनं हि तस्य तदाविर्भावकारणमिति दैवकृतः समयः । यद्यपीतरदिक्प्रेषितवानराणामपि सप्तसमुद्रपरवर्त्युदयास्ताचलादिपर्यन्तगमनमुपदिष्टं तथापि तत्समात्समुद्रमध्ये वर्तमानत्रिंशदादियोजनेषु पर्वतानां सत्त्वात्तदवलम्बेन प्लवनेन तथा गमनम्, इह तु निरवलम्बं शतयोजनप्लवनमन्यासाध्यमिति भावः । अत एव मध्यपर्वतास्तु राक्षसैर्भङ्क्त्वा सज्जिता दुर्गसिद्धये । प्लवाश्च सज्जिताः, अत एवात्र सुग्रीवेण ते नोक्ताः, अत एव चत्वारिंशे सर्गे पूर्वदिक्प्रेषितवानरान्प्रति समुद्रान्तरगतदेशमुपक्रम्य 'गिरिभिर्ये च गम्यन्ते प्लवनेन च' इत्युक्तम् ॥ ३८ ॥ इति श्रीरामाभिरामे श्रीरामीये रामायणतिलके वाल्मीकीये आदिकाव्ये किष्किन्धाकाण्डे षट्षष्टितमः सर्गः ॥ ६६ ॥

अथ गृहीतमहाविग्रहस्य हनूमतो वानरबलाश्वासनाय निजबलप्रख्यापनपूर्वं समुद्रलङ्घनाय महेन्द्रपर्वतारोहणमाह—तमिति । जृम्भमाणं वर्धमानम् । ते वानराः ॥ १ ॥ २ ॥ कृतोत्साहम् । त्रिलोकीविक्रमणे इति शेषः ॥ ३ ॥ समाविध्यास्फाल्य ॥ ४ ॥ ५ ॥ ६ ॥ अम्बरीषं भ्राष्ट्रं तदुपमम्, अत एव दीप्तं प्रज्वलत् । अङ्गारवर्णप्रतप्तभ्राष्ट्रोपममिति यावत् । स्वयं च विधूमः पावक इवाशोभत । 'अम्बरीषोपमं दीप्तं विधूम इव पावकः' इति प्राचीनः पाठः ॥ ७ ॥ ८ ॥ आरुजन्भञ्जयन्तं भिन्दमानः । हुताशनस्य सखेत्युच्यमानगुणो यो वा-

तस्याहं शीघ्रवेगस्य शीघ्रगस्य महात्मनः । मारुतस्यौरसः पुत्रः प्लवनेनास्मि तत्समः ॥ १०
उत्सहेयं हि विस्तीर्णमालिखन्तमिवाम्बरम् । मेरुं गिरिमसङ्गेन परिगन्तुं सहस्रशः ॥ ११
बाहुवेगप्रणुन्नेन सागरेणाहमुत्सहे । समाप्लावयितुं लोकं सपर्वतनदीह्रदम् ॥ १२
ममोरुजङ्घावेगेन भविष्यति समुत्थितः । समुत्थितमहाग्राहः समुद्रो वरुणालयः ॥ १३
पन्नगाशनमाकाशे पतन्तं पक्षिसेवितम् । वैनतेयमहं शक्तः परिगन्तुं सहस्रशः ॥ १४
उदयात्प्रस्थितं वापि ज्वलन्तं रश्मिमालिनम् । अनस्तमितमादित्यमहं गन्तुं समुत्सहे ॥ १५
ततो भूमिमसंस्पृश्य पुनरागन्तुमुत्सहे । प्रवेगेनैव महता भीमेन प्लवगर्षभाः ॥ १६
उत्सहेयमतिक्रान्तुं सर्वानाकाशगोचरान् । सागरान्शोषयिष्यामि दारयिष्यामि मेदिनीम् ॥ १७
पर्वतांश्चूर्णयिष्यामि प्लवमानः प्लवंगमाः । हरिष्याम्यूरुवेगेन प्लवमानो महार्णवम् ॥ १८
लतानां विविधं पुष्पं पादपानां च सर्वशः । अनुयास्यति मामद्य प्लवमानं विहायसा ॥ १९
भविष्यति हि मे पन्थाः स्वातेः पन्था इवाम्बरे । चरन्तं घोरमाकाशमुत्पतिष्यन्तमेव च ॥ २०
द्रक्ष्यन्ति निपतन्तं च सर्वभूतानि वानराः । महामेरुप्रतीकाशं मां द्रक्ष्यध्वं प्लवंगमाः ॥ २१
दिवमावृत्य गच्छन्तं ग्रसमानमिवाम्बरम् । विधमिष्यामि जीमूतान्कम्पयिष्यामि पर्वतान् ।
सागरं शोषयिष्यामि प्लवमानः समाहितः ॥ २२
वैनतेयस्य वा शक्तिर्मम वा मारुतस्य वा । ऋते सुपर्णराजानं मारुतं वा महाबलम् ।
न तद्भूतं प्रपश्यामि यन्मां प्लुतमनुव्रजेत् ॥ २३
निमेषान्तरमात्रेण निरालम्बनमम्बरम् । सहसा निपतिष्यामि घनाद्विद्युदिवोत्थिता ॥ २४
भविष्यति हि मे रूपं प्लवमानस्य सागरम् । विष्णोः प्रक्रममाणस्य तदा त्रीन्विक्रमानिव ॥ २५
बुद्ध्या चाहं प्रपश्यामि मनश्चेष्टा च मे तथा । अहं द्रक्ष्यामि वैदेहीं प्रमोदध्वं प्लवंगमाः ॥ २६
मारुतस्य समो वेगे गरुडस्य समो जवे । अयुतं योजनानां तु गमिष्यामीति मे मतिः ॥ २७
वासवस्य सवज्रस्य ब्रह्मणो वा स्वयंभुवः । विक्रम्य सहसा हस्तादमृतं तदिहानये ॥ २८
लङ्कां वापि समुत्क्षिप्य गच्छेयमिति मे मतिः । तमेवं वानरश्रेष्ठं गर्जन्तममितप्रभम् ॥ २९
प्रहृष्टा हरयस्तत्र समुदैक्षन्त विस्मिताः । तच्चास्य वचनं श्रुत्वा ज्ञातीनां शोकनाशनम् ॥ ३०
उवाच परिसंहृष्टो जाम्बवान्प्लवगेश्वरः । वीर केसरिणः पुत्र वेगवन्मारुतात्मज ॥ ३१

दुर्गमनशीलोऽनिलोऽस्ति ॥ ९ ॥ तस्य मारुतस्याहमौरसः पुत्रः प्लवनेन गुणेन तत्समोऽस्मि ॥ १० ॥ मेरुं गिरिमसङ्गेन मध्ये विश्रामाय क्वचित्क्षणमपि स्थितिराहित्येनैव सहस्रशः परिगन्तुमुत्सहे । एकेनैव वेगेन सहस्रवारं प्रदक्षिणं कर्तुं शक्तो ऽस्मीत्याशयः ॥ ११ ॥ १२ ॥ समुत्थितोऽतिक्रान्तवेलः ॥ १३ ॥ पक्षिसेवितं पक्षिराजं वैनतेयमाकाशे पतन्तमहमपि सहस्रशः परिगन्तुं शक्तः । तस्यैकपातं यावदहं सहस्रवारं पतितुं शक्त इति यावत् ॥ १४ ॥ उदयगिरेः प्रस्थितमनस्तमितमेव गन्तुं गत्वा स्प्रष्टुमुत्सहे ॥ १५ ॥ ततस्तं स्पृष्ट्वा पुनः प्रत्यावृत्य भूपर्यन्तमागत्य भुवमस्पृष्ट्वैव पुनस्तदभिमुखं गन्तुमुत्सहे । प्रवेगेन प्रस्तुतवत्यत्नेन । एवं च शतयोजनगमनागमनयोर्न कश्चित्प्रयास इति ध्वनितम् ॥ १६ ॥ आकाशगोचरा ग्रहर्क्षादयः ॥ १७ ॥ १८ ॥ लतानां विविधं पुष्पं पादपानां च पुष्पं हरिष्यामीत्यन्वयः । तच्च पुष्पं वायुवेगेनाहृतं मामनुयास्यति ॥ १९ ॥ स्वातेः पन्था इति । स्वातिपथश्छायापथ इत्युच्यते । स तु प्रकीर्णबहुनक्षत्रः । मम पन्थापि प्रकीर्णबहुपुष्पकः चरन्तं मार्गमध्ये इत्याकाशं प्रत्युत्पतिष्यन्तमेव ॥ २० ॥ निपतन्तम् । परे पारे इति शेषः । द्रक्ष्यन्ति । अनेनोत्पतनपतनयोरेककालत्वोक्त्यातिवेगः सूचितः ॥ २१ ॥ अम्बरं ग्रसमानमिव मां द्रक्ष्यध्वमित्यन्वयः ॥ २२ ॥ वैनतेयस्य वेति । त्रयाणामेवैषा सर्वभूतातिशायिनी शक्तिर्नान्यस्येति भावः । प्लुतं मां यो ऋते अनुव्रजेत्तद्भूतं न पश्यामि ॥ २३ ॥ विद्युत्समया दैर्घ्येण बहुदेशव्याभिर्व्याप्यते ॥ २४ ॥ तदा त्रिविक्रमावतारकाले ॥ २५ ॥ 'सतां हि संदेहपदेषु वस्तुषु प्रमाणमन्तःकरणप्रवृत्तयः' इति न्यायेनाह—बुद्ध्येति । निश्चयात्मकान्तःकरणेनेत्यर्थः । तथा मे मनश्चेष्टा मनोव्यापारोऽनुमानरूपः । किं पश्यसि किंविषया च ते मनश्चेष्टेत्यत्राह—द्रक्ष्यामीति ॥ २६ ॥ वेगजवौ पर्यायौ । अयुतमित्यनेनाप्रमेयबलत्वं प्रकाश्यते, न तु परिच्छेदः । वस्तुतस्तदभावात् । रावणोऽपि वक्ष्यति—'न मारुतेरस्ति गतिप्रमाणम्' इति ॥ २७ ॥ वासवस्येति । वासवहस्ते स्वर्गिभोग्यममृतं ब्रह्मणो हस्ते च योगिभोग्यममृतम् । तदानयनवचोऽत्युक्त्यलंकारपरम् ॥ २८ ॥ समुत्क्षिप्य स्वस्थानादुत्पाटनपूर्वकं गृहीत्वा । यद्वा ततः परतोऽपि गच्छेयमित्यर्थः ॥ २९ ॥ ३० ॥ वेगवन्निति

ज्ञातीनां विपुलः शोकस्त्वया तात प्रणाशितः । तव कल्याणरुचयः कपिमुख्याः समागताः ॥ ३२
मङ्गलान्यर्थसिद्ध्यर्थं करिष्यन्ति समाहिताः । ऋषीणां च प्रसादेन कपिवृद्धमतेन च ॥ ३३
गुरूणां च प्रसादेन संप्लव त्वं महार्णवम् । स्थास्यामश्चैकपादेन यावदागमनं तव ॥ ३४
त्वद्गतानि च सर्वेषां जीवनानि वनौकसाम् । ततश्च हरिशार्दूलस्तानुवाच वनौकसः ॥ ३५
कोऽपि लोके न मे वेगं प्लवने धारयिष्यति । एतानीह नगस्यास्य शिलासंकटशालिनः ॥ ३६
शिखराणि महेन्द्रस्य स्थिराणि च महान्ति च । येषु वेगं गमिष्यामि महेन्द्रशिखरेष्वहम् ॥ ३७
नानाद्रुमविकीर्णेषु धातुनिष्पन्दशोभिषु । एतानि मम वेगं हि शिखराणि महान्ति च ॥ ३८
प्लवतो धारयिष्यन्ति योजनानामितः शतम् । ततस्तु मारुतप्रख्यः स हरिर्मारुतात्मजः ।
आरुरोह नगश्रेष्ठं महेन्द्रमरिमर्दनः ॥ ३९
वृतं नानाविधैः पुष्पैर्मृगसेवितशाद्वलम् । लताकुसुमसंबाधं नित्यपुष्पफलद्रुमम् ॥ ४०
सिंहशार्दूलसहितं मत्तमातङ्गसेवितम् । मत्तद्विजगणोद्घुष्टं सलिलोत्पीडसंकुलम् ॥ ४१
महद्भिरुच्छ्रितः शृङ्गैर्महेन्द्रस्य महाबलः । विचचार हरिश्रेष्ठो महेन्द्रसमविक्रमः ॥ ४२
बाहुभ्यां पीडितस्तेन महाशैलो महात्मना । ररास सिंहाभिहतो महान्मत्त इव द्विपः ॥ ४३
मुमोच सलिलोत्पीडान्विप्रकीर्णशिलोच्चयः । वित्रस्तमृगमातङ्गः प्रकम्पितमहाद्रुमः ॥ ४४
नानागन्धर्वमिथुनैः पानसंसर्गकर्कशैः । उत्पतद्भिर्विहंगैश्च विद्याधरगणैरपि ॥ ४५
त्यज्यमानमहासानुः संनिलीनमहोरगः । शैलशृङ्गशिलोत्पातस्तदाभूत्स महागिरिः ॥ ४६
निःश्वसद्भिस्तदा तैस्तु भुजगैरर्धनिःसृतैः । सपताक इवाभाति स तदा धरणीधरः ॥ ४७
ऋषिभिस्त्राससंभ्रान्तैस्त्यज्यमानः शिलोच्चयः । सीदन्महति कान्तारे सार्थहीन इवाध्वगः ॥ ४८

स वेगवान्वेगसमाहितात्मा हरिप्रवीरः परवीरहन्ता ।
मनः समाधाय महानुभावो जगाम लङ्कां मनसा मनस्वी ॥ ४९

इत्यार्षे श्रीमद्रामायणे वाल्मीकीय आदिकाव्ये किष्किन्धाकाण्डे सप्तषष्टितमः सर्गः ॥ ६७ ॥

संवृद्धिः ॥ ३१ ॥ त्वन्मेवस्थित्या कल्याणवृद्धौ रुचिरभिलाषो येषां ते । यद्वा तव कल्याणं वाञ्छितारः ॥ ३२ ॥ वृद्धमतमाशीर्वादः ॥ ३३ ॥ तव यावदागमनमेकपादेन स्थास्याम । त्वरया प्रियं श्रोतुमेकपादेन स्थित्वा तपश्चरिष्याम इत्यर्थः ॥ ३४ ॥ ३५ ॥ प्लवने गति मम वेगं न कोऽपि धारयिष्यति । शिलासंकटं शिलासमूहः । अत एव एतानि स्थिराणि शिखराणीत्यन्वयः ॥ ३६ ॥ ३७ ॥ धातुनिष्यन्दो धातुसमूहः ॥ ३८ ॥ मरुतप्रख्यस्तत्सदृशः ॥ ३९ ॥ मृगैः सेवितं शाद्वलं तृणवद्देशो यस्य ॥ ४० ॥ सलिलोत्पीडो निर्झरः ॥ ४१ ॥ उच्छ्रितो महाबलो हनुमान्महेन्द्रस्य महद्भिः शृङ्गैर्विचचार शृङ्गाच्छृङ्गान्तरं जगाम ॥ ४२ ॥ ररास । स्ववर्तिप्राणिशब्देनेति शेषः ॥ ४३ ॥ ४४ ॥ पाने संसर्गे च कर्कशैरत्यासक्तैः । गन्धर्वाणां तथात्वं च स्वभावः ॥ ४५ ॥ शैलशृङ्गस्य शिलानामुत्पातः पतनं यस्मिन्सः ॥ ४६ ॥ ४७ ॥ ४८ ॥ मनसा जगाम । सस्मारेत्यर्थः ॥ ४९ ॥ **इति श्रीरामाभिरामे श्रीरामीये रामायणतिलके वाल्मीकीय आदिकाव्ये किष्किन्धाकाण्डे सप्तषष्टितमः सर्गः ॥ ६७ ॥**

स रामः प्रीयतां मह्यमन्तर्यामी कुजाधवः ।
शबरी स्वपदं नीता येन पम्पावलोकिता ॥

इति श्रीरामायणे किष्किन्धाकाण्डं समाप्तम् ।

॥ श्रीः ॥

आदिकविश्रीवाल्मीकिमहामुनिप्रणीतं

रामायणम् ।

तिलकाख्यया व्याख्यया समेतम् ।

सुन्दरकाण्डम् ।

प्रथमः सर्गः ।

ततो रावणनीतायाः सीतायाः शत्रुकर्षणः । इयेष पदमन्वेष्टुं चारणाचरिते पथि ॥ १
दुष्करं निष्प्रतिद्वन्द्वं चिकीर्षन्कर्म वानरः । समुदग्रशिरोग्रीवो गवां पतिरिवाबभौ ॥ २
अथ वैदूर्यवर्णेषु शाद्वलेषु महाबलः । धीरः सलिलकल्पेषु विचचार यथासुखम् ॥ ३
द्विजान्वित्रासयन्धीमानुरसा पादपान्हरन् । मृगांश्च सुबहून्निघ्नन्प्रवृद्ध इव केसरी ॥ ४
नीललोहितमाञ्जिष्ठपद्मवर्णः सितासितः । स्वभावसिद्धैर्विमलैर्धातुभिः समलंकृतम् ॥ ५
कामरूपिभिराविष्टमभीक्ष्णं सपरिच्छदः । यक्षकिंनरगन्धर्वैर्देवकल्पैः सपन्नगैः ॥ ६
स तस्य गिरिवर्यस्य तले नागवरायुते । तिष्ठन्कपिवरस्तत्र ह्रदे नाग इवाबभौ ॥ ७
स सूर्याय महेन्द्राय पवनाय स्वयंभुवे । भूतेभ्यश्चाञ्जलिं कृत्वा चकार गमने मतिम् ॥ ८
अञ्जलिं प्राङ्मुखं कुर्वन्पवनायात्मयोनये । ततो हि ववृधे गन्तुं दक्षिणो दक्षिणां दिशम् ॥ ९
प्लवगप्रवरैर्दृष्टः प्लवने कृतनिश्चयः । ववृधे रामवृद्ध्यर्थं समुद्र इव पर्वसु ॥ १०
निष्प्रमाणशरीरः सँल्लिलङ्घयिषुरर्णवम् । बाहुभ्यां पीडयामास चरणाभ्यां च पर्वतम् ॥ ११
स चचालाचलश्चाशु मुहूर्तं कपिपीडितः । तरूणां पुष्पिताग्राणां सर्वं पुष्पमशातयत् ॥ १२
तेन पादपमुक्तेन पुष्पौघेण सुगन्धिना । सर्वतः संवृतः शैलो बभौ पुष्पमयो यथा ॥ १३
तेन चोत्तमवीर्येण पीड्यमानः स पर्वतः । सलिलं संप्रसुस्राव मदमत्त इव द्विपः ॥ १४

सुन्दरे यस्य दासोऽब्धिं तीर्त्वा दृष्ट्वा च मैथिलीम् ।
दृष्टा सीतेत्यभ्यवोचत्तं रामं नौमि चिद्घनम् ॥

अथ समुद्रकूर्दनमिच्छति स्म—तत इति । ततः शत्रुकर्षणो हनुमान्रावणनीताया रावणहृतायाः सीतायाः पदमवस्थितिस्थानमन्वेष्टुं चारणैर्देवजातिविशेषैराचरिते क्रियमाणसंचारे पथ्याकाशमार्गे गमनायैयेष ॥ १ ॥ निष्प्रतिद्वन्द्वं सहायान्तररहितं प्रतिबन्धरहितं च । अन्यैर्दुष्करं कर्म लङ्घनपूर्वं सीतान्वेषणकर्म । समुदग्रमुन्नतं शिरो ग्रीवा च यस्य सः, अतएव गवां पतिर्वृष इवाबभौ ॥ २ ॥ वैदूर्यवर्णशाद्वलप्रदेशस्य समुद्रजलवच्छ्यामलत्वमृदुत्वाभ्यामुरसा प्लवनसदृशक्रियाकालिकोरःप्रेषणेन प्रवृद्धः केसरीव विचचार ॥ ३ ॥ ४ ॥ नीललोहितो रक्तश्यामः । माञ्जिष्ठः कृष्णपाण्डुर इति कतकः । माञ्जिष्ठः पाटल इत्यन्ये । पद्मवर्णः प्रसिद्धः । सितासितः कल्माषः कृष्णपाण्डुरेति यावत् । स्वभावसिद्धैः शैलस्वभावसिद्धैरकृत्रिमैर्धातुभिः समलंकृतम् । कामरूपित्वादिविशेषणवद्भिर्यक्षादिभिरभीक्ष्णमाविष्टं यत्तस्य गिरिवर्यस्य तलं तत्र नागवरैरासमन्तादावृते तिष्ठन्स कपिर्ह्रदे नाग इवाबभौ । गिरौ ह्रदसाम्यं श्यामलत्वेन ॥ ५ ॥ ६ ॥ ७ ॥ स्वयंभुवे पवनाय पूयते येन स्वज्ञानेन योगिवृन्दं स पवनो भगवान्प्रत्यक्तत्त्वभूतो रामः । एतेन सकलविघ्ननिवारणायेष्टदेवताप्रार्थनापूर्वं यात्रा कर्तव्येति सदाचारो बोधितः ॥ ८ ॥ आत्मयोनये पवनाय । स्वजनकवायव इत्यर्थः । दक्षिणः कुशलः ॥ ९ ॥ रामवृद्ध्यर्थं रामाभ्युदयाय ॥ १० ॥ निष्प्रमाणशरीरः परिच्छेदातिक्रान्तदेहः । पीडयामास लिलङ्घयिषासंनाहवशतः ॥ ११ ॥ एकेन पीडनव्यापारेण मुहूर्तपर्यन्तं चलनम् । अशातयत् । पर्वतः कर्ता, चलनं करणम् ॥ १२ ॥ पुष्पमयो यथा । पुष्पप्रचुरः स्वयमेवेत्यर्थः ॥ १३ ॥ उत्तमवीर्येण तेन पीड्यमानः स

पीड्यमानस्तु बलिना महेन्द्रस्तेन पर्वतः । रीतीर्निर्वर्तयामास काञ्चनाञ्जनराजतीः ॥ १५
मुमोच च शिलाः शैलो विशालाः समनःशिलाः । मध्यमेनार्चिषा जुष्टो धूमराजिरिवानलः ॥ १६
हरिणा पीड्यमानेन पीड्यमानानि सर्वतः । गुहाविष्टानि सत्त्वानि विनेदुर्विकृतैः स्वरैः ॥ १७
स महान्सत्त्वसंनादः शैलपीडानिमित्तजः । पृथिवीं पूरयामास दिशश्चोपवनानि च ॥ १८
शिरोभिः पृथुभिर्नागा व्यक्तस्वस्तिकलक्षणैः । वमन्तः पावकं घोरं ददंशुर्दशनैः शिलाः ॥ १९
तास्तदा सविषैर्दष्टाः कुपितैस्तैर्महाशिलाः । जज्वलुः पावकोद्दीप्ता बिभिदुश्च सहस्रधा ॥ २०
यानि त्वौषधजालानि तस्मिञ्जातानि पर्वते । विषघ्नान्यपि नागानां न शेकुः शमितुं विषम् ॥ २१
भिद्यतेऽयं गिरिर्भूतैरिति मत्वा तपस्विनः । त्रस्ता विद्याधरास्तस्मादुत्पेतुः स्त्रीगणैः सह ॥ २२
पानभूमिगतं हित्वा हैममासनभाजनम् । पात्राणि च महार्हाणि करकांश्च हिरण्मयान् ॥ २३
लेह्यानुच्चावचान्भक्ष्यान्मांसानि विविधानि च । आर्षभाणि च चर्माणि खड्गांश्च कनकत्सरून् ॥ २४
कृतकण्ठगुणाः क्षीबा रक्तमाल्यानुलेपनाः । रक्ताक्षाः पुष्कराक्षाश्च गगनं प्रतिपेदिरे ॥ २५
हारनूपुरकेयूरपारिहार्यधराः स्त्रियः । विस्मिताः सस्मितास्तस्थुराकाशे रमणैः सह ॥ २६
एष पर्वतसंकाशो हनुमान्मारुतात्मजः । तितीर्षति महावेगः समुद्रं वरुणालयम् ॥ २७
रामार्थं वानरार्थं च चिकीर्षन्कर्म दुष्करम् । समुद्रस्य परं पारं दुष्प्रापं प्राप्तुमिच्छति ॥ २८
इति विद्याधरा वाचः श्रुत्वा तेषां तपस्विनाम् । तमप्रमेयं ददृशुः पर्वते वानरर्षभम् ॥ २९
दुधुवे च स रोमाणि चकम्पे चानलोपमः । ननाद च महानादं सुमहानिव तोयदः ॥ ३०
आनुपूर्व्या च वृत्तं तल्लाङ्गूलं रोमभिश्चितम् । उत्पतिष्यन्विचिक्षेप पक्षिराज इवोरगम् ॥ ३१
तस्य लाङ्गूलमाविद्धमतिवेगस्य पृष्ठतः । ददृशे गरुडेनेव ह्रियमाणो महोरगः ॥ ३२
बाहू संस्तम्भयामास महापरिघसंनिभौ । आससाद कपिः कट्यां चरणौ संचुकोच च ॥ ३३
संहृत्य च भुजौ श्रीमांस्तथैव च शिरोधराम् । तेजः सत्त्वं तथा वीर्यमाविवेश स वीर्यवान् ॥ ३४
मार्गमालोकयन्दूरादूर्ध्वप्रणिहितेक्षणः । रुरोध हृदये प्राणानाकाशमवलोकयन् ॥ ३५
पद्भ्यां दृढमवस्थानं कृत्वा स कपिकुञ्जरः । निकुञ्च्य कर्णौ हनुमानुत्पतिष्यन्महाबलः ॥ ३६

पर्वतः सलिलं प्रस्रवति ॥ १४ ॥ उक्तार्थस्यैव विवरणम्—पीड्यमान इति । काञ्चनाञ्जनराजताभाः रीतीः रेखाः, प्रकारान्निर्वर्तयामास । तदाप्यद्भुतमभिहितम् ॥ १५ ॥ किं च स शैलः समनःशिला विशालाः शिलाः मुमोच निष्पीडनात् । अतएव मध्यमेन मध्यमार्गेणार्चिषा ज्वालया जुष्टोऽनलोऽस्य धूमराजिरिव बभाविति शेषः । यस्यैतस्याहारः । 'धूमराजिरिव' इति ह्रस्वपाठः । तीर्थस्तु—मध्यमेनार्चिषा मध्यमाख्ययाग्निजिह्वया जुष्टो विशिष्टोऽग्निर्धूमराजिरिव । धूमानिचयान्वितोऽर्थः । 'धूमराजीरिव' इति च पाठ इत्याह ॥ १६ ॥ हरिणा हनुमता पीड्यमानेन पर्वतेन पीड्यमानानि सत्त्वानि ॥ १७ ॥ 'स महासत्त्व-' इति पाठे महासत्त्वा महाजन्तवस्तेषां सनाद इति तीर्थः । 'स महान्सत्त्वसंनादः' इति पाठान्तरम् ॥ १८ ॥ स्वस्तिकः फणास्थनीलरेखा तच्चिह्नैः शिरोभिरुपलक्षिताः । ददंशुः । पीडाजनितक्रोधवशात् ॥ १९ ॥ सविषैस्तैः सर्पैर्दष्टाः सत्यः पावकोद्दीप्ता इव जज्वलुः । विभिदुर्भिन्ना बभूवुश्च ॥ २० ॥ शमितुं शमयितुम् ॥ २१ ॥ भूतैर्ब्रह्मरक्षःप्रभृतिमहाभूतैः ॥ २२ ॥ हित्वेत्यत्र विद्याधराः कर्तारः ॥ २३ ॥ आर्षभाणि ऋषभचर्मनिर्मितानि चर्माणि फलकानि । त्सरुः खड्गमुष्टिः ॥ २४ ॥ कृताः कण्ठेषु गुणाः स्रजो यैस्ते । क्षीबा मत्ताः । पुष्करं पद्मम् ॥ २५ ॥ पारिहार्यशब्दः अङ्गवाचीति कतकः । पारिहार्ये कटक इति तीर्थः । एतदग्रे 'दर्शयन्तो महात्मानो विद्याधरगणास्तदा । सहितास्तस्थुराकाशे वीक्षाञ्चक्रुश्च पर्वतम् ॥ शुश्रुवुश्च तदा शब्दमृषीणां भावितात्मनाम् । चारणानां च सिद्धानां स्थितानां विमलेऽम्बरे ॥' इति श्लोकद्वयं प्रक्षिप्तं क्वचिदिति कतकः ॥ २६ ॥ २७ ॥ २८ ॥ तेषां तपस्विनां विद्याधरचारणतपस्विनां वाचः 'एष पर्वतसंकाशः' इत्यादिरूपाः श्रुत्वा विद्याधरास्तमप्रमेयं ददृशुः । तद्वाक्यश्रवणात्पूर्वं तु भूतैरयं गिरिर्भिद्यत इति ज्ञातवन्तः ॥२९॥ दुधुवे च । स हनूमान् ॥ ३० ॥ आनुपूर्व्या तद्वृत्तं त्रिवलयं लाङ्गूलं विचिक्षेपेत्यन्वयः ॥ ३१ ॥ आविद्धमास्फालितं भ्रमितं च ॥ ३२ ॥ बाहू संस्तम्भयामासेत्युत्पतनसन्नाहाभिनयः । बाह्वोः संस्तम्भनं नाम पर्वतोपरि दृढप्रतिष्ठापनम् । कपिः कट्यां कटिप्रदेशे आससाद कायप्रसारणात्कृशोऽभूत् । उरःशिरसोरूर्ध्वप्रसारणे सपृष्ठचरणभागस्याधःसंकोचने तथात्वं कटिदेशस्येति बोध्यम् ॥ ३३ ॥ भुजौ संहृत्यांसप्रदेशे संकुच्य । शिरोधरां ग्रीवां कण्ठदेशे संकुच्य । तेजः पराभिभवसामर्थ्यम् । सत्त्वं बलं शारीरम् । वीर्यमान्तरं बलम् ॥ ३४ ॥ दूरान्मार्गमालोकयन्, अतएवोर्ध्वप्रणिहितेक्षणः । हृदये प्राणप्रतिष्ठास्थाने ॥ ३५ ॥ कर्णौ निकुच्य संकुच्य । उत्पतनसन्नाह-

वानरान्वानरश्रेष्ठ इदं वचनमब्रवीत् । यथा राघवनिर्मुक्तः शरः श्वसनविक्रमः ॥ ३७
गच्छेत्तद्वद्गमिष्यामि लङ्कां रावणपालिताम् । नहि द्रक्ष्यामि यदि तां लङ्कायां जनकात्मजाम् ॥ ३८
अनेनैव हि वेगेन गमिष्यामि सुरालयम् । यदि वा त्रिदिवे सीतां न द्रक्ष्यामि कृतश्रमः ॥ ३९
बद्ध्वा राक्षसराजानमानयिष्यामि रावणम् । सर्वथा कृतकार्योऽहमेष्यामि सह सीतया ॥ ४०
आनयिष्यामि वा लङ्कां समुत्पाट्य सरावणाम् । एवमुक्त्वा तु हनुमान्वानरो वानरोत्तमः ॥ ४१
उत्पपाताथ वेगेन वेगवानविचारयन् । सुपर्णमिव चात्मानं मेने स कपिकुञ्जरः ॥ ४२
समुत्पतति वेगात्तु वेगात्ते नगरोहिणः । संहृत्य विटपान्सर्वान्समुत्पेतुः समन्ततः ॥ ४३
स मत्तकोयष्टिभकान्पादपान्पुष्पशालिनः । उद्वहन्नुरुवेगेन जगाम विमलेऽम्बरे ॥ ४४
ऊरुवेगोत्थिता वृक्षा मुहूर्तं कपिमन्वयुः । प्रस्थितं दीर्घमध्वानं स्वबन्धुमिव बान्धवाः ॥ ४५
तमूरुवेगोन्मथिताः सालाश्चान्ये नगोत्तमाः । अनुजग्मुर्हनूमन्तं सैन्या इव महीपतिम् ॥ ४६
सुपुष्पिताग्रैर्बहुभिः पादपैरन्वितः कपिः । हनूमान्पर्वताकारो बभूवाद्भुतदर्शनः ॥ ४७
सारवन्तोऽथ ये वृक्षा न्यमज्जँल्लवणाम्भसि । भयादिव महेन्द्रस्य पर्वता वरुणालये ॥ ४८
स नानाकुसुमैः कीर्णः कपिः साङ्कुरकोरकैः । शुशुभे मेघसंकाशः खद्योतैरिव पर्वतः ॥ ४९
विमुक्तास्तस्य वेगेन मुक्त्वा पुष्पाणि ते द्रुमाः । व्यवशीर्यन्त सलिले निवृत्ताः सुहृदो यथा ॥ ५०
लघुत्वेनोपपन्नं तद्विचित्रं सागरेऽपतत् । द्रुमाणां विविधं पुष्पं कपिवायुसमीरितम् ॥ ५१
पुष्पौघेण सुगन्धेन नानावर्णेन वानरः । बभौ मेघ इवोद्यन्वै विद्युद्गणविभूषितः ॥ ५२
तस्य वेगसमुद्धूतैः पुष्पैस्तोयमदृश्यत । ताराभिरिव रामाभिरुदिताभिरिवाम्बरम् ॥ ५३
तस्याम्बरगतौ बाहू ददृशाते प्रसारितौ । पर्वताग्राद्विनिष्क्रान्तौ पञ्चास्याविव पन्नगौ ॥ ५४
पिबन्निव बभौ चापि सोर्मिजालं महार्णवम् । पिपासुरिव चाकाशं ददृशे स महाकपिः ॥ ५५
तस्य विद्युत्प्रभाकारे वायुमार्गानुसारिणः । नयने विप्रकाशेते पर्वतस्थाविवानलौ ॥ ५६
पिङ्गे पिङ्गाक्षमुख्यस्य बृहती परिमण्डले । चक्षुषी संप्रकाशेते चन्द्रसूर्याविव स्थितौ ॥ ५७
मुखं नासिकया तस्य ताम्रया ताम्रमाबभौ । संध्यया समभिस्पृष्टं यथा स्यात्सूर्यमण्डलम् ॥ ५८
लाङ्गूलं च समाविद्धं प्लवमानस्य शोभते । अम्बरे वायुपुत्रस्य शक्रध्वज इवोच्छ्रितम् ॥ ५९
लाङ्गूलचक्रो हनुमाञ्शुक्लदंष्ट्रोऽनिलात्मजः । व्यरोचत महाप्राज्ञः परिवेषीव भास्करः ॥ ६०
स्फिग्देशेनातिताम्रेण रराज स महाकपिः । महता दारितेनेव गिरिर्गैरिकधातुना ॥ ६१

वशाद्धि कर्णसंकोचो भवति ॥ ३६ ॥ श्वसनस्य वायोरिव विक्रमो वेगो यस्य सः ॥ ३७ ॥ तद्वद्गमिष्यामि । अनेन तद्वदेव गत्वा कृतकार्य आगमिष्यामीति सूचितम् । तस्यैव प्रपञ्चः— नहीत्यादि ॥ ३८ ॥ अनेनैव एवंविधेनैव ॥ ३९ ॥ आनयिष्याम्यानेष्यामि । सीतया सह । मिलित्वेति शेषः ॥ ४० ॥ समुत्पाट्येति । ओषधिपर्वतोऽप्यनयदिति भावः ॥ ४१ ॥ अविचारयन्लङ्घनक्लेशमप्यगणयन् । तस्यैव प्रपञ्चनम्—सुपर्णमित्यादि ॥ ४२ ॥ वेगाद्धनूमति समुत्पतति सति ते नगरोहिणः पर्वतस्थवृक्षाः सर्वान्विटपान्सर्वाः शाखाः संहृत्य संक्षिप्य वेगात्समुत्पेतुः ॥ ४३ ॥ मत्ताः कोयष्टिभा येषु तान् । कोयष्टिकोयष्टिभौ पर्यायौ ॥ ४४ ॥ ४५ ॥ सालाः सर्जवृक्षाः । सैन्यशब्दोऽर्धर्चादिः ॥ ४६ ॥ पर्वताकारः । तत्त्वं बृहत्त्वेन पुष्पितवृक्षवत्त्वेन च ॥ ४७ ॥ सारवन्तो गुरुत्वातिशययुक्ताः खदिरादयस्ते गुरुत्वाल्लवणाम्भसि न्यमज्जन् । अर्थादन्ये लघवः सहैव गता इति बोध्यम् । महेन्द्रस्य भयात्पक्षच्छेदभयात्पर्वता इव न्यमज्जन् ॥ ४८ ॥ नानाकुसुमैः स्वानुयायिद्रुमीयैः । साङ्कुरकोरकैः कानिचित्कुसुमान्यङ्कुरितानि, कानिचित्कोरकरूपाणि, कानिचिद्विकसितानीत्यर्थः ॥ ४९ ॥ तस्य हनूमतो वेगेन विमुक्ताः तत्सकाशान्मुक्ता वृक्षाः सलिले व्यवशीर्यन्त । आर्षोऽडभावः । सुहृदो यथा बन्धुप्रस्थापनार्थं गताः सुहृदो यथा तं प्रस्थाप्य निवर्तन्ते तद्वत् ॥ ५० ॥ अपतदिति छेदः । अपतनं लघुत्वेनोपपन्नमुपपतनमिति ॥ ५१ ॥ सर्ववर्णानां विद्युत्सु सत्त्वात्तासां वर्णपुष्पोपमानत्वाद्भस्य सविद्युद्गणमेघोपमा ॥ ५२ ॥ रामाभी रमणीयाभिः ॥ ५३ ॥ ५४ ॥ विवृतवक्त्रत्वात्पर्वतविवरैरिव । अधोवक्त्रत्वे इयमुत्प्रेक्षा । ऊर्ध्ववक्त्रत्वे आकाशं पिपासुरिवेति ॥ ५५ ॥ विप्रकाशेते विशेषेण प्रकाशेते स्म । अनलौ दावानलौ ॥ ५६ ॥ पिङ्गे पिङ्गलवर्णे परिमण्डले परितो बद्धप्रभामण्डले स्थितौ चन्द्रसूर्याविव । एकगिरावुदये पिङ्गलमण्डलत्वावस्थितौ चन्द्रसूर्याविवेत्यर्थः ॥ ५७ ॥ नासिकया सुशोभितं शोभः । सन्ध्याकालिकं सूर्यमण्डलं यथा तथा बभावित्यर्थः ॥ ५८ ॥ ५९ ॥ शुक्लदंष्ट्रत्वं स्वरूपकथनमात्रम्, न तु परिवेषिभास्करोपमोपयोगि ॥ ६० ॥ स्फिग्देशेन कटिप्र-

तस्य वानरसिंहस्य प्लवमानस्य सागरम् । कक्षान्तरगतो वायुर्जीमूत इव गर्जति ॥ ६२
खे यथा निपतत्युल्का उत्तरान्ताद्विनिःसृता । दृश्यते सानुबन्धा च तथा स कपिकुञ्जरः ॥ ६३
पतत्पतङ्गसंकाशो व्यायतः शुशुभे कपिः । प्रवृद्ध इव मातङ्गः कक्ष्यया बध्यमानया ॥ ६४
उपरिष्टाच्छरीरेण छायया चावगाढया । सागरे मारुताविष्टा नौरिवासीत्तदा कपिः ॥ ६५
यं यं देशं समुद्रस्य जगाम स महाकपिः । स तु तस्याङ्गवेगेन सोन्माद इव लक्ष्यते ॥ ६६
सागरस्योर्मिजालानामुरसा शैलवर्ष्मणा । अभिघ्नंस्तु महावेगः पुप्लुवे स महाकपिः ॥ ६७
कपिवातश्च बलवान्मेघवातश्च निर्गतः । सागरं भीमनिर्ह्रादं कम्पयामासतुर्भृशम् ॥ ६८
विकर्षन्नूर्मिजालानि बृहन्ति लवणाम्भसि । पुप्लुवे कपिशार्दूलो विकिरन्निव रोदसी ॥ ६९
मेरुमन्दरसंकाशानुद्गतान्सुमहार्णवे । अत्यक्रामन्महावेगस्तरङ्गान्गणयन्निव ॥ ७०
तस्य वेगसमुद्धुष्टं जलं सजलदं तदा । अम्बरस्थं विबभ्राजे शरदभ्रमिवाततम् ॥ ७१
तिमिनक्रझषाः कूर्मा दृश्यन्ते विवृतास्तदा । वस्त्रापकर्षणेनेव शरीराणि शरीरिणाम् ॥ ७२
क्रममाणं समीक्ष्याथ भुजगाः सागरंगमाः । व्योम्नि तं कपिशार्दूलं सुपर्णमिव मेनिरे ॥ ७३
दशयोजनविस्तीर्णा त्रिंशद्योजनमायता । छाया वानरसिंहस्य जवे चारुतराभवत् ॥ ७४
श्वेताभ्रघनराजीव वायुपुत्रानुगामिनी । तस्य सा शुशुभे छाया पतिता लवणाम्भसि ॥ ७५
शुशुभे स महातेजा महाकायो महाकपिः । वायुमार्गे निरालम्बे पक्षवानिव पर्वतः ॥ ७६
येनासौ याति बलवान्वेगेन कपिकुञ्जरः । तेन मार्गेण सहसा द्रोणीकृत इवार्णवः ॥ ७७
आपाते पक्षिसङ्घानां पक्षिराज इव व्रजन् । हनुमान्मेघजालानि प्रकर्षन्मारुतो यथा ॥ ७८
पाण्डुरारुणवर्णानि नीलमञ्जिष्ठकानि च । कपिनाकृष्यमाणानि महाभ्राणि चकाशिरे ॥ ७९
प्रविशन्नभ्रजालानि निष्पतंश्च पुनःपुनः । प्रच्छन्नश्च प्रकाशश्च चन्द्रमा इव दृश्यते ॥ ८०
प्लवमानं तु तं दृष्ट्वा प्लवगं त्वरितं तदा । ववृषुस्तत्र पुष्पाणि देवगन्धर्वदानवाः ॥ ८१
तताप नहि तं सूर्यः प्लवन्तं वानरेश्वरम् । सिषेवे च तदा वायू रामकार्यार्थसिद्धये ॥ ८२
ऋषयस्तुष्टुवुश्चैनं प्लवमानं विहायसा । जगुश्च देवगन्धर्वाः प्रशंसन्तो वनौकसम् ॥ ८३
नागाश्च तुष्टुवुर्यक्षा रक्षांसि विविधानि च । प्रेक्ष्य सर्वे कपिवरं सहसा विगतक्लमम् ॥ ८४

देशेन । तन्मात्रस्यातिताम्रवर्णत्वादन्यत्राल्पवद्वर्णत्वम्, अत एव दारितगैरिकधातुयुक्तगिर्युपमा ॥ ६१ ॥ जीमूत इति सम्पद्यन्तमिति कतकः । गर्जति जगर्ज ॥ ६२ ॥ उत्तरान्तादुत्तरोर्ध्वदिग्भागात् । सानुबन्धा सूक्ष्मोल्कान्तरानुबद्धा । इदं विशेषणं पुच्छग्राहित्वात् ॥ ६३ ॥ पतत्पतङ्गसकाशो गच्छत्सूर्यसंकाशो व्यायतो दीर्घः कपिर्वस्त्रेण बध्यमानया कक्ष्यया गजमध्यबन्धनरज्ज्वा युक्तः प्रवृद्धो मातङ्ग इव बभौ । 'कक्ष्या प्रकोष्ठे हर्म्यादेः काञ्च्यां मध्येभबन्धने' इति ॥ ६४ ॥ उपरिष्टात्खे गच्छता स्वशरीरेणाधः सागरेऽवगाढया स्वस्य च्छायया प्रतिबिम्बेन लक्षितः स सागरे मारुताविष्टा नौरिवासीत् । नौश्चोपरि विद्यमानपदार्थेन सह सागरे वायुवशाद्वेगेन चञ्चला गच्छतीति तदुपमा ॥ ६५ ॥ सोन्माद इव सापस्मार इव घूर्णनफेनवमनविक्रोशनादिविकारसाम्यात् ॥ ६६ ॥ ऊर्मिजालानामभिघ्नन् । कर्मणः शेषत्वविवक्षया षष्ठी । तान्यभिघ्नन्निति यावत् । शैलवद्दृढेन । अनेन सागरोर्मीणामत्युन्नतत्वं सूचितम् ॥ ६७ ॥ कपिवातः कपिनोत्थापितो वातः । मेघवातो मेघमण्डलस्थो वातः ॥ ६८ ॥ रोदसी द्यावापृथिव्यौ । विकिरन्निव पृथक्कुर्वन्निव ॥ ६९ ॥ अनात्यातीत्य गमनाद्गणयन्निवेत्युत्प्रेक्षा ॥ ७० ॥ तस्य वेगेन समुत्कृष्टमूर्ध्वक्षिप्तम्, अत एव सजलदं जलदसहचरं मेघमण्डलपर्यन्तमूर्ध्वं गतमम्बरस्थं जलमाततं विततं शरदभ्रमिव शरन्मेघ इव बभौ । शुक्लत्वादिति भावः ॥ ७१ ॥ विवृता वेगाज्जलोत्सारणेन व्यक्तदेहाः । वस्त्रापकर्षणेन वस्त्रापहारेण । शरीराण्यवयवाः ॥ ७२ ॥ ७३ ॥ छायाप्रमाणवर्णनेन तच्छरीरप्रमाणमपि वर्णितप्रायम् । इयं माध्याह्निकी च्छाया ॥ ७४ ॥ श्वेताभ्रघनराजीव श्वेताभ्रयुक्तमेघपङ्क्तिवत्तस्य च्छाया शुशुभे । शुक्लदंष्ट्रादिना नानावर्णत्वादुक्तोपमानिर्वाहः ॥ ७५ ॥ ७६ ॥ द्रोणी हर्म्यादौ जलनिर्गमकाष्ठयन्त्रं तज्जलधारायुक्त इव कृतो द्रोणीकृतः । मेघेषु । तदाघातेन तेभ्यो जलस्रवणादिति भावः ॥ ७७ ॥ आपतन्त्यस्मिन्नित्यापातो मार्गः । पाण्डुरत्वादिगुणकानि मेघजालानि प्रकर्षन्मारुतो यथा तथा बभूवेति शेषः ॥ ७८ ॥ कपिनाकृष्यमाणानि महाभ्राणि चकाशिरे । मारुतेनाकृष्यमाणानीवेति शेषः ॥ ७९ ॥ ८० ॥ तत्र प्लवगे ॥ ८१ ॥ तं नहि तपतीत्यन्वयः । वायुः सिषेवे । श्रमापनयनार्थेति भावः ॥ ८२ ॥ ८३ ॥ कपिवरं विगतक्लमं वीक्ष्य नागादय-

तस्मिन्प्लवगशार्दूले प्लवमाने हनूमति । इक्ष्वाकुकुलमानार्थी चिन्तयामास सागरः ॥ ८५
साहाय्यं वानरेन्द्रस्य यदि नाहं हनूमतः । करिष्यामि भविष्यामि सर्ववाच्यो विवक्षताम् ॥ ८६
अहमिक्ष्वाकुनाथेन सागरेण विवर्धितः । इक्ष्वाकुसचिवश्चायं तन्नार्हत्यवसादितुम् ॥ ८७
तथा मया विधातव्यं विश्रमेत यथा कपिः । शेषं च मयि विश्रान्तः सुखी सोऽतितरिष्यति ॥ ८८
इति कृत्वा मतिं साध्वीं समुद्रश्छन्नमम्भसि । हिरण्यनाभं मैनाकमुवाच गिरिसत्तमम् ॥ ८९
त्वमिहासुरसङ्घानां देवराज्ञा महात्मना । पातालनिलयानां हि परिघः संनिवेशितः ॥ ९०
त्वमेषां ज्ञातवीर्याणां पुनरेवोत्पतिष्यताम । पातालस्याप्रमेयस्य द्वारमावृत्य तिष्ठसि ॥ ९१
तिर्यगूर्ध्वमधश्चैव शक्तिस्ते शैल वर्धितुम् । तस्मात्संचोदयामि त्वामुत्तिष्ठ गिरिसत्तम ॥ ९२
स एष कपिशार्दूलस्त्वामुपर्येति वीर्यवान् । हनूमान्रामकार्यार्थी भीमकर्मा खमाप्लुतः ।
श्रमं च प्लवगेन्द्रस्य समीक्ष्योत्थातुमर्हसि ॥ ९३
हिरण्यगर्भो मैनाको निशम्य लवणाम्भसः । उत्पपात जलात्तूर्णं महाद्रुमलतावृतः ॥ ९४
स सागरजलं भित्त्वा बभूवाभ्युच्छ्रितस्तदा । यथा जलधरं भित्त्वा दीप्तरश्मिर्दिवाकरः ॥ ९५
स महात्मा मुहूर्तेन पर्वतः सलिलावृतः । दर्शयामास शृङ्गाणि सागरेण नियोजितः ॥ ९६
शातकुम्भमयैः शृङ्गैः सकिंनरमहोरगैः । आदित्योदयसंकाशैरालिखद्भिरिवाम्बरम् ॥ ९७
तस्य जाम्बूनदैः शृङ्गैः पर्वतस्य समुत्थितैः । आकाशं शस्त्रसंकाशमभवत्काञ्चनप्रभम् ॥ ९८
जातरूपमयैः शृङ्गैर्भ्राजमानैर्महाप्रभैः । आदित्यशतसंकाशः सोऽभवद्गिरिसत्तमः ॥ ९९
समुत्थितमसङ्गेन हनूमानग्रतः स्थितम् । मध्ये लवणतोयस्य विघ्नोऽयमिति निश्चितः ॥ १००
स तमुच्छ्रितमत्यर्थं महावेगो महाकपिः । उरसा पातयामास जीमूतमिव मारुतः ॥ १०१
स तदासादितस्तेन कपिना पर्वतोत्तमः । बुद्ध्वा तस्य हरेर्वेगं जहर्ष च ननाद च ॥ १०२
तमाकाशगतं वीरमाकाशे समुपस्थितः । प्रीतो हृष्टमना वाक्यमब्रवीत्पर्वतः कपिम् ॥ १०३
मानुषं धारयन्रूपमात्मनः शिखरे स्थितः । दुष्करं कृतवान्कर्म त्वमिदं वानरोत्तम ॥ १०४
निपत्य मम शृङ्गेषु सुखं विश्रम्य गम्यताम् । राघवस्य कुले जातैरुदधिः परिवर्धितः ॥ १०५
स त्वां रामहिते युक्तं प्रत्यर्चयति सागरः । कृते च प्रतिकर्तव्यमेष धर्मः सनातनः ॥ १०६
सोऽयं तत्प्रतिकारार्थी त्वत्तः संमानमर्हति । त्वन्निमित्तमनेनाहं बहुमानात्प्रचोदितः ॥ १०७

सुष्टुवुः ॥ ८४ ॥ इक्ष्वाकुकुलस्य स्वोत्पादकस्य मानं सत्कारमर्थयते तथाभूतः ॥ ८५ ॥ विवक्षतां वागिन्द्रियवत्प्राणिनाम् । सर्ववाच्यः सर्वं वाच्यं निन्दा यस्मिंस्तादृशो भविष्यामि । सर्वनिन्दास्पदं भविष्यामीत्यर्थः ॥ ८६ ॥ उक्तमेव विवृणोति—अहमिति । तत्तस्मादेषोऽवसादितुमवसन्नं श्रमं गन्तुं नार्हति । सागरेण विवर्धित इत्युक्त्या कश्चिद्देशः सागरखातस्याप्येतत्संबद्ध इति ज्ञायते ॥ ८७ ॥ शेषं मार्गशेषम् ॥ ८८ ॥ अम्भसि स्वाम्भसि छन्नं हिरण्यनाभं हिरण्यप्रधानम् । तन्मध्यमिति यावत् । 'नाभिः प्रधाने कस्तूर्याम्' इति ॥ ८९ ॥ परिघ इति । पक्षच्छेदभयात्समुद्रप्रवेशानन्तरं पातालस्थराक्षसनिरोधार्थं द्वारनिरोधकपरिघवन्मैनाकः स्थापित इत्यर्थः ॥ ९० ॥ ज्ञातवीर्याणाम् । देवराजेनेति शेषः । एषामसुराणाम् ॥ ९१ ॥ शक्तिस्ते । अस्तीति शेषः । तस्मात्पिहितपातालमुख एव सन्वृद्धिशक्त्या वर्धमानः सन्नूर्ध्वमुत्तिष्ठ ॥ ९२ ॥ उपर्येति तवोपरिप्रदेशं प्राप्नोति । तस्माद्विश्रामाय त्वमुत्तिष्ठेति पूर्वेणान्वयः । एतदुत्तरम् 'हनूमान्रामकार्यार्थी भीमकर्मा खमाप्लुतः । श्रमं च प्लवगेन्द्रस्य समीक्ष्योत्थातुमर्हसि ॥' इति प्राचीनः पाठः । अत्र समाप्त इत्यनन्तरं केचिच्छ्लोकाः प्रक्षिप्ता इतीति कतकः । यतो रामकार्यार्थी यतश्च श्राम्यति ततस्तस्य श्रमं समीक्ष्योत्थातुमर्हसि ॥ ९३ ॥ लवणाम्भसः । वचो निशम्येत्यर्थः ॥ ९४ ॥ ९५ ॥ ९६ ॥ एतदुत्तरम् 'शातकुम्भमयैः' इत्यादि । अत्रापि द्वित्रश्लोकप्रक्षेप परेषाम् । हिरण्यनाभत्वविवरणम्—शातकुम्भमयैरिति । आदित्योदयसंकाशैरिति । उपलक्षित इति शेषः ॥ ९७ ॥ शस्त्रसंकाशं शस्त्रवच्छ्याममाकाशं काञ्चनप्रभमभवत् ॥ ९८ ॥ ९९ ॥ असङ्गेनाविलम्बेन ॥ १०० ॥ पातयामास । तमत्यर्थमुच्छ्रितं दृष्ट्वा तच्छृङ्गं पातयामासेत्यर्थः ॥ १०१ ॥ आसादितोऽवगाहितः । अभिभूत इति यावत् । 'जहर्ष च ननाद च' इति प्राचीनः पाठः । बलवैभवं दृष्ट्वा जहर्ष स्वोत्थानप्रयोजननिवेदनाय ननाद शब्दं कृतवान् । 'ननन्द' इति त्वाधुनिककल्पितः पाठः ॥ १०२ ॥ तदेव विवृणोति—तमिति ॥ १०३ ॥ १०४ ॥ राघवस्य कुले जातः सगरपुत्रैः ॥ १०५ ॥ कृतमुपकारः ॥ १०६ ॥ सोऽयं राघवकुलजः सागरस्तत्प्रतिकारार्थी तत्कुलप्रत्युपकारार्थी । त्वत्तः सत्क्रियमाणद्वारभूतात्सम्मानं

योजनानां शतं चापि कपिरेष खमाप्लुतः । तव सानुषु विश्रान्तः शेषं प्रक्रमतामिति ॥ १०८
तिष्ठ त्वं हरिशार्दूल मयि विश्रम्य गम्यताम् । तदिदं गन्धवत्स्वादु कन्दमूलफलं बहु ॥ १०९
तदास्वाद्य हरिश्रेष्ठ विश्रान्तोऽथ गमिष्यसि । अस्माकमपि संबन्धः कपिमुख्य त्वयास्ति वै ।
प्रख्यातस्त्रिषु लोकेषु महागुणपरिग्रहः ॥ ११०
वेगवन्तः प्लवन्तो ये प्लवगा मारुतात्मज । तेषां मुख्यतमं मन्ये त्वामहं कपिकुञ्जर ॥ १११
अतिथिः किल पूजार्हः प्राकृतोऽपि विजानता । धर्मं जिज्ञासमानेन किं पुनर्यादृशो भवान् ॥ ११२
त्वं हि देववरिष्ठस्य मारुतस्य महात्मनः । पुत्रस्तस्यैव वेगेन सदृशः कपिकुञ्जर ॥ ११३
पूजिते त्वयि धर्मज्ञ पूजां प्राप्नोति मारुतः । तस्मात्त्वं पूजनीयो मे शृणु चाप्यत्र कारणम् ॥ ११४
पूर्वं कृतयुगे तात पर्वताः पक्षिणोऽभवन् । तेऽपि जग्मुर्दिशः सर्वा गरुडा इव वेगिनः ॥ ११५
ततस्तेषु प्रयातेषु देवसङ्घाः सहर्षिभिः । भूतानि च भयं जग्मुस्तेषां पतनशङ्कया ॥ ११६
ततः क्रुद्धः सहस्राक्षः पर्वतानां शतक्रतुः । पक्षांश्चिच्छेद वज्रेण ततः शतसहस्रशः ॥ ११७
स मामुपगतः क्रुद्धो वज्रमुद्यम्य देवराट् । ततोऽहं सहसा क्षिप्तः श्वसनेन महात्मना ॥ ११८
अस्मिँल्लवणतोये च प्रक्षिप्तः प्लवगोत्तम । गुप्तपक्षः समग्रश्च तव पित्राभिरक्षितः ॥ ११९
ततोऽहं मानयामि त्वां मान्योऽसि मम मारुते । त्वया ममैष संबन्धः कपिमुख्य महागुणः ॥ १२०
अस्मिन्नेवंगते कार्ये सागरस्य ममैव च । प्रीतिं प्रीतमनाः कर्तुं त्वमर्हसि महामते ॥ १२१
श्रमं मोक्षय पूजां च गृहाण हरिसत्तम । प्रीतिं च मम मान्यस्य प्रीतोऽस्मि तव दर्शनात् ॥ १२२
एवमुक्तः कपिश्रेष्ठस्तं नगोत्तममब्रवीत् । प्रीतोऽस्मि कृतमातिथ्यं मन्युरेषोऽपनीयताम् ॥ १२३
त्वरते कार्यकालो मे अहश्चाप्यतिवर्तते । प्रतिज्ञा च मया दत्ता न स्थातव्यमिहान्तरा ॥ १२४
इत्युक्त्वा पाणिना शैलमालभ्य हरिपुंगवः । जगामाकाशमाविश्य वीर्यवान्प्रहसन्निव ॥ १२५
स पर्वतसमुद्राभ्यां बहुमानादवेक्षितः । पूजितश्चोपपन्नाभिराशीर्भिरभिनन्दितः ॥ १२६
अथोर्ध्वं दूरमाप्लुत्य हित्वा शैलमहार्णवौ । पितुः पन्थानमासाद्य जगाम विमलेऽम्बरे ॥ १२७
भूयश्चोर्ध्वं गतिं प्राप्य गिरिं तमवलोकयन् । वायुसूनुर्निरालम्बो जगाम कपिकुञ्जरः ॥ १२८
तद्द्वितीयं हनुमतो दृष्ट्वा कर्म सुदुष्करम् । प्रशशंसुः सुराः सर्वे सिद्धाश्च परमर्षयः ॥ १२९
देवताश्चाभवन्हृष्टास्तत्रस्थास्तस्य कर्मणा । काञ्चनस्य सुनाभस्य सहस्राक्षश्च वासवः ॥ १३०
उवाच वचनं धीमान्परितोषात्सगद्गदम् । सुनाभं पर्वतश्रेष्ठं स्वयमेव शचीपतिः ॥ १३१
हिरण्यनाभ शैलेन्द्र परितुष्टोऽस्मि ते भृशम् । अभयं ते प्रयच्छामि गच्छ सौम्य यथासुखम् ॥ १३२

राघवकुलपूजामर्हति । त्वामस्मिन् त्वत्सत्कारार्थं प्रचोदितः प्रेरितः ॥ १०७ ॥ प्रेरणाप्रकारः—योजनानामिति । योजनानां शतमपि प्रक्रमितुं समाप्लुत एष कपिः शेषं प्रक्रान्तावशेषं तव सानुषु विश्रान्तः सन्प्रक्रमतामिति यतः प्रेरितोऽस्मि, अतो मयि तिष्ठ । स्थित्वा विश्रम्य पश्चाद्गम्यतामिति योजना । अत्र 'तिष्ठ त्वम्' इत्यर्धं प्रक्षिप्तमिति केचित् ॥ १०८ ॥ तत्तस्माद्यदिदं कन्दादि मयि बहु दृश्यते तदास्वाद्येत्यन्वयः ॥ १०९ ॥ अस्माकमपि संबन्धस्त्वत्साहाय्यकरणप्रयोजक इति शेषः । तं संबन्धं वक्तुमाह—प्रख्यात इति । भवान्महागुणपरिग्रहः । बहुव्रीहिरयम् । अतस्त्रिषु लोकेषु प्रख्यातः ॥ ११० ॥ तादृशं त्वा ये वेगवन्तः प्लवगाः सन्ति तेषां मुख्यतमं मन्ये ॥ १११ ॥ भवान्यादृशस्तादृशः पूज्य इति किं पुनरिति योजना ॥ ११२ ॥ विवक्षितप्राशस्त्यमेवाह—त्वं हीति ॥ ११३ ॥ हनुमद्विषयकसात्त्वपूजाया कारणान्तरमप्याह—शृणु चापीति ॥ ११४ ॥ ११५ ॥ ११६ ॥ ११७ ॥ क्षिप्त आकाशमुत्क्षिप्तः ॥ ११८ ॥ ११९ ॥ तत उपकारणाद्धेतोः एष संबन्धः पूजाप्रयोजकः स्वरक्षकपुत्रत्वरूपः ॥ १२० ॥ अस्मिन्कार्ये प्रत्युपकाररूपे । एवंगते गति निरालम्बे सति । मया समुद्रेण चातः शेषः । त्वं पूजास्वीकारेण तयोः प्रीतिं कर्तुमर्हसि ॥ १२१ ॥ मान्यस्य वायुसंबन्धात्तव पूज्यस्य मम प्रीतिं कुर्विति शेषः ॥ १२२ ॥ मन्युः पूजानङ्गीकारजं दैन्यम् ॥ १२३ ॥ १२४ ॥ शैलमालभ्य स्पृष्ट्वा । प्रहसन्निवेति । एतावत्प्लवनेऽपि श्रममारोप्य वृथायं प्रयास एतयोरिति प्रहासः ॥ १२५ ॥ उपपन्नाभिस्तत्काले युक्ताभिः ॥ १२६ ॥ अथोर्ध्वं यत्र देशे स्थितस्ततोऽपि बहूर्ध्वम् । पितुः पन्थानं वायुमार्गम् ॥ १२७ ॥ भूय ऊर्ध्वं ततोऽपि बहूर्ध्वं तं गिरिं मध्यप्रदेशवर्तिनमवलोकयन् ॥ १२८ ॥ तद्द्वितीयं कर्मविश्रम्यैव पुनरत्यूर्ध्वं पतनरूपं कर्म ॥ १२९ ॥ तत्रस्था मैनाकस्था गगनस्था वा । तस्य काञ्चनस्य काञ्चनमयस्य सुनाभस्य शोभनमध्यस्य मैनाकस्य कर्मणा जलादुत्थानरूपेण देवता इन्द्रश्च तुष्टः ॥ १३० ॥ १३१ ॥ अभयं स्वकृतपक्षच्छेदशङ्काजनितभयाभा-

साह्यं कृतं ते सुमहद्विश्रान्तस्य हनूमतः । क्रमतो योजनशतं निर्भयस्य भये सति ॥ १३३
रामस्यैष हितायैव याति दाशरथेः कपिः । सत्क्रियां कुर्वता शक्त्या तोषितोऽस्मि दृढं त्वया ॥ १३४
स तत्प्रहर्षमलभद्विपुलं पर्वतोत्तमः । देवतानां पतिं दृष्ट्वा परितुष्टं शतक्रतुम् ॥ १३५
स वै दत्तवरः शैलो बभूवावस्थितस्तदा । हनूमांश्च मुहूर्तेन व्यतिचक्राम सागरम् ॥ १३६
ततो देवाः सगन्धर्वाः सिद्धाश्च परमर्षयः । अब्रुवन्सूर्यसंकाशां सुरसां नागमातरम् ॥ १३७
अयं वातात्मजः श्रीमान्प्लवते सागरोपरि । हनूमान्नाम तस्य त्वं मुहूर्तं विघ्नमाचर ॥ १३८
राक्षसं रूपमास्थाय सुघोरं पर्वतोपमम् । दंष्ट्राकरालं पिङ्गाक्षं वक्त्रं कृत्वा नभःस्पृशम् ॥ १३९
बलमिच्छामहे ज्ञातुं भूयश्चास्य पराक्रमम् । त्वां विजेष्यत्युपायेन विषादं वा गमिष्यति ॥ १४०
एवमुक्ता तु सा देवी दैवतैरभिसत्कृता । समुद्रमध्ये सुरसा बिभ्रती राक्षसं वपुः ॥ १४१
विकृतं च विरूपं च सर्वस्य च भयावहम् । प्लवमानं हनूमन्तमावृत्येदमुवाच ह ॥ १४२
मम भक्ष्यः प्रदिष्टस्त्वमीश्वरैर्वानरर्षभ । अहं त्वां भक्षयिष्यामि प्रविशेदं ममाननम् ॥ १४३
वर एष पुरा दत्तो मम धात्रेति सत्वरा । व्यादाय वक्त्रं विपुलं स्थिता सा मारुतेः पुरः ॥ १४४
एवमुक्तः सुरसया प्रहृष्टवदनोऽब्रवीत् । रामो दाशरथिर्नाम प्रविष्टो दण्डकावनम् ।
लक्ष्मणेन सह भ्रात्रा वैदेह्या चापि भार्यया ॥ १४५
अस्य कार्यविषक्तस्य बद्धवैरस्य राक्षसैः । तस्य सीता हृता भार्या रावणेन यशस्विनी ॥ १४६
तस्याः सकाशं दूतोऽहं गमिष्ये रामशासनात् । कर्तुमर्हसि रामस्य साह्यं विषयवासिनि ॥ १४७
अथवा मैथिलीं दृष्ट्वा रामं चाक्लिष्टकारिणम् । आगमिष्यामि ते वक्त्रं सत्यं प्रतिशृणोमि ते ॥ १४८
एवमुक्ता हनुमता सुरसा कामरूपिणी । अब्रवीन्नातिवर्तेन्मां कश्चिदेष वरो मम ॥ १४९
तं प्रयान्तं समुद्वीक्ष्य सुरसा वाक्यमब्रवीत् । बलं जिज्ञासमाना सा नागमाता हनूमतः ॥ १५०
निविश्य वदनं मेऽद्य गन्तव्यं वानरोत्तम । वर एष पुरा दत्तो मम धात्रेति सत्वरा ॥ १५१
व्यादाय विपुलं वक्त्रं स्थिता सा मारुतेः पुरः । एवमुक्तः सुरसया क्रुद्धो वानरपुंगवः ॥ १५२
अब्रवीत्कुरु वै वक्त्रं येन मां विषहिष्यसि । इत्युक्त्वा सुरसां क्रुद्धो दशयोजनमायताम् ॥ १५३
दशयोजनविस्तारो हनूमानभवत्तदा । चकार सुरसाप्यास्यं विंशद्योजनमायतम् ॥ १५४
तद्दृष्ट्वा व्यादितं त्वास्यं वायुपुत्रः स बुद्धिमान । दीर्घजिह्वं सुरसया सुभीमं नरकोपमम् ॥ १५५

वम् ॥ १३२ ॥ निर्भयस्यापि भये सतीति [illegible] साह्यं कृतं यतः, अतः परितुष्ट इत्यन्वयः ॥१३३॥ १३४ ॥ १३५ ॥ अवस्थितः । जलान्तरमग्न इत्यर्थः । सागरं मैनाकाधिष्ठितसागरप्रदेशम् ॥ १३६ ॥ अथ देवैर्लङ्काप्रविष्टस्य हनुमतः कार्यक्षमबलपरीक्षणार्थं सुरसाप्रवर्तनम्—तत इत्यादि ॥ १३७ ॥ १३८ ॥ नभःस्पृशमिति पुंस्त्वमार्षम् । वक्त्रशब्दोऽर्धर्चादिः ॥ १३९ ॥ बलं ज्ञानबलमुपायबलं च पराक्रमं च ज्ञातुमिच्छामहे । तदेव विवृणोति—त्वामिति ॥ १४० ॥ १४१ ॥ 'भयस्य च भयावहम्' इति पाठे सर्वलोकभयस्यापीत्यर्थः ॥ १४२ ॥ ईश्वरैर्देवैः ॥ १४३ ॥ एष वरः पुरा आगतस्य वदनप्रवेशरूपः । इत्युक्तवतीति शेषः । सत्वरा त्वरासहिता । सा सुरसा ॥ १४४ ॥ प्रहृष्टवदनः । दत्तभक्षणवराया अपि सकाशान्निस्तारोपायज्ञानजो हर्षः ॥ १४५ ॥ कार्यविषक्तस्य मायामृगवधे प्रसक्तस्य । बद्धवैरस्य । शूर्पणखाविरूपकरणादिकर्मणेति शेषः ॥ १४६ ॥ रामसाह्यकरणे हेतुः—रामस्य विषयवासिनीति । तस्य सर्वाधिपतित्वात् ॥ १४७ ॥ रामं चेति । दृष्ट्वा वृत्तान्तं च विज्ञाप्येति शेषः ॥ १४८ ॥ कश्चिदपि मां नातिवर्तेत । अभक्षितो न गच्छेदित्यर्थः । परस्मैपदमार्षम् ॥ १४९ ॥ तं प्रयान्तं पुनरागच्छामीत्युक्त्वा वरदानं श्रुत्वापि प्रयाणोन्मुखम् । हनुमतः [illegible] बलं जिज्ञासमाना सुरसा वाक्यमब्रवीत् ॥ १५० ॥ निविश्येति । प्रविश्यैव गन्तव्यम् । यदि शक्तिरस्तीत्यर्थः । इत्यब्रवीदित्यन्वयः ॥ १५१ ॥ १५२ ॥ दशयोजनमायताम् । आयतवक्त्रामित्यर्थः ॥ १५३ ॥ 'चकार सुरसाप्यास्यं विंशद्योजनमायतम्' इत्यनन्तरम् 'तद्दृष्ट्वा व्यादितं त्वास्यम्' इति प्राचीनः पाठः । अत्र 'तद्दृष्ट्वा मेघसंकाशं विंशद्योजनमायतम् । हनुमांस्तु ततः क्रुद्धस्त्रिंशद्योजनमायतः ॥ चकार सुरसा वक्त्रं चत्वारिंशत्तथोच्छ्रितम् । बभूव हनुमान्वीरः पञ्चाशद्योजनोच्छ्रितः ॥ चकार सुरसा वक्त्रं षष्टियोजनमुच्छ्रितम् । तदैव हनुमान्वीरः सप्ततिं योजनोच्छ्रितः ॥ चकार सुरसा वक्त्रमशीतियोजनोच्छ्रितम् । हनूमाननलप्रख्यो नवतिं योजनोच्छ्रितः ॥ चकार सुरसा वक्त्रं शतयोजनमायतम् ॥' इति श्लोकास्तु प्रक्षिप्ता इति कतकः ॥ १५४ ॥ व्यादितं व्यात्तम् । दीर्घजिह्वत्वादिगुणविशिष्टं व्यात्तं तत्तस्या

स संक्षिप्यात्मनः कायं जीमूत इव मारुतिः । तस्मिन्मुहूर्ते हनुमान्बभूवाङ्गुष्ठमात्रकः ॥ १५६
सोऽभिपद्याथ तद्वक्त्रं निष्पत्य च महाबलः । अन्तरिक्षे स्थितः श्रीमानिदं वचनमब्रवीत् ॥ १५७
प्रविष्टोऽस्मि हि ते वक्त्रं दाक्षायणि नमोऽस्तु ते । गमिष्ये यत्र वैदेही सत्यश्चासीद्वरस्तव ॥ १५८
तं दृष्ट्वा वदनान्मुक्तं चन्द्रं राहुमुखादिव । अब्रवीत्सुरसा देवी स्वेन रूपेण वानरम् ॥ १५९
अर्थसिद्ध्यै हरिश्रेष्ठ गच्छ सौम्य यथासुखम् । समानय च वैदेहीं राघवेण महात्मना ॥ १६०
तत्तृतीयं हनुमतो दृष्ट्वा कर्म सुदुष्करम् । साधु साध्विति भूतानि प्रशशंसुस्तदा हरिम् ॥ १६१
स सागरमनाधृष्यमभ्येत्य वरुणालयम् । जगामाकाशमाविश्य वेगेन गरुडोपमः ॥ १६२
सेविते वारिधाराभिः पतगैश्च निषेविते । चरिते कैशिकाचार्यैरैरावतनिषेविते ॥ १६३
सिंहकुञ्जरशार्दूलपतगोरगवाहनैः । विमानैः संपतद्भिश्च विमलैः समलंकृते ॥ १६४
वज्राशनिसमस्पर्शैः पावकैरिव शोभिते । कृतपुण्यैर्महाभागैः स्वर्गजिद्भिरधिष्ठिते ॥ १६५
वहता हव्यमत्यन्तं सेविते चित्रभानुना । ग्रहनक्षत्रचन्द्रार्कतारागणविभूषिते ॥ १६६
महर्षिगणगन्धर्वनागयक्षसमाकुले । विविक्ते विमले विश्वे विश्वावसुनिषेविते ॥ १६७
देवराजगजाक्रान्ते चन्द्रसूर्यपथे शिवे । विताने जीवलोकस्य विमले ब्रह्मनिर्मिते ॥ १६८
बहुशः सेविते वीरैर्विद्याधरगणैर्वृते । जगाम वायुमार्गे च गरुत्मानिव मारुतिः ॥ १६९
हनुमान्मेघजालानि प्राकर्षन्मारुतो यथा । कालागुरुसवर्णानि रक्तपीतसितानि च ॥ १७०
कपिना कृष्यमाणानि महाभ्राणि चकाशिरे । प्रविशन्नभ्रजालानि निष्पतंश्च पुनः पुनः ॥ १७१
प्रावृषीन्दुरिवाभाति निष्पतन्प्रविशंस्तथा । प्रदृश्यमानः सर्वत्र हनूमान्मारुतात्मजः ॥ १७२
भेजेऽम्बरं निरालम्बं पक्षयुक्त इवाद्रिराट् । प्लवमानं तु तं दृष्ट्वा सिंहिका नाम राक्षसी ॥ १७३
मनसा चिन्तयामास प्रवृद्धा कामरूपिणी । अद्य दीर्घस्य कालस्य भविष्याम्यहमाशिता ॥ १७४
इदं मम महासत्त्वं चिरस्य वशमागतम् । इति संचिन्त्य मनसा छायामस्य समाक्षिपत् ॥ १७५
छायायां गृह्यमाणायां चिन्तयामास वानरः । समाक्षिप्तोऽस्मि सहसा पङ्गूकृतपराक्रमः ॥ १७६
प्रतिलोमेन वातेन महानौरिव सागरे । तिर्यगूर्ध्वमधश्चैव वीक्षमाणस्ततः कपिः ॥ १७७
ददर्श स महासत्त्वमुत्थितं लवणाम्भसि । तद्दृष्ट्वा चिन्तयामास मारुतिर्विकृताननाम् ॥ १७८
कपिराज्ञा यथाख्यातं सत्त्वमद्भुतदर्शनम् । छायाग्राहि महावीर्यं तदिदं नात्र संशयः ॥ १७९
स तां बुद्ध्वार्थतत्त्वेन सिंहिकां मतिमान्कपिः । व्यवर्धत महाकायः प्रावृषीव बलाहकः ॥ १८०
तस्य सा कायमुद्वीक्ष्य वर्धमानं महाकपेः । वक्त्रं प्रसारयामास पातालाम्बरसंनिभम् ॥ १८१
घनराजीव गर्जन्ती वानरं समभिद्रवत् । स ददर्श ततस्तस्या विकृतं सुमहन्मुखम् ॥ १८२

आस्यं दृष्ट्वेत्यन्वयः ॥ १५५ ॥ १५६ ॥ १५७ ॥ इदं वचनमित्यादिशब्दार्थः—प्रविष्ट इति । दाक्षायणि दक्षप्रजापतिसंतान, अतएव नतिः । सत्य आसीत् । सत्यो जात इत्यर्थः । वदनप्रवेशरूपत्वात्सत्य ॥ १५८ ॥ १५९ ॥ अथ सानुग्रहमाह—अर्थसिद्ध्यै इति । राघवेण स्वाङ्गुलज्ञापितवृत्तान्तेन समानय सङ्गमय ॥ १६० ॥ तत्तृतीयं कर्म सुरसावक्त्रनिष्क्रमणरूपम् ॥ १६१ ॥ १६२ ॥ वारिधारासेवितत्वादिविशेषणके चन्द्रसूर्यपथे जगामेत्यन्वयः एकोनसप्ततिश्लोकेन । पतगैः पक्षिभिः । कैशिकं गानतन्त्रविद्या तदाचार्यैस्तुम्बुरुप्रभृतिगन्धर्वैश्चरिते सेविते । ऐरावतम् । ऋजुदीर्घमिन्द्रधनुरिति तीर्थः । गजावशेष इत्यन्ये ॥ १६३ ॥ पतगोरगाः पक्षिसर्पाः ॥ १६४ ॥ वज्राशनिसमस्पर्शैरसह्यप्रभावैः पावकैः पञ्चाग्निभिरिव स्वर्गजिद्भिरधिष्ठिते । 'समाधाने' इति पाठे ताभ्यां तुल्य आघातोऽभिघातो येषां तैरित्यर्थः ॥ १६५ ॥ चित्रभानुना । पञ्चाग्निभिरित्युक्तः पञ्चमोऽयमग्निश्चित्रभानुः ॥ १६६ ॥ विश्वे विश्वाश्रये । विश्वावसुर्गन्धर्वराजः ॥ १६७ ॥ देवराजाना गजाः पुण्डरीकादयः । वितानेऽवकाशावरणवस्त्रे 'चादवा' इति प्रसिद्धं ॥ १६८ ॥ १६९ ॥ १७० ॥ १७१ ॥ १७२ ॥ १७३ ॥ आशिता कृतभोजना ॥ १७४ ॥ समाक्षिपज्जग्राह । छायाग्रहणेन तद्वस्तुनिरोधशक्तिरस्या ब्रह्मदत्ता ॥ १७५ ॥ पङ्गूकृतः स्तब्धगतिः पराक्रमो यस्य ॥ १७६ ॥ महानौर्यथा पङ्गूकृतपराक्रमा स्तब्धगतिः प्रतिलोमेन वातेन क्रियते । गम्यदेशगतिनिरोध एवात्र स्तब्धगतित्वम् । यद्वा तेन यथा विपरीतगतिवारणाय यन्त्रैः स्तब्धगतिः कार्यते, तथाहं केनचित्स्तब्धगतिः कृतः ॥ १७७ ॥ महासत्त्वं महारूपं प्राणिनम् ॥ १७८ ॥ १७९ ॥ अर्थतत्त्वेन च्छायाग्रहणरूपार्थक्रियया ॥ १८० ॥ पातालाम्बरसंनिभं पातालाकाशमध्यभागसदृशम् ॥ १८१ ॥ १८२ ॥

कायमात्रं च मेधावी मर्माणि च महाकपिः । स तस्या विवृते वक्त्रे वज्रसंहननः कपिः ॥ १८३
संक्षिप्य मुहुरात्मानं निपपात महाकपिः । आस्ये तस्या निमज्जन्तं ददृशुः सिद्धचारणाः ॥ १८४
ग्रस्यमानं यथा चन्द्रं पूर्णं पर्वणि राहुणा । ततस्तस्या नखैस्तीक्ष्णैर्मर्माण्युत्कृत्य वानरः ॥ १८५
उत्पपाताथ वेगेन मनःसंपातविक्रमः । तां तु दिष्ट्या च धृत्या च दाक्षिण्येन निपात्य सः ॥ १८६
कपिप्रवीरो वेगेन ववृधे पुनरात्मवान् । हृतहृत्सा हनुमता पपात विधुराम्भसि ।
स्वयंभुवैव हनुमान्सृष्टस्तस्या निपातने ॥ १८७
तां हतां वानरेणाशु पतितां वीक्ष्य सिंहिकाम् । भूतान्याकाशचारीणि तमूचुः प्लवगोत्तमम् ॥ १८८
भीममद्य कृतं कर्म महत्सत्त्वं त्वया हतम् । साधयार्थमभिप्रेतमरिष्टं प्लवतां वर ॥ १८९
यस्य त्वेतानि चत्वारि वानरेन्द्र यथा तव । धृतिर्दृष्टिर्मतिर्दाक्ष्यं स कर्मसु न सीदति ॥ १९०
स तैः संपूजितः पूज्यः प्रतिपन्नप्रयोजनः । जगामाकाशमाविश्य पन्नगाशनवत्कपिः ॥ १९१
प्राप्तभूयिष्ठपारस्तु सर्वतः परिलोकयन् । योजनानां शतस्यान्ते वनराजीं ददर्श सः ॥ १९२
ददर्श च पतन्नेव विविधद्रुमभूषितम् । द्वीपं शाखामृगश्रेष्ठो मलयोपवनानि च ॥ १९३
सागरं सागरानूपान्सागरानूपजान्द्रुमान् । सागरस्य च पत्नीनां मुखान्यपि विलोकयन् ॥ १९४
स महामेघसंकाशं समीक्ष्यात्मानमात्मवान् । निरुन्धन्तमिवाकाशं चकार मतिमान्मतिम् ॥ १९५
कायवृद्धिं प्रवेगं च मम दृष्ट्वैव राक्षसाः । मयि कौतूहलं कुर्युरिति मेने महामतिः ॥ १९६
ततः शरीरं संक्षिप्य तन्महीधरसंनिभम् । पुनः प्रकृतिमापेदे वीतमोह इवात्मवान् ॥ १९७
तद्रूपमतिसंक्षिप्य हनूमान्प्रकृतौ स्थितः । त्रीन्क्रमानिव विक्रम्य बलिवीर्यहरो हरिः ॥ १९८

स चारुनानाविधरूपधारी परं समासाद्य समुद्रतीरम् ।
परैरशक्यं प्रतिपन्नरूपः समीक्षितात्मा समवेक्षितार्थः ॥ १९९
ततः स लम्बस्य गिरेः समृद्धे विचित्रकूटे निपपात कूटे ।
सकेतकोद्दालकनारिकेले महाभ्रकूटप्रतिमो महात्मा ॥ २००
ततस्तु संप्राप्य समुद्रतीरं समीक्ष्य लङ्कां गिरिवर्यमूर्ध्नि ।
कपिस्तु तस्मिन्निपपात पर्वते विधूय रूपं व्यथयन्मृगद्विजान् ॥ २०१

कायमात्रं स्वशरीरकवलनपर्याप्तं शरीरप्रमाणमित्यर्थ इति तीर्थः । मात्रशब्दोऽल्पवाचीति कतकः । मर्माणि च भेदनार्थं ददर्शेत्यन्वयः । तस्या वक्त्रे आत्मानं मुहुः संक्षिप्याधिकं सङ्कुच्य निपपातेत्यन्वयः ॥ १८३ ॥ १८४ ॥ १८५ ॥ मनःसंपातविक्रमो मनोवेगतुल्यवेगः । दिष्ट्या दैवानुग्रहेण । 'दृष्ट्या' इति पाठे सूक्ष्मदर्शनेनेत्यर्थः । धृत्या सहजधैर्येण । दाक्षिण्येन कालोचितकृत्यचातुर्येण च तां निपात्य निहत्य वेगेनोत्पपात ॥ १८६ ॥ ननु प्रथमप्रवृत्तवेगस्य सुरसादिभिः कुण्ठीभावे सति कथं पुनराकाशगमनं तत्राह—आत्मवान्वायोरिव स्वाधीन एव तद्गमनविषयो यत्नः । प्रथमं त्वाकाशमार्गप्राप्तिमात्राय महेन्द्रपर्वतालम्बनमितरजनप्रतारणायेत्याहुः । हृतहृद् हृतस्वहृदयलक्षणप्राणस्थाना, अतएव विधुरा प्राणशून्याम्भसि पपात । अत्र कविरुत्प्रेक्षते—तस्याश्छायाग्रहणमात्रेण भक्षणादिशक्तिमत्याः सिंहिकाया निपातने निपातनिमित्तं रावणनाशाय स्वात्मरूपरामवत्स्वस्वरूपो हनुमान्सृष्टः ॥ १८७ ॥ १८८ ॥ महत्सत्त्वं महाबला राक्षसी रावणवदशक्यसंहारा त्वया संहृतेत्यर्थः । अरिष्टं बाधारहितम् । 'रिष हिंसायाम्' ॥ १८९ ॥ निर्बाधं कर्मसाधनहेतुमाह—यस्य त्विति ॥ १९० ॥ स तैः संपूजितस्तैः पूर्वोक्तभूतैः । प्रतिपन्नप्रयोजनैरभिमतं साधयेत्यनुमत्यानुगृहीतकार्यैः ॥ १९१ ॥ प्राप्तभूयिष्ठः प्राप्तकल्पः पारो येन सः ॥ १९२ ॥ पतन्नेव गच्छन्नेव मलयोपवनानि । अनेनोत्तरतीर इव दक्षिणतीरेऽपि मलयाख्यः पर्वतोऽस्तीति गम्यते ॥ १९३ ॥ सागरं दक्षिणतीरसमीपवर्तिसागरम् । अनूपः कच्छदेशः । सागरस्य पत्नीनां लङ्काद्वीपादागत्य सागरं प्रविशन्तीनां नदीनां मुखानि सङ्गमस्थानानि विलोकयन्नालोकयत् ॥ १९४ ॥ आत्मानं स्वशरीरं महत्त्वादाकाशं निरुन्धन्तमिव । मतिं कर्तव्यनिश्चयम् ॥ १९५ ॥ कौतूहलम् । आश्चर्यधिया दिदृक्षामित्यर्थः ॥ १९६ ॥ प्रकृतिं निजमाकारम् । वीतमोहो वीतो नष्टो वासनावशादागतः कामादिमोहो यस्य सः । आत्मवाञ्जीवन्मुक्तयोगी । प्रकृतिम् । भगवदनन्यतत्त्वतालक्षणस्वभावमित्यर्थः ॥ १९७ ॥ अतिसंक्षिप्यातिसङ्कोच्य । त्रीन्क्रमान्पदानि विक्रम्य प्रक्षिप्य बलेर्वीर्यस्य हरो हरिरिव प्रकृतौ स्थितः ॥ १९८ ॥ चारु नानाविधरूपधारी नानावर्णाकृतिरूपधारी । तच्च तद्व्याख्याने स्पष्टम् । परैरशक्यं समुद्रतीरमासाद्येत्यन्वयः । समीक्षितात्मा समालोकितातिप्रमाणस्वशरीरः । समवेक्षितार्थ आलोचितान्तरकार्यः । प्रतिपन्नरूपोऽङ्गीकृतस्वल्पदेहः । अभूदिति शेषः ॥ १९९ ॥ लम्बस्य लम्बाख्यस्य विचित्राणि कूटान्यवान्तरशिखराणि यस्य तादृशे कूटे प्रधानशिखरे । उद्दालकः श्लेष्मातकः ॥ २०० ॥ गिरिवर्यमूर्ध्नि ।

स सागरं दानवपन्नगायुतं बलेन विक्रम्य महोर्मिमालिनम् ।
निपत्य तीरे च महोदधेस्तदा ददर्श लङ्काममरावतीमिव ॥ २०२

इत्यार्षे श्रीमद्रामायणे वाल्मीकीय आदिकाव्ये सुन्दरकाण्डे प्रथमः सर्गः ॥ १ ॥

द्वितीयः सर्गः ।

स सागरमनाधृष्यमतिक्रम्य महाबलः । त्रिकूटस्य तटे लङ्कां स्थितः स्वस्थो ददर्श ह ॥ १
ततः पादपमुक्तेन पुष्पवर्षेण वीर्यवान् । अभिवृष्टस्तस्तत्र बभौ पुष्पमयो हरिः ॥ २
योजनानां शतं श्रीमांस्तीर्त्वाप्युत्तमविक्रमः । अनिःश्वसन्कपिस्तत्र न ग्लानिमधिगच्छति ॥ ३
शतान्यहं योजनानां क्रमेयं सुबहून्यपि । किं पुनः सागरस्यान्तं संख्यातं शतयोजनम् ॥ ४
स तु वीर्यवतां श्रेष्ठः प्लवतामपि चोत्तमः । जगाम वेगवाँल्लङ्कां लङ्घयित्वा महोदधिम् ॥ ५
शाद्वलानि च नीलानि गन्धवन्ति वनानि च । मधुमन्ति च मध्येन जगाम नगवन्ति च ॥ ६
शैलांश्च तरुसंछन्नान्वनराजीश्च पुष्पिताः । अभिचक्राम तेजस्वी हनूमान्प्लवगर्षभः ॥ ७
स तस्मिन्नचले तिष्ठन्वनान्युपवनानि च । स नगाग्रे स्थितां लङ्कां ददर्श पवनात्मजः ॥ ८
सरलान्कर्णिकारांश्च खर्जूरांश्च सुपुष्पितान् । प्रियालान्मुचुलिन्दांश्च कुटजान्केतकानपि ॥ ९
प्रियङ्गून्गन्धपूर्णांश्च नीपान्सप्तच्छदांस्तथा । असनान्कोविदारांश्च करवीरांश्च पुष्पितान् ॥ १०
पुष्पभारनिबद्धांश्च तथा मुकुलितानपि । पादपान्विहगाकीर्णान्पवनाधूतमस्तकान् ॥ ११
हंसकारण्डवाकीर्णा वापीः पद्मोत्पलावृताः । आक्रीडान्विविधान्रम्यान्विविधांश्च जलाशयान् ॥ १२
संततान्विविधैर्वृक्षैः सर्वर्तुफलपुष्पितैः । उद्यानानि च रम्याणि ददर्श कपिकुञ्जरः ॥ १३
समासाद्य च लक्ष्मीवाँल्लङ्कां रावणपालिताम् । परिखाभिः सपद्माभिः सोत्पलाभिरलंकृताम् ॥ १४
सीतापहरणात्तेन रावणेन सुरक्षिताम् । समन्ताद्विचरद्भिश्च राक्षसैरुग्रधन्विभिः ॥ १५
काञ्चनेनावृतां रम्यां प्राकारेण महापुरीम् । गृहैश्च गिरिसंकाशैः शारदाम्बुदसंनिभैः ॥ १६
पाण्डुराभिः प्रतोलीभिरुच्चाभिरभिसंवृताम् । अट्टालकशताकीर्णां पताकाध्वजशोभिताम् ॥ १७
तोरणैः काञ्चनैर्दिव्यैर्लतापङ्क्तिविराजितैः । ददर्श हनुमाँल्लङ्कां देवो देवपुरीमिव ॥ १८
गिरिमूर्ध्नि स्थितां लङ्कां पाण्डुरैर्भवनैः शुभैः । ददर्श स कपिः श्रीमान्पुरीमाकाशगामिव ॥ १९

स्थितामिति शेषः । उपसंहरति—कपिरिति । स कपिः उच्यमानविशेषणं सागरमतिक्रम्य तस्मिँल्लम्बारूयपर्वते नगादीन्व्यथयन्पीडयन्निपपात । निपत्य च ततः प्राचीनरूपं विधूय महोदधेस्तीरेऽमरावतीमिव स्थितां लङ्कां ददर्श ॥ २०१ ॥ २०२ ॥ इति श्रीरामाभिरामे श्रीरामीये रामायणतिलके वाल्मीकीय आदिकाव्ये सुन्दरकाण्डे प्रथमः सर्गः ॥ १ ॥

त्रिकूटस्य लम्बापरपर्यायस्य पर्वतस्य तटे स्थितः स्वस्थो भूत्वा लङ्कां ददर्श ॥ १ ॥ पुष्पमयः पुष्पमयवानर इव ॥ २ ॥ अनिःश्वसञ्श्रमजश्वासरहितः । तदेवाह—न ग्लानिमिति । कविवाक्यमेतत् ॥ ३ ॥ अहं योजनानां बहूनि शतान्यपि क्रमेयं क्रमेयं क्रमितुं शक्तः । शतयोजनमिति संख्यातं सागरस्यान्तं परं पारं क्रमेयमिति का गणना ममेति मन्यते स्मेति शेषः । हनुमदभिप्रायानुवादः कवेः ॥ ४ ॥ जगाम लङ्काम् । पर्वतशिखरादवरुह्येति शेषः ॥ ५ ॥ मध्येन जगाम मध्यमार्गेण वनादीन्पश्यञ्जगाम । नगवन्ति वृक्षवन्ति । प्राशस्त्ये मतुप् ॥ ६ ॥ शैलाल्लम्बगिरिपादरूपान् ॥ ७ ॥ स तस्मिँल्लम्बपर्वते तिष्ठँल्लङ्काया वनान्युपवनानि च ददर्श । अपि च स पवनात्मजस्तां लङ्कां नगाग्रे पर्वताग्रस्थितां ददर्श ॥ ८ ॥ अस्यैव प्रपञ्चः—सरलानित्यादि । मुचुलिन्दा जम्बीरा इत्याहुः ॥ ९ ॥ गन्धपूर्णान्गन्धाढ्यान् ॥ १० ॥ ११ ॥ रावणतपोबलात्तस्यां सर्वे वृक्षाः सर्वदा पुष्पिता इति न कोऽप्यविरोधः । आक्रीडाः क्रीडापर्वता इति कतकः । साधारणोद्यानान्याक्रीडा इत्यन्ये । राज्ञामसाधारणान्युद्यानान्याक्रीडा इति तीर्थः ॥ १२ ॥ १३ ॥ समासाद्य लङ्का लङ्कासमीपं प्राप्य वक्ष्यमाणविशेषणां लङ्कां ददर्शेत्यन्वयः ॥ १४ ॥ सीतापहरणात् । सीतां लङ्कायामपहृत्य स्थापनाद्धेतोरित्यर्थः । राक्षसाश्च रक्षणे कारणभूताः ॥ १५ ॥ १६ ॥ प्रतोल्यो रथ्याः । तासां पाण्डुरत्वमुच्चत्वं च तत्रत्यसौधसंबन्धकृतम् । अट्टालकाः प्राकारशिरांसि । पताकाध्वजपटस्तद्युक्तध्वजशोभिताम् ॥ १७ ॥ लतापङ्क्तिस्तदाकारचित्रविशेषस्तया विराजितैः शोभमानैस्तोरणैर्युक्ता देव इन्द्रो देवपुरीममरावतीमिव । अनेन परनगरादिकृतशोभाभावः सूचित इति बोध्यम् ॥ १८ ॥ गिरिमूर्धस्थत्वादाकाशगपुरोपमेयता लङ्कायाः

पालितां राक्षसेन्द्रेण निर्मितां विश्वकर्मणा । प्लवमानामिवाकाशे ददर्श हनुमान्कपिः ॥ २०
वप्रप्राकारजघनां विपुलाम्बुनवाम्बराम् । शतघ्नीशूलकेशान्तामट्टालकावतंसकाम् ॥ २१
मनसेव कृतां लङ्कां निर्मितां विश्वकर्मणा । द्वारमुत्तरमासाद्य चिन्तयामास वानरः ॥ २२
कैलासनिलयप्रख्यमालिखन्तमिवाम्बरम् । ध्रियमाणमिवाकाशमुच्छ्रितैर्भवनोत्तमैः ॥ २३
संपूर्णां राक्षसैर्घोरैर्भुजगैरिव । तस्याश्च महतीं गुप्तिं सागरं च निरीक्ष्य सः ।
रावणं च रिपुं घोरं चिन्तयामास वानरः ॥ २४
आगत्यापीह हरयो भविष्यन्ति निरर्थकाः । नहि युद्धेन वै लङ्का शक्या जेतुं सुरैरपि ॥ २५
इमां त्वविषमां लङ्कां दुर्गां रावणपालिताम् । प्राप्यापि सुमहाबाहुः किं करिष्यति राघवः ॥ २६
अवकाशो न सान्त्वस्य राक्षसेष्वभिगम्यते । न दानस्य न भेदस्य नैव युद्धस्य दृश्यते ॥ २७
चतुर्णामेव हि गतिर्वानराणां तरस्विनाम् । वालिपुत्रस्य नीलस्य मम राज्ञश्च धीमतः ॥ २८
यावज्जानामि वैदेहीं यदि जीवति वा नवा । तत्रैव चिन्तयिष्यामि दृष्ट्वा तां जनकात्मजाम् ॥ २९
ततः स चिन्तयामास मुहूर्तं कपिकुञ्जरः । गिरेः शृङ्गे स्थितस्तस्मिन्रामस्याभ्युदयं ततः ॥ ३०
अनेन रूपेण मया न शक्या रक्षसां पुरी । प्रवेष्टुं राक्षसैर्गुप्ता क्रूरैर्बलसमन्वितैः ॥ ३१
महौजसो महावीर्या बलवन्तश्च राक्षसाः । वञ्चनीया मया सर्वे जानकीं परिमार्गता ॥ ३२
लक्ष्यालक्ष्येण रूपेण रात्रौ लङ्कापुरी मया । प्राप्तकालं प्रवेष्टुं मे कृत्यं साधयितुं महत् ॥ ३३
तां पुरीं तादृशीं दृष्ट्वा दुराधर्षां सुरासुरैः । हनूमांश्चिन्तयामास विनिःश्वस्य मुहुर्मुहुः ॥ ३४
केनोपायेन पश्येयं मैथिलीं जनकात्मजाम् । अदृष्टो राक्षसेन्द्रेण रावणेन दुरात्मना ॥ ३५
न विनश्येत्कथं कार्यं रामस्य विदितात्मनः । एकामेकस्तु पश्येयं रहिते जनकात्मजाम् ॥ ३६
भूताश्चार्था विनश्यन्ति देशकालविरोधिताः । विक्लवं दूतमासाद्य तमः सूर्योदये यथा ॥ ३७
अर्थानर्थान्तरे बुद्धिर्निश्चितापि न शोभते । घातयन्तीह कार्याणि दूताः पण्डितमानिनः ॥ ३८

॥ १९ ॥ गिरिमूर्धस्थत्वादेवाकाशे प्लवमानामिव । लङ्का द्रष्टुर्हनूमत इव तद्वर्णनप्रसक्तस्य कवेराश्चर्यमस्तीत्यतो ददर्शेति पुनरुक्तिर्न दोषाय । विस्मयेन पुनः पुनर्ददर्शेति वा तात्पर्यम् ॥ २० ॥ लङ्कां स्त्रीत्वेन वर्णयति—वप्रेति । वप्रः प्राकाराभ्यन्तरवेदिका तद्युक्तप्राकारजघनाम् । विपुलाम्बु. समुद्रा वनानि चाम्बरं वासो यस्यास्ताम् । अत्राम्बुशब्देन परिखान्तर्जलमिति तीर्थः ॥ २१ ॥ विश्वकर्मणा निर्मिता तेनापि मनसा कृतामिव स्थिताम् । द्वारमुत्तरमासाद्य समुद्रदक्षिणतटे पतनेन तस्यैव प्रथमं प्राप्तेः । चिन्ता वक्ष्यमाणप्रकारा ॥ २२ ॥ कैलासो निलयः स्थानं यस्यालकाद्वारस्य तत्प्रख्यमुत्तरद्वारम् । उच्छ्रितैर्भवनोत्तमैरम्बरमालिखन्तमिव । आकाशे ध्रियमाणमिवाकाशधारणं कुर्वदिव ॥ २३ ॥ एतदग्रे 'संपूर्णां राक्षसैर्घोरैर्भुजङ्गैर्माशीविषैरिव' इति पाठः, इतरत्प्रक्षिप्तमिति कतकः । राक्षसैः संपूर्णां नगरीं महतीं गुप्तिं रिपुं रावणं च सागरं च निरीक्ष्य चिन्तयामास । सादरं चिन्तयामासेत्यर्थः ॥ २४ ॥ चिन्ताप्रकारः—आगत्यापीति । अपिना आगमनस्यैवाशक्यता सूचिता । एवं सागरनिरीक्षणेन सूचिता । सुरैरपि जेतुमशक्या यदतः ॥ २५ ॥ इमां त्विति । अविषमां न विद्यते विषमा यतस्ताम् । प्राप्यापीत्यपिना पदातित्वादागमनमेवाशक्यमिति सूच्यते । किं करिष्यति राघवः । प्रायो राघवस्यापि दुःसाध्येत्यर्थः ॥ २६ ॥ अवकाशो नेति । उपचितार्थाद्बलदर्पितत्वादुत्कर्षस्यात्यन्तकौर्याच्च न सामादीनामवकाश इति भावः ॥ २७ ॥ तर्हि 'आगत्यापीह हरयः' इत्युक्तम्, तदपि सर्ववानरागमनमेव एतदाह—चतुर्णामेवेति ॥ २८ ॥ ननु जानकीजीवनज्ञाने तत्संरक्षणस्य बलाबलादिचिन्ता, अतस्तद्दर्शनचिन्तैव प्रथमं युक्तेत्याह—यावज्जानामीति । 'यावत्पुरा—' इति लट् । ज्ञास्ये इत्यर्थः । तत्रैव जानकीदर्शनविषये एव । प्रथममिति शेषः । प्रथमं तां दृष्ट्वा पश्चाद्यथोचितं तत्तदानीमेव चिन्तयामीति शेषः ॥ २९ ॥ रामस्याभ्युदयं तदभ्युदयहेतुसीतान्वेषणोपायम् ॥ ३० ॥ चिन्ताप्रकारः—अनेनेति ॥ ३१ ॥ ३२ ॥ लक्ष्यं कार्यप्रवृत्त्यानुमेयम् । तच्च तदलक्ष्यं चेन्द्रियागोचरमित्यर्थः । महत्कृत्यं सीतान्वेषणरूपं साधयितुं तेन रूपेण लङ्कापुरीं प्रवेष्टुं प्राप्तकालमुचितम् ॥ ३३ ॥ तेन रूपेणाप्यन्वेषणं कथं घटेतेति पुनश्चिन्तयति—तां पुरीमिति ॥ ३४ ॥ ३५ ॥ नेति । रहिते एकान्ते कथं पश्येयमित्यन्वयः ॥ ३६ ॥ ननु सीतादर्शने किमर्थमेकान्तापेक्षा तत्राह—भूताश्चेति । भूतार्थाः सिद्धप्रायकार्याणि विक्लवं कातरमविमृश्यकारिणं दूतमासाद्य देशकालाभ्यामुचितप्रवृत्तिहीनाभ्यां विरोधिताः सन्तः सूर्योदये तम इव विनश्यन्ति । अतोऽसहायेन मयेतादृशे देशे काले कार्ये न रूपमेव प्रवर्तितव्यमिति भावः ॥ ३७ ॥ न केवलं कार्यहानिः, किं त्वन्यदपि स्यादित्याह—अर्थानर्थान्तरे

न विनश्येत्कथं कार्यं वैक्लव्यं न कथं भवेत् । लङ्घनं च समुद्रस्य कथं नु न भवेद्वृथा ॥ ३९
मयि दृष्टे तु रक्षोभी रामस्य विदितात्मनः । भवेद्व्यर्थमिदं कार्यं रावणानर्थमिच्छतः ॥ ४०
नहि शक्यं क्वचित्स्थातुमविज्ञातेन राक्षसैः । अपि राक्षसरूपेण किमुतान्येन केनचित् ॥ ४१
वायुरप्यत्र नाज्ञातश्चरेदिति मतिर्मम । नह्यत्राविदितं किंचिद्रक्षसां भीमकर्मणाम् ॥ ४२
इहाहं यदि तिष्ठामि स्वेन रूपेण संवृतः । विनाशमुपयास्यामि भर्तुरर्थश्च हास्यति ॥ ४३
तदहं स्वेन रूपेण रजन्यां ह्रस्वतां गतः । लङ्कामभिपतिष्यामि राघवस्यार्थसिद्धये ॥ ४४
रावणस्य पुरीं रात्रौ प्रविश्य सुदुरासदाम् । प्रविश्य भवनं सर्वं द्रक्ष्यामि जनकात्मजाम् ॥ ४५
इति निश्चित्य हनुमान्सूर्यस्यास्तमयं कपिः । आचकाङ्क्षे तदा वीरो वैदेह्या दर्शनोत्सुकः ॥ ४६
सूर्ये चास्तं गते रात्रौ देहं संक्षिप्य मारुतिः । वृषदंशकमात्रोऽथ बभूवाद्भुतदर्शनः ॥ ४७
प्रदोषकाले हनुमांस्तूर्णमुत्पत्य वीर्यवान् । प्रविवेश पुरीं रम्यां प्रविभक्तमहापथाम् ॥ ४८
प्रासादमालाविततां स्तम्भैः काञ्चनसंनिभैः । शातकुम्भनिभैर्जालैर्गन्धर्वनगरोपमाम् ॥ ४९
सप्तभौमाष्टभौमैश्च स ददर्श महापुरीम् । स्थलैः स्फटिकसंकीर्णैः कार्तस्वरविभूषितैः ।
तैस्तैः शुशुभिरे तानि भवनान्यत्र रक्षसाम् ॥ ५०
काञ्चनानि विचित्राणि तोरणानि च रक्षसाम् । लङ्कामुद्योतयामासुः सर्वतः समलंकृताम् ॥ ५१
अचिन्त्यामद्भुताकारां दृष्ट्वा लङ्कां महाकपिः । आसीद्विषण्णो हृष्टश्च वैदेह्या दर्शनोत्सुकः ॥ ५२

स पाण्डुराविद्धविमानमालिनीं महार्हजाम्बूनदजालतोरणाम् ।
यशस्विनीं रावणबाहुपालितां क्षपाचरैर्भीमबलैः सुपालिताम् ॥ ५३
चन्द्रोऽपि साचिव्यमिवास्य कुर्वंस्तारागणैर्मध्यगतो विराजन् ।
ज्योत्स्नावितानेन वितत्य लोकानुत्तिष्ठतेऽनेकसहस्ररश्मिः ॥ ५४

इति । अर्थानर्थान्तरे कार्याकार्यविषये निश्चितापि स्वामिना सचिवैः सह निश्चितापि बुद्धिर्न शोभते । विक्लव दूतमागादिति शेषः । तदेव दर्शयति—घातयन्तीति । एवं सति लोको मत्स्वामिनं बुद्धिशून्यमपि जानीयादित्याशयः ॥ ३८ ॥ यद्येवम्, अतः कार्यं राजकार्यं न विनश्येत् । वैक्लव्यं बुद्धिहीनता । तत्प्रसिद्धिः स्वस्य स्वस्वामिनश्च ॥ ३९ ॥ रावणानर्थं रावणवधम् ॥ ४० ॥ अदर्शनेन संचारश्च सर्वथाशक्य इत्याह—नहीति ॥ ४१ ॥ रक्षसामविदितं रक्षोभिरविदितं न किंचिदस्ति । कृत्रिमरूपमिति शेषः । अतः प्राकृतसहजकपिरूपेणैव स्थातव्यमिति भावः ॥ ४२ ॥ किं च यावदस्तमयं स्वगोपनमेवोचितमित्याह—इहेति । स्वेन रूपेण संवृतः सन्युक्तः सन्निहाहिं देशे च यदि तिष्ठामि तदा स्पष्टं परैरवगम्यमानत्वाद्विनाशमुपयास्यामि भर्तुरर्थहानिश्च । तस्मादासायमत्रैव क्वचिद्गिरिगुहायां निःशङ्कं स्थित्वा रजन्यामपि स्वेन रूपेणैव, परन्तु ह्रस्वतां गतो भूत्वा लङ्कामभिपतिष्यामीत्यन्वयः ॥ ४३ ॥ ४४ ॥ प्रथमतः पुरीं प्रविश्य ततः सर्वं भवनं रावणगृहं प्रविश्य ॥ ४५ ॥ ४६ ॥ वृषान्मूषकान्दशतीति वृषदंशको मार्जारस्तन्मात्रस्तत्प्रमाणः ॥ ४७ ॥ प्रविवेश पुरीमिति प्रवेशपूर्वकान्वेषणसंक्षेपोक्तिः ॥ ४८ ॥ तूर्यान्तरेषु उपलक्षितामिति शेषः ॥ ४९ ॥ सप्तेति । भूमीना सम्हैः सप्तसंख्यावयवयुक्तैरुपलक्षिताम् । स्फटिकसंकीर्णैः । स्फटिकरत्नखचितैः स्थलैरित्यर्थः । स्थलं भूः । 'तलैः' इति पाठेऽपि स एवार्थः । तैस्तैः । प्रासादैरिति शेषः ॥ ५० ॥ रक्षसां तोरणानि रक्षोगृहद्वारस्थतोरणानि ॥ ५१ ॥ अचिन्त्यामशक्यान्वेषणां चिन्ताम् । अयं विषादहेतुः । अद्भुताकारामिति हर्षहेतुः ॥ ५२ ॥ पाण्डुरा सुधाधवला आविद्धा परस्परसंलिद्धा विमानाना सप्तभूमिकप्रासादानां मालास्यामस्तिताम् । प्रविवेशेति शेषः ॥ ५३ ॥ मध्यगतः खमध्यगतः । अनेकसहस्रत्वेनेन पूर्णत्वम् । अनेकं यस्यैव सहस्रत्वेनेन विवरणम् । उत्तिष्ठते । आर्षस्तङ् । ज्योत्स्नावितानेन लोकान्वितत्याचार्य सम्यगवलोकनसाधनतयास्य हनूमतः साचिव्यं साहाय्यं कुर्वन्निव । ननु समध्यगतस्य प्रदोषे उदयोऽष्टम्यां न तदा पूर्णत्वम, पूर्णस्य तु न खमध्यगतस्योदय इति चेन्न । शुक्लैकादश्यां खमध्यसमीपगतत्वेन मध्यगतत्वोपचारात्पूर्णत्वं च पूर्णमल्पत्वेन व्यवहृतम् । यद्वानेकेऽन्यूनाः सहस्रं रश्मयो यस्येति मध्यमपदलोपितत्पुरुषगर्भो बहुव्रीहिः । अतएव रात्रिशेषे हनूमत्यशोकवनिकास्थे सीतासविधे रावणस्यागमनकाले दीपिकावर्णनं कृतम् । तेन हि तदा चन्द्रास्तानुमानम् । सा चेयं मार्गशीर्षस्य । फाल्गुने लङ्कां प्रविष्टायाः सीतायाः 'वर्तते दशमो मासो द्वौ तु शेषौ प्लवंगम' इति हनूमन्तं प्रति वचनात् । हरणादिन एव च सीताया लङ्काप्रवेशनं रामभयादिति

शङ्खप्रभक्षीरमृणालवर्णमुद्गच्छमानं व्यवभासमानम् ।
ददर्श चन्द्रं स कपिप्रवीरः पोप्लूयमानं सरसीव हंसम् ॥ ५५

इत्यार्षे श्रीमद्रामायणे वाल्मीकीय आदिकाव्ये सुन्दरकाण्डे द्वितीयः सर्गः ॥ २ ॥

तृतीयः सर्गः ।

स लम्बशिखरे लम्बे लम्बतोयदसंनिभे । सत्त्वमास्थाय मेधावी हनुमान्मारुतात्मजः ॥ १
निशि लङ्कां महासत्त्वो विवेश कपिकुञ्जरः । रम्यकाननतोयाढ्यां पुरीं रावणपालिताम् ॥ २
शारदाम्बुधरप्रख्यैर्भवनैरुपशोभिताम् । सागरोपमनिर्घोषां सागरानिलसेविताम् ॥ ३
सुपुष्टबलसंपुष्टां यथैव विटपावतीम् । चारुतोरणनिर्यूहां पाण्डुरद्वारतोरणाम् ॥ ४
भुजगाचरितां गुप्तां शुभां भोगवतीमिव । तां सविद्युद्घनाकीर्णां ज्योतिर्गणनिषेविताम् ॥ ५
चण्डमारुतनिर्ह्रादां यथा चाप्यमरावतीम् । शातकुम्भेन महता प्राकारेणाभिसंवृताम् ॥ ६
किङ्किणीजालघोषाभिः पताकाभिरलंकृताम् । आसाद्य सहसा हृष्टः प्राकारमभिपेदिवान् ॥ ७
विस्मयाविष्टहृदयः पुरीमालोक्य सर्वतः । जाम्बूनदमयैर्द्वारैर्वैदूर्यकृतवेदिकैः ॥ ८
मणिस्फटिकमुक्ताभिर्मणिकुट्टिमभूषितैः । तप्तहाटकनिर्यूहै राजतामलपाण्डुरैः ॥ ९
वैदूर्यकृतसोपानैः स्फाटिकान्तरपांसुभिः । चारुसंजवनोपेतैः खमिवोत्पतितैः शुभैः ॥ १०
क्रौञ्चबर्हिणसंघुष्टे राजहंसनिषेवितैः । तूर्याभरणनिर्घोषैः सर्वतः परिनादिताम् ॥ ११
वस्वोकसारप्रतिमां समीक्ष्य नगरीं ततः । खमिवोत्पतितां लङ्कां जहर्ष हनुमान्कपिः ॥ १२
तां समीक्ष्य पुरीं लङ्कां राक्षसाधिपतेः शुभाम् । अनुत्तमामृद्धिमतीं चिन्तयामास वीर्यवान् ॥ १३
नेयमन्येन नगरी शक्या धर्षयितुं बलात् । रक्षिता रावणबलैरुद्यतायुधपाणिभिः ॥ १४
कुमुदाङ्गदयोर्वापि सुषेणस्य महाकपेः । प्रसिद्धेयं भवेद्भूमिर्मैन्दद्विविदयोरपि ॥ १५
विवस्वतस्तनूजस्य हरेश्च कुशपर्वणः । ऋक्षस्य कपिमुख्यस्य मम चैव गतिर्भवेत् ॥ १६
समीक्ष्य च महाबाहो राघवस्य पराक्रमम् । लक्ष्मणस्य च विक्रान्तमभवत्प्रीतिमान्कपिः ॥ १७
तां रत्नवसनोपेतां गोष्ठागारावतंसिकाम् । यन्त्रागारस्तनीमृद्धां प्रमदामिव भूषिताम् ॥ १८

स्पष्टमेव ॥ ५४ ॥ पोप्लूयमानं भृशं प्लवमानम् ॥ ५५ ॥ इति श्रीरामाभिरामे श्रीरामीये रामायणतिलके वाल्मीकीय आदिकाव्ये सुन्दरकाण्डे द्वितीयः सर्गः ॥ २ ॥

लम्बशिखरे उन्नतशिखरे लम्बे लम्बाख्यपर्वते, अत एव लम्बतोयदसंनिभे । सत्त्वं सत्त्वगुणमपेक्षितबलं च । रजस्तमःप्रधानरक्षोजयाय सत्त्वगुणाश्रयणम् । मेधावी कालोचितताचारज्ञः ॥ १ ॥ २ ॥ सागरोपमनिर्घोषां सागरशब्दसदृशरक्षःशब्दवतीम् ॥ ३ ॥ विटपावतीमलकापुरीं । निर्यूहो मत्तवारणः । चारुस्तोरणस्थनिर्यूहो यस्यास्ताम् । पाण्डुरे सुधाधवले द्वारे तोरणं यस्यास्ताम् ॥ ४ ॥ भुजंगाचरिता कृतसंचाराम् । भोगवतीं सर्पनगरीम् । सविद्युद्भिर्घनैर्व्याप्ताम् । ज्योतिषां ग्रहर्क्षादीनां गणैर्निषेवितामित्युत्तरान्वयि ॥ ५ ॥ चण्डमारुतानां परिवहादीनां शब्दो यस्यां तादृशीममरावतीमिव स्थिताम् । अत्रामराः सन्त्यस्यामित्यमरावती द्यौः । असंज्ञायामपि 'मतौ बह्वचः' इत्यार्षो दीर्घः । न त्विहेन्द्रपुर्यमरावती । उक्तलक्षणाभावात् । लङ्कायाः उक्तसादृश्यं च सालंकारराक्षसवत्त्वाद्बलवद्घोषबाहुल्याच्चेति कतकः । शातकुम्भेन स्वर्णमयेन ॥ ६ ॥ किङ्किणीजालैः क्षुद्रघण्टिकासमूहैः शब्दो यासां ताभिः ॥ ७ ॥ वैदूर्यमणिभिः कृता वेदिकाश्चत्वरा येषु तादृशैर्द्वारैः ॥ ८ ॥ मणिस्फटिकमुक्ताभिश्च कृतवेदिकैर्द्वारैः सर्वतः उपलक्षिताम् । कुट्टिमो निबद्धा भूः । निर्यूहो मत्तवारणः । राजतामलपाण्डुरैः रजतमयामलपाण्डुरोपरिप्रदेशैः । सर्वत्र द्वारैर्विशेषणम् ॥ ९ ॥ वैदूर्यमणिभिः कृतानि सोपानानि येषु तैः । स्फाटिकाः स्फटिकरचिता अन्तर्मध्यप्रदेशा अपांसवश्च येषु तैर्द्वारैः । चारुसंजवनैः सभाभिरुपेतैर्द्वारैः खमुत्पतितैरिव शुभैर्गृहैरुपलक्षितैर्द्वारैः ॥ १० ॥ सघुष्टैः कृतघोषैर्द्वारैः ॥ ११ ॥ वस्वोकसारा अलका तत्सदृशीम् । तस्य आर्षः । जाम्बूनदमयगोपुरत्वादिना सादृश्यम् । खमिवोत्पतिताम् । गिरिशृङ्गे प्रतिष्ठितत्वात् ॥ १२ ॥ १३ ॥ १४ ॥ अनेन धर्षयितुमशक्या किम्, सर्वथा नेत्याह—कुमुदेत्यादि । प्रसिद्धा प्रकर्षेण सिद्धगतिका ॥ १५ ॥ कुशपर्वण इति कुशपर्वसदृशलोमवत इत्यर्थकमृक्षस्य विशेषणम् । अतिदीर्घकठोरलोमाग्रत्वात्कपिमुख्यस्येति विशेषणं च । तस्यैव मम चैव गतिः । अस्यामिति शेषः ॥ १६ ॥ रामस्य पराक्रमं लक्ष्मणस्य विक्रान्तं शौर्यं च समीक्ष्येदृश्यपि तदीयबाणैरीषत्करध्वंसेति विचार्य प्रीतिमानभूदविषण्णोऽभूत् ॥ १७ ॥ रत्नवसनोपेता रत्नप्राकारवाससं च । गोष्ठान्यगाराणि चावतंसो यस्यास्ताम् । गोष्ठं गोशाला । इदं वाजिशालादेरप्युपलक्षणम् ।

तां नष्टतिमिरां दीप्तैर्भास्वरैश्च महागृहैः । नगरीं राक्षसेन्द्रस्य स ददर्श महाकपिः ॥ १९
अथ सा हरिशार्दूलं प्रविशन्तं महाकपिम् । नगरी स्वेन रूपेण ददर्श पवनात्मजम् ॥ २०
सा तं हरिवरं दृष्ट्वा लङ्का रावणपालिता । स्वयमेवोत्थिता तत्र विकृताननदर्शना ॥ २१
पुरस्तात्तस्य वीरस्य वायुसूनोरतिष्ठत । मुञ्चमाना महानादमब्रवीत्पवनात्मजम् ॥ २२
कस्त्वं केन च कार्येण इह प्राप्तो वनालय । कथयस्वेह यत्तत्त्वं यावत्प्राणा धरन्ति ते ॥ २३
न शक्यं खल्वियं लङ्का प्रवेष्टुं वानर त्वया । रक्षिता रावणबलैरभिगुप्ता समन्ततः ॥ २४
अथ तामब्रवीद्वीरो हनुमानग्रतः स्थिताम् । कथयिष्यामि तत्तत्त्वं यन्मां त्वं परिपृच्छसे ॥ २५
का त्वं विरूपनयना पुरद्वारेऽवतिष्ठसे । किमर्थं चापि मां क्रोधान्निर्भर्त्सयसि दारुणे ॥ २६
हनुमद्वचनं श्रुत्वा लङ्का सा कामरूपिणी । उवाच वचनं क्रुद्धा परुषं पवनात्मजम् ॥ २७
अहं राक्षसराजस्य रावणस्य महात्मनः । आज्ञाप्रतीक्षा दुर्धर्षा रक्षामि नगरीमिमाम् ॥ २८
न शक्यं मामवज्ञाय प्रवेष्टुं नगरीमिमाम् । अद्य प्राणैः परित्यक्तः स्वप्स्यसे निहतो मया ॥ २९
अहं हि नगरी लङ्का स्वयमेव प्लवंगम । सर्वतः परिरक्षामि अतस्ते कथितं मया ॥ ३०
लङ्काया वचनं श्रुत्वा हनुमान्मारुतात्मजः । यत्नवान्स हरिश्रेष्ठः स्थितः शैल इवापरः ॥ ३१
स तां स्त्रीरूपविकृतां दृष्ट्वा वानरपुंगवः । आबभाषेऽथ मेधावी सत्त्ववान्प्लवगर्षभः ॥ ३२
द्रक्ष्यामि नगरीं लङ्कां साट्टप्राकारतोरणाम् । इत्यर्थमिह संप्राप्तः परं कौतूहलं हि मे ॥ ३३
वनान्युपवनानीह लङ्कायाः काननानि च । सर्वतो गृहमुख्यानि द्रष्टुमागमनं हि मे ॥ ३४
तस्य तद्वचनं श्रुत्वा लङ्का सा कामरूपिणी । भूय एव पुनर्वाक्यं बभाषे परुषाक्षरम् ॥ ३५
मामनिर्जित्य दुर्बुद्धे राक्षसेश्वरपालिताम् । न शक्यं ह्यद्य ते द्रष्टुं पुरीयं वानराधम ॥ ३६
ततः स हरिशार्दूलस्तामुवाच निशाचरीम् । दृष्ट्वा पुरीमिमां भद्रे पुनर्यास्ये यथागतम् ॥ ३७
ततः कृत्वा महानादं सा वै लङ्का भयंकरम् । तलेन वानरश्रेष्ठं ताडयामास वेगिता ॥ ३८
ततः स हरिशार्दूलो लङ्कया ताडितो भृशम् । ननाद सुमहानादं वीर्यवान्मारुतात्मजः ॥ ३९
ततः संवर्तयामास वामहस्तस्य सोऽङ्गुलीः । मुष्टिनाभिजघानैनां हनुमान्क्रोधमूर्छितः ॥ ४०
स्त्री चेति मन्यमानेन नातिक्रोधः स्वयं कृतः । सा तु तेन प्रहारेण विह्वलाङ्गी निशाचरी ।
पपात सहसा भूमौ विकृताननदर्शना ॥ ४१
ततस्तु हनुमान्वीरस्तां दृष्ट्वा विनिपातिताम् । कृपां चकार तेजस्वी मन्यमानः स्त्रियं च ताम् ॥ ४२
ततो वै भृशमुद्विग्ना लङ्का सा गद्गदाक्षरम् । उवाचागर्वितं वाक्यं हनुमन्तं प्लवंगमम् ॥ ४३
प्रसीद सुमहाबाहो त्रायस्व हरिसत्तम । समये सौम्य तिष्ठन्ति सत्त्ववन्तो महाबलाः ॥ ४४

यन्त्राणि प्राकारोपरि स्थापितानि शतघ्न्यादीनि तद्रूपस्तनीम् ॥ १८ ॥ तां प्रविष्टो लङ्काम् । भास्वरैः महागृहैः । चन्द्रकिरणैः ॥ १९ ॥ सा नगरी स्वेन रूपेण अधिष्ठातृदेवतारूपेण युक्ता तं ददर्श ॥ २० ॥ स्वयमेवोत्थिता । अनन्यप्रेरितेति यावत् ॥ २१ ॥ अतिष्ठत स्वनाम्ना प्रकाशितवती ॥ २२ ॥ वनालय वानर, तत्त्वं सत्यम् ॥ २३ ॥ खल्वियं प्रवेष्टुं न शक्यम् । अनुग्रहस्तु राक्षसैरितिवत् । 'न शक्या' इति पाठस्तु सुगम एव ॥ २४ ॥ २५ ॥ अथ तया पृष्टो हनूमांस्तां प्रति तत्प्रश्नोत्तरकथनं प्रतिज्ञाय, पुरद्वारस्था पूज्या वा अधिकारवद्वस्त्री चेति निर्णेतुं पृच्छति — का त्वमिति ॥ २६ ॥ २७ ॥ आज्ञाप्रतीक्षा नियोगपरिपालिका ॥ २८ ॥ २९ ॥ अवतिष्ठसे इत्यस्योत्तरमाह — अहं हीति । स्वयम् । स्वदेवतास्वरूपेणेत्यर्थः ॥ ३० ॥ यत्नवान्, विघ्नानुल्लङ्घनानुगतत्वात्तद्विजयोपायं विचारयन् ॥ ३१ ॥ स्त्रीरूपविकृता विकृतस्त्रीरूपाम् । अथ तत्प्रश्नोत्तरमाह — आबभाषे इति ॥ ३२ ॥ द्रक्ष्यामीत्यर्थमिह संप्राप्त इत्यन्वयः । दर्शनं प्रयोजनमुद्दिश्येत्यर्थः ॥ ३३ ॥ वनं कृत्रिमम्, काननमकृत्रिमम् ॥ ३४ ॥ भूयोऽधिकं परुषाक्षरं वाक्यं पुनर्बभाषे इति संबन्धः ॥ ३५ ॥ ३६ ॥ अनिर्जित्य द्रष्टुं न शक्यमित्युक्तेऽपि कस्यापि वस्तुनोऽग्रहणपूर्वकं केवलं दर्शनमात्रे तव का क्षतिरित्याशयेनाह — ततः स इति । स हनूमान् ॥ ३७ ॥ वेगिता संजातवेगा ॥ ३८ ॥ महानादं ननादेति निर्भयत्वद्योतनम् ॥ ३९ ॥ अङ्गुलीः संवर्तयामास । मुष्टिं बबन्धेत्यर्थः ॥ ४० ॥ वामहस्तमुष्टिबन्धे आशयमाह — स्त्री चेति । तेन प्रहारेण । वाममुष्टिकृतमन्दताडनेनापीत्यर्थः । विकृताननदर्शना विकृतवक्त्रदृष्टिः ॥ ४१ ॥ ४२ ॥ उद्विग्ना भीता । अगर्वितं गर्वरहितम् ॥ ४३ ॥ त्रायस्व । मा प्राणनाशं कुर्वित्यर्थः । तत्र हेतुः — समय इति । स्त्री न हन्तव्येति शास्त्रमर्यादायामित्यर्थः ॥ ४४ ॥

अहं तु नगरी लङ्का स्वयमेव प्लवंगम । निर्जिताहं त्वया वीर विक्रमेण महाबल ॥ ४५
इदं च तथ्यं शृणु मे ब्रुवन्त्या वै हरीश्वर । स्वयं स्वयंभुवा दत्तं वरदानं यथा मम ॥ ४६
यदा त्वां वानरः कश्चिद्विक्रमाद्वशमानयेत् । तदा त्वया हि विज्ञेयं रक्षसां भयमागतम् ॥ ४७
स हि मे समयः सौम्य प्राप्तोऽद्य तव दर्शनात् । स्वयंभूविहितः सत्यो न तस्यास्ति व्यतिक्रमः ॥ ४८
सीतानिमित्तं राज्ञस्तु रावणस्य दुरात्मनः । रक्षसां चैव सर्वेषां विनाशः समुपागतः ॥ ४९
तत्प्रविश्य हरिश्रेष्ठ पुरीं रावणपालिताम् । विधत्स्व सर्वकार्याणि यानि यानीह वाञ्छसि ॥ ५०
प्रविश्य शापोपहतां हरीश्वरः पुरीं शुभां राक्षसमुख्यपालिताम् ।
यदृच्छया त्वं जनकात्मजां सतीं विमार्ग सर्वत्र गतो यथासुखम् ॥ ५१

इत्यार्षे श्रीमद्रामायणे वाल्मीकीये आदिकाव्ये सुन्दरकाण्डे तृतीयः सर्गः ॥ ३ ॥

— —

चतुर्थः सर्गः ।

स निर्जित्य पुरीं लङ्कां श्रेष्ठां तां कामरूपिणीम् । विक्रमेण महातेजा हनूमान्कपिसत्तमः ॥ १
अद्वारेण महावीर्यः प्राकारमवपुप्लुवे । निशि लङ्कां महासत्त्वो विवेश कपिकुञ्जरः ॥ २
प्रविश्य नगरीं लङ्कां कपिराजहितंकरः । चक्रेऽथ पादं सव्यं च शत्रूणां स तु मूर्धनि ॥ ३
प्रविष्टः सत्त्वसंपन्नो निशायां मारुतात्मजः । स महापथमास्थाय मुक्तापुष्पविराजितम् ॥ ४
ततस्तु तां पुरीं लङ्कां रम्यामभिययौ कपिः । हसितोत्कृष्टनिनदैस्तूर्यघोषपुरस्कृतैः ॥ ५
वज्राङ्कुशनिकाशैश्च वज्रजालविभूषितैः । गृहमेधैः पुरी रम्या बभासे द्यौरिवाम्बुदैः ॥ ६
प्रजज्वाल तदा लङ्का रक्षोगणगृहैः शुभैः । सिताभ्रसदृशैश्चित्रैः पद्मस्वस्तिकसंस्थितैः ॥ ७
वर्धमानगृहैश्चापि सर्वतः सुविभूषितैः । तां चित्रमाल्याभरणां कपिराजहितंकरः ॥ ८
राघवार्थं चरञ्श्रीमान्ददर्श च ननन्द च । भवनाद्भवनं गच्छन्ददर्श कपिकुञ्जरः ॥ ९
विविधाकृतिरूपाणि भवनानि ततस्ततः । शुश्राव रुचिरं गीतं त्रिस्थानस्वरभूषितम् ॥ १०
स्त्रीणां मदनविद्धानां दिवि चाप्सरसामिव । शुश्राव काञ्चीनिनदं नूपुराणां च निस्वनम् ॥ ११
सोपाननिनदांश्चापि भवनेषु महात्मनाम् । आस्फोटितनिनादांश्च क्ष्वेडितांश्च ततस्ततः ॥ १२

यद्यप्यहं लङ्काधिष्ठातृदेवतात्वाद्दुर्जया, तथापि त्वया निर्जिता ॥ ४५ ॥ इदं च तथ्यं शृणु । त्वदनुग्रहार्थमुच्यमानमित्यर्थः । वरदानं दत्तम् । कृतमित्यर्थः ॥ ४६ ॥ रक्षसां भयमागतं । एवं च मज्जयोऽयं रावणरक्षोजयसूचक इति भावः ॥ ४७ ॥ न तस्यास्ति व्यतिक्रमः । भगवद्दत्तवरस्य रावणस्य स्वकृताधिक्षेपक्षुभितनन्दिकेश्वरशापान्न सद्यः प्राप्तो विनाशः, स्वयंभूवरवशाद्वानरास्कन्दनपर्यन्तं प्रतिबद्ध इति कथात्रानुसंधेयेति तीर्थः ॥ ४८ ॥ ४९ ॥ विधत्स्वानुतिष्ठ ॥ ५० ॥ शापोपहता सत्यसंकल्पभगवद्वचनेन नन्दिकेश्वरशापेन च प्राप्तनाशकालां हरीश्वरस्त्वं प्रविश्य यदृच्छया सर्वत्र रावणान्तःपुरपर्यन्तं यथासुखं गतः सन्सतीमप्रच्युतपातिव्रत्यां जानकीं विमार्गान्विष्य । अनेन च वचनेन सीताऽन्तःपुरे वर्तत इत्युपदिष्टम् ॥ ५१ ॥ **इति श्रीरामाभिरामे श्रीरामीये रामायणतिलके वाल्मीकीय आदिकाव्ये सुन्दरकाण्डे तृतीयः सर्गः ॥ ३ ॥**

स इति ॥ १ ॥ प्राकारमद्वारेणावपुप्लुवे । शत्रोः पुरं ग्रामं गृहं वा । 'अद्वारेण प्रविशेच्छत्रुविनाशाय' इति नीतिस्मृतेरिति भावः ॥ २ ॥ अद्वारेण प्रवेशेऽपि सव्यं पादं वामपादं प्रथमं [illegible] तु प्रथमं निक्षिप्य । वामपादस्तु शत्रूणां मूर्ध्नि [illegible] ॥ ३ ॥ [illegible] भावः । उक्तं च — 'प्रयाणकाले [illegible] दक्षिणाद्यम् । कृत्वाग्रतः शत्रुपुरप्रवेशे । [illegible] नृपालयम् ॥' इति ॥ ३ ॥ महापथं राजमार्गम् ॥ ४ ॥ हसितरूपोद्घासरूपध्वनयो ये उत्कृष्टनिनदास्तैरपि पुरस्कृतामलंकृताम् ॥ ५ ॥ वज्राणामङ्कुशानां निकाशाः प्रतिमा येषु गृहेषु तत्प्रकाशैः । वज्रमयानि जालानि गवाक्षाणि तैर्भूषितैर्गृहैः ॥ ६ ॥ पद्मादिसंज्ञकः सन्निवेशः संस्थानं येषां तैः ॥ ७ ॥ वर्धमानगृहैः [illegible] गृहैः । चतुःशालं चतुर्द्वारं सर्वतोभद्रनामकम् । पश्चिमद्वाररहितं नन्द्यावर्ताह्वयं तु तत् ॥ दक्षिणद्वाररहितं वर्धमानं धनप्रदम् । प्राग्द्वाररहितं स्वस्तिकाख्यं पुत्रधनप्रदम् ॥' इत्युक्तः । हितकर इत्यार्षः ॥ ८ ॥ चरंस्तान्ददर्शेत्यन्वयः ॥ ९ ॥ विविधाकृतिरूपाणि विविधा आकारा रूपाणि वर्णाश्च येषां तानि भवनानि ददर्शेति पूर्वेणान्वयः । त्रिस्थानस्वरभूषितम् उरःकण्ठशिरोरूपस्थानत्रयगंमन्द्रमध्यतारस्वरैर्भूषितम् ॥ १० ॥ ११ ॥ सोपाननिनदान्सोपानसंचरत्कान्ताजनकाञ्चीमञ्जीरनिनदान् । यद्वा सोपानेषु

शुश्राव जपतां तत्र मन्त्रान्रक्षोगृहेषु वै । स्वाध्यायनिरतांश्चैव यातुधानान्ददर्श सः ॥ १३
रावणस्तवसंयुक्तान्गर्जतो राक्षसानपि । राजमार्गं समावृत्य स्थितं रक्षोगणं महत् ॥ १४
ददर्श मध्यमे गुल्मे राक्षसस्य चरान्बहून् । दीक्षिताञ्जटिलान्मुण्डान्गोजिनाम्बरवाससः ॥ १५
दर्भमुष्टिप्रहरणानग्निकुण्डायुधांस्तथा । कूटमुद्गरपाणींश्च दण्डायुधधरानपि ॥ १६
एकाक्षानेकवर्णांश्च चलदेकपयोधरान् । करालान्भुग्नवक्त्रांश्च विकटान्वामनांस्तथा ॥ १७
धन्विनः खड्गिनश्चैव शतघ्नीमुसलायुधान् । परिघोत्तमहस्तांश्च विचित्रकवचोज्ज्वलान् ॥ १८
नातिस्थूलान्नातिकृशान्नातिदीर्घातिह्रस्वकान् । नातिगौरान्नातिकृष्णान्नातिकुब्जान्न वामनान् ॥ १९
विरूपान्बहुरूपांश्च सुरूपांश्च सुवर्चसः । ध्वजिनः पताकिनश्चैव ददर्श विविधायुधान् ॥ २०
शक्तिवृक्षायुधांश्चैव पट्टिशाशनिधारिणः । क्षेपणीपाशहस्तांश्च ददर्श स महाकपिः ॥ २१
स्रग्विणस्त्वनुलिप्तांश्च वराभरणभूषितान् । नानावेषसमायुक्तान्यथास्वैरचरान्बहून् ॥ २२
तीक्ष्णशूलधरांश्चैव वज्रिणश्च महाबलान् । शतसाहस्रमव्यग्रमारक्षं मध्यमं कपिः ॥ २३
रक्षोधिपतिनिर्दिष्टं ददर्शान्तःपुराग्रतः । स तदा तद्गृहं दृष्ट्वा महाहाटकतोरणम् ॥ २४
राक्षसेन्द्रस्य विख्यातमद्रिमूर्ध्नि प्रतिष्ठितम् । पुण्डरीकावतंसाभिः परिखाभिः समावृतम् ॥ २५
प्राकारावृतमत्यन्तं ददर्श स महाकपिः । त्रिविष्टपनिभं दिव्यं दिव्यनादविनादितम् ॥ २६
वाजिहेषितसंघुष्टमद्भुतैश्च हयैस्तथा । रथैर्यानैर्विमानैश्च तथा हयगजैः शुभैः ॥ २७
वारणैश्च चतुर्दन्तैः श्वेताभ्रनिचयोपमैः । भूषितं रुचिरद्वारं मत्तैश्च मृगपक्षिभिः ॥ २८
रक्षितं सुमहावीर्यैर्यातुधानैः सहस्रशः । राक्षसाधिपतेर्गुप्तमाविवेश गृहं कपिः ॥ २९

स हेमजाम्बूनदचक्रवालं महार्हमुक्तामणिभूषितान्तम् ।
परार्ध्यकालागुरुचन्दनार्हं स रावणान्तःपुरमाविवेश ॥ ३०

इत्यार्षे श्रीमद्रामायणे वाल्मीकीय आदिकाव्ये सुन्दरकाण्डे चतुर्थः सर्गः ॥ ४ ॥

पदाघातजशब्दान् । आस्फोटितं विलासाय करास्फालनं तज्जन्यनिनादान् । क्ष्वेडितान्सिंहनादान् ॥ १२ ॥ मन्त्रान्वेदमन्त्रान् । स्वाध्यायेऽदृष्टार्थं निरतान् ॥ १३ ॥ १४ ॥ मध्यमे गुल्मे मध्यमकक्ष्याप्रदेशे । चरान्नगरवृत्तान्तावेदकगूढचारान् । दीक्षितजटिलमुण्डा गृहिवानप्रस्थयतयः । गोजिनं गवाजिनं तद्वाससः । अम्बरवाससो विवाससः । ननु लङ्कायां भारतखण्डाद्बहिर्भावेन कर्मभूमित्वाभावात्कथं तत्र रक्षसां दीक्षितत्वमिति चेन्न । नित्यकर्मस्वन्यदेशेऽप्यधिकारात् । रावणादेस्तपोमाहात्म्यात्तत्र काम्यकर्मसिद्धिरप्यात्यन्यत् । 'यथा त्वष्टुरसेन्द्रमेव सोममाजह्रे' इत्यादिश्रुतपथोक्तरीत्या । एतेन देवानामपद्धिकृतानपि यज्ञान्दशयन्तीति भाष्यरीत्या चाङ्गवैकल्येऽप्यनुष्ठितात्कर्मणो वृत्रोत्पत्तिरूपकामनासिद्धिस्तथा प्रकृत दशरूपाङ्गवैकल्येऽपि तत्सिद्धिः । रक्षसामपि देवयोनित्वात् ॥ १५ ॥ आरण्यानवारणपूर्वकमनुष्ठाननिर्वाहाय दर्भमुष्टिप्रहरणत्वं केषांचित् । 'यथा वज्रं हरेः पाणौ तथा विप्रकरे कुशाः' इति स्मृतेः । कृत्याद्युत्पादनद्वारा शत्रुमारकत्वादग्निकुण्डानामायुधत्वम् । कूटोऽयस्कारकूट आयुधविशेषः ॥ १६ ॥ एकपयोधरान्परभागे स्तनसामान्येनापि रहितान् । विकटान्विकटाङ्गान् ॥ १७ ॥ १८ ॥ नातिदीर्घातिह्रस्वाकारान् । वृत्तभङ्गो रेफहकारसंयोगपरो गुरुर्लघुकार्यकारीति न ॥ १९ ॥ छन्दोभङ्ग आर्षः ॥ २० ॥ वृक्षायुधा वकलकुठाद्यायुधाः । पट्टिशाशनी आयुधविशेषे । क्षेपणी भिन्दिपालः ॥ २१ ॥ यथास्वैरचरान्यथेष्टं स्वैरविहारगतान् ॥ २२ ॥ अव्यग्रं सावधानम् । आरक्षमासमन्तादन्तःपुररक्षकं सैन्यम् । मध्यमं मध्यमकक्ष्यास्थितम् ॥ २३ ॥ अन्तःपुराग्रतो रावणान्तःपुरगृहस्याग्रतः । तद्गृहमारक्षावस्थितिगृहं दृष्ट्वा । स प्रकृतः प्रसिद्धः कपिः ॥ २४ ॥ राक्षसेन्द्रस्य गृहमुच्यमानविशेषणं ददर्श । पुण्डरीकावतंसाभिः श्वेतपद्मभूषिताभिः ॥ २५ ॥ २६ ॥ विमानैः पुष्पकादिभिः । विचित्रवर्णादिमत्त्वादद्भुतत्वं हयानाम् । हयगजैर्हयाकारैर्गजैः । स्वल्पगजैरिति यावत् ॥ २७ ॥ द्वारमित्यस्य ददर्शेति शेषः ॥ २८ ॥ विवेशाससाद ॥ २९ ॥ हेम तप्तवर्णं स्वर्णं तन्महितेन जाम्बूनदेन षोडशवर्णस्वर्णेन निर्मितं चक्रवालं प्राकारमण्डलं यस्य । महार्हमुक्तामणिभिर्भूषितोऽन्तःशिराभागो यस्य । परार्ध्याभ्यामुत्तमाभ्यां कालागुरुचन्दनाभ्यामर्होऽर्हणं पूजा यस्य तदन्तःपुरमाविवेश । स हनुमान् ॥ ३० ॥ **इति श्रीरामाभिरामे श्रीरामीये रामायणतिलके वाल्मीकीय आदिकाव्ये सुन्दरकाण्डे चतुर्थः सर्गः ॥ ४ ॥**

पञ्चमः सर्गः ।

ततः स मध्यंगतमंशुमन्तं ज्योत्स्नावितानं मुहुरुद्वमन्तम् ।
ददर्श धीमान्भुवि भानुमन्तं गोष्ठे वृषं मत्तमिव भ्रमन्तम् ॥ १
लोकस्य पापानि विनाशयन्तं महोदधिं चापि समेधयन्तम् ।
भूतानि सर्वाणि विराजयन्तं ददर्श शीतांशुमथाभियान्तम् ॥ २
या भाति लक्ष्मीर्भुवि मन्दरस्था यथा प्रदोषेषु च सागरस्था ।
तथैव तोयेषु च पुष्करस्था रराज सा चारुनिशाकरस्था ॥ ३
हंसो यथा राजतपञ्जरस्थः सिंहो यथा मन्दरकंदरस्थः ।
वीरो यथा गर्वितकुञ्जरस्थश्चन्द्रोऽपि बभ्राज तथाम्बरस्थः ॥ ४
स्थितः ककुद्मानिव तीक्ष्णशृङ्गो महाचलः श्वेत इवोर्ध्वशृङ्गः ।
हस्तीव जाम्बूनदबद्धशृङ्गो विभाति चन्द्रः परिपूर्णशृङ्गः ॥ ५
विनष्टशीताम्बुतुषारपङ्को महाग्रहग्राहविनष्टपङ्कः ।
प्रकाशलक्ष्म्याश्रयनिर्मलाङ्को रराज चन्द्रो भगवाञ्शशाङ्कः ॥ ६
शिलातलं प्राप्य यथा मृगेन्द्रो महारणं प्राप्य यथा गजेन्द्रः ।
राज्यं समासाद्य यथा नरेन्द्रस्तथा प्रकाशो विरराज चन्द्रः ॥ ७
प्रकाशचन्द्रोदयनष्टदोषः प्रवृद्धरक्षःपिशिताशदोषः ।
रामाभिरामेरितचित्तदोषः स्वर्गप्रकाशो भगवान्प्रदोषः ॥ ८
तन्त्रीस्वराः कर्णसुखाः प्रवृत्ताः स्वपन्ति नार्यः पतिभिः सुवृत्ताः ।
नक्तंचराश्चापि तथा प्रवृत्ता विहर्तुमत्यद्भुतरौद्रवृत्ताः ॥ ९
मत्तप्रमत्तानि समाकुलानि रथाश्वभद्रासनसंकुलानि ।
वीरश्रिया चापि समाकुलानि ददर्श धीमान्स कपिः कुलानि ॥ १०

अग्रे 'चन्द्रोऽपि साचिव्यमिवास्य कुर्वंस्तारागणैर्मध्यगतो विराजन् । ज्योत्स्नावितानेन निपत्य लोकानुत्तिष्ठतेऽनेकसहस्ररश्मिः ॥ शङ्खप्रभाक्षीरमृणालवर्णं मुद्गम्यमानं व्यवभासमानम् । ददर्श चन्द्रं स कपिप्रवीरः पोप्लूयमानं सरसीव हंसम् ॥' इति श्लोकद्वयं प्रक्षिप्तम् । ततोऽन्तःपुरप्रवेशोत्तरं रात्रेः प्रथमयामस्य समाप्तिकल्पत्वमत्रेति बोध्यम् । मध्यंगतं व्योममध्यं तारामध्यं च प्राप्तम् । अंशुमन्तं शीतांशुम् । भानुमन्तं सूर्ययोगेन प्रकाशवत्किरणवन्तम् । गोष्ठे भ्रमन्तं मत्तं वृषमिव ॥ १ ॥ पापानि पापजनकदुःखानि नाशयन्तम् । लोकाह्लादजनकत्वात् । समेधयन्तं वर्धयन्तम् । विराजयन्तं प्रकाशयन्तम् । अभितो यान्तमन्तःपुरदर्शनसाधनत्वेन खमध्यं प्राप्तम् ॥ २ ॥ भुवि मन्दरस्था भात्यधिकसंनिधाना भवति । पुष्करस्था । अब्जीति शेषः । सेदानी निशाकरस्थेति पर्यायालंकारः । पादचतुष्टये स्था इत्येकपदयमकं च । भुवि मन्दरे प्रदोषे सागरेऽधिकलक्ष्मीसंनिधानमृषिवचनादेवावसेयम् ॥ ३ ॥ हंसो यथेति । किंचिदाधारप्रतिष्ठितशुक्लवस्तुत्वमात्रेणाम्बरस्थचन्द्रे सादृश्यमिति कतकः । कुञ्जरोऽप्यत्र श्वेत एव । अम्बरमपि तत्किरणैरेव श्वेतमिति बोध्यम् । अम्बरस्थोऽम्बरमध्यस्थः ॥ ४ ॥ परिपूर्णशृङ्गः । परिपूर्णकलङ्करूपहरिणशृङ्ग इत्यर्थः । जाम्बूनदबद्धेति स्वरूपकथनमात्रम् ॥ ५ ॥ विनष्टः शीताम्बुतुषाररूपः शीतलजलबिन्दुसंपर्करूपः पङ्को यस्य तम् । तत्त्वं च वर्षाकालस्यातीतत्वाद्धस्तुतो हिमकालेऽपि विनष्टः शीतलजलबिन्दुसपर्करूपः पङ्को यस्य तमित्यर्थः । हिमालयस्यातिदूरत्वादिति भावः । विनष्टेति द्वितीयार्थं प्रथमामङ्गीकृत्येदम् । महाग्रहस्य सूर्यस्य ग्राहेण किरणसंक्रमेण विनष्टो विनाशितः पङ्कस्तमो येन सः, अतएव प्रकाशलक्ष्म्याश्रयेण हेतुना निर्मलाङ्को व्यक्तस्फुरल्लाञ्छनो रराज । गगनमध्यं प्राप्येति शेषः ॥ ६ ॥ शिलातलं गुहाबहिस्थम् ॥ ७ ॥ प्रकाशयुक्तचन्द्रस्योदयेनोर्ध्वमागमनेन नष्टो नाशितोऽन्तर्गृहेऽपि दोषस्तिमिरजो येन तथाभूतः प्रदोषो रजनीमुखं यामादूर्ध्वतनम् । प्रवृद्धा वर्धिता रक्षसां पिशिताशनरूपा दोषा येन । पिशितभक्षणस्य दोषत्वमविहितजीवहिंसाहेतुत्वात् । रामाणामभिरामविषयको रमणविषयक ईरितो निरस्तश्चित्तदोषः प्रणयकलहरूपो येन । स्वर्गस्य सुखस्य प्रकाशो यतः, अतएव भगवान्पूज्यो रराजेत्यनुकर्षः ॥ ८ ॥ सुवृत्ता भेदग्रहाविषयाः । 'स्ववृत्ताः' इति पाठे स्वं स्वीयं सहजपातिव्रत्यलक्षणं वृत्तं चारित्रं यासां ताः । नक्तंचरा उलूकादयो राक्षसाश्च तथा विहर्तुं प्रवृत्ताः ॥ ९ ॥ ऐश्वर्यादिमत्ताः प्रमत्ता मद्यादिना येषु तानि, अतएव समाकुलानि रक्षसां गृहाणि रथाश्वेति सर्वयानोपलक्षणम् । भद्रासनं सर्वो[illegible]

परस्परं चाधिकमाक्षिपन्ति भुजांश्च पीनानधिविक्षिपन्ति ।
मत्तप्रलापानधिविक्षिपन्ति मत्तानि चान्योन्यमधिक्षिपन्ति ॥ ११
रक्षांसि वक्षांसि च विक्षिपन्ति गात्राणि कान्तासु च विक्षिपन्ति ।
रूपाणि चित्राणि च विक्षिपन्ति दृढानि चापानि च विक्षिपन्ति ॥ १२
ददर्श कान्ताश्च समालभन्त्यस्तथापरास्तत्र पुनः स्वपन्त्यः ।
सुरूपवक्त्राश्च तथा हसन्त्यः क्रुद्धाः पराश्चापि विनिःश्वसन्त्यः ॥ १३
महागजैश्चापि तथा नदद्भिः सुपूजितैश्चापि तथा सुसद्भिः ।
राज वीरैश्च विनिःश्वसद्भिर्ह्रदा भुजंगैरिव निःश्वसद्भिः ॥ १४
द्धिप्रधानान्रुचिराभिधानान्संश्रद्दधानाञ्जगतः प्रधानान् ।
नाविधानान्रुचिराभिधानान्ददर्श तस्यां पुरि यातुधानान् ॥ १५
ननन्द दृष्ट्वा स च तान्सुरूपान्नानागुणानात्मगुणानुरूपान् ।
विद्योतमानान्स च तान्सुरूपान्ददर्श कांश्चिच्च पुनर्विरूपान् ॥ १६
ततो वरार्हाः सुविशुद्धभावास्तेषां स्त्रियस्तत्र महानुभावाः ।
प्रियेषु पानेषु च सक्तभावा ददर्श तारा इव सुस्वभावाः ॥ १७
स्त्रियो ज्वलन्तीस्त्रपयोपगूढा निशीथकाले रमणोपगूढाः ।
ददर्श काश्चित्प्रमदोपगूढा यथा विहङ्गा विहगोपगूढाः ॥ १८
अन्याः पुनर्हर्म्यतलोपविष्टास्तत्र प्रियाङ्के सुसुखोपविष्टाः ।
भर्तुः परा धर्मपरा निविष्टा ददर्श धीमान्मदनोपविष्टाः ॥ १९
अप्रावृताः काञ्चनराजिवर्णाः काश्चित्पराध्यास्तपनीयवर्णाः ।
पुनश्च काश्चिच्छशलक्ष्मवर्णाः कान्तप्रहीणा रुचिराङ्गवर्णाः ॥ २०
ततः प्रियान्प्राप्य मनोभिरामान्सुप्रीतियुक्ताः सुमनोभिरामाः ।
गृहेषु हृष्टाः परमाभिरामा हरिप्रवीरः स ददर्श रामाः ॥ २१
चन्द्रप्रकाशाश्च हि वक्त्रमाला वक्राः सुपक्ष्माश्च सुनेत्रमालाः ।
विभूषणानां च ददर्श मालाः शतह्रदानामिव चारुमालाः ॥ २२

पीठम् ॥ १० ॥ आक्षिपन्त्युन्नमय्युन्नम कुर्वन्ति । अधि... विक्षिपन्ति परस्परमित्यनुकर्षः । मत्तप्रलापानधिविक्षि... मुञ्चन्ति भर्त्सयन्ति वा । मत्तानि रक्षांसीत्याकर्षः । अधिक्षिपन्ति तिरस्कुर्वन्ति ॥ ११ ॥ वक्षांसि विक्षिपन्ति परस्परमास्फालयन्ति । गात्राणां हस्तादीनां कान्तासु क्षेपो न्यासः । चित्राणि रूपाणि नानाविधवेषान्विक्षिपन्ति कुर्वन्ति कान्ताप्रीतये संपादयन्ति । धनुषां विक्षेपो विस्फारणम् । ईदृशानि रक्षांसि ददर्श । शत्रन्तान्येतानि ॥ १२ ॥ समालभन्त्यः । चन्दनादीनीति शेषः । द्वितीयार्थे इमाः प्रथमाः । तत्रामं... स्ताश्च ददर्शेति शेषो वा ॥ १३ ॥ सुसद्भिः सुतरां सन्तो विशेषणादयस्ते रराज । पुरमिति शेषः । विनिःश्वसद्भिः । ... स्यापेक्षितयोद्धलाभात् ॥ १४ ॥ बुद्धिः प्रधानं प्रधानगुणो येषाम् । रुचिरमभिधानं वचनं येषाम् । सम्यक्श्रद्दधानाना... त्मिकान् रुचिराभिधानान्रुचिरनाम्नः । नानाप्रकार विधानं वेषादर्येषां तान् ॥ १५ ॥ आत्मगुणानुरूपांस्तदुचितव्यवहारवतः । कांश्चित्पुनर्विरूपानपि विद्योतमानान्सुरूपानिव ददर्शेत्यर्थः ॥ १६ ॥ वरार्हाः श्रेष्ठविभूषणादियोग्या उत्तमोत्तमरूपाश्च । भावाः कटाक्षादयः । अनुभावः प्रभावः । भावोऽन्तः-

...करणम् । ...कः ॥ १७ ॥ ज्वलन्ती रूपसंपदा ज्वलन्तीरिव । ... लज्जा । प्रमदेन दर्पणोपगूढाः संवद्धा यथा विहङ्गाः ...त्यर्थः । इन्द्रनीलमणिमयोर्ध्वगेहेषु नीलनभःसदृश... नात्तत्सादृश्यम् ॥ १८ ॥ भर्तुः परा उत्कृष्टत्वेनाभि... धर्मपरा भर्तृसेवालक्षणधर्मतत्पराः । निविष्टा ...ढाः । ... शिबिरोद्वाहविन्यासेषु' इति कोशः । मदन... विष्टा ... मदनाश्रया इत्यर्थः ॥ १९ ॥ अप्रावृता ... काञ्चनराजिवर्णाः कनकरेखाकाराः । पराध्या... । तपनीयवर्णास्तत्सवर्णवर्णाः । शशलक्ष्मा चन्द्रः । ... कान्तप्र... विप्रयुक्ताः । रुचिराङ्गवर्णाः सुन्दरदेहका... प्रायः ... ददर्श ॥ २० ॥ प्रियान्प्राप्य प्रीतियुक्ता ... सुमनोभिः पुष्पैरभिरामाः, अतएव हृष्टाः । परमया ... स्वस्वकान्तमनोहरा रामा गृहेषु ददर्श । 'प्रसमीक्ष्य ...' इति पाठे प्रियान्प्राप्य तान्समीक्ष्य प्रीतियुक्ता ... रम्यमाणाः, अतएव गृहेषु हृष्टा रामाः । ... ॥ २१ ॥ ... पादपूरकौ । वक्त्रमाला वक्त्र... । सुपक्ष्माः शोभनपक्ष्मयुक्ता नेत्र... माला ... शतह्रदानां माला इव भूषणानां माला ददर्श ।

नन्वेव सीतां परमाभिजातां पथि स्थिते राजकुले प्रजाताम् ।
लतां प्रफुल्लामिव साधुजातां ददर्श तन्वीं मनसाभिजाताम् ॥ २३
सनातने वर्त्मनि संनिविष्टां रामेक्षणीं तां मदनाभिविष्टाम् ।
भर्तुर्मनःश्रीमदनुप्रविष्टां स्त्रीभ्यः पराभ्यश्च सदाविशिष्टाम् ॥ २४
उष्णार्दितां सानुसृतास्रकण्ठीं पुरा वराहोत्तमनिष्ककण्ठीम् ।
सुजातपक्ष्मामभिरक्तकण्ठीं वने प्रवृत्तामिव नीलकण्ठीम् ॥ २५
अव्यक्तरेखामिव चन्द्रलेखां पांसुप्रदिग्धामिव हेमरेखाम् ।
क्षतप्ररूढामिव वर्णरेखां वायुप्रभुग्नामिव हेमरेखाम् ॥ २६
सीतामपश्यन्मनुजेश्वरस्य रामस्य पत्नीं वदतां वरस्य ।
बभूव दुःखोपहतश्चिरस्य प्लवंगमो मन्द इवाचिरस्य ॥ २७

इत्यार्षे श्रीमद्रामायणे वाल्मीकीय आदिकाव्ये सुन्दरकाण्डे पञ्चमः सर्गः ॥ ५ ॥

षष्ठः सर्गः ।

स निकामं विमानेषु विचरन्कामरूपधृक् । विचचार कपिर्लङ्कां लाघवेन समन्वितः ॥ १
आससाद च लक्ष्मीवान्राक्षसेन्द्रनिवेशनम् । प्राकारेणार्कवर्णेन भास्वरेणाभिसंवृतम् ॥ २
रक्षितं राक्षसैर्भीमैः सिंहैरिव महद्वनम् । समीक्षमाणो भवनं चकाशे कपिकुञ्जरः ॥ ३
रूप्यकोपहितैश्चित्रैस्तोरणैर्हेमभूषणैः । विचित्राभिश्च कक्ष्याभिर्द्वारैश्च रुचिरावृतम् ॥ ४
गजास्थितैर्महामात्रैः शूरैश्च विगतश्रमैः । उपस्थितमसंहार्यैर्हयैः स्यन्दनयायिभिः ॥ ५
सिंहव्याघ्रतनुत्राणैर्दान्तकाञ्चनराजतैः । घोषवद्भिर्विचित्रैश्च सदा विचरितं रथैः ॥ ६
बहुरत्नसमाकीर्णं परार्ध्यासनभूषितम् । महारथसमावापं महारथमहासनम् ॥ ७
दृश्यैश्च परमोदारैस्तैस्तैश्च मृगपक्षिभिः । विविधैर्बहुसाहस्रैः परिपूर्णं समन्ततः ॥ ८
विनीतैरन्तपालैश्च रक्षोभिश्च सुरक्षितम् । मुख्याभिश्च वरस्त्रीभिः परिपूर्णं समन्ततः ॥ ९
मुदितप्रमदारत्नं राक्षसेन्द्रनिवेशनम् । वराभरणसंह्रादैः समुद्रस्वननिःस्वनम् ॥ १०

'वक्राक्षिपक्ष्मा' इति पाठेऽक्षिपदमधिकम् । वक्रपक्ष्मा इत्येवोचितम् । पक्ष्मसु वक्रत्वमपि किमित्यपि चिन्त्यम् ॥ २२ ॥ पथि स्थिते धर्ममार्गस्थे । नन्वेव ददर्शेत्यन्वयः । साधुजातामिति लताविशेषणम् । मनसाभिजाता धात्रा मनसा सृष्टाम् ॥ २३ ॥ सनातने वर्त्मन्यविच्छेदप्रवृत्ते पातिव्रत्यमार्गे । राममीक्षते ध्यायति रामेक्षणी ताम् । मदनेन रामविषयेणाभिविष्टां व्याप्ताम् । श्रीमद्भर्तुर्मनोऽनुप्रविष्टाम् । अनेन परस्परानुरागो ध्वनितः ॥ २४ ॥ उष्णार्दितां विरहतापपीडिताम् । अनुसृतास्रेण प्रवृत्तबाष्पेण सह वर्तमानः कण्ठो यस्यास्ताम् । अत्र ङीषार्षः । 'कण्ठाम्' इति वा पाठः । पुरा रामसंनिधिकाले । वराणामुत्तमभूषणानामर्हः, अतएवोत्तमनिष्क उत्तमभूषणः कण्ठो यस्यास्ताम् । अभिरक्तो मधुरस्वरः कण्ठो यस्यास्ताम् । नीलकण्ठी मयूरी ॥ २५ ॥ अव्यक्ताश्रादिना स्पष्टा रेखा रेखाकारो यस्यास्ताम् । प्रदिग्धां रूषिताम् । क्षतप्ररूढां क्षतेन प्ररूढामुन्नतां वर्णरेखां बाणव्रणचिह्नं तद्वद्रामस्येदानीं रावणस्य वा ॥ २६ ॥ चिरस्य । चिरमित्यर्थेऽव्ययम् । चिरमन्विष्याप्यपश्यन्नचिरस्य सद्यो मन्द इवान्वेषणायकुशल इव दुःखोपहतो बभूव । अत्र सर्गे यमकालंकारः ॥ २७ ॥ इति श्रीरामाभिरामे श्रीरामीये रामायणतिलके वाल्मीकीय आदिकाव्ये सुन्दरकाण्डे पञ्चमः सर्गः ॥ ५ ॥

विमानेषु सप्तभूमिप्रासादेषु । लाघवेन शैघ्र्येण ॥ १ ॥ राक्षसेन्द्रनिवेशनमाससाद ॥ २ ॥ चकाशे । चन्द्रसाहित्याज्ज्ञातान्वेषणक्रियो बभूवेत्यर्थः ॥ ३ ॥ रूप्यकं रजतं तेनोपहितैः शोभार्थं लिखितैः ॥ ४ ॥ गजास्थितैर्गजारूढैः । महामात्रैर्हस्तिपकैः । उपस्थितं युक्तम् । असंहार्यैरप्रतिहतवेगैः, स्यन्दनयायिभिः स्यन्दनवाहकैः । प्रशस्ताश्वैरित्यर्थः ॥ ५ ॥ सिंहव्याघ्रतनुत्राणत्वादिरर्थाविशेषणम् । दन्तादिविकारा दन्तादयस्तत्स्थप्रतिमास्ता धरद्भिरिति शेषः । घोषवत्त्वं किङ्किणीभिः ॥ ६ ॥ महतां रथानामावापः स्थानं समन्ताद्यस्मिंस्तत् । महारथानाम् । 'एको दशसहस्राणि योधयेद्यस्तु धन्विनाम् । शस्त्रशास्त्रप्रवीणश्च स महारथ उच्यते ॥' इत्युक्तलक्षणमहारथानां महासनं सदा वासस्थानम् ॥ ७ ॥ दृश्यैर्दर्शनीयैः, अतएव परमोदारैरतिसुन्दरैः ॥ ८ ॥ अन्तपालैः पर्यन्तरक्षकैः ॥ ९ ॥ राक्षसेन्द्राणां महापार्श्वादीनां निवेशनानि यस्मिंस्तत् ।

तद्राजगुणसंपन्नं मुख्यैश्च वरचन्दनैः। महाजनसमाकीर्णं सिंहैरिव महद्वनम्॥ ११
भेरीमृदङ्गाभिरुतं शङ्खघोषविनादितम्। नित्यार्चितं पर्वसुतं पूजितं राक्षसैः सदा॥ १२
समुद्रमिव गम्भीरं समुद्रसमनिःस्वनम्। महात्मनो महद्वेश्म महारत्नपरिच्छदम्॥ १३
महारत्नसमाकीर्णं ददर्श स महाकपिः। विराजमानं वपुषा गजाश्वरथसंकुलम्॥ १४
लङ्काभरणमित्येव सोऽमन्यत महाकपिः। चचार हनुमांस्तत्र रावणस्य समीपतः॥ १५
गृहाद्गृहं राक्षसानामुद्यानानि च सर्वशः। वीक्षमाणोऽप्यसंत्रस्तः प्रासादांश्च चचार सः॥ १६
अवप्लुत्य महावेगः प्रहस्तस्य निवेशनम्। ततोऽन्यत्पुप्लुवे वेश्म महापार्श्वस्य वीर्यवान्॥ १७
अथ मेघप्रतीकाशं कुम्भकर्णनिवेशनम्। विभीषणस्य च तथा पुप्लुवे स महाकपिः॥ १८
महोदरस्य च तथा विरूपाक्षस्य चैव हि। विद्युज्जिह्वस्य भवनं विद्युन्मालेस्तथैव च॥ १९
वज्रदंष्ट्रस्य च तथा पुप्लुवे स महाकपिः। शुकस्य च महावेगः सारणस्य च धीमतः॥ २०
तथा चेन्द्रजितो वेश्म जगाम हरियूथपः। जम्बुमालेः सुमालेश्च जगाम हरिसत्तमः॥ २१
रश्मिकेतोश्च भवनं सूर्यशत्रोस्तथैव च। वज्रकायस्य च तथा पुप्लुवे स महाकपिः॥ २२
धूम्राक्षस्याथ संपातेर्भवनं मारुतात्मजः। विद्युद्रूपस्य भीमस्य घनस्य विघनस्य च॥ २३
शुकनाभस्य चक्रस्य शठस्य कपटस्य च। ह्रस्वकर्णस्य दंष्ट्रस्य लोमशस्य च रक्षसः॥ २४
युद्धोन्मत्तस्य मत्तस्य ध्वजग्रीवस्य सादिनः। विद्युज्जिह्वद्विजिह्वानां तथा हस्तिमुखस्य च॥ २५
करालस्य विशालस्य शोणिताक्षस्य चैव हि। प्लवमानः क्रमेणैव हनुमान्मारुतात्मजः॥ २६
तेषु तेषु महार्हेषु भवनेषु महायशाः। तेषामृद्धिमतामृद्धिं ददर्श स महाकपिः॥ २७
सर्वेषां समतिक्रम्य भवनानि समन्ततः। आससादाथ लक्ष्मीवान्राक्षसेन्द्रनिवेशनम्॥ २८
रावणस्योपशायिन्यो ददर्श हरिसत्तमः। विचरन्हरिशार्दूलो राक्षसीर्विकृतेक्षणाः॥ २९
शूलमुद्गरहस्ताश्च शक्तितोमरधारिणः। ददर्श विविधान्गुल्मांस्तस्य रक्षःपतेर्गृहे॥ ३०
राक्षसांश्च महाकायान्नानाप्रहरणोद्यतान्। रक्ताञ्श्वेतान्सितांश्चापि हरींश्चापि महाजवान्॥ ३१
कुलीनान्रूपसंपन्नान्गजान्परगजारुजान्। शिक्षितान्गजशिक्षायामैरावतसमान्युधि॥ ३२
निहन्तॄन्परसैन्यानां गृहे तस्मिन्ददर्श सः। क्षरतश्च यथा मेघान्स्रवतश्च यथा गिरीन्॥ ३३
मेघस्तनितनिर्घोषान्दुर्धर्षान्समरे परैः। सहस्रं वाहिनीस्तत्र जाम्बूनदपरिष्कृताः॥ ३४
हेमजालैरविच्छिन्नास्तरुणादित्यसंनिभाः। ददर्श राक्षसेन्द्रस्य रावणस्य निवेशने॥ ३५
शिबिका विविधाकाराः स कपिर्मारुतात्मजः। लतागृहाणि चित्राणि चित्रशालागृहाणि च॥ ३६
क्रीडागृहाणि चान्यानि दारुपर्वतकानि च। कामस्य गृहकं रम्यं दिवागृहकमेव च॥ ३७
ददर्श राक्षसेन्द्रस्य रावणस्य निवेशने। स मन्दरसमप्रख्यं मयूरस्थानसंकुलम्॥ ३८

भूषणशब्दैः समुद्रस्वनमदर्शनिस्वनम् ॥ १० ॥ तद्राजगुणसंपन्नं तैः प्रसिद्धै राजभवनगुणैश्छत्रचामरादिभिः संपन्नम्। वरचन्दनैश्च संपन्नमित्यनुकर्षः ॥ ११ ॥ पर्वसु सुतः सोमो यस्मिन्यज्ञार्थं तत्पर्वसुतम्। राक्षसैः सदा पूजितं स्वस्वजनायदैवताकम् ॥ १२ ॥ परिच्छदोऽलंकारः। महात्मनो रावणस्य महद्वेश्म ददर्शेत्यन्वयः ॥ १३ ॥ १४ ॥ अमन्यत। तद्रावणवेश्मेति शेषः। रावणस्य रावणभवनस्य समीपतस्तत्प्राकारप्रदेशेषु ॥ १५ ॥ गृहाद्गृहं राजवेश्म। महाप्राकारान्तर्वर्ति प्रधानरक्षसामेकस्य गृहादपरं गृहमित्यर्थः ॥ १६ ॥ अस्यैव प्रपञ्चः—अवप्लुत्येत्यादि ॥ १७ ॥ १८ ॥ १९ ॥ २० ॥ २१ ॥ २२ ॥ २३ ॥ २४ ॥ विद्युज्जिह्वद्विजिह्वानामिति बहुवचनमार्षम्। तयोरित्यर्थः। 'विद्युज्जिह्वेन्द्रजिह्वानाम्' इति वा पाठान्तरम् ॥ २५ ॥ २६ ॥ २७ ॥ २८ ॥ उपशायिन्यः। 'उपशायोवशायश्च पर्यायशयनार्थकाः'। पर्यायेण शयनस्थानरक्षिका इत्यर्थ इत्याहुः ॥ २९ ॥ गुल्मान्राक्षसीगणगृहान् ॥ ३० ॥ हरीनश्वान् ॥ ३१ ॥ परगजारुजाञ्शत्रुगजानारुजन्ति भञ्जयन्ति तान् ॥ ३२ ॥ ३३ ॥ मेघस्तनितनिर्घोषत्वादिविशिष्टान्गजान्ददर्शेत्यन्वयः। सहस्रं वाहिनीरनेकसेनाः ॥ ३४ ॥ हेमजालैरविच्छिन्नाः सर्वतो भूषिता इति शिबिकाविशेषणम् ॥ ३५ ॥ शिबिका ददर्शेत्यनुकर्षः। चित्रशालागृहाणि चित्रयुक्तशालावन्ति गृहाणि ॥ ३६ ॥ दारुनिर्मिताः क्रीडापर्वता दारुपर्वतकानि। क्लीबत्वमार्षम्। कामस्य गृहकं रतिगृहम्। दिवागृहकं दिनविहारगृहम्। सर्वत्रात्यन्तस्वार्थिकः कन् ॥ ३७ ॥ मयूरस्थानैः क्रीडामयूर-

ध्वजयष्टिभिराकीर्णं ददर्श भवनोत्तमम् । अनन्तरत्ननिचयं निधिजालं समन्ततः ।
धीरनिष्ठितकर्माङ्गं गृहं भूतपतेरिव ॥ ३९
अर्चिर्भिश्चापि रत्नानां तेजसा रावणस्य च । विरराज च तद्वेश्म रश्मिमानिव रश्मिभिः ॥ ४०
जाम्बूनदमयान्येव शयनान्यासनानि च । भाजनानि च शुभ्राणि ददर्श हरियूथपः ॥ ४१
मध्वासवकृतक्लेदं मणिभाजनसंकुलम् । मनोरममसंबाधं कुबेरभवनं यथा ॥ ४२
नूपुराणां च घोषेण काञ्चीनां निःस्वनेन च । मृदङ्गतालनिर्घोषैर्घोषवद्भिर्विनादितम् ॥ ४३
प्रासादसंघातयुतं स्त्रीरत्नशतसंकुलम् । सुव्यूढकक्ष्यं हनुमान्प्रविवेश महागृहम् ॥ ४४

इत्यार्षे श्रीमद्रामायणे वाल्मीकीय आदिकाव्ये सुन्दरकाण्डे षष्ठः सर्गः ॥ ६ ॥

सप्तमः सर्गः ।

स वेश्मजालं बलवान्ददर्श व्यासक्तवैदूर्यसुवर्णजालम् ।
यथा महत्प्रावृषि मेघजालं विद्युत्पिनद्धं सविहंगजालम् ॥ १
निवेशनानां विविधाश्च शालाः प्रधानशङ्खायुधचापशालाः ।
मनोहराश्चापि पुनर्विशाला ददर्श वेश्माद्रिषु चन्द्रशालाः ॥ २
गृहाणि नानावसुराजितानि देवासुरैश्चापि सुपूजितानि ।
सर्वैश्च दोषैः परिवर्जितानि कपिर्ददर्श स्वबलार्जितानि ॥ ३
तानि प्रयत्नाभिसमाहितानि मयेन साक्षादिव निर्मितानि ।
महीतले सर्वगुणोत्तराणि ददर्श लङ्काधिपतेर्गृहाणि ॥ ४
ततो ददर्शोच्छ्रितमेघरूपं मनोहरं काञ्चनचारुरूपम् ।
रक्षोधिपस्यात्मबलानुरूपं गृहोत्तमं ह्यप्रतिरूपरूपम् ॥ ५
महीतले स्वर्गमिव प्रकीर्णं श्रिया ज्वलन्तं बहुरत्नकीर्णम् ।
नानातरूणां कुसुमावकीर्णं गिरेरिवाग्रं रजसावकीर्णम् ॥ ६
नारीप्रवेकैरिव दीप्यमानं तडिद्भिरम्भोधरमर्च्यमानम् ।
हंसप्रवेकैरिव वाह्यमानं श्रिया युतं खे सुकृतं विमानम् ॥ ७
यथा नगाग्रं बहुधातुचित्रं यथा नभश्च ग्रहचन्द्रचित्रम् ।
ददर्श युक्तीकृतचारुमेघचित्रं विमानं बहुरत्नचित्रम् ॥ ८

स्थानैः संकुलं व्याप्तम् ॥ ३८ ॥ निधिजालम् । निधिजालव-
दित्यर्थः । धीरनिष्ठितकर्माङ्गं धीरैर्निर्भयाःस्थरन्चित्तैर्निष्ठितं
निर्वर्तितं कर्मणो निधिरक्षादिकर्मणोऽङ्गं महिषादिबलिरूपं
यस्मिन् । कश्चित्तु—'कर्मान्तम्' इति पठित्वा धीरैर्निष्ठितस्यानु-
ष्ठितस्य कर्मणस्तपोरूपस्यान्तं फलरूपमित्यर्थमाह । भूतपतेर्गृ-
हेश्वरस्य यक्षेश्वरस्य वा ॥ ३९ ॥ ४० ॥ ४१ ॥ मध्वासवयो-
रवान्तरभेदस्ताभ्यां कृतक्लेदम् । आर्द्रमित्यर्थः ॥ ४२ ॥
घोषवद्भिर्मृदङ्गातिरिक्तैरपि घोषवद्भिर्वाद्यैर्विनादितम् ॥ ४३
॥ ४४ ॥ **इति श्रीरामाभिरामे श्रीरामीये रामायणतिलके**
वाल्मीकीय आदिकाव्ये सुन्दरकाण्डे षष्ठः सर्गः ॥ ६ ॥

अथ रावणप्रधानगृहं वर्णयति—स इति । व्यासक्तानि
संबद्धानि वैदूर्यखचितानि च सुवर्णजालानि स्वर्णगवाक्षाणि
यस्मिंस्तत् । सविहंगजालमिति गृहमेघयोर्विशेषणम् ॥ १ ॥
प्रधानैः प्रशस्तैः शङ्खादिभिः शालन्ते शोभन्ते तादृशीर्निवेश-
नानां शाला अवान्तरगृहाणि ददर्श । पुनश्च विशालाश्चन्द्र-
शाला ददर्श । वेश्माद्रिष्वौन्नत्यादद्रितुल्यवेश्मसु । चन्द्रशालाः
शिरोगृहाणि, चन्द्रकान्तमणिबद्धशाला वा ॥ २ ॥ वसु धनम् ।
स्वबलेत्यत्र स्वशब्दो रावणवाची कुबेराद्रावणेन लङ्कायाः
आच्छिद्य गृहीतत्वात् । यद्वा स्वशब्दो हनुमद्वाची स्वबले-
नार्जितानि लब्धप्रवेशानि ॥ ३ ॥ प्रयत्नेनाभितः सम्यगाहि-
तानि यथायोगं स्थापितानि प्रयत्नाभिसमाहितानि । विश्वकर्म-
कृतान्यपि मायया विचित्ररचनादक्षेण मयेन निर्मितानीव ॥ ४ ॥
गृहोत्तमं प्रधानगृहेष्वप्युत्तमम् । अप्रतिरूपरूपं निरुपमरूपम्
॥ ५ ॥ प्रकीर्णं पातितम् । रत्नकीर्णं रत्नपूर्णम् । रजसा पुष्पर-
जसा ॥ ६ ॥ नारीप्रवेकैर्नारीश्रेष्ठैः । इवश्चार्थे । तडिद्भिरर्च्य-
मानं पूज्यमानमम्भोधरं मेघमिव । हंसश्रेष्ठैर्वाह्यमानमुह्यमानं
विमानमिव ॥ ७ ॥ नानावर्णैरयुक्तोऽपि तद्युक्तः कृतो युक्ती-
कृतः स चासौ चारुमेघश्च तद्वद्विचित्रं विमानं पुष्पकाख्यम्

महीं कृता पर्वतराजिपूर्णा शैलाः कृता वृक्षवितानपूर्णाः ।
वृक्षाः कृताः पुष्पवितानपूर्णाः पुष्पं कृतं केसरपत्रपूर्णम् ॥ ९
कृतानि वेश्मानि च पाण्डुराणि तथा सुपुष्पा अपि पुष्करिण्यः ।
पुनश्च पद्मानि सकेसराणि वनानि चित्राणि सरोवराणि ॥ १०
पुष्पाह्वयं नाम विराजमानं रत्नप्रभाभिश्च विघूर्णमानम् ।
वेश्मोत्तमानामपि चोच्चमानं महाकपिस्तत्र महाविमानम् ॥ ११
कृताश्च वैदूर्यमया विहंगा रूप्यप्रवालैश्च तथा विहंगाः ।
चित्राश्च नानावसुभिर्भुजंगा जात्यानुरूपास्तुरगाः शुभाङ्गाः ॥ १२
प्रवालजाम्बूनदपुष्पपक्षाः सलीलमावर्जितजिह्मपक्षाः ।
कामस्य साक्षादिव भान्ति पक्षा कृता विहंगाः सुमुखाः सुपक्षाः ॥ १३
नियुज्यमानाश्च गजाः सुहस्ताः सकेसराश्चोत्पलपत्रहस्ताः ।
बभूव देवी च कृतासुहस्ता लक्ष्मीस्तथा पद्मिनि पद्महस्ता ॥ १४
इतीव तद्गृहमभिगम्य शोभनं सविस्मयो नगमिव चारुकंदरम् ।
पुनश्च तत्परमसुगन्धि सुन्दरं हिमात्यये नगमिव चारुकंदरम् ॥ १५
ततः स तां कपिरभिपत्य पूजितां चरन्पुरीं दशमुखबाहुपालिताम् ।
अदृश्य तां जनकसुतां सुपूजितां सुदुःखितां पतिगुणवेगनिर्जिताम् ॥ १६
ततस्तदा बहुविधभावितात्मनः कृतात्मनो जनकसुतां सुवर्त्मनः ।
अपश्यतो भवदतिदुःखितं मनः सचक्षुषः प्रविचरतो महात्मनः ॥ १७

इत्यार्षे श्रीमद्रामायणे वाल्मीकीये आदिकाव्ये सुन्दरकाण्डे सप्तमः सर्गः ॥ ७ ॥

अष्टमः सर्गः ।

स तस्य मध्ये भवनस्य संस्थितो महद्विमानं मणिरत्नचित्रितम् ।
प्रतप्तजाम्बूनदजालकृत्रिमं ददर्श धीमान्पवनात्मजः कपिः ॥ १
तदप्रमेयप्रतिकारकृत्रिमं कृतं स्वयं साध्विति विश्वकर्मणा ।
दिवं गते वायुपथे प्रतिष्ठितं व्यराजतादित्यपथस्य लक्ष्म तत् ॥ २

॥ ८ ॥ यत्र पुष्पके मही अनेकजनानामाधारस्थानं पर्वतराज्यापूर्णम् । पर्वतादयश्चात्र मणिस्वर्णादिनिर्मिता, न त्विदं चित्ररूपमिति भ्रमितव्यम् । अनन्तवानरसेनाया निर्बाधम् । तत्रावस्थानस्य वक्ष्यमाणत्वात् । किं च स्वामीच्छानुसारेण संकोचविकासौ तस्य वक्ष्यति स्वेच्छया हनुमदृद्दवत् । वितानं समूहः । एकावल्यत्रालंकारः ॥ ९ ॥ कृतानि । अस्य यत्रेत्यादिशेषः ॥ १० ॥ पुष्पाह्वयं नाम ददर्शेत्यन्वयः । वेश्मोत्तमानां देववेश्मभूतविमानानां मध्ये उच्चमानं सामाग्र्यपरमकाष्ठां प्राप्तम ॥ ११ ॥ कृताश्चेति । तत्र विमान इति शेषः । नानावसुभी रूप्यस्वर्णाद्यैः । जात्यानुरूपा जातितुरङ्गसदृशाः । तुरगविशेषणं चैतत् ॥ १२ ॥ प्रवालजाम्बूनदकृतानि पुष्पाणि पक्षेषु येषाम् । आवर्जिताः संकुचिता जिह्मा वक्राः पक्षा येषां ते । साक्षात्कामस्य पक्षा इव येषां पक्षा भान्ति । तदुद्दीपकत्वात् । तादृशा उच्यमानगुणा विहंगास्तत्र कृताः ॥ १३ ॥ नियुज्यमाना व्याप्रियमाणाः । वक्ष्यमाणाया लक्ष्म्या अभिषेक इति शेषः । हस्तः शुण्डा । पद्माकरविहारिगजाकारनिर्माणात्सकेसरत्वमुत्पलपत्रहस्तत्वं च तेषां तादृशा गजास्तत्र कृता बभूवुरिति शेषः । पद्मिनि पद्मवत्सरसि ॥ १४ ॥ इतीवैवंप्रकारं चारुकंदरं चारुगृहं नगमिव पर्वतमिव चारुदर्शनं तद्गृहमभिगम्य सविस्मयः । बभूवेति शेषः । हिमात्यये वसन्ते परमसुगन्धिचारुकंदरं नगमिव वृक्षमिव । कंदरोऽत्र कोटरः । पुनश्चाभिगम्य सविस्मयोऽभूदिति शेषः । परिच्छेदानवगमादिति भावः ॥ १५ ॥ अभिपत्याभिपत्य चरन्संचरन् । पतिगुणवेगनिर्जिता पतिगुणवेगेन पतिगुणनिरन्तरध्यानेन निर्जिता निर्जितदुःखामदृश्यादृष्ट्वा । दुःखितोऽभूदिति शेषः । आर्षो ल्यप् ॥ १६ ॥ बहुविधभावितात्मनो नानाप्रकारेण सर्वजगत्पूजितस्वभावस्य । स्वभाववाच्यात्मशब्दः । कृतात्मनः शिक्षितान्तःकरणस्य । सुवर्त्मनः शोभननीतिमार्गवर्तिनः । सचक्षुषः श्रुतिस्मृतिन्यायरूपचक्षुःसहितस्य ॥ १७ ॥

इति श्रीरामाभिरामे श्रीरामीये रामायणतिलके वाल्मीकीय आदिकाव्ये सुन्दरकाण्डे सप्तमः सर्गः ॥ ७ ॥

अथ विशिष्य पुष्पकं वर्णयितुमाह—स इति । मणिरत्नमणिश्रेष्ठैश्चित्रितं प्रतप्तजाम्बूनदजालानां तन्मयगवाक्षाणां कृत्रिमं कृतिर्यस्मिंस्तत्तस्य भवनस्य रावणगृहस्य मध्ये महद्विमानं पुष्पकं ददर्श ॥ १ ॥ अप्रमेयप्रतिकारकृत्रिममप्रमेयैर-

न तत्र किंचिन्न कृतं प्रयत्नतो न तत्र किंचिन्न महार्घरत्नवत् ।
न ते विशेषा नियताः सुरेष्वपि न तत्र किंचिन्न महाविशेषवत् ॥ ३
तपःसमाधानपराक्रमार्जितं मनःसमाधानविचारचारिणम् ।
अनेकसंस्थानविशेषनिर्मितं ततस्ततस्तुल्यविशेषनिर्मितम् ॥ ४
मनः समाधाय तु शीघ्रगामिनं दुरासदं मारुततुल्यगामि ।
महात्मनां पुण्यकृतां महर्द्धिनां यशस्विनामग्र्यमुदामिवालयम् ॥ ५
विशेषमालम्ब्य विशेषसंस्थितं विचित्रकूटं बहुकूटमण्डितम् ।
मनोभिरामं शरदिन्दुनिर्मलं विचित्रकूटं शिखरं गिरेर्यथा ॥ ६
वहन्ति यत्कुण्डलशोभितानना महाशना व्योमचरा निशाचराः ।
विवृत्तविध्वस्तविशाललोचना महाजवा भूतगणाः सहस्रशः ॥ ७
वसन्तपुष्पोत्करचारुदर्शनं वसन्तमासादपि चारुदर्शनम् ।
स पुष्पकं तत्र विमानमुत्तमं ददर्श तद्वानरवीरसत्तमः ॥ ८

इत्यार्षे श्रीमद्रामायणे वाल्मीकीय आदिकाव्ये सुन्दरकाण्डेऽष्टमः सर्गः ॥ ८ ॥

नवमः सर्गः ।

तस्यालयवरिष्ठस्य मध्ये विमलमायतम् । ददर्श भवनश्रेष्ठं हनुमान्मारुतात्मजः ॥ १
अर्धयोजनविस्तीर्णमायतं योजनं महत् । भवनं राक्षसेन्द्रस्य बहुप्रासादसंकुलम् ॥ २
मार्गमाणस्तु वैदेहीं सीतामायतलोचनाम् । सर्वतः परिचक्राम हनूमानरिसूदनः ॥ ३
उत्तमं राक्षसावासं हनूमानवलोकयन् । आससादाथ लक्ष्मीवान्राक्षसेन्द्रनिवेशनम् ॥ ४
चतुर्विषाणैर्द्विरदैस्त्रिविषाणैस्तथैव च । परिक्षिप्तमसंबाधं रक्ष्यमाणमुदायुधैः ॥ ५
राक्षसीभिश्च पत्नीभी रावणस्य निवेशनम् । आहृताभिश्च विक्रम्य राजकन्याभिरावृतम् ॥ ६
तन्नक्रमकराकीर्णं तिमिंगिलझषाकुलम् । वायुवेगसमाधूतं पन्नगैरिव सागरम् ॥ ७

परिच्छेद्यसौन्दर्यादिभिः प्रतिकारः प्रतिमादिभिः कृत्रिमं चित्रनचित्रशोभम् । पाठान्तरं त्वसांप्रदायिकमिति कतकः । चित्रशोभा च स्वयं साध्विति कृतम् । मणिभिर्निर्मितमित्यर्थः । दिवमाकाशं गतं वायुपथं प्रतिष्ठितम्, वायुपथस्यैवादित्यपथत्वात्तस्य चिह्नभूतम् ॥ २ ॥ तत्र तादृशं किंचिन्न यत्प्रयत्नतो न कृतम्, अपि तु सर्वं प्रयत्नकृतमेवेत्यर्थः । यदवयवजातं महार्घरत्नवन्न बहुमूल्यरत्नवन्न तादृशं किंचिदपि तत्र न । ये विशेषा रचनाविशेषास्तत्र नियताः प्रतिष्ठितास्ते सुरेषु सुरविमानेष्वपि न । महाविशेषो गुणाधिक्यम् ॥ ३ ॥ तपसोपवासादिना समाधानेन भगवति चित्तसमाधानेन लब्धो यः पराक्रमस्तेन रावणार्जितम् । मनःसमाधानेन यत्र विचारो गमनस्य तत्र संचरणशीलं मनःसंकल्पितदेशगमनशीलम् । संस्थानविशेषा रचनाविशेषाः । ततस्ततस्तस्मात्तस्मादाह्नेन तुल्येन दिव्यविमाननिर्माणोचितेन विशेषेण विशिष्टपदार्थेन निर्मितम् ॥ ४ ॥ मनः समाधाय स्वामिमनोऽनुरुध्य तु शीघ्रगामित्वादिधर्मकं दुरासदम् । पापिभिरिति शेषः । 'दुरावरम्' इति पाठे शत्रुभिर्दुर्निवारमित्यर्थः । महर्द्धिनाम् । दीर्घाभावश्छान्दसः । एवं तुल्यगामिनमित्यत्र पुंस्त्वम् । विमानशब्दोऽर्धर्चादिर्वा । अग्र्यमुदां महासुखानां पुण्यकृतामिवालयमास्पदम् । इवशब्द एवार्थे । अत्र तस्यान्येनान्त्येऽपि तदीममालिदैवतार्थाश्रितत्वादिति बोध्यम् ॥ ५ ॥ विशेषं गतिविशेषमालम्ब्य । विशेषे व्योमलक्षणदेशविशेषे संस्थितम् । विचित्राणामाश्चर्यवस्तूनां कूटं समवायभूतम् । बहुभिः कूटैः शालाभिर्मण्डितम् । गिरेर्विचित्रावान्तरशृङ्गवच्छिखरमिव ॥ ६ ॥ उच्यमानविशेषणा भूतगणा यद्वहन्ति तद्विमानं तत्र ददर्शेत्यन्वयः । विवृत्तानि विघूर्णानि विध्वस्तानि त्यक्तनिमेषाणि विशालानि लोचनानि येषाम् । निशाचरा निशास्वप्यहर्विशेषं चरन्ति ते ॥ ७ ॥ वसन्तपुष्पोत्करचारुदर्शनं वसन्तकालिकपुष्पसमूहेन चारुदर्शनम् ॥ ८ ॥

इति श्रीरामाभिरामे श्रीरामीये रामायणतिलके वाल्मीकीय आदिकाव्ये सुन्दरकाण्डेऽष्टमः सर्गः ॥ ८ ॥

तस्येति । आलयवरिष्ठस्य लङ्कामध्यवर्तिनो गृहसमूहवतो महागृहस्य ॥ १ ॥ अर्धयोजनविस्तीर्णं तिर्यक्प्रमाणम् ॥ २ ॥ ॥ ३ ॥ आवासं बहुराक्षससाधारणं वासस्थानम् । राक्षसेन्द्रनिवेशनं तन्मात्रवासस्थानम् ॥ ४ ॥ परिक्षिप्तं युक्तम् । ईदृशगजादिसत्त्वेऽप्यसंबाधत्वेनातिविस्तृतत्वं सूच्यते ॥ ५ ॥ राक्षसीभी राक्षसजातिजाभिः पत्नीभिरावृतम् । तथा विक्रम्याहृताभी राजकन्याभिश्चावृतम् ॥ ६ ॥ पन्नगैर्युतं सागरमिव

या हि वैश्रवणे लक्ष्मीर्या चन्द्रे हरिवाहने । सा रावणगृहे रम्या नित्यमेवानपायिनी ॥ ८
या च राज्ञः कुबेरस्य यमस्य वरुणस्य च । तादृशी तद्विशिष्टा वा ऋद्धी रक्षोगृहेष्विह ॥ ९
तस्य हर्म्यस्य मध्यस्थवेश्म चान्यत्सुनिर्मितम् । बहुनिर्यूहसंयुक्तं ददर्श पवनात्मजः ॥ १०
ब्रह्मणोऽर्थे कृतं दिव्यं दिवि यद्विश्वकर्मणा । विमानं पुष्पकं नाम सर्वरत्नविभूषितम् ॥ ११
परेण तपसा लेभे यत्कुबेरः पितामहात् । कुबेरमोजसा जित्वा लेभे तद्राक्षसेश्वरः ॥ १२
ईहामृगसमायुक्तैः कार्तस्वरहिरण्मयैः । सुकृतै राजितं स्तम्भैः प्रदीप्तमिव च श्रिया ॥ १३
मेरुमन्दरसंकाशैरुल्लिखद्भिरिवाम्बरम् । कूटागारैः शुभागारैः सर्वतः समलंकृतम् ॥ १४
ज्वलनार्कप्रतीकाशैः सुकृतं विश्वकर्मणा । हेमसोपानयुक्तं च चारुप्रवरवेदिकम् ॥ १५
जालवातायनैर्युक्तं काञ्चनैः स्फाटिकैरपि । इन्द्रनीलमहानीलमणिप्रवरवेदिकम् ॥ १६
विद्रुमेण विचित्रेण मणिभिश्च महाधनैः । निस्तुलाभिश्च मुक्ताभिस्तलेनाभिविराजितम् ॥ १७
चन्दनेन च रक्तेन तपनीयनिभेन च । सुपुण्यगन्धिना युक्तमादित्यतरुणोपमम् ॥ १८
विमानं पुष्पकं दिव्यमारुरोह महाकपिः । तत्रस्थः सर्वतो गन्धं पानभक्ष्यान्नसंभवम् ॥ १९
दिव्यं संमूर्च्छितं जिघ्रन्रूपवन्तमिवानिलम् । स गन्धस्तं महासत्त्वं बन्धुर्बन्धुमिवोत्तमम् ॥ २०
इत एहीत्युवाचेव तत्र यत्र स रावणः । ततस्तां प्रस्थितः शालां ददर्श महतीं शिवाम् ॥ २१
रावणस्य महाकान्तां कान्तामिव वरस्त्रियम् । मणिसोपानविकृतां हेमजालविराजिताम् ॥ २२
स्फाटिकैरावृततलां दन्तान्तरितरूपिकाम् । मुक्तावज्रप्रवालैश्च रूप्यचामीकरैरपि ॥ २३
विभूषितां मणिस्तम्भैः सुबहुस्तम्भभूषिताम् । समैर्ऋजुभिरत्युच्चैः समन्तात्सुविभूषितैः ॥ २४
स्तम्भैः पक्षैरिवात्युच्चैर्दिवं संप्रस्थितामिव । महत्या कुथयास्तीर्णां पृथिवीलक्षणाङ्कया ॥ २५
पृथिवीमिव विस्तीर्णां सराष्ट्रगृहशालिनीम् । नादितां मत्तविहगैर्दिव्यगन्धाधिवासिताम् ॥ २६
परार्ध्यास्तरणोपेतां रक्षोधिपनिषेविताम् । धूम्रामगरुधूपेन विमलां हंसपाण्डुराम् ॥ २७
पत्रपुष्पोपहारेण कल्माषीमिव सुप्रभाम् । मनसो मोदजननीं वर्णस्यापि प्रसाधिनीम् ॥ २८

नन्पश्यति स्म ॥ ७ ॥ लक्ष्मीः शोभा । रावणगृहे लङ्कायाम् ॥ ८ ॥ ऋद्धिरैश्वर्यं तद्विशिष्टा ततोऽप्यधिका ॥ ९ ॥ तस्य हर्म्यस्यार्धयोजनविस्तीर्णत्वादिधर्मणः । वेश्म सस्त्रीकशयनगृहमिति कतकः । वेश्म पुष्पकाख्यमिति तीर्थः । अत्र तीर्थव्याख्या ज्यायसी । निर्यूहो मत्तवारणः ॥ १० ॥ पुनर्हनुमदारोहणोपयोगितया पुष्पकं वर्णयति—ब्रह्मणोऽर्थ इति । भगवतो लीलाफलकमित्यर्थः ॥ ११ ॥ १२ ॥ कार्तस्वरहिरण्ये स्वर्णजातिविशेषौ । रूप्यस्वर्णे इति कश्चित् । ईहामृगो वृकस्तत्प्रतिमायुक्तैः ॥ १३ ॥ कूटागारैरुपरिस्थगृहैः । शुभागारैर्विहारयोग्यगृहैः ॥ १४ ॥ चार्वर्थः सुन्दराः प्रवराः श्रेष्ठा वेदिका यस्मिंस्तत् ॥ १५ ॥ जालवातायनयोः काञ्चनकार्तस्वरयोर्मध्यासत्त्वयोश्च कंचिद्भेदं परिकल्प्य निर्वाहः । एवमिन्द्रनीलमहानीलयोरपि ॥ १६ ॥ निस्तुलाभिरतुलाभिर्निरुपमाभिर्वा । तलेन कुट्टिमप्रदेशेन ॥ १७ ॥ आदित्यतरुणोपमं तरुणादित्यसदृशम् ॥ १८ ॥ तत्रस्थः पुष्पकविमानस्थः ॥ १९ ॥ संमूर्च्छितं व्याप्तं गन्धवहमनिलमपि तद्गन्धेन रूपवन्तमिव गन्धद्रव्यरूपमिव । तद्वायुसंबन्धात्स गन्धः स्वयं महासत्त्वमुत्तमं बन्धुं बन्धुरिव जिघ्रन्नभूत् । गन्धापारोदयात्तद्वायुरप्यपरोक्ष इवाभूत् ॥ २० ॥ यत्र स रावणस्तत्र स्थाने इत एहीत्युवाचेव । उक्तगुणवायुः कर्ता । दिव्यगन्धेन रावणशयनगृहं ज्ञापितवानित्यर्थः । ततस्तस्मात्पुष्पकादवरुह्य गन्धानुमितां तां रावणशयनशालां प्रस्थितस्तां शालां ददर्श । ननु पुष्पकस्थैव सा शाला तत इत्यस्य तदनन्तरमित्यर्थ इति, तच्चिन्त्यम् । प्रस्थित इति पदस्वारस्यात् । अर्धयोजनविस्तीर्णमित्यादिना गृहालयप्रदर्शनोपक्रमाच्च । गृहालयं दृष्ट्वा तद्बहिःस्थं पुष्पकमन्विष्य तस्य एव रावणशयनगृहं तद्गृहवर्त्यनुमाय पुष्पकादवरुह्य तं प्रति स्थितस्तां ददर्शेत्येव न्याय्यमिति कतकः । तीर्थव्याख्यानोक्ता व्याख्यैव युक्तेति मम भाति । 'अवतीर्य विमानाच्च हनुमान्मारुतात्मजः' इत्यग्रे उपसंहारात् ॥ २१ ॥ महाकान्तामतिरमणीयामित्यर्थकं शालाविशेषणम् । कान्ता कमनीयाम् । तां शालामेव विशिनष्टि 'मणि—' इत्यादिना 'श्रियः संजननीमिव' इत्यन्तेन । मणिकृतसोपानानि विशेषेण कृतानि यस्याम् ॥ २२ ॥ तलं कुट्टिमभूः । दन्तान्तरितरूपिकामिति दन्तैरन्तरितानि मध्ये मध्ये निर्मितानि रूपाणि यस्यां सा । चामीकरैरप्यन्तरितरूपिकामित्यनुकर्षः ॥ २३ ॥ बहुत्वबोधनाय पुनः स्तम्भानुवादः । बहुत्वं च विपुलत्वम् । समन्तात्सुविभूषितैः । रत्नादिभिरिति शेषः ॥ २४ ॥ अत्युच्चैः पक्षैरिवात्युच्चस्तम्भैर्दिवं संप्रस्थितामिवेत्युत्प्रेक्षात्र । कुथया विशालविचित्रकम्बलास्तरणेन । पृथिवीलक्षणं चतुरस्रत्वम् ॥ २५ ॥ सराष्ट्रगृहशालिनीमिति पृथिवीविशेषणम् ॥ २६ ॥ हंसपाण्डुरां हंसवत्पाण्डुराम् ॥ २७ ॥ कल्माषी शबलवर्णा वसिष्ठगौः । अनेन सर्वानन्ददायित्वं रिपूणामधृष्यत्वं

तां शोकनाशनीं दिव्यां श्रियः संजननीमिव । इन्द्रियाणीन्द्रियार्थैस्तु पञ्चपञ्चभिरुत्तमैः ॥ २९
तर्पयामास मातेव तदा रावणपालिता । स्वर्गोऽयं देवलोकोऽयमिन्द्रस्यापि पुरी भवेत् ।
सिद्धिर्वेयं परा हि स्यादित्यमन्यत मारुतिः ॥ ३०
प्रध्यायत इवापश्यत्प्रदीपांस्तत्र काञ्चनान् । धूर्तानिव महाधूर्तैर्देवनेन पराजितान् ॥ ३१
दीपानां च प्रकाशेन तेजसा रावणस्य च । अर्चिर्भिर्भूषणानां च प्रदीप्तेत्यभ्यमन्यत ॥ ३२
ततोऽपश्यत्कुथासीनं नानावर्णाम्बरस्रजम् । सहस्रं वरनारीणां नानावेषविभूषितम् ॥ ३३
परिवृत्तेऽर्धरात्रे तु पाननिद्रावशंगतम् । क्रीडित्वोपरतं रात्रौ प्रसुप्तं बलवत्तदा ॥ ३४
तत्प्रसुप्तं विरुरुचे निःशब्दान्तरभूषितम् । निःशब्दहंसभ्रमरं यथा पद्मवनं महत् ॥ ३५
तासां संवृतदान्तानि मीलिताक्षाणि मारुतिः । अपश्यत्पद्मगन्धीनि वदनानि सुयोषिताम् ॥ ३६
प्रबुद्धानीव पद्मानि तासां भूत्वा क्षपाक्षये । पुनः संवृतपत्राणि रात्राविव बभुस्तदा ॥ ३७
इमानि मुखपद्मानि नियतं मत्तषट्पदाः । अम्बुजानीव फुल्लानि प्रार्थयन्ति पुनः पुनः ॥ ३८
इति वामन्यत श्रीमानुपपत्त्या महाकपिः । मेने हि गुणतस्तानि समानि सलिलोद्भवैः ॥ ३९
सा तस्य शुशुभे शाला ताभिः स्त्रीभिर्विराजिता । शारदीव प्रसन्ना द्यौस्ताराभिरभिशोभिता ॥ ४०
स च ताभिः परिवृतः शुशुभे राक्षसाधिपः । यथा ह्युडुपतिः श्रीमांस्ताराभिरिव संवृतः ॥ ४१
याश्च्यवन्तेऽम्बरात्ताराः पुण्यशेषसमावृताः । इमास्ताः संगताः कृत्स्ना इति मेने हरिस्तदा ॥ ४२
ताराणामिव सुव्यक्तं महतीनां शुभार्चिषाम् । प्रभावर्णप्रसादाश्च विरेजुस्तत्र योषिताम् ॥ ४३
व्यावृत्तकचपीनस्रक्प्रकीर्णवरभूषणाः । पानव्यायामकालेषु निद्रोपहतचेतसः ॥ ४४
व्यावृत्ततिलकाः काश्चित्काश्चिदुद्भ्रान्तनूपुराः । पार्श्वे गलितहाराश्च काश्चित्परमयोषितः ॥ ४५
मुक्ताहारवृताश्चान्याः काश्चित्प्रस्रस्तवाससः । व्याविद्धरशनादामाः किशोर्य इव वाहिताः ॥ ४६
अकुण्डलधराश्चान्या विच्छिन्नमृदितस्रजः । गजेन्द्रमृदिताः फुल्ला लता इव महावने ॥ ४७
चन्द्रांशुकिरणाभाश्च हाराः कासांचिदुद्गताः । हंसा इव बभुः सुप्ताः स्तनमध्येषु योषिताम् ॥ ४८

च सर्वमनोरथपूरकत्वं च सूच्यते । वपुष्य देहकान्ते प्रकाशिनी संपादिकाम् ॥ २८ ॥ तां शालां ददर्शेति पूर्वेण संबन्धः । पञ्चभिरिन्द्रियार्थैः शब्दस्पर्शरूपरसगन्धैः । पञ्चेन्द्रियाणि श्रोत्रत्वक्चक्षूरसनघ्राणानि । तर्पयामास । हनुमन्तमिति शेषः । रावणपालिता । शालेति शेषः । स्वर्गो ज्योतिष्टोमादिकफलभोगभूमिः । देवलोको वायुवरुणादिलोकः । इन्द्रस्य पुरी अमरावती ॥ २९ ॥ परा सिद्धिः गान्धर्वादिसिद्धिः, तत्स्थानमित्यर्थः ॥ ३० ॥ प्रध्यायतः ध्यानानष्ठान । धूर्तोऽक्षदेवनस्तत्रातिसमर्थो महाधूर्तः । महाधूर्तेन देवनेन पराजितो हि धूर्तो धननाशाद्ध्यायन्निवास्ते । काञ्चनान्दीपान्काञ्चनदीपस्तम्भस्थदीपान् । विपुलदीपाग्रे क्षुद्रदीपप्रभा इव रावणतेजोऽभिभूतानपश्यदित्यर्थः ॥ ३१ ॥ प्रदीप्ताऽभिज्वालाज्वालिता । अनेनाप्यमोऽग्निदाहः सूचितः ॥ ३२ ॥ कुथासीनमास्तीर्णकुथायां शयानम् ॥ ३३ ॥ बलवत्प्रसुप्तमपश्यदित्यनुकर्षः ॥ ३४ ॥ तत्प्रसुप्तं प्रसुप्तजनं रावणगृहं निःशब्दान्तरैर्निर्गतस्वस्वशब्दभेदैर्नूपुरसिञ्जिन्यादिभिर्भूषितम् ॥ ३५ ॥ निद्रितत्वात्संवृतानि संवृतपक्ष्माणि तादृशानि च तानि दान्तानि ग्लानानि मीलिताक्षाण्यतिसंवृतपक्ष्माणि । स्वर्गदेवलोकादेरिव संवृतमीलितयोरपि भेदो बोध्यः । यद्वा संवृतदान्तानीत्यस्यैव व्याख्यानं निमीलिताक्षाणीति । यद्वा संवृतत्वमोष्ठयोः ॥ ३६ ॥ क्षपाक्षये पद्मानीव प्रबुद्धानि भूत्वा पुना रात्रौ संवृतपत्राणि पद्मानीव बभुरित्यन्वयः ॥ ३७ ॥ मुखानि **दृष्ट्वा हनुमतो** जाता संभावनामाह—इमानीति । फुल्लानि **प्रार्थयन्तीत्य**न्वयः । नियतं नित्यम् ॥ ३८ ॥ उपपत्त्या **युक्त्या । सलिलोद्भवैः** पद्मैः ॥ ३९ ॥ ४० ॥ ४१ ॥ **पुण्यशेषसमावृतास्त**दुक्ताः संगताः एकदेशमिलिताः । अनेन सौन्दर्यात्युक्तिरूपोऽप्युक्तोऽलंकारः ॥ ४२ ॥ तदेवाह—ताराणामिति । **प्रभा देह**कान्तिः । वर्णो रूपम् । प्रसादस्त्वौज्ज्वल्यम् ॥ ४३ ॥ व्यावृत्ताः कचाः पीनस्रजश्च यासां ताश्च । **प्रकीर्णानीतस्ततः** स्रस्तानि वरभूषणानि यासां ताः । **पानव्यायामकालेषु** पानानन्तरकालिकगाननृत्यरत्यादिक्रीडाकालेषूक्तगुणाः, अतएव **श्रमा**न्निद्रोपहतचेतसः ॥ ४४ ॥ उक्तं भूषणप्रकिरणमेव **प्रपञ्च**यति—व्यावृत्तेति । उद्भ्रान्ताः स्वस्थानात्स्खलिता नूपुरा **यासां** ताः । पार्श्वे एकस्मिन्गलिता विस्रस्ता हारा यासां ताः ॥ ४५ ॥ मुक्ताहारैर्वृताः छिन्नमुक्ताहाराः । व्याविद्धं विक्षिप्तं **रशनादाम** काञ्चीगुणो यासां ताः । एवं भूषणबन्धराहित्येन **शयने** उपमा । वाहिताः किशोर्य इव कृतभारवहनाः **श्रान्ताः** किशोर्यो वडवा यथाध्वश्रमापनयनाय लुण्ठनेन **व्यत्यस्तपल्यय**नबन्धाः शेरते तद्वत् ॥ ४६ ॥ **अकुण्डलधराः कुण्डलधारण**रहिताः । गलितकुण्डला इति यावत् । विच्छिन्ना **आमृदि**ताश्च स्रजो यासां ताः । अत्र रेजुरित्यनुकर्षः ॥ ४७ ॥ अंशवः प्रभाः, किरणास्तदाधाराः । **अंशवः सूक्ष्मरश्मयः ।**

अपरासां च वैदूर्याः कादम्बा इव पक्षिणः । हेमसूत्राणि चान्यासां चक्रवाका इवाभवन् ॥ ४९
हंसकारण्डवोपेताश्चक्रवाकोपशोभिताः । आपगा इव ता रेजुर्जघनैः पुलिनैरिव ॥ ५०
किङ्किणीजालसंकाशास्ता हेमविपुलाम्बुजाः । भावग्राहा यशस्तीराः सुप्ता नद्य इवाबभुः ॥ ५१
मृदुष्वङ्गेषु कासांचित्कुचाग्रेषु च संस्थिताः । बभूवुर्भूषणानीव शुभा भूषणराजयः ॥ ५२
अंशुकान्ताश्च कासांचिन्मुखमारुतकम्पिताः । उपर्युपरि वक्त्राणां व्याधूयन्ते पुनः पुनः ॥ ५३
ताः पताका इवोद्धूताः पत्नीनां रुचिरप्रभाः । नानावर्णसुवर्णानां वक्त्रमूलेषु रेजिरे ॥ ५४
ववल्गुश्चात्र कासांचित्कुण्डलानि शुभार्चिषाम् । मुखमारुतसंकम्पैर्मन्दं मन्दं च योषिताम् ॥ ५५
शर्करासवगन्धः स प्रकृत्या सुरभिः सुखः । तासां वदननिःश्वासः सिषेवे रावणं तदा ॥ ५६
रावणाननशङ्काश्च काश्चिद्रावणयोषितः । मुखानि च सपत्नीनामुपाजिघ्रन्पुनः पुनः ॥ ५७
अत्यर्थं सक्तमनसो रावणे ता वरस्त्रियः । अस्वतन्त्राः सपत्नीनां प्रियमेवाचरंस्तदा ॥ ५८
बाहू उपनिधायान्याः पारिहार्यविभूषिताः । अंशुकानि च रम्याणि प्रमदास्तत्र शिश्यिरे ॥ ५९
अन्या वक्षसि चान्यस्यास्तस्याः काचित्पुनर्भुजम् । अपरा त्वङ्कमन्यस्यास्तस्याश्चाप्यपरा कुचौ ॥ ६०
ऊरुपार्श्वकटीपृष्ठमन्योन्यस्य समाश्रिताः । परस्परनिविष्टाङ्ग्यो मदस्नेहवशानुगाः ॥ ६१
अन्योन्यस्याङ्गसंस्पर्शात्प्रीयमाणाः सुमध्यमाः । एकीकृतभुजाः सर्वाः सुषुपुस्तत्र योषितः ॥ ६२
अन्योन्यभुजसूत्रेण स्त्रीमाला ग्रथिता हि सा । मालेव ग्रथिता सूत्रे शुशुभे मत्तषट्पदा ॥ ६३
लतानां माधवे मासि फुल्लानां वायुसेवनात् । अन्योन्यमालाग्रथितं संसक्तकुसुमोच्चयम् ॥ ६४
प्रतिवेष्टितसुस्कन्धमन्योन्यभ्रमराकुलम् । आसीद्वनमिवोद्धूतं स्त्रीवनं रावणस्य तत् ॥ ६५
उचितेष्वपि सुव्यक्तं न तासां योषितां तदा । विवेकः शक्यमाधातुं भूषणाङ्गाम्बरस्रजाम् ॥ ६६

किरणाः [illegible] इत्यर्थः । [illegible] हाराः ॥ ४८ ॥ वैदूर्याः वैदूर्यमणिमयाः । कादम्बाः कलहंसाः । अत्र कादम्बशब्देन कारण्डवपदप्रयोगो जघनकारणं उच्यते । अन्यथा [illegible] स्यात् । हेमसूत्राणि च । अत्रापि स्तनमण्डलाकारत्वानुरूपैः । चक्रवाका पीतवर्णा-द्रूपादुपमानं स्म ॥ ४९ ॥ स्त्रीषु नानावर्णभूषणानि हंसादि-स्थानीयानि । स्त्रीकटीपुलिनानां जघनम् ॥ ५० ॥ किङ्किणी-जालसंकाशास्तद्रूपभूषिततनवस्तत्स्थानीया नद्यः सुप्ता इति तत्कुमुदानि । हेमविपुलाम्बुजत्वेन वक्त्रनयनाम् । उपमानं तु न निरूपणम् । 'किङ्किणीजालसंकाशाः' इति पाठे किङ्किणी-जालसंबन्धमनुभयत्रापि साम्यमेव । [illegible] किङ्कि-णीशब्देन [illegible] । भावा [illegible] एव स्यान्ति [illegible] तद्भावो वा [illegible] । [illegible] तीरं यासां ताः । [illegible] नद्य इव बभुः ॥ ५१ ॥ [illegible] भूषणराजयः' इति पाठे [illegible] दिना बोध्यः ॥ ५२ ॥ वक्त्राणामुपर्युपरि [illegible] ॥ ५३ ॥ व्याधूयमानसंशुकान्तमुपेक्षते—ता इति । [illegible] सम्बन्धनिर्देशः । पत्नीनाम्, अर्थाद्रावणस्य । अनेकवर्णवत्सु-वर्णानां [illegible] पताका इवेत्यन्वयः ॥ ५४ ॥ शुभा-र्चिषां कासांचिद्योषितां कुण्डलानि मुखमारुतसंकम्पैर्मुखमारु-तसंसर्गकृतचलनैर्मन्दं मन्दं ववल्गुः । तेन कुण्डलानामतिल-घुत्वं तेन तासां सुकुमारातिशयो व्यङ्ग्यः ॥ ५५ ॥ शर्क-रासव आसवविशेषस्तद्योगात्तद्गन्धः प्रकृत्या च सुरभिः अत एव सुखकरः वदननिःश्वासो रावणं सिषेवे । यद्वा प्रकृत्या [illegible] वायुरिति शेषः । तासां वदननिःश्वास-[illegible] । अत एव शर्करासवगन्धो रावणं सिषेवे ॥ ५६ ॥ रावणाननशङ्काः मदनिद्राभयजचित्तवैव-श्यात् । सपत्नीनां च सपत्नीनामपि मुखान्युपाजिघ्रन् ॥ ५७ ॥ ननु सपत्नीनां कृतं मुखाघ्राणं ताः कथमसहन्तेत्यत आह—अत्यर्थमिति । अत्यासक्तैवास्वतन्त्रा मदपरवश्याच्च तथाभूता रावणं [illegible] अपि सपत्नीनां प्रियमेवाचरन्, ता अपि तासां मुखानि रावणमुखशङ्कयोपाजिघ्रन्नित्यर्थः । ॥ ५८ ॥ पारिहार्यो वलयः । उपनिधायोपधानं कृत्वा । अंशुकानि चोपनिधायेत्यनुकर्षः ॥ ५९ ॥ अन्येत्यादिश्लोकद्वये शिश्यिर इति पदं यथायोगं वचनविपरिणामेन योज्यम् । [illegible] पदं च ॥ ६० ॥ स्नेहोऽत्र रावणीयः ॥ ६१ ॥ एकीकृतभुजाः परस्परसंबद्धभुजाः ॥ ६२ ॥ अतएवाह—अन्योन्येति । माला पुष्पमाला । उपमेये मत्तषट्पदस्थानीयाः [illegible] ॥ ६३ ॥ लतानां वनमिवेत्यन्वयः । अन्योन्यसंबन्धेन मालाकारेण ग्रथितमिव ॥ ६४ ॥ प्रतिवे-ष्टिता वृक्षाणां नायकानां च शोभनाः स्कन्धा येन तत् । अन्योन्यं धावन्तो ये भ्रमरास्तैराकुलम् । स्त्रीणामपि पद्मिनी-त्वाद्भ्रमराकुलत्वम् । केशपाशनेत्रादयो वा तासु भ्रमराः । स्त्रीवनं स्त्रीसमूहः ॥ ६५ ॥ तासां योषितामुचितेषु स्थानेषु सुव्यक्तं प्रतिष्ठितानामपि भूषणाङ्गाम्बरस्रजां विवेकमाधातुं कर्तुं न शक्यम् । अपरिमितत्वात् । भूषणभूष्ययोरैकरूप्यात्प-रस्परसंश्लेषितत्वेन सुप्तत्वाच्चमान्यस्या भूषणानीमान्यस्या

रावणे सुखसंविष्टे ताः स्त्रियो विविधप्रभाः । ज्वलन्तः काञ्चना दीपाः प्रेक्षन्तोऽनिमिषा इव ॥ ६७
राजर्षिविप्रदैत्यानां गन्धर्वाणां च योषितः । रक्षसां चाभवन्कन्यास्तस्य कामवशंगताः ॥ ६८
युद्धकामेन ताः सर्वा रावणेन हृताः स्त्रियः । समदा मदनेनैव मोहिताः काश्चिदागताः ॥ ६९

न तत्र काश्चित्प्रमदाः प्रसह्य वीर्योपपन्नेन गुणेन लब्धाः ।
न चान्यकामापि न चान्यपूर्वा विना वरार्हां जनकात्मजां तु ॥ ७०
न चाकुलीना न च हीनरूपा नादक्षिणा नानुपचारयुक्ता ।
भार्याभवत्तस्य न हीनसत्त्वा न चापि कान्तस्य न कामनीया ॥ ७१
बभूव बुद्धिस्तु हरीश्वरस्य यदीदृशी राघवधर्मपत्नी ।
इमा महाराक्षसराजभार्याः सुजातमस्येति हि साधुबुद्धेः ॥ ७२
पुनश्च सोऽचिन्तयदात्तरूपो ध्रुवं विशिष्टा गुणतो हि सीता ।
अथायमस्यां कृतवान्महात्मा लङ्केश्वरः कष्टमनार्यकर्म ॥ ७३

इत्यार्षे श्रीमद्रामायणे वाल्मीकीये आदिकाव्ये सुन्दरकाण्डे नवमः सर्गः ॥ ९ ॥

दशमः सर्गः ।

तत्र दिव्योपमं मुख्यं स्फाटिकं रत्नभूषितम् । अवेक्षमाणो हनुमान्ददर्श शयनासनम् ॥ १
दान्तकाञ्चनचित्राङ्गैर्वैदूर्यैश्च वरासनैः । महार्हास्तरणोपेतैरुपपन्नं महाधनैः ॥ २
तस्य चैकतमे देशे दिव्यमालोपशोभितम् । ददर्श पाण्डुरं छत्रं ताराधिपतिसंनिभम् ॥ ३
जातरूपपरिक्षिप्तं चित्रभानोः समप्रभम् । अशोकमालाविततं ददर्श परमासनम् ॥ ४

इति विवेकः कर्तुमशक्य इति भ्रान्तिमानभूदिति भावः ॥ ६६ ॥ सुखसंविष्टे सुखसुप्ते । काञ्चनाः काञ्चनस्तम्भस्थाः । दीपा दीपस्थाग्निपुरुषाः कर्तारः । स्त्रियः कर्म । अनेन रावणे जाग्रति तेषामपि तद्दर्शने भयं सूचितम् ॥ ६७ ॥ राजर्षयो विप्रदैत्याश्च । अस्य ब्रह्मराक्षसत्वादस्मिन् विप्रकन्याविवाहेऽप्यविकारः । कामवशंगताः सत्यस्तस्य योषितोऽभवन् । अनेन तासामप्यनुरागः सूचितः ॥ ६८ ॥ अस्य बहुस्त्रीप्राप्तिर्बलात्कारस्याभावेत्याह—युद्धेत्यादि । सर्वा इति बाहुल्याभिप्रायम् । आसां हरणे एतद्बन्धुभियुद्धं भविष्यतीति युद्धकामनापूर्वं हृताः । काश्चित्समदास्तरुण्यो मदनमोहिताः स्वयमेवैनं वृतवत्यः ॥ ६९ ॥ अस्यैव विवरणम्—न तत्र काश्चिदिति । वीर्योपपन्नेनापि तेन तत्र तासु मध्ये काश्चित्प्रमदाः प्रसह्य न हृताः, किं तु गुणेन निरतिशयैश्वर्यवीर्यसौन्दर्यादिगुणेन स्वत एव लब्धाः । तत्र लङ्कायामन्यकामा च नाहृता, अन्यपूर्वा च नाहृता । कथमेतत् प्रत्यक्षापलापस्तत्राह—विनेति । वरार्हां श्रेष्ठराभार्हाम् ॥ ७० ॥ उपचार उत्तमाम्बरभूषणमालादिः । कान्तस्य रावणस्य कामनीया मनोज्ञा न तादृशी च न ॥ ७१ ॥ अथ सीताप्येतत्स्त्र्यन्तर्गता न वेति विकल्प्याद्ये रावणस्य भद्रमेवेति बुद्धिर्हनूमतो जातेत्याह—बभूवेति । साधुबुद्धेर्हरीश्वरस्येति बुद्धिर्बभूव । इमा महाराक्षसराजभार्याः, यथा तद्भुक्ताः राघवधर्मपत्न्यपीदृशी । एतदन्तर्गततद्भुक्ता च यदि स्यात्तदास्य रावणस्य सुजातं भद्रमेव भवति । रावणभुक्तेति मया निवेदिते सति सीतायां मृतायामिव राघवस्योपेक्षणाद्रावणवधयत्नाप्रसक्तेरिति भावः ॥ ७२ ॥ यदीत्यनेन सूचितमसत्पक्षमाश्रित्यान्तर्गतत्वाभावपक्षमाह—पुनश्चेति । पश्चात्तरं स सोऽचिन्तयत् विचारेण निश्चितवानित्यर्थः । चिन्ताप्रकार—हि प्रसिद्धमेतत् । सा सीता देवी गुणतः पातिव्रत्यादिगुणैर्विशिष्टा । अथ तत इत्यर्थे यतो महात्मा महाबलो लङ्केश्वरः । निरवधिकैश्वर्यवैशिष्ट्यमनेन सूचितम् । ईदृशोऽस्यां जानक्यामनार्यकर्म परदाराहरणरूपं कर्म । आत्तरूप परिगृहीतसाधारणः सन्कष्टं संकटं यथा भवति तथा कृतवान् । यद्येषा पतिव्रता न स्यात्तदा स्वरतेन एव वचनं स्यात्, न च तदस्ति । अस्मिन्निमित्तात्क्षेत्रगतादेव रावणेन क्लेशपूर्वं नयनस्य चानुभवादित्याशयः । 'आर्तरूप' इति पाठे आर्तं संजातपीडं रूपं यस्येत्यर्थं हनुमद्विशेषणम् । आन्तरपीडासूचकरूप इत्यर्थः ॥ ७३ ॥ इति श्रीरामाभिरामे श्रीरामीये रामायणतिलके वाल्मीकीय आदिकाव्ये सुन्दरकाण्डे नवमः सर्गः ॥ ९ ॥

तत्र शालायाम् । दिव्योपमं दिवि भवेन स्वर्गवासिपदार्थेनैवोपमा यस्य तत् । शयनस्यासनं पल्यङ्कप्रतिष्ठापनवेदिका । अवेक्षमाण इतस्ततः पश्यन् ॥ १ ॥ तस्यैव वर्णनम्—दान्तेत्यादि । गजदन्तमयानि स्वर्णमयानि च चित्राणि चित्रयुतान्यङ्गानि पादादिरूपाणि येषां तैर्महार्हास्तरणोपेतैर्बहुमूल्यास्तरणयुक्तैः । वैदूर्यैरित्युपलक्षणम् । वैदूर्यैः पद्मरागादिनार्भिश्चितैर्वरासनैः श्रेष्ठशयनपल्यङ्कैर्महाधनैर्बहुमूल्यैरुपपन्नम् ॥ २ ॥ ३ ॥ परमासनं पल्यङ्कस्तस्यैकदेशे ददर्श । अशोकपुष्पमालायुक्तम् । यद्वा यत्सन्निधाने शोकाभावस्तादृशमालायुक्तम् । चित्रभानुरग्निः

वालव्यजनहस्ताभिर्वीज्यमानं समन्ततः । गन्धैश्च विविधैर्जुष्टं वरधूपेन धूपितम् ॥ ५
परमास्तरणास्तीर्णमाविकाजिनसंवृतम् । दामभिर्वरमाल्यानां समन्तादुपशोभितम् ॥ ६
तस्मिञ्जीमूतसंकाशं प्रदीप्तोज्ज्वलकुण्डलम् । लोहिताक्षं महाबाहुं महारजतवाससम् ॥ ७
लोहितेनानुलिप्ताङ्गं चन्दनेन सुगन्धिना । संध्यारक्तमिवाकाशे तोयदं सतडिद्गुणम् ॥ ८
वृतमाभरणैर्दिव्यैः सुरूपं कामरूपिणम् । सवृक्षवनगुल्माढ्यं प्रसुप्तमिव मन्दरम् ॥ ९
क्रीडित्वोपरतं रात्रौ वराभरणभूषितम् । प्रियं राक्षसकन्यानां राक्षसानां सुखावहम् ॥ १०
पीत्वाप्युपरतं चापि ददर्श स महाकपिः । भास्वरे शयने वीरं प्रसुप्तं राक्षसाधिपम् ॥ ११
निःश्वसन्तं यथा नागं रावणं वानरोत्तमः । आसाद्य परमोद्विग्नः सोपासर्पत्सुभीतवत् ॥ १२
अथारोहणमासाद्य वेदिकान्तरमाश्रितः । क्षीबं राक्षसशार्दूलं प्रेक्षते स्म महाकपिः ॥ १३
शुशुभे राक्षसेन्द्रस्य स्वपतः शयनं शुभम् । गन्धहस्तिनि संविष्टे यथा प्रस्रवणं महत् ॥ १४
काञ्चनाङ्गदसंनद्धौ ददर्श स महात्मनः । विक्षिप्तौ राक्षसेन्द्रस्य भुजाविन्द्रध्वजोपमौ ॥ १५
ऐरावतविषाणाग्रैरापीडनकृतव्रणौ । वज्रोल्लिखितपीनांसौ विष्णुचक्रपरिक्षतौ ॥ १६
पीनौ समसुजातांसौ संगतौ बलसंयुतौ । सुलक्षणनखाङ्गुष्ठौ स्वङ्गुलीयकलक्षितौ ॥ १७
संवृत्तौ परिघाकारौ वृत्तौ करिकरोपमौ । विक्षिप्तौ शयने शुभ्रे पञ्चशीर्षाविवोरगौ ॥ १८
शशक्षतजकल्पेन सुशीतेन सुगन्धिना । चन्दनेन परार्ध्येन स्वनुलिप्तौ स्वलंकृतौ ॥ १९
उत्तमस्त्रीविमृदितौ गन्धोत्तमनिषेवितौ । यक्षपन्नगगन्धर्वदेवदानवराविणौ ॥ २०
ददर्श स कपिस्तस्य बाहू शयनसंस्थितौ । मन्दरस्यान्तरे सुप्तौ महाही रुषिताविव ॥ २१
ताभ्यां स परिपूर्णाभ्यामुभाभ्यां राक्षसेश्वरः । शुशुभेऽचलसंकाशः शृङ्गाभ्यामिव मन्दरः ॥ २२
चूतपुंनागसुरभिर्बकुलोत्तमसंयुतः । मृष्टान्नरससंयुक्तः पानगन्धपुरःसरः ॥ २३
तस्य राक्षसराजस्य निश्चक्राम महामुखात् । शयानस्य विनिःश्वासः पूरयन्निव तद्गृहम् ॥ २४
मुक्तामणिविचित्रेण काञ्चनेन विराजता । मुकुटेनापवृत्तेन कुण्डलोज्ज्वलिताननम् ॥ २५
रक्तचन्दनदिग्धेन तथा हारेण शोभिना । पीनायतविशालेन वक्षसाभिविराजता ॥ २६
पाण्डुरेणापविद्धेन क्षौमेण क्षतजेक्षणम् । महार्हेण सुसंवीतं पीतेनोत्तरवाससा ॥ २७
माषराशिप्रतीकाशं निःश्वसन्तं भुजङ्गवत् । गाङ्गे महति तोयान्ते प्रसुप्तमिव कुञ्जरम् ॥ २८

॥ ४ ॥ वालव्यजनं चामरम् । ननु संभोगगृहे तत्रापि निद्राणस्य कथं वालव्यजनवीजनम्, कथं च हनुमतस्ताभिरदर्शनमिति चेन्न । यन्त्रनिर्मितस्त्रीप्रतिमादिभिस्तत्रापि तत्संभवात् ॥ ५ ॥ आविकाजिनमूर्णायुचर्म । तद्धि परममृदुलम् । तेन संवृतं संवृतपर्यन्तप्रदेशम् । माल्यं पुष्पम् ॥ ६ ॥ तस्मिन् । प्रसुप्तमिति शेषः । महारजतं स्वर्णं तत्तन्तुनिर्मितवासोधारणम् ॥ ७ ॥ रावणस्य तडित्स्थानीयं सौवर्णं वासः ॥ ८ ॥ सवृक्षवनगुल्माढ्यं पुष्पसहितवृक्षवनगुल्माढ्य मन्दरमिव स्थितम् । बाहवो यस्य वृक्षाः, नखादयो गुल्माः ॥ ९ ॥ १० ॥ पीत्वाप्युपरतम् । अपिना क्रीडित्वाप्युपरतम् ॥ ११ ॥ यथा नाग गजमिव निःश्वसन्तं रावणमासाद्य प्राप्य परमोद्विग्नोऽयं पापी देवीं हृतवानित्येतत्समीपेऽवस्थानमनुचितमिति खिन्नचित्तोऽपासर्पत् । सुभीतवत्सुभीतः, यथा भयहेतोः पिशाचादेः संमुखे स्थातुमशक्तोऽपसर्पति तद्वत् ॥ १२ ॥ आरोहणं सोपानम् । वेदिकान्तरं सोपानवेदिकान्तरं सोपानपर्वमध्यम् ॥१३॥ यस्य गन्धेनान्ये गजाः पलायन्ते स गन्धगजः । मत्तगजेन नितरां संविष्टमधिष्ठितं महत्प्रस्रवणमिव ॥१४॥ महात्मनो महाशरीरस्य । विक्षिप्तौ प्रसारितौ ॥ १५ ॥ आपीडनं युद्धे कृतव्रणौ कृतव्रणकिणौ । वज्रोल्लिखितौ क्षतौ पीनांसौ ययोस्तौ । वज्रचक्रयोरप्यसाध्यत्वमुक्तं स्यादिति भावः ॥ १६ ॥ समौ सुजातौ चांसौ संगतौ दृढसंबन्धौ । स्वङ्गुलीयकलक्षितौ शोभनाङ्गुलीयकभूषितौ ॥ १७ ॥ १८ ॥ शशस्य क्षतजं रक्तमतिलोहितवर्णम् ॥ १९ ॥ उत्तमस्त्रीभिर्विमृदितं संमर्दनमालिङ्गनादि ययोस्तौ ॥ २० ॥ ददर्शेत्यादरेण ददर्श । नातः पुनरुक्तिः । महाही महासर्पौ । अत्र द्विभुजत्वकथनाद्युद्धादिकाल एव विंशतिभुजत्वं दशशीर्षत्वं चेति बोध्यम् ॥ २१ ॥ २२ ॥ बकुलोत्तमसंयुत उत्तमबकुलगन्धयुतः । अयं पुष्पविशेषश्वासधर्म इति कतकः । चूतादिसुरभित्वं तु तदधिवासितवस्तुसेवनात् । मृष्टान्नरससंयुक्तः षड्रसान्नमांसगन्धोपेतः । पानं मधु । राक्षसत्वादेव वामाचारेण पूजाकरणान्मधुपानम् ॥ २३ ॥ २४ ॥ अपवृत्तेन निद्रावशात्स्वस्थानात्स्खलितेन विराजता मुकुटेन । उपलक्षितमिति शेषः । शोभिना हारेण शोभनहारवता । वक्षसोपलक्षितमिति शेषः । ॥ २५ ॥ २६ ॥ अपविद्धेन परस्तेन पाण्डुरेण क्षौमेण परिधानीयेन कटेरधः संवीतम् । पीतेनोत्तरीयेण सुसंवीतमित्यर्थः ॥ २७ ॥ तोयान्ते तोयमध्ये ॥ २८ ॥ काञ्चनैः

चतुर्भिः काञ्चनैर्दीपैर्दीप्यमानं चतुर्दिशम् । प्रकाशीकृतसर्वाङ्गं मेघं विद्युद्गणैरिव ॥ २९
पादमूलगताश्चापि ददर्श सुमहात्मनः । पत्नीः स प्रियभार्यस्य तस्य रक्षःपतेर्गृहे ॥ ३०
शशिप्रकाशवदना वरकुण्डलभूषणाः । अम्लानमाल्याभरणा ददर्श हरियूथपः ॥ ३१
नृत्यवादित्रकुशला राक्षसेन्द्रभुजाङ्कगाः । वराभरणधारिण्यो निषण्णा ददृशे कपिः ॥ ३२
वज्रवैदूर्यगर्भाणि श्रवणान्तेषु योषिताम् । ददर्श तापनीयानि कुण्डलान्यङ्गदानि च ॥ ३३
तासां चन्द्रोपमैर्वक्त्रैः शुभैर्ललितकुण्डलैः । विराजत विमानं तन्नभस्तारागणैरिव ॥ ३४
मदव्यायामखिन्नास्ता राक्षसेन्द्रस्य योषितः । तेषु तेष्ववकाशेषु प्रसुप्तास्तनुमध्यमाः ॥ ३५
अङ्गहारैस्तथैवान्या कोमलैर्नृत्यशालिनी । विन्यस्तशुभसर्वाङ्गी प्रसुप्ता वरवर्णिनी ॥ ३६
काचिद्वीणां परिष्वज्य प्रसुप्ता संप्रकाशते । महानदीप्रकीर्णेव नलिनी पोतमाश्रिता ॥ ३७
अन्या कक्षगतेनैव मड्डुकेनासितेक्षणा । प्रसुप्ता भामिनी भाति बालपुत्रेव वत्सला ॥ ३८
पटहं चारुसर्वाङ्गी न्यस्य शेते शुभस्तनी । चिरस्य रमणं लब्ध्वा परिष्वज्येव कामिनी ॥ ३९
काचिद्वीणां परिष्वज्य सुप्ता कमललोचना । वरं प्रियतमं गृह्य सकामेव हि कामिनी ॥ ४०
विपञ्चीं परिगृह्यान्या नियता नृत्यशालिनी । निद्रावशमनुप्राप्ता सहकान्तेव भामिनी ॥ ४१
अन्या कनकसंकाशैर्मृदुपीनैर्मनोरमैः । मृदङ्गं परिपीड्याङ्गैः प्रसुप्ता मत्तलोचना ॥ ४२
भुजपार्श्वान्तरस्थेन कक्षगेन कृशोदरी । पणवेन सहानिन्द्या सुप्ता मदकृतश्रमा ॥ ४३
डिण्डिमं परिगृह्यान्या तथैवासक्तडिण्डिमा । प्रसुप्ता तरुणं वत्समुपगूह्येव भामिनी ॥ ४४
काचिदाडम्बरं नारी भुजसंभोगपीडितम् । कृत्वा कमलपत्राक्षी प्रसुप्ता मदमोहिता ॥ ४५
कलशीमपविध्यान्या प्रसुप्ता भाति भामिनी । वसन्ते पुष्पशबला मालेव परिमार्जिता ॥ ४६
पाणिभ्यां च कुचौ काचित्सुवर्णकलशोपमौ । उपगुह्याबला सुप्ता निद्राबलमुपागता ॥ ४७
अन्या कमलपत्राक्षी पूर्णेन्दुसदृशानना । अन्यामालिङ्ग्य सुश्रोणी निद्रावशमुपागता ॥ ४८
आतोद्यानि विचित्राणि परिष्वज्य वरस्त्रियः । निपीड्य च कुचैः सुप्ताः कामिन्यः कामुकानिव ॥ ४९
तासामेकान्तविन्यस्ते शयानां शयने शुभे । ददर्श रूपसंपन्नामथ तां स कपिः स्त्रियम् ॥ ५०
मुक्तामणिसमायुक्तैर्भूषणैः सुविभूषिताम् । विभूषयन्तीमिव च स्वश्रिया भवनोत्तमम् ॥ ५१
गौरीं कनकवर्णाभामिष्टामन्तःपुरेश्वरीम् । कपिर्मन्दोदरीं तत्र शयानां चारुरूपिणीम् ॥ ५२
स तां दृष्ट्वा महाबाहुर्भूषितां मारुतात्मजः । तर्कयामास सीतेति रूपयौवनसंपदा ।
हर्षेण महता युक्तो ननन्द हरियूथपः ॥ ५३

काञ्चनस्तम्भगैः । चतुर्दिशं चतुर्दिक्षु दीप्यमानम् । अत्यन्तसंयोगे द्वितीया । 'विद्युल्लतैरिव' इति पाठे पुंस्त्वमार्षम् ॥ २९ ॥ उक्तगुणं रावणं ददर्श । पादमूलगतास्ताश्चापि ददर्श । रक्षःपतेर्गृह इत्युत्तरान्वयि ॥ ३० ॥ अम्लानमाल्याभरणाः । देवकन्या इत्यर्थः ॥ ३१ ॥ राक्षसेन्द्रभुजावङ्कं च गच्छन्ति नान्यथा । प्रिया इति यावत् । धारिण्यो धारिणीः । निषण्णाः शयिताः ॥ ३२ ॥ बाहुप्रधानत्वादङ्गदानामपि श्रवणान्ते दर्शनं बोध्यम् ॥ ३३ ॥ विमानं मञ्चकविशेषः । पुष्पकमित्यन्ये । विराजत व्यराजत ॥ ३४ ॥ मदव्यायामेन रतिजेन ॥ ३५ ॥ कोमलैरकर्कशैः । अङ्गहारैरङ्गविक्षेपैः । नृत्यशालिनीति वासनाबलेन नृत्याभिनयोपेततया सुप्तवतीत्यर्थः । विशेषेण न्यस्तं शुभं येषु धात्रा तादृशानि सर्वाण्यङ्गानि यस्याः ॥ ३६ ॥ महानदीप्रकीर्णा महानद्या प्रकीर्णपुष्पपत्रा देवात्संगतं पोतं प्लवमाश्रिता नलिनी पद्मिनीव । पोतस्थानेऽत्र वीणा ॥ ३७ ॥ मड्डुको वाद्यभेदः ॥ ३८ ॥ न्यस्य । आलिङ्ग्येत्यर्थः ॥ ३९ ॥ काचिदिति ॥ ४० ॥ विपञ्ची वीणाविशेषः ॥ ४१ ॥ ४२ ॥ मदकृतश्रमा मदवती । अर्श आद्यच् । वादनेन कृतश्रमा च ॥ ४३ ॥ डिण्डिमं परिगृह्यालिङ्ग्य । आसक्तडिण्डिमा पृष्ठदेशन्यस्तान्यडिण्डिमा । तरुणं रमणं वत्सं पुत्रं च परिगृह्य प्रसुप्तेव ॥ ४४ ॥ आडम्बरं वाद्यभेदः । भुजसंभोगेन भुजाश्लेषेण पीडितमाश्लिष्टं कृत्वा ॥ ४५ ॥ कलशीं जलसंभृतामपविध्य परित्यज्य । स्वापात्कलशोदकार्द्रशरीरा नारी वसन्ते परिमार्जिता क्लाननिवारिका । कृतजलसेका पुष्पशबला शबलपुष्पमालेव भाति ॥ ४६ ॥ ४७ ॥ ४८ ॥ आतोद्यानि वाद्यानि ॥ ४९ ॥ अथ प्रधानमहिषीदर्शनम्—तासामिति । एकान्तविन्यस्ते तासां शयनात्पृथग्विन्यस्ते । तां स्त्रियं वक्ष्यमाणगुणां स्त्रियम् ॥ ५० ॥ ५१ ॥ गौरीं पीताम्, अतएव कनकवर्णाभाम्, इष्टां रावणस्यातिप्रियाम्, अन्तःपुरस्त्रीणामीश्वरीं कपिर्मन्दोदरीं ददर्शेत्यन्वयः ॥ ५२ ॥ तर्कयामास संभावयामास । पृथगेकान्ते परममनेऽतिरूपाया दर्शनात्प्रायेणेयं सीतेति संभावना

आस्फोटयामास चुचुम्ब पुच्छं ननन्द चिक्रीड जगौ जगाम ।
स्तम्भानरोहन्निपपात भूमौ निदर्शयन्स्वां प्रकृतिं कपीनाम् ॥ ५४

इत्यार्षे श्रीमद्रामायणे वाल्मीकीये आदिकाव्ये सुन्दरकाण्डे दशमः सर्गः ॥ १० ॥

एकादशः सर्गः ।

अवधूय च तां बुद्धिं बभूवावस्थितस्तदा । जगाम चापरां चिन्तां सीतां प्रति महाकपिः ॥ १
न रामेण वियुक्ता सा स्वप्तुमर्हति भामिनी । न भोक्तुं नाप्यलंकर्तुं न पानमुपसेवितुम् ॥ २
नान्यं नरमुपस्थातुं सुराणामपि चेश्वरम् । नहि रामसमः कश्चिद्विद्यते त्रिदशेष्वपि ॥ ३
अन्येयमिति निश्चित्य भूयस्तत्र चचार सः । पानभूमौ हरिश्रेष्ठः सीतासंदर्शनोत्सुकः ॥ ४
क्रीडितेनापराः क्लान्ता गीतेन च तथापराः । नृत्येन चापराः क्लान्ताः पानविप्रहतास्तथा ॥ ५
मुरजेषु मृदङ्गेषु चेलिकासु च संस्थिताः । तथास्तरणमुख्येषु संविष्टाश्चापराः स्त्रियः ॥ ६
अङ्गनानां सहस्रेण भूषितेन विभूषणैः । रूपसंलापशीलेन युक्तगीतार्थभाषिणा ॥ ७
देशकालाभियुक्तेन युक्तवाक्याभिधायिना । रताधिकेन संयुक्तां ददर्श हरियूथपः ॥ ८
अन्यत्रापि वरस्त्रीणां रूपसंलापशायिनाम् । सहस्रं युवतीनां तु प्रसुप्तं स ददर्श ह ॥ ९
देशकालाभियुक्तं तु युक्तवाक्याभिधायि तत् । रताविरतसंसुप्तं ददर्श हरियूथपः ॥ १०
तासां मध्ये महाबाहुः शुशुभे राक्षसेश्वरः । गोष्ठे महति मुख्यानां गवां मध्ये यथा वृषः ॥ ११
स राक्षसेन्द्रः शुशुभे ताभिः परिवृतः स्वयम् । करेणुभिर्यथारण्ये परिकीर्णो महाद्विपः ॥ १२
सर्वकामैरुपेतां च पानभूमिं महात्मनः । ददर्श कपिशार्दूलस्तस्य रक्षःपतेर्गृहे ॥ १३
मृगाणां महिषाणां च वराहाणां च भागशः । तत्र न्यस्तानि मांसानि पानभूमौ ददर्श सः ॥ १४
रौक्मेषु च विशालेषु भाजनेष्वप्यभक्षितान् । ददर्श कपिशार्दूलो मयूरान्कुक्कुटांस्तथा ॥ १५
वराहवार्ध्रीणसकान्दधिसौवर्चलायुतान् । शल्यान्मृगमयूरांश्च हनुमानन्ववैक्षत ॥ १६

हनूमतः । तदेवाह—रूपयौवनसम्पदा । न त्वौचित्यालोचनं कृतवानिति भावः । हृष्टा मुखविकासादिः । आनन्दो मानसः ॥ ५३ ॥ आनन्द कार्यद्वाराह—आस्फोटयामासेति । आस्फोटनपुच्छचुम्बनादिर्जातिधर्मः । जगाम । स्तम्भानित्यनुकर्षः । सर्वा अप्येताश्चेष्टा उरांश्चिति बोध्यम् । एवं चेष्टाया हेतुः—स्वां कपीनां प्रकृतिं निदर्शयन्निति ॥५४॥ इति श्रीरामाभिरामे श्रीरामीये रामायणतिलके वाल्मीकीय आदिकाव्ये सुन्दरकाण्डे दशमः सर्गः ॥ १० ॥

अवधूय च तां बुद्धिं सीतासंभावनया प्रवृत्तां कापेयविषयां बुद्धिमवधूय त्यक्त्वावस्थितः स्थिरतास्वभावे प्रतिष्ठितः सीतां प्रति तद्विषयामितरामन्यां चिन्तां पूर्वचिन्ताविघटिकां जगाम ॥ १ ॥ तामेव चिन्तामभिनयति—न रामेणेति ॥ २ ॥ अन्यं नरं पुरुषमुपस्थातुमङ्गीकर्तुं नार्हति नाध्यवस्यति । तत्र हेतुः—नहि रामेति ॥ ३ ॥ यदेवम् अतोऽन्येयमनुभूतेति निश्चित्य तत्र गृहे पानभूमौ पानशालायां चचार । पुनः सम्यगन्वेषणायेति शेषः ॥ ४ ॥ अथ पानभूमौ दर्शनप्रकारः—क्रीडितेनेति । क्रीडितेनाक्षादिक्रीडया क्लान्ताः सत्यस्तथैव निद्रिता इति शेषः । विप्रहता अतिनिद्रिताः स्त्रियः । ददर्शेति शेषः ॥ ५ ॥ मुरजेषु मृदङ्गेषु । चेलिकासु चेलिका वाद्यविशेष इत्याहुस्तेषु प्रसक्ता एव संस्थिताः स्थिता एव निद्रिताः संविष्टाः । सुप्ता ददर्शेति शेषः । आकर्षो वा ॥ ६ ॥ रूपसंलापशीलेन निद्रोद्भवज्ञानस्याभावात् रूपविषयो यः संलापो वर्णनं तच्छीलेन । युक्तं यथा भवति तथा गीतार्थस्य भाषणशीलेन ॥ ७ ॥ देशकालाभियुक्तेन तद्विषयपरिज्ञानकुशलेन । युक्तवाक्यस्य देशकालोचितवाक्यस्याभिधानशीलेन । एतत्सर्वं निद्रोद्भवशादेव बोध्यम् । रताधिकेनोत्तमक्रीडावता संयुक्तां पानभूमिं ददर्श ॥ ८ ॥ अन्यत्रापीत्यादिश्लोकद्वयं नव्याः प्रमादात्र पठन्ति । अन्यत्रापि पानभूमिभिन्ने रावणशयनगृहे । बहिःस्थां पानभूमिं दृष्ट्वा पुनरभ्यन्तरे शयनस्थान आगत्यान्वेषणम् । रूपविषयो यः संलापो वर्णनं तत्पूर्वं शयानानां युवतीनां वरस्त्रीणां सहस्रमुच्यमानगुणं ददर्श ॥ ९ ॥ तत्पूर्वदृष्टम् । रताविरतसंसुप्तं रतान्तेऽविरतसुप्तं गाढसुप्तम् ॥ १० ॥ तासां मध्ये इति ॥ ११ ॥ स इति ॥ १२ ॥ सस्त्रीकरावणगृहे पुनः सम्यगन्विष्य, पुनर्बहिः पानभूमिमागत्य विचिनोति—सर्वकामैरिति । पूर्वं नृत्यादियुक्ततत्स्थस्त्रीमात्रदर्शनम्, इदानीं तस्याः सर्वकामोपेतत्वदर्शनम् ॥ १३ ॥ तदेव प्रपञ्चयति—मृगाणामिति ॥ १४ ॥ १५ ॥ पुनः पुनर्वराहादिमृगादिकथनं बहुस्थलवर्तितया भूयस्त्वप्रकाशनाय । वार्ध्रीणसः पक्षिविशेषः । 'कृष्णग्रीवो रक्तशिराः श्वेतपक्षो विहंगमः । स वै वार्ध्रीणसः प्रोक्तः' इति विष्णुधर्मोक्तेः । छागविशेषो

क्रकरान्विविधांश्छागाञ्छशकानर्धभक्षितान् । महिषानेकशल्यांश्च मेषांश्च कृतनिष्ठितान् ॥ १७
लेह्यानुच्चावचान्पेयान्भोज्यान्युच्चावचानि च । तथाम्ललवणोत्तंसैर्विविधै रागखाण्डवैः ॥ १८
महानूपुरकेयूरैरपविद्धैर्महाधनैः । पानभाजनविक्षिप्तैः फलैश्च विविधैरपि ॥ १९
कृतपुष्पोपहारा भूरधिकां पुष्यति श्रियम् । तत्र तत्र च विन्यस्तैः सुश्लिष्टैः शयनासनैः ॥ २०
पानभूमिर्विना वह्निं प्रदीप्तेवोपलक्ष्यते । बहुप्रकारैर्विविधैर्वरसंस्कारसंस्कृतैः ॥ २१
मांसैः कुशलसंयुक्तैः पानभूमिगतैः पृथक् । दिव्याः प्रसन्ना विविधाः सुराः कृतसुरा अपि ॥ २२
शर्करासवमाध्वीकाः पुष्पासवफलासवाः । वासचूर्णैश्च विविधैर्मृष्टास्तैस्तैः पृथक्पृथक् ॥ २३
संतता शुशुभे भूमिर्माल्यैश्च बहुसंस्थितैः । हिरण्मयैश्च कलशैर्भाजनैः स्फाटिकैरपि ॥ २४
जाम्बूनदमयैश्चान्यैः करकैरभिसंवृता । राजतेषु च कुम्भेषु जाम्बूनदमयेषु च ॥ २५
पानश्रेष्ठां तथा भूमिं कपिस्तत्र ददर्श ह । सोऽपश्यच्छातकुम्भानि सीधोर्मणिमयानि च ॥ २६
तानि तानि च पूर्णानि भाजनानि महाकपिः । क्वचिदर्धावशेषाणि क्वचित्पीतान्यशेषतः ॥ २७
क्वचिन्नैव प्रपीतानि पानानि स ददर्श ह । क्वचिद्भक्ष्यांश्च विविधान्क्वचित्पानं विभागतः ॥ २८
क्वचिदर्धावशेषाणि पश्यन्वै विचचार ह । शयनान्यत्र नारीणां शून्यानि बहुधा पुनः ।
परस्परं समाश्लिष्य काश्चित्सुप्ता वराङ्गनाः ॥ २९
काचिच्च वस्त्रमन्यस्या अपहृत्योपगुह्य च । उपगम्याबला सुप्ता निद्राबलपराजिता ॥ ३०
तासामुच्छ्वासवातेन वस्त्रं माल्यं च गात्रजम् । नात्यर्थं स्पन्दते चित्रं प्राप्य मन्दमिवानिलम् ॥ ३१
चन्दनस्य च शीतस्य सीधोर्मधुरसस्य च । विविधस्य च माल्यस्य पुष्पस्य विविधस्य च ॥ ३२
बहुधा मारुतस्तस्य गन्धं विविधमुद्वहन् । स्नानानां चन्दनानां च धूपानां चैव मूर्च्छितः ॥ ३३
प्रववौ सुरभिर्गन्धो विमाने पुष्पके तदा । श्यामावदातास्तत्रान्याः काश्चित्कृष्णा वराङ्गनाः ॥ ३४
काश्चित्काञ्चनवर्णाङ्ग्यः प्रमदा राक्षसालये । तासां निद्रावशत्वाच्च मदनेन विमूर्च्छितम् ॥ ३५

वा । 'त्रिपिबं त्विन्द्रियक्षीणं श्वेतं वृद्धमजापतिम् । वार्ध्रीणसं च तं प्राहुर्याज्ञिकाः श्राद्धकर्मणि ॥' इति स्मृतेः । त्रीणि मुखं कर्णौ च पानसमये जलं स्पृशन्ति यस्य स त्रिपिबः । 'वार्ध्रीणसः खड्गमृगः' इति हलायुधः । दध्ना सौवर्चलेन लवणविशेषेण च । आयुतान्संस्कृतान् ॥ १६ ॥ क्रकलक्रकरौ शब्दौ पक्षिविशेषवाचकौ । एकशल्या मत्स्यविशेषाः । कृतनिष्ठितान्कृतं निष्ठितं निष्ठानं पाको येषां तान् ॥ १७ ॥ अम्लरसो लवणरसश्चोत्तंसो जिह्वाजाड्यपरिहारकर्ता येषु भक्ष्यमाणेषु तैः । रागखाण्डवैः । 'सितामध्वादिमधुरो द्राक्षादाडिमजो रसः । विरलश्चेत्कृतो रागः सान्द्रश्चेत्खाण्डवः स्मृतः ॥' इत्युक्तैः केशरादिभिः कृतवर्णाः षड्रसोपेताः यूषा रागखाण्डवा इत्यन्ये ॥ १८ ॥ महाधनैर्बहुमूल्यैः ॥ १९ ॥ सुश्लिष्टैः सुकृतसन्धिबन्धैः ॥ २० ॥ उच्चैः सौवर्णरत्नमयशयनासनैः पानभूमिः प्रदीप्तेवोपलक्ष्यते । बहुप्रकारैर्बहूपादानभेदैः, अतएव विविधैर्विविधरसवद्भिः । वरसंस्कारेण श्रेष्ठसंस्कारकद्रव्ययोगेन संस्कृतैः ॥ २१ ॥ कुशलसंयुक्तैर्निपुणपाचकपक्वैर्मांसैः सहोच्यमानगुणाः सुरा ददर्श । तत्र दिव्याः सुरा वृक्षेभ्यः कदम्बादिभ्यः स्वतः प्रादुर्भूताः । कृतसुरा शौण्डिकैरुत्पादिताः ॥ २२ ॥ कृतसुरावान्तरभेदानाह—शर्करासवेत्यादि । शर्करोपादानक आसवः शर्करासवः, मधूपादानको माध्वीकः । द्राक्षोपादानक इत्यन्ये । मधूकपुष्पादिजः पुष्पासवः, खर्जूरफलादिजः फलासवः । वासचूर्णैः सुगन्धद्रव्यचूर्णैर्मृष्टा अधिवासिताः । दृष्टा इति शेषः ॥ २३ ॥ अथ भूमिवर्णनम्—बहुषु देशेषु संस्थितैर्माल्यैः संतता व्याप्ता भूमिः शुशुभे । उच्यमानविशेषणैः करकैर्घटैश्च संतता ॥ २४ ॥ राजतादिषु कुम्भेषु ॥ २५ ॥ पानश्रेष्ठां संभृतप्रशस्तपानाम् । सीधोर्मद्यस्य भाजनानीत्यन्वयः ॥ २६ ॥ भाजनानि पानभाजनानि । अर्धावशेषाण्यर्धावशिष्टपानानि पीतानि पीतासवानि ॥ २७ ॥ नैव प्रपीतानि पूर्णासवान्येव पानानि पानभाजनानि । विभागतो विभागेन पानं ददर्श । इदममुकमिदममुकमिति विभज्य ददर्शेत्यर्थः ॥ २८ ॥ शून्यानि पतिशून्यानि, अतएव परस्परं समाश्लिष्येति ॥ २९ ॥ अपहृत्य बलाद्गृहीत्वोपगुह्य प्रावृत्य । उपगम्य तच्छयनस्थानं प्राप्य । ताश्च पश्यन्विचचारेति संबन्धः ॥ ३० ॥ गात्रजं गात्रस्थम् ॥ ३१ ॥ अथ पानभूमितोऽपि बहिरागत्य तत्र स्थिते पुष्पके प्रवृत्तिकाल इव निर्गमकालेऽपि बहुगन्धो वायुरन्यस्त्रियश्चानुभूता इत्याह—चन्दनस्य चेत्यादि । पानभूम्यादिकमपि पुष्पकस्थमेवेत्यन्ये । सीधुर्मद्यम् ॥ ३२ ॥ 'स्नानानां चन्दनानाम्' इति पाठे स्नानार्हचन्दनानामित्यर्थः । विविधं गन्धमुद्वहन्प्रववौ, अतएव सुरभिर्गन्धो विमाने मूर्च्छितो व्याप्तः ॥ ३३ ॥ तत्रान्याः । बहिः प्रतिष्ठितपुष्पके इत्यर्थः ॥ ३४ ॥ राक्षसालये आन्तरमध्यबहिःकक्षोपलक्षिते । सर्वत्र निद्रावशत्वान्मदनेन तदनुकरत्वाध-

पद्मिनीनां प्रसुप्तानां रूपमासीद्यथैव हि । एवं सर्वमशेषेण रावणान्तःपुरं कपिः ।
ददर्श स महातेजा न ददर्श च जानकीम् ॥
निरीक्षमाणश्च ततस्ताः स्त्रियः स महाकपिः । जगाम महतीं शङ्कां धर्मसाध्वसशङ्कितः ॥ ३६
परदारावरोधस्य प्रसुप्तस्य निरीक्षणम् । इदं खलु ममात्यर्थं धर्मलोपं करिष्यति ॥ ३७
नहि मे परदाराणां दृष्टिर्विषयवर्तिनी । अयं चात्र मया दृष्टः परदारपरिग्रहः ॥ ३८
तस्य प्रादुरभूच्चिन्ता पुनरन्या मनस्विनः । निश्चितैकान्तचित्तस्य कार्यनिश्चयदर्शिनी ॥ ३९
कामं दृष्टा मया सर्वा विश्वस्ता रावणस्त्रियः । न तु मे मनसा किंचिद्वैकृत्यमुपपद्यते ॥ ४०
मनो हि हेतुः सर्वेषामिन्द्रियाणां प्रवर्तने । शुभाशुभास्ववस्थासु तच्च मे सुव्यवस्थितम् ॥ ४१
नान्यत्र हि मया शक्या वैदेही परिमार्गितुम् । स्त्रियो हि स्त्रीषु दृश्यन्ते सदा संपरिमार्गणे ॥ ४२
यस्य सत्त्वस्य या योनिस्तस्यां तत्परिमार्ग्यते । न शक्यं प्रमदा नष्टा मृगीषु परिमार्गितुम् ॥ ४३
तदिदं मार्गितं तावच्छुद्धेन मनसा मया । रावणान्तःपुरं सर्वं दृश्यते न च जानकी ॥ ४४
देवगन्धर्वकन्याश्च नागकन्याश्च वीर्यवान् । अवेक्षमाणो हनुमान्नैवापश्यत जानकीम् ॥ ४५
तामपश्यन्कपिस्तत्र पश्यंश्चान्या वरस्त्रियः । अपक्रम्य तदा वीरः प्रध्यातुमुपचक्रमे ॥ ४६
स भूयः सर्वतः श्रीमान्मारुतिर्यत्नमास्थितः । आपानभूमिमुत्सृज्य तां विचेतुं प्रचक्रमे ॥ ४७
४८

इत्यार्षे श्रीमद्रामायणे वाल्मीकीये आदिकाव्ये सुन्दरकाण्डे एकादशः सर्गः ॥ ११ ॥

द्वादशः सर्गः ।

स तस्य मध्ये भवनस्य संस्थितो लतागृहांश्चित्रगृहान्निशागृहान् ।
जगाम सीतां प्रतिदर्शनोत्सुको न चैव तां पश्यति चारुदर्शनाम् ॥ १
स चिन्तयामास ततो महाकपिः प्रियामपश्यन्रघुनन्दनस्य ताम् ।
ध्रुवं न सीता ध्रियते यथा न मे विचिन्वतो दर्शनमेति मैथिली ॥ २
सा राक्षसानां प्रवरेण बाला स्वशीलसंरक्षणतत्परा सती ।
अनेन नूनं प्रति दुष्टकर्मणा हता भवेदार्यपथे परे स्थिता ॥ ३

मूर्च्छितं [illegible] तासां रूपं प्रसुप्तानां [illegible] मुकुलितानां पद्मिनीनां नलिनानां यथारूपं [illegible] । [illegible] ददर्श ॥ ३५ ॥ ३६ ॥ न । निरीक्षणानन्तरम् , 'नेक्षेत नग्नां परस्त्रियम्' इति शास्त्रस्मरणादिति शेषः । तदेवाह—धर्मेति । धर्मलोपनिमित्तं [illegible] तेन शङ्कितः [illegible] ॥ ३७ ॥ धर्मलोपं दर्शयति—परदारेति । परदारावरोधस्य । दारशब्दः स्त्रीसामान्यवाची, अवरोधशब्दः [illegible] वाची । प्रसुप्तस्य । अनेन नग्नप्रायत्वं सूचितम् । [illegible] नग्नानां [illegible] ॥ ३८ ॥ [illegible] परदाराणामपि [illegible] यावद्विषयवर्तिना न । किं तु परदारापरिग्रहस्तज्जातीनिपाती रावणश्च दृष्टः । तद्दर्शनमपि धर्मलोपकारीति भावः ॥ ३९ ॥ अथ पुनर्विचारेण [illegible]ऽऽह—तस्येति । अन्या चिन्ता पूर्वचिन्ताविरोधिनी । निश्चिते प्रमाणप्रतिपन्न एकान्ते सिद्धान्ते तद्विषयज्ञानं चित्तं यस्य सः, अतएव सा चिन्ता कार्यनिश्चयदर्शिनी कर्तव्याकर्तव्यनिर्णयसमर्था ॥ ४० ॥ तां चिन्तामभिनयति—काममिति । [illegible] इतरलोकनशङ्कारहिताः । वैकृत्यं विकारः । स्वार्थे [illegible] । नोपपद्यते न प्राप्नोति ॥ ४१ ॥ ततः किं तत्राह—मनो हीति । शुभाशुभास्ववस्थासु पुण्यपापकर्मस्विन्द्रियाणां प्रवर्तने मनो हेतुः । [illegible] इन्द्रियप्रवृत्तिः पापाय, [illegible] पापाय, तत्र मे मनः [illegible] परदारेषु न रागवत् । पुण्यपापस्ववस्थाया च [illegible] साक्षादिति भावः ॥ ४२ ॥ किं च राजाज्ञानुष्ठानरूपे[illegible]न्यथानुपपत्त्यापि न दोष इत्याह—नान्येति । हेतुः—स्त्रियो हीति । सदा संपरिमार्गणे मार्गणव्यापारे । लोकैरिति शेषः ॥ ४३ ॥ सजातीयेष्वेव मार्गणं परिदृष्टमित्याह—यस्येति । सत्त्वस्य प्राणिनो या योनिर्या सजातिः । परिमार्ग्यते । लोक इति शेषः । तत्रैवोपपत्तिमाह—न शक्यमिति । एतेन रावणदर्शनजोऽपि दोषः परिहृतः ॥ ४४ ॥ ४५ ॥ ४६ ॥ अपक्रम्य । रावणान्तःपुरबहिःकक्षात इति शेषः ॥ ४७ ॥ तां सीतामन्यत्र विचेतुं प्रचक्रमे ॥ ४८ ॥
इति श्रीरामाभिरामे श्रीरामीये रामायणतिलके वाल्मीकीय आदिकाव्ये सुन्दरकाण्डे एकादशः सर्गः ॥ ११ ॥

अथ बहुदुःखचिन्ताकुलोऽन्विष्टमेव पुनःपुनरन्वेषयति स्मेत्याह—स तस्येति । तस्य भवनस्य रावणभवनस्य निशागृहादीन्विरामगृहादीन्विचेतुं जगाम ॥ १ ॥ न ध्रियते न जीवति स्म । 'ध्रुवं नु सीता म्रियते' इति क्वचित्पाठः । तत्र हेतुः—यथेति । यतः इत्यर्थः ॥ २ ॥ स्वशीलं पातिव्रत्यम् ।

विरूपरूपा विकृता विवर्चसो महानना दीर्घविरूपदर्शनाः।
समीक्ष्य ता राक्षसराजयोषितो भयाद्विनष्टा जनकेश्वरात्मजा॥ ४
सीतामदृष्ट्वा ह्यनवाप्य पौरुषं विहृत्य कालं सह वानरैश्चिरम्।
न मेऽस्ति सुग्रीवसमीपगा गतिः सुतीक्ष्णदण्डो बलवांश्च वानरः॥ ५
दृष्टमन्तःपुरं सर्वं दृष्टा रावणयोषितः। न सीता दृश्यते साध्वी वृथा जातो मम श्रमः॥ ६
किं नु मां वानराः सर्वे गतं वक्ष्यन्ति संगताः। गत्वा तत्र त्वया वीर किं कृतं तद्वदस्व नः॥ ७
अदृष्ट्वा किं प्रवक्ष्यामि तामहं जनकात्मजाम्। ध्रुवं प्रायमुपासिष्ये कालस्य व्यतिवर्तने॥ ८
किं वा वक्ष्यति वृद्धश्च जाम्बवानङ्गदश्च सः। गतं पारं समुद्रस्य वानराश्च समागताः॥ ९
अनिर्वेदः श्रियो मूलमनिर्वेदः परं सुखम्। भूयस्तत्र विचेष्यामि न यत्र विचयः कृतः॥ १०
अनिर्वेदो हि सततं सर्वार्थेषु प्रवर्तकः। करोति सफलं जन्तोः कर्म यच्च करोति सः॥ ११
तस्मादनिर्वेदकरं यत्नं चेष्टेऽहमुत्तमम्। अदृष्टांश्च विचेष्यामि देशान्रावणपालितान्॥ १२
आपानशाला विचितास्तथा पुष्पगृहाणि च। चित्रशालाश्च विचिता भूयः क्रीडागृहाणि च॥ १३
निष्कुटान्तररथ्याश्च विमानानि च सर्वशः। इति संचिन्त्य भूयोऽपि विचेतुमुपचक्रमे॥ १४
भूमीगृहांश्चैत्यगृहान्गृहातिगृहकानपि। उत्पतन्निपतंश्चापि तिष्ठन्गच्छन्पुनः क्वचित्॥ १५
अपवृण्वंश्च द्वाराणि कपाटान्यवघट्टयन्। प्रविशन्निष्पतंश्चापि प्रपतन्नुत्पतन्निव॥ १६
सर्वमप्यवकाशं स विचचार महाकपिः। चतुरङ्गुलमात्रोऽपि नावकाशः स विद्यते।
रावणान्तःपुरे तस्मिन्यं कपिर्न जगाम सः॥ १७
प्राकारान्तरवीथ्यश्च वेदिकाश्चैत्यसंश्रयाः। श्वभ्राश्च पुष्करिण्यश्च सर्वं तेनावलोकितम्॥ १८
राक्षस्यो विविधाकारा विरूपा विकृतास्तथा। दृष्टा हनुमता तत्र न तु सा जनकात्मजा॥ १९
रूपेणाप्रतिमा लोके परा विद्याधरस्त्रियः। दृष्टा हनुमता तत्र न तु राघवनन्दिनी॥ २०
नागकन्या वरारोहाः पूर्णचन्द्रनिभाननाः। दृष्टा हनुमता तत्र न तु सा जनकात्मजा॥ २१
प्रमथ्य राक्षसेन्द्रेण नागकन्या बलाद्धृताः। दृष्टा हनुमता तत्र न सा जनकनन्दिनी॥ २२
सोऽपश्यंस्तां महाबाहुः पश्यंश्चान्या वरस्त्रियः। विषसाद महाबाहुर्हनूमान्मारुतात्मजः॥ २३
उद्योगं वानरेन्द्राणां प्लवनं सागरस्य च। व्यर्थं वीक्ष्यानिलसुतश्चिन्तां पुनरुपागतः॥ २४
अवतीर्य विमानाच्च हनूमान्मारुतात्मजः। चिन्तामुपजगामाथ शोकोपहतचेतनः॥ २५

इत्यार्षे श्रीमद्रामायणे वाल्मीकीय आदिकाव्ये सुन्दरकाण्डे द्वादशः सर्गः॥ १२॥

प्रतिदुष्टकर्मणा प्रति इष्टं दुष्टं कर्म यस्य तेन। सकलसज्जनानर्थकारिणेत्यर्थः। आर्यपथे आर्याणां पतिव्रतानां मार्गे॥ ३॥ रावणस्यानुरागात्स्त्रीवधदोषाद्वा तद्वधेऽप्रवृत्तावपि स्वयमेव भयान्नष्टेत्याह—विरूपेति। दीर्घाणि विरूपाणि दर्शनानि यासां ताः। दीर्घपदेन कर्मधारयो वा। राक्षसराजयोषितस्तदाज्ञाकारिणीः॥ ४॥ पौरुषं समुद्रलङ्घनरूपपराक्रमसाध्यं प्रयोजनम्। कालं विहृत्य सुग्रीवकृतं कालमतिक्रम्य सुग्रीवसमीपं गम्यते यया सा गतिर्मार्गो नास्ति। तत्र हेतुः—सुतीक्ष्णेति॥ ५॥ ६॥ अस्तु सुग्रीवसमीपगमनवार्ता, अङ्गदादिसमीपगमनमपि दुर्लभमित्याह—किं न्विति। किं नु वक्ष्यन्तीति चिन्तां कृत्वा पुनर्विचार्य यद्वक्तव्यं तत्स्वयमेवानुवदति—गत्वेत्यादि। वदस्वेति वक्ष्यन्तीत्यर्थः॥ ७॥ प्रवक्ष्यामि। तान्प्रतीति शेषः। न किमपीत्यर्थः। यदेवम्—अतो ध्रुवमिति। कालस्य सुग्रीवकल्पितस्य। व्यतिवर्तनेऽतिक्रमे॥ ८॥ किं वा वक्ष्यति माम्। धिक्करिष्यतीत्यर्थः। समागता मिलिता अन्ये वानराश्च धिक्करिष्यन्ति॥ ९॥ एवं क्षणमात्रं निर्विद्य पुनरुत्साहमवलम्ब्याह—अनिर्वेद इति। निर्वेदः करणग्रामस्य प्रवृत्तिवैमुख्यं तदभाव उत्साहः॥ १०॥ यत्कर्म स करोति तत्कर्म सफलं करोति॥ ११॥ अनिर्वेदकरमुत्साहजननं यत्नं चित्तस्थैर्यं चेष्टे करोमि॥ १२॥ १३॥ निष्कुटान्तररथ्या गृहाराममध्यगता वीथीः। विमानानि पुष्पकादीनि॥ १४॥ भूमीगृहान्भूबिलगृहान्। गृहातिगृहका गृहोपरिगृहा इति कतकः। गृहाननीयाननिदरे स्वैरविहारार्थं निर्मितगृहा इति तीर्थः। विचेतुमुपचक्रमे इत्यनुकर्षः। उत्पतन्नुन्नतमारोहन्। निपतनमवरोहः॥ १५॥ निष्पतनं निष्क्रमणम्। अवघट्टनं संवरणम्॥ १६॥ यं स कपिर्न जगाम स तादृशश्चतुरङ्गुलमात्रोऽप्यवकाशो न विद्यते॥ १७॥ प्राकारान्तरवीथ्यः प्राकारमध्यवर्तिमन्त्रिकुमारादिगृहवीथ्यः। चैत्यश्चतुष्पथवर्तिवृक्षः। श्वभ्रा गर्ताः॥ १८॥ १९॥ राघवनन्दिनी रामप्रिया॥ २०॥ २१॥ प्रमथ्य नागकन्या बलाद्धृता इत्यनेन बन्दीकृतानां ग्रहणम्, पूर्वं तूढानां नागकन्यानां ग्रहणम्, अतो न पुनरुक्तिः॥ २२॥ २३॥ २४॥ अवतीर्य विमा-

त्रयोदशः सर्गः ।

विमानात्तु स संक्रम्य प्राकारं हरियूथपः । हनूमान्वेगवानासीद्यथा विद्युद्घनान्तरे ॥ १
संपरिक्रम्य हनुमान्रावणस्य निवेशनात् । अदृष्ट्वा जानकीं सीतामब्रवीद्वचनं कपिः ॥ २
भूयिष्ठं लोलिता लङ्का रामस्य चरता प्रियम् । नहि पश्यामि वैदेहीं सीतां सर्वाङ्गशोभनाम् ॥ ३
पल्वलानि तटाकानि सरांसि सरितस्तथा । नद्योऽनूपवनान्ताश्च दुर्गाश्च धरणीधराः ॥ ४
लोलिता वसुधा सर्वा न च पश्यामि जानकीम् । इह संपातिना सीता रावणस्य निवेशने ।
आख्याता गृध्रराजेन न च सा दृश्यते तु किम् ॥ ५
किं नु सीताथ वैदेही मैथिली जनकात्मजा । उपतिष्ठेत विवशा रावणेन हृता बलात् ॥ ६
क्षिप्रमुत्पततो मन्ये सीतामादाय रक्षसः । बिभ्यतो रामबाणानामन्तरा पतिता भवेत् ॥ ७
अथवा ह्रियमाणायाः पथि सिद्धनिषेविते । मन्ये पतितमार्याया हृदयं प्रेक्ष्य सागरम् ॥ ८
रावणस्योरुवेगेन भुजाभ्यां पीडितेन च । तया मन्ये विशालाक्ष्या त्यक्तं जीवितमार्यया ॥ ९
उपर्युपरि सा नूनं सागरं क्रमतस्तदा । विचेष्टमाना पतिता समुद्रे जनकात्मजा ॥ १०
आहो क्षुद्रेण चानेन रक्षन्ती शीलमात्मनः । अबन्धुर्भक्षिता सीता रावणेन तपस्विनी ॥ ११
अथवा राक्षसेन्द्रस्य पत्नीभिरसितेक्षणा । अदुष्टा दुष्टभावाभिर्भक्षिता सा भविष्यति ॥ १२
अथवा निहिता मन्ये रावणस्य निवेशने । भृशं लालप्यते बाला पञ्जरस्थेव सारिका ॥ १३
जनकस्य कुले जाता रामपत्नी सुमध्यमा । कथमुत्पलपत्राक्षी रावणस्य वशं व्रजेत् ॥ १४
विनष्टा वा प्रणष्टा वा मृता वा जनकात्मजा । रामस्य प्रियभार्यस्य न निवेदयितुं क्षमम् ॥ १५
निवेद्यमाने दोषः स्याद्दोषः स्यादनिवेदने । कथं नु खलु कर्तव्यं विषमं प्रतिभाति मे ॥ १६

नास्तेति । पुनरारुह्यावरुह्य चेत्यर्थः । विमान एवैतत्सर्वदर्शनमिति तत्त्वम् ॥ २५ ॥ इति श्रीरामाभिरामे श्रीरामीये रामायणतिलके वाल्मीकीय आदिकाव्ये सुन्दरकाण्डे द्वादशः सर्गः ॥ १२ ॥

वेगवान्हनूमान्विमानात्प्राकारे संक्रम्य घनान्तरे यथा विद्युत्सशोभा आसीत्तथासीत् । प्राकारस्येन्द्रनीलकृतत्वमनेन व्यज्यते ॥ १ ॥ रावणस्य निवेशनाद्गृहात्संपरिक्रम्य पुनःपरिक्रमणेन दृष्ट्वा जानकीं चादृष्ट्वाब्रवीत् । आत्मनैवेति बोध्यम् ॥ २ ॥ भूयिष्ठं लोलिता बहुशोऽन्विष्टा ॥ ३ ॥ ४ ॥ नन्वनुपलब्धिप्रमाणादभावनिश्चय एवास्त्वित आह—इहेति । रावणनिवेशने एवाख्याता । तद्वचश्च प्रमाणम् । दृश्यते तु न । किमिदमिति ॥ ५ ॥ बहुप्रकारं चिन्तयति—किं त्विति । पूर्वदृष्टा मन्दोदरी सौन्दर्यादिगुणैः पुनः सीतात्वेन संभाव्य तन्निरासकवाक्यम् । रावणेन बलाद्धृता विवशा सती सीतोपतिष्ठेत । रावणमिति शेषः । 'रावणं दुष्टचारिणम्' इति पाठे तु यथाश्रुतमेव । इदं किं नु कुत्सितं तु, यतः सा मैथिली सा सीता लाङ्गलपद्धतिजत्वेनायोनिजा । वैदेही जगत्प्रशस्तविदेहवंशसंबद्धा जनकात्मजा ब्रह्मवित्पुत्री ॥ ६ ॥ तदर्शनं कुतस्तत्र हेतूनुत्प्रेक्षते—क्षिप्रमिति । एते पक्षा दुःखातिशयात्संपातिवचनविस्मरणमूलकाः । बिभ्यतः । कराद्भ्रष्टेति शेषः । रामबाणानाम् । आघातादिति शेषः । शेषे षष्ठी वा ॥ ७ ॥ रामपरोक्षं तथा भयायोगात्पक्षान्तरम्—अथवेति । हृदयं पतितं सत उत्क्रान्तम् सतउत्क्रमणस्यैव मरणत्वात् ॥ ८ ॥ पीडितेन पीडनेन ॥ ९ ॥ विचेष्टमाना विलुठन्ती ॥ १० ॥ ननु सर्वमेतदसंभावितं रावणेन सर्वोपायरहितहरणस्योपक्रान्तत्वादतः पक्षान्तरमाह—आहो इति । अथवेत्यर्थः ॥ ११ ॥ ननु बहुभक्षणसामग्रीमत्त्वादनुरागवत्त्वाच्च तेन भक्षणमसंभावितमत आह—अथवेति । सापत्न्यदुःखादिति भावः ॥ १२ ॥ एतदुत्तरम् 'संपूर्णचन्द्रप्रतिमं पद्मपत्रनिभेक्षणम् । रामस्य ध्यायती वक्त्रं पञ्चत्वं कृपणा गता ॥ हा रामलक्ष्मणेत्येव हायोध्येति च भामिनी । विलप्य बहु वैदेही न्यस्तदेहा भविष्यति ॥' इत्यादि श्लोकद्वयं प्रक्षिप्तमिति कतकः । ननु सपत्नीभिरप्यशक्यं भक्षणं रावणेन स्वभोगार्थमानीतत्वादत आह—अथवेति । निहिता गुप्ततया स्थापिता इति मन्ये । नायमपि पक्षो युक्त इत्याह—भृशमिति । एवमपि सा बाला पञ्जरस्था सारिकेव भृशं मुहुर्मुहू रामेति लालप्यते लालप्येत । न च तद्दृश्यत इति भावः ॥ १३ ॥ ननु तर्हि रावणसमीप एव भवेत्संपातिवचनप्रामाण्यात् । मया तु सम्यङ्नान्विष्टमित्याशङ्क्याह—जनकस्येति । तस्मादेतदप्ययुक्तमिति भावः ॥ १४ ॥ नन्वनेन विचारेणालम्, यथानुभूतं निवेद्यतां तत्राह—विनष्टेति । अस्य कचिद्वनेन इति शेषः । 'णश अदर्शने' इति धात्वनुसाराददृष्टा सती क्वचिदस्तीति वक्तुमशक्यमक्षमम् । सर्वतोऽन्विष्टत्वात् । प्रणष्टा प्रगतं नष्टमदर्शनं यस्याः सा दृष्टेत्यर्थः । एतदपि न वक्तुं क्षमम् । स्वयमदृष्टत्वात् । एवं मृतेत्यपि वक्तुं न शक्यम् । तत्साधकदृढतरप्रमाणाभावात् । तस्माद्रामस्याग्रे किमपि वक्तुं न शक्यम् । दृश्यदेशे माययादर्शनं विनाशः, अदृश्यदेशेऽवस्थापनं प्रणाश इति तु तीर्थः ॥ १५ तदेव स्पष्टयति—निवेद्यमाने इति । न

अस्मिन्नेवंगते कार्ये प्राप्तकालं क्षमं च किम् । भवेदिति मतिं भूयो हनुमान्प्रविचारयन् ॥ १७
यदि सीतामदृष्ट्वाहं वानरेन्द्रपुरीमितः । गमिष्यामि ततः को मे पुरुषार्थो भविष्यति ॥ १८
ममेदं लङ्घनं व्यर्थं सागरस्य भविष्यति । प्रवेशश्चैव लङ्काया राक्षसानां च दर्शनम् ॥ १९
किं वा वक्ष्यति सुग्रीवो हरयो वापि सङ्गताः । किष्किन्धामनुसंप्राप्तं तौ वा दशरथात्मजौ ॥ २०
गत्वा तु यदि काकुत्स्थं वक्ष्यामि परुषं वचः । न दृष्टेति मया सीता ततस्त्यक्ष्यति जीवितम् ॥ २१
परुषं दारुणं तीक्ष्णं क्रूरमिन्द्रियतापनम् । सीतानिमित्तं दुर्वाक्यं श्रुत्वा स न भविष्यति ॥ २२
तं तु कृच्छ्रगतं दृष्ट्वा पञ्चत्वगतमानसम् । भृशानुरक्तो मेधावी न भविष्यति लक्ष्मणः ॥ २३
विनष्टौ भ्रातरौ श्रुत्वा भरतोऽपि मरिष्यति । भरतं च मृतं दृष्ट्वा शत्रुघ्नो न भविष्यति ॥ २४
पुत्रान्मृतान्समीक्ष्याथ न भविष्यन्ति मातरः । कौसल्या च सुमित्रा च कैकेयी च न संशयः ॥ २५
कृतज्ञः सत्यसंधश्च सुग्रीवः प्लवगाधिपः । रामं तथागतं दृष्ट्वा ततस्त्यक्ष्यति जीवितम् ॥ २६
दुर्मना व्यथिता दीना निरानन्दा तपस्विनी । पीडिता भर्तृशोकेन रुमा त्यक्ष्यति जीवितम् ॥ २७
वालिजेन तु दुःखेन पीडिता शोककर्शिता । पञ्चत्वमागता राज्ञी तारापि न भविष्यति ॥ २८
मातापित्रोर्विनाशेन सुग्रीवव्यसनेन च । कुमारोऽप्यङ्गदस्तस्माद्विजहिष्यति जीवितम् ॥ २९
भर्तृजेन तु दुःखेन अभिभूता वनौकसः । शिरांस्यभिहनिष्यन्ति तलैर्मुष्टिभिरेव च ॥ ३०
सान्त्वेनानुप्रदानेन मानेन च यशस्विना । लालिताः कपिनाथेन प्राणांस्त्यक्ष्यन्ति वानराः ॥ ३१
न वनेषु न शैलेषु न निरोधेषु वा पुनः । क्रीडामनुभविष्यन्ति समेत्य कपिकुञ्जराः ॥ ३२
सपुत्रदाराः सामात्या भर्तृव्यसनपीडिताः । शैलाग्रेभ्यः पतिष्यन्ति समेषु विषमेषु च ॥ ३३
विषमुद्बन्धनं वापि प्रवेशं ज्वलनस्य वा । उपवासमथो शस्त्रं प्रचरिष्यन्ति वानराः ॥ ३४
घोरमारोदनं मन्ये गते मयि भविष्यति । इक्ष्वाकुकुलनाशश्च नाशश्चैव वनौकसाम् ॥ ३५
सोऽहं नैव गमिष्यामि किष्किन्धां नगरीमितः । नहि शक्ष्याम्यहं द्रष्टुं सुग्रीवं मैथिलीं विना ॥ ३६
मय्यगच्छति चेहस्थे धर्मात्मानौ महारथौ । आशया तौ धरिष्येते वानराश्च तरस्विनः ॥ ३७
हस्तादानो मुखादानो नियतो वृक्षमूलिकः । वानप्रस्थो भविष्यामि अदृष्ट्वा जनकात्मजाम् ॥ ३८
सागरानूपजे देशे बहुमूलफलोदके । चितिं कृत्वा प्रवेक्ष्यामि समिद्धमरणीसुतम् ॥ ३९
उपविष्टस्य वा सम्यग्लिङ्गिनं साधयिष्यतः । शरीरं भक्षयिष्यन्ति वायसाः श्वापदानि च ॥ ४०
इदमप्यृषिभिर्दृष्टं निर्याणमिति मे मतिः । सम्यगापः प्रवेक्ष्यामि न चेत्पश्यामि जानकीम् ॥ ४१
सुजातमूला सुभगा कीर्तिमाला यशस्विनी । प्रभग्ना चिररात्राय मम सीतामपश्यतः ॥ ४२

दृष्टेति निवेद्यमाने दोषो वक्ष्यमाणरामप्राणत्यागरूपः । अनिवेदने स्वामिवञ्चनारूपो दोषः । तस्मान्निवेदनानिवेदनरूपमुभयमपि विषमं दुरनुष्ठेयं प्रतिभाति ॥ १६ ॥ एतदनन्तरं कविवाक्यम्—अस्मिन्निति । कार्ये एवंगते सति । दुर्निरूपे सतीत्यर्थः । प्राप्तकालं कालोचितं किं क्षमं किं वक्तुं युक्तं भवेदिति भूयो मतिं तद्विषयं पक्षं विचारयन्नभूदिति शेषः ॥ १७ ॥ विचारमेव प्रपञ्चयति—यदीति । को भविष्यति । न कोऽपीत्यर्थः ॥ १८ ॥ १९ ॥ वक्ष्यति । असाध्वेव वक्ष्यतीत्यर्थः ॥ २० ॥ न दृष्टेत्यप्रियं यदि वक्ष्यामि । ततस्तच्छ्रवणानन्तरम् ॥ २१ ॥ परुषं कर्णकठोरम्, अतएव दारुणं भयंकरम् । तीक्ष्णमसह्यम् । क्रूरमुग्रम् । इन्द्रियाणां तापनं संतापकम् । सीतानिमित्तं सीताविषयम् । स रामः ॥ २२ ॥ २३ ॥ २४ ॥ २५ ॥ ततो दिविस्थरामदर्शनात् ॥ २६ ॥ २७ ॥ वालिजेन वालिमरणजेन । पञ्चत्वमागता पञ्चत्वं प्राप्तं निश्चयवती ॥ २८ ॥ तस्मात्तदनन्तरम् ॥ २९ ॥ ३० ॥ यशस्विना कपिनाथेन सान्त्वादिभिर्लालिताः प्राणांस्त्यक्ष्यन्ति ॥ ३१ ॥ निरोधेषु गुहादिसंवृतदेशेषु ॥ ३२ ॥ सपुत्रदारा इत्यादेः कपिकुञ्जरा इति विशेष्यम् ॥ ३३ ॥ शस्त्रं शस्त्रघातं प्रचरिष्यन्ति करिष्यन्ति ॥ ३४ ॥ ३५ ॥ ३६ ॥ अगच्छति गमनरहिते । आशया सीतावृत्तान्तश्रवणप्रत्याशया । धरिष्येते प्राणानिति शेषः ॥ ३७ ॥ हस्तादानो हस्तपतितफलादिग्राहकः, तद्भोजीति यावत् । एवं मुखादानो मुखपतितभोजी । नियतो नियतेन्द्रियः । वृक्षमूलिको वृक्षमूलनिवासी ॥ ३८ ॥ अरणीसुतमग्निम् ॥ ३९ ॥ उपविष्टस्य प्रायमुपविष्टस्य । लिङ्गिनं प्राणलिङ्गिनं लिङ्गशरीरवन्तं वात्मानं साधयिष्यतः शरीरेण वियोजयिष्यतः । 'लिङ्गिनीम्' इति पाठे प्राणलिङ्गिनीं चितिम् । चैतन्यमित्यर्थः ॥ ४० ॥ इदं वक्ष्यमाणम् । आपः । अप इत्यर्थः ॥ ४१ ॥ सीतामपश्यतो मम यशस्विनी यशःसंपादिका । मृतस्य ख्यातिर्यशः सुजातमूला सुजातकारणवती कीर्तिरूपा माला । जीवतः सा कीर्तिः । चिररात्रायेत्यव्ययम् । चिरायेत्यर्थः ।

तापसो वा भविष्यामि नियतो वृक्षमूलिकः । नेतः प्रतिगमिष्यामि तामदृष्ट्वाऽसितेक्षणाम् ॥ ४३
यदि तु प्रतिगच्छामि सीतामनधिगम्य ताम् । अङ्गदः सहितः सर्वैर्वानरैर्न भविष्यति ॥ ४४
विनाशे बहवो दोषा जीवन्प्राप्नोति भद्रकम् । तस्मात्प्राणान्धरिष्यामि ध्रुवो जीवति संगमः ॥ ४५
एवं बहुविधं दुःखं मनसा धारयन्बहु । नाध्यगच्छत्तदा पारं शोकस्य कपिकुञ्जरः ॥ ४६
ततो विक्रममासाद्य धैर्यवान्कपिकुञ्जरः । रावणं वा वधिष्यामि दशग्रीवं महाबलम् ।
काममस्तु हृता सीता प्रत्याचीर्णं भविष्यति ॥ ४७
अथवैनं समुत्क्षिप्य उपर्युपरि सागरम् । रामायोपहरिष्यामि पशुं पशुपतेरिव ॥ ४८
इति चिन्तासमापन्नः सीतामनधिगम्य ताम् । ध्यानशोकपरीतात्मा चिन्तयामास वानरः ॥ ४९
यावत्सीतां न पश्यामि रामपत्नीं यशस्विनीम् । तावदेतां पुरीं लङ्कां विचिनोमि पुनः पुनः ॥ ५०
संपातिवचनाच्चापि रामं यद्यानयाम्यहम् । अपश्यन्राघवो भार्यां निर्दहेत्सर्ववानरान् ॥ ५१
इहैव नियताहारो वत्स्यामि नियतेन्द्रियः । न मत्कृते विनश्येयुः सर्वे ते नरवानराः ॥ ५२
अशोकवनिका चापि महतीयं महाद्रुमा । इमामधिगमिष्यामि नहीयं विचिता मया ॥ ५३
वसून्रुद्रांस्तथादित्यानश्विनौ मरुतोऽपि च । नमस्कृत्वा गमिष्यामि रक्षसां शोकवर्धनः ॥ ५४
जित्वा तु राक्षसान्देवीमिक्ष्वाकुकुलनन्दिनीम् । संप्रदास्यामि रामाय सिद्धीमिव तपस्विने ॥ ५५
स मुहूर्तमिव ध्यात्वा चिन्ताविग्रथितेन्द्रियः । उदतिष्ठन्महाबाहुर्हनूमान्मारुतात्मजः ॥ ५६
नमोऽस्तु रामाय सलक्ष्मणाय देव्यै च तस्यै जनकात्मजायै ।
नमोऽस्तु रुद्रेन्द्रयमानिलेभ्यो नमोऽस्तु चन्द्राग्निमरुद्गणेभ्यः ॥ ५७
स तेभ्यस्तु नमस्कृत्वा सुग्रीवाय च मारुतिः । दिशः सर्वाः समालोक्य सोऽशोकवनिकां प्रति ५८

चिराय मम । अत्यन्तिकल्याणेत्यर्थः । तीर्थस्तु—'चिररात्रीयं मम' इति पाठं प्रकल्प्य सीतान्वेषणोपयुक्तत्वेन शोभनमत्या सीतान्वेषणसौकर्यापादकचन्द्रिकया सुभगा सीतान्वेषणसहकारिणीति सर्वैः क्रियमाणा कीर्तिरेव मता यस्याः सेयं चिररात्री चिरकालविशिष्टा दीर्घा रात्रिः । त्वस्य लङ्काप्रवेशरात्रिः प्रसन्ना । तत्कल्याणेत्यर्थः । अनेन रामकार्यसहकारिणी स्वेच्छया रात्रिरयामासन वर्धितवतीति सूच्यत इत्याह ॥ ४२ ॥ तापसो जटाकाषायादिचिह्नो यतिः ॥ ४३ ॥ अदृष्ट्वा गमने निश्चितमासन्नं दोषमाह—यदि त्विति । न भविष्यति न जीविष्यति ॥ ४४ ॥ एवमगमने निश्चिते मरणजीवितयोः किं श्रेयस्तत्राह—विनाश इति । दोषा बहवः प्रागुक्ताः । चिरं मदगमने सीताविनाशनिश्चयेन रामादयो न स्युरेव, आत्मघातादयश्च स्युः । जीवंस्तु मनुष्यो भद्रकं प्राप्नोति । वक्ष्यमाणनानाविधोपायाश्रयणेन, तस्मात्प्राणान्धरिष्यामि, यतो मयि जीवति सति संगमः सुखसंगमो रामादीनां ध्रुवः । संभावित इत्यर्थः । काव्यलिङ्गमत्रालंकारः । तीर्थस्तु—'अत्र जीवितसंगमः' इति पाठं कल्पयामास ॥ ४५ ॥ इतः परं कविवाक्यम्—एवमित्यादि ॥ ४६ ॥ कपिकुञ्जर इत्यस्य इति चिन्तयामासेति शेषः । 'ध्रुवो जीवति संगमः' इत्युक्तराशयं हनुमानाह—रावणं वेति । ननु रावणवधेन किं साधितं स्यात्तत्राह—प्रतीति । प्रत्याचीर्णं वैरनिर्यातनं कृतं भविष्यतीत्यर्थः । एवं कृत्वा गमने सर्वेषां सुखमित्याशयः ॥ ४७ ॥ ननु मया हत इतीदं वचोऽविश्वसनीयं स्यात्सीतालाभेन रामदुःखनिवृत्तिश्चेत्यत आह पक्षान्तरम्—अथवेति । एवं सति तल्लाभोऽपि संभाव्यत इत्याशयः ॥ ४८ ॥ रावणस्य वधे नयनेऽपि सीता राक्षसा हन्युरिति तदलाभ एवेत्यतः शोकपरीतः पक्षान्तरं चिन्तयामास—यावत्सीतामिति । वर्तमानसमीपे लट् ॥ ४९ ॥ ५० ॥ नन्वत्रावस्थितिनिश्चये पुनः पुनरन्वेषणं सफलं स्यादत आह—संपातिवचनादिति । तद्वचनविश्वासादेवेत्यर्थः । नतु तत्प्रत्यक्षप्रतीहार्दिमिश्रं प्रमाणम् । ननु तद्वचनविश्वासादेव रामं प्रति सीतावासस्थितिमुक्त्वा शीघ्रं स एवानेयः किमनेन कालविलम्बेनेत्यत्राह—रामं यदीति । रावणे हतेऽपि सर्ववान्विष्यमाणा न दृश्येत रामेणापि । तददर्शने रामः सर्ववानरनाशं करिष्यतीति भावः ॥ ५१ ॥ तस्मादिहैव नियताहारो वत्स्यामि । विनश्येयुः । सीतामदृष्ट्वा मद्गमनानन्तरमिति भावः ॥ ५२ ॥ एवं चिन्ताकुलोऽनन्विष्टं देशं दृष्ट्वा संपातिवचनात्तत्र सीतास्थितिं निश्चित्वान आह—अशोकेति ॥ ५३ ॥ तत्राप्यप्राप्तिशङ्कया तद्दर्शनप्रतिबन्धकदुरितक्षयाय दैवानुकूल्यं संपादयति—वसूनिति । चाद्रामादीन् ॥ ५४ ॥ तपस्विने सिद्धीमिव तपःफलमिव । तपःप्रसन्ना देवतेति शेषः ॥ ५५ ॥ चिन्तया विग्रथितानि संबद्धानि व्याकुलानीन्द्रियाणि यस्य सः ॥ ५६ ॥ प्रतिज्ञातं नमस्कारमनुतिष्ठति—नमोऽस्तु रामायेति । अनेन रामस्य भगवदवतारत्वं सूचितम् । रुद्रादिनमस्कारेण विराजो भगवतो नतिः ॥ ५७ ॥ स्वामित्वात्सूर्यांशत्वाच्च सुग्रीवनतिः । अशोकवनिकां गतः । मनसेति शेषः । 'अशोकवनिकां प्रति' इति पाठे गत इत्यध्याहारः

स गत्वा मनसा पूर्वमशोकवनिकां शुभाम् । उत्तरं चिन्तयामास वानरो मारुतात्मजः ॥ ५९
ध्रुवं तु रक्षोबहुला भविष्यति वनाकुला । अशोकवनिका पुण्या सर्वसंस्कारसंस्कृता ॥ ६०
रक्षिणश्चात्र विहिता नूनं रक्षन्ति पादपान् । भगवानपि विश्वात्मा नातिक्षोभं प्रवायति ॥ ६१
संक्षिप्तोऽयं मयात्मा च रामार्थे रावणस्य च । सिद्धिं दिशन्तु मे सर्वे देवाः सर्षिगणास्त्विह ॥ ६२
ब्रह्मा स्वयंभूर्भगवान्देवाश्चैव तपस्विनः । सिद्धिमग्निश्च वायुश्च पुरुहूतश्च वज्रभृत् ॥ ६३
वरुणः पाशहस्तश्च सोमादित्यौ तथैव च । अश्विनौ च महात्मानौ मरुतः सर्व एव च ॥ ६४
सिद्धिं सर्वाणि भूतानि भूतानां चैव यः प्रभुः । दास्यन्ति मम ये चान्येऽप्यदृष्टाः पथिगोचराः ॥ ६५

तदुन्नसं पाण्डुरदन्तमव्रणं शुचिस्मितं पद्मपलाशलोचनम् ।
द्रक्ष्ये कदार्यावदनं कदा न्वहं प्रसन्नताराधिपतुल्यवर्चसम् ॥ ६६
क्षुद्रेण हीनेन नृशंसमूर्तिना सुदारुणालंकृतवेषधारिणा ।
बलाभिभूता ह्यबला तपस्विनी कथं नु मे दृष्टिपथेऽद्य सा भवेत् ॥ ६७

इत्यार्षे श्रीमद्रामायणे वाल्मीकीय आदिकाव्ये सुन्दरकाण्डे त्रयोदशः सर्गः ॥ १३ ॥

चतुर्दशः सर्गः ।

स मुहूर्तमिव ध्यात्वा मनसा चाधिगम्य ताम् । अवप्लुतो महातेजाः प्राकारं तस्य वेश्मनः ॥ १
स तु संहृष्टसर्वाङ्गः प्राकारस्थो महाकपिः । पुष्पिताग्रान्वसन्तादौ ददर्श विविधान्द्रुमान् ॥ २
सालानशोकान्भव्यांश्च चम्पकांश्च सुपुष्पितान् । उद्दालकान्नागवृक्षांश्चूतान्कपिमुखानपि ॥ ३
तथाम्रवणसंपन्नाँल्लताशतसमन्वितान् । ज्यामुक्त इव नाराचः पुप्लुवे वृक्षवाटिकाम् ॥ ४
स प्रविश्य विचित्रां तां विहगैरभिनादिताम् । राजतैः काञ्चनैश्चैव पादपैः सर्वतो वृताम् ॥ ५
विहगैर्मृगसङ्घैश्च विचित्रां चित्रकाननाम् । उदितादित्यसंकाशां ददर्श हनुमान्बली ॥ ६
वृतां नानाविधैर्वृक्षैः पुष्पोपगफलोपगैः । कोकिलैर्भृङ्गराजैश्च मत्तैर्नित्यनिषेविताम् ॥ ७
प्रहृष्टमनुजां काले मृगपक्षिमदाकुलाम् । मत्तबर्हिणसंघुष्टां नानाद्विजगणायुताम् ॥ ८
मार्गमाणो वरारोहां राजपुत्रीमनिन्दिताम् । सुखप्रसुप्तान्विहगान्बोधयामास वानरः ॥ ९
उत्पतद्भिर्द्विजगणैः पक्षैर्वातैः समाहताः । अनेकवर्णा विविधा मुमुचुः पुष्पवृष्टयः ॥ १०

॥ ५८ ॥ उत्तरं गमनोत्तरकर्तव्यकृत्यम् ॥ ५९ ॥ चिन्ताहेतुं दर्शयति—ध्रुवमिति । वनाकुला काननावृता । संस्काराः खननसेकादिरूपवृक्षसंस्काराः । अत्र ध्रुवं रक्षोबहुलेत्युत्प्रेक्षया चन्द्रास्तः सूचितः । अन्यथा तत्प्रकाशेन निश्चय एव स्यात् ॥ ६० ॥ अत्राशोकवनिकायां विहिता नियुक्ताः । विश्वात्मा वायुः ॥ ६१ ॥ मयात्मा । शरीरमित्यर्थः । रावणस्य, अर्थ इत्यनुकर्षः । रावणकर्तृकदर्शनपरिहारायेत्यर्थः ॥ ६२ ॥ पुनः सर्वात्मना कार्यसिद्धये स्मरति—ब्रह्मेत्यादि । देवा भगवद्वय-वद्देवाः । तानेव दर्शयति—अग्निश्चेत्यादि । सिद्धिं दिशन्त्वि-त्यन्वयः ॥ ६३ ॥ ६४ ॥ भूतानां प्रभुः प्रजापतिः । दा-स्यन्ति । तेषामप्यस्यार्थस्येष्टत्वादिति भावः । पूर्वं प्रार्थना, इदानीं तु तन्निश्चयः । पथि गोचरा अदृष्टा अपि पथि मार्गे गोचरत्वेन सिद्धिदत्वेन शास्त्रेऽदृष्टा अनुक्ताः, अपिना दृष्टाश्च ये तेऽपि सिद्धिं दास्यन्ति ॥ ६५ ॥ उन्नता नासा यस्मिंस्त-त्पाण्डुरम् । वियोगवशात् । अव्रणमनवद्यम् ॥ ६६ ॥ सुदारु-णोऽप्यलंकृतवेषधारी विश्वसनीयवेषधारी तेन ॥ ६७ ॥ इति श्रीरामाभिरामे श्रीरामीये रामायणतिलके वाल्मीकीय आदिकाव्ये सुन्दराकाण्डे त्रयोदशः सर्गः ॥ १३ ॥

ध्यात्वोत्तरत्र वनं निश्चित्य तां सीतां मनसाधिगम्य ध्यात्वा तस्य रावणस्य वेश्मनो वेश्मप्राकारात्प्राकारं वनप्राकारमवप्लुत उत्प्लवनेन प्राप्तः ॥ १ ॥ संहृष्टसर्वाङ्गः पुलकितसर्वाङ्गः । वस-न्तादौ वसन्तादिसर्वर्तुषु संनिहितैः पुष्पैः पुष्पिताग्रान् ॥ २ ॥ भव्यान्युक्तफलान् । उद्दालका वृक्षविशेषाः । नागवृक्षान्नागके-सरवृक्षान् । कपिमुखान्कपिमुखाकारफलवतः । चूतविशेषण-मेतत् ॥३॥ ज्यामुक्तः । रोमणेति शेषः ॥४॥ विचित्रां विचित्र-पर्यन्ताम् । राजतै रजतादिसंस्कृतैस्तद्वर्णैर्वा ॥ ५ ॥ चित्रकाननां चित्रद्रुमखण्डाम् । उदितादित्यसंकाशाम् । पुष्पैरिति शेषः ॥६॥ पुष्पोपगफलोपगैः पुष्पफलयुतैः ॥ ७ ॥ काले सर्वस्मिन्नपि प्रहृष्टमनुजां मुखविकासादिलिङ्गकहर्षवज्जनाम् । मृगादीन्मदे-नाकुलयति ताम् । 'प्रहृष्टमनुजे काले' इति पदद्वये सप्तम्य-न्तपाठे, तादृक्काले वसन्तप्राग्भवे । तत्संनिहिते काले इत्यर्थः ॥ ८ ॥ बोधयामास । शाखाचङ्क्रमणेनेति भावः ॥ ९ ॥ पक्षै-रुत्पतद्भिरित्यन्वयः । समाहताः । वृक्षा इति शेषः । पुष्पवृ-

पुष्पावकीर्णः शुशुभे हनुमान्मारुतात्मजः । अशोकवनिकामध्ये यथा पुष्पमयो गिरिः ॥ ११
दिशः सर्वाभिधावन्तं वृक्षखण्डगतं कपिम् । दृष्ट्वा सर्वाणि भूतानि वसन्त इति मेनिरे ॥ १२
वृक्षेभ्यः पतितैः पुष्पैरवकीर्णा पृथग्विधैः । रराज वसुधा तत्र प्रमदेव विभूषिता ॥ १३
तरस्विना ते तरवस्तरसा बहु कम्पिताः । कुसुमानि विचित्राणि ससृजुः कपिना तदा ॥ १४
निर्धूतपत्रशिखराः शीर्णपुष्पफलद्रुमाः । निक्षिप्तवस्त्राभरणा धूर्ता इव पराजिताः ॥ १५
हनूमता वेगवता कम्पितास्ते नगोत्तमाः । पुष्पपत्रफलान्याशु मुमुचुः फलशालिनः ॥ १६
विहंगसङ्घैर्हीनास्ते स्कन्धमात्राश्रया द्रुमाः । बभूवुरगमाः सर्वे मारुतेन विनिर्धुताः ॥ १७
विधूतकेशी युवतिर्यथा मृदितवर्णका । निपीतशुभदन्तोष्ठी नखैर्दन्तैश्च विक्षता ॥ १८
तथा लाङ्गूलहस्तैस्तु चरणाभ्यां च मर्दिता । तथैवाशोकवनिका प्रभग्नवरपादपा ॥ १९
महालतानां दामानि व्यधमत्तरसा कपिः । यथा प्रावृषि वेगेन मेघजालानि मारुतः ॥ २०
स तत्र मणिभूमीश्च राजतीश्च मनोरमाः । तथा काञ्चनभूमीश्च विचरन्ददृशे कपिः ॥ २१
वापीश्च विविधाकाराः पूर्णाः परमवारिणा । महार्हैर्मणिसोपानैरुपपन्नास्ततस्ततः ॥ २२
मुक्ताप्रवालसिकताः स्फाटिकान्तरकुट्टिमाः । काञ्चनैस्तरुभिश्चित्रैस्तीरजैरुपशोभिताः ॥ २३
बुद्धपद्मोत्पलवनाश्चक्रवाकोपशोभिताः । नत्यूहरुतसंघुष्टा हंससारसनादिताः ॥ २४
दीर्घाभिर्द्रुमयुक्ताभिः सरिद्भिश्च समन्ततः । अमृतोपमतोयाभिः शिवाभिरुपसंस्कृताः ॥ २५
लताशतैरवतताः संतानकुसुमावृताः । नानागुल्मावृतवनाः करवीरकृतान्तराः ॥ २६
ततोऽम्बुधरसंकाशं प्रवृद्धशिखरं गिरिम् । विचित्रकूटं कूटैश्च सर्वतः परिवारितम् ॥ २७
शिलागृहैरवततं नानावृक्षसमावृतम् । ददर्श कपिशार्दूलो रम्यं जगति पर्वतम् ॥ २८
ददर्श च नगात्तस्मान्नदीं निपतितां कपिः । अङ्कादिव समुत्पत्य प्रियस्य पतितां प्रियाम् ॥ २९
जलेन पतिताग्रैश्च पादपैरुपशोभिताम् । वार्यमाणामिव क्रुद्धां प्रमदां प्रियबन्धुभिः ॥ ३०
पुनरावृत्ततोयां च ददर्श स महाकपिः । प्रसन्नामिव कान्तस्य कान्तां पुनरुपस्थिताम् ॥ ३१
तस्याद्दूरात्स पद्मिन्यो नानाद्विजगणायुताः । ददर्श कपिशार्दूलो हनूमान्मारुतात्मजः ॥ ३२
कृत्रिमां दीर्घिकां चापि पूर्णां शीतेन वारिणा । मणिप्रवरसोपानां मुक्तासिकतशोभिताम् ॥ ३३
विविधैर्मृगसङ्घैश्च विचित्रां चित्रकाननाम् । प्रासादैः सुमहद्भिश्च निर्मितैर्विश्वकर्मणा ॥ ३४
काननैः कृत्रिमैश्चापि सर्वतः समलंकृताम् । ये केचित्पादपास्तत्र पुष्पोपगफलोपगाः ॥ ३५

ष्टयः पुष्पवृष्टीः ॥ १० ॥ ११ ॥ सर्वाभिधावन्तमिति संधिरार्षः । वसन्त इति मेनिरे इति । अस्यामेव वनेऽशक्यप्रवेशत्वाद्वसन्त एव वृक्षसंचारोचितं कपिरूपमास्थाय चरतीति मेनिर इत्यर्थः । एतेन द्रष्टॄणां तस्मिन्विमतिनिवृत्तिरीश्वरानुग्रहादिति सूचितम् ॥ १२ ॥ १३ ॥ बहुप्रकारं कम्पिताः ॥ १४ ॥ निर्धूतपत्राणि शिखराण्यग्राणि च येषां ते । धूर्ता अक्षधूर्ताः ॥ १५ ॥ १६ ॥ स्कन्धमात्रस्याश्रयाः, न तु पुष्पादीनाम्, अत एवागमा असेव्याः । मारुतेन तत्पुत्रेण हनूमता । विनिर्धुता इति ह्रस्व आर्ष इति कतकस्तद्वृथा । ह्रस्वस्यापि धुञः सत्त्वात् ॥ १७ ॥ वर्णको विलेपनम् । निपीतः शुभदंशयुक्त ओष्ठो यस्याः सा ॥ १८ ॥ लाङ्गूलहस्तैरित्यत्रैकत्वाभाव आर्षः ॥ १९ ॥ दामानि जालानि ॥ २० ॥ २१ ॥ उच्यमानविशिष्टा वापीर्ददर्श । श्लोकपञ्चकमेकं वाक्यम् ॥ २२ ॥ मुक्ताप्रवालरूपा एव सिकता यासाम् । आन्तरकुट्टिमा अभ्यन्तरनिबद्धभूमियुताः ॥ २३ ॥ नत्यूहो दात्यूहः ॥ २४ ॥ द्रुमयुक्ताभिस्तीरद्रुमयुक्ताभिः । वापीनां सरिदुपस्कृतत्वं नित्यं पूर्णजलत्वाय ॥ २५ ॥ संतानः कल्पवृक्षः । गुल्मावृतवनाः । वनं जलम् । करवीरैः कृतमन्तरं गवाक्षस्थानीयं यासां ताः ॥ २६ ॥ ततो वापीदर्शनानन्तरम् ॥ २७ ॥ जगति लोके रम्यं सुन्दरवस्तुभ्योऽपि परमसुन्दरम् । तीर्थस्तु—जगतीपर्वतमित्यर्थः । ह्रस्व आर्षः । मृत्पर्वतमिति यावदिति व्याचक्षाण उपेक्ष्य एव ॥ २८ ॥ निपतितां निःसृताम् । समुत्पत्य कोपादुत्थाय । पतितां भूमिशयिताम् ॥ २९ ॥ जलेन पतिताग्रैः पादपैः परिणाहवशादधःप्रसृतशाखाद्वारेण जलनिपतिताग्रत्वं वृक्षाणां कूलात्पातेन वा । प्रियं प्रति क्रुद्धां प्रियसमीपादन्यत्र जिगमिषुं प्रियबन्धुभिः सखीभिर्वार्यमाणां प्रमदामिव ॥ ३० ॥ अतएव कान्तस्य प्रसन्नां पुनरुपस्थितां कान्तामिव, पुनरावृत्ततोयां वृक्षाग्रप्रतिघातात्परावृत्तजलां ददर्श ॥ ३१ ॥ तस्य पर्वतस्य । पद्मिन्यः पद्मिनीरकृत्रिमदीर्घिकाः ॥ ३२ ॥ उच्यमानविशेषणां कृत्रिमां दीर्घिकामपि ददर्श । सिकतशोभितामित्यत्र ह्रस्व आर्षः ॥ ३३ ॥ प्रासादैरित्यस्य युतामिति शेषः ॥ ३४ ॥ ये केचित्तत्र वृक्षास्ते सर्वेऽपि पुष्पफलोभय-

सच्छत्रा सविनर्दीकाः सर्वे सौवर्णवेदिकाः । लताप्रतानैर्बहुभिः पर्णैश्च बहुभिर्वृताम् ॥ ३६
काञ्चनीं शिंशपामेकां ददर्श स महाकपिः । वृतां हेममयीभिस्तु वेदिकाभिः समन्ततः ॥ ३७
सोऽपश्यद्भूमिभागांश्च नगप्रस्रवणानि च । सुवर्णवृक्षानपरान्ददर्श शिखिसंनिभान् ॥ ३८
तेषां द्रुमाणां प्रभया मेरोरिव महाकपिः । अमन्यत तदा वीरः काञ्चनोऽस्मीति सर्वतः ॥ ३९
तान्काञ्चनान्वृक्षगणान्मारुतेन प्रकम्पितान् । किङ्किणीशतनिर्घोषान्दृष्ट्वा विस्मयमागमत् ॥ ४०
सुपुष्पिताग्रान्रुचिरांस्तरुणाङ्कुरपल्लवान् । तामारुह्य महावेगः शिंशपां पर्णसंवृताम् ॥ ४१
इतो द्रक्ष्यामि वैदेहीं रामदर्शनलालसाम् । इतश्चेतश्च दुःखार्तां संपतन्तीं यदृच्छया ॥ ४२
अशोकवनिका चेयं दृढं रम्या दुरात्मनः । चन्दनैश्चम्पकैश्चापि वकुलैश्च विभूषिता ॥ ४३
इयं च नलिनी रम्या द्विजसङ्घनिषेविता । इमां सा राजमहिषी नूनमेष्यति जानकी ॥ ४४
साऽरामा राजमहिषी राघवस्य प्रिया सदा । वनसंचारकुशला ध्रुवमेष्यति जानकी ॥ ४५
अथवा मृगशावाक्षी वनस्यास्य विचक्षणा । वनमेष्यति साद्येह रामचिन्तासुकर्शिता ॥ ४६
रामशोकाभिसंतप्ता सा देवी वामलोचना । वनवासरता नित्यमेष्यते वनचारिणी ॥ ४७
वनेचराणां सततं नूनं स्पृहयते पुरा । रामस्य दयिता भार्या जनकस्य सुता सती ॥ ४८
संध्याकालमनाः श्यामा ध्रुवमेष्यति जानकी । नदीं चेमां शुभजलां संध्यार्थे वरवर्णिनी ॥ ४९
तस्याश्चाप्यनुरूपेयमशोकवनिका शुभा । शुभायाः पार्थिवेन्द्रस्य पत्नी रामस्य संमता ॥ ५०
यदि जीवति सा देवी ताराधिपनिभानना । आगमिष्यति सावश्यमिमां शीतजलां नदीम् ॥ ५१

एवं तु गत्वा हनुमान्महात्मा प्रतीक्षमाणो मनुजेन्द्रपत्नीम् ।
अवेक्षमाणश्च ददर्श सर्वं सुपुष्पिते पर्णघने निलीनः ॥ ५२

इत्यार्षे श्रीमद्रामायणे वाल्मीकीय आदिकाव्ये सुन्दरकाण्डे चतुर्दशः सर्गः ॥ १४ ॥

पञ्चदशः सर्गः ।

स वीक्षमाणस्तत्रस्थो मार्गमाणश्च मैथिलीम् । अवेक्षमाणश्च महीं सर्वां तामन्ववैक्षत ॥ १

युता एवेत्यर्थः ॥ ३५ ॥ सच्छत्राश्छत्राकारसंस्थानवन्तः । तेन शीतलच्छायत्वं सूचितम् । सविनर्दीकाः सवेदिकाः । सौवर्णवेदिकाः । राजतादिमहावेदिकोपरि कृतसौवर्णवेदिका इत्यर्थः । लतेत्यर्धमुत्तरान्वयि ॥ ३६ ॥ एकां मुख्यां वृक्षान्तरसंबन्धरहितां च, काञ्चनीं तद्वर्णां शिंशपाम् । 'पिच्छिला गुरुशिंशपा' इति कोशः ॥ ३७ ॥ ३८ ॥ मेरोः प्रभया दिवाकर इव, तेषां द्रुमाणां प्रभया काञ्चनोऽस्मीत्यमन्यत । काञ्चनवर्णमात्मशरीरं वीक्षते स्मेत्यर्थः ॥ ३९ ॥ तान्काञ्चनानिति । किङ्किण्यस्तेषु फलादिवत्सहजाः, अतएव विस्मयमागमत् ॥ ४० ॥ तेषां तरुधर्ममप्याह—सुपुष्पिताग्रानिति । तरुणाः कोमला अङ्कुराः पल्लवाश्च येषां तान्दृष्ट्वा विस्मयं प्राप्त इत्यन्वयः । तां यस्याः पर्यन्तवृक्षा एवंभूतास्तामारुह्य । चिन्तयामासेति शेषः ॥ ४१ ॥ इत इति । आगतामिति शेषः । तदेव स्पष्टयति—इतश्चेतश्चेति ॥ ४२ ॥ रम्येयमशोकवनिका दुरात्मनो रावणस्यैव दृढं ध्रुवम् । राक्षसान्तरस्यैवंविधनदसंभवात् ॥ ४३ ॥ नलिनी चेयं रम्या । सा च राजमहिषीत्वाद्रम्यप्रिया, अतएवेमां नलिनीं नूनमेष्यति ॥ ४४ ॥ अरामा रामवियुक्ता । राजमहिषीत्वादेवोद्यानवनसंचारकुशला ॥ ४५ ॥ अयमेवार्थ आदरेण बुद्धिस्थैर्यार्थं त्रिरावर्त्यते—अथ वेति । सर्वथेत्यर्थः । न तु पक्षान्तरमिदम् । तत्त्वासंभवात् ॥ ४६ ॥ ४७ ॥ अशोकवनिकान्तः शिंशपाप्रदेशे सीताया आगमने हेत्वन्तरमुन्नयति—वनेचराणामिति । मृगपक्ष्यादीनामित्यर्थः ॥ ४८ ॥ संध्या दिनरात्र्योः संधिरूपानुष्ठानकालो यस्य कर्मणस्तत्र मनो यस्याः सा, तथा संध्यार्थे संध्याकालक्रियमाणस्नानाद्यर्थं । पूर्ववदेवात्राप्युक्तस्यैवार्थस्यावृत्तिः । रात्रिशेषे हनुमतोऽस्य वचसः प्रवृत्तेः संध्याशब्देनात्र प्रातःकालो विवक्षितः । तत्र कर्तव्यस्नानादौ चास्त्येव स्त्रीणामप्यधिकार इति कथं स्त्रीणां संध्यावन्दनमिति परास्तं वेदितव्यम् । किं च सम्यग्भगवद्ध्यानस्यैव संध्यापदार्थत्वेनास्त्येव तत्र स्त्रिया अधिकारः । गायत्रीमन्त्रेण तदर्थस्मरणपूर्वकध्याने तु द्विजस्यैवाधिकार इत्यन्यत् ॥ ४९ ॥ या रामस्य पत्नी, संमता च पतिव्रतेति सर्वजनस्य, तस्याः शुभाया इयं नद्यशोकवनिका चानुरूपा योग्या ॥ ५० ॥ ५१ ॥ प्रतीक्षमाणः । सीताया आगमनमिति शेषः । अवेक्षमाण इतस्ततोऽवलोकयन् । पर्णघने सुपुष्पिते शिंशपावृक्षे निलीनः सन्सर्वं वनं ददर्शेत्यन्वयः ॥ ५२ ॥ **इति श्रीरामाभिरामे श्रीरामीये रामायणतिलके वाल्मीकीय आदिकाव्ये सुन्दरकाण्डे चतुर्दशः सर्गः ॥ १४ ॥**

वीक्षमाण इतस्ततोऽवलोकयन् । तत्रस्थः शिंशपास्थः ।

संतानकलताभिश्च पादपैरुपशोभिताम् । दिव्यगन्धरसोपेतां सर्वतः समलंकृताम् ॥ २
तां स नन्दनसंकाशां मृगपक्षिभिरावृताम् । हर्म्यप्रासादसंबाधां कोकिलाकुलनिःस्वनाम् ॥ ३
काञ्चनोत्पलपद्माभिर्वापीभिरुपशोभिताम् । बह्वासनकुथोपेतां बहुभूमिगृहायुताम् ॥ ४
सर्वर्तुकुसुमै रम्यैः फलवद्भिश्च पादपैः । पुष्पितानामशोकानां श्रिया सूर्योदयप्रभाम् ॥ ५
प्रदीप्तामिव तत्रस्थो मारुतिः समुदैक्षत । निष्पत्रशाखां विहगैः क्रियमाणामिवासकृत् ॥ ६
विनिष्पतद्भिः शतशश्चित्रैः पुष्पावतंसकैः । समूलपुष्परचितैरशोकैः शोकनाशनैः ॥ ७
पुष्पभारातिभारैश्च स्पृशद्भिरिव मेदिनीम् । कर्णिकारैः कुसुमितैः किंशुकैश्च सुपुष्पितैः ॥ ८
स देशः प्रभया तेषां प्रदीप्त इव सर्वतः । पुंनागाः सप्तपर्णाश्च चम्पकोद्दालकास्तथा ॥ ९
विवृद्धमूला बहवः शोभन्ते स्म सुपुष्पिताः । शातकुम्भनिभाः केचित्केचिदग्निशिखप्रभाः ॥ १०
नीलाञ्जननिभाः केचित्तत्राशोकाः सहस्रशः । नन्दनं विबुधोद्यानं चित्रं चैत्ररथं यथा ॥ ११
अतिवृत्तमिवाचिन्त्यं दिव्यं रम्यश्रिया युतम् । द्वितीयमिव चाकाशं पुष्पज्योतिर्गणायुतम् ॥ १२
पुष्परत्नशतैश्चित्रं पञ्चमं सागरं यथा । सर्वर्तुपुष्पैर्निचितं पादपैर्मधुगन्धिभिः ॥ १३
नानानिनादैरुद्यानं रम्यं मृगगणद्विजैः । अनेकगन्धप्रवहं पुण्यगन्धं मनोहरम् ॥ १४
शैलेन्द्रमिव गन्धाढ्यं द्वितीयं गन्धमादनम् । अशोकवनिकायां तु तस्यां वानरपुंगवः ॥ १५
स ददर्शाविदूरस्थं चैत्यप्रासादमूर्जितम् । मध्ये स्तम्भसहस्रेण स्थितं कैलासपाण्डुरम् ॥ १६
प्रवालकृतसोपानं तप्तकाञ्चनवेदिकम् । मुष्णन्तमिव चक्षूंषि द्योतमानमिव श्रिया ॥ १७
निर्मलं प्रांशुभावत्वादुल्लिखन्तमिवाम्बरम् । ततो मलिनसंवीतां राक्षसीभिः समावृताम् ॥ १८
उपवासकृशां दीनां निःश्वसन्तीं पुनः पुनः । ददर्श शुक्लपक्षादौ चन्द्ररेखामिवामलाम् ॥ १९
मन्दप्रख्यायमानेन रूपेण रुचिरप्रभाम् । पिनद्धां धूमजालेन शिखामिव विभावसोः ॥ २०
पीतेनैकेन संवीतां क्लिष्टेनोत्तमवाससा । सपङ्कामनलंकारां विपद्मामिव पद्मिनीम् ॥ २१
पीडितां दुःखसंतप्तां परिक्षीणां तपस्विनीम् । ग्रहेणाङ्गारकेणेव पीडितामिव रोहिणीम् ॥ २२
अश्रुपूर्णमुखीं दीनां कृशामनशनेन च । शोकध्यानपरां दीनां नित्यं दुःखपरायणाम् ॥ २३
प्रियं जनमपश्यन्तीं पश्यन्तीं राक्षसीगणम् । स्वगणेन मृगीं हीनां श्वगणेनावृतामिव ॥ २४
नीलनागाभया वेण्या जघनं गतयैकया । नीलया नीरदापाये वनराज्या महीमिव ॥ २५

मार्गमाणो मैथिलीहेतुनाथो दृष्ट्वा महीमवेक्षमाणः सर्वां ताम- शोकवनिकामन्ववैक्षत ॥ १ ॥ तां विशिनष्टि—संतानकेति । संतानकलताभिः सहितैः पादपैरित्यर्थः ॥ २ ॥ तां स ददर्शेत्यन्वयः । नन्दनसंकाशा तद्वच्चन्दनद्राक्षाद्यनेकोपादेयवस्तुमतीम् ॥ ३ ॥ बह्वासनैः कुथैरास्तरणैश्चोपेताम् । उपर्युपरि भूमियुक्ता गृहा बहुभूमिगृहाः ॥ ४ ॥ सर्वर्तुषु कुसुमानि येषां तैः पादपैर्युक्ताम् । सूर्योदयप्रभामुद्यत्सूर्यसमकान्तिम् ॥ ५ ॥ तत्रस्थः शिंशपास्थो मारुतिरशोकपुष्पैः प्रदीप्तामिवोदैक्षतेत्युत्प्रेक्षा । असकृच्छतशो विनिष्पतद्भिश्चित्रैः पुष्पाण्यवतंसवत्प्रतीयमानानि येषां तैर्विहगैर्निबिडशाखामपि निष्पत्रशाखा क्रियमाणाम् । बहुपक्षिपक्षपिहितपर्णतया पत्ररहितशाखामिवेत्यर्थः । तथोच्यमानविशेषणैरशोकैः पुष्पभारेण पुष्पसमूहेन जनितातिभारैः, अतएवातिभारवशादतिप्रह्वशाखतया भूमिं स्पृशद्भिः कर्णिकारैः किंशुकैश्च युतः स देशस्तेषां प्रभया प्रदीप्त इव ॥ ६ ॥ ७ ॥ ८ ॥ ९ ॥ १० ॥ नीलाञ्जननिभा इति । एवमुक्त्याशोकानामनेकवर्णपुष्पवत्त्वं सूचितम् । विबुधोद्यानं नन्दनम्, यथा नन्दनमाह्लादकं तद्वदाह्लादकम् । चैत्ररथं कुबेरवनं यथा चित्रं तद्वच्चित्रम् ॥ ११ ॥ तदुभयमप्यतिवृत्तमिवातिक्रम्यैव स्थितम् । पुष्परूपज्योतिर्गणैरायुतम् ॥ १२ ॥ पुष्परूपै रत्नशतैः ॥ १३ ॥ मृगादिभिः स्वार्थैर्नानाविधैः शब्दै रम्यं कृतम् । एवंविशेषणकमुद्यानमशोकवनिकान्तर्गतं ददर्शेत्यनुकर्षः ॥ १४ ॥ शैलेन्द्रो हिमवान् । तस्यां पूर्ववर्णितायाम् ॥ १५ ॥ चैत्यं वर्तुलाकारत्वाद्बुद्धायतनमिव प्रासादम् । स्तम्भसहस्रेणाधारभूतेन स्थितम् ॥ १६ ॥ १७ ॥ प्रांशुभावत्वादुच्चस्वभावत्वात् । ततस्तद्दर्शनानन्तरम् । मलिनवासःसंवीतत्वादिविशेषणवर्तीं सीतां दूरादेव तन्मूलस्थां ददर्शेत्यनुकर्षः ॥ १८ ॥ १९ ॥ मन्दप्रख्यायमानेन इदमिदमितीदं तदिति वा कथंचिद्दृश्यमानेन रूपेण स्वरूपेणोपलक्षिताम् ॥ २० ॥ क्लिष्टेन जीर्णेन पांसुप्वास्तरणेन वा क्लिष्टेन । सपङ्कां मलवच्छरीराम् । पद्मिनी लक्ष्मीर्लता च ॥ २१ ॥ अङ्गारकेण तत्तुल्येन ग्रहेण केतुना पीडितां रोहिणीमिव ॥ २२ ॥ २३ ॥ प्रियं जनं रामलक्ष्मणसुग्रीवादिरूपं जनम् । श्वगणेन शुनां गणेन ॥ २४ ॥ जघनं पृष्ठभागं गतवेप्राप्तयैकया हरणदिनकृतैकसंस्कारवत्या । यद्वा पुरोभागीयया

सुखार्हां दुःखसंतप्तां व्यसनानामकोविदाम् । तां विलोक्य विशालाक्षीमधिकं मलिनां कृशाम् ॥ २६
तर्कयामास सीतेति कारणैरुपपादिभिः । ह्रियमाणा तदा तेन रक्षसा कामरूपिणा ॥ २७
यथारूपा हि दृष्टा सा तथारूपेयमङ्गना । पूर्णचन्द्राननां सुभ्रूं चारुवृत्तपयोधराम् ॥ २८
कुर्वतीं प्रभया देवीं सर्वा वितिमिरा दिशः । तां नीलकण्ठीं बिम्बोष्ठीं सुमध्यां सुप्रतिष्ठिताम् ॥ २९
सीतां पद्मपलाशाक्षीं मन्मथस्य रतिं यथा । इष्टां सर्वस्य जगतः पूर्णचन्द्रप्रभामिव ॥ ३०
भूमौ सुतनुमासीनां नियतामिव तापसीम् । निःश्वासबहुलां भीरुं भुजगेन्द्रवधूमिव ॥ ३१
शोकजालेन महता विततेन न राजतीम् । संसक्तां धूमजालेन शिखामिव विभावसोः ॥ ३२
तां स्मृतीमिव संदिग्धामृद्धिं निपतितामिव । विहतामिव च श्रद्धामाशां प्रतिहतामिव ॥ ३३
सोपसर्गां यथा सिद्धिं बुद्धिं सकलुषामिव । अभूतेनापवादेन कीर्तिं निपतितामिव ॥ ३४
रामोपरोधव्यथितां रक्षोगणनिपीडिताम् । अबलां मृगशावाक्षीं वीक्षमाणां ततस्ततः ॥ ३५
बाष्पाम्बुपरिपूर्णेन कृष्णवक्राक्षिपक्ष्मणा । वदनेनाप्रसन्नेन निःश्वसन्तीं पुनः पुनः ॥ ३६
मलपङ्कधरां दीनां मण्डनार्हाममण्डिताम् । प्रभां नक्षत्रराजस्य कालमेघैरिवावृताम् ॥ ३७
तस्य संदिदिहे बुद्धिस्तथा सीतां निरीक्ष्य च । आम्नायानामयोगेन विद्यां प्रशिथिलामिव ॥ ३८
दुःखेन बुबुधे सीतां हनुमाननलंकृताम् । संस्कारेण यथा हीनां वाचमर्थान्तरं गताम् ॥ ३९
तां समीक्ष्य विशालाक्षीं राजपुत्रीमनिन्दिताम् । तर्कयामास सीतेति कारणैरुपपादयन् ॥ ४०
वैदेह्या यानि चाङ्गेषु तदा रामोऽन्वकीर्तयत् । तान्याभरणजालानि गात्रशोभीन्यलक्षयत् ॥ ४१
सुकृतौ कर्णवेष्टौ च श्वदंष्ट्रौ च सुसंस्थितौ । मणिविद्रुमचित्राणि हस्तेष्वाभरणानि च ॥ ४२
श्यामानि चिरयुक्तत्वात्तथा संस्थानवन्ति च । तान्येवैतानि मन्येऽहं यानि रामोऽन्वकीर्तयत् ॥ ४३

णीद्वयराहित्येन पृष्ठलम्बयैकया वेण्या नीलनागाभया नीलसर्पतुल्यया वेण्योपलक्षिताम् । अनेन तत्स्पर्शोऽन्यस्य मरणमेवेति सूचितम् । मेघापाये नीलया वनराज्योपलक्षितां महीमिव स्थिताम् ॥ २५ ॥ २६ ॥ उपपादिभिः सीतात्वानध्यवसायोपपादनसमर्थैः । तत्कारणं प्रत्यभिज्ञानमाह—ह्रियमाणेति । यथारूपा दृष्टा यादृग्वेषवर्णादिमत्यनुभूता तथारूपेयम् । अतो हि प्रत्यभिज्ञानमनुपपन्नमिति भावः ॥ २७ ॥ पूर्णचन्द्राननेत्यादिगुणवतीं निरीक्ष्य तस्य बुद्धिः संदिदिहे इत्यष्टत्रिंशच्छ्लोकेनान्वयः । सुभ्रूं सुभ्रुवम् ॥२८॥ सर्वा दिशो वितिमिराः कुर्वतीम् । नीलकण्ठीं सौभाग्यसूचकेन्द्रनीलमणिमयकण्ठस्थभूषणप्रभया तद्वर्णकण्ठाम् । सुप्रतिष्ठितां सुप्रतिष्ठितसर्वावयवसंस्थानाम् ॥ २९ ॥ चन्द्रप्रभासादृश्यं सर्वानन्दकरत्वेन ॥ ३० ॥ नियता भूशयनादिरूपनियमवतीम्, तापसीमिव भूमावासीनाम्, भुजगेन्द्रवधूसादृश्यं दुष्प्रधृष्यत्वेन रक्षःकुलनाशकत्वेन च ॥ ३१ ॥ न राजतीमराजन्तीम् । विभावसोः शिखामिव पातिव्रत्यतेजसा ज्वलन्तीम् ॥ ३२ ॥ स्मृतीमिवेति दीर्घ आर्षः । संदिग्धामर्थसंदेहवतीम् । ऋद्धिमैश्वर्यम् । निपतिताम् । अन्यायवशादिति भावः । विहताम् । नास्तिकबुद्ध्येति भावः । प्रतिहताम् । स्वविषयालाभादिति भावः ॥ ३३ ॥ सोपसर्गां सविघ्नाम् । सकलुषां रागद्वेषादिकालुष्यवतीम् । अभूतेनापवादेन केवलमारोपितेन कलङ्केन ॥३४॥ रामोपरोधो रामसेवाप्रतिबन्धः ॥ ३५ ॥ कृष्णानि वक्राणि चाक्षिपक्ष्माणि यत्र तेन ॥ ३६ ॥ संस्कारस्नानराहित्यान्मलपङ्कधरत्वम् । त्वगादिमलरूपः पङ्कः । नक्षत्रराजश्चन्द्रः ॥ ३७ ॥ संदिदिहे प्रत्यभिज्ञाबाधकात्कार्श्यमालिन्यादितिरोहितरूपत्वा-

त्संदेहः । आम्नायोऽभ्यासः ॥ ३८ ॥ बाधकस्याकिंचित्करत्वमाह—दुःखेनेति । दुःखबोध्यत्वे हेतुः—अनलंकृतामिति । संस्कारेणेति । स्नानानुलेपनादिरङ्गसंस्कारः । वाचो व्याकरणज्ञानादिजः संस्कारः । देव्या अर्थान्तरगतत्वं देशान्तरगतत्वम् । वाचस्तु विवक्षितार्थादन्यार्थबोधकत्वम् । वाचोऽर्थो यथा व्याकरणाद्यभ्यासदुःखेन व्युत्पत्तिं संपाद्य बुध्यते, तद्वत्सीता कष्टेन बुबुधे ॥ ३९ ॥ कारणैरुपपादयन्सीतानिश्चयहेतुभिरुपपत्तिमन्तं संपादयन् ॥ ४० ॥ इदानीं सीतात्वोपपादकमाह—वैदेह्या इति । तदा स्वप्रस्थानसमये । 'गात्रशोभीनि' इति पाठः कतकसंमतः । येष्वङ्गेषु यान्याभरणजालान्यकीर्तयत्तान्याभरणजालानि तत्तद्गात्रशोभीन्यलक्षयदिति प्रत्यभिज्ञाप्रामाण्यं सिद्धम् । तीर्थस्तु—'शाखाशोभीनि' इति पाठं प्रकल्प्य रामविश्लेषसमये भूषणधारणस्यानुचितत्वाद्देव्या भूषणानि स्वाङ्गेभ्य उन्मुच्य शाखायां न्यस्तानीति गम्यत इति व्याचख्यौ' तत्तु तरश्लोकयोर्हस्तेष्विति तथा श्यामानि चिरयुक्तत्वादितिपदस्वरसविरुद्धम् । किंचैवं तदङ्गे रामोक्ताभरणाभावादसीतात्वमेव स्यात् ॥ ४१ ॥ अथ कस्मिन्गात्रे किमाभरणं दृश्यते तत्राह—सुकृताविति । सुकृतौ निर्मितौ कर्णवेष्टौ कुण्डले । श्वदंष्ट्रौ कर्णाभरणविशेषौ त्रिकर्णकापरनामानौ । सुसंस्थितौ कर्णरूपाङ्गे सुप्रतिष्ठितौ उपलक्षये इति शेषः । हस्तेषु हस्तावयवेषु च यानि मणिविद्रुमचित्राण्याभरणानि रामेणोक्तानि तथैव सुस्थितान्युपलक्षये ॥ ४२ ॥ चिरयुक्तत्वाच्चिरकालमसंस्कृतदेहस्थितत्वेनासंस्कृतत्वात् । श्यामान्यपि श्यामवर्णान्यपि तथासंस्थानवन्ति रामोक्तसंनिवेशवन्ति । यानि रामोऽन्वकी-

७८

तत्र यान्यवहीनानि तान्यहं नोपलक्षये । यान्यस्या नावहीनानि तानीमानि न संशयः ॥ ४४
पीतं कनकपट्टाभं स्रस्तं तद्वसनं शुभम् । उत्तरीयं नगासक्तं तदा दृष्टं प्लवंगमैः ॥ ४५
भूषणानि च मुख्यानि दृष्टानि धरणीतले । अनयैवापविद्धानि स्वनवन्ति महान्ति च ॥ ४६
इदं चिरगृहीतत्वाद्वसनं क्लिष्टवत्तरम् । तथाप्यनूनं तद्वर्णं तथा श्रीमद्यथेतरत् ॥ ४७
इयं कनकवर्णाङ्गी रामस्य महिषी प्रिया । प्रणष्टापि सती यस्य मनसो न प्रणश्यति ॥ ४८
इयं सा यत्कृते रामश्चतुर्भिरिह तप्यते । कारुण्येनानृशंस्येन शोकेन मदनेन च ॥ ४९
स्त्री प्रणष्टेति कारुण्यादाश्रितेत्यानृशंस्यतः । पत्नी नष्टेति शोकेन प्रियेति मदनेन च ॥ ५०
तस्या देव्या यथा रूपमङ्गप्रत्यङ्गसौष्ठवम् । रामस्य च यथा रूपं तस्येयमसितेक्षणा ॥ ५१
अस्या देव्या मनस्तस्मिंस्तस्य चास्यां प्रतिष्ठितम् । तेनेयं स च धर्मात्मा मुहूर्तमपि जीवति ॥ ५२
दुष्करं कृतवान्रामो हीनो यदनया प्रभुः । धारयत्यात्मनो देहं न शोकेनावसीदति ॥ ५३
एवं सीतां तथा दृष्ट्वा हृष्टः पवनसंभवः । जगाम मनसा रामं प्रशशंस च तं प्रभुम् ॥ ५४

इत्यार्षे श्रीमद्रामायणे वाल्मीकीय आदिकाव्ये सुन्दरकाण्डे पञ्चदशः सर्गः ॥ १५ ॥

षोडशः सर्गः ।

प्रशस्य तु प्रशस्तव्यां सीतां तां हरिपुंगवः । गुणाभिरामं रामं च पुनश्चिन्तापरोऽभवत् ॥ १
स मुहूर्तमिव ध्यात्वा बाष्पपर्याकुलेक्षणः । सीतामाश्रित्य तेजस्वी हनूमान्विललाप ह ॥ २
मान्या गुरुविनीतस्य लक्ष्मणस्य गुरुप्रिया । यदि सीता हि दुःखार्ता कालो हि दुरतिक्रमः ॥ ३

तैर्यत्तान्येवेमानीति मन्ये ॥ ४३ ॥ इतोऽप्येवमित्याह—तत्रेति । रामोपलब्धेषु यान्याभरणान्यवहीनानि पतितानि । ऋष्यमूकादावित्यर्थः ॥ ४४ ॥ कानि त्यक्तानीति त्वयावगतानि तत्राह—पीतमिति । कनकपट्टाभत्वेन स्वपाशरज्जुमात्रनिष्पन्नत्वं तस्य सूच्यते । नगासक्तं वृक्षासक्तम् ॥ ४५ ॥ ऋष्यमूके वस्त्रभूषणत्यागोऽप्यनयैव कृत इत्याह—अनयैवेति ॥ ४६ ॥ इदं वसनम् । अन्तरीयवस्त्रमित्यर्थः । चिरकालाश्लिष्टत्वनर शयनादिना मर्दितं तथा तद्वर्णम् । स पीतो रागः । अनु-नमप्रच्युतम् । क्लीबत्वमार्षम् । अर्धर्चादिना वणशब्दः । तथा श्रीमच्छोभावत् । यथेतरत् । अस्मद्गृहीतमुत्तरीयमित्यर्थः ॥ ४७ ॥ एवं ज्ञानानिश्चय आह—इयमिति । प्रणष्टा दर्शनमप्राप्तापि यस्य रामस्य मनसस्तु न प्रणश्यति नादृष्टा भवति । नित्यं सं-निहिता भवतीत्यर्थः ॥ ४८ ॥ सेयमेव । के ते चत्वारस्तत्राह—कारुण्येनेति ॥ ४९ ॥ परितापहेतुकारुण्यादि स्वयमेव दर्श-यति—स्त्रीति । प्रणष्टा परेण पीडिता मया च सती सा न रक्षिता । आपदि स्त्रियो रक्ष्या इत्युक्तेस्तदकरणकृत कारुण्यात्प-रितापः । वनं प्रस्थितमपि मामाश्रिता सा च न रक्षितेति । आनृशंस्यत आश्रितसंरक्षणस्वभावत्वेन तदकरणात्परितापः । पत्नी सर्वधर्मसाधनभूता नष्टेति धर्मनाशचिन्ताशोकेन परि-तापः । प्रियेति परमरूपलावण्यादिमती परमसुखसाधनभूता नष्टेति पूर्वसंभोगादिस्मरणजमदनेन सर्वसिद्धसर्वेन्द्रियपरितापः ॥ ५० ॥ अस्या यथा रूपादि तथा रामस्य यथा रामस्य रूपादि तथास्या अपि, अतः सोऽस्या योग्यः, इयं च तस्य यो-ग्येत्यर्थः । अनेनानयोरन्योन्यमानुरूप्यं दर्शितम् ॥ ५१ ॥ अथा-न्योन्यानुरागमाह—अस्या देव्या इति । येनास्याश्चित्तं रामे सक्तं तस्य चास्यां तेनेयं स च जीवति । चित्तसंनिधानेन वियोगा-भावादिति भावः । मुहूर्तमपीत्यस्यान्यथेत्यादिः—न जीवे-दिति च शेषः ॥ ५२ ॥ दुष्करमिति । अत्र तेनेति वर्तते । तेन चित्तसंनिधानेन । दुष्करं किं कृतवांस्तत्राह—धारय-तीति । वर्तमानसामीप्ये लट् । दधारेत्यर्थः ॥ ५३ ॥ सीता-मयरूपेण तथा मलिनवाससंवीतत्वोपवासकृशत्वशोकध्या-नपरायणत्वादिरातिव्रत्यधर्मवता दृष्ट्वा हृष्टः सन्रामं सस्मार, स्मृत्वा च तं प्रशशंस । एवं पातिव्रत्यगुणवत्पत्नीलाभेन भाग्यो-त्तरो रामः । ईदृश्या वियोगेनेदृशी पीडा, ईदृशीप्राप्तय उद्य-मश्चोचित एवेति । चास्तीना च प्रशशंस । बलवता भव्येन प्रभुणा हृतापि येयं पातिव्रत्यात्तदेयैव सर्वोत्तमेत्येवं प्रशशंस ॥ ५४ ॥ इति श्रीरामाभिरामे श्रीरामीये रामायणतिलके वाल्मीकीय आदिकाव्ये सुन्दरकाण्डे पञ्चदशः सर्गः ॥ १५ ॥

सीतां प्रशस्य । प्रशंसा च प्रागुक्तरूपा । चिन्तापरः । सीता-विषयदुःखेनेति भावः ॥ १ ॥ सीतामाश्रित्य सीतामुद्दिश्य ॥ २ ॥ गुरुभिर्विनीतस्य शिक्षितस्य लक्ष्मणस्य । गुरुप्रिया । गुरो रामस्य पत्नीत्वात् । तद्वदेव परमोपास्यत्वेनाभीष्टा सीता-ऽयोनिजा निःसीमपातिव्रत्या रामपत्न्यपि यदि दुःखार्ता दुःख-पीडिता, तर्हि कालो दुरतिक्रम इति हि निश्चितमित्यर्थः । दुःखोपायघटकत्वस्य काल एव प्रसिद्धत्वादिति भावः । ननु न दुःखं सुखं वा कालमात्रजन्यम्, कर्मानुष्ठानवैफल्यापत्तेः । तत्सापेक्षकालजन्यत्वेऽपीश्वरावतारसीतारामयोः कर्माभावात्कथं दुःखमिति चेन्न । वस्तुतस्तु तयोर्दुःखाभावेऽपि लोकानुग्रहाय

रामस्य व्यवसायज्ञा लक्ष्मणस्य च धीमतः । नात्यर्थं क्षुभ्यते देवी गङ्गेव जलदागमे ॥ ४
तुल्यशीलवयोवृत्तां तुल्याभिजनलक्षणाम् । राघवोऽर्हति वैदेहीं तं चेयमसितेक्षणा ॥ ५
तां दृष्ट्वा नवहेमाभां लोककान्तामिव श्रियम् । जगाम मनसा रामं वचनं चेदमब्रवीत् ॥ ६
अस्या हेतोर्विशालाक्ष्या हतो वाली महाबलः । रावणप्रतिमो वीर्ये कबन्धश्च निपातितः ॥ ७
विराधश्च हतः संख्ये राक्षसो भीमविक्रमः । वने रामेण विक्रम्य महेन्द्रेणेव शम्बरः ॥ ८
चतुर्दश सहस्राणि रक्षसां भीमकर्मणाम् । निहतानि जनस्थाने शरैरग्निशिखोपमैः ॥ ९
खरश्च निहतः संख्ये त्रिशिराश्च निपातितः । दूषणश्च महातेजा रामेण विदितात्मना ॥ १०
ऐश्वर्यं वानराणां च दुर्लभं वालिपालितम् । अस्या निमित्ते सुग्रीवः प्राप्तवाँल्लोकविश्रुतः ॥ ११
सागरश्च मयाक्रान्तः श्रीमान्नदनदीपतिः । अस्या हेतोर्विशालाक्ष्याः पुरी चेयं निरीक्षिता ॥ १२
यदि रामः समुद्रान्तां मेदिनीं परिवर्तयेत् । अस्याः कृते जगच्चापि युक्तमित्येव मे मतिः ॥ १३
राज्यं वा त्रिषु लोकेषु सीता वा जनकात्मजा । त्रैलोक्यराज्यं सकलं सीताया नाप्नुयात्कलाम् ॥ १४
इयं सा धर्मशीलस्य जनकस्य महात्मनः । सुता मैथिलराजस्य सीता भर्तृदृढव्रता ॥ १५
उत्थिता मेदिनीं भित्त्वा क्षेत्रे हलमुखक्षते । पद्मरेणुनिभैः कीर्णा शुभैः केदारपांसुभिः ॥ १६
विक्रान्तस्यार्यशीलस्य संयुगेष्वनिवर्तिनः । स्नुषा दशरथस्यैषा ज्येष्ठा राज्ञो यशस्विनी ॥ १७
धर्मज्ञस्य कृतज्ञस्य रामस्य विदितात्मनः । इयं सा दयिता भार्या राक्षसीवशमागता ॥ १८
सर्वान्भोगान्परित्यज्य भर्तृस्नेहबलात्कृता । अचिन्तयित्वा कष्टानि प्रविष्टा निर्जनं वनम् ॥ १९
संतुष्टा फलमूलेन भर्तृशुश्रूषणापरा । या परां भजते प्रीतिं वनेऽपि भवने यथा ॥ २०
सेयं कनकवर्णाङ्गी नित्यं सुस्मितभाषिणी । सहते यातनामेतामनर्थानामभागिनी ॥ २१
इमां तु शीलसंपन्नां द्रष्टुमिच्छति राघवः । रावणेन प्रमथितां प्रपामिव पिपासितः ॥ २२
अस्या नूनं पुनर्लाभाद्राघवः प्रीतिमेष्यति । राजा राज्यपरिभ्रष्टः पुनः प्राप्येव मेदिनीम् ॥ २३

गृहीतमनुष्यदेहयोस्तयोः मनुष्यत्वाभावबुद्धिप्रतिबन्धाय नटवद्व्यवहारमभिनयतोः सुखदुःखादिकालिकमुखविकासाद्यभिनयेन तन्मायामोहितस्यैव देवांशस्य हनूमतोऽभिनीतकार्यदर्शनेन तत्कारणानुमानाद्दुःखार्तत्वाद्युक्तिः सामञ्जस्यात् । यथा च परेणोद्बोधनं विना हनूमतः स्वबलपराक्रमादिषु मोहः, तथानयोर्भगवत्स्वरूपत्वे इदानीं तस्य मोह इति वक्तुं शक्यत्वात् । पश्चात्तु भगवदिच्छयैव तस्य तयोः स्वरूपज्ञानेऽपि न किंचिदवद्यम् ॥ ३ ॥ नन्वेवंविधदुःखातिशये जीवितहानिरेव स्यादित आह—रामस्येति । सलक्ष्मणो राम एवंविधे दुर्गे स्थितामपि मां दिव्यास्त्रैः समुद्रमपि येन केनाप्युपायेनोल्लङ्घ्यागत्यात्रायास्यतीति तस्य व्यवसायज्ञा पराक्रमज्ञा सती नात्यन्तं क्षुभ्यते । नैराश्यमूलकं प्राणत्यागसंपादकं क्षोभं न प्राप्नोतीत्यर्थः । जलदागमे वर्षाकालेऽपि गङ्गा यथेतरक्षुद्रनदीवद्दुर्वेगं न प्राप्नोति तद्वत् ॥ ४ ॥ तुल्यशीलवयोवृत्ता रामतुल्यस्वभाववयश्चारित्राम् । अभिजनः कुलम् । लक्षणं सामुद्रिकोक्तम्, अतएव सीताया रामस्य पुरुषान्तरे स्त्र्यन्तरे चाप्रवृत्तिः स्वभावमूलेति सूचितम् ॥ ५ ॥ मनसा रामं जगाम । अस्याः स एवानुरूप इति सस्मारेत्यर्थः । नवहेमाभाम् । नवा तरुणी हेमाभा चेत्यर्थः ॥ ६ ॥ अस्या हेतोः । सर्वात्मना स्वसदृश्याः । प्राप्त्यर्थमित्यर्थः ॥ ७ ॥ दूषणान्तरक्षोनिपातश्चैतदासक्त्या शूर्पणखानिरासमूलत्वादन्वेषणप्रतिबन्धकनिभावनानुकूलत्वाच्चैतन्मूल एव । शम्बरोऽत्र प्रद्युम्नहतादन्य एव । महेन्द्रपदेन तत्तुल्यप्रयुक्तं लक्षणा वा ॥ ८ ॥ ९ ॥ १० ॥ अस्या निमित्ते । [illegible] षष्ठी । अस्या निमित्तभूताया सत्याभिप्रायेण इति तीर्थः ॥ ११ ॥ १२ ॥ परिवर्तयेदधरोत्तरं कुर्यात् । सहेतेति यावत् ॥ १३ ॥ एवं भर्तृतुल्यत्वमुपपादयति—राज्यं वेति । त्रैलोक्यराज्यसीतासाहित्योः फलयोरुत्कृष्टमिति विचारे आद्यं द्वितीयकोटिकलांशेन सादृश्यमपि नार्हतीत्यर्थः ॥ १४ ॥ आधिक्यमेवोपपादयति—इयमिति । अनेन कुलम्, भर्तृदृढव्रतत्वेनेन चारित्र्यातिशयः । मेदिनीं भित्त्वेत्यनेनायोनिजतयामानुषत्वादलौकिकत्वं दर्शितम् ॥ १५ ॥ १६ ॥ आर्यशीलस्य पूज्यशीलस्य । अनेन महाकुलीनपाणिग्रहणं दर्शितम् ॥ १७ ॥ यच्चैवमेतयैवं प्राशस्त्यं दर्शितं तस्य कालस्य दुरतिक्रमत्वमाह—इयं सेति । राक्षसीवशमागता । कालप्राबल्यादिति भावः । 'फलमत उपपत्तेः' इति व्याससूत्रेणापि कालात्मनो भगवत एव कर्मफलप्रापणसामर्थ्यं दर्शितम् ॥ १८ ॥ भर्तृस्नेहबलात्कृता बलात्प्रवर्तिता ॥ १९ ॥ भर्तृशुश्रूषणापरा । सन्नन्तात्स्वार्थे णिचि 'ण्यासश्रन्थ–' इति युच् ॥ २० ॥ पूर्ववदेवाह—सेयमिति । यातना राक्षसीभिः संपाद्यमानतीव्रदुःखम् । अनर्थानामापदाम् ॥ २१ ॥ शीलसंपन्नामीदृग्दुःखेऽपि चारित्र्यप्रच्यवरहिताम् । प्रमथितां प्रमथितामपि । प्रपा पानीयशाला ॥ २२ ॥ २३ ॥

कामभोगैः परित्यक्ता हीना बन्धुजनेन च । धारयत्यात्मनो देहं तत्समागमकाङ्क्षिणी ॥ २४
नैषा पश्यति राक्षस्यो नेमान्पुष्पफलद्रुमान् । एकस्थहृदया नूनं राममेवानुपश्यति ॥ २५
भर्ता नाम परं नार्याः शोभनं भूषणादपि । एषा हि रहिता तेन शोभनार्हा न शोभते ॥ २६
दुष्करं कुरुते रामो हीनो यदनया प्रभुः । धारयत्यात्मनो देहं न दुःखेनावसीदति ॥ २७
इमामसितकेशान्तां शतपत्रनिभेक्षणाम् । सुखार्हां दुःखितां ज्ञात्वा ममापि व्यथितं मनः ॥ २८

क्षितिक्षमा पुष्करसंनिभेक्षणा या रक्षिता राघवलक्ष्मणाभ्याम् ।
सा राक्षसीभिर्विकृतेक्षणाभिः संरक्ष्यते संप्रति वृक्षमूले ॥ २९
हिमहतनलिनीव नष्टशोभा व्यसनपरम्परया निपीड्यमाना ।
सहचररहितेव चक्रवाकी जनकसुता कृपणां दशां प्रपन्ना ॥ ३०
अस्या हि पुष्पावनताग्रशाखाः शोकं दृढं वै जनयन्त्यशोकाः ।
हिमव्यपायेन च शीतरश्मिरभ्युत्थितो नैकसहस्ररश्मिः ॥ ३१
इत्येवमर्थं कपिरन्ववेक्ष्य सीतेयमित्येव तु जातबुद्धिः ।
संश्रित्य तस्मिन्निषसाद वृक्षे बली हरीणामृषभस्तरस्वी ॥ ३२

इत्यार्षे श्रीमद्रामायणे वाल्मीकीये आदिकाव्ये सुन्दरकाण्डे षोडशः सर्गः ॥ १६ ॥

सप्तदशः सर्गः ।

ततः कुमुदखण्डाभो निर्मलं निर्मलोदयः । प्रजगाम नभश्चन्द्रो हंसो नीलमिवोदकम् ॥ १
साचिव्यमिव कुर्वन्स प्रभया निर्मलप्रभः । चन्द्रमा रश्मिभिः शीतैः सिषेवे पवनात्मजम् ॥ २
स ददर्श ततः सीतां पूर्णचन्द्रनिभाननाम् । शोकभारैरिव न्यस्तां भारैर्नावमिवाम्भसि ॥ ३
दिदृक्षमाणो वैदेहीं हनूमान्मारुतात्मजः । स ददर्शाविदूरस्था राक्षसीर्घोरदर्शनाः ॥ ४
एकाक्षीमेककर्णां च कर्णप्रावरणां तथा । अकर्णां शङ्कुकर्णां च मस्तकोच्छ्वासनासिकाम् ॥ ५
अतिकायोत्तमाङ्गीं च तनुदीर्घशिरोधराम् । ध्वस्तकेशीं तथाऽकेशीं केशकम्बलधारिणीम् ॥ ६

काम्यन्त इति कामाः, भुज्यन्त इति भोगाः स्रक्चन्दनादयः, तैस्त्यक्ता । तत्समागमकाङ्क्षिणी । 'एति जीवन्तमानन्दो नरं वर्षशतादपि' इति न्यायेनेति भावः ॥ २४ ॥ राक्षस्यः । राक्षसीरित्यर्थः । एकस्मिँल्लक्ष्ये तिष्ठति तादृशं हृदयं यस्याः सा । किं तदेकं लक्ष्यं तत्राह—नूनं राममेवेति ॥ २५ ॥ राममेवेत्यत्र बीजमाह—भर्ता नामेति । शोभनं शोभा ॥ २६ ॥ एतदेकहृदयत्वज्ञानादेव रामः प्रभुर्यज्जीवनरूपं दुःखेनावसादनाभावरूपं च दुष्करं कुरुते ॥ २७ ॥ ममापि तिर्यग्योनेरपि विषयानभिज्ञस्यापि ॥ २८ ॥ क्षितितुल्या क्षमा यस्याः सा । दृष्टिमात्रेण रावणस्य भस्मीकरणात् । संरक्ष्यते । परैरनपहाराय गोप्यत इत्यर्थः ॥ २९ ॥ कृपणां शोच्याम् ॥ ३० ॥ न केवलमशोक एव शोकजनकश्चन्द्रोऽपीत्याह—हिमेति । हिमव्यपायेन वसन्तसमीपप्राक्कालेनापलक्षितः । यद्वा लङ्कायां हिमव्यपायेन शीताभावेनाभ्युत्थितोऽतिप्रकाशतया स्थितः, अतएव नैकसहस्ररश्मिरभ्युत्थित उदयं प्राप्तः । शीतरश्मिश्च शोकं जनयतीत्यनुकर्षः ॥ ३१ ॥ इत्येवमर्थमित्यन्वयं सीतेयमिति जातबुद्धिस्तामेव बुद्धिं संश्रित्य ततः परानुष्ठेयचिकीर्षया तस्मिन्शिंशपावृक्ष एव निषसाद । तत्राशेषं परादिनं च स्थित इत्यर्थः । एवं च सरावणान्तःपुरा सर्वापि लङ्का प्रथमयामे समुद्रलङ्घनदिनरात्रावेव विचिता, तुर्ये यामेऽशोकवनिकाप्रवेश इति बोध्यम् ॥ ३२ ॥ इति श्रीरामाभिरामे श्रीरामीय रामायणतिलके वाल्मीकीय आदिकाव्ये सुन्दरकाण्डे षोडशः सर्गः ॥ १६ ॥

तत्स्ताद्दनापगमोत्तरम् । कुमुदखण्डं कुमुदसमूहस्तदाभः श्वैत्येन । निर्मलं नभो जगाम । नभसो निर्मलत्वं स्वच्छनीलवर्णत्वम् । अत एवाह—हंसो नीलमुदकमिवेति । नभसो नीलत्वप्रतीत्या कविसंप्रदायेन च बोध्यम् । नभो जगाम । किंचिन्नभउपरिभागं जगामेत्यर्थः ॥ १ ॥ साचिव्यमिव सीतादर्शनादौ प्रभया स्वकान्त्या साचिव्यमिव साहाय्यकमिव । दिवा कांचिदेकान्तप्रदेशे स्थितत्वान्निद्राव्याकुलत्वाच्च न सम्यग्राक्षसीनां सीतायाश्च दर्शनम् । रात्रौ चन्द्रोदये सति तु पुनः समीपदेश आगत्य स्थितस्य सम्यक्सर्वदर्शनम् ॥ २ ॥ शोकभारैर्न्यस्तामधोनीतामिव निमज्जमानामिव ॥ ३ ॥ दिदृक्षमाणः प्रकटतया तां द्रष्टुमिच्छुः ॥ ४ ॥ कर्णप्रावरणामिति । विशालकर्णाम् । मस्तकोच्छ्वासनासिकामूर्ध्वमुखनासाम् ॥ ५ ॥ अतिकायोत्तमाङ्गीमतिप्रवृद्धापरिभागदेहवतीम् । तनुदीर्घशिरोधराम् । अस्थूलदीर्घग्रीवामित्यर्थः । शारीरकेशैः कम्बल-

लम्बकर्णललाटां च लम्बोदरपयोधराम् । लम्बोष्ठीं चिबुकोष्ठीं च लम्बास्यां लम्बजानुकाम् ॥ ७
ह्रस्वां दीर्घां च कुब्जां च विकटां वामनां तथा । करालां भुग्नवक्त्रां च पिङ्गाक्षीं विकृताननाम् ॥ ८
विकृताः पिङ्गलाः कालीः क्रोधनाः कलहप्रियाः । कालायसमहाशूलकूटमुद्गरधारिणीः ॥ ९
वराहमृगशार्दूलमहिषाजशिवामुखाः । गजोष्ट्रहयपादाश्च निखातशिरसोऽपराः ॥ १०
एकहस्तैकपादाश्च खरकर्ण्यश्वकर्णिकाः । गोकर्णीर्हस्तिकर्णीश्च हरिकर्णीस्तथापराः ॥ ११
अतिनासाश्च काश्चिच्च तिर्यङ्नासा अनासिकाः । गजसंनिभनासाश्च ललाटोच्छ्वासनासिकाः ॥ १२
हस्तिपादा महापादा गोपादाः पादचूलिकाः । अतिमात्रशिरोग्रीवा अतिमात्रकुचोदरीः ॥ १३
अतिमात्रास्यनेत्राश्च दीर्घजिह्वाननास्तथा । अजामुखीर्हस्तिमुखीर्गोमुखीः सूकरीमुखीः ॥ १४
हयोष्ट्रखरवक्त्राश्च राक्षसीर्घोरदर्शनाः । शूलमुद्गरहस्ताश्च क्रोधनाः कलहप्रियाः ॥ १५
करालधूम्रकेशिन्यो राक्षसीर्विकृताननाः । पिबन्ति सततं पानं सुरामांससदाप्रियाः ॥ १६
मांसशोणितदिग्धाङ्गीर्मांसशोणितभोजनाः । ता ददर्श कपिश्रेष्ठो रोमहर्षणदर्शनाः ॥ १७
स्कन्धवन्तमुपासीनाः परिवार्य वनस्पतिम् । तस्याधस्ताच्च तां देवीं राजपुत्रीमनिन्दिताम् ॥ १८
लक्षयामास लक्ष्मीवान्हनूमाञ्जनकात्मजाम् । निष्प्रभां शोकसंतप्तां मलसंकुलमूर्धजाम् ॥ १९
क्षीणपुण्यां च्युतां भूमौ तारां निपतितामिव । चारित्रव्यपदेशाढ्यां भर्तृदर्शनदुर्गताम् ॥ २०
भूषणैरुत्तमैर्हीनां भर्तृवात्सल्यभूषिताम् । राक्षसाधिपसंरुद्धां बन्धुभिश्च विनाकृताम् ॥ २१
वियूथां सिंहसंरुद्धां बद्धां गजवधूमिव । चन्द्ररेखां पयोदान्ते शारदाभ्रैरिवावृताम् ॥ २२
क्लिष्टरूपामसंस्पर्शादयुक्तामिव वल्लकीम् । स तां भर्तृहिते युक्तामयुक्तां रक्षसां वशे ॥ २३
अशोकवनिकामध्ये शोकसागरमाप्लुताम् । ताभिः परिवृतां तत्र सग्रहामिव रोहिणीम् ॥ २४
ददर्श हनुमांस्तत्र लतामकुसुमामिव । सा मलेन च दिग्धाङ्गी वपुषा चाप्यलंकृता ।
मृणाली पङ्कदिग्धेव विभाति च न भाति च ॥ २५
मलिनेन तु वस्त्रेण परिक्लिष्टेन भामिनीम् । संवृतां मृगशावाक्षीं ददर्श हनुमान्कपिः ॥ २६
तां देवीं दीनवदनामदीनां भर्तृतेजसा । रक्षितां स्वेन शीलेन सीतामसितलोचनाम् ॥ २७
तां दृष्ट्वा हनुमान्सीतां मृगशावनिभेक्षणाम् । मृगकन्यामिव त्रस्तां वीक्षमाणां समन्ततः ॥ २८
दहन्तीमिव निःश्वासैर्वृक्षान्पल्लवधारिणः । संघातमिव शोकानां दुःखस्योर्मिमिवोत्थिताम् ॥ २९
तां क्षमां सुविभक्ताङ्गीं विनाभरणशोभिनीम् । प्रहर्षमतुलं लेभे मारुतिः प्रेक्ष्य मैथिलीम् ॥ ३०
हर्षजानि च सोऽश्रूणि तां दृष्ट्वा मदिरेक्षणाम् । मुमोच हनुमांस्तत्र नमश्चक्रे च राघवम् ॥ ३१

धारिणीमिव ॥ ६ ॥ चिबुके सबद्ध ओष्ठौ यस्यास्ताम् ॥ ७ ॥ विकटां वक्रशरीराम् । करालां भयंकरकृष्णवर्णाम् ॥ ८ ॥ विकृतत्वादिगुणाश्च या राक्षस्यस्तत्र स्थितास्ता ददर्शेति वक्ष्यमाणेनान्वयः । कूटाऽयस्कारकूटाभ आयुधविशेषः ॥ ९ ॥ निखातशिरसः कबन्धवदुरःप्रदेशगतशिरसः ॥ १० ॥ हरिकर्णीः सिंहकर्णीः ॥ ११ ॥ गजसंनिभनासाः शुण्डादण्डोपेतनासाः ॥ १२ ॥ पादचूलिकाः पादे संलग्ना चूडा शिरःकेशा यासां ताः । पादे वा चूडाकाराः केशा यासां ताः । अतिमात्रमतिप्रमाणम् ॥ १३ ॥ १४ ॥ १५ ॥ सुरामांससदाप्रियाः सुरामांसे सदा प्रियं यासां ताः ॥ १६ ॥ १७ ॥ स्कन्धवन्तं प्रशस्तशाखोपशाखावन्तं वृक्षं शिंशपावृक्षं परिवार्य तन्मूलादीषद्दूर आसीनाः स्थिताः । तस्याधस्तात्तन्मूलसमीपे ॥ १८ ॥ १९ ॥ दिवश्च्युता भूमौ पतितां तारामिव । चारित्रव्यपदेशः पातिव्रत्यजकीर्तिः । भर्तृदर्शनं दुर्गतं दुर्लभं यस्यास्ताम् ॥ २० ॥ उत्तमभूषणैर्हीनामपि भर्तृवात्सल्येन तत्प्रियत्वेन शोभिताम् । विनाकृतां रहिताम् ॥ २१ ॥ पयोदान्ते वर्षान्ते । अनेन दुःखस्याल्पावशिष्टत्वं सूच्यते ॥ २२ ॥ असंस्पर्शाद्भर्तृस्पर्शाभावात्, अत एवायुक्तां वादयितृवादनक्रियारहितां वल्लकीं वीणामिव स्थिताम् । अयुक्तां रक्षसां वशे रक्षोधीनत्वेऽयोग्याम् ॥ २३ ॥ शोकसागरमाप्लुतां तत्र मग्नाम् । ताभी राक्षसीभिः । सग्रहां क्रूरग्रहाविष्टाम् ॥ २४ ॥ अकुसुमलतासादृश्यमाभरणत्यागात् । वपुषा स्वरूपीयसहजसौन्दर्येण । कारकदीपकमत्रालंकारः, समुच्चयश्च ॥ २५ ॥ २६ ॥ भर्तृतेजसा भर्तृपराक्रमानुसंधानेनादीनहृदयाम् ॥ २७ ॥ २८ ॥ दुःखस्य दुःखसागरस्य । अत्राधयन्तर्निमरणम् ॥ २९ ॥ क्षामां कृशाम् । विनाभरणशोभिनीमाभरणानुग्रहमनपेक्ष्यैव सौन्दर्येण शोभमानाम् ॥ ३० ॥ राघवं नमश्चक्रे इति । भगवतो राघवस्यानुग्रहादेवेयं मया दृष्टेति पुनःपुनः स्मृत्वा नम-

नमस्कृत्वाथ रामाय लक्ष्मणाय च वीर्यवान् । सीतादर्शनसंहृष्टो हनुमान्संवृतोऽभवत् ॥ ३२

इत्यार्षे श्रीमद्रामायणे वाल्मीकीय आदिकाव्ये सुन्दरकाण्डे सप्तदशः सर्गः ॥ १७ ॥

अष्टादशः सर्गः ।

तथा विप्रेक्षमाणस्य वनं पुष्पितपादपम् । विचिन्वतश्च वैदेहीं किंचिच्छेषा निशाभवत् ॥ १
षडङ्गवेदविदुषां क्रतुप्रवरयाजिनाम् । शुश्राव ब्रह्मघोषान्स विरात्रे ब्रह्मरक्षसाम् ॥ २
अथ मङ्गलवादित्रैः शब्दैः श्रोत्रमनोहरैः । प्राबोध्यत महाबाहुर्दशग्रीवो महाबलः ॥ ३
विबुध्य तु महाभागो राक्षसेन्द्रः प्रतापवान् । स्रस्तमाल्याम्बरधरो वैदेहीमन्वचिन्तयत् ॥ ४
भृशं नियुक्तस्तस्यां च मदनेन मदोत्कटः । न तु तं राक्षसः कामं शशाकात्मनि गूहितुम् ॥ ५
स सर्वाभरणैर्युक्तो बिभ्रच्छ्रियमनुत्तमाम् । तां नगैर्विविधैर्जुष्टां सर्वपुष्पफलोपगैः ॥ ६
वृतां पुष्करिणीभिश्च नानापुष्पोपशोभिताम् । सदा मत्तैश्च विहगैर्विचित्रां परमाद्भुतैः ॥ ७
ईहामृगैश्च विविधैर्वृतां दृष्टिमनोहरैः । वीथीः संप्रेक्षमाणश्च मणिकाञ्चनतोरणाम् ॥ ८
नानामृगगणाकीर्णां फलैः प्रपतितैर्वृताम् । अशोकवनिकामेव प्राविशत्संततद्रुमाम् ॥ ९
अङ्गनाः शतमात्रं तु तं व्रजन्तमनुव्रजन् । महेन्द्रमिव पौलस्त्यं देवगन्धर्वयोषितः ॥ १०
दीपिकाः काञ्चनीः काश्चिज्जगृहुस्तत्र योषितः । वालव्यजनहस्ताश्च तालवृन्तानि चापराः ॥ ११
काञ्चनैश्चैव भृङ्गारैर्जह्रुः सलिलमग्रतः । मण्डलाग्रा बृसीश्चैव गृह्यान्याः पृष्ठतो ययुः ॥ १२
काचिद्रत्नमयीं पात्रीं पूर्णां पानस्य भ्राजतीम् । दक्षिणा दक्षिणेनैव तदा जग्राह पाणिना ॥ १३
राजहंसप्रतीकाशं छत्रं पूर्णशशिप्रभम् । सौवर्णदण्डमपरा गृहीत्वा पृष्ठतो ययौ ॥ १४
निद्रामदपरीताक्ष्यो रावणस्योत्तमस्त्रियः । अनुजग्मुः पतिं वीरं घनं विद्युल्लता इव ॥ १५
व्याविद्धहारकेयूराः समामृदितवर्णकाः । समागलितकेशान्ताः सस्वेदवदनास्तथा ॥ १६
घूर्णन्त्यो मदशेषेण निद्रया च शुभाननाः । स्वेदक्लिष्टाङ्गकुसुमाः समाल्याकुलमूर्धजाः ॥ १७
प्रयान्तं नैर्ऋतपतिं नार्यो मदिरलोचनाः । बहुमानाच्च कामाच्च प्रियभार्यास्तमन्वयुः ॥ १८

स्कारः ॥ ३१ ॥ संवृतोऽभवद्राक्षसीनां दर्शनपरिहाराय सूक्ष्मरूपमवलम्ब्य वृक्षमूलगतोपशाखासु निलीनोऽभवत् ॥ ३२ ॥ **इति श्रीरामाभिरामे श्रीरामीये रामायणतिलके वाल्मीकीय आदिकाव्ये सुन्दरकाण्डे सप्तदशः सर्गः ॥ १७ ॥**

तथेति । किंचिच्छेषा परयाममात्रशेषा । विचिन्वतस्तस्याः स्पष्टदर्शनाय राक्षसीनिद्रारूपमवसरमन्विष्यतः ॥ १ ॥ विरात्रे रात्रिविपर्यासे । अपररात्र इत्यर्थः । ब्रह्मरक्षसां ब्रह्म वेदमन्त्रज्ञरक्षसाम् । तदेव स्पष्टीकृतम्—षडङ्गेत्यादिना ॥ २ ॥ ३ ॥ निद्रावशादेव स्रस्तमाल्याम्बरधरः ॥ ४ ॥ भृशं नियुक्तो म- हामिनिवेदितचित्तः । कामं कामवेगम् । ईदृशेषु नायकस्यान्यथायोजनं भ्रान्त्येव । रजस्तमोगुणाविष्टस्य भगवन्मायामोहितस्याकृत्यप्रवृत्तिरेव प्रवृत्तिः । तथाक्रियमाणं भगवद्ध्यानमपि पापभोगोत्तरं जन्मान्तरे उत्तमफलायेति बोध्यम्, अत एव ऋक्षाश्वमेधनाम्ना राज्ञो दानस्तावको ऋङ्मन्त्रः—'न युष्मे वाजबन्धवो निनित्सुश्च न मर्त्यः । अवद्यमधि दीधरत् ॥' इति । तस्यार्थः—वाजोऽन्नमन्नम् । अन्नदानेन ये सर्वेषां बन्धवस्तेषां संबोधनं हे वाजबन्धवः, युष्मे युष्मास्वधि । सप्तम्यर्थानुवाद्योऽधि । निनित्सुश्च न निन्दनेच्छावान् अपि मर्त्योऽवद्यं न दोषरूपं धारयति । भगवदनुसंधानेनैव निष्पापत्वादिति ।

एवं च भगवतो निन्दाद्यलंकृतभावेन ध्यानमपि नरकभोगोत्तरे जन्मान्तरे उत्तमफलाय, अत एवास्य मरणोत्तरं चतुर्थचतुर्युग्यां चैद्यराजकुले जन्म, चतुर्विंशतिचतुर्युग्यां रामावतार इति हरिनिन्दाजन्यपातकं च तत्पापफलभोग इत्यर्थं यातामिति वा सम् ॥ ५ ॥ ६ ॥ ७ ॥ वीथीरशोकवनिकाभिगमनवीथीः ॥ ८ ॥ ९ ॥ अङ्गनाः । शतमात्रमित्यवधारणं इति कतकः । देवादियोषितो महेन्द्रमिव पौलस्त्यं रावणमनुव्रजन् । अडभाव आर्षः ॥ १० ॥ काञ्चनीः काञ्चनदण्डाः । वालव्यजनहस्ता इत्यस्यान्वयजातीति शेषः । तालवृन्तानीत्यस्य जगृहुरिति । अनेन लङ्कायां हेमन्तशिशिरयोरपि शीताभावो ध्वनितः ॥ ११ ॥ भृङ्गारः कलशः । धत्तूरकुसुमसदृशजलपात्रैरित्यर्थ इति नागः । मण्डलाग्रा वृत्तपर्यन्ताः । बृसीरासनविशेषान् । व्रतिनामिमे तृणादिना, अस्य तु स्वर्णेनेति विशेषः ॥ १२ ॥ पानस्य पूर्णां पानेन पूर्णाम् । शेषे षष्ठी । भ्राजन्तीं देदीप्यमानाम् । दक्षिणानुकूला ॥ १३ ॥ १४ ॥ १५ ॥ व्याविद्धाः स्थानादीषच्चलिताः । समाम्रदितो मृष्टो वर्णकोऽनुलेपनं यासां ताः ॥ १६ ॥ समाल्याः सपुष्पा आकुला मूर्धजा यासां ताः ॥ १७ ॥ मदिरलोचना मदकरवीक्षणाः । बहुमानाद्भर्तृ-

स च कामपराधीनः पतिस्तासां महाबलः । सीतासक्तमना मन्दो मन्दाञ्चितगतिर्बभौ ॥ १९
ततः काञ्चीनिनादं च नूपुराणां च निःस्वनम् । शुश्राव परमस्त्रीणां कपिर्मारुतनन्दनः ॥ २०
तं चाप्रतिमकर्माणमचिन्त्यबलपौरुषम् । द्वारदेशमनुप्राप्तं ददर्श हनुमान्कपिः ॥ २१
दीपिकाभिरनेकाभिः समन्तादवभासितम् । गन्धतैलावसिक्ताभिर्ध्रियमाणाभिरग्रतः ॥ २२
कामदर्पमदैर्युक्तं जिह्मताम्रायतेक्षणम् । समक्षमिव कंदर्पमपविद्धशरासनम् ॥ २३
मथितामृतफेनाभमरजोवस्त्रमुत्तमम् । सपुष्पमवकर्षन्तं विमुक्तं सक्तमङ्गदे ॥ २४
तं पत्रविटपे लीनः पत्रपुष्पशतावृतः । समीपमुपसंक्रान्तं विज्ञातुमुपचक्रमे ॥ २५
अवेक्षमाणस्तु तदा ददर्श कपिकुञ्जरः । रूपयौवनसंपन्ना रावणस्य वरस्त्रियः ॥ २६
ताभिः परिवृतो राजा सुरूपाभिर्महायशाः । तन्मृगद्विजसंघुष्टं प्रविष्टः प्रमदावनम् ॥ २७
क्षीबो विचित्राभरणः शङ्कुकर्णो महाबलः । तेन विश्रवसः पुत्रः स दृष्टो राक्षसाधिपः ॥ २८
वृतः परमनारीभिस्ताराभिरिव चन्द्रमाः । तं ददर्श महातेजास्तेजोवन्तं महाकपिः ॥ २९
रावणोऽयं महाबाहुरिति संचिन्त्य वानरः । सोऽयमेव पुरा शेते पुरमध्ये गृहोत्तमे ।
अवप्लुतो महातेजा हनूमान्मारुतात्मजः ॥ ३०
स तथाप्युग्रतेजाः स निर्धूतस्तस्य तेजसा । पत्रे गुह्यान्तरे सक्तो मतिमान्संवृतोऽभवत् ॥ ३१
स तामसितकेशान्तां सुश्रोणीं संहतस्तनीम् । दिदृक्षुरसितापाङ्गीमुपावर्तत रावणः ॥ ३२

इत्यार्षे श्रीमद्रामायणे वाल्मीकीय आदिकाव्ये सुन्दरकाण्डेऽष्टादशः सर्गः ॥ १८ ॥

एकोनविंशः सर्गः ।

तस्मिन्नेव ततः काले राजपुत्री त्वनिन्दिता । रूपयौवनसंपन्नं भूषणोत्तमभूषितम् ॥ १
ततो दृष्ट्वैव वैदेही रावणं राक्षसाधिपम् । प्रावेपत वरारोहा प्रवाते कदली यथा ॥ २
ऊरुभ्यामुदरं छाद्य बाहुभ्यां च पयोधरौ । उपविष्टा विशालाक्षी रुदन्ती वरवर्णिनी ॥ ३
दशग्रीवस्तु वैदेहीं रक्षितां राक्षसीगणैः । ददर्श दीनां दुःखार्तां नावं सन्नामिवार्णवे ॥ ४
असंवृतायामासीनां धरण्यां संशितव्रताम् । छिन्नां प्रपतितां भूमौ शाखामिव वनस्पतेः ॥ ५
मलमण्डनदिग्धाङ्गीं मण्डनार्हाममण्डनाम् । मृणाली पङ्कदिग्धेव विभाति न विभाति च ॥ ६

कृतसंमानात् । कामात्स्वांशात् ॥ १८ ॥ मन्दो दुर्मतिः । मन्दं यथा तथाञ्चिता गतिर्यस्य ॥ १९ ॥ २० ॥ द्वारदेशमशोकवनिकाप्राकारदेशम् ॥ २१ ॥ दीपिकाभिर्भासितम् । रात्रिशेषसत्त्वात् । द्वादश्या यामावशिष्टरात्रौ चन्द्रस्यास्तगमनाच्च ॥ २२ ॥ जिह्मादिगुणके ईक्षणे यस्य तम् । समक्षं प्रत्यक्षं कंदर्पमिव स्थितम् । अपविद्धशरासनं त्यक्तेक्षुचापम् ॥ २३ ॥ अमृतं पयः । मथितपयःफेनवच्छुभ्रा आभा यस्य तत् । अरजो धौतम् । सपुष्पं पुष्पमालासहितम् । विमुक्तं विशिष्टमुक्तावन्तम् । यद्वा स्थानाच्च्युतमङ्गदे सक्तं वस्त्रमवकर्षन्तमङ्गदादाकृष्य यथास्थाने स्थापयन्तम् । 'सपुष्पमवकर्षन्तम्' इत्येव पाठः । तीर्थस्तु—एतद्योजनाशक्त्या 'सलीलमवकर्षन्तम्' इति पाठं कल्पयति ॥ २४ ॥ पत्रविटपे निविडपत्रशाखायाम् । विज्ञातुमयममुक इति विशेषेण ज्ञातुम् । 'निध्यातुम्' इति पाठेऽप्ययमेवार्थः ॥ २५ ॥ ॥ २६ ॥ प्रमदानां क्रीडार्हं वनं प्रमदावनम् ॥ २७ ॥ शङ्कुकर्णनामा तद्वनरक्षो राक्षसस्तेन विश्रवसः पुत्रो राक्षसो रावणो दृष्टः । नान्येन केनापि पुरुषेणेत्यर्थः ॥ २८ ॥ २९ ॥ यः पुरमध्ये पुरा शेते शयितः सोऽयमेवेत्यनेन । रावणोऽयमिति संचिन्त्याप्लुत । तदाश्रितशाखाया अधोभूतशाखान्तरं इति शेषः ॥ ३० ॥ तथापि स उग्रतेजाः, स मारुतात्मजो हनुमानुग्रतेजास्तथापि तस्य रावणस्य तेजसा निर्धूतमास्य पुरोऽवस्थातुमशक्नुवन्पत्रे पत्रबहुले अतएव गुह्यान्तरे शाखान्तरे सक्तः स्थितः । तत्राप्यल्पशरीरतया संवृतो गुप्तोऽभवत् । गर्वमायातिरस्कारकमायावनन्तरम् दृष्ट्यैव मायया स्वल्पशरीरादिमत्त्वेन स्थातुमशक्यत्वादेवं करणम् ॥ ३१ ॥ उपावर्तत समीपं प्राप्तः ॥ ३२ ॥ इति श्रीरामाभिरामे श्रीरामीये रामायणतिलके वाल्मीकीय आदिकाव्ये सुन्दरकाण्डेऽष्टादशः सर्गः ॥ १८ ॥

ततो हनूमतः प्लवनानन्तरम् । तस्मिन्नेव कालेऽपररात्ररूपे आगमनकाल एव रावणं दृष्ट्वा ततोऽनन्तरं प्रावेपत ॥ १ ॥ २ ॥ रुदत्युपविष्टाभूत् । सीतास्वभावोक्त्या स्वभावोक्तिरत्रालंकारः ॥ ३ ॥ सन्ना शीर्णाम् । शीर्णनौस्थं जनमिवेत्यर्थः ॥ ४ ॥ असंवृतायामास्तरणरहितायाम् । संशितव्रता रावणवधाय तीक्ष्णं व्रतमिव कुर्वाणाम् ॥ ५ ॥ मलेन मण्डनस्थानेषु दिग्धाङ्गीं

समीपं राजसिंहस्य रामस्य विदितात्मनः । संकल्पहयसंयुक्तैर्यान्तीमिव मनोरथैः ॥ ७
शुष्यन्तीं रुदतीमेकां ध्यानशोकपरायणाम् । दुःखस्यान्तमपश्यन्तीं रामां राममनुव्रताम् ॥ ८
चेष्टमानामथाविष्टां पन्नगेन्द्रवधूमिव । धूप्यमानां ग्रहेणेव रोहिणीं धूमकेतुना ॥ ९
वृत्तशीले कुले जातामाचारवति धार्मिके । पुनःसंस्कारमापन्नां जातामिव च दुष्कुले ॥ १०
सन्नामिव महाकीर्तिं श्रद्धामिव विमानिताम् । प्रज्ञामिव परिक्षीणामाशां प्रतिहतामिव ॥ ११
आयतीमिव विध्वस्तामाज्ञां प्रतिहतामिव । दीप्तामिव दिशं काले पूजामपहृतामिव ॥ १२
पौर्णमासीमिव निशां तमोग्रस्तेन्दुमण्डलाम् । पद्मिनीमिव विध्वस्तां हतशूरां चमूमिव ॥ १३
प्रभामिव तमोध्वस्तामुपक्षीणामिवापगाम् । वेदीमिव परामृष्टां शान्तामग्निशिखामिव ॥ १४
उत्कृष्टपर्णकमलां वित्रासितविहंगमाम् । हस्तिहस्तपरामृष्टामाकुलामिव पद्मिनीम् ॥ १५
पतिशोकातुरां शुष्कां नदीं विस्रावितामिव । परया मृजया हीनां कृष्णपक्षे निशामिव ॥ १६
सुकुमारीं सुजाताङ्गीं रत्नगर्भगृहोचिताम् । तप्यमानामिवोष्णेन मृणालीमचिरोद्धृताम् ॥ १७
गृहीतां लाडितां स्तम्भे यूथपेन विनाकृताम् । निःश्वसन्तीं सुदुःखार्तां गजराजवधूमिव ॥ १८
एकया दीर्घया वेण्या शोभमानामयत्नतः । नीलया नीरदापाये वनराज्या महीमिव ॥ १९
उपवासेन शोकेन ध्यानेन च भयेन च । परिक्षीणां कृशां दीनामल्पाहारां तपोधनाम् ॥ २०
आयाचमानां दुःखार्तां प्राञ्जलिं देवतामिव । भावेन रघुमुख्यस्य दशग्रीवपराभवम् ॥ २१

समीक्षमाणां रुदतीमनिन्दितां सुपक्ष्मताम्रायतशुक्ललोचनाम् ।
अनुव्रतां राममतीव मैथिलीं प्रलोभयामास वधाय रावणः ॥ २२

इत्यार्षे श्रीमद्रामायणे वाल्मीकीये आदिकाव्ये सुन्दरकाण्डे एकोनविंशः सर्गः ॥ १९ ॥

विंशः सर्गः ।

स तां परिवृतां दीनां निरानन्दां तपस्विनीम् । साकारैर्मधुरैर्वाक्यैर्न्यदर्शयत रावणः ॥ १
मां दृष्ट्वा नागनासोरु गूहमाना स्तनोदरम् । अदर्शनमिवात्मानं भयान्नेतुं त्वमिच्छसि ॥ २

रूपनाङ्गाम् । 'चित्राङ्गीम्' इति पठित्वा मलरूपेण मण्डनेन चित्राङ्गा बहुरागेत्यर्थं तीर्थ आह । सत्यासिलादुचितत्व तस्य मलेऽपि मण्डनत्वबुद्धिः । ईदृशी या ददर्श सा पङ्कदिग्धा मृणालीव विभाति न विभाति च । स्वरूपशोभयाऽनिमलावरणाच्च न विभातीत्यर्थः ॥ ६ ॥ संकल्पस्तु- चिन्तनं तद्रूपाश्वसंयुक्तमनोरथं रामसमीपं यान्तीमिव ॥ ७ ॥ अपश्यन्तीं तामिव ॥ ८ ॥ आविष्टां मन्त्राद्यवरुद्धाम् । धूप्यमानां सन्तप्यमानाम् । धूमवर्णेन केतुना ॥ ९ ॥ वृत्तमाचारः, शीलं सत्स्वभावः, तद्युते विहितकर्मानुष्ठानवति च कुले जाताम् । तादृश एव कुले पुनःसंस्कारं पाणिग्रहणसंस्कारमापन्नामपि दुष्कुले जातामुत्पन्नां तत्रैव प्राप्तसंस्कारामिव च मलिनां स्थिताम् । स्त्रीणां विवाहस्यैवोपनयनत्वाद्द्वितीयजन्मस्थानत्वादिति भावः ॥ १० ॥ सन्नां क्षीणाम् । विमानितामनादृताम् ॥ ११ ॥ आयती धनादिप्राप्तिः । आज्ञा । राज्ञ इति शेषः । काल उत्पातकाले । पूजां देवपूजायाम् ॥ १२ ॥ पौर्णमासी तत्संबन्धिनीम् । तमो राहुः ॥ १३ ॥ प्रभां रविप्रकाशम् । तमोऽन्धकारः । परामृष्टां दुर्विदग्धजनपातनैराक्रान्ताम् ॥ १४ ॥ उत्कृष्टानि त्रुटितानि पर्णानि कमलानि यस्याः सा ॥ १५ ॥ विस्राविता रोधोभङ्गादि-नाऽन्यतः प्रापितजलाम्, अतएव शुष्काम्, मृजयाऽङ्गशुद्ध्या हीनाम् ॥ १६ ॥ १७ ॥ गृहीतां धृताम् । पश्चात्स्तम्भे लाडितां बद्धाम् । कश्चित्तु—'गृहीतामालिनाम्' इति पठित्वा आलिनामालानितामित्यर्थमाह ॥ १८ ॥ अयत्नत इति । केशसंस्काराभावादयत्नतः सिद्धयेति शेषः ॥ १९ ॥ अल्पाहारां जलमात्राहाराम् । अन्नादेस्तस्य ग्रहीतुमशक्यत्वात् । देवराजत. पायसलाभेन तदनपेक्षणाच्च ॥ २० ॥ तपोधनत्वादेव रघुमुख्यस्य सकाशाद्दशग्रीवपराभवमायाचमानां प्रार्थयन्तीम्, अतएव भावेनान्तरध्यानेन देवतामिव । एवार्थे इव । स्वकुलदेवतामेवोद्दिश्य प्राञ्जलिं कृतनमस्काराम् ॥ २१ ॥ क्रोधेन रोदनेन वा ताम्रप्रान्ते आयते शुक्ले च लोचने यस्यास्ताम् । वधाय तावन्मात्रफलकमेव, न तु स्वेष्टफलकमिति तात्पर्यम् ॥ २२ ॥ **इति श्रीरामाभिरामे श्रीरामीये रामायणतिलके वाल्मीकीय आदिकाव्ये सुन्दरकाण्ड एकोनविंशः सर्गः ॥ १९ ॥**

परिवृताम् । राक्षसीभिरिति शेषः । साकारैः साभिप्रायैः । 'आकारस्त्विङ्गिताकृतिः' । न्यदर्शयत् । स्वाभिप्रायमिति शेषः ॥ १ ॥ नागो गजः । स्तनोदरं गूहमाना भयादिव । भयादेवात्मानं स्वशरीरमदर्शनं नेतुमिच्छति । तत्किमिति

कामये त्वां विशालाक्षि बहु मन्यस्व मां प्रिये । सर्वाङ्गगुणसंपन्ने सर्वलोकमनोहरे ॥ ३
नेह किंचिन्मनुष्या वा राक्षसाः कामरूपिणः । व्यपसर्पतु ते सीते भयं मत्तः समुत्थितम् ॥ ४
स्वधर्मो रक्षसां भीरु सर्वदैव न संशयः । गमनं वा परस्त्रीणां हरणं संप्रमथ्य वा ॥ ५
एवं चैवमकामां त्वां न च स्प्रक्ष्यामि मैथिलि । कामं कामः शरीरे मे यथाकामं प्रवर्तताम् ॥ ६
देवि नेह भयं कार्यं मयि विश्वसिहि प्रिये । प्रणयस्व च तत्त्वेन मैवं भूः शोकलालसा ॥ ७
एकवेणी अधःशय्या ध्यानं मलिनमम्बरम् । अस्थानेऽप्युपवासश्च नैतान्यौपयिकानि ते ॥ ८
विचित्राणि च माल्यानि चन्दनान्यगुरूणि च । विविधानि च वासांसि दिव्यान्याभरणानि च ॥ ९
महार्हाणि च पानानि शयनान्यासनानि च । गीतं नृत्यं च वाद्यं च लभ मां प्राप्य मैथिलि ॥ १०
स्त्रीरत्नमसि मैवं भूः कुरु गात्रेषु भूषणम् । मां प्राप्य हि कथं वा स्यास्त्वमनर्हा सुविग्रहे ॥ ११
इदं ते चारु संजातं यौवनं ह्यतिवर्तते । यदतीतं पुनर्नैति स्रोतः स्रोतस्विनामिव ॥ १२
त्वां कृत्वोपरतो मन्ये रूपकर्ता स विश्वकृत् । नहि रूपोपमा ह्यन्या तवास्ति शुभदर्शने ॥ १३
त्वां समासाद्य वैदेहि रूपयौवनशालिनीम् । कः पुनर्नातिवर्तेत साक्षादपि पितामहः ॥ १४
यद्यत्पश्यामि ते गात्रं शीतांशुसदृशानने । तस्मिंस्तस्मिन्पृथुश्रोणि चक्षुर्मम निबध्यते ॥ १५
भव मैथिलि भार्या मे मोहमेनं विसर्जय । बह्वीनामुत्तमस्त्रीणां ममाग्रमहिषी भव ॥ १६
लोकेभ्यो यानि रत्नानि संप्रमथ्याहृतानि मे । तानि ते भीरु सर्वाणि राज्यं चैव ददामि ते ॥ १७
विजित्य पृथिवीं सर्वां नानानगरमालिनीम् । जनकाय प्रदास्यामि तव हेतोर्विलासिनि ॥ १८
नेह पश्यामि लोकेऽन्यं यो मे प्रतिबलो भवेत् । पश्य मे सुमहद्वीर्यमप्रतिद्वन्द्वमाहवे ॥ १९
असकृत्संयुगे भग्ना मया विमृदितध्वजाः । अशक्ताः प्रत्यनीकेषु स्थातुं मम सुरासुराः ॥ २०
इच्छ मां क्रियतामद्य प्रतिकर्म तवोत्तमम् । सुप्रभाण्यवसज्जन्तां तवाङ्गे भूषणानि हि ॥ २१
साधु पश्यामि ते रूपं सुयुक्तं प्रतिकर्मणा । प्रतिकर्माभिसंयुक्ता दाक्षिण्येन वरानने ॥ २२
भुङ्क्ष्व भोगान्यथाकामं पिब भीरु रमस्व च । यथेष्टं च प्रयच्छ त्वं पृथिवीं वा धनानि च ॥ २३
ललस्व मयि विस्रब्धा धृष्टमाज्ञापयस्व च । मत्प्रसादाल्ललन्त्याश्च ललन्तां बान्धवास्तव ॥ २४

शेषः ॥ २ ॥ नैवं भीतिर्मत्तस्ते युक्तेत्याह—कामय इत्यादि ॥ ३ ॥ किमिदानीं मदतिरिक्तपुरुषान्तरजं तव भयम्, उत मम स्पर्शे धर्महानिजम् । नाद्य इत्याह—नेहेति । मत्तो मदागमनात्समुत्थितं पुरुषान्तरागमनसंभावनया जातं भयं व्यपसर्पतु । अन्येषामभावात् ॥ ४ ॥ नान्त्य इत्याह—स्वधर्म इति । तं स्वधर्ममाह—गमनं वेति । आनुकूल्यं संपाद्येति शेषः । संप्रमथ्य बलात्कृत्य । एवं स्वधर्मत्वान्मम नाधर्मः । बलात्कारे चास्वतन्त्रत्वात्त्वया अपि न दोष इति भावः ॥ ५ ॥ एवं च एवमपि बलात्कारपक्षे तव मम च दोषाभावेऽपि तस्य पक्षस्य रसाभाससंपादकत्वात्, अतएवमकामामनेन प्रकारेण मयि कामरहितां त्वां मद्विषयेच्छावती च, न च न तु स्प्रक्ष्यामि । 'एवं चैतदकामां त्वाम्' इति पाठे एतद्रक्षोधर्मत्वम् । एवं चैवमेव मदुक्तरीतिकमेव, तथाप्युक्तप्रकारेण त्वामकामां न स्प्रक्ष्यामीत्यर्थः । नन्वेवं सति दुःसहा कामपीडा तव स्यात्तत्राह—काममिति । कामो मन्मथो यथाकामं यथेच्छं कामं तद्विषयेच्छां प्रवर्तताम् । प्रवर्तयत्वित्यर्थः ॥ ६ ॥ अतः सर्वथा भयं न कार्यमित्याह—देवीति । देवि सर्वान्तःपुरपूज्ये, इह मयि मद्विषये प्रणयस्व संमाननं कुरु । संमानने नयतेरात्मनेपदम् ॥ ७ ॥ अधःशय्या भूशयनम् । नौपयिकानि न पुरुषार्थोपयुक्तानि ॥ ८ ॥ मां प्राप्य । विचित्रमाल्यादीन लभस्वेत्यर्थः ॥ ९ ॥ १० ॥ अनर्हा । भूषणानामिति शेषः । सुविग्रहे इति संबुद्धिः ॥ ११ ॥ अतिवर्तते ऽतिक्रम्य गच्छति । स्रोतस्विनो जलप्रवाहाः । स्रोतसः पतज्जलम् । अतो भुङ्क्ष्व । भोगानिति शेषः ॥ १२ ॥ रूपकर्ता दिव्यरूपस्रष्टा त्वां कृत्वा निर्मायोपरतो दिव्यरूपनिर्माणाद्विरत इति मन्ये । उत्प्रेक्षायां हेतुः—हि यतस्तव रूपोपमा नास्ति । यदि पुनः स उत्तमरूपनिर्माणं यतेत, न तर्ह्यपि तवोपमेत्याशयः ॥ १३ ॥ को नातिवर्तेत । अतिवर्तेतेत्यर्थः । 'कः पुमानतिवर्तेत' इति पाठे कामवशतामतिक्रम्य को वर्तेतेत्यर्थः ॥ १४ ॥ निबध्यते बद्धं जायते ॥ १५ ॥ मोहं नैनदुःखा भविष्यामीति बुद्धिम् ॥ १६ ॥ १७ ॥ तव हेतोस्त्वत्प्रीत्यर्थम् ॥ १८ ॥ प्रतिबलो युद्धे जेता ॥ १९ ॥ प्रत्यनीकेषु प्रतिसैनिकभावेषु ॥ २० ॥ प्रतिकर्म प्रसाधनम् । अलंकरणमिति यावत् ॥ २१ ॥ प्रतिकर्मणा युक्तं ते रूपं पश्यामि । भाविकमत्रालंकारः । दाक्षिण्येन मद्विषयककृपया । प्रतिकर्माभिसंयुक्ता भवेति शेषः ॥ २२ ॥ २३ ॥ ललस्व लीलां कुरु । मत्प्रसादान्मयि प्रसादात् । ललन्त्या मदीप्साजनितप्रभावेण वर्ध-

ऋद्धिं ममानुपश्य त्वं श्रियं भद्रे यशस्विनि । किं करिष्यसि रामेण सुभगे चीरवासिना ॥ २५
निक्षिप्तविजयो रामो गतश्रीर्वनगोचरः । व्रती स्थण्डिलशायी च शङ्के जीवति वा न वा ॥ २६
नहि वैदेहि रामस्त्वां द्रष्टुं वाप्युपलप्स्यते । पुरोबलाकैरसितैर्मेघैर्ज्योत्स्नामिवावृताम् ॥ २७
न चापि मम हस्तात्त्वां प्राप्तुमर्हति राघवः । हिरण्यकशिपुः कीर्तिमिन्द्रहस्तगतामिव ॥ २८
चारुस्मिते चारुदति चारुनेत्रे विलासिनि । मनो हरसि मे भीरु सुपर्णः पन्नगं यथा ॥ २९
क्लिष्टकौशेयवसनां तन्वीमप्यनलंकृताम् । त्वां दृष्ट्वा स्वेषु दारेषु रतिं नोपलभाम्यहम् ॥ ३०
अन्तःपुरनिवासिन्यः स्त्रियः सर्वगुणान्विताः । यावन्त्यो मम सर्वासामैश्वर्यं कुरु जानकि ॥ ३१
मम ह्यसितकेशान्ते त्रैलोक्यप्रवराः स्त्रियः । तास्त्वां परिचरिष्यन्ति श्रियमप्सरसो यथा ॥ ३२
यानि वैश्रवणे सुभ्रु रत्नानि च धनानि च । तानि लोकांश्च सुश्रोणि मया भुङ्क्ष्व यथासुखम् ॥ ३३
न रामस्तपसा देवि न बलेन न विक्रमैः । न धनेन मया तुल्यस्तेजसा यशसापि वा ॥ ३४

पिब विहर रमस्व भुङ्क्ष्व भोगान्धननिचयं प्रदिशामि मेदिनीं च ।
मयि लल ललने यथासुखं त्वं त्वयि च समेत्य ललन्तु बान्धवास्ते ॥ ३५
कुसुमिततरुजालसंततानि भ्रमरयुतानि समुद्रतीरजानि ।
कनकविमलहारभूषिताङ्गी विहर मया सह भीरु काननानि ॥ ३६

इत्यार्षे श्रीमद्रामायणे वाल्मीकीये आदिकाव्ये सुन्दरकाण्डे विंशः सर्गः ॥ २० ॥

एकविंशः सर्गः ।

तस्य तद्वचनं श्रुत्वा सीता रौद्रस्य रक्षसः । आर्ता दीनस्वरा दीनं प्रत्युवाच ततः शनैः ॥ १
दुःखार्ता रुदती सीता वेपमाना तपस्विनी । चिन्तयन्ती वरारोहा पतिमेव पतिव्रता ॥ २
तृणमन्तरतः कृत्वा प्रत्युवाच शुचिस्मिता । निवर्तय मनो मत्तः स्वजने प्रीयतां मनः ॥ ३
न मां प्रार्थयितुं युक्तस्त्वं सिद्धिमिव पापकृत् । अकार्यं न मया कार्यमेकपत्न्या विगर्हितम् ॥ ४
कुलं संप्राप्तया पुण्यं कुले महति जातया । एवमुक्त्वा तु वैदेही रावणं तं यशस्विनी ॥ ५
रावणं पृष्ठतः कृत्वा भूयो वचनमब्रवीत् । नाहमौपयिकी भार्या परभार्या सती तव ॥ ६
साधु धर्ममवेक्षस्व साधु साधुव्रतं चर । यथा तव तथान्येषां रक्ष्या दारा निशाचर ॥ ७

मानाया. ॥ २४ ॥ ऋद्धिं पराक्रमादिसंपदम्, श्रियं धनादिसंपदम् ॥ २५ ॥ निक्षिप्तविजयो निरस्तविजयसाधनः, अतएव गतश्रीत्वादिगुण । जीवनस्यैव संदेहे पराक्रमादिसंभावना दूरत इत्यर्थः ॥ २६ ॥ द्रष्टुं वापि, प्राप्तिस्तु दूरतरेत्यर्थः । उपलप्स्यते । व्यत्ययेन इट्प्रत्यय । समर्थो भवतीत्यर्थः । 'उपलप्स्यते' इति पाठे समर्थो भविष्यतीत्यर्थः । पुरोबलाकैरग्रेसरबलाकैः ॥ २७ ॥ इन्द्रहस्तगतां कीर्ति कीर्तितुल्यां भार्यामिन्द्रहृतां नारदमुखेन प्रार्थनया यथा हिरण्यकशिपुः प्राप्तवान, नैवं त्वा रामः प्राप्स्यतीति भाव । इयं च कथा भागवते प्रसिद्धेति तीर्थ ॥ २८ ॥ २९ ॥ स्वेषु दारेषु मन्दोदर्यामपि ॥ ३० ॥ ऐश्वर्यमाधिपत्यम ॥ ३१ ॥ ३२ ॥ ३३ ॥ ३४ ॥ प्रदिश दर्शयितास्मि मेदिनीमर्थिभ्यो देहि । लल ईप्सावती भव । ललन्तु प्राप्तसमस्तेप्सिता भवन्तु । अक्षिमोऽयम् ॥ ३५ ॥ ३६ ॥ इति श्रीरामाभिरामे श्रीरामीये रामायणतिलके वाल्मीकीय आदिकाव्ये सुन्दरकाण्डे विंशः सर्गः ॥ २० ॥

नस्मात । दीनमिति क्रियाविशेषणम् ॥ १ ॥ पतिमेव चिन्तयन्ती प्रत्युवाचेति संबन्धः ॥ २ ॥ तृणमन्तरतः कृत्वा । परपुरुषस्य साक्षात्संभाषणानर्हत्वात । अस्या किंचिदन्तर्धाय गत्रादिविसर्जनवत्तृणान्तरेण तस्य मुखे प्रत्युत्तरदानम् । कथमस्य दुरात्मनो रजस्तमोभिभूतस्य मयि दुराशेति शुचिस्मिता । प्रत्युवाचेति पुनरभिधान प्रकारविशेषकथनार्थम् । एतेन तृणीकृतरावणतया तृणतुल्यतया रावणस्य ग्रहणाच्च निर्भयप्रत्युत्तरदानमिति यो धम । तदेवाह—निवर्तयेति । मत्तो मनो निवर्तय । स्वजने प्रीयतां प्रीतिं कुरु । स्वजनः स्वभार्यादिः । क्रुद्धोक्त्या गत पदादेः पुनरुक्त्यं न दोषभाक । वर्णनीयमर्यादाभावाच्च कवेरपि तादृशं न दोषाय ॥ ३ ॥ सिद्धिं ब्रह्मलोकप्राप्तिम् । एकपत्न्या पतिव्रतया । अकार्यं परपुरुषपरामर्शरूपम् ॥ ४ ॥ न प्राप्तया । विवाहसंबन्धेनेति शेषः ॥ ५ ॥ पृष्ठतः कृत्वा पराङ्मुखं स्थित्वा । औपयिकी भोगयोग्या । तत्र हेतुः—सती परभार्येति ॥ ६ ॥ धर्मं साध्विति पश्य । साधूनां व्रतं चर । यथा तव मन्दोदर्याः परपरिग्रहेण दुःखम्, एवमन्येषामपि स्वदाराणां परपरिग्रहे दुःखमिति ज्ञात्वान्येषां दारा रक्ष्याः

आत्मानमुपमां कृत्वा स्वेषु दारेषु रम्यताम् । अतुष्टं स्वेषु दारेषु चपलं चपलेन्द्रियम् ।
नयन्ति निकृतिप्रज्ञं परदाराः पराभवम् ॥ ८
इह सन्तो न वा सन्ति सतो वा नानुवर्तसे । यथा हि विपरीता ते बुद्धिराचारवर्जिता ॥ ९
वचो मिथ्याप्रणीतात्मा पथ्यमुक्तं विचक्षणैः । राक्षसानामभावाय त्वं वा न प्रतिपद्यसे ॥ १०
अकृतात्मानमासाद्य राजानमनये रतम् । समृद्धानि विनश्यन्ति राष्ट्राणि नगराणि च ॥ ११
तथेयं त्वां समासाद्य लङ्का रत्नौघसंकुला । अपराधात्तवैकस्य नचिराद्विनशिष्यति ॥ १२
स्वकृतैर्हन्यमानस्य रावणादीर्घदर्शिनः । अभिनन्दन्ति भूतानि विनाशे पापकर्मणः ॥ १३
एवं त्वां पापकर्माणं वक्ष्यन्ति निकृता जनाः । दिष्ट्यैतद्व्यसनं प्राप्तो रौद्र इत्येव हर्षिताः ॥ १४
शक्या लोभयितुं नाहमैश्वर्येण धनेन वा । अनन्या राघवेणाहं भास्करेण यथा प्रभा ॥ १५
उपधाय भुजं तस्य लोकनाथस्य सत्कृतम् । कथं नामोपधास्यामि भुजमन्यस्य कस्यचित् ॥ १६
अहमौपयिकी भार्या तस्यैव च धरापतेः । व्रतस्नातस्य विद्येव विप्रस्य विदितात्मनः ॥ १७
साधु रावण रामेण मां समानय दुःखिताम् । वने वासितया सार्धं करेण्वेव गजाधिपम् ॥ १८
मित्रमौपयिकं कर्तुं रामः स्थानं परीप्सता । वधं चानिच्छता घोरं त्वयासौ पुरुषर्षभः ॥ १९
विदितः सर्वधर्मज्ञः शरणागतवत्सलः । तेन मैत्री भवतु ते यदि जीवितुमिच्छसि ॥ २०
प्रसादयस्व त्वं चैनं शरणागतवत्सलम् । मां चास्मै प्रयतो भूत्वा निर्यातयितुमर्हसि ॥ २१
एवं हि ते भवेत्स्वस्ति संप्रदाय रघूत्तमे । अन्यथा त्वं हि कुर्वाणः परां प्राप्स्यसि चापदम् ॥ २२
वर्जयेद्वज्रमुत्सृष्टं वर्जयेदन्तकश्चिरम् । त्वद्विधं न तु संक्रुद्धो लोकनाथः स राघवः ॥ २३

परिहार्या ॥ ७ ॥ यथा स्वदाराणां संस्पर्शेनैव स्नेहामुत्र सुखमिति स्वस्य निश्चयः, तथा परेषामपीत्यर्थं आत्मानमेव दृष्टान्तीकृत्य स्वेष्वेव दारेषु रम्यताम् । अन्यथोभयोरपि धर्मलोप इति भावः । विपक्षे बाधकान्तरमप्याह—अतुष्टमिति । निकृतिप्रज्ञम् । निकृतिर्व्यपकारः साधुकृतापकारः तस्मादास्पदप्रज्ञम् । पराभवमजयरूपम् ॥ ८ ॥ इह लङ्कानगरे सन्तः इहलोकपरलोकहितवक्तारो न वा नैव सन्ति । सन्तु वा तेषु त्वाचारानुवर्तीन तत्समीपं न गच्छसि । गतोऽपि वा न पृच्छसि । यथा ते विपरीता बुद्धिः । आचारवर्जिता विहितकर्माननुष्ठानविहितगामिनी च ॥ ९ ॥ सत्पुरुषैर्न उपदेशसत्त्वेऽपि सम्यक्तत्त्वनिर्णीतपूर्वैस्तच्च शास्त्रं न शृणोषीत्याह—वच इति । विचक्षणैः कार्याकार्यालोचनचतुरैः । पथ्यं हितोदर्कं वचः उक्तमपि मिथ्याप्रणीतात्मा तद्वचो मिथ्यावस्तुभूतमसारभूतमित्यश्रद्धया प्रणीतः प्रापित आत्मा बुद्धिर्येन तादृशो राक्षसानामभावाय नाशाय न प्रतिपद्यसे न परिगृह्णासि ॥ १० ॥ ननु मया सज्जनोपदेशाग्रहे कुतो राक्षसनाशप्रसङ्ग इत्यत्रोत्तरं वक्तुं लोकस्थितिमाह—अकृतेति । अकृतात्मानं सदुपदेशाग्राहिबुद्धिम् ॥ ११ ॥ तथैवेति । राजापराधतोऽशेषप्रजानाशस्य लोकप्रसिद्धत्वादिति भावः ॥ १२ ॥ किं च सज्जनोपदेशमशृण्वतो नाशं सज्जनोऽनुमोदत इत्याह—स्वकृतैरिति । स्वकृतैर्दुष्कृतैर्हन्यमानस्यावश्यप्राप्तनाशस्यादीर्घदर्शिनो भाव्यनर्थदर्शनासमर्थस्य विनाशे उपस्थिते भूतानि सर्वप्राणिनो नन्दन्ति ॥ १३ ॥ एवं निराकृतास्त्वया क्लेशिताः सर्वे जनाः । एतद्व्यसनं स्वबुद्धिप्राप्तनाशम् ॥ १४ ॥ ऐश्वर्यं कुर्वित्यादि यदुक्तं रावणेन प्रलोभनाय तत्प्रत्याख्याति—शक्येति । अनन्या भिन्ना नापवर्तनी ॥ १५ ॥ प्रलोभनाशक्यत्वमेव स्पष्टयति—उपधायेति । उपधानं कृत्वेति । सह शयित्वेति यावत् । कस्यचिदतत्त्वभूतस्य ॥ १६ ॥ औपयिकी योग्या । व्रतस्नातस्य ब्रह्मचर्यव्रतपूर्वकं कृतसमावर्तनस्य यथाशास्त्रं मत्पाणिग्रहणं कृतवतो विदितात्मनो ज्ञातस्वतत्त्वस्य ज्ञातपुरुषार्थसाधनस्य च तस्याहं योग्या । विप्रस्य विद्येव ब्रह्मविद्या यथा ब्राह्मणस्यैवासाधारणं स्वं न्यायप्राप्तं तद्वत् । संन्यासे तस्यैवाधिकाराद्ब्रह्मविद्यायां ब्राह्मणस्यैवाधिकार इति भावः । अन्ये तु—विप्रपदं त्रैवर्णिकपरम्, त्रैवर्णिकस्यैव ब्रह्मविद्यायामधिकारः, अत एव 'धीरस्य' इति क्वचित्पाठ इत्याहुः ॥ १७ ॥ हे रावण, मां रामेण समानय । तदेव ते साधु । वने वासितया कामुकया करेण्वा सार्धं गजाधिपमिव । उपमानोपमेयवाक्ययोर्वैषम्यं तु क्रुद्धविगर्हिण्युक्तित्वान्न दोषावहम् । करेणुं गजाधिपेनेति तु वक्तुमुचितम् ॥ १८ ॥ युक्त्यन्तरं चोपदिशति—मित्रमिति । स्थानं परीप्सता लङ्कां रिरक्षयिषता आत्मनो वधं च घोरं सकलकुटुम्बपीडाकरमनिच्छता त्वया पुरुषर्षभोऽसौ रामो मित्रं कर्तुमौपयिकं युक्तम् ॥ १९ ॥ कथमेवमपराधस्य मे तेन मैत्री तत्राह—विदित इति । यतः—सर्वधर्मज्ञ इति । शत्रुरपि शरणागतो रक्षणीय इति धर्मज्ञत्वेन शरणागतवत्सलत्वेन च विदितः प्रसिद्धः, अतस्तेन मैत्री भवतु । तेन मैत्री प्राप्तकालेत्यर्थः ॥ २० ॥ अत एनं शरणागतवत्सलं त्वं प्रसादयस्व, मां चास्मै निर्यातयितुं दातुमर्हसि ॥ २१ ॥ संप्रदायेति । मामिति शेषः ॥ २२ ॥ मत्प्रत्यर्पणं विना सर्वथा नव जीवनं नास्तीत्याह—वर्जयेदिति । त्वद्विधं प्राणान्न नाशयेदित्यर्थः । राघवो न तु

रामस्य धनुषः शब्दं श्रोष्यसि त्वं महास्वनम् । शतक्रतुविसृष्टस्य निर्घोषमशनेरिव ॥ २४
इह शीघ्रं सुपर्वाणो ज्वलितास्या इवोरगाः । इषवो निपतिष्यन्ति रामलक्ष्मणलक्षिताः ॥ २५
रक्षांसि निहनिष्यन्तः पुर्यामस्यां न संशयः । असंपातं करिष्यन्ति पतन्तः कङ्कवाससः ॥ २६
राक्षसेन्द्रमहासर्पान्स रामगरुडो महान् । उद्धरिष्यति वेगेन वैनतेय इवोरगान् ॥ २७
अपनेष्यति मां भर्ता त्वत्तः शीघ्रमरिंदमः । असुरेभ्यः श्रियं दीप्तां विष्णुस्त्रिभिरिव क्रमैः ॥ २८
जनस्थाने हतस्थाने निहते रक्षसां बले । अशक्तेन त्वया रक्षः कृतमेतदसाधु वै ॥ २९
आश्रमं तत्तयोः शून्यं प्रविश्य नरसिंहयोः । गोचरं गतयोर्भ्रात्रोरपनीता त्वयाधम ॥ ३०
नहि गन्धमुपाघ्राय रामलक्ष्मणयोस्त्वया । शक्यं संदर्शने स्थातुं शुना शार्दूलयोरिव ॥ ३१
तस्य ते विग्रहे ताभ्यां युगग्रहणमस्थिरम् । वृत्रस्येवेन्द्रबाहुभ्यां बाहोरेकस्य विग्रहे ॥ ३२
क्षिप्रं तव सनाथो मे रामः सौमित्रिणा सह । तोयमल्पमिवादित्यः प्राणानादास्यते शरैः ॥ ३३
गिरिं कुबेरस्य गतोऽथवालयं सभां गतो वा वरुणस्य राज्ञः ।
असंशयं दाशरथेर्विमोक्ष्यसे महाद्रुमः कालहतोऽशनेरिव ॥ ३४

इत्यार्षे श्रीमद्रामायणे वाल्मीकीये आदिकाव्ये सुन्दरकाण्डे एकविंशः सर्गः ॥ २१ ॥

द्वाविंशः सर्गः ।

सीताया वचनं श्रुत्वा परुषं राक्षसेश्वरः । प्रत्युवाच ततः सीतां विप्रियं प्रियदर्शनाम् ॥ १
यथा यथा सान्त्वयिता वश्यः स्त्रीणां तथा तथा । यथा यथा प्रियं वक्ता परिभूतस्तथा तथा ॥ २
संनियच्छति मे क्रोधं त्वयि कामः समुत्थितः । द्रवतो मार्गमासाद्य हयानिव सुसारथिः ॥ ३
वामः कामो मनुष्याणां यस्मिन्किल निबध्यते । जने तस्मिंस्त्वनुक्रोशः स्नेहश्च किल जायते ॥ ४
एतस्मात्कारणान्न त्वां घातयामि वरानने । वधार्हामवमानार्हां मिथ्याप्रव्रजने रताम् ॥ ५
परुषाणि हि वाक्यानि यानि यानि ब्रवीषि माम् । तेषु तेषु वधो युक्तस्तव मैथिलि दारुणः ॥ ६

वजयेन्नाशयेदेव ॥ २३ ॥ महास्वनं महान्तं नादम् । नादो हि कश्चिच्छब्दधर्मः प्रतिशब्दरूपस्तं श्रोष्यसि । यदि मां न ददासीति भावः ॥ २४ ॥ रामलक्ष्मणलक्षिताः । तन्नामाङ्का इत्यर्थः ॥ २५ ॥ कङ्कवाससो बाणाः । असंपातमनवकाशम् । 'असबाधम्' इति पाठे राक्षससमर्दरहितम् ॥ २६ ॥ राक्षसेन्द्ररूपान्महासर्पान् । उद्धरणांशद्वये उपमा—वैनतेय इवेति ॥ २७ ॥ 'न चापि मम हस्तात्त्वां प्राप्तुमर्हति राघवः' इत्यस्योत्तरमाह—अपनेष्यतीति ॥ २८ ॥ हतस्थाने हतास्पदे ॥ २९ ॥ नरसिंहयोः शून्यमाश्रमं प्रविश्य यत्कृतं तदसाधुवृत्ति किलेत्यर्थः । गोचरं गतयोर्मायामृगवृत्तान्तं ज्ञातुं गतयोः । गोचरं वनप्रदेशं गतयोरिति वार्थः ॥ ३० ॥ यस्माद्रामलक्ष्मणयोर्गन्धमुपाघ्राय शार्दूलयोः संदर्शने शुनेव समक्षं स्थातुं त्वया न शक्यम् ॥ ३१ ॥ तस्याधमबलस्याधमकृतस्य च तेऽग्रेऽपि ताभ्यां विग्रहे कलहे प्रसक्ते सति युगग्रहणं सहायसंपत्तिरस्थिरा जनस्थानबलसहायसंपत्तिवत् । तस्मात्तेन युद्धे तव निग्रह एव । वृत्रसंबन्धिन एकस्य बाहोर्द्वाभ्यामिन्द्रबाहुभ्यां युद्धे वृत्रबाहुपराजयवत् । वज्राच्छिन्नैकबाहुर्वृत्रो बहुकालमिन्द्रेण सहैकबाहुना युद्धं कृतवान्पराजितश्चेति भागवते प्रसिद्धम् ॥ ३२ ॥ मे नाथः स राम इत्यन्वयः ॥ ३३ ॥ कुबेरस्यालयं कैलासम् । कैलासवरुणसभे ऊर्ध्वाधस्थलोकोपलक्षणम् । कालहतस्त्वमशनेः संबन्धान्महाद्रुम इव दाशरथेः संबन्धाद्विमोक्ष्यसे । प्राणानिति शेषः । 'विमोक्ष्यसे' इति पङ्क्तः पाठ इति कतकः ॥ ३४ ॥ इति श्रीरामाभिरामे श्रीरामीये रामायणतिलके वाल्मीकीय आदिकाव्ये सुन्दरकाण्डे एकविंशः सर्गः ॥ २१ ॥

प्रियदर्शना सीतां प्रत्यनुनयोक्तिं कृत्वा ततो विप्रियमाहेति संबन्धः ॥ १ ॥ लोके स्त्रीणां सान्त्वयिता पुमान्यथा यथा सान्त्वयति तथा तथा तत्सान्त्वानुसारेण स स्त्रीणां वश्यो दृष्टो भवति, त्वयि तु यथा यथाहं प्रियं वक्ताभूवं तथा तथा त्वया परिभूत एवास्मीति शेषः ॥ २ ॥ एवं च त्वद्विषये न्यायप्राप्तमुत्पन्नं क्रोधं क्रोधकार्यं वधं त्वद्विषये समुत्थितः कामो नियच्छति निरुणद्धि । तत्र दृष्टान्तः—द्रवत इति । अमार्गमासाद्य द्रवतो धावतो हयान्सुसारथिरिव ॥ ३ ॥ ननु विपरीतं क्रोध एव किं न कामं रुणद्धीत्यत्र कामस्योत्कट्यादित्याह—वाम इति । क्रूर इत्यर्थः । 'सव्ये क्रौर्ये सुन्दरे च वामः' इति कोशः । कामकार्यमेवाह—यस्मिन्निति । परमक्रोधविषयेऽपि यत्र जने कामो निबध्यते, तत्र जनेऽनुक्रोशो दया स्नेहश्च जायते । तस्मात्क्रोधात्काम उत्कटक्रूरस्वभाव इत्यर्थः ॥ ४ ॥ एतस्मादिति । उत्कटकामविषयत्वादित्यर्थः । मिथ्याप्रव्रजने निष्प्रयोजनमेव भोगत्यागरूपप्रव्रजनमार्गे रताम् ।

एवमुक्त्वा तु वैदेहीं रावणो राक्षसाधिपः । क्रोधसंरम्भसंयुक्तः सीतामुत्तरमब्रवीत् ॥ ७
द्वौ मासौ रक्षितव्यौ मे योऽवधिस्ते मया कृतः । ततः शयनमारोह मम त्वं वरवर्णिनि ॥ ८
द्वाभ्यामूर्ध्वं तु मासाभ्यां भर्तारं मामनिच्छतीम् । मम त्वां प्रातराशार्थं सूदाश्छेत्स्यन्ति खण्डशः ॥ ९
तां भर्त्स्यमानां संप्रेक्ष्य राक्षसेन्द्रेण जानकीम् । देवगन्धर्वकन्यास्ता विषेदुर्विकृतेक्षणाः ॥ १०
ओष्ठप्रकारैरपरा नेत्रैर्वक्त्रैस्तथापराः । सीतामाश्वासयामासुस्तर्जितां तेन रक्षसा ॥ ११
ताभिराश्वासिता सीता रावणं राक्षसाधिपम् । उवाचात्महितं वाक्यं वृत्तशौटीर्यगर्वितम् ॥ १२
नूनं न ते जनः कश्चिदस्मिन्निःश्रेयसि स्थितः । निवारयति यो न त्वां कर्मणोऽस्माद्विगर्हितात् ॥ १३
मां हि धर्मात्मनः पत्नीं शचीमिव शचीपतेः । त्वदन्यस्त्रिषु लोकेषु प्रार्थयेन्मनसापि कः ॥ १४
राक्षसाधम रामस्य भार्याममिततेजसः । उक्तवानसि यत्पापं क्व गतस्तस्य मोक्ष्यसे ॥ १५
यथा दृप्तश्च मातंगः शशश्च सहितो वने । तथा द्विरदवद्रामस्त्वं नीच शशवत्स्मृतः ॥ १६
स त्वमिक्ष्वाकुनाथं वै क्षिपन्निह न लज्जसे । चक्षुषो विषये तस्य न यावदुपगच्छसि ॥ १७
इमे ते नयने क्रूरे विकृते कृष्णपिङ्गले । क्षितौ न पतिते कस्मान्मामनार्य निरीक्षतः ॥ १८
तस्य धर्मात्मनः पत्नीं स्नुषां दशरथस्य च । कथं व्याहरतो मां ते न जिह्वा पाप शीर्यति ॥ १९
असंदेशात्तु रामस्य तपसश्चानुपालनात् । न त्वां कुर्मि दशग्रीव भस्म भस्मार्हतेजसा ॥ २०
नापहर्तुमहं शक्या तस्य रामस्य धीमतः । विधिस्तव वधार्थाय विहितो नात्र संशयः ॥ २१
शूरेण धनदभ्रात्रा बलैः समुदितेन च । अपोह्य रामं कस्माच्चिद्दारचौर्यं त्वया कृतम् ॥ २२
सीताया वचनं श्रुत्वा रावणो राक्षसाधिपः । विवृत्य नयने क्रूरे जानकीमन्ववैक्षत ॥ २३
नीलजीमूतसंकाशो महाभुजशिरोधरः । सिंहसत्त्वगतिः श्रीमान्दीप्तजिह्वाग्रलोचनः ॥ २४
चलाग्रमुकुटप्रांशुश्चित्रमाल्यानुलेपनः । रक्तमाल्याम्बरधरस्तप्ताङ्गदविभूषणः ॥ २५
श्रोणीसूत्रेण महता मेचकेन सुसंवृतः । अमृतोत्पादने नद्धो भुजंगेनेव मन्दरः ॥ २६
ताभ्यां स परिपूर्णाभ्यां भुजाभ्यां राक्षसेश्वरः । शुशुभेऽचलसंकाशः शृङ्गाभ्यामिव मन्दरः ॥ २७
तरुणादित्यवर्णाभ्यां कुण्डलाभ्यां विभूषितः । रक्तपल्लवपुष्पाभ्यामशोकाभ्यामिवाचलः ॥ २८
स कल्पवृक्षप्रतिमो वसन्त इव मूर्तिमान् । श्मशानचैत्यप्रतिमो भूषितोऽपि भयंकरः ॥ २९

'मिथ्याप्रव्रजिते' इति पाठे रामे रक्षासीत्यर्थः ॥ ५ ॥ ६ ॥ ७ ॥ अवधिः 'मासान्द्वादश मार्षिनि' इत्यरण्यकाण्डोक्तस्तन्मध्ये द्वौ मासाववशिष्टौ तौ मया रक्षणीयौ । यद्यपि 'वर्तते दशमो मासो द्वौ तु शेषौ प्लवंगम' इति सीता वक्ष्यति, तथाप्यल्पान्तरत्वान्मासद्वयरक्षणोक्तिरविरुद्धा ॥ ८ ॥ प्रातराशः प्रातःकालिकं भोजनम् ॥ ९ ॥ देवगन्धर्वकन्याः । सीतावदेव बलादाहृता इत्यर्थः ॥ १० ॥ ओष्ठप्रकारैर्वराकोऽयं किं करिष्यति न भेतव्यमित्येवौष्ठाग्रोत्क्षेपणैः नेत्रैर्द्राङ्निमीलनोन्मीलनवद्भिः । वक्त्रैर्मुखचलनैः सीतामाश्वासयामासुः ॥ ११ ॥ आत्महितं रावणात्मनो हितम् । वृत्तेन सदाचारेण, शौटीर्येण पतिशौर्येण च संजातगर्वम् ॥ १२ ॥ अस्मिन्नगरे ते तव निःश्रेयसस्याभ्युदयसंपादने स्थितो जनो नूनं न कश्चिदस्ति । यस्मात्त्वामस्माद्विगर्हितात्कर्मणो न कोऽपि निवारयति ॥ १३ ॥ मनसापि कः प्रार्थयेत् । किं पुनर्वचसेति भावः ॥ १४ ॥ यत्पापं मम शयनमारोहेत्यादिरूपम् । क्व गतो मोक्षसे । तत्साध्यसमूलनाशस्य त्वया परिहारोऽशक्य इत्यर्थः ॥ १५ ॥ दृप्तो मातगः शशश्च यदा वने दैवात्सहितौ युयुत्सू भवतस्तयोश्च शशो यथातिक्षुद्रस्तथा रामेण संयुगे त्वं शशवत्क्षुद्रः । रामो गजवदित्यर्थः ॥ १६ ॥ स त्वं रामादतिक्षुद्रः । क्षिपन्निन्दन् । इह तद्दर्शनविषयो यावन्नोपगच्छसि तावदिह निन्दन्न लज्जसे इत्यन्वयः ॥ १७ ॥ १८ ॥ १९ ॥ ननु 'न पतिते', 'न शीर्यति' इत्युक्तिर्यदि पातिव्रत्यसूचा, तर्हि तथा निग्रहं कस्मान्न करोषीत्यत्राह—असंदेशादिति । शापविषये रामाज्ञाभावात् । शापसामर्थ्येऽपि तपोनुपालनाद्धेतोरपि भस्मार्हेण भस्मजनकत्वशक्तिमता तेजसा स्वीयपातिव्रत्यतेजसा न भस्म कुर्मि करोमि ॥ २० ॥ अहं तस्य रामस्य भार्या त्वयापहर्तुं न शक्या, अथाप्ययं विधिरपहरणरूपविधिस्तव वधार्थाय दैवेन विहितोऽत्र न संशयः ॥ २१ ॥ शूरेणेत्याद्युपहासोक्तिः । अपोह्य मारीचमायया रामापवाह्य कस्माद्दारचौर्यं त्वया कृतम्, तस्मादत्यन्तमशूरस्त्वमित्युपहासः । चिदिति पादपूरणे ॥ २२ ॥ २३ ॥ सिंहसत्त्वगतिः सिंहवत्सत्त्वं पराक्रमो गतिश्च यस्य सः । 'सिंहसंहनन' इति पाठान्तरम् ॥ २४ ॥ चलमग्रं यस्य तादृशमुकुटवान् ॥ २५ ॥ श्रोणीसूत्रेण कटिसूत्रेण । रशनयेत्यर्थः । इन्द्रनीलनद्धसुवर्णरक्तमणियुक्तत्वाच्च तस्य मेचकत्वम् । भुजंगो वासुकिः । स हि नीलवर्ण इत्याहुः ॥ २६ ॥ ताभ्यां प्रसिद्धपराक्रमाभ्याम् । भुजद्वयमेव सर्वदा, युद्धादौ स्वेच्छया दशभुजत्वमिति द्विवचनम् । वामदक्षेषु भुजत्वजात्यैकवचनमित्यन्ये ॥ २७ ॥ २८ ॥ वसन्त इव भूषितोऽपि

अवेक्षमाणो वैदेहीं कोपसंरक्तलोचनः । उवाच रावणः सीतां भुजंग इव निःश्वसन् ॥ ३०
अनयेनाभिसंपन्नमर्थहीनमनुव्रते । नाशयाम्यहमद्य त्वां सूर्यः संध्यामिवौजसा ॥ ३१
इत्युक्त्वा मैथिलीं राजा रावणः शत्रुरावणः । संददर्श ततः सर्वा राक्षसीर्घोरदर्शनाः ॥ ३२
एकाक्षीमेककर्णां च कर्णप्रावरणां तथा । गोकर्णीं हस्तिकर्णीं च लम्बकर्णीमकर्णिकाम् ॥ ३३
हस्तिपद्यश्वपद्यौ च गोपदीं पादचूलिकाम् । एकाक्षीमेकपादीं च पृथुपादीमपादिकाम् ॥ ३४
अतिमात्रशिरोग्रीवामतिमात्रकुचोदरीम् । अतिमात्रास्यनेत्रां च दीर्घजिह्वानखामपि ॥ ३५
अनासिकां सिंहमुखीं गोमुखीं सूकरीमुखीम् । यथा मद्वशगा सीता क्षिप्रं भवति जानकी ॥ ३६
तथा कुरुत राक्षस्यः सर्वाः क्षिप्रं समेत्य वा । प्रतिलोमानुलोमैश्च सामदानादिभेदनैः ॥ ३७
आवर्जयत वैदेहीं दण्डस्योद्यमनेन च । इति प्रतिसमादिश्य राक्षसेन्द्रः पुनः पुनः ॥ ३८
काममन्युपरीतात्मा जानकीं प्रतितर्जत । उपगम्य ततः क्षिप्रं राक्षसी धान्यमालिनी ॥ ३९
परिष्वज्य दशग्रीवमिदं वचनमब्रवीत् । मया क्रीड महाराज सीतया किं तवानया ॥ ४०
विवर्णया कृपणया मानुष्या राक्षसेश्वर । नूनमस्यां महाराज न देवा भोगसत्तमान् ॥ ४१
विदधत्यमरश्रेष्ठास्तव बाहुबलार्जितान् । अकामां कामयानस्य शरीरमुपतप्यते ॥ ४२
इच्छतीं कामयानस्य प्रीतिर्भवति शोभना । एवमुक्तस्तु राक्षस्या समुत्क्षिप्तस्ततो बली ।
प्रहसन्मेघसंकाशो राक्षसः स न्यवर्तत ॥ ४३
प्रस्थितः स दशग्रीवः कम्पयन्निव मेदिनीम् । ज्वलद्भास्करसंकाशं प्रविवेश निवेशनम् ॥ ४४
देवगन्धर्वकन्याश्च नागकन्याश्च तास्ततः । परिवार्य दशग्रीवं प्रविशुस्ता गृहोत्तमम् ॥ ४५

स मैथिलीं धर्मपरामवस्थितां प्रवेपमानां परिभर्त्स्य रावणः ।
विहाय सीतां मदनेन मोहितः स्वमेव वेश्म प्रविवेश रावणः ॥ ४६

इत्यार्षे श्रीमद्रामायणे वाल्मीकीये आदिकाव्ये सुन्दरकाण्डे द्वाविंशः सर्गः ॥ २२ ॥

त्रयोविंशः सर्गः ।

इत्युक्त्वा मैथिलीं राजा रावणः शत्रुरावणः । संदिश्य च ततः सर्वा राक्षसीर्निर्जगाम ह ॥ १
निष्क्रान्ते राक्षसेन्द्रे तु पुनरन्तःपुरं गते । राक्षस्यो भीमरूपास्ताः सीतां समभिदुद्रुवुः ॥ २
ततः सीतामुपागम्य राक्षस्यः क्रोधमूर्च्छिताः । परं परुषया वाचा वैदेहीमिदमब्रुवन् ॥ ३
पौलस्त्यस्य वरिष्ठस्य रावणस्य महात्मनः । दशग्रीवस्य भार्यात्वं सीते न बहु मन्यसे ॥ ४
ततस्त्वेकजटा नाम राक्षसी वाक्यमब्रवीत् । आमन्त्र्य क्रोधताम्राक्षी सीतां करतलोदरीम् ॥ ५
प्रजापतीनां षण्णां तु चतुर्थोऽयं प्रजापतिः । मानसो ब्रह्मणः पुत्रः पुलस्त्य इति विश्रुतः ॥ ६
पुलस्त्यस्य तु तेजस्वी महर्षिर्मानसः सुतः । नाम्ना स विश्रवा नाम प्रजापतिसमप्रभः ॥ ७

श्मशानचैत्यप्रतिमस्तदुभयवत्परिहार्यदर्शनः । चैत्यं बुद्धायतनम्, अतएव भयंकरः ॥ २९ ॥ ३० ॥ अनयेनानीत्या युक्तम् । अर्थहीनं प्रयोजनहीनं वनं रामं वा । अनुव्रते इति संबोधनम् । ईदृशीं त्वा नाशयामि । सूर्य उदितः संध्या तत्कालिकमन्धकारमिव ॥ ३१ ॥ ३२ ॥ एकाक्षीति द्विरुपादानं व्यक्तिभेदात् ॥ ३३ ॥ ३४ ॥ ३५ ॥ ३६ ॥ भो राक्षस्यः, यूयं प्रत्येकं तथा कुरुत, सर्वा मिलित्वा वा तथा कुरुत । प्रतिलोमानुलोमैः प्रतिकूलानुकूलव्यवहारैः ॥ ३७ ॥ आवर्जयतानुकूल्यं संपादयत ॥ ३८ ॥ प्रतितर्जत प्रत्यतर्जत् । उपगम्य समीपमागम्य । ततोऽतिसंतर्जनं दृष्ट्वा । सीतायां दयेति शेषः ॥ ३९ ॥ परिष्वज्य परिष्वङ्गेण प्रहारादिप्रवृत्तिं निरुध्य ॥ ४० ॥ अमरश्रेष्ठा इन्द्रादयो भोगसत्तमान्न विदधति नानुमन्यन्ते । देवहतेयमदृष्टहीनेति भावः ॥ ४१ ॥ ४२ ॥ समुत्क्षिप्तोऽन्यतोऽपसारितः प्रहसन् । धान्यमालिन्योचितव्यवहारदर्शनेनावशप्राप्तस्त्रीप्रहारापकीर्तिपरिहारेण च प्रसन्न इत्यर्थः । ॥ ४३ ॥ ४४ ॥ प्रविशुः प्रविविशुः ॥ ४५ ॥ ४६ ॥

इति श्रीरामाभिरामे श्रीरामीये रामायणतिलके वाल्मीकीय आदिकाव्ये सुन्दरकाण्डे द्वाविंशः सर्गः ॥ २२ ॥

शत्रून्रावयति हाहाशब्दं कारयति स शत्रुरावणः ॥ १ ॥ ॥ २ ॥ ततः परं रावणगमनादनन्तरम् । लोकोक्तौ वा परमिति ॥ ३ ॥ भार्यात्वं भार्याभावं न बहु मन्यसे । मोहादिति शेषः ॥ ४ ॥ ततः सर्वसाधारणतद्वाक्यप्रयोगोत्तरमेकजटा विशिष्याब्रवीत् । करतलोदरीम् । अतुन्दिलामित्यर्थः ॥ ५ ॥ 'मरीचिरत्र्यङ्गिरसौ पुलस्त्यः पुलहः क्रतुः' इत्यनुक्रान्त-

तस्य पुत्रो विशालाक्षि रावणः शत्रुरावणः । तस्य त्वं राक्षसेन्द्रस्य भार्या भवितुमर्हसि ॥ ८
मयोक्तं चारुसर्वाङ्गि वाक्यं किं नानुमन्यसे । ततो हरिजटा नाम राक्षसी वाक्यमब्रवीत् ॥ ९
विवृत्य नयने कोपान्मार्जारसदृशेक्षणा । येन देवास्त्रयस्त्रिंशद्देवराजश्च निर्जिताः ॥ १०
तस्य त्वं राक्षसेन्द्रस्य भार्या भवितुमर्हसि । वीर्योत्सिक्तस्य शूरस्य सङ्ग्रामेष्वनिवर्तिनः ।
बलिनो वीर्ययुक्तस्य भार्यात्वं किं न लिप्ससे ॥ ११
प्रियां बहुमतां भार्यां त्यक्त्वा राजा महाबलः । सर्वासां च महाभागां त्वामुपैष्यति रावणः ॥ १२
समृद्धं स्त्रीसहस्रेण नानारत्नोपशोभितम् । अन्तःपुरं तदुत्सृज्य त्वामुपैष्यति रावणः ॥ १३
अन्या तु विकटा नाम राक्षसी वाक्यमब्रवीत् । असकृद्भीमवीर्येण नागा गन्धर्वदानवाः ।
निर्जिताः समरे येन स ते पार्श्वमुपागतः ॥ १४
तस्य सर्वसमृद्धस्य रावणस्य महात्मनः । किमर्थं राक्षसेन्द्रस्य भार्यात्वं नेच्छसेऽधमे ॥ १५
ततस्तां दुर्मुखी नाम राक्षसी वाक्यमब्रवीत् । यस्य सूर्यो न तपति भीतो यस्य स मारुतः ।
न वाति स्मायतापाङ्गि किं त्वं तस्य न तिष्ठसे ॥ १६
पुष्पवृष्टिं च तरवो मुमुचुर्यस्य वै भयात् । शैलाः सुस्रुवुः पानीयं जलदाश्च यदेच्छति ॥ १७
तस्य नैर्ऋतराजस्य राजराजस्य भामिनि । किं त्वं न कुरुषे बुद्धिं भार्यार्थे रावणस्य हि ॥ १८
साधु ते तत्त्वतो देवि कथितं साधु भामिनि । गृहाण सुस्मिते वाक्यमन्यथा नभविष्यसि ॥ १९

इत्यार्षे श्रीमद्रामायणे वाल्मीकीय आदिकाव्ये सुन्दरकाण्डे त्रयोविंशः सर्गः ॥ २३ ॥

चतुर्विंशः सर्गः ।

ततः सीतां समस्तास्ता राक्षस्यो विकृताननाः । परुषं परुषानर्हामूचुस्तद्वाक्यमप्रियम् ॥ १
किं त्वमन्तःपुरे सीते सर्वभूतमनोरमे । महार्हशयनोपेते न वासमनुमन्यसे ॥ २
मानुषी मानुषस्यैव भार्यात्वं बहु मन्यसे । प्रत्याहर मनो रामान्नैवं जातु भविष्यति ॥ ३
त्रैलोक्यवसुभोक्तारं रावणं राक्षसेश्वरम् । भर्तारमुपसंगम्य विहरस्व यथासुखम् ॥ ४
मानुषी मानुषं तं तु राममिच्छसि शोभने । राज्याद्भ्रष्टमसिद्धार्थं विक्लवन्तमनिन्दिते ॥ ५
राक्षसीनां वचः श्रुत्वा सीता पद्मनिभेक्षणा । नेत्राभ्यामश्रुपूर्णाभ्यामिदं वचनमब्रवीत् ॥ ६
यदिदं लोकविद्विष्टमुदाहरत संगताः । नैतन्मनसि वाक्यं मे किल्बिषं प्रतितिष्ठति ॥ ७
न मानुषी राक्षसस्य भार्या भवितुमर्हति । कामं खादत मां सर्वा न करिष्यामि वो वचः ॥ ८
दीनो वा राज्यहीनो वा यो मे भर्ता स मे गुरुः । तं नित्यमनुरक्तास्मि यथा सूर्यं सुवर्चला ॥ ९
यथा शची महाभागा शक्रं समुपतिष्ठति । अरुन्धती वसिष्ठं च रोहिणी शशिनं यथा ॥ १०
लोपामुद्रा यथागस्त्यं सुकन्या च्यवनं यथा । सावित्री सत्यवन्तं च कपिलं श्रीमती यथा ॥ ११

षट्प्रजापतीनां चतुर्थः पुलस्त्यः ॥ ६ ॥ ७ ॥ तस्य पुत्र इत्यनेन कुलीनत्वं सूचितम् ॥ ८ ॥ किं किमर्थम् । ततः कुलनिरूपणानन्तरम् ॥ ९ ॥ येनेत्यनेन पराक्रमातिशयसूचनम् ॥ १० ॥ न लिप्ससे । नेच्छसीत्यर्थः ॥ ११ ॥ सर्वासां मध्ये बहुमतां महाभागामतिभाग्यवतीं मन्दोदरीमपि त्यक्त्वा त्वामुपैष्यति ॥ १२ ॥ १३ ॥ १४ ॥ १५ ॥ यस्य भीतः सूर्यो न तपतीत्यर्थः । न तिष्ठसे । वशे इति शेषः ॥ १६ ॥ यदेच्छति तदा । सुस्रुवुरित्यर्थः ॥ १७ ॥ भार्यार्थे भार्यात्वनिमित्तम् ॥ १८ ॥ साधु कथितं साधु गृहाण । नभविष्यसि । मारयाम इत्यर्थः ॥ १९ ॥ **इति श्रीरामाभिरामे श्रीरामीये रामायणतिलके वाल्मीकीय आदिकाव्ये सुन्दरकाण्डे त्रयोविंशः सर्गः ॥ २३ ॥**

तत इति ॥ १ ॥ २ ॥ प्रत्याहर निवर्तय । एवं त्वदभीष्टं रामसंगमरूपं वस्तु जातु कदाचिदप्यतःपरं न भविष्यति । अत्र रामागमनस्य तव वा तत्र गमनस्य प्रसक्त्यभावादिति भावः । यद्वातःपरं जातु कदाचिदप्येवं भावश्चेद्भवती नभविष्यति । मारयाम इत्यर्थः ॥ ३ ॥ ४ ॥ ५ ॥ नेत्राभ्याम् । उपलक्षितेति शेषः । इदं वचनं, युष्मद्वचोऽनङ्गीकारे मारणं चेच्छीघ्रं तदेव क्रियतामित्यर्थः । किं वक्ष्यमाणम् ॥ ६ ॥ लोकविद्विष्टं लोकविद्विष्टपरपुरुषसङ्गार्थकम् । संगता समेताः । किल्बिषं किल्बिषजनकार्थम् ॥ ७ ॥ ८ ॥ गुरुरुपास्यदेवता । सुवर्चला सूर्यपत्नी । सूर्याभिमुखपुष्पवती काचिदोषधिरित्यन्यः ॥ ९ ॥ अतिदुःखसमयेऽपि दृढव्रतत्वद्योतनायानेकसाध्वीना-

सौदासं मदयन्तीव केशिनी सगरं यथा । नैषधं दमयन्तीव भैमी पतिमनुव्रता ॥ १२
तथाहमिक्ष्वाकुवरं रामं पतिमनुव्रता । सीताया वचनं श्रुत्वा राक्षस्यः क्रोधमूर्च्छिताः ।
भर्त्सयन्ति स्म परुषैर्वाक्यै रावणचोदिताः ॥ १३
अवलीनः स निर्वाक्यो हनुमाञ्शिंशपाद्रुमे । सीतां संतर्जयन्तीस्ता राक्षसीरशृणोत्कपिः ॥ १४
तामभिक्रम्य संरब्धा वेपमानां समन्ततः । भृशं संलिलिहुर्दीप्तान्प्रलम्बान्दशनच्छदान् ॥ १५
ऊचुश्च परमक्रुद्धाः प्रगृह्याशु परश्वधान् । नेयमर्हति भर्तारं रावणं राक्षसाधिपम् ॥ १६
सा भर्त्स्यमाना भीमाभी राक्षसीभिर्वराङ्गना । सा बाष्पमपमार्जन्ती शिंशपां तामुपागमत् ॥ १७
ततस्तां शिंशपां सीता राक्षसीभिः समावृता । अभिगम्य विशालाक्षी तस्थौ शोकपरिप्लुता ॥ १८
तां कृशां दीनवदनां मलिनाम्बरवासिनीम् । भर्त्सयांचक्रिरे भीमा राक्षस्यस्ताः समन्ततः ॥ १९
ततस्तु विनता नाम राक्षसी भीमदर्शना । अब्रवीत्कुपिताकारा कराला निर्णतोदरी ॥ २०
सीते पर्याप्तमेतावद्भर्तुः स्नेहः प्रदर्शितः । सर्वत्रातिकृतं भद्रे व्यसनायोपकल्पते ॥ २१
परितुष्टास्मि भद्रं ते मानुषस्ते कृतो विधिः । ममापि तु वचः पथ्यं ब्रुवन्त्याः कुरु मैथिलि ॥ २२
रावणं भज भर्तारं भर्तारं सर्वरक्षसाम् । विक्रान्तमापतन्तं च सुरेशमिव वासवम् ॥ २३
दक्षिणं त्यागशीलं च सर्वस्य प्रियवादिनम् । मानुषं कृपणं रामं त्यक्त्वा रावणमाश्रय ॥ २४
दिव्याङ्गरागा वैदेहि दिव्याभरणभूषिता । अद्यप्रभृति लोकानां सर्वेषामीश्वरी भव ॥ २५
अग्नेः स्वाहा यथा देवी शचीवेन्द्रस्य शोभने । किं ते रामेण वैदेहि कृपणेन गतायुषा ॥ २६
एतदुक्तं च मे वाक्यं यदि त्वं न करिष्यसि । अस्मिन्मुहूर्ते सर्वास्त्वां भक्षयिष्यामहे वयम् ॥ २७
अन्या तु विकटा नाम लम्बमानपयोधरा । अब्रवीत्कुपिता सीतां मुष्टिमुद्यम्य तर्जती ॥ २८
बहून्यप्रतिरूपाणि वचनानि सुदुर्मते । अनुक्रोशान्मृदुत्वाच्च सोढानि तव मैथिलि ॥ २९
न च नः कुरुषे वाक्यं हितं कालपुरस्कृतम् । आनीतासि समुद्रस्य पारमन्यैर्दुरासदम् ॥ ३०
रावणान्तःपुरे घोरे प्रविष्टा चासि मैथिलि । रावणस्य गृहे रुद्धा अस्माभिस्त्वभिरक्षिता ॥ ३१
न त्वां शक्तः परित्रातुमपि साक्षात्पुरंदरः । कुरुष्व हितवादिन्या वचनं मम मैथिलि ॥ ३२
अलमश्रुनिपातेन त्यज शोकमनर्थकम् । भज प्रीतिं प्रहर्षं च त्यजन्ती नित्यदैन्यताम् ॥ ३३
सीते राक्षसराजेन परिक्रीड यथासुखम् । जानीमहे यथा भीरु स्त्रीणां यौवनमध्रुवम् ॥ ३४
यावन्न ते व्यतिक्रामेत्तावत्सुखमवाप्नुहि । उद्यानानि च रम्याणि पर्वतोपवनानि च ॥ ३५
सह राक्षसराजेन चर त्वं मदिरेक्षणे । स्त्रीसहस्राणि ते देवि वशे स्थास्यन्ति सुन्दरि ॥ ३६
रावणं भज भर्तारं भर्तारं सर्वरक्षसाम् । उत्पाट्य वा ते हृदयं भक्षयिष्यामि मैथिलि ॥ ३७
यदि मे व्याहृतं वाक्यं न यथावत्करिष्यसि । ततश्चण्डोदरी नाम राक्षसी क्रूरदर्शना ॥ ३८
भ्रामयन्ती महच्छूलमिदं वचनमब्रवीत् । इमां हरिणशावाक्षीं त्रासोत्कम्पपयोधराम् ॥ ३९

सुपन्यासो दृष्टान्तविशेषैरित्याहुः ॥ १० ॥ ११ ॥ भैमी दमयन्ती नैषधं पतिं यथानुव्रता ॥ १२ ॥ १३ ॥ अवलीनश्छन्नः । निर्वाक्यो मौनी । शिंशपाद्रुमे । स्थित इति शेषः । सीतां तर्जयन्तीः राक्षसीस्तद्वाक्यान्यशृणोत् ॥ १४ ॥ वेपमानां तामभिक्रम्य तत्समीपमागत्य संरब्धाः क्रुद्धास्ता राक्षस्यो दशनच्छदान्संलिलिहुर्लेहनं कुर्वन्ति स्म ॥ १५ ॥ परश्वधान्गृहीत्वोचुश्च । नेयं रावणं भर्तारमर्हति । अपि त्वस्माकं भक्षणमेवार्हतीति भावः ॥ १६ ॥ भर्त्स्यमानैवंप्रकारेण पीड्यमाना । अभूदिति शेषः । तां शिंशपां हनूमदधिष्ठितशिंशपाम् । अत्यन्तं तन्मूलसमीपमित्यर्थः ॥ १७ ॥ ततस्मान्मूलगमनानन्तरम् ॥ १८ ॥ १९ ॥ निर्णतोदर्यतिनिम्नोदरी ॥ २० ॥ अतिकृतमतिमात्राचरणम् । धीरपि समैव ज्यायसीति लोकोक्तिरिति भावः । व्यसनं दुःखम् ॥ २१ ॥ मानुषो मनुष्यजात्युचितो विधिरनुष्ठानं ते त्वया कृतम् । एतावदेवालमित्यर्थः ॥ २२ ॥ सुरेशं वासवमिव ॥ २३ ॥ कृपणं दीनम् ॥ २४ ॥ २५ ॥ २६ ॥ २७ ॥ तर्जती तर्जयन्ती ॥ २८ ॥ अनुक्रोशो दया । मृदुत्वमल्पप्रमाणत्वम् ॥ २९ ॥ कालपुरस्कृतं कालोचितं नो वाक्यं न च कुरुषे । नैतत्तु हितमिति शेषः । तदेवोपपादयति—आनीतासीति ॥ ३० ॥ गृहे रुद्धा चासि । अस्माभिरभिरक्षिता रक्षितनिरोधा ॥ ३१ ॥ ३२ ॥ प्रीतिं स्नेहम् । रावणे प्रहर्षमानन्दम् । नित्यदैन्यतां निरन्तरदीनत्वम् । स्वार्थे ष्यञ् ॥ ३३ ॥ ३४ ॥ व्यतिक्रामेत् । यौवनमिति शेषः । उद्यानानि चरेत्युत्तरस्थेनान्वयः । तेषु क्रीडेत्यर्थः ॥ ३५ ॥ ३६ ॥ उत्पाटनं स्थानादपकर्षणम् ॥ ३७ ॥ यदीत्यर्ध

रावणेन हृतां दृष्ट्वा दौर्हृदो मे महानयम् । यकृत्प्लीहं महत्क्रोडं हृदयं च सबन्धनम् ॥ ४०
गात्राण्यपि तथा शीर्षं खादेयमिति मे मतिः । ततस्तु प्रघसा नाम राक्षसी वाक्यमब्रवीत् ॥ ४१
विशस्येमां ततः सर्वान्समान्कुरुत पिण्डकान् । विभजाम ततः सर्वा विवादो मे न रोचते ॥ ४२
पेयमानीयतां क्षिप्रं माल्यं च विविधं बहु । ततः शूर्पणखा नाम राक्षसी वाक्यमब्रवीत् ॥ ४३
अजामुख्या यदुक्तं वै तदेव मम रोचते । सुरा चानीयतां क्षिप्रं सर्वशोकविनाशिनी ॥ ४४
मानुषं मांसमासाद्य नृत्यामोऽथ निकुम्भिलाम् । एवं निर्भर्त्स्यमाना सा सीता सुरसुतोपमा ।
राक्षसीभिर्विरूपाभिर्धैर्यमुत्सृज्य रोदिति ॥ ४५

इत्यार्षे श्रीमद्रामायणे वाल्मीकीय आदिकाव्ये सुन्दरकाण्डे चतुर्विंशः सर्गः ॥ २४ ॥

पञ्चविंशः सर्गः ।

अथ तासां वदन्तीनां परुषं दारुणं बहु । राक्षसीनामसौम्यानां रुरोद जनकात्मजा ॥ १
एवमुक्ता तु वैदेही राक्षसीभिर्मनस्विनी । उवाच परमत्रस्ता बाष्पगद्गदया गिरा ॥ २
न मानुषी राक्षसस्य भार्या भवितुमर्हति । कामं खादत मां सर्वा न करिष्यामि वो वचः ॥ ३
सा राक्षसीमध्यगता सीता सुरसुतोपमा । न शर्म लेभे शोकार्ता रावणेनेव भर्त्सिता ॥ ४
वेपते स्माधिकं सीता विशन्तीवाङ्गमात्मनः । वने यूथपरिभ्रष्टा मृगी कोकैरिवार्दिता ॥ ५
सा त्वशोकस्य विपुलां शाखामालम्ब्य पुष्पिताम् । चिन्तयामास शोकेन भर्तारं भग्नमानसा ॥ ६
सा स्नापयन्ती विपुलौ स्तनौ नेत्रजलस्रवैः । चिन्तयन्ती न शोकस्य तदान्तमधिगच्छति ॥ ७
सा वेपमाना पतिता प्रवाते कदली यथा । राक्षसीनां भयत्रस्ता विवर्णवदनाभवत् ॥ ८
तस्याः सा दीर्घबहुला वेपन्त्याः सीतया तदा । ददृशे कम्पिता वेणी व्यालीव परिसर्पती ॥ ९
सा निःश्वसन्ती शोकार्ता कोपोपहतचेतना । आर्ता व्यसृजदश्रूणि मैथिली विललाप च ॥ १०
हा रामेति च दुःखार्ता हा पुनर्लक्ष्मणेति च । हा श्वश्रूर्मम कौसल्ये हा सुमित्रेति भामिनी ॥ ११
लोकप्रवादः सत्योऽयं पण्डितैः समुदाहृतः । अकाले दुर्लभो मृत्युः स्त्रिया वा पुरुषस्य वा ॥ १२
यत्राहमाभिः क्रूराभी राक्षसीभिरिहार्दिता । जीवामि हीना रामेण मुहूर्तमपि दुःखिता ॥ १३
एषाल्पपुण्या कृपणा विनशिष्याम्यनाथवत् । समुद्रमध्ये नौः पूर्णा वायुवेगैरिवाहता ॥ १४
भर्तारं तमपश्यन्ती राक्षसीवशमागता । सीदामि खलु शोकेन कूलं तोयहतं यथा ॥ १५

पूर्वान्वयि ॥ ३८ ॥ ३९ ॥ रागेण गर्भकृत इच्छाविशेषो दौर्हृदम् । यकृद्दक्षिणभागस्थः कालखण्डाख्यो मांसविशेषः । 'क्लोमा स्त्रियां कालखण्डयकृती च समे उभे' इति कोशः । प्लीहं हृदयवामभागस्थो गुल्माख्यो मांसविशेषः । यद्यपि तद्वाचकः प्लीहा इत्याकारान्तः, तथाप्यदन्तत्वमार्षम् । महत्क्रोडं भुजान्तरम् । 'अथोत्पीडम्' इति पाठे उत्पीडं हृदयोपरि स्थितमांसबन्धनम् । हृदयं नाडीबन्धनसहितं मुकुलाकारं पुण्डरीकाख्यम् ॥ ४० ॥ ४१ ॥ प्रघसावाक्यम् — विशस्येमामिति । मध्ये 'कण्ठमस्या नृशंसायाः पीडयामः किमास्यते । निवेद्यतां ततो राज्ञे मानुषी सा मृतेति च ॥ नात्र कश्चन संदेहः खादतेति स वक्ष्यति । ततस्त्वजामुखी नाम राक्षसी वाक्यमब्रवीत् ॥' इति श्लोकद्वयं प्रक्षिप्तमिति कतकः । पिण्डकान्मांसखण्डान् । विवादः । अनया सहेति शेषः ॥ ४२ ॥ शूर्पणखेयमन्या ॥ ४३ ॥ अजामुखसदृशमुखवत्या प्रथमयैत्यर्थः ॥ ४४ ॥ निकुम्भिला नाम लङ्कायाः पश्चिमभागवर्तिनी भद्रकाली तां नृत्यामस्तत्समीपं गत्वा नृत्याम । सुरसुतोपमा देवकन्योपमा । रोदिति अरुदत् ॥ ४५ ॥ इति श्रीरामाभिरामे श्रीरामीये रामायणतिलके वाल्मीकीय आदिकाव्ये सुन्दरकाण्डे चतुर्विंशः सर्गः ॥ २४ ॥

परुषं वदन्तीनां वचः । श्रुत्वेति शेषः ॥ १ ॥ पूर्वसर्गोक्तरीत्योक्ता । मनस्विनी पातिव्रत्ये दृढमना ॥ २ ॥ कामं खादतेति । अयं सर्वः सीतालापो रचितमनुष्यशरीरतया नटवदनुकरणरूप इति बोध्यम् ॥ ३ ॥ शर्म न लेभे इव शोकार्तेव ॥ ४ ॥ आत्मनोऽङ्गं विशन्तीव भीत्यातिसंकुचिताङ्गीत्यर्थः । कोकैर्वृकैः ॥ ५ ॥ अशोकस्याशोकवनिकासंबन्धिनः शिंशपावृक्षस्य । तत्समीपवर्तिनोऽशोकस्यैव वा ॥ ६ ॥ ७ ॥ राक्षसीनां राक्षसीभ्यः ॥ ८ ॥ सीतयेति । पञ्चम्यर्थे तृतीया । परिसर्पती परितः प्रसर्पन्ती ॥ ९ ॥ ॥ १० ॥ 'सुमित्रेति' संबुद्धावेत्वमार्षः ॥ ११ ॥ अकाले स्वाभिमतकाले ॥ १२ ॥ यत्राहमिति । यस्मादहमित्यर्थः ॥ १३ ॥ १४ ॥ तोयहतं नदीपूरहतम् ॥ १५ ॥

तं पद्मदलपत्राक्षं सिंहविक्रान्तगामिनम् । धन्याः पश्यन्ति मे नाथं कृतज्ञं प्रियवादिनम् ॥ १६
सर्वथा तेन हीनाया रामेण विदितात्मना । तीक्ष्णं विषमिवास्वाद्य दुर्लभं मम जीवनम् ॥ १७
कीदृशं तु महापापं मया देहान्तरे कृतम् । येनेदं प्राप्यते घोरं महादुःखं सुदारुणम् ॥ १८
जीवितं त्यक्तुमिच्छामि शोकेन महता वृता । राक्षसीभिश्च रक्षन्त्या रामो नासाद्यते मया ॥ १९
धिगस्तु खलु मानुष्यं धिगस्तु परवश्यताम् । न शक्यं यत्परित्यक्तुमात्मच्छन्देन जीवितम् ॥ २०

इत्यार्षे श्रीमद्रामायणे वाल्मीकीय आदिकाव्ये सुन्दरकाण्डे पञ्चविंशः सर्गः ॥ २५ ॥

षड्विंशः सर्गः ।

प्रसक्ताश्रुमुखी त्वेवं ब्रुवती जनकात्मजा । अधोगतमुखी बाला विलप्तुमुपचक्रमे ॥ १
उन्मत्तेव प्रमत्तेव भ्रान्तचित्तेव शोचती । उपावृत्ता किशोरीव विचेष्टन्ती महीतले ॥ २
राघवस्य प्रमत्तस्य रक्षसा कामरूपिणा । रावणेन प्रमथ्याहमानीता क्रोशती बलात् ॥ ३
राक्षसीवशमापन्ना भर्त्स्यमाना च दारुणम् । चिन्तयन्ती सुदुःखार्ता नाहं जीवितुमुत्सहे ॥ ४
नहि मे जीवितेनार्थो नैवार्थैर्न च भूषणैः । वसन्त्या राक्षसीमध्ये विना रामं महारथम् ॥ ५
अश्मसारमिदं नूनमथवाप्यजरामरम् । हृदयं मम येनेदं न दुःखेन विशीर्यते ॥ ६
धिङ्मामनार्यामसतीं याहं तेन विना कृता । मुहूर्तमपि जीवामि जीवितं पापजीविका ॥ ७
चरणेनापि सव्येन न स्पृशेयं निशाचरम् । रावणं किं पुनरहं कामयेयं निशाचरम् ॥ ८
प्रत्याख्यानं न जानाति नात्मानं नात्मनः कुलम् । यो नृशंसस्वभावेन मां प्रार्थयितुमिच्छति ॥ ९
छिन्ना भिन्ना प्रभिन्ना वा दीप्ता वाग्नौ प्रदीपिता । रावणं नोपतिष्ठेयं किं प्रलापेन वश्चिरम् ॥ १०
ख्यातः प्राज्ञः कृतज्ञश्च सानुक्रोशश्च राघवः । सद्वृत्तो निरनुक्रोशः शङ्के मद्भाग्यसंक्षयात् ॥ ११
राक्षसानां जनस्थाने सहस्राणि चतुर्दश । एकेनैव निरस्तानि स मां किं नाभिपद्यते ॥ १२
कामं मध्ये समुद्रस्य लङ्केयं दुष्प्रधर्षणा । न तु राघवबाणानां गतिरोधो भविष्यति ॥ १३
किं नु तत्कारणं येन रामो दृढपराक्रमः । रक्षसापहृतां भार्यामिष्टां यो नाभिपद्यते ॥ १४

पद्मदलं विकसितं पद्मं तस्य पत्रमिवाक्षिणी यस्य तम् ॥ १६ ॥ तीक्ष्णं विषं वत्सनाभादिकमास्वाद्य स्थितस्येव मे मम जीवनं दुर्लभम् ॥ १७ ॥ १८ ॥ जीवितं त्यक्तुमिच्छामि । तदपि न शक्यमिति शेषः । रामोऽपि नासाद्यते च ॥ १९ ॥ एवं परवशतया दुःखानुभवे हेतुमाह—धिगिति । मनुष्यस्य विषोद्बन्धनादिना देहत्यागेऽपरमार्थप्राप्तेः परमदुःखस्यापि सोढव्यत्वादप्रयोजको मनुष्यदेह इत्यर्थः । राक्षस्यादिपरतन्त्रता च मनुष्यत्वप्रयुक्ता धिक् । यद्यत्र मनुष्यदेहे । आत्मच्छन्देनात्मेच्छया जीवितं परित्यक्तुं न शक्यम् ॥ २० ॥ इति **श्रीरामाभिरामे श्रीरामीये रामायणतिलके वाल्मीकीय आदिकाव्ये सुन्दरकाण्डे पञ्चविंशः सर्गः ॥ २५ ॥**

प्रसक्तानि प्रवृत्तान्यश्रूणि मुखे यस्याः सा । एवं ब्रुवती वक्ष्यमाणरीत्या ब्रुवती । विलप्तुं विलपितुम् ॥ १ ॥ उन्मत्ता भूताविष्टा । प्रमत्ता पित्तोद्रेकादिना । भ्रान्तचित्तेव दिङ्मोहादिना मूर्च्छितचित्तेव । शोचती शोचन्ती । उपावृत्ता श्रमापनयनाय परिवर्तनशीला । किशोरीव वडवेव ॥ २ ॥ कामरूपिणा रक्षसा मारीचेन प्रमत्तस्यासंनिधानं प्राप्तस्य राघवस्य संबन्धिन्यहं रावणेन प्रमथ्य प्रपीड्य क्रोशन्ती बलादानीतास्मि ॥ ३ ॥ किं च राक्षसीवशमापन्ना, भर्त्स्यमाना राक्षसीभिः, चिन्तयन्ती रामम् ॥ ४ ॥ अर्थैर्धनैः ॥ ५ ॥ ६ ॥ असतीमसतीवत्परगृहस्थाम् । जीवामि । जीवितं रक्षामीत्यर्थः । 'पाकं पचति' इतिवत्प्रयोगः ॥ ७ ॥ एतदुत्तरम्—चरणेनेति । मध्ये द्वौ श्लोकौ प्रक्षिप्तौ । सव्येन वामेन ॥ ८ ॥ प्रत्याख्यानं मया क्रियमाणं निराकरणं न जानाति । काममोहादिति शेषः । नृशंसस्वभावेन क्रूरस्वभावेन । मां प्रार्थयितुं राक्षसीद्वारा स्वानुकूलां कर्तुम् ॥ ९ ॥ छिन्ना रज्जुवत्, भिन्ना भित्तिवत्, प्रभिन्ना घटवत्, दीप्ता अग्नौ दीप्तशूल्यमांसवत्, प्रदीपिता प्रदीप्ता गृहादिवत्, वश्चिरं प्रलापेन किम् । रावणं नोपतिष्ठेयमित्येव निश्चयसत्त्वात् ॥ १० ॥ अथ स्वापत्स्थैर्ये कारणानि संभावयति—ख्यात इति । प्रसिद्धः प्रशस्तगुणः । ईदृशोऽपि राघवो मद्भाग्यसंक्षयादेव मयि निरनुक्रोशो दयाहीनः । संपन्न इति शेषः । इति शङ्के ॥ ११ ॥ न च तस्य मद्विमोक्षणाशक्तिरित्याह—राक्षसानामिति । नाभिपद्यते न प्राप्नोति ॥ १२ ॥ एतदुत्तरम्—कामं मध्ये इति । मध्ये 'निरुद्धा रावणेनाहमल्पवीर्येण रक्षसा । समर्थः खलु मे भर्ता रावणं हन्तुमाहवे ॥ विराधो दण्डकारण्ये येन राक्षसपुंगवः । रणे रामेण निहतः स मां नाभ्यवपद्यते ॥' इति श्लोकौ प्रक्षिप्ताविति कतकः । काममन्येषां दुष्प्रधर्षणा भवतु, न तु रामबाणानां

इहस्थां मां न जानीते शङ्के लक्ष्मणपूर्वजः । जानन्नपि स तेजस्वी धर्षणां मर्षयिष्यति ॥ १५
हतेति मां योऽधिगत्य राघवाय निवेदयेत् । गृध्रराजोऽपि स रणे रावणेन निपातितः ॥ १६
कृतं कर्म महत्तेन मां तदाभ्यवपद्यता । तिष्ठता रावणवधे वृद्धेनापि जटायुषा ॥ १७
यदि मामिह जानीयाद्वर्तमानां हि राघवः । अद्य बाणैरभिक्रुद्धः कुर्याल्लोकमराक्षसम् ॥ १८
निर्दहेच्च पुरीं लङ्कां निर्दहेच्च महोदधिम् । रावणस्य च नीचस्य कीर्तिं नाम च नाशयेत् ॥ १९
ततो निहतनाथानां राक्षसीनां गृहे गृहे । यथाहमेवं रुदती तथा भूयो न संशयः ॥ २०
अन्विष्य रक्षसां लङ्कां कुर्याद्रामः सलक्ष्मणः । नहि ताभ्यां रिपुर्दृष्टो मुहूर्तमपि जीवति ॥ २१
चिता धूमाकुलपथा गृध्रमण्डलमण्डिता । अचिरेणैव कालेन श्मशानसदृशी भवेत् ॥ २२
अचिरेणैव कालेन प्राप्स्याम्येनं मनोरथम् । दुष्प्रस्थानोऽयमाभाति सर्वेषां वो विपर्ययः ॥ २३
यादृशानि तु दृश्यन्ते लङ्कायामशुभानि तु । अचिरेणैव कालेन भविष्यति हतप्रभा ॥ २४
नूनं लङ्का हते पापे रावणे राक्षसाधिपे । शोषमेष्यति दुर्धर्षा प्रमदा विधवा यथा ॥ २५
पुण्योत्सवसमृद्धा च नष्टभर्त्री सराक्षसा । भविष्यति पुरी लङ्का नष्टभर्त्री यथाङ्गना ॥ २६
नूनं राक्षसकन्यानां रुदतीनां गृहे गृहे । श्रोष्यामि नचिरादेव दुःखार्तानामिह ध्वनिम् ॥ २७
सान्धकारा हतद्योता हतराक्षसपुंगवा । भविष्यति पुरी लङ्का निर्दग्धा रामसायकैः ॥ २८
यदि नाम स शूरो मां रामो रक्तान्तलोचनः । जानीयाद्वर्तमानां यां राक्षसस्य निवेशने ॥ २९
अनेन तु नृशंसेन रावणेनाधमेन मे । समयो यस्तु निर्दिष्टस्तस्य कालोऽयमागतः ॥ ३०
स च मे विहितो मृत्युरस्मिन्दुष्टे न वर्तते । अकार्यं ये न जानन्ति नैर्ऋताः पापकारिणः ॥ ३१
अधर्मात्तु महोत्पातो भविष्यति हि सांप्रतम् । नैते धर्मं विजानन्ति राक्षसाः पिशिताशनाः ॥ ३२
ध्रुवं मां प्रातराशार्थं राक्षसः कल्पयिष्यति । साहं कथं करिष्यामि तं विना प्रियदर्शनम् ॥ ३३
रामं रक्तान्तनयनमपश्यन्ती सुदुःखिता । क्षिप्रं वैवस्वतं देवं पश्येयं पतिना विना ॥ ३४

गतिरोधो भविष्यति । आब्रह्मलोकं रामबाणगत्यप्रतिरोधस्य भार्गवादिविषये प्रसिद्धतरत्वादिति भावः । एतेनातिदुर्गस्थानस्थितत्वान्न मोक्षणमित्यपास्तम् ॥ १३ ॥ १४ ॥ तस्मादत्र मत्स्थित्यज्ञानमेव मद्विमोक्षणप्रवृत्त्यभावे कारणमित्याह—इहस्थामिति । मर्षयिष्यतीत्यत्र काकुः । जानंश्चेद्भवेत्तदा मर्षयिष्यति । अपि तु न सहिष्यत्येवेत्यर्थः ॥ १५ ॥ संभावितं ज्ञानकारणं च विहतमित्याह—हतेति । हतेत्यधिगत्य ज्ञात्वा यो मां राघवाय निवेदयेत्सोऽपीत्यन्वयः ॥ १६ ॥ अभ्यवपद्यतानुगृह्णानेन । रावणवधे तिष्ठता रावणवधार्थं यतता । 'रावणद्वन्द्वे' इति पाठे रावणेन सह द्वन्द्वयुद्ध इत्यर्थ. ॥ १७ ॥ मामिति । इहस्थां माम् ॥ १८ ॥ १९ ॥ यथाहमिदानीमेवं रुदती वर्ते, भूयो मत्तोधिकं मृतभर्तृकत्वाद्राक्षस्यो रुदत्यो भविष्यन्तीत्यत्र न संशय इत्यर्थः ॥ २० ॥ ननु ज्ञाने खल्विदं संभाव्येत, ज्ञानमेव तु दुर्लभं तत्राह—अन्विष्येति । अचिन्त्यसामर्थ्यत्वाद्दैवानुग्रहाच्च लङ्कामप्यन्विष्य मां ज्ञात्वा रक्षसां कुर्यात् । विनाशमिति शेषः । विनाशस्येषत्करत्वमाह—नहीति ॥ २१ ॥ निश्चित एवायमर्थ इत्याह—चितेति । भवेत् । लङ्केति शेषः ॥ २२ ॥ रक्षोऽनर्थवन्ममार्थोऽपि निश्चित एवेत्याह—अचिरेणेति । युष्माकमनर्थोऽपि निश्चित इति च राक्षसीः प्रत्याह—दुष्प्रस्थान इति । दुर्निमित्तप्रवृत्तिरयं विपर्ययः, एतद्विपरीतज्ञानमिति भाति ॥ २३ ॥ तामेवाह—यादृशानीति । यादृशानि दृश्यन्ते तैरेव हतप्रभा भविष्यतीति ज्ञायत इत्यर्थः ॥ २४ ॥ शोषम् । ऐश्वर्यादेरिति शेषः ॥ २५ ॥ पुण्योत्सवसमृद्धा च । अपीति शेषः ॥ २६ ॥ ध्वनिं रोदनशब्दम् । 'दुःखार्तानामिव' इति पाठः ॥ २७ ॥ सान्धकाराऽलक्ष्मीसहिता ॥ २८ ॥ यदि राक्षसस्य निवेशने वर्तमानां यां मां रामो जानीयात्तदा लङ्कापुरी रामसायकैर्निर्दग्धा भविष्यतीत्यन्वयः ॥ २९ ॥ ननु लङ्कानाशेऽपि मम जीवनं कथं स्यादिति चिन्तयति—अनेनेति । समयो द्वादशमासरूपः तस्य कालः । किंचिदधिकमासद्वयावशिष्टत्वादत्यासन्नकाल इत्यर्थः ॥ ३० ॥ अस्मिन्काले दुष्टेन रावणेन स कालो मे मृत्युर्विहितः । वर्तत इत्यर्थः । ननु ततः परमपि स्त्रीत्वात्त्वां न हिंस्युस्तत्राह—अकार्यमिति । ये राक्षसा अकार्यमिदं कर्तव्यमिदमकर्तव्यमिति न जानन्ति ते नैर्ऋताः पापकारिणः स्युः ॥ ३१ ॥ अपि च साम्प्रतं संपादितात्परदारहरणलक्षणादधर्मात्त्वधर्मादेव योऽयं महोत्पातो वर्तते तेनैते सर्वथा नभविष्यन्ति । नञोऽत्रानुकर्ष इति कतकः । यदेवमतः—नैत इति । यतो न [illegible]न्ति न गणयन्ति ॥ ३२ ॥ राक्षसस्तस्मादयं रावणोऽ[illegible] प्रातराशार्थं कल्पयिष्यति, साहं कथं करिष्या[illegible]पशासनकाला । तत्काल इति शेषः ॥ ३३ ॥ उक्तमेवाह—राममिति । कथं करिष्यामीति

नाजानाज्जीवतीं रामः स मां भरतपूर्वजः । जानन्तौ तु न कुर्यातां नोर्व्यां हि परिमार्गणम् ॥ ३५
नूनं ममैव शोकेन स वीरो लक्ष्मणाग्रजः । देवलोकमितो यातस्त्यक्त्वा देहं महीतले ॥ ३६
धन्या देवाः सगन्धर्वाः सिद्धाश्च परमर्षयः । मम पश्यन्ति ये वीरं रामं राजीवलोचनम् ॥ ३७
अथवा नहि तस्यार्थो धर्मकामस्य धीमतः । मया रामस्य राजर्षेर्भार्यया परमात्मनः ॥ ३८
दृश्यमाने भवेत्प्रीतिः सौहृदं नास्त्यदृश्यतः । नाशयन्ति कृतघ्नास्तु न रामो नाशयिष्यति ॥ ३९
किं वा मय्यगुणाः केचित्किं वा भाग्यक्षयो हि मे । या हि सीता वरार्हेण हीना रामेण भामिनी ॥ ४०
श्रेयो मे जीवितान्मर्तुं विहीनाया महात्मना । रामादक्लिष्टचारित्राच्छूराच्छत्रुनिबर्हणात् ॥ ४१
अथवा न्यस्तशस्त्रौ तौ वने मूलफलाशनौ । भ्रातरौ हि नरश्रेष्ठौ चरन्तौ वनगोचरौ ॥ ४२
अथवा राक्षसेन्द्रेण रावणेन दुरात्मना । छद्मना घातितौ शूरौ भ्रातरौ रामलक्ष्मणौ ॥ ४३
साहमेवंविधे काले मर्तुमिच्छामि सर्वतः । न च मे विहितो मृत्युरस्मिन्दुःखेऽतिवर्तति ॥ ४४
धन्याः खलु महात्मानो मुनयः सत्यसंमताः । जितात्मानो महाभागा येषां न स्तः प्रियाप्रिये ॥ ४५
प्रियान्न संभवेद्दुःखमप्रियादधिकं भवेत् । ताभ्यां हि ते वियुज्यन्ते नमस्तेषां महात्मनाम् ॥ ४६
साहं त्यक्ता प्रियेणैव रामेण विदितात्मना । प्राणांस्त्यक्ष्यामि पापस्य रावणस्य गता वशम् ॥ ४७

इत्यार्षे श्रीमद्रामायणे वाल्मीकीये आदिकाव्ये सुन्दरकाण्डे षाड्विंशः सर्गः ॥ २६ ॥

शेषः ॥ ३४ ॥ तदेवं वीरतरस्य रामस्य स्वानन्वेषणे कारणान्युत्प्रेक्षते—नाजानादिति । स रामो लक्ष्मणश्च परेण मा जीवतीं जीवन्तीं नाजानात् । यदि जानीयातां तदा जानन्तौ तावुर्व्यां भूमौ परिमार्गणं न कुर्यातामिति न, किं तु कुर्यातामेव । अतो मृतेति मत्वा तूष्णीं तिष्ठत इति भावः ॥ ३५ ॥ अथवा मद्वियोगेन रामो देहं त्यक्तवानित्याह—नूनमिति । ॥ ३६ ॥ एवं च देवलोकस्था धन्या इत्याह—धन्या इति । मम वीरमित्यन्वयः ॥ ३७ ॥ ननु लज्जावत्त्वाभावनिश्चयप्रमाणोपलम्भं विना कथं रामेण देहत्यागः, इत्यतः पक्षान्तरमाह—अथवेति । धर्मकामस्य हि मत्संयोगार्थः । अयं तु न तथा । तदेवाह—धीमत आत्मानात्मविवेकवतः, अत एव परमात्मनः परमात्मना ब्रह्मात्मना स्थितस्य जीवन्मुक्तस्य तस्य मया नार्थः । अनेन वैराग्यादप्रवृत्तिरिति सूचितम् ॥ ३८ ॥ सर्वदा जीवन्मुक्तेनाङ्गीकार एव न कृतः स्यात्, तादृशे कृतेऽङ्गीकारे त्वेवंविधस्त्यागोऽनुचित इत्यतो दर्शनाभावे स्नेहनाशेनाप्रवृत्तिरित्याह—दृश्यमान इति । सौहृदं प्रीतिः । न [illegible]दृश्यतो ममादृश्यत्वान्मयि तन्नास्ति । नष्टमित्यर्थः । अयमपि पक्षोऽसंगतः । ईदृशगुणवता कृतप्रीतेर्नाशनायोगादित्याह—नाशयन्तीति । कृतघ्ना एव प्रपन्नजनस्नेहमर्मनिकृन्तनं नाशयन्ति, नैवं रामोऽकृतघ्नत्वात्स्वस्य प्रकृतित्वेन प्राकृतप्रपन्नलोकत्वेन च तस्याकृतघ्नतौचित्यं वनवासादौ सहवासाच्च ॥ ३९ ॥ अतः पक्षान्तरम्—किं वेति । मयि तदुपेक्षाहेतवः केचनागुणा दोषाः स्युः । अयमपि [illegible] न युक्तः । स्वापराधज्ञानस्याप्यभावात् । तस्मात्प्र[illegible]संज्ञा भाग्यक्षय एव हेतुरित्याह—किं वेति । अतोऽ[illegible]दिगुणाद्रामाद्याहं वरार्हा सीताख्या भामिनी, एतावत्पर्यन्तं सा हि यत इदानीं वरार्हेणोत्तमवस्तुयोग्येन रामेण हीनास्मि, अतस्तस्या मम तेन महात्मना हीनाया मर्तुं श्रेयो मरणं श्लाघ्यः ॥ ४० ॥ ४१ ॥ [illegible] कर्तुमशक्तस्य तत्पक्षान्तरम्—अथवेति । न्यस्तशस्त्रौ मूलफलमात्रभक्षणेन [illegible] रहिते तपस्येव यावज्जीवं [illegible] स्थितौ ॥ ४२ ॥ इदमप्यसंभावितं, रक्षोभिः कृतवैरेण [illegible] तत्पक्षान्तरम्—अथेति । छद्म वञ्चना । रावणस्य प्रसिद्धेव ॥ ४३ ॥ अतिवर्तते अतिशयेन वर्तमाने ॥ ४४ ॥ अथ तस्या दुःखनाशकारणं विवेकज्ञानमेवेत्याह—धन्या इति । सत्यं ब्रह्म संमतमात्मत्वेन येषां ते । अनेन संसारतरणसामर्थ्यं दर्शितम्, अत एव जितात्मानो जितान्तःकरणाः, अत एव महात्मानः प्राप्तमहात्मकत्वाः, अत एव महाभागाः पूर्वजन्मार्जितनिष्कामधर्मरूपमहाभाग्यवन्तः । मुनयो ध्यानशीलास्ते धन्याः । तत्र हेतुः—येषां कर्मजन्ये प्रियाप्रिये न स्तः ॥ ४५ ॥ प्रियाप्रियाभावं विवृणोति—प्रियादिति । येषां मुक्तानां प्रियाद्वियुज्यमानाद्दुःखं न संभवेत् । अप्रियात्संयुज्यमानादधिकं प्रियवियोगादप्यधिकं दुःखं न भवेत् । 'अप्रियादधिकं भयम्' इति पाठे संयुज्यमानादप्रियादधिकं महद्भयमपि न भवेदित्यर्थः । ताभ्यां प्रियवियोगजदुःखाप्रियसंयोगजदुःखभयान्यतराभ्यां ये वियुज्यन्ते तेषां महात्मनां मामिका नमस्क्रियास्तु । तेषां नमस्कारेण तत्तुल्यता ममापि स्यादित्याशयः ॥ ४६ ॥ रामेण त्यक्तास्मि प्राप्य न मात्विना [illegible] सर्वापेक्षयैव प्राणांस्त्यक्ष्यामि । रावणे त्यक्तायाः प्राणधारणस्यैव परमाप्रियत्वात् ॥ ४७ ॥

इति श्रीरामाभिरामे श्रीरामीये रामायणतिलके वाल्मीकीय आदिकाव्ये सुन्दरकाण्डे षड्विंशः सर्गः ॥ २६ ॥

सप्तविंशः सर्गः ।

इत्युक्ताः सीतया घोरं राक्षस्यः क्रोधमूर्च्छिताः । काश्चिज्जग्मुस्तदाख्यातुं रावणस्य दुरात्मनः ॥ १
ततः सीतामुपागम्य राक्षस्यो भीमदर्शनाः । पुनः परुषमेकार्थमनर्थार्थमथाब्रुवन् ॥ २
अद्येदानीं तवानार्ये सीते पापविनिश्चये । राक्षस्यो भक्षयिष्यन्ति मांसमेतद्यथासुखम् ॥ ३
सीतां ताभिरनार्याभिर्दृष्ट्वा संतर्जितां तदा । राक्षसी त्रिजटा वृद्धा प्रबुद्धा वाक्यमब्रवीत् ॥ ४
आत्मानं खादतानार्या न सीतां भक्षयिष्यथ । जनकस्य सुतामिष्टां स्नुषां दशरथस्य च ॥ ५
स्वप्नो ह्यद्य मया दृष्टो दारुणो रोमहर्षणः । राक्षसानामभावाय भर्तुरस्या भवाय च ॥ ६
एवमुक्तास्त्रिजटया राक्षस्यः क्रोधमूर्च्छिताः । सर्वा एवाब्रुवन्भीतास्त्रिजटां तामिदं वचः ॥ ७
कथयस्व त्वया दृष्टः स्वप्नोऽयं कीदृशो निशि । तासां श्रुत्वा तु वचनं राक्षसीनां मुखोद्गतम् ॥ ८
उवाच वचनं काले त्रिजटा स्वप्नसंश्रितम । गजदन्तमयीं दिव्यां शिबिकामन्तरिक्षगाम् ॥ ९
युक्तां वाजिसहस्रेण स्वयमास्थाय राघवः । शुक्लमाल्याम्बरधरो लक्ष्मणेन समागतः ॥ १०
स्वप्ने चाद्य मया दृष्टा सीता शुक्लाम्बरावृता । सागरेण परिक्षिप्तं श्वेतपर्वतमास्थिता ॥ ११
रामेण संगता सीता भास्करेण प्रभा यथा । राघवश्च पुनर्दृष्टश्चतुर्दन्तं महागजम् ॥ १२
आरूढः शैलसंकाशं चकास सहलक्ष्मणः । ततस्तु सूर्यसंकाशौ दीप्यमानौ स्वतेजसा ॥ १३
शुक्लमाल्याम्बरधरौ जानकीं पर्युपस्थितौ । ततस्तस्य नगस्याग्रे ह्याकाशस्थस्य दन्तिनः ॥ १४
भर्त्रा परिगृहीतस्य जानकी स्कन्धमाश्रिता । भर्तुरङ्कात्समुत्पत्य ततः कमललोचना ।
चन्द्रसूर्यौ मया दृष्टा पाणिभ्यां परिमार्जती ॥ १५
ततस्ताभ्यां कुमाराभ्यामास्थितः स गजोत्तमः । सीतया च विशालाक्ष्या लङ्काया उपरि स्थितः ।
पाण्डुरर्षभयुक्तेन रथेनाष्टयुजा स्वयम ॥ १६
शुक्लमाल्याम्बरधरो लक्ष्मणेन सहागतः । ततोऽन्यत्र मया दृष्टो रामः सत्यपराक्रमः ॥ १७
लक्ष्मणेन सह भ्रात्रा सीतया सह वीर्यवान् । आरुह्य पुष्पकं दिव्यं विमानं सूर्यसंनिभम् ॥ १८
उत्तरां दिशमालोच्य प्रस्थितः पुरुषोत्तमः । रावणश्च मया दृष्टो मुण्डस्तैलसमुक्षितः ॥ १९

इत्युक्ता सरिष्य इत्युक्ताः । तदाख्यातुं सरभनिश्चयं कथयितुम् ॥ १ ॥ एकार्थम् । वाक्यमिति शेषः । अनर्थार्थं स्वेषामनर्थमात्रप्रयोजनकम् ॥ २ ॥ तदेव वाक्यमाह— अद्येदानीमिति । अद्य दिने इदानीमस्मिन्क्षणे पापनिश्चये कृतमरणनिश्चयेऽस्मासु रक्षिकास्विदानीं तदसंभवात्मांसं मांसमात्रम् । इदमवधिकालोपलक्षणम् । भयातिशयार्थमेतदुक्तिः । यथासुखं स्थितायास्तदनन्तरं रावणाज्ञयैतत्तव शरीरं राक्षस्यो भक्षयिष्यन्ति ॥ ३ ॥ अनार्याभिः क्रूराभिः । वृद्धा धर्मज्ञानयोगवयोभिर्वृद्धा । प्रबुद्धेत्यनेन तावत्पर्यन्तं सुप्तवतीति गम्यते ॥ ४ ॥ आत्मानं स्वशरीरं भक्षयिष्यथेति । अवधिकालात्परमपीति शेषः ॥ ५ ॥ कुतोऽवगतमेतत्तत्राह—स्वप्न इति । दारुणः क्रूरः । राक्षसानामभावाय दृष्टः । तथा रोमहर्षणोऽत्यद्भुतो रोमाञ्चकरः । अन्योऽस्या भर्तुर्भवाय दृष्ट इत्यर्थः ॥ ६ ॥ पूर्वं क्रोधमूर्च्छिताः पश्चात्त्रिजटावचनाद्भीता इत्यर्थः ॥ ७ ॥ ८ ॥ काले प्रातःकाले । स्वप्नसंश्रितं प्रातःकालदृष्टस्वप्नदृष्टार्थविषयकम् । अनेन स्वप्नस्य शीघ्रफलदत्वं सूचितम् । तत्र सीतायाः पीडानिवृत्तये तदभ्युदयसूचकं स्वप्नं प्रथममाह—गजदन्तेति । शिबिकां वाजिसहस्रयुक्तत्वविशेषणाद्विमानमित्यर्थः । तामास्थाय गच्छन्मया दृष्टः । समागतः सहितः ॥ ९ ॥ १० ॥ सागरेण क्षीरसागरेण । परिक्षिप्तमावृतम् ॥ ११ ॥ संगता । तत्रैव पर्वत इति शेषः । एतेन लङ्कायामेव रामस्य सीतादर्शनं सूचितम् । स्वप्नान्तरमाह—राघवश्चेति । पुनः । स्वप्नान्तर इत्यर्थः ॥ १२ ॥ चकास शुशुभे ॥ १३ ॥ जानकीं पर्युपस्थितौ जानकीसमीपं प्राप्तौ । नगस्य श्वेतपर्वतस्य । दन्तिनः स्कन्धमाश्रितौ । तदुक्तम्—'आरोहणं गोवृषकुञ्जराणां प्रासादशैलाग्रवनस्पतीनाम् । ध्रुवमर्थलाभदम् ।' इति ॥ १४ ॥ प्रथमं भर्तुरङ्के गत्वा ततः समुत्पत्य सद्यः भर्त्रा परिगृहीतस्य भूतालानस्य गजस्य स्कन्धमाश्रिता । सूर्याचन्द्रमसौ पाणिभ्यां परिमार्जती । तदुक्तम्—'आदित्यमण्डलं वापि चन्द्रमण्डलमेव वा । स्वप्ने गृह्णाति हस्ताभ्यां महद्राज्यं समाप्नुयात् ॥' इति ॥ १५ ॥ पाण्डुरर्षभेति । पाण्डुरवृषभाष्टकयुक्तेन रथेन ॥ १६ ॥ शुक्लमाल्याम्बरधरो रामो लक्ष्मणेन सहेहागत इत्यन्वयः । अन्यत्र स्वप्नान्तरे ॥ १७ ॥ आरुह्य पुष्पकमित्येतद्भावि स्पष्टमेव दृष्टम् ॥ १८ ॥ अत्र मध्ये 'माण्डं भुवनम्' इत्यादयो बहवः श्लोका रामानुजसप्रदायपुस्तकेषु दृश्यन्ते ते प्रक्षिप्ता इति कतकादयोऽन्ये च । अथ रावणानर्थसूचकः स्वप्नः—रावणश्चेति ।

रक्तवासाः पिबन्मत्तः करवीरकृतस्रजः । विमानात्पुष्पकादद्य रावणः पतितः क्षितौ ॥ २०
कृष्यमाणः स्त्रिया मुण्डो दृष्टः कृष्णाम्बरः पुनः । रथेन खरयुक्तेन रक्तमाल्यानुलेपनः ॥ २१
पिबंस्तैलं हसन्नृत्यन्भ्रान्तचित्ताकुलेन्द्रियः । गर्दभेन ययौ शीघ्रं दक्षिणां दिशमास्थितः ॥ २२
पुनरेव मया दृष्टो रावणो राक्षसेश्वरः । पतितो विशिरा भूमौ गर्दभाद्भयमोहितः ॥ २३
सहसोत्थाय संभ्रान्तो भयार्तो मदविह्वलः । उन्मत्तरूपो दिग्वासा दुर्वाक्यं प्रलपन्बहु ॥ २४
दुर्गन्धं दुःसहं घोरं तिमिरं नरकोपमम् । मलपङ्कं प्रविश्याशु मग्नस्तत्र स रावणः ॥ २५
प्रस्थितो दक्षिणामाशां प्रविष्टोऽकर्दमं ह्रदम् । कण्ठे बद्ध्वा दशग्रीवं प्रमदा रक्तवासिनी ॥ २६
काली कर्दमलिप्ताङ्गी दिशं याम्यां प्रकर्षती । एवं तत्र मया दृष्टः कुम्भकर्णो महाबलः ॥ २७
रावणस्य सुताः सर्वे मुण्डास्तैलसमुक्षिताः । वराहेण दशग्रीवः शिंशुमारेण चेन्द्रजित् ॥ २८
उष्ट्रेण कुम्भकर्णश्च प्रयातो दक्षिणां दिशम् । एकस्तत्र मया दृष्टः श्वेतच्छत्रो विभीषणः ।
चतुर्भिः सचिवैः सार्धं वैहायसमुपस्थितः ॥ २९
समाजश्च महान्वृत्तो गीतवादित्रनिःस्वनः । पिबतां रक्तमाल्यानां रक्षसां रक्तवाससाम् ॥ ३०
लङ्का चेयं पुरी रम्या सवाजिरथकुञ्जरा । सागरे पतिता दृष्टा भग्नगोपुरतोरणा ॥ ३१
पीत्वा तैलं प्रमत्ताश्च प्रहसन्त्यो महास्वनाः । लङ्कायां भस्मरूक्षायां सर्वा राक्षसयोषितः ॥ ३२
कुम्भकर्णादयश्चेमे सर्वे राक्षसपुंगवाः । रक्तं निवसनं गृह्य प्रविष्टा गोमयह्रदम् ॥ ३३
अपगच्छत पश्यध्वं सीतामाप्नोति राघवः । घातयेत्परमामर्षी युष्मान्सार्धं हि राक्षसैः ॥ ३४
प्रियां बहुमतां भार्यां वनवासमनुव्रताम् । भर्त्सितां तर्जितां वापि नानुमंस्यति राघवः ॥ ३५
तदलं क्रूरवाक्यैश्च सान्त्वमेवाभिधीयताम् । अभियाचाम वैदेहीमेतद्धि मम रोचते ॥ ३६
यस्या ह्येवंविधः स्वप्नो दुःखितायाः प्रदृश्यते । सा दुःखैर्बहुभिर्मुक्ता प्रियं प्राप्नोत्यनुत्तमम् ॥ ३७
भर्त्सितामपि याचध्वं राक्षस्यः किंविवक्षया । राघवाद्धि भयं घोरं राक्षसानामुपस्थितम् ॥ ३८
प्रणिपातप्रसन्ना हि मैथिली जनकात्मजा । अलमेषा परित्रातुं राक्षस्यो महतो भयात् ॥ ३९
अपि चास्या विशालाक्ष्या न किंचिदुपलक्षये । विरूपमपि चाङ्गेषु सुसूक्ष्ममपि लक्षणम् ॥ ४०
छायावैगुण्यमात्रं तु शङ्के दुःखमुपस्थितम् । अदुःखार्हामिमां देवीं वैहायसमुपस्थिताम् ॥ ४१
अर्थसिद्धिं तु वैदेह्याः पश्याम्यहमुपस्थिताम् । राक्षसेन्द्रविनाशं च विजयं राघवस्य च ॥ ४२
निमित्तभूतमेतत्तु श्रोतुमस्या महत्प्रियम् । दृश्यते च स्फुरच्चक्षुः पद्मपत्रमिवायतम् ॥ ४३
ईषच्च हृषितो वास्या दक्षिणाया ह्यदक्षिणः । अकस्मादेव वैदेह्या बाहुरेकः प्रकम्पते ॥ ४४

मुण्डो मुण्डितमुण्डः ॥ १९ ॥ पिबन्निति । तैलमिति शेषः । करवीरकृतस्रज इति विमानादित्यस्य विशेषणम् । करवीरेत्यारभ्य स्वप्नान्तरम् ॥ २० ॥ रथेनेत्यादि स्वप्नान्तरम् ॥ २१ ॥ ॥ २२ ॥ २३ ॥ २४ ॥ मलानि पङ्कानि च यस्मिंस्तत्तिमिरम् ॥ २५ ॥ अकर्दमं जलकर्दमेनापि रहितम् ॥ २६ ॥ २७ ॥ ॥ २८ ॥ वैहायसं खेचरत्वम् ॥ २९ ॥ एतदग्रे श्लोकद्वयं प्रक्षिप्तमिति कतकः । गीतवादित्रनिःस्वन इति बहुव्रीहिः । अयमपि विभीषणविषयो भाव्यर्थः स्वप्नमनुभूतः । पिबता तैलादिपिबतां रक्षसा वासभूता लङ्का सागरे पतितेत्यन्वयः ॥ ३० ॥ ३१ ॥ भस्मरूक्षायां भस्मना रूक्षायाम् ॥ ३२ ॥ निवसनं स्यरभूतम् । कुत्सितं वस्त्रमित्यर्थः ॥ ३३ ॥ यदेवम्, अतोऽपगच्छत तत्क्लेशदानं त्यक्त्वान्यतोऽपसरत । राघवश्च सीतामाप्नोत्येव पश्यध्वम् । अनपगमे बाधकमाह—घातयेदिति । युष्मान्सीताक्लेशदात्रीः ॥ ३४ ॥ भर्त्सितां युष्मत्कृतभर्त्सनादिमतीम् । नानुमंस्यति नानुमंस्यते न क्षमिष्यते, अतस्तत्कर्त्रीर्वो घातयेदिति भावः ॥ ३५ ॥ ३६ ॥ ३७ ॥ हे राक्षस्यः, किंविवक्षया कुत्सितभर्त्सनादिवचनेच्छया । अलमिति शेषः । तत्र हेतुः—राघवादिति ॥ ३८ ॥ नन्वेवं क्लेशिता कथमस्माकं प्रसन्ना स्यात्तत्राह—प्रणिपातेति ॥ ३९ ॥ सीताया अभ्युदयसूचकं प्रत्यक्षनिमित्तमपि दर्शयति—अपि चेति । द्वितीयमपि चेति पादपूरणे । विरूपं लक्षणं सूक्ष्ममपि किंचिन्नोपलक्षय इत्यर्थः ॥ ४० ॥ किं तु स्नानानुलेपनाद्यभावमूलकशोभावैगुण्यमात्रात्मकं दुःखमुपस्थितमित्युत्प्रेक्षते, न तु मुखवैवर्ण्यदक्षिणाक्षिस्पन्दादिदुर्निमित्तलेशोऽपीत्यर्थः । वैहायसमुपस्थितां स्वप्ने तथादृष्टाम् ॥ ४१ ॥ अतएवास्या अर्थसिद्धिमिष्टसिद्धिमुपस्थितां पश्यामि । रावणनाशं रामविजयं च पश्यामि ॥ ४२ ॥ अपि चास्या महत्प्रियं श्रोतुं निमित्तभूतं मत्स्वप्नवत्सूचकमेतत्स्फुरच्चक्षुश्च दृश्यते । वाममिति शेषः ॥ ४३ ॥ हृषितः पुलकितः । वेति वाक्यालंकारे । अद-

करेणुहस्तप्रतिमः सव्यश्चोरुरनुत्तमः । वेपन्कथयतीवास्या राघवं पुरतः स्थितम् ॥ ४५
पक्षी च शाखानिलयं प्रविष्टः पुनः पुनश्चोत्तमसान्त्ववादी ।
सुखागतां वाचमुदीरयाणः पुनः पुनश्चोदयतीव हृष्टः ॥ ४६
ततः सा ह्रीमती बाला भर्तुर्विजयहर्षिता । अवोचद्यदि तत्तथ्यं भवेयं शरणं हि वः ॥ ४७

इत्यार्षे श्रीमद्रामायणे वाल्मीकीय आदिकाव्ये सुन्दरकाण्डे सप्तविंशः सर्गः ॥ २७ ॥

अष्टाविंशः सर्गः ।

सा राक्षसेन्द्रस्य वचो निशम्य तद्रावणस्याप्रियमप्रियार्ता ।
सीता वितत्रास यथा वनान्ते सिंहाभिपन्ना गजराजकन्या ॥ १
सा राक्षसीमध्यगता च भीरुर्वाग्भिर्भृशं रावणतर्जिता च ।
कान्तारमध्ये विजने विसृष्टा बालेव कन्या विललाप सीता ॥ २
सत्यं बतेदं प्रवदन्ति लोके नाकालमृत्युर्भवतीति सन्तः ।
यत्राहमेवं परिभर्त्स्यमाना जीवामि यस्मात्क्षणमप्यपुण्या ॥ ३
सुखाद्विहीनं बहुदुःखपूर्णमिदं तु नूनं हृदयं स्थिरं मे ।
विशीर्यते यन्न सहस्रधाद्य वज्राहतं शृङ्गमिवाचलस्य ॥ ४
नैवास्ति नूनं मम दोषमत्र वध्याहमस्याप्रियदर्शनस्य ।
भावं न चास्याहमनुप्रदातुमलं द्विजो मन्त्रमिवाद्विजाय ॥ ५
तस्मिन्ननागच्छति लोकनाथे गर्भस्य जन्तोरिव शल्यकृन्तः ।
नूनं ममाङ्गान्यचिरादनार्यः शस्त्रैः शितैश्छेत्स्यति राक्षसेन्द्रः ॥ ६
दुःखं बतेदं ननु दुःखिताया मासौ चिरायाभिगमिष्यतो द्वौ ।
बद्धस्य वध्यस्य यथा निशान्ते राजोपरोधादिव तस्करस्य ॥ ७
हा राम हा लक्ष्मण हा सुमित्रे हा राममातः सह मे जनन्यः ।
एषा विपद्याम्यहमल्पभाग्या महार्णवे नौरिव मूढवाता ॥ ८

क्षिणो वामः ॥ ४४ ॥ वेपन्वेपमानः । स्फुरन्नित्यर्थः । राघवमस्याः पुरस्थितमिव सूचयति ॥ ४५ ॥ पक्षी काकादिः शाखानिलयं शाखास्थनीडं प्रविष्टो वारंवारमुत्तमसान्त्ववाद्युत्तमशान्तस्वरवादी सुखागतां शोभनस्य स्वागतं प्राप्तिर्यस्यां तादृशीं वाचं कथयन्पुनः पुनश्चोदयतीव शोभनप्राप्तिं सूचयतीव । शोभनमागतं प्रत्युद्गच्छेति सीतां पुनः पुनः प्रेरयतीव वा ॥ ४६ ॥ तत्त्रिजटोक्तम् ॥ ४७ ॥ **इति श्रीरामाभिरामे श्रीरामीये रामायणतिलके वाल्मीकीय आदिकाव्ये सुन्दरकाण्डे सप्तविंशः सर्गः ॥ २७ ॥**

पुनर्दुःखपारमदृष्ट्वा सीताप्रलापः—सेति ॥ १ ॥ विसृष्टा बाला कन्येव महादुर्भिक्षक्षोभवशाद्बालकन्यायाः परित्यागः ॥ २ ॥ यस्मादपुण्या पुण्यरहिता ॥ ३ ॥ ४ ॥ नन्वेवं प्राणत्यागे आत्महननदोषः स्यादत आह—नैवेति । अत्रेदृशे विषये प्राणत्यागेऽपि न दोषमस्ति । दोषमिति क्लीबत्वमार्षम् । यतोऽहमस्य वध्या । एवं च दुर्मरणजनितदोषस्य दुर्वारत्वेन दोषाभावोक्तिरिति भावः । आत्मघातिब्राह्मणहतयोर्दाहादावनधिकारश्रवणस्य तुल्यत्वादिति बोध्यम् । नन्वेवं रावणाङ्गीकार एव क्रियतामत आह—भावमिति । अद्विजाय शूद्राय द्विजो मन्त्रमिवाहं स्वीयं भावमान्तरमस्यानुप्रदातुमनुकूलतया समर्पयितुं नालं न समर्था । एवं च पातिव्रत्यस्य प्राणत्यागेन रक्षणात्सर्वदोषनिस्तार इति भावः ॥ ५ ॥ ननु तथाप्यात्मघातेऽनिर्दोषात्मोऽयुक्त इत्याशङ्क्य स यम्, विचित्रवधाद्बिभेमीत्याह—तस्मिन्ननागच्छतीति । तस्मिन्रामेऽनागच्छति सति । अवधिकालादर्वागिति शेषः । ममाङ्गानि जीवन्त्या एव छेत्स्यति । निरुद्धाया विशसने दृष्टान्तः—गर्भेति । शल्यं शस्त्रं तेन कृणत्तीति शल्यकृन्त आम्बष्ठवैद्यः । आर्षत्वात्साधु । स यथा गर्भस्थजन्तुं व्याधिरूपं जीवन्तं कृणत्ति तद्वत् । एतच्छ्लोकद्वयं कतकेनेत्थं व्याख्यानम्—अन्यायप्राप्तवधेऽपि मम दोषो नेत्याह—नैवेति । यद्यप्यस्याहं वध्या भवामि मम दोषो न, एवं भावाप्रदानेन पातिव्रत्यरक्षणात्सर्वदोषनिस्तार इत्यर्थः । किं च मरणप्राप्तिः पाक्षिकीत्याह—तस्मिन्निति । अनागच्छत्येव वधप्रसक्तिर्नान्यथेति भावः । अनागमनपक्षे प्राप्तविशसने दृष्टान्तः—गर्भस्येति ॥ ६ ॥ चिराय भर्तृवियोगदुःखिताया मे इदं विशसनदुःखमपि बतागमिष्यति, यतो द्वौ मासौ विशसनावधिभूतौ कतिपयदिनावधिकावप्यभिगमिष्यतः शीघ्रं गमिष्यतः किल । तत्र वधप्राप्तौ दृष्टान्तः—बद्धस्येति । तस्करस्य । वध इवेति शेषः ॥ ७ ॥ सह श्वश्रूभ्यां सह या मे जनन्यस्ताश्च हा युष्मानदृष्ट्वा स्मृत्वैवाहं विपद्यामि । मूढवाता

तरस्विनौ धारयता मृगस्य सत्त्वेन रूपं मनुजेन्द्रपुत्रौ ।
नूनं विशस्तौ मम कारणात्तौ सिंहर्षभौ द्वाविव वैद्युतेन ॥ ९
नूनं स कालो मृगरूपधारी मामल्पभाग्यां लुलुभे तदानीम् ।
यत्रार्यपुत्रौ विससर्ज मूढा रामानुजं लक्ष्मणपूर्वजं च ॥ १०
हा राम सत्यव्रत दीर्घबाहो हा पूर्णचन्द्रप्रतिमानवक्त्र ।
हा जीवलोकस्य हितः प्रियश्च वध्यां न मां वेत्सि हि राक्षसानाम् ॥ ११
अनन्यदेवत्वमियं क्षमा च भूमौ च शय्या नियमश्च धर्मे ।
पतिव्रतात्वं विफलं ममेदं कृतं कृतघ्नेष्विव मानुषाणाम् ॥ १२
मोघो हि धर्मश्चरितो ममायं तथैकपत्नीत्वमिदं निरर्थकम् ।
या त्वां न पश्यामि कृशा विवर्णा हीना त्वया संगमने निराशा ॥ १३
पितुर्निदेशं नियमेन कृत्वा वनान्निवृत्तश्चरितव्रतश्च ।
स्त्रीभिस्तु मन्ये विपुलेक्षणाभिः संरंस्यसे वीतभयः कृतार्थः ॥ १४
अहं तु राम त्वयि जातकामा चिरं विनाशाय निबद्धभावा ।
मोघं चरित्वाथ तपो व्रतं च त्यक्ष्यामि धिग्जीवितमल्पभाग्याम् ॥ १५
संजीवितं क्षिप्रमहं त्यजेयं विषेण शस्त्रेण शितेन वापि ।
विषस्य दाता न तु मेऽस्ति कश्चिच्छस्त्रस्य वा वेश्मनि राक्षसस्य ॥ १६
शोकाभितप्ता बहुधा विचिन्त्य सीताथ वेणीग्रथनं गृहीत्वा ।
उद्बध्य वेण्युद्ग्रथनेन शीघ्रमहं गमिष्यामि यमस्य मूलम् ॥ १७
उपस्थिता सा मृदुसर्वगात्री शाखां गृहीत्वा च नगस्य तस्य ।
तस्यास्तु रामं परिचिन्तयन्त्या रामानुजं स्वं च कुलं शुभाङ्ग्याः ॥ १८
तस्या विशोकानि तदा बहूनि धैर्यार्जितानि प्रवराणि लोके ।
प्रादुर्निमित्तानि तदा बभूवुः पुरापि सिद्धान्युपलक्षितानि ॥ १९

इत्यार्षे श्रीमद्रामायणे वाल्मीकीये आदिकाव्ये सुन्दरकाण्डेऽष्टाविंशः सर्गः ॥ २८ ॥

एकोनत्रिंशः सर्गः ।

तथागतां तां व्यथितामनिन्दितां व्यतीतहर्षां परिदीनमानसाम् ।
शुभां निमित्तानि शुभानि भेजिरे नरं श्रिया जुष्टमिवोपसेविनः ॥ १

मोहास्पदमहावात्यादिवातयुक्ता ॥ ८ ॥ मृगस्य रूपं धारयता सत्त्वेन राक्षसरूपजीवेन मम कारणाद्विशस्तौ नूनम् । वैद्युतेन विद्युत्संबन्धितेजसा ॥ ९ ॥ सर्वं चेदं दुःखं स्वकृतानर्थमूलमित्याह—नूनमिति । लुलुभे विमोहयति स्म । अहं विससर्ज विसृष्टवती । अपरोक्षेऽपि चित्तविक्षेपादिना पारोक्ष्यमारोप्य लिट् ॥ १० ॥ हा रामेत्यादौ हे राम, मा हा । अहं शोचे इत्यर्थः । हा जीव मम प्राणरूप । हितो हितकरः प्रियश्चत्यस्य त्वमिति शेषः ॥ ११ ॥ धर्मो रक्षतीति सर्वात्मवादसिद्धमपि मां प्रति निष्फलमित्याह—अनन्यदेवत्वमिति । पत्येकदेवत्वमित्यर्थः । इयं क्षमा शापेन संहारशक्तावप्येवं पीडासहनरूपा । पत्यतिरिक्ते कामाराकाराहित्यं पतिव्रतात्वम् । कृतमुपकृतम् ॥ १२ ॥ उक्तमेवार्थं दुःखातिशयादावर्तयति—मोघं हीति । त्वया हीना तव संगमने च निराशा ॥ १३ ॥ इदानीं तयोरवधमेव निश्चित्य मन्नाशाद्रामयोर्न कोऽपि नाशः, अपि तु ममैवेत्याह—पितुरिति । पितुर्वचनमकृत्वा वनान्निवृत्तिर्न, स एव व्रतत्यागो नेत्याह—चरितव्रतश्चेति ॥ १४ ॥ विनाशाय मरणान्तदुःखाय । अल्पभाग्या मां धिक् ॥ १५ ॥ वेश्मनि राक्षसस्येत्यनन्तरम् 'इतीव देवी बहुधा विलप्य सर्वात्मना राममनुस्मरन्ती । प्रवेपमाना परिशुष्कवक्त्रा नगोत्तमं पुष्पितमाससाद ॥' इत्येकः श्लोकः प्रक्षिप्तः ॥ १६ ॥ यमस्य मूलं समीपम् ॥ १७ ॥ तस्या नगस्य शाखां गृहीत्वोपस्थितायाः ॥ १८ ॥ विशोकानि विशोककराणि, धैर्यार्जितानि धैर्यस्यार्जनमर्जनं संपादनं यैस्तानि, लोके प्रवराणि प्रसिद्धानि, पुरापि सिद्धानि संवादीनि निमित्तानि प्रादुर्बभूवुः ॥ १९ ॥ इति श्रीरामाभिरामे श्रीरामीये रामायणतिलके वाल्मीकीय आदिकाव्ये सुन्दरकाण्डेऽष्टाविंशः सर्गः ॥ २८ ॥

तथेति । उपसेविनः सेवकास्त इव ॥ १ ॥ अराल्या

तस्याः शुभं वाममरालपक्ष्मराज्या वृतं कृष्णविशालशुक्लम् ।
प्रास्पन्दतैकं नयनं सुकेश्या मीनाहतं पद्ममिवाभिताम्रम् ॥ २
भुजश्च चार्वञ्चितवृत्तपीनः परार्ध्यकालागुरुचन्दनार्हः ।
अनुत्तमेनाध्युषितः प्रियेण चिरेण वामः समवेपताशु ॥ ३
गजेन्द्रहस्तप्रतिमश्च पीनस्तयोर्द्वयोः संहतयोस्तु जातः ।
प्रस्पन्दमानः पुनरूरुरस्या रामं पुरस्तात्स्थितमाचचक्षे ॥ ४
शुभं पुनर्हेमसमानवर्णमीषद्रजोध्वस्तमिवातुलाक्ष्याः ।
वासः स्थितायाः शिखराग्रदन्त्याः किंचित्परिस्रंसत चारुगात्र्याः ॥ ५
एतैर्निमित्तैरपरैश्च सुभ्रूः संचोदिता प्रागपि साधुसिद्धैः ।
वातातपक्लान्तमिव प्रणष्टं वर्षेण बीजं प्रतिसंजहर्ष ॥ ६
तस्याः पुनर्बिम्बफलोपमोष्ठं स्वक्षिभ्रुकेशान्तमरालपक्ष्म ।
वक्त्रं बभासे सितशुक्लदंष्ट्रं राहोर्मुखाच्चन्द्र इव प्रमुक्तः ॥ ७
सा वीतशोका व्यपनीततन्द्रा शान्तज्वरा हर्षविबुद्धसत्त्वा ।
अशोभतार्या वदनेन शुक्ले शीतांशुना रात्रिरिवोदितेन ॥ ८

इत्यार्षे श्रीमद्रामायणे वाल्मीकीय आदिकाव्ये सुन्दरकाण्डे एकोनत्रिंशः सर्गः ॥ २९ ॥

त्रिंशः सर्गः ।

हनुमानपि विक्रान्तः सर्वं शुश्राव तत्त्वतः । सीतायास्त्रिजटायाश्च राक्षसीनां च गर्जितम् ॥ १
अवेक्षमाणस्तां देवीं देवतामिव नन्दने । ततो बहुविधां चिन्तां चिन्तयामास वानरः ॥ २
यां कपीनां सहस्राणि सुबहून्ययुतानि च । दिक्षु सर्वासु मार्गन्ते सेयमासादिता मया ॥ ३
चारेण तु सुयुक्तेन शत्रोः शक्तिमवेक्षता । गूढेन चरता तावदवेक्षितमिदं मया ॥ ४
राक्षसानां विशेषश्च पुरी चेयं निरीक्षता । राक्षसाधिपतेरस्य प्रभावो रावणस्य च ॥ ५
यथा तस्याप्रमेयस्य सर्वसत्त्वदयावतः । समाश्वासयितुं भार्यां पतिदर्शनकाङ्क्षिणीम् ॥ ६
अहमाश्वासयाम्येनां पूर्णचन्द्रनिभाननाम् । अदृष्टदुःखां दुःखस्य न ह्यन्तमधिगच्छतीम् ॥ ७
यदि ह्यहं सतीमेनां शोकोपहतचेतनाम् । अनाश्वास्य गमिष्यामि दोषवद्गमनं भवेत् ॥ ८
गते हि मयि तत्रेयं राजपुत्री यशस्विनी । परित्राणमपश्यन्ती जानकी जीवितं त्यजेत् ॥ ९
यथा च स महाबाहुः पूर्णचन्द्रनिभाननः । समाश्वासयितुं न्याय्यः सीतादर्शनलालसः ॥ १०

वक्रया पक्ष्मराज्या वृतम् । पक्ष्मणोऽरालया वक्ररोमराज्या वृतमित्यर्थः । तथा कृष्णं कनीनिकामात्रे । अन्यत्र विशालशुक्लत्वयुक्तम्, अभितस्ताम्रं प्रान्तरक्तम् । एकं वामम् ॥ २ ॥ अध्युषितः कृतसंपर्कः ॥ ३ ॥ संहतयोः श्लिष्टयोस्तयोरूर्वोर्मध्य वाम ऊरुरित्यर्थः ॥ ४ ॥ हेमरूषितत्वाद्धेमसमानवर्णम् । ईषद्रजोध्वस्तमिवषन्मलिनमिव । चिरमपरिवर्तनात् । शिखरं दाडिमबीजं तदग्रतुल्यदन्त्याः । 'शिखर शलवृक्षाग्रे कक्षाग्रगृहकोटिषु । पक्के दाडिमबीजे च' इति विश्वः । परिस्रंसत पर्यस्रंसतासनादधः पपात ॥ ५ ॥ साधुसिद्धैः सम्यक्संबन्धिभिः । 'सवादिभिः' इति पाठान्तरम् ॥ ६ ॥ शोभनेऽक्षिणी भ्रुवौ केशान्ता अलकाश्च यत्र तत् । सितशुक्लदंष्ट्रं स्फटिकादिसितपदार्थवच्छुक्ला दंष्ट्रा यत्र तत्संबद्धशुक्लदंष्ट्रावदिति च ॥ ७ ॥ हर्षेण विबुद्धं सत्त्वं चित्तं यस्याः । वदनेन करणेन । शुक्ले शुक्लपक्षे ॥ ८ ॥ इति श्रीरामाभिरामे श्रीरामीये रामायणतिलके वाल्मीकीय आदिकाव्ये सुन्दरकाण्ड एकोनत्रिंशः सर्गः ॥ २९ ॥

विक्रान्तः शूरः । सीतायास्त्रिजटायाः [च] । स्वप्नकथनमिति शेषः ॥ १ ॥ चिन्तां चिन्तयामास । चिन्तां चकारेत्यर्थः ॥ २ ॥ ३ ॥ चारेण चारात्मना प्रवर्तमानेन । इदं वक्ष्यमाणम् ॥ ४ ॥ राक्षसानां विशेषः तारतम्यमैश्वर्यादिकृतम् । अस्य रावणस्य प्रभावश्चावेक्षितः ॥ ५ ॥ अप्रमेयस्यापरिच्छेद्यस्वरूपस्यापारच्छेद्यगुणस्य च । सर्वसत्त्वदयावतः सर्वं सत्त्वं बलं दया च यस्य । सर्वसत्त्वेषु दयावत इति वा । दयावत्त्वादेव सीतार्थे त्रैलोक्याऽनाशनं रामस्य । समाश्वासयितुम् । युक्तमिति शेषः ॥ ६ ॥ आश्वासयामि । वर्तमानसामीप्ये भविष्यति लट् । नहि नापि ॥ ७ ॥ दोषवत्कार्यहानिदोषवत् ॥ ८ ॥ तदेवाह—गते हीति । तत्र रामसमीपे ॥ ९ ॥ आश्वासयितुं सीतासंदेशकथनेन । तथेयमप्याश्वास-

निशाचरीणां प्रत्यक्षमक्षमं चाभिभाषितम् । कथं नु खलु कर्तव्यमिदं कृच्छ्रगतो ह्यहम् ॥ ११
अनेन रात्रिशेषेण यदि नाश्वास्यते मया । सर्वथा नास्ति संदेहः परित्यक्ष्यति जीवितम् ॥ १२
रामस्तु यदि पृच्छेन्मां किं मां सीताब्रवीद्वचः । किमहं तं प्रतिब्रूयामसंभाष्य सुमध्यमाम् ॥ १३
सीतासंदेहरहितं मामितस्त्वरया गतम् । निर्दहेदपि काकुत्स्थः क्रोधतीव्रेण चक्षुषा ॥ १४
यदि वोद्योजयिष्यामि भर्तारं रामकारणात् । व्यर्थमागमनं तस्य ससैन्यस्य भविष्यति ॥ १५
अन्तरं त्वहमासाद्य राक्षसीनामवस्थितः । शनैराश्वासयाम्यद्य संतापबहुलामिमाम् ॥ १६
अहं ह्यतितनुश्चैव वानरश्च विशेषतः । वाचं चोदाहरिष्यामि मानुषीमिह संस्कृताम् ॥ १७
यदि वाचं प्रदास्यामि द्विजातिरिव संस्कृताम् । रावणं मन्यमाना मां सीता भीता भविष्यति ॥ १८
अवश्यमेव वक्तव्यं मानुषं वाक्यमर्थवत् । मया सान्त्वयितुं शक्या नान्यथेयमनिन्दिता ॥ १९
सेयमालोक्य मे रूपं जानकी भाषितं तथा । रक्षोभिस्त्रासिता पूर्वं भूयस्त्रासमुपैष्यति ॥ २०
ततो जातपरित्रासा शब्दं कुर्यान्मनस्विनी । जानाना मां विशालाक्षी रावणं कामरूपिणम् ॥ २१
सीतया च कृते शब्दे सहसा राक्षसीगणः । नानाप्रहरणो घोरः समेयादन्तकोपमः ॥ २२
ततो मां संपरिक्षिप्य सर्वतो विकृताननाः । वधे च ग्रहणे चैव कुर्युर्यत्नं महाबलाः ॥ २३
तं मां शाखाः प्रशाखाश्च स्कन्धांश्चोत्तमशाखिनाम् । दृष्ट्वा च परिधावन्तं भवेयुः परिशङ्किताः ॥ २४
मम रूपं च संप्रेक्ष्य वने विचरतो महत् । राक्षस्यो भयवित्रस्ता भवेयुर्विकृतस्वराः ॥ २५
ततः कुर्युः समाह्वानं राक्षस्यो रक्षसामपि । राक्षसेन्द्रनियुक्तानां राक्षसेन्द्रनिवेशने ॥ २६
ते शूलशरनिस्त्रिंशविविधायुधपाणयः । आपतेयुर्विमर्देऽस्मिन्वेगेनोद्वेगकारणात् ॥ २७
संरुद्धस्तैस्तु परितो विधमे राक्षसं बलम् । शक्नुयां न तु संप्राप्तुं परं पारं महोदधेः ॥ २८
मां वा गृह्णीयुराप्लुत्य बहवः शीघ्रकारिणः । स्यादियं चागृहीतार्था मम च ग्रहणं भवेत् ॥ २९
हिंसाभिरुचयो हिंस्युरिमां वा जनकात्मजाम् । विपन्नं स्यात्ततः कार्यं रामसुग्रीवयोरिदम् ॥ ३०
उद्देशे नष्टमार्गेऽस्मिन्राक्षसैः परिवारिते । सागरेण परिक्षिप्ते गुप्ते वसति जानकी ॥ ३१
विशस्ते वा गृहीते वा रक्षोभिर्मयि संयुगे । नान्यं पश्यामि रामस्य सहायं कार्यसाधने ॥ ३२
विमृशंश्च न पश्यामि यो हते मयि वानरः । शतयोजनविस्तीर्णं लङ्घयेत महोदधिम् ॥ ३३
कामं हन्तुं समर्थोऽस्मि सहस्राण्यपि रक्षसाम् । न तु शक्ष्याम्यहं प्राप्तुं परं पारं महोदधेः ॥ ३४

यितुं न्याय्येति शेषः ॥ १० ॥ सीतासमाश्वासनं च कष्टमित्याह—निशाचरीणामिति । तासां प्रत्यक्षं सीताया अभिभाषणमक्षममयोग्यम्, अत इदं कार्यं कथं कर्तव्यमित्येवं कृच्छ्रगतोऽहमस्मि ॥ ११ ॥ कालविलम्बश्चाश्वासनस्यायुक्त इत्याह—अनेनेति ॥ १२ ॥ संभाषणं चावश्यकमित्याह—रामस्त्विति । मामुद्दिश्य सीता किमब्रवीदिति चेद्रामो मां पृच्छेदित्यन्वयः ॥ १३ ॥ १४ ॥ यद्येनामसंभाष्यैव भर्तारं स्वस्वामिनं सुग्रीवं रामकारणाद्यदि वोद्योजयिष्याम्युद्योगं कारयिष्यामि तर्हि तदागमनं व्यर्थं स्यात् । अनाश्वासितया सीतया ततः प्रागेव देहत्यागादिति भावः ॥ १५ ॥ अन्तरमवकाशं तासामनवधानममयम् ॥ १६ ॥ तत्राश्वासनोपायं निश्चिनोति—अहं हीति । अतितनुरतिसूक्ष्मवानरतनुरेव सन्मानुषीं मनुष्यशरीरसाध्यां संस्कृतां व्याकरणसंस्कारवतीम् ॥ १७ ॥ संस्कृतकथने दोषमाशङ्क्य मनुष्यभाषयैव व्यवहर्तव्यमिति निश्चिनुते—यदीति ॥ १८ ॥ तदेवाह—अवश्यमेवेति ॥ १९ ॥ अथ वृक्षान्तरितेनैवेयं मया वक्तव्येति निश्चयं कुर्वन्पुरतो गत्वाभिभाषणे दोषपरम्परामुपन्यस्यति—सेयमिति । मे रूपं वानरीयं पुरतो दृष्ट्वा भाषितं च मानुषं श्रुत्वा विरुद्धव्यापारदर्शनाद्रावणोऽयमिति मत्वा त्रासं गमिष्यति ॥ २० ॥ किं ततस्तत्राह—ततो जातेति । शब्दमार्तशब्दम् ॥ २१ ॥ समेयात्सम्यक्संमुखो गच्छेन्मिलितो भवेद्वा ॥ २२ ॥ संपरिक्षिप्य सर्वतश्चक्षुर्विक्षेपेण ज्ञात्वा ॥ २३ ॥ शाखाः परिधावन्तं मां दृष्ट्वेत्यन्वयः ॥ २४ ॥ ताभिरप्रधर्षणार्थं परिगृहीतं मम महद्रूपं संप्रेक्ष्य भयवित्रस्ता भयेन मद्दर्शनजशरीरकम्पादियुताः सत्यसम्भ्रान्तचित्ताः विकृतस्वरा भवेयुः । न केवलमयं शाखामृगः, अपि तु कश्चन कामरूपी शत्रुपक्ष्य इति शङ्किताः स्युरित्यर्थः ॥ २५ ॥ ततः किं तत्राह—ततः कुर्युरिति । राक्षसेन्द्रनिवेशने रक्षणाय राक्षसेन्द्रेण नियुक्तानामाह्वानं कुर्युः ॥ २६ ॥ उद्वेगकारणात् आसामुद्वेगरूपान्निमित्तादस्मिन्देशे वेगेन विमर्दे । विमर्दायापतेयुरित्यर्थः ॥ २७ ॥ न शक्नुयाम् । युद्धश्रान्त्येति भावः ॥ २८ ॥ अगृहीतार्था मत्तोऽज्ञातमदागमनप्रयोजना ॥ २९ ॥ इमां वेति । एतदर्थं किलायमागत इत्याशयेनेति शेषः ॥ ३० ॥ कार्यविपदमेवोपपादयति—उद्देश समुल्लङ्घनप्राप्यदेशे । नष्टमार्गे प्रकारान्तरेणैतत्प्राप्तिसंपादकमार्गरहिते ॥ ३१ ॥ विशस्ते हते ॥ ३२ ॥ ३३ ॥ न तु

असत्यानि च युद्धानि संशयो मे न रोचते । कश्च निःसंशयं कार्यं कुर्यात्प्राज्ञः ससंशयम् ॥ ३५
एष दोषो महान्हि स्यान्मम सीताभिभाषणे । प्राणत्यागश्च वैदेह्या भवेदनभिभाषणे ॥ ३६
भूताश्चार्था विरुध्यन्ति देशकालविरोधिनाः । विक्लवं दूतमासाद्य तमः सूर्योदये यथा ॥ ३७
अर्थानर्थान्तरे बुद्धिर्निश्चितापि न शोभते । घातयन्ति हि कार्याणि दूताः पण्डितमानिनः ॥ ३८
न विनश्येत्कथं कार्यं वैक्लव्यं न कथं मम । लङ्घनं च समुद्रस्य कथं नु न वृथा भवेत् ॥ ३९
कथं नु खलु वाक्यं मे शृणुयान्नोद्विजेत च । इति संचिन्त्य हनुमांश्चकार मतिमान्मतिम् ॥ ४०
राममक्लिष्टकर्माणं सुबन्धुमनुकीर्तयन् । नैनामुद्वेजयिष्यामि तद्बन्धुगतचेतनाम् ॥ ४१
इक्ष्वाकूणां वरिष्ठस्य रामस्य विदितात्मनः । शुभानि धर्मयुक्तानि वचनानि समर्पयन् ॥ ४२
श्रावयिष्यामि सर्वाणि मधुरां प्रब्रुवन्गिरम् । श्रद्धास्यति यथा सीता तथा सर्वं समादधे ॥ ४३

इति स बहुविधं महाप्रभावो जगतिपतेः प्रमदामवेक्षमाणः ।
मधुरमवितथं जगाद वाक्यं द्रुमविटपान्तरमास्थितो हनूमान् ॥ ४४

इत्यार्षे श्रीमद्रामायणे वाल्मीकीय आदिकाव्ये सुन्दरकाण्डे त्रिंशः सर्गः ॥ ३० ॥

एकत्रिंशः सर्गः ।

एवं बहुविधां चिन्तां चिन्तयित्वा महामतिः । संश्रवे मधुरं वाक्यं वैदेह्या व्याजहार ह ॥ १
राजा दशरथो नाम रथकुञ्जरवाजिमान् । पुण्यशीलो महाकीर्तिरिक्ष्वाकूणां महायशाः ॥ २
अहिंसारतिरक्षुद्रो घृणी सत्यपराक्रमः । मुख्यस्येक्ष्वाकुवंशस्य लक्ष्मीवाँल्लक्ष्मिवर्धनः ॥ ३
पार्थिवव्यञ्जनैर्युक्तः पृथुश्रीः पार्थिवर्षभः । पृथिव्यां चतुरन्तायां विश्रुतः सुखदः सुखी ॥ ४
तस्य पुत्रः प्रियो ज्येष्ठस्ताराधिपनिभाननः । रामो नाम विशेषज्ञः श्रेष्ठः सर्वधनुष्मताम् ॥ ५
रक्षिता स्वस्य वृत्तस्य स्वजनस्यापि रक्षिता । रक्षिता जीवलोकस्य धर्मस्य च परंतपः ॥ ६
तस्य सत्याभिसंधस्य वृद्धस्य वचनात्पितुः । सभार्यः सह च भ्रात्रा वीरः प्रव्रजितो वनम् ॥ ७
तेन तत्र महारण्ये मृगयां परिधावता । राक्षसा निहताः शूरा बहवः कामरूपिणः ॥ ८
जनस्थानवधं श्रुत्वा निहतौ खरदूषणौ । ततस्त्वमर्षापहृता जानकी रावणेन तु ॥ ९
वञ्चयित्वा वने रामं मृगरूपेण मायया । स मार्गमाणस्तां देवीं रामः सीतामनिन्दिताम् ॥ १०
आससाद वने मित्रं सुग्रीवं नाम वानरम् । ततः स वालिनं हत्वा रामः परपुरंजयः ॥ ११
आयच्छत्कपिराज्यं तु सुग्रीवाय महात्मने । सुग्रीवेणाभिसंदिष्टा हरयः कामरूपिणः ॥ १२
दिक्षु सर्वासु तां देवीं विचिन्वन्तः सहस्रशः । अहं संपातिवचनाच्छतयोजनमायतम् ॥ १३
तस्या हेतोर्विशालाक्ष्याः समुद्रं वेगवान्प्लुतः । यथारूपां यथावर्णां यथालक्ष्मवतीं च ताम् ॥ १४

शक्ष्यामि । युद्धश्रान्त्येति भावः ॥ ३४ ॥ किं च युद्धे जयोऽपि संदिग्ध इत्याह—असत्यानीति । अनिश्चितजयानि । संशयः संशयितजयफलकयुद्धव्यापारः । अरुचिहेतुः प्राज्ञत्वमेव दर्शयति—कश्चेति । निःसंशयं निर्णीतफलकम् । प्राज्ञो मादृशः ससंशयं संशयितफलकम् । न कोऽपीत्यर्थः ॥ ३५ ॥ सीताभिभाषणे । पुरतः स्थित्वेति शेषः ॥ ३६ ॥ भूताः सिद्धप्रायाः । भूता इत्यादिश्लोकावत्रैव काण्डे द्वितीयसर्गे व्याख्यातौ ॥ ३७ ॥ ३८ ॥ ३९ ॥ शृणुयात् । सीतेति शेषः ॥ ४० ॥ सुबन्धुम् । सीताया इति शेषः । स चासौ बन्धुश्चेति तद्बन्धुः । तद्बन्धौ रामे गता चेतना चित्तं यस्याः सा ॥ ४१ ॥ वचनानि समर्पयन्रागसंदेशवचनान्युच्चारयन् ॥ ४२ ॥ यथेयं श्रद्धास्यति तथा सर्वं समादधे सम्यगभिधास्ये ॥ ४३ ॥ जगतिपतेरिति ह्रस्व आर्षः ॥ ४४ ॥ इति श्रीरामाभिरामे श्रीरामीये रामायणतिलके वाल्मीकीय आदिकाव्ये सुन्दरकाण्डे त्रिंशः सर्गः ॥ ३० ॥

चिन्तां चिन्तयित्वा चिन्तां कृत्वा । कर्तव्यमर्थं निश्चित्येति यावत् । संश्रवे सम्यक्श्रवणयोग्ये समीपदेशे । यत्रोक्तं सीतैव शृणुयान्नान्य इत्यर्थः । व्याजहार । वृत्तान्तमिति शेषः ॥ १ ॥ २ ॥ मुख्यस्य राजवंशेषु श्रेष्ठस्य । लक्ष्मिवर्धन इति ह्रस्व आर्षः ॥ ३ ॥ पार्थिवव्यञ्जनैश्छत्रचामरादिभिर्बाह्यैः सामुद्रिकोक्तैः शारीरैश्च राजचिह्नैर्युक्तः । सुखदो मित्राणाम् ॥ ४ ॥ ५ ॥ ६ ॥ सत्याभिसंधस्य सत्यसंकल्पस्य ॥ ७ ॥ मृगयामुद्दिश्य धावता ॥ ८ ॥ जनस्थानवधं खरदूषणौ निहतौ च श्रुत्वा रावणेनामर्षापहृता वैरेणापहृता तु ॥ ९ ॥ मायया मृगरूपेण मारीचेन करणेन । रामं वञ्चयित्वेत्यर्थः ॥ १० ॥ ११ ॥ १२ ॥ १३ ॥ तस्या हेतोस्तदन्वेषणहेतोः । यथा

अश्रौषं राघवस्याहं सेयमासादिता मया । विररामैवमुक्त्वा स वाचं वानरपुंगवः ॥ १५
जानकी चापि तच्छ्रुत्वा विस्मयं परमं गता । ततः सा वक्रकेशान्ता सुकेशी केशसंवृतम् । १६
उन्नम्य वदनं भीरुः शिंशपामन्ववैक्षत ।
निशम्य सीता वचनं कपेश्च दिशश्च सर्वाः प्रदिशश्च वीक्ष्य ।
स्वयं प्रहर्षं परमं जगाम सर्वात्मना राममनुस्मरन्ती ॥ १७
सा तिर्यगूर्ध्वं च तथा ह्यधस्तान्निरीक्षमाणा तमचिन्त्यबुद्धिम् ।
ददर्श पिङ्गाधिपतेरमात्यं वातात्मजं सूर्यमिवोदयस्थम् ॥ १८

इत्यार्षे श्रीमद्रामायणे वाल्मीकीये आदिकाव्ये सुन्दरकाण्डे एकत्रिंशः सर्गः ॥ ३१ ॥

द्वात्रिंशः सर्गः ।

ततः शाखान्तरे लीनं दृष्ट्वा चलितमानसा । वेष्टितार्जुनवस्त्रं तं विद्युत्संघातपिङ्गलम् ॥ १
सा ददर्श कपिं तत्र प्रश्रितं प्रियवादिनम् । फुल्लाशोकोत्कराभासं तप्तचामीकरेक्षणम् ॥ २
साथ दृष्ट्वा हरिश्रेष्ठं विनीतवदवस्थितम् । मैथिली चिन्तयामास विस्मयं परमं गता ॥ ३
अहो भीममिदं सत्त्वं वानरस्य दुरासदम् । दुर्निरीक्ष्यमिदं मत्वा पुनरेव मुमोह सा ॥ ४
विललाप भृशं सीता करुणं भयमोहिता । रामरामेति दुःखार्ता लक्ष्मणेति च भामिनी ॥ ५
रुरोद सहसा सीता मन्दमन्दस्वरा सती । साथ दृष्ट्वा हरिवरं विनीतवदुपागतम् ।
मैथिली चिन्तयामास स्वप्नोऽयमिति भामिनी ॥ ६
सा वीक्षमाणा पृथुभग्नवक्त्रं शाखामृगेन्द्रस्य यथोक्तकारम् ।
ददर्श पिङ्गप्रवरं महार्हं वातात्मजं बुद्धिमतां वरिष्ठम् ॥ ७
सा तं समीक्ष्यैव भृशं विपन्ना गतासुकल्पेव बभूव सीता ।
चिरेण संज्ञां प्रतिलभ्य चैवं विचिन्तयामास विशालनेत्रा ॥ ८
स्वप्नो मयायं विकृतोऽद्य दृष्टः शाखामृगः शास्त्रगणैर्निषिद्धः ।
स्वस्त्यस्तु रामाय सलक्ष्मणाय तथा पितुर्मे जनकस्य राज्ञः ॥ ९
स्वप्नो हि नायं नहि मेऽस्ति निद्रा शोकेन दुःखेन च पीडितायाः ।
सुखं हि मे नास्ति यतो विहीना तेनेन्दुपूर्णप्रतिमाननेन ॥ १०
रामेति रामेति सदैव बुद्ध्या विचिन्त्य वाचा ब्रुवती तमेव ।
तस्यानुरूपं च कथां तदर्थामेवं प्रपश्यामि तथा शृणोमि ॥ ११

रूपां यादृग्रूपां यादृग्वर्णां यादृक्चिह्नवर्तीं च । तां सीताम् ॥ १४ ॥ राघवस्य मुखादहमश्रौषं सेयमासादिता दृष्टा । इहेति शेषः ॥ १५ ॥ केशसंवृतम् । असंस्कारतः प्रकीर्णत्वात् ॥ १६ ॥ १७ ॥ १८ ॥ इति श्रीरामाभिरामे श्रीरामीये रामायणतिलके वाल्मीकीय आदिकाव्ये सुन्दरकाण्ड एकत्रिंशः सर्गः ॥ ३१ ॥

लीनं दृष्ट्वास्फुरन्तं दृष्ट्वा चलितमानसा दृष्टरूपोऽयमपि मायामृगो वेति चलितचित्ता । पुनः सम्यङ्निरीक्ष्योच्यमानविशेषणं कपिं ददर्श । वेष्टितं परिहितमर्जुनवर्णं वस्त्रं येन तम् ॥ १ ॥ २ ॥ ३ ॥ वानरस्य । निर्धारणे षष्ठी । जातावेकवचनम् । वानराणां मध्ये इदं सत्त्वं जीवः, भीमं प्राकृतप्राणिभयावहम्, अत एव तद्दुरासदं दुर्निरीक्ष्यं चेति मत्त्वा पुनरपि मायैवेयमिति भयान्मुमोह ॥ ४ ॥ अथ भयमोहिता सती भृशं करुणं दीनं विललाप । विलापप्रकारः—रामेत्यादि ॥ ५ ॥ मन्दमन्दस्वरा । अस्य दैवगत्या वास्तवत्वे राक्षसो मा जानन्त्वित्यतिमन्दस्वररोदनम् । विनीतवद्विनीततयोपस्थितम् । स्वप्नः । जाग्रत्कल्पः स्वप्न इत्यर्थः ॥ ६ ॥ स्वप्नत्वचिन्तापूर्वकमेव पुनर्दर्शनमुपन्यस्यति—सेति । किमिदं वाक्यं राक्षसः शृणुयादिति परितो वीक्षमाणा सा । पृथुभग्नं वज्रप्रहाराद्वक्त्रं यस्य तम् । शाखामृगेन्द्रस्य यथोक्तकारं कामाज्ञाकरम् । यद्वा यथोक्तवेष्टितार्जुनवस्त्राद्याकारम् । छान्दसो ह्रस्वः । पिङ्गप्रवरं कपिश्रेष्ठमिति निश्चयेन ददर्श ॥ ७ ॥ सा तं कपिरूपं रावणमित्येव समीक्ष्य भृशं विसंज्ञा चित्तक्षोभाद्गतासुकल्पेव ॥ ८ ॥ एवं चिन्तयामासेत्यत्रैवंशब्दार्थः—स्वप्न इत्यादि । दृश्यमानोऽयं स्वप्नो मया विकृत एव दृष्टः । कुतस्तत्राह—शाखामृग इत्यादि । एवं दुःस्वप्नं मत्वा स्वस्ति प्रार्थयते । जनकस्य तद्वंश्यस्य ॥ ९ ॥ अथ स्वप्नहेत्वभावान्नायं स्वप्न इत्याह—स्वप्नो हीति । स्वप्नस्य निद्रामूलत्वान्निद्रायाश्च सुखमूलत्वाद्रामवियोगेन च मे सुखाभावादिति भावः ॥ १० ॥ सदा रामेति विचिन्त्य वाचा तमेव ब्रुवन्त्यहं तस्य चिन्तनादेरनुरूपं यथा

अहं हि तस्याद्य मनोभवेन संपीडिता तद्गतसर्वभावा ।
विचिन्तयन्ती सततं तमेव तथैव पश्यामि तथा शृणोमि ॥ १२
मनोरथः स्यादिति चिन्तयामि तथापि बुद्ध्यापि वितर्कयामि ।
किं कारणं तस्य हि नास्ति रूपं सुव्यक्तरूपश्च वदत्ययं माम् ॥ १३
नमोऽस्तु वाचस्पतये सवज्रिणे स्वयंभुवे चैव हुताशनाय ।
अनेन चोक्तं यदिदं ममाग्रतो वनौकसा तच्च तथास्तु नान्यथा ॥ १४

इत्यार्षे श्रीमद्रामायणे वाल्मीकीय आदिकाव्ये सुन्दरकाण्डे द्वात्रिंशः सर्गः ॥ ३२ ॥

त्रयस्त्रिंशः सर्गः ।

सोऽवतीर्य द्रुमात्तस्माद्विद्रुमप्रतिमाननः । विनीतवेषः कृपणः प्रणिपत्योपसृत्य च ॥ १
तामब्रवीन्महातेजा हनूमान्मारुतात्मजः । शिरस्यञ्जलिमाधाय सीतां मधुरया गिरा ॥ २
का नु पद्मपलाशाक्षि क्लिष्टकौशेयवासिनि । द्रुमस्य शाखामालम्ब्य तिष्ठसि त्वमनिन्दिता ॥ ३
किमर्थं तव नेत्राभ्यां वारि स्रवति शोकजम् । पुण्डरीकपलाशाभ्यां विप्रकीर्णमिवोदकम् ॥ ४
सुराणामसुराणां च नागगन्धर्वरक्षसाम् । यक्षाणां किंनराणां च का त्वं भवसि शोभने ॥ ५
का त्वं भवसि रुद्राणां मरुतां वा वरानने । वसूनां वा वरारोहे देवता प्रतिभासि मे ॥ ६
किं नु चन्द्रमसा हीना पतिता विबुधालयात् । रोहिणी ज्योतिषां श्रेष्ठा श्रेष्ठा सर्वगुणाधिका ॥ ७
कोपाद्वा यदि वा मोहाद्भर्तारमसितेक्षणे । वसिष्ठं कोपयित्वा त्वं वासि कल्याण्यरुन्धती ॥ ८
को नु पुत्रः पिता भ्राता भर्ता वा ते सुमध्यमे । अस्माल्लोकादमुं लोकं गतं त्वमनुशोचसि ॥ ९
रोदनादतिनिःश्वासाद्भूमिसंस्पर्शनादपि । न त्वा देवीमहं मन्ये राज्ञः संज्ञावधारणात् ॥ १०

तथा शृणोमि । श्रूयमाणां च कथां तथा तेन प्रकारेण तदर्थमेव चिन्तायनुरूपार्थमेव पश्यामि ॥ ११ ॥ उक्तमेवार्थं विवृणोति—अहं हीति ॥ १२ ॥ अथ मनोरथमात्रमेतदिति संभाव्य तदपि नेति निश्चिनोति—मनोरथ इति । मनोराज्यमित्यर्थः । स नेत्याह—तथापीति । तथैवेत्यर्थः । यथा मनोरथोन्नीतोऽर्थस्त तथैव बुद्ध्यापि निश्चयात्मकान्तःकरणवृत्त्यापि विषयीकृतं तर्कयामि । मनोराज्यं संकल्पविकल्पपरं चञ्चलवृत्तिरूपम्, बुद्धिस्तु निश्चयात्मिका स्थिरा चेति विरुद्धमित्यर्थः । ननु तर्हि मनोराज्यत्वमेवास्त्वितरदेवारोपित तत्राह—किं कारणमिति । मनोराज्यत्वाभाव इति शेषः । उत्तरं तस्य हि मनोराज्यभूतार्थस्य नास्ति रूपमनुभवार्हं रूपं नास्तीति हि प्रसिद्धम् । प्रकृते तु दृश्यं रूपमस्तीत्याह—सुव्यक्तेति । यो मां वदति सुव्यक्तरूपो दृश्यते सुव्यक्तरूपं च वदति । यत इत्यर्थः । मनोराज्यार्थो दृष्टनष्टो बाह्येन्द्रियजस्थिरानुभवानर्हः । अतोऽवास्तव एवायमिति भावः ॥ १३ ॥ एवं हनुमद्वचसोऽवास्तवत्वं निर्णीयानाप्तप्रणीतत्वेन मिथ्यार्थकत्वस्यापि संभवात्तद्व्यावृत्तये देवान्प्रणमति—नमोऽस्त्विति । वाचस्पतित्वेन वाचः सत्यत्वसंपादनयोग्यता । वज्रिणोऽपि बृहस्पतितः सत्यवाग्रूपशब्दपारायणग्रन्थरूपमन्त्रलाभात्तदुपासकत्वेन वाचः सत्यत्वसंपादनयोग्यता । स्वयंभुवे सत्यादिरूपब्रह्मणे । वागधिष्ठातृदेवतात्वाच्चाग्नये नतिः ॥ १४ ॥ इति श्रीरामाभिरामे श्रीरामीये रामायणतिलके वाल्मीकीय आदिकाव्ये सुन्दरकाण्डे द्वात्रिंशः सर्गः ॥ ३२ ॥

स इति । अत्यूर्ध्वशाखातः सीतासंमुखशाखायामवतीर्य । द्रुमशब्दस्तदवयवपरः । अतएवाग्रे 'द्रुमाश्रितम्' इति वक्ष्यति । कृपणो भानुः सीताया दुःखदर्शनाद्दीनः । दूरात्प्रणिपत्य तत उपसृत्य समीपमागत्य ॥ १ ॥ राक्षसीनां निशाजागरतो निद्राजाड्यात्त्रिजटास्वप्नश्रवणजन्यभयेनात्मत्राणाय सीतैकशरणत्वेनोपेक्षणाच्च देवानुग्रहाच्चाप्रत्यूहः सीताहनूमतोः संलाप इति बोध्यम् ॥ २ ॥ अथ लिङ्गैः सीतेति निश्चयेऽपि तयैव साक्षाद्वाचयितुमजानान इव पृच्छति—का न्विति ॥ ३ ॥ विप्रकीर्णं भिन्नघटादिव प्रसृतम् ॥ ४ ॥ का न्वित्यादिश्लोकद्वयोक्तार्थस्यैव प्रपञ्चः—सुराणामिति । सुरादिजातिमध्ये त्वं का किंजातीया ॥ ५ ॥ देवता प्रतिभासि । दिव्यरूपलक्षणवत्त्वादिति भावः ॥ ६ ॥ कान्त्या रोहिणीत्वाशङ्का । श्रेष्ठः सर्वैर्गुणैरधिका । एतदग्रे 'का त्वं भवसि कल्याणि त्वमनिन्दितलोचने' इत्यर्धं प्रक्षिप्तम् ॥ ७ ॥ कोपाद्वेति । अत्रापि किं न्विति संबध्यते । कोपादिना वसिष्ठं कोपयित्वेहागता कल्याण्यरुन्धती किं नु वासि । पातिव्रत्यादरुन्धतीत्वशङ्का ॥ ८ ॥ अथ शोककारणं पुत्रादिवियोगोऽन्यद्वेति पृच्छति—को नु पुत्र इति । अस्माल्लोकादमुं लोकं परलोकं गतं यं त्वमनुशोचसि स पुत्रादिः को न्विति योजना ॥ ९ ॥ इदानीं देवयोनित्वशङ्कां स्वयमेव निवर्तयति—रोदनादिति । अश्रुसंबन्धो भूस्पर्शश्च देवानां

व्यञ्जनानि हि ते यानि लक्षणानि च लक्षये । महिषी भूमिपालस्य राजकन्या च मे मता ॥ ११
रावणेन जनस्थानाद्बलात्प्रमथिता यदि । सीता त्वमसि भद्रं ते तन्ममाचक्ष्व पृच्छतः ॥ १२
यथा हि तव वै दैन्यं रूपं चाप्रतिमानुषम् । तपसा चान्वितो वेषस्त्वं राममहिषी ध्रुवम् ॥ १३
सा तस्य वचनं श्रुत्वा रामकीर्तनहर्षिता । उवाच वाक्यं वैदेही हनूमन्तं द्रुमाश्रितम् ॥ १४
पृथिव्यां राजसिंहानां मुख्यस्य विदितात्मनः । स्नुषा दशरथस्याहं शत्रुसैन्यप्रणाशिनः ॥ १५
दुहिता जनकस्याहं वैदेहस्य महात्मनः । सीतेति नाम्ना चोक्ताहं भार्या रामस्य धीमतः ॥ १६
समा द्वादश तत्राहं राघवस्य निवेशने । भुञ्जाना मानुषान्भोगान्सर्वकामसमृद्धिनी ॥ १७
ततस्त्रयोदशे वर्षे राज्ये चेक्ष्वाकुनन्दनम् । अभिषेचयितुं राजा सोपाध्यायः प्रचक्रमे ॥ १८
तस्मिन्संभ्रियमाणे तु राघवस्याभिषेचने । कैकेयी नाम भर्तारमिदं वचनमब्रवीत् ॥ १९
न पिबेयं न खादेयं प्रत्यहं मम भोजनम् । एष मे जीवितस्यान्तो रामो यद्यभिषिच्यते ॥ २०
यत्तदुक्तं त्वया वाक्यं प्रीत्या नृपतिसत्तम । तच्चेन्न वितथं कार्यं वनं गच्छतु राघवः ॥ २१
स राजा सत्यवाग्देव्या वरदानमनुस्मरन् । मुमोह वचनं श्रुत्वा कैकेय्याः क्रूरमप्रियम् ॥ २२
ततस्तं स्थविरो राजा सत्यधर्मे व्यवस्थितः । ज्येष्ठं यशस्विनं पुत्रं रुदन्राज्यमयाचत ॥ २३
स पितुर्वचनं श्रीमानभिषेकात्परं प्रियम् । मनसा पूर्वमासाद्य वाचा प्रतिगृहीतवान् ॥ २४
दद्यान्न प्रतिगृह्णीयान्सत्यं ब्रूयान्न चानृतम् । अपि जीवितहेतोर्हि रामः सत्यपराक्रमः ॥ २५
स विहायोत्तरीयाणि महार्हाणि महायशाः । विसृज्य मनसा राज्यं जनन्यै मां समादिशत् ॥ २६
साहं तस्याग्रतस्तूर्णं प्रस्थिता वनचारिणी । नहि मे तेन हीनाया वासः स्वर्गेऽपि रोचते ॥ २७
प्रागेव तु महाभागः सौमित्रिर्मित्रनन्दनः । पूर्वजस्यानुयात्रार्थे कुशचीरैरलंकृतः ॥ २८
ते वयं भर्तुरादेशं बहुमान्य दृढव्रताः । प्रविष्टाः स्म पुराऽदृष्टं वनं गम्भीरदर्शनम् ॥ २९
वसतो दण्डकारण्ये तस्याहममितौजसः । रक्षसापहृता भार्या रावणेन दुरात्मना ॥ ३०
द्वौ मासौ तेन मे कालो जीवितानुग्रहः कृतः । ऊर्ध्वं द्वाभ्यां तु मासाभ्यां ततस्त्यक्ष्यामि जीवितम् ॥ ३१

इत्यार्षे श्रीमद्रामायणे वाल्मीकीय आदिकाव्ये सुन्दरकाण्डे त्रयस्त्रिंशः सर्गः ॥ ३३ ॥

चतुस्त्रिंशः सर्गः ।

तस्यास्तद्वचनं श्रुत्वा हनूमान्हरिपुंगवः । दुःखाद्दुःखाभिभूतायाः सान्त्वमुत्तरमब्रवीत् ॥ १
अहं रामस्य संदेशाद्देवि दूतस्तवागतः । वैदेहि कुशली रामः स त्वां कौशलमब्रवीत् ॥ २
यो ब्राह्ममस्त्रं वेदांश्च वेद वेदविदां वरः । स त्वां दाशरथी रामो देवि कौशलमब्रवीत् ॥ ३
लक्ष्मणश्च महातेजा भर्तुस्तेऽनुचरः प्रियः । कृतवाञ्छोकसंतप्तः शिरसा तेऽभिवादनम् ॥ ४

नास्तीति श्रुतम्, तद्वृत्त्या त्वां देवीं न मन्ये । किं च राज्ञो रामस्य संज्ञावधारणान्नामग्रहणात् ॥ १० ॥ भूमिपालस्य रामस्य महिषीति मे मतिः । यतो व्यञ्जनानि राममहिषीत्वप्रकाशकानि ते सामुद्रिकलक्षणानि च लक्षये, अतो रावणेन जनस्थानाद्बलात्प्रमथिता प्रमथ्य हृता यदि सीता त्वं तद् पृच्छतो ममाचक्ष्व तत्त्वं ब्रूहि । ते भद्रमस्तु ॥ ११ ॥ १२ ॥ अनुक्तेऽपि त्वत्समीपनिश्चयो ममास्तीति प्रौढ्याह—यथा हीति । अपरोक्षानुभवविषयामित्यर्थः ॥ १३ ॥ १४ ॥ १५ ॥ अहं नाम्ना सीता इति ॥ १६ ॥ १७ ॥ १८ ॥ नाम प्रसिद्धमित्यर्थः ॥ १९ ॥ प्रत्यहं यन्मम भोजनं भोज्यं वस्तु तन्न पिबेयं न खादेयमित्यन्वयः ॥ २० ॥ तद्देवासुरे युद्धे वरदानरूपम् ॥ २१ ॥ २२ ॥ राज्यमयाचत । भरताय दातुमिति शेषः ॥ २३ ॥ अभिषेकादपि परमधिकं प्रियं यथा भवति तथा मनसा पूर्वमङ्गीकृत्य वाचाप्यङ्गीकृतवान् ॥ २४ ॥ सीता रामं स्तौति—दद्यादिति ॥ २५ ॥ समादिशद्बहुप्रकारं रक्षणाय निवेदितवान् ॥ २६ ॥ तस्याग्रतः प्रस्थिता वनचारिणी । अभूवमिति शेषः ॥ २७ ॥ २८ ॥ भर्तुर्दशरथस्य । पुरा अदृष्टमिति च्छेदः ॥ २९ ॥ ३० ॥ जीवितानुग्रहो जीवितानुग्रहकरः कालः कृतः परिच्छिन्नः ॥ ३१ ॥ इति श्रीरामाभिरामे श्रीरामीये रामायणतिलके वाल्मीकीय आदिकाव्ये सुन्दरकाण्डे त्रयस्त्रिंशः सर्गः ॥ ३३ ॥

दुःखाद्दुःखाभिभूताया इत्यल्लुगार्षः । दुःखपरम्पराखिन्नाया इत्यर्थः ॥ १ ॥ तव । समीपमिति शेषः ॥ २ ॥ ब्राह्ममस्त्रं यो वेद । अनेन सर्वास्त्रपारगत्वमुक्तम् । तदस्त्रदेवताया ब्रह्मणः सर्वजगत्समष्टित्ववत्तदस्त्रस्यादि सर्वास्त्रसमष्टित्वात् । वेदांश्चेत्यनेन सर्वकर्ममार्गपारगत्वम् । वेदविदां वर इत्यनेन ज्ञानमा-

सा तयोः कुशलं देवी निशम्य नरसिंहयोः । प्रतिसंहृष्टसर्वाङ्गी हनूमन्तमथाब्रवीत् ॥ ५
कल्याणी बत गाथेयं लौकिकी प्रतिभाति मा । एति जीवन्तमानन्दो नरं वर्षशतादपि ॥ ६
तयोः समागमे तस्मिन्प्रीतिरुत्पादिताद्भुता । परस्परेण चालापं विश्वस्तौ तौ प्रचक्रतुः ॥ ७
तस्यास्तद्वचनं श्रुत्वा हनूमान्मारुतात्मजः । सीतायाः शोकतप्तायाः समीपमुपचक्रमे ॥ ८
यथा यथा समीपं स हनूमानुपसर्पति । तथा तथा रावणं सा तं सीता परिशङ्कते ॥ ९
अहो धिग्धिक्कृतमिदं कथितं हि यदस्य मे । रूपान्तरमुपागम्य स एवायं हि रावणः ॥ १०
तामशोकस्य शाखां तु विमुक्त्वा शोककर्शिता । तस्यामेवानवद्याङ्गी धरण्यां समुपाविशत् ॥ ११
अवन्दत महाबाहुस्ततस्तां जनकात्मजाम् । सा चैनं भयसंत्रस्ता भूयो नैनमुदैक्षत ॥ १२
तं दृष्ट्वा वन्दमानं च सीता शशिनिभानना । अब्रवीद्दीर्घमुच्छ्वस्य वानरं मधुरस्वरा ॥ १३
मायां प्रविष्टो मायावी यदि त्वं रावणः स्वयम् । उत्पादयसि मे भूयः संतापं तन्न शोभनम् ॥ १४
स्वं परित्यज्य रूपं यः परिव्राजकरूपवान् । जनस्थाने मया दृष्टस्त्वं स एव हि रावणः ॥ १५
उपवासकृशां दीनां कामरूप निशाचर । संतापयसि मां भूयः संतापं तन्न शोभनम् ॥ १६
अथवा नैतदेवं हि यन्मया परिशङ्कितम् । मनसो हि मम प्रीतिरुत्पन्ना तव दर्शनात् ॥ १७
यदि रामस्य दूतस्त्वमागतो भद्रमस्तु ते । पृच्छामि त्वां हरिश्रेष्ठ प्रिया रामकथा हि मे ॥ १८
गुणान्रामस्य कथय प्रियस्य मम वानर । चित्तं हरसि मे सौम्य नदीकूलं यथा रयः ॥ १९
अहो स्वप्नस्य सुखता याहमेव चिराहृता । प्रेषितं नाम पश्यामि राघवेण वनौकसम् ॥ २०
स्वप्नेऽपि यद्यहं वीरं राघवं सहलक्ष्मणम् । पश्येयं नावसीदेयं स्वप्नोऽपि मम मत्सरी ॥ २१
नाहं स्वप्नमिमं मन्ये स्वप्ने दृष्ट्वा हि वानरम् । न शक्योऽभ्युदयः प्राप्तुं प्राप्तश्चाभ्युदयो मम ॥ २२
किं नु स्याच्चित्तमोहोऽयं भवेद्वातगतिस्त्वियम् । उन्मादजो विकारो वा स्यादियं मृगतृष्णिका ॥ २३

गपारगत्वमुक्तम् ॥ ३ ॥ ४ ॥ संहृष्टसर्वाङ्गी पुलकितगर्वाङ्गा ॥ ५ ॥ असंभावितमपि रामप्रसङ्गं जीवनधारणेन प्राप्तत्वा- त्तत्संवादिनीं लौकिकीं गाथां स्तौति—कल्याणीति । गाथायाः संवादित्वदर्शनजो हर्षो बतेत्यनेन सूच्यते । कल्याणी सत्या इति मा मां प्रतिभाति । मज्ज्ञानविषया भवतीत्यर्थः । गाथां पठति—एतीति । जीवन्तमेत्येव, अतो बहुदुःखं सोढ्वापि जीवितव्यमिति भावः ॥ ६ ॥ तस्मिंस्तस्मिन्काले रामलक्ष्म- णकुशलवचःश्रवणकाले तयो रामलक्ष्मणयोः समागमकाल इव सीतायास्तेन वचसाद्भुताचिन्त्यस्वरूपा प्रीतिरुत्पादिता । किं च तयोः सीताहनूमतोस्तस्मिन्समागमे परस्परस्याद्भुता प्रीति- रुत्पादिता । देवी दृष्टेति हनूमतः प्रीतिः । रामदूतो दृष्ट इति देव्याः प्रीतिः, अतस्तौ विश्वस्तौ भूत्वा परस्परेणालापं चक्रतुः ॥ ७ ॥ तद्वचनं कल्याणीत्यादिसीतावचनम् । समीपमुपच- क्रमे तच्छाखातोऽप्यर्वाचीनां शाखामवरुह्य समीपं गन्तुं यत्न- वानभूदित्यर्थः ॥ ८ ॥ परिशङ्कते परिशङ्कते स्म । रामकु- शलकथनेन विश्वस्तापि रावणमायाबाहुल्यस्मरणेन विश्वासा- दिति भावः ॥ ९ ॥ यदस्य यदनेन कथितं कथनं कृतं वार्ता कृता इदं धिग्धिक् । कथितमिति भावे निष्ठा । तत्र हेतुमाह— रूपान्तरमिति । यः पूर्वं मायया मामपाहरत्स एव रावणो रूपान्तरं प्राप्य वर्तत इत्यर्थः ॥ १० ॥ अशोकस्य अशो- कवनस्थशिंशपावृक्षस्येत्यर्थः ॥ ११ ॥ तां धरण्युपविष्टामव- न्दत नमस्कृतवान् । एनं दृष्ट्वा भयसंत्रस्ता भूयः पुनरेनं नापश्यत् ॥ १२ ॥ १३ ॥ भूयः संतापं यदुत्पादयसि तन्न शोभनम् ॥ १४ ॥ तवैवंरूपकरणमपि सुकरमेवेत्याह—स्वं परित्यज्येति ॥ १५ ॥ १६ ॥ एवं रावणदौरात्म्याद्धनूमन्तं रावणमाशङ्क्य तद्दर्शनजनितमात्मनो मनःप्रसादमालोच्य तां शङ्कां निराचष्टे—अथवेति । यन्मया परिशङ्कितं रावणत्वमेत- देवं न, यतस्तव दर्शनान्मम मनसः प्रीतिरुत्पन्ना । रावणत्वे हि सा नोत्पद्येतेति भावः ॥ १७ ॥ तव मयि रामदूतत्वनिश्चयः कथं स्यादिति चेत्तत्राह—यदीति । पृच्छामीति । रामकथा- मिति शेषः । तदेवाह—प्रिया रामकथा हीति ॥ १८ ॥ चित्तं हरसि चित्तं शिथिलयसि । विश्वासहेतुत्वसंपादनादिति भावः । रयो नदीवेगः ॥ १९ ॥ रामदूतदर्शनं नेदं तदाग- मनस्यात्रासंभावितत्वात्प्रायेणायं स्वप्नोऽथापि मेऽसौ सुखावह इत्याह—अहो इति । या चिराहृताहमेव राघवेण प्रेषितं वनौकसं पश्यामि नाम । अन्वप्नन्वे त्वन्यासामपि दर्शनं स्यादित्याशयः ॥ २० ॥ अथ रामादिदर्शनस्वरूपस्वप्नोऽपि मे न जायत इति खिद्यति—स्वप्नेऽपीति । मत्सरी । मत्सरेण मत्समीपं सोऽपि नायातीति भावः ॥ २१ ॥ स्वप्नत्वमस्य नेत्याह— नाहं स्वप्नमिति । प्राप्तश्चाभ्युदय इति तथा मनःसंतोषो- दयात्प्राप्तप्राय इत्यर्थः । तस्मान्न स्वप्नः ॥ २२ ॥ पुनरुत्प्रेक्षते —किं न्विति । चित्तमोहो निरन्तररामध्यानजनितस्तत्प्रेषि- तदूतदर्शनसंभाषणादिविषयो भ्रमः । वातगतिर्भूतावेशादिज- नितो भ्रमः । उन्मादो विरहिणां पित्तोद्रेकरूपावस्थाविशेषजो

अथवा नायमुन्मादो मोहोऽप्युन्मादलक्षणः । संबुध्ये चाहमात्मानमिमं चापि वनौकसम् ॥ २४
इत्येवं बहुधा सीता संप्रधार्य बलाबलम् । रक्षसां कामरूपत्वान्मेने तं राक्षसाधिपम् ॥ २५
एतां बुद्धिं तदा कृत्वा सीता सा तनुमध्यमा । न प्रतिव्याजहाराथ वानरं जनकात्मजा ॥ २६
सीताया निश्चितं बुद्ध्वा हनूमान्मारुतात्मजः । श्रोत्रानुकूलैर्वचनैस्तदा तां संप्रहर्षयन् ॥ २७
आदित्य इव तेजस्वी लोककान्तः शशी यथा । राजा सर्वस्य लोकस्य देवो वैश्रवणो यथा ॥ २८
विक्रमेणोपपन्नश्च यथा विष्णुर्महायशाः । सत्यवादी मधुरवाग्देवो वाचस्पतिर्यथा ॥ २९
रूपवान्सुभगः श्रीमान्कंदर्प इव मूर्तिमान् । स्थानक्रोधे प्रहर्ता च श्रेष्ठो लोके महारथः ॥ ३०
बाहुच्छायामवष्टब्धो यस्य लोको महात्मनः । अपकृष्याश्रमपदान्मृगरूपेण राघवम् ॥ ३१
शून्ये येनापनीतासि तस्य द्रक्ष्यसि तत्फलम् । अचिराद्रावणं संख्ये यो वधिष्यति वीर्यवान् ॥ ३२
क्रोधप्रमुक्तैरिषुभिर्ज्वलद्भिरिव पावकैः । तेनाहं प्रेषितो दूतस्त्वत्सकाशमिहागतः ॥ ३३
त्वद्वियोगेन दुःखार्तः स त्वां कौशलमब्रवीत् । लक्ष्मणश्च महातेजाः सुमित्रानन्दवर्धनः ॥ ३४
अभिवाद्य महाबाहुः स त्वां कौशलमब्रवीत् । रामस्य च सखा देवि सुग्रीवो नाम वानरः ॥ ३५
राजा वानरमुख्यानां स त्वां कौशलमब्रवीत् । नित्यं स्मरति ते रामः ससुग्रीवः सलक्ष्मणः ॥ ३६
दिष्ट्या जीवसि वैदेहि राक्षसीवशमागता । नचिराद्द्रक्ष्यसे रामं लक्ष्मणं च महारथम् ॥ ३७
मध्ये वानरकोटीनां सुग्रीवं चामितौजसम् । अहं सुग्रीवसचिवो हनूमान्नाम वानरः ॥ ३८
प्रविष्टो नगरीं लङ्कां लङ्घयित्वा महोदधिम् । कृत्वा मूर्ध्नि तदा न्यासं रावणस्य दुरात्मनः ॥ ३९
त्वां द्रष्टुमुपयातोऽहं समाश्रित्य पराक्रमम् । नाहमस्मि तथा देवि यथा मामवगच्छसि ।
विशङ्का त्यज्यतामेषा श्रद्धस्व वदतो मम ॥ ४०

इत्यार्षे श्रीमद्रामायणे वाल्मीकीय आदिकाव्ये सुन्दरकाण्डे चतुस्त्रिंशः सर्गः ॥ ३४ ॥

पञ्चत्रिंशः सर्गः ।

तां तु रामकथां श्रुत्वा वैदेही वानरर्षभात् । उवाच वचनं सान्त्वमिदं मधुरया गिरा ॥ १
क्व ते रामेण संसर्गः कथं जानासि लक्ष्मणम् । वानराणां नराणां च कथमासीत्समागमः ॥ २
यानि रामस्य चिह्नानि लक्ष्मणस्य च वानर । तानि भूयः समाचक्ष्व न मां शोकः समाविशेत् ॥ ३
कीदृशं तस्य संस्थानं रूपं तस्य च कीदृशम् । कथमूरू कथं बाहू लक्ष्मणस्य च शंस मे ॥ ४
एवमुक्तस्तु वैदेह्या हनूमान्मारुतात्मजः । ततो रामं यथातत्त्वमाख्यातुमुपचक्रमे ॥ ५
जानन्ती बत दिष्ट्या मां वैदेहि परिपृच्छसि । भर्तुः कमलपत्राक्षि संस्थानं लक्ष्मणस्य च ॥ ६

भ्रमः । मृगतृष्णिका तद्वत्प्रत्यक्षो भ्रमः ॥ २३ ॥ बाधराहित्याक्रमचतुष्टयमपि निरस्यति—अथवेति । मोहोऽप्युन्मादस्य लक्षणमिव लक्षणं यस्य सः । एवं चोन्मादनिराकरणात्मोऽपि निरस्तः । अर्थतो भूतावेशोऽपि निरस्तः । यतोऽहमात्मानमिमं समीपस्थं वनौकसं च संबुध्ये सम्यग्जानामि । निर्बाधं जानामीत्यर्थः । उक्तानां सर्वेषामविवेकलक्षणत्वान्मम विवेकसत्त्वात्तेऽसंभाविताः । मृगतृष्णाभ्रमोऽपि दूरत्वदोषाज्जायते, वानरश्च समीप एवेति स पक्षोऽप्ययुक्त इति भावः ॥ २४ ॥ बलाबलम् । बलं रक्षसां कामरूपबलम्, अबलं रामदूतस्य वानरस्यात्रागमनसामर्थ्याभावः ॥ २५ ॥ २६ ॥ निश्चितं रावणत्वानिश्चयम् । श्रोत्रानुकूलैर्वचनैः रामगुणकथनरूपैः । विश्वासार्थं गुणान्रामस्य कथयति । सीतां कारति भावः । संप्रहर्षयन्वक्ष्यमाणं वचः । कथयामासेति शेषः ॥ २७ ॥ राजा धनधान्यादिप्रदानेन सर्वलोकस्य रञ्जकः ॥ २८ ॥ २९ ॥ स्थानक्रोध उचितक्रोधविषये । क्रोधौचित्ये प्रहर्तेति यावत् ॥ ३० ॥ तं राघवमाश्रमादपकृष्य शून्य आश्रमे येनापनीता तस्य रक्षसस्तत्फलं त्वदपहारपापफलं तेनानुभूयमानं द्रक्ष्यसि । तदेवाह—अचिरादिति । 'न चिरात्' इति पाठान्तरम् । यो वधिष्यति तं नेत्यर्थः ॥ ३१ ॥ ३२ ॥ ३३ ॥ ३४ ॥ ३५ ॥ ३६ ॥ ३७ ॥ ३८ ॥ ३९ ॥ यथा मामवगच्छसि मायावी रावण इति, न तथाहमस्मि ॥ ४० ॥ इति श्रीरामाभिरामे श्रीरामीये रामायणतिलके वाल्मीकीय आदिकाव्ये सुन्दरकाण्डे चतुस्त्रिंशः सर्गः ॥ ३४ ॥

तां त्विति । आदित्य इवेत्यादिकाम् ॥ १ ॥ २ ॥ तानि रामलक्ष्मणचिह्नानि । भूयोऽधिकं विशिष्य समाचक्ष्व, येन मां शोको न समाविशेत् ॥ ३ ॥ संस्थानमवयवसंनिवेशः । रूपमाकारो नीलपीतादिवर्णश्च ॥ ४ ॥ ५ ॥ जानन्ती दिष्ट्या दैवेन रामदूतं मां जानन्ती यदि पृच्छसि रावणशङ्कां त्यक्त्वा

यानि रामस्य चिह्नानि लक्ष्मणस्य च यानि वै । लक्षितानि विशालाक्षि वदतः शृणु तानि मे ॥ ७
रामः कमलपत्राक्षः पूर्णचन्द्रनिभाननः । रूपदाक्षिण्यसंपन्नः प्रसूतो जनकात्मजे ॥ ८
तेजसादित्यसंकाशः क्षमया पृथिवीसमः । बृहस्पतिसमो बुद्ध्या यशसा वासवोपमः ॥ ९
रक्षिता जीवलोकस्य स्वजनस्य च रक्षिता । रक्षिता स्वस्य वृत्तस्य धर्मस्य च परंतपः ॥ १०
रामो भामिनि लोकस्य चातुर्वर्ण्यस्य रक्षिता । मर्यादानां च लोकस्य कर्ता कारयिता च सः ॥ ११
अर्चिष्मानर्चितोऽत्यर्थं ब्रह्मचर्यव्रते स्थितः । साधूनामुपकारज्ञः प्रचारज्ञश्च कर्मणाम् ॥ १२
राजनीत्यां विनीतश्च ब्राह्मणानामुपासकः । ज्ञानवाञ्शीलसंपन्नो विनीतश्च परंतपः ॥ १३
यजुर्वेदविनीतश्च वेदविद्भिः सुपूजितः । धनुर्वेदे च वेदे च वेदाङ्गेषु च निष्ठितः ॥ १४
विपुलांसो महाबाहुः कम्बुग्रीवः शुभाननः । गूढजत्रुः सुताम्राक्षो रामो नाम जनैः श्रुतः ॥ १५
दुन्दुभिस्वननिर्घोषः स्निग्धवर्णः प्रतापवान् । समश्च सुविभक्ताङ्गो वर्णं श्यामं समाश्रितः ॥ १६
त्रिस्थिरस्त्रिप्रलम्बश्च त्रिसमस्त्रिषु चोन्नतः । त्रिताम्रस्त्रिषु च स्निग्धो गम्भीरस्त्रिषु नित्यशः ॥ १७
त्रिवलीमांस्त्र्यवनतश्चतुर्व्यङ्गस्त्रिशीर्षवान् । चतुष्कलश्चतुर्लेखश्चतुष्किष्कुश्चतुःसमः ॥ १८
चतुर्दशसमद्वन्द्वश्चतुर्दंष्ट्रश्चतुर्गतिः । महोष्ठहनुनासश्च पञ्चस्निग्धोऽष्टवंशवान् ॥ १९

तदा त्वया यानि संस्थानादीनि पृष्टानि यथा च मया लक्षितानि दृष्टानि तानि सर्वाणि वदतो मत्तः शृणु ॥ ६ ॥ ७ ॥ रूपदाक्षिण्यसंपन्नः प्रसूत इति । जन्मना सहैवोक्ता वक्ष्यमाणाश्च गुणा जाता इत्यर्थः ॥ ८ ॥ ९ ॥ १० ॥ रामो भामिनि लोकस्येति । सर्वस्य कर्ता भर्ता हर्ता चेति शेषः । अनेन सृष्टिस्थितिसंहारकर्तृत्वरूपं ब्रह्मलक्षणं रामस्योक्तं गूढम् । एवं ज्ञानं तत्क्षणं भगवतैव स्वमायातिरस्करिणीनिरासादिति बोध्यम् । लोकस्य मर्यादानां वर्णाश्रममर्यादानां कर्ता भगवदवतारत्वात्, कारयिता कालात्मना, अवतीर्णरूपेण चातुर्वर्ण्यरक्षिता च ॥ ११ ॥ अत एवार्चिष्मानादित्यरूपः सन्नर्चितः । त्रैवर्णिकैरिति शेषः । ब्रह्मचर्यव्रते गृहस्थोचितपर्वादिवर्जनपूर्वकमृतुगमनलक्षणे स्थितः । वस्तुतस्तु गार्हस्थ्येऽप्यस्खलितरेताः । मनःसकल्पेनैव देव्या रतिप्रीतेः संतानस्य च संपादनमिति भावः । साधूनामुपकारज्ञ उपकर्तव्यकालज्ञः । कर्मणां स्वरूपस्यानुष्ठानस्य च तत्त्वज्ञाता ॥ १२ ॥ ब्राह्मणानां वसिष्ठादीनाम् ॥ १३ ॥ यजुर्वेदविनीतश्च । चादन्येषामपि संग्रहः । विनीतो निरतः ॥ १४ ॥ एवमात्मगुणानुक्त्वा देहगुणानाह—विपुलांस इति ॥ १५ ॥ समो विस्तारायामसमः ॥ १६ ॥ त्रिस्थिरस्त्रिषु स्थानेषु स्थिरः । 'ऊरुश्च मणिबन्धश्च मुष्टिश्च नृपतेः स्थिराः' इत्युक्तेः । त्रिषु प्रलम्बः । 'प्रलम्बा यस्य स धनी त्रयो भ्रूमुष्कबाहवः' इति सामुद्रिकोक्तेः । मुष्को वृषणः । त्रिषु समः । सगात्र्यवयव इत्यर्थः । 'केशाग्रं वृषणं जानु समं यस्य स भूपतिः' इत्युक्तेः । त्रिषु चोन्नतः । 'नाभ्यन्तःकुक्षिवक्षोभिरुन्नतैः क्षितिपो भवेत् ।' त्रिताम्रस्त्रिषु ताम्रः । 'नेत्रान्तनखपाण्यङ्घ्रितलैस्ताम्रस्त्रिभिः सुखी ।' त्रिषु स्निग्धः । 'स्निग्धा भवन्ति वै येषां पादरेखाः शिरोरुहाः । तथा लिङ्गमणिस्तेषां महाभाग्यं विनिर्दिशत् ॥' त्रिषु गम्भीरः । 'स्वरे गतौ च नाभौ च गम्भीरस्त्रिषु शस्यते' ॥ १७ ॥ त्रिवलीमानुदरे कण्ठे उभयत्र वा वलित्रयवान् । त्रिष्ववनतो निम्नः । निम्नत्वं निम्नगत्वम् । तच्च निमग्नपादतलमध्यत्वम्, निमग्नपादरेखात्वम्, निमग्नस्तनचूचुकत्वं च । चतुर्व्यङ्गश्चतुर्ह्रस्वः । 'ग्रीवा प्रजननं पृष्ठं ह्रस्वं जङ्घे च पूजिते ।' त्रिशीर्षवानावर्तत्रययुक्तशीर्षः । 'आवर्तत्रययुक्तं यस्य शिरः क्षितिभृतामयं नाथः ।' चतुष्कलः चतस्रः कलाश्चतुर्वेदप्राप्तिसूचकाङ्गुष्ठमूलरेखा यस्य सः । 'मूलेऽङ्गुष्ठस्य रेखानां चतस्रस्तिस्र एव वा । एका द्वे वा यथायोगं वेदरेखा द्विजन्मनाम् ॥' चतुर्लेखो ललाटे चतूरेखायुक्तः । 'ललाटे यस्य दृश्यन्ते चतुस्त्र्येकरेखिकाः । शतद्वयं शतं षष्टिस्तस्यायुर्विंशतिः क्रमात् ॥' चतुष्किष्कुः । किष्कुश्चतुर्विंशत्यङ्गुलात्मको हस्तः । चतुर्हस्तप्रमाणः । षण्णवत्यङ्गुलोत्सेध इति यावत् । चतुःसमः । 'बाहूरूजानूरुगण्डानि चत्वार्यथ समानि च' इति । बाहूरुजानूगण्डौ समावित्यर्थः ॥ १८ ॥ चतुर्दशसमद्वन्द्व इति समपरिमाणचतुर्दशाङ्गद्वन्द्वः । तदुक्तम्—'भ्रुवौ नासापुटे नेत्रे कर्णावोष्ठौ च चूचुकौ । कूर्परे मणिबन्धौ च जानुनी वृषणौ कटी ॥ करौ पादौ स्फिजौ यस्य समौ ज्ञेयः स भूपतिः' । 'स्कन्धौ गण्डौ तथा दन्ता ऊरू ज्ञेयौ च जत्रुणी ॥' इत्यन्यत्र पाठः । चतुर्दंष्ट्र इति । चतस्रो दंष्ट्रा दन्तपङ्क्तिद्वये प्रतिपार्श्वं शास्त्रोक्तलक्षणा यस्य सः । तच्च—'स्निग्धा घनाश्च दशनाः सुतीक्ष्णदंष्ट्राः शुभाश्चतस्र इति ।' दंष्ट्राणां तीक्ष्णत्वं क्रमुकादिखण्डनसमर्थत्वम् । चतुर्गतिरिति । सिंहशार्दूलगजवृषभैश्चतुर्भिस्तुल्या गतिर्यस्य सः । महोष्ठहनुनासश्चेति । महत्प्रशस्तमोष्ठहनुनासं यस्य सः । तत्रौष्ठस्य प्राशस्त्यं बिम्बफलादिवदरुणत्वे सति मांसलत्वम् । हनोस्तु परिपूर्णमांसलोन्नतत्वम् । नासिकायास्तु दीर्घोन्नतरुचिरपुटत्वम् । पञ्चस्निग्ध इति । पञ्च वाग्वक्त्रनखलोमत्वचं स्निग्धं यस्य सः । अष्टवंशवान्प्रशस्ताष्टवंशाख्यावयववान् । वंशशब्देन दैर्घ्यं विवक्षितम् । 'बाहू च नलकावूरू जङ्घे चेत्यष्टवंशकाः ।' नलकावङ्गुल्याविति तीर्थः ॥ १९ ॥

दशपद्मो दशबृहत्त्रिभिर्व्याप्तो द्विशुक्लवान् । षडुन्नतो नवतनुस्त्रिभिर्व्याप्नोति राघवः ॥ २०
सत्यधर्मरतः श्रीमान्संग्रहानुग्रहे रतः । देशकालविभागज्ञः सर्वलोकप्रियंवदः ॥ २१
भ्राता चास्य च द्वैमात्रः सौमित्रिरसितप्रभः । अनुरागेण रूपेण गुणैश्चापि तथाविधः ॥ २२
स सुवर्णच्छविः श्रीमान्रामः श्यामो महायशाः । तावुभौ नरशार्दूलौ त्वद्दर्शनकृतोत्सवौ ॥ २३
विचिन्वन्तौ महीं कृत्स्नामस्माभिः सह संगतौ । त्वामेव मार्गमाणौ तौ विचरन्तौ वसुंधराम् ॥ २४
ददर्शतुर्मृगपतिं पूर्वजेनावरोपितम् । ऋष्यमूकस्य मूले तु बहुपादपसंकुले ॥ २५
भ्रातुर्भयार्तमासीनं सुग्रीवं प्रियदर्शनम् । वयं च हरिराजं तं सुग्रीवं सत्यसंगरम् ॥ २६
परिचर्यामहे राज्यात्पूर्वजेनावरोपितम् । ततस्तौ चीरवसनौ धनुःप्रवरपाणिनौ ।
स तौ दृष्ट्वा नरव्याघ्रौ धन्विनौ वानरर्षभः ॥ २७
अभिप्लुतो गिरेस्तस्य शिखरं भयमोहितः । ततः स शिखरे तस्मिन्वानरेन्द्रो व्यवस्थितः ॥ २८
तयोः समीपं मामेव प्रेषयामास सत्वरम् । तावहं पुरुषव्याघ्रौ सुग्रीववचनात्प्रभू ॥ २९
रूपलक्षणसंपन्नौ कृताञ्जलिरुपस्थितः । तौ परिज्ञाततत्त्वार्थौ मया प्रीतिसमन्वितौ ॥ ३०
पृष्ठमारोप्य तं देशं प्रापितौ पुरुषर्षभौ । निवेदितौ च तत्त्वेन सुग्रीवाय महात्मने ॥ ३१
तयोरन्योन्यसंभाषाद्भृशं प्रीतिरजायत । तत्र तौ कीर्तिसंपन्नौ हरीश्वरनरेश्वरौ ॥ ३२
परस्परकृताश्वासौ कथया पूर्ववृत्तया । तं ततः सान्त्वयामास सुग्रीवं लक्ष्मणाग्रजः ॥ ३३
स्त्रीहेतोर्वालिना भ्रात्रा निरस्तं पुरुतेजसा । ततस्त्वन्नाशजं शोकं रामस्याक्लिष्टकर्मणः ॥ ३४
लक्ष्मणो वानरेन्द्राय सुग्रीवाय न्यवेदयत् । स श्रुत्वा वानरेन्द्रस्तु लक्ष्मणेनेरितं वचः ॥ ३५
तदासीन्निष्प्रभोऽत्यर्थं ग्रहग्रस्त इवांशुमान् । ततस्त्वद्गात्रशोभीनि रक्षसा ह्रियमाणया ॥ ३६
यान्याभरणजालानि पातितानि महीतले । तानि सर्वाणि रामाय आनीय हरियूथपाः ॥ ३७
संहृष्टा दर्शयामासुर्गतिं तु न विदुस्तव । तानि रामाय दत्तानि मयैवोपहृतानि च ॥ ३८
स्वनवन्त्यवकीर्णानि तस्मिन्विहतचेतसि । तान्यङ्के दर्शनीयानि कृत्वा बहुविधं तदा ॥ ३९
तेन देवप्रकाशेन देवेन परिदेवितम् प्रादीपयद्दाशरथेस्तदा शोकहुताशनम् ॥ ४०

दशपद्मः । 'मुखनेत्रास्यजिह्वोष्ठतालुस्तननखं करौ । पादौ च दश पद्मानि पद्माकाराणि यस्य च ॥' इति । आस्यमोष्ठमध्यम । दशबृहन् । तानि तु—'उरः शिरो ललाटं च ग्रीवा बाहुस्तना भयः । पादा पृष्ठं श्रुती चैव विशालास्ते सुखप्रदाः ॥' इति । त्रिभिः श्रीयशस्तेजोभिर्व्याप्तो युक्तः । द्विशुक्लवान । 'द्वौ शुद्धौ तु शुभौ शुक्लौ वंशौ मातुः पितुस्तथा' इत्युक्तः । षडुन्नतः । तानि च—'कक्षः कुक्षिश्च वक्षश्च घ्राणस्कन्धललाटिकाः । सर्वभूतेषु निर्दिष्टा उन्नतास्तु सुखप्रदाः ॥' इति । पूर्वं त्र्युन्नतस्निग्धत्वमुक्तम्, अत्र पञ्चस्निग्धत्वं षडुन्नतत्वं चोभयमपि मतभेदादविरुद्धम् । एवं नानामतप्रदर्शनं रामस्य नानामतसंमतसर्वलक्षणयुक्तत्वसूचनाय । नवतनुर्नवसु सूक्ष्मः । तानि च—'सूक्ष्माण्यङ्गुलिपर्वाणि केशरोमनखत्वचः । शेफश्च येषां सूक्ष्माणि ते नरा दीर्घजीविनः ॥' इति प्रोक्तं पदकम् । मृदुश्मश्रुत्वं सूक्ष्मदृष्टित्वं सूक्ष्मबुद्धित्वं चेति नवसूक्ष्मत्वम् । दृष्टेः सौक्ष्म्यं रत्नपरीक्षान्तसूक्ष्मदर्शनचातुर्यम् । बुद्धेः सूक्ष्मत्वं तत्त्वसाक्षात्कारसमर्थत्वम् । त्रिभिर्व्याप्नोति धर्मार्थकामैः कालं यथोचितं व्याप्नोति । त्रिवर्गसेवीत्यर्थः ॥ २० ॥ संग्रहानुग्रहे । सग्रहो धनबलादीनाम, अनुग्रहस्ताभ्यां प्रजारक्षणम्, तदुभयनिष्ठः ॥ २१ ॥ द्वैमात्रः । राममात्रपेक्षया द्वितीया माता द्विमाता । तस्या अपत्यमित्यर्थः । भिन्नोदरभ्रातेत्यर्थः । 'वैमात्रः' इति पाठान्तरम ॥ २२ ॥ २३ ॥ अस्माभिः । सुग्रीवमन्त्रिभिरित्यर्थः। उक्तमेव विस्तरेण ह—त्वामेवेति ॥ २४ ॥ मृगपतिं शाखामृगपतिं सुग्रीवम्, पूर्वजेन वालिनावरोपितं राज्याद्भ्रंशितम् ॥ २५ ॥ २६ ॥ परिचर्यामहे । तद्दुःश्यनावाप्यौ । परिचराम इत्यर्थः । अवरोपितं राज्येन हीनं कृतम् । पाणिनौ । पाणी इति यावत् ॥ २७ ॥ अभिप्लुत उत्प्लुत्यारूढः ॥ २८ ॥ २९ ॥ मया परिज्ञाततत्त्वार्थौ विज्ञाताशेषवृत्तान्तौ विज्ञापिताशेषवृत्तान्तौ च ॥ ३० ॥ ३१ ॥ ३२ ॥ पूर्ववृत्तया स्वीयस्वीयवृत्तान्तगोचरया ॥ ३३ ॥ स्त्रीहेतोः सुग्रीवस्त्रीपरिग्रहार्थम् । पुरु महत्तेजो यस्य तेन । त्वन्नाशजं त्वदपहारजम् ॥ ३४ ॥ ३५ ॥ निष्प्रभः खिन्नचित्तः । त्वद्गात्रं शोभयितुं शीलं येषां तानि ॥ ३६ ॥ ३७ ॥ दर्शयामासुः । सुग्रीवाज्ञयेति शेषः ॥ ३८ ॥ मयैवोपहृतानि च । प्रथममिति शेषः । अवकीर्णानि भूमौ पातनात्किंचिद्विशीर्णानि । तानि दत्तानि गृहीत्वा शोकात्तस्मिन्विहतचेतसि । प्रथमार्थे सप्तमी । विहतचेताः । मूर्च्छितचेताभूदित्यर्थः ॥ ३९ ॥ देवप्रकाशेन देवावतारेण, अतएव देवेन परिदेवितम् । प्रादीपयत् । आभरणदर्शनमिति शेषः

शायितं च चिरं तेन दुःखार्तेन महात्मना । मयापि विविधैर्वाक्यैः कृच्छ्रादुत्थापितः पुनः ॥ ४१
तानि दृष्ट्वा महार्हाणि दर्शयित्वा मुहुर्मुहुः । राघवः सहसौमित्रिः सुग्रीवे संन्यवेशयत् ॥ ४२
स तवादर्शनादार्ये राघवः परितप्यते । महता ज्वलता नित्यमग्निनेवाग्निपर्वतः ॥ ४३
त्वत्कृते तमनिद्रा च शोकश्चिन्ता च राघवम् । तापयन्ति महात्मानमग्न्यगारमिवाग्नयः ॥ ४४
तवादर्शनशोकेन राघवः परिचाल्यते । महता भूमिकम्पेन महानिव शिलोच्चयः ॥ ४५
काननानि सुरम्याणि नदीप्रस्रवणानि च । चरन्न रतिमाप्नोति त्वामपश्यन्नृपात्मजे ॥ ४६
स त्वां मनुजशार्दूलः क्षिप्रं प्राप्स्यति राघवः । समित्रबान्धवं हत्वा रावणं जनकात्मजे ॥ ४७
सहितौ रामसुग्रीवावुभावकुरुतां तदा । समयं वालिनं हन्तुं तव चान्वेषणं प्रति ॥ ४८
ततस्ताभ्यां कुमाराभ्यां वीराभ्यां स हरीश्वरः । किष्किन्धां समुपागम्य वाली युद्धे निपातितः॥४९
ततो निहत्य तरसा रामो वालिनमाहवे । सर्वेषां हरिसङ्घानां सुग्रीवमकरोत्पतिम् ॥ ५०
रामसुग्रीवयोरैक्यं देव्येवं समजायत । हनूमन्तं च मां विद्धि तयोर्दूतमुपागतम् ॥ ५१
स्वं राज्यं प्राप्य सुग्रीवः स्वानानीय महाकपीन् । त्वदर्थं प्रेषयामास दिशो दश महाबलान् ॥ ५२
आदिष्टा वानरेन्द्रेण सुग्रीवेण महौजसः । अद्रिराजप्रतीकाशाः सर्वतः प्रस्थिता महीम् ॥ ५३
ततस्ते मार्गमाणा वै सुग्रीववचनातुराः । चरन्ति वसुधां कृत्स्नां वयमन्ये च वानराः ॥ ५४
अङ्गदो नाम लक्ष्मीवान्वालिसूनुर्महाबलः । प्रस्थितः कपिशार्दूलस्त्रिभागबलसंवृतः ॥ ५५
तेषां नो विप्रणष्टानां विन्ध्ये पर्वतसत्तमे । भृशं शोकपरीतानामहोरात्रगणा गताः ॥ ५६
ते वयं कार्यनैराश्यात्कालस्यातिक्रमेण च । भयाच्च कपिराजस्य प्राणांस्त्यक्तुमुपस्थिताः ॥ ५७
विचित्य गिरिदुर्गाणि नदीप्रस्रवणानि च । अनासाद्य पदं देव्याः प्राणांस्त्यक्तुं व्यवस्थिताः ॥ ५८
ततस्तस्य गिरेर्मूर्ध्नि वयं प्रायमुपास्महे । दृष्ट्वा प्रायोपविष्टांश्च सर्वान्वानरपुंगवान् ॥ ५९
भृशं शोकार्णवे मग्नः पर्यदेवयदङ्गदः । तव नाशं च वैदेहि वालिनश्च तथा वधम् ॥ ६०
प्रायोपवेशमस्माकं मरणं च जटायुषः । तेषां नः स्वामिसंदेशान्निराशानां मुमूर्षताम् ॥ ६१
कार्यहेतोरिवायातः शकुनिर्वीर्यवान्महान् । गृध्रराजस्य सोदर्यः संपातिर्नाम गृध्रराट् ॥ ६२
श्रुत्वा भ्रातृवधं कोपादिदं वचनमब्रवीत् । यवीयान्केन मे भ्राता हतः क्व च निपातितः ॥ ६३
एतदाख्यातुमिच्छामि भवद्भिर्वानरोत्तमाः । अङ्गदोऽकथयत्तस्य जनस्थाने महद्वधम् ॥ ६४
रक्षसा भीमरूपेण त्वामुद्दिश्य यथार्थतः । जटायोस्तु वधं श्रुत्वा दुःखितः सोऽरुणात्मजः ॥ ६५
त्वामाह स वरारोहे वसन्तीं रावणालये । तस्य तद्वचनं श्रुत्वा संपातेः प्रीतिवर्धनम् ॥ ६६
अङ्गदप्रमुखाः सर्वे ततः प्रस्थापिता वयम् । विन्ध्यादुत्थाय संप्राप्ताः सागरस्यान्तमुत्तमम् ॥ ६७
त्वद्दर्शने कृतोत्साहा हृष्टाः पुष्टाः प्लवंगमाः । अङ्गदप्रमुखाः सर्वे वेलोपान्तमुपागताः ॥ ६८
चिन्तां जग्मुः पुनर्भीमां त्वद्दर्शनसमुत्सुकाः । अथाहं हरिसैन्यस्य सागरं दृश्य सीदतः ॥ ६९
व्यवधूय भयं तीव्रं योजनानां शतं प्लुतः । लङ्का चापि मया रात्रौ प्रविष्टा राक्षसाकुला ॥ ७०
रावणश्च मया दृष्टस्त्वं च शोकनिपीडिता । एतत्ते सर्वमाख्यातं यथावृत्तमनिन्दिते ॥ ७१
अभिभाषस्व मां देवि दूतो दाशरथेरहम् । तन्मां रामकृतोद्योगं त्वन्निमित्तमिहागतम् ॥ ७२
सुग्रीवसचिवं देवि बुध्यस्व पवनात्मजम् । कुशली तव काकुत्स्थः सर्वशस्त्रभृतां वरः ॥ ७३

॥ ४० ॥ शायितं शोकाद्भूमौ पतितम् ॥ ४१ ॥ ४२ ॥ अग्निपर्वतः संवर्ताख्यकालाग्निनिवासभूतः पर्वतोऽग्निपर्वतः 'तत्र माल्यवतः शृङ्गे दृश्यते हव्यवाट् सदा । नाम्ना संवर्तको नाम कालाग्निर्भरतर्षभ ॥' इति भीष्मपर्वणि भारतोक्तेः ॥ ४३ ॥ ४४ ॥ ४५ ॥ ४६ ॥ ४७ ॥ सहितौ सख्यं प्राप्तौ । समयं प्रतिज्ञाम् ॥ ४८ ॥ ४९ ॥ ५० ॥ ५१ ॥ ५२ ॥ ५३ ॥ सुग्रीववचनातुराः सुग्रीवाज्ञाभीताः ॥ ५४ ॥ त्रिभागबलसंवृतः । सेनायास्त्रिष्वंशेष्वेकांशसेनापरिवृत इत्यर्थः ॥ ५५ ॥ विन्ध्ये विप्रणष्टानां बिलमध्येऽदर्शनं प्राप्तानाम् । गता इति । समयात्परेऽपीति शेषः ॥ ५६ ॥ ५७ ॥ ५८ ॥ ५९ ॥ ६० ॥ निराशानां त्वत्प्राप्त्याशारहितानाम् । स्वामिसंदेशात्तत्संदिष्टकालात्ययाद्धेतोर्मुमूर्षताम् ॥ ६१ ॥ कार्यहेतोः कार्यसिद्ध्यर्थमिवायातः । दैवादिति शेषः ॥ ६२ ॥ क्व । देशे इति शेषः ॥ ६३ ॥ आख्यातुमित्यसमानकर्तृकेऽपि तुमुन्नार्षः ॥ ६४ ॥ ६५ ॥ ६६ ॥ अन्तं तटम् ॥ ६७ ॥ ६८ ॥ ६९ ॥ प्लुतः प्लुतवान् ॥ ७० ॥ ७१ ॥ ७२ ॥ पवना-

गुरोराराधने युक्तो लक्ष्मणः शुभलक्षणः । तस्य वीर्यवतो देवि भर्तुस्तव हिते रतः ॥ ७४
अहमेकस्तु संप्राप्तः सुग्रीववचनादिह । मयेयमसहायेन चरता कामरूपिणा ॥ ७५
दक्षिणा दिगनुक्रान्ता त्वन्मार्गविचयैषिणा । दिष्ट्याहं हरिसैन्यानां त्वन्नाशमनुशोचताम् ॥ ७६
अपनेष्यामि संतापं तवाधिगमशासनात् । दिष्ट्या हि न मम व्यर्थं सागरस्येह लङ्घनम् ॥ ७७
प्राप्स्याम्यहमिदं देवि त्वद्दर्शनकृतं यशः । राघवश्च महावीर्यः क्षिप्रं त्वामभिपत्स्यते ॥ ७८
सपुत्रबान्धवं हत्वा रावणं राक्षसाधिपम् । माल्यवान्नाम वैदेहि गिरीणामुत्तमो गिरिः ॥ ७९
ततो गच्छति गोकर्णं पर्वतं केसरी हरिः । स च देवर्षिभिर्दिष्टः पिता मम महाकपिः ।
तीर्थे नदीपतेः पुण्ये शम्बसादनमुद्धरन् ॥ ८०
यस्याहं हरिणः क्षेत्रे जातो वातेन मैथिलि । हनुमानिति विख्यातो लोके स्वेनैव कर्मणा ॥ ८१
विश्वासार्थं तु वैदेहि भर्तुरुक्ता मया गुणाः । अचिरात्त्वामितो देवि राघवो नयिता ध्रुवम् ॥ ८२
एवं विश्वासिता सीता हेतुभिः शोककर्शिता । उपपन्नैरभिज्ञानैर्दूतं तमधिगच्छति ॥ ८३
अतुलं च गता हर्षं प्रहर्षेण तु जानकी । नेत्राभ्यां वक्रपक्ष्माभ्यां मुमोचानन्दजं जलम् ॥ ८४
चारु तद्वदनं तस्यास्ताम्रशुक्लायतेक्षणम् । अशोभत विशालाक्ष्या राहुमुक्त इवोडुराट् ॥ ८५
हनुमन्तं कपिं व्यक्तं मन्यते नान्यथेति सा । अथोवाच हनूमांस्तामुत्तरं प्रियदर्शनाम् ॥ ८६
एतत्ते सर्वमाख्यातं समाश्वसिहि मैथिलि । किं करोमि कथं वा ते रोचते प्रतियाम्यहम् ॥ ८७
हतेऽसुरे संयति शम्बसादने कपिप्रवीरेण महर्षिचोदनात् ।
ततोऽस्मि वायुप्रभवो हि मैथिलि प्रभावतस्तत्प्रतिमश्च वानरः ॥ ८८

इत्यार्षे श्रीमद्रामायणे वाल्मीकीय आदिकाव्ये सुन्दरकाण्डे पञ्चत्रिंशः सर्गः ॥ ३५ ॥

षट्त्रिंशः सर्गः ।

भूय एव महातेजा हनूमान्पवनात्मजः । अब्रवीत्प्रश्रितं वाक्यं सीताप्रत्ययकारणात् ॥ १
वानरोऽहं महाभागे दूतो रामस्य धीमतः । रामनामाङ्कितं चेदं पश्य देव्यङ्गुलीयकम् ॥ २
प्रत्ययार्थं तवानीतं तेन दत्तं महात्मना । समाश्वसिहि भद्रं ते क्षीणदुःखफला ह्यसि ॥ ३
गृहीत्वा प्रेक्षमाणा सा भर्तुः करविभूषितम् । भर्तारमिव संप्राप्तं जानकी मुदिताभवत् ॥ ४
चारु तद्वदनं तस्यास्ताम्रशुक्लायतेक्षणम् । बभूव हर्षोदग्रं च राहुमुक्त इवोडुराट् ॥ ५
ततः सा ह्रीमती बाला भर्तुः संदेशहर्षिता । परितुष्टा प्रियं कृत्वा प्रशशंस महाकपिम् ॥ ६

त्मजत्वेन लङ्घनसामर्थ्यम् ॥ ७३ ॥ ७४ ॥ एकः सप्राप्तः । अर्थाच्छेषाः समुद्रतीर एवासते । कामरूपिणा । अनेन रावणान्तःपुराद्यन्वेषणसामर्थ्यं सूचितम् ॥ ७५ ॥ त्वन्नाशं त्वददर्शनम् ॥ ७६ ॥ अधिगमो दर्शनम् ॥ ७७ ॥ ७८ ॥ तिर्यग्देहस्य तव कथं पवनात्मजत्वमिति शङ्कामपनयन्नाह—माल्यवान्नामेति ॥ ७९ ॥ गोकर्णं तदाख्यम् । दिष्टः शम्बसादनाख्यासुरवधायाज्ञप्तः । उद्धरन्नुद्धृतवान् । अवधीदित्यर्थः । भूतेऽपि लटः शत्रादेशः ॥ ८० ॥ स्वेनवोत्पत्तिकालप्रवृत्तेन कर्मणा पराक्रमेण ॥ ८१ ॥ भर्तुस्त्वद्भर्तू रामस्य । नयिता नेता ॥ ८२ ॥ उपपन्नैर्वास्तवैः । अभिज्ञानं रामलक्ष्मणचिह्नैः । अधिगच्छत्यध्यगच्छत् ॥ ८३ ॥ ८४ ॥ ८५ ॥ अन्यथा नेति । मायाकपिर्नेत्यर्थः ॥ ८६ ॥ सर्वमुत्तरं सर्वप्रत्युत्तरमाख्यातमित्यन्वयः । अथ सीतायै चिकीर्षितं पृच्छति—किं करोमीति । वर्तमानसामीप्ये लट् । प्रतियामि प्रतियास्ये रामसमीपम्, किं करोमि किं करिष्ये, कथं वा रोचते । चिकीर्षितमिति शेषः ॥ ८७ ॥ नहि रावण आत्मानं कथमपि कपिपुत्र इति ब्रूयादिति ज्ञापनपूर्वकं कपित्वनिश्चयाय पुनः स्वजन्मानुवादः—हतेऽसुर इति । ततः । शम्बसादनासुरवधप्रीतमहर्षेः प्रसादत इत्यर्थः । तत्प्रतिमः । वायुसदृश इत्यर्थः ॥ ८८ ॥ इति श्रीरामाभिरामे श्रीरामीये रामायणतिलके वाल्मीकीय आदिकाव्ये सुन्दरकाण्डे पञ्चत्रिंशः सर्गः ॥ ३५ ॥

अथ दृढतरविश्वासाय रामाङ्गुलीयकं दातुमाह—भूय इति । प्रत्ययो विश्वासः ॥ १ ॥ वानरोऽहं नान्यः । रामस्य नाम नामाक्षराणि तैरङ्कितं चिह्नितम् ॥ २ ॥ क्षीणं दुःखरूपं पापफलं यस्याः सा । असि शीघ्रमेव भविष्यसि ॥ ३ ॥ विभूषितं विभूषणम् । भर्तारं प्राप्तमिवेत्यन्वयः ॥ ४ ॥ 'बभूव हर्षोदग्रं च' इति पाठः ॥ ५ ॥ ह्रीमत्यङ्गुलीयसांनिध्ये भर्तृसांनिध्या-

विक्रान्तस्त्वं समर्थस्त्वं प्राज्ञस्त्वं वानरोत्तम । येनेदं राक्षसपदं त्वयैकेन प्रधर्षितम् ॥ ७
शतयोजनविस्तीर्णः सागरो मकरालयः । विक्रमश्लाघनीयेन क्रमता गोष्पदीकृतः ॥ ८
नहि त्वां प्राकृतं मन्ये वानरं वानरर्षभ । यस्य ते नास्ति संत्रासो रावणादपि संभ्रमः ॥ ९
अर्हसे च कपिश्रेष्ठ मया समभिभाषितुम् । यद्यसि प्रेषितस्तेन रामेण विदितात्मना ॥ १०
प्रेषयिष्यति दुर्धर्षो रामो ह्यपरीक्षितम् । पराक्रममविज्ञाय मत्सकाशं विशेषतः ॥ ११
दिष्ट्या च कुशली रामो धर्मात्मा सत्यसंगरः । लक्ष्मणश्च महातेजाः सुमित्रानन्दवर्धनः ॥ १२
कुशली यदि काकुत्स्थः किं न सागरमेखलाम् । महीं दहति कोपेन युगान्ताग्निरिवोत्थितः ॥ १३
अथवा शक्तिमन्तौ तौ सुराणामपि निग्रहे । ममैव तु न दुःखानामस्ति मन्ये विपर्ययः ॥ १४
कच्चिन्न व्यथते रामः कच्चिन्न परितप्यते । उत्तराणि च कार्याणि कुरुते पुरुषोत्तमः ॥ १५
कच्चिन्न दीनः संभ्रान्तः कार्येषु च न मुह्यति । कच्चित्पुरुषकार्याणि कुरुते नृपतेः सुतः ॥ १६
द्विविधं त्रिविधोपायमुपायमपि सेवते । विजिगीषुसुहृत्कच्चिन्मित्रेषु च परंतपः ॥ १७
कच्चिन्मित्राणि लभते मित्रैश्चाप्यभिगम्यते । कच्चित्कल्याणमित्रश्च मित्रैश्चापि पुरस्कृतः ॥ १८
कच्चिदाशास्ति देवानां प्रसादं पार्थिवात्मजः । कच्चित्पुरुषकारं च दैवं च प्रतिपद्यते ॥ १९
कच्चिन्न विगतस्नेहो विवासान्मयि राघवः । कच्चिन्मां व्यसनादस्मान्मोक्षयिष्यति राघवः ॥ २०
सुखानामुचितो नित्यमसुखानामनूचितः । दुःखमुत्तरमासाद्य कच्चिद्रामो न सीदति ॥ २१
कौसल्यायास्तथा कच्चित्सुमित्रायास्तथैव च । अभीक्ष्णं श्रूयते कच्चित्कुशलं भरतस्य च ॥ २२
मन्निमित्तेन मानार्हः कच्चिच्छोकेन राघवः । कच्चिन्नान्यमना रामः कच्चिन्मां तारयिष्यति ॥ २३
कच्चिदक्षौहिणीं भीमां भरतो भ्रातृवत्सलः । ध्वजिनीं मन्त्रिभिर्गुप्तां प्रेषयिष्यति मत्कृते ॥ २४
वानराधिपतेः श्रीमान्सुग्रीवः कच्चिदेष्यति । मत्कृते हरिभिर्वीरैर्वृतो दन्तनखायुधैः ॥ २५
कच्चिच्च लक्ष्मणः शूरः सुमित्रानन्दवर्धनः । अस्त्रविच्छरजालेन राक्षसान्विधमिष्यति ॥ २६
रौद्रेण कच्चिदस्त्रेण रामेण निहतं रणे । द्रक्ष्याम्यल्पेन कालेन रावणं ससुहृज्जनम् ॥ २७

कच्चिन्न तद्धेमसमानवर्णं तस्याननं पद्मसमानगन्धि ।
मया विना शुष्यति शोकदीनं जलक्षये पद्ममिवातपेन ॥ २८
धर्मापदेशात्त्यजतः स्वराज्यं मां चाप्यरण्यं नयतः पदातेः ।
नासीद्यथा यस्य न भीर्न शोकः कच्चित्स धैर्यं हृदये करोति ॥ २९

दिव किंचिल्लज्जावती । प्रियं कृत्वादरं कृत्वा ॥ ६ ॥ विक्रान्तः शूरः । समर्थो देशकालोचितकृत्यचतुरः । प्राज्ञो धर्मार्थविषयकसर्वशास्त्रार्थतत्त्वज्ञः । पदं स्थानम् ॥ ७ ॥ क्रमता क्रामता ॥ ८ ॥ संत्रासः । समुद्रादिति शेषः । रावणादपि संभ्रमश्चित्तक्षोभः ॥ ९ ॥ यदि यस्मात्तेन प्रेषितोऽसि तस्मान्मया समभिभाषितुं संभाषणं कर्तुमर्हसेऽर्हसि ॥ १० ॥ ११ ॥ १२ ॥ ननु तद्दूतागमनेन तद्वचसा च कुशलावगतेः किं पुनर्दिष्ट्येत्यादि तत्प्रश्नेनेति शङ्कायां प्रश्नाशयं दर्शयति—कुशलीति । यदि कुशली त्वया कथ्यते तदा मत्कृते सागरमेखलां महीं किं न दहतीत्यर्थः ॥ १३ ॥ ननु केवलं महीमेवेति किमुच्यते इत्याशयेन पक्षान्तरम्—अथवेति । तथा शक्तिमन्तौ यदि तर्हि किमिति तूष्णीं तिष्ठतस्तत्राह—ममैवेति । दुःखानां दुःखहेतुपापानां विपर्ययो नाशो नाद्यापि संवृत्त इत्यर्थः ॥ १४ ॥ मम दुःखक्षये ईषत्करः, अपि तु तस्य सुखावस्थानमेव मृग्यमित्याशयेनाह—कच्चिदिति । उत्तराणि कार्याणि मद्विमोचनफलानि ॥ १५ ॥ न दीनो न संभ्रान्त इत्यनुषङ्गः । पुरुषकार्याणि पुरुषकारान् ॥ १६ ॥ द्विविधं सौम्यासौम्यरूपप्रकारद्वयवत् । त्रिविधोपायं धर्मार्थकामलक्षणत्रिविधपुरुषार्थानां प्राप्त्युपायभूतमुपायं सामाद्युपायमपि सेवते कच्चित् । तथा मित्रेषु च विजिगीषुसुहृत्कच्चित् । विजिगीषुसुहृदिति बहुव्रीहिः तत्पुरुषश्चेति कतकः । सुहृत्परंतपो रामो विजिगीषुः सन्त्रिविधोपायं सामदानभेदरूपमुपायं दण्डोपायं च । मित्रेषु च । चादमित्रेषु च । द्विविधं यथा भवति तथा सेवते कच्चित् । मित्रेषु सामदानेऽमित्रेषु भेददण्डौ चेत्येवं विभज्य प्रयुङ्क्ते कच्चिदित्यर्थ इति तीर्थः ॥ १७ ॥ मित्राणि लभते स्वयत्नेनामित्रैश्च स्वयत्नतोऽभिगम्यते । कल्याणमित्रः सौम्यमित्रः । मित्रैः पुरस्कृतो बहुमतः कच्चित् ॥ १८ ॥ आशास्त्याशास्ते । प्रार्थयत इत्यर्थः ॥ १९ ॥ विवासाद्विदूरवासात् ॥ २० ॥ अनूचित इति च्छान्दसो दीर्घः । उत्तरं दुःखम् । दुःखाद्दुःखमित्यर्थः ॥ २१ ॥ २२ ॥ मन्निमित्तेन मद्वियोगनिमित्तेन शोकेन । कच्चित्परितप्यत इति शेषः ॥ २३ ॥ २४ ॥ २५ ॥ २६ ॥ रौद्रेणामोघक्रूरेण ॥ २७ ॥ हेमसमानवर्णं हेमवर्णवत्स्पृहणीयशोभम् ॥ २८ ॥ धर्मापदेशाद्धर्मोद्देशात् । धर्ममुद्दिश्येति यावत् । न भीर्न शोकः । मम नयनान्न भीः, राज्यत्यागाच्च

न चास्य माता न पिता न चान्यः स्नेहादिशिष्टोऽस्ति मया समो वा ।
तावद्ध्यहं दूत जिजीविषेयं यावत्प्रवृत्तिं शृणुयां प्रियस्य ॥ ३०
इतीव देवी वचनं महार्थं तं वानरेन्द्रं मधुरार्थमुक्त्वा ।
श्रोतुं पुनस्तस्य वचोऽभिरामं रामार्थयुक्तं विरराम रामा ॥ ३१
सीताया वचनं श्रुत्वा मारुतिर्भीमविक्रमः । शिरस्यञ्जलिमाधाय वाक्यमुत्तरमब्रवीत् ॥ ३२
न त्वामिहस्थां जानीते रामः कमललोचनः । तेन त्वां न नयत्याशु शचीमिव पुरंदरः ॥ ३३
श्रुत्वैव च वचो मह्यं क्षिप्रमेष्यति राघवः । चमूं प्रकर्षन्महतीं हर्यृक्षगणसंयुताम् ॥ ३४
विष्टम्भयित्वा बाणौघैरक्षोभ्यं वरुणालयम् । करिष्यति पुरीं लङ्कां काकुत्स्थः शान्तराक्षसाम् ॥ ३५
तत्र यद्यन्तरा मृत्युर्यदि देवा महासुराः । स्थास्यन्ति पथि रामस्य स तानपि वधिष्यति ॥ ३६
तवादर्शनजेनार्ये शोकेन परिपूरितः । न शर्म लभते रामः सिंहार्दित इव द्विपः ॥ ३७
मन्दरेण च ते देवि शपे मूलफलेन च । मलयेन च विन्ध्येन मेरुणा दर्दुरेण च ॥ ३८
यथा सुनयनं वल्गु बिम्बोष्ठं चारुकुण्डलम् । मुखं द्रक्ष्यसि रामस्य पूर्णचन्द्रमिवोदितम् ॥ ३९
क्षिप्रं द्रक्ष्यसि वैदेहि रामं प्रस्रवणे गिरौ । शतक्रतुमिवासीनं नागपृष्ठस्य मूर्धनि ॥ ४०
न मांसं राघवो भुङ्क्ते न चैव मधु सेवते । वन्यं सुविहितं नित्यं भक्तमश्नाति पञ्चमम् ॥ ४१
नैव दंशान्न मशकान्न कीटान्न सरीसृपान् । राघवोऽपनयेद्गात्रात्त्वद्गतेनान्तरात्मना ॥ ४२
नित्यं ध्यानपरो रामो नित्यं शोकपरायणः । नान्यच्चिन्तयते किंचित्स तु कामवशं गतः ॥ ४३
अनिद्रः सततं रामः सुप्तोऽपि च नरोत्तमः । सीतेति मधुरां वाणीं व्याहरन्प्रतिबुध्यते ॥ ४४
दृष्ट्वा फलं वा पुष्पं वा यच्चान्यत्स्त्रीमनोहरम् । बहुशो हा प्रियेत्येवं श्वसंस्त्वामभिभाषते ॥ ४५
स देवि नित्यं परितप्यमानस्त्वामेव सीतेत्यभिभाषमाणः ।
धृतव्रतो राजसुतो महात्मा तवैव लाभाय कृतप्रयत्नः ॥ ४६
सा रामसंकीर्तनवीतशोका रामस्य शोकेन समानशोका ।
शरन्मुखेनाम्बुदशेषचन्द्रा निशेव वैदेहसुता बभूव ॥ ४७

इत्यार्षे श्रीमद्रामायणे वाल्मीकीय आदिकाव्ये सुन्दरकाण्डे षट्त्रिंशः सर्गः ॥ ३६ ॥

शोकः । भयं च मद्रक्षानिमित्तम् । यस्य व्यथा वनवासखेदश्च नासीत्स इदानीं धैर्यं करोति कथित् ॥ २९ ॥ धैर्यत्यागे मद्वियोग एव हेतुरित्याह—न चास्येति । मातापित्रादौ नास्मत्समोऽपि स्नेहः, अधिकस्तु कुतः । मम तच्छक्तिरूपत्वात् । वस्तुतस्तयोस्तस्याभावाच्च हनूमन्, अहमपि तावज्जिजीविषेयम् । प्रवृत्तिं वार्तां प्रवृत्तिमार्गं रतिं च । निवृत्तिमार्गरतौ ममापि कार्याक्षमत्वेनादर्शनरूपो नाश एवेति भावः ॥ ३० ॥ रामार्थयुक्तं रामप्रयोजनयुक्तम् । रामरूपाभिधेयेन युक्तं तद्बोधकमिति वा ॥ ३१ ॥ ३२ ॥ न जानीते न जानात इव । अनुह्रादैत्यनीतां शचीं पुरंदर इव ॥ ३३ ॥ मह्यं मत्तः ॥ ३४ ॥ विष्टम्भयित्वा सस्तभ्य । सेतुं बद्ध्वेति यावत् ॥ ३५ ॥ तत्र तत्कर्मप्रवृत्तावन्तरा विघ्नत्वेन यदि मृत्युप्रभृतयोऽपि स्थास्यन्ति तदा तानपि वधिष्यति ॥ ३६ ॥ ३७ ॥ स्वोक्तेऽर्थे देव्या विश्वासार्थं स्ववासस्थानमन्दरादिभिः स्वजीवनसाधनैर्मूलफलैश्च शपथं करोति—मन्दरेण चेति । दर्दुरः पर्वतविशेषः ॥ ३८ ॥ यथा रामस्य मुखं द्रक्ष्यसि तथा मन्दरादिभिः शपे इत्यन्वयः ॥ ३९ ॥ प्रस्रवणे गिरौ विद्यमानमपीह द्रक्ष्यसीत्यर्थः । नागपृष्ठस्य मूर्धन्यैरावतोपरि स्थितमिन्द्रमिव मत्पृष्ठगं रामं द्रक्ष्यसीत्यर्थः । 'नाकपृष्ठस्य' इति पाठः । स्वर्गस्योपरीत्यर्थ इति तीर्थः ॥ ४० ॥ सुविहितमारण्यकशास्त्रबोधितम् । भक्तमोदनम् । पञ्चमम् । कालं प्राप्येति शेषः । प्रातःसंगवमध्याह्नापराह्णात्पञ्चमं सायाह्नं प्राप्येत्यर्थः । यद्वा प्रातःसायं प्रातःसायमिति कालचतुष्टयं त्यक्त्वा पञ्चमे प्रातःकाल इत्यर्थः । दिनद्वयमतीत्य भुङ्क्त इत्यर्थः ॥ ४१ ॥ ४२ ॥ ४३ ॥ प्रायोऽनिद्र एव । कथंचित्सुप्तोऽपि सीतेति वदन्नेव प्रतिबुध्यते ॥ ४४ ॥ स्त्रीमनोहरं स्त्रीसंनिधाने मनोहरं स्त्रीणां मनोहरं वा । श्वसन्दीर्घोच्छ्वास त्यजन् ॥ ४५ ॥ ४६ ॥ रामसंकीर्तनेन वीतशोका सततं राम इत्यादिना वीतशोका । न मांसं राघवो भुङ्क्त इत्युक्तेन रामशोकेन समानशोका । अम्बुदशेषश्चन्द्रो यस्यां सा शरत् । लुप्तषष्ठीकम् । शरदो निशेव प्रकाशाप्रकाशयुक्तशरन्निशेव हर्षशोकवती बभूव ॥ ४७ ॥ **इति श्रीरामाभिरामे श्रीरामीये रामायणतिलके वाल्मीकीय आदिकाव्ये सुन्दरकाण्डे षट्त्रिंशः सर्गः ॥ ३६ ॥**

सप्तत्रिंशः सर्गः ।

सा सीता वचनं श्रुत्वा पूर्णचन्द्रनिभानना । हनूमन्तमुवाचेदं धर्मार्थसहितं वचः ॥ १
अमृतं विषसंपृक्तं त्वया वानर भाषितम् । यच्च नान्यमना रामो यच्च शोकपरायणः ॥ २
ऐश्वर्ये वा सुविस्तीर्णे व्यसने वा सुदारुणे । रज्ज्वेव पुरुषं बद्ध्वा कृतान्तः परिकर्षति ॥ ३
विधिर्नूनमसंहार्यः प्राणिनां प्लवगोत्तम । सौमित्रिं मां च रामं च व्यसनैः पश्य मोहितान् ॥ ४
शोकस्यास्य कथं पारं राघवोऽधिगमिष्यति । प्लवमानः परिक्रान्तो हतनौः सागरे यथा ॥ ५
राक्षसानां वधं कृत्वा सूदयित्वा च रावणम् । लङ्कामुन्मथितां कृत्वा कदा द्रक्ष्यति मां पतिः ॥ ६
स वाच्यः संत्वरस्वेति यावदेव न पूर्यते । अयं संवत्सरः कालस्तावद्धि मम जीवितम् ॥ ७
वर्तते दशमो मासो द्वौ तु शेषौ प्लवंगम । रावणेन नृशंसेन समयो यः कृतो मम ॥ ८
विभीषणेन च भ्रात्रा मम निर्यातनं प्रति । अनुनीतः प्रयत्नेन न च तत्कुरुते मतिम् ॥ ९
मम प्रतिप्रदानं हि रावणस्य न रोचते । रावणं मार्गते संख्ये मृत्युः कालवशंगतम् ॥ १०
ज्येष्ठा कन्या कला नाम विभीषणसुता कपे । तया ममेतदाख्यातं मात्रा प्रहितया स्वयम् ॥ ११
अविन्ध्यो नाम मेधावी विद्वान्राक्षसपुंगवः । धृतिमाञ्छीलवान्वृद्धो रावणस्य सुसंमतः ॥ १२
रामक्षयमनुप्राप्तं रक्षसां प्रत्यचोदयत् । न च तस्य स दुष्टात्मा शृणोति वचनं हितम् ॥ १३
आशंसेयं हरिश्रेष्ठ क्षिप्रं मां प्राप्स्यते पतिः । अन्तरात्मा हि मे शुद्धस्तस्मिंश्च बहवो गुणाः ॥ १४
उत्साहः पौरुषं सत्त्वमानृशंस्यं कृतज्ञता । विक्रमश्च प्रभावश्च सन्ति वानर राघवे ॥ १५
चतुर्दश सहस्राणि राक्षसानां जघान यः । जनस्थाने विना भ्रात्रा शत्रुः कस्तस्य नोद्विजेत् ॥ १६
न स शक्यस्तुलयितुं व्यसनैः पुरुषर्षभः । अहं तस्यानुभावज्ञा शक्रस्येव पुलोमजा ॥ १७
शरजालांशुमाञ्छूरः कपे रामदिवाकरः । शत्रुरक्षोमयं तोयमुपशोषं नयिष्यति ॥ १८
इति संजल्पमानां तां रामार्थे शोककर्शिताम् । अश्रुसंपूर्णवदनामुवाच हनुमान्कपिः ॥ १९
श्रुत्वैव च वचो मह्यं क्षिप्रमेष्यति राघवः । चमूं प्रकर्षन्महतीं हर्यृक्षगणसंकुलाम् ॥ २०
अथवा मोचयिष्यामि त्वामद्यैव स राक्षसात् । अस्माद्दुःखादुपारोह मम पृष्ठमनिन्दिते ॥ २१
त्वां तु पृष्ठगतां कृत्वा संतरिष्यामि सागरम् । शक्तिरस्ति हि मे वोढुं लङ्कामपि सरावणाम् ॥ २२
अहं प्रस्रवणस्थाय राघवायाद्य मैथिलि । प्रापयिष्यामि शक्राय हव्यं हुतमिवानलः ॥ २३
द्रक्ष्यस्यद्यैव वैदेहि राघवं सहलक्ष्मणम् । व्यवसायसमायुक्तं विष्णुं दैत्यवधे यथा ॥ २४
त्वद्दर्शनकृतोत्साहमाश्रमस्थं महाबलम् । पुरंदरमिवासीनं नगराजस्य मूर्धनि ॥ २५
पृष्ठमारोह मे देवि मा विकाङ्क्षस्व शोभने । योगमन्विच्छ रामेण शशाङ्केनेव रोहिणी ॥ २६

सेति । वचनं हनूमतः ॥ १ ॥ यच्चानन्यमना इति वाक्यमाख्यायते तदमृतम् । यच्च शोकपरायण इति वाक्यमाख्यायते तद्विषम् ॥ २ ॥ ऐश्वर्ये व्यसने इति च विषयसप्तमी ॥ ३ ॥ विधिर्दैवम् । असंहार्योऽशक्यप्रतिक्रियः । अत्र स्वीयमेव दुःखं दृष्टान्तयति ॥ ४ ॥ हतनौः पुरुषः परिक्रान्तः कृतपराक्रमो बाहुभ्यां प्लवमानो यथा सागरे पारमतिक्लेशेनाधिगच्छति, तथा राघवोऽपि कथंचित्तमधिगमिष्यति ॥ ५ ॥ ६ ॥ स रामः ॥ ७ ॥ ८ ॥ निर्यातनं पुनः समर्पणम्, न च तत् । तस्मिन्नित्यर्थः ॥ ९ ॥ १० ॥ कन्याऽजातपुरुषसंबन्धा । एतद्विभीषणानुनयनम्, इदमेवाग्रे रामश्रुतं विभीषणस्य निःशङ्कपरिग्रहाभिषेकयोर्बीजम् ॥ ११ ॥ १२ ॥ रामक्षयम् । रक्षसां रामात्क्षयं प्राप्तमित्यर्थः ॥ १३ ॥ पतिः प्राप्स्यत इत्यत्र हेतुः—अन्तरात्मेति । तस्मिन्रामे ॥ १४ ॥ उत्साहः कार्येषु स्थिरप्रयत्नरूप उद्योगः । पौरुषं तज्जन्यः पुरुषव्यापारः । सत्त्वं बलम् । आनृशंस्यमक्रूरता । श्रितजनदाक्षिण्यमिति यावत् । विक्रमः शौर्यम् । प्रभावो दिव्यास्त्रसंपज्जन्यो महिमा ॥ १५ ॥ तत्सत्तानुमापककार्यमाह—चतुर्दशेति ॥ १६ ॥ व्यसनैर्व्यसनदातृभी राक्षसैस्तुलयितुमुपमितुम् । तस्य तत्त्वं च मम प्रत्यक्षमेवेत्याह—अहं तस्येति । तद्रूपत्वादिति गूढम् ॥ १७ ॥ शरजालेत्यादिपरम्परितरूपकमिदम् ॥ १८ ॥ १९ ॥ मह्यं मम मत्तो वा ॥ २० ॥ तव रामसंगमे रामस्येहानयनं व्यर्थमेव । प्रकारान्तरेणैव तस्य संभवादित्याह—अथवेति । सोऽहं राक्षसाद्राक्षसकृतादस्माद्दुःखान्मोचयिष्यामीत्यन्वयः ॥ २१ ॥ २२ ॥ २३ ॥ दैत्यवधे व्यवसाययुक्तं विष्णुमिव स्थितम् ॥ २४ ॥ नगराजस्य । श्रेष्ठस्य प्रस्रवणगिरेरित्यर्थः ॥ २५ ॥ मा विकाङ्क्षस्व । मोपेक्षां

कथयन्तीव शशिना संगमिष्यसि रोहिणी । मत्पृष्ठमधिरोह त्वं तराकाशं महार्णवम् ॥ २७
नहि मे संप्रयातस्य त्वामितो नयतोऽङ्गने । अनुगन्तुं गतिं शक्ताः सर्वे लङ्कानिवासिनः ॥ २८
यथैवाहमिह प्राप्तस्तथैवाहमसंशयम् । यास्यामि पश्य वैदेहि त्वामुद्यम्य विहायसम् ॥ २९
मैथिली तु हरिश्रेष्ठाच्छ्रुत्वा वचनमद्भुतम् । हर्षविस्मितसर्वाङ्गी हनूमन्तमथाब्रवीत् ॥ ३०
हनुमन्दूरमध्वानं कथं मां नेतुमिच्छसि । तदेव खलु ते मन्ये कपित्वं हरियूथप ॥ ३१
कथं चाल्पशरीरस्त्वं मामितो नेतुमिच्छसि । सकाशं मानवेन्द्रस्य भर्तुर्मे प्लवगर्षभ ॥ ३२
सीतायास्तु वचः श्रुत्वा हनूमान्मारुतात्मजः । चिन्तयामास लक्ष्मीवान्नवं परिभवं कृतम् ॥ ३३
न मे जानाति सत्त्वं वा प्रभावं वाऽसितेक्षणा । तस्मात्पश्यतु वैदेही यद्रूपं मम कामतः ॥ ३४
इति संचिन्त्य हनुमांस्तदा प्लवगसत्तमः । दर्शयामास सीतायाः स्वरूपमरिमर्दनः ॥ ३५
स तस्मात्पादपाद्धीमानाप्लुत्य प्लवगर्षभः । ततो वर्धितुमारेभे सीताप्रत्ययकारणात् ॥ ३६
मेरुमन्दरसंकाशो बभौ दीप्तानलप्रभः । अग्रतो व्यवतस्थे च सीताया वानरर्षभः ॥ ३७
हरिः पर्वतसंकाशस्ताम्रवक्त्रो महाबलः । वज्रदंष्ट्रनखो भीमो वैदेहीमिदमब्रवीत् ॥ ३८
सपर्वतवनोद्देशां साट्टप्राकारतोरणाम् । लङ्कामिमां सनाथां वा नयितुं शक्तिरस्ति मे ॥ ३९
तदवस्थाप्यतां बुद्धिरलं देवि विकाङ्क्षया । विशोकं कुरु वैदेहि राघवं सहलक्ष्मणम् ॥ ४०
तं दृष्ट्वाचलसंकाशमुवाच जनकात्मजा । पद्मपत्रविशालाक्षी मारुतस्यौरसं सुतम् ॥ ४१
तव सत्त्वं बलं चैव विजानामि महाकपे । वायोरिव गतिश्चापि तेजश्चाग्नेरिवाद्भुतम् ॥ ४२
प्राकृतोऽन्यः कथं चेमां भूमिमागन्तुमर्हति । उदधेरप्रमेयस्य पारं वानरयूथप ॥ ४३
जानामि गमने शक्तिं नयने चापि ते मम । अवश्यं संप्रधार्याशु कार्यसिद्धिरिवात्मनः ॥ ४४
अयुक्तं तु कपिश्रेष्ठ मया गन्तुं त्वया सह । वायुवेगसवेगस्य वेगो मां मोहयेत्तव ॥ ४५
अहमाकाशमासक्ता उपर्युपरि सागरम् । प्रपतेयं हि ते पृष्ठाद्भयो वेगेन गच्छतः ॥ ४६
पतिता सागरे चाहं तिमिनक्रझषाकुले । भवेयमाशु विवशा यादसामन्नमुत्तमम् ॥ ४७
न च शक्ष्ये त्वया सार्धं गन्तुं शत्रुविनाशन । कलत्रवति संदेहस्त्वयि स्यादप्यसंशयम् ॥ ४८
ह्रियमाणं तु मां दृष्ट्वा राक्षसा भीमविक्रमाः । अनुगच्छेयुरादिष्टा रावणेन दुरात्मना ॥ ४९
तैस्त्वं परिवृतः शूरैः शूलमुद्गरपाणिभिः । भवेस्त्वं संशयं प्राप्तो मया वीर कलत्रवान् ॥ ५०
सायुधा बहवो व्योम्नि राक्षसास्त्वं निरायुधः । कथं शक्ष्यसि संयातुं मां चैव परिरक्षितुम् ॥ ५१
युध्यमानस्य रक्षोभिस्तनस्तैः क्रूरकर्मभिः । प्रपतेयं हि ते पृष्ठाद्भयार्ता कपिसत्तम ॥ ५२
अथ रक्षांसि भीमानि महान्ति बलवन्ति च । कथंचित्सांपराये त्वां जयेयुः कपिसत्तम ॥ ५३

कुर्वित्यर्थः ॥ २६ ॥ कथयन्तीव संगतव्यो राम इति वचनं कथयन्तीव । शशिना रोहिणीव संगमिष्यसीत्यन्वयः । एतद्वचनसमकालमेव रामसमीपं प्रापयिष्यामीत्यर्थः । यथा तद्वचने न प्रयासः, एवमनायासेन त्वां नयामीत्यर्थो वा । आकाशे तन्मार्गमवलम्ब्य महार्णवं तरेत्यन्वयः ॥ २७ ॥ २८ ॥ त्वामुद्यम्य पृष्ठे कृत्वा विहायसं यास्यामि पश्य ॥ २९ ॥ हर्षविस्मितसर्वाङ्गी हर्षपुलकितसर्वाङ्गी ॥ ३० ॥ तदेव दृश्यमानमेव ॥ ३१ ॥ ३२ ॥ नवं परिभवमल्पशरीरोऽशक्त इत्येवंरूपम् ॥ ३३ ॥ कामत इच्छाकृतम् ॥ ३४ ॥ ॥ ३५ ॥ तस्मात्पादपाच्छिंशपातः । शरीरवृद्धौ तद्द्वारजातशाखाभङ्गध्वनिना राक्षस्यो ज्ञास्यन्तीति तत आप्लुतिः ॥ ३६ ॥ अग्रतो व्यवतस्थे योग्यपुरोदेशे स्थितः ॥ ३७ ॥ ३८ ॥ सनाथां सरावणाम् । नयितुं नेतुम् ॥ ३९ ॥ अवस्थाप्यतां समर्थोऽयमिति निर्धार्यताम् । विकाङ्क्षया संदेहेनालम् । विशोकं कुरु । मत्पृष्ठेन तत्र गत्वेति शेषः ॥ ४० ॥ ४१ ॥ विजानामि । एवंविधत्वद्रूपदर्शनात्प्रागप्यनुमानादिति भावः ॥ ४२ ॥ तदेवानुमानं दर्शयति—प्राकृत इति ॥ ४३ ॥ तवैव ममाप्यात्मनः कार्यसिद्धिरवश्यं संप्रधार्या विचार्या, तया तु स्वबलवैभवेन विचारिता कार्यसिद्धिः ॥ ४४ ॥ भवत्वास्तर्हि को विचारस्तत्राह—अयुक्तं त्विति ॥ ४५ ॥ उपर्युपरिसागरम् । सागरस्योपरीत्यर्थः ॥ ४६ ॥ ४७ ॥ इतोऽपि गमनमयुक्तं त्वया सहेत्याह—न चेति । कलत्रवति स्त्रिया सह गन्तरि । संदेहः । राक्षसानामिति शेषः ॥ ४८ ॥ ४९ ॥ संशयं प्राणसंशयम्, तैस्त्वं परिवृतो भवेः । ततस्त्वं संशयं प्राप्तो भवेरिति त्वंशब्दद्वयनिर्वाहः ॥५०॥ तत्र हेतूनाह—सायुधा इति । व्योम्नि । निरालम्बप्रदेश इत्यर्थः ॥ ५१ ॥ ५२ ॥ कथंचिन्महता यत्नेन । सांपराये युद्धे । जयेयुः । तस्याव्यव-

अथवा युद्ध्यमानस्य पतेयं विमुखस्य ते । पतितां च गृहीत्वा मां नयेयुः पापराक्षसाः ॥ ५४
मां वा हरेयुस्त्वद्धस्ताद्विशसेयुरथापि वा । अनवस्थौ हि दृश्येते युद्धे जयपराजयौ ॥ ५५
अहं वापि विपद्येयं रक्षोभिरभितर्जिता । त्वत्प्रयत्नो हरिश्रेष्ठ भवेन्निष्फल एव तु ॥ ५६
कामं त्वमपि पर्याप्तो निहन्तुं सर्वराक्षसान् । राघवस्य यशो हीयेत्त्वया शस्तैस्तु राक्षसैः ॥ ५७
अथवादाय रक्षांसि न्यसेयुः संवृते हि माम् । यत्र ते नाभिजानीयुर्हरयो नापि राघवः ॥ ५८
आरम्भस्तु मदर्थोऽयं ततस्तव निरर्थकः । त्वया हि सह रामस्य महानागमने गुणः ॥ ५९
मयि जीवितमायत्तं राघवस्यामितौजसः । भ्रातॄणां च महाबाहो तव राजकुलस्य च ॥ ६०
तौ निराशौ मदर्थं च शोकसंतापकर्शितौ । सह सर्वर्क्षहरिभिस्त्यक्ष्यतः प्राणसंग्रहम् ॥ ६१
भर्तुर्भक्तिं पुरस्कृत्य रामादन्यस्य वानर । नाहं स्प्रष्टुं स्वतो गात्रमिच्छेयं वानरोत्तम ॥ ६२
यदहं गात्रसंस्पर्शं रावणस्य गता बलात् । अनीशा किं करिष्यामि विनाथा विवशा सती ॥ ६३
यदि रामो दशग्रीवमिह हत्वा सराक्षसम् । मामितो गृह्य गच्छेत तत्तस्य सदृशं भवेत् ॥ ६४

श्रुताश्च दृष्टा हि मया पराक्रमा महात्मनस्तस्य रणावमर्दिनः ।
न देवगन्धर्वभुजंगराक्षसा भवन्ति रामेण समा हि संयुगे ॥ ६५
समीक्ष्य तं संयति चित्रकार्मुकं महाबलं वासवतुल्यविक्रमम् ।
सलक्ष्मणं को विषहेत राघवं हुताशनं दीप्तमिवानिलेरितम् ॥ ६६
सलक्ष्मणं राघवमाजिमर्दनं दिशागजं मत्तमिव व्यवस्थितम् ।
सहेत को वानरमुख्य संयुगे युगान्तसूर्यप्रतिमं शरार्चिषम् ॥ ६७
स मे कपिश्रेष्ठ सलक्ष्मणं प्रियं सयूथपं क्षिप्रमिहोपपादय ।
चिराय रामं प्रति शोककर्शितां कुरुष्व मां वानरवीर हर्षिताम् ॥ ६८

इत्यार्षे श्रीमद्रामायणे वाल्मीकीये आदिकाव्ये सुन्दरकाण्डे सप्तत्रिंशः सर्गः ॥ ३७ ॥

अष्टात्रिंशः सर्गः ।

ततः स कपिशार्दूलस्तेन वाक्येन तोषितः । सीतामुवाच तच्छ्रुत्वा वाक्यं वाक्यविशारदः ॥ १
युक्तरूपं त्वया देवि भाषितं शुभदर्शने । सदृशं स्त्रीस्वभावस्य साध्वीनां विनयस्य च ॥ २
स्त्रीत्वान्न त्वं समर्थासि सागरं व्यतिवर्तितुम् । मामधिष्ठाय विस्तीर्णं शतयोजनमायतम् ॥ ३

स्थितत्वादिति भावः ॥ ५३ ॥ अथ त्वं जेष्यसि । एवमपि पतने महाननर्थ इत्याह—अथवेति । पतेयम् । तव पृष्ठादिति शेषः । तत्र हेतुः—विमुखस्येति । युद्धपारवश्यान्मद्रक्षणविमुखस्येत्यर्थः ॥ ५४ ॥ विशसेयू रामविषयकद्वेषवशात् । तत्संतोषनाशार्थमित्यर्थः ॥ ५५ ॥ ५६ ॥ यशो हीयेत्स्वयं प्रत्याहर्तुमशक्त इत्यपयशोवृद्धिः स्यादिति भावः । शस्तैर्हिंसितैः ॥ ५७ ॥ राक्षसैः स्वग्रहणपक्षे दोषान्तरमाह—अथवेति । संवृते गुप्ते ॥ ५८ ॥ आरम्भः समुद्रतरणादिरूपः । एवं स्वगमनपक्षे दोषमुक्त्वा राघवानयनपक्ष एव गुणवानित्याह—त्वया हीति ॥ ५९ ॥ रामेण मदप्राप्तौ सर्वनाशप्रसङ्ग इत्याह—मयि जीवितमिति । भ्रातॄणां लक्ष्मणादीनाम् । राजकुलस्य सुग्रीवकुलस्य ॥ ६० ॥ प्राणसंग्रहं प्राणसंबन्धम् ॥ ६१ ॥ हनूमता सह गमनाभावे कारणान्तरमाह—भर्तुरिति । रावणगात्रस्पर्शस्तु न स्वत इत्याह—यदहमिति ॥ ६२ ॥ अनीशा स्त्रीत्वात्स्वयमसमर्था, विवशा विचेष्टा, विनाथाऽसन्निहितरामलक्ष्मणा । हा सीते, लक्ष्मणेति मारीचवाक्यं श्रुत्वा रामानर्थशङ्कया लक्ष्मणस्यापि प्रस्थापनादिति भावः ॥ ६३ ॥ तत्तस्य सदृशं स्वमहिम्ना रावणं हत्वा मन्नयनम् । सगणरावणवधार्थमागमनाभावात् । तस्य च मद्गमनेऽसंभवात्, एवं च स्वकार्यानिष्पत्त्या गतायामपि कुर्यादिति गूढम् ॥ ६४ ॥ तादृशबलं च तस्य मया सुविदितमित्याह—श्रुताश्चेति । विश्वामित्रयज्ञादौ कृता वालिवधादयश्च श्रुताः । अन्ये दृष्टाः ॥ ६५ ॥ ६६ ॥ ६७ ॥ अथ निश्चितं कर्तव्यमाह—स मे इति । सयूथपं ससुग्रीवमुपपादयानय । चिरकालं शोककर्शितां रामस्यात्रागमनेन हर्षितां कुरुष्व । समूलसकलनाशनेनेति भावः ॥ ६८ ॥ इति श्रीरामाभिरामे श्रीरामीये रामायणतिलके वाल्मीकीय आदिकाव्ये सुन्दरकाण्डे सप्तत्रिंशः सर्गः ॥३७॥

तेन वाक्येन सीतयोक्तेन वाक्येन ॥ १ ॥ स्त्रीस्वभावस्य स्त्रीत्वादेः । साध्वीनां पतिव्रतानां विनयस्य वृत्तस्य सदृशं युक्तरूपमतिशयेन युक्तम् ॥ २ ॥ वचनस्य युक्तरूपतां प्राशस्त्यं दर्शयति—स्त्रीत्वादिति । शतयोजनं सागरं व्यतिवर्तितुं तर्तुं विस्तीर्णमतिदूरं च्छरीरमपि मामधिष्ठायेत्यन्वयः ।

द्वितीयं कारणं यच्च ब्रवीषि विनयान्विते । रामादन्यस्य नार्हामि संसर्गमिति जानकि ॥ ४
एतत्ते देवि सदृशं पत्न्यास्तस्य महात्मनः । का ह्यन्या त्वामृते देवि ब्रूयाद्वचनमीदृशम् ॥ ५
श्रोष्यते चैव काकुत्स्थः सर्वं निरवशेषतः । चेष्टितं यत्त्वया देवि भाषितं च ममाग्रतः ॥ ६
कारणैर्बहुभिर्देवि रामप्रियचिकीर्षया । स्नेहप्रस्कन्नमनसा मयैतत्समुदीरितम् ॥ ७
लङ्काया दुष्प्रवेशत्वाद्दुस्तरत्वान्महोदधेः । सामर्थ्यादात्मनश्चैव मयैतत्समुदीरितम् ॥ ८
इच्छामि त्वां समानेतुमद्यैव रघुनन्दिना । गुरुस्नेहेन भक्त्या च नान्यथा तदुदाहृतम् ॥ ९
यदि नोत्सहसे यातुं मया सार्धमनिन्दिते । अभिज्ञानं प्रयच्छ त्वं जानीयाद्राघवो हि यत् ॥ १०
एवमुक्ता हनुमता सीता सुरसुतोपमा । उवाच वचनं मन्दं बाष्पप्रग्रथिताक्षरम् ॥ ११
इदं श्रेष्ठमभिज्ञानं ब्रूयास्त्वं तु मम प्रियम् । शैलस्य चित्रकूटस्य पादे पूर्वोत्तरे पदे ॥ १२
तापसाश्रमवासिन्याः प्राज्यमूलफलोदके । तस्मिन्सिद्धाश्रिते देशे मन्दाकिन्यविदूरतः ॥ १३
तस्योपवनखण्डेषु नानापुष्पसुगन्धिषु । विहृत्य सलिले क्लिन्नो ममाङ्के समुपाविशः ॥ १४
ततो मां स समायुक्तो वायसः पर्यतुण्डयत् । तमहं लोष्टमुद्यम्य वारयामि स्म वायसम् ॥ १५
दारयन्स च मां काकस्तत्रैव परिलीयते । न चाप्युपारमन्मांसाद्भक्षार्थी बलिभोजनः ॥ १६
उत्कर्षन्त्यां च रशनां क्रुद्धायां मयि पक्षिणे । स्रंसमाने च वसने ततो दृष्टा त्वया ह्यहम् ॥ १७
त्वया विहसिता चाहं क्रुद्धा संलज्जिता तदा । भक्ष्यगृद्धेन काकेन दारिता त्वामुपागता ॥ १८
ततः श्रान्ताहमुत्सङ्गमासीनस्य तवाविशम् । क्रुध्यन्तीव प्रहृष्टेन त्वयाहं परिसान्त्विता ॥ १९
बाष्पपूर्णमुखी मन्दं चक्षुषी परिमार्जती । लक्षिताहं त्वया नाथ वायसेन प्रकोपिता ॥ २०
परिश्रमाच्च सुप्ता हे राघवाङ्केऽस्म्यहं चिरम् । पर्यायेण प्रसुप्तश्च ममाङ्के भरताग्रज ॥ २१
स तत्र पुनरेवाथ वायसः समुपागमत् । ततः सुप्तप्रबुद्धां मां रामस्याङ्कात्समुत्थिताम् ।
वायसः सहसागम्य विददार स्तनान्तरे ॥ २२

'स्त्री त्वं न तु समर्थ हि' इति पाठे त्वं स्त्री न तु समर्था । न समर्थेत्यर्थः । लिङ्गव्यत्यय आर्ष इति तीर्थः । स्त्रीणां भीरुस्वभावत्वादिति भावः ॥ ३ ॥ ४ ॥ इदं वचनं त्वया सह न यास्यामीत्येतद्वचनम् । त्वदितरेदृश्याः पतिव्रताया ईदृशं वचः का ब्रूयात् ॥ ५ ॥ चेष्टितं व्यापारो विलापादिरूपः ॥ ६ ॥ कारणैर्बहुभिरुपपन्नं यत्त्वया मदग्रतो भाषितं तद्रामस्य उत्पन्नानुरागकेन मयेरितं काकुत्स्थो निरवशेषतः श्रोष्यत इत्यन्वय इति कतकः ॥ ७ ॥ रामसमीपनयनोक्तौ हेतुमाह—लङ्काया इति । रामेण पत्न्या लङ्काया दुष्प्रवेशत्वान्महोदधेर्दुस्तरत्वादात्मनः सामर्थ्यसत्त्वाच्च ॥ ८ ॥ इच्छामीत्यादिसमुदीरितम् । मयेति शेषः । रघुनन्दिना रघून्नन्दयत्यानन्दयतीति तेन रामेण समानेतुमित्यन्वयः । तदपि गुरौ रामस्य स्नेहेन त्वयि भक्त्या चोक्तम्, न तु निजबलगर्वादित्यर्थः ॥ ९ ॥ यदीति । उक्तरीत्याऽयुक्तत्वपर्यालोचनयेत्यर्थः ॥ १० ॥ एवमुक्ता प्रत्यभिज्ञां देहीत्युक्ता । मन्दमुपांशु । एकान्तवृत्तान्तस्मरणजो बाष्पः ॥ ११ ॥ इदं रहस्यवृत्तान्तकथनरूपम् । रहस्यवृत्तान्तत्वादन्याज्ञातत्वेन श्रेष्ठम् । तदेवाह—शैलस्येति । पूर्वोत्तरे ईशानदिक्स्थे पादे प्रत्यन्तपर्वतरूपे पदे स्थाने ॥ १२ ॥ मन्दाकिन्यविदूरतो मन्दाकिनीसमीपे । सिद्धाश्रिते बहुमृगादिमति देशे तापसाश्रमवासिन्या मम यद्वृत्तं तच्छ्रेष्ठमभिज्ञानं त्वं ब्रूया इति सम्बन्धः ॥ १३ ॥ समुपाविशः समुपविष्टोऽभूः ॥ १४ ॥ ततोऽनन्तरम् । स तदनुभवविशेषः समायुक्तो विकाराभियुक्तः पर्यतुण्डयत् । मांसार्थ इति शेषः । यद्वा मांसमसमायुक्तः । मांसेच्छायुक्त इत्यर्थः ॥ १५ ॥ तत्र परिसरान्ते परिलीयते, न तु देशान्तरं गच्छति स्म, न च मांसान्मांसविदारणाद्भक्षार्थी उपारमत् । स इमं तस्यास्तो न मांसार्थीत्युच्यते तदर्थं लोष्टम् । स वायसो मांसाद्भक्षार्थी । इत्याहारः । लोष्टक्षेपे पतङ्गः । मांसमुखेच्छुर्भक्षार्थीव । यद्वा मांसभोजने भक्षार्थीव । पुनःपुनर्निवार्यमाणोऽपि न विरराम ॥ १६ ॥ अथ पक्षिणे क्रुद्धायां मयि रशनां काञ्चीदाम उत्कर्षन्त्यां तदानीं वसने स्रंसमाने सति त्वयाहं स्रस्तवसना दृष्टा, तस्मात्त्वया विहसिता, तदा तत्परिहासकाले क्रुद्धा समलज्जिता च । भक्ष्यगृद्धेन भक्ष्यलुब्धेनैव काकेन दारिता सती त्वामुपागता ॥ १७ ॥ १८ ॥ तदनन्तरं वायसापसारणेन श्रान्ताहमासीनस्य ते उत्सङ्गमविशम् । ततः परिहाससमाप्तेः कृत्वा तूष्णीं तिष्ठति सति कुध्यन्तीव प्रहृष्टेन त्वया परिसान्त्विता ॥ १९ ॥ अतएव बाष्पपरिपूर्णमुखी, चक्षुषी च मन्दं परिमार्जती हे नाथ, वायसेन प्रकोपितेति त्वया लक्षिताऽस्मि ॥ २० ॥ अथ हे राघव, अहं तवाङ्के परिश्रमात्सुप्तास्मि । भरताग्रज, त्वं च पर्यायेण ममाङ्के सुप्तः ॥ २१ ॥ स तत्रेति । त्वयि स्वपति मयि जाग्रत्यामित्यर्थः । सुप्तप्रबुद्धां राघवाङ्के सुप्त्वा ततः प्रबुद्धाम्, अतएव राघवाङ्कादुत्थितां वायसः पुनरागम्य स्तनान्तरे विददार व्यलिखत्

पुनः पुनरथोत्पत्य विददार स मां भृशम् । ततः समुत्थितो रामो मुक्तैः शोणितबिन्दुभिः ॥ २३
स मां दृष्ट्वा महाबाहुर्वितुन्नां स्तनयोस्तदा । आशीविष इव क्रुद्धः श्वसन्वाक्यमभाषत ॥ २४
केन ते नागनासोरु विक्षतं वै स्तनान्तरम् । कः क्रीडति सरोषेण पञ्चवक्त्रेण भोगिना ॥ २५
वीक्षमाणस्ततस्तं वै वायसं समवैक्षत । नखैः सरुधिरैस्तीक्ष्णैर्मामेवाभिमुखं स्थितम् ॥ २६
पुत्रः किल स शक्रस्य वायसः पततां वरः । धरान्तरं गतः शीघ्रं पवनस्य गतौ समः ॥ २७
ततस्तस्मिन्महाबाहुः कोपसंवर्तितेक्षणः । वायसे कृतवान्क्रूरां मतिं मतिमतां वरः ॥ २८
स दर्भसंस्तराद्गृह्य ब्राह्मेणास्त्रेण योजयत् । स दीप्त इव कालाग्निर्जज्वालाभिमुखो द्विजम् ॥ २९
स तं प्रदीप्तं चिक्षेप दर्भं तं वायसं प्रति । ततस्तु वायसं दर्भः सोऽम्बरेऽनुजगाम ह ॥ ३०
अनुसृष्टस्तदा काको जगाम विविधां गतिम् । त्राणकाम इमं लोकं सर्वं वै विचचार ह ॥ ३१
स पित्रा च परित्यक्तः सर्वैश्च परमर्षिभिः । त्रींल्लोकान्संपरिक्रम्य तमेव शरणं गतः ॥ ३२
स तं निपतितं भूमौ शरण्यः शरणागतम् । वधार्हमपि काकुत्स्थः कृपया पर्यपालयत् ॥ ३३
परिद्यूनं विषण्णं च पतमानं तमब्रवीत् । मोघमस्त्रं न शक्यं तु ब्राह्मं कर्तुं तदुच्यताम् ॥ ३४
ततस्तस्याक्षि काकस्य हिनस्ति स्म स दक्षिणम् । दत्त्वा तु दक्षिणं नेत्रं प्राणेभ्यः परिरक्षितः ॥ ३५
स रामाय नमस्कृत्वा राज्ञे दशरथाय च । विसृष्टस्तेन वीरेण प्रतिपेदे स्वमालयम् ॥ ३६
मत्कृते काकमात्रेऽपि ब्रह्मास्त्रं समुदीरितम् । कस्माद्यो माहरत्त्वत्तः क्षमसे तं महीपते ॥ ३७
स कुरुष्व महोत्साहां कृपां मयि नरर्षभ । त्वया नाथवती नाथ अनाथा इव दृश्यते ॥ ३८
आनृशंस्यं परो धर्मस्त्वत्त एव मया श्रुतम् । जानामि त्वां महावीर्यं महोत्साहं महाबलम् ॥ ३९
अपारपारमक्षोभ्यं गाम्भीर्यात्सागरोपमम् । भर्तारं ससमुद्राया धरण्या वासवोपमम् ॥ ४०
एवमस्त्रविदां श्रेष्ठो बलवान्सत्त्ववानपि । किमर्थमस्त्रं रक्षःसु न योजयसि राघव ॥ ४१
न नागा नापि गन्धर्वा नासुरा न मरुद्गणाः । रामस्य समरे वेगं शक्ताः प्रतिसमीहितुम् ॥ ४२
तस्य वीर्यवतः कश्चिद्यद्यस्ति मयि संभ्रमः । किमर्थं न शरैस्तीक्ष्णैः क्षयं नयति राक्षसान् ॥ ४३
भ्रातुरादेशमादाय लक्ष्मणो वा परंतपः । कस्य हेतोर्न मां वीरः परित्राति महाबलः ॥ ४४
यदि तौ पुरुषव्याघ्रौ वाय्विन्द्रसमतेजसौ । सुराणामपि दुर्धर्षौ किमर्थं मामुपेक्षतः ॥ ४५
ममैव दुष्कृतं किंचिन्महदस्ति न संशयः । समर्थावपि तौ यन्मां नावेक्षेते परंतपौ ॥ ४६

॥ २२ ॥ एतदन्तमभिज्ञानवचनानुवादः । अथ हनूमन्तं प्रत्यन्तकथनम्—तत इति । ततः पुनः पुनर्विलेखनानन्तरं मुक्तैः शोणितबिन्दुभी रामः समुत्थितोऽभूत् । सुप्तसुप्तोऽपीति शेषः ॥ २३ ॥ तदा स्तनयोर्वितुन्नां मां दृष्ट्वा क्रुद्धः । अनेन पूर्वपर्याये केवलं रामः काकचेष्टां दृष्ट्वा परिहासमेव कृतवानिति सूचितम् ॥ २४ ॥ २५ ॥ वीक्षमाण इति । ततः प्रान्तदेशमित्यर्थः ॥ २६ ॥ देवि, कोऽसावेवंविधो वायस इति हनूमतः शङ्कायामाह—पुत्र इति । शक्रपुत्रो जयन्तः । स तु वायसः । वायसरूपधारीत्यर्थः । धरान्तरं गतो भूमिबिलं प्राप्तः । शीघ्रगतौ पवनस्य समः । धरान्तरचारित्वं तु पवनादस्य विशेषः । नहि वायुरन्तःसंचारीति कतकः ॥ २७ ॥ कोपेन संवर्तिते विवर्तिते ईक्षणे येन सः ॥ २८ ॥ दर्भसंस्तरात् । संस्तरणार्थं गृहीतदर्भमुष्टेरेकमिति शेषः । योजयत् । ब्रह्मादिदेवतामन्त्रेणायोजयदित्यर्थः ॥ २९ ॥ ३० ॥ विविधां गतिं जगामेत्येतद्विवृणोति—त्राणेति । इमं लोकं भूलोकादिसत्यलोकान्तम् ॥ ३१ ॥ पित्रा परित्यक्तः । स्वर्गेऽपीति शेषः । पित्रेत्युपलक्षणं प्रधानानाम् ॥ ३२ ॥ पर्यपालयत् । प्राणरक्षणेनेति शेषः ॥ ३३ ॥ परिद्यूनं क्षीणशक्तिकम् । ब्राह्ममस्त्रं मोघं कर्तुं न शक्यमतस्तदुच्यताम् । तत्संहार्यं वस्तु मार्गणवदुच्यतामित्यर्थः ॥ ३४ ॥ स दक्षिणाक्ष्णस्य महार्थं भवत्वित्युक्तः । परिरक्षितः परिरक्षितवान् । आत्मानमिति शेषः ॥ ३५ ॥ स जयन्तः ॥ ३६ ॥ एवं हनूमते रामैकसंवेद्यमभिज्ञानमुक्त्वा संदेशान्तरमाह—मत्कृते इति । कस्मात्क्षमसे इत्यवान्तरवाक्यान्ते इत्युक्तवतीति ब्रूहीति वाक्यशेषो द्रष्टव्य इति कतकः । बुद्धिस्थं राममेव सोपालम्भं संबोध्य प्रार्थयते इति तीर्थः । त्वत्तस्त्वत्सकाशाद्यो मां माहरत्तत्र न ॥ ३७ ॥ मम महोत्साहरूपां मयि कृपां कुरु । त्वया नाथवत्यपि मल्लक्षणा नाथेनाथेव दृश्यत इत्यर्थः ॥ ३८ ॥ आनृशंस्यं दया । ननु रामोऽसमर्थ इति चेत्तत्राह—जानामीति ॥ ३९ ॥ अपारपारं मर्यादारहितम् । देशकालादिपरिच्छेदहीनमित्यर्थः । ज्ञानगाम्भीर्यानुरूपः ॥ ४० ॥ ४१ ॥ अथ हनूमन्तं सामान्यतो रामबलमाह—न नागा इति । प्रतिसमीहितुम् । प्रतिभटतया स्थित्वा निरोद्धुमित्यर्थः । 'प्रतिसमाधितुम्' इति पाठान्तरम् । तत्र पैत्वं शरणम् । उक्त एवार्थः ॥ ४२ ॥ 'मम संभ्रमः' इति पाठे मम प्राप्तये संभ्रम इत्यर्थः ॥ ४३ ॥ ४४ ॥

वैदेह्या वचनं श्रुत्वा करुणं साश्रुभाषितम् । अथाब्रवीन्महातेजा हनूमान्हरियूथपः ॥ ४७
त्वच्छोकविमुखो रामो देवि सत्येन ते शपे । रामे दुःखाभिपन्ने तु लक्ष्मणः परितप्यते ॥ ४८
कथंचिद्भवती दृष्टा न कालः परिशोचितुम् । इमं मुहूर्तं दुःखानामन्तं द्रक्ष्यसि शोभने ॥ ४९
तावुभौ पुरुषव्याघ्रौ राजपुत्रौ महाबलौ । त्वद्दर्शनकृतोत्साहौ लोकान्भस्मीकरिष्यतः ॥ ५०
हत्वा च समरक्रूरं रावणं सहबान्धवम् । राघवस्त्वां विशालाक्षि स्वां पुरीं प्रति नेष्यति ॥ ५१
ब्रूहि यद्राघवो वाच्यो लक्ष्मणश्च महाबलः । सुग्रीवो वापि तेजस्वी हरयो वा समागताः ॥ ५२
इत्युक्तवति तस्मिंश्च सीता पुनरथाब्रवीत् । कौसल्या लोकभर्तारं सुषुवे यं मनस्विनी ॥ ५३
तं ममार्थे सुखं पृच्छ शिरसा चाभिवादय । स्रजश्च सर्वरत्नानि प्रिया याश्च वराङ्गनाः ॥ ५४
ऐश्वर्यं च विशालायां पृथिव्यामपि दुर्लभम् । पितरं मातरं चैव संमान्याभिप्रसाद्य च ॥ ५५
अनुप्रव्रजितो रामं सुमित्रा येन सुप्रजाः । आनुकूल्येन धर्मात्मा त्यक्त्वा सुखमनुत्तमम् ॥ ५६
अनुगच्छति काकुत्स्थं भ्रातरं पालयन्वने । सिंहस्कन्धो महाबाहुर्मनस्वी प्रियदर्शनः ॥ ५७
पितृवद्वर्तते रामे मातृवन्मां समाचरत् । ह्रियमाणां तदा वीरो न तु मां वेद लक्ष्मणः ॥ ५८
वृद्धोपसेवी लक्ष्मीवाञ्शक्तो न बहुभाषिता । राजपुत्रप्रियश्रेष्ठः सदृशः श्वशुरस्य मे ॥ ५९
मत्तः प्रियतरो नित्यं भ्राता रामस्य लक्ष्मणः । न युक्तो धुरि यस्यां तु तामुद्वहति वीर्यवान् ॥ ६०
यं दृष्ट्वा राघवो नैव वृत्तमार्यमनुस्मरत् । स ममार्थाय कुशलं वक्तव्यो वचनान्मम ॥ ६१
मृदुर्नित्यं शुचिर्दक्षः प्रियो रामस्य लक्ष्मणः । यथा हि वानरश्रेष्ठ दुःखक्षयकरो भवेत् ॥ ६२
त्वमस्मिन्कार्यनिर्वाहे प्रमाणं हरियूथप । राघवस्त्वत्समारम्भान्मयि यत्नपरो भवेत् ॥ ६३
इदं ब्रयाश्च मे नाथं शूरं रामं पुनः पुनः । जीवितं धारयिष्यामि मासं दशरथात्मज ॥ ६४
ऊर्ध्वं मासान्न जीवेयं सत्येनाहं ब्रवीमि ते । रावणेनोपरुद्धां मां निकृत्या पापकर्मणा ।
त्रातुमर्हसि वीर त्वं पातालादिव कौशिकीम् ॥ ६५
ततो वस्त्रगतं मुक्त्वा दिव्यं चूडामणिं शुभम् । प्रदेयो राघवायेति सीता हनुमते ददौ ॥ ६६
प्रतिगृह्य ततो वीरो मणिरत्नमनुत्तमम् । अङ्गुल्या योजयामास नह्यस्य प्राभवद्भुजः ॥ ६७

॥ ४५ ॥ ४६ ॥ ४७ ॥ कस्माद्राक्षसगृहे न करोतीत्यत्रोत्तरम्—त्वच्छोकेति । त्वद्वियोगजशोकेन सर्वकार्यविमुख इत्यर्थः ॥ ४८ ॥ ततः कथंचिद्भवती दृष्टा, अत इमं मुहूर्तमारभ्य ते परिदेवितुं कालो न । कुत इत्यत्राह—यतो दुःखानामन्तं द्रक्ष्यसि ॥ ४९ ॥ ५० ॥ ५१ ॥ नियोगपरं ब्रूहीत्याह—ब्रूहीति ॥ ५२ ॥ ५३ ॥ ममार्थे । मत्प्रतिनिधित्वेनेत्यर्थः । लक्ष्मणः पूर्वं मारीचवधाय गते रामे तत्पृष्ठगमनाय मया कृतपारुष्यः । इति ज्ञात्वा तस्य विमोचनप्रवृत्त्युपेक्षा मा भूदिति विशिष्य कुशलप्रश्नं ब्रूहीत्याह—स्रजश्चेति । दुर्लभमित्यत्र त्यक्त्वेत्यनुकर्षः ॥ ५४ ॥ ५५ ॥ ५६ ॥ ५७ ॥ समाचरत्पर्यचरत् । दुर्वृत्तेन रावणेन प्रापिता वीरो मां ह्रियमाणां केनचिद्ध्रियमाणाम् । वर्तमानसामीप्ये लट् । न वेद, यदि वेद मयि तथा प्रलपन्त्यामपि निकट एव तिष्ठन्, ततो महदनर्थसमापत्तिदित्यर्थः ॥ ५८ ॥ शक्तः समर्थः । न बहुभाषिता । मितभाषी यश्च । राजपुत्रस्य रामस्य प्रियेषु श्रेष्ठः । अतिप्रिय इत्यर्थः ॥ ५९ ॥ तदेवाह—मत्त इति । मत्तोऽपीत्यर्थः । यस्यां धुरि यत्र कार्ये ॥ ६० ॥ वृत्तं प्रमाणम् । पितृवद्रक्षणरूपमनुस्मरणाभावः । अनुस्मरदन्वस्मरत् । ममार्थाय मत्प्रयोजनोद्देशेन । मम वचनाद्वक्तव्यः । सीता त्वां कुशलं पृच्छतीति वक्तव्य इत्यर्थः ॥ ६१ ॥ हि निश्चये । यथा दुःखक्षयकरो भवेद्दुःखक्षयहेतुप्रवृत्तिपरो भवेत्तथा वाच्य इत्यनुकर्षः ॥ ६२ ॥ किं बहुनास्य कार्यस्य निर्वाहे त्वं प्रमाणम् । यथा कार्यनिर्वाहो भवति तथा कुर्वित्यर्थः । यत एवमतः—राघव इति ॥ ६३ ॥ ६४ ॥ ऊर्ध्वं मासादिति । रावणदत्तावध्यवशिष्टं किञ्चिदधिकं मासद्वयमपि न सहिष्य इति भावः । तत्समाप्तौ त्वदनागमनेऽनार्योऽनार्यमेवाचरेत्, अतोऽर्वागेव मरणं ज्याय इति शीघ्रमागमनार्थेवमुक्तिरिति बोध्यम् । निकृत्या राक्षसीकर्तृकनिग्रहेणोपरुद्धाम् । पातालादिव कौशिकीं पातालमग्नां भुवं भगवानिव त्रातुमर्हसि । गायत्र्याः सांख्यायनगोत्रत्ववद्भूः कौशिकीति कतकः । कौशिकी देवेन्द्रश्रीः । पुरा किल वृत्रवधाभिभूतस्येन्द्रस्य लक्ष्मीं पाताले प्रविष्टां देवप्रार्थितो नारायण उद्धृत्य पुनरिन्द्राय प्रायच्छदिति पुराणगाथेति तीर्थः ॥ ६५ ॥ चूडामणिं शिरोरत्नम् ॥ ६६ ॥ अङ्गुल्या योजयामास दधार । चूडामण्यधिष्ठानहेमपुष्पस्य केशप्रवेशार्थं यद्रन्ध्रं तत्राङ्गुलिं प्रवेशयामासेत्यर्थः । ननु तदा सूक्ष्मरूपत्वात्तत्र भुजासञ्जनमंवाञ्छितमत आह—नहीति । अस्य भुजः सूक्ष्मोऽपि न प्राभवत् । तद्रन्ध्रे न प्राविशदित्यर्थः । निषेधस्य प्रसक्तिमूलकत्वात्प्रसक्तेश्च सूक्ष्मरूप एव संभवात् । पूर्वं देव्यै प्रदर्शितं महद्रूपं विहाय सूक्ष्मरूपेणैव स्थित इति गम्यत इति तीर्थः । कतकस्तु—अङ्गुल्या

मणिरत्नं कपिवरः प्रतिगृह्याभिवाद्य च । सीतां प्रदक्षिणं कृत्वा प्रणतः पार्श्वतः स्थितः ॥ ६८
हर्षेण महता युक्तः सीतादर्शनजेन सः । हृदयेन गतो रामं लक्ष्मणं च सलक्षणम् ॥ ६९
मणिवरमुपगृह्य तं महार्हं जनकनृपात्मजया धृतं प्रभावात् ।
गिरिवरपवनावधूतमुक्तः सुखितमनाः प्रतिसंक्रमं प्रपेदे ॥ ७०

इत्यार्षे श्रीमद्रामायणे वाल्मीकीय आदिकाव्ये सुन्दरकाण्डेऽष्टत्रिंशः सर्गः ॥ ३८ ॥

एकोनचत्वारिंशः सर्गः ।

मणिं दत्त्वा ततः सीता हनूमन्तमथाब्रवीत् । अभिज्ञानमभिज्ञातमेतद्रामस्य तत्त्वतः ॥ १
मणिं दृष्ट्वा तु रामो वै त्रयाणां संस्मरिष्यति । वीरो जनन्या मम च राज्ञो दशरथस्य च ॥ २
स भूयस्त्वं समुत्साहचोदितो हरिसत्तम । अस्मिन्कार्यसमुत्साहे प्रचिन्तय यदुत्तरम् ॥ ३
त्वमस्मिन्कार्यनिर्योगे प्रमाणं हरिसत्तम । तस्य चिन्तय यो यत्नो दुःखक्षयकरो भवेत् ॥ ४
हनूमन्यत्नमास्थाय दुःखक्षयकरो भव । स तथेति प्रतिज्ञाय मारुतिर्भीमविक्रमः ॥ ५
शिरसा वन्द्य वैदेहीं गमनायोपचक्रमे । ज्ञात्वा संप्रस्थितं देवी वानरं पवनात्मजम् ॥ ६
बाष्पगद्गदया वाचा मैथिली वाक्यमब्रवीत् । हनूमन्कुशलं ब्रूयाः सहितौ रामलक्ष्मणौ ॥ ७
सुग्रीवं च सहामात्यं सर्वान्वृद्धांश्च वानरान् । ब्रूयास्त्वं वानरश्रेष्ठ कुशलं धर्मसंहितम् ॥ ८
यथा च स महाबाहुर्मां तारयति राघवः । अस्माद्दुःखाम्बुसंरोधात्त्वं समाधातुमर्हसि ॥ ९
जीवन्तीं मां यथा रामः संभावयति कीर्तिमान् । तत्त्वया हनुमन्वाच्यं वाचा धर्ममवाप्नुहि ॥ १०
नित्यमुत्साहयुक्तस्य वाचः श्रुत्वा मयेरिताः । वर्धिष्यते दाशरथेः पौरुषं मदवाप्तये ॥ ११
मत्संदेशयुता वाचस्त्वत्तः श्रुत्वैव राघवः । पराक्रमे मतिं वीरो विधिवत्संविधास्यति ॥ १२
सीतायास्तद्वचः श्रुत्वा हनूमान्मारुतात्मजः । शिरस्यञ्जलिमाधाय वाक्यमुत्तरमब्रवीत् ॥ १३
क्षिप्रमेष्यति काकुत्स्थो हर्यृक्षप्रवरैर्वृतः । यस्ते युधि विजित्यारीञ्शोकं व्यपनयिष्यति ॥ १४
नहि पश्यामि मर्त्येषु नासुरेषु सुरेषु वा । यस्तस्य वमतो बाणान्स्थातुमुत्सहतेऽग्रतः ॥ १५
अप्यर्कमपि पर्जन्यमपि वैवस्वतं यमम् । स हि सोढुं रणे शक्तस्तव हेतोर्विशेषतः ॥ १६
स हि सागरपर्यन्तां महीं साधितुमर्हति । त्वन्निमित्तो हि रामस्य जयो जनकनन्दिनि ॥ १७
तस्य तद्वचनं श्रुत्वा सम्यक्सत्यं सुभाषितम् । जानकी बहु मेने तं वचनं चेदमब्रवीत् ॥ १८
ततस्तं प्रस्थितं सीता वीक्ष्यमाणा पुनः पुनः । भर्तृस्नेहान्वितं वाक्यं सौहार्दादनुमानयत् ॥ १९

योजयामास । सूक्ष्मवासोबद्धमङ्गुल्यां दृढं बबन्धेत्यर्थः । अस्य बन्धने भुजो न प्राभवत्, व्यक्ततया सर्वानुभवप्रसङ्गाद्द्रोपनीयत्वाच्च भुजो नोचितोऽभूदित्यर्थ इत्याह ॥ ६७ ॥ पार्श्वतः स्थितः सीतासमीपे स्थितः ॥ ६८ ॥ ६९ ॥ महार्हं बहुमूल्यम् । प्रभावात्सामर्थ्यविशेषात् । राक्षसीभिर्यथा न ज्ञायते तथा धृतम् । गिरिवरपवनावधूतमुक्तः पर्वतश्रेष्ठोर्ध्वभागीयपवनकम्पितः, पश्चात्तेन कम्पेन मुक्तः, स इव सुखितमनाः । अयमपि पूर्वं सीताया अदर्शनेन दुःखवशात्कम्पितः, ततस्तद्दर्शनेन ततः कम्पान्मुक्तः, अतः सुखितमनाः प्रतिसंक्रमं लङ्कादुर्गप्राकारं प्राप्तुं प्रपेदे । यत्नमारभतेत्यर्थः ॥ ७० ॥

इति श्रीरामाभिरामे श्रीरामीये रामायणतिलके वाल्मीकीय आदिकाव्ये सुन्दरकाण्डेऽष्टत्रिंशः सर्गः ॥ ३८ ॥

रामस्याभिज्ञातम् । रामेणाभिज्ञातमित्यर्थः ॥ १ ॥ त्रयाणां संस्मरिष्यति । कर्मणि शेषे षष्ठी । त्रीनाह—जनन्या इति । अयं मणिर्विवाहकाले मज्जनन्या हस्तान्मत्पित्रादाय दशरथहस्ते मम शिरोभूषणतया दत्त इति मम जनन्याश्च मत्पितुर्दशरथस्य चेति त्रयाणां स्मारक इति भावः ॥ २ ॥ स त्वमस्मिन्समुत्साहे भूयश्चोदितो भविष्यसि तदत्र कार्यसमुत्साहप्रचोदितः सन्यदुत्तरमुत्तरकर्तव्यं तच्चिन्तय ॥ ३ ॥ मम का चिन्तने शक्तिरिति चेत्तत्राह—त्वमिति । निर्योगो निर्वाहः । यस्तस्य रामस्य यत्नो दुःखक्षयकरो भवेत्तं चिन्तय ॥ ४ ॥ यत्नमास्थायेति । यत्नं रामप्रवृत्त्यर्थमित्यर्थः ॥ ५ ॥ ६ ॥ ७ ॥ ८ ॥ अम्बूनि संरुध्यन्ते यस्मिन्नित्यम्बुसंरोधः समुद्रः । दुःखरूपात्समुद्रादित्यर्थः । यथा तारयति तथा समाधातुं यत्नं कर्तुम् ॥ ९ ॥ वाचा वाक्कृतसाहाय्येन ॥ १० ॥ ११ ॥ उक्तमेवादराय पुनराह—मत्संदेशयुता इति ॥ १२ ॥ १३ ॥ ॥ १४ ॥ वमतः । बाणान्विसृजत इत्यर्थः ॥ १५ ॥ पर्जन्य इन्द्रः ॥ १६ ॥ महीं साधितुमर्हति । जेतुमुद्युङ्क्ते इत्यर्थः । किमर्थं तत्राह—त्वन्निमित्त इति । त्वत्प्राप्तिप्रयोजन इत्यर्थः ॥ १७ ॥ १८ ॥ भर्तृस्नेहान्वितं रामस्नेहान्वितम् । वाक्यं

यदि वा मन्यसे वीर वसैकाहमरिंदम । कस्मिंश्चित्संवृते देशे विश्रान्तः श्वो गमिष्यसि ॥ २०
मम चैवाल्पभाग्यायाः सांनिध्यात्तव वानर । अस्य शोकस्य महतो मुहूर्तं मोक्षणं भवेत् ॥ २१
ततो हि हरिशार्दूल पुनरागमनाय तु । प्राणानामपि संदेहो मम स्यान्नात्र संशयः ॥ २२
तवादर्शनजः शोको भूयो मां परितापयेत् । दुःखाद्दुःखपरामृष्टां दीपयन्निव वानर ॥ २३
अयं च वीर संदेहस्तिष्ठतीव ममाग्रतः । सुमहांस्त्वत्सहायेषु हर्यृक्षेषु हरीश्वरः ॥ २४
कथं नु खलु दुष्पारं तरिष्यति महोदधिम् । तानि हर्यृक्षसैन्यानि तौ वा नरवरात्मजौ ॥ २५
त्रयाणामेव भूतानां सागरस्येह लङ्घने । शक्तिः स्याद्वैनतेयस्य तव वा मारुतस्य वा ॥ २६
तदस्मिन्कार्यनिर्योगे वीरैवं दुरतिक्रमे । किं पश्यसे समाधानं त्वं हि कार्यविदां वरः ॥ २७
काममस्य त्वमेवैकः कार्यस्य परिसाधने । पर्याप्तः परवीरघ्न यशस्यस्ते फलोदयः ॥ २८
बलैः समग्रैर्युधि मां रावणं जित्य संयुगे । विजयी स्वपुरं यायात्तत्तस्य सदृशं भवेत् ॥ २९
बलैस्तु संकुलां कृत्वा लङ्कां परबलार्दनः । मां नयेद्यदि काकुत्स्थस्तत्तस्य सदृशं भवेत् ॥ ३०
तद्यथा तस्य विक्रान्तमनुरूपं महात्मनः । भवेदाहवशूरस्य तथा त्वमुपपादय ॥ ३१
तदर्थोपहितं वाक्यं प्रश्रितं हेतुसंहितम् । निशम्य हनुमाञ्शेषं वाक्यमुत्तरमब्रवीत् ॥ ३२
देवि हर्यृक्षसैन्यानामीश्वरः प्लवतां वरः । सुग्रीवः सत्यसंपन्नस्तवार्थे कृतनिश्चयः ॥ ३३
स वानरसहस्राणां कोटीभिरभिसंवृतः । क्षिप्रमेष्यति वैदेहि राक्षसानां निबर्हणः ॥ ३४
तस्य विक्रमसंपन्नाः सत्त्ववन्तो महाबलाः । मनःसंकल्पसंपाता निदेशे हरयः स्थिताः ॥ ३५
येषां नोपरि नाधस्तान्न तिर्यक्सज्जते गतिः । न च कर्मसु सीदन्ति महत्स्वमिततेजसः ॥ ३६
असकृत्तैर्महोत्साहैः ससागरधराधरा । प्रदक्षिणीकृता भूमिर्वायुमार्गानुसारिभिः ॥ ३७
मद्विशिष्टाश्च तुल्याश्च सन्ति तत्र वनौकसः । मत्तः प्रत्यवरः कश्चिन्नास्ति सुग्रीवसंनिधौ ॥ ३८
अहं तावदिह प्राप्तः किं पुनस्ते महाबलाः । नहि प्रकृष्टाः प्रेष्यन्ते प्रेष्यन्ते हीतरे जनाः ॥ ३९
तदलं परितापेन देवि शोको व्यपैतु ते । एकोत्पातेन ते लङ्कामेष्यन्ति हरियूथपाः ॥ ४०
मम पृष्ठगतौ तौ च चन्द्रसूर्याविवोदितौ । त्वत्सकाशं महासत्त्वौ नृसिंहावागमिष्यतः ॥ ४१
तौ हि वीरौ नरवरौ सहितौ रामलक्ष्मणौ । आगम्य नगरीं लङ्कां सायकैर्विधमिष्यतः ॥ ४२
सगणं रावणं हत्वा राघवो रघुनन्दनः । त्वामादाय वरारोहे स्वपुरीं प्रति यास्यति ॥ ४३
तदाश्वसिहि भद्रं ते भव त्वं कालकाङ्क्षिणी । नचिराद्द्रक्ष्यसे रामं प्रज्वलन्तमिवानलम् ॥ ४४
निहते राक्षसेन्द्रे च सपुत्रामात्यबान्धवे । त्वं समेष्यसि रामेण शशाङ्केनेव रोहिणी ॥ ४५

हनूमद्वाक्यं सौहार्दाद्रामप्रेम्णानुमानयदपूजयत् ॥ १९ ॥ २० ॥ मोक्षणं भवेत् । अद्य स्थित्वा श्वो गमन इति शेषः ॥ २१ ॥ ततो हीति । ततोऽपीत्यर्थः । एकाहवासोत्तरं गमनेऽपि पुनरागमनाय तु संदेह एव, तत्संदेहे सति मम प्राणानामपि संदेह एव ॥ २२ ॥ तदाह—तवेति । तथा च सद्य आगमनं संभावितमेव पुनरनागमनं इति भावः । दुःखाद्दुःखपरामृष्टामतिदुःखप्राप्ताम् । दीपनं कर्ता शोकः ॥ २३ ॥ अयं संदेहो ममाग्रतः पुरस्तादिव तिष्ठति । कोऽयं तत्राह—सुमहानिति । साक्षात्साधकस्य तव सहायभूतेषु मिलितेषु हर्यृक्षेषु हरीश्वरः सुग्रीवः कथमुदधिं तरिष्यति । सैन्यानि कथं तरिष्यन्ति । तौ वा कथं तरिष्यत इत्यर्थः ॥ २४ ॥ २५ ॥ एवं संदेहे बीजमाह—त्रयाणामेवेति ॥ २६ ॥ किं समाधानं पश्यसि कं कार्यसिद्ध्युपायं पश्यसि ॥ २७ ॥ ननु किं तैरागतैरहमेव पर्याप्तोऽस्य कार्यस्येत्यत्राह—काममिति । त्वया कार्यसाधने तव यशस्यो यशस्करः फलोदयो जयरूपफलप्राप्तिर्भवति, न तु रामस्येत्यर्थः ॥ २८ ॥ किं तदुचितं तत्राह—बलैरिति । समग्रैर्बलैः सहागत्य रावणं संयुगे जित्वा विजयी सन्मां गृहीत्वा यायात्तत्तस्य रामस्य सदृशं भवेत् ॥ २९ ॥ आदरात्पुनराह—बलैस्त्विति ॥ ३० ॥ विक्रान्तं पराक्रमः ॥ ३१ ॥ तदुक्तं सीतावाक्यम् । प्रश्रयः स्नेहः । शेषं शिष्टं प्रकृतोत्तरं वाक्यमब्रवीत् ॥ ३२ ॥ तदेव वाक्यमाह—देवीति ॥ ३३ ॥ ३४ ॥ कथमेष्यतीत्यत आह—तस्य विक्रमेति । मनःसंकल्पवदतिदूरपतनशीलाः ॥ ३५ ॥ तदेव स्पष्टमाह—येषामिति । न सज्जते न प्रतिबद्धा भवति ॥ ३६ ॥ सागरैर्धराधरैश्च सहिता ॥ ३७ ॥ प्रत्यवरो हीनबलपराक्रमः ॥ ३८ ॥ अहं तदपेक्षया न्यूनबलोऽपीत्यर्थः । तेषां स्वाधिकबलत्वं लोकन्यायेन दृढं बोधयति—नहीति ॥ ३९ ॥ एकोत्पातेनैकोत्प्लवनेन ॥ ४० ॥ ननु भवत्वेवं हरीणामागमनम्, राघवयोः कथं तत्राह—ममेति । महासत्त्वौ महासमुदाययुक्तौ ॥ ४१ ॥ ४२ ॥ रघूणामानन्दजनकमपरम् ॥ ४३ ॥ कालकाङ्क्षिणी दिवसगणनतत्परा

क्षिप्रं त्वं देवि शोकस्य पारं द्रक्ष्यसि मैथिलि । रावणं चैव रामेण द्रक्ष्यसे निहतं बलात् ॥ ४६
एवमाश्वास्य वैदेहीं हनूमान्मारुतात्मजः । गमनाय मतिं कृत्वा वैदेहीं पुनरब्रवीत् ॥ ४७
तमरिघ्नं कृतात्मानं क्षिप्रं द्रक्ष्यसि राघवम् । लक्ष्मणं च धनुष्पाणिं लङ्काद्वारमुपागतम् ॥ ४८
नखदंष्ट्रायुधान्वीरान्सिंहशार्दूलविक्रमान् । वानरान्वारणेन्द्राभान्क्षिप्रं द्रक्ष्यसि संगतान् ॥ ४९
शैलाम्बुदनिकाशानां लङ्कामलयसानुषु । नर्दतां कपिमुख्यानामार्ये यूथान्यनेकशः ॥ ५०
स तु मर्मणि घोरेण ताडितो मन्मथेषुणा । न शर्म लभते रामः सिंहार्दित इव द्विपः ॥ ५१
रुद मा देवि शोकेन मा भूत्ते मनसो भयम् । शचीव भर्त्रा शक्रेण सङ्गमेष्यसि शोभने ॥ ५२
रामाद्विशिष्टः कोऽन्योऽस्ति कश्चित्सौमित्रिणा समः । अग्निमारुतकल्पौ तौ भ्रातरौ तव संश्रयौ ॥ ५३
नास्मिंश्चिरं वत्स्यसि देवि देशे रक्षोगणैरध्युषितेऽतिरौद्रे ।
न ते चिरादागमनं प्रियस्य क्षमस्व मत्संगमकालमात्रम् ॥ ५४

इत्यार्षे श्रीमद्रामायणे वाल्मीकीये आदिकाव्ये सुन्दरकाण्डे एकोनचत्वारिंशः सर्गः ॥ ३९ ॥

चत्वारिंशः सर्गः ।

श्रुत्वा तु वचनं तस्य वायुसूनोर्महात्मनः । उवाचात्महितं वाक्यं सीता सुरसुतोपमा ॥ १
त्वां दृष्ट्वा प्रियवक्तारं संप्रहृष्यामि वानर । अर्धसंजातसस्येव वृष्टिं प्राप्य वसुंधरा ॥ २
यथा तं पुरुषव्याघ्रं गात्रैः शोकाभिकर्शितैः । संस्पृशेयं सकामाहं तथा कुरु दयां मयि ॥ ३
अभिज्ञानं च रामस्य दत्त्वा हरिगणोत्तम । क्षिप्तामिषीकां काकस्य कोपादेकाक्षिशातनीम् ॥ ४
मनःशिलायास्तिलको गण्डपार्श्वे निवेशितः । त्वया प्रणष्टे तिलके तं किल स्मर्तुमर्हसि ॥ ५
स वीर्यवान्कथं सीतां हृतां समनुमन्यसे । वसन्तीं रक्षसां मध्ये महेन्द्रवरुणोपम ॥ ६
एष चूडामणिर्दिव्यो मया सुपरिरक्षितः । एतं दृष्ट्वा प्रहृष्यामि व्यसने त्वामिवानघ ॥ ७
एष निर्यातितः श्रीमान्मया ते वारिसंभवः । अतः परं न शक्ष्यामि जीवितुं शोकलालसा ॥ ८
असह्यानि च दुःखानि वाचश्च हृदयच्छिदः । राक्षसैः सह संवासं त्वत्कृते मर्षयाम्यहम् ॥ ९
धारयिष्यामि मासं तु जीवितं शत्रुसूदन । मासादूर्ध्वं न जीविष्ये त्वया हीना नृपात्मज ॥ १०
घोरो राक्षसराजोऽयं दृष्टिश्च न सुखा मयि । त्वां च श्रुत्वा विपज्जन्तं न जीवेयमपि क्षणम् ॥ ११
वैदेह्या वचनं श्रुत्वा करुणं साश्रुभाषितम् । अथाब्रवीन्महातेजा हनूमान्मारुतात्मजः ॥ १२

॥ ४४ ॥ ४५ ॥ ४६ ॥ ४७ ॥ ४८ ॥ ४९ ॥ यूथान्यनेकशः । द्रक्ष्यसीति शेषः ॥ ५० ॥ रामस्य सर्वथा त्वदप्राप्तिचिन्तैवास्त इत्याह—स त्विति ॥ ५१ ॥ ५२ ॥ सौमित्रिणा समः कश्चित् । कोऽपि नास्तीति शेषः ॥ ५३ ॥ मत्संगमकालमात्रं मया रामस्य यः संगमस्तत्कालमात्रम् । प्रतीक्षस्वेत्यर्थः ॥ ५४ ॥ इति श्रीरामाभिरामे श्रीरामीये रामायणतिलके वाल्मीकीय आदिकाव्ये सुन्दरकाण्डे एकोनचत्वारिंशः सर्गः ॥ ३९ ॥

आत्महितमात्मदुःखोद्धारप्रयोजनम् ॥ १ ॥ अर्धसंजातान्यर्धं वयःप्राप्तानि, ततः परं जलाभावादासन्नशोषाणि सस्यानि यस्याः सा यथा दैवात्संपन्नवृष्ट्या संपन्नसस्या भवति । तथाहमपि प्राप्तजीवितनाशामृतोपमात्वद्दर्शनात्कृतजीवितेति भावः ॥ २ ॥ सकामा तत्स्पर्शेच्छावती ॥ ३ ॥ अभिज्ञानं चूडामण्यात्मकं दत्त्वा देहि । तथा कोपात्काकस्यैकाक्षिशातनीमिषीकां क्षिप्त्वा काको रक्षित इत्यपरमभिज्ञानं दद्याः । श्रावयेत्यर्थः ॥ ४ ॥ अथाभिज्ञानान्तरमाह संदेशरूपेण—मनःशिलाया इति । पूर्वतने तिलके नष्टे सति त्वया रामेण मम गण्डपार्श्वे मनःशिलातिलको निवेशितः, तं किल । स्वकृततिलकमित्यर्थः । स्मर्तुमर्हसि । इति मयोक्तमिति ब्रूहीति शेषः ॥ ५ ॥ अथ केवलसंदेशान्तरमाह—स वीर्यवानिति । अनुमन्यसे । सहस इत्यर्थः ॥ ६ ॥ दिव्य एष चूडामणिरेतावत्कालं सुपरिरक्षितः, एतं व्यसने त्वामिव दृष्ट्वा प्रहृष्यामि । एतत्संनिधाने रक्षोभिर्भयासंभवादिति भावः ॥ ७ ॥ स एव निर्यातितो दत्तः । त्वत्प्रत्यभिज्ञानार्थमिति शेषः । अतः शीघ्रमागमने एव कुशलम्, अन्यथा परमं दुःखमिति भावः ॥ ८ ॥ त्वत्कृते त्वत्प्राप्तिप्रत्याशया । मर्षयामि सहामि ॥ ९ ॥ १० ॥ यतोऽयं घोरस्तस्य दृष्टिश्च चाक्षुर्दृष्टिः, न सुखा अवधिकालादूर्ध्वं कृतविनाशानिश्चया, अतस्तदूर्ध्वमेव मरणौचित्यादवधिकालस्याधिकत्वेऽपि मासादूर्ध्वमेव न जीविष्यामि । किं च त्वां विपज्जन्तं विलम्बं कुर्वन्तं यदि शृणुयां तदा तथा श्रुत्वा मासादर्वागेव क्षणमपि न जीवेयमित्युक्तमिति ब्रूहीति शेषः ॥ ११ ॥ वचनमुक्तसंदेश-

त्वच्छोकविमुखो रामो देवि सत्येन ते शपे । रामे शोकाभिभूते तु लक्ष्मणः परितप्यते ॥ १३
दृष्टा कथंचिद्भवती न कालः परिदेवितुम् । इमं मुहूर्तं दुःखानामन्तं द्रक्ष्यसि भामिनि ॥ १४
तावुभौ पुरुषव्याघ्रौ राजपुत्रावनिन्दितौ । त्वद्दर्शनकृतोत्साहौ लङ्कां भस्मीकरिष्यतः ॥ १५
हत्वा तु समरे रक्षो रावणं सहबान्धवैः । राघवौ त्वां विशालाक्षि स्वां पुरीं प्रति नेष्यतः ॥ १६
यत्तु रामो विजानीयादभिज्ञानमनिन्दिते । प्रीतिसंजननं भूयस्तस्य त्वं दातुमर्हसि ॥ १७
साब्रवीद्दत्तमेवाहो मयाभिज्ञानमुत्तमम् । एतदेव हि रामस्य दृष्ट्वा यत्नेन भूषणम् ॥ १८
श्रद्धेयं हनुमन्वाक्यं तव वीर भविष्यति । स तं मणिवरं गृह्य श्रीमान्प्लवगसत्तमः ॥ १९
प्रणम्य शिरसा देवीं गमनायोपचक्रमे । तमुत्पातकृतोत्साहमवेक्ष्य हरियूथपम् ॥ २०
वर्धमानं महावेगमुवाच जनकात्मजा । अश्रुपूर्णमुखी दीना बाष्पगद्गदया गिरा ॥ २१
हनूमन्सिंहसंकाशौ भ्रातरौ रामलक्ष्मणौ । सुग्रीवं च सहामात्यं सर्वान्ब्रूया अनामयम् ॥ २२
यथा च स महाबाहुर्मां तारयति राघवः । अस्माद्दुःखाम्बुसंरोधात्त्वं समाधातुमर्हसि ॥ २३

इदं च तीव्रं मम शोकवेगं रक्षोभिरेभिः परिभर्त्सनं च ।
ब्रूयास्तु रामस्य गतः समीपं शिवश्च तेऽध्वास्तु हरिप्रवीर ॥ २४
स राजपुत्र्या प्रतिवेदितार्थः कपिः कृतार्थः परिहृष्टचेताः ।
तदल्पशेषं प्रसमीक्ष्य कार्यं दिशं ह्युदीचीं मनसा जगाम ॥ २५

इत्यार्षे श्रीमद्रामायणे वाल्मीकीय आदिकाव्ये सुन्दरकाण्डे चत्वारिंशः सर्गः ॥ ४० ॥

एकचत्वारिंशः सर्गः ।

स च वाग्भिः प्रशस्ताभिर्गमिष्यन्पूजितस्तया । तस्माद्देशादपाक्रम्य चिन्तयामास वानरः ॥ १
अल्पशेषमिदं कार्यं दृष्टेयमसितेक्षणा । त्रीनुपायानतिक्रम्य चतुर्थ इह दृश्यते ॥ २

न साम रक्षःसु गुणाय कल्पते न दानमर्थोपचितेषु युज्यते ।
न भेदसाध्या बलदर्पिता जनाः पराक्रमस्त्वेव ममेह रोचते ॥ ३
न चास्य कार्यस्य पराक्रमादृते विनिश्चयः कश्चिदिहोपपद्यते ।
हतप्रवीराश्च रणे तु राक्षसाः कथंचिदीयुर्यदिहाद्य मार्दवम् ॥ ४

कार्ये कर्मणि निर्वृत्ते यो बहून्यपि साधयेत् । पूर्वकार्याविरोधेन स कार्यं कर्तुमर्हति ॥ ५

रूपम् ॥ १२ ॥ त्वच्छोकविमुखस्त्वत्स्थित्यपरिज्ञानजशोकेन त्वदुद्धारप्रवृत्तिविमुखः, न तु ज्ञात्वेति सत्येन ते शपे ॥ १३ ॥ कथंचिद्भवती दृष्टा, अतः परं शोचितुं न कालः । इमं मुहूर्तम् । अस्मिन्नचिरकाले इत्यर्थः ॥ १४ ॥ १५ ॥ १६ ॥ यत्त्वभिज्ञानं राम एव विशिष्य जानीयाद्यच्च तस्य प्रीतिसंजननं तद्भूयः पुनरधिकं च दातुमर्हसि ॥ १७ ॥ १८ ॥ श्रद्धेयं विश्वसनीयम् ॥ १९ ॥ उत्पाते उत्प्लवने कृतोत्साहम् ॥ २० ॥ २१ ॥ अनामयमारोग्यम् ॥ २२ ॥ त्वं समाधातुमित्यस्य तथेत्यादिः । समाधानं संविधानम्, 'अथापि स महाबाहुः' इति पाठे यथेत्यपि पूरणीयमेव । यद्यपि श्रुतवृत्तान्तः स्वयमेव यतिष्यति तथापि त्वमपि यथा मां शीघ्रं तारयति तथा संनिधानं कुर्वित्यर्थः ॥ २३ ॥ २४ ॥ तत्कार्यं लङ्कागमनप्रयोजनमल्पशेषम् । देवीदर्शनरूपस्य महतः प्रधानकृत्यस्य निष्पन्नत्वात्परबलदर्शनरूपस्यानुषङ्गिकत्वादल्पशेषत्वमित्याशयः ॥ २५ ॥ इति श्रीरामाभिरामे श्रीरामीये रामायणतिलके वाल्मीकीय आदिकाव्ये सुन्दरकाण्डे चत्वारिंशः सर्गः ॥ ४० ॥

तस्माद्देशादपाक्रम्य सीतासमीपात्किंचिद्दूरं गत्वा ॥ १ ॥ चिन्तयामासेत्युक्तां चिन्तां दर्शयति—अल्पशेषमिति । इयं सीता दृष्टेतीदं प्रधानकार्यं निष्पन्नमिति, आनुषङ्गिकं परबलदर्शनमवशिष्टमित्यल्पशेषत्वम् । इह कार्ये परबलज्ञानलक्षणे त्रीनुपायान्सामादीनतिक्रम्य चतुर्थो दण्ड एव साधनत्वेन दृश्यते ॥ २ ॥ तत्र युक्तिमाह—नेति । ऋजुषु साम फलाय न क्रूरेषु । तदाह—रक्षःस्विति । बलदर्पिता भेदसाध्या न । भेद उपायः । बलवन्तो हि कुतोऽप्यनिष्टं न गणयन्तीत्यर्थः ॥ ३ ॥ अस्य कार्यस्य परबलाशयपरिज्ञानरूपस्य सर्वातिशायिपराक्रमवतो मम पराजय एव नास्तीत्याशयेनाह—पराक्रमादृते इति । विनिश्चयो निश्चितोपायः । स्वबलप्रकाशने प्रयोजनान्तरमप्यस्तीत्याह—हतेति । अद्य हताः प्रवीराः श्रेष्ठा येषां ते राक्षसा यद्यस्मादिह भाविनि रणे मार्दवमेकेनैवैवं पराक्रमः कृतस्तादृशैरनेकैः कथमस्माकं जयाशेति रणप्रवृत्तिराहित्यं प्राप्नुयुः, अतः पराक्रमात्परबलस्य मनोभङ्गरूपं कार्यं सिध्यतीत्याशयः ॥ ४ ॥ ननु स्वामिसंदिष्टकार्यातिरिक्तकार्यकरणं दोषः, स्वामिना हि 'अभिगम्य तु वैदेहीं निलयं राव-

न ह्येकः साधको हेतुः स्वल्पस्यापीह कर्मणः । यो ह्यर्थं बहुधा वेद स समर्थोऽर्थसाधने ॥ ६
इहैव तावत्कृतनिश्चयो ह्यहं व्रजेयमद्य प्लवगेश्वरालयम् ।
परात्मसंमर्दविशेषतत्त्ववित्ततः कृतं स्यान्मम भर्तृशासनम् ॥ ७
कथं नु खल्वद्य भवेत्सुखागतं प्रसह्य युद्धं मम राक्षसैः सह ।
तथैव खल्वात्मबलं च सारवत्संमानयेन्मां च रणे दशाननः ॥ ८
ततः समासाद्य रणे दशाननं समन्त्रिवर्गं सबलं सयायिनम् ।
हृदि स्थितं तस्य मतं बलं च सुखेन मत्वाहमितः पुनर्व्रजे ॥ ९
इदमस्य नृशंसस्य नन्दनोपममुत्तमम् । वनं नेत्रमनःकान्तं नानाद्रुमलतायुतम् ॥ १०
इदं विध्वंसयिष्यामि शुष्कं वनमिवानलः । अस्मिन्भग्ने ततः कोपं करिष्यति स रावणः ॥ ११
ततो महत्साश्वमहारथद्विपं बलं समानेष्यति राक्षसाधिपः ।
त्रिशूलकालायसपट्टिशायुधं ततो महद्युद्धमिदं भविष्यति ॥ १२
अहं च तैः संयति चण्डविक्रमैः समेत्य रक्षोभिरभङ्गविक्रमः ।
निहत्य तद्रावणचोदितं बलं सुखं गमिष्यामि हरीश्वरालयम् ॥ १३
ततो मारुतवत्क्रुद्धो मारुतिर्भीमविक्रमः । ऊरुवेगेन महता द्रुमान्क्षेप्तुमथारभत् ॥ १४
ततस्तद्धनुमान्वीरो बभञ्ज प्रमदावनम् । मत्तद्विजसमाघुष्टं नानाद्रुमलतायुतम् ॥ १५
तद्वनं मथितैर्वृक्षैर्भिन्नैश्च सलिलाशयैः । चूर्णितैः पर्वताग्रैश्च बहुधा प्रियदर्शनैः ॥ १६
नानाशकुन्तविरुतैः प्रभिन्नसलिलाशयैः । ताम्रैः किसलयैः क्लान्तैः क्लान्तद्रुमलतायुतैः ॥ १७
न बभौ तद्वनं तत्र दावानलहतं यथा । व्याकुलावरणा रेजुर्विह्वला इव ता लताः ॥ १८
लतागृहैश्चित्रगृहैश्च सादितैर्व्यालैर्मृगैरार्तरवैश्च पक्षिभिः ।
शिलागृहैरुन्मथितैस्तथा गृहैः प्रनष्टरूपं तदभून्महद्वनम् ॥ १९
सा विह्वलाशोकलताप्रताना वनस्थली शोकलताप्रताना ।
जाता दशास्यप्रमदावनस्य कपेर्बलाद्धि प्रमदावनस्य ॥ २०

णस्य च, इत्येतावदेव संदिष्टमित्याशङ्क्य संदिष्टकार्याविरोधेन स्वामिहितकार्यान्तरसाधनं दूतस्यालंकार इत्याह—कार्ये इति। कार्ये प्रधानकार्ये निर्वृत्ते। स कार्यं कर्तुमर्हति, न तु संदिष्टमात्रस्य कथंचित्साधक इत्याशयः ॥ ५ ॥ उक्तमेव विवृणोति—न हीति। यस्तु स्वल्पस्यापि कर्मणोऽतिशयितयत्नेन सिद्धिहेतुर्भवत्यसावेको मुख्यः साधको हेतुर्न भवति, अपि तु यो ह्यर्थं प्रयोजनमल्पेन यत्नेन बहुधा कर्तुं वेद स एवार्थसाधने समर्थः ॥ ६ ॥ तस्मादन्यदपि स्वाम्यभीष्टं कृत्वैव गन्तव्यमित्याह—इहैवेति। यद्यप्यहमिहैव सीतान्वेषण एव तावत्प्रथमं कृतनिश्चयः, तथापि यदि परात्मसंमर्दविशेषतत्त्ववित्परस्यात्मनः स्वस्य च संमर्दे युद्धे यो विशेषस्तत्तत्त्वविद्भूत्वा यदि प्लवगेश्वरालयं सुग्रीवालयं व्रजेयं ततस्तदा भर्तृशासनं सम्यक्कृतं स्यात्। अन्यथा राक्षसबलं कीदृशमिति पृष्टे निरुत्तरः स्यामिति भावः ॥ ७ ॥ एवं निश्चितार्थो युद्धप्रवृत्तिप्रकारं चिन्तयति—कथं न्विति। अद्य खलु ममेहागतमागमनं सुखागतं सुखफलमागमनं कथं भवेत्, तथा राक्षसैः सह प्रसह्य स्वयमेव बलात्कृत्य युद्धं च कथं मम भवेत्, तथा तथैव करणे सति सारवदूर्जितं स्वबलं मां च स दशाननः कथं मानयेच्छ्लाघयेत्। यद्वा तथैव युद्धकरणे खलु दशानन आत्मबलं मां च सारवत्समानयेत्सम्यक्परिच्छिन्द्यादित्यर्थेन युद्धफलमुक्तम् ॥ ८ ॥ ततो मद्बलवशादेव मां रणे समासाद्य वर्तमानं सबलं सयायिनं ससारथिम्। अन्तर्भावितण्यर्थाद्यातेर्णिनौ यापयिता यायी सारथिस्तेन सहितं रावणं ज्ञात्वा हृदि स्थितं तस्य मतमभीष्टं बलं च सुखेनाक्लेशतो मत्वा ज्ञात्वा पुनरितो व्रजे व्रजिष्ये। 'सबलं सयायिनम्' इति पाठः। 'सबलप्रयायिनम्' इत्याधुनिककल्पितः पाठः ॥ ९ ॥ अथ प्रसह्य रणप्रवर्तनोपायं चिन्तयति—इदमिति। अस्येदं वनं नेत्रमनःकान्तं भवति, अत इदं विध्वंसयामि ॥ १० ॥ ११ ॥ समानेष्यति मां प्रति युद्धाय प्रापयिष्यति। महद्युद्धं मन्मनस्तोषकृत् ॥ १२ ॥ ततो हरीश्वरालयं गमिष्यामीति चिन्तयामासेत्यन्वयः ॥ १३ ॥ तत एवंनिश्चयानन्तरम् ॥ १४ ॥ ॥ १५ ॥ पर्वताग्रैः क्रीडापर्वताग्रैः। उपलक्षितमिति शेषः ॥ १६ ॥ १७ ॥ व्याकुलं स्रस्तमावरणं यासां ताः, अत एव विह्वलाः स्त्रिय इव ता लता रेजुः ॥ १८ ॥ सादितैर्विशीर्णैः। व्यालैः शार्दूलैः ॥ १९ ॥ प्रमदावनस्यान्तःपुरविहारोचितवनस्य। 'स्यादेतदेव प्रमदवनमन्तःपुरोचितम्' इत्यमरः। दशास्यस्य प्रमदानां स्त्रीणां कामसंवर्धनद्वारा वनस्य रक्षकस्यास्य वनस्य सा विह्वलाशोकलताप्रताना चञ्चलाशोकलतासमूहवती, वनस्थली तृणगुल्मलता जलाशयादियुक्ता भूमिः। कपेर्बलाच्छोच्यत इति शोका शोच्यलताप्रताना जाता। द्रष्टृचित्तशो-

ततः स कृत्वा जगतीपतेर्महान्महद्व्यलीकं मनसो महात्मनः ।
युयुत्सुरेको बहुभिर्महाबलैः श्रिया ज्वलंस्तोरणमाश्रितः कपिः ॥ २१

इत्यार्षे श्रीमद्रामायणे वाल्मीकीय आदिकाव्ये सुन्दरकाण्ड एकचत्वारिंशः सर्गः ॥ ४१ ॥

द्विचत्वारिंशः सर्गः ।

ततः पक्षिनिनादेन वृक्षभङ्गस्वनेन च । बभूवुस्त्राससंभ्रान्ताः सर्वे लङ्कानिवासिनः ॥ १
विद्रुताश्च भयत्रस्ता निषेदुर्मृगपक्षिणः । रक्षसां च निमित्तानि क्रूराणि प्रतिपेदिरे ॥ २
ततो गतायां निद्रायां राक्षस्यो विकृताननाः । तद्वनं ददृशुर्भग्नं तं च वीरं महाकपिम् ॥ ३
स ता दृष्ट्वा महाबाहुर्महासत्त्वो महाबलः । चकार सुमहद्रूपं राक्षसीनां भयावहम् ॥ ४
ततस्तु गिरिसंकाशमतिकायं महाबलम् । राक्षस्यो वानरं दृष्ट्वा पप्रच्छुर्जनकात्मजाम् ॥ ५
कोऽयं कस्य कुतो वायं किंनिमित्तमिहागतः । कथं त्वया महानेन संवादः कृत इत्युत ॥ ६
आचक्ष्व नो विशालाक्षि माभूत्ते सुभगे भयम् । संवादमसितापाङ्गि त्वया किं कृतवानयम् ॥ ७
अथाब्रवीत्तदा साध्वी सीता सर्वाङ्गशोभना । रक्षसां कामरूपाणां विज्ञाने का गतिर्मम ॥ ८
यूयमेवास्य जानीत योऽयं यद्वा करिष्यति । अहिरेव अहेः पादान्विजानाति न संशयः ॥ ९
अहमप्यतिभीतास्मि नैव जानामि को ह्ययम् । वेद्मि राक्षसमेवैनं कामरूपिणमागतम् ॥ १०
वैदेह्या वचनं श्रुत्वा राक्षस्यो विद्रुता द्रुतम् । स्थिताः काश्चिद्गताः काश्चिद्रावणाय निवेदितुम् ॥ ११
रावणस्य समीपे तु राक्षस्यो विकृताननाः । विरूपं वानरं भीमं रावणाय न्यवेदिषुः ॥ १२
अशोकवनिकामध्ये राजन्भीमवपुः कपिः । सीतया कृतसंवादस्तिष्ठत्यमितविक्रमः ॥ १३
न च तं जानकी सीता हरिं हरिणलोचना । अस्माभिर्बहुधा पृष्टा निवेदयितुमिच्छति ॥ १४
वासवस्य भवेद्दूतो दूतो वैश्रवणस्य वा । प्रेषितो वापि रामेण सीतान्वेषणकाङ्क्षया ॥ १५
तेनैवाद्भुतरूपेण यत्तत्तव मनोहरम् । नानामृगगणाकीर्णं प्रमृष्टं प्रमदावनम् ॥ १६
न तत्र कश्चिदुद्देशो यस्तेन न विनाशितः । यत्र सा जानकी देवी स तेन न विनाशितः ॥ १७
जानकीरक्षणार्थं वा श्रमाद्वा नोपलक्ष्यते । अथवा कः श्रमस्तस्य सैव तेनाभिरक्षिता ॥ १८
चारुपल्लवपत्राढ्यं यं सीता स्वयमास्थिता । प्रवृद्धः शिंशपावृक्षः स च तेनाभिरक्षितः ॥ १९
तस्योग्ररूपस्योग्रं त्वं दण्डमाज्ञातुमर्हसि । सीता संभाषिता येन वनं तेन विनाशितम् ॥ २०
मनःपरिगृहीतां तां तव रक्षोगणेश्वर । कः सीतामभिभाषेत यो न स्यात्त्यक्तजीवितः ॥ २१

कजनका जातेत्यर्थः ॥ २० ॥ जगतीपते राज्ञो रावणस्य । व्यलीकमप्रियम् ॥ २१ ॥ इति श्रीरामाभिरामे श्रीरामीये रामायणतिलके वाल्मीकीय आदिकाव्ये सुन्दरकाण्ड एकचत्वारिंशः सर्गः ॥ ४१ ॥

तत इति ॥ १ ॥ प्रतिपेदिरे प्राप्तानि ॥ २ ॥ गतायां निद्रायाम् । वनभङ्गध्वनिनेत्यर्थः ॥ ३ ॥ ४ ॥ जनकात्मजां पप्रच्छुः । तस्यानिर्निद्रनयावस्थानं मत्वेति भावः ॥ ५ ॥ त्वयानेन कथं संवादः कृत इति च पप्रच्छुः । यद्यपि ता निद्रिता वनभङ्गध्वनिना जागरिता इति संवादज्ञानस्यैवाभावात्तत्कथंप्रश्नो निरवसरः, तथापि निद्रामध्ये किंचिज्जागरेण तत्संवादश्रवणेऽपि देवमायया पुनर्निद्रेति तत्प्रश्नोपपत्तिरित्याहुः । सीतायास्तद्दर्शनेऽपि निर्भयप्रसन्नमुखतयावस्थानदर्शनादयं कश्चिदेनत्परिचित एतद्वृत्तान्तज्ञानार्थमेव प्रायेणागत इति संभाव्यानया संवादकरणं च संभाव्य तत्प्रश्ननिर्वाह इति कतकः ॥ ६ ॥ अथ विशिष्य संवादं पृच्छति—संवादमिति ॥ ७ ॥ का गतिरुपायः ॥ ८ ॥ युष्माकमेवैतत्स्वरूपज्ञानमुचितमित्यत्र न्यायमाह—अहिरेवेति ॥ ९ ॥ १० ॥ वैदेह्या वचनमज्ञानप्रतिपादकम् । अनेनात्मत्राणादौ मृषावादो न दोषायेति ध्वनितम् । काश्चिद्विद्रुताः, काश्चिद्दृढं स्थिता एव, काश्चिद्रावणाय निवेदितुं गताः ॥ ११ ॥ १२ ॥ सीतया कृतसंवादत्वज्ञानं यथा तथोक्तम् ॥ १३ ॥ न निवेदयितुमिच्छति । प्रायेणेयं तं जानातीति तासामाशयः ॥ १४ ॥ ॥ १५ ॥ प्रमृष्टं नाशितम् ॥ १६ ॥ उद्देशः प्रदेशः ॥ १७ ॥ कः श्रम इति । महावनं भग्नवतस्तस्य श्रमोऽसंभावित इत्यर्थः । अतः सा जानक्येव तेनाभिरक्षिता । तदाश्रयवृक्षाभङ्गेनेति शेषः ॥ १८ ॥ तस्यैवार्थस्य स्थिरीकरणाय पुनः प्रतिपादनम्—चार्विति । तेनाभिरक्षितः । सीतारक्षणार्थमिति शेषः ॥ १९ ॥ आज्ञातुमाज्ञापयितुम् । सीता संभाषितेत्यनेन सापराधप्रहत्वं बोधितम् ॥ २० ॥ तद्रावणस्यापराधत्वमुपपादयति—मन इति । त्यक्तजीवितस्त्यक्तजीविताशः । राजपरिग्रह-

राक्षसीनां वचः श्रुत्वा रावणो राक्षसेश्वरः । चिताग्निरिव जज्वाल कोपसंवर्तितेक्षणः ॥ २२
तस्य क्रुद्धस्य नेत्राभ्यां प्रापतन्नश्रुबिन्दवः । दीप्ताभ्यामिव दीपाभ्यां सार्चिषः स्नेहबिन्दवः ॥ २३
आत्मनः सदृशान्वीरान्किंकरान्नाम राक्षसान् । व्यादिदेश महातेजा निग्रहार्थं हनूमतः ॥ २४
तेषामशीतिसाहस्रं किंकराणां तरस्विनाम् । निर्ययुर्भवनात्तस्मात्कूटमुद्गरपाणयः ॥ २५
महोदरा महादंष्ट्रा घोररूपा महाबलाः । युद्धाभिमनसः सर्वे हनूमद्ग्रहणोन्मुखाः ॥ २६
ते कपिं तं समासाद्य तोरणस्थमवस्थितम् । अभिपेतुर्महाभागाः पतंगा इव पावकम् ॥ २७
ते गदाभिर्विचित्राभिः परिघैः काञ्चनाङ्गदैः । आजघ्नुर्वानरश्रेष्ठं शरैरादित्यसंनिभैः ॥ २८
मुद्गरैः पट्टिशैः शूलैः प्रासतोमरपाणयः । परिवार्य हनूमन्तं सहसा तस्थुरग्रतः ॥ २९
हनूमानपि तेजस्वी श्रीमान्पर्वतसंनिभः । क्षितावाविध्य लाङ्गूलं ननाद च महाध्वनिम् ॥ ३०
स भूत्वा तु महाकायो हनूमान्मारुतात्मजः । पुच्छमास्फोटयामास लङ्कां शब्देन पूरयन् ॥ ३१
तस्यास्फोटितशब्देन महता चानुनादिना । पेतुर्विहंगा गगनादुच्चैश्चेदमघोषयत् ॥ ३२
जयत्यतिबलो रामो लक्ष्मणश्च महाबलः । राजा जयति सुग्रीवो राघवेणाभिपालितः ॥ ३३
दासोऽहं कोसलेन्द्रस्य रामस्याक्लिष्टकर्मणः । हनूमाञ्शत्रुसैन्यानां निहन्ता मारुतात्मजः ॥ ३४
न रावणसहस्रं मे युद्धे प्रतिबलं भवेत् । शिलाभिश्च प्रहरतः पादपैश्च सहस्रशः ॥ ३५
अर्दयित्वा पुरीं लङ्कामभिवाद्य च मैथिलीम् । समृद्धार्थो गमिष्यामि मिषतां सर्वरक्षसाम् ॥ ३६
तस्य संनादशब्देन तेऽभवन्भयशङ्किताः । ददृशुश्च हनूमन्तं संध्यामेघमिवोन्नतम् ॥ ३७
स्वामिसंदेशनिःशङ्कास्ततस्ते राक्षसाः कपिम् । चित्रैः प्रहरणैर्भीमैरभिपेतुस्ततस्ततः ॥ ३८
स तैः परिवृतः शूरैः सर्वतः स महाबलः । आससादायसं भीमं परिघं तोरणाश्रितम् ॥ ३९
स तं परिघमादाय जघान रजनीचरान् । स पन्नगमिवादाय स्फुरन्तं विनतासुतः ॥ ४०
विचचाराम्बरे वीरः परिगृह्य च मारुतिः । सूदयामास वज्रेण दैत्यानिव सहस्रदृक् ॥ ४१
स हत्वा राक्षसान्वीरः किंकरान्मारुतात्मजः । युद्धाकाङ्क्षी महावीरस्तोरणं समवस्थितः ॥ ४२
ततस्तस्माद्भयान्मुक्ताः कतिचित्तत्र राक्षसाः । निहतान्किंकरान्सर्वान्रावणाय न्यवेदयन् ॥ ४३

स राक्षसानां निहतं महाबलं निशम्य राजा परिवृत्तलोचनः ।
समादिदेशाप्रतिमं पराक्रमे प्रहस्तपुत्रं समरे सुदुर्जयम् ॥ ४४

इत्यार्षे श्रीमद्रामायणे वाल्मीकीय आदिकाव्ये सुन्दरकाण्डे द्विचत्वारिंशः सर्गः ॥ ४२ ॥

त्रिचत्वारिंशः सर्गः ।

ततः स किंकरान्हत्वा हनूमान्ध्यानमास्थितः । वनं भग्नं मया चैत्यप्रासादो न विनाशितः ॥ १

भाषणं पुंसोऽपराध इति भावः ॥ २१ ॥ संवर्तिते विवर्तिते ईक्षणे नेत्रे येन सः ॥ २२ ॥ २३ ॥ २४ ॥ अशीतेः साहस्रम् । स्वार्थेऽण् । कूटोऽयस्कारः । कूटसदृशाग्र आयुधविशेषः ॥ २५ ॥ २६ ॥ अवस्थितं युद्धाय संनद्धम् ॥ २७ ॥ काञ्चनाङ्गदैः काञ्चनपट्टबन्धैः ॥ २८ ॥ २९ ॥ क्षितावाविध्य । लाङ्गूलमिति स्वभावोक्तिरलंकारः ॥ ३० ॥ ३१ ॥ अनुनादिना प्रतिध्वनिमता ॥ ३२ ॥ जयति सर्वोत्कर्षेण वर्तते ॥ ३३ ॥ ३४ ॥ प्रतिबलं प्रतिस्पर्धार्हबलवत् ॥ ३५ ॥ मिषतामित्यनादरे षष्ठी ॥ ३६ ॥ संनादशब्देनास्फोटशब्दजप्रतिध्वनिना सिंहनादेन च ॥ ३७ ॥ स्वामिनो रामस्य संदेशेन नामग्रहणेन कस्त्वायं भट इति संदेहरहिताः । किं च स्वामिसंदेशे रावणाज्ञयातिघोरेणाप्यनेन योद्धव्यमेवेति निश्चयात्पक्षान्तरशङ्कारहिताः प्रहरणैरायुधैरभिपेतुः । प्राहरन्नित्यर्थः ॥ ३८ ॥ तोरणाश्रितं तोरणसमीपे स्थापितम् ॥ ३९ ॥ स प्रसिद्धो विनतासुतः पन्नगमादायेव स हनूमांस्तं परिघमादायेति योजना ॥ ४० ॥ परिगृह्य । परिघमिति शेषः ॥ ४१ ॥ ४२ ॥ कतिचिद्धताशेषा द्वित्राः ॥ ४३ ॥ प्रहस्तपुत्रो जम्बुमाली ॥ ४४ ॥ **इति श्रीरामाभिरामे श्रीरामीये रामायणतिलके वाल्मीकीय आदिकाव्ये सुन्दरकाण्डे द्विचत्वारिंशः सर्गः ॥४२॥**

अथ रावणसंदिष्टसेनान्तरागमनात्पूर्वं तूष्णीं स्थित्वा न किंचित्प्रयोजनमिति विचार्य प्रासादभङ्गादि चिकीर्षति—तत इति । ध्यानं विचारः । चैत्यप्रासादो रक्षःकुलदेवताप्रासादः

तस्मात्प्रासादमप्येवमिमं विध्वंसयाम्यहम् । इति संचिन्त्य हनुमान्मनसा दर्शयन्बलम् ॥ २
चैत्यप्रासादमुत्प्लुत्य मेरुशृङ्गमिवोन्नतम् । आरुरोह हरिश्रेष्ठो हनूमान्मारुतात्मजः ॥ ३
आरुह्य गिरिसंकाशं प्रासादं हरियूथपः । बभौ स सुमहातेजाः प्रतिसूर्य इवोदितः ॥ ४
संप्रधृष्य तु दुर्धर्षश्चैत्यप्रासादमुन्नतम् । हनूमान्प्रज्वलँल्लक्ष्म्या पारियात्रोपमोऽभवत् ॥ ५
स भूत्वा सुमहाकायः प्रभावान्मारुतात्मजः । धृष्टमास्फोटयामास लङ्कां शब्देन पूरयन् ॥ ६
तस्यास्फोटितशब्देन महता श्रोत्रघातिना । पेतुर्विहंगमास्तत्र चैत्यपालाश्च मोहिताः ॥ ७
अस्त्रविज्जयतां रामो लक्ष्मणश्च महाबलः । राजा जयति सुग्रीवो राघवेणाभिपालितः ॥ ८
दासोऽहं कोसलेन्द्रस्य रामस्याक्लिष्टकर्मणः । हनूमाञ्शत्रुसैन्यानां निहन्ता मारुतात्मजः ॥ ९
न रावणसहस्रं मे युद्धे प्रतिबलं भवेत् । शिलाभिश्च प्रहरतः पादपैश्च सहस्रशः ॥ १०
धर्षयित्वा पुरीं लङ्कामभिवाद्य च मैथिलीम् । समृद्धार्थो गमिष्यामि मिषतां सर्वरक्षसाम् ॥ ११
एवमुक्त्वा महाकायश्चैत्यस्थो हरियूथपः । ननाद भीमनिर्ह्रादो रक्षसां जनयन्भयम् ॥ १२
तेन नादेन महता चैत्यपालाः शतं ययुः । गृहीत्वा विविधानस्त्रान्प्रासान्खड्गान्परश्वधान् ॥ १३
विसृजन्तो महाकाया मारुतिं पर्यवारयन् । ते गदाभिर्विचित्राभिः परिघैः काञ्चनाङ्गदैः ॥ १४
आजग्मुर्वानरश्रेष्ठं बाणैश्चादित्यसंनिभैः । आवर्त इव गङ्गायास्तोयस्य विपुलो महान् ॥ १५
परिक्षिप्य हरिश्रेष्ठं स बभौ रक्षसां गणः । ततो वातात्मजः क्रुद्धो भीमरूपं समास्थितः ॥ १६
प्रासादस्य महांस्तस्य स्तम्भं हेमपरिष्कृतम् । उत्पाटयित्वा वेगेन हनूमान्मारुतात्मजः ॥ १७
ततस्तं भ्रामयामास शतधारं महाबलः । तत्र चाग्निः समभवत्प्रासादश्चाप्यदह्यत ॥ १८
दह्यमानं ततो दृष्ट्वा प्रासादं हरियूथपः । स राक्षसशतं हत्वा वज्रेणेन्द्र इवासुरान् ॥ १९
अन्तरिक्षस्थितः श्रीमानिदं वचनमब्रवीत् । मादृशानां सहस्राणि विसृष्टानि महात्मनाम् ॥ २०
बलिनां वानरेन्द्राणां सुग्रीववशवर्तिनाम् । अटन्ति वसुधां कृत्स्नां वयमन्ये च वानराः ॥ २१
दशनागबलाः केचित्केचिद्दशगुणोत्तराः । केचिन्नागसहस्रस्य बभूवुस्तुल्यविक्रमाः ॥ २२
सन्ति चौघबलाः केचित्सन्ति वायुबलोपमाः । अप्रमेयबलाः केचित्तत्रासन्हरियूथपाः ॥ २३
ईदृग्विधैस्तु हरिभिर्वृतो दन्तनखायुधैः । शतैः शतसहस्रैश्च कोटिभिश्चायुतैरपि ॥ २४
आगमिष्यति सुग्रीवः सर्वेषां वो निषूदनः । नेयमस्ति पुरी लङ्का न यूयं न च रावणः ।
यस्य त्विक्ष्वाकुवीरेण बद्धं वैरं महात्मना ॥ २५

इत्यार्षे श्रीमद्रामायणे वाल्मीकीय आदिकाव्ये सुन्दरकाण्डे त्रिचत्वारिंशः सर्गः ॥ ४३ ॥

चतुश्चत्वारिंशः सर्गः ।

संदिष्टो राक्षसेन्द्रेण प्रहस्तस्य सुतो बली । जम्बुमाली महादंष्ट्रो निर्जगाम धनुर्धरः ॥ १
रक्तमाल्याम्बरधरः स्रग्वी रुचिरकुण्डलः । महान्विवृत्तनयनश्चण्डः समरदुर्जयः ॥ २
धनुः शक्रधनुःप्रख्यं महद्रुचिरसायकम् । विस्फारयाणो वेगेन वज्राशनिसमस्वनम् ॥ ३

॥ १ ॥ एवं प्रमदवनवत् ॥ २ ॥ प्रासादमुत्प्लुत्यारुरोह ॥ ३ ॥ ४ ॥ संप्रधृष्य भङ्क्त्वा । पारियात्रः पर्वतविशेषः । औन्नत्यं साधारणो धर्मः ॥ ५ ॥ धृष्टं निर्भयम् ॥ ६ ॥ विहंगाश्चैत्यपालाश्च मोहिताः पेतुः ॥ ७ ॥ ८ ॥ ९ ॥ १० ॥ ११ ॥ १२ ॥ शतं ययुः । अनेके इत्यर्थः ॥ १३ ॥ १४ ॥ १५ ॥ परिक्षिप्येत्यंशे तोयस्यावर्त इवेति दृष्टान्तः ॥ १६ ॥ महान्मारुतात्मज इत्यन्वयः ॥ १७ ॥ उत्पाटयित्वा तं शतधारं स्तम्भं भ्रामयामास । तत्र च भ्राम्यमाणे स्तम्भान्तरेण घट्टनवशादग्निः समभवत्तेन प्रासादश्चाप्यदह्यत ॥ १८ ॥ ततः स राक्षसशतं हत्वा दह्यमानं प्रासादं दृष्ट्वा चान्तरिक्षे स्थित इदं वचोऽब्रवीत् ॥ १९ ॥ २० ॥ एतदुक्तिप्रयोजनं च राक्षसहृदयपीडा ॥ २१ ॥ २२ ॥ ओघबला ओघसंख्यातगजबलाः ॥ २३ ॥ २४ ॥ २५ ॥ इति श्रीरामाभिरामे श्रीरामीये रामायणतिलके वाल्मीकीय आदिकाव्ये सुन्दरकाण्डे त्रिचत्वारिंशः सर्गः ॥ ४३ ॥

अथ जम्बुमाल्यागमनं तद्वधश्च—संदिष्ट इति ॥ १ ॥ २ ॥ धनुर्विस्फारयाणो विस्फारयमाणः । विस्फारो ज्याघोषः ॥ ३ ॥

तस्य विस्फारघोषेण धनुषो महता दिशः । प्रदिशश्च नभश्चैव सहसा समपूर्यत ॥ ४
रथेन खरयुक्तेन तमागतमुदीक्ष्य सः । हनूमान्वेगसंपन्नो जहर्ष च ननाद च ॥ ५
तं तोरणविटङ्कस्थं हनूमन्तं महाकपिम् । जम्बुमाली महातेजा विव्याध निशितैः शरैः ॥ ६
अर्धचन्द्रेण वदने शिरस्येकेन कर्णिना । बाह्वोर्विव्याध नाराचैर्दशभिस्तु कपीश्वरम् ॥ ७
तस्य तच्छुशुभे ताम्रं शरेणाभिहतं मुखम् । शरदीवाम्बुजं फुल्लं विद्धं भास्कररश्मिना ॥ ८
तत्तस्य रक्तं रक्तेन रञ्जितं शुशुभे मुखम् । यथाकाशे महापद्मं सिक्तं काञ्चनबिन्दुभिः ॥ ९
चुकोप बाणाभिहतो राक्षसस्य महाकपिः । ततः पार्श्वेऽतिविपुलां ददर्श महतीं शिलाम् ॥ १०
तरसा तां समुत्पाट्य चिक्षेप जवबद्बली । तां शरैर्दशभिः क्रुद्धस्ताडयामास राक्षसः ॥ ११
विपन्नं कर्म तद्दृष्ट्वा हनूमांश्चण्डविक्रमः । सालं विपुलमुत्पाट्य भ्रामयामास वीर्यवान् ॥ १२
भ्रामयन्तं कपिं दृष्ट्वा सालवृक्षं महाबलम् । चिक्षेप सुबहून्बाणाञ्जम्बुमाली महाबलः ॥ १३
सालं चतुर्भिश्चिच्छेद वानरं पञ्चभिर्भुजे । उरस्येकेन बाणेन दशभिस्तु स्तनान्तरे ॥ १४
स शरैः पूरिततनुः क्रोधेन महता वृतः । तमेव परिघं गृह्य भ्रामयामास वेगितः ॥ १५
अतिवेगोऽतिवेगेन भ्रामयित्वा महोत्कटः । परिघं पातयामास जम्बुमालेर्महोरसि ॥ १६
तस्य चैव शिरो नास्ति न बाहू जानुनी न च । न धनुर्न रथो नाश्वास्तत्रादृश्यन्त नेषवः ॥ १७
स हतस्तरसा तेन जम्बुमाली महारथः । पपात निहतो भूमौ चूर्णिताङ्ग इव द्रुमः ॥ १८
जम्बुमालिं सुनिहतं किंकरांश्च महाबलान् । चुक्रोध रावणः श्रुत्वा क्रोधसं[illegible]ः ॥ १९
स रो[illegible]लोचनः प्रहस्तपुत्रे निहते महाबले ।
अमात्यपुत्रानतिवीर्यविक्रमान्समादिदेशाशु निशाचरेश्वरः ॥ २०

इत्यार्षे श्रीमद्रामायणे वाल्मीकीय आदिकाव्ये सुन्दरकाण्डे चतुश्चत्वारिंशः सर्गः ॥ ४४ ॥

पञ्चचत्वारिंशः सर्गः ।

ततस्ते राक्षसेन्द्रेण चोदिता मन्त्रिणः सुताः । निर्ययुर्भवनात्तस्मात्सप्त सप्तार्चिवर्चसः ॥ १
महद्ब[illegible] धनुष्मन्तो महाबलाः । कृतास्त्रास्त्रविदां श्रेष्ठाः परस्परजयैषिणः ॥ २
हे[illegible]स्तैर्ध्वजवद्भिः पताकिभिः । तोयदस्वननिर्घोषैर्वाजियुक्तैर्महारथैः ॥ ३
तप्तका[illegible]नचित्राणि चापान्यमितविक्रमाः । विस्फारयन्तः संहृष्टास्तडिद्वन्त इवाम्बुदाः ॥ ४
जन[illegible]तस्तेषां विदित्वा किंकरान्हतान् । बभूवुः शोकसंभ्रान्ताः सबान्धवसुहृज्जनाः ॥ ५
ते परस्परसंघर्षास्तप्तकाञ्चनभूषणाः । अभिपेतुर्हनूमन्तं तोरणस्थमवस्थितम् ॥ ६
सृजन्तो बाणवृष्टिं ते रथगर्जितनिःस्वनाः । प्रावृट्काल इवाम्भोदा विचेरुर्नैर्ऋताम्बुदाः ॥ ७
अवकीर्णस्ततस्ताभिर्हनूमाञ्शरवृष्टिभिः । अभवत्संवृताकारः शैलराडिव वृष्टिभिः ॥ ८

समपूर्यत । दिगादिसमुदायापेक्षमेकवचनम् ॥ ४ ॥ जहर्ष स्वबलानुरूपशत्रुप्राप्त्या ॥ ५ ॥ तोरणविटङ्कस्तोरणस्तम्भयोरुपरितिर्यक्प्रतिष्ठापितकपोतपालिकादारु ॥ ६ ॥ कर्ण्यङ्कुशाकाराग्रशरविशेषः ॥ ७ ॥ अम्बुजं रक्ताम्बुजम् ॥ ८ ॥ तत्तस्य रक्तम् । स्वत इति शेषः । रक्तेन क्षतजेन रञ्जितं मुखमाकाशे काञ्चनबिन्दुभी रक्ताशोकपुष्परसबिन्दुभिः सिक्तं महापद्मं महत्तरं रक्तपद्ममिवेत्यभूतोपमेयम् । अशोकः काञ्चनाह्वयः ॥ ९ ॥ १० ॥ ताडयामास बिभेद ॥ ११ ॥ विपन्नं व्यर्थीकृतम् ॥ १२ ॥ १३ ॥ १४ ॥ १५ ॥ १६ ॥ नाश्वाः रथेन खरयुक्तेनेत्युक्तेरश्वशब्देनात्र खरा उच्यन्ते ॥ १७ ॥ १८ ॥ १९ ॥ २० ॥ इति श्रीरामाभिरामे श्रीरामीये रामायणतिलके वाल्मीकीय आदिकाव्ये सुन्दरकाण्डे चतुश्चत्वारिंशः सर्गः ॥ ४४ ॥

सप्तार्चिवर्चसोऽग्नितुल्यतेजसः । आर्षो रेफलोपः ॥ १ ॥ महद्बलं महती सेना परीवारो येषाम् । कृतास्त्रास्त्रेत्यार्षः संधिः । कृतास्त्राः शिक्षितास्त्रा अस्त्रविदां श्रेष्ठाः परस्परजयैषिणोऽहमहमिकया स्वस्वोत्कर्षापेक्षिणः ॥ २ ॥ ध्वजवद्भिर्विशिष्टध्वजदण्डयुक्तैः, पताकिभिः प्रशस्तपताकावद्भिर्महारथैर्निर्ययुरिति संबन्धः ॥ ३ ॥ ४ ॥ शोकसंभ्रान्ताः । निश्चितमरणबुद्ध्येति शेषः ॥ ५ ॥ परस्परसंघर्षाः । अहमेवाग्रे इति परस्परमभिमानात् । तोरणस्थमवस्थितम् । तत्र स्थितं निश्चलमित्यर्थः ॥ ६ ॥ सृजन्तो विसृजन्तः ॥ ७ ॥ संवृताकारः ।

स शरान्वञ्चयामास तेषामाशुचरः कपिः । रथवेगांश्च वीराणां विचरन्विमलेऽम्बरे ॥ ९
स तैः क्रीडन्धनुष्मद्भिर्व्योम्नि वीरः प्रकाशते । धनुष्मद्भिर्यथा मेघैर्मारुतः प्रभुरम्बरे ॥ १०
स कृत्वा निनदं घोरं त्रासयंस्तां महाचमूम् । चकार हनुमान्वेगं तेषु रक्षःसु वीर्यवान् ॥ ११
तलेनाभिहनत्कांश्चित्पादैः कांश्चित्परंतपः । मुष्टिभिश्चाहनत्कांश्चिन्नखैः कांश्चिद्व्यदारयत् ॥ १२
प्रममाथोरसा कांश्चिदूरुभ्यामपरानपि । केचित्तस्यैव नादेन तत्रैव पतिता भुवि ॥ १३
ततस्तेष्ववपन्नेषु भूमौ निपतितेषु च । तत्सैन्यमगमत्सर्वं दिशो दश भयार्दितम् ॥ १४
विनेदुर्विस्वरं नागा निपेतुर्भुवि वाजिनः । भग्ननीडध्वजच्छत्रैर्भूश्च कीर्णाभवद्रथैः ॥ १५
स्रवता रुधिरेणाथ स्रवन्त्यो दर्शिताः पथि । विविधैश्च स्वनैर्लङ्का ननाद विकृतं तदा ॥ १६

स तान्प्रवृद्धान्विनिहत्य राक्षसान्महाबलश्चण्डपराक्रमः कपिः ।
युयुत्सुरन्यैः पुनरेव राक्षसैस्तदेव वीरोऽभिजगाम तोरणम् ॥ १७

इत्यार्षे श्रीमद्रामायणे वाल्मीकीय आदिकाव्ये सुन्दरकाण्डे पञ्चचत्वारिंशः सर्गः ॥ ४५ ॥

षट्चत्वारिंशः सर्गः ।

हतान्मन्त्रिसुतान्बुद्ध्वा वानरेण महात्मना । रावणः संवृताकारश्चकार मतिमुत्तमाम् ॥ १
स विरूपाक्षयूपाक्षौ दुर्धर्षं चैव राक्षसम् । प्रघसं भासकर्णं च पञ्चसेनाग्रनायकान् ॥ २
संदिदेश दशग्रीवो वीरान्नयविशारदान् । हनूमद्ग्रहणे व्यग्रान्वायुवेगसमान्युधि ॥ ३
यात सेनाग्रगाः सर्वे महाबलपरिग्रहाः । सवाजिरथमातंगाः स कपिः शास्यतामिति ॥ ४
यत्तैश्च खलु भाव्यं स्यात्तमासाद्य वनालयम् । कर्म चापि समाधेयं देशकालाविरोधितम् ॥ ५
नह्यहं तं कपिं मन्ये कर्मणा प्रतितर्कयन् । सर्वथा तन्महद्भूतं महाबलपरिग्रहम् ॥ ६
वानरोऽयमिति ज्ञात्वा नहि शुध्यति मे मनः । नैवाहं तं कपिं मन्ये यथेयं प्रस्तुता कथा ॥ ७
भवेदिन्द्रेण वा सृष्टमस्मदर्थं तपोबलात् । सनागयक्षगन्धर्वदेवासुरमहर्षयः ॥ ८
युष्माभिः प्रहितैः सर्वैर्मया सह विनिर्जिताः । तैरवश्यं विधातव्यं व्यलीकं किंचिदेव नः ॥ ९
तदेव नात्र संदेहः प्रसह्य परिगृह्यताम् । यात सेनाग्रगाः सर्वे महाबलपरिग्रहाः ॥ १०
सवाजिरथमातंगाः स कपिः शास्यतामिति । नावमान्यो भवद्भिश्च कपिर्धीरपराक्रमः ॥ ११
दृष्टा हि हरयः शीघ्रं मया विपुलविक्रमाः । वाली च सह सुग्रीवो जाम्बवांश्च महाबलः ॥ १२
नीलः सेनापतिश्चैव ये चान्ये द्विविदादयः । नैव तेषां गतिर्भीमा न तेजो न पराक्रमः ॥ १३
न मतिर्न बलोत्साहौ न रूपपरिकल्पनम् । महत्सत्त्वमिदं ज्ञेयं कपिरूपं व्यवस्थितम् ॥ १४

अदृश्य इति यावत् ॥ ८ वञ्चयामास स्वस्पर्शरहितांश्चकार । तत्रोपायः—आशुचर इति । स्थिरलक्ष्यं हि सुवेधं भवति । रथवेगांश्च वञ्चयामास ॥ ९ ॥ 'धनुर्मद्भिः' इति पाठे आर्षं रुत्वम् । धनुष्मद्भिरैन्द्रधनुर्युक्तैः ॥ १० ॥ ११ ॥ १२ ॥ १३ ॥ भयार्दितं सद्दश दिशो दुद्रावेति शेषः ॥ १४ ॥ नीडं रथस्थं रथ्यधिष्ठानस्थानम् ॥ १५ ॥ स्रवन्त्यो नद्यः । ननाद प्रतिध्वनिना रक्षोराक्षसीध्वनिना च ॥ १६ ॥ १७ ॥ इति श्रीरामाभिरामे श्रीरामीये रामायणतिलके वाल्मीकीय आदिकाव्ये सुन्दरकाण्डे पञ्चचत्वारिंशः सर्गः ॥ ४५ ॥

संवृताकारो निगृहीतान्तर्गतभयः । उत्तमां मतिं धैर्यविषयाम् ॥ १ ॥ २ ॥ हनूमद्ग्रहणे संदिदेश । व्यग्रान्सर्वत्र कार्ये त्वरावतः ॥ ३ ॥ यात गच्छत ॥ ४ ॥ यत्तैः सावधानैः । किं चात्र देशकालविरोधि कर्म न कार्यमित्याह—देशकालाविरोधितं तदविरुद्धम् । तदुचितमिति यावत् । समाधेयं कार्यम् ॥ ५ ॥ यत्तैर्भाव्यमित्यत्र हेतुमाह—नहीति । तस्य कर्मणा तं प्रति तर्कयंस्तं कपिं न मन्ये । किं तर्हि मन्यसे तत्राह—सर्वथेति ॥ ६ ॥ ७ ॥ महतो भूतस्येह कः प्रसङ्गस्तत्राह—भवेदिति । सनागेति । नागादिसहिता देवादय इत्यर्थः ॥ ८ ॥ प्रहितैः सर्वैर्युष्माभिः सह मया विनिर्जिताः, अतस्तैरवश्यं नोऽस्माकं किंचिद्व्यलीकमप्रियं विधातव्यं विधातुं प्राप्तकालम् ॥ ९ ॥ तस्मात्तदेव तत्सृष्टभूतमेव परिगृह्यतां बद्ध्वानीयताम् ॥ १० ॥ सवाजिरथेत्यादिपुनर्वचनं स्थैर्यार्थम् ॥ ११ ॥ सर्वथा महद्भूतमित्यत्र हेतुं निश्चायकमाह—दृष्टा इति ॥ १२ ॥ ननु त्वद्दृष्टान्यतम एवायम्, नेत्याह—नैवेति । यथास्य भीमा गतिः समुद्रलङ्घनरूपा तथा तेषां नैव । यथा चास्य तेजआदि तथा तेषां न ॥ १३ ॥ रूपपरिकल्पनं

प्रयत्नं महदास्थाय क्रियतामस्य निग्रहः । कामं लोकास्त्रयः सेन्द्राः ससुरासुरमानवाः ॥ १५
भवतामग्रतः स्थातुं न पर्याप्ता रणाजिरे । तथापि तु नयज्ञेन जयमाकाङ्क्षता रणे ॥ १६
आत्मा रक्ष्यः प्रयत्नेन युद्धसिद्धिर्हि चञ्चला । ते स्वामिवचनं सर्वे प्रतिगृह्य महौजसः ॥ १७
समुत्पेतुर्महावेगा हुताशसमतेजसः । रथैश्च मत्तैर्नागैश्च वाजिभिश्च महाजवैः ॥ १८
शस्त्रैश्च निशितैस्तीक्ष्णैः सर्वैश्चोपहिता बलैः । ततस्तु ददृशुर्वीरा दीप्यमानं महाकपिम् ॥ १९
रश्मिमन्तमिवोद्यन्तं स्वतेजोरश्मिमालिनम् । तोरणस्थं महावेगं महासत्त्वं महाबलम् ॥ २०
महामतिं महोत्साहं महाकायं महाभुजम् । तं समीक्ष्यैव ते सर्वे दिक्षु सर्वास्ववस्थिताः ॥ २१
तैस्तैः प्रहरणैर्भीमैरभिपेतुस्ततस्ततः । तस्य पञ्चायसास्तीक्ष्णाः सिताः पीतमुखाः शराः ।
शिरस्युत्पलपत्राभा दुर्धरेण निपातिताः ॥ २२
स तैः पञ्चभिराविद्धः शरैः शिरसि वानरः । उत्पपात नदन्व्योम्नि दिशो दश विनादयन् ॥ २३
ततस्तु दुर्धरो वीरः सरथः सज्जकार्मुकः । किरञ्शरशतैर्नैकैरभिपेदे महाबलः ॥ २४
स कपिर्वारयामास तं व्योम्नि शरवर्षिणम् । वृष्टिमन्तं पयोदान्ते पयोदमिव मारुतः ॥ २५
अर्द्यमानस्ततस्तेन दुर्धरेणानिलात्मजः । चकार निनदं भूयो व्यवर्धत च वीर्यवान् ॥ २६
स दूरं सहसोत्पत्य दुर्धरस्य रथे हरिः । निपपात महावेगो विद्युद्राशिर्गिराविव ॥ २७
ततः स मथिताष्टाश्वं रथं भग्नाक्षकूबरम् । विहाय न्यपतद्भूमौ दुर्धरस्त्यक्तजीवितः ॥ २८
तं विरूपाक्षयूपाक्षौ दृष्ट्वा निपतितं भुवि । तौ जातरोषौ दुर्धर्षावुत्पेततुररिंदमौ ॥ २९
स ताभ्यां सहसोत्प्लुत्य विष्ठितो विमलेऽम्बरे । मुद्गराभ्यां महाबाहुर्वक्षस्यभिहतः कपिः ॥ ३०
तयोर्वेगवतोर्वेगं निहत्य स महाबलः । निपपात पुनर्भूमौ सुपर्ण इव वेगितः ॥ ३१
स सालवृक्षमासाद्य समुत्पाट्य च वानरः । तावुभौ राक्षसौ वीरौ जघान पवनात्मजः ॥ ३२
ततस्तांस्त्रीन्हतान्ज्ञात्वा वानरेण तरस्विना । अभिगम्य महावेगः प्रहस्य प्रघसो बली ॥ ३३
भासकर्णश्च संक्रुद्धः शूलमादाय वीर्यवान् । एकतः कपिशार्दूलं यशस्विनमवस्थितौ ॥ ३४
पट्टिशेन शिताग्रेण प्रघसः प्रत्यपोथयत् । भासकर्णश्च शूलेन राक्षसः कपिकुञ्जरम् ॥ ३५
स ताभ्यां विक्षतैर्गात्रैरसृग्दिग्धतनूरुहः । अभवद्वानरः क्रुद्धो बालसूर्यसमप्रभः ॥ ३६
समुत्पाट्य गिरेः शृङ्गं समृगव्यालपादपम् । जघान हनुमान्वीरो राक्षसौ कपिकुञ्जरः ।
गिरिशृङ्गसुनिष्पिष्टौ तिलशस्तौ बभूवतुः ॥ ३७
ततस्तेष्ववसन्नेषु सेनापतिषु पञ्चसु । बलं तदवशेषं तु नाशयामास वानरः ॥ ३८
अश्वैरश्वान्गजैर्नागान्योधैर्योधान्रथै रथान् । स कपिर्नाशयामास सहस्राक्ष इवासुरान् ॥ ३९
हयैर्नागैस्तुरंगैश्च भग्नाक्षैश्च महारथैः । हतैश्च राक्षसैर्भूमी रुद्धमार्गा समन्ततः ॥ ४०
ततः कपिस्तान्ध्वजिनीपतीन्रणे निहत्य वीरान्सबलान्सवाहनान् ।
तथैव वीरः परिगृह्य तोरणं कृतक्षणः काल इव प्रजाक्षये ॥ ४१

इत्यार्षे श्रीमद्रामायणे वाल्मीकीय आदिकाव्ये सुन्दरकाण्डे षट्चत्वारिंशः सर्गः ॥ ४६ ॥

यथेप्सितरूपपरिग्रहः ॥ १४ ॥ प्रयत्नमित्यार्षं क्लीबत्वम् । कामम् । यद्यपीत्यर्थः ॥ १५ ॥ नयज्ञेन नीतिज्ञेन । आत्मा स्वदेहः । युद्धसिद्धिर्युद्धे जयः ॥ १६ ॥ १७ ॥ १८ ॥ १९ ॥ सत्त्वं चित्तम् ॥ २० ॥ दिक्षु सर्वास्ववस्थिताः । द्राक्तत्समीपमागन्तुं चकिता इति भावः ॥ २१ ॥ तीक्ष्णा मर्मच्छिदः, पीतमुखाः फलभागे स्वर्णरूषिताः । उत्पलपत्राभा एव, न तु तत्पीडार्हा इत्यर्थः ॥ २२ ॥ स्वयं नदन् । तेन नादेन दिशो नादयन्नित्यर्थः । उत्पपात । तोरणादिति शेषः ॥ २३ ॥ अभिपेदे प्राप्तः ॥ २४ ॥ कपिर्व्योम्नि स्थित्वा तं स्वनादेन हुंकारादिरूपेण वारयामास । पयोदान्ते जलदात्तृवर्षाकालान्ते ॥ २५ ॥ २६ ॥ रथे निपपातेत्यन्वयः ॥ २७ ॥ २८ ॥ २९ ॥ ताभ्यां कर्तृभ्यां मुद्गराभ्यां करणाभ्यामभिहतः ॥ ३० ॥ निहत्य वज्रवक्षस्त्वाद्व्यर्थीकृत्य ॥ ३१ ॥ ३२ ॥ ३३ ॥ एकतोऽवस्थितावित्यन्वयः । परस्परसाहाय्यबुद्ध्यैकदेशे स्थिताविखर्थः ॥ ३४ ॥ ३५ ॥ विक्षतैर्गात्रैरुपलक्षितः ॥ ३६ ॥ ३७ ॥ ॥ ३८ ॥ ३९ ॥ ४० ॥ ध्वजिनीपतीन्सेनापतीन् । परिगृह्याश्रित्य । स्थित इति शेषः । कृतक्षणो लब्धावसरः ॥ ४१ ॥

इति श्रीरामाभिरामे श्रीरामीये रामायणतिलके वाल्मीकीय आदिकाव्ये सुन्दरकाण्डे षट्चत्वारिंशः सर्गः ॥ ४६ ॥

सप्तचत्वारिंशः सर्गः।

सेनापतीन्पञ्च स तु प्रमापितान्हनूमता सानुचरान्सवाहनान्।
निशम्य राजा समरोद्धतोन्मुखं कुमारमक्षं प्रसमैक्षताक्षम्॥ १
स तस्य दृष्ट्यर्पणसंप्रचोदितः प्रतापवान्काञ्चनचित्रकार्मुकः।
समुत्पपाताथ सदस्युदीरितो द्विजातिमुख्यैर्हविषेव पावकः॥ २
ततो महान्बालदिवाकरप्रभं प्रतप्तजाम्बूनदजालसंततम्।
रथं समास्थाय ययौ स वीर्यवान्महाहरिं तं प्रति नैर्ऋतर्षभः॥ ३
ततस्तपःसंग्रहसंचयार्जितं प्रतप्तजाम्बूनदजालचित्रितम्।
पताकिनं रत्नविभूषितध्वजं मनोजवाष्टाश्ववरैः सुयोजितम्॥ ४
सुरासुराधृष्य[illegible]चारिणं तडित्प्रभं व्योमचरं समाहितम्।
सतूणमष्टासिनिबद्धबन्धुरं यथाक्रमावेशितशक्तितोमरम्॥ ५
विराजमानं प्रतिपूर्णवस्तुना सहेमदाम्ना शशिसूर्यवर्चसा।
दिवाकराभं रथमास्थितस्ततः स निर्जगामामरतुल्यविक्रमः॥ ६
स पूरयन्खं च महीं च साचलां तुरंगमातंगमहारथस्वनैः।
बलैः समेतैः सह तोरणस्थितं समर्थमासीनमुपागमत्कपिम्॥ ७
स तं समासाद्य हरिं हरीक्षणो युगान्तकालाग्निमिव प्रजाक्षये।
अवस्थितं विस्मितजातसंभ्रमं समैक्षताक्षो बहुमानचक्षुषा॥ ८
स तस्य वेगं च कपेर्महात्मनः पराक्रमं चारिषु रावणात्मजः।
विचारयन्खं च बलं महाबलो युगक्षये सूर्य इवाभिवर्धत॥ ९
स जातमन्युः प्रसमीक्ष्य विक्रमं स्थितः स्थिरः संयति दुर्निवारणम्।
समाहितात्मा हनुमन्तमाहवे प्रचोदयामास शितैः शरैस्त्रिभिः॥ १०
ततः कपिं तं प्रसमीक्ष्य गर्वितं जितश्रमं शत्रुपराजयोचितम्।
अवैक्षताक्षः समुदीर्णमानसं सबाणपाणिः प्रगृहीतकार्मुकः॥ ११
स हेमनिष्काङ्गदचारुकुण्डलः समाससादाशुपराक्रमः कपिम्।
तयोर्बभूवाप्रतिमः समागमः सुरासुराणामपि संभ्रमप्रदः॥ १२
ररास भूमिर्न तताप भानुमान्ववौ न वायुः प्रचचाल चाचलः।
कपेः कुमारस्य च वीर्यसंयुगं ननाद च द्यौरुदधिश्च चुक्षुभे॥ १३
स तस्य वीरः सुमुखान्पतत्रिणः सुवर्णपुंखान्सविषानिवोरगान्।
समाधिसंयोगविमोक्षतत्त्वविच्छरानथ त्रीन्कपिमूर्ध्न्यताडयत्॥ १४

प्रमापितान्मारितान्। समरोद्धतोन्मुखं समरोद्धतश्चासौ समरायोन्मुखश्च तमक्षं समक्षमवस्थितमक्षाख्यं कुमारं निशम्य दृष्ट्वा प्रसमैक्षत। दृष्ट्या युद्धार्थमाज्ञापयामासेत्यर्थः॥ १॥ तदेवाह—स इति। सदसि यज्ञशालायां द्विजातिमुख्यैर्हविषोदीरितः प्रेरितः पावक इव समुत्पपात॥ २॥ महान्स इत्यन्वयः। जाम्बूनदजालेन तत्समूहेन संततं व्याप्तम्॥ ३॥ उक्तमेवार्थं विशिष्याह—तत इति। तपःसंग्रहस्य तपोनुष्ठानस्य संचयेन समृद्ध्यार्जितम्॥ ४॥ अतएव व्योमचरमसङ्गचारिणम्। पर्वतादिष्वपीति भावः। समाहितं सज्जम्। तूण इषुधिः। अष्टसु दिक्ष्वसिभिः सह निबद्धा बन्धुरा रथफलका यस्मिंस्तम्। यथाक्रमं यथास्थानमावेशितं शक्तितोमरं यस्मिंस्तम्॥ ५॥ प्रतिपूर्णवस्तुना युद्धपरिकरवस्तुना। शशिसूर्यवर्चसा तद्वद्दिमवर्चसा। हेमदामसहितेन वस्तुना विराजमानम्॥ ६॥ तोरणस्थितं तोरणाश्रयम्। आसीनमुपविष्टम्॥ ७॥ हरीक्षणः सिंहवत्क्रूरदृष्टिः। युगान्तकालाग्निवत्प्रजाक्षयेऽवस्थितम्। हरिं समासाद्य तमेवैक्षत। विस्मितं च तं जातसंभ्रमं च। बालोऽयं मां योद्धुमिच्छतीति विस्मयः। रावणपुत्रत्वाच्च तत्र जातादरत्वम्॥ ८॥ अभिवर्धत। तेजसाभ्यवर्धतेत्यर्थः॥ ९॥ स्थिरः स्थितः सः प्रसमीक्ष्य विक्रमं संदर्शनीयपराक्रमम्। संयति रणे दुःखं निवारणं यस्य तं त्रिभिः शरैः प्रचोदयामास युद्धाय प्रेरयामास॥ १०॥ ११॥ निष्कमुरोभूषणम्। आशुपराक्रमः। तीक्ष्णपौरुष इति यावत्। समागमो युद्धम्। संभ्रमप्रदो भयप्रदः॥ १२॥ भूमिर्भूमिस्थप्राणिजातं ररास। वीर्यप्रवृत्तं संयुगम्। वीक्ष्येति शेषः॥ १३॥ समाधिर्लक्ष्यदर्शनम्, संयोगः शरसंधानम्, विमोक्षः संहितस्य

स तैः शरैर्मूर्ध्नि समं निपातितैः क्षरन्नसृग्दिग्धविवृत्तनेत्रः ।
नवोदितादित्यनिभः शरांशुमान्व्यराजतादित्य इवांशुमालिकः ॥ १५
ततः प्लवंगाधिपमन्त्रिसत्तमः समीक्ष्य तं राजवरात्मजं रणे ।
उदग्रचित्रायुधचित्रकार्मुकं जहर्ष चापूर्यत चाहवोन्मुखः ॥ १६
स मन्दराग्रस्थ इवांशुमाली विवृद्धकोपो बलवीर्यसंवृतः ।
कुमारमक्षं सबलं सवाहनं ददाह नेत्राग्निमरीचिभिस्तदा ॥ १७
ततः सबाणासनशक्रकार्मुकः शरप्रवर्षो युधि राक्षसाम्बुदः ।
शरान्मुमोचाशु हरीश्वराचले बलाहको वृष्टिमिवाचलोत्तमे ॥ १८
कपिस्ततस्तं रणचण्डविक्रमं प्रवृद्धतेजोबलवीर्यसायकम् ।
कुमारमक्षं प्रसमीक्ष्य संयुगे ननाद हर्षाद्घनतुल्यनिःस्वनः ॥ १९
स बालभावाद्युधि वीर्यदर्पितः प्रवृद्धमन्युः क्षतजोपमेक्षणः ।
समाससादाप्रतिमं रणे कपिं गजो महाकूपमिवावृतं तृणैः ॥ २०
स तेन बाणैः प्रसभं निपातितैश्चकार नादं घननादनिःस्वनः ।
समुत्सहेनाशु नभः समारुजन्भुजोरुविक्षेपणघोरदर्शनः ॥ २१
तमुत्पतन्तं समभिद्रवद्बली स राक्षसानां प्रवरः प्रतापवान् ।
रथी रथिश्रेष्ठतरः किरञ्छरैः पयोधरः शैलमिवाश्मवृष्टिभिः ॥ २२
स ताञ्छरांस्तस्य हरिर्विमोक्षयंश्चचार वीरः पथि वायुसेविते ।
शरान्तरे मारुतवद्विनिष्पतन्मनोजवः संयति भीमविक्रमः ॥ २३
तमात्तबाणासनमाहवोन्मुखं खमास्तृणन्तं विविधैः शरोत्तमैः ।
अवैक्षताक्षं बहुमानचक्षुषा जगाम चिन्तां स च मारुतात्मजः ॥ २४
ततः शरैर्भिन्नभुजान्तरः कपिः कुमारवर्येण महात्मना नदन् ।
महाभुजः कर्मविशेषतत्त्वविद्विचिन्तयामास रणे पराक्रमम् ॥ २५
अबालवद्बालदिवाकरप्रभः करोत्ययं कर्म महान्महाबलः ।
न चास्य सर्वाहवकर्मशालिनः प्रमापणे मे मतिरत्र जायते ॥ २६
अयं महात्मा च महांश्च वीर्यतः समाहितश्चातिसहश्च संयुगे ।
असंशयं कर्मगुणोदयादयं सनागयक्षैर्मुनिभिश्च पूजितः ॥ २७
पराक्रमोत्साहविवृद्धमानसः समीक्षते मां प्रमुखोऽग्रतः स्थितः ।
पराक्रमो ह्यस्य मनांसि कम्पयेत्सुरासुराणामपि शीघ्रकारिणः ॥ २८
न खल्वयं नाभिभवेदुपेक्षितः पराक्रमो ह्यस्य रणे विवर्धते ।
प्रमापणं ह्यस्य ममाद्य रोचते न वर्धमानोऽग्निरुपेक्षितुं क्षमः ॥ २९

त्यागः, तेषां तत्त्ववित् । अताडयदपातयत् ॥ १४ ॥ असृग्दिग्धश्चासौ विवृत्तनेत्रश्च । 'विवृत्तलोचनः' इति पाठे अवसरोचितचक्षुरित्यर्थः । नवोदितादित्यसंनिभः । रक्तवर्ण इत्यर्थः । शरांशुमान्स्वमस्तकस्थशररूपांशुमान् । अंशुमालाभृत्सूर्य इव व्यराजत ॥ १५ ॥ आपूर्यत व्यवर्धत ॥ १६ ॥ मन्दराग्रस्थत्वेन मध्यंदिनस्थत्वं लक्ष्यते ॥ १७ ॥ बाणासनमेव शक्रकार्मुकं यस्य सः ॥ १८ ॥ तेजआदि सायकान्ताः प्रवृद्धा यस्य ॥ १९ ॥ तृणैरावृतं महाकूपं गजपातनार्थकृतगर्तम् ॥ २० ॥ घननादनिःस्वनो मेघशब्दसदृशशब्दः । समुत्सहेन समुत्साहेन । ह्रस्व आर्षः । भुजयोरूर्वोर्विक्षेपणेन घोरं दर्शनं यस्य सः ॥ २१ ॥ समभिद्रवदभ्यद्रवत् ॥ २२ ॥ शरान्विमोक्षयन्व्यर्थीकुर्वन् । तदुपायः—शरान्तर इति ॥ २३ ॥ २४ ॥ एवं शरान्व्यर्थीकुर्वतोऽपि भुजान्तरभेदरूपकर्मविशेषतत्त्वज्ञः पराक्रमविशेषेण चिन्तयामास ॥ २५ ॥ चिन्ताप्रकारः—अबालवदिति । सर्वाहवकर्मशालिनः सर्वप्रकाराहवकर्मशालिनः । अत्रास्मिन्कालेऽस्य प्रमापणे मे मतिर्न जायते । 'प्रमापणे मारुतिरत्र जायते' इति पाठे 'अयं जनः' इतिवत्स्वस्यैव हनुमतः मारुतिरिति निर्देशः ॥ २६ ॥ समाहितोऽवहितः । अतिसहोऽतिरणक्लेशसहः । कर्मगुणोदयाद्रणकर्मणो गुणोदयोत्कर्षस्य दर्शनाद्धेतोः । पूजित इत्यर्थः ॥ २७ ॥ पराक्रमविषयोत्साहेन विवृद्धं मानसं यस्य तादृशः सन्मां समीक्षते, न तु कातर्येणेत्यर्थः । प्रमुखो वीरमुख्यः ॥ २८ ॥ उपेक्षितोऽयं न नाभिभवेत् । अभिभवेदेवेत्यर्थः । स्वकर्मयोगं स्वस्य कर्मणि योगं ज्ञानबलविशेषावस्थानलक्षणमुपायम् ॥ २९ ॥

८५

इति प्रवेगं तु परस्य तर्कयन्स्वकर्मयोगं च विधाय वीर्यवान् ।
चकार वेगं तु महाबलस्तदा मतिं च चक्रेऽस्य वधे तदानीम् ॥ ३०
स तस्य तानष्ट वरान्महाहयान्समाहितान्भारसहान्विवर्तने ।
जघान वीरः पथि वायुसेविते तलप्रहारैः पवनात्मजः कपिः ॥ ३१
ततस्तलेनाभिहतो महारथः स तस्य पिङ्गाधिपमन्त्रिनिर्जितः ।
स भग्ननीडः परिवृत्तकूबरः पपात भूमौ हतवाजिरम्बरात् ॥ ३२
स तं परित्यज्य महारथो रथं सकार्मुकः खड्गधरः खमुत्पतन् ।
ततोऽभियोगादृषिरुग्रवीर्यवान्विहाय देहं मरुतामिवालयम् ॥ ३३
कपिस्ततस्तं विचरन्तमम्बरे पतत्रिराजानिलसिद्धसेविते ।
समेत्य तं मारुतवेगविक्रमः क्रमेण जग्राह च पादयोर्दृढम् ॥ ३४
स तं समाविध्य सहस्रशः कपिर्महोरगं गृह्य इवाण्डजेश्वरः ।
मुमोच वेगात्पितृतुल्यविक्रमो महीतले संयति वानरोत्तमः ॥ ३५
स भग्नबाहूरुकटीपयोधरः क्षरन्नसृङ्निर्मथितास्थिलोचनः ।
संभिन्नसंधिः प्रविकीर्णबन्धनो हतः क्षितौ वायुसुतेन राक्षसः ॥ ३६
महाकपिर्भूमितले निपीड्य तं चकार रक्षोधिपतेर्महद्भयम् ।
महर्षिभिश्चक्रचरैः समागतैः समेत्य भूतैश्च सयक्षपन्नगैः ।
सुरैश्च सेन्द्रैर्भृशजातविस्मयैर्हते कुमारे स कपिर्निरीक्षितः ॥ ३७
निहत्य तं वज्रिसुतोपमं रणे कुमारमक्षं क्षतजोपमेक्षणम् ।
तदेव वीरोऽभिजगाम तोरणं कृतक्षणः काल इव प्रजाक्षये ॥ ३८

इत्यार्षे श्रीमद्रामायणे वाल्मीकीये आदिकाव्ये सुन्दरकाण्डे सप्तचत्वारिंशः सर्गः ॥ ४७ ॥

— —

अष्टचत्वारिंशः सर्गः ।

ततस्तु रक्षोधिपतिर्महात्मा हनूमताक्षे निहते कुमारे ।
मनः समाधाय स देवकल्पं समादिदेशेन्द्रजितं सरोषः ॥ १
त्वमस्त्रविच्छस्त्रभृतां वरिष्ठः सुरासुराणामपि शोकदाता ।
सुरेषु सेन्द्रेषु च दृष्टकर्मा पितामहाराधनसंचितास्त्रः ॥ २
त्वदस्त्रबलमासाद्य सासुराः समरुद्गणाः । न शेकुः समरे स्थातुं सुरेश्वरसमाश्रिताः ॥ ३
न कश्चित्त्रिषु लोकेषु संयुगेन गतश्रमः । भुजवीर्याभिगुप्तश्च तपसा चाभिरक्षितः ।
देशकालप्रधानश्च त्वमेव मतिसत्तमः ॥ ४
न तेऽस्त्यशक्यं समरेषु कर्मणां न तेऽस्त्यकार्यं मतिपूर्वमन्त्रणे ।
न सोऽस्ति कश्चित्त्रिषु संग्रहेषु न वेद यस्तेऽस्त्रबलं बलं च ॥ ५

॥ ३० ॥ विवर्तने नानाविधमण्डलगमने । समाहितान्शिक्षिता-न्वायुसेविते पथि स्थितः स्थिताश्च ॥ ३१ ॥ नीडं रथ्यधिष्ठानस्थानम् ॥ ३२ ॥ मरुतामालयं स्वर्गमुत्पतन्नृषिरिव ॥ ३३ ॥ पतत्रीति । गरुडवायुसिद्धसेविते तं समेत्य तं पादयोर्जग्राहेत्यन्वयः ॥ ३४ ॥ समाविध्य भ्रामयित्वा । गृह्य इव । असंघिल्यपावार्षौ । गृहीत्वेवेत्यर्थः ॥ ३५ ॥ ३६ ॥ चक्रचरैर्ज्योतिश्चक्रचरैर्ग्रहादिभिः । समेत्य समागतैर्जातविस्मयैर्निरीक्षित इत्यन्वयः ॥ ३७ ॥ वज्रिसुतोपमं जयन्ततुल्यम् । कृतक्षणः पुनर्युद्धे कृतोत्साहः ॥ ३८ ॥ इति श्रीरामाभिरामे श्रीरामीये रामायणतिलके वाल्मीकीय आदिकाव्ये सुन्दरकाण्डे सप्तचत्वारिंशः सर्गः ॥ ४७ ॥

मनः समाधाय पुत्रनाशखिन्नमपि चेतो धीरतयाप्रकाशितभयं प्रतिष्ठाप्य ॥ १ ॥ पितामहाराधनेन संचितास्त्रः । प्राप्तब्रह्मास्त्रोऽसीत्यर्थः ॥ २ ॥ सुरेश्वरसमाश्रिता अपि रणे स्थातुं न शेकुः ॥ ३ ॥ कश्चित्त्वदन्यो न गतश्रमो न । सर्वे प्राप्तश्रमा इत्यर्थः । भुजवीर्याभिगुप्तस्तपसाभिरक्षितो देशकालप्रधानश्च मत्या सत्तमः प्रशस्ततरश्च त्वमेवेत्यन्वयः ॥ ४ ॥ समरेषु कर्तव्यानां कर्मणां मध्येऽशक्यं नास्ति । 'कर्मणा' इत्येव पाठः सांप्रदायिक इति कतकः । मतिपूर्वमन्त्रणे शास्त्रा-

ममानुरूपं तपसो बलं च ते पराक्रमश्चास्त्रबलं च संयुगे ।
न त्वां समासाद्य रणावमर्दे मनः श्रमं गच्छति निश्चितार्थम् ॥ ६
निहताः किंकराः सर्वे जम्बुमाली च राक्षसः । अमात्यपुत्रा वीराश्च पञ्च सेनाग्रगामिनः ॥ ७
बलानि सुसमृद्धानि साश्वनागरथानि च । महोदरश्च शयितः कुमारोऽक्षश्च सूदितः ।
न तु तेष्वेव मे सारो यस्त्वय्यरिनिषूदन ॥ ८
इदं च दृष्ट्वा निहतं महद्बलं कपेः प्रभावं च पराक्रमं च ।
त्वमात्मनश्चापि निरीक्ष्य सारं कुरुष्व वेगं स्वबलानुरूपम् ॥ ९
बलावमर्दैस्त्वयि संनिकृष्टे यथागते शाम्यति शान्तशत्रुः ।
तथा समीक्ष्यात्मबलं परं च समारभस्वास्त्रभृतां वरिष्ठ ॥ १०
न वीर सेना गणशो च्यवन्ति न वज्रमादाय विशालसारम् ॥
न मारुतस्यास्ति गतिप्रमाणं न चाग्निकल्पः करणेन हन्तुम् ॥ ११
तमेवमर्थं प्रसमीक्ष्य सम्यक्स्वकर्मसाम्याद्धि समाहितात्मा ।
स्मरंश्च दिव्यं धनुषोऽस्य वीर्यं व्रजाक्षतं कर्म समारभस्व ॥ १२
न खल्वियं मतिश्रेष्ठ यत्त्वां संप्रेषयाम्यहम् । इयं च राजधर्माणां क्षत्रस्य च मतिर्मता ॥ १३
नानाशास्त्रेषु सङ्ग्रामे वैशारद्यमरिंदम । अवश्यमेव बोद्धव्यं काम्यश्च विजयो रणे ॥ १४

नुरूपबुद्धिपूर्वकर्तव्यराजकार्यविचारे । तेऽकार्यं नास्ति । कार्यासाधकविचारो नास्तीत्यर्थः । त्रिषु संग्रहेषु त्रिष्वपि लोकेषु । भोक्तृभिः कर्मणा संगृह्यन्त इति संग्रहा लोकास्तेषु । तेऽस्त्रबलं सहजं च बलं यो न वेद स कश्चिदपि नास्ति । सर्वप्रसिद्धबलद्वयबलवानित्यर्थः ॥ ५ ॥ ममानुरूपं मत्सदृशम् । रणावमर्दे युद्धसंघर्षे । त्वां समासाद्य प्राप्य मे मनो जयविषये निश्चितार्थं सच्छ्रमं विषादं न गच्छति । त्वद्बलं स्मृत्वा श्वसिमीत्यर्थः ॥ ६ ॥ प्रकृतमाह—निहता इति ॥ ७ ॥ हे अरिनिषूदन, त्वयि मे यः सार उत्कर्षबुद्धिः स तेषु नास्त्येवेत्यन्वयः । यद्वा मे सारः सर्वजगज्जयसामर्थ्यं स त्वय्येव त्वत्साहाय्यनिमित्त एव, न तु तेषु । न तु तत्साहाय्यनिमित्तक इत्यर्थः ॥ ८ ॥ ९ ॥ गते युद्धाय निर्गते त्वयि संनिकृष्टे सति बलावमर्दैरनेकबलप्रमथनैर्हेतुभिः शान्तशत्रुरुपशान्तबलः शत्रुर्यथा शाम्यति क्षीणो भवति तथात्मबलं परबलं च समीक्ष्यारभस्व । 'बलावमर्दैः' इति 'शान्तशत्रुः' इति च पाठे इति कतकः । 'बलावमर्द' इति 'शान्तशत्रो' इति च पठित्वा हेऽस्त्रभृतां वरिष्ठ, त्वयि युद्धाय गते संनिकृष्टे हनूमत्समीपं प्राप्ते, बलावमर्दः सेनानाशो यथा शाम्यति न भवति तथारभस्वेत्यर्थ इति तीर्थः ॥ १० ॥ अथ तत्र सेनादिपरिग्रहो व्यर्थ इत्याह—न वीरेति । हे वीर, सेना न ग्राह्या, यतस्ता गणशः सङ्घशश्च्यवन्ति पलायन्ते नश्यन्ति च । तथा विशालसारमतितैक्ष्ण्यकाठिन्यवत्, अतएव वज्रं तत्तुल्यमायुधजालमादायापि न प्रयोजनं गणशः प्रयुक्तस्य तस्यापि प्रच्यवादेव । गणशो च्यवन्तीत्यत्रोत्वमार्षम् । कुतस्तत्राह—नेति । मरुतोऽपत्यस्य मारुतस्य गतेः सामर्थ्यस्य प्रमाणं परिच्छेद एतावद्बलं निग्रहीतुं शक्त इति परिच्छेदो नास्ति, अतो लोके निखिलमपि बलं तस्याकिंचित्करमित्यर्थः । किं चाग्निकल्पोऽग्नितुल्योऽसौ करणेन शस्त्रादिरूपेण हन्तुं न शक्यः । 'जयत्यतिबलो रामः' इत्येतद्घोषणसमये । 'हनूमाञ्छत्रुसैन्यानां निहन्ता मारुतात्मजः' इत्युक्तेरिह रावणस्य मारुतस्येत्युक्तिर्नासमञ्जसा । पराक्रमातिशयदर्शनादुत्प्रेक्षामात्रेण तु किंचिद्भूतमिति प्रागुक्तम् । केचित्तु—गणाञ्शोचयतीति गणशो हनूमांस्तस्मिन्सेना नावन्ति, ततो न रक्षन्तीत्यर्थ इति वदन्ति, तत्रावतेस्त्रायतिसमानार्थत्वात्तत्समीप्राप्तौ सप्तम्यापा । तवोत्ववत् । एवं विशालसारमित्यत्र विश अलसारमिति च्छेदं कुर्वन्ति, अलसारं कुण्ठसारं वज्रं तत्तुल्यमप्यायुधमादाय न विशरणं न प्रविशेति च व्याचक्षते । अलतेर्धातोः पर्याप्त्यर्थत्वेन पर्याप्तसारमिति व्याख्यातुं योग्यम् । कुण्ठेत्यर्थस्य ततोऽलाभात् ॥ ११ ॥ किं बलावष्टम्भेन गन्तव्यमिति शङ्कायां तत्र विशेषमुपदिशति—तमिति । तं मदुक्तमर्थमेवमेव प्रसमीक्ष्यैवमेव तत्त्वमिति निश्चित्य, स्वकर्मसाम्यात्स्वेनैव कर्मणः प्रकृतकार्यस्य साम्यात्सिद्धेः संपादनीयत्वात्त्वं समाहितात्मा समाहितचित्तो भूत्वास्य विषये दिव्यं धनुषो वीर्यं दिव्यास्त्रमोक्षसामर्थ्यं स्मरन्निश्चिन्वन्व्रज, गत्वा चाक्षतं परकीयप्रहारहीनं यथा भवति तथा शत्रुपराभवकर्मारभस्व ॥ १२ ॥ हे मतिश्रेष्ठ प्रशस्तबुद्धे, अहं त्वामतिप्रियं पुत्रमीदृशे संकटे प्रेषयामि । इयं प्रेषणा नोचिता खलु, अथापीयं मती राजधर्माणामस्माकं तथा क्षत्रस्य क्षत्रियस्य च मतैव शास्त्रतः संमतैव ॥ १३ ॥ अथ राज्ञः क्षत्रियस्य च कृत्यमाह—नानेति । नानाशास्त्रेषु धर्मार्थनीत्यादिशास्त्रेषु सङ्ग्रामे च वैशारद्यम् । संपाद्यमिति शेषः । यस्य रणे विजयः काम्यो भवति तेनोक्तं नानाशास्त्रमवश्यं बोद्धव्यमेवेत्यर्थः । यद्वा परस्य नानाशास्त्रेषु यद्वैशारद्यमस्ति तद्योद्धावश्यमेव बोद्धव्यम्, बुद्ध्वापि रणे स्वस्य विजयः प्रार्थ्य एवाहं जेष्याम्येवेति बुद्ध्या युद्धमारब्धव्यमेव, न तु तादृशशत्रोरपि निवर्तितव्यमित्यर्थः ।

ततः पितुस्तद्वचनं निशम्य प्रदक्षिणं दक्षसुतप्रभावः ।
चकार भर्तारमतित्वरेण रणाय वीरः प्रतिपन्नबुद्धिः ॥ १५
ततस्तैः स्वगणैरिष्टैरिन्द्रजित्प्रतिपूजितः । युद्धोद्धतकृतोत्साहः सङ्ग्रामं संप्रपद्यत ॥ १६
श्रीमान्पद्मविशालाक्षो राक्षसाधिपतेः सुतः । निर्जगाम महातेजाः समुद्र इव पर्वणि ॥ १७
स पक्षिराजोपमतुल्यवेगैर्व्यालैश्चतुर्भिः स तु तीक्ष्णदंष्ट्रैः ।
रथं समायुक्तमसह्यवेगः समारुरोहेन्द्रजिदिन्द्रकल्पः ॥ १८
स रथी धन्विनां श्रेष्ठः शस्त्रज्ञोऽस्त्रविदां वरः । रथेनाभिययौ क्षिप्रं हनूमान्यत्र सोऽभवत् ॥ १९
स तस्य रथनिर्घोषं ज्यास्वनं कार्मुकस्य च । निशम्य हरिवीरोऽसौ संप्रहृष्टतरोऽभवत् ॥ २०
इन्द्रजिच्चापमादाय शितशल्यांश्च सायकान् । हनूमन्तमभिप्रेत्य जगाम रणपण्डितः ॥ २१
तस्मिंस्ततः संयति जातहर्षे रणाय निर्गच्छति बाणपाणौ ।
दिशश्च सर्वाः कलुषा बभूवुर्मृगाश्च रौद्रा बहुधा विनेदुः ॥ २२
समागतास्तत्र तु नागयक्षा महर्षयश्चक्रचराश्च सिद्धाः ।
नभः समावृत्य च पक्षिसङ्घा विनेदुरुच्चैः परमप्रहृष्टाः ॥ २३
आयान्तं सरथं दृष्ट्वा पूर्णमिन्द्रध्वजं कपिः । ननाद च महानादं व्यवर्धत च वेगवान् ॥ २४
इन्द्रजित्स रथं दिव्यमाश्रितश्चित्रकार्मुकः । धनुर्विस्फारयामास तडिदूर्जितनिःस्वनम् ॥ २५
ततः समेतावतितीक्ष्णवेगौ महाबलौ तौ रणनिर्विशङ्कौ ।
कपिश्च रक्षोधिपतेस्तनूजः सुरासुरेन्द्राविव बद्धवैरौ ॥ २६
स तस्य वीरस्य महारथस्य धनुष्मतः संयति संमतस्य ।
शरप्रवेगं व्यहनत्प्रवृद्धश्चचार मार्गे पितुरप्रमेयः ॥ २७
ततः शरानायततीक्ष्णशल्यान्सुपत्रिणः काञ्चनचित्रपुङ्खान् ।
मुमोच वीरः परवीरहन्ता सुसंततान्वज्रसमानवेगान् ॥ २८
ततः स तत्स्यन्दननिःस्वनं च मृदङ्गभेरीपटहस्वनं च ।
विकृष्यमाणस्य च कार्मुकस्य निशम्य घोषं पुनरुत्पपात ॥ २९
शराणामन्तरेष्वाशु व्यावर्तत महाकपिः । हरिस्तस्याभिलक्ष्यस्य मोक्षयंल्लक्ष्यसंग्रहम् ॥ ३०
शराणामग्रतस्तस्य पुनः समभिवर्तत । प्रसार्य हस्तौ हनुमानुत्पपातानिलात्मजः ॥ ३१
तावुभौ वेगसंपन्नौ रणकर्मविशारदौ । सर्वभूतमनोग्राहि चक्रतुर्युद्धमुत्तमम् ॥ ३२
हनूमतो वेद न राक्षसोऽन्तरं न मारुतिस्तस्य महात्मनोऽन्तरम् ।
परस्परं निर्विषहौ बभूवतुः समेत्य तौ देवसमानविक्रमौ ॥ ३३
ततस्तु लक्ष्ये स विहन्यमाने शरेष्वमोघेषु च संपतत्सु ।
जगाम चिन्तां महतीं महात्मा समाधिसंयोगसमाहितात्मा ॥ ३४

केचित्तु—'नानाशास्त्रैः' इति 'योद्धव्यम्' इति च पठित्वा नानाशास्त्रकरणकसङ्ग्रामे वैशारद्यं सामर्थ्यं तवास्ति, अतस्त्वयावश्यं योद्धव्यमेव, रणे जयश्च प्रार्थनीय एवेति व्याचक्षते ॥ १४ ॥ दक्षसुता देवाः । प्रदक्षिणं चकार । भर्तारं राजानं रावणम् । रणायातित्वरेणातित्वरया गन्तुं कृतबुद्धिः ॥ १५ ॥ स्वगणैरन्यैः सभास्थ राक्षसैः । युद्धे उद्धतश्चासौ कृतोत्साहश्च संप्रपद्यत संप्रापद्यत ॥ १६ ॥ पर्वणीति । वर्धमान इति शेषः ॥ १७ ॥ पक्षिराजोपमैरन्योन्यतुल्यवेगैश्च । व्यालैः सर्पैः ॥ १८ ॥ १९ ॥ २० ॥ शितशल्यांस्तीक्ष्णाग्रान् ॥ २१ ॥ संयति तद्विषये जातहर्षे । दिशश्चेत्युत्पातवर्णनम । रौद्रा मृगाः क्रोष्टृप्रभृतयः ॥ २२ ॥ चक्रचरा ग्रहाः परमप्रहृष्टा विनेदुरेति शुभनिमित्तम् ॥ २३ ॥ इन्द्रध्वजमिन्द्राकारचिह्नवद्ध्वजम् ॥ २४ ॥ तडिदूर्जितनिःस्वनं तडिन्निभमूर्जितस्वनं च ॥ २५ ॥ २६ ॥ व्यहनद्ध्वंसितवान् ॥ २७ ॥ सुपत्रिणः कङ्कादिपक्षयुक्तान् । सुसंततानविरतान् ॥ २८ ॥ २९ ॥ अभिलक्ष्यस्याभिमतलक्ष्यस्य । लक्ष्यसंग्रहं लक्ष्यत्वेन संग्रहणम् । मोक्षयन्मोघीकुर्वन् । व्यर्थीकुर्वन्निति यावत् । शराणामन्तरेषु व्यावर्तत । परिवर्तते स्मेत्यर्थः ॥ ३० ॥ अभिवर्तताभ्यवर्तत । ततः शरमोक्षसमये पुनरुत्पपात ॥ ३१ ॥ ३२ ॥ निर्विषहौ दुःसहवेगौ ॥ ३३ ॥ अमोघेषु शरेषु संपतत्स्वपि लक्ष्ये लक्ष्यभूते हनूमति विहन्यमाने शरेभ्यः स्वयमेव मुच्यमाने । शरैरभिगम्यमाने सतीत्यर्थः । हन्तेर्गत्यर्थात्कर्मकर्तरि शानच् ।

ततो मतिं राक्षसराजसूनुश्चकार तस्मिन्हरिवीरमुख्ये ।
अवध्यतां तस्य कपेः समीक्ष्य कथं निगच्छेदिति निग्रहार्थम् ॥ ३५
ततः पैतामहं वीरः सोऽस्त्रमस्त्रविदां वरः । संदधे सुमहातेजास्तं हरिप्रवरं प्रति ॥ ३६
अवध्योऽयमिति ज्ञात्वा तमस्त्रेणास्त्रतत्त्ववित् । निजग्राह महाबाहुं मारुतात्मजमिन्द्रजित् ॥ ३७
तेन बद्धस्ततोऽस्त्रेण राक्षसेन स वानरः । अभवन्निर्विचेष्टश्च पपात च महीतले ॥ ३८
ततोऽथ बुद्ध्वा स तदस्त्रबन्धं प्रभोः प्रभावाद्विगतात्पवेगः ।
पितामहानुग्रहमात्मनश्च विचिन्तयामास हरिप्रवीरः ॥ ३९
ततः स्वायंभुवैर्मन्त्रैर्ब्रह्मास्त्रं चाभिमन्त्रितम् । हनूमांश्चिन्तयामास वरदानं पितामहात् ॥ ४०
न मेऽस्य बन्धस्य च शक्तिरस्ति विमोक्षणे लोकगुरोः प्रभावात् ।
इत्येवमेवं विहितोऽस्त्रबन्धो मयात्मयोनेरनुवर्तितव्यः ॥ ४१
स वीर्यमस्त्रस्य कपिर्विचार्य पितामहानुग्रहमात्मनश्च ।
विमोक्षशक्तिं परिचिन्तयित्वा पितामहाज्ञामनुवर्तते स्म ॥ ४२
अस्त्रेणापि हि बद्धस्य भयं मम न जायते । पितामहमहेन्द्राभ्यां रक्षितस्यानिलेन च ॥ ४३
ग्रहणे चापि रक्षोभिर्महन्मे गुणदर्शनम् । राक्षसेन्द्रेण संवादस्तस्माद्गृह्णन्तु मां परे ॥ ४४
स निश्चितार्थः परवीरहन्ता समीक्ष्यकारी विनिवृत्तचेष्टः ।
परैः प्रसह्याभिगतैर्निगृह्य ननाद तैस्तैः परिभर्त्स्यमानः ॥ ४५
ततस्ते राक्षसा दृष्ट्वा विनिश्चेष्टमरिंदमम् । बबन्धुः शणवल्कैश्च द्रुमचीरैश्च संहतैः ॥ ४६
स रोचयामास परैश्च बन्धं प्रसह्य वीरैरभिगर्हणं च ।
कौतूहलान्मां यदि राक्षसेन्द्रो द्रष्टुं व्यवस्येदिति निश्चितार्थः ॥ ४७
स बद्धस्तेन वल्केन विमुक्तोऽस्त्रेण वीर्यवान् । अस्त्रबन्धः स चान्यं हि न बन्धमनुवर्तते ॥ ४८
अथेन्द्रजित्तं द्रुमचीरबद्धं विचार्य वीरः कपिसत्तमं तम् ।
विमुक्तमस्त्रेण जगाम चिन्तामन्येन बद्धोऽप्यनुवर्ततेऽस्त्रम् ॥ ४९
अहो महत्कर्म कृतं निरर्थं न राक्षसैर्मन्त्रगतिर्विमृष्टा ।
पुनश्च नास्त्रे विहतेऽस्त्रमन्यत्प्रवर्तते संशयिताः स्म सर्वे ॥ ५०

समाधिसंयोगेन ध्यानकारणेन तत्स्वरूपज्ञानाय समाहितात्मैकाग्रचित्तः ॥ ३४ ॥ ततो ध्यानानन्तरमवध्योऽयमिति ध्यानेन ज्ञात्वा निग्रहार्थं बन्धनार्थं बन्धनमुद्दिश्य कथं निगच्छेत्कथं निश्चेष्टो भवेदिति मतिं विचारं चकार ॥ ३५ ॥ ३६॥ ब्रह्मास्त्रेणाप्यवध्यतां ज्ञात्वा तदस्त्रेण तं निजग्राह बबन्ध ॥ ३७ ॥ ३८ ॥ स हनुमान्स्वस्य तदस्त्रबन्धं ब्रह्मास्त्रबन्धं कृतं बुद्ध्वापि प्रभोर्ब्रह्मणः प्रभावाद्वरदानाद्विगताल्पवेगो विगतोऽप्राप्तोऽल्पोऽपि वेगः पीडा येन तादृशः । अदीनचित्त इति यावत् । आत्मनः पितामहानुग्रहं मुहूर्तमात्रेण मदस्त्रनिरोधमुक्तिरित्येवंरूपम् ॥ ३९ ॥ उक्तमेवार्थं स्पष्टयति—तत इति । स्वायंभुवैः स्वयंभुदैवत्यैरनेकविधैर्मन्त्रैरभिमन्त्रितं तत्सिद्धं भवति तादृशं ब्रह्मास्त्रं तत्कृतनिरोधं बुद्ध्वा पितामहाल्लब्धं वररूपं दानं प्रागुक्तरूपं चिन्तयामास ॥ ४० ॥ लोकगुरोः प्रभावान्मे हनूमतोऽस्यास्त्रबन्धस्य विमोक्षणे शक्तिर्नास्तीत्येवं ध्यानेन ज्ञात्वा, एवमनुभूयमानप्रकारेण । ममानेन विहित आत्मयोनेरस्त्रबन्धो मयानुवर्तितव्य एव मुहूर्तमात्रं सोढव्य एव ॥ ४१ ॥ विमोक्षशक्तिं मुहूर्तानन्तरभाविनीं तां चिन्तयित्वा मुहूर्तमात्रं पितामहाज्ञामनुवर्तते स्म ॥ ४२ ॥ भयं न जायते । तत्र हेतुः—पितामहेत्यादि । आदित्यग्रासप्रवृत्तिसमय एव त्रयानुग्रहः प्रागुक्तः ॥ ४३ ॥ मे । महद्गुणदर्शनमस्तीति शेषः । राक्षसेन्द्रेण संवाद इति ॥ ४४ ॥ निश्चितार्थः । उक्तरीत्येति भावः । समीक्ष्यकारी विचारपूर्वकं कार्यकर्ता । अभिगतैरभिसृत्य गतैः परैः प्रसह्य बलाद्गृहीत्वा परिभर्त्स्यमानः सन्ननाद । पीडित इवेति भावः ॥ ४५ ॥ शणवल्कैस्तज्जन्यरज्जुभिः सहितं रज्जुरूपेण कृतैर्द्रुमचीरैर्द्रुमवल्कलैः ॥ ४६ ॥ कौतूहलान्मां द्रष्टुं व्यवस्येदिति निश्चितार्थो निश्चितकार्यतत्त्वः सन्स्वस्य तत्संभाषणापेक्षित्वाद्बन्धादिकं रोचयामास ॥ ४७ ॥ अस्त्रबन्धमोक्षोऽपि तदैवाजायत इत्याह—स इति । वल्केन वल्कलेन तज्जन्यरज्ज्वैव बद्धः । अस्त्रेण तु विमुक्तः । कुतस्तत्राह—अस्त्रबन्धो मन्त्रबन्धोऽन्यं बन्धं नानुवर्तते इतरबन्धेन सह न तिष्ठति । तस्मिन्सति मन्त्रबन्धो नश्यतीत्यर्थः ॥ ४८ ॥ इममर्थमिन्द्रजिदपि ज्ञातवानित्याह—अथेति । अस्त्रेण विमुक्तं विचार्य ज्ञात्वान्येन बद्धोऽपि हनुमानस्त्रमनुवर्ततेऽस्त्रेण बद्ध इव वर्तत इत्यपि विचार्य चिन्तां जगामेति संबन्धः । 'नान्येन बन्धे ह्यनुवर्ततेऽस्त्रम्' इति पाठे चिन्तास्वरूपमिदम् । राक्षसैः स्वकृतबन्धनवशात्खेदं जगामेत्यर्थः ॥ ४९ ॥ चिन्तामाह—अहो इति । पाठान्तरे चिन्तान्तर-

अस्त्रेण हनुमान्मुक्तो नात्मानमवबुध्यते । कृष्यमाणस्तु रक्षोभिस्तैश्च बन्धैर्निपीडितः ॥ ५१
हन्यमानस्ततः क्रूरै राक्षसैः कालमुष्टिभिः । समीपं राक्षसेन्द्रस्य प्राकृष्यत स वानरः ॥ ५२
अथेन्द्रजित्तं प्रसमीक्ष्य मुक्तमस्त्रेण बद्धं द्रुमचीरसूत्रैः ।
व्यदर्शयत्तत्र महाबलं तं हरिप्रवीरं सगणाय राज्ञे ॥ ५३
तं मत्तमिव मातङ्गं बद्धं कपिवरोत्तमम् । राक्षसा राक्षसेन्द्राय रावणाय न्यवेदयन् ॥ ५४
कोऽयं कस्य कुतो वापि किं कार्यं कोऽभ्युपाश्रयः । इति राक्षसवीराणां दृष्ट्वा संजज्ञिरे कथाः ॥ ५५
हन्यतां दह्यतां वापि भक्ष्यतामिति चापरे । राक्षसास्तत्र संक्रुद्धाः परस्परमथाब्रुवन् ॥ ५६
अतीत्य मार्गं सहसा महात्मा स तत्र रक्षोधिपपादमूले ।
ददर्श राज्ञः परिचारवृद्धान्गृहं महारत्नविभूषितं च ॥ ५७
स ददर्श महातेजा रावणः कपिसत्तमम् । रक्षोभिर्विकृताकारैः कृष्यमाणमितस्ततः ॥ ५८
राक्षसाधिपतिं चापि ददर्श कपिसत्तमः । तेजोबलसमायुक्तं तपन्तमिव भास्करम् ॥ ५९
स रोषसंवर्तितताम्रदृष्टिर्दशाननस्तं कपिमन्ववेक्ष्य ।
अथोपविष्टान्कुलशीलवृद्धान्समादिशत्तं प्रति मुख्यमन्त्रीन् ॥ ६०
यथाक्रमं तैः स कपिश्च पृष्टः कार्यार्थमर्थस्य च मूलमादौ ।
निवेदयामास हरीश्वरस्य दूतः सकाशादहमागतोऽस्मि ॥ ६१

इत्यार्षे श्रीमद्रामायणे वाल्मीकीये आदिकाव्ये सुन्दरकाण्डेऽष्टचत्वारिंशः सर्गः ॥ ४८ ॥

एकोनपञ्चाशः सर्गः ।

ततः स कर्मणा तस्य विस्मितो भीमविक्रमः । हनूमान्क्रोधताम्राक्षो रक्षोधिपमवैक्षत ॥ १
भ्राजमानं महार्हेण काञ्चनेन विराजता । मुक्ताजालवृतेनाथ मुकुटेन महाद्युतिम् ॥ २
वज्रसंयोगसंयुक्तैर्महार्हमणिविग्रहैः । हैमैराभरणैश्चित्रैर्मनसेव प्रकल्पितैः ॥ ३
महार्हक्षौमसंवीतरक्तचन्दनरूषितम् । स्वनुलिप्तं विचित्राभिर्विविधाभिश्च भक्तिभिः ॥ ४
विचित्रं दर्शनीयैश्च रक्ताक्षैर्भीमदर्शनैः । दीप्ततीक्ष्णमहादंष्ट्रं प्रलम्बं दशनच्छदैः ॥ ५
शिरोभिर्दशभिर्वीरो भ्राजमानं महौजसम् । नानाव्यालसमाकीर्णैः शिखरैरिव मन्दरम् ॥ ६
नीलाञ्जनचयप्रख्यं हारेणोरसि राजता । पूर्णचन्द्राभवक्त्रेण सबलार्कमिवाम्बुदम् ॥ ७
बाहुभिर्बद्धकेयूरैश्चन्दनोत्तमरूषितैः । भ्राजमानाङ्गदैर्भीमैः पञ्चशीर्षैरिवोरगैः ॥ ८

मिदम् । मया कृतं महत्कर्म निरर्थं कृतं राक्षसैः, यतस्तैर्मन्त्रगतिर्न विमृष्टा न विचारिता । अन्यबन्धे मन्त्रबन्धो नश्यतीति न ज्ञातमित्यर्थः । पुनरस्त्रं तदेव प्रयोज्यं तत्राह—अस्त्रे ब्राह्मे विहते पुनरन्यदस्त्रं तदस्त्रप्रयोगान्तरं न प्रवर्तते, अतः सर्वे वयं संशयिताः संशयितजया एव । मुक्तोऽयं सर्वानपि हन्यादिति भावः ॥ ५० ॥ अस्त्रविमोक्षं राहुमोक्षवदपरोक्षतया ज्ञातवानपि हनूमान्न तथा ज्ञापयतीत्याह—अस्त्रेणेति । अवबुध्यते । अन्तर्भावितण्यर्थतया नावबोधयति स्म । अस्त्रमोक्षं न प्रकाशयति स्मेत्यर्थः । तैर्बन्धैर्लौकिकबन्धैः, अतएव कृष्यमाणत्वादिगुणको राक्षसेन्द्रसमीपं प्राकृष्यत ॥ ५१ ॥ ५२ ॥ ५३ ॥ ५४ ॥ कस्य । सुत इति शेषः । कोऽभ्युपाश्रयः कस्याश्रयेणैवं निर्भय इत्यर्थः ॥ ५५ ॥ यत्र रावणः स्थितस्तत्रत्या राक्षसा एवमब्रुवन्नित्यर्थः ॥ ५६ ॥ परिचारवृद्धान् । वृद्धान्परिचारकानित्यर्थः ॥ ५७ ॥ ५८ ॥ ५९ ॥ वक्ष्यमाणसंक्षेपः—अथेति । मन्त्रीन् । मन्त्रिण इत्यर्थः ॥ ६० ॥ कार्यं कर्तव्यमर्थस्तत्प्रयोजनं च समाहारद्वन्द्वः । अर्थस्य मूलमुक्तप्रयोजनप्रवर्तकम् । उत्तराशयस्तु दूत्यं कृत्यम्, प्रेरकः सुग्रीव इति ॥ ६१ ॥ **इति श्रीरामाभिरामे श्रीरामीये रामायणतिलके वाल्मीकीय आदिकाव्ये सुन्दरकाण्डेऽष्टचत्वारिंशः सर्गः ॥ ४८ ॥**

तस्येन्द्रजितः । यत्तु रावणस्येति तन्न, तेन हनूमति कस्यापि कर्मणोऽकृतत्वादिति कतकः । पुत्रद्वारा स्वबन्धनकर्मणेत्यर्थ इति तीर्थः ॥ १ ॥ २ ॥ वज्रसंयोगेन तद्घटनेन संयुक्तैर्घटितैर्महार्हमणिविग्रहैर्बहुमूल्यमणिप्रधानस्वरूपैः ॥ ३ ॥ भक्तिभिः शैवत्रिपुण्ड्रवद्रचनाविशेषैः ॥ ४ ॥ विचित्रमाश्चर्यभूतैर्दशनच्छदैः प्रलम्बं लम्बदशनच्छदवन्तम् ॥ ५ ॥ शिरोभिर्दशभिरिति हनूमतो दर्शनकाले रणे इव भीषणरूपकरणादिति बोध्यम् ॥ ६ ॥ हारेणोपलक्षितम् ॥ ७ ॥ केयूराङ्गद-

महति स्फाटिके चित्रे रत्नसंयोगचित्रिते । उत्तमास्तरणास्तीर्णे सूपविष्टं वरासने ॥ ९
अलंकृताभिरत्यर्थं प्रमदाभिः समन्ततः । वालव्यजनहस्ताभिरारात्समुपसेवितम् ॥ १०
दुर्धरेण प्रहस्तेन महापार्श्वेन रक्षसा । मन्त्रिभिर्मन्त्रतत्त्वज्ञैर्निकुम्भेन च मन्त्रिणा ॥ ११
उपोपविष्टं रक्षोभिश्चतुर्भिर्बलदर्पितम् । कृत्स्नं परिवृतं लोकं चतुर्भिरिव सागरैः ॥ १२
मन्त्रिभिर्मन्त्रतत्त्वज्ञैरन्यैश्च शुभदर्शिभिः । आश्वास्यमानं सचिवैः सुरैरिव सुरेश्वरम् ॥ १३
अपश्यद्राक्षसपतिं हनूमानतितेजसम् । वेष्टितं मेरुशिखरे सतोयमिव तोयदम् ॥ १४
स तैः संपीड्यमानोऽपि रक्षोभिर्भीमविक्रमैः । विस्मयं परमं गत्वा रक्षोधिपमवैक्षत ॥ १५
भ्राजमानं ततो दृष्ट्वा हनूमान्राक्षसेश्वरम् । मनसा चिन्तयामास तेजसा तस्य मोहितः ॥ १६
अहो रूपमहो धैर्यमहो सत्त्वमहो द्युतिः । अहो राक्षसराजस्य सर्वलक्षणयुक्तता ॥ १७
यद्यधर्मो न बलवान्स्यादयं राक्षसेश्वरः । स्यादयं सुरलोकस्य सशक्रस्यापि रक्षिता ॥ १८
अस्य क्रूरैर्नृशंसैश्च कर्मभिर्लोककुत्सितैः । सर्वे बिभ्यति खल्वस्माल्लोकाः सामरदानवाः ॥ १९
अयं ह्युत्सहते क्रुद्धः कर्तुमेकार्णवं जगत् । इति चिन्तां बहुविधामकरोन्मतिमान्कपिः ।
दृष्ट्वा राक्षसराजस्य प्रभावममितौजसः ॥ २०

इत्यार्षे श्रीमद्रामायणे वाल्मीकीय आदिकाव्ये सुन्दरकाण्डे एकोनपञ्चाशः सर्गः ॥ ४९ ॥

पञ्चाशः सर्गः ।

तमुद्वीक्ष्य महाबाहुः पिङ्गाक्षं पुरतः स्थितम् । रोषेण महताविष्टो रावणो लोकरावणः ॥ १
शङ्काहतात्मा दध्यौ स कपीन्द्रं तेजसावृतम् । किमेष भगवान्नन्दी भवेत्साक्षादिहागतः ॥ २
येन शप्तोऽस्मि कैलासे मया प्रहसिते पुरा । सोऽयं वानरमूर्तिः स्यात्किंस्विद्बाणोऽपि वासुरः ॥ ३
स राजा रोषताम्राक्षः प्रहस्तं मन्त्रिसत्तमम् । कालयुक्तमुवाचेदं वचो विपुलमर्थवत् ॥ ४
दुरात्मा पृच्छ्यतामेष कुतः किं वास्य कारणम् । वनभङ्गे च कोऽस्यार्थो राक्षसानां च तर्जने ॥ ५
मत्पुरीमप्रधृष्यां वै गमने किं प्रयोजनम् । आयोधने वा किं कार्यं पृच्छ्यतामेष दुर्मतिः ॥ ६
रावणस्य वचः श्रुत्वा प्रहस्तो वाक्यमब्रवीत् । समाश्वसिहि भद्रं ते न भीः कार्या त्वया कपे ॥ ७
यदि तावत्त्वमिन्द्रेण प्रेषितो रावणालयम् । स त्वमाख्याहि मा ते भूद्भयं वानर मोक्ष्यसे ॥ ८
यदि वैश्रवणस्य त्वं यमस्य वरुणस्य च । चाररूपमिदं कृत्वा प्रविष्टो नः पुरीमिमाम् ॥ ९
विष्णुना प्रेषितो वापि दूतो विजयकाङ्क्षिणा । नहि ते वानरं तेजो रूपमात्रं तु वानरम् ॥ १०
तत्त्वतः कथयस्वाद्य ततो वानर मोक्ष्यसे । अनृतं वदतश्चापि दुर्लभं तव जीवितम् ॥ ११
अथ वा यन्निमित्तस्ते प्रवेशो रावणालये । एवमुक्तो हरिवरस्तदा रक्षोगणेश्वरम् ॥ १२

योरवान्तरविशेष ऊह्यः ॥ ८ ॥ ९ ॥ १० ॥ ११ ॥ चतुर्भिः सागरैः परिवृतं तं कृत्स्नं लोकम् । भूमण्डलमिवेत्यर्थः ॥ १२ ॥ मन्त्री बुद्धिसहायः । सचिवः कार्यसहायः ॥ १३ ॥ १४ ॥ रक्षोधिपमवैक्षत, न तु रक्षःकृतपीडामित्यर्थः ॥ १५ ॥ १६ ॥ १७ ॥ सर्वसंपत्तिमतोऽप्यधर्मवतो महान्दोष इत्याह—यदीति । बलवानेवंविधसमृद्धोऽप्युन्मूलनक्षमोऽधर्मो यद्यस्मिन्न स्यात्तदायं राक्षसेश्वरः शक्रस्य सुरलोकस्यापि विष्णुवद्रक्षिता स्यात् । यद्वाधर्म इत्यर्शआद्यजन्तम् । अयं बलवान्राक्षसेश्वरो यद्यधर्मवान्न स्यात्तदा शक्रस्येत्यादि प्राग्वत् । अधर्महतत्वात्तु स्वप्रजानामपि नाशक एवेति भावः ॥ १८ ॥ 'के न बिभ्यति' इति पाठे 'के न' इति पदच्छेदः ॥ १९ ॥ २० ॥ इति श्रीरामाभिरामे श्रीरामीये रामायणतिलके वाल्मीकीय आदिकाव्ये सुन्दरकाण्ड एकोनपञ्चाशः सर्गः ॥ ४९ ॥

आविष्टः । आसीदिति शेषः ॥ १ ॥ तेजसा वृतम् । दृष्ट्वेति शेषः । शङ्काहतात्मेत्युक्तां शङ्कामेवाह—नन्दी वानरमुख एष प्रमथगणाधिपः ॥ २ ॥ शप्तः । मन्मुखसदृशमुखैस्तव नाशो भविष्यतीति शापः । बलिसुतो बाणो वा महेश्वरभक्तत्वान्नन्दिना प्रेषित इति शङ्का ॥ ३ ॥ कालयुक्तं कालोचितम् ॥ ४ ॥ कुतः । आगत इति शेषः । किं वा कारणम् । को वास्य प्रेषक इत्यर्थः ॥ ५ ॥ मत्पुरीम् । उद्दिश्येति शेषः । आयोधने किंकरादिभिर्युद्धे । यद्वा मत्पुरीगमने । मत्पुरीप्राप्तावित्यर्थः । आर्षः षष्ठ्यभावः ॥ ६ ॥ ७ ॥ मोक्ष्यसे । बन्धनादिति शेषः ॥ ८ ॥ चाररूपं चाराणां प्रच्छन्नवेषत्वाच्छद्मकृतवानररूपम् ॥ ९ ॥ कुत एवं चिन्ता तत्राह—नहीति । वानरमितीदमर्शआद्यजन्तम् ॥ १० ॥ ११ ॥ अथ वेति । अथ चेत्यर्थः । यन्निमित्तो यत्प्रयोजनस्तत्कथयस्वेति संबन्धः

अब्रवीन्नास्मि शक्रस्य यमस्य वरुणस्य च । धनदेन न मे सख्यं विष्णुना नास्मि चोदितः ॥ १३
जातिरेव मम त्वेषा वानरोऽहमिहागतः । दर्शने राक्षसेन्द्रस्य तदिदं दुर्लभं मया ॥ १४
वनं राक्षसराजस्य दर्शनार्थे विनाशितम् । ततस्ते राक्षसाः प्राप्ता बलिनो युद्धकाङ्क्षिणः ॥ १५
रक्षणार्थं च देहस्य प्रतियुद्धा मया रणे । अस्त्रपाशैर्न शक्योऽहं बद्धुं देवासुरैरपि ॥ १६
पितामहादेष वरो ममापि हि समागतः । राजानं द्रष्टुकामेन मयास्त्रमनुवर्तितम् ॥ १७
विमुक्तोऽप्यहमस्त्रेण राक्षसैस्त्वभिवेदितः । केनचिद्रामकार्येण आगतोऽस्मि तवान्तिकम् ॥ १८
दूतोऽहमिति विज्ञाय राघवस्यामितौजसः । श्रूयतामेव वचनं मम पथ्यमिदं प्रभो ॥ १९

इत्यार्षे श्रीमद्रामायणे वाल्मीकीय आदिकाव्ये सुन्दरकाण्डे पञ्चाशः सर्गः ॥ ५० ॥

एकपञ्चाशः सर्गः ।

तं समीक्ष्य महासत्त्वं सत्त्ववान्हरिसत्तमः । वाक्यमर्थवदव्यग्रस्तमुवाच दशाननम् ॥ १
अहं सुग्रीवसंदेशादिह प्राप्तस्तवान्तिके । राक्षसेश हरीशस्त्वां भ्राता कुशलमब्रवीत् ॥ २
भ्रातुः शृणु समादेशं सुग्रीवस्य महात्मनः । धर्मार्थसहितं वाक्यमिह चामुत्र च क्षमम् ॥ ३
राजा दशरथो नाम रथकुञ्जरवाजिमान् । पितेव बन्धुर्लोकस्य सुरेश्वरसमद्युतिः ॥ ४
ज्येष्ठस्तस्य महाबाहुः पुत्रः प्रियतरः प्रभुः । पितुर्निदेशान्निष्क्रान्तः प्रविष्टो दण्डकावनम् ॥ ५
लक्ष्मणेन सह भ्रात्रा सीतया सह भार्यया । रामो नाम महातेजा धर्म्यं पन्थानमाश्रितः ॥ ६
तस्य भार्या जनस्थाने भ्रष्टा सीतेति विश्रुता । वैदेहस्य सुता राज्ञो जनकस्य महात्मनः ॥ ७
मार्गमाणस्तु तां देवीं राजपुत्रः सहानुजः । ऋष्यमूकमनुप्राप्तः सुग्रीवेण च संगतः ॥ ८
तस्य तेन प्रतिज्ञातं सीतायाः परिमार्गणम् । सुग्रीवस्यापि रामेण हरिराज्यं निवेदितुम् ॥ ९
ततस्तेन मृधे हत्वा राजपुत्रेण वालिनम् । सुग्रीवः स्थापितो राज्ये हर्यृक्षाणां गणेश्वरः ॥ १०
त्वया विज्ञातपूर्वश्च वाली वानरपुंगवः । स तेन निहतः संख्ये शरेणैकेन वानरः ॥ ११
स सीतामार्गणे व्यग्रः सुग्रीवः सत्यसंगरः । हरीन्संप्रेषयामास दिशः सर्वा हरीश्वरः ॥ १२

एवमुक्तः । प्रहस्तेनेति शेषः । रक्षोगणेश्वरं प्रहस्तमलक्षीकृत्य रावणमेव तथाकृत्वाब्रवीदित्युत्तरेणान्वयः ॥ १२ ॥ वरुणस्य वा । दूत इति शेषः । धनदेन विष्णुना च न मे सख्यम्, अतस्ताभ्यां चोदितो नास्मि ॥ १३ ॥ एषा वानराकृतिर्मम जातिरेव जन्मकृतैव, अतो वानर एवाहमिहागतः । वानरस्यात्रागमने किं प्रयोजनं तत्राह—दर्शन इति । राक्षसेन्द्रस्य तव दर्शने । दर्शननिमित्तमिहागत इत्यर्थः । तदिदं तव दर्शनं दुर्लभं प्रकारान्तरेणाशक्यलाभमिति ज्ञात्वा तव दर्शनार्थे वनं विनाशितम् । अयं दर्शनोपायो भवत्यवेत्याह—ततः । वनभङ्गाद्धेतारित्यर्थः ॥ १४ ॥ १५ ॥ इदानीं युद्धप्रयोजनमाह—रक्षणार्थमिति । प्रतियुद्धा मया प्रतिभटतया स्थित्वा कृतयुद्धाः । नन्वेवं भावि बन्धाद्यपर्यालोच्य कथं युद्धं कृतं तत्राह—अस्त्रेति । अस्त्रैर्ब्रह्मास्त्रान्तैः, पाशैर्यमपाशान्तैः । एवं चेतरपाशकथापि दूरापास्तेत्युक्तम् । देवासुरैर्मिलितैरपीत्यर्थः ॥ १६ ॥ कुतस्तवैवं बलं तत्राह—पितामहादिति । तदनुग्रहादित्यर्थः । ममापि । न तु केवलं तवैवेत्यर्थः । एष वर इति । बलविशेषरूप इत्यर्थः । तर्हि कथं बन्धनमुपगतं तत्राह—राजानमिति । अत्र ब्रह्मास्त्रमनुवर्तितं निवृत्तमप्यनुवर्तितमिव ॥ १७ ॥ तदेवाह—विमुक्त इति । विमुक्तोऽपि सास्त्र इवाभिवेदित आनीय तव ज्ञापितः । एवं पीडामनुभूय मम दर्शने किं प्रयोजनं तत्राह—केनचिदिति । 'रामकार्येण' इति पाठः पाङ्क्तः ॥ १८ ॥ रामस्य तव च कः संबन्धस्तत्राह—दूत इति । ननु राजदूतेनापि सीतान्वेषणमेव कार्यम् । एवं प्रयासेन मद्दर्शने किं फलं तत्राह—श्रूयतामिति । वचनं संदेशवचनम् । तत्कथनार्थमयं प्रयास इति भावः ॥ १९ ॥

इति श्रीरामाभिरामे श्रीरामीये रामायणतिलके वाल्मीकीय आदिकाव्ये सुन्दरकाण्डे पञ्चाशः सर्गः ॥ ५० ॥

अथ सुग्रीवसंदेशकथनव्याजेन सामदण्डान्यतरविषयत्वनिश्चयाय न्यायानुसारी न वेति जिज्ञासति—तमित्यादि ॥ १ ॥ भ्राता हरीश इति स्नेहप्रकाशिका लोकोक्तिः । कुशलमब्रवीत् । अप्राक्षीदित्यर्थः ॥ २ ॥ क्षमं सुखसंपादकम् ॥ ३ ॥ अथ संदेशं वक्तुमुपोद्घातः—राजेति । पितेव बन्धुः । रक्षक इत्यर्थः ॥ ४ ॥ ५ ॥ ६ ॥ भ्रष्टा मृतापहृता वेति विशिष्य न ज्ञातमित्यर्थः ॥ ७ ॥ तां मार्गमाणः स रामो ऋष्यमूकं प्राप्तः सुग्रीवेण संगतश्च । अनेनैव ज्ञायते नेदं सुग्रीवसंदेशवाक्यम् । तदा हि 'मया चैव सुसंगतः' इत्येव वदेत् ॥ ८ ॥ निवेदितुं प्रतिज्ञातमित्यनुकर्षः ॥ ९ ॥ १० ॥ त्वया विज्ञातपूर्वो वालीति रावणं प्रति मर्मोक्तिस्तेन रामबलातिशयबोधनम् ।

तां हरीणां सहस्राणि शतानि नियुतानि च । दिक्षु सर्वासु मार्गन्ते ह्यधश्चोपरि चाम्बरे ॥ १३
वैनतेयसमाः केचित्केचित्तत्रानिलोपमाः । असङ्गगतयः शीघ्रा हरिवीरा महाबलाः ॥ १४
अहं तु हनुमान्नाम मारुतस्यौरसः सुतः । सीतायास्तु कृते तूर्णं शतयोजनमायतम् ॥ १५
समुद्रं लङ्घयित्वैव त्वां दिदृक्षुरिहागतः । भ्रमता च मया दृष्टा गृहे ते जनकात्मजा ॥ १६
तद्भवान्दृष्टधर्मार्थस्तपःकृतपरिग्रहः । परदारान्महाप्राज्ञ नोपरोद्धुं त्वमर्हसि ॥ १७
नहि धर्मविरुद्धेषु बह्वपायेषु कर्मसु । मूलघातिषु सज्जन्ते बुद्धिमन्तो भवद्विधाः ॥ १८
कश्च लक्ष्मणमुक्तानां रामकोपानुवर्तिनाम् । शराणामग्रतः स्थातुं शक्तो देवासुरेष्वपि ॥ १९
न चापि त्रिषु लोकेषु राजन्विद्येत कश्चन । राघवस्य व्यलीकं यः कृत्वा सुखमवाप्नुयात् ॥ २०
तत्त्रिकालहितं वाक्यं धर्म्यमर्थानुयायि च । मन्यस्व नरशार्दूल जानकी प्रतिदीयताम् ॥ २१
दृष्टा हीयं मया देवी लब्धं यदिह दुर्लभम् । उत्तरं कर्म यच्छेषं निमित्तं तत्र राघवः ॥ २२
लक्षितेयं मया सीता तथा शोकपरायणा । गृहे यां नाभिजानासि पञ्चास्यामिव पन्नगीम् ॥ २३
नेयं जरयितुं शक्या सासुरैरमरैरपि । विषसंसृष्टमत्यर्थं भुक्तमन्नमिवौजसा ॥ २४
तपःसंतापलब्धस्ते सोऽयं धर्मपरिग्रहः । न स नाशयितुं न्याय्य आत्मप्राणपरिग्रहः ॥ २५
अवध्यतां तपोभिर्यां भवान्समनुपश्यति । आत्मनः सासुरैर्देवैर्हेतुस्तत्राप्ययं महान् ॥ २६
सुग्रीवो न च देवोऽयं न यक्षो न च राक्षसः । मानुषो राघवो राजन्सुग्रीवश्च हरीश्वरः ।
तस्मात्प्राणपरित्राणं कथं राजन्करिष्यसि ॥ २७
न तु धर्मोपसंहारमधर्मफलसंहितम् । तदेव फलमन्वेति धर्मश्चाधर्मनाशनः ॥ २८

॥ ११ ॥ १२ ॥ १३ ॥ १४ ॥ १५ ॥ 'त्वां दिदृक्षुरिहागतः' इति पाठः । त्वां सुग्रीवभ्रातरं रावणम् । तस्मिन्दृष्टे सर्वलोकवृत्तान्तज्ञः स सीतागतिं वक्ष्यतीति सुग्रीवेणोक्तत्वात्त्वां दिदृक्षुरिहागतः । दैवात्पङ्कूपरि गङ्गापातवत्तव गृहे भ्रमता मया जानकी दृष्टा ॥ १६ ॥ अतः परं यद्वक्तव्यं मित्रपक्षस्य तद्वदामीत्याह—तद्भवानिति । दृष्टधर्मार्थो धर्मार्थतत्त्वसाक्षात्कारवान् । तपःकृतपरिग्रहस्तपोबलजातधनधान्यादिपरिग्रहः । यत एतादृशस्त्वम्, अतः परदारानुपरोद्धुं नार्हसि । दृष्टधर्मार्थतत्त्वत्वादेव महाप्राज्ञत्वम् ॥ १७ ॥ नन्वनेन मम का हानिस्तत्राह—नहीति । धर्मविरुद्धत्वादेव बह्वपायेषु बह्वनर्थकारणेषु । ननु सर्वापायप्रतीकारसमर्थस्य किमनया बिभीषिकयेत्यत आह—मूलघातिषु । समूलं नष्टस्य कथं प्रतीकारसामर्थ्यमिति भावः ॥ १८ ॥ मूलघातित्वमेव प्रपञ्चयति—कश्चेति ॥ १९ ॥ विद्येत विद्यते । व्यलीकमपराधम् ॥ २० ॥ तत्तस्मात्त्रिकालहितम्, सीतादानेन पूर्वापराधनाशाद्वर्तमानैश्वर्याविरोधाद्भाविशुभहेतुत्वाच्च त्रिकालहीनत्वम् । अर्थानुयायिनीति शास्त्रानुगतम् । वाक्यं मयोच्यमानम् । 'नरशार्दूल' इति पाङ्क्तः पाठ इति कतकः । पुरुषश्रेष्ठे इत्यर्थः । तदेव वाक्यमाह—जानकी प्रतिदीयतामिति ॥ २१ ॥ अत्र सीता नास्तीत्यपह्नवस्त्वशक्य इत्याह—दृष्टा हीति । यतस्त्वद्गृहे मया दृष्टा, अतोऽपलापोऽशक्य इति भावः । किं च यद्वानरकोटिभिरपि दुर्लभं सीतादर्शनं तन्मया लब्धम्, अतः शेषं शिष्टं यदुत्तरं कर्म सीतानयनरूपं तत्र तत्साधने राघवः स एव निमित्तं कारणम् । मत्कृत्यं त्वन्विष्य निवेदनमात्रमिति भावः ॥ २२ ॥ पुना रावणहितमाह—लक्षितेति । पन्नगीमिव स्वनाशिकां यां न जानासि सा मया शोकपरायणा लक्षिता । तदीयशोकाग्निनैव पन्नगीविषाग्निनेव त्वन्नगरं दग्धं भविष्यतीति भावः ॥ २३ ॥ ओजसाहारशक्तिबलेन ॥ २४ ॥ तपःसंतापेन तपःकरणेन यो लब्धो धर्मपरिग्रहो धर्मसाध्यः परिग्रह ऐश्वर्यम्, आत्मप्राणपरिग्रहश्चात्मप्राणानां चिरकालं परिग्रह आयुर्वृद्धिश्च स परदारपरिग्रहरूपपरमाधर्मेण नाशयितुं न न्याय्यः ॥ २५ ॥ अपि च यां देवाद्यवध्यतां मन्यसे तत्रापि तपोजन्यसुकृतमेव कारणम्, अतो धर्महानिर्न कार्येति वदति—अवध्यतामिति । तत्राप्ययं महानयमेव तपोमयधर्मस्कन्ध एव हेतुरित्यर्थः ॥ २६ ॥ किं च देवाद्यवध्यस्यापि प्राणत्राणं दुष्करमित्याह—सुग्रीव इति । यस्माद्वरग्रहणवेलायां त्वच्छङ्कितहन्तृभ्योऽन्य एवायं रामश्च । अतस्तस्मात्सुग्रीवात्ते प्राणत्राणे सामर्थ्यं नास्तीति भावः ॥ २७ ॥ ननु तपोबलान्मे सर्वतो जयो भविष्यतीत्यत आह—न त्विति । यः पुमानधर्मफलसंहितबलवत्तया फलोन्मुखाधर्मसंबद्धस्तं पुरुषं धर्मोपसंहारमपि धर्मोपसंग्रहवन्तमपि न त्वन्वेति । धर्मफलमिति शेषः । किं तु तदेव फलं फलोन्मुखाधर्ममेवान्वेति । ननु धर्मबलादधर्मनाशो भविष्यतीत्यत्राह—धर्मश्चेति । उत्कटोऽधर्मोत्तरभावी धर्मोऽधर्मस्य नाशनः । चादुत्कटाधर्मो धर्मनाशकः । एवं चास्याधर्मस्य त्वत्कृतसकलधर्मापेक्षयोत्कटत्वादुत्तरकालत्वाच्चायमेव त्वया प्राक्संचितस्य सकलधर्मस्य नाशक इति भावः । केचित्तु—'धर्मोपसंहारमधर्मफलसंहितम्', इति पाठः । धर्मोपसंहारं धर्ममुपसंह्रियतेऽनेनेति धर्मफलं सुखं तदधर्मफलसंहितं न संभवत्यधर्मफलेन दुःखेन सहानुभवं न भवति तत्तस्मादेव फलमन्वेति धर्मो धर्मफलं सुखमेवान्वेति, एवमधर्मो दुःखं

प्राप्तं धर्मफलं तावद्भवता नात्र संशयः । फलमस्याप्यधर्मस्य क्षिप्रमेव प्रपत्स्यसे ॥ २९
जनस्थानवधं बुद्ध्वा वालिनश्च वधं तथा । रामसुग्रीवसख्यं च बुद्ध्यस्व हितमात्मनः ॥ ३०
कामं खल्वहमप्येकः सवाजिरथकुञ्जराम् । लङ्कां नाशयितुं शक्तस्तस्यैष तु न निश्चयः ॥ ३१
रामेण हि प्रतिज्ञातं हर्यृक्षगणसंनिधौ । उत्सादनममित्राणां सीता यैस्तु प्रधर्षिता ॥ ३२
अपकुर्वन्हि रामस्य साक्षादपि पुरंदरः । न सुखं प्राप्नुयादन्यः किं पुनस्त्वद्विधो जनः ॥ ३३
यां सीतेत्यभिजानासि येयं तिष्ठति ते गृहे । कालरात्रीति तां विद्धि सर्वलङ्काविनाशिनीम् ॥ ३४
तद् लं कालपाशेन सीताविग्रहरूपिणा । स्वयं स्कन्धावसक्तेन क्षेममात्मनि चिन्त्यताम् ॥ ३५
सीतायास्तेजसा दग्धां रामकोपप्रदीपिताम् । दह्यमानामिमां पश्य पुरीं साट्टप्रतोलिकाम् ॥ ३६
स्वानि मित्राणि मन्त्रींश्च ज्ञातीन्भ्रातॄन्सुतान्हितान् । भोगान्दारांश्च लङ्कां च मा विनाशमुपानय ३७
सत्यं राक्षसराजेन्द्र शृणुष्व वचनं मम । रामदासस्य दूतस्य वानरस्य विशेषतः ॥ ३८
सर्वाँल्लोकान्सुसंहृत्य सभूतान्सचराचरान् । पुनरेव तथा स्रष्टुं शक्तो रामो महायशाः ॥ ३९
देवासुरनरेन्द्रेषु यक्षरक्षोरगेषु च । विद्याधरेषु नागेषु गन्धर्वेषु मृगेषु च ॥ ४०
सिद्धेषु किंनरेन्द्रेषु पतत्रिषु च सर्वतः । सर्वत्र सर्वभूतेषु सर्वकालेषु नास्ति सः ॥ ४१
यो रामं प्रति युद्ध्येत विष्णुतुल्यपराक्रमम् । सर्वलोकेश्वरस्येह कृत्वा विप्रियमीदृशम् ।
रामस्य राजसिंहस्य दुर्लभं तव जीवितम् ॥ ४२

देवाश्च दैत्याश्च निशाचरेन्द्र गन्धर्वविद्याधरनागयक्षाः ।
रामस्य लोकत्रयनायकस्य स्थातुं न शक्ताः समरेषु सर्वे ॥ ४३
ब्रह्मा स्वयंभूश्चतुराननो वा रुद्रस्त्रिनेत्रस्त्रिपुरान्तको वा ।
इन्द्रो महेन्द्रः सुरनायको वा स्थातुं न शक्ता युधि राघवस्य ॥ ४४
स सौष्ठवोपेतमदीनवादिनः कपेर्निशम्याप्रतिमोऽप्रियं वचः ।
दशाननः कोपविवृत्तलोचनः समादिशत्तस्य वधं महाकपेः ॥ ४५

इत्यार्षे श्रीमद्रामायणे वाल्मीकीय आदिकाव्ये सुन्दरकाण्ड एकपञ्चाशः सर्गः ॥ ५१ ॥

दुःखरूपं फलमेवान्वेति । अग्रे 'धर्मो नाधर्मनाशनः' इति पाठः । पूर्वकृतो धर्मोऽधर्मस्येदानीं कृतस्य न नाशनः । चादधर्मोऽपि धर्मनाशनो नेत्यर्थं इति वदन्ति । तत्रार्थसामञ्जस्यं व्युत्पन्नैर्विभाव्यम् ॥ २८ ॥ ननु किं मे धर्मो व्यर्थ एव नेत्याह—प्राप्तमिति । तावत्प्रथमम् । इतः पूर्वमिति यावत् । अस्य परदारहरणरूपस्य । क्षिप्रमेव प्रपत्स्यसे । 'अत्युत्कटैः पुण्यपापैरिहैव फलमश्नुते' इति न्यायादिति भावः ॥ २९ ॥ अतः स्वहितं चिन्तयेत्याह—जनस्थानेति । सख्यं च बुद्ध्वात्मनो हितं बुध्यस्वेत्यन्वयः ॥ ३० ॥ नन्वेवं कटुवादिनस्तव को रक्षक इति चेत्तत्राह—काममिति । यथेष्टमित्यर्थः । तर्हि कुतस्तन्नाशं न करोषीत्यत्राह—तस्य यस्याहं दूतस्तस्य रामस्यैष मत्कर्तृकलङ्कानाशविषयो निश्चयो न । स्वाम्याज्ञां विना तदनुष्ठानमशक्यमिति भावः ॥ ३१ ॥ तदीयनिश्चयाभावं स्पष्टयति—रामेणेति । स्वामिना स्वकर्तव्यत्वेन प्रतिज्ञातस्यार्थस्य सेवकेनानुष्ठानमयुक्तं कर्तुमिति भावः ॥ ३२ ॥ उक्तमेवार्थं दार्ढ्याय पुनरप्याह—अपकुर्वन्हीति ॥ ३३ ॥ कालरात्री महाप्रलयकर्त्री भगवतः शक्तिः ॥ ३४ ॥ विग्रहः शरीरम् । स्कन्धावसक्तेन स्कन्धसंबद्धकरणेन । आत्मन्यात्मत्राणे ॥ ३५ ॥ दह्यमानाम् । वर्तमानसामीप्ये लट् । प्रतोलिका वीथिः ॥ ३६ ॥ ३७ ॥ विशेषतः । निष्कृप्योच्यमानं वचनमित्यर्थः । रामदासस्येत्यादिविशेषणत्रयेण राममहिमवेत्तृत्वं स्वस्य परोक्तवाक्यानुवादपूर्वं हितोपदेशाधिकारं नररक्षोतिरिक्तजात्यन्तरत्वेनापक्षपाततो न्याय्यवक्तृत्वं च सूचितम् ॥ ३८ ॥ संभूतान्सर्वजातीयप्राणिसहितान् । अनेन जगत्स्थित्युत्पत्तिसंहारकर्तृत्वं बोधितम् ॥ ३९ ॥ ४० ॥ सर्वत्र देशे ॥ ४१ ॥ ४२ ॥ उक्तमेवार्थं दार्ढ्याय पुनराह—देवाश्चेति ॥ ४३ ॥ रामद्रुहो देवताभिरपि न त्राणमित्याह—ब्रह्मेत्यादि । ब्रह्मा स्वयंभूरित्यनेन हिरण्यगर्भः सर्वादिरुक्तः, चतुराननस्ततः प्राप्तस्रष्टृत्वाधिकारः । त्रिनेत्रस्त्रिपुरान्तको रुद्रो वेत्यनेन संहाराधिकारी । सुरनायको महेन्द्रो महैश्वर्यवानिन्द्रः । उपेन्द्रो विष्णुः पालनाधिकारी । एवं त्रिमूर्तिभिरपि रक्षा न सिध्यति । रामस्यैव त्रिमूर्तितत्वात् ॥ ४४ ॥ ४५ ॥ **इति श्रीरामाभिरामे श्रीरामीये रामायणतिलके वाल्मीकीय आदिकाव्ये सुन्दरकाण्ड एकपञ्चाशः सर्गः ॥ ५१ ॥**

द्विपञ्चाशः सर्गः ।

स तस्य वचनं श्रुत्वा वानरस्य महात्मनः । आज्ञापयद्वधं तस्य रावणः क्रोधमूर्च्छितः ॥ १
वधे तस्य समाज्ञप्ते रावणेन दुरात्मना । निवेदितवतो दौत्यं नानुमेने विभीषणः ॥ २
तं रक्षोधिपतिं क्रुद्धं तच्च कार्यमुपस्थितम् । विदित्वा चिन्तयामास कार्यं कार्यविधौ स्थितः ॥ ३
निश्चितार्थस्ततः साम्ना पूज्यं शत्रुजिदग्रजम् । उवाच हितमत्यर्थं वाक्यं वाक्यविशारदः ॥ ४

क्षमस्व रोषं त्यज राक्षसेन्द्र प्रसीद मे वाक्यमिदं शृणुष्व ।
वधं न कुर्वन्ति परावरज्ञा दूतस्य सन्तो वसुधाधिपेन्द्राः ॥ ५

राजन्धर्मविरुद्धं च लोकवृत्तेश्च गर्हितम् । तव चासदृशं वीर कपेरस्य प्रमापणम् ॥ ६
धर्मज्ञश्च कृतज्ञश्च राजधर्मविशारदः । परावरज्ञो भूतानां त्वमेव परमार्थवित् ॥ ७
गृह्यन्ते यदि रोषेण त्वादृशोऽपि विचक्षणाः । ततः शास्त्रविपश्चित्त्वं श्रम एव हि केवलम् ॥ ८
तस्मात्प्रसीद शत्रुघ्न राक्षसेन्द्र दुरासद । युक्तायुक्तं विनिश्चित्य दूतदण्डो विधीयताम् ॥ ९
विभीषणवचः श्रुत्वा रावणो राक्षसेश्वरः । कोपेन महताविष्टो वाक्यमुत्तरमब्रवीत् ॥ १०
न पापानां वधे पापं विद्यते शत्रुसूदन । तस्मादिमं वधिष्यामि वानरं पापकारिणम् ॥ ११

अधर्ममूलं बहुदोषयुक्तमनार्यजुष्टं वचनं निशम्य ।
उवाच वाक्यं परमार्थतत्त्वं विभीषणो बुद्धिमतां वरिष्ठः ॥ १२
प्रसीद लङ्केश्वर राक्षसेन्द्र धर्मार्थतत्त्वं वचनं शृणुष्व ।
दूता न वध्याः समयेषु राजन्सर्वेषु सर्वत्र वदन्ति सन्तः ॥ १३
असंशयं शत्रुरयं प्रवृद्धः कृतं ह्यनेनाप्रियमप्रमेयम् ।
न दूतवध्यां प्रवदन्ति सन्तो दूतस्य दृष्टा बहवो हि दण्डाः ॥ १४
वैरूप्यमङ्गेषु कशाभिघातो मौण्ड्यं तथा लक्षणसंनिपातः ।
एतान्हि दूते प्रवदन्ति दण्डान्वधस्तु दूतस्य न नः श्रुतोऽस्ति ॥ १५
कथं च धर्मार्थविनीतबुद्धिः परावरप्रत्ययनिश्चितार्थः ।
भवद्विधः कोपवशे हि तिष्ठेत्कोपं न गच्छन्ति हि सत्त्ववन्तः ॥ १६
न धर्मवादे न च लोकवृत्ते न शास्त्रबुद्धिग्रहणेषु वापि ।
विद्येत कश्चित्तव वीर तुल्यस्त्वं ह्युत्तमः सर्वसुरासुराणाम् ॥ १७

न चाप्यस्य कपेर्घाते कंचित्पश्याम्यहं गुणम् । तेष्वयं पात्यतां दण्डो यैरयं प्रेषितः कपिः ॥ १८
साधुर्वा यदि वासाधुः परैरेष समर्पितः । ब्रुवन्परार्थं परवान्न दूतो वधमर्हति ॥ १९
अपि चास्मिन्हते नान्यं राजन्पश्यामि खेचरम् । तस्मान्नास्य वधे यत्नः कार्यः परपुरंजय ।
भवान्सेन्द्रेषु देवेषु यत्नमास्थातुमर्हति ॥ २०

स इति ॥ १ ॥ दौत्यं स्वीयं दूतकर्म यथावन्निवेदितवतो हनूमतोऽवध्यत्वं मत्वा रावणाज्ञप्तं वधं नानुमेने ॥ २ ॥ तच्च कार्यं दूतवधरूपम् । कार्यविधावुचितकृत्यसंपादने स्थितः । निश्चितबुद्धिरित्यर्थः ॥ ३ ॥ शत्रुजितं च तमग्रजं च ॥ ४ ॥ प्रतिज्ञां त्यज रोषं क्षमस्वेत्यन्वयः । परावरज्ञाः सर्वकार्यविषयकोत्कर्षापकर्षज्ञाः सन्तो दूतस्य वधं न कुर्वन्ति ॥ ५ ॥ लोकवृत्तेर्लोकव्यवहारस्य । प्रमापणं वधः ॥ ६ ॥ कृतज्ञत्वेनापकारिण्येव वधो न्याय्यो न तादृशेऽस्मिन् ॥ ७ ॥ त्वादृश इति क्विबन्तबहुवचनम् । शास्त्रविपश्चित्त्वं शास्त्रपाण्डित्यसंपादनम् । श्रमः केवलं श्रम एव । व्यर्थप्रयास एवेत्यर्थः ॥ ८ ॥ दूतदण्डो दूते विहितो दण्डः ॥ ९ ॥ १० ॥ पापकारिणं राजद्रोहिणम् ॥ ११ ॥ अधर्मस्य मूलमधर्ममूलम् । दोषोऽपकीर्तिरूपः ॥ १२ ॥ समयेषु स्वस्वामिनियोगानुष्ठानकालेषु ॥ १३ ॥ ॥ १४ ॥ मौण्ड्यं मुण्डनम् । लक्षणसंनिपातो दूतयोग्यताङ्कनसंभूत इति तीर्थः । वैरूप्यादीनामेकैकं वा । तथा लक्षणानां संनिपातः सर्वानुणानं वेत्यर्थ इत्यन्ये । नोऽस्माकं श्रुतोऽपि नास्ति । दर्शनं तु दूरापास्तमिति भावः ॥ १५ ॥ परावरप्रत्ययनिश्चितार्थ उत्कर्षापकर्षज्ञानेन निश्चितकार्यः ॥ १६ ॥ किं च त्वं नोपदेश्योऽस्माकमित्याह—नेति । शास्त्राणां बुद्ध्या निश्चयात्मिकया ग्रहणेष्वित्यर्थः ॥ १७ ॥ एतदुत्तरम् 'पराक्रमोत्साहमनस्विनां च सुरासुराणामपि दुर्जयेन । त्वयाप्रमेयेण सुरेन्द्रसङ्घा जिताश्च युद्धेष्वसकृन्नरेन्द्राः ॥ इत्थंविधस्यामरदैत्यशत्रोः शूरस्य वीरस्य तवाजितस्य । कुर्वन्ति वीरा मनसाप्यलीकं प्राणैर्विमुक्ता न तु भोः पुरा ते ॥' इति श्लोकद्वयं प्रक्षिप्तमिति कतकः । न चाप्यस्य कपेरिति ॥ १८ ॥ समर्पितः प्रेषितः ॥ १९ ॥ नान्यं पश्यामि । योऽत्रागच्छेदित्यर्थः ।

अस्मिन्विनष्टे न हि भूतमन्यं पश्यामि यस्तौ नरराजपुत्रौ ।
युद्धाय युद्धप्रिय दुर्विनीतावुद्योजयेद्वै भवता विरुद्धौ ॥ २१
पराक्रमोत्साहमनस्विनां च सुरासुराणामपि दुर्जयेन ।
त्वया मनोनन्दन नैर्ऋतानां युद्धाय निर्नाशयितुं न युक्तम् ॥ २२
हिताश्च शूराश्च समाहिताश्च कुलेषु जाताश्च महागुणेषु ।
मनस्विनः शस्त्रभृतां वरिष्ठाः कोपप्रशस्ताः सुभृताश्च योधाः ॥ २३
तदेकदेशेन बलस्य तावत्केचित्तवादेशकृतोऽद्य यान्तु ।
तौ राजपुत्रावुपगृह्य मूढौ परेषु ते भावयितुं प्रभावम् ॥ २४
निशाचराणामधिपोऽनुजस्य विभीषणस्योत्तमवाक्यमिष्टम् ।
जग्राह बुद्ध्या सुरलोकशत्रुर्महाबलो राक्षसराजमुख्यः ॥ २५

इत्यार्षे श्रीमद्रामायणे वाल्मीकीय आदिकाव्ये सुन्दरकाण्डे द्विपञ्चाशः सर्गः ॥ ५२ ॥

त्रिपञ्चाशः सर्गः ।

तस्य तद्वचनं श्रुत्वा दशग्रीवो महात्मनः । देशकालहितं वाक्यं भ्रातुरुत्तरमब्रवीत् ॥ १
सम्यगुक्तं हि भवता दूतवध्या विगर्हिता । अवश्यं तु वधादन्यः क्रियतामस्य निग्रहः ॥ २
कपीनां किल लाङ्गूलमिष्टं भवति भूषणम् । तदस्य दीप्यतां शीघ्रं तेन दग्धेन गच्छतु ॥ ३
ततः पश्यन्त्वमुं दीनमङ्गवैरूप्यकर्शितम् । सुमित्रज्ञातयः सर्वे बान्धवाः ससुहृज्जनाः ॥ ४
आज्ञापयद्राक्षसेन्द्रः पुरं सर्वं सचत्वरम् । लाङ्गूलेन प्रदीप्तेन रक्षोभिः परिणीयताम् ॥ ५
तस्य तद्वचनं श्रुत्वा राक्षसाः कोपकर्कशाः । वेष्टन्ते तस्य लाङ्गूलं जीर्णैः कार्पासिकैः पटैः ॥ ६
संवेष्ट्यमाने लाङ्गूले व्यवर्धत महाकपिः । शुष्कमिन्धनमासाद्य वनेष्विव हुताशनम् ॥ ७
तैलेन परिषिच्याथ तेऽग्निं तत्रोपपादयन् । लाङ्गूलेन प्रदीप्तेन राक्षसांस्तानताडयत् ॥ ८
रोषामर्षपरीतात्मा बालसूर्यसमाननः । स भूयः संगतैः क्रूरै राक्षसैर्हरिपुंगवः ॥ ९
सहस्त्रीबालवृद्धाश्च जग्मुः प्रीतिं निशाचराः । निबद्धः कृतवान्वीरस्तत्कालसदृशीं मतिम् ॥ १०

॥ २० ॥ नन्वस्मिन्हतेऽन्यस्यागमने च का मम क्षतिर्विपरीतमिष्टमेवेदं तत्राह—अस्मिन्विनष्ट इति । तौ राजपुत्रौ । यो योद्धायोद्योजयेत्तं न पश्यामि । ननु तदुद्योगाभावोऽपि ममेष्ट एव नेत्याह—युद्धप्रियेति संबोधनेन रणपराक्रमविजयकीर्तीनां तवेष्टे किल, ते उभे अप्येतद्विनाशे नश्येते इत्याशयः । रावणस्य रजःप्रकृतित्वात्तत्प्रकृत्यनुसारेण युद्धादिव्यापारेण प्रलोभनम् । तत्प्रीत्यर्थमेव दुर्विनीतावित्याद्युक्तिः ॥ २१ ॥ हे नैर्ऋतानां मनोनन्दन, सुरासुराणामपि दुर्जयेन त्वया पराक्रमे य उत्साहस्तत्र प्रशस्तमनोवतां नैर्ऋतानां मनो युद्धाय प्रवृत्तं निर्नाशयितुं न युक्तम् । नैर्ऋतानामित्यत्र मन इत्यत्र च तन्त्रम् । यद्वा तादृशानां नैर्ऋतानां मनोनन्दन, तादृशेन त्वया युद्धापत्तिर्युद्धागमो नाशयितुं न युक्तमित्यर्थः ॥ २२ ॥ ननु युद्धं कदाचिद्विपरीतमपि संभाव्येत तत्राह—हिताश्चेति समाहिता दानादिभिर्वशीकृताः । सुभृताः सम्यक्पालिताः । तादृशभृत्यवतो जय एव भावीति भावः ॥ २३ ॥ ततस्तस्मादुपगृह्य । आयान्त्विति शेषः । परेषु ते प्रभावं भावयितुं प्रकाशयितुम् । युक्तमिति शेषः ॥ २४ ॥ उत्तमवाक्यनिष्ठं तत्प्रतिपाद्यमर्थतत्त्वं जग्राह ॥ २५ ॥ **इति श्रीरामाभिरामे श्रीरामीये रामायणतिलके वाल्मीकीय आदिकाव्ये सुन्दरकाण्डे द्विपञ्चाशः सर्गः ॥ ५२ ॥**

तस्य विभीषणस्य ॥ १ ॥ दूतवध्या दूतवधः । आर्षमिदं साधु ॥ २ ॥ दग्धेन दाहकृतेनोपलक्षितो गच्छतु । स्वस्वामिसमीपमिति शेषः ॥ ३ ॥ ततः स्वीयसमीपगमनानन्तरम् । सुमित्राणि समसुखदुःखाः, ज्ञातयो भ्रात्रादयः, बान्धवाः संबन्धिनः, सुहृज्जनाः स्निग्धजनाः, तत्सहिता बान्धवा इत्यर्थः ॥ ४ ॥ अथ रावणः स्वपुरदुर्गमहाबलमहैश्वर्याणि परेभ्यः प्रकाशयितुं सर्वपुरपरावर्तन दीप्तपुच्छस्याज्ञापयदित्याह—आज्ञापयदिति । परिणीयतामित्याज्ञापयदिति योजना ॥ ५ ॥ वेष्टन्ते । अवेष्टयन्तेत्यर्थः ॥ ६ ॥ शुष्कमिति । आरण्यका यथा शुष्कमिन्धनमासाद्य हुताशनमुत्पादयन्ति तथा जीर्णपटवेष्टितलाङ्गूलं तैलेन परिषिच्य तत्र तेऽग्निमुपपादयन्नुदपादयन्नित्यर्थ इति कतकः । 'हुताशनः' इति पाठे वृद्धौ दृष्टान्तोऽयम् । उपपादयन्नित्यस्य समयोजयन्नित्यर्थ इत्यन्ये । तान्बद्धा नेतॄन् ॥ ७ ॥ ८ ॥ संगतैर्मिलितै राक्षसैः । स भूयो निबद्ध इति शेषः ॥ ९ ॥ **अथ बन्धसंहारशक्तावपि स नोचित इत्यचिन्त-**

कामं खलु न मे शक्ता निबद्धस्यापि राक्षसाः । छित्त्वा पाशान्समुत्पत्य हन्यामहमिमान्पुनः ॥ ११
यदि भर्तृहितार्थाय चरन्तं भर्तृशासनात् । निबध्नन्ते दुरात्मानो न तु मे निष्कृतिः कृता ॥ १२
सर्वेषामेव पर्याप्तो राक्षसानामहं युधि । किं तु रामस्य प्रीत्यर्थं विषहिष्येऽहमीदृशम् ॥ १३
लङ्का चारयितव्या मे पुनरेव भवेदिति । रात्रौ नहि सुदृष्टा मे दुर्गकर्मविधानतः ॥ १४
अवश्यमेव द्रष्टव्या मया लङ्का निशाक्षये । कामं बध्नन्तु मे भूयः पुच्छस्योद्दीपनेन च ॥ १५
पीडां कुर्वन्ति रक्षांसि न मेऽस्ति मनसः श्रमः । ततस्ते संवृताकारं सत्त्ववन्तं महाकपिम् ॥ १६
परिगृह्य ययुर्हृष्टा राक्षसाः कपिकुञ्जरम् । शङ्खभेरीनिनादैश्च घोषयन्तः स्वकर्मभिः ॥ १७
राक्षसाः क्रूरकर्माणश्चारयन्ति स्म तां पुरीम् । अन्वीयमानो रक्षोभिर्ययौ सुखमरिंदमः ॥ १८
हनूमांश्चारयामास राक्षसानां महापुरीम् । यथापश्यद्विमानानि विचित्राणि महाकपिः ॥ १९
संवृतान्भूमिभागांश्च सुविभक्तांश्च चत्वरान् । रथ्याश्च गृहसंबाधाः कपिः शृङ्गाटकानि च ॥ २०
तथा रथ्योपरथ्याश्च तथैव च गृहान्तरान् । चत्वरेषु चतुष्केषु राजमार्गे तथैव च ॥ २१
घोषयन्ति कपिं सर्वे चार इत्येव राक्षसाः । दीप्यमाने ततस्तस्य लाङ्गूलाग्रे हनूमतः ॥ २२
राक्षस्यस्ता विरूपाक्ष्यः शंसुर्देव्यास्तदप्रियम् । यस्त्वया कृतसंवादः सीते ताम्रमुखः कपिः ॥ २३
लाङ्गूलेन प्रदीप्तेन स एष परिणीयते । श्रुत्वा तद्वचनं क्रूरमात्मापहरणोपमम् ॥ २४
वैदेही शोकसंतप्ता हुताशनमुपागमत् । मङ्गलाभिमुखी तस्य सा तदासीन्महाकपेः ॥ २५
उपतस्थे विशालाक्षी प्रयता हव्यवाहनम् । यद्यस्ति पतिशुश्रूषा यद्यस्ति चरितं तपः ॥ २६
यदि वा त्वेकपत्नीत्वं शीतो भव हनूमतः । ततस्तीक्ष्णार्चिरव्यग्रः प्रदक्षिणशिखोऽनलः ॥ २७

यदित्याह—कृतवानिति ॥ १० ॥ तां मतिमभिनयति—काममिति । निबद्धस्यापि निबद्धवदवस्थितस्यापि मे न शक्ताः । सर्वथा बन्धनादाविति शेषः । तदेव समर्थयति—छित्त्वेति ॥ ११ ॥ तर्हि कुतो न हन्यन्ते तत्राह—यदीति । भर्तू रामस्य हितार्थाय हितनिमित्तं चरन्तं मां भर्तू रावणस्य शासनाद्यदि ते मां निबध्नन्ते निबध्नन्तु केवलम्, न तु मे निष्कृतिः कृता, मया कृतस्य प्रतिक्रिया तु न कृता ॥ १२ ॥ यदि तां वधरूपां चिकीर्षेयुस्तदा सर्वान्हनिष्याम्येवेत्याह—सर्वेषामिति । यदि पर्याप्तस्तर्हि क्रियतां शत्रुवधस्तत्राह—रामस्येति । प्रीत्यर्थं सर्वराक्षसवधजप्रीत्यविघ्नार्थमीदृशबन्धनादिकम् ॥ १३ ॥ फलान्तरार्थमपि सोढव्यमेवेत्याह—लङ्केति । एतै रावणाज्ञया पुनरेव सकला लङ्का चारयितव्या चारणेन दर्शयितव्या, अतो विषहिष्ये । ननु दृष्टायाः किं पुनर्दर्शनेन तत्राह—रात्राविति । दुर्गकर्मविधानतो दुर्गस्य दुर्गमत्वरूपकर्मविधानाद्धेतोः । दुर्गीशे इति शेषः ॥ १४ ॥ निशाक्षये इत्यनेन सीतासंभाषणार्थं कतिपयदिनवासो गम्यते । तथा हि—फाल्गुने रावणेन सीतापहारः । आश्विनशुक्लसमाप्तौ हनूमत्प्रेरणया पक्षावधिदानेन वानरान्प्रति दूतप्रेषणम् । ततः कार्तिकशुक्लप्रतिपद्यन्वेषणार्थं वानरप्रस्थानम् । मार्गशुक्लदशम्यां संपातिदर्शनम् । तदा सुग्रीवदत्तमासावधेर्गतत्वस्य वानरैरुक्तिः । अग्र एकादश्यां हनूमतो लङ्कागमनम् । तद्रात्रिशेषे सीतादर्शनम् । ततो द्वादश्यां दिने स्थित्वा रात्रौ सीतायाः सम्यग्दर्शनम् । तद्रात्रिशेषे तत्र रावणागमनम् । तत्र रावणेन 'मासान्द्वादश भामिनि' इति स्वदत्तावधौ मासद्वयावशेषवचने कतिपयदिनाधिक्यं तु मासत्वानवच्छिन्नत्वेनाल्पान्तरत्वान्न विवक्षितम् । ततस्त्रयोदश्यां प्रातः सीतया सह कथालापः । तद्दिन एवाशोकवनिकाभङ्गादि । चतुर्दश्यामक्षान्तवधो लङ्कादाहश्च, पूर्णिमायां वा । पूर्वं वासन्तिकवृक्षाणां पुष्पितत्वोक्तिस्तु तद्वर्षे क्षयमासेनोपपादिता उत्पातेन च । लक्ष्मणस्य सुग्रीवनिकटे प्रेषणसमये रामेण मासचतुष्टयरूपकृतावधेरपगमोक्तिस्तु प्रागुपपादितरहस्येति दिक् । पुच्छस्योद्दीपनेन चेत्यस्योत्तरश्लोकेनान्वयः ॥ १५ ॥ मनसः श्रमो मनःखेदो न मेऽस्तीति चिन्तयामासेत्यन्वयः । तत एवम् । तस्य चिन्तानन्तरमित्यर्थः ॥ १६ ॥ स्वकर्मभी राजद्रोहिणो दुष्टस्यैवं दण्ड इत्येवमादिभिर्घोषयन्तः । पूर्ववृत्तान्तस्य सर्वान्प्रति प्रकटं प्रतिपादनं घोषणम् ॥ १७ ॥ १८ ॥ चारयामास । स्वार्थे णिच् । चरणेन ददर्शेत्यर्थः ॥ १९ ॥ चत्वरान्द्वारसमीपे बहिर्बद्धान् । गृहैः संबाधा निबिडाः । शृङ्गाटकानि चतुष्पथान् ॥ २० ॥ उपरथ्याः स्वल्पवीथ्यः । गृहान्तरान्गृहद्वयमध्यभागान् । चतुष्केषु चतुष्पथेषु ॥ २१ ॥ 'चारीकः' इति पाठेऽपि चार इत्येवार्थः । आर्षं साधुत्वम् । चारशब्दात्स्वार्थे आर्ष ईकः ॥ २२ ॥ तस्य हनूमतो लाङ्गूलाग्रे दीप्यमाने तदप्रियं देव्याः शंसुः शशंसुः ॥ २३ ॥ परिणीयते परितोऽपनीयते । आत्मापहरणोपमं तादृग्दुःखजनकम् ॥ २४ ॥ उपागमद्ध्यानेनोपासितवती । यद्वा तत्र समीपे ज्वलमानमग्निमुपासितवती ॥ २५ ॥ प्रयता शुद्धिमती ॥ २६ ॥ एकपत्नीत्वं पातिव्रत्यम् । शीतो भव । हुताशनेति शेषः । अस्याः सीताच्छायात्वेऽपि स्वास्मिंस्तदभेदबुद्धिसत्त्वान्नैतदुक्त्यसगतिः । ततः सीतोपासनानन्तरम्, तीक्ष्णार्चिरप्यनलः प्रदक्षिणशिखो

जज्वाल मृगशावाक्ष्याः शंसन्निव शुभं कपेः । हनूमज्जनकश्चैव पुच्छानलयुतोऽनिलः ।
ववौ स्वास्थ्यकरो देव्याः प्रालेयानिलशीतलः ॥ २८
दह्यमाने च लाङ्गूले चिन्तयामास वानरः । प्रदीप्तोऽग्निरयं कस्मान्न मां दहति सर्वतः ॥ २९
दृश्यते च महाज्वालः करोति च न मे रुजम् । शिशिरस्येव संपातो लाङ्गूलाग्रे प्रतिष्ठितः ॥ ३०
अथवा तदिदं व्यक्तं यदृष्टं प्लवता मया । रामप्रभावादाश्चर्यं पर्वतः सरितां पतौ ॥ ३१
यदि तावत्समुद्रस्य मैनाकस्य च धीमतः । रामार्थं संभ्रमस्तादृक्किमग्निर्न करिष्यति ॥ ३२
सीतायाश्चानृशंस्येन तेजसा राघवस्य च । पितुश्च मम सख्येन न मां दहति पावकः ॥ ३३
भूयः स चिन्तयामास मुहूर्तं कपिकुञ्जरः । कथमस्मद्विधस्येह बन्धनं राक्षसाधमैः ॥ ३४
प्रतिक्रियास्य युक्ता स्यात्सति मह्यं पराक्रमे । ततश्छित्त्वा च तान्पाशान्वेगवान्वै महाकपिः ॥ ३५
उत्पपाताथ वेगेन ननाद च महाकपिः । पुरद्वारं ततः श्रीमाञ्शैलशृङ्गमिवोन्नतम् ॥ ३६
विभक्तरक्षःसंबाधमाससादानिलात्मजः । स भूत्वा शैलसंकाशः क्षणेन पुनरात्मवान् ॥ ३७
ह्रस्वतां परमां प्राप्तो बन्धनान्यवशातयत् । विमुक्तश्चाभवच्छ्रीमान्पुनः पर्वतसंनिभः ॥ ३८
वीक्षमाणश्च ददृशे परिघं तोरणाश्रितम् । स तं गृह्य महाबाहुः कालायसपरिष्कृतम् ।
रक्षिणस्तान्पुनः सर्वान्सूदयामास मारुतिः ॥ ३९
स तान्निहत्वा रणचण्डविक्रमः समीक्षमाणः पुनरेव लङ्काम् ।
प्रदीप्तलाङ्गूलकृतार्चिमाली प्रकाशितादित्य इवार्चिमाली ॥ ४०

इत्यार्षे श्रीमद्रामायणे वाल्मीकीय आदिकाव्ये सुन्दरकाण्डे त्रिपञ्चाशः सर्गः ॥ ५३ ॥

चतुःपञ्चाशः सर्गः ।

वीक्षमाणस्ततो लङ्कां कपिः कृतमनोरथः । वर्धमानसमुत्साहः कार्यशेषमचिन्तयत् ॥ १
किं नु खल्ववशिष्टं मे कर्तव्यमिह सांप्रतम् । यदेषां रक्षसां भूयः संतापजननं भवेत् ॥ २
वनं तावत्प्रमथितं प्रकृष्टा राक्षसा हताः । बलैकदेशः क्षपितः शेषं दुर्गविनाशनम् ॥ ३
दुर्गे विनाशिते कर्म भवेत्सुखपरिश्रमम् । अल्पयत्नेन कार्येऽस्मिन्मम स्यात्सफलः श्रमः ॥ ४
यो ह्ययं मम लाङ्गूले दीप्यते हव्यवाहनः । अस्य संतर्पणं न्याय्यं कर्तुमेभिर्गृहोत्तमैः ॥ ५
ततः प्रदीप्तलाङ्गूलः सविद्युदिव तोयदः । भवनाग्रेषु लङ्काया विचचार महाकपिः ॥ ६

जज्वाल ॥ २७ ॥ तथा सीतायाः कपेः शिवं स्वकृतं शंसन्निवाभूत् । किं च हनूमज्जनकोऽनिलो वायुः पुच्छानलयुतोऽपि देव्याः संमुखे स्वास्थ्यकरः कपेः स्वास्थ्यसूचकः सन्प्रालेयानिलशीतलो ववौ ॥ २८ ॥ सर्वतः प्रदीप्तोऽग्निरित्यन्वयः ॥ २९ ॥ लाङ्गूलाग्रे शिशिरस्य हिमस्य संपातः पिण्ड इव प्रतिष्ठित इत्यन्वयः ॥ ३० ॥ तत्रोपपत्तिं चिन्तयति—अथवेति । यद्यस्मात्प्लवता मया सरितां पतौ रामप्रभावात्समुद्रपर्वतरूपमाश्चर्यं दृष्टम् । ततो रामप्रभावादेवेदमपीत्यर्थः ॥ ३१ ॥ ननु समुद्रप्रेरणेन मैनाकोत्थानं प्रयुज्यते, अग्नेस्तु स्वभाववैपरीत्यं कुतस्तत्राह—यदीति । तावदिति वाक्यालंकारे । रामार्थं रामोपकारार्थं तादृक्संभ्रमो यद्यादरपूर्वकं त्वरा यदि, तर्हि रामेण नित्यमुपासितोऽग्नी रामोपकारार्थं कथमपि शैत्यं किं न करिष्यतीत्यर्थः ॥ ३२ ॥ आनृशंस्यमाश्रितजनदया ॥ ३३ ॥ चिन्तयामास । अनन्तरकर्तव्यमिति शेषः ॥ ३४ ॥ प्रतिक्रिया लङ्कादहनरूपा । मह्यं मम ॥ ३५ ॥ उत्पपात । पुच्छाग्निना बन्धनेन च सहैवेति शेषः ॥ ३६ ॥ विभक्तरक्षःसंबाधं रक्षःसंमर्दरहितम् ॥ ३७ ॥ शैलसंकाशो महान्भूत्वा ह्रस्वतां प्राप्त इत्यनेन देहसौक्ष्म्यात्स्वयमेव बन्धगलनमुक्तम् । एवंरीत्या बन्धनान्यवशातयद्दूरीकृतवान् । विमुक्त्यनन्तरं पुनः पर्वताकारोऽभवत् ॥ ३८ ॥ ३९ ॥ अर्चिमालीत्यत्र नारेफनापां ॥ ४० ॥ इति श्रीरामाभिरामे श्रीरामीये रामायणतिलके वाल्मीकीय आदिकाव्ये सुन्दरकाण्डे त्रिपञ्चाशः सर्गः ॥ ५३ ॥

वीक्षमाण इति ॥ १ ॥ यदेषां भूयः संतापजननं भवेत्तादृशमवशिष्टं सांप्रतं कर्तव्यं किमिति कार्यशेषमचिन्तयदित्यर्थः ॥ २ ॥ तदेव निश्चिनोति—शेषं दुर्गविनाशनमिति ॥ ३ ॥ कर्म समुद्रलङ्घनादि । सुखपरिश्रमं सफलप्रयासम् । तपश्चर्यादिवदित्यर्थः । उक्तमेव विवृणोति—अल्पेति । अस्मिन्सीतान्वेषणप्रवृत्तिरूपे कार्ये यो मया कृतः श्रमः स त्वल्पेन यत्नेन स्वल्पयत्नेन साध्येन करिष्यमाणलङ्कादाहेन सफलो भविष्यति ॥ ४ ॥ तदेवाह—यो हीति । न्याय्यम् । स्वस्य पीडाया अकरणादिति भावः ॥ ५ ॥ तोयदः संध्यातोयदः । हनूमतो

गृहाद्गृहं राक्षसानामुद्यानानि च वानरः । वीक्षमाणो ह्यसंत्रस्तः प्रासादांश्च चचार सः ॥ ७
अवप्लुत्य महावेगः प्रहस्तस्य निवेशनम् । अग्निं तत्र विनिक्षिप्य श्वसनेन समो बली ॥ ८
ततोऽन्यत्पुप्लुवे वेश्म महापार्श्वस्य वीर्यवान् । मुमोच हनुमानग्निं कालानलशिखोपमम् ॥ ९
वज्रदंष्ट्रस्य च तथा पुप्लुवे स महाकपिः । शुकस्य च महातेजाः सारणस्य च धीमतः ॥ १०
तथा चेन्द्रजितो वेश्म ददाह हरियूथपः । जम्बुमालेः सुमालेश्च ददाह भवनं ततः ॥ ११
रश्मिकेतोश्च भवनं सूर्यशत्रोस्तथैव च । ह्रस्वकर्णस्य दंष्ट्रस्य रोमशस्य च रक्षसः ॥ १२
युद्धोन्मत्तस्य मत्तस्य ध्वजग्रीवस्य रक्षसः । विद्युज्जिह्वस्य घोरस्य तथा हस्तिमुखस्य च ॥ १३
करालस्य विशालस्य शोणिताक्षस्य चैव हि । कुम्भकर्णस्य भवनं मकराक्षस्य चैव हि ॥ १४
नरान्तकस्य कुम्भस्य निकुम्भस्य महात्मनः । यज्ञशत्रोश्च भवनं ब्रह्मशत्रोस्तथैव च ॥ १५
वर्जयित्वा महातेजा विभीषणगृहं प्रति । क्रममाणः क्रमेणैव ददाह हरिपुंगवः ॥ १६
तेषु तेषु महार्हेषु भवनेषु महायशाः । गृहेष्वृद्धिमतामृद्धिं ददाह कपिकुञ्जरः ॥ १७
सर्वेषां समतिक्रम्य राक्षसेन्द्रस्य वीर्यवान् । आससादाथ लक्ष्मीवान्रावणस्य निवेशनम् ॥ १८
ततस्तस्मिन्गृहे मुख्ये नानारत्नविभूषिते । मेरुमन्दरसंकाशे नानामङ्गलशोभिते ॥ १९
प्रदीप्तमग्निमुत्सृज्य लाङ्गूलाग्रे प्रतिष्ठितम् । ननाद हनुमान्वीरो युगान्तजलदो यथा ॥ २०
श्वसनेन च संयोगादतिवेगो महाबलः । कालाग्निरिव जज्वाल प्रावर्धत हुताशनः ॥ २१
प्रदीप्तमग्निं पवनस्तेषु वेश्मसु चारयन् । तानि काञ्चनजालानि मुक्तामणिमयानि च ॥ २२
भवनानि व्यशीर्यन्त रत्नवन्ति महान्ति च । तानि भग्नविमानानि निपेतुर्वसुधातले ॥ २३
भवनानीव सिद्धानामम्बरात्पुण्यसंक्षये । संजज्ञे तुमुलः शब्दो राक्षसानां प्रधावताम् ॥ २४
स्वे स्वे गृहपरित्राणे भग्नोत्साहोज्झितश्रियाम् । नूनमेषोऽग्निरायातः कपिरूपेण हा इति ॥ २५
क्रन्दन्त्यः सहसा पेतुः स्तनंधयधराः स्त्रियः । काश्चिदग्निपरीताङ्ग्यो हर्म्येभ्यो मुक्तमूर्धजाः ॥ २६
पतन्त्यो रेजिरेऽभ्रेभ्यः सौदामिन्य इवाम्बरात् । वज्रविद्रुमवैदूर्यमुक्तारजतसंहतान् ॥ २७
विचित्रान्भवनाद्धातून्स्यन्दमानान्ददर्श सः । नाग्निस्तृप्यति काष्ठानां तृणानां च यथा तथा ॥ २८
हनूमान्राक्षसेन्द्राणां वधे किंचिन्न तृप्यति । न हनूमद्विशस्तानां राक्षसानां वसुंधरा ॥ २९
हनूमता वेगवता वानरेण महात्मना । लङ्कापुरं प्रदग्धं तद्रुद्रेण त्रिपुरं यथा ॥ ३०

ततः स लङ्कापुरपर्वताग्रे समुत्थितो भीमपराक्रमोऽग्निः ।
प्रसार्य चूडावलयं प्रदीप्तो हनूमता वेगवतोपसृष्टः ॥ ३१
युगान्तकालानलतुल्यरूपः स मारुतोऽग्निर्ववृधे दिवस्पृक् ।
विधूमरश्मिर्भवनेषु सद्यो रक्षःशरीराज्यसमर्पितार्चिः ॥ ३२
आदित्यकोटीसदृशः सुतेजा लङ्कां समस्तां परिवार्य तिष्ठन् ।
शब्दैरनेकैरशनिप्ररूढैर्भिन्दन्निवाण्डं प्रबभौ महाग्निः ॥ ३३

रक्तवर्णत्वात् ॥ ६ ॥ उद्यानानि गृहारामाः ॥ ७ ॥ प्रहस्तस्य प्रधानमन्त्रित्वादादौ तद्गृहेऽग्निप्रक्षेपः । प्रथमं तत्संभावनस्यौचित्यात् ॥ ८ ॥ ९ ॥ १० ॥ ११ ॥ १२ ॥ १३ ॥ भवनं ददाहेत्यनुकर्षः ॥ १४ ॥ १५ ॥ विभीषणेन स्वस्य वधतो रक्षणाद्विभीषणगृहं वर्जयित्वा प्रतिगृहं क्रममाण इत्यन्वयः ॥ १६ ॥ पूर्वं रावणाद्भीतोऽप्यग्निः सीतातेजःसंबन्धेन निःशङ्कं ददाहेत्युक्तं प्राक् ॥ १७ ॥ १८ ॥ १९ ॥ २० ॥ श्वसनेन संयोगात्सीताश्वासमिश्रितवायुसंयोगात् । अतएव वायोरपि निर्भयता ॥ २१ ॥ चारयन्निति हेतौ शता । यतश्चारयति स्म ततश्चारणाद्धेतोस्तानि व्यशीर्यन्तेत्यन्वयः ॥ २२ ॥ भग्नविमानानि भग्नप्रासादानि ॥ २३ ॥ २४ ॥ भग्नोत्साहाश्च ते उज्झितश्रियश्चेत्यर्थः । हा इति तुमुलः शब्दः संजज्ञे इत्यन्वयः ॥ २५ ॥ पेतुः । अग्नाविति शेषः ॥ २६ ॥ अभ्रेभ्यो मेघेभ्यः ॥ २७ ॥ अग्निसंबद्धाद्भवनाद्धेमरजतादिधातून्स्यन्दमानान्ददर्श । यथा काष्ठतृणादिदाहादग्निर्न तृप्यति तथा राक्षसवधे क्रियमाणे हनूमान्किंचिदीषदपि न तृप्यति ॥ २८ ॥ वसुंधरा नेति । मृतराक्षसानां शयनाय लङ्काभूमिर्न पर्याप्ताभूदिति शेषः ॥ २९ ॥ ३० ॥ लङ्कापुरपर्वताग्रे लङ्कापुराधारभूतत्रिकूटाचलशिखरे । चूडावलयं शिखासमूहम् । प्राप्तोऽभूदिति शेषः ॥ ३१ ॥ विधूमरश्मिर्विधूमज्वालः । रक्षःशरीररूपाज्येन समर्पिता संपादितार्चिर्ज्वालाविशेषो यस्य सः ॥ ३२ ॥ तिष्ठन् । अभूदिति शेषः । अशनिप्ररूढैरशनिवत्प्रगल्भैः । महाग्निः

तत्राम्बरादग्निरतिप्रवृद्धो रूक्षप्रभः किंशुकपुष्पचूडः।
निर्वाणधूमाकुलराजयश्च नीलोत्पलाभाः प्रचकाशिरेऽभ्राः॥ ३४
वज्री महेन्द्रस्त्रिदशेश्वरो वा साक्षाद्यमो वा वरुणोऽनिलो वा।
रौद्रोऽग्निरर्को धनदश्च सोमो न वानरोऽयं स्वयमेव कालः॥ ३५
किं ब्रह्मणः सर्वपितामहस्य लोकस्य धातुश्चतुराननस्य।
इहागतो वानररूपधारी रक्षोपसंहारकरः प्रकोपः॥ ३६
किं वैष्णवं वा कपिरूपमेत्य रक्षोविनाशाय परं सुतेजः।
अचिन्त्यमव्यक्तमनन्तमेकं स्वमायया सांप्रतमागतं वा॥ ३७
इत्येवमूचुर्बहवो विशिष्टा रक्षोगणास्तत्र समेत्य सर्वे।
सप्राणिसङ्घां सगृहां सवृक्षां दग्धां पुरीं तां सहसा समीक्ष्य॥ ३८
ततस्तु लङ्का सहसा प्रदग्धा सराक्षसा साश्वरथा सनागा।
सपक्षिसङ्घा समृगा सवृक्षा रुरोद दीना तुमुलं सशब्दम्॥ ३९
हा तात हा पुत्रक कान्त मित्र हा जीवितेशाङ्ग हतं सुपुण्यम्।
रक्षोभिरेवं बहुधा ब्रुवद्भिः शब्दः कृतो घोरतरः सुभीतः॥ ४०
हुताशनज्वालसमावृता सा हतप्रवीरा परिवृत्तयोधा।
हनूमतः क्रोधबलाभिभूता बभूव शापोपहतेव लङ्का॥ ४१
ससंभ्रमं त्रस्तविषण्णराक्षसां समुज्ज्वलज्ज्वालहुताशनाङ्किताम्।
ददर्श लङ्कां हनुमान्महामनाः स्वयंभुरोषोपहतामिवावनिम्॥ ४२
भङ्क्त्वा वनं पादपरत्नसंकुलं हत्वा तु रक्षांसि महान्ति संयुगे।
दग्ध्वा पुरीं तां गृहरत्नमालिनीं तस्थौ हनूमान्पवनात्मजः कपिः॥ ४३
स राक्षसांस्तान्सुबहूंश्च हत्वा वनं च भङ्क्त्वा बहुपादपं तत्।
विसृज्य रक्षोभवनेषु चाग्निं जगाम रामं मनसा महात्मा॥ ४४
ततस्तु तं वानरवीरमुख्यं महाबलं मारुततुल्यवेगम्।
महामतिं वायुसुतं वरिष्ठं प्रतुष्टुवुर्देवगणाश्च सर्वे॥ ४५
देवाश्च सर्वे मुनिपुंगवाश्च गन्धर्वविद्याधरपन्नगाश्च।
भूतानि सर्वाणि महान्ति तत्र जग्मुः परां प्रीतिमतुल्यरूपाम्॥ ४६
भङ्क्त्वा वनं महातेजा हत्वा रक्षांसि संयुगे। दग्ध्वा लङ्कापुरीं भीमां रराज स महाकपिः॥ ४७
गृहाग्र्यशृङ्गाग्रतले विचित्रे प्रतिष्ठितो वानरराजसिंहः।
प्रदीप्तलाङ्गूलकृतार्चिमाली व्यराजतादित्य इवार्चिमाली॥ ४८
लङ्कां समस्तां संपीड्य लाङ्गूलाग्निं महाकपिः। निर्वापयामास तदा समुद्रे हरिपुंगवः॥ ४९
ततो देवाः सगन्धर्वाः सिद्धाश्च परमर्षयः। दृष्ट्वा लङ्कां प्रदग्धां तां विस्मयं परमं गताः॥ ५०

इत्यार्षे श्रीमद्रामायणे वाल्मीकीय आदिकाव्ये सुन्दरकाण्डे चतुःपञ्चाशः सर्गः॥ ५४॥

प्रलयाग्निः॥ ३३॥ आम्बरादम्बरपर्यन्तम्। रूक्षप्रभः क्रूरकान्तिः। किंशुकपुष्पवच्चूडा शिखा यस्य सः। निर्वाणानामधोविच्छिन्नानां खे एव वर्तमानानां धूमानामाकुला राजयो नीलोत्पलाभा अभ्राकाराः सत्यः प्रचकाशिरे॥ ३४॥ वज्रित्वत्रिदशेश्वरत्वविशिष्टो महेन्द्र इत्यर्थः। रौद्रोऽग्निः रुद्रतृतीयनयनसंबन्ध्यग्निः॥ ३५॥ ३६॥ ३७॥ विशिष्टा महाबलाः। प्रहस्तादय इत्यर्थः। समीक्ष्य इत्येवमूचुरित्यन्वयः॥ ३८॥ ३९॥ सुपुण्यमतिशयितमर्जितं पुण्यम्॥ ४०॥ परिवृत्तयोधा पर्यस्तयोधा॥ ४१॥ स्वयंभुरोषोपहताम्। स्वदिनान्त इति शेषः॥ ४२॥ ४३॥ ४४॥ ४५॥ ४६॥ ४७॥ गृहाग्र्याणां गृहश्रेष्ठानां शृङ्गाग्रतले प्रासादाग्रभूमौ प्रदीप्तलाङ्गूलेन कृतार्चिर्माला यस्यास्ति सः॥ ४८॥ समुद्रे निर्वापयामास। लाङ्गूलप्रक्षेपणेनेति शेषः॥ ४९॥ ५०॥ **इति श्रीरामाभिरामे श्रीरामीये रामायणतिलके वाल्मीकीय आदिकाव्ये सुन्दरकाण्डे चतुःपञ्चाशः सर्गः॥ ५४॥**

पञ्चपञ्चाशः सर्गः ।

संदीप्यमानां वित्रस्तां त्रस्तरक्षोगणां पुरीम् । अवेक्ष्य हनुमाँल्लङ्कां चिन्तयामास वानरः ॥ १
तस्याभूत्सुमहांस्त्रासः कुत्सा चात्मन्यजायत । लङ्कां प्रदहता कामं किंस्वित्कृतमिदं मया ॥ २
धन्याः खलु महात्मानो ये बुद्ध्या कोपमुत्थितम् । निरुन्धन्ति महात्मानो दीप्तमग्निमिवाम्भसा ॥ ३
क्रुद्धः पापं न कुर्यात्कः क्रुद्धो हन्याद्गुरूनपि । क्रुद्धः परुषया वाचा नरः साधूनधिक्षिपेत् ॥ ४
वाच्यावाच्यं प्रकुपितो न विजानाति कर्हिचित् । नाकार्यमस्ति क्रुद्धस्य नावाच्यं विद्यते क्वचित् ॥ ५
यः समुत्पतितं क्रोधं क्षमयैव निरस्यति । यथोरगस्त्वचं जीर्णां स वै पुरुष उच्यते ॥ ६
धिगस्तु मां सुदुर्बुद्धिं निर्लज्जं पापकृत्तमम् । अचिन्तयित्वा तां सीतामग्निदं स्वामिघातकम् ॥ ७
यदि दग्धा त्वियं सर्वा नूनमार्यापि जानकी । दग्धा तेन मया भर्तुर्हतं कार्यमजानता ॥ ८
यदर्थमयमारम्भस्तत्कार्यमवसादितम् । मया हि दहता लङ्कां न सीता परिरक्षिता ॥ ९
ईषत्कार्यमिदं कार्यं कृतमासीन्न संशयः । तस्य क्रोधाभिभूतेन मया मूलक्षयः कृतः ॥ १०
विनष्टा जानकी व्यक्तं न ह्यदग्धः प्रदृश्यते । लङ्कायाः कश्चिदुद्देशः सर्वा भस्मीकृता पुरी ॥ ११
यदि तद्विहतं कार्यं मया प्रज्ञाविपर्ययात् । इहैव प्राणसंन्यासो ममापि ह्यद्य रोचते ॥ १२
किमग्नौ निपताम्यद्य आहोस्विद्वडवामुखे । शरीरमिह सत्त्वानां दद्मि सागरवासिनाम् ॥ १३
कथं नु जीवता शक्यो मया द्रष्टुं हरीश्वरः । तौ वा पुरुषशार्दूलौ कार्यसर्वस्वघातिना ॥ १४
मया खलु तदेवेदं रोषदोषात्प्रदर्शितम् । प्रथितं त्रिषु लोकेषु कपित्वमनवस्थितम् ॥ १५
धिगस्तु राजसं भावमनीशमनवस्थितम् । ईश्वरेणापि यद्रागान्मया सीता न रक्षिता ॥ १६
विनष्टायां तु सीतायां तावुभौ विनशिष्यतः । तयोर्विनाशे सुग्रीवः सबन्धुर्विनशिष्यति ॥ १७
एतदेव वचः श्रुत्वा भरतो भ्रातृवत्सलः । धर्मात्मा सहशत्रुघ्नः कथं शक्ष्यति जीवितुम् ॥ १८
इक्ष्वाकुवंशे धर्मिष्ठे गते नाशमसंशयम् । भविष्यन्ति प्रजाः सर्वाः शोकसंतापपीडिताः ॥ १९
तदहं भाग्यरहितो लुप्तधर्मार्थसंग्रहः । रोषदोषपरीतात्मा व्यक्तं लोकविनाशनः ॥ २०
इति चिन्तयतस्तस्य निमित्तान्युपपेदिरे । पूर्वमप्युपलब्धानि साक्षात्पुनरचिन्तयत् ॥ २१
अथवा चारुसर्वाङ्गी रक्षिता स्वेन तेजसा । न नशिष्यति कल्याणी नाग्निरग्नौ प्रवर्तते ॥ २२
नहि धर्मात्मनस्तस्य भार्याममिततेजसः । स्वचरित्राभिगुप्तां तां स्प्रष्टुमर्हति पावकः ॥ २३
नूनं रामप्रभावेण वैदेह्याः सुकृतेन च । यन्मां दहनकर्मायं नादहद्धव्यवाहनः ॥ २४

संदीप्यमानामिति ॥ १ ॥ कुत्सा चात्मन्यजायतेत्युक्ता कुत्सामाह—लङ्कामिति । किंस्वित्कर्म कृतम् । कुत्सितमेव कृतमित्यर्थः ॥ २ ॥ उक्तकुत्सितकार्यमूलं कोप इति निश्चित्य तद्रहितान्स्तौति—धन्या इति । दुःखातिशयादत्र महात्मपदपौनरुक्त्यं न दोषाय ॥ ३ ॥ 'क्रुद्धः पापं न कुर्याद्यः' इति पाठे क्रुद्धो यः कश्चित्पापं कुर्यान्न । नञि काकुः । अपि तु कुर्यादेव । अकरणमशक्यमेवेत्यर्थः । तदेव दर्शयति—क्रुद्धो हन्यादिति ॥ ४ ॥ न जानातीत्येतदेव स्पष्टयति—नाकार्यमिति । क्रुद्धस्याकार्यमयुक्तबुद्ध्याकरणीयं न किंचिदप्यस्ति । अतो गुरुहननाद्यपि करोत्येवेत्यर्थः ॥ ५ ॥ ६ ॥ ७ ॥ धिगस्तु मामित्यनेनोक्तं स्वधिक्कारमाह— यदीति । इयं लङ्का सर्वापि नूनं दग्धैव । यदि जानक्यप्यत्रत्या दग्धा स्यात्तदा तेनाजानता मया भर्तुः कार्यं हतं भवेत् ॥ ८ ॥ एतदेव विवृणोति—यदर्थमिति ॥ ९ ॥ एतत्कार्यं लङ्कादाहरूपमीषत्कार्यमिवाप्रयाससाध्यकार्यमिव कृतमनुष्ठितमासीदत्र न संशयः । भर्तुः कार्यं तु मया सर्वथा नाशितमेवेत्याह—तस्येति । क्रोधाभिभूतेन मया सीतामपरिरक्षता कृतस्य सीतादर्शनरूपस्य कार्यस्य मूलक्षयः कृतः ॥ १० ॥ ननु सीताविनाशनिश्चयस्ते कथं तत्राह—विनष्टेति ॥ ११ ॥ १२ ॥ वडवामुखेऽग्नावित्यन्वयः । दद्मि ददामि ॥ १३ ॥ १४ ॥ तदेवेदं कपित्वमनवस्थितमव्यवस्थितकार्यकारीति त्रिषु लोकेषु प्रसिद्धं दर्शितम् । रोषदोषाद्रक्षोविषयक्रोधदोषात् ॥ १५ ॥ राजसं रजोगुणमूलम् । भावं चेष्टाविशेषम् । अनीशं कार्यासमर्थम् । अतएवानवस्थितमव्यवस्थितफलजनकं धिक् । यद्यस्मादीश्वरेणापि समर्थेनापि मया रागाद्रजोगुणमूलक्रोधवशात्सीता न रक्षिता, अतो धिक् ॥ १६ ॥ उभौ रामलक्ष्मणौ ॥ १७ ॥ ॥ १८ ॥ १९ ॥ २० ॥ साक्षादुपलब्धान्यपरोक्षमनुभूतशुभफलान्युपपेदिरे । जातानि दृष्ट्वा पुनरचिन्तयदित्यर्थः ॥ २१ ॥ चिन्तामेव दर्शयति—अथवेति । नाग्निरग्नौ प्रवर्तत इति । अग्निरग्निं न दहतीत्यर्थः ॥ २२ ॥ २३ ॥ दहनकर्मा भस्मीकरणसहजस्वभावो यद्यतस्तत्प्रभावान्मां तत्सेवकं नाद-

त्रयाणां भरतादीनां भ्रातृणां देवता च या । रामस्य च मनःकान्ता सा कथं विनशिष्यति ॥ २५
यद्वा दहनकर्मायं सर्वत्र प्रभुरव्ययः । न मे दहति लाङ्गूलं कथमार्यां प्रधक्ष्यति ॥ २६
पुनश्चाचिन्तयत्तत्र हनूमान्विस्मितस्तदा । हिरण्यनाभस्य गिरेर्जलमध्ये प्रदर्शनम् ॥ २७
तपसा सत्यवाक्येन अनन्यत्वाच्च भर्तरि । असौ विनिर्दहेदग्निं न तामग्निः प्रधक्ष्यति ॥ २८
स तथा चिन्तयंस्तत्र देव्या धर्मपरिग्रहम् । शुश्राव हनुमांस्तत्र चारणानां महात्मनाम् ॥ २९
अहो खलु कृतं कर्म दुर्विगाहं हनूमता । अग्निं विसृजता तीक्ष्णं भीमं राक्षससद्मनि ॥ ३०
प्रपलायितरक्षःस्त्रीबालवृद्धसमाकुला । जनकोलाहलाध्माता क्रन्दतीवाद्रिकंदरैः ॥ ३१
दग्धेयं नगरी लङ्का साट्टप्राकारतोरणा । जानकी न च दग्धेति विस्मयोऽद्भुत एव नः ॥ ३२
इति शुश्राव हनुमान्वाचं ताममृतोपमाम् । बभूव चास्य मनसो हर्षस्तत्कालसंभवः ॥ ३३
स निमित्तैश्च दृष्टार्थैः कारणैश्च महागुणैः । ऋषिवाक्यैश्च हनुमानभवत्प्रीतमानसः ॥ ३४

ततः कपिः प्राप्तमनोरथार्थस्तामक्षतां राजसुतां विदित्वा ।
प्रत्यक्षतस्तां पुनरेव दृष्ट्वा प्रतिप्रयाणाय मतिं चकार ॥ ३५

इत्यार्षे श्रीमद्रामायणे वाल्मीकीये आदिकाव्ये सुन्दरकाण्डे पञ्चपञ्चाशः सर्गः ॥ ५५ ॥

षट्पञ्चाशः सर्गः ।

ततस्तु शिंशपामूले जानकीं पर्यवस्थिताम् । अभिवाद्याब्रवीद्दिष्ट्या पश्यामि त्वामिहाक्षताम् ॥ १
ततस्तं प्रस्थितं सीता वीक्षमाणा पुनः पुनः । भर्तुः स्नेहान्विता वाक्यं हनूमन्तमभाषत ॥ २
यदि त्वं मन्यसे तात वसैकाहमिहानघ । क्वचित्सुसंवृते देशे विश्रान्तः श्वो गमिष्यसि ॥ ३
मम चैवाल्पभाग्यायाः सांनिध्यात्तव वानर । शोकस्यास्याप्रमेयस्य मुहूर्तं स्यादपि क्षयः ॥ ४
गते हि हरिशार्दूल पुनः संप्राप्तये त्वयि । प्राणेष्वपि न विश्वासो मम वानरपुंगव ॥ ५
अदर्शनं च ते वीर भूयो मां दारयिष्यति । दुःखाद्दुःखतरं प्राप्तां दुर्मनःशोककर्शिताम् ॥ ६
अयं च वीर संदेहस्तिष्ठतीव ममाग्रतः । सुमहत्सु सहायेषु हर्यृक्षेषु महाबल ॥ ७
कथं नु खलु दुष्पारं संतरिष्यन्ति सागरम् । तानि हर्यृक्षसैन्यानि तौ वा नरवरात्मजौ ॥ ८
त्रयाणामेव भूतानां सागरस्यातिलङ्घने । शक्तिः स्याद्वैनतेयस्य तव वा मारुतस्य वा ॥ ९
तदत्र कार्यनिर्बन्धे समुत्पन्ने दुरासदे । किं पश्यसि समाधानं त्वं हि कार्यविशारदः ॥ १०
काममस्य त्वमेवैकः कार्यस्य परिसाधने । पर्याप्तः परवीरघ्न यशस्यस्ते बलोदयः ॥ ११
बलैस्तु संकुलां कृत्वा लङ्कां परबलार्दनः । मां नयेद्यदि काकुत्स्थस्तत्तस्य सदृशं भवेत् ॥ १२
तद्यथा तस्य विक्रान्तमनुरूपं महात्मनः । भवत्याहवशूरस्य तथा त्वमुपपादय ॥ १३
तदर्थोपहितं वाक्यं प्रश्रितं हेतुसंहितम् । निशम्य हनुमान्वीरो वाक्यमुत्तरमब्रवीत् ॥ १४
देवि हर्यृक्षसैन्यानामीश्वरः प्लवतां वरः । सुग्रीवः सत्त्वसंपन्नस्तवार्थे कृतनिश्चयः ॥ १५
स वानरसहस्राणां कोटीभिरभिसंवृतः । क्षिप्रमेष्यति वैदेहि सुग्रीवः प्लवगाधिपः ॥ १६

द्दत् । तत एव तां स्प्रष्टुमपि नार्हतीत्यर्थः ॥ २४ ॥ त्रयाणां भरतलक्ष्मणशत्रुघ्नानां देवतात्वात्स्याम्यप्रत्वेन रामभयाच्चेति भाव ॥ २५ ॥ सर्वत्र प्रभुरपि यत्सेवकत्वान्मे लाङ्गूलं न दहति ततस्तां कथं धक्ष्यति ॥ २६ ॥ देवीप्रभावात्सिन्धौ मद्विश्रान्तिनिमित्तं गिरिदर्शनहेतुनातिप्रभाववतीं तां न दहतीत्याह—पुनश्चेति ॥ २७ ॥ विनिर्दहेत् । दाहविषयवाक्यप्रयोगेणेति शेषः ॥ २८ ॥ तथा चिन्तयंश्चारणानां वाक्यं शुश्रावेति योजना ॥ २९ ॥ दुर्विगाहम् । केनाप्यसह्यमित्यर्थः ॥ ३० ॥ ३१ ॥ विस्मय आश्चर्यम् । अद्भुतोऽभूतपूर्वः ॥ ३२ ॥ तत्कालसंभवस्तत्कालजातचारणवाक्यजः ॥ ३३ ॥ दृष्टार्थैर्दृष्टप्रत्ययैर्निमित्तैर्दक्षिणाक्षिस्पन्दनादिभिः कारणैः सीतारामप्रभावपातिव्रत्यादिरूपैर्ऋषिवाक्यैश्चारणवाक्यैः ॥ ३४ ॥ विदित्वा चारणादिवाक्यैः पुनरेव पुनरपि प्रत्यक्षतो दृष्ट्वा, प्रतिप्रयाणाय किष्किन्धां प्रति गन्तुं मतिं चकार ॥ ३५ ॥ **इति श्रीरामाभिरामे श्रीरामीये रामायणतिलके वाल्मीकीय आदिकाव्ये सुन्दरकाण्डे पञ्चपञ्चाशः सर्गः ॥ ५५ ॥**

इत आरभ्य 'पुनर्मध्येन सागरम्' इत्यन्ताः सार्धचतुर्विंशतिश्लोकाः प्राग्व्याख्यातप्राया एव ॥ १ ॥ २ ॥ ३ ॥ ४ ॥ ५ ॥ ६ ॥ ७ ॥ ८ ॥ ९ ॥ १० ॥ ११ ॥ १२ ॥ १३ ॥ १४ ॥ १५ ॥ १६ ॥ १७ ॥ १८ ॥ १९

तौ च वीरौ नरवरौ सहितौ रामलक्ष्मणौ । आगम्य नगरीं लङ्कां सायकैर्विधमिष्यतः ॥ १७
सगणं राक्षसं हत्वा नचिराद्रघुनन्दनः । त्वामादाय वरारोहे स्वां पुरीं प्रति यास्यति ॥ १८
समाश्वसिहि भद्रं ते भव त्वं कालकाङ्क्षिणी । क्षिप्रं द्रक्ष्यसि रामेण निहतं रावणं रणे ॥ १९
निहते राक्षसेन्द्रे च सपुत्रामात्यबान्धवे । त्वं समेष्यसि रामेण शशाङ्केनेव रोहिणी ॥ २०
क्षिप्रमेष्यति काकुत्स्थो हर्यृक्षप्रवरैर्युतः । यस्ते युधि विनिर्जित्य शोकं व्यपनयिष्यति ॥ २१
एवमाश्वास्य वैदेहीं हनूमान्मारुतात्मजः । गमनाय मतिं कृत्वा वैदेहीमभ्यवादयत् ॥ २२
राक्षसान्प्रवरान्हत्वा नाम विश्राव्य चात्मनः । समाश्वास्य च वैदेहीं दर्शयित्वा परं बलम् ॥ २३
नगरीमाकुलां कृत्वा वञ्चयित्वा च रावणम् । दर्शयित्वा बलं घोरं वैदेहीमभिवाद्य च ॥ २४
प्रतिगन्तुं मनश्चक्रे पुनर्मध्येन सागरम् । ततः स कपिशार्दूलः स्वामिसंदर्शनोत्सुकः ॥ २५
आरुरोह गिरिश्रेष्ठमरिष्टमरिमर्दनः । तुङ्गपद्मकजुष्टाभिर्नीलाभिर्वनराजिभिः ॥ २६
सोत्तरीयमिवाम्भोदैः शृङ्गान्तरविलम्बिभिः । बोध्यमानमिव प्रीत्या दिवाकरकरैः शुभैः ॥ २७
उन्मिषन्तमिवोद्धूतैर्लोचनैरिव धातुभिः । तोयौघनिःस्वनैर्मन्द्रैः प्राधीतमिव सर्वतः ॥ २८
प्रगीतमिव विस्पष्टं नानाप्रस्रवणस्वनैः । देवदारुभिरुद्धूतैरूर्ध्वबाहुमिव स्थितम् ॥ २९
प्रपातजलनिर्घोषैः प्राक्रुष्टमिव सर्वतः । वेपमानमिव श्यामैः कम्पमानैः शरद्घनैः ॥ ३०
वेणुभिर्मारुतोद्धूतैः कूजन्तमिव कीचकैः । निःश्वसन्तमिवामर्षाद्घोरैराशीविषोत्तमैः ॥ ३१
नीहारकृतगम्भीरैर्ध्यायन्तमिव गह्वरैः । मेघपादनिभैः पादैः प्रक्रान्तमिव सर्वतः ॥ ३२
जृम्भमाणमिवाकाशे शिखरैरभ्रमालिभिः । कूटैश्च बहुधा कीर्णं शोभितं बहुकंदरैः ॥ ३३
सालतालैश्च कर्णैश्च वंशैश्च बहुभिर्वृतम् । लतावितानैर्विततैः पुष्पवद्भिरलंकृतम् ॥ ३४
नानामृगगणैः कीर्णं धातुनिष्पन्दभूषितम् । बहुप्रस्रवणोपेतं शिलासंचयसंकटम् ॥ ३५
महर्षियक्षगन्धर्वकिंनरोरगसेवितम् । लतापादपसंबाधं सिंहाधिष्ठितकंदरम् ॥ ३६
व्याघ्रादिभिः समाकीर्णं स्वादुमूलफलद्रुमम् । आरुरोहानिलसुतः पर्वतं प्लवगोत्तमः ॥ ३७
रामदर्शनशीघ्रेण प्रहर्षेणाभिचोदितः । तेन पादतलक्रान्ता रम्येषु गिरिसानुषु ॥ ३८
सघोषाः समशीर्यन्त शिलाश्चूर्णीकृतास्ततः । स तमारुह्य शैलेन्द्रं व्यवर्धत महाकपिः ॥ ३९
दक्षिणादुत्तरं पारं प्रार्थयंल्लवणाम्भसः । अधिरुह्य ततो वीरः पर्वतं पवनात्मजः ॥ ४०
ददर्श सागरं भीमं भीमोरगनिषेवितम् । स मारुत इवाकाशं मारुतस्यात्मसंभवः ॥ ४१
प्रपेदे हरिशार्दूलो दक्षिणादुत्तरां दिशम् । स तदा पीडितस्तेन कपिना पर्वतोत्तमः ॥ ४२
ररास विविधैर्भूतैः प्राविशद्वसुधातलम् । कम्पमानैश्च शिखरैः पतद्भिरपि च द्रुमैः ॥ ४३
तस्योरुवेगोन्मथिताः पादपाः पुष्पशालिनः । निपेतुर्भूतले भग्नाः शक्रायुधहता इव ॥ ४४
कंदरोदरसंस्थानां पीडितानां महौजसाम् । सिंहानां निनदो भीमो नभो भिन्दन्हि शुश्रुवे ॥ ४५

॥ २० ॥ २१ ॥ २२ ॥ २३ ॥ २४ ॥ २५ ॥ अरिष्टं तदाख्यम् । नीलाभिर्वनराजिभिः । सपरिधानमिवेति शेषः ॥ २६ ॥ सोत्तरीयमिव कण्ठासक्तोत्तरीयधारणमिव । बोध्यमानमिव । रविकिरणस्पर्शेन सर्वेषां तत्रत्यवस्तूनां विकासादिति भावः ॥ २७ ॥ उद्धूतैर्लोचनसदृशैर्धातुभिरुन्मिषन्तमिवेत्युत्प्रेक्षा । प्राधीतमिवोच्चैः प्रारब्धाध्ययनमिव । तत्स्वनानां महत्त्वात् ॥ २८ ॥ प्रगीतमिव प्रारब्धगानमिव । तत्स्वनानां मन्दत्वात् ॥ २९ ॥ प्रपातजलनिर्घोषैः । प्रपातेभ्यो भृगुदेशेभ्यः पतज्जलशब्दैः प्राक्रुष्टमिवारब्धाक्रोशमिव । सर्वत्रादिकर्मणि कर्तरि क्त इत्याहुः । शरद्घनैः सप्तपर्णादिशारदवृक्षसङ्घैः ॥ ३० ॥ ३१ ॥ नीहारकृतगम्भीरैः । नीहारवशेन तत्सदृशैमात्तत्कृतगम्भीरत्वं गह्वराणाम् । ध्यायन्तमिव मुद्रितेन्द्रियद्वारम् । ध्यानारूढमिव स्थितमित्यर्थः । मेघपादा मेघप्ररोहास्तन्निभैः पादैः प्रत्यन्तपर्वतैः प्रक्रान्तमिवारब्धगमनमिव ॥ ३२ ॥ अभ्रमालाभिः शिखरैर्जृम्भमाणमिव गात्रमोटनं कुर्वाणमिव । कूटैः शृङ्गैः ॥ ३३ ॥ लतारूपैर्विस्तृतैर्वितानैः ॥ ३४ ॥ धातुनिष्पन्दैर्धातुनिर्गमैर्भूषितम् । शिलासंचयेन शिलासमूहेन संकटं नीरन्ध्रम् ॥ ३५ ॥ लताभिः पादपैश्च संबाधं व्याप्तम् ॥ ३६ ॥ ३७ ॥ रामदर्शने शीघ्रेणातिवेगवता । उत्कटेनेति यावत् । तेन हनुमता ॥ ३८ ॥ ३९ ॥ प्रार्थयन्गमनप्राप्यत्वेनेच्छन् । अधिरुह्य ततोऽप्यूर्ध्वं गत्वा ॥ ४० ॥ स हनुमान्मारुत आकाशमिवोत्तरां दिशं प्रपेदे मनसा प्राप ॥ ४१ ॥ ४२ ॥ कम्पविशिष्टशिखरपतद्द्रुमोपलक्षितो वसुधां प्राविशदित्यन्वयः ॥ ४३ ॥ शक्रायुधं वज्रम्

त्रस्तव्याविद्धवसना व्याकुलीकृतभूषणाः । विद्याधर्यः समुत्पेतुः सहसा धरणीधरात् ॥ ४६
अतिप्रमाणा बलिनो दीप्तजिह्वा महाविषाः । विपीडितशिरोग्रीवा व्यवेष्टन्त महाहयः ॥ ४७
किंनरोरगगन्धर्वयक्षविद्याधरास्तथा । पीडितं तं नगवरं त्यक्त्वा गगनमास्थिताः ॥ ४८
स च भूमिधरः श्रीमान्बलिना तेन पीडितः । सवृक्षशिखरोदग्रः प्रविवेश रसातलम् ॥ ४९
दशयोजनविस्तारस्त्रिंशद्योजनमुच्छ्रितः । धरण्यां समतां यातः स बभूव धराधरः ॥ ५०
स लिलङ्घयिषुर्भीमं सलिलं लवणार्णवम् । कल्लोलास्फालवेलान्तमुत्पपात नभो हरिः ॥ ५१

इत्यार्षे श्रीमद्रामायणे वाल्मीकीय आदिकाव्ये सुन्दरकाण्डे षट्पञ्चाशः सर्गः ॥ ५६ ॥

सप्तपञ्चाशः सर्गः ।

आप्लुत्य च महावेगः पक्षवानिव पर्वतः । भुजंगयक्षगन्धर्वप्रबुद्धकमलोत्पलम् ॥ १
सचन्द्रकुमुदं रम्यं सार्ककारण्डवं शुभम् । तिष्यश्रवणकादम्बमभ्रशैवलशाद्वलम् ॥ २
पुनर्वसुमहामीनं लोहिताङ्गमहाग्रहम् । ऐरावतमहाद्वीपं स्वातीहंसविलासितम् ॥ ३
वातसंघातजालोर्मिचन्द्रांशुशिशिराम्बुमत् । हनूमानपरिश्रान्तः पुप्लुवे गगनार्णवम् ॥ ४
ग्रसमान इवाकाशं ताराधिपमिवोल्लिखन् । हरन्निव सनक्षत्रं गगनं सार्कमण्डलम् ॥ ५
अपारमपरिश्रान्तश्चाम्बुधिं समगाहत । हनूमान्मेघजालानि विकर्षन्निव गच्छति ॥ ६
पाण्डुरारुणवर्णानि नीलमाञ्जिष्ठकानि च । हरितारुणवर्णानि महाभ्राणि चकाशिरे ॥ ७
प्रविशन्नभ्रजालानि निष्क्रमंश्च पुनःपुनः । प्रकाशश्चाप्रकाशश्च चन्द्रमा इव दृश्यते ॥ ८
विविधाभ्रघनापन्नगोचरो धवलाम्बरः । दृश्यादृश्यतनुर्वीरस्तथा चन्द्रायतेऽम्बरे ॥ ९
तार्क्ष्यायमाणो गगने स बभौ वायुनन्दनः । दारयन्मेघवृन्दानि निष्पतंश्च पुनःपुनः ॥ १०
नदन्नादेन महता मेघस्वनमहास्वनः । प्रवरान्राक्षसान्हत्वा नाम विश्राव्य चात्मनः ॥ ११
आकुलां नगरीं कृत्वा व्यथयित्वा च रावणम् । अर्दयित्वा महावीरान्वैदेहीमभिवाद्य च ॥ १२
आजगाम महातेजाः पुनर्मध्येन सागरम् । पर्वतेन्द्रं सुनाभं च समुपस्पृश्य वीर्यवान् ॥ १३
ज्यामुक्त इव नाराचो महावेगोऽभ्युपागमत् । स किंचिदारात्संप्राप्तः समालोक्य महागिरिम् ॥ १४
महेन्द्रमेघसंकाशो ननाद स महाकपिः । स पूरयामास कपिर्दिशो दश समन्ततः ॥ १५
नदन्नादेन महता मेघस्वनमहास्वनः । स तं देशमनुप्राप्तः सुहृद्दर्शनलालसः ॥ १६
ननाद सुमहानादं लाङ्गूलं चाप्यकम्पयत् । तस्य नानद्यमानस्य सुपर्णाचरिते पथि ॥ १७

॥ ४४ ॥ ४५ ॥ त्रस्ताः, अतएव व्याविद्धानि व्यत्यस्तानि वसनानि यासां ताः ॥ ४६ ॥ व्यवेष्टन्त कुण्डलीकृतशरीरा अजायन्त । 'व्यचेष्टन्त' इति पाठे पीडयालुठन्नित्यर्थः ॥ ४७ ॥ ४८ ॥ सवृक्षशिखरैरुदग्र उन्नतो रसातलं प्रविवेश । अंशेन भूसमशिखराग्रवृक्षो जात इत्यर्थः ॥ ४९ ॥ तदेव दर्शयति—दशेति ॥ ५० ॥ कल्लोलैरास्फाल्यते स्पृश्यते तादृशो वेलान्तस्तीरप्रान्तो यस्य तं सागरं लिलङ्घयिपुर्नभ उत्पपातेति संबन्धः ॥ ५१ ॥ इति श्रीरामाभिरामे श्रीरामीये रामायणतिलके वाल्मीकीय आदिकाव्ये सुन्दरकाण्डे षट्पञ्चाशः सर्गः ॥ ५६ ॥

आप्लुत्योत्प्लुत्य । आधारं गगनमर्णवत्वेन वर्णयति—भुजंगेत्यादि । भुजंगादय एव विकसितानि कमलादीनि यस्मिन् ॥ १ ॥ चन्द्ररूपेण कुमुदेन श्वेतोत्पलेन सहितम् । अर्करूपकारण्डवाख्यजलपक्षिसहितम्, अभ्राणि मेघा एव शैवलानि शाद्वलानि च यत्र तम् ॥ २ ॥ लोहिताङ्गो भौमः । महाग्रहो महाग्राहः । स्वातीरूपो हंसो विलासितः कृतविलासो यत्र तत् ॥ ३ ॥ वातसंघातो वात्या तज्जालं तत्समूह एवोर्मयो यत्र तत् । चन्द्रकिरणरूपशीतलजलयुक्तम् । मनुबार्षः । अत्र सावयवरूपकम् । गगनस्यार्णवत्वेन चन्द्रादीनां कुमुदादित्वेन च रूपणात् ॥ ४ ॥ ताराधिपमुल्लिखन्निव । नखैरिति शेषः । हरन्निव गृह्णन्निव ॥ ५ ॥ ६ ॥ महाभ्राणीत्यस्य कपिनाकृष्यमाणानीति शेषः ॥ ७ ॥ ८ ॥ प्रविशन्नित्युक्तमेवार्थं भङ्ग्यन्तरेणाह—विविधेति । विविधेष्वभ्रघनेष्वापन्नो गोचरो मार्गो येन सः । प्रवेशनिष्क्रमाभ्यां दृश्यादृश्यतनुः । अयं श्लोकः प्रक्षिप्त इति भाति ॥ ९ ॥ १० ॥ मेघस्वनवन्महास्वनो यस्य सः ॥ ११ ॥ १२ ॥ सुनाभं मैनाकम् ॥ १३ ॥ १४ ॥ १५ ॥ १६ ॥ लाङ्गूलं चाप्यकम्पयदिति स्वभावोक्तिः

फलतीवास्य घोषेण गगनं सार्कमण्डलम् । ये तु तत्रोत्तरे कूले समुद्रस्य महाबलाः ॥ १८
पूर्वं संविष्टिताः शूरा वायुपुत्रदिदृक्षवः । महतो वायुनुन्नस्य तोयदस्येव निःस्वनम् ।
शुश्रुवुस्ते तदा घोषमूरुवेगं हनूमतः ॥ १९
ते दीनमनसः सर्वे शुश्रुवुः काननौकसः । वानरेन्द्रस्य निर्घोषं पर्जन्यनिनदोपमम् ॥ २०
निशम्य नदतो नादं वानरास्ते समन्ततः । बभूवुरुत्सुकाः सर्वे सुहृद्दर्शनकाङ्क्षिणः ॥ २१
जाम्बवान्स हरिश्रेष्ठः प्रीतिसंहृष्टमानसः । उपामन्त्र्य हरीन्सर्वानिदं वचनमब्रवीत् ॥ २२
सर्वथा कृतकार्योऽसौ हनूमान्नात्र संशयः । न ह्यस्याकृतकार्यस्य नाद एवंविधो भवेत् ॥ २३
तस्य बाहूरुवेगं च निनादं च महात्मनः । निशम्य हर्यो हृष्टाः समुत्पेतुर्यतस्ततः ॥ २४
ते नगाग्रान्नगाग्राणि शिखराच्छिखराणि च । प्रहृष्टाः समपद्यन्त हनूमन्तं दिदृक्षवः ॥ २५
ते प्रीताः पादपाग्रेषु गृह्य शाखामवस्थिताः । वासांसि च प्रकाशानि समाविध्यन्त वानराः ॥ २६
गिरिगह्वरसंलीनो यथा गर्जति मारुतः । एवं जगर्ज बलवान्हनूमान्मारुतात्मजः ॥ २७
तमभ्रघनसंकाशमापतन्तं महाकपिम् । दृष्ट्वा ते वानराः सर्वे तस्थुः प्राञ्जलयस्तदा ॥ २८
ततस्तु वेगवान्वीरो गिरेर्गिरिनिभः कपिः । निपपात गिरेस्तस्य शिखरे पादपाकुले ॥ २९
हर्षेणापूर्यमाणोऽसौ रम्ये पर्वतनिर्झरे । छिन्नपक्ष इवाकाशात्पपात धरणीधरः ॥ ३०
ततस्ते प्रीतमनसः सर्वे वानरपुंगवाः । हनूमन्तं महात्मानं परिवार्योपतस्थिरे ॥ ३१
परिवार्य च ते सर्वे परां प्रीतिमुपागताः । प्रहृष्टवदनाः सर्वे तमागतमुपागमन् ॥ ३२
उपायनानि चादाय मूलानि च फलानि च । प्रत्यर्चयन्हरिश्रेष्ठं हरयो मारुतात्मजम् ॥ ३३
विनेदुर्मुदिताः केचित्केचित्किलकिलां तथा । हृष्टाः पादपशाखाश्च आनिन्युर्वानरर्षभाः ॥ ३४
हनूमांस्तु गुरून्वृद्धाञ्जाम्बवत्प्रमुखांस्तदा । कुमारमङ्गदं चैव सोऽवन्दत महाकपिः ॥ ३५
स ताभ्यां पूजितः पूज्यः कपिभिश्च प्रसादितः । दृष्टा देवीति विक्रान्तः संक्षेपेण न्यवेदयत् ॥ ३६
निषसाद च हस्तेन गृहीत्वा वालिनः सुतम् । रमणीये वनोद्देशे महेन्द्रस्य गिरेस्तदा ॥ ३७
हनूमानब्रवीत्पृष्टस्तदा तान्वानरर्षभान् । अशोकवनिकासंस्था दृष्टा सा जनकात्मजा ॥ ३८
रक्ष्यमाणा सुघोराभी राक्षसीभिरनिन्दिता । एकवेणीधरा बाला रामदर्शनलालसा ॥ ३९
उपवासपरिश्रान्ता मलिना जटिला कृशा । ततो दृष्टेति वचनं महार्थममृतोपमम् ॥ ४०
निशम्य मारुतेः सर्वे मुदिता वानराभवन् । क्ष्वेडन्त्यन्ये नदन्त्यन्ये गर्जन्त्यन्ये महाबलाः ॥ ४१
चक्रुः किलकिलामन्ये प्रतिगर्जन्ति चापरे । केचिदुच्छ्रितलाङ्गूलाः प्रहृष्टाः कपिकुञ्जराः ॥ ४२
आयताञ्चितदीर्घाणि लाङ्गूलानि प्रविव्यधुः । अपरे तु हनूमन्तं श्रीमन्तं वानरोत्तमम् ॥ ४३
आप्लुत्य गिरिशृङ्गेषु संस्पृशन्ति स्म हर्षिताः । उक्तवाक्यं हनूमन्तमङ्गदस्तु तदाब्रवीत् ॥ ४४
सर्वेषां हरिवीराणां मध्ये वाचमनुत्तमाम् । सत्त्वे वीर्ये न ते कश्चित्समो वानर विद्यते ॥ ४५

॥ १७ ॥ फलतीव विशीर्यतीव ॥ १८ ॥ ये पूर्वसंविष्टितास्ते तोयदनिःस्वनमिवोरुवेगं तज्जन्यं घोषं शुश्रुवुरित्यन्वयः ॥ १९ ॥ वानरेन्द्रस्य निर्घोषं तदीयसिंहनादम् ॥ २० ॥ सुहृद्दर्शनकाङ्क्षिणस्तेन शब्देन हनूमानेवैतीति निश्चित्य तद्दर्शनलालसाः ॥ २१ ॥ २२ ॥ २३ ॥ बाहूरुवेगं तज्जन्यशब्दम् । निनादं च कण्ठशब्दं च ॥ २४ ॥ नगाग्रात् । स्वाश्रयादूर्ध्वदेशस्थानि नगाग्राणीत्यर्थः ॥ २५ ॥ ते शाखां गृह्य गृहीत्वोर्ध्वदृशा हनूमन्निरीक्षणे पतनभिया शाखां गृहीत्वा धृत्वा पादपाग्रेषु तदग्रशाखासु स्थिताः । वासांसि समाविध्यन्त प्राकम्पयन्त । नृत्यान्तर इवेति भावः । प्रकाशानि निर्मलतया प्रकर्षेण शोभन्ते तादृशानि वासांसि ॥ २६ ॥ २७ ॥ अभ्रं मेघस्तदुपरि यो मेघस्तत्संकाशम् । अत्युन्नतमेघसमूहसदृशमित्यर्थमन्ये । स्वजीवनदातृत्वेन स्वपूज्यत्वात्प्राञ्जलयः स्थिताः ॥ २८ ॥ ततो गिरेररिष्टाख्याद्गिरेः प्लुतः कपिस्तस्य महेन्द्रस्य गिरेः शिखरे निपपात । अनेनाविश्रममागमनं ध्वनितम् ॥ २९ ॥ छिन्नपक्षो धरणीधर इवाकाशात्पपात । हर्षेणापूर्यमाणः पूर्यमाणहृदयः । पर्वतनिर्झरे निर्झरप्रवर्तके शिखर इत्यर्थमेके । श्रमनिवृत्तये जल एव पतित इत्यन्ये ॥ ३० ॥ ३१ ॥ ३२ ॥ ३३ ॥ शाखानयनं हनूमत आसनार्थम् ॥ ३४ ॥ ३५ ॥ ताभ्यां जाम्बवदङ्गदाभ्यां प्रसादितः प्रसन्नदृष्ट्या कारितात्मनिरीक्षणः ॥ ३६ ॥ ३७ ॥ ३८ ॥ ३९ ॥ ४० ॥ ४१ ॥ ४२ ॥ आयताञ्चितदीर्घाणि । आयामो विस्तारः । स्थौल्यमित्यन्ये ॥ ४३ ॥ गिरिशृङ्गेष्वाप्लुत्य । तेभ्य

यदवप्लुत्य विस्तीर्णं सागरं पुनरागतः । जीवितस्य प्रदाता नस्त्वमेको वानरोत्तमः ॥ ४६
त्वत्प्रसादात्समेष्यामः सिद्धार्था राघवेण ह । अहो स्वामिनि ते भक्तिरहो वीर्यमहो धृतिः ॥ ४७
दिष्ट्या दृष्टा त्वया देवी रामपत्नी यशस्विनी । दिष्ट्या त्यक्ष्यति काकुत्स्थः शोकं सीतावियोगजं ॥ ४८
ततोऽङ्गदं हनूमन्तं जाम्बवन्तं च वानराः । परिवार्य प्रमुदिता भेजिरे विपुलाः शिलाः ॥ ४९
उपविष्टा गिरेस्तस्य शिलासु विपुलासु ते । श्रोतुकामाः समुद्रस्य लङ्घनं वानरोत्तमाः ॥ ५०
दर्शनं चापि लङ्कायाः सीताया रावणस्य च । तस्थुः प्राञ्जलयः सर्वे हनूमद्वदनोन्मुखाः ॥ ५१
तस्थौ तत्राङ्गदः श्रीमान्वानरैर्बहुभिर्वृतः । उपास्यमानो विविधैर्दिवि देवपतिर्यथा ॥ ५२

हनूमता कीर्तिमता यशस्विना तथाङ्गदेनाङ्गदनद्धबाहुना ।
मुदा तदाध्यासितमुन्नतं महन्महीधराग्रं ज्वलितं श्रियाभवत् ॥ ५३

इत्यार्षे श्रीमद्रामायणे वाल्मीकीय आदिकाव्ये सुन्दरकाण्डे सप्तपञ्चाशः सर्गः ॥ ५७ ॥

अष्टपञ्चाशः सर्गः ।

ततस्तस्य गिरेः शृङ्गे महेन्द्रस्य महाबलाः । हनुमत्प्रमुखाः प्रीतिं हरयो जग्मुरुत्तमाम् ॥ १
प्रीतिमत्सूपविष्टेषु वानरेषु महात्मसु । तं ततः प्रतिसंहृष्टः प्रीतियुक्तं महाकपिम् ॥ २
जाम्बवान्कार्यवृत्तान्तमपृच्छदनिलात्मजम् । कथं दृष्टा त्वया देवी कथं वा तत्र वर्तते ॥ ३
तस्यां चापि कथं वृत्तः क्रूरकर्मा दशाननः । तत्त्वतः सर्वमेतन्नः प्रब्रूहि त्वं महाकपे ॥ ४
संमार्गिता कथं देवी किं च सा प्रत्यभाषत । श्रुतार्थाश्चिन्तयिष्यामो भूयः कार्यविनिश्चयम् ॥ ५
यश्चार्थस्तत्र वक्तव्यो गतैरस्माभिरात्मवान् । रक्षितव्यं च यत्तत्र तद्भवान्व्याकरोतु नः ॥ ६
स नियुक्तस्ततस्तेन संप्रहृष्टतनूरुहः । नमस्यञ्शिरसा देव्यै सीतायै प्रत्यभाषत ॥ ७
प्रत्यक्षमेव भवतां महेन्द्राग्रात्खमाप्लुतः । उदधेर्दक्षिणं पारं काङ्क्षमाणः समाहितः ॥ ८
गच्छतश्च हि मे घोरं विघ्नरूपमिवाभवत् । काञ्चनं शिखरं दिव्यं पश्यामि सुमनोहरम् ॥ ९
स्थितं पन्थानमावृत्य मेने विघ्नं च तं नगम् । उपसंगम्य तं दिव्यं काञ्चनं नगमुत्तमम् ॥ १०
कृता मे मनसा बुद्धिर्भेत्तव्योऽयं मयेति च । प्रहतस्य मया तस्य लाङ्गूलेन महागिरेः ॥ ११
शिखरं सूर्यसंकाशं व्यशीर्यत सहस्रधा । व्यवसायं च तं बुद्ध्वा स होवाच महागिरिः ॥ १२
पुत्रेति मधुरां वाणीं मनः प्रह्लादयन्निव । पितृव्यं चापि मां विद्धि सखायं मातरिश्वनः ॥ १३
मैनाकमिति विख्यातं निवसन्तं महोदधौ । पक्षवन्तः पुरा तत्र बभूवुः पर्वतोत्तमाः ॥ १४
छन्दतः पृथिवीं चेरुर्बाधमानाः समन्ततः । श्रुत्वा नगानां चरितं महेन्द्रः पाकशासनः ॥ १५
वज्रेण भगवान्पक्षौ चिच्छेदैषां सहस्रशः । अहं तु मोचितस्तस्मात्तव पित्रा महात्मना ॥ १६
मारुतेन तदा वत्स प्रक्षिप्तो वरुणालये । राघवस्य मया साह्ये वर्तितव्यमरिंदम ॥ १७
रामो धर्मभृतां श्रेष्ठो महेन्द्रसमविक्रमः । एतच्छ्रुत्वा मया तस्य मैनाकस्य महात्मनः ॥ १८

आप्लुत्येत्यर्थः ॥ ४४ ॥ ४५ ॥ ४६ ॥ समेष्यामः संगता भविष्यामः । अहो इति । तव स्वामिभक्त्यादिकमाश्चर्यमित्यर्थः ॥ ४७ ॥ ४८ ॥ ४९ ॥ ५० ॥ ५१ ॥ विविधैर्देवैरुपास्यमान इत्यर्थः ॥ ५२ ॥ कीर्तिमता हनूमता यशस्विनाङ्गदेनेत्यर्थः । ज्वलितं युक्तम् ॥ ५३ ॥ इति श्रीरामाभिरामे श्रीरामीये रामायणतिलके वाल्मीकीय आदिकाव्ये सुन्दरकाण्डे सप्तपञ्चाशः सर्गः ॥ ५७ ॥

हनुमत्प्रमुखाः । परस्परं मिलिता इति शेषः ॥ १ ॥ २ ॥ कार्यविषयं वृत्तान्तम् ॥ ३ ॥ कथंवृत्तः कीदृग्व्यापारः ॥ ४ ॥ ५ ॥ चिन्तनीयनिश्चयमेवाह—यश्चेति । रक्षितव्यं रामसंनिधौ गोपनीयम् । अवक्तव्यमिति यावत् । अवक्तव्यं च यत्तच्चिन्तयिष्यामः, अतस्तत्पृष्टं सर्वमात्मवान्भवान्व्याकरोतु ॥ ६ ॥ ७ ॥ ८ ॥ विघ्नरूपमिवेत्युक्तं तदेवाह—काञ्चनमिति । पश्यामि । दृष्टमित्यर्थः । तदाश्चर्यत्वादद्यापि पश्यामीत्यर्थः ॥ ९ ॥ मेने । लिडुत्तमपुरुषैकवचनम् । उपसंगम्य प्राप्य ॥ १० ॥ ११ ॥ व्यवसायं स्वभेदनरूपम् ॥ १२ ॥ १३ ॥ १४ ॥ छन्दतः । स्वेच्छयेत्यर्थः । चरितं प्रजाबाधनरूपम् ॥ १५ ॥ १६ ॥ मोचनप्रकारमाह—मारुतेनेति । साह्ये साहाय्ये ॥ १७ ॥ तत्र हेतुः—धर्मभृतो श्रेष्ठत्वादि ॥ १८ ॥

कार्यमावेद्य च [illegible] वै मनो मम । तेन चाहमनुज्ञातो मैनाकेन महात्मना ॥ १९
स चाप्यन्तर्हितः शैलो मानुषेण वपुष्मता । शरीरेण महाशैलः शैलेन च महोदधौ ॥ २०
उत्तमं जवमास्थाय शेषमध्वानमास्थितः । ततोऽहं सुचिरं कालं जवेनाभ्यगमं पथि ॥ २१
ततः पश्याम्यहं देवीं सुरसां नागमातरम् । समुद्रमध्ये सा देवी वचनं चेदमब्रवीत् ॥ २२
मम भक्ष्यः प्रदिष्टस्त्वममरैर्हरिसत्तम । ततस्त्वां भक्षयिष्यामि विहितस्त्वं हि मे सुरैः ॥ २३
एवमुक्तः सुरसया प्राञ्जलिः प्रणतः स्थितः । विवर्णवदनो भूत्वा वाक्यं चेदमुदीरयन् ॥ २४
रामो दाशरथिः श्रीमान्प्रविष्टो दण्डकावनम् । लक्ष्मणेन सह भ्रात्रा सीतया च परंतपः ॥ २५
तस्य सीता हृता भार्या रावणेन दुरात्मना । तस्याः सकाशं दूतोऽहं गमिष्ये रामशासनात् ॥ २६
कर्तुमर्हसि रामस्य साहाय्यं विषये सति । अथवा मैथिलीं दृष्ट्वा रामं चाक्लिष्टकारिणम् ॥ २७
आगमिष्यामि ते वक्त्रं सत्यं प्रतिशृणोमि ते । एवमुक्ता मया सा तु सुरसा कामरूपिणी ॥ २८
अब्रवीन्नातिवर्तेत कश्चिदेष वरो मम । एवमुक्तः सुरसया दशयोजनमायतः ॥ २९
ततोऽर्धगुणविस्तारो बभूवाहं क्षणेन तु । मत्प्रमाणाधिकं चैव व्यादितं तु मुखं तया ॥ ३०
तद्दृष्ट्वा व्यादितं त्वास्यं ह्रस्वं ह्यकरवं पुनः । तस्मिन्मुहूर्ते च पुनर्बभूवाङ्गुष्ठसंमितः ॥ ३१
अभिपत्याशु तद्वक्त्रं निर्गतोऽहं ततः क्षणात् । अब्रवीन्सुरसा देवी स्वेन रूपेण मां पुनः ॥ ३२
अर्थसिद्ध्यै हरिश्रेष्ठ गच्छ सौम्य यथासुखम् । समानय च वैदेहीं राघवेण महात्मना ॥ ३३
सुखी भव महाबाहो प्रीतास्मि तव वानर । ततोऽहं साधुसाध्वीति सर्वभूतैः प्रशंसितः ॥ ३४
ततोऽन्तरिक्षं विपुलं प्लुतोऽहं गरुडो यथा । छाया मे निगृहीता च न च पश्यामि किंचन ॥ ३५
सोऽहं विगतवेगस्तु दिशो दश विलोकयन् । न किंचित्तत्र पश्यामि येन मे विहता गतिः ॥ ३६
अथ मे बुद्धिरुत्पन्ना किंनाम गमने मम । ईदृशो विघ्न उत्पन्नो रूपमत्र न दृश्यते ॥ ३७
अधोभागे तु मे दृष्टिः शोचतः पतिता तदा । तत्राद्राक्षमहं भीमां राक्षसीं सलिलेशयाम् ॥ ३८
प्रहस्य च महानादमुक्तोऽहं भीमया तया । अवस्थितमसंभ्रान्तमिदं वाक्यमशोभनम् ॥ ३९
क्वासि गन्ता महाकाय क्षुधिताया ममेप्सितः । भक्षः प्रीणय मे देहं चिरमाहारवर्जितम् ॥ ४०
बाढमित्येव तां वाणीं प्रत्यगृह्णामहं ततः । आस्यप्रमाणादधिकं तस्याः कायमपूरयम् ॥ ४१
तस्याश्चास्यं महद्भीमं वर्धते मम भक्षणे । न तु मां सा नु बुबुधे मम वा विकृतं कृतम् ॥ ४२
ततोऽहं विपुलं रूपं संक्षिप्य निमिषान्तरात् । तस्या हृदयमादाय प्रपतामि नभःस्थलम् ॥ ४३
सा विसृष्टभुजा भीमा पपात लवणाम्भसि । मया पर्वतसंकाशा निकृत्तहृदया सती ॥ ४४
शृणोमि खगतानां च वाचः सौम्या महात्मनाम् । राक्षसी सिंहिका भीमा क्षिप्रं हनुमता हता ॥ ४५
तां हत्वा पुनरेवाहं कृत्यमात्ययिकं स्मरन् । गत्वा च महदध्वानं पश्यामि नगमण्डितम् ॥ ४६

उद्धतमग्रे चलितम् ॥ १९ ॥ सशैलो मानुषेण वपुष्मता प्रशस्तेन शरीरेण महाशैलोऽन्तर्हितः । शैलेन शिलारूपेण च महोदधावन्तर्हित इत्यन्वयः ॥ २० ॥ २१ ॥ २२ ॥ प्रदिष्टः । विहित इत्यर्थः । विहितः । प्रापित इत्यर्थः ॥ २३ ॥ २४ ॥ २५ ॥ सकाशं समीपम् ॥ २६ ॥ विषये सति तदीयदेशे सति विद्यमाने । मैथिलीदर्शननिवेदनार्थं रामं च दृष्ट्वा ॥ २७ ॥ २८ ॥ नातिवर्तेत नातिक्रमेत । मां प्राप्तः मदाहारतां प्राप्तो न गच्छेदित्यर्थः ॥ २९ ॥ अर्धगुणविस्तारोऽर्धस्य दशयोजनार्धस्य पञ्चयोजनस्य गुण आवृत्तिस्तद्विस्तारः । दशयोजनविस्तार इति यावत् । पूर्वं दशयोजनविस्तारोक्त्यानुगुण्यंनैवं व्याख्यातम् ॥ ३० ॥ ह्रस्वम् । स्वशरीरमिति शेषः । तदेवाह—अङ्गुष्ठसंमित इति । देह इति शेषः ॥ ३१ ॥ ३२ ॥ समानय मेलय ॥ ३३ ॥ साधुसाध्वीति । अत्र दीर्घ आर्षः ॥ ३४ ॥ ३५ ॥ येन गतिर्विहता तत्किंचिन्न पश्यामि नापश्यमित्यन्वयः ॥ ३६ ॥ ३७ ॥ ३८ ॥ अवस्थितं निश्चेष्टम् । तथाप्यसंभ्रान्तं भयहीनं मां लक्षीकृत्येदं वाक्यमहमुक्त इत्यन्वयः ॥ ३९ ॥ ममेप्सितो भक्षस्त्वम्, अतो मे देहं प्रीणयेत्यन्वयः ॥ ४० ॥ प्रत्यगृह्णामङ्गीकृतवान् । तस्या आस्यप्रमाणादधिकं भवति यथा तथात्मनः कायमपूरयमवर्धयम् ॥ ४१ ॥ मां सा न बुबुधे । अयं कामरूपी सर्वविघ्ननिर्दलन इति मां न ज्ञातवतीत्यर्थः । मम कृतं विकृतं मया कृतं विकृतं विकारस्वरूपं वक्ष्यमाणसूक्ष्मरूपत्वं च न बुबुधे ॥ ४२ ॥ तदेवाह—तत इति । आदाय कर्तित्वा । प्रपतामि प्रापतम् ॥ ४३ ॥ विसृष्टभुजा विप्रकीर्णभुजा ॥ ४४ ॥ सिंहिका हनुमता हतेति द्युगतानां वाचः शृणोमि श्रुताः ॥ ४५ ॥ आत्ययिकं जातकालविलम्बम् । कृत्यं सीतादर्शनं स्मरन्नेव महदध्वानं गत्वोदधेर्दक्षिणं

दक्षिणं तीरमुदधेर्लङ्का यत्र गता पुरी । अस्तं दिनकरे याते रक्षसां निलयं पुरीम् ॥ ४७
प्रविष्टोऽहमविज्ञातो रक्षोभिर्भीमविक्रमैः । तत्र प्रविशतश्चापि कल्पान्तघनसप्रभा ॥ ४८
अट्टहासं विमुञ्चन्ती नारी काप्युत्थिता पुरः । जिघांसन्तीं ततस्तां तु ज्वलदग्निशिरोरुहाम् ॥ ४९
सव्यमुष्टिप्रहारेण पराजित्य सुभैरवाम् । प्रदोषकाले प्रविशं भीतयाहं तयोदितः ॥ ५०
अहं लङ्कापुरी वीर निर्जिता विक्रमेण ते । यस्मात्तस्माद्विजेतासि सर्वरक्षांस्यशेषतः ॥ ५१
तत्राहं सर्वरात्रं तु विचरञ्जनकात्मजाम् । रावणान्तःपुरगतो न चापश्यं सुमध्यमाम् ॥ ५२
ततः सीतामपश्यंस्तु रावणस्य निवेशने । शोकसागरमासाद्य न पारमुपलक्षये ॥ ५३
शोचता च मया दृष्टं प्राकारेणाभिसंवृतम् । काञ्चनेन विकृष्टेन गृहोपवनमुत्तमम् ॥ ५४
सप्राकारमवप्लुत्य पश्यामि बहुपादपम् । अशोकवनिकामध्ये शिंशपापादपो महान् ॥ ५५
तमारुह्य च पश्यामि काञ्चनं कदलीवनम् । अदूराच्छिंशपावृक्षात्पश्यामि वरवर्णिनीम् ॥ ५६
श्यामां कमलपत्राक्षीमुपवासकृशाननाम् । तदेकवासःसंवीतां रजोध्वस्तशिरोरुहाम् ॥ ५७
शोकसंतापदीनाङ्गीं सीतां भर्तृहिते स्थिताम् । राक्षसीभिर्विरूपाभिः क्रूराभिरभिसंवृताम् ॥ ५८
मांसशोणितभक्ष्याभिर्व्याघ्रीभिर्हरिणीं यथा । सा मया राक्षसीमध्ये तर्ज्यमाना मुहुर्मुहुः ॥ ५९
एकवेणीधरा दीना भर्तृचिन्तापरायणा । भूमिशय्या विवर्णाङ्गी पद्मिनीव हिमागमे ॥ ६०
रावणाद्विनिवृत्तार्था मर्तव्ये कृतनिश्चया । कथंचिन्मृगशावाक्षी तूर्णमासादिता मया ॥ ६१
तां दृष्ट्वा तादृशीं नारीं रामपत्नीं यशस्विनीम् । तत्रैव शिंशपावृक्षे पश्यन्नहमवस्थितः ॥ ६२
ततो हलहलाशब्दं काञ्चीनूपुरमिश्रितम् । शृणोम्यधिकगम्भीरं रावणस्य निवेशने ॥ ६३
ततोऽहं परमोद्विग्नः स्वरूपं प्रत्यसंहरम् । अहं च शिंशपावृक्षे पक्षीव गहने स्थितः ॥ ६४
ततो रावणदाराश्च रावणश्च महाबलः । तं देशमनुसंप्राप्तो यत्र सीताभवत्स्थिता ॥ ६५
तं दृष्ट्वाथ वरारोहा सीता रक्षोगणेश्वरम् । संकुच्योरू स्तनौ पीनौ बाहुभ्यां परिरभ्य च ॥ ६६
वित्रस्तां परमोद्विग्नां वीक्षमाणामितस्ततः । त्राणं कंचिदपश्यन्तीं वेपमानां तपस्विनीम् ॥ ६७
तामुवाच दशग्रीवः सीतां परमदुःखिनाम् । अवाक्शिराः प्रपतितो बहुमन्यस्व मामिति ॥ ६८
यदि चेत्त्वं तु मां दर्पान्नाभिनन्दसि गर्विते । द्विमासानन्तरं सीते पास्यामि रुधिरं तव ॥ ६९
एतच्छ्रुत्वा वचस्तस्य रावणस्य दुरात्मनः । उवाच परमक्रुद्धा सीता वचनमुत्तमम् ॥ ७०
राक्षसाधम रामस्य भार्याममिततेजसः । इक्ष्वाकुवंशनाथस्य स्नुषां दशरथस्य च ॥ ७१
अवाच्यं वदतो जिह्वा कथं न पतिता तव । किंस्विद्वीर्यं तवानार्य यो मां भर्तुरसंनिधौ ॥ ७२
अपहृत्यागतः पाप तेनादृष्टो महात्मना । न त्वं रामस्य सदृशो दास्येऽप्यस्य न युज्यसे ॥ ७३
अजेयः सत्यवाक्शूरो रणश्लाघी च राघवः । जानक्या परुषं वाक्यमेवमुक्तो दशाननः ॥ ७४
जज्वाल सहसा कोपाच्चितास्थ इव पावकः । विवृत्य नयने क्रूरे मुष्टिमुद्यम्य दक्षिणम् ॥ ७५

तीरं पश्यामि दृष्टवान् ॥ ४६ ॥ ४७ ॥ ४८ ॥ मां जिघांसन्तीम् । ज्वलदग्नितुल्यकेशपाशाम् ॥ ४९ ॥ सुभैरवामतिशयेन भयंकररूपाम् । प्रविशं प्राविशम् ॥ ५० ॥ ५१ ॥ सर्वरात्रं सर्वां रात्रीम् । अल्पशेषायां रात्रावशोकवनिकायां दर्शनादेवमुक्तिः ॥ ५२ ॥ उपलक्षय उपालक्षयम् ॥ ५३ ॥ विकृष्टेन विप्रकृष्टोर्ध्वभागेन । अत्युच्चेनेति यावत् । तादृशेन प्रासादेनावृतं किंचित्स्थानं मया दृष्टम् ॥ ५४ ॥ ततः प्राकारमवप्लुत्य बहुपादपं गृहोपवनमुद्यानं पश्याम्यपश्यम् । महान्पादपो दृष्ट इति शेषः ॥ ५५ ॥ पश्यामीति प्राग्वत् । काञ्चनं तद्वर्णम् । अदूराच्छिंशपावृक्षाच्छिंशपावृक्षस्य समीपे ॥ ५६ ॥ तदेकवासःसंवीतां तेन हरणकाले किष्किन्धायां पूर्वं दृष्टेनैवैकवाससा संवीताम् ॥ ५७ ॥ ५८ ॥ व्याघ्रीपरिवृतां हरिणीमिव तामपश्यमिति संबन्धः । राक्षसीमध्ये ताभिरेव तर्ज्यमाना सा सदुःखा मया कथंचिदासादितेत्यन्वयः ॥ ५९ ॥ ६० ॥ रावणाद्विनिवृत्तो विनिवर्तितोऽर्थः सुखभोगरूपो यया । मर्तव्ये मरणे ॥ ६१ ॥ ६२ ॥ शृणोमि श्रुतवान् । रावणस्य निवेशने तत्समीपे । यद्वा निवेशने सीतासमीपंप्रवेशनकाले ॥ ६३ ॥ प्रत्यसंहरं सूक्ष्ममकरवम् । गहने पर्णसमूहगूढप्रदेशे स्थितः ॥ ६४ ॥ ६५ ॥ परिरभ्य चेति । वित्रस्तेव बभूवेति शेषः ॥ ६६ ॥ ६७ ॥ ६८ ॥ ६९ ॥ ७० ॥ ७१ ॥ किंस्वित् । कुत्सितमित्यर्थः ॥ ७२ ॥ तदसंनिधावपहृत्य तेनादृष्ट इति लङ्कामागतः, अन्यथा तदैव ते हननं स्यादित्यर्थः । सादृश्यसंभावनापि दूरापास्तेत्याह—दास्येऽपीति ॥ ७३ ॥ ७४ ॥ चितास्थपावकलेनास्पृश्यता

मैथिलीं हन्तुमारब्धः स्त्रीभिर्हाहाकृतं तदा । स्त्रीणां मध्यात्समुत्पत्य तस्य भार्या दुरात्मनः ॥ ७६
वरा मन्दोदरी नाम तया स प्रतिषेधितः । उक्तश्च मधुरां वाणीं तया स मदनार्दितः ॥ ७७
सीतया तव किं कार्यं महेन्द्रसमविक्रम । मया सह रमस्वाद्य मद्विशिष्टा न जानकी ॥ ७८
देवगन्धर्वकन्याभिर्यक्षकन्याभिरेव च । सार्धं प्रभो रमस्वेति सीतया किं करिष्यसि ॥ ७९
ततस्ताभिः समेताभिर्नारीभिः स महाबलः । उत्थाप्य सहसा नीतो भवनं स्वं निशाचरः ॥ ८०
याते तस्मिन्दशग्रीवे राक्षस्यो विकृताननाः । सीतां निर्भर्त्सयामासुर्वाक्यैः क्रूरैः सुदारुणैः ॥ ८१
तृणवद्भाषितं तासां गणयामास जानकी । गर्जितं च तथा तासां सीतां प्राप्य निरर्थकम् ॥ ८२
वृथा गर्जितनिश्चेष्टा राक्षस्यः पिशिताशनाः । रावणाय शशंसुस्ताः सीताव्यवसितं महत् ॥ ८३
ततस्ताः सहिताः सर्वा विहताशा निरुद्यमाः । परिक्लिश्य समस्तास्ता निद्रावशमुपागताः ॥ ८४
तासु चैव प्रसुप्तासु सीता भर्तृहिते रता । विलप्य करुणं दीना प्रशुशोच सुदुःखिता ॥ ८५
तासां मध्यात्समुत्थाप्य त्रिजटा वाक्यमब्रवीत् । आत्मानं खादत क्षिप्रं न सीतामसितेक्षणाम् ॥ ८६
जनकस्यात्मजां साध्वीं स्नुषां दशरथस्य च । स्वप्नो ह्यद्य मया दृष्टो दारुणो रोमहर्षणः ॥ ८७
रक्षसां च विनाशाय भर्तुरस्या जयाय च । अलमस्मान्परित्रातुं राघवाद्राक्षसीगणम् ॥ ८८
अभियाचाम वैदेहीमेतद्धि मम रोचते । यदि ह्येवंविधः स्वप्नो दुःखितायाः प्रदृश्यते ॥ ८९
सा दुःखैर्विविधैर्मुक्ता सुखमाप्नोत्यनुत्तमम । प्रणिपातप्रसन्ना हि मैथिली जनकात्मजा ॥ ९०
अलमेषा परित्रातुं राक्षस्यो महतो भयात् । ततः सा ह्रीमती बाला भर्तुर्विजयहर्षिता ॥ ९१
अवोचद्यदि तत्तथ्यं भवेयं शरणं हि वः । तां चाहं तादृशीं दृष्ट्वा सीताया दारुणां दशाम् ॥ ९२
चिन्तयामास विश्रान्तो न च मे निर्वृतं मनः । संभाषणार्थं च मया जानक्याश्चिन्तितो विधिः ॥ ९३
इक्ष्वाकुकुलवंशस्तु स्तुतो मम पुरस्कृतः । श्रुत्वा तु गदितां वाचं राजर्षिगणभूषिताम् ॥ ९४
प्रत्यभाषत मां देवी बाष्पैः पिहितलोचना । कस्त्वं केन कथं चेह प्राप्तो वानरपुंगव ॥ ९५
का च रामेण ते प्रीतिस्तन्मे शंसितुमर्हसि । तस्यास्तद्वचनं श्रुत्वा अहमप्यब्रुवं वचः ॥ ९६
देवि रामस्य भर्तुस्ते सहायो भीमविक्रमः । सुग्रीवो नाम विक्रान्तो वानरेन्द्रो महाबलः ॥ ९७
तस्य मां विद्धि भृत्यं त्वं हनूमन्तमिहागतम् । भर्त्रा संप्रहितस्तुभ्यं रामेणाक्लिष्टकर्मणा ॥ ९८
इदं तु पुरुषव्याघ्रः श्रीमान्दाशरथिः स्वयम् । अङ्गुलीयमभिज्ञानमदात्तुभ्यं यशस्विनि ॥ ९९
तदिच्छामि त्वयाज्ञप्तं देवि किं करवाण्यहम । रामलक्ष्मणयोः पार्श्वं नयामि त्वां किमुत्तरम् ॥ १००
एतच्छ्रुत्वा विदित्वा च सीता जनकनन्दिनी । आह रावणमुत्पाट्य राघवो मां नयत्विति ॥ १०१
प्रणम्य शिरसा देवीमहमार्यामनिन्दिताम । राघवस्य मनोह्लादमभिज्ञानमयाचिषम् ॥ १०२
अथ मामब्रवीत्सीता गृह्यतामयमुत्तमः । मणिर्येन महाबाहू रामस्त्वां बहु मन्यते ॥ १०३
इत्युक्त्वा तु वरारोहा मणिप्रवरमुत्तमम् । प्रायच्छत्परमोद्विग्ना वाचा मां संदिदेश ह ॥ १०४

सूचिता ॥ ७५ ॥ हाहाकृतं हाहेति कृतम् ॥ ७६ ॥ मन्दोदरी नामेति पूर्वं धान्यमालिन्या प्रतिषिद्धमित्युक्तम्, इदानीं मन्दोदर्येत्यभिधानादुभाभ्यामपीति कल्पनीयम् । यद्वा मन्दोदर्या एव नामान्तरं धान्यमालिनीत्युक्तम् ॥ ७७ ॥ ७८ ॥ ७९ ॥ ८० ॥ ८१ ॥ निरर्थकम् । आसीदिति शेषः ॥ ८२ ॥ सीताव्यवसितं महत् । कर्तव्यं न तु त्वमङ्गीकर्तव्य इत्येतद्रूपम् ॥ ८३ ॥ विहताशाः । रावणानुकूल्यमस्माभिरवश्यं संपाद्यमिति तासामाशा अतएव तद्विषये निरुद्यमाः । परिक्लिश्य । पूर्वव्यापारकृतः क्लेशः ॥ ८४ ॥ विलप्य प्रशुशोच विलापपूर्वकं शोकं चकार ॥ ८५ ॥ ८६ ॥ रक्षोविनाशकत्वाद्रोमहर्षणः ॥ ८७ ॥ राक्षसीगणमस्मान्राक्षसीरूपानस्मान्परित्रातुमलमेषा सीतेति शेषः ॥ ८८ ॥ अभियाचाम । स्वरक्षणमिति शेषः ॥ ८९ ॥ ९० ॥ ततस्त्रिजटावाक्यानन्तरम् । कैतावद्भाग्यमिति लज्जिता । तत्कथितस्वप्नसूचितरामविजयहर्षिता ॥ ९१ ॥ तत्त्रिजटावाक्यं यदि तथ्यं तदावश्यं शरणं भवेयमित्यवोचदिति संबन्धः ॥ ९२ ॥ चिन्तयामासेति लिङ्गुत्तमः । ईदृश्या अपीदृशं दुःखमिति चिन्तां कृतवानित्यर्थः । मे मनो न च निर्वृतं न चिन्तारहितं जातम् । विधिः प्रकारः ॥ ९३ ॥ मम स्तुतो मया स्तुतः ॥ ९४ ॥ ९५ ॥ ९६ ॥ ९७ ॥ तुभ्यं भर्त्रा तव भर्त्रा ॥ ९८ ॥ ९९ ॥ त्वयाज्ञप्तं त्वत्कर्तृकमाज्ञापनम् । उत्तरं समुद्रोत्तरकूलस्थम् । यद्वा किमुत्तरं प्रत्युत्तरं किं ब्रूहीति शेषः ॥ १०० ॥ उत्पाट्य समूलं नाशयित्वा ॥ १०१ ॥ १०२ ॥ १०३ ॥ संदिदेश काकवृत्तान्तं तिलककरणं च राममात्रैकवेद्यं कथयामासेत्यर्थः

ततस्तस्यै प्रणम्याहं राजपुत्र्यै समाहितः । प्रदक्षिणं परिक्राममिहाभ्युद्गतमानसः ॥ १०५
उत्तरं पुनरेवाह निश्चित्य मनसा तदा । हनूमन्मम वृत्तान्तं वक्तुमर्हसि राघवे ॥ १०६
यथा श्रुत्वैव नचिरात्तावुभौ रामलक्ष्मणौ । सुग्रीवसहितौ वीरावुपेयातां तथा कुरु ॥ १०७
यदन्यथा भवेदेतद्द्वौ मासौ जीवितं मम । न मां द्रक्ष्यति काकुत्स्थो म्रिये साहमनाथवत् ॥ १०८
तच्छ्रुत्वा करुणं वाक्यं क्रोधो मामभ्यवर्तत । उत्तरं च मया दृष्टं कार्यशेषमनन्तरम् ॥ १०९
ततोऽवर्धत मे कायस्तदा पर्वतसंनिभः । युद्धाकाङ्क्षी वनं तस्य विनाशयितुमारभे ॥ ११०
तद्भग्नं वनखण्डं तु भ्रान्तत्रस्तमृगद्विजम् । प्रतिबुद्ध्य निरीक्षन्ते राक्षस्यो विकृताननाः ॥ १११
मां च दृष्ट्वा वने तस्मिन्समागम्य ततस्ततः । ताः समभ्यागताः क्षिप्रं रावणायाचचक्षिरे ॥ ११२
राजन्वनमिदं दुर्गं तव भग्नं दुरात्मना । वानरेण ह्यविज्ञाय तव वीर्यं महाबल ॥ ११३
तस्य दुर्बुद्धिता राजंस्तव विप्रियकारिणः । वधमाज्ञापय क्षिप्रं यथासौ न पुनर्व्रजेत् ॥ ११४
तच्छ्रुत्वा राक्षसेन्द्रेण विसृष्टा बहुदुर्जयाः । राक्षसाः किंकरा नाम रावणस्य मनोनुगाः ॥ ११५
तेषामशीतिसाहस्रं शूलमुद्गरपाणिनाम् । मया तस्मिन्वनोद्देशे परिघेण निषूदितम् ॥ ११६
तेषां तु हतशिष्टा ये ते गता लघुविक्रमाः । निहतं च मया सैन्यं रावणायाचचक्षिरे ॥ ११७
ततो मे बुद्धिरुत्पन्ना चैत्यप्रासादमुत्तमम् । तत्रस्थान्राक्षसान्हत्वा शतं स्तम्भेन वै पुनः ॥ ११८
ललामभूतो लङ्काया मया विध्वंसितो रुषा । ततः प्रहस्तस्य सुतं जम्बुमालिनमादिशत् ॥ ११९
राक्षसैर्बहुभिः सार्धं घोररूपैर्भयानकैः । तमहं बलसंपन्नं राक्षसं रणकोविदम् ॥ १२०
परिघेणातिघोरेण सूदयामि सहानुगम् । तच्छ्रुत्वा राक्षसेन्द्रस्तु मन्त्रिपुत्रान्महाबलान् ॥ १२१
पदातिबलसंपन्नान्प्रेषयामास रावणः । परिघेणैव तान्सर्वान्नयामि यमसादनम् ॥ १२२
मन्त्रिपुत्रान्हताञ्छ्रुत्वा समरे लघुविक्रमान् । पञ्च सेनाग्रगाञ्छूरान्प्रेषयामास रावणः ॥ १२३
तानहं सहसैन्यान्वै सर्वानेवाभ्यसूदयम् । ततः पुनर्दशग्रीवः पुत्रमक्षं महाबलम् ॥ १२४
बहुभी राक्षसैः सार्धं प्रेषयामास संयुगे । तं तु मन्दोदरीपुत्रं कुमारं रणपण्डितम् ॥ १२५
सहसा खं समुद्यन्तं पादयोश्च गृहीतवान् । तमासीनं शतगुणं भ्रामयित्वा व्यपेषयम् ॥ १२६
तमक्षमागतं भग्नं निशम्य स दशाननः । ततश्चेन्द्रजितं नाम द्वितीयं रावणः सुतम् ॥ १२७
व्यादिदेश सुसंक्रुद्धो बलिनं युद्धदुर्मदम् । तच्चाप्यहं बलं सर्वं तं च राक्षसपुंगवम् ॥ १२८
नष्टौजसं रणे कृत्वा परं हर्षमुपागतः । महतापि महाबाहुः प्रत्ययेन महाबलः ॥ १२९
प्रहितो रावणेनैष सह वीरैर्मदोद्धतैः । सोऽविषह्यं हि मां बुद्ध्वा स्वसैन्यं चावमर्दितम् ॥ १३०
ब्रह्मणोऽस्त्रेण स तु मां प्रबद्ध्वा चातिवेगिनः । रज्जुभिश्चापि बध्नन्ति ततो मां तत्र राक्षसाः ॥ १३१
रावणस्य समीपं च गृहीत्वा मामुपागमन् । दृष्ट्वा संभाषितश्चाहं रावणेन दुरात्मना ॥ १३२
पृष्टश्च लङ्कागमनं राक्षसानां च तं वधम् । तत्सर्वं च रणे तत्र सीतार्थमुपजल्पितम् ॥ १३३
तस्यास्तु दर्शनाकाङ्क्षी प्राप्तस्त्वद्भवनं विभो । मारुतस्यौरसः पुत्रो वानरो हनुमानहम् ॥ १३४
रामदूतं च मां विद्धि सुग्रीवसचिवं कपिम् । सोऽहं दौत्येन रामस्य त्वत्सकाशमिहागतः ॥ १३५
शृणु चापि समादेशं यदहं प्रब्रवीमि ते । राक्षसेश हरीशस्त्वां वाक्यमाह समाहितम् ॥ १३६
सुग्रीवश्च महाभाग स त्वां कौशलमब्रवीत् । धर्मार्थकामसहितं हितं पथ्यमुवाच ह ॥ १३७

॥ १०४ ॥ इहाभ्युद्गतमानस इहागन्तुं निश्चितमानसः । मम वृत्तान्तं त्वयानुभूतं मद्विषयं रावणराक्षसीवृत्तान्तम् ॥ १०५ ॥ १०६ ॥ १०७ ॥ यद्यस्मादन्यथानागमने द्वौ मासौ मम जीवितं भवेत् । अनाथवन्म्रिये । राक्षसीकृतवधेनेति भावः ॥ १०८ ॥ उत्तरं कार्यशेषं लङ्कानाशनरूपम् ॥ १०९ ॥ ११० ॥ १११ ॥ समागम्य मिलित्वा ॥ ११२ ॥ ११३ ॥ तस्य दुर्बुद्धितेति बहुव्रीहेस्तल् । न पुनर्व्रजेत् । स्वदेशमिति शेषः ॥ ११४ ॥ ११५ ॥ ११६ ॥ ११७ ॥ चैत्यप्रासादम् । विनाशयितुमिति शेषः ॥ ११८ ॥ ललामभूतः । चैत्यप्रासाद इति शेषः ॥ ११९ ॥ १२० ॥ १२१ ॥ १२२ ॥ १२३ ॥ १२४ ॥ १२५ ॥ १२६ ॥ द्वितीयं प्रेषितपुत्रापेक्षया द्वितीयम् ॥ १२७ ॥ १२८ ॥ महता प्रत्ययेन विश्वासेन ॥ १२९ ॥ १३० ॥ प्रबद्ध्वा प्रबध्य । राक्षसेभ्य आर्पयदिति शेषः । बध्नन्त्यबध्नन् ॥ १३१ ॥ १३२ ॥ सीतार्थमिति । कथितमित्यर्थः ॥ १३३ ॥ तस्याः सीतायाः ॥ १३४ ॥ १३५ ॥ १३६ ॥ १३७ ॥

वसतो ऋष्यमूके मे पर्वते विपुलद्रुमे । राघवो रणविक्रान्तो मित्रत्वं समुपागतः ॥ १३८
तेन मे कथितं राजन्भार्या मे रक्षसा हृता । तत्र साहाय्यहेतोर्मे समयं कर्तुमर्हसि ॥ १३९
वालिना हृतराज्येन सुग्रीवेण सह प्रभुः । चक्रेऽग्निसाक्षिकं सख्यं राघवः सहलक्ष्मणः ॥ १४०
तेन वालिनमाहत्य शरेणैकेन संयुगे । वानराणां महाराजः कृतः संप्लवतां प्रभुः ॥ १४१
तस्य साहाय्यमस्माभिः कार्यं सर्वात्मना त्विह । तेन प्रस्थापितस्तुभ्यं समीपमिह धर्मतः ॥ १४२
क्षिप्रमानीयतां सीता दीयतां राघवस्य च । यावन्न हरयो वीरा विधमन्ति बलं तव ॥ १४३
वानराणां प्रभावोऽयं न केन विदितः पुरा । देवतानां सकाशं च ये गच्छन्ति निमन्त्रिताः ॥ १४४
इति वानरराजस्त्वामाहेत्यभिहितो मया । मामैक्षत ततो रुष्टश्चक्षुषा प्रदहन्निव ॥ १४५
तेन वध्योऽहमाज्ञप्तो रक्षसा रौद्रकर्मणा । मत्प्रभावमविज्ञाय रावणेन दुरात्मना ॥ १४६
ततो विभीषणो नाम तस्य भ्राता महामतिः । तेन राक्षसराजश्च याचितो मम कारणात् ॥ १४७
नैवं राक्षसशार्दूल त्यज्यतामेष निश्चयः । राजशास्त्रव्यपेतो हि मार्गः संलक्ष्यते त्वया ॥ १४८
दूतवध्या न दृष्टा हि राजशास्त्रेषु राक्षस । दूतेन वेदितव्यं च यथाभिहितवादिना ॥ १४९
सुमहत्यपराधेऽपि दूतस्यातुलविक्रम । विरूपकरणं दृष्टं न वधोऽस्ति हि शास्त्रतः ॥ १५०
विभीषणेनैवमुक्तो रावणः संदिदेश तान् । राक्षसानेतदेवाद्य लाङ्गूलं दह्यतामिति ॥ १५१
ततस्तस्य वचः श्रुत्वा मम पुच्छं समन्ततः । वेष्टितं शणवल्कैश्च पट्टैः कार्पासकैस्तथा ॥ १५२
राक्षसाः सिद्धसंनाहास्ततस्ते चण्डविक्रमाः । तदाऽदीप्यन्त मे पुच्छं हनन्तः काष्ठमुष्टिभिः ॥ १५३
बद्धस्य बहुभिः पाशैर्यन्त्रितस्य च राक्षसैः । न मे पीडाऽभवत्काचिद्दिदृक्षोर्नगरीं दिवा ॥ १५४
ततस्ते राक्षसाः शूरा बद्धं मामग्निसंवृतम् । अघोषयन्राजमार्गे नगरद्वारमागताः ॥ १५५
ततोऽहं सुमहद्रूपं संक्षिप्य पुनरात्मनः । विमोचयित्वा तं बन्धं प्रकृतिस्थः स्थितः पुनः ॥ १५६
आयसं परिघं गृह्य तानि रक्षांस्यसूदयम् । ततस्तन्नगरद्वारं वेगेन प्लुतवानहम् ॥ १५७
पुच्छेन च प्रदीप्तेन तां पुरीं साट्टगोपुराम् । दहाम्यहमसंभ्रान्तो युगान्ताग्निरिव प्रजाः ॥ १५८
विनष्टा जानकी व्यक्तं न ह्यदग्धः प्रदृश्यते । लङ्कायाः कश्चिदुद्देशः सर्वा भस्मीकृता पुरी ॥ १५९
दहता च मया लङ्कां दग्धा सीता न संशयः । रामस्य च महत्कार्यं मयेदं विफलीकृतम् ॥ १६०
इति शोकसमाविष्टश्चिन्तामहमुपागतः । ततोऽहं वाचमश्रौषं चारणानां शुभाक्षराम् ॥ १६१
जानकी न च दग्धेति विस्मयोदन्तभाषिणाम् । ततो मे बुद्धिरुत्पन्ना श्रुत्वा तामद्भुतां गिरम् ॥ १६२
अदग्धा जानकीत्येव निमित्तैश्चोपलक्षितम् । दीप्यमाने तु लाङ्गूले न मां दहति पावकः ॥ १६३
हृदयं च प्रहृष्टं मे वाताः सुरभिगन्धिनः । तैर्निमित्तैश्च दृष्टार्थैः कारणैश्च महागुणैः ॥ १६४
ऋषिवाक्यैश्च दृष्टार्थैरभवं हृष्टमानसः । पुनर्दृष्टा च वैदेही विसृष्टश्च तया पुनः ॥ १६५
ततः पर्वतमासाद्य तत्रारिष्टमहं पुनः । प्रतिप्लवनमारेभे युष्मद्दर्शनकाङ्क्षया ॥ १६६
ततः श्वसनचन्द्रार्कसिद्धगन्धर्वसेवितम् । पन्थानमहमाक्रम्य भवतो दृष्टवानिह ॥ १६७

॥ १३८ ॥ समयं प्रतिज्ञाम् ॥ १३९ ॥ १४० ॥ संप्लवतां सम्यक्प्लवतां प्रभुः । अहमिति शेषः ॥ १४१ ॥ तस्य रामस्य । तेन रामसाहाय्यस्य कर्तव्यत्वेन तुभ्यं समीपं तव समीपं प्रस्थापितः । दूत इति शेषः । दूतप्रेषणं विना प्रथममेव युद्धस्याधर्मत्वादिति भावः ॥ १४२ ॥ सीतादानाभावे बाधकमाह—यावदिति ॥ १४३ ॥ वानराणामिति । एवं च लङ्कानाशने वानरा असमर्था न इति मन्तव्यमिति भावः । 'राघवाणाम्' इति पाठे मनुष्याऽसमर्थ इति न मन्तव्यमिति भावः ॥ १४४ ॥ १४५ ॥ मत्प्रभावं वरदानं लब्ध्वा वध्यत्वरूपम् ॥ १४६ ॥ १४७ ॥ नैवम् । अयमवध्य इत्यर्थः । एष निश्चय एतद्वधनिश्चयः । संलक्ष्यते विचार्यते ॥ १४८ ॥ वेदितव्यं निवेदनीयम् । एवं चैवमुक्तिर्दूतस्य नापराध इत्यर्थः ॥ १४९ ॥ १५० ॥ १५१ ॥ १५२ ॥ हनन्तः । मामिति शेषः । आर्षमेतत् ॥ १५३ ॥ १५४ ॥ १५५ ॥ १५६ ॥ १५७ ॥ १५८ ॥ १५९ ॥ १६० ॥ १६१ ॥ विस्मयकारी य उदन्तो वृत्तान्तस्तद्भाषिणां तं वदताम् ॥ १६२ ॥ उपलक्षितम् । तद्दहनमिति शेषः । निमित्तैः शुभसूचकैः । निमित्तान्याह—दीप्यमाने त्वादि ॥ १६३ ॥ दृष्टार्थैर्दृष्टसंवादैः, महागुणैः कारणैर्मत्प्रवृत्तिकारणैः सीतारामरूपैः ॥ १६४ ॥ १६५ ॥ आरेभे । लिङ्व्यत्ययः ॥ १६६ ॥ १६७ ॥ १६८ ॥ १६९ ॥

राघवस्य प्रसादेन भवतां चैव तेजसा । सुग्रीवस्य च कार्यार्थे मया सर्वमनुष्ठितम् ॥ १६८

एतत्सर्वं मया तत्र यथावदुपपादितम् । तत्र यन्न कृतं शेषं तत्सर्वं क्रियतामिति ॥ १६९

इत्यार्षे श्रीमद्रामायणे वाल्मीकीय आदिकाव्ये सुन्दरकाण्डेऽष्टपञ्चाशः सर्गः ॥ ५८ ॥

एकोनषष्टितमः सर्गः ।

एतदाख्याय तत्सर्वं हनूमान्मारुतात्मजः । भूयः समुपचक्राम वचनं वक्तुमुत्तरम् ॥ १

सफलो राघवोद्योगः सुग्रीवस्य च संभ्रमः । शीलमासाद्य सीताया मम च प्रीणितं मनः ॥ २

आर्यायाः सदृशं शीलं सीतायाः प्लवगर्षभाः । तपसा धारयेल्लोकान्क्रुद्धा वा निर्दहेदपि ॥ ३

सर्वथातिप्रकृष्टोऽसौ रावणो राक्षसेश्वरः । यस्य तां स्पृशतो गात्रं तपसा न विनाशितम् ॥ ४

न तदग्निशिखा कुर्यात्संस्पृष्टा पाणिना सती । जनकस्य सुता कुर्याद्यत्क्रोधकलुषीकृता ॥ ५

जाम्बवत्प्रमुखान्सर्वाननुज्ञाप्य महाकपीन् । अस्मिन्नेवंगते कार्ये भवतां च निवेदिते ।
न्याय्यं स्म सह वैदेह्या द्रष्टुं तौ पार्थिवात्मजौ ॥ ६

अहमेकोऽपि पर्याप्तः सराक्षसगणां पुरीम् । तां लङ्कां तरसा हन्तुं रावणं च सराक्षसम् ॥ ७

किं पुनः सहितो वीरैर्बलवद्भिः कृतात्मभिः । कृतास्त्रैः प्लवगैः शक्तैर्भवद्भिर्विजयैषिभिः ॥ ८

अहं तु रावणं युद्धे ससैन्यं सपुरःसरम् । सहपुत्रं वधिष्यामि सहोदरयुतं युधि ।
ब्राह्ममस्त्रं च रौद्रं च वायव्यं वारुणं तथा ॥ ९

यदि शक्रजिताऽस्त्राणि दुर्निरीक्ष्याणि संयुगे । तान्यहं निहनिष्यामि विधमिष्यामि राक्षसान् ॥ १०

भवतामभ्यनुज्ञातो विक्रमो मे रुणद्धि तम् । मयातुला विसृष्टा हि शैलवृष्टिर्निरन्तरा ॥ ११

देवानपि रणे हन्यात्किं पुनस्तान्निशाचरान् । भवतामननुज्ञातो विक्रमो मे रुणद्धि माम् ॥ १२

सागरोऽप्यतियाद्वेलां मन्दरः प्रचलेदपि । न जाम्बवन्तं समरे कम्पयेदरिवाहिनी ॥ १३

सर्वराक्षससङ्घानां राक्षसा ये च पूर्वजाः । अलमेकोऽपि नाशाय वीरो वालिसुतः कपिः ॥ १४

प्लवगस्योरुवेगेन नीलस्य च महात्मनः । मन्दरोऽप्यवशीर्येत किं पुनर्युधि राक्षसाः ॥ १५

सदेवासुरयक्षेषु गन्धर्वोरगपक्षिषु । मैन्दस्य प्रतियोद्धारं शंसत द्विविदस्य वा ॥ १६

अश्विपुत्रौ महावेगावेतौ प्लवगसत्तमौ । एतयोः प्रतियोद्धारं न पश्यामि रणाजिरे ॥ १७

इति श्रीरामाभिरामे श्रीरामीये रामायणतिलके वाल्मीकीय आदिकाव्ये सुन्दरकाण्डेऽष्टपञ्चाशः सर्गः ॥ ५८ ॥

एतदिति । उत्तरं पराक्रमयुक्तत्वात्सर्वतोऽधिकम् ॥ १ ॥ संभ्रम आदरः । उत्साह इत्यर्थः । सीतायाः शीलं सद्वृत्तं पातिव्रत्यमासाद्य दृष्ट्वा राघवोद्योगादेः साफल्यज्ञानेन मम मनः प्रीणितं तुष्टम् । 'मम च प्रवणं मनः' इति पाठेऽपि प्रवणं संतोषप्रवणमित्यर्थः ॥ २ ॥ सदृशम् । पतिव्रतानामरुन्धत्यादीनां सदृशमित्यर्थः ॥ ३ ॥ तर्हि रावणं किमिति नादहदित्यत आह—सर्वथेति । अतिप्रकृष्टः । महातपःसंपन्न इत्यर्थः । तां सीतां स्पृशतोऽपि यस्य गात्रं तपसा न नाशितमिति संबन्धः ॥ ४ ॥ नैतावता सीताशीलं दुर्बलमित्याशङ्क्याह—नेति । यत्क्रुद्धा सीता कुर्यात्तत्स्पृष्टाग्निशिखापि न कुर्यात् । इयं तु भर्तुःपराक्रमकीर्तये नाद्यापि क्रुध्यतीति भावः । अक्रुद्धाया अपि स्पर्शमात्रेण प्राप्तो नाशस्तु रावणतपसा निवारित इति ध्येयम् ॥ ५ ॥ इदानीं मृत्युजयस्यापि स्वात्मसंबन्धित्वसत्त्वेन वयमेव सीतापातिव्रत्यं सहायमासाद्य रावणं जित्वा देव्या सह राघवं द्रक्ष्यामह इत्याह—जाम्बवदिति । जाम्बवदादीननुज्ञाप्यानुज्ञां कुर्वन्त्विति संप्रार्थ्य । अस्मिन्कार्ये सीतान्वेषणरूपे । एवंगते उक्तप्रकारं प्राप्ते । तत्प्रकारविशिष्टे च महतां निवेदिते सति तौ पार्थिवात्मजौ वैदेह्या संद्रष्टुं न्याय्यमित्यब्रवीदिति शेषः ॥ ६ ॥ तया संदर्शने उपपत्तिमाह—अहमिति । एवं च राक्षसान्हत्वा देव्यानयनं कृत्वा देव्या सहैव तौ द्रक्ष्याम इत्यर्थः ॥ ७ ॥ कृतास्त्रैर्देवांशत्वादस्त्रप्रयोगसमर्थैः ॥ ८ ॥ उक्तमेवार्थं संभ्रमेण पुनराह—अहं त्विति । अहमेवेत्यर्थः ॥ ९ ॥ यद्यपि दुर्निरीक्ष्याणि तथापि तान्यहं निहनिष्यामि ब्रह्मणो वरदानान्निवारयामि । परावृत्तैस्तैरेव राक्षसान्विधमिष्यामि निहनिष्यामि ॥ १० ॥ रुणद्धि रोत्स्यति ॥ ११ ॥ भवतामननुज्ञातः । अनुज्ञां विना मे विक्रमो राक्षसवधप्रवृत्तिर्मां रुणद्धीत्यर्थः । अतः पूर्वमेव मया न पराक्रान्तमित्यर्थः ॥ १२ ॥ इदानीं सर्वेऽपि भवन्तस्तद्वधे समर्था इत्याह—सागरोऽपीति ॥ १३ ॥ ये च पूर्वजा राक्षसास्तेषां नाशायैकोऽपीत्यन्वयः ॥ १४ ॥ १५ ॥ १६ ॥ १७ ॥

मयैव निहता लङ्का दग्धा भस्मीकृता पुरी । राजमार्गेषु सर्वेषु नाम विश्रावितं मया ॥ १८
जयत्यतिबलो रामो लक्ष्मणश्च महाबलः । राजा जयति सुग्रीवो राघवेणाभिपालितः ॥ १९
अहं कोसलराजस्य दासः पवनसंभवः । हनूमानिति सर्वत्र नाम विश्रावितं मया ॥ २०
अशोकवनिकामध्ये रावणस्य दुरात्मनः । अधस्ताच्छिंशपामूले साध्वी करुणमास्थिता ॥ २१
राक्षसीभिः परिवृता शोकसंतापकर्शिता । मेघरेखापरिवृता चन्द्ररेखेव निष्प्रभा ॥ २२
अचिन्तयन्ती वैदेही रावणं बलदर्पितम् । पतिव्रता च सुश्रोणी अवष्टब्धा च जानकी ॥ २३
अनुरक्ता हि वैदेही रामे सर्वात्मना शुभा । अनन्यचित्ता रामेण पौलोमीव पुरंदरे ॥ २४
तदेकवासःसंवीता रजोध्वस्ता तथैव च । सा मया राक्षसीमध्ये तर्ज्यमाना मुहुर्मुहुः ॥ २५
राक्षसीभिर्विरूपाभिर्दृष्टा हि प्रमदावने । एकवेणीधरा दीना भर्तृचिन्तापरायणा ॥ २६
अधःशय्या विवर्णाङ्गी पद्मिनीव हिमोदये । रावणाद्विनिवृत्तार्था मर्तव्यकृतनिश्चया ॥ २७
कथंचिन्मृगशावाक्षी विश्वासमुपपादिता । ततः संभाषिता चैव सर्वमर्थं प्रकाशिता ॥ २८
रामसुग्रीवसख्यं च श्रुत्वा प्रीतिमुपागता । नियतः समुदाचारो भक्तिर्भर्तरि चोत्तमा ॥ २९
यन्न हन्ति दशग्रीवं स महात्मा दशाननः । निमित्तमात्रं रामस्तु वधे तस्य भविष्यति ॥ ३०
सा प्रकृत्यैव तन्वङ्गी तद्वियोगाच्च कर्शिता । प्रतिपत्पाठशीलस्य विद्येव तनुतां गता ॥ ३१
एवमास्ते महाभागा सीता शोकपरायणा । यदत्र प्रतिकर्तव्यं तत्सर्वमुपकल्प्यताम् ॥ ३२

इत्यार्षे श्रीमद्रामायणे वाल्मीकीय आदिकाव्ये सुन्दरकाण्डे एकोनषष्टितमः सर्गः ॥ ५९ ॥

षष्टितमः सर्गः ।

तस्य तद्वचनं श्रुत्वा वालिसूनुरभाषत । अश्विपुत्रौ महावेगौ बलवन्तौ प्लवंगमौ ॥ १
पितामहवरोत्सेकात्परमं दर्पमास्थितौ । अश्विनोर्माननार्थं हि सर्वलोकपितामहः ॥ २
सर्वावध्यत्वमतुलमनयोर्दत्तवान्पुरा । वरोत्सेकेन मत्तौ च प्रमथ्य महतीं चमूम् ॥ ३
सुराणाममृतं वीरौ पीतवन्तौ महाबलौ । एतावेव हि संक्रुद्धौ सवाजिरथकुञ्जराम् ॥ ४
लङ्कां नाशयितुं शक्तौ सर्वे तिष्ठन्तु वानराः । अहमेकोऽपि पर्याप्तः सराक्षसगणां पुरीम् ॥ ५
तां लङ्कां तरसा हन्तुं रावणं च महाबलम् । किं पुनः सहितो वीरैर्बलवद्भिः कृतात्मभिः ॥ ६
कृतास्त्रैः प्लवगैः शक्तैर्भवद्भिर्विजयैषिभिः । वायुसूनोर्बलेनैव दग्धा लङ्केति नः श्रुतम् ॥ ७
दृष्टा देवी न चानीता इति तत्र निवेदितुम् । न युक्तमिव पश्यामि भवद्भिः ख्यातपौरुषैः ॥ ८
नहि वः प्लवने कश्चिन्नापि कश्चित्पराक्रमे । तुल्यः सामरदैत्येषु लोकेषु हरिसत्तमाः ॥ ९
जित्वा लङ्कां सरक्षौघां हत्वा तं रावणं रणे । सीतामादाय गच्छामः सिद्धार्था हृष्टमानसाः ॥ १०
तेष्वेवं हतशेषेषु राक्षसेषु हनूमता । किमन्यदत्र कर्तव्यं गृहीत्वा याम जानकीम् ॥ ११

मयैव निहता निहतप्राया । एवं च सर्वामलिखा नाशनीयेति किं वाच्यमिति भावः । नामेति । सुग्रीवादेरिति शेषः ॥ १८ ॥ तदेवाह—जयतीति ॥ १९ ॥ २० ॥ सीतादुःखविमर्शेऽपि संप्रत्येव समानेतुमुचितेत्याशयेन तद्दशां वर्णयति—अशोकेत्यादि ॥ २१ ॥ २२ ॥ अचिन्तयन्ती योग्यत्वेनागणयन्ती । अगणने हेतुः—पतिव्रतेति । अगणनाच्चावष्टब्धा निरुद्धा । अस्तीति शेषः ॥ २३ ॥ रामेण रामप्रीत्यानन्यचित्ता पौलोमीव नहुषरुद्धा पौलोमीव ॥ २४ ॥ तदेकवास इति व्याख्यातम् । राक्षसीभिस्तर्ज्यमाना दृष्टेत्युत्तरेणान्वयः ॥ २५ ॥ २६ ॥ २७ ॥ कथंचिदादौ तूर्णीं रामकथाप्रस्तावेन सर्वमर्थं रामसुग्रीववृत्तान्तम् ॥ २८ ॥ तदेवाह—रामसुग्रीवसख्यं चेति । नियतः समुदाचारो दृढपातिव्रत्यं भर्तर्युत्तमा भक्तिश्चास्ति ॥ २९ ॥ इयत्यापि सामर्थ्या यद्दशानन शापादिना न हन्ति तत्स दशाननो महात्मा तपोबलेन शापायोग्य इति भावः । अथापि सीतावरोधजन्यपापेन मृतप्राय एव स इत्याह—निमित्तमात्रमिति । अतोऽस्माभिरपि सुशक्यवध एव स इति भावः ॥ ३० ॥ तत्पापकारणमाह—सेति ॥ ३१ ॥ ३२ ॥

इति श्रीरामाभिरामे श्रीरामीये रामायणतिलके वाल्मीकीय आदिकाव्ये सुन्दरकाण्ड एकोनषष्टितमः सर्गः ॥ ५९ ॥

तस्येति ॥ १ ॥ २ ॥ ३ ॥ ४ ॥ ५ ॥ ६ ॥ ७ ॥ दृष्टा देवी नागता इति तत्र रामसमीपे निवेदितुं न युक्तमिव पश्यामि ॥ ८ ॥ तुल्यः । अस्तीति शेषः ॥ ९ ॥ १० ॥ अन्यत्कर्तव्यं किमस्ति । काकुरत्र । अपि तु जानकीग्रहणपूर्वक-

रामलक्ष्मणयोर्मध्ये न्यस्याम जनकात्मजाम् । किं व्यलीकैस्तु तान्सर्वान्वानरान्वानरर्षभान् ॥ १२
वयमेव हि गत्वा तान्हत्वा राक्षसपुंगवान् । राघवं द्रष्टुमर्हामः सुग्रीवं सहलक्ष्मणम् ॥ १३
तमेवं कृतसंकल्पं जाम्बवान्हरिसत्तमः । उवाच परमप्रीतो वाक्यमर्थवदर्थवित् ॥ १४
नैषा बुद्धिर्महाबुद्धे यद्ब्रवीषि महाकपे । विचेतुं वयमाज्ञप्ता दक्षिणां दिशमुत्तमाम् ॥ १५
नानेतुं कपिराजेन नैव रामेण धीमता । कथंचिन्निर्जितां सीतामस्माभिर्नाभिरोचयेत् ॥ १६
राघवो नृपशार्दूलः कुलं व्यपदिशन्स्वकम् । प्रतिज्ञाय स्वयं राजा सीता विजयमग्रतः ॥ १७
सर्वेषां कपिमुख्यानां कथं मिथ्या करिष्यति । विफलं कर्म च कृतं भवेत्तुष्टिर्न तस्य च ॥ १८
वृथा च दर्शितं वीर्यं भवेद्वानरपुंगवाः । तस्माद्गच्छाम वै सर्वे यत्र रामः सलक्ष्मणः ।
सुग्रीवश्च महातेजाः कार्यस्यास्य निवेदने ॥ १९

न तावदेषा मतिरक्षमा नो यथा भवान्पश्यति राजपुत्र ।
यथा तु रामस्य मतिर्निविष्टा तथा भवान्पश्यतु कार्यसिद्धिम् ॥ २०

इत्यार्षे श्रीमद्रामायणे वाल्मीकीय आदिकाव्ये सुन्दरकाण्डे षष्टितमः सर्गः ॥ ६० ॥

एकषष्टितमः सर्गः ।

ततो जाम्बवतो वाक्यमगृह्णन्त वनौकसः । अङ्गदप्रमुखा वीरा हनूमांश्च महाकपिः ॥ १
प्रीतिमन्तस्ततः सर्वे वायुपुत्रपुरःसराः । महेन्द्राग्रात्समुत्पत्य पुप्लुवुः प्लवगर्षभाः ॥ २
मेरुमन्दरसंकाशा मत्ता इव महागजाः । छादयन्त इवाकाशं महाकाया महाबलाः ॥ ३
सभाज्यमानं भूतैस्तमात्मवन्तं महाबलम् । हनूमन्तं महावेगं वहन्त इव दृष्टिभिः ॥ ४
राघवे चार्थनिर्वृत्तिं कर्तुं च परमं यशः । समाधाय समृद्धार्थाः कर्मसिद्धिभिरुन्नताः ॥ ५
प्रियाख्यानोन्मुखाः सर्वे सर्वे युद्धाभिनन्दिनः । सर्वे रामप्रतीकारे निश्चितार्था मनस्विनः ॥ ६
प्लवमानाः खमाप्लुत्य ततस्ते काननौकसः । नन्दनोपममासेदुर्वनं द्रुमशतायुतम् ॥ ७
यत्तन्मधुवनं नाम सुग्रीवस्याभिरक्षितम् । अधृष्यं सर्वभूतानां सर्वभूतमनोहरम् ॥ ८
यद्रक्षति महावीरः सदा दधिमुखः कपिः । मातुलः कपिमुख्यस्य सुग्रीवस्य महात्मनः ॥ ९
ते तद्वनमुपागम्य बभूवुः परमोत्कटाः । वानरा वानरेन्द्रस्य मनःकान्तं महावनम् ॥ १०
ततस्ते वानरा हृष्टा दृष्ट्वा मधुवनं महत् । कुमारमभ्ययाचन्त मधूनि मधुपिङ्गलाः ॥ ११
ततः कुमारस्तान्वृद्धाञ्जाम्बवत्प्रमुखान्कपीन् । अनुमान्य ददौ तेषां निसर्गं मधुभक्षणे ॥ १२

गमनादन्यत्र किमपीत्यर्थः ॥ ११ ॥ न्यस्याम स्थापयाम । तान्सर्वान्किष्किन्धायामागतान्वानरान्व्यलीकैरप्रियैर्दुःखैः । योजयित्वेति शेषः । तथा कृत्वा किं फलमिति शेषः । 'किं परिक्लेश्य तान्' इति पाठान्तरम् ॥ १२ ॥ १३ ॥ १४ ॥ नैषा बुद्धिः । युक्तेति शेषः । तत्र हेतुमाह—विचेतुमिति ॥ १५ ॥ प्रथमं जय एव दुर्लभः । कथंचिज्जयेऽपि यदि न रोचयेत्तदा कार्यनाश इति भावः ॥ १६ ॥ अरुचौ हेतुः—कुलं व्यपदिशन्निति, प्रतिज्ञायेति च । अग्रतः कपिमुख्यानामित्यन्वयः ॥ १७ ॥ अरुचौ फलवैपरीत्यं दर्शयति—विफलमिति ॥ १८ ॥ अस्य कार्यस्य निवेदने । मतिं कृत्वेति शेषः ॥ १९ ॥ अथ जाम्बवानङ्गदक्रोधपरिहाराय तन्मतं बहुमान्य सुहृद्भावेन निवर्तयति—न तावदिति । हे राजपुत्र, यथा भवान्पश्यति विचारयति एषा मतिर्नोऽस्माकमक्षमा न, किंतु युक्तैव । यथा रामस्य मतिर्निविष्टावस्थिता तथा कार्यसिद्धिं भवान्पश्यत्वित्यर्थः ॥ २० ॥ इति श्रीरामाभिरामे श्रीरामीये रामायणतिलके वाल्मीकीय आदिकाव्ये सुन्दरकाण्डे षष्टितमः सर्गः ॥ ६० ॥

अगृह्णन्त युक्तियुक्तत्वेनामन्यन्त ॥ १ ॥ पुप्लुवुः प्लवन्तो जग्मुः ॥ २ ॥ आकाशं छादयन्त इवेत्युत्प्रेक्षा ॥ ३ ॥ सभाज्यमानं पूज्यमानम । भूतैः सिद्धादिभिः । दृष्टिभिर्वहन्त इव । प्रीतिपूर्वकानिमिषदर्शनाद्दृष्टीनां वाहकत्वोत्प्रेक्षा ॥ ४ ॥ राघवे कार्यनिर्वृत्तिं कार्यसिद्धिं समाधाय निश्चित्य तस्यात्मनश्च परमं यशः कर्तुं च निश्चित्य पुप्लुवुरिति संबन्धः । कर्मसिद्धिभिः सीतादर्शनलङ्कादहनकर्मभिरुन्नता उन्नतचित्ताः ॥ ५ ॥ रामप्रतीकारे रामकर्तव्ये रावणप्रतीकारे । निश्चितार्थाः । अभूवन्निति शेषः ॥ ६ ॥ वनं सुग्रीवस्य मधुवनम् ॥ ७ ॥ ८ ॥ दधिमुखस्तन्नामा ॥ ९ ॥ परमोत्कटास्तत्रत्यमधुपानादावत्युत्कटोत्कण्ठावन्तः । महावनाख्यम् । वनमित्यर्थः ॥ १० ॥ मधुपिङ्गला मधुपिङ्गलवर्णाः ॥ ११ ॥ अनुमान्य कृतानुमतिका-

ते निसृष्टाः कुमारेण धीमता वालिसूनुना । हरयः समपद्यन्त द्रुमान्मधुकराकुलान् ॥ १३
भक्षयन्त सुगन्धीनि मूलानि च फलानि च । जग्मुः प्रहर्षं ते सर्वे बभूवुश्च मदोत्कटाः ॥ १४
ततश्चानुमताः सर्वे सुसंहृष्टा वनौकसः । मुदिताश्च ततस्ते च प्रनृत्यन्ति ततस्ततः ॥ १५

गायन्ति केचित्प्रहसन्ति केचिन्नृत्यन्ति केचित्प्रणमन्ति केचित् ।
पठन्ति केचित्प्रचरन्ति केचित्प्लवन्ति केचित्प्रलपन्ति केचित् ॥ १६
परस्परं केचिदुपाश्रयन्ति परस्परं केचिदतिब्रुवन्ति ।
द्रुमाद्द्रुमं केचिदभिद्रवन्ति क्षितौ नगाग्रान्निपतन्ति केचित् ॥ १७
महीतलात्केचिदुदीर्णवेगा महाद्रुमाग्राण्यभिसंपतन्ति ।
गायन्तमन्यः प्रहसन्नुपैति रुदन्तमन्यः प्ररुदन्नुपैति ॥ १८
तुदन्तमन्यः प्रतुदन्नुपैति समाकुलं तत्कपिसैन्यमासीत् ।
न चात्र कश्चिन्न बभूव मत्तो न चात्र कश्चिन्न बभूव दृप्तः ॥ १९
ततो वनं तत्परिभक्ष्यमाणं द्रुमांश्च विध्वंसितपत्रपुष्पान् ।
समीक्ष्य कोपाद्दधिवक्त्रनामा निवारयामास कपिः कपींस्तान् ॥ २०
स तैः प्रवृद्धैः परिभर्त्स्यमानो वनस्य गोप्ता हरिवृद्धवीरः ।
चकार भूयो मतिमुग्रतेजा वनस्य रक्षां प्रति वानरेभ्यः ॥ २१
उवाच कांश्चित्परुषाण्यभीतमसक्तमन्यांश्च तलैर्जघान ।
समेत्य कैश्चित्कलहं चकार तथैव साम्नोपजगाम कांश्चित् ॥ २२
स तैर्मदादप्रतिवार्यवेगैर्बलाच्च तेन प्रतिवार्यमाणैः ।
प्रधर्षणे त्यक्तभयैः समेत्य प्रकृष्यते चाप्यनवेक्ष्य दोषम् ॥ २३
नखैस्तुदन्तो दशनैर्दशन्तस्तलैश्च पादैश्च समापयन्तः ।
मदात्कपिं ते कपयः समन्तान्महावनं निर्विषयं च चक्रुः ॥ २४

इत्यार्षे श्रीमद्रामायणे वाल्मीकीय आदिकाव्ये सुन्दरकाण्ड एकषष्टितमः सर्गः ॥ ६१ ॥

द्विषष्टितमः सर्गः ।

तानुवाच हरिश्रेष्ठो हनूमान्वानरर्षभः । अव्यग्रमनसो यूयं मधु सेवत वानराः ॥ १
अहमावर्जयिष्यामि युष्माकं परिपन्थिनः । श्रुत्वा हनूमतो वाक्यं हरीणां प्रवरोऽङ्गदः ॥ २
प्रत्युवाच प्रसन्नात्मा पिबन्तु हरयो मधु । अवश्यं कृतकार्यस्य वाक्यं हनुमतो मया ॥ ३
अकार्यमपि कर्तव्यं किमङ्ग पुनरीदृशम् । अङ्गदस्य मुखाच्छ्रुत्वा वचनं वानरर्षभाः ॥ ४
साधु साध्विति संहृष्टा वानराः प्रत्यपूजयन् । पूजयित्वाङ्गदं सर्वे वानरा वानरर्षभम् ॥ ५
जग्मुर्मधुवनं यत्र नदीवेग इव द्रुमम् । ते प्रविष्टा मधुवनं पालानाक्रम्य शक्तितः ॥ ६
अतिसर्गाच्च पटवो दृष्ट्वा श्रुत्वा च मैथिलीम् । पपुः सर्वे मधु तदा रसवत्फलमाददुः ॥ ७

न्कृत्वा । निसर्गमाज्ञाम् ॥ १२ ॥ निसृष्टाः कृतज्ञाः ॥ १३ ॥ भक्षयन्तः । अभक्षयन्नित्यर्थः ॥ १४ ॥ अनुमता मधुपानादौ कृतानुमतिकाः । हर्षमुदोर्बाह्याभ्यन्तरत्वकृतो भेदः ॥ १५ ॥ तत्र बाह्यमानन्दसूचकमाह—गायन्तीति ॥ १६ ॥ अतिब्रुवन्ति विवादं कुर्वन्ति । नगाग्राद्वृक्षाग्रात् ॥ १७ ॥ गानरोदनहासा मधुपानमत्तधर्माः ॥ १८ ॥ तुदन्तं व्यथयन्तम् । समाकुलमुत्कटमत्तचेष्टम् । दृप्तोऽतिमत्तः ॥ १९ ॥ २० ॥ प्रवृद्धैः प्रवृद्धमदैः ॥ २१ ॥ २२ ॥ मदादप्रतिवार्यो निवारयितुमशक्यो वेगो येषां तैः । तेन दधिमुखेन बलात्प्रतिवार्यमाणैः । प्रधर्षणे दोषं राजदण्डमनवेक्ष्य, अत एव त्यक्तभयैः समेत्य प्रकृष्यते स्म ॥ २३ ॥ समापयन्तो मृतकल्पं कुर्वन्तः । महावनं निर्विषयं निर्गतमधुफलादिभोज्यम् ॥ २४ ॥ इति श्रीरामाभिरामे श्रीरामीये रामायणतिलके वाल्मीकीय आदिकाव्ये सुन्दरकाण्ड एकषष्टितमः सर्गः ॥ ६१ ॥

पुनरुक्तमेव विस्तरेणाह—तानिति ॥ १ ॥ आवर्जयिष्यामि निवारयिष्यामि ॥ २ ॥ ३ ॥ ईदृशमेतन्मात्रार्थकम् ॥ ४ ॥ ५ ॥ यत्र मधुवनं यत्र मार्गे गमनेन मधुवनं प्राप्यते तेन मार्गेण जग्मुः ॥ ६ ॥ ते पटवो हनूमाश्च मैथिलीं दृष्ट्वान्ये तन्मुखात्तां लङ्कास्थां श्रुत्वा महत्कार्यकरणेन भयराहित्यादतिसर्गादङ्गदानुज्ञानान्मधुवनं प्रविष्टाः पालान्बलादाक्रम्य बद्ध्वा मधु पपू

उत्पत्य च ततः सर्वे वनपालान्समागतान् । ते ताडयन्तः शतशः सक्ता मधुवने तदा ॥ ८
मधूनि द्रोणमात्राणि बहुभिः परिगृह्य ते । पिबन्ति कपयः केचित्सङ्घशस्तत्र हृष्टवत् ॥ ९
घ्नन्ति स्म सहिताः सर्वे भक्षयन्ति तथापरे । केचित्पीत्वापविध्यन्ति मधूनि मधुपिङ्गलाः ॥ १०
मधूच्छिष्टेन केचिच्च जघ्नुरन्योन्यमुत्कटाः । अपरे वृक्षमूलेषु शाखा गृह्य व्यवस्थिताः ॥ ११
अत्यर्थं च मदग्लानाः पर्णान्यास्तीर्य शेरते । उन्मत्तवेगाः प्लवगा मधुमत्ताश्च हृष्टवत् ॥ १२
क्षिपन्त्यपि तथान्योन्यं स्खलन्ति च तथापरे । केचित्क्ष्वेडान्प्रकुर्वन्ति केचित्कूजन्ति हृष्टवत् ॥ १३
हरयो मधुना मत्ताः केचित्सुप्ता महीतले । धृष्टाः केचिद्धसन्त्यन्ये केचित्कुर्वन्ति चेतरत् ॥ १४
कृत्वा केचिद्वदन्त्यन्ये केचिद्बुध्यन्ति चेतरत् । येऽप्यत्र मधुपालाः स्युः प्रेष्या दधिमुखस्य तु ॥ १५
तेऽपि तैर्वानरैर्भीमैः प्रतिषिद्धा दिशो गताः । जानुभिश्च प्रघृष्टाश्च देवमार्गं च दर्शिताः ॥ १६
अब्रुवन्परमोद्विग्ना गत्वा दधिमुखं वचः । हनूमता दत्तवरैर्हतं मधुवनं बलात् ।
वयं च जानुभिर्घृष्टा देवमार्गं च दर्शिताः ॥ १७
तदा दधिमुखः क्रुद्धो वनपस्तत्र वानरः । हतं मधुवनं दृष्ट्वा सान्त्वयामास तान्हरीन् ॥ १८
एतागच्छत गच्छामो वानरानतिदर्पितान् । बलेनावारयिष्यामि प्रभुञ्जानान्मधूत्तमम् ॥ १९
श्रुत्वा दधिमुखस्येदं वचनं वानरर्षभाः । पुनर्वीरा मधुवनं तेनैव सहिता ययुः ॥ २०
मध्ये चैषां दधिमुखः सुप्रगृह्य महातरुम् । समभ्यधावन्वेगेन सर्वे ते च प्लवंगमाः ॥ २१
ते शिलाः पादपांश्चैव पाषाणानपि वानराः । गृहीत्वाभ्यागमन्क्रुद्धा यत्र ते कपिकुञ्जराः ॥ २२
बलान्निवारयन्तश्च आसेदुर्हरयो हरीन् । संदष्टौष्ठपुटाः क्रुद्धा भर्त्सयन्तो मुहुर्मुहुः ॥ २३
अथ दृष्ट्वा दधिमुखं क्रुद्धं वानरपुंगवाः । अभ्यधावन्त वेगेन हनुमत्प्रमुखांस्तदा ॥ २४
सवृक्षं तं महाबाहुमापतन्तं महाबलम् । वेगवन्तं विजग्राह बाहुभ्यां कुपितोऽङ्गदः ॥ २५
मदान्धो न कृपां चक्रे आर्यं कोऽयं ममेति सः । अथैनं निष्पिपेषाशु वेगेन वसुधातले ॥ २६
स भग्नबाहूरुमुखो विह्वलः शोणितोक्षितः । प्रमुमोह महावीरो मुहूर्तं कपिकुञ्जरः ॥ २७
स कथंचिद्विमुक्तस्तैर्वानरैर्वानरर्षभः । उवाचैकान्तमागत्य स्वान्भृत्यान्समुपागतान् ॥ २८
एतागच्छत गच्छामो भर्ता नो यत्र वानरः । सुग्रीवो विपुलग्रीवः सह रामेण तिष्ठति ॥ २९
सर्वं चैवाङ्गदे दोषं श्रावयिष्याम पार्थिवे । अमर्षी वचनं श्रुत्वा घातयिष्यति वानरान् ॥ ३०
इष्टं मधुवनं ह्येतत्सुग्रीवस्य महात्मनः । पितृपैतामहं दिव्यं देवैरपि दुरासदम् ॥ ३१
स वानरानिमान्सर्वान्मधुलुब्धान्गतायुषः । घातयिष्यति दण्डेन सुग्रीवः ससुहृज्जनान् ॥ ३२
बध्या ह्येते दुरात्मानो नृपाज्ञापरिपन्थिनः । अमर्षप्रभवो रोषः सफलो मे भविष्यति ॥ ३३
एवमुक्त्वा दधिमुखो वनपालान्महाबलः । जगाम सहसोत्पत्य वनपालैः समन्वितः ॥ ३४
निमेषान्तरमात्रेण स हि प्राप्तो वनालयः । सहस्रांशुसुतो धीमान्सुग्रीवो यत्र वानरः ॥ ३५
रामं च लक्ष्मणं चैव दृष्ट्वा सुग्रीवमेव च । समप्रतिष्ठां जगतीमाकाशान्निपपात ह ॥ ३६
स निपत्य महावीरः सर्वैस्तैः परिवारितः । हरिर्दधिमुखः पालैः पालानां परमेश्वरः ॥ ३७

रसवत्फलं चाददुः । भक्षणार्थमिति शेषः ॥ ७ ॥ मधुवने सक्ता भक्षणार्थं लग्नाः ॥ ८ ॥ ९ ॥ अपविध्यन्ति प्रक्षिपन्ति । मधूनि मधुपटलानि ॥ १० ॥ ११ ॥ उन्मत्तवेगा उन्मत्तानां वेगो येषां ते । यद्वातिशयितवेगा इत्यर्थः ॥ १२ ॥ १३ ॥ इतरद्रोदनम् ॥ १४ ॥ केचिदन्यत्कृत्वान्यद्वदन्ति । केचिदुक्तवचनार्थं विद्यमानं परित्यज्यान्यमेव बुध्यन्ते ॥ १५ ॥ प्रतिषिद्धास्ताडनादिना निरस्ताः । जानुभिः प्रघृष्टा जानुषु गृहीत्वा आकृष्टाः । देवमार्गमपानद्वारमिति तीर्थः । देवमार्गं दर्शिताः । पादौ गृहीत्वोर्ध्वं प्रक्षिप्ता इत्यर्थः । कर्णावङ्गुलिभिर्वोर्ध्वीकृता इति वार्थ इत्यन्ये ॥ १६ ॥ १७ ॥ तान्स्वसंबन्धिनः पालान् ॥ १८ ॥ एतागच्छत । अग्रे इति शेषः । गच्छामः वयमप्यागच्छाम इत्यर्थः ॥ १९ ॥ २० ॥ सर्वे ते च । समभ्यधावन्निति शेषः ॥ २१ ॥ २२ ॥ हरयः पालाः । हरीन्हनुमदादीन् ॥ २३ ॥ २४ ॥ २५ ॥ आर्यकः सुग्रीवमातुलत्वात्पूज्य ॥ २६ ॥ २७ ॥ २८ ॥ भर्ता राजा ॥ २९ ॥ ३० ॥ ३१ ॥ ३२ ॥ नृपाज्ञापरिपन्थिनस्तदाज्ञाविरुद्धकर्तारः । अमर्षप्रभवोऽक्षमाजन्यः ॥ ३३ ॥ ३४ ॥ ३५ ॥ समप्रतिष्ठां समतलाम् । जगतीं भूमिम् । दृष्ट्वेत्यनुकर्षः

स दीनवदनो भूत्वा कृत्वा शिरसि चाञ्जलिम् । सुग्रीवस्याशु तौ मूर्ध्ना चरणौ प्रत्यपीडयत् ॥ ३८

इत्यार्षे श्रीमद्रामायणे वाल्मीकीय आदिकाव्ये सुन्दरकाण्डे द्विषष्टितमः सर्गः ॥ ६२ ॥

त्रिषष्टितमः सर्गः ।

ततो मूर्ध्ना निपतितं वानरं वानरर्षभः । दृष्ट्वैवोद्विग्नहृदयो वाक्यमेतदुवाच ह ॥ १
उत्तिष्ठोत्तिष्ठ कस्मात्त्वं पादयोः पतितो मम । अभयं ते प्रदास्यामि सत्यमेवाभिधीयताम् ॥ २
किंसंभ्रमाद्धितं कृत्स्नं ब्रूहि यद्वक्तुमर्हसि । कच्चिन्मधुवने स्वस्ति श्रोतुमिच्छामि वानर ॥ ३
स समाश्वासितस्तेन सुग्रीवेण महात्मना । उत्थाय स महाप्राज्ञो वाक्यं दधिमुखोऽब्रवीत् ॥ ४
नैवर्क्षरजसा राजन्न त्वया न च वालिना । वनं निसृष्टपूर्वं ते नाशितं तत्तु वानरैः ॥ ५
न्यवारयमहं सर्वान्सहैभिर्वनचारिभिः । अचिन्तयित्वा मां हृष्टा भक्षयन्ति पिबन्ति च ॥ ६
एभिः प्रधर्षणायां च वारितं वनपालकैः । मामप्यचिन्तयन्देव भक्षयन्ति वनौकसः ॥ ७
शिष्टमत्रापविध्यन्ति भक्षयन्ति तथापरे । निवार्यमाणास्ते सर्वे भ्रुकुटिं दर्शयन्ति हि ॥ ८
इमे हि संरब्धतरास्तदा तैः संप्रधर्षिताः । निवार्यन्ते वनात्तस्मात्क्रुद्धैर्वानरपुंगवैः ॥ ९
ततस्तैर्बहुभिर्वीरैर्वानरैर्वानरर्षभाः । संरक्तनयनैः क्रोधाद्धरयः संप्रधर्षिताः ॥ १०
पाणिभिर्निहताः केचित्केचिज्जानुभिराहताः । प्रकृष्टाश्च तदा कामं देवमार्गं च दर्शिताः ॥ ११
एवमेते हताः शूरास्त्वयि तिष्ठति भर्तरि । कृत्स्नं मधुवनं चैव प्रकामं तैश्च भक्ष्यते ॥ १२
एवं विज्ञाप्यमानं तं सुग्रीवं वानरर्षभम् । अपृच्छत्तं महाप्राज्ञो लक्ष्मणः परवीरहा ॥ १३
किमयं वानरो राजन्वनपः प्रत्युपस्थितः । किं चार्थमभिनिर्दिश्य दुःखितो वाक्यमब्रवीत् ॥ १४
एवमुक्तस्तु सुग्रीवो लक्ष्मणेन महात्मना । लक्ष्मणं प्रत्युवाचेदं वाक्यं वाक्यविशारदः ॥ १५
आर्य लक्ष्मण संप्राह वीरो दधिमुखः कपिः । अङ्गदप्रमुखैर्वीरैर्भक्षितं मधु वानरैः ॥ १६
नैषामकृतकार्याणामीदृशः स्याद्व्यतिक्रमः । वनं यदभिपन्नास्ते साधितं कर्म तद्ध्रुवम् ॥ १७
वारयन्तो भृशं प्राप्ताः पाला जानुभिराहताः । तथा न गणितश्चायं कपिर्दधिमुखो बली ॥ १८
पतिर्मम वनस्यायमस्माभिः स्थापितः स्वयम् । दृष्टा देवी न संदेहो न चान्येन हनूमता ॥ १९
न ह्यन्यः साधने हेतुः कर्मणोऽस्य हनूमतः । कार्यसिद्धिर्हनुमति मतिश्च हरिपुंगवे ॥ २०
व्यवसायश्च वीर्यं च श्रुतं चापि प्रतिष्ठितम् । जाम्बवान्यत्र नेता स्यादङ्गदश्च महाबलः ॥ २१
हनूमांश्चाप्यधिष्ठाता न तत्र गतिरन्यथा । अङ्गदप्रमुखैर्वीरैर्हतं मधुवनं किल ॥ २२
विचित्य दक्षिणामाशामागतैर्हरिपुंगवैः । आगतैश्च प्रधृष्टं तद्यथा मधुवनं हि तैः ॥ २३
धर्षितं च वनं कृत्स्नमुपयुक्तं तु वानरैः । पातिता वनपालास्ते तदा जानुभिराहताः ॥ २४
एतदर्थमयं प्राप्तो वक्तुं मधुरवागिह । नाम्ना दधिमुखो नाम हरिः प्रख्यातविक्रमः ॥ २५
दृष्टा सीता महाबाहो सौमित्रे पश्य तत्त्वतः । अभिगम्य यथा सर्वे पिबन्ति मधु वानराः ॥ २६
न चाप्यदृष्ट्वा वैदेहीं विश्रुताः पुरुषर्षभ । वनं दत्तवरं दिव्यं धर्षयेयुर्वनौकसः ॥ २७

॥ ३६ ॥ ३७ ॥ तौ सर्ववानरपूज्यौ चरणावित्यन्वयः ॥ ३८ ॥ **इति श्रीरामाभिरामे श्रीरामीये रामायणतिलके वाल्मीकीय आदिकाव्ये सुन्दरकाण्डे द्विषष्टितमः सर्गः ॥ ६२ ॥**

तत इति ॥ १ ॥ २ ॥ किंसंभ्रमात्कस्य भयात् । इहागतोऽसीति शेषः । यत्कृत्स्नं हितं तद्ब्रूहि, यतस्त्वं सर्वमुचितमनुचितं च वक्तुमर्हसि ॥ ३ ॥ ४ ॥ नैव निसृष्टपूर्वं वानरेभ्यो यथेच्छभोगाय कदापि नानुज्ञातम् ॥ ५ ॥ ६ ॥ एभिर्हनुमदाद्यैः प्रधर्षणायामारब्धायां वनपालकैर्वारितम्, मामपि । अपिनेतरान्पालकानचिन्तयन्नचिन्तयन्तः ॥ ७ ॥ भ्रुकुटिं वक्रे भ्रुवौ ॥ ८ ॥ इमे मदीयाः संरब्धतरा निवारणायातियत्नवन्तः ॥ ९ ॥ १० ॥ ११ ॥ १२ ॥ विज्ञाप्यमानम् । दधिमुखेनेति शेषः ॥ १३ ॥ १४ ॥ १५ ॥ १६ ॥ यद्यथा वनमभिपन्ना नाशयितुं प्रवृत्ताः ॥ १७ ॥ वारयन्तः । हेतौ शता । वारणाद्धेतोर्जानुभिराहताः पालाः प्राप्ताः ॥ १८ ॥ देवी दृष्टेत्यत्र न संदेहः । तत्राप्यन्येन न, किं तु हनूमतेत्यर्थः ॥ १९ ॥ अन्यः । हनूमतोऽन्य इत्यर्थः । हरिपुंगवे हनूमति कार्यसिद्धिर्मतिश्च ॥ २० ॥ २१ ॥ २२ ॥ २३ ॥ उपयुक्तं भुक्तम् ॥ २४ ॥ २५ ॥ यथा मधु पिबन्ति तथा सीता दृष्टेत्यन्वयः ॥ २६ ॥ दत्तवरं वरत्वेन देवैरस्माकं दत्तम् ॥ २७

८९

ततः प्रहृष्टो धर्मात्मा लक्ष्मणः सहराघवः । श्रुत्वा कर्णसुखां वाणीं सुग्रीववदनाच्युताम् ॥ २८
प्राहृष्यत भृशं रामो लक्ष्मणश्च महायशाः । श्रुत्वा दधिमुखस्यैवं सुग्रीवस्तु प्रहृष्य च ॥ २९
वनपालं पुनर्वाक्यं सुग्रीवः प्रत्यभाषत । प्रीतोऽस्मि सोऽहं यद्भुक्तं वनं तैः कृतकर्मभिः ॥ ३०
धर्षितं मर्षणीयं च चेष्टितं कृतकर्मणाम् । गच्छ शीघ्रं मधुवनं संरक्षस्व त्वमेव हि ।
शीघ्रं प्रेषय सर्वांस्तान्हनूमत्प्रमुखान्कपीन् ॥ ३१

इच्छामि शीघ्रं हनुमत्प्रधानाञ्शाखामृगांस्तान्मृगराजदर्पान् ।
प्रष्टुं कृतार्थान्सह राघवाभ्यां श्रोतुं च सीताधिगमे प्रयत्नम् ॥ ३२

प्रीतिस्फीताक्षौ संप्रहृष्टौ कुमारौ दृष्ट्वा सिद्धार्थौ वानराणां च राजा ।
अङ्गैः प्रहृष्टैः कार्यसिद्धिं विदित्वा बाह्वोरासन्नामतिमात्रं ननन्द ॥ ३३

इत्यार्षे श्रीमद्रामायणे वाल्मीकीय आदिकाव्ये सुन्दरकाण्डे त्रिषष्टितमः सर्गः ॥ ६० ॥

चतुःषष्टितमः सर्गः ।

सुग्रीवेणैवमुक्तस्तु हृष्टो दधिमुखः कपिः । राघवं लक्ष्मणं चैव सुग्रीवं चाभ्यवादयत् ॥ १
स प्रणम्य च सुग्रीवं राघवौ च महाबलौ । वानरैः सहितः शूरैर्दिवमेवोत्पपात ह ॥ २
स यथैवागतः पूर्वं तथैव त्वरितं गतः । निपत्य गगनाद्भूमौ तद्वनं प्रविवेश ह ॥ ३
स प्रविष्टो मधुवनं ददर्श हरियूथपान् । विमदानुद्धतान्सर्वान्मेहमानान्मधूदकम् ॥ ४
स तानुपागमद्वीरो बद्ध्वा करपुटाञ्जलिम् । उवाच वचनं श्लक्ष्णमिदं हृष्टवदङ्गदम् ॥ ५
सौम्य रोषो न कर्तव्यो यदेभिः परिवारणम् । अज्ञानाद्रक्षिभिः क्रोधाद्भवन्तः प्रतिषेधिताः ॥ ६
श्रान्तो दूरादनुप्राप्तो भक्षयस्व स्वकं मधु । युवराजस्त्वमीशश्च वनस्यास्य महाबल ॥ ७
मौर्ख्यात्पूर्वं कृतो रोषस्तद्भवान्क्षन्तुमर्हति । यथैव हि पिता तेऽभूत्पूर्वं हरिगणेश्वरः ॥ ८
तथा त्वमपि सुग्रीवो नान्यस्तु हरिसत्तम । आख्यातं हि मया गत्वा पितृव्यस्य तवानघ ॥ ९
इहोपयानं सर्वेषामेतेषां वनचारिणाम् । भवदागमनं श्रुत्वा सहैभिर्वनचारिभिः ॥ १०
प्रहृष्टो न तु रुष्टोऽसौ वनं श्रुत्वा प्रधर्षितम् । प्रहृष्टो मां पितृव्यस्ते सुग्रीवो वानरेश्वरः ॥ ११
शीघ्रं प्रेषय सर्वांस्तानिति होवाच पार्थिवः । श्रुत्वा दधिमुखस्यैतद्वचनं श्लक्ष्णमङ्गदः ॥ १२
अब्रवीत्तान्हरिश्रेष्ठो वाक्यं वाक्यविशारदः । शङ्के श्रुतोऽयं वृत्तान्तो रामेण हरियूथपाः ॥ १३
अयं च हर्षादाख्याति तेन जानामि हेतुना । तत्क्षमं नेह नः स्थातुं कृते कार्ये परंतपाः ॥ १४
पीत्वा मधु यथाकामं विक्रान्ता वनचारिणः । किं शेषं गमनं तत्र सुग्रीवो यत्र वानरः ॥ १५
सर्वे यथा मां वक्ष्यन्ति समेत्य हरिपुंगवाः । तथास्मि कर्ता कर्तव्ये भवद्भिः परवानहम् ॥ १६
नाज्ञापयितुमीशोऽहं युवराजोऽस्मि यद्यपि । अयुक्तं कृतकर्माणो यूयं धर्षयितुं बलात् ॥ १७

॥ २८ ॥ एकः सुग्रीवशब्दः शोभनग्रीवपरः ॥ २९ ॥ कृतकर्मभिः साधितकृत्यैः ॥ ३० ॥ ३१ ॥ तान्द्रष्टुमिच्छामि सीताधिगमे तत्प्राप्तौ कृतं प्रयत्नं च श्रोतुमिच्छामि ॥ ३२ ॥ अथ सुग्रीवः स्वोद्योगसाफल्यदर्शनाद्भृशं ननन्देत्याह—प्रीतीति। प्रीत्या संतोषेण स्फीताक्षौ विकसितनेत्रौ । संप्रहृष्टौ पुलकितगात्रौ सिद्धार्थाविव दृष्ट्वा संप्रहृष्टैः पुलकितैरङ्गैरुपलक्षितः कार्यसिद्धिं बाह्वोरासन्नां हस्तप्राप्तामिव विदित्वा ननन्द ॥ ३३ ॥

इति श्रीरामाभिरामे श्रीरामीये रामायणतिलके वाल्मीकीय आदिकाव्ये सुन्दरकाण्डे त्रिषष्टितमः सर्गः ॥ ६३ ॥

सुग्रीवेणेति ॥ १ ॥ २ ॥ ३ ॥ विमदत्वसूचकम्—मेहमानान्मधूदकमिति । मेहमानान्मूत्रयतः । मधुपरिणामभूतमुदकं मधूदकम् । एवं मूत्रणान्मधूनां जीर्णता बोधिता, अतएव विमदान् ॥ ४ ॥ ५ ॥ एभी रक्षिभिरज्ञानात्क्रोधाच्च भवन्तः प्रतिषेधिता इति यदेतत्परिवारणं प्रति रोषो न कर्तव्य इत्यर्थः ॥ ६ ॥ ७ ॥ रोषः कृतः । मदीयैरिति शेषः ॥ ८ ॥ तथा सुग्रीवस्त्वमपि त्वं च हरीश्वरः ॥ ९ ॥ १० ॥ ११ ॥ ॥ १२ ॥ शङ्के दधिमुखस्य परावृत्यागमनात् ॥ १३ ॥ किं चायं हर्षादाख्याति । सुग्रीवसंदेशमिति शेषः । तेन च हेतुना जानामि रामेण श्रुतोऽयं वृत्तान्त इति । तत्तस्मादकार्ये वनविध्वंसनरूपे कृते सतीह स्थातुं नोऽस्माकं न क्षमं न युक्तम् ॥ १४ ॥ किं शेषम् । न किमपि शिष्टमित्यर्थः । गमनम् । उचितमिति शेषः ॥ १५ ॥ कर्तव्ये कर्तव्येऽर्थे । भवद्भिः परवानहम् । भवदधीन इत्यर्थः ॥१६॥ यद्यप्यहं युवराजोऽस्मि तथापि युष्मानाज्ञापयितुं नेशश्च । तत्र हेतुः—कृतकर्माणो

ब्रुवतश्चाङ्गदस्यैवं श्रुत्वा वचनमुत्तमम् । प्रहृष्टमनसो वाक्यमिदमूचुर्वनौकसः ॥ १८
एवं वक्ष्यति को राजन्प्रभुः सन्वानरर्षभ । ऐश्वर्यमदमत्तो हि सर्वोऽहमिति मन्यते ॥ १९
तव चेदं सुसदृशं वाक्यं नान्यस्य कस्यचित् । सन्नतिर्हि तवाख्याति भविष्यच्छुभयोग्यताम् ॥ २०
सर्वे वयमपि प्राप्तास्तत्र गन्तुं कृतक्षणाः । स यत्र हरिवीराणां सुग्रीवः पतिरव्ययः ॥ २१
त्वया ह्यनुक्तैर्हरिभिर्नैव शक्यं पदात्पदम् । क्वचिद्गन्तुं हरिश्रेष्ठ ब्रूमः सत्यमिदं तु ते ॥ २२
एवं तु वदतां तेषामङ्गदः प्रत्यभाषत । साधु गच्छाम इत्युक्त्वा खमुत्पेतुर्महाबलाः ॥ २३
उत्पतन्तमनूत्पेतुः सर्वे ते हरियूथपाः । कृत्वाकाशं निराकाशं यन्त्रोत्क्षिप्ता इवोपलाः ॥ २४
अङ्गदं पुरतः कृत्वा हनूमन्तं च वानरम् । तेऽम्बरं सहसोत्पत्य वेगवन्तः प्लवंगमाः ॥ २५
विनदन्तो महानादं घनवातेरिता यथा । अङ्गदे समनुप्राप्ते सुग्रीवो वानरेश्वरः ॥ २६
उवाच शोकसंतप्तं रामं कमललोचनम् । समाश्वसिहि भद्रं ते दृष्टा देवी न संशयः ॥ २७
नागन्तुमिह शक्यं तैरतीतसमयैरिह । अङ्गदस्य प्रहर्षाच्च जानामि शुभदर्शन ॥ २८
न मत्सकाशमागच्छेत्कृत्ये हि विनिपातिते । युवराजो महाबाहुः प्लवतामङ्गदो वरः ॥ २९
यद्यप्यकृतकृत्यानामीदृशः स्यादुपक्रमः । भवेत्तु दीनवदनो भ्रान्तविप्लुतमानसः ॥ ३०
पितृपैतामहं चैतत्पूर्वकैरभिरक्षितम् । न मे मधुवनं हन्याददृष्ट्वा जनकात्मजाम् ॥ ३१
कौसल्या सुप्रजा राम समाश्वसिहि सुव्रत । दृष्टा देवी न संदेहो न चान्येन हनूमता ॥ ३२
नह्यस्य कर्मणो हेतुः साधने तद्विधो भवेत् । हनूमतीह सिद्धिश्च मतिश्च मतिसत्तम ॥ ३३
व्यवसायश्च शौर्यं च श्रुतं चापि प्रतिष्ठितम् । जाम्बवान्यत्र नेता स्यादङ्गदश्च हरीश्वरः ॥ ३४
हनूमांश्चाप्यधिष्ठाता न तत्र गतिरन्यथा । मा भूश्चिन्तासमायुक्तः संप्रत्यमितविक्रम ॥ ३५
यदा हि दर्पितोदग्राः संगताः काननौकसः । नैषामकृतकार्याणामीदृशः स्यादुपक्रमः ॥ ३६
वनभङ्गेन जानामि मधूनां भक्षणेन च । ततः किलकिलाशब्दं शुश्रावासन्नमम्बरे ॥ ३७
हनूमत्कर्मदृप्तानां नदतां काननौकसाम् । किष्किन्धामुपयातानां सिद्धिं कथयतामिव ॥ ३८
ततः श्रुत्वा निनादं तं कपीनां कपिसत्तमः । आयताञ्चितलाङ्गूलः सोऽभवद्धृष्टमानसः ॥ ३९
आजग्मुस्तेऽपि हरयो रामदर्शनकाङ्क्षिणः । अङ्गदं पुरतः कृत्वा हनूमन्तं च वानरम् ॥ ४०
तेऽङ्गदप्रमुखा वीराः प्रहृष्टाश्च मदान्विताः । निपेतुर्हरिराजस्य समीपे राघवस्य च ॥ ४१
हनूमांश्च महाबाहुः प्रणम्य शिरसा ततः । नियतामक्षतां देवीं राघवाय न्यवेदयत् ॥ ४२
दृष्टा देवीति हनुमद्वदनादमृतोपमम् । आकर्ण्य वचनं रामो हर्षमाप सलक्ष्मणः ॥ ४३
निश्चितार्थे ततस्तस्मिन्सुग्रीवं पवनात्मजे । लक्ष्मणः प्रीतिमान्प्रीतो बहुमानादवैक्षत ॥ ४४

यूयम् । कृतकर्माणो युष्मानित्यर्थ आर्षमिदम् । तथाप्यतः परं बलाद्धर्षयितुं न युक्तम् ॥ १७ ॥ १८ ॥ अहम् । प्रभुरिति शेषः ॥ १९ ॥ सन्नतिर्विनयः । भविष्यच्छुभयोग्यतां भाविनीं भाग्योन्नतिम् । आख्याति सूचयति ॥ २० ॥ अत्र देशे प्राप्ता वयं यत्र सुग्रीवस्तत्र गन्तुं कृतक्षणाः कृतोत्साहाः ॥ २१ ॥ २२ ॥ महाबलास्ते गच्छाम इत्युक्त्वा खमुत्पेतुरित्यन्वयः ॥ २३ ॥ तत्र क्रममाह—उत्पतन्तमिति । निराकाशं निरवकाशम् । यन्त्रेत्यादिना दूरोत्पातेन शीघ्रगमनं सूचितम् ॥ २४ ॥ सहसोत्पत्य वातेरिता घना इव विनदन्तः । जग्मुरिति शेषः । शीघ्रगत्या सादृश्यम् ॥ २५ ॥ समनुप्राप्ते निकटमागते । सुग्रीवो राममुवाचेत्यन्वयः ॥ २६ ॥ २७ ॥ दृष्टत्वे हेतुः—नेति । अङ्गदप्रहर्षश्च हेत्वन्तरम् ॥ २८ ॥ विनिपातितेऽसाधिते ॥ २९ ॥ यद्यपीति । अकृतकृत्यानामन्येषां वानराणां कपिस्वभावचाञ्चल्यादीदृशमधुवनभङ्गादिरूप उपक्रमो व्यापारो यद्यपि स्यात्तथाप्यङ्गदो दीनवदनत्वादिगुणको भवेत् ॥ ३० ॥ कुतस्तत्राह—पितृपैतामहं पितृपितामहक्रमागतम् ॥ ३१ ॥ कौसल्या सुप्रजाः । सीतास्थितिपरिज्ञानेन भवतो जीवनलाभादिदानीं कौसल्या सुपुत्रवत्यभूदिति भावः । तत्रापि हनूमतैव । ननु ततोऽन्येनेत्यर्थः ॥ ३२ ॥ अस्य कर्मणः साधने तद्विधो हेतुरपरो न भवेन्नास्ति । इह हनूमत्येतत्कार्यसाधिका सिद्धिर्ब्रह्मवरजन्या मतिश्चास्ति । हि यतः । व्यवसाय उद्यमः । नेता प्रधानः ॥ ३३ ॥ ३४ ॥ अधिष्ठाता कार्यकरणोद्योगवान् ॥ ३५ ॥ यदा हि । यत इत्यर्थः ॥ ३६ ॥ ॥ ३७ ॥ ३८ ॥ आयताञ्चितलाङ्गूल इति स्वभावोक्त्यलंकारः ॥ ३९ ॥ ४० ॥ ४१ ॥ नियतां पातिव्रत्यसंपन्नाम् । अक्षतां शरीरेण कुशलिनीम् ॥ ४२ ॥ ४३ ॥ ४४ ॥ ४५ ॥

प्रीत्या च परमोपेतो राघवः परवीरहा । बहुमानेन महता हनूमन्तमवैक्षत ॥ ४५

इत्यार्षे श्रीमद्रामायणे वाल्मीकीय आदिकाव्ये सुन्दरकाण्डे चतुःषष्टितमः सर्गः ॥ ६४ ॥

पञ्चषष्टितमः सर्गः ।

ततः प्रस्रवणं शैलं ते गत्वा चित्रकाननम् । प्रणम्य शिरसा रामं लक्ष्मणं च महाबलम् ॥ १
युवराजं पुरस्कृत्य सुग्रीवमभिवाद्य च । प्रवृत्तिमथ सीतायाः प्रवक्तुमुपचक्रमे ॥ २
रावणान्तःपुरे रोधं राक्षसीभिश्च तर्जनम् । रामे समनुरागं च यथा च नियमः कृतः ॥ ३
एतदाख्याय ते सर्वं हरयो रामसंनिधौ । वैदेहीमक्षतां श्रुत्वा रामस्तूत्तरमब्रवीत् ॥ ४
क्व सीता वर्तते देवी कथं च मयि वर्तते । एतन्मे सर्वमाख्यात वैदेहीं प्रति वानराः ॥ ५
रामस्य गदितं श्रुत्वा हरयो रामसंनिधौ । चोदयन्ति हनूमन्तं सीतावृत्तान्तकोविदम् ॥ ६
श्रुत्वा तु वचनं तेषां हनूमान्मारुतात्मजः । प्रणम्य शिरसा देव्यै सीतायै तां दिशं प्रति ॥ ७
उवाच वाक्यं वाक्यज्ञः सीताया दर्शनं यथा । तं मणिं काञ्चनं दिव्यं दीप्यमानं स्वतेजसा ॥ ८
दत्त्वा रामाय हनुमांस्ततः प्राञ्जलिरब्रवीत् । समुद्रं लङ्घयित्वाहं शतयोजनमायतम् ॥ ९
अगच्छं जानकीं सीतां मार्गमाणो दिदृक्षया । तत्र लङ्केति नगरी रावणस्य दुरात्मनः ॥ १०
दक्षिणस्य समुद्रस्य तीरे वसति दक्षिणे । तत्र सीता मया दृष्टा रावणान्तःपुरे सती ॥ ११
त्वयि संन्यस्य जीवन्ती रामा राम मनोरथम् । दृष्टा मे राक्षसीमध्ये तर्ज्यमाना मुहुर्मुहुः ॥ १२
राक्षसीभिर्विरूपाभी रक्षिता प्रमदावने । दुःखमापद्यते देवी त्वया वीर सुखोचिता ॥ १३
रावणान्तःपुरे रुद्धा राक्षसीभिः सुरक्षिता । एकवेणीधरा दीना त्वयि चिन्तापरायणा ॥ १४
अधःशय्या विवर्णाङ्गी पद्मिनीव हिमागमे । रावणाद्विनिवृत्तार्था मर्तव्यकृतनिश्चया ॥ १५
देवी कथंचित्काकुत्स्थ त्वन्मना मार्गिता मया । इक्ष्वाकुवंशविख्यातिं शनैः कीर्तयतानघ ॥ १६
सा मया नरशार्दूल शनैर्विश्वासिता तदा । ततः संभाषिता देवी सर्वमर्थं च दर्शिता ॥ १७
रामसुग्रीवसख्यं च श्रुत्वा हर्षमुपागता । नियतः समुदाचारो भक्तिश्चास्याः सदा त्वयि ॥ १८
एवं मया महाभाग दृष्टा जनकनन्दिनी । उग्रेण तपसा युक्ता त्वद्भक्त्या पुरुषर्षभ ॥ १९
अभिज्ञानं च मे दत्तं यथावृत्तं तवान्तिके । चित्रकूटे महाप्राज्ञ वायसं प्रति राघव ॥ २०
विज्ञाप्यः पुनरप्येष रामो वायुसुत त्वया । अखिलेन यथा दृष्टमिति मामाह जानकी ॥ २१
अयं चास्मै प्रदातव्यो यत्नात्सुपरिरक्षितः । ब्रुवता वचनान्येवं सुग्रीवस्योपशृण्वतः ॥ २२
एष चूडामणिः श्रीमान्मया ते यत्नरक्षितः । मनःशिलायास्तिलकं तत्स्मरस्वेति चाब्रवीत् ॥ २३
एष निर्यातितः श्रीमान्मया ते वारिसंभवः । एनं दृष्ट्वा प्रमोदिष्ये व्यसने त्वामिवानघ ॥ २४

इति श्रीरामाभिरामे श्रीरामीये रामायणतिलके वाल्मीकीय आदिकाव्ये सुन्दरकाण्डे चतुःषष्टितमः सर्गः ॥ ६४ ॥

तत इति ॥ १ ॥ २ ॥ नियमो रावणकृतावधिरूपः । 'दशमो वर्तते मासो द्वौ तु शेषौ प्लवंगम' इति सीतोक्तिः । तं चेति शेषः ॥ ३ ॥ रामसंनिधौ । स्थिता इति शेषः ॥ ४ ॥ ५ ॥ चोदयन्ति प्रेरयन्ति स्म ॥ ६ ॥ सीतायै प्रणम्य । तां दिशं प्रति च प्रणम्येत्याकर्षः ॥ ७ ॥ यथा येन प्रकारेण सीताया दर्शनं जातं तत्परं वाक्यमुवाचेत्यर्थः ॥ ८ ॥ ९ ॥ देव्या दिदृक्षया तां मार्गमाणोऽगच्छम् ॥ १० ॥ तीरे दक्षिणसमुद्रसंबन्धिद्वीपसंनद्धतीरे ॥ ११ ॥ हे राम, रामा सीता त्वयि मनोरथं सम्यङ् न्यस्य त्वदतिरिक्तविषयमनोरथाभाववती भूत्वा जीवन्ती धृतप्राणा मया दृष्टा ॥ १२ ॥ सुखोचिता देवी त्वया विना दुःखमापद्यते इत्यन्वयः ॥ १३ ॥ ॥ १४ ॥ अधःशय्या भूशयना ॥ १५ ॥ १६ ॥ **सर्वमर्थं** रामसुग्रीवसख्यादि । दर्शिता ज्ञापिता ॥ १७ ॥ **नियत इति ।** समुदाचारो गोत्रास्खलनादिव्यवहारो भक्तिश्च त्वयि त्वय्येव सदा नियतः । नान्यत्रेत्यर्थः ॥ १८ ॥ **उग्रेण तपसा** त्वद्भक्त्या च युक्ता ॥ १९ ॥ २० ॥ **यथा दृष्टं** राक्षसीतर्जनादि तद्विज्ञाप्येत्यन्वयः ॥ २१ ॥ **उपशृण्वतः ।** **सुग्रीवस्य** समक्षं दातव्य इत्यब्रवीदिति शेषः ॥ २२ ॥ **एष इति ।** **दत्तस्त्वं** पश्य । यन्मनःशिलायास्तिलकं त्वया कृतं तत्स्मरस्वेति चाब्रवीत् ॥ २३ ॥ **एष वारिसंभवो मणिर्निर्यातितः** प्रेषितः ।

जीवितं धारयिष्यामि मासं दशरथात्मज । ऊर्ध्वं मासान्न जीवेयं रक्षसां वशमागता ॥ २५
इति मामब्रवीत्सीता कृशाङ्गी धर्मचारिणी । रावणान्तःपुरे रुद्धा मृगीवोत्फुल्ललोचना ॥ २६
एतदेव मयाख्यातं सर्वं राघव यद्यथा । सर्वथा सागरजले संतारः प्रविधीयताम् ॥ २७
तौ जाताश्वासौ राजपुत्रौ विदित्वा तच्चाभिज्ञानं राघवाय प्रदाय ।
देव्या चाख्यातं सर्वमेवानुपूर्व्याद्वाचा संपूर्णं वायुपुत्रः शशंस ॥ २८

इत्यार्षे श्रीमद्रामायणे वाल्मीकीय आदिकाव्ये सुन्दरकाण्डे पञ्चषष्टितमः सर्गः ॥ ६५ ॥

षट्षष्टितमः सर्गः ।

एवमुक्तो हनुमता रामो दशरथात्मजः । तं मणिं हृदये कृत्वा रुरोद सहलक्ष्मणः ॥ १
तं तु दृष्ट्वा मणिश्रेष्ठं राघवः शोककर्शितः । नेत्राभ्यामश्रुपूर्णाभ्यां सुग्रीवमिदमब्रवीत् ॥ २
यथैव धेनुः स्रवति स्नेहाद्वत्सस्य वत्सला । तथा ममापि हृदयं मणिश्रेष्ठस्य दर्शनात् ॥ ३
मणिरत्नमिदं दत्तं वैदेह्याः श्वशुरेण मे । वधूकाले यथा बद्धमधिकं मूर्ध्नि शोभते ॥ ४
अयं हि जलसंभूतो मणिः प्रवरपूजितः । यज्ञे परमतुष्टेन दत्तः शक्रेण धीमता ॥ ५
इमं दृष्ट्वा शशिश्रेष्ठं तथा तातस्य दर्शनम् । अद्यास्म्यवगतः सौम्य वैदेहस्य तथा विभोः ॥ ६
अयं हि शोभते तस्याः प्रियाया मूर्ध्नि मे मणिः । अद्यास्य दर्शनेनाहं प्राप्तां तामिव चिन्तये ॥ ७
किमाह सीता वैदेही ब्रूहि सौम्य पुनःपुनः । परासुमिव तोयेन सिञ्चन्ती वाक्यवारिणा ॥ ८
इतस्तु किं दुःखतरं यमिमं वारिसंभवम् । मणिं पश्यामि सौमित्रे वैदेहीमागतं विना ॥ ९
चिरं जीवति वैदेही यदि मासं धरिष्यति । क्षणं वीर न जीवेयं विना तामसितेक्षणाम् ॥ १०
नय मामपि तं देशं यत्र दृष्टा मम प्रिया । न तिष्ठेयं क्षणमपि प्रवृत्तिमुपलभ्य च ॥ ११
कथं सा मम सुश्रोणी भीरुभीरुः सती तदा । भयावहानां घोराणां मध्ये तिष्ठति रक्षसाम् ॥ १२
शारदस्तिमिरोन्मुक्तो नूनं चन्द्र इवाम्बुदैः । आवृतो वदनं तस्या न विराजति सांप्रतम् ॥ १३
किमाह सीता हनुमंस्तत्त्वतः कथयस्व मे । एतेन खलु जीविष्ये भेषजेनातुरो यथा ॥ १४
मधुरा मधुरालापा किमाह मम भामिनी । मद्विहीना वरारोहा हनुमन्कथयस्व मे ।
दुःखाद्दुःखतरं प्राप्य कथं जीवति जानकी ॥ १५

इत्यार्षे श्रीमद्रामायणे वाल्मीकीय आदिकाव्ये सुन्दरकाण्डे षट्षष्टितमः सर्गः ॥ ६६ ॥

एनमेतत्त्वत्प्रेषितमङ्गुलीयकम् ॥ २४ ॥ मासात् । विद्यमानाद्दशमादूर्ध्वमित्यर्थः ॥ २५ ॥ २६ ॥ संतारः संतारोपायः । प्रविधीयतां प्रविचार्यताम् ॥ २७ ॥ २८ ॥ **इति श्रीरामाभिरामे श्रीरामीये रामायणतिलके वाल्मीकीय आदिकाव्ये सुन्दरकाण्डे पञ्चषष्टितमः सर्गः ॥ ६५ ॥**

एवमिति ॥ १ ॥ २ ॥ वत्सस्येत्यत्रापि दर्शनादिति संबध्यते । तथा स्नेहात्स्रवतीत्यनुकर्षः ॥ ३ ॥ मे श्वशुरेण जनकेन वधूकाले वधूत्वसंपादके काले विवाहकाले वैदेह्याः शिरोभूषणाय सीतामातृहस्ताद्गृहीत्वा दशरथहस्ते दत्तम् । तच्च तस्मिन्काले यथाधिकं शोभते तथा मूर्ध्नि बद्धमित्यर्थः ॥ ४ ॥ जनकस्याप्येतदागमः कुतस्तत्राह—अयं हीति । प्रवरैः श्रेष्ठैर्देवैः पूजितः ॥ ५ ॥ तथा यथा सीतादर्शनमवगतः प्राप्तस्तथा तातस्य दशरथस्य प्राप्तः तद्धस्ते जनकेन दानात्तस्य स्मरणम् । तथा वैदेहस्य राज्ञो जनकस्य सपत्नीकस्य दर्शनं प्राप्त इत्यर्थः ॥ ६ ॥ ७ ॥ परासुं मूर्च्छितं मां जीवनाय वाक्यवारिणा सिञ्चन्ती किमाह तद्ब्रूहि ॥ ८ ॥ वैदेहीं विना आगतं मणिं पश्यामि, इतः किं दुःखतरम् ॥ ९ ॥ यदि मासं धरिष्यति जीविष्यति तदा चिरं जीवति । जीविष्यतीत्यर्थः । तां विना यथाहं न जीवेयं तथा मां विना सापि न जीविष्यतीत्यर्थः ॥ १० ॥ प्रवृत्तिमुपलभ्य क्षणमपि न तिष्ठेयम् । स्थातुं न शक्यमित्यर्थः ॥ ११ ॥ भीरुभीरुरत्यन्तं भीरुः ॥ १२ ॥ अम्बुदैरावृतस्तिमिरोन्मुक्तः शारदश्चन्द्र इव तस्या वदनं न विराजति ॥ १३ ॥ एतेन तद्वाक्यश्रवणरूपेण ॥ १४ ॥ मधुरा मधुराकारा ॥ १५ ॥ **इति श्रीरामाभिरामे श्रीरामीये रामायणतिलके वाल्मीकीय आदिकाव्ये सुन्दरकाण्डे षट्षष्टितमः सर्गः ॥ ६६ ॥**

सप्तषष्टितमः सर्गः ।

एवमुक्तस्तु हनुमान्राघवेण महात्मना । सीताया भाषितं सर्वं न्यवेदयत राघवे ॥ १
इदमुक्तवती देवी जानकी पुरुषर्षभ । पूर्ववृत्तमभिज्ञानं चित्रकूटे यथातथम् ॥ २
सुखसुप्ता त्वया सार्धं जानकी पूर्वमुत्थिता । वायसः सहसोत्पत्य विददार स्तनान्तरम् ॥ ३
पर्यायेण च सुप्तस्त्वं देव्यङ्के भरताग्रज । पुनश्च किल पक्षी स देव्या जनयति व्यथाम् ॥ ४
ततः पुनरुपागम्य विददार भृशं किल । ततस्त्वं बोधितस्तस्याः शोणितेन समुक्षितः ॥ ५
वायसेन च तेनैवं सततं बाध्यमानया । बोधितः किल देव्या त्वं सुखसुप्तः परंतप ॥ ६
तां च दृष्ट्वा महाबाहो दारितां च स्तनान्तरे । आशीविष इव क्रुद्धस्ततो वाक्यं त्वमूचिवान् ॥ ७
नखाग्रैः केन ते भीरु रादितं वै स्तनान्तरम् । कः क्रीडति सरोषेण पञ्चवक्त्रेण भोगिना ॥ ८
निरीक्षमाणः सहसा वायसं समुदैक्षथाः । नखैः सरुधिरैस्तीक्ष्णैस्तामेवाभिमुखं स्थितम् ॥ ९
सुतः किल स शक्रस्य वायसः पततां वरः । धरान्तरगतः शीघ्रं पवनस्य गतौ समः ॥ १०
ततस्तस्मिन्महाबाहो कोपसंवर्तितेक्षणः । वायसे त्वं व्यधाः क्रूरां मतिं मतिमतां वर ॥ ११
स दर्भसंस्तराद्गृह्य ब्रह्मास्त्रेण न्ययोजयः । स दीप्त इव कालाग्निर्जज्वालाभिमुखं खगम् ॥ १२
स त्वं प्रदीप्तं चिक्षेप दर्भं तं वायसं प्रति । ततस्तु वायसं दीप्तः स दर्भोऽनुजगाम ह ॥ १३
भीतैश्च संपरित्यक्तः सुरैः सर्वैश्च वायसः । त्रींल्लोकान्संपरिक्रम्य त्रातारं नाधिगच्छति ॥ १४
पुनरप्यागतस्तत्र त्वत्सकाशमरिंदम । त्वं तं निपतितं भूमौ धरण्यां शरणागतम् ॥ १५
तथार्हमपि काकुत्स्थ कृपया परिपालयः । मोघमस्त्रं न शक्यं तु कर्तुमित्येव राघव ॥ १६
ततस्तस्याक्षि काकस्य हिनस्ति स्म स दक्षिणम् । वायसस्त्वां नमस्कृत्य राज्ञो दशरथस्य च ॥ १७
विसृष्टस्तु तदा काकः प्रतिपेदे स्वमालयम् । एवमस्त्रविदां श्रेष्ठः सत्त्ववाञ्छीलवानपि ॥ १८
किमर्थमस्त्रं रक्षःसु न योजयसि राघव । न दानवा न गन्धर्वा नासुरा न मरुद्गणाः ॥ १९
तव राम रणे शक्तास्तथा प्रतिसमासितुम् । तव वीर्यवतः कश्चिन्मयि यद्यस्ति संभ्रमः ॥ २०
क्षिप्रं सुनियतैर्बाणैर्हन्यतां युधि रावणः । भ्रातुरादेशमाज्ञाय लक्ष्मणो वा परंतपः ॥ २१
स किमर्थं नरवरो न मां रक्षति राघवः । शक्तौ तौ पुरुषव्याघ्रौ वाय्वग्निसमतेजसौ ॥ २२
सुराणामपि दुर्धर्षौ किमर्थं मामुपेक्षतः । ममैव दुष्कृतं किंचिन्महदस्ति न संशयः ॥ २३
समर्थौ सहितौ यन्मां न रक्षेते परंतपौ । वैदेह्या वचनं श्रुत्वा करुणं साधुभाषितम् ॥ २४
पुनरप्यहमार्यां तामिदं वचनमब्रुवम् । त्वच्छोकविमुखो रामो देवि सत्येन ते शपे ॥ २५
रामे दुःखाभिभूते च लक्ष्मणः परितप्यते । कथंचिद्भवती दृष्टा न कालः परिशोचितुम् ॥ २६
इदं मुहूर्तं दुःखानामन्तं द्रक्ष्यसि भामिनि । तावुभौ नरशार्दूलौ राजपुत्रौ परंतपौ ॥ २७
त्वद्दर्शनकृतोत्साहौ लङ्कां भस्मीकरिष्यतः । हत्वा च समरे रौद्रं रावणं सहबान्धवम् ॥ २८
राघवस्त्वां वरारोहे स्वपुरीं नयिता ध्रुवम् । यत्तु रामो विजानीयादभिज्ञानमनिन्दिते ॥ २९
प्रीतिसंजननं तस्य प्रदातुं तत्त्वमर्हसि । साभिवीक्ष्य दिशः सर्वा वेण्युद्ग्रथनमुत्तमम् ॥ २०
मुक्त्वा वस्त्राद्ददौ मह्यं मणिमेतं महाबल । प्रतिगृह्य मणिं दोर्भ्यां तव हेतो रघुप्रिय ॥ ३१
शिरसा संप्रणम्यैनामहमागमने त्वरे । गमने च कृतोत्साहमवेक्ष्य वरवर्णिनी ॥ ३२

॥ १ ॥ यथातथं यथापूर्वं वृत्तं तथोक्तवती ॥ २ ॥ ३ ॥ ॥ ४ ॥ ५ ॥ ७ ॥ रादितम् । दारितमित्यर्थः ॥ ८ ॥ ९ ॥ धरान्तरगतः पातालस्थः ॥ १० ॥ व्यधा अकृथाः ॥ ११ ॥ दर्भसंस्तरादेकं कुशं गृह्य । गृहीत्वेत्यर्थः ॥ १२ ॥ चिक्षेप चिक्षेपिथ । आर्षः प्रयोगः ॥ १३ ॥ १४ ॥ १५ ॥ परिपालयः पर्यपालयः । शरीरावधनेति भावः । इत्येवेति हेतोः ॥ १६ ॥ ततस्तदागमनोत्तरम् । हिनस्ति स्म अहिनः ॥ १७ ॥ १८ ॥ १९ ॥ हे राम, रणे तव त्वां प्रति समासितुं शक्तास्तथा तद्वत् । काकवदित्यर्थः । संभ्रम आदरः ॥ २० ॥ २१ ॥ २२ ॥ २३ ॥ २४ ॥ त्वच्छोकविमुखस्त्वच्छोकेन कार्यान्तरविमुखः ॥ २५ ॥ भवती मया दृष्टा । अतः परं परिशोचितुं न कालस्तव योग्य इति शेषः । चिरं लङ्कायामासितुं न कालो योग्य इति पाठान्तरेऽर्थः ॥ २६ ॥ इदं मुहूर्तम् । अस्मिन्नेव मुहूर्ते इत्यर्थः ॥ २७ ॥ २८ ॥ २९ ॥ वेण्युद्ग्रथनं वेण्यामुद्ग्रथनयोग्यम् ॥ ३० ॥ ३१ ॥ त्वरे । त्वरा-

विवर्धमानं च हि मामुवाच जनकात्मजा । अश्रुपूर्णमुखी दीना बाष्पगद्गदभाषिणी ॥ ३३
ममोत्पतनसंभ्रान्ता शोकवेगसमाहता । मामुवाच ततः सीता सभाग्योऽसि महाकपे ॥ ३४
यद्द्रक्ष्यसि महाबाहुं रामं कमललोचनम् । लक्ष्मणं च महाबाहुं देवरं मे यशस्विनम् ॥ ३५
सीतयाप्येवमुक्तोऽहमब्रुवं मैथिलीं तथा । पृष्ठमारोह मे देवि क्षिप्रं जनकनन्दिनि ॥ ३६
यावत्ते दर्शयाम्यद्य ससुग्रीवं सलक्ष्मणम् । राघवं च महाभागे भर्तारमसितेक्षणे ॥ ३७
साब्रवीन्मां ततो देवी नैष धर्मो महाकपे । यत्ते पृष्ठं सिषेवेऽहं स्ववशा हरिपुंगव ॥ ३८
पुरा च यदहं वीर स्पृष्टा गात्रेषु रक्षसा । तत्राहं किं करिष्यामि कालेनोपनिपीडिता ॥ ३९
गच्छ त्वं कपिशार्दूल यत्र तौ नृपतेः सुतौ । इत्येवं सा समाभाष्य भूयः संदेष्टुमास्थिता ॥ ४०
हनूमन्सिंहसंकाशौ तावुभौ रामलक्ष्मणौ । सुग्रीवं च सहामात्यं सर्वान्ब्रूया अनामयम् ॥ ४१
यथा च स महाबाहुर्मां तारयति राघवः । अस्माद्दुःखाम्बुसंरोधात्त्वमाख्यातुमर्हसि ॥ ४२

इदं च तीव्रं मम शोकवेगं रक्षोभिरेभिः परिभर्त्सनं च ।
ब्रूयास्तु रामस्य गतः समीपं शिवश्च तेऽध्वास्तु हरिप्रवीर ॥ ४३
एतत्तवार्या नृपसंयता सा सीता वचः प्राह विषादपूर्वम् ।
एतच्च बुद्ध्वा गदितो यथा त्वं श्रद्धस्व सीतां कुशलां समग्राम् ॥ ४४

इत्यार्षे श्रीमद्रामायणे वाल्मीकीय आदिकाव्ये सुन्दरकाण्डे सप्तषष्टितमः सर्गः ॥ ६७ ॥

अष्टषष्टितमः सर्गः ।

अथाहमुत्तरं देव्या पुनरुक्तः ससंभ्रमम् । तव स्नेहान्नरव्याघ्र सौहार्दादनुमान्य च ॥ १
एवं बहुविधं वाच्यो रामो दाशरथिस्त्वया । यथा मां प्राप्नुयाच्छीघ्रं हत्वा रावणमाहवे ॥ २
यदि वा मन्यसे वीर वसैकाहमरिंदम । कस्मिंश्चित्संवृते देशे विश्रान्तः श्वो गमिष्यसि ॥ ३
मम चाप्यल्पभाग्यायाः सांनिध्यात्तव वानर । अस्य शोकविपाकस्य मुहूर्तं स्याद्विमोक्षणम् ॥ ४
गते हि त्वयि विक्रान्त पुनरागमनाय वै । प्राणानामपि संदेहो मम स्यान्नात्र संशयः ॥ ५
तवादर्शनजं चापि भयं मां परितापयेत् । दुःखाद्दुःखपराभूतां दुर्गतां दुःखभागिनीम् ॥ ६
अयं च वीर संदेहस्तिष्ठतीव ममाग्रतः । सुमहांस्त्वत्सहायेन हर्यृक्षेषु असंशयः ॥ ७
कथं नु खलु दुष्पारं तरिष्यन्ति महोदधिम् । तानि हर्यृक्षसैन्यानि तौ वा नरवरात्मजौ ॥ ८
त्रयाणामेव भूतानां सागरस्येह लङ्घने । शक्तिः स्याद्वैनतेयस्य वायोर्वा तव चानघ ॥ ९
तदस्मिन्कार्यनियोगे वीरैवं दुरतिक्रमे । किं पश्यसि समाधानं ब्रूहि वाक्यविदां वर ॥ १०
काममस्य त्वमेवैकः कार्यस्य परिसाधने । पर्याप्तः परवीरघ्न यशस्यस्ते बलोदयः ॥ ११
बलैः समग्रैर्यदि मां हत्वा रावणमाहवे । विजयी स्वपुरीं रामो नयेत्तत्स्याद्यशस्करम् ॥ १२
यथाहं तस्य वीरस्य वनादुपधिना हृता । रक्षसा तद्भयादेव तथा नार्हति राघवः ॥ १३

वाज्ञात इत्यर्थः ॥ ३२ ॥ विवर्धमानम् । समुद्रतरणायेति शेषः ॥ ३३ ॥ ३४ ॥ ३५ ॥ ३६ ॥ ३७ ॥ ३८ ॥ कालेनोपनिपीडिता । परायत्तेति शेषः ॥ ३९ ॥ ४० ॥ ४१ ॥ ४२ ॥ ४३ ॥ ४४ ॥ इति श्रीरामाभिरामे श्रीरामीये रामायणतिलके वाल्मीकीय आदिकाव्ये सुन्दरकाण्डे सप्तषष्टितमः सर्गः ॥ ६७ ॥

तव स्नेहान्मयि सौहृदात्सुहृद्भावान्मामनुमान्य संमान्य ससंभ्रमो गन्तुं सत्वरोऽहमुत्तरं कार्यं प्रति पुनःपुनरुक्तः ॥ १ ॥ यथा मां प्राप्नुयात्तथा । यतस्वेति शेषः ॥ २ ॥ ३ ॥ एकदिनवासफलमाह—मम चेति । तव सांनिध्यादल्पभाग्याया ममास्य महतः शोकविपाकस्य शोकरूपस्य पापफलस्य मुहूर्तं मोक्षणं स्यादित्यन्वयः ॥ ४ ॥ पुनरागमनाय प्रतीक्षमाणाया मम प्राणानामपि संदेहः स्यादिति योजना ॥ ५ ॥ ६ ॥ उत्तरकार्यविषयामुक्तिमाह—अयं चेति । असंशयो बाधकसंशयरहितः ॥ ७ ॥ संदेहमेवाह—कथं न्विति ॥ ८ ॥ ९ ॥ १० ॥ यद्यपि त्वमेव पर्याप्तः । सफलराक्षसवधपूर्वं मन्मोचन इति शेषः । तथापीदृशो बलोदयस्तवैव यशस्यो यशोवर्धकः स्यात् ॥ ११ ॥ यदि तु रामो रावणं हत्वा मां नयेत्, तदा तन्नयनं तस्य यशस्करं स्यात् । अतस्तेनैवागत्य मोचनं युक्तमिति भावः ॥ १२ ॥ उपधिना छलेन ॥ १३

बलैस्तु संकुलां कृत्वा लङ्कां परबलार्दनः । मां नयेद्यदि काकुत्स्थस्तत्तस्य सदृशं भवेत् ॥ १४
तद्यथा तस्य विक्रान्तमनुरूपं महात्मनः । भवत्याहवशूरस्य तथा त्वमुपपादय ॥ १५
तदर्थोपहितं वाक्यं प्रश्रितं हेतुसंहितम् । निशम्याहं ततः शेषं वाक्यमुत्तरमब्रुवम् ॥ १६
देवि हर्यृक्षसैन्यानामीश्वरः प्लवतां वरः । सुग्रीवः सत्त्वसंपन्नस्त्वदर्थे कृतनिश्चयः ॥ १७
तस्य विक्रमसंपन्नाः सत्त्ववन्तो महाबलाः । मनःसंकल्पसदृशा निदेशे हरयः स्थिताः ॥ १८
येषां नोपरि नाधस्तान्न तिर्यक्सज्जते गतिः । न च कर्मसु सीदन्ति महत्स्वमिततेजसः ॥ १९
असकृत्तैर्महाभागैर्वानरैर्बलसंयुतैः । प्रदक्षिणीकृता भूमिर्वायुमार्गानुसारिभिः ॥ २०
मद्विशिष्टाश्च तुल्याश्च सन्ति तत्र वनौकसः । मत्तः प्रत्यवरः कश्चिन्नास्ति सुग्रीवसंनिधौ ॥ २१
अहं तावदिह प्राप्तः किं पुनस्ते महाबलाः । नहि प्रकृष्टाः प्रेष्यन्ते प्रेष्यन्ते हीतरे जनाः ॥ २२
तदलं परितापेन देवि मन्युरपैतु ते । एकोत्पातेन ते लङ्कामेष्यन्ति हरियूथपाः ॥ २३
मम पृष्ठगतौ तौ च चन्द्रसूर्याविवोदितौ । त्वत्सकाशं महाभागे नृसिंहावागमिष्यतः ॥ २४
अरिघ्नं सिंहसंकाशं क्षिप्रं द्रक्ष्यसि राघवम् । लक्ष्मणं च धनुष्मन्तं लङ्काद्वारमुपागतम् ॥ २५
नखदंष्ट्रायुधान्वीरान्सिंहशार्दूलविक्रमान् । वानरान्वारणेन्द्राभान्क्षिप्रं द्रक्ष्यसि संगतान् ॥ २६
शैलाम्बुदनिकाशानां लङ्कामलयसानुषु । नर्दतां कपिमुख्यानां नचिराच्छ्रोष्यसे स्वनम् ॥ २७
निवृत्तवनवासं च त्वया सार्धमरिंदमम् । अभिषिक्तमयोध्यायां क्षिप्रं द्रक्ष्यसि राघवम् ॥ २८

ततो मया वाग्भिरदीनभाषिणी शिवाभिरिष्टाभिरभिप्रसादिता ।
उवाह शान्तिं मम मैथिलात्मजा तवातिशोकेन तथातिपीडिता ॥ २९

इत्यार्षे श्रीमद्रामायणे वाल्मीकीय आदिकाव्ये सुन्दरकाण्डेऽष्टषष्टितमः सर्गः ॥ ६८ ॥

॥ १४ ॥ यथा तस्यानुरूपं विक्रान्तं भवति तथा त्वमेवोपपादय ॥ १५ ॥ शेषं शिष्टम् ॥ १६ ॥ १७ ॥ १८ ॥ १९ ॥ २० ॥ २१ ॥ २२ ॥ मन्युर्दैन्यम् ॥ २३ ॥ २४ ॥ २५ ॥ २६ ॥ २७ ॥ २८ ॥ पूर्वमुक्तया मदुक्त्या श्रुतेन त्वच्छोकेनातिपीडिताप्यदीनभाषिणी सा मया शिवाभिर्वाग्भिरभिप्रसादिता शान्तिं दुःखनिवृत्तिमुवाह । प्रापेत्यर्थः ॥ २९ ॥ इति **श्रीरामाभिरामे श्रीरामीये रामायणतिलके वाल्मीकीय आदिकाव्ये सुन्दरकाण्डेऽष्टषष्टितमः सर्गः ॥ ६८ ॥**

सुन्दरे सुन्दरी सीतामक्षतां मारुतेर्मुखात् ।
श्रुत्वा हृष्टस्तथैवास्तु स रामः सततं हृदि ॥

मनोभिरामं नयनाभिरामं श्रोत्राभिरामं वचसोऽभिरामम् ।
एवं सदा सर्वगतोऽभिरामं वन्दे सदा दाशरथिं च रामम् ॥

श्रीराम राम रामेति रमे रामे मनोरमे ।
सहस्रनाम तत्तुल्यं रामनाम वरानने ॥

राम राम तव नाम निर्मलं चिन्तयामि भवबन्धमुक्तये ।
वन्दितं सुरनरेन्द्रमौलिभिर्ध्यायितं मनसि योगिभिः सदा ॥

इति श्रीरामायणे सुन्दरकाण्डं समाप्तम् ।

॥ श्रीः ॥

आदिकविश्रीवाल्मीकिमहामुनिप्रणीतं

रामायणम् ।

तिलकाख्यया व्याख्यया समेतम् ।

युद्धकाण्डम् ।

प्रथमः सर्गः ।

श्रुत्वा हनूमतो वाक्यं यथावदभिभाषितम् । रामः प्रीतिसमायुक्तो वाक्यमुत्तरमब्रवीत् ॥ १
कृतं हनूमता कार्यं सुमहद्भुवि दुर्लभम् । मनसापि यदन्येन न शक्यं धरणीतले ॥ २
नहि तं परिपश्यामि यस्तरेत महोदधिम् । अन्यत्र गरुडाद्वायोरन्यत्र च हनूमतः ॥ ३
देवदानवयक्षाणां गन्धर्वोरगरक्षसाम् । अप्रधृष्यां पुरीं लङ्कां रावणेन सुरक्षिताम् ॥ ४
प्रविष्टः सत्त्वमाश्रित्य जीवन्को नाम निष्क्रमेत् । को विशेत्सुदुराधर्षां राक्षसैश्च सुरक्षिताम् ॥ ५
यो वीर्यबलसंपन्नो न समः स्याद्धनूमतः । भृत्यकार्यं हनुमता सुग्रीवस्य कृतं महत् ।
एवं विधाय स्वबलं सदृशं विक्रमस्य च ॥ ६
यो हि भृत्यो नियुक्तः सन्भर्त्रा कर्मणि दुष्करे । कुर्यात्तदनुरागेण तमाहुः पुरुषोत्तमम् ॥ ७
यो नियुक्तः परं कार्यं न कुर्यान्नृपतेः प्रियम् । भृत्यो युक्तः समर्थश्च तमाहुर्मध्यमं नरम् ॥ ८
नियुक्तो नृपतेः कार्यं न कुर्याद्यः समाहितः । भृत्यो युक्तः समर्थश्च तमाहुः पुरुषाधमम् ॥ ९
तन्नियोगे नियुक्तेन कृतं कृत्यं हनूमता । न चात्मा लघुतां नीतः सुग्रीवश्चापि तोषितः ॥ १०
अहं च रघुवंशश्च लक्ष्मणश्च महाबलः । वैदेह्या दर्शनेनाद्य धर्मतः परिरक्षिताः ॥ ११

युद्धे रक्षोगणान्हत्वा पुष्पकेण निजां पुरीम् ।
सीतया सह चागत्य रेजे रामोऽभिषेचितः ॥

एवं हनूमतः सकाशात्सीतावृत्तान्तं श्रुत्वा कृतकार्ये भृत्ये स्वामिन उचितां वृत्तिं लोकेभ्य उपदेष्टुं हनूमन्तमस्तौषीदित्याह—श्रुत्वेति । उत्तरं प्रियश्रवणोत्तरकालयोग्यम् ॥ १ ॥ भुवि दुर्लभं भूलोके दुःखेन लभ्यं यद्वस्तु सीतारूपं तद्विषयं यत्कार्यमन्वेषणरूपं तद्धनूमता कृतं यद्धरणीतलेऽन्येन मनसापि न शक्यम् । कर्तुमिति शेषः । अत एव दुर्लभत्वमुक्तम् ॥ २ ॥ अन्याशक्यत्वमेवाह—नहीति ॥ ३ ॥ देवदानवयक्षाणामिति करणे शेषत्वेन विवक्षिते षष्ठी ॥ ४ ॥ तां प्रविष्टो निष्क्रमेत्पुनः स्वदेशमागच्छेत् । प्रवेशोऽपि दुर्लभ इत्याह—क इति । यो हनूमतः समो न स्यात्स को विशेदित्यन्वयः ॥ ५ ॥ विक्रमस्य सदृशं स्वबलं स्वबलकार्यं समुद्रलङ्घनलङ्काप्रवेशरूपं विधाय हनूमता महदुक्तादधिकमपि सुग्रीवस्य भृत्यकार्यं सुग्रीवभृत्यत्वोचितं कार्यं सीतादर्शनवनभङ्गादिरूपं कृतम् ॥ ६ ॥ हनूमतो भृत्योत्तमत्वं दर्शयितुमुत्तमादिभृत्यानां लक्षणान्याह—यो हीति । यो भृत्यो भर्त्रा दुष्करे कर्मणि नियुक्तस्तत्कार्यं कृत्वा तदनुरागेणोक्तकार्याविरोधेन कार्यान्तरमपि कुर्यात्तं पुरुषोत्तमं भृत्यपुरुषेषु श्रेष्ठमाहुः ॥ ७ ॥ यस्तु युक्तो बुद्ध्या समर्थश्च सन्परं स्वामिसंदिष्टादधिकं नृपतेः प्रियं न कुर्यात्किंतु संदिष्टमेव कुर्यात्तं मध्यममाहुः । 'भृत्यस्तु यः परं कार्यं न कुर्यान्नृपतेः प्रियम् । भृत्योऽभृत्यः समर्थोऽपि तमाहुर्मध्यमं नरम् ॥' इति पाठे यः समर्थोऽपि भृत्यः परं कार्यं न कुर्यात्स भृत्य उक्तमात्रकरणादधिकाकरणाच्चाभृत्यः, अतस्तं मध्यममाहुः ॥ ८ ॥ यो नियुक्तो नृपतेरुक्तमपि कार्यं न कुर्यात्तमधममाहुः ॥ ९ ॥ अथ हनूमत उत्तमत्वं दर्शयति—तदिति । नियोगे सीतान्वेषणमात्रे । कृत्यमधिकमपि कृत्यं कृतम् । अत उत्तमभृत्योऽयमिति भावः । उत्तमत्वे युक्त्यन्तरमप्याह—न चात्मेति । रक्षोभिरपराजितत्वात् । सुग्रीवश्चापि तोषितः । अधिककार्यकरणादित्यर्थः ॥ १० ॥ धर्मतः । धर्मं प्राप्येत्यर्थः । एतेन स्वाम्याज्ञापालनेन भृत्यस्य धर्मोऽपि सूचितः । मदादयः परिरक्षिताः । सीता

१०

इदं तु मम दीनस्य मनो भूयः प्रकर्षति । यदिहास्य प्रियाख्यातुर्न कुर्मि सदृशं प्रियम् ॥ १२
एष सर्वस्वभूतस्तु परिष्वङ्गो हनूमतः । मया कालमिमं प्राप्य दत्तस्तस्य महात्मनः ॥ १३
इत्युक्त्वा प्रीतिहृष्टाङ्गो रामस्तं परिषस्वजे । हनूमन्तं कृतात्मानं कृतवाक्यमुपागतम् ॥ १४
ध्यात्वा पुनरुवाचेदं वचनं रघुसत्तमः । हरीणामीश्वरस्यापि सुग्रीवस्योपशृण्वतः ॥ १५
सर्वथा सुकृतं तावत्सीतायाः परिमार्गणम् । सागरं तु समासाद्य पुनर्नष्टं मनो मम ॥ १६
कथं नाम समुद्रस्य दुष्पारस्य महाम्भसः । हरयो दक्षिणं पारं गमिष्यन्ति समागताः ॥ १७
यद्यप्येष तु वृत्तान्तो वैदेह्या गदितो मम । समुद्रपारगमने हरीणां किमिवोत्तरम् ॥ १८
इत्युक्त्वा शोकसंभ्रान्तो रामः शत्रुनिबर्हणः । हनूमन्तं महाबाहुस्ततो ध्यानमुपागमत् ॥ १९

इत्यार्षे श्रीमद्रामायणे वाल्मीकीय आदिकाव्ये युद्धकाण्डे प्रथमः सर्गः ॥ १ ॥

द्वितीयः सर्गः ।

तं तु शोकपरिद्यूनं रामं दशरथात्मजम् । उवाच वचनं श्रीमान्सुग्रीवः शोकनाशनम् ॥ १
किं त्वया तप्यते वीर यथान्यः प्राकृतस्तथा । मैवं भूस्त्यज संतापं कृतघ्न इव सौहृदम् ॥ २
संतापस्य च ते स्थानं नहि पश्यामि राघव । प्रवृत्तावुपलब्धायां ज्ञाते च निलये रिपोः ॥ ३
मतिमाञ्शास्त्रवित्प्राज्ञः पण्डितश्चासि राघव । त्यजेमां प्राकृतां बुद्धिं कृतात्मेवार्थदूषिणीम् ॥ ४
समुद्रं लङ्घयित्वा तु महानक्रसमाकुलम् । लङ्कामारोहयिष्यामो हनिष्यामश्च ते रिपुम् ॥ ५
निरुत्साहस्य दीनस्य शोकपर्याकुलात्मनः । सर्वार्था व्यवसीदन्ति व्यसनं चाधिगच्छति ॥ ६
इमे शूराः समर्थाश्च सर्वतो हरियूथपाः । त्वत्प्रियार्थं कृतोत्साहाः प्रवेष्टुमपि पावकम् ।
एषां हर्षेण जानामि तर्कश्चापि दृढो मम ॥ ७

समाचारालाभेन मन्नाशो मन्नाशाच्च लक्ष्मणभरतादीनां च नाश इति सर्वनाशप्रसङ्ग इति भावः ॥ ११ ॥ एवं हनूमत्कर्मणः सुखजनकत्वेऽपि तत्प्रत्युपकाराकरणजो विषादः सीताश्रवणजमानन्दमपि तिरोधाय मां संतापयतीत्याह—इदं त्विति न कुर्मि न करोमि । सदृशं एतत्कृतप्रियसदृशं प्रियम् ॥ १२ ॥ तत्तुल्यप्रियान्तरमपश्यन्नात्मपरिष्वङ्गमेव तथापश्यन्नाह—एष इति । सर्वस्वभूतः । भगवद्देहस्य शुद्धानन्दरूपत्वात्स्वालिङ्गनस्य सर्वस्वभूतत्वं बोध्यम् । 'आनन्द एव हि भगवतः सर्वस्वम् । आनन्द एव हि मायया रामादिदेहत्वेन भासते' इति गीताभाष्यविष्णुसहस्रनामभाष्ययोर्भगवत्पादैः स्पष्टमेवोक्तम् । ब्रह्माण्डपुराणादिषु चैवं परिष्वङ्गद्वारा ब्रह्मानन्दार्पणमेव हनूमते कृतमिति बोधितम् । तस्य हनूमत उत्तमभृत्यस्य हनूमतः ॥ १३ ॥ प्रीतिहृष्टाङ्गः प्रीतिपुलकितगात्रः । हनूमन्तमित्यादिपूर्वान्वयि ॥ १४ ॥ ध्यात्वा । समुद्रतरणं कथं स्यादिति संचिन्त्येत्यर्थः । सुग्रीवस्येति सप्तम्यर्थे षष्ठी । शृण्वति सत्युवाचेत्यन्वयः ॥ १५ ॥ सुकृतम् । अधिकस्यापि करणादित्यर्थः । समासाद्य दुस्तरत्वमालोच्य । पुनर्नष्टं सीतावृत्तान्तश्रवणेन हृष्टमपि पुनर्विषादं प्राप्तम् ॥ १६ ॥ समागता मिलिताः ॥ १७ ॥ किं च य वितर्को न ममैव, किं तु सीताया अपीत्याह—यद्यपीति । यद्यपीत्यप्यर्थे । एष तु वृत्तान्तो मम वैदेह्यापि गदितः, अतो हरीणां पारगमने किमिवोत्तरम् । उत्तरकालोचितं कर्म किमित्यर्थः ॥ १८ ॥ शोकसंभ्रान्तः । ज्ञातेऽपि सीतावृत्तान्ते तत्प्राप्तिप्रतिबन्धपर्यालोचनया कलुषितान्तःकरण इत्यर्थः । ध्यानं ध्यानमिव तरणोपायविषयचिन्तामिव ॥ १९ ॥

इति श्रीरामाभिरामे श्रीरामीये रामायणतिलके वाल्मीकीय आदिकाव्ये युद्धकाण्डे प्रथमः सर्गः ॥ १ ॥

शोकपरिद्यूनं शोकसंतप्तम् ॥ १ ॥ प्राकृतो यथा तप्यति तथा त्वया किं तप्यत इत्यन्वयः । एवं संतप्तः कृतघ्नो यथा सौहृदं त्यजति तथा त्वं संतापं त्यज ॥ २ ॥ स्थानं निमित्तम् । प्रवृत्तौ जीवने ॥ ३ ॥ शास्त्रविन्नीत्यादिशास्त्रज्ञः । मतिमान्भाव्यर्थज्ञानयोग्यबुद्धिः । प्राज्ञो विचारकुशलः । पण्डितो विचारपूर्वं सिद्धान्तप्रतिष्ठापनसमर्थः । स त्वमिमां प्राकृतां मत्यादिरहितप्राकृतजनोचितां बुद्धिं दीनबुद्धिं त्यज । कृतात्मा योगी यथार्थस्य स्वेष्टस्य योग्यस्य दूषिणीं दूषिकां कामादिविषयां बुद्धिं त्यजति तद्वत्त्वं त्यजेत्यर्थः ॥ ४ ॥ समुद्रलङ्घनेऽपि चिन्ता न कार्येत्याह—समुद्रमिति । वक्ष्यमाणोपायेनेति शेषः । आरोहयिष्याम आरोक्ष्यामः ॥ ५ ॥ निरुत्साहत्वादिगुणको व्यसनदुःखपरम्परामधिगच्छति प्राप्नोति ॥ ६ ॥ ननु किं बलादस्माकमुत्साहः स्यात्तदाह—इमे इति । सर्वतः समर्था इत्यन्वयः । मत्प्रियार्थमिमे कृतोत्साहा इति कथं ज्ञातं तत्राह—एषामिति । हर्षेण समुद्रतरणरावणप्रसङ्गे जायमानेन । तत्कार्यमुखविकासादिनानुमितेनेत्यर्थः । ममापि दृढस्तर्कः । समुद्रतरणरावणहननादिविषयो दृढनिश्चय इत्यर्थः ।

विक्रमेण समानेष्ये सीतां हत्वा यथा रिपुम् । रावणं पापकर्माणं तथा त्वं कर्तुमर्हसि ॥ ८
सेतुरत्र यथा बध्येद्यथा पश्येम तां पुरीम् । तस्य राक्षसराजस्य तथा त्वं कुरु राघव ॥ ९
दृष्ट्वा तां हि पुरीं लङ्कां त्रिकूटशिखरे स्थिताम् । हतं च रावणं युद्धे दर्शनादवधारय ॥ १०
अबद्ध्वा सागरे सेतुं घोरे च वरुणालये । लङ्का न मर्दितुं शक्या सेन्द्रैरपि सुरासुरैः ॥ ११
सेतुबन्धः समुद्रे च यावल्लङ्कासमीपतः । सर्वं तीर्णं च मे सैन्यं जितमित्युपधारय ।
तथा हि समरे वीरा हरयः कामरूपिणः ॥ १२
तदलं विक्लवां बुद्धिं राजन्सर्वार्थनाशनीम् । पुरुषस्य हि लोकेऽस्मिञ्शोकः शौर्यापकर्षणः ॥ १३
यत्तु कार्यं मनुष्येण शौटीर्यमवलम्ब्यताम् । तदलंकरणायैव कर्तुर्भवति सत्वरम् ॥ १४
अस्मिन्काले महाप्राज्ञ सत्त्वमातिष्ठ तेजसा । शूराणां हि मनुष्याणां त्वद्विधानां महात्मनाम् ।
विनष्टे वा प्रनष्टे वा शोकः सर्वार्थनाशनः ॥ १५
तत्त्वं बुद्धिमतां श्रेष्ठः सर्वशास्त्रार्थकोविदः । मद्विधैः सचिवैः सार्धमरिं जेतुं समर्हसि ॥ १६
नहि पश्याम्यहं कंचित्त्रिषु लोकेषु राघव । गृहीतधनुषो यस्ते तिष्ठेदभिमुखो रणे ॥ १७
वानरेषु समासक्तं न ते कार्यं विपत्स्यते । अचिराद्द्रक्ष्यसे सीतां तीर्त्वा सागरमक्षयम् ॥ १८
तदलं शोकमालम्ब्य क्रोधमालम्ब भूपते । निश्चेष्टाः क्षत्रिया मन्दाः सर्वे चण्डस्य बिभ्यति ॥ १९
लङ्घनार्थं च घोरस्य समुद्रस्य नदीपतेः । सहास्माभिरिहोपेतः सूक्ष्मबुद्धिर्विचारय ॥ २०
लङ्घिते तत्र तैः सैन्यैर्जितमित्येव निश्चिनु । सर्वं तीर्णं च मे सैन्यं जितमित्यवधार्यताम् ॥ २१
इमे हि हरयः शूराः समरे कामरूपिणः । तानरीन्विधमिष्यन्ति शिलापादपवृष्टिभिः ॥ २२
कथंचित्परिपश्यामि लङ्घितं वरुणालयम् । हतमित्येव तं मन्ये युद्धे शत्रुनिबर्हण ॥ २३
किमुक्त्वा बहुधा चापि सर्वथा विजयी भवान् । निमित्तानि च पश्यामि मनो मे संप्रहृष्यति २४

इत्यार्षे श्रीमद्रामायणे वाल्मीकीय आदिकाव्ये युद्धकाण्डे द्वितीयः सर्गः ॥ २ ॥

तत्सर्वं ममैषत्करमिति भावः ॥ ७ ॥ यदेवम्, अतो यथा रिपुं हत्वा सीतां विक्रमेण समानेष्ये तथा तदुचितमुत्साहं त्वं कर्तुमर्हसीत्यर्थः ॥ ८ ॥ किं मया कार्यं तत्राह—सेतुरिति । अत्र समुद्रे । यथा तस्य राक्षसराजस्य तां पुरीं पश्येम तथा त्वं कुरु । दिव्यास्त्रालम्बनेनेति शेषः ॥ ९ ॥ त्रिकूटशिखरस्थां तां लङ्कां दृष्ट्वा दर्शनात्तद्दर्शनसमनन्तरमेव युद्धे रावणं हतं जानीहि ॥ १० ॥ सेतुबन्धं विना प्रकारान्तरं लङ्काप्राप्तौ नास्ति सोऽपि कृत एवेति निश्चिन्वित्याह—अबद्ध्वेति ॥ ११ ॥ लङ्कासमीपतस्तत्समीपं यावत्सेतुबन्धः कृत एव सर्वं सैन्यं तीर्णमेवास्मामिर्जितं चेत्युपधारय निश्चिनु । तथानिश्चये हेतुमाह—तथा हीति । हि यतस्तादृशशौर्यवन्तो हरय इम दृश्यन्ते, यतस्ते कामरूपिणः ॥ १२ ॥ तत्तस्माद्विक्लवां सर्वार्थनाशनीं बुद्धिमवलम्ब्यालम् । हि यतः शौर्यापकर्षणस्तन्नाशकः ॥ १३ ॥ मनुष्येण तु शौटीर्यं तद्युक्तं यत्कार्यं कर्तुं योग्यं तदेवावलम्ब्यताम् । अवलम्बयितुमुचितमित्यर्थः । यतः सत्वरं क्रियमाणं तत्कर्तुरलंकरणायैव भवति फलसाधनाय समर्थं भवति ॥ १४ ॥ अतो हे महाप्राज्ञ, त्वं तेजसा सह सत्त्वं गुणमातिष्ठ । विनष्टे सीतावददर्शनं गते । प्रनष्टे दशरथवत्सर्वथादर्शनं गते ॥ १५ ॥ उपसंहरति—तदिति ॥ १६ ॥ जयेषु पुष्कलं ते सामर्थ्यमस्तीत्याह—नहीति । तिष्ठेत्स्थातुं शक्नुयात् ॥ १७ ॥ सहायसंपत्त्यापि जयं निश्चिन्वित्याह—वानरेष्विति । वानरेषु महाबलेष्वस्मादृशेषु समासक्तं कर्तव्यत्वेन संबद्धं कार्यं न विपत्स्यते न नङ्क्ष्यति ॥ १८ ॥ तदिति । शोकमालम्ब्यालम् । मा शोकमालम्बस्वेत्यर्थः । क्रोधमालम्बेति यथाप्राप्तम् । शत्रुविषयकमित्यर्थः । अन्वयव्यतिरेकाभ्यां शत्रुविषये कोप आवश्यक इत्याह—निश्चेष्टा इति । मन्दाः शत्रुविषये क्रोधहीनाः क्षत्रिया निश्चेष्टा भवन्ति । शत्रुकृतबन्धनादिनेति शेषः । चण्डस्य उचितकोपस्य सर्वे बिभ्यति ॥ १९ ॥ अस्माभिः सह नदीपतेर्लङ्घनार्थं लङ्घने हेतुमस्माभिरुपेतः सन्सूक्ष्मबुद्धिस्त्वं विचारय ॥ २० ॥ सर्वं तीर्णं जितमिति चावधार्यतामवधारय । तत्र सागरे लङ्घिते सति तैर्मदीयैः सैन्यैर्जितमिति निश्चिनु । पाठान्तरे समुद्रे लङ्घिते तैर्वानरैस्तस्य रावणस्य सैन्यं जितमिति निश्चिन्वित्यर्थः ॥२१॥ तेषु जेतृत्वशक्तिमाह—इमे हीति ॥ २२ ॥ कथंचित्केनाप्युपायेन । वरुणालयं लङ्घितमेव पश्यामि ॥ २३ ॥ निमित्तमेवाह—मन इति ॥ २४ ॥ **इति श्रीरामाभिरामे श्रीरामीये रामायणतिलके वाल्मीकीय आदिकाव्ये युद्धकाण्डे द्वितीयः सर्गः ॥ २ ॥**

तृतीयः सर्गः ।

सुग्रीवस्य वचः श्रुत्वा हेतुमत्परमार्थवत् । प्रतिजग्राह काकुत्स्थो हनूमन्तमथाब्रवीत् ॥ १
तपसा सेतुबन्धेन सागरोच्छोषणेन च । सर्वथापि समर्थोऽस्मि सागरस्यास्य लङ्घने ॥ २
कति दुर्गाणि दुर्गाया लङ्कायास्तद्ब्रवीष्व मे । ज्ञातुमिच्छामि तत्सर्वं दर्शनादिव वानर ॥ ३
बलस्य परिमाणं च द्वारदुर्गक्रियामपि । गुप्तिकर्म च लङ्काया रक्षसां सदनानि च ॥ ४
यथासुखं यथावच्च लङ्कायामसि दृष्टवान् । सर्वमाचक्ष्व तत्त्वेन सर्वथा कुशलो ह्यसि ॥ ५
श्रुत्वा रामस्य वचनं हनूमान्मारुतात्मजः । वाक्यं वाक्यविदां श्रेष्ठो रामं पुनरथाब्रवीत् ॥ ६
श्रूयतां सर्वमाख्यास्ये दुर्गकर्म विधानतः । गुप्ता पुरी यथा लङ्का रक्षिता च यथा बलैः ॥ ७
राक्षसाश्च यथा स्निग्धा रावणस्य च तेजसा । परां समृद्धिं लङ्कायाः सागरस्य च भीमताम् ॥ ८
विभागं च बलौघस्य निर्देशं वाहनस्य च । एवमुक्त्वा कपिश्रेष्ठः कथयामास तत्त्ववित् ॥ ९
हृष्टप्रमुदिता लङ्का मत्तद्विपसमाकुला । महती रथसंपूर्णा रक्षोगणनिषेविता ॥ १०
दृढबद्धकपाटानि महापरिघवन्ति च । चत्वारि विपुलान्यस्या द्वाराणि सुमहान्ति च ॥ ११
तत्रेषूपलयन्त्राणि बलवन्ति महान्ति च । आगतं प्रतिसैन्यं तैस्तत्र प्रतिनिवार्यते ॥ १२
द्वारेषु संस्कृता भीमाः कालायसमयाः शिताः । शतशो रचिता वीरैः शतघ्न्यो रक्षसां गणैः ॥ १३
सौवर्णस्तु महांस्तस्याः प्राकारो दुष्प्रधर्षणः । मणिविद्रुमवैडूर्यमुक्ताविरचितान्तरः ॥ १४
सर्वतश्च महाभीमाः शीततोया महाशुभाः । अगाधा ग्राहवत्यश्च परिखा मीनसेविताः ॥ १५
द्वारेषु तासां चत्वारः संक्रमाः परमायताः । यन्त्रैरुपेता बहुभिर्महद्भिर्गृहपङ्क्तिभिः ॥ १६
त्रायन्ते संक्रमास्तत्र परसैन्यागते सति । यन्त्रैस्तैरवकीर्यन्ते परिखासु समन्ततः ॥ १७
एकस्त्वकम्प्यो बलवान्संक्रमः सुमहादृढः । काञ्चनैर्बहुभिः स्तम्भैर्वेदिकाभिश्च शोभितः ॥ १८
स्वयं प्रकृतिमापन्नो युयुत्सू राम रावणः । उत्थितश्चाप्रमत्तश्च बलानामनुदर्शने ॥ १९

सुग्रीवस्येति । परमार्थवत्परमार्थभूतम् । स्वार्थे वतिः । श्रुत्वा प्रतिजग्राहाङ्गीचकार । अथ तदङ्गीकारानन्तरम् ॥ १ ॥ तपसा तपःकार्यसंकल्पसिद्ध्या, अतएव सकलस्वपुरवर्तिप्राणिनां ब्रह्मलोकनयनं वक्ष्यमाणं संगच्छते । सेतुबन्धनेन गङ्गायां गाङ्गेयेन शरैरिव सागरोच्छोषणेन । दिव्यास्त्रबलत इति शेषः । सर्वथा सर्वप्रकारस्य लङ्घनोपायस्य विद्यमानत्वादित्याशयः ॥ २ ॥ दुर्गाया गन्तुमशक्यायाः कति दुर्गाणि । जलगिरिवनादिनानाप्रकारदुर्गेषु कतिप्रकाराणि दुर्गाणि सन्तीत्यर्थः । दर्शनादिवापरोक्षानुभवादिव ॥ ३ ॥ परिमाणं संख्यापरिच्छेदम्, द्वारदुर्गक्रियां द्वाराणां दुष्प्रवेशत्वसंपादनम्, गुप्तिकर्म प्राकारादिषु यन्त्रादिस्थापनरूपम् । 'गुप्तिक्रमम्' इति पाठे प्राकारादिभी रक्षाक्रममित्यर्थः ॥ ४ ॥ यथासुखं यथावद्दृष्टवानसि तत्सर्वं तत्त्वेनाचक्ष्व । सर्वथा कुशलो ह्यसि । यथावद्दृष्टप्रतिपादने इति शेषः ॥ ५ ॥ श्रुत्वाथाब्रवीदित्यन्वयः ॥ ६ ॥ दुर्गकर्मविधानतो दुर्गत्वसंपादककर्मविधानेन यथा गुप्ता, बलैर्यथा रक्षिता च तथाख्यास्ये ॥ ७ ॥ रावणस्य तेजसा संपादितां परां समृद्धिमाख्यास्ये इत्येवं क्रमेणान्वयः ॥ ८ ॥ बलौघस्य पादातसङ्घस्य, वाहनस्य गजाश्वरथलक्षणस्य, निर्देशं संख्यापरिच्छेदम् ॥ ९ ॥ १० ॥ परिघवन्त्यर्गलवन्ति । 'परिघो योगभेदे स्यान्मुद्गरेऽर्गलघातयोः' इति विश्वः । ईदृशानि द्वाराणि सन्तीत्यन्वयः ॥ ११ ॥ तत्र तेषु द्वारेषु । इषवश्चोपलाश्च तत्प्रक्षेपकयन्त्राणि । तैर्द्वारैरागतं परसैन्यं तत्र तेषु द्वारेषु प्रतिनिवार्यते ॥ १२ ॥ उक्तयन्त्रैः संस्कृताः सज्जाः, कालायसमया अयःसारमयाः । शतमेकप्रयोगेण घ्नन्तीति शतघ्न्यश्चतुर्हस्तप्रमाणलोहकण्टकयुता मुद्गरविशेषाः । शतघ्न्यः । 'शतघ्नी च चतुर्हस्ता लोहकण्टकिनी गदा' इति वैजयन्ती ॥ १३ ॥ प्राकारो रत्नखचित इत्याह—मणीति ॥ १४ ॥ परिखाः पुरोपान्तखाताः ॥ १५ ॥ द्वारेषु चतुर्षु तासां परिखाणां मध्ये । संक्रमा मञ्चरूपेण बद्धाः । परमायता अतिविस्तृतमार्गाः । गृहपङ्क्तिभिः प्राकारशिरोगृहपङ्क्तिभिः । उपेता इत्यनुकर्षः ॥ १६ ॥ तत्र तेषु संक्रमेषु परसैन्यागते सति ते संक्रमास्तैर्यन्त्रैः प्राकारोपरिप्रतिष्ठापितैर्यन्त्रैस्त्रायन्ते रक्ष्यन्ते । 'ह्रियन्ते' इति पाठे ते संक्रमा नाश्यन्त इत्यर्थः । तैर्यन्त्रैस्तासु परिखासु तत्समीपं प्राप्तानि परसैन्यानि समन्ततोऽवकीर्यन्ते क्षिप्यन्ते ॥ १७ ॥ एको मुख्यः संक्रमः प्राकारमध्यवर्ती साक्षात्पुरप्रवेशसाधनभूतोऽकम्प्यो दुर्भेदः । तत्र हेतुः—बलवान्बहुबलकृतरक्षः । दृढो दृढप्रतिष्ठानः । तदेव दर्शयति—काञ्चनैरिति ॥ १८ ॥ एवं पुरस्वरूपमुक्त्वा पुरपतेः स्वरूपमाह—स्वयमिति । युयुत्सुरपि प्रकृतिमापन्नोऽक्षुब्धान्तःकरणः । अतिधीर इति यावत् । बलानामनुदर्शने उत्थित उद्युक्तः । अप्रमत्तः सावधानश्च

लङ्का पुनर्निरालम्बा देवदुर्गा भयावहा । नादेयं पार्वतं वान्यं कृत्रिमं च चतुर्विधम् ॥ २०
स्थिता पारे समुद्रस्य दूरपारस्य राघव । नौपथश्चापि नास्त्यत्र निरुद्देशश्च सर्वशः ॥ २१
शैलाग्रे रचिता दुर्गा सा पूर्देवपुरोपमा । वाजिवारणसंपूर्णा लङ्का परमदुर्जया ॥ २२
परिखाश्च शतघ्न्यश्च यन्त्राणि विविधानि च । शोभयन्ति पुरीं लङ्कां रावणस्य दुरात्मनः ॥ २३
अयुतं रक्षसामत्र पूर्वद्वारसमाश्रितम् । शूलहस्ता दुराधर्षाः सर्वे खड्गाग्रयोधिनः ॥ २४
नियुतं रक्षसामत्र दक्षिणद्वारमाश्रितम् । चतुरङ्गेण सैन्येन योधास्तत्राप्यनुत्तमाः ॥ २५
प्रयुतं रक्षसामत्र पश्चिमद्वारमाश्रितम् । चर्मखड्गधराः सर्वे तथा सर्वास्त्रकोविदाः ॥ २६
न्यर्बुदं रक्षसामत्र उत्तरद्वारमाश्रितम् । रथिनश्चाश्ववाहाश्च कुलपुत्राः सुपूजिताः ॥ २७
शतशोऽथ सहस्राणि मध्यमं स्कन्धमाश्रिताः । यातुधाना दुराधर्षाः साग्रकोटिश्च रक्षसाम् ॥ २८
ते मया संक्रमा भग्नाः परिखाश्चावपूरिताः । दग्धा च नगरी लङ्का प्राकाराश्चावसादिताः ॥ २९
येन केन तु मार्गेण तराम वरुणालयम् । हतेति नगरी लङ्का वानरैरुपधार्यताम् ॥ ३०
अङ्गदो द्विविदो मैन्दो जाम्बवान्पनसो नलः । नीलः सेनापतिश्चैव बलशेषेण किं तव ॥ ३१
प्लवमाना हि गत्वा तां रावणस्य महापुरीम् । सपर्वतवनां भित्त्वा सखातां च सतोरणाम् ।
सप्राकारां सभवनामानयिष्यन्ति राघव ॥ ३२
एवमाज्ञापय क्षिप्रं बलानां सर्वसंग्रहम् । मुहूर्तेन तु युक्तेन प्रस्थानमभिरोचय ॥ ३३

इत्यार्षे श्रीमद्रामायणे वाल्मीकीय आदिकाव्ये युद्धकाण्डे तृतीयः सर्गः ॥ ३ ॥

चतुर्थः सर्गः ।

श्रुत्वा हनूमतो वाक्यं यथावदनुपूर्वशः । ततोऽब्रवीन्महातेजा रामः सत्यपराक्रमः ॥ १
यन्निवेदयसे लङ्कां पुरीं भीमस्य रक्षसः । क्षिप्रमेनां वधिष्यामि सत्यमेतद्ब्रवीमि ते ॥ २
अस्मिन्मुहूर्ते सुग्रीव प्रयाणमभिरोचय । युक्तो मुहूर्ते विजये प्राप्तो मध्यं दिवाकरः ॥ ३

॥ १९ ॥ निरालम्बातिश्लक्ष्णमहोच्चगिरिशिखरप्रतिष्ठितत्वेनारोहणालम्बनरहिता । देवदुर्गा देवनिर्मितदुर्गरूपिणी, अतएव भयावहा । नादेयं दुर्गम् । तत्पर्वतसंभूतनद्या चतुर्दिक्ष्वावरणात् । पार्वतं त्रिकूटरूपम् । कृत्रिमं प्राकाररूपं चतुष्प्राकारवत्त्वेन प्राकाररूपम् । चतुर्विधं दुर्गमस्तीति शेषः ॥ २० ॥ तत्रान्यदप्याह—स्थितेति । दूरपारस्य दूरे पारं परतीरं यस्य नौपथो नौमार्गः । अत्र समुद्रे । सर्वशो निरुद्देशः प्रदेशविभागरहितः । समुद्र इति शेषः । 'निरादेशः' इति पाठे निरादेशः सर्वदिक्संचाररहितप्रदेशः ॥ २१ ॥ २२ ॥ २३ ॥ शूलहस्ता एव न केवलम्, अपि तु खड्गाग्रयोधिनः खड्गैरग्रे युद्ध्यन्त तादृशाः ॥ २४ ॥ नियुतं लक्षम् । चतुरङ्गेण सैन्येनोपलक्षिता योधास्तत्रापि दक्षिणद्वारेऽपि सन्ति । अनुत्तमाः प्रशस्ताः ॥ २५ ॥ प्रयुतं दशलक्षम् ॥ २६ ॥ कुलपुत्राः किंकराः । यद्वा योद्धृसत्कुले प्रसूताः ॥ २७ ॥ मध्यमं स्कन्धं पुरमध्यसेनानिवेशस्थानम् । साग्रा कोटिः सपादकोटिः ॥ २८ ॥ यद्येवंदुर्गा लङ्का कथमस्मद्बलसाध्येति शङ्कां निराचष्टे—ते मयेति । ते संक्रमाः परिखामार्गा मया भग्नाः । परिखाश्चावपूरिताः । शिलेष्टकादिभिरिति शेषः । येन बलैकदेशक्षयोऽपि कृत इत्यर्थः ॥ २९ ॥ येन केन स्वाम्युक्तेष्वन्यतमेन समुद्रं तराम । तत्रैवं सति वानरैः स्वयमेव लङ्का हतेत्युपधार्यतां निश्चीयताम् ॥ ३० ॥ किंचाशेषतरणोपायचिन्ता व्यर्थैव । प्रबलैर्वक्ष्यमाणैरेव कार्यसिद्धिरित्याह—अङ्गद इत्यादि । एतेऽङ्गदादय एव लङ्कां भित्त्वा सीतामानेष्यन्ति, किं बलशेषेण तवेत्यन्वयः ॥ ३१ ॥ ३२ ॥ एवमिति । एवं प्रधानैरेव कार्यसाधनमिष्टं चेत्क्षिप्रमिदानीमेवानयतेत्याज्ञापय । यदि बलानां सर्वसंग्रहं बलसंमेलनमुद्दिश्य बलानामपि पारनयनमिष्टं तदा युक्तेन यात्रोचितेन मुहूर्ते प्रस्थानं स्वयात्रामभिरोचय ॥ ३३ ॥ इति श्रीरामाभिरामे श्रीरामीये रामायणतिलके वाल्मीकीय आदिकाव्ये युद्धकाण्डे तृतीयः सर्गः ॥ ३ ॥

अनुपूर्वशोऽनुक्रमेण ॥ १ ॥ तत्राङ्गदादिमुखेन कार्यनिर्वहणमशक्यं मत्वा तत्प्ररोचनाय तदङ्गीकुर्वन्निव स्वमतमाह—यदिति । रक्षस एनां पुरीं क्षिप्रमेव वधिष्यामीति यन्निवेदयसे तत्सत्यमेव तथा ते शक्तिरस्त्येव । तथापि ते तुभ्यं स्वमतं ब्रवीमीत्यर्थः ॥ २ ॥ तदेवाह—अस्मिन्निति । सुग्रीवप्रयाणमिति षष्ठीतत्पुरुषः । तमेवाह—यतो मध्यमह्नो दिवाकरः प्राप्तोऽतो विजये विजयप्रदेऽभिजिदाख्ये मुहूर्ते युक्तः । मे निर्गम इति शेषः । एतदुत्तरम्—'अस्मिन्मुहूर्ते विजये प्राप्ते मध्यं दिवाकरे' इत्यर्धमधिकं कतकस्वरसात् ॥ ३ ॥

सीतां हृत्वा तु तद्यातु क्वासौ यास्यति जीवितः। सीता श्रुत्वाभियानं मे आशामेष्यति जीविते।
जीवितान्तेऽमृतं स्पृष्ट्वा पीत्वामृतमिवातुरः॥ ४
उत्तराफाल्गुनी ह्यद्य श्वस्तु हस्तेन योक्ष्यते। अभिप्रयाम सुग्रीव सर्वानीकसमावृताः॥ ५
निमित्तानि च पश्यामि यानि प्रादुर्भवन्ति वै। निहत्य रावणं सीतामानयिष्यामि जानकीम्॥ ६
उपरिष्टाद्धि नयनं स्फुरमाणमिमं मम। विजयं समनुप्राप्तं शंसतीव मनोरथम्॥ ७
ततो वानरराजेन लक्ष्मणेन सुपूजितः। उवाच रामो धर्मात्मा पुनरप्यर्थकोविदः॥ ८
अग्रे यातु बलस्यास्य नीलो मार्गमवेक्षितुम्। वृतः शतसहस्रेण वानराणां तरस्विनाम्॥ ९
फलमूलवता नील शीतकाननवारिणा। पथा मधुमता चाशु सेनां सेनापते नय॥ १०
दूषयेयुर्दुरात्मानः पथि मूलफलोदकम्। राक्षसाः पथि रक्षेथास्तेभ्यस्त्वं नित्यमुद्यतः॥ ११
निम्नेषु वनदुर्गेषु वनेषु च वनौकसः। अभिप्लुत्याभिपश्येयुः परेषां निहितं बलम्॥ १२
यत्तु फल्गु बलं किंचित्तदत्रैवोपपद्यताम्। एतद्धि कृत्यं घोरं नो विक्रमेण प्रयुज्यताम्॥ १३
सागरौघनिभं भीममग्रानीकं महाबलाः। कपिसिंहाः प्रकर्षन्तु शतशोऽथ सहस्रशः॥ १४
गजश्च गिरिसंकाशो गवयश्च महाबलः। गवाक्षश्चाग्रतो यातु गवां दृप्त इवर्षभः॥ १५
यातु वानरवाहिन्या वानरः प्लवतां पतिः। पालयन्दक्षिणं पार्श्वमृषभो वानरर्षभः॥ १६
गन्धहस्तीव दुर्धर्षस्तरस्वी गन्धमादनः। यातु वानरवाहिन्याः सव्यं पार्श्वमधिष्ठितः॥ १७
यास्यामि बलमध्येऽहं बलौघमभिहर्षयन्। अधिरुह्य हनूमन्तमैरावतमिवेश्वरः॥ १८
अङ्गदेनैष संयातु लक्ष्मणश्चान्तकोपमः। सार्वभौमेन भूतेशो द्रविणाधिपतिर्यथा॥ १९
जाम्बवांश्च सुषेणश्च वेगदर्शी च वानरः। ऋक्षराजो महाबाहुः कुक्षिं रक्षन्तु ते त्रयः॥ २०
राघवस्य वचः श्रुत्वा सुग्रीवो वाहिनीपतिः। व्यादिदेश महावीर्यो वानरान्वानरर्षभः॥ २१
ते वानरगणाः सर्वे समुत्पत्य महौजसः। गुहाभ्यः शिखरेभ्यश्च आशु पुप्लुविरे तदा॥ २२
ततो वानरराजेन लक्ष्मणेन च पूजितः। जगाम रामो धर्मात्मा ससैन्यो दक्षिणां दिशम्॥ २३
शतैः शतसहस्रैश्च कोटिभिश्चायुतैरपि। वारणाभैश्च हरिभिर्ययौ परिवृतस्तदा॥ २४
तं यान्तमनुयान्ती सा महती हरिवाहिनी। हृष्टाः प्रमुदिताः सर्वे सुग्रीवेणापि पालिताः॥ २५
आप्लवन्तः प्लवन्तश्च गर्जन्तश्च प्लवंगमाः। क्ष्वेलन्तो निनदन्तश्च जग्मुर्वै दक्षिणां दिशम्॥ २६

एतन्मुहूर्तप्रस्थितस्य ध्रुवो विजय इत्याह—सीतामिति। तद्रक्षः सीतां हृत्वा कामं यातु। स्वदेशमिति शेषः। अथाप्यसौ जीवितः सन्। कर्तरि निष्ठा। जीवन्भूत्वा क्व यास्यति न क्वापि। अविलम्बं यात्राप्रयोजनमाह—सीतेति। श्रुत्वा सिद्धादिमुखतः। जीविताशाप्राप्ता दृष्टान्तः—आतुरो जीवितान्ते जीवितनाशप्राप्तावमृतममृतत्वसाधनं दिव्यौषधं स्पृष्ट्वा द्रवरूपममृतं पीत्वा च यथा जीविताशामेति तद्वत्। 'जीवितान्ते मृतं स्पृष्ट्वा पीत्वामृतमिवातुरः' इति पाङ्कः पाठः ॥ ४ ॥ मम ताराबलमस्तीत्याह—उत्तरेति। योक्ष्यते। चन्द्र इति शेषः। पुनर्वसुजातस्य हस्तो वधतारा। उत्तरा च सीताया जन्मतारा। बद्धस्य जन्मतारायां तन्मोचनार्थयात्रायामवश्यं तन्मुक्तिरिति भावः। अघामान्तमानेन मार्गशीर्षकृष्णाष्टम्यां कृष्णसप्तम्यां वा। मार्गशीर्षपूर्णिमोत्तरं तदन्यतरस्मिन्नुत्तरालाभात्। अभिप्रयामेति प्रश्ने लाट् ॥ ५ ॥ ६ ॥ मनोरथं मनोरथविषयं विजयं समनुप्राप्तमिव शंसतीत्यन्वयः ॥ ७ ॥ ८ ॥ ९ ॥ शीतानि काननवारीणि यस्मिंस्तादृशेन पथा। सेनापते नील, सेनां नयेत्यन्वयः ॥ १० ॥ दूषयेयुः। विषादिनेति शेषः। नित्यमुद्यतः सदा सावधानः सन् ॥ ११ ॥ वनदुर्गेषु वनात्मकेषु दुर्गेषु। वनेष्वदुर्गवनेषु च। निम्नभूमौ निहितं गुप्तप्रहारार्थं लीनतया स्थापितम् ॥ १२ ॥ यच्च फल्गु निःसारं बलं बालवृद्धादिलक्षणं युद्धानर्हं तदत्रैव किष्किन्धायामेवोपपद्यतां तिष्ठतु। हि यस्मादेतन्नः कृत्यं युद्धरूपं घोरम्, अतो विक्रमेण विक्रमोपपन्नबलेन प्रयुज्यताम्। यात्रेति शेषः। ॥ १३ ॥ १४ ॥ कपिसिंहानेवाह—गजश्चेति ॥ १५ ॥ १६ ॥ यस्य मदगन्धादन्ये गजाः पलायन्ते स गन्धहस्ती ॥ १७ ॥ ईश्वर इन्द्रः ॥ १८ ॥ अङ्गदेन वाहनभूतेन। सार्वभौमः कुबेरदिग्गजः। भूतेशः कुबेरः। यक्षेशत्वात् ॥ १९ ॥ ऋक्षराजो जाम्बवानित्यन्वयः। कुक्षिं कुक्ष्युपलक्षितं सेनापुच्छभागम् ॥ २० ॥ २१ ॥ गुहाभ्यः शिखरेभ्यः पूर्वस्वस्थितिप्रदेशेभ्यः ॥ २२ ॥ २३ ॥ २४ ॥ हर्षप्रमोदयोर्बाह्याभ्यन्तरकृतो भेदः ॥ २५ ॥ आप्लवन्तः समन्ताद्रक्षणार्थं प्लवमानाः। प्लवन्तोऽग्रे शोधनार्थं गच्छन्तः। 'क्ष्वेला तु सिंहनादः स्यात्' इति निघण्टुः। गर्जो मेघादिसदृशः शब्दः।

भक्षयन्तः सुगन्धीनि मधूनि च फलानि च । उद्वहन्तो महावृक्षान्मञ्जरीपुञ्जधारिणः ॥ २७
अन्योन्यं सहसा दृप्ता निर्वहन्ति क्षिपन्ति च । पतन्तश्चोत्पतन्त्यन्ये पातयन्त्यपरे परान् ॥ २८
रावणो नो निहन्तव्यः सर्वे च रजनीचराः । इति गर्जन्ति हरयो राघवस्य समीपतः ॥ २९
पुरस्तादृषभो नीलो वीरः कुमुद एव च । पन्थानं शोधयन्ति स्म वानरैर्बहुभिः सह ॥ ३०
मध्ये तु राजा सुग्रीवो रामो लक्ष्मण एव च । बलिभिर्बहुभिर्भीमैर्वृतः शत्रुनिबर्हणः ॥ ३१
हरिः शतबलिर्वीरः कोटिभिर्दशभिर्वृतः । सर्वामेको ह्यवष्टभ्य ररक्ष हरिवाहिनीम् ॥ ३२
कोटीशतपरीवारः केसरी पनसो गजः । अर्कश्च बहुभिः पार्श्वमेकं तस्याभिरक्षति ॥ ३३
सुषेणो जाम्बवांश्चैव ऋक्षैर्बहुभिरावृतौ । सुग्रीवं पुरतः कृत्वा जघनं संररक्षतुः ॥ ३४
तेषां सेनापतिर्वीरो नीलो वानरपुंगवः । संयतश्चरतां श्रेष्ठस्तद्बलं पर्यवारयत् ॥ ३५
वलीमुखः प्रजङ्घश्च जम्भोऽथ रभसः कपिः । सर्वतश्च ययुर्वीरास्त्वरयन्तः प्लवंगमान् ॥ ३६
एवं ते हरिशार्दूला गच्छन्ति बलदर्पिताः । अपश्यन्त गिरिश्रेष्ठं सह्यं गिरिशतायुतम् ॥ ३७
सरांसि च सुफुल्लानि तटाकानि वराणि च । रामस्य शासनं ज्ञात्वा भीमकोपस्य भीतवत् ॥ ३८
वर्जयन्नगराभ्याशांस्तथा जनपदानपि । सागरौघनिभं भीमं तद्वानरबलं महत् ॥ ३९
निःससर्प महाघोरं भीमघोषमिवार्णवम् । तस्य दाशरथेः पार्श्वे शूरास्ते कपिकुञ्जराः ॥ ४०
तूर्णमापुप्लुवुः सर्वे सदश्वा इव चोदिताः । कपिभ्यामुह्यमानौ तौ शुशुभाते नरर्षभौ ॥ ४१
महद्भ्यामिव संस्पृष्टौ ग्रहाभ्यां चन्द्रभास्करौ । ततो वानरराजेन लक्ष्मणेन सुपूजितः ॥ ४२
जगाम रामो धर्मात्मा ससैन्यो दक्षिणां दिशम् । तमङ्गदगतो रामं लक्ष्मणः शुभया गिरा ॥ ४३
उवाच परिपूर्णार्थं पूर्णार्थप्रतिभानवान् । हृतामवाप्य वैदेहीं क्षिप्रं हत्वा च रावणम् ॥ ४४
समृद्धार्थः समृद्धार्थामयोध्यां प्रतियास्यसि । महान्ति च निमित्तानि दिवि भूमौ च राघव । ४५
शुभानि तव पश्यामि सर्वाण्येवार्थसिद्धये । अनुवाति शिवो वायुः सेनां मृदुहितः सुखः ॥ ४६
पूर्णवल्गुस्वराश्चेमे प्रवदन्ति मृगद्विजाः । प्रसन्नाश्च दिशः सर्वा विमलश्च दिवाकरः ॥ ४७
उशना च प्रसन्नार्चिरनु त्वां भार्गवो गतः । ब्रह्मराशिर्विशुद्धश्च शुद्धाश्च परमर्षयः ।
अर्चिष्मन्तः प्रकाशन्ते ध्रुवं सर्वे प्रदक्षिणम् ॥ ४८

निनादः सामान्यशब्दः ॥ २६ ॥ लीलार्थं महावृक्षानुद्वहन्तो मञ्जरीपुञ्जधारिणश्च । जग्मुरित्यनुकर्षः ॥ २७ ॥ निर्वहन्ति विनोदार्थमेकमेके वहन्ति । तथा क्षिपन्ति च स्वमारूढं भूमौ पातयन्ति । पतन्तश्च भवन्ति । केवलं गच्छन्तीत्यर्थः । अन्ये उत्पतन्त्याकाशमार्गे गच्छन्ति ॥ २८ ॥ नोऽस्माकम् । अस्माभिरिति यावत् । 'कृत्यानां कर्तरि वा' इति षष्ठी ॥ २९ ॥ पुरस्तादृषभ इति । अयमृषभो दक्षिणपार्श्वविनियुक्तादन्यो नीलसहकारी ॥ ३० ॥ ३१ ॥ सर्वां वाहिनीमवष्टभ्यैको ररक्ष । समन्ततो भ्रमन्रक्षति स्मेत्यर्थः ॥ ३२ ॥ केसर्यादीनां चतुर्णां द्वौ द्वौ तस्य बलस्य दक्षिणं वामं चैकैकं पार्श्वमभिरक्षत इत्यर्थ इति कतकः । एष गजः पूर्वभागनियुक्तादन्य इति तीर्थः ॥ ३३ ॥ सुषेणजाम्बवन्तौ प्रायः सेनामध्ये वर्तमानं सुग्रीवं पुरः कृत्वा जघनं सेनापुच्छभागं संररक्षतुः ॥ ३४ ॥ पर्यवारयत् । नगरादिपीडाराहित्यं यथा भवति तथा परिवार्यानयदित्यर्थः ॥ ३५ ॥ सर्वतः । वेगातिशयादिति भावः ॥ ३६ ॥ गच्छन्ति गच्छन्तश्च सह्यमपश्यन्त सर आदीनि चापश्यन्त । अत्र प्रथमदिनवास इति ज्ञायते ॥ ३७ ॥ भीतवत् । भीताः सन्त इत्यर्थः ॥ ३८ ॥ वर्जयद्वर्जयित्वागच्छत् ॥ ३९ ॥ भीमघोषमर्णवमिव । अर्धर्चादिरर्णवः । निःससर्प सह्यतो निःसृतम् ॥ ४० ॥ ४१ ॥ महद्भ्यां ग्रहाभ्यां राहुकेतुभ्यां संस्पृष्टावर्धभागे स्पृष्टौ चन्द्रभास्कराविव । 'महद्भ्यामर्धसंस्पृष्टौ' इति पाठान्तरम् ॥ ४२ ॥ ४३ ॥ पूर्णार्थप्रतिभानवान्पूर्णस्यार्थस्य कार्यस्य शकुनैः प्रतिभानवाञ्ज्ञानवान् । करिष्यमाणस्य कार्यस्य पूर्णत्वज्ञानवानित्यर्थः । परिपूर्णार्थमिति रामविशेषणम् ॥ ४४ ॥ ४५ ॥ सेनामनुवाति सेनापृष्ठभागेन वाति । मृदुहितसुखपदैः क्रमेण मान्द्यशैत्यसौरभ्याण्युक्तानि ॥ ४६ ॥ पूर्णा विच्छेदरहिता वल्गवः श्रोत्रसुखाः स्वरा येषां ते ॥ ४७ ॥ भार्गवो भृगुपुत्र उशना शुक्रोऽपि प्रसन्नार्चिस्त्वामनुगतोऽस्ति । एतेन शुक्रमौढ्यं नास्तीत्युक्तं भवति । यत्तु पुरःशुक्रभावो ध्वनित इति तन्न । दक्षिणोत्तरगन्तृणां कदापि पुरःशुक्रप्रसक्तेरभावात् । ब्रह्मराशिर्ध्रुवः । ब्रह्मणां सप्तर्षीणां राशिः पुञ्जीभावो यस्मिन्स तथा तस्माद्विशुद्धोऽभ्रादिमालिन्यरहितः । तत्पुञ्जीभावमेव दर्शयति—शुद्धा अभ्रादिहीनाः शुद्धं ध्रुवं प्रदक्षिणं कुर्वाणा अर्चिष्मन्तः प्रशस्ता-

त्रिशङ्कुर्विमलो भाति राजर्षिः सपुरोहितः । पितामहः पुरोऽस्माकमिक्ष्वाकूणां महात्मनाम् ॥ ४९
विमले च प्रकाशेते विशाखे निरुपद्रवे । नक्षत्रं परमस्माकमिक्ष्वाकूणां महात्मनाम् ॥ ५०
नैर्ऋतं नैर्ऋतानां च नक्षत्रमतिपीड्यते । मूलो मूलवता स्पृष्टो धूप्यते धूमकेतुना ॥ ५१
सर्वं चैतद्विनाशाय राक्षसानामुपस्थितम् । काले कालगृहीतानां नक्षत्रं ग्रहपीडितम् ॥ ५२
प्रसन्नाः सुरसाश्चापो वनानि फलवन्ति च । प्रवान्ति नाधिका गन्धा यथर्तुकुसुमा द्रुमाः ॥ ५३
व्यूढानि कपिसैन्यानि प्रकाशन्तेऽधिकं प्रभो । देवानामिव सैन्यानि सङ्ग्रामे तारकामये ।
एवमार्य समीक्ष्यैतत्प्रीतो भवितुमर्हसि ॥ ५४
इति भ्रातरमाश्वास्य हृष्टः सौमित्रिरब्रवीत् । अथावृत्य महीं कृत्स्नां जगाम हरिवाहिनी ॥ ५५
ऋक्षवानरशार्दूलैर्नखदंष्ट्रायुधैरपि । कराग्रैश्चरणाग्रैश्च वानरैरुद्धतं रजः ॥ ५६
भीममन्तर्दधे लोकं निवार्य सवितुः प्रभाम् । सपर्वतवनाकाशां दक्षिणां हरिवाहिनी ॥ ५७
छादयन्ती ययौ भीमा द्यामिवाम्बुदसंततिः । उत्तरन्त्याश्च सेनायाः सततं बहुयोजनम् ॥ ५८
नदीस्रोतांसि सर्वाणि सस्यन्दुर्विपरीतवत् । सरांसि विमलाम्भांसि द्रुमाकीर्णांश्च पर्वतान् ॥ ५९
समान्भूमिप्रदेशांश्च वनानि फलवन्ति च । मध्येन च समन्ताच्च तिर्यक्चाधश्च साविशत् ॥ ६०
समावृत्य महीं कृत्स्नां जगाम महती चमूः । ते हृष्टवदनाः सर्वे जग्मुर्मारुतरंहसः ॥ ६१
हरयो राघवस्यार्थे समारोपितविक्रमाः । हर्षं वीर्यं बलोद्रेकान्दर्शयन्तः परस्परम् ॥ ६२
यौवनोत्सेकजाद्दर्पाद्विविधांश्चक्रुरध्वनि । तत्र केचिद्द्रुतं जग्मुरुत्पेतुश्च तथापरे ॥ ६३
केचित्किलकिलां चक्रुर्वानरा वनगोचराः । प्रास्फोटयंश्च पुच्छानि संनिजघ्नुः पदान्यपि ॥ ६४
भुजान्विक्षिप्य शैलांश्च द्रुमानन्ये बभञ्जिरे । आरोहन्तश्च शृङ्गाणि गिरीणां गिरिगोचराः ॥ ६५
महानादान्प्रमुञ्चन्ति क्ष्वेडामन्ये प्रचक्रिरे । ऊरुवेगैश्च ममृदुर्लताजालान्यनेकशः ॥ ६६
जृम्भमाणाश्च विक्रान्ता विचिक्रीडुः शिलाद्रुमैः । ततः शतसहस्रैश्च कोटिभिश्च सहस्रशः ॥ ६७
वानराणां सुघोराणां श्रीमत्परिवृता मही । सा स्म याति दिवारात्रं महती हरिवाहिनी ॥ ६८
प्रहृष्टमुदिताः सर्वे सुग्रीवेणाभिपालिताः । वानरास्त्वरिता यान्ति सर्वे युद्धाभिनन्दिनः ।
प्रमोक्षयिषवः सीतां मुहूर्तं क्वापि नावसन् ॥ ६९

र्चिषो भूत्वा प्रकाशन्ते ॥ ४८ ॥ सपुरोहितः । भगवद्विश्वामित्रसृष्टसमीपवर्तिसप्तर्षिमण्डलमध्यवर्तिवसिष्ठसहित इत्यर्थः । ईदृशस्त्रिशङ्कुरस्माकं पितामहोऽस्माकं पुरो भाति । तस्य दक्षिणादिक्स्थत्वात् । 'पितामहः पुरोऽस्माकम्' इति पाङ्क्तः पाठ इति कतकः ॥ ४९ ॥ इक्ष्वाकूणां परं नक्षत्रं कुलनक्षत्रम् । विमलेऽङ्गारकादिदुष्टग्रहाक्रमणरहिते ॥ ५० ॥ अथ नैर्ऋतनक्षत्रपीडामाह—नैर्ऋतं निर्ऋतिदेवताकम् । मूलः । मूलमिति यावत् । आर्षं पुंस्त्वम् । अतिपीड्यतेऽत्यन्तं पीड्यते । केन तत्राह—मूलवतेति । मूलवतोर्ध्वदण्डाकारतयोत्थितेन धूमकेतुना स्पृष्टो धूप्यते संजाततापो भवति ॥ ५१ ॥ यतः कालेऽन्तकाले कालगृहीतानां मृत्युगृहीतानां नक्षत्रं ग्रहपीडितं शन्यङ्गारकराह्वादिग्रहपीडितं भवतीति शेषः ॥ ५२ ॥ उशना चेत्यायेतदन्तं सह्ये किंचित्कालं विश्रम्य फलमूलादि भुक्त्वा पुना रात्रौ गमनकाले लक्ष्मणेन प्रदर्श्यते । अतएव वक्ष्यति—'सा स्म याति दिवारात्रम्' इति । सुरसा आपः । सरसीष्विति शेषः । गन्धा अजन्तः । गन्धवन्तो वायवोऽधिका न प्रवान्ति । मन्दं वान्तीत्यर्थः । द्रुमाः स्वस्वर्तुमनतिक्रम्य जातकुसुमाः ॥ ५३ ॥ आमयशब्देन दुःखत्वाद्वधो लक्ष्यते । तारकस्य तारकासुरस्यामयो विनाशो यस्मिंस्तादृशे सङ्ग्रामे देवसेनान्याव्यूढानि देवानां सैन्यानीव प्रकाशन्ते ॥ ५४ ॥ सौमित्रिः स्वयं निमित्तैराश्वास्य भ्रातुराश्वासाय हृष्टः सन्भ्रातरमब्रवीत् । 'आश्वास्य' इति पाठः ॥ ५५ ॥ ऋक्षादयः कर्तारः । कराग्रादीनि करणानि ॥ ५६ ॥ उद्धतं भीतं रजो लोकमन्तर्दधेऽन्तर्हितमकरोत् । दक्षिणां दिशमिति शेषः ॥ ५७ ॥ ५८ ॥ सर्वाणि नदीस्रोतांसि विपरीतवद्वैपरीत्येन सस्यन्दुः । यथाभ्रेषु धावत्सु चन्द्रो धावतीव, तद्वत्सेनागतिर्नदीप्रवाहेषु भ्रान्त्याभाति स्मेत्यर्थं इति कतकः । वस्तुतो नदीषु वानराणां प्रवाहाभिमुखं तरणे तैराहतानि जलानि विपरीतवहनानीत्यर्थः ॥ ५९ ॥ साविशत् । अयं द्वितीयो वास इति प्रतीयते ॥ ६० ॥ पुनर्यात्रामाह—समावृत्येति ॥ ६१ ॥ समारोपितविक्रमाः । एवमेव मया कर्तव्यमित्यसाध्येऽप्यर्थे चित्तसंक्रमितविक्रमप्रकाराः ॥ ६२ ॥ विविधान्प्रकारान् । तानेवाह—तत्रेति ॥ ६३ ॥ वानराणां हर्षादिजनितशब्दः किलकिला । प्रास्फोटयन्पुच्छानि भूमावताडयन् ॥ ६४ ॥ विक्षिप्य प्रसार्य ॥ ६५ ॥ ममृदुर्मर्दितवन्तः ॥ ६६ ॥ ६७ ॥ श्रीमत् । लुप्ततृतीयान्तम् । श्रीमद्भिरित्यर्थः । अयं तृतीयो वासः । दिवारात्रं मध्यरात्रे एव याममात्रं वास इत्याशयः ॥ ६८ ॥ प्रमोक्षयिषवः । मोक्षशब्दात् 'तत्करोति-' इति णौ सन्यार्थे-

ततः पादपसंबाधं नानावनसमायुतम् । सह्यपर्वतमासाद्य वानरास्ते समारुहन् ॥ ७०
काननानि विचित्राणि नदीप्रस्रवणानि च । पश्यन्नपि ययौ रामः सह्यस्य मलयस्य च ॥ ७१
चम्पकांस्तिलकांश्चूतान्प्रसेकान्सिन्दुवारकान् । तिनिशान्करवीरांश्च भजन्ति स्म प्लवंगमाः ॥ ७२
अशोकांश्च करञ्जांश्च प्लक्षन्यग्रोधपादपान् । जम्बुकामलकान्नागान्भजन्ति स्म प्लवंगमाः ॥ ७३
प्रस्तरेषु च रम्येषु विविधाः काननद्रुमाः । वायुवेगप्रचलिताः पुष्पैरवकिरन्ति तान् ॥ ७४
मारुतः सुखसंस्पर्शो वाति चन्दनशीतलः । षट्पदैरनुकूजद्भिर्वनेषु मधुगन्धिषु ॥ ७५
अधिकं शैलराजस्तु धातुभिस्तु विभूषितः । धातुभ्यः प्रसृतो रेणुर्वायुवेगेन घट्टितः ॥ ७६
सुमहद्वानरानीकं छादयामास सर्वतः । गिरिप्रस्थेषु रम्येषु सर्वतः संप्रपुष्पिताः ॥ ७७
केतक्यः सिन्दुवाराश्च वासन्त्यश्च मनोरमाः । माधव्यो गन्धपूर्णाश्च कुन्दगुल्माश्च पुष्पिताः ॥ ७८
चिरिबिल्वा मधूकाश्च वञ्जुला वकुलास्तथा । रञ्जकास्तिलकाश्चैव नागवृक्षाश्च पुष्पिताः ॥ ७९
चूताः पाटलिकाश्चैव कोविदाराश्च पुष्पिताः । मुचुलिन्दार्जुनाश्चैव शिंशपाः कुटजास्तथा ॥ ८०
हिन्तालास्तिनिशाश्चैव चूर्णका नीपकास्तथा । नीलाशोकाश्च सरला अङ्कोलाः पद्मकास्तथा ॥ ८१
प्रीयमाणैः प्लवंगैस्तु सर्वे पर्याकुलीकृताः । वाप्यस्तस्मिन्गिरौ रम्याः पल्वलानि तथैव च ॥ ८२
चक्रवाकानुचरिताः कारण्डवनिषेविताः । प्लवैः क्रौञ्चैश्च संकीर्णा वराहमृगसेविताः ॥ ८३
ऋक्षैस्तरक्षुभिः सिंहैः शार्दूलैश्च भयावहैः । व्यालैश्च बहुभिर्भीमैः सेव्यमानाः समन्ततः ॥ ८४
पद्मैः सौगन्धिकैः फुल्लैः कुमुदैश्चोत्पलैस्तथा । वारिजैर्विविधैः पुष्पै रम्यास्तत्र जलाशयाः ॥ ८५
तस्य सानुषु कूजन्ति नानाद्विजगणास्तथा । स्नात्वा पीत्वोदकान्यत्र जले क्रीडन्ति वानराः ॥ ८६
अन्योन्यं प्लावयन्ति स्म शैलमारुह्य वानराः । फलान्यमृतगन्धीनि मूलानि कुसुमानि च ॥ ८७
बभञ्जुर्वानरास्तत्र पादपानां मदोत्कटाः । द्रोणमात्रप्रमाणानि लम्बमानानि वानराः ॥ ८८
ययुः पिबन्तः स्वस्थास्ते मधूनि मधुपिङ्गलाः । पादपानवभञ्जन्तो विकर्षन्तस्तथा लताः ॥ ८९
विधमन्तो गिरिवरान्प्रययुः प्लवगर्षभाः । वृक्षेभ्योऽन्ये तु कपयो नर्दन्तो मधुदर्पिताः ॥ ९०
अन्ये वृक्षान्प्रपद्यन्ते प्रपिबन्त्यपि चापरे । बभूव वसुधा तैस्तु संपूर्णा हरिपुंगवैः ।
यथा कलमकेदारैः पक्वैरिव वसुंधरा ॥ ९१
महेन्द्रमथ संप्राप्य रामो राजीवलोचनः । आरुरोह महाबाहुः शिखरं द्रुमभूषितम् ॥ ९२
ततः शिखरमारुह्य रामो दशरथात्मजः । कूर्ममीनसमाकीर्णमपश्यत्सलिलाकुलम् ॥ ९३
ते सह्यं समतिक्रम्य मलयं च महागिरिम् । आसेदुरानुपूर्व्येण समुद्रं भीमनिःस्वनम् ॥ ९४
अवरुह्य जगामाशु वेलावनमनुत्तमम् । रामो रमयतां श्रेष्ठः ससुग्रीवः सलक्ष्मणः ॥ ९५
अथ धौतोपलतलां तोयौघैः सहसोत्थितैः । वेलामासाद्य विपुलां रामो वचनमब्रवीत् ॥ ९६
एते वयमनुप्राप्ताः सुग्रीव वरुणालयम् । इहेदानीं विचिन्ता सा या नः पूर्वमुपस्थिता ॥ ९७
अतः परमनीरोऽयं सागरः सरितां पतिः । न चायमनुपायेन शक्यस्तरितुमर्णवः ॥ ९८

भ्यासलोपे उप्रत्यये च रूपम् । प्रमोचयितुमिच्छावन्त इत्यर्थः । नावसन् । दिवेति शेषः ॥ ६९ ॥ सह्यपर्वतं तत्पर्वतदक्षिणभागं तमासाद्य ते वानराः समारुहन् । तच्छिखरमिति शेषः ॥ ७० ॥ 'सह्यपर्वतमासेदुर्मलयं च महीधरम्' इति पाठान्तरं तीर्थसंमतम् ॥ ७१ ॥ ७२ ॥ ७३ ॥ प्रस्तरेषु पाषाणेषु । स्थितानिति शेषः ॥ ७४ ॥ षट्पदैरनुकूजद्भिरुपलक्षितो मारुतो वाति ॥ ७५ ॥ धातुभ्यो गैरिकादिभ्यः ॥ ७६ ॥ ७७ ॥ के पुष्पितास्तत्राह—केतक्य इत्यादि । गन्धपूर्णा गन्धाढ्याः । इदं सर्वविशेषणम् । कुन्दगुल्माः कुन्दानां गुल्माः ॥ ७८ ॥ वञ्जुलो वानीरः ॥ ७९ ॥ कोविदारः पीतकुरण्टकः ॥ ८० ॥ ८१ ॥ प्रीयमाणैः । उक्तपुष्पदर्शनेनेति शेषः ॥ ८२ ॥ ८३ ॥ ८४ ॥ तत्र सह्यगिरिप्रान्ते ॥ ८५ ॥ तस्य सह्यस्य मलयस्य च ॥ ८६ ॥ अमृतगन्धीन्यमृतोपमानि । अयं चतुर्थो वासः ॥ ८७ ॥ ८८ ॥ ८९ ॥ ९० ॥ पीतमधुभिर्हरिभिरावृतभुव उपमा—यथेति । पक्वैः पक्वफलैः कलमकेदारैर्व्रीहिक्षेत्रैर्यथा भाति । इवशब्दस्तथार्थे । तथा तैः पूर्णा वसुधा बभूव ॥ ९१ ॥ ९२ ॥ ९३ ॥ तत्रानुक्तमपि वासत्रयमन्यद्बोध्यम् । अग्निवेश्योक्तेः । ते सर्वे वानरा आनुपूर्व्येण सेनासंनिवेशक्रमेण ॥ ९४ ॥ अवरुह्य । महेन्द्रादित्यर्थः ॥ ९५ ॥ सहसोत्थितैर्लहरीरूपेणागतैस्तोयौघैर्धौतं क्षालितमुपलतलं यस्यां ताम् ॥ ९६ ॥ या पूर्वमुपस्थिता चिन्ता तरणविषया सेदानीमपि प्रवर्तत इति शेषः ॥ ९७ ॥ अतीरोऽल-

९१

तदिहैव निवेशोऽस्तु मन्त्रः प्रस्तूयतामिह । यथेदं वानरबलं परं पारमवाप्नुयात् ॥ ९९

इतीव स महाबाहुः सीताहरणकर्शितः । रामः सागरमासाद्य वासमाज्ञापयत्तदा ॥ १००

सर्वाः सेना निवेश्यन्तां वेलायां हरिपुंगव । संप्राप्तो मन्त्रकालो नः सागरस्येह लङ्घने ॥ १०१

स्वां स्वां सेनां समुत्सृज्य मा च कश्चित्कुतो व्रजेत् । गच्छन्तु वानराः शूरा ज्ञेयं छन्नं भयं च नः ॥ १०२

रामस्य वचनं श्रुत्वा सुग्रीवः सहलक्ष्मणः । सेनां निवेशयत्तीरे सागरस्य द्रुमायुते ॥ १०३

विरराज समीपस्थं सागरस्य च तद्बलम् । मधुपाण्डुजलः श्रीमान्द्वितीय इव सागरः ॥ १०४

वेलावनमुपागम्य ततस्ते हरिपुंगवाः । निविष्टाश्च परं पारं काङ्क्षमाणा महोदधेः ॥ १०५

तेषां निविशमानानां सैन्यसंनाहनिस्वनः । अन्तर्धाय महानादमर्णवस्य प्रशुश्रुवे ॥ १०६

सा वानराणां ध्वजिनी सुग्रीवेणाभिपालिता । त्रिधा निविष्टा महती रामस्यार्थपराभवत् ॥ १०७

सा महार्णवमासाद्य हृष्टा वानरवाहिनी । वायुवेगसमाधूतं पश्यमाना महार्णवम् ॥ १०८

दूरपारमसंबाधं रक्षोगणनिषेवितम् । पश्यन्तो वरुणावासं निषेदुर्हरियूथपाः ॥ १०९

चण्डनक्रग्राहघोरं क्षपादौ दिवसक्षये । हसन्तमिव फेनौघैर्नृत्यन्तमिव चोर्मिभिः ॥ ११०

चन्द्रोदये समुद्भूतं प्रतिचन्द्रसमाकुलम् । चण्डानिलमहाग्राहैः कीर्णं तिमितिमिंगिलैः ॥ १११

दीप्तभोगैरिवाकीर्णं भुजंगैर्वरुणालयम् । अवगाढं महासत्त्वैर्नानाशैलसमाकुलम् ॥ ११२

सुदुर्गं दुर्गमार्गं तमगाधमसुरालयम् । मकरैर्नागभोगैश्च विगाढा वातलोलिताः ।
उत्पेतुश्च निपेतुश्च प्रहृष्टा जलराशयः ॥ ११३

अग्निचूर्णमिवाविद्धं भास्वराम्बुमहोरगम् । सुरारिनिलयं घोरं पातालविषयं सदा ॥ ११४

सागरं चाम्बरप्रख्यमम्बरं सागरोपमम् । सागरं चाम्बरं चेति निर्विशेषमदृश्यत ॥ ११५

संपृक्तं नभसाप्यम्भः संपृक्तं च नभोऽम्भसा । तादृग्रूपे स्म दृश्येते तारारत्नसमाकुले ॥ ११६

समुत्पतितमेघस्य वीचिमालाकुलस्य च । विशेषो न द्वयोरासीत्सागरस्याम्बरस्य च ॥ ११७

अन्योन्यैराहताः सक्ताः सस्वनुर्भीमनिःस्वनाः । ऊर्मयः सिन्धुराजस्य महाभेर्य इवाम्बरे ॥ ११८

रत्नौघजलसंनादं विषक्तमिव वायुना । उत्पतन्तमिव क्रुद्धं यादोगणसमाकुलम् ॥ ११९

भ्यपरतीरः । अनुपायेनोपायरूपालम्बनहीनेन ॥ ९८ ॥ मन्त्रो विचारः ॥ ९९ ॥ १०० ॥ १०१ ॥ स्वां स्वां सेनां समुत्सृज्य कश्चिदपि कुतोऽपि हेतोर्मा व्रजेत् । यतो नोऽस्माकं छन्नं रक्षोमायाकृतत्वाद्गूढं भयमस्तीति ज्ञेयम् । सावधानतया स्थेयमिति बोधितम्, अतोऽद्य शूराः सर्वे वानराः सेनारक्षार्थं गच्छन्तु । सेनायाश्चतुर्दिक्षु गत्वा तत्र स्थित्वा तां रक्षन्त्वित्यर्थः ॥ १०२ ॥ १०३ ॥ मधुपाण्डवो मधुपिङ्गला वानरा एव जलं यस्य सः । मधुशब्दसमभिव्याहारात्पाण्डुशब्दः पिङ्गलवर्णवाची ज्ञेयः ॥ १०४ ॥ १०५ ॥ समुद्रशब्दमन्तर्धाय सैन्यसंनाहस्य सैन्यसंचारस्य शब्दः शुश्रुवे ॥ १०६ ॥ त्रिधा निविष्टा ऋक्षगोलाङ्गूलवानररूपत्रियूथभेदेन । ऋक्षगोलाङ्गूलानामपि वानरावान्तरजातित्वात्सर्वेषां वानरत्वेनाप्युक्तिर्ना-संगता । त्रिधा निविष्टा त्रिवलया निविष्टेत्यन्ये ॥ १०७ ॥ पश्यमाना पश्यन्ती । हृष्टाभूदिति शेषः ॥ १०८ ॥ असंबाधं मध्ये गिर्याद्याश्रयरहितं वक्ष्यमाणसकलविशेषणं वरुणावासं पश्यन्तो निषेदुरित्यन्वयः ॥ १०९ ॥ चण्डनक्ररूपैर्ग्राहैर्महाघोरम् । क्षपादौ दिवसक्षये । तेन प्रदोषकाले चन्द्रोदये प्रवृद्धफेनौघैर्हसन्तमिव स्थितम् । उपलक्षणमिदम् ऊर्मिभिर्नृत्यन्तमिव स्थितम् ॥ ११० ॥ समुद्भूतं वृद्धम् । ऊर्मिस्थप्रतिचन्द्रैः समाकुलं व्याप्तम् । चण्डानिलतुल्यवेगैर्जलचरैर्महाग्राहैः । तिमिः 'अस्ति मत्स्यस्तिमिर्नाम शतयोजनमायतः' इति लक्षितः । तिमिंगिलस्तन्निगरणशक्तः । तैः कीर्णं व्याप्तम् ॥ १११ ॥ दीप्तभोगैरुज्ज्वलदेहैर्भुजंगैराकीर्णं वरुणालयं पातालमिव ॥ ११२ ॥ सुदुर्गं शोभनानि लङ्कादीनि दुर्गाणि यस्मिन् । दुर्गमार्गं दुष्प्रापमार्गम् । दुष्प्रापपरपारप्राप्त्युपायमित्यर्थः ॥ ११३ ॥ जलराशय ऊर्मिरूपाः । भास्वराः फणामणिभिर्भासमाना अम्बुमहोरगा जलसर्पा यस्मिंस्तम् । अतएवाग्निचूर्णं विस्फुलिङ्गरूपमाविद्धं क्षिप्तमिवात्र दृश्यत इति शेषः । सदा पातालविषयं पातालगोचरं सागरम् ॥ ११४ ॥ अम्बरप्रख्यं वैपुल्यातलत्वैः । तैरेव चाम्बरं सागरोपमम् । उपमेयोपमालंकारः । एवं सति यत्फलति तद्वाच्यकृत्स्याह—निर्विशेषं परस्परातिरिक्तसदृशरहितम् ॥ ११५ ॥ तयोरेव समानधर्मान्तरमाह—संपृक्तमिति । संसृष्टम् । तुल्यमित्यर्थः । नभोऽम्भसोस्तुल्यरूपत्वात्तारारत्नसमाकुले मुक्ताश्रेष्ठैर्नक्षत्रश्रेष्ठैश्च समाकुले समुद्रनभसी तादृग्रूपे परस्परसदृशरूपे दृश्येते ॥ ११६ ॥ समुत्पतितमेघस्याम्बरस्य वीचिमालाकुलस्य सागरस्य चेत्यन्वयः ॥ ११७ ॥ सक्ता निरन्तराः ॥ ११८ ॥ वायुना विपक्तं संबद्धम्, अतएव रत्नौघक्षेपकोर्मिमयजलसंनादवन्तम्,

दद्दशुस्ते महात्मानो वाताहतजलाशयम् । अनिलोद्धूतमाकाशे प्रलपन्तमिवोर्मिभिः ॥ १२०
ततो विस्मयमापन्ना हरयो दद्दशुः स्थिताः । भ्रान्तोर्मिजालसंनादं प्रलोलमिव सागरम् ॥ १२१

इत्यार्षे श्रीमद्रामायणे वाल्मीकीय आदिकाव्ये युद्धकाण्डे चतुर्थः सर्गः ॥ ४ ॥

पञ्चमः सर्गः ।

सा तु नीलेन विधिवत्स्वारक्षासु समाहिता । सागरस्योत्तरे तीरे साधु सा विनिवेशिता ॥ १
मैन्दश्च द्विविदश्चोभौ तत्र वानरपुंगवौ । विचेरतुश्च तां सेनां रक्षार्थं सर्वतोदिशम् ॥ २
निविष्टायां तु सेनायां तीरे नदनदीपतेः । पार्श्वस्थं लक्ष्मणं दृष्ट्वा रामो वचनमब्रवीत् ॥ ३
शोकश्च किल कालेन गच्छता ह्यपगच्छति । मम चापश्यतः कान्तामहन्यहनि वर्धते ॥ ४
न मे दुःखं प्रिया दूरे न मे दुःखं हृतेति च । एतदेवानुशोचामि वयोऽस्या ह्यतिवर्तते ॥ ५
वाहि वात यतः कान्ता तां स्पृष्ट्वा मामपि स्पृश । त्वयि मे गात्रसंस्पर्शश्चन्द्रे दृष्टिसमागमः ॥ ६
तन्मे दहति गात्राणि विषं पीतमिवाशये । हा नाथेति प्रिया सा मां ह्रियमाणा यदब्रवीत् ॥ ७
तद्वियोगेन्धनवता तच्चिन्ताविमलार्चिषा । रात्रिंदिवं शरीरं मे दह्यते मदनाग्निना ॥ ८
अवगाह्यार्णवं स्वप्स्ये सौमित्रे भवता विना । एवं च प्रज्वलन्कामो न मां सुप्तं जले दहेत् ॥ ९
बह्वेतत्कामयानस्य शक्यमेतेन जीवितुम् । यदहं सा न वामोरूरेकां धरणिमाश्रितौ ॥ १०
केदारस्येव केदारः सोदकस्य निरूदकः । उपस्नेहेन जीवामि जीवन्तीं यच्छृणोमि ताम् ॥ ११
कदा नु खलु सुश्रोणीं शतपत्रायतेक्षणाम् । विजित्य शत्रून्द्रक्ष्यामि सीतां स्फीतामिव श्रियम् ॥ १२
कदा सुचारुदन्तोष्ठं तस्याः पद्ममिवाननम् । ईषदुन्नाम्य पास्यामि रसायनमिवातुरः ॥ १३
तौ तस्याः सहितौ पीनौ स्तनौ तालफलोपमौ । कदा नु खलु सोत्कम्पौ हसन्त्या मां भजिष्यतः ॥ १४
सा नूनमसितापाङ्गी रक्षोमध्यगता सती । मन्नाथा नाथहीनेव त्रातारं नाधिगच्छति ॥ १५
कथं जनकराजस्य दुहिता मम च प्रिया । राक्षसीमध्यगा शेते स्नुषा दशरथस्य च ॥ १६
अविक्षोभ्याणि रक्षांसि सा विधूयोत्पतिष्यति । विधूय जलदान्नीलाञ्शशिलेखा शरत्स्विव ॥ १७

अतएव क्रुद्धमुत्पतन्तमिव स्थितम् ॥ ११९ ॥ जलाशयः समुद्रः ॥ १२० ॥ भ्रान्तानां घूर्णतामूर्मिजालानां संनादो यत्र तम्, अतएव प्रलोलं प्रचलदिव स्थितम् ॥ १२१ ॥ **इति श्रीरामाभिरामे श्रीरामीये रामायणतिलके वाल्मीकीय आदिकाव्ये युद्धकाण्डे चतुर्थः सर्गः ॥ ४ ॥**

स्वारक्षासु कृतमासमन्ताद्रक्षणं यस्याः सा । सुसमाहिता सम्यग्रक्षिता ॥ १ ॥ २ ॥ ३ ॥ अथ समुद्रवेलावनाद्युद्दीपकदर्शनात्परतीरस्थसीतास्मृत्या शोचति—शोकश्चेति । गच्छता कालेनेष्टान्तरवियोगजः शोकोऽपि गच्छतीति प्रसिद्धः । मम प्रियाविरहजे शोके तु विपरीतमित्याह—मम चेति । चस्त्वर्थे ॥ ४ ॥ नन्वचिरात्प्रत्याहरिष्यामः किं शोकेनेत्यत्र तत्रैव विघ्नचिन्तया दुःखमित्याह—न मे इति । प्रिया दूरे स्थितेति मे दुःखं नास्ति । स्त्रीधर्मदिवसवत् । तथा हृतेत्यपि न दुःखम् । प्रबलदुष्कर्मवशं प्राप्तत्वात् । अपि त्वस्या वयः प्राणावस्थितिकालोऽतिवर्तते । मासद्वयमात्रं जीवनमित्युक्तेः । तत्रापि बहुदिवसात्ययात् । यद्वा वयो यौवनमिति प्राकृतवद्वादः ॥५॥ यतो यस्यां दिशि कान्ता तद्दिशि वाहि गच्छ । तत्र स्थितां तां स्पृष्ट्वा मामपि स्पृश । किमेतावता तवेत्यत्राह—त्वयीति । कान्तास्पर्शवति त्वयि मे गात्रसंस्पर्शो निदाघतप्तदृष्टेश्चन्द्रे समागमो यथाखिलदृष्टितापशामक एवं त्वत्स्पर्शो गात्रीयाखिलतापशामक इत्यर्थः । अत्र निदर्शनालंकारः ॥ ६ ॥ अथ हेत्वन्तरेण शोकः—तन्मे इति । ह्रियमाणा सा हा नाथेति यदब्रवीत्तदेव । अनुमानेन मे आशये चित्ते स्थितमिति शेषः । पीतविषमिव मे गात्राणि दहति ॥ ७ ॥ रात्रिंदिवमिति निपातः ॥ ८ ॥ सौमित्रे त्वमत्रैव । तिष्ठेति शेषः । भवता विनाहमेक एवार्णवमवगाह्य स्वप्स्ये । एवं सति प्रज्वलन्कामो जले सुप्तं न दहेत् । जलस्याग्निविरोधित्वात् । मनोमूलकामस्य सुप्तौ मनउपरमेणोपरमाच्चेति भावः । भवता विनेत्युक्तिरेकाकित्वेन निद्राप्राप्त्यै ॥९॥ यद्यस्मादहं सा च वामोरूरेकां धरणिमाश्रितावेतत्कामयमानस्य बहु । एतेन जीवितुं शक्यम् । कामुक एकशय्यासनेन तथा जीवति तथैतेनापि जीवितुं शक्यम् । एकभूलोकस्थत्वेन लाभसंभवसत्त्वादिति भावः ॥ १० ॥ यथा सोदकस्य केदारस्योपस्नेहेन संबन्धेन निरुदकोऽपि केदारस्तत्स्थं धान्यं जीवति न शुष्यति तद्वत्तस्या जीवनवार्ताश्रवणेनाहमपि जीवामि ॥ ११ ॥ स्फीतां श्रियमिव समृद्धां राज्यलक्ष्मीमिव ॥ १२ ॥ रसायनं पारदादि ॥ १३ ॥ १४ ॥ १५ ॥ १६ ॥ अविक्षोभ्याणि दुराधर्षाणि रक्षांसि विधूय मद्दारा तेषां

स्वभावतनुका नूनं शोकेनानशनेन च । भूयस्तनुतरा सीता देशकालविपर्ययात् ॥ १८
कदा नु राक्षसेन्द्रस्य निधायोरसि सायकान् । शोकं प्रत्याहरिष्यामि शोकमुत्सृज्य मानसम् ॥ १९
कदा नु खलु मे साध्वी सीतामरसुतोपमा । सोत्कण्ठा कण्ठमालम्ब्य मोक्ष्यत्यानन्दजं जलम् ॥ २०
कदा शोकमिमं घोरं मैथिलीविप्रयोगजम् । सहसा विप्रमोक्ष्यामि वासः शुक्लेतरं यथा ॥ २१
एवं विलपतस्तस्य तत्र रामस्य धीमतः । दिनक्षयान्मन्दवपुर्भास्करोऽस्तमुपागतः ॥ २२
आश्वासितो लक्ष्मणेन रामः संध्यामुपासत । स्मरन्कमलपत्राक्षीं सीतां शोकाकुलीकृतः ॥ २३

इत्यार्षे श्रीमद्रामायणे वाल्मीकीय आदिकाव्ये युद्धकाण्डे पञ्चमः सर्गः ॥ ५ ॥

षष्ठः सर्गः ।

लङ्कायां तु कृतं कर्म घोरं दृष्ट्वा भयावहम् । राक्षसेन्द्रो हनुमता शक्रेणेव महात्मना ।
अब्रवीद्राक्षसान्सर्वान्ह्रिया किंचिदवाङ्मुखः ॥ १
धर्षिता च प्रविष्टा च लङ्का दुष्प्रसहा पुरी । तेन वानरमात्रेण दृष्टा सीता च जानकी ॥ २
प्रासादो धर्षितश्चैत्यः प्रवरा राक्षसा हताः । आविला च पुरी लङ्का सर्वा हनुमता कृता ॥ ३
किं करिष्यामि भद्रं वः किं वो युक्तमनन्तरम् । उच्यतां नः समर्थं यत्कृतं च सुकृतं भवेत् ॥ ४
मन्त्रमूलं च विजयं प्रवदन्ति मनस्विनः । तस्माद्वै रोचये मन्त्रं रामं प्रति महाबलाः ॥ ५
त्रिविधाः पुरुषा लोके उत्तमाधममध्यमाः । तेषां तु समवेतानां गुणदोषौ वदाम्यहम् ॥ ६
मन्त्रिभिर्हि संयुक्तः समर्थैर्मन्त्रनिर्णये । मित्रैर्वापि समानार्थैर्बान्धवैरपि वाधिकैः ॥ ७
सहितो मन्त्रयित्वा यः कर्मारम्भान्प्रवर्तयेत् । दैवे च कुरुते यत्नं तमाहुः पुरुषोत्तमम् ॥ ८
एकोऽर्थं विमृशेदेको धर्मे प्रकुरुते मनः । एकः कार्याणि कुरुते तमाहुर्मध्यमं नरम् ॥ ९
गुणदोषौ न निश्चित्य त्यक्त्वा दैवव्यपाश्रयम् । करिष्यामीति यः कार्यमुपेक्षेत्स नराधमः ॥ १०
यथेमे पुरुषा नित्यमुत्तमाधममध्यमाः । एवं मन्त्रोऽपि विज्ञेय उत्तमाधममध्यमः ॥ ११
ऐकमत्यमुपागम्य शास्त्रदृष्टेन चक्षुषा । मन्त्रिणो यत्र निरतास्तमाहुर्मन्त्रमुत्तमम् ॥ १२

विधूननं कृत्वोत्पतिष्यतीति संबन्धः ॥ १७ ॥ स्वभावतनुका प्रकृत्या कृशशरीरा । देशकालविपर्ययात्प्राचीनदुष्कर्मवशप्राप्तदुःखसाधनदेशकालसंबन्धात् ॥ १८ ॥ प्रत्याहरिष्यामि । जानक्या इति शेषः । मानसं मनसि वर्तमानम् । प्रत्याहरणसंभावनया प्रागपि शोकोत्सर्गान्क्त्वः साधुत्वम् ॥ १९ ॥ मे कण्ठमालम्ब्येत्यन्वयः ॥ २० ॥ शुक्लेतरं मलिनम् ॥ २१ ॥ विलपतो रामस्य विलापं श्रुत्वेत्यर्थः ॥ २२ ॥ सीतां स्मरन् । हेतौ शतृप्रत्ययः । तत्स्मरणाद्धेतोः शोकाकुलीकृतो रामो लक्ष्मणेनाश्वासितः ॥ २३ ॥ **इति श्रीरामाभिरामे श्रीरामीये रामायणतिलके वाल्मीकीय आदिकाव्ये युद्धकाण्डे पञ्चमः सर्गः ॥ ५ ॥**

अथ कविना हनूमत्प्रतिनिवृत्तिं समुद्रतीरे रामानयनपर्यन्तामुपवर्ण्य तन्निवृत्त्यनन्तरकालिकः सभयरावणव्यापार उपवर्ण्यते वाचः क्रमवृत्तित्वात्—लङ्कायामिति । हनुमता शक्रेणेव कृतं घोरं कर्म दृष्ट्वा राक्षसानब्रवीत् ॥ १ ॥ ह्रीबीजमाह—धर्षितेति आक्रान्तेत्यर्थः । वानरमात्रेण । एकेन निरायुधेनेत्यर्थः ॥ २ ॥ आविला क्षुभिता ॥ ३ ॥ वो भद्रमस्तु, किं करिष्यामि, अनन्तरं वो युष्माकं किं युक्तम् । योग्यानुष्ठानं किं रोचत इति शेषः । यत्कर्मानुष्ठितं नः समर्थं भवेद्यच्च कृतं सुकृतं सम्यगनुष्ठितं श्लाघनीयं भवेत्तदुच्यताम् ॥ ४ ॥ सर्वतः समर्थस्य तव को विचार इत्यत्र राजनीतिरियमित्याह—मन्त्रमूलमिति । मनस्विनः शूराः ॥ ५ ॥ स्वस्योत्तमप्रभुत्वप्रत्यायनशेषतया मन्त्रत्रैविध्यात्प्रभुत्रैविध्यमाह—त्रिविधा इति । पुरुषा मन्त्रापेक्षिणः प्रभुपुरुषाः समवेतानां संकीर्णरूपाणां लक्षणज्ञानं विना विवेक्तुमशक्यानां गुणदोषौ उत्तमानां गुणो मध्यमानां गुणदोषावधमानां दोषश्चेति विवेकः ॥ ६ ॥ यस्य मन्त्र उच्यमानलक्षणैस्त्रिभिः संयुक्तो भवति, यो वा मित्रादिभिस्त्रिभ्योऽधिकैरपि सहितो मन्त्रयित्वा कर्मारम्भान्प्रवर्तयेत् । दैवे देवसहाये च यत्नं कुरुते तमुत्तमं पुरुषमाहुः ॥ ७ ॥ ८ ॥ एकोऽर्थमिति । विचारोऽस्य गुणः । इतरनिरपेक्षता दोषः ॥ ९ ॥ गुणदोषौ युक्तायुक्तत्वहिताहितादिकर्मिष्टैः सह न निश्चित्य दैवव्यपाश्रयं त्यक्त्वा दैवोपेक्षां कृत्वा कार्यं करिष्यामीत्युपक्रम्य तदप्यन्ते उपेक्षेन्निवर्तयेत्स नराधमः ॥ १० ॥ यद्वशात्प्रभुत्रैविध्यमुक्तं तस्य मन्त्रस्यापीदानीं त्रैविध्यमाह—यथेति ॥ ११ ॥ तानेव मन्त्रप्रकारानाह—ऐकमत्यमिति । शास्त्रदृष्टेन नीतिशास्त्रप्रतिपादितेन चक्षुषा नयचक्षुषा मन्त्रिणो यत्र मन्त्र ऐकमत्यमुपागम्य निरताः प्रतिष्ठितास्तं मन्त्रमुत्तममाहुः ॥ १२ ॥

बह्वीरपि मतीर्गत्वा मन्त्रिणामर्थनिर्णयः । पुनर्यत्रैकतां प्राप्तः स मन्त्रो मध्यमः स्मृतः ॥ १३
अन्योन्यमतिमास्थाय यत्र संप्रतिभाष्यते । न चैकमत्ये श्रेयोऽस्ति मन्त्रः सोऽधम उच्यते ॥ १४
तस्मात्सुमन्त्रितं साधु भवन्तो मतिसत्तमाः । कार्यं संप्रतिपद्यन्तामेतत्कृत्यं मतं मम ॥ १५
वानराणां हि धीराणां सहस्रैः परिवारितः । रामोऽभ्येति पुरीं लङ्कामस्माकमुपरोधकः ॥ १६
तरिष्यति च सुव्यक्तं राघवः सागरं सुखम् । तरसा युक्तरूपेण सानुजः सबलानुगः ॥ १७
समुद्रमुच्छोषयति वीर्येणान्यत्करोति वा । तस्मिन्नेवंविधे कार्ये विरुद्धे वानरैः सह ।
हितं पुरे च सैन्ये च सर्वं संमन्त्र्यतां मम ॥ १८

इत्यार्षे श्रीमद्रामायणे वाल्मीकीय आदिकाव्ये युद्धकाण्डे षष्ठः सर्गः ॥ ६ ॥

सप्तमः सर्गः ।

इत्युक्ता राक्षसेन्द्रेण राक्षसास्ते महाबलाः । ऊचुः प्राञ्जलयः सर्वे रावणं राक्षसेश्वरम् ॥ १
द्विषत्पक्षमविज्ञाय नीतिबाह्यास्त्वबुद्धयः । राजन्परिघशक्त्यृष्टिशूलपट्टिशकुन्तलम् ॥ २
सुमहन्नो बलं कस्माद्विषादं भजते भवान् । त्वया भोगवतीं गत्वा निर्जिताः पन्नगा युधि ॥ ३
कैलासशिखरावासी यक्षैर्बहुभिरावृतः । सुमहत्कदनं कृत्वा वश्यस्ते धनदः कृतः ॥ ४
स महेश्वरसख्येन श्लाघमानस्त्वया विभो । निर्जितः समरे रोषाल्लोकपालो महाबलः ॥ ५
विनिपात्य च यक्षौघान्विक्षोभ्य विनिगृह्य च । त्वया कैलासशिखराद्विमानमिदमाहृतम् ॥ ६
मयेन दानवेन्द्रेण त्वद्भयात्सख्यमिच्छता । दुहिता तव भार्यार्थं दत्ता राक्षसपुंगव ॥ ७
दानवेन्द्रो महाबाहो वीर्योत्सिक्तो दुरासदः । विगृह्य वशमानीतः कुम्भीनस्याः सुखावहः ॥ ८
निर्जितास्ते महाबाहो नागा गत्वा रसातलम् । वासुकिस्तक्षकः शङ्खो जटी च वशमाहृताः ॥ ९
अक्षया बलवन्तश्च शूरा लब्धवराः पुनः । त्वया संवत्सरं युद्ध्वा समरे दानवा विभो ॥ १०
स्वबलं समुपाश्रित्य नीता वशमरिंदम । मायाश्चाधिगतास्तत्र बह्व्यो वै राक्षसाधिप ॥ ११
शूराश्च बलवन्तश्च वरुणस्य सुता रणे । निर्जितास्ते महाभाग चतुर्विधबलानुगाः ॥ १२

बह्वीर्मतीर्गत्वा । बहुविरुद्धमतिविषयतां प्राप्येत्यर्थः । पुनर्वैमत्यानन्तरं राजभीत्याद्युपाधितो यत्र मन्त्र एकतामैकमत्यं प्राप्तः स मन्त्रो मध्यमः ॥ १३ ॥ अन्योन्यमतिं भिन्नभिन्नमतिमास्थाय यत्र मन्त्रे समन्तात्प्रति प्रतिस्पर्धया भाष्यते, कथंचित्कष्टेनैकमत्येऽपि श्रेयश्च नास्ति स मन्त्रोऽधमः ॥ १४ ॥ उपसंहरति—तस्मादिति । यत्कार्यं सुमन्त्रितं भवति तदेव साधु भवति । भवन्तश्च मन्त्रे मत्या सत्तमाः श्रेष्ठाः अतो यत्कार्यं सुमन्त्रितं साधु भवति तत्कार्यं संप्रतिपद्यन्तामैकमत्येन निश्चिन्वन्तु । यदेव भवद्भिर्निश्चितं तदेव मम कृत्यं कर्तुं योग्यं मतमिष्टम् ॥ १५ ॥ विचारप्रयोजिका शत्रुभीतिश्च निश्चितास्माकमित्याह—वानराणामिति । अभ्येतीतिवर्तमानसामीप्ये लट् । अचिरादागमिष्यत्येवेत्यर्थः ॥ १६ ॥ ननु कथं दुस्तरे सागरे स्थिते रामागमनशङ्केत्यत्राह—तरिष्यतीति । सुव्यक्तं सुखं तरिष्यति । प्रथमान्तपाठे सगरस्य गोत्रापत्यं सागर इति रामविशेषणम् । तदा सागरमिति द्वितीयान्तमन्यत्पदमध्याहार्यम् । को वा तरणोपायस्तस्येत्यत्राह—तरसेति बलेन । तपोबलसहजबलदिव्यास्त्राणामन्यतमेनेत्यर्थः । बलैर्वानरबलैरनुगैः सुग्रीवादिभिश्च सहितः ॥ १७ ॥ तदेवाह—समुद्रमिति । अन्यत्सेतुबन्धनम् । तस्मिन्नेकस्मिन्वानरे एवंविधे एवंविधव्यापारे सति बहुभिर्वानरैः सह रामे विरुद्धे कार्ये विरुद्धं कर्तुमुद्यते सति यन्मम पुरे सैन्ये च हितं तत्सर्वं संमन्त्र्यताम् ॥ १८ ॥ इति श्रीरामाभिरामे श्रीरामीये रामायणतिलके वाल्मीकीय आदिकाव्ये युद्धकाण्डे षष्ठः सर्गः ॥ ६ ॥

तत्रादौ दुर्मन्त्रिणां दुर्मन्त्रमाह—इत्युक्ता इति । यतो नीतिबाह्याः, अतएवाबुद्धयस्ते राक्षसा द्विषत्पक्षस्य रामसुग्रीवादेर्बलमविज्ञाय ज्ञात्वापि मोहादविगणय्य वा प्राञ्जलयः सन्तो रावणमूचुः ॥१॥ तदेवाह—राजन्निति । ऋष्टिरसिः ॥२॥३॥ उच्यमानगुणो धनदस्ते त्वया सुहमत्कदनं युद्धं कृत्वा वश्यः कृतः ॥ ४ ॥ तदेव प्रपञ्चयते—स इति । स धनदो महेश्वरसख्येन हेतुना स्वयं श्लाघमानोऽपि लोकपालोऽपि त्वया समरे रोषान्निर्जितः ॥ ५ ॥ न जयमात्रम्, अपि तु सर्वस्वापहारोऽपीत्याह—विनिपात्येति । इदं विमानं पुष्पकम् ॥ ६ ॥ मयदुहिता मन्दोदरी ॥ ७ ॥ कुम्भीनसी रावणस्वसेति तीर्थः । तस्याः सुखावहो भर्तेत्यर्थः ॥ ८ ॥ जटी नागविशेषः ॥ ९ ॥ दानवाः कालकेयाः । तत्र तैः सह वासान्मायाश्चाधिगताः प्राप्ताः ॥ १० ॥ ११ ॥ चतुर्विधबलं रथगजतुरग-

मृत्युदण्डमहाग्राहं शाल्मलीद्रुममण्डितम् । कालपाशमहावीचिं यमकिंकरपन्नगम् ॥ १३
महाज्वरेण दुर्धर्षं यमलोकमहार्णवम् । अवगाह्य त्वया राजन्यमस्य बलसागरम् ॥ १४
जयश्च विपुलः प्राप्तो मृत्युश्च प्रतिषेधितः । सुयुद्धेन च ते सर्वे लोकास्तत्र सुतोषिताः ॥ १५
क्षत्रियैर्बहुभिर्वीरैः शक्रतुल्यपराक्रमैः । आसीद्वसुमती पूर्णा महद्भिरिव पादपैः ॥ १६
तेषां वीर्यगुणोत्साहैर्न समो राघवो रणे । प्रसह्य ते त्वया राजन्हताः समरदुर्जयाः ॥ १७
तिष्ठ वा किं महाराज श्रमेण तव वानरान् । अयमेको महाराज इन्द्रजित्क्षपयिष्यति ॥ १८
अनेन च महाराज माहेश्वरमनुत्तमम् । इष्ट्वा यज्ञं वरो लब्धो लोके परमदुर्लभः ॥ १९
शक्तितोमरमीनं च विनिकीर्णान्त्रशैवलम् । गजकच्छमसंबाधमश्वमण्डूकसंकुलम् ॥ २०
रुद्रादित्यमहाग्राहं मरुद्वसुमहोरगम् । रथाश्वगजतोयौघं पदातिपुलिनं महत् ॥ २१
अनेन हि समासाद्य देवानां बलसागरम् । गृहीतो दैवतपतिर्लङ्कां चापि प्रवेशितः ॥ २२
पितामहनियोगाच्च मुक्तः शम्बरवृत्रहा । गतस्त्रिविष्टपं राजन्सर्वदेवनमस्कृतः ॥ २३
तमेव त्वं महाराज विसृजेन्द्रजितं सुतम् । यावद्वानरसेनां तां सरामां नयति क्षयम् ॥ २४
राजन्नापदयुक्तेयमागता प्राकृताज्जनात् । हृदि नैव त्वया कार्या त्वं वधिष्यसि राघवम् ॥ २५

इत्यार्षे श्रीमद्रामायणे वाल्मीकीय आदिकाव्ये युद्धकाण्डे सप्तमः सर्गः ॥ ७ ॥

अष्टमः सर्गः ।

ततो नीलाम्बुदप्रख्यः प्रहस्तो नाम राक्षसः । अब्रवीत्प्राञ्जलिर्वाक्यं शूरः सेनापतिस्तदा ॥ १
देवदानवगन्धर्वाः पिशाचपतगोरगाः । सर्वे धर्षयितुं शक्याः किंपुनर्मानवा रणे ॥ २
सर्वे प्रमत्ता विश्वस्ता वञ्चिताः स्म हनूमता । नहि मे जीवतो गच्छेज्जीवन्स वनगोचरः ॥ ३
सर्वां सागरपर्यन्तां सशैलवनकाननाम् । करोम्यवानरां भूमिमाज्ञापयतु मां भवान् ॥ ४
रक्षां चैव विधास्यामि वानराद्रजनीचर । नागमिष्यति ते दुःखं किंचिदात्मापराधजम् ॥ ५
अब्रवीत्तमसंक्रुद्धो दुर्मुखो नाम राक्षसः । इदं न क्षमणीयं हि सर्वेषां नः प्रधर्षणम् ॥ ६

पादातरूपम् ॥ १२ ॥ मृत्युदण्डरूपो महाग्राहो यस्मिंस्तं बलसागरम् । शाल्मलीद्रुमैर्यातनावृक्षैर्मण्डितम् । सागरोऽपि द्वीपेषु वृक्षमण्डितो भवति । कालपाश एव महत्यो वीचयो यस्य तम् ॥ १३ ॥ १४ ॥ प्रतिषेधितः पराङ्मुखः कृतः । ते त्वया सर्वे लोकाः सर्वे राक्षसाः सुतोषिताः प्रीणिताः ॥ १५ ॥ एवं दिव्यं जयमुक्त्वा भौमं जयमाहुः—क्षत्रियैरिति । उच्यमानगुणैः क्षत्रियैर्वसुमती पूर्णासीत् ॥ १६ ॥ तेऽपि प्रसह्य त्वया हताः । राघवस्तु रणे तेषां वीर्यादिभिर्न समः, अतस्तद्वधे का चिन्तेति भावः ॥ १७ ॥ एवं रावणं प्रशस्य तत्पुत्रं स्तुवन्ति—तिष्ठ वेति । हे महाराज, तव मनुष्यो लक्ष्यं किम्, तस्मात्त्वं तूष्णीमेव तिष्ठ । तव श्रमेण किं फलम् । वानरानेक एवेन्द्रजित्क्षपयिष्यति । महाराजेति द्विरुक्तिरादरात् ॥ १८ ॥ कथमस्यैवं सामर्थ्यं तत्राहुः—अनेन चेति । माहेश्वरं महेश्वरप्रीतिकरम् । इष्ट्वा कृत्वा ॥ १९ ॥ देवबलं सागरत्वेन रूपयति—शक्तीत्यादि । विनिकीर्णानि व्याप्तानि ॥ २० ॥ महन्महान्तम् ॥ २१ ॥ २२ ॥ पितामहस्य चतुर्मुखस्य रुद्रस्य । 'यदिज्यातो लब्धवरस्तन्नियोगात्तदाज्ञया' । सर्वस्य जगतः प्रजापतिः पिता भगवांश्चतुर्मुखरुद्रः पितामहो भगवान्हिरण्यगर्भः प्रपितामहः अतएवादित्यरुद्रवसुप्रधानाः सर्वश्राद्धदेवताः सर्वयज्ञदेवताः ससुरासुरसर्वप्रजोपास्यस्य सर्वस्वभूनाथेति कतकः । शम्बरं वृत्रं हन्ति सः ॥ २३ ॥ क्षयं यावन्नयति । नेष्यतीत्यर्थः ॥ २४ ॥ प्राकृतान्नरवानररूपाज्जनादागतासंभावितागमनेयमापद्विपत्तच्चिन्ता तेऽयुक्ता कर्तुमयोग्या । सर्वथैषा चिन्ता त्वया हृदि नैव कार्या, यतस्त्वं राघवं वधिष्यस्येव ॥ २५ ॥

इति श्रीरामाभिरामे श्रीरामीये रामायणतिलके वाल्मीकीय आदिकाव्ये युद्धकाण्डे सप्तमः सर्गः ॥ ७ ॥

तत इति ॥ १ ॥ २ ॥ नन्विदानीमेव वानरेणैकेनैव धर्षणे कृते कथं धर्षयितुं शक्या इति वचोऽत आह—सर्वे इति । प्रमत्ता भोगादिपरवशाः, विश्वस्ताः शत्रुधर्षणासंभवबुद्ध्या निःशङ्कतया स्थिताः अतएव हनूमता वञ्चिताः स्म । आर्षो विसर्गलोप इति कतकः । प्रामादिकः परिभवो न न्यूनतायै इति भावः । मे जीवत इत्यार्षी षष्ठी । प्रमादाद्यभावविशिष्टजीवनवति मयि प्रहस्ते सति स जीवन्न गच्छेदित्यर्थः ॥ ३ ॥ करोमि करिष्यामि ॥ ४ ॥ आत्मापराधजं सीतापहरणापराधजम् ॥ ५ ॥ न क्षमणीयं क्षमितुं न युक्तम् । प्रतिक्रियैव कर्तव्येति भावः । इदंपदार्थमाह—सर्वेषामिति ॥ ६ ॥

अयं परिभवो भूयः पुरस्यान्तःपुरस्य च । श्रीमतो राक्षसेन्द्रस्य वानरेन्द्रप्रधर्षणम् ॥ ७
अस्मिन्मुहूर्ते गत्वैको निवर्तिष्यामि वानरान् । प्रविष्टान्सागरं भीममम्बरं वा रसातलम् ॥ ८
ततोऽब्रवीत्सुसंक्रुद्धो वज्रदंष्ट्रो महाबलः । प्रगृह्य परिघं घोरं मांसशोणितदूषितम् ॥ ९
किं नो हनूमता कार्यं कृपणेन तपस्विना । रामे तिष्ठति दुर्धर्षे सुग्रीवेऽपि सलक्ष्मणे ॥ १०
अद्य रामं ससुग्रीवं परिघेण सलक्ष्मणम् । आगमिष्यामि हत्वैको विक्षोभ्य हरिवाहिनीम् ॥ ११
इदं ममापरं वाक्यं शृणु राजन्यदीच्छसि । उपायकुशलो ह्येव जयेच्छत्रूनतन्द्रितः ॥ १२
कामरूपधराः शूराः सुभीमा भीमदर्शनाः । राक्षसानां सहस्राणि राक्षसाधिप निश्चिताः ॥ १३
काकुत्स्थमुपसंगम्य विभृतं मानुषं वपुः । सर्वे ह्यसंभ्रमा भूत्वा ब्रुवन्तु रघुसत्तमम् ॥ १४
प्रेषितो भरतेनैव भ्रात्रा तव यवीयसा । स हि सेनां समुत्थाप्य क्षिप्रमेवोपयास्यति ॥ १५
ततो वयमितस्तूर्णं शूलशक्तिगदाधराः । चापबाणासिहस्ताश्च त्वरितास्तत्र यामहे ॥ १६
आकाशे गणशः स्थित्वा हत्वा तां हरिवाहिनीम् । अश्मशस्त्रमहावृष्ट्या प्रापयाम यमक्षयम् ॥ १७
एवं चेदुपसर्पेतामनयं रामलक्ष्मणौ । अवश्यमपनीतेन जहतामेव जीवितम् ॥ १८
कौम्भकर्णिस्ततो वीरो निकुम्भो नाम वीर्यवान् । अब्रवीत्परमक्रुद्धो रावणं लोकरावणम् ॥ १९
सर्वे भवन्तस्तिष्ठन्तु महाराजेन संगताः । अहमेको हनिष्यामि राघवं सहलक्ष्मणम् ॥ २०
सुग्रीवं सहनूमन्तं सर्वांश्चैवात्र वानरान् । ततो वज्रहनुर्नाम राक्षसः पर्वतोपमः ॥ २१
क्रुद्धः परिलिहन्सृक्कां जिह्वया वाक्यमब्रवीत् । स्वैरं कुर्वन्तु कार्याणि भवन्तो विगतज्वराः ॥ २२
एकोऽहं भक्षयिष्यामि तां सर्वां हरिवाहिनीम् । स्वस्थाः क्रीडन्तु निश्चिन्ताः पिबन्तु मधु वारुणम् ॥ २३
अहमेको वधिष्यामि सुग्रीवं सहलक्ष्मणम् । साङ्गदं च हनूमन्तं सर्वांश्चैवात्र वानरान् ॥ २४

इत्यार्षे श्रीमद्रामायणे वाल्मीकीय आदिकाव्ये युद्धकाण्डेऽष्टमः सर्गः ॥ ८ ॥

नवमः सर्गः ।

ततो निकुम्भो रभसः सूर्यशत्रुर्महाबलः । सुप्तघ्नो यज्ञकोपश्च महापार्श्वमहोदरौ ॥ १
अग्निकेतुश्च दुर्धर्षो रश्मिकेतुश्च राक्षसः । इन्द्रशत्रुश्च बलवांस्ततो वै रावणात्मजः ॥ २
प्रहस्तोऽथ विरूपाक्षो वज्रदंष्ट्रो महाबलः । धूम्राक्षोऽथ निकुम्भश्च दुर्मुखश्चैव राक्षसः ॥ ३
परिघान्पट्टिशाञ्छूलान्प्रासाञ्शक्तिपरश्वधान् । चापानि च सुबाणानि खड्गांश्च विपुलाम्बुभान् ॥ ४

भूयः पुनः पुनरस्यान्तःपुरस्य चायं परिभवो दाहरूपो न क्षमणीय इत्यनुषङ्गः । वानरेन्द्रप्रधर्षणं तज्जं राक्षसेन्द्रस्य दुःखमहमेक एव गत्वा सीता सागरादीनपि प्रविष्टान्वानरान्हत्वा निवर्तयिष्यामि प्रधर्षणदुःखं निवर्तयिष्यामि ॥ ७ ॥ ८ ॥ मांसशोणिताभ्यां स्वसंबद्धाभ्यां दूषितं भयजनकम् ॥ ९ ॥ कृपणेन दीनेन । प्रकाशसंचारे भयाद्रात्रौ कृतकार्येण वा । तपस्विना शोच्येन हनूमता किम् । अलक्ष्यस्य तस्य हननेन न प्रयोजनमिति भावः । कृपणादिशब्दानां पारुष्यमात्रे तात्पर्यम्, न लर्थे । मातृगाम्यादिगालिदानवत् । तर्हि को हन्तव्यस्तत्राह —रामे तिष्ठत्यहते तिष्ठति सति किमनेन हतेनेत्यर्थः ॥ १० ॥ यदेवमतः—अद्य राममिति ॥ ११ ॥ इदंपदार्थमाह—उपायेति ॥ १२ ॥ ततः किं तत्राह—कामेति । कामरूपेत्यादिषु पुंस्त्वमार्षम् ॥ १३ ॥ ततोऽपि किं तत्राह—काकुत्स्थमिति । विभृतं स्पष्टम् । वपुः । धृत्वेति शेषः ॥ १४ ॥ भरतप्रेषितत्ववचनेनापि किं तत्राह—स हीति । सेनां वानरसेनां समुत्थाप्य युद्धत्वा स्वीयबुद्ध्या क्षिप्रमेवोपयास्यति । अस्मानिति शेषः ॥ १५ ॥ ततः किमिति प्रश्ने । मध्येमार्गं प्रहरामेति बकवद्धरणमन्त्रमाह—तत इति । यामेति लोड्डत्तमः ॥ १६ ॥ १७ ॥ उक्तमन्त्रात्कार्यसिद्धिमाह—एवं चेदिति । एवमस्मदुक्तमुपश्रुत्य यद्येषोऽनुजानाति तदा सर्वथास्मदीयमनयं कैतवमुपसर्पेतां प्राप्नुयाताम्, ततश्चापनीतेन कैतवकृतप्रहारेणावश्यमेव जीवितं जहताम् । जहेतामिति यावत् ॥ १८ ॥ कौम्भकर्णिः कुम्भकर्णापत्यम् ॥ १९ ॥ २० ॥ अत्र वानरान् । अस्यां सेनायां स्थितान्वानरानित्यर्थः ॥ २१ ॥ सृक्कामोष्ठप्रान्तम् ॥ २२ ॥ वारुणं मधु मद्यम् । एतेन क्षौद्रव्यावृत्तिः ॥ २३ ॥ २४ ॥ कतकरीत्यात्र सर्गाविच्छेदः ॥

इति श्रीरामाभिरामे श्रीरामीये रामायणतिलके वाल्मीकीय आदिकाव्ये युद्धकाण्डेऽष्टमः सर्गः ॥ ८ ॥

तत इति । कौम्भकर्णिरेवायं निकुम्भः परैः सहितस्तं पुनराह ॥ १ ॥ २ ॥ ३ ॥ सुबाणानीति बहुव्रीहिः । विपुला-

प्रगृह्य परमक्रुद्धाः समुत्पत्य च राक्षसाः । अब्रुवन्रावणं सर्वे प्रदीप्ता इव तेजसा ॥ ५
अद्य रामं वधिष्यामः सुग्रीवं च सलक्ष्मणम् । कृपणं च हनूमन्तं लङ्का येन प्रधर्षिता ॥ ६
तान्गृहीतायुधान्सर्वान्वारयित्वा विभीषणः । अब्रवीत्प्राञ्जलिर्वाक्यं पुनः प्रत्युपवेश्य तान् ॥ ७
अप्युपायैस्त्रिभिस्तात योऽर्थः प्राप्तुं न शक्यते । तस्य विक्रमकालांस्तान्युक्तानाहुर्मनीषिणः ॥ ८
प्रमत्तेष्वभियुक्तेषु दैवेन प्रहतेषु च । विक्रमास्तात सिध्यन्ति परीक्ष्य विधिना कृताः ॥ ९
अप्रमत्तं कथं तं तु विजिगीषुं बले स्थितम् । जितरोषं दुराधर्षं तं धर्षयितुमिच्छथ ॥ १०
समुद्रं लङ्घयित्वा तु घोरं नदनदीपतिम् । गतिं हनूमतो लोके को विद्यात्तर्कयेत वा ॥ ११
बलान्यपरिमेयानि वीर्याणि च निशाचराः । परेषां सहसावज्ञा न कर्तव्या कथंचन ॥ १२
किं च राक्षसराजस्य रामेणाप्रकृतं पुरा । आजहार जनस्थानाद्यस्य भार्यां यशस्विनः ॥ १३
खरो यद्यतिवृत्तस्तु स रामेण हतो रणे । अवश्यं प्राणिना प्राणा रक्षितव्या यथाबलम् ॥ १४
एतन्निमित्तं वैदेही भयं नः सुमहद्भवेत् । आहृता सा परित्याज्या कलहार्थे कृते नु किम् ॥ १५
न नु क्षमं वीर्यवता तेन धर्मानुवर्तिना । वैरं निरर्थकं कर्तुं दीयतामस्य मैथिली ॥ १६
यावन्न सगजां साश्वां बहुरत्नसमाकुलाम् । पुरीं दारयते बाणैर्दीयतामस्य मैथिली ॥ १७
यावत्सुघोरा महती दुर्धर्षा हरिवाहिनी । नावस्कन्दति नो लङ्कां तावत्सीता प्रदीयताम् ॥ १८
विनश्येद्धि पुरी लङ्का शूराः सर्वे च राक्षसाः । रामस्य दीयतां पत्नी न स्वयं यदि दीयते ॥ १९
प्रसादये त्वां बन्धुत्वात्कुरुष्व वचनं मम । हितं तथ्यं त्वहं ब्रूमि दीयतामस्य मैथिली ॥ २०

पुरा शरत्सूर्यमरीचिसंनिभान्नवाग्रपुङ्खान्सुदृढान्नृपात्मजः ।
सृजत्यमोघान्विशिखान्वधाय ते प्रदीयतां दाशरथाय मैथिली ॥ २१
त्यजाशु कोपं सुखधर्मनाशनं भजस्व धर्मं रतिकीर्तिवर्धनम् ।
प्रसीद जीवेम सपुत्रबान्धवाः प्रदीयतां दाशरथाय मैथिली ॥ २२

विभीषणवचः श्रुत्वा रावणो राक्षसेश्वरः । विसर्जयित्वा तान्सर्वान्प्रविवेश स्वकं गृहम् ॥ २३

इत्यार्षे श्रीमद्रामायणे वाल्मीकीय आदिकाव्ये युद्धकाण्डे नवमः सर्गः ॥ ९ ॥

म्बुभान्निर्मलजलकान्तीन् ॥ ४ ॥ समुत्पत्योत्थाय ॥ ५ ॥ किमब्रुवंस्तदाह—अद्येति ॥ ६ ॥ विभीषणस्तान्सर्वान्वारयित्वा पुनः प्रत्युपवेश्य स्थापयित्वा रावणं प्रति प्राञ्जलिर्भूत्वा वाक्यमब्रवीत् ॥ ७ ॥ त्रिभिरुपायैः सामदानभेदरूपैः । तस्यार्थस्य प्राप्त्यर्थमिति शेषः । तान्नीतिशास्त्रोक्तान्विक्रमकालानाहुः मनीषिणो नीतिशास्त्रज्ञाः ॥ ८ ॥ तानेव कालानाह—प्रमत्तेष्वसावधानेषु, अभियुक्तेषु शत्र्वन्तराक्रान्तेषु । दैवेन प्रहतेषु । महारोगादिनेति शेषः । परीक्ष्य । उक्तविक्रमप्रवृत्तिनिमित्तसत्तां परीक्ष्येत्यर्थः ॥ ९ ॥ प्रकृतो विक्रमानर्ह एव काल इत्याह—अप्रमत्तमिति । विजिगीषुम् । अनेन शत्र्वन्तरराहित्यम् । बले दैवबले स्थितम् । जितरोषमित्यनेन मौर्ख्यराहित्यम् । दुराधर्षत्वेन दिव्यास्त्रसंपदुक्ता ॥ १० ॥ को विद्वान्मनसापि कः प्राप्नुयात् । तर्कयेत हनूमत्येवं चेष्टां संभावयेत् ॥ ११ ॥ एवमेव हनूमदादेर्बलान्यपरिमेयानि वीर्याणि पराक्रमाश्च सर्वलोकातिगा इति जानीथेति शेषः । अतो हे निशाचराः, परेषां सहसा द्रागवज्ञा न कार्या ॥ १२ ॥ किं चास्मास्वेवान्यायो न रामे इत्याह—किं चेति । यशस्विनो यस्य भार्यां जनस्थानादाजहार तेन रामेण राक्षसराजस्य पुरा पूर्वं किमपकृतं कोऽपकारः कृतः, न कोऽपि ॥ १३ ॥ ननु खरादिहननरूपोऽपकारः कृत इति चेत्तत्राह—खर इति । खरो रामेण निहत इति यद्युच्यते तदा शृणु—अतिवृत्तस्तु स इति । स्वस्थानमतिक्रम्य तद्देशं गत्वा तत्पीडार्थं प्रवृत्त इति तेन स हतः । तादृशस्य हननं च न्याय्यमेवेत्याह—अवश्यमिति ॥ १४ ॥ एतन्निमित्तं खरादिवधनिमित्तमाहृता वैदेही यदि तदैतन्निमित्तमेव वैदेह्या हरणनिमित्तमेव नः सुमहद्भयं भवेद्भावि । एतन्निमित्तमित्यत्र तन्त्रम्, अतो भयहेतुः सा परित्याज्या । कलहार्थं कलहफलके कस्मिंश्चित्कर्मणि कृते । किं नु फलमिति शेषः । अनर्थ एवेत्यर्थः ॥ १५ ॥ १६ ॥ १७ ॥ १८ ॥ १९ ॥ बन्धुत्वाद्भ्रातृत्वात् ॥ २० ॥ नवाग्रपुङ्खान्नवान्युज्ज्वलान्यग्राणि फलभागाः पुङ्खभागाश्च येषाम् । पुरा सृजति स्रक्ष्यति । ततः पुरा प्राङ्मैथिली दीयताम् ॥ २१ ॥ २२ ॥ तान्सर्वान्प्रहस्तादिदुर्मन्त्रिणो विभीषणं च ॥ २३ ॥ अत्राष्टमसर्गसमाप्तिः कतकरीत्या ॥ **इति श्रीरामाभिरामे श्रीरामीये रामायणतिलके वाल्मीकीय आदिकाव्ये युद्धकाण्डे नवमः सर्गः ॥ ९ ॥**

दशमः सर्गः ।

ततः प्रत्युषसि प्राप्ते प्राप्तधर्मार्थनिश्चयः । राक्षसाधिपतेर्वेश्म भीमकर्मा विभीषणः ॥ १
शैलाग्रचयसंकाशं शैलशृङ्गमिवोन्नतम् । सुविभक्तमहाकक्षं महाजनपरिग्रहम् ॥ २
मतिमद्भिर्महामात्रैरनुरक्तैरधिष्ठितम् । राक्षसैश्चाप्तपर्याप्तैः सर्वतः परिरक्षितम् ॥ ३
मत्तमातङ्गनिःश्वासैर्व्याकुलीकृतमारुतम् । शङ्खघोषमहाघोषं तूर्यसंबाधनादितम् ॥ ४
प्रमदाजनसंबाधं प्रजल्पितमहापथम् । तप्तकाञ्चननिर्यूहं भूषणोत्तमभूषितम् ॥ ५
गन्धर्वाणामिवावासमालयं मरुतामिव । रत्नसंचयसंबाधं भवनं भोगिनामिव ॥ ६
तं महाभ्रमिवादित्यस्तेजोविस्तृतरश्मिवान् । अग्रजस्यालयं वीरः प्रविवेश महाद्युतिः ॥ ७
पुण्यान्पुण्याहघोषांश्च वेदविद्भिरुदाहृतान् । शुश्राव सुमहातेजा भ्रातुर्विजयसंश्रितान् ॥ ८
पूजितान्दधिपात्रैश्च सर्पिर्भिः सुमनोक्षतैः । मन्त्रवेदविदो विप्रान्ददर्श स महाबलः ॥ ९
स पूज्यमानो रक्षोभिर्दीप्यमानं स्वतेजसा । आसनस्थं महाबाहुर्ववन्दे धनदानुजम् ॥ १०
स राजदृष्टिसंपन्नमासनं हेमभूषितम् । जगाम समुदाचारं प्रयुज्याचारकोविदः ॥ ११
स रावणं महात्मानं विजने मन्त्रिसंनिधौ । उवाच हितमत्यर्थं वचनं हेतुनिश्चितम् ॥ १२
प्रसाद्य भ्रातरं ज्येष्ठं सान्त्वेनोपस्थितक्रमः । देशकालार्थसंवादि दृष्टलोकपरावरः ॥ १३
यदाप्रभृति वैदेही संप्राप्तेह परंतप । तदाप्रभृति दृश्यन्ते निमित्तान्यशुभानि नः ॥ १४
सस्फुलिङ्गः सधूमार्चिः सधूमकलुषोदयः । मन्त्रसंधुक्षितोऽप्यग्निर्न सम्यगभिवर्धते ॥ १५
अग्निष्टेष्वग्निशालासु तथा ब्रह्मस्थलीषु च । सरीसृपाणि दृश्यन्ते हव्येषु च पिपीलिकाः ॥ १६
गवां पयांसि स्कन्नानि विमदा वरकुञ्जराः । दीनमश्वाः प्रहेषन्ते नवग्रासाभिनन्दिनः ॥ १७
खरोष्ट्राश्वतरा राजन्भिन्नरोमाः स्रवन्ति च । न स्वभावेऽवतिष्ठन्ते विधानैरपि चिन्तिताः ॥ १८
वायसाः सङ्घशः क्रूरा व्याहरन्ति समन्ततः । समवेताश्च दृश्यन्ते विमानाग्रेषु सङ्घशः ॥ १९
गृध्राश्च परिलीयन्ते पुरीमुपरि पीडिताः । उपपन्नाश्च संध्ये द्वे व्याहरन्त्यशिवं शिवाः ॥ २०
क्रव्यादानां मृगाणां च पुरीद्वारेषु सङ्घशः । श्रूयन्ते विपुला घोषाः सविस्फूर्जितनिःस्वनाः ॥ २१
तदेवं प्रस्तुते कार्ये प्रायश्चित्तमिदं क्षमम् । रोचये वीर वैदेही राघवाय प्रदीयताम् ॥ २२

प्रत्युषसि प्रातःकाले प्राप्ते, प्राप्तो धर्मार्थयोर्निश्चयो येन स विभीषणो राक्षसाधिपते रावणस्य वेश्म वासभूतं वक्ष्यमाणविशेषणमग्रजस्यालयं प्रविवेशेति सप्तमश्लोकस्थेनान्वयः । भीमकर्मा रावणसमीपे सीता देयेति दुष्करवचनवक्ता ॥ १ ॥ शैलाग्राणां शैलशृङ्गाणां च यः समूहस्तत्संकाशम् । बहुप्रासादवत्त्वादेवं वादः ॥ २ ॥ 'अनुष्ठितम्' इति पाठेऽप्यधिष्ठितमित्येवार्थः । आप्तैर्हितैः । पर्याप्तैः कार्यनिर्वहणसमर्थैः ॥ ३ ॥ व्याकुलीकृतमारुतं मिश्रीकरणेन वात्यारूपमापादितो बाह्यमारुतो यत्र तम् । तूर्याणां संबाधो नैबिड्यं तेन नादितम् ॥ ४ ॥ प्रजल्पितमहापथम् । आदिकर्मणि क्तः । प्रातःकालत्वात्प्रारब्धजल्पमहामार्गम् । निर्यूहो द्वारम् । 'निर्यूहः शिखरे द्वारे' इति विश्वः ॥ ५ ॥ ६ ॥ तेजोभिर्विस्तृता रश्मयो येषां सन्ति तादृशमणिमानित्यर्थः ॥ ७ ॥ ८ ॥ सुमनोक्षतैः पुष्पाक्षतैः पूजितान् । दधिपात्रैः सर्पिर्भिश्च । युक्तहस्तानिति शेषः । मन्त्रान्वेदं ब्राह्मणं विदन्ति तान् ॥ ९ ॥ १० ॥ राजदृष्टिसंपन्नं पुरःप्रदेशवर्तिराजदृष्ट्या बोधितपरिग्रहं चासनं जगाम प्राप । तत्रोपविवेशेति यावत् । समुदाचारं विजयी भवेत्यादिविजयप्रयोगादिविनयप्रकाशकमाचारं प्रयुज्य कृत्वा ॥ ११ ॥ विजने मन्त्रिव्यतिरिक्तजनरहिते । हेतुनिश्चितं युक्तिभिर्निश्चितार्थम् ॥ १२ ॥ सान्त्वेन भ्रातरं प्रसाद्य, उपस्थितक्रमोऽनुष्ठितवन्दनादिक्रियाक्रमः, दृष्टं लोकपरावरं भावप्राधान्याच्छ्रैष्ठ्याश्रैष्ठ्यं येन सः । देशकालार्थसंवादीति देशकालोचिततत्तदर्थानुसारीत्यर्थकं वचनविशेषणम् ॥ १३ ॥ तदेव वचनमाह— यदेति ॥ १४ ॥ तानि निमित्तान्याह—सस्फुलिङ्ग इति । अग्निर्मथनादिनोत्पत्तिकाले सधूमकलुषोदयो धूमकलुषो य उदयस्तत्सहितः उत्पत्त्यनन्तरं प्रणयनकाले सस्फुलिङ्गः सधूमार्चिः ॥ १५ ॥ अग्निष्टेषु महानसादिषु । अग्निशालास्वग्निहोत्रगृहेषु । ब्रह्मस्थलीषु वेदाध्ययनस्थानेषु । सरीसृपाणि सर्पाः । लिङ्गव्यत्यय आर्षः ॥ १६ ॥ स्कन्नानि शुष्काणि । 'स्कन्दिर्गतिशोषणयोः' । नवग्रासाभिनन्दिनः । अनेन कृतभोजना अपि बुभुक्षिता इति सूच्यते ॥ १७ ॥ भिन्नरोमा ऊर्ध्वरोमाणः । अदन्तत्वमार्षम् । स्रवन्ति च । अश्रूणीति शेषः । विधानैश्चिकित्साकर्मभिश्चिन्तिताः पर्यालोच्यमाना अपि स्वभावे प्रकृतौ नावतिष्ठन्ते ॥ १८ ॥ १९ ॥ पुरीमुपरि पुर्या उपरि । द्वे संध्ये द्वयोः संध्ययोः । उपपन्नाः समीपं प्राप्ताः ॥ २० ॥ क्रव्यादा मृगा वृकादयः । चस्त्वर्थे । सविस्फूर्जितनिःस्वना विस्फूर्जितसदृशनिःस्वनाः ॥ २१ ॥ **प्रस्तुते कार्येऽवश्यकर्तव्य-**

इदं च यदि वा मोहाल्लोभाद्वा व्याहृतं मया । तत्रापि च महाराज न दोषं कर्तुमर्हसि ॥ २३
अयं हि दोषः सर्वस्य जनस्यास्योपलक्ष्यते । रक्षसां राक्षसीनां च पुरस्यान्तःपुरस्य च ॥ २४
प्रापणे चास्य मन्त्रस्य निवृत्ताः सर्वमन्त्रिणः । अवश्यं च मया वाच्यं यद्दृष्टमथवा श्रुतम् ।
संविधाय यथान्यायं तद्भवान्कर्तुमर्हति ॥ २५
इति स्वमन्त्रिणां मध्ये भ्राता भ्रातरमूचिवान् । रावणं रक्षसां श्रेष्ठं पथ्यमेतद्विभीषणः ॥ २६

हितं महार्थं मृदु हेतुसंहितं व्यतीतकालायति संप्रति क्षमम् ।
निशम्य तद्वाक्यमुपस्थितज्वरः प्रसङ्गवानुत्तरमेतदब्रवीत् ॥ २७
भयं न पश्यामि कुतश्चिदप्यहं न राघवः प्राप्स्यति जातु मैथिलीम् ।
सुरैः सहेन्द्रैरपि संगरे कथं ममाग्रतः स्थास्यति लक्ष्मणाग्रजः ॥ २८
इत्येवमुक्त्वा सुरसैन्यनाशनो महाबलः संयति चण्डविक्रमः ।
दशाननो भ्रातरमाप्तवादिनं विसर्जयामास तदा विभीषणम् ॥ २९

इत्यार्षे श्रीमद्रामायणे वाल्मीकीय आदिकाव्ये युद्धकाण्डे दशमः सर्गः ॥ १० ॥

एकादशः सर्गः ।

स बभूव कृशो राजा मैथिलीकाममोहितः । असन्मानाच्च सुहृदां पापः पापेन कर्मणा ॥ १
अतीव कामसंपन्नो वैदेहीमनुचिन्तयन् । अतीतसमये काले तस्मिन्वै युधि रावणः ।
अमात्यैश्च सुहृद्भिश्च प्राप्तकालममन्यत ॥ २
स हेमजालविततं मणिविद्रुमभूषितम् । उपगम्य विनीताश्वमारुरोह महारथम् ॥ ३
तमास्थाय रथश्रेष्ठं महामेघसमस्वनम् । प्रययौ रक्षसां श्रेष्ठो दशग्रीवः सभां प्रति ॥ ४
असिचर्मधरा योधाः सर्वायुधधरास्ततः । राक्षसा राक्षसेन्द्रस्य पुरस्तात्संप्रतस्थिरे ॥ ५
नानाविकृतवेषाश्च नानाभूषणभूषिताः । पार्श्वतः पृष्ठतश्चैनं परिवार्य ययुस्तदा ॥ ६
रथैश्चातिरथाः शीघ्रं मत्तैश्च वरवारणैः । अनूत्पेतुर्दशग्रीवमाक्रीडद्भिश्च वाजिभिः ॥ ७
गदापरिघहस्ताश्च शक्तितोमरपाणयः । ततस्तूर्यसहस्राणां संजज्ञे निःस्वनो महान् ॥ ८
तुमुलः शङ्खशब्दश्च सभां गच्छति रावणे । स नेमिघोषेण महान्सहसाभिनिनादयन् ॥ ९
राजमार्गं श्रिया जुष्टं प्रतिपेदे महारथः । विमलं चातपत्रं च प्रगृहीतमशोभत ॥ १०
पाण्डुरं राक्षसेन्द्रस्य पूर्णस्ताराधिपो यथा । हेममञ्जरिगर्भे च शुद्धस्फटिकविग्रहे ॥ ११

दुर्निमित्तशान्तिविधौ प्रायश्चित्तं दुर्निमित्तसूचितपापशोधनम् ॥ २२ ॥ रावणस्यातिक्रूरत्वाद्भ्रातुर्हि तस्यापि तेनानिष्टवद्रूहणसंभवात्कोपं क्षमापयति—इदं चेति । मोहः कार्यतत्त्वापरिज्ञानम् । लोभाज्जीवनलोभात् । दोषं मयि दुष्टत्वबुद्धिम् ॥ २३ ॥ अयं दोषः सीतापहारदोषः, तन्मूलदुर्निमित्तदोषश्चेत्यर्थः । सर्वस्य जनस्येत्यादि तृतीयार्थे षष्ठी । सर्वेण जनेन रक्षआदिरूपेणोपलक्ष्यते दृश्यते । यद्वा सर्वस्य राक्षसादिरूपस्यैतद्दुर्निमित्तफलमुपलक्ष्यत इत्यर्थः ॥ २४ ॥ ननु त्वदतिरिक्तः कोऽपीमं मन्त्रं न वदति, त्वमेव कथं ब्रवीषीत्यत आह—प्रापणे इति । अस्य मन्त्रस्य प्रापणे यद्यपि त्वद्भयात्सर्वे मन्त्रिणो निवृत्ताः, तथापि मया भ्रात्रा यद्दृष्टं श्रुतं वा तत्सर्वं हितमवश्यं वाच्यमेव । समानसुखभागित्वात् ॥ २५ ॥ स्वमन्त्रिणां स्वभ्रातृर्मन्त्रिणाम् ॥ २६ ॥ व्यतीतकाले, आयतावुत्तरकाले, सम्प्रति वर्तमानकाले च क्षमं हितम् । उपस्थितज्वरः प्राप्तक्रोधः । प्रसङ्गवान्सीताविषयकामप्रसङ्गवान् ॥ २७ ॥ कुतश्चिद्दुर्निमित्तात्तत्सूच्यशत्रोश्चेत्यर्थः ॥ २८ ॥ २९ ॥ इति श्रीरामाभिरामे श्रीरामीये रामायणतिलके वाल्मीकीय आदिकाव्ये युद्धकाण्डे दशमः सर्गः ॥ १० ॥

कृशत्वे हेतुः—मैथिलीकाममोहित इति । मैथिलीविषयकामेन मोहितः । हेत्वन्तरम्—सुहृदां विभीषणादीनामसन्मानाज्जुगुप्सनात् । पापत्वे हेतुः—पापेन कर्मणेति । तच्च परदारापहाररूपम् ॥ १ ॥ तस्मिन्काले रावणो युधि युद्धेऽतीतसमयेऽपि विभीषणोक्तरीत्यानवसरदुःस्थेऽप्यमात्यादिभिर्विभीषणातिरिक्तैः सह युद्धमेव प्राप्तकालं काममोहितत्वादमन्यत ॥ २ ॥ अस्यैव निश्चयाय सभाप्रस्थानम्—सहेमेत्यादि ॥ ३ ॥ ४ ॥ ५ ॥ ६ ॥ आक्रीडद्भिर्गतिभेदेन क्रीडां कुर्वद्भिः ॥ ७ ॥ ततः प्रस्थानोत्तरम् ॥ ८ ॥ ९ ॥ आतपत्रं छत्रम् ॥ १० ॥ अलंकाराय हेमनिर्मिता मञ्जर्यो गर्भे ययोस्ते । शुद्धस्फटिकवि-

चामरव्यजने तस्य रेजतुः सव्यदक्षिणे । ते कृताञ्जलयः सर्वे रथस्थं पृथिवीस्थिताः ॥ १२
राक्षसा राक्षसश्रेष्ठं शिरोभिस्तं ववन्दिरे । राक्षसैः स्तूयमानः सञ्जयाशीर्भिररिंदमः ॥ १३
आससाद महातेजाः सभां विरचितां तदा । सुवर्णरजतास्तीर्णां विशुद्धस्फटिकान्तराम् ॥ १४
विराजमानो वपुषा रुक्मपट्टोत्तरच्छदाम् । तां पिशाचशतैः षड्भिरभिगुप्तां सदाप्रभाम् ॥ १५
प्रविवेश महातेजाः सुकृतां विश्वकर्मणा । तस्याः स वैदूर्यमयं प्रियकाजिनसंवृतम् ॥ १६
महत्सोपाश्रयं भेजे रावणः परमासनम् । ततः शशासेश्वरवद्दूतांल्लघुपराक्रमान् ॥ १७
समानयत मे क्षिप्रमिहैतान्राक्षसानिति । कृत्यमस्ति महज्जाने कर्तव्यमिति शत्रुभिः ॥ १८
राक्षसास्तद्वचः श्रुत्वा लङ्कायां परिचक्रमुः । अनुगेहमवस्थाय विहारशयनेषु च ।
उद्यानेषु च रक्षांसि चोदयन्तो ह्यभीतवत् ॥ १९
ते रथान्तचरा एके दृप्तानेके दृढान्हयान् । नागानेकेऽधिरुरुहुर्जग्मुश्चैके पदातयः ॥ २०
सा पुरी परमाकीर्णा रथकुञ्जरवाजिभिः । संपतद्भिर्विरुरुचे गरुत्मद्भिरिवाम्बरम् ॥ २१
ते वाहनान्यवस्थाय यानानि विविधानि च । सभां पद्भिः प्रविविशुः सिंहा गिरिगुहामिव ॥ २२
राज्ञः पादौ गृहीत्वा तु राज्ञा ते प्रतिपूजिताः । पीठेष्वन्ये बृसीष्वन्ये भूमौ केचिदुपाविशन् ॥ २३
ते समेत्य सभायां वै राक्षसा राजशासनात् । यथार्हमुपतस्थुस्ते रावणं राक्षसाधिपम् ॥ २४
मन्त्रिणश्च यथामुख्या निश्चितार्थेषु पण्डिताः । अमात्याश्च गुणोपेताः सर्वज्ञा बुद्धिदर्शनाः ॥ २५
समीयुस्तत्र शतशः शूराश्च बहवस्तथा । सभायां हेमवर्णायां सर्वार्थस्य सुखाय वै ॥ २६

ततो महात्मा विपुलं सुयुग्यं रथं वरं हेमविचित्रिताङ्गम् ।
शुभं समास्थाय ययौ यशस्वी विभीषणः संसदमग्रजस्य ॥ २७
स पूर्वजायावरजः शशंस नामाथ पश्चाच्चरणौ ववन्दे ।
शुकः प्रहस्तश्च तथैव तेभ्यो ददौ यथार्हं पृथगासनानि ॥ २८
सुवर्णनानामणिभूषणानां सुवाससां संसदि राक्षसानाम् ।
तेषां परार्ध्यागुरुचन्दनानां स्रजां च गन्धाः प्रववुः समन्तात् ॥ २९
न चुक्रुशुर्नानृतमाह कश्चित्सभासदो नापि जजल्पुरुच्चैः ।
संसिद्धार्थाः सर्व एवोग्रवीर्या भर्तुः सर्वे ददृशुश्चाननं ते ॥ ३०
स रावणः शस्त्रभृतां मनस्विनां महाबलानां समितौ मनस्वी ।
तस्यां सभायां प्रभया चकाशे मध्ये वसूनामिव वज्रहस्तः ॥ ३१

इत्यार्षे श्रीमद्रामायणे वाल्मीकीय आदिकाव्ये युद्धकाण्ड एकादशः सर्गः ॥ ११ ॥

प्रहे तेनातिशुक्ले ॥ ११ ॥ सव्यदक्षिणे । समाहारद्वन्द्वः । सव्यदक्षिणपार्श्वयोरित्यर्थः ॥ १२ ॥ १३ ॥ विरचिताम् । विश्वकर्मणेति शेषः । सुवर्णरजतास्तीर्णाम् । तैः कृतकुट्टिमामित्यर्थः । विशुद्धाः स्फटिका अन्तरे मध्ये शोभार्थं यस्याः सा ॥ १४ ॥ विराजमानो वपुषेति प्रवेष्टृरावणविशेषणम् । रुक्मालंकृतपट्टवस्त्रमुत्तरच्छदो यस्यास्ताम् । षड्भिः पिशाचशतैः षट्शतपिशाचैरभिगुप्तां रक्षिताम् । सदाप्रभाम् । रत्नप्रभयेति शेषः ॥ १५ ॥ तस्याः सभाया मध्ये । स रावणः । वैदूर्यमयं वैदूर्यरत्ननिर्मितम् । प्रियकाख्यमृगसंबन्धिना परममृदुनाजिनेन संवृतम् ॥ १६ ॥ सोपाश्रयं सोपधानम् । ईश्वरवदीश्वरार्हम् ॥ १७ ॥ शत्रुभिर्महत्कृत्यं कर्तव्यमस्तीति जाने, अतो राक्षसान्समानयतेति शशास ॥ १८ ॥ राक्षसा दूतरूपाः । अनुगेहमवस्थाय प्रविश्य विहारादिषु व्यासक्तान्यपि रक्षांसि रावणाज्ञया भीतवत्तदर्थं चोदयन्तः सन्तो लङ्कायां परिचक्रमुः ॥ १९ ॥ ते आहूता राक्षसा रथान्तचरा रथश्रेष्ठसंचारिणः । जग्मुरिति शेषः । हयानित्यत्राधिरुरुहुरित्यपकर्षः ॥ २० ॥ परं आकीर्णा ॥ २१ ॥ २२ ॥ बृसी व्रत्यासनम् ॥ २३ ॥ २४ ॥ यथामुख्या यथायोगं तत्तन्मन्त्रविषये मुख्याः । निश्चितार्थेषु । भावे निष्ठा । आहिताग्न्यादिः । अर्थनिश्चयेष्वित्यर्थः । अमात्या उपमन्त्रिणः । सर्वज्ञाः सर्वशास्त्रज्ञाः । बुद्धिर्दर्शनं चक्षुर्येषां ते ॥ २५ ॥ सर्वार्थस्य । निश्चयायेति शेषः । सुखाय क्षेमाय क्षेमं विचारयितुम् ॥ २६ ॥ सुयुग्यं शोभना युग्या अश्वा यस्मिंस्तम् । संसदं सभाम् ॥ २७ ॥ नामग्रहणपूर्वकं नमस्कारः कार्य इति सदाचारः । व्यग्रचित्ततया राज्ञः स्वागमनज्ञापनाय वा । तेभ्यः सभामागतेभ्यः सभ्येभ्यः पृथग्ददौ तत्तदासनस्थानं बोधितवान् ॥ २८ ॥ तेषां राक्षसानां यानि परार्ध्यागुरुचन्दनानि स्रजश्च तेषां गन्धा वायुसंबन्धात्प्रववुः ॥ २९ ॥ संसिद्धार्थाः संपूर्णमनोरथाः ॥ ३० ॥ समितौ समागमे । 'समितिः

द्वादशः सर्गः ।

स तां परिषदं कृत्स्नां समीक्ष्य समितिंजयः । प्रबोधयामास तदा प्रहस्तं वाहिनीपतिम् ॥ १
सेनापते यथा ते स्युः कृतविद्याश्चतुर्विधाः । योधा नगररक्षायां तथा व्यादेष्टुमर्हसि ॥ २
स प्रहस्तः प्रणीतात्मा चिकीर्षन्राजशासनम् । विनिक्षिप्य बलं सर्वं बहिरन्तश्च मन्दिरे ॥ ३
ततो विनिक्षिप्य बलं सर्वं नगरगुप्तये । प्रहस्तः प्रमुखे राज्ञो निषसाद जगाद च ॥ ४
विहितं बहिरन्तश्च बलं बलवतस्तव । कुरुष्वाविमनाः क्षिप्रं यदभिप्रेतमस्ति ते ॥ ५
प्रहस्तस्य वचः श्रुत्वा राजा राज्यहितैषिणः । सुखेप्सुः सुहृदां मध्ये व्याजहार स रावणः ॥ ६
प्रियाप्रिये सुखे दुःखे लाभालाभे हिताहिते । धर्मकामार्थकृच्छ्रेषु यूयमर्हथ वेदितुम् ॥ ७
सर्वकृत्यानि युष्माभिः समारब्धानि सर्वदा । मन्त्रकर्मनियुक्तानि न जातु विफलानि मे ॥ ८
ससोमग्रहनक्षत्रैर्मरुद्भिरिव वासवः । भवद्भिरहमत्यर्थं वृतः श्रियमवाप्नुयाम् ॥ ९
अहं तु खलु सर्वान्वः समर्थयितुमुद्यतः । कुम्भकर्णस्य तु स्वप्नान्नेममर्थमचोदयम् ॥ १०
अयं हि सुप्तः षण्मासान्कुम्भकर्णो महाबलः । सर्वशस्त्रभृतां मुख्यः स इदानीं समुत्थितः ॥ ११
इयं च दण्डकारण्याद्रामस्य महिषी प्रिया । रक्षोभिश्चरितोद्देशादानीता जनकात्मजा ॥ १२
सा मे न शय्यामारोढुमिच्छत्यलसगामिनी । त्रिषु लोकेषु चान्या मे न सीतासदृशी तथा । १३
तनुमध्या पृथुश्रोणी शरदिन्दुनिभानना । हेमबिम्बनिभा सौम्या मायेव मयनिर्मिता ॥ १४
सुलोहिततलौ श्लक्ष्णौ चरणौ सुप्रतिष्ठितौ । दृष्ट्वा ताम्रनखौ तस्या दीप्यते मे शरीरजः ॥ १५
हुताग्निरर्चिःसंकाशामेनां सौरीमिव प्रभाम् । उन्नसं विमलं वल्गु वदनं चारुलोचनम् ॥ १६
पश्यंस्तदवशस्तस्याः कामस्य वशमेयिवान् । क्रोधहर्षसमानेन दुर्वर्णकरणेन च ॥ १७
शोकसंतापनित्येन कामेन कलुषीकृतः । सा तु संवत्सरं कालं मामयाचत भामिनी ॥ १८
प्रतीक्षमाणा भर्तारं राममायतलोचना । तन्मया चारुनेत्रायाः प्रतिज्ञातं वचः शुभम् ॥ १९
श्रान्तोऽहं सततं कामाद्यातो हय इवाध्वनि । कथं सागरमक्षोभ्यं तरिष्यन्ति वनौकसः ॥ २०

सागरे साम्ये सभायामपि संगमे' ॥ ३१ ॥ इति श्रीरामाभिरामे श्रीरामीये रामायणतिलके वाल्मीकीय आदिकाव्ये युद्धकाण्ड एकादशः सर्गः ॥ ११ ॥

स इति ॥ १ ॥ कृतविद्याः शिक्षितास्त्रशस्त्रविद्याः । चतुर्विधा रथिहस्तिसादिपदातिरूपेण चतुर्विधा ये योधा वसन्ति ते यथा नगररक्षायां सावधानाः स्युस्तथा तान्व्यादेष्टुमर्हसि । अनेन समुद्रतीरे रामागमनं चारमुखेन ज्ञातवानिति गम्यते ॥ २ ॥ प्रणीतात्मा सावधानचित्तः । मन्दिरे पुरे ॥ ३ ॥ तदेवाह—नगरगुप्तय इति ॥ ४ ॥ अविमना अव्याकुलचित्तः ॥ ५ ॥ राजहितैषिणः प्रहस्तस्येत्यन्वयः ॥ ६ ॥ प्रियादिविषये धर्मादिविषयकृच्छ्रेषु संकटेषु च यूयं वेदितुमर्हथ । कर्तव्यकृत्यमिति शेषः ॥ ७ ॥ मन्त्रकर्मनियुक्तानि मन्त्रकरणपूर्वं नियुक्तानि प्रेरितानि युष्माभिः समारब्धानि मे सर्वकृत्यानि सर्वदा सफलान्येव । जातु कदाचिदपि विफलानि न ॥ ८ ॥ ९ ॥ समर्थयितुं सर्वाभिमते मां नियोजयितुं तत्र मां नियोजयन्त्विति बोधयितुमुद्यतः । पूर्वोक्तमप्यर्थं पुनरुक्तवानित्यर्थः । किं च कुम्भकर्णस्य स्वप्नात्स्वापाद्धेतोरिममर्थं नाचोदयं नावेदयम् । इदानीमुत्थितस्य तस्यापि बोधनार्थं पुनरुक्तिरित्यर्थः ॥ १० ॥ ११ ॥ सीतासमर्पणं विना राघवजयोपायो विचार्यतामिति बोधयितुं तस्या दुस्त्यजत्वमाह—इयं चेति । रक्षोभिश्चरितः सेवितो य उद्देशो देशो जनस्थानलक्षणस्तस्मात् ॥ १२ ॥ सीतासदृश्यन्या मे न तथा । न मनोहरेत्यर्थः ॥ १३ ॥ हेम्ना निर्मितं यद्बिम्बं प्रतिमा तन्निभा । मायेवेति । प्रतिक्षणमपूर्वाश्चर्यावहो वस्तुविशेषो माया ॥ १४ ॥ १५ ॥ हुताग्निरर्चिःसंकाशामित्यर्धेऽपि दृष्ट्वा दीप्यते मे शरीरज इत्यनुषज्यते । उन्नता नासिका यस्मिंस्तत् ॥ १६ ॥ अवशोऽस्वाधीन एव तस्या वदनं पश्यन्नेयिवान्प्राप्तवान् । यत्किंचिद्विषयनिमित्तकक्रोधहर्षकालयोरपि समानेन तावप्यभिभूयान्तःप्रवृत्तेन दुर्वर्णकरणेन कान्तिनाशकेन तदप्राप्तिजयोः शोकसंतापयोर्नित्येन नित्यप्रवर्तकेन । ननु स्वनगरे स्थितायां तस्यां किमित्येवं दुःखभोगोऽत आह—सा त्विति । सा तु संवत्सरं कालं तत्समाप्तिपर्यन्तं रामं प्रतीक्षमाणा ममास्पर्शमयाचत । मयापि तथास्त्विति प्रतिज्ञातम् । बलात्कारे शापान्मरणभिया स्वेनैव कृतं समयं तथाचितत्वेन ब्रूत इत्यत्र वस्तुतत्त्वम् । नहि सीतैवं याचितुमर्हतीति, अतएव पूर्वम् 'सा मे न शय्यामारोढुमिच्छत्यलसगामिनी' इति सामान्येनैवोक्तम् ॥ १७ ॥ १८ ॥ १९ ॥ नन्वेवं संवत्सरानन्तरं त्वद्वशे भविष्यत्येव, रामस्य त्विहाप्रसक्तिरेवेति का ते चिन्तेत्याशङ्क्य 'अल्पोऽपि रिपुर्नोपेक्ष्यः' इति नीतिशास्त्रपर्यालोचनया मन्त्रे प्रेरयामीत्याह—कथमिति । न कथमपीत्यर्थः

बहुसत्त्वझषाकीर्णं तौ वा दशरथात्मजौ । अथवा कपिनैकेन कृतं नः कदनं महत् ॥ २१
दुर्ज्ञेयाः कार्यगतयो ब्रूत यस्य यथामति । मानुषाद्नो भयं नास्ति तथापि तु विमृश्यताम् ॥ २२
तदा देवासुरे युद्धे युष्माभिः सहितोऽजयम् । ते मे भवन्तश्च तथा सुग्रीवप्रमुखान्हरीन् ॥ २३
परे पारे समुद्रस्य पुरस्कृत्य नृपात्मजौ । सीतायाः पदवीं प्राप्य संप्राप्तौ वरुणालयम् ॥ २४
अदेया च यथा सीता वध्यौ दशरथात्मजौ । भवद्भिर्मन्त्र्यतां मन्त्रः सुनीतं चाभिधीयताम् ॥ २५
नहि शक्तिं प्रपश्यामि जगत्यन्यस्य कस्यचित् । सागरं वानरैस्तीर्त्वा निश्चयेन जयो मम ॥ २६
तस्य कामपरीतस्य निशम्य परिदेवितम् । कुम्भकर्णः प्रचुक्रोध वचनं चेदमब्रवीत् ॥ २७

यदा तु रामस्य सलक्ष्मणस्य प्रसह्य सीता खलु सा इहाहृता ।
सकृत्समीक्ष्यैव सुनिश्चितं तदा भजेत चित्तं यमुनेव यामुनम् ॥ २८

सर्वमेतन्महाराज कृतमप्रतिमं तव । विधीयेत सहास्माभिरादावेवास्य कर्मणः ॥ २९
न्यायेन राजकार्याणि यः करोति दशानन । न स संतप्यते पश्चान्निश्चितार्थमतिर्नृपः ॥ ३०
अनुपायेन कर्माणि विपरीतानि यानि च । क्रियमाणानि दुष्यन्ति हवींष्यप्रयतेष्विव ॥ ३१
यः पश्चात्पूर्वकार्याणि कर्माण्यभिचिकीर्षति । पूर्वं चापरकार्याणि स न वेद नयानयौ ॥ ३२
चपलस्य तु कृत्येषु प्रसमीक्ष्याधिकं बलम् । छिद्रमन्ये प्रपद्यन्ते क्रौञ्चस्य खमिव द्विजाः ॥ ३३

॥ २० ॥ अथापि संभावनास्तीत्याह—अथवेति । एकेनापि कपिना महत्कदनं कृतम् ॥ २१ ॥ अतः कार्यगतयो दुर्ज्ञेयाः, तस्माद्यस्य यथामति यद्भाति तद्ब्रूत । नन्वेककपितो भीतस्य रामादधिकमेव ते भयमिति भयहेतुः सीता त्यज्यतामित्याशङ्क्य भयाभावमाह—मानुषादिति ॥ २२ ॥ भयाभावहेतुमाह—तदेति । यैर्युष्माभिः सहितो देवानजयं ते भवन्तो मे तथा च तथैव सन्ति, अतो मानुषान्न भयं यद्यपि तथापि विमृश्यतां विचार्यतामिति पूर्वश्लोकेनान्वयः । विमर्शे हेतुमाह—सुग्रीवेति । नृपात्मजौ दूतेन वरुणालयमतिक्रम्य सीतायाः पदवीं प्राप्यान्विष्य सुग्रीवप्रमुखान्हरीन्पुरस्कृत्य समुद्रस्य परे पारे संप्राप्ताविति श्रुतम् ॥ २३ ॥ २४ ॥ अतः परं यथा सीताऽदेया, यथा च दशरथात्मजौ वध्यौ, तथैव मन्त्रो भवद्भिर्मन्त्र्यताम् । अथ सुनीतं सुनिश्चितं मन्त्रतत्त्वमभिधीयताम् ॥ २५ ॥ निश्चितप्राय एव शत्रुजय इत्याह—नहीति । जगति लोके कस्यचिदिन्द्रादेरप्यस्मज्जये शक्तिं न पश्यामि । अन्यस्य मनुष्यरूपशत्रोर्वानरैः सह सागरं तीर्त्वास्मज्जये शक्तिप्रसङ्गमपि न पश्यामि, अतो निश्चयेन सर्वथा ममैव जय इति योजना ॥ २६ ॥ अथ कुम्भकर्णो भ्रातुरन्यायमूलानर्थप्राप्तिदर्शनात्क्रुद्ध आहेत्याह—तस्येति । परिदेवितं कामशोकप्रलापम् । प्रचुक्रोध । महाराजः सन्नीदृशं सभायां प्रलपतीति क्रोधः ॥ २७ ॥ तदेव वचनमाह—यदा त्विति । यदा सलक्ष्मणस्य रामस्य सीता सकृत्समीक्ष्यैव तात्कालिकापातविचारं कृत्वैव प्रसह्य हृता तदैव ते चित्तं यमुना यामुनं ह्रदमिव सुनिश्चितं भजेत निश्चयभजनार्हम् । यथा यमुना पृथिव्यामवतारसमये एव स्वह्रदं पूरयति, कालान्तरे तु समुद्रं गतत्वात्तज्जलस्य तत्पूरणासंभवः, एवमस्माभिः सह विचारस्य स एव कालः, इदानीं त्वनर्थनिश्चयो जात एवेति विचारो निष्फल इति क्रोधजा व्यङ्ग्योक्तिः ॥ २८ ॥ व्यङ्ग्यतयोक्तमेव साक्षादप्याह—सर्वमिति । यदेतद्वञ्चनापूर्वं प्रसह्य परदारहरणादि कृतमेतत्सर्वं महाराज, तवाप्रतिममनुचितम् । इदानीं विचारोऽपि निष्फल इत्याह—विधीयेतेति । अस्य कर्मणः करणमुद्दिश्य प्रवृत्तिकाल एव यद्यस्माभिः सह मन्त्रयेत तदा विधीयेतास्माभिः अस्य निवारणमिति शेषः । इदानीं क्रियमाणो विचारस्तु गतजलसेतुबन्धनसम इति भावः ॥ २९ ॥ अथ मन्त्रिभिरसंमन्त्र्य कृतं निन्द्यकर्म पश्चात्परितापाय भवतीत्याह—न्यायेनेति । प्रथमं मन्त्रिभिः सह निश्चितार्थमतिर्भूत्वा यो नृपतिर्न्यायेन राजकार्याणि करोति स तत्कार्यं कृत्वा पश्चान्न संतप्यते ॥ ३० ॥ अन्यथा व्यतिरेकमप्याह—अनुपायेनेति । मन्त्रिभिः सह सामाद्युपायविचारानालम्बनेन । मोहात्स्वयमेव यानि विपरीतान्यन्यायकृत्यानि करोति तानि तथा क्रियमाणानि दुष्यन्ति कश्मलं प्रापयन्ति । अप्रयतेष्वभिचारत्वादपवित्रेषु यागेषु हुतानि हवींषीव । तानि तु—'प्रत्यगेनमभिचारस्तृणुते' इति कर्तारं कश्मलं प्रापयन्त्येव । तद्वदिदं कर्मापाततः सुखमिव भासमानमपि परिणामे दुःखायैवेति भावः ॥ ३१ ॥ यथाकालं यस्य कर्मानारम्भः स मूर्ख इत्याह—य इति । पूर्वकार्याणि प्रथमकर्तव्यानि कर्माणि पश्चादभिचिकीर्षति । एवं पश्चात्कर्तव्यानि पूर्वं करोति । स नयानयौ न वेद । सान्त्रि प्रथमं प्रयोक्तव्ये दण्डम्, दण्डे पश्चात्प्रयोक्तव्ये साम चेत्यर्थः । यद्वा विचारानन्तरं कर्मकरणमुचितम् । तद्वैपरीत्यं कुर्वंस्तु नीत्यनीत्यज्ञानीत्यर्थः ॥ ३२ ॥ विषयचपलस्य बलमप्यप्रयोजनमित्याह—चपलस्येति । अन्ये शत्रवः परस्याधिकं बलं प्रसमीक्ष्यापि कृत्येषु चपलस्य तस्य निग्रहाय क्षिप्रं रन्ध्रं प्रपद्यन्ते । द्विजा हंसा अलङ्घ्यस्यापि क्रौञ्चपर्वतस्य लङ्घनाय कुमारशक्तिकृतं खं रन्ध्रमिव ॥ ३३ ॥

त्वयेदं महदारब्धं कार्यमप्रतिचिन्तितम् । दिष्ट्या त्वां नावधीद्रामो विषमिश्रमिवामिषम् ॥ ३४
तस्मात्त्वया समारब्धं कर्म ह्यप्रतिमं परैः । अहं समीकरिष्यामि हत्वा शत्रूंस्तवानघ ॥ ३५
अहमुत्सादयिष्यामि शत्रूंस्तव निशाचर । यदि शक्रविवस्वन्तौ यदि पावकमारुतौ ।
तावहं योधयिष्यामि कुबेरवरुणावपि ॥ ३६
गिरिमात्रशरीरस्य महापरिघयोधिनः । नर्दतस्तीक्ष्णदंष्ट्रस्य बिभीयाद्वै पुरंदरः ॥ ३७
पुनर्मां स द्वितीयेन शरेण निहनिष्यति । ततोऽहं तस्य पास्यामि रुधिरं काममाश्वस ॥ ३८
वधेन वै दाशरथेः सुखावहं जयं तवाहर्तुमहं यतिष्ये ।
हत्वा च रामं सह लक्ष्मणेन खादामि सर्वान्हरियूथमुख्यान् ॥ ३९
रमस्व कामं पिब चाग्र्यवारुणीं कुरुष्व कार्याणि हितानि विज्वरः ।
मया तु रामे गमिते यमक्षयं चिराय सीता वशगा भविष्यति ॥ ४०

इत्यार्षे श्रीमद्रामायणे वाल्मीकीय आदिकाव्ये युद्धकाण्डे द्वादशः सर्गः ॥ १२ ॥

त्रयोदशः सर्गः ।

रावणं क्रुद्धमाज्ञाय महापार्श्वो महाबलः । मुहूर्तमनुसंचिन्त्य प्राञ्जलिर्वाक्यमब्रवीत् ॥ १
यः खल्वपि वनं प्राप्य मृगव्यालनिषेवितम् । न पिबेन्मधु संप्राप्य स नरो बालिशो भवेत् ॥ २
ईश्वरस्येश्वरः कोऽस्ति तव शत्रुनिबर्हण । रमस्व सह वैदेह्या शत्रूनाक्रम्य मूर्धसु ॥ ३
बलात्कुक्कुटवृत्तेन प्रवर्तस्व महाबल । आक्रम्याक्रम्य सीतां वै तां भुङ्क्ष्व च रमस्व च ॥ ४
लब्धकामस्य ते पश्चादागमिष्यति किं भयम् । प्राप्तमप्राप्तकालं वा सर्वं प्रतिविधास्यसे ॥ ५
कुम्भकर्णः सहास्माभिरिन्द्रजिच्च महाबलः । प्रतिषेधयितुं शक्तौ सवज्रमपि वज्रिणम् ॥ ६
उपप्रदानं सान्त्वं वा भेदं वा कुशलैः कृतम् । समतिक्रम्य दण्डेन सिद्धिमर्थेषु रोचये ॥ ७

एवं कर्म कृतवतस्त्वं तावत्कालं जीवनमतिभाग्यवशादित्याह—त्वयेति । येन त्वयाऽप्रतिचिन्तितं भाविफलचिन्तारहितं यदिदं महत्कार्यं प्रबलदारहरणरूपमारब्धं तं त्वां रामोऽतिप्रबलोऽपि दिष्ट्या नावधीत् । विषमिश्रमामिषं भोज्यं वस्तु भोक्तारं यथा हन्ति तद्वदित्यर्थः ॥ ३४ ॥ एवंगते स्वकर्तव्यमाह—तस्मादिति । यस्मात्त्वया परैः प्रबलशत्रुभिरप्रतिममनुचितं कर्मारब्धम्, यतश्च सामदाने नेच्छसि मारीचेनेवास्माभिरपि राजत्वात्ते चित्तमनुसर्तव्यमेव । तस्मादहं तव शत्रून्हत्वा नव कार्यं समीकरिष्यामि संपादयिष्यामि । यद्वा त्वया समीकरिष्यामि त्वं यथा युद्धं करिष्यसि तथाहमपि परैर्योत्स्यामि, न तु विभीषणवत्त्वां त्यक्ष्यामीति व्यङ्ग्यम् ॥ ३५ ॥ युक्तमेव राज्ञः प्रीतयेऽभ्यस्यति सत्यत्वप्रत्यायनाय—अहमिति । यदि शक्रविवस्वन्तौ तत्तद्देवतारूपौ स्यातां तथापि तावहं योधयिष्यामीत्यन्वयः ॥ ३६ ॥ गिरिमात्रशरीरस्य गिरिप्रमाणदेहस्य ॥ ३७ ॥ पुनरिति । यदि मां स राम एकेन शरेणाहत्य पुनर्द्वितीयेन शरेण निहनिष्यति यावत्ततः पूर्वमेव तस्य रुधिरं पास्यामि । काममाश्वस ॥ ३८ ॥ ते सुखावहं जयं दाशरथेर्वधेन तवाहमाहर्तुं कर्तुं यतिष्ये फलं तु दैवायत्तमिति भावः । खादामि खादिष्ये ॥ ३९ ॥ ४० ॥ **इति श्रीरामाभिरामे श्रीरामीये रामायणतिलके वाल्मीकीय आदिकाव्ये युद्धकाण्डे द्वादशः सर्गः ॥ १२ ॥**

क्रुद्धमाज्ञाय । अप्रतिमं कर्म कृतमिति कुम्भकर्णवचःश्रवणेनेति शेषः । मुहूर्तमनुसंचिन्त्य न्याय्ये भ्रातुर्वचस्यपि मनोननुकूलतयैवं कोपश्चेदस्माकं तथोक्तौ शिरश्छेद एव स्यादिति मनोनुकूलमेव वाच्यमिति संचिन्त्य ॥ १ ॥ यः खलु पुरुषो मृगव्यालनिषेवितं दुष्प्रवेशं वनं प्राप्य तत्र च मधु संप्राप्य तन्मधु न पिबेत्स बालिशो मूर्खः । एतेन प्रथमं रामाश्रमो दुरासदः, तं प्राप्य तत्र तत्स्त्रियं च प्राप्य तद्भोगाभावो न युक्त इति सूचितम् ॥ २ ॥ ननु बलात्परदारभोगोऽधर्मत्वादीश्वराज्ञाविरोधीत्यत्राह—ईश्वरस्येति । धर्मफलप्रवर्तकानां यमादीनामपि त्वमीश्वरः । अतस्तेऽयं विचारोऽनुचित इत्यर्थः ॥ ३ ॥ अनानुकूल्ये कथं भोगस्तत्राह—बलादिति । कुक्कुटवृत्तेन 'कुक्कुटीनां कामिकुक्कुटसंयोगे क्रोधो जातिधर्मः' इति वात्स्यायनः । अथापि संक्रुद्धाः कुक्कुटीरनुभुज्य कुक्कुटा यथा सुखिनस्तद्वत्त्वमपि भवेत्यर्थः । तदेव दर्शयति—आक्रम्येति ॥ ४ ॥ अथ स्वाभिलषिते सिद्धे प्रथमतो भयमेव न । महातेजस्त्वात् । अथापि तन्निमित्तं भयं प्राप्नुयात्तदापि तत्सुप्रतिविधेयमेव त्वयेत्याह—लब्धकामस्येति । प्राप्तं प्राप्तकालं सावधानदशाप्राप्तकालम् । अप्राप्तकालं वा कामभोगाद्यसावधानदशां प्राप्तं वा ॥ ५ ॥ कथमेवं बलं नस्तत्राह—कुम्भकर्ण इति ॥ ६ ॥ एवमस्माकमेव प्राबल्याच्चतुर्थोपाय एवास्माभिरादरणीय इत्याह—उपप्रदानमिति । कुशलैर्नीति-

इह प्रातान्वयं सर्वाञ्छत्रूंस्तव महाबल । वशं शस्त्रप्रतापेन करिष्यामो न संशयः ॥ ८
एवमुक्तस्तदा राजा महापार्श्वेन रावणः । तस्य संपूजयन्वाक्यमिदं वचनमब्रवीत् ॥ ९
महापार्श्व प्रवदतो रहस्यं किंचिदात्मनः । चिरवृत्तं तदाख्यास्ये यदवाप्तं पुरा मया ॥ १०
पितामहस्य भवनं गच्छन्तीं पुञ्जिकस्थलाम् । चञ्चूर्यमाणामद्राक्षमाकाशेऽग्निशिखामिव ॥ ११
सा प्रसह्य मया भुक्ता कृता विवसना ततः । स्वयंभूभवनं प्राप्ता लोलिता नलिनी यथा ॥ १२
तच्च तस्य तथा मन्ये ज्ञातमासीन्महात्मनः । अथ संकुपितो वेधा मामिदं वाक्यमब्रवीत् ॥ १३
अद्यप्रभृति यामन्यां बलान्नारीं गमिष्यसि । तदा ते शतधा मूर्धा फलिष्यति न संशयः ॥ १४
इत्यहं तस्य शापस्य भीतः प्रसभमेव ताम् । नारोहये बलात्सीतां वैदेहीं शयने शुभे ॥ १५
सागरस्येव मे वेगो मारुतस्येव मे गतिः । नैतद्दाशरथिर्वेद ह्यासादयति तेन माम् ॥ १६
को हि सिंहमिवासीनं सुप्तं गिरिगुहाशये । क्रुद्धं मृत्युमिवासीनं संबोधयितुमिच्छति ॥ १७
न मत्तो निर्गतान्बाणान्द्विजिह्वान्पन्नगानिव । रामः पश्यति सङ्ग्रामे तेन मामभिगच्छति ॥ १८
क्षिप्रं वज्रसमैर्बाणैः शतधा कार्मुकच्युतैः । राममादीपयिष्यामि उल्काभिरिव कुञ्जरम् ॥ १९
तच्चास्य बलमादास्ये बलेन महता वृतः । उदितः सविता काले नक्षत्राणां प्रभामिव ॥ २०

न वासवेनापि सहस्रचक्षुषा युधास्मि शक्यो वरुणेन वा पुनः ।
मया त्वियं बाहुबलेन निर्जिता पुरा पुरी वैश्रवणेन पालिता ॥ २१

इत्यार्षे श्रीमद्रामायणे वाल्मीकीय आदिकाव्ये युद्धकाण्डे त्रयोदशः सर्गः ॥ १३ ॥

चतुर्दशः सर्गः ।

निशाचरेन्द्रस्य निशम्य वाक्यं स कुम्भकर्णस्य च गर्जितानि ।
विभीषणो राक्षसराजमुख्यमुवाच वाक्यं हितमर्थयुक्तम् ॥ १
वृतो हि बाह्वन्तरभोगराशिश्चिन्ताविषः सुस्मिततीक्ष्णदंष्ट्रः ।
पञ्चाङ्गुलीपञ्चशिरोऽतिकायः सीतामहाहिस्तव केन राजन् ॥ २
यावन्न लङ्कां समभिद्रवन्ति वलीमुखाः पर्वतकूटमात्राः ।
दंष्ट्रायुधाश्चैव नखायुधाश्च प्रदीयतां दाशरथाय मैथिली ॥ ३

कुशलैः कृतम् । विषयविशेष इति शेषः ॥ ७ ॥ ८ ॥ ९ ॥ रहस्यं प्रमुषितद्रव्यवद्गुप्तं चिरवृत्तं यन्मया पुरावाप्तं बलादुपभोगस्याशक्यकरणतानिमित्तमात्मनः किंचिद्वस्तु तदाख्यास्ये ॥ १० ॥ तदेवाह—पितामहस्येति । चञ्चूर्यमाणां मद्दर्शनभीतिवशान्निलीयगतिमतीम् ॥ ११ ॥ ततो दर्शनोत्तरं प्रसह्य विवसना कृता सा मया भुक्ता । लोलिता । गजेनेति शेषः ॥ १२ ॥ तच्च मम चरितं महात्मनस्तस्य मन्ये निश्चितं ज्ञातमासीत् । मन्ये इति तिङन्तप्रतिरूपकमव्ययम् । 'मन्ये शङ्के ध्रुवं प्रायो निश्चयार्था अमी मताः' इति कतकः ॥ १३ ॥ फलिष्यति विशीर्णो भविष्यति । क्वचिदेवमेव कुबेरपुत्रनलकूबरशापोऽपि रम्भानिबन्धनः श्रूयते तत्रोपपत्तिश्चिन्त्या । अस्य प्रथमत्वे तस्यां बलात्कारासंभवात्, तस्य प्रथमत्वेऽस्यां बलात्कारासंभवादिति केचित् । नलकूबरशापस्य तपोबलेनाकिंचित्करत्वादयमेव शापो ब्रह्मास्त्रवदप्रतिक्रियः पाश्चात्य इत्यन्ये ॥ १४ ॥ १५ ॥ अथ महापार्श्वोक्तस्वप्राबल्यमेव श्लाघते—सागरस्येत्यादि । दाशरथिर्हि यस्मादेतन्मे बलं न वेद तेन मामासादयति ॥ १६ ॥ को हि ज्ञातमद्बल इति शेषः । गिरिगुहारूप आशये निवासे आसीनमेव सुप्तं सिंहमिव ॥ १७ ॥ न पश्यति न पश्यति स्म ॥ १८ ॥ आदीपयिष्यामि धक्ष्यामि ॥ १९ ॥ २० ॥ युधा सङ्ग्रामेण न शक्यः । जेतुमिति शेषः । वैश्रवणेन पालितेत्यनेन पुष्पकवत्लङ्कापि भगवता कुबेराय दत्तेति सूचितम् ॥ २१ ॥ इति श्रीरामाभिरामे श्रीरामीये रामायणतिलके वाल्मीकीय आदिकाव्ये युद्धकाण्डे त्रयोदशः सर्गः ॥ १३ ॥

अथ विभीषणः प्रहस्तादिवचोऽतिदुर्मन्त्र इत्याह—निशाचरेन्द्रस्येति । वाक्यं रावणस्य । गर्जितानि कुम्भकर्णस्य । अर्थयुक्तं वास्तवार्थम् ॥ १ ॥ वृत इति । अहिमध्यदेहोऽत्र भोगः । बाह्वन्तरं हृदयभाग एव भोगराशिः शरीरपरिणाहो यस्य सः । चिन्तैव विषं यस्य । शोभनं स्मितमेव तीक्ष्णदंष्ट्रा यस्य । अनुचितकृत्यदर्शनादिजं स्मितम् । तस्याः पञ्चाङ्गुल्य एव पञ्च शिरांसि यस्य स चासावतिकायश्च । एवंभूतः सीतामहाहिस्तव केन वृतो बद्धः । कण्ठे इति शेषः । यद्वा केन हेतुना वृतः । गृहीत इत्यर्थः ॥ २ ॥ वलीमुखेति वानरनाम । पर्वतकूटमात्राः पर्वतशिखरप्रमाणाः ॥ ३ ॥

यावन्न गृह्णन्ति शिरांसि बाणा रामेरिता राक्षसपुंगवानाम् ।
वज्रोपमा वायुसमानवेगाः प्रदीयतां दाशरथाय मैथिली ॥ ४
न कुम्भकर्णेन्द्रजितौ च राजंस्तथा महापार्श्वमहोदरौ वा ।
निकुम्भकुम्भौ च तथातिकायः स्थातुं समर्थो युधि राघवस्य ॥ ५
जीवंस्तु रामस्य न मोक्ष्यसे त्वं गुप्तः सवित्राप्यथवा मरुद्भिः ।
न वासवस्याङ्कगतो न मृत्योर्नभो न पातालमनुप्रविष्टः ॥ ६
निशम्य वाक्यं तु विभीषणस्य ततः प्रहस्तो वचनं बभाषे ।
न नो भयं विद्म न दैवतेभ्यो न दानवेभ्योऽप्यथवा कदाचित् ॥ ७
न यक्षगन्धर्वमहोरगेभ्यो भयं न संख्ये पतगोरगेभ्यः ।
कथं नु रामाद्भविता भयं नो नरेन्द्रपुत्रात्समरे कदाचित् ॥ ८
प्रहस्तवाक्यं त्वहितं निशम्य विभीषणो राजहितानुकाङ्क्षी ।
ततो महार्थं वचनं बभाषे धर्मार्थकामेषु निविष्टबुद्धिः ॥ ९
प्रहस्त राजा च महोदरश्च त्वं कुम्भकर्णश्च यथार्थजातम् ।
ब्रवीत रामं प्रति तन्न शक्यं यथा गतिः स्वर्गमधर्मबुद्धेः ॥ १०
वधस्तु रामस्य मया त्वया च प्रहस्त सर्वैरपि राक्षसैर्वा ।
कथं भवेदर्थविशारदस्य महार्णवं तर्तुमिवाप्लवस्य ॥ ११
धर्मप्रधानस्य महारथस्य इक्ष्वाकुवंशप्रभवस्य राज्ञः ।
पुरोऽस्य देवाश्च तथाविधस्य कृत्येषु शक्तस्य भवन्ति मूढाः ॥ १२
तीक्ष्णा न तावत्तव कङ्कपत्रा दुरासदा राघवविप्रमुक्ताः ।
भित्त्वा शरीरं प्रविशन्ति बाणाः प्रहस्त तेनैव विकत्थसे त्वम् ॥ १३
भित्त्वा न तावत्प्रविशन्ति कायं प्राणान्तिकास्तेऽशनितुल्यवेगाः ।
शिताः शरा राघवविप्रमुक्ताः प्रहस्त तेनैव विकत्थसे त्वम् ॥ १४
न रावणो नातिबलस्त्रिशीर्षो न कुम्भकर्णस्य सुतो निकुम्भः ।
न चेन्द्रजिद्दाशरथिं प्रवोढुं त्वं वा रणे शक्रसमं समर्थः ॥ १५
देवान्तको वापि नरान्तको वा तथातिकायोऽतिरथो महात्मा ।
अकम्पनश्चापि समानसारः स्थातुं न शक्ता युधि राघवस्य ॥ १६
अयं च राजा व्यसनाभिभूतो मित्रैरमित्रप्रतिमैर्भवद्भिः ।
अन्वास्यते राक्षसनाशनार्थं तीक्ष्णः प्रकृत्या ह्यसमीक्ष्यकारी ॥ १७
अनन्तभोगेन सहस्रमूर्ध्ना नागेन भीमेन महाबलेन ।
बलात्परिक्षिप्तमिमं भवन्तो राजानमुत्क्षिप्य विमोचयन्तु ॥ १८
यावद्धि केशग्रहणात्सुहृद्भिः समेत्य सर्वैः परिपूर्णकामैः ।
निगृह्य राजा परिरक्षितव्यो भूतैर्यथा भीमबलैर्गृहीतः ॥ १९

॥ ४ ॥ ५ ॥ जीवंस्तु रामस्य न मोक्ष्यसे । संनिधिं प्राप्येति शेषः ॥ ६ ॥ दैवतेभ्यो नोऽस्माकं भयमिति वयं न विद्म ॥ ७ ॥ संख्ये युद्धे ॥ ८ ॥ ९ ॥ प्रहस्तेति । यथा यादृशमर्थजातं रामं प्रति यूयं ब्रवीत ब्रूत तन्न शक्यम् । कर्तुमिति शेषः । यथाऽधर्मबुद्धेः स्वर्गमुद्दिश्य गतिरशक्या ॥ १० ॥ तर्तुम् । शक्तिरिति शेषः ॥ ११ ॥ तथाविधस्योक्तस्वभावस्य । कृत्येषु रणमुखस्थसकललोकसंहारकृत्येषु शक्तस्य पुरो युधि देवाश्च देवा अपि विमूढा भवन्ति ॥ १२ ॥ यावत्ते कायं भित्त्वा बाणाः पुनस्तदिषुधिं न प्रविशन्ति तेनैव हेतुना तावद्धे प्रहस्त, त्वं विकत्थसे वृथात्मश्लाघां करोषि । रावणस्य पुरस्तादिति शेषः ॥ १३ ॥ प्राणान्तिकाः प्राणान्तपीडाकरास्ते कायं भित्त्वा यावन्न प्रविशन्तीषुधिं तावद्विकत्थसे ॥ १४ ॥ त्रिशीर्षस्त्रिशिराः । त्वं वेति प्रहस्तनिर्देशः ॥ १५ ॥ १६ ॥ व्यसनैः कामव्यसनैरभिभूतः । अमित्रप्रतिमैः शत्रुतुल्यैः । राक्षसनाशनार्थे राक्षसकुलनाशनिमित्तमन्वास्यते सेव्यते ॥ १७ ॥ अनन्तभोगेनापरिच्छिन्नदेहबलेन परिक्षिप्तं पाशेनेव वेष्टितम् । रघुनाथेन वैरकरणं महासर्पवेष्टनमिवेति निदर्शनालंकारोऽत्र व्यङ्ग्यः ॥ १८ ॥ यावदिति वाक्यालंकारे । केशग्रहणात्के-

सुवारिणा राघवसागरेण प्रच्छाद्यमानस्तरसा भवद्भिः ।
युक्तस्त्वयं तारयितुं समेत्य काकुत्स्थपातालमुखे पतन्सः ॥ २०
इदं पुरस्यास्य सराक्षसस्य राज्ञश्च पथ्यं ससुहृज्जनस्य ।
सम्यग्घि वाक्यं स्वमतं ब्रवीमि नरेन्द्रपुत्राय ददातु मैथिलीम् ॥ २१
परस्य वीर्यं स्वबलं च बुद्ध्वा स्थानं क्षयं चैव तथैव वृद्धिम् ।
तथा स्वपक्षेऽप्यनुमृश्य बुद्ध्या वदेत्क्षमं स्वामिहितं स मन्त्री ॥ २२

इत्यार्षे श्रीमद्रामायणे वाल्मीकीय आदिकाव्ये युद्धकाण्डे चतुर्दशः सर्गः ॥ १४ ॥

पञ्चदशः सर्गः ।

बृहस्पतेस्तुल्यमतेर्वचस्तन्निशम्य यत्नेन विभीषणस्य ।
ततो महात्मा वचनं बभाषे तत्रेन्द्रजिन्नैर्ऋतयूथमुख्यः ॥ १
किं नाम ते तात कनिष्ठ वाक्यमनर्थकं वै बहुभीतवच्च ।
अस्मिन्कुले योऽपि भवेन्न जातः सोऽपीदृशं नैव वदेन्न कुर्यात् ॥ २
सत्त्वेन वीर्येण पराक्रमेण धैर्येण शौर्येण च तेजसा च ।
एकः कुलेऽस्मिन्पुरुषो विमुक्तो विभीषणस्तातकनिष्ठ एषः ॥ ३
किं नाम तौ मानुषराजपुत्रावस्माकमेकेन हि राक्षसेन ।
सुप्राकृतेनापि निहन्तुमेतौ शक्यौ कुतो भीषयसे स्म भीरो ॥ ४
त्रिलोकनाथो ननु देवराजः शक्रो मया भूमितले निविष्टः ।
भयार्पिताश्चापि दिशः प्रपन्नाः सर्वे तदा देवगणाः समग्राः ॥ ५
ऐरावतो निःस्वनमुन्नदन्स निपातितो भूमितले मया तु ।
विकृष्य दन्तौ तु मया प्रसह्य वित्रासिता देवगणाः समग्राः ॥ ६
सोऽहं सुराणामपि दर्पहन्ता दैत्योत्तमानामपि शोककर्ता ।
कथं नरेन्द्रात्मजयोर्न शक्तो मनुष्ययोः प्राकृतयोः सुवीर्यः ॥ ७
अथेन्द्रकल्पस्य दुरासदस्य महौजसस्तद्वचनं निशम्य ।
ततो महार्थं वचनं बभाषे विभीषणः शस्त्रभृतां वरिष्ठः ॥ ८
न तात मन्त्रे तव निश्चयोऽस्ति बालस्त्वमद्याप्यविपक्वबुद्धिः ।
तस्मात्त्वयाप्यात्मविनाशनाय वचोऽर्थहीनं बहु विप्रलप्तम् ॥ ९

शग्रहणपर्यन्तमप्यनुचितं कृत्वा निगृह्य राजा रक्षितव्यः । भूतैर्गृहीतः पुमांस्तदासैरिव ॥ १९ ॥ सुवारिणा सुचरित्ररूपवारिमता राघवसागरेण प्रच्छाद्यमानो निमज्ज्यमानः, पुनश्च काकुत्स्थरूपपातालमुखे पतन्सोऽयं राजा भवद्भिः समेत्य तारयितुं युक्तः ॥ २० ॥ मैथिलीम् । रावण इति शेषः ॥ २१ ॥ स्थानं बलादेर्यथापूर्वमुपचयापचयराहित्येन स्थितिः । तदपेक्षयापचयः क्षयः । तत उपचयो वृद्धिः । प्रकृते हि परस्य वानरसहायतया संपत्त्युपचयो वर्तते, अस्माकं तु खरनाशलङ्कादाहादिकृतोऽपचयः, एतत्सर्वं बुद्ध्यानुमृश्य स्वामिहितं वदेत्स मन्त्री । न यूयमित्यर्थः ॥ २२ ॥ इति श्रीरामाभिरामे श्रीरामीये रामायणतिलके वाल्मीकीय आदिकाव्ये युद्धकाण्डे चतुर्दशः सर्गः ॥ १४ ॥

बृहस्पतेः । गुरुणेत्यर्थः । यत्नेन निशम्य दुःखेन श्रुत्वा । महात्मा महामनाः ॥ १ ॥ तातकनिष्ठेत्यसमस्तम् । भीतवद्भीतस्येवानर्थकमनुपादेयं वाक्यं किंनाम कस्मादुच्यते । अस्मिन्कुले पौलस्त्यकुले यो जातो न भवेत्, अपि तु सहजदुर्बलत्वादिमति मनुष्यादिकुले । सोऽपीदृशं वचो न वदेदीदृशं च न कुर्यात् । करोतेः क्रियासामान्यवचनत्वान्न चिन्तयेदित्यर्थः । एवं च हीनजातेरपि हीनस्तव व्यापार इति भावः ॥ २ ॥ तदेवाह—सत्त्वेनेति । सत्त्वं बलम्, वीर्यं पराक्रमणशक्तिः, पराक्रमस्तत्कार्यम्, शौर्यं रणादपराङ्मुखत्वम्, धैर्यं तत्कारणं स्थैर्यम्, तेजः स्मृत्या भयंकरत्वम् । एतैर्गुणैरेको विभीषण एव तातस्य कनिष्ठोऽस्मिन्कुले मुक्तः ॥ ३ ॥ हे भीरो, प्राकृतेनैकेनापि राक्षसेन रणे तौ राजपुत्रौ हि यतो निहन्तुं शक्यौ, अतस्तौ किं नाम गृहीत्वास्मान्कुतो भीषयसे व्यर्थमेव । न तावता बिभीम इत्यर्थः ॥ ४ ॥ तदेवाह—त्रिलोकेति । भूमितले निविष्टः स्वर्गात्प्रच्याव्य भूमौ बन्दीकृत्य स्थापितः । भयार्पिता भयमर्पितं येषु ते महत्तभयाः सर्वे देवगणा दिशः प्रपन्नाः प्राप्ताः ॥ ५ ॥ ६ ॥ कथं न शक्तः । निग्रह इति शेषः ॥ ७ ॥ ८ ॥ हे तात पुत्र, तव मन्त्रे निश्चयो नास्ति कृत्या-

पुत्रप्रवादेन तु रावणस्य त्वमिन्द्रजिन्मित्रमुखोऽसि शत्रुः।
यस्येदृशं राघवतो विनाशं निशम्य मोहादनुमन्यसे त्वम्॥ १०
त्वमेव वध्यश्च सुदुर्मतिश्च स चापि वध्यो य इहानयत्त्वाम्।
बालं दृढं साहसिकं च योऽद्य प्रावेशयन्मन्त्रकृतां समीपम्॥ ११
मूढोऽप्रगल्भोऽविनयोपपन्नस्तीक्ष्णस्वभावोऽल्पमतिर्दुरात्मा।
मूर्खस्त्वमत्यन्तसुदुर्मतिश्च त्वमिन्द्रजिद्बालतया ब्रवीषि॥ १२
को ब्रह्मदण्डप्रतिमप्रकाशानर्चिष्मतः कालनिकाशरूपान्।
सहेत बाणान्यमदण्डकल्पान्समक्षमुक्तान्युधि राघवेण॥ १३
धनानि रत्नानि सुभूषणानि वासांसि दिव्यानि मणींश्च चित्रान्।
सीतां च रामाय निवेद्य देवीं वसेम राजन्निह वीतशोकाः॥ १४

इत्यार्षे श्रीमद्रामायणे वाल्मीकीय आदिकाव्ये युद्धकाण्डे पञ्चदशः सर्गः॥ १५॥

षोडशः सर्गः।

सुनिविष्टं हितं वाक्यमुक्तवन्तं विभीषणम्। अब्रवीत्परुषं वाक्यं रावणः कालचोदितः॥ १
वसेत्सह सपत्नेन क्रुद्धेनाशीविषेण च। न तु मित्रप्रवादेन संवसेच्छत्रुसेविना॥ २
जानामि शीलं ज्ञातीनां सर्वलोकेषु राक्षस। हृष्यन्ति व्यसनेष्वेते ज्ञातीनां ज्ञातयः सदा॥ ३
प्रधानं साधकं वैद्यं धर्मशीलं च राक्षस। ज्ञातयोऽप्यवमन्यन्ते शूरं परिभवन्ति च॥ ४
नित्यमन्योन्यसंहृष्टा व्यसनेष्वाततायिनः। प्रच्छन्नहृदया घोरा ज्ञातयस्तु भयावहाः॥ ५
श्रूयन्ते हस्तिभिर्गीताः श्लोकाः पद्मवने पुरा। पाशहस्तान्नरान्दृष्ट्वा शृणुष्व गदतो मम॥ ६
नाग्निर्नान्यानि शस्त्राणि न नः पाशा भयावहाः। घोराः स्वार्थप्रयुक्तास्तु ज्ञातयो नो भयावहाः॥ ७
उपायमेते वक्ष्यन्ति ग्रहणे नात्र संशयः। कृत्स्नाद्भयाज्ज्ञातिभयं सुकष्टं विदितं च नः॥ ८

कृत्यविचारनिश्चयसामर्थ्यं नास्ति, यतस्त्वमद्याप्यविपक्वबुद्धिरप्राप्तज्ञानपरिपाकश्चिन्नो बाल एव। तस्मात्त्वयार्थहीनमनुपादेयमात्मविनाशनाय बहु विप्रलप्तमेकेनापि हन्तुं शक्य इति वृथा प्रलपितम्॥ ९॥ हे इन्द्रजित्, पुत्रप्रवादेन पुत्रशब्देनोपलक्षितस्त्वं मित्रमुखो मित्रवदवभासमानो वस्तुनः शत्रुरेवासि। तदेवाह—यस्य रावणस्य राघवत ईदृशं विनाशं निशम्यापि मोहात्त्वमनुमन्यसे न वारयसि॥ १०॥ तस्मात्त्वमेव वध्यः पुत्रोऽपि सन्। यश्च वृद्धानां मन्त्रकृतां समीपं प्रावेशयद्यश्चानयदागमनार्थं प्रेरितवान्सोऽपि वध्यः॥ ११॥ मूढः कृत्याकृत्यविवेकहीनः, अनएवाप्रगल्भो मतिप्रागल्भ्यहीनः। अविनयेनोपपन्नो युक्तः। अल्पमतिर्दीर्घदर्शनानर्हबुद्धिः। दुरात्मा कामादिदुष्टान्तःकरणः। मूर्खः साहसप्रवृत्तिपर उक्तरीत्यात्यन्तसुदुर्मतिश्च॥ १२॥ ब्रह्मदण्डेन चतुर्मुखकरगृहीतेन प्रतिमा अमोघानर्गलसंहारशक्त्या समानास्तत्समप्रकाशाश्च तान्। तस्यैव विवरणम्—अर्चिष्मत इति। कालनिकाशरूपान्कालाग्नितुल्यरूपान्॥ १३॥ रत्नानि श्रेष्ठवस्तूनि। निवेद्य समर्प्य॥ १४॥ इति श्रीरामाभिरामे श्रीरामीये रामायणतिलके वाल्मीकीय आदिकाव्ये युद्धकाण्डे पञ्चदशः सर्गः॥ १५॥

सुनिविष्टं सुनिविष्टार्थतत्त्वम्॥ १॥ सपत्नेनापि सह वसेत्, न तु मित्रप्रवादे मित्रपदव्यवहार्येण शत्रुसेविना शत्रुपक्षपातिना वसेत्। सपत्ने चित्तस्य द्वेषकोट्यैव प्रतिष्ठा, मित्रप्रवादे तु द्वेष्यत्वेन स्निग्धत्वेन चेति परदुःखमिति तत्सहवासनिषेधः। शत्रुसेविनेत्यनेनास्य भगवद्भक्तत्वं सूचितम्॥ २॥ शीलं स्वभावं जानामि। तदेव विवृणोति—हृष्यन्तीति॥ ३॥ प्रधानं ज्येष्ठत्वादिना प्राप्तराज्यं साधकम्। राज्यरक्षादेरिति शेषः। वैद्यं विद्यावन्तम्। अवमन्यन्ते गुणवत्त्वेऽपि गुणान्न गृह्णन्ति। शूरं परिभवन्ति च। रन्ध्रमन्विष्येति शेषः॥ ४॥ ज्ञातयो ज्ञातिरूपाः। आततायिनः। 'अग्निदो गरदश्चैव शस्त्रपाणिर्धनापहः। क्षेत्रदारहरश्चैव षडेते आततायिनः॥' ते प्रच्छन्नहृदयाः प्रच्छन्नं तत्कार्ये प्रवृत्ताः, अतएव घोरा अन्योन्यं व्यसनेष्वापत्सु संहृष्टा भवन्ति, अतएव ता ज्ञातयो भयावहाः॥ ५॥ ज्ञातिभीतिं हस्तिगीतेन स्पष्टयति—श्रूयन्त इति। हस्तिभिः पद्मवनवर्तिदिव्यवनगजैः स्वबन्धनाय प्रवृत्तान्पाशहस्तान्दृष्ट्वा पुरा पूर्वं हस्तिभिर्गीता ये श्लोकाः श्रूयन्ते तान्गदतो मम वक्त्राच्छृणु॥ ६॥ स्वार्थप्रयुक्ताः स्वार्थपरा हस्तिपकाद्याज्ञाकरण उत्तमभोजनलाभादिस्वार्थपराः॥ ७॥ एते मज्जातिभूताः पूर्वगृहीता गजाः। वक्ष्यन्ति। करिष्यन्तीत्यर्थः। नो विदितं च। शतशोऽनुभूतं

विद्यते गोषु संपन्नं विद्यते ज्ञातितो भयम् । विद्यते स्त्रीषु चापल्यं विद्यते ब्राह्मणे तपः ॥ ९
ततो नेष्टमिदं सौम्य यदहं लोकसत्कृतः । ऐश्वर्यमभिजानश्च रिपूणां मूर्ध्नि च स्थितः ॥ १०
यथा पुष्करपत्रेषु पतितास्तोयबिन्दवः । न श्लेषमभिगच्छन्ति तथानार्येषु सौहृदम् ॥ ११
यथा शरदि मेघानां सिञ्चतामपि गर्जताम् । न भवत्यम्बुसंक्लेदस्तथानार्येषु सौहृदम् ॥ १२
यथा मधुकरस्तर्षाद्रसं विन्दन्न तिष्ठति । तथा त्वमपि तत्रैव तथानार्येषु सौहृदम् ॥ १३
यथा मधुकरस्तर्षात्काशपुष्पं पिबन्नपि । रसमत्र न विन्देत तथानार्येषु सौहृदम् ॥ १४
यथा पूर्वं गजः स्नात्वा गृह्य हस्तेन वै रजः । दूषयत्यात्मनो देहं तथानार्येषु सौहृदम् ॥ १५
योऽन्यस्त्वेवंविधं ब्रूयाद्वाक्यमेतन्निशाचर । अस्मिन्मुहूर्ते नभवेत्त्वां तु धिक्कुलपांसन ॥ १६
इत्युक्तः परुषं वाक्यं न्यायवादी विभीषणः । उत्पपात गदापाणिश्चतुर्भिः सह राक्षसैः ॥ १७
अब्रवीच्च तदा वाक्यं जातक्रोधो विभीषणः । अन्तरिक्षगतः श्रीमान्भ्राता वै राक्षसाधिपम् ॥ १८
स त्वं भ्रान्तोऽसि मे राजन्ब्रूहि मां यद्यदिच्छसि । ज्येष्ठो मान्यः पितृसमो न च धर्मपथे स्थितः ।
इदं हि परुषं वाक्यं न क्षमाम्यग्रजस्य ते ॥ १९
सुनीतं हितकामेन वाक्यमुक्तं दशानन । न गृह्णन्त्यकृतात्मानः कालस्य वशमागताः ॥ २०
सुलभाः पुरुषा राजन्सततं प्रियवादिनः । अप्रियस्य च पथ्यस्य वक्ता श्रोता च दुर्लभः ॥ २१
बद्धं कालस्य पाशेन सर्वभूतापहारिणः । न नश्यन्तमुपेक्षे त्वां प्रदीप्तं शरणं यथा ॥ २२
दीप्तपावकसंकाशैः शितैः काञ्चनभूषणैः । न त्वामिच्छाम्यहं द्रष्टुं रामेण निहतं शरैः ॥ २३
शूराश्च बलवन्तश्च कृतास्त्राश्च नरा रणे । कालाभिपन्नाः सीदन्ति यथा वालुकसेतवः ॥ २४
तन्मर्षयतु यच्चोक्तं गुरुत्वाद्धितमिच्छता । आत्मानं सर्वथा रक्ष पुरीं चेमां सराक्षसाम् ।
स्वस्ति तेऽस्तु गमिष्यामि सुखी भव मया विना ॥ २५

निवार्यमाणस्य मया हितैषिणा न रोचते ते वचनं निशाचर ।
परान्तकाले हि गतायुषो नरा हितं न गृह्णन्ति सुहृद्भिरीरितम् ॥ २६

इत्यार्षे श्रीमद्रामायणे वाल्मीकीय आदिकाव्ये युद्धकाण्डे षोडशः सर्गः ॥ १६ ॥

चेत्यर्थः ॥ ८ ॥ संपन्नं हव्यकव्यसाधनसंपत् ॥ ९ ॥ तत इति रावणवाक्यम् । अहं लोकसत्कृत इति यत्तेनेष्टं न प्रियमिति मन्ये, तथैश्वर्यप्राप्त्यादिकमपि ॥ १० ॥ अनार्येषु क्रूरस्वभावेषु ॥ ११ ॥ यथा गर्जतां सिञ्चतामपि मेघानां संबन्धे पृथिव्या अम्बुसंक्लेदोऽम्बुव्याप्तता न भवति, तथानार्येषु सौहृदं निष्फलमिति भावः । यद्वा वर्षासु गर्जतां सिञ्चतामपि मेघानां शरदि नाम्बुसंक्लेदस्तथानार्येषु सौहृदमल्पकालस्थायीत्यर्थः ॥ १२ ॥ यथा मधुकरस्तर्षादभिलाषाद्रसं पुष्परसं विन्दन्नपि तत्रैव न तिष्ठति तथानार्येषु सौहृदमपि न तिष्ठति । त्वमपि तथा तादृशोऽनार्योऽसीत्यर्थः ॥ १३ ॥ काशपुष्पं पिबतोऽपि रसालाभस्तथानार्येषु सौहृदं कुर्वतः फलालाभ इति भावः ॥ १४ ॥ यथा गजः पूर्वं स्नात्वा हस्तेन रजो गृहीत्वा यथात्मनो देहं दूषयति स्नानकृतनैर्मल्यं नाशयति, तथानार्याः पूर्वं कृतं स्नेहं स्वयमेव नाशयन्तीत्यर्थः ॥ १५ ॥ त्वत्तोऽन्यो यद्येवं ब्रूयात्तदा तस्मिन्मुहूर्ते नभवेन्न जीवेत् । त्वां तु धिक् । सोदरत्वेन वधानर्हत्वाद्धिक्कृतिरेव ते दण्ड इति भावः ॥ १६ ॥ परुषं वाक्यं पूर्वोक्तम् । लङ्कावस्थानेऽप्येतैः सह नाशस्य दुर्वारत्वाज्ज्येष्ठोऽप्यसौ । 'गुरोरप्यवलिप्तस्य कार्याकार्यमजानतः । उत्पथप्रतिपन्नस्य परित्यागो विधीयते ॥' इति शास्त्रबलात्सर्वथा परित्याज्य एवेत्यालोच्य तत्सभां हित्वां खमुत्पपात चतुर्भिर्मन्त्रिभिः ॥ १७ ॥ १८ ॥ अथ सभासदा ज्येष्ठत्यागेनाधमोऽयमिति शङ्कानिवृत्त्यर्थमाह—स त्वं भ्रान्त इत्यादि । ज्येष्ठत्वादिगुणकोऽपि न धर्मपथे स्थितः । परदाराहरणादिरूपानेकाधर्मशालित्वात् । 'पतितैः सह संव्यवहारो न विद्यते' इति स्मृतेः । पतितमाचार्यं ज्ञातिं वा द्रष्टुं न गच्छेत्, न चास्मादुपयुञ्जीत । 'यदृच्छासंनिपाते उपसंगृह्य तूष्णीं व्रजेत्' इति स्मृतेश्चाग्रजस्यापि ते इदं परुषं वाक्यं न क्षमामि । अतः परमिह स्थित्वेति शेषः ॥ १९ ॥ सुनीतं सुनिश्चितागामिफलबोधकं वाक्यं हितकामेनोक्तम् । तत्तु त्वया न गृहीतमिति शेषः । तादृश्येव लोकस्थितिरित्याह—न गृह्णन्तीति । सुनीतवाक्यार्थमिति शेषः ॥ २० ॥ उक्तमेवार्थं पुनर्मारीचोक्तस्मरणेनाह—सुलभा इति ॥ २१ ॥ सर्वभूतापहारिकालपाशेन बद्धं नश्यन्तं त्वां नोपेक्षे । अतो मया किंचिद्धितमुक्तमिति शेषः ॥ २२ ॥ निहतं त्वां द्रष्टुं नेच्छामि । अतएवोक्तमिति शेषः ॥ २३ ॥ कालाभिपन्ना अधर्मतः कालपाशबद्धाः ॥ २४ ॥ यदुक्तमप्रियमिव हितं तद्भवान्मर्षयतु क्षमताम् । मया विना सुखी भवेति व्यङ्ग्योक्तिः ॥ २५ ॥ २६ ॥

इति श्रीरामाभिरामे श्रीरामीये रामायणतिलके वाल्मीकीय आदिकाव्ये युद्धकाण्डे षोडशः सर्गः ॥ १६ ॥

सप्तदशः सर्गः ।

इत्युक्त्वा परुषं वाक्यं रावणं रावणानुजः । आजगाम मुहूर्तेन यत्र रामः सलक्ष्मणः ॥ १
तं मेरुशिखराकारं दीप्तामिव शतह्रदाम् । गगनस्थं महीस्थास्ते ददृशुर्वानराधिपाः ॥ २
ते चाप्यनुचरास्तस्य चत्वारो भीमविक्रमाः । तेऽपि वर्मायुधोपेता भूषणोत्तमभूषिताः ॥ ३
स च मेघाचलप्रख्यो वज्रायुधसमप्रभः । वरायुधधरो वीरो दिव्याभरणभूषितः ॥ ४
तमात्मपञ्चमं दृष्ट्वा सुग्रीवो वानराधिपः । वानरैः सह दुर्धर्षश्चिन्तयामास बुद्धिमान् ॥ ५
चिन्तयित्वा मुहूर्तं तु वानरांस्तानुवाच ह । हनुमत्प्रमुखान्सर्वानिदं वचनमुत्तमम् ॥ ६
एष सर्वायुधोपेतश्चतुर्भिः सह राक्षसैः । राक्षसोऽभ्येति पश्यध्वमस्मान्हन्तुं न संशयः ॥ ७
सुग्रीवस्य वचः श्रुत्वा सर्वे ते वानरोत्तमाः । शालानुद्यम्य शैलांश्च इदं वचनमब्रुवन् ॥ ८
शीघ्रं व्यादिश नो राजन्वधायैषां दुरात्मनाम् । निपतन्ति हता यावद्धरण्यामल्पचेतनाः ॥ ९
तेषां संभाषमाणानामन्योन्यं स विभीषणः । उत्तरं तीरमासाद्य खस्थ एव व्यतिष्ठत ॥ १०
स उवाच महाप्राज्ञः स्वरेण महता महान् । सुग्रीवं तांश्च संप्रेक्ष्य खस्थ एव विभीषणः ॥ ११
रावणो नाम दुर्वृत्तो राक्षसो राक्षसेश्वरः । तस्याहमनुजो भ्राता विभीषण इति श्रुतः ॥ १२
तेन सीता जनस्थानाद्धृता हत्वा जटायुषम् । रुद्धा च विवशा दीना राक्षसीभिः सुरक्षिता ॥ १३
तमहं हेतुभिर्वाक्यैर्विविधैश्च न्यदर्शयम् । साधु निर्यात्यतां सीता रामायेति पुनः पुनः ॥ १४
स च न प्रतिजग्राह रावणः कालचोदितः । उच्यमानं हितं वाक्यं विपरीत इवौषधम् ॥ १५
सोऽहं परुषितस्तेन दासवच्चावमानितः । त्यक्त्वा पुत्रांश्च दारांश्च राघवं शरणं गतः ॥ १६
निवेदयत मां क्षिप्रं राघवाय महात्मने । सर्वलोकशरण्याय विभीषणमुपस्थितम् ॥ १७
एतत्तु वचनं श्रुत्वा सुग्रीवो लघुविक्रमः । लक्ष्मणस्याग्रतो रामं संरब्धमिदमब्रवीत् ॥ १८

अथ विभीषणस्य रामसमीपगमनम्—इतीति । परुषम् 'आत्मानं सर्वथा–'इत्यादिरूपम् । रावणानुजो विभीषणो यत्र सलक्ष्मणो रामस्तत्राजगाम । उत्पथप्रतिपन्नत्वाद्देहसंबन्धेन गुरुं रावणं परित्यज्य जगद्गुरुस्मरणमात्रेण सकलपापहरं गुरुं रामं प्रत्याजगामेत्याशयः ॥ १ ॥ मेरुशिखराकारमुन्नतत्वपीवरत्वरत्नबहुलत्वैस्तदाकारम् । दीप्तत्वगगनस्थत्वाभ्यां शतह्रदा साम्यम् ॥ २ ॥ ३ ॥ ४ ॥ आत्मपञ्चममात्मा पञ्चमो यस्य तम् । मन्त्रिचतुष्टयसहितं तमिति यावत् ॥ ५ ॥ ६ ॥ ७ ॥ शालाञ्शालवृक्षान् ॥ ८ ॥ यावद्धता निपतन्ति । निपतिष्यन्तीत्यर्थः ॥ ९ ॥ तेषामित्यनादरे षष्ठी । तानन्योन्यं संभाषमाणाननादृत्य रामस्य भगवतः परमदयालुत्वभावनया तेषामनादरः । खस्थ एव व्यतिष्ठतेति तिष्ठतेर्द्विःप्रयोगो निर्भयत्वेनावस्थानसूचनाय ॥ १० ॥ महाप्राज्ञः । सर्वदोषाकररावणत्यागान्निर्दुष्टसर्वगुणाकररामाश्रयणाच्च महाप्राज्ञत्वम् । अतएव महान्महता स्वरेण । सर्वलोकशरण्यस्यार्तरवश्रवणाय स्वरमहत्त्वम् । धीरगम्भीरत्वं वा स्वरे महत्त्वम् । तेन निर्भयत्वप्रकाशः ॥ ११ ॥ रावणो नामेत्यादिना स्वस्य रामानुकूल्यतत्प्रातिकूल्यराहित्यादिरूपशरणागत्यङ्गबोधनम् । 'आनुकूल्यस्य संकल्पः प्रातिकूल्यस्य वर्जनम् । रक्षिष्यतीति विश्वासो गोप्तृत्ववरणं तथा ॥ आत्मनिक्षेपकार्पण्ये षड्विधा शरणागतिः ॥' इत्युक्तेः । रावणत्वेन सर्वलोकपीडकत्वम्, दुर्वृत्तत्वेनाकृत्यकर्तृत्वम्, राक्षसत्वेन जातिक्रौर्यम्, राक्षसेश्वर इत्यनेन भृत्यक्रौर्यं, तद्भ्रातृत्वेन स्वस्यापि दोषवत्त्वकथनात्सर्वेहानिरूपकार्पण्यमुक्तम् ॥ १२ ॥ दुर्वृत्तत्वमेवाह—तेनेति । राक्षसीभिः सुरक्षितेत्यनेन सीतापातिव्रत्याऽहानिः सूचिता । तद्धानौ हि तासां रक्षणानुपयोग इति भावः ॥ १३ ॥ हेतुभिर्हेतुमद्भिः । निर्यात्यतां दीयतामिति हेतुमद्भिर्वाक्यैः पुनःपुनः साधु न्यदर्शयमित्यन्वयः । अनेन भगवदानुकूल्यसंकल्पः प्रातिकूल्याभावश्च दर्शितः ॥ १४ ॥ विपरीतो मुमूर्षुः ॥ १५ ॥ दासवदवमानितः । भ्रातापि सन्निति शेषः । शरणं गत इत्यनेनात्मनिक्षेपरूपमङ्गं दर्शितम् ॥ १६ ॥ सर्वलोकशरण्याय । 'मम वंशानुरूपश्च धर्मात्मा च भविष्यति' इति कैकस्यै ब्रह्मपुत्रेण विश्रवसा वरदानात्सात्त्विकत्वेन ब्रह्मतस्तथैव लब्धवरत्वेन च, विभीषणस्य सर्वलोकस्रष्टुः सर्वलोकान्तर्यामिणश्चायमवतार इति ज्ञानात्सर्वलोकशरण्यत्वमहात्मत्वज्ञानं रामविषये बोध्यम् । राघवाय 'किं त्वर्थिनामर्थितदानदीक्षाकृतव्रतश्लाघ्यमिदं कुलं नः' इत्यादिवचनैः प्रसिद्धवैभवे रघुवंशेऽवतीर्णाय । अनेनार्थिप्रार्थितवैफल्याभावो ध्वनितः । क्षिप्रमित्यनेन शीतलसुरभि सलिलं प्राप्य तृषितस्येव विलम्बासहत्वम् । उपस्थितं शरणत्वेन प्राप्तं निवेदयत शरणागत इति ज्ञापयत । अनेन गोप्तृत्ववरणं रक्षिष्यत्यवश्यमेवेति विश्वासश्च दर्शितः ॥ १७ ॥ एतद्विभीषणोक्तम् । अथ लोकदृशा शत्रुपक्षो न विश्वसनीय इति मत्वा राममपि तथैव बोधयतीत्याह—लक्ष्मणस्येति । संरब्धं संरम्भोपेतमिति क्रिया-

प्रविष्टः शत्रुसैन्यं हि प्राप्तः शत्रुरतर्कितः । निहन्यादन्तरं लब्ध्वा उलूको वायसानिव ॥ १९
मन्त्रे व्यूहे नये चारे युक्तो भवितुमर्हसि । वानराणां च भद्रं ते परेषां च परंतप ॥ २०
अन्तर्धानगता ह्येते राक्षसाः कामरूपिणः । शूराश्च निकृतिज्ञाश्च तेषां जातु न विश्वसेत् ॥ २१
प्रणिधी राक्षसेन्द्रस्य रावणस्य भवेदयम् । अनुप्रविश्य सोऽस्मासु भेदं कुर्यान्न संशयः ॥ २२
अथ वा स्वयमेवैष च्छिद्रमासाद्य बुद्धिमान् । अनुप्रविश्य विश्वस्ते कदाचित्प्रहरेदपि ॥ २३
मित्राटविबलं चैव मौलभृत्यबलं तथा । सर्वमेतद्बलं ग्राह्यं वर्जयित्वा द्विषद्बलम् ॥ २४
प्रकृत्या राक्षसो ह्येष भ्राताऽमित्रस्य वै प्रभो । आगतश्च रिपुः साक्षात्कथमस्मिंश्च विश्वसेत् । २५
रावणस्यानुजो भ्राता विभीषण इति श्रुतः । चतुर्भिः सह रक्षोभिर्भवन्तं शरणं गतः ॥ २६
रावणेन प्रणीतं हि तमवेहि विभीषणम् । तस्याहं निग्रहं मन्ये क्षमं क्षमवतां वर ॥ २७
राक्षसो जिह्मया बुद्ध्या संदिष्टोऽयमिहागतः । प्रहर्तुं मायया छन्नो विश्वस्ते त्वयि चानघ ॥ २८
वध्यतामेष तीव्रेण दण्डेन सचिवैः सह । रावणस्य नृशंसस्य भ्राता ह्येष विभीषणः ॥ २९
एवमुक्त्वा तु तं रामं संरब्धो वाहिनीपतिः । वाक्यज्ञो वाक्यकुशलं ततो मौनमुपागमत् ॥ ३०
सुग्रीवस्य तु तद्वाक्यं श्रुत्वा रामो महाबलः । समीपस्थानुवाचेदं हनुमत्प्रमुखान्कपीन् ॥ ३१
यदुक्तं कपिराजेन रावणावरजं प्रति । वाक्यं हेतुमदत्यर्थं भवद्भिरपि च श्रुतम् ॥ ३२
सुहृदामर्थकृच्छ्रेषु युक्तं बुद्धिमता सदा । समर्थेनोपसंदेष्टुं शाश्वतीं भूतिमिच्छता ॥ ३३
इत्येवं परिपृष्टास्ते स्वं स्वं मतमतन्द्रिताः । सोपचारं तदा राममूचुः प्रियचिकीर्षवः ॥ ३४
अज्ञातं नास्ति ते किंचित्त्रिषु लोकेषु राघव । आत्मानं पूजयन्राम पृच्छस्यस्मान्सुहृत्तया ॥ ३५
त्वं हि सत्यव्रतः शूरो धार्मिको दृढविक्रमः । परीक्ष्यकारी स्मृतिमान्निसृष्टात्मा सुहृत्सु च ॥ ३६
तस्मादेकैकशस्तावद्ब्रुवन्तु सचिवास्तव । हेतुतो मतिसंपन्नाः समर्थाश्च पुनस्तथा ॥ ३७
इत्युक्ते राघवायाथ मतिमानङ्गदोऽग्रतः । विभीषणपरीक्षार्थमुवाच वचनं हरिः ॥ ३८

विशेषणम् ॥ १८ ॥ इदंपदार्थमाह—प्रविष्ट इति । कश्चिदस्मच्छत्रू राक्षसत्वात्पूर्वं शत्रो रावणस्य सैन्यं प्रविष्ट इदानीमतर्कितागमन एव सन्नस्मत्सैन्यं प्राप्तः सोऽस्यावन्तरं लब्ध्वोलूको वायसानिव नो हन्यात् ॥ १९ ॥ यदेवमतः—मन्त्रे इति । वानराणां च परेषां च क्रमादनुग्रहनिग्रहार्थं त्वं मन्त्रे कार्याकार्यविचारे, व्यूहे सेनासंनिवेशे, नये सेनानयने । यद्वा विचार्य निश्चितानामुपायानां तत्तद्विषयप्रयोगे चारे परबलवृत्तान्तज्ञानफलके चारपुरुषप्रवर्तने युक्तः सावधानो भवितुमर्हसि । एवं सति ते भद्रमित्यर्थः ॥ २० ॥ उक्तमेवैतदित्याह—अन्तरिति । अन्तर्धानगता अदृश्यसंचारस्वभावाः । निकृतिज्ञाः कपटोपायेन गूढविप्रियकरणाभिज्ञाः ॥ २१ ॥ किं च योऽयमागतः स रावणस्य प्रणिधिश्चार एव भवेत् । अस्तु किं ततस्तत्राह—अन्विति । भेदमङ्गदादिविषये ॥ २२ ॥ विश्वस्ते प्राप्तविश्वासे । अस्मद्बल इति शेषः ॥ २३ ॥ नन्वनेनाप्यागतेनास्माकमधिकं बलमेव भविष्यतीत्याशङ्क्य नेत्याह—मित्रेति । मित्रेणाटविकेनारण्यकेन प्रेषितं बलं मित्राटविकबलम् । मौलमाप्तबन्धुप्रहितं बलम् । 'मूलं वशीकृतौ स्वीये' इति कोशः । भृत्यबलं तत्कालभृतिदानसंपादितबलम् । मौलभृत्यबलमिति समाहारद्वन्द्वः । द्विषत्प्रेषितं बलं द्विषद्बलम् ॥ २४ ॥ अस्य द्विषद्बलत्वमेव दर्शयति—प्रकृत्येति । अमित्रस्य रावणस्य ॥ २५ ॥ अमित्रभ्रातृत्वं तद्वचनादेव निश्चितमित्याह—रावणस्येति । इति तन्मुखादेव श्रुतमित्यर्थः ॥ २६ ॥ इदमपि वचो न वास्तवमित्याह—रावणेनेति । प्रणीतं प्रेषितमवेहि । अतस्तस्य निग्रहं क्षमं मन्ये । क्षमवतां युक्तव्यापारवतां क्षमावतां वा । ह्रस्व आर्षः ॥ २७ ॥ त्वयि प्रहर्तुं रावणेन संदिष्टः सन्निहागतः ॥ २८ ॥ अत एष वध्यताम् ॥ २९ ॥ वाक्यकुशलं राममित्यन्वयः ॥ ३० ॥ अथ रामः शरणागतं श्रुत्वानिनीषुरपि द्रागेव सुग्रीववाक्यभङ्गस्यायुक्तत्वमालोच्य विचारं प्रस्तावयति—सुग्रीवस्येति ॥ ३१ ॥ सुग्रीवस्य सुमतितां स्वहितैषित्वं च मन्त्रिभ्य आह—यदुक्तमिति । मन्त्रे व्यूह इत्यादिनेति शेषः । अत्यर्थं हेतुमद्भृशं युक्तिमत् ॥ ३२ ॥ तस्य युक्तत्वमाह—सुहृदामिति । सुहृदां शाश्वतीं भूतिमिच्छता बुद्धिमता प्रशस्तबुद्धिना समर्थेन विचारसमर्थेन, सदार्थकृच्छ्रेषु कृत्याकृत्यसंदेहेषु । उपसंदेष्टुं सम्यगुपदेष्टुं युक्तम् । उपदेशकरणमुचितमिति भावः ॥ ३३ ॥ इत्येवमिति । मित्रैर्मित्रेभ्य उपदेष्टव्यमेवेति यतः, अतो यूयमपि स्वस्वमतं ब्रूतेत्येवं पृष्टा हरयः स्वं स्वं मतमूचुरित्यन्वयः ॥ ३४ ॥ सोपचारमूचुरित्युक्तं तत्रोपचारं दर्शयति—अज्ञातमिति । आत्मानमस्माकमात्मानं सुहृत्तया सुहृद्भावप्रकाशनेन पूजयन्नित्यर्थः । यद्वा एवं वानरेश्वरोऽप्ययं सुहृदित्यात्मनः कीर्तिं प्रथयन्नित्यर्थः ॥ ३५ ॥ सुहृत्सु निसृष्टात्मा कृतविश्वासः । सत्यव्रतो रक्षःस्वपि शरणागतरक्षणव्रतपालकः ॥ ३६ ॥ तव सचिवा हेतुतो हेतुयुक्तं ब्रुवन्त्विति विधिः ॥ ३७ ॥ इत्युक्ते इति । हनुमदादिमन्त्रिभिरिति शेषः । विभीषणपरी-

शत्रोः सकाशात्संप्राप्तः सर्वथा तर्क्य एव हि । विश्वासनीयः सहसा न कर्तव्यो विभीषणः ॥ ३९
छादयित्वात्मभावं हि चरन्ति शठबुद्धयः । प्रहरन्ति च रन्ध्रेषु सोऽनर्थः सुमहान्भवेत् ॥ ४०
अर्थानर्थौ विनिश्चित्य व्यवसायं भजेत ह । गुणतः संग्रहं कुर्याद्दोषतस्तु विसर्जयेत् ॥ ४१
यदि दोषो महांस्तस्मिंस्त्यज्यतामविशङ्कितम् । गुणान्वापि बहून्ज्ञात्वा संग्रहः क्रियतां नृप ॥ ४२
शरभस्त्वथ निश्चित्य सार्थं वचनमब्रवीत् । क्षिप्रमस्मिन्नरव्याघ्र चारः प्रतिविधीयताम् ॥ ४३
प्रणिधाय हि चारेण यथावत्सूक्ष्मबुद्धिना । परीक्ष्य च ततः कार्यो यथान्यायं परिग्रहः ॥ ४४
जाम्बवांस्त्वथ संप्रेक्ष्य शास्त्रबुद्ध्या विचक्षणः । वाक्यं विज्ञापयामास गुणवद्दोषवर्जितम् ॥ ४५
बद्धवैराच्च पापाच्च राक्षसेन्द्राद्विभीषणः । अदेशकाले संप्राप्तः सर्वथा शङ्क्यतामयम् ॥ ४६
ततो मैन्दस्तु संप्रेक्ष्य नयापनयकोविदः । वाक्यं वचनसंपन्नो बभाषे हेतुमत्तरम् ॥ ४७
अनुजो नाम तस्यैष रावणस्य विभीषणः । पृच्छ्यतां मधुरेणायं शनैर्नरपतीश्वर ॥ ४८
भावमस्य तु विज्ञाय तत्त्वतस्त्वं करिष्यसि । यदि दुष्टो न दुष्टो वा बुद्धिपूर्वं नरर्षभ ॥ ४९
अथ संस्कारसंपन्नो हनूमान्सचिवोत्तमः । उवाच वचनं श्लक्ष्णमर्थवन्मधुरं लघु ॥ ५०
न भवन्तं मतिश्रेष्ठं समर्थं वदतां वरम् । अतिशाययितुं शक्तो बृहस्पतिरपि ब्रुवन् ॥ ५१
न वादान्नापि संघर्षान्नाधिक्यान्न च कामतः । वक्ष्यामि वचनं राजन्यथार्थं राम गौरवात् ॥ ५२
अर्थानर्थनिमित्तं हि यदुक्तं सचिवैस्तव । तत्र दोषं प्रपश्यामि क्रिया नह्युपपद्यते ॥ ५३
ऋते नियोगात्सामर्थ्यमवबोद्धुं न शक्यते । सहसा विनियोगोऽपि दोषवान्प्रतिभाति मे ॥ ५४
चारप्रणिहितं युक्तं यदुक्तं सचिवैस्तव । अर्थस्यासंभवात्तत्र कारणं नोपपद्यते ॥ ५५

क्षार्थं तत्परीक्षाफलकं वचनं राघवायाङ्गदो युवराजत्वादग्रत उवाच ॥ ३८ ॥ तर्क्य एव शङ्क्य एव । विश्वासनीयो विश्वासप्रयुक्तव्यवहारार्हः सहसा न कर्तव्यः, अपि तु शनैरित्यर्थः ॥ ३९ ॥ तत्र हेतुमाह—छादयित्वेति । भावमान्तरम् ॥ ४० ॥ तस्य तस्य गुणदोषपरीक्षणेनार्थानर्थौ हिताहितत्वे निश्चित्य तदनुरूपं व्यवसायमुद्योगं भजेतेति ह प्रसिद्धम् । कस्मिन्सति कीदृशो व्यवसायस्तत्राह—गुण इति । गुणभूयस्त्वेनेत्यर्थः ॥ ४१ ॥ तदेव विवृणोति—यदि दोष इति ॥ ४२ ॥ सार्थं सोपपत्तिकम् । चारो दूतः । प्रतिविधीयतां प्रेष्यताम् ॥ ४३ ॥ प्रणिधाय चरं प्रेषयित्वा सूक्ष्मबुद्धिना चारेण च यथान्यायं परीक्ष्य ततः संग्रहः कार्यः ॥ ४४ ॥ ४५ ॥ अदेशकाले स्वामिसंदेशं विहाय रिपुदेश आगमनेनानुचितदेशप्राप्तत्वम् । स्वामिनः संकटकाले तत्प्रहाणानौचित्यादनुचितकालप्राप्तः, अतः शङ्क्यताम् । सर्वथा शङ्काविषयत्वेन त्यागार्ह एवायमिति भावः ॥ ४६ ॥ हेतुमत्तरमतिशयेन हेतुमत् ॥ ४७ ॥ अनुजो नामेति । नामेति प्रसिद्धौ । अतोऽयं मधुरेण सौम्यभावेनैव पृच्छ्यताम् । गूढदूतमुखेन रावणस्य वृत्तान्तमिति शेषः ॥ ४८ ॥ अस्य बुद्धिपूर्वकदुष्टत्वादुष्टत्वान्यतरत्वतो निर्णीय ततस्त्वं तत्तदुचितकृत्यं करिष्यसि ॥ ४९ ॥ अथ हनूमान्सुग्रीवोक्तं वध्यत्वं राजवचनत्वादत्यन्ताविचारमूलकमित्युपेक्ष्य गुणादिपरीक्षया परिग्रहत्यागरूपमङ्गदादिवचोनुवादपूर्वकं दूषयन्निदानीमेव दोषाभावनिर्णयस्य सुकरत्वादविलम्बेन परिग्रह एव युक्त इत्याह—अथेति । संस्कारसंपन्नः सकलशास्त्रज्ञानजसंस्कारसंयुक्तः । श्लक्ष्णं श्लक्ष्णसंदर्भम्, अर्थवत्प्रकटार्थवत्, लघु मितशब्दम्, मधुरं श्रवणमात्रेण सुखकरम् ॥ ५० ॥ समर्थं सकलशास्त्रार्थतत्त्वनिरूपणसमर्थम् । अतिशाययितुमभिभवितुम् ॥ ५१ ॥ वादात्तर्ककुशलत्वप्रकटनाद्धेतोः, संघर्षात्सचिवान्तरस्पर्धावशात्, आधिक्यादधिकबुद्धिमत्त्वाभिमानात, कामतो वचनेच्छातः । यदेवम्, अतो यथार्थमेव वक्ष्यामि । गौरवात् । कार्यगौरवानुरोधेनेत्यर्थः ॥ ५२ ॥ तत्रादावङ्गदमतं दूषयति—अर्थेत्यादि । अर्थानर्थनिमित्तं गुणदोषनिश्चयनिमित्तं तव सचिवैरङ्गदादिभिर्यदुक्तं तत्र दोषमंशेन वैगुण्यं पश्यामि । शङ्कितव्यः परीक्षणीयश्चेति यदुक्तं तद्युक्तमेव, किं त्वेवं निश्चय इत्यनुक्तेरिदमनुत्तरम् । तदेवाह—क्रिया नह्युपपद्यते । क्रियोत्तररूपा । यद्वा परीक्षणरूपा क्रियेदानीं नोपपद्यत इत्यर्थः ॥ ५३ ॥ तदेवाह—ऋते इति । नियोगादृते तमाहूय तस्मै वृत्तान्तनिवेदनरूपनियोगं विना सामर्थ्यं हानोपादानौचित्यं बोद्धुं न शक्यते । तर्हि द्रागानयेति चेत्तत्राह—सहसा हठाद्विनियोगोऽपि राजसंनिधिप्रापणपूर्वं वृत्तान्तप्रतिपादनानुज्ञादानरूपविनियोगोऽपि दोषवानेव प्रतिभाति, तस्मात्समर्थद्वारा तदीयवृत्तान्तं ज्ञात्वा भवत्समीपानयनमुचितमिति भावः ॥५४॥ तर्हि शरभमतमेव तवापि किमित्याशङ्क्य तन्मतं दूषयति—चारेति । प्रणिहितमिति भावे निष्ठा । चारप्रेषणं युक्तमिति यदुक्तं तव सचिवैः शरभादिभिस्तदपि नोपपद्यत इति शेषः । यतस्तत्र चारप्रेषणे कारणं नोपपद्यते तत्प्रयोजनं नास्ति । कुतः, अर्थस्यासंभवादेव तत्साध्यप्रयोजनासंभवादेव । अयं भावः—असंनिहितेऽप्रकटवृत्तान्ते तज्ज्ञानाय तत्प्रेषणम्, न तु प्रत्यक्षे

अदेशकाले संप्राप्त इत्ययं यद्विभीषणः । विवक्षा तत्र मेऽस्तीयं तां निबोध यथामति ॥ ५६
एष देशश्च कालश्च भवतीह यथा तथा । पुरुषात्पुरुषं प्राप्य तथा दोषगुणावपि ॥ ५७
दौरात्म्यं रावणे दृष्ट्वा विक्रमं च तथा त्वयि । युक्तमागमनं ह्यत्र सदृशं तस्य बुद्धितः ॥ ५८
अज्ञातरूपैः पुरुषैः स राजन्पृच्छ्यतामिति । यदुक्तमत्र मे प्रेक्षा काचिदस्ति समीक्षिता ॥ ५९
पृच्छ्यमानो विशङ्केत सहसा बुद्धिमान्वचः । तत्र मित्रं प्रदुष्येत मिथ्या पृष्टं सुखागतम् ॥ ६०
अशक्यं सहसा राजन्भावो बोद्धुं परस्य वै । अन्तरेण स्वरैर्भिन्नैर्नैपुण्यं पश्यतां भृशम् ॥ ६१
न त्वस्य ब्रुवतो जातु लक्ष्यते दुष्टभावता । प्रसन्नं वदनं चापि तस्मान्मे नास्ति संशयः ॥ ६२
अशङ्कितमतिः स्वस्थो न शठः परिसर्पति । न चास्य दुष्टवागस्ति तस्मान्मे नास्ति संशयः ॥ ६३
आकारश्छाद्यमानोऽपि न शक्यो विनिगूहितुम् । बलाद्धि विवृणोत्येव भावमन्तर्गतं नृणाम् ॥ ६४
देशकालोपपन्नं च कार्यं कार्यविदां वर । सफलं कुरुते क्षिप्रं प्रयोगेणाभिसंहितम् ॥ ६५
उद्योगं तव संप्रेक्ष्य मिथ्यावृत्तं च रावणम् । वालिनं च हतं श्रुत्वा सुग्रीवं चाभिषेचितम् ॥ ६६

प्रकटतया स्ववृत्तान्तवेदके इति ॥ ५५ ॥ अथ जाम्बवदुक्तमदेशकालप्राप्तिरूपं शङ्कास्पदं स्वरूपासिद्ध्या दूषयति—अदेशेति । अयं विभीषणोऽदेशकाले संप्राप्त इति यज्जाम्बवतोक्तं तत्र तद्विषय एष देशः कालश्च यथा भवति तथेयं मे विवक्षास्तीत्यन्वयः ॥ ५६ ॥ तं विवक्षाविषयमाह—पुरुषादिति । पापात्पुरुषाद्रावणादुत्तमं पुरुषं त्वां प्राप्य बुद्ध्या निश्चित्य, तथा द्वयोस्तयोर्दोषगुणावपि प्राप्य बुद्ध्या निश्चित्य, यदत्र युक्तं कालोचितमागमनं कृतं तत्तस्यैव बुद्धितः सदृशम् । पुरुषादित्यर्थोक्तस्यैव विवरणम्—दौरात्म्यमिति । परदारापहरणाद्रावणे दौरात्म्यम् । त्वयि विक्रमं च कक्षपुटे रावणं कृत्वा चतुःसागरीं प्रदक्षिणं कृतवतो वालिन एकेनैव बाणेन त्वया हननादृष्ट्वेत्यर्थः ॥ ५७ ॥ ५८ ॥ अथैनमकार्यतद्वचनतद्भावदर्शनाभ्यामेव तदीयगुणदोषाववगन्तव्याविति स्वमतं स्थिरीकर्तुं चारप्रेषणपक्षे दोषान्तरमाह—अज्ञातेति । अज्ञातकुलशीलप्रयोजनैः पुरुषैश्चारैः स विभीषणः पृच्छ्यतामिति यन्मन्देनोक्तमत्र मे मया समीक्षिता सम्यक्परीक्षिता काचित्प्रेक्षाधीरस्ति ॥ ५९ ॥ का सेत्यत्राह—पृच्छ्यमान इति । अज्ञातपुरुषेण को भवान्कुत आगत इति किमर्थमागत इत्यादि पृच्छ्यमानः प्रष्टृस्वरूपज्ञानरहितो बुद्धिमान्पुरुषस्तद्वचः सहसा द्राग्विशङ्केत, नेमं जानामि केनायं प्रेषितः किमर्थं पृच्छतीति शङ्काकुल एव भवति केवलम्, न तूत्तरयति किंचित् । यदि तु प्रष्टुः शनैर्ज्ञानं भवति तदा सुखागतं सुखार्थमागतं मित्रं चेत्तदा मिथ्या पृष्टं वृथा पुनः पृष्टं सन्मित्रभावात्प्रदुष्येत भिद्येत । किमर्थमेवं विचारयति पुरुषमुखेनेति स्वधर्मेहं भवति । एवं च मित्रहानिरिति भावः ॥ ६० ॥ किं च तस्य शत्रुत्वे तदभिप्रायश्चारैरपि दुर्ज्ञेय इत्याह—अशक्यमिति । परस्य शत्रोर्भावश्चारेण सहसा द्राक्प्रश्नमात्रेण वेत्तुं ज्ञातुमशक्य एव । अज्ञातेन पृष्ट उत्तरस्यैवादानात् । शत्रुप्रहितत्वेन ज्ञाते प्रत्युत दण्डस्यापि प्रसङ्गात् । नन्वेवं जगति चारप्रेषणनैष्फल्यप्रसङ्ग इति चेन्न, बहुकालं तत्र स्थितौ तद्वचनैस्तद्व्यवहारैस्तत्प्रसङ्गे हर्षामर्षादिभिश्च तस्य शत्रुमित्रत्वज्ञानाय तत्प्रेषणसंभवात् । यदेवमतः—अन्तरेणेति । 'अन्तरेण स्वरैर्भिन्नैर्नैपुण्यं पश्यतां भृशम्' इति प्राचीनः पाठः । अन्तरेण व्यवहारमध्ये भिन्नैः स्वरैर्विलक्षणस्वरैः कण्ठध्वनिभिर्नैपुण्यं सदसदन्यतरत्वनिश्चयं पश्यतां कुर्वताम् । भवानिति शेषः । तत्र बाष्पकण्ठत्वे भीत्या पूर्वापरासंगतकथने चामत्रन्यथा सचिति निश्चीयतामित्याशयः । 'अन्तःस्वभावैर्गीतैस्तैर्नैपुण्यं पश्यता भृशम्' इति पाठे भृशमत्यर्थं स्वस्मिन्नैपुण्यं पश्यता जानतापि प्रष्ट्रान्तःस्वभावैरापाततः प्रसन्नार्थैस्तैरपि गूढाभिप्रायैर्गीतैर्भाषितैः परस्वभावोऽभिप्रायः सहसा वेत्तुं न शक्य इत्यर्थः ॥ ६१ ॥ ननु त्वयैव प्रथमं परीक्ष्यतामिति चेन्मया परीक्षित एवेत्याह—न त्वस्येति । दुष्टभावता वचनचेष्टादिभिर्दुष्टान्तःकरणता न लक्ष्यते, प्रसन्नवदनता च दृश्यते ॥ ६२ ॥ उक्तार्थस्यैव स्थैर्यायाभ्यासः—अशङ्कितेति । अशङ्कितमतिर्निश्चितशरणगमनमती रामशरणगमनमेव ममेष्टसाधनमिति सुप्रतिष्ठितचित्तः, अतएव स्वस्थः सुखभाव एव भूत्वायं परिसर्पति, न शठो गूढविप्रियधीर्भूत्वा । दुष्टवागदुष्टा शब्दार्थदोषवती वाक् ॥ ६३ ॥ ननु शठोऽप्येवं वक्ष्यतीत्याशङ्क्याह—आकार इति । आकार आन्तरो भावो यावच्छक्यं छाद्यमानोऽपि न सर्वात्मना निगूहितुं शक्यः । कुतस्तत्राह—बलादिति । भावं शठभावं साधुभावं च विवृणोत्येव । अन्तर्यामिदेवतेति शेषः । सा हि तथावचनादिप्रेरणया तं प्रकटीकरोतीत्यर्थः । अस्य त्रिरेकरूपवादान्निर्दुष्टत्वं निर्णीयत इति भावः ॥ ६४ ॥ नन्वदुष्टस्यास्यां वेलायामत्रागमने किं प्रयोजकमित्याशङ्कायां देशकालौचित्यज्ञानमेवेत्याह—देशेति । हे कार्यविदां वर, अस्येदमत्रागमनरूपं कार्यं देशकालोपपन्नमेवोकरीत्या । किं चेदृशं कार्यं प्रयोगेणाभिसंहितमनुष्ठानेन संपादितमात्मानं क्षिप्रं सफलं कुरुत इत्यर्थः ॥ ६५ ॥ एतदेव विवृणोति—उद्योगमिति । उद्योगं रावणवधविषयम् । मिथ्यावृत्तं मिथ्याबलगर्वितं पापवृत्तं च दृष्ट्वा रावणादप्यधिकबलं वालिनं हतं श्रुत्वा बुद्धिपूर्वं वालिवदेव रावणं हनिष्यति सुग्रीववदेव मह्यं राज्यं दास्यति शरणागतवत्सलः सर्वथा मां रक्षिष्यतीति बुद्धिपूर्वम् । उपसंहरति—एतावदिति ॥ ६६ ॥

राज्यं प्रार्थयमानस्तु बुद्धिपूर्वमिहागतः । एतावत्तु पुरस्कृत्य विद्यते तस्य संग्रहः ॥ ६७
यथाशक्ति मयोक्तं तु राक्षसस्यार्जवं प्रति । प्रमाणं त्वं हि शेषस्य श्रुत्वा बुद्धिमतां वर ॥ ६८

इत्यार्षे श्रीमद्रामायणे वाल्मीकीय आदिकाव्ये युद्धकाण्डे सप्तदशः सर्गः ॥ १७ ॥

अष्टादशः सर्गः ।

अथ रामः प्रसन्नात्मा श्रुत्वा वायुसुतस्य ह । प्रत्यभाषत दुर्धर्षः श्रुतवानात्मनि स्थितम् ॥ १
ममापि च विवक्षास्ति काचित्प्रति विभीषणम् । श्रोतुमिच्छामि तत्सर्वं भवद्भिः श्रेयसि स्थितैः ॥ २
मित्रभावेन संप्राप्तं न त्यजेयं कथंचन । दोषो यद्यपि तस्य स्यात्सतामेतदगर्हितम् ॥ ३
सुग्रीवस्त्वथ तद्वाक्यमाभाष्य च विमृश्य च । ततः शुभतरं वाक्यमुवाच हरिपुंगवः ॥ ४
स दुष्टो वाप्यदुष्टो वा किमेष रजनीचरः । ईदृशं व्यसनं प्राप्तं भ्रातरं यः परित्यजेत् ॥ ५
को नाम स भवेत्तस्य यमेष न परित्यजेत् । वानराधिपतेर्वाक्यं श्रुत्वा सर्वानुदीक्ष्य तु ॥ ६
ईषदुत्स्मयमानस्तु लक्ष्मणं पुण्यलक्षणम् । इति होवाच काकुत्स्थो वाक्यं सत्यपराक्रमः ॥ ७
अनधीत्य च शास्त्राणि वृद्धाननुपसेव्य च । न शक्यमीदृशं वक्तुं यदुवाच हरीश्वरः ॥ ८
अस्ति सूक्ष्मतरं किंचिद्यथात्र प्रतिभाति मा । प्रत्यक्षं लौकिकं चापि वर्तते सर्वराजसु ॥ ९
अमित्रास्तत्कुलीनाश्च प्रातिदेश्याश्च कीर्तिताः । व्यसनेषु प्रहर्तारस्तस्मादयमिहागतः ॥ १०

॥ ६७ ॥ मया राक्षसस्यार्जवमुद्दिश्य त्वां प्रति यथाशक्त्युक्तम् । अधिकं वक्तुं तु न युज्यते । श्रुत्वा शेषकृत्यस्य निर्णये तु त्वमेव प्रमाणम् ॥ ६८ ॥ **इति श्रीरामाभिरामे श्रीरामीये रामायणतिलके वाल्मीकीय आदिकाव्ये युद्धकाण्डे सप्तदशः सर्गः ॥ १७ ॥**

वायुसुतस्य । वचनमिति शेषः । श्रुतवान्सकलशास्त्रश्रवणवान् । आत्मनि स्वचित्ते स्थितम् । स्वचित्तस्थितार्थप्रतिपादकमिति यावत् ॥ १ ॥ ममापि भवदुक्तेभ्यो विलक्षणं विभीषणं प्रति काचिद्विवक्षास्ति तत्सर्वं मद्विवक्षितं मम श्रेयसि स्थितैर्भवद्भिः श्रोतुं श्रवणसंनिहितं कर्तुमिच्छामि । इयमुक्तिः सर्वमतप्रतिक्षेपकस्वमतश्रवणेन सुग्रीवादीनां व्याकुलचित्तता मा भूदिति तेषामुपलालनाय ॥ २ ॥ तत्रान्यैर्दोषोक्तिपूर्वकमग्राह्यत्वमुक्तम् । हनूमता निर्दोषत्वोक्तिपूर्वं ग्राह्यत्वमुक्तम् । भगवांस्तु प्रौढ्या सुग्रीवाद्युक्तं रन्ध्रप्रहारित्वमङ्गीकृत्यापि परिग्राह्यत्वं स्थापयति—मित्रेति । राघवं शरणं गत इति प्रसन्नवचनानुमितमित्रभावेन मित्रत्वेन संप्राप्तं पत्नी स्निग्धभावेन प्राप्तं पतिमिव कथंचन सर्वदेशकालावस्थास्वपि न त्यजेयम् । भवदुक्तरन्ध्रप्रहारमिथ्याविभीषिकाभीतः सन्निति शेषः । ननु शत्रुपक्षत्वेन दुष्टं कथं न त्यक्ष्यसीत्यत्राह—दोष इति । वस्तुतस्तत्र दोष एव नास्ति । शत्रुपक्षत्वेऽपि ततो भीततया शरणागतत्वात् । यद्यपि तस्य दोषो भवदुक्तस्तदतिरिक्तश्च स्यात्तथापि तं न त्यजेयमिति संबन्धः । यद्यपि दुष्टजनपरिग्रहः शिष्टगर्हितस्तथापि 'वध्यं प्रपन्नं न प्रतिप्रयच्छन्ति' इत्येवमादिशास्त्राच्छरणागतदुष्टपरिग्रहणं सतामगर्हितम् । पूजितमित्यर्थः ॥ ३ ॥ गर्हितत्वमेव ज्ञापयितुं सुग्रीवः प्रागुक्तादधिकं स्वविवक्षितं दोषं विभीषणे कथयति—सुग्रीव इति आभाष्यानूद्य ततो विमर्शानन्तरम् । शुभतरं प्रागुक्तदोषादप्यधिको यः समर्थतरापरिग्राह्यत्वे हेतुभूतो दोषस्तत्प्रतिपादकम् ॥ ४ ॥ स एष रजनीचरो दुष्टो वा प्रागुक्तदोषयुक्तो वा अदुष्टो वा तद्रहितो वा तथाप्यसौ ग्राह्यः । किं नैव ग्राह्यः कृतघ्नत्वादित्याह—ईदृशमिति । प्रबलशत्रुग्रासरूपं व्यसनं प्राप्तं भ्रातरं यः परित्यजेदत्यजत् ॥ ५ ॥ तस्यास्य को नाम स भवेत्, यमेष संकटे न परित्यजेत्, तस्मादस्मानपि संकटे त्यक्ष्यत्येव । विश्वासघातिकृतघ्नत्वादित्यर्थः । सर्वानुदीक्ष्य सुग्रीवस्योत्तरकक्ष्याचालनसामर्थ्यं सर्वहरीननुभाव्य, तथा लक्ष्मणमुदीक्ष्येषदुत्स्मयमानो बालत्वेन मद्वृत्तापरिज्ञानात्त्वमप्येतदेव संमनमिनीषद्धासं कुर्वन्निति होवाच ॥ ६ ॥ ७ ॥ सुग्रीववैमनस्यपरिहाराय तद्वाक्यं प्रशस्योत्तरमाह—अनधीत्येति । हरीश्वरो यदुवाचेदृशं वृद्धसेवारहितेन शास्त्राध्ययनरहितेन च न वक्तुं शक्यम् ॥ ८ ॥ अथैतदुपर्यपि मम किंचिद्भातीत्याह—अस्तीति । अत्र भ्रातृपरित्यागरूपदोषोद्भावनेऽपि सर्वराजसु प्रत्यक्षं प्रत्यक्षसिद्धं लौकिकमन्ततः सर्वलोकप्रसिद्धं विद्यते मा मां प्रति भाति च तत्सूक्ष्मतरं किंचिदर्थरूपमस्ति ॥ ९ ॥ तदर्थरूपं प्रतिपादयितुं तदुपयुक्तां लोकस्थितिमाह—मित्रा इति । राज्ञाममित्राः शत्रवो द्विधा कीर्तिताः । तत्कुलीना ज्ञातयः प्रातिदेश्या आसन्नदेशवासिनश्चेति । ते द्विविधा अपि स्वविरोधिज्ञातेः स्वविरोधिन आसन्नदेशवर्तिनश्च व्यसनेष्वाध्यात्मिकादित्रिप्रकारकष्टेषु तस्य प्रहर्तारो भवन्तीति प्रसिद्धम् । अस्तु, किं तत इत्यत्राह—तस्मादिति । नानाप्रकारस्वपीडाप्रवृत्तज्ञातिभयात्स्वत्राणार्थमिहागतः । यद्वा तस्माद्व्यसनप्रहर्तृज्ञातित्वाद्व्यसनिनं रावणं प्रहर्तुमयं विभीषण इहागत इत्यर्थः ।

अपापास्तत्कुलीनाश्च मानयन्ति स्वकान्हितान् । एष प्रायो नरेन्द्राणां शङ्कनीयस्तु शोभनः ॥ ११

यस्तु दोषस्त्वया प्रोक्तो ह्यादानेऽरिबलस्य च । तत्र ते कीर्तयिष्यामि यथाशास्त्रमिदं शृणु ॥ १२

न वयं तत्कुलीनाश्च राज्यकाङ्क्षी च राक्षसः । पण्डिता हि भविष्यन्ति तस्माद्ग्राह्यो विभीषणः ॥ १३

अव्यग्राश्च प्रहृष्टाश्च ते भविष्यन्ति संगताः । प्रणादश्च महानेषोऽन्योन्यस्य भयमागतम् ।

इति भेदं गमिष्यन्ति तस्मात्प्राप्तो विभीषणः ॥ १४

न सर्वे भ्रातरस्तात भवन्ति भरतोपमाः । मद्विधा वा पितुः पुत्रा सुहृदो वा भवद्विधाः ॥ १५

एवमुक्तस्तु रामेण सुग्रीवः सहलक्ष्मणः । उत्थायेदं महाप्राज्ञः प्रणतो वाक्यमब्रवीत् ॥ १६

रावणेन प्रणिहितं तमवेहि निशाचरम् । तस्याहं निग्रहं मन्ये क्षमं क्षमवतां वर ॥ १७

राक्षसो जिह्मया बुद्ध्या संदिष्टोऽयमिहागतः । प्रहर्तुं त्वयि विश्वस्ते विश्वस्ते मयि वानघ ॥ १८

लक्ष्मणे वा महाबाहो स वध्यः सचिवैः सह । रावणस्य नृशंसस्य भ्राता ह्येष विभीषणः ॥ १९

एवमुक्त्वा रघुश्रेष्ठं सुग्रीवो वाहिनीपतिः । वाक्यज्ञो वाक्यकुशलं ततो मौनमुपागमत् ॥ २०

स सुग्रीवस्य तद्वाक्यं रामः श्रुत्वा विमृश्य च । ततः शुभतरं वाक्यमुवाच हरिपुंगवम् ॥ २१

स दुष्टो वाप्यदुष्टो वा किमेष रजनीचरः । सूक्ष्ममप्यहितं कर्तुं मम शक्तः कथंचन ॥ २२

॥ १० ॥ अथ शत्रुताप्रयोजकमपि न ज्ञातित्वमात्रम्, किं तु परस्परानिष्टचिन्तायुक्तत्वमित्याह—अपापा इति । अपापाः परस्परानिष्टचिन्तारहिताः । धर्ममार्गेण परस्परहितैषिणश्च तत्कुलीना ज्ञातयो ये ते स्वकान्हितान्मानयन्ति । एष उक्तोऽर्थः प्रायो बाहुल्येन लोके उपलक्ष्यते । नरेन्द्राणां तु शोभनोऽपि हितैष्यपि ज्ञातिः शङ्कनीय एव । महत्तरराज्यैश्वर्यलोभसंभवात् । उपजापवशादनिष्टचिन्ताया भरतमात्रादौ दृष्टत्वाच्च । एवं च स्वस्माच्छङ्कितरावणतोऽनिष्टं संभाव्य तं त्यक्त्वायमागतः । किं च 'यो हिंसार्थमभिक्रान्तं हन्ति मन्युरेव मन्युं स्पृशति न तस्मिन्दोषः' इत्यापस्तम्बोक्ते रावणनाशार्थमागमनेऽप्यस्य न दोष इत्याशयः ॥ ११ ॥ एवं भ्रातृत्यागदोषं परिहृत्य यः पूर्वं परिग्रहे रन्ध्रप्रहारदोष उक्तस्तमनूद्य परिहरति—य इति । अरिबलस्य शत्रुपक्षस्यादाने परिग्रहे यो दोषो रन्ध्रप्रहाररूपो दोष उक्तस्तद्विषये यथाशास्त्रं यथान्यायमुत्तरं कीर्तयिष्यामि तच्छृणु ॥ १२ ॥ तदेवाह—नेति । वयं न तत्कुलीना ज्ञातयः । चात्प्रातिदेश्याश्च न भवामः, अतोऽस्मद्राज्यजिघृक्षाभावान्नास्मासु प्रहारोऽनेन कार्यः, किं तु निजराज्यमेव स्वज्ञातिनिरासमस्मन्मुखेन संपाद्य काङ्क्षति । तदाह—राज्यकाङ्क्षीति । अतो नोपजीव्यविरोधं करिष्यति । ननु मूर्खैस्तमःप्रधानत्वाद्राक्षसैः कथमेवं विचारकरणमत आह—पण्डिता इति । पर्यालोचनपूर्वमनुष्ठेयनिश्चयसमर्थाः पण्डितास्ते सर्वत्र भविष्यन्त्येव, एवं चैकजन्यत्वेऽपि यथा कुम्भकर्णोऽतितामसो रावणश्चातिराजसः, एवमयमतिसात्त्विकत्वयैवंविचारशील इति भावः । उपसंहरति—तस्मादिति ॥ १३ ॥ उक्तहेत्वनुवादपूर्वं ग्राह्यत्वमुपसंहरति—अव्यग्रा इति सार्धेन । ते ज्ञातयोऽव्यग्रा अनाकुलाः । निश्चयवन्त इति यावत् । प्रहृष्टा अन्योन्यं संतुष्टाश्च सौभ्रात्ररसगताः परस्परमिलिता भविष्यन्तीति सर्वलोकप्रसिद्धम् । तेभ्योऽन्ये तूक्तविपरीता इति प्रागुक्तरीत्या पापमूलराज्यलोभादिना भेदं गमिष्यन्ति, ततोऽनन्तरमस्य ज्ञातिवर्गस्यैष लोकप्रसिद्धः प्रणादो युद्धरूपकोलाहलो भवति, अन्योन्यस्यान्योन्यतो भयं चागतं भवतीति लोकस्थितिर्यतस्तस्मादयमेतावत्कालमनपगतसौभ्रात्रोऽपि केनचिन्निमित्तेनाद्य प्राप्तवैरः शरणमागतो ग्राह्य एवेति कतकव्याख्या । तीर्थस्तु—'नैष ततोऽस्य' इति पठित्वास्य भीतस्यैवैष महान्प्रणादः श्रूयते, अतस्ततो बलवतो रावणादस्य विभीषणस्य भयमागतमित्यात्मत्राणार्थमागतः परिग्राह्य एवेत्यर्थः । इतरत्तु प्राग्वदेव व्याख्येयमित्याह ॥ १४ ॥ ननु भरतादिष्वेतद्दोषादर्शनाद्भ्रातृणामीदृशभेदासंभवोऽत आह—न सर्वे इति । राज्यादीच्छया प्राप्तसौभ्रात्रत्यागस्याभावो भरतादन्येन परमदुष्करः, तेन पितृदत्तराज्यत्यागात् लक्ष्मणादेस्तु तदप्रसक्त्या न तदुक्तिः । मद्विधा वा पुत्राः सुखलिप्सया पितृवाक्यलङ्घनरहिताः, सुहृदो वा भवद्विधाः । त्यक्त्वापि सर्वसौख्यं सर्वाकारेण सर्वबलेन सर्वयत्नेन च मित्रकार्यसाधकः सुहृत्परमदुर्लभ इति भावः । अत्र भूतार्थकथनरूपत्वान्नात्मप्रशंसादोषो भगवतः । 'स्वगुणाविष्क्रियादोषो नास्ति भूतार्थशंसने' इति दण्ड्युक्तेः ॥ १५ ॥ एवं न्यायतो विभीषणस्य ग्राह्यत्वे प्रतिपादितेऽपि प्रीत्यतिशयेनानिष्टसंभावनया स्वमतमेव सम्यगित्याशयेनाह—एवमिति । सहलक्ष्मण इत्यनेनोभयोरैकमत्यं दर्शितम् । उत्थाय प्रणत इत्यन्वयः ॥ १६ ॥ प्रणिहितमेव हि, न तु वैरस्यादागतमित्यर्थः । तद्वाक्यमविश्वास्यमित्याशयः ॥ १७ ॥ उक्तमेवाह—जिह्मयेति । कुटिलयेत्यर्थः । विश्वस्ते मयीत्युक्तिः स्वव्यसनादपि स्वाश्रितव्यसनमरुंतुदमिति मत्वेति बोध्यम् ॥ १८ ॥ तादृशच्छलबुद्धित्वे हेतू रावणभ्रातृत्वम् ॥ १९ ॥ मौनमुपागमत् । त्रिवारोक्तम्, अतोऽधिकं प्रभौ न वक्तुं युक्तमित्याशयेनेति शेषः ॥ २० ॥ विमृश्य च रन्ध्रप्रहारदोषः सति संभवेऽप्यस्मास्वकिंचित्कर इति विचार्य ॥ २१ ॥ तमेव निश्चयं दर्शयति—स दुष्ट इति । स एष दुष्टोऽदुष्टो वा यथाकथंचिदस्तु, अथापि मम सूक्ष्म-

९४

पिशाचान्दानवान्यक्षान्पृथिव्यां चैव राक्षसान् । अङ्गुल्यग्रेण तान्हन्यामिच्छन्हरिगणेश्वर ॥ २३
श्रूयते हि कपोतेन शत्रुः शरणमागतः । अर्चितश्च यथान्यायं स्वैश्च मांसैर्निमन्त्रितः ॥ २४
स हि तं प्रतिजग्राह भार्याहर्तारमागतम् । कपोतो वानरश्रेष्ठ किंपुनर्मद्विधो जनः ॥ २५
ऋषेः कण्वस्य पुत्रेण कण्डुना परमर्षिणा । शृणु गाथा पुरा गीता धर्मिष्ठा सत्यवादिना ॥ २६
बद्धाञ्जलिपुटं दीनं याचन्तं शरणागतम् । न हन्यादानृशंस्यार्थमपि शत्रुं परंतप ॥ २७
आर्तो वा यदि वा दृप्तः परेषां शरणं गतः । अरिः प्राणान्परित्यज्य रक्षितव्यः कृतात्मना ॥ २८
स चेद्भयाद्वा मोहाद्वा कामाद्वापि न रक्षति । स्वया शक्त्या यथान्यायं तत्पापं लोकगर्हितम् ॥ २९
विनष्टः पश्यतस्तस्य रक्षिणः शरणं गतः । आदाय सुकृतं तस्य सर्वं गच्छेदरक्षितः ॥ ३०
एवं दोषो महानत्र प्रपन्नानामरक्षणे । अस्वर्ग्यं चायशस्यं च बलवीर्यविनाशनम् ॥ ३१
करिष्यामि यथार्थं तु कण्डोर्वचनमुत्तमम् । धर्मिष्ठं च यशस्यं च स्वर्ग्यं स्यात्तु फलोदये ॥ ३२
सकृदेव प्रपन्नाय तवास्मीति च याचते । अभयं सर्वभूतेभ्यो ददाम्येतद्व्रतं मम ॥ ३३

मप्यहितं कर्तुं कथंचन कथमपि शक्तः किम् । न कथमपि शक्त इत्यर्थः ॥ २२ ॥ कुत इत्यत्रापरिमेयनिजशक्तिं तच्छक्तिप्रतिहन्त्रीमाह—पिशाचानिति । अङ्गुल्यग्रेण एकाङ्गुल्या अग्रमात्रेणापि । अनेन संकल्पसिद्धिरैश्वरं चिह्नमुक्तम् । यद्येवमस्मदादिसंग्रहो व्यर्थस्तत्राह—इच्छन्निति । स्वस्य निरतिशयमहिमानं तात्त्विकं ब्रह्मभावं प्रकटीकर्तुमिच्छन्यदि स्यां तदा तथैव कुर्याम्, संप्रति तु देवभावोपेतानिजावलासैरशेषैरवध्यत्वमस्य मयैव दत्तमिति तत्परिपालनाय स्वदिव्यभावं स्वशक्त्येवान्तर्धाय मानुषमर्यादायां स्थित्वा तद्भावप्रकटनायैव सीतावियोगप्रयुक्तरोदनवद्भवादृशसहायमेलनम् । वस्तुतो न स्वातिरिक्तसहायान्तरापेक्षा मम, मनुष्याणां संसारमर्यादाज्ञापनं तद्व्यवहारफलमिति भावः ॥ २३ ॥ एवं रन्ध्रे प्रहारभीतिं दूरीकृत्य शरणागतरक्षणं परमो धर्म इति कपोताख्यानेन दर्शयति—श्रूयते हीति । भार्याहर्तृत्वात्कपोतशत्रुर्व्याधः शरणं गृहं स्वनिवासभूतवृक्षमागतो यथान्यायमर्चितोऽग्न्यानयनशीतनिवारणाद्युपचारैर्यथोचितं पूजितः स्वैर्मांसैर्निमन्त्रितो भोजनाय प्रार्थितः ॥ २४ ॥ एवंरीत्या स हि सोऽपि तिर्यग्जन्तुरपि भार्याहर्तारं शरणमागतं प्रतिजग्राह नोपेक्षितवानिति श्रूयते, किं पुनर्मद्विधो जनः सकलधर्मरहस्यवेत्ता क्षत्रियो भूत्वाऽकृतापकारं शरणागतं न प्रतिगृह्णीयादित्यर्थः । शरणागतं कायवाग्व्यापारैरसदिग्धमेवेत्याशयः ॥ २५ ॥ नन्वत्र विध्यदर्शनाद्धर्मानधिकृतकपोतचेष्टा कथं धर्मे प्रमाणं स्यादतो विधिमपि दर्शयति—ऋषेरिति । तद्गीतगाथायां प्रामाण्यप्रदर्शनाय सत्यवादिनेत्यन्तानि ऋषिविशेषणान्युक्तानि । सत्यवादिनाऽबाधितार्थप्रतिपादनव्रतेन, अत एव तद्गीतगाथा या धर्मिष्ठा । धर्मपरेत्यर्थः ॥ २६ ॥ तां गाथामाह—बद्धेति । याचन्तम् । शरणमित्यर्थः । आनृशंस्यार्थमघातुकत्वसिद्ध्यर्थमाश्रितरक्षणरूपपरमधर्मपालनार्थं वा ॥ २७ ॥ आर्तो वा दृप्तो वेति गुणदोषौदासीन्यपरं वचनम् । परेषां शत्रूणां भयाच्छरणागतोऽरिरपि पूर्वं कृतवैरोऽपि कृतात्मना धर्मशास्त्रशिक्षितचित्तेन प्राणान्परित्यज्यापि रक्षणीयः ॥ २८ ॥ तथाऽकरणे पापमाह तस्य धर्मस्य नित्यत्वबोधनाय—स चेदिति । केनापि शरणतया श्रित इत्यर्थः । भयात्तद्रक्षणे तच्छत्रोः सकाशात्तस्माद्वा भयमुत्प्रेक्ष्य ततो हेतोर्मोहात्कार्यान्तरपारवश्यजनितविस्मृतेः । कामाद्वा तच्छत्रोः सकाशतः किंचित्फललोभेन वा स्वया शक्त्या स्वसामर्थ्येन सहायसंपादनेन स्वद्रव्यदानादिना वा यथान्यायं न रक्षति चेत् । शरणागतमिति शेषः । तदा तत्पापमरक्षितस्य शरणागतस्य पापम् । प्राप्नोतीति शेषः । तथा लोकगर्हितम् । भावे निष्ठा । लोकनिन्दां च प्राप्नोति ॥ २९ ॥ न केवलमेतावदेव, स्वकृतसर्वसुकृतापहारं च प्राप्नोतीत्याह—विनष्ट इति । यः शरणागतोऽरक्षितो विनष्टः स्यात्स पश्यतस्तस्य रक्षिणो रक्षार्थं वृतस्य समक्षमेव तस्य रक्षिणः सर्वं सुकृतमादाय गच्छेत् ॥ ३० ॥ एतदन्ताः कण्डुगाथाः । अथ रामवाक्यम्—एवमिति । अतस्तदरक्षणमस्वर्ग्यं स्वर्गप्रतिबन्धकम् । बलवीर्यनाशनम् । तपोबलजं यद्वीर्यं निग्रहानुग्रहसामर्थ्यं तद्विनाशकमित्यर्थः ॥ ३१ ॥ यदेवमतः—करिष्यामीत्यादि । वचनं शरणागतरक्षणपरम् । धर्मिष्ठं जनतासंबन्धेनातिशयितधर्मवत् । फलोदयकाले स्वर्ग्यं स्वर्गजनकम् ॥ ३२ ॥ किं च परमकारुणिकस्य मम सर्वभूताभयदानरूपः कश्चित्संकल्पोऽस्तीत्याह—सकृदिति । सर्वभूतेभ्य इति पञ्चमी चतुर्थी च । भयप्रसक्तिमद्भ्योऽभयं ददामि । अत्र वर्तमानप्रयोगेण नित्यसत्सहजधर्मत्वमभयदानस्य द्योत्यते । तदेवाह—एतन्मम व्रतमिति । नित्यपरिगृहीतो नित्यनिजप्रतिष्ठितोऽस्मद्धर्म इत्यर्थः । अत्र तात्कालिकमात्यन्तिकं चेत्युभयविधमप्यभयदानं प्रतिज्ञायते । तत्रात्यान्तिकं संसारभयोपरतिरूपम्, द्वितीयं तु रावणादित उत्थितमृत्युभयनिवृत्तिरूपम्, इदं चोरारिग्रहनिमित्तकाभयदानस्याप्युपलक्षणम् । नन्वेवं सर्वेश्वरस्यापि तत्र निमित्ताभयदातृत्वे वैषम्यनैर्घृण्यादिदोषप्रसङ्गस्तत्राह—सकृदिति । अनेनोभयविधाभयदानस्य साधनमुपदिश्यते । सकृदेकयैव वृत्त्या प्रपन्नाय । पदिर्गत्यर्थः । प्रकृष्टप्रतिपत्तिमते । प्रतिपत्तौ प्रकर्षश्च निरन्तरत्वम् । सा च तत्त्वमस्यादिवाक्यजन्या भगवतः स्वात्मत्वेन प्रतिपत्तिः । अयं च 'ज्ञानी त्वात्मैव मे

आनयैनं हरिश्रेष्ठ दत्तमस्याभयं मया । विभीषणो वा सुग्रीव यदि वा रावणः स्वयम् ॥ ३४
रामस्य तु वचः श्रुत्वा सुग्रीवः प्लवगेश्वरः । प्रत्यभाषत काकुत्स्थं सौहार्देनाभिपूरितः ॥ ३५
किमत्र चित्रं धर्मज्ञ लोकनाथशिखामणे । यत्त्वमार्य प्रभाषेथाः सत्त्ववान्सत्पथे स्थितः ॥ ३६
मम चाप्यन्तरात्मायं शुद्धं वेत्ति विभीषणम् । अनुमानाच्च भावाच्च सर्वतः सुपरीक्षितः ॥ ३७
तस्मात्क्षिप्रं सहास्माभिस्तुल्यो भवतु राघव । विभीषणो महाप्राज्ञः सखित्वं चाभ्युपैतु नः ॥ ३८
ततस्तु सुग्रीववचो निशम्य तद्धरीश्वरेणाभिहितं नरेश्वरः ।
विभीषणेनाशु जगाम संगमं पतत्रिराजेन यथा पुरंदरः ॥ ३९

इत्यार्षे श्रीमद्रामायणे वाल्मीकीय आदिकाव्ये युद्धकाण्डेऽष्टादशः सर्गः ॥ १८ ॥

एकोनविंशः सर्गः ।

राघवेणाभये दत्ते संनतो रावणानुजः । विभीषणो महाप्राज्ञो भूमिं समवलोकयत् ॥ १
खात्पपातावनिं हृष्टो भक्तैरनुचरैः सह । स तु रामस्य धर्मात्मा निपपात विभीषणः ॥ २
पादयोर्निपपाताथ चतुर्भिः सह राक्षसैः । अब्रवीच्च तदा वाक्यं रामं प्रति विभीषणः ॥ ३
धर्मयुक्तं च युक्तं च सांप्रतं संप्रहर्षणम् । अनुजो रावणस्याहं तेन चास्म्यवमानितः ॥ ४
भवन्तं सर्वभूतानां शरण्यं शरणं गतः । परित्यक्ता मया लङ्का मित्राणि च धनानि च ॥ ५
भवद्गतं हि मे राज्यं जीवितं च सुखानि च । तस्य तद्वचनं श्रुत्वा रामो वचनमब्रवीत् ॥ ६
वचसा सान्त्वयित्वैनं लोचनाभ्यां पिबन्निव । आख्याहि मम तत्त्वेन राक्षसानां बलाबलम् ॥ ७
एवमुक्तं तदा रक्षो रामेणाक्लिष्टकर्मणा । रावणस्य बलं सर्वमाख्यातुमुपचक्रमे ॥ ८
अवध्यः सर्वभूतानां गन्धर्वोरगपक्षिणाम् । राजपुत्र दशग्रीवो वरदानात्स्वयंभुवः ॥ ९
रावणानन्तरो भ्राता मम ज्येष्ठश्च वीर्यवान् । कुम्भकर्णो महातेजाः शक्रप्रतिबलो युधि ॥ १०
राम सेनापतिस्तस्य प्रहस्तो यदि ते श्रुतः । कैलासे येन समरे मणिभद्रः पराजितः ॥ ११
बद्धगोधाङ्गुलित्रश्च अवध्यकवचो युधि । धनुरादाय यस्तिष्ठन्नदृश्यो भवतीन्द्रजित् ॥ १२
सङ्ग्रामे सुमहद्व्यूहे तर्पयित्वा हुताशनम् । अन्तर्धानगतः श्रीमानिन्द्रजिद्धन्ति राघव ॥ १३

मतः' इति गीतोक्तः । अयमेवात्यन्तिकाभयदानपात्रम् । द्वितीयाभयदानसाधनमाह—तवास्मीति च याचत इति । औपाधिकभेदमवलम्ब्य तवाहं सेवकस्त्वं मे स्वामी, अहं शिष्यस्त्वं गुरुः, अहं रक्ष्यस्त्वं रक्षकः इत्येवमुपासनां कुर्वतः 'द्वितीयाद्धि भयं भवति' इति न्यायेनावश्यं प्राप्तभयस्य सर्वभूतेभ्यो यथा भयं न भवति तथा यतामीति मे व्रतमित्यर्थः । अतथाभूतेभ्यस्तु न यच्छामीति न नैर्घृण्यादिदोषप्रसङ्ग इति भावः ॥ ३३ ॥ अथापरिग्राह्यतावादिन सुग्रीवमेव बलात्परिग्राह्यताङ्गीकारं कारयित्वा, तमेव तदानयनाय प्रेषयति—आनयेति । अस्य वाक्याग्राभ्यां सुस्पष्टं शरणागतस्य । यदि वा रावण इति । कामरूपतयाकारान्तरावष्टम्भवानिति शेषः ॥ ३४ ॥ ३५ ॥ अथ सुग्रीवो विस्मयपरवश आह—किमत्रेति । धर्मज्ञ शरणागतरक्षणधर्मरहस्यज्ञ, लोकनाथानां राज्ञां शिखामणे, सत्त्ववान्सत्त्वैकनिष्ठस्त्वमार्य कल्याणं प्रभाषेथा इति यत्तत्र किं चित्रम् ॥ ३६ ॥ ममान्तरात्मापि विभीषणं शुद्धं वेत्ति । त्वद्वाक्यश्रवणादिति भावः । किं च परमचतुरेण हनूमता भावरूपादनुमानाच्च सर्वतः सुपरीक्षितश्चायं तस्मात् ॥ ३७ ॥ ३८ ॥ हरीश्वरेणाभिहितं नमानीयायं विभीषण इति बोधितम् । पतत्रिराजेन । तदानीतेनोपेन्द्रेणेत्यर्थः ॥ ३९ ॥ इति श्रीरामाभिरामे श्रीरामीये रामायणतिलके वाल्मीकीय आदिकाव्ये युद्धकाण्डेऽष्टादशः सर्गः ॥ १८ ॥

संनतो भक्तिप्रवगः । भूमिं समवलोकयत् । अवरोहणायेति भावः ॥ १ ॥ हृष्टोऽभिमतलाभजनितप्रीतियुक्तः । रामस्य निपपात । पादयोरित्यनुकर्षः ॥ २ ॥ पूर्वमेकस्यैव पादपतनमुक्त्वा मन्त्रिसहितस्य तदाह—पादयोरिति । पादयोर्निपपातेत्यनेन शरणागतधर्मकथनम् ॥ ३ ॥ युक्तं युक्तियुक्तम् । सांप्रतं संप्रहर्षणं तत्कालं संतोषकरणम् ॥ ४ ॥ सर्वभूतानां शरण्यमित्यनेन तस्य रामे भगवदवतारत्वावगमः सूचितः ॥५॥ मे राज्यं च भवद्गतमित्युक्त्या सर्वज्ञत्वेन रामो रावणवधं करिष्यत्येवेति निश्चितमिति गम्यते ॥ ६ ॥ पिबन्निवानुग्रहचक्षुषावलोकयन्निव ॥ ७ ॥ ८ ॥ ९ ॥ शक्रप्रतिबलः शक्रबलस्पर्धिबलवान् ॥ १० ॥ ११ ॥ बद्धं गोधारूपमङ्गुलित्राणं येन सः । गोधा ज्याघातवारणम् । अदृश्यो भवति । युद्धे इति शेषः ॥ १२ ॥ तदेवाह—सङ्ग्रामे इति । सुमहद्व्यूहे उचितबलसं-

महोदरमहापार्श्वौ राक्षसश्चाप्यकम्पनः । अनीकपास्तु तस्यैते लोकपालसमा ॥ युधि १४
दशकोटिसहस्राणि रक्षसां कामरूपिणाम् । मांसशोणितभक्ष्याणां लङ्कापुरनिवासिनाम् ॥ १५
स तैस्तु सहितो राजा लोकपालानयोधयत् । सह देवैस्तु ते भग्ना रावणेन दुरात्मना ॥ १६
विभीषणस्य तु वचस्तच्छ्रुत्वा रघुसत्तमः । अन्वीक्ष्य मनसा सर्वमिदं वचनमब्रवीत् ॥ १७
यानि कर्मापदानानि रावणस्य विभीषण । आख्यातानि च तत्त्वेन ह्यवगच्छामि तान्यहम् ॥ १८
अहं हत्वा दशग्रीवं सप्रहस्तं सहात्मजम् । राजानं त्वां करिष्यामि सत्यमेतच्छृणोतु मे ॥ १९
रसातलं वा प्रविशेत्पातालं वापि रावणः । पितामहसकाशं वा न मे जीवन्विमोक्ष्यते ॥ २०
अहत्वा रावणं संख्ये सपुत्रजनबान्धवम् । अयोध्यां न प्रवेक्ष्यामि त्रिभिस्तैर्भ्रातृभिः शपे ॥ २१
श्रुत्वा तु वचनं तस्य रामस्याक्लिष्टकर्मणः । शिरसा वन्द्य धर्मात्मा वक्तुमेव प्रचक्रमे ॥ २२
राक्षसानां वधे साह्यं लङ्कायाश्च प्रधर्षणे । करिष्यामि यथाप्राणं प्रवेक्ष्यामि च वाहिनीम् ॥ २३
इति ब्रुवाणं रामस्तु परिष्वज्य विभीषणम् । अब्रवील्लक्ष्मणं प्रीतः समुद्राज्जलमानय ॥ २४
तेन चेमं महाप्राज्ञमभिषिञ्च विभीषणम् । राजानं रक्षसां क्षिप्रं प्रसन्ने मयि मानद ॥ २५
एवमुक्तस्तु सौमित्रिरभ्यषिञ्चद्विभीषणम् । मध्ये वानरमुख्यानां राजानं राजशासनात् ॥ २६
तं प्रसादं तु रामस्य दृष्ट्वा सद्यः प्लवंगमाः । प्रचुकुशुर्महात्मानं साधुसाध्विति चाब्रुवन् ॥ २७
अब्रवीच्च हनूमांश्च सुग्रीवश्च विभीषणम् । कथं सागरमक्षोभ्यं तराम वरुणालयम् ।
सैन्यैः परिवृताः सर्वे वानराणां महौजसाम् ॥ २८
उपायैरभिगच्छाम यथा नदनदीपतिम् । तराम तरसा सर्वे ससैन्या वरुणालयम् ॥ २९
एवमुक्तस्तु धर्मात्मा प्रत्युवाच विभीषणः । समुद्रं राघवो राजा शरणं गन्तुमर्हति ॥ ३०
खानितः सगरेणायमप्रमेयो महोदधिः । कर्तुमर्हति रामस्य ज्ञातेः कार्यं महोदधिः ॥ ३१
एवं विभीषणेनोक्तं राक्षसेन विपश्चिता । आजगामाथ सुग्रीवो यत्र रामः सलक्ष्मणः ॥ ३२
ततश्चाख्यातुमारेभे विभीषणवचः शुभम् । सुग्रीवो विपुलग्रीवः सागरस्योपवेशनम् ॥ ३३
प्रकृत्या धर्मशीलस्य रामस्यास्याप्यरोचत । सलक्ष्मणं महातेजाः सुग्रीवं च हरीश्वरम् ॥ ३४
सत्क्रियार्थं क्रियादक्षं स्मितपूर्वमभाषत । विभीषणस्य मन्त्रोऽयं मम लक्ष्मण रोचते ॥ ३५
सुग्रीवः पण्डितो नित्यं भवान्मन्त्रविचक्षणः । उभाभ्यां संप्रधार्यार्थं रोचते यत्तदुच्यताम् ॥ ३६
एवमुक्तौ ततो वीरावुभौ सुग्रीवलक्ष्मणौ । समुदाचारसंयुक्तमिदं वचनमूचतुः ॥ ३७
किमर्थं नौ नरव्याघ्र न रोचिष्यति राघव । विभीषणेन यत्तूक्तमस्मिन्काले सुखावहम् ॥ ३८
अबद्ध्वा सागरे सेतुं घोरेऽस्मिन्वरुणालये । लङ्का नासादितुं शक्या सेन्द्रैरपि सुरासुरैः ॥ ३९

निवेशयति ॥ १३ ॥ अनीकपा उपसेनापतयः ॥ १४ ॥ दशकोटिसहस्राणि । सन्तीति शेषः । इदं च प्रधानराक्षसविवक्षया ॥ १५ ॥ ते लोकपालाः ॥ १६ ॥ १७ ॥ कर्मापदानानि युधि कर्मनिर्वर्तितशौर्याणि तान्यहमवगच्छाम्येव, न तु तानि मयि प्रभविष्यन्तीति भावः ॥ १८ ॥ यदुक्तं भवद्गतं हि मे राज्यमिति तदवश्यं संपादयिष्यामीति प्रतिजानीते—अहमिति ॥ १९ ॥ रसातलं भूसंनिहिताधोलोकम् । पातालमधोलोकावधिभूतं लोकम् । मे मत्तः ॥ २० ॥ २१ ॥ अथ विभीषणो रामस्य स्वार्थसाधनप्रतिज्ञां श्रुत्वा स्वयमपि रामकार्यसाधनं प्रतिजानीते—शिरसेति ॥ २२ ॥ साह्यं साहाय्यम् । वाहिनीं रावणवाहिनीम् ॥ २३ ॥ परिष्वज्येत्यनेन मित्रत्वेन परिग्रहणं सूचितम् ॥ २४ ॥ २५ ॥ २६ ॥ प्रचुकुशुः संतोषात्किलकिलामकुर्वन् ॥ २७ ॥ वानराणां सैन्यैः परिवृताः कथं केनोपायेन सागरं तराम ॥ २८ ॥ ससैन्या वरुणालयं यथा रामस्य तथा कैरुपायैर्नदनदीपतिमभिगच्छाम मार्गप्राप्तये तद्वदेति शेषः ॥ २९ ॥ एवं प्रश्न उपायमाह—एवमिति ॥ ३० ॥ राघवेण शरणगमने समुद्रानुग्रहसिद्धौ हेतुमाह—खानित इति । सगरेण । पुत्रैरिति शेषः । अयमुदकतीरसमीपः कतिपयोंऽशः । ज्ञाते, रामस्येत्यन्वयः ॥ ३१ ॥ एवं विभीषणोक्तं श्रुत्वा यत्र रामो वर्तते तं देशं सलक्ष्मणः सुग्रीव आजगामेति संबन्धः ॥ ३२ ॥ सागरस्योपवेशनं शरणगमनम् ॥ ३३ ॥ अस्य सकलजगच्छरणभूतस्य रामस्याप्यरोचत । युक्तियुक्तत्वात्सागरशरणगमनमिति भावः ॥ ३४ ॥ सत्क्रियार्थं विभीषणस्य पूजार्थं सलक्ष्मणं सुग्रीवं हरीश्वरमभाषतेत्यन्वयः ॥ ३५ ॥ उभाभ्यामर्थं कार्यं संप्रधार्य निश्चित्य यद्रोचते तदुच्यताम ॥ ३६ ॥ समुदाचार उपचारः ॥ ३७ ॥ नावावयोः । विभीषणेन यदुक्तं तत्कथं न रोचिष्यति । सर्वथाभिरुचितमेवेत्यर्थः ॥ ३८ ॥ ३९ ॥ साग-

विभीषणस्य शूरस्य यथार्थं क्रियतां वचः । अलं कालात्ययं कृत्वा सागराय नियुज्यताम् ।
यथा सैन्येन गच्छाम पुरीं रावणपालिताम् ॥ ४०
एवमुक्तः कुशास्तीर्णे तीरे नदनदीपतेः । संविवेश तदा रामो वेद्यामिव हुताशनः ॥ ४१

इत्यार्षे श्रीमद्रामायणे वाल्मीकीय आदिकाव्ये युद्धकाण्ड एकोनविंशः सर्गः ॥ १९ ॥

विंशः सर्गः ।

ततो निविष्टां ध्वजिनीं सुग्रीवेणाभिपालिताम् । ददर्श राक्षसोऽभ्येत्य शार्दूलो नाम वीर्यवान् ॥ १
चारो राक्षसराजस्य रावणस्य दुरात्मनः । तां दृष्ट्वा सर्वतोऽव्यग्रां प्रतिगम्य स राक्षसः ॥ २
आविश्य लङ्कां वेगेन राजानमिदमब्रवीत् । एष वै वानरर्क्षौघो लङ्कां समभिवर्तते ॥ ३
अगाधश्चाप्रमेयश्च द्वितीय इव सागरः । पुत्रौ दशरथस्येमौ भ्रातरौ रामलक्ष्मणौ ॥ ४
उत्तमौ रूपसंपन्नौ सीतायाः पदमागतौ । एतौ सागरमासाद्य संनिविष्टौ महाद्युते ॥ ५
बलं चाकाशमावृत्य सर्वतो दशयोजनम् । तत्त्वभूतं महाराज क्षिप्रं वेदितुमर्हसि ॥ ६
तव दूता महाराज क्षिप्रमर्हन्ति वेदितुम् । उपप्रदानं सान्त्वं वा भेदो वात्र प्रयुज्यताम् ॥ ७
शार्दूलस्य वचः श्रुत्वा रावणो राक्षसेश्वरः । उवाच सहसा व्यग्रः संप्रधार्यार्थमात्मनः ।
शुकं साधु तदा रक्षो वाक्यमर्थविदां वरम् ॥ ८
सुग्रीवं ब्रूहि गत्वाशु राजानं वचनान्मम । यथासंदेशमक्लीबं श्लक्ष्णया परया गिरा ॥ ९
त्वं वै महाराजकुलप्रसूतो महाबलश्चर्क्षरजःसुतश्च ।
न कश्चनार्थस्तव नास्त्यनर्थस्तथापि मे भ्रातृसमो हरीश ॥ १०
अहं यद्यहरं भार्यां राजपुत्रस्य धीमतः । किं तत्र तव सुग्रीव किष्किन्धां प्रति गम्यताम् ॥ ११
नहीयं हरिभिर्लङ्का प्राप्तुं शक्या कथंचन । देवैरपि सगन्धर्वैः किं पुनर्नरवानरैः ॥ १२
स तदा राक्षसेन्द्रेण संदिष्टो रजनीचरः । शुको विहंगमो भूत्वा तूर्णमाप्लुत्य चाम्बरम् ॥ १३
स गत्वा दूरमध्वानमुपर्युपरि सागरम् । संस्थितो ह्यम्बरे वाक्यं सुग्रीवमिदमब्रवीत् ॥ १४
सर्वमुक्तं यथादिष्टं रावणेन दुरात्मना । तत्प्रापयन्तं वचनं तूर्णमाप्लुत्य वानराः ॥ १५
प्रापद्यन्त तदा क्षिप्रं लोप्तुं हन्तुं च मुष्टिभिः । सर्वैः प्लवंगैः प्रसभं निगृहीतो निशाचरः ॥ १६
गगनाद्भूतले चाशु प्रतिगृह्यावतारितः । वानरैः पीड्यमानस्तु शुको वचनमब्रवीत् ॥ १७
न दूतान्घ्नन्ति काकुत्स्थ वार्यन्तां साधु वानराः । यस्तु हित्वा मतं भर्तुः स्वमतं संप्रधारयेत् ।
अनुक्तवादी दूतः सन्स दूतो वधमर्हति ॥ १८

राय सागरप्रार्थनार्थं नियुज्यताम् । स्वात्मेति शेषः ॥ ४० ॥ ४१ ॥ इति श्रीरामाभिरामे श्रीरामीये रामायणतिलके वाल्मीकीय आदिकाव्ये युद्धकाण्ड एकोनविंशः सर्गः ॥ १९ ॥

निविष्टाम् । सागरतीर इति शेषः ॥ १ ॥ तां वाहिनीम् ॥ २ ॥ ३ ॥ अगाधत्वं दुष्प्रवेशत्वेन ॥ ४ ॥ सीतायाः पदं त्राणमुद्दिश्यागतौ । 'पदं व्यवसितत्राणस्थानलक्ष्माङ्घ्रिवस्तुषु' ॥ ५ ॥ दशयोजनमाकाशं तावत्पर्यन्तावकाशमावृत्य संनिविष्टमित्यनुषङ्गः । तत्त्वभूतम् । यथार्थमित्यर्थः ॥ ६ ॥ उपप्रदानं सीतायाः । सान्त्वं सुग्रीवं प्रति साम । भेदो वा तं प्रत्येव ॥ ७ ॥ आत्मनोऽर्थं तत्कालोचितकार्यं शुकमुवाचेत्यन्वयः । सुग्रीवं प्रति । सामभेदप्रयोगार्थमिति शेषः ॥ ८ ॥ तदेवाह—सुग्रीवमिति । यथासंदेशं मत्संदेशप्रकारमनतिक्रम्य । अक्लीबमकातरम् ॥ ९ ॥ तवार्थः कोऽपि नास्ति रामसहायकरणेन प्राप्यं फलं नास्ति । अनर्थश्च कश्चित्परिहर्तव्यो नास्ति, अतो निष्प्रयोजनप्रवृत्तिरनुचितेति भावः । यद्यपि वा कश्चिदर्थो रामतो जातः स्यात्तथापि मे भ्रातृसमोऽसि । तथा च मद्विषये औदासीन्यमुचितमिति भावः ॥ १० ॥ ११ ॥ मद्वचनमनादृत्यागतेनापि त्वयात्र किमपि न कर्तुं शक्यमित्याह—नहीयमिति ॥ १२ ॥ शुको विहंगमो भूत्वा शुकपक्षी भूत्वा आप्लुत्य चाम्बरम् । जगामेति शेषः ॥ १३ ॥ सागरस्योपर्युपरि सागरसमीपोर्ध्वदेशे ॥ १४ ॥ यथादिष्टं सर्वमुक्तं वाक्यमब्रवीदित्यन्वयः । तत्प्रापयन्तम् । रावणोक्तं सुग्रीवायेत्यर्थः ॥ १५ ॥ प्रापद्यन्त गृहीतवन्तः । लोप्तुम् । पक्षाविति शेषः ॥ १६ ॥ १७ ॥ यथोक्तराजसंदेशवादिनो ममापराधो नास्तीत्याह—यस्त्विति । भर्तुर्मतं संदिष्टं मार्गं हित्वा स्वमतं तत्काले आत्मत्राणार्थमन्यदेव किंचिद्यदि भाषते तदा सोऽनु-

शुकस्य वचनं रामः श्रुत्वा तु परिदेवितम् । उवाच मावधिष्टेति घ्नतः शाखामृगर्षभान् ॥ १९
स च पत्रलघुर्भूत्वा हरिभिर्दर्शितेऽभये । अन्तरिक्षे स्थितो भूत्वा पुनर्वचनमब्रवीत् ॥ २०
सुग्रीव सत्त्वसंपन्न महाबलपराक्रम । किं मया खलु वक्तव्यो रावणो लोकरावणः ॥ २१

स एवमुक्तः प्लवगाधिपस्तदा प्लवंगमानामृषभो महाबलः ।
उवाच वाक्यं रजनीचरस्य चारं शुकं शुद्धमदीनसत्त्वः ॥ २२
न मेऽसि मित्रं न तथानुकम्प्यो न चोपकर्तासि न मे प्रियोऽसि ।
अरिश्च रामस्य सहानुबन्धस्ततोऽसि वालीव वधार्ह वध्यः ॥ २३
निहन्म्यहं त्वां ससुतं सबन्धुं सज्ञातिवर्गं रजनीचरेश ।
लङ्कां च सर्वां महता बलेन सर्वैः करिष्यामि समेत्य भस्म ॥ २४
न मोक्ष्यसे रावण राघवस्य सर्वैः सहेन्द्रैरपि मूढ गुप्तः ।
अन्तर्हितः सूर्यपथं गतोऽपि तथैव पातालमनुप्रविष्टः ।
गिरीशपादाम्बुजसंगतो वा हतोऽसि रामेण सहानुजस्त्वम् ॥ २५

तस्य ते त्रिषु लोकेषु न पिशाचं न राक्षसम् । त्रातारं नानुपश्यामि न गन्धर्वं न चासुरम् ॥ २६
अवधीस्त्वं जगद्वृद्धं गृध्रराजं जटायुषम् । किं नु ते रामसांनिध्ये सकाशे लक्ष्मणस्य च ।
हृता सीता विशालाक्षी यां त्वं गृह्य न बुध्यसे ॥ २७
महाबलं महात्मानं दुराधर्षं सुरैरपि । न बुध्यसे रघुश्रेष्ठं यस्ते प्राणान्हरिष्यति ॥ २८
ततोऽब्रवीद्वालिसुतोऽप्यङ्गदो हरिसत्तमः । नायं दूतो महाप्राज्ञ चारकः प्रतिभाति मे ॥ २९
तुलितं हि बलं सर्वमनेन तव तिष्ठता । गृह्यतां मागमल्लङ्कामेतद्धि मम रोचते ॥ ३०
ततो राज्ञा समादिष्टाः समुत्पत्य वलीमुखाः । जगृहुश्च बबन्धुश्च विलपन्तमनाथवत् ॥ ३१
शुकस्तु वानरैश्चण्डैस्तत्र तैः संप्रपीडितः । व्याचुक्रोश महात्मानं रामं दशरथात्मजम् ।
लुप्येते मे बलात्पक्षौ भिद्येते मे तथाक्षिणी ॥ ३२
यां च रात्रिं मरिष्यामि जाये रात्रिं च यामहम् । एतस्मिन्नन्तरे काले यन्मया ह्यशुभं कृतम् ।
सर्वं तदुपपद्येथा जह्यां चेद्यदि जीवितम् ॥ ३३
नाघातयत्तदा रामः श्रुत्वा तत्परिदेवितम् । वानरानब्रवीद्रामो मुच्यतां दूत आगतः ॥ ३४

इत्यार्षे श्रीमद्रामायणे वाल्मीकीय आदिकाव्ये युद्धकाण्डे विंशः सर्गः ॥ २० ॥

क्तवादी सन्वधमर्हति ॥ १८ ॥ शुकस्य परिदेवितरूपं वचनं श्रुत्वा । मावधिष्ट । मावधिष्टमिति यावत् । एकवचनमार्षम् । रामवचसा हरिभिरभये दर्शिते सति । पत्रलघुः पक्षबलेन शीघ्रगतिर्भूत्वा वचनमब्रवीत् । यत्तु—पत्रलघुः पक्षैर्लघुत्वन्पक्ष इति तीर्थः, तन्न । तादृशस्यान्तरिक्षगमनासंभवात् रामवचनानुष्ठानबाधाच्च ॥ १९ ॥ २० ॥ लोकरावण इत्यनेन तत्संदेशं विनैव गमने ततो मे महद्भयमिति सूचितम् ॥ २१ ॥ वाक्यं प्रतिसंदेशवाक्यम् ॥ २२ ॥ अनुकम्प्यो दयापात्रम् । अरिश्च । असीति शेषः । अतः सहानुबन्धः सपुत्रमित्रादिपरिकरः । ततो रामारित्वादेव वालीव वध्योऽसि । रामेणेति शेषः ॥ २३ ॥ त्वां मन्मित्ररामारिम् । सर्वैः समेत्येत्यन्वयः ॥ २४ ॥ राघवस्य न मोक्ष्यसे राघवान्न मुच्यसे । अन्तर्हितोऽन्तर्धानशक्त्या ॥ २५ ॥ पिशाचादीनामेकैक समुदितं च त्रातारं न पश्यामि, अतएव नक्षत्रकं चरितार्थम् ॥ २६ ॥ किं च तद्बलं त्वयैव ज्ञातमिति त्वत्कृतचोरवृत्त्या जानीम इत्याह—अवधीरिति । जगद्वृद्धं जरायुक्तं वृद्धं चिरकालिकं चिरकालिकोऽपि कश्चिदौषधसिद्ध्यादिना जरारहितो भवेत्, अचिरकालिकोऽपि कश्चिच्छापादिना जरावानित्युभयोपादानम् । कि नु न हृता । यदि बलमस्तीति शेषः । न बुध्यसे । स्वबलमिति शेषः ॥ २७ ॥ रघुश्रेष्ठं महाबलत्वादिगुणकम् । न बुध्यसे इत्यर्थः ॥ २८ ॥ अयं स्वामिसंदेशप्रापणमात्रकृत्यो दूत एव न, किं तु गुप्ततया परबलपरीक्षाप्रवृत्तिश्चार एव ॥ २९ ॥ कुतस्तत्राह—तुलितं हीति । एवंप्रमाणमेवंव्यूहमिति सर्वं परिच्छिन्नमित्यर्थः ॥ ३० ॥ राज्ञा सुग्रीवेण ॥ ३१ ॥ लुप्येते छिद्येते ॥ ३२ ॥ रात्रिशब्दोऽहोरात्रपरः । यद्दिने मरिष्यामि यद्दिने च जातवानस्मि तदन्तरे काले जन्ममरणावधिकाले यन्मयाऽशुभं कृतं तत्सर्वं त्वमुपपद्येथास्त्वं प्राप्नुयाः । यदीह त्वयानिवारितताडनो जीवितं जह्याम् ॥ ३३ ॥ ३४ ॥ **इति श्रीरामाभिरामे श्रीरामीये रामायणतिलके वाल्मीकीय आदिकाव्ये युद्धकाण्डे विंशः सर्गः ॥२०॥**

एकविंशः सर्गः ।

ततः सागरवेलायां दर्भानास्तीर्य राघवः । अञ्जलिं प्राङ्मुखः कृत्वा प्रतिशिश्ये महोदधेः ॥ १
बाहुं भुजंगभोगाभमुपधायारिसूदन । जातरूपमयैश्चैव भूषणैर्भूषितं सदा ॥ २
मणिकाञ्चनकेयूरमुक्ताप्रवरभूषणैः । भुजैः परमनारीणामभिमृष्टमनेकधा ॥ ३
चन्दनागुरुभिश्चैव पुरस्तादभिसेवितम् । बालसूर्यप्रकाशैश्च चन्दनैरुपशोभितम् ॥ ४
शयने चोत्तमाङ्गेन सीतायाः शोभितं पुरा । तक्षकस्येव संभोगं गङ्गाजलनिषेवितम् ॥ ५
संयुगे युगसंकाशं शत्रूणां शोकवर्धनम् । सुहृदां नन्दनं दीर्घं सागरान्तव्यपाश्रयम् ॥ ६
अस्यता च पुनः सव्यं ज्याघातविहतत्वचम् । दक्षिणो दक्षिणं बाहुं महापरिघसंनिभम् ॥ ७
गोसहस्रप्रदातारं ह्युपधाय भुजं महत् । अद्य मे तरणं वाथ मरणं सागरस्य वा ॥ ८
इति रामो धृतिं कृत्वा महाबाहुर्महोदधिम् । अधिशिश्ये च विधिवत्प्रयतोऽत्र स्थितो मुनिः ॥ ९
तस्य रामस्य सुप्तस्य कुशास्तीर्णे महीतले । नियमादप्रमत्तस्य निशास्तिस्रोऽभिजग्मतुः ॥ १०
स त्रिरात्रोषितस्तत्र नयज्ञो धर्मवत्सलः । उपासत तदा रामः सागरं सरितां पतिम् ॥ ११
न च दर्शयते रूपं मन्दो रामस्य सागरः । प्रयतेनापि रामेण यथार्हमभिपूजितः ॥ १२
समुद्रस्य ततः क्रुद्धो रामो रक्तान्तलोचनः । समीपस्थमुवाचेदं लक्ष्मणं शुभलक्षणम् ॥ १३
अवलेपः समुद्रस्य न दर्शयति यः स्वयम् । प्रशमश्च क्षमा चैव आर्जवं प्रियवादिता ॥ १४
असामर्थ्यफला ह्येते निर्गुणेषु सतां गुणाः । आत्मप्रशंसिनं दुष्टं धृष्टं विपरिधावकम् ॥ १५
सर्वत्रोत्सृष्टदण्डं च लोकः सत्कुरुते नरम् । न साम्ना शक्यते कीर्तिर्न साम्ना शक्यते यशः ॥ १६
प्राप्तुं लक्ष्मण लोकेऽस्मिञ्जयो वा रणमूर्धनि । अद्य मद्बाणनिर्भिन्नैर्मकरैर्मकरालयम् ॥ १७
निरुद्धतोयं सौमित्रे प्लवद्भिः पश्य सर्वतः । भोगिनां पश्य भोगानि मया भिन्नानि लक्ष्मण ॥ १८
महाभोगानि मत्स्यानां करिणां च करानिह । सशङ्खशुक्तिकाजालं समीनमकरं तथा ॥ १९

तत इति । महोदधेरञ्जलिं कृत्वा प्राङ्मुखो वरप्रार्थनाय प्रतिशिश्ये शयनं कृतवान् ॥ १ ॥ २ ॥ मण्यादिमुक्ताप्रवरान्तानि भूषणानि येषु तैः । परमनारीणामेकदारव्रतवेनेतरस्त्रीप्रसङ्गाभावादुत्तमधात्रीजनानां भुजैरनेकधा स्नपनालंकरणादिकालेऽभिमृष्टं स्पृष्टं बाहुभिरित्यन्वयः ॥ ३ ॥ पुरस्तात्पूर्वं बालसूर्यप्रकाशरतिरक्तैश्चन्दनैः । कुङ्कुमैरिति यावदित्यर्थः ॥ ४ ॥ शयने तत्काले । सीताया उत्तमाङ्गेन शिरसा रामभुजार्पितेन शोभितम् । तक्षकस्य सभोगं शरीरं गङ्गाजलेन निषेवितम् । स्थितगङ्गाजलमित्यर्थः । अत्र गङ्गाजलस्थाने सीतागौरत्वात्पवित्रत्वाच्च ॥ ५ ॥ संयुगे शत्रूणां शोकवर्धनम् । युगसंकाशं युगवद्दीर्घम्, दीर्घं दीर्घकाल सुहृदां नन्दनं सुखप्रापकम् । सागरान्तभूचक्रस्य व्यपाश्रयं प्रतिष्ठाभूतम् ॥ ६ ॥ पुनःपुनः सव्यमस्यता शरान्विसृजता ज्याघातेन विहता त्वग्यत्र तादृशं सर्वभुजेभ्य उत्तमं गोसहस्रप्रदातारं दक्षिणं बाहुं भुजं तदवच्छिन्नम् । कूर्परादुपरिदेशो भुज इत्याहुः । उपधाय दक्षिणः स्वयमधिशिश्ये इत्यन्वयः ॥ ७ ॥ पुनर्बाहुभुजशब्दप्रयोगः पूर्वस्य व्यवहिततया विशेषप्रतिपत्त्यर्थः । अद्य त्रिदिनमुपासनया प्रसन्नस्य सागरस्य प्रसादेन मे ससैन्यस्य तरणं वापि स्यात् । ततः परमुपेक्षणे सागरस्य मत्तो मरणमेव स्यादिति धृतिं कृत्वा निश्चित्येति योजना ॥ ८ ॥ मुनिर्मौनी । महोदधिम् । उद्दिश्येति शेषः ॥ ९ ॥ अभिजग्मतुरभिजग्मुः ॥ १० ॥ सोऽङ्गुल्यग्रेण तान्हन्यामित्यादिना प्रकटितवीर्यः । नयज्ञः सामाद्युपायानां यथोचितं प्रयोक्ता, धर्मवत्सलः शरणागतरक्षणरूपे धर्मे प्रीतिमान् । उपासत उपास्त ॥ ११ ॥ शरणागतत्वेऽपि फलप्रदानाभिमुख्याभावात्सागरस्य सापराधत्वमाह—न चेति । मन्दो मन्दबुद्धिः ॥ १२ ॥ समुद्रस्य क्रुद्धः समुद्राय क्रुद्धः ॥ १३ ॥ अवलेपो गर्वः । वर्तत इति शेषः । प्रशमश्चित्तशान्तिः, क्षमा शक्यप्रतिक्रियापराधसहिष्णुता, आर्जवं कौटिल्याभावः ॥ १४ ॥ एवं सतां गुणा निर्गुणेषु दयागुणहीनेषु, अवलिप्तेषु तद्विषये, असामर्थ्यफलाः । सर्वशक्तियुक्तोऽपि दुष्टविषये प्रशमादिपरश्चेत्तमशक्तं मन्यन्त इत्यर्थः । अतोऽयं दण्डस्यैव विषय इति भावः । आत्मप्रशंसिनं शौर्यादिगुणाभावेऽपि तद्वत्तया श्लाघमानम्, दुष्टं दुश्चरित्रम्, धृष्टमधर्मप्रवृत्तौ साहसिकम्, विपरिधावकमितस्ततः स्वगुणख्यापनाय परिधावनशीलम् ॥ १५ ॥ सर्वत्र प्राणिमात्रे उत्सृष्टदण्डं कृतदण्डम्, सत्कुरुते बहुमन्यते । कीर्तिर्देशान्तरख्यातिः, यशः स्वदेशख्यातिः । न शक्यते प्राप्तुमित्यन्वयः ॥ १६ ॥ रणमूर्ध्नि जयो वा न प्राप्तुं शक्य इत्यनुकर्षः । मद्बाणनिर्भिन्नैः, अतएव मृत्वा सर्वतः प्लवद्भिर्मत्स्यादेभिर्निरुद्धतोयं प्रच्छादिततोयम् । भोगिनां भोगानि शरीराणि ॥ १७ ॥ १८ ॥ मत्स्यानां महाभोगानि महाशरीराणि । करिणां जलकरिणां करान्भग्नान् । पश्येति शेषः । शङ्खजालशुक्ति-

अथ युद्धेन महता समुद्रं परिशोषये । क्षमया हि समायुक्तं मामयं मकरालयः ॥ २०
असमर्थं विजानाति धिक्क्षमामीदृशे जने । न दर्शयति साम्ना मे सागरो रूपमात्मनः ॥ २१
चापमानय सौमित्रे शरांश्चाशीविषोपमान् । समुद्रं शोषयिष्यामि पद्भ्यां यान्तु प्लवंगमाः ॥ २२
अद्याक्षोभ्यमपि क्रुद्धः क्षोभयिष्यामि सागरम् । वेलासु कृतमर्यादं सहस्रोर्मिसमाकुलम् ॥ २३
निर्मर्यादं करिष्यामि सायकैर्वरुणालयम् । महार्णवं क्षोभयिष्ये महादानवसंकुलम् ॥ २४
एवमुक्त्वा धनुष्पाणिः क्रोधविस्फारितेक्षणः । बभूव रामो दुर्धर्षो युगान्ताग्निरिव ज्वलन् ॥ २५
संपीड्य च धनुर्घोरं कम्पयित्वा शनैर्जगत् । मुमोच विशिखानुग्रान्वज्रानिव शतक्रतुः ॥ २६
ते ज्वलन्तो महावेगास्तेजसा सायकोत्तमाः । प्रविशन्ति समुद्रस्य जलं वित्रस्तपन्नगम् ॥ २७
तोयवेगः समुद्रस्य समीनमकरो महान् । स बभूव महाघोरः समारुतरवस्तथा ॥ २८
महोर्मिजालचलितः शङ्खजालसमावृतः । सधूमः परिवृत्तोर्मिः सहसासीन्महोदधिः ॥ २९
व्यथिताः पन्नगाश्चासन्दीप्तास्या दीप्तलोचनाः । दानवाश्च महावीर्याः पातालतलवासिनः ॥ ३०
ऊर्मयः सिन्धुराजस्य सनक्रमकरास्तथा । विन्ध्यमन्दरसंकाशाः समुत्पेतुः सहस्रशः ॥ ३१
आघूर्णिततरङ्गौघः संभ्रान्तोरगराक्षसः । उद्वर्तितमहाग्राहः सघोषो वरुणालयः ॥ ३२

ततस्तु तं राघवमुग्रवेगं प्रकर्षमाणं धनुरप्रमेयम् ।
सौमित्रिरुत्पत्य विनिःश्वसन्तं मामेति चोक्त्वा धनुराललम्बे ॥ ३३
एतद्विनापि ह्युदधेस्तवाद्य संपत्स्यते वीरतमस्य कार्यम् ।
भवद्विधाः क्रोधवशं न यान्ति दीर्घं भवान्पश्यतु साधुवृत्तम् ॥ ३४
अन्तर्हितैश्चापि तथान्तरिक्षे ब्रह्मर्षिभिश्चैव सुरर्षिभिश्च ।
शब्दः कृतः कष्टमिति ब्रुवद्भिर्मामेति चोक्त्वा महता स्वरेण ॥ ३५

इत्यार्षे श्रीमद्रामायणे वाल्मीकीय आदिकाव्ये युद्धकाण्ड एकविंशः सर्गः ॥ २१ ॥

द्वाविंशः सर्गः ।

अथोवाच रघुश्रेष्ठः सागरं दारुणं वचः । अद्याहं शोषयिष्यामि सपातालं महार्णवम् ॥ १
शरनिर्दग्धतोयस्य परिशुष्कस्य सागर । मया निहतसत्त्वस्य पांसुरुत्पद्यते महान् ॥ २
मत्कार्मुकनिसृष्टेन शरवर्षेण सागर । परं तीरं गमिष्यन्ति पद्भिरेव प्लवंगमाः ॥ ३
विचिन्वन्नाभिजानासि पौरुषं नापि विक्रमम् । दानवालय संतापं मत्तो नाम गमिष्यसि ॥ ४
ब्राह्मेणास्त्रेण संयोज्य ब्रह्मदण्डनिभं शरम् । संयोज्य धनुषि श्रेष्ठे विचकर्ष महाबलः ॥ ५
तस्मिन्विकृष्टे सहसा राघवेण शरासने । रोदसी संपफालेव पर्वताश्च चकम्पिरे ॥ ६
तमश्च लोकमावव्रे दिशश्च न चकाशिरे । प्रतिचुक्षुभिरे चाशु सरांसि सरितस्तदा ॥ ७

काजालसहितं समुद्रमित्यन्वयः ॥ १९ ॥ युद्धेन प्रहारेण ॥ २० ॥ असमर्थम् । स्वविजय इति शेषः ॥ २१ ॥ स्ववैभवमवष्टभ्याह—चापमिति ॥ २२ ॥ वेलासु तीरेषु कृतमर्यादं तदलङ्घने कृतनियमम् ॥ २३ ॥ निर्मर्यादं लङ्घितवेलम् ॥ २४ ॥ २५ ॥ घोरं धनुःशतैः संपीड्य सपीडनपूर्वं सज्यं कृत्वा जगत्कम्पयित्वा । ज्याघोषेणेति शेषः ॥ २६ ॥ २७ ॥ समुद्रस्य तोयवेगः संक्षोभः । समारुतरवो बाणगणप्रवर्तितमारुतशब्दसहितः ॥ २८ ॥ २९ ॥ ३० ॥ ३१ ॥ ३२ ॥ सौमित्रिरुत्पत्त्योपगम्य विनिःश्वसन्तं रामं मामेत्युक्त्वा समुद्रसत्त्वनाशनं न कार्यमित्युक्त्वा धनुराललम्बे । धृतवानित्यर्थः ॥ ३३ ॥ एतद्विनापि क्षोभणं विनापि । साधुवृत्तं समीचीनोपायमेव दीर्घं यथा भवति तथा पश्यतु ॥ ३४ ॥ कष्टमिति ब्रुवद्भिर्ऋष्यादिभिर्महता स्वरेण मामेत्युक्त्वा शब्दः । हाहाशब्दः कृत इत्यर्थः ॥ ३५ ॥ इति श्रीरामाभिरामे श्रीरामीये रामायणतिलके वाल्मीकीय आदिकाव्ये युद्धकाण्ड एकविंशः सर्गः ॥ २१ ॥

एवं प्राणिपीडावहे क्षोभे निवारिते शोषणप्रतिज्ञां संपातयितुमुद्युङ्क्ते—अथेति ॥ १ ॥ निहतानि सत्त्वानि यादांसि यस्य । उत्पद्यते । वर्तमानसामीप्ये लट् ॥ २ ॥ ३ ॥ विचिन्वञ्जलादिवृद्ध्या वृद्धियुक्तः सन् । हे दानवालय, पूर्वोक्तहेतोर्मत्तः संतापं प्राणनाशनिबन्धनं गमिष्यसि । नाम प्रसिद्धौ । इत्युक्त्वेति शेषः ॥ ४ ॥ अस्त्रेण तन्मन्त्रेण संयोज्याभिमन्त्र्य एवमभिमन्त्रितं शरं धनुषि संयोज्य ॥ ५ ॥ संपफालेव विशशरतुरिव । एकवचनमार्षम् ॥ ६ ॥ ७ ॥ नक्षत्रैः सह

तिर्यक्च सह नक्षत्रैः संगतौ चन्द्रभास्करौ । भास्करांशुभिरादीप्तं तमसा च समावृतम् ॥ ८
प्रचकाशे तदाकाशमुल्काशतविदीपितम् । अन्तरिक्षाच्च निर्घाता निर्जग्मुरतुलस्वनाः ॥ ९
वपुःप्रकर्षेण ववुर्दिव्यमारुतपङ्क्तयः । बभञ्ज च तदा वृक्षाञ्जलदानुद्वहन्मुहुः ॥ १०
आरुजंश्चैव शैलाग्राञ्शिखराणि बभञ्ज च । दिवि च स्म महावेगाः संहताः समहास्वनाः ॥ ११
मुमुचुर्वैद्युतानग्नींस्ते महाशनयस्तदा । यानि भूतानि दृश्यानि चुक्रुशुश्चाशनेः समम् ॥ १२
अदृश्यानि च भूतानि मुमुचुर्भैरवस्वनम् । शिश्यिरे चाभिभूतानि संत्रस्तान्युद्विजन्ति च ॥ १३
संप्रविव्यथिरे चापि न च पस्पन्दिरे भयात् । सह भूतैः सतोयोर्मिः सनागः सहराक्षसः ॥ १४
सहसाभूत्ततो वेगाद्भीमवेगो महोदधिः । योजनं व्यतिचक्राम वेलामन्यत्र संप्लवात् ॥ १५
तं तथा समतिक्रान्तं नातिचक्राम राघवः । तमुद्धतममित्रघ्नो रामो नदनदीपतिम् ॥ १६
ततो मध्यात्समुद्रस्य सागरः स्वयमुत्थितः । उदयाद्रिमहाशैलान्मेरोरिव दिवाकरः ॥ १७
पन्नगैः सह दीप्तास्यैः समुद्रः प्रत्यदृश्यत । स्निग्धवैदूर्यसंकाशो जाम्बूनदविभूषणः ॥ १८
रक्तमाल्याम्बरधरः पद्मपत्रनिभेक्षणः । सर्वपुष्पमयीं दिव्यां शिरसा धारयन्स्रजम् ॥ १९
जातरूपमयैश्चैव तपनीयविभूषणैः । आत्मजानां च रत्नानां भूषितो भूषणोत्तमैः ॥ २०
धातुभिर्मण्डितः शैलो विविधैर्हिमवानिव । आघूर्णिततरङ्गौघः कालिकानिलसंकुलः ॥ २१
गङ्गासिन्धुप्रधानाभिरापगाभिः समावृतः । सागरः समुपक्रम्य पूर्वमामन्त्र्य वीर्यवान् ।
अब्रवीत्प्राञ्जलिर्वाक्यं राघवं शरपाणिनम् ॥ २२
पृथिवी वायुराकाशमापो ज्योतिश्च राघव । स्वभावे सौम्य तिष्ठन्ति शाश्वतं मार्गमाश्रिताः ॥ २३
तत्स्वभावो ममाप्येष यदगाधोऽहमप्लवः । विकारस्तु भवेद्गाध एतत्ते प्रवदाम्यहम् ॥ २४
न कामान्न च लोभाद्वा न भयात्पार्थिवात्मज । रागान्नक्राकुलजलं स्तम्भयेयं कथंचन ॥ २५
विधास्ये येन गन्तासि विषहिष्येऽप्यहं तथा । न ग्राहा विधमिष्यन्ति यावत्सेना तरिष्यति ।
हरीणां तरणे राम करिष्यामि यथा स्थलम् ॥ २६

तिर्यक्संगतौ । यथा प्राप्तपूर्वापरमार्गप्रतिरोधाद्दक्षिणोत्तरमार्गगामिनावभूतामित्यर्थः । भास्करांशुभिरादीप्तमपि तमसा संवृतम् । आकाशमासीदिति शेषः । अनेन विरुद्धयोस्तेजस्तिमिरयोः सामानाधिकरण्यरूप उत्पातः सूचितः ॥ ८ ॥ निर्घाता अशनयः, निर्जग्मुर्निःसृताः ॥ ९ ॥ दिव्यमारुतपङ्क्तयः परिवहादिवातस्कन्धा वपुःप्रकर्षेण महावेगेन ववुः । बभञ्ज चेति । मारुतपङ्क्तिरिति शेषः । उद्वहन् । मारुतसमूह इति शेषः । अग्रेऽप्येष एव कर्ता ॥ १० ॥ ११ ॥ ते पतमाना महाशनयो महावेगत्वादिगुणा वैद्युतानग्नीन्मुमुचुः । अशनेः सममशनिघोषतुल्यघोषम् ॥ १२ ॥ संत्रस्तानि भीतानि, उद्विजन्ति कम्पमानानि, शिश्यिरे शयितान्यभूवन् । नोत्थातुं समर्थानीत्यर्थः ॥ १३ ॥ तदेव विवृणोति—संप्रविव्यथिर इति ॥ १४ ॥ संप्लवः प्रलयस्ततोऽन्यत्रापि । योजनं व्यतिचक्राम ॥ १५ ॥ तं प्रसिद्धमुच्यमानविशेषणं तं दक्षिणदेशस्थं नदनदीपतिं दृष्ट्वा राघवो रामो नातिचक्राम न चचाल । अस्त्रं न परावर्तितवानित्यर्थः । अस्त्रं न त्यक्तवानिति वा ॥ १६ ॥ १७ ॥ १८ ॥ १९ ॥ जातरूपं सुवर्णम् । तपनीयं तप्तकाञ्चनमधिकवर्णम्, स्वोदरजातरत्नरचितभूषणोत्तमैर्भूषितः ॥ २० ॥ अतएव विविधधातुभिर्मण्डितः शैल इव । कालिकानिलैर्मेघवातैः संकुलः । 'मेघजाले च कालिका' ॥ २१ ॥ समुपक्रम्योपगम्य । पूर्वमामन्त्र्य हे रामेति प्रथमं संबोध्य । शरपाणिनं शरपाणिम् ॥ २२ ॥ एतावत्कालमनागमने स्वीयमगाधत्वमेव कारणमिति सूचयितुं सामान्यतो भूतस्थितिमाह—पृथिवीति । पृथ्वीस्वभावः काठिन्याद्धारणम्, वायोः सदा संचारतः संयोजनवियोजने, आकाशस्यावकाशदानम्, अपां स्यन्दनं संश्लेषणं च, ज्योतिषः प्रकाशभस्मीकरणे । शाश्वतं मार्गमनादिं ब्रह्मसृष्टं स्वरूपस्थितिप्रकारमास्थिताः सन्तः स्वे स्वे भावे तिष्ठन्ति ॥ २३ ॥ तत्तस्मादहमप्यगाधत्वाशक्यतरणत्वरूपाशक्यप्लवत्वादिस्वभावः । गाधः गाधत्वं मम विकारो भवेत्, एतदेतस्माद्धेतोस्तेऽहं प्रवदामि । उपायमिति शेषः ॥ २४ ॥ ननु मा भूत्ते गाधता स्वस्वरूपस्तम्भनेनास्माकं गतिं देहीत्यत्राह—नेति । कामाद्यन्यतमेनापि समुदितेन वा न जलं स्तम्भये । जलरूपस्य मे स्वरूपपीडाप्रसङ्गात् । तत्र कामोऽभिलाषः, लोभः स्ववस्तुपरित्यागासहिष्णुता, रागोऽनुरागः ॥ २५ ॥ तर्हि कथं कार्यनिर्वाहस्तत्राह—विधास्ये इति । विधास्ये करिष्यामि । उक्तमेवार्थं स्थैर्यायाह—न ग्राहा इति । हरीणां तरणे तरणनिमित्तं तथा स्थलं करिष्यामि, यथा यावत्सेना प्रतरिष्यति तावद्ग्राहा वानरान्न प्रहरिष्यन्ति । वक्ष्यमाणमार्गेण मयि सेतुं कुर्विति युक्तं भवति । एतद्विधानं च

तमब्रवीत्तदा रामः शृणु मे वरुणालय । अमोघोऽयं महाबाणः कस्मिन्देशे निपात्यताम् ॥ २७
रामस्य वचनं श्रुत्वा तं च दृष्ट्वा महाशरम् । महोदधिर्महातेजा राघवं वाक्यमब्रवीत् ॥ २८
उत्तरेणावकाशोऽस्ति कश्चित्पुण्यतरो मम । द्रुमकुल्य इति ख्यातो लोके ख्यातो यथा भवान् ॥ २९
उग्रदर्शनकर्माणो बहवस्तत्र दस्यवः । आभीरप्रमुखाः पापाः पिबन्ति सलिलं मम ॥ ३०
तैर्न तत्स्पर्शनं पापं सहेयं पापकर्मभिः । अमोघः क्रियतां राम अयं तत्र शरोत्तमः ॥ ३१
तस्य तद्वचनं श्रुत्वा सागरस्य महात्मनः । मुमोच तं शरं दीप्तं परं सागरदर्शनात् ॥ ३२
तेन तन्मरुकान्तारं पृथिव्यां किल विश्रुतम् । निपातितः शरो यत्र वज्राशनिसमप्रभः ॥ ३३
ननाद च तदा तत्र वसुधा शल्यपीडिता । तस्माद्व्रणमुखात्तोयमुत्पपात रसातलात् ॥ ३४
स बभूव तदा कूपो व्रण इत्येव विश्रुतः । सततं चोत्थितं तोयं समुद्रस्येव दृश्यते ॥ ३५
अवदारणशब्दस्य दारुणः समपद्यत । तस्मात्तद्बाणपातेन अपः कुक्षिष्वशोषयत् ॥ ३६
विख्यातं त्रिषु लोकेषु मरुकान्तारमेव च । शोषयित्वा तु तं कुक्षिं रामो दशरथात्मजः ।
वरं तस्मै ददौ विद्वान्मरवेऽमरविक्रमः ॥ ३७
पशव्यश्चाल्परोगश्च फलमूलरसायुतः । बहुस्नेहो बहुक्षीरः सुगन्धिर्विविधौषधिः ॥ ३८
एवमेतैश्च संयुक्तो बहुभिः संयुतो मरुः । रामस्य वरदानाच्च शिवः पन्था बभूव ह ॥ ३९
तस्मिन्दग्धे तदा कुक्षौ समुद्रः सरितां पतिः । राघवं सर्वशास्त्रज्ञमिदं वचनमब्रवीत् ॥ ४०
अयं सौम्य नलो नाम तनयो विश्वकर्मणः । पित्रा दत्तवरः श्रीमान्प्रीतिमान्विश्वकर्मणः ॥ ४१
एष सेतुं महोत्साहः करोतु मयि वानरः । तमहं धारयिष्यामि यथा ह्येष पिता तथा ॥ ४२
एवमुक्त्वोदधिर्नष्टः समुत्थाय नलस्ततः । अब्रवीद्वानरश्रेष्ठो वाक्यं रामं महाबलम् ॥ ४३
अहं सेतुं करिष्यामि विस्तीर्णे मकरालये । पितुः सामर्थ्यमासाद्य तत्त्वमाह महोदधिः ॥ ४४
दण्ड एव परो लोके पुरुषस्येति मे मतिः । धिक्क्षमामकृतज्ञेषु सान्त्वं दानमथापि वा ॥ ४५
अयं हि सागरो भीमः सेतुकर्मदिदृक्षया । ददौ दण्डभयाद्गाधं राघवाय महोदधिः ॥ ४६

भयाद्गाधेति बोध्यम् ॥ २६ ॥ 'इत्युक्ते त्वब्रवीद्रामः' इति पाठे एवं कार्यसाधने कथमपि प्रतिज्ञाते सतीत्यर्थः । बाणो ब्रह्मास्त्रसंयुतः ॥ २७ ॥ २८ ॥ उत्तरेणेत्येनबन्तमव्ययम् । ममोत्तरेणासमीपोत्तरदेशे । अग्रिमदेश इति यावत् । उत्तरशब्दोऽग्रिमवाची । यथा भवांल्लोके ख्यातः पुण्यतमश्च, एवं द्रुमकुल्य इति ख्यातः पुण्यतमः कश्चिदवकाशोऽस्ति ॥ २९ ॥ तत्रोग्रे दर्शनकर्मणी येषां तादृशा बहवो दस्यवः पापाः सन्ति ॥ ३० ॥ तैः पापकर्मभिः स्पर्शनं ममास्ति तत्पापं न सहेयम्, अतस्तत्रायममोघः शरो मुच्यताम् ॥ ३१ ॥ सागरदर्शनात् । अनन्तरमिति शेषः । सागरोपदेशादिति वार्थः ॥ ३२ ॥ यत्र शरः पातितस्तत्स्थलं तेन हेतुना मरुकान्तारमिति विश्रुतम् ॥ ३३ ॥ व्रणमुखाद्ब्रह्मास्त्रकृतद्वारात् ॥ ३४ ॥ उत्थितम् । व्रणकूपादिति शेषः । समुद्रस्य जलमिव । प्रभूतमिति शेषः ॥ ३५ ॥ तस्मादवदारणशब्दाद्बाणपातेन हेतुना तद्देशस्य कुक्षिषु सरस्तटाकादिषु वर्तमानाः पुरातनीरपो दस्युजीवनसाधनीभूता अशोषयत् । राम इति शेषः ॥ ३६ ॥ बाणशोषितजलवत्त्वात्ततः परं मरुकान्तारमिति ख्यातम् । मरवे मरुदेशाय ॥ ३७ ॥ पशव्यः पशुहितः, अल्परोगः क्षीणरोगः, विविधौषधिः, अतएव सुगन्धिः ॥ ३८ ॥ शिवः पन्थाः शोभनो देशः ॥ ३९ ॥ ४० ॥ पित्रा दत्तवरः सर्ववस्तुनिर्माणसामर्थ्ये दत्तवरः । विश्वकर्मणस्तव प्रीतिमांस्त्वद्विषयप्रीतिमान् । तेन त्वन्नामस्मरणं पूर्वं करोत्वित्यर्थः । संसारसागरे गाधतासंपादकस्य त्वन्नाम्नो मद्गाधतासंपादनमीषत्करमिति भावः ॥ ४१ ॥ कथं त्वय्यगाधे करिष्यतीत्यत्राह—तमिति । तं तत्क्रियमाणसेतुं तावद्देशे गाधो भूत्वा धारयिष्यामि, तावन्मात्रसाहाय्ये मया कृते सेतुनिर्माणं तस्येषत्करमित्याह—यथेति । सेत्वादिनिर्माणे यथास्य पिता विश्वकर्मा तथैतस्मिन्कर्मणि स समर्थ इत्यर्थः ॥ ४२ ॥ नष्टोऽदर्शनं गतः । अन्तर्हित इत्यर्थः । ततो नलः समुत्थायाब्रवीत् ॥ ४३ ॥ तद्वाक्यमाह—अहमिति । पितुर्वरदानसामर्थ्यमास्थाय सेतुं करिष्यामि नात्र संशयः । महोदधिश्च तत्त्वमेवाह—त्वत्प्रीतिमतो मम सामर्थ्यमस्तीति ॥ ४४ ॥ अथ किंचिद्वक्तुं नलो लोकस्थितिमाह—दण्ड एवेति । पुरुषस्याकृतज्ञेषु दण्ड एव परोऽर्थसाधक इति मे मतिः, अतएवाकृतज्ञेषु क्षमां धिक् ॥ ४५ ॥ कुत एवं तत्राह—अयं हीति । यतोऽयं सागरो रामपूर्वैः सगरपुत्रैर्वर्धितोऽन्यकृतज्ञतया दण्डभयादेव संजातया दिदृक्षया तज्जन्यदर्शनेन राघवाय सेतुं कर्तुं गाधं ददौ । यद्यपि सगरसंबन्धादेव हनूमते मैनाकद्वारा कृतोपचारः सागरः, तथापि रामे एतावद्विलम्बकरणं रामेण क्रोधादस्त्रसंधानं कारयित्वा स्वरिपुनाशनायेति बोध्यम् ॥ ४६ ॥

मम मातुर्वरो दत्तो मन्दरे विश्वकर्मणा । मया तु सदृशः पुत्रस्तव देवि भविष्यति ॥ ४७
औरसस्तस्य पुत्रोऽहं सदृशो विश्वकर्मणा । न चाप्यहमनुक्तो वः प्रब्रूयामात्मनो गुणान् ॥ ४८
समर्थश्चाप्यहं सेतुं कर्तुं वै वरुणालये । तस्मादद्यैव बध्नन्तु सेतुं वानरपुंगवाः ॥ ४९
ततो विसृष्टा रामेण सर्वतो हरिपुंगवाः । उत्पेततुर्महारण्यं हृष्टाः शतसहस्रशः ॥ ५०
ते नगान्नगसंकाशाः शाखामृगगणर्षभाः । बभञ्जुः पादपांस्तत्र प्रचकर्षुश्च सागरम् ॥ ५१
ते सालैश्चाश्वकर्णैश्च धवैर्वंशैश्च वानराः । कुटजैरर्जुनैस्तालैस्तिलकैस्तिनिशैरपि ॥ ५२
बिल्वकैः सप्तपर्णैश्च कर्णिकारैश्च पुष्पितैः । चूतैश्चाशोकवृक्षैश्च सागरं समपूरयन् ॥ ५३
समूलांश्च विमूलांश्च पादपान्हरिसत्तमाः । इन्द्रकेतूनिवोद्यम्य प्रजह्रुर्वानरास्तरून् ॥ ५४
तालान्दाडिमगुल्मांश्च नारिकेलविभीतकान् । करीरान्बकुलान्निम्बान्समाजह्रुरितस्ततः ॥ ५५
हस्तिमात्रान्महाकायाः पाषाणांश्च महाबलाः । पर्वतांश्च समुत्पाट्य यन्त्रैः परिवहन्ति च ॥ ५६
प्रक्षिप्यमाणैरचलैः सहसा जलमुद्धतम् । समुत्ससर्प चाकाशमवासर्पत्ततः पुनः ॥ ५७
समुद्रं क्षोभयामासुर्निपतन्तः समन्ततः । सूत्राण्यन्ये प्रगृह्णन्ति ह्यायतं शतयोजनम् ॥ ५८
नलश्चक्रे महासेतुं मध्ये नदनदीपतेः । स तदा क्रियते सेतुर्वानरैर्घोरकर्मभिः ॥ ५९
दण्डानन्ये प्रगृह्णन्ति विचिन्वन्ति तथापरे । वानरैः शतशस्तत्र रामस्याज्ञापुरःसरैः ॥ ६०
मेघाभैः पर्वताभैश्च तृणैः काष्ठैर्बबन्धिरे । पुष्पिताग्रैश्च तरुभिः सेतुं बध्नन्ति वानराः ॥ ६१
पाषाणांश्च गिरिप्रख्यान्गिरीणां शिखराणि च । दृश्यन्ते परिधावन्तो गृह्य दानवसंनिभाः ॥ ६२
शिलानां क्षिप्यमाणानां शैलानां तत्र पात्यताम् । बभूव तुमुलः शब्दस्तदा तस्मिन्महोदधौ ॥ ६३
कृतानि प्रथमेनाह्ना योजनानि चतुर्दश । प्रहृष्टैर्गजसंकाशैस्त्वरमाणैः प्लवंगमैः ॥ ६४
द्वितीयेन तथैवाह्ना योजनानि तु विंशतिः । कृतानि प्लवगैस्तूर्णं भीमकायैर्महाबलैः ॥ ६५
अह्ना तृतीयेन तथा योजनानि तु सागरे । त्वरमाणैर्महाकायैरेकविंशतिरेव च ॥ ६६
चतुर्थेन तथा चाह्ना द्वाविंशतिरथापि वा । योजनानि महावेगैः कृतानि त्वरितैस्ततः ॥ ६७
पञ्चमेन तथा चाह्ना प्लवगैः क्षिप्रकारिभिः । योजनानि त्रयोविंशत्सुवेलमधिकृत्य वै ॥ ६८
स वानरवरः श्रीमान्विश्वकर्मात्मजो बली । बबन्ध सागरे सेतुं यथा चास्य पिता तथा ॥ ६९
स नलेन कृतः सेतुः सागरे मकरालये । शुशुभे सुभगः श्रीमान्स्वातीपथ इवाम्बरे ॥ ७०
ततो देवाः सगन्धर्वाः सिद्धाश्च परमर्षयः । आगम्य गगने तस्थुर्द्रष्टुकामास्तदद्भुतम् ॥ ७१
दशयोजनविस्तीर्णं शतयोजनमायतम् । ददृशुर्देवगन्धर्वा नलसेतुं सुदुष्करम् ॥ ७२
आप्लवन्तः प्लवन्तश्च गर्जन्तश्च प्लवंगमाः । तमचिन्त्यमसह्यं च ह्यद्भुतं लोमहर्षणम् ॥ ७३
ददृशुः सर्वभूतानि सागरे सेतुबन्धनम् । तानि कोटिसहस्राणि वानराणां महौजसाम् ॥ ७४
बध्नन्तः सागरे सेतुं जग्मुः पारं महोदधेः । विशालः सुकृतः श्रीमान्सुभूमिः सुसमाहितः ॥ ७५

स्वस्य पितृसदृशत्वं सागरोक्तं सत्यमिति बोधयितुं वरागमनप्रकारमाह—ममेति । उत्तरार्धं वररूपम् ॥ ४७ ॥ औरसः पुत्रः । मातुरालिङ्गनपूर्वं स्वतेजोनिषेकद्वारा निर्मितः पुत्र इत्यर्थः । अतोऽहं विचित्रनिर्माणे विश्वकर्मणा सदृशः । नन्वेतत्सामर्थ्यं प्रागेव त्वं किं नावदस्तत्राह—न चेति । आत्मप्रशंसालज्जयेति शेषः ॥ ४८ ॥ यस्मात्समर्थोऽस्मि तस्मादद्यैव मया सह वानराः सेतुं बध्नन्तु । बन्धनानुज्ञा दीयतामित्यर्थः ॥ ४९ ॥ विसृष्टा दत्तानुज्ञाः । उत्पेततुरुत्पेतुः ॥ ५० ॥ नगसंकाशास्ते नगान्पादपान्बभञ्जुः । सागरं सागरसमीपं प्रचकर्षुराकृष्टवन्तः ॥ ५१ ॥ सालाश्वकर्णयोरवान्तरजातिकृतो भेदः ॥ ५२ ॥ ५३ ॥ इन्द्रकेतून्फलपुष्पादिना शोभावत्त्वादिन्द्रध्वजसदृशानुन्मूल्योद्यम्योद्धृत्योजह्रुः । तरूनित्यस्योत्तरेण संबन्धः ॥ ५४ ॥ ५५ ॥ यन्त्रैः सुखाहरणसाधनैः ॥ ५६ ॥ अवासर्पत् । अधः पपातेत्यर्थः ॥ ५७ ॥ सूत्राणीति । आकर्षणार्थमिति शेषः । सेतोरवक्रत्वायेति वा शेषः । शतयोजनमायतं दीर्घं महासेतुं नलश्चक्रे इत्युत्तरेणान्वयः ॥ ५८ ॥ ५९ ॥ विचिन्वन्त्याहरणीयवृक्षादिकम् ॥ ६० ॥ ६१ ॥ ६२ ॥ ६३ ॥ ६४ ॥ ६५ ॥ ६६ ॥ ६७ ॥ पञ्चदिनैः शतयोजनं बबन्ध सुवेलम् । सामीप्ये सुशब्दस्याव्ययीभावः । वेलासमीपम् । परपारसमीपमधिकृत्येत्यर्थः ॥ ६८ ॥ ६९ ॥ स्वातीपथश्छायापथः ॥ ७० ॥ ७१ ॥ ७२ ॥ गर्जन्तः प्लवंगमाश्च ददृशुः । अचिन्त्यमचिन्त्यरचनम् । असह्यं भगवत्संबन्धं विना केनाप्यशक्यकरणम् ॥ ७३ ॥ ७४ ॥ बध्नन्त

अशोभत महान्सेतुः सीमन्त इव सागरे । ततः पारे समुद्रस्य गदापाणिर्विभीषणः ॥ ७६
परेषामभियानार्थमतिष्ठत्सचिवैः सह । सुग्रीवस्तु ततः प्राह रामं सत्यपराक्रमम् ॥ ७७
हनूमन्तं त्वमारोह अङ्गदं त्वथ लक्ष्मणः । अयं हि विपुलो वीर सागरो मकरालयः ॥ ७८
वैहायसौ युवामेतौ वानरौ धारयिष्यतः । अग्रतस्तस्य सैन्यस्य श्रीमान्रामः सलक्ष्मणः ॥ ७९
जगाम धन्वी धर्मात्मा सुग्रीवेण समन्वितः । अन्ये मध्येन गच्छन्ति पार्श्वतोऽन्ये प्लवंगमाः ॥ ८०
सलिलं प्रपतन्त्यन्ये मार्गमन्ये प्रपेदिरे । केचिद्वैहायसगताः सुपर्णा इव पुप्लुवुः ॥ ८१
घोषेण महता घोषं सागरस्य समुच्छ्रितम् । भीममन्तर्दधे भीमा तरन्ती हरिवाहिनी ॥ ८२
वानराणां हि सा तीर्णा वाहिनी नलसेतुना । तीरे निविविशे राज्ञा बहुमूलफलोदके ॥ ८३

तदद्भुतं राघवकर्म दुष्करं समीक्ष्य देवाः सह सिद्धचारणैः ।
उपेत्य रामं सहसा महर्षिभिस्तमभ्यषिञ्चन्सुशुभैर्जलैः पृथक् ॥ ८४
जयस्व शत्रून्नरदेव मेदिनीं ससागरां पालय शाश्वतीः समाः ।
इतीव रामं नरदेवसत्कृतं शुभैर्वचोभिर्विविधैरपूजयन् ॥ ८५

इत्यार्षे श्रीमद्रामायणे वाल्मीकीय आदिकाव्ये युद्धकाण्डे द्वाविंशः सर्गः ॥ २२ ॥

त्रयोविंशः सर्गः ।

निमित्तानि निमित्तज्ञो दृष्ट्वा लक्ष्मणपूर्वजः । सौमित्रिं संपरिष्वज्य इदं वचनमब्रवीत् ॥ १
परिगृह्योदकं शीतं वनानि फलवन्ति च । बलौघं संविभज्येमं व्यूह्य तिष्ठेम लक्ष्मण ॥ २
लोकक्षयकरं भीमं भयं पश्याम्युपस्थितम् । प्रबर्हणं प्रवीराणामृक्षवानररक्षसाम् ॥ ३
वाताश्च कलुषा वान्ति कम्पते च वसुंधरा । पर्वताग्राणि वेपन्ते पतन्ति च महीरुहाः ॥ ४
मेघाः क्रव्यादसंकाशाः परुषाः परुषस्वनाः । क्रूराः क्रूरं प्रवर्षन्ति मिश्रं शोणितबिन्दुभिः ॥ ५
रक्तचन्दनसंकाशा संध्या परमदारुणा । ज्वलतः प्रपतत्येतदादित्यादग्निमण्डलम् ॥ ६
दीना दीनस्वराः क्रूराः सर्वतो मृगपक्षिणः । प्रत्यादित्यं विनर्दन्ति जनयन्तो महद्भयम् ॥ ७
रजन्यामप्रकाशस्तु संतापयति चन्द्रमाः । कृष्णरक्तांशुपर्यन्तो लोकक्षय इवोदितः ॥ ८
ह्रस्वो रूक्षोऽप्रशस्तश्च परिवेषस्तु लोहितः । आदित्ये विमले नीलं लक्ष्म लक्ष्मण दृश्यते ॥ ९
रजसा महता चापि नक्षत्राणि हतानि च । युगान्तमिव लोकाना पश्य शंसन्ति लक्ष्मण ॥ १०
काकाः श्येनास्तथा नीचा गृध्राः परिपतन्ति च । शिवाश्चाप्यशुभान्नादान्नदन्ति सुमहाभयान् ॥ ११
शैलैः शूलैश्च खड्गैश्च विमुक्तैः कपिराक्षसैः । भविष्यत्यावृता भूमिर्मांसशोणितकर्दमा ॥ १२
क्षिप्रमद्यैव दुर्धर्षां पुरीं रावणपालिताम् । अभियाम जवेनैव सर्वैर्हरिभिरावृताः ॥ १३

इति लिङ्गव्यत्यय आर्षः ॥ ७५ ॥ ७६ ॥ परेषां राक्षसानाम् ॥ ७७ ॥ ७८ ॥ वैहायसावाकाशगतिमन्तौ ॥ ७९ ॥ सुग्रीवेण समन्वितो रामो धन्व्यग्रतो जगाम । अनेन सुग्रीवस्य व्योममार्गगमनं सिद्धम् ॥ ८० ॥ ८१ ॥ तरन्ती हरिवाहिनी महता स्वीयेन घोषेण सागरस्य भीमं घोषमन्तर्दधे तिरोहितवती ॥ ८२ ॥ तीरे परतीरे । निविविशे निवेशिता ॥ ८३ ॥ अथ समुद्रे सेतुबन्धनहृष्टैर्देवैस्तदानीमेव रामस्य राज्याभिषेकः कृतो रामेण विभीषणस्येवेत्याह—तदद्भुतमिति । राघवकर्म राघवाज्ञाजन्यत्वात्तन्नामग्रहणजन्यत्वाच्च । सुशुभैर्जलैराकाशगङ्गादिजलैः ॥ ८४ ॥ अभिषिच्याशीर्वादं च कुर्वन्ति—जयस्वेत्यादि । इतीवेत्यतीवेत्यर्थकम् । नरदेवा ब्राह्मणाः ॥ ८५ ॥ इति श्रीरामाभिरामे श्रीरामीये रामायणतिलके वाल्मीकीय आदिकाव्ये युद्धकाण्डे द्वाविंशः सर्गः ॥ २२ ॥

अथ रामस्य घोरनिमित्तदर्शनमाह—निमित्तानीति । वक्ष्यमाणानीत्यर्थः ॥ १ ॥ संविभज्य व्यूह्य ऋक्षगोलाङ्गूलवानरविभागं कृत्वा । तस्य व्यूहं च कृत्वेत्यर्थः ॥ २ ॥ भयं भयनिमित्तम् ॥ ३ ॥ कलुषा रजोव्याप्ताः ॥ ४ ॥ क्रव्यादसंकाशा गृध्रगोमायुश्येनादिसदृशास्तद्वद्धूसरवर्णाः, अतएव परुषाश्चक्षुरुद्वेजकाः ॥ ५ ॥ ६ ॥ प्रत्यादित्यं सूर्यसंमुखम् ॥ ७ ॥ चन्द्रमाः संतापयति । सोष्णकिरण इत्यर्थः । कृष्णरक्तेत्यादिना परिवेषविशेष उक्तः ॥ ८ ॥ ह्रस्वत्वादिगुणकः परिवेष आदित्ये दृश्यते ॥ ९ ॥ नक्षत्राणि हतानीति । रात्रिकाल इति शेषः ॥ १० ॥ महाभयान्महाभयजनकान्नादान् ॥ ११ ॥ अधुना दृश्यमाननिमित्तानां फलमाह—शैलैरित्यादि ॥ १२ ॥

इत्येवमुक्त्वा धन्वी स रामः सङ्ग्रामधर्षणः । प्रतस्थे पुरतो रामो लङ्कामभिमुखो विभुः ॥ १४
सविभीषणसुग्रीवाः सर्वे ते वानरर्षभाः । प्रतस्थिरे विनर्दन्तो धृतानां द्विषतां वधे ॥ १५
राघवस्य प्रियार्थं तु सुतरां वीर्यशालिनाम् । हरीणां कर्मचेष्टाभिस्तुतोष रघुनन्दनः ॥ १६

इत्यार्षे श्रीमद्रामायणे वाल्मीकीय आदिकाव्ये युद्धकाण्डे त्रयोविंशः सर्गः ॥ २३ ॥

चतुर्विंशः सर्गः ।

सा वीरसमिती राज्ञा विरराज व्यवस्थिता । शशिना शुभनक्षत्रा पौर्णमासीव शारदी ॥ १
प्रचचाल च वेगेन त्रस्ता चैव वसुंधरा । पीड्यमाना बलौघेन तेन सागरवर्चसा ॥ २
ततः शुश्रुवुराकुष्टं लङ्कायां काननौकसः । भेरीमृदङ्गसंघुष्टं तुमुलं लोमहर्षणम् ॥ ३
बभूवुस्तेन घोषेण संहृष्टा हरियूथपाः । अमृष्यमाणास्तद्घोषं विनेदुर्घोषवत्तरम् ॥ ४
राक्षसास्तत्प्लवंगानां शुश्रुवुस्तेऽपि गर्जितम् । नर्दतामिव दृप्तानां मेघानामम्बरे स्वनम् ॥ ५
दृष्ट्वा दाशरथिर्लङ्कां चित्रध्वजपताकिनीम् । जगाम मनसा सीतां दूयमानेन चेतसा ॥ ६
अत्र सा मृगशावाक्षी रावणेनोपरुध्यते । अभिभूता ग्रहेणेव लोहिताङ्गेन रोहिणी ॥ ७
दीर्घमुष्णं च निःश्वस्य समुद्वीक्ष्य च लक्ष्मणम् । उवाच वचनं वीरस्तत्कालहितमात्मनः ॥ ८
आलिखन्तीमिवाकाशमुत्थितां पश्य लक्ष्मण । मनसेव कृतां लङ्कां नगाग्रे विश्वकर्मणा ॥ ९
विमानैर्बहुभिर्लङ्का संकीर्णा रचिता पुरा । विष्णोः पदमिवाकाशं छादितं पाण्डुभिर्घनैः ॥ १०
पुष्पितैः शोभिता लङ्का वनैश्चित्ररथोपमैः । नानापतगसंघुष्टफलपुष्पोपगैः शुभैः ॥ ११
पश्य मत्तविहंगानि प्रलीनभ्रमराणि च । कोकिलाकुलखण्डानि दोधवीति शिवोऽनिलः ॥ १२
इति दाशरथी रामो लक्ष्मणं समभाषत । बलं च तत्र विभजच्छास्त्रदृष्टेन कर्मणा ॥ १३
शशास कपिसेनां तां बलादादाय वीर्यवान् । अङ्गदः सह नीलेन तिष्ठेदुरसि दुर्जयः ॥ १४
तिष्ठेद्वानरवाहिन्या वानरौघसमावृतः । आश्रितो दक्षिणं पार्श्वमृषभो नाम वानरः ॥ १५
गन्धहस्तीव दुर्धर्षस्तरस्वी गन्धमादनः । तिष्ठेद्वानरवाहिन्याः सव्यं पक्षमधिष्ठितः ॥ १६
मूर्ध्नि स्थास्याम्यहं यत्तो लक्ष्मणेन समन्वितः । जाम्बवांश्च सुषेणश्च वेगदर्शी च वानरः ॥ १७
ऋक्षमुख्या महात्मानः कुक्षिं रक्षन्तु ते त्रयः । जघनं कपिसेनायाः कपिराजोऽभिरक्षतु ।
पश्चार्धमिव लोकस्य प्रचेतास्तेजसा वृतः ॥ १८
सुविभक्तमहाव्यूहा महावानररक्षिता । अनीकिनी सा विबभौ यथा द्यौः साभ्रसंप्लवा ॥ १९
प्रगृह्य गिरिशृङ्गाणि महतश्च महीरुहान् । आसेदुर्वानरा लङ्कां मिमर्दयिषवो रणे ॥ २०

॥ १३ ॥ रामो जनरमणो राम इत्यन्वयः ॥ १४ ॥ धृतानां निश्चितबुद्धीनाम् ॥ १५ ॥ कर्मणा धैर्येण परं प्रति प्रस्थानलक्षणेन, चेष्टाभिः कायव्यापारैश्च तुतोषेत्यन्वयः ॥ १६ ॥ **इति श्रीरामाभिरामे श्रीरामीये रामायणतिलके वाल्मीकीय आदिकाव्ये युद्धकाण्डे त्रयोविंशः सर्गः ॥ २३ ॥**

सेति । सा वीराणां समितिः समागमो राज्ञा व्यवस्थिता रामेण कृतव्यूहा विरराज । शुभनक्षत्रा शारदी पौर्णमासी शशिनेव ॥ १ ॥ तेन बलौघेन पीड्यमाना वसुंधरा सेनाया वेगेन प्रचचाल वित्रस्ता च ॥ २ ॥ आकुष्टमाक्रोशम् ॥ ३ ॥ घोषवत्तरमतिशयितध्वनिमत् ॥ ४ ॥ अम्बरे मेघानां स्वनमिव तेऽपि राक्षसाः प्लवंगानां तद्गर्जितं शुश्रुवुः ॥ ५ ॥ मनसा जगाम । सस्मारेत्यर्थः ॥ ६ ॥ स्मरणप्रकारः—अत्र सेति । उपरुध्यते उपरुद्धा तिष्ठति । लोहिताङ्गोऽङ्गारकः ॥ ७ ॥ आत्मनस्तत्कालहितं लङ्कादर्शनकाले आत्मनः प्रीतिकरम् । दिव्यपुरीदर्शनजसंतोषद्योतकमिति यावत् ॥ ८ ॥ तदेवाह—आलिखन्तीमित्यादि ॥ ९ ॥ विमानैः सप्तभूमिकप्रासादैः संकीर्णा निबिडा । तत्रोपमा—पाण्डुभिर्घनैः संकीर्णं विष्णोर्व्यापनशीलस्य वायुमयस्य ब्रह्मणः पदं प्रचारस्थानमाकाशमिव ॥ १० ॥ ११ ॥ कोकिलाकुलखण्डानि तदाकुलवृक्षखण्डानि । दोधवीति कम्पयति ॥ १२ ॥ विभजद्व्यभजत् ॥ १३ ॥ बलाद्वानरबलात्, आदाय स्वबलं गृहीत्वा नीलेन सहाङ्गद उरस्युच्यमानपुरुषव्यूहस्योरसि तिष्ठेदिति कपिसेनां शशास ॥ १४ ॥ वानरौघसमावृतऋषभो वानरवाहिन्या दक्षिणं पार्श्वमाश्रितस्तिष्ठेदित्यन्वयः ॥ १५ ॥ १६ ॥ यत्तः सावधानः ॥ १७ ॥ जाम्बवदादयस्त्रयोऽपि ऋक्षा जघनं पश्चार्धं लोकस्य भूलोकस्य पश्चार्धं पश्चिमदिशं तेजसा वृतः प्रचेता इव ॥ १८ ॥ १९ ॥ मर्दयितुमिच्छवो मिमर्दयिषवः

शिखरैर्विकिरामैनां लङ्कां मुष्टिभिरेव वा। इति स्म दधिरे सर्वे मनांसि हरिपुंगवाः॥ २१
ततो रामो महातेजाः सुग्रीवमिदमब्रवीत्। सुविभक्तानि सैन्यानि शुक एष विमुच्यताम्॥ २२
रामस्य तु वचः श्रुत्वा वानरेन्द्रो महाबलः। मोचयामास तं दूतं शुकं रामस्य शासनात्॥ २३
मोचितो रामवाक्येन वानरैश्च निपीडितः। शुकः परमसंत्रस्तो रक्षोधिपमुपागमत्॥ २४
रावणः प्रहसन्नेव शुकं वाक्यमुवाच ह। किमिमौ ते सितौ पक्षौ लूनपक्षश्च दृश्यसे॥ २५
कच्चिन्नानेकचित्तानां तेषां त्वं वशमागतः। ततः स भयसंविग्नस्तेन राज्ञाभिचोदितः।
वचनं प्रत्युवाचेदं राक्षसाधिपमुत्तमम्॥ २६
सागरस्योत्तरे तीरेऽब्रुवं ते वचनं तथा। यथासंदेशमक्लिष्टं सान्त्वयञ्श्लक्ष्णया गिरा॥ २७
क्रुद्धैस्तैरहमुत्प्लुत्य दृष्टमात्रः प्लवंगमैः। गृहीतोऽस्म्यपि चारब्धो हन्तुं लोप्तुं च मुष्टिभिः॥ २८
न ते संभाषितुं शक्याः संप्रश्नोऽत्र न विद्यते। प्रकृत्या कोपनास्तीक्ष्णा वानरा राक्षसाधिप॥ २९
स च हन्ता विराधस्य कबन्धस्य खरस्य च। सुग्रीवसहितो रामः सीतायाः पदमागतः॥ ३०
स कृत्वा सागरे सेतुं तीर्त्वा च लवणोदधिम्। एष रक्षांसि निर्धूय धन्वी तिष्ठति राघवः॥ ३१
ऋक्षवानरसङ्घानामनीकानि सहस्रशः। गिरिमेघनिकाशानां छादयन्ति वसुंधराम्॥ ३२
राक्षसानां बलौघस्य वानरेन्द्रबलस्य च। नैतयोर्विद्यते संधिर्देवदानवयोरिव॥ ३३
पुरा प्राकारमायान्ति क्षिप्रमेकतरं कुरु। सीतां चास्मै प्रयच्छाशु युद्धं वापि प्रदीयताम्॥ ३४
शुकस्य वचनं श्रुत्वा रावणो वाक्यमब्रवीत्। रोषसंरक्तनयनो निर्दहन्निव चक्षुषा॥ ३५
यदि मां प्रति युध्येरन्देवगन्धर्वदानवाः। नैव सीतां प्रदास्यामि सर्वलोकभयादपि॥ ३६
कदा समभिधावन्ति मामका राघवं शराः। वसन्ते पुष्पितं मत्ता भ्रमरा इव पादपम्॥ ३७
कदा शोणितदिग्धाङ्गं दीप्तैः कार्मुकविच्युतैः। शरैरादीपयिष्यामि उल्काभिरिव कुञ्जरम्॥ ३८
तच्चास्य बलमादास्ये बलेन महता वृतः। ज्योतिषामिव सर्वेषां प्रभामुद्यन्दिवाकरः॥ ३९
सागरस्येव मे वेगो मारुतस्येव मे बलम्। न च दाशरथिर्वेद तेन मां योद्धुमिच्छति॥ ४०
न मे तूणीशयान्बाणान्सविषानिव पन्नगान्। रामः पश्यति सङ्ग्रामे तेन मां योद्धुमिच्छति॥ ४१
न जानाति पुरा वीर्यं मम युद्धे स राघवः। मम चापमयीं वीणां शरकोणैः प्रवादिताम्॥ ४२
ज्याशब्दतुमुलां घोरामार्तगीतमहास्वनाम्। नाराचतलसंनादां नदीमहितवाहिनीम्।
अवगाह्य महारङ्गं वादयिष्याम्यहं रणे॥ ४३

॥ २० ॥ शिखरैर्गिरिशिखरैर्विकिराम विक्षिपाम। नाशयामेति यावत्॥ २१ ॥ शुक एष विमुच्यतामिति। पूर्वं मुच्यतां दूत आगत इत्यत्र ताडनादिदुःखान्मुच्यतामित्येवार्थः। तेन बद्ध्वा स्थापित इत्यवगम्यते ॥ २२ ॥ २३ ॥ २४ ॥ प्रहसन्नेव। लूनपक्षत्वादिविकृताकारं दृष्ट्वा प्रहासः। इमौ ते पक्षौ सितौ बद्धौ किम्, अतो लूनपक्षश्च दृश्यसे ॥ २५ ॥ अनेकचित्तानां चञ्चलचित्तानां वानराणाम् ॥ २६ ॥ सागरस्योत्तरे तीरे स्थित्वा। श्लक्ष्णया गिरा वानरान्सान्त्वयन्। अक्लिष्टं ते वचनं यथासंदेशं तथाब्रुवम् ॥ २७ ॥ अहं तथाब्रुवम्। लोप्तुं पक्षभागे छेत्तुं मुष्टिभिर्हन्तुं चारब्धः ॥ २८ ॥ ते कृतपरिभवाः संभाषितुं न शक्याः। अत्र परिभवे संप्रश्नो विचारो नास्ति। इदमेतावत्कार्यमिति मर्यादा नास्तीत्यर्थः। तदेव स्मारयति—प्रकृत्येति ॥ २९ ॥ अधुना विज्ञाप्यमाह—स चेति। विराधादिहन्तेत्यनेन तवापि हन्तेति सूचितम्। पदं स्थानमन्विष्यागतः प्राप्तः ॥ ३० ॥ रक्षांसि निर्धूय तृणीकृत्य ॥ ३१ ॥ ३२ ॥ संधिः संधानं नास्त्येव ॥ ३३ ॥ पुरा आयान्त्यायास्यन्ति। पुरायोगे भविष्यति लट्। एकतरं वक्ष्यमाणयोरन्यतरत् ॥ ३४ ॥ ३५ ॥ सर्वस्य राक्षसलोकस्य। रणभयप्राप्तेरपीत्यर्थः ॥ ३६ ॥ समभिधावन्ति धाविष्यन्ति ॥ ३७ ॥ ३८ ॥ आदास्ये तिरस्करिष्यामि ॥ ३९ ॥ वेद जानाति ॥ ४० ॥ पश्यति दृष्टवान् ॥ ४१ ॥ पुरा पूर्वं मम वीर्यं न जानाति नाज्ञासीत्। शरकोणैः शररूपवादनदण्डैः प्रवादिताम् ॥ ४२ ॥ ज्याशब्द एव तुमुलः शब्दो यस्यास्ताम्। आर्तं आर्तशब्दरूपो हा हतोऽस्मीत्यादिको गीतरूपो महान्स्वनो यस्यास्ताम्। नाराचतलरव एव संनादो यस्यास्ताम्। अत्र तुमुलमहास्वनसंनादशब्दैर्वीणाया मन्द्रमध्यताराः शब्दा उक्ताः। नदीरूपा याऽहितवाहिनी सेना तद्रूपं महारङ्गमवगाह्य रणे

न वासवेनापि सहस्रचक्षुषा युद्धेऽस्मि शक्यो वरुणेन वा स्वयम् ।
यमेन वा धर्षयितुं शराग्निना महाहवे वैश्रवणेन वा स्वयम् ॥ ४४

इत्यार्षे श्रीमद्रामायणे वाल्मीकीय आदिकाव्ये युद्धकाण्डे चतुर्विंशः सर्गः ॥ २४ ॥

पञ्चविंशः सर्गः ।

सबले सागरं तीर्णे रामे दशरथात्मजे । अमात्यौ रावणः श्रीमानब्रवीच्छुकसारणौ ॥ १
समग्रं सागरं तीर्णं दुस्तरं वानरं बलम् । अभूतपूर्वं रामेण सागरे सेतुबन्धनम् ॥ २
सागरे सेतुबन्धं तं न श्रद्दध्यां कथंचन । अवश्यं चापि संख्येयं तन्मया वानरं बलम् ॥ ३
भवन्तौ वानरं सैन्यं प्रविश्यानुपलक्षितौ । परिमाणं च वीर्यं च ये च मुख्याः प्लवंगमाः ॥ ४
मन्त्रिणो ये च रामस्य सुग्रीवस्य च संगताः । ये पूर्वमभिवर्तन्ते ये च शूराः प्लवंगमाः ॥ ५
स च सेतुर्यथा बद्धः सागरे सलिलार्णवे । निवेशं च यथा तेषां वानराणां महात्मनाम् ॥ ६
रामस्य व्यवसायं च वीर्यं प्रहरणानि च । लक्ष्मणस्य च वीरस्य तत्त्वतो ज्ञातुमर्हथः ॥ ७
कश्च सेनापतिस्तेषां वानराणां महात्मनाम् । तच्च ज्ञात्वा यथातत्त्वं शीघ्रमागन्तुमर्हथः ॥ ८
इति प्रतिसमादिष्टौ राक्षसौ शुकसारणौ । हरिरूपधरौ वीरौ प्रविष्टौ वानरं बलम् ॥ ९
ततस्तद्वानरं सैन्यमचिन्त्यं लोमहर्षणम् । संख्यातुं नाध्यगच्छेतां तदा तौ शुकसारणौ ॥ १०
तत्स्थितं पर्वताग्रेषु निर्झरेषु गुहासु च । तरमाणं च तीर्णं च तर्तुकामं च सर्वशः ॥ ११
निविष्टं निविशच्चैव भीमनादं महाबलम् । तद्बलार्णवमक्षोभ्यं ददृशाते निशाचरौ ॥ १२
तौ ददर्श महातेजाः प्रतिच्छन्नौ विभीषणः । आचचक्षे स रामाय गृहीत्वा शुकसारणौ ॥ १३
तस्यैतौ राक्षसेन्द्रस्य मन्त्रिणौ शुकसारणौ । लङ्कायाः समनुप्राप्तौ चारौ परपुरंजय ॥ १४
तौ दृष्ट्वा व्यथितौ रामं निराशौ जीविते तथा । कृताञ्जलिपुटौ भीतौ वचनं चेदमूचतुः ॥ १५
आवामिहागतौ सौम्य रावणप्रहितावुभौ । परिज्ञातुं बलं सर्वं तदिदं रघुनन्दन ॥ १६
तयोस्तद्वचनं श्रुत्वा रामो दशरथात्मजः । अब्रवीत्प्रहसन्वाक्यं सर्वभूतहिते रतः ॥ १७
यदि दृष्टं बलं सर्वं वयं वा सुसमाहिताः । यथोक्तं वा कृतं कार्यं छन्दतः प्रतिगम्यताम् ॥ १८
अथ किंचिददृष्टं वा भूयस्तद्द्रष्टुमर्हथः । विभीषणो वा कार्त्स्न्येन पुनः संदर्शयिष्यति ॥ १९
न चेदं ग्रहणं प्राप्य भेतव्यं जीवितं प्रति । न्यस्तशस्त्रौ गृहीतौ च न दूतौ वधमर्हतः ॥ २०
प्रच्छन्नौ च विमुञ्चेमौ चारौ रात्रिंचरावुभौ । शत्रुपक्षस्य सततं विभीषण विकर्षिणौ ॥ २१

वादयिष्यामि ॥ ४३ ॥ न शक्यः । जेतुमिति शेषः ॥ ४४ ॥ इति श्रीरामाभिरामे श्रीरामीये रामायणतिलके वाल्मीकीय आदिकाव्ये युद्धकाण्डे चतुर्विंशः सर्गः ॥ २४ ॥

रावणः शुकसारणाख्यावमात्यावब्रवीत् । अमात्यत्वेन विशेषणादयं शुकोऽन्यः, पूर्वप्रेषितशुकोक्तवृत्तान्तज्ञानपूर्वकं प्रेषणाच्चेति कतकादयः ॥ १ ॥ सर्वं वानरबलं तीर्णं सागरे सेतुबन्धनं च कृतमेतदुभयमप्यभूतपूर्वम् ॥ २ ॥ सागरे सेतुबन्धनं न श्रद्दध्याम्, समुद्रस्य विराडुदरत्वेन जीवव्रातैरशक्यबन्धनत्वाज्जीवविशेषत्वाच्च रामस्येत्याशयः । रामोऽपि विराडेव नान्य इति बुद्धिस्तु रजस्तमःप्रधानत्वान्न तस्येति दिक् ॥ ३ ॥ परिमाणं चेत्यादीनां 'तत्त्वतो ज्ञातुमर्हथः' इत्यनेन संबन्धः । ये च मुख्यास्तानिति शेषः ॥ ४ ॥ ये पूर्वमभिवर्तन्ते । अग्रेसरा इत्यर्थः ॥ ५ ॥ सागरे संबद्धे सलिलार्णवे लवणजले समुद्रे । निवेशं सेनानिवेशम् ॥ ६ ॥ प्रहरणान्यायुधानि ॥ ७ ॥ ८ ॥ ९ ॥ नाध्यगच्छेतां नाशक्नुवाताम् ॥ १० ॥ तत्र हेतुमाह—तत्स्थितमित्यादिना ॥ ११ ॥ ददृशाते ददृशतुः ॥ १२ ॥ प्रतिच्छन्नो हरिरूपेण गृहीत्वाचचक्षे गृहीत्वोपनीयाचचक्षे ॥ १३ ॥ १४ ॥ तौ रामं दृष्ट्वा व्यथितौ जीविते निराशौ चाभूताम् ॥ १५ ॥ रावणप्रहितौ तत्प्रेषितौ ॥ १६ ॥ प्रहसन्सेतुबन्धनेन जनस्थाने निरपेक्षं खरादिवधेन च न मद्बलज्ञानं वृत्तमिति प्रहासः ॥ १७ ॥ वयमिति । रामेण निर्देशः सुग्रीवादिसहितस्य स्वस्य । सुसमाहिता ज्ञातबलाः । यथोक्तं रावणोक्तमनतिक्रम्य वा चेत् । छन्दतः स्वेच्छया ॥ १८ ॥ विभीषणो वा । यस्माद्विशिष्य भवतां भयमिति शेषः ॥ १९ ॥ न्यस्तशस्त्रत्वाद्येकैकमप्यवधे हेतुः किमुत समुदितमिति भावः ॥ २० ॥ प्रच्छन्नौ च गूढतया रन्ध्रान्वेषिणावपि शत्रुपक्षस्य रावणशत्रुपक्षस्य सुग्रीवादिरूपस्य सततं विकर्षिणौ भेदादिपरावपीमौ रात्रिंचरौ हे विभीषण, विमुञ्च

प्रविश्य महतीं लङ्कां भवद्भ्यां धनदानुजः । वक्तव्यो रक्षसां राजा यथोक्तं वचनं मम ॥ २२
यद्बलं त्वं समाश्रित्य सीतां मे हृतवानसि । तद्दर्शय यथाकामं ससैन्यश्च सबान्धवः ॥ २३
श्वः काल्ये नगरीं लङ्कां सप्राकारां सतोरणाम् । रक्षसां च बलं पश्य शरैर्विध्वंसितं मया ॥ २४
क्रोधं भीममहं मोक्ष्ये ससैन्ये त्वयि रावण । श्वः काल्ये वज्रवान्वज्रं दानवेष्विव वासवः ॥ २५
इति प्रतिसमादिष्टौ राक्षसौ शुकसारणौ । जयेति प्रतिनन्द्यैनं राघवं धर्मवत्सलम् ॥ २६
आगम्य नगरीं लङ्कामब्रूतां राक्षसाधिपम् । विभीषणगृहीतौ तु वधार्थं राक्षसेश्वर ॥ २७
दृष्ट्वा धर्मात्मना मुक्तौ रामेणामिततेजसा । एकस्थानगता यत्र चत्वारः पुरुषर्षभाः ॥ २८
लोकपालसमाः शूराः कृतास्त्रा दृढविक्रमाः । रामो दाशरथिः श्रीमाँल्लक्ष्मणश्च विभीषणः ॥ २९
सुग्रीवश्च महातेजा महेन्द्रसमविक्रमः । एते शक्ताः पुरीं लङ्कां सप्राकारां सतोरणाम् ॥ ३०
उत्पाट्य संक्रामयितुं सर्वे तिष्ठन्तु वानराः । यादृशं तद्धि रामस्य रूपं प्रहरणानि च ॥ ३१
वधिष्यति पुरीं लङ्कामेकस्तिष्ठन्तु ते त्रयः । रामलक्ष्मणगुप्ता सा सुग्रीवेण च वाहिनी ।
बभूव दुर्धर्षतरा सर्वैरपि सुरासुरैः ॥ ३२

प्रहृष्टयोधा ध्वजिनी महात्मनां वनौकसां संप्रति योद्धुमिच्छताम् ।
अलं विरोधेन शमो विधीयतां प्रदीयतां दाशरथाय मैथिली ॥ ३३

इत्यार्षे श्रीमद्रामायणे वाल्मीकीये आदिकाव्ये युद्धकाण्डे पञ्चविंशः सर्गः ॥ २५ ॥

षड्विंशः सर्गः ।

तद्वचः सत्यमक्लीबं सारणेनाभिभाषितम् । निशम्य रावणो राजा पर्यभाषत सारणम् ॥ १
यदि मामभियुञ्जीरन्देवगन्धर्वदानवाः । नैव सीतामहं दद्यां सर्वलोकभयादपि ॥ २
त्वं तु सौम्य परित्रस्तो हरिभिः पीडितो भृशम् । प्रतिप्रदानमद्यैव सीतायाः साधु मन्यसे ॥ ३
को हि नाम सपत्नो मां समरे जेतुमर्हति । इत्युक्त्वा परुषं वाक्यं रावणो राक्षसाधिपः ॥ ४
आरुरोह ततः श्रीमान्प्रासादं हिमपाण्डुरम् । बहुतालसमुत्सेधं रावणोऽथ दिदृक्षया ॥ ५
ताभ्यां चराभ्यां सहितो रावणः क्रोधमूर्च्छितः । पश्यमानः समुद्रं तं पर्वतांश्च वनानि च ॥ ६
ददर्श पृथिवीदेशं सुसंपूर्णं प्लवंगमैः । तदपारमसह्यं च वानराणां महाबलम् ॥ ७
आलोक्य रावणो राजा परिपप्रच्छ सारणम् । एषां के वानरा मुख्याः के शूराः के महाबलाः ॥ ८
के पूर्वमभिवर्तन्ते महोत्साहाः समन्ततः । केषां शृणोति सुग्रीवः के वा यूथपयूथपाः ॥ ९
सारणाचक्ष्व मे सर्वं किंप्रभावाः प्लवंगमाः । सारणो राक्षसेन्द्रस्य वचनं परिपृच्छतः ॥ १०
आबभाषेऽथ मुख्यज्ञो मुख्यांस्तत्र वनौकसः । एष योऽभिमुखो लङ्कां नर्दंस्तिष्ठति वानरः ॥ ११
यूथपानां सहस्रेण शतेन परिवारितः । यस्य घोषेण महता सप्राकारा सतोरणा ॥ १२
लङ्का प्रतिहता सर्वा सशैलवनकानना । सर्वशाखामृगेन्द्रस्य सुग्रीवस्य महात्मनः ॥ १३
बलाग्रे तिष्ठते वीरो नीलो नामैष यूथपः । बाहू प्रगृह्य यः पद्भ्यां महीं गच्छति वीर्यवान् ॥ १४

॥ २१ ॥ अथ रामः प्रतिसंदिशति—प्रविश्येति ॥ २२ ॥ ॥ २३ ॥ श्वः काल्ये श्वः प्रातःकाले ॥ २४ ॥ वज्रवान्वज्रवत्त्वगुणः ॥ २५ ॥ २६ ॥ विभीषणगृहीताविल्यनेन तरयागस्तव महतेऽनर्थायेति सूचितम् ॥ २७ ॥ यत्र यस्मादेते वक्ष्यमाणाश्चत्वार एकस्थानगता एकत्र मिलिताः, तस्मात्त एते शक्ता इति योजना ॥ २८ ॥ २९ ॥ ३० ॥ उत्पाट्य संक्रामयितुम् । निखातशालास्तम्भमिवोपरि कृत्वा पुनः प्रतिष्ठापयितुमित्यर्थः ॥ ३१ ॥ ३२ ॥ योद्धुमिच्छतां ध्वजिनी दुर्धर्षेत्यन्वयः । यदेवमतः—अलमिति ॥ ३३ ॥ इति श्रीरामाभिरामे श्रीरामीये रामायणतिलके वाल्मीकीय आदिकाव्ये युद्धकाण्डे पञ्चविंशः सर्गः ॥ २५ ॥

तदिति ॥ १ ॥ २ ॥ ३ ॥ ४ ॥ बहुतालसमुत्सेधमनेकतालप्रमाणोन्नतम् । दिदृक्षया वानरबलदर्शनेच्छया ॥ ५ ॥ चराभ्यां चाराभ्याम् । पश्यमानः पश्यन् ॥ ६ ॥ वानराणां महाबलं च ददर्शेत्यन्वयः ॥ ७ ॥ ८ ॥ केषां शृणोति । वच इति शेषः । यूथपयूथपा महाप्रधानाः ॥ ९ ॥ वचनमुक्तरमाबभाषे इत्यन्वयः ॥ १० ॥ ११ ॥ सहस्रेण शतेन । लक्षेणेत्यर्थः ॥ १२ ॥ यूथपसंख्याया एव गणनम् । सुग्रीवस्य बलाग्रे च यस्तिष्ठति एष नील इत्यन्वयः ॥ १३ ॥ अथाङ्गद-

लङ्कामभिमुखः कोपादभीक्ष्णं च विजृम्भते । गिरिशृङ्गप्रतीकाशः पद्मकिंजल्कसंनिभः ॥ १५
स्फोटयत्यतिसंरब्धो लाङ्गूलं च पुनःपुनः । यस्य लाङ्गूलशब्देन स्वनन्ति प्रदिशो दश ॥ १६
एष वानरराजेन सुग्रीवेणाभिषेचितः । युवराजोऽङ्गदो नाम त्वामाह्वयति संयुगे ॥ १७
वालिनः सदृशः पुत्रः सुग्रीवस्य सदा प्रियः । राघवार्थे पराक्रान्तः शक्रार्थे वरुणो यथा ॥ १८
एतस्य सा मतिः सर्वा यद्दृष्टा जनकात्मजा । हनूमता वेगवता राघवस्य हितैषिणा ॥ १९
बहूनि वानरेन्द्राणामेष यूथानि वीर्यवान् । परिगृह्याभियाति त्वां स्वेनानीकेन मर्दितुम् ॥ २०
अनुवालिसुतस्यापि बलेन महता वृतः । वीरस्तिष्ठति सङ्ग्रामे सेतुहेतुरयं नलः ॥ २१
ये तु विष्टभ्य गात्राणि क्ष्वेडयन्ति नदन्ति च । य एनमनुगच्छन्ति वीराश्चन्दनवासिनः ॥ २२
एषैवाशंसते लङ्कां स्वेनानीकेन मर्दितुम् । श्वेतो रजतसंकाशश्चपलो भीमविक्रमः ॥ २३
बुद्धिमान्वानरः शूरस्त्रिषु लोकेषु विश्रुतः । तूर्णं सुग्रीवमागम्य पुनर्गच्छति वानरः ॥ २४
विभजन्वानरीं सेनामनीकानि प्रहर्षयन् । यः पुरा गोमतीतीरे रम्यं पर्येति पर्वतम् ॥ २५
नाम्ना संरोचनो नाम नानानगयुतो गिरिः । तत्र राज्यं प्रशास्त्येष कुमुदो नाम यूथपः ॥ २६
योऽसौ शतसहस्राणि सहर्षं परिकर्षति । यस्य वाला बहुव्यामा दीर्घलाङ्गूलमाश्रिताः ॥ २७
ताम्राः पीताः सिताः श्वेताः प्रकीर्णा घोरदर्शनाः । अदीनो वानरश्चण्डः सङ्ग्राममभिकाङ्क्षति ।
एषैवाशंसते लङ्कां स्वेनानीकेन मर्दितुम् ॥ २८
यस्त्वेष सिंहसंकाशः कपिलो दीर्घकेसरः । निभृतः प्रेक्षते लङ्कां दिधक्षन्निव चक्षुषा ॥ २९
विन्ध्यं कृष्णगिरिं सह्यं पर्वतं च सुदर्शनम् । राजन्सततमध्यास्ते स रम्भो नाम यूथपः ।
शतं शतसहस्राणां त्रिंशच्च हरिपुंगवाः ॥ ३०
यं यान्तं वानरा घोराश्चण्डाश्चण्डपराक्रमाः । परिवार्यानुगच्छन्ति लङ्कां मर्दितुमोजसा ॥ ३१
यस्तु कर्णौ विवृणुते जृम्भते च पुनः पुनः । न तु संविजते मृत्योर्न च सेनां प्रधावति ॥ ३२
प्रकम्पते च रोषेण तिर्यक्च पुनरीक्षते । पश्य लाङ्गूलविक्षेपं क्ष्वेडत्येष महाबलः ॥ ३३
महौजसा वीतभयो रम्यं साल्वेयपर्वतम् । राजन्सततमध्यास्ते शरभो नाम यूथपः ॥ ३४
एतस्य बलिनः सर्वे विहारा नाम यूथपाः । राजञ्छतसहस्राणि चत्वारिंशत्तथैव च ॥ ३५
यस्तु मेघ इवाकाशं महानावृत्य तिष्ठति । मध्ये वानरवीराणां सुराणामिव वासवः ॥ ३६
भेरीणामिव संनादो यस्यैष श्रूयते महान् । घोषः शाखामृगेन्द्राणां सङ्ग्राममभिकाङ्क्षताम् ॥ ३७
एष पर्वतमध्यास्ते पारियात्रमनुत्तमम् । युद्धे दुष्प्रसहो नित्यं पनसो नाम यूथपः ॥ ३८
एनं शतसहस्राणां शतार्धं पर्युपासते । यूथपा यूथपश्रेष्ठं येषां यूथानि भागशः ॥ ३९
यस्तु भीमां प्रवल्गन्तीं चमूं तिष्ठति शोभयन् । स्थितां तीरे समुद्रस्य द्वितीय इव सागरः ॥ ४०
एष दर्दुरसंकाशो विनतो नाम यूथपः । पिबंश्चरति यो वेणां नदीनामुत्तमां नदीम् ॥ ४१

वर्णनम्—बाहू इति । प्रगृह्योपगम्य पद्भ्यां महीं गच्छति । नरवदिति शेषः ॥ १४ ॥ १५ ॥ १६ ॥ अभिषेचितोऽभिषिक्तः ॥ १७ ॥ पराक्रान्तः पराक्रमितुमुद्यतः ॥ १८ ॥ यद्धनूमता जनकात्मजा दृष्टा सा सर्वा मतिरेतस्याङ्गदस्य । मन्त्रमूलेति शेषः ॥ १९ ॥ बहूनि यूथानि परिगृह्य स्वेनानीकेन त्वामभियाति ॥ २० ॥ वालिसुतस्यानु पश्चात् । सेतुहेतुः सेतुकर्ता ॥ २१ ॥ अथ श्वेतवर्णनम्—ये त्विति । गात्राणि विष्टभ्य क्ष्वेलां कुर्वन्ति । एनं श्वेतम्, चन्दनवासिनः ॥ २२ ॥ एषैव एष एव । सन्धिरार्षः ॥ २३ ॥ सुग्रीवमागम्य पुनर्गच्छतीत्यनेन रावणदर्शनसमये कार्यार्थं सुग्रीवसमीपमागत्य गतवानिति ज्ञायते ॥ २४ ॥ यः पुरेत्यादिना कुमुदवर्णनम्—रम्यं रम्याख्यम् ॥ २५ ॥ अस्यैव संरोचन इति नामान्तरम् ॥ २६ ॥ चण्डवर्णनम्—योऽसाविति ॥ २७ ॥ २८ ॥ रम्भवर्णनम्—यस्त्विति । निभृत एकाग्रः ॥ २९ ॥ ३० ॥ यं यान्तमनुगच्छन्तीत्यन्वयः ॥ ३१ ॥ शरभवर्णनम्—यस्तु कर्णाविति । मृत्योर्न संविजते नोद्वेगं गच्छति तथा वरदानादिति शेषः । न च सेनामिति । किं त्वेक एव योद्धुमिच्छतीत्यर्थः ॥ ३२ ॥ ३३ ॥ महौजसा महता तेजसा ॥ ३४ ॥ ३५ ॥ पनसवर्णनम्—यस्तु मेघ इत्यादिना ॥ ३६ ॥ भेरीणां नाद इव यस्य संनादः । श्रूयत इति शेषः ॥ ३७ ॥ ३८ ॥ एनं पनसम् । शतार्धं शतसहस्रसंख्यानां पञ्चाशल्लक्षसंख्यं यूथपाः पर्युपासते । येषां यूथानि भागशः प्रत्येकं सन्तीति शेषः ॥ ३९ ॥ विनतवर्णनम्—यस्तु भीमा-

षष्टिः शतसहस्राणि बलमस्य प्लवंगमाः। त्वामाह्वयति युद्धाय क्रथनो नाम वानरः ॥ ४२
विक्रान्ता बलवन्तश्च यथा यूथानि भागशः। यस्तु गैरिकवर्णाभं वपुः पुष्यति वानरः ॥ ४३
अवमत्य सदा सर्वान्वानरान्बलदर्पितः। गवयो नाम तेजस्वी त्वां क्रोधादभिवर्तते ॥ ४४
एनं शतसहस्राणि सप्ततिः पर्युपासते। एषैवाशंसते लङ्कां स्वेनानीकेन मर्दितुम् ॥ ४५
एते दुष्प्रसहा वीरा येषां संख्या न विद्यते। यूथपा यूथपश्रेष्ठास्तेषां यूथानि भागशः ॥ ४६

इत्यार्षे श्रीमद्रामायणे वाल्मीकीय आदिकाव्ये युद्धकाण्डे षड्विंशः सर्गः ॥ २६ ॥

सप्तविंशः सर्गः।

तांस्तु ते संप्रवक्ष्यामि प्रेक्षमाणस्य यूथपान्। राघवार्थे पराक्रान्ता ये न रक्षन्ति जीवितम् ॥ १
स्निग्धा यस्य बहुव्यामा दीर्घलाङ्गूलमाश्रिताः। ताम्राः पीताः सिताः श्वेताः प्रकीर्णा घोरकर्मणः ॥ २
प्रगृहीताः प्रकाशन्ते सूर्यस्येव मरीचयः। पृथिव्यां चानुकृष्यन्ते हरो नामैष वानरः ॥ ३
यं पृष्ठतोऽनुगच्छन्ति शतशोऽथ सहस्रशः। वृक्षानुद्यम्य सहसा लङ्कारोहणतत्पराः ॥ ४
यूथपा हरिराजस्य किंकराः समुपस्थिताः। नीलानिव महामेघांस्तिष्ठतो यांस्तु पश्यसि ॥ ५
असिताञ्जनसंकाशान्युद्धे सत्यपराक्रमान्। असंख्येयाननिर्देश्यान्परं पारमिवोदधेः ॥ ६
पर्वतेषु च ये केचिद्विषयेषु नदीषु च। एते त्वामभिवर्तन्ते राजनृक्षाः सुदारुणाः ॥ ७
एषां मध्ये स्थितो राजा भीमाक्षो भीमदर्शनः। पर्जन्य इव जीमूतैः समन्तात्परिवारितः ॥ ८
ऋक्षवन्तं गिरिश्रेष्ठमध्यास्ते नर्मदां पिबन्। सर्वर्क्षाणामधिपतिर्धूम्रो नामैष यूथपः ॥ ९
यवीयानस्य तु भ्राता पश्यैनं पर्वतोपमम्। भ्रात्रा समानो रूपेण विशिष्टश्च पराक्रमे ॥ १०
स एष जाम्बवान्नाम महायूथपयूथपः। प्रशान्तो गुरुवर्ती च संप्रहारेष्वमर्षणः ॥ ११
एतेन साह्यं तु महत्कृतं शक्रस्य धीमता। देवासुरे जाम्बवता लब्धाश्च बहवो वराः ॥ १२
आरुह्य पर्वताग्रेभ्यो महाभ्रविपुलाः शिलाः। मुञ्चन्ति विपुलाकारा न मृत्योरुद्विजन्ति च ॥ १३
राक्षसानां च सदृशाः पिशाचानां च रोमशाः। एतस्य सैन्या बहवो विचरन्त्यमितौजसः ॥ १४
य एनमभिसंरब्धं प्लवमानमवस्थितम्। प्रेक्षन्ते वानराः सर्वे स्थितं यूथपयूथपम् ॥ १५
एष राजन्सहस्राक्षं पर्युपास्ते हरीश्वरः। बलेन बलसंयुक्तो रम्भो नामैष यूथपः ॥ १६
यः स्थितं योजने शैलं गच्छन्पार्श्वेन सेवते। ऊर्ध्वं तथैव कायेन गतः प्राप्नोति योजनम् ॥ १७
यस्मात्तु परमं रूपं चतुष्पात्सु न विद्यते। श्रुतः संनादनो नाम वानराणां पितामहः ॥ १८
येन युद्धं तदा दत्तं रणे शक्रस्य धीमता। पराजयश्च न प्राप्तः सोऽयं यूथपयूथपः ॥ १९

मिति ॥ ४० ॥ ४१ ॥ क्रथनवर्णनम्—त्वामाह्वयतीत्यादि ॥ ४२ ॥ विक्रान्ता बलवन्तश्च । यस्य यूथपा इति शेषः। यथास्य यूथपास्तथैव तेषां भागशः प्रत्येकं यूथानि च सन्तीति शेषः। गवयवर्णनम्—यस्तु गैरिकेत्यादि ॥ ४३ ॥ ४४ ॥ ॥ ४५ ॥ येषां यूथपानां संख्या न विद्यते । भागशः सन्तीति शेषः ॥ ४६ ॥ अत्र सर्गच्छेदोऽपाङ्क्तो वृत्तभेदाभावादेकप्रकरणत्वाच्चेति कतकः ॥ इति श्रीरामाभिरामे श्रीरामीये रामायणतिलके वाल्मीकीय आदिकाव्ये युद्धकाण्डे षड्विंशः सर्गः ॥ २६ ॥

तानिति । ये जीवितं न रक्षन्ति ॥ १ ॥ स्निग्धा इत्यादि हरवर्णनमिति कतकः। तारस्येत्यन्ये । बहुव्यामा यस्य लाङ्गूलाश्रिता वाला बहुव्यामत्वादिगुणकाः ॥ २ ॥ प्रगृहीता उत्क्षिप्ताः । एष हरो नामेत्यन्वयः । हरो गोलाङ्गूलजातिः ॥ ३ ॥ ४ ॥ धूम्रवर्णनम्—नीलानित्यादि ॥ ५ ॥ अनिर्देश्याननशक्यनामगणनान् । परं पारमिव परपारस्थरेणूनिव ॥ ६ ॥ ७ ॥ ८ ॥ ९ ॥ अथ जाम्बवद्वर्णनम्—यवीयानिति । अस्य धूम्रस्य कनिष्ठ इत्यर्थः । यो भ्रात्रा समान इत्यन्वयः ॥ १० ॥ गुरुवर्ती सद्गुरूपासकः। अनेन सर्वसिद्धिमत्त्वमुक्तम् ॥ ११ ॥ साह्यं साहाय्यम् । देवासुरे । युद्धे इति वैरे इति वा शेषः ॥ १२ ॥ अथ तत्सैन्यवर्णनम्—आरुह्येति ॥ १३ ॥ रोमशा अधिकरोमवन्तः। रक्षःपिशाचसादृश्यं क्रौर्येण ॥ १४ ॥ दम्भवर्णनम्—य एनमिति । प्लवमानम् । लीलार्थमिति शेषः। स्थितं लीलार्थमेव पुनः स्थितम् ॥ १५ ॥ १६ ॥ संनादनवर्णनम्—यः स्थितमिति । यो योजने स्थितं शैलं पार्श्वेन सेवते। एतेन योजनव्यायामदेह इत्युक्तम्। ऊर्ध्वमपि योजनं कायेन कायप्रमाणेन गतो व्याप्तः सन्नूर्ध्ववर्तिपदार्थं प्राप्नोति

यस्य विक्रममाणस्य शक्रस्येव पराक्रमः । एष गन्धर्वकन्यायामुत्पन्नः कृष्णवर्त्मना ॥ २०
तदा देवासुरे युद्धे साह्यार्थं त्रिदिवौकसाम् । यत्र वैश्रवणो राजा जम्बूमुपनिषेवते ॥ २१
यो राजा पर्वतेन्द्राणां बहुकिंनरसेविनाम् । विहारसुखदो नित्यं भ्रातुस्ते राक्षसाधिप ॥ २२
तत्रैष रमते श्रीमान्बलवान्वानरोत्तमः । युद्धेष्वकत्थनो नित्यं क्रथनो नाम यूथपः ॥ २३
वृतः कोटिसहस्रेण हरीणां समवस्थितः । एषैवाशंसते लङ्कां स्वेनानीकेन मर्दितुम् ॥ २४
यो गङ्गामनुपर्येति त्रासयन्गजयूथपान् । हस्तिनां वानराणां च पूर्ववैरमनुस्मरन् ॥ २५
एष यूथपतिर्नेता गर्जन्गिरिगुहाशयः । गजान्रोधयते वन्यानारुजंश्च महीरुहान् ॥ २६
हरीणां वाहिनीमुख्यो नदीं हैमवतीमनु । उशीरबीजमाश्रित्य मन्दरं पर्वतोत्तमम् ॥ २७
रमते वानरश्रेष्ठो दिवि शक्र इव स्वयम् । एनं शतसहस्राणां सहस्रमभिवर्तते ॥ २८
वीर्यविक्रमदृप्तानां नर्दतां बाहुशालिनाम् । स एष नेता चैतेषां वानराणां महात्मनाम् ॥ २९
स एष दुर्धरो राजन्प्रमाथी नाम यूथपः । वातेनेवोद्धतं मेघं यमेनमनुपश्यसि ॥ ३०
अनीकमपि संरब्धं वानराणां तरस्विनाम् । उद्धूतमरुणाभासं पवनेन समन्ततः ॥ ३१
विवर्तमानं बहुशो यत्रैतद्बहुलं रजः । एते सितमुखा घोरा गोलाङ्गूला महाबलाः ॥ ३२
शतं शतसहस्राणि दृष्ट्वा वै सेतुबन्धनम् । गोलाङ्गूलं महाराज गवाक्षं नाम यूथपम् ॥ ३३
परिवार्याभिनर्दन्ते लङ्कां मर्दितुमोजसा । भ्रमराचरिता यत्र सर्वकालफलद्रुमाः ॥ ३४
यं सूर्यस्तुल्यवर्णाभमनुपर्येति पर्वतम् । यस्य भासा सदा भान्ति तद्वर्णा मृगपक्षिणः ॥ ३५
यस्य प्रस्थं महात्मानो न त्यजन्ति महर्षयः । सर्वकामफला वृक्षाः सर्वे फलसमन्विताः ॥ ३६
मधूनि च महार्हाणि यस्मिन्पर्वतसत्तमे । तत्रैष रमते राजन्रम्ये काञ्चनपर्वते ॥ ३७
मुख्यो वानरमुख्यानां केसरी नाम यूथपः । षष्टिर्गिरिसहस्राणि रम्याः काञ्चनपर्वताः ॥ ३८
तेषां मध्ये गिरिवरस्त्वमिवानघ रक्षसाम् । तत्रैके कपिलाः श्वेतास्ताम्रास्या मधुपिङ्गलाः ॥ ३९
निवसन्त्युत्तमगिरौ तीक्ष्णदंष्ट्रा नखायुधाः । सिंहा इव चतुर्दंष्ट्रा व्याघ्रा इव दुरासदाः ॥ ४०
सर्वे वैश्वानरसमा ज्वलदाशीविषोपमाः । सुदीर्घाञ्चितलाङ्गूला मत्तमातंगसंनिभाः ॥ ४१
महापर्वतसंकाशा महाजीमूतनिःस्वनाः । वृत्तपिङ्गलनेत्रा हि महाभीमगतिस्वनाः ॥ ४२
मर्दयन्तीव ते सर्वे तस्थुर्लङ्कां समीक्ष्य ते । एष चैषामधिपतिर्मध्ये तिष्ठति वीर्यवान् ॥ ४३
जयार्थी नित्यमादित्यमुपतिष्ठति वीर्यवान् । नाम्ना पृथिव्यां विख्यातो राजञ्शतबलीति यः ४४
एषैवाशंसते लङ्कां स्वेनानीकेन मर्दितुम् । विक्रान्तो बलवाञ्छूरः पौरुषे स्वे व्यवस्थितः ॥ ४५
रामप्रियार्थं प्राणानां दयां न कुरुते हरिः । गजो गवाक्षो गवयो नलो नीलश्च वानरः ॥ ४६

स्पृशति ॥ १७ ॥ १८ ॥ १९ ॥ अथ क्रथनवर्णनम्—यस्येति । कृष्णवर्त्मनाग्निना ॥ २० ॥ त्रिदिवौकसां साह्यार्थमुत्पन्न इत्यन्वयः । वैश्रवणो राजा यत्र गिरौ जम्बूमुपनिषेवते, यः पर्वतो बहवः किंनराः सेवका येषां तेषां पर्वतेन्द्राणां राजा, यश्च ते भ्रातुर्विहारसुखदः ॥ २१ ॥ २२ ॥ तत्र गिरौ कैलासे वसति । अकत्थन आत्मश्लाघारहितः कार्येणैव पराक्रमप्रदर्शकः ॥ २३ ॥ २४ ॥ अथ प्रमाथिवर्णनम्—यो गङ्गामिति । गङ्गामनु गङ्गासमीपे । हस्तिवानरयोर्वैरं गजाकारशम्बसादनासुरस्य हनुमत्पित्रा केसरिणा वधात्पूर्वमुत्पन्नमिति पौराणिकी गाथा ॥ २५ ॥ नेता प्रभुः ॥ २६ ॥ हैमवतीं नदीं गङ्गामनुवर्तमानमुशीरबीजाख्यं पर्वतमाश्रित्य यो रमते इत्यन्वयः ॥ २७ ॥ शतसहस्राणां सहस्रम् । सहस्रलक्षमिति यावत् ॥ २८ ॥ २९ ॥ दुर्धरः शत्रुभिर्धर्तुमशक्यः । प्रमाथिनं विशिष्य बोधयति—वातेनेवेति ॥ ३० ॥ तरस्विवानरसंबन्धि यस्यानीकं संरब्धं पश्यसि, यस्यानीकेनोद्धतं बहुलं रजोऽरुणाभं धूम्रवर्णं पवनेन समन्ततो बहुशो विवर्तमानं क्षिप्यमाणं यत्र यत्समीपे पश्यसि स एष प्रमाथीत्यन्वयः ॥ ३१ ॥ ३२ ॥ गवाक्षवर्णनम्—एते सितेत्यादि । शतं शतसहस्राणि । शतलक्षमित्यर्थः । सेतुबन्धनं नलसमीपे तत्सहायतया स्थित्वा सेतुबन्धनकर्तारम् ॥ ३३ ॥ केसरिवर्णनम्—भ्रमरेत्यादि । यत्र पर्वते सर्वकाले फलन्ति तादृशा द्रुमाः सन्ति ॥ ३४ ॥ यं सूर्यस्तुल्यवर्णाभं स्वतुल्यवर्णकान्तियुक्तं पर्वतमनुपर्येति प्रदक्षिणं करोति । मृगपक्षिणस्तद्वर्तिमृगादयः ॥ ३५ ॥ सर्वकामेति । काम्यन्त इति कामा विषयाः सर्वेषां भोगार्हस्रक्चन्दनाभरणवस्त्रादिरूपफलप्रदाः ॥ ३६ ॥ काञ्चनपर्वतो महामेरुः ॥ ३७ ॥ शतबलिवर्णनम्—षष्टिरित्यादि ॥ ३८ ॥ तेषां मध्ये गिरिवरः सावर्णिमेरुनामास्ति । तत्र सावर्णिमेरौ ॥ ३९ ॥ ४० ॥ ४१ ॥ ४२ ॥ ते वानरास्ते तव लङ्कां समीक्ष्य मर्दयन्तीव मर्दयन्त इव तिष्ठन्ति

एकैकमेव योधानां कोटिभिर्दशभिर्वृतः । तथान्ये वानरश्रेष्ठा विन्ध्यपर्वतवासिनः ।
न शक्यन्ते बहुत्वात्तु संख्यातुं लघुविक्रमाः ॥ ४७
सर्वे महाराज महाप्रभावाः सर्वे महाशैलनिकाशकायाः ।
सर्वे समर्थाः पृथिवीं क्षणेन कर्तुं प्रविध्वस्तविकीर्णशैलाम् ॥ ४८

इत्यार्षे श्रीमद्रामायणे वाल्मीकीय आदिकाव्ये युद्धकाण्डे सप्तविंशः सर्गः ॥ २७ ॥

अष्टाविंशः सर्गः ।

सारणस्य वचः श्रुत्वा रावणं राक्षसाधिपम् । बलमादिश्य तत्सर्वं शुको वाक्यमथाब्रवीत् ॥ १
स्थितान्पश्यसि यानेतान्मत्तानिव महाद्विपान् । न्यग्रोधानिव गाङ्गेयान्सालान्हैमवतानिव ॥ २
एते दुष्प्रसहा राजन्बलिनः कामरूपिणः । दैत्यदानवसंकाशा युद्धे देवपराक्रमाः ॥ ३
एषां कोटिसहस्राणि नव पञ्च च सप्त च । तथा शङ्कुसहस्राणि तथा वृन्दशतानि च ॥ ४
एते सुग्रीवसचिवाः किष्किन्धानिलयाः सदा । हरयो देवगन्धर्वैरुत्पन्नाः कामरूपिणः ॥ ५
यौ तौ पश्यसि तिष्ठन्तौ समानौ देवरूपिणौ । मैन्दश्च द्विविदश्चैव ताभ्यां नास्ति समो युधि ॥ ६
ब्रह्मणा समनुज्ञाता अमृतप्राशिनावुभौ । आशंसेते यथा लङ्कामेतौ मर्दितुमोजसा ॥ ७
यं तु पश्यसि तिष्ठन्तं प्रभिन्नमिव कुञ्जरम् । यो बलात्क्षोभयेत्क्रुद्धः समुद्रमपि वानरः ॥ ८
एषोऽभिगन्ता लङ्कायां वैदेह्यास्तव च प्रभो । एनं पश्य पुरा दृष्टं वानरं पुनरागतम् ॥ ९
ज्येष्ठः केसरिणः पुत्रो वातात्मज इति श्रुतः । हनूमानिति विख्यातो लङ्घितो येन सागरः ॥ १०
कामरूपो हरिश्रेष्ठो बलरूपसमन्वितः । अनिवार्यगतिश्चैव यथा सततगः प्रभुः ॥ ११
उद्यन्तं भास्करं दृष्ट्वा बालः किल बुभुक्षितः । त्रियोजनसहस्रं तु अध्वानमवतीर्य हि ॥ १२
आदित्यमाहरिष्यामि न मे क्षुत्प्रतियास्यति । इति निश्चित्य मनसा पुप्लुवे बलदर्पितः ॥ १३
अनाधृष्यतमं देवमपि देवर्षिराक्षसैः । अनासाद्यैव पतितो भास्करोदयने गिरौ ॥ १४
पतितस्य कपेरस्य हनुरेका शिलातले । किंचिद्भिन्ना दृढहनुर्हनूमानेष तेन वै ॥ १५
सत्यमागमयोगेन ममैष विदितो हरिः । नास्य शक्यं बलं रूपं प्रभावो वानुभाषितुम् ॥ १६
एष आशंसते लङ्कामेको मथितुमोजसा । येन जाज्वल्यतेऽसौ वै धूमकेतुस्तवाद्य वै ।
लङ्कायां निहितश्चापि कथं विस्मरसे कपिम् ॥ १७
यस्यैषोऽनन्तरः शूरः श्यामः पद्मनिभेक्षणः । इक्ष्वाकूणामतिरथो लोकविश्रुतपौरुषः ॥ १८
यस्मिन्न चलते धर्मो यो धर्मं नातिवर्तते । यो ब्राह्ममस्त्रं वेदांश्च वेद वेदविदां वरः ॥ १९
यो भिन्द्याद्गगनं बाणैर्मेदिनीं वापि दारयेत् । यस्य मृत्योरिव क्रोधः शक्रस्येव पराक्रमः ॥ २०
यस्य भार्या जनस्थानात्सीता चापि हृता त्वया । स एष रामस्त्वां राजन्योद्धुं समभिवर्तते ॥ २१
यस्यैष दक्षिणे पार्श्वे शुद्धजाम्बूनदप्रभः । विशालवक्षास्ताम्राक्षो नीलकुञ्चितमूर्धजः ॥ २२

॥ ४३ ॥ ४४ ॥ ४५ ॥ ४६ ॥ ४७ ॥ ४८ ॥ इति श्रीरामाभिरामे श्रीरामीये रामायणतिलके वाल्मीकीय आदिकाव्ये युद्धकाण्डे सप्तविंशः सर्गः ॥ २७ ॥

सारणानुक्तं किंचिच्छुको वक्तीत्याह—सारणस्येति । तत्सर्वं बलमादिश्य तूष्णीं स्थितवतः सारणस्य वचः श्रुत्वा स्थितं रावणं शुकोऽब्रवीत् ॥ १ ॥ गाङ्गेयान्गङ्गातटोत्पन्नान् । अनपत्येऽपि ढगार्षः ॥ २ ॥ ३ ॥ एषां कोटीति सुग्रीवसचिवसंख्या । सर्वबलसंख्यां तु सर्गान्ते वक्ष्यति ॥ ४ ॥ ५ ॥ यौ ताविति मैन्दद्विविदविषयम् ॥ ६ ॥ समनुज्ञाता इत्यत्र 'लोपः शाकल्यस्य' इति लोपः । समनुज्ञाताविल्यर्थः ॥ ७ ॥ हनूमन्तं वर्णयति—यं त्विति । प्रभिन्नं मत्तम् ॥ ८ ॥ एष लङ्कायां वैदेह्यास्तव चाभिगन्तान्वेषी । समीपमागतश्चेत्यर्थः ॥ ९ ॥ १० ॥ सततगो वायुः ॥ ११ ॥ १२ ॥ प्रतियास्यति । भूलोकवर्तिफलैरिति शेषः ॥ १३ ॥ अनासाद्य । भास्करमिति शेषः । भास्करोदयने इति बहुव्रीहिः ॥ १४ ॥ १५ ॥ आगमयोगेन सह । हनूमन्नामनिमित्तभूतपूर्ववृत्तान्तेन सहेत्यर्थः ॥ १६ ॥ धूमकेतुरग्निर्येन जाज्वल्यते प्रज्वलितः कृतः स्वतेजोवृद्धोऽपि यत्पुच्छं प्राप्य प्रज्वलितः, लङ्कायां निहितो निक्षिप्तश्च ॥ १७ ॥ रामं वर्णयति—यस्यैष इति । यस्य दर्शितस्य हनूमतोऽनन्तरः समीपवर्ती ॥ १८ ॥ १९ ॥ गगनं बाणैर्भिन्द्यात् । सर्वदुष्करमपि तस्य सुकरमिति तात्पर्यम्

एषो हि लक्ष्मणो नाम भ्रातुः प्रियहिते रतः । नये युद्धे च कुशलः सर्वशस्त्रभृतां वरः ॥ २३
अमर्षी दुर्जयो जेता विक्रान्तश्च जयी बली । रामस्य दक्षिणो बाहुर्नित्यं प्राणो बहिश्चरः ॥ २४
नह्येष राघवस्यार्थे जीवितं परिरक्षति । एषैवाशंसते युद्धे निहन्तुं सर्वराक्षसान् ॥ २५
यस्य सव्यमसौ पक्षं रामस्याश्रित्य तिष्ठति । रक्षोगणपरिक्षिप्तो राजा ह्येष विभीषणः ॥ २६
श्रीमता राजराजेन लङ्कायामभिषेचितः । त्वामसौ प्रतिसंरब्धो युद्धायैषोऽभिवर्तते ॥ २७
यं तु पश्यसि तिष्ठन्तं मध्ये गिरिमिवाचलम् । सर्वशाखामृगेन्द्राणां भर्तारममितौजसम् ॥ २८
तेजसा यशसा बुद्ध्या बलेनाभिजनेन च । यः कपीनतिबभ्राज हिमवानिव पर्वतः ॥ २९
किष्किन्धां यः समध्यास्ते दुर्गां सगहनद्रुमाम् । दुर्गां पर्वतदुर्गम्यां प्रधानैः सह यूथपैः ॥ ३०
यस्यैषा काञ्चनी माला शोभते शतपुष्करा । कान्ता देवमनुष्याणां यस्यां लक्ष्मीः प्रतिष्ठिता ॥ ३१
एतां मालां च तारां च कपिराज्यं च शाश्वतम् । सुग्रीवो वालिनं हत्वा रामेण प्रतिपादितः ॥ ३२
शतं शतसहस्राणां कोटिमाहुर्मनीषिणः । शतं कोटिसहस्राणां शङ्कुरित्यभिधीयते ॥ ३३
शतं शङ्कुसहस्राणां महाशङ्कुरिति स्मृतः । महाशङ्कुसहस्राणां शतं वृन्दमिहोच्यते ॥ ३४
शतं वृन्दसहस्राणां महावृन्दमिति स्मृतम् । महावृन्दसहस्राणां शतं पद्ममिहोच्यते ॥ ३५
शतं पद्मसहस्राणां महापद्ममिति स्मृतम् । महापद्मसहस्राणां शतं खर्वमिहोच्यते ॥ ३६
शतं खर्वसहस्राणां समुद्रमभिधीयते । शतं समुद्रसाहस्रं महौघमिति विश्रुतम् ॥ ३७
एवं कोटिसहस्रेण शङ्कूनां च शतेन च । महाशङ्कुसहस्रेण तथा वृन्दशतेन च ॥ ३८
महावृन्दसहस्रेण तथा पद्मशतेन च । महापद्मसहस्रेण तथा खर्वशतेन च ॥ ३९
समुद्रेण च तेनैव महौघेन तथैव च । एष कोटीमहौघेन समुद्रसदृशेन च ॥ ४०
विभीषणेन वीरेण सचिवैः परिवारितः । सुग्रीवो वानरेन्द्रस्त्वां युद्धार्थमनुवर्तते ।
महाबलवृतो नित्यं महाबलपराक्रमः ॥ ४१
इमां महाराज समीक्ष्य वाहिनीमुपस्थितां प्रज्वलितग्रहोपमाम् ।
ततः प्रयत्नः परमो विधीयतां यथा जयः स्यान्न परैः पराभवः ॥ ४२

इत्यार्षे श्रीमद्रामायणे वाल्मीकीय आदिकाव्ये युद्धकाण्डेऽष्टाविंशः सर्गः ॥ २८ ॥

एकोनत्रिंशः सर्गः ।

शुकेन तु समादिष्टान्दृष्ट्वा स हरियूथपान् । लक्ष्मणं च महावीर्यं भुजं रामस्य दक्षिणम् ॥ १
समीपस्थं च रामस्य भ्रातरं च विभीषणम् । सर्ववानरराजं च सुग्रीवं भीमविक्रमम् ॥ २
अङ्गदं चापि बलिनं वज्रहस्तात्मजात्मजम् । हनूमन्तं च विक्रान्तं जाम्बवन्तं च दुर्जयम् ॥ ३
सुषेणं कुमुदं नीलं नलं च प्लवगर्षभम् । गजं गवाक्षं शरभं मैन्दं च द्विविदं तथा ॥ ४
किंचिदाविग्नहृदयो जातक्रोधश्च रावणः । भर्त्सयामास तौ वीरौ कथान्ते शुकसारणौ ॥ ५
अधोमुखौ तौ प्रणतावब्रवीच्छुकसारणौ । रोषगद्गदया वाचा संरब्धं परुषं तथा ॥ ६
न तावत्सदृशं नाम सचिवैरुपजीविभिः । विप्रियं नृपतेर्वक्तुं निग्रहे प्रग्रहे प्रभोः ॥ ७

॥ २० ॥ २१ ॥ २२ ॥ २३ ॥ २४ ॥ २५ ॥ यस्य प्राग्वर्णितस्य रामस्य सव्यं पक्षमाश्रित्य तिष्ठतीत्यन्वयः । रक्षोगणेन परिक्षिप्तो व्याप्तः । गणशब्देन चत्वार एव ॥ २६ ॥ राजराजेन रामेणाभिषेचित इत्यन्वयः । एषोऽसौ त्वां प्रतियुद्धायाभिवर्तते ॥ २७ ॥ सुग्रीववर्णनम्—यं त्विति ॥ २८ ॥ अतिबभ्राज । अतिक्रम्यातिशयेन बभ्राजेत्यर्थः ॥ २९ ॥ ३० ॥ पुष्करं पद्मम् ॥ ३१ ॥ ३२ ॥ अथ सर्वबलसंख्यां दर्शयितुं संख्यास्वरूपं निदर्शयति—शतमिति ॥ ३३ ॥ ३४ ॥ ३५ ॥ ३६ ॥ ३७ ॥ अथ बलसंख्यामाह—एवं कोटीति ॥ ३८ ॥ ३९ ॥ ४० ॥ ४१ ॥ प्रज्वलितग्रहोपमां प्रज्वलितग्रहज्वालोपमाम् ॥ ४२ ॥ इति श्रीरामाभिरामे श्रीरामीये रामायणतिलके वाल्मीकीय आदिकाव्ये युद्धकाण्डेऽष्टाविंशः सर्गः ॥ २८ ॥

शुकेनेति ॥ १ ॥ २ ॥ ३ ॥ ४ ॥ कथान्ते वृत्तान्तश्रवणसमाप्तिसमये । भर्त्सयामास । स्वकीयभीताकारगोपनार्थोऽयं व्यापारः ॥ ५ ॥ अधोमुखौ । भर्त्सनेनेति शेषः ॥ ६ ॥ उच्यमानविशेषणस्य नृपतेः पुरस्तादुपजीविभिर्विप्रियं वक्तुं तावन्न

रिपूणां प्रतिकूलानां युद्धार्थमभिवर्तताम् । उभाभ्यां सदृशं नाम वक्तुमप्रस्तवे स्तवम् ॥ ८
आचार्यो गुरवो वृद्धा वृथा वां पर्युपासिताः । सारं यद्राजशास्त्राणामनुजीव्यं न गृह्यते ॥ ९
गृहीतो वा न विज्ञातो भारोऽज्ञानस्य वाह्यते । ईदृशैः सचिवैर्युक्तो मूर्खैर्दिष्ट्या धराम्यहम् ॥ १०
किं नु मृत्योर्भयं नास्ति मां वक्तुं परुषं वचः । यस्य मे शासतो जिह्वा प्रयच्छति शुभाशुभम् ॥ ११
अप्येव दहनं स्पृष्ट्वा वने तिष्ठन्ति पादपाः । राजदण्डपरामृष्टास्तिष्ठन्ते नापराधिनः ॥ १२
हन्यामहं त्विमौ पापौ शत्रुपक्षप्रशंसिनौ । यदि पूर्वोपकारैर्मे क्रोधो न मृदुतां व्रजेत् ॥ १३
अपध्वंसत नश्यध्वं संनिकर्षादितो मम । नहि वां हन्तुमिच्छामि स्मराम्युपकृतानि वाम् ।
हतावेव कृतघ्नौ द्वौ मयि स्नेहपराङ्मुखौ ॥ १४
एवमुक्त्वा तु सव्रीडौ तौ दृष्ट्वा शुकसारणौ । रावणं जयशब्देन प्रतिनन्द्याभिनिःसृतौ ॥ १५
अब्रवीच्च दशग्रीवः समीपस्थं महोदरम् । उपस्थापय मे शीघ्रं चारानिति निशाचरः ।
महोदरस्तथोक्तस्तु शीघ्रमाज्ञापयच्चरान् ॥ १६
ततश्चाराः संत्वरिताः प्राप्ताः पार्थिवशासनात् । उपस्थिताः प्राञ्जलयो वर्धयित्वा जयाशिषः ॥ १७
तानब्रवीत्ततो वाक्यं रावणो राक्षसाधिपः । चरान्प्रत्यायिकाञ्शूरान्धीरान्विगतसाध्वसान् ॥ १८
इतो गच्छत रामस्य व्यवसायं परीक्षितुम् । मन्त्रेष्वभ्यन्तरा येऽस्य प्रीत्या तेन समागताः ॥ १९
कथं स्वपिति जागर्ति किमद्य च करिष्यति । विज्ञाय निपुणं सर्वमागन्तव्यमशेषतः ॥ २०
चारेण विदितः शत्रुः पण्डितैर्वसुधाधिपैः । युद्धे स्वल्पेन यत्नेन समासाद्य निरस्यते ॥ २१
चारास्तु ते तथेत्युक्त्वा प्रहृष्टा राक्षसेश्वरम् । शार्दूलमग्रतः कृत्वा ततश्चक्रुः प्रदक्षिणम् ॥ २२
ततस्तं तु महात्मानं चारा राक्षससत्तमम् । कृत्वा प्रदक्षिणं जग्मुर्यत्र रामः सलक्ष्मणः ॥ २३
ते सुवेलस्य शैलस्य समीपे रामलक्ष्मणौ । प्रच्छन्ना ददृशुर्गत्वा ससुग्रीवविभीषणौ ॥ २४
प्रेक्षमाणाश्चमूं तां च बभूवुर्भयविह्वलाः । ते तु धर्मात्मना दृष्टा राक्षसेन्द्रेण राक्षसाः ॥ २५
विभीषणेन तत्रस्था निगृहीता यदृच्छया । शार्दूलो ग्राहितस्त्वेकः पापोऽयमिति राक्षसः ॥ २६
मोक्षितः सोऽपि रामेण वध्यमानः प्लवंगमैः । अनृशंसेन रामेण मोक्षिता राक्षसाः परे ॥ २७
वानरैरर्दितास्ते तु विक्रान्तैर्लघुविक्रमैः । पुनर्लङ्कामनुप्राप्ताः श्वसन्तो नष्टचेतसः ॥ २८

सदृशम् । प्रग्रहेऽनुग्रहे ॥ ७ ॥ तदेव विप्रियं दर्शयति—रिपूणामिति । युद्धायाभिवर्तनामभिमुखतया वर्तमानानाम् । स्तवं बलोत्कर्षकथनम्, अप्रस्तवे तत्प्रश्नाभावे वक्तुं सदृशं युक्तं नाम । काकुरत्र । अपि त्वयुक्तमेव । के यूथपाः कियद्बलमिति विचार्य वक्तव्यमिति प्रेषिते तावन्मात्रं वाच्यम्, अपृष्टं तु तेषां प्राबल्यमेकैको नाशयितुं शक्त इत्यादि वक्तुं न युक्तमित्यर्थः ॥ ८ ॥ आचार्य उपनीय वेदाध्यापकः । गुरवः पित्रादयः । वृद्धा ज्ञानवयोवृद्धाः । वां युवाभ्यामनुजीव्यं ग्राह्यांशो न गृह्यते न गृहीतः ॥ ९ ॥ गृहीतो वा न विज्ञातः । विस्मृत इत्यर्थः । ज्ञातविस्मरणमपि युवयोर्न संभावितमित्याह—भार इति । अज्ञानस्य भारो वाह्यते । अज्ञानबाहुल्यमेव वर्तते, न ज्ञानलेशोऽपीति भावः । धरामि । राज्यमिति शेषः । राज्यभ्रंशस्य परमकारणं भवादृशदुर्मतिसङ्गः, तत्र सत्यपि तन्मूलानर्थे एतावत्कालं मत्तयोर्बलेन तिरस्कृत इत्यर्थः ॥ १० ॥ युवाभ्यां स्वनाशमप्यविज्ञाय दुर्वच उक्तमित्याह—किं न्विति । शासतो राज्ञो यस्य मे जिह्वा तदुक्तिः शुभाशुभं निग्रहानुग्रहं प्रयच्छति तं मां परुषं वचो वक्तुमुत्सहेथे । यतस्तद्युवयोर्मृत्योर्भयं किं नु नास्ति । यदि स्यान्न ब्रुवाथे इत्यर्थः ॥ ११ ॥ अप्रतिक्रियानर्थो राजद्रोह इत्याह—अप्येवेत्यादि । राजदोषपरामृष्टा राजक्रोधविषयाः ॥ १२ ॥ पूर्वोपकारैर्युद्धादौ कृतैः ॥ १३ ॥ अपध्वंसत मत्सभाप्रवेशाद्भ्रष्टा भवत । मे संनिकर्षान्नश्यध्वमदर्शनं गच्छत । क्रोधवशाद्वचनव्यत्यासो न दोषाय । हतावेव । विनापि शिरश्छेदं धिक्कारादेवेति शेषः ॥ १४ ॥ प्रतिनन्द्याभिनिःसृतौ । अयमेव तयो राक्षसत्वप्रापकशापस्यान्त इत्यन्यत्र स्पष्टम् ॥ १५ ॥ १६ ॥ १७ ॥ चरांश्चारान् । प्रत्यायिकान्प्रत्यय एव प्रत्यायस्तद्वत इत्यर्थः । 'अत इनिठनौ' । विश्वासोपेतानित्यर्थः ॥ १८ ॥ मन्त्रेषु विचारेषु । अभ्यन्तराः परमान्तरङ्गमन्त्रिणः ॥ १९ ॥ २० ॥ २१ ॥ २२ ॥ २३ ॥ ॥ २४ ॥ २५ ॥ शार्दूलः प्रधानचारो ग्राहितः । विभीषणेनेति शेषः । एको ग्राहित इत्यत्र हेतुः—पापोऽयमिति । अतिदुष्ट इत्यर्थः ॥ २६ ॥ सोऽपि शार्दूलोऽपि । परे शार्दूलसहायभू-

ततो दशग्रीवमुपस्थितास्ते चारा बहिर्नित्यचरा निशाचराः ।
गिरेः सुवेलस्य समीपवासिनं न्यवेदयन्रामबलं महाबलाः ॥ २९

इत्यार्षे श्रीमद्रामायणे वाल्मीकीय आदिकाव्ये युद्धकाण्ड एकोनत्रिंशः सर्गः ॥ २९ ॥

त्रिंशः सर्गः ।

ततस्तमक्षोभ्यबलं लङ्काधिपतये चराः । सुवेले राघवं शैले निविष्टं प्रत्यवेदयन् ॥ १
चाराणां रावणः श्रुत्वा प्राप्तं रामं महाबलम् । जातोद्वेगोऽभवत्किंचिच्छार्दूलं वाक्यमब्रवीत् ॥ २
अयथावच्च ते वर्णो दीनश्चासि निशाचर । नासि कच्चिदमित्राणां क्रुद्धानां वशमागतः ॥ ३
इति तेनानुशिष्टस्तु वाचं मन्दमुदीरयन् । तदा राक्षसशार्दूलं शार्दूलो भयविक्लवः ॥ ४
न ते चारयितुं शक्या राजन्वानरपुंगवाः । विक्रान्ता बलवन्तश्च राघवेण च रक्षिताः ॥ ५
नापि संभाषितुं शक्याः संप्रश्नोऽत्र न लभ्यते । सर्वतो रक्ष्यते पन्था वानरैः पर्वतोपमैः ॥ ६
प्रविष्टमात्रे ज्ञातोऽहं बले तस्मिन्विचारिते । बलाद्गृहीतो रक्षोभिर्बहुधास्मि विचारितः ॥ ७
जानुभिर्मुष्टिभिर्दन्तैस्तलैश्चाभिहतो भृशम् । परिणीतोऽस्मि हरिभिर्बलमध्ये अमर्षणैः ॥ ८
परिणीय च सर्वत्र नीतोऽहं रामसंसदि । रुधिरस्रावि दीनाङ्गो विह्वलश्चलितेन्द्रियः ॥ ९
हरिभिर्वध्यमानश्च याचमानः कृताञ्जलिः । राघवेण परित्रातो मामेति च यदृच्छया ॥ १०
एष शैलशिलाभिस्तु पूरयित्वा महार्णवम् । द्वारमाश्रित्य लङ्काया रामस्तिष्ठति सायुधः ॥ ११
गरुडव्यूहमास्थाय सर्वतो हरिभिर्वृतः । मां विसृज्य महातेजा लङ्कामेवातिवर्तते ॥ १२
पुरा प्राकारमायाति क्षिप्रमेकतरं कुरु । सीतां वापि प्रयच्छाशु युद्धं वापि प्रदीयताम् ॥ १३
मनसा तत्तदा प्रेक्ष्य तच्छ्रुत्वा राक्षसाधिपः । शार्दूलं सुमहद्वाक्यमथोवाच स रावणः ॥ १४
यदि मां प्रतियुध्यन्ते देवगन्धर्वदानवाः । नैव सीतां प्रदास्यामि सर्वलोकभयादपि ॥ १५
एवमुक्त्वा महातेजा रावणः पुनरब्रवीत् । चरिता भवता सेना केऽत्र शूराः प्लवंगमाः ॥ १६
किंप्रभाः कीदृशाः सौम्य वानरा ये दुरासदाः । कस्य पुत्राश्च पौत्राश्च तत्त्वमाख्याहि सुव्रत ॥ १७
तथात्र प्रतिपत्स्यामि ज्ञात्वा तेषां बलाबलम् । अवश्यं खलु संख्यानं कर्तव्यं युद्धमिच्छता ॥ १८
अथैवमुक्तः शार्दूलो रावणेनोत्तमश्चरः । इदं वचनमारेभे वक्तुं रावणसंनिधौ ॥ १९
अथर्क्षरजसः पुत्रो युधि राजन्सुदुर्जयः । गद्गदस्याथ पुत्रोऽत्र जाम्बवानिति विश्रुतः ॥ २०
गद्गदस्याथ पुत्रोऽन्यो गुरुपुत्रः शतक्रतोः । कदनं यस्य पुत्रेण कृतमेकेन रक्षसाम् ॥ २१
सुषेणश्चात्र धर्मात्मा पुत्रो धर्मस्य वीर्यवान् । सौम्यः सोमात्मजश्चात्र राजन्दधिमुखः कपिः ॥ २२

तास्ते च मोचिताः ॥ २७ ॥ २८ ॥ बहिर्नित्यचराः स्वदेशाद्बहिः परवृत्तान्तपरिज्ञानाय नित्यप्रवृत्ताः । सुवेलसमीपवासिरामबलं तं रावणं न्यवेदयन् ॥ २९ ॥ इति श्रीरामाभिरामे श्रीरामीये रामायणतिलके वाल्मीकीय आदिकाव्ये युद्धकाण्ड एकोनत्रिंशः सर्गः ॥ २९ ॥

तत इति ॥ १ ॥ चाराणाम् । वचनादिति शेषः । तद्वचनाद्रामं प्रति प्राप्तं लङ्कासमीपमागतं श्रुत्वेत्यन्वयः ॥ २ ॥ अमित्राणां वशमागतोऽसि कच्चिदिति ॥ ३ ॥ तेनानुशिष्टः । पृष्ट इत्यर्थः ॥ ४ ॥ चारयितुं चारैर्विचारयितुम् ॥ ५ ॥ यतः संभाषितुमशक्या, अतोऽत्र संप्रश्नो विचारहेतुपर्यनुयोगो न लभ्यते ॥ ६ ॥ विचारिते विचारयितुं प्रक्रान्ते । रक्षोभिर्विभीषणपरिवारैर्विचारितो बहुप्रकारगत्या चालितः ॥ ७ ॥ परिणीतोऽस्मि हनूमानिव घोषणार्थमितस्ततो नीतोऽस्मि ॥ ८ ॥ तदेवाह—परिणीय च सर्वत्रेति । रुधिरस्रावी चासौ दीनाङ्गश्चेति कर्मधारयः ॥ ९ ॥ यदृच्छया पृष्टेन रामेण मा मा वध्यतामिति परित्रातः ॥ १० ॥ ११ ॥ गरुडव्यूहमास्थायेति प्रस्थानार्थम् । पूर्वं तु स्थितिकालत्वात्पुरुषव्यूह आसीत् ॥ १२ ॥ पुरा यात्यायास्यति ॥ १३ ॥ १४ ॥ १५ ॥ चरिता भवता । दैवगत्या घोषणार्थं प्रणयनेनेति भावः ॥ १६ ॥ १७ ॥ तथा तदनुसारेण ॥ १८ ॥ ॥ १९ ॥ गद्गदो जाम्बवतः क्षेत्रद्वारा पिता । यद्यपि 'जाम्बवाञ्जृम्भमाणस्य मम वक्त्रादजायत' इति भगवन्मुखादस्योत्पत्तिः श्रुता, तथापि जृम्भणसमय उद्गताया भगवच्छक्तेर्गद्गदक्षेत्रमाविश्य तेन रूपेण परिणामाददोषः ॥ २० ॥ अन्यः पुत्रो धूम्रः । शतक्रतोर्गुरुपुत्रः । बृहस्पतिपुत्र इत्यर्थः । अयं केसरीति शेषः । यस्य केसरिणः पुत्रेण हनूमतैकेन रक्षसां

सुमुखो दुर्मुखश्चात्र वेगदर्शी च वानरः । मृत्युर्वानररूपेण नूनं सृष्टः स्वयंभुवा ॥ २३
पुत्रो हुतवहस्यात्र नीलः सेनापतिः स्वयम् । अनिलस्य तु पुत्रोऽत्र हनूमानिति विश्रुतः ॥ २४
नप्ता शक्रस्य दुर्धर्षो बलवानङ्गदो युवा । मैन्दश्च द्विविदश्चोभौ बलिनावश्विसंभवौ ॥ २५
पुत्रा वैवस्वतस्याथ पञ्च कालान्तकोपमाः । गजो गवाक्षो गवयः शरभो गन्धमादनः ॥ २६
दश वानरकोट्यश्च शूराणां युद्धकाङ्क्षिणाम् । श्रीमतां देवपुत्राणां शेषं नाख्यातुमुत्सहे ॥ २७
पुत्रो दशरथस्यैष सिंहसंहननो युवा । दूषणो निहतो येन खरश्च त्रिशिरास्तथा ॥ २८
नास्ति रामस्य सदृशो विक्रमे भुवि कश्चन । विराधो निहतो येन कबन्धश्चान्तकोपमः ॥ २९
वक्तुं न शक्तो रामस्य गुणान्कश्चिन्नरः क्षितौ । जनस्थानगता येन तावन्तो राक्षसा हताः ॥ ३०
लक्ष्मणश्चात्र धर्मात्मा मातंगानामिवर्षभः । यस्य बाणपथं प्राप्य न जीवेदपि वासवः ॥ ३१
श्वेतो ज्योतिर्मुखश्चात्र भास्करस्यात्मसंभवौ । वरुणस्याथ पुत्रोऽथ हेमकूटः प्लवंगमः ॥ ३२
विश्वकर्मसुतो वीरो नलः प्लवगसत्तमः । विक्रान्तो वेगवानत्र वसुपुत्रः स दुर्धरः ॥ ३३
राक्षसानां वरिष्ठश्च तव भ्राता विभीषणः । प्रतिगृह्य पुरीं लङ्कां राघवस्य हिते रतः ॥ ३४
इति सर्वं समाख्यातं तथा वै वानरं बलम् । सुवेलेऽधिष्ठितं शैले शेषकार्ये भवान्गतिः ॥ ३५

इत्यार्षे श्रीमद्रामायणे वाल्मीकीय आदिकाव्ये युद्धकाण्डे त्रिंशः सर्गः ॥ ३० ॥

एकत्रिंशः सर्गः ।

ततस्तमक्षोभ्यबलं लङ्कायां नृपतेश्चराः । सुवेले राघवं शैले निविष्टं प्रत्यवेदयन् ॥ १
चाराणां रावणः श्रुत्वा प्राप्तं रामं महाबलम् । जातोद्वेगोऽभवत्किंचित्सचिवानिदमब्रवीत् ॥ २
मन्त्रिणः शीघ्रमायान्तु सर्वे वै सुसमाहिताः । अयं नो मन्त्रकालो हि संप्राप्त इति राक्षसाः ॥ ३
तस्य तच्छासनं श्रुत्वा मन्त्रिणोऽभ्यागमन्द्रुतम् । ततः स मन्त्रयामास राक्षसैः सचिवैः सह ॥ ४
मन्त्रयित्वा तु दुर्धर्षः क्षमं यत्तदनन्तरम् । विसर्जयित्वा सचिवान्प्रविवेश स्वमालयम् ॥ ५
ततो राक्षसमादाय विद्युज्जिह्वं महाबलम् । मायाविनं महामायं प्राविशद्यत्र मैथिली ॥ ६
विद्युज्जिह्वं च मायाज्ञमब्रवीद्राक्षसाधिपः । मोहयिष्यावहे सीतां मायया जनकात्मजाम् ॥ ७
शिरो मायामयं गृह्य राघवस्य निशाचर । मां त्वं समुपतिष्ठस्व महच्च सशरं धनुः ॥ ८
एवमुक्तस्तथेत्याह विद्युज्जिह्वो निशाचरः । दर्शयामास तां मायां सुप्रयुक्तां स रावणे ॥ ९
तस्य तुष्टोऽभवद्राजा प्रददौ च विभूषणम् । अशोकवनिकायां च सीतादर्शनलालसः ॥ १०
नैर्ऋतानामधिपतिः संविवेश महाबलः । ततो दीनामदीनार्हां ददर्श धनदानुजः ॥ ११
अधोमुखीं शोकपरामुपविष्टां महीतले । भर्तारं समनुध्यान्तीमशोकवनिकां गताम् ॥ १२
उपास्यमानां घोराभी राक्षसीभिरदूरतः । उपसृत्य ततः सीतां प्रहर्षं नाम कीर्तयन् ॥ १३

कदनं कृतं पूर्वमित्यर्थः ॥ २१ ॥ २२ ॥ मृत्युः सृष्टः । सुमुखादयो मृत्युतुल्या इत्यर्थः ॥ २३ ॥ २४ ॥ २५ ॥ पञ्च यमपुत्रपरिगणनम्—गज इत्यादि ॥ २६ ॥ दश वानरकोट्य इति । वानरेति लुप्तषष्ठीबहुवचनान्तम् । तद्विशेषणम्—शूराणामित्यादि । नाख्यातुमुत्सहे । अशक्यगणनत्वात् ॥ २७ ॥ २८ ॥ २९ ॥ यतो दूषणादयस्तेन निहताः, अतस्तस्य गुणान्वक्तुं न कोऽपि शक्त इत्यन्वयः ॥ ३० ॥ ३१ ॥ ३२ ॥ दुर्धरस्तदाख्यः ॥ ३३ ॥ ३४ ॥ भवान्गतिः प्रमाणम् । निर्णायक इति यावत् । नन्वत्र धर्मपुत्रः सुषेणो वैवस्वतपुत्रौ शरभगन्धमादनावुभौ । बालकाण्डे वरुणात्सुषेणः पर्जन्याच्छरभः कुबेराद्गन्धमादन उक्त इति चेत्, न तत्तत्संज्ञकानामनेकेषामपि सत्त्वान्न विरोध इति तीर्थः ॥ ३५ ॥

इति श्रीरामाभिरामे श्रीरामीये रामायणतिलके वाल्मीकीय आदिकाव्ये युद्धकाण्डे त्रिंशः सर्गः ॥ ३० ॥

तत इति ॥ १ ॥ सचिवानुपमन्त्रिणः ॥ २ ॥ आयान्तु । युष्मद्वचनादिति शेषः ॥ ३ ॥ ४ ॥ यत्तदनन्तरं क्षमम् । सीताप्राप्ताविति शेषः ॥ ५ ॥ ततः स्वान्तःपुरप्रवेशानन्तरम् । मायाविनं प्रशस्तमायावन्तम् । महामायं तादृशमायाप्रयोगकर्तारम् ॥ ६ ॥ मायाविनं विद्युज्जिह्वमब्रवीच्च । वचनमाह—मोहयिष्यावहे इति ॥ ७ ॥ मां त्वं समुपतिष्ठस्व । मत्समीपमागच्छेत्यर्थः ॥ ८ ॥ रावणे । रावणायेत्यर्थः ॥ ९ ॥ कुब्जायै कैकेयीवत्तस्य विद्युज्जिह्वस्यानर्थे आनुकूल्यात्तुष्टः सन्भूषणं प्रददौ ॥ १० ॥ संविवेश प्रविवेश ॥ ११ ॥ १२ ॥ प्रहर्षं नाम कीर्तयन् । नामेत्यपरमार्थे । अपरमार्थभूतं रामजयजं प्रहर्षं

इदं च वचनं धृष्टमुवाच जनकात्मजाम् । सान्त्व्यमाना मया भद्रे यमाश्रित्य विमन्यसे ॥ १४
खरहन्ता स ते भर्ता राघवः समरे हतः । छिन्नं ते सर्वथा मूलं दर्पश्च निहतो मया ॥ १५
व्यसनेनात्मनः सीते मम भार्या भविष्यसि । विसृजैतां मतिं मूढे किं मृतेन करिष्यसि ॥ १६
भवस्व भद्रे भार्याणां सर्वासामीश्वरी मम । अल्पपुण्ये निवृत्तार्थे मूढे पण्डितमानिनि ।
शृणु भर्तृवधं सीते घोरं वृत्रवधं यथा ॥ १७
समायातः समुद्रान्तं हन्तुं मां किल राघवः । वानरेन्द्रप्रणीतेन बलेन महता वृतः ॥ १८
संनिविष्टः समुद्रस्य पीड्य तीरमथोत्तरम् । बलेन महता रामो व्रजत्यस्तं दिवाकरे ॥ १९
अथाध्वनि परिश्रान्तमर्धरात्रे स्थितं बलम् । सुखसुप्तं समासाद्य चरितं प्रथमं चरैः ॥ २०
तत्प्रहस्तप्रणीतेन बलेन महता मम । बलमस्य हतं रात्रौ यत्र रामः सलक्ष्मणः ॥ २१
पट्टिशान्परिघांश्चक्रानृष्टीन्दण्डान्महायुधान् । बाणजालानि शूलानि भास्वरान्कूटमुद्गरान् ॥ २२
यष्टीश्च तोमरान्प्रासांश्चक्राणि मुसलानि च । उद्यम्योद्यम्य रक्षोभिर्वानरेषु निपातिताः ॥ २३
अथ सुप्तस्य रामस्य प्रहस्तेन प्रमाथिना । असक्तं कृतहस्तेन शिरश्छिन्नं महासिना ॥ २४
विभीषणः समुत्पत्य निगृहीतो यदृच्छया । दिशं प्रव्राजितः सैन्यैर्लक्ष्मणः प्लवगैः सह ॥ २५
सुग्रीवो ग्रीवया सीते भग्नया प्लवगाधिपः । निरस्तहनुकः सीते हनूमान्राक्षसैर्हतः ॥ २६
जाम्बवानथ जानुभ्यामुत्पतन्निहतो युधि । पट्टिशैर्बहुभिश्छिन्नो निकृत्तः पादपो यथा ॥ २७
मैन्दश्च द्विविदश्चोभौ तौ वानरवरर्षभौ । निःश्वसन्तौ रुदन्तौ च रुधिरेण परीवृतौ ॥ २८
असिना व्यायतौ छिन्नौ मध्ये ह्यरिनिषूदनौ । अनुष्टनति मेदिन्यां पनसः पनसो यथा ॥ २९
नाराचैर्बहुभिश्छिन्नः शेते दर्यां दरीमुखः । कुमुदस्तु महातेजा निष्कूजन्सायकैर्हतः ॥ ३०
अङ्गदो बहुभिश्छिन्नः शरैरासाद्य राक्षसैः । परितो रुधिरोद्गारी क्षितौ निपतितोऽङ्गदः ॥ ३१
हरयो मथिता नागै रथजालैस्तथापरे । शयाना मृदितास्तत्र वायुवेगैरिवाम्बुदाः ॥ ३२
प्रसृताश्च परे त्रस्ता हन्यमाना जघन्यतः । अनुद्रुतास्तु रक्षोभिः सिंहैरिव महाद्विपाः ॥ ३३
सागरे पतिताः केचित्केचिद्गगनमाश्रिताः । ऋक्षा वृक्षानुपारूढा वानरैर्व्यतिमिश्रिताः ॥ ३४
सागरस्य च तीरेषु शैलेषु च वनेषु च । पिङ्गलास्ते विरूपाक्षै राक्षसैर्बहवो हताः ॥ ३५
एवं तव हतो भर्ता ससैन्यो मम सेनया । क्षतजार्द्रं रजोध्वस्तमिदं चास्याहृतं शिरः ॥ ३६
ततः परमदुर्धर्षो रावणो राक्षसेश्वरः । सीतायामुपशृण्वत्यां राक्षसीमिदमब्रवीत् ॥ ३७
राक्षसं क्रूरकर्माणं विद्युज्जिह्वं समानय । येन तद्राघवशिरः सङ्ग्रामात्स्वयमाहृतम् ॥ ३८
विद्युज्जिह्वस्तदा गृह्य शिरस्तत्सशरासनम् । प्रणामं शिरसा कृत्वा रावणस्याग्रतः स्थितः ॥ ३९
तमब्रवीत्ततो राजा रावणो राक्षसं स्थितम् । विद्युज्जिह्वं महाजिह्वं समीपपरिवर्तिनम् ॥ ४०
अग्रतः कुरु सीतायाः शीघ्रं दाशरथेः शिरः । अवस्थां पश्चिमां भर्तुः कृपणां साधु पश्यतु ॥ ४१
एवमुक्तं तु तद्रक्षः शिरस्तत्प्रियदर्शनम् । उपनिक्षिप्य सीतायाः क्षिप्रमन्तरधीयत ॥ ४२

कीर्तयन् ॥ १३ ॥ १४ ॥ ते मूलमस्मदपरिग्रहनिदानं सर्वथा सर्वप्रकारेण च्छिन्नम्, ते दर्पश्च मया निहतः ॥ १५ ॥ एवं करणेन किं ते जातं तत्राह—व्यसनेनेति । आत्मनस्तव व्यसनेन मम भार्या भविष्यसि । गत्यन्तराभावात्स्वयमेवेति शेषः । एतां मतिं रामविषयां मतिम् ॥ १६ ॥ भवस्व । भवेत्यर्थः । निवृत्तार्थे निवृत्तो रामरूपोऽर्थो यस्यास्तादृशी । कथमिदं त्वया साधितमिति चेदुपायेनेत्याह—शृण्विति ॥ १७ ॥ प्रणीतेनानीतेन ॥ १८ ॥ अस्तं दिवाकरे व्रजति महाबलेन समुद्रस्योत्तरं तीरं संपीड्य रामः संनिविष्ट इत्यन्वयः ॥ १९ ॥ बलं रामसेना । चरितं चारितम् । तद्बलमिति शेषः ॥ २० ॥ यत्र रामः सलक्ष्मणस्तद्देशेऽस्य बलं हतम् ॥ २१ ॥ चक्रान्स्वल्पान् । चक्राणीति पुनरुक्तेः । एतान्युद्यम्योद्यम्य ते पट्टिशादयो वानरेषु पातिताः । ऋष्टयः सूक्ष्मखड्गाः ॥ २२ ॥ २३ ॥ कृतहस्तेन शिक्षितहस्तेनाऽसक्तं यथा तथा च्छिन्नम् ॥ २४ ॥ समुत्पत्य यदृच्छया गतोऽपि निगृहीतः ॥ २५ ॥ २६ ॥ २७ ॥ २८ ॥ २९ ॥ 'कुमुदस्तु महातेजा निष्कूजन्सायकैर्हतः' इति पाङ्क्तः पाठः ॥ ३० ॥ राक्षसैरासाद्य प्राप्य च्छिन्नः ॥ ३१ ॥ ३२ ॥ जघन्यतोऽनुद्रुता इत्यन्वयः ॥ ३३ ॥ ३४ ॥ ३५ ॥ ३६ ॥ राक्षसीं सीतासमीपवर्तिनीम् ॥ ३७ ॥ ३८ ॥ ३९ ॥ ४० ॥ ४१ ॥ शिरस्तत्प्रियदर्शनम् । रामशिरोवत्प्रियदर्शनमित्यर्थः । अन्तरधीयतापागच्छत् । स्त्री-

९७

रावणश्चापि चिक्षेप भास्वरं कार्मुकं महत् । त्रिषु लोकेषु विख्यातं रामस्यैतदिति ब्रुवन् ॥ ४३
इदं तत्तव रामस्य कार्मुकं ज्यासमावृतम् । इह प्रहस्तेनानीतं तं हत्वा निशि मानुषम् ॥ ४४
स विद्युजिह्वेन सहैव तच्छिरो धनुश्च भूमौ विनिकीर्यमाणः ।
विदेहराजस्य सुतां यशस्विनीं ततोऽब्रवीत्तां भव मे वशानुगा ॥ ४५

इत्यार्षे श्रीमद्रामायणे वाल्मीकीय आदिकाव्ये युद्धकाण्ड एकत्रिंशः सर्गः ॥ ३१ ॥

द्वात्रिंशः सर्गः ।

सा सीता तच्छिरो दृष्ट्वा तच्च कार्मुकमुत्तमम् । सुग्रीवप्रतिसंसर्गमाख्यातं च हनूमता ॥ १
नयने मुखवर्णं च भर्तुस्तत्सदृशं मुखम् । केशान्केशान्तदेशं च तं च चूडामणिं शुभम् ॥ २
एतैः सर्वैरभिज्ञानैरभिज्ञाय सुदुःखिता । विजगर्हेऽत्र कैकेयीं क्रोशन्ती कुररी यथा ॥ ३
सकामा भव कैकेयि हतोऽयं कुलनन्दनः । कुलमुत्सादितं सर्वं त्वया कलहशीलया ॥ ४
आर्येण किं नु कैकेय्याः कृतं रामेण विप्रियम् । यन्मया चीरवसनं दत्त्वा प्रव्राजितो वनम् ॥ ५
एवमुक्त्वा तु वैदेही वेपमाना तपस्विनी । जगाम जगतीं बाला छिन्ना तु कदली यथा ॥ ६
सा मुहूर्तात्समाश्वस्य परिलभ्याथ चेतनाम् । तच्छिरः समुपास्थाय विललापायतेक्षणा ॥ ७
हा हतास्मि महाबाहो वीरव्रतमनुव्रत । इमां ते पश्चिमावस्थां गतास्मि विधवा कृता ॥ ८
प्रथमं मरणं नार्या भर्तुर्वैगुण्यमुच्यते । सुवृत्तः साधुवृत्तायाः संवृत्तस्त्वं ममाग्रतः ॥ ९
महद्दुःखं प्रपन्नाया मग्नायाः शोकसागरे । यो हि मामुद्यतस्त्रातुं सोऽपि त्वं विनिपातितः ॥ १०
सा श्वश्रूर्मम कौसल्या त्वया पुत्रेण राघव । वत्सला ते यथा धेनुर्विवत्सा वत्सला कृता ॥ ११
उद्दिष्टं दीर्घमायुस्ते दैवज्ञैरपि राघव । अनृतं वचनं तेषामल्पायुरसि राघव ॥ १२
अथवा नश्यति प्रज्ञा प्राज्ञस्यापि सतस्तव । पचत्येनं तथा कालो भूतानां प्रभवो ह्ययम् ॥ १३
अदृष्टं मृत्युमापन्नः कस्मात्त्वं नयशास्त्रवित् । व्यसनानामुपायज्ञः कुशलो ह्यसि वर्जने ॥ १४
तथा त्वं संपरिष्वज्य रौद्रयातिनृशंसया । कालरात्र्या मयाच्छिद्य हृतः कमललोचनः ॥ १५
इह शेषे महाबाहो मां विहाय तपस्विनीम् । प्रियामिव यथा नारीं पृथिवीं पुरुषर्षभ ॥ १६
अर्चितं सततं यत्नाद्गन्धमाल्यैर्मया तव । इदं ते मत्प्रियं वीर धनुः काञ्चनभूषितम् ॥ १७

गोष्ठ्यां स्थानुमयुक्तत्वधियेति भावः ॥ ४२ ॥ चिक्षेपाचकर्ष ॥ ४३ ॥ ४४ ॥ सविद्युजिह्वेनेति च्छन्दोवशात्तकारलोपः । विनिकीर्यमाणः । विकिरन्नित्यर्थः ॥ ४५ ॥ **इति श्रीरामाभिरामे श्रीरामीये रामायणतिलके वाल्मीकीय आदिकाव्ये युद्धकाण्ड एकत्रिंशः सर्गः ॥ ३१ ॥**

सेति । हनूमताख्यातं सुग्रीवप्रतिसंसर्गं सुग्रीवरामसंबन्धं रावणकल्पितवानरवधस्योपपादकम् । स्मृत्वेति शेषः ॥ १ ॥ भर्तृसदृशमिति विभक्तिविपरिणामेन सर्वत्रान्वेति । केशान्तदेशं ललाटम् । तं केशान्तवर्तिनम् ॥ २ ॥ अभिज्ञानैर्लक्षणैः ॥ ३ ॥ ४ ॥ आर्येण रामेणेत्यन्वयः । चीरवसनं दत्त्वा मया सह प्रव्राजित इत्यन्वयः ॥ ५ ॥ ६ ॥ समुपास्थाय स्वसमीपे स्थापयित्वा । 'समुपाघ्राय' इति पाठान्तरम् ॥ ७ ॥ वीरव्रतं सुदृढं पितृवाक्यपालनव्रतम् । ते तव नाशादिमां पश्चिमावस्थां गतास्मि । तामवस्थामाह—विधवा कृतेति ॥ ८ ॥ नार्या भर्तुर्मरणं प्रथमं वैगुण्यं मुख्योऽनर्थः । यत्तु—भर्तुः प्रथमं मरणं नार्या वैगुण्यं दुश्चरित्रमूलमित्यर्थः, तन्न । एवं हि सर्वविधवानामसतीत्वापत्तेः । संवृत्तोऽतीतः ॥ ९ ॥ महद्दुःखं प्रपन्नाया मम मरणमेव वरमिति शेषः । हि यतो यस्त्वं मां त्रातुमुद्यतः सोऽपि त्वं विनिपातितः । राक्षसैरिति शेषः ॥ १० ॥ सा वत्सला मम श्वश्रूस्त्वया पुत्रेण राक्षसहतेन वत्सला धेनुरिव विवत्सा कृता ॥ ११ ॥ दैवज्ञैः । वसिष्ठादिभिरिति शेषः । यतोऽल्पायुरसि, अतस्तेषां वचनं मिथ्या ॥ १२ ॥ अथवेति । अथेति प्रश्ने । प्राज्ञस्य सतस्तवापि प्रज्ञा नश्यत्यथ नाशं प्राप्ता किम् । येन प्रज्ञादौर्बल्यात्सुप्तः । अरिवशं प्राप्त इति शेषः । वा अथवा । हि यतः कालो भूतानां प्रभवः प्रभवाय हेतुस्तस्मादयमेनं प्राणिनं तथा पचति तत्तत्कर्मफलं प्रापयति । काल ईश्वरः, अतः प्राज्ञोऽपि त्वमप्राज्ञो जात इति भावः ॥ १३ ॥ हि यतस्त्वं व्यसनानां वर्जन उपायज्ञस्तदनुष्ठाने कुशलश्चासि । तस्मात्कस्माद्धेतोरदृष्टं पूर्वमज्ञातं मृत्युमापन्नः । अत्र हेतुं न पश्यामीति भावः ॥ १४ ॥ मया कालरात्र्येत्यन्वयः । रौद्रत्वादिविशिष्टया मया कालरात्र्या संपरिष्वज्याच्छिद्य बलात्कृत्य तथा त्वं हृतो यथा नष्ट इति भावः ॥ १५ ॥ मां विहाय प्रियां नारीमिव पृथिवीमालिङ्ग्य शेषे ॥ १६ ॥ मया सह तव त्वयार्चितं मत्प्रियं ते धनुरिदमे-

पित्रा दशरथेन त्वं श्वशुरेण ममानघ । सर्वैश्च पितृभिः सार्धं नूनं स्वर्गे समागतः ॥ १८
दिवि नक्षत्रभूतं च महत्कर्म कृतं तथा । पुण्यं राजर्षिवंशं त्वमात्मनः समुपेक्षसे ॥ १९
किं मां न प्रेक्षसे राजन्किं वा न प्रतिभाषसे । बालां बालेन संप्राप्तां भार्यां मां सहचारिणीम् ॥ २०
संश्रुतं गृह्णता पाणिं चरिष्यामीति यत्त्वया । स्मर तन्नाम काकुत्स्थ नय मामपि दुःखिताम् ॥ २१
कस्मान्मामपहाय त्वं गतो गतिमतां वर । अस्माल्लोकादमुं लोकं त्यक्त्वा मामपि दुःखिताम् ॥ २२
कल्याणै रुचिरं गात्रं परिष्वक्तं मयैव तु । क्रव्यादैस्तच्छरीरं ते नूनं विपरिकृष्यते ॥ २३
अग्निष्टोमादिभिर्यज्ञैरिष्टवानाप्तदक्षिणैः । अग्निहोत्रेण संस्कारं केन त्वं न तु लप्स्यसे ॥ २४
प्रव्रज्यामुपपन्नानां त्रयाणामेकमागतम् । परिप्रेक्ष्यति कौशल्या लक्ष्मणं शोकलालसा ॥ २५
स तस्याः परिपृच्छन्त्या वधं मित्रबलस्य ते । तव चाख्यास्यते नूनं निशायां राक्षसैर्वधम् ॥ २६
सा त्वां सुप्तं हतं ज्ञात्वा मां च रक्षोगृहं गताम् । हृदयेनावदीर्णेन नभविष्यति राघव ॥ २७
मम हेतोरनार्याया अनघः पार्थिवात्मजः । रामः सागरमुत्तीर्य वीर्यवान्गोष्पदे हतः ॥ २८
अहं दाशरथेनोढा मोहात्स्वकुलपांसनी । आर्यपुत्रस्य रामस्य भार्या मृत्युरजायत ॥ २९
नूनमन्यां मया जातिं वारितं दानमुत्तमम् । याहमद्यैव शोचामि भार्या सर्वातिथेरिह ॥ ३०
साधु घातय मां क्षिप्रं रामस्योपरि रावण । समानय पतिं पत्न्या कुरु कल्याणमुत्तमम् ॥ ३१
शिरसा मे शिरश्चास्य कायं कायेन योजय । रावणानुगमिष्यामि गतिं भर्तुर्महात्मनः ॥ ३२
इतीव दुःखसंतप्ता विललापायतेक्षणा । भर्तुः शिरो धनुश्चैव ददर्श जनकात्मजा ॥ ३३
एवं लालप्यमानायां सीतायां तत्र राक्षसः । अभिचक्राम भर्तारमनीकस्थः कृताञ्जलिः ॥ ३४
विजयस्वार्यपुत्रेति सोऽभिवाद्य प्रसाद्य च । न्यवेदयदनुप्राप्तं प्रहस्तं वाहिनीपतिम् ॥ ३५
अमात्यैः सहितः सर्वैः प्रहस्तस्त्वामुपस्थितः । तेन दर्शनकामेन अहं प्रस्थापितः प्रभो ॥ ३६
नूनमस्ति महाराज राजभावात्क्षमान्वित । किंचिदात्ययिकं कार्यं तेषां त्वं दर्शनं कुरु ॥ ३७
एतच्छ्रुत्वा दशग्रीवो राक्षसप्रतिवेदितम् । अशोकवनिकां त्यक्त्वा मन्त्रिणां दर्शनं ययौ ॥ ३८
स तु सर्वं समर्थ्यैव मन्त्रिभिः कृत्यमात्मनः । सभां प्रविश्य विदधे विदित्वा रामविक्रमम् ॥ ३९
अन्तर्धानं तु तच्छीर्षं तच्च कार्मुकमुत्तमम् । जगाम रावणस्यैव निर्याणसमनन्तरम् ॥ ४०

तादृशम् । जातमिति शेषः ॥ १७ ॥ सर्वैः पितृभिः सार्धं स्थितेन दशरथेन स्वर्गे त्वं समागत इत्यन्वयः ॥ १८ ॥ दिवि नक्षत्रभूतम् । त्रिशङ्कोस्तथात्वाच्छत्रिन्यायेन वंशस्य तथात्वम् । महता पितृवचःपालनरूपेण कर्मणा कृतम् । तथा पुण्यमासाद्यात्मनः प्रियं पुण्यं राजर्षिवंशं समुपेक्षसे त्यक्त्वा गच्छसि । एतदन्याय्यमित्यर्थः ॥ १९ ॥ २० ॥ पाणिं गृह्णता त्वया 'त्वया सह चरिष्यामि धर्मादिकम्' इति यत्संश्रुतं प्रतिज्ञातं तत्स्मर । अतो दुःखितां मामपि नय ॥ २१ ॥ २२ ॥ कल्याणैर्मङ्गलैः रुचिरं यत्त्वच्छरीरं तदेतावत्कालपर्यन्तं मयैव परिष्वक्तं तत्तव शरीरमद्य क्रव्यादैर्विपरिकृष्यते ॥ २३ ॥ अग्निहोत्रेण वैतानाग्निना संस्कारं केन हेतुना न लप्स्यसे न लभसे ॥ २४ ॥ प्रव्रज्यां प्रवासमुपपन्नानां त्रयाणामस्माकं मध्य एकं लक्ष्मणमित्यन्वयः । परिप्रेक्ष्यति । द्रक्ष्यतीत्यर्थः ॥ २५ ॥ मित्रबलस्य वानरबलस्य ॥ २६ ॥ अवदीर्णेन विदीर्णेनोपलक्षिता सती नूनं नभविष्यति । म्रियेतेत्यर्थः ॥ २७ ॥ सागरमुत्तीर्य गोष्पदे हतस्तल्लङ्घनाशक्त्येति या लोकवार्ता तत्तुल्यमिदं जातमित्यर्थः ॥ २८ ॥ दाशरथेन दशरथपुत्रेण । अणार्षः । मृत्युरजायत मृत्युरूपा जाता ॥ २९ ॥ अन्यां जातिमन्यस्मिञ्जन्मन्युत्तमं दानं कन्यादानं गोभूहिरण्यादिदानं च वारितं न कृतम् । सर्वातिथेः सर्वातिथिप्रियस्येह काले देशे च ॥ ३० ॥ समानय योजय ॥ ३१ ॥ ३२ ॥ ३३ ॥ तत्राशोकवनिकायां राक्षसः प्रहस्तप्रेषितोऽनीकस्थो द्वाररक्षी राक्षसो भर्तारं स्वामिनमभिचक्रामाभिक्रम्य 'आर्यपुत्र, विजयस्व' इति प्रसाद्याभिवाद्य च कृताञ्जलिः सन्नुपस्थितः । आर्यपुत्रशब्दो यद्यपि स्त्रीभिर्भर्तरि प्रयुज्यते प्रायेण, तथापि पूजामात्रे सामान्यतः प्रयोगोऽपि बोध्यः ॥ ३४ ॥ ३५ ॥ ३६ ॥ नन्वनवसरे कथं प्रस्थापितवांस्तत्राह—नूनमिति । राजभावाद्राजकार्याभिप्रायज्ञानाद्धेतोरनवसरप्राप्तावपि क्षमान्वितमहाराज, नूनं निश्चितमात्ययिकमत्यावश्यकं किंचित्कार्यमस्ति तस्मादागत्य तेषां त्वं दर्शनं कुरु । 'क्षमान्वित' इति पाङ्क्तः पाठः ॥ ३७ ॥ मन्त्रिणां दर्शनम् । उद्दिश्येति शेषः ॥ ३८ ॥ सर्वं समर्थ्यैव गत्वा । दुष्टमन्त्रिभिरेकान्ते सर्वं कृत्यं विचार्येत्यर्थः । सभां प्रविश्य विदधे । एकान्ते कृतमन्त्रोचितव्यापारमिति शेषः ॥ ३९ ॥ निर्याणसमनन्तरमेवेति योजना । मायामयत्वादिति भावः

राक्षसेन्द्रस्तु तैः सार्धं मन्त्रिभिर्भीमविक्रमैः । समर्थयामास तदा रामकार्यविनिश्चयम् ॥ ४१
अविदूरस्थितान्सर्वान्बलाध्यक्षान्हितैषिणः । अब्रवीत्कालसदृशो रावणो राक्षसाधिपः ॥ ४२
शीघ्रं भेरीनिनादेन स्फुटं कोणाहतेन मे । समानयध्वं सैन्यानि वक्तव्यं च न कारणम् ॥ ४३
ततस्तथेति प्रतिगृह्य तद्वचस्तदैव दूताः सहसा महद्बलम् ।
समानयंश्चैव समागतं च न्यवेदयन्भर्तरि युद्धकाङ्क्षिणि ॥ ४४

इत्यार्षे श्रीमद्रामायणे वाल्मीकीय आदिकाव्ये युद्धकाण्डे द्वात्रिंशः सर्गः ॥ ३२ ॥

त्रयस्त्रिंशः सर्गः

सीतां तु मोहितां दृष्ट्वा सरमा नाम राक्षसी । आससादाथ वैदेहीं प्रियां प्रणयिनी सखी ॥ १
मोहितां राक्षसेन्द्रेण सीतां परमदुःखिताम् । आश्वासयामास तदा सरमा मृदुभाषिणी ॥ २
सा हि तत्र कृता मित्रं सीतया रक्ष्यमाणया । रक्षन्ती रावणादिष्टा सानुक्रोशा दृढव्रता ॥ ३
सा ददर्श सखी सीतां सरमा नष्टचेतनाम् । उपावृत्त्योत्थितां ध्वस्तां वडवामिव पांसुषु ॥ ४
तां समाश्वासयामास सखी स्नेहेन सुव्रताम् । उक्ता यद्रावणेन त्वं प्रत्युक्तश्च स्वयं त्वया ॥ ५
लीनया गहने शून्ये भयमुत्सृज्य रावणात् । तव हेतोर्विशालाक्षि नहि मे रावणाद्भयम् ॥ ६
स संभ्रान्तश्च निष्क्रान्तो यत्कृते राक्षसेश्वरः । तत्र मे विदितं सर्वमभिनिष्क्रम्य मैथिलि ॥ ७
न शक्यं सौप्तिकं कर्तुं रामस्य विदितात्मनः । वधश्च पुरुषव्याघ्रे तस्मिन्नैवोपपद्यते ॥ ८
न त्वेवं वानरा हन्तुं शक्याः पादपयोधिनः । सुरा देवर्षभेणेव रामेण हि सुरक्षिताः ॥ ९
दीर्घवृत्तभुजः श्रीमान्महोरस्कः प्रतापवान् । धन्वी संहननोपेतो धर्मात्मा भुवि विश्रुतः ॥ १०
विक्रान्तो रक्षिता नित्यमात्मनश्च परस्य च । लक्ष्मणेन सह भ्रात्रा कुलीनो नयशास्त्रवित् ॥ ११
हन्ता परबलौघानामचिन्त्यबलपौरुषः । न हतो राघवः श्रीमान्सीते शत्रुनिबर्हणः ॥ १२
अयुक्तबुद्धिकृत्येन सर्वभूतविरोधिना । एवं प्रयुक्ता रौद्रेण माया मायाविना त्वयि ॥ १३
शोकस्ते विगतः सर्वकल्याणं त्वामुपस्थितम् । ध्रुवं त्वां भजते लक्ष्मीः प्रियं ते भवति शृणु ॥ १४
उत्तीर्य सागरं रामः सह वानरसेनया । संनिविष्टः समुद्रस्य तीरमासाद्य दक्षिणम् ॥ १५

॥ ४० ॥ रामकार्यविनिश्चयं रामविषयं स्वकर्तव्यनिश्चयम् ॥ ४१ ॥ ४२ ॥ स्फुटं कोणाहतेनोल्बणवादनदण्डाहतेन । कारणं न वक्तव्यमिति भावः । राजा आह्वयते इत्येतावदेव वक्तव्यम्, न त्वेतदर्थमितीति भावः ॥ ४३ ॥ अत्र सीताप्रलापः स्वस्य मानुषधर्मप्रकटनायेति बोध्यम् ॥ ४४ ॥ **इति श्रीरामाभिरामे श्रीरामीये रामायणतिलके वाल्मीकीय आदिकाव्ये युद्धकाण्डे द्वात्रिंशः सर्गः ॥ ३२ ॥**

सीतां त्विति । विभीषणपत्नीयं सरमा । सा तु सीतायां भक्तिमती । सा हि रावणेन ज्ञातसात्त्विकभावातिभर्त्सनेन नाशमाशङ्क्य सीताश्वासनार्थं संदिष्टेति बोध्यम् । प्रणयिनी स्नेहवती सखी सरमेत्यन्वयः ॥ १ ॥ २ ॥ ननु राक्षसी कथं सखी, कथं चाश्वासयेदत आह—सा हीति । तत्राशोकवनिकायाम् । रावणादिष्टा । अत्र बीजमुक्तम् । अतएव राक्षसीभ्यो नित्यं रक्षन्ती सरमा रक्ष्यमाणया सीतयात्मनः स्वस्याः मित्रं कृता सखी संपादिता । तत्र योग्यतामाह—सानुक्रोशेत्यादि । दुःखितेषु सदया । दृढव्रता प्राणैरपि ममेयं रक्षणीयेति दृढप्रतिज्ञा ॥ ३ ॥ उपावृत्य श्रमनाशार्थं लुठित्वा, ध्वस्तां पीडितामध्वश्रमेण शोकेन च ॥ ४ ॥ रावणेन यत्त्वमुक्ता यच्च रावणं प्रति स्वयं त्वयोक्तम् 'साधु पातय मां क्षिप्रम्' इत्यादि, तत्सर्वं मया परिश्रुतम् ॥ ५ ॥ ननु विभीषणस्य विरुद्धकोटौ गतत्वात्तत्पत्न्या त्वया रावणसंनिधौ स्थित्वा कथं श्रुतं तत्राह—लीनयेति । गहनेऽशोकवनमध्ये पूर्वमस्य मायाकृतवृत्तान्तं श्रुतवत्या त्वद्रक्षणरूपकार्यार्थमागत्य लीनया गुप्तं स्थितया रावणाद्भयमुत्सृज्य स्थितया सर्वं श्रुतम् । नहि मे रावणाद्भयम् । तेनैव तव रक्षणे नियुक्तत्वात्तज्जातित्वाच्च । ततोऽन्यैवैषा सरमेत्यन्ये ॥ ६ ॥ स रावणो यत्कृते यन्निमित्तं संभ्रान्तो निष्क्रान्तस्तदप्यभिनिष्क्रम्य बहिर्गत्वा मया विदितं ज्ञातम् ॥ ७ ॥ तस्य पश्चादपि कथने बाधकाभावेनादौ राममोहं निवर्तयति—न शक्यमिति । सौप्तिकं सुप्तिकालयुद्धम् । तत्र हेतुः—विदितात्मनः । जितनिद्रालस्यादिदोषच्चित्तस्येत्यर्थः । पुरुषव्याघ्रे सर्वातिशायिशौर्यवति । अतएव तस्मिन्वधो नोपपद्यते ॥ ८ ॥ सर्ववानरहननमप्यशक्यमित्याह—न त्वेवमिति ॥ ९ ॥ १० ॥ ११ ॥ १२ ॥ ननु प्रत्यक्षतो हते कथं न हतस्तत्राह—अयुक्तेति । अयुक्तानुचिता बुद्धिः कृत्यं च यस्य तेन रौद्रेण रावणेन ॥ १३ ॥ शोको विगतः कल्याणं चोपस्थितम् । कुतस्तत्राह—हे भवति,

दृष्टो मे परिपूर्णार्थः काकुत्स्थः सहलक्ष्मणः । सहितैः सागरान्तस्थैर्बलैस्तिष्ठति रक्षितः ॥ १६
अनेन प्रेषिता ये च राक्षसा लघुविक्रमाः । राघवस्तीर्ण इत्येवं प्रवृत्तिस्तैरिहाहृता ॥ १७
स तां श्रुत्वा विशालाक्षि प्रवृत्तिं राक्षसाधिपः । एष मन्त्रयते सर्वैः सचिवैः सह रावणः ॥ १८
इति ब्रुवाणा सरमा राक्षसी सीतया सह । सर्वोद्योगेन सैन्यानां शब्दं शुश्राव भैरवम् ॥ १९
दण्डनिर्घातवादिन्याः श्रुत्वा भेर्या महास्वनम् । उवाच सरमा सीतामिदं मधुरभाषिणी ॥ २०
संनाहजननी ह्येषा भैरवा भीरु भेरिका । भेरीनादं च गम्भीरं शृणु तोयदनिःस्वनम् ॥ २१
कल्प्यन्ते मत्तमातङ्गा युज्यन्ते रथवाजिनः । दृश्यन्ते तुरगारूढाः प्रासहस्ताः सहस्रशः ॥ २२
तत्र तत्र च संनद्धाः संपतन्ति सहस्रशः । आपूर्यन्ते राजमार्गाः सैन्यैरद्भुतदर्शनैः ॥ २३
वेगवद्भिर्नदद्भिश्च तोयौघैरिव सागरः । शस्त्राणां च प्रसन्नानां चर्मणां वर्मणां तथा ॥ २४
रथवाजिगजानां च राक्षसेन्द्रानुयायिनाम् । संभ्रमो रक्षसामेष हृषितानां तरस्विनाम् ।
प्रभां विसृजतां पश्य नानावर्णसमुत्थिताम् ॥ २५
संभ्रमो रक्षसामेष तुमुलं लोमहर्षणम् । श्रीस्त्वां भजति शोकघ्नी रक्षसां भयमागतम् ॥ २६
रामः कमलपत्राक्षो दैत्यानामिव वासवः । अवजित्य जितक्रोधस्त्वमचिन्त्यपराक्रमः ।
रावणं समरे हत्वा भर्ता त्वाधिगमिष्यति ॥ २७
विक्रमिष्यति रक्षःसु भर्ता ते सहलक्ष्मणः । यथा शत्रुषु शत्रुघ्नो विष्णुना सह वासवः ॥ २८
आगतस्य हि रामस्य क्षिप्रमङ्कगतां सतीम् । अहं द्रक्ष्यामि सिद्धार्थां त्वां शत्रौ विनिपातिते ॥ २९
अस्राण्यानन्दजानि त्वं वर्तयिष्यसि जानकि । समागम्य परिष्वक्ता तस्योरसि महोरसः ॥ ३०
अचिरान्मोक्ष्यते सीते देवि ते जघनं गताम् । धृतामेकां बहून्मासान्वेणीं रामो महाबलः ॥ ३१
तस्य दृष्ट्वा मुखं देवि पूर्णचन्द्रमिवोदितम् । मोक्ष्यसे शोकजं वारि निर्मोकमिव पन्नगी ॥ ३२
रावणं समरे हत्वा नचिरादेव मैथिलि । त्वया समग्रः प्रियया सुखार्हो लप्स्यते सुखम् ॥ ३३
सभाजिता त्वं रामेण मोदिष्यसि महात्मना । सुवर्षेण समायुक्ता यथा सस्येन मेदिनी ॥ ३४

गिरिवरमभितो विवर्तमानो हय इव मण्डलमाशु यः करोति ।
तमिह शरणमभ्युपैहि देवि दिवसकरं प्रभवो ह्ययं प्रजानाम् ॥ ३५

इत्यार्षे श्रीमद्रामायणे वाल्मीकीय आदिकाव्ये युद्धकाण्डे त्रयस्त्रिंशः सर्गः ॥ ३३ ॥

ते प्रियं प्रियवचनम् ॥ १४ ॥ १५ ॥ दृष्टो मे । मया दृष्ट इत्यर्थः । स्वगृहवत्यूर्ध्वगृहमारुह्येति शेषः । खेचरीत्वाद्बहिर्निर्गत्येति शेषो वा । सागरान्तस्थैः सागरतीरस्थैः । सहितैः संगतैर्बलैः सह स्वमहिम्ना रक्षितस्तिष्ठति ॥ १६ ॥ अथ रावणस्य निष्क्रमहेतुमाह—अनेनेति । प्रेषितास्तैः राघवस्तीर्ण इति प्रवृत्तिर्वार्तेहाहृता ॥ १७ ॥ तां प्रवृत्तिं राघवस्य सबलोत्तरणप्रवृत्तिम् । इतो निर्गत्येति शेषः । मन्त्रयते विचारयति ॥ १८ ॥ शब्दं सिंहनादम् ॥ १९ ॥ २० ॥ संनाहो युद्धाय संनहनम् । भेरीनादं शृणु । रामबलेन युद्धाय संनाहकमिति शेषः ॥ २१ ॥ युज्यन्ते । रथेनेति शेषः ॥ २२ ॥ २३ ॥ प्रसन्नानां शाणोल्लेखननिर्मलानाम् । चर्म फलकम् । वर्म कवचम् ॥ २४ ॥ नानावर्णैर्नीलपीतादिभिः समुत्थितां प्रभां विसृजतां चर्मादीनां प्रभां पश्येत्यावृत्त्यान्वयः ॥ २५ ॥ एतदुत्तरम् 'वनं निर्दहतो धर्मे यथारूपं विभावसोः । घण्टानां शृणु निर्घोषं रथानां नेमिनिःस्वनम् ॥ हयानां हेषमाणानां शृणु तूर्यध्वनिं तथा । उद्यतायुधहस्तानां राक्षसेन्द्रानुयायिनाम् ॥' इति श्लोकद्वयं प्रक्षिप्तमिति कतकः । संभ्रम इति । एष संभ्रमो रक्षसामेव, अतो रक्षसां तुमुलं लोमहर्षणं भयमागतं विद्धि । अर्थाच्छोकघ्नी श्रीस्त्वां भजतीति विद्धि ॥ २६ ॥ अथ दैत्यानां निकटस्थां लक्ष्मीं यथा वासवो हृतवान्, एवं रामो रावणं समरे हत्वा तव भर्ता त्वामवजित्य शत्रुगृहादवमुच्याधिगमिष्यति ॥ २७ ॥ रक्षःसु विक्रमिष्यति च । यथा शत्रुघ्नो वासवो विष्णुनोपेन्द्रेण सह शत्रुषु विक्रान्तवांस्तथा ते भर्ता विक्रमिष्यतीत्यन्वयः ॥ २८ ॥ २९ ॥ तस्योरस्यस्राणि वर्तयिष्यसीत्यन्वयः ॥ ३० ॥ जघनं गतां जघनदेशं प्राप्तां वेणीमित्यन्वयः ॥ ३१ ॥ ३२ ॥ समग्रः सहितः ॥ ३३ ॥ ३४ ॥ गिरिवरं मेरुमभितो विवर्तमानः परिवर्तमानो हय इव यो मण्डलं मण्डलाकारगतिमाशु करोति तं दिवसकरं ते कुलदेवतं शरणमभ्युपैहि । हि यतोयं प्रजानाम् । सुखदुःखहान्योरिति शेषः । प्रभवः ॥ ३५ ॥ **इति श्रीरामाभिरामे श्रीरामीये रामायणतिलके वाल्मीकीय आदिकाव्ये युद्धकाण्डे त्रयस्त्रिंशः सर्गः ॥ ३३ ॥**

चतुस्त्रिंशः सर्गः ।

अथ तां जातसंतापां तेन वाक्येन मोदिताम् । सरमा ह्लादयामास महीं दग्धामिवाम्भसा ॥ १
ततस्तस्या हितं सख्याश्चिकीर्षन्ती सखी वचः । उवाच काले कालज्ञा स्मितपूर्वाभिभाषिणी ॥ २
उत्सहेयमहं गत्वा त्वद्वाक्यमसितेक्षणे । निवेद्य कुशलं रामे प्रतिच्छन्ना निवर्तितुम् ॥ ३
नहि मे क्रममाणाया निरालम्बे विहायसि । समर्थो गतिमन्वेतुं पवनो गरुडोऽपि वा ॥ ४
एवं ब्रुवाणां तां सीता सरमामिदमब्रवीत् । मधुरं श्लक्ष्णया वाचा पूर्वशोकाभिपन्नया ॥ ५
समर्था गगनं गन्तुमपि च त्वं रसातलम् । अवगच्छाद्य कर्तव्यं कर्तव्यं ते मदन्तरे ॥ ६
मत्प्रियं यदि कर्तव्यं यदि बुद्धिः स्थिरा तव । ज्ञातुमिच्छामि तं गत्वा किं करोतीति रावणः ॥ ७
स हि मायाबलः क्रूरो रावणः शत्रुरावणः । मां मोहयति दुष्टात्मा पीतमात्रेव वारुणी ॥ ८
तर्जापयति मां नित्यं भर्त्सापयति चासकृत् । राक्षसीभिः सुघोराभिर्यो मां रक्षति नित्यशः ॥ ९
उद्विग्ना शङ्किता चास्मि न स्वस्थं च मनो मम । तद्भयाच्चाहमुद्विग्ना अशोकवनिकां गता ॥ १०
यदि नाम कथा तस्य निश्चितं वापि यद्भवेत् । निवेदयेथाः सर्वं तद्वरो मे स्यादनुग्रहः ॥ ११
साप्येवं ब्रुवतीं सीतां सरमा मृदुभाषिणी । उवाच वचनं तस्याः स्पृशन्ती बाष्पविक्लवम् ॥ १२
एष ते यद्यभिप्रायस्तस्माद्गच्छामि जानकि । गृह्य शत्रोरभिप्रायमुपावर्तामि मैथिलि ॥ १३
एवमुक्त्वा ततो गत्वा समीपं तस्य रक्षसः । शुश्राव कथितं तस्य रावणस्य समन्त्रिणः ॥ १४
सा श्रुत्वा निश्चयं तस्य निश्चयज्ञा दुरात्मनः । पुनरेवागमत्क्षिप्रमशोकवनिकां शुभाम् ॥ १५
सा प्रविष्टा ततस्तत्र ददर्श जनकात्मजाम् । प्रतीक्षमाणां स्वामेव भ्रष्टपद्मामिव श्रियम् ॥ १६
तां तु सीतां पुनः प्राप्तां सरमां प्रियभाषिणीम् । परिष्वज्य च सुस्निग्धं ददौ च स्वयमासनम् ॥१७
इहासीना सुखं सर्वमाख्याहि मम तत्त्वतः । क्रूरस्य निश्चयं तस्य रावणस्य दुरात्मनः ॥ १८
एवमुक्ता तु सरमा सीतया वेपमानया । कथितं सर्वमाचष्ट रावणस्य समन्त्रिणः ॥ १९
जनन्या राक्षसेन्द्रो वै त्वन्मोक्षार्थं बृहद्वचः । अतिस्निग्धेन वैदेहि मन्त्रिवृद्धेन चोदितः ॥ २०
दीयतामभिसत्कृत्य मनुजेन्द्राय मैथिली । निदर्शनं ते पर्याप्तं जनस्थाने यदद्भुतम् ॥ २१
लङ्घनं च समुद्रस्य दर्शनं च हनूमतः । वधं स रक्षसां युद्धे कः कुर्यान्मानुषो युधि ॥ २२

तेन वाक्येन रावणवाक्येन । अम्भसा । मेघपङ्क्तिरिवेति शेषः ॥ १ ॥ चिकीर्षन्ती कर्तुमिच्छन्ती सखी सरमा वच उवाचेत्यन्वयः ॥ २ ॥ अहं प्रतिच्छन्ना गत्वा कुशलं कुशलावेदकं त्वद्वाक्यं रामे निवेद्य पुनः प्रतिच्छन्ना निवर्तितुमुत्सहेयमित्युवाच ॥ ३ ॥ स्वस्यास्तथा सामर्थ्यं दर्शयति—नहीति ॥ ४ ॥ तां सरमामित्यन्वयः । एवं ब्रुवाणां दूतत्वेच्छुम् । पूर्वशोकाभिपन्नयाश्वासनात्पूर्वं जातेन शोकेनेषद्युक्तया ॥ ५ ॥ अथ सीता शूर्पणखाया इवास्या अपि रामसमीपगमनमनुचितमिति विचार्य तत्सामर्थ्यश्लाघापूर्वं तामुचितकृत्ये नियोजयति—समर्थेति । 'अवगच्छाद्य कर्तव्यम्' इति पाङ्क्तः पाठ इति कतकः । अन्तरशब्दस्तादर्थ्ये । मदन्तरे मदर्थं यत्कर्तव्यं त्वया कर्तुं योग्यं तादृशं कर्तव्यं कृत्यं मयोच्यमानमवगच्छ ॥ ६ ॥ मत्प्रियं कर्तव्यमिति यदि तव बुद्धिः स्थिरास्ति तदोच्यत इति शेषः । स्थिरैव निःशङ्कं ब्रूहीत्युक्ता चाह—ज्ञातुमिति । इतो गत्वा रावणः किं करोतीति रावणं ज्ञातुमिच्छामि ॥ ७ ॥ पीतमात्रा सद्यःपीता ॥ ८ ॥ तर्जापयतीति । तर्जभर्त्साभ्याम् 'तत्करोति–' इति णिचि पुगार्षः । अवाचिकी भीषिका तर्जनम्, वाचिकी तु सा भर्त्सनम् । राक्षसीभिरिति द्वारकथनम् । रक्षत्यवरुध्यते ॥ ९ ॥ उद्विग्नेति । कथमुद्विग्नेत्यत्राह—तद्भयादिति अशोकवनिकां गताप्यहं तद्भयादुद्विग्नास्मि ॥ १० ॥ कथा मद्विमोक्षविषया कथा यदि नाम भवेत्, अपि वा तदभावविषया स्यात् अनयोर्यन्निश्चितं तत्सर्वं मे निवेदयेथाः । तदा मे वरः श्रेष्ठोऽनुग्रहः स्यात् । एतदनुकूलमेवोत्तरं वक्ष्यति—न त्वामुत्सहते मोक्तुमिति ॥ ११ ॥ बाष्पविक्लवं तस्या वदनं स्पृशन्ती परिमार्जयन्ती ॥ १२ ॥ उपावर्तामि परावृत्यागच्छामि ॥ १३ ॥ १४ ॥ १५ ॥ स्वामेव प्रतीक्षमाणाम् । कदागमिष्यति सरमेति तदागमं प्रतीक्षमाणामित्यर्थः ॥ १६ ॥ १७ ॥ १८ ॥ समन्त्रिणो रावणस्य सर्वं कथितं परस्परालापमाचष्ट ॥ १९ ॥ जनन्या मात्रातिस्निग्धेन वृद्धेन च रावणो बृहद्वचः । सर्वथा हितत्वाद्वचसो बृहत्त्वम् । तदुक्त्वा चोदितो बोधितः ॥ २० ॥ तद्वाक्यमाह—दीयतामिति । सत्कारपूर्वं दीयतामित्यर्थः । निदर्शनम् । तत्पराक्रमविषय इति शेषः । जनस्थानेऽद्भुतं खरादिवधरूपं यत्कृतं तदेव पर्याप्तं प्रमाणान्तरानपेक्षं निदर्शनम् । तत्पराक्रमस्येत्यर्थः ॥ २१ ॥ किं च रामानुचरो हनूमानेव सर्वराक्षसजयसमर्थ इत्याह—लङ्घनं चेति । दर्शनम् । सीताया इति शेषः । मानुषः पुरुषः ।

एवं स मन्त्रिवृद्धैश्च मात्रा च बहु बोधितः । न त्वामुत्सहते मोक्तुमर्थमर्थपरो यथा ॥ २३
नोत्सहत्यमृतो मोक्तुं युद्धे त्वामिति मैथिलि । सामात्यस्य नृशंसस्य निश्चयो ह्येष वर्तते ॥ २४
तदेषां सुस्थिरा बुद्धिर्मृत्युलोभादुपस्थिता । भयान्न शक्तस्त्वां मोक्तुमनिरस्तः स संयुगे ।
राक्षसानां च सर्वेषामात्मनश्च वधेन हि ॥ २५
निहत्य रावणं संख्ये सर्वथा निशितैः शरैः । प्रतिनेष्यति रामस्त्वामयोध्यामसितेक्षणे ॥ २६
एतस्मिन्नन्तरे शब्दो भेरीशङ्खसमाकुलः । श्रुतो वै सर्वसैन्यानां कम्पयन्धरणीतलम् ॥ २७

श्रुत्वा तु तं वानरसैन्यनादं लङ्कागता राक्षसराजभृत्याः ।
हतौजसो दैन्यपरीतचेष्टाः श्रेयो न पश्यन्ति नृपस्य दोषान् ॥ २८

इत्यार्षे श्रीमद्रामायणे वाल्मीकीय आदिकाव्ये युद्धकाण्डे चतुस्त्रिंशः सर्गः ॥ ३४ ॥

पञ्चत्रिंशः सर्गः ।

तेन शङ्खविमिश्रेण भेरीशब्देन नादिना । उपयाति महाबाहू रामः परपुरंजयः ॥ १
तं निनादं निशम्याथ रावणो राक्षसेश्वरः । मुहूर्तं ध्यानमास्थाय सचिवानभ्युदैक्षत ॥ २
अथ तान्सचिवांस्तत्र सर्वानाभाष्य रावणः । सभां संनादयन्सर्वानित्युवाच महाबलः ॥ ३
जगत्संतापनः क्रूरोऽगर्हयन्राक्षसेश्वरः । तरणं सागरस्यास्य विक्रमं बलपौरुषम् ॥ ४
यदुक्तवन्तो रामस्य भवन्तस्तन्मया श्रुतम् । भवतश्चाप्यहं वेद्मि युद्धे सत्यपराक्रमान् ।
तूष्णीकानीक्षतोऽन्योन्यं विदित्वा रामविक्रमम् ॥ ५
ततस्तु सुमहाप्राज्ञो माल्यवान्नाम राक्षसः । रावणस्य वचः श्रुत्वा इति मातामहोऽब्रवीत् ॥ ६
विद्यास्वभिविनीतो यो राजा राजन्नयानुगः । स शास्ति चिरमैश्वर्यमरींश्च कुरुते वशे ॥ ७
संदधानो हि कालेन विगृह्णंश्चारिभिः सह । स्वपक्षे वर्धनं कुर्वन्महदैश्वर्यमश्नुते ॥ ८
हीयमानेन कर्तव्यो राज्ञा संधिः समेन च । न शत्रुमवमन्येत ज्यायान्कुर्वीत विग्रहम् ॥ ९
तन्मह्यं रोचते संधिः सह रामेण रावण । यदर्थमभियुक्तोऽसि सीता तस्मै प्रदीयताम् ॥ १०
तस्य देवर्षयः सर्वे गन्धर्वाश्च जयैषिणः । विरोधं मागमस्तेन संधिस्ते तेन रोचताम् ॥ ११
असृजद्भगवान्पक्षौ द्वावेव हि पितामहः । सुराणामसुराणां च धर्माधर्मौ तदाश्रयौ ॥ १२

तस्माद्धनूमान्रामो वानरो मनुष्यो वा न, अपि तु देवावतार इति भावः ॥ २२ ॥ बहुबोधितो बहुप्रकारं बोधितः । अर्थपर उत्तरोत्तरमर्थार्जनतत्परः । परमलुब्ध इत्यर्थः ॥ २३ ॥ युद्धेऽमृतो मरणमप्राप्तः । ततः प्राक्त्वां मोक्तुं त्यक्तुं नोत्सहति हि प्रसिद्धम् । तस्य सामात्यस्यैष निश्चयो वर्तते ॥ २४ ॥ मृत्युलोभान्मृत्युकृतवञ्चनया सर्वेषां राक्षसानामात्मनो रावणस्य च वधेन रामेण युद्धेऽनिरस्तः सन्रामतो मृत्युभयाद्भयं प्राप्य न त्वां मोक्तुं शक्तः । नोत्सहत इत्यर्थः ॥ २५ ॥ तर्हि मम निर्गमोऽसंभवीत्यत आह—निहत्येति ॥ २६ ॥ भेरीशङ्खसमाकुलस्तच्छब्दसमाकुलः सर्वसैन्यानां शब्दः श्रुतः ॥ २७ ॥ नृपस्य रावणस्य दोषादन्यायाच्छ्रेयो न पश्यन्ति । नष्टजीविताशा अभूवन्नित्यर्थः ॥ २८ ॥ **इति श्रीरामाभिरामे श्रीरामीये रामायणतिलके वाल्मीकीय आदिकाव्ये युद्धकाण्डे चतुस्त्रिंशः सर्गः ॥ ३४ ॥**

उपयाति स्म । लङ्कामिति शेषः ॥ १ ॥ २ ॥ आभाष्यामन्त्र्य ॥ ३ ॥ रामबलमहं जानामीति सचिवान्स्तुवन्नाह—जगदिति । जगत्संतापयतीति जगत्संतापनः । अगर्हयमिति च्छेदः । अस्य रामस्य ॥ ४ ॥ तूष्णीकानिति । अद्य रामविक्रमं विदित्वान्योन्यमीक्षतस्तूष्णीकान्निरुत्साहान्पश्यामीदं किमिति शेषः ॥ ५ ॥ 'मातुः पैतामहः' इति पाठे रावणमातुः पितामहपुत्रस्तस्याः पितेत्यर्थ इति तीर्थः ॥ ६ ॥ तद्वाक्यमाह—विद्यास्विति । विद्यासु चतुर्दशस्वभिविनीतः शिक्षितः । नयानुगो नीतिमार्गगः ॥ ७ ॥ तां नीतिमेवाह—संदधान इति । कालेन संदधानविग्रहोचितकालानुसारेण ॥ ८ ॥ कश्च तयोः कालस्तत्राह—हीयमानेनेति । क्षीयमाणेन समेन च कर्त्रा संधिः कार्यः, ज्यायान्प्रबलो विग्रहं कुर्वीत । सर्वथा शत्रुं नावमन्येत । नोपेक्षेतेत्यर्थः ॥ ९ ॥ एवं हि स्वपक्षवृद्धिर्भवतीत्युक्तम् । स्वपक्षे वर्धनं कुर्वन्निति । तत्तस्माद्धीयमानस्य तव बलवता रामेण संधिर्मह्यं रोचते । संधानोपायमाह—यदर्थमिति । सीतार्थमित्यर्थः । अभियुक्तः परैः स्वयं वाभिनिविष्टोऽसि ॥ १० ॥ शत्रोर्वृद्धिः स्वक्षयश्च संधानकालः, तत्राद्यः स्पष्ट एवेत्याह—तस्येति ॥ ११ ॥ अथ स्वपक्षक्षयं दर्शयितुं सामान्यतो जगतः क्षयवृद्धिहेतुमाह—असृजदिति । भगवान्पितामहः सुराणामसुराणां च हिताहितप्राप्तिपरिहारार्थौ वि-

धर्मो हि श्रूयते पक्ष अमराणां महात्मनाम् । अधर्मो रक्षसां पक्षो ह्यसुराणां च राक्षस ॥ १३
धर्मो वै ग्रसतेऽधर्मं यदा कृतमभूद्युगम् । अधर्मो ग्रसते धर्मं तदा तिष्यः प्रवर्तते ॥ १४
तत्त्वया चरता लोकान्धर्मोऽपि निहतो महान् । अधर्मः प्रगृहीतश्च तेनास्मद्बलिनः परे ॥ १५
स प्रमादात्प्रवृद्धस्तेऽधर्मोऽहिर्ग्रसते हि नः । विवर्धयति पक्षं च सुराणां सुरभावनः ॥ १६
विषयेषु प्रसक्तेन यत्किंचित्कारिणा त्वया । ऋषीणामग्निकल्पानामुद्वेगो जनितो महान् ॥ १७
तेषां प्रभावो दुर्धर्षः प्रदीप्त इव पावकः । तपसा भावितात्मानो धर्मस्यानुग्रहे रताः ॥ १८
मुख्यैर्यज्ञैर्यजन्त्येते तैस्तैर्यत्तैर्द्विजातयः । जुह्वत्यग्नींश्च विधिवद्वेदांश्चोच्चैरधीयते ।
अभिभूय च रक्षांसि ब्रह्मघोषानुदीरयन् ॥ १९
दिशो विप्रद्रुताः सर्वे स्तनयित्नुरिवोष्णगे । ऋषीणामग्निकल्पानामग्निहोत्रसमुत्थितः ॥ २०
आवृत्य रक्षसां तेजो धूमो व्याप्य दिशो दश । तेषु तेषु च देशेषु पुण्येष्वेवधृतव्रतैः ॥ २१
चर्यमाणं तपस्तीव्रं संतापयति राक्षसान् । देवदानवयक्षेभ्यो गृहीतश्च वरस्त्वया ॥ २२
मनुष्या वानरा ऋक्षा गोलाङ्गूला महाबलाः । बलवन्त इहागम्य गर्जन्ति दृढविक्रमाः ॥ २३
उत्पातान्विविधान्दृष्ट्वा घोरान्बहुविधान्बहून् । विनाशमनुपश्यामि सर्वेषां रक्षसामहम् ॥ २४
खराभिस्तनिता घोरा मेघाः प्रतिभयंकराः । शोणितेनाभिवर्षन्ति लङ्कामुष्णेन सर्वतः ॥ २५
रुदतां वाहनानां च प्रपतन्त्यश्रुबिन्दवः । रजोध्वस्ता विवर्णाश्च न प्रभान्ति यथापुरम् ॥ २६
व्याला गोमायवो गृध्रा वाश्यन्ति च सुभैरवम् । प्रविश्य लङ्कामारामे समवायांश्च कुर्वते ॥ २७
कालिकाः पाण्डुरैर्दन्तैः प्रहसन्त्यग्रतः स्थिताः । स्त्रियः स्वप्नेषु मुष्णन्त्यो गृहाणि प्रतिभाष्य च ॥ २८

धिनिषेधरूपौ द्वावेव पक्षावसृजत् । किंविषयौ तौ तत्राह—धर्माधर्मौ तदाश्रयौ तयोर्विधिनिषेधयोः क्रमादाश्रयौ विषयौ । विधिविषयो धर्मो निषेधविषयश्चाधर्मः ॥ १२ ॥ तत्रामराणां धर्मस्तद्विषयो विधिः पक्षः । राक्षसा राजसा असुरास्तामसा इति भेदः ॥ १३ ॥ अथ तयोः कालविशेषेणाभिभवानभिभवौ दर्शयति—धर्मो वै इत्यादि । यदा कृतं युगमभूत्तदा तस्मादेव कालाद्धेतोः प्रवृद्धो धर्मोऽधर्मं ग्रसतेऽभिभवति । वै प्रसिद्धम् । यदा तिष्यः कलिः प्रवर्तते तदा तत एव हेतोरधर्मो धर्मं ग्रसते । कलौ पादेन धर्मस्थितेः । तथाहि—सर्वदा सुखसाधनं धर्म एकरूप एव । अधर्मस्त्रिधा । धर्मान्यस्तद्विरोधी तदभावश्चेति । तत्राद्यः शाक्तादिधर्ममार्गे दृष्टो धर्माभासः । द्वितीयो हत्यादिलक्षणः । अन्त्यः स्वस्वविहितनित्यधर्मलोपात्मा । कृते त्रिविधाधर्माभाव एव । त्रेतादौ क्रमादेकद्वित्रिभिरधर्मैः संवलनं धर्मस्य । एवं च कलावधर्माभिभूतपादत्रयत्वादेकपादेन धर्मस्य वृत्तिरक्षता । एवं च धर्मतो देवत्वमधर्मतो राक्षसत्वादीति सूचितम् । नन्वधर्मस्य रक्षोऽसुरधर्मत्वे रक्षोसुराणां धर्मफलैश्वर्यजयादि कथमिति चेच्छृणु । देवाः केवलधर्मपराः । रक्षोसुराः काम्यराजसतामसधर्ममात्रपराः । तादृशधर्ममनुतिष्ठतोऽपि तानुक्तत्रिप्रकाराधर्मो न मुञ्चत्येव । रजस्तमःप्रकृतित्वात् । अतो धर्मकरणेन सुखिनोऽपि ते काम्यत्वेन सान्ततया धर्मफलान्तेऽधर्मफलभोगभाज इति न दोषः ॥ १४ ॥ अस्तु तावता, प्रकृते किमायातं तत्राह—तत्त्वयेति । तदित्यव्ययम् । तत्तादृशो निखिलैश्वर्यादिसाधनो धर्मो लोकान्दिग्विजयाय चरता निहतो यज्ञदानतपसां विघ्नं चरता तस्य नाशः कृतः । अधर्मश्च प्रगृहीतः अनेकद्विजदेवर्ष्यादिपीडनेनेति शेषः । तेन कारणेनास्मदस्मत्तः परे शत्रवो बलिनः । धर्महान्यधर्मपरिग्रहयोरभावात् ॥ १५ ॥ अधर्मजानर्थं दर्शयति—स इति । ते तव प्रमादाच्चित्तदोषात्प्राक्संपादित इदानीं प्रवृद्धोऽधर्मरूपोऽहिर्नोऽस्मान्ग्रसते । सुरैर्भावनं नित्यानुष्ठानं यस्य धर्मस्य सोऽसौ धर्मः सुराणां तदंशभूतानां परेषां पक्षं विवर्धयति ॥ १६ ॥ रावणस्याधर्मपरिग्रहं प्रपञ्चयति—विषयेष्विति । विषयेषु स्त्रीवारुण्यादिषु प्रसक्तेन तत एव यत्किंचित्कारिणा निर्मर्यादं यथेष्टं कुर्वता त्वया ऋषीणामुद्वेगः क्रोधो जनितः ॥ १७ ॥ ननु किं तेषां क्रोधेन तत्राह—तेषामिति । तेषां प्रभावः क्रोधजस्तापः प्रदीप्तपावक इव दुर्धर्षो दुःसहः । कुतो दुःसहता तत्प्रभावस्य तत्राह—तपसेति । धर्मस्यानुग्रहेऽनुग्रहः संबन्धस्तत्संपादने रताः ॥ १८ ॥ मुख्यैर्यज्ञैर्ध्यानरूपैर्ब्रह्मघोषान्वेदघोषानुदीरयन्नुदीरयन्कृतवन्तः ॥ १९ ॥ दिशो विप्रद्रुतास्तदुदीरितब्रह्मघोषेण । राक्षसा इति शेषः । 'स्तनयित्नुर्बलाहकः' । उष्णो ग्रीष्मस्तद्गते । रवाविति शेषः ॥ २० ॥ धूमः । उत्तिष्ठतीति शेषः ॥२१॥ नन्वन्यराक्षसांस्तत्तपः संतापयतु, मया तु ब्रह्मणः सकाशादवध्यत्ववरो लब्ध इति चेत्तत्राह—देवेति ॥ २२ ॥ वानरादयः । न देवादय इति भावः ॥ २३ ॥ किं च दुर्निमित्तैरप्यस्माकमनर्थप्राप्तिरनुमीयत इत्याह—उत्पातानिति । बहुविधान्दिव्यान्तरिक्षभौमभेदभिन्नान्बहूननेकान् ॥ २४ ॥ खराभिस्तनिता दुःश्रवशब्दवन्तः । लङ्कामित्यनेन स्वपक्षानर्थः सूचितः ॥२५॥ यथापुरं यथापूर्वम् । अनतिक्रमेऽव्ययीभावः । न प्रभान्ति । दिश इति शेषः । वाहनानीत्यन्ये ॥ २६ ॥ व्याला मांसादाः पशवः । 'सर्पो मांसात्पशुर्व्यालः' इति कोशः । समवायान्यूथान् ॥ २७ ॥ कालिका महाकाल्यः । स्त्रियः स्व-

गृहाणां बलिकर्माणि श्वानः पर्युपसेवते । खरा गोषु प्रजायन्ते मूषका नकुलेषु च ॥ २९
मार्जारा द्वीपिभिः सार्धं सूकराः शुनकैः सह । किंनरा राक्षसैश्चापि समेयुर्मानुषैः सह ॥ ३०
पाण्डुरा रक्तपादाश्च विहगाः कालचोदिताः । राक्षसानां विनाशाय कपोता विचरन्ति च ॥ ३१
चीचीकूचीति वाशन्तः शारिका वेश्मसु स्थिताः । पतन्ति ग्रथिताश्चापि निर्जिताः कलहैषिभिः ३२
पक्षिणश्च मृगाः सर्वे प्रत्यादित्यं रुदन्ति ते । करालो विकलो मुण्डः पुरुषः कृष्णपिङ्गलः ॥ ३३
कालो गृहाणि सर्वेषां काले कालेऽन्ववेक्षते । एतान्यन्यानि दुष्टानि निमित्तान्युत्पतन्ति च ॥ ३४
ज्ञात्वावधार्य कर्माणि क्रियतामायतिक्षमम् ॥ ३५

इदं वचस्तस्य निगद्य माल्यवान्परीक्ष्य रक्षोधिपतेर्मनः पुनः ।
अनुत्तमेषूत्तमपौरुषो बली बभूव तूष्णीं समवेक्ष्य रावणम् ॥ ३६

इत्यार्षे श्रीमद्रामायणे वाल्मीकीय आदिकाव्ये युद्धकाण्डे पञ्चत्रिंशः सर्गः ॥ ३५ ॥

षट्त्रिंशः सर्गः ।

तत्तु माल्यवतो वाक्यं हितमुक्तं दशाननः । न मर्षयति दुष्टात्मा कालस्य वशमागतः ॥ १
स बद्ध्वा भ्रुकुटिं वक्त्रे क्रोधस्य वशमागतः । अमर्षात्परिवृत्ताक्षो माल्यवन्तमथाब्रवीत् ॥ २
हितबुद्ध्या यदहितं वचः परुषमुच्यते । परपक्षं प्रविश्यैव नैतच्छ्रोत्रगतं मम ॥ ३
मानुषं कृपणं राममेकं शाखामृगाश्रयम् । समर्थं मन्यसे केन त्यक्तं पित्रा वनाश्रयम् ॥ ४
रक्षसामीश्वरं मां च देवानां च भयंकरम् । हीनं मां मन्यसे केन अहीनं सर्वविक्रमैः ॥ ५
वीरद्वेषेण वा शङ्के पक्षपातेन वा रिपोः । त्वयाहं परुषाण्युक्तो मम प्रोत्साहनेन वा ॥ ६
प्रभवन्तं पदस्थं हि परुषं कोऽभिभाषते । पण्डितः शास्त्रतत्त्वज्ञो विना प्रोत्साहनेन वा ॥ ७
आनीय च वनात्सीतां पद्महीनामिव श्रियम् । किमर्थं प्रतिदास्यामि राघवस्य भयादहम् ॥ ८
वृतं वानरकोटीभिः ससुग्रीवं सलक्ष्मणम् । पश्य कैश्चिदहोभिश्च राघवं निहतं मया ॥ ९
द्वन्द्वे यस्य न तिष्ठन्ति दैवतान्यपि संयुगे । स कस्माद्रावणो युद्धे भयमाहारयिष्यति ॥ १०
द्विधा भज्येयमप्येवं न नमेयं तु कस्यचित् । एष मे सहजो दोषः स्वभावो दुरतिक्रमः ॥ ११

प्रेषु गृहाणि तद्वर्तिद्रव्यजातं मुष्णन्त्योऽग्रतः स्थिताः प्रतिभाष्य प्रतिकूलभाषणं कृत्वा पाण्डुरैर्दन्तैरुपलक्षिताः प्रहसन्ति ॥ २८ ॥ बलिकर्माणि देवपूजासाधनघृतदध्यन्नपानादीनि श्वभिः स्पृश्यन्ते । बलिहरणानि श्वान एव भुञ्जते, न तु वायसा इत्यर्थ इत्यन्ये ॥ २९ ॥ द्वीपिभिः शार्दूलैः । समेयुर्मिथुनीभावं जग्मुः ॥ ३० ॥ पाण्डुरत्वादिगुणविशिष्टाः कपोता विहगा विचरन्ति । गृहेषु मध्ये इति शेषः ॥ ३१ ॥ चीचीकूचीति शब्दानुकारः । कलहैषिभिः पक्ष्यन्तरैर्निर्जिताः ग्रथिताः पतन्ति परस्परमाबध्य पतन्ति ॥ ३२ ॥ प्रत्यादित्यं सूर्याभिमुखीभूय रुदन्ति । रुदन्त इव रटन्तीत्यर्थः ॥ ३३ ॥ कालः कालरूपः स पुरुषः सर्वेषां गृहाणि काले काले संध्याकालेषु सर्वेषां नो गृहाण्यवेक्षते । एतदग्रे 'रामं मन्यामहे विष्णुं मानुषं रूपमास्थितम् । नहि मानुषमात्रोऽसौ राघवो दृढविक्रमः ॥ येन बद्धः समुद्रे च सेतुः स परमाद्भुतः । कुरुष्व नरराजेन संधिं रामेण रावण ॥' इत्यादि श्लोकद्वयं प्रक्षिप्तमिति प्राचीनैर्न व्याख्यातमिति कतकः । ज्ञात्वेति । अस्य रामस्य कर्माण्येतानि निमित्तानि च ज्ञात्वा, आयतिक्षममुत्तरकालसुखदं यत्कर्म तदवधार्य यदुचितं तत्क्रियताम् ॥ ३४ ॥ तस्य । तस्मै रावणायेत्यर्थः । मनः परीक्ष्य । मदुक्तमस्मै न रोचत इति ज्ञात्वेत्यर्थः । तूष्णीं बभूव किमपि नोवाच ॥ ३५ ॥ इति श्रीरामाभिरामे श्रीरामीये रामायणतिलके वाल्मीकीय आदिकाव्ये युद्धकाण्डे पञ्चत्रिंशः सर्गः ॥ ३५ ॥

तत्त्विति ॥ १ ॥ २ ॥ परपक्षं तत्प्राबल्यं प्रविश्यैव परिगृह्यैव, वस्तुतोऽहितं वचः परुषं हितबुद्ध्या यदुच्यते नैतन्मम श्रोत्रगतं मच्छ्रोत्रेण नैव गृहीतम् ॥ ३ ॥ कुतस्तत्राह—मानुषमिति ॥ ४ ॥ हीनम् । विक्रमैरित्यनुषज्यते ॥ ५ ॥ यत्त्वयाहं परुषाण्युक्तस्तत्तु वीरद्वेषेण वा वीरे मयि द्वेषेण वा, आहोस्विद्रिपौ पक्षपातेन वा मम प्रोत्साहनेन शत्रुप्रशंसायां क्रोधाद्युद्धाय प्रवर्तिष्यत इति प्रवर्तनेन वा हेतुनेति शङ्के । न तु वाक्यस्य यथाश्रुतार्थे तात्पर्यमित्यर्थः ॥ ६ ॥ तदेव समर्थयन्नाह—प्रभवन्तमिति । प्रभवन्तं युद्धादिसमर्थं पदस्थमव्याहतस्वराज्यस्थं राजानं विना प्रोत्साहन रिपुवधप्रवृत्तिप्रेरणाप्रयोजनं विना पण्डितत्वादिगुणविशिष्टः कः परुषमभिभाषते । न कोऽपीति निश्चयः । वाशब्दो निश्चये ॥ ७ ॥ पद्महीनामित्यनेन लक्ष्मीत्वाभावबोधनमत्युपादेयत्वबोधनं च ॥ ८ ॥ ९ ॥ १० ॥ एवमपि रामस्य महत्त्वेऽपि द्विधा भज्येयमितरवेणुवत् ।

यदि तावत्समुद्रे तु सेतुर्बद्धो यदृच्छया । रामेण विस्मयः कोऽत्र येन ते भयमागतम् ॥ १२
स तु तीर्त्वार्णवं रामः सह वानरसेनया । प्रतिजानामि ते सत्यं न जीवन्प्रतियास्यति ॥ १३
एवं ब्रुवाणं संरब्धं रुष्टं विज्ञाय रावणम् । व्रीडितो माल्यवान्वाक्यं नोत्तरं प्रत्यपद्यत ॥ १४
जयाशिषा तु राजानं वर्धयित्वा यथोचितम् । माल्यवानभ्यनुज्ञातो जगाम स्वं निवेशनम् ॥ १५
रावणस्तु सहामात्यो मन्त्रयित्वा विमृश्य च । लङ्कायास्तु तदा गुप्तिं कारयामास राक्षसः ॥ १६
व्यादिदेश च पूर्वस्यां प्रहस्तं द्वारि राक्षसम् । दक्षिणस्यां महावीर्यौ महापार्श्वमहोदरौ ॥ १७
पश्चिमायामथ द्वारि पुत्रमिन्द्रजितं तदा । व्यादिदेश महामायं राक्षसैर्बहुभिर्वृतम् ॥ १८
उत्तरस्यां पुरद्वारि व्यादिश्य शुकसारणौ । स्वयं चात्र गमिष्यामि मन्त्रिणस्तानुवाच ह ॥ १९
राक्षसं तु विरूपाक्षं महावीर्यपराक्रमम् । मध्यमेऽस्थापयद्गुल्मे बहुभिः सह राक्षसैः ॥ २०
एवं विधानं लङ्कायां कृत्वा राक्षसपुंगवः । कृतकृत्यमिवात्मानं मन्यते कालचोदितः ॥ २१

विसर्जयामास ततः स मन्त्रिणो विधानमाज्ञाप्य पुरस्य पुष्कलम् ।
जयाशिषा मन्त्रिगणेन पूजितो विवेश सोऽन्तःपुरमृद्धिमन्महत् ॥ २२

इत्यार्षे श्रीमद्रामायणे वाल्मीकीय आदिकाव्ये युद्धकाण्डे षट्त्रिंशः सर्गः ॥ ३६ ॥

सप्तत्रिंशः सर्गः ।

नरवानरराजानौ स तु वायुसुतः कपिः । जाम्बवानृक्षराजश्च राक्षसश्च विभीषणः ॥ १
अङ्गदो वालिपुत्रश्च सौमित्रिः शरभः कपिः । सुषेणः सहदायादो मैन्दो द्विविद एव च ॥ २
गजो गवाक्षः कुमुदो नलोऽथ पनसस्तथा । अमित्रविषयं प्राप्ताः समवेताः समर्थयन् ॥ ३
इयं सा लक्ष्यते लङ्का पुरी रावणपालिता । सासुरोरगगन्धर्वैः सर्वैरपि सुदुर्जया ॥ ४
कार्यसिद्धिं पुरस्कृत्य मन्त्रयध्वं विनिर्णये । नित्यं संनिहितो यत्र रावणो राक्षसाधिपः ॥ ५
अथ तेषु ब्रुवाणेषु रावणावरजोऽब्रवीत् । वाक्यमग्राम्यपदवत्पुष्कलार्थं विभीषणः ॥ ६
अनलः पनसश्चैव संपातिः प्रमतिस्तथा । गत्वा लङ्कां ममामात्याः पुरीं पुनरिहागताः ॥ ७
भूत्वा शकुनयः सर्वे प्रविष्टाश्च रिपोर्बलम् । विधानं विहितं यच्च तद्दृष्ट्वा समुपस्थिताः ॥ ८
संविधानं यथाहुस्ते रावणस्य दुरात्मनः । राम तद्ब्रुवतः सर्वं याथातथ्येन मे शृणु ॥ ९
पूर्वं प्रहस्तः सबलो द्वारमासाद्य तिष्ठति । दक्षिणं च महावीर्यौ महापार्श्वमहोदरौ ॥ १०
इन्द्रजित्पश्चिमं द्वारं राक्षसैर्बहुभिर्वृतः । पट्टिशासिधनुष्मद्भिः शूलमुद्गरपाणिभिः ॥ ११
नानाप्रहरणैः शूरैरावृतो रावणात्मजः । राक्षसानां सहस्रैस्तु बहुभिः शस्त्रपाणिभिः ॥ १२

नमेयं वेनसवत् । सहज आजानसिद्धः । ननु दोषश्चेत्त्यज्यतां तत्राह—स्वभाव इति । नह्यग्निः कदापि शीतलो भवतीति भावः ॥ ११ ॥ ननु रामः कथं मानुष इत्युच्यते, समुद्रे सेतोर्मनुष्यासाध्यत्वादत आह—यदीति । तावत्प्रथमतो रामेण समुद्रे सेतुर्बद्ध इति विस्मयो यदि । कोऽत्र विस्मयः । यतः स यदृच्छया दैवगत्या घुणाक्षरन्यायेन, न तु स्वसामर्थ्येनेत्यर्थः । येन सेतुबन्धनेन ते इदं भयमागतम् ॥ १२ ॥ १३ ॥ संरब्धं युद्धे संरम्भवन्तम् । रुष्टं कुपितम् । उत्तरं वाक्यं न प्रत्यपद्यत ॥ १४ ॥ अभ्यनुज्ञातो रावणेन ॥ १५ ॥ १६ ॥ गुप्तिप्रकारः—व्यादिदेशेति ॥ १७ ॥ महामायमित्यादीन्द्रजिद्विशेषणम् ॥ १८ ॥ व्यादिश्य तन्मुखतो वृत्तान्तश्रवणोत्तरं तौ तिरस्कृत्येत्यर्थः । अत्रोत्तरद्वारे । स्वयं च स्वयमेव गमिष्यामीति तान्मन्त्रिण उवाच ॥ १९ ॥ वीर्यं क्रमणसामर्थ्यम् । मध्यमे पुरमध्यवर्तिनि सेनासंनिवेशेऽस्थापयत् ॥ २० ॥ २१ ॥ जयाशिषा जयाशीर्बोधकशब्दैः ॥ २२ ॥ इति श्रीरामाभिरामे श्रीरामीये रामायणतिलके वाल्मीकीय आदिकाव्ये युद्धकाण्डे षट्त्रिंशः सर्गः ॥ ३६ ॥

नरेति रामसुग्रीवौ । टजभाव आर्षः ॥ १ ॥ सहदायादः सबन्धुः ॥ २ ॥ अमित्रविषयं शत्रुदेशम् । समर्थयन्मन्त्रमकुर्वन् ॥ ३ ॥ मन्त्रप्रकारः—इयमिति । असुरादिसहितैः सर्वैर्देवैरपि या सुदुर्जया श्रूयते सेयम् ॥ ४ ॥ कार्यसिद्धिं शत्रुहनरूपकार्यसिद्धिं पुरस्कृत्य तदुपायनिश्चयाय मन्त्रः क्रियताम् । नित्यं यत्र रावणः संनिहितः सेयं लङ्केति शेषः ॥ ५ ॥ अग्राम्यपदवदग्राम्यार्थपदवदपशब्दहीनं च । पुष्कलार्थं बह्वर्थाल्पशब्दम् ॥ ६ ॥ ७ ॥ यच्च विधानं विहितम् । पुररक्षार्थमिति शेषः । समुपस्थिता मम समीपं प्राप्ताः ॥ ८ ॥ ९ ॥ पूर्वं द्वारमित्यन्वयः ॥ १० ॥ ११ ॥ राक्षसानां सहस्रैरित्यादि रावण-

युक्तः परमसंविग्नो राक्षसैः सह मन्त्रवित् । उत्तरं नगरद्वारं रावणः स्वयमास्थितः ॥ १३
विरूपाक्षस्तु महता शूलमुद्गरधनुष्मता । बलेन राक्षसैः सार्धं मध्यमं गुल्ममाश्रितः ॥ १४
एतानेवंविधान्गुल्मांल्लङ्कायाः समुदीक्ष्य ते । मामका मन्त्रिणः सर्वे शीघ्रं पुनरिहागताः ॥ १५
गजानां दशसाहस्रं रथानामयुतं तथा । हयानामयुते द्वे च साग्रां कोटिं च रक्षसाम् ॥ १६
विक्रान्ता बलवन्तश्च संयुगेष्वाततायिनः । इष्टा राक्षसराजस्य नित्यमेते निशाचराः ॥ १७
एकैकस्यात्र युद्धार्थे राक्षसस्य विशांपते । परीवारः सहस्राणां सहस्रमुपतिष्ठति ॥ १८
एतां प्रवृत्तिं लङ्कायां मन्त्रिप्रोक्तां विभीषणः । एवमुक्त्वा महाबाहू राक्षसांस्तानदर्शयत् ॥ १९
लङ्कायां सचिवैः सर्वं रामाय प्रत्यवेदयत् । रामं कमलपत्राक्षमिदमुत्तरमब्रवीत् ॥ २०
रावणावरजः श्रीमान्रामप्रियचिकीर्षया । कुबेरं तु यदा राम रावणः प्रतियुध्यति ॥ २१
षष्टिः शतसहस्राणि तदा निर्यान्ति राक्षसाः । पराक्रमेण वीर्येण तेजसा सत्त्वगौरवात् ।
सदृशा ह्यत्र दर्पेण रावणस्य दुरात्मनः ॥ २२
अत्र मन्युर्न कर्तव्यः कोपये त्वां न भीषये । समर्थो ह्यसि वीर्येण सुराणामपि निग्रहे ॥ २३
तद्भवांश्चतुरङ्गेण बलेन महता वृतम् । व्यूह्येदं वानरानीकं निर्मथिष्यसि रावणम् ॥ २४
रावणावरजे वाक्यमेवं ब्रुवति राघवः । शत्रूणां प्रतिघातार्थमिदं वचनमब्रवीत् ॥ २५
पूर्वद्वारं तु लङ्काया नीलो वानरपुंगवः । प्रहस्तं प्रतियोद्धा स्याद्वानरैर्बहुभिर्वृतः ॥ २६
अङ्गदो वालिपुत्रस्तु बलेन महता वृतः । दक्षिणे बाधतां द्वारे महापार्श्वमहोदरौ ॥ २७
हनूमान्पश्चिमद्वारं निष्पीड्य पवनात्मजः । प्रविशत्वप्रमेयात्मा बहुभिः कपिभिर्वृतः ॥ २८
दैत्यदानवसङ्घानामृषीणां च महात्मनाम् । विप्रकारप्रियः क्षुद्रो वरदानबलान्वितः ॥ २९
परिक्रमति यः सर्वाँल्लोकान्संतापयन्प्रजाः । तस्याहं राक्षसेन्द्रस्य स्वयमेव वधे धृतः ॥ ३०
उत्तरं नगरद्वारमहं सौमित्रिणा सह । निष्पीड्याभिप्रवेक्ष्यामि सबलो यत्र रावणः ॥ ३१
वानरेन्द्रश्च बलवानृक्षराजश्च वीर्यवान् । राक्षसेन्द्रानुजश्चैव गुल्मे भवतु मध्यमे ॥ ३२
न चैव मानुषं रूपं कार्यं हरिभिराहवे । एषा भवतु नः संज्ञा युद्धेऽस्मिन्वानरे बले ॥ ३३
वानरा एव वश्चिह्नं स्वजनेऽस्मिन्भविष्यति । वयं तु मानुषेणैव सप्त योत्स्यामहे परान् ॥ ३४
अहमेव सह भ्रात्रा लक्ष्मणेन महौजसा । आत्मना पञ्चमश्चायं सखा मम विभीषणः ॥ ३५

विशेषणम् ॥ १२ ॥ परमसंविग्नः शुकसारणावेदितमहाबलस्मरणादन्तःकरणेऽतिभीतः ॥ १३ ॥ १४ ॥ १५ ॥ तद्बलाधिष्ठातॄंस्तदुचितैः स्वबलैः प्रतिरोधकानुपदिश्य तत्रत्यबलस्य समाधिकन्यूनतापरिज्ञानाय तत्परिच्छेदमाह—गजानामिति । गजयोधिनामित्यर्थः । रथानां रथिनामयुतं दशसाहस्रम् । साग्रकोटिः । किंचिल्लक्षसंख्याधिका कोटिरित्यर्थः ॥ १६ ॥ आततायिनः शस्त्रपाणयः । एते यूथपा गणिताः ॥ १७ ॥ सहस्राणां सहस्रम् । अनेकलक्षमित्यर्थः । एकैकस्य राक्षसस्य परिवाराः परैर्युद्धार्थे । उक्तसंख्या उपतिष्ठन्ति ते ॥ १८ ॥ एतां मन्त्रिप्रोक्तां प्रवृत्तिम् । एवंप्रकारेणोत्क्रान्तान्राक्षसान्नलादींश्चतुरो मन्त्रिणोऽदर्शयत् ॥ १९ ॥ तैः सचिवैः करणभूतैः सर्वलङ्काया यद्वृत्तं तत्प्रत्यवेदयत् । तदुत्तरं राममिदमब्रवीच्च ॥ २० ॥ २१ ॥ षष्टिः शतसहस्राणि । षष्टिलक्षमित्यर्थः । इदानीं बह्वधिकमित्यर्थः । पराक्रमादिना रावणस्य सदृशाः, सत्त्वगौरवाद्दर्पातिशयाच्च तत्सदृशाः ॥ २२ ॥ अत्र रावणबलवर्णनविषये मन्युः स्वान्तःकरणे दैन्यमपि रोषश्च न कार्यो रावणवत् । यतस्त्वां रावणं प्रति रोषये इत्यर्थः । तत्र हेतुमाह—समर्थ इति ॥ २३ ॥ यस्मात्तेन तत्तद्वारेषु सर्वा सेना विभज्य स्थापिता, तत्तस्माद्भवानपीदं वानरानीकं तद्वदेव विभागेन व्यूह्य व्यूहितेन चतुरङ्गेण बलेन वृतं रावणं निर्मथिष्यसि ॥ २४ ॥ २५ ॥ प्रहस्तं प्रतियोद्धा प्रहस्तस्य सेनापतेः प्रतियोद्धा ॥ २६ ॥ २७ ॥ हनूमान्पश्चिमद्वारमिति । तस्येन्द्रजिद्द्वारत्वात्तदुचितमहाबलनियोजनम् । तदेवौचित्यमाह—अप्रमेयात्मा ॥ २८ ॥ विप्रकारो वधः ॥ २९ ॥ सर्वाँल्लोकान्परिक्रमति दिग्विजयाय । अहं तस्य वधे धृतः कृतप्रतिज्ञो यतः, अतोऽहमेवोत्तरं द्वारं प्रवेक्ष्यामीत्युत्तरश्लोकेन योजना ॥ ३० ॥ ३१ ॥ ३२ ॥ अथ वानराणामपि कामरूपतया रूपान्तरकरणे युद्धे स्वीयपरकीयविवेकासंभवादाह—न चैवेति । संज्ञा नित्यवानररूपधारणसंकेतः । एवं चास्मान्सप्त हित्वा मनुष्याकारो निःशङ्कं वध्यः । वानररूपधारी वानरैर्युध्यते तदा वध्य एवेति भावः ॥ ३३ ॥ संकेतप्रकारमाह—वानरा एवेति । वो युष्माकं स्वजने स्वजनत्वपरिज्ञाने वानरा एव वानरत्वविशिष्टा एव चिह्नम् । तद्वैशिष्ट्यमेव चिह्नमित्यर्थः । मानुषेण । रूपेणेति शेषः ॥ ३४ ॥ के सप्त तत्राह—अहमिति ।

स रामः कृत्यसिद्ध्यर्थमेवमुक्त्वा विभीषणम् । सुवेलारोहणे बुद्धिं चकार मतिमान्प्रभुः ।
रमणीयतरं दृष्ट्वा सुवेलस्य गिरेस्तटम् ॥ ३६

ततस्तु रामो महता बलेन प्रच्छाद्य सर्वां पृथिवीं महात्मा ।
प्रहृष्टरूपोऽभिजगाम लङ्कां कृत्वा मतिं सोऽरिवधे महात्मा ॥ ३७

इत्यार्षे श्रीमद्रामायणे वाल्मीकीय आदिकाव्ये युद्धकाण्डे सप्तत्रिंशः सर्गः ॥ ३७ ॥

अष्टत्रिंशः सर्गः ।

स तु कृत्वा सुवेलस्य मतिमारोहणं प्रति । लक्ष्मणानुगतो रामः सुग्रीवमिदमब्रवीत् ॥ १
विभीषणं च धर्मज्ञमनुरक्तं निशाचरम् । मन्त्रज्ञं च विधिज्ञं च श्लक्ष्णया परया गिरा ॥ २
सुवेलं साधुशैलेन्द्रमिमं धातुशतैश्चितम् । अध्यारोहामहे सर्वे वत्स्यामोऽत्र निशामिमाम् ॥ ३
लङ्कां चालोकयिष्यामो निलयं तस्य रक्षसः । येन मे मरणान्ताय हृता भार्या दुरात्मना ॥ ४
येन धर्मो न विज्ञातो न वृत्तं न कुलं तथा । राक्षस्या नीचया बुद्ध्या येन तद्गर्हितं कृतम् ॥ ५
एवं संमन्त्रयन्नेव सक्रोधो रावणं प्रति । रामः सुवेलमासाद्य चित्रसानुमुपारुहत् ॥ ६
पृष्ठतो लक्ष्मणश्चैनमन्वगच्छत्समाहितः । सशरं चापमुद्यम्य सुमहद्विक्रमे रतः ॥ ७
तमन्वारोहत्सुग्रीवः सामात्यः सविभीषणः । ते वायुवेगप्रवणास्तं गिरिं गिरिचारिणः ॥ ८
अध्यारोहन्त शतशः सुवेलं यत्र राघवः । ते त्वदीर्घेण कालेन गिरिमारुह्य सर्वतः ॥ ९
ददृशुः शिखरे तस्य विषक्तामिव खे पुरीम् । तां शुभां प्रवरद्वारां प्राकारवरशोभिताम् ॥ १०
लङ्कां राक्षससंपूर्णां ददृशुर्हरियूथपाः । प्राकारवरसंस्थैश्च तथा नीलैश्च राक्षसैः ।
ददृशुस्ते हरिश्रेष्ठाः प्राकारमपरं कृतम् ॥ ११
तं दृष्ट्वा वानराः सर्वे राक्षसान्युद्धकाङ्क्षिणः । मुमुचुर्विविधान्नादांस्तस्य रामस्य पश्यतः ॥ १२
ततोऽस्तमगमत्सूर्यः संध्यया प्रतिरञ्जितः । पूर्णचन्द्रप्रदीप्ता च क्षपा समतिवर्तत ॥ १३

ततः स रामो हरिवाहिनीपतिर्विभीषणेन प्रतिनन्द्य सत्कृतः ।
सलक्ष्मणो यूथपयूथसंवृतः सुवेलपृष्ठे न्यवसद्यथासुखम् ॥ १४

इत्यार्षे श्रीमद्रामायणे वाल्मीकीय आदिकाव्ये युद्धकाण्डेऽष्टत्रिंशः सर्गः ॥ ३८ ॥

आत्मना पञ्चमः । मन्त्रिचतुष्टयमहितो विभीषण इत्यर्थः ॥ ३५ ॥ रक्षसामपि संस्थानं मनुष्यवदेवेतीत एव ज्ञायते । कतककृत्तु—रक्षोरूपाणामपि तेषां मानुषत्वेन प्रच्छादनं स्वार्थानुरोधेन परेषामपरिज्ञानार्थं च । तदेवाह—कृत्यसिद्ध्यर्थं विभीषणमेवमुक्त्वेति । मानुषरूपेण स्वसमीपे स्थित्वा योद्धव्यमित्युक्त्वेत्यर्थ इत्याह । स वेलारोहणे बुद्धिं चकार । तस्य दुर्गत्वाद्रात्रौ तत्रावस्थानस्य सुखत्वाच्च । 'मतिमान्मतिम्' इति पाठे मतिमर्थनिर्धारणात्मिकां बुद्धिमित्यर्थः । अर्थनिर्धारणं मतिरिति तीर्थः ॥ ३६ ॥ ३७ ॥ एतदग्रे 'ततस्तु रामः' इति पद्यं पठन्ति तन्न वक्ष्यमाणसंग्रहो नाप्युक्तानुवादो नाप्यत्र प्रकरणविच्छेद इतीमं श्लोकं वृथा प्रक्षिप्यात्र सर्गच्छेदं कुर्वन्ति भ्रान्ता इति कतककृत् ॥ **इति श्रीरामाभिरामे श्रीरामीये रामायणतिलके वाल्मीकीय आदिकाव्ये युद्धकाण्डे सप्तत्रिंशः सर्गः ॥ ३७ ॥**

स त्विति ॥ १ ॥ विधिज्ञं कार्यविदम् ॥ २ ॥ अध्यारोहामहे आरोक्ष्यामहे ॥ ३ ॥ मरणान्ताय मरणपर्यन्तदुःखमनुभवितुम् ॥ ४ ॥ राक्षस्या रक्षःसंबन्धिन्या । नीचया क्रूरया तत्सीताहरणरूपम् ॥ ५ ॥ संमन्त्रयन्संचिन्तयन् । चित्रसानुं सुवेलमित्यन्वयः ॥ ६ ॥ ७ ॥ वायुवेगप्रवणा वायुवेगगतयः ॥ ८ ॥ यत्र राघवः । येन राघव आरूढ इत्यर्थः ॥ ९ ॥ शिखरे तस्येति । स्थित्वेति शेषः । खे आकाशे विषक्तां रचितामिव ॥ १० ॥ रक्षार्थं प्राकारवरसंस्थैर्निशाचरैरपरं प्राकारं कृतमिव ददृशुः ॥ ११ ॥ १२ ॥ प्रतिरञ्जितः प्रतिप्रापितरागः । पूर्णचन्द्रप्रदीप्ता क्षपेत्यनेन पौषशुक्लचतुर्दश्यां पूर्णिमायां वा सुवेलारोहणमिति बोध्यम् । 'सुवेलाग्रे रामः सैन्यं न्यवेशयत्' इत्यभिवेश्योक्तेः । अत्र पूर्णचन्द्रत्वोक्तिः पूर्णकल्पत्वादिति ॥ १३ ॥ १४ ॥ **इति श्रीरामाभिरामे श्रीरामीये रामायणतिलके वाल्मीकीय आदिकाव्ये युद्धकाण्डेऽष्टत्रिंशः सर्गः ॥ ३८ ॥**

एकोनचत्वारिंशः सर्गः ।

तां रात्रिमुषितास्तत्र सुवेले हरियूथपाः । लङ्कायां ददृशुर्वीरा वनान्युपवनानि च ॥ १
समसौम्यानि रम्याणि विशालान्यायतानि च । दृष्टिरम्याणि ते दृष्ट्वा बभूवुर्जातविस्मयाः ॥ २
चम्पकाशोकबकुलशालतालसमाकुला । तमालपनसच्छन्ना नागमालासमावृता ॥ ३
हिन्तालैरर्जुनैर्नीपैः सप्तपर्णैः सुपुष्पितैः । तिलकैः कर्णिकारैश्च पाटलैश्च समन्ततः ॥ ४
शुशुभे पुष्पिताग्रैश्च लतापरिगतद्रुमैः । लङ्का बहुविधैर्दिव्यैर्यथेन्द्रस्यामरावती ॥ ५
विचित्रकुसुमोपेतै रक्तकोमलपल्लवैः । शाद्वलैश्च तथा नीलैश्चित्राभिर्वनराजिभिः ॥ ६
गन्धाढ्यान्यतिरम्याणि पुष्पाणि च फलानि च । धारयन्त्यगमास्तत्र भूषणानीव मानवाः ॥ ७
तच्चैत्ररथसंकाशं मनोज्ञं नन्दनोपमम् । वनं सर्वर्तुकं रम्यं शुशुभे षट्पदायुतम् ॥ ८
दात्यूहकोयष्टिबकैर्नृत्यमानैश्च बर्हिणैः । रुतं परभृतानां च शुश्रुवे वननिर्झरे ॥ ९
नित्यमत्तविहंगानि भ्रमराचरितानि च । कोकिलाकुलखण्डानि विहंगाभिरुतानि च ॥ १०
भृङ्गराजाधिगीतानि कुररस्वनितानि च । विविशुस्ते ततस्तानि वनान्युपवनानि च ॥ ११
हृष्टाः प्रमुदिता वीरा हरयः कामरूपिणः । तेषां प्रविशतां तत्र वानराणां महौजसाम् ॥ १२
पुष्पसंसर्गसुरभिर्ववौ प्राणसमोऽनिलः । अन्ये तु हरिवीराणां यूथान्निष्क्रम्य यूथपाः ।
सुग्रीवेणाभ्यनुज्ञाता लङ्कां जग्मुः पताकिनीम् ॥ १३
वित्रासयन्तो विहगान्प्लापयन्तो मृगद्विपान् । कम्पयन्तश्च तां लङ्कां नादैः स्वैर्नदतां वराः ॥ १४
कुर्वन्तस्ते महावेगा महीं चरणपीडिताम् । रजश्च सहसैवोर्ध्वं जगाम चरणोत्थितम् ॥ १५
ऋक्षाः सिंहाश्च महिषा वारणाश्च मृगाः खगाः । तेन शब्देन वित्रस्ता जग्मुर्भीता दिशो दश ॥ १६
शिखरं तु त्रिकूटस्य प्रांशु चैकं दिविस्पृशम् । समन्तात्पुष्पसंछन्नं महारजतसंनिभम् ॥ १७
शतयोजनविस्तीर्णं विमलं चारुदर्शनम् । श्लक्ष्णं श्रीमन्महच्चैव दुष्प्रापं शकुनैरपि ॥ १८
मनसापि दुरारोहं किं पुनः कर्मणा जनैः । निविष्टा तस्य शिखरे लङ्का रावणपालिता ॥ १९
दशयोजनविस्तीर्णा विंशद्योजनमायता । सा पुरी गोपुरैरुच्चैः पाण्डुराम्बुदसंनिभैः ।
काञ्चनेन च शालेन राजतेन च शोभते ॥ २०
प्रासादैश्च विमानैश्च लङ्का परमभूषिता । घनैरिवातपापाये मध्यमं वैष्णवं पदम् ॥ २१
यस्यां स्तम्भसहस्रेण प्रासादः समलंकृतः । कैलासशिखराकारो दृश्यते खमिवोल्लिखन् ॥ २२
चैत्यः स राक्षसेन्द्रस्य बभूव पुरभूषणम् । शतेन रक्षसां नित्यं यः समग्रेण रक्ष्यते ॥ २३
मनोज्ञां काञ्चनवतीं पर्वतैरुपशोभिताम् । नानाधातुविचित्रैश्च उद्यानैरुपशोभिताम् ॥ २४

तामिति ॥ १ ॥ समसौम्यान्यायामविस्तराभ्यां समानि समभूतलानि च दुष्टमृगाद्युपद्रवराहित्येन सौम्यानि, अत एव क्रीडादौ रम्याणीत्यर्थ इति तीर्थः । 'समसाम्यानि' इति पाठः । समप्रदेशे साम्यसंस्थानानि, रम्याणि मृगाद्युपद्रवराहित्यादिति कतकः । विशालानि विपुलानि । आयतानि दीर्घाणि । दृष्टिरम्याणि चक्षुःप्रियाणि ॥ २ ॥ चम्पकेत्यादिलङ्काविशेषणम् । नागमाला नागवृक्षपङ्क्तिः ॥ ३ ॥ ४ ॥ द्रुमैरुपलक्षिता दृश्यैर्दृष्टिप्रियवस्तुभिरुपलक्षिता ॥ ५ ॥ दृश्यान्येवाह—विचित्रेति ॥ ६ ॥ अगमा वृक्षाः ॥ ७ ॥ सर्वे ऋतवो यस्मिंस्तत्सर्वर्तुकम् ॥ ८ ॥ बर्हिणैर्मयूरैः । परभृताः कोकिलाः । वननिर्झरे निर्झरयुते वने । राजदन्तादिः ॥ ९ ॥ कोकिलैराकुलाः खण्डा वृक्षखण्डा येषु तानि वनोपवनानि । अग्रेऽपि बहुव्रीहिरेव ॥ १० ॥ ११ ॥ १२ ॥ प्राणसमत्वेन मन्दता । अन्ये तु वनोपवनप्रवेष्टृव्यतिरिक्ता यूथान्निष्क्रम्य लङ्कां जग्मुः ॥ १३ ॥ १४ ॥ १५ ॥ वारणा वनगजाः ॥ १६ ॥ एकमखण्डम् । दिविस्पृशं दिविस्पृक् । पूर्वपदे 'हृद्युभ्यां च' इति ङेरलुक् । स्पृशेः कप्रत्ययश्चार्षः । समन्तात् । परित इत्यर्थः । महारजतं स्वर्णम् ॥ १७ ॥ शतयोजनेति । अनेकयोजनेत्यर्थः । श्लक्ष्णं कुट्टिमभूमिवत् ॥ १८ ॥ १९ ॥ दशयोजनेति । इदं च लङ्कारूपमहादुर्गान्तर्वर्तिरावणवासस्थानभूतान्तर्दुर्गपरम् । 'शतयोजनविस्तीर्णा त्रिंशद्योजनमायता' इत्यत्रैवान्यत्र स्थल उक्तेः । काञ्चनेन राजतेन शालेन प्राकारेण ॥ २० ॥ प्रासादभूषितत्वे उपमानम्—घनैरित्यादि । मध्यमं वैष्णवं पदम् । आकाशमित्यर्थः ॥ २१ ॥ तत्र रावणगृहं प्रासादविशेषेण लक्ष्यत इत्याह—यस्यामिति । स्तम्भसहस्रेण निर्मित इति शेषः ॥ २२ ॥ स एष परमभूषणं प्रासादो राक्षसेन्द्रस्य । चैत्य आलयः । 'चैत्यमायतनं तुल्ये' । पुंस्त्वमार्षम् । समग्रेण रक्षसां शतेन समग्रसंनाहवता । अनेकेनेत्यर्थः ॥ २३

नानाविहगसंघुष्टां नानामृगनिषेविताम् । नानाकुसुमसंपन्नां नानाराक्षससेविताम् ॥ २५
तां समृद्धां समृद्धार्थो लक्ष्मीवाँल्लक्ष्मणाग्रजः । नगरीं त्रिदिवप्रख्यां विस्मयं प्राप वीर्यवान् ॥ २६
तां रत्नपूर्णां बहुसंविधानां प्रासादमालाभिरलंकृतां च ।
पुरीं महायन्त्रकवाटमुख्यां ददर्श रामो महता बलेन ॥ २७

इत्यार्षे श्रीमद्रामायणे वाल्मीकीय आदिकाव्ये युद्धकाण्ड एकोनचत्वारिंशः सर्गः ॥ ३९ ॥

चत्वारिंशः सर्गः ।

ततो रामः सुवेलाग्रं योजनद्वयमण्डलम् । उपारोहत्ससुग्रीवो हरियूथैः समन्वितः ॥ १
स्थित्वा मुहूर्तं तत्रैव दिशो दश विलोकयन् । त्रिकूटशिखरे रम्ये निर्मितां विश्वकर्मणा ॥ २
ददर्श लङ्कां सुन्यस्तां रम्यकाननशोभिताम् । तस्य गोपुरशृङ्गस्थं राक्षसेन्द्रं दुरासदम् ॥ ३
श्वेतचामरपर्यन्तं विजयच्छत्रशोभितम् । रक्तचन्दनसंलिप्तं रक्ताभरणभूषितम् ॥ ४
नीलजीमूतसंकाशं हेमसंछादिताम्बरम् । ऐरावतविषाणाग्रैरुत्कृष्टकिणवक्षसम् ॥ ५
शशलोहितरागेण संवीतं रक्तवाससा । संध्यातपेन संछन्नं मेघराशिमिवाम्बरे ॥ ६
पश्यतां वानरेन्द्राणां राघवस्यापि पश्यतः । दर्शनाद्राक्षसेन्द्रस्य सुग्रीवः सहसोत्थितः ॥ ७
क्रोधवेगेन संयुक्तः सत्त्वेन च बलेन च । अचलाग्रादथोत्थाय पुप्लुवे गोपुरस्थले ॥ ८
स्थित्वा मुहूर्तं संप्रेक्ष्य निर्भयेनान्तरात्मना । तृणीकृत्य च तद्रक्षः सोऽब्रवीत्परुषं वचः ॥ ९
लोकनाथस्य रामस्य सखा दासोऽस्मि राक्षस । न मया मोक्ष्यसेऽद्य त्वं पार्थिवेन्द्रस्य तेजसा ॥ १०
इत्युक्त्वा सहसोत्पत्य पुप्लुवे तस्य चोपरि । आकृष्य मुकुटं चित्रं पातयामास तद्भुवि ॥ ११
समीक्ष्य तूर्णमायान्तं बभाषे तं निशाचरः । सुग्रीवस्त्वं परोक्षं मे हीनग्रीवो भविष्यसि ॥ १२
इत्युक्त्वोत्थाय तं क्षिप्रं बाहुभ्यामाक्षिपत्तले । कन्दुवत्स समुत्थाय बाहुभ्यामाक्षिपद्धरिः ॥ १३
परस्परं स्वेदविदिग्धगात्रौ परस्परं शोणितरक्तदेहौ ।
परस्परं श्लिष्टनिरुद्धचेष्टौ परस्परं शाल्मलिकिंशुकाविव ॥ १४
मुष्टिप्रहारैश्च तलप्रहारैररत्निघातैश्च कराग्रघातैः ।
तौ चक्रतुर्युद्धमसह्यरूपं महाबलौ राक्षसवानरेन्द्रौ ॥ १५
कृत्वा नियुद्धं भृशमुग्रवेगौ कालं चिरं गोपुरवेदिमध्ये ।
उत्क्षिप्य चोत्क्षिप्य विनम्य देहौ पादक्रमाद्गोपुरवेदिलग्नौ ॥ १६
अन्योन्यमापीड्य विलग्नदेहौ तौ पेततुः सालनिखातमध्ये ।
उत्पेततुर्भूमितलं स्पृशन्तौ स्थित्वा मुहूर्तं त्वभिनिःश्वसन्तौ ॥ १७

॥ २४ ॥ २५ ॥ नगरीम् । दृष्ट्वेति शेषः ॥ २६ ॥ २७ ॥ **इति श्रीरामाभिरामे श्रीरामीये रामायणतिलके वाल्मीकीय आदिकाव्ये युद्धकाण्ड एकोनचत्वारिंशः सर्गः ॥ ३९ ॥**

योजनद्वयमण्डलं योजनद्वयविस्तरम् ॥ १ ॥ २ ॥ ३ ॥ श्वेतचामरे पर्यन्ते वीज्यमाने यस्य । विजयच्छत्रेण श्वेतच्छत्रेण राजचिह्नेन शोभितम् ॥ ४ ॥ हेमसंछादिताम्बरं हेममालोपरचितहंसादिचित्रैः संछादितमम्बरमन्तरीयवासो यस्य । ऐरावतविषाणाग्रकरणकैरुत्कृष्टैर्विलेखनैर्जातः किणो वक्षसि यस्य तम् ॥ ५ ॥ शशलोहितं शशरुधिरं तत्सदृशरागवता रक्तवाससोत्तरीयवस्त्रेण संवीतम् ॥ ६ ॥ पश्यताम् । पश्यतोऽनादृत्येत्यर्थः ॥ ७ ॥ सत्त्वेन सत्त्वकार्योत्साहेन । अचलाग्रात्सुवेलाग्राद्गोपुरस्थले रावणावस्थितिस्थाने ॥ ८ ॥ ९ ॥ पार्थिवेन्द्रस्य तेजसानुगृहीतेन मया न मोक्ष्यसे । रामाभिप्रायेण सखा, स्वाभिप्रायेण दास इति बोध्यम् ॥ १० ॥ उत्पत्य । गोपुरादिति शेषः । तस्योपरि पुप्लुवे । उत्प्लुत्यागत इत्यर्थः । चित्रमद्भुतं तत्प्रसिद्धं मुकुटमाकृष्य शिरसो गृहीत्वा भुवि पातयामास । तत्पातयित्वा स्वयं भूमौ पपात ॥ ११ ॥ तूर्णमायान्तम् । पुनर्भूतलादिति शेषः । मे परोक्षमेव त्वं सुग्रीवः इदानीं मद्दृष्ट्यग्रे हीनग्रीवो भविष्यसि ॥ १२ ॥ तले भूतले । क्रीडायां तलाहतकन्दुको यथा द्रागुत्तिष्ठति तद्वत्समुत्थाय बाहुभ्यामाक्षिपत् । भूमाविति शेषः ॥ १३ ॥ शोणितेन रुधिरेण रक्तवर्णौ देहौ ययोस्तौ परस्परं श्लिष्टौ श्लिष्टत्वादेव तौ च तौ निरुद्धचेष्टौ शाल्मलिकिंशुकाविव । पुष्पिताविति शेषः ॥ १४ ॥ अरत्निघातैर्निष्कनिष्टमुष्टिघातैः । 'अरत्निस्तु निष्कनिष्ठेन मुष्टिना' इत्यमरः । असह्यरूपमत्यन्तासह्यम् ॥ १५ ॥ नियुद्धं बाहुयुद्धम् । विनम्य पादक्रमात्पादविक्षेपाद्धेतोः । गोपुरवेदिलग्नौ । भूपतिताविस्यर्थः ॥ १६ ॥ सालनिखातमध्ये प्राकारपरिखयोर्मध्ये । 'निघातः–' इति पाठेऽप्ययमेवार्थः ।

आलिङ्ग्य चालिङ्ग्य च बाहुयोक्त्रैः संयोजयामासतुराहवे तौ
सरम्भशिक्षाबलसंप्रयुक्तौ सुचेरतुः संप्रति युद्धमार्गे १८
शार्दूलसिंहाविव जातदंष्ट्रौ गजेन्द्रपोताविव संप्रयुक्तौ।
संहत्य संवेद्य च तौ कराभ्यां तौ पेततुर्वै युगपद्धरायाम्॥ १९
उद्यम्य चान्योन्यमधिक्षिपन्तौ संचक्रमाते बहु युद्धमार्गे।
व्यायामशिक्षाबलसंप्रयुक्तौ क्लमं न तौ जग्मतुराशु वीरौ॥ २०
बाहूत्तमैर्वारणवारणाभैर्निवारयन्तौ परवारणाभौ।
चिरेण कालेन भृशं प्रयुद्धौ संचेरतुर्मण्डलमार्गमाशु॥ २१
तौ परस्परमासाद्य यत्तावन्योन्यसूदने। मार्जाराविव भक्षार्थेऽवतस्थाते मुहुर्मुहुः॥ २२
मण्डलानि विचित्राणि स्थानानि विविधानि च। गोमूत्रकाणि चित्राणि गतप्रत्यागतानि च॥ २३
तिरश्चीनगतान्येव तथा वक्रगतानि च। परिमोक्षं प्रहाराणां वर्जनं परिधावनम्॥ २४
अभिद्रवणमाप्लावमवस्थानं सविग्रहम्। परावृत्तमपावृत्तमपद्रुतमवप्लुतम्॥ २५
उपन्यस्तमपन्यस्तं युद्धमार्गविशारदौ। तौ विचेरतुरन्योन्यं वानरेन्द्रश्च रावणः॥ २६
एतस्मिन्नन्तरे रक्षो मायाबलमथात्मनः। आरब्धुमुपसंपेदे ज्ञात्वा तं वानराधिपः॥ २७
उत्पपात तदाकाशं जितकाशी जितक्लमः। रावणः स्थित एवात्र हरिराजेन वञ्चितः॥ २८
अथ हरिवरनाथः प्राप्तसङ्ग्रामकीर्तिर्निशिचरपतिमाजौ योजयित्वा श्रमेण।
गगनमतिविशालं लङ्घयित्वार्कसूनुर्हरिगणबलमध्ये रामपार्श्वं जगाम॥ २९
स इति सवितृसूनुस्तत्र तत्कर्म कृत्वा पवनगतिरनीकं प्राविशत्संप्रहृष्टः।
रघुवरनृपसूनोर्वर्धयन्युद्धहर्षं तरुमृगगणमुख्यैः पूज्यमानो हरीन्द्रः॥ ३०

इत्यार्षे श्रीमद्रामायणे वाल्मीकीय आदिकाव्ये युद्धकाण्डे चत्वारिंशः सर्गः॥ ४०॥

अभिनिःश्वसन्तौ मुहूर्तं स्थित्वालिङ्ग्येत्यन्वयः॥ १७॥ बाहुरूपैर्योक्त्रै रज्जुभिः संयोजयामासतुर्बबन्धतुः। संरम्भः क्रोधः। शिक्षा नियुद्धाभ्यासः। बलं सहजं प्राणीयं तैः संयुक्तौ॥ १८॥ पोतो बालः। संवेदनं प्रेरणम्॥ १९॥ व्यायामो वियुद्धोत्साहः॥ २०॥ वारयन्त्येभिः प्रतिगजानिति वारणो महागजः। द्वितीयवारणशब्दः करिहस्तवाची। करिकराभैरित्यर्थः। परवारणो मत्तगजः। मण्डलमार्गम्। मण्डलाकारत्वसाधको मार्गो गतिभेदः॥ २१॥ भक्षार्थे भक्षारूपप्रयोजननिमित्तं यथा क्रुद्धाववतस्थाते तथेत्यर्थः॥ २२॥ विचित्राणि मण्डलानि चारिकरणखण्डमहामण्डलाख्यमण्डलभेदात्। तानि तु—'एकपादप्रचारेण चारिसंज्ञं तु मण्डलम्। द्विपादक्रमणं यत्र करणाख्यं तु मण्डलम्॥ करणानां समायोगात्खण्डमण्डलमीरितम्। खण्डैस्त्रिभिश्चतुर्भिर्वा महामण्डलमीरितम्॥' इति भरतोक्तानि। विविधानि स्थानानि—'वैष्णवं समपादं च वैशाखं मण्डलं तथा। प्रत्यालीढमनालीढं स्थानान्येतानि षण्नृणाम्॥' इति भरतोक्तानि। पादयोः पूर्वापरविक्षेपतिर्यग्विक्षेपादिविन्यासविशेषरूपाणीति तीर्थः। गोमूत्रकाणि गोमूत्ररेखाकारकुटिलागमनानि चित्राणि गतप्रत्यागतानि नानाप्राकारापसर्पणोपसर्पणानि॥ २३॥ तिरश्चीनगतानि तिर्यग्गतानि वक्रगतानि सव्यापसव्यसंचारणानि। प्रहाराणां परदत्तप्रहाराणाम्। परिमोक्षं स्थानचलनादिना व्यर्थीकरणम्। वर्जनं स्वप्रहारवैफल्यापादकस्थाने तद्वर्जनम्। परिधावनमेकस्य तिष्ठतः परितो धावनम्। भ्रमणमित्यर्थः॥ २४॥ अभिद्रवणमभिमुखेन शीघ्रगमनम्। आप्लवनमीषदीषद्गमनम्। अवस्थानं कृत्वाकृत्वा गमनमिति यावत्। सविग्रहमवस्थानं विगृह्याभिमुख्येनावस्थानम्। परावृत्तं पराङ्मुखगमनम्। अपावृत्तं पार्श्वतोऽपसरणम्। अपद्रुतं परस्परजान्वादिप्रहाराय।वनतकायतया धावनम्। अवप्लुतं प्रतिभटं पादेन प्रहर्तुमभिगमनम्॥ २५॥ उपन्यस्तं परेण स्वबाह्वोरप्रहाय स्वोरःसमीपस्थापनम्। अपन्यस्तं प्रतिभटबाहुग्रहणार्थं स्वबाहुप्रसारणम्। कुर्वन्तौ तौ विचेरतुरित्यन्वयः॥ २६॥ एतस्मिन्नन्तरे सुग्रीवादात्मानं बलतो मोचयितुमशक्यत्वावसरे मायाबलमारब्धुमुपसंपेदे उपचक्रमे। तमुपक्रान्तमायं ज्ञात्वा॥ २७॥ जितकाशी जितश्वासः। वञ्चितः क्व गत इत्यज्ञातहरिराजगमनः॥ २८॥ प्राप्ता सङ्ग्रामकीर्तिर्येन। तदेव दर्शयति—निशिचरपतिमाजौ श्रमेण योजयित्वेति। निशिचरेत्यार्षम्। अतिविशालं गगनमतिदूरं लङ्घयित्वेत्यर्थः॥ २९॥ उक्तमर्थमुपसंहरति—स इति। तरुमृगा वानरास्तद्गणमुख्या हनूमदादयः॥ ३०॥ **इति श्रीरामाभिरामे श्रीरामीये रामायणतिलके वाल्मीकीय आदिकाव्ये युद्धकाण्डे चत्वारिंशः सर्गः॥ ४०॥**

एकचत्वारिंशः सर्गः ।

अथ तस्मिन्निमित्तानि दृष्ट्वा लक्ष्मणपूर्वजः । सुग्रीवं संपरिष्वज्य रामो वचनमब्रवीत् ॥ १
असंमन्त्र्य मया सार्धं तदिदं साहसं कृतम् । एवं साहसयुक्तानि न कुर्वन्ति जनेश्वराः ॥ २
संशये स्थाप्य मां चेदं बलं चेमं विभीषणम् । कष्टं कृतमिदं वीर साहसं साहसप्रिय ॥ ३
इदानीं मा कृथा वीर एवंविधमरिंदम । त्वयि किंचित्समापन्ने किं कार्यं सीतया मम ॥ ४
भरतेन महाबाहो लक्ष्मणेन यवीयसा । शत्रुघ्नेन च शत्रुघ्न स्वशरीरेण वा पुनः ॥ ५
त्वयि चानागते पूर्वमिति मे निश्चिता मतिः । जानतश्चापि ते वीर्यं महेन्द्रवरुणोपम ॥ ६
हत्वाहं रावणं युद्धे सपुत्रबलवाहनम् । अभिषिच्य च लङ्कायां विभीषणमथापि च ॥ ७
भरते राज्यमारोप्य त्यक्ष्ये देहं महाबल । तमेवंवादिनं रामं सुग्रीवः प्रत्यभाषत ॥ ८
तव भार्यापहर्तारं दृष्ट्वा राघव रावणम् । मर्षयामि कथं वीर जानन्विक्रममात्मनः ॥ ९
इत्येवंवादिनं वीरमभिनन्द्य च राघवः । लक्ष्मणं लक्ष्मिसंपन्नमिदं वचनमब्रवीत् ॥ १०
परिगृह्योदकं शीतं वनानि फलवन्ति च । बलौघं संविभज्येमं व्यूह्य तिष्ठाम लक्ष्मण ॥ ११
लोकक्षयकरं भीमं भयं पश्याम्युपस्थितम् । निबर्हणं प्रवीराणामृक्षवानररक्षसाम् ॥ १२
वाता हि परुषं वान्ति कम्पते च वसुंधरा । पर्वताग्राणि वेपन्ते नदन्ति धरणीधराः ॥ १३
मेघाः क्रव्यादसंकाशाः परुषाः परुषस्वराः । क्रूराः क्रूरं प्रवर्षन्ते मिश्रं शोणितबिन्दुभिः ॥ १४
रक्तचन्दनसंकाशा संध्या परमदारुणा । ज्वलच्च निपतत्येतदादित्यादग्निमण्डलम् ॥ १५
आदित्यमभिवाश्यन्ति जनयन्तो महद्भयम् । दीना दीनस्वराः क्रूरा अप्रशस्ता मृगद्विजाः ॥ १६
रजन्यामप्रशस्तश्च संतापयति चन्द्रमाः । कृष्णरक्तांशुपर्यन्तो यथा लोकस्य संक्षये ॥ १७
ह्रस्वो रूक्षोऽप्रशस्तश्च परिवेषः सुलोहितः । आदित्यमण्डले नीलं लक्ष्म लक्ष्मण दृश्यते ॥ १८
दृश्यते न यथावच्च नक्षत्राण्यभिवर्तते । युगान्तमिव लोकस्य पश्य लक्ष्मण शंसति ॥ १९
काकाः श्येनास्तथा गृध्रा नीचैः परिपतन्ति च । शिवाश्चाप्यशुभा वाचः प्रवदन्ति महास्वनाः ॥ २०
शैलैः शूलैश्च खड्गैश्च विमुक्तैः कपिराक्षसैः । भविष्यत्यावृता भूमिर्मांसशोणितकर्दमा ॥ २१
क्षिप्रमद्य दुराधर्षां पुरीं रावणपालिताम् । अभियाम जवेनैव सर्वतो हरिभिर्वृताः ॥ २२
इत्येवं तु वदन्वीरो लक्ष्मणं लक्ष्मणाग्रजः । तस्मादवातरच्छीघ्रं पर्वताग्रान्महाबलः ॥ २३
अवतीर्य तु धर्मात्मा तस्माच्छैलात्स राघवः । परैः परमदुर्धर्षं ददर्श बलमात्मनः ॥ २४
संनह्य तु ससुग्रीवः कपिराजबलं महत् । कालज्ञो राघवः काले संयुगायाभ्यचोदयत् ॥ २५
ततः काले महाबाहुर्बलेन महता वृतः । प्रविष्टः पुरतो धन्वी लङ्कामभिमुखः पुरीम् ॥ २६

तस्मिन्सुग्रीवे । निमित्तानि क्षतजादिरूपाणि युद्धचिह्नानि ॥ १ ॥ जनेश्वरा नृपाः ॥ २ ॥ संशये स्थाप्येति । अतिघोरं शत्रुसमीपं गतः कथमागमिष्यति राजेति बहुचिन्तामभं कृत्वा ॥ ३ ॥ इदानीं घोरयुद्धप्राप्तावेवंविधमस्माभिः सहासंमन्त्र्य कार्यमितः परं मा कृथाः । त्वयि किंचित्समापन्ने । दैवात्तवापमानादिप्राप्तावित्यर्थः । 'नाश्लीलं कीर्तयेत्' इत्युक्तेरेवं वादः ॥ ४ ॥ ५ ॥ त्वयि चानागते पूर्वं त्वदागमनात्पूर्वम् । यदि तव विपत्तिः स्यात् । तर्हीति शेषः । इति वक्ष्यमाणप्रकारा मतिर्मे निश्चिताभूत् । भगवन्, कथमेवं मयि तव प्राकृत इव शङ्केत्यत्राह—जानतश्चापीति । 'अतिस्नेहः पापशङ्की' इति न्यायादित्याशयः ॥ ६ ॥ तां मतिं दर्शयति—हत्वेति । अभिषिच्येति प्रतिज्ञायाः साधनीयत्वादित्याशयः ॥ ७ ॥ महाबलेत्यन्तं मतिकथनम् ॥ ८ ॥ आत्मनो विक्रमं स्वस्य परपराक्रमसंहारसामर्थ्यं जानन्स्वानुभवेनावगच्छन्कथं मर्षयामि । न कथमपीत्यर्थः ॥ ९ ॥ अभिनन्द्य । सौहृदस्यातिबलसंपत्तेश्चेदमेव युक्तमिति श्लाघां कृत्वेत्यर्थः । लक्ष्मिसंपन्नमिति ह्रस्व आर्षः ॥ १० ॥ शीतमुदकं तद्वतो जलाशयान्फलवन्ति वनानि च परिगृह्य । बलौघं व्यूह्य व्यूहविशेषपूर्वं संविभज्य विभागेन स्थापयित्वा ॥ ११ ॥ व्याख्यातप्राया इमे श्लोकाः ॥ १२ ॥ १३ ॥ १४ ॥ १५ ॥ १६ ॥ १७ ॥ १८ ॥ यच्च नक्षत्राण्यभिवर्तते प्रकाशगत्यादिकं तच्च यथावन्न दृश्यते इत्यन्वयः । हे लक्ष्मण, उक्तदुर्निमित्तजालं लोकस्य युगान्तं शंसतीव पश्य ॥ १९ ॥ श्येनादयो नीचैर्निपतन्ति ॥ २० ॥ २१ ॥ २२ ॥ २३ ॥ २४ ॥ ससुग्रीवः सुग्रीवसहितः । कपिराजबलं संनह्य कृतसंनाहं कृत्वा काले ज्योतिःशास्त्रोक्तकाले संयुगाय युद्धायाभ्यचोदयत् ॥ २५ ॥ काले स्वरशास्त्रोक्ते युद्धयोग्ये

तौ विभीषणसुग्रीवौ हनूमाञ्जाम्बवान्नलः । ऋक्षराजस्तथा नीलो लक्ष्मणश्चान्वयुस्तदा ॥ २७
ततः पश्चात्सुमहती पृतनर्क्षवनौकसाम् । प्रच्छाद्य महतीं भूमिमनुयाति स्म राघवम् ॥ २८
शैलशृङ्गाणि शतशः प्रवृद्धांश्च महीरुहान् । जगृहुः कुञ्जरप्रख्या वानराः परवारणाः ॥ २९
तौ त्वदीर्घेण कालेन भ्रातरौ रामलक्ष्मणौ । रावणस्य पुरीं लङ्कामासेदतुररिंदमौ ॥ ३०
पताकामालिनीं रम्यामुद्यानवनशोभिताम् । चित्रवप्रां सुदुष्प्रापामुच्चैः प्राकारतोरणाम् ॥ ३१
तां सुरैरपि दुर्धर्षां रामवाक्यप्रचोदिताः । यथानिदेशं संपीड्य न्यविशन्त वनौकसः ॥ ३२
लङ्कायास्तूत्तरद्वारं शैलशृङ्गमिवोन्नतम् । रामः सहानुजो धन्वी जुगोप च रुरोध च ॥ ३३
लङ्कामुपनिविष्टस्तु रामो दशरथात्मजः । लक्ष्मणानुचरो वीरः पुरीं रावणपालिताम् ॥ ३४
उत्तरद्वारमासाद्य यत्र तिष्ठति रावणः । नान्यो रामाद्धि तद्द्वारं समर्थः परिरक्षितुम् ॥ ३५
रावणाधिष्ठितं भीमं वरुणेनेव सागरम् । सायुधै राक्षसैर्भीमैरभिगुप्तं समन्ततः ॥ ३६
लघूनां त्रासजननं पातालमिव दानवैः । विन्यस्तानि च योधानां बहूनि विविधानि च ॥ ३७
ददर्शायुधजालानि तथैव कवचानि च । पूर्वं तु द्वारमासाद्य नीलो हरिचमूपतिः ॥ ३८
अतिष्ठत्सह मैन्देन द्विविदेन च वीर्यवान् । अङ्गदो दक्षिणद्वारं जग्राह सुमहाबलः ॥ ३९
ऋषभेण गवाक्षेण गजेन गवयेन च । हनूमान्पश्चिमद्वारं ररक्ष बलवान्कपिः ॥ ४०
प्रजङ्घतरसाभ्यां च वीरैरन्यैश्च संगतः । मध्यमे च स्वयं गुल्मे सुग्रीवः समतिष्ठत ॥ ४१
सह सर्वैर्हरिश्रेष्ठैः सुपर्णपवनोपमैः । वानराणां तु षट्त्रिंशत्कोट्यः प्रख्यातयूथपाः ॥ ४२
निपीड्योपनिविष्टाश्च सुग्रीवो यत्र वानरः । शासनेन तु रामस्य लक्ष्मणः सविभीषणः ॥ ४३
द्वारे द्वारे हरीणां तु कोटिं कोटीर्न्यवेशयत् । पश्चिमेन तु रामस्य सुषेणः सहजाम्बवान् ॥ ४४
अदूरान्मध्यमे गुल्मे तस्थौ बहुबलानुगः । ते तु वानरशार्दूलाः शार्दूला इव दंष्ट्रिणः ।
गृहीत्वा द्रुमशैलाग्रान्हृष्टा युद्धाय तस्थिरे ॥ ४५
सर्वे विकृतलाङ्गूलाः सर्वे दंष्ट्रानखायुधाः । सर्वे विकृतचित्राङ्गाः सर्वे च विकृताननाः ॥ ४६
दशनागबलाः केचित्केचिद्दशगुणोत्तराः । केचिन्नागसहस्रस्य बभूवुस्तुल्यविक्रमाः ॥ ४७
सन्ति चौघबलाः केचित्केचिच्छतगुणोत्तराः । अप्रमेयबलाश्चान्ये तत्रासन्हरियूथपाः ॥ ४८
अद्भुतश्च विचित्रश्च तेषामासीत्समागमः । तत्र वानरसैन्यानां शलभानामिवोद्गमः ॥ ४९
परिपूर्णमिवाकाशं संपूर्णेव च मेदिनी । लङ्कामुपनिविष्टैश्च संपतद्भिश्च वानरैः ॥ ५०
शतं शतसहस्राणां पृतनार्क्षवनौकसाम् । लङ्काद्वाराण्युपाजग्मुरन्ये योद्धुं समन्ततः ॥ ५१
आवृतः स गिरिः सर्वैस्तैः समन्तात्प्लवंगमैः । अयुतानां सहस्रं च पुरीं तामभ्यवर्तत ॥ ५२
वानरैर्बलवद्भिश्च बभूव द्रुमपाणिभिः । सर्वतः संवृता लङ्का दुष्प्रवेशापि वायुना ॥ ५३

काले । प्रविष्टः प्रवेष्टुं प्रस्थितः ॥ २६ ॥ २७ ॥ ऋक्षवनौकसां पृतनेति च्छेदः ॥ २८ ॥ परवारणाः शत्रुनिवारकाः ॥ २९ ॥ ३० ॥ ३१ ॥ यथानिदेशं रामनिदेशमनतिक्रम्य । संपीड्य लङ्कां रुद्ध्वा ॥ ३२ ॥ तस्यैव प्रपञ्चः—लङ्काया इति उत्तरद्वारं रुरोध तद्द्वारनिरोधकमात्मबलं जुगोप च ॥ ३३ ॥ उक्तमेवार्थं स्थैर्यायाह—लङ्कामिति ॥ ३४ ॥ तद्द्वारं तद्द्वाररोधिकां सेनाम् ॥ ३५ ॥ ३६ ॥ लघूनामल्पवीर्याणाम् । दानवैः पातालमिव गुप्तं राक्षसैर्गुप्तं द्वारमित्यन्वयः । विन्यस्तानि । युद्धकाले यथोचितपरिग्रहार्थमिति शेषः ॥ ३७ ॥ ३८ ॥ ३९ ॥ ४० ॥ मध्यमे गुल्मेऽतिदुर्जयरावणेन्द्रजिदधिष्ठितयोरुत्तरपश्चिमद्वारयोर्मध्ये वायुदिशि । तदुभयद्वारनिरोधकानां मध्यमणिन्यायेन साहाय्यं कर्तुं सुग्रीवः समतिष्ठतेत्यर्थः ॥ ४१ ॥ सर्वैर्हरिश्रेष्ठैर्द्वारनिरोधनियुक्तेभ्योऽवशिष्टैः प्रख्यातयूथपाः षट्त्रिंशत्कोट्यः । अप्रख्यातयूथपानां तत्सेनानां च गणनाभाव इति भावः ॥ ४२ ॥ ४३ ॥ द्वारनिरोधनियुक्तसेनाप्रमाणमाह—द्वारे इति ॥ ४४ ॥ अदूरात्पश्चिमेनासन्नपृष्ठभागावष्टम्भेन ॥ ४५ ॥ विकृतलाङ्गूलाः । क्रोधामर्षवशादिति शेषः ॥ ४६ ॥ दशगुणोत्तराः शतनागबलाः । नागसहस्रस्य नागसहस्रेण ॥ ४७ ॥ ओघबला ओघसंख्यनागबलाः ॥ ४८ ॥ शलभानामिति । उत्पातकाले इति शेषः ॥ ४९ ॥ संपतद्भिराकाशं पूर्णं, निविष्टैर्मेदिनी पूर्णा ॥ ५० ॥ ऋक्षवनौकसां शतसहस्राणाम् । शतकोटिरित्यर्थः । एवं च कोटिसंख्याः पृतना लङ्काद्वाराण्युपाजग्मुः । पृतनाः ऋक्षेत्यत्र संधिरार्षः । एते पूर्वनियुक्ताधिका इति बोध्यम् । अन्येऽवशिष्टाः समन्ततो युद्धं परितो योद्धुं जग्मुः ॥ ५१ ॥ स गिरिस्त्रिकूटः । 'अयुतानां सहस्रं च पुरीं तामभ्यवर्तत' । सर्वद्वारवर्तिस्वसेनासर्ववृत्तान्तग्रहणार्थं संचरतामिति शेषः ॥ ५२ ॥ ५३

राक्षसा विस्मयं जग्मुः सहसाभिनिपीडिताः । वानरैर्मेघसंकाशैः शक्रतुल्यपराक्रमैः ॥ ५४
महाञ्छब्दोऽभवत्तत्र बलौघस्याभिवर्ततः । सागरस्येव भिन्नस्य यथा स्यात्सलिलस्वनः ॥ ५५
तेन शब्देन महता सप्राकारा सतोरणा । लङ्का प्रचलिता सर्वा सशैलवनकानना ॥ ५६
रामलक्ष्मणगुप्ता सा सुग्रीवेण च वाहिनी । बभूव दुर्धर्षतरा सर्वैरपि सुरासुरैः ॥ ५७
राघवः संनिवेश्यैव स्वसैन्यं रक्षसां वधे । संमन्त्र्य मन्त्रिभिः सार्धं निश्चित्य च पुनःपुनः ॥ ५८
आनन्तर्यमभिप्रेप्सुः क्रमयोगार्थतत्त्ववित् । विभीषणस्यानुमते राजधर्ममनुस्मरन् ॥ ५९
अङ्गदं वालितनयं समाहूयेदमब्रवीत् । गत्वा सौम्य दशग्रीवं ब्रूहि मद्वचनात्कपे ॥ ६०
लङ्घयित्वा पुरीं लङ्कां भयं त्यक्त्वा गतव्यथः । भ्रष्टश्रीकं गतैश्वर्यं मुमूर्षो नष्टचेतनम् ॥ ६१
ऋषीणां देवतानां च गन्धर्वाप्सरसां तथा । नागानामथ यक्षाणां राज्ञां च रजनीचर ॥ ६२
यच्च पापं कृतं मोहादवलिप्तेन राक्षस । नूनं ते विगतो दर्पः स्वयंभूवरदानजः ॥ ६३
यस्य दण्डधरस्तेऽहं दाराहरणकर्शितः । दण्डं धारयमाणस्तु लङ्काद्वारे व्यवस्थितः ॥ ६४
पदवीं देवतानां च महर्षीणां च राक्षस । राजर्षीणां च सर्वेषां गमिष्यसि युधि स्थिरः ॥ ६५
बलेन येन वै सीतां मायया राक्षसाधम । मामतिक्रमयित्वा त्वं हृतवांस्तन्निदर्शय ॥ ६६
अराक्षसमिमं लोकं कर्तास्मि निशितैः शरैः । न चेच्छरणमभ्येषि तामादाय तु मैथिलीम् ॥ ६७
धर्मात्मा राक्षसश्रेष्ठः संप्राप्तोऽयं विभीषणः । लङ्कैश्वर्यमिदं श्रीमान्ध्रुवं प्राप्नोत्यकण्टकम् ॥ ६८
नहि राज्यमधर्मेण भोक्तुं क्षणमपि त्वया । शक्यं मूर्खसहायेन पापेनाविदितात्मना ॥ ६९
युध्यस्व मा धृतिं कृत्वा शौर्यमालम्ब्य राक्षस । मच्छरैस्त्वं रणे शान्तस्ततः शान्तो भविष्यसि ७०
यद्याविशसि लोकांस्त्रीन्पक्षीभूतो निशाचर । मम चक्षुःपथं प्राप्य न जीवन्प्रतियास्यसि ॥ ७१

॥ ५४ ॥ बलौघस्य वानरीयस्याभिवर्ततोऽभिवर्तमानस्य, भिन्नस्य सागरस्य कृतसेतुविभेदनस्य । अभूतोपमेयम् ॥ ५५ ॥ ५६ ॥ ५७ ॥ ५८ ॥ आनन्तर्यमनन्तरकर्तव्यमभिप्रेप्सुः प्राप्तुमिच्छुः । क्रमयोगार्थतत्त्ववित्सामाद्युपायानां क्रमयोगं क्रमप्रयोगं तत्साध्यमर्थं तत्त्वं तत्प्रयोजनं च वेत्ति सः । विभीषणस्यानुमते स्थित इति शेषः । यदि रावणो भवन्तं शरणमुपेयात्तदा लङ्काराज्यं तस्यैव देयमिति विभीषणमते स्थित इत्यर्थः । राजधर्ममनुस्मरन्सामादित्र्युपायसाध्येऽर्थे दण्डो न मोक्तव्यः प्रजानाशहेतुरित्येवंरूपं राजधर्ममनुचिन्तयन् ॥ ५९ ॥ इदं वक्ष्यमाणमङ्गदमाहूयाब्रवीत् ॥ ६० ॥ लङ्घयित्वा समुद्रम् । गतव्यथो निरुपद्रवः । भयं त्यक्त्वा त्वद्बलं तृणीकृत्य लङ्कामुपारुणधामिति शेषः । अतो भ्रष्टेत्यादि तादृशं ब्रूहीत्यन्वयः ॥ ६१ ॥ ६२ ॥ यच्च पापं कृतं प्राणान्तनानाप्रकारपीडनं तत्करणीभूतः स्वयंभूवरदानजो दर्पस्ते त्वत्संबन्ध्यद्य विगतः ॥ ६३ ॥ दण्डं धारयमाणो निरुच्छ्वासं पुरोपरोधरूपनिग्रहं कुर्वाणः ॥ ६४ ॥ ऋष्यादीनां पदवीं गमिष्यसि । तद्वत्तवापि मरणं भविष्यतीति भावः । किं च युधि स्थिरत्वे स्वयंभूपालकस्य ते तदनुग्रहान्मत्तो मरणे पुण्यलोकप्राप्तिस्तवेति भावः । 'राजभिर्धृतदण्डास्तु कृत्वा पापानि मानवाः । निर्मलाः स्वर्गमायान्ति सन्तः सुकृतिनो यथा ॥' इत्युक्तेः ॥ ६५ ॥ युध्यस्व मा पलायितोऽभूरित्याह—बलेनेत्यादि ॥ ६६ ॥ यदि मरणभीत्या युयुत्सा नास्ति तदापि ते हितं ब्रवीमीत्याह—अराक्षसमिति ॥ ६७ ॥ शरणागतिं विना जीवनं राज्यं च सुतरां दुर्लभमित्याह—धर्मात्मेत्यादि । इहागत्य मां शरणं प्राप्तो विभीषण इदं लङ्कैश्वर्यमकण्टकं त्वद्रूपकण्टकरहितं ध्रुवं प्राप्नोति । तत्प्राप्तियोग्यतां धर्मात्मेत्यादिविशेषणैर्दर्शयति—धर्मात्मा धर्मप्रधानो नित्यं धर्मचित्तश्च । इदमैश्वर्यस्य साक्षान्निदानम् । राक्षसश्रेष्ठ इत्यनेन त्वदनन्तरं न्यायप्राप्तं तस्य राज्यमिति दर्शितम् । श्रीमानित्यनेन तदैश्वर्यप्रापकाशेषलक्षणवत्त्वम् । मां प्राप्येत्यनेन तत्प्रापकसमग्रसामग्रीसंपद्दर्शिता ॥ ६८ ॥ ननु मयि जीवति कथं लङ्कैश्वर्यप्राप्तिस्तस्येत्यत्राह—नहीति । अधर्मेणान्यायेन । न शक्यमित्यत्र हेतुः—मूर्खसहायेनेति । विभीषणाय मया राज्यस्य दत्तत्वात्तव तद्भोगो न न्याय्य इति भावः ॥ ६९ ॥ शरणव्रजने तु जीवितमेकांशेन राज्यं च तवापि दास्यामि । तदभावे तु दण्डाधिकारिणा मया सर्वथा वध्यस्त्वम् । युद्धवधश्च परमं हितं तवेति परमदयालुर्भगवांस्तदेवोपदिशति—युध्यस्वेति । मा माम् । धृतिं कृत्वा युध्यस्व । 'युध्यस्व मा धृतिं कृत्वा' इति पाङ्क्तः पाठः । मच्छरैः पापशोधनाधिकृतस्य मम शरैः रणे शान्तः समाप्तस्तत एव हेतोः शान्त आजन्मकृतात्पापात्पूतो भविष्यसि, दर्शननामस्मरणैः पापशोधनफलक एवायमवतारस्तत्त्वेन ज्ञायते, तथा ज्ञानाभावेऽपि मत्तो मरणे किंचित्कालोत्तरमुत्तमक्षत्रियकुले जन्मप्राप्तिरिति भावः ॥ ७० ॥ पुनरपि धैर्याय वधनिश्चयमवलम्ब्यैतदुचितकृत्यं कुर्वित्युपदिशति—यदीति । न स देशोऽस्ति यत्र न मे चक्षुःप्राप्तिरिति भावः ॥ ७१ ॥

ब्रवीमि त्वां हितं वाक्यं क्रियतामौर्ध्वदेहिकम् । सुदृष्टा क्रियतां लङ्का जीवितं ते मयि स्थितम् ७२
इत्युक्तः स तु तारेयो रामेणाक्लिष्टकर्मणा । जगामाकाशमाविश्य मूर्तिमानिव हव्यवाट् ॥ ७३
सोऽतिपत्य मुहूर्तेन श्रीमान्रावणमन्दिरम् । ददर्शासीनमव्यग्रं रावणं सचिवैः सह ॥ ७४
ततस्तस्याविदूरेण निपत्य हरिपुंगवः । दीप्ताग्निसदृशस्तस्थावङ्गदः कनकाङ्गदः ॥ ७५
तद्रामवचनं सर्वमन्यूनाधिकमुत्तमम् । सामात्यं श्रावयामास निवेद्यात्मानमात्मना ॥ ७६
दूतोऽहं कोशलेन्द्रस्य रामस्याक्लिष्टकर्मणः । वालिपुत्रोऽङ्गदो नाम यदि ते श्रोत्रमागतः ॥ ७७
आह त्वां राघवो रामः कौसल्यानन्दवर्धनः । निष्पत्य प्रतियुध्यस्व नृशंस पुरुषो भव ॥ ७८
हन्तास्मि त्वां सहामात्यं सपुत्रज्ञातिबान्धवम् । निरुद्विग्नास्त्रयो लोका भविष्यन्ति हते त्वयि ॥ ७९
देवदानवयक्षाणां गन्धर्वोरगरक्षसाम् । शत्रुमद्योद्धरिष्यामि त्वामृषीणां च कण्टकम् ॥ ८०
विभीषणस्य चैश्वर्यं भविष्यति हते त्वयि । न चेत्सत्कृत्य वैदेहीं प्रणिपत्य प्रदास्यसि ॥ ८१
इत्येवं परुषं वाक्यं ब्रुवाणे हरिपुंगवे । अमर्षवशमापन्नो निशाचरगणेश्वरः ॥ ८२
ततः स रोषमापन्नः शशास सचिवांस्तदा । गृह्यतामिति दुर्मेधा वध्यतामिति चासकृत् ॥ ८३
रावणस्य वचः श्रुत्वा दीप्ताग्निमिव तेजसा । जगृहुस्तं ततो घोराश्चत्वारो रजनीचराः ॥ ८४
ग्राहयामास तारेयः स्वयमात्मानमात्मवान् । बलं दर्शयितुं वीरो यातुधानगणे तदा ॥ ८५
स तान्बाहुद्वयासक्तानादाय पतगानिव । प्रासादं शैलसंकाशमुत्पपाताङ्गदस्तदा ॥ ८६
तस्योत्पतनवेगेन निर्धूतास्तत्र राक्षसाः । भूमौ निपतिताः सर्वे राक्षसेन्द्रस्य पश्यतः ॥ ८७
ततः प्रासादशिखरं शैलशृङ्गमिवोन्नतम् । चक्राम राक्षसेन्द्रस्य वालिपुत्रः प्रतापवान् ॥ ८८
पफाल च तदाक्रान्तं दशग्रीवस्य पश्यतः । पुरा हिमवतः शृङ्गं वज्रेणेव विदारितम् ॥ ८९
भङ्क्त्वा प्रासादशिखरं नाम विश्राव्य चात्मनः । विनद्य सुमहानादमुत्पपात विहायसा ॥ ९०
व्यथयन्राक्षसान्सर्वान्हर्षयंश्चापि वानरान् । स वानराणां मध्ये तु रामपार्श्वमुपागतः ॥ ९१
रावणस्तु परं चक्रे क्रोधं प्रासादधर्षणात् । विनाशं चात्मनः पश्यन्निःश्वासपरमोऽभवत् ॥ ९२
रामस्तु बहुभिर्हृष्टैर्विनदद्भिः प्लवंगमैः । वृतो रिपुवधाकाङ्क्षी युद्धायैवाभिवर्तत ॥ ९३
सुषेणस्तु महावीर्यो गिरिकूटोपमो हरिः । बहुभिः संवृतस्तत्र वानरैः कामरूपिभिः ॥ ९४
स तु द्वाराणि संयम्य सुग्रीववचनात्कपिः । पर्यक्रामत दुर्धर्षो नक्षत्राणीव चन्द्रमाः ॥ ९५
तेषामक्षौहिणिशतं समवेक्ष्य वनौकसाम् । लङ्कामुपनिविष्टानां सागरं चाभिवर्तताम् ॥ ९६
राक्षसा विस्मयं जग्मुस्त्रासं जग्मुस्तथापरे । अपरे समरे हर्षाद्धर्षमेवोपपेदिरे ॥ ९७
कृत्स्नं हि कपिभिर्व्याप्तं प्राकारपरिखान्तरम् । ददृशू राक्षसा दीनाः प्राकारं वानरीकृतम् ।
हाहाकारमकुर्वन्त राक्षसा भयमागताः ॥ ९८

देहादूर्ध्वं प्राप्त ऊर्ध्वदेहः परलोकस्तत्र हितं दानादिकमौर्ध्वदेहिकम् । सुदृष्टा क्रियताम् । इतः परं दर्शनाभावात् ॥ ७२ ॥ मूर्तिमान्हव्यवाडिति । वानरवेषोऽग्निरित्यर्थः ॥ ७३ ॥ अतिपत्यातिक्रम्य । मार्गमिति शेषः ॥ ७४ ॥ ७५ ॥ तद्रामवचनमिति । संक्षेपकथनं वक्ष्यमाणस्य ॥ ७६ ॥ तस्यैव प्रपञ्चः—दूतोऽहमिति । यदीत्यसंदिग्धे संदिग्धवचनम् । 'वेदाः प्रमाणं चेत्' इतिवत् । श्रोत्रमागत एव । एतेन स्वस्य स्वीयानां च बलादि तुभ्यं न वाच्यमेव त्वया ज्ञातत्वादिति भावः ॥ ७७ ॥ निष्पत्य पुरान्निष्क्रम्य । पुरुषो भव शूरो भव ॥ ७८ ॥ ७९ ॥ ८० ॥ वैदेहीं सत्कृत्य क्षमापनं कृत्वा मां प्रणिपत्य न चेत्प्रदास्यसि तदा त्वयि हते विभीषणस्यैश्वर्यं भविष्यति ॥ ८१ ॥ ८२ ॥ ८३ ॥ ८४ ॥ ग्राहयामास स्वेच्छया ग्रहणं कारयामास । किमर्थमिदं तत्राह—बलमित्यादि ॥ ८५ ॥ बलमेव दर्शयति—स तानित्यादि ॥ ८६ ॥ ॥ ८७ ॥ वालिपुत्रः प्रासादशिखरम् । ददर्शेति शेषः । दृष्ट्वा च तच्चक्राम पदाक्रान्तवान् ॥ ८८ ॥ तदाक्रान्तं च प्रासादशिखरं पश्यतो दशग्रीवस्य पफाल शतधा विशीर्णमभूत् ॥ ८९ ॥ ९० ॥ ९१ ॥ पश्यन्निति । एकोऽपि समग्रं मम बलं पराभूय निर्भयं गच्छति, एवंविधेष्वनेकेषु मन्नाशोद्यतेषु कथं जीवनमिति पर्यालोचयन्नित्यर्थः ॥ ९२ ॥ युद्धायैवाभिवर्तताभ्यवर्तत ॥ ९३ ॥ ९४ ॥ पर्यक्रामत सर्वबलरक्षार्थं सर्वद्वारवृत्तान्तग्रहणार्थं च । नक्षत्राण्यश्विन्यादीनि ॥ ९५ ॥ अक्षौहिणिशतम् । आर्षो ह्रस्वः । 'अक्षादूहिन्याम्' इति वृद्धिः । यावन्तोऽक्षौहिण्यां गजाश्वरथिपदातयस्तत्संख्या वानरा इत्यर्थः । शतशब्दोऽनन्तवाची । सागरं चाभिवर्तताम् । सागरपर्यन्तमभिव्याप्य वर्तमानानामित्यर्थः ॥ ९६ ॥ ९७ ॥ वानरीकृतं वानररूपनिर्मितरूपमिव कृतम् ॥ ९८ ॥ राक्षसा-

तस्मिन्महाभीषणके प्रवृत्ते कोलाहले राक्षसराजयोधाः ।
प्रगृह्य रक्षांसि महायुधानि युगान्तवाता इव संविचेरुः ॥ ९९

इत्यार्षे श्रीमद्रामायणे वाल्मीकीय आदिकाव्ये युद्धकाण्ड एकचत्वारिंशः सर्गः ॥ ४१ ॥

द्विचत्वारिंशः सर्गः ।

ततस्ते राक्षसास्तत्र गत्वा रावणमन्दिरम् । न्यवेदयन्पुरीं रुद्धां रामेण सह वानरैः ॥ १
रुद्धां तु नगरीं श्रुत्वा जातक्रोधो निशाचरः । विधानं द्विगुणं श्रुत्वा प्रासादं चाप्यरोहत ॥ २
स ददर्शावृतां लङ्कां सशैलवनकाननाम् । असंख्येयैर्हरिगणैः सर्वतो युद्धकाङ्क्षिभिः ॥ ३
स दृष्ट्वा वानरैः सर्वैर्वसुधां कपिलीकृताम् । कथं क्षपयितव्याः स्युरिति चिन्तापरोऽभवत् ॥ ४
स चिन्तयित्वा सुचिरं धैर्यमालम्ब्य रावणः । राघवं हरियूथांश्च ददर्शायतलोचनः ॥ ५
राघवः सह सैन्येन मुदितो नाम पुप्लुवे । लङ्कां ददर्श गुप्तां वै सर्वतो राक्षसैर्वृताम् ॥ ६
दृष्ट्वा दाशरथिर्लङ्कां चित्रध्वजपताकिनीम् । जगाम मनसा सीतां दूयमानेन चेतसा ॥ ७
अत्र सा मृगशावाक्षी मत्कृते जनकात्मजा । पीड्यते शोकसंतप्ता कृशा स्थण्डिलशायिनी ॥ ८
निपीड्यमानां धर्मात्मा वैदेहीमनुचिन्तयन् । क्षिप्रमाज्ञापयद्रामो वानरान्द्विषतां वधे ॥ ९
एवमुक्ते तु वचसि रामेणाक्लिष्टकर्मणा । संघर्षमाणाः प्लवगाः सिंहनादैरपूरयन् ॥ १०
शिखरैर्विकिरामैतां लङ्कां मुष्टिभिरेव वा । इति स्म दधिरे सर्वे मनांसि हरियूथपाः ॥ ११
उद्यम्य गिरिशृङ्गाणि महान्ति शिखराणि च । तरूंश्चोत्पाट्य विविधांस्तिष्ठन्ति हरियूथपाः ॥ १२
प्रेक्षतो राक्षसेन्द्रस्य तान्यनीकानि भागशः । राघवप्रियकामार्थं लङ्कामारुरुहुस्तदा ॥ १३
ते ताम्रवक्त्रा हेमाभा रामार्थे त्यक्तजीविताः । लङ्कामेवाभ्यवर्तन्त सालभूधरयोधिनः ॥ १४
ते द्रुमैः पर्वताग्रैश्च मुष्टिभिश्च प्लवंगमाः । प्राकाराग्राण्यसंख्यानि ममन्थुस्तोरणानि च ॥ १५
परिखान्पूरयन्तश्च प्रसन्नसलिलाशयान् । पांसुभिः पर्वताग्रैश्च तृणैः काष्ठैश्च वानराः ॥ १६
ततः सहस्रयूथाश्च कोटियूथाश्च यूथपाः । कोटियूथशताश्चान्ये लङ्कामारुरुहुस्तदा ॥ १७
काञ्चनानि प्रमर्दन्तस्तोरणानि प्लवंगमाः । कैलासशिखराग्राणि गोपुराणि प्रमथ्य च ॥ १८
आप्लवन्तः प्लवन्तश्च गर्जन्तश्च प्लवंगमाः । लङ्कां तामभिधावन्ति महावारणसंनिभाः ॥ १९
जयत्युरुबलो रामो लक्ष्मणश्च महाबलः । राजा जयति सुग्रीवो राघवेणाभिपालितः ॥ २०
इत्येवं घोषयन्तश्च गर्जन्तश्च प्लवंगमाः । अभ्यधावन्त लङ्कायाः प्राकारं कामरूपिणः ॥ २१
वीरबाहुः सुबाहुश्च नलश्च पनसस्तथा । निपीड्योपनिविष्टास्ते प्राकारं हरियूथपाः ।
एतस्मिन्नन्तरे चक्रुः स्कन्धावारनिवेशनम् ॥ २२
पूर्वद्वारं तु कुमुदः कोटिभिर्दशभिर्वृतः । आवृत्य बलवांस्तस्थौ हरिभिर्जितकाशिभिः ॥ २३

राजयोधरूपाणि रक्षांसीत्यर्थः ॥ ९९ ॥ इति श्रीरामाभिरामे श्रीरामीये रामायणतिलके वाल्मीकीय आदिकाव्ये युद्धकाण्ड एकचत्वारिंशः सर्गः ॥ ४१ ॥

तत इति ॥ १ ॥ विधानम् । द्वाराणां रक्षाविधानमित्यर्थः ॥ २ ॥ ३ ॥ कपिलीकृतां कपिलवर्णवत्सदृशीकृताम् ॥ ४ ॥ ५ ॥ मुदितः पुप्लुवे । नामशब्दो वाक्यालंकारे । प्राकारसमीपमिति शेषः । रामाधिरूढवानरप्लवनं रामे उपचर्यते ॥ ६ ॥ मनसा जगाम सस्मार ॥ ७ ॥ मत्कृते मन्निमित्तं शोकसंतप्तापि पीड्यते । मदर्थं रामस्यैवं महाक्लेशोऽजायत इति खिन्ना भवतीत्यर्थः ॥ ८ ॥ निपीड्यमानाम् । उत्करीत्येति शेषः । आज्ञापयदाज्ञप्तवान् ॥ ९ ॥ संघर्षमाणा अग्रे भवितुं परस्परं स्पर्धमानाः ॥ १० ॥ विकिराम विदारयाम ॥ ११ ॥ गिरिशृङ्गाणि सूक्ष्माणि । 'शृङ्गं स्यात्पर्वतस्याग्रे शिखरे खण्डशैलके' इति निघण्टुः ॥ १२ ॥ प्रेक्षतः । प्रेक्षन्तमनादृत्येत्यर्थः । राघवस्य प्रियो यः कामो मनोरथस्तत्सिद्ध्यर्थमारुरुहुर्लङ्काम् । लङ्काप्राकारमित्यर्थः ॥ १३ ॥ १४ ॥ १५ ॥ परिखानिति पुंस्त्वमार्षम् ॥ १६ ॥ १७ ॥ काञ्चनानि तन्मयानि कैलासशिखराग्राणि तद्वदुच्चावचानि गोपुराणि ॥ १८ ॥ आप्लवन्तः समन्तात्प्लवन्तः । प्लवन्तः प्राकाराभिमुखं प्लवन्तः ॥ १९ ॥ २० ॥ २१ ॥ प्राकारं निपीड्योपनिविष्टा इति सेनाप्रवेशार्थं बहिःप्राकारं भङ्क्त्वा स्थिताः । एतस्मिन्नन्तरे बहिःप्राकारं भङ्क्त्वा सेनाप्रवेशसमये स्कन्धावारस्य सेनानिवेशस्य निवेशनं व्यूहभावेन स्थापनम् ॥ २२ ॥ तत्प्रकारः—पूर्वद्वारमित्यादि । पूर्वादिशब्दा ईशानाभिनिर्ऋ-

सहायार्थं तु तस्यैव निविष्टः प्रसभो हरिः । पनसश्च महाबाहुर्वानरैरभिसंवृतः ॥ २४
दक्षिणद्वारमासाद्य वीरः शतबलिः कपिः । आवृत्य बलवांस्तस्थौ विंशत्या कोटिभिर्वृतः ॥ २५
सुषेणः पश्चिमद्वारं गत्वा तारापिता बली । आवृत्य बलवांस्तस्थौ कोटिकोटिभिरावृतः ॥ २६
उत्तरद्वारमागम्य रामः सौमित्रिणा सह । आवृत्य बलवांस्तस्थौ सुग्रीवश्च हरीश्वरः ॥ २७
गोलाङ्गूलो महाकायो गवाक्षो भीमदर्शनः । वृतः कोट्या महावीर्यस्तस्थौ रामस्य पार्श्वतः ॥ २८
ऋक्षाणां भीमकोपानां धूम्रः शत्रुनिबर्हणः । वृतः कोट्या महावीर्यस्तस्थौ रामस्य पार्श्वतः ॥ २९
संनद्धस्तु महावीर्यो गदापाणिर्विभीषणः । वृतो यत्तैस्तु सचिवैस्तस्थौ यत्र महाबलः ॥ ३०
गजो गवाक्षो गवयः शरभो गन्धमादनः । समन्तात्परिधावन्तो ररक्षुर्हरिवाहिनीम् ॥ ३१
ततः कोपपरीतात्मा रावणो राक्षसेश्वरः । निर्याणं सर्वसैन्यानां द्रुतमाज्ञापयत्तदा ॥ ३२
एतच्छ्रुत्वा तदा वाक्यं रावणस्य मुखेरितम् । सहसा भीमनिर्घोषमुद्घुष्टं रजनीचरैः ॥ ३३
ततः प्रबोधिता भेर्यश्चन्द्रपाण्डुरपुष्कराः । हेमकोणैरभिहता राक्षसानां समन्ततः ॥ ३४
विनेदुश्च महाघोषाः शङ्खाः शतसहस्रशः । राक्षसानां सुघोराणां मुखमारुतपूरिताः ॥ ३५
ते बभुः शुभनीलाङ्गाः सशङ्खा रजनीचराः । विद्युन्मण्डलसंनद्धाः सबलाका इवाम्बुदाः ॥ ३६
निष्पतन्ति ततः सैन्या हृष्टा रावणचोदिताः । समये पूर्यमाणस्य वेगा इव महोदधेः ॥ ३७
ततो वानरसैन्येन मुक्तो नादः समन्ततः । मलयः पूरितो येन ससानुप्रस्थकंदरः ॥ ३८
शङ्खदुन्दुभिनिर्घोषः सिंहनादस्तरस्विनाम् । पृथिवीं चान्तरिक्षं च सागरं चाभ्यनादयत् ॥ ३९
गजानां बृंहितैः सार्धं हयानां हेषितैरपि । रथानां नेमिनिर्घोषै रक्षसां पदनिःस्वनैः ॥ ४०
एतस्मिन्नन्तरे घोरः सङ्ग्रामः समपद्यत । रक्षसां वानराणां च यथा देवासुरे पुरा ॥ ४१
ते गदाभिः प्रदीप्ताभिः शक्तिशूलपरश्वधैः । निजघ्नुर्वानरान्सर्वान्कथयन्तः स्वविक्रमान् ॥ ४२
तथा वृक्षैर्महाकायाः पर्वताग्रैश्च वानराः । निजघ्नुस्तानि रक्षांसि नखैर्दन्तैश्च वेगिनः ॥ ४३
राजा जयति सुग्रीव इति शब्दो महानभूत् । राजञ्जयजयेत्युक्त्वा स्वस्वनामकथां ततः ॥ ४४
राक्षसास्त्वपरे भीमाः प्राकारस्था महीं गतान् । वानरान्भिन्दिपालैश्च शूलैश्चैव व्यदारयन् ॥ ४५
वानराश्चापि संक्रुद्धाः प्राकारस्थान्महीं गताः । राक्षसान्पातयामासुः खमाप्लुत्य स्वबाहुभिः ॥ ४६
स संप्रहारस्तुमुलो मांसशोणितकर्दमः । रक्षसां वानराणां च संबभूवाद्भुतोपमः ॥ ४७

इत्यार्षे श्रीमद्रामायणे वाल्मीकीय आदिकाव्ये युद्धकाण्डे द्विचत्वारिंशः सर्गः ॥ ४२ ॥

तिवायुदिक्पराः । नीलादीनां साक्षात्पूर्वादिद्वारनिरोधकतायाः प्रागुक्तत्वात् । एवं च तदुपोद्बलनार्थमेषां तत्तत्कोणे स्थितिः । पूर्वद्वारं पूर्वद्वारोपदिशमित्यर्थः ॥ २३ ॥ तस्यैवेशानदिग्वर्तिकुमुदस्यैव ॥ २४ ॥ २५ ॥ २६ ॥ सुग्रीवश्चेति । अयं च वायुकोणस्थ इति प्रागेवोक्तम् ॥ २७ ॥ २८ ॥ २९ ॥ यत्र महाबलो रामस्तत्र तस्थावित्यन्वयः ॥ ३० ॥ गवाक्ष इति । अयं गवाक्षो रामपार्श्वस्थगवाक्षादन्यो ज्ञेयः ॥ ३१ ॥ ३२ ॥ एतद्वाक्यं निर्याणाज्ञावाक्यम् । भीमनिर्घोषं यथा तथा रजनीचरैरुद्घुष्टमुद्घोषितमभूत् ॥ ३३ ॥ चन्द्रवत्पाण्डुराणि पुष्कराणि मुखानि यासां ताः । 'पुष्करं करिहस्ताग्रे वाद्यभाण्डमुखे जले' इत्यमरः । हेमकोणैरभिहताः स्वर्णमयवादनदण्डाभिहताः ॥ ३४ ॥ ३५ ॥ विद्युन्मण्डलसंनद्धत्वस्थाने राक्षसेषु भूषणभूषितत्वं ज्ञेयम् ॥ ३६ ॥ सैन्याः । 'सेनायां समवेता ये सैन्यास्ते सैनिकाश्च ते' इत्यमरः । समये प्रलयकाले । पूर्यमाणस्य । महामेघैरिति शेषः । वेगास्तरंगाः ॥ ३७ ॥ येनातिदूरवर्ती मलयोऽपि पूरितः स्यात्तादृशो नादो मुक्तः । सानुर्महाप्रस्थः । प्रस्थः क्षुद्रः ॥ ३८ ॥ अभ्यनादयत्प्रतिध्वनियुक्तानकरोत् ॥ ३९ ॥ गजानां बृंहितैरित्यादीनामभ्यनादयन्नित्यनेनान्वयः ॥ ४० ॥ देवासुरे तद्युद्धे ॥ ४१ ॥ ४२ ॥ वृक्षा मृदूनां युद्धसाधनानि । पर्वताग्रादीनि क्रूरक्रूतराणामिति विवेकः ॥ ४३ ॥ राजन्रावण, जयजयेति रक्षसामुक्तिः । स्वस्वनामरूपां कथां शब्दं चोक्त्वा वानरान्व्यदारयन्निति संबन्धः ॥ ४४ ॥ अत्र 'राक्षसास्त्वपरे' इत्यर्धं प्रक्षिप्तमिति कतकः ॥ ४५ ॥ ४६ ॥ ४७ ॥ एतद्युद्धोत्तरं प्रत्यवहारः सेनाया इति भारताल्लभ्यते । 'ततः प्रत्यवहारोऽभूत्सैन्यानां राघवाज्ञया ॥ ततो निविशमानांस्तान्सैनिकान्रावणानुगाः । अभिजग्मुर्गणा एके पिशाचक्षुद्ररक्षसाम् ॥ ततोऽभिपततां तेषामदृश्यानां दुरात्मनाम् । अन्तर्धानवधं तज्ज्ञश्चकार स विभीषणः ॥' इति तत्रोक्तम् ॥ इति श्रीरामाभिरामे श्रीरामीये रामायणतिलके वाल्मीकीय आदिकाव्ये युद्धकाण्डे द्विचत्वारिंशः सर्गः ॥ ४२ ॥

त्रिचत्वारिंशः सर्गः ।

युध्यतां तु ततस्तेषां वानराणां महात्मनाम् । रक्षसां संबभूवाथ बलरोषः सुदारुणः ॥ १
ते हयैः काञ्चनापीडैर्गजैश्चाग्निशिखोपमैः । रथैश्चादित्यसंकाशैः कवचैश्च मनोरमैः ॥ २
निर्ययू राक्षसा वीरा नादयन्तो दिशो दश । राक्षसा भीमकर्माणो रावणस्य जयैषिणः ॥ ३
वानराणामपि चमूर्बृहती जयमिच्छताम् । अभ्यधावत तां सेनां रक्षसां घोरकर्मणाम् ॥ ४
एतस्मिन्नन्तरे तेषामन्योन्यमभिधावताम् । रक्षसां वानराणां च द्वन्द्वयुद्धमवर्तत ॥ ५
अङ्गदेनेन्द्रजित्सार्धं वालिपुत्रेण राक्षसः । अयुध्यत महातेजास्त्र्यम्बकेण यथान्धकः ॥ ६
प्रजङ्घेन च संपातिर्नित्यं दुर्धर्षणो रणे । जम्बुमालिनमारब्धो हनूमानपि वानरः ॥ ७
संगतस्तु महाक्रोधो राक्षसो रावणानुजः । समरे तीक्ष्णवेगेन शत्रुघ्नेन विभीषणः ॥ ८
तपनेन गजः सार्धं राक्षसेन महाबलः । निकुम्भेन महातेजा नीलोऽपि समयुध्यत ॥ ९
वानरेन्द्रस्तु सुग्रीवः प्रघसेन सुसंगतः । संगतः समरे श्रीमान्विरूपाक्षेण लक्ष्मणः ॥ १०
अग्निकेतुः सुदुर्धर्षो रश्मिकेतुश्च राक्षसः । मित्रघ्नो यज्ञकोपश्च रामेण सह संगताः ॥ ११
वज्रमुष्टिश्च मैन्देन द्विविदेनाशनिप्रभः । राक्षसाभ्यां सुघोराभ्यां कपिमुख्यौ समागतौ ॥ १२
वीरः प्रतपनो घोरो राक्षसो रणदुर्धरः । समरे तीक्ष्णवेगेन नलेन समयुध्यत ॥ १३
धर्मस्य पुत्रो बलवान्सुषेण इति विश्रुतः । स विद्युन्मालिना सार्धमयुध्यत महाकपिः ॥ १४
वानराश्चापरे घोरा राक्षसैरपरैः सह । द्वन्द्वं समीयुः सहसा युद्ध्वा च बहुभिः सह ॥ १५
तत्रासीत्सुमहद्युद्धं तुमुलं रोमहर्षणम् । रक्षसां वानराणां च वीराणां जयमिच्छताम् ॥ १६
हरिराक्षसदेहेभ्यः प्रसृताः केशशाद्वलाः । शरीरसंघाटवहाः प्रसुस्रुः शोणितापगाः ॥ १७
आजघानेन्द्रजित्क्रुद्धो वज्रेणेव शतक्रतुः । अङ्गदं गदया वीरं शत्रुसैन्यविदारणम् ॥ १८
तस्य काञ्चनचित्राङ्गं रथं साश्वं ससारथिम् । जघान गदया श्रीमानङ्गदो वेगवान्हरिः ॥ १९
संपातिस्तु प्रजङ्घेन त्रिभिर्बाणैः समाहतः । निजघानाश्वकर्णेन प्रजङ्घं रणमूर्धनि ॥ २०
जम्बुमाली रथस्थस्तु रथशक्त्या महाबलः । बिभेद समरे क्रुद्धो हनूमन्तं स्तनान्तरे ॥ २१
तस्य तं रथमास्थाय हनूमान्मारुतात्मजः । प्रममाथ तलेनाशु सह तेनैव रक्षसा ॥ २२
नदन्प्रतपनो घोरो नलं सोऽभ्यनुधावत । नलः प्रतपनस्याशु पातयामास चक्षुषी ॥ २३
भिन्नगात्रः शरैस्तीक्ष्णैः क्षिप्रहस्तेन रक्षसा । ग्रसन्तमिव सैन्यानि प्रघसं वानराधिपः ॥ २४
सुग्रीवः सप्तपर्णेन निजघान जवेन च । प्रपीड्य शरवर्षेण राक्षसं भीमदर्शनम् ॥ २५
निजघान विरूपाक्षं शरेणैकेन लक्ष्मणः । अग्निकेतुश्च दुर्धर्षो रश्मिकेतुश्च राक्षसः ॥ २६
मित्रघ्नो यज्ञकोपश्च राममादीपयञ्छरैः ॥
तेषां चतुर्णां रामस्तु शिरांसि समरे शरैः । क्रुद्धश्चतुर्भिश्चिच्छेद घोरैरग्निशिखोपमैः ॥ २७

बलरोषः परस्परबलदर्शनजो रोषः । एतावद्दिनयुद्धेऽपि बहव एव तिष्ठन्तीत्येवं रोष इति भावः ॥ १ ॥ काञ्चनापीडैः काञ्चनभूषणवद्भिः । अग्निशिखोपमैस्तद्वद्दुर्धर्षैः ॥२॥ निर्ययुरिति । अनेन वाल्मीकिनापि प्रत्यवहारो ध्वनितः ॥ ३ ॥ ४ ॥ अन्योन्यमभिधावताम् । द्वन्द्वयुद्धार्थमिति भावः ॥ ५ ॥ तान्येव द्वन्द्वयुद्धान्याह—अङ्गदेनेति ॥ ६ ॥ प्रजङ्घेन तदाख्यरक्षसा । 'संपातिस्तु त्रिभिर्बाणैः प्रजङ्घेन समाहतः' इति लिङ्गात् । दुर्धर्षणो दुःसहः । आरब्धो युद्धमारब्धवान् ॥ ७ ॥ शत्रुघ्नेन तदाख्यरक्षसा । 'मित्रघ्नेन' इति क्वचित्पाठः ॥ ८ ॥ ९ ॥ १० ॥ ११ ॥ राक्षसाभ्यां वज्रमुष्ट्यशनिप्रभाभ्याम् ॥ १२ ॥ १३ ॥ १४ ॥ १५ ॥ १६ ॥ केशैः शाद्वलवत्यः केशशाद्वलाः । शरीराण्येव संघाटाः काष्ठसंचयास्तद्वहाः । प्रसुस्रुः । प्रसुस्रुवुरित्यर्थः ॥ १७ ॥ अनुक्रान्तानां क्रमेण युद्धकथनम्—आजघानेति । शत्रुसैन्यविदारणमित्यङ्गदविशेषणम् ॥ १८ ॥ तस्येन्द्रजितः । तस्य रथं तस्यैव गदया स्वापहृतया जघान ॥ १९ ॥ अश्वकर्णो वृक्षविशेषः । तेन प्रजङ्घमाजघान । संपातिरित्यनुकर्षः ॥ २० ॥ रथस्था शक्ती रथशक्तिः ॥ २१ ॥ तेन रक्षसा सह तस्य रथं प्रममाथ । तेन जम्बुमाली मृत इति गम्यते ॥ २२ ॥ २३ ॥ तीक्ष्णैः शरैर्भिन्नगात्रो नलः प्रतपनस्य चक्षुषी पातयामास । नखैराकृष्येति शेषः । ग्रसन्तमित्यादिना प्रघससुग्रीवयोः ॥ २४ ॥ सप्तपर्णो वृक्षविशेषः ॥ २५ ॥ २६ ॥ चतुर्भिश्चिच्छेद । नाधिकैरित्यर्थः ॥ २७ ॥

वज्रमुष्टिस्तु मैन्देन मुष्टिना निहतो रणे । पपात सरथः साश्वः सुराट्ट इव भूतले ॥ २८
निकुम्भस्तु रणे नीलं नीलाञ्जनचयप्रभम् । निर्बिभेद शरैस्तीक्ष्णैः करैर्मेघमिवांशुमान् ॥ २९
पुनः शरशतेनाथ क्षिप्रहस्तो निशाचरः । बिभेद समरे नीलं निकुम्भः प्रजहास च ॥ ३०
तस्यैव रथचक्रेण नीलो विष्णुरिवाहवे । शिरश्चिच्छेद समरे निकुम्भस्य च सारथेः ॥ ३१
वज्राशनिसमस्पर्शो द्विविदश्च समप्रभम् । जघान गिरिशृङ्गेण मिषतां सर्वरक्षसाम् ॥ ३२
द्विविदं वानरेन्द्रं तं द्रुमयोधिनमाहवे । शरैरशनिसंकाशैः स विव्याधाशनिप्रभः ॥ ३३
स शरैरभिविद्धाङ्गो द्विविदः क्रोधमूर्च्छितः । सालेन सरथं साश्वं निजघानाशनिप्रभम् ॥ ३४
विद्युन्माली रथस्थस्तु शरैः काञ्चनभूषणैः । सुषेणं ताडयामास ननाद च मुहुर्मुहुः ॥ ३५
तं रथस्थमथो दृष्ट्वा सुषेणो वानरोत्तमः । गिरिशृङ्गेण महता रथमाशु न्यपातयत् ॥ ३६
लाघवेन तु संयुक्तो विद्युन्माली निशाचरः । अपक्रम्य रथात्तूर्णं गदापाणिः क्षितौ स्थितः ॥ ३७
ततः क्रोधसमाविष्टः सुषेणो हरिपुंगवः । शिलां सुमहतीं गृह्य निशाचरमभिद्रवत् ॥ ३८
तमापतन्तं गदया विद्युन्माली निशाचरः । वक्षस्यभिजघानाशु सुषेणं हरिपुंगवम् ॥ ३९
गदाप्रहारं तं घोरमचिन्त्य प्लवगोत्तमः । तां तूर्णीं पातयामास तस्योरसि महामृधे ॥ ४०
शिलाप्रहाराभिहतो विद्युन्माली निशाचरः । निष्पिष्टहृदयो भूमौ गतासुर्निपपात ह ॥ ४१
एवं तैर्वानरैः शूरैः शूरास्ते रजनीचराः । द्वन्द्वे विमथितास्तत्र दैत्या इव दिवौकसैः ॥ ४२
भल्लैश्चान्यैर्गदाभिश्च शक्तितोमरसायकैः । अपविद्धैश्चापि रथैस्तथा साङ्ग्रामिकैर्हयैः ॥ ४३
निहतैः कुञ्जरैर्मत्तैस्तथा वानरराक्षसैः । चक्राक्षयुगदण्डैश्च भग्नैर्धरणिसंश्रितैः ॥ ४४
बभूवायोधनं घोरं गोमायुगणसेवितम् । कबन्धानि समुत्पेतुर्दिक्षु वानररक्षसाम् ।
विमर्दे तुमुले तस्मिन्देवासुररणोपमे ॥ ४५

निहन्यमाना हरिपुंगवैस्तदा निशाचराः शोणितगन्धमूर्च्छिताः ।
पुनः सुयुद्धं तरसा समाश्रिता दिवाकरस्यास्तमयाभिकाङ्क्षिणः ॥ ४६

इत्यार्षे श्रीमद्रामायणे वाल्मीकीय आदिकाव्ये युद्धकाण्डे त्रिचत्वारिंशः सर्गः ॥ ४३ ॥

चतुश्चत्वारिंशः सर्गः ।

युध्यतामेव तेषां तु तदा वानररक्षसाम् । रविरस्तं गतो रात्रिः प्रवृत्ता प्राणहारिणी ॥ १
अन्योन्यं बद्धवैराणां घोराणां जयमिच्छताम् । संप्रवृत्तं निशायुद्धं तदा वानररक्षसाम् ॥ २
राक्षसोऽसीति हरयो वानरोऽसीति राक्षसाः । अन्योन्यं समरे जघ्नुस्तस्मिंस्तमसि दारुणे ॥ ३
हत दारय चैहीति कथं विद्रवसीति च । एवं सुतुमुलः शब्दस्तस्मिन्सैन्ये तु शुश्रुवे ॥ ४
कालाः काञ्चनसंनाहास्तस्मिंस्तमसि राक्षसाः । संप्रदृश्यन्त शैलेन्द्रा दीप्तौषधिवना इव ॥ ५

अट्टः क्षौममिति कतकः । विमानमित्यन्ये ॥ २८ ॥ २९ ॥ ॥ ३० ॥ रथस्य चक्रं रथचक्रम् । निकुम्भस्य च निकुम्भस्य तत्सारथेश्च शिरश्चिच्छेद ॥ ३१ ॥ वज्राशनिसमस्पर्शः । तथा क्रूरमुष्टिप्रहार इत्यर्थः ॥ ३२ ॥ ३३ ॥ ३४ ॥ ३५ ॥ ३६ ॥ अपक्रम्यावरुह्य ॥ ३७ ॥ ३८ ॥ ३९ ॥ अचिन्त्याचिन्तयित्वा । तां पूर्वगृहीतां शिलाम् ॥ ४० ॥ ४१ ॥ दिवौकसैर्देवैः । आर्षः प्रयोगः ॥ ४२ ॥ ४३ ॥ ४४ ॥ ४५ ॥ अस्तमयाभिकाङ्क्षिणः । रात्रौ रक्षसां बलाधिक्यात् ॥ ४६ ॥ इति श्रीरामाभिरामे श्रीरामीये रामायणतिलके वाल्मीकीय आदिकाव्ये युद्धकाण्डे त्रिचत्वारिंशः सर्गः ॥ ४३ ॥

युध्यतामिति ॥ १ ॥ निशायुद्धं प्रवृत्तम् । परस्परं बहुसेनादर्शनजदोषादिति भावः । पौषपौर्णमास्यां सुवेलारोहणस्य स्पष्टप्रतीतेः, तेनाविभागादिना पौषकृष्णेऽतीते माघशुक्लप्रतिपदि युद्धारम्भे बहुदिनपर्यन्तं संकुलं युद्धं सामान्येनोक्तम्, तदुत्तरदिने चेदं निशायुद्धं प्रवृत्तम् । 'ततो जज्ञे महायुद्धं संकुलं कपिरक्षसाम् । मध्याह्ने प्रथमं युद्धं प्रारब्धं प्रतिपद्यभूत् ॥' इति पाद्मोक्तेः । अत्र प्रकरणे तमसि दुष्पारे तमसि दारुणे इति वारंवारं वाल्मीक्युक्तेरिदं रात्रियुद्धं कृष्णपक्षान्त्यदिनेष्विति प्रतीयते । अत्र तत्त्वं वक्ष्यामः ॥ २ ॥ ३ ॥ हत । इदं हन्तेर्लोटि मध्यमपुरुषबहुवचनम् । हननं कुरुतेत्यर्थः । दारय विदारणं कुरु । एह्यागच्छ । कथं विद्रवसि कथं पलायसे । एवं तुमुलः शब्दस्तस्मिन्सैन्ये शुश्रुवे ॥ ४ ॥ कालाः कृष्णवर्णाः । काञ्चनसंनाहाः सुवर्णकवचाः ॥ ५

तस्मिंस्तमसि दुष्पारे राक्षसाः क्रोधमूर्च्छिताः । परिपेतुर्महावेगा भक्षयन्तः प्लवंगमान् ॥ ६
ते हयान्काञ्चनापीडान्ध्वजांश्चाशीविषोपमान् । आप्लुत्य दशनैस्तीक्ष्णैर्भीमकोपा व्यदारयन् ॥ ७
वानरा बलिनो युद्धेऽक्षोभयन्राक्षसीं चमूम् । कुञ्जरान्कुञ्जरारोहान्पताकाध्वजिनो रथान् ॥ ८
चकर्षुश्च ददंशुश्च दशनैः क्रोधमूर्च्छिताः । लक्ष्मणश्चापि रामश्च शरैराशीविषोपमैः ॥ ९
दृश्यादृश्यानि रक्षांसि प्रवराणि निजघ्नतुः । तुरंगखुरविध्वस्तं रथनेमिसमुत्थितम् ॥ १०
रुरोध कर्णनेत्राणि युध्यतां धरणीरजः । वर्तमाने तथा घोरे सङ्ग्रामे लोमहर्षणे ।
रुधिरौघा महाघोरा नद्यस्तत्र विसुस्रुवुः ॥ ११
ततो भेरीमृदङ्गानां पणवानां च निःस्वनः । शङ्खनेमिस्वनोन्मिश्रः संबभूवाद्भुतोपमः ॥ १२
हयानां स्तनमानानां राक्षसानां च निःस्वनः । शस्तानां वानराणां च संबभूवात्र दारुणः ॥ १३
हतैर्वानरमुख्यैश्च शक्तिशूलपरश्वधैः । निहतैः पर्वताकारै राक्षसैः कामरूपिभिः ॥ १४
शस्त्रपुष्पोपहारा च तत्रासीद्युद्धमेदिनी । दुर्ज्ञेया दुर्निवेशा च शोणितास्रावकर्दमा ॥ १५
सा बभूव निशा घोरा हरिराक्षसहारिणी । कालरात्रीव भूतानां सर्वेषां दुरतिक्रमा ॥ १६
ततस्ते राक्षसास्तत्र तस्मिंस्तमसि दारुणे । राममेवाभ्यवर्तन्त संहृष्टाः शरवृष्टिभिः ॥ १७
तेषामापततां शब्दः क्रुद्धानामपि गर्जताम् । उद्वर्त इव सत्त्वानां समुद्राणामभूत्स्वनः ॥ १८
तेषां रामः शरैः षड्भिः षड् जघान निशाचरान् । निमेषान्तरमात्रेण शरैरग्निशिखोपमैः ॥ १९
यज्ञशत्रुश्च दुर्धर्षो महापार्श्वमहोदरौ । वज्रदंष्ट्रो महाकायस्तौ चोभौ शुकसारणौ ॥ २०
ते तु रामेण बाणौघैः सर्वमर्मसु ताडिताः । युद्धादपसृतास्तत्र सावशेषायुषोऽभवन् ॥ २१
निमेषान्तरमात्रेण घोरैरग्निशिखोपमैः । दिशश्चकार विमलाः प्रदिशश्च महारथः ॥ २२
ये त्वन्ये राक्षसा वीरा रामस्याभिमुखे स्थिताः । तेऽपि नष्टाः समासाद्य पतङ्गा इव पावकम् ॥ २३
सुवर्णपुङ्खैर्विशिखैः संपतद्भिः समन्ततः । बभूव रजनी चित्रा खद्योतैरिव शारदी ॥ २४
राक्षसानां च निनदैर्भेरीणां चैव निःस्वनैः । सा बभूव निशा घोरा भूयो घोरतराभवत् ॥ २५
तेन शब्देन महता प्रवृद्धेन समन्ततः । त्रिकूटः कंदराकीर्णः प्रव्याहरदिवाचलः ॥ २६
गोलाङ्गूला महाकायास्तमसा तुल्यवर्चसः । संपरिष्वज्य बाहुभ्यां भक्षयन्रजनीचरान् ॥ २७
अङ्गदस्तु रणे शत्रूनिहन्तुं समुपस्थितः । इन्द्रजित्तु रथं त्यक्त्वा हताश्वो हतसारथिः ।
अङ्गदेन महायस्तस्तत्रैवान्तरधीयत ॥ २८
तत्कर्म वालिपुत्रस्य सर्वे देवाः सहर्षिभिः । तुष्टुवुः पूजनार्हस्य तौ चोभौ रामलक्ष्मणौ ॥ २९
प्रभावं सर्वभूतानि विदुरिन्द्रजितो युधि । ततस्तेन महात्मानं दृष्ट्वा तुष्टाः प्रधर्षितम् ॥ ३०
ततः प्रहृष्टाः कपयः ससुग्रीवविभीषणाः । साधुसाध्विति नेदुश्च दृष्ट्वा शत्रुं पराजितम् ॥ ३१
इन्द्रजित्तु तदानेन निर्जितो भीमकर्मणा । संयुगे वालिपुत्रेण क्रोधं चक्रे सुदारुणम् ॥ ३२
सोऽन्तर्धानगतः पापो रावणी रणकर्शितः । ब्रह्मदत्तवरो वीरो रावणिः क्रोधमूर्च्छितः ॥ ३३
अदृश्यो निशितान्बाणान्मुमोचाशनिवर्चसः । रामं च लक्ष्मणं चैव घोरैर्नागमयैः शरैः ॥ ३४

॥ ६ ॥ ७ ॥ अक्षोभयन्निति पदम् । पताकाध्वजिनः पताकोपेतध्वजवन्तः ॥ ८ ॥ ९ ॥ प्रवराणि श्रेष्ठानि ॥ १० ॥ रथनेमिसमुद्धतं रजो युध्यतां कर्णनेत्राणि रुरोध ॥ ११ ॥ ॥ १२ ॥ स्तनमानानां स्तनताम् । शस्तानां हिंसितानाम् ॥ १३ ॥ कामरूपिभिरुपलक्षिता मेदिनी शस्त्राण्येव पुष्पोपहारो यस्यां तादृशीवासीत् ॥ १४ ॥ शोणितानामास्रावैः कर्दमो यस्यां सा ॥ १५ ॥ कालरात्री संहाररात्रिः ॥ १६ ॥ १७ ॥ उद्वर्ते प्रलयकाले ॥ १८ ॥ षड्भिः षडिति । प्रधानानिति शेषः ॥ १९ ॥ ते षडण्यन्ते—यज्ञशत्रुरिति । दुर्धर्ष इति यज्ञशत्रोर्विशेषणम् । महाकाय इति वज्रदंष्ट्रस्य । इमौ शुकसारणौ चारत्वेन प्रेषिताभ्यामन्यावेवेति बहवः । ताविति पदस्वारस्याच्चारत्वेन प्रेषितावेवेमौ राज्ञा धिक्कृतावपि राजसंनिधिं परित्यज्य युद्धे मृतावित्यन्ये ॥ २० ॥ यतः सावशेषायुषः अतो युद्धादपसृता अभवन् ॥ २१ ॥ २२ ॥ २३ ॥ २४ ॥ घोरा सा निशा भूयो घोरतरा बभूव ॥ २५ ॥ २६ ॥ भक्षयन्नभक्षयन् ॥ २७ ॥ अङ्गदेन हताश्वः, अतएव महायस्तो महाखेदं प्राप्त इन्द्रजित्तु तत्रैवान्तरधीयतेत्यन्वयः ॥ २८ ॥ २९ ॥ यत इन्द्रजितो युधि प्रभावं विदुः, अतस्तेनाङ्गदेन तमिन्द्रजितं प्रधर्षितं दृष्ट्वा महात्मानं तमङ्गदं दृष्ट्वा तुष्टाः ॥ ३० ॥ ३१ ॥ ३२ ॥ ३३ ॥ ३४

विभेद समरे क्रुद्धः सर्वगात्रेषु राघवौ । मायया संवृतस्तत्र मोहयन्राघवौ युधि ॥ ३५
अदृश्यः सर्वभूतानां कूटयोधी निशाचरः । बबन्ध शरबन्धेन भ्रातरौ रामलक्ष्मणौ ॥ ३६
तौ तेन पुरुषव्याघ्रौ क्रुद्धेनाशीविषैः शरैः । सहसाभिहतौ वीरौ तदा प्रेक्षन्त वानराः ॥ ३७
प्रकाशरूपस्तु यदा न शक्तस्तौ बाधितुं राक्षसराजपुत्रः ।
मायां प्रयोक्तुं समुपाजगाम बबन्ध तौ राजसुतौ दुरात्मा ॥ ३८

इत्यार्षे श्रीमद्रामायणे वाल्मीकीय आदिकाव्ये युद्धकाण्डे चतुश्चत्वारिंशः सर्गः ॥ ४४ ॥

पञ्चचत्वारिंशः सर्गः ।

स तस्य गतिमन्विच्छन्राजपुत्रः प्रतापवान् । दिदेशातिबलो रामो दश वानरयूथपान् ॥ १
द्वौ सुषेणस्य दायादौ नीलं च प्लवगाधिपम् । अङ्गदं वालिपुत्रं च शरभं च तरस्विनम् ॥ २
द्विविदं च हनूमन्तं सानुप्रस्थं महाबलम् । ऋषभं चर्षभस्कन्धमादिदेश परंतपः ॥ ३
ते संप्रहृष्टा हरयो भीमानुद्यम्य पादपान् । आकाशं विविशुः सर्वे मार्गमाणा दिशो दश ॥ ४
तेषां वेगवतां वेगमिषुभिर्वेगवत्तरैः । अस्त्रवित्परमास्त्रेण वारयामास रावणिः ॥ ५
तं भीमवेगा हरयो नाराचैः क्षतविक्षताः । अन्धकारे न ददृशुर्मेघैः सूर्यमिवावृतम् ॥ ६
रामलक्ष्मणयोरेव सर्वदेहभिदः शरान् । भृशमावेशयामास रावणिः समितिंजयः ॥ ७
निरन्तरशरीरौ तु तावुभौ रामलक्ष्मणौ । क्रुद्धेनेन्द्रजिता वीरौ पन्नगैः शरतां गतैः ॥ ८
तयोः क्षतजमार्गेण सुस्राव रुधिरं बहु । तावुभौ च प्रकाशेते पुष्पिताविव किंशुकौ ॥ ९
ततः पर्यन्तरक्ताक्षो भिन्नाञ्जनचयोपमः । रावणिर्भ्रातरौ वाक्यमन्तर्धानगतोऽब्रवीत् ॥ १०
युध्यमानमनालक्ष्यं शक्रोऽपि त्रिदशेश्वरः । द्रष्टुमासादितुं वापि न शक्तः किं पुनर्युवाम् ॥ ११
प्रापिताविषुजालेन राघवौ कङ्कपत्रिणा । एष रोषपरीतात्मा नयामि यमसादनम् ॥ १२
एवमुक्त्वा तु धर्मज्ञौ भ्रातरौ रामलक्ष्मणौ । निर्बिभेद शितैर्बाणैः प्रजहर्ष ननाद च ॥ १३
भिन्नाञ्जनचयश्यामो विस्फार्य विपुलं धनुः । भूय एव शरान्घोरान्विससर्ज महामृधे ॥ १४
ततो मर्मसु मर्मज्ञो मज्जयन्निशिताञ्शरान् । रामलक्ष्मणयोर्वीरो ननाद च मुहुर्मुहुः ॥ १५
बद्धौ तु शरबन्धेन तावुभौ रणमूर्धनि । निमेषान्तरमात्रेण न शेकतुरवेक्षितुम् ॥ १६
ततो विभिन्नसर्वाङ्गौ शरशल्याचितौ कृतौ । ध्वजाविव महेन्द्रस्य रज्जुमुक्तौ प्रकम्पितौ ॥ १७
तौ संप्रचलितौ वीरौ मर्मभेदेन कर्शितौ । निपेततुर्महेष्वासौ जगत्यां जगतीपती ॥ १८
तौ वीरशयने वीरौ शयानौ रुधिरोक्षितौ । शरवेष्टितसर्वाङ्गावार्तौ परमपीडितौ ॥ १९
नह्यविद्धं तयोर्गात्रे बभूवाङ्गुलमन्तरम् । नानिर्विण्णं न चाध्वस्तमाकराग्रादजिह्मगैः ॥ २०
तौ तु क्रूरेण निहतौ रक्षसा कामरूपिणा । असृक्सुस्रुवतुस्तीव्रं जलं प्रस्रवणाविव ॥ २१

॥ ३५ ॥ शरबन्धेन शरपरिणतनागपाशबन्धेन । अयं शरबन्धो भाद्रकृष्णान्त्यदिनेषु इत्यग्रे निरूपयिष्यामः ॥ ३६ ॥ अभिहतौ बद्धौ ॥ ३७ ॥ उक्तानुवादः—प्रकाशेत्यादि । समुपाजगामोपचक्रमे । भ्रूभङ्गमात्रेण सर्वजगत्संहर्तुरपि भगवतो नागपाशबन्धनसहनं स्वकृतमर्यादारूपब्रह्मवरदानपालनार्थम् । विरोधेनापि नित्यमात्मानं स्मरतो रावणस्य रावणेश्च परमभक्ततया कीर्तेर्लोकेषु वृद्ध्यर्थं चेति तत्त्वम् ॥ ३८ ॥

इति श्रीरामाभिरामे श्रीरामीये रामायणतिलके वाल्मीकीय आदिकाव्ये युद्धकाण्डे चतुश्चत्वारिंशः सर्गः ॥ ४४ ॥

उक्तस्यैव राघवयोरिन्द्रजित्कृतबन्धनस्य प्रपञ्चः—स इति । तस्येन्द्रजितो गतिमवस्थानप्रदेशमन्विच्छञ्ज्ञातुमिच्छन्दिदेशादिदेश ॥ १ ॥ २ ॥ ३ ॥ ४ ॥ परमास्त्रेण ब्रह्मास्त्रेण मन्त्रितैरिषुभिर्वारयामास ॥ ५ ॥ ६ ॥ आवेशयामास प्रवेशयामास ॥ ७ ॥ निरन्तरशरीरौ तु । कृताविति शेषः ॥ ८ ॥ क्षतजमार्गेण क्षतेन व्रणेन जातो यो मार्गस्तेन ॥ ९ ॥ १० ॥ अनालक्ष्यमशक्यदर्शनम् ॥ ११ ॥ प्रापितौ । बन्धनमिति शेषः ॥ १२ ॥ १३ ॥ १४ ॥ १५ ॥ न शेकतुरवेक्षितुं तादृशाविव स्थितौ मनुष्यत्वनाटनायेति बोध्यम् ॥ १६ ॥ १७ ॥ १८ ॥ वीरशयने युद्धभूमौ । शरवेष्टितसर्वाङ्गौ शरभूतसर्पवेष्टितसर्वगात्रौ ॥ १९ ॥ अविद्धं वेधरहितम् । अङ्गुलमङ्गुलप्रमाणमन्तरमवकाशो नाभूत् । आकराग्रात्कराग्रमभिव्याप्याध्वस्तमक्षोभितम् । 'अस्तब्धम्' इति पाठे चेष्टावत् । अजिह्मगैर्बाणैरनिर्विण्णमविदारितं चाङ्गं नाभूत् ॥ २० ॥ प्रस्रवणौ

पपात प्रथमं रामो विद्धो मर्मसु मार्गणैः । क्रोधादिन्द्रजिता येन पुरा शक्रो विनिर्जितः ॥ २२
रुक्मपुङ्खैः प्रसन्नाग्रै रजोगतिभिराशुगैः । नाराचैरर्धनाराचैर्भल्लैरञ्जलिकैरपि ।
विव्याध वत्सदन्तैश्च सिंहदंष्ट्रैः क्षुरैस्तथा ॥ २३
स वीरशयने शिश्ये विज्यमाविध्य कार्मुकम् । भिन्नमुष्टिपरीणाहं त्रिनतं रुक्मभूषितम् ॥ २४
बाणपातान्तरे रामं पातितं पुरुषर्षभम् । स तत्र लक्ष्मणो दृष्ट्वा निराशो जीवितेऽभवत् ॥ २५
रामं कमलपत्राक्षं शरण्यं रणतोषिणम् । शुशोच भ्रातरं दृष्ट्वा पतितं धरणीतले ॥ २६
हरयश्चापि तं दृष्ट्वा संतापं परमं गताः । शोकार्ताश्चुक्रुशुर्घोरमश्रुपूरितलोचनाः ॥ २७

बद्धौ तु तौ वीरशये शयानौ ते वानराः संपरिवार्य तस्थुः ।
समागता वायुसुतप्रमुख्या विषादमार्ताः परमं च जग्मुः ॥ २८

इत्यार्षे श्रीमद्रामायणे वाल्मीकीय आदिकाव्ये युद्धकाण्डे पञ्चचत्वारिंशः सर्गः ॥ ४५ ॥

षट्चत्वारिंशः सर्गः ।

ततो द्यां पृथिवीं चैव वीक्षमाणा वनौकसः । ददृशुः संततौ बाणैर्भ्रातरौ रामलक्ष्मणौ ॥ १
वृष्ट्वेवोपरते देवे कृतकर्मणि राक्षसे । आजगामाथ तं देशं ससुग्रीवो विभीषणः ॥ २
नीलश्च द्विविदो मैन्दः सुषेणः कुमुदोऽङ्गदः । तूर्णं हनुमता सार्धमन्वशोचन्त राघवौ ॥ ३
अचेष्टौ मन्दनिःश्वासौ शोणितेन परिप्लुतौ । शरजालाचितौ स्तब्धौ शयानौ शरतल्पगौ ॥ ४
निःश्वसन्तौ यथा सर्पौ निश्चेष्टौ दीनविक्रमौ । रुधिरस्रावदिग्धाङ्गौ तपनीयाविव ध्वजौ ॥ ५
तौ वीरशयने वीरौ शयानौ मन्दचेष्टितौ । यूथपैः स्वैः परिवृतौ बाष्पव्याकुललोचनैः ॥ ६
राघवौ पतितौ दृष्ट्वा शरजालसमन्वितौ । बभूवुर्व्यथिताः सर्वे वानराः सविभीषणाः ॥ ७
अन्तरिक्षं निरीक्षन्तो दिशः सर्वाश्च वानराः । न चैनं मायया छन्नं ददृशू रावणिं रणे ॥ ८
तं तु मायाप्रतिच्छन्नं माययैव विभीषणः । वीक्षमाणो ददर्शाग्रे भ्रातुः पुत्रमवस्थितम् ।
तमप्रतिमकर्माणमप्रतिद्वन्द्वमाहवे ॥ ९
ददर्शान्तर्हितं वीरं वरदानाद्विभीषणः । तेजसा यशसा चैव विक्रमेण च संयुतः ॥ १०
इन्द्रजित्त्वात्मनः कर्म तौ शयानौ समीक्ष्य च । उवाच परमप्रीतो हर्षयन्सर्वराक्षसान् ॥ ११
दूषणस्य च हन्तारौ खरस्य च महाबलौ । सादितौ मामकैर्बाणैर्भ्रातरौ रामलक्ष्मणौ ॥ १२
नेमौ मोक्षयितुं शक्यावेतस्मादिषुबन्धनात् । सर्वैरपि समागम्य सर्षिसङ्घैः सुरासुरैः ॥ १३
यत्कृते चिन्तयानस्य शोकार्तस्य पितुर्मम । अस्पृष्ट्वा शयनं गात्रैस्त्रियामा याति शर्वरी ॥ १४
कृत्स्नेयं यत्कृते लङ्का नदी वर्षास्विवाकुला । सोऽयं मूलहरोऽनर्थः सर्वेषां शमितो मया ॥ १५
रामस्य लक्ष्मणस्यैव सर्वेषां च वनौकसाम् । विक्रमा निष्फलाः सर्वे यथा शरदि तोयदाः ॥ १६
एवमुक्त्वा तु तान्सर्वान्राक्षसान्परिपश्यतः । यूथपानपि तान्सर्वांस्ताडयत्स च रावणिः ॥ १७

प्रस्रवणाख्यपर्वताविव ॥ २१ ॥ इन्द्रजित्त्वं कुतस्तत्राह— येनेति ॥ २२ ॥ रजोगतिभिर्वायुना विस्तीर्यमाणरजोवन्नीरन्ध्रं संपतद्भिः । अर्धनाराचैरर्धभागे नाराचतुल्यैः । अञ्जलिकैरञ्जल्याकारमुखैः । वत्सदन्तादयस्तत्तदाकाराः ॥ २३ ॥ आविध्य त्यक्त्वा । भिन्नो मुष्टिपरीणाहो मुष्टिप्रदेशो मुष्टिप्रहरणं वा यस्य । त्रिषु स्थानेषु निम्नम् ॥ २४ ॥ बाणपातान्तरे शरतल्पमध्ये ॥ २५ ॥ २६ ॥ २७ ॥ २८ ॥ इति श्रीरामाभिरामे श्रीरामीये रामायणतिलके वाल्मीकीय आदिकाव्ये युद्धकाण्डे पञ्चचत्वारिंशः सर्गः ॥ ४५ ॥

द्यां पृथिवीं च वीक्षमाणाः । अतिभयादिति शेषः । संततौ व्याप्तौ ॥ १ ॥ देवे इन्द्रे वृष्ट्वेव कृतकर्मणि तस्मिन्राक्षस उपरते सति ॥ २ ॥ ३ ॥ ४ ॥ रुधिरस्य स्रावः प्रवाहस्तेन दिग्धाङ्गौ ॥ ५ ॥ ६ ॥ ७ ॥ मायया छन्नमेनं रावणिं वानरा न ददृशुः ॥ ८ ॥ किं तु मायाप्रतिच्छन्नं तं भ्रातुः पुत्रं रावणिं विभीषण एव मायया ददर्श ॥ ९ ॥ वरदानाद्ब्रह्मवरदानलब्धयान्तर्धानविद्ययान्तर्हितम् ॥ १० ॥ आत्मनः कर्म समीक्ष्य शयानौ तौ च समीक्ष्य ॥ ११ ॥ १२ ॥ १३ ॥ यत्कृते ययो राघवयोर्निमित्तम् । तद्भयेनेति यावत् । गात्रैः शयनमस्पृष्ट्वैव त्रियामा रात्रिर्याति । अनिद्र एव निशाः क्षपयतीत्यर्थः ॥ १४ ॥ १५ ॥ १६ ॥ यूथपान् । वानराणा-

नीलं नवभिराहत्य मैन्दं सद्विविदं तथा । त्रिभिस्त्रिभिरमित्रघ्नस्तताप परमेषुभिः ॥ १८
जाम्बवन्तं महेष्वासो विद्धा बाणेन वक्षसि । हनूमतो वेगवतो विससर्ज शरान्दश ॥ १९
गवाक्षं शरभं चैव तावप्यमितविक्रमौ । द्वाभ्यां द्वाभ्यां महावेगो विव्याध युधि रावणिः ॥ २०
गोलाङ्गूलेश्वरं चैव वालिपुत्रमथाङ्गदम् । विव्याध बहुभिर्बाणैस्त्वरमाणोऽथ रावणिः ॥ २१
तान्वानरवरान्भित्त्वा शरैरग्निशिखोपमैः । ननाद बलवांस्तत्र महासत्त्वः स रावणिः ॥ २२
तानर्दयित्वा बाणौघैस्त्रासयित्वा च वानरान् । प्रजहास महाबाहुर्वचनं चेदमब्रवीत् ॥ २३
शरबन्धेन घोरेण मया बद्धौ चमूमुखे । सहितौ भ्रातरावेतौ निशामयत राक्षसाः ॥ २४
एवमुक्तास्तु ते सर्वे राक्षसाः कूटयोधिनः । परं विस्मयमापन्नाः कर्मणा तेन हर्षिताः ॥ २५
विनेदुश्च महानादान्सर्वे ते जलदोपमाः । हतो राम इति ज्ञात्वा रावणिं समपूजयन् ॥ २६
निष्पन्दौ तु तदा दृष्ट्वा भ्रातरौ रामलक्ष्मणौ । वसुधायां निरुच्छ्वासौ हतावित्यन्वमन्यत ॥ २७
हर्षेण तु समाविष्ट इन्द्रजित्समितिंजयः । प्रविवेश पुरीं लङ्कां हर्षयन्सर्वनैर्ऋतान् ॥ २८
रामलक्ष्मणयोर्दृष्ट्वा शरीरे सायकैश्चिते । सर्वाणि चाङ्गोपाङ्गानि सुग्रीवं भयमाविशत् ॥ २९
तमुवाच परित्रस्तं वानरेन्द्रं विभीषणः । सबाष्पवदनं दीनं क्रोधव्याकुललोचनम् ।
अलं त्रासेन सुग्रीव बाष्पवेगो निगृह्यताम् ॥ ३०
एवंप्रायाणि युद्धानि विजयो नास्ति नैष्ठिकः । सभाग्यशेषतास्माकं यदि वीर भविष्यति ॥ ३१
मोहमेतौ प्रहास्येते महात्मानौ महाबलौ । पर्यवस्थापयात्मानमनाथं मां च वानर ।
सत्यधर्माभिरक्तानां नास्ति मृत्युकृतं भयम् ॥ ३२
एवमुक्त्वा ततस्तस्य जलक्लिन्नेन पाणिना । सुग्रीवस्य शुभे नेत्रे प्रममार्ज विभीषणः ॥ ३३
ततः सलिलमादाय विद्यया परिजप्य च । सुग्रीवनेत्रे धर्मात्मा प्रममार्ज विभीषणः ॥ ३४
विमृज्य वदनं तस्य कपिराजस्य धीमतः । अब्रवीत्कालसंप्राप्तमसंभ्रान्तमिदं वचः ॥ ३५
न कालः कपिराजेन्द्र वैक्लव्यमवलम्बितुम् । अतिस्नेहोऽपि कालेऽस्मिन्मरणायोपकल्पते ॥ ३६
तस्मादुत्सृज्य वैक्लव्यं सर्वकार्यविनाशनम् । हितं रामपुरोगाणां सैन्यानामनुचिन्तय ॥ ३७
अथ वा रक्ष्यतां रामो यावत्संज्ञाविपर्ययः । लब्धसंज्ञौ हि काकुत्स्थौ भयं नौ व्यपनेष्यतः ॥ ३८
नैतत्किंचन रामस्य न च रामो मुमूर्षति । न ह्येनं हास्यते लक्ष्मीर्दुर्लभा या गतायुषाम् ॥ ३९
तस्मादाश्वासयात्मानं बलं चाश्वासय स्वकम् । यावत्सैन्यानि सर्वाणि पुनः संस्थापयाम्यहम् ॥ ४०
एते हि फुल्लनयनास्त्रासादागतसाध्वसाः । कर्णे कर्णे प्रकथिता हरयो हरिसत्तम ॥ ४१

मिति शेषः । ताडयदताडयत् ॥ १७ ॥ १८ ॥ हनूमतः । उपरीति शेषः ॥ १९ ॥ २० ॥ त्वरमाणस्त्वरां वेगं कुर्वन् ॥ २१ ॥ २२ ॥ २३ ॥ निशामयत पश्यत ॥ २४ ॥ २५ ॥ २६ ॥ २७ ॥ २८ ॥ तयोः शरीरे सायकैश्चिते सर्वाण्यङ्गान्युपाङ्गानि च सायकैश्चितानि दृष्ट्वा ॥ २९ ॥ सबाष्पवदनं बाष्पसहितवदनम् ॥ ३० ॥ एवंप्रायाणि एवंविधः प्रायो बाहुल्यं येषां तानि । प्रायेणैवंविधानीत्यर्थः । नैष्ठिको नित्यैकान्तः । भाग्यशेषेण सहिताः सभाग्यशेषास्तेषां भावस्तत्ता भाग्यशेषसाहित्यम् । तद्वैशिष्ट्यं यद्यस्माकमित्यर्थः ॥ ३१ ॥ अनाथमशरणं मां च पर्यवस्थापयाश्वासय । तव तु स्वतन्त्रं राज्यमप्यस्ति, अहं त्वगतिरेवेति भावः ॥ ३२ ॥ ३३ ॥ ततः सामान्यतः प्रमार्जनानन्तरम् । विद्यया तिरस्करिणीविद्यां तिरस्कारकविद्यया परिजप्य । 'परिवीक्ष्य' इति पाठेऽप्ययमेवार्थः । राक्षसमायापरिज्ञानेन धैर्यसंपादनं चैतत्प्रमार्जनस्य फलम् । वस्तुतः 'ततः सलिलम्' इति श्लोको बहुपुस्तकेषु नास्तीति प्रायेण प्रक्षिप्तोऽयम् । तेनेन्द्रजितं ददर्शेति तत्कार्यप्रकाशकोत्तरवाक्याभावात् ॥ ३४ ॥ कालसंप्राप्तं कालौचित्येन प्राप्तम् ॥ ३५ ॥ अतिस्नेहोऽप्यतिस्नेहमूलरोदनादिव्यापारोऽपि । अस्मिन्काल ईदृशे विषमकाले ॥ ३६ ॥ यदेवमतः—तस्मादित्यादि । हितं तत्समाश्वासनम् ॥ ३७ ॥ यदि तव सेनासमाश्वासने धैर्यं नास्ति तदा तदहं करिष्यामि, त्वया तु रामो रक्षणीय इत्याह—अथ वेति । संज्ञाविपर्ययो मोहो यावत्तावत्पर्यन्तम्, मोहमात्रमेवानयोर्न त्वन्यसंभावनेत्याह—लब्धसंज्ञाविति । नावावयोः ॥ ३८ ॥ व्यपनेष्यत इतीममेवार्थं स्पष्टयति— नैतदिति । रामस्य नैतत्किंचन । अपायकरणमित्यर्थः । कुतस्तत्राह—न चेति । मुमूर्षाभावे लिङ्गमाह—नहीति । या गतायुषां दुर्लभा सा लक्ष्मीरेनं न हास्यति । इदानीं न जहात्येवाग्रेऽपि न हास्यतीत्यर्थः ॥ ३९ ॥ स्वकं बलं स्वकं प्राणम् । अहं यावत्सैन्यानि सर्वाणि पुनः स्थापयामि स्थिराणि करोमि तावदात्मानमात्मप्राणं चाश्वासय ॥ ४० ॥ एते फुल्लनयनत्वादिगुणका हरयः कर्णे कर्णे प्रकथिता रामविपद्विषयप्रकथनवन्तो भवन्ति । हरिसत्तम सुग्रीव ॥ ४१ ॥

मां तु दृष्ट्वा प्रधावन्तमनीकं संप्रहर्षितम् । त्यजन्तु हरयस्त्रासं भुक्तपूर्वामिव स्रजम् ॥ ४२
समाश्वास्य तु सुग्रीवं राक्षसेन्द्रो विभीषणः । विद्रुतं वानरानीकं तत्समाश्वासयत्पुनः ॥ ४३
इन्द्रजित्तु महामायः सर्वसैन्यसमावृतः । विवेश नगरीं लङ्कां पितरं चाभ्युपागमत् ॥ ४४
तत्र रावणमासाद्य अभिवाद्य कृताञ्जलिः । आचचक्षे प्रियं पित्रे निहतौ रामलक्ष्मणौ ॥ ४५
उत्पपात ततो हृष्टः पुत्रं च परिषस्वजे । रावणो रक्षसां मध्ये श्रुत्वा शत्रू निपातितौ ॥ ४६
उपाघ्राय च तं मूर्ध्नि पप्रच्छ प्रीतमानसः । पृच्छते च यथावृत्तं पित्रे तस्मै न्यवेदयत् ।
यथा तौ शरबन्धेन निश्चेष्टौ निष्प्रभौ कृतौ ॥ ४७

स हर्षवेगानुगतान्तरात्मा श्रुत्वा गिरं तस्य महारथस्य ।
जहौ ज्वरं दाशरथेः समुत्थं प्रहृष्टवाचाभिननन्द पुत्रम् ॥ ४८

इत्यार्षे श्रीमद्रामायणे वाल्मीकीय आदिकाव्ये युद्धकाण्डे षट्चत्वारिंशः सर्गः ॥ ४६ ॥

सप्तचत्वारिंशः सर्गः ।

तस्मिन्प्रविष्टे लङ्कायां कृतार्थे रावणात्मजे । राघवं परिवार्याथ ररक्षुर्वानरर्षभाः ॥ १
हनुमानङ्गदो नीलः सुषेणः कुमुदो नलः । गजो गवाक्षः पनसः सानुप्रस्थो महाहरिः ॥ २
जाम्बवानृषभः सुन्दो रम्भः शतबलिः पृथुः । व्यूढानीकाश्च यत्ताश्च द्रुमानादाय सर्वतः ॥ ३
वीक्षमाणा दिशः सर्वास्तिर्यगूर्ध्वं च वानराः । तृणेष्वपि च चेष्टत्सु राक्षसा इति मेनिरे ॥ ४
रावणश्चापि संहृष्टो विसृज्येन्द्रजितं सुतम् । आजुहाव ततः सीतारक्षणी राक्षसीस्तदा ॥ ५
राक्षस्यस्त्रिजटा चापि शासनात्तमुपस्थिताः । ता उवाच ततो हृष्टो राक्षसी राक्षसाधिपः ॥ ६
हताविन्द्रजिताख्यात वैदेह्यै रामलक्ष्मणौ । पुष्पकं तत्समारोप्य दर्शयध्वं रणे हतौ ॥ ७
यदाश्रयादवष्टब्धा नेयं मामुपतिष्ठते । सोऽस्या भर्ता सह भ्रात्रा निहतो रणमूर्धनि ॥ ८
निर्विशङ्का निरुद्विग्ना निरपेक्षा च मैथिली । मामुपस्थास्यते सीता सर्वाभरणभूषिता ॥ ९
अद्य कालवशं प्राप्तं रणे रामं सलक्ष्मणम् । अवेक्ष्य विनिवृत्ता सा चान्यां गतिमपश्यती ।
अनपेक्षा विशालाक्षी मामुपस्थास्यते स्वयम् ॥ १०
तस्य तद्वचनं श्रुत्वा रावणस्य दुरात्मनः । राक्षस्यस्तास्तथेत्युक्त्वा जग्मुर्वै यत्र पुष्पकम् ॥ ११
ततः पुष्पकमादाय राक्षस्यो रावणाज्ञया । अशोकवनिकास्थां तां मैथिलीं समुपानयन् ॥ १२
तामादाय तु राक्षस्यो भर्तृशोकपराजिताम् । सीतामारोपयामासुर्विमानं पुष्पकं तदा ॥ १३
ततः पुष्पकमारोप्य सीतां त्रिजटया सह । रावणश्चारयामास पताकाध्वजमालिनीम् ॥ १४
प्राघोषयत हृष्टश्च लङ्कायां राक्षसेश्वरः । राघवो लक्ष्मणश्चैव हताविन्द्रजिता रणे ॥ १५
विमानेनापि गत्वा तु सीता त्रिजटया सह । ददर्श वानराणां तु सर्वं सैन्यं निपातितम् ॥ १६
प्रहृष्टमनसश्चापि ददर्श पिशिताशनान् । वानरांश्चातिदुःखार्तान्रामलक्ष्मणपार्श्वतः ॥ १७
ततः सीता ददर्शोभौ शयानौ शरतल्पगौ । लक्ष्मणं चैव रामं च विसंज्ञौ शरपीडितौ ॥ १८
विध्वस्तकवचौ वीरौ विप्रविद्धशरासनौ । सायकैश्छिन्नसर्वाङ्गौ शरस्तम्बमयौ क्षितौ ॥ १९

अनीकप्रत्याश्वासनार्थं मां धावन्तं दृष्ट्वा तु संप्रहर्षितं प्राप्तहर्षमनीकं तद्रूपा हरयो भुक्तपूर्वां स्रजमिव त्रासं त्यजन्तु ॥ ४२ ॥ समाश्वास्य । उक्तरीत्येति शेषः ॥ ४३ ॥ ४४ ॥ ४५ ॥ ४६ ॥ ४७ ॥ ४८ ॥ इति श्रीरामाभिरामे श्रीरामीये रामायणतिलके वाल्मीकीय आदिकाव्ये युद्धकाण्डे षट्चत्वारिंशः सर्गः ॥ ४६ ॥

तस्मिन्निति ॥ १ ॥ २ ॥ व्यूढानि गरुडाद्याकारव्यूहवन्त्यनीकानि येषां ते ॥ ३ ॥ राक्षसा इत्यस्यागता इति शेषः ॥ ४ ॥ सीतारक्षणीः सीतारक्षिका राक्षसीराजुहाव । ता राक्षस्यस्त्रिजटा च तमुपस्थिताः ॥ ५ ॥ ६ ॥ आख्यात कथयत । रणे हतौ राघवौ तस्यै तद्दर्शयध्वम् ॥ ७ ॥ यदाश्रयादवष्टब्धा गर्विता ॥ ८ ॥ निर्विशङ्का रामशङ्कारहिता, निरुद्विग्ना निःशोका, निरपेक्षा रामो मिलिष्यतीत्याशारहिता ॥ ९ ॥ अवेक्ष्य विनिवृत्ता प्रत्यागता सा च सा त्वन्यां मत्तोऽन्यां रामरूपां गतिं प्राप्यं वस्त्वपश्यती । अनपेक्षा रामापेक्षारहिता ॥ १० ॥ ११ ॥ १२ ॥ १३ ॥ पताकाध्वजमालिनीं लङ्कां चारयामास । रणस्थौ तौ द्रष्टुमिति शेषः ॥ १४ ॥ घोषणप्रकारः—राघवो लक्ष्मणश्चेति ॥ १५ ॥ सर्वम् । बहिलस्थैः ॥ १६ ॥ १७ ॥ १८ ॥ विप्रविद्धशरा-

तौ दृष्ट्वा भ्रातरौ तत्र प्रवीरौ पुरुषर्षभौ । शयानौ पुण्डरीकाक्षौ कुमाराविव पावकी ॥ २०
शरतल्पगतौ वीरौ तथाभूतौ नरर्षभौ । दुःखार्ता करुणं सीता सुभृशं विललाप ह ॥ २१
भर्तारमनवद्याङ्गी लक्ष्मणं चासितेक्षणा । प्रेक्ष्य पांसुषु चेष्टन्तौ रुरोद जनकात्मजा ॥ २२
सबाष्पशोकाभिहता समीक्ष्य तौ भ्रातरौ देवसुतप्रभावौ ।
वितर्कयन्ती निधनं तयोः सा दुःखान्विता वाक्यमिदं जगाद ॥ २३

इत्यार्षे श्रीमद्रामायणे वाल्मीकीय आदिकाव्ये युद्धकाण्डे सप्तचत्वारिंशः सर्गः ॥ ४७ ॥

अष्टचत्वारिंशः सर्गः ।

भर्तारं निहतं दृष्ट्वा लक्ष्मणं च महाबलम् । विललाप भृशं सीता करुणं शोककर्शिता ॥ १
ऊचुर्लाक्षणिका ये मां पुत्रिण्यविधवेति च । तेऽद्य सर्वे हते रामे ज्ञानिनोऽनृतवादिनः ॥ २
यज्वनो महिषीं ये मामूचुः पत्नीं च सत्रिणः । तेऽद्य सर्वे हते रामे ज्ञानिनोऽनृतवादिनः ॥ ३
वीरपार्थिवपत्नीनां ये विदुर्भर्तृपूजिताम् । तेऽद्य सर्वे हते रामे ज्ञानिनोऽनृतवादिनः ॥ ४
ऊचुः संश्रवणे ये मां द्विजाः कार्तान्तिकाः शुभाम् । तेऽद्य सर्वे हते रामे ज्ञानिनोऽनृतवादिनः ॥ ५
इमानि खलु पद्मानि पादयोर्वै कुलस्त्रियः । आधिराज्येऽभिषिच्यन्ते नरेन्द्रैः पतिभिः सह ॥ ६
वैधव्यं यान्ति यैर्नार्योऽलक्षणैर्भाग्यदुर्लभाः । नात्मनस्तानि पश्यामि पश्यन्ती हतलक्षणा ॥ ७
सत्यनामानि पद्मानि स्त्रीणामुक्तानि लक्षणैः । तान्यद्य निहते रामे वितथानि भवन्ति मे ॥ ८
केशाः सूक्ष्माः समा नीला भ्रुवौ चासंहते मम । वृत्ते चारोमके जङ्घे दन्ताश्चाविरला मम ॥ ९
शङ्खे नेत्रे करौ पादौ गुल्फावूरू समौ चितौ । अनुवृत्तनखाः स्निग्धाः समाश्चाङ्गुलयो मम ॥ १०
स्तनौ चाविरलौ पीनौ मामकौ मग्नचूचुकौ । मग्ना चोत्सेधनी नाभिः पार्श्वोरस्कं च मे चितम् ॥ ११
मम वर्णो मणिनिभो मृदून्यङ्गरुहाणि च । प्रतिष्ठितां द्वादशभिर्मामूचुः शुभलक्षणाम् ॥ १२
समग्रयवमच्छिद्रं पाणिपादं च वर्णवत् । मन्दस्मितेत्येव च मां कन्यालाक्षणिका विदुः ॥ १३
आधिराज्येऽभिषेको मे ब्राह्मणैः पतिना सह । कृतान्तकुशलैरुक्तं तत्सर्वं वितथीकृतम् ॥ १४
शोधयित्वा जनस्थानं प्रवृत्तिमुपलभ्य च । तीर्त्वा सागरमक्षोभ्यं भ्रातरौ गोष्पदे हतौ ॥ १५

सनौ भ्रष्टधनुष्कौ । शरस्तम्बः शरसमूहस्तन्मयौ ॥ १९ ॥ २० ॥ २१ ॥ २२ ॥ वितर्कयन्ती चिन्तयन्तीत्येव ॥२३॥

इति श्रीरामाभिरामे श्रीरामीये रामायणतिलके वाल्मीकीय आदिकाव्ये युद्धकाण्डे सप्तचत्वारिंशः सर्गः ॥ ४७ ॥

विललापेति । सर्वज्ञापि देवी राक्षसानां मानुषबुद्धिस्थैर्याय नटवद्विललापेत्यर्थः । निहतं निहतमिव स्थितम् ॥ १ ॥ लाक्षणिकाः सामुद्रिकलक्षणज्ञाः ॥ २ ॥ अयमेव पाङ्कः पाठ इति कतकः । यज्वनोऽश्वमेधादियागकर्तुः । सत्रिणो बहुदिनसाध्यबहुकर्तृकयागकर्तुः ॥ ३ ॥ वीरपार्थिवपत्नीनाम् । पूजनीयामिति शेषः । भर्तृपूजितां सुमङ्गलीं ये प्राहुः ॥ ४ ॥ सम्यक्श्रवणं यस्मिन्निति संश्रवणं संनिधिस्तस्मिन् । मत्समक्षमिति यावत् । कार्तान्तिका ज्योतिःकृतान्तविदः । शुभामविधवाम् । ज्ञानिन इति च्छेदः ॥ ५ ॥ यैर्लक्षणैः स्त्रियो नरेन्द्रैः पतिभिः सहाधिराज्येऽभिषिच्यन्ते तानीमानि पद्मानि पाणिपादवर्तिरेखारूपपद्मानि मयि वर्तन्त इति शेषः ॥ ६ ॥ यैरलक्षणैर्भाग्यदुर्लभा दुर्लभभाग्या वैधव्यं यान्ति तान्यात्मनो न पश्यामि । सुलक्षणानि पश्यन्त्यपि हतलक्षणा निष्फललक्षणा जातास्मीति शेषः । इदं पद्यं प्रक्षिप्तमिति बहवः ॥ ७ ॥ लक्षणैर्लक्षणज्ञैस्तत्प्रतिपादकशास्त्रैश्च सत्यनामान्यमोघफलानि तानि शास्त्राणि तत्प्रतिपादितलक्षणानि च ॥ ८ ॥ असंहतेऽपरस्पराश्लिष्टे ॥ ९ ॥ शङ्खे नयनोपान्त्यभागौ । ललाटफलके इति कतकः । चितावुपचितौ । अनुवृत्ता आनुपूर्व्येण वृत्तत्वगुणयुक्ताः । समाः सममध्याः ॥ १० ॥ अविरलौ परस्परसंसक्तौ, मग्नचूचुकौ निमग्नाग्रभागौ, उत्सेधन्युन्नतपर्यन्तप्रदेशा । पार्श्वं चोरस्कं च । स्वार्थे कः । तत्पार्श्वोरस्कम् । प्राण्यङ्गत्वादेकवचनम् । चितमुपचितम् ॥ ११ ॥ वर्णः कान्तिः । मणिनिभः शाणघृष्टमणिवदुज्ज्वलः । अङ्गरुहाणि रोमाणि । द्वादशभिः प्रतिष्ठितां पादद्वयवर्त्यङ्गुलिदशकं द्वे पादतले च, एवं द्वादशभिः सुप्रतिष्ठितां सुस्पष्टभूमिकाम् । एवं केशादिपादान्तलक्षणैर्मां शुभलक्षणामूचुः ॥ १२ ॥ समग्रयवमङ्गुलिपर्वमध्यगसमग्रयवप्रमाणद्विद्विरेखावत्, अच्छिद्रं नीरन्ध्राङ्गुल्यन्तरालम् । वर्णवत्प्रशस्तकान्ति । मन्दस्मिता मन्दस्मितवत्स्वरूपसुलक्षणवती । कन्यालाक्षणिकाः कन्यावर्तिसामुद्रिकलक्षणज्ञाः ॥ १३ ॥ कृतान्तनिपुणैर्ज्योतिःशास्त्रसिद्धान्तज्ञैः, आधिराज्येऽभिषेको भावीत्युक्तमित्यन्वयः ॥ १४ ॥ सागरं समुद्रं राक्षससेनासागरं चाक्षोभ्यं तीर्त्वा गोष्पदेऽल्पावशिष्टसैन्ये हताभि-

ननु वारुणमाग्नेयमैन्द्रं वायव्यमेव च । अस्त्रं ब्रह्मशिरश्चैव राघवौ प्रत्यपद्यत ॥ १६
अदृश्यमानेन रणे मायया वासवोपमौ । मम नाथावनाथाया निहतौ रामलक्ष्मणौ ॥ १७
नहि दृष्टिपथं प्राप्य राघवस्य रणे रिपुः । जीवन्प्रतिनिवर्तेत यद्यपि स्यान्मनोजवः ॥ १८
न कालस्यातिभारोऽस्ति कृतान्तश्च सुदुर्जयः । यत्र रामः सह भ्रात्रा शेते युधि निपातितः ॥ १९
न शोचामि तथा रामं लक्ष्मणं च महारथम् । नात्मानं जननीं चापि यथा श्वश्रूं तपस्विनीम् ॥ २०
सा तु चिन्तयते नित्यं समाप्तव्रतमागतम् । कदा द्रक्ष्यामि सीतां च लक्ष्मणं च सराघवम् ॥ २१
परिदेवयमानां तां राक्षसी त्रिजटाब्रवीत् । मा विषादं कृथा देवि भर्तायं तव जीवति ॥ २२
कारणानि च वक्ष्यामि महान्ति सदृशानि च । यथेमौ जीवतो देवि भ्रातरौ रामलक्ष्मणौ ॥ २३
नहि कोपपरीतानि हर्षपर्युत्सुकानि च । भवन्ति युधि योधानां मुखानि निहते पतौ ॥ २४
इदं विमानं वैदेहि पुष्पकं नाम नामतः । दिव्यं त्वां धारयेन्नेदं यद्येतौ गतजीवितौ ॥ २५
हतवीरप्रधाना हि गतोत्साहा निरुद्यमा । सेना भ्रमति संख्येषु हतकर्णेव नौर्जले ॥ २६
इयं पुनरसंभ्रान्ता निरुद्विग्ना तपस्विनी । सेना रक्षति काकुत्स्थौ मया प्रीत्या निवेदितौ ॥ २७
सा त्वं भव सुविस्रब्धा अनुमानैः सुखोदयैः । अहतौ पश्य काकुत्स्थौ स्नेहादेतद्ब्रवीमि ते ॥ २८
अनृतं नोक्तपूर्वं मे न च वक्ष्यामि मैथिलि । चारित्रसुखशीलत्वात्प्रविष्टासि मनो मम ॥ २९
नेमौ शक्यौ रणे जेतुं सेन्द्रैरपि सुरासुरैः । तादृशं दर्शनं दृष्ट्वा मया चोदीरितं तव ॥ ३०
इदं तु सुमहच्चित्रं शरैः पश्यस्व मैथिलि । विसंज्ञौ पतितावेतौ नैव लक्ष्मीर्विमुञ्चति ॥ ३१
प्रायेण गतसत्त्वानां पुरुषाणां गतायुषाम् । दृश्यमानेषु वक्त्रेषु परं भवति वैकृतम् ॥ ३२
त्यज शोकं च दुःखं च मोहं च जनकात्मजे । रामलक्ष्मणयोरर्थे नाद्य शक्यमजीवितुम् ॥ ३३
श्रुत्वा तु वचनं तस्याः सीता सुरसुतोपमा । कृताञ्जलिरुवाचेमामेवमस्त्विति मैथिली ॥ ३४
विमानं पुष्पकं तत्तु संनिवर्त्य मनोजवम् । दीना त्रिजटया सीता लङ्कामेव प्रवेशिता ॥ ३५
ततस्त्रिजटया सार्धं पुष्पकादवरुह्य सा । अशोकवनिकामेव राक्षसीभिः प्रवेशिता ॥ ३६
प्रविश्य सीता बहुवृक्षखण्डां तां राक्षसेन्द्रस्य विहारभूमिम् ।
संप्रेक्ष्य संचिन्त्य च राजपुत्री परं विषादं समुपाजगाम ॥ ३७

इत्यार्षे श्रीमद्रामायणे वाल्मीकीय आदिकाव्ये युद्धकाण्डेऽष्टचत्वारिंशः सर्गः ॥ ४८ ॥

त्यर्थः । अनेन बहुदिनयुद्धोत्तरमल्पावशिष्टे सैन्ये कतिपययूथपरूपेऽयं शरबन्ध इति लभ्यते ॥ १५ ॥ प्रत्यपद्यत प्रत्यपद्येताम् । एकवचनमार्षम् । नन्वितः पूर्वं तत्किमिदानीं न स्मृतमिति शेषः ॥ १६ ॥ १७ ॥ १८ ॥ कालस्य शुभाशुभफलप्रापकस्य तत्प्रापणेऽतिभारो नास्ति, अतस्तदुपस्थापितफलनिर्वर्तको यः कृतान्तो दैवं स न सुदुर्जयः । सामान्यरूपस्यार्थस्य विशेषेण समर्थनरूपोऽर्थान्तरन्यासः । प्रकृतकथनरूपो यत्रेत्यादिः । यत्र । यस्मादित्यर्थः ॥ १९ ॥ २० ॥ २१ ॥ २२ ॥ एवंदशां प्राप्तस्य कथं जीवनं तत्राह—कारणानीति । महान्तीदानीमपि सजीवत्वोपपादकानि । सदृशान्यनुभूतैस्तुल्यानि दृष्टसंवादानि । यथेमौ जीवत इति प्रतिपद्येथास्तथा कारणानि वक्ष्यामीत्यन्वयः ॥ २३ ॥ तान्येव व्यतिरेकमुखेनाह—नहीति । पतौ पत्यौ निहते सति योधानां मुखानि क्षणेन शत्रुं हनिष्यामः क्व गच्छतीत्येवं कोपेन व्याप्तानि न भवन्ति । हर्षपर्युत्सुकानि हर्षजनकमोहशान्तिदर्शनोत्सुकानि न भवन्ति, अपि तु रुदन्ति केवलम् । नैवं प्रकृते, अतो जीवतीति निश्चिनु ॥ २४ ॥ इतोऽप्येवमेवेत्याह—इदं विमानमिति ॥ २५ ॥ पुनर्लिङ्गान्तरमाह—हवेति । हतो वीरः शूरः प्रधानो राजा यस्याः सा भ्रमतीतस्ततो व्याकुला भवति । हतकर्णा हतकर्णधाराधिष्ठितफलका हतकर्णधारा वा ॥ २६ ॥ तस्य विपर्यये पर्यवसानं दर्शयति—इयं पुनरिति । निवेदितौ निवेदितजीवनौ तुभ्यं कृतौ ॥ २७ ॥ २८ ॥ चारित्रेण पातिव्रत्येन सुखशीलत्वात्सुखावहत्वान्मन्मनःसुखावहस्वभावत्वान्मन्मनःप्रविष्टासि । हृदयंगमासीत्यर्थः । अत एतत्सर्वं स्वस्वामिनो रावणस्य विरुद्धमपि मया तवोक्तमिति भावः ॥ २९ ॥ तादृशं दर्शनं जीवनसूचकमनयोः सैनिकानां चाकारं दृष्ट्वा मया तवानयोर्जीवनमुदीरितं निवेदितम् । दृश्यत इति दर्शनः । कर्मणि ल्युट् । 'राजभोजनाः शालयः' इतिवत् ॥ ३० ॥ 'लक्ष्मीर्नैव वियुज्यते' इति पाठेऽपि न मुञ्चतीत्येवार्थः ॥ ३१ ॥ ३२ ॥ रामलक्ष्मणयोरर्थे शोकं त्यज । एवं प्रसन्नमुखाभ्यामजीवितुं जीवनराहित्येनावस्थातुमशक्यम् । अतो जीवतीति निश्चिन्विति शेषः ॥ ३३ ॥ ३४ ॥ ३५ ॥ ३६ ॥ ३७ ॥ इति श्रीरामाभिरामे श्रीरामीये रामायण-

एकोनपञ्चाशः सर्गः ।

घोरेण शरबन्धेन बद्धौ दशरथात्मजौ । निःश्वसन्तौ यथा नागौ शयानौ रुधिरोक्षितौ ॥ १
सर्वे ते वानरश्रेष्ठाः ससुग्रीवमहाबलाः । परिवार्य महात्मानौ तस्थुः शोकपरिप्लुताः ॥ २
एतस्मिन्नन्तरे रामः प्रत्यबुध्यत वीर्यवान् । स्थिरत्वात्सत्त्वयोगाच्च शरैः संदानितोऽपि सन् ॥ ३
ततो दृष्ट्वा सरुधिरं निषण्णं गाढमर्पितम् । भ्रातरं दीनवदनं पर्यदेवयदातुरः ॥ ४
किं नु मे सीतया कार्यं लब्धया जीवितेन वा । शयानं योऽद्य पश्यामि भ्रातरं युधि निर्जितम् ॥ ५
शक्या सीतासमा नारी मर्त्यलोके विचिन्वता । न लक्ष्मणसमो भ्राता सचिवः सांपरायिकः ॥ ६
परित्यक्ष्याम्यहं प्राणान्वानराणां तु पश्यताम् । यदि पञ्चत्वमापन्नः सुमित्रानन्दवर्धनः ॥ ७
किं नु वक्ष्यामि कौसल्यां मातरं किं नु कैकयीम् । कथमम्बां सुमित्रां च पुत्रदर्शनलालसाम् ॥ ८
विवत्सां वेपमानां च वेपन्तीं कुररीमिव । कथमाश्वासयिष्यामि यदि यास्यामि तं विना ॥ ९
कथं वक्ष्यामि शत्रुघ्नं भरतं च यशस्विनम् । मया सह वनं यातो विना तेनाहमागतः ॥ १०
उपालम्भं न शक्ष्यामि सोढुमम्बासुमित्रया । इहैव देहं त्यक्ष्यामि नहि जीवितुमुत्सहे ॥ ११
धिङ्मां दुष्कृतकर्माणमनार्यं मत्कृते ह्यसौ । लक्ष्मणः पातितः शेते शरतल्पे गतासुवत् ॥ १२
त्वं नित्यं सुविषण्णं मामाश्वासयसि लक्ष्मण । गतासुर्नाद्य शक्तोऽसि मामार्तमभिभाषितुम् ॥ १३
येनाद्य बहवो युद्धे निहता राक्षसाः क्षितौ । तस्यामेवाद्य शूरस्त्वं शेषे विनिहतः शरैः ॥ १४
शयानः शरतल्पेऽस्मिन्सशोणितपरिस्रुतः । शरभूतस्ततो भासि भास्करोऽस्तमिव व्रजन् ॥ १५
बाणाभिहतमर्मत्वान्न शक्नोषीह भाषितुम् । रुजा चाब्रुवतो यस्य दृष्टिरागेण सूच्यते ॥ १६
यथैव मां वनं यान्तमनुयातो महाद्युतिः । अहमप्यनुयास्यामि तथैवैनं यमक्षयम् ॥ १७
इष्टबन्धुजनो नित्यं मां च नित्यमनुव्रतः । इमामद्य गतोऽवस्थां ममानार्यस्य दुर्नयैः ॥ १८
सुरुष्टेनापि वीरेण लक्ष्मणेन न संस्मरे । परुषं चाप्रियं चापि श्रावितं तु कदाचन ॥ १९
विससर्जैकवेगेन पञ्च बाणशतानि यः । इष्वस्त्रेष्वधिकस्तस्मात्कार्तवीर्याच्च लक्ष्मणः ॥ २०
अस्त्रैरस्त्राणि यो हन्याच्छक्रस्यापि महात्मनः । सोऽयमुर्व्यां हतः शेते महार्हशयनोचितः ॥ २१
तत्तु मिथ्या प्रलप्तं मां प्रधक्ष्यति न संशयः । यन्मया न कृतो राजा राक्षसानां विभीषणः ॥ २२
अस्मिन्मुहूर्ते सुग्रीव प्रतियातुमिवार्हसि । सत्त्वहीनं मया राजन्रावणोऽभिभविष्यति ॥ २३
अङ्गदं तु पुरस्कृत्य ससैन्यं सपरिच्छदम् । सागरं तर सुग्रीव नीलेन च नलेन च ॥ २४
कृतं हि सुमहत्कर्म यदन्यैर्दुष्करं रणे । ऋक्षराजेन तुष्यामि गोलाङ्गूलाधिपेन च ॥ २५
अङ्गदेन कृतं कर्म मैन्देन द्विविदेन च । युद्धं केसरिणा संख्ये घोरं संपातिना कृतम् ॥ २६
गवयेन गवाक्षेण शरभेण गजेन च । अन्यैश्च हरिभिर्युद्धं दुर्धरं त्यक्तजीवितैः ॥ २७
न चातिक्रमितुं शक्यं दैवं सुग्रीव मानुषैः । यत्तु शक्यं वयस्येन सुहृदा वा परं मम ॥ २८

तिलके वाल्मीकीय आदिकाव्ये युद्धकाण्डेऽष्टचत्वारिंशः सर्गः ॥ ४८ ॥

घोरेणेति ॥ १ ॥ २ ॥ स्थिरत्वादतिदृढगात्रत्वात्, सत्त्वयोगान्महाबलयुक्तत्वात्, संदानितोऽपि बद्धोऽपि ॥ ३ ॥ गाढमर्पितं शरैर्गाढबद्धम् ॥ ४ ॥ ५ ॥ सचिवः सहायः । सांपरायिको युद्धे साधुः । युद्धार्ह इति यावत् ॥ ६ ॥ ७ ॥ ८ ॥ ९ ॥ यो मया सह वनं गतस्तेन लक्ष्मणेन विना गतोऽहं किं वक्ष्यामि ॥ १० ॥ अम्बासुमित्रयेति । क्रियमाणमिति शेषः ॥ ११ ॥ १२ ॥ गतासुर्गतासुरिव ॥ १३ ॥ १४ ॥ शरभूतः शरैर्व्याप्तशरीरत्वाच्छररूपं प्राप्तः । अस्तं व्रजन्भास्कर इव तत्तद्रन्ध्रनिःसरद्रुधिरव्याप्तशराः किरणस्थानीयाः ॥ १५ ॥ अब्रुवतोऽपि यस्य रुजा व्यथा दृष्ट्या रागेणान्यया मुखशोभया स सूच्यते । दृष्टिस्थानेन दर्शनशक्तिमत्त्वं सूच्यते ॥ १६ ॥ यमक्षयं यमगृहं यास्यामीत्यन्वयः । यथायं मात्रादिषु स्नेहमपर्यालोच्यैव मामनुगतस्तथाहमपि तत्स्नेहं त्यक्त्वानुयास्यामीति भावः ॥ १७ ॥ इष्टो बन्धुजनो यस्य सः ॥ १८ ॥ विप्रियमहितं कदाचन श्रावितं त्विति न संस्मरे । न स्मरामीत्यर्थः ॥ १९ ॥ य एकवेगेन पञ्चबाणशतानि विससर्ज कार्तवीर्यस्तस्मात्कार्तवीर्यात्सहस्रबाहोरयं द्विबाहुरेकेन वेगेन तावतो बाणान्विसृजन्नधिक इत्यर्थः ॥ २० ॥ २१ ॥ विभीषणो राजा न कृत इति यद्यतः, तस्मात्तद्विभीषणमभिषेक्ष्यामीति मिथ्या प्रलप्तं प्रलपितं मां प्रधक्ष्यति ॥ २२ ॥ सत्त्वहीनं शोकवता मया बलहीनम् ॥ २३ ॥ नीलेनेत्यादौ सहेति शेषः ॥ २४ ॥ हनुमदादिभिर्मदर्थे यत्कृतं तेन तुष्यामि ॥ २५ ॥ २६ ॥ हरिभिर्युद्धं कृतमिति पूर्वेण संबन्धः ॥ २७ ॥ अतिप्रबलसहायेनापि दैवं दुर्जयमित्याह—न चातिक्रमितुमिति । वयस्यः

कृतं सुग्रीव तत्सर्वं भवता धर्मभीरुणा । मित्रकार्यं कृतमिदं भवद्भिर्वानरर्षभाः ॥ २९
अनुज्ञाता मया सर्वे यथेष्टं गन्तुमर्हथ । शुश्रुवुस्तस्य ये सर्वे वानराः परिदेवितम् ।
वर्तयांचक्रिरेऽश्रूणि नेत्रैः कृष्णेतरेक्षणाः ॥ ३०
ततः सर्वाण्यनीकानि स्थापयित्वा विभीषणः । आजगाम गदापाणिस्त्वरितं यत्र राघवः ॥ ३१
तं दृष्ट्वा त्वरितं यान्तं नीलाञ्जनचयोपमम् । वानरा दुद्रुवुः सर्वे मन्यमानास्तु रावणिम् ॥ ३२

इत्यार्षे श्रीमद्रामायणे वाल्मीकीय आदिकाव्ये युद्धकाण्ड एकोनपञ्चाशः सर्गः ॥ ४९ ॥

पञ्चाशः सर्गः ।

अथोवाच महातेजा हरिराजो महाबलः । किमियं व्यथिता सेना मूढवातेव नौर्जले ॥ १
सुग्रीवस्य वचः श्रुत्वा वालिपुत्रोऽङ्गदोऽब्रवीत् । न त्वं पश्यसि रामं च लक्ष्मणं च महारथम् ॥ २
शरजालाचितौ वीरावुभौ दशरथात्मजौ । शरतल्पे महात्मानौ शयानौ रुधिरोक्षितौ ॥ ३
अथाब्रवीद्वानरेन्द्रः सुग्रीवः पुत्रमङ्गदम् । नानिमित्तमिदं मन्ये भवितव्यं भयेन तु ॥ ४
विषण्णवदना ह्येते त्यक्तप्रहरणा दिशः । पलायन्तेऽत्र हरयस्त्रासादुत्फुल्ललोचनाः ॥ ५
अन्योन्यस्य न लज्जन्ते न निरीक्षन्ति पृष्ठतः । विप्रकर्षन्ति चान्योन्यं पतितं लङ्घयन्ति च ॥ ६
एतस्मिन्नन्तरे वीरो गदापाणिर्विभीषणः । सुग्रीवं वर्धयामास राघवं च जयाशिषा ॥ ७
विभीषणं च सुग्रीवो दृष्ट्वा वानरभीषणम् । ऋक्षराजं महात्मानं समीपस्थमुवाच ह ॥ ८
विभीषणोऽयं संप्राप्तो यं दृष्ट्वा वानरर्षभाः । द्रवन्त्यागतसंत्रासा रावणात्मजशङ्कया ॥ ९
शीघ्रमेतान्सुसंत्रस्तान्बहुधा विप्रधावितान् । पर्यवस्थापयाख्याहि विभीषणमुपस्थितम् ॥ १०
सुग्रीवेणैवमुक्तस्तु जाम्बवानृक्षपार्थिवः । वानरान्सान्त्वयामास संनिवर्त्य प्रधावतः ॥ ११
ते निवृत्ताः पुनः सर्वे वानरास्त्यक्तसाध्वसाः । ऋक्षराजवचः श्रुत्वा तं च दृष्ट्वा विभीषणम् ॥ १२
विभीषणस्तु रामस्य दृष्ट्वा गात्रं शरैश्चितम् । लक्ष्मणस्य तु धर्मात्मा बभूव व्यथितस्तदा ॥ १३
जलक्लिन्नेन हस्तेन तयोर्नेत्रे विमृज्य च । शोकसंपीडितमना रुरोद विललाप च ॥ १४
इमौ तौ सत्त्वसंपन्नौ विक्रान्तौ प्रियसंयुगौ । इमामवस्थां गमितौ राक्षसैः कूटयोधिभिः ॥ १५
भ्रातृपुत्रेण चैतेन दुष्पुत्रेण दुरात्मना । राक्षस्या जिह्मया बुद्ध्या वञ्चितावृजुविक्रमौ ॥ १६
शरैरिमावलं विद्धौ रुधिरेण समुक्षितौ । वसुधायामिमौ सुप्तौ दृश्येते शल्यकाविव ॥ १७
ययोर्वीर्यमुपाश्रित्य प्रतिष्ठा काङ्क्षिता मया । ताविमौ देहनाशाय प्रसुप्तौ पुरुषर्षभौ ॥ १८
जीवन्नद्य विपन्नोऽस्मि नष्टराज्यमनोरथः । प्राप्तप्रतिज्ञश्च रिपुः सकामो रावणः कृतः ॥ १९

केवलसखा । सुहृदुपक्रियामूलसखा ॥ २८ ॥ अधर्मभीरुणेति च्छेद इति तीर्थः, तद्विफलमेव । धर्मभीरुणेति च्छेदेऽपि धर्मत्यागाद्भीरुणेति व्याख्यातुं शक्यत्वात् ॥ २९ ॥ परिदेवितं परिदेवनप्रवृत्तं वचः । कृष्णेतरेक्षणाः पिङ्गाक्षाः ॥ ३० ॥ ३१ ॥ तं दूरपलायितसेनाः परावर्त्य स्थापयित्वा गतम् । वानरा दुद्रुवुः । सुग्रीवसमीपस्था इति शेषः ॥ ३२ ॥ **इति श्रीरामाभिरामे श्रीरामीये रामायणतिलके वाल्मीकीय आदिकाव्ये युद्धकाण्ड एकोनपञ्चाशः सर्गः ॥ ४९ ॥**

मूढवाता दिग्व्यामोहकरवात्यावातवती । मूढेति भावे निष्ठा ॥ १ ॥ सुग्रीवस्य वचः सेनापलायनप्रश्नहेतुरूपम् । अङ्गदस्तु प्रस्तुतमेव निमित्तमाह—न त्वमिति । एवं विशेषणकौ दशरथात्मजौ न पश्यसि किम् । एतदेव निमित्तमिति वृथा प्रश्न इति भावः ॥ २ ॥ ३ ॥ सुग्रीवो नेदमिदानीं पलायननिमित्तमित्याह—अथेति । इदं पलायननिमित्तं त्वदुक्तनिमित्तान्यनिमित्तहीनमिति न मन्ये, किं तु केनचित्सांप्रतिकेन पलायनहेतुना भयेन भवितव्यमित्यर्थः ॥ ४ ॥ तदेव स्पष्टयति—विषण्णेति । विषण्णवदनास्त्यक्तप्रहरणाश्च सन्त एतावत्पर्यन्तमिहैव स्थिताः । संप्रति तु इतो दिशः प्रति पलायन्ते, तत्तु त्रासात्सांप्रतिकादेव नान्यथेत्यर्थः ॥ ५ ॥ न लज्जन्ते । शूरगर्हिते पलायने क्रियमाणे न लज्जां प्राप्नुवन्तीत्यर्थः । पृष्ठतः । वर्तमानपदार्थानिति शेषः । विप्रकर्षन्ति । पलायनप्रतिरोधकानिति शेषः ॥ ६ ॥ वर्धयामास । विजयी भवेति वचनेनेति भावः ॥ ७ ॥ वानरभीषणं वानराणां भयनिमित्तम् ॥ ८ ॥ ९ ॥ पर्यवस्थापय प्रतिष्ठापय ॥ १० ॥ ११ ॥ १२ ॥ लक्ष्मणस्य तु लक्ष्मणस्य च ॥ १३ ॥ १४ ॥ १५ ॥ १६ ॥ शल्यकः श्वावित् ॥ १७ ॥ प्रतिष्ठा राज्ये स्थितिः ॥ १८ ॥ अद्य जीवन्नपि विपन्नोऽस्मि मृतोऽस्मि । प्राप्तप्रतिज्ञो निर्वृत्तसीतापरित्यागाभावप्रतिज्ञः । सकामः पूर्णमनोरथश्च पुत्रेण कृतः

एवं विलपमानं तं परिष्वज्य विभीषणम् । सुग्रीवः सत्त्वसंपन्नो हरिराजोऽब्रवीदिदम् ॥ २०
राज्यं प्राप्स्यसि धर्मज्ञ लङ्कायां नेह संशयः । रावणः सह पुत्रेण स्वकामं नेह लप्स्यते ॥ २१
गरुडाधिष्ठितावेतावुभौ राघवलक्ष्मणौ । त्यक्त्वा मोहं वधिष्येते सगणं रावणं रणे ॥ २२
तमेवं सान्त्वयित्वा तु समाश्वास्य तु राक्षसम् । सुषेणं श्वशुरं पार्श्वे सुग्रीवस्तमुवाच ह ॥ २३
सह शूरैर्हरिगणैर्लब्धसंज्ञावरिंदमौ । गच्छ त्वं भ्रातरौ गृह्य किष्किन्धां रामलक्ष्मणौ ॥ २४
अहं तु रावणं हत्वा सपुत्रं सहबान्धवम् । मैथिलीमानयिष्यामि शक्रो नष्टामिव श्रियम् ॥ २५
श्रुत्वैतद्वानरेन्द्रस्य सुषेणो वाक्यमब्रवीत् । देवासुरं महायुद्धमनुभूतं पुरातनम् ॥ २६
तदा स्म दानवा देवाञ्शरसंस्पर्शकोविदान् । निजघ्नुः शस्त्रविदुषश्छादयन्तो मुहुर्मुहुः ॥ २७
तानार्तान्नष्टसंज्ञांश्च गतासूंश्च बृहस्पतिः । विद्याभिर्मन्त्रयुक्ताभिरोषधीभिश्चिकित्सति ॥ २८
तान्यौषधान्यानयितुं क्षीरोदं यान्तु सागरम् । जवेन वानराः शीघ्रं संपातिपनसादयः ॥ २९
हरयस्तु विजानन्ति पार्वती ते महौषधी । संजीवकरणीं दिव्यां विशल्यां देवनिर्मिताम् ॥ ३०
चन्द्रश्च नाम द्रोणश्च क्षीरोदे सागरोत्तमे । अमृतं यत्र मथितं तत्र ते परमौषधी ॥ ३१
तौ तत्र विहितौ देवैः पर्वतौ तौ महोदधौ । अयं वायुसुतो राजन्हनूमांस्तत्र गच्छतु ॥ ३२
एतस्मिन्नन्तरे वायुर्मेघाश्चापि सविद्युतः । पर्यस्य सागरे तोयं कम्पयन्निव पर्वतान् ॥ ३३
महता पक्षवातेन सर्वेद्वीपमहाद्रुमाः । निपेतुर्भग्नविटपाः सलिले लवणाम्भसि ॥ ३४
अभवन्पन्नगास्त्रस्ता भोगिनस्तत्रवासिनः । शीघ्रं सर्वाणि यादांसि जग्मुश्च लवणाम्भसि ॥ ३५
ततो मुहूर्ताद्गरुडं वैनतेयं महाबलम् । वानरा ददृशुः सर्वे ज्वलन्तमिव पावकम् ॥ ३६
तमागतमभिप्रेक्ष्य नागास्ते विप्रदुद्रुवुः । यैस्तु तौ पुरुषौ बद्धौ शरभूतैर्महाबलैः ॥ ३७
ततः सुपर्णः काकुत्स्थौ स्पृष्ट्वा प्रत्यभिनन्द्य च । विममर्श च पाणिभ्यां मुखे चन्द्रसमप्रभे ॥ ३८
वैनतेयेन संस्पृष्टास्तयोः संरुरुहुर्व्रणाः । सुवर्णे च तनू स्निग्धे तयोराशु बभूवतुः ॥ ३९
तेजो वीर्यं बलं चौज उत्साहश्च महागुणाः । प्रदर्शनं च बुद्धिश्च स्मृतिश्च द्विगुणा तयोः ॥ ४०
तावुत्थाप्य महातेजा गरुडो वासवोपमौ । उभौ च सस्वजे हृष्टो रामश्चैनमुवाच ह ॥ ४१
भवत्प्रसादाद्व्यसनं रावणिप्रभवं महत् । उपायेन व्यतिक्रान्तौ शीघ्रं च बलिनौ कृतौ ॥ ४२

॥ १९ ॥ २० ॥ रावणः पुत्रेण सह स्वकामं स्वमनोरथमिह लङ्कायां न लप्स्यते ॥ २१ ॥ कुतस्तत्राह—गरुडाधिष्ठिताविति । गरुडोपासकतया विज्ञातावित्यर्थः । तीर्थस्तु—'न रुजा पीडितावेतौ' इति पठित्वा न मरणपर्यवसायिरुजा पीडिताविमौ, किं तु मोहमात्रं प्राप्तौ, अतस्त्यक्त्वेत्येवं व्याचष्टे ॥२२॥ तमेवं सान्त्वयित्वा । गरुडानुग्रहसंभावनयेत्यर्थः । सान्त्वयित्वेत्यस्यैवार्थकथनम्—समाश्वास्य त्विति । अनेन सुग्रीववाक्येन रामविषयं स्वस्य भगवदवतारत्वज्ञानं सूचितम् ॥ २३ ॥ यावल्लब्धसंज्ञौ भविष्यतस्तावदनयो रक्षार्थमेतौ गृहीत्वा शूरैर्हरिगणैः सह किष्किन्धां गच्छ ॥२४॥ २५ ॥ एतद्वाक्यं रक्षणोपायबोधकं वाक्यम् । तदेवाह—देवासुरमिति ॥ २६ ॥ स्पृश्यत इति स्पर्शो विषयः । शरसंस्पर्शे शरविषये लक्ष्यवेधनरूपे कोविदानपि शस्त्रविदुषोऽपि मुहुर्मुहुश्छादयन्तो माययेन्द्रजिद्वदात्मानं प्रच्छादयन्तो जघ्नुः ॥ २७ ॥ आर्तत्वादिधर्मवतोऽपि तान्बृहस्पतिर्विद्याभिर्गरुडादिध्यानरूपामृतजीवनीभिस्तादृशीभिरोषधीभिश्च चिकित्सत्यचिकित्सत् ॥ २८ ॥ अस्तु, किं प्रकृते तत्राह—तानीति ॥ २९ ॥ ननु ज्ञाने किलानयनं तत्राह—हरयस्त्विति । संपात्यादयो हरयः पार्वती पर्वतप्रतिष्ठिते द्वे ओषधी विजानन्ति । पार्वती इति द्विवचनमार्षम् । तयोर्नामाह—संजीवेति । विशल्यां विशल्यकरणीम् । देवेन ब्रह्मणा निर्मिताम् ॥ ३० ॥ क्व पर्वते द्वे तत्राह—चन्द्रश्चेति । क्षीरोदे तौ पर्वतौ स्तः, तयोश्चौषध्यौ । को नाम सागरोत्तमस्तत्राह—अमृतमिति ॥ ३१ ॥ यद्यपि पनसादयो जानन्ति तथापि शीघ्रमागमनार्थं वायुसुतो यातु ॥ ३२ ॥ एतस्मिन्नन्तरे ओषध्यानयनवार्ताकाले । सागरे तोयं पर्यस्यातिलहरीयोगि कृत्वा पर्वतान्कम्पयन्पक्षवायुरभूत्, सविद्युतो मेघाश्चासन् ॥ ३३ ॥ सर्वे द्वीपा लवणसमुद्रान्तर्वर्तिनः ॥ ३४ ॥ तत्रवासिनो मलयवासिनो भोगिनो महाकाया यादांसि सर्वाणि लवणार्णवं जग्मुः । भयादन्तर्मग्नानीत्यर्थः ॥ ३५ ॥ ३६ ॥ ३७ ॥ प्रत्यभिनन्द्य विजयाशिषा प्रतिपूज्य । मुखे रामलक्ष्मणयोः ॥ ३८ ॥ संरुरुहुर्यथापूर्वं संरूढमांसा अभूवन् । सुवर्णे शोभनकान्तियुक्ते । तनू शरीरे ॥ ३९ ॥ तेजः पराभिभवसामर्थ्यम्, वीर्यं पराक्रमः, बलं शारीरम्, ओजः कान्तिः, उत्साहः प्रसिद्धः, प्रदर्शनं शब्दानुमानाभ्यां परोक्षार्थनिश्चयः, बुद्धिरपरोक्षनिश्चयः । द्विगुणा वैनतेयस्पर्शात्पूर्वतोऽप्यधिका । अत्रान्यैर्देवैरवतीर्य भगवतो रामस्य मूलमूर्तेराज्ञयोपकारः संपादितः । गरुडेन तु स्वरूपत एवेति बोध्यम् ॥ ४० ॥ ४१ ॥ व्यतिक्रान्तौ लङ्घितवन्तौ ॥ ४२ ॥

यथा तातं दशरथं यथाजं च पितामहम् । तथा भवन्तमासाद्य हृदयं मे प्रसीदति ॥ ४३
को भवान्रूपसंपन्नो दिव्यस्रगनुलेपनः । वसानो विरजे वस्त्रे दिव्याभरणभूषितः ॥ ४४
तमुवाच महातेजा वैनतेयो महाबलः । पतत्रिराजः प्रीतात्मा हर्षपर्याकुलेक्षणम् ॥ ४५
अहं सखा ते काकुत्स्थ प्रियः प्राणो बहिश्चरः । गरुत्मानिह संप्राप्तो युवयोः साह्यकारणात् ॥ ४६
असुरा वा महावीर्या वानरा वा महाबलाः । सुराश्चापि सगन्धर्वाः पुरस्कृत्य शतक्रतुम् ॥ ४७
नेमं मोक्षयितुं शक्ताः शरबन्धं सुदारुणम् । मायाबलादिन्द्रजिता निर्मितं क्रूरकर्मणा ॥ ४८
एते नागा काद्रवेयास्तीक्ष्णदंष्ट्रा विषोल्बणाः । रक्षोमायाप्रभावेण शरभूतास्त्वदाश्रयाः ॥ ४९
सभाग्यश्चासि धर्मज्ञ राम सत्यपराक्रम । लक्ष्मणेन सह भ्रात्रा समरे रिपुघातिना ॥ ५०
इमं श्रुत्वा तु विक्रान्तस्त्वरमाणोऽहमागतः । सहसैवावयोः स्नेहात्सखित्वमनुपालयन् ॥ ५१
मोक्षितौ च महाघोरादस्मात्सायकबन्धनात् । अप्रमादश्च कर्तव्यो युवाभ्यां नित्यमेव हि ॥ ५२
प्रकृत्या राक्षसाः सर्वे सङ्ग्रामे कूटयोधिनः । शूराणां शुद्धभावानां भवतामार्जवं बलम् ॥ ५३
तन्न विश्वसनीयं वो राक्षसानां रणाजिरे । एतेनैवोपमानेन नित्यं जिह्मा हि राक्षसाः ॥ ५४
एवमुक्त्वा तदा रामं सुपर्णः स महाबलः । परिष्वज्य च सुस्निग्धमाप्रष्टुमुपचक्रमे ॥ ५५
सखे राघव धर्मज्ञ रिपूणामपि वत्सल । अभ्यनुज्ञातुमिच्छामि गमिष्यामि यथासुखम् ॥ ५६
न च कौतूहलं कार्यं सखित्वं प्रति राघव । कृतकर्मा रणे वीर सखित्वं प्रतिवेत्स्यसि ॥ ५७
बालवृद्धावशेषां तु लङ्कां कृत्वा शरोर्मिभिः । रावणं तु रिपुं हत्वा सीतां त्वमुपलप्स्यसे ॥ ५८
इत्येवमुक्त्वा वचनं सुपर्णः शीघ्रविक्रमः । रामं च नीरुजं कृत्वा मध्ये तेषां वनौकसाम् ॥ ५९
प्रदक्षिणं ततः कृत्वा परिष्वज्य च वीर्यवान् । जगामाकाशमाविश्य सुपर्णः पवनो यथा ॥ ६०
नीरुजौ राघवौ दृष्ट्वा ततो वानरयूथपाः । सिंहनादं तदा नेदुर्लाङ्गूलं दुधुवुश्च ते ॥ ६१
ततो भेरीः समाजघ्नुर्मृदङ्गांश्चाप्यवादयन् । दध्मुः शङ्खान्संप्रहृष्टाः क्ष्वेलन्त्यपि यथापुरम् ॥ ६२
अपरे स्फोट्य विक्रान्ता वानरा नगयोधिनः । द्रुमानुत्पाट्य विविधांस्तस्थुः शतसहस्रशः ॥ ६३
विसृजन्तो महानादांस्त्रासयन्तो निशाचरान् । लङ्काद्वाराण्युपाजग्मुर्युद्धकामाः प्लवंगमाः ॥ ६४

तेषां सुभीमस्तुमुलो निनादो बभूव शाखामृगयूथपानाम् ।
क्षये निदाघस्य यथा घनानां नादः सुभीमो नदतां निशीथे ॥ ६५

इत्यार्षे श्रीमद्रामायणे वाल्मीकीय आदिकाव्ये युद्धकाण्डे पञ्चाशः सर्गः ॥ ५० ॥

यथा तातं दशरथं स्वावतारोचितं कश्यपप्रजापत्यंशम् । अजं च पितामहं चतुर्मुखब्रह्मांशम् । मे हिरण्यगर्भात्मनस्तदंशस्य ॥ ४३ ॥ को भवानिति । अयं प्रश्नोऽपि मनुष्यशरीरोचितव्यवहार एव तत्सत्यत्वप्रत्यापनार्थः । अत्र रामसमीपागमनपर्यन्तं पक्ष्याकारेणैवागत्य संनिधिमात्रेण नागबन्धनं च निरस्य राघवस्पर्शनाद्यर्थं पुरुषाकारेण व्यवहृतवानिति बोध्यम् । तदाह—रूपसंपन्न इति । दिव्यरूपसंपन्न इत्यर्थः ॥ ४४ ॥ हर्षपर्याकुलेक्षणं राममुवाचेत्यन्वयः ॥ ४५ ॥ अहं सखेति । सखित्वात्सुग्रीवादिवद्देवसाह्यकरणार्थमागत इति भावः ॥ ४६ ॥ इदं च साहाय्यं मदेकसाध्यमित्याह—असुरा वेति ॥ ४७ ॥ ४८ ॥ रक्षोमायया शरभूता एते नागास्त्वदाश्रया इति बहुव्रीहिः । त्वां प्राप्ता इत्यर्थः ॥ ४९ ॥ मम दुर्नयैरित्यादिना यदात्मनिन्दनं कृतं तत्परिहरति—सभाग्य इति । अनुकूलतरशुभदैववानसि । समरे समरविषये ॥ ५० ॥ इमं वृत्तान्तं नागबन्धवृत्तान्तं श्रुत्वा । देवतानां मुखादिति शेषः । स्नेहादेवागतः ॥ ५१ ॥ स्नेहादेव च युवां मोक्षितौ मोचितौ । अप्रमादः सावधानता ॥ ५२ ॥ ५३ ॥ तन्न विश्वसनीयम् । यथा वयमृजवो धर्मपरास्तथा पुरुषत्वाविशेषाद्रक्षांस्यपि तथैवेति कल्पितं रक्षोगतमार्जवं न विश्वसितव्यमित्यर्थः । उक्तमेवार्थमनुभवतः स्पष्टीकरोति—एतेनैवेति । इन्द्रजित्कापट्येनैवेत्यर्थः ॥ ५४ ॥ आप्रष्टुं गमनानुज्ञां कारयितुम् ॥ ५५ ॥ ५६ ॥ मदुक्तसखित्वं प्रति लोकप्रतारणायापि विस्मयो न कार्य इत्याह—न चेति । अनुवेत्स्यसि । एतैः सर्वैः सहेति शेषः ॥ ५७ ॥ ५८ ॥ ५९ ॥ प्रदक्षिणं कृत्वेत्यनेन दिव्यदेवतावतारो राम इति सर्वान्प्राकृतकपीन्प्रत्यपि बोधितम् ॥ ६० ॥ ६१ ॥ यथापुरं यथापूर्वम् ॥ ६२ ॥ ६३ ॥ ६४ ॥ निशीथे यथा घनानां नादस्तथा वानराणां नाद इत्यर्थः । अत्र स्थाने दिनद्वयं युद्धावहार इत्यभिवेश्यः ॥ ६५ ॥

इति श्रीरामाभिरामे श्रीरामीये रामायणतिलके वाल्मीकीय आदिकाव्ये युद्धकाण्डे पञ्चाशः सर्गः ॥ ५० ॥

एकपञ्चाशः सर्गः।

तेषां तु तुमुलं शब्दं वानराणां महौजसाम्। नर्दतां राक्षसैः सार्धं तदा शुश्राव रावणः॥ १
स्निग्धगम्भीरनिर्घोषं श्रुत्वा तं निनदं भृशम्। सचिवानां ततस्तेषां मध्ये वचनमब्रवीत्॥ २
यथासौ संप्रहृष्टानां वानराणामुपस्थितः। बहूनां सुमहान्नादो मेघानामिव गर्जताम्॥ ३
सुव्यक्तं महती प्रीतिरेतेषां नात्र संशयः। तथाहि विपुलैर्नादैश्चुक्षुभे लवणार्णवः॥ ४
तौ तु बद्धौ शरैस्तीक्ष्णैर्भ्रातरौ रामलक्ष्मणौ। अयं च सुमहान्नादः शङ्कां जनयतीव मे॥ ५
एवं च वचनं चोक्त्वा मन्त्रिणो राक्षसेश्वरः। उवाच नैर्ऋतांस्तत्र समीपपरिवर्तिनः॥ ६
ज्ञायतां तूर्णमेतेषां सर्वेषां च वनौकसाम्। शोककाले समुत्पन्ने हर्षकारणमुत्थितम्॥ ७
तथोक्तास्ते सुसंभ्रान्ताः प्राकारमधिरुह्य च। ददृशुः पालितां सेनां सुग्रीवेण महात्मना॥ ८
तौ च मुक्तौ सुघोरेण शरबन्धेन राघवौ। समुत्थितौ महाभागौ विषेदुः सर्वराक्षसाः॥ ९
संत्रस्तहृदयाः सर्वे प्राकारादवरुह्य ते। विवर्णा राक्षसा घोरा राक्षसेन्द्रमुपस्थिताः॥ १०
तदप्रियं दीनमुखा रावणस्य च राक्षसाः। कृत्स्नं निवेदयामासुर्यथावद्वाक्यकोविदाः॥ ११
यौ ताविन्द्रजिता युद्धे भ्रातरौ रामलक्ष्मणौ। निबद्धौ शरबन्धेन निष्प्रकम्पभुजौ कृतौ॥ १२
विमुक्तौ शरबन्धेन दृश्येते तौ रणाजिरे। पाशानिव गजौ छित्त्वा गजेन्द्रसमविक्रमौ॥ १३
तच्छ्रुत्वा वचनं तेषां राक्षसेन्द्रो महाबलः। चिन्ताशोकसमाक्रान्तो विवर्णवदनोऽभवत्॥ १४
घोरैर्दत्तवरैर्बद्धौ शरैराशीविषोपमैः। अमोघैः सूर्यसंकाशैः प्रमथ्येन्द्रजिता युधि॥ १५
तदस्त्रबन्धमासाद्य यदि मुक्तौ रिपू मम। संशयस्थमिदं सर्वमनुपश्याम्यहं बलम्॥ १६
निष्फलाः खलु संवृत्ताः शराः पावकतेजसः। आदत्तं यैस्तु सङ्ग्रामे रिपूणां जीवितं मम॥ १७
एवमुक्त्वा तु संक्रुद्धो निःश्वसन्नुरगो यथा। अब्रवीद्रक्षसां मध्ये धूम्राक्षं नाम राक्षसम्॥ १८
बलेन महता युक्तो राक्षसैर्भीमविक्रमः। त्वं वधायाशु निर्याहि रामस्य सह वानरैः॥ १९
एवमुक्तस्तु धूम्राक्षो राक्षसेन्द्रेण धीमता। परिक्रम्य ततः शीघ्रं निर्जगाम नृपालयात्॥ २०
अभिनिष्क्रम्य तद्द्वारं बलाध्यक्षमुवाच ह। त्वरयस्व बलं शीघ्रं किं चिरेण युयुत्सतः॥ २१
धूम्राक्षवचनं श्रुत्वा बलाध्यक्षो बलानुगः। बलमुद्योजयामास रावणस्याज्ञया भृशम्॥ २२
ते बद्धघण्टा बलिनो घोररूपा निशाचराः। विनर्दमानाः संहृष्टा धूम्राक्षं पर्यवारयन्॥ २३
विविधायुधहस्ताश्च शूलमुद्गरपाणयः। गदाभिः पट्टिशैर्दण्डैरायसैर्मुसलैरपि॥ २४
परिघैर्भिन्दिपालैश्च भल्लैः पाशैः परश्वधैः। निर्ययू राक्षसा घोरा नर्दन्तो जलदा यथा॥ २५
रथैः कवचिनस्त्वन्ये ध्वजैश्च समलंकृतैः। सुवर्णजालविहितैः खरैश्च विविधाननैः॥ २६
हयैः परमशीघ्रैश्च गजैश्चैव मदोत्कटैः। निर्ययुर्नैर्ऋतव्याघ्रा व्याघ्रा इव दुरासदाः॥ २७
मृगसिंहमुखैर्युक्तं खरैः कनकभूषितैः। आरुरोह रथं दिव्यं धूम्राक्षः खरनिःस्वनः॥ २८
स निर्यातो महावीर्यो धूम्राक्षो राक्षसैर्वृतः। हसन्वै पश्चिमद्वाराद्धनूमान्यत्र तिष्ठति॥ २९

अथ श्रुतवानरनादेन रावणेन धूम्राक्षप्रेषणम्—तेषामिति। राक्षसैर्विभीषणादिभिः॥ १॥ स्निग्धगम्भीरत्वेन दुःखमूलरोदनादिशब्दव्यावृत्तिः॥ २॥ यथा। यस्मादित्यर्थः। एवमेषां नादः समुत्थितः॥ ३॥ तस्मादेषां महती प्रीतिर्जातेति मन्ये। तत्रैव युक्त्यन्तरम्—तथा हीति॥ ४॥ शङ्कां बन्धमोक्षणशङ्कां जनयतीव जनयत्येव॥ ५॥ ६॥ किं हर्षकारणमुत्थितं तज्ज्ञायताम्॥ ७॥ प्राकारमधिरुह्येति। अनेनात्रावहारः सूचितः॥ ८॥ समुत्थितौ। दृष्ट्वेति शेषः॥ ९॥ १०॥ ११॥ १२॥ १३॥ १४॥ दत्तवरैर्वरे दत्ता दत्तवरास्तैः। चिरकालदुश्चरतपसा वरप्राप्तैरित्यर्थः। युधि प्रमथ्य बद्धावित्यन्वयः॥ १५॥ संशयस्थम्। इन्द्रजिद्बलमवष्टभ्य स्थितस्य मे एतद्बलस्य वैफल्यात्प्रायोऽस्माकमपजय इति मन्ये इत्यर्थः॥ १६॥ तदेवाह—निष्फला इति। यैः शरैरिन्द्रजित्प्रयुक्तैः सङ्ग्रामे मम रिपूणां जीवितमादत्तं ते निष्फलाः संवृत्ताः खलु। तस्मात्संशयस्थमिदम्॥ १७॥ १८॥ १९॥ परिक्रम्य रावणं प्रदक्षिणीकृत्य॥ २०॥ तद्द्वारं रावणगृहद्वारमभिनिष्क्रम्य ततो निर्गम्य युयुत्सतः पुंसः किं चिरेण किं विलम्बेन। विलम्बो व्यर्थ इत्यर्थः॥ २१॥ २२॥ बद्धघण्टाः। प्रासशक्त्यादिष्विति शेषः॥ २३॥ गदादिभिरुपलक्षिताः॥ २४॥ २५॥ समलंकृतैरिति रथध्वजयोर्विशेषणम्। सुवर्णजालविहितैस्तेन विहितालंकारैः॥ २६॥ २७॥ २८॥ पश्चिमद्वारात्। यत्र द्वारे हनूमान्रोधकस्तस्मादेव

रथप्रवरमास्थाय खरयुक्तं खरस्वनम् । प्रयान्तं तु महाघोरं राक्षसं भीमदर्शनम् ॥ ३०
अन्तरिक्षगताः क्रूराः शकुनाः प्रत्यषेधयन् । रथशीर्षे महाभीमो गृध्रश्च निपपात ह ॥ ३१
ध्वजाग्रे ग्रथिताश्चैव निपेतुः कुणपाशनाः । रुधिरार्द्रो महाञ्श्वेतः कबन्धः पतितो भुवि ॥ ३२
विस्वरं चोत्सृजन्नादान्धूम्राक्षस्य निपातितः । ववर्ष रुधिरं देवः संचचाल च मेदिनी ॥ ३३
प्रतिलोमं ववौ वायुर्निर्घातसमनिःस्वनः । तिमिरौघावृतास्तत्र दिशश्च न चकाशिरे ॥ ३४
स तूत्पातांस्ततो दृष्ट्वा राक्षसानां भयावहान् । प्रादुर्भूतान्सुघोरांश्च धूम्राक्षो व्यथितोऽभवत् ।
मुमुहू राक्षसाः सर्वे धूम्राक्षस्य पुरःसराः ॥ ३५

ततः सुभीमो बहुभिर्निशाचरैर्वृतोऽभिनिष्क्रम्य रणोत्सुको बली ।
ददर्श तां राघवबाहुपालितां महौघकल्पां बहुवानरीं चमूम् ॥ ३६

इत्यार्षे श्रीमद्रामायणे वाल्मीकीय आदिकाव्ये युद्धकाण्ड एकपञ्चाशः सर्गः ॥ ५१ ॥

द्विपञ्चाशः सर्गः ।

धूम्राक्षं प्रेक्ष्य निर्यान्तं राक्षसं भीमविक्रमम् । विनेदुर्वानराः सर्वे प्रहृष्टा युद्धकाङ्क्षिणः ॥ १
तेषां सुतुमुलं युद्धं संजज्ञे कपिरक्षसाम् । अन्योन्यं पादपैर्घोरैर्निघ्नतां शूलमुद्गरैः ॥ २
राक्षसैर्वानरा घोरा विनिकृत्ताः समन्ततः । वानरै राक्षसाश्चापि द्रुमैर्भूमिसमीकृताः ॥ ३
राक्षसास्त्वभिसंक्रुद्धा वानरान्निशितैः शरैः । विव्यधुर्घोरसंकाशैः कङ्कपत्रैरजिह्मगैः ॥ ४
ते गदाभिश्च भीमाभिः पट्टिशैः कूटमुद्गरैः । घोरैश्च परिघैश्चित्रैस्त्रिशूलैश्चापि संश्रितैः ॥ ५
विदार्यमाणा रक्षोभिर्वानरास्ते महाबलाः । अमर्षजनितोद्धर्षाश्चक्रुः कर्माण्यभीतवत् ॥ ६
शरनिर्भिन्नगात्रास्ते शूलनिर्भिन्नदेहिनः । जगृहुस्ते द्रुमांस्तत्र शिलाश्च हरियूथपाः ॥ ७
ते भीमवेगा हरयो नर्दमानास्ततस्ततः । ममन्थू राक्षसान्वीरान्नामानि च बभाषिरे ॥ ८
तद्बभूवाद्भुतं घोरं युद्धं वानररक्षसाम् । शिलाभिर्विविधाभिश्च बहुशाखैश्च पादपैः ॥ ९
राक्षसा मथिताः केचिद्वानरैर्जितकाशिभिः । ववमू रुधिरं केचिन्मुखै रुधिरभोजनाः ॥ १०
पार्श्वेषु दारिताः केचित्केचिद्राशीकृता द्रुमैः । शिलाभिश्चूर्णिताः केचित्केचिद्दन्तैर्विदारिताः ॥ ११
ध्वजैर्विमथितैर्भग्नैः खड्गैश्च विनिपातितैः । रथैर्विध्वंसिताः केचिद्व्यथिता रजनीचराः ॥ १२
गजेन्द्रैः पर्वताकारैः पर्वताग्रैर्वनौकसाम् । मथितैर्वाजिभिः कीर्णं सारोहैर्वसुधातलम् ॥ १३
वानरैर्भीमविक्रान्तैराप्लुत्योत्प्लुत्य वेगितैः । राक्षसाः करजैस्तीक्ष्णैर्मुखेषु विनिदारिताः ॥ १४
विषण्णवदना भूयो विप्रकीर्णशिरोरुहाः । मूढाः शोणितगन्धेन निपेतुर्धरणीतले ॥ १५
अन्ये तु परमक्रुद्धा राक्षसा भीमविक्रमाः । तलैरेवाभिधावन्ति वज्रस्पर्शसमैर्हरीन् ॥ १६
वानरैः पातयन्तस्ते वेगिता वेगवत्तरैः । मुष्टिभिश्चरणैर्दन्तैः पादपैश्चावपोथिताः ॥ १७
सैन्यं तु विद्रुतं दृष्ट्वा धूम्राक्षो राक्षसर्षभः । रोषेण कदनं चक्रे वानराणां युयुत्सताम् ॥ १८
प्रासैः प्रमथिताः केचिद्वानराः शोणितस्रवाः । मुद्गरैराहताः केचित्पतिता धरणीतले ॥ १९
परिघैर्मथिताः केचिद्भिन्दिपालैश्च दारिताः । पट्टिशैर्मथिताः केचिद्विह्वलन्तो गतासवः ॥ २०

पश्चिमद्वाराद्धनूमता योद्धुं निर्गतः ॥ २९ ॥ ३० ॥ शकुना दुःशकुनाः प्रत्यषेधयन् । मृत्युसूचनेनेति शेषः ॥ ३१ ॥ ग्रथिता मालावत्परस्परसक्ताः । कुणपाशना गृध्राः ॥ ३२ ॥ धूम्राक्षस्य समीपे निपातितो निपतितः । कबन्ध इति शेषः ॥ ३३ ॥ प्रतिलोमं प्रतिकूलम् ॥ ३४ ॥ ३५ ॥ अभिनिष्क्रम्य । पुरादिति शेषः । महौघः प्रलयसमुद्रस्तत्कल्पाम् ॥ ३६ ॥ इति श्रीरामाभिरामे श्रीरामीये रामायणतिलके वाल्मीकीय आदिकाव्ये युद्धकाण्ड एकपञ्चाशः सर्गः ॥ ५१ ॥

धूम्राक्षमिति ॥ १ ॥ २ ॥ भूमिसमीकृताः भूम्या समतां प्रापिताः । हता इति यावत् ॥ ३ ॥ घोरसंकाशैर्घोररूपैः ॥ ४ ॥ संश्रितैर्गृहीतैः ॥ ५ ॥ जनितोद्धर्षाः संजातोत्साहाः । अभीतवन्निर्भयाः सन्तः ॥ ६ ॥ शूलनिर्भिन्नदेहिनः । इत्यन्तस्त्वमार्षम् ॥ ७ ॥ ८ ॥ ९ ॥ जितकाशिभिर्जितभयैर्जितश्वासैर्वा ॥ १० ॥ द्रुमै राशीकृताः । द्रुमप्रहारैर्हत्वा राशीकृता इत्यर्थः ॥ ११ ॥ १२ ॥ गजेन्द्रैर्मृतगजेन्द्रशरीरैः ॥ १३ ॥ करजैर्नखैः ॥ १४ ॥ मूढा मूर्च्छिताः ॥ १५ ॥ १६ ॥ अवपोथिता हिंसिताः ॥ १७ ॥ १८ ॥ १९ ॥ विह्वलन्तो विवशाः ॥ २०

केचिद्विनिहता भूमौ रुधिरार्द्रा वनौकसः । केचिद्विद्राविता नष्टाः संक्रुद्धै राक्षसैर्युधि ॥ २१
विभिन्नहृदयाः केचिदेकपार्श्वेन शायिताः । विदारितास्त्रिशूलैश्च केचिदान्त्रैर्विनिःसृताः ॥ २२
तत्सुभीमं महद्युद्धं हरिराक्षससंकुलम् । प्रबभौ शस्त्रबहुलं शिलापादपसंकुलम् ॥ २३
धनुर्ज्यातन्त्रिमधुरं हिक्कातालसमन्वितम् । मन्दस्तनितगीतं तद्युद्धगान्धर्वमाबभौ ॥ २४
धूम्राक्षस्तु धनुष्पाणिर्वानरान्रणमूर्धनि । हसन्विद्रावयामास दिशस्ताञ्छरवृष्टिभिः ॥ २५
धूम्राक्षेणार्दितं सैन्यं व्यथितं प्रेक्ष्य मारुतिः । अभ्यवर्तत संक्रुद्धः प्रगृह्य विपुलां शिलाम् ॥ २६
क्रोधाद्द्विगुणताम्राक्षः पितुस्तुल्यपराक्रमः । शिलां तां पातयामास धूम्राक्षस्य रथं प्रति ॥ २७
आपतन्तीं शिलां दृष्ट्वा गदामुद्यम्य संभ्रमात् । रथादाप्लुत्य वेगेन वसुधायां व्यतिष्ठत ॥ २८
सा प्रमथ्य रथं तस्य निपपात शिला भुवि । सचक्रकूबरमुखं सध्वजं सशरासनम् ॥ २९
स त्यक्त्वा तु रथं तस्य हनूमान्मारुतात्मजः । रक्षसां कदनं चक्रे सस्कन्धविटपैर्द्रुमैः ॥ ३०
विभिन्नशिरसो भूत्वा राक्षसा रुधिरोक्षिताः । द्रुमैः प्रमथिताश्चान्ये निपेतुर्धरणीतले ॥ ३१
विद्राव्य राक्षसं सैन्यं हनूमान्मारुतात्मजः । गिरेः शिखरमादाय धूम्राक्षमभिदुद्रुवे ॥ ३२
तमापतन्तं धूम्राक्षो गदामुद्यम्य वीर्यवान् । विनर्दमानः सहसा हनूमन्तमभिद्रवत् ॥ ३३
तस्य क्रुद्धस्य रोषेण गदां तां बहुकण्टकाम् । पातयामास धूम्राक्षो मस्तकेऽथ हनूमतः ॥ ३४
ताडितः स तया तत्र गदया भीमवेगया । स कपिर्मारुतबलस्तं प्रहारमचिन्तयन् ॥ ३५
धूम्राक्षस्य शिरो मध्ये गिरिशृङ्गमपातयत् । स विस्फारितसर्वाङ्गो गिरिशृङ्गेण ताडितः ॥ ३६
पपात सहसा भूमौ विकीर्ण इव पर्वतः । धूम्राक्षं निहतं दृष्ट्वा हतशेषा निशाचराः ।
त्रस्ताः प्रविविशुर्लङ्कां वध्यमानाः प्लवंगमैः ॥ ३७

स तु पवनसुतो निहत्य शत्रून्क्षतजवहाः सरितश्च संविकीर्य ।
रिपुवधजनितश्रमो महात्मा मुदमगमत्कपिभिः सुपूज्यमानः ॥ ३८

इत्यार्षे श्रीमद्रामायणे वाल्मीकीय आदिकाव्ये युद्धकाण्डे द्विपञ्चाशः सर्गः ॥ ५२ ॥

त्रिपञ्चाशः सर्गः ।

धूम्राक्षं निहतं श्रुत्वा रावणो राक्षसेश्वरः । क्रोधेन महताविष्टो निःश्वसन्नुरगो यथा ॥ १
दीर्घमुष्णं विनिःश्वस्य क्रोधेन कलुषीकृतः । अब्रवीद्राक्षसं क्रूरं वज्रदंष्ट्रं महाबलम् ॥ २
गच्छ त्वं वीर निर्याहि राक्षसैः परिवारितः । जहि दाशरथिं रामं सुग्रीवं वानरैः सह ॥ ३
तथेत्युक्त्वा द्रुततरं मायावी राक्षसेश्वरः । निर्जगाम बलैः सार्धं बहुभिः परिवारितः ॥ ४
नागैरश्वैः खरैरुष्ट्रैः संयुक्तः सुसमाहितः । पताकाध्वजचित्रैश्च बहुभिः समलंकृतः ॥ ५
ततो विचित्रकेयूरमुकुटेन विभूषितः । तनुत्रं च समावृत्य सधनुर्निर्ययौ द्रुतम् ॥ ६
पताकालंकृतं दीप्तं तप्तकाञ्चनभूषितम् । रथं प्रदक्षिणं कृत्वा समारोहच्चमूपतिः ॥ ७
ऋष्टिभिस्तोमरैश्चित्रैः श्लक्ष्णैश्च मुसलैरपि । भिन्दिपालैश्च चापैश्च शक्तिभिः पट्टिशैरपि ॥ ८
खड्गैश्चक्रैर्गदाभिश्च निशितैश्च परश्वधैः । पदातयश्च निर्यान्ति विविधाः शस्त्रपाणयः ॥ ९

॥ २१ ॥ आन्त्रैर्विनिःसृताः । निःसृतान्त्रा इत्यर्थः । आन्त्राणि पुरीतत इति कतकः ॥ २२ ॥ २३ ॥ युद्धगान्धर्वं युद्धरूपसंगीतविद्या तद्रूपकोपपादकम् । धनुरित्यादि । धनुर्ज्यारूपा या तन्त्री वीणा तया मधुरम् । तन्त्रिमधुरमिति ह्रस्व आर्षः । हिक्काश्वहेषा तद्रूपतालेन युक्तम् । मन्दानां मन्दाख्यगजविशेषाणां स्तनितं बृंहितमेव गीतं यत्र तत् ॥ २४ ॥ २५ ॥ २६ ॥ २७ ॥ २८ ॥ सा शिला तस्य चक्रादिसहितं रथं प्रमथ्य भुवि निपपात । 'कूबरोऽस्त्री युगंधरः' । अवप्लुतिकाले रथे [illegible]तम् ॥ २९ ॥ रथं भग्नं रथम् । रक्षसां कदनं चक्रे । स्वसेनारक्षणार्थमिति शेषः । स्कन्धः स्थूलशाखा विटपः सूक्ष्मा सा ॥ ३० ॥ भूत्वेत्यस्य पतिता इति शेषः ॥ ३१ ॥ ३२ ॥ अभिद्रवदभ्यद्रवत् ॥ ३३ ॥ ३४ ॥ ३५ ॥ ३६ ॥ ३७ ॥ ३८ ॥ धूम्राक्षवधो भाद्रशुक्लद्वितीयायामित्याहुः ॥ **इति श्रीरामाभिरामे श्रीरामीये रामायणतिलके वाल्मीकीय आदिकाव्ये युद्धकाण्डे द्विपञ्चाशः सर्गः ॥ ५२ ॥**

धूम्राक्षमिति ॥ १ ॥ २ ॥ गच्छ निर्याहीत्याभ्यां सर्वथा गन्तव्यमिति बोध्यते ॥ ३ ॥ ४ ॥ बहुभिः । बलाध्यक्षैरिति शेषः ॥ ५ ॥ तनुत्रं कवचम् । समावृत्यामुच्य ॥ ६ ॥ ७ ॥ ऋष्टिः सूक्ष्मखड्गः । ऋष्ट्याद्युपलक्षिताः पदातयो निर्यान्तीत्यर्थः

विचित्रवाससः सर्वे दीप्ता राक्षसपुंगवाः । गजा मदोत्कटाः शूराश्चलन्त इव पर्वताः ॥ १०
ते युद्धकुशला रूढास्तोमराङ्कुशपाणिभिः । अन्ये लक्षणसंयुक्ताः शूरारूढा महाबलाः ॥ ११
तद्राक्षसबलं सर्वं विप्रस्थितमशोभत । प्रावृट्काले यथा मेघा नर्दमानाः सविद्युतः ॥ १२
निःसृता दक्षिणद्वारादङ्गदो यत्र यूथपः । तेषां निष्क्रममाणानामशुभं समजायत ॥ १३
आकाशाद्विघनात्तीव्रादुल्मुकान्यपतंस्तदा । वमन्तः पावकज्वालाः शिवा घोरा ववाशिरे ॥ १४
व्याहरन्त मृगा घोरा रक्षसां निधनं तदा । समापतन्तो योधास्तु प्रास्खलंस्तत्र दारुणम् ॥ १५
एतानौत्पातिकान्दृष्ट्वा वज्रदंष्ट्रो महाबलः । धैर्यमालम्ब्य तेजस्वी निर्जगाम रणोत्सुकः ॥ १६
तांस्तु विद्रवतो दृष्ट्वा वानरा जितकाशिनः । प्रणेदुः सुमहानादान्दिशः शब्देन पूरयन् ॥ १७
ततः प्रवृत्तं तुमुलं हरीणां राक्षसैः सह । घोराणां भीमरूपाणामन्योन्यवधकाङ्क्षिणाम् ॥ १८
निष्पतन्तो महोत्साहा भिन्नदेहशिरोधराः । रुधिरोक्षितसर्वाङ्गा न्यपतन्धरणीतले ॥ १९
केचिदन्योन्यमासाद्य शूराः परिघबाहवः । चिक्षिपुर्विविधाञ्शस्त्रान्समरेष्वनिवर्तिनः ॥ २०
द्रुमाणां च शिलानां च शस्त्राणां चापि निःस्वनः । श्रूयते सुमहांस्तत्र घोरो हृदयभेदनः ॥ २१
रथनेमिस्वनस्तत्र धनुषश्चापि घोरवत् । शङ्खभेरीमृदङ्गानां बभूव तुमुलः स्वनः ॥ २२
केचिदस्त्राणि संत्यज्य बाहुयुद्धमकुर्वत । तलैश्च चरणैश्चापि मुष्टिभिश्च द्रुमैरपि ॥ २३
जानुभिश्च हताः केचिद्भग्नदेहाश्च राक्षसाः । शिलाभिश्चूर्णिताः केचिद्वानरैर्युद्धदुर्मदैः ॥ २४
वज्रदंष्ट्रोऽथ तं दृष्ट्वा रणे वित्रासयन्हरीन् । चचार लोकसंहारे पाशहस्त इवान्तकः ॥ २५
बलवन्तोऽस्त्रविदुषो नानाप्रहरणा रणे । जघ्नुर्वानरसैन्यानि राक्षसाः क्रोधमूर्च्छिताः ॥ २६
जघ्ने तान्राक्षसान्सर्वान्धृष्टो वायुसुतो रणे । क्रोधेन द्विगुणाविष्टः संवर्तक इवानलः ॥ २७
तान्राक्षसगणान्सर्वान्वृक्षमुद्यम्य वीर्यवान् । अङ्गदः क्रोधताम्राक्षः सिंहः क्षुद्रमृगानिव ॥ २८
चकार कदनं घोरं शक्रतुल्यपराक्रमः । अङ्गदाभिहतास्तत्र राक्षसा भीमविक्रमाः ॥ २९
विभिन्नशिरसः पेतुर्निकृत्ता इव पादपाः । रथैश्चित्रैर्ध्वजैरश्वैः शरीरैर्हरिरक्षसाम् ॥ ३०
रुधिरौघेण संछन्ना भूमिर्भयकरी तदा । हारकेयूरवस्त्रैश्च छत्रैश्च समलंकृता ॥ ३१
भूमिर्भाति रणे तत्र शारदीव यथा निशा । अङ्गदस्य च वेगेन तद्राक्षसबलं महत् ।
प्राकम्पत तदा तत्र पवनेनाम्बुदो यथा ॥ ३२

इत्यार्षे श्रीमद्रामायणे वाल्मीकीय आदिकाव्ये युद्धकाण्डे त्रिपञ्चाशः सर्गः ॥ ५३ ॥

चतुःपञ्चाशः सर्गः ।

स्वबलस्य च घातेन अङ्गदस्य बलेन च । राक्षसः क्रोधमाविष्टो वज्रदंष्ट्रो महाबलः ॥ १
विस्फार्य च धनुर्घोरं शक्राशनिसमप्रभम् । वानराणामनीकानि प्राकिरच्छरवृष्टिभिः ॥ २
राक्षसाश्चापि मुख्यास्ते रथेषु समवस्थिताः । नानाप्रहरणाः शूराः प्रायुध्यन्त तदा रणे ॥ ३
वानराणां च शूरास्तु ते सर्वे प्लवगर्षभाः । अयुध्यन्त शिलाहस्ताः समवेताः समन्ततः ॥ ४

॥ ८ ॥ ९ ॥ १० ॥ तोमराङ्कुशपाणिभी रूढा आरूढा युद्धकुशला ये गजास्ते च निर्याता इत्यन्वयः । लक्षणसंयुक्ता अन्येऽश्वाश्च शूरारूढा निर्याताः ॥ ११ ॥ विप्रस्थितं विशेषेण कृतप्रस्थानम् । सविद्युतः । नीलस्य रक्षोबलस्य स्वर्णभूषणबहुलत्वात्सविद्युन्मेघोपमेयत्वम् ॥ १२ ॥ निःसृताः । राक्षसा इति शेषः ॥ १३ ॥ दुर्निमित्तरूपमशुभमेवाह—आकाशादिति । विघनान्निर्मेघात् ॥ १४ ॥ घोरा मृगा रक्षसां निधनं व्याहरन्त व्याहरन् ॥ १५ ॥ औत्पातिकानशुभसूचकान् ॥ १६ ॥ विद्रवतो विशेषेण स्वसंमुखमागच्छतः । पूरयन्पूरयन्तः । आर्षमेकवचनम् ॥ १७ ॥ तुमुलं रणसंकटम् ॥ १८ ॥ १९ ॥ २० ॥ हृदयभेदनः । भयंकर इत्यर्थः ॥ २१ ॥ २२ ॥ अस्त्राणि संत्यज्य सर्वाण्यस्त्राणि प्रयुज्य तदनन्तरमस्त्राभावाद्बाहुयुद्धमकुर्वत ॥ २३ ॥ २४ ॥ वज्रदंष्ट्रोऽथ तं दृष्ट्वा । स्वसेनाविनाशमित्यर्थः । लोकसंहारे तन्निमित्तम् ॥ २५ ॥ अस्त्रविदुषः । अस्त्रनिपुणा इत्यर्थः ॥ २६ ॥ संवर्तके प्रलयकाले ॥ २७ ॥ तान्राक्षसगणान् । निजघानेति शेषः ॥ २८ ॥ २९ ॥ ३० ॥ भयकरी भयंकरी । अभूदिति शेषः । मुमभाव आर्षः ॥ ३१ ॥ पवनेनाम्बुदो यथेत्युत्तरं सर्गच्छेदः । क्वचित्सोऽयुक्तो वृत्तभेदप्रकरणभेदाद्यभावादिति कतकः ॥ ३२ ॥

इति श्रीरामाभिरामे श्रीरामीये रामायणतिलके वाल्मीकीय आदिकाव्ये युद्धकाण्डे त्रिपञ्चाशः सर्गः ॥ ५३ ॥

स्वबलस्य चेति ॥ १ ॥ २ ॥ ३ ॥ वानराणामिति निर्वा-

तत्रायुधसहस्राणि तस्मिन्नायोधने भृशम् । राक्षसाः कपिमुख्येषु पातयांचक्रिरे तदा ॥ ५
वानराश्चैव रक्षःसु गिरिवृक्षान्महाशिलाः । प्रवीराः पातयामासुर्मत्तवारणसंनिभाः ॥ ६
शूराणां युध्यमानानां समरेष्वनिवर्तिनाम् । तद्राक्षसगणानां च सुयुद्धं समवर्तत ॥ ७
अभग्नशिरसः केचिच्छिन्नैः पादैश्च बाहुभिः । शस्त्रैरर्दितदेहास्तु रुधिरेण समुक्षिताः ॥ ८
हरयो राक्षसाश्चैव शेरते गां समाश्रिताः । कङ्कगृध्रबलाढ्याश्च गोमायुकुलसंकुलाः ॥ ९
कबन्धानि समुत्पेतुर्भीरूणां भीषणानि वै । भुजपाणिशिरश्छिन्नाश्छिन्नकायाश्च भूतले ॥ १०
वानरा राक्षसाश्चापि निपेतुस्तत्र भूतले । ततो वानरसैन्येन हन्यमानं निशाचरम् ॥ ११
प्राभज्यत बलं सर्वं वज्रदंष्ट्रस्य पश्यतः । राक्षसान्भयवित्रस्तान्हन्यमानान्प्लवंगमैः ॥ १२
दृष्ट्वा स रोषताम्राक्षो वज्रदंष्ट्रः प्रतापवान् । प्रविवेश धनुष्पाणिस्त्रासयन्हरिवाहिनीम् ॥ १३
शरैर्विदारयामास कङ्कपत्रैरजिह्मगैः । बिभेद वानरांस्तत्र सप्ताष्टौ नव पञ्च च ।
विव्याध परमक्रुद्धो वज्रदंष्ट्रः प्रतापवान् ॥ १४
त्रस्ताः सर्वे हरिगणाः शरैः संकृत्तदेहिनः । अङ्गदं संप्रधावन्ति प्रजापतिमिव प्रजाः ॥ १५
ततो हरिगणान्भग्नान्दृष्ट्वा वालिसुतस्तदा । क्रोधेन वज्रदंष्ट्रं तमुदीक्षन्तमुदैक्षत ॥ १६
वज्रदंष्ट्रोऽङ्गदश्चोभौ योयुध्येते परस्परम् । चेरतुः परमक्रुद्धौ हरिमत्तगजाविव ॥ १७
ततः शतसहस्रेण हरिपुत्रं महाबलम् । जघान मर्मदेशेषु शरैरग्निशिखोपमैः ॥ १८
रुधिरोक्षितसर्वाङ्गो वालिसूनुर्महाबलः । चिक्षेप वज्रदंष्ट्राय वृक्षं भीमपराक्रमः ॥ १९
दृष्ट्वा पतन्तं तं वृक्षमसंभ्रान्तश्च राक्षसः । चिच्छेद बहुधा सोऽपि मथितः प्रापतद्भुवि ॥ २०
तं दृष्ट्वा वज्रदंष्ट्रस्य विक्रमं प्लवगर्षभः । प्रगृह्य विपुलं शैलं चिक्षेप च ननाद च ॥ २१
तमापतन्तं दृष्ट्वा स रथादाप्लुत्य वीर्यवान् । गदापाणिरसंभ्रान्तः पृथिव्यां समतिष्ठत ॥ २२
अङ्गदेन शिला क्षिप्ता गत्वा तु रणमूर्धनि । सचक्रकूबरं साश्वं प्रममाथ रथं तदा ॥ २३
ततोऽन्यच्छिखरं गृह्य विपुलं द्रुमभूषितम् । वज्रदंष्ट्रस्य शिरसि पातयामास वानरः ॥ २४
अभवच्छोणितोद्गारी वज्रदंष्ट्रः सुमूर्च्छितः । मुहूर्तमभवन्मूढो गदामालिङ्ग्य निःश्वसन् ॥ २५
स लब्धसंज्ञो गदया वालिपुत्रमवस्थितम् । जघान परमक्रुद्धो वक्षोदेशे निशाचरः ॥ २६
गदां त्यक्त्वा ततस्तत्र मुष्टियुद्धमकुर्वत । अन्योन्यं जघ्नतुस्तत्र तावुभौ हरिराक्षसौ ॥ २७
रुधिरोद्गारिणौ तौ तु प्रहारैर्जनितश्रमौ । बभूवतुः सुविक्रान्तावङ्गारकबुधाविव ॥ २८
ततः परमतेजस्वी अङ्गदः प्लवगर्षभः । उत्पाट्य वृक्षं स्थितवानासीत्पुष्पफलैर्युतः ॥ २९
जग्राह चार्षभं चर्म खड्गं च विपुलं शुभम् । किङ्किणीजालसंछन्नं चर्मणा च परिष्कृतम् ॥ ३०
चित्रांश्च रुचिरान्मार्गांश्चेरतुः कपिराक्षसौ । जघ्नतुश्च तदान्योन्यं नर्दन्तौ जयकाङ्क्षिणौ ॥ ३१
व्रणैः समुत्थैः शोभेतां पुष्पिताविव किंशुकौ । युध्यमानौ परिश्रान्तौ जानुभ्यामवनीं गतौ ॥ ३२
निमेषान्तरमात्रेण अङ्गदः कपिकुञ्जरः । उदतिष्ठत दीप्ताक्षो दण्डाहत इवोरगः ॥ ३३
निर्मलेन सुधौतेन खड्गेनास्य महच्छिरः । जघान वज्रदंष्ट्रस्य वालिसूनुर्महाबलः ॥ ३४
रुधिरोक्षितगात्रस्य बभूव पतितं द्विधा । तच्च तस्य परीताक्षं शुभं खड्गहतं शिरः ॥ ३५

रणे षष्ठो ॥ ४ ॥ तत्र वीरक्षयकारणे । तस्मिन्प्रसिद्धे । आयोधने युद्धे ॥ ५ ॥ ६ ॥ तद्राक्षसगणानाम् । तच्छब्देन वानराः । वानरराक्षसगणानामित्यर्थः ॥ ७ ॥ छिन्नैः पादैर्बाहुभिरुपलक्षिताः ॥ ८ ॥ बला वायसाः कङ्कादिभिराढ्याः । व्याप्ता इत्यर्थः ॥ ९ ॥ १० ॥ निशाचरम् । नैशाचरमित्यर्थः ॥ ११ ॥ प्राभज्यत भग्नमभूत् ॥ १२ ॥ १३ ॥ सप्ताष्टौ नव पञ्च च । वानरानेकेनैव शरेण बिभेदेत्यर्थः ॥ १४ ॥ संप्रधावन्ति धावन्ति स्म ॥ १५ ॥ क्रोधेनोदीक्षन्तं क्रोधेनोदैक्षत ॥ १६ ॥ योयुध्येते । पुनःपुनर्युद्धमकुरुतामित्यर्थः । हरिमत्तगजाविव हरिरिह शार्दूलः । सिंहेन गजस्य युद्धासंभवात् । स्वप्नेऽपि सिंहदर्शनेन गजानां मरणादिति कतकः ॥ १७ ॥ हरिपुत्रं वालिपुत्रम् ॥ १८ ॥ १९ ॥ २० ॥ २१ ॥ २२ ॥ २३ ॥ २४ ॥ २५ ॥ २६ ॥ २७ ॥ २८ ॥ पुष्पफलैर्हस्तधृतवृक्षीयैस्तैर्युत आसीत् ॥ २९ ॥ आर्षभं चर्म ऋषभचर्मनिर्मितं फलकम् । चर्मणा च परिष्कृतम् । कोशरूपेणेत्यर्थः । जग्राह । वज्रदंष्ट्रोऽङ्गदश्चेति शेषः ॥ ३० ॥ ३१ ॥ व्रणैः समुत्थैः । तत्समुत्थितै रुधिरैरित्यर्थः ॥ ३२ ॥ ३३ ॥ खड्गेनाच्छिद्य गृही-

वज्रदंष्ट्रं हतं दृष्ट्वा राक्षसा भयमोहिताः । त्रस्ता ह्यभ्यद्रवंल्लङ्कां वध्यमानाः प्लवंगमैः ।
विषण्णवदना दीना ह्रिया किंचिदवाङ्मुखाः ॥ ३६

निहत्य तं वज्रधरः प्रतापवान्स वालिसूनुः कपिसैन्यमध्ये ।
जगाम हर्षं महितो महाबलः सहस्रनेत्रस्त्रिदशैरिवावृतः ॥ ३७

इत्यार्षे श्रीमद्रामायणे वाल्मीकीय आदिकाव्ये युद्धकाण्डे चतुःपञ्चाशः सर्गः ॥ ५४ ॥

पञ्चपञ्चाशः सर्गः ।

वज्रदंष्ट्रं हतं श्रुत्वा वालिपुत्रेण रावणः । बलाध्यक्षमुवाचेदं कृताञ्जलिमुपस्थितम् ॥ १
शीघ्रं निर्यान्तु दुर्धर्षा राक्षसा भीमविक्रमाः । अकम्पनं पुरस्कृत्य सर्वशस्त्रास्त्रकोविदम् ॥ २
एष शास्ता च गोप्ता च नेता च युधि सत्तमः । भूतिकामश्च मे नित्यं नित्यं च समरप्रियः ॥ ३
एष जेष्यति काकुत्स्थौ सुग्रीवं च महाबलम् । वानरांश्चापरान्घोरान्हनिष्यति न संशयः ॥ ४
परिगृह्य स तामाज्ञां रावणस्य महाबलः । बलं संप्रेरयामास तदा लघुपराक्रमः ॥ ५
ततो नानाप्रहरणा भीमाक्षा भीमदर्शनाः । निष्पेतू राक्षसा मुख्या बलाध्यक्षप्रचोदिताः ॥ ६
रथमास्थाय विपुलं तप्तकाञ्चनभूषणम् । मेघाभो मेघवर्णश्च मेघस्वनमहास्वनः ॥ ७
राक्षसैः संवृतो घोरैस्तदा निर्यात्यकम्पनः । न हि कम्पयितुं शक्यः सुरैरपि महामृधे ॥ ८
अकम्पनस्ततस्तेषामादित्य इव तेजसा । तस्य निर्धावमानस्य संरब्धस्य युयुत्सया ॥ ९
अकस्माद्दैन्यमागच्छद्धयानां रथवाहिनाम् । विस्फुरन्नयनं चास्य सव्यं युद्धाभिनन्दिनः ॥ १०
विवर्णो मुखवर्णश्च गद्गदश्चाभवत्स्वनः । अभवत्सुदिने काले दुर्दिनं रूक्षमारुतम् ॥ ११
ऊचुः खगमृगाः सर्वे वाचः क्रूरा भयावहाः । स सिंहोपचितस्कन्धः शार्दूलसमविक्रमः ॥ १२
तानुत्पातानचिन्त्यैव निर्जगाम रणाजिरम् । तथा निर्गच्छतस्तस्य रक्षसः सह राक्षसैः ॥ १३
बभूव सुमहान्नादः क्षोभयन्निव सागरम् । तेन शब्देन वित्रस्ता वानराणां महाचमूः ॥ १४
द्रुमशैलप्रहाराणां योद्धुं समुपतिष्ठताम् । तेषां युद्धं महारौद्रं संजज्ञे कपिरक्षसाम् ॥ १५
रामरावणयोरर्थे समभित्यक्तदेहिनः । सर्वे ह्यतिबलाः शूराः सर्वे पर्वतसंनिभाः ॥ १६
हरयो राक्षसाश्चैव परस्परजिघांसया । तेषां विनर्दतां शब्दः संयुगेऽतितरस्विनाम् ॥ १७
शुश्राव सुमहान्कोपादन्योन्यमभिगर्जताम् । रजश्चारुणवर्णाभं सुभीममभवद्भृशम् ॥ १८
उद्धूतं हरिरक्षोभिः संरुरोध दिशो दश । अन्योन्यं रजसा तेन कौशेयोद्धतपाण्डुना ॥ १९
संवृतानि च भूतानि ददृशुर्न रणाजिरे । न ध्वजो न पताका वा चर्म वा तुरगोऽपि वा ॥ २०
आयुधं स्यन्दनो वापि ददृशे तेन रेणुना । शब्दश्च सुमहांस्तेषां नर्दतामभिधावताम् ॥ २१
श्रूयते तुमुलो युद्धे न रूपाणि चकाशिरे । हरीनेव सुसंरुष्टा हरयो जघ्नुराहवे ॥ २२
राक्षसा राक्षसांश्चापि निजघ्नुस्तिमिरे तदा । ते परांश्च विनिघ्नन्तः स्वांश्च वानरराक्षसाः ॥ २३
रुधिरार्द्रां तदा चक्रुर्महीं पङ्कानुलेपनाम् । ततस्तु रुधिरौघेण सिक्तं ह्यपतनं रजः ॥ २४

तेम वज्रदंष्ट्रीयेण ॥ ३४ ॥ ३५ ॥ ३६ ॥ महितः पूजितः ॥ ३७ ॥ तत्तृतीयायां वज्रदंष्ट्रवधः ॥ इति श्रीरामाभिरामे श्रीरामीये रामायणतिलके वाल्मीकीय आदिकाव्ये युद्धकाण्डे चतुःपञ्चाशः सर्गः ॥ ५४ ॥

बलाध्यक्षं प्रहस्तम् ॥ १ ॥ २ ॥ शास्ता शत्रूणाम्, गोप्ता स्वबलस्य, नेता नायको युद्धस्य ॥ ३ ॥ ४ ॥ ५ ॥ ६ ॥ मेघाभो मेघसमानदेहप्रमाणः । मेघवर्णस्तद्वन्नीलवर्णः । मेघस्य स्वन इव महान्स्वनो यस्य स तथा ॥ ७ ॥ निर्याति याति स्म ॥ ८ ॥ तेषां वानराणां तेजसादित्य इव । दुष्प्रेक्षोऽभूदिति शेषः ॥ ९ ॥ रथवहनकर्तॄणां हयानामकस्मान्निर्हेतुकमेव दैन्यमागच्छत् । मन इति शेषः ॥ १० ॥ सुदिने वर्षादिकृतदुर्दिनप्रसक्तिरहिते ॥ ११ ॥ १२ ॥ अचिन्त्येत्यार्षम् ॥ १३ ॥ १४ ॥ १५ ॥ समभित्यक्ता देहिन आत्मनो यैस्ते । आत्मरक्षानिरपेक्षा इति यावत् ॥ १६ ॥ १७ ॥ अरुणवर्णाभं धूम्रवर्णस्य वस्तुन आभा यस्मिंस्तत् । अरुणशब्दो धूम्रपर्यायोऽपि ॥ १८ ॥ कौशेयोद्धतपाण्डुनोद्धतकौशेयवदीषत्पाण्डुरवर्णेन ॥ १९ ॥ भूतानि कपिरक्षोलक्षणप्राणिनः ॥ २० ॥ आयुधादि न ददृशे इत्यन्वयः ॥ २१ ॥ शब्द एव श्रूयते न च रूपाणि चकाशिरे । सुसंरुष्टाः इतरां सम्यक्क्रुद्धाः ॥ २२

शरीरशवसंकीर्णा बभूव च वसुंधरा । द्रुमशक्तिगदाप्रासैः शिलापरिघतोमरैः ॥ २५
राक्षसा हरयस्तूर्णं जघ्नुरन्योन्यमोजसा । बाहुभिः परिघाकारैर्युध्यन्तः पर्वतोपमान् ॥ २६
हरयो भीमकर्माणो राक्षसाञ्जघ्नुराहवे । राक्षसास्त्वभिसंक्रुद्धाः प्रासतोमरपाणयः ॥ २७
कपीन्निजघ्निरे तत्र शस्त्रैः परमदारुणैः । अकम्पनः सुसंक्रुद्धो राक्षसानां चमूपतिः ॥ २८
संहर्षयति तान्सर्वान्राक्षसान्भीमविक्रमान् । हरयस्त्वपि रक्षांसि महाद्रुममहाश्मभिः ॥ २९
विदारयन्त्यभिक्रम्य शस्त्राण्याच्छिद्य वीर्यतः । एतस्मिन्नन्तरे वीरा हरयः कुमुदो नलः ॥ ३०
मैन्दश्च परमक्रुद्धश्चक्रुर्वेगमनुत्तमम् । ते तु वृक्षैर्महावीरा राक्षसानां चमूमुखे ॥ ३१
कदनं सुमहच्चक्रुर्लीलया हरिपुंगवाः । ममन्थू राक्षसान्सर्वे नानाप्रहरणैर्भृशम् ॥ ३२

इत्यार्षे श्रीमद्रामायणे वाल्मीकीय आदिकाव्ये युद्धकाण्डे पञ्चपञ्चाशः सर्गः ॥ ५५ ॥

षट्पञ्चाशः सर्गः ।

तद्दृष्ट्वा सुमहत्कर्म कृतं वानरसत्तमैः । क्रोधमाहारयामास युधि तीव्रमकम्पनः ॥ १
क्रोधमूर्च्छितरूपस्तु धुन्वन्परमकार्मुकम् । दृष्ट्वा तु कर्म शत्रूणां सारथिं वाक्यमब्रवीत् ॥ २
तत्रैव तावत्त्वरितो रथं प्रापय सारथे । एते च बलिनो घ्नन्ति सुबहून्राक्षसान्रणे ॥ ३
एते च बलवन्तो वा भीमकोपाश्च वानराः । द्रुमशैलप्रहरणास्तिष्ठन्ति प्रमुखे मम ॥ ४
एतान्निहन्तुमिच्छामि समरश्लाघिनो ह्यहम् । एतैः प्रमथितं सर्वं रक्षसां दृश्यते बलम् ॥ ५
ततः प्रचलिताश्वेन रथेन रथिनां वरः । हरीनभ्यपतद्दूराच्छरजालैरकम्पनः ॥ ६
न स्थातुं वानराः शेकुः किं पुनर्योद्धुमाहवे । अकम्पनशरैर्भग्नाः सर्व एवाभिदुद्रुवुः ॥ ७
तान्मृत्युवशमापन्नानकम्पनशरानुगान् । समीक्ष्य हनुमाञ्ज्ञातीनुपतस्थे महाबलः ॥ ८
तं महाप्लवगं दृष्ट्वा सर्वे ते प्लवगर्षभाः । समेत्य समरे वीराः सहिताः पर्यवारयन् ॥ ९
व्यवस्थितं हनूमन्तं ते दृष्ट्वा प्लवगर्षभाः । बभूवुर्बलवन्तो हि बलवन्तमुपाश्रिताः ॥ १०
अकम्पनस्तु शैलाभं हनूमन्तमवस्थितम् । महेन्द्र इव धाराभिः शरैरभिववर्ष ह ॥ ११
अचिन्तयित्वा बाणौघाञ्शरीरे पातितान्कपिः । अकम्पनवधार्थाय मनो दध्रे महाबलः ॥ १२
स प्रहस्य महातेजा हनूमान्मारुतात्मजः । अभिदुद्राव तद्रक्षः कम्पयन्निव मेदिनीम् ॥ १३
तस्याथ नर्दमानस्य दीप्यमानस्य तेजसा । बभूव रूपं दुर्धर्षं दीप्तस्येव विभावसोः ॥ १४
आत्मानं त्वप्रहरणं ज्ञात्वा क्रोधसमन्वितः । शैलमुत्पाटयामास वेगेन हरिपुंगवः ॥ १५
गृहीत्वा सुमहाशैलं पाणिनैकेन मारुतिः । स विनद्य महानादं भ्रामयामास वीर्यवान् ॥ १६
ततस्तमभिदुद्राव राक्षसेन्द्रमकम्पनम् । पुरा हि नमुचिं संख्ये वज्रेणेव पुरंदरः ॥ १७
अकम्पनस्तु तद्दृष्ट्वा गिरिशृङ्गं समुद्यतम् । दूरादेव महाबाणैरर्धचन्द्रैरदारयत् ॥ १८
तं पर्वताग्रमाकाशे रक्षोबाणविदारितम् । विकीर्णं पतितं दृष्ट्वा हनूमान्क्रोधमूर्च्छितः ॥ १९
सोऽश्वकर्णं समासाद्य रोषदर्पान्वितो हरिः । तूर्णमुत्पाटयामास महागिरिमिवोच्छ्रितम् ॥ २०
तं गृहीत्वा महास्कन्धं सोऽश्वकर्णं महाद्युतिः । प्रगृह्य परया प्रीत्या भ्रामयामास भूतले ॥ २१

॥ २३ ॥ २४ ॥ शरीरशवसंकीर्णा शवरूपैः शरीरैः संकीर्णा ॥ २५ ॥ २६ ॥ २७ ॥ २८ ॥ संहर्षयति समहर्षयत् ॥ २९ ॥ शस्त्राण्याच्छिद्य वानराः । परहस्तादिति शेषः ॥ ३० ॥३१॥ नानाप्रहरणैर्भृशमित्यत्र सर्गावच्छेदः प्रमादादिति कतकः ॥ ३२ ॥ इति श्रीरामाभिरामे श्रीरामीये रामायणतिलके वाल्मीकीय आदिकाव्ये युद्धकाण्डे पञ्चपञ्चाशः सर्गः ॥ ५५ ॥

तदिति ॥ १ ॥ २ ॥ ३ ॥ एते चेत्यस्य यत्रेत्यादिः । बलवन्तो वा । वाशब्दो वैशब्दस्यार्थे ॥ ४ ॥ एतान्निहन्तुमिच्छामि प्रथमतः स्वसेनारक्षणार्थम् । ततः परबलं हनिष्यामीति शेषः । तदेवाह—एतैरिति ॥ ५ ॥ ६ ॥ ७ ॥ ज्ञातीन्कुमुदनलादीनुपतस्थे । स्वस्थानादिति शेषः ॥ ८ ॥ ते प्लवगर्षभाः कुमुदादयः ॥ ९ ॥ ते बलवन्तो बभूवुः, यतो बलवन्तमुपाश्रिताः ॥ १० ॥ ११ ॥ १२ ॥ १३ ॥ १४ ॥ अप्रहरणमायुधहीनम् ॥ १५ ॥ १६ ॥ पुरा हीति प्रसिद्धौ ॥ १७ ॥ तद्दृष्ट्वा हनूमन्मुक्तं शैलशृङ्गम् ॥ १८ ॥ तम् । तदित्यर्थः । क्रोधमूर्च्छितः । अभूदिति शेषः ॥ १९ ॥ २० ॥ २१ ॥ चारौ-

प्रधावन्गुरुवेगेन बभञ्ज तरसा द्रुमान् । हनूमान्परमक्रुद्धश्चारणैर्दारयन्महीम् ॥ २२
गजांश्च सगजारोहान्सरथान्रथिनस्तथा । जघान हनुमान्भीमान्राक्षसांश्च पदातिगान् ॥ २३
तमन्तकमिव क्रुद्धं सद्रुमं प्राणहारिणम् । हनूमन्तमभिप्रेक्ष्य राक्षसा विप्रदुद्रुवुः ॥ २४
तमापतन्तं संक्रुद्धं राक्षसानां भयावहम् । ददर्शाकम्पनो वीरश्चुक्षोभ च ननाद च ॥ २५
स चतुर्दशभिर्बाणैर्निशितैर्देहदारणैः । निर्बिभेद महावीर्यं हनूमन्तमकम्पनः ॥ २६
स तथा विप्रकीर्णस्तु नाराचैः शितशक्तिभिः । हनूमान्ददृशे वीरः प्ररूढ इव सानुमान् ॥ २७
विरराज महावीर्यो महाकायो महाबलः । पुष्पिताशोकसंकाशो विधूम इव पावकः ॥ २८
ततोऽन्यं वृक्षमुत्पाट्य कृत्वा वेगमनुत्तमम् । शिरस्यभिजघानाशु राक्षसेन्द्रमकम्पनम् ॥ २९
स वृक्षेण हतस्तेन सक्रोधेन महात्मना । राक्षसो वानरेन्द्रेण पपात च ममार च ॥ ३०
तं दृष्ट्वा निहतं भूमौ राक्षसेन्द्रमकम्पनम् । व्यथिता राक्षसाः सर्वे क्षितिकम्प इव द्रुमाः ॥ ३१
त्यक्तप्रहरणाः सर्वे राक्षसास्ते पराजिताः । लङ्कामभिययुस्त्रासाद्वानरैस्तैरभिद्रुताः ॥ ३२
ते मुक्तकेशाः संभ्रान्ता भग्नमानाः पराजिताः । भयाच्छ्रमजलैरङ्गैः प्रस्रवद्भिर्विदुद्रुवुः ॥ ३३
अन्योन्यं ते प्रमथ्नन्तो विविशुर्नगरं भयात् । पृष्ठतस्ते तु संमूढाः प्रेक्षमाणा मुहुर्मुहुः ॥ ३४
तेषु लङ्कां प्रविष्टेषु राक्षसेषु महाबलाः । समेत्य हरयः सर्वे हनूमन्तमपूजयन् ॥ ३५
सोऽपि प्रवृद्धस्तान्सर्वान्हरीन्संप्रत्यपूजयत् । हनूमान्सत्त्वसंपन्नो यथार्हमनुकूलतः ॥ ३६
विनेदुश्च यथाप्राणं हरयो जितकाशिनः । चकृषुश्च पुनस्तत्र सप्राणानेव राक्षसान् ॥ ३७

स वीरशोभामभजन्महाकपिः समेत्य रक्षांसि निहत्य मारुतिः ॥
महासुरं भीममित्रनाशनं विष्णुर्यथैवोरुबलं चमूमुखे ॥ ३८
अपूजयन्देवगणास्तदा कपिं स्वयं च रामोऽतिबलश्च लक्ष्मणः ।
तथैव सुग्रीवमुखाः प्लवंगमा विभीषणश्चैव महाबलस्तदा ॥ ३९

इत्यार्षे श्रीमद्रामायणे वाल्मीकीय आदिकाव्ये युद्धकाण्डे षट्पञ्चाशः सर्गः ॥ ५६ ॥

सप्तपञ्चाशः सर्गः ।

अकम्पनवधं श्रुत्वा क्रुद्धो वै राक्षसेश्वरः । किंचिद्दीनमुखश्चापि सचिवांस्तानुदैक्षत ॥ १
स तु ध्यात्वा मुहूर्तं तु मन्त्रिभिः संविचार्य च । ततस्तु रावणः पूर्वेदिवसे राक्षसाधिपः ।
पुरीं परिययौ लङ्कां सर्वान्गुल्मानवेक्षितुम् ॥ २
तां राक्षसगणैर्गुप्तां गुल्मैर्बहुभिरावृताम् । ददर्श नगरीं राजा पताकाध्वजमालिनीम् ॥ ३
रुद्धां तु नगरीं दृष्ट्वा रावणो राक्षसेश्वरः । उवाचात्महितं काले प्रहस्तं युद्धकोविदम् ॥ ४
पुरस्योपनिविष्टस्य सहसा पीडितस्य ह । नान्ययुद्धात्प्रपश्यामि मोक्षं युद्धविशारद ॥ ५
अहं वा कुम्भकर्णो वा त्वं वा सेनापतिर्मम । इन्द्रजिद्वा निकुम्भो वा वहेयुर्भारमीदृशम् ॥ ६
स त्वं बलमतः शीघ्रमादाय परिगृह्य च । विजयायाभिनिर्याहि यत्र सर्वे वनौकसः ॥ ७

श्चरणन्यासैः ॥ २२ ॥ २३ ॥ २४ ॥ २५ ॥ २६ ॥ प्ररूढः सानुमानिव बहुशराञ्चितशरीरत्वात्प्ररूढबहुवृक्षो गिरिरिव जनैर्ददृश इत्यर्थः ॥ २७ ॥ २८ ॥ २९ ॥ ३० ॥ क्षितिकम्पे भूकम्पकाले ॥ ३१ ॥ ३२ ॥ श्रमजलैः स्वेदजलैः ॥ ३३ ॥ भयादन्योन्यं प्रमथ्नन्तो द्वारदेशे संमर्दं कुर्वाणाः ॥ ३४ ॥ ३५ ॥ सोऽपि यथार्हमनुकूलतोऽनुकूलदर्शनवचनालिङ्गनैः संप्रत्यपूजयत् ॥ ३६ ॥ यथाप्राणं यावद्बलं सप्राणानेव चकृषुः । प्राणनाशार्थमिति शेषः ॥ ३७ ॥ यथा विष्णुरुरुबलं बलवन्तं महाबलं मधुकैटभादिरूपं हत्वा वीरशोभामभजत्तथैवेत्यर्थः ॥ ३८ ॥ रामादयोऽप्यपूजयन्नित्यनुकर्षः ॥ ३९ ॥ भाद्रशुक्लचतुर्थ्यामकम्पनवधः ॥ इति श्रीरामाभिरामे श्रीरामीये रामायणतिलके वाल्मीकीय आदिकाव्ये युद्धकाण्डे षट्पञ्चाशः सर्गः ॥ ५६ ॥

अथ प्रहस्तनिर्गमः—अकम्पनवधमिति ॥ १ ॥ पूर्वेदिवसे पूर्वाह्णे सर्वान्गुल्मान्सेनाव्यूहविशेषान् ॥ २ ॥ ३ ॥ ४ ॥ पुरस्योपनिविष्टस्य । अतिसमीपनिविष्टशत्रुबलस्येत्यर्थः । अत एव सहसा बलात्कारेण पीडितस्य अन्ययुद्धादन्यकर्तृकयुद्धाद्धेतोर्मोक्षमुपरोधमोक्षं न प्रपश्यामि ॥ ५ ॥ ६ ॥ अतोऽस्माद्-

निर्याणादेव तूर्णं च चलिता हरिवाहिनी । नर्दतां राक्षसेन्द्राणां श्रुत्वा नादं द्रविष्यति ॥ ८
चपला ह्यविनीताश्च चलचित्ताश्च वानराः । न सहिष्यन्ति ते नादं सिंहनादमिव द्विपाः ॥ ९
विद्रुते च बले तस्मिन्रामः सौमित्रिणा सह । अवशस्तु निरालम्बः प्रहस्तवशमेष्यति ॥ १०
आपत्संशयिता श्रेयो नात्र निःसंशयीकृता । प्रतिलोमानुलोमं मा यत्तु नो मन्यसे हितम् ॥ ११
रावणेनैवमुक्तस्तु प्रहस्तो वाहिनीपतिः । राक्षसेन्द्रमुवाचेदमसुरेन्द्रमिवोशना ॥ १२
राजन्मन्त्रितपूर्वं नः कुशलैः सह मन्त्रिभिः । विवादश्चापि नो वृत्तः समवेक्ष्य परस्परम् ॥ १३
प्रदानेन तु सीतायाः श्रेयो व्यवसितं मया । अप्रदाने पुनर्युद्धं दृष्टमेव तथैव नः ॥ १४
सोऽहं दानैश्च मानैश्च सततं पूजितस्त्वया । सान्त्वैश्च विविधैः काले किं न कुर्यां हितं तव ॥ १५
नहि मे जीवितं रक्ष्यं पुत्रदारधनानि च । त्वं पश्य मां जुहूषन्तं त्वदर्थे जीवितं युधि ॥ १६
एवमुक्त्वा तु भर्तारं रावणं वाहिनीपतिः । उवाचेदं बलाध्यक्षान्प्रहस्तः पुरतः स्थितान् ॥ १७
समानयत मे शीघ्रं राक्षसानां महाबलम् । मद्बाणानां तु वेगेन हतानां तु रणाजिरे ॥ १८
अद्य तृप्यन्तु मांसादाः पक्षिणः काननौकसः । तस्य तद्वचनं श्रुत्वा बलाध्यक्षा महाबलाः ॥ १९
बलमुद्योजयामासुस्तस्मिन्राक्षसमन्दिरे । सा बभूव मुहूर्तेन भीमैर्नानाविधायुधैः ॥ २०
लङ्का राक्षसवीरैस्तैर्गजैरिव समाकुला । हुताशनं तर्पयतां ब्राह्मणांश्च नमस्यताम् ॥ २१
आज्यगन्धप्रतिवहः सुरभिर्मारुतो ववौ । स्रजश्च विविधाकारा जगृहुस्त्वभिमन्त्रिताः ॥ २२
सङ्ग्रामसज्जाः संहृष्टा धारयन्राक्षसास्तदा । सधनुष्काः कवचिनो वेगादुत्सृज्य राक्षसाः ॥ २३
रावणं प्रेक्ष्य राजानं प्रहस्तं पर्यवारयन् । अथामन्त्र्य तु राजानं भेरीमाहत्य भैरवाम् ॥ २४
आरुरोह रथं युक्तः प्रहस्तः सज्जकल्पितम् । हयैर्महाजवैर्युक्तं सम्यक्सूतं सुसंयतम् ॥ २५
महाजलदनिर्घोषं साक्षाच्चन्द्रार्कभास्वरम् । उरगध्वजदुर्धर्षं सुवरूथं स्वपस्करम् ॥ २६
सुवर्णजालसंयुक्तं प्रहसन्तमिव श्रिया । ततस्तं रथमास्थाय रावणार्पितशासनः ॥ २७
लङ्काया निर्ययौ तूर्णं बलेन महता वृतः । ततो दुन्दुभिनिर्घोषः पर्जन्यनिनदोपमः ।
वादित्राणां च निनदः पूरयन्निव मेदिनीम् ॥ २८
शुश्रुवे शङ्खशब्दश्च प्रयाते वाहिनीपतौ । निनदन्तः स्वरान्घोरान्राक्षसा जग्मुरग्रतः ॥ २९
भीमरूपा महाकायाः प्रहस्तस्य पुरःसराः । नरान्तकः कुम्भहनुर्महानादः समुन्नतः ।
प्रहस्तसचिवा ह्येते निर्ययुः परिवार्य तम् ॥ ३०
व्यूढेनैव सुघोरेण पूर्वद्वारात्स निर्ययौ । गजयूथनिकाशेन बलेन महता वृतः ॥ ३१
सागरप्रतिमौघेन वृतस्तेन बलेन सः । प्रहस्तो निर्ययौ क्रुद्धः कालान्तकयमोपमः ॥ ३२

त्मात् ॥ ७ ॥ द्रविष्यति पलायिष्यते ॥ ८ ॥ ९ ॥ अवशो वशं प्रभुत्वं तद्रहितः । 'वशमिच्छाप्रभुत्वयोः' इति विश्वः । अत एव निरालम्बः ॥ १० ॥ ननु युद्धे मज्जीवनेऽपि संदेहात्कथं निरालम्बो वशमेष्यतीत्युच्यते तत्राह—आपदिति । युद्धे आपन्मृतिः संशयिता संदेहविषया । श्रेयो विजयस्तु तव न संशयितो न संदेहविषयः । तवातिबलत्वाद्बहुशो दृष्टविजयत्वाच्च । इन्द्रजिद्वच्छ्रेयःप्राप्तिरेवोत्कटकोटिका । किंच श्रेयो न संदिग्धम् । युद्धे जीवने मरणे च श्रेयःसत्त्वात् । जीवने राज्यम्, मृतावुत्तमलोकः । अतोऽत्र युद्धे प्रवृत्तिरेव निःसंशयीकृता । 'यत्रायुद्धे ध्रुवो मृत्युर्युद्धे जीवितसंशयः । तमेव कालं युद्धस्य प्रवदन्ति मनीषिणः ॥' इत्यादि शास्त्रादिति भावः । मम त्वय युद्धमेव हितं प्रतिभाति । प्रकारान्तरमस्ति चेद्ब्रूहीत्याह—प्रतिलोमेत्यादि । मनोनुकूलं वा भवतु प्रतिकूलं वा । यत्तु नो हितं मन्यसे तद्वदेति शेषः ॥ ११ ॥ १२ ॥ कुशलैर्मन्त्रिभिर्बिभीषणमाल्यवदादिभिर्यदा मन्त्रितं तदा नः परस्परं परस्परमतं समवेक्ष्य विवादोऽनेकमत्यं वृत्तम् ॥ १३ ॥ सीताप्रदानेनैव श्रेय इति च तदा व्यवसितं निश्चितम् । अप्रदाने च युद्धं दृष्टं तत्तथैव नेदानीं प्राप्तम् ॥ १४ ॥ अतःपरं तु यत्प्राप्तमस्माकं युद्धं तदेव मयानुष्ठेयमित्याह—सोऽहमिति । तव प्रियं न कुर्यां किम्, अपि तु कुर्यामेव ॥ १५ ॥ युधि जीवितं जुहूषन्तं होतुमिच्छन्तम् ॥ १६ ॥ बलाध्यक्षान्सर्वबलाध्यक्षत्वेन बलनियोजनाधिकृतपुरुषानित्यर्थः ॥ १७ ॥ १८ ॥ १९ ॥ २० ॥ २१ ॥ २२ ॥ सङ्ग्रामसज्जाः सङ्ग्रामाय संनद्धाः । धारयन्नधारयन् । अभिमन्त्रितस्रज इत्यनुकर्षः । उत्सृज्य । वाहनानीति शेषः ॥ २३ ॥ २४ ॥ सज्जकल्पितं सर्वायुधसमेततया कल्पितम् । सम्यक्समीचीनः सूतो यस्य तम् ॥ २५ ॥ सुवरूथम् । वरूथो रथगुप्तिः । स्वपस्करं शोभनरथाङ्गम् ॥ २६ ॥ २७ ॥ दुन्दुभिनिर्घोष इत्यादेः शुश्रुवे इत्यनेनान्वयः ॥ २८ ॥ २९ ॥ ३० ॥ ३१ ॥ ३२ ॥

तस्य निर्याणघोषेण राक्षसानां च नर्दताम् । लङ्कायां सर्वभूतानि विनेदुर्विकृतैः स्वरैः ॥ ३३
व्यभ्रमाकाशमाविश्य मांसशोणितभोजनाः । मण्डलान्यपसव्यानि खगाश्चक्रू रथं प्रति ॥ ३४
वमन्ति पावकज्वालाः शिवा घोरा ववाशिरे । अन्तरिक्षात्पपातोल्का वायुश्च परुषं ववौ ॥ ३५
अन्योन्यमभिसंरब्धा ग्रहाश्च न चकाशिरे । मेघाश्च खरनिर्घोषा रथस्योपरि रक्षसः ॥ ३६
ववर्षू रुधिरं चास्य सिषिचुश्च पुरःसरान् । केतुमूर्धनि गृध्रस्तु विलीनो दक्षिणामुखः ॥ ३७
नदन्नुभयतःपार्श्वे समग्रां श्रियमाहरत् । सारथेर्बहुशश्चात्र सङ्ग्राममनिवर्तिनः ॥ ३८
प्रतोदो न्यपतद्धस्तात्सूतस्य हयसादिनः । निर्याणश्री च या च स्याद्भास्वरा च सुदुर्लभा ॥ ३९
सा ननाश मुहूर्तेन समे च स्खलिता हयाः । प्रहस्तं तं हि निर्यान्तं प्रख्यातगुणपौरुषम् ।
युधि नानाप्रहरणा कपिसेनाभ्यवर्तत ॥ ४०
अथ घोषः सुतुमुलो हरीणां समजायत । वृक्षानारुजतां चैव गुर्वीर्वै गृह्णतां शिलाः ॥ ४१
नदतां राक्षसानां च वानराणां च गर्जताम् । उभे प्रमुदिते सैन्ये रक्षोगणवनौकसाम् ॥ ४२
वेगितानां समर्थानामन्योन्यवधकाङ्क्षिणाम् । परस्परं चाह्वयतां निनादः श्रूयते महान् ॥ ४३
ततः प्रहस्तः कपिराजवाहिनीमभिप्रतस्थे विजयाय दुर्मतिः ।
विवृद्धवेगश्च विवेशितां चमूं यथा मुमूर्षुः शलभो विभावसुम् ॥ ४४

इत्यार्षे श्रीमद्रामायणे वाल्मीकीय आदिकाव्ये युद्धकाण्डे सप्तपञ्चाशः सर्गः ॥ ५७ ॥

अष्टपञ्चाशः सर्गः ।

ततः प्रहस्तं निर्यान्तं दृष्ट्वा रणकृतोद्यमम् । उवाच सस्मितं रामो विभीषणमरिंदमः ॥ १
क एष सुमहाकायो बलेन महता वृतः । आगच्छति महावेगः किंरूपबलपौरुषः ॥ २
आचक्ष्व मे महाबाहो वीर्यवन्तं निशाचरम् । राघवस्य वचः श्रुत्वा प्रत्युवाच विभीषणः ॥ ३
एष सेनापतिस्तस्य प्रहस्तो नाम राक्षसः । लङ्कायां राक्षसेन्द्रस्य त्रिभागबलसंवृतः ।
वीर्यवानस्त्रविच्छूरः सुप्रख्यातपराक्रमः ॥ ४
ततः प्रहस्तं निर्यान्तं भीमं भीमपराक्रमम् । गर्जन्तं सुमहाकायं राक्षसैरभिसंवृतम् ॥ ५
ददर्श महती सेना वानराणां बलीयसाम् । अभिसंजातघोषाणां प्रहस्तमभिगर्जताम् ॥ ६
खड्गशक्त्यृष्टिशूलाश्च बाणानि मुसलानि च । गजाश्च परिघाः प्रासा विविधाश्च परश्वधाः ॥ ७
धनूंषि च विचित्राणि राक्षसानां जयैषिणाम् । प्रगृहीतान्यराजन्त वानरानभिधावताम् ॥ ८
जगृहुः पादपांश्चापि पुष्पितांस्तु गिरींस्तथा । शिलाश्च विपुला दीर्घा योद्धुकामाः प्लवंगमाः ॥ ९
तेषामन्योन्यमासाद्य सङ्ग्रामः सुमहानभूत् । बहूनामश्मवृष्टिं च शरवर्षं च वर्षताम् ॥ १०
बहवो राक्षसा युद्धे बहून्वानरपुंगवान् । वानरा राक्षसाश्चापि निजघ्नुर्बहवो बहून् ॥ ११
शूलैः प्रमथिताः केचित्केचित्तु परमायुधैः । परिघैराहताः केचित्केचिच्छिन्नाः परश्वधैः ॥ १२
निरुच्छ्वासाः पुनः केचित्पतिता जगतीतले । विभिन्नहृदयाः केचिदिषुसंधानसाधिताः ॥ १३

॥३३॥ तस्य दुर्निमित्तान्याह—व्यभ्रमित्यादि । मांसशोणितभोजनाः खगा अपसव्यानि मण्डलान्यपगता सव्यभागे विश्रान्तिर्येषु मण्डलेषु भ्रामणेषु तान्यपसव्यानि प्रदक्षिणानि । गृध्रादीनां प्रदक्षिणमपि दुर्निमित्तमिति कतकः ॥ ३४ ॥ ३५ ॥ ३६ ॥ केतूपरि लीनत्वादिगुणको गृध्रो नदञ्शब्दं कुर्वन्नुभयतःपार्श्वे कण्डूयमान इति शेषः । तथा कुर्वन्नस्य समग्रां संपूर्णां प्रभां मुखादिशोभां जयश्रियं चाहरत् ॥ ३७ ॥ सूतस्य सूतवंशजस्य सारथेः । हयसादिनोऽश्वशिक्षकस्य । प्रतोदस्तोत्रम् ॥ ३८ ॥ ३९ ॥ ४० ॥ ४१ ॥ रक्षोगणवनौकसामित्यस्य निनादः श्रूयत इत्युत्तरेण संबन्धः ॥ ४२ ॥ ४३ ॥ ४४ ॥ इति श्रीरामाभिरामे श्रीरामीये रामायणतिलके वाल्मीकीय आदिकाव्ये युद्धकाण्डे सप्तपञ्चाशः सर्गः ॥ ५७ ॥

तत इति । सस्मितम् । एवं सेनया किलास्मान्भीषयतीति स्मितम् ॥ १ ॥ २ ॥ ३ ॥ लङ्कायामित्यादि । राक्षसेन्द्रसंबन्धिलङ्कास्थबलस्य तृतीयभागेन संवृत इत्यर्थः ॥ ४ ॥ ५ ॥ प्रहस्तमभि तदभिमुखेन गर्जतां वानराणां महती सेना निर्यान्तं प्रहस्तं ददर्शेति संबन्धः ॥ ६ ॥ ७ ॥ ८ ॥ गिरींस्तथा जगृहुरित्यनुकर्षः । गिरिशृङ्गाणीति यावत् ॥ ९ ॥ १० ॥ ११ ॥ परमायुधैश्चक्रैः । 'चक्रं तु परमायुधम्' इति कोशः ॥ १२ ॥ इषूणां संधानं सम्यग्विसर्जनं तेन

केचिद्विधा कृताः खड्गैः स्फुरन्तः पतिता भुवि । वानरा राक्षसैः शूरैः पार्श्वतश्च विदारिताः ॥ १४
वानरैश्चापि संक्रुद्धै राक्षसौघाः समन्ततः । पादपैर्गिरिशृङ्गैश्च संपिष्टा वसुधातले ॥ १५
वज्रस्पर्शतलैर्हस्तैर्मुष्टिभिश्च हता भृशम् । वमञ्शोणितमास्येभ्यो विशीर्णवदनेक्षणाः ॥ १६
आर्तस्वनं च स्वनतां सिंहनादं च नर्दताम् । बभूव तुमुलः शब्दो हरीणां रक्षसामपि ॥ १७
वानरा राक्षसाः क्रुद्धा वीरमार्गमनुव्रताः । विवृत्तवदनाः क्रूराश्चक्रुः कर्माण्यभीतवत् ॥ १८
नरान्तकः कुम्भहनुर्महानादः समुन्नतः । एते प्रहस्तसचिवाः सर्वे जघ्नुर्वनौकसः ॥ १९
तेषां निपततां शीघ्रं निघ्नतां चापि वानरान् । द्विविदो गिरिशृङ्गेण जघानैकं नरान्तकम् ॥ २०
दुर्मुखः पुनरुत्थाय कपिः सविपुलद्रुमम् । राक्षसं क्षिप्रहस्तं तु समुन्नतमपोथयत् ॥ २१
जाम्बवांस्तु सुसंक्रुद्धः प्रगृह्य महतीं शिलाम् । पातयामास तेजस्वी महानादस्य वक्षसि ॥ २२
अथ कुम्भहनुस्तत्र तारेणासाद्य वीर्यवान् । वृक्षेण महता सद्यः प्राणान्संत्याजयद्रणे ॥ २३
अमृष्यमाणस्तत्कर्म प्रहस्तो रथमाश्रितः । चकार कदनं घोरं धनुष्पाणिर्वनौकसाम् ॥ २४
आवर्त इव संजज्ञे सेनयोरुभयोस्तदा । क्षुभितस्याप्रमेयस्य सागरस्येव निःस्वनः ॥ २५
महता हि शरौघेण राक्षसो रणदुर्मदः । अर्दयामास संक्रुद्धो वानरान्परमाहवे ॥ २६
वानराणां शरीरैस्तु राक्षसानां च मेदिनी । बभूवातिचिता घोरैः पर्वतैरिव संवृता ॥ २७
सा मही रुधिरौघेण प्रच्छन्ना संप्रकाशते । संछन्ना माधवे मासि पलाशैरिव पुष्पितैः ॥ २८
हतवीरौघवप्रां तु भग्नायुधमहाद्रुमाम् । शोणितौघमहातोयां यमसागरगामिनीम् ॥ २९
यकृत्प्लीहमहापङ्कां विनिकीर्णान्त्रशैवलाम् । भिन्नकायशिरोमीनामङ्गावयवशाद्वलाम् ॥ ३०
गृध्रहंसवराकीर्णां कङ्कसारससेविताम् । मेदःफेनसमाकीर्णामार्तस्वननिःस्वनाम् ॥ ३१
तां कापुरुषदुस्तारां युद्धभूमिमयीं नदीम् । नदीमिव घनापाये हंससारससेविताम् ॥ ३२
राक्षसाः कपिमुख्यास्ते तेरुस्तां दुस्तरां नदीम् । यथा पद्मरजोध्वस्तां नलिनीं गजयूथपाः ॥ ३३
ततः सृजन्तं बाणौघान्प्रहस्तं स्यन्दने स्थितम् । ददर्श तरसा नीलो विधमन्तं प्लवंगमान् ॥ ३४
उद्धूत इव वायुः खे महदभ्रबलं बलात् । समीक्ष्याभिद्रुतं युद्धे प्रहस्तो वाहिनीपतिः ॥ ३५
रथेनादित्यवर्णेन नीलमेवाभिदुद्रुवे । स धनुर्धन्विनां श्रेष्ठो विकृष्य परमाहवे ॥ ३६
नीलाय व्यसृजद्बाणान्प्रहस्तो वाहिनीपतिः । ते प्राप्य विशिखा नीलं विनिर्भिद्य समाहिताः ॥ ३७
महीं जग्मुर्महावेगा रोषिता इव पन्नगाः । नीलः शरैरभिहतो निशितैर्ज्वलनोपमैः ॥ ३८
स तं परमदुर्धर्षमापतन्तं महाकपिः । प्रहस्तं ताडयामास वृक्षमुत्पाट्य वीर्यवान् ॥ ३९
स तेनाभिहतः क्रुद्धो नर्दन्राक्षसपुंगवः । ववर्ष शरवर्षाणि प्लवंगानां चमूपतौ ॥ ४०
तस्य बाणगणानेव राक्षसस्य दुरात्मनः । अपारयन्वारयितुं प्रत्यगृह्णान्निमीलितः ।
यथैव गोवृषो वर्षं शारदं शीघ्रमागतम् ॥ ४१
एवमेव प्रहस्तस्य शरवर्षान्दुरासदान् । निमीलिताक्षः सहसा नीलः सेहे दुरासदान् ॥ ४२

सादिताः खण्डिताः । 'संधानसंधिताः' इति पाठे इषव एव संधानानि बन्धनरज्जवस्तैः संधिताः । संस्यूता इत्यर्थः ॥ १३॥ स्फुरन्त उच्छलन्तः ॥ १४ ॥ १५ ॥ वमन्नवमन् । 'वेमुः' इति पाठान्तरम् ॥ १६ ॥ १७ ॥ वीरमार्गमनुव्रता वीरमार्गोऽपराङ्मुखत्वलक्षणस्तमनुव्रता अनुगताः । अभीतवदभीतार्हाणि ॥ १८ ॥ १९ ॥ तेषामिति निर्धारणे षष्ठी ॥ २० ॥ समुन्नतं तदाख्यम् । अपोथयद्धतवान् ॥ २१ ॥ महानादस्य तदाख्यस्य ॥ २२ ॥ तारेणासाद्य संबध्य । युयुधे इति शेषः । ततः स तारस्तस्य कुम्भहनोर्महता वृक्षेण प्राणान्संत्याजयत्समत्याजयत् ॥ २३ ॥ तत्कर्म क्षणादेव सचिवचतुष्टयमारणकर्म ॥ २४ ॥ उभयोः सेनयोरितस्ततो भ्रमणेनावर्त इव संजज्ञे । क्षुभितस्य सागरस्य निःस्वन इव निःस्वनश्च जज्ञे ॥ २५ ॥ २६ ॥ २७ ॥ २८ ॥ युद्धभूमिं नदीत्वेन वर्णयति—हतेत्यादि । वप्रं तटम् । यम एव सागरस्तद्गामिनीम् ॥ २९ ॥ यकृत्प्लीहानौ हृदयदक्षिणभागस्थमांसविशेषौ ॥ ३० ॥ ३१ ॥ युद्धभूमिमयीं तद्रूपां नदीं प्रवर्तयित्वा घनापाये हंसादिसेवितां नदीमिव तां तेरुः ॥ ३२ ॥ पद्मरजोयुतां यथा गजयूथपास्तेरुस्तथेत्यर्थः ॥ ३३ ॥ तत उच्यमानगुणं प्रहस्तं नीलो ददर्श ॥ ३४ ॥ वाहिनीपतिः प्रहस्तः ख उद्धूतो वायुर्महदभ्रबलमिव बलवदभ्रमिव युद्धेऽभिद्रुतं स्वं प्रत्याभिमुख्येनागच्छन्तं नीलं समीक्ष्य तं नीलमेवाभिदुद्रुवे ॥ ३५ ॥ ३६ ॥ ३७ ॥ ३८ ॥ ३९ ॥ ४० ॥ अपारयन्वारयितुमशक्तः सन् । शारदं वर्षम् ।

रोषितः शरवर्षेण सालेन महता महान् । प्रजघान हयान्नीलः प्रहस्तस्य महाबलः ॥ ४३
ततो रोषपरीतात्मा धनुस्तस्य दुरात्मनः । बभञ्ज तरसा नीलो ननाद च पुनः पुनः ॥ ४४
विधनुः स कृतस्तेन प्रहस्तो वाहिनीपतिः । प्रगृह्य मुसलं घोरं स्यन्दनादवपुप्लुवे ॥ ४५
तावुभौ वाहिनीमुख्यौ जातवैरौ तरस्विनौ । स्थितौ क्षतजसिक्ताङ्गौ प्रभिन्नाविव कुञ्जरौ ॥ ४६
उल्लिखन्तौ सुतीक्ष्णाभिर्दंष्ट्राभिरितरेतरम् । सिंहशार्दूलसदृशौ सिंहशार्दूलचेष्टितौ ॥ ४७
विक्रान्तविजयौ वीरौ समरेष्वनिवर्तिनौ । काङ्क्षमाणौ यशः प्राप्तुं वृत्रवासवयोरिव ॥ ४८
आजघान तदा नीलं ललाटे मुसलेन सः । प्रहस्तः परमायत्तस्ततः सुस्राव शोणितम् ॥ ४९
ततः शोणितदिग्धाङ्गः प्रगृह्य च महातरुम् । प्रहस्तस्योरसि क्रुद्धो विससर्ज महाकपिः ॥ ५०
तमचिन्त्यप्रहारं स प्रगृह्य मुसलं महत् । अभिदुद्राव बलिनं बलान्नीलं प्लवंगमम् ।
तमुग्रवेगं संरब्धमापतन्तं महाकपिः ॥ ५१
ततः संप्रेक्ष्य जग्राह महावेगो महाशिलाम् । तस्य युद्धाभिकामस्य मृधे मुसलयोधिनः ॥ ५२
प्रहस्तस्य शिलां नीलो मूर्ध्नि तूर्णमपातयत् । नीलेन कपिमुख्येन विमुक्ता महती शिला ।
बिभेद बहुधा घोरा प्रहस्तस्य शिरस्तदा ॥ ५३
स गतासुर्गतश्रीको गतसत्त्वो गतेन्द्रियः । पपात सहसा भूमौ छिन्नमूल इव द्रुमः ॥ ५४
विभिन्नशिरसस्तस्य बहु सुस्राव शोणितम् । शरीरादपि सुस्राव गिरेः प्रस्रवणो यथा ॥ ५५
हते प्रहस्ते नीलेन तदकम्प्यं महाबलम् । राक्षसानामहृष्टानां लङ्कामभिजगाम ह ॥ ५६
न शेकुः समवस्थातुं निहते वाहिनीपतौ । सेतुबन्धं समासाद्य विशीर्णं सलिलं यथा ॥ ५७
हते तस्मिंश्चमूमुख्ये राक्षसास्ते निरुद्यमाः । रक्षःपतिगृहं गत्वा ध्यानमूकत्वमागताः ।
प्राप्ताः शोकार्णवं तीव्रं विसंज्ञा इव तेऽभवन् ॥ ५८

ततस्तु नीलो विजयी महाबलः प्रशस्यमानः सुकृतेन कर्मणा ।
समेत्य रामेण सलक्ष्मणेन प्रहृष्टरूपस्तु बभूव यूथपः ॥ ५९

इत्यार्षे श्रीमद्रामायणे वाल्मीकीय आदिकाव्ये युद्धकाण्डेऽष्टपञ्चाशः सर्गः ॥ ५८ ॥

– –

एकोनपञ्चाशः सर्गः ।

तस्मिन्हते राक्षससैन्यपाले प्लवंगमानामृषभेण युद्धे ।
भीमायुधं सागरवेगतुल्यं विदुद्रुवे राक्षसराजसैन्यम ॥ १
गत्वा तु रक्षोधिपतेः शशंसुः सेनापतिं पावकसूनुशस्तम् ।
तच्चापि तेषां वचनं निशम्य रक्षोधिपः क्रोधवशं जगाम ॥ २
संख्ये प्रहस्तं निहतं निशम्य क्रोधार्दितः शोकपरीतचेताः ।
उवाच तान्राक्षसयूथमुख्यानिन्द्रो यथा निर्जरयूथमुख्यान् ॥ ३
नावज्ञा रिपवे कार्या यैरिन्द्रबलसादनः । सूदितः सैन्यपालो मे सानुयात्रः सकुञ्जरः ॥ ४

गोवृषस्य शरत्काले प्राबल्यं कालस्वभावात् । वर्षस्य त्वन्यथा । तत एव । तेन नातिक्लेशकरस्तस्य शरवर्ष इति सूचितम् ॥ ४१ ॥ ४२ ॥ ४३ ॥ ४४ ॥ ४५ ॥ ४६ ॥ सुतीक्ष्णाभिर्दंष्ट्राभी राक्षसानामप्यस्ति दंष्ट्राप्राबल्यम् ॥ ४७ ॥ विक्रान्तविजयौ प्राप्तप्रायविजयौ ॥ ४८ ॥ परमायत्तः परमोद्युक्तः ॥ ४९ ॥ ५० ॥ अचिन्त्याचिन्तयित्वा ॥ ५१ ॥ ५२ ॥ तूर्णम् । मुसलप्रहारात्पूर्वमेवेत्यर्थः । प्रहस्तस्य शिरो बहुधा बिभेद ॥ ५३ ॥ ५४ ॥ विभिन्नशिरसो गिरेः । प्रस्रवणो निर्झरः ॥ ५५ ॥ ५६ ॥ विशीर्णं भग्नं सेतुबन्धमित्यन्वयः ॥ ५७ ॥ ध्यानमूकत्वं ध्यानेन देवताध्यानेन ये मूका मौनिनस्तेषां भावस्तत्त्वम् । भयदुःखमोहैः किमपि वक्तुं नाशक्नुवन्नित्यर्थः । तदेवाह—प्राप्ता इति ॥ ५८ ॥ सलक्ष्मणेन रामेण समेत्य प्रशस्यमानः, अत एव प्रहृष्टरूपोऽतिप्रहृष्टः । प्रशंसायां रूपप् ॥ ५९ ॥ तत्पञ्चम्यां प्रहस्तवधः ॥ **इति श्रीरामाभिरामे श्रीरामीये रामायणतिलके वाल्मीकीय आदिकाव्ये युद्धकाण्डेऽष्टपञ्चाशः सर्गः ॥ ५८ ॥**

तस्मिन्निति । प्रहस्ते इत्यर्थः । प्लवंगमानामृषभेण नीलेन ॥ १ ॥ पावकसूनुशस्तं नीलेन हतम् ॥ २ ॥ निर्जरा देवाः ॥ ३ ॥ रिपवे रिपुभ्यस्तेषु रिपुष्ववज्ञा एते कपयः किं करिष्यन्तीत्येवंरूपा न कार्या, यैरिन्द्रबलसादनो मे सैन्यपालो

सोऽहं रिपुविनाशाय विजयायाविचारयन् । स्वयमेव गमिष्यामि रणशीर्षं तदद्भुतम् ॥ ५
अथ तद्वानरानीकं रामं च सहलक्ष्मणम् । निर्दहिष्यामि बाणौघैर्वनं दीप्तैरिवाग्निभिः ॥ ६

स एवमुक्त्वा ज्वलनप्रकाशं रथं तुरंगोत्तमराजियुक्तम् ।
प्रकाशमानं वपुषा ज्वलन्तं समारुरोहामरराजशत्रुः ॥ ७
स शङ्खभेरीपणवप्रणादैरास्फोटितक्ष्वेडितसिंहनादैः ।
पुण्यैः स्तवैश्चापि सुपूज्यमानस्तदा ययौ राक्षसराजमुख्यः ॥ ८
स शैलजीमूतनिकाशरूपैर्मांसाशनैः पावकदीप्तनेत्रैः ।
बभौ वृतो राक्षसराजमुख्यो भूतैर्वृतो रुद्र इवामरेशः ॥ ९
ततो नगर्याः सहसा महौजा निष्क्रम्य तद्वानरसैन्यमुग्रम् ।
महार्णवाभ्रस्तनितं ददर्श समुद्यतं पादपशैलहस्तम् ॥ १०
तद्राक्षसानीकमतिप्रचण्डमालोक्य रामो भुजगेन्द्रबाहुः ।
विभीषणं शस्त्रभृतां वरिष्ठमुवाच सेनानुगतः पृथुश्रीः ॥ ११
नानापताकाध्वजछत्रजुष्टं प्रासासिशूलायुधशस्त्रजुष्टम् ।
कस्येदमक्षोभ्यमभीरुजुष्टं सैन्यं महेन्द्रोपमनागजुष्टम् ॥ १२
ततस्तु रामस्य निशम्य वाक्यं विभीषणः शक्रसमानवीर्यः ।
शशंस रामस्य बलप्रवेकं महात्मनां राक्षसपुंगवानाम् ॥ १३
योऽसौ गजस्कन्धगतो महात्मा नवोदिताकोपमताम्रवक्त्रः ।
संकम्पयन्नागशिरोऽभ्युपैति ह्यकम्पनं त्वेनमवेहि राजन् ॥ १४
योऽसौ रथस्थो मृगराजकेतुर्धुन्वन्धनुः शक्रधनुःप्रकाशम् ।
करीव भात्युग्रविवृत्तदंष्ट्रः स इन्द्रजिन्नाम वरप्रधानः ॥ १५
यश्चैष विन्ध्यास्तमहेन्द्रकल्पो धन्वी रथस्थोऽतिरथोऽतिवीरः ।
विस्फारयंश्चापमतुल्यमानं नाम्नातिकायोऽतिविवृद्धकायः ॥ १६
योऽसौ नवार्कोदितताम्रचक्षुरारुह्य घण्टानिनदप्रणादम् ।
गजं खरं गर्जति वै महात्मा महोदरो नाम स एष वीरः ॥ १७
योऽसौ हयं काञ्चनचित्रभाण्डमारुह्य संध्याभ्रगिरिप्रकाशः ।
प्रासं समुद्यम्य मरीचिनद्धं पिशाच एषोऽशनितुल्यवेगः ॥ १८
यश्चैष शूलं निशितं प्रगृह्य विद्युत्प्रभं किंकरवज्रवेगम् ।
वृषेन्द्रमास्थाय शशिप्रकाशमायाति योऽसौ त्रिशिरा यशस्वी ॥ १९
असौ च जीमूतनिकाशरूपः कुम्भः पृथुव्यूढसुजातवक्षाः ।
समाहितः पन्नगराजकेतुर्विस्फारयन्याति धनुर्विधुन्वन् ॥ २०
यश्चैष जाम्बूनदवज्रजुष्टं दीप्तं सधूमं परिघं प्रगृह्य ।
आयाति रक्षोबलकेतुभूतो योऽसौ निकुम्भोऽद्भुतवीरकर्मा ॥ २१

वानररूपैः सूदितः ॥ ४ ॥ अविचारयन्रिपुबलं तृणीकुर्वन् । रणशीर्षं रणमूर्धानम् । युद्धभूमिमित्यर्थः ॥ ५ ॥ ६ ॥ तुरंगोत्तमराजियुक्तम् । अनेन बह्वश्वयुक्तत्वं रथस्योक्तम् । वपुषा ज्वलन्तम्, अतएव स्वभासा प्रकाशमानम् ॥ ७ ॥ आस्फोटितानि भुजास्फालनानि । क्ष्वेडितानि स्वशौर्यप्रकाशकशब्दाः । आस्फोटितादीन्यत्र सैनिकानाम् ॥ ८ ॥ ९ ॥ महार्णवस्याभ्रस्य महामेघस्येव च स्तनितं यस्य तत् ॥ १० ॥ सेनयानुगतः सेनानुगतः ॥ ११ ॥ ध्वजच्छत्रे तुगभाव आर्षः । महेन्द्रोपमनागजुष्टं महेन्द्रपर्वतसदृशगजयुक्तम् । अभीरुभी रक्षोभिर्जुष्टम् ॥ १२ ॥ बलप्रवेकं बलश्रेष्ठम् ॥ १३ ॥ महात्मा महादेहः । अयमकम्पनः पूर्वहतादन्य इति बोध्यम् । स्वशरीरभारात्स्वारूढनागस्य गणस्य शिरः संकम्पयन्निति ॥ १४ ॥ उग्रा विवृत्ता दंष्ट्रा यस्य सः, तथा वरेण ब्रह्मदत्तवरेण प्रधानो राक्षसश्रेष्ठः ॥ १५ ॥ विन्ध्याचलास्ताचलमहेन्द्रपर्वतकल्पः शरीरेण । अतुल्यमानमनुपमप्रमाणम् ॥ १६ ॥ घण्टानिनदैः प्रणादो यस्य तं खरं क्रूरं गजमारुह्य गर्जति ॥ १७ ॥ भाण्डमश्वाभरणम् । काञ्चनानि चित्रभाण्डानि यस्य तमश्वम् । पिशाचनामा ॥ १८ ॥ किंकरभूतो वज्रवेगो यस्मिंस्तम् । त्रिशिराः, अत्रापि कश्चित्त्रिशिराः ॥ १९ ॥ कुम्भस्तन्नामा ॥ २० ॥ जाम्बूनदवज्रजुष्टं जाम्बूनदेन वज्रैर्हीरकादिरत्नैश्च

यश्चैष चापासिशरौघजुष्टं पताकिनं पावकदीप्तरूपम् ।
रथं समास्थाय विभात्युदग्रो नरान्तकोऽसौ नगशृङ्गयोधी ॥ २२
यश्चैष नानाविधघोररूपैर्व्याघ्रोष्ट्रनागेन्द्रमृगाश्ववक्त्रैः ।
भूतैर्वृतो भाति विवृत्तनेत्रैर्योऽसौ सुराणामपि दर्पहन्ता ॥ २३
यत्रैतदिन्दुप्रतिमं विभाति च्छत्रं सितं सूक्ष्मशलाकमग्र्यम् ।
अत्रैव रक्षोधिपतिर्महात्मा भूतैर्वृतो रुद्र इवावभाति ॥ २४
असौ किरीटी चलकुण्डलास्यो नगेन्द्रविन्ध्योपमभीमकायः ।
महेन्द्रवैवस्वतदर्पहन्ता रक्षोधिपः सूर्य इवावभाति ॥ २५
प्रत्युवाच ततो रामो विभीषणमरिंदमः । अहो दीप्तमहातेजा रावणो राक्षसेश्वरः ॥ २६
आदित्य इव दुष्प्रेक्ष्यो रश्मिभिर्भाति रावणः । न व्यक्तं लक्षये ह्यस्य रूपं तेजःसमावृतम् ॥ २७
देवदानववीराणां वपुर्नैवंविधं भवेत् । यादृशं राक्षसेन्द्रस्य वपुरेतद्विराजते ॥ २८
सर्वे पर्वतसंकाशाः सर्वे पर्वतयोधिनः । सर्वे दीप्तायुधधरा योधास्तस्य महात्मनः ॥ २९
विभाति रक्षोराजोऽसौ प्रदीप्तैर्भीमदर्शनैः । भूतैः परिवृतैस्तीक्ष्णैर्देहवद्भिरिवान्तकः ॥ ३०
दिष्ट्यायमद्य पापात्मा मम दृष्टिपथं गतः । अद्य क्रोधं विमोक्ष्यामि सीताहरणसंभवम् ॥ ३१
एवमुक्त्वा ततो रामो धनुरादाय वीर्यवान् । लक्ष्मणानुचरस्तस्थौ समुद्धृत्य शरोत्तमम् ॥ ३२
ततः स रक्षोधिपतिर्महात्मा रक्षांसि तान्याह महाबलानि ।
द्वारेषु चर्यागृहगोपुरेषु सुनिर्वृतास्तिष्ठत निर्विशङ्काः ॥ ३३
इहागतं मां सहितं भवद्भिर्वनौकसश्छिद्रमिदं विदित्वा ।
शून्यां पुरीं दुष्प्रसहां प्रमथ्य प्रधर्षयेयुः सहसा समेताः ॥ ३४
विसर्जयित्वा सचिवांस्ततस्तान्गतेषु रक्षःसु यथानियोगम् ।
व्यदारयद्वानरसागरौघं महाझषः पूर्णमिवार्णवौघम् ॥ ३५
तमापतन्तं सहसा समीक्ष्य दीप्तेषुचापं युधि राक्षसेन्द्रम् ।
महत्समुत्पाट्य महीधराग्रं दुद्राव रक्षोधिपतिं हरीशः ॥ ३६
तच्छैलशृङ्गं बहुवृक्षसानुं प्रगृह्य चिक्षेप निशाचराय ।
तमापतन्तं सहसा समीक्ष्य चिच्छेद बाणैस्तपनीयपुङ्खैः ॥ ३७
तस्मिन्प्रवृद्धोत्तमसानुवृक्षे शृङ्गे विदीर्णे पतिते पृथिव्याम् ।
महाहिकल्पं शरमन्तकाभं समादधे राक्षसलोकनाथः ॥ ३८
स तं गृहीत्वानिलतुल्यवेगं सविस्फुलिङ्गज्वलनप्रकाशम् ।
बाणं महेन्द्राशनितुल्यवेगं चिक्षेप सुग्रीववधाय रुष्टः ॥ ३९
स सायको रावणबाहुमुक्तः शक्राशनिस्पर्शवपुः प्रकाशम् ।
सुग्रीवमासाद्य बिभेद वेगाद्गुहेरिता क्रौञ्चमिवोग्रशक्तिः ॥ ४०

युक्तम्, अत एव दीप्तम् । सधूमं नीलमणिकान्त्या सधूममिव ॥ २१ ॥ पावकवद्दीप्तं रूपं यस्य तम् । नगशृङ्गयोधी । प्रतियोद्धभावाद्भुजकण्डूनिवृत्त्यर्थमिति भावः ॥ २२ ॥ योऽसौ कोऽसौ तत्राह—यः सुराणामपि दर्पहा । रावण इति शेषः । भूतैर्भूतगणैः ॥ २३ ॥ क्वासौ तत्राह—तत्रेति । यत्र देशे इन्दुप्रतिमत्वादिगुणकं छत्रं भात्यत्रैव रक्षोधिपतिः । भूतैर्भूतगणैः ॥ २४ ॥ नगेन्द्रो यो विन्ध्यस्तद्वद्भीमः कायो यस्य सः ॥ २५ ॥ २६ ॥ न व्यक्तं लक्षये इत्यत्र हेतुः—तेजःसमावृतमिति । रूपं सूक्ष्मावयवसंस्थानम् ॥ २७ ॥ २८ ॥ २९ ॥ देहवद्भिः प्रशस्तदेहैः ॥ ३० ॥ ३१ ॥ ३२ ॥ द्वारेषु लङ्कायाश्चतुर्ष्वपि द्वारेषु । चर्या महामार्गाः, गृहं मूलायतनम्, तस्य गोपुराणि बहिर्द्वारप्रासादाः । सुनिर्वृताः सुखिनः । निर्विशङ्का निर्भयाः ॥ ३३ ॥ इदं छिद्रं रणभूमौ सपरिवारस्यागमनरूपम् ॥ ३४ ॥ अर्णवौघं समुद्रजलसमूहम् ॥ ३५ ॥ दीप्ता इषवश्चापश्च यस्य तम् ॥ ३६ ॥ शृङ्गशब्दोऽर्धर्चादिः पुंस्यपि ॥ ३७ ॥ ३८ ॥ ३९ ॥ शक्राशनिस्पर्शवच्छरीरः सुग्रीवमासाद्य प्राप्य, अर्थात्तमेव बिभेद । गुहेरितोग्रशक्तिः

स सायकार्तो विपरीतचेताः कूजन्पृथिव्यां निपपात वीरः ।
तं वीक्ष्य भूमौ पतितं विसंज्ञं नेदुः प्रहृष्टा युधि यातुधानाः ॥ ४१
ततो गवाक्षो गवयः सुषेणस्त्वथर्षभो ज्योतिमुखो नलश्च ।
शैलान्समुत्पाट्य विवृद्धकायाः प्रदुद्रुवुस्तं प्रति राक्षसेन्द्रम् ॥ ४२
तेषां प्रहारान्स चकार मोघान्रक्षोधिपो बाणशतैः शिताग्रैः ।
तान्वानरेन्द्रानपि बाणजालैर्बिभेद जाम्बूनदचित्रपुङ्खैः ।
ते वानरेन्द्रास्त्रिदशारिबाणैर्भिन्ना निपेतुर्भुवि भीमकायाः ॥ ४३
ततस्तु तद्वानरसैन्यमुग्रं प्रच्छादयामास स बाणजालैः ।
ते वध्यमानाः पतिताश्च वीरा नानद्यमाना भयशल्यविद्धाः ।
शाखामृगा रावणसायकार्ता जग्मुः शरण्यं शरणं स्म रामम् ॥ ४४
ततो महात्मा स धनुर्धनुष्मानादाय रामः सहसा जगाम ।
तं लक्ष्मणः प्राञ्जलिरभ्युपेत्य उवाच रामं परमार्थयुक्तम् ॥ ४५
काममार्य सुपर्याप्तो वधायास्य दुरात्मनः । विधमिष्याम्यहं चैतमनुजानीहि मां विभो ॥ ४६
तमब्रवीन्महातेजा रामः सत्यपराक्रमः । गच्छ यत्नपरश्चापि भव लक्ष्मण संयुगे ॥ ४७
रावणो हि महावीर्यो रणेऽद्भुतपराक्रमः । त्रैलोक्येनापि संक्रुद्धो दुष्प्रसह्यो न संशयः ॥ ४८
तस्य छिद्राणि मार्गस्व स्वच्छिद्राणि च लक्षय । चक्षुषा धनुषात्मानं गोपायस्व समाहितः ॥ ४९
राघवस्य वचः श्रुत्वा संपरिष्वज्य पूज्य च । अभिवाद्य च रामाय ययौ सौमित्रिराहवे ॥ ५०
स रावणं वारणहस्तबाहुं ददर्श भीमोद्यतदीप्तचापम् ।
प्रच्छादयन्तं शरवृष्टिजालैस्तान्वानरान्भिन्नविकीर्णदेहान् ॥ ५१
तमालोक्य महातेजा हनूमान्मारुतात्मजः । निवार्य शरजालानि विदुद्राव स रावणम् ॥ ५२
रथं तस्य समासाद्य बाहुमुद्यम्य दक्षिणम् । त्रासयन्रावणं धीमान्हनूमान्वाक्यमब्रवीत् ॥ ५३
देवदानवगन्धर्वैर्यक्षैश्च सह राक्षसैः । अवध्यत्वं त्वया प्राप्तं वानरेभ्यस्तु ते भयम् ॥ ५४
एष मे दक्षिणो बाहुः पञ्चशाखः समुद्यतः । विधमिष्यति ते देहे भूतात्मानं चिरोषितम् ॥ ५५
श्रुत्वा हनूमतो वाक्यं रावणो भीमविक्रमः । संरक्तनयनः क्रोधादिदं वचनमब्रवीत् ॥ ५६
क्षिप्रं प्रहर निःशङ्कं स्थिरां कीर्तिमवाप्नुहि । ततस्त्वां ज्ञातविक्रान्तं नाशयिष्यामि वानर ॥ ५७
रावणस्य वचः श्रुत्वा वायुसूनुर्वचोऽब्रवीत् । प्रहृतं हि मया पूर्वमक्षं तव सुतं स्मर ॥ ५८
एवमुक्तो महातेजा रावणो राक्षसेश्वरः । आजघानानिलसुतं तलेनोरसि वीर्यवान् ।
स तलाभिहतस्तेन चचाल च मुहुर्मुहुः ॥ ५९
स्थितो मुहूर्तं तेजस्वी स्थैर्यं कृत्वा महामतिः । आजघान च संक्रुद्धस्तलेनैवामरद्विषम् ॥ ६०
ततः स तेनाभिहतो वानरेण महात्मना । दशग्रीवः समाधूतो यथा भूमिचलेऽचलः ॥ ६१
सङ्ग्रामे तं तथा दृष्ट्वा रावणं तलताडितम् । ऋषयो वानराः सिद्धा नेदुर्देवाः सुरासुरैः ॥ ६२
अथाश्वस्य महातेजा रावणो वाक्यमब्रवीत् । साधु वानर वीर्येण श्लाघनीयोऽसि मे रिपुः ॥ ६३

क्रौञ्चमिव ॥ ४० ॥ विपरीतचेताः । अचेना इति यावत् ॥ ४१ ॥ ४२ ॥ ४३ ॥ भयमेव शल्यं तेन विद्धाः शरण्यं रामं शरणं जग्मुः ॥ ४४ ॥ धनुष्मान्प्रशस्तधनुष्कः स धनुरादायेत्यन्वयः ॥ ४५ ॥ पर्याप्तः । अहमिति शेषः ॥ ४६ ॥ ४७ ॥ त्रैलोक्येनापि । तद्वर्तिदेवादिसमूहैरित्यर्थः ॥ ४८ ॥ छिद्राणि प्रहारावसरान् । स्वच्छिद्राणि चेत्यस्य गोपायेति शेषः । चक्षुषा स्वच्छिद्रं च लक्षय सम्यगवलोकय । ततो धनुषा धनुर्व्यापारेणात्मानं रक्ष ॥ ४९ ॥ ५० ॥ ५१ ॥ ५२ ॥ ५३ ॥ ५४ ॥ पञ्चशाखः पञ्चाङ्गुलियुक्तः । तव देहे चिरोषितं भूतात्मानं तव देहाद्विधमिष्यत्यपहरिष्यति ॥ ५५ ॥ ५६ ॥ कीर्तिं हनूमानपि रावणं हतवानित्येवंरूपां कीर्तिम् । ज्ञातविक्रान्तं ज्ञातपराक्रमम् ॥ ५७ ॥ रावणस्य वच इति । ज्ञातविक्रमं नाशयिष्यामीत्येवंरूपम् । पूर्वं मया प्रहृतमक्षं तन्नामानं सुतं स्मर । मत्पराक्रमज्ञानायेति शेषः । पूर्वमेव ज्ञातत्वादिदानीं किमपि मद्विक्रमविषये ज्ञातव्यं नास्तीति भावः ॥ ५८ ॥ ५९ ॥ ६० ॥ समाधूतः कम्पितः । भूमिचले भूमिकम्पे ॥ ६१ ॥ तथा ताडितं विसंज्ञतापर्यन्तताडनदुःखवन्तम् । नेदुः । संतोषादिति शेषः ॥ ६२ ॥ ६३ ॥ वीर्येस्व

रावणेनैवमुक्तस्तु मारुतिर्वाक्यमब्रवीत् । धिगस्तु मम वीर्यस्य यत्त्वं जीवसि रावण ॥ ६४
सकृत्तु प्रहरेदानीं दुर्बुद्धे किं विकत्थसे । ततस्त्वां मामको मुष्टिर्नयिष्यति यमक्षयम् ॥ ६५
ततो मारुतिवाक्येन कोपस्तस्य प्रजज्वले । संरक्तनयनो यत्नान्मुष्टिमावृत्य दक्षिणम् ।
पातयामास वेगेन वानरोरसि वीर्यवान् ॥ ६६
हनूमान्वक्षसि व्यूढे संचचाल पुनःपुनः । विह्वलं तं तदा दृष्ट्वा हनूमन्तं महाबलम् ॥ ६७
रथेनातिरथः शीघ्रं नीलं प्रति समभ्यगात् । राक्षसानामधिपतिर्दशग्रीवः प्रतापवान् ॥ ६८
पन्नगप्रतिमैर्भीमैः परमर्माभिभेदनैः । शरैरादीपयामास नीलं हरिचमूपतिम् ॥ ६९
स शरौघसमायस्तो नीलो हरिचमूपतिः । करेणैकेन शैलाग्रं रक्षोधिपतयेऽसृजत् ॥ ७०
हनूमानपि तेजस्वी समाश्वस्तो महामनाः । विप्रेक्षमाणो युद्धेप्सुः सरोषमिदमब्रवीत् ॥ ७१
नीलेन सह संयुक्तं रावणं राक्षसेश्वरम् । अन्येन युध्यमानस्य न युक्तमभिधावनम् ॥ ७२
रावणोऽथ महातेजास्तं शृङ्गं सप्तभिः शरैः । आजघान सुतीक्ष्णाग्रैस्तद्विशीर्णं पपात ह ॥ ७३
तद्विशीर्णं गिरेः शृङ्गं दृष्ट्वा हरिचमूपतिः । कालाग्निरिव जज्वाल कोपेन परवीरहा ॥ ७४
सोऽश्वकर्णद्रुमाञ्शालांश्चूतांश्चापि सुपुष्पितान् । अन्यांश्च विविधान्वृक्षान्नीलश्चिक्षेप संयुगे ॥ ७५
स तान्वृक्षान्समासाद्य प्रतिचिच्छेद रावणः । अभ्यवर्षच्च घोरेण शरवर्षेण पावकिम् ॥ ७६
अभिवृष्टः शरौघेण मेघेनेव महाबलः । ह्रस्वं कृत्वा ततो रूपं ध्वजाग्रे निपपात ह ॥ ७७
पावकात्मजमालोक्य ध्वजाग्रे समवस्थितम् । जज्वाल रावणः क्रोधात्ततो नीलो ननाद च ॥ ७८
ध्वजाग्रे धनुषश्चाग्रे किरीटाग्रे च तं हरिम् । लक्ष्मणोऽथ हनूमांश्च रामश्चापि सुविस्मिताः ॥ ७९
रावणोऽपि महातेजाः कपिलाघवविस्मितः । अस्त्रमाहारयामास दीप्तमाग्नेयमद्भुतम् ॥ ८०
ततस्ते चुक्रुशुर्हृष्टा लब्धलक्षाः प्लवंगमाः । नीललाघवसंभ्रान्तं दृष्ट्वा रावणमाहवे ॥ ८१
वानराणां च नादेन संरब्धो रावणस्तदा । संभ्रमाविष्टहृदयो न किंचित्प्रत्यपद्यत ॥ ८२
आग्नेयेनापि संयुक्तं गृहीत्वा रावणः शरम् । ध्वजशीर्षस्थितं नीलमुदैक्षत निशाचरः ॥ ८३
ततोऽब्रवीन्महातेजा रावणो राक्षसेश्वरः । कपे लाघवयुक्तोऽसि मायया परया सह ॥ ८४
जीवितं खलु रक्षस्व यदि शक्तोऽसि वानर । तानि तान्यात्मरूपाणि सृजसि त्वमनेकशः ॥ ८५
तथापि त्वां मया मुक्तः सायकोऽस्त्रप्रयोजितः । जीवितं परिरक्षन्तं जीविताद्भ्रंशयिष्यति ॥ ८६
एवमुक्त्वा महाबाहू रावणो राक्षसेश्वरः । संधाय बाणमस्त्रेण चमूपतिमताडयत् ॥ ८७
सोऽस्त्रमुक्तेन बाणेन नीलो वक्षसि ताडितः । निर्दह्यमानः सहसा स पपात महीतले ॥ ८८
पितृमाहात्म्यसंयोगादात्मनश्चापि तेजसा । जानुभ्यामपतद्भूमौ न तु प्राणैर्व्ययुज्यत ॥ ८९
विसंज्ञं वानरं दृष्ट्वा दशग्रीवो रणोत्सुकः । रथेनाम्बुदनादेन सौमित्रिमभिदुद्रुवे ॥ ९०
आसाद्य रणमध्ये तु वारयित्वा स्थितो ज्वलन् । धनुर्विस्फारयामास राक्षसेन्द्रः प्रतापवान् ॥ ९१

तमाह सौमित्रिरदीनसत्त्वो विस्फारयन्तं धनुरप्रमेयम् ।
अवेहि मामद्य निशाचरेन्द्र न वानरांस्त्वं प्रतियोद्धुमर्हसि ॥ ९२

धिक् । वीर्यं धिगित्यर्थः । यत्त्वं जीवसि । मत्तलताडितोऽपीत्यर्थः ॥ ६४ ॥ ६५ ॥ ६६ ॥ व्यूढेऽतिविशाले वक्षसि हतो हनूमान्संचचाल ॥ ६७ ॥ ६८ ॥ ६९ ॥ रक्षोधिपतयेऽसृजत् । तत्प्रहारं दत्तवानित्यर्थः । समायस्तः खेदितः ॥ ७० ॥ समाश्वस्तो नीलेन सह युद्धकाले प्राप्तसमाश्वासः । पुनर्युद्धेप्सुर्नीलेन सह युद्धाय संसक्तं रावणं विप्रेक्षमाणो रावणं प्रत्यन्येन युध्यमानस्याभिधावनमयुक्तमितीदं वचोऽब्रवीत् ॥ ७१ ॥ ७२ ॥ ७३ ॥ ७४ ॥ ७५ ॥ ७६ ॥ ७७ ॥ ७८ ॥ ध्वजाग्रादिषु । तं दृष्ट्वेति शेषः । रावणकिरीटे स्थितेर्युद्धे केनापि दुष्करत्वाल्लक्ष्मणादयस्त्रयोऽपि विस्मिताः ॥ ७९ ॥ न केवलं स्वपक्ष्या एव, अपि तु शत्रू रावणोऽपीत्याह—रावणोऽपीति ॥ ८० ॥ नीललाघवसंभ्रान्तं रावणं दृष्ट्वा लब्धलक्षा लब्धहर्षविषयाः, अत एव हृष्टाः प्लवंगमाश्चुक्रुशुः ॥ ८१ ॥ संरब्धः क्रुद्धः ॥ ८२ ॥ ८३ ॥ मायया वञ्चनया ॥ ८४ ॥ आत्मरूपाण्यात्मयोग्यानि स्वपराक्रमोचितानि तानि कर्माणि यद्यपि सृजसि ॥ ८५ ॥ तथापि मया मुक्तोऽस्त्रप्रयोजितोऽयं सायकस्त्वां जीविताद्भ्रंशयिष्यति ॥ ८६ ॥ ८७ ॥ ८८ ॥ पितुरग्नेर्माहात्म्यसंयोगात्स्वस्याग्न्यस्त्राभिमन्त्रितो बाणोऽग्निं दग्धुमर्हति । वियुज्यत व्ययुज्यत ॥ ८९ ॥ ९० ॥ तं सौमित्रिं वारयित्वेति । सर्वं कपिबलमिति शेषः ॥ ९१ ॥ अवेहि

स तस्य वाक्यं प्रतिपूर्णघोषं ज्याशब्दमुग्रं च निशम्य राजा ।
आसाद्य सौमित्रिमुपस्थितं तं रोषान्वितं वाचमुवाच रक्षः ॥ ९३
दिष्ट्यासि मे राघव दृष्टिमार्गं प्राप्तोऽन्तगामी विपरीतबुद्धिः ।
अस्मिन्क्षणे यास्यसि मृत्युलोकं संसाद्यमानो मम बाणजालैः ॥ ९४
तमाह सौमित्रिरविस्मयानो गर्जन्तमुद्वृत्तशिताग्रदंष्ट्रम् ।
राजन्न गर्जन्ति महाप्रभावा विकत्थसे पापकृतां वरिष्ठ ॥ ९५
जानामि वीर्यं तव राक्षसेन्द्र बलं प्रतापं च पराक्रमं च ।
अवस्थितोऽहं शरचापपाणिरागच्छ किं मोघविकत्थनेन ॥ ९६
स एवमुक्तः कुपितः ससर्ज रक्षोधिपः सप्त शरान्सुपुङ्खान् ।
ताँल्लक्ष्मणः काञ्चनचित्रपुङ्खैश्चिच्छेद बाणैर्निशिताग्रधारैः ॥ ९७
तान्प्रेक्षमाणः सहसा निकृत्तान्निकृत्तभोगानिव पन्नगेन्द्रान् ।
लङ्केश्वरः क्रोधवशं जगाम ससर्ज चान्यान्निशितान्पृषत्कान् ॥ ९८
स बाणवर्षं तु ववर्ष तीव्रं रामानुजः कार्मुकसंप्रयुक्तम् ।
क्षुरार्धचन्द्रोत्तमकर्णभल्लैः शरांश्च चिच्छेद न चुक्षुभे च ॥ ९९
स बाणजालान्यपि तानि तानि मोघानि पश्यंस्त्रिदशारिराजः ।
विसिस्मिये लक्ष्मणलाघवेन पुनश्च बाणान्निशितान्मुमोच ॥ १००
स लक्ष्मणश्चापि शिताञ्शिताग्रान्महेन्द्रतुल्योऽशनिभीमवेगान् ।
संधाय चापे ज्वलनप्रकाशान्ससर्ज रक्षोधिपतेर्वधाय ॥ १०१
स तान्प्रचिच्छेद हि राक्षसेन्द्रः शिताञ्शरांल्लक्ष्मणमाजघान ।
शरेण कालाग्निसमप्रभेण स्वयंभुदत्तेन ललाटदेशे ॥ १०२
स लक्ष्मणो रावणसायकार्तश्चचाल चापं शिथिलं प्रगृह्य ।
पुनश्च संज्ञां प्रतिलभ्य कृच्छ्राच्चिच्छेद चापं त्रिदशेन्द्रशत्रोः ॥ १०३
निकृत्तचापं त्रिभिराजघान बाणैस्तदा दाशरथिः शिताग्रैः ।
स सायकार्तो विचचाल राजा कृच्छ्राच्च संज्ञां पुनराससाद ॥ १०४
सुकृत्तचापः शरताडितश्च मेदार्द्रगात्रो रुधिरावसिक्तः ।
जग्राह शक्तिं स्वयमुग्रशक्तिः स्वयंभुदत्तां युधि देवशत्रुः ॥ १०५
स तां सधूमानलसंनिकाशां वित्रासनीं संयति वानराणाम् ।
चिक्षेप शक्तिं तरसा ज्वलन्तीं सौमित्रये राक्षसराष्ट्रनाथः ॥ १०६
तामापतन्तीं भरतानुजोऽस्त्रैर्जघान बाणैश्च हुताग्निकल्पैः ।
तथापि सा तस्य विवेश शक्तिर्भुजान्तरं दाशरथेर्विशालम् ॥ १०७
स शक्तिमाञ्शक्तिसमाहतः सञ्जज्वाल भूमौ स रघुप्रवीरः ।
तं विह्वलन्तं सहसाभ्युपेत्य जग्राह राजा तरसा भुजाभ्याम् ॥ १०८

पश्य ॥ ९२ ॥ ९३ ॥ अन्तगाम्यन्तं नाशं प्राप्स्यतीत्यन्तगामी । भविष्यति णिनिः । मया सह युद्धाय प्राणनाशार्थमागमनाद्विपरीतबुद्धिर्दुर्बुद्धिः । संसाद्यमानः पीड्यमानः ॥ ९४ ॥ अविस्मयानस्तद्विक्रमादिदर्शनेऽपि स्मयरहितः । उद्वृत्तातितैक्ष्ण्यादतिस्थौल्यादत्युत्कटा शिता तीक्ष्णाग्रदंष्ट्रा यस्य ॥ ९५ ॥ जानामीति । चौर्यसीताहरणेनैवेति भावः । मोघविकत्थनेन व्यर्थात्मश्लाघनेन ॥ ९६ ॥ ९७ ॥ ९८ ॥ स रामानुजो रावणोपरि बाणवर्षं ववर्ष, तदीयाञ्शरांश्च क्षुरादिभिश्चिच्छेद, न चुक्षुभे च । चाप स्वस्थानतश्चचाल ॥ ९९ ॥ १०० ॥ १०१ ॥ १०२ ॥ १०३ ॥ १०४ ॥ मेदार्द्रगात्र इति संधिरार्षः । अथ रावणः प्राणान्तापदं प्राप्तः प्रकारान्तरेण जीवननिर्वाहमसंभाव्य ब्रह्मदत्ताममोघां शक्तिं जग्राहेत्याह—जग्राहेति ॥ १०५ ॥ सधूमानलसंनिकाशां सधूमानलसदृशीम् । राक्षसराष्ट्रनाथो रावणः ॥ १०६ ॥ तथापि सेति । ब्राह्मत्वेनामोघत्वादित्यर्थः ॥ १०७ ॥ शक्तिमानपि महाबलवानपि शक्तिसमाहतः सञ्जज्वाल । 'पपात' इति पाठान्तरम् । विह्वलन्तं विकलं भवन्तं राजा रावणस्तरसा बलेन लक्ष्मणं भुजाभ्यां जग्राह । इन्द्रजिद्वधयोरपि पुनरुत्थानदर्शनादिदानीमपि पुनरुज्जीवनभयेन गृहीत्वा समुद्रे प्रक्षेपणीयः । तत्र गते रामोऽसहायो नश्यत्येवेत्या-

हिमवान्मन्दरो मेरुस्त्रैलोक्यं वा सहामरैः । शक्यं भुजाभ्यामुद्धर्तुं न शक्यो भरतानुजः ॥ १०९
शक्त्या ब्राह्म्या तु सौमित्रिस्ताडितोऽपि स्तनान्तरे । विष्णोरमीमांस्यभागमात्मानं प्रत्यनुस्मरत् ॥ ११०
ततो दानवदर्पघ्नं सौमित्रिं देवकण्टकः । तं पीडयित्वा बाहुभ्यां न प्रभुर्लङ्घनेऽभवत् ॥ १११
ततः क्रुद्धो वायुसुतो रावणं समभिद्रवत् । आजघानोरसि क्रुद्धो वज्रकल्पेन मुष्टिना ॥ ११२
तेन मुष्टिप्रहारेण रावणो राक्षसेश्वरः । जानुभ्यामगमद्भूमौ चचाल च पपात च ॥ ११३
आस्यैश्च नेत्रैः श्रवणैः पपात रुधिरं बहु । विघूर्णमानो निश्चेष्टो रथोपस्थ उपाविशत् ॥ ११४
विसंज्ञो मूर्च्छितश्चासीन्न च स्थानं समालभत् । विसंज्ञं रावणं दृष्ट्वा समरे भीमविक्रमम् ॥ ११५
ऋषयो वानराश्चैव नेदुर्देवाश्च सासुराः । हनूमानथ तेजस्वी लक्ष्मणं रावणार्दितम् ॥ ११६
आनयद्राघवाभ्याशं बाहुभ्यां परिगृह्य तम् । वायुसूनोः सुहृत्त्वेन भक्त्या परमया च सः ।
शत्रूणामप्यकम्प्योऽपि लघुत्वमगमत्कपेः ॥ ११७
तं समुत्सृज्य सा शक्तिः सौमित्रिं युधि निर्जितम् । रावणस्य रथे तस्मिन्स्थानं पुनरुपागमत् ॥ ११८
रावणोऽपि महातेजाः प्राप्य संज्ञां महाहवे । आददे निशितान्बाणाञ्जग्राह च महद्धनुः ॥ ११९
आश्वस्तश्च विशल्यश्च लक्ष्मणः शत्रुसूदनः । विष्णोर्भागममीमांस्यमात्मानं प्रत्यनुस्मरन् ॥ १२०
निपातितमहावीरां वानराणां महाचमूम् । राघवस्तु रणे दृष्ट्वा रावणं समभिद्रवत् ॥ १२१
अथैनमनुसंक्रम्य हनूमान्वाक्यमब्रवीत् । मम पृष्ठं समारुह्य राक्षसं शास्तुमर्हसि ॥ १२२
विष्णुर्यथा गरुत्मन्तमारुह्यामरवैरिणाम् । तच्छ्रुत्वा राघवो वाक्यं वायुपुत्रेण भाषितम् ॥ १२३
अथारुरोह सहसा हनूमन्तं महाकपिम् । रथस्थं रावणं संख्ये ददर्श मनुजाधिपः ॥ १२४
तमालोक्य महातेजाः प्रदुद्राव स रावणम् । वैरोचनमिव क्रुद्धो विष्णुरभ्युद्यतायुधः ॥ १२५
ज्याशब्दमकरोत्तीव्रं वज्रनिष्पेषनिष्ठुरम् । गिरा गम्भीरया रामो राक्षसेन्द्रमुवाच ह ॥ १२६
तिष्ठ तिष्ठ मम त्वं हि कृत्वा विप्रियमीदृशम् । क्व नु राक्षसशार्दूल गत्वा मोक्षमवाप्स्यसि ॥ १२७

यदीन्द्रवैवस्वतभास्करान्वा स्वयंभुवैश्वानरशंकरान्वा ।
गमिष्यसि त्वं दशधा दिशो वा तथापि मे नाद्य गतो विमोक्ष्यसे ॥ १२८

शयेनायमारम्भः ॥ १०८ ॥ न चोद्धर्तुमशक्तादित्याह—हिमवानिति । येन रावणेन सुरासुरैः सहिता हिमवदादयोऽपि भुजाभ्यामुद्धर्तुं शक्यमभूत्तेन भरतानुजः संख्ये उद्धर्तुं शक्यो नाभूत् ॥ १०९ ॥ कुतस्तत्राह—शक्त्येति । अमोघया ब्रह्मदत्तया स्तनान्तर आहतः सौमित्रिर्विष्णोरमीमांस्यं निःसंशयविष्णुभागत्ववन्तमियत्तया चिन्तयितुमशक्यं वा विष्णोर्भागमात्मानं प्रत्यनुस्मरदन्वस्मरत । नहि स्वीयं स्वं हिनस्तीत्याशयेन ब्राह्मशक्तिमूलापत्राणार्थं भगवत्तेजोंश एवाहमस्मीति ध्यातवान् । नटवदङ्गीकृतमनुष्यत्वस्येतरेषां दृढप्रतीत्यर्थम्, परं न सर्वदा तथा ध्यानम् । एवं च ब्रह्मभावनया लक्ष्मणेन स्वशरीरस्य गरीयस्त्वमापादितमित्युक्तं भवति ॥ ११० ॥ तत इति । तथानुसंधानमहिमत इत्यर्थः । अथानन्तरमुच्यमानविशेषणमेनं सौमित्रिं बाहुभ्यां पीडयित्वा लङ्घने चालनेऽपि न प्रभुरभवन्न समर्थोऽभवत् । किं पुनरुद्धरण इति भावः ॥ १११ ॥ ततः । सौमित्रिक्लेशनात्क्रुद्धो वायुसुत इत्यर्थः ॥ ११२ ॥ जानुभ्यां रथपृष्ठरूपायां भूमावगमत् । एवं भूमौ पपात चचाल । चलितसंज्ञोऽभूदित्यर्थः ॥ ११३ ॥ आस्यैरिति बहुत्वं दशाननत्वात् । अस्येति शेषः । यतो रुधिरं पपात, अतो विघूर्णमान इत्यादि ॥ ११४ ॥ विसंज्ञो गतचेतनः । मूर्च्छितः स्वविषयग्रहाशक्तश्रोत्रादिकरणग्रामः । न च स्थानमवस्थितिस्थानं समालभज्ज्ञातवान् ॥ ११५ ॥

नेदुः । संतोषादिति शेषः । सासुराः । रावणस्य देववदसुरेष्वपि क्लेशकरत्वेन तेषामपि वैरित्वात् ॥ ११६ ॥ राघवाभ्याशमानयदित्युक्तम्, कथमेवं सुग्रहत्वं लक्ष्मणस्येत्यत्राह—वायुसूनोरिति । सुहृत्त्वेन सखित्वेन परमभक्त्या च लक्ष्मणः शत्रूणामप्रकम्प्योऽपि वायुसूनोर्लघुत्वमगमत् । शत्रूणामित्यनेन लक्ष्मणोद्धरणसमये रावणस्यानुचरैः साहाय्यं कृतमिति गम्यते । इदं च भक्तमात्रसुग्रहत्वं भगवतो भगवदवताराणां च स्वभावसिद्धमेवेति बोध्यम् । एवं च रामलक्ष्मणयोरज्ञानशक्तिमत्त्वतात्पर्यतया भासमानानि वचनानि मानुषवेषनिर्वहणमात्रपराणीति बोध्यम् । तदुक्तं भागवते—'मर्त्यावतारस्त्विह मर्त्यशिक्षणं रक्षोवधायैव न केवलं विभोः । कुतोऽन्यथा स्यू रमतः स्व आत्मन्सीताकृतानि व्यसनानीश्वरस्य ॥' इति । मर्त्यशिक्षणं तत्फलकमित्यर्थः । आत्मनीश्वरस्येत्यनेन लाघवगौरवप्राप्त्योरविरोध उक्तः ॥ ११७ ॥ तं समुत्सृज्य । ब्रह्मत्वेन ध्यानात्तत्समुत्सर्गः । स्थानं स्थितिम् ॥ ११८ ॥ ११९ ॥ पुनर्विष्णोर्भागमात्मानं स्मरन्नाश्वस्तः प्राप्ताश्वासेन्द्रियग्रामः । विशल्यो नीरुक्सर्वगात्रः । आसीदिति शेषः ॥ १२० ॥ समभिद्रवच्छीघ्रमभ्यद्रवत् ॥ १२१ ॥ १२२ ॥ १२३ ॥ १२४ ॥ दुद्राव शीघ्रमगमत् ॥ १२५ ॥ १२६ ॥ क्व गत्वेति योजना । न क्वापीत्यर्थः ॥ १२७ ॥ तदेवाह—यदीति । यद्यपीन्द्रादीञ्शरणं गमिष्यसि, दशधा दिशो दशप्रकारा दिशो

यश्चैष शक्त्या निहतस्त्वयाद्य गच्छन्विषादं सहसाभ्युपेत्य ।
स एष रक्षोगणराजमृत्युः सपुत्रपौत्रस्य तवाद्य युद्धे ॥ १२९
एतेन चात्यद्भुतदर्शनानि शरैर्जनस्थानकृतालयानि ।
चतुर्दशान्यात्तवरायुधानि रक्षःसहस्राणि निषूदितानि ॥ १३०
राघवस्य वचः श्रुत्वा राक्षसेन्द्रो महाबलः । वायुपुत्रं महावेगं वहन्तं राघवं रणे ॥ १३१
रोषेण महताविष्टः पूर्ववैरमनुस्मरन् । आजघान शरैर्दीप्तैः कालानलशिखोपमैः ॥ १३२
राक्षसेनाहते तस्य ताडितस्यापि सायकैः । स्वभावतेजोयुक्तस्य भूयस्तेजोऽभ्यवर्धत ॥ १३३
ततो रामो महातेजा रावणेन कृतव्रणम् । दृष्ट्वा प्लवगशार्दूलं क्रोधस्य वशमेयिवान् ॥ १३४
तस्याभिसंक्रम्य रथं सचक्रं साश्वध्वजच्छत्रमहापताकम् ।
ससारथिं साशनिशूलखड्गं रामः प्रचिच्छेद शितैः शराग्रैः ॥ १३५
अथेन्द्रशत्रुं तरसा जघान बाणेन वज्राशनिसंनिभेन ।
भुजान्तरे व्यूढसुजातरूपं वज्रेण मेरुं भगवानिवेन्द्रः ॥ १३६
यो वज्रपाताशनिसन्निपातान्न चुक्षुभे नापि चचाल राजा ।
स रामबाणाभिहतो भृशार्तश्चचाल चापं च मुमोच वीरः ॥ १३७
तं विह्वलन्तं प्रसमीक्ष्य रामः समाददे दीप्तमथार्धचन्द्रम् ।
तेनार्कवर्णं सहसा किरीटं चिच्छेद रक्षोधिपतेर्महात्मा ॥ १३८
तं निर्विषाशीविषसंनिकाशं शान्तार्चिषं सूर्यमिवाप्रकाशम् ।
गतश्रियं कृत्तकिरीटकूटमुवाच रामो युधि राक्षसेन्द्रम् ॥ १३९
कृतं त्वया कर्म महत्सुभीमं हतप्रवीरश्च कृतस्त्वयाहम् ।
तस्मात्परिश्रान्त इति व्यवस्य न त्वां शरैर्मृत्युवशं नयामि ॥ १४०
प्रयाहि जानामि रणार्दितस्त्वं प्रविश्य रात्रिंचरराज लङ्काम् ।
आश्वस्य निर्याहि रथी सधन्वी तदा बलं प्रेक्ष्यसि मे रथस्थः ॥ १४१
स एवमुक्तो हतदर्पहर्षो निकृत्तचापः स हताश्वसूतः ।
शरार्दितो भग्नमहाकिरीटो विवेश लङ्कां सहसा स राजा ॥ १४२
तस्मिन्प्रविष्टे रजनीचरेन्द्रे महाबले दानवदेवशत्रौ ।
हरीन्विशल्यान्सह लक्ष्मणेन चकार रामः परमाहवाग्रे ॥ १४३
तस्मिन्प्रभग्ने त्रिदशेन्द्रशत्रौ सुरासुरा भूतगणा दिशश्च ।
ससागराः सर्वमहोरगाश्च तथैव भूम्यम्बुचराः प्रहृष्टाः ॥ १४४

इत्यार्षे श्रीमद्रामायणे वाल्मीकीय आदिकाव्ये युद्धकाण्ड एकोनषष्टितमः सर्गः ॥ ५९ ॥

वा तदन्तान्वाद्य गमिष्यसि, तथापि तत्र गतोऽपि मे मत्तो न विमोक्ष्यसे । 'दश वा दिशो वा' इति पाठे दशापि दिश इत्यर्थः । वाशब्दोऽप्यर्थे ॥ १२८ ॥ एवं परमक्रोधे हेतुमाह—य इति । अद्य त्वया युद्धं गच्छन्नसौ लक्ष्मणस्त्वया शक्त्या निहतस्ताडितः सन्सहसा विषादं गतः, अतोऽभ्युपेत्य प्रतिज्ञाय स एषोऽहं तद्दुःखशान्तये सपुत्रपौत्रस्य ते संख्ये मृत्युर्भविष्यामीति शेषः ॥ १२९ ॥ एतेन मया तावकानि रक्षांसि निषूदितानि ॥ १३० ॥ १३१ ॥ १३२ ॥ भूयस्तेजः शौर्यं विवृद्धमभूत् ॥ १३३ ॥ १३४ ॥ अभिसंक्रम्य संयुक्तो भूत्वा ॥ १३५ ॥ व्यूढं विशालम् । सुजातरूपं राजार्हमहाभरणचन्दनादिभिः प्रशस्ताकारं तस्मिन् ॥ १३६ ॥ वज्रगातश्चाशनिसंनिपातश्चेति समाहारैकवत्त्वम् ॥ १३७ ॥ १३८ ॥ किरीटकूटं किरीटसमूहम् ॥ १३९ ॥ हताः प्रवीरा यस्य तथा । तस्माद्युद्धधर्मज्ञानात् । व्यवस्य ज्ञात्वा ॥ १४० ॥ इतो रणात्प्रयाहीति योजना । जानाम्यनुजानामि । प्रेक्ष्यसि प्रेक्षिष्यसि ॥ १४१ ॥ १४२ ॥ १४३ ॥ १४४ ॥ अयं रावणपराभवस्तन्मासीयशुक्लषष्ठ्यां सायंकाले ॥ इति श्रीरामाभिरामे श्रीरामीये रामायणतिलके वाल्मीकीय आदिकाव्ये युद्धकाण्डे एकोनषष्टितमः सर्गः ॥ ५९ ॥

षष्टितमः सर्गः ।

स प्रविश्य पुरीं लङ्कां रामबाणभयार्दितः । भग्नदर्पस्तदा राजा बभूव व्यथितेन्द्रियः ॥ १
मातंग इव सिंहेन गरुडेनेव पन्नगः । अभिभूतोऽभवद्राजा राघवेण महात्मना ॥ २
ब्रह्मदण्डप्रतीकानां विद्युच्चलितवर्चसाम् । स्मरन्राघवबाणानां विव्यथे राक्षसेश्वरः ॥ ३
स काञ्चनमयं दिव्यमाश्रित्य परमासनम् । विप्रेक्षमाणो रक्षांसि रावणो वाक्यमब्रवीत् ॥ ४
सर्वं तत्खलु मे मोघं यत्तप्तं परमं तपः । यत्समानो महेन्द्रेण मानुषेण विनिर्जितः ॥ ५
इदं तद्ब्रह्मणो घोरं वाक्यं मामभ्युपस्थितम् । मानुषेभ्यो विजानीहि भयं त्वमिति तत्तथा ॥ ६
देवदानवगन्धर्वैर्यक्षराक्षसपन्नगैः । अवध्यत्वं मया प्रोक्तं मानुषेभ्यो न याचितम् ॥ ७
तमिमं मानुषं मन्ये रामं दशरथात्मजम् । इक्ष्वाकुकुलजातेन अनरण्येन यत्पुरा ॥ ८
उत्पत्स्यति हि मद्वंशपुरुषो राक्षसाधम । यस्त्वां सपुत्रं सामात्यं सबलं साश्वसारथिम् ॥ ९
निहनिष्यति सङ्ग्रामे त्वां कुलाधम दुर्मते । शप्तोऽहं वेदवत्या च यथा सा धर्षिता पुरा ॥ १०
सेयं सीता महाभागा जाता जनकनन्दिनी । उमा नन्दीश्वरश्चापि रम्भा वरुणकन्यका ॥ ११
यथोक्तास्तन्मया प्राप्तं न मिथ्या ऋषिभाषितम् । एतदेव समागम्य यत्नं कर्तुमिहार्हथ ॥ १२
राक्षसाश्चापि तिष्ठन्तु चर्यागोपुरमूर्धसु । स चाप्रतिमगाम्भीर्यो देवदानवदर्पहा ॥ १३
ब्रह्मशापाभिभूतस्तु कुम्भकर्णो विबोध्यताम् । समरे जितमात्मानं प्रहस्तं च निषूदितम् ॥ १४
ज्ञात्वा रक्षो भीमबलमादिदेश महाबलः । द्वारेषु यत्नः क्रियतां प्राकारश्चाधिरुह्यताम् ॥ १५
निद्रावशसमाविष्टः कुम्भकर्णो विबोध्यताम् । सुखं स्वपिति निश्चिन्तः कामोपहतचेतनः ॥ १६
नव सप्त दशाष्टौ च मासान्स्वपिति राक्षसः । मन्त्रं कृत्वा प्रसुप्तोऽयमितस्तु नवमेऽहनि ॥ १७

स इति ॥ १ ॥ २ ॥ ब्रह्मदण्डो युगान्तसमुत्थितोऽग्निवर्णो धूमकेतुः । यद्वा ब्रह्मास्त्रममोघत्वेन साम्यं राघवबाणानामिति कर्मणि शेषे षष्ठी ॥ ३ ॥ ४ ॥ महेन्द्रेण समान इति यत्तदपि मोघं निरर्थकम् । तत्र हेतुः—मानुषेणेति ॥ ५ ॥ मानुषेभ्यस्तव भयमिति यदुक्तं तद्घोरं वाक्यम्, तदर्थो मामुपस्थितं तत्तथा संपत्स्यते चेति शेषः ॥ ६ ॥ ननु भगवता तथा भयोपदेशः कुतस्तत्राह—देवेत्यादि । यस्मान्मनुष्येभ्यो न याचितं तस्मात्तेभ्यो भयं जानीहीत्युक्तमित्यन्वयः ॥ ७ ॥ यो मानुषो भयहेतुरुक्तस्तमिमं दशरथात्मजमेव मन्ये । तत्रेदृशनिश्चये हेतुमाह—इक्ष्वाकुकुलेत्यादि ॥ ८ ॥ कुलाधम स्वकुलाधम । राक्षसकुलाधमेति यावत् । इतीति शेषः । शप्तोऽहमित्युभयान्वयि । वेदवत्या च शप्त इत्यन्वयः । शापहेतुमाह—यथा यतः सा धर्षिता ॥ ९ ॥ १० ॥ सेयं वेदवत्येव जनकनन्दिनीत्यर्थः । भयकारणं शापान्तरमाह—उमेति ॥ ११ ॥ यथोक्ता मन्नाशनिमित्तं शापं यथोक्तवन्तस्तदद्य मया प्राप्तम् । 'यदूचुस्तन्मया' इति पाठान्तरम् । तत्रोमाशापः कैलासशिखरचालनवेलायां रावणस्य स्त्रीनिमित्तं मरणमित्येवंरूप इत्याहुः । नन्दीश्वरशापस्तु—'यस्माद्वानरमूर्तिं मां दृष्ट्वा राक्षस दुर्मते । मौर्ख्यान्मामवजानीषे परिहासं च मुञ्चसि ॥ तस्मान्मद्रूपसंयुक्ता मद्वीर्यसमतेजसः । उत्पत्स्यन्ति वधार्थं हि कुलस्य तव वानराः ॥' इति । रम्भेत्यनेन रम्भानिमित्तनलकूबरशाप उच्यते । 'यदा ह्यकामां कामार्तो धर्षयिष्यसि योषितम् । मूर्धा ते सप्तधा रक्षः शकलीभविता तदा ॥' इति । वरुणकन्यका पुञ्जिकस्थला तन्निमित्तश्च ब्रह्मशापः स्त्रीधर्षणे मरणरूपः । तदुक्तस्यावश्यप्राप्तौ हेतुः—न मिथ्येति । ऋषिपदेन तपोयुक्ता उच्यन्ते । एतदेवोक्तं मद्भयनिमित्तं समागम्य ज्ञात्वा यत्नमित्यादि । भयस्य निश्चितत्वान्निवृत्तियत्नं कुरुतेत्यर्थः ॥ १२ ॥ कोऽसौ यत्नो योऽस्माभिः कार्यस्तत्राह—राक्षसा इति । चर्यागोपुरे व्याख्याते । अप्रतिमगाम्भीर्योऽनुपमगाम्भीर्यः ॥ १३ ॥ कुम्भकर्णविबोधनाशयं कविराह—समरे इति । आत्मानं पराजितं प्रहस्तं च निषूदितम् ॥ १४ ॥ ज्ञात्वा एवं स्वस्य बलक्षये सहायार्हं भीमबलं रक्षः कुम्भकर्णं ज्ञात्वा भीमं बलमादिदेशेत्यावृत्त्यान्वयः । कुम्भकर्णबोधनार्थमिति शेषः ॥ १५ ॥ १६ ॥ एतदुत्तरम् 'स हि संख्ये' इत्येव श्लोक इति कतकस्वरसः । क्वचित्तु सार्धश्लोकद्वयमधिकं पठ्यते—द्वारेष्वित्यादि । 'नव सप्त दशाष्टौ च मासान्स्वपिति राक्षसः' इतीदं निद्रायामनियमपरं वाक्यम् । शयिता ह्येष षण्मासानेकाहं जागरिष्यतः' इति तु षण्मासादर्वाक् न कदापि जागरणम्, तदुत्तरमपि तदेकाहमेवेति जागरण एव कालनियमपरम्, न तु शयने नियमपरम् । 'स्वप्तुं वर्षाण्यनेकानि देवदेव ममेप्सितम्' इति तद्वरप्रार्थनस्योत्तरे वक्ष्यमाणत्वात् । तत्रैव रामं प्रत्यगस्त्यवाक्याच्च । 'तत्र निद्रासमाविष्टः कुम्भकर्णो महाबलः । बहून्यब्दसहस्राणि शयानो न च बुध्यते ॥' इति । केचित्तु नवसप्त षोडश तन्मध्ये दशानामष्टौ त्यागेऽवशिष्टषण्मासान्स्वपितीत्यर्थं इत्याहुः । तथैतदुत्तरम्—'मन्त्रं कृत्वा प्रसुप्तोऽयमितस्तु नवमेऽहनि' इत्यर्धं पठ्यते तत् । यच्च तस्य इतो युद्धप्रारम्भदिनात्प्राक्तने नवमेऽहनीति व्याख्यानम्, तदसंगतमेव । 'अयं ते सुमहान्कालः शया-

स हि संख्ये महाबाहुः ककुदं सर्वरक्षसाम् । वानरान्राजपुत्रौ च क्षिप्रमेव हनिष्यति ॥ १८
एष केतुः परं संख्ये मुख्यो वै सर्वरक्षसाम् । कुम्भकर्णः सदा शेते मूढो ग्राम्यसुखे रतः ॥ १९
रामेणाभिनिरस्तस्य सङ्ग्रामेऽस्मिन्सुदारुणे । भविष्यति न मे शोकः कुम्भकर्णे विबोधिते ॥ २०
किं करिष्याम्यहं तेन शक्रतुल्यबलेन हि । ईदृशे व्यसने घोरे यो न साह्याय कल्पते ॥ २१
ते तु तद्वचनं श्रुत्वा राक्षसेन्द्रस्य राक्षसाः । जग्मुः परमसंभ्रान्ताः कुम्भकर्णनिवेशनम् ॥ २२
ते रावणसमादिष्टा मांसशोणितभोजनाः । गन्धं माल्यं महद्भक्ष्यमादाय सहसा ययुः ॥ २३
तां प्रविश्य महाद्वारां सर्वतो योजनायताम् । कुम्भकर्णगुहां रम्यां पुष्पगन्धप्रवाहिनीम् ॥ २४
कुम्भकर्णस्य निःश्वासादवधूता महाबलाः । प्रतिष्ठमानाः कृच्छ्रेण यत्नात्प्रविविशुर्गुहाम् ॥ २५
तां प्रविश्य गुहां रम्यां रत्नकाञ्चनकुट्टिमाम् । ददृशुर्नैर्ऋतव्याघ्राः शयानं भीमविक्रमम् ॥ २६
ते तु तं विकृतं सुप्तं विकीर्णमिव पर्वतम् । कुम्भकर्णं महानिद्रं समेताः प्रत्यबोधयन् ॥ २७
ऊर्ध्वलोमाञ्चिततनुं श्वसन्तमिव पन्नगम् । भ्रामयन्तं विनिःश्वासैः शयानं भीमविक्रमम् ॥ २८
भीमनासापुटं तं तु पातालविपुलाननम् । शयने न्यस्तसर्वाङ्गं मेदोरुधिरगन्धिनम् ॥ २९
काञ्चनाङ्गदनद्धाङ्गं किरीटेनार्कवर्चसम् । ददृशुर्नैर्ऋतव्याघ्रं कुम्भकर्णमरिंदमम् ॥ ३०
ततश्चक्रुर्महात्मानः कुम्भकर्णस्य चाग्रतः । भूतानां मेरुसंकाशं राशिं परमतर्पणम् ॥ ३१
मृगाणां महिषाणां च वराहाणां च संचयान् । चक्रुर्नैर्ऋतशार्दूला राशिमन्नस्य चाद्भुतम् ॥ ३२
ततः शोणितकुम्भांश्च मांसानि विविधानि च । पुरस्तात्कुम्भकर्णस्य चक्रुस्त्रिदशशत्रवः ॥ ३३
लिलिपुश्च परार्ध्येन चन्दनेन परंतपम् । दिव्यैराश्वासयामासुर्माल्यैर्गन्धैश्च गन्धिभिः ॥ ३४
धूपगन्धांश्च ससृजुस्तुष्टुवुश्च परंतपम् । जलदा इव चानेदुर्यातुधानास्ततस्ततः ॥ ३५
शङ्खांश्च पूरयामासुः शशाङ्कसदृशप्रभान् । तुमुलं युगपच्चापि विनेदुश्चाप्यमर्षिताः ॥ ३६
नेदुरास्फोटयामासुश्चिक्षिपुस्ते निशाचराः । कुम्भकर्णविबोधार्थं चक्रुस्ते विपुलं स्वरम् ॥ ३७

स शङ्खभेरीपणवप्रणादं सास्फोटितक्ष्वेलितसिंहनादम् ।
दिशो द्रवन्तस्त्रिदिवं किरन्तः श्रुत्वा विहंगाः सहसा निपेतुः ॥ ३८
यदा भृशार्तैर्निनदैर्महात्मा न कुम्भकर्णो बुबुधे प्रसुप्तः ।
ततो भुशुण्डीर्मुसलानि सर्वे रक्षोगणास्ते जगृहुर्गदाश्च ॥ ३९
तं शैलशृङ्गैर्मुसलैर्गदाभिर्वृक्षःस्थले मुद्गरमुष्टिभिश्च ।
सुखप्रसुप्तं भुवि कुम्भकर्णं रक्षांस्युदग्राणि तदा निजघ्नुः ॥ ४०

तस्य निःश्वासवातेन कुम्भकर्णस्य रक्षसः । राक्षसाः कुम्भकर्णस्य स्थातुं शेकुर्न चाग्रतः ॥ ४१
ततः परिहिता गाढं राक्षसा भीमविक्रमाः । मृदङ्गपणवान्भेरीः शङ्खकुम्भगणांस्तथा ॥ ४२
दश राक्षससाहस्रं युगपत्पर्यवारयत् । नीलाञ्जनचयाकारं ते तु तं प्रत्यबोधयन् ॥ ४३
अभिघ्नन्तो नदन्तश्च न च संबुबुधे तदा । यदा चैनं न शेकुस्ते प्रतिबोधयितुं तदा ॥ ४४

नस्य महाबल' इत्यनेन षण्मासादधिकत्वस्य सांप्रतनिद्रायां प्रतीतेः अहःशब्दो लक्षणया मासपरो वा । एतच्चाग्रे स्फुटीकरिष्यते ॥ १७ ॥ उक्तमेवाभिप्रायं रावण आह—स हीति । सर्वरक्षसां ककुदं श्रेष्ठम् । नित्यनपुंसकं ककुदमिति । तेन स महाबाहुरित्यनेन सामानाधिकरण्यमविरुद्धम् ॥ १८ ॥ परं केतुः । अतिप्रकाशवीर्य इत्यर्थः ॥ १९ ॥ २० ॥ ननु त्वद्दुःखनाशसमर्थस्यापि कथमुद्बोधनमुचितं भवेत्तत्राह—किं करिष्यामीति । व्यसने दुःखे ॥ २१ ॥ २२ ॥ २३ ॥ सर्वतः । प्राक्प्रत्यग्दक्षिणोत्तरतश्चेत्यर्थः । कुम्भकर्णगुहाम् । पातालवद्देवनिर्मितं भूबिलमित्यर्थः ॥ २४ ॥ प्रतिष्ठमानाः परिवृत्य गच्छन्तः ॥ २५ ॥ रत्नकाञ्चनकुट्टिमां रत्नकाञ्चननिबद्धभूतलयुक्ताम् ॥ २६ ॥ २७ ॥ ऊर्ध्वलोमाञ्चिततनुमूर्ध्वलोमयुक्तशरीरं भ्रामयन्तं परिवर्तयन्तम् । जनानिति शेषः ॥ २८ ॥ २९ ॥ ३० ॥ ३१ ॥ ३२ ॥ ३३ ॥ अथ क्रमेण मन्दमध्यतीव्रानुपायानाह—लिलिपुरिति । लेपनं चक्रुः । आश्वासयामासुर्घ्रापयामासुः ॥ ३४ ॥ ३५ ॥ ३६ ॥ नेदुरिति । चिक्षिपुर्हस्तैस्तच्छरीरस्य प्रणोदनं चक्रुः ॥ ३७ ॥ त्रिदिवं व्योम । किरन्त उद्गच्छन्तः ॥ ३८ ॥ भुशुण्डीर्मुद्गरविशेषान् ॥ ३९ ॥ ४० ॥ ४१ ॥ गाढं परिहिताः परिहितवाससः । कुम्भगणान्कुम्भवाद्यानि । वादयामासुरिति शेषः । 'ततः प्रचूरिता गाढं राक्षसैर्भीमविक्रमैः' इति पाङ्क्तः पाठः । तत्र गुहेति शेषः । उत्तरार्धे राक्षसा इत्यादि ॥ ४२ ॥ दशराक्षससाहस्रं

ततो गुरुतरं यत्नं दारुणं समुपाक्रमन् । अश्वानुष्ट्रान्खरान्नागाञ्जघ्नुर्दण्डकशाङ्कुशैः ॥ ४५
भेरीशङ्खमृदङ्गांश्च सर्वप्राणैरवादयन् । निजघ्नुश्चास्य गात्राणि महाकाष्ठकटंकरैः ॥ ४६
मुद्गरैर्मुसलैश्चापि सर्वप्राणसमुद्यतैः । तेन नादेन महता लङ्का सर्वा प्रपूरिता ।
सपर्वतवना सर्वा सोऽपि नैव प्रबुध्यते ॥ ४७
ततो भेरीसहस्रं तु युगपत्समहन्यत । मृष्टकाञ्चनकोणानामसक्तानां समन्ततः ॥ ४८
एवमप्यतिनिद्रस्तु यदा नैव प्रबुध्यत । शापस्य वशमापन्नस्ततः क्रुद्धा निशाचराः ॥ ४९
ततः कोपसमाविष्टाः सर्वे भीमपराक्रमाः । तद्रक्षो बोधयिष्यन्तश्चक्रुरन्ये पराक्रमम् ॥ ५०
अन्ये भेरीः समाजघ्नुरन्ये चक्रुर्महास्वनम् । केशानन्ये प्रलुलुपुः कर्णावन्ये दशन्ति च ॥ ५१
उदकुम्भशतानन्ये समसिञ्चन्त कर्णयोः । न कुम्भकर्णः पस्पन्दे महानिद्रावशं गतः ॥ ५२
अन्ये च बलिनस्तस्य कूटमुद्गरपाणयः । मूर्ध्नि वक्षसि गात्रेषु पातयन्कूटमुद्गरान् ॥ ५३
रज्जुबन्धनबद्धाभिः शतघ्नीभिश्च सर्वशः । वध्यमानो महाकायो न प्राबुध्यत राक्षसः ॥ ५४
वारणानां सहस्रं च शरीरेऽस्य प्रधाविनम् । कुम्भकर्णस्तदा बुद्ध्वा स्पर्शं परमबुध्यत ॥ ५५

स पात्यमानैर्गिरिशृङ्गवृक्षैरचिन्तयंस्तान्विपुलान्प्रहारान् ।
निद्राक्षयात्क्षुद्भयपीडितश्च विजृम्भमाणः सहसोत्पपात ॥ ५६

स नागभोगाचलशृङ्गकल्पौ विक्षिप्य बाहू जितवज्रसारौ ।
विवृत्य वक्त्रं वडवामुखाभं निशाचरोऽसौ विकृतं जजृम्भे ॥ ५७

तस्य जाजृम्भमाणस्य वक्त्रं पातालसंनिभम् । ददृशे मेरुशृङ्गाग्रे दिवाकर इवोदितः ॥ ५८
स जृम्भमाणोऽतिबलः प्रबुद्धस्तु निशाचरः । निःश्वासश्चास्य संजज्ञे पर्वतादिव मारुतः ॥ ५९
रूपमुत्तिष्ठतस्तस्य कुम्भकर्णस्य तद्बभौ । युगान्ते सर्वभूतानि कालस्येव दिधक्षतः ॥ ६०
तस्याग्निदीप्तसदृशे विद्युत्सदृशवर्चसी । ददृशाते महानेत्रे दीप्ताविव महाग्रहौ ॥ ६१
ततस्त्वदर्शयन्सर्वान्भक्ष्यांश्च विविधान्बहून् । वराहान्महिषांश्चैव बभक्ष स महाबलः ॥ ६२
आदद्बुभुक्षितो मांसं शोणितं तृषितोऽपिबत् । मेदःकुम्भांश्च मद्यांश्च पपौ शक्ररिपुस्तदा ॥ ६३
ततस्तृप्त इति ज्ञात्वा समुत्पेतुर्निशाचराः । शिरोभिश्च प्रणम्यैनं सर्वतः पर्यवारयन् ॥ ६४
निद्राविशदनेत्रस्तु कलुषीकृतलोचनः । चारयन्सर्वतो दृष्टिं तानुवाच निशाचरान् ॥ ६५
स सर्वान्सान्त्वयामास नैर्ऋतान्नैर्ऋतर्षभः । बोधनाद्विस्मितश्चापि राक्षसानिदमब्रवीत् ॥ ६६
किमर्थमहमादृत्य भवद्भिः प्रतिबोधितः । कच्चित्सुकुशलं राज्ञो भयं वा नेह किंचन ॥ ६७
अथ वा ध्रुवमन्येभ्यो भयं परमुपस्थितम् । यदर्थमेव त्वरितैर्भवद्भिः प्रतिबोधितः ॥ ६८
अद्य राक्षसराजस्य भयमुत्पाटयाम्यहम् । दारयिष्ये महेन्द्रं वा शीतयिष्ये तथानलम् ॥ ६९
नह्यल्पकारणे सुप्तं बोधयिष्यति मादृशम् । तदाख्यातार्थतत्त्वेन मत्प्रबोधनकारणम् ॥ ७०
एवं ब्रुवाणं संरब्धं कुम्भकर्णमरिंदमम् । यूपाक्षः सचिवो राज्ञः कृताञ्जलिरभाषत ॥ ७१
न नो देवकृतं किंचिद्भयमस्ति कदाचन । मानुषान्नो भयं राजंस्तुमुलं संप्रबाधते ॥ ७२

दश राक्षससहस्राणि ॥ ४३ ॥ ४४ ॥ जघ्नुः । तदुपरि संचारेण तदुद्बोधनार्थमिति शेषः ॥ ४५ ॥ सर्वप्राणैः सर्वबलेन । महाकाष्ठानां स्थूणादीनां कटंकरैः समूहैः । 'कटंकटैः' इति पाठः । कटंकटः स्तम्भभेद इति तीर्थः ॥ ४६ ॥ ४७ ॥ मृष्टकाञ्चनकोणानां मृष्टकाञ्चननिर्मिताः कोणा वादनदण्डा यासां तादृशीनां भेरीणां सहस्रमित्यर्थः । आर्षः समासः ॥ ४८ ॥ शापस्य ब्रह्मशापस्य ॥ ४९ ॥ ५० ॥ ५१ ॥ ५२ ॥ पातयन्नपातयन् ॥ ५३ ॥ ५४ ॥ परं स्पर्शं स्पर्शनज्ञानं प्राप्याबुध्यत ॥ ५५ ॥ उक्तार्थानुवादः—स पात्यमानैरिति ॥ ५६ ॥ ५७ ॥ जाजृम्भमाणस्य पुनःपुनर्जृम्भां कुर्वतः । वक्त्रमन्तःपातालसंनिभं ददृशे । उपरि तु मेरुशृङ्गाग्र उदितो दिवाकर इव ददृशे । महाशरीरस्थत्वात् ॥ ५८ ॥ ५९ ॥ ६० ॥ अग्निदीप्तसदृशे दीप्ताग्निसदृशे ॥ ६१ ॥ आदर्शयन् । राक्षसा इति शेषः । दर्शितांश्च तान्स बभक्ष ॥ ६२ ॥ आदत् । अदेर्लङ् ॥ ६३ ॥ समुत्पेतुः संमुखमाजग्मुः ॥ ६४ ॥ निद्रया विशदे ईषदुन्मीलिते नेत्रे यस्य सः ॥ ६५ ॥ विस्मित इति । स्वभावतो निद्रापगमाभावेनाकालबोधनादिति भावः ॥ ६६ ॥ आदृत्यादरपूर्वम् । यत्नपूर्वमिति यावत् ॥ ६७ ॥ अन्येभ्यः शत्रुभ्यः । यदर्थं यद्भयनिवृत्तये ॥ ६८ ॥ ६९ ॥ अर्थतत्त्वेन याथार्थ्येन

न दैत्यदानवेभ्यो वा भयमस्ति न नः क्वचित् । यादृशं मानुषं राजन्भयमस्मानुपस्थितम् ॥ ७३
वानरैः पर्वताकारैर्लङ्केयं परिवारिता । सीताहरणसंतप्ताद्रामात्रस्तुमुलं भयम् ॥ ७४
एकेन वानरेणेयं पूर्वं दग्धा महापुरी । कुमारो निहतश्चाक्षः सानुयात्रः सकुञ्जरः ॥ ७५
स्वयं रक्षोधिपश्चापि पौलस्त्यो देवकण्टकः । व्रजेति संयुगे मुक्तो रामेणादित्यवर्चसा ॥ ७६
यन्न देवैः कृतो राजा नापि दैत्यैर्न दानवैः । कृतः स इह रामेण विमुक्तः प्राणसंशयात् ॥ ७७
स यूपाक्षवचः श्रुत्वा भ्रातुर्युधि पराभवम् । कुम्भकर्णो विवृत्ताक्षो यूपाक्षमिदमब्रवीत् ॥ ७८
सर्वमद्यैव यूपाक्ष हरिसैन्यं सलक्ष्मणम् । राघवं च रणे जित्वा ततो द्रक्ष्यामि रावणम् ॥ ७९
राक्षसांस्तर्पयिष्यामि हरीणां मांसशोणितैः । रामलक्ष्मणयोश्चापि स्वयं पास्यामि शोणितम् ॥ ८०

तत्तस्य वाक्यं ब्रुवतो निशम्य सगर्वितं रोषविवृद्धदोषम् ।
महोदरो नैर्ऋतयोधमुख्यः कृताञ्जलिर्वाक्यमिदं बभाषे ॥ ८१

रावणस्य वचः श्रुत्वा गुणदोषौ विमृश्य च । पश्चादपि महाबाहो शत्रून्युधि विजेष्यसि ॥ ८२
महोदरवचः श्रुत्वा राक्षसैः परिवारितः । कुम्भकर्णो महातेजाः संप्रतस्थे महाबलः ॥ ८३
सुप्तमुत्थाप्य भीमाक्षं भीमरूपपराक्रमम् । राक्षसास्त्वरिता जग्मुर्दशग्रीवनिवेशनम् ॥ ८४
तेऽभिगम्य दशग्रीवमासीनं परमासने । ऊचुर्बद्धाञ्जलिपुटाः सर्व एव निशाचराः ॥ ८५
कुम्भकर्णः प्रबुद्धोऽसौ भ्राता ते राक्षसेश्वर । कथं तत्रैव निर्यातु द्रक्ष्यसे तमिहागतम् ॥ ८६
रावणस्त्वब्रवीद्धृष्टो राक्षसांस्तानुपस्थितान् । द्रष्टुमेनमिहेच्छामि यथान्यायं च पूज्यताम् ॥ ८७
तथेत्युक्त्वा तु ते सर्वे पुनरागम्य राक्षसाः । कुम्भकर्णमिदं वाक्यमूचू रावणचोदिताः ॥ ८८
द्रष्टुं त्वां काङ्क्षते राजा सर्वराक्षसपुंगवः । गमने क्रियतां बुद्धिर्भ्रातरं संप्रहर्षय ॥ ८९
कुम्भकर्णस्तु दुर्धर्षो भ्रातुराज्ञाय शासनम् । तथेत्युक्त्वा महावीर्यः शयनादुत्पपात ह ॥ ९०
प्रक्षाल्य वदनं हृष्टः स्नातः परमहर्षितः । पिपासुस्त्वरयामास पानं बलसमीरणम् ॥ ९१
ततस्ते त्वरितास्तत्र राक्षसा रावणाज्ञया । मद्यं भक्ष्यांश्च विविधान्क्षिप्रमेवोपहारयन् ॥ ९२
पीत्वा घटसहस्रे द्वे गमनायोपचक्रमे । ईषत्समुत्कटो मत्तस्तेजोबलसमन्वितः ॥ ९३
कुम्भकर्णो बभौ रुष्टः कालान्तकयमोपमः । भ्रातुः स भवनं गच्छन्रक्षोबलसमन्वितः ।
कुम्भकर्णः पदन्यासैरकम्पयत मेदिनीम् ॥ ९४

स राजमार्गं वपुषा प्रकाशयन्सहस्ररश्मिर्धरणीमिवांशुभिः ।
जगाम तत्राञ्जलिमालया वृतः शतक्रतुर्गेहमिव स्वयंभुवः ॥ ९५
तं राजमार्गस्थममित्रघातिनं वनौकसस्ते सहसा बहिः स्थिताः ।
दृष्ट्वाप्रमेयं गिरिशृङ्गकल्पं वितत्रसुस्ते सह यूथपालैः ॥ ९६
केचिच्छरण्यं शरणं स्म रामं व्रजन्ति केचिद्व्यथिताः पतन्ति ।
केचिद्दिशश्च व्यथिताः पतन्ति केचिद्भयार्ता भुवि शेरते स्म ॥ ९७
तमद्रिशृङ्गप्रतिमं किरीटिनं स्पृशन्तमादित्यमिवात्मतेजसा ।
वनौकसः प्रेक्ष्य विवृद्धमद्भुतं भयार्दिता दुद्रुविरे यतस्ततः ॥ ९८

इत्यार्षे श्रीमद्रामायणे वाल्मीकीय आदिकाव्ये युद्धकाण्डे षष्टितमः सर्गः ॥ ६० ॥

॥ ७० ॥ ७१ ॥ ७२ ॥ ७२ ॥ ७४ ॥ नन्विन्द्रादिभिरपि दुष्करपीडनमस्मत्पुरं कथं वानरैः पीडितं तत्राह—एकेनेति ॥ ७५ ॥ संयुगे मुक्तः । जीवन्मृत इत्युक्त्वेति शेषः ॥ ७६ ॥ यन्न कृतो यामवस्थां न प्रापितः, स रामेण कृतस्तामवस्थां प्रापितः प्राणसंशयात्तयावस्थया प्राप्तो विमुक्तश्च ॥ ७७ ॥ ७८ ॥ ७९ ॥ ८० ॥ सगर्वितं सगर्वम् । रोषेण विवृद्धो दोषो दुर्नयरूपो यस्य तम् ॥ ८१ ॥ ८२ ॥ संप्रतस्थे प्रस्थातुमुपचक्रमे ॥ ८३ ॥ ८४ ॥ ८५ ॥ तत्रैव स्थितो युद्धाय निर्यात्वाहोस्विदिहागतं द्रक्ष्यसे ॥ ८६ ॥ पूज्यताम् । स इति शेषः ॥ ८७ ॥ ८८ ॥ ८९ ॥ ९० ॥ बलसमीरणं बलवृद्धिकरम् ॥ ९१ ॥ उपहारयन्नुपाहारयन् ॥ ९२ ॥ ईषत्समुत्कटो मत्तः । तावन्मधुपानेनापीषदेव समुत्कटो मत्तश्चेत्यर्थः ॥ ९३ ॥ ९४ ॥ वपुषा देहकान्त्या ॥ ९५ ॥ अप्रमेयत्वे हेतुः—गिरिशृङ्गकल्पत्वम् ॥ ९६ ॥ ९७ ॥ आत्मतेजसादित्यं स्पृशन्तमिव । तत्सदृशमिति यावत् । प्रायो दिनद्वयेनास्य जागरः ॥ ९८ ॥ इति श्रीरामाभिरामे श्रीरामीये

एकषष्टितमः सर्गः ।

ततो रामो महातेजा धनुरादाय वीर्यवान् । किरीटिनं महाकायं कुम्भकर्णं ददर्श ह ॥ १
तं दृष्ट्वा राक्षसश्रेष्ठं पर्वताकारदर्शनम् । क्रममाणमिवाकाशं पुरा नारायणं यथा ॥ २
सतोयाम्बुदसंकाशं काञ्चनाङ्गदभूषणम् । दृष्ट्वा पुनः प्रदुद्राव वानराणां महाचमूः ॥ ३
विद्रुतां वाहिनीं दृष्ट्वा वर्धमानं च राक्षसम् । सविस्मितमिदं रामो विभीषणमुवाच ह ॥ ४
कोऽसौ पर्वतसंकाशः किरीटी हरिलोचनः । लङ्कायां दृश्यते वीरः सविद्युदिव तोयदः ॥ ५
पृथिव्यां केतुभूतोऽसौ महानेकोऽत्र दृश्यते । यं दृष्ट्वा वानराः सर्वे विद्रवन्ति यतस्ततः ॥ ६
आचक्ष्व सुमहान्कोऽसौ रक्षो वा यदि वासुरः । न मयैवंविधं भूतं दृष्टपूर्वं कदाचन ॥ ७
संपृष्टो राजपुत्रेण रामेणाक्लिष्टकर्मणा । विभीषणो महाप्राज्ञः काकुत्स्थमिदमब्रवीत् ॥ ८
येन वैवस्वतो युद्धे वासवश्च पराजितः । सैष विश्रवसः पुत्रः कुम्भकर्णः प्रतापवान् ।
अस्य प्रमाणसदृशो राक्षसोऽन्यो न विद्यते ॥ ९

एतेन देवा युधि दानवाश्च यक्षा भुजंगाः पिशिताशनाश्च ।
गन्धर्वविद्याधरपन्नगाश्च सहस्रशो राघवः संप्रभग्नाः ॥ १०

शूलपाणिं विरूपाक्षं कुम्भकर्णं महाबलम् । हन्तुं न शेकुस्त्रिदशाः कालोऽयमिति मोहिताः ॥ ११
प्रकृत्या ह्येष तेजस्वी कुम्भकर्णो महाबलः । अन्येषां राक्षसेन्द्राणां वरदानकृतं बलम् ॥ १२
बालेन जातमात्रेण क्षुधार्तेन महात्मना । भक्षितानि सहस्राणि प्रजानां सुबहून्यपि ॥ १३
तेषु संभक्ष्यमाणेषु प्रजा भयनिपीडिताः । यान्ति स्म शरणं शक्रं तमप्यर्थं न्यवेदयन् ॥ १४

स कुम्भकर्णं कुपितो महेन्द्रो जघान वज्रेण शितेन वज्री ।
स शक्रवज्राभिहतो महात्मा चचाल कोपाच्च भृशं ननाद ॥ १५

तस्य नानद्यमानस्य कुम्भकर्णस्य रक्षसः । श्रुत्वा निनादं वित्रस्ताः प्रजा भूयो वितत्रसुः ॥ १६
ततः क्रुद्धो महेन्द्रस्य कुम्भकर्णो महाबलः । निष्कृष्यैरावताद्दन्तं जघानोरसि वासवम् ॥ १७
कुम्भकर्णप्रहारार्तो विजज्वाल स वासवः । ततो विषेदुः सहसा देवा ब्रह्मर्षिदानवाः ।
प्रजाभिः सह शक्रश्च ययौ स्थानं स्वयंभुवः ॥ १८
कुम्भकर्णस्य दौरात्म्यं शशंसुस्ते प्रजापतेः । प्रजानां भक्षणं चापि शशंसुस्ते दिवौकसाम् ।
आश्रमध्वंसनं चापि परस्त्रीहरणं तथा ॥ १९
एवं प्रजा यदि त्वेष भक्षयिष्यति नित्यशः । अचिरेणैव कालेन शून्यो लोको भविष्यति ॥ २०
वासवस्य वचः श्रुत्वा सर्वलोकपितामहः । रक्षांस्यावाहयामास कुम्भकर्णं ददर्श ह ॥ २१
कुम्भकर्णं समीक्ष्यैव वितत्रास प्रजापतिः । कुम्भकर्णमथाश्वस्तः स्वयंभूरिदमब्रवीत् ॥ २२
ध्रुवं लोकविनाशाय पौलस्त्येनासि निर्मितः । तस्मात्त्वमद्यप्रभृति मृतकल्पः शयिष्यसे ॥ २३
ब्रह्मशापाभिभूतोऽथ निपपाताग्रतः प्रभोः । ततः परमसंभ्रान्तो रावणो वाक्यमब्रवीत् ॥ २४
प्रवृद्धः काञ्चनो वृक्षः फलकाले निकृन्त्यते । न नप्तारं स्वकं न्याय्यं शप्तुमेवं प्रजापते ॥ २५

रामायणतिलके वाल्मीकीय आदिकाव्ये युद्धकाण्डे षष्टितमः सर्गः ॥ ६० ॥

ततो राम इति ॥ १ ॥ पर्वताकारं दर्शनं यस्य तं दृष्ट्वा । यत्तो बभूवेति शेषः ॥ २ ॥ सतोयेति । सजलमेघसंकाशमित्यर्थः ॥ ३ ॥ ४ ॥ हरिलोचनः कपिलनेत्रः ॥ ५ ॥ ६ ॥ ७ ॥ ८ ॥ ९ ॥ १० ॥ ११ ॥ प्रकृत्येति । स्वभावतः पराभिभवसामर्थ्यवान् ॥ १२ ॥ १३ ॥ १४ ॥ १५ ॥ १६ ॥ १७ ॥ विजज्वाल रुधिरप्रवाहैर्ज्वालाव्याप्त इव बभूव ॥ १८ ॥ १९ ॥ नित्यशः प्रतिदिनम् ॥ २० ॥ रक्षांस्यावाहयामास । गायत्रीलक्षणेन मन्त्रेणाजुहावेत्यर्थः ॥ २१ ॥ आश्वस्तो जातविस्रम्भः । परमसंभ्रान्त इति यावत् ॥ २२ ॥ पौलस्त्येन विश्रवसा । मृतकल्पः शयिष्यसे इति । अयं शापः 'स्वप्तुं वर्षाण्यनेकानि देवदेव ममेप्सितम् । एवमस्त्विति तं चोक्त्वा प्रहृष्टास्ते दिवौकसः ॥' इति तपश्चर्यानन्तरं प्रार्थनालब्धबहुवार्षिकनिद्रासमनन्तरकाल इति बोध्यम् । मृतकल्पः शयिष्यस इति शप्तस्य तपश्चर्याद्यसंभवात् । पूर्वं जातमात्रेणेत्युक्तिस्तु तपोविशिष्टतया जातमात्रेणेत्यर्थिका ॥ २३ ॥ २४ ॥ प्रवृद्धः । प्रवर्धित इत्यर्थः । काञ्चनः काञ्चनफलकः । फलकाले काञ्चनरूपफलप्राप्तिकाले । निकृन्त्यते छिद्यते । साक्षात्स्वकं नप्तारमेवं

न मिथ्यावचनश्च त्वं स्वप्स्यत्येव न संशयः । कालस्तु क्रियतामस्य शयने जागरणे तथा ॥ २६
रावणस्य वचः श्रुत्वा स्वयंभूरिदमब्रवीत् । शयिता ह्येष षण्मासमेकाहं जागरिष्यति ॥ २७
एकेनाह्ना त्वसौ वीरश्चरन्भूमिं बुभुक्षितः । व्यात्तास्यो भक्षयेल्लोकान्संवृद्ध इव पावकः ॥ २८
सोऽसौ व्यसनमापन्नः कुम्भकर्णमबोधयत् । त्वत्पराक्रमभीतश्च राजा संप्रति रावणः ॥ २९
स एष निर्गतो वीरः शिबिराद्भीमविक्रमः । वानरान्भृशसंक्रुद्धो भक्षयन्परिधावति ॥ ३०
कुम्भकर्णं प्रतीक्ष्यैव हरयोऽद्य प्रदुद्रुवुः । कथमेनं रणे क्रुद्धं वारयिष्यन्ति वानराः ॥ ३१
उच्यन्तां वानराः सर्वे यन्त्रमेतत्समुच्छ्रितम् । इति विज्ञाय हरयो भविष्यन्तीह निर्भयाः ॥ ३२
विभीषणवचः श्रुत्वा हेतुमत्सुमुखोद्गतम् । उवाच राघवो वाक्यं नीलं सेनापतिं तदा ॥ ३३
गच्छ सैन्यानि सर्वाणि व्यूह्य तिष्ठस्व पावके । द्वाराण्यादाय लङ्कायाश्चर्याश्चाप्यथ संक्रमान् ॥ ३४
शैलशृङ्गाणि वृक्षांश्च शिलाश्चाप्युपसंहरन् । भवन्तः सायुधाः सर्वे वानराः शैलपाणयः ॥ ३५
राघवेण समादिष्टो नीलो हरिचमूपतिः । शशास वानरानीकं यथावत्कपिकुञ्जरः ॥ ३६
ततो गवाक्षः शरभो हनूमानङ्गदस्तथा । शैलशृङ्गाणि शैलाभा गृहीत्वा द्वारमभ्ययुः ॥ ३७
रामवाक्यमुपश्रुत्य हरयो जितकाशिनः । पादपैरर्दयन्वीरा वानराः परवाहिनीम् ॥ ३८
ततो हरीणां तदनीकमुग्रं रराज शैलोद्यतवृक्षहस्तम् ।
गिरेः समीपानुगतं यथैव महन्महाम्भोधरजालमुग्रम् ॥ ३९

इत्यार्षे श्रीमद्रामायणे वाल्मीकीय आदिकाव्ये युद्धकाण्ड एकषष्टितमः सर्गः ॥ ६१ ॥

द्विषष्टितमः सर्गः ।

स तु राक्षसशार्दूलो निद्रामदसमाकुलः । राजमार्गं श्रिया जुष्टं ययौ विपुलविक्रमः ॥ १
राक्षसानां सहस्रैश्च वृतः परमदुर्जयः । गृहेभ्यः पुष्पवर्षेण कीर्यमाणस्तदा ययौ ॥ २
स हेमजालविततं भानुभास्वरदर्शनम् । ददर्श विपुलं रम्यं राक्षसेन्द्रनिवेशनम् ॥ ३
स तत्तदा सूर्य इवाभ्रजालं प्रविश्य रक्षोधिपतेर्निवेशनम् ।
ददर्श दूरेऽग्रजमासनस्थं स्वयंभुवं शक्र इवासनस्थम् ॥ ४
भ्रातुः स भवनं गत्वा रक्षोगणसमन्वितः । कुम्भकर्णः पदन्यासैरकम्पयत मेदिनीम् ॥ ५

शप्तुं न न्याय्यम् ॥ २५ ॥ पुनरपि रावण आह—न मिथ्येति । अतोऽयं स्वप्स्यत्येव न संशयः । जाग्रणे जागरणे । गुणाभाव आर्षः । कालः कालनियमः ॥ २६ ॥ षण्मासं त्ववश्यं शयिता, न तु ततो न्यूनम् । अधिकं तु न निवार्यते तद्बीजमुक्तम् । जागरणं त्वेकाहमेव । सत्यत्याहिते कार्ये इति शेषः । अतएवेन्द्रलोकजयाय रावणस्य कुम्भकर्णेन सह गमने प्रथमदिने मधुपुरे वास उक्तः, द्वितीयदिने कैलासे यत्र रम्भायां बलात्रावणस्य प्रवृत्तिः, तदनन्तरम् 'कुम्भकर्णस्तु दुष्टात्मा नानाप्रहरणोद्यतः' इत्यादिना तृतीयदिवसादिषु युद्धमुक्तम् । तेन युद्धप्रसङ्गेऽनेकदिनमपि जागरणं प्रतीयते ॥ २७ ॥ २८ ॥ इदानीं तस्याकाले बोधननिमित्तमाह—सोऽसाविति ॥ २९ ॥ शिबिरात्स्वगृहाद्भक्षयन् । हेतौ शता । भक्षार्थमित्यर्थः ॥ ३० ॥ पुना रामः पृच्छति—कथमेनमिति ॥ ३१ ॥ विभीषण उत्तरमाह—उच्यतामिति । समुच्छ्रितं रावणेन । मायया विभीषिकार्थं निर्मितं किंचिद्यन्त्रमात्रम्, अतो न किंचिदेतदित्येव वानरा उच्यन्तां मया स्वामिमिश्च, न तु रावणानुजत्वादिकमित्यर्थः । एवं च कार्यसिद्धिरित्याह—इतीति । इह एतस्मिन्विषये ॥ ३२ ॥ हेतुमद्युक्तिमत् । सुमुखोद्गतं वानरलोकस्य सांमुख्यसंपादनायोद्गतमुपदिष्टं वचः प्रागुक्तं श्रुत्वा नीलं प्रति वाक्यमुवाच ॥ ३३ ॥ यथापूर्वं द्वारनिरोधे नियुङ्क्ते—गच्छेति । अनेन रावणपलायनोत्तरं मध्येऽवहारः सूचितः ॥ ३४ ॥ शैलशृङ्गादीन्युपसंहरन् । उपसंहरन्तः संचिन्वन्तः । भवन्तस्तिष्ठन्त्विति शेषः ॥ ३५ ॥ ३६ ॥ ३७ ॥ रामवाक्यं यन्त्रमात्रमिदमित्येवंरूपम् । जितकाशिनो निर्भयाः । परवाहिनीं पुराद्बहिः पुरीपरिसररक्षिणीं राक्षससेनामित्यर्थः ॥ ३८ ॥ शैलोद्यतेति । उद्यतशैलं वृक्षहस्तं च । गिरेः समीपानुगतम्, पर्वताग्रवर्तिलङ्कायाः परितो वर्तमानत्वात्तत्त्वम्, महन्महादेशव्यापिसंस्थानवत् ॥ ३९ ॥ इति श्रीरामाभिरामे श्रीरामीये रामायणतिलके वाल्मीकीय आदिकाव्ये युद्धकाण्ड एकषष्टितमः सर्गः ॥ ६१ ॥

अथ रावणेन कुम्भकर्णनियोजनम्—स त्विति ॥ १ ॥ गृहेभ्यस्तत्तद्गृहवर्तिस्त्रीहस्तेभ्यः । निर्गतेनेति शेषः ॥ २ ॥ भानुवत्सूर्यवद्भास्वरं दर्शनं यस्य तत्, भानुभिः सूर्यकिरणैर्भास्वरं दर्शनं यस्येति च । रत्नेषु सूर्यकिरणसंबन्धादधिकतेजोवत्त्वं गृहस्येति भावः । इदमेव युक्तम् ॥ ३ ॥ ४ ॥ ५ ॥

सोऽभिगम्य गृहं भ्रातुः कक्ष्यामभिविगाह्य च । ददर्शोद्विग्नमासीनं विमाने पुष्पके गुरुम् ॥ ६
अथ दृष्ट्वा दशग्रीवः कुम्भकर्णमुपस्थितम् । तूर्णमुत्थाय संहृष्टः संनिकर्षमुपानयत् ॥ ७
अथासीनस्य पर्यङ्के कुम्भकर्णो महाबलः । भ्रातुर्ववन्दे चरणौ किं कृत्यमिति चाब्रवीत् ॥ ८
पुनः स मुदितोत्पत्य रावणः परिषस्वजे । स भ्रात्रा संपरिष्वक्तो यथावच्चाभिनन्दितः ॥ ९
कुम्भकर्णः शुभं दिव्यं प्रतिपेदे वरासनम् । स तदासनमाश्रित्य कुम्भकर्णो महाबलः ॥ १०
संरक्तनयनः क्रोधाद्रावणं वाक्यमब्रवीत् । किमर्थमहमादृत्य त्वया राजन्प्रबोधितः ॥ ११
शंस कस्माद्भयं तेऽत्र को वा प्रेतो भविष्यति । भ्रातरं रावणः क्रुद्धं कुम्भकर्णमवस्थितम् ।
रोषेण परिवृत्ताभ्यां नेत्राभ्यां वाक्यमब्रवीत् ॥ १२
अयं ते सुमहान्कालः शयानस्य महाबल । सुषुप्तस्त्वं न जानीषे मम रामकृतं भयम् ॥ १३
एष दाशरथिः श्रीमान्सुग्रीवसहितो बली । समुद्रं लङ्घयित्वा तु कुलं नः परिकृन्तति ॥ १४
हन्त पश्य स्वलङ्कायां वनान्युपवनानि च । सेतुना सुखमागत्य वानरैकार्णवं कृतम् ॥ १५
ये राक्षसा मुख्यतमा हतास्ते वानरैर्युधि । वानराणां क्षयं युद्धे न पश्यामि कथंचन ।
न चापि वानरा युद्धे जितपूर्वाः कदाचन ॥ १६
तदेतद्भयमुत्पन्नं त्रायस्वेह महाबल । नाशय त्वमिमानद्य तदर्थं बोधितो भवान् ॥ १७
सर्वक्षपितकोशं च स त्वमभ्युपपद्य माम् । त्रायस्वेमां पुरीं लङ्कां बालवृद्धावशेषिताम् ॥ १८
भ्रातुरर्थे महाबाहो कुरु कर्म सुदुष्करम् । मयैवं नोक्तपूर्वो हि भ्राता कश्चित्परंतप ॥ १९
त्वय्यस्ति मम च स्नेहः परा संभावना च मे । देवासुरेषु युद्धेषु बहुशो राक्षसर्षभ ।
त्वया देवाः प्रतिव्यूह्य निर्जिताश्चामरा युधि ॥ २०
तदेतत्सर्वमातिष्ठ वीर्यं भीमपराक्रम । नहि ते सर्वभूतेषु दृश्यते सदृशो बली ॥ २१
कुरुष्व मे प्रियहितमेतदुत्तमं यथाप्रियं प्रियरण बान्धवप्रिय ।
स्वतेजसा व्यथय सपत्नवाहिनीं शरद्घनं पवन इवोद्यतो महान् ॥ २२

इत्यार्षे श्रीमद्रामायणे वाल्मीकीय आदिकाव्ये युद्धकाण्डे द्विषष्टितमः सर्गः ॥ ६२ ॥

त्रिषष्टितमः सर्गः ।

तस्य राक्षसराजस्य निशम्य परिदेवितम् । कुम्भकर्णो बभाषेदं वचनं प्रजहास च ॥ १
दृष्टो दोषो हि योऽस्माभिः पुरा मन्त्रविनिर्णये । हितेष्वनभियुक्तेन सोऽयमासादितस्त्वया ॥ २

कक्ष्यामभिविगाह्य द्वाराणि तीर्त्वा ॥ ६ ॥ उपस्थितं प्राप्तम् ॥ ७ ॥ ८ ॥ स मुदितोत्पत्य । स रावणो मुदितः समुत्पत्य । आसनादुत्थायेत्यर्थः । संधिरार्षः ॥ ९ ॥ १० ॥ क्रोधादकालउद्बोधनकोपात् । 'कोपात्' इति पाठान्तरम् । तदेव दर्शयति—किमर्थमिति । आदृत्य यत्नं कृत्वा ॥ ११ ॥ प्रेतो भविष्यति । मया निहत इति शेषः । रोषेणेषत्परिवृत्ताभ्यां नेत्राभ्यामुपलक्षितं कुम्भकर्णमिदं वाक्यमब्रवीत् ॥ १२ ॥ सुमहान्कालः । गत इति शेषः । मया संमन्त्र्य । गमनानन्तरमिति भावः । सुमहानित्यनेन प्रकृतावधिभूतषण्मासादप्यधिकः कालो गत इति सूच्यते । 'शयिता ह्येष षण्मासानेकाहं जागरिष्यते' इति तु षण्मासादर्वाग्जागरणाभावपरम् । 'मन्त्रं कृत्वा प्रसुप्तोऽयमितस्तु नवमेऽहनि' इति पद्यं तु प्रक्षिप्तम् । तत्राहःपदं मासपरं वेत्युक्तम् । अन्यथा षण्मासादर्वाक्कदापि जागरणाभावेन तावत्कालस्य तत्स्वापे नियतत्वात्ततोऽर्वाक्मासद्वयादिमध्ये एतत्प्रवृत्तौ सुमहानित्युक्तेरसंगत्यापत्तेः । अनेन मन्त्रं कृत्वा सुप्तस्याष्टनवमासरूपः कालो गत इति गम्यते । अनेनापि युद्धस्य षण्मासाधिककालव्यापिता सूचिता भवतीति ज्ञायते ॥ १३ ॥ १४ ॥ स्वलङ्कायां स्वीयद्वीपे । वानरैकार्णवं कृतं वानरमयैकार्णववत्कृतम् ॥ १५ ॥ वानराणां क्षयं न पश्यामि । तिष्ठतु क्षयो युद्धे, मदीयै रक्षोभिर्जितपूर्वा अपि न दृश्यन्ते ॥ १६ ॥ १७ ॥ सर्वे क्षपिता नाशिताः कोशा ऐश्वर्याणि यस्य तं मामभ्युपपद्यानुगृह्य त्रायस्व ॥ १८ ॥ १९ ॥ परा संभावना कार्यसिद्धिप्रत्याशा मे । त्वय्यस्तीति शेषः । प्रतिव्यूह्य प्रातिभव्यं कृत्वा ॥ २० ॥ वीर्यमातिष्ठ वीर्यमवलम्बस्व ॥ २१ ॥ हे प्रियरण हे बान्धवप्रिय, यथाप्रियं स्वप्रीत्यनुसारेण प्रियहितमुत्तमं हितं कुरुष्व ॥ २२ ॥

इति श्रीरामाभिरामे श्रीरामीये रामायणतिलके वाल्मीकीय आदिकाव्ये युद्धकाण्डे द्विषष्टितमः सर्गः ॥ ६२ ॥

प्रजहास च । विभीषणवचोऽनङ्गीकारफलं प्राप्तं दुरात्मनेति हासः ॥ १ ॥ तदेव प्रकाशयति—दृष्ट इति । मन्त्रविनि-

शीघ्रं खल्वभ्युपेतं त्वां फलं पापस्य कर्मणः । निरयेष्वेव पतनं यथा दुष्कृतकर्मणः ॥ ३
प्रथमं वै महाराज कृत्यमेतदचिन्तितम् । केवलं वीर्यदर्पेण नानुबन्धो विचारितः ॥ ४
यः पश्चात्पूर्वकार्याणि कुर्यादैश्वर्यमास्थितः । पूर्वं चोत्तरकार्याणि न स वेद नयानयौ ॥ ५
देशकालविहीनानि कर्माणि विपरीतवत् । क्रियमाणानि दुष्यन्ति हवींष्यप्रयतेष्विव ॥ ६
त्रयाणां पञ्चधा योगं कर्मणां यः प्रपद्यते । सचिवैः समयं कृत्वा स सम्यग्वर्तते पथि ॥ ७
यथागमं च यो राजा समयं च चिकीर्षति । बुध्यते सचिवैर्बुद्ध्या सुहृदश्चानुपश्यति ॥ ८
धर्ममर्थं हि कामं वा सर्वान्वा रक्षसां पते । भजते पुरुषः काले त्रीणि द्वन्द्वानि वा पुनः ॥ ९
त्रिषु चैतेषु यच्छ्रेष्ठं श्रुत्वा तन्नावबुध्यते । राजा वा राजमात्रो वा व्यर्थं तस्य बहुश्रुतम् ॥ १०
उपप्रदानं सान्त्वं च भेदं काले च विक्रमम् । योगं च रक्षसां श्रेष्ठ तावुभौ च नयानयौ ॥ ११
काले धर्मार्थकामान्यः संमन्त्र्य सचिवैः सह । निषेवेतात्मवाँल्लोके न स व्यसनमाप्नुयात् ॥ १२
हितानुबन्धमालोक्य कुर्यात्कार्यमिहात्मनः । राजा सहार्थतत्त्वज्ञैः सचिवैर्बुद्धिजीविभिः ॥ १३
अनभिज्ञाय शास्त्रार्थान्पुरुषाः पशुबुद्धयः । प्रागल्भ्याद्वक्तुमिच्छन्ति मन्त्रिष्वभ्यन्तरीकृताः ॥ १४
अशास्त्रविदुषां तेषां कार्यं नाभिहितं वचः । अर्थशास्त्रानभिज्ञानां विपुलां श्रियमिच्छताम् ॥ १५
अहितं च हिताकारं धार्ष्ट्याज्जल्पन्ति ये नराः । अवश्यं मन्त्रबाह्यास्ते कर्तव्याः कृत्यदूषकाः ॥ १६

र्णये विभीषणेन सह मन्त्रविचारकाले हितेषु हितवादिषु, अनभियुक्तेनाश्रद्दधानेन, सोऽयमासादितः । मया विभीषणेन च दृष्टः । सर्वनाशप्राप्तिरूपदोष इत्यर्थः ॥ २ ॥ लोके क्रमेण दोषं पुरुषाः प्रपद्यन्ते । त्वां तु 'अत्युत्कटैः पुण्यपापैरिहैव फलमश्नुते' इति न्यायेन शीघ्रमेव परदारग्रहणरूपदुष्कर्मणः फलं प्राप्तमित्याह—शीघ्रमिति । अभ्युपेतं प्राप्तं जातम्, यथा पापस्य प्रथमं निरयेष्वेव पतनं तद्वत् ॥ ३ ॥ प्रथममेतत्कृत्यं सर्वनाशप्राप्तिरूपं केवलं वीर्यदर्पेण न चिन्तितम्, अनुबन्धो दोषोत्पादोऽपि न विचारितः । इदं दुष्टं कर्म तस्य चैवं फलं भावीति द्वयमपि न विचारितमित्यर्थः । 'दोषोत्पादेऽनुबन्धः स्यात्' इत्यमरः ॥ ४ ॥ पूर्वकार्याणि पूर्वकर्तव्यकार्याणि यः पश्चात्कुर्यात्तथोत्तरकार्याणि च पूर्वं स नयानयौ न वेद । अत्र पूर्वकार्यं विचारः, पश्चात्कार्यं सीताहरणम् ॥ ५ ॥ तदेव प्रपञ्चयति—देशेति । उचितदेशकालरहितानि विपरीतकालदेशयुक्तानि त्वत्कृतैतत्कर्मवद्दुष्यन्ति दुःखाय भवन्ति । अप्रयतेष्वसावधानेष्वसंस्कृतेष्वग्निषु च हवींषीव ॥ ६ ॥ अथ यथाकालदेशप्रयुक्तात्सिद्धिमाह—त्रयाणामिति । क्षयवृद्धिस्थानलक्षणानां निश्चयपूर्वं कर्तव्यानां कर्मणां सामादीनां योगं प्रयोगं सचिवैः सह पञ्चधा पञ्चप्रकारं समयं प्रयोगसाधनविचारं कृत्वा यः प्रपद्यते स सम्यक्पथि वर्तते समीचीने नीतिमार्गे वर्तते । तानि पञ्चप्रकारसाधनानि—कर्मणामारम्भोपायः, पुरुषद्रव्यसंपत्, देशकालविभागः, विपत्तिप्रतीकारः, कार्यसिद्धिश्चेति । सम्यगित्यव्ययम् ॥ ७ ॥ एवंवर्तमानस्य प्रथमं बुद्धिसिद्धिः फलमित्याह—यथागममिति । यथागमं नीतिशास्त्रमनतिक्रम्य यो राजा सचिवैः सह समयं चिकीर्षति क्षयादिकालोचितसामादिकर्मविचारमुक्तपञ्चप्रकारतत्प्रयोगसाधनसंपत्तिविचारं च कर्तुमिच्छति । तद्यथा—आत्मोपचयपरहानिसमये दण्डोपयोगि यानम्, आत्मपरयोर्बलसाम्ये संधानम्, परोपचयात्महानिसमये दानपूर्वं समाश्रयणमिति । बुद्ध्या स्वबुद्ध्या सचिवैः सह सुहृदश्चानुपश्यति । अयं सुहृद्धितवक्ता, अयं प्रभोः सुखमात्रजननेच्छया वदति न सुहृदित्यनुपश्यति कार्यवशेन विचारयति । स बुध्यते कर्तव्याकर्तव्यविवेकबुद्धिं प्राप्नोति ॥ ८ ॥ अथ बुद्धिफलं पुरुषार्थसिद्धिरित्याह—धर्ममिति । हिश्चार्थे । काले तत्र प्रातर्धर्मसेवा, ततोऽपराह्णेऽर्थसेवा, रात्रौ कामसेवेति स्वस्वकाले त्रीणि धर्मादीनि भजते । युवराजादिस्तु द्वन्द्वानि वा द्वन्द्वान्येव धर्मकामद्विकान्येव भजते । अवान्तरभेदाद्बहुत्वं सेवत इत्यर्थः ॥ ९ ॥ अथ धर्मविरुद्धे कामे प्राप्ते धर्म एव सेव्य इत्याह—त्रिष्विति । एतेषु त्रिषु धर्मादिषु सर्वमूलत्वाद्यच्छ्रेष्ठं धर्मरूपं वस्तु तदाप्तेभ्यः श्रुत्वापि नावबुध्यते विरोधे धर्मस्यैवानुष्ठेयत्वं न बुध्यते यो राजा महाराजो राजमात्रं युवराजस्तस्य बहुश्रुतं व्यर्थम् ॥ १० ॥ सान्त्वं साम । एवं दानादिचतुष्कम्, योगमुक्तपञ्चविधप्रयोगसाधनसंपादनम् । तावुभौ नयानयौ प्रसिद्धौ । प्रयोगाप्रयोगकालौ धर्मादींश्च काले सचिवैः सह संमन्त्र्यात्मवाञ्जितेन्द्रियो भूत्वा निषेवतेऽनुतिष्ठति स व्यसनं नाप्नुयात् ॥ ११ ॥ १२ ॥ किं च स एव राजापि भवतीत्याह—हितानुबन्धमिति । य उच्यमानगुणैः सचिवैः सह हितानुबन्धं शुभमुदर्कफलमालोक्य विचार्यात्मनः कार्यं कुर्यात्स राजा भवतीत्यन्वयः ॥ १३ ॥ अथोत्तममन्त्रिविभीषणादिमतमपहाय दुर्मन्त्रिभिर्मन्त्रणमूलः सर्वानर्थ इत्याह—अनभिज्ञायेति । प्रागल्भ्याच्छब्दरचनामात्रसामर्थ्यात् ॥ १४ ॥ अशास्त्रविदुषामित्यस्यैव व्याख्या—अर्थशास्त्रानभिज्ञानामिति । अथापि विपुलां श्रियं केवलं हठादेवेच्छतां वचनं न कार्यमित्यन्वयः ॥ १५ ॥ राजभिर्मन्त्रकाले दुर्मन्त्रिनिरासः सर्वथा कार्य इत्याह—अहितं चेति । धार्ष्ट्यात्साहसाद्ये जल्पन्ति ते मन्त्रबाह्या अवश्यं

विनाशयन्तो भर्तारं सहिताः शत्रुभिर्बुधैः । विपरीतानि कृत्यानि कारयन्तीह मन्त्रिणः ॥ १७
तान्भर्ता मित्रसंकाशानमित्रान्मन्त्रनिर्णये । व्यवहारेण जानीयात्सचिवानुपसंहितान् ॥ १८
चपलस्येह कृत्यानि सहसानुप्रधावतः । छिद्रमन्ये प्रपद्यन्ते क्रौञ्चस्य खमिव द्विजाः ॥ १९
यो हि शत्रुमवज्ञाय आत्मानं नाभिरक्षति । अवाप्नोति हि सोऽनर्थान्स्थानाच्च व्यवरोप्यते ॥ २०
यदुक्तमिह ते पूर्वं प्रियया मेऽनुजेन च । तदेव नो हितं वाक्यं यथेच्छसि तथा कुरु ॥ २१
तत्तु श्रुत्वा दशग्रीवः कुम्भकर्णस्य भाषितम् । भ्रुकुटिं चैव संचक्रे क्रुद्धश्चैनमभाषत ॥ २२
मान्यो गुरुरिवाचार्यः किं मां त्वमनुशाससि । किमेवं वाक्श्रमं कृत्वा यद्युक्तं तद्विधीयताम् ॥ २३
विभ्रमाच्चित्तमोहाद्वा बलवीर्याश्रयेण वा । नाभिपन्नमिदानीं यद्व्यर्था तस्य पुनः कथा ॥ २४
अस्मिन्काले तु यद्युक्तं तदिदानीं विचिन्त्यताम् । ममापनयजं दुःखं विक्रमेण समीकुरु ॥ २५
यदि खल्वस्ति मे स्नेहो विक्रमं वाधिगच्छसि । यदि कार्यं ममैतत्ते हृदि कार्यतमं मतम् ॥ २६
स सुहृद्यो विपन्नार्थं दीनमभ्युपपद्यते । स बन्धुर्योऽपनीतेषु साहाय्यायोपकल्पते ॥ २७
तमथैवं ब्रुवाणं स वचनं धीरदारुणम् । रुष्टोऽयमिति विज्ञाय शनैः श्लक्ष्णमुवाच ह ॥ २८
अतीव हि समालक्ष्य भ्रातरं क्षुभितेन्द्रियम् । कुम्भकर्णः शनैर्वाक्यं बभाषे परिसान्त्वयन् ॥ २९
शृणु राजन्नवहितो मम वाक्यमरिंदम । अलं राक्षसराजेन्द्र संतापमुपपद्य ते ।
रोषं च संपरित्यज्य स्वस्थो भवितुमर्हसि ॥ ३०
नैतन्मनसि कर्तव्यं मयि जीवति पार्थिव । तमहं नाशयिष्यामि यत्कृते परितप्यते ॥ ३१
अवश्यं च हितं वाच्यं सर्वावस्थां गतं मया । बन्धुभावादभिहितं भ्रातृस्नेहाच्च पार्थिव ॥ ३२
सदृशं यच्च कालेऽस्मिन्कर्तुं स्नेहेन बन्धुना । शत्रूणां कदनं पश्य क्रियमाणं मया रणे ॥ ३३
अद्य पश्य महाबाहो मया समरमूर्धनि । हते रामे सह भ्रात्रा द्रवन्तीं हरिवाहिनीम् ॥ ३४
अद्य रामस्य तद्दृष्ट्वा मया नीतं रणाच्छिरः । सुखी भव महाबाहो सीता भवतु दुःखिता ॥ ३५
अद्य रामस्य पश्यन्तु निधनं सुमहत्प्रियम् । लङ्कायां राक्षसाः सर्वे ये ते निहतबान्धवाः ॥ ३६
अद्य शोकपरीतानां स्वबन्धुवधशोचिनाम् । शत्रोर्युधि विनाशेन करोम्यश्रुप्रमार्जनम् ॥ ३७
अद्य पर्वतसंकाशं ससूर्यमिव तोयदम् । विकीर्णं पश्य समरे सुग्रीवं प्लवगेश्वरम् ॥ ३८

कर्तव्याः ॥ १६ ॥ विनाशयन्त इति । केचन दुर्मन्त्रिणो भर्तारं त्वां नाशयन्तः । हेतौ शता । तव नाशनिमित्तं विपरीतानि कृत्यानि कारयन्ति । केचित्सुमन्त्रिणो दुर्मन्त्रफलं तव नाशं पश्यन्तो बुधैः सर्वज्ञैस्तव शत्रुभिः सहिताः । स्वरक्षणं कुर्वन्तीति शेषः ॥ १७ ॥ सुमन्त्रित्वदुर्मन्त्रित्वनिर्णयः कथं तत्राह—तानिति । मन्त्रनिर्णये चिकीर्षिते तान्मित्रसंकाशानमित्रानुपसंहितानुत्कोचादिना शत्रुवशीकृतान्सचिवसंकाशान्व्यवहारेण तत्तन्मन्त्रजार्थक्रियालक्षणव्यवहारेण जानीयात् ॥ १८ ॥ चपलस्यापातसुखजनकवचनसंतुष्टस्य सहसाविचारेण कृत्यान्यनुप्रधावतः कुर्वतोऽन्ये शत्रवः क्षिप्रं खं रन्ध्रं प्रपद्यन्ते । द्विजाः पक्षिणः स्कन्दशक्तिविदारितक्रौञ्चस्य क्रौञ्चाख्याचलस्य खं रन्ध्रमिव ॥ १९ ॥ अवज्ञायावमत्य । स्थानाद्राजपदव्याः । व्यवरोप्यते निवर्त्यते ॥ २० ॥ प्रियया मन्दोदर्या । मेऽनुजो विभीषणः । स्वमानार्थे च तयोर्वाक्ये इति मन्दोदरीवाक्यं न पृथगुक्तम् । स्वमतिसदृशमतित्वान्मेऽनुज इत्युक्तम् ॥ २१ ॥ २२ ॥ अहं तव गुरुरिव निषेककर्तेवाचार्य इव द्वितीयजन्मद इव च मान्यः । एवं वाक्श्रमं कृत्वा किं फलम्, न किमपि । अतोऽत्र काले यद्युक्तं तद्विधीयताम् ॥ २३ ॥ किं च त्वदुक्तं सत्यमेव । तथापि गते जले सेतुबन्धवदेषा कथा व्यर्थेत्यनुष्ठेयमनुतिष्ठेत्याह—विभ्रमादिति । विभ्रमो विपरीतज्ञानम्, चित्तमोहोऽज्ञानम्, तदादिदोषेण युष्मदुक्तं हितं तत्काले नाभिपन्नं नाङ्गीकृतम् । इदानीमतीतकालस्य पुनः कथा व्यर्थेत्यर्थः ॥ २४ ॥ यदेवमतः—अस्मिन्निति । अपनयजमनीतिजम् । विक्रमेण स्वीयेन ॥ २५ ॥ विक्रमं वेत्यस्य खल्विन्त्यादिः । एतत्कार्यं युद्धानुष्ठानरूपं यदि कार्यतममति[illegible]नानुष्ठातुं योग्यं कार्यमिति तव संमतं तदा युद्धं कुर्विति संबन्धः ॥ २६ ॥ किं च यदि सुहृत्त्वं तदावश्यमेवेदं कार्यमित्याह—स इति । विपन्नार्थं विनष्टसर्वकार्यम्, अतएव दीनम् । अभ्युपपद्यतेऽनुगृह्णाति । स एव सुहृत् । बन्धुत्वेऽप्येतदेव न्याय्यमित्याह—स इति । अपनीतेष्वनीतिमार्गस्थेषु ॥ २७ ॥ धीरदारुणम् । इच्छा चेत्कुर्वित्युक्तेर्धीरत्वम् । स सुहृद्य इत्युक्तेर्दारुणत्वम् ॥ २८ ॥ २९ ॥ संतापमुपपद्य प्राप्यालम् । तापो न कार्य इत्यर्थः ॥ ३० ॥ एतदैन्यं यत्कृते यन्निमित्तम् ॥ ३१ ॥ सर्वावस्थां सुखदुःखादिसर्वावस्थां गतं प्राप्तम् । त्वां प्रतीति शेषः । 'विष्णोरभक्तिकावस्था सर्वानस्थेति गीयते' इत्यन्ये ॥ ३२ ॥ यन्मम पराक्रमस्य सदृशमस्मिन्काले च स्निग्धेन बन्धुना कर्तुं योग्यं तन्मया क्रियमाणं शत्रूणां कदनं पश्य ॥ ३३ ॥ ३४ ॥ ३५ ॥ ३६

कथं च राक्षसैरेभिर्मया च परिसान्त्वितः । जिघांसुभिर्दाशरथिं व्यथसे त्वं सदानघ ॥ ३९
मां निहत्य किल त्वां हि निहनिष्यति राघवः । नाहमात्मनि संतापं गच्छेयं राक्षसाधिप ॥ ४०
कामं त्विदानीमपि मां व्यादिश त्वं परंतप । न परः प्रेक्षणीयस्ते युद्धायातुलविक्रम ॥ ४१
अहमुत्सादयिष्यामि शत्रूंस्तव महाबलान् । यदि शक्रो यदि यमो यदि पावकमारुतौ ॥ ४२
तानहं योधयिष्यामि कुबेरवरुणावपि । गिरिमात्रशरीरस्य शितशूलधरस्य मे ॥ ४३
नर्दतस्तीक्ष्णदंष्ट्रस्य बिभीयाद्वै पुरंदरः । अथ वा त्यक्तशस्त्रस्य मृद्गतस्तरसा रिपून् ॥ ४४
न मे प्रतिमुखः कश्चित्स्थातुं शक्तो जिजीविषुः । नैव शक्त्या न गदया नासिना निशितैः शरैः ॥४५
हस्ताभ्यामेव संरभ्य हनिष्यामि सवज्रिणम् । यदि मे मुष्टिवेगं स राघवोऽद्य सहिष्यति ॥ ४६
ततः पास्यन्ति बाणौघा रुधिरं राघवस्य मे । चिन्तया तप्यसे राजन्किमर्थं मयि तिष्ठति ॥ ४७
सोऽहं शत्रुविनाशाय तव निर्यातुमुद्यतः । मुञ्च रामाद्भयं घोरं निहनिष्यामि संयुगे ॥ ४८
राघवं लक्ष्मणं चैव सुग्रीवं च महाबलम् । हनूमन्तं च रक्षोघ्नं येन लङ्का प्रदीपिता ॥ ४९
हरींश्च भक्षयिष्यामि संयुगे समुपस्थिते । असाधारणमिच्छामि तव दातुं महद्यशः ॥ ५०
यदि चेन्द्राद्भयं राजन्यदि चापि स्वयंभुवः । अपि देवाः शयिष्यन्ते मयि क्रुद्धे महीतले ॥ ५१
यमं च यमयिष्यामि भक्षयिष्यामि पावकम् । आदित्यं पातयिष्यामि सनक्षत्रं महीतले ॥ ५२
शतक्रतुं वधिष्यामि पास्यामि वरुणालयम् । पर्वतांश्चूर्णयिष्यामि दारयिष्यामि मेदिनीम् ॥ ५३
दीर्घकालं प्रसुप्तस्य कुम्भकर्णस्य विक्रमम् । अद्य पश्यन्तु भूतानि भक्ष्यमाणानि सर्वशः ।
न त्विदं त्रिदिवं सर्वमाहारो मम पूर्यते ॥ ५४

वधेन ते दाशरथेः सुखावहं सुखं समाहर्तुमहं व्रजामि ।
निहत्य रामं सह लक्ष्मणेन खादामि सर्वान्हरियूथमुख्यान् ॥ ५५
रमस्व राजन्पिब चाद्य वारुणीं कुरुष्व कृत्यानि विनीय दुःखम् ।
मयाद्य रामे गमिते यमक्षयं चिराय सीता वशगा भविष्यति ॥ ५६

इत्यार्षे श्रीमद्रामायणे वाल्मीकीय आदिकाव्ये युद्धकाण्डे त्रिषष्टितमः सर्गः ॥ ६३ ॥

चतुःषष्टितमः सर्गः ।

तदुक्तमतिकायस्य बलिनो बाहुशालिनः । कुम्भकर्णस्य वचनं श्रुत्वोवाच महोदरः ॥ १
कुम्भकर्ण कुले जातो धृष्टः प्राकृतदर्शनः । अवलिप्तो न शक्नोषि कृत्यं सर्वत्र वेदितुम् ॥ २
नहि राजा न जानीते कुम्भकर्ण नयानयौ । त्वं तु कैशोरकाद्धृष्टः केवलं वक्तुमिच्छसि ॥ ३
स्थानं वृद्धिं च हानिं च देशकालविधानवित् । आत्मनश्च परेषां च बुध्यते राक्षसर्षभः ॥ ४

॥ ३७ ॥ ३८ ॥ दाशरथिं जिघांसुभिरस्माभिः परिसान्त्वितोऽपि कथं व्यथसे ॥ ३९ ॥ व्यथाहेतुर्नास्तीत्याह—मामिति । मां निहत्य तदनन्तरं किल त्वां निहनिष्यति । तत्र ममैव हननं तेनाशक्यम्, अतएवाह—नात्मनि स्वविषये संतापं रामविषयं भयं गच्छेयम् ॥ ४० ॥ ४१ ॥ ४२ ॥ ४३ ॥ ४४ ॥ ४५ ॥ मे मुष्टिवेगं राघवो यदि सहिष्यति तदा राघवस्य बाणौघा मे रुधिरं पास्यन्ति । तत्सहनमेव तस्याशक्यमिति भावः ॥ ४६ ॥ ४७ ॥ ४८ ॥ ४९ ॥ ५० ॥ इन्द्रादिभ्योऽपि यदि भयं तथापि तवासाधारणं यशो जयजं दातुमिच्छामि । तद्भयहेतवो देवादयोऽपि मयि क्रुद्धे महीतले शयिष्यन्ति । किं पुनर्नरवानरा इत्यर्थः ॥ ५१ ॥ ५२ ॥ वरुणालयं समुद्रम् ॥ ५३ ॥ ५४ ॥ सुखावहमुत्तरोत्तरमधिकसुखजनकं सुखम् ॥ ५५ ॥ ५६ ॥ इति श्रीरामाभिरामे श्रीरामीये रामायणतिलके वाल्मीकीय आदिकाव्ये युद्धकाण्डे त्रिषष्टितमः सर्गः ॥ ६३ ॥

अथाविचारकारी रावण इति यदुक्तमसहाय एव योत्स्यामीति च तदुभयं दूषयति महोदर इत्याह—तदिति । अतिकायस्य कुम्भकर्णस्य तत्तेन प्रकारेणोक्तं वचनं श्रुत्वा महोदर उवाच ॥ १ ॥ कुले महाकुले जातोऽपि धृष्टोऽवलिप्तस्त्वं प्राकृतदर्शनः सन्सर्वकृत्यं कर्तव्यं वेदितुं न शक्नोषि ॥ २ ॥ न स वेद नयानयाविति कुम्भकर्णोक्तं दूषयति—नहीति । राजा नयानयावुचितकृत्याकृत्ये न जानातीति न, किं तु जानीत एवेत्यर्थः । त्वं तु कैशोरकाद्बाल्याद्धृष्टः सन्नेवं वक्तुमिच्छसि । 'केवलं कर्तुमिच्छसि' इति पाठेऽसहायतया रामेण युद्धमिति शेषः ॥ ३ ॥ राजा तु सर्वं वेत्तीत्याह—स्थानमिति । स्थानं वृद्धिक्षयराहित्येन यथाप्राप्तस्वरूपेऽवस्थानम् । आत्मनो वृद्धिं

यत्त्वशक्यं बलवता वक्तुं प्राकृतबुद्धिना । अनुपासितवृद्धेन कः कुर्यात्तादृशं नरः ॥ ५
यांस्तु धर्मार्थकामांस्त्वं ब्रवीषि पृथगाश्रयान् । अवबोद्धुं स्वभावेन नहि लक्षणमस्ति तान् ॥ ६
कर्म चैव हि सर्वेषां कारणानां प्रयोजनम् । श्रेयः पापीयसां चात्र फलं भवति कर्मणाम् ॥ ७
निःश्रेयसफलावेव धर्मार्थावितरावपि । अधर्मानर्थयोः प्राप्तं फलं च प्रात्यवायिकम् ॥ ८
ऐहलौकिकपारक्यं कर्म पुंभिर्निषेव्यते । कर्माण्यपि तु कल्पानि लभते काममास्थितः ॥ ९
तत्र क्लृप्तमिदं राज्ञा हृदि कार्यं मतं च नः । शत्रौ हि साहसं यत्तत्किमिवात्रापनीयते ॥ १०

परेषां हानिं च राजा बुध्यते । किं च देशकालविधानविद्देशकालयोरुचितकर्तव्यवित् ॥ ४ ॥ सर्वथा राज्ञाऽविवेको नास्तीत्याह—यत्त्वशक्यमिति । अनुपासितवृद्धेन, अत एव प्राकृतबुद्धिना केवलं बलवता यत्तु कर्तुमशक्यं तादृशं को बुधो राजा कुर्यात्, न कोऽपि ॥ ५ ॥ एतावता 'प्रथमं वै महाराज कृतमेतदचिन्तितम् । केवलं वीर्यदर्पेण नानुबन्धो विचारितः ॥' इति कुम्भकर्णोक्तं दूषणं परिहृतम् । अथ त्रिषु चैतेषु यच्छ्रेष्ठमित्यादिना धर्म एव सेव्यः, न तु कामस्तद्विरुद्ध इति यदुक्तं तत्राह—यांस्त्विति । यांश्च धर्मादीन्पृथगाश्रया धर्मादयः परस्परविरुद्धा नैकानुष्ठेया इति ब्रवीषि, तान्धर्मादीन्स्वभावेन तत्त्वतोऽवबोद्धुं ते लक्षणं सामर्थ्यं न ह्यस्ति ॥ ६ ॥ कुत इत्यत्र सर्वस्याप्येकानुष्ठेयत्वादेवेत्याह—कर्म चैवेति । सर्वेषां कारणानां सुखसाधनानां त्रिवर्गलक्षणानां कर्मैव प्रयोजनं प्रयोजकमुत्पादकम्, नह्यक्रियस्य कश्चन पुरुषार्थो धर्मादिः । एवमेकपुरुषयत्नसाध्यानां श्रेयः, पापीयसां कर्मणां शुभाशुभव्यापाराणां फलमत्रैकस्मिन्नेव कर्तरि भवति । एवं च विरुद्धयोरपि धर्मकामयोरेकानुष्ठेयत्वदर्शनाद्धर्म एवानुष्ठेयः, न तु तद्विरुद्धः काम इति त्वदुक्तमयुक्तमिति भावः ॥ ७ ॥ तत्र पुरुषयत्नसाध्येष्वप्येषु धर्मार्थयोः कामात्कश्चिद्विशेषोऽस्तीत्याह—निःश्रेयसेति । धर्मार्थौ निःश्रेयसफलावेव सन्तौ कामनाविशेषेणेतरावपि स्वर्गाभ्युदयफलावपि भवतः । अत्र धर्मशब्देनार्थनिरपेक्षो जपध्यानादिः । अर्थशब्देन चार्थसाध्यो यागदानादिः । 'यज्ञो दानं तपश्चैव पावनानि मनीषिणाम्' इति भगवद्वचनात् । तेषां चित्तशुद्धिद्वारा मोक्षसाधनत्वमस्ति । कामस्तु न कदापि निःश्रेयसफल इति भावः । तयोरपरमपि कामाद्विशेषमाह—अधर्मानर्थयोरिति । जपादिरूपे क्रियामये वा नित्यधर्मे लुप्ते सत्यधर्मानर्थौ प्राप्तौ भवतः, तयोश्च सतोः प्रात्यवायिकं विहिताकरणप्रयुक्तप्रत्यवायजन्यं फलं पुंसः प्राप्तं भवति । न तु काम्याकरणे प्रत्यवाय इति भावः ॥ ८ ॥ कीदृशं तत्फलं तत्राह—ऐहलौकिकेति । इहलोके परत्र च भवं कर्म कर्मफलम् । इह ऋणदारिद्र्यादिरूपम्, परत्र नरकयातनादिरूपम् । निषेव्यतेऽनुभूयते । एवं धर्मफलमपि । अथ कामस्य धर्मार्थाभ्यां वैलक्षण्यमाह—कर्माणीति । कामं तत्पुरुषार्थसिद्धिमुद्दिश्य कर्माणि यत्नेन स्थितोऽनुतिष्ठन्नपि कल्पानि शुभानि तु विशिष्यात्रापि साक्षाल्लभते, न तु धर्मार्थवत्कालान्तरे लोकान्तरे वा । एवं च धर्मार्थकामा एकनैव सेव्याः । धर्मविरुद्धो यदि कामस्तदा स स्वतपोविक्रमादिना समाधेयः । नहि 'भिक्षुकाः सन्तीति स्थाल्यो नाधिश्रियन्ते' इति न्यायादिति भावः ॥ ९ ॥ इदानीम् 'अनभिज्ञाय शास्त्रार्थम्' इत्यादिना दुर्मन्त्रिसंबन्धस्त्याज्य इत्युक्तम्, तत्परिहरति—तत्रेति । तत्र त्रयाणामेकानुष्ठेयत्वे सिद्धे सति राज्ञा इदं कामपुरुषार्थसाधनं कार्यं कर्तुं योग्यम् । तथा हृदि क्लृप्तं निश्चितं च नोऽस्माकं मन्त्रिणां मतमनुमतं च । बलवद्विषये न्याय्यत्वस्योक्तत्वात्, अतो राज्ञि नास्मासु च किंचिदचातुर्यम् । अथ साहसप्रवृत्तिरूपं प्रागुक्तदोषमुद्धरति—शत्रौ हीति । शत्रौ हि प्रसिद्धं साहसं बलवतो बलात्प्रवृत्तिरूपम् । अत्रैतदनुष्ठाने किमिवापनीयते कोऽपनयः, न कोऽपि । उचितमेव कृतमित्यर्थः । यत्तु तीर्थेनोक्तम्—धर्माधर्मयोर्हिताहितसाधनत्वं निश्चित्य परदारहरणरूपाधर्माद्राज्ञो दुःखमित्युक्तं तद्धर्माधर्मयोर्हिताहितफलनियमाभावादसंगतमित्याह—यांस्तु धर्मार्थेति । पृथगाश्रयान्पृथक्फलजनकान्वदसि तान्स्वभावेनावबोद्धुं स्वरूपतो ज्ञातुं लक्ष्यतेऽनेनेति लक्षणं कारणं च नास्ति । सुखफलकयागादिधर्मानुष्ठानेऽपि तात्कालिकशरीरायासदर्शनात्, दुःखजनकपरदारगमनादावपि तात्कालिकसुखदर्शनाच्चेति भावः । तदेव प्रदर्शयति—कर्म चेति । सर्वेषां कारणानाम् । सुखानामित्यर्थः । कर्म कर्ममात्रं प्रयोजनं प्रयोजकम् । साधकमित्यर्थः । अत्रास्मिन्पुण्यकर्मणि फलं भवति । अश्रेयोऽपीति शेषः । पापीयसां कर्मणां श्रेयः सुखं च फलं भवति । एतदेव विशदयति—निःश्रेयसेति । धर्मार्थौ तत्साधनीभूते कर्मणी, इतरावधर्मानर्थौ तत्साधनभूते कर्मणीति यावत् । निःश्रेयसफलावेव । चतुर्विधकर्माण्यपि श्रेयस्कराण्येवेत्यर्थः । किं तु कदाचिदधर्मानर्थयोः प्रत्यवायिकं प्रत्यवायकारणकं दुःखं फलं सुखं च । प्राप्यत इति प्राप्तिः । कर्मणि क्तिन् । प्राप्यं भवतीत्यर्थः । एतेनाधर्मानर्थयोः सुखदुःखोभयफलत्वमुक्तम् । धर्मार्थयोरव्यवस्थितफलमुक्त्वा कामस्याप्याह—ऐहलौकिकेति । इहलोकपरलोकोपयोगि कर्म धर्मार्थरूपं निषेव्यते तत्फलं चानुभूयते । तथा काममास्थितोऽपि यथेच्छाचारोऽपि कल्पानि शुभानि कर्माणि कर्मफलानि लभते । एवं च विहितमेव शुभदं निषिद्धमशुभदमिति नियमो नेति भावः । एतत्पक्षानुसारेणैव सीताहरणं रावणेन कृतमस्माभिश्चानुमतमित्याह—तत्रेति । तथा सति इदं कार्यं सीताहरणरूपं राज्ञा हृदि निश्चितमस्माभिरनुमतं च । किं च शत्रुविषये रावणेन यत्साहसं कृतं तत्किमिव । न किमपीत्यर्थः । अत्र साहसविषयेऽपनीयतां पृथक्कृत्य प्रदर्श्यताम् । अत्र पक्षे रावणेनाविचार्य कृतं किमपि

एकस्यैवाभियाने तु हेतुर्यः प्राहृतस्त्वया । तत्राप्यनुपपन्नं ते वक्ष्यामि यदसाधु च ॥ ११
येन पूर्वं जनस्थाने बहवोऽतिबलास्तदा । राक्षसा राघवं ध्वस्ताः कथमेको जयिष्यसि ॥ १२
ये पूर्वं निर्जितास्तेन जनस्थाने महौजसः । राक्षसांस्तान्पुरे सर्वान्भीतानद्य न पश्यसि ॥ १३
तं सिंहमिव संक्रुद्धं रामं दशरथात्मजम् । सर्पं सुप्तमहो बुद्ध्वा प्रबोधयितुमिच्छसि ॥ १४
ज्वलन्तं तेजसा नित्यं क्रोधेन च दुरासदम् । कस्तं मृत्युमिवासह्यमासादयितुमर्हति ॥ १५
संशयस्थमिदं सर्वं शत्रोः प्रतिसमासने । एकस्य गमनं तात नहि मे रोचते भृशम् ॥ १६
हीनार्थस्तु समृद्धार्थं को रिपुं प्राकृतं यथा । निश्चितं जीवितत्यागे वशमानेतुमिच्छति ॥ १७
यस्य नास्ति मनुष्येषु सदृशो राक्षसोत्तम । कथमाशंससे योद्धुं तुल्येनेन्द्रविवस्वतोः ॥ १८
एवमुक्त्वा तु संरब्धं कुम्भकर्णं महोदरः । उवाच रक्षसां मध्ये रावणं लोकरावणम् ॥ १९
लब्ध्वा पुरस्ताद्वैदेहीं किमर्थं त्वं विलम्बसे । यदीच्छसि तदा सीता वशगा ते भविष्यति ॥ २०
दृष्टः कश्चिदुपायो मे सीतोपस्थानकारकः । रुचितश्चेत्स्वया बुद्ध्या राक्षसेन्द्र ततः शृणु ॥ २१
अहं द्विजिह्वः संह्रादी कुम्भकर्णो वितर्दनः । पञ्च रामवधायैते निर्यान्तीत्यवघोषय ॥ २२
ततो गत्वा वयं युद्धं दास्यामस्तस्य यत्नतः । जेष्यामो यदि ते शत्रून्नोपायैः कार्यमस्ति नः ॥ २३
अथ जीवति नः शत्रुर्वयं च कृतसंयुगाः । ततः समभिपत्स्यामो मनसा यत्समीक्षितम् ॥ २४
वयं युद्धादिहैष्यामो रुधिरेण समुक्षिताः । विदार्य स्वतनुं बाणै रामनामाङ्कितैः शरैः ॥ २५
भक्षितो राघवोऽस्माभिर्लक्ष्मणश्चेति वादिनः । ततः पादौ ग्रहीष्यामस्त्वं नः कामं प्रपूरय ॥ २६
ततोऽवघोषय पुरे गजस्कन्धेन पार्थिव । हतो रामः सह भ्रात्रा ससैन्य इति सर्वतः ॥ २७
प्रीतो नाम ततो भूत्वा भृत्यानां त्वमरिंदम । भोगांश्च परिवारांश्च कामान्वसु च दापय ॥ २८
ततो माल्यानि वासांसि वीराणामनुलेपनम् । देयं च बहु योधेभ्यः स्वयं च मुदितः पिब ॥ २९
ततोऽस्मिन्बहुलीभूते कौलीने सर्वतो गते । भक्षितः ससुहृद्रामो राक्षसैरिति विश्रुते ॥ ३०

दर्शयितुं न शक्यमित्यर्थं इति. पञ्चश्लोकीव्याख्यानम्' तन्न । धर्माद्दुःखस्याधर्मात्सुखस्य सर्वासंमतत्वात् । यदप्युक्तम्—यागादौ नान्तरीयकं दुःखमिति, तन्न तस्य धर्मस्य फलम्, किं तु प्राक्तनकर्मान्तरस्यैव । एवमधर्मविषयेऽपि । अनया रीत्या सर्वं पलालप्रायतया दूष्यतां मतिमद्भिरित्यलम् ॥ १० ॥ अथेदानीमेव मां राजन्न्यादिश, अहमुत्सादयिष्यामीत्यादिनासहायतया यो रिपुसंहारवाद उक्तस्तं दूषयति—एकस्यैवेति । एकस्यासहायस्यैवाभियाने यो हेतुः स्वबललक्षणः प्राहृत उक्तस्तत्रापि यदनुपपन्नमनुपपत्तिरहितम्, अतएवासाधु वचोऽस्ति तत्ते वक्ष्यामि ॥ ११ ॥ अनुपपत्तिमेवाह—येनेति । येनातिबला हतास्तं राघवमित्यन्वयः ॥ १२ ॥ जनस्थाने तेन ये निर्जिता विद्रावितास्तानद्यापि भीतानत्र पुरे विद्यमानान्राक्षसान्न पश्यसि किम् ॥ १३ ॥ सिंहमिव सुप्तं सर्पमिव च बुद्ध्वापि प्रबोधयितुमिच्छसि । अहो ते मौर्ख्यमिति भावः ॥ १४ ॥ १५ ॥ इदं सर्वं बलं शत्रोः प्रतिसमासने प्रतिमुखावस्थाने संशयस्थं संशयिजीवनविषयम्, अत एकस्य गमनं न मे रोचत इत्यन्वयः ॥ १६ ॥ हीनार्थो हीनबलोऽसहायः सन्कः पुमान्समृद्धार्थं ससहायं जीवितत्यागे निश्चितं स्वप्राणं तृणीकृत्य शत्रुसंहारादिदृढोद्योगं रिपुं प्राकृतं यथा प्राकृतमिवोक्तविशेषणरहितमिव वशमानेतुमिच्छति ॥ १७ ॥ ॥ १८ ॥ १९ ॥ पूर्वमेव वैदेहीं लब्ध्वापि त्वं किमर्थं विलम्बसे । तद्भोगायेति शेषः । भोगार्थं सीतया वशगया भाव्यमिति यदीच्छसि तदा सीता ते वशगा भविष्यति ॥ २० ॥ कुतस्तत्राह—दृष्ट इति । सीतोपस्थानस्य सीतानुकूल्यस्य कारकः साधनं कश्चिदुपायो मे मया दृष्टोऽस्ति तं शृणु । तं श्रुत्वा स्वया बुद्ध्या पर्यालोच्य रुचितश्चेत्तमनुतिष्ठेति शेषः ॥ २१ ॥ तमुपायमाह—अहमिति । पञ्चैते निर्यान्तीत्यवघोषय ॥ २२ ॥ ततो गत्वा तस्य रामस्य युद्धं दास्यामः । यदि दैवात्तव शत्रूञ्जेष्यामस्तदा नोऽस्माकमुपायैः सीतावशीकरणोपायानुष्ठानैर्न किंचित्कृत्यमस्ति । रामं प्रत्याशानिवृत्त्या स्वत एव तदानुकूल्यस्य सिद्धत्वादिति भावः ॥ २३ ॥ अथ पक्षान्तरे नोऽस्माकं शत्रुरस्माभिरसाध्यनाशत्वाद्यदि जीवति, कृतसंयुगा वयं च यदि जीवाम ततो मनसा यत्समीक्षितं तत्समभिपत्स्यामः प्राप्स्यामः ॥ २४ ॥ किं तत्तत्राह—वयमिति । स्वतनुं रामनामाङ्कितैर्बाणैर्विदार्य कृतविदारणां संपाद्य । यावत्प्राणसंकटं युद्ध्वेत्यर्थः । एवं युद्ध्वा रुधिरोक्षिता युद्धात्परावृत्त्येहैष्यामः ॥ २५ ॥ इतिवादिनः इत्येवं मिथ्यावादिनः, त्वं नः कामं पूरय जित्वागतानिव संमानय ॥ २६ ॥ २७ ॥ प्रीतो नाम । नामेत्यपरमार्थे । प्रीत इव भूत्वेत्यर्थः । परिवारान्दासीदासान् ॥ २८ ॥ योधेभ्यो बहु देयम्, देहीति शेषः । मुदितः पिब मुदित इव पिब ॥ २९ ॥ कौलीने जनवादे रामादयो भक्षिता इत्येवंरूपे विश्रुते । लोकमुखतः सीतयेति

प्रविश्याश्वास्य चापि त्वं सीतां रहसि सान्त्वयन् । धनधान्यैश्च कामैश्च रत्नैश्चैनां प्रलोभय ॥ ३१
अनयोपधया राजन्भूयः शोकानुबन्धया । अकामा त्वद्वशं सीता नष्टनाथा गमिष्यति ॥ ३२
रमणीयं हि भर्तारं विनष्टमधिगम्य सा । नैराश्यात्स्त्रीलघुत्वाच्च त्वद्वशं प्रतिपत्स्यते ॥ ३३
सा पुरा सुखसंवृद्धा सुखार्हा दुःखकर्षिता । त्वय्यधीनं सुखं ज्ञात्वा सर्वथैव गमिष्यति ॥ ३४
एतत्सुनीतं मम दर्शनेन रामं हि दृष्ट्वैव भवेदनर्थः ।
इहैव ते सेत्स्यति मोत्सुको भूर्महानयुद्धेन सुखस्य लाभः ॥ ३५
अनष्टसैन्यो ह्यनवाप्तसंशयो रिपुं त्वयुद्धेन जयञ्जनाधिप ।
यशश्च पुण्यं च महान्महीपतिः श्रियं च कीर्तिं च चिरं समश्नुते ॥ ३६

इत्यार्षे श्रीमद्रामायणे वाल्मीकीय आदिकाव्ये युद्धकाण्डे चतुःषष्टितमः सर्गः ॥ ६४ ॥

पञ्चषष्टितमः सर्गः ।

स तथोक्तस्तु निर्भर्त्स्य कुम्भकर्णो महोदरम् । अब्रवीद्राक्षसश्रेष्ठं भ्रातरं रावणं ततः ॥ १
सोऽहं तव भयं घोरं वधात्तस्य दुरात्मनः । रामस्याद्य प्रमार्जामि निर्वैरो हि सुखी भव ॥ २
गर्जन्ति न वृथा शूरा निर्जला इव तोयदाः । पश्य संपद्यमानं तु गर्जितं युधि कर्मणा ॥ ३
न मर्षयन्ति चात्मानं संभावयितुमात्मना । अदर्शयित्वा शूरास्तु कर्म कुर्वन्ति दुष्करम् ॥ ४
विक्लवानां ह्यबुद्धीनां राज्ञां पण्डितमानिनाम् । रोचते त्वद्वचो नित्यं कथ्यमानं महोदर ॥ ५
युद्धे कापुरुषैर्नित्यं भवद्भिः प्रियवादिभिः । राजानमनुगच्छद्भिः सर्वं कृत्यं विनाशितम् ॥ ६
राजशेषा कृता लङ्का क्षीणः कोशो बलं हतम् । राजानमिममासाद्य सुहृच्चिह्नममित्रकम् ॥ ७
एष निर्याम्यहं युद्धमुद्यतः शत्रुनिर्जये । दुर्नयं भवतामद्य समीकर्तुं महाहवे ॥ ८
एवमुक्तवतो वाक्यं कुम्भकर्णस्य धीमतः । प्रत्युवाच ततो वाक्यं प्रहसन्राक्षसाधिपः ॥ ९
महोदरोऽयं रामात्तु परित्रस्तो न संशयः । न हि रोचयते तात युद्धं युद्धविशारद ॥ १०
कश्चिन्मे त्वत्समो नास्ति सौहृदेन बलेन च । गच्छ शत्रुवधाय त्वं कुम्भकर्ण जयाय च ॥ ११
शयानः शत्रुनाशार्थं भवान्संबोधितो मया । अयं हि कालः सुमहान्राक्षसानामरिंदम ॥ १२
संगच्छ शूलमादाय पाशहस्त इवान्तकः । वानरान्राजपुत्रौ च भक्षयादित्यतेजसौ ॥ १३

शेषः ॥ ३० ॥ आश्वास्य । भर्तृविपत्तिदु.खितामिति शेपः ॥ ३१ ॥ उपधया वञ्चनया भूयोऽधिकं सीतायाः शोकोऽनुबन्धो यस्यामुपधायां तया अकामा तादृश्यपि ॥ ३२ ॥ रमणीयमनुवर्तितुं योग्यम् ॥ ३३ ॥ गमिष्यति । त्वद्वशत्वमिति शेषः ॥ ३४ ॥ एतन्मम दर्शनेन मत्या सुनीतं निश्चितः सुखोपायः, युद्धं तु नोपाय इत्याह—राम दृष्ट्वेव तद्दर्शनमात्रेणैवानर्थो वधो भवेत्, यदेवमतो युद्धे रामदर्शनार्थं मा उत्सुको भूः । इहैव स्थितस्य ते महान्सुखस्य लाभोऽयुद्धेन सेत्स्यति ॥ ३५ ॥ स्वोक्तोपायानुष्ठानमेव ते सुखावहमित्युपसंहरति—अनष्टेति ॥ ३६ ॥ इति श्रीरामाभिरामे श्रीरामीये रामायणतिलके वाल्मीकीय आदिकाव्ये युद्धकाण्डे चतुःषष्टितमः सर्गः ॥ ६४ ॥

स तथोक्त इति । युद्धं न कर्तव्यमित्युक्तः ॥ १ ॥ निर्वैरोऽशत्रुः ॥ २ ॥ वृथा न गर्जन्ति शत्रोरसमक्षं स्वशौर्यं वृथा न कत्थन्ते । युधि कर्मणा संपद्यमानं तु मे गर्जितं पश्य ॥ ३ ॥ आत्मनात्मानं संभावयितुं श्लाघयितुं न मर्षयन्ति न सहन्ते । नेच्छन्तीति यावत् । अपि त्वदर्शयित्वा वाचा स्वसामर्थ्यमप्रकाश्य दुष्करं कर्म कुर्वन्ति ॥ ४ ॥ अशूरस्वरूपवैक्लव्यादिगुणानां त्वद्वचो युद्धनिवृत्तिपरं रोचते । न तु वीराणामित्यर्थः । 'शृण्वतां सादितमिदं त्वद्विधानाम्' इति पाठे विक्लवत्वादिगुणानां त्वद्विधानं वचः शृण्वतामिदं सादितम् । ईदृशं दुःखं प्राप्तं भवतीत्यर्थ इति तीर्थः ॥ ५ ॥ एवमादिपापिष्ठमन्त्रैरयं राजा नाशित इत्याह—युद्ध इति । युद्धे प्राप्तकाले सति कापुरुषैः कुत्सितैर्भीरुभिः पुरुषैः प्राक्मन्त्रकाले प्रियवादिभिः, अतएव तदा राजानमनुगच्छद्भिर्भवद्भिरेतद्राज्ञः सर्वं कृत्यं नाशितमित्यर्थः ॥ ६ ॥ किं नाशितं तदाह—राजशेषेति । यदेवमतो राजानमिममासाद्य सुहृच्चिह्नं सौहार्दं प्रच्छादितम् । अमित्रकम् । अमित्रकार्यं कृतमिति शेषः ॥ ७ ॥ किं वृथाप्रलापेन, इदानीं युद्धस्यैव न्याय्यत्वात्तदेव करोमीत्याह—एष इति । युद्धं प्रत्युद्यतोऽहं शत्रुनिर्जये तन्निमित्तं निर्यामि । भवतां दुर्मन्त्रिणां दुर्नयं दुर्मन्त्रमूलानर्थमाहवेन समीकर्तुं यामीत्यनुकर्षः ॥ ८ ॥ धीमत इति । श्रुत्वेति शेषः ॥ ९ ॥ प्रहासाशयं स्वयमेवाह—महोदरोऽयमिति । तातेत्युपलालने ॥ १० ॥ ११ ॥ अयं कालः । युद्धगमनायेति शेषः ॥ १२ ॥

समालोक्य तु ते रूपं विद्रविष्यन्ति वानराः । रामलक्ष्मणयोश्चापि हृदये प्रस्फुटिष्यतः ॥ १४
एवमुक्त्वा महातेजाः कुम्भकर्णं महाबलम् । पुनर्जातमिवात्मानं मेने राक्षसपुंगवः ॥ १५
कुम्भकर्णबलाभिज्ञो जानंस्तस्य पराक्रमम् । बभूव मुदितो राजा शशाङ्क इव निर्मलः ॥ १६
इत्येवमुक्तः संहृष्टो निर्जगाम महाबलः । राज्ञस्तु वचनं श्रुत्वा योद्धुमुद्युक्तवांस्तदा ॥ १७
आददे निशितं शूलं वेगाच्छत्रुनिबर्हणः । सर्वं कालायसं दीप्तं तप्तकाञ्चनभूषणम् ॥ १८
इन्द्राशनिसमप्रख्यं वज्रप्रतिमगौरवम् । देवदानवगन्धर्वयक्षपन्नगसूदनम् ॥ १९
रक्तमाल्यमहादामं स्वतश्चोद्गतपावकम् । आदाय विपुलं शूलं शत्रुशोणितरञ्जितम् ॥ २०
कुम्भकर्णो महातेजा रावणं वाक्यमब्रवीत् । गमिष्याम्यहमेकाकी तिष्ठत्विह बलं महत् ॥ २१
अद्य तान्क्षुधितः क्रुद्धो भक्षयिष्यामि वानरान् । कुम्भकर्णवचः श्रुत्वा रावणो वाक्यमब्रवीत् ॥ २२
सैन्यैः परिवृतो गच्छ शूलमुद्गरपाणिभिः । वानरा हि महात्मानः शूराः सुव्यवसायिनः ॥ २३
एकाकिनं प्रमत्तं वा नयेयुर्दशनैः क्षयम् । तस्मात्परमदुर्धर्षः सैन्यैः परिवृतो व्रज ।
रक्षसामहितं सर्वं शत्रुपक्षं निषूदय ॥ २४
अथासनात्समुत्पत्य स्रजं मणिकृतान्तराम् । आबबन्ध महातेजाः कुम्भकर्णस्य रावणः ॥ २५
अङ्गदान्यङ्गुलीवेष्टान्वराण्याभरणानि च । हारं च शशिसंकाशमाबबन्ध महात्मनः ॥ २६
दिव्यानि च सुगन्धीनि माल्यदामानि रावणः । गात्रेषु सज्जयामास श्रोत्रयोश्चास्य कुण्डले ॥ २७
काञ्चनाङ्गदकेयूरनिष्काभरणभूषितः । कुम्भकर्णो बृहत्कर्णः सुहुतोऽग्निरिवाबभौ ॥ २८
श्रोणीसूत्रेण महता मेचकेन विराजता । अमृतोत्पादने नद्धो भुजंगेनेव मन्दरः ॥ २९

स काञ्चनं भारसहं निवातं विद्युत्प्रभं दीप्तमिवात्मभासा ।
आबध्यमानः कवचं रराज संध्याभ्रसंवीत इवाद्रिराजः ॥ ३०

सर्वाभरणसर्वाङ्गः शूलपाणिः स राक्षसः । त्रिविक्रमकृतोत्साहो नारायण इवाबभौ ॥ ३१
भ्रातरं संपरिष्वज्य कृत्वा चापि प्रदक्षिणम् । प्रणम्य शिरसा तस्मै प्रतस्थे स महाबलः ॥ ३२
तमाशीर्भिः प्रशस्ताभिः प्रेषयामास रावणः । शङ्खदुन्दुभिनिर्घोषैः सैन्यैश्चापि वरायुधैः ॥ ३३
तं गजैश्च तुरंगैश्च स्यन्दनैश्चाम्बुदस्वनैः । अनुजग्मुर्महात्मानो रथिनो रथिनां वरम् ॥ ३४
सर्पैरुष्ट्रैः खरैश्चैव सिंहद्विपमृगद्विजैः । अनुजग्मुश्च तं घोरं कुम्भकर्णं महाबलम् ॥ ३५

स पुष्पवर्षैरवकीर्यमाणो धृतातपत्रः शितशूलपाणिः ।
मदोत्कटः शोणितगन्धमत्तो विनिर्ययौ दानवदेवशत्रुः ॥ ३६

पदातयश्च बहवो महानादा महाबलाः । अन्वयू राक्षसा भीमा भीमाक्षाः शस्त्रपाणयः ॥ ३७
रक्ताक्षाः सुबहुव्यामा नीलाञ्जनचयोपमाः । शूलानुद्यम्य खड्गांश्च निशितांश्च परश्वधान् ॥ ३८
भिन्दिपालांश्च परिघान्गदाश्च मुसलानि च । तालस्कन्धांश्च विपुलान्क्षेपणीयान्दुरासदान् ॥ ३९
अथान्यद्वपुरादाय दारुणं घोरदर्शनम् । निष्पपात महातेजाः कुम्भकर्णो महाबलः ॥ ४०
धनुःशतपरीणाहः स षट्शतसमुच्छ्रितः । रौद्रः शकटचक्राक्षो महापर्वतसंनिभः ॥ ४१

॥ १३ ॥ प्रस्फुटिष्यतो विदीर्णे भविष्यतः ॥ १४ ॥ १५ ॥ १६ ॥ १७ ॥ सर्वं कालायसं सर्वेष्ववयवेषु दण्डादिष्वपि कालायसनिर्मितम् ॥ १८ ॥ इन्द्राशनिसमा प्रख्या कान्तिर्यस्य तम् ॥ १९ ॥ रक्तमाल्यान्येव महादामानि यस्य तम्, स्वतश्चोद्गतपावकमुद्गतार्चिषम् ॥ २० ॥ २१ ॥ २२ ॥ २३ ॥ २४ ॥ स्रजं काञ्चनीं मणिकृतान्तरां मणिरचितमध्यदेशाम् ॥ २५ ॥ अङ्गुलीवेष्टानङ्गुलीयकानि ॥ २६ ॥ २७ ॥ निष्कमुरोभूषणम् ॥ २८ ॥ श्रोणीसूत्रं कटिसूत्रम् ॥ २९ ॥ भारसहं युद्धेऽभिघातसहम् । निवातम् । 'शस्त्राभेद्यं तु यद्वर्म तन्निवातमुदाहृतम्' । आबध्यमान आबध्नन् । आर्षो विकरणप्रत्ययः ॥ ३० ॥ सर्वाभरणसर्वाङ्गः सर्वाभरणयुक्तसर्वाङ्गः । 'नद्धाङ्गः' इति पाठान्तरम् । त्रिषु विक्रमेषु पादन्यासेषु कृतोत्साहः ॥ ३१ ॥ ३२ ॥ ३३ ॥ अम्बुदस्वनैः स्यन्दनैश्च सह प्रेषयामासेति योजना ॥ ३४ ॥ अनुजग्मुरिति । रावणप्रेषिता इति शेषः । सर्पादिभिर्वाहनैर्जग्मुः ॥ ३५ ॥ ३६ ॥ ३७ ॥ सकरयोर्बाह्वोस्ततयोस्तिर्यगन्तरालं व्यामः । सुबहुव्यामाः सुतरां बहुव्यामप्रमाणाः ॥ ३८ ॥ ३९ ॥ अथान्यत्सालंकारसौम्यादन्यत् ॥ ४० ॥ तस्यैव प्रदर्शनम्—धनुःशतेति । परिणाहो विशालता । तिर्यग्देहप्रमाणमिदम् । षट्शतधनुःप्रमाण

संनिपत्य च रक्षांसि दग्धशैलोपमो महान् । कुम्भकर्णो महावक्त्रः प्रहसन्निदमब्रवीत् ॥ ४२
अद्य वानरमुख्यानां तानि यूथानि भागशः । निर्दहिष्यामि संक्रुद्धः पतङ्गानिव पावकः ॥ ४३
नापराध्यन्ति मे कामं वानरा वनचारिणः । जातिरस्मद्विधानां सा पुरोद्यानविभूषणम् ॥ ४४
पुररोधस्य मूलं तु राघवः सहलक्ष्मणः । हते तस्मिन्हतं सर्वं तं वधिष्यामि संयुगे ॥ ४५
एवं तस्य ब्रुवाणस्य कुम्भकर्णस्य रक्षसः । नादं चक्रुर्महाघोरं कम्पयन्त इवार्णवम् ॥ ४६
तस्य निष्पततस्तूर्णं कुम्भकर्णस्य धीमतः । बभूवुर्घोररूपाणि निमित्तानि समन्ततः ॥ ४७
उल्काशनियुता मेघा बभूवुर्गर्दभारुणाः । ससागरवना चैव वसुधा समकम्पत ॥ ४८
घोररूपाः शिवा नेदुः सज्वालकवलैर्मुखैः । मण्डलान्यपसव्यानि बबन्धुश्च विहंगमाः ॥ ४९
निष्पपात च गृध्रोऽस्य शूले वै पथि गच्छतः । प्रास्फुरन्नयनं चास्य सव्यो बाहुरकम्पत ॥ ५०
निष्पपात तदा चोल्का ज्वलन्ती भीमनिःस्वना । आदित्यो निष्प्रभश्चासीन्न वाति च सुखोऽनिलः ॥
अचिन्तयन्महोत्पातानुदितान्रोमहर्षणान् । निर्ययौ कुम्भकर्णस्तु कृतान्तबलचोदितः ॥ ५२
स लङ्घयित्वा प्राकारं पद्भ्यां पर्वतसंनिभः । स ददर्श घनप्रख्यं वानरानीकमद्भुतम् ॥ ५३
ते दृष्ट्वा राक्षसश्रेष्ठं वानराः पर्वतोपमम् । वायुनुन्ना इव घना ययुः सर्वा दिशस्तदा ॥ ५४

तद्वानरानीकमतिप्रचण्डं दिशो द्रवद्भिन्नमिवाभ्रजालम् ।
स कुम्भकर्णः समवेक्ष्य हर्षान्ननाद भूयो घनवद्घनाभः ॥ ५५
ते तस्य घोरं निनदं निशम्य यथा निनादं दिवि वारिदस्य ।
पेतुर्धरण्यां बहवः प्लवंगा निकृत्तमूला इव शालवृक्षाः ॥ ५६
विपुलपरिघवान्स कुम्भकर्णो रिपुनिधनाय विनिःसृतो महात्मा ।
कपिगणभयमाददत्सुभीमं प्रभुरिव किंकरदण्डवान्युगान्ते ॥ ५७

इत्यार्षे श्रीमद्रामायणे वाल्मीकीय आदिकाव्ये युद्धकाण्डे पञ्चषष्टितमः सर्गः ॥ ६५ ॥

षट्षष्टितमः सर्गः ।

स लङ्घयित्वा प्राकारं गिरिकूटोपमो महान् । निर्ययौ नगरात्तूर्णं कुम्भकर्णो महाबलः ॥ १
ननाद च महानादं समुद्रमभिनादयन् । विजयन्निव निर्घातान्विधमन्निव पर्वतान् ॥ २
तमवध्यं मघवता यमेन वरुणेन वा । प्रेक्ष्य भीमाक्षमायान्तं वानरा विप्रदुद्रुवुः ॥ ३
तांस्तु विप्रद्रुतान्दृष्ट्वा राजपुत्रोऽङ्गदोऽब्रवीत् । नलं नीलं गवाक्षं च कुमुदं च महाबलम् ॥ ४
आत्मनस्तानि विस्मृत्य वीर्याण्यभिजनानि च । क्व गच्छत भयत्रस्ताः प्राकृता हरयो यथा ॥ ५
साधु सौम्या निवर्तध्वं किं प्राणान्परिरक्षथ । नालं युद्धाय वै रक्षो महतीयं विभीषिका ॥ ६
महतीमुत्थितामेनां राक्षसानां विभीषिकाम् । विक्रमाद्विधमिष्यामो निवर्तध्वं प्लवंगमाः ॥ ७
कृच्छ्रेण तु समाश्वस्य संगम्य च ततस्ततः । वृक्षान्गृहीत्वा हरयः संप्रतस्थू रणाजिरे ॥ ८
ते निवर्त्य तु संरब्धाः कुम्भकर्णं वनौकसः । निर्जघ्नुः परमक्रुद्धाः समदा इव कुञ्जराः ॥ ९

ऊर्ध्वोच्छ्रायः ॥ ४१ ॥ संनिपत्य व्यूह्य ॥ ४२ ॥ ४३ ॥ वानरमुख्यानां यूथानि हनिष्यामीत्युक्त्वा निरपराधास्ते न हन्तव्याः, किं तु राम एव सर्वापराधमूलं हन्तव्य इत्याह— नापराध्यन्तीति । ते नापराध्यन्ति । स्वत इति शेषः । किं तु सा जातिर्वानरजातिरस्मद्विधानां पुरोद्यानानां विभूषणमलंकारः ॥ ४४ ॥ अतस्तैः सह पुररोधस्य मूलं राघव एव हन्तव्यः । तस्मिन्हते सर्वं हतं भवति । अतस्तमेव युधि वधिष्यामि ॥ ४५ ॥ रक्षसः । वाक्यं श्रुत्वेति शेषः । नादं चक्रुः । राक्षसा इति शेषः ॥ ४६ ॥ ४७ ॥ गर्दभारुणा गर्दभधूम्राः ॥ ४८ ॥ सज्वालकवलैः साङ्गारपिण्डैः ॥ ४९ ॥ नयनं वामम् ॥ ५० ॥ ५१ ॥ अचिन्तयन्नगणयन् ॥ ५२ ॥ तद्व- हनक्षमवाहनाभावात्पद्भ्यामिति ॥ ५३ ॥ ५४ ॥ ५५ ॥ ५६ ॥ विपुलपरिघवानिति शूलवदिदमप्यस्यायुधम् । किंकरदण्डवा- न्किंकराः संहारपरिकराः कालदण्डा अस्य सन्ति तथा । युगान्ते प्रभुः कालाग्निरुद्र इव विनिःसृतः ॥ ५७ ॥ **इति श्रीरामाभिरामे श्रीरामीये रामायणतिलके वाल्मीकीय आदिकाव्ये युद्धकाण्डे पञ्चषष्टितमः सर्गः ॥ ६५ ॥**

स इति ॥ १ ॥ निर्घातानशनिघोषान् ॥ २ ॥ ३ ॥ ४ ॥ आत्मन आत्मसंबन्धीनि वीर्याणि पराक्रमान् ॥ ५ ॥ एतद्रक्षो युद्धायास्माभिर्नालं न समर्थम् ॥ ६ ॥ ७ ॥ ८ ॥ निवर्त्य

प्रांशुभिर्गिरिशृङ्गैश्च शिलाभिश्च महाबलाः । पादपैः पुष्पिताग्रैश्च हन्यमानो न कम्पते ॥ १०
तस्य गात्रेषु पतिता भिद्यन्ते बहवः शिलाः । पादपाः पुष्पिताग्राश्च भग्नाः पेतुर्महीतले ॥ ११
सोऽपि सैन्यानि संक्रुद्धो वानराणां महौजसाम् । ममन्थ परमायत्तो वनान्यग्निरिवोत्थितः ॥ १२
लोहितार्द्रास्तु बहवः शेरते वानरर्षभाः । निरस्ताः पतिता भूमौ ताम्रपुष्पा इव द्रुमाः ॥ १३
लङ्घयन्तः प्रधावन्तो वानरा नावलोकयन् । केचित्समुद्रे पतिताः केचिद्गगनमास्थिताः ॥ १४
वध्यमानास्तु ते वीरा राक्षसेन च लीलया । सागरं येन ते तीर्णाः पथा तेनैव दुद्रुवुः ॥ १५
ते स्थलानि तदा निम्नं विवर्णवदना भयात् । ऋक्षा वृक्षान्समारूढाः केचित्पर्वतमाश्रिताः ॥ १६
निपेतुः केचिदपरे केचिन्नैवावतस्थिरे । केचिद्भूमौ निपतिताः केचित्सुप्ता मृता इव ॥ १७
तान्समीक्ष्याङ्गदो भग्नान्वानरानिदमब्रवीत् । अवतिष्ठत युध्यामो निवर्तध्वं प्लवंगमाः ॥ १८
भग्नानां वो न पश्यामि परिक्रम्य महीमिमाम् । स्थानं सर्वे निवर्तध्वं किं प्राणान्परिरक्षथ ॥ १९
निरायुधानां क्रमतामसङ्गगतिपौरुषाः । दारा ह्युपहसिष्यन्ति स वै घातः सुजीवताम् ॥ २०
कुलेषु जाताः सर्वेऽस्मिन्विस्तीर्णेषु महत्सु च । क्व गच्छत भयत्रस्ताः प्राकृता हरयो यथा ।
अनार्याः खलु यद्भीतास्त्यक्त्वा वीर्यं प्रधावत ॥ २१
विकत्थनानि वो यानि भवद्भिर्जनसंसदि । तानि वः क्व नु यातानि सोदग्राणि हतानि च ॥ २२
भीरोः प्रवादाः श्रूयन्ते यस्तु जीवति धिक्कृतः । मार्गः सत्पुरुषैर्जुष्टः सेव्यतां त्यज्यतां भयम् २३
शयामहे वा निहताः पृथिव्यामल्पजीविताः । प्राप्नुयामो ब्रह्मलोकं दुष्प्रापं च कुयोधिभिः ॥ २४
अवाप्नुयामः कीर्तिं वा निहत्वा शत्रुमाहवे । निहता वीरलोकस्य भोक्ष्यामो वसु वानराः ॥ २५
न कुम्भकर्णः काकुत्स्थं दृष्ट्वा जीवन्गमिष्यति । दीप्यमानमिवासाद्य पतङ्गो ज्वलनं यथा ॥ २६
पलायनेन चोद्दिष्टाः प्राणान्रक्षामहे वयम् । एकेन बहवो भग्ना यशो नाशं गमिष्यति ॥ २७
एवं ब्रुवाणं तं शूरमङ्गदं कनकाङ्गदम् । द्रवमाणास्ततो वाक्यमूचुः शूरविगर्हितम् ॥ २८
कृतं नः कदनं घोरं कुम्भकर्णेन रक्षसा । न स्थानकालो गच्छामो दयितं जीवितं हि नः ॥ २९
एतावदुक्त्वा वचनं सर्वे ते भेजिरे दिशः । भीमं भीमाक्षमायान्तं दृष्ट्वा वानरयूथपाः ॥ ३०
द्रवमाणास्तु ते वीरा अङ्गदेन वलीमुखाः । सान्त्वनैश्चानुमानैश्च ततः सर्वे निवर्तिताः ॥ ३१
प्रहर्षमुपनीताश्च वालिपुत्रेण धीमता । आज्ञाप्रतीक्षास्तस्थुश्च सर्वे वानरयूथपाः ॥ ३२

इत्यार्षे श्रीमद्रामायणे वाल्मीकीय आदिकाव्ये युद्धकाण्डे षट्षष्टितमः सर्गः ॥ ६६ ॥

निवृत्ता भूत्वा ॥ ९ ॥ प्रांशुभिरुच्चैः ॥ १० ॥ ११ ॥ १२ ॥ १३ ॥ नावलोकयन्नग्रपृष्ठदेशं नालोकितवन्तः ॥ १४ ॥ १५ ॥ स्थलानि प्रदुद्रुवुरित्यनुकर्षः ॥ १६ ॥ निपेतुः । युद्धार्थमिति शेषः ॥ १७ ॥ १८ ॥ युद्धे भग्नानां वो युष्माकं सर्वां महीं परिक्रम्यापि गत्वापि स्थानं प्रतिष्ठां न पश्यामि । सुग्रीवाज्ञां विना गतानां वध एव सर्वथेति भावः । अतः सर्वे निवर्तध्वम् ॥ १९ ॥ हे असङ्गगतिपौरुषाः, निरायुधानां पाषाणवृक्षाद्यायुधरहितानां द्रवतां दारा उपहसिष्यन्ति । स स्वदारापहासो जीवतां युष्माकं घातो मृत्योरप्यधिकदुःखदो भविष्यति ॥ २० ॥ यद्यस्माद्वीर्यं पराक्रमं त्यक्त्वा भीताः सन्तः प्रधावत, ततोऽनार्याः स्वामिद्रोहिणः खलु ॥ २१ ॥ वो युष्माकं जनसंसदि यानि विकत्थनानि सोदग्राणि स्वस्वोदग्रताप्रतिपादनसहितानि च स्वामिहितकराणि च कृतानि तानि सर्वाण्यद्यायुध्यतां क्व यातानि ॥ २२ ॥ यः सत्पुरुषैर्धिक्कृतो जीवति तस्य जीवनं धिगित्येवं भीरूणां वीरैः क्रियमाणाः प्रवादा धिक्काररूपाः श्रूयन्ते मरणादप्यधिकदुःखदाः, अतो भयं त्यज्यताम् । सत्पुरुषैर्जुष्टो मार्गो युद्धं सेव्यताम् ॥ २३ ॥ 'हतो वा प्राप्स्यसि स्वर्गं जित्वा वा भोक्ष्यसे महीम्' इत्याशयवानाह—शयामहे इति श्लोकद्वयेन । यदि दैवगत्या निहताः शयामहे तदा कुयोधिभिर्दुष्प्रापं ब्रह्मलोकं प्राप्नुयामः । वाशब्दो व्यवस्थितविकल्पे ॥ २४ ॥ शत्रुमाहवे निहत्वा मिहत्य कीर्तिं वा प्राप्नुयामः । उक्तमर्थं दार्ढ्याय पुनराह—निहता इति । निहताश्चेद्वीरलोकस्य वीरैः सूर्यद्वारा प्राप्यस्य ब्रह्मलोकस्य वसु धनं हिरण्यगर्भभूमानन्दं भोक्ष्यामोऽनुभविष्यामः । 'जीवितं वीरलोकस्य मोक्ष्यामः' इति पाठोऽपाङ्क्तः, नापि तत्रार्थसामञ्जस्यम् । तत्र हि ब्रह्मलोकस्य वसु मूल्यभूतं जीवितं मोक्ष्याम इत्यर्थं तीर्थ आह ॥ २५ ॥ ननु कथमपि जयप्रत्याशाभावेन स्थित्या न प्रयोजनमत आह—न कुम्भकर्ण इति ॥ २६ ॥ उद्दिष्टा महावीरेषु गणिता बहवो वयमेकेन भग्नाः पलायनेन यदि प्राणान्रक्षामहे तदा यशो नाशं गमिष्यति । यद्वोद्दिष्टा एते पलायिता इति जनैर्निर्दिष्टा इत्यर्थः ॥ २७ ॥ २८ ॥ २९ ॥ ३० ॥ अनुमानैर्नागपाशमुक्तिसप्ततालभेदरूपैर्जयानुमापकैः ॥ ३१ ॥ आज्ञाप्रतीक्षा युद्धानुज्ञाप्रतीक्षाः ॥ ३२ ॥

सप्तषष्टितमः सर्गः ।

ते निवृत्ता महाकायाः श्रुत्वाऽङ्गदवचस्तदा । नैष्ठिकीं बुद्धिमास्थाय सर्वे सङ्ग्रामकाङ्क्षिणः ॥ १
समुदीरितवीर्यास्ते समारोपितविक्रमाः । पर्यवस्थापिता वाक्यैरङ्गदेन बलीयसा ॥ २
प्रयाताश्च गता हर्षं मरणे कृतनिश्चयाः । चक्रुः सुतुमुलं युद्धं वानरास्त्यक्तजीविताः ॥ ३
अथ वृक्षान्महाकायाः सानूनि सुमहान्ति च । वानरास्तूर्णमुद्यम्य कुम्भकर्णमभिद्रवन् ॥ ४
कुम्भकर्णः सुसंक्रुद्धो गदामुद्यम्य वीर्यवान् । धर्षयन्स महाकायः समन्ताद्व्यक्षिपद्रिपून् ॥ ५
शतानि सप्त चाष्टौ च सहस्राणि च वानराः । प्रकीर्णाः शेरते भूमौ कुम्भकर्णेन ताडिताः ॥ ६
षोडशाष्टौ च दश च विंशत्त्रिंशत्तथैव च । परिक्षिप्य च बाहुभ्यां खादन्स परिधावति ।
भक्षयन्भृशसंक्रुद्धो गरुडः पन्नगानिव ॥ ७
कृच्छ्रेण च समाश्वस्ताः संगम्य च ततस्ततः । वृक्षाद्रिहस्ता हरयस्तस्थुः सङ्ग्राममूर्धनि ॥ ८
ततः पर्वतमुत्पाट्य द्विविदः प्लवगर्षभः । दुद्राव गिरिशृङ्गाभं विलम्ब इव तोयदः ॥ ९
तं समुत्पाट्य चिक्षेप कुम्भकर्णाय वानरः । तमप्राप्य महाकायं तस्य सैन्येऽपतत्ततः ॥ १०
ममर्दाश्वान्गजांश्चापि रथांश्चापि गजोत्तमान् । तानि चान्यानि रक्षांसि एवं चान्यद्गिरेः शिरः ॥ ११
तच्छैलवेगाभिहतं हताश्वं हतसारथिम् । रक्षसां रुधिरक्लिन्नं बभूवायोधनं महत् ॥ १२
रथिनो वानरेन्द्राणां शरैः कालान्तकोपमैः । शिरांसि नदतां जह्रुः सहसा भीमनिःस्वनाः ॥ १३
वानराश्च महात्मानः समुत्पाट्य महाद्रुमान् । रथानश्वान्गजानुष्ट्रान्राक्षसानभ्यसूदयन् ॥ १४
हनूमाञ्शैलशृङ्गाणि शिलाश्च विविधान्द्रुमान् । ववर्ष कुम्भकर्णस्य शिरस्यम्बरमास्थितः ॥ १५
तानि पर्वतशृङ्गाणि शूलेन स बिभेद ह । बभञ्ज वृक्षवर्षं च कुम्भकर्णो महाबलः ॥ १६

ततो हरीणां तदनीकमुग्रं दुद्राव शूलं निशितं प्रगृह्य ।
तस्थौ स तस्यापततः पुरस्तान्महीधराग्रं हनुमान्प्रगृह्य ॥ १७
स कुम्भकर्णं कुपितो जघान वेगेन शैलोत्तमभीमकायम् ।
संचुक्षुभे तेन तदाभिभूतो मेदार्द्रगात्रो रुधिरावसिक्तः ॥ १८
स शूलमाविध्य तडित्प्रकाशं गिरिर्यथा प्रज्वलिताग्निशृङ्गम् ।
बाह्वन्तरे मारुतिमाजघान गुहोऽचलं क्रौञ्चमिवोग्रशक्त्या ॥ १९
स शूलनिर्भिन्नमहाभुजान्तरः प्रविह्वलः शोणितमुद्वमन्मुखात् ।
ननाद भीमं हनुमान्महाहवे युगान्तमेघस्तनितस्वनोपमम् ॥ २०
ततो विनेदुः सहसा प्रहृष्टा रक्षोगणास्तं व्यथितं समीक्ष्य ।
प्लवंगमास्तु व्यथिता भयार्ताः प्रदुद्रुवुः संयति कुम्भकर्णात् ॥ २१

ततस्तु नीलो बलवान्पर्यवस्थापयन्बलम् । प्रविचिक्षेप शैलाग्रं कुम्भकर्णाय धीमते ॥ २२
तदापतन्तं संप्रेक्ष्य मुष्टिनाभिजघान ह । मुष्टिप्रहाराभिहतं तच्छैलाग्रं व्यशीर्यत ।
सविस्फुलिङ्गं सज्वालं निपपात महीतले ॥ २३
ऋषभः शरभो नीलो गवाक्षो गन्धमादनः । पञ्च वानरशार्दूलाः कुम्भकर्णमुपाद्रवन् ॥ २४
शैलैर्वृक्षैस्तलैः पादैर्मुष्टिभिश्च महाबलाः । कुम्भकर्णं महाकायं निजघ्नुः सर्वतो युधि ॥ २५

इति श्रीरामाभिरामे श्रीरामीये रामायणतिलके वाल्मीकीय आदिकाव्ये युद्धकाण्डे षट्षष्टितमः सर्गः ॥ ६६ ॥

अत्र सर्गावच्छेदोऽसांप्रदायिकः । एकप्रकरणत्वाद्वृत्तभेदाभावाच्चेति कतकः ॥ उक्तार्थानुवादः—ते निवृत्ता इति । नैष्ठिकीं स्थिराम् । निष्ठानाशस्तत्संबन्धिनीं मरणपर्यवसायिनीमित्यर्थ इति तीर्थः ॥ १ ॥ समुदीरितवीर्याः समुदीरितविक्रमाः कथितात्मीयपूर्वपराक्रमाः । समारोपितविक्रमा इति गृहीतविक्रमाः ॥ २ ॥ ३ ॥ ४ ॥ ५ ॥ ६ ॥ ७ ॥ ८ ॥ विशेषेण लम्बत इति विलम्बः ॥ ९ ॥ तमप्राप्य तं कुम्भकर्णम् । तस्य कुम्भकर्णस्य सैन्ये ॥ १० ॥ तानि प्रसिद्धानि च रक्षांस्युद्दिश्यान्यदेकं गिरेः शिरः शृङ्गं चिक्षेप ॥ ११ ॥ १२ ॥ रथिनो राक्षसाः शरैर्वानरेन्द्राणां शिरांसि जह्रुः ॥ १३ ॥ १४ ॥ १५ ॥ १६ ॥ हरीणामनीकं कर्म । तस्य कुम्भकर्णस्य पुरस्तात् ॥ १७ ॥ तेन हनुमन्मुक्तगिरिशृङ्गेण संचुक्षुभे ॥ १८ ॥ १९ ॥ ननाद भीमम् । शूलाभिघातजरुजेति शेषः । युगान्ते मेघस्तनितस्य यः स्वनस्तदुपमम् ॥ २० ॥ २१ ॥

स्पर्शानिव प्रहारांस्तान्वेदयानो न विव्यथे । ऋषभं तु महावेगं बाहुभ्यां परिषस्वजे ॥ २६
कुम्भकर्णभुजाभ्यां तु पीडितो वानरर्षभः । निपपातर्षभो भीमः प्रमुखागतशोणितः ॥ २७
मुष्टिना शरभं हत्वा जानुना नीलमाहवे । आजघान गवाक्षं तु तलेनेन्द्ररिपुस्तदा ॥ २८
दत्तप्रहारव्यथिता मुमुहुः शोणितोक्षिताः । निपेतुस्ते तु मेदिन्यां निकृत्ता इव किंशुकाः ॥ २९
तेषु वानरमुख्येषु पातितेषु महात्मसु । वानराणां सहस्राणि कुम्भकर्णं प्रदुद्रुवुः ॥ ३०
तं शैलमिव शैलाभाः सर्वे तु प्लवगर्षभाः । समारुह्य समुत्पत्य ददंशुः प्लवगर्षभाः ॥ ३१
तं नखैर्दशनैश्चापि मुष्टिभिर्बाहुभिस्तथा । कुम्भकर्णं महाबाहुं निजघ्नुः प्लवगर्षभाः ॥ ३२
स वानरसहस्रैस्तु विचितः पर्वतोपमः । रराज राक्षसव्याघ्रो गिरिरात्मरुहैरिव ॥ ३३
बाहुभ्यां वानरान्सर्वान्प्रगृह्य स महाबलः । भक्षयामास संक्रुद्धो गरुडः पन्नगानिव ॥ ३४
प्रक्षिप्ताः कुम्भकर्णेन वक्त्रे पातालसंनिभे । नासापुटाभ्यां संजग्मुः कर्णाभ्यां चैव वानराः ॥ ३५
भक्षयन्भृशसंक्रुद्धो हरीन्पर्वतसंनिभः । बभञ्ज वानरान्सर्वान्संक्रुद्धो राक्षसोत्तमः ॥ ३६
मांसशोणितसंक्लेदां कुर्वन्भूमिं स राक्षसः । चचार हरिसैन्येषु कालाग्निरिव मूर्च्छितः ॥ ३७
वज्रहस्तो यथा शक्रः पाशहस्त इवान्तकः । शूलहस्तो बभौ युद्धे कुम्भकर्णो महाबलः ॥ ३८
यथा शुष्काण्यरण्यानि ग्रीष्मे दहति पावकः । तथा वानरसैन्यानि कुम्भकर्णो ददाह सः ॥ ३९
ततस्ते वध्यमानास्तु हतयूथाः प्लवंगमाः । वानरा भयसंविग्ना विनेदुर्विकृतैः स्वरैः ॥ ४०
अनेकशो वध्यमानाः कुम्भकर्णेन वानराः । राघवं शरणं जग्मुर्व्यथिता भिन्नचेतसः ॥ ४१
प्रभग्नान्वानरान्दृष्ट्वा वज्रहस्तात्मजात्मजः । अभ्यधावत वेगेन कुम्भकर्णं महाहवे ॥ ४२
शैलशृङ्गं महद्गृह्य विनदन्स मुहुर्मुहुः । त्रासयन्राक्षसान्सर्वान्कुम्भकर्णपदानुगान् ॥ ४३
चिक्षेप शैलशिखरं कुम्भकर्णस्य मूर्धनि । स तेनाभिहतो मूर्ध्नि शैलेनेन्द्ररिपुस्तदा ॥ ४४
कुम्भकर्णः प्रजज्वाल क्रोधेन महता तदा । सोऽभ्यधावत वेगेन वालिपुत्रममर्षणम् ॥ ४५
कुम्भकर्णो महानादस्त्रासयन्सर्ववानरान् । शूलं ससर्ज वै रोषादङ्गदे तु महाबलः ॥ ४६
तदापतन्तं बलवान्युद्धमार्गविशारदः । लाघवान्मोक्षयामास बलवान्वानरर्षभः ॥ ४७
उत्पत्य चैनं तरसा तलेनोरस्यताडयत् । स तेनाभिहतः कोपात्प्रमुमोहाचलोपमः ॥ ४८
स लब्धसंज्ञोऽतिबलो मुष्टिं संगृह्य राक्षसः । अपहासेन चिक्षेप विसंज्ञः स पपात ह ॥ ४९
तस्मिन्प्लवगशार्दूले विसंज्ञे पतिते भुवि । तच्छूलं समुपादाय सुग्रीवमभिदुद्रुवे ॥ ५०
तमापतन्तं संप्रेक्ष्य कुम्भकर्णं महाबलम् । उत्पपात तदा वीरः सुग्रीवो वानराधिपः ॥ ५१
स पर्वताग्रमुत्क्षिप्य समाविध्य महाबलः । अभिदुद्राव वेगेन कुम्भकर्णं महाबलम् ॥ ५२
तमापतन्तं संप्रेक्ष्य कुम्भकर्णः प्लवंगमम् । तस्थौ विवृतसर्वाङ्गो वानरेन्द्रस्य संमुखः ॥ ५३
कपिशोणितदिग्धाङ्गं भक्षयन्तं महाकपीन् । कुम्भकर्णं स्थितं दृष्ट्वा सुग्रीवो वाक्यमब्रवीत् ॥ ५४
पातिताश्च त्वया वीराः कृतं कर्म सुदुष्करम् । भक्षितानि च सैन्यानि प्राप्तं ते परमं यशः ॥ ५५
त्यज तद्वानरानीकं प्राकृतैः किं करिष्यसि । सहस्वैकं निपातं मे पर्वतस्यास्य राक्षस ॥ ५६
तद्वाक्यं हरिराजस्य सत्त्वधैर्यसमन्वितम् । श्रुत्वा राक्षसशार्दूलः कुम्भकर्णोऽब्रवीद्वचः ॥ ५७
प्रजापतेस्तु पौत्रस्त्वं तथैवर्क्षरजःसुतः । धृतिपौरुषसंपन्नस्तस्माद्गर्जसि वानर ॥ ५८
स कुम्भकर्णस्य वचो निशम्य व्याविध्य शैलं सहसा मुमोच ।
तेनाजघानोरसि कुम्भकर्णं शैलेन वज्राशनिसंनिभेन ॥ ५९

॥ २२ ॥ २३ ॥ २४ ॥ २५ ॥ स्पर्शानिव मालादिस्पर्शानिव वेदयानो जानन् ॥ २६ ॥ प्रमुखेति । प्रकर्षेण मुखे आगतं शोणितं यस्य सः ॥ २७ ॥ २८ ॥ २९ ॥ ३० ॥ ३१ ॥ ३२ ॥ विचितो व्याप्तः । 'मूर्च्छितः' इति पाठान्तरम् । आत्मरुहैर्वृक्षैः ॥ ३३ ॥ ३४ ॥ ३५ ॥ ३६ ॥ ३७ ॥ ३८ ॥ ३९ ॥ ४० ॥ ॥ ४१ ॥ वज्रहस्तात्मजस्य वालिनः पुत्रोऽङ्गदः ॥ ४२ ॥ ४३ ॥ ४४ ॥ ४५ ॥ ४६ ॥ तदापतन्तम् । पुंस्त्वमार्षम् ॥ ४७ ॥ ४८ ॥ ४९ ॥ ५० ॥ ५१ ॥ ५२ ॥ ५३ ॥ ५४ ॥ ५५ ॥ ५६ ॥ ५७ ॥ प्रजापतेः पौत्रश्चतुर्मुखजृम्भणजनितऋक्षरजःपुत्रत्वात्सुग्रीवस्य ब्रह्मपौत्रत्वम् ॥ ५८ ॥ व्याविध्य संतोल्य

तच्छैलशृङ्गं सहसा विभिन्नं भुजान्तरे तस्य तदा विशाले ।
ततो विषेदुः सहसा प्लवंगा रक्षोगणाश्चापि मुदा विनेदुः ॥ ६०
स शैलशृङ्गाभिहतश्चुकोप ननाद रोषाच्च विवृत्य वक्त्रम् ।
व्याविध्य शूलं स तडित्प्रकाशं चिक्षेप हर्यृक्षपतेर्वधाय ॥ ६१
तत्कुम्भकर्णस्य भुजप्रणुन्नं शूलं शितं काञ्चनदामयष्टिम् ।
क्षिप्रं समुत्पत्य निगृह्य दोर्भ्यां बभञ्ज वेगेन सुतोऽनिलस्य ॥ ६२
कृतं भारसहस्रस्य शूलं कालायसं महत् । बभञ्ज जानुमारोप्य तदा हृष्टः प्लवंगमः ॥ ६३
शूलं भग्नं हनुमता दृष्ट्वा वानरवाहिनी । हृष्टा ननाद बहुशः सर्वतश्चापि दुद्रुवे ॥ ६४
बभूवाथ परित्रस्तो राक्षसो विमुखोऽभवत् । सिंहनादं च ते चक्रुः प्रहृष्टा वनगोचराः ।
मारुतिं पूजयांचक्रुर्दृष्ट्वा शूलं तथागतम् ॥ ६५
स तत्तथा भग्नमवेक्ष्य शूलं चुकोप रक्षोधिपतिर्महात्मा ।
उत्पाट्य लङ्कामलयात्स शृङ्गं जघान सुग्रीवमुपेत्य तेन ॥ ६६
स शैलशृङ्गाभिहतो विसंज्ञः पपात भूमौ युधि वानरेन्द्रः ।
तं वीक्ष्य भूमौ पतितं विसंज्ञं नेदुः प्रहृष्टा युधि यातुधानाः ॥ ६७
समभ्युपेत्याद्भुतघोरवीर्यं स कुम्भकर्णो युधि वानरेन्द्रम् ।
जहार सुग्रीवमभिप्रगृह्य यथानिलो मेघमिव प्रचण्डः ॥ ६८
स तं महामेघनिकाशरूपमुत्पाट्य गच्छन्युधि कुम्भकर्णः ।
रराज मेरुप्रतिमानरूपो मेरुर्यथा व्युच्छ्रितघोरशृङ्गः ॥ ६९
ततस्तमादाय जगाम वीरः संस्तूयमानो युधि राक्षसेन्द्रः ।
शृण्वन्निनादं त्रिदिवालयानां प्लवंगराजग्रहविस्मितानाम् ॥ ७०
ततस्तमादाय तदा स मेने हरीन्द्रमिन्द्रोपममिन्द्रवीर्यः ।
अस्मिन्हृते सर्वमिदं हृतं स्यात्सराघवं सैन्यमितीन्द्रशत्रुः ॥ ७१
विद्रुतां वाहिनीं दृष्ट्वा वानराणामितस्ततः । कुम्भकर्णेन सुग्रीवं गृहीतं चापि वानरम् ॥ ७२
हनूमांश्चिन्तयामास मतिमान्मारुतात्मजः । एवं गृहीते सुग्रीवे किं कर्तव्यं मया भवेत् ॥ ७३
यद्धि न्याय्यं मया कर्तुं तत्करिष्याम्यसंशयम् । भूत्वा पर्वतसंकाशो नाशयिष्यामि राक्षसम् ॥७४
मया हते संयति कुम्भकर्णे महाबले मुष्टिविशीर्णदेहे ।
विमोचिते वानरपार्थिवे च भवन्तु हृष्टाः प्लवगाः समग्राः ॥ ७५
अथवा स्वयमप्येष मोक्षं प्राप्स्यति वानरः । गृहीतोऽयं यदि भवेत्त्रिदशैः सासुरोरगैः ॥ ७६
मन्ये न तावदात्मानं बुध्यते वानराधिपः । शैलप्रहाराभिहतः कुम्भकर्णेन संयुगे ॥ ७७
अयं मुहूर्तात्सुग्रीवो लब्धसंज्ञो महाहवे । आत्मनो वानराणां च यत्पथ्यं तत्करिष्यति ॥ ७८
मया तु मोक्षितस्यास्य सुग्रीवस्य महात्मनः । अप्रीतिश्च भवेत्कष्टा कीर्तिनाशश्च शाश्वतः ॥ ७९
तस्मान्मुहूर्तं काङ्क्षिष्ये विक्रमं मोक्षितस्य तु । भिन्नं च वानरानीकं तावदाश्वासयाम्यहम् ॥ ८०
इत्येवं चिन्तयित्वाथ हनूमान्मारुतात्मजः । भूयः संस्तम्भयामास वानराणां महाचमूम् ॥ ८१

॥ ५९ ॥ ६० ॥ ६१ ॥ ६२ ॥ ६३ ॥ ६४ ॥ ६५ ॥ लङ्कामलयाल्लङ्कासमीपवर्तिमलयात् ॥ ६६ ॥ ६७ ॥ अभिगृह्य कक्षपुटे कृत्वा जहार सैन्यमध्यादन्यदेशं निनाय ॥ ६८ ॥ विशेषेणोच्छ्रितान्युन्नतानि घोराणि शृङ्गाणि यस्य सः ॥ ६९ ॥ ततस्तमादाय जगामेति । लङ्कामिति शेषः । त्रिदिवालयानां निनादं दुःखजं शृण्वन् ॥ ७० ॥ ७१ ॥ ७२ ॥ ७३ ॥ ७४ ॥ ७५ ॥ अथवैष वानरो वानरराजो महाबलत्वात्स्वयमेव कुम्भकर्णान्मोक्षं प्राप्स्यति । यदि न मोचयिष्यत्यात्मानं तदा मोचयितव्यो मयेति क्षणमात्रं प्रतीक्ष्य स्थितः । सासुरोरगैस्त्रिदशैर्गृहीतोऽपि यद्ययं भवेत्तथापि महाबलत्वात्स्वयमेव मोक्षं प्राप्स्यति । किं पुनरनेन राक्षसापसदेनेति भावः ॥ ७६ ॥ कथं तर्हि नेदानीं मोचयतीत्यत्राह—मन्ये इति । मोहवशादात्मानं परेण गृहीतं न बुध्यत इति मन्ये इत्यर्थः ॥ ७७ ॥ ७८ ॥ कृच्छ्रगतत्वेऽपि मया नायं मोचयितुमुचित इत्याह—मया त्विति ॥ ७९ ॥ काङ्क्षिष्ये प्रतीक्षिष्ये । 'तस्मात्क्षणं प्रतीक्षिष्ये' इति पाठान्तरम् । मोक्षितस्य कृतमोक्षणस्य ।

स कुम्भकर्णोऽथ विवेश लङ्कां स्फुरन्तमादाय महाहरिं तम् ।
विमानचर्यागृहगोपुरस्थैः पुष्पाग्र्यवर्षैरभिपूज्यमानः ॥ ८२

लाजगन्धोदवर्षैस्तु सेव्यमानः शनैः शनैः । राजवीथ्यास्तु शीतत्वात्संज्ञां प्राप महाबलः ॥ ८३

ततः स संज्ञामुपलभ्य कृच्छ्राद्बलीयसस्तस्य भुजान्तरस्थः ।
अवेक्षमाणः पुरराजमार्गं विचिन्तयामास मुहुर्महात्मा ॥ ८४

एवं गृहीतेन कथं नु नाम शक्यं मया संप्रतिकर्तुमद्य ।
तथा करिष्यामि यथा हरीणां भविष्यतीष्टं च हितं च कार्यम् ॥ ८५

ततः कराग्रैः सहसा समेत्य राजा हरीणाममरेन्द्रशत्रोः ।
खरैश्च कर्णौ दशनैश्च नासां ददंश पार्श्वौ विददार पादैः ॥ ८६

स कुम्भकर्णो हृतकर्णनासो विदारितस्तेन रदैर्नखैश्च ।
रोषाभिभूतः क्षतजार्द्रगात्रः सुग्रीवमाविध्य पिपेष भूमौ ॥ ८७

स भूतले भीमबलाभिपिष्टः सुरारिभिस्तैरभिहन्यमानः ।
जगाम खं कन्दुकवज्जवेन पुनश्च रामेण समाजगाम ॥ ८८

कर्णनासाविहीनस्तु कुम्भकर्णो महाबलः । रराज शोणितोत्सिक्तो गिरिः प्रस्रवणैरिव ॥ ८९

शोणितार्द्रो महाकायो राक्षसो भीमदर्शनः । अमर्षाच्छोणितोद्गारी शुशुभे रावणानुजः ॥ ९०

नीलाञ्जनचयप्रख्यः ससंध्य इव तोयदः । युद्धायाभिमुखो भीमो मनश्चक्रे निशाचरः ॥ ९१

गते च तस्मिन्सुरराजशत्रुः क्रोधात्प्रदुद्राव रणाय भूयः ।
अनायुधोऽस्मीति विचिन्त्य रौद्रो घोरं तदा मुद्गरमाससाद ॥ ९२

ततः स पुर्याः सहसा महात्मा निष्क्रम्य तद्वानरसैन्यमुग्रम् ।
बभक्ष रक्षो युधि कुम्भकर्णः प्रजा युगान्ताग्निरिव प्रवृद्धः ॥ ९३

बुभुक्षितः शोणितमांसगृध्नुः प्रविश्य तद्वानरसैन्यमुग्रम् ।
चखाद रक्षांसि हरीन्पिशाचानृक्षांश्च मोहाद्युधि कुम्भकर्णः ।
यथैव मृत्युर्हरते युगान्ते स भक्षयामास हरींश्च मुख्यान् ॥ ९४

एकं द्वौ त्रीन्बहून्क्रुद्धो वानरान्सह राक्षसैः । समादायैकहस्तेन प्रचिक्षेप त्वरन्मुखे ॥ ९५

संप्रस्रवत्तदा मेदः शोणितं च महाबलः । वध्यमानो नगेन्द्राग्रैर्भक्षयामास वानरान् ॥ ९६

ते भक्ष्यमाणा हरयो रामं जग्मुस्तदा गतिम् । कुम्भकर्णो भृशं क्रुद्धः कपीन्खादन्प्रधावति ॥ ९७

शतानि सप्त चाष्टौ च विंशत्त्रिंशत्तथैव च । संपरिष्वज्य बाहुभ्यां खादन्विपरिधावति ॥ ९८

मेदोवसाशोणितदिग्धगात्रः कर्णावसक्तग्रथितान्त्रमालः ।
ववर्ष शूलानि सुतीक्ष्णदंष्ट्रः कालो युगान्तस्थ इव प्रवृद्धः ॥ ९९

तस्मिन्काले सुमित्रायाः पुत्रः परबलार्दनः । चकार लक्ष्मणः क्रुद्धो युद्धं परपुरंजयः ॥ १००

स कुम्भकर्णस्य शरान्शरीरे सप्त वीर्यवान् । निचखानाददे चान्यान्विससर्ज च लक्ष्मणः ॥ १०१

पीड्यमानस्तदस्त्रं तु विशेषं तत्स राक्षसः । ततश्चुकोप बलवान्सुमित्रानन्दवर्धनः ॥ १०२

अथास्य कवचं शुभ्रं जाम्बूनदमयं शुभम् । प्रच्छादयामास शरैः संध्याभ्रमिव मारुतः ॥ १०३

विक्रमं तु द्रक्ष्यामीति शेषः ॥ ८० ॥ ८१ ॥ पुष्पाग्र्यवर्षैरुत्तमपुष्पवर्षैः ॥ ८२ ॥ लाजगन्धोदवर्षैः सिच्यमानः । दैवगत्या मोहनिवृत्तये । सुग्रीव इति शेषः ॥ ८३ ॥ ८४ ॥ संप्रतिकर्तुं सम्यक्प्रतिकर्तुम् ॥ ८५ ॥ खरैस्तीक्ष्णैः कराग्रैर्नखैः । कर्णौ । लुलुञ्चेति शेषः । पादैः पादनखैः ॥ ८६ ॥ ८७ ॥ सुरारिभी राक्षसैः ॥ ८८ ॥ ८९ ॥ ९० ॥ नीलाञ्जनेत्यनेन निध्यञ्जनादिव्यावृत्तिः ॥ ९१ ॥ ९२ ॥ ९३ ॥ रक्षआदेरपि खादने हेतुः—मोहादिति । मद्यादिनेव रक्तपानजमदवैवश्यादिति भावः । यथा मृत्युर्हरते तथा स भक्षयामासेत्यर्थः ॥ ९४ ॥ ९५ ॥ संप्रस्रवत् । अडभाव आर्षः । भक्षितवानरसंबन्धिशोणितादि ॥ ९६ ॥ गतिं शरणम् ॥ ९७ ॥ ९८ ॥ कर्णावसक्तेत्यनेनाधोभागे एव कर्णलवनं सुग्रीवेण कृतमिति गम्यते । कर्णावसक्ता ग्रथिताः परस्परसंलग्ना अन्त्रमाला यस्य सः ॥ ९९ ॥ १०० ॥ १०१ ॥ पीड्यमानः स राक्षसस्तदस्त्रं विशेषमस्त्रान्तरेण विगतशेषं चकारेत्यर्थः ॥ १०२ ॥ १०३

१०६

नीलाञ्जनचयप्रख्यः शरैः काञ्चनभूषणैः । आपीड्यमानः शुशुभे मेघः सूर्य इवांशुमान् ॥ १०४
ततः स राक्षसो भीमः सुमित्रानन्दवर्धनम् । सावज्ञमेव प्रोवाच वाक्यं मेघौघनिःस्वनः ॥ १०५
अन्तकस्याप्यकष्टेन युधि जेतारमाहवे । युध्यता मामभीतेन ख्यापितः वीरता त्वया ॥ १०६
प्रगृहीतायुधस्येह मृत्योरिव महामृधे । तिष्ठन्नप्यग्रतः पूज्यः किमु युद्धप्रदायकः ॥ १०७
ऐरावतं समारूढो वृतः सर्वामरैः प्रभुः । नैव शक्रोऽपि समरे स्थितपूर्वः कदाचन ॥ १०८
अद्य त्वयाहं सौमित्रे बालेनापि पराक्रमैः । तोषितो गन्तुमिच्छामि त्वामनुज्ञाप्य राघवम् ॥ १०९
यत्तु वीर्यबलोत्साहैस्तोषितोऽहं रणे त्वया । राममेवैकमिच्छामि हन्तुं यस्मिन्हते हतम् ॥ ११०
रामे मयात्र निहते येऽन्ये स्थास्यन्ति संयुगे । तानहं योधयिष्यामि स्वबलेन प्रमाथिना ॥ १११
इत्युक्तवाक्यं तद्रक्षः प्रोवाच स्तुतिसंहितम् । मृधे घोरतरं वाक्यं सौमित्रिः प्रहसन्निव ॥ ११२
यस्त्वं शक्रादिभिर्देवैरसह्यः प्राप्य पौरुषम् । तत्सत्यं नान्यथा वीर दृष्टस्तेऽद्य पराक्रमः ॥ ११३
एष दाशरथी रामस्तिष्ठत्यद्रिरिवाचलः । इति श्रुत्वा ह्यनादृत्य लक्ष्मणं स निशाचरः ॥ ११४
अतिक्रम्य च सौमित्रिं कुम्भकर्णो महाबलः । राममेवाभिदुद्राव कम्पयन्निव मेदिनीम् ॥ ११५
अथ दाशरथी रामो रौद्रमस्त्रं प्रयोजयन् । कुम्भकर्णस्य हृदये ससर्ज निशिताञ्शरान् ॥ ११६
तस्य रामेण विद्धस्य सहसाभिप्रधावतः । अङ्गारमिश्राः क्रुद्धस्य मुखान्निश्चेरुरर्चिषः ॥ ११७
रामास्त्रविद्धो घोरं वै नर्दन्राक्षसपुंगवः । अभ्यधावत तं क्रुद्धो हरीन्विद्रावयन्रणे ॥ ११८
तस्योरसि निमग्नास्ते शरा बर्हिणवाससः । हस्ताच्चास्य परिभ्रष्टा गदा चोर्व्यां पपात ह ॥ ११९
आयुधानि च सर्वाणि विप्राकीर्यन्त भूतले । स निरायुधमात्मानं यदा मेने महाबलः ॥ १२०
मुष्टिभ्यां च कराभ्यां च चकार कदनं महत् । स बाणैरतिविद्धाङ्गः क्षतजेन समुक्षितः ।
रुधिरं परिसुस्राव गिरिः प्रस्रवणं यथा ॥ १२१
स तीव्रेण च कोपेन रुधिरेण च मूर्च्छितः । वानरान्राक्षसानृक्षान्खादन्स परिधावति ॥ १२२
अथ शृङ्गं समाविध्य भीमं भीमपराक्रमः । चिक्षेप राममुद्दिश्य बलवानन्तकोपमः ।
अप्राप्तमन्तरा रामः सप्तभिस्तमजिह्मगैः ॥ १२३
ततस्तु रामो धर्मात्मा तस्य शृङ्गं महत्तदा । शरैः काञ्चनचित्राङ्गैश्चिच्छेद भरताग्रजः ॥ १२४
तन्मेरुशिखराकारं द्योतमानमिव श्रिया । द्वे शते वानराणां च पतमानमपातयत् ॥ १२५
तस्मिन्काले स धर्मात्मा लक्ष्मणो राममब्रवीत् । कुम्भकर्णवधे युक्तो योगान्परिमृशन्बहून् ॥ १२६
नैवायं वानरान्राजन्न विजानाति राक्षसान् । मत्तः शोणितगन्धेन स्वान्परांश्चैव खादते ॥ १२७
साध्वेनमधिरोहन्तु सर्वतो वानरर्षभाः । यूथपाश्च यथा मुख्यास्तिष्ठन्त्वस्मिन्समन्ततः ॥ १२८
अप्ययं दुर्मतिः काले गुरुभारप्रपीडितः । प्रचरन्राक्षसो भूमौ नान्यान्हन्यात्प्लवंगमान् ॥ १२९
तस्य तद्वचनं श्रुत्वा राजपुत्रस्य धीमतः । ते समारुरुहुर्हृष्टाः कुम्भकर्णं महाबलाः ॥ १३०
कुम्भकर्णस्तु संक्रुद्धः समारूढैः प्लवंगमैः । व्यधूनयत्तान्वेगेन दुष्टहस्तीव हस्तिपान् ॥ १३१
तान्दृष्ट्वा निर्धुतान्रामो रुष्टोऽयमिति राक्षसम् । समुत्पपात वेगेन धनुरुत्तममाददे ॥ १३२
क्रोधरक्तेक्षणो धीरो निर्दहन्निव चक्षुषा । राघवो राक्षसं वेगादभिदुद्राव वेगितः ।
यूथपान्हर्षयन्सर्वान्कुम्भकर्णबलार्दितान् ॥ १३३

स चापमादाय भुजंगकल्पं दृढज्यमुग्रं तपनीयचित्रम् ।
हरीन्समाश्वास्य समुत्पपात रामो निबद्धोत्तमतूणबाणः ॥ १३४

स वानरगणैस्तैस्तु वृतः परमदुर्जयैः । लक्ष्मणानुचरो वीरः संप्रतस्थे महाबलः ॥ १३५

॥ १०४ ॥ १०५ ॥ १०६ ॥ १०७ ॥ १०८ ॥ १०९ ॥ ११० ॥ १११ ॥ ११२ ॥ ११३ ॥ ११४ ॥ ११५ ॥ ११६ ॥ ११७ ॥ अभ्यधावन । तं रामं विसृज्येति शेषः ॥ ११८ ॥ ते रौद्रास्त्रप्रयोजिताः शराः ॥ ११९ ॥ १२० ॥ प्रस्रवणं निर्झरः ॥ १२१ ॥ १२२ ॥ १२३ ॥ ततो धर्मात्मा रामस्तस्य महत्तच्छृङ्गमन्तरा मध्येमार्गं सप्तभिरजिह्मगत्वादिगुणविशिष्टैः शरैश्चिच्छेद ॥ १२४ ॥ १२५ ॥ योगानुपायान् । अनेन वधकाले लक्ष्मणसाहित्यं रामस्य गम्यते ॥ १२६ ॥ १२७ ॥ १२८ ॥ १२९ ॥ १३० ॥ १३१ ॥ राक्षसं रुष्टोऽयमिति मत्वा वेगेन समुत्पपात ॥ १३२ ॥ १३३ ॥ १३४ ॥ लक्ष्मणानुचरः । बहुव्रीहिः लक्ष्मणसहितः

स ददर्श महात्मानं किरीटिनमरिंदमम् । शोणितावृतरक्ताक्षं कुम्भकर्णं महाबलम् ॥ १३६
सर्वान्समभिधावन्तं यथा रुष्टं दिशागजम् । मार्गमाणं हरीन्क्रुद्धं राक्षसैः परिवारितम् ॥ १३७
विन्ध्यमन्दरसंकाशं काञ्चनाङ्गदभूषणम् । स्रवन्तं रुधिरं वक्त्राद्वर्षं मेघमिवोत्थितम् ॥ १३८
जिह्वया परिलिह्यन्तं सृक्किणी शोणितोक्षिते । मृद्नन्तं वानरानीकं कालान्तकयमोपमम् ॥ १३९
तं दृष्ट्वा राक्षसश्रेष्ठं प्रदीप्तानलवर्चसम् । विस्फारयामास तदा कार्मुकं पुरुषर्षभः ॥ १४०
स तस्य चापनिर्घोषात्कुपितो राक्षसर्षभः । अमृष्यमाणस्तं घोषमभिदुद्राव राघवम् ॥ १४१

ततस्तु धारोद्धतमेघकल्पं भुजंगराजोत्तमभोगबाहुः ।
तमापतन्तं धरणीधराभमुवाच रामो युधि कुम्भकर्णम् ॥ १४२
आगच्छ रक्षोधिप मा विषादमवस्थितोऽहं प्रगृहीतचापः ।
अवेहि मां राक्षसवंशनाशनं यस्त्वं मुहूर्ताद्भविता विचेताः ॥ १४३

रामोऽयमिति विज्ञाय जहास विकृतस्वनम् । अभ्यधावत संक्रुद्धो हरीन्विद्रावयन्रणे ॥ १४४
दारयन्निव सर्वेषां हृदयानि वनौकसाम् । प्रहस्य विकृतं भीमं स मेघस्तनितोपमम् ॥ १४५
कुम्भकर्णो महातेजा राघवं वाक्यमब्रवीत् । नाहं विराधो विज्ञेयो न कबन्धः खरो न च ।
न वाली न च मारीचः कुम्भकर्णः समागतः ॥ १४६
पश्य मे मुद्गरं भीमं सर्वं कालायसं महत् । अनेन निर्जिता देवा दानवाश्च पुरा मया ॥ १४७
विकर्णनास इति मां नावज्ञातुं त्वमर्हसि । स्वल्पापि हि न मे पीडा कर्णनासाविनाशनात् ॥ १४८
दर्शयेक्ष्वाकुशार्दूल वीर्यं गात्रेषु मेऽनघ । ततस्त्वां भक्षयिष्यामि दृष्टपौरुषविक्रमम् ॥ १४९

स कुम्भकर्णस्य वचो निशम्य रामः सुपुङ्खान्विससर्ज बाणान् ।
तैराहतो वज्रसमप्रवेगैर्न चुक्षुभे न व्यथते सुरारिः ॥ १५०
यैः सायकैः सालवरा निकृत्ता वाली हतो वानरपुंगवश्च ।
ते कुम्भकर्णस्य तदा शरीरं वज्रोपमा न व्यथयांप्रचक्रुः ॥ १५१
स वारिधारा इव सायकांस्तान्पिबञ्शरीरेण महेन्द्रशत्रुः ।
जघान रामस्य शरप्रवेगं व्याविध्य तं मुद्गरमुग्रवेगम् ॥ १५२
ततस्तु रक्षः क्षतजावलिप्तं वित्रासनं देवमहाचमूनाम् ।
व्याविध्य तं मुद्गरमुग्रवेगं विद्रावयामास चमूं हरीणाम् ॥ १५३
वायव्यमादाय ततोऽपरास्त्रं रामः प्रचिक्षेप निशाचराय ।
समुद्गरं तेन जहार बाहुं स कृत्तबाहुस्तुमुलं ननाद ॥ १५४
स तस्य बाहुर्गिरिशृङ्गकल्पः समुद्गरो राघवबाणकृत्तः ।
पपात तस्मिन्हरिराजसैन्ये जघान तां वानरवाहिनीं च ॥ १५५
ते वानरा भग्नहतावशेषाः पर्यन्तमाश्रित्य तदा विषण्णाः ।
प्रपीडिताङ्गा ददृशुः सुघोरं नरेन्द्ररक्षोधिपसंनिपातम् ॥ १५६

॥ १३५ ॥ १३६ ॥ १३७ ॥ १३८ ॥ कालान्तकयमानामवस्थाकृतो भेद इति तीर्थः ॥ १३९ ॥ १४० ॥ १४१ ॥ भुजंगराजस्य शेषस्योत्तमो भोगस्तद्वद्बाहुर्यस्य सः ॥ १४२ ॥ हे रक्षोधिप, विषादं मा आगच्छ । योऽहं प्रगृहीतचापः स्थितस्तं मां राममवेहि । तस्मान्मामेवागच्छ । मुहूर्तात्त्वं विचेता निर्जीवो मृतो भवितेति युधि रामः कुम्भकर्णमुवाचेत्यन्वयः ॥ १४३ ॥ रामोऽयमिति विज्ञाय । रामवचसेति शेषः ॥ १४४ ॥ १४५ ॥ १४६ ॥ १४७ ॥ विकर्णनास इत्येतावन्मात्रेण मामवज्ञातुं दुर्बल इत्यवगन्तुं नार्हसि । नहि विराधादिवदहं लीलया त्वया सुयोधः, अतो मयि यत्नवान्भवेत्यर्थः । ननु कथं न दुर्बलस्तत्राह—स्वल्पापीति ॥ १४८ ॥ १४९ ॥ न व्यथते न विव्यथे ॥ १५० ॥ व्यथयांप्रचक्रुरित्यार्षं आमन्तस्य व्यवहितप्रयोगः ॥ १५१ ॥ वारिधाराः पर्वत इव सायकाञ्शरीरेण पिबन्निति योजना । एतेन सर्वे सायकाः शरीरे मग्ना अपि न व्यथयन्तीति दर्शितम् । उग्रवेगं तं मुद्गरं व्याविध्य भ्रामयित्वा रामस्य शरप्रवेगं जघान ॥ १५२ ॥ ततो रामं मुक्त्वा हरीणां चमूं विद्रावयामास ॥ १५३ ॥ समुद्गरं मुद्गरसहितम् । तेन वायव्यास्त्रेण ॥ १५४ ॥ १५५ ॥ भग्नहतावशेषा भग्नसमुद्गरपतितबाहुहतावशिष्टाः । पर्यन्तमाश्रित्य समुद्गरबाहुपातप्रदेशसमीपमाश्रित्य । विषण्णाः

स कुम्भकर्णोऽस्त्रनिकृत्तबाहुर्महासिकृत्ताग्र इवाचलेन्द्रः ।
उत्पाटयामास करेण वृक्षं ततोऽभिदुद्राव रणे नरेन्द्रम् ॥ १५७
तं तस्य बाहुं सहतालवृक्षं समुद्यतं पन्नगभोगकल्पम् ।
ऐन्द्रास्त्रयुक्तेन जघान रामो बाणेन जाम्बूनदचित्रितेन ॥ १५८
स कुम्भकर्णस्य भुजो निकृत्तः पपात भूमौ गिरिसंनिकाशः ।
विचेष्टमानो निजघान वृक्षाञ्शैलाञ्शिला वानरराक्षसांश्च ॥ १५९
तं छिन्नबाहुं समवेक्ष्य रामः समापतन्तं सहसा नदन्तम् ।
द्वावर्धचन्द्रौ निशितौ प्रगृह्य चिच्छेद पादौ युधि राक्षसस्य । १६०
तौ तस्य पादौ प्रदिशो दिशश्च गिरेर्गुहाश्चैव महार्णवं च ।
लङ्कां च सेनां कपिराक्षसानां विनादयन्तौ विनिपेततुश्च ॥ १६१
छिन्नबाहुर्विनिकृत्तपादो विदार्य वक्त्रं वडवामुखाभम् ।
दुद्राव रामं सहसाभिगर्जन्राहुर्यथा चन्द्रमिवान्तरिक्षे ॥ १६२
अपूरयत्तस्य मुखं शिताग्रै रामः शरैर्हेमपिनद्धपुङ्खैः ।
संपूर्णवक्त्रो न शशाक वक्तुं चुकूज कृच्छ्रेण मुमूर्च्छ चापि ॥ १६३
अथाददे सूर्यमरीचिकल्पं सब्रह्मदण्डान्तककालकल्पम् ।
अरिष्टमैन्द्रं निशितं सुपुङ्खं रामः शरं मारुततुल्यवेगम् ॥ १६४
तं वज्रजाम्बूनदचारुपुङ्खं प्रदीप्तसूर्यज्वलनप्रकाशम् ।
महेन्द्रवज्राशनितुल्यवेगं रामः प्रचिक्षेप निशाचराय ॥ १६५
स सायको राघवबाहुचोदितो दिशः स्वभासा दश संप्रकाशयन् ।
विधूमवैश्वानरभीमदर्शनो जगाम शक्राशनिभीमविक्रमम् ॥ १६६
स तन्महापर्वतकूटसंनिभं सुवृत्तदंष्ट्रं चलचारुकुण्डलम् ।
चकर्त रक्षोधिपतेः शिरस्तदा यथैव वृत्रस्य पुरा पुरंदरः ॥ १६७
कुम्भकर्णशिरो भाति कुण्डलालंकृतं महत् । आदित्येऽभ्युदितेऽरात्रौ मध्यस्थ इव चन्द्रमाः ॥ १६८
तद्रामबाणाभिहतं पपात रक्षःशिरः पर्वतसंनिकाशम् ।
बभञ्ज चर्यागृहगोपुराणि प्राकारमुच्चं तमपातयच्च ॥ १६९
तच्चातिकायं हि महत्प्रकाशं रक्षस्तदा तोयनिधौ पपात ।
ग्राहान्परान्मीनवरान्भुजंगमान्ममर्द भूमिं च तथा विवेश ॥ १७०
तस्मिन्हते ब्राह्मणदेवशत्रौ महाबले संयति कुम्भकर्णे ।
चचाल भूर्भूमिधराश्च सर्वे हर्षाच्च देवास्तुमुलं प्रणेदुः ॥ १७१
ततस्तु देवर्षिमहर्षिपन्नगाः सुराश्च भूतानि सुपर्णगुह्यकाः ।
सयक्षगन्धर्वगणा नभोगताः प्रहर्षिता रामपराक्रमेण ॥ १७२

स्थिताः ॥ १५६ ॥ करेण कृत्तेतरेण ॥ १५७ ॥ १५८ ॥ विचेष्टामानः । भूमाविति शेषः ॥ १५९ ॥ १६० ॥ विनादयन्तौ दिगादीन्प्रतिध्वनयन्तौ ॥ १६१ ॥ १६२ ॥ चुकूज । अवर्णेन शब्देनेति शेषः ॥ १६३ ॥ अरिष्टं रिपूणामशुभदम् ॥ १६४ ॥ १६५ ॥ शक्राशन्योरिव शक्राशनेरिव वा भीमो विक्रमो यस्य तं कुम्भकर्णं जगाम ॥ १६६ ॥ चले गते चारुणी रमणीये कुण्डले यस्मात्तच्चलचारुकुण्डलम् ॥ १६७ ॥ कुम्भकर्णशिर इति कुण्डलाभ्यामलंकृतं विनाकृतम् । 'अलं भूषणपर्याप्तिशक्तिवारणवाचकम्' इत्यमरः । कुम्भकर्णस्य शिरः । अरात्रौ प्रातःकाले आदित्य उदिते गगनमध्यस्थचन्द्रमा इव निष्प्रभं भातीत्यर्थः । अयं श्लोकः प्रक्षिप्त इति बहवः ॥ १६८ ॥ उच्चं प्राकारं लङ्काया इति शेषः । शिरः कर्तनवेगोत्थितं लङ्कायां पपात । देहस्तु कर्तनवेगविलुठन्समुद्रे पपात पतितः । यद्यपि 'तं ब्रह्मास्त्रेण सौमित्रिर्ददाराद्रिवरोपमम् । स पपात महावीरो दिव्यास्त्राभिहतो रणे ॥ तं दृष्ट्वा वृत्रसंकाशं कुम्भकर्णं तरस्विनम् । गतासुं पतितं भूमौ राक्षसाः प्राद्रवन्भयात् ॥' इति महाभारतोक्त्या लक्ष्मणतः कुम्भकर्णवधः प्रतीयते तथापि न विरोधः । रामलक्ष्मणाभ्यां मिलित्वा तद्वधकरणात्, अतएव पूर्वं लक्ष्मणानुचर इत्यत्र लक्ष्मणसहित इति व्याख्यातम् । प्राधान्यात्त्वत्र रामस्यैव तद्धन्तृत्वोक्तिः । लक्ष्मणसाहित्येन हननात्तु व्यासो लक्ष्मणस्य हन्तृत्वमुक्तवान् ॥ १६९ ॥ १७०

ततस्तु ते तस्य वधेन भूरिणा मनस्विनो नैर्ऋतराजबान्धवाः ।
विनेदुरुच्चैर्व्यथिता रघूत्तमं हरिं समीक्ष्यैव यथा मतंगजाः ॥ १७३
स देवलोकस्य तमो निहत्य सूर्यो यथा राहुमुखाद्विमुक्तः ।
तथा व्यभासीद्धरिसैन्यमध्ये निहत्य रामो युधि कुम्भकर्णम् ॥ १७४
प्रहर्षमीयुर्बहवश्च वानराः प्रबुद्धपद्मप्रतिमैरिवाननैः ।
अपूजयन्राघवमिष्टभागिनं हते रिपौ भीमबले नृपात्मजम् ॥ १७५
स कुम्भकर्णं सुरसैन्यमर्दनं महत्सु युद्धेषु कदाचनाजितम् ।
ननन्द हत्वा भरताग्रजो रणे महासुरं वृत्रमिवामराधिपः ॥ १७६

इत्यार्षे श्रीमद्रामायणे वाल्मीकीय आदिकाव्ये युद्धकाण्डे सप्तषष्टितमः सर्गः ॥ ६७ ॥

अष्टषष्टितमः सर्गः ।

कुम्भकर्णं हतं दृष्ट्वा राघवेण महात्मना । राक्षसा राक्षसेन्द्राय रावणाय न्यवेदयन् ॥ १
राजन्स कालसंकाशः संयुक्तः कालकर्मणा । विद्राव्य वानरीं सेनां भक्षयित्वा च वानरान् ॥ २
प्रतपित्वा मुहूर्तं तु प्रशान्तो रामतेजसा । कायेनार्धप्रविष्टेन समुद्रं भीमदर्शनम् ॥ ३
निकृत्तनासाकर्णेन विक्षरद्रुधिरेण च । रुद्ध्वा द्वारं शरीरेण लङ्कायाः पर्वतोपमः ॥ ४
कुम्भकर्णस्तव भ्राता काकुत्स्थशरपीडितः । अगण्डभूतो विवृतो दावदग्ध इव द्रुमः ॥ ५
श्रुत्वा विनिहतं संख्ये कुम्भकर्णं महाबलम् । रावणः शोकसंतप्तो मुमोह च पपात च ॥ ६
पितृव्यं निहतं श्रुत्वा देवान्तकनरान्तकौ । त्रिशिराश्चातिकायश्च रुरुदुः शोकपीडिताः ॥ ७
भ्रातरं निहतं श्रुत्वा रामेणाक्लिष्टकर्मणा । महोदरमहापार्श्वौ शोकाक्रान्तौ बभूवतुः ॥ ८
ततः कृच्छ्रात्समासाद्य संज्ञां राक्षसपुंगवः । कुम्भकर्णवधाद्दीनो विललापाकुलेन्द्रियः ॥ ९
हा वीर रिपुदर्पघ्न कुम्भकर्ण महाबल । त्वं मां विहाय वै दैवाद्यातोऽसि यमसादनम् ॥ १०
मम शल्यमनुद्धृत्य बान्धवानां महाबल । शत्रुसैन्यं प्रताप्यैकः क्व मां संत्यज्य गच्छसि ॥ ११
इदानीं खल्वहं नास्मि यस्य मे पतितो भुजः । दक्षिणोयं समाश्रित्य न बिभेमि सुरासुरात् ॥ १२
कथमेवंविधो वीरो देवदानवदर्पहा । कालाग्निप्रतिमो ह्यद्य राघवेण रणे हतः ॥ १३
यस्य ते वज्रनिष्पेषो न कुर्याद्व्यसनं सदा । स कथं रामबाणार्तः प्रसुप्तोऽसि महीतले ॥ १४
एते देवगणाः सार्धमृषिभिर्गगने स्थिताः । निहतं त्वां रणे दृष्ट्वा निनदन्ति प्रहर्षिताः ॥ १५
ध्रुवमद्यैव संहृष्टा लब्धलक्षाः प्लवंगमाः । आरोक्ष्यन्तीह दुर्गाणि लङ्काद्वाराणि सर्वशः ॥ १६
राज्येन नास्ति मे कार्यं किं करिष्यामि सीतया । कुम्भकर्णविहीनस्य जीविते नास्ति मे मतिः ॥ १७
यद्यहं भ्रातृहन्तारं न हन्मि युधि राघवम् । ननु मे मरणं श्रेयो न चेदं व्यर्थजीवितम् ॥ १८

॥ १७१ ॥ १७२ ॥ भूरिणा महता ॥ १७३ ॥ देवलोकस्याकाशस्य मध्ये इति शेषः । व्यभासीद्विशेषेण भाति स्म ॥ १७४ ॥ प्रबुद्धपद्मप्रतिमैरिव प्रबुद्धपद्मरूपैरिव, अतो नेवशब्दवैयर्थ्यम् । इष्टभागिनमिष्टप्राप्तिमन्तम् ॥ १७५ ॥ कदाचन न कदाप्यजयवन्तम् ॥ १७६ ॥ अत्र दिनद्वयेन कुम्भकर्णोत्थापनम्, ततः सप्तमवासरे वध इति भाद्रपदपूर्णिमायामेतद्वध इति पाद्मसंमतिपूर्वकमग्रे स्फुटीभविष्यति ॥ इति श्रीरामाभिरामे श्रीरामीये रामायणतिलके वाल्मीकीय आदिकाव्ये युद्धकाण्डे सप्तषष्टितमः सर्गः ॥ ६७ ॥

कुम्भकर्णमिति ॥ १ ॥ कालसंकाशः कुम्भकर्णः । कालकर्म मृत्युः समुद्रमर्धप्रविष्टेन कबन्धरूपेण कायेनोपलक्षितः ॥ २ ॥ मुहूर्तं प्रतपित्वा विक्रम्य ॥ ३ ॥ निकृत्तनासाकर्णत्वादिगुणेन शरीरेण शिरोलक्षणेन लङ्काद्वारं रुद्ध्वा पर्वतोपमः कुम्भकर्णो रामतेजसा प्रशान्त इति पूर्वश्लोकेनान्वयः ॥ ४ ॥ अगण्डभूतः । 'अशिरःपाणिपादस्तु कबन्धोऽगण्ड उच्यते' । विवृतो विवृतकायः । अवस्त्रत्वात् । दावदग्धो द्रुम इव प्रशान्त इत्यन्वयः ॥ ५ ॥ ६ ॥ देवान्तकादयो रावणपुत्राः ॥ ७ ॥ महोदरमहापार्श्वौ विमात्रजौ भ्रातरौ तस्य ॥ ८ ॥ ९ ॥ १० ॥ बान्धवानां च शल्यमनुद्धृत्येत्यन्वयः ॥ ११ ॥ अहं नास्मि । अहमपि मृतप्राय इत्यर्थः । सुरासुरात्सुरासुरेभ्यः ॥ १२ ॥ १३ ॥ वज्रनिष्पेषस्तदाघातोऽपि यस्य व्यसनं दुःखं न कुर्यात् ॥ १४ ॥ १५ ॥ लब्धलक्षा लब्धावसराः ॥ १६ ॥ जीविते नास्ति मे मतिः । सजीवतयावस्थाने बुद्धिर्नास्तीत्यर्थः

अद्यैव तं गमिष्यामि देशं यत्रानुजो मम । नहि भ्रातॄन्समुत्सृज्य क्षणं जीवितुमुत्सहे ॥ १९
देवा हि मां हसिष्यन्ति दृष्ट्वा पूर्वापकारिणम् । कथमिन्द्रं जयिष्यामि कुम्भकर्ण हते त्वयि ॥ २०
तदिदं मामनुप्राप्तं विभीषणवचः शुभम् । यदज्ञानान्मया तस्य न गृहीतं महात्मनः ॥ २१
विभीषणवचस्तावत्कुम्भकर्णप्रहस्तयोः । विनाशोऽयं समुत्पन्नो मां व्रीडयति दारुणः ॥ २२
तस्यायं कर्मणः प्राप्तो विपाको मम शोकदः । यन्मया धार्मिकः श्रीमान्स निरस्तो विभीषणः ॥ २३

इति बहुविधमाकुलान्तरात्मा कृपणमतीव विलप्य कुम्भकर्णम् ।
न्यपतदपि दशाननो भृशार्तस्तमनुजमिन्द्ररिपुं हतं विदित्वा ॥ २४

इत्यार्षे श्रीमद्रामायणे वाल्मीकीय आदिकाव्ये युद्धकाण्डेऽष्टषष्टितमः सर्गः ॥ ६८ ॥

एकोनसप्ततितमः सर्गः ।

एवं विलपमानस्य रावणस्य दुरात्मनः । श्रुत्वा शोकाभिभूतस्य त्रिशिरा वाक्यमब्रवीत् ॥ १
एवमेव महावीर्यो हतो नस्तात मध्यमः । न तु सत्पुरुषा राजन्विलपन्ति यथा भवान् ॥ २
नूनं त्रिभुवनस्यापि पर्याप्तस्त्वमसि प्रभो । स कस्मात्प्राकृत इव शोचस्यात्मानमीदृशम् ॥ ३
ब्रह्मदत्तास्ति ते शक्तिः कवचं सायको धनुः । सहस्रखरसंयुक्तो रथो मेघसमस्वनः ॥ ४
त्वयासकृद्धि शस्त्रेण विशस्ता देवदानवाः । स सर्वायुधसंपन्नो राघवं शास्तुमर्हसि ॥ ५
कामं तिष्ठ महाराज निर्गमिष्याम्यहं रणे । उद्धरिष्यामि ते शत्रून्गरुडः पन्नगानिव ॥ ६
शम्बरो देवराजेन नरको विष्णुना यथा । तथाद्य शयिता रामो मया युधि निपातितः ॥ ७
श्रुत्वा त्रिशिरसो वाक्यं रावणो राक्षसाधिपः । पुनर्जातमिवात्मानं मन्यते कालचोदितः ॥ ८
श्रुत्वा त्रिशिरसो वाक्यं देवान्तकनरान्तकौ । अतिकायश्च तेजस्वी बभूवुर्युद्धहर्षिताः ॥ ९
ततोऽहमहमित्येव गर्जन्तो नैर्ऋतर्षभाः । रावणस्य सुता वीराः शक्रतुल्यपराक्रमाः ॥ १०
अन्तरिक्षगताः सर्वे सर्वे मायाविशारदाः । सर्वे त्रिदशदर्पघ्नाः सर्वे समरदुर्मदाः ॥ ११
सर्वे सुबलसंपन्नाः सर्वे विस्तीर्णकीर्तयः । सर्वे समरमासाद्य न श्रूयन्ते स्म निर्जिताः ॥ १२
देवैरपि सगन्धर्वैः सकिंनरमहोरगैः । सर्वेऽस्त्रविदुषो वीराः सर्वे युद्धविशारदाः ।
सर्वे प्रवरविज्ञानाः सर्वे लब्धवरास्तथा ॥ १३

स तैस्तथा भास्करतुल्यदर्शनैः सुतैर्वृतः शत्रुबलश्रियार्दनैः ।
रराज राजा मघवान्यथामरैर्वृतो महादानवदर्पनाशनैः ॥ १४

स पुत्रान्संपरिष्वज्य भूषयित्वा च भूषणैः । आशीर्भिश्च प्रशस्ताभिः प्रेषयामास वै रणे ॥ १५
युद्धोन्मत्तं च मत्तं च भ्रातरौ चापि रावणः । रक्षणार्थं कुमाराणां प्रेषयामास संयुगे ॥ १६
तेऽभिवाद्य महात्मानं रावणं लोकरावणम् । कृत्वा प्रदक्षिणं चैव महाकायाः प्रतस्थिरे ॥ १७

॥ १७ ॥ १८ ॥ भ्रातॄनित्यनेन खरादयोऽप्यनुस्मृता इति ज्ञायते ॥ १९ ॥ २० ॥ २१ ॥ यावद्यदारभ्य कुम्भकर्णप्रहस्तयोर्दारुणोऽयं विनाश उत्पन्नस्तावत्तदारभ्य विभीषणवचो मां व्रीडयतीत्यर्थः । इष्टं भ्रातृवचो न गृहीतमिति लज्जितोऽस्मीत्यर्थः ॥ २२ ॥ अपि च धार्मिकस्य निष्कासनफलमिदमित्याह—तस्यायमित्यादि ॥ २३ ॥ २४ ॥ इति श्रीरामाभिरामे श्रीरामीये रामायणतिलके वाल्मीकीय आदिकाव्ये युद्धकाण्डेऽष्टषष्टितमः सर्गः ॥ ६८ ॥

एवमिति । विलपमानस्य विलपतः । श्रुत्वा । विलापमिति शेषः ॥ १ ॥ एवमेव देवदानवदर्पहा कालाग्निप्रतिम इत्याद्युक्तप्रकारेण महावीर्यो हतः । दैवादिति शेषः । सत्पुरुषाः शूराः ॥ २ ॥ ईदृशं त्रैलोक्यविजयसमर्थम् । शोचसि शोकवन्तं करोषि ॥ ३ ॥ ४ ॥ असकृत्त्वया विशस्ता इत्यन्वयः । 'वित्रस्ताः' इति पाठे वित्रासिता इत्यर्थः ॥ ५ ॥ ६ ॥ नरको विष्णुनेति । अयं सिंहिकायां विप्रचित्तेर्जातो नरको भौमान्नरकात्कृष्णहतादन्य इति तीर्थः ॥ ७ ॥ पुनर्जातमिवात्मानं मन्यते । त्रिशिरसो वचनमात्रेण संतुष्टो बभूव । ननु कुम्भकर्णासाध्येऽर्थे कथं रावणस्य तस्माज्जयप्रत्याशया संतोषस्तत्राह—कालचोदित इति । तन्नाशप्रवृत्तकालात्मकभगवत्प्रेरणया पुनस्तस्य युद्धबुद्ध्यनुपरम इत्यर्थः ॥ ८ ॥ ९ ॥ १० ॥ अन्तरिक्षे गतं गमनं येषां ते ॥ ११ ॥ विस्तीर्णकीर्तयो विशालकीर्तयः ॥ १२ ॥ प्रवरविज्ञानाः श्रेष्ठज्ञानवन्तः ॥ १३ ॥ शत्रूणां बलस्य श्रीणां चार्दनैरित्यर्थे श्रियार्दनैरित्यार्षम् ॥ १४ ॥ आशीर्भिरित्यस्य संयुज्यंति शेषः ॥ १५ ॥ युद्धोन्मत्तमत्तशब्दौ महोदरमहापार्श्वयोः पर्यायनामनी ॥ १६ ॥ १७ ॥

सर्वौषधीभिर्गन्धैश्च समालभ्य महाबलाः । निर्जग्मुर्नैर्ऋतश्रेष्ठाः षडेते युद्धकाङ्क्षिणः ॥ १८
त्रिशिराश्चातिकायश्च देवान्तकनरान्तकौ । महोदरमहापार्श्वौ निर्जग्मुः कालचोदिताः ॥ १९
ततः सुदर्शनं नागं नीलजीमूतसंनिभम् । ऐरावतकुले जातमारुरोह महोदरः ॥ २०
सर्वायुधसमायुक्तस्तूणीभिश्चाप्यलंकृतः । रराज गजमास्थाय सवितेवास्तमूर्धनि ॥ २१
हयोत्तमसमायुक्तं सर्वायुधसमाकुलम् । आरुरोह रथश्रेष्ठं त्रिशिरा रावणात्मजः ॥ २२
त्रिशिरा रथमास्थाय विरराज धनुर्धरः । सविद्युदुल्कः सज्वालः सेन्द्रचाप इवाम्बुदः ॥ २३
त्रिभिः किरीटैस्त्रिशिराः शुशुभे स रथोत्तमे । हिमवानिव शैलेन्द्रस्त्रिभिः काञ्चनपर्वतैः ॥ २४
अतिकायोऽतितेजस्वी राक्षसेन्द्रसुतस्तदा । आरुरोह रथश्रेष्ठं श्रेष्ठः सर्वधनुष्मताम् ॥ २५
सुचक्राक्षं सुसंयुक्तं सानुकर्षं सकूबरम् । तूणीबाणासनैर्दीप्तं प्रासासिपरिघाकुलम् ॥ २६
स काञ्चनविचित्रेण किरीटेन विराजता । भूषणैश्च बभौ मेरुः प्रभाभिरिव भासयन् ॥ २७
स रराज रथे तस्मिन्राजसूनुर्महाबलः । वृतो नैर्ऋतशार्दूलैर्वज्रपाणिरिवामरैः ॥ २८
हयमुच्चैःश्रवःप्रख्यं श्वेतं कनकभूषणम् । मनोजवं महाकायमारुरोह नरान्तकः ॥ २९
गृहीत्वा प्रासमुल्काभं विरराज नरान्तकः । शक्तिमादाय तेजस्वी गुहः शिखिगतो यथा ॥ ३०
देवान्तकः समादाय परिघं हेमभूषणम् । परिगृह्य गिरिं दोर्भ्यां वपुर्विष्णोर्विडम्बयन् ॥ ३१
महापार्श्वो महातेजा गदामादाय वीर्यवान् । विरराज गदापाणिः कुबेर इव संयुगे ॥ ३२
ते प्रतस्थुर्महात्मानोऽमरावत्याः सुरा इव । नागैश्च तुरगैश्च रथैश्चाम्बुदनिःस्वनैः ॥ ३३
अनूत्पेतुर्महात्मानो राक्षसाः प्रवरायुधाः । ते विरेजुर्महात्मानः कुमाराः सूर्यवर्चसः ॥ ३४
किरीटिनः श्रिया जुष्टा ग्रहा दीप्ता इवाम्बरे । प्रगृहीता बभौ तेषां वस्त्राणामावलिः शिवा ॥ ३५
शरदभ्रप्रतीकाशा हंसावलिरिवाम्बरे । मरणं वापि निश्चित्य शत्रूणां वा पराजयम् ॥ ३६
इति कृत्वा मतिं वीराः संजग्मुः संयुगार्थिनः । जगर्जुश्च प्रणेदुश्च चिक्षिपुश्चापि सायकान् ॥ ३७
जगृहुश्च महात्मानो निर्याता युद्धदुर्मदाः । क्ष्वेडितास्फोटितानां वै संचचालेव मेदिनी ॥ ३८
रक्षसां सिंहनादैश्च संस्फोटितमिवाम्बरम् । तेऽभिनिष्क्रम्य मुदिता राक्षसेन्द्रा महाबलाः ॥ ३९
ददृशुर्वानरानीकं समुद्यतशिलानगम् । हरयोऽपि महात्मानो ददृशू राक्षसं बलम् ॥ ४०
हस्त्यश्वरथसंबाधं किङ्किणीशतनादितम् । नीलजीमूतसंकाशं समुद्यतमहायुधम् ॥ ४१
दीप्तानलरविप्रख्यैर्नैर्ऋतैः सर्वतो वृतम् । तद्दृष्ट्वा बलमायातं लब्धलक्षाः प्लवंगमाः ॥ ४२
समुद्यतमहाशैलाः संप्रणेदुर्मुहुर्मुहुः । अमृष्यमाणा रक्षांसि प्रतिनर्दन्त वानराः ॥ ४३

ततः समुत्कृष्टरवं निशम्य रक्षोगणा वानरयूथपानाम् ।
अमृष्यमाणाः परहर्षमुग्रं महाबला भीमतरं प्रणेदुः ॥ ४४

ते राक्षसबलं घोरं प्रविश्य हरियूथपाः । विचेरुरुद्यतैः शैलैर्नगाः शिखरिणो यथा ॥ ४५
केचिदाकाशमाविश्य केचिदुर्व्यां प्लवंगमाः । रक्षःसैन्येषु संक्रुद्धाः केचिद्द्रुमशिलायुधाः ॥ ४६
द्रुमांश्च विपुलस्कन्धान्गृह्य वानरपुंगवाः । तद्युद्धमभवद्घोरं रक्षोवानरसंकुलम् ॥ ४७

सर्वौषधीभिरायुधप्रहारनिवारकौषधिविशेषैः ॥ १८ ॥ १९ ॥ २० ॥ सवितेवास्तमूर्धनीत्यनेन शीघ्रं नाशः सूचितः ॥ २१ ॥ २२ ॥ विद्युद्भिरुल्काभिः सहितः ॥ २३ ॥ काञ्चनपर्वतैः शिखरभूतैर्युक्तो हिमवानिव ॥ २४ ॥ २५ ॥ सुसंयुक्तं सुसंयुक्ताश्वम् । सानुकर्षं रथाक्षोपरि कूबराधारतया स्थापितो दारुविशेषोऽनुकर्षः । 'अनुकर्षो दार्वधःस्थम्' इत्यमरः । सकूबरम् । 'कूबरस्तु युगंधरः' ॥ २६ ॥ २७ ॥ २८ ॥ २९ ॥ ३० ॥ परिघं समादाय स्थितो देवान्तको दोर्भ्यां गिरिं समुद्रमथने मन्दरगिरिं परिगृह्य स्थितस्य विष्णोर्वपुर्विडम्बयन्विरराजेत्यनुकर्षः ॥ ३१ ॥ ३२ ॥ अमरावत्याः सुरा इव लङ्कायाः प्रतस्थुरित्यन्वयः ॥ ३३ ॥ ३४ ॥ ३५ ॥ निश्चित्य निश्चयेन मरणं शत्रुपराजयं वा । करिष्याम इति शेषः ॥ ३६ ॥ चिक्षिपुः शत्रुविषयाक्षेपवचनान्यूचुः । सायकानित्यस्य जगृहुरित्यनेनान्वयः ॥ ३७ ॥ क्ष्वेडितास्फोटितानां च । तैरित्यर्थः ॥ ३८ ॥ ३९ ॥ समुद्यतशिलानगं समुद्यताः शिला नगा वृक्षाश्च येन तत् ॥ ४० ॥ ४१ ॥ ४२ ॥ प्रतिनर्दन्त प्रत्यनर्दन्त ॥ ४३ ॥ परहर्षं शत्रुहर्षममृष्यमाणाः ॥ ४४ ॥ ४५ ॥ केचिद्द्रुमशिलायुधा इति स्वभावोक्तिः । तादृशाः प्लवंगमा रक्षःसैन्येषु संक्रुद्धा आकाशमाविश्य चेरुः । केचिद्विपुलस्कन्धान्द्रुमान्गृहीत्वा चेरुः ॥ ४६ ॥ ४७ ॥ ४८

ते पादपशिलाशैलैश्चक्रुर्वृष्टिमनूपमाम् । बाणौघैर्वार्यमाणाश्च हरयो भीमविक्रमाः ॥ ४८
सिंहनादान्विनेदुश्च रणे राक्षसवानराः । शिलाभिश्चूर्णयामासुर्यातुधानान्प्लवंगमाः ॥ ४९
निर्जघ्नुः संयुगे क्रुद्धाः कवचाभरणावृतान् । केचिद्रथगतान्वीरान्गजवाजिगतानपि ॥ ५०
निर्जघ्नुः सहसा वीरान्यातुधानान्प्लवंगमाः । शैलशृङ्गान्विताङ्गास्ते मुष्टिभिर्वान्तलोचनाः ॥ ५१
चेलुः पेतुश्च नेदुश्च तत्र राक्षसपुंगवाः । राक्षसाश्च शरैस्तीक्ष्णैर्बिभिदुः कपिकुञ्जरान् ॥ ५२
शूलमुद्गरखड्गैश्च जघ्नुः प्रासैश्च शक्तिभिः । अन्योन्यं पातयामासुः परस्परजयैषिणः ॥ ५३
रिपुशोणितदिग्धाङ्गास्तत्र वानरराक्षसाः । ततः शैलैश्च खड्गैश्च विसृष्टैर्हरिराक्षसैः ॥ ५४
मुहूर्तेनावृता भूमिरभवच्छोणितोक्षिता । विकीर्णैः पर्वताकारै रक्षोभिरभिमर्दितैः ।
आसीद्वसुमती पूर्णा तदा युद्धमदान्वितैः ॥ ५५
आक्षिप्ताः क्षिप्यमाणाश्च भग्नशैलैश्च वानरैः । पुनरङ्गैस्तदा चक्रुर्वानरा युद्धमद्भुतम् ॥ ५६
वानरान्वानरैरेव जघ्नुस्ते नैर्ऋतर्षभाः । राक्षसान्राक्षसैरेव जघ्नुस्ते वानरा अपि ॥ ५७
आक्षिप्य च शिलाः शैलाञ्जघ्नुस्ते राक्षसास्तदा । तेषां चाच्छिद्य शस्त्राणि जघ्नू रक्षांसि वानराः ५८
निर्जघ्नुः शैलशृङ्गैश्च बिभिदुश्च परस्परम् । सिंहनादान्विनेदुश्च रणे राक्षसवानराः ॥ ५९
छिन्नवर्मतनुत्राणा राक्षसा वानरैर्हताः । रुधिरं प्रस्रुतास्तत्र रससारमिव द्रुमाः ॥ ६०
रथेन च रथं चापि वारणेनापि वारणम् । हयेन च हयं केचिन्निर्जघ्नुर्वानरा रणे ॥ ६१
क्षुरप्रैरर्धचन्द्रैश्च भल्लैश्च निशितैः शरैः । राक्षसा वानरेन्द्राणां बिभिदुः पादपाञ्शिलाः ॥ ६२
विकीर्णा पर्वतास्तैश्च द्रुमच्छिन्नैश्च संयुगे । हतैश्च कपिरक्षोभिर्दुर्गमा वसुधाभवत् ॥ ६३

ते वानरा गर्वितहृष्टचेष्टाः सङ्ग्राममासाद्य भयं विमुच्य ।
युद्धं स्म सर्वे सह राक्षसैस्तै नानायुधाश्चक्रुरदीनसत्त्वाः ॥ ६४
तस्मिन्प्रवृत्ते तुमुले विमर्दे प्रहृष्यमाणेषु वलीमुखेषु ।
निपात्यमानेषु च राक्षसेषु महर्षयो देवगणाश्च नेदुः ॥ ६५
ततो हयं मारुततुल्यवेगमारुह्य शक्तिं निशितां प्रगृह्य ।
नरान्तको वानरसैन्यमुग्रं महार्णवं मीन इवाविवेश ॥ ६६
स वानरान्सप्त शतानि वीरः प्रासेन दीप्तेन विनिर्बिभेद ।
एकः क्षणेनेन्द्ररिपुर्महात्मा जघान सैन्यं हरिपुंगवानाम् ॥ ६७

ददृशुश्च महात्मानं हयपृष्ठप्रतिष्ठितम् । चरन्तं हरिसैन्येषु विद्याधरमहर्षयः ॥ ६८
स तस्य ददृशे मार्गो मांसशोणितकर्दमः । पतितैः पर्वताकारैर्वानरैरभिसंवृतः ॥ ६९
यावद्विक्रमितुं बुद्धिं चक्रुः प्लवगपुंगवाः । तावदेतानतिक्रम्य निर्बिभेद नरान्तकः ॥ ७०
ददाह हरिसैन्यानि वनानीव विभावसुः । यावदुत्पाटयामासुर्वृक्षाञ्शैलान्वनौकसः ॥ ७१
तावत्प्रासहताः पेतुर्वज्रकृत्ता इवाचलाः । ज्वलन्तं प्रासमुद्यम्य सङ्ग्रामान्ते नरान्तकः ॥ ७२
दिक्षु सर्वासु बलवान्विचचार नरान्तकः । प्रमृद्नन्सर्वतो युद्धे प्रावृट्काले यथानिलः ॥ ७३
न शेकुर्धावितुं वीरा न स्थातुं स्पन्दितुं कुतः । उत्पतन्तं स्थितं यान्तं सर्वान्विव्याध वीर्यवान् ॥ ७४
एकेनान्तककल्पेन प्रासेनादित्यतेजसा । भग्नानि हरिसैन्यानि निपेतुर्धरणीतले ॥ ७५
वज्रनिष्पेषसदृशं प्रासस्याभिनिपातनम् । न शेकुर्वानराः सोढुं ते विनेदुर्महास्वनम् ॥ ७६

॥ ४९ ॥ ५० ॥ शैलशृङ्गान्विताङ्गा गिरिशिखरैर्व्याप्तदेहाः । मुष्टिभिर्मुष्टिप्रहारैर्वान्तलोचना बहिर्निर्गतलोचनाः ॥ ५१ ॥ ५२ ॥ ५३ ॥ ५४ ॥ ५५ ॥ आक्षिप्ताः क्षिप्यमाणा इति नियुद्धप्रकारकथनम् । भग्नशैलैश्च वानरै राक्षसभग्नस्वयुद्धसाधनशैलादिभिः । अत एव पुनरङ्गैर्हस्तपादादिभिरासन्ना भूत्वा युद्धं चक्रुः ॥ ५६ ॥ ५७ ॥ आक्षिप्य बलाद्गृहीत्वा ॥ ५८ ॥ ५९ ॥ प्रस्रुताः स्रुतवन्तः । रससारो निर्यासः ॥ ६० ॥ ६१ ॥ ६२ ॥ पर्वतास्तैर्निरस्तपर्वतैः । द्रुमच्छिन्नैश्छिन्नद्रुमैः । विकीर्णा व्याप्ता ॥ ६३ ॥ गर्वितहृष्टचेष्टाः संजातगर्वा हृष्टा चेष्टा येषां ते । नानायुधा द्रुमशैलदन्तनखादिनानाप्रहरणयुताः ॥ ६४ ॥ प्रहृष्यमाणेषु प्रहृष्यत्सु । वलीमुखेषु वानरेषु ॥ ६५ ॥ ६६ ॥ ६७ ॥ ६८ ॥ मार्गो युद्धार्थं गमनमार्गः पतितैर्वानरैरभिसंवृतो मांसशोणितकर्दमः सन्ददृशे दृष्टः ॥ ६९ ॥ ७० ॥ ७१ ॥ ७२ ॥ ७३ ॥ ७४ ॥ ७५ ॥ ७६ ॥ ७७ ॥

पततां हरिवीराणां रूपाणि प्रचकाशिरे । वज्रभिन्नाग्रकूटानां शैलानां पततामिव ॥ ७७
ये तु पूर्वं महात्मानः कुम्भकर्णेन पातिताः । ते स्वस्था वानरश्रेष्ठाः सुग्रीवमुपतस्थिरे ॥ ७८
प्रेक्षमाणः स सुग्रीवो ददृशे हरिवाहिनीम् । नरान्तकभयत्रस्तां विद्रवन्तीं यतस्ततः ॥ ७९
विद्रुतां वाहिनीं दृष्ट्वा स ददर्श नरान्तकम् । गृहीतप्रासमायान्तं हयपृष्ठप्रतिष्ठितम् ॥ ८०
दृष्ट्वोवाच महातेजाः सुग्रीवो वानराधिपः । कुमारमङ्गदं वीरं शक्रतुल्यपराक्रमम् ॥ ८१
गच्छैनं राक्षसं वीरं योऽसौ तुरगमास्थितः । भक्षयन्तं परबलं क्षिप्रं प्राणैर्वियोजय ॥ ८२
स भर्तुर्वचनं श्रुत्वा निष्पपाताङ्गदस्तदा । अनीकान्मेघसंकाशादंशुमानिव वीर्यवान् ॥ ८३
शैलसंघातसंकाशो हरीणामुत्तमोऽङ्गदः । रराजाङ्गदसंनद्धः सधातुरिव पर्वतः ॥ ८४
निरायुधो महातेजाः केवलं नखदंष्ट्रवान् । नरान्तकमभिक्रम्य वालिपुत्रोऽब्रवीद्वचः ॥ ८५
तिष्ठ किं प्राकृतैरेभिर्हरिभिस्त्वं करिष्यसि । अस्मिन्वज्रसमस्पर्शं प्रासं क्षिप ममोरसि ॥ ८६
अङ्गदस्य वचः श्रुत्वा प्रचुक्रोध नरान्तकः । संदश्य दशनैरोष्ठं निःश्वस्य च भुजंगवत् ।
अभिगम्याङ्गदं क्रुद्धो वालिपुत्रं नरान्तकः ॥ ८७

स प्रासमाविध्य तदाङ्गदाय समुज्ज्वलन्तं सहसोत्ससर्ज ।
स वालिपुत्रोरसि वज्रकल्पे बभूव भग्नो न्यपतच्च भूमौ ॥ ८८
तं प्रासमालोक्य तदा विभग्नं सुपर्णकृत्तोरगवीर्यकल्पम् ।
तलं समुद्यम्य स वालिपुत्रस्तुरंगमस्याभिजघान मूर्ध्नि ॥ ८९
निमग्नपादः स्फुटिताक्षितारो निष्क्रान्तजिह्वोऽचलसंनिकाशः ।
स तस्य वाजी निपपात भूमौ तलप्रहारेण विकीर्णमूर्धा ॥ ९०
नरान्तकः क्रोधवशं जगाम हतं तुरंगं पतितं समीक्ष्य ।
स मुष्टिमुद्यम्य महाप्रभावो जघान शीर्षे युधि वालिपुत्रम् ॥ ९१
अथाङ्गदो मुष्टिविशीर्णमूर्धा सुस्राव तीव्रं रुधिरं भृशोष्णम् ।
मुहुर्विजज्वाल मुमोह चापि संज्ञां समासाद्य विसिस्मिये च ॥ ९२
अथाङ्गदो मृत्युसमानवेगं संवर्त्य मुष्टिं गिरिशृङ्गकल्पम् ।
निपातयामास तदा महात्मा नरान्तकस्योरसि वालिपुत्रः ॥ ९३
स मुष्टिनिर्भिन्ननिमग्नवक्षा ज्वाला वमञ्शोणितदिग्धगात्रः ।
नरान्तको भूमितले पपात यथाचलो वज्रनिपातभग्नः ॥ ९४
तदान्तरिक्षे त्रिदशोत्तमानां वनौकसां चैव महाप्रणादः ।
बभूव तस्मिन्निहतेऽग्र्यवीर्ये नरान्तके वालिसुतेन संख्ये ॥ ९५
अथाङ्गदो राममनःप्रहर्षणं सुदुष्करं तं कृतवान्हि विक्रमम् ।
विसिस्मिये सोऽप्यथ भीमकर्मा पुनश्च युद्धे स बभूव हर्षितः ॥ ९६

नरान्तकं हतं दृष्ट्वा चुक्रुशुर्नैर्ऋतर्षभाः । देवान्तकस्त्रिमूर्धा च पौलस्त्यश्च महोदरः ॥ ९७
आरूढो मेघसंकाशं वारणेन्द्रं महोदरः । वालिपुत्रं महावीर्यमभिदुद्राव वेगवान् ॥ ९८
भ्रातृव्यसनसंतप्तस्तदा देवान्तको बली । आदाय परिघं घोरमङ्गदं समभिद्रवत् ॥ ९९
रथमादित्यसंकाशं युक्तं परमवाजिभिः । आस्थाय त्रिशिरा वीरो वालिपुत्रमथाभ्यगात् । १००

स्वस्थाः स्वस्थचित्तेन्द्रियाः । वानरश्रेष्ठा अङ्गदादयः ॥ ७८ ॥ ७९ ॥ ८० ॥ ८१ ॥ गच्छैनं राक्षसमिति । हन्तुमिति शेषः ॥ ८२ ॥ मेघसंकाशादनीकात्स्वसेनामध्यात् ॥ ८३ ॥ अङ्गदेन दिव्यभुजाभरणेन संनद्धो युक्तः ॥ ८४ ॥ ८५ ॥ अस्मिन्ममोरसि क्षिपेत्यन्वयः ॥ ८६ ॥ ८७ ॥ वालिपुत्रमभिगम्य प्रासमुत्ससर्ज । स प्रासो भग्नो भग्नश्च भूमौ पपात च ॥ ८८ ॥ ८९ ॥ स्फुटिताक्षितारः स्फुटिता विशीर्णाक्षणस्तारा कनीनिका यस्य सः ॥ ९० ॥ ९१ ॥ ९२ ॥ ९३ ॥ मुष्टिना निर्भिन्नम्, अतएव निमग्नं वक्षो यस्य सः । ज्वाला अभिघातोत्था वमन् ॥ ९४ ॥ ९५ ॥ राममनःप्रहर्षणं राममनसः प्रहर्षणम् । सोऽपि रामोऽपि । अथातिभीमकर्माङ्गदः पुनश्च युद्धे युद्धनिमित्तं हर्षितो बभूव । तुष्टः सन्संनद्धो बभूवेत्यर्थः ॥ ९६ ॥ अत्र सर्गावच्छेदो बहुषु पुस्तकेषु न दृश्यत इत्यस्माभिरपि न कृतः । पूर्वोत्तरवाक्ययोरेककर्तृकयुद्धवर्णनादिति

१०७

स त्रिभिर्देवदर्पघ्नै राक्षसेन्द्रैरभिद्रुतः । वृक्षमुत्पाटयामास महाविटपमङ्गदः ॥ १०१
देवान्तकाय तं वीरश्चिक्षेप सहसाङ्गदः । महावृक्षं महाशाखं शक्रो दीप्तामिवाशनिम् ॥ १०२
त्रिशिरास्तं प्रचिच्छेद शरैराशीविषोपमैः । स वृक्षं कृत्तमालोक्य उत्पपात तदाङ्गदः ॥ १०३
स ववर्ष ततो वृक्षाञ्शिलाश्च कपिकुञ्जरः । तान्प्रचिच्छेद संक्रुद्धस्त्रिशिरा निशितैः शरैः ॥ १०४
परिघाग्रेण तान्वृक्षान्बभञ्ज स महोदरः । त्रिशिराश्चाङ्गदं वीरमभिदुद्राव सायकैः ॥ १०५
गजेन समभिद्रुत्य वालिपुत्रं महोदरः । जघानोरसि संक्रुद्धस्तोमरैर्वज्रसंनिभैः ॥ १०६
देवान्तकश्च संक्रुद्धः परिघेण तदाङ्गदम् । उपगम्याभिहत्याशु व्यपचक्राम वेगवान् ॥ १०७
स त्रिभिर्नैर्ऋतश्रेष्ठैर्युगपत्समभिद्रुतः । न विव्यथे महातेजा वालिपुत्रः प्रतापवान् ॥ १०८
स वेगवान्महावेगं कृत्वा परमदुर्जयः । तलेन समभिद्रुत्य जघानास्य महागजम् ॥ १०९
पेततुर्नयने तस्य विननाश स कुञ्जरः । विषाणं चास्य निष्कृष्य वालिपुत्रो महाबलः ॥ ११०
देवान्तकमभिद्रुत्य ताडयामास संयुगे । स विह्वलस्तु तेजस्वी वातोद्धूत इव द्रुमः ॥ १११
लाक्षारससवर्णं च सुस्राव रुधिरं महत् । अथाश्वस्य महातेजाः कृच्छ्राद्देवान्तको बली ॥ ११२
आविध्य परिघं वेगादाजघान तदाङ्गदम् । परिघाभिहतश्चापि वानरेन्द्रात्मजस्तदा ॥ ११३
जानुभ्यां पतितो भूमौ पुनरेवोत्पपात ह । तमुत्पतन्तं त्रिशिरास्त्रिभिर्बाणैरजिह्मगैः ॥ ११४
घोरैर्हरिपतेः पुत्रं ललाटेऽभिजघान ह । ततोऽङ्गदं परिक्षिप्तं त्रिभिर्नैर्ऋतपुंगवैः ॥ ११५
हनूमानथ विज्ञाय नीलश्चापि प्रतस्थतुः । ततश्चिक्षेप शैलाग्रं नीलस्त्रिशिरसे तदा ॥ ११६
तद्रावणसुतो धीमान्बिभेद निशितैः शरैः । तद्बाणशतनिर्भिन्नं विदारितशिलातलम् ॥ ११७
सविस्फुलिङ्गं सज्वालं निपपात गिरेः शिरः । स विजृम्भितमालोक्य हर्षाद्देवान्तको बली ॥ ११८
परिघेणाभिदुद्राव मारुतात्मजमाहवे । तमापतन्तमुत्पत्य हनूमान्कपिकुञ्जरः ॥ ११९
आजघान तदा मूर्ध्नि वज्रकल्पेन मुष्टिना । शिरसि प्राहरद्वीरस्तदा वायुसुतो बली ॥
नादेनाकम्पयच्चैव राक्षसान्स महाकपिः ॥ १२०

स मुष्टिनिष्पिष्टविभिन्नमूर्धा निर्वान्तदन्ताक्षिविलम्बिजिह्वः ।
देवान्तको राक्षसराजसूनुर्गतासुरुर्व्यां सहसा पपात ॥ १२१
तस्मिन्हते राक्षसयोधमुख्ये महाबले संयति देवशत्रौ ।
क्रुद्धस्त्रिशीर्षो निशितास्त्रमुग्रं ववर्ष नीलोरसि बाणवर्षम् ॥ १२२

महोदरस्तु संक्रुद्धः कुञ्जरं पर्वतोपमम् । भूयः समधिरुह्याशु मन्दरं रश्मिवानिव ॥ १२३
ततो बाणमयं वर्षं नीलस्योपर्यपातयत् । गिरौ वर्षं तडिच्चक्रः स गर्जन्निव तोयदः ॥ १२४

ततः शरौघैरभिवृष्यमाणो विभिन्नगात्रः कपिसैन्यपालः ।
नीलो बभूवाथ विसृष्टगात्रो विष्टम्भितस्तेन महाबलेन ॥ १२५
ततस्तु नीलः प्रतिलब्धसंज्ञः शैलं समुत्पाट्य सवृक्षखण्डम् ।
ततः समुत्पत्य महोग्रवेगो महोदरं तेन जघान मूर्ध्नि ॥ १२६
ततः स शैलाभिनिपातभग्नो महोदरस्तेन महाद्विपेन ।
व्यामोहितो भूमितले गतासुः पपात वज्राभिहतो यथाद्रिः ॥ १२७

पितृव्यं निहतं दृष्ट्वा त्रिशिराश्चापमाददे । हनूमन्तं च संक्रुद्धो विव्याध निशितैः शरैः ॥ १२८

कतकः ॥ ९७ ॥ ९८ ॥ ९९ ॥ १०० ॥ १०१ ॥ दीप्तामशनिमिव वृक्षं चिक्षेप ॥ १०२ ॥ त्रिशिरास्तमिति । देवान्तकाय प्रक्षिप्तं वृक्षम् । तत्सहायार्थमिति शेषः ॥१०३ ॥ १०४ ॥ १०५ ॥ १०६ ॥ १०७ ॥ १०८ ॥ अस्य महागजं महोदरस्य गजम् ॥ १०९ ॥ ११० ॥ १११ ॥ लाक्षारसेन समानो वर्णो यस्य तद्रुधिरम् ॥ ११२ ॥ ११३ ॥ अजिह्मगैर्ऋजुगामिभिः ॥ ११४ ॥ ११५ ॥ ११६ ॥ ११७ ॥ गिरेः शिरः पर्वतस्य शृङ्गम् । विजृम्भितं त्रिशिरसः पर्वतशिखरभेदनरूपं जृम्भणमालोक्य ॥ ११८ ॥ तं परिघहस्तं देवान्तकम् ॥ ११९ ॥ १२० ॥ निर्वान्ता बहिर्निर्गता दन्ता अक्षिणी विलम्बिजिह्वा च यस्य सः ॥१२१ ॥ १२२ ॥ भूयः समधिरुह्येति । युद्धागमनवेलायामारूढगजस्याङ्गदेन हतत्वादिति भावः ॥ १२३ ॥ तडिच्चक्रं चापमिन्द्रधनुश्च यस्यास्ति सः ॥ १२४ ॥ विसृष्टगात्रः श्लथगात्रः । विष्टम्भितो निरुद्धपराक्रमः ॥ १२५ ॥ १२६ ॥ १२७ ॥ पितृव्यं महोदरम् ॥ १२८ ॥ १२९

स वायुसूनुः कुपितश्चिक्षेप शिखरं गिरेः । त्रिशिरास्तच्छरैस्तीक्ष्णैर्विभेद बहुधा बली ॥ १२९
तद्व्यर्थं शिखरं दृष्ट्वा द्रुमवर्षं तदा कपिः । विससर्ज रणे तस्मिन्रावणस्य सुतं प्रति ॥ १३०
तमापतन्तमाकाशे द्रुमवर्षं प्रतापवान् । त्रिशिरा निशितैर्बाणैश्चिच्छेद च ननाद च ॥ १३१
हनूमांस्तु समुत्पत्य हयं त्रिशिरसस्तदा । विददार नखैः क्रुद्धो नागेन्द्रं मृगराडिव ॥ १३२
अथ शक्तिं समासाद्य कालरात्रिमिवान्तकः । चिक्षेपानिलपुत्राय त्रिशिरा रावणात्मजः ॥ १३३
दिवः क्षिप्तामिवोल्कां तां शक्तिं क्षिप्तामसंगताम् । गृहीत्वा हरिशार्दूलो बभञ्ज च ननाद च ॥ १३४
तां दृष्ट्वा घोरसंकाशां शक्तिं भग्नां हनूमता । प्रहृष्टा वानरगणा विनेदुर्जलदा यथा ॥ १३५
ततः खड्गं समुद्यम्य त्रिशिरा राक्षसोत्तमः । निचखान तदा खड्गं वानरेन्द्रस्य वक्षसि ॥ १३६
खड्गप्रहाराभिहतो हनूमान्मारुतात्मजः । आजघान त्रिमूर्धानं तलेनोरसि वीर्यवान् ॥ १३७
स तलाभिहतस्तेन स्रस्तहस्ताम्बरो भुवि । निपपात महातेजास्त्रिशिरास्त्यक्तचेतनः ॥ १३८
स तस्य पततः खड्गं तमाच्छिद्य महाकपिः । ननाद गिरिसंकाशस्त्रासयन्सर्वराक्षसान् ॥ १३९
अमृष्यमाणस्तं घोषमुत्पपात निशाचरः । उत्पत्य च हनूमन्तं ताडयामास मुष्टिना ॥ १४०
तेन मुष्टिप्रहारेण संचुकोप महाकपिः । कुपितश्च निजग्राह किरीटे राक्षसर्षभम् ॥ १४१

स तस्य शीर्षाण्यसिना शितेन किरीटजुष्टानि सकुण्डलानि ।
क्रुद्धः प्रचिच्छेद सुतोऽनिलस्य त्वष्टुः सुतस्येव शिरांसि शक्रः ॥ १४२
तान्यायताक्षाण्यगसंनिभानि प्रदीप्तवैश्वानरलोचनानि ।
पेतुः शिरांसीन्द्ररिपोः पृथिव्यां ज्योतींषि मुक्तानि यथेन्द्रमार्गात् ॥ १४३
तस्मिन्हते देवरिपौ त्रिशीर्षे हनूमता शक्रपराक्रमेण ।
नेदुः प्लवंगाः प्रचचाल भूमी रक्षांस्यथो दुद्रुविरे समन्तात् ॥ १४४

हतं त्रिशिरसं दृष्ट्वा युद्धोन्मत्तं तथैव च । हतौ प्रेक्ष्य दुराधर्षौ देवान्तकनरान्तकौ ॥ १४५
चुकोप परमामर्षी मत्तो राक्षसपुंगवः । जग्राहार्चिष्मतीं चापि गदां सर्वायसीं तदा ॥ १४६
हेमपट्टपरिक्षिप्तां मांसशोणितफेनिलाम् । विराजमानां विपुलां शत्रुशोणिततर्पिताम् ॥ १४७
तेजसा संप्रदीप्ताग्रां रक्तमाल्यविभूषिताम् । ऐरावतमहापद्मसार्वभौमभयावहाम् ॥ १४८
गदामादाय संक्रुद्धो मत्तो राक्षसपुंगवः । हरीन्समभिदुद्राव युगान्ताग्निरिव ज्वलन् ॥ १४९
अथर्षभः समुत्पत्य वानरो रावणानुजम् । मत्तानीकमुपागम्य तस्थौ तस्याग्रतो बली ॥ १५०
तं पुरस्तात्स्थितं दृष्ट्वा वानरं पर्वतोपमम् । आजघानोरसि क्रुद्धो गदया वज्रकल्पया ॥ १५१
स तयाभिहतस्तेन गदया वानरर्षभः । भिन्नवक्षाः समाधूतः सुस्राव रुधिरं बहु ॥ १५२
स संप्राप्य चिरात्संज्ञामृषभो वानरेश्वरः । क्रुद्धो विस्फुरमाणौष्ठो महापार्श्वमुदैक्षत ॥ १५३

स वेगवान्वेगवदभ्युपेत्य तं राक्षसं वानरवीरमुख्यः ।
संवर्त्य मुष्टिं सहसा जघान बाह्वन्तरे शैलनिकाशरूपः ॥ १५४
स कृत्तमूलः सहसेव वृक्षः क्षितौ पपात क्षतजोक्षिताङ्गः ।
तां चास्य घोरां यमदण्डकल्पां गदां प्रगृह्याशु तदा ननाद ॥ १५५
मुहूर्तमासीत्स गतासुकल्पः प्रत्यागतात्मा सहसा सुरारिः ।
उत्पत्य संध्याभ्रसमानवर्णस्तं वालिराजात्मजमाजघान ॥ १५६
स मूर्च्छितो भूमितले पपात मुहूर्तमुत्पत्य पुनः ससंज्ञः ।
तामेव तस्याद्रिवराद्रिकल्पां गदां समाविध्य जघान संख्ये ॥ १५७

॥ १३० ॥ १३१ ॥ विददार विदारितवान् ॥ १३२ ॥ १३३॥ दिवः क्षिप्तामाकाशान्निर्गताम् । असंगतामनर्गलगतिम् ॥ १३४ घोरसंकाशां भयंकरस्वरूपाम् ॥ १३५ ॥ १३६ ॥ १३७ ॥ त्यक्तचेतनो विसंज्ञः ॥ १३८ ॥ १३९ ॥ १४० ॥ किरीटे किरीटप्रदेशे ॥ १४१ ॥ त्वष्टुः सुतस्य विश्वरूपस्य ॥ १४२ ॥ आयताक्षाण्यायतेन्द्रियाणि ॥ १४३ ॥ १४४ ॥ युद्धोन्मत्तं महोदरम् । तथैव च हतमिति शेषः । एतद्वधो हनूमता कृत इत्यनुवादबलाद्द्रष्टव्यम् ॥ १४५ ॥ मत्तस्तदाख्यो महापार्श्वः ॥ १४६ ॥ १४७ ॥ ऐरावतादयो दिग्गजाः ॥ १४८ ॥ १४९ ॥ १५० ॥ १५१ ॥ १५२ ॥ १५३ ॥ १५४ ॥ १५५

सा तस्य रौद्रा समुपेत्य देहं रौद्रस्य देवाध्वरविप्रशत्रोः ।
बिभेद वक्षः क्षतजं च भूरि सुस्राव धात्वम्भ इवाद्रिराजः ॥ १५८
अभिदुद्राव वेगेन गदां तस्य महात्मनः । तां गृहीत्वा गदां भीमामाविध्य च पुनः पुनः ॥ १५९
मत्तानीकं महात्मा स जघान रणमूर्धनि । स स्वया गदया भग्नो विशीर्णदशनेक्षणः ॥ १६०
निपपात तदा मत्तो वज्राहत इवाचलः । विशीर्णनयनो भूमौ गतसत्त्वो गतायुषः ।
पतिते राक्षसे तस्मिन्विद्रुतं राक्षसं बलम् ॥ १६१
तस्मिन्हते भ्रातरि रावणस्य तन्नैर्ऋतानां बलमर्णवाभम् ।
त्यक्तायुधं केवलजीवितार्थं दुद्राव भिन्नार्णवसंनिकाशम् ॥ १६२

इत्यार्षे श्रीमद्रामायणे वाल्मीकीय आदिकाव्ये युद्धकाण्डे सप्ततितमः सर्गः ॥ ७० ॥

एकसप्ततितमः सर्गः ।

स्वबलं व्यथितं दृष्ट्वा तुमुलं लोमहर्षणम् । भ्रातॄंश्च निहतान्दृष्ट्वा शक्रतुल्यपराक्रमान् ॥ १
पितृव्यौ चापि संदृश्य समये संनिपातितौ । युद्धोन्मत्तं च मत्तं च भ्रातरौ राक्षसोत्तमौ ॥ २
चुकोप च महातेजा ब्रह्मदत्तवरो युधि । अतिकायोऽद्रिसंकाशो देवदानवदर्पहा ॥ ३
स भास्करसहस्रस्य संघातमिव भास्वरम् । रथमारुह्य शक्रारिरभिदुद्राव वानरान् ॥ ४
स विस्फार्य तदा चापं किरीटी मृष्टकुण्डलः । नाम संश्रावयामास ननाद च महास्वनम् ॥ ५
तेन सिंहप्रणादेन नामविश्रावणेन च । ज्याशब्देन च भीमेन त्रासयामास वानरान् ॥ ६
ते दृष्ट्वा देहमाहात्म्यं कुम्भकर्णोऽयमुत्थितः । भयार्ता वानराः सर्वे संश्रयन्ते परस्परम् ॥ ७
ते तस्य रूपमालोक्य यथा विष्णोस्त्रिविक्रमे । भयाद्वानरयोधास्ते विद्रवन्ति ततस्ततः ॥ ८
तेऽतिकायं समासाद्य वानरा मूढचेतसः । शरण्यं शरणं जग्मुर्लक्ष्मणाग्रजमाहवे ॥ ९
ततोऽतिकायं काकुत्स्थो रथस्थं पर्वतोपमम् । ददर्श धन्विनं दूराद्गर्जन्तं कालमेघवत् ॥ १०
स तं दृष्ट्वा महाकायं राघवस्तु सुविस्मितः । वानरान्सान्त्वयित्वा च विभीषणमुवाच ह ॥ ११
कोऽसौ पर्वतसंकाशो धनुष्मान्हरिलोचनः । युक्ते हयसहस्रेण विशाले स्यन्दने स्थितः ॥ १२
य एष निशितैः शूलैः सुतीक्ष्णैः प्रासतोमरैः । अर्चिष्मद्भिर्वृतो भाति भूतैरिव महेश्वरः ॥ १३
कालजिह्वाप्रकाशाभिर्य एषोऽभिविराजते । आवृतो रथशक्तीभिर्विद्युद्भिरिव तोयदः ॥ १४
धनूंषि चास्य सज्जानि हेमपृष्ठानि सर्वशः । शोभयन्ति रथश्रेष्ठं शक्रचापमिवाम्बरम् ॥ १५
य एष रक्षःशार्दूलो रणभूमिं विराजयन् । अभ्येति रथिनां श्रेष्ठो रथेनादित्यवर्चसा ॥ १६
ध्वजशृङ्गप्रतिष्ठेन राहुणाभिविराजते । सूर्यरश्मिप्रभैर्बाणैर्दिशो दश विराजयन् ॥ १७
त्रिनतं मेघनिर्ह्रादं हेमपृष्ठमलंकृतम् । शतक्रतुधनुःप्रख्यं धनुश्चास्य विराजते ॥ १८
सध्वजः सपताकश्च सानुकर्षो महारथः । चतुःसादिसमायुक्तो मेघस्तनितनिःस्वनः ॥ १९
विंशतिर्दश चाष्टौ च तूणास्य रथमास्थिताः । कार्मुकाणि च भीमानि ज्याश्च काञ्चनपिङ्गलाः ॥ २०
द्वौ च खड्गौ च पार्श्वस्थौ प्रदीप्तौ पार्श्वशोभितौ । चतुर्हस्तत्सरुचितौ व्यक्तहस्तदशायतौ ॥ २१

॥ १५६ ॥ १५७ ॥ १५८ ॥ १५९ ॥ १६० ॥ १६१ ॥ भिन्नार्णवसंनिकाशमिति क्रियाविशेषणम् ॥ १६२ ॥ इति **श्रीरामाभिरामे श्रीरामीये रामायणतिलके वाल्मीकीय आदिकाव्ये युद्धकाण्डे सप्ततितमः सर्गः** ॥ ७० ॥

स्वबलमिति ॥ १ ॥ पितृव्यौ काविल्यत्राह—युद्धोन्मत्तं चेत्यादि । भ्रातरावन्योन्यं भ्रातरौ । एतदुक्तिः परस्परस्नेहातिशयप्रतिपादनाय ॥ २ ॥ ३ ॥ सूर्यसहस्रसमुदायवद्भास्वरम् ॥ ४ ॥ ५ ॥ ६ ॥ कुम्भकर्णोऽयमुत्थित इति मन्यमानाः परस्परं संश्रयन्ते । रक्षणार्थमिति शेषः ॥ ७ ॥ ते रूपमालोक्य ते इव वानरा इव विद्रवन्तीति तच्छब्दद्वयनिर्वाहः । इवेति शेषः ॥ ८ ॥ ९ ॥ १० ॥ सान्त्वयित्वा मा भैष्टेत्युक्त्वा ॥ ११ ॥ हरिलोचनः सिंहदृष्टिः ॥ १२ ॥ १३ ॥ **रथशक्तीभिरिति** दीर्घ आर्षः । रथस्थाभिः । शक्तिभिरित्यर्थः ॥ १४ ॥ १५ ॥ १६ ॥ ध्वजशृङ्गेत्यादिना राहुध्वजलमुक्तम् ॥ १७ ॥ हेमपृष्ठं हेमसदृशपृष्ठभागम् । त्रिनतमिति प्राग्व्याख्यातम् ॥ १८ ॥ सादिनः सारथयः ॥ १९ ॥ **तूणा अस्येति** छेदः ॥ २० ॥ पार्श्वशोभितौ स्वपार्श्वशोभितौ । चतुर्हस्तप्रमाणाभ्यां त्सरुभ्यां खड्गमुष्टिभ्यां चितौ । व्यक्तं दशहस्तपरिमाणेनायतौ

रक्तकण्ठगुणो धीरो महापर्वतसंनिभः । कालः कालमहावक्त्रो मेघस्थ इव भास्करः ॥ २२
काञ्चनाङ्गदनद्धाभ्यां भुजाभ्यामेष शोभते । शृङ्गाभ्यामिव तुङ्गाभ्यां हिमवान्पर्वतोत्तमः ॥ २३
कुण्डलाभ्यामुभाभ्यां च भाति वक्त्रं सुभीषणम् । पुनर्वस्वन्तरगतः परिपूर्णो निशाकरः ॥ २४
आचक्ष्व मे महाबाहो त्वमेनं राक्षसोत्तमम् । यं दृष्ट्वा वानराः सर्वे भयार्ता विद्रुता दिशः ॥ २५
स पृष्टो राजपुत्रेण रामेणामिततेजसा । आचचक्षे महातेजा राघवाय विभीषणः ॥ २६
दशग्रीवो महातेजा राजा वैश्रवणानुजः । भीमकर्मा महात्मा हि रावणो राक्षसेश्वरः ॥ २७
तस्यासीद्वीर्यवान्पुत्रो रावणप्रतिमो बले । वृद्धसेवी श्रुतबलः सर्वास्त्रविदुषां वरः ॥ २८
अश्वपृष्ठे नागपृष्ठे खड्गे धनुषि कर्षणे । भेदे सान्त्वे च दाने च नये मन्त्रे च संमतः ॥ २९
यस्य बाहुं समाश्रित्य लङ्का भवति निर्भया । तनयं धान्यमालिन्या अतिकायमिमं विदुः ॥ ३०
एतेनाराधितो ब्रह्मा तपसा भावितात्मना । अस्त्राणि चाप्यवाप्तानि रिपवश्च पराजिताः ॥ ३१
सुरासुरैरवध्यत्वं दत्तमस्मै स्वयंभुवा । एतच्च कवचं दिव्यं रथश्च रविभास्वरः ॥ ३२
एतेन शतशो देवा दानवाश्च पराजिताः । रक्षितानि च रक्षांसि यक्षाश्चापि निषूदिताः ॥ ३३
वज्रं विष्टम्भितं येन बाणैरिन्द्रस्य धीमता । पाशः सलिलराजस्य युद्धे प्रतिहतस्तथा ॥ ३४
एषोऽतिकायो बलवान्राक्षसानामथर्षभः । स रावणसुतो धीमान्देवदानवदर्पहा ॥ ३५
तदस्मिन्क्रियतां यत्नः क्षिप्रं पुरुषपुंगव । पुरा वानरसैन्यानि क्षयं नयति सायकैः ॥ ३६
ततोऽतिकायो बलवान्प्रविश्य हरिवाहिनीम् । विस्फारयामास धनुर्ननाद च पुनः पुनः ॥ ३७
तं भीमवपुषं दृष्ट्वा रथस्थं रथिनां वरम् । अभिपेतुर्महात्मानः प्रधाना ये वनौकसः ॥ ३८
कुमुदो द्विविदो मैन्दो नीलः शरभ एव च । पादपैर्गिरिशृङ्गैश्च युगपत्समभिद्रवन् ॥ ३९
तेषां वृक्षांश्च शैलांश्च शरैः कनकभूषणैः । अतिकायो महातेजाश्चिच्छेदास्त्रविदां वरः ॥ ४०
तांश्चैव सर्वान्स हरीञ्शरैः सर्वायसैर्बली । विव्याधाभिमुखान्संख्ये भीमकायो विशारदः ॥ ४१
तेऽर्दिता बाणवर्षेण भिन्नगात्राः पराजिताः । न शेकुरतिकायस्य प्रतिकर्तुं महाहवे ॥ ४२
तत्सैन्यं हरिवीराणां त्रासयामास राक्षसः । मृगयूथमिव क्रुद्धो हरिर्यौवनदर्पितः ॥ ४३

स राक्षसेन्द्रो हरियूथमध्ये नायुध्यमानं निजघान कंचित् ।
उत्पत्य रामं सधनुःकलापी सगर्वितं वाक्यमिदं बभाषे ॥ ४४
रथे स्थितोऽहं शरचापपाणिर्न प्राकृतं कंचन योधयामि ।
यस्यास्ति शक्तिर्व्यवसाययुक्तो ददातु मे शीघ्रमिहाद्य युद्धम् ॥ ४५
तत्तस्य वाक्यं ब्रुवतो निशम्य चुकोप सौमित्रिरमित्रहन्ता ।
अमृष्यमाणश्च समुत्पपात जग्राह चापं च ततः स्मयित्वा ॥ ४६

क्रुद्धः सौमित्रिरुत्पत्य तूणादाक्षिप्य सायकम् । पुरस्तादतिकायस्य विचकर्ष महद्धनुः ॥ ४७
पूरयन्स महीं सर्वामाकाशं सागरं दिशः । ज्याशब्दो लक्ष्मणस्योग्रस्त्रासयन्रजनीचरान् ॥ ४८
सौमित्रेश्चापनिर्घोषं श्रुत्वा प्रतिभयं तदा । विसिस्मिये महातेजा राक्षसेन्द्रात्मजो बली ॥ ४९
तदातिकायः कुपितो दृष्ट्वा लक्ष्मणमुत्थितम् । आदाय निशितं बाणमिदं वचनमब्रवीत् ॥ ५०
बालस्त्वमसि सौमित्रे विक्रमेष्वविचक्षणः । गच्छ किं कालसंकाशं मां योधयितुमिच्छसि ॥ ५१

॥ २१ ॥ रक्तकण्ठगुणो रक्तकण्ठमाल्यः । कालः कृष्णवर्णः । कालस्य मृत्योरिव महद्वक्त्रं यस्य सः ॥ २२ ॥ २३ ॥ पुनर्वस्वोरन्तरं मध्यं तत्र गतः ॥ २४ ॥ २५ ॥ २६ ॥ २७ ॥ २८ ॥ 'धनुषि कर्षणः' इति पाठे कृष्यतेऽनेनेति कर्षणः पाशादिरित्यर्थ इति तीर्थः ॥ २९ ॥ ३० ॥ ३१ ॥ रविभास्वरो रथो दत्त इत्यनुकर्षः ॥ ३२ ॥ ३३ ॥ ३४ ॥ ३५ ॥ अस्मिन्नतिकाये । क्षिप्रमित्यत्र हेतुः—पुरेति । पुरा नयति । नेष्यतीत्यर्थः ॥ ३६ ॥ ३७ ॥ ३८ ॥ समभिद्रवन्समभ्यद्रवन् ॥ ३९ ॥ ४० ॥ ४१ ॥ ४२ ॥ यौवनदर्पितो हरिरिव तरुणसिंह इव ॥ ४३ ॥ वीरत्वादयुध्यमानं कंचिदपि न निजघान । कलापी तूणीरवान् । सगर्वितं सगर्वम् ॥ ४४ ॥ यस्य शक्तिरस्ति व्यवसाययुक्तश्च यः स युद्धं ददातु ॥ ४५ ॥ तत्तस्य वाक्यं रामं प्रत्युक्तम् । स्मयित्वानादृत्य । 'ष्मिङ् अनादरे' । इडार्षः ॥ ४६ ॥ आक्षिप्यादाय ॥ ४७ ॥ महादीन्पूरयन्राक्षसांस्त्रासयञ्ज्याशब्द उदभूदिति शेषः ॥ ४८ ॥ प्रतिभयं भयंकरम् ॥ ४९ ॥ ५० ॥ ५१ ॥ ५२ ॥ मद्गतो

नहि मद्बाहुसृष्टानां बाणानां हिमवानपि । सोढुमुत्सहते वेगमन्तरिक्षमथो मही ॥ ५२
सुखप्रसुप्तं कालाग्निं विबोधयितुमिच्छसि । न्यस्य चापं निवर्तस्व प्राणान्न जहि मद्गतः ॥ ५३
अथवा त्वं प्रतिस्तब्धो न निवर्तितुमिच्छसि । तिष्ठ प्राणान्परित्यज्य गमिष्यसि यमक्षयम् ॥ ५४
पश्य मे निशितान्बाणान्रिपुदर्पनिषूदनान् । ईश्वरायुधसंकाशांस्तप्तकाञ्चनभूषणान् ॥ ५५
एष ते सर्पसंकाशो बाणः पास्यति शोणितम् । मृगराज इव क्रुद्धो नागराजस्य शोणितम् ।
इत्येवमुक्त्वा संक्रुद्धः शरं धनुषि संदधे ॥ ५६

श्रुत्वातिकायस्य वचः सरोषं सगर्वितं संयति राजपुत्रः ।
स संचुकोपातिबलो मनस्वी उवाच वाक्यं च ततो बृहच्छ्रीः ॥ ५७
न वाक्यमात्रेण भवान्प्रधानो न कत्थनात्सत्पुरुषा भवन्ति ।
मयि स्थिते धन्विनि बाणपाणौ निदर्शयस्वात्मबलं दुरात्मन् ॥ ५८

कर्मणा सूचयात्मानं न विकत्थितुमर्हसि । पौरुषेण तु यो युक्तः स तु शूर इति स्मृतः ॥ ५९
सर्वायुधसमायुक्तो धन्वी त्वं रथमास्थितः । शरैर्वा यदि वाप्यस्त्रैर्दर्शयस्व पराक्रमम् ॥ ६०
ततः शिरस्ते निशितैः पातयिष्याम्यहं शरैः । मारुतः कालसंयुक्तं वृन्तात्तालफलं यथा ॥ ६१
अद्य ते मामका बाणास्तप्तकाञ्चनभूषणाः । पास्यन्ति रुधिरं गात्राद्बाणशल्यान्तरोत्थितम् ॥ ६२
बालोऽयमिति विज्ञाय न चावज्ञातुमर्हसि । बालो वा यदि वा वृद्धो मृत्युं जानीहि संयुगे ॥ ६३
बालेन विष्णुना लोकास्त्रयः क्रान्तास्त्रिविक्रमैः । लक्ष्मणस्य वचः श्रुत्वा हेतुमत्परमार्थवत् ।
अतिकायः प्रचुक्रोध बाणं चोत्तममाददे ॥ ६४
ततो विद्याधरा भूता देवदैत्या महर्षयः । गुह्यकाश्च महात्मानस्तद्युद्धं ददृशुस्तदा ॥ ६५
ततोऽतिकायः कुपितश्चापमारोप्य सायकम् । लक्ष्मणाय प्रचिक्षेप संक्षिपन्निव चाम्बरम् ॥ ६६
तमापतन्तं निशितं शरमाशीविषोपमम् । अर्धचन्द्रेण चिच्छेद लक्ष्मणः परवीरहा ॥ ६७
तं निकृत्तं शरं दृष्ट्वा कृत्तभोगमिवोरगम् । अतिकायो भृशं क्रुद्धः पञ्च बाणान्समादधे ॥ ६८
ताञ्शरान्संप्रचिक्षेप लक्ष्मणाय निशाचरः । तानप्राप्ताञ्शितैर्बाणैश्चिच्छेद भरतानुजः ॥ ६९
स ताञ्छित्त्वा शितैर्बाणैर्लक्ष्मणः परवीरहा । आददे निशितं बाणं ज्वलन्तमिव तेजसा ॥ ७०
तमादाय धनुःश्रेष्ठे योजयामास लक्ष्मणः । विचकर्ष च वेगेन विससर्ज च सायकम् ॥ ७१
पूर्णायतविसृष्टेन शरेण नतपर्वणा । ललाटे राक्षसश्रेष्ठमाजघान स वीर्यवान् ॥ ७२
स ललाटे शरो मग्नस्तस्य भीमस्य रक्षसः । ददृशे शोणितेनाक्तः पन्नगेन्द्र इवाचले ॥ ७३
राक्षसः प्रचकम्पेऽथ लक्ष्मणेषुप्रपीडितः । रुद्रबाणहतं घोरं यथा त्रिपुरगोपुरम् ।
चिन्तयामास चाश्वस्य विमृश्य च महाबलः ॥ ७४
साधु बाणनिपातेन श्लाघनीयोऽसि मे रिपुः । विधायैवं विदार्यास्यं विनम्य च महाभुजौ ।
स रथोपस्थमास्थाय रथेन प्रचचार ह ॥ ७५
एवं त्रीन्पञ्च सप्तेति सायकान्राक्षसर्षभः । आददे संदधे चापि विचकर्षोत्ससर्ज च ॥ ७६
ते बाणाः कालसंकाशा राक्षसेन्द्रधनुश्च्युताः । हेमपुङ्खा रविप्रख्याश्चक्रुर्दीप्तमिवाम्बरम् ॥ ७७

मां प्राप्तः ॥ ५३ ॥ प्रतिस्तब्धोऽहंकारवान्निवर्तितुं नेच्छसि तदातिष्ठ । स त्वं प्राणान्परित्यज्य यमक्षयं गमिष्यसि ॥ ५४ ॥ ईश्वरायुधं त्रिशूलम् ॥ ५५ ॥ ५६ ॥ ५७ ॥ प्रधानः श्रेष्ठः । कत्थनादात्मनः श्लाघामात्रात् । सत्पुरुषाः श्लाघ्यगुणयुक्ता न भवन्ति । आत्मनो बलं सामर्थ्यम् ॥ ५८ ॥ ५९ ॥ ६० ॥ ६१ ॥ बाणशल्यान्तरोत्थितं बाणशल्यकृतच्छिद्रादुत्थितम् ॥ ६२ ॥ मृत्युं जानीहि । पुरःस्थितस्य शत्रोरिति शेषः ॥ ६३ ॥ बाल्यं न प्रतिबन्धकम् । पराक्रमे इत्यत्र दृष्टान्तमाह—बालेनेति । वामनेनेत्यर्थः ॥ ६४ ॥ ६५ ॥ सायकं चापमारोप्य बाणं धनुषि संधाय संक्षिपन्निव चाम्बरं बाणवेगेनान्तरालस्थितमाकाशं प्रसन्निव ॥ ६६ ॥ ६७ ॥ ६८ ॥ ६९ ॥ ७० ॥ ७१ ॥ पूर्णायतविसृष्टेन पूर्णाकर्षणपूर्वकं विसृष्टेन त्यक्तेन । ललाट आजघानेत्यन्वयः ॥ ७२ ॥ ७३ ॥ त्रिपुरगोपुरं त्रिपुरासुरपुरस्य गोपुरम् । आश्वस्य संज्ञां प्राप्य, विमृश्य विचार्य कर्तव्यमर्थं चिन्तयामास ॥ ७४ ॥ तमेवार्थमाह—साध्विति । अमोघबाणप्रयोगेण त्वं मे श्लाघ्यो रिपुरसीत्येवमास्यं विदार्य प्रकटं यथा भवति तथा विधायाभिधाय भुजौ विनम्य वशे स्थापयित्वा रथोपस्थमास्थाय रथेन प्रच-

तत ता राक्षसोत्सृष्टाञ्शरौघान्राघवानुजः । असंभ्रान्तः प्रचिच्छेद निशितैर्बहुभिः शरैः ॥ ७८
ताञ्शरान्युधि संप्रेक्ष्य निकृत्तान्रावणात्मजः । चुकोप त्रिदशेन्द्रारिर्जग्राह निशितं शरम् ॥ ७९
स संधाय महातेजास्तं बाणं सहसोत्सृजत् । तेन सौमित्रिमायान्तमाजघान स्तनान्तरे ॥ ८०
अतिकायेन सौमित्रिस्ताडितो युधि वक्षसि । सुस्राव रुधिरं तीव्रं मदं मत्त इव द्विपः ॥ ८१
स चकार तदात्मानं विशल्यं सहसा विभुः । जग्राह च शरं तीक्ष्णमस्त्रेणापि समादधे ॥ ८२
आग्नेयेन तदास्त्रेण योजयामास सायकम् । स जज्वाल तदा बाणो धनुश्चास्य तदात्मनः ॥ ८३
अतिकायोऽतितेजस्वी रौद्रमस्त्रं समाददे । तेन बाणं भुजंगाभं हेमपुङ्खमयोजयत् ॥ ८४
तदस्त्रं ज्वलितं घोरं लक्ष्मणः शरमाहितम् । अतिकायाय चिक्षेप कालदण्डमिवान्तकः ॥ ८५
आग्नेयास्त्राभिसंयुक्तं दृष्ट्वा बाणं निशाचरः । उत्ससर्ज तदा बाणं रौद्रं सूर्यास्त्रयोजितम् ॥ ८६
तावुभावम्बरे बाणावन्योन्यमभिजघ्नतुः । तेजसा संप्रदीप्ताग्रौ क्रुद्धाविव भुजंगमौ ।
तावन्योन्यं विनिर्दह्य पेततुः पृथिवीतले ॥ ८७
निरर्चिषौ भस्मकृतौ न भ्राजेते शरोत्तमौ । तावुभौ दीप्यमानौ स्म न भ्राजेते महीतले ॥ ८८
ततोऽतिकायः संक्रुद्धस्त्वाष्ट्रमैषीकमुत्सृजत् । ततश्चिच्छेद सौमित्रिरस्त्रमैन्द्रेण वीर्यवान् ॥ ८९
ऐषीकं निहतं दृष्ट्वा कुमारो रावणात्मजः । याम्येनास्त्रेण संक्रुद्धो योजयामास सायकम् ॥ ९०
ततस्तदस्त्रं चिक्षेप लक्ष्मणाय निशाचरः । वायव्येन तदस्त्रेण निजघान स लक्ष्मणः ॥ ९१
अथैनं शरधाराभिर्धाराभिरिव तोयदः । अभ्यवर्षत संक्रुद्धो लक्ष्मणो रावणात्मजम् ॥ ९२
तेऽतिकायं समासाद्य कवचे वज्रभूषिते । भग्नाग्रशल्याः सहसा पेतुर्बाणा महीतले ॥ ९३
तान्मोघानभिसंप्रेक्ष्य लक्ष्मणः परवीरहा । अभ्यवर्षत बाणानां सहस्रेण महायशाः ॥ ९४
स वृष्यमाणो बाणौघैरतिकायो महाबलः । अवध्यकवचः संख्ये राक्षसो नैव विव्यथे ॥ ९५
न शशाक रुजं कर्तुं युधि तस्य नरोत्तमः । अथैनमभ्युपागम्य वायुर्वाक्यमुवाच ह ॥ ९६
ब्रह्मदत्तवरो ह्येष अवध्यकवचावृतः । ब्राह्मेणास्त्रेण भिन्ध्येनमेष वध्यो हि नान्यथा ।
अवध्य एष ह्यन्येषामस्त्राणां कवची बली ॥ ९७

ततस्तु वायोर्वचनं निशम्य सौमित्रिरिन्द्रप्रतिमानवीर्यः ।
समादधे बाणमथोग्रवेगं तद्ब्राह्ममस्त्रं सहसा नियुज्य ॥ ९८
तस्मिन्वरास्त्रे तु नियुज्यमाने सौमित्रिणा बाणवरे शिताग्रे ।
दिशश्च चन्द्रार्कमहाग्रहाश्च नभश्च तत्रास ररास चोर्वी ॥ ९९
तं ब्रह्मणोऽस्त्रेण नियुज्य चापे शरं सपुङ्खं यमदूतकल्पम् ।
सौमित्रिरिन्द्रारिसुतस्य तस्य ससर्ज बाणं युधि वज्रकल्पम् ॥ १००
तं लक्ष्मणोत्सृष्टविवृद्धवेगं समापतन्तं श्वसनोग्रवेगम् ।
सुपर्णवज्रोत्तमचित्रपुङ्खं तदातिकायः समरे ददर्श ॥ १०१
तं प्रेक्षमाणः सहसातिकायो जघान बाणैर्निशितैरनेकैः ।
स सायकस्तस्य सुपर्णवेगस्तथातिवेगेन जगाम पार्श्वम् ॥ १०२
तमागतं प्रेक्ष्य तदातिकायो बाणं प्रदीप्तान्तककालकल्पम् ।
जघान शक्त्यृष्टिगदाकुठारैः शूलैः शरैश्चाप्यविपन्नचेष्टः ॥ १०३
तान्यायुधान्यद्भुतविग्रहाणि मोघानि कृत्वा स शरोऽग्निदीप्तः ।
प्रगृह्य तस्यैव किरीटजुष्टं तदातिकायस्य शिरो जहार ॥ १०४

चार हेत्यन्वयः ॥ ७५ ॥ ७६ ॥ ७७ ॥ ७८ ॥ ७९ ॥ ८० ॥ ८१ ॥ आत्मानं विशल्यं चकारेत्यत्र हेतुः— विभुरिति । विष्ण्वंशत्वानुसंधानवानित्यर्थः ॥ ८२ ॥ अस्त्रेणास्त्रमन्त्रेण । तदेवाह—आग्नेयेनेति ॥ ८३ ॥ ८४ ॥ आहितमाहितदिव्यास्त्रशक्तिम्, अस्त्ररूपं शरम् ॥ ८५ ॥ ८६ ॥ ८७ ॥ दीप्यमानौ तादृशावपि परस्पराभिघातान्न भ्राजेते ॥ ८८ ॥ त्वाष्ट्रं त्वष्टृदेवताकमैषीकाख्यम् ॥ ८९ ॥ ९० ॥ ९१ ॥ ९२ ॥ भग्नमग्रवर्तिशल्यं येषां ते ॥ ९३ ॥ मोघान्व्यर्थान् ॥ ९४ ॥ वृष्यमाणः क्रियमाणवर्षः ॥ ९५ ॥ ९६ ॥ ९७ ॥ ९८ ॥ ९९ ॥ १०० ॥ १०१ ॥ १०२ ॥ १०३ ॥ १०४

तच्छिरः सशिरस्त्राणं लक्ष्मणेषुप्रमर्दितम् । पपात सहसा भूमौ शृङ्गं हिमवतो यथा ॥ १०५
तं भूमौ पतितं दृष्ट्वा विक्षिप्ताम्बरभूषणम् । बभूवुर्व्यथिताः सर्वे हतशेषा निशाचराः ॥ १०६
ते विषण्णमुखा दीनाः प्रहारजनितश्रमाः । विनेदुरुच्चैर्बहवः सहसा विस्वरैः स्वरैः ॥ १०७
ततस्तत्परितो याता निरपेक्षा निशाचराः । पुरीमभिमुखा भीता द्रवन्तो नायके हते ॥ १०८
प्रहर्षयुक्ता बहवस्तु वानराः प्रफुल्लपद्मप्रतिमाननास्तदा ।
अपूजयँल्लक्ष्मणमिष्टभागिनं हते रिपौ भीमबले दुरासदे ॥ १०९

इत्यार्षे श्रीमद्रामायणे वाल्मीकीय आदिकाव्ये युद्धकाण्ड एकसप्ततितमः सर्गः ॥ ७१ ॥

द्विसप्ततितमः सर्गः ।

अतिकायं हतं श्रुत्वा लक्ष्मणेन महात्मना । उद्वेगमगद्राजा वचनं चेदमब्रवीत् ॥ १
धूम्राक्षः परमामर्षी सर्वशस्त्रभृतां वरः । अकम्पनः प्रहस्तश्च कुम्भकर्णस्तथैव च ॥ २
एते महाबला वीरा राक्षसा युद्धकाङ्क्षिणः । जेतारः परसैन्यानां परैर्नित्यापराजिताः ॥ ३
ससैन्यास्ते हता वीरा रामेणाक्लिष्टकर्मणा । राक्षसाः सुमहाकाया नानाशस्त्रविशारदाः ॥ ४
अन्ये च बहवः शूरा महात्मानो निपातिताः । प्रख्यातबलवीर्येण पुत्रेणेन्द्रजिता मम ॥ ५
तौ भ्रातरौ तदा बद्धौ घोरैर्दत्तवरैः शरैः । यन्न शक्यं सुरैः सर्वैरसुरैर्वा महाबलैः ॥ ६
मोक्तुं तद्बन्धनं घोरं यक्षगन्धर्वपन्नगैः । तन्न जाने प्रभावैर्वा मायया मोहनेन वा ॥ ७
शरबन्धाद्विमुक्तौ तौ भ्रातरौ रामलक्ष्मणौ । ये योधा निर्गताः शूरा राक्षसा मम शासनात् ॥ ८
ते सर्वे निहता युद्धे वानरैः सुमहाबलैः । तं न पश्याम्यहं युद्धे योऽद्य रामं सलक्ष्मणम् ।
नाशयेत्सबलं वीरं ससुग्रीवं विभीषणम् ॥ ९
अहो सुबलवान्रामो महदस्त्रबलं च वै । यस्य विक्रममासाद्य राक्षसा निधनं गताः ॥ १०
अप्रमत्तैश्च सर्वत्र गुल्मै रक्ष्या पुरी त्वियम् । अशोकवनिका चैव यत्र सीताभिरक्ष्यते ॥ ११
निष्कामो वा प्रवेशो वा ज्ञातव्यः सर्वदैव नः । यत्र यत्र भवेद्गुल्मस्तत्र तत्र पुनः पुनः ॥ १२
सर्वतश्चापि तिष्ठध्वं स्वैः स्वैः परिवृता बलैः । द्रष्टव्यं च पदं तेषां वानराणां निशाचराः ॥ १३
प्रदोषे वार्धरात्रे वा प्रत्यूषे वापि सर्वशः । नावज्ञा तत्र कर्तव्या वानरेषु कदाचन ॥ १४
द्विषतां बलमुद्युक्तमापतत्किं स्थितं यथा । ततस्ते राक्षसाः सर्वे श्रुत्वा लङ्काधिपस्य तत् ।
वचनं सर्वमातिष्ठन्यथावत्तु महाबलाः ॥ १५
तान्सर्वान्हि समादिश्य रावणो राक्षसाधिपः । मन्युशल्यं वहन्दीनः प्रविवेश स्वमालयम् ॥ १६
ततः स संदीपितकोपवह्निर्निशाचराणामधिपो महाबलः ।
तदेव पुत्रव्यसनं विचिन्तयन्मुहुर्मुहुश्चैव तदा विनिःश्वसन् ॥ १७

इत्यार्षे श्रीमद्रामायणे वाल्मीकीय आदिकाव्ये युद्धकाण्डे द्विसप्ततितमः सर्गः ॥ ७२ ॥

॥ १०५ ॥ १०६ ॥ १०७ ॥ १०८ ॥ इष्टभागिनमिष्टस्य भागः प्राप्तिस्तद्वन्तम् । इष्टमतिकायवधं प्राप्तवन्तमित्यर्थः ॥ १०९ ॥ त्रिशिरोऽतिकायदेवान्तकनरान्तकमहोदरमहापार्श्वानां षड्भिर्दिनैर्भाद्राश्विनकृष्णषष्ठ्यन्तेन वध इत्यग्रे स्पष्टम्

इति श्रीरामाभिरामे श्रीरामीये रामायणतिलके वाल्मीकीय आदिकाव्ये युद्धकाण्ड एकसप्ततितमः सर्गः ॥ ७१ ॥

अतिकायमिति ॥ १ ॥ २ ॥ ३ ॥ ४ ॥ ५ ॥ दत्तवरैर्वरदत्तैः शरैर्यौ खरादिहन्तारौ भ्रातरौ तौ बद्धौ । यच्छरबन्धनं सुरादिभिरपि मोक्तुं न शक्यं तस्मादपि शरबन्धनाद्विमुक्तौ तत्प्रभावैः सहजस्वबलादिवैभवैरथवा मायया प्रतिमायाबलेन वा मोहनेन वा बन्धकरनागानां मोहनेन वेति न जाने इत्युत्तरेण संबन्धः ॥ ६ ॥ ७ ॥ ८ ॥ ९ ॥ १० ॥ अप्रमत्तैश्चेति । रक्ष्याः । युष्माभिरवशिष्टराक्षसैरिति शेषः । अशोकवनिका चेति । विशिष्य रक्ष्येति शेषः ॥ ११ ॥ निष्कामो वेति । पुरेऽशोकवनिकायां चेति शेषः । नो युष्माकम् । युष्माभिरिति यावत् । यत्र यत्र गुल्म इति । पृथक्स्थापित इति शेषः ॥ १२ ॥ पदं गतागतम् ॥ १३ ॥ १४ ॥ द्रष्टव्यं च पदमित्युक्तम्, तत्र दर्शनप्रकारमाह—द्विषतामिति । उद्युक्तमुद्यमवत्किमापतदागमनशीलं किम् । लङ्कायामिति शेषः । यथायथा पूर्वं स्थितं स्थितिमत्किमित्येवंप्रकारेण सदा द्रष्टव्यमित्यर्थः ॥ १५ ॥ मन्युशल्यं मन्युरूपं शल्यम् ॥ १६ ॥ १७ ॥

त्रिसप्ततितमः सर्गः ।

ततो हतान्राक्षसपुंगवांस्तान्देवान्तकादित्रिशिरोऽतिकायान् ।
रक्षोगणास्तत्र हतावशिष्टास्ते रावणाय त्वरिताः शशंसुः ॥ १
ततो हतांस्तान्सहसा निशम्य राजा महाबाष्पपरिप्लुताक्षः ।
पुत्रक्षयं भ्रातृवधं च घोरं विचिन्त्य राजा विपुलं प्रदध्यौ ॥ २
ततस्तु राजानमुदीक्ष्य दीनं शोकार्णवे संपरिपुप्लुवानम् ।
रथर्षभो राक्षसराजसूनुस्तमिन्द्रजिद्वाक्यमिदं बभाषे ॥ ३
न तात मोहं परिगन्तुमर्हसे यत्रेन्द्रजिज्जीवति नैर्ऋतेश ।
नेन्द्रारिबाणाभिहतो हि कश्चित्प्राणान्समर्थः समरेऽभिपातुम् ॥ ४
पश्याद्य रामं सह लक्ष्मणेन मद्बाणनिर्भिन्नविकीर्णदेहम् ।
गतायुषं भूमितले शयानं शितैः शरैराचितसर्वगात्रम् ॥ ५
इमां प्रतिज्ञां शृणु शक्रशत्रोः सुनिश्चितां पौरुषदैवयुक्ताम् ।
अद्यैव रामं सह लक्ष्मणेन संतर्पयिष्यामि शरैरमोघैः ॥ ६
अद्येन्द्रवैवस्वतविष्णुरुद्राः साध्याश्च वैश्वानरचन्द्रसूर्याः ।
द्रक्ष्यन्तु मे विक्रममप्रमेयं विष्णोरिवोग्रं बलियज्ञवाटे ॥ ७
स एवमुक्त्वा त्रिदशेन्द्रशत्रुरापृच्छ्य राजानमदीनसत्त्वः ।
समारुरोहानिलतुल्यवेगं रथं खरश्रेष्ठसमाधियुक्तम् ॥ ८
समास्थाय महातेजा रथं हरिरथोपमम् । जगाम सहसा तत्र यत्र युद्धमरिंदमः ॥ ९
तं प्रस्थितं महात्मानमनुजग्मुर्महाबलाः । संहर्षमाणा बहवो धनुःप्रवरपाणयः ॥ १०
गजस्कन्धगताः केचित्केचित्परमवाजिभिः । व्याघ्रवृश्चिकमार्जारखरोष्ट्रैश्च भुजंगमैः ॥ ११
वराहैः श्वापदैः सिंहैर्जम्बुकैः पर्वतोपमैः । काकहंसमयूरैश्च राक्षसा भीमविक्रमाः ।
प्रासमुद्गरनिस्त्रिंशपरश्वधगदाधराः ॥ १२
स शङ्खनिनदैः पूर्णैर्भेरीणां चापि निःस्वनैः । जगाम त्रिदशेन्द्रारिराजिं वेगेन वीर्यवान् ॥ १३
स शङ्खशशिवर्णेन च्छत्रेण रिपुसूदनः । रराज प्रतिपूर्णेन नभश्चन्द्रमसा यथा ॥ १४
वीज्यमानस्ततो वीरो हैमैर्हेमविभूषणः । चारुचामरमुख्यैश्च मुख्यः सर्वधनुष्मताम् ॥ १५
ततस्त्विन्द्रजिता लङ्का सूर्यप्रतिमतेजसा । रराजाप्रतिवीर्येण द्यौरिवार्केण भास्वता ॥ १६
स संप्राप्य महातेजा युद्धभूमिमरिंदमः । स्थापयामास रक्षांसि रथं प्रति समन्ततः ॥ १७
ततस्तु हुतभोक्तारं हुतभुक्सदृशप्रभः । जुहुवे राक्षसश्रेष्ठो विधिवन्मन्त्रसत्तमैः ॥ १८
स हविर्लाजसत्कारैर्माल्यगन्धपुरस्कृतैः । जुहुवे पावकं तत्र राक्षसेन्द्रः प्रतापवान् ॥ १९
शस्त्राणि शरपत्राणि समिधोऽथ बिभीतकाः । लोहितानि च वासांसि स्रुवं कार्ष्णायसं तथा ॥ २०

इति श्रीरामाभिरामे श्रीरामीये रामायणतिलके वाल्मीकीय आदिकाव्ये युद्धकाण्डे द्विसप्ततितमः सर्गः ॥ ७२ ॥

तत इति । देवान्तकादयश्च त्रिशिरोऽतिकायौ च तान् ॥ १ ॥ २ ॥ संपरिपुप्लुवानम् । लिटः कानच् । शोकार्णवमग्नमित्यर्थः । रथर्षभो रथस्थानां श्रेष्ठः । महारथ इत्यर्थः । तं रावणम् ॥ ३ ॥ हे तात, तस्मान्मोहं गन्तुं नार्हसि । यत्र यस्मादिन्द्रजिज्जीवति । इन्द्रारिरिन्द्रजित् । समरे इन्द्रजिद्बाणाभिहतः प्राणानभिपातुं कश्चिदपि समर्थो नास्ति ॥ ४ ॥ मद्बाणनिर्भिन्नः अतएव विकीर्णो देहो यस्य तम् ॥ ५ ॥ पौरुषदैवयुक्तां पौरुषेण सहजशौर्यबलेन दैवबलेन भगवद्ब्रह्मबलेन च युक्तां क्रियमाणाम् । आदिकर्मणि क्तः ॥ ६ ॥ ७ ॥ खरश्रेष्ठैः, समाधीयते युद्धमेभिरिति समाधयो धनुःखड्गादयस्तैश्च युक्तम् ॥ ८ ॥ हरिरथ इन्द्ररथः ॥ ९ ॥ संहर्षमाणा इत्यार्षम् । हृष्यमाणा इत्यर्थः ॥ १० ॥ ११ ॥ १२ ॥ आजि युद्धम् ॥ १३ ॥ शङ्खस्य शशिनश्च वर्ण इव वर्णो यस्य तत् ॥ १४ ॥ हैमैर्हिरण्मयदण्डैः ॥ १५ ॥ १६ ॥ युद्धभूमिं युद्धजयसंपादकहोमसाधनभूमिम् । निकुम्भिलास्थानमित्यर्थः ॥ १७ ॥ हुतभोक्तारमग्निम् । विधिस्तत्कल्पोक्तप्रकारः ॥ १८ ॥ गन्धमाल्यपुरस्कृतैर्लाजसत्कारैर्लाजैः पावकं सत्कृत्य तत्र पावके वक्ष्यमाणसंस्कारसंस्कृतैर्हविर्वक्ष्यमाणच्छागरूपं जुहाव ॥ १९ ॥ शस्त्राण्येव शरपत्राणि, काशविशेषाः परिस्तरणभूताः, बिभीतका बिभीतकवृक्षसंबन्धिन्यः समिधः, रक्तवस्त्राणि । अभि-

स तत्राग्निं समास्तीर्य शरपत्रैः सतोमरैः । छागस्य कृष्णवर्णस्य गलं जग्राह जीवतः ॥ २१
सकृदेव समिद्धस्य निर्धूमस्य महार्चिषः । बभूवुस्तानि लिङ्गानि विजयं यान्यदर्शयन् ॥ २२
प्रदक्षिणावर्तशिखस्तप्तकाञ्चनसंनिभः । हविस्तत्प्रतिजग्राह पावकः स्वयमुत्थितः ॥ २३
सोऽस्त्रमाहारयामास ब्राह्ममस्त्रविशारदः । धनुश्चात्मरथं चैव सर्वं तत्राभ्यमन्त्रयत् ॥ २४
तस्मिन्नाहूयमानेऽस्त्रे हूयमाने च पावके । सार्कग्रहेन्दुनक्षत्रं वितत्रास नभस्थलम् ॥ २५

स पावकं पावकदीप्ततेजा हुत्वा महेन्द्रप्रतिमप्रभावः ।
सचापबाणासिरथाश्वशूलः खेऽन्तर्दधेऽत्मानमचिन्त्यवीर्यः ॥ २६

ततो हयरथाकीर्णं पताकाध्वजशोभितम् । निर्ययौ राक्षसबलं नर्दमानं युयुत्सया ॥ २७
ते शरैर्बहुभिश्चित्रैस्तीक्ष्णवेगैरलंकृतैः । तोमरैरङ्कुशैश्चापि वानराञ्जघ्नुराहवे ॥ २८
रावणिस्तु सुसंक्रुद्धस्तान्निरीक्ष्य निशाचरान् । हृष्टा भवन्तो युध्यन्तु वानराणां जिघांसया ॥ २९
ततस्ते राक्षसाः सर्वे गर्जन्तो जयकाङ्क्षिणः । अभ्यवर्षंस्ततो घोरान्वानरान्शरवृष्टिभिः ॥ ३०
स तु नालीकनाराचैर्गदाभिर्मुसलैरपि । रक्षोभिः संवृतः संख्ये वानरान्विचकर्ष ह ॥ ३१
ते वध्यमानाः समरे वानराः पादपायुधाः । अभ्यवर्षन्त सहसा रावणिं शैलपादपैः ॥ ३२
इन्द्रजित्तु तदा क्रुद्धो महातेजा महाबलः । वानराणां शरीराणि व्यधमद्रावणात्मजः ॥ ३३
शरेणैकेन च हरीन्नव पञ्च च सप्त च । बिभेद समरे क्रुद्धो राक्षसान्संप्रहर्षयन् ॥ ३४
स शरैः सूर्यसंकाशैः शातकुम्भविभूषणैः । वानरान्समरे वीरः प्रममाथ सुदुर्जयः ॥ ३५
ते भिन्नगात्राः समरे वानराः शरपीडिताः । पेतुर्मथितसंकल्पाः सुरैरिव महासुराः ॥ ३६
ते तपन्तमिवादित्यं घोरैर्बाणगभस्तिभिः । अभ्यधावन्त संक्रुद्धाः संयुगे वानरर्षभाः ॥ ३७
ततस्तु वानराः सर्वे भिन्नदेहा विचेतसः । व्यथिता विद्रवन्ति स्म रुधिरेण समुक्षिताः ॥ ३८
रामस्यार्थे पराक्रम्य वानरास्त्यक्तजीविताः । नर्दन्तस्ते निवृत्तास्तु समरे सशिलायुधाः ॥ ३९
ते द्रुमैः पर्वताग्रैश्च शिलाभिश्च प्लवंगमाः । अभ्यवर्षन्त समरे रावणिं समवस्थिताः ॥ ४०
तं द्रुमाणां शिलानां च वर्षं प्राणहरं महत् । व्यपोहत महातेजा रावणिः समितिंजयः ॥ ४१
ततः पावकसंकाशैः शरैराशीविषोपमैः । वानराणामनीकानि बिभेद समरे प्रभुः ॥ ४२
अष्टादशशरैस्तीक्ष्णैः स विद्ध्वा गन्धमादनम् । विव्याध नवभिश्चैव नलं दूरादवस्थितम् ॥ ४३
सप्तभिस्तु महावीर्यो मैन्दं मर्मविदारणैः । पञ्चभिर्विशिखैश्चैव गजं विव्याध संयुगे ॥ ४४
जाम्बवन्तं तु दशभिर्नीलं त्रिंशद्भिरेव च । सुग्रीवमृषभं चैव सोऽङ्गदं द्विविदं तथा ॥ ४५
घोरैर्दत्तवरैस्तीक्ष्णैर्निष्प्राणानकरोत्तदा । अन्यानपि तदा मुख्यान्वानरान्बहुभिः शरैः ॥ ४६
अर्दयामास संक्रुद्धः कालाग्निरिव मूर्छितः । स शरैः सूर्यसंकाशैः सुमुक्तैः शीघ्रगामिभिः ॥ ४७
वानराणामनीकानि निर्ममन्थ महारणे । आकुलां वानरीं सेनां शरजालेन पीडिताम् ॥ ४८

चारकर्मणि तेषामेव विनियोगात् । आसन्निति शेषः । स्रुवमित्यत्रासीदिति ॥ २० ॥ शरपत्रैः प्रागुक्तदर्भैः । जीवतो गलं जग्राह । सजीवस्य होमार्थमिति शेषः ॥ २१ ॥ सकृदेवेति । सजीवस्य समग्रावयवस्य च्छागस्य सकृदेव महाहुत्या समिद्धस्य महार्चिषोऽग्नेः सकाशात्तानि लिङ्गानि बभूवुः । यानि पुरा स्वस्य विजयमदर्शयन् ॥ २२ ॥ तान्येवाह—प्रदक्षिणेति ॥ २३ ॥ अस्त्रविशारदः स ब्राह्ममस्त्रमाहारयामास ब्रह्मणा पुनर्ब्रह्मास्त्रोपदेशमकारयत् । अथ धनुरादिकं सिद्धब्रह्मास्त्रमन्त्रेणाभ्यमन्त्रयत् ॥ २४ ॥ तस्मिन्नस्त्र आहूयमाने तदस्त्रमन्त्रदैवते त्रिमूर्तिरहस्यलक्षणे क्रियमाणावाहने । तदुद्देशेन तन्मन्त्रेण पावके हूयमाने च सति सार्कादिकं नभस्थलं तत्रासेति नाममर्थवादः ॥ २५ ॥ अन्तर्दधेऽस्मानमित्यत्राकारलोपश्छान्दसः ॥ २६ ॥ तत इति । यागसमाप्त्यनन्तरम् । तद्यागभूमेरित्यर्थः ॥ २७ ॥ २८ ॥ निशाचरान्समीक्ष्य । आहेति शेषः । किमाह तदाह—हृष्टा इति ॥ २९ ॥ ३० ॥ रक्षोभिः संवृतो राक्षससैन्योपरि प्रत्यासन्नाकाशदेशे स्थितः ॥ ३१ ॥ अभ्यवर्षन्त । तत्सैन्यस्थित्यनुमितस्थितिकदिगुद्देशेनेति शेषः । अन्यथान्तर्धानगतत्वेनैतदसंभवात् ॥ ३२ ॥ ॥ ३३ ॥ ३४ ॥ ३५ ॥ मथितसंकल्पाः संहृतयुद्धसंकल्पाः ॥ ३६ ॥ अभ्यधावन्त । तद्दिगभिमुखेनेति शेषः ॥ ३७ ॥ ३८ ॥ त्यक्तजीवितास्त्यक्तजीवितेच्छाः । सशिलायुधाः शिलारूपायुधैः सहिताः ॥ ३९ ॥ ४० ॥ व्यपोहतापसारयति स्म ॥ ४१ ॥ ४२ ॥ ४३ ॥ ४४ ॥ ४५ ॥ दत्तवरैर्वरलब्धैः

हृष्टः स परया प्रीत्या ददर्श क्षतजोक्षिताम् । पुनरेव महातेजा राक्षसेन्द्रात्मजो बली ॥ ४९
संसृज्य बाणवर्षं च शस्त्रवर्षं च दारुणम् । ममर्द वानरानीकं परितस्त्विन्द्रजिद्बली ॥ ५०

स्वसैन्यमुत्सृज्य समेत्य तूर्णं महाहवे वानरवाहिनीषु ।
अदृश्यमानः शरजालमुग्रं ववर्ष नीलाम्बुधरो यथाम्बु ॥ ५१
ते शक्रजिद्बाणविशीर्णदेहा मायाहता विस्वरमुन्नदन्तः ।
रणे निपेतुर्हरयोऽद्रिकल्पा यथेन्द्रवज्राभिहता नगेन्द्राः ॥ ५२
ते केवलं संददृशुः शिताग्रान्बाणान्रणे वानरवाहिनीषु ।
मायाविगूढं च सुरेन्द्रशत्रुं न चात्र तं राक्षसमभ्यपश्यन् ॥ ५३
ततः स रक्षोधिपतिर्महात्मा सर्वा दिशो बाणगतैः शिताग्रैः ।
प्रच्छादयामास रविप्रकाशैर्विदारयामास च वानरेन्द्रान् ॥ ५४
स शूलनिस्त्रिंशपरश्वधानि व्याविद्धदीप्तानलसप्रभाणि ।
सविस्फुलिङ्गोज्ज्वलपावकानि ववर्ष तीव्रं प्लवगेन्द्रसैन्ये ॥ ५५

ततो ज्वलनसंकाशैर्बाणैर्वानरयूथपाः । ताडिताः शक्रजिद्बाणैः प्रफुल्ला इव किंशुकाः ॥ ५६
उदीक्षमाणा गगनं केचिन्नेत्रेषु ताडिताः । शनैर्विविशुरन्योन्यं पेतुश्च जगतीतले ॥ ५७
हनूमन्तं च सुग्रीवमङ्गदं गन्धमादनम् । जाम्बवन्तं सुषेणं च वेगदर्शिनमेव च ॥ ५८
मैन्दं च द्विविदं नीलं गवाक्षं गवयं तथा । केसरिं हरिलोमानं विद्युद्दंष्ट्रं च वानरम् ॥ ५९
सूर्याननं ज्योतिमुखं तथा दधिमुखं हरिम् । पावकाक्षं नलं चैव कुमुदं चैव वानरम् ॥ ६०
प्रासैः शूलैः शितैर्बाणैरिन्द्रजिन्मन्त्रसंहितैः । विव्याध हरिशार्दूलान्सर्वांस्तान्राक्षसोत्तमः ॥ ६१

स वै गदाभिर्हरियूथमुख्यान्निर्भिद्य बाणैस्तपनीयवर्णैः ।
ववर्ष रामं शरवृष्टिजालैः सलक्ष्मणं भास्कररश्मिकल्पैः ॥ ६२
स बाणवर्षैरभिवृष्यमाणो धारानिपातानिव तानचिन्त्य ।
समीक्षमाणः परमाद्भुतश्री रामस्तदा लक्ष्मणमित्युवाच ॥ ६३
असौ पुनर्लक्ष्मण राक्षसेन्द्रो महास्त्रमाश्रित्य सुरेन्द्रशत्रुः ।
निपातयित्वा हरिसैन्यमस्माञ्शितैः शरैरर्दयति प्रसक्तम् ॥ ६४
स्वयंभुवा दत्तवरो महात्मा समाहितोऽन्तर्हितभीमकायः ।
कथं नु शक्यो युधि नष्टदेहो निहन्तुमद्येन्द्रजिदुद्यतास्त्रः ॥ ६५
मन्ये स्वयंभूर्भगवानचिन्त्यस्तस्यैतदस्त्रं प्रभवश्च योऽस्य ।
बाणावपातं त्वमिहाद्य धीमन्मया सहाव्यग्रमनाः सहस्व ॥ ६६
प्रच्छादयत्येष हि राक्षसेन्द्रः सर्वाधिकः सायकवृष्टिजालैः ।
एतच्च सर्वं पतिताग्र्यशूरं न भ्राजते वानरराजसैन्यम् ॥ ६७
आवां तु दृष्ट्वा पतितौ विसंज्ञौ निवृत्तयुद्धौ हतहर्षरोषौ ।
ध्रुवं प्रवेक्ष्यत्यमरारिवासमसौ समासाद्य रणाग्र्यलक्ष्मीम् ॥ ६८

॥ ४६ ॥ ४७ ॥ ४८ ॥ ४९ ॥ ५० ॥ स्वसैन्यं स्वसैन्योपरिभागमुत्सृज्य ॥ ५१ ॥ ५२ ॥ ५३ ॥ ५४ ॥ ५५ ॥ प्रफुल्लाः किंशुका इव । आसन्निति शेषः ॥ ५६ ॥ शनैर्नेत्रेषु ताडिता इत्यन्वयः । अन्योन्यं विविशुरन्योन्यगात्रं समाश्लिष्य तस्थुः ॥ ५७ ॥ ५८ ॥ ५९ ॥ ६० ॥ ६१ ॥ ६२ ॥ ६३ ॥ प्रसक्तं प्रकृतं प्राप्तं ब्रह्मास्त्रमाश्रित्यास्मानावामेवार्दयति ॥ ६४ ॥ नष्टदेहोऽदृष्टदेहः ॥ ६५ ॥ नन्वदृष्टदेहस्यापि संहारसाधनैः शब्दवेध्यादिदिव्यास्त्रैर्हननं कार्यमिति चेन्न, भगवतो ब्रह्मण आज्ञाया मारुतिनेवास्माभिरपि पालनौचित्येनैतत्सहनस्यैवौचित्यादित्याशयेनाह—मन्य इति । अचिन्त्योऽचिन्त्यवैभवः । योऽस्य सकलसंसारस्य प्रभवः स्रष्टा । चकारात्संहर्ता च । स्वयंभूर्हिरण्यगर्भोऽस्ति तस्य भगवत एतदस्त्रमेतदस्त्रवैभवमित्येव मन्ये जानामि, अतस्तत्प्रवृत्तमिमं बाणावपातं मया सहाव्यग्रमना भगवद्ध्यानैकचित्तो भूत्वा भगवद्ध्यानबलेन सहस्व । धीमन्निति हेतुगर्भविशेषणम् । यतस्त्वमपि ब्रह्मध्यानसंपन्नस्तस्मात्सहस्व । एवं हि भगवदनुग्रहादस्माकमपि जयो भविष्यति, नान्यथेत्यर्थः ॥ ६६ ॥ पतिताग्र्यशूरं पतिता भुवि पतिता अग्र्यशूराः प्रशस्तवीरा यस्मिंस्तत् ॥ ६७ ॥ एतत्सहनस्यैवैतदुपरमोपायत्वमपीत्याह—आवामिति । हतहर्षरोषावप्रकाशितहर्षरोषविकारौ, अतएव विसंज्ञाविवावां पतितौ दृष्ट्वा रणाग्र्य-

ततस्तु ताविन्द्रजितोऽस्त्रजालैर्बभूवतुस्तत्र तदा विशस्तौ ।
स चापि तौ तत्र विषादयित्वा ननाद हर्षाद्युधि राक्षसेन्द्रः ॥ ६९
ततस्तदा वानरसैन्यमेवं रामं च संख्ये सह लक्ष्मणेन ।
निषूदयित्वा सहसा विवेश पुरीं दशग्रीवभुजाभिगुप्ताम् ।
संस्तूयमानः स तु यातुधानैः पित्रे च सर्वं हृषितोऽभ्युवाच ॥ ७०

इत्यार्षे श्रीमद्रामायणे वाल्मीकीय आदिकाव्ये युद्धकाण्डे त्रिसप्ततितमः सर्गः ॥ ७३ ॥

चतुःसप्ततितमः सर्गः ।

तयोस्तदासादितयो रणाग्रे मुमोह सैन्यं हरियूथपानाम् ।
सुग्रीवनीलाङ्गदजाम्बवन्तो न चापि किंचित्प्रतिपेदिरे ते ॥ १
ततो विषण्णं समवेक्ष्य सर्वं विभीषणो बुद्धिमतां वरिष्ठः ।
उवाच शाखामृगराजवीरानाश्वासयन्नप्रतिमैर्वचोभिः ॥ २
मा भैष्ट नास्त्यत्र विषादकालो यदार्यपुत्रौ ह्यवशौ विषण्णौ ।
स्वयंभुवो वाक्यमथोद्वहन्तौ यत्सादिताविन्द्रजितास्त्रजालैः ॥ ३
तस्मै तु दत्तं परमास्त्रमेतत्स्वयंभुवा ब्राह्मममोघवीर्यम् ।
तन्मानयन्तौ युधि राजपुत्रौ निपातितौ कोऽत्र विषादकालः ॥ ४
ब्राह्ममस्त्रं ततो धीमान्मानयित्वा तु मारुतिः । विभीषणवचः श्रुत्वा हनूमानिदमब्रवीत् ॥ ५
अस्मिन्नस्त्रहते सैन्ये वानराणां तरस्विनाम् । यो यो धारयते प्राणांस्तं तमाश्वासयावहे ॥ ६
तावुभौ युगपद्वीरौ हनूमद्राक्षसोत्तमौ । उल्काहस्तौ तदा रात्रौ रणशीर्षे विचेरतुः ॥ ७
भिन्नलाङ्गलहस्तोरुपादाङ्गुलिशिरोधरैः । स्रवद्भिः क्षतजं गात्रैः प्रस्रवद्भिः समन्ततः ॥ ८
पतितैः पर्वताकारैर्वानरैरभिसंवृताम् । शस्त्रैश्च पतितैर्दीप्तैर्ददृशाते वसुंधराम् ॥ ९
सुग्रीवमङ्गदं नीलं शरभं गन्धमादनम् । जाम्बवन्तं सुषेणं च वेगदर्शिनमेव च ॥ १०
मैन्दं नलं ज्योतिमुखं द्विविदं चापि वानरम् । विभीषणो हनूमांश्च ददृशाते हतान्रणे ॥ ११
सप्तषष्टिर्हताः कोट्यो वानराणां तरस्विनाम् । अह्नः पञ्चमशेषेण वल्लभेन स्वयंभुवः ॥ १२
सागरौघनिभं भीमं दृष्ट्वा बाणार्दितं बलम् । मार्गते जाम्बवन्तं च हनूमान्सविभीषणः ॥ १३

लक्ष्मीं समासाद्य ध्रुवमसावमरारिवासं लङ्कां प्रवेक्ष्यति । पश्चाद्यदस्माभिरनुष्ठेयं तत्करिष्याव इति शेषः । रणाग्र्येत्यादिना समूलनाशाशक्तिः सूचिता ॥ ६८ ॥ विशस्तौ पीडितौ ॥ ६९ ॥ ७० ॥ **इति श्रीरामाभिरामे श्रीरामीये रामायणतिलके वाल्मीकीय आदिकाव्ये युद्धकाण्डे त्रिसप्ततितमः सर्गः ॥७३॥**

तयो राघवयोः । रणाग्रे रणमुखे । सादितयोर्निश्चेष्टीकृतयोः ॥ १ ॥ अप्रतिमैरत्यन्तं कालोचितैः ॥ २ ॥ तदेवाह—मा भैष्टेति । अत्रास्यामवस्थायां विषादकालो विषादावसरो नास्ति कुतस्तत्राह—यदिति । यद्यस्मात्स्वयंभुवो वाक्यमुद्वहन्तौ तदाज्ञां परिपालयन्तौ, अतएव विवशावस्त्रप्रयोगप्रवृत्तिरहितौ । अथानन्तरं तस्मादेवेन्द्रजितासादिताविति यत्तस्माद्विषण्णावेव न तु प्राणपीडावन्तौ, अतो मा भैष्ट । यद्वा एताववशौ विषण्णाविति यत्तत्र विषये मा भैष्ट । एतयोर्विषण्णयोरस्मान्को वा रक्षिष्यतीति शत्रुभ्यो भयं मा भूत् । अत्रैतद्विषये विषादकालो नास्ति । यद्यस्माद्यत्स्वयंभुवो वाक्यं मन्त्ररूपमुद्वहन्तौ मानयन्ताविन्द्रजिदस्त्रजालैः सादितौ सादिताविव, यतो ब्रह्मसंमाननार्थं स्वयमेव पतिताविति मा भैष्टेत्यर्थः ॥ ३ ॥ राघवाभ्यां क्षन्तुं योग्यमस्त्रं रावणेरस्तीत्याह—तस्मै इति । कोऽत्र विषादकालः, न कोऽपि । क्षणानन्तरमुत्थास्यत इति शेषः ॥ ४ ॥ मारुतिस्तदा विभीषणवचः श्रुत्वा तद्ब्राह्ममस्त्रं मानयित्वा सर्वेणाप्यनुमरणीयमेवेति पूजयित्वा विभीषणं प्रतीदमब्रवीत् ॥ ५ ॥ अस्त्रहते ब्रह्मास्त्रहते । आश्वासयावहे । विचार्येति शेषः ॥ ६ ॥ तदा रात्रावित्यनेन सप्तम्यां रात्रावयमस्त्रप्रयोग इति सूचितम् ॥ ७ ॥ प्रस्रवद्भिः । मूत्रमिति शेषः ॥ ८ ॥ ९ ॥ १० ॥ ददृशाते हतान्रणे । हतप्रायानित्यर्थः ॥ ११ ॥ पञ्चमश्चासौ शेषो भागश्च तेन प्रातःसंगवमध्याह्नापराह्णसायाह्नेषु षड्घटिकात्मकेषु पञ्चमेन सायाह्नेनेत्यर्थः । चतुर्भिर्भागैश्च ब्रह्मास्त्रसाधनमिति बोध्यम् । सप्तषष्टिकोटिवानरहनने सामर्थ्यमाह—वल्लभेन स्वयंभुव इति । स्वयंभूवल्लभेन ब्रह्मास्त्रेणापरिमितप्राणिहननसामर्थ्येन हतमिति भगवद्वैभवमेवैतदिति भावः ॥ १२ ॥ मार्गते । विचिन्वेत्यर्थः । तस्य बहुज्ञत्वादुपायप्रश्ना-

स्वभावजरया युक्तं वृद्धं शरशतैश्चितम् । प्रजापतिसुतं वीरं शाम्यन्तमिव पावकम् ॥ १४
दृष्ट्वा समभिसंक्रम्य पौलस्त्यो वाक्यमब्रवीत् । कच्चिदार्य शरैस्तीक्ष्णैर्न प्राणा ध्वंसितास्तव ॥ १५
विभीषणवचः श्रुत्वा जाम्बवानृक्षपुंगवः । कृच्छ्रादभ्युद्गिरन्वाक्यमिदं वचनमब्रवीत् ॥ १६
नैर्ऋतेन्द्र महावीर्य स्वरेण त्वाभिलक्षये । विद्धगात्रः शितैर्बाणैर्न त्वां पश्यामि चक्षुषा ॥ १७
अञ्जना सुप्रजा येन मातरिश्वा च सुव्रत । हनूमान्वानरश्रेष्ठः प्राणान्धारयते क्वचित् ॥ १८
श्रुत्वा जाम्बवतो वाक्यमुवाचेदं विभीषणः । आर्यपुत्रावतिक्रम्य कस्मात्पृच्छसि मारुतिम् ॥ १९
नैव राजनि सुग्रीवे नाङ्गदे नापि राघवे । आर्य संदर्शितः स्नेहो यथा वायुसुते परः ॥ २०
विभीषणवचः श्रुत्वा जाम्बवान्वाक्यमब्रवीत् । शृणु नैर्ऋतशार्दूल यस्मात्पृच्छामि मारुतिम् ॥ २१
अस्मिञ्जीवति वीरे तु हतमप्यहतं बलम् । हनूमत्युज्झितप्राणे जीवन्तोऽपि मृता वयम् ॥ २२
धरते मारुतिस्तात मारुतप्रतिमो यदि । वैश्वानरसमो वीर्ये जीविताशा ततो भवेत् ॥ २३
ततो वृद्धमुपागम्य विनयेनाभ्यवादयत् । गृह्य जाम्बवतः पादौ हनूमान्मारुतात्मजः ॥ २४
श्रुत्वा हनूमतो वाक्यं तदा विव्यथितेन्द्रियः । पुनर्जातमिवात्मानं मन्यते प्लवगोत्तमः ॥ २५
ततोऽब्रवीन्महातेजा हनूमन्तं स जाम्बवान् । आगच्छ हरिशार्दूल वानरांस्त्रातुमर्हसि ॥ २६
नान्यो विक्रमपर्याप्तस्त्वमेषां परमः सखा । त्वत्पराक्रमकालोऽयं नान्यं पश्यामि कंचन ॥ २७
ऋक्षवानरवीराणामनीकानि प्रहर्षय । विशल्यौ कुरु चाप्येतौ सादितौ रामलक्ष्मणौ ॥ २८
गत्वा परममध्वानमुपर्युपरि सागरम् । हिमवन्तं नगश्रेष्ठं हनूमन्गन्तुमर्हसि ॥ २९
ततः काञ्चनमत्युग्रमृषभं पर्वतोत्तमम् । कैलासशिखरं चात्र द्रक्ष्यस्यरिनिषूदन ॥ ३०
तयोः शिखरयोर्मध्ये प्रदीप्तमतुलप्रभम् । सर्वौषधियुतं वीर द्रक्ष्यस्योषधिपर्वतम् ॥ ३१
तस्य वानरशार्दूल चतस्रो मूर्ध्नि संभवाः । द्रक्ष्यस्योषधयो दीप्ता दीपयन्तीर्दिशो दश ॥ ३२
मृतसंजीवनीं चैव विशल्यकरणीमपि । सुवर्णकरणीं चैव संधानीं च महौषधीम् ॥ ३३
ताः सर्वा हनुमन्गृह्य क्षिप्रमागन्तुमर्हसि । आश्वासय हरीन्प्राणैर्योज्य गन्धवहात्मज ॥ ३४
श्रुत्वा जाम्बवतो वाक्यं हनूमान्मारुतात्मजः । आपूर्यत बलोद्धर्षैस्तोयवेगैरिवार्णवः ॥ ३५
स पर्वततटाग्रस्थः पीडयन्पर्वतोत्तमम् । हनूमान्दृश्यते वीरो द्वितीय इव पर्वतः ॥ ३६
हरिपादविनिर्भग्नो निषसाद स पर्वतः । न शशाक तदात्मानं वोढुं भृशनिपीडितः ॥ ३७
तस्य पेतुर्नगा भूमौ हरिवेगाच्च जज्वलुः । शृङ्गाणि च व्यकीर्यन्त पीडितस्य हनूमता ॥ ३८
तस्मिन्संपीड्यमाने तु भग्नद्रुमशिलातले । न शेकुर्वानराः स्थातुं घूर्णमाने नगोत्तमे ॥ ३९
सा घूर्णितमहाद्वारा प्रभग्नगृहगोपुरा । लङ्का त्रासाकुला रात्रौ प्रनृत्येवाभवत्तदा ॥ ४०
पृथिवीधरसंकाशो निपीड्य पृथिवीधरम् । पृथिवीं क्षोभयामास सार्णवां मारुतात्मजः ॥ ४१
पद्भ्यां तु शैलमाविध्य वडवामुखवन्मुखम् । विवृत्योग्रं ननादोच्चैस्त्रासयन्रजनीचरान् ॥ ४२

र्थमिति भावः ॥ १३ ॥ स्वभावजरया युक्तं वयःस्वभावाज्जरया वलीपलितादिना युक्तम् ॥ १४ ॥ १५ ॥ कृच्छ्राद्वाक्यं प्रत्युत्तरं वाक्यमभ्युद्गिरन्नुच्चारयन् ॥ १६ ॥ १७ ॥ येनाञ्जना देवी सुप्रजा सुपुत्रवती ॥ १८ ॥ आर्यपुत्रौ राघवौ ॥ १९ ॥ आर्य जाम्बवन् ॥ २० ॥ २१ ॥ २२ ॥ जीविताशा ततो भवेत् । जीवनहेतोस्तत एव लाभसंभवादिति भावः ॥ २३ ॥ २४ ॥ विव्यथितेन्द्रियो विशेषेण व्यथितानीन्द्रियाणि यस्य सः ॥ २५ ॥ २६ ॥ विक्रमपर्याप्तः पर्याप्तविक्रमः ॥ २७ ॥ सादितौ पीडितौ ॥ २८ ॥ सागरमित्युपरियोगे षष्ठ्यर्थे द्वितीया ॥ २९ ॥ काञ्चनं स्वर्णमयम् । अत्युग्रसिंहादिभिर्दुष्प्रवेशम् । ऋषभं तदाख्यम् ॥ ३० ॥ ययोः शिखरयोः । ऋषभकैलासशिखरयोरित्यर्थः ॥ ३१ ॥ ओषधयो दीप्ताः । दीप्ता ओषधीरित्यर्थः ॥ ३२ ॥ सुवर्णकरणीं स्वर्णसमानवर्णस्य देहादेः करणीम् । 'सवर्ण–'इति पाठे पूर्ववर्णसमानवर्णकरणीमित्यर्थः । संधानीं छिन्नशिरःकबन्धयोरपि यथापूर्वं नाडीसंधानकरणीम् ॥ ३३ ॥ प्राणैर्योजयित्वाश्वासयेत्यन्वयः ॥ ३४ ॥ बलोद्धर्षैर्बलोद्रेकैः ॥ ३५ ॥ पर्वततटाग्रस्थस्त्रिकूटशिखरस्थः ॥ ३६ ॥ हरिपादविनिर्भग्नस्तत्पादभाराक्रान्तः । निषसाद निविष्टोऽभूत् ॥ ३७ ॥ हरिवेगाद्धनूमत उत्पतनवेगात् । नगा वृक्षाः पेतुः परस्परसंघर्षजाग्निवशतो जज्वलुश्च ॥ ३८ ॥ तस्मिंस्त्रिकूटपर्वते घूर्णमाने नगोत्तमे वानराः स्थातुं न शेकुः । त्रिकूटस्यैव युद्धभूमित्वात्तच्छिखरस्यैव च लङ्कात्वात् ॥ ३९ ॥ अत एव सा घूर्णितेत्यनेन लङ्काक्षोभ उच्यते । प्रनृत्येव प्रवृत्तनृत्येव ॥ ४० ॥ ४१ ॥ वडवामुखवज्ज्वाज्वल्यमानं मुखं विवृत्य

तस्य नानद्यमानस्य श्रुत्वा निनदमुत्तमम् । लङ्कास्था राक्षसव्याघ्रा न शेकुः स्पन्दितुं क्वचित् ॥ ४३
नमस्कृत्वा समुद्राय मारुतिर्भीमविक्रमः । राघवार्थे परं कर्म समीहत परंतपः ॥ ४४
स पुच्छमुद्यम्य भुजंगकल्पं विनम्य पृष्ठं श्रवणे निकुच्य ।
विवृत्य वक्त्रं वडवामुखाभमापुप्लुवे व्योम्नि स चण्डवेगः ॥ ४५
स वृक्षखण्डांस्तरसा जहार शैलाञ्शिलाः प्राकृतवानरांश्च ।
बाहूरुवेगोद्धतसंप्रणुन्नास्ते क्षीणवेगाः सलिले निपेतुः ॥ ४६
स तौ प्रसार्योरगभोगकल्पौ भुजौ भुजंगारिनिकाशवीर्यः ।
जगाम शैलं नगराजमग्र्यं दिशः प्रकर्षन्निव वायुसूनुः ॥ ४७
स सागरं घूर्णितवीचिमालं तदम्भसा भ्रामितसर्वसत्त्वम् ।
समीक्ष्यमाणः सहसा जगाम चक्रं यथा विष्णुकराग्रमुक्तम् ॥ ४८
स पर्वतान्पक्षिगणान्सरांसि नदीस्तटाकानि पुरोत्तमानि ।
स्फीताञ्जनांस्तानपि संप्रवीक्ष्य जगाम वेगात्पितृतुल्यवेगः ॥ ४९
आदित्यपथमाश्रित्य जगाम स गतश्रमः । हनूमांस्त्वरितो वीरः पितुस्तुल्यपराक्रमः ॥ ५०
जवेन महता युक्तो मारुतिर्वातरंहसा । जगाम हरिशार्दूलो दिशः शब्देन नादयन् ॥ ५१
स्मरञ्जाम्बवतो वाक्यं मारुतिर्भीमविक्रमः । ददर्श सहसा चापि हिमवन्तं महाकपिः ॥ ५२
नानाप्रस्रवणोपेतं बहुकंदरनिर्झरम् । श्वेताभ्रचयसंकाशैः शिखरैश्चारुदर्शनैः ।
शोभितं विविधैर्वृक्षैरगमत्पर्वतोत्तमम् ॥ ५३
स तं समासाद्य महानगेन्द्रमतिप्रवृद्धोत्तमहेमशृङ्गम् ।
ददर्श पुण्यानि महाश्रमाणि सुरर्षिसङ्घोत्तमसेवितानि ॥ ५४
स ब्रह्मकोशं रजतालयं च शक्रालयं रुद्रशरप्रमोक्षम् ।
हयाननं ब्रह्मशिरश्च दीप्तं ददर्श वैवस्वतकिंकरांश्च ॥ ५५
वह्न्यालयं वैश्रवणालयं च सूर्यप्रभं सूर्यनिबन्धनं च ।
ब्रह्मालयं शंकरकार्मुकं च ददर्श नाभिं च वसुंधरायाः ॥ ५६
कैलासमुग्रं हिमवच्छिलां च तं वै वृषं काञ्चनशैलमग्र्यम् ।
प्रदीप्तसर्वौषधिसंप्रदीप्तं ददर्श सर्वौषधिपर्वतेन्द्रम् ॥ ५७
स तं समीक्ष्यानलराशिदीप्तं विसिस्मिये वासवदूतसूनुः ।
आप्लुत्य तं चौषधिपर्वतेन्द्रं तत्रौषधीनां विचयं चकार ॥ ५८
स योजनसहस्राणि समतीत्य महाकपिः । दिव्यौषधिधरं शैलं व्यचरन्मारुतात्मजः ॥ ५९
महौषध्यस्ततः सर्वास्तस्मिन्पर्वतसत्तमे । विज्ञायार्थिनमायान्तं ततो जग्मुरदर्शनम् ॥ ६०

व्यादाय राक्षसांस्त्रासयन्नप्रमुच्चैर्ननाद । यावदोषध्यानयनं तावद्रक्षोनिर्गमो मा भूदिति तेषां त्रासार्थं ननादेति भावः ॥ ४२ ॥ ४३ ॥ समीहत चिन्तितवान् ॥ ४४ ॥ स पुच्छमित्यनेन जातिवर्णनम् ॥ ४५ ॥ प्राकृतवानरांस्त्रिकूटवने नित्यवासान्प्राकृतवानरान् । ते क्षीणवेगा अनुगतवृक्षखण्डादयः ॥ ४६ ॥ भुजंगारिर्गरुडः ॥ ४७ ॥ ४८ ॥ जनाञ्जनपदान् ॥ ४९ ॥ ५० ॥ ५१ ॥ स्मरञ्जाम्बवतो वाक्यम् । तद्वाक्यस्मरणं वेगवशादोषध्यादिपर्वतमतीत्य गमननिवृत्त्यर्थम् ॥ ५२ ॥ ५३ ॥ सुरर्षिसङ्घोत्तमेति । उत्तमसुरर्षिसङ्घैरित्यर्थः ॥ ५४ ॥ तद्दृष्टदेवतादिस्थानानां नामान्याह—स ब्रह्मेति । ब्रह्मकोशं भगवतो हिरण्यगर्भस्य स्थानम् 'ब्रह्म प्रपद्ये ब्रह्मकोशं प्रपद्ये' इत्यादिश्रुतिसिद्धम् । रजतालयं हिरण्यगर्भापरमूर्ते रजतनाभेः स्थानम् । रुद्रशरप्रमोक्षं यत्र स्थाने स्थित्वा रुद्रस्त्रिपुरसंहाराय शरं मुमोच तत्स्थानम् । हयाननं भगवतो हयग्रीवस्य स्थानम् । ब्रह्मशिरो ब्रह्मास्त्रदेवता तत्स्थानम् । तत्र तत्र नित्यसंनिहितान्वैवस्वतकिंकरांश्च ददर्श ॥ ५५ ॥ वह्न्यालयमिति । सूर्यनिबन्धनं सूर्याणां यत्र स्थाने निबन्धनं समावेशस्तत्स्थानम्, अत एव तत्सूर्यप्रभम् । ब्रह्मालयं चतुर्मुखब्रह्मस्थानम्, शंकरकार्मुकं पिनाकाख्यराजस्थानम्, वसुंधराया नाभिं भूनाभिसंज्ञं प्राजापत्यं स्थानम् ॥ ५६ ॥ हिमवच्छिलां भगवतो रुद्रस्य तपःसमाधिपीठम् । तं वै वृषं जाम्बवदुपदिष्टम् ॥ ५७ ॥ वासवस्य मेघस्वरूपिणो देवराजस्य दूतः प्रेरकः । वायुरित्यर्थः । विचयं मार्गणम् ॥ ५८ ॥ योजनसहस्राणि । सहस्रशब्दोऽने-

स ता महात्मा हनुमानपश्यंश्चुकोप रोषाच्च भृशं ननाद ।
अमृष्यमाणोऽग्निसमानचक्षुर्महीधरेन्द्रं तमुवाच वाक्यम् ॥ ६१
किमेतदेवं सुविनिश्चितं ते यद्राघवे नासि कृतानुकम्पः ।
पश्याद्य मद्बाहुबलाभिभूतो विकीर्णमात्मानमथो नगेन्द्र ॥ ६२
स तस्य शृङ्गं सनगं सनागं सकाञ्चनं धातुसहस्रजुष्टम् ।
विकीर्णकूटं ज्वलिताग्रसानुं प्रगृह्य वेगात्सहसोन्ममाथ ॥ ६३
स तं समुत्पाट्य खमुत्पपात वित्रास्य लोकान्ससुरान्सुरेन्द्रान् ।
संस्तूयमानः खचरैरनेकैर्जगाम वेगाद्गरुडोग्रवेगः ॥ ६४
स भास्कराध्वानमनुप्रपन्नस्तं भास्कराभं शिखरं प्रगृह्य ।
बभौ तदा भास्करसंनिकाशो रवेः समीपे प्रतिभास्कराभः ॥ ६५
स तेन शैलेन भृशं रराज शैलोपमो गन्धवहात्मजस्तु ।
सहस्रधारेण सपावकेन चक्रेण खे विष्णुरिवार्पितेन ॥ ६६
तं वानराः प्रेक्ष्य तदा विनेदुः स तानपि प्रेक्ष्य मुदा ननाद ।
तेषां समुत्कृष्टरवं निशम्य लङ्कालया भीमतरं विनेदुः ॥ ६७
ततो महात्मा निपपात तस्मिञ्शैलोत्तमे वानरसैन्यमध्ये ।
हर्युत्तमेभ्यः शिरसाभिवाद्य विभीषणं तत्र च सस्वजे सः ॥ ६८
तावप्युभौ मानुषराजपुत्रौ तं गन्धमाघ्राय महौषधीनाम् ।
बभूवतुस्तत्र तदा विशल्यावुत्तस्थुरन्ये च हरिप्रवीराः ॥ ६९
सर्वे विशल्या विरुजाः क्षणेन हरिप्रवीराश्च हताश्च ये स्युः ।
गन्धेन तासां प्रवरौषधीनां सुप्ता निशान्तेष्विव संप्रबुद्धाः ॥ ७०
यदा प्रभृति लङ्कायां युध्यन्ते हरिराक्षसाः । तदाप्रभृति मानार्थमाज्ञया रावणस्य च ॥ ७१
ये हन्यन्ते रणे तत्र राक्षसाः कपिकुञ्जरैः । हता हतास्तु क्षिप्यन्ते सर्वे एव तु सागरे ॥ ७२
ततो हरिर्गन्धवहात्मजस्तु तमोषधीशैलमुदग्रवेगः ।
निनाय वेगाद्धिमवन्तमेव पुनश्च रामेण समाजगाम ॥ ७३

इत्यार्षे श्रीमद्रामायणे वाल्मीकीय आदिकाव्ये युद्धकाण्डे चतुःसप्ततितमः सर्गः ॥ ७४ ॥

पञ्चसप्ततितमः सर्गः ।

ततोऽब्रवीन्महातेजाः सुग्रीवो वानरेश्वरः । अर्थ्यं विज्ञापयंश्चापि हनूमन्तमिदं वचः ॥ १
यतो हतः कुम्भकर्णः कुमाराश्च निषूदिताः । नेदानीमुपनिर्हारं रावणो दातुमर्हति ॥ २

कोपलक्षणम् ॥ ५९ ॥ ६० ॥ ६१ ॥ किमेतदिति । यद्राघवे कृतानुकम्पो नास्ति । एवंप्रकारमेतदौदासीन्यं किंबलादित्यर्थः । स्वबलादिति चेत्तत्राह—पश्येति ॥ ६२ ॥ सनागं सगजम् । उन्ममाथोत्पाटयामास ॥ ६३ ॥ अतः—स तमिति ॥ ६४ ॥ तम् । तदित्यर्थः । प्रतिभास्कराभः प्रतिसूर्यसदृशः । रवेः समीपे इत्यनेन सूर्योदयोत्तरमेतदानयनमिति लभ्यते ॥ ६५ ॥ सपावकेन साग्निज्वालेन । अर्पितेन स्वकरार्पितेन ॥ ६६ ॥ ६७ ॥ ६८ ॥ ६९ ॥ ७० ॥ यदि महौषधीनां गन्धमाघ्राय राघवौ हरिप्रवीराश्च यथापूर्वमत्यन्तं स्वस्थास्तदौषधिगन्धस्य रक्षःसाधारणत्वात्तेषामनुत्थाने हेतुमाह—यदेति । मानार्थम् । अर्थशब्दो निवृत्तिवाची । शत्रूणां हतराक्षसेयत्ताज्ञानाभावार्थमित्यर्थः । तत्परिज्ञाने स्वविशिष्टबलस्याल्पीयस्त्वं ज्ञात्वा वानरा लङ्कां प्रविशेयुः, ते मा प्रवेक्ष्यन्नित्येतदर्थोऽयं रावणस्येश्वरेच्छया विचारः ॥ ७१ ॥ हताहता इति वीप्सा । सर्वे एव हता इत्यर्थः ॥ ७२ ॥ ओषधीशैलमिति दीर्घ आर्षः । आश्विनकृष्णाष्टम्यामिदम् ॥ ७३ ॥ इति श्रीरामाभिरामे श्रीरामीये रामायणतिलके वाल्मीकीय आदिकाव्ये युद्धकाण्डे चतुःसप्ततितमः सर्गः ॥ ७४ ॥

तत इति । अर्थ्यमर्थादनपेतमग्रे कर्तव्यं विज्ञापयन् ॥ १ ॥ निषूदिताः । राघवाभ्यामिति शेषः । तस्मादिदानीमुपनिर्हारं पुररक्षां दातुं संपादयितुं नार्हतीति कतकः । उपनिर्हारं निष्क्रम्य युद्धप्रदानमिति तीर्थः । उपनिर्हारं युद्धावहारमस्माकं दातुं नार्हतीत्यर्थः । अनेनान्यदा युद्धावहारो जात इति

ये ये महाबलाः सन्ति लघवश्च प्लवंगमाः । लङ्कामभिपतन्त्वाशु गृह्योल्काः प्लवगर्षभाः ॥ ३
ततोऽस्तं गत आदित्ये रौद्रे तस्मिन्निशामुखे । लङ्कामभिमुखाः सोल्का जग्मुस्ते प्लवगर्षभाः ॥ ४
उल्काहस्तैर्हरिगणैः सर्वतः समभिद्रुताः । आरक्षस्था विरूपाक्षाः सहसा विप्रदुद्रुवुः ॥ ५
गोपुराट्टप्रतोलीषु चर्यासु विविधासु च । प्रासादेषु च संहृष्टाः ससृजुस्ते हुताशनम् ॥ ६
तेषां गृहसहस्राणि ददाह हुतभुक्तदा । प्रासादाः पर्वताकाराः पतन्ति धरणीतले ॥ ७
अगुरुर्दह्यते तत्र परं चैव सुचन्दनम् । मौक्तिका मणयः स्निग्धा वज्रं चापि प्रवालकम् ॥ ८
क्षौमं च दह्यते तत्र कौशेयं चापि शोभनम् । आविकं विविधं चौर्णं काञ्चनं भाण्डमायुधम् ॥ ९
नानाविकृतसंस्थानं वाजिभाण्डपरिच्छदम् । गजग्रैवेयकक्ष्याश्च रथभाण्डांश्च संस्कृतान् ॥ १०
तनुत्राणि च योधानां हस्त्यश्वानां च वर्म च । खड्गा धनूंषि ज्याबाणास्तोमराङ्कुशशक्तयः ॥ ११
रोमजं वालजं चर्म व्याघ्रजं चाण्डजं बहु । मुक्तामणिविचित्रांश्च प्रासादांश्च समन्ततः ॥ १२
विविधानस्त्रसंघातानग्निर्दहति तत्र वै । नानाविधान्गृहांश्चित्रान्ददाह हुतभुक्तदा ॥ १३
आवासान्राक्षसानां च सर्वेषां गृहगृध्नुनाम् । हेमचित्रतनुत्राणां स्रग्भाण्डाम्बरधारिणाम् ॥ १४
सीधुपानचलाक्षाणां मदविह्वलगामिनाम् । कान्तालम्बितवस्त्राणां शत्रुसंजातमन्युनाम् ॥ १५
गदाशूलासिहस्तानां खादतां पिबतामपि । शयनेषु महार्हेषु प्रसुप्तानां प्रियैः सह ॥ १६
त्रस्तानां गच्छतां तूर्णं पुत्रानादाय सर्वतः । तेषां शतसहस्राणि तदा लङ्कानिवासिनाम् ॥ १७
अदहत्पावकस्तत्र जज्वाल च पुनःपुनः । सारवन्ति महार्हाणि गम्भीरगुणवन्ति च ॥ १८
हेमचन्द्रार्धचन्द्राणि चन्द्रशालोत्तमानि च । तत्र चित्रगवाक्षाणि साधिष्ठानानि सर्वशः ॥ १९
मणिविद्रुमचित्राणि स्पृशन्तीव दिवाकरम् । क्रौञ्चबर्हिणवर्णानां भूषणानां च निःस्वनैः ॥ २०
नादितान्यचलाभानि वेश्मान्यग्निर्ददाह सः । ज्वलनेन परीतानि तोरणानि चकाशिरे ॥ २१
विद्युद्भिरिव नद्धानि मेघजालानि घर्मगे । ज्वलनेन परीतानि गृहाणि प्रचकाशिरे ॥ २२
दावाग्निदीप्तानि यथा शिखराणि महागिरेः । विमानेषु प्रसुप्ताश्च दह्यमाना वराङ्गनाः ॥ २३
त्यक्ताभरणसंयोगा हाहेत्युच्चैर्विचुक्रुशुः । तत्र चाग्निपरीतानि निपेतुर्भवनान्यपि ॥ २४

ज्ञायत इत्यन्ये ॥ २ ॥ अतो ये ये महाबलाः सन्ति, लघवः क्षिप्रकारिणस्ते सर्वे उल्का गृहीत्वा लङ्कामभ्युत्पतन्तु । दाहायेति भावः ॥ ३ ॥ ततोऽस्तमिति । पूर्वदिवसापररात्रिशेष उल्काहस्ताभ्यां हनूमद्विभीषणाभ्यां जाम्बवदन्वेषणम्, ततस्तन्नियोगत उषसि पर्वताहरणाय गमनम्, अथाहरणं पुनश्च तत्प्रापणं पुनरागमनमिति त्रिंशद्घटिकामध्ये सर्वम्, ततः पुनः प्रदोषे हनुमदादीनां लङ्कादाहगमनमिति कतकादयः ॥ ४ ॥ आरक्षाद्वाराणि तत्स्था द्वाररक्षिणो विरूपाक्षा राक्षसाः । आरक्षो गुल्ममित्यन्ये ॥ ५ ॥ अट्टो गृहोपरितनं गृहम् । 'स्यादट्टः क्षौममस्त्रियाम्' इति वा । प्रतोली रथ्या । चर्याल्परथ्या ॥ ६ ॥ तेषां वानराणां संबन्धी हुतभुग्ददाह । पतन्त्यपतन् ॥ ७ ॥ दह्यते दग्धः ॥ ८ ॥ और्णमूर्णासूत्रनिर्मितम्, आविकमविरोमनिर्मितम् । ऊर्णा त्वितरेषामपीति न पौनरुक्त्यम् । काञ्चनं भाण्डं सौवर्णमुपकरणम् ॥ ९ ॥ वाजिभाण्डपरिच्छदं वाजिनां भाण्डमलंकारः । परिच्छदः पल्ययनादिश्च । तन्नानानेकं विकृतसंस्थानं विचित्रविन्यासम् । रथभाण्डान्रथालंकारान् । संस्कृतान्सम्यग्रचितान् भाण्डशब्दोऽलंकारमात्रवाची । रथभाण्डेत्युक्तेः । अतएव वाजिभाण्डेत्यत्र वाजिग्रहणं चरितार्थम् । अश्वालंकारवाचित्वे तु तद्वैयर्थ्यं स्पष्टमेव । तत्त्वेऽपि कर्णावतंसादिवत्साहित्यबोधनार्थं तत्र सः । रथभाण्डेत्यत्र तु लाक्षणिक इत्यन्ये ॥ १० ॥ ११ ॥ रोमजं कम्बलादि । वालजं चामरादि । व्याघ्रजं चर्मासनोपयोगि । अण्डजं मृगमदादि ॥ १२ ॥ अस्त्रं शस्त्रम् । चित्रान्गृहान्स्वस्तिकादिगृहान् ॥ १३ ॥ गृहगृध्नुनां गृहस्थानाम् । दीर्घाभाव आर्षः । हेमचित्रं तनुत्रं येषां तेषाम् । भाण्डानि भूषणानि ॥ १४ ॥ सीधुपानेन चञ्चलान्यक्षीणि येषाम् । शत्रुषु संजातो मन्युर्येषाम् । अदीर्घत्वमार्षम् ॥ १५ ॥ प्रियैः प्रियवस्तुभिः । कान्ताभिरित्यर्थः ॥ १६ ॥ त्रस्तानां गच्छताम् । अग्निभयादिति शेषः । एवंभूतानां लङ्कानिवासिनां शतसहस्राणि गृहाण्यदहत् ॥ १७ ॥ दह्यमानगृहवर्णनम्—सारवन्तीत्यादि । सारवत्त्वं स्थिरसंस्थानवत्त्वम् । गम्भीरगुणवन्त्यनेककक्ष्याप्राकारान्तर्गेहद्वारोपद्वारतो दुर्गमत्वलक्षणगाम्भीर्यवन्ति ॥ १८ ॥ हेमेत्यादि । हेमनिर्मितानि पूर्णचन्द्रार्धचन्द्राकारवन्ति । चन्द्रशालोत्तमानि प्रशस्तशिरोगृहाणि । साधिष्ठानानि मञ्चादिसहितानि ॥ १९ ॥ दिवाकरं स्पृशन्तीव स्थितानि ॥ २० ॥ २१ ॥ घर्मगे ग्रीष्मगे दिवाकरे गते प्रवृत्तानि, विद्युद्भिर्नद्धानि मेघजालानीव स्थितानि गृहाणि ॥ २२ ॥ विमानं सप्तभूमिप्रासादः ॥ २३ ॥ तत्र चेति ।

वह्निवज्रहतानीव शिखराणि महागिरेः । तानि निर्दह्यमानानि दूरतः प्रचकाशिरे ॥ २५
हिमवच्छिखराणीव दह्यमानानि सर्वशः । हर्म्याग्रैर्दह्यमानैश्च ज्वालाप्रज्वलितैरपि ॥ २६
रात्रौ सा दृश्यते लङ्का पुष्पितैरिव किंशुकैः । हस्त्यध्यक्षैर्गजैर्मुक्तैर्मुक्तैश्च तुरगैरपि ।
बभूव लङ्का लोकान्ते भ्रान्तग्राह इवार्णवः ॥ २७
अश्वं मुक्तं गजो दृष्ट्वा क्वचिद्भीतोऽपसर्पति । भीतो भीतं गजं दृष्ट्वा क्वचिदश्वो निवर्तते ॥ २८
लङ्कायां दह्यमानायां शुशुभे च महोदधिः । छायासंसक्तसलिलो लोहितोद इवार्णवे ॥ २९
सा बभूव मुहूर्तेन हरिभिर्दीपिता पुरी । लोकस्यास्य क्षये घोरे प्रदीप्तेव वसुंधरा ॥ ३०
नारीजनस्य धूमेन व्याप्तस्योच्चैर्विनेदुषः । स्वनो ज्वलनतप्तस्य शुश्रुवे शतयोजनम् ॥ ३१
प्रदग्धकायानपरान्राक्षसान्निर्गतान्बहिः । सहसा ह्युत्पतन्ति स्म हरयोऽथ युयुत्सवः ॥ ३२
उद्घुष्टं वानराणां च राक्षसानां च निःस्वनम् । दिशो दश समुद्रं च पृथिवीं च व्यनादयत् ॥ ३३
विशल्यौ च महात्मानौ तावुभौ रामलक्ष्मणौ । असंभ्रान्तौ जगृहतुस्ते उभे धनुषी वरे ॥ ३४
ततो विस्फारयामास रामश्च धनुरुत्तमम् । बभूव तुमुलः शब्दो राक्षसानां भयावहः ॥ ३५
अशोभत तदा रामो धनुर्विस्फारयन्महत् । भगवानिव संक्रुद्धो भवो वेदमयं धनुः ॥ ३६
उद्घुष्टं वानराणां च राक्षसानां च निःस्वनम् । ज्याशब्दस्तावुभौ शब्दावति रामस्य शुश्रुवे ॥ ३७
वानरोद्घुष्टघोषश्च राक्षसानां च निःस्वनः । ज्याशब्दश्चापि रामस्य त्रयं व्याप दिशो दश ॥ ३८
तस्य कार्मुकनिर्मुक्तैः शरैस्तत्पुरगोपुरम् । कैलासशृङ्गप्रतिमं विकीर्णमभवद्भुवि ॥ ३९
ततो रामशरान्दृष्ट्वा विमानेषु गृहेषु च । संनाहो राक्षसेन्द्राणां तुमुलः समपद्यत ॥ ४०
तेषां संनह्यमानानां सिंहनादं च कुर्वताम् । शर्वरी राक्षसेन्द्राणां रौद्रीव समपद्यत ॥ ४१
आदिष्टा वानरेन्द्रास्ते सुग्रीवेण महात्मना । आसन्नं द्वारमासाद्य युध्यध्वं च प्लवंगमाः ॥ ४२
यश्च वो वितथं कुर्यात्तत्र तत्राप्युपस्थितः । स हन्तव्योऽभिसंप्लुत्य राजशासनदूषकः ॥ ४३
तेषु वानरमुख्येषु दीप्तोल्कोज्ज्वलपाणिषु । स्थितेषु द्वारमाश्रित्य रावणं क्रोध आविशत् ॥ ४४
तस्य जृम्भितविक्षेपाद्व्यामिश्रा वै दिशो दश । रूपवानिव रुद्रस्य मन्युर्गात्रेष्वदृश्यत ॥ ४५
स कुम्भं च निकुम्भं च कुम्भकर्णात्मजावुभौ । प्रेषयामास संक्रुद्धो राक्षसैर्बहुभिः सह ॥ ४६
यूपाक्षः शोणिताक्षश्च प्रजङ्घः कम्पनस्तथा । निर्ययुः कौम्भकर्णाभ्यां सह रावणशासनात् ॥ ४७
शशास चैव तान्सर्वान्राक्षसान्स महाबलान् । राक्षसा गच्छतात्रैव सिंहनादं च नादयन् ॥ ४८
ततस्तु चोदितास्तेन राक्षसा ज्वलितायुधाः । लङ्काया निर्ययुर्वीराः प्रणदन्तः पुनःपुनः ॥ ४९
रक्षसां भूषणस्थाभिर्भाभिः स्वाभिश्च सर्वशः । चक्रुस्ते सप्रभं व्योम हरयश्चाग्निभिः सह ॥ ५०
तत्र ताराधिपस्याभा ताराणां भा तथैव च । तयोराभरणाभा च ज्वलिता द्यामभासयत् ॥ ५१
चन्द्राभा भूषणाभा च ग्रहाणां ज्वलिता च भा । हरिराक्षससैन्यानि भ्राजयामास सर्वतः ॥ ५२

सप्तभूमिप्रासादे वर्तमानानि गृहाणीत्यर्थः ॥ २४ ॥ २५ ॥ २६ ॥ हस्त्यध्यक्षा गजस्वामिनस्तैर्दाहपरित्राणाय मुक्तैर्गजैः । लोकान्ते प्रलये । भ्रान्ता घूर्णमाना ग्राहा यस्य सः ॥ २७ ॥ २८ ॥ छाया वह्निज्वालाप्रतिबिम्बम् ॥ २९ ॥ ३० ॥ धूमैर्व्याप्तस्य, अतएवोच्चैर्विनेदुषः । क्रन्दन्तम् । नारीजनस्य स्वन इत्यन्वयः ॥ ३१ ॥ ३२ ॥ ३३ ॥ ३४ ॥ ३५ ॥ संहारकाले संक्रुद्धो भगवान्भवः । शब्दब्रह्मात्मकं वेदमयं धनुर्विस्फारयन्निव ॥ ३६ ॥ रामस्य ज्याशब्दस्तावुभौ वानरराक्षसशब्दावतिक्रम्याधरीकृत्य शुश्रुवे ॥ ३७ ॥ एतत्त्रयं व्याप व्याप्तमभूत् ॥ ३८ ॥ ३९ ॥ संनाह उद्योगः ॥ ४० ॥ रौद्रीव कालरात्रिरिव ॥ ४१ ॥ यद्यस्यासन्नं द्वारं तत्तदासाद्य युध्यध्वमित्यादिष्टाः ॥ ४२ ॥ अपि च वो युष्माकं मध्ये तत्र गुल्मे स्थितो वितथं पलायनं कुर्यात्स राजशासनदूषको मदाज्ञातिवर्तीति स भवद्भिः प्रबलैर्हन्तव्य इत्यादिष्टाः ॥ ४३ ॥ स्थितेषु । सत्स्विति शेषः ॥ ४४ ॥ तस्य रावणस्य भयक्रोधजं यज्जृम्भितं विजृम्भणं तदुत्थविक्षेपात्सशब्दमहावायुप्रवृत्त्या दश दिशो व्यामिश्रा व्याप्ताः । रूपवान्रुद्रस्य गात्रेषु भ्रुकुटिचक्षुर्मुखादिष्वदृश्यत ॥ ४५ ॥ ४६ ॥ ४७ ॥ अद्यास्यां रात्र्यामेव गच्छतेति वानरानीकभयाय स्वयं सिंहनादं नादयन्कुर्वञ्शशास ॥ ४८ ॥ ४९ ॥ सप्रभं निस्तिमिरम् ॥ ५० ॥ ताराधिपस्य चन्द्रस्य । ताराणां नक्षत्राणाम् । तयोर्वानरराक्षसबलयोराभरणाभा आभरणकान्तिश्च ज्वलिता प्रकाशमाना द्यां सेनाद्वयमध्यगताकाशप्रदेशमभासयत् ॥ ५१ ॥ उक्तश्लोकस्यैव व्याख्यानम्—चन्द्राभेत्यादि । ग्रहाणां नक्षत्राणाम् ॥ ५२ ॥

तत्र चार्धप्रदीप्तानां गृहाणां सागरः पुनः । भाभिः संसक्तसलिलश्चलोर्मिः शुशुभे ध्रुवम् ॥ ५३
पताकाध्वजसंयुक्तमुत्तमासिपरश्वधम् । भीमाश्वरथमातंगं नानापत्तिसमाकुलम् ॥ ५४
दीप्तशूलगदाखड्गप्रासतोमरकार्मुकम् । तद्राक्षसबलं भीमं घोरविक्रमपौरुषम् ॥ ५५
ददृशे ज्वलितप्रासं किङ्किणीशतनादितम् । हेमजालाचितभुजं व्यावेष्टितपरश्वधम् ॥ ५६
व्याघूर्णितमहाशस्त्रं बाणसंसक्तकार्मुकम् । गन्धमाल्यमधूत्सेकसंमोदितमहानिलम् ॥ ५७
घोरं शूरजनाकीर्णं महाम्बुधरनिःस्वनम् । तद्दृष्ट्वा बलमायातं राक्षसानां दुरासदम् ॥ ५८
संचचाल प्लवंगानां बलमुच्चैर्ननाद च । जवेनाप्लुत्य च पुनस्तद्बलं रक्षसां महत् ॥ ५९
अभ्ययात्प्रत्यरिबलं पतंगा इव पावकम् । तेषां भुजपरामर्शव्यामृष्टपरिघाशनि ॥ ६०
राक्षसानां बलं श्रेष्ठं भूयः परमशोभत । तत्रोन्मत्ता इवोत्पेतुर्हरयोऽथ युयुत्सवः ॥ ६१
तरुशैलैरभिघ्नन्तो मुष्टिभिश्च निशाचरान् । तथैवापततां तेषां हरीणां निशितैः शरैः ॥ ६२
शिरांसि सहसा जह्रू राक्षसा भीमविक्रमाः । दशनैर्हतकर्णाश्च मुष्टिभिर्भिन्नमस्तकाः ।
शिलाप्रहारभग्नाङ्गा विचेरुस्तत्र राक्षसाः ॥ ६३
तथैवाप्यपरे तेषां कपीनामसिभिः शितैः । प्रवरानभितो जघ्नुर्घोररूपा निशाचराः ॥ ६४
घ्नन्तमन्यं जघानान्यः पातयन्तमपातयत् । गर्हमाणं जगर्हान्यो दशन्तमपरोऽदशत् ॥ ६५
देहीत्यन्यो ददात्यन्यो ददामीत्यपरः पुनः । किं क्लेशयसि तिष्ठेति तत्रान्योन्यं बभाषिरे ॥ ६६
विप्रलम्भितशस्त्रं च विमुक्तकवचायुधम् । समुद्यतमहाप्रासं मुष्टिशूलासिकुन्तलम् ॥ ६७
प्रावर्तत महारौद्रं युद्धं वानररक्षसाम् । वानरान्दश सप्तेति राक्षसा जघ्नुराहवे ॥ ६८
विप्रलम्भितवस्त्रं च विमुक्तकवचध्वजम् । बलं राक्षसमालम्ब्य वानराः पर्यवारयन् ॥ ६९

इत्यार्षे श्रीमद्रामायणे वाल्मीकीय आदिकाव्ये युद्धकाण्डे पञ्चसप्ततितमः सर्गः ॥ ७५ ॥

षट्सप्ततितमः सर्गः ।

प्रवृत्ते संकुले तस्मिन्वीरे घोरजनक्षये । अङ्गदः कम्पनं वीरमाससाद रणोत्सुकः ॥ १
आहूय सोऽङ्गदं कोपात्ताडयामास वेगितः । गदया कम्पनः पूर्वं स चचाल भृशाहतः ॥ २
स संज्ञां प्राप्य तेजस्वी चिक्षेप शिखरं गिरेः । अर्दितश्च प्रहारेण कम्पनः पतितो भुवि ॥ ३
ततस्तु कम्पनं दृष्ट्वा शोणिताक्षो हतं रणे । रथेनाभ्यपतत्क्षिप्रं तत्राङ्गदमभीतवत् ॥ ४
सोऽङ्गदं निशितैर्बाणैस्तदा विव्याध वेगितः । शरीरदारणैस्तीक्ष्णैः कालाग्निसमविग्रहैः ॥ ५
क्षुरक्षुरप्रनाराचैर्वत्सदन्तैः शिलीमुखैः । कर्णिशल्यविपाठैश्च बहुभिर्निशितैः शरैः ॥ ६
अङ्गदः प्रतिविद्धाङ्गो वालिपुत्रः प्रतापवान् । धनुरुग्रं रथं बाणान्ममर्द तरसा बली ॥ ७
शोणिताक्षस्ततः क्षिप्रमसिचर्म समाददे । उत्पपात तदा क्रुद्धो वेगवानविचारयन् ॥ ८
तं क्षिप्रतरमाप्लुत्य परामृश्याङ्गदो बली । करेण तस्य तं खड्गं समाच्छिद्य ननाद च ॥ ९

संसक्तं संबद्धं सलिलं यस्य सः ॥ ५३ ॥ उत्तमासिपरश्वधम् । परश्वधो द्विविधः—असिरूपः, कुठाररूपश्च । तत्रासिरूपपरश्वधमित्यर्थः । तेनासिखड्गयोर्न पौनरुक्त्यम् ॥ ५४ ॥ ५५ ॥ ज्वलितप्रासं बाणवर्षणादुज्ज्वलितप्रासमित्यर्थ इति कतकः । हेमजालेति । हेमजालव्याप्तभुजमित्यर्थः । व्यावेष्टिताश्चालिताः परश्वधा यस्मिंस्तत् ॥ ५६ ॥ गन्धादीनामुत्सेकत आधिक्यतः संमोदितो महाननिलो येन तत् ॥ ५७ ॥ ५८ ॥ संचचाल । लङ्कायामिति शेषः ॥ ५९ ॥ तेषां रक्षसां भुजपरामर्शेन भुजबन्धनेन व्यामृष्टा व्याघूर्णिताः परिघाशनयो यत्र तत् ॥ ६० ॥ ६१ ॥ ६२ ॥ ६३ ॥ अपरे निशाचरास्तेषां कपीनां प्रवराञ्जघ्नुः ॥ ६४ ॥ ६५ ॥ देहीति । युद्धमिति शेषः ॥ ६६ ॥ ६७ ॥ ६८ ॥ ६९ ॥ इति श्रीरामाभिरामे श्रीरामीये रामायणतिलके वाल्मीकीय आदिकाव्ये युद्धकाण्डे पञ्चसप्ततितमः सर्गः ॥ ७५ ॥

अथ कम्पनादीनामङ्गदादिभिर्युद्धम्—प्रवृत्ते इति ॥ १ ॥ आहूयेति पूर्वान्वयि । सोऽङ्गदम् । अङ्गदेन युद्धायाहूतः कम्पन इत्यर्थः । स चचाल । अङ्गद इत्यर्थः ॥ २ ॥ ३ ॥ अभीतवदभीतार्हम् ॥ ४ ॥ ५ ॥ क्षुरः क्षुराग्रः शरः । क्षुरप्रोऽर्धचन्द्राकृतिः । नाराचः सर्वायसः । वत्सदन्तस्तदाकारः । शिलीमुखः कङ्कपत्रसदृशः । कर्णी पार्श्वद्वयस्थितकर्णाकारावयवः । शल्यभूयस्त्वाद्दीर्घफलको बाणः शल्यः । विपाठः करवीराग्रसदृश इति तीर्थादयः ॥ ६ ॥ ७ ॥ ८ ॥ परामृश्य धृत्वा

तस्यांसफलके खङ्गं निजघान ततोऽङ्गदः । यज्ञोपवीतवच्चैनं चिच्छेद कपिकुञ्जरः ॥ १०

तं प्रगृह्य महाखड्गं विनद्य च पुनःपुनः । वालिपुत्रोऽभिदुद्राव रणशीर्षे परानरीन् ॥ ११

प्रजङ्घसहितो वीरो यूपाक्षस्तु ततो बली । रथेनाभिययौ क्रुद्धो वालिपुत्रं महाबलम् ॥ १२

आयसीं तु गदां गृह्य स वीरः कनकाङ्गदः । शोणिताक्षः समाश्वस्य तमेवानुपपात ह ॥ १३

प्रजङ्घस्तु महावीरो यूपाक्षसहितो बली । गदयाभिययौ क्रुद्धो वालिपुत्रं महाबलम् ॥ १४

तयोर्मध्ये कपिश्रेष्ठः क्षोणिताक्षप्रजङ्घयोः । विशाखयोर्मध्यगतः पूर्णचन्द्र इवाबभौ ॥ १५

अङ्गदं परिरक्षन्तौ मैन्दो द्विविद एव च । तस्य तस्थतुरभ्याशे परस्परदिदृक्षया ॥ १६

अभिपेतुर्महाकायाः प्रतियत्ता महाबलाः । राक्षसा वानरान्रोषादसिबाणगदाधराः ॥ १७

त्रयाणां वानरेन्द्राणां त्रिभी राक्षसपुंगवैः । संसक्तानां महद्युद्धमभवद्रोमहर्षणम् ॥ १८

ते तु वृक्षान्समादाय संप्रचिक्षिपुराहवे । खङ्गेन प्रतिचिक्षेप तान्प्रजङ्घो महाबलः ॥ १९

रथान्सर्वान्द्रुमाञ्छैलान्प्रतिचिक्षिपुराहवे । शरौघैः प्रतिचिच्छेद तान्यूपाक्षो महाबलः ॥ २०

सृष्टान्द्विविदमैन्दाभ्यां द्रुमानुत्पाट्य वीर्यवान् । बभञ्ज गदया मध्ये शोणिताक्षः प्रतापवान् ॥ २१

उद्यम्य विपुलं खङ्गं परमर्मविदारणम् । प्रजङ्घो वालिपुत्राय अभिदुद्राव वेगितः ॥ २२

तमभ्याशगतं दृष्ट्वा वानरेन्द्रो महाबलः । आजघानाश्वकर्णेन द्रुमेणातिबलस्तदा ॥ २३

बाहुं चास्य सनिस्त्रिंशमाजघान स मुष्टिना । वालिपुत्रस्य घातेन स पपात क्षितावसिः ॥ २४

तं दृष्ट्वा पतितं भूमौ खङ्गं मुसलसंनिभम् । मुष्टिं संवर्तयामास वज्रकल्पं महाबलः ॥ २५

स ललाटे महावीर्यमङ्गदं वानरर्षभम् । आजघान महातेजाः स मुहूर्तं चचाल ह ॥ २६

स संज्ञां प्राप्य तेजस्वी वालिपुत्रः प्रतापवान् । प्रजङ्घस्य शिरः कायात्पातयामास मुष्टिना ॥ २७

स यूपाक्षोऽश्रुपूर्णाक्षः पितृव्ये निहते रणे । अवरुह्य रथात्क्षिप्रं क्षीणेषुः खङ्गमाददे ॥ २८

तमापतन्तं संप्रेक्ष्य यूपाक्षं द्विविदस्त्वरन् । आजघानोरसि क्रुद्धो जग्राह च बलाद्बली ॥ २९

गृहीतं भ्रातरं दृष्ट्वा शोणिताक्षो महाबलम् । आजघान महातेजा वक्षसि द्विविदं ततः ॥ ३०

स ततोऽभिहतस्तेन चचाल च महाबलः । उद्यतां च पुनस्तस्य जहार द्विविदो गदाम् ॥ ३१

एतस्मिन्नन्तरे मैन्दो द्विविदाभ्याशमागमत् । तौ शोणिताक्षयूपाक्षौ प्लवंगाभ्यां तरस्विनौ ।
चक्रतुः समरे तीव्रमाकर्षोत्पाटनं भृशम् ॥ ३२

द्विविदः शोणिताक्षं तु विददार नखैर्मुखे । निष्पिपेष स वीर्येण क्षितावाविध्य वीर्यवान् ॥ ३३

यूपाक्षमभिसंक्रुद्धो मैन्दो वानरपुंगवः । पीडयामास बाहुभ्यां पपात स हतः क्षितौ ॥ ३४

हतप्रवीरा व्यथिता राक्षसेन्द्रचमूस्तथा । जगामाभिमुखी सा तु कुम्भकर्णात्मजो यतः ॥ ३५

आपतन्तीं च वेगेन कुम्भस्तां सान्त्वयच्चमूम् । अथोत्कृष्टं महावीर्यैर्लब्धलक्षैः प्लवंगमैः ॥ ३६

निपातितमहावीरां दृष्ट्वा रक्षश्चमूं तदा । कुम्भः प्रचक्रे तेजस्वी रणे कर्म सुदुष्करम् ॥ ३७

स धनुर्धन्विनां श्रेष्ठः प्रगृह्य सुसमाहितः । मुमोचाशीविषप्रख्याञ्छरान्देहविदारणान् ॥ ३८

तस्य तच्छुशुभे भूयः सशरं धनुरुत्तमम् । विद्युदैरावतार्चिष्मद्द्वितीयेन्द्रधनुर्यथा ॥ ३९

॥ ९ ॥ अंसरूपे फलके यज्ञोपवीतवदेनं शोणिताक्षं चिच्छेद । तावतापि न परावृत्तो नापि मृतः ॥ १० ॥ तं महाखङ्गशोणिताक्षीयम् ॥ ११ ॥ १२ ॥ कनकाङ्गद इति शोणिताक्षविशेषणम् ॥ १३ ॥ १४ ॥ १५ ॥ परस्परदिदृक्षया युद्धावसरदिदृक्षया, स्वानुरूपप्रतिभटराक्षसजिज्ञासया वा ॥ १६ ॥ प्रतियत्ताः सावधानाः ॥ १७ ॥ त्रयाणामङ्गदमैन्दद्विविदानाम् । त्रिभिः शोणिताक्षप्रजङ्घयूपाक्षैः ॥ १८ ॥ १९ ॥ २० ॥ सृष्टान्प्रक्षिप्तान् ॥ २१ ॥ वालिपुत्रायोद्यम्य वालिपुत्रं हन्तुमुद्यम्य ॥ २२ ॥ २३ ॥ २४ ॥ २५ ॥ २६ ॥ २७ ॥ २८ ॥ जग्राह दधार ॥ २९ ॥ ३० ॥ ३१ ॥ एतस्मिन्नन्तरे शोणिताक्षताडिते द्विविदे । शोणिताक्षगदां गृह्णाने सतीत्यर्थः । भ्रातृसहायार्थं तत्समीपमागमत् । प्लवंगमाभ्यां मैन्दद्विविदाभ्याम् । आकर्ष आकर्षणम् । उत्पाटनमुत्थानम् ॥ ३२ ॥ ३३ ॥ ३४ ॥ कुम्भकर्णात्मजो यतः । यत्र तत्रेत्यर्थः ॥ ३५ ॥ सान्त्वयदसान्त्वयत् । उत्कृष्टं रक्षः कुम्भो लब्धलक्षैर्महावीर्यैस्तेजस्विभिर्वानरैर्निपातितमहावीरां चमूं दृष्ट्वा रणे सुदुष्करं कर्म चक्रे इति संबन्धः ॥ ३६ ॥ ३७ ॥ ३८ ॥ तस्य कुम्भस्य तत्सशरं धनुर्विद्युदैरावतसंबन्धतोऽर्चिष्मद्भासमानं द्वितीयेन्द्रधनुर्यथाऽपरमिन्द्रधनुरिव भूयः शुशुभे । विद्युच्छरस्थानीया । ऐरावतोऽभ्रमातङ्गस्तस्येन्द्रधनुषा संबन्धात् । 'इन्द्रायुधं

आकर्णकृष्टमुक्तेन जघान द्विविदं तदा। तेन हाटकपुङ्खेन पत्रिणा पत्रवाससा ॥ ४०
सहसाभिहतस्तेन विप्रमुक्तपदः स्फुरन्। निपपात त्रिकूटाभो विह्वलन्प्लवगोत्तमः ॥ ४१
मैन्दस्तु भ्रातरं तत्र भग्नं दृष्ट्वा महाहवे। अभिदुद्राव वेगेन प्रगृह्य विपुलां शिलाम् ॥ ४२
तां शिलां तु प्रचिक्षेप राक्षसाय महाबलः। बिभेद तां शिलां कुम्भः प्रसन्नैः पञ्चभिः शरैः ॥ ४३
संधाय चान्यं सुमुखं शरमाशीविषोपमम्। आजघान महातेजा वक्षसि द्विविदाग्रजम् ॥ ४४
स तु तेन प्रहारेण मैन्दो वानरयूथपः। मर्मण्यभिहतस्तेन पपात भुवि मूर्च्छितः ॥ ४५
अङ्गदो मातुलौ दृष्ट्वा मथितौ तु महाबलौ। अभिदुद्राव वेगेन कुम्भमुद्यतकार्मुकम् ॥ ४६
तमापतन्तं विव्याध कुम्भः पञ्चभिरायसैः। त्रिभिश्चान्यैस्त्रिभिर्बाणैर्मातंगमिव तोमरैः।
सोऽङ्गदं बहुभिर्बाणैः कुम्भो विव्याध वीर्यवान् ॥ ४७
अकुण्ठधारैर्निशितैस्तीक्ष्णैः कनकभूषणैः। अङ्गदः प्रतिविद्धाङ्गो वालिपुत्रो न कम्पते ॥ ४८
शिलापादपवर्षाणि तस्य मूर्ध्नि ववर्ष ह। स प्रचिच्छेद तान्सर्वान्बिभेद च पुनः शिलाः ॥ ४९
कुम्भकर्णात्मजः श्रीमान्वालिपुत्रसमीरिताम्। आपतन्तं च संप्रेक्ष्य कुम्भो वानरयूथपम् ॥ ५०
भ्रुवौ विव्याध बाणाभ्यामुल्काभ्यामिव कुञ्जरम्। तस्य सुस्राव रुधिरं पिहिते चास्य लोचने ॥ ५१
अङ्गदः पाणिना नेत्रे पिधाय रुधिरोक्षिते। सालमासन्नमेकेन परिजग्राह पाणिना ॥ ५२
संपीड्योरसि सस्कन्धं करेणाभिनिवेश्य च। किंचिदभ्यवनम्यैनमुन्ममाथ महारणे ॥ ५३
तमिन्द्रकेतुप्रतिमं वृक्षं मन्दरसंनिभम्। समुत्सृजत वेगेन मिषतां सर्वरक्षसाम् ॥ ५४
स चिच्छेद शितैर्बाणैः सप्तभिः कायभेदनैः। अङ्गदो विव्यथेऽभीक्ष्णं स पपात मुमोह च ॥ ५५
अङ्गदं पतितं दृष्ट्वा सीदन्तमिव सागरम्। दुरासदं हरिश्रेष्ठा राघवाय न्यवेदयन् ॥ ५६
रामस्तु व्यथितं श्रुत्वा वालिपुत्रं महाहवे। व्यादिदेश हरिश्रेष्ठाञ्जाम्बवत्प्रमुखांस्ततः ॥ ५७
ते तु वानरशार्दूलाः श्रुत्वा रामस्य शासनम्। अभिपेतुः सुसंक्रुद्धाः कुम्भमुद्यतकार्मुकम् ॥ ५८
ततो द्रुमशिलाहस्ताः कोपसंरक्तलोचनाः। रिरक्षिषन्तोऽभ्यपतन्नङ्गदं वानरर्षभाः ॥ ५९
जाम्बवांश्च सुषेणश्च वेगदर्शी च वानरः। कुम्भकर्णात्मजं वीरं क्रुद्धाः समभिदुद्रुवुः ॥ ६०
समीक्ष्यापततस्तांस्तु वानरेन्द्रान्महाबलान्। आववार शरौघेण नगेनेव जलाशयम् ॥ ६१
तस्य बाणपथं प्राप्य न शेकुरपि वीक्षितुम्। वानरेन्द्रा महात्मानो वेलामिव महोदधिः ॥ ६२
तांस्तु दृष्ट्वा हरिगणाञ्शरवृष्टिभिरर्दितान्। अङ्गदं पृष्ठतः कृत्वा भ्रातृजं प्लवगेश्वरः ॥ ६३
अभिदुद्राव सुग्रीवः कुम्भकर्णात्मजं रणे। शैलसानुचरं नागं वेगवानिव केसरी ॥ ६४
उत्पाट्य च महावृक्षानश्वकर्णादिकान्बहून्। अन्यांश्च विविधान्वृक्षांश्चिक्षेप स महाकपिः ॥ ६५
तां छादयन्तीमाकाशं वृक्षवृष्टिं दुरासदाम्। कुम्भकर्णात्मजः श्रीमांश्चिच्छेद स्वशरैः शितैः ॥ ६६
अर्दितास्ते द्रुमा रेजुर्यथा घोराः शतघ्नयः। द्रुमवर्षं तु तद्भिन्नं दृष्ट्वा कुम्भेन वीर्यवान् ॥ ६७
वानराधिपतिः श्रीमान्महासत्त्वो न विव्यथे। स विध्यमानः सहसा सहमानस्तु ताञ्छरान् ॥ ६८
कुम्भस्य धनुराक्षिप्य बभञ्जेन्द्रधनुःप्रभम्। अवप्लुत्य धनुः शीघ्रं कृत्वा कर्म सुदुष्करम् ॥ ६९
अब्रवीत्कुपितः कुम्भं भग्नशृङ्गमिव द्विपम्। निकुम्भाग्रज वीर्यं ते बाणवेगं तदद्भुतम् ॥ ७०
संनतिश्च प्रभावश्च तव वा रावणस्य वा। प्रह्लादबलिवृत्रघ्नकुबेरवरुणोपम ॥ ७१

त्विन्द्रधनुस्तवेव ऋजु रोहितम्'। ऐरावतं ऋजुदीर्घेन्द्रधनुस्तद्युक्तं च। स्वाभाविकमिन्द्रधनुरित्यर्थः। एतच्चोत्पातकाले भवतीत्यर्थ इति तीर्थः ॥ ३९ ॥ ४० ॥ विप्रमुक्तपदे विप्रमुक्तं प्रसारितं पदं येन सः ॥ ४१ ॥ ४२ ॥ प्रसन्नैरुत्तेजितैः ॥ ४३ ॥ ४४ ॥ ४५ ॥ ४६ ॥ ४७ ॥ ४८ ॥ ४९ ॥ ५० ॥ ५१ ॥ ५२ ॥ सस्कन्धमेतं सालमुरसि निवेश्यैकेन करेण संपीड्य सूक्ष्मशाखा किंचिदवनम्योन्ममाथ निष्पत्रं कृतवान् ॥ ५३ ॥ समुत्सृजत समुदसृजत् ॥ ५४ ॥ अभीक्ष्णं विव्यथे। पुनःपुनः क्रियमाणेन युद्धेनेति भावः ॥ ५५ ॥ ५६ ॥ ५७ ॥ ५८ ॥ ५९ ॥ ६० ॥ आववारावरुरोध। नगेन पर्वतेन जलाशयं जलप्रवाहमिव ॥ ६१ ॥ ६२ ॥ भ्रातृजं भ्रातृपुत्रम्। प्लवगेश्वरः सुग्रीवः। एतदन्तमष्टमीरात्रौ युद्धम्। अतः परं नवमीदिनयुद्धम् ॥ ६३ ॥ शैलसानुषु चरति तं नागं गजम् ॥ ६४ ॥ ६५ ॥ ६६ ॥ ६७ ॥ ६८ ॥ ६९ ॥ अथ कुम्भस्य शौर्यं स्तौति—निकुम्भाग्रजेति। वेगशब्दोऽधर्चादिः ॥ ७० ॥ संनतिः स्वजनप्रावण्यम्। प्रभावः प्रतापः। तव वा रावणस्य

एकस्त्वमनुजातोऽसि पितरं बलवत्तरम् । त्वामेवैकं महाबाहुं शूलहस्तमरिंदमम् ॥ ७२
त्रिदशा नातिवर्तन्ते जितेन्द्रियमिवाधयः । विक्रमस्व महाबुद्धे कर्माणि मम पश्य च ॥ ७३
वरदानात्पितृव्यस्ते सहते देवदानवान् । कुम्भकर्णस्तु वीर्येण सहते च सुरासुरान् ॥ ७४
धनुषीन्द्रजितस्तुल्यः प्रतापे रावणस्य च । त्वमद्य रक्षसां लोके श्रेष्ठोऽसि बलवीर्यतः ॥ ७५
महाविमर्दं समरे मया सह तवाद्भुतम् । अद्य भूतानि पश्यन्तु शक्रशम्बरयोरिव ॥ ७६
कृतमप्रतिमं कर्म दर्शितं चास्त्रकौशलम् । पातिता हरिवीराश्च त्वयैते भीमविक्रमाः ॥ ७७
उपालम्भभयाच्चैव नासि वीर मया हतः । कृतकर्मपरिश्रान्तो विश्रान्तः पश्य मे बलम् ॥ ७८
तेन सुग्रीववाक्येन सावमानेन मानितः । अग्नेराज्यहुतस्येव तेजस्तस्याभ्यवर्धत ॥ ७९
ततः कुम्भस्तु सुग्रीवं बाहुभ्यां जगृहे तदा । गजाविवावीतमदौ निःश्वसन्तौ मुहुर्मुहुः ॥ ८०
अन्योन्यगात्रग्रथितौ घर्षन्तावितरेतरम् । सधूमां मुखतो ज्वालां विसृजन्तौ परिश्रमात् ॥ ८१
तयोः पादाभिघाताच्च निमग्ना चाभवन्मही । व्याघूर्णिततरङ्गश्च चुक्षुभे वरुणालयः ॥ ८२
ततः कुम्भं समुत्क्षिप्य सुग्रीवो लवणाम्भसि । पातयामास वेगेन दर्शयन्नुदधेः स्थलम् ॥ ८३
ततः कुम्भनिपातेन जलराशिः समुत्थितः । विन्ध्यमन्दरसंकाशो विससर्प समन्ततः ॥ ८४
ततः कुम्भः समुत्पत्य सुग्रीवमभिपात्य च । आजघानोरसि क्रुद्धो वज्रकल्पेन मुष्टिना ॥ ८५
तस्य चर्म च पुस्फोट संजज्ञे चापि शोणितम् । तस्य मुष्टिर्महावेगः प्रतिजघ्नेऽस्थिमण्डले ॥ ८६
तस्य वेगेन तत्रासीत्तेजः प्रज्वलितं महत् । वज्रनिष्पेषसंजाता ज्वाला मेरोर्यथा गिरेः ॥ ८७
स तत्राभिहतस्तेन सुग्रीवो वानरर्षभः । मुष्टिं संवर्तयामास वज्रकल्पं महाबलः ॥ ८८
अर्चिःसहस्रविकचरविमण्डलवर्चसम् । स मुष्टिं पातयामास कुम्भस्योरसि वीर्यवान् ॥ ८९
स तु तेन प्रहारेण विह्वलो भृशपीडितः । निपपात तदा कुम्भो गतार्चिरिव पावकः ॥ ९०
मुष्टिनाभिहतस्तेन निपपाताशु राक्षसः । लोहिताङ्ग इवाकाशाद्दीप्तरश्मिर्यदृच्छया ॥ ९१
कुम्भस्य पततो रूपं भग्नस्योरसि मुष्टिना । बभौ रुद्राभिपन्नस्य यथा रूपं गवां पतेः ॥ ९२

तस्मिन्हते भीमपराक्रमेण प्लवंगमानामृषभेण युद्धे ।
मही सशैला सवना चचाल भयं च रक्षांस्यधिकं विवेश ॥ ९३

इत्यार्षे श्रीमद्रामायणे वाल्मीकीय आदिकाव्ये युद्धकाण्डे षट्सप्ततितमः सर्गः ॥ ७६ ॥

सप्तसप्ततितमः सर्गः ।

निकुम्भो भ्रातरं दृष्ट्वा सुग्रीवेण निपातितम् । प्रदहन्निव कोपेन वानरेन्द्रमुदैक्षत ॥ १
ततः स्रग्दामसंनद्धं दत्तपञ्चाङ्गुलं शुभम् । आददे परिघं धीरो महेन्द्रशिखरोपमम् ॥ २

वा । नान्यस्य । युष्मास्वित्यर्थः । प्रह्लादबल्योर्वृत्रघ्नादीनां चोपमा यस्य तम् ॥ ७१ ॥ पितरमनुजातोऽसि पित्रा सदृशोऽसि ॥ ७२ ॥ ७३ ॥ पितृव्यो रावणः । कुम्भकर्णस्तु वीर्येण शरीरबलेन सुरासुरान्सहते । त्वं तूभाभ्यामित्यर्थः ॥ ७४ ॥ ७५ ॥ ते तव मया सह महाविमर्दं महायुद्धम् ॥ ७६ ॥ ७७ ॥ उपालम्भभयाद्बहुभिः सह युद्धेन श्रान्तः कुम्भः सुग्रीवेण हत इति निन्दाभीत्येत्यर्थः ॥ ७८ ॥ सावमानेन कृतकर्मेत्यादिना ॥ ७९ ॥ अवीतमदावनपगतमदौ । 'आवीतमदौ' इति च्छेदे व्याप्तमदावित्यर्थः ॥ ८० ॥ ८१ ॥ ८२ ॥ दर्शयन्नुदधेः स्थलम् । स्वबलं दर्शयन्नुदधेः स्थलमतिक्रम्य लवणाम्भसि कुम्भं पातयामास । 'उदधेस्तलम्' इति पाठे तद्दर्शयंल्लवणाम्भसि पातयामासेत्यर्थः ॥ ८३ ॥ विन्ध्यमन्दरसंकाशः कुम्भस्ततो जलात्समुत्पत्येत्यन्वयः ॥ ८४ ॥ ८५ ॥ पुस्फोट भिन्नम् । स तस्य मुष्टिः सुग्रीवास्थिमण्डले प्रतिजघ्ने प्रतिहतः ॥ ८६ ॥ ८७ ॥ तत्रोरसि ॥ ८८ ॥ अर्चिःसहस्रेण विकचं यद्रविमण्डलं तत्समानवर्चस्कम् ॥ ८९ ॥ ९० ॥ यदृच्छया दैवाधीनतः । कदाचिद्भूम्यां पतितो लोहिताङ्गो भौम इव पपात ॥ ९१ ॥ मुष्टिनोरसि भग्नस्य पततः कुम्भस्य रूपं रुद्रेणाभिपन्नस्याभिभूतस्य गवां पतेः सूर्यस्येव ॥ ९२ ॥ ९३ ॥ इति श्रीरामाभिरामे श्रीरामीये रामायणतिलके वाल्मीकीय आदिकाव्ये युद्धकाण्डे षट्सप्ततितमः सर्गः ॥ ७६ ॥

निकुम्भ इति ॥ १ ॥ स्रग्दामभिः संनद्धमलंकृतम् । दत्तपञ्चाङ्गुलं पञ्चाङ्गुलप्रमाणा दत्ताः कालायसपट्टबन्धा यस्मि-

हेमपट्टपरिक्षिप्तं वज्रविद्रुमभूषितम् । यमदण्डोपमं भीमं रक्षसां भयनाशनम् ॥ ३
तमाविध्य महातेजाः शक्रध्वजसमौजसम् । विननाद विवृत्तास्यो निकुम्भो भीमविक्रमः ॥ ४
उरोगतेन निष्केण भुजस्थैरङ्गदैरपि । कुण्डलाभ्यां च चित्राभ्यां मालया च स चित्रया ॥ ५
निकुम्भो भूषणैर्भाति तेन स परिघेण च । यथेन्द्रधनुषा मेघः सविद्युत्स्तनयित्नुमान् ॥ ६
परिघाग्रेण पुस्फोट वातग्रन्थिर्महात्मनः । प्रजज्वाल सघोषश्च विधूम इव पावकः ॥ ७
नगर्या विटपावत्या गन्धर्वभवनोत्तमैः । सतारागणनक्षत्रं सचन्द्रसमहाग्रहम् ।
निकुम्भपरिघाघूर्णं भ्रमतीव नभस्थलम् ॥ ८
दुरासदश्च संजज्ञे परिघाभरणप्रभः । क्रोधेन्धनो निकुम्भाग्निर्युगान्ताग्निरिवोत्थितः ॥ ९
राक्षसा वानराश्चापि न शेकुः स्पन्दितुं भयात् । हनुमांस्तु विवृत्योरस्तस्थौ प्रमुखतो बली ॥ १०
परिघोपमबाहुस्तु परिघं भास्करप्रभम् । बली बलवतस्तस्य पातयामास वक्षसि ॥ ११
स्थिरे तस्योरसि व्यूढे परिघः शतधा कृतः । विकीर्यमाणः सहसा उल्काशतमिवाम्बरे ॥ १२
स तु तेन प्रहारेण न चचाल महाकपिः । परिघेण समाधूतो यथा भूमिचलेऽचलः ॥ १३
स तथाभिहतस्तेन हनूमान्प्लवगोत्तमः । मुष्टिं संवर्तयामास बलेनातिमहाबलः ॥ १४
तमुद्यम्य महातेजा निकुम्भोरसि वीर्यवान् । अभिचिक्षेप वेगेन वेगवान्वायुविक्रमः ॥ १५
तत्र पुस्फोट वर्मास्य प्रसुस्राव च शोणितम् । मुष्टिना तेन संजज्ञे मेघे विद्युदिवोत्थिता ॥ १६
स तु तेन प्रहारेण निकुम्भो विचचाल च । स्वस्थश्चापि निजग्राह हनूमन्तं महाबलम् ॥ १७
चुक्रुशुश्च तदा संख्ये भीमं लङ्कानिवासिनः । निकुम्भेनोद्यतं दृष्ट्वा हनूमन्तं महाबलम् ॥ १८
स तथा ह्रियमाणोऽपि हनुमांस्तेन रक्षसा । आजघानानिलसुतो वज्रकल्पेन मुष्टिना ॥ १९
आत्मानं मोक्षयित्वाथ क्षितावभ्यवपद्यत । हनूमानुन्ममाथाशु निकुम्भं मारुतात्मजः ॥ २०
निक्षिप्य परमायत्तो निकुम्भं निष्पिपेष च । उत्पत्य चास्य वेगेन पपातोरसि वेगवान् ॥ २१
परिगृह्य च बाहुभ्यां परिवृत्य शिरोधराम् । उत्पाटयामास शिरो भैरवं नदतो महत् ॥ २२

अथ निनदति सादिते निकुम्भे पवनसुतेन रणे बभूव युद्धम् ।
दशरथसुतराक्षसेन्द्रसून्वोर्भृशतरमागतरोषयोः सुभीमम् ॥ २३
व्यपेते तु जीवे निकुम्भस्य हृष्टा विनेदुः प्लवंगा दिशः सस्वनुश्च ।
चचालेव चोर्वी पपातेव सा द्यौर्बलं राक्षसानां भयं चाविवेश ॥ २४

इत्यार्षे श्रीमद्रामायणे वाल्मीकीय आदिकाव्ये युद्धकाण्डे सप्तसप्ततितमः सर्गः ॥ ७७ ॥

अष्टसप्ततितमः सर्गः ।

निकुम्भं निहतं दृष्ट्वा कुम्भं च विनिपातितम् । रावणः परमामर्षी प्रजज्वालानलो यथा ॥ १
नैर्ऋतः क्रोधशोकाभ्यां द्वाभ्यां तु परिमूर्च्छितः । खरपुत्रं विशालाक्षं मकराक्षमचोदयत् ॥ २

स्तम् ॥ २ ॥ हेमपट्टादयोऽलंकारार्थः ॥ ३ ॥ शक्रध्वजसमौजसम् । अलंकारादिकृतसौन्दर्यात् ॥ ४ ॥ निष्कमुरोभूषणम् ॥ ५ ॥ ६ ॥ महात्मनो महादेहस्य । परिघाग्रेण वातग्रन्थिरावहादिसप्तमहावायूनां संधिः पुस्फोट । एतेन परिघस्य दैर्घ्यमुक्तम् । प्रजज्वाल । निकुम्भ इति शेषः । परिघाग्रभाग इति वा ॥ ७ ॥ विटपावती गन्धर्वनगरी । अलकेति तीर्थः ॥ ८ ॥ परिघाभरणाभ्यां प्रभा कान्तिर्यस्य सः ॥ ९ ॥ स्पन्दितुमपि न शेकुः । उरोविवृत्योरः प्रकाश्य ॥ १० ॥ तस्य हनूमतः ॥ ११ ॥ परिघः शतधा कृतः । महाशिलाहतजीर्णकाष्ठवद्विकीर्यमाणश्च स आकाशे उल्काशतमिवासीदिति शेषः ॥ १२ ॥ भूमिचले भूकम्पे ॥ १३ ॥ १४ ॥ १५ ॥ १६ ॥ १७ ॥ भीमं विचुक्रुशुः । कपीनां भयंकरं यथा भवति तथेत्यर्थः । उद्यतं गृहीतम् ॥ १८ ॥ तथा ह्रियमाणोऽपि कुम्भकर्णेन सुग्रीववद्ध्रियमाणोऽपि ॥ १९ ॥ क्षितावभ्यवपद्यत भूमावाप्लुतो बभूव ॥ २० ॥ निक्षिप्य । भूमाविति शेषः । अस्योरसि भूमिपतितस्योरसि ॥ २१ ॥ शिरोधरां परिवृत्य पशोरिवाघूर्ण्य ॥ २२ ॥ निनदति निकुम्भे सादिते सति राक्षसेन्द्रसूनुः खरसुतो मकराक्षः । अनेन वक्ष्यमाणोपक्षेपः ॥ २३ ॥ उक्तार्थस्यैव विवरणम् । व्यपेते व्यपगते । एतदन्तं नवमीदिनयुद्धम् ॥ २४ ॥ इति श्रीरामाभिरामे श्रीरामीये रामायणतिलके वाल्मीकीय आदिकाव्ये युद्धकाण्डे सप्तसप्ततितमः सर्गः ॥ ७७ ॥

निकुम्भमिति ॥ १ ॥ नैर्ऋतो रावणः । परिमूर्च्छितो व्याप्तः

गच्छ पुत्र मयाज्ञप्तो बलेनाभिसमन्वितः । राघवं लक्ष्मणं चैव जहि तौ सवनौकसौ ॥ ३
रावणस्य वचः श्रुत्वा शूरमानी खरात्मजः । बाढमित्यब्रवीद्धृष्टो मकराक्षो निशाचरम् ॥ ४
सोऽभिवाद्य दशग्रीवं कृत्वा चापि प्रदक्षिणम् । निर्जगाम गृहाच्छुभ्राद्रावणस्याज्ञया बली ॥ ५
समीपस्थं बलाध्यक्षं खरपुत्रोऽब्रवीद्वचः । रथश्चानीयतां तूर्णं सैन्यं त्वानीयतां त्वरात् ॥ ६
तस्य तद्वचनं श्रुत्वा बलाध्यक्षो निशाचरः । स्यन्दनं च बलं चैव समीपं प्रत्यपादयत् ॥ ७
प्रदक्षिणं रथं कृत्वा समाहूय निशाचरः । सूतं संचोदयामास शीघ्रं वै रथमावह ॥ ८
अथ तान्राक्षसान्सर्वान्मकराक्षोऽब्रवीदिदम् । यूयं सर्वे प्रयुध्यध्वं पुरस्तान्मम राक्षसाः ॥ ९
अहं राक्षसराजेन रावणेन महात्मना । आज्ञप्तः समरे हन्तुं तावुभौ रामलक्ष्मणौ ॥ १०
अद्य रामं वधिष्यामि लक्ष्मणं च निशाचराः । शाखामृगं च सुग्रीवं वानरांश्च शरोत्तमैः ॥ ११
अद्य शूलनिपातैश्च वानराणां महाचमूम् । प्रदहिष्यामि संप्राप्तां शुष्केन्धनमिवानलः ॥ १२
मकराक्षस्य तच्छ्रुत्वा वचनं ते निशाचराः । सर्वे नानायुधोपेता बलवन्तः समाहिताः ॥ १३
ते कामरूपिणः क्रूरा दंष्ट्रिणः पिङ्गलेक्षणाः । मातंगा इव नर्दन्तो ध्वस्तकेशा भयावहाः ॥ १४
परिवार्य महाकाया महाकायं खरात्मजम् । अभिजग्मुस्ततो हृष्टाश्चालयन्तो नभस्तलम् ॥ १५
शङ्खभेरीसहस्राणामाहतानां समन्ततः । क्ष्वेलितास्फोटितानां च तत्र शब्दो महानभूत् ॥ १६
प्रभ्रष्टोऽथ करात्तस्य प्रतोदः सारथेस्तदा । पपात सहसा दैवाद्ध्वजस्तस्य तु रक्षसः ॥ १७
तस्य ते रथसंयुक्ता हया विक्रमवर्जिताः । चरणैराकुलैर्गत्वा दीनाः सास्रमुखा ययुः ॥ १८
प्रवाति पवनस्तस्मिन्सपांसुः खरदारुणः । निर्याणे तस्य रौद्रस्य मकराक्षस्य दुर्मतेः ॥ १९
तानि दृष्ट्वा निमित्तानि राक्षसा वीर्यवत्तमाः । अचिन्त्य निर्गताः सर्वे यत्र तौ रामलक्ष्मणौ ॥ २०

घनगजमहिषाङ्गतुल्यवर्णाः समरमुखेष्वसकृद्गदासिभिन्नाः ।
अहमहमिति युद्धकौशलास्ते रजनिचराः परिबभ्रमुर्मुहुस्ते ॥ २१

इत्यार्षे श्रीमद्रामायणे वाल्मीकीय आदिकाव्ये युद्धकाण्डेऽष्टसप्ततितमः सर्गः ॥ ७८ ॥

नवसप्ततितमः सर्गः ।

निर्गतं मकराक्षं ते दृष्ट्वा वानरपुंगवाः । आप्लुत्य सहसा सर्वे योद्धुकामा व्यवस्थिताः ॥ १
ततः प्रवृत्तं सुमहत्तद्युद्धं लोमहर्षणम् । निशाचरैः प्लवंगानां देवानां दानवैरिव ॥ २
वृक्षशूलनिपातैश्च गदापरिघपातनैः । अन्योन्यं मर्दयन्ति स्म तदा कपिनिशाचराः ॥ ३
शक्तिखड्गगदाकुन्तैस्तोमरैश्च निशाचराः । पट्टिशैर्भिन्दिपालैश्च बाणपातैः समन्ततः ॥ ४
पाशमुद्गरदण्डैश्च निर्घातैश्चापरैस्तथा । कदनं कपिसिंहानां चक्रुस्ते रजनीचराः ॥ ५
बाणौघैरर्दिताश्चापि खरपुत्रेण वानराः । संभ्रान्तमनसः सर्वे दुद्रुवुर्भयपीडिताः ॥ ६
तान्दृष्ट्वा राक्षसाः सर्वे द्रवमाणान्वनौकसः । नेदुस्ते सिंहवद्दृप्ता राक्षसा जितकाशिनः ॥ ७
विद्रवत्सु तदा तेषु वानरेषु समन्ततः । रामस्तान्वारयामास शरवर्षेण राक्षसान् ॥ ८
वारितान्राक्षसान्दृष्ट्वा मकराक्षो निशाचरः । कोपानलसमाविष्टो वचनं चेदमब्रवीत् ॥ ९
तिष्ठ राम मया सार्धं द्वन्द्वयुद्धं भविष्यति । त्याजयिष्यामि ते प्राणान्धनुर्मुक्तैः शितैः शरैः ॥ १०

॥ २ ॥ ३ ॥ ४ ॥ ५ ॥ बलाध्यक्षं रावणबलाध्यक्षम् । त्वरात्वरया ॥ ६ ॥ ७ ॥ रथमावह । युद्धभूमिं प्रापयेत्यर्थः ॥ ८ ॥ मम पुरस्तान्ममाग्रतो यूयं सर्वे प्रयुध्यध्वम् । वानरैः सहेति शेषः ॥ ९ ॥ १० ॥ ११ ॥ १२ ॥ १३ ॥ ध्वस्तकेशा विप्रकीर्णकेशाः, अतएव भयावहाः ॥ १४ ॥ १५ ॥ १६ ॥ तस्य ध्वजः पपात । स बद्धोऽपीति शेषः ॥ १७ ॥ विक्रमरहिता यथापूर्वं विचित्रपादन्यासरहिताः । प्रथममाकुलैश्चरणैर्गत्वा पश्चात्सास्रमुखा ययुः ॥ १८ ॥ प्रवाति सपांसुः, अतएव खरः । अभिमुख इति शेषः ॥ १९ ॥ २० ॥ असकृच्छत्रूणां गदासिभिर्भिन्नं मेदो येषां ते । अहमहमिति वदन्तः ॥ २१ ॥ इति श्रीरामाभिरामे श्रीरामीये रामायणतिलके वाल्मीकीय आदिकाव्ये युद्धकाण्डेऽष्टसप्ततितमः सर्गः ॥७८॥

निर्गतमिति ॥ १ ॥ २ ॥ ३ ॥ ४ ॥ निर्घातास्तद्वन्महाध्वनयो यन्त्रायुधविशेषाः ॥ ५ ॥ ६ ॥ द्रवमाणान्द्रवतः । जितेन जयेन काशन्ते ते जितकाशिनोऽभूवन्निति शेष इति तीर्थः ॥ ७ ॥ तान्वानरविद्रावकान्राक्षसान्रामः शरवर्षेण

यत्तदा दण्डकारण्ये पितरं हतवान्मम । तदग्रतः स्वकर्मस्थं स्मृत्वा रोषोऽभिवर्धते ॥ ११
दह्यन्ते भृशमङ्गानि दुरात्मन्मम राघव । यन्मयासि न दृष्टस्त्वं तस्मिन्काले महावने ॥ १२
दिष्ट्यासि दर्शनं राम मम त्वं प्राप्तवानिह । काङ्क्षितोऽसि क्षुधार्तस्य सिंहस्येवेतरो मृगः ॥ १३
अद्य मद्बाणवेगेन प्रेतराड्विषयं गतः । ये त्वया निहताः शूराः सह तैश्च वसिष्यसि ॥ १४
बहुनात्र किमुक्तेन शृणु राम वचो मम । पश्यन्तु सकला लोकास्त्वां मां चैव रणाजिरे ॥ १५
अस्त्रैर्वा गदया वापि बाहुभ्यां वा रणाजिरे । अभ्यस्तं येन वा राम वर्ततां तेन वा मृधम् ॥ १६
मकराक्षवचः श्रुत्वा रामो दशरथात्मजः । अब्रवीत्प्रहसन्वाक्यमुत्तरोत्तरवादिनम् ॥ १७
कत्थसे किं वृथा रक्षो बहून्यसदृशानि ते । न रणे शक्यते जेतुं विना युद्धेन वाग्बलात् ॥ १८
चतुर्दश सहस्राणि रक्षसां त्वत्पिता च यः । त्रिशिरा दूषणश्चापि दण्डके निहतो मया ॥ १९
स्वाशिताश्चापि मांसेन गृध्रगोमायुवायसाः । भविष्यन्त्यद्य वै पाप तीक्ष्णतुण्डनखाङ्कुशाः ॥ २०
राघवेणैवमुक्तस्तु मकराक्षो महाबलः । बाणौघानमुचत्तस्मै राघवाय रणाजिरे ॥ २१
ताञ्छराञ्छरवर्षेण रामश्चिच्छेद नैकधा । निपेतुर्भुवि विच्छिन्ना रुक्मपुङ्खाः सुवाससः ॥ २२
तद्युद्धमभवत्तत्र समेत्यान्योन्यमोजसा । खरराक्षसपुत्रस्य सूनोर्दशरथस्य च ॥ २३
जीमूतयोरिवाकाशे शब्दो ज्यातलयोरिव । धनुर्मुक्तः स्वनोऽन्योन्यं श्रूयते च रणाजिरे ॥ २४
देवदानवगन्धर्वाः किंनराश्च महोरगाः । अन्तरिक्षगताः सर्वे द्रष्टुकामास्तदद्भुतम् ॥ २५
विद्धमन्योन्यगात्रेषु द्विगुणं वर्धते बलम् । कृतप्रतिकृतान्योन्यं कुरुतां तौ रणाजिरे ॥ २६
राममुक्तांस्तु बाणौघान्राक्षसस्त्वच्छिनद्रणे । रक्षोमुक्तांस्तु रामो वै नैकधा प्राच्छिनच्छरैः ॥ २७
बाणौघवितताः सर्वा दिशश्च प्रदिशस्तथा । संछन्ना वसुधा चैव समन्तान्न प्रकाशते ॥ २८
ततः क्रुद्धो महाबाहुर्धनुश्चिच्छेद संयुगे । अष्टाभिरथ नाराचैः सूतं विव्याध राघवः ॥ २९
भित्त्वा रथं शरै रामो हत्वा अश्वानपातयत् । विरथो वसुधास्थः स मकराक्षो निशाचरः ॥ ३०
तत्तिष्ठद्वसुधां रक्षः शूलं जग्राह पाणिना । त्रासनं सर्वभूतानां युगान्ताग्निसमप्रभम् ॥ ३१
दुरवापं महच्छूलं रुद्रदत्तं भयंकरम् । जाज्वल्यमानमाकाशे संहारास्त्रमिवापरम् ॥ ३२
यं दृष्ट्वा देवताः सर्वा भयार्ता विद्रुता दिशः । विभ्राम्य च महच्छूलं प्रज्वलन्तं निशाचरः ॥ ३३
स क्रोधात्प्राहिणोत्तस्मै राघवाय महात्मने । तमापतन्तं ज्वलितं खरपुत्रकराच्च्युतम् ॥ ३४
बाणैश्चतुर्भिराकाशे शूलं चिच्छेद राघवः । स भिन्नो नैकधा शूलो दिव्यहाटकमण्डितः ।
व्यशीर्यत महोल्केव रामबाणार्दितो भुवि ॥ ३५
तच्छूलं निहतं दृष्ट्वा रामेणाक्लिष्टकर्मणा । साधु साध्विति भूतानि व्याहरन्ति नभोगताः ॥ ३६
तं दृष्ट्वा निहतं शूलं मकराक्षो निशाचरः । मुष्टिमुद्यम्य काकुत्स्थं तिष्ठ तिष्ठेति चाब्रवीत् ॥ ३७
स तं दृष्ट्वापतन्तं तु प्रहस्य रघुनन्दनः । पावकास्त्रं ततो रामः संदधे तु शरासने ॥ ३८

वारयामास ॥ ८ ॥ ९ ॥ १० ॥ यद्यस्मात्पितरं हतवानसि तस्मात्तदग्रतस्तद्दिनादितः स्वकर्मस्थं पितृवधरूपकर्मकर्तारं त्वां स्मृत्वा रोषोऽभिवर्धते । 'मदग्रतः स्वकर्मस्थं दृष्ट्वा' इति पाठे मदग्रतस्तिष्ठन्तमिति शेषः । तीर्थस्तु—सुअकर्मस्थं सुतरामकृत्यनिरतमित्यर्थ इत्याह ॥ ११ ॥ यद्यस्मात्तस्मिन्काले पितृवधकाले तस्मिन्महावने मया न दृष्टोऽसि तस्मान्ममाङ्गानि दह्यन्ते । तदैव दर्शने तु प्रतीकारेण तापः शाम्येदित्यर्थः ॥ १२ ॥ इतरो मृगः सिंहेतरमृगमात्रम् ॥ १३ ॥ १४ ॥ १५ ॥ येन वधसाधनेनास्त्रादिष्वन्यतमेन तेऽभ्यस्तं तवाभ्यासोऽस्ति तेन वा तेनैव मृधं युद्धं वर्ततां संपाद्यताम् ॥ १६ ॥ उत्तरोत्तरवादिनं बहुप्रलापिनम् ॥ १७ ॥ ते त्वया जेतुमित्यन्वयः ॥ १८ ॥ १९ ॥ स्वाशिताः सुष्ठु भुक्तवन्तोऽद्य भविष्यन्ति । त्वद्वधेनेति शेषः ॥ २० ॥ २१ ॥ २२ ॥ २३ ॥ आकाशे जीमूतयोः शब्द इव ज्यातलयोर्ज्याकरतलयोः संघर्षाद्धेतोर्धनुर्मुक्तोऽन्योन्यधनुर्मुक्तः स्वनोऽन्योन्यमिश्रो रणाजिरे श्रूयते स्म ॥ २४ ॥ २५ ॥ अन्योन्यं गात्रेषु विद्धम् । वेधनमभूदिति शेषः । अथापि द्विगुणं बलं वर्धते स्म । कृतप्रतिकृता कृतप्रतिकृतानि । आर्षोऽडादेशो विभक्तेः । कुरुतामकुरुताम् । अडभाव आर्षः ॥ २६ ॥ २७ ॥ २८ ॥ २९ ॥ भित्त्वा रथम् । भङ्क्त्वेत्यर्थः । 'हत्वा अश्वान्' इत्यसंधिपाठः । 'रथादश्वान्' इति पाठान्तरम् । वसुधास्थोऽभूदिति शेषः ॥ ३० ॥ 'तत्तिष्ठद्वसुधाम्' इति पाठः । वसुधां वसुधायां तिष्ठत्तद्रक्षः शूलं जग्राहेति संबन्धः ॥ ३१ ॥ ३२ ॥ शूलोऽर्धर्चादिः ॥ ३३

तेनास्त्रेण हतं रक्षः काकुत्स्थेन तदा रणे । सच्छिन्नहृदयं तत्र पपात च ममार च ॥ ३९
दृष्ट्वा ते राक्षसाः सर्वे मकराक्षस्य पातनम् । लङ्कामेव प्रधावन्त रामबाणभयार्दिताः ॥ ४०
दशरथनृपसूनुबाणवेगै रजनिचरं निहतं खरात्मजं तम् ।
प्रददृशुरथ देवताः प्रहृष्टा गिरिमिव वज्रहतं यथा विकीर्णम् ॥ ४१

इत्यार्षे श्रीमद्रामायणे वाल्मीकीय आदिकाव्ये युद्धकाण्डे नवसप्ततितमः सर्गः ॥ ७९ ॥

अशीतितमः सर्गः ।

मकराक्षं हतं श्रुत्वा रावणः समितिंजयः । रोषेण महताविष्टो दन्तान्कटकटाय्य च ॥ १
कुपितश्च तदा तत्र किं कार्यमिति चिन्तयन् । आदिदेशाथ संक्रुद्धो रणायेन्द्रजितं सुतम् ॥ २
जहि वीर महावीर्यौ भ्रातरौ रामलक्ष्मणौ । अदृश्यो दृश्यमानो वा सर्वथा त्वं बलाधिकः ॥ ३
त्वमप्रतिमकर्माणमिन्द्रं जयसि संयुगे । किं पुनर्मानुषौ दृष्ट्वा न वधिष्यसि संयुगे ॥ ४
तथोक्तो राक्षसेन्द्रेण प्रतिगृह्य पितुर्वचः । यज्ञभूमौ स विधिवत्पावकं जुहवेन्द्रजित् ॥ ५
जुह्वतश्चापि तत्राग्निं रक्तोष्णीषधराः स्त्रियः । आजग्मुस्तत्र संभ्रान्ता राक्षस्यो यत्र रावणिः ॥ ६
शस्त्राणि शरपत्राणि समिधोऽथ विभीतकाः । लोहितानि च वासांसि स्रुवं कार्ष्णायसं तथा ॥ ७
सर्वतोऽग्निं समास्तीर्य शरपत्रैः सतोमरैः । छागस्य सर्वकृष्णस्य गलं जग्राह जीवतः ॥ ८
शरहोमससिद्धस्य विधूमस्य महार्चिषः । बभूवुस्तानि लिङ्गानि विजयं दर्शयन्ति च ॥ ९
प्रदक्षिणावर्तशिखस्तप्तहाटकसंनिभः । हविस्तत्प्रतिजग्राह पावकः स्वयमुत्थितः ॥ १०
हुत्वाग्निं तर्पयित्वाथ देवदानवराक्षसान् । आरुरोह रथश्रेष्ठमन्तर्धानगतं शुभम् ॥ ११
स वाजिभिश्चतुर्भिस्तु बाणैस्तु निशितैर्युतः । आरोपितमहाचापः शुशुभे स्यन्दनोत्तमे ॥ १२
जाज्वल्यमानो वपुषा तपनीयपरिच्छदः । मृगैश्चन्द्रार्धचन्द्रैश्च स रथः समलंकृतः ॥ १३
जाम्बूनदमहाकम्बुर्दीप्तपावकसंनिभः । बभूवेन्द्रजितः केतुर्वैदूर्यसमलंकृतः ॥ १४
तेन चादित्यकल्पेन ब्रह्मास्त्रेण च पालितः । स बभूव दुराधर्षो रावणिः सुमहाबलः ॥ १५
सोऽभिनिर्याय नगरादिन्द्रजित्समितिंजयः । हुत्वाग्निं राक्षसैर्मन्त्रैरन्तर्धानगतोऽब्रवीत् ॥ १६
अद्य हत्वा रणे यौ तौ मिथ्या प्रव्रजितौ वने । जयं पित्रे प्रदास्यामि रावणाय रणेऽधिकम् ॥ १७
अद्य निर्वानरामुर्वीं हत्वा रामं च लक्ष्मणम् । करिष्ये परमां प्रीतिमित्युक्त्वान्तरधीयत ॥ १८
आपपाताथ संक्रुद्धो दशग्रीवेण चोदितः । तीक्ष्णकार्मुकनाराचैस्तीक्ष्णस्त्विन्द्ररिपू रणे ॥ १९
स ददर्श महावीर्यौ नागौ त्रिशिरसाविव । सृजन्ताविषुजालानि वीरौ वानरमध्यगौ ॥ २०
इमौ ताविति संचिन्त्य सज्यं कृत्वा च कार्मुकम् । संततानिषुधाराभिः पर्जन्य इव वृष्टिमान् ॥ २१
स तु वैहायसरथो युधि तौ रामलक्ष्मणौ । अचक्षुर्विषये तिष्ठन्विव्याध निशितैः शरैः ॥ २२

॥ ३४ ॥ ३५ ॥ ३६ ॥ ३७ ॥ ३८ ॥ ३९ ॥ प्रधावन्त प्राधावन्त ॥ ४० ॥ ४१ ॥ नवम्यां पूर्वरात्रेऽस्य वधः ॥ **इति श्रीरामाभिरामे श्रीरामीये रामायणतिलके वाल्मीकीय आदिकाव्ये युद्धकाण्डे नवसप्ततितमः सर्गः ॥ ७९ ॥**

कटकटाय्येत्यार्षो ल्यप् ॥ १ ॥ २ ॥ ३ ॥ ४ ॥ जुहव जुहाव । वृद्ध्यभाव आर्षः ॥ ५ ॥ स्त्रिय आजग्मुः । होमपरिचारिका इति शेषः ॥ ६ ॥ शस्त्राणीत्यादि व्याख्यातम् ॥ ७ ॥ ८ ॥ विजयं दर्शयन्ति चेत्यत्र जीवतः पुनर्लङ्काप्रवेश एवात्र जयः ॥ ९ ॥ १० ॥ राक्षसांस्तर्पयित्वा । अभिचारयागीयानिति शेषः ॥ ११ ॥ १२ ॥ वपुषा स्वरूपेण जाज्वल्यमानो रथ इति शेषः । मृगैश्चित्रमयैः ॥ १३ ॥ जाम्बूनदमया महान्तः कम्बवो वलया यस्य । 'कम्बुर्ना वलये शङ्खे' इत्यमरः ॥ १४ ॥ १५ ॥ राक्षसैर्मन्त्रैर्नैर्ऋतिदैवत्यमन्त्रैः । अन्तर्धानगतोऽन्तर्धानशक्तिं प्राप्तः ॥ १६ ॥ १७ ॥ रामं हत्वा निर्वानरामुर्वीं कृत्वा पितुः प्रीतिं करिष्ये इत्यर्थः । यत्त्वेवमादिवचसां रामस्तुतिपरतया क्लेशेन व्याख्यानं तद्वृथैव । कवेः कविनिबद्धवक्तुश्च तथातात्पर्याभावादिति । एतत्सजातीयवालिवाक्यावसरे निरूपितम् ॥ १८ ॥ १९ ॥ तूणी धनुःसंबन्धात्त्रिशिरोनागत्वोत्प्रेक्षा । सृजन्तौ स्रक्ष्यन्तौ ॥ २० ॥ इमौ ताविति संचिन्त्य सकलराक्षसहन्ताराविति स्मृत्वेषुधाराभिरिषुवर्षैः संततान्पूरयामास । सर्वा दिश इति शेषः ॥ २१ ॥ वैहायसरथ आकाशगामी रथो यस्य सः । अचक्षुर्विषये

११०

तौ तस्य शरवेगेन परीतौ रामलक्ष्मणौ । धनुषी सशरे कृत्वा दिव्यमस्त्रं प्रचक्रतुः ॥ २३
प्रच्छादयन्तो गगनं शरजालैर्महाबलौ । तमस्त्रैः सूर्यसंकाशैर्नैव पस्पर्शतुः शरैः ॥ २४
स हि धूमान्धकारं च चक्रे प्रच्छादयन्नभः । दिशश्चान्तर्दधे श्रीमान्नीहारतमसा वृतः ॥ २५
नैव ज्यातलनिर्घोषो न च नेमिखुरस्वनः । शुश्रुवे चरतस्तस्य न च रूपं प्रकाशते ॥ २६
घनान्धकारे तिमिरे शिलावर्षमिवाद्भुतम् । स ववर्ष महाबाहुर्नाराचशरवृष्टिभिः ॥ २७
स रामं सूर्यसंकाशैः शरैर्दत्तवरैर्भृशम् । विव्याध समरे क्रुद्धः सर्वगात्रेषु रावणिः ॥ २८
तौ हन्यमानौ नाराचैर्धाराभिरिव पर्वतौ । हेमपुङ्खान्नरव्याघ्रौ तिग्मान्मुमुचतुः शरान् ॥ २९
अन्तरिक्षे समासाद्य रावणिं कङ्कपत्रिणः । निकृत्य पतगा भूमौ पेतुस्ते शोणिताप्लुताः ॥ ३०
अतिमात्रं शरौघेण दीप्यमानौ नरोत्तमौ । तानिषून्पततो भल्लैरनेकैर्विचकर्ततुः ॥ ३१
यतो हि ददृशाते तौ शरान्निपतिताञ्छितान् । ततस्तु तौ दाशरथी ससृजातेऽस्त्रमुत्तमम् ॥ ३२
रावणिस्तु दिशः सर्वा रथेनातिरथोऽपतत् । विव्याध तौ दाशरथी लघ्वस्त्रो निशितैः शरैः ॥ ३३
तेनातिविद्धौ तौ वीरौ रुक्मपुङ्खैः सुसंहतैः । बभूवतुर्दाशरथी पुष्पिताविव किंशुकौ ॥ ३४
नास्य वेगगतिं कश्चिन्न च रूपं धनुः शरान् । न चास्य विदितं किंचित्सूर्यस्येवाभ्रसंप्लवे ॥ ३५
तेन विद्धाश्च हरयो निहताश्च गतासवः । बभूवुः शतशस्तत्र पतिता धरणीतले ॥ ३६
लक्ष्मणस्तु ततः क्रुद्धो भ्रातरं वाक्यमब्रवीत् । ब्राह्ममस्त्रं प्रयोक्ष्यामि वधार्थं सर्वरक्षसाम् ॥ ३७
तमुवाच ततो रामो लक्ष्मणं शुभलक्षणम् । नैकस्य हेतो रक्षांसि पृथिव्यां हन्तुमर्हसि ॥ ३८
अयुध्यमानं प्रच्छन्नं प्राञ्जलिं शरणागतम् । पलायमानं मत्तं वा न हन्तुं त्वमिहार्हसि ॥ ३९
तस्यैव तु वधे यत्नं करिष्यामि महाभुज । आदेक्ष्यावो महावेगानस्त्रानाशीविषोपमान् ॥ ४०
तमेनं मायिनं क्षुद्रमन्तर्हितरथं बलात् । राक्षसं निहनिष्यन्ति दृष्ट्वा वानरयूथपाः ॥ ४१

यद्येष भूमिं विशते दिवं वा रसातलं वापि नभस्तलं वा ।
एवं विमूढोऽपि ममास्त्रदग्धः पतिष्यते भूमितले गतासुः ॥ ४२
इत्येवमुक्त्वा वचनं महार्थं रघुप्रवीरः प्लवगर्षभैर्वृतः ।
वधाय रौद्रस्य नृशंसकर्मणस्तदा महात्मा त्वरितं निरीक्षते ॥ ४३

इत्यार्षे श्रीमद्रामायणे वाल्मीकीय आदिकाव्ये युद्धकाण्डेऽशीतितमः सर्गः ॥ ८० ॥

तिष्ठन् । इदं युद्धं तद्रात्रावेव मध्यरात्रे ॥ २२ ॥ परीतौ व्याप्तौ । प्रचक्रतुः प्रादुश्चक्रतुः ॥ २३ ॥ अस्त्रैरस्त्रमन्त्राभिमन्त्रितैः शरैस्तमिन्द्रजितं नैव पस्पर्शतुः पस्पृशतुः । अन्तर्हितत्वादिति भावः ॥ २४ ॥ धूमान्धकारं चक्रे । माययेति शेषः । दिशश्चान्तर्दधेऽन्तर्धापयामास । नीहारवशात्तदविवेकं मायया संपादयामासेत्यर्थः ॥ २५ ॥ २६ ॥ २७ ॥ दत्तवरैर्वरदत्तैः ॥ २८ ॥ २९ ॥ कङ्कपत्रिणस्ते पतगा बाणा अन्तरिक्षे रावणिं समासाद्य तं निकृत्य विद्ध्वा भूमौ शोणितोक्षिताः पेतुः ॥ ३० ॥ तानिषूनिन्द्रजित्त्यक्तबाणान्विचकर्ततुरित्यार्षो गुणः ॥ ३१ ॥ यतो यस्यां दिशि ततस्तस्यां दिशि ॥ ३२ ॥ ३३ ॥ ३४ ॥ अभ्रसंप्लवे सूर्यस्य गत्यादिकमिव नास्य वेगयुक्तगत्यादिकं किंचिद्विदितम् ॥ ३५ ॥ ३६ ॥ ३७ ॥ ३८ ॥ अयुध्यमानं त्यक्तयुद्धम् । प्रच्छन्नं युद्धभीत्या गृहेऽस्मददृश्यतया स्थितम् । अयुध्यमानत्वादिषट्प्रकाराणामपि सर्वरक्षउद्देशेन ब्रह्मास्त्रसंधाने वधो भवति, न तु तद्युज्यत इत्यर्थः । अन्ततो विभीषणस्यापि नाशप्रसङ्ग इत्याशयः ॥ ३९ ॥ माययान्तर्हितमेनमेव हन्तुं घोरानाशीविषोपमानस्त्राण्यादेक्ष्यावः । अदृष्टवधोऽस्मदेकसाध्यः । दृष्टस्य तु वध ईषत्करो वानराणामपीत्याह—राक्षसमिति । यदि दर्शनं स्यात्तदा दृष्ट्वा दर्शनमात्रेण हनूमदादय एनं राक्षसं निहनिष्यन्ति । 'दृष्ट्वा वानरयूथपाः' इत्यत्र एतद्दर्शनोपायो भारते उक्तः—'इदमम्भो गृहीत्वा तु राजराजस्य शासनात् । गुह्यकोऽभ्यागतः कश्चित्त्वत्सकाशमरिंदम ॥ इदमम्भः कुबेरस्ते महाराज प्रयच्छति । अन्तर्हितानां भूतानां दर्शनार्थं परंतप ॥ अनेन मृष्टनयनो भूतान्यन्तर्हितान्युत । भवान्द्रक्ष्यति यस्मै च प्रदास्यति नरः स च ॥' इति विभीषणवाक्येन ॥ ४० ॥ ४१ ॥ भूमिं भूमिविवरम् । दिवं स्वर्गम् । एतदुपरितनलोकोपलक्षणम् । रसातलमित्येतदधस्तललोकोपलक्षणम् ॥ ४२ ॥ त्वरितं त्वरोपेतं निरीक्षते स्म ॥ ४३ ॥ **इति श्रीरामाभिरामे श्रीरामीये रामायणतिलके वाल्मीकीय आदिकाव्ये युद्धकाण्डेऽशीतितमः सर्गः ॥८०॥**

एकाशीतितमः सर्गः ।

विज्ञाय तु मनस्तस्य राघवस्य महात्मनः । स निवृत्त्याहवात्तस्मात्प्रविवेश पुरं ततः ॥ १
सोऽनुस्मृत्य वधं तेषां राक्षसानां तरस्विनाम् । क्रोधताम्रेक्षणः शूरो निर्जगामाथ रावणिः ॥ २
स पश्चिमेन द्वारेण निर्ययौ राक्षसैर्वृतः । इन्द्रजित्तु महावीर्यः पौलस्त्यो देवकण्टकः ॥ ३
इन्द्रजित्तु ततो दृष्ट्वा भ्रातरौ रामलक्ष्मणौ । रणायात्युद्यतौ वीरौ मायां प्रादुष्करोत्तदा ॥ ४
इन्द्रजित्तु रथे स्थाप्य सीतां मायामयीं तदा । बलेन महतावृत्य तस्या वधमरोचयत् ॥ ५
मोहनार्थं तु सर्वेषां बुद्धिं कृत्वा सुदुर्मतिः । हन्तुं सीतां व्यवसितो वानराभिमुखो ययौ ॥ ६
तं दृष्ट्वा त्वभिनिर्यान्तं सर्वे ते काननौकसः । उत्पेतुरभिसंक्रुद्धाः शिलाहस्ता युयुत्सवः ॥ ७
हनूमान्पुरतस्तेषां जगाम कपिकुञ्जरः । प्रगृह्य सुमहच्छृङ्गं पर्वतस्य दुरासदम् ॥ ८
स ददर्श हतानन्दां सीतामिन्द्रजितो रथे । एकवेणीधरां दीनामुपवासकृशाननाम् ॥ ९
परिक्लिष्टैकवसनाममृजां राघवप्रियाम् । रजोमलाभ्यामालिप्तैः सर्वगात्रैर्वरस्त्रियम् ॥ १०
तां निरीक्ष्य मुहूर्तं तु मैथिलीमध्यवस्य च । बभूवाचिरदृष्टा हि तेन सा जनकात्मजा ॥ ११
अब्रवीत्तां तु शोकार्तां निरानन्दां तपस्विनीम् । दृष्ट्वा रथस्थितां दीनां राक्षसेन्द्रसुताश्रिताम् ॥ १२
किं समर्थितमस्येति चिन्तयन्स महाकपिः । सह तैर्वानरश्रेष्ठैरभ्य धावत रावणिम् ॥ १३
तद्वानरबलं दृष्ट्वा रावणिः क्रोधमूर्च्छितः । कृत्वा विकोशं निस्त्रिंशं मूर्ध्नि सीतामकर्षयत् ॥ १४
तां स्त्रियं पश्यतां तेषां ताडयामास राक्षसः । क्रोशन्तीं राम रामेति मायया योजितां रथे ॥ १५
गृहीतमूर्धजां दृष्ट्वा हनूमान्दैन्यमागतः । दुःखजं वारि नेत्राभ्यामुत्सृजन्मारुतात्मजः ॥ १६
तां दृष्ट्वा चारुसर्वाङ्गीं रामस्य महिषीं प्रियाम् । अब्रवीत्परुषं वाक्यं क्रोधाद्रक्षोधिपात्मजम् । १७
दुरात्मन्नात्मनाशाय केशपक्षे परामृशः । ब्रह्मर्षीणां कुले जातो राक्षसीं योनिमाश्रितः ॥ १८
धिक्त्वां पापसमाचारं यस्य ते मतिरीदृशी । नृशंसानार्य दुर्वृत्त क्षुद्र पापपराक्रम ।
अनार्यस्येदृशं कर्म घृणा ते नास्ति निर्घृण । १९
च्युता गृहाच्च राज्याच्च रामहस्ताच्च मैथिली । किं तवैषापराद्धा हि यदेनां हंसि निर्दय ॥ २०
सीतां हत्वा तु न चिरं जीविष्यसि कथंचन । वधार्हकर्मणा तेन मम हस्तगतो ह्यसि ॥ २१
ये च स्त्रीघातिनां लोका लोकवध्यैश्च कुत्सिताः । इह जीवितमुत्सृज्य प्रेत्य तान्प्रति लप्स्यसे ॥ २२
इति ब्रुवाणो हनुमान्सायुधैर्हरिभिर्वृतः । अभ्यधावत्सुसंक्रुद्धो राक्षसेन्द्रसुतं प्रति ॥ २३
आपतन्तं महावीर्यं तदनीकं वनौकसाम् । रक्षसां भीमकोपानामनीकेन न्यवारयत् ॥ २४
स तां बाणसहस्रेण विक्षोभ्य हरिवाहिनीम् । हनूमन्तं हरिश्रेष्ठमिन्द्रजित्प्रत्युवाच ह ॥ २५

मनो विज्ञाय दिव्यास्त्रबलेन सर्वथा मां जिघांसतीति ज्ञात्वा ॥ १ ॥ तेषां कुम्भकर्णादीनाम् ॥ २ ॥ ३ ॥ मायां परव्यामोहकरीं शक्तिं प्रादुष्करोत्प्रादुर्भावयामास । निकुम्भिलां गन्तुकामः पश्चिमेन द्वारेण निर्गच्छन्स्वगमनविघातकं रामलक्ष्मणयोर्युद्धोद्योगं दृष्ट्वा तन्निवारणार्थं मायां प्रकटितवानित्याशयः ॥ ४ ॥ तां मायामाह—इन्द्रजित्त्विति । तस्या वधं मायासीतावधम् । बुद्धिं कृत्वा मन्त्रं कृत्वा सीतां हन्तुं व्यवसितः सन्ययौ । इदं रात्रिशेषे परदिने दशम्यां वा इति बोध्यम् ॥ ५ ॥ ६ ॥ ७ ॥ ८ ॥ ९ ॥ परिक्लिष्टं मलिनम् । अमृजामुद्वर्तनादिसंस्काररहिताम् । सर्वगात्रैरुपलक्षिताम् ॥ १० ॥ अध्यवस्य निश्चित्य । विषण्णो बभूवेति शेषः । निश्चयहेतुमाह—अचिरेत्यादि ॥ ११ ॥ शोकार्तत्वादिगुणविशिष्टां राक्षसेन्द्रसुतमिन्द्रजितं श्रितां सीतां दृष्ट्वा किमस्य समर्थितमभिप्रेतमिति स्वयं चिन्तयन्सन्वानरान्प्रत्यपि किं समर्थितमस्येत्यब्रवीत् ॥ १२ ॥ अस्तु यत्किंचिदस्य समर्थितम्, अपि तु दुष्टमेनं हन्म इत्युद्योगं कृतवानित्याह—सह तैरिति ॥ १३ ॥ विकोशं विगतपिधानं निस्त्रिंशं खड्गं मूर्ध्नि तत्स्थे केशपाशे । स्पृष्ट्वेति शेषः ॥ १४ ॥ पश्यतां तेषाम् । पश्यतस्ताननादृत्येत्यर्थः ॥ १५ ॥ १६ ॥ १७ ॥ हे दुरात्मन्, यदेनां केशपक्षे केशकलापे परामृशस्तदात्मनाशाय । 'पाशः पक्षश्च हस्तश्च कलापार्थाः कचात्परे' । यतो ब्रह्मर्षिकुले जातोऽपि राक्षसीं योनिमाश्रितोऽसि, अतस्त्वां धिगित्युत्तरेणान्वयः ॥ १८ ॥ पापपराक्रम कूटयोधिन् । हे निर्घृण, ते स्त्रीविषयेऽपि घृणा नास्ति । अतोऽनार्यस्येदृशं कर्म धिगित्यनुकर्षः ॥ १९ ॥ २० ॥ हे वधार्ह, तेन कर्मणा न चिरं जीविष्यसि । हि यतो मम हस्तगतोऽसि ॥ २१ ॥ ये लोकवध्यैश्चोरादिभिरपि कुत्सिता अतिदुःखितया परिहृताः स्त्रीघातिनां लोकास्तानिहेदानीं जीवितमुत्सृज्य प्रेत्य प्रतिलप्स्यसे ॥ २२ ॥ २३ ॥ आपतन्तमिति लिङ्गव्यत्यय आर्षः ॥ २४ ॥ २५

सुग्रीवस्त्वं च रामश्च यन्निमित्तमिहागताः । तां वधिष्यामि वैदेहीमद्यैव तव पश्यतः ॥ २६
इमां हत्वा ततो रामं लक्ष्मणं त्वां च वानर । सुग्रीवं च वधिष्यामि तं चानार्यं विभीषणम् ॥ २७
न हन्तव्याः स्त्रियश्चेति यद्ब्रवीषि प्लवंगम । पीडाकरममित्राणां यच्च कर्तव्यमेव तत् ॥ २८
तमेवमुक्त्वा रुदतीं सीतां मायामयीं च ताम् । शितधारेण खड्गेन निजघानेन्द्रजित्स्वयम् ॥ २९
यज्ञोपवीतमार्गेण छिन्ना तेन तपस्विनी । सा पृथिव्यां पृथुश्रोणी पपात प्रियदर्शना ॥ ३०
तामिन्द्रजित्स्त्रियं हत्वा हनूमन्तमुवाच ह । मया रामस्य पश्येमां प्रियां शस्त्रनिषूदिताम् ।
एषा विशस्ता वैदेही निष्फलो वः परिश्रमः ॥ ३१
ततः खड्गेन महता हत्वा तामिन्द्रजित्स्वयम् । हृष्टः स रथमास्थाय ननाद च महास्वनम् ॥ ३२
वानराः शुश्रुवुः शब्दमदूरे प्रत्यवस्थिताः । व्यादितास्यस्य नदतस्तद्दुर्गं संश्रितस्य तु ॥ ३३

तथा तु सीतां विनिहत्य दुर्मतिः प्रहृष्टचेताः स बभूव रावणिः ।
तं हृष्टरूपं समुदीक्ष्य वानरा विषण्णरूपाः समभिप्रदुद्रुवुः ॥ ३४

इत्यार्षे श्रीमद्रामायणे वाल्मीकीय आदिकाव्ये युद्धकाण्डे एकाशीतितमः सर्गः ॥ ८१ ॥

द्व्यशीतितमः सर्गः ।

श्रुत्वा तं भीमनिर्ह्रादं शक्राशनिसमस्वनम् । वीक्षमाणा दिशः सर्वा दुद्रुवुर्वानरा भृशम् ॥ १
तानुवाच ततः सर्वान्हनूमान्मारुतात्मजः । विषण्णवदनान्दीनांस्त्रस्तान्विद्रवतः पृथक् ॥ २
कस्माद्विषण्णवदना विद्रवध्वं प्लवंगमाः । त्यक्तयुद्धसमुत्साहाः शूरत्वं क्व नु वो गतम् ।
पृष्ठतो न व्रजध्वं मामग्रतो यान्तमाहवे ॥ ३
एवमुक्ताः सुसंक्रुद्धा वायुपुत्रेण धीमता । शैलशृङ्गान्द्रुमांश्चैव जगृहुर्हृष्टमानसाः ॥ ४
अभिपेतुश्च गर्जन्तो राक्षसान्वानरर्षभाः । परिवार्य हनूमन्तमन्वयुश्च महाहवे ॥ ५
स तैर्वानरमुख्यैस्तु हनूमान्सर्वतो वृतः । हुताशन इवार्चिष्मानदहच्छत्रुवाहिनीम् ॥ ६
स राक्षसानां कदनं चकार सुमहाकपिः । वृतो वानरसैन्येन कालान्तकयमोपमः ॥ ७
स तु शोकेन चाविष्टः कोपेन महता कपिः । हनूमान्रावणिरथे महतीं पातयच्छिलाम् ॥ ८
तामापतन्तीं दृष्ट्वैव रथं सारथिना तदा । विधेयाश्वसमायुक्तो विदूरमपवाहितः ॥ ९
तमिन्द्रजितमप्राप्य रथस्थं सहसारथिम् । विवेश धरणीं भित्त्वा सा शिला व्यर्थमुद्यता ॥ १०
पतितायां शिलायां तु व्यथिता रक्षसां चमूः । निपतन्त्या च शिलया राक्षसा मथिता भृशम् ॥ ११
तमभ्यधावञ्शतशो नदन्तः काननौकसः । ते द्रुमांश्च महाकाया गिरिशृङ्गाणि चोद्यताः ॥ १२
क्षिपन्तीन्द्रजितं संख्ये वानरा भीमविक्रमाः । वृक्षशैलमहावर्षं विसृजन्तः प्लवंगमाः ॥ १३
शत्रूणां कदनं चक्रुर्नेदुश्च विविधैः स्वनैः । वानरैस्तैर्महाभीमैर्घोररूपा निशाचराः ॥ १४
वीर्यादभिहता वृक्षैर्व्यचेष्टन्त रणक्षितौ । स सैन्यमभिवीक्ष्याथ वानरार्दितमिन्द्रजित् ॥ १५
प्रगृहीतायुधः क्रुद्धः परानभिमुखो ययौ । स शरौघानवसृजन्स्वसैन्येनाभिसंवृतः ॥ १६
जघान कपिशार्दूलान्सुबहून्दृढविक्रमः । शूलैरशनिभिः खड्गैः पट्टिशैः शूलमुद्गरैः ।
ते चाप्यनुचरांस्तस्य वानरा जघ्नुराहवे ॥ १७

॥ २६ ॥ २७ ॥ अमित्राणां शत्रूणां यत्पीडाकरं तत्पापमपि कर्तव्यमेव ॥ २८ ॥ २९ ॥ ३० ॥ एषा वैदेही विशस्ता, अतो वः परिश्रमो निष्फलः ॥ ३१ ॥ ३२ ॥ व्यादितास्यस्य विवृतास्यस्य । तद्दुर्गं खेचररथरूपं दुर्गम् ॥ ३३ ॥ हृष्टरूपमतिशयेन हृष्टम् । प्रशंसायां रूपप् ॥ ३४ ॥ **इति श्रीरामाभिरामे श्रीरामीये रामायणतिलके वाल्मीकीय आदिकाव्ये युद्धकाण्ड एकाशीतितमः सर्गः ॥ ८१ ॥**

श्रुत्वेति । भीमो यो निर्ह्रादः शब्दस्तं श्रुत्वा । इन्द्रजित इति शेषः । शक्राशनिसमस्वनं तमिन्द्रजितं वीक्षमाणा दिशो दुद्रुवुः ॥ १ ॥ २ ॥ ३ ॥ ४ ॥ ५ ॥ ६ ॥ ७ ॥ ८ ॥ विधेयाश्वैः सारथ्यधीनाश्वैः समायुक्तः ॥ ९ ॥ सा शिला व्यर्थमुद्यता । अभवदिति शेषः ॥ १० ॥ ११ ॥ गिरिशृङ्गाणि चोद्यताः गृहीत्वेति शेषः । गृहीत्वा युद्धार्थमुद्यता बभूवुरित्यर्थः ॥ १२ ॥ ततस्तद्वर्षं विसृजन्तस्ते वानरा इन्द्रजितं क्षिपन्त्याक्षिपन्ति स्म । तिरस्कृतं चक्रुरिति यावत् ॥ १३

सुस्कन्धविटपैः शैलैः शिलाभिश्च महाबलः । हनूमान्कदनं चक्रे रक्षसां भीमकर्मणाम् ॥ १८
संनिवार्य परानीकमब्रवीत्तान्वनौकसः । हनूमान्संनिवर्तध्वं न नः साध्यमिदं बलम् ॥ १९
त्यक्त्वा प्राणान्विचेष्टन्तो रामप्रियचिकीर्षवः । यन्निमित्तं हि युध्यामो हता सा जनकात्मजा ॥ २०
इममर्थं हि विज्ञाप्य रामं सुग्रीवमेव च । तौ यत्प्रतिविधास्येते तत्करिष्यामहे वयम् ॥ २१
इत्युक्त्वा वानरश्रेष्ठो वारयन्सर्ववानरान् । शनैःशनैरसंत्रस्तः सबलः संन्यवर्तत ॥ २२
ततः प्रेक्ष्य हनूमन्तं व्रजन्तं यत्र राघवः । स होतुकामो दुष्टात्मा गतश्चैत्यं निकुम्भिलाम् ॥ २३
निकुम्भिलामधिष्ठाय पावकं जुहवेन्द्रजित् । यज्ञभूम्यां ततो गत्वा पावकस्तेन रक्षसा ॥ २४
हूयमानः प्रजज्वाल होमशोणितभुक्तदा । सार्चिः पिनद्धो ददृशे होमशोणिततर्पितः ।
संध्यागत इवादित्यः सुतीव्रोऽग्निः समुत्थितः ॥ २५
अथेन्द्रजिद्राक्षसभूतये तु जुहाव हव्यं विधिना विधानवित् ।
दृष्ट्वा व्यतिष्ठन्त च राक्षसास्ते महासमूहेषु नयानयज्ञाः ॥ २६

इत्यार्षे श्रीमद्रामायणे वाल्मीकीय आदिकाव्ये युद्धकाण्डे द्व्यशीतितमः सर्गः ॥ ८२ ॥

त्र्यशीतितमः सर्गः ।

राघवश्चापि विपुलं तं राक्षसवनौकसाम् । श्रुत्वा सङ्ग्रामनिर्घोषं जाम्बवन्तमुवाच ह ॥ १
सौम्य नूनं हनुमता कृतं कर्म सुदुष्करम् । श्रूयते च यथा भीमः सुमहानायुधस्वनः ॥ २
तद्गच्छ कुरु साहाय्यं स्वबलेनाभिसंवृतः । क्षिप्रमृक्षपते तस्य कपिश्रेष्ठस्य युध्यतः ॥ ३
ऋक्षराजस्तथेत्युक्त्वा स्वेनानीकेन संवृतः । आगच्छत्पश्चिमं द्वारं हनूमान्यत्र वानरः ॥ ४
अथायान्तं हनूमन्तं ददर्शर्क्षपतिस्तदा । वानरैः कृतसङ्ग्रामैः श्वसद्भिरभिसंवृतम् ॥ ५
दृष्ट्वा पथि हनूमांश्च तदृक्षबलमुद्यतम् । नीलमेघनिभं भीमं संनिवार्य न्यवर्तत ॥ ६
स तेन सह सैन्येन संनिकर्षं महायशाः । शीघ्रमागम्य रामाय दुःखितो वाक्यमब्रवीत् ॥ ७
समरे युध्यमानानामस्माकं प्रेक्षतां च सः । जघान रुदतीं सीतामिन्द्रजिद्रावणात्मजः ॥ ८
उद्भ्रान्तचित्तस्तां दृष्ट्वा विषण्णोऽहमरिंदम । तदहं भवतो वृत्तं विज्ञापयितुमागतः ॥ ९
तस्य तद्वचनं श्रुत्वा राघवः शोकमूर्च्छितः । निपपात तदा भूमौ छिन्नमूल इव द्रुमः ॥ १०
तं भूमौ देवसंकाशं पतितं दृश्य राघवम् । अभिपेतुः समुत्पत्य सर्वतः कपिसत्तमाः ॥ ११
आसिञ्चन्सलिलैश्चैनं पद्मोत्पलसुगन्धिभिः । प्रदहन्तमसंहार्यं सहसाग्निमिवोत्थितम् ॥ १२
तं लक्ष्मणोऽथ बाहुभ्यां परिष्वज्य सुदुःखितः । उवाच राममस्वस्थं वाक्यं हेत्वर्थसंयुतम् ॥ १३
शुभे वर्त्मनि तिष्ठन्तं त्वामार्य विजितेन्द्रियम् । अनर्थेभ्यो न शक्नोति त्रातुं धर्मो निरर्थकः ॥ १४

॥ १४ ॥ १५ ॥ १६ ॥ १७ ॥ १८ ॥ संनिवार्य परानीकं राक्षससेनाम् ॥ १९ ॥ प्राणांस्त्यक्त्वा प्राणस्नेहमपि त्यक्त्वा विचेष्टन्तः सन्तो रामप्रियचिकीर्षया यन्निमित्तं युध्यामः सा हतेति व्यर्थोऽयं श्रम इति भावः ॥ २० ॥ प्रतिविधास्येते प्रतिक्रियानुष्ठाने नियोक्ष्येते तत्करिष्यामहे ॥ २१ ॥ २२ ॥ दशम्यां पूर्वाह्णे निकुम्भिलागमनम् । निकुम्भिलां चैत्यं तदाख्यदेवालयं वटवृक्षं वा ॥ २३ ॥ जुहव जुहाव ॥ २४ ॥ होमशोणितभुग्घोमार्थमाहुतित्वेन प्रक्षिप्तशोणितभुक् । अर्चिर्भिः पिनद्धः समृद्धः सुतीव्रोऽग्नी रक्षोविपत्सूचकः ॥ २५ ॥ महासमूहेषु युद्धेषु । नयानयज्ञाः कृत्याकृत्यतत्त्वज्ञाः ॥ २६ ॥

इति श्रीरामाभिरामे श्रीरामीये रामायणतिलके वाल्मीकीय आदिकाव्ये युद्धकाण्डे द्व्यशीतितमः सर्गः ॥ ८२ ॥

राघवश्चापीति ॥ १ ॥ २ ॥ ३ ॥ ४ ॥ श्वसद्भिः । सीताविपत्तिस्मृतिजदुःखान्निःश्वसद्भिरित्यर्थः ॥ ५ ॥ नीलमेघनिभं भीममृक्षबलमुद्यतं युद्धायोद्यतं संनिवार्य । युद्धप्रवृत्तैरिति शेषः ॥ ६ ॥ तेन सैन्येन सह राक्षससैन्येनापि सह रामस्य संनिकर्षमागम्य प्राप्य रामायाब्रवीदित्यर्थः ॥ ७ ॥ ८ ॥ ९ ॥ १० ॥ अभिपेतुस्तत्समीपमाजग्मुः ॥ ११ ॥ प्रदहन्तं सीतानाशश्रवणशोकेन सहायेन दहन्तम्, अत एवासंहार्यमनिवार्यवेगमुत्थितमग्निमिव दृष्ट्वा सलिलादिभिस्तमसिञ्चन् ॥ १२ ॥ तं लक्ष्मणो बाहुभ्यां परिष्वज्य दुःखितो भूत्वाऽस्वस्थमस्वस्थचित्तं रामं हेत्वर्थसंयुतमुपपत्त्या विशिष्टप्रयोजनेन च सहितं वाक्यमुवाच ॥ १३ ॥ तदेवाह—शुभे इति । 'तदद्य विपुलं वीर दुःखमिन्द्रजिता कृतम् । कर्मणा व्यपनेष्यामि तस्मादुत्तिष्ठ राघव ॥' इति युद्धाय पौरुषावलम्बनेन प्रोत्साहयिष्यन्केवलाधर्मावलम्बनमप्रयोजकमिति प्रतिपादयत्यनेन वाक्यस-

भूतानां स्थावराणां च जङ्गमानां च दर्शनम् । यथास्ति न तथा धर्मस्तेन नास्तीति मे मतिः ॥ १५
यथैव स्थावरं व्यक्तं जङ्गमं च तथाविधम् । नायमर्थस्तथा युक्तस्त्वद्विधो न विपद्यते ॥ १६
यद्यधर्मो भवेद्भूतो रावणो नरकं व्रजेत् । भवांश्च धर्मसंयुक्तो नैव व्यसनमाप्नुयात् ॥ १७
तस्य च व्यसनाभावाद्व्यसनं चागते त्वयि । धर्मो भवत्यधर्मश्च परस्परविरोधिनौ ॥ १८
धर्मेणोपलभेद्धर्ममधर्मं चाप्यधर्मतः । यद्यधर्मेण युज्येयुर्येष्वधर्मः प्रतिष्ठितः ॥ १९
न धर्मेण वियुज्येरन्नाधर्मरुचयो जनाः । धर्मेणाचरतां तेषां तथा धर्मफलं भवेत् ॥ २०
यस्मादर्था विवर्धन्ते येष्वधर्मः प्रतिष्ठितः । क्लिश्यन्ते धर्मशीलाश्च तस्मादेतौ निरर्थकौ ॥ २१
वध्यन्ते पापकर्माणो यद्यधर्मेण राघव । वधकर्महतोऽधर्मः स हतः कं वधिष्यति ॥ २२
अथवा विहितेनायं हन्यते हन्ति चापरम् । विधिः स लिप्यते तेन न स पापेन कर्मणा ॥ २३
अदृष्टप्रतिकारेण अव्यक्तेनासता सता । कथं शक्यं परं प्राप्तुं धर्मेणारिविकर्षण ॥ २४

मूहेन—हे आर्य, शुभे वर्त्मनि धर्ममार्गे राज्यत्यागपूर्वकं पितृवचनपालनरूपे तिष्ठन्तं विजितेन्द्रियं हस्तप्राप्तराज्यपरित्याजकयोः कैकेयीदशरथयोरुपरि कालुष्याभावेन विजितेन्द्रियं त्वां त्वदाश्रितो धर्मोऽनर्थेभ्यस्त्रातुं न शक्नोति यतस्तस्मादसौ निरर्थकः । प्राधान्येन पुरुषार्थो न भवति ॥ १४ ॥ एवं धर्मपदार्थमङ्गीकृत्य तस्यार्थत्वं नास्तीत्यनुभवात्प्रदर्श्येदानीं धर्मपदार्थ एव नास्ति, फलानुमेयता हि तस्योक्ता, फलं च सुखम् । प्रकृते च सुखान्वयव्यतिरेकयोर्धर्मेऽभावेन न तेन तदनुमानमित्याह—भूतानामिति । स्थावराणां जङ्गमानां च पश्वादिरूपाणां भूतानां दर्शनं सुखापरोक्षदर्शनं यथास्ति तथा धर्मो नास्ति । असामर्थ्यादनधिकाराच्च । तस्माद्धर्मः सुखसाधनत्वव्याप्तो नेति मे मतिः । जन्मान्तरादिकं नास्त्येवेति बौद्धमतेनेयमुक्तिः । नहि तं विना जायमानस्यापि तत्करणकत्वमिति भावः । यत्तु—यथा स्थावरादीनां दर्शनात्तत्सत्ता तथा धर्मस्य दर्शनाभावाद्धर्मो नास्तीति व्याचक्षते तन्न, योग्यानुपलम्भस्यैवाभावसाधकत्वात्, धर्मस्य च पिशाचादिवदयोग्यत्वात् ॥ १५ ॥ उक्तमेवार्थं विशदयति—यथैवेति । यथा यस्मात्स्थावरं व्यक्तं धर्मप्रसक्तिरहितमपि सुखीति व्यक्तम्, तथाविधं स्थावरवद्धर्मानधिकृतं जङ्गमं पश्वाद्यपि सुखीति व्यक्तम् । एतेन व्यतिरेकः खण्डितः । अन्वयमपि खण्डयति—न तथा युक्तः । अयमर्थः सुखरूपो न । सर्वात्मना धर्मयुक्तस्त्वद्विधो धर्मस्य सुखान्वये न विपद्यते न विपन्नः स्यात् । दृश्यते च विपत्तिरित्यन्वयोऽपि नास्ति । अनेन तदंशे जन्मान्तरीणधर्मकल्पनापि परास्ता । साधनत्वसिद्धावेव तत्कल्पनावसरात्, अतोऽयमर्थो धर्मरूपो न नास्त्येव ॥ १६ ॥ उक्तमर्थं प्रकृते योजयति—यदीति । अधर्मो भूतो दुःखसाधनत्वेन यदि सिद्धो भवेत्तदा रावणो नरकं दुःखं व्रजेत् । धर्मयुक्तो भवांश्च नैव व्यसनं दुःखं प्राप्नुयात् ॥ १७ ॥ अस्य तर्कस्य विपर्यये पर्यवसानमाह—तस्य चेति । तस्य रावणस्य सत्यधर्मे व्यसनाभावात्सुखसत्वाच्च पितृवाक्यपरिपालके त्वयि व्यसनं दुःखमागते प्राप्ते सति सिद्धो धर्माधर्माभ्यां सुखदुःखयोरन्वयव्यतिरेकाभावः । किं चोक्तानुभवादेव विपरीतफलता च तयोरित्याह—धर्म इति । धर्मो यथाश्रुतफलविरुद्धदुःखफलो भवति, एवमधर्मश्च श्रुतफलविरुद्धसुखफलो भवति । तस्मादेतौ परस्परविरोधिनावन्योन्यं यथाश्रुतफलविरुद्धफलकौ ॥ १८ ॥ कुत एवं निश्चयस्तत्रानुभवादेवेत्याह—धर्मेणेति । धर्मेण धर्म धर्मसाध्यं सुखं यद्युपलभेत्, तथाऽधर्मतोऽधर्मेणाधर्मं तत्फलं दुःखं यद्युपलभेन्नियमेन उत्तरार्धस्थं यदीति पूर्वार्धान्वयि । यद्येवं नियमः स्यात्तदा येषु रावणादिष्वधर्मप्रतिष्ठितस्तेऽधर्मेण तत्फलेन दुःखेनैव युज्येयुः । तथा ये जना नाधर्मरुचय अधर्मरुचिरहितास्ते धर्मेण तत्फलेन सुखेन न वियुज्येरन्न वियुक्ताः स्युः । तमेवार्थं प्रकारान्तरेणाह—धर्मेणेति । धर्मेण धर्ममार्गेणाचरतामनुतिष्ठतां तेषां तथा धर्मफलं सुखं भवेत् । तदैतयोर्विरुद्धफलराहित्यं स्यादित्यर्थः ॥ १९ ॥ २० ॥ न चैवमस्तीत्याह—यस्मादिति । येष्वधर्मः प्रतिष्ठितस्तेष्वर्था विवर्धन्ते, धर्मशीलाश्च क्लिश्यन्ते । तस्मादेतौ निरर्थकौ । श्रुतस्वस्वफलरहितौ विपरीतफलौ चेत्यर्थः । एवं च सुखदुःखयोर्धर्माधर्माभ्यां व्याप्त्यभावान्न ताभ्यां तदनुमानमिति भावः ॥ २१ ॥ इदानीं धर्मादिस्वरूपमेव दुर्निरूपमिति वक्तुं किंव्यापाररूपौ वा तज्जन्यातिशयरूपौ वेति विकल्पे नाद्य इत्याह—वध्यन्त इति । पापकर्माणः पुरुषा यद्यधर्मेण क्रियाशरीरेण वध्यन्ते तदा क्रियायास्त्रिक्षणावस्थायित्वाच्चतुर्थक्षणे स्वत एव वधकर्मणा नाशक्रियया हतो नष्टोऽधर्मः स्वयं हतोऽसन्भूत्वा कं हन्तव्यं वधिष्यति । यद्वा वधकर्मरूपो धर्मश्चतुर्थक्षणे हतो नष्टः स्वयमसन्सन्कं वधिष्यति । वधकर्मेत्युपलक्षणम् ॥ २२ ॥ द्वितीयं दूषयति—अथवेति । विहितेन विहितश्येनाद्यनुष्ठानजातिशयेनान्यदीयेनायं पुरुषो हन्यते स्वीयेन वान्यं हन्ति, एवं सति विधिर्विहितानुष्ठानजातिशय एव, तेन पापेन कर्मणा हत्यारूपेण लिप्यते न स कर्मानुष्ठाता पुरुषः । हत्यायास्तदकर्तृकत्वात् । नहि स्वोत्पादितपुत्रकृतहत्या पितरं स्पृशति । एवं तस्य कर्मजातिशयस्यातत्त्वमभ्युपेत्यात्मालेप उक्तः । एतेन कर्मकरणसंतुष्टस्येश्वरस्य फलदत्वमित्यपास्तम् । तस्यैव लेपप्रसङ्गात् । अत्र पक्षे विहितेनेत्यस्य विहितकर्मसंतुष्टेनेश्वरेणेत्यर्थः ॥ २३ ॥ एवमतिशयस्य घातकत्वमङ्गीकृत्यात्मालेप उक्तः । इदानीं घातकत्वमेव नास्तीत्याह—अदृष्टेति । अदृष्टप्रतिकारेणाचेतनतयाज्ञातस्वकर्तव्य-

यदि सत्स्यात्सतां मुख्य नासत्स्यात्तव किंचन । त्वया यदीदृशं प्राप्तं तस्मात्तन्नोपपद्यते ॥ २५
अथवा दुर्बलः क्लीबो बलं धर्मोऽनुवर्तते । दुर्बलो हृतमर्यादो न सेव्य इति मे मतिः ॥ २६
बलस्य यदि चेद्धर्मो गुणभूतः पराक्रमैः । धर्ममुत्सृज्य वर्तस्व यथा धर्मे तथा बले ॥ २७
अथ चेत्सत्यवचनं धर्मः किल परंतप । अनृतं त्वय्यकरणे किं न बद्धस्त्वया विना ॥ २८
यदि धर्मो भवेद्भूत अधर्मो वा परंतप । न स्म हत्वा मुनिं वज्री कुर्यादिज्यां शतक्रतुः ॥ २९
अधर्मसंश्रितो धर्मो विनाशयति राघव । सर्वमेतद्यथाकामं काकुत्स्थ कुरुते नरः ॥ ३०
मम चेदं मतं तात धर्मोऽयमिति राघव । धर्ममूलं त्वया छिन्नं राज्यमुत्सृजता तदा ॥ ३१
अर्थेभ्योऽथ प्रवृद्धेभ्यः संवृत्तेभ्यस्ततस्ततः । क्रियाः सर्वाः प्रवर्तन्ते पर्वतेभ्य इवापगाः ॥ ३२
अर्थेन हि विमुक्तस्य पुरुषस्याल्पचेतसः । विच्छिद्यन्ते क्रियाः सर्वा ग्रीष्मे कुसरितो यथा ॥ ३३
सोऽयमर्थं परित्यज्य सुखकामः सुखैधितः । पापमाचरते कर्तुं तदा दोषः प्रवर्तते ॥ ३४

शत्रुप्रतीकारेण । अथ स्वाश्रयचेतनद्वारा तज्ज्ञानमिति चेत्तत्राह—अव्यक्तेन स्वाश्रयभूतात्मनोऽप्रत्यक्षतयाप्रत्यक्षरूपाव्यक्तेन, अतएवासतासत्कल्पेन सता वर्तमानेनापि धर्मेण कर्मजन्यातिशयेन कथं परं वध्यस्वरूपं प्राप्तुं शक्यम्, अप्राप्य परं हन्तीति चेदसंबन्धाविशेषात्सर्वहननप्रसङ्गः । अयं हन्तृकृतकर्मजातिशयो वध्यनिष्ठ एवेति चेदन्यधर्मेणान्यस्य धार्मिकत्वप्रसङ्गः कर्तृनिष्ठत्वे तूक्तदोष इति भावः ॥ २४ ॥ तुल्यन्यायाच्छुभकर्मजातिशयोऽप्यसन्नेवेति ध्वनितमर्थं तर्केण दृढीकरोति—यदीति । हे सतां मुख्य सत्पुरुषश्रेष्ठ, यदि सत्कर्मजन्यमदृष्टं सत्स्यात्तदा तव किंचन किंचिदप्यसदशुभं दुःखं न स्यात् । उक्तस्य तर्कस्य विपर्ययपर्यवसानमाह—त्वया चेदृशं दुःखं प्राप्तं तस्मात्तत्सदिति नोपपद्यते ॥ २५ ॥ ननूक्तदोषसमूहः कर्मणः प्राधान्येनार्थसाधनपक्षे युक्तः, न तु पौरुषोपकृतस्यार्थसाधकत्वे तर्हि मुख्यमर्थसाधनं पौरुषमेवावलम्ब्यतामित्याह—अथवेति । दुर्बलः स्वतोऽर्थसाधनासमर्थः अत एव क्लीबोऽर्थसाधनेऽकिंचित्करो बलं पौरुषमनुवर्तते सहकारितयापेक्षते तदा दुर्बलो हृतमर्यादस्त्यक्तसुखसाधनत्वमर्यादोऽधर्मो न सेव्य इति मे मतिः । उक्तन्यायेनेति भावः ॥ २६ ॥ ननु पौरुषं सहकारीकृत्य धर्मः साधयतीति नोच्यते, किं तु पौरुषमेव प्रधानं कर्म तु तस्योपकारकमिति तर्हि तथैवानुष्ठानं कुर्वित्याह—बलस्येति । बलस्य पौरुषस्य धर्मो गुणभूत इत्यङ्गीक्रियते तदा पराक्रमैः प्रयत्नैर्धर्ममुत्सृज्य धर्मप्राधान्यं त्यक्त्वा यथेदानीं धर्मे वर्तसे प्राधान्येन तथा बले पौरुष एव वर्तस्व ॥ २७ ॥ किं च सत्यस्यापि धर्मत्वाद्धर्मपक्षपातिना भवता सत्यधर्म एवादौ किमिति सम्यङ्नानुष्ठितो येनैवमनर्थो न वृत्तः स्यादित्याह—अथ चेदिति । अथ पक्षान्तरे । हे परंतप, त्वया सत्यवचनं पितृवचनाङ्गीकाररूपसत्यपरिपालनं धर्मोऽनुष्ठीयत इति चेत्तदा त्वयि ज्येष्ठे उक्तस्याभिषेकवचनस्याकरणे यदनृतं राज्ञः प्राप्तं तेनानृतेन राजा त्वया विनाभूतः । मृत इति शेषः । अतस्तेन राज्ञोऽभिषेककरणरूपसत्येन त्वं बद्धः किं न । भवेरिति शेषः । प्रथमोक्तं राज्ञोऽभिषेकवचनरूपं सत्यं न परिपालितम् । तत्परिपालने त्वया विनाभूतत्वासंभवेन पितृमरणं न स्यात् । एवमाद्यनर्थश्च न वृत्तः स्यादिति भावः । 'अनृतं त्वय्यकरणे किं न बद्धस्त्वया विना' इति सर्वत्र पाङ्क्तः पाठ इति कतकः । तीर्थस्तु—'अनृतं त्वय्यकरुणः किं न बद्धस्त्वया पिता' इति पठित्वा सत्यस्य धर्मत्वे त्वय्यभिषेकविषयमनृतं वदन् राज्यान्निष्कासनादकरुणः पिता त्वया किं न बद्ध इति व्याचष्टे, तदयुक्तम् । पितृबन्धनस्य सत्यवचनपरिपालनरूपत्वाभावात् ॥ २८ ॥ अथैषद्रतक्रोधावेशः सन्पौरुषधर्मयोरनुष्ठाने सिद्धान्तं शिष्टाचारप्रदर्शनपूर्वकमाह—यदीति । हे परंतप, धर्म एव यदि भूतः स्यात्प्राधान्येनानुष्ठेयः स्यात् । भूत अधर्म इत्यसंधिरार्षः । अधर्मो धर्मादन्यः पौरुषं तद्वा । यदि प्राग्वद्भूतं स्यात्तदा वज्री मुनिं विश्वरूपं पौरुषेण हत्वा पश्चादिज्यां धर्मं न कुर्यात् किं त्वेकस्यैव प्राधान्ये एकमेव कुर्यादिति भावः ॥ २९ ॥ तस्मादधर्मसंश्रितः पौरुषयुक्तो धर्मो रिपुं विनाशयति, तस्मात्सर्वमेतत्पौरुषधर्मोभयं यथाकामं स्वकार्यानुरोधेन नरः कुरुते वज्रिप्रभृतिर्नरः ॥ ३० ॥ यदिदमुक्तं यथोचितकालदेशमुभयमनुष्ठेयमिति मम मतम् । नत्वेवं धर्मस्य तवापि संमतत्वे किमिति मे दुःखमत आह—धर्ममूलमिति । अर्थमूलं राज्यमुत्सृजता त्वया धर्मस्य मूलमर्थरूपं छिन्नम्, अतस्त्वं क्लेशवानिति भावः । यत्तु तीर्थेन 'अधर्मः संश्रितो धर्मः कर्तारं विनाशयति । तस्माद्यथाकामं तत्कालौचित्येनोभयमप्यनुष्ठेयमिदमेव यथाकाम्येनोभयाचरणमेव धर्म इति मम मतम्' इति व्याख्यातम्, तत्तूपहसनीयमेव व्युत्पन्नैरित्यलम् ॥ ३१ ॥ अथार्थस्य धर्ममूलत्वमेव प्रतिपादयति—अर्थेभ्य इति । ततस्ततः संवृत्तेभ्यो नानादेशादाहृतेभ्यः अत एव प्रवृत्तेभ्योऽर्थेभ्यः सर्वाः क्रिया योगप्रधाना भोगप्रधानाश्च प्रवर्तन्ते । निष्कामतया कृता योगप्रधाना भवन्ति । सकामतया कृता भोगप्रधाना इत्यर्थः ॥ ३२ ॥ अर्थाभावे क्रियाव्यतिरेकमप्याह—अर्थेन हीति ॥ ३३ ॥ न केवलमर्थपरित्यागे धर्मासंभवः, किं तु दोषप्राप्तिरपीत्याह—सोऽयमिति । यः पुमान्प्राप्तमर्थं परित्यज्य सुखकामो भवति सोऽयं भ्रष्टार्थः सुखैधितोऽभिवृद्धसुखाभिलाषो भूत्वा पापमन्याये-

यस्यार्थास्तस्य मित्राणि यस्यार्थास्तस्य बान्धवाः । यस्यार्थाः स पुमाँल्लोके यस्यार्थाः स च पण्डितः॥

यस्यार्थाः स च विक्रान्तो यस्यार्थाः स च बुद्धिमान् । यस्यार्थाः स महाबाहुर्यस्यार्थाः स गुणाधिकः

अर्थस्यैते परित्यागे दोषाः प्रव्याहृता मया । राज्यमुत्सृजता धीर येन बुद्धिस्त्वया कृता ॥ ३७

यस्यार्था धर्मकामार्थास्तस्य सर्वं प्रदक्षिणम् । अधनेनार्थकामेन नार्थः शक्यं विचिन्वता ॥ ३८

हर्षः कामश्च दर्पश्च धर्मः क्रोधः शमो दमः । अर्थादेतानि सर्वाणि प्रवर्तन्ते नराधिप ॥ ३९

येषां नश्यत्ययं लोकश्चरतां धर्मचारिणाम् । तेऽर्थास्त्वयि न दृश्यन्ते दुर्दिनेषु यथा ग्रहाः ॥ ४०

त्वयि प्रव्रजिते वीर गुरोश्च वचने स्थिते । रक्षसापहृता भार्या प्राणैः प्रियतरा तव ॥ ४१

तदद्य विपुलं वीर दुःखमिन्द्रजिता कृतम् । कर्मणा व्यपनेष्यामि तस्मादुत्तिष्ठ राघव ॥ ४२

उत्तिष्ठ नरशार्दूल दीर्घबाहो धृतव्रत । किमात्मानं महात्मानमात्मानं नावबुध्यसे ॥ ४३

अयमनघ तवोदितः प्रियार्थं जनकसुतानिधनं निरीक्ष्य रुष्टः ।
सरथगजहयां सराक्षसेन्द्रां भृशमिषुभिर्विनिपातयामि लङ्काम् ॥ ४४

इत्यार्षे श्रीमद्रामायणे वाल्मीकीय आदिकाव्ये युद्धकाण्डे त्र्यशीतितमः सर्गः ॥ ८३ ॥

चतुरशीतितमः सर्गः ।

राममाश्वासमाने तु लक्ष्मणे भ्रातृवत्सले । निक्षिप्य गुल्मान्स्वस्थाने तत्रागच्छद्विभीषणः ॥ १

नानाप्रहरणैर्वीरैश्चतुर्भिर्सचिवैर्वृतः । नीलाञ्जनचयाकारैर्मातङ्गैरिव यूथपैः ॥ २

सोऽभिगम्य महात्मानं राघवं शोकलालसम् । वानरांश्चापि ददृशे बाष्पपर्याकुलेक्षणान् ॥ ३

राघवं च महात्मानमिक्ष्वाकुकुलनन्दनम् । ददर्श मोहमापन्नं लक्ष्मणस्याङ्कमाश्रितम् ॥ ४

व्रीडितं शोकसंतप्तं दृष्ट्वा रामं विभीषणः । अन्तर्दुःखेन दीनात्मा किमेतदिति सोऽब्रवीत् ॥ ५

विभीषणमुखं दृष्ट्वा सुग्रीवं तांश्च वानरान् । लक्ष्मणोवाच मन्दार्थमिदं बाष्पपरिप्लुतः ॥ ६

हता इन्द्रजिता सीता इति श्रुत्वैव राघवः । हनूमद्वचनात्सौम्य ततो मोहमुपाश्रितः ॥ ७

कथयन्तं तु सौमित्रिं संनिवार्य विभीषणः । पुष्कलार्थमिदं वाक्यं विसंज्ञं राममब्रवीत् ॥ ८

मनुजेन्द्रार्तरूपेण यदुक्तस्त्वं हनूमता । तदयुक्तमहं मन्ये सागरस्येव शोषणम् ॥ ९

अभिप्रायं तु जानामि रावणस्य दुरात्मनः । सीतां प्रति महाबाहो न च घातं करिष्यति ॥ १०

नार्थार्जनं कर्तुमाचरत आरभते, ततो दोषस्ताडनबन्धनादिरूपः प्रवर्तते ॥ ३४ ॥ अथार्थः सर्वमूलमिति स्तौति—यस्येति ॥ ३५ ॥ ३६ ॥ एते दोषा मित्राद्यभावरूपाः । प्रव्याहृताः स्पष्टमुक्ताः । तत्र राज्यमुत्सृजता त्वया येन गुणेन बुद्धिरर्थपरित्यागविषया कृता । तं न जाने इति शेषः ॥ ३७ ॥ पुनरर्थमेव स्तौति—यस्येति । यस्यार्थाः सन्ति तस्य धर्मकामरूपा अर्थाः प्रयोजनानि भवन्ति । तस्य सर्व प्रदक्षिणमनुकूलम् । अधनेन पुरुषेणार्थं विचिन्वताप्यर्थकामेन विना पौरुषमर्थो न शक्यम् । प्राप्तुमिति शेषः ॥ ३८ ॥ अर्थवशादेव राज्ञि सर्वे गुणा इत्याह—हर्ष इत्यादि । यानि हर्षादीनि सन्ति, एतानि नराधिपेऽर्थादर्थसंपत्तेरेव प्रवर्तन्ते । अमोघानि भवन्तीति भावः । यस्य हर्षो राज्ञः स कृतार्थो भवति । यस्मिन्क्रोधः स नश्यतीत्यादि ॥ ३९ ॥ सर्वमूलोऽर्थस्तव न संवृत्त इत्याह—येषामिति । येषां धर्मचारिणां तापसानां धर्मं चरतामप्यर्थाभावादयं लोक ऐहिकपुरुषार्थो नश्यतीति स्पष्टम् । त इह लोके सुखसाधनभूता अर्थास्त्वयि न दृश्यन्ते दुर्दिनेषु नवग्रहा इवेत्यर्थः ॥ ४० ॥ सर्वमिदं दुःखं स्वानुष्ठितपूर्वाचातुरीमूलमित्युपसंहरति—त्वयीति । गुरोर्वचने स्थिते त्वयि प्रव्रजिते सति धर्मश्रद्धाजाड्येन मोहाद्वनं प्राप्ते रक्षसा भार्यापहृता प्रहृता च । प्राणैः प्राणेभ्यः ॥ ४१ ॥ अतः परमेतावदेव कर्तव्यम्, किमतीतार्थानुशोचनेनेत्याह—तदद्येति । कर्मणा पौरुषेणाहमेव व्यपनेष्यामि तस्मान्मत्प्रोत्साहनार्थमुत्तिष्ठ ॥ ४२ ॥ न तु प्राकृतवद्दैन्यं युक्तं महात्मनस्त इत्याह—उत्तिष्ठेत्यादि । महात्मानं परमात्मानम् ॥ ४३ ॥ तव प्रियार्थमुदित उद्युक्तः । निरीक्ष्य श्रुत्वा ॥ ४४ ॥

इति श्रीरामाभिरामे श्रीरामीये रामायणतिलके वाल्मीकीय आदिकाव्ये युद्धकाण्डे त्र्यशीतितमः सर्गः ॥ ८३ ॥

आश्वासमान आश्वासयमाने । गुल्मान्स्वस्थाने पूर्वोदितत्तद्वारे निक्षिप्यावस्थाप्य ॥ १ ॥ २ ॥ ददृशे ददर्श ॥ ३ ॥ ४ ॥ ५ ॥ विभीषणमुखं दृष्ट्वा । रामादिदैन्यदर्शनेन दीनमित्यर्थः । लक्ष्मणोवाचेति संधिरार्षः ॥ ६ ॥ ७ ॥ संनिवार्य नैवं दुःखं कार्यमित्युक्त्वा ॥ ८ ॥ आर्तरूपेण दीनवेषेण ॥ ९ ॥ कथमयुक्तं तत्राह—अभिप्रायं त्विति । सीतां प्रति सीतामुद्दिश्य वर्तमानं तदभिप्रायं सर्वनाशेऽपि सीता न त्याज्येत्येवंरूपं

याच्यमानः सुबहुशो मया हितचिकीर्षुणा । वैदेहीमुत्सृजस्वेति न च तत्कृतवान्वचः ॥ ११
नैव साम्ना न दानेन न भेदेन कुतो युधा । सा द्रष्टुमपि शक्येत नैव चान्येन केनचित् ॥ १२
वानरान्मोहयित्वा तु प्रतियातः स राक्षसः । मायामयीं महाबाहो तां विद्धि जनकात्मजाम् ॥ १३
चैत्यं निकुम्भिलामद्य प्राप्य होमं करिष्यति । हुतवानुपयातो हि देवैरपि सवासवैः ॥ १४
दुराधर्षो भवत्येष सङ्ग्रामे रावणात्मजः । तेन मोहयता नूनमेषा माया प्रयोजिता ।
विघ्नमन्विच्छता तत्र वानराणां पराक्रमे ॥ १५
ससैन्यास्तत्र गच्छामो यावत्तन्न समाप्यते । त्यजैनं नरशार्दूल मिथ्या संतापमागतम् ॥ १६
सीदते हि बलं सर्वं दृष्ट्वा त्वां शोककर्शितम् । इह त्वं स्वस्थहृदयस्तिष्ठ सत्त्वसमुच्छ्रितः ।
लक्ष्मणं प्रेषयास्माभिः सह सैन्यानुकर्षिभिः ॥ १७
एष तं नरशार्दूलो रावणिं निशितैः शरैः । त्याजयिष्यति तत्कर्म ततो वध्यो भविष्यति ॥ १८
तस्यैते निशितास्तीक्ष्णाः पत्रिपत्राङ्गवाजिनः । पतत्रिण इवासौम्याः शराः पास्यन्ति शोणितम् ॥ १९
तत्संदिश महाबाहो लक्ष्मणं शुभलक्षणम् । राक्षसस्य विनाशाय वज्रं वज्रधरो यथा ॥ २०
मनुजवर न कालविप्रकर्षो रिपुनिधनं प्रति यत्क्षमोऽद्य कर्तुम् ।
त्वमतिसृज रिपोर्वधाय वज्रं दिविजरिपुमथने यथा महेन्द्रः ॥ २१
समाप्तकर्मा हि स राक्षसर्षभो भवत्यदृश्यः समरे सुरासुरैः ।
युयुत्सता तेन समाप्तकर्मणा भवेत्सुराणामपि संशयो महान् ॥ २२

इत्यार्षे श्रीमद्रामायणे वाल्मीकीय आदिकाव्ये युद्धकाण्डे चतुरशीतितमः सर्गः ॥ ८४ ॥

पञ्चाशीतितमः सर्गः ।

तस्य तद्वचनं श्रुत्वा राघवः शोककर्शितः । नोपधारयते व्यक्तं यदुक्तं तेन रक्षसा ॥ १
ततो धैर्यमवष्टभ्य रामः परपुरंजयः । विभीषणमुपासीनमुवाच कपिसंनिधौ ॥ २
नैर्ऋताधिपते वाक्यं यदुक्तं ते विभीषण । भूयस्तच्छ्रोतुमिच्छामि ब्रूहि यत्ते विवक्षितम् ॥ ३
राघवस्य वचः श्रुत्वा वाक्यं वाक्यविशारदः । यत्तत्पुनरिदं वाक्यं बभाषेऽथ विभीषणः ॥ ४
यथाज्ञप्तं महाबाहो त्वया गुल्मनिवेशनम् । तत्तथानुष्ठितं वीर त्वद्वाक्यसमनन्तरम् ॥ ५
तान्यनीकानि सर्वाणि विभक्तानि समन्ततः । विन्यस्ता यूथपाश्चैव यथान्यायं विभागशः ॥ ६

जानामि च, अतो घातं न करिष्यति । सीताया इति शेषः ॥ १० ॥ तमेवाह—याच्यमान इति ॥ ११ ॥ किं च सीतान्येन केनापि केनाप्युपायेन द्रष्टुमेवाशक्या, कुतस्तस्याहरणपूर्वं वध इत्याह—नैव साम्नेति । कुतो युधा निमित्तभूतयान्यस्य दर्शनादिप्रसङ्गः, न कुतोऽपि ॥ १२ ॥ का तर्हि वधविषयस्यानुभवस्य गतिस्तत्राह—वानरानिति । मोहयित्वा मायामयसीताच्छेदनेनेति शेषः ॥ १३ ॥ मोहने प्रयोजनमाह—चैत्यमिति ॥ १४ ॥ ननु करोतु होमम्, किं मोहनप्रयासेनेत्यत्राह—विघ्नमिति । वानराणां पराक्रमे सति यागस्य विघ्नमन्विच्छतानुसरता संभावयता नूनं निश्चयेन तत्तद्विघ्ननिवृत्तये प्रयोजिता ॥ १५ ॥ तेनाद्य तद्यागस्य विघ्न एव कर्तव्य इति रहस्यमित्याह—ससैन्या इति । तद्धोमकर्म ॥ १६ ॥ हि यतस्त्वां शोककर्शितं दृष्ट्वा सर्वं वानरबलं सीदते सीदति, तस्मात्त्वं स्वस्थहृदयो भूत्वा इहैव तिष्ठ । सैन्यानुकर्षिभिः सर्वसेनां गृहीत्वा गच्छद्भिरस्माभिः प्रधानैः सह लक्ष्मणं प्रेषय ॥ १७ ॥ एष रावणिं निशितैः शरैर्व्याकुलीकृत्य तत्कर्म त्याजयिष्यति । ततो हेतोर्मायासिद्ध्यभावाद्वध्यो भविष्यति ॥ १८ ॥ पत्रिणां पत्ररूपैरङ्गैर्वाजिनो वेगवन्तस्तस्य लक्ष्मणस्य शरा असौम्याः पत्रिणः कङ्कादय एव शोणितं पास्यन्ति । इन्द्रजित इति शेषः ॥ १९ ॥ तत्तस्माल्लक्ष्मणं संदिश प्रेषय ॥ २० ॥ रिपुनिधनं प्रति कालविप्रकर्षः कालक्षेपोऽद्य कर्तुं यद्यतो न क्षमो न योग्यः, तस्मात्त्वं रिपोर्वधाय लक्ष्मणमतिसृज प्रेषय । यथा दिविजरिपुमथने देवरिपुमथनेऽमरेन्द्रो वज्रमतिसृजति तथेत्यर्थः ॥ २१ ॥ कालक्षेपो न कार्य इत्यत्र हेतुमाह—समाप्तेति । समाप्तयागकर्मेत्यर्थः । सुराणामपि संशयः । प्राणसंशय इत्यर्थः ॥ २२ ॥ **इति श्रीरामाभिरामे श्रीरामीये रामायणतिलके वाल्मीकीय आदिकाव्ये युद्धकाण्डे चतुरशीतितमः सर्गः ॥ ८४ ॥**

नोपधारयते व्यक्तम् । शोकवशान्न जानाति स्मेत्यर्थः ॥ १ ॥ उपासीनं समीपस्थितम् ॥ २ ॥ ते त्वया यत्प्रागुक्तं तद्भूयः श्रोतुमिच्छामि ॥ ३ ॥ यदुक्तं तदेवेदं वाक्यं पुनर्बभाषे

भूयस्तु मम विज्ञाप्यं तच्छृणुष्व महाप्रभो । त्वय्यकारणसंतप्ते संतप्तहृदया वयम् ॥ ७
त्यज राजन्निमं शोकं मिथ्या संतापमागतम् । यदियं त्यजतां चिन्ता शत्रुहर्षविवर्धिनी ॥ ८
उद्यमः क्रियतां वीर हर्षः समुपसेव्यताम् । प्राप्तव्या यदि ते सीता हन्तव्याश्च निशाचराः ॥ ९
रघुनन्दन वक्ष्यामि श्रूयतां मे हितं वचः । साध्वयं यातु सौमित्रिर्बलेन महता वृतः ॥ १०
निकुम्भिलायां संप्राप्तं हन्तुं रावणिमाहवे । धनुर्मण्डलनिर्मुक्तैराशीविषविषोपमैः ॥ ११
तेन वीरेण तपसा वरदानात्स्वयंभुवः । अस्त्रं ब्रह्मशिरः प्राप्तं कामगाश्च तुरंगमाः ॥ १२
स एष किल सैन्येन प्राप्तः किल निकुम्भिलाम् । यद्युत्तिष्ठेत्कृतं कर्म हतान्सर्वांश्च विद्धि नः ॥ १३
निकुम्भिलामसंप्राप्तमकृताग्निं च यो रिपुः । त्वामाततायिनं हन्यादिन्द्रशत्रो स ते वधः ॥ १४
वरो दत्तो महाबाहो सर्वलोकेश्वरेण वै । इत्येवं विहितो राजन्वधस्तस्यैष धीमतः ॥ १५
वधायेन्द्रजितो राम संदिशस्व महाबलम् । हते तस्मिन्हतं विद्धि रावणं ससुहृद्गणम् ॥ १६
विभीषणवचः श्रुत्वा रामो वाक्यमथाब्रवीत् । जानामि तस्य रौद्रस्य मायां सत्यपराक्रम ॥ १७
स हि ब्रह्मास्त्रवित्प्राज्ञो महामायो महाबलः । करोत्यसंज्ञान्संग्रामे देवान्सवरुणानपि ॥ १८
तस्यान्तरिक्षे चरतः सरथस्य महायशः । न गतिर्ज्ञायते वीर सूर्यस्येवाभ्रसंप्लवे ॥ १९
राघवस्तु रिपोर्ज्ञात्वा मायावीर्यं दुरात्मनः । लक्ष्मणं कीर्तिसंपन्नमिदं वचनमब्रवीत् ॥ २०
यद्वानरेन्द्रस्य बलं तेन सर्वेण संवृतः । हनूमत्प्रमुखैश्चैव यूथपैः सह लक्ष्मण ॥ २१
जाम्बवेनर्क्षपतिना सह सैन्येन संवृतः । जहि तं राक्षससुतं मायाबलसमन्वितम् ॥ २२
अयं त्वां सचिवैः सार्धं महात्मा रजनीचरः । अभिज्ञातस्य मायानां पृष्ठतोऽनुगमिष्यति ॥ २३
राघवस्य वचः श्रुत्वा लक्ष्मणः सविभीषणः । जग्राह कार्मुकश्रेष्ठमन्यद्भीमपराक्रमः ॥ २४
संनद्धः कवची खड्गी स शरी वामचापभृत् । रामपादावुपस्पृश्य हृष्टः सौमित्रिरब्रवीत् ॥ २५
अद्य मत्कार्मुकोन्मुक्ताः शरा निर्भिद्य रावणिम् । लङ्कामभिपतिष्यन्ति हंसाः पुष्करिणीमिव ॥ २६
अद्यैव तस्य रौद्रस्य शरीरं मामकाः शराः । विधमिष्यन्ति भित्त्वा तं महाचापगुणच्युताः ॥ २७
एवमुक्त्वा तु वचनं द्युतिमान्भ्रातुरग्रतः । स रावणिवधाकाङ्क्षी लक्ष्मणस्त्वरितं ययौ ॥ २८
सोऽभिवाद्य गुरोः पादौ कृत्वा चापि प्रदक्षिणम् । निकुम्भिलामभिययौ चैत्यं रावणिपालितम् ॥ २९
विभीषणेन सहितो राजपुत्रः प्रतापवान् । कृतस्वस्त्ययनो भ्रात्रा लक्ष्मणस्त्वरितो ययौ ॥ ३०
वानराणां सहस्रैस्तु हनूमान्बहुभिर्वृतः । विभीषणश्च सामात्यो लक्ष्मणं त्वरितं ययौ ॥ ३१
महता हरिसैन्येन सवेगमभिसंवृतः । ऋक्षराजबलं चैव ददर्श पथि विष्ठितम् ॥ ३२
स गत्वा दूरमध्वानं सौमित्रिर्मित्रनन्दनः । राक्षसेन्द्रबलं दूरादपश्यद्व्यूहमाश्रितम् ॥ ३३

॥ ४ ॥ ५ ॥ ६ ॥ ७ ॥ मिथ्यासंतापं तन्मूलं शोकम् ॥ ८ ॥ ९ ॥ १० ॥ ११ ॥ तेन वीरेणेन्द्रजिता तपसा प्रीतस्य स्वयंभुवो वरदानान्निकुम्भिलायां देवीहोमे समाप्ते कामतुरङ्गयुक्तो रथो ब्रह्मशिरोऽस्त्रं चाग्नेः सकाशाल्लप्स्यते । तेन च तवावध्यत्वं सकृत्प्रयोगपर्यन्तमिति वरदानाद्ब्रह्मशिरोऽस्त्रं प्राप्तम् ॥ १२ ॥ स एष एवंप्रकारेण लब्धवर इन्द्रजित्सैन्येन सह होमं कर्तुं निकुम्भिलायां प्राप्तः । यदि कृतं कर्म होमकर्म कृत्वोत्तिष्ठेच्चेत्सर्वानेव नोऽस्मान्हतान्विद्धि ॥ १३ ॥ किं च भगवता तद्वधोऽप्येवंप्रकारेणोक्त इत्याह—निकुम्भिलामिति । निकुम्भिलां तद्यागभूमिं महाकालीक्षेत्रं तदाख्यन्यग्रोधमूलरूपमप्राप्तम् । अकृताग्निमहुताभिचारहोमम् । 'अहुताग्निम्' इति पाठान्तरम् । आततायिनं गृहीतशस्त्रं यो रिपुर्हन्याद्युध्येत् । हे इन्द्रशत्रो, स रिपुस्ते वधो वधकर्ता भविष्यति ॥ १४ ॥ सर्वलोकेश्वरेण ब्रह्मणा एष वरो दत्तो वै प्रसिद्धः । राजन्, धीमतस्तस्यैवमेष वधो विहितो ब्रह्मणा ॥ १५ ॥ १६ ॥ १७ ॥ १८ ॥ हे महायशः, अन्तरिक्षे चरतः सरथस्य तस्य गतिर्न ज्ञायते । अभ्रसंप्लवे मेघसमूहे ॥ १९ ॥ २० ॥ २१ ॥ २२ ॥ मायानामभिज्ञातस्य तद्विषयज्ञानवतः । 'अभिज्ञप्तस्य' इति पाठेऽप्ययमेवार्थः ॥ २३ ॥ अन्यत्कार्मुकश्रेष्ठम् । देवानुग्रहप्राप्तं परमित्यर्थः ॥ २४ ॥ स शरी प्रशस्तशरवान् । वामचापभृद्वामहस्तेन चापभृत् ॥ २५ ॥ रावणिं निर्भिद्यासक्ताः सन्तो लङ्कामभिपतिष्यन्ति ॥ २६ ॥ २७ ॥ एवमुक्त्वा त्विति । 'स एवमुक्त्वा' इति पाठे स लक्ष्मणः । स एव लक्ष्मणस्त्वरितं ययाविति तच्छब्दद्वयनिर्वाह इति तीर्थः ॥ २८ ॥ २९ ॥ ३० ॥ त्वरितं ययौ । लक्ष्मणमनुययावित्यर्थः ॥ ३१ ॥ पथि विष्ठितं हनुमता सीतावधवृत्तान्तनिवेदनार्थमागमनसमये द्वाररक्षार्थं पथि स्थापितमित्यर्थः ॥ ३२ ॥ ३३ ॥

स संप्राप्य धनुष्पाणिर्मायायोगमरिंदमः । तस्थौ ब्रह्मविधानेन विजेतुं रघुनन्दनः ॥ ३४
विभीषणेन सहितो राजपुत्रः प्रतापवान् । अङ्गदेन च वीरेण तथानिलसुतेन च ॥ ३५
विविधममलशस्त्रभास्वरं तद्ध्वजगहनं गहनं महारथैश्च ।
प्रतिभयतममप्रमेयवेगं तिमिरमिव द्विषतां बलं विवेश ॥ ३६

इत्यार्षे श्रीमद्रामायणे वाल्मीकीय आदिकाव्ये युद्धकाण्डे पञ्चाशीतितमः सर्गः ॥ ८५ ॥

षडशीतितमः सर्गः ।

अथ तस्यामवस्थायां लक्ष्मणं रावणानुजः । परेषामहितं वाक्यमर्थसाधकमब्रवीत् ॥ १
यदेतद्राक्षसानीकं मेघश्यामं विलोक्यते । एतदायोध्यतां शीघ्रं कपिभिश्च शिलायुधैः ॥ २
तस्यानीकस्य महतो भेदने यत लक्ष्मण । राक्षसेन्द्रसुतोऽप्यत्र भिन्ने दृश्यो भविष्यति ॥ ३
स त्वमिन्द्राशनिप्रख्यैः शरैरवकिरन्परान् । अभिद्रवाशु यावद्वै नैतत्कर्म समाप्यते ॥ ४
जहि वीर दुरात्मानं मायापरमधार्मिकम् । रावणिं क्रूरकर्माणं सर्वलोकभयावहम् ॥ ५
विभीषणवचः श्रुत्वा लक्ष्मणः शुभलक्षणः । ववर्ष शरवर्षेण राक्षसेन्द्रसुतं प्रति ॥ ६
ऋक्षाः शाखामृगाश्चैव द्रुमप्रवरयोधिनः । अभ्यधावन्त सहितास्तदनीकमवस्थितम् ॥ ७
राक्षसाश्च शितैर्बाणैरसिभिः शक्तितोमरैः । अभ्यवर्तन्त समरे कपिसैन्यजिघांसवः ॥ ८
स संप्रहारस्तुमुलः संजज्ञे कपिरक्षसाम् । शब्देन महता लङ्कां नादयन्वै समन्ततः ॥ ९
शस्त्रैश्च विविधाकारैः शितैर्बाणैश्च पादपैः । उद्यतैर्गिरिशृङ्गैश्च घोरैराकाशमावृतम् ॥ १०
राक्षसा वानरेन्द्रेषु विकृताननबाहवः । निवेशयन्तः शस्त्राणि चक्रुस्ते सुमहद्भयम् ॥ ११
तथैव सकलैर्वृक्षैर्गिरिशृङ्गैश्च वानराः । अभिजघ्नुर्निजघ्नुश्च समरे सर्वराक्षसान् ॥ १२
ऋक्षवानरमुख्यैश्च महाकायैर्महाबलैः । रक्षसां युध्यमानानां महद्भयमजायत ॥ १३
स्वमनीकं विषण्णं तु श्रुत्वा शत्रुभिरर्दितम् । उदतिष्ठत दुर्धर्षः स कर्मण्यननुष्ठिते ॥ १४
वृक्षान्धकारान्निर्गम्य जातक्रोधः स रावणिः । आरुरोह रथं सज्जं पूर्वयुक्तं सुसंयतम् ॥ १५
स भीमकार्मुकशरः कृष्णाञ्जनचयोपमः । रक्तास्यनयनो भीमो बभौ मृत्युरिवान्तकः ॥ १६
दृष्ट्वैव तु रथस्थं तं पर्यवर्तत तद्बलम् । रक्षसां भीमवेगानां लक्ष्मणेन युयुत्सताम् ॥ १७
तस्मिंस्तु काले हनुमानरुजत्स दुरासदम् । धरणीधरसंकाशो महावृक्षमरिंदमः ॥ १८
स राक्षसानां तत्सैन्यं कालाग्निरिव निर्दहन् । चकार बहुभिर्वृक्षैर्निःसंज्ञं युधि वानरः ॥ १९
विध्वंसयन्तं तरसा दृष्ट्वैव पवनात्मजम् । राक्षसानां सहस्राणि हनूमन्तमवाकिरन् ॥ २०
शितशूलधराः शूलैरसिभिश्चासिपाणयः । शक्तिहस्ताश्च शक्तीभिः पट्टिशैः पट्टिशायुधाः ॥ २१

मायायोगं माययैव योगो युद्धजयोपायो यस्य तमिन्द्रजितं प्राप्य ब्रह्मविधानेन निकुम्भिलामसंप्राप्त इत्याद्युक्तब्रह्मवरदानप्रकारेण तं विजेतुं तस्थौ । रघुनन्दनो लक्ष्मणः । 'ब्रह्मविमानेन' इति पाठे ब्रह्मणो भगवतस्तेजोंशोऽहमस्मीति विशिष्य जायमानेन ध्यानेन शत्रुं जेतुं तस्थौ । संकटकाले तादृशध्यानस्य तस्य निसर्गसिद्धत्वादिति कतकः ॥ ३४ ॥ स लक्ष्मणो विभीषणादिभिः सहोच्यमानगुणं द्विषतां बलं विवेश । प्रतिभयतममतिशयेन भयंकरम् ॥ ३५ ॥ ३६ ॥ **इति श्रीरामाभिरामे श्रीरामीये रामायणतिलके वाल्मीकीय आदिकाव्ये युद्धकाण्डे पञ्चाशीतितमः सर्गः ॥ ८५ ॥**

अथ तस्यामवस्थायां रक्षार्थं सेनां निवेद्येन्द्रजितो यागकाले परेषां शत्रूणामहितं नाशकरम् । स्वेषामर्थसाधकम् ॥ १ ॥ एतत्कपिभिरायोध्यताम् ॥ २ ॥ हे लक्ष्मण, तस्य तत्परस्थितस्य महतोऽनीकस्य भेदने त्वं यत यत्नं कुरु ॥ ३ ॥ एतत्कर्म होमकर्म यावन्न समाप्यते तावदाश्वभिद्रव रावणिमित्यन्वयः ॥ ४ ॥ मायापरं अधार्मिकमिति च्छेदः ॥ ५ ॥ राक्षसेन्द्रसुतं प्रति । तत्प्राप्तिमुद्दिश्य तत्सेनायां ववर्षेत्यर्थः ॥ ६ ॥ ७ ॥ ८ ॥ ९ ॥ १० ॥ ते शस्त्राणि निवेशयन्तो विकृताननबाहवः सन्तः सुमहद्भयं चक्रुः । 'राक्षसा वानरेन्द्रेषु' इति पाठः ॥ ११ ॥ १२ ॥ १३ ॥ विषण्णं श्रुत्वा । यागभूमिस्थ इति शेषः । अननुष्ठिते यागस्थानाप्राप्त्याऽसमाप्ते । 'स स्वकर्मणि' इति पाठेऽक्षराधिक्यमार्षम् ॥ १४ ॥ वृक्षान्धकारान्निकुम्भिलाक्षेत्रीयात् । इदं निःसरणं दशम्यां सायाह्ने ॥ १५ ॥ १६ ॥ पर्यवर्तत तद्बलम् । राक्षसबलमित्यर्थः ॥ १७ ॥ १८ ॥ राक्षसानां तत्सैन्यं हनूमान्निःसंज्ञं चकार ॥ १९ ॥ २० ॥ असिपाणयोऽसिभिः शक्तिहस्ताः शक्ति-

परिघैश्च गदाभिश्च कुन्तैश्च शुभदर्शनैः । शतशश्च शतघ्नीभिरायसैरपि मुद्गरैः ॥ २२
घोरैः परशुभिश्चैव भिन्दिपालैश्च राक्षसाः । मुष्टिभिर्वज्रकल्पैश्च तलैरशनिसंनिभैः ॥ २३
अभिजग्मुः समासाद्य समन्तात्पर्वतोपमम् । तेषामपि च संक्रुद्धश्चकार कदनं महत् ॥ २४
स ददर्श कपिश्रेष्ठमचलोपममिन्द्रजित् । सूदमानमसंत्रस्तममित्रान्पवनात्मजम् ॥ २५
स सारथिमुवाचेदं याहि यत्रैष वानरः । क्षयमेव हि नः कुर्याद्राक्षसानामुपेक्षितः ॥ २६
इत्युक्तः सारथिस्तेन ययौ यत्र स मारुतिः । वहन्परमदुर्धर्षं स्थितमिन्द्रजितं रथे ॥ २७
सोऽभ्युपेत्य शरान्खड्गान्पट्टिशासिपरश्वधान् । अभ्यवर्षत दुर्धर्षः कपिमूर्धनि राक्षसः ॥ २८
तानि शस्त्राणि घोराणि प्रतिगृह्य स मारुतिः । रोषेण महताविष्टो वाक्यं चेदमुवाच ह ॥ २९
युध्यस्व यदि शूरोऽसि रावणात्मज दुर्मते । वायुपुत्रं समासाद्य न जीवन्प्रतियास्यसि ॥ ३०
बाहुभ्यां संप्रयुध्यस्व यदि मे द्वन्द्वमाहवे । वेगं सहस्व दुर्बुद्धे ततस्त्वं रक्षसां वरः ॥ ३१
हनूमन्तं जिघांसन्तं समुद्यतशरासनम् । रावणात्मजमाचष्टे लक्ष्मणाय विभीषणः ॥ ३२
यः स वासवनिर्जेता रावणस्यात्मसंभवः । स एष रथमास्थाय हनूमन्तं जिघांसति ॥ ३३
तमप्रतिमसंस्थानैः शरैः शत्रुनिवारणैः । जीवितान्तकरैर्घोरैः सौमित्रे रावणिं जहि ॥ ३४

इत्येवमुक्तस्तु तदा महात्मा विभीषणेनारिविभीषणेन ।
ददर्श तं पर्वतसंनिकाशं रथस्थितं भीमबलं दुरासदम् ॥ ३५

इत्यार्षे श्रीमद्रामायणे वाल्मीकीय आदिकाव्ये युद्धकाण्डे षडशीतितमः सर्गः ॥ ८६ ॥

सप्ताशीतितमः सर्गः ।

एवमुक्त्वा तु सौमित्रिं जातहर्षो विभीषणः । धनुष्पाणिं तमादाय त्वरमाणो जगाम सः ॥ १
अविदूरं ततो गत्वा प्रविश्य तु महद्वनम् । अदर्शयत तत्कर्म लक्ष्मणाय विभीषणः ॥ २
नीलजीमूतसंकाशं न्यग्रोधं भीमदर्शनम् । तेजस्वी रावणभ्राता लक्ष्मणाय न्यवेदयत् ॥ ३
इहोपहारं भूतानां बलवान्रावणात्मजः । उपहृत्य ततः पश्चात्सङ्ग्राममभिवर्तते ॥ ४
अदृश्यः सर्वभूतानां ततो भवति राक्षसः । निहन्ति समरे शत्रून्बध्नाति च शरोत्तमैः ॥ ५
तमप्रविष्टं न्यग्रोधं बलिनं रावणात्मजम् । विध्वंसय शरैर्दीप्तैः सरथं साश्वसारथिम् ॥ ६
तथेत्युक्त्वा महातेजाः सौमित्रिर्मित्रनन्दनः । बभूवावस्थितस्तत्र चित्रं विस्फारयन्धनुः ॥ ७
स रथेनाग्निवर्णेन बलवान्रावणात्मजः । इन्द्रजित्कवची खड्गी सध्वजः प्रत्यदृश्यत ॥ ८
तमुवाच महातेजाः पौलस्त्यमपराजितम् । समाह्वये त्वां समरे सम्यग्युद्धं प्रयच्छ मे ॥ ९
एवमुक्तो महातेजा मनस्वी रावणात्मजः । अब्रवीत्परुषं वाक्यं तत्र दृष्ट्वा विभीषणम् ॥ १०
इह त्वं जातसंवृद्धः साक्षाद्भ्राता पितुर्मम । कथं द्रुह्यसि पुत्रस्य पितृव्यो मम राक्षस ॥ ११
न ज्ञातित्वं न सौहार्दं न जातिस्तव दुर्मते । प्रमाणं न च सौदर्यं न धर्मो धर्मदूषण ॥ १२

भिरित्यादिप्रकारेणोह्यम् । शक्तीभिरित्यत्र दीर्घ आर्षः ॥ २१ ॥ २२ ॥ २३ ॥ २४ ॥ २५ ॥ नो राक्षसानां मत्संबन्धिनां राक्षसानाम् ॥ २६ ॥ इन्द्रजितं वहन्प्रापयन् । यत्र मारुतिस्तेन तत्प्राप्तिमार्गेण ययौ ॥ २७ ॥ २८ ॥ २९ ॥ ३० ॥ यदि द्वन्द्वम् । ददासीति शेषः । तर्हि बाहुभ्यां युध्यस्व ॥ ३१ ॥ हनूमन्तं जिघांसन्तं तद्वधे सर्वात्मना संनद्धम् ॥ ३२ ॥ यो वासवजेता यस्य दर्शनं तवापेक्षितं स एष रथमास्थाय हनुमन्तं जिघांसति ॥ ३३ ॥ तमिमं रावणिं दृष्टमप्रतिमसंस्थानैरनुपमस्वरूपैः शरैर्जहि ॥ ३४ ॥ ३५ ॥ इति श्रीरामाभिरामे श्रीरामीये रामायणतिलके वाल्मीकीय आदिकाव्ये युद्धकाण्डे षडशीतितमः सर्गः ॥ ८६ ॥

एवमिति । जातहर्षो यागासमाप्त्या ब्रह्मवचनादवश्यं मरिष्यतीति संतुष्टो धनुष्पाणिं तं लक्ष्मणमादाय जगाम । इन्द्रजित्संमुखे इति शेषः ॥ १ ॥ अविदूरमल्पमार्गं गत्वा महद्वनं निकुम्भिलावनं प्रविश्य तत्रत्यं तत्कर्म होमकर्मस्थानम् ॥ २ ॥ ३ ॥ भूतानां रजस्तमःप्रधानभूतगणानामुपहारमुपहृत्य दत्त्वा ॥ ४ ॥ ५ ॥ न्यग्रोधमप्रविष्टं बहिर्युद्धाय निर्गतं पुनस्तत्राप्रविष्टमेव जहि । तथैव तस्य वरदानादिति भावः ॥ ६ ॥ तत्र न्यग्रोधद्वारे ॥ ७ ॥ प्रत्यदृश्यत । लक्ष्मणधनुःशब्दं श्रुत्वा तत्र प्रतिनिवृत्त इति भावः ॥ ८ ॥ महातेजा लक्ष्मणः ॥ ९ ॥ १० ॥ इह राक्षसीयास्मत्कुले । जातः संवृद्धश्चेति स्नातानुलिप्तवत्समासः । पुत्रस्य पुत्राय ॥ ११ ॥ न ज्ञातिर्न

शोच्यस्त्वमसि दुर्बुद्धे निन्दनीयश्च साधुभिः । यस्त्वं स्वजनमुत्सृज्य परभृत्यत्वमागतः ॥ १३
नैतच्छिथिलया बुद्ध्या त्वं वेत्सि महदन्तरम् । क्व च स्वजनसंवासः क्व च नीचपराश्रयः ॥ १४
गुणवान्वा परजनः स्वजनो निर्गुणोऽपि वा । निर्गुणः स्वजनः श्रेयान्यः परः पर एव सः ॥ १५
यः स्वपक्षं परित्यज्य परपक्षं निषेवते । स स्वपक्षे क्षयं याते पश्चात्तैरेव हन्यते ॥ १६
निरनुक्रोशता चेयं यादृशी ते निशाचर । स्वजनेन त्वया शक्यं पौरुषं रावणानुज ॥ १७
इत्युक्तो भ्रातृपुत्रेण प्रत्युवाच विभीषणः । अजानन्निव मच्छीलं किं राक्षस विकत्थसे ॥ १८
राक्षसेन्द्रसुतासाधो पारुष्यं त्यज गौरवात् । कुले यद्यप्यहं जातो रक्षसां क्रूरकर्मणाम् ।
गुणो यः प्रथमो नृणां तन्मे शीलमराक्षसम् ॥ १९
न रमे दारुणेनाहं न चाधर्मेण वै रमे । भ्रात्रा विषमशीलोऽपि कथं भ्राता निरस्यते ॥ २०
धर्मात्प्रच्युतशीलं हि पुरुषं पापनिश्चयम् । त्यक्त्वा सुखमवाप्नोति हस्तादाशीविषं यथा ॥ २१
परस्वहरणे युक्तं परदाराभिमर्शकम् । त्याज्यमाहुर्दुरात्मानं वेश्म प्रज्वलितं यथा ॥ २२
परस्वानां च हरणं परदाराभिमर्शनम् । सुहृदामतिशङ्का च त्रयो दोषाः क्षयावहाः ॥ २३
महर्षीणां वधो घोरः सर्वदेवैश्च विग्रहः । अभिमानश्च रोषश्च वैरत्वं प्रतिकूलता ॥ २४
एते दोषा मम भ्रातुर्जीवितैश्वर्यनाशनाः । गुणान्प्रच्छादयामासुः पर्वतानिव तोयदाः ॥ २५
दोषैरेतैः परित्यक्तो मया भ्राता पिता तव । नेयमस्ति पुरी लङ्का न च त्वं न च ते पिता ॥ २६
अतिमानश्च बालश्च दुर्विनीतश्च राक्षस । बद्धस्त्वं कालपाशेन ब्रूहि मां यद्यदिच्छसि ॥ २७
अद्येह व्यसनं प्राप्तं यन्मां परुषमुक्तवान् । प्रवेष्टुं न त्वया शक्यं न्यग्रोधं राक्षसाधम ॥ २८
धर्षयित्वा च काकुत्स्थं न शक्यं जीवितुं त्वया । युध्यस्व नरदेवेन लक्ष्मणेन रणे सह ।
हतस्त्वं देवताकार्यं करिष्यसि यमक्षयम् ॥ २९
निदर्शयित्वात्मबलं समुद्यतं कुरुष्व सर्वायुधसायकव्ययम् ।
न लक्ष्मणस्यैत्य हि बाणगोचरं त्वमद्य जीवन्सबलो गमिष्यसि ॥ ३०

इत्यार्षे श्रीमद्रामायणे वाल्मीकीय आदिकाव्ये युद्धकाण्डे सप्ताशीतितमः सर्गः ॥ ८७ ॥

जात्यभिमानः । प्रमाणं कर्तव्याकर्तव्यमर्यादाकारणम् । सौदर्यं सोदरत्वम् ॥ १२ ॥ १३ ॥ शिथिलया कार्याकार्यविवेकासमर्थया बुद्ध्या । एतन्महदन्तरं स्वजनत्यागपरजनाश्रयणजनितदोषतारतम्यं न वेत्सि । तदेव दार्ढ्याय पुनराह—क्व चेति । स्वजनसंवासः तत्साध्यश्रेयःप्राप्तिरित्यर्थः । जन्मकर्मादिना यः परस्तदाश्रयं प्राप्य नीचो नीचपराश्रयः । मयूरव्यंसकादित्वात्समासः ॥ १४ ॥ सत्यमेवं यदि परो नीचः स्यात्तत्राह—गुणवान्वेति । यः परः पर एव स इति । स्वकुलप्रयुक्तव्यवहारे प्राप्ते परोऽनन्तर्भूत एव भवतीत्यर्थः ॥ १५ ॥ किं च परपक्षाश्रितस्यान्ते नाश एवेत्याह—य इति ॥ १६ ॥ इयं निरनुक्रोशता होमविघातपूर्वं लक्ष्मणस्य न्यग्रोधप्रवेशकरणेन मद्वधविषया निर्दयता यादृश्यतिघोरा ते तवास्ति तद्विषयं पौरुषं पुरुषयत्नः स्वजनेनैकेन त्वयैव कर्तुं शक्यम्, नान्येन केनापि ॥ १७ ॥ मच्छीलं मत्स्वभावं जानन्नप्यजानन्निव किं विकत्थसे ॥ १८ ॥ अतोऽसाधो, गौरवात्पितृव्यत्वगौरवमाश्रित्य मद्विषयं पारुष्यं त्यज । यद्वा शूरोऽहमिति गौरवाद्धेतोर्यत्पारुष्यं तत्त्यज । अथ त्वं जातसंवृद्ध इत्यस्योत्तरमाह—कुल इति । प्रथमो गुणः सत्त्वम् । अराक्षसं रजस्तमःप्रकृतिरक्षःकुलदुर्लभम् ॥ १९ ॥ किं च स्वजनत्यागदोषस्तव पितुरेवेत्याह—भ्रात्रेति । विषमशीलोऽपि भ्राता कथं निरस्यते, एवमस्ति वा लोके वेदे इति शेषः । 'भ्रात्रा विषमशीलेन' इति पाठे दारुणकर्मा धर्मारतिरहम् । अन्यथा विषमशीलेन रावणाद्विलक्षणशीलेन भ्रात्रा कथं भ्राता रावणो निरस्यत इत्यर्थं च तीर्थ आह ॥ २० ॥ ननु दुःखशीलस्त्यज्यत एवेति चेद्भवतु सुशीलस्य मम त्यागोऽनुचित एवेत्याशयेनाह—धर्मादिति ॥ २१ ॥ मया तु तस्य त्यागो न्याय्य एवेत्याह—परस्वेति ॥ २२ ॥ स्वकुलनाशनं कृतं त्वयेत्यस्योत्तरमाह—परस्वानामिति । सुहृदामतिशङ्कानिष्ठलशङ्का । एवं च भवदीयाधर्म एव भवन्नाशकः, न त्वहमिति भावः ॥ २३ ॥ पुनः स्पष्टमेव रावणीयाद्दोषाद्भवतां सर्वेषां नाश इत्याह—महर्षीणामिति । अभिमानो गर्वः । वैरत्वं दीर्घवैरम् । प्रतिकूलता हितवक्तृषु प्रतिकूलबुद्धिता ॥ २४ ॥ गुणानभिजनविद्याबलवत्त्वादिगुणान् ॥ २५ ॥ नेयमस्तीति । इदं मया पुरैवोक्तमिति शेषः ॥ २६ ॥ यद्यत् । परुषमित्यर्थः ॥ २७ ॥ यन्मां परुषमुक्तवांस्त्वं पुरा तस्मात्तेऽद्य व्यसनं प्राप्तम् । संप्रत्युच्यमानपारुष्यफलं तु कालान्तरे भविष्यतीति शेषः । व्यसनं प्राप्तमित्येतदेव द्रढयति—प्रवेष्टुमिति । पुनरभिचारायेति शेषः ॥ २८ ॥ अत्र हतो यमक्षयं यमगृहं गतः सन्देवताकार्यं सर्वदेवानां संतोष-

अष्टाशीतितमः सर्गः ।

विभीषणवचः श्रुत्वा रावणिः क्रोधमूर्च्छितः । अब्रवीत्परुषं वाक्यं क्रोधेनाभ्युत्पपात च ॥ १
उद्यतायुधनिस्त्रिंशो रथे सुसमलंकृते । कालाश्वयुक्ते महति स्थितः कालान्तकोपमः ॥ २
महाप्रमाणमुद्यम्य विपुलं वेगवद्दृढम् । धनुर्भीमबलो भीमं शरांश्चामित्रनाशनान् ॥ ३
तं ददर्श महेष्वासो रथस्थः समलंकृतः । अलंकृतममित्रघ्नो रावणस्यात्मजो बली ॥ ४
हनूमत्पृष्ठमारूढमुदयस्थरविप्रभम् । उवाचैनं सुसंरब्धः सौमित्रिं सविभीषणम् ॥ ५
तांश्च वानरशार्दूलान्पश्यध्वं मे पराक्रमम् । अद्य मत्कार्मुकोत्सृष्टं शरवर्षं दुरासदम् ॥ ६
मुक्तवर्षमिवाकाशे धारयिष्यथ संयुगे । अद्य वो मामका बाणा महाकार्मुकनिःसृताः ।
विधमिष्यन्ति गात्राणि तूलराशिमिवानलः ॥ ७
तीक्ष्णसायकनिर्भिन्नाञ्शूलशक्त्यृष्टितोमरैः । अद्य वो गमयिष्यामि सर्वानेव यमक्षयम् ॥ ८
सृजतः शरवर्षाणि क्षिप्रहस्तस्य संयुगे । जीमूतस्येव नदतः कः स्थास्यति ममाग्रतः ॥ ९
रात्रियुद्धे तदा पूर्वं वज्राशनिसमैः शरैः । शायितौ तौ मया भूयो विसंज्ञौ सपुरःसरौ ॥ १०
स्मृतिर्न तेऽस्ति वा मन्ये व्यक्तं यातो यमक्षयम् । आशीविषसमं क्रुद्धं यन्मां योद्धुमुपस्थितः ॥ ११
तच्छ्रुत्वा राक्षसेन्द्रस्य गर्जितं राघवस्तदा । अभीतवदनः क्रुद्धो रावणिं वाक्यमब्रवीत् ॥ १२
उक्तश्च दुर्गमः पारः कार्याणां राक्षस त्वया । कार्याणां कर्मणां पारं यो गच्छति स बुद्धिमान् ॥ १३
स त्वमर्थस्य हीनार्थो दुरवापस्य केनचित् । वाचा व्याहृत्य जानीषे कृतार्थोऽस्मीति दुर्मते ॥ १४
अन्तर्धानगतेनाजौ यत्त्वया चरितस्तदा । तस्कराचरितो मार्गो नैष वीरनिषेवितः ॥ १५
यथा बाणपथं प्राप्य स्थितोऽस्मि तव राक्षस । दर्शयस्वाद्य तत्तेजो वाचा त्वं किं विकत्थसे ॥ १६
एवमुक्तो धनुर्भीमं परामृश्य महाबलः । ससर्ज निशितान्बाणानिन्द्रजित्समितिंजयः ॥ १७
तेन सृष्टा महावेगाः शराः सर्पविषोपमाः । संप्राप्य लक्ष्मणं पेतुः श्वसन्त इव पन्नगाः ॥ १८
शरैरतिमहावेगैर्वेगवान्रावणात्मजः । सौमित्रिमिन्द्रजिद्युद्धे विव्याध शुभलक्षणम् ॥ १९
स शरैरतिविद्धाङ्गो रुधिरेण समुक्षितः । शुशुभे लक्ष्मणः श्रीमान्विधूम इव पावकः ॥ २०
इन्द्रजित्त्वात्मनः कर्म प्रसमीक्ष्याभिगम्य च । विनद्य सुमहानादमिदं वचनमब्रवीत् ॥ २१
पत्रिणः शितधारास्ते शरा मत्कार्मुकच्युताः । आदास्यन्तेऽद्य सौमित्रे जीवितं जीवितान्तकाः ॥ २२
अद्य गोमायुसङ्घाश्च श्येनसङ्घाश्च लक्ष्मण । गृध्राश्च निपतन्तु त्वां गतासुं निहतं मया ॥ २३
क्षत्रबन्धुं सदानार्यं रामः परमदुर्मतिः । भक्तं भ्रातरमद्यैव त्वां द्रक्ष्यति हतं मया ॥ २४
विस्रस्तकवचं भूमौ व्यपविद्धशरासनम् । हृतोत्तमाङ्गं सौमित्रे त्वामद्य निहतं मया ॥ २५

रूपं करिष्यसि ॥ २९ ॥ ३० ॥ इति श्रीरामाभिरामे श्रीरामीये रामायणतिलके वाल्मीकीय आदिकाव्ये युद्धकाण्डे सप्ताशीतितमः सर्गः ॥ ८७ ॥

अब्रवीत्परुषमिति । विभीषणमिति शेषः । तच्च वक्ष्यमाणम् ॥ १ ॥ उद्यतायुधनिस्त्रिंशः । उद्यतायुधो निस्त्रिंशो निर्घृणश्चेत्यर्थ इति कतकः । उद्यतान्यायुधानि निस्त्रिंशश्च येन सः । गोबलीवर्दवत्प्रयोग इत्यन्ये ॥ २ ॥ ३ ॥ तं सविभीषणं लक्ष्मणम् । अलंकृतं स्वतेजोभूषितम् ॥ ४ ॥ उवाचेत्यादिनाब्रवीत्परुषं वाक्यमिति प्रागुक्तस्यैव विवरणम् ॥ ५ ॥ तांश्च वानरशार्दूलानुवाचेत्यनुकर्षः ॥ ६ ॥ मुक्तवर्षं मेघोत्सृष्टवर्षम् ॥ ७ ॥ ८ ॥ ९ ॥ सपुरःसरौ सुग्रीवादिप्रधानसहितौ । युवां भ्रातराविति शेषः ॥ १० ॥ एवमपि यन्मां योद्धुमुपस्थितोऽसि तत्प्रायः पूर्वस्य ते स्मृतिर्नास्ति । वाथवा व्यक्तं यातो यमक्षयम् । आदिकर्मणि क्तः । यमक्षयं यमगृहं प्रयातुमुपक्रान्तोऽसि ॥ ११ ॥ अभीतवदनो निर्भयप्रवृत्ताभिवदनव्यवहारः ॥ १२ ॥ च यस्मात्त्वया कार्याणां शत्रुवधादिकार्याणां पारोऽन्तः समाप्तिरुक्तो वाचा जल्पितः, स पारस्त्वया कर्मणा दुर्ग एव दुष्प्राप एव । कुतस्तत्राह—कार्याणामिति । यः कार्याणां पारं कर्मणा गच्छति स बुद्धिमान् ॥ १३ ॥ स त्वं हीनार्थः क्रियाकार्यनिष्पादनासमर्थः केनचिदपि दुरवापस्य मद्विजयरूपस्यार्थस्य सिद्धिं वाचा व्याहृत्य दुर्मते कृतार्थोऽस्मीति जानीषे ॥ १४ ॥ अथ शायिताविति यत्त्वयोक्तं सा तेऽपकीर्तिरेवेत्याह—अन्तरिति । आजौ रणेऽन्तर्धानगतेन त्वया अद्य आचरित एष तस्करादिचरितो मार्गो न वीरनिषेवितः ॥ १५ ॥ १६ ॥ १७ ॥ लक्ष्मणं संप्राप्य पेतुः । कवचेनाहता इति शेषः ॥ १८ ॥ १९ ॥ २० ॥ २१ ॥ २२ ॥ २३ ॥ २४ ॥ त्वामद्येति । द्रक्ष्यतीत्यनुकर्षः ॥ २५ ॥

इति ब्रुवाणं संक्रुद्धः परुषं रावणात्मजम् । हेतुमद्वाक्यमर्थज्ञो लक्ष्मणः प्रत्युवाच ह ॥ २६
वाग्बलं त्यज दुर्बुद्धे क्रूरकर्मन्हि राक्षस । अथ कस्माद्वदस्येतत्संपादय सुकर्मणा ॥ २७
अकृत्वा कत्थसे कर्म किमर्थमिह राक्षस । कुरु तत्कर्म येनाहं श्रद्दध्यां तव कत्थनम् ॥ २८
अनुक्त्वा परुषं वाक्यं किंचिदप्यनवक्षिपन् । अविकत्थन्वधिष्यामि त्वां पश्य पुरुषादन ॥ २९
इत्युक्त्वा पञ्च नाराचानाकर्णान्पूरिताञ्शरान् । विजघान महावेगांल्लक्ष्मणो राक्षसोरसि ॥ ३०
सुपत्रवाजिता बाणा ज्वलिता इव पन्नगाः । नैर्ऋतोरस्यभासन्त सवितू रश्मयो यथा ॥ ३१
स शरैराहतस्तेन सरोषो रावणात्मजः । सुप्रयुक्तैस्त्रिभिर्बाणैः प्रतिविव्याध लक्ष्मणम् ॥ ३२
स बभूव महाभीमो नरराक्षससिंहयोः । विमर्दस्तुमुलो युद्धे परस्परजयैषिणोः ॥ ३३
विक्रान्तौ बलसंपन्नावुभौ विक्रमशालिनौ । उभौ परमदुर्जयावतुल्यबलतेजसौ ॥ ३४
युयुधाते तदा वीरौ ग्रहाविव नभोगतौ । बलवृत्राविव हि तौ युधि वै दुष्प्रधर्षणौ ॥ ३५
युयुधाते महात्मानौ तदा केसरिणाविव । बहूनवसृजन्तौ हि मार्गणौघानवस्थितौ ।
नरराक्षसमुख्यौ तौ प्रहृष्टावभ्ययुध्यताम् ॥ ३६
ततः शरान्दाशरथिः संधायामित्रकर्षनः । ससर्ज राक्षसेन्द्राय क्रुद्धः सर्प इव श्वसन् ॥ ३७
तस्य ज्यातलनिर्घोषं स श्रुत्वा राक्षसाधिपः । विवर्णवदनो भूत्वा लक्ष्मणं समुदैक्षत ॥ ३८
विषण्णवदनं दृष्ट्वा राक्षसं रावणात्मजम् । सौमित्रिं युद्धसंयुक्तं प्रत्युवाच विभीषणः ॥ ३९
निमित्तान्युपपश्यामि यान्यस्मिन्रावणात्मजे । त्वर तेन महाबाहो भग्न एष न संशयः ॥ ४०
ततः संधाय सौमित्रिः शरानाशीविषोपमान् । मुमोच विशिखांस्तस्मिन्सर्पानिव विषोल्बणान् ॥ ४१
शक्राशनिसमस्पर्शैर्लक्ष्मणेनाहतः शरैः । मुहूर्तमभवन्मूढः सर्वसंक्षुभितेन्द्रियः ॥ ४२
ददर्शावस्थितं वीरमाजौ दशरथात्मजम् । सोऽभिचक्राम सौमित्रिं रोषात्संरक्तलोचनः ॥ ४३
अब्रवीच्चैनमासाद्य पुनः स परुषं वचः । किं न स्मरसि तद्युद्धे प्रथमे मत्पराक्रमम् ।
निबद्धस्त्वं सह भ्रात्रा यदा युधि विचेष्टसे ॥ ४४
युवां खलु महायुद्धे वज्राशनिसमैः शरैः । शायितौ प्रथमं भूमौ विसंज्ञौ सपुरःसरौ ॥ ४५
स्मृतिर्वा नास्ति ते मन्ये व्यक्तं वा यमसादनम् । गन्तुमिच्छसि यन्मां त्वमाधर्षयितुमिच्छसि ॥ ४६
यदि ते प्रथमे युद्धे न दृष्टो मत्पराक्रमः । अद्य त्वां दर्शयिष्यामि तिष्ठेदानीं व्यवस्थितः ॥ ४७
इत्युक्त्वा सप्तभिर्बाणैरभिविव्याध लक्ष्मणम् । दशभिस्तु हनूमन्तं तीक्ष्णधारैः शरोत्तमैः ॥ ४८
ततः शरशतेनैव सुप्रयुक्तेन वीर्यवान् । क्रोधाद्द्विगुणसंरब्धो निर्बिभेद विभीषणम् ॥ ४९
तद्दृष्ट्वेन्द्रजिता कर्म कृतं रामानुजस्तदा । अचिन्तयित्वा प्रहसन्नैतत्किंचिदिति ब्रुवन् ॥ ५०
मुमोच च शरान्घोरान्संगृह्य नरपुंगवः । अभीतवदनः क्रुद्धो रावणिं लक्ष्मणो युधि ॥ ५१
नैवं रणगताः शूराः प्रहरन्ति निशाचर । लघवश्चाल्पवीर्याश्च शरा हीमे सुखास्तव ॥ ५२
नैवं शूरास्तु युध्यन्ते समरे युद्धकाङ्क्षिणः । इत्येवं तं ब्रुवन्धन्वी शरैरभिववर्ष ह ॥ ५३
तस्य बाणैः सुविध्वस्तं कवचं काञ्चनं महत् । व्यशीर्यत रथोपस्थे ताराजालमिवाम्बरात् ॥ ५४

॥२६॥ क्रूरकर्मन्कूटयुद्धव्यापारकर्तः, एतद्वृथावचनं कस्माद्वदसि । सर्वं सुकर्मणैव संपादय ॥ २७ ॥ २८ ॥ अनवक्षिपन्नीषदपि निन्दामकुर्वन् । अविकत्थन्स्वश्लाघामकुर्वन् ॥ २९ ॥ ३० ॥ सुपत्रवाजिताः सुपत्रैः कङ्कादिपत्रैः संजातवेगाः ॥ ३१ ॥ ३२ ॥ विमर्दः संघर्षः ॥ ३३ ॥ विक्रान्तौ कृतपराक्रमौ ॥ ३४ ॥ बलवृत्रौ । बल इन्द्रः ॥ ३५ ॥ नरराक्षसमुख्यौ तौ प्रहृष्टावभ्ययुध्यताम् इत्युत्तरं श्लोकद्वयं भिन्नवृत्तं प्रक्षिप्तम् तदुत्तरं सर्गावच्छेदश्चासंप्रदायः । तयोर्युद्धस्यैवाग्रे सत्त्वेन प्रकरणान्तराभावादिति कतकः ॥ ३६ ॥ ततः शरानिति ॥ ३७ ॥ ३८ ॥ युद्धसंयुक्तं युद्धजनकहर्षयुक्तम् ॥ ३९ ॥ निमित्तानि मुखवैवर्ण्यादिदुर्निमित्तानि । यान्यनुभूतपराजयसूचकानि तैर्नतद्वधे त्वर शीघ्रमुद्यमं कुरु ॥ ४० ॥ ४१ ॥ सर्वसंक्षुभितेन्द्रियः संक्षुभितसर्वेन्द्रियः ॥ ४२ ॥ ४३ ॥ प्रथमे तद्युद्धे नागपाशबन्धनके तस्मिन्युद्धे । यत्र भ्रात्रा सह निबद्धस्त्वं तत्किं न स्मरसि । यद्वायुध्यायोधने विचेष्टसे शरपातादि करोषि ॥ ४४ ॥ तदेव पुनराह—युवामिति ॥ ४५ ॥ यमसादनं यमगृहम् ॥ ४६ ॥ ४७ ॥ ४८ ॥ ४९ ॥ नैतत्किंचिदिति ब्रुवन् । एतन्न किंचित् । अकिंचित्करमिति ब्रुवन्नित्यर्थः ॥ ५० ॥ ५१ ॥ अकिंचित्करत्वमेव विवृणोति—नैवमिति । एवंशब्दार्थः—लघव इति । पुष्पमालावल्लघव इमे तव शरा मे सुखाः, न तु क्लेशदा इत्यर्थः ॥ ५२ ॥ ५३

विधूतवर्मा नाराचैर्बभूव स कृतव्रणः । इन्द्रजित्समरे वीरः प्रत्यूषे भानुमानिव ॥ ५५
ततः शरसहस्रेण संक्रुद्धो रावणात्मजः । बिभेद समरे वीरो लक्ष्मणं भीमविक्रमः ॥ ५६
व्यशीर्यत महद्दिव्यं कवचं लक्ष्मणस्य तु । कृतप्रतिकृतान्योन्यं बभूवतुरभिद्रुतौ ॥ ५७
अभीक्ष्णं निःश्वसन्तौ वै युध्येतां तुमुलं युधि । शरसंकृत्तसर्वाङ्गौ सर्वतो रुधिरोक्षितौ ।
सुदीर्घकालं तौ वीरावन्योन्यं निशितैः शरैः ॥ ५८
ततक्षतुर्महात्मानौ रणकर्मविशारदौ । बभूवतुश्चात्मजये यत्तौ भीमपराक्रमौ ॥ ५९
तौ शरौघैस्तथाकीर्णौ निकृत्तकवचध्वजौ । सृजन्तौ रुधिरं चोष्णं जलं प्रस्रवणाविव ॥ ६०
शरवर्षं ततो घोरं मुञ्चतोर्भीमनिःस्वनम् । सासारयोरिवाकाशे नीलयोः कालमेघयोः ॥ ६१
तयोरथ महान्कालो व्यतीयाद्युध्यमानयोः । न च तौ युद्धवैमुख्यं क्लमं चाप्युपजग्मतुः ॥ ६२
अस्त्राण्यस्त्रविदां श्रेष्ठौ दर्शयन्तौ पुनः पुनः । शरानुच्चावचाकारानन्तरिक्षे बबन्धतुः ॥ ६३
व्यपेतदोषमस्यन्तौ लघु चित्रं च सुष्ठु च । उभौ तु तुमुलं घोरं चक्रतुर्नरराक्षसौ ॥ ६४
तयोः पृथक्पृथग्भीमः शुश्रुवे तुमुलः स्वनः । स कम्पं जनयामास निर्घात इव दारुणः ॥ ६५
तयोः स भ्राजते शब्दस्तथा समरयत्तयोः । सुघोरयोर्निःस्वनतोर्गगने मेघयोरिव ॥ ६६
सुवर्णपुङ्खैर्नाराचैर्बलवन्तौ कृतव्रणौ । प्रसुस्रुवाते रुधिरं कीर्तिमन्तौ जये धृतौ ॥ ६७
ते गात्रयोर्निपतिता रुक्मपुङ्खाः शरा युधि । असृग्दिग्धा विनिष्पेतुर्विविशुर्धरणीतलम् ॥ ६८
अन्ये सुनिशितैः शस्त्रैराकाशे संजघट्टिरे । बभञ्जुश्चिच्छिदुश्चैव तयोर्बाणाः सहस्रशः ॥ ६९
स बभूव रणे घोरस्तयोर्बाणमयश्चयः । अग्निभ्यामिव दीप्ताभ्यां सत्रे कुशमयश्चयः ॥ ७०
तयोः कृतव्रणौ देहौ शुशुभाते महात्मनोः । सुपुष्पाविव निष्पत्रौ वने किंशुकशाल्मली ॥ ७१
चक्रतुस्तुमुलं घोरं संनिपातं मुहुर्मुहुः । इन्द्रजिल्लक्ष्मणश्चैव परस्परजयैषिणौ ॥ ७२
लक्ष्मणो रावणिं युद्धे रावणिश्चापि लक्ष्मणम् । अन्योन्यं ताविभिघ्नन्तौ न श्रमं प्रतिपद्यताम् ॥ ७३
बाणजालैः शरीरस्थैरवगाढैस्तरस्विनौ । शुशुभाते महावीर्यौ प्ररूढाविव पर्वतौ ॥ ७४
ततो रुधिरसिक्तानि संवृतानि शरैर्भृशम् । बभ्राजुः सर्वगात्राणि ज्वलन्त इव पावकाः ॥ ७५
तयोरथ महान्कालो व्यतीयाद्युध्यमानयोः । न च तौ युद्धवैमुख्यं श्रमं चाप्यभिजग्मतुः ॥ ७६
अथ समरपरिश्रमं निहन्तुं समरमुखेष्वजितस्य लक्ष्मणस्य ।
प्रियहितमुपपादयन्महात्मा समरमुपेत्य विभीषणोऽवतस्थे ॥ ७७

इत्यार्षे श्रीमद्रामायणे वाल्मीकीय आदिकाव्ये युद्धकाण्डेऽष्टाशीतितमः सर्गः ॥ ८८ ॥

एकोननवतितमः सर्गः ।

युध्यमानौ ततो दृष्ट्वा प्रसक्तौ नरराक्षसौ । प्रभिन्नाविव मातंगौ परस्परजयैषिणौ ॥ १
ततोर्युद्धं द्रष्टुकामो वरचापधरो बली । शूरः स रावणभ्राता तस्थौ सङ्ग्राममूर्धनि ॥ २
ततो विस्फारयामास महद्धनुरवस्थितः । उत्ससर्ज च तीक्ष्णाग्रान्राक्षसेषु महाशरान् ॥ ३
ते शराः शिखिसंस्पर्शा निपतन्तः समाहिताः । राक्षसान्दारयामासुर्वज्रा इव महागिरीन् ॥ ४
विभीषणस्यानुचरास्तेऽपि शूलासिपट्टिशैः । चिच्छिदुः समरे वीरान्राक्षसान्राक्षसोत्तमाः ॥ ५

॥ ५४ ॥ प्रत्यूषे भानुमानिव । क्षतजरक्तवर्णत्वादिति भावः ॥ ५५ ॥ ५६ ॥ अन्योन्यं कृतप्रतिकृता । आर्षो डा । कृतप्रतिकृते यत्तौ बभूवतुरित्यर्थः ॥ ५७ ॥ ५८ ॥ ५९ ॥ ६० ॥ सासारयोर्धारासंपात आसारस्तत्सहितयोः ॥ ६१ ॥ महान्कालोऽनेकदिनरूपः ॥ ६२ ॥ ६३ ॥ ६४ ॥ ६५ ॥ ६६ ॥ जये धृतौ दृढोत्साहौ ॥ ६७ ॥ ६८ ॥ ६९ ॥ चयः समूहः ॥ ७० ॥ ७१ ॥ संनिपातं युद्धम् ॥ ७२ ॥ ७३ ॥ अवगाढैर्गाढमर्मैः । प्ररूढौ प्ररूढवृक्षौ ॥ ७४ ॥ ७५ ॥ ७६ ॥ समरपरिश्रमं युद्धजश्रमम् ॥ ७७ ॥

इति श्रीरामाभिरामे श्रीरामीये रामायणतिलके वाल्मीकीय आदिकाव्ये युद्धकाण्डेऽष्टाशीतितमः सर्गः ॥ ८८ ॥

युध्यमानाविति । प्रभिन्नौ मत्तौ मातंगाविव युद्धाय प्रसक्तावतएव युध्यमानौ दृष्ट्वा ॥ १ ॥ ततः परं युद्धार्थं गतयोरन्यतरवधान्तं युद्धं द्रष्टुकामः सञ्शूरो रावणभ्राता युयुत्सया सङ्ग्राममूर्धनि तस्थौ ॥ २ ॥ अतएव ततो विस्फारयामासेति । अवस्थितः । भूमाविति शेषः ॥ ३ ॥ वज्रा वज्रपाताः ॥ ४

राक्षसैस्तैः परिवृतः स तदा तु विभीषणः । बभौ मध्ये प्रधृष्टानां कलभानामिव द्विपः ॥ ६
ततः संचोदमानो वै हरीन्रक्षोवधप्रियान् । उवाच वचनं काले कालज्ञो रक्षसां वरः ॥ ७
एकोऽयं राक्षसेन्द्रस्य परायणमवस्थितः । एतच्छेषं बलं तस्य किं तिष्ठत हरीश्वराः ॥ ८
तस्मिंश्च निहते पापे राक्षसे रणमूर्धनि । रावणं वर्जयित्वा तु शेषमस्य बलं हतम् ॥ ९
प्रहस्तो निहतो वीरो निकुम्भश्च महाबलः । कुम्भकर्णश्च कुम्भश्च धूम्राक्षश्च निशाचरः ॥ १०
जम्बुमाली महामाली तीक्ष्णवेगोऽशनिप्रभः । सुप्तघ्नो यज्ञकोपश्च वज्रदंष्ट्रश्च राक्षसः ॥ ११
संह्रादी विकटोऽरिघ्नस्तपनो मन्द एव च । प्रघासः प्रघसश्चैव प्रजङ्घो जङ्घ एव च ॥ १२
अग्निकेतुश्च दुर्धर्षो रश्मिकेतुश्च वीर्यवान् । विद्युज्जिह्वो द्विजिह्वश्च सूर्यशत्रुश्च राक्षसः ॥ १३
अकम्पनः सुपार्श्वश्च चक्रमाली च राक्षसः । कम्पनः सत्त्ववन्तश्च देवान्तकनरान्तकौ ॥ १४
एतान्निहत्यातिबलान्बहून्राक्षससत्तमान् । बाहुभ्यां सागरं तीर्त्वा लङ्घ्यतां गोष्पदं लघु ॥ १५
एतावदेव शेषं वो जेतव्यमिति वानराः । हताः सर्वे समागम्य राक्षसा बलदर्पिताः ॥ १६
अयुक्तं निधनं कर्तुं पुत्रस्य जनितुर्मम । घृणामपास्य रामार्थे निहन्यां भ्रातुरात्मजम् ॥ १७
हन्तुकामस्य मे बाष्पं चक्षुश्चैव निरुध्यति । तमेवैष महाबाहुर्लक्ष्मणः शमयिष्यति ॥ १८
वानरा घ्नत संभूय भृत्यानस्य समीपगान् । इति तेनातियशसा राक्षसेनाभिचोदिताः ॥ १९
वानरेन्द्रा जहृषिरे लाङ्गूलानि च विव्यधुः । ततस्तु कपिशार्दूलाः क्ष्वेडन्तश्च पुनः पुनः ।
मुमुचुर्विविधान्नादान्मेघान्दृष्ट्वेव बर्हिणः ॥ २०
जाम्बवानपि तैः सर्वैः स्वयूथ्यैरभिसंवृतः । तेऽश्मभिस्ताडयामासुर्नखैर्दन्तैश्च राक्षसान् ॥ २१
निघ्नन्तमृक्षाधिपतिं राक्षसास्ते महाबलाः । परिवव्रुर्भयं त्यक्त्वा तमनेकविधायुधाः ॥ २२
शरैः परशुभिस्तीक्ष्णैः पट्टिशैर्यष्टितोमरैः । जाम्बवन्तं मृधे जघ्नुर्निघ्नन्तं राक्षसीं चमूम् ॥ २३
स संप्रहारस्तुमुलः संजज्ञे कपिरक्षसाम् । देवासुराणां क्रुद्धानां यथा भीमो महास्वनः ॥ २४
हनूमानपि संक्रुद्धः सानुमुत्पाट्य पर्वतात् । स लक्ष्मणं स्वयं पृष्ठादवरोप्य महामनाः ॥ २५
रक्षसां कदनं चक्रे दुरासदः सहस्रशः । स दत्त्वा तुमुलं युद्धं पितृव्यस्येन्द्रजिद्बली ॥ २६
लक्ष्मणं परवीरघ्नः पुनरेवाभ्यधावत । तौ प्रयुद्धौ तदा वीरौ मृधे लक्ष्मणराक्षसौ ॥ २७
शरौघानभिवर्षन्तौ जघ्नतुस्तौ परस्परम् । अभीक्ष्णमन्तर्दधतुः शरजालैर्महाबलौ ॥ २८
चन्द्रादित्याविवोष्णान्ते यथा मेघैस्तरस्विनौ । नह्यादानं न संधानं धनुषो वा परिग्रहः ॥ २९
न विप्रमोक्षो बाणानां न विकर्षो न विग्रहः । न मुष्टिप्रतिसंधानं न लक्ष्यप्रतिपादनम् ॥ ३०
अदृश्यत तयोस्तत्र युध्यतोः पाणिलाघवात् । चापवेगप्रयुक्तैश्च बाणजालैः समन्ततः ॥ ३१
अन्तरिक्षेऽभिसंपन्ने न रूपाणि चकाशिरे । लक्ष्मणो रावणिं प्राप्य रावणिश्चापि लक्ष्मणम् ॥ ३२
अव्यवस्था भवत्युग्रा ताभ्यामन्योन्यविग्रहे । ताभ्यामुभाभ्यां तरसा प्रसृष्टैर्विशिखैः शितैः ॥ ३३

॥ ५ ॥ राक्षसैस्तैः सचिवरूपैः ॥ ६ ॥ संचोदमानः संचोदयमानः ॥ ७ ॥ परायणं परा गतिः । उत्तमः । योद्धेति यावत् । तस्य रावणस्य बलं सेना । एतच्छेषं दृश्यमानबलमात्रावशेषम् । तत्किं तिष्ठत । तद्धननानुद्यमेनेति शेषः ॥ ८ ॥ ९ ॥ एतन्मात्रशेषत्वमेवाह—प्रहस्त इति ॥ १० ॥ ११ ॥ १२ ॥ १३ ॥ १४ ॥ बाहुभ्यां सागरं तीर्त्वावस्थितैर्युष्माभिरिदं लघ्ववशिष्टबलरूपं गोष्पदं लङ्घ्यताम् ॥ १५ ॥ समागम्य युद्धं प्राप्य ॥ १६ ॥ जनितुर्जनयितृभ्रातुः पुत्रस्य निधनं नाशः कर्तुमयुक्तम्, तथापि घृणां दयामपास्य रामार्थे भ्रातुरात्मजं निहन्याम् । हननोपायप्रवर्तनेनेति भावः ॥ १७ ॥ हन्तुकामस्य साक्षात्प्रहर्तुकामस्य । बाष्पं कर्तृ । निरुध्यति निरुणद्धि । तं लक्ष्मण एवेत्यन्वयः ॥ १८ ॥ घ्नतेत्यार्षम् ॥ १९ ॥ २० ॥ २१ ॥ २२ ॥ २३ ॥ २४ ॥ हनूमानपीति । पर्वतात्सानुं शिखरमुत्पाट्य लक्ष्मणं पृष्ठादवरोप्य विश्रामार्थं स्वारूढं लक्ष्मणं भूमाववस्थाप्य विभीषणसहायार्थं हनूमान्कदनं चक्रे ॥ २५ ॥ दुरासदः । परैर्दुरासद इत्यर्थः ॥ २६ ॥ प्रयुद्धौ योद्धुमुपक्रान्तौ ॥ २७ ॥ शरजालैः परस्परप्रयुक्तैः परस्परमन्तर्दधतुः ॥ २८ ॥ उष्णान्ते वर्षारम्भे । संधानं संयोजनम् । धनुषो वा परिग्रहः सव्यापसव्येन कार्मुकग्रहणम् ॥ २९ ॥ विग्रहो बाणानां विभागः । 'विग्रहः समरे काये विरोधप्रविभागयोः' इति कोशः । प्रतिसंधानं दृढतया मुष्टिसंयोजनम् । लक्ष्यप्रतिपादनं लक्ष्यभेदनम् ॥ ३० ॥ ३१ ॥ अभिसंपन्ने व्याप्ते । रूपाणि रूपवद्वस्तूनि न चकाशिरे । न दृग्गोचराणीति भावः । रावणिश्चापि लक्ष्मणं प्राप्यायुध्यतामिति शेषः ॥ ३२ ॥ उग्राऽव्यवस्था तत्तद्बाणैरयुध्यद्वानरराक्षसवधरूपा भवति । अभवदित्यर्थः । यत्तु अयमेनं निगृह्णाति स एनं

११२

निरन्तरमिवाकाशं बभूव तमसा वृतम् । तैः पतद्भिश्च बहुभिस्तयोः शरशतैः शितैः ॥ ३४
दिशश्च प्रदिशश्चैव बभूवुः शरसंकुलाः । तमसा पिहितं सर्वमासीत्प्रतिभयं महत् ॥ ३५
अस्तं गते सहस्रांशौ संवृते तमसा च वै । रुधिरौघा महानद्यः प्रावर्तन्त सहस्रशः ॥ ३६
क्रव्यादा दारुणा वाग्भिश्चिक्षिपुर्भीमनिःस्वनान् । न तदानीं ववौ वायुर्न च जज्वाल पावकः ॥ ३७
स्वस्त्यस्तु लोकेभ्य इति जजल्पुस्ते महर्षयः । संपेतुश्चात्र संतप्ता गन्धर्वाः सह चारणैः ॥ ३८
अथ राक्षससिंहस्य कृष्णान्कनकभूषणान् । शरैश्चतुर्भिः सौमित्रिर्विव्याध चतुरो हयान् ॥ ३९
ततोऽपरेण भल्लेन पीतेन निशितेन च । संपूर्णायतमुक्तेन सुपत्रेण सुवर्चसा ॥ ४०
महेन्द्राशनिकल्पेन सूतस्य विचरिष्यतः । स तेन बाणाशनिना तलशब्दानुनादिना ॥ ४१
लाघवाद्राघवः श्रीमाञ्शिरः कायादपाहरत् । स यन्तरि महातेजा हते मन्दोदरीसुतः ॥ ४२
स्वयं सारथ्यमकरोत्पुनश्च धनुरस्पृशत् । तदद्भुतमभूत्तत्र सारथ्यं पश्यतां युधि ॥ ४३
हयेषु व्यग्रहस्तं तं विव्याध निशितैः शरैः । धनुष्यथ पुनर्व्यग्रं हयेषु मुमुचे शरान् ॥ ४४
छिद्रेषु तेषु बाणौघैर्विचरन्तमभीतवत् । अर्दयामास समरे सौमित्रिः शीघ्रकृत्तमः ॥ ४५
निहतं सारथिं दृष्ट्वा समरे रावणात्मजः । प्रजहौ समरोद्धर्षं विषण्णः स बभूव ह ॥ ४६
विषण्णवदनं दृष्ट्वा राक्षसं हरियूथपाः । ततः परमसंहृष्टा लक्ष्मणं चाभ्यपूजयन् ॥ ४७
ततः प्रमाथी रभसः शरभो गन्धमादनः । अमृष्यमाणाश्चत्वारश्चक्रुर्वेगं हरीश्वराः ॥ ४८
ते चास्य हयमुख्येषु तूर्णमुत्पत्य वानराः । चतुर्षु सुमहावीर्या निपेतुर्भीमविक्रमाः ॥ ४९
तेषामधिष्ठितानां तैर्वानरैः पर्वतोपमैः । मुखेभ्यो रुधिरं व्यक्तं हयानां समवर्तत ॥ ५०
ते हया मथिता भग्ना व्यसवो धरणीं गताः । ते निहत्य हयांस्तस्य प्रमथ्य च महारथम् ।
पुनरुत्पत्य वेगेन तस्थुर्लक्ष्मणपार्श्वतः ॥ ५१
स हताश्वादवप्लुत्य रथान्मथितसारथिः । शरवर्षेण सौमित्रिमभ्यधावत रावणिः ॥ ५२
ततो महेन्द्रप्रतिमः स लक्ष्मणः पदातिनं तं निहतैर्हयोत्तमैः ।
सृजन्तमाजौ निशिताञ्छरोत्तमान्भृशं तदा बाणगणैर्व्यदारयत् ॥ ५३

इत्यार्षे श्रीमद्रामायणे वाल्मीकीय आदिकाव्ये युद्धकाण्ड एकोननवतितमः सर्गः ॥ ८९ ॥

नवतितमः सर्गः ।

स हताश्वो महातेजा भूमौ तिष्ठन्निशाचरः । इन्द्रजित्परमक्रुद्धः संप्रजज्वाल तेजसा ॥ १
तौ धन्विनौ जिघांसन्तावन्योन्यमिषुभिर्भृशम् । विजयेनाभिनिष्क्रान्तौ वने गजवृषाविव ॥ २
निबर्हयन्तश्चान्योन्यं ते राक्षसवनौकसः । भर्तारं न जहुर्युद्धे संपतन्तस्ततस्ततः ॥ ३
ततस्तान्राक्षसान्सर्वान्हर्षयन्रावणात्मजः । स्तुन्वानो हर्षमाणश्च इदं वचनमब्रवीत् ॥ ४
तमसा बहुलेनेमाः संसक्ताः सर्वतो दिशः । नेह विज्ञायते स्वो वा परो वा राक्षसोत्तमाः ॥ ५
धृष्टं भवन्तो युध्यन्तु हरीणां मोहनाय वै । अहं तु रथमास्थाय आगमिष्यामि संयुगे ॥ ६

वैत्यनिश्चयरूपा व्यवस्थेति व्याख्यानम्, तच्चिन्त्यम् । तस्या अव्यवस्थाया उग्रत्वस्य निरूपयितुमशक्यत्वात् । उग्रेति विशेषणवैयर्थ्याच्च ॥ ३३ ॥ ३४ ॥ प्रतिभयं भयंकरम् ॥ ३५ ॥ ३६ ॥ वाग्भिर्वागिन्द्रियैः । क्रव्यादा गृध्रादयः ॥ ३७ ॥ ३८ ॥ ३९ ॥ पीतेन स्वर्णरूपितेन । संपूर्णायतमुक्तेन संपूर्णमाकर्णपर्यन्तमायतेनाकृष्टेन ततो मुक्तेन ॥ ४० ॥ विचरिष्यतो रथसंचारं करिष्यतः । तलशब्दानुनादिना तलं ज्याघातवारणं तस्य ज्याघट्टनजो यः शब्दस्तस्यानुनादो यस्यास्ति तेन ॥ ४१ ॥ ४२ ॥ ४३ ॥ हयेषु हयप्रेरणविषये व्यग्रहस्तं दृष्ट्वा । तत्समय इति शेषः ॥ ४४ ॥ ४५ ॥ समरोद्धर्षं समरोत्साहं प्रजहौ त्यक्तवान् ॥ ४६ ॥ ४७ ॥ ४८ ॥ ४९ ॥ ५० ॥ ते निहत्येति । ऋषभादय इत्यर्थः ॥ ५१ ॥ ५२ ॥ ५३ ॥

इति श्रीरामाभिरामे श्रीरामीये रामायणतिलके वाल्मीकीय आदिकाव्ये युद्धकाण्ड एकोननवतितमः सर्गः ॥ ८९ ॥

॥ १ ॥ विजयेन विजयप्राप्तिरूपेण हेतुना । अभिमुखतया युद्धार्थं प्रवृत्तावभूतामिति शेषः । गजवृषौ गजश्रेष्ठौ ॥ २ ॥ निबर्हयन्तो मारयन्तः । भर्तारं स्वस्वभर्तारम् । संपतन्तः संगच्छमानाः ॥ ३ ॥ स्तुन्वान इत्यार्षम् । स्तुवन्नित्यर्थः ॥ ४ ॥ बहुलेन तमसा इमा दिशः संसक्ताः संवृताः । एवं चास्माकं बलकरी रात्रिरागता ॥ ५ ॥ अतो भवन्तो धृष्टं

तथा भवन्तः कुर्वन्तु यथेमे हि वनौकसः । न युध्येयुर्महात्मानः प्रविष्टे नगरं मयि ॥ ७
इत्युक्त्वा रावणसुतो वञ्चयित्वा वनौकसः । प्रविवेश पुरीं लङ्कां रथहेतोरमित्रहा ॥ ८
स रथं भूषयित्वाथ रुचिरं हेमभूषितम् । प्रासासिशरसंयुक्तं युक्तं परमवाजिभिः ॥ ९
अधिष्ठितं हयज्ञेन सूतेनाप्तोपदेशिना । आरुरोह महातेजा रावणिः समितिंजयः ॥ १०
स राक्षसगणैर्मुख्यैर्वृतो मन्दोदरीसुतः । निर्ययौ नगराद्वीरः कृतान्तबलचोदितः ॥ ११
सोऽभिनिष्क्रम्य नगरादिन्द्रजित्परमौजसा । अभ्ययाज्जवनैरश्वैर्लक्ष्मणं सविभीषणम् ॥ १२
ततो रथस्थमालोक्य सौमित्री रावणात्मजम् । वानराश्च महावीर्या राक्षसश्च विभीषणः ॥ १३
विस्मयं परमं जग्मुर्लाघवात्तस्य धीमतः । रावणिश्चापि संक्रुद्धो रणे वानरयूथपान् ॥ १४
पातयामास बाणौघैः शतशोऽथ सहस्रशः । स मण्डलीकृतधनू रावणिः समितिंजयः ॥ १५
हरीनभ्यहनत्क्रुद्धः परं लाघवमास्थितः । ते वध्यमाना हरयो नाराचैर्भीमविक्रमैः ॥ १६
सौमित्रिं शरणं प्राप्ताः प्रजापतिमिव प्रजाः । ततः समरकोपेन ज्वलितो रघुनन्दनः ।
चिच्छेद कार्मुकं तस्य दर्शयन्पाणिलाघवम् ॥ १७
सोऽन्यत्कार्मुकमादाय सज्जं चक्रे त्वरन्निव । तदप्यस्य त्रिभिर्बाणैर्लक्ष्मणो निरकृन्तत ॥ १८
अथैनं छिन्नधन्वानमाशीविषविषोपमैः । विव्याधोरसि सौमित्री रावणिं पञ्चभिः शरैः ॥ १९
ते तस्य कायं निर्भिद्य महाकार्मुकनिःसृताः । निपेतुर्धरणीं बाणा रक्ता इव महोरगाः ॥ २०
स च्छिन्नधन्वा रुधिरं वमन्वक्त्रेण रावणिः । जग्राह कार्मुकश्रेष्ठं दृढज्यं बलवत्तरम् ॥ २१
स लक्ष्मणं समुद्दिश्य परं लाघवमास्थितः । ववर्ष शरवर्षाणि वर्षाणीव पुरंदरः ॥ २२
मुक्तमिन्द्रजिता तत्तु शरवर्षमरिंदमः । आवारयदसंभ्रान्तो लक्ष्मणः सुदुरासदम् ॥ २३
संदर्शयामास तदा रावणिं रघुनन्दनः । असंभ्रान्तो महातेजास्तदद्भुतमिवाभवत् ॥ २४
ततस्तान्राक्षसान्सर्वांस्त्रिभिरेकैकमाहवे । अविध्यत्परमक्रुद्धः शीघ्रास्त्रं संप्रदर्शयन् ।
राक्षसेन्द्रस्तु तं चापि बाणौघैः समताडयत् ॥ २५
सोऽतिविद्धो बलवता शत्रुणा शत्रुघातिना । असक्तं प्रेषयामास लक्ष्मणाय बहूञ्शरान् ॥ २६
तानप्राप्ताञ्शितैर्बाणैश्चिच्छेद परवीरहा । सारथेरस्य च रणे रथिनो रथसत्तमः ॥ २७
शिरो जहार धर्मात्मा भल्लेनानतपर्वणा । असूतास्ते हयास्तत्र रथमूहुरविक्लवाः ॥ २८
मण्डलान्यभिधावन्ति तदद्भुतमिवाभवत् । अमर्षवशमापन्नः सौमित्रिर्दृढविक्रमः ॥ २९
प्रत्यविध्यद्धयांस्तस्य शरैर्वित्रासयन्रणे । अमर्षमाणस्तत्कर्म रावणस्य सुतो रणे ॥ ३०
विव्याध दशभिर्बाणैः सौमित्रिं रोमहर्षणम् । ते तस्य वज्रप्रतिमाः शराः सर्वविषोपमाः ।
विलयं जग्मुरागत्य कवचं काञ्चनप्रभम् ॥ ३१
अभेद्यकवचं मत्वा लक्ष्मणं रावणात्मजः । ललाटे लक्ष्मणं बाणैः सुपुङ्खैस्त्रिभिरिन्द्रजित् ॥ ३२
अविध्यत्परमक्रुद्धः शीघ्रमस्त्रं प्रदर्शयन् । तैः पृषत्कैर्ललाटस्थैः शुशुभे रघुनन्दनः ॥ ३३
रणाग्रे समरश्लाघी त्रिशृङ्ग इव पर्वतः । स तथाप्यर्दितो बाणै राक्षसेन तदा मृधे ॥ ३४

निर्भयं युध्यन्तु । मोहनाय मद्गमनापरिज्ञानाय । त्वया किमर्थं गम्यते तत्राह--अहं त्विति ॥ ६ ॥ प्रविष्टे प्रवेष्टुमुपक्रान्ते न युध्येयुः । मम नगरप्रवेशविघ्नार्थं यथा वानरा मया सह न युध्येरंस्तथा भवन्तः कुर्वन्त्वित्यर्थः ॥ ७ ॥ ८ ॥ ९ ॥ हयज्ञेनाश्वहृदयज्ञेन । आप्तं हितमुपदेष्टुं शीलमस्त्यस्य तेन ॥ १० ॥ ११ ॥ १२ ॥ १३ ॥ १४ ॥ १५ ॥ १६ ॥ समरकोपेन रावणिसमरजन्यकोपेन ॥ १७ ॥ त्वरन्निव शीघ्रमेव । तदपि द्वितीयं धनुरपि ॥ १८ ॥ १९ ॥ रक्ताः । बाणानामपि रुधिरसंबन्धाद्रक्तत्वम् ॥ २० ॥ २१ ॥ २२ ॥ २३ ॥ संदर्शयामास । स्वपौरुषमिति शेषः ॥ २४ ॥ ननु कथं सर्वराक्षसा इन्द्रजिति युध्यति त्रिभिस्त्रिभिर्बाणैर्वेद्धुं शक्यास्तत्राह—शीघ्रास्त्रमिति । प्रयोगमात्रेण सर्ववेधकमस्त्रं शीघ्रास्त्रम् । यद्वा भावप्रधानो निर्देशः । अस्त्रविषयकशीघ्रप्रयोगसामर्थ्यरूपं शीघ्रास्त्रत्वं संप्रदर्शयन्नित्यर्थः ॥ २५ ॥ असक्तमविरतम् ॥ २६ ॥ रथसत्तमो लक्ष्मणः ॥ २७ ॥ असूता असारथयः । अविक्लवा अनाकुलाः ॥ २८ ॥ २९ ॥ ३० ॥ कवचमागत्य प्राप्य विलयं जग्मुः । पूर्वकवचस्य विशरणेऽपि कवचान्तरं धृतमित्यवगम्यते ॥ ३१ ॥ एवं दर्शनात्तमभेद्यकवचं मत्वा कवचरहिते स्थाने ललाटेऽविध्यत् ॥ ३२ ॥ ३३ ॥ ३४ ॥

तमाशु प्रतिविव्याध लक्ष्मणः पञ्चभिः शरैः । विकृष्येन्द्रजितो युद्धे वदने शुभकुण्डले ॥ ३५
लक्ष्मणेन्द्रजितौ वीरौ महाबलशरासनौ । अन्योन्यं जघ्नतुर्वीरौ विशिखैर्भीमविक्रमौ ॥ ३६
ततः शोणितदिग्धाङ्गौ लक्ष्मणेन्द्रजितावुभौ । रणे तौ रेजतुर्वीरौ पुष्पिताविव किंशुकौ ॥ ३७
तौ परस्परमभ्येत्य सर्वगात्रेषु धन्विनौ । घोरैर्विव्यधतुर्बाणैः कृतभावावुभौ जये ॥ ३८
ततः समरकोपेन संयुतो रावणात्मजः । विभीषणं त्रिभिर्बाणैर्विव्याध वदने शुभे ॥ ३९
अयोमुखैस्त्रिभिर्विद्ध्वा राक्षसेन्द्रं विभीषणम् । एकैकेनाभिविव्याध तान्सर्वान्हरियूथपान् ॥ ४०
तस्मै दृढतरं क्रुद्धो जघान गदया हयान् । विभीषणो महातेजा रावणेः स दुरात्मनः ॥ ४१
स हताश्वादवप्लुत्य रथान्मथितसारथिः । अथ शक्तिं महातेजाः पितृव्याय मुमोच ह ॥ ४२
तामापतन्तीं संप्रेक्ष्य सुमित्रानन्दवर्धनः । चिच्छेद निशितैर्बाणैर्दशधापातयद्भुवि ॥ ४३
तस्मै दृढधनुः क्रुद्धो हयाश्वाय विभीषणः । वज्रस्पर्शसमान्पञ्च ससर्जोरसि मार्गणान् ॥ ४४
ते तस्य कायं भित्त्वा तु रुक्मपुङ्खा निमित्तगाः । बभूवुर्लोहितादिग्धा रक्ता इव महोरगाः ॥ ४५
स पितृव्यस्य संक्रुद्ध इन्द्रजिच्छरमाददे । उत्तमं रक्षसां मध्ये यमदत्तं महाबलम् ॥ ४६
तं समीक्ष्य महातेजा महेषुं तेन संधितम् । लक्ष्मणोऽप्याददे बाणमन्यद्भीमपराक्रमः ॥ ४७
कुबेरेण स्वयं स्वप्ने यद्दत्तममितात्मना । दुर्जयं दुर्विषह्यं च सेन्द्रैरपि सुरासुरैः ॥ ४८
तयोस्तु धनुषी श्रेष्ठे बाहुभिः परिघोपमैः । विकृष्यमाणे बलवत्क्रौञ्चाविव चुकूजतुः ॥ ४९
ताभ्यां तु धनुषि श्रेष्ठे संहितौ सायकोत्तमौ । विकृष्यमाणौ वीराभ्यां भृशं जज्वलतुः श्रिया ॥ ५०
तौ भासयन्तावाकाशं धनुर्भ्यां विशिखौ च्युतौ । मुखेन मुखमाहत्य संनिपेततुरोजसा ॥ ५१
संनिपातस्तयोश्चासीच्छरयोर्घोररूपयोः । सधूमविस्फुलिङ्गश्च तज्जोऽग्निर्दारुणोऽभवत् ॥ ५२
तौ महाग्रहसंकाशावन्योन्यं संनिपत्य च । सङ्ग्रामे शतधा यातौ मेदिन्यां चैव पेततुः ॥ ५३
शरौ प्रतिहतौ दृष्ट्वा तावुभौ रणमूर्धनि । व्रीडितौ जातरोषौ च लक्ष्मणेन्द्रजितौ तदा ॥ ५४
स संरब्धस्तु सौमित्रिरस्त्रं वारुणमाददे । रौद्रं महेन्द्रजिद्युद्धेऽप्यसृजद्युद्धविष्ठितः ॥ ५५
तेन तद्विहतं शस्त्रं वारुणं परमाद्भुतम् । ततः क्रुद्धो महातेजा इन्द्रजित्समितिंजयः ।
आग्नेयं संदधे दीप्तं स लोकं संक्षिपन्निव ॥ ५६
सौर्येणास्त्रेण तं वीरो लक्ष्मणः पर्यवारयत् । अस्त्रं निवारितं दृष्ट्वा रावणिः क्रोधमूर्च्छितः ॥ ५७
आददे निशितं बाणमासुरं शत्रुदारणम् । तस्माच्चापाद्विनिष्पेतुर्भास्वराः कूटमुद्गराः ॥ ५८
शूलानि च भुशुण्ड्यश्च गदाः खड्गाः परश्वधाः । तद्दृष्ट्वा लक्ष्मणः संख्ये घोरमस्त्रं सुदारुणम् ॥ ५९
अवार्यं सर्वभूतानां सर्वशस्त्रविदारणम् । माहेश्वरेण द्युतिमांस्तदस्त्रं प्रत्यवारयत् ॥ ६०
तयोः समभवद्युद्धमद्भुतं रोमहर्षणम् । गगनस्थानि भूतानि लक्ष्मणं पर्यवारयन् ॥ ६१
भैरवाभिरुते भीमे युद्धे वानररक्षसाम् । भूतैर्बहुभिराकाशं विस्मितैरावृतं बभौ ॥ ६२
ऋषयः पितरो देवा गन्धर्वगरुडोरगाः । शतक्रतुं पुरस्कृत्य ररक्षुर्लक्ष्मणं रणे ॥ ६३
अथान्यं मार्गणश्रेष्ठं संदधे राघवानुजः । हुताशनसमस्पर्शं रावणात्मजदारणम् ॥ ६४

शरासनं विकृष्येन्द्रजितो वदने शरैर्विव्याधेति संबन्धः ॥ ३५ ॥ विशिखैर्विशिष्टशिखैः । शितैर्बाणैरिति यावत् ॥ ३६ ॥ ३७ ॥ जये कृतभावौ कृताभिप्रायौ ॥ ३८ ॥ ३९ ॥ ॥ ४० ॥ ४१ ॥ ४२ ॥ दशधा चिच्छेद भुव्यपातयच्च ॥ ४३ ॥ ४४ ॥ निमित्तगा लक्ष्यगाः । 'वेध्यं लक्ष्यं शरव्यं च निमित्तं चेति कथ्यते' । लोहितं रुधिरम् ॥ ४५ ॥ ४६ ॥ बाणशब्दोऽर्धर्चादिः ॥ ४७ ॥ अमितात्मनाऽपरिच्छिन्नमाहात्म्येन ॥ ४८ ॥ ४९ ॥ संहितौ योजितौ ॥ ५० ॥ संनिपेततुः संघर्षं प्रापतुः ॥ ५१ ॥ बाणसंनिपाताज्जातस्तज्जः ॥ ५२ ॥ महाग्रहोऽङ्गारकशन्यादिः ॥ ५३ ॥ व्रीडितौ स्वस्वप्रयुक्तशरस्य मोघत्वदर्शनेन संजातलज्जौ । यद्यपि रावणेरेव व्रीडा युक्ता, लक्ष्मणस्य तु तद्बाणनिवारणाय प्रयोक्तुः सार्थक्यसत्त्वेन व्रीडाभावः, तथापि तन्निराकरणपूर्वकं रिपुवधपर्यन्तव्यापारेणोपादानात्तदभावेन तस्यापि लज्जेति बोध्यम् । छत्रिन्यायेन द्विवचनप्रयोग इति कतकः । जातरोषौ रामाविशेषे विभीषणे बाणः प्रमुक्त इति लक्ष्मणस्य रोषः । लक्ष्मणस्तं परिहृतवानिति रावणे रोषः ॥ ५४ ॥ ५५ ॥ लोकं संक्षिपन्निव संहरन्निव ॥ ५६ ॥ 'शस्त्रं निवारितम्' इति पाठे शस्त्रशब्दोऽस्त्रपर्यायः ॥ ५७ ॥ ५८ ॥ ५९ ॥ ६० ॥ ६१ ॥ भैरवमभिरुतं यस्मिंस्तादृशे । भूतैः प्राणिभिः ॥ ६२ ॥ ६३ ॥ संनिहिततदस्त्रेणवायं वध्य इति निश्चित्येन्द्रास्त्रं संदध इत्याह—अथेति । अत्र प्रत्यस्त्रं रावणेर्ब्रह्मशापवशान्न बुद्ध्यारूढम् ।

सुपत्रमनुवृत्ताङ्गं सुपर्वाणं सुसंस्थितम् । सुवर्णविकृतं वीरः शरीरान्तकरं शरम् ॥ ६५
दुरावारं दुर्विषह्यं राक्षसानां भयावहम् । आशीविषविषप्रख्यं देवसङ्घैः समर्चितम् ॥ ६६
येन शक्रो महातेजा दानवानजयत्प्रभुः । पुरा देवासुरे युद्धे वीर्यवान्हरिवाहनः ॥ ६७
अथैन्द्रमस्त्रं सौमित्रिः संयुगेष्वपराजितम् । शरश्रेष्ठं धनुश्रेष्ठे विकर्षन्निदमब्रवीत् ॥ ६८
लक्ष्मीवांल्लक्ष्मणो वाक्यमर्थसाधकमात्मनः । धर्मात्मा सत्यसंधश्च रामो दाशरथिर्यदि ।
पौरुषे चाप्रतिद्वन्द्वस्तदैनं जहि रावणिम् ॥ ६९
इत्युक्त्वा बाणमाकर्णं विकृष्य तमजिह्मगम् । लक्ष्मणः समरे वीरः ससर्जेन्द्रजितं प्रति ।
ऐन्द्रास्त्रेण समायुज्य लक्ष्मणः परवीरहा ॥ ७०
तच्छिरः सशिरस्त्राणं श्रीमज्ज्वलितकुण्डलम् । प्रमथ्येन्द्रजितः कायात्पातयामास भूतले ॥ ७१
तद्राक्षसतनूजस्य भिन्नस्कन्धं शिरो महत् । तपनीयनिभं भूमौ ददृशे रुधिरोक्षितम् ॥ ७२
हतः स निपपाताथ धरण्यां रावणात्मजः । कवची सशिरस्त्राणो विप्रविद्धशरासनः ॥ ७३
चुक्रुशुस्ते ततः सर्वे वानराः सविभीषणाः । हृष्यन्त निहते तस्मिन्देवा वृत्रवधे यथा ॥ ७४
अथान्तरिक्षे भूतानामृषीणां च महात्मनाम् । जज्ञेऽथ जयसंनादो गन्धर्वाप्सरसामपि ॥ ७५
पतितं समभिज्ञाय राक्षसी सा महाचमूः । वध्यमाना दिशो भेजे हरिभिर्जितकाशिभिः ॥ ७६
वानरैर्वध्यमानास्ते शस्त्राण्युत्सृज्य राक्षसाः । लङ्कामभिमुखाः सम्रभ्रष्टसंज्ञाः प्रधाविताः ॥ ७७
दुद्रुवुर्बहुधा भीता राक्षसाः शतशो दिशः । त्यक्त्वा प्रहरणान्सर्वे पट्टिशासिपरश्वधान् ॥ ७८
केचिल्लङ्कां परित्रस्ताः प्रविष्टा वानरार्दिताः । समुद्रे पतिताः केचित्केचित्पर्वतमाश्रिताः ॥ ७९
हतमिन्द्रजितं दृष्ट्वा शयानं च रणक्षितौ । राक्षसानां सहस्रेषु न कश्चित्प्रत्यदृश्यत ॥ ८०
यथास्तं गत आदित्ये नावतिष्ठन्ति रश्मयः । तथा तस्मिन्निपतिते राक्षसास्ते गता दिशः ॥ ८१
शान्तरश्मिरिवादित्यो निर्वाण इव पावकः । बभूव स महाबाहुर्व्यपास्तगतजीवितः ॥ ८२
प्रशान्तपीडाबहुलो विनष्टारिः प्रहर्षवान् । बभूव लोकः पतिते राक्षसेन्द्रसुते तदा ॥ ८३
हर्षं च शक्रो भगवान्सह सर्वैर्महर्षिभिः । जगाम निहते तस्मिन्राक्षसे पापकर्मणि ॥ ८४
आकाशे चापि देवानां शुश्रुवे दुन्दुभिस्वनः । नृत्यद्भिरप्सरोभिश्च गन्धर्वैश्च महात्मभिः ॥ ८५
ववर्षुः पुष्पवर्षाणि तदद्भुतमिवाभवत् । प्रशशाम हते तस्मिन्राक्षसे क्रूरकर्मणि ॥ ८६
शुद्धा आपो नभश्चैव जहृषुर्देवदानवाः । आजग्मुः पतिते तस्मिन्सर्वलोकभयावहे ॥ ८७
ऊचुश्च सहितास्तुष्टा देवगन्धर्वदानवाः । विज्वराः शान्तकलुषा ब्राह्मणा विचरन्त्विति ॥ ८८
ततोऽभ्यनन्दन्संहृष्टाः समरे हरियूथपाः । तमप्रतिबलं दृष्ट्वा हतं नैर्ऋतपुंगवम् ॥ ८९
विभीषणो हनूमांश्च जाम्बवांश्चर्क्षयूथपः । विजयेनाभिनन्दन्तस्तुष्टुवुश्चापि लक्ष्मणम् ॥ ९०
क्ष्वेडन्तश्च प्लवन्तश्च गर्जन्तश्चः प्लवंगमाः । लब्धलक्षा रघुसुतं परिवार्योपतस्थिरे ॥ ९१
लाङ्गूलानि प्रविध्यन्तः स्फोटयन्तश्च वानराः । लक्ष्मणो जयतीत्येव वाक्यं विश्रावयंस्तदा ॥ ९२
अन्योन्यं च समाश्लिष्य हरयो हृष्टमानसाः । चक्रुरुच्चावचगुणा राघवाश्रयसत्कथाः ॥ ९३
तदसुकरमथाभिवीक्ष्य हृष्टाः प्रियसुहृदो युधि लक्ष्मणस्य कर्म ।
परममुपलभन्मनःप्रहर्षं विनिहतमिन्द्ररिपुं निशम्य देवाः ॥ ९४

इत्यार्षे श्रीमद्रामायणे वाल्मीकीय आदिकाव्ये युद्धकाण्डे नवतितमः सर्गः ॥ ९० ॥

वस्तुतोऽस्य प्रत्यस्त्रं नास्त्येवेति कतकः ॥ ६४ ॥ अनुवृत्ताङ्गमानुपूर्व्यात्तनुत्ववद्वृत्तत्वगुणयुक्तमङ्गं यस्य । सुसंस्थितं शोभनसंस्थानम् । सुवर्णविकृतं स्वर्णभूषितम् ॥ ६५ ॥ दुरावारमस्त्रान्तरैर्वारयितुमशक्यम् । आशीविषत्वगुणकं यद्विषं महासर्पस्तत्प्रख्यं तत्सदृशम् । देवसङ्घैः समर्चित पूजितं देवराजीयत्वादेव ॥ ६६ ॥ ६७ ॥ ६८ ॥ अर्थसाधनमात्मनः कार्यसिद्धिहेतुभूतमिदं वक्ष्यमाणवचनमस्त्राधिष्ठात्रीं देवतां प्रत्यब्रवीत् ॥ ६९ ॥ ७० ॥ ७१ ॥ तपनीयनिभत्वे उपपत्तिः— रुधिरोक्षितमिति ॥ ७२ ॥ ७३ ॥ ७४ ॥ ७५ ॥ ७६ ॥ ७७ ॥ ७८ ॥ ७९ ॥ ८० ॥ ८१ ॥ व्यपास्तो विशेषधर्मैः, अतएव गतजीवितः ॥ ८२ ॥ प्रशान्तपीडाबहुलः प्रशान्तबहुलपीडः ॥ ८३ ॥ ८४ ॥ ८५ ॥ प्रशशाम । रज इति शेषः ॥ ८६ ॥ आपः शुद्धाः, प्रसन्ना देवदानवाः । दानवानामपि तच्छत्रुत्वात्तेषामपि हर्षः । आजग्मुरिति देवदानवा इत्यनुकर्षः ॥ ८७ ॥ ८८ ॥ ८९ ॥ ९० ॥ लब्धलक्षाः प्राप्तहर्षावसराः । रलयोरभेदात्प्राप्तरक्षणा इत्यपि । रघुवंशजम् ॥ ९१ ॥ विश्रावयन्व्यश्रावयन् ॥ ९२ ॥ ९३ ॥ उपलभन्नुपालभन् ॥ ९४ ॥

एकनवतितमः सर्गः ।

रुधिरक्लिन्नगात्रस्तु लक्ष्मणः शुभलक्षणः । बभूव हृष्टस्तं हत्वा शत्रुजेतारमाहवे ॥ १
ततः स जाम्बवन्तं च हनूमन्तं च वीर्यवान् । संनिपत्य महातेजास्तांश्च सर्वान्वनौकसः ॥ २
आजगाम ततः शीघ्रं यत्र सुग्रीवराघवौ । विभीषणमवष्टभ्य हनूमन्तं च लक्ष्मणः ॥ ३
ततो राममभिक्रम्य सौमित्रिरभिवाद्य च । तस्थौ भ्रातृसमीपस्थः शक्रस्येन्द्रानुजो यथा ॥ ४
निष्टनन्निव चागत्य राघवाय महात्मने । आचचक्षे तदा वीरो घोरमिन्द्रजितो वधम् ॥ ५
रावणेस्तु शिरश्छिन्नं लक्ष्मणेन महात्मना । न्यवेदयत रामाय तदा हृष्टो विभीषणः ॥ ६
श्रुत्वैव तु महावीर्यो लक्ष्मणेनेन्द्रजिद्वधम् । प्रहर्षमतुलं लेभे वाक्यं चेदमुवाच ह ॥ ७
साधु लक्ष्मण तुष्टोऽस्मि कर्म चासुकरं कृतम् । रावणेर्हि विनाशेन जितमित्युपधारय ॥ ८
स तं शिरस्युपाघ्राय लक्ष्मणं कीर्तिवर्धनम् । लज्जमानं बलात्स्नेहादङ्कमारोप्य वीर्यवान् ॥ ९
उपवेश्य तमुत्सङ्गे परिष्वज्यावपीडितम् । भ्रातरं लक्ष्मणं स्निग्धं पुनः पुनरुदैक्षत ॥ १०
शल्यसंपीडितं शस्तं निःश्वसन्तं तु लक्ष्मणम् । रामस्तु दुःखसंतप्तं तं तु निःश्वासपीडितम् ॥ ११
मूर्ध्नि चैनमुपाघ्राय भूयः संस्पृश्य च त्वरन् । उवाच लक्ष्मणं वाक्यमाश्वास्य पुरुषर्षभः ॥ १२
कृतं परमकल्याणं कर्म दुष्करकर्मणा । अद्य मन्ये हते पुत्रे रावणं निहतं युधि ॥ १३
अद्याहं विजयी शत्रौ हते तस्मिन्दुरात्मनि । रावणस्य नृशंसस्य दिष्ट्या वीर त्वया रणे ॥ १४
छिन्नो हि दक्षिणो बाहुः स हि तस्य व्यपाश्रयः । विभीषणहनूमद्भ्यां कृतं कर्म महद्रणे ॥ १५
अहोरात्रैस्त्रिभिर्वीरः कथंचिद्विनिपातितः । निरमित्रः कृतोऽस्म्यद्य निर्यास्यति हि रावणः ॥ १६
बलव्यूहेन महता निर्यास्यति हि रावणः । बलव्यूहेन महता श्रुत्वा पुत्रं निपातितम् ॥ १७
तं पुत्रवधसंतप्तं निर्यान्तं राक्षसाधिपम् । बलेनावृत्य महता निहनिष्यामि दुर्जयम् ॥ १८
त्वया लक्ष्मण नाथेन सीता च पृथिवी च मे । न दुष्प्रापा हते तस्मिञ्शक्रजेतरि चाहवे ॥ १९
स तं भ्रातरमाश्वास्य परिष्वज्य च राघवः । रामः सुषेणं मुदितः समाभाष्येदमब्रवीत् ॥ २०
विशल्योऽयं महाप्राज्ञः सौमित्रिर्मित्रवत्सलः । यथा भवति सुस्वस्थस्तथा त्वं समुदाचर ॥ २१
विशल्यः क्रियतां क्षिप्रं सौमित्रिर्मित्रवत्सलः । ऋक्षवानरसैन्यानां शूराणां द्रुमयोधिनाम् ॥ २२
ये चाप्यन्येऽत्र युध्यन्ति सशल्या व्रणिनस्तथा । तेऽपि सर्वे प्रयत्नेन क्रियतां सुखिनस्तथा ॥ २३
एवमुक्तः स रामेण महात्मा हरियूथपः । लक्ष्मणाय ददौ नस्तः सुषेणः परमौषधम् ॥ २४
स तस्य गन्धमाघ्राय विशल्यः समपद्यत । तदा निर्वेदनश्चैव संरुद्धव्रण एव च ॥ २५

इति श्रीरामाभिरामे श्रीरामीये रामायणतिलके वाल्मीकीय आदिकाव्ये युद्धकाण्डे नवतितमः सर्गः ॥ ९० ॥

रुधिरेति ॥ १ ॥ संनिपत्य संगृह्य ॥ २ ॥ युद्धव्रणजपीडावशाद्विभीषणं हनूमन्तं चावष्टभ्य । अवलम्ब्येत्यर्थः ॥ ३ ॥ अभिक्रम्य प्रदक्षिणीकृत्य शक्रस्येन्द्रानुजो यथा यथोपेन्द्र इन्द्रसमीपे तिष्ठति तद्वत् । 'इन्द्रस्येव बृहस्पतिः' इति पाठे गुणप्रधानभावेनावस्थानमात्रे दृष्टान्त इत्यर्थः ॥ ४ ॥ निष्टनन्निति । विभीषण इत्याकर्षः । हृष्टो विभीषणः संतुष्टागमनेनैवेन्द्रजिद्वधं निष्टनन्बोधयन्निव निकटमागत्य राघवाय सामान्यत इन्द्रजिद्वधमाचचक्षे ॥ ५ ॥ ततः किंकर्तृको वध इत्याकाङ्क्षायामाह—रावणेति । छिन्नमिति न्यवेदयत् ॥ ६ ॥ ७ ॥ जितमित्युपधारय । इदानीमेवास्माभिरिति शेषः ॥ ८ ॥ लज्जमानं भ्रातुः संनिधावेवं कृतमिति वक्तुं लज्जया युतम् । क्रियाबाहुल्याच्चैतेषु श्लोकेषु पुनःपुनः कर्मपदप्रयोगः । अङ्कमारोप्याङ्के उपवेशनायाकृष्य ॥ ९ ॥ अवपीडितम् । शस्त्रव्रणैरिति शेषः । यद्वावपीडितं गाढमालिङ्ग्य ॥ १० ॥ शस्तं कृत्तगात्रम् ॥ ११ ॥ १२ ॥ दुष्करकर्मणेतरदुष्करपौरुषेण । त्वयेति शेषः । पुत्रे हते रावणमद्य हतमेव मन्ये । तद्वधस्येषत्करत्वादिति भावः ॥ १३ ॥ १४ ॥ व्यपाश्रयोऽवलम्बनभूतः । एवं लक्ष्मणमाश्वास्य बिभीषणादीनप्याश्वासयति—बिभीषणेनेति ॥ १५ ॥ अहोरात्रैस्त्रिभिरिति । दशम्यां चतुर्थप्रहरे आरम्भात्त्रयोदश्यां चतुर्थप्रहरे वधादिति भावः । अद्य निरमित्रः कृतोऽस्मि । कथं रावणे जीवति निरमित्रत्वं तत्राह—निर्यास्यतीति । अवश्यं निर्यास्यति ॥ १६ ॥ १७ ॥ निर्यान्तं च तं महता बलेन सहजेनावृत्याक्रम्य निहनिष्यामि ॥ १८ ॥ हे लक्ष्मण, नाथेन । उपलालनार्थं नाथशब्दप्रयोगः ॥ १९ ॥ समाभाष्य सुषेणेत्येवं संबोध्य ॥ २० ॥ विशल्य इति । ओषधिपर्वतानयनोत्तरमोषध्यः सुषेणेन संगृह्य स्थापिता इत्यनेन ज्ञायते ॥ २१ ॥ २२ ॥ ये वानराः सशल्या व्रणिनश्च तेऽपि विशल्याः प्ररूढव्रणाश्च कार्याः ॥ २३ ॥ नस्तः

विभीषणमुखानां च सुहृदां राघवाज्ञया । सर्ववानरमुख्यानां चिकित्सामकरोत्तदा ॥ २६
ततः प्रकृतिमापन्नो हृतशल्यो गतक्लमः । सौमित्रिर्मुमुदे तत्र क्षणेन विगतज्वरः ॥ २७
तदैव रामः प्लवगाधिपस्तथा विभीषणश्चर्क्षपतिश्च वीर्यवान् ।
अवेक्ष्य सौमित्रिमरोगमुत्थितं मुदा ससैन्याः सुचिरं जहर्षिरे ॥ २८
अपूजयत्कर्म स लक्ष्मणस्य सुदुष्करं दाशरथिर्महात्मा ।
बभूव हृष्टो युधि वानरेन्द्रो निशम्य तं शक्रजितं निपातितम् ॥ २९

इत्यार्षे श्रीमद्रामायणे वाल्मीकीय आदिकाव्ये युद्धकाण्ड एकनवतितमः सर्गः ॥ ९१ ॥

द्विनवतितमः सर्गः ।

ततः पौलस्त्यसचिवाः श्रुत्वा चेन्द्रजितो वधम् । आचचक्षुरवज्ञाय दशग्रीवाय सत्वराः ॥ १
युद्धे हतो महाराज लक्ष्मणेन तवात्मजः । विभीषणसहायेन मिषतां नो महाद्युतिः ॥ २
शूरः शूरेण संगम्य संयुगेष्वपराजितः । लक्ष्मणेन हतः शूरः पुत्रस्ते विबुधेन्द्रजित् ॥ ३
गतः स परमाँल्लोकाञ्शरैः संतर्प्य लक्ष्मणम् । स तं प्रतिभयं श्रुत्वा वधं पुत्रस्य दारुणम् ॥ ४
घोरमिन्द्रजितः संख्ये कश्मलं प्राविशन्महत् । उपलभ्य चिरात्संज्ञां राजा राक्षसपुंगवः ॥ ५
पुत्रशोकाकुलो दीनो विललापाकुलेन्द्रियः । हा राक्षसचमूमुख्य मम वत्स महाबल ॥ ६
जित्वेन्द्रं कथमद्य त्वं लक्ष्मणस्य वशंगतः । ननु त्वमिषुभिः क्रुद्धो भिन्द्याः कालान्तकावपि ॥ ७
मन्दरस्यापि शृङ्गाणि किं पुनर्लक्ष्मणं युधि । अद्य वैवस्वतो राजा भूयो बहुमतो मम ॥ ८
येनाद्य त्वं महाबाहो संयुक्तः कालधर्मणा । एष पन्थाः सुयोधानां सर्वामरगणेष्वपि ।
यः कृते हन्यते भर्तुः स पुमान्स्वर्गमृच्छति ॥ ९
अद्य देवगणाः सर्वे लोकपाला महर्षयः । हतमिन्द्रजितं दृष्ट्वा सुखं स्वप्स्यन्ति निर्भयाः ॥ १०
अद्य लोकास्त्रयः कृत्स्ना पृथिवी च सकानना । एकेनेन्द्रजिता हीना शून्येव प्रतिभाति मे ॥ ११
अद्य नैर्ऋतकन्यानां श्रोष्याम्यन्तःपुरे रवम् । करेणुसङ्घस्य यथा निनादं गिरिगह्वरे ॥ १२
यौवराज्यं च लङ्कां च रक्षांसि च परंतप । मातरं मां च भार्याश्च क्व गतोऽसि विहाय नः ॥ १३
मम नाम त्वया वीर गतस्य यमसादनम् । प्रेतकार्याणि कार्याणि विपरीते हि वर्तसे ॥ १४
स त्वं जीवति सुग्रीवे लक्ष्मणे च सराघवे । मम शल्यमनुद्धृत्य क्व गतोऽसि विहाय नः ॥ १५
एवमादिविलापार्तं रावणं राक्षसाधिपम् । आविवेश महान्कोपः पुत्रव्यसनसंभवः ॥ १६
प्रकृत्या कोपनं ह्येनं पुत्रस्य पुनराधयः । दीप्तं संदीपयामासुर्घर्मेऽर्कमिव रश्मयः ॥ १७

नासिकायाम् ॥ २४ ॥ २५ ॥ २६ ॥ २७ ॥ २८ ॥ २९ ॥ **इति श्रीरामाभिरामे श्रीरामीये रामायणतिलके वाल्मीकीय आदिकाव्ये युद्धकाण्ड एकनवतितमः सर्गः ॥ ९१ ॥**

अथ रावणवृत्तान्तमाह—तत इत्यादि । सचिवा अवशिष्टसुपार्श्वादिमन्त्रिणः । अवज्ञाय अवक्षिप्ता ज्ञा ज्ञानं यस्य तस्मै । पुत्रवधवृत्तान्तज्ञानरहितायेत्यर्थः । तीर्थस्तु—अवज्ञायाभिज्ञाय दृष्ट्वा । पूर्वं श्रुत्वा पश्चाद्युद्धभूमिं गत्वा प्रत्यक्षीकृत्याचचक्षुरित्यर्थमाह ॥ १ ॥ मिषतां न इति । योद्धृराक्षससंदर्शनाच्छत्रिन्यायेन बोध्यम् । मिषतः । अनादृत्येत्यर्थः ॥ २ ॥ विबुधान्देवानिन्द्रं च जयतीति विबुधेन्द्रजित् ॥ ३ ॥ परमाँल्लोकान् । वीरप्राप्यानिति भावः । दारुणं शोकजनकत्वात् । प्रतिभयमतिभयंकरम् ॥ ४ ॥ घोरं तीक्ष्णम् । कश्मलं मूर्च्छाम् ॥ ५ ॥ ६ ॥ कालान्तकौ । कालः सर्वसंहारकः, अन्तकस्तदधिकृतः ॥ ७ ॥ भूयो बहुमतो मयात्यन्तश्लाघनीयः ॥ ८ ॥ येन वैवस्वतेन त्वं कालधर्मणा कालधर्मेण संयुक्तः संयोजितः । यो भर्तुः कृते हन्यते स पुमान्स्वर्गं गच्छति । एष पन्थाः सुयोधानां नररक्षोसुरवानरयोधानां न केवलमेतेष्वेव, किं तु देवादिगणेष्वपीत्याह—सर्वामरेति । एवं युद्धमरणस्य सकलशूरजनाकाङ्क्षिततया युद्धहतं त्वां न शोचामीति भावः ॥ ९ ॥ १० ॥ त्रयो लोकाः पातालान्तरिक्षस्वर्गाः । पृथिव्याः पृथगुक्तेः सकानना निर्भयेत्यनुकर्षः । किं च ममैकेनेन्द्रजिता शून्या सर्वा पृथिवी शून्येव भाति ॥ ११ ॥ रवं रोदनजम् ॥ १२ ॥ १३ ॥ नामेति प्रसिद्धौ । मम त्वया प्रेतकार्याणि कर्तुं योग्यानि । त्वं तु विपरीते वर्तसे, यतस्त्वदीयानि मया कर्तव्यानि भविष्यन्ति ॥ १४ ॥ १५ ॥ 'रावणं च समाधिगम्' इति पाठे सम्यगाधिः समाधिर्मनोव्यथा तां गच्छतीत्यर्थ इति तीर्थः ॥ १६ ॥ पुत्रस्याधयः पुत्रनाशजा आधयः । प्रकृत्या कोपनम्, अत एव दीप्तं नित्यं कोपदीप्तं पुनश्चाधयो दीपय

कोपाद्धिजृम्भमाणस्य वक्त्राद्व्यक्तमिव ज्वलन् । उत्पपात सधूमाग्निर्वृत्रस्य वदनादिव ॥ १८
स पुत्रवधसंतप्तः शूरः क्रोधवशं गतः । समीक्ष्य रावणो बुद्ध्या वैदेह्या रोचयद्वधम् ॥ १९
तस्य प्रकृत्या रक्ते च रक्ते क्रोधाग्निनापि च । रावणस्य महाघोरे दीप्ते नेत्रे बभूवतुः ॥ २०
घोरं प्रकृत्या रूपं तत्तस्य क्रोधाग्निमूर्च्छितम् । बभूव रूपं क्रुद्धस्य रुद्रस्येव व्यवस्थितम् ॥ २१
तस्य क्रुद्धस्य नेत्राभ्यां प्रापतन्नश्रुबिन्दवः । दीपाभ्यामिव दीप्ताभ्यां सार्चिषः स्नेहबिन्दवः ॥ २२
दन्तान्विदशतस्तस्य श्रूयते दशनस्वनः । यन्त्रस्याकृष्यमाणस्य मथ्नतो दानवैरिव ॥ २३
तमन्तकमिव क्रुद्धं चराचरचिखादिषुम् । वीक्षमाणं दिशः सर्वा राक्षसा नोपचक्रमुः ॥ २४
ततः परमसंक्रुद्धो रावणो राक्षसाधिपः । अब्रवीद्रक्षसां मध्ये संस्तम्भयिषुराहवे ॥ २५
मया वर्षसहस्राणि चरित्वा परमं तपः । तेषु तेष्ववकाशेषु स्वयंभूः परितोषितः ॥ २६
तस्यैव तपसो व्युष्ट्या प्रसादाच्च स्वयंभुवः । नासुरेभ्यो न देवेभ्यो भयं मम कदाचन ॥ २७
कवचं ब्रह्मदत्तं मे यदादित्यसमप्रभम् । देवासुरविमर्देषु न छिन्नं वज्रमुष्टिभिः ॥ २८
तेन मामद्य संयुक्तं रथस्थमिह संयुगे । प्रतीयात्कोऽद्य मामाजौ साक्षादपि पुरंदरः ॥ २९
यत्तदाभिप्रसन्नेन सशरं कार्मुकं महत् । देवासुरविमर्देषु मम दत्तं स्वयंभुवा ॥ ३०
अद्य तूर्यशतैर्भीमं धनुरुत्थाप्यतां मम । रामलक्ष्मणयोरेव वधाय परमाहवे ॥ ३१
स पुत्रवधसंतप्तः क्रूरः क्रोधवशं गतः । समीक्ष्य रावणो बुद्ध्या सीतां हन्तुं व्यवस्यत ॥ ३२
प्रत्यवेक्ष्य तु ताम्राक्षः सुघोरो घोरदर्शनः । दीनो दीनस्वरान्सर्वांस्तानुवाच निशाचरान् ॥ ३३
मायया मम वत्सेन वञ्चनार्थं वनौकसाम् । किंचिदेव हतं तत्र सीतेयमिति दर्शितम् ॥ ३४
तदिदं तथ्यमेवाहं करिष्ये प्रियमात्मनः । वैदेहीं नाशयिष्यामि क्षत्रबन्धुमनुव्रताम् ।
इत्येवमुक्त्वा सचिवान्खड्गमाशु परामृशत् ॥ ३५
उत्पत्य गुणसंपन्नं विमलाम्बरवर्चसम् । निष्पपात स वेगेन सभार्यः सचिवैर्वृतः ॥ ३६
रावणः पुत्रशोकेन भृशमाकुलचेतनः । संक्रुद्धः खड्गमादाय सहसा यत्र मैथिली ॥ ३७
व्रजन्तं राक्षसं प्रेक्ष्य सिंहनादं विचुक्रुशुः । ऊचुश्चान्योन्यमालिङ्ग्य संक्रुद्धं प्रेक्ष्य राक्षसम् ॥ ३८
अद्यैनं तावुभौ दृष्ट्वा भ्रातरौ प्रव्यथिष्यतः । लोकपाला हि चत्वारः क्रुद्धेनानेन निर्जिताः ।
बहवः शत्रवश्चान्ये संयुगेष्वभिपातिताः ॥ ३९
त्रिषु लोकेषु रत्नानि भुङ्क्ते आहृत्य रावणः । विक्रमे च बले चैव नास्त्यस्य सदृशो भुवि ॥ ४०
तेषां संजल्पमानानामशोकवनिकां गताम् । अभिदुद्राव वैदेहीं रावणः क्रोधमूर्च्छितः ॥ ४१
वार्यमाणः सुसंक्रुद्धः सुहृद्भिर्हितबुद्धिभिः । अभ्यधावत संक्रुद्धः खे ग्रहो रोहिणीमिव ॥ ४२
मैथिली रक्ष्यमाणा तु राक्षसीभिरनिन्दिता । ददर्श राक्षसं क्रुद्धं निस्त्रिंशवरधारिणम् ॥ ४३
तं निशम्य सनिस्त्रिंशं व्यथिता जनकात्मजा । निवार्यमाणं बहुशः सुहृद्भिरनिवर्तिनम् ॥ ४४

मासुः ॥ १७ ॥ १८ ॥ बुद्ध्या समीक्ष्य । वैदेही किल मे पुत्रवधमूलमित्यालोच्येत्यर्थः ॥ १९ ॥ २० ॥ २१ ॥ २२ ॥ यन्त्रस्य मन्दररूपमथनयन्त्रस्य वासुकिना करणेन दानवैः कृष्यमाणस्य मथ्नतः क्षीराब्धिमथनं कुर्वतो मन्दरस्येव ॥ २३ ॥ नोपचक्रमुः समीपं न प्रापुः ॥ २४ ॥ आहवे युद्धे । संस्तम्भयिषुः प्रतिष्ठापयितुमिच्छुः । राक्षसानिति शेषः । द्वित्वाभाव आर्षः ॥ २५ ॥ अवकाशेषु तत्तत्तपःसमाप्तिसमयेषु स्वायंभुवस्थानविषयेषु वा ॥ २६ ॥ व्युष्ट्या फलोदयेन ॥ २७ ॥ भयाभावे हेतुमाह—कवचमिति ॥ २८ ॥ क्रुद्धोक्तित्वादस्येत्यस्य पुनरुक्तिर्न दोषाय । प्रतीयादभिमुखो भवेत् ॥ २९ ॥ तदेत्यस्य व्याख्यानम्—देवासुरविमर्देष्विति । तद्विषयेऽभिप्रसन्नेन प्रीतेन यद्धनुर्दत्तम् ॥ ३० ॥ तदद्य तूर्यशतैरनेकमङ्गलवाद्यध्वनिभिः सह परं धनुर्ब्रह्मदत्तं धनुरुत्थाप्यतामुद्रियताम् । आहवे रामलक्ष्मणयोर्वधाय ॥ ३१ ॥ व्यवस्यत व्यवास्यत । निश्चितवानित्यर्थः ॥ ३२ ॥ सुघोरो घोरचित्तः ॥ ३३ ॥ किंचिदेव हतं तदेव हत्वा तत्र तस्मिन्काले इयं वास्तवसीता हतेति मृषैव दर्शितं तदिदं शत्रूणामप्रियकररूपं वस्त्वात्मनः प्रियं तथ्यमेव करिष्ये ॥ ३४ ॥ यदेवमतः—वैदेहीमिति । क्षत्रबन्धुं वस्तुतोऽक्षत्रियम् ॥ ३५ ॥ विमलाम्बरवर्चसं निर्मलाकाशकान्तिम् ॥ ३६ ॥ यत्र मैथिली तत्र निष्पपात ॥ ३७ ॥ सिंहनादं विचुक्रुशुस्तद्रूपं क्रोशनं कृतवन्तः । सचिवा इति शेषः ॥ ३८ ॥ तेषां सिंहनादप्रवृत्तौ कारणमाह—अद्यैनमिति ॥ ३९ ॥ आहृत्य रत्नानि भुङ्क्ते ॥ ४० ॥ अशोकवनिकां गतां वैदेहीमभिदुद्राव ॥ ४१ ॥ ग्रहः कुजादिः ॥ ४२ ॥ ४३ ॥ निवार्यमाणमप्यनिवर्तिनम् ।

सीता दुःखसमाविष्टा विलपन्तीदमब्रवीत् । यथायं मामभिक्रुद्धः समभिद्रवति स्वयम् ।
वधिष्यति सनाथां मामनाथामिव दुर्मतिः ॥ ४५
बहुशश्चोदयामास भर्तारं मामनुव्रताम् । भार्या मम भवस्वेति प्रत्याख्यातो ध्रुवं मया ॥ ४६
सोऽयं मामनुपस्थाने व्यक्तं नैराश्यमागतः । क्रोधमोहसमाविष्टो व्यक्तं मां हन्तुमुद्यतः ॥ ४७
अथवा तौ नरव्याघ्रौ भ्रातरौ रामलक्ष्मणौ । मन्निमित्तमनार्येण समरेऽद्य निपातितौ ॥ ४८
भैरवो हि महान्नादो राक्षसानां श्रुतो मया । बहूनामिह हृष्टानां तथा विक्रोशतां प्रियम् ॥ ४९
अहो धिङ्मन्निमित्तोऽयं विनाशो राजपुत्रयोः । अथवा पुत्रशोकेन अहत्वा रामलक्ष्मणौ ॥ ५०
विधमिष्यति मां रौद्रो राक्षसः पापनिश्चयः । हनूमतस्तु तद्वाक्यं न कृतं क्षुद्रया मया ॥ ५१
यद्यहं तस्य पृष्ठेन तदायासमनिर्जिता । नाद्यैवमनुशोचेयं भर्तुरङ्कगता सती ॥ ५२
मन्ये तु हृदयं तस्याः कौसल्यायाः फलिष्यति । एकपुत्रा यदा पुत्रं विनष्टं श्रोष्यते युधि ॥ ५३
सा हि जन्म च बाल्यं च यौवनं च महात्मनः । धर्मकार्याणि रूपं च रुदती संस्मरिष्यति ॥ ५४
निराशा निहते पुत्रे दत्त्वा श्राद्धमचेतना । अग्निमारोक्ष्यते नूनमपो वापि प्रवेक्ष्यति ॥ ५५
धिगस्तु कुब्जामसतीं मन्थरां पापनिश्चयाम् । यन्निमित्तमिमं शोकं कौसल्या प्रतिपत्स्यते ॥ ५६
इत्येवं मैथिलीं दृष्ट्वा विलपन्तीं तपस्विनीम् । रोहिणीमिव चन्द्रेण विना ग्रहवशंगताम् ॥ ५७
एतस्मिन्नन्तरे तस्य अमात्यः शीलवाञ्छुचिः । सुपार्श्वो नाम मेधावी रावणं रक्षसां वरम् ।
निवार्यमाणः सचिवैरिदं वचनमब्रवीत् ॥ ५८
कथं नाम दशग्रीव साक्षाद्वैश्रवणानुज । हन्तुमिच्छसि वैदेहीं क्रोधाद्धर्ममपास्य च ॥ ५९
वेदविद्याव्रतस्नातः स्वकर्मनिरतस्तथा । स्त्रियः कस्माद्वधं वीर मन्यसे राक्षसेश्वर ॥ ६०
मैथिलीं रूपसंपन्नां प्रत्यवेक्षस्व पार्थिव । तस्मिन्नेव सहास्माभिराहवे क्रोधमुत्सृज ॥ ६१
अभ्युत्थानं त्वमद्यैव कृष्णपक्षचतुर्दशी । कृत्वा निर्याह्यमावास्यां विजयाय बलैर्वृतः ॥ ६२
शूरो धीमान्रथी खड्गी रथप्रवरमास्थितः । हत्वा दाशरथिं भीमं भवान्प्राप्स्यति मैथिलीम् ॥ ६३

स तद्दुरात्मा सुहृदा निवेदितं वचः सुधर्म्यं प्रतिगृह्य रावणः ।
गृहं जगामाथ ततश्च वीर्यवान्पुनः सभां च प्रययौ सुहृद्वृतः ॥ ६४

इत्यार्षे श्रीमद्रामायणे वाल्मीकीय आदिकाव्ये युद्धकाण्डे द्विनवतितमः सर्गः ॥ ९२ ॥

त्रिनवतितमः सर्गः ।

स प्रविश्य सभां राजा दीनः परमदुःखितः । निषसादासने मुख्ये सिंहः क्रुद्ध इव श्वसन् ॥ १
अब्रवीच्च स तान्सर्वान्बलमुख्यान्महाबलः । रावणः प्राञ्जलिर्वाक्यं पुत्रव्यसनकर्शितः ॥ २

'अनुवर्तिनम्' इति पाठेऽभिमुखमागच्छन्तम् ॥ ४४ ॥ यथा येन प्रकारेणानुभूयमानोऽयं मामभिद्रवति ॥ ४५ ॥ वधिष्यतीत्यत्र कारणमाह—बहुश इति ॥ ४६ ॥ अनुपस्थाने सत्यनङ्गीकारे सति ॥ ४७ ॥ ४८ ॥ ४९ ॥ रामलक्ष्मणावहत्वा तौ हन्तुमशक्नुवानेन ॥ ५० ॥ हनूमतस्तु तद्वाक्यं मत्पृष्ठमारोहेदानीमेव त्वां रामसमीपं नेष्यामीत्युक्तरूपम् । रामेणानिर्जितापि यदि तदायासमयासिषं तदाद्यैवं नानुशोचेयम् ॥ ५१ ॥ ५२ ॥ यदा श्रोष्यते तदा फलिष्यति स्फुटिष्यति । यदि रामोऽपि हन्यत इति शेषः । तदेवाह—एकपुत्रेति ॥ ५३ ॥ ५४ ॥ ५५ ॥ ५६ ॥ एवं विलपन्तीं चन्द्रेण विनाकृतां ग्रहवशंगतां रोहिणीमिव मैथिलीं दृष्ट्वा ॥ ५७ ॥ सुपार्श्वो नामामात्यः शुचिः शुद्धव्रतस्तदितरसचिवैरेवं वक्तुमयोग्यमिति निवार्यमाणोऽपि रावणं प्रतीदमब्रवीत् । अस्यैवाविन्ध्य इति नामान्तरम् । अतएव भारते—'अशोकवनिकास्थां तां रामदर्शनलालसाम् । खड्गमादाय दुष्टात्मा जवेनाभिपपात ह ॥ तद्बुद्ध्वा तस्य दुर्बुद्धेरविन्ध्यः पापनिश्चयम् । शमयामास संक्रुद्धं श्रूयतां येन हेतुना ॥' इत्युक्तम् ॥ ५८ ॥ वैश्रवणानुजेत्यनेन महाकुलप्रसूतत्वमुक्तम् ॥ ५९ ॥ धर्मापालनं च तवायुक्तं धार्मिकत्वादेवेत्याह—वेदेति । वेदविद्याग्रहापेक्षितब्रह्मचर्यव्रतपूर्वं विद्यां गृहीत्वा स्नातो गुरुकुलात्समावृत्तः तदनन्तरं दारग्रहणपूर्वं नित्याग्निहोत्रादिस्वकर्मनिरतः ॥ ६० ॥ रूपसंपन्नां मैथिलीं प्रत्यवेक्षस्व । रामवधपर्यन्तमिति शेषः । त्वं तस्मिन्नेव राघव एव क्रोधमुत्सृज ॥ ६१ ॥ अद्य कृष्णपक्षचतुर्दशी तस्यामभ्युत्थानं समरोद्योगं कृत्वामावास्यायां विजयाय निर्याहि प्रस्थानं कुरु ॥ ६२ ॥ ६३ ॥ ६४ ॥ इति श्रीरामाभिरामे श्रीरामीये रामायणतिलके वाल्मीकीय आदिकाव्ये युद्धकाण्डे द्विनवतितमः सर्गः ॥ ९२ ॥

स इति ॥ १ ॥ रावणः प्राञ्जलिरिति । परमापदःप्राप्त्या-

सर्वे भवन्तः सर्वेण हस्त्यश्वेन समावृताः । निर्यात रथसङ्घैश्च हस्त्यश्वैश्चोपशोभिताः ॥ ३
एकं रामं परिक्षिप्य समरे हन्तुमर्हथ । प्रहृष्टाः शरवर्षाणि प्रावृट्काल इवाम्बुदाः ॥ ४
अथवाहं शरैस्तीक्ष्णैर्भिन्नगात्रं महाहवे । भवद्भिः श्वो निहन्तास्मि रामं लोकस्य पश्यतः ॥ ५
इत्येतद्वाक्यमादाय राक्षसेन्द्रस्य राक्षसाः । निर्ययुस्ते रथैः शीघ्रैर्यानानीकैश्च संयुताः ॥ ६
परिघान्पट्टिशांश्चैव शरखड्गपरश्वधान् । शरीरान्तकरान्सर्वे चिक्षिपुर्वानरान्प्रति ।
वानराश्च द्रुमाञ्छैलान्राक्षसान्प्रति चिक्षिपुः ॥ ७
स सङ्ग्रामो महाभीमः सूर्यस्योदयनं प्रति । रक्षसां वानराणां च तुमुलः समपद्यत ॥ ८
ते गदाभिश्च चित्राभिः प्रासैः खड्गैः परश्वधैः । अन्योन्यं समरे जघ्नुस्तदा वानरराक्षसाः ॥ ९
एवं प्रवृत्ते सङ्ग्रामे ह्यद्भुतं सुमहद्रजः । रक्षसां वानराणां च शान्तं शोणितविस्रवैः ॥ १०
मातंगरथकूलाश्च शरमत्स्या ध्वजद्रुमाः । शरीरसंघाटवहाः प्रसस्रुः शोणितापगाः ॥ ११
ततस्ते वानराः सर्वे शोणितौघपरिप्लुताः । ध्वजवर्मरथानश्वान्नानाप्रहरणानि च ।
आप्लुत्याप्लुत्य समरे वानरेन्द्रा बभञ्जिरे ॥ १२
केशान्कर्णललाटं च नासिकाश्च प्लवंगमाः । रक्षसां दशनैस्तीक्ष्णैर्नखैश्चापि व्यकर्तयन् ॥ १३
एकैकं राक्षसं संख्ये शतं वानरपुंगवाः । अभ्यधावन्त पतितं वृक्षं शकुनयो यथा ॥ १४
तदा गदाभिर्गुर्वीभिः प्रासैः खड्गैः परश्वधैः । निर्जघ्नुर्वानरान्घोरान्राक्षसाः पर्वतोपमाः ॥ १५
राक्षसैर्वध्यमानानां वानराणां महाचमूः । शरण्यं शरणं याता रामं दशरथात्मजम् ॥ १६
ततो रामो महातेजा धनुरादाय वीर्यवान् । प्रविश्य राक्षसं सैन्यं शरवर्षं ववर्ष च ॥ १७
प्रविष्टं तु तदा रामं मेघाः सूर्यमिवाम्बरे । नाभिजग्मुर्महाघोरा निर्दहन्तं शराग्निना ॥ १८
कृतान्येव सुघोराणि रामेण रजनीचराः । रणे रामस्य ददृशुः कर्माण्यसुकराणि ते ॥ १९
चालयन्तं महासैन्यं विधमन्तं महारथान् । ददृशुस्ते न वै रामं वातं वनगतं यथा ॥ २०
छिन्नं भिन्नं शरैर्दग्धं प्रभग्नं शस्त्रपीडितम् । बलं रामेण ददृशुर्न रामं शीघ्रकारिणम् ॥ २१
प्रहरन्तं शरीरेषु न ते पश्यन्ति राघवम् । इन्द्रियार्थेषु तिष्ठन्तं भूतात्मानमिव प्रजाः ॥ २२
एष हन्ति गजानीकमेष हन्ति महारथान् । एष हन्ति शरैस्तीक्ष्णैः पदातीन्वाजिभिः सह ॥ २३
इति ते राक्षसाः सर्वे रामस्य सदृशान्रणे । अन्योन्यं कुपिता जघ्नुः सादृश्याद्राघवस्य तु ॥ २४
न ते ददृशिरे रामं दहन्तमपि वाहिनीम् । मोहिताः परमास्त्रेण गान्धर्वेण महात्मना ॥ २५
ते तु रामसहस्राणि रणे पश्यन्ति राक्षसाः । पुनः पश्यन्ति काकुत्स्थमेकमेव महाहवे ॥ २६

वशिष्टानां युद्धोन्मुख्यार्थं नमस्कारं करोतीत्याशयः ॥ २ ॥ सर्वेण । एकमपि हस्त्यश्वरथपादातमत्यक्त्वेत्यर्थः ॥ ३ ॥ एकं रामं परिक्षिप्येति । तस्यैव मूलत्वात्तमेकमेव परिक्षिप्य परितो निरुध्य हन्तुमर्हथ । शरवर्षाणि । वर्षयतेति शेषः ॥ ४ ॥ अथवेति । अद्य रामहननासंभवे भवद्भिरद्य भिन्नगात्रं श्वो निहन्तास्मि ॥ ५ ॥ इत्येतद्वाक्यं प्रथमपक्षोक्तम् ॥ ६ ॥ ७ ॥ सूर्यस्योदयनं प्रति । चतुर्दशीसूर्योदयमारभ्येत्यर्थः । त्रयोदशीरात्रिशेषे रावणस्य सीतासमीपगमनमिति बोध्यम् ॥ ८ ॥ गदाभिरन्योन्यं जघ्नुः । यद्यपि वानराणां गदाद्यायुधाभावस्तथापि राक्षसहस्तेभ्य आच्छिद्य गृहीतैस्तैस्तेषां युद्धसंभव इति बोध्यम् ॥ ९ ॥ १० ॥ मातंगरथरूपे कूले यासां ताः । शरीराण्येव संघाटाः काष्ठसमूहास्तान्वहन्ति ताः ॥ ११ ॥ १२ ॥ १३ ॥ १४ ॥ १५ ॥ १६ ॥ १७ ॥ १८ ॥ रजनीचरा रामस्य रणेऽसुकराणि कर्माणि रामेण कृतान्येव ददृशुः, न तु क्रियमाणानि ॥ १९ ॥ तथा तत्कर्तारमपि न ददृशुरित्याह—चालयन्तमिति । कर्तुरदृष्टत्वेऽपि क्रियामात्रदर्शने दृष्टान्तः—वातं वनगतं यथा । स्पर्शविधमनादिकार्यैर्यथा वायुरनुमित एव भवति यथा रामोऽप्यनुमित एव न प्रत्यक्ष इति भावः ॥ २० ॥ २१ ॥ इन्द्रियार्थाः शब्दादिविषयास्तेषु तिष्ठन्तमनुभवितृत्वेनावस्थितं भूतात्मानं जीवं प्रजा यथा न पश्यन्ति प्रत्यक्षतस्तद्वदित्यर्थः ॥ २२ ॥ एष गजानीकवर्ता गजानीकमेव हन्ति नान्यमिति गजानीकस्था मन्यन्ते । एवमन्येऽपि मन्यन्ते स्मेत्यर्थः ॥ २३ ॥ इति एष हन्तीत्यादिप्रकारेण कुपिताः सर्वे ते राक्षसा रामस्य सदृशान्सदृशत्वेन प्रतीयमानान्राक्षसान्रामसादृश्यादन्योन्यं जघ्नुः । 'सदृशा रावणस्यैते रणे राक्षससत्तमाः' इति पूर्वार्धपाठे रावणेन देवासुरयुद्धादौ साक्षात्साह्यार्थं मूलबलतया तेषां दृष्टप्रत्ययानामत्यूर्जितबलानामेव संगृहीतत्वात्तेषां रावणसादृश्यम् ॥२४॥ राक्षसानां परस्परं रामसादृश्यप्रतीतौ कारणमाह—मोहिता इति ॥ २५ ॥ अतएव ते रामसहस्राणि पश्यन्ति ।

भ्रमन्तीं काञ्चनीं कोटिं कार्मुकस्य महात्मनः । अलातचक्रप्रतिमां ददृशुस्ते न राघवम् ॥ २७
शरीरनाभिसत्त्वार्चिः शरारं नेमिकार्मुकम् । ज्याघोषतलनिर्घोषं तेजोबुद्धिगुणप्रभम् ॥ २८
दिव्यास्त्रगुणपर्यन्तं निघ्नन्तं युधि राक्षसान् । ददृशू रामचक्रं तत्कालचक्रमिव प्रजाः ॥ २९
अनीकं दशसाहस्रं रथानां वातरंहसाम् । अष्टादश सहस्राणि कुञ्जराणां तरस्विनाम् ॥ ३०
चतुर्दश सहस्राणि सारोहाणां च वाजिनाम् । पूर्णे शतसहस्रे द्वे राक्षसानां पदातिनाम् ॥ ३१
दिवसस्याष्टभागेन शरैरग्निशिखोपमैः । हतान्येकेन रामेण रक्षसां कामरूपिणाम् ॥ ३२
ते हताश्वा हतरथाः शान्ता विमथितध्वजाः । अभिपेतुः पुरीं लङ्कां हतशेषा निशाचराः ॥ ३३
हतैर्गजपदात्यश्वैस्तद्बभूव रणाजिरम् । आक्रीडभूमिः क्रुद्धस्य रुद्रस्येव महात्मनः ॥ ३४
ततो देवाः सगन्धर्वाः सिद्धाश्च परमर्षयः । साधुसाध्विति रामस्य तत्कर्म समपूजयन् ॥ ३५
अब्रवीच्च तदा रामः सुग्रीवं प्रत्यनन्तरम् । विभीषणं च धर्मात्मा हनूमन्तं च वानरम् ॥ ३६
जाम्बवन्तं हरिश्रेष्ठं मैन्दं द्विविदमेव च । एतदस्त्रबलं भीमं मम वा त्र्यम्बकस्य वा ॥ ३७
निहत्य तां राक्षसराजवाहिनीं रामस्तदा शक्रसमो महात्मा ।
अस्त्रेषु शस्त्रेषु जितक्लमश्च संस्तूयते देवगणैः प्रहृष्टैः ॥ ३८

इत्यार्षे श्रीमद्रामायणे वाल्मीकीय आदिकाव्ये युद्धकाण्डे त्रिनवतितमः सर्गः ॥ ९३ ॥

चतुर्नवतितमः सर्गः ।

तानि नागसहस्राणि सारोहाणि च वाजिनाम् । रथानां त्वग्निवर्णानां सध्वजानां सहस्रशः ॥ १
राक्षसानां सहस्राणि गदापरिघयोधिनाम् । काञ्चनध्वजचित्राणां शूराणां कामरूपिणाम् ॥ २
निहतानि शरैर्दीप्तैस्तप्तकाञ्चनभूषणैः । रावणेन प्रयुक्तानि रामेणाक्लिष्टकर्मणा ॥ ३
दृष्ट्वा श्रुत्वा च संभ्रान्ता हतशेषा निशाचराः । राक्षस्यश्च समागम्य दीनाश्चिन्तापरिप्लुताः ॥ ४
विधवा हतपुत्राश्च क्रोशन्त्यो हतबान्धवाः । राक्षस्यः सह संगम्य दुःखार्ताः पर्यदेवयन् ॥ ५
कथं शूर्पणखा वृद्धा कराला निर्णतोदरी । आससाद वने रामं कंदर्पसमरूपिणम् ॥ ६

पुनश्च एकमेव पश्यन्ति ॥ २६ ॥ भ्रमन्तीमाकर्षणवेगतोऽनवस्थितां काञ्चनीं स्वर्णमयीं कार्मुकस्य कोटिं धनुष्कोटिं वेगवशादलातचक्रप्रतिमां ददृशुः, राघवं तु नेति संबन्धः ॥ २७ ॥ लाघवातिशयान्मण्डलीकृतकार्मुकं राक्षसान्निघ्नन्तं रामं कालचक्रेणोपमिनोति—शरीरेति । शरीरं मध्यदेह एव नाभिश्चक्रस्येव मध्यं यस्य तत् । सत्त्वं बलमेवार्चिर्ज्वाला यस्य तत् । शरा एवारा मध्यकाष्ठानि यस्य तत् । नेमिर्वलयाकारोऽवयवविशेषस्तद्रूपं कार्मुकं यस्य तत् । तलं ज्याघातवारणं तेन तज्जो घोषो लक्ष्यते । ज्याघोषतलघोषावेव निर्घोषो ध्वनिर्यस्य तत् । तेजः प्रतापो बुद्धिर्ज्ञानं तद्रूपौ गुणावेव प्रभा यस्य तत् ॥ २८ ॥ दिव्यास्त्रगुणो दिव्यास्त्रवैभवं तदेव पर्यन्तो धारणा यस्य तत् ॥ २९ ॥ अनीकमिति । 'एकेभैकरथा त्र्यश्वा पत्तिः पञ्चपदातिका । पत्त्यङ्गैस्त्रिगुणैः सर्वैः क्रमादाख्या यथोत्तरम् ॥ सेनामुखं गुल्मगणौ वाहिनी पृतना चमूः । अनीकिनी दशानीकिन्यक्षौहिणी–' इत्यमरोक्तप्रकारेण दशसंख्या पत्तिः, तत्त्रिगुणं सेनामुखम्, तत्त्रिगुणो गुल्मः, तत्त्रिगुणो गणः, गणत्रिगुणा वाहिनी, तत्त्रिगुणा पृतना, तत्त्रिगुणा चमूः, चमूत्रिगुणानीकिनी । एवं च दशोनत्रिशताधिकसप्तसहस्रसंख्या चमूरनीकम् । सहस्राण्येव साहस्रं दशसाहस्राण्यनीकान्यस्मिन्नस्तीति तत् । रथानां दशसाहस्राण्यनीकिनीत्यर्थः । एकोनत्रिंशल्लक्षाधिकसप्तकोटिसंख्यासंख्याता रथा इत्युक्तम् । 'अष्टादश सहस्राणि' इत्यत्राप्यनीकमिति विभक्तिविपरिणामेन योज्यम् । तेन विंशतिसहस्राधिकद्वादशलक्षोत्तरत्रयोदशकोटिसंख्या गजा इत्युक्तम् । चतुर्दशसहस्राण्यनीकानि षष्टिसहस्राधिकविंशतिलक्षोत्तरदशशतकोटिसंख्या वाजिन इत्यर्थः । शतसहस्रे द्वेऽनीकेऽष्टाशीतिलक्षोत्तरपञ्चचत्वारिंशत्कोट्यधिकशतकोटिसंख्याः पदातय इत्यर्थः ॥ ३० ॥ ३१ ॥ दिवसस्याष्टभागेन चतुर्दशीसंबन्ध्यन्त्यमुहूर्तद्वयेन ॥ ३२ ॥ हतशेषाः कतिपये लङ्कामभिपेतुः ॥ ३३ ॥ आक्रीडं क्रीडा तस्या भूमिः ॥ ३४ ॥ ३५ ॥ प्रत्यनन्तरमासन्नम् ॥ ३६ ॥ मम वा त्र्यम्बकस्य वा । अनेन स्वस्य विष्णुत्वं सूचितम् ॥ ३७ ॥ संस्तूयते स्म ॥ ३८ ॥ इति श्रीरामाभिरामे श्रीरामीये रामायणतिलके वाल्मीकीय आदिकाव्ये युद्धकाण्डे त्रिनवतितमः सर्गः ॥ ९३ ॥

तानीति । सहस्रशः । सहस्राणीत्यर्थः ॥ १ ॥ २ ॥ ३ ॥ रावणेन प्रयुक्तानि युद्धार्थं प्रेषितानि रामेण हतानि दृष्ट्वा वृद्धास्तु श्रुत्वा हतशेषा बालवृद्धा निशाचरा राक्षस्यश्च समागम्य सङ्घशः संभूय दीनाश्चिन्तापरिप्लुताश्च । अभवन्निति शेषः ॥ ४ ॥ ५ ॥ परिदेवनप्रकारः—कथमिति । निर्णतो-

सुकुमारं महासत्त्वं सर्वभूतहिते रतम् । तं दृष्ट्वा लोकवध्या सा हीनरूपा प्रकामिता ॥ ७
कथं सर्वगुणैर्हीना गुणवन्तं महौजसम् । सुमुखं दुर्मुखी रामं कामयामास राक्षसी ॥ ८
जनस्यास्याल्पभाग्यत्वाद्वलिनी श्वेतमूर्धजा । अकार्यमपहास्यं च सर्वलोकविगर्हितम् ॥ ९
राक्षसानां विनाशाय दूषणस्य खरस्य च । चकाराप्रतिरूपा सा राघवस्य प्रधर्षणम् ॥ १०
तन्निमित्तमिदं वैरं रावणेन कृतं महत् । वधाय सीता सानीता दशग्रीवेण रक्षसा ॥ ११
न च सीतां दशग्रीवः प्राप्नोति जनकात्मजाम् । बद्धं बलवता वैरमक्षयं राघवेण च ॥ १२
वैदेहीं प्रार्थयानं तं विराधं प्रेक्ष्य राक्षसम् । हतमेकेन रामेण पर्याप्तं तन्निदर्शनम् ॥ १३
चतुर्दश सहस्राणि रक्षसां भीमकर्मणाम् । निहतानि जनस्थाने शरैरग्निशिखोपमैः ॥ १४
खरश्च निहतः संख्ये दूषणस्त्रिशिरास्तथा । शरैरादित्यसंकाशैः पर्याप्तं तन्निदर्शनम् ॥ १५
हतो योजनबाहुश्च कबन्धो रुधिराशनः । क्रोधान्नादं नदन्सोऽथ पर्याप्तं तन्निदर्शनम् ॥ १६
जघान बलिनं रामः सहस्रनयनात्मजम् । वालिनं मेघसंकाशं पर्याप्तं तन्निदर्शनम् ॥ १७
ऋष्यमूके वसंश्चैव दीनो भग्नमनोरथः । सुग्रीवः प्रापितो राज्यं पर्याप्तं तन्निदर्शनम् ॥ १८
धर्मार्थसहितं वाक्यं सर्वेषां रक्षसां हितम् । युक्तं विभीषणेनोक्तं मोहात्तस्य न रोचते ॥ १९
विभीषणवचः कुर्याद्यदि स्म धनदानुजः । श्मशानभूता दुःखार्ता नेयं लङ्का भविष्यति ॥ २०
कुम्भकर्णं हतं श्रुत्वा राघवेण महाबलम् । अतिकायं च दुर्मर्षं लक्ष्मणेन हतं तदा ॥
प्रियं चेन्द्रजितं पुत्रं रावणो नावबुध्यते ॥ २१
मम पुत्रो मम भ्राता मम भर्ता रणे हतः । इत्येष श्रूयते शब्दो राक्षसीनां कुलेकुले ॥ २२
रथाश्वनागाश्च हतास्तत्र तत्र सहस्रशः । रणे रामेण शूरेण हताश्चापि पदातयः ॥ २३
रुद्रो वा यदि वा विष्णुर्महेन्द्रो वा शतक्रतुः । हन्ति नो रामरूपेण यदि वा स्वयमन्तकः ॥ २४
हतप्रवीरा रामेण निराशा जीविते वयम् । अपश्यन्तो भयस्यान्तमनाथा विलपामहे ॥ २५
रामहस्ताद्दशग्रीवः शूरो दत्तमहावरः । इदं भयं महाघोरं समुत्पन्नं न बुध्यते ॥ २६
तं न देवा न गन्धर्वा न पिशाचा न राक्षसाः । उपसृष्टं परित्रातुं शक्ता रामेण संयुगे ॥ २७
उत्पाताश्चापि दृश्यन्ते रावणस्य रणे रणे । कथयन्ति हि रामेण रावणस्य निबर्हणम् ॥ २८
पितामहेन प्रीतेन देवदानवराक्षसैः । रावणस्याभयं दत्तं मनुष्येभ्यो न याचितम् ॥ २९
तदिदं मानुषं मन्ये प्राप्तं निःसंशयं भयम् । जीवितान्तकरं घोरं रक्षसां रावणस्य च ॥ ३०
पीड्यमानास्तु बलिना वरदानेन रक्षसा । दीप्तैस्तपोभिर्विबुधाः पितामहमपूजयन् ॥ ३१
देवतानां हितार्थाय महात्मा वै पितामहः । उवाच देवतास्तुष्ट इदं सर्वा महद्वचः ॥ ३२
अद्यप्रभृति लोकांस्त्रीन्सर्वे दानवराक्षसाः । भयेन प्रभृता नित्यं विचरिष्यन्ति शाश्वतम् ॥ ३३
दैवतैस्तु समागम्य सर्वैश्चेन्द्रपुरोगमैः । वृषध्वजस्त्रिपुरहा महादेवः प्रतोषितः ॥ ३४

दरी निम्नोदरी ॥ ६ ॥ लोकवध्या लोकैर्वधार्हा । हीनरूपा रामसांनिध्यानर्हा कुत्सितरूपा । अथापि रामे प्रकामिता संजातप्रकामा ॥ ७ ॥ ८ ॥ अस्य जनस्य राक्षसजनस्य । बलिनी जरावशाज्जातवलिः । व्रीह्यादित्वादिनिः ॥ ९ ॥ अप्रतिरूपाऽविकृतरूपा । 'अप्रतिरूपस्य' इति पाठे तदसदृशाकारस्येत्यर्थः ॥ १० ॥ तन्निमित्तं धर्षणनिमित्तम् । सा आनीतेति च्छेदः । वधाय । रक्षसामिति शेषः ॥ ११ ॥ न प्राप्नोति न प्राप्स्यति च ॥ १२ ॥ प्रार्थयानं प्रार्थयमानम् । एकेनासहायेन रामेण ब्रह्मदत्तवरमपि हतं विराधं संप्रेक्ष्य स्थितस्य रावणस्य तदेकमेव पर्याप्तं निदर्शनम् । रामस्य सदेवासुरसकललोकातिशायित्वावगमाय पर्याप्तं निदर्शनमित्यर्थः ॥ १३ ॥ १४ ॥ १५ ॥ १६ ॥ १७ ॥ १८ ॥ १९ ॥ २० ॥ इन्द्रजितमपि हतं श्रुत्वा नावबुध्यते । पराक्रममिति शेषः ॥ २१ ॥ कुलेकुले गृहेगृहे ॥ २२ ॥ २३ ॥ २४ ॥ अपश्यन्तोऽपश्यन्त्यः ॥ २५ ॥ रामहस्तात्प्राप्तमिदं स्वस्य भयं शूरो ब्रह्मदत्तमहावर इति कृत्वा तद्गर्वान्न बुध्यते ॥ २६ ॥ उपसृष्टं हन्तुमारब्धम् ॥ २७ ॥ कथयन्तीति । तदुत्पातफलं माल्यवदादयो वृद्धा इति शेषः ॥ २८ ॥ रामेणास्य वधे उपपत्तिं चाहुः—पितामहेनेति । देवदानवराक्षसैस्तेभ्यः ॥ २९ ॥ ३० ॥ रावणेन पीड्यमानदेवैः प्रसादितस्य ब्रह्मणोऽनुग्रहादपि क्षयो राक्षसानामित्याहुः—पीड्यमानास्त्विति ॥ ३१ ॥ ३२ ॥ दानवा राक्षसाश्च भयेन प्रभृता देवेभ्यो भयं बिभ्राणा एव विचरिष्यन्ति । देवाः स्वतः परतो वास्मान्पीडयिष्यन्तीति भययुक्ता एव भविष्यन्तीत्यर्थः ॥ ३३ ॥ एवं ब्रह्मणः प्रसादात्सभयत्वमात्रं प्राप्तम्, संहाराधिकृतरुद्रप्रसादेन तु नाश एवास्माकमित्याहुः—दैवतैरिति ॥ ३४ ॥

प्रसन्नस्तु महादेवो देवानेतद्वचोऽब्रवीत् । उत्पत्स्यति हितार्थं वो नारी रक्षःक्षयावहा ॥ ३५
एषा देवैः प्रयुक्ता तु क्षुद्यथा दानवान्पुरा । भक्षयिष्यति नः सर्वान्राक्षसघ्नी सरावणान् ॥ ३६
रावणस्यापनीतेन दुर्विनीतस्य दुर्मतेः । अयं निष्टानको घोरः शोकेन समभिप्लुतः ॥ ३७
तं न पश्यामहे लोके यो नः शरणदो भवेत् । राघवेणोपसृष्टानां कालेनेव युगक्षये ॥ ३८
नास्ति नः शरणं किंचिद्भये महति तिष्ठताम् । दावाग्निवेष्टितानां हि करेणूनां यथा वने ॥ ३९
प्राप्तकालं कृतं तेन पौलस्त्येन महात्मना । यत एव भयं दृष्टं तमेव शरणं गतः ॥ ४०
इतीव सर्वा रजनीचरस्त्रियः परस्परं संपरिरभ्य बाहुभिः ।
विषेदुरार्तातिभयाभिपीडिता विनेदुरुच्चैश्च तदा सुदारुणम् ॥ ४१

इत्यार्षे श्रीमद्रामायणे वाल्मीकीय आदिकाव्ये युद्धकाण्डे चतुर्नवतितमः सर्गः ॥ ९४ ॥

पञ्चनवतितमः सर्गः ।

आर्तानां राक्षसीनां तु लङ्कायां वै कुलेकुले । रावणः करुणं शब्दं शुश्राव परिदेवितम् ॥ १
स तु दीर्घं विनिःश्वस्य मुहूर्तं ध्यानमास्थितः । बभूव परमक्रुद्धो रावणो भीमदर्शनः ॥ २
संदश्य दशनैरोष्ठं क्रोधसंरक्तलोचनः । राक्षसैरपि दुर्दर्शः कालाग्निरिव मूर्तिमान् ॥ ३
उवाच च समीपस्थान्राक्षसान्राक्षसेश्वरः । क्रोधाव्यक्तकथस्तत्र निर्दहन्निव चक्षुषा ॥ ४
महोदरं महापार्श्वं विरूपाक्षं च राक्षसम् । शीघ्रं वदत सैन्यानि निर्यातेति ममाज्ञया ॥ ५
तस्य तद्वचनं श्रुत्वा राक्षसास्ते भयार्दिताः । चोदयामासुरव्यग्रान्राक्षसांस्तान्नृपाज्ञया ॥ ६
ते तु सर्वे तथेत्युक्त्वा राक्षसा भीमदर्शनाः । कृतस्वस्त्ययनाः सर्वे ते रणाभिमुखा ययुः ॥ ७
प्रतिपूज्य यथान्यायं रावणं ते महारथाः । तस्थुः प्राञ्जलयः सर्वे भर्तुर्विजयकाङ्क्षिणः ॥ ८
ततोवाच प्रहस्यैतान्रावणः क्रोधमूर्च्छितः । महोदरमहापार्श्वौ विरूपाक्षं च राक्षसम् ॥ ९
अद्य बाणैर्धनुर्मुक्तैर्युगान्तादित्यसंनिभैः । राघवं लक्ष्मणं चैव नेष्यामि यमसादनम् ॥ १०
खरस्य कुम्भकर्णस्य प्रहस्तेन्द्रजितोस्तथा । करिष्यामि प्रतीकारमद्य शत्रुवधादहम् ॥ ११
नैवान्तरिक्षं न दिशो न च द्यौर्नापि सागराः । प्रकाशत्वं गमिष्यन्ति मद्बाणजलदावृताः ॥ १२
अद्य वानरमुख्यानां तानि यूथानि भागशः । धनुषा शरजालेन वधिष्यामि पतत्रिणा ॥ १३
अद्य वानरसैन्यानि रथेन पवनौजसा । धनुःसमुद्रादुद्भूतैर्मथिष्यामि शरोर्मिभिः ॥ १४
व्याकोशपद्मवक्त्राणि पद्मकेसरवर्चसाम् । अद्य यूथतटाकानि गजवत्प्रमथाम्यहम् ॥ १५
सशरैरद्य वदनैः संख्ये वानरयूथपाः । मण्डयिष्यन्ति वसुधां सनालैरिव पङ्कजैः ॥ १६
अद्य यूथप्रचण्डानां हरीणां द्रुमयोधिनाम् । मुक्तेनैकेषुणा युद्धे भेत्स्यामि च शतंशतम् ॥ १७
हतो भ्राता च येषां वै येषां च तनयो हतः । वधेनाद्य रिपोस्तेषां करोम्यश्रुप्रमार्जनम् ॥ १८
अद्य मद्बाणनिर्भिन्नैः प्रस्तीर्णैर्गतचेतनैः । करोमि वानरैर्युद्धे यत्नावेक्ष्यतलां महीम् ॥ १९
अद्य काकाश्च गृध्राश्च ये च मांसाशिनोऽपरे । सर्वांस्तांस्तर्पयिष्यामि शत्रुमांसैः शराहतैः ॥ २०

॥ ३५ ॥ सैषा सीतैवेत्याहुः—एषेति । पुरा पूर्वकल्पे । देवैर्दानवनाशार्थं प्रयुक्ता क्षुद्यथा दानबान्हरति स्म, एवं देवैः प्रयुक्तैषा सीतापि सरावणान्रावणसहितानस्मान्भक्षयिष्यति ॥ ३६ ॥ अपनीतेनानयेन । निष्टानको नाशः शोकसहितः प्राप्तः ॥ ३७ ॥ ३८ ॥ ३९ ॥ प्राप्तकालं कालोचितम् । पौलस्त्येन विभीषणेन । यत एव यस्माद्रामादेव भयं दृष्टम् । स्वमन्त्रशक्तिवैभवेनेति शेषः ॥ ४० ॥ ४१ ॥ इति श्रीरामाभिरामे श्रीरामीये रामायणतिलके वाल्मीकीय आदिकाव्ये युद्धकाण्डे चतुर्नवतितमः सर्गः ॥ ९४ ॥

आर्तानामिति । कुलेकुले गृहेगृहे ॥ १ ॥ २ ॥ ३ ॥ क्रोधेनाव्यक्ता कथा कथनं यस्य सः ॥ ४ ॥ ५ ॥ अव्यग्रान्रावणप्रोत्साहनेन त्यक्तभयान् ॥ ६ ॥ ७ ॥ ८ ॥ ततोवाच तत उवाच । प्रहस्य । क्रोधजोऽत्र प्रहासः ॥ ९ ॥ १० ॥ ११ ॥ प्रकाशत्वं प्रकटत्वम् ॥ १२ ॥ पतत्रिणा प्रशस्तपक्षवता ॥ १३ ॥ धनूरूपात्समुद्रात् ॥ १४ ॥ व्याकोशपद्मवक्त्राणि वक्त्ररूपविकसितपद्मानि । पद्मकेसरवर्चसाम् । वानराणामिति शेषः । यूथरूपाणि तटाकानि प्रमथामि प्रमथिष्यामि ॥ १५ ॥ सशरैः शरसहितैर्वदनैः स्वीयैः । सशरत्वात्सनालैः पङ्कजैरिव ॥ १६ ॥ १७ ॥ १८ ॥ यत्नेनावेक्ष्यमवेक्षितुं योग्यं तलं यस्यास्तथाभूताम् ॥ १९ ॥ २० ॥ २१

कल्प्यतां मे रथः शीघ्रं क्षिप्रमानीयतां धनुः । अनुप्रयान्तु मां युद्धे येऽत्र शिष्टा निशाचराः ॥ २१
तस्य तद्वचनं श्रुत्वा महापार्श्वोऽब्रवीद्वचः । बलाध्यक्षान्स्थितांस्तत्र बलं संत्वर्यतामिति ॥ २२
बलाध्यक्षास्तु संयुक्ता राक्षसांस्तान्गृहेगृहे । चोदयन्तः परिययुर्लङ्कां लघुपराक्रमाः ॥ २३
ततो मुहूर्तान्निष्पेतू राक्षसा भीमदर्शनाः । नदन्तो भीमवदना नानाप्रहरणैर्भुजैः ॥ २४
असिभिः पट्टिशैः शूलैर्गदाभिर्मुसलैर्हलैः । शक्तिभिस्तीक्ष्णधाराभिर्महद्भिः कूटमुद्गरैः ॥ २५
यष्टिभिर्विविधैश्चक्रैर्निशितैश्च परश्वधैः । भिन्दिपालैः शतघ्नीभिरन्यैश्चापि वरायुधैः ॥ २६
अथानयन्बलाध्यक्षाश्चत्वारो रावणाज्ञया । रथानां नियुतं साग्रं नागानां नियुतत्रयम् ॥ २७
अश्वानां षष्टिकोट्यस्तु खरोष्ट्राणां तथैव च । पदातयस्त्वसंख्याता जग्मुस्ते राजशासनात् ॥ २८
बलाध्यक्षाश्च संस्थाप्य राज्ञः सेनां पुरःस्थिताम् । एतस्मिन्नन्तरे सूतः स्थापयामास तं रथम् ॥२९
दिव्यास्त्रवरसंपन्नं नानालंकारभूषितम् । नानायुधसमाकीर्णं किङ्किणीजालसंयुतम् ॥ ३०
नानारत्नपरिक्षिप्तं रत्नस्तम्भैर्विराजितम् । जाम्बूनदमयैश्चैव सहस्रकलशैर्वृतम् ॥ ३१
तं दृष्ट्वा राक्षसाः सर्वे विस्मयं परमं गताः । तं दृष्ट्वा सहसोत्थाय रावणो राक्षसेश्वरः ॥ ३२
कोटिसूर्यप्रतीकाशं ज्वलन्तमिव पावकम् । द्रुतं सूतसमायुक्तं युक्ताष्टतुरगं रथम् ।
आरुरोह तदा भीमं दीप्यमानं स्वतेजसा ॥ ३३
ततः प्रयातः सहसा राक्षसैर्बहुभिर्वृतः । रावणः सत्त्वगाम्भीर्याद्दारयन्निव मेदिनीम् ॥ ३४
ततश्चासीन्महानादस्तूर्याणां च ततस्ततः । मृदङ्गैः पटहैः शङ्खैः कलहैः सह रक्षसाम् ॥ ३५
आगतो रक्षसां राजा छत्रचामरसंयुतः । सीतापहारी दुर्वृत्तो ब्रह्मघ्नो देवकण्टकः ।
योद्धुं रघुवरेणेति शुश्रुवे कलहध्वनिः ॥ ३६
तेन नादेन महता पृथिवी समकम्पत । तं शब्दं सहसा श्रुत्वा वानरा दुद्रुवुर्भयात् ॥ ३७
रावणस्तु महाबाहुः सचिवैः परिवारितः । आजगाम महातेजा जयाय विजयं प्रति ॥ ३८
रावणेनाभ्यनुज्ञातौ महापार्श्वमहोदरौ । विरूपाक्षश्च दुर्धर्षो रथानारुरुहुस्तदा ॥ ३९
ते तु हृष्टाभिनर्दन्तो भिन्दन्त इव मेदिनीम् । नादं घोरं विमुञ्चन्तो निर्ययुर्जयकाङ्क्षिणः ॥ ४०
ततो युद्धाय तेजस्वी रक्षोगणबलैर्वृतः । निर्ययावुद्यतधनुः कालान्तकयमोपमः ॥ ४१
ततः प्रजविताश्वेन रथेन स महारथः । द्वारेण निर्ययौ तेन यत्र तौ रामलक्ष्मणौ ॥ ४२
ततो नष्टप्रभः सूर्यो दिशश्च तिमिरावृताः । द्विजाश्च नेदुर्घोराश्च संचचाल च मेदिनी ॥ ४३
ववर्ष रुधिरं देवश्चस्खलुश्च तुरंगमाः । ध्वजाग्रे न्यपतद्गृध्रो विनेदुश्चाशिवाः शिवाः ॥ ४४
नयनं चास्फुरद्वामं वामो बाहुरकम्पत । विवर्णवदनश्चासीत्किंचिदभ्रश्यत स्वनः ॥ ४५
ततो निष्पततो युद्धे दशग्रीवस्य रक्षसः । रणे निधनशंसीनि रूपाण्येतानि जज्ञिरे ॥ ४६
अन्तरिक्षात्पपातोल्का निर्घातसमनिःस्वना । विनेदुरशिवा गृध्रा वायसैरभिमिश्रिताः ॥ ४७
एतानचिन्तयन्घोरानुत्पातान्समवस्थितान् । निर्ययौ रावणो मोहाद्वधार्थं कालचोदितः ॥ ४८
तेषां तु रथघोषेण राक्षसानां महात्मनाम् । वानराणामपि चमूर्युद्धायैवाभ्यवर्तत ।
अन्योन्यमाह्वयानानां क्रुद्धानां जयमिच्छताम् ॥ ४९
ततः क्रुद्धो दशग्रीवः शरैः काञ्चनभूषणैः । वानराणामनीकेषु चकार कदनं महत् ॥ ५०
निकृत्तशिरसः केचिद्रावणेन वलीमुखाः । केचिच्छिन्नहृदयाः केचिच्छ्रोत्रविवर्जिताः ॥ ५१
निरुच्छ्वासा हताः केचित्केचित्पार्श्वेषु दारिताः । केचिद्विभिन्नशिरसः केचिच्चक्षुर्विनाकृताः ॥ ५२

॥ २२ ॥ २३ ॥ भुजैरुपलक्षिताः ॥ २४ ॥ हलैरायुधविशेषैः ॥ २५ ॥ २६ ॥ २७ ॥ २८ ॥ २९ ॥ ३० ॥ ३१ ॥ ३२ ॥ अमायां सूर्योदय इदं रथारोहणम् ॥ ३३ ॥ सत्त्वगाम्भीर्याद्बलातिशयात् ॥ ३४ ॥ ३५ ॥ ३६ ॥ ३७ ॥ ३८ ॥ ३९ ॥ ४० ॥ ४१ ॥ प्रजविताश्वेन प्रकर्षेण संजातवेगा अश्वा यस्य तेन ॥ ४२ ॥ अथ रावणस्य दुर्निमित्तान्याह—नष्टप्रभ इत्यादि ॥ ४३ ॥ ४४ ॥ ४५ ॥ एतानि रूपाणि । निधनसूचकानीत्यर्थः ॥ ४६ ॥ ४७ ॥ ४८ ॥ आह्वयानानां स्पर्धयाह्वयमानानाम् ॥ ४९ ॥ ५० ॥ ५१ ॥ ५२ ॥ ५३ ॥

दशाननः क्रोधविवृत्तनेत्रो यतोयतोऽभ्येति रथेन संख्ये ।
ततस्ततस्तस्य शरप्रवेगं सोढुं न शेकुर्हरियूथपास्ते ॥ ५३

इत्यार्षे श्रीमद्रामायणे वाल्मीकीय आदिकाव्ये युद्धकाण्डे पञ्चनवतितमः सर्गः ॥ ९५ ॥

षण्णवतितमः सर्गः ।

तथा तैः कृत्तगात्रैस्तु दशग्रीवेण मार्गणैः । बभूव वसुधा तत्र प्रकीर्णा हरिभिस्तदा ॥ १
रावणस्याप्रसह्यं तं शरसंपातमेकतः । न शेकुः सहितुं दीप्तं पतङ्गा ज्वलनं यथा ॥ २
तेऽर्दिता निशितैर्बाणैः क्रोशन्तो विप्रदुद्रुवुः । पावकार्चिःसमाविष्टा दह्यमाना यथा गजाः ॥ ३
प्लवंगानामनीकानि महाभ्राणीव मारुतः । संययौ समरे तस्मिन्विधमन्रावणः शरैः ॥ ४
कदनं तरसा कृत्वा राक्षसेन्द्रो वनौकसाम् । आससाद ततो युद्धे त्वरितं राघवं रणे ॥ ५
सुग्रीवस्तान्कपीन्दृष्ट्वा भग्नान्विद्रावितान्रणे । गुल्मे सुषेणं निक्षिप्य चक्रे युद्धे द्रुतं मनः ॥ ६
आत्मनः सदृशं वीरं स तं निक्षिप्य वानरम् । सुग्रीवोऽभिमुखं शत्रुं प्रतस्थे पादपायुधः ॥ ७
पार्श्वतः पृष्ठतश्चास्य सर्वे वानरयूथपाः । अनुजग्मुर्महाशैलान्विविधांश्च वनस्पतीन् ॥ ८
ननर्द युधि सुग्रीवः स्वरेण महता महान् । पोथयन्विविधांश्चान्यान्ममन्थोत्तमराक्षसान् ॥ ९
ममर्द च महाकायो राक्षसान्वानरेश्वरः । युगान्तसमये वायुः प्रवृद्धानगमानिव ॥ १०
राक्षसानामनीकेषु शैलवर्षं ववर्ष ह । अश्मवर्षं यथा मेघः पक्षिसङ्घेषु कानने ॥ ११
कपिराजविमुक्तैस्तैः शैलवर्षैस्तु राक्षसाः । विकर्णशिरसः पेतुर्विकीर्णा इव पर्वताः ॥ १२
अथ संक्षीयमाणेषु राक्षसेषु समन्ततः । सुग्रीवेण प्रभग्नेषु नदत्सु च पतत्सु च ॥ १३
विरूपाक्षः स्वकं नाम धन्वी विश्राव्य राक्षसः । रथादाप्लुत्य दुर्धर्षो गजस्कन्धमुपारुहत् ॥ १४
स तं द्विपमथारुह्य विरूपाक्षो महाबलः । ननर्द भीमनिर्ह्रादं वानरानभ्यधावत ॥ १५
सुग्रीवे स शरान्घोरान्विससर्ज चमूमुखे । स्थापयामास चोद्विग्नान्राक्षसान्संप्रहर्षयन् ॥ १६
सोऽतिविद्धः शितैर्बाणैः कपीन्द्रस्तेन रक्षसा । चुक्रोश च महाक्रोधो वधे चास्य मनो दधे ॥ १७
ततः पादपमुद्धृत्य शूरः संप्रधनो हरिः । अभिपत्य जघानास्य प्रमुखे तं महागजम् ॥ १८
स तु प्रहाराभिहतः सुग्रीवेण महागजः । अपासर्पद्धनुर्मात्रं निषसाद ननाद च ॥ १९
गजात्तु भक्षितात्तूर्णमपक्रम्य स वीर्यवान् । राक्षसोऽभिमुखः शत्रुं प्रत्युद्गम्य ततः कपिम् ॥ २०
आर्षभं चर्म खड्गं च प्रगृह्य लघुविक्रमः । भर्त्सयन्निव सुग्रीवमाससाद व्यवस्थितम् ॥ २१
स हि तस्यापि संगृह्य प्रगृह्य विपुलां शिलाम् । विरूपाक्षस्य चिक्षेप सुग्रीवो जलदोपमाम् ॥ २२
स तां शिलामापतन्तीं दृष्ट्वा राक्षसपुंगवः । अपक्रम्य सुविक्रान्तः खड्गेन प्राहरत्तदा ॥ २३
तेन खड्गप्रहारेण रक्षसा बलिना हतः । मुहूर्तमभवद्भूमौ विसंज्ञ इव वानरः ॥ २४
सहसा स तदोत्पत्य राक्षसस्य महाहवे । मुष्टिं संवर्त्य वेगेन पातयामास वक्षसि ॥ २५
मुष्टिप्रहाराभिहतो विरूपाक्षो निशाचरः । तेन खड्गेन संक्रुद्धः सुग्रीवस्य चमूमुखे ॥ २६
कवचं पातयामास पद्भ्यामभिहतोऽपतत् । स समुत्थाय पतितः कपिस्तस्य व्यसर्जयत् ॥ २७
तलप्रहारमशनेः समानं भीमनिःस्वनम् । तलप्रहारं तद्रक्षः सुग्रीवेण समुद्यतम् ॥ २८

इति श्रीरामाभिरामे श्रीरामीये रामायणतिलके वाल्मीकीय आदिकाव्ये युद्धकाण्डे पञ्चनवतितमः सर्गः ॥ ९५ ॥

तथेति ॥ १ ॥ एकत एकैकस्मिन्प्रदेशे ॥ २ ॥ ३ ॥ ४ ॥ ५ ॥ गुल्मे सेनासंनिवेशे ॥ ६ ॥ आत्मनः सदृशमात्मतुल्यं सुषेणं निक्षिप्य ॥ ७ ॥ सर्वे वानरयूथपाः । सुषेणं विनेति शेषः । महाशैलानित्यादेर्गृहीत्वेति शेषः ॥ ८ ॥ अन्यानवशिष्टानुत्तमराक्षसान्बलाध्यक्षराक्षसान् ॥ ९ ॥ अगमान्वृक्षान् ॥ १० ॥ ११ ॥ १२ ॥ संक्षीयमाणेषु हिंस्यमानेषु ॥ १३ ॥ १४ ॥ १५ ॥ उद्विग्नान्पलायनकृतोत्साहान्स्थापयामास पलायनान्निवर्तयामास ॥ १६ ॥ १७ ॥ संप्रधनः सम्यक्प्रधनं युद्धं यस्य सः । प्रमुखे । प्रकृष्टे मुखप्रदेशे इत्यर्थः ॥ १८ ॥ १९ ॥ २० ॥ आर्षभमृषभकृत्तिपरिवीतं चर्म फलकम् ॥ २१ ॥ तस्यापि तेनापि दत्तं प्रहारं संगृह्य गृहीत्वा ॥ २२ ॥ स तामिति । अपक्रम्य शिलाप्रहारमोघीकरणार्थं पार्श्वतोऽपसृत्य सुग्रीवं प्राहरदित्यर्थः ॥ २३ ॥ २४ ॥ २५ ॥ २६ ॥ अभिहतः सुग्रीवः पद्भ्यामपतत् । आकुञ्चितजानुरभवदित्यर्थः

नैपुण्यान्मोचयित्वैनं मुष्टिनोरस्यताडयत् । ततस्तु संक्रुद्धतरः सुग्रीवो वानरेश्वरः ॥ २९
मोक्षितं चात्मनो दृष्ट्वा प्रहारं तेन रक्षसा । स ददर्शान्तरं तस्य विरूपाक्षस्य वानरः ॥ ३०
ततोऽन्यं पातयत्क्रोधाच्छङ्खदेशे महातलम् । महेन्द्राशनिकल्पेन तलेनाभिहतः क्षितौ ॥ ३१
पपात रुधिरक्लिन्नः शोणितं हि समुद्गिरन् । स्रोतोभ्यस्तु विरूपाक्षो जलं प्रस्रवणादिव ॥ ३२
विवृत्तनयनं क्रोधात्सफेनं रुधिराप्लुतम् । ददृशुस्ते विरूपाक्षं विरूपाक्षतरं कृतम् ॥ ३३
स्फुरन्तं परिवर्तन्तं पार्श्वेन रुधिरोक्षितम् । करुणं च विनर्दन्तं ददृशुः कपयो रिपुम् ॥ ३४

तथा तु तौ संयति संप्रयुक्तौ तरस्विनौ वानरराक्षसानाम् ।
बलार्णवौ सस्वनतुश्च भीमौ महार्णवौ द्वाविव भिन्नसेतू ॥ ३५
विनाशितं प्रेक्ष्य विरूपनेत्रं महाबलं तं हरिपार्थिवेन ।
बलं समेतं कपिराक्षसानामुद्वृत्तगङ्गाप्रतिमं बभूव ॥ ३६

इत्यार्षे श्रीमद्रामायणे वाल्मीकीय आदिकाव्ये युद्धकाण्डे षण्णवतितमः सर्गः ॥ ९६ ॥

सप्तनवतितमः सर्गः ।

हन्यमाने बले तूर्णमन्योन्यं ते महामृधे । सरसीव महाघर्मे सूपक्षीणे बभूवतुः ॥ १
स्वबलस्य तु घातेन विरूपाक्षवधेन च । बभूव द्विगुणं क्रुद्धो रावणो राक्षसाधिपः ॥ २
प्रक्षीणं स्वबलं दृष्ट्वा वध्यमानं वलीमुखैः । बभूवास्य व्यथा युद्धे दृष्ट्वा दैवविपर्ययम् ॥ ३
उवाच च समीपस्थं महोदरमनन्तरम् । अस्मिन्काले महाबाहो जयाशा त्वयि मे स्थिता ॥ ४
जहि शत्रुचमूं वीर दर्शयाद्य पराक्रमम् । भर्तृपिण्डस्य कालोऽयं निर्वेष्टुं साधु युध्यताम् ॥ ५
एवमुक्तस्तथेत्युक्त्वा राक्षसेन्द्रो महोदरः । प्रविवेशारिसेनां स पतङ्ग इव पावकम् ॥ ६
ततः स कदनं चक्रे वानराणां महाबलः । भर्तृवाक्येन तेजस्वी स्वेन वीर्येण चोदितः ॥ ७
वानराश्च महासत्त्वाः प्रगृह्य विपुलाः शिलाः । प्रविश्यारिबलं भीमं जघ्नुस्ते सर्वराक्षसान् ॥ ८
महोदरः सुसंक्रुद्धः शरैः काञ्चनभूषणैः । चिच्छेद पाणिपादोरु वानराणां महाहवे ॥ ९
ततस्ते वानराः सर्वे राक्षसानां महामृधे । दिशो दश द्रुताः केचित्केचित्सुग्रीवमाश्रिताः ॥ १०
प्रभग्नं समरे दृष्ट्वा वानराणां महाबलम् । अभिदुद्राव सुग्रीवो महोदरमनन्तरम् ॥ ११
प्रगृह्य विपुलां घोरां महीधरसमां शिलाम् । चिक्षेप च महातेजास्तद्वधाय हरीश्वरः ॥ १२
तामापतन्तीं सहसा शिलां दृष्ट्वा महोदरः । असंभ्रान्तस्ततो बाणैर्निर्बिभेद ततः शिलाम् ॥ १३
रक्षसा तेन बाणौघैर्निकृत्ता सा सहस्रधा । निपपात तदा भूमौ गृध्रचक्रमिवाकुलम् ॥ १४
तां तु भिन्नां शिलां दृष्ट्वा सुग्रीवः क्रोधमूर्च्छितः । सालमुत्पाट्य चिक्षेप तं स चिच्छेद नैकधा ॥ १५
शरैश्च विददारैनं शूरः परबलार्दनः । स ददर्श ततः क्रुद्धः परिघं पतितं भुवि ॥ १६
आविध्य तु स तं दीप्तं परिघं तस्य दर्शयन् । परिघेणोग्रवेगेन जघानास्य हयोत्तमान् ॥ १७
तस्माद्धतहयाद्वीरः सोऽवप्लुत्य महारथात् । गदां जग्राह संक्रुद्धो राक्षसोऽथ महोदरः ॥ १८

॥ २७ ॥ २८ ॥ नैपुण्याद्बन्धनासामर्थ्यान्मोचयित्वा मोघीकृत्य ॥ २९ ॥ अन्तरं प्रहारावसरम् ॥ ३० ॥ शङ्खदेशे ललाटास्थिप्रदेशे । तलं प्रसृतकरतलप्रहारम् ॥ ३१ ॥ प्रस्रवणो निर्झरमूलस्थानम् । प्रस्रवत्यस्मादिति व्युत्पत्तेः ॥ ३२ ॥ विरूपाक्षतरमतिविरूपाक्षम् ॥ ३३ ॥ पार्श्वेन परिवर्तन्तमित्यन्वयः ॥ ३४ ॥ संप्रयुक्तौ युद्धाय संमुखतया स्थितौ ॥ ३५ ॥ उद्वृत्तगङ्गा । उद्वेलगङ्गेत्यर्थः । वानरबलमानन्देन, राक्षसबलं शोकेनेति शेषः ॥ ३६ ॥ इति श्रीरामाभिरामे श्रीरामीये रामायणतिलके वाल्मीकीय आदिकाव्ये युद्धकाण्डे षण्णवतितमः सर्गः ॥ ९६ ॥

अन्योन्यं हन्यमाने ते बले सूपक्षीणे सुतरामुपक्षयवती बभूवतुः । सरसी इव । संधिरार्षः ॥ १ ॥ २ ॥ ३ ॥ ४ ॥ भर्तृपिण्डस्य स्वामिकृताशादिप्रदानोपकारस्य । निर्वेष्टुं प्रत्युपकारं कर्तुम् ॥ ५ ॥ ६ ॥ भर्तृवाक्येन चोदितः सः स्वेन वीर्येण कदनं चक्रे ॥ ७ ॥ ८ ॥ ९ ॥ १० ॥ अनन्तरं संनिहितमित्यर्थ इति तीर्थः ॥ ११ ॥ १२ ॥ १३ ॥ आकुलं गृध्रचक्रमिव निपपात । शिलाया अनेकधा भग्नत्वात्तत्सादृश्यम् ॥ १४ ॥ १५ ॥ स सुग्रीवः ॥ १६ ॥ दीप्तं परिघमाविध्य भ्रामयित्वा हस्तलाघवं तस्मै दर्शयंस्तद्धयाञ्जघान ॥ १७ ॥

गदापरिघहस्तौ तौ युधि वीरौ समीयतुः । नर्दन्तौ गोवृषप्रख्यौ घनाविव सविद्युतौ ॥ १९
ततः क्रुद्धो गदां तस्य चिक्षेप रजनीचरः । ज्वलन्तीं भास्कराभासां सुग्रीवाय महोदरः ॥ २०
गदां तां सुमहाघोरामापतन्तीं महाबलः । सुग्रीवो रोषताम्राक्षः समुद्यम्य महाहवे ॥ २१
आजघान गदां तस्य परिघेण हरीश्वरः । पपात तरसा भिन्नः परिघस्तस्य भूतले ॥ २२
ततो जग्राह तेजस्वी सुग्रीवो वसुधातलात् । आयसं मुसलं घोरं सर्वतो हेमभूषितम् ॥ २३
स समुद्यम्य चिक्षेप सोऽप्यस्य प्राक्षिपद्गदाम् । भिन्नावन्योन्यमासाद्य पेततुस्तौ महीतले ॥ २४
ततो भिन्नप्रहरणौ मुष्टिभ्यां तौ समीयतुः । तेजोबलसमाविष्टौ दीप्ताविव हुताशनौ ॥ २५
जघ्नतुस्तौ तदान्योन्यं नदन्तौ च पुनः पुनः । तलैश्चान्योन्यमासाद्य पेततुश्च महीतले ॥ २६
उत्पेततुस्तदा तूर्णं जघ्नतुश्च परस्परम् । भुजैश्चिक्षिपतुर्वीरावन्योन्यमपराजितौ ॥ २७
जग्मतुस्तौ श्रमं वीरौ बाहुयुद्धे परंतपौ । जहार च तदा खड्गमदूरपरिवर्तिनम् ॥ २८
ततो रोषपरीताङ्गौ नदन्तावभ्यधावताम् । उद्यतासी रणे हृष्टौ युद्धे शस्त्रविशारदौ ॥ २९
दक्षिणं मण्डलं चोभौ सुतूर्णं संपरीयतुः । अन्योन्यमभिसंक्रुद्धौ जये प्रणिहिताबुभौ ॥ ३०
स तु शूरो महावेगो वीर्यश्लाघी महोदरः । महावर्मणि तं खड्गं पातयामास दुर्मतिः ॥ ३१
लग्नमुत्कर्षतः खड्गं खड्गेन कपिकुञ्जरः । जहार सशिरस्त्राणं कुण्डलोपगतं शिरः ॥ ३२
निकृत्तशिरसस्तस्य पतितस्य महीतले । तद्बलं राक्षसेन्द्रस्य दृष्ट्वा तत्र न दृश्यते ॥ ३३
हत्वा तं वानरैः सार्धं ननाद मुदितो हरिः । चुक्रोध च दशग्रीवो बभौ हृष्टश्च राघवः ॥ ३४
विषण्णवदनाः सर्वे राक्षसा दीनचेतसः । विद्रवन्ति ततः सर्वे भयवित्रस्तचेतसः ॥ ३५

महोदरं तं विनिपात्य भूमौ महागिरेः कीर्णमिवैकदेशम् ।
सूर्यात्मजस्तत्र रराज लक्ष्म्या सूर्यः स्वतेजोभिरिवाप्रधृष्यः ॥ ३६

अथ विजयमवाप्य वानरेन्द्रः समरमुखे सुरसिद्धयक्षसङ्घैः ।
अवनितलगतैश्च भूतसङ्घैर्हरुषसमाकुलितैर्निरीक्षमाणः ॥ ३७

इत्यार्षे श्रीमद्रामायणे वाल्मीकीय आदिकाव्ये युद्धकाण्डे सप्तनवतितमः सर्गः ॥ ९७ ॥

अष्टनवतितमः सर्गः ।

महोदरे तु निहते महापार्श्वो महाबलः । सुग्रीवेण समीक्ष्याथ क्रोधात्संरक्तलोचनः ॥ १
अङ्गदस्य चमूं भीमां क्षोभयामास मार्गणैः । स वानराणां मुख्यानामुत्तमाङ्गानि राक्षसः ॥ २
पातयामास कायेभ्यः फलं वृन्तादिवानिलः । केषांचिदिषुभिर्बाहूंश्चिच्छेदाथ स राक्षसः ॥ ३
वानराणां सुसंरब्धः पार्श्वे केषांचिदाक्षिपत् । तेऽर्दिता बाणवर्षेण महापार्श्वेन वानराः ॥ ४
विषादविमुखाः सर्वे बभूवुर्गतचेतसः । निशम्य बलमुद्विग्नमङ्गदो राक्षसार्दितम् ॥ ५
वेगं चक्रे महावेगः समुद्र इव पर्वसु । आयसं परिघं गृह्य सूर्यरश्मिसमप्रभम् ॥ ६

॥ १८ ॥ समीयतुः संगतौ बभूवतुः ॥ १९ ॥ भास्करवदाभासते सा भास्कराभासा ताम् ॥ २० ॥ आपतन्तीं गदाम् । दृष्ट्वेति शेषः । समुद्यम्य । परिघमिति शेषः ॥ २१ ॥ गदा पपात । स परिघश्च भिन्न इत्यर्थः ॥ २२ ॥ २३ ॥ स सुग्रीवः । तं मुसलम् । सोऽपि महोदरोऽपि ॥ २४ ॥ २५ ॥ २६ ॥ २७ ॥ जहार जहतुः ॥ २८ ॥ २९ ॥ दक्षिणमण्डलं च । चकाराद्वामं च । सुतूर्णं संपरीयतुरकुरुताम् ॥ ३० ॥ वीर्येण श्लाघत इति वीर्यश्लाघी ॥ ३१ ॥ सुग्रीवफलके लग्नं खड्गमुत्कर्षतो महोदरस्य शिरः खड्गेन जहार ॥ ३२ ॥ निकृत्तशिरसो राक्षसेन्द्रस्य बलं तद्राक्षसेन्द्रशिरो दृष्ट्वा तत्र स्थाने न दृश्यते । पलायितमिति यावत् ॥ ३३ ॥ ३४ ॥ सर्वे विषण्णवदना दीनचेतसश्च बभूवुरिति शेषः । भयवित्रस्तचेतसो भयकम्पितचित्ताः सर्वे विद्रवन्ति व्यद्रवन् ॥ ३५ ॥ कीर्णं शीर्णम् ॥ ३६ ॥ हर्षपदस्थाने हरुषेति पाठश्छन्दोनुरोधात् । बभूवेति शेषः ॥ ३७ ॥ **इति श्रीरामाभिरामे श्रीरामीये रामायणतिलके वाल्मीकीय आदिकाव्ये युद्धकाण्डे सप्तनवतितमः सर्गः ॥ ९७ ॥**

महोदरे इति । सुग्रीवेण महोदरे निहते सति तद्वधकर्तारं सुग्रीवं महापार्श्वः समीक्ष्य ॥ १ ॥ अङ्गदचमूं क्षोभयामास ॥ २ ॥ वृन्तं प्रसवबन्धनम् ॥ ३ ॥ ४ ॥ विषादेन विमुखाः

११४

समरे वानरश्रेष्ठो महापार्श्वे न्यपातयत् । स तु तेन प्रहारेण महापार्श्वो विचेतनः ।
ससूतस्यन्दनात्तस्माद्विसंज्ञश्चापतद्भुवि ॥ ७
तस्यर्क्षराजस्तेजस्वी नीलाञ्जनचयोपमः । निष्पत्य सुमहावीर्यः स्वयूथान्मेघसंनिभात् ॥ ८
प्रगृह्य गिरिशृङ्गाभां क्रुधः स विपुलां शिलाम् । अश्वाञ्जघान तरसा बभञ्ज स्यन्दनं च तम् ॥ ९
मुहूर्ताल्लब्धसंज्ञस्तु महापार्श्वो महाबलः । अङ्गदं बहुभिर्बाणैर्भूयस्तं प्रत्यविध्यत ॥ १०
जाम्बवन्तं त्रिभिर्बाणैराजघान स्तनान्तरे । ऋक्षराजं गवाक्षं च जघान बहुभिः शरैः ॥ ११
गवाक्षं जाम्बवन्तं च स दृष्ट्वा शरपीडितौ । जग्राह परिघं घोरमङ्गदः क्रोधमूर्छितः ॥ १२
तस्याङ्गदः सरोषाक्षो राक्षसस्य तमायसम् । दूरस्थितस्य परिघं रविरश्मिसमप्रभम् ॥ १३
द्वाभ्यां भुजाभ्यां संगृह्य भ्रामयित्वा च वेगवत् । महापार्श्वाय चिक्षेप वधार्थं वालिनः सुतः ॥ १४
स तु क्षिप्तो बलवता परिघस्तस्य रक्षसः । धनुश्च सशरं हस्ताच्छिरस्त्राणं च पातयत् ॥ १५
तं समासाद्य वेगेन वालिपुत्रः प्रतापवान् । तलेनाभ्यहनत्क्रुद्धः कर्णमूले सकुण्डले ॥ १६
स तु क्रुद्धो महावेगो महापार्श्वो महाद्युतिः । करेणैकेन जग्राह सुमहान्तं परश्वधम् ॥ १७
तं तैलधौतं विमलं शैलसारमयं दृढम् । राक्षसः परमक्रुद्धो वालिपुत्रे न्यपातयत् ॥ १८
तेन वामांसफलके भृशं प्रत्यवपातितम् । अङ्गदो मोक्षयामास सरोषः सपरश्वधम् ॥ १९
स वीरो वज्रसंकाशमङ्गदो मुष्टिमात्मनः । संवर्तयत्सुसंक्रुद्धः पितुस्तुल्यपराक्रमः ॥ २०
राक्षसस्य स्तनाभ्याशे मर्मज्ञो हृदयं प्रति । इन्द्राशनिसमस्पर्शं स मुष्टिं विन्यपातयत् ॥ २१
तेन तस्य निपातेन राक्षसस्य महामृधे । पफाल हृदयं चास्य स पपात हतो भुवि ॥ २२
तस्मिन्विनिहते भूमौ तत्सैन्यं संप्रचुक्षुभे । अभवच्च महान्क्रोधः समरे रावणस्य तु ॥ २३
वानराणां प्रहृष्टानां सिंहनादः सुपुष्कलः । स्फोटयन्निव शब्देन लङ्कां साट्टालगोपुराम् ।
सहेन्द्रेणेव देवानां नादः समभवन्महान् ॥ २४

अथेन्द्रशत्रुस्त्रिदशालयानां वनौकसां चैव महाप्रणादम् ।
श्रुत्वा सरोषं युधि राक्षसेन्द्रः पुनश्च युद्धाभिमुखोऽवतस्थे ॥ २५

इत्यार्षे श्रीमद्रामायणे वाल्मीकीय आदिकाव्ये युद्धकाण्डेऽष्टनवतितमः सर्गः ॥ ९८ ॥

नवनवतितमः सर्गः ।

महोदरमहापार्श्वौ हतौ दृष्ट्वा स रावणः । तस्मिंश्च निहते वीरे विरूपाक्षे महाबले ॥ १
आविवेश महान्क्रोधो रावणं तु महामृधे । सूतं संचोदयामास वाक्यं चेदमुवाच ह ॥ २
निहतानाममात्यानां रुद्धस्य नगरस्य च । दुःखमेवापनेष्यामि हत्वा तौ रामलक्ष्मणौ ॥ ३
रामवृक्षं रणे हन्मि सीतापुष्पफलप्रदम् । प्रशाखा यस्य सुग्रीवो जाम्बवान्कुमुदो नलः ॥ ४
द्विविदश्चैव मैन्दश्च अङ्गदो गन्धमादनः । हनूमांश्च सुषेणश्च सर्वे च हरियूथपाः ॥ ५

॥ ५ ॥ ६ ॥ ससूतस्यन्दनात् । हतसूतसहितरथादित्यर्थः ॥ ७ ॥ ऋक्षराजो जाम्बवान् ॥ ८ ॥ गिरिशृङ्गाभां शिलां गृहीत्वाश्वाञ्जघान, अनन्तरं स्यन्दनं तं बभञ्ज ॥ ९ ॥ १० ॥ ११ ॥ १२ ॥ दूरस्थितस्य राक्षसस्य वधार्थं परिघं द्वाभ्यां भुजाभ्यां संगृह्य गृहीत्वा भ्रामयित्वा च महापार्श्वाय चिक्षेपेत्यन्वयः ॥ १३ ॥ १४ ॥ तस्य रक्षसो हस्तात्सशरं धनुः । चादेकं हस्तं शिरस्त्राणं चापातयत् । अत एवाग्रे वक्ष्यति—एकेन करेणेति ॥ १५ ॥ १६ ॥ १७ ॥ तैलधौतं तेनातितीक्ष्णम् । शैलसारोऽयस्तन्मयम् ॥१८॥ मोक्षयामास मोघीचकार ॥ १९ ॥ संवर्तयत्समवर्तयत् । बबन्धेत्यर्थः ॥ २०॥२१ ॥ पफाल विशीर्णम् ॥ २२ ॥ २३ ॥ वानराणां सिंहनादो लङ्कां स्फोटयन्निव विदारयन्निव । उदभूदिति शेषः । इन्द्रेण सह देवानामिवाङ्गदेन सह वानराणां सिंहनादः समभवत् ॥ २४ ॥ २५ ॥

इति श्रीरामाभिरामे श्रीरामीये रामायणतिलके वाल्मीकीय आदिकाव्ये युद्धकाण्डेऽष्टनवतितमः सर्गः ॥ ९८ ॥

महोदरेति । हतौ दृष्ट्वा स रावणः । क्रुद्धो जात इति शेषः ॥ १ ॥ २ ॥ रुद्धस्य नगरस्य । वानरबलैरिति शेषः । दुःखमपनेष्याम्येव ॥ ३ ॥ मूलोच्छेदं करिष्यामीत्याशयेन रामं सर्वाश्रयमहावृक्षत्वेन निरूपयति—रामवृक्षमिति । सीता पुष्पं यस्य सः, स चासौ तेनैव पुष्पेण सर्वेषां वानराणां तत्तत्कर्मजफलप्रदस्तम्, सुग्रीवादयः प्रशाखा यस्य तम् । प्रशाखासहितं

स दिशो दश घोषेण रथस्यातिरथो महान् । नादयन्प्रययौ तूर्णं राघवं चाभ्यधावत ॥ ६
पूरिता तेन शब्देन सनदीगिरिकानना । संचचाल मही सर्वा त्रस्तसिंहमृगद्विजा ॥ ७
तामसं सुमहाघोरं चकारास्त्रं सुदारुणम् । निर्ददाह कपीन्सर्वांस्ते प्रपेतुः समन्ततः ॥ ८
उत्पपात रजो भूमौ तैर्भग्नैः संप्रधावितैः । नहि तत्सहितुं शेकुर्ब्रह्मणा निर्मितं स्वयम् ॥ ९
तान्यनीकान्यनेकानि रावणस्य शरोत्तमैः । दृष्ट्वा भग्नानि शतशो राघवः पर्यवस्थितः ॥ १०
ततो राक्षसशार्दूलो विद्राव्य हरिवाहिनीम् । स ददर्श ततो रामं तिष्ठन्तमपराजितम् ॥ ११
लक्ष्मणेन सह भ्रात्रा विष्णुना वासवं यथा । आलिखन्तमिवाकाशमवष्टभ्य महद्धनुः ॥ १२
पद्मपत्रविशालाक्षं दीर्घबाहुमरिंदमम् । ततो रामो महातेजाः सौमित्रिसहितो बली ॥ १३
वानरांश्च रणे भग्नानापतन्तं च रावणम् । समीक्ष्य राघवो हृष्टो मध्ये जग्राह कार्मुकम् ॥ १४
विस्फारयितुमारेभे ततः स धनुरुत्तमम् । महावेगं महानादं निर्भिन्दन्निव मेदिनीम् ॥ १५
रावणस्य च बाणौघै रामविस्फारितेन च । शब्देन राक्षसास्तेन पेतुश्च शतशस्तदा ॥ १६
तयोः शरपथं प्राप्य रावणो राजपुत्रयोः । स बभौ च यथा राहुः समीपे शशिसूर्ययोः ॥ १७
तमिच्छन्प्रथमं योद्धुं लक्ष्मणो निशितैः शरैः । मुमोच धनुरायम्य शरानग्निशिखोपमान् ॥ १८
तान्मुक्तमात्रानाकाशे लक्ष्मणेन धनुष्मता । बाणान्बाणैर्महातेजा रावणः प्रत्यवारयत् ॥ १९
एकमेकेन बाणेन त्रिभिस्त्रीन्दशभिर्दश । लक्ष्मणस्य प्रचिच्छेद दर्शयन्पाणिलाघवम् ॥ २०
अभ्यतिक्रम्य सौमित्रिं रावणः समितिंजयः । आससाद रणे रामं स्थितं शैलमिवापरम् ॥ २१
स राघवं समासाद्य क्रोधसंरक्तलोचनः । व्यसृजच्छरवर्षाणि रावणो राक्षसेश्वरः ॥ २२
शरधारास्ततो रामो रावणस्य धनुश्च्युताः । दृष्ट्वैवापतिताः शीघ्रं भल्लाञ्जग्राह सत्वरम् ॥ २३
ताञ्छरौघांस्ततो भल्लैस्तीक्ष्णैश्चिच्छेद राघवः । दीप्यमानान्महाघोराञ्छरानाशीविषोपमान् ॥ २४
राघवो रावणं तूर्णं रावणो राघवं तथा । अन्योन्यं विविधैस्तीक्ष्णैः शरवर्षैर्ववर्षतुः ॥ २५
चेरतुश्च चिरं चित्रं मण्डलं सव्यदक्षिणम् । बाणवेगात्समुत्क्षिप्तावन्योन्यमपराजितौ ॥ २६
तयोर्भूतानि वित्रेसुर्युगपत्संप्रयुध्यतोः । रौद्रयोः सायकमुचोर्यमान्तकनिकाशयोः ॥ २७
सततं विविधैर्बाणैर्बभूव गगनं तदा । घनैरिवातपापाये विद्युन्मालासमाकुलैः ॥ २८
गवाक्षितमिवाकाशं बभूव शरवृष्टिभिः । महावेगैः सुतीक्ष्णाग्रैर्गृध्रपत्रैः सुवाजितैः ॥ २९
शरान्धकारमाकाशं चक्रतुः प्रथमं तदा । गतेऽस्तं तपने चापि महामेघाविवोत्थितौ ॥ ३०
तयोरभून्महायुद्धमन्योन्यवधकाङ्क्षिणोः । अनासाद्यमचिन्त्यं च वृत्रवासवयोरिव ॥ ३१
उभौ हि परमेष्वासावुभौ युद्धविशारदौ । उभावस्त्रविदां मुख्यावुभौ युद्धे विचेरतुः ॥ ३२
उभौ हि येन व्रजतस्तेन तेन शरोर्मयः । ऊर्मयो वायुना विद्धा जग्मुः सागरयोरिव ॥ ३३
ततः संसक्तहस्तस्तु रावणो लोकरावणः । नाराचमालां रामस्य ललाटे प्रत्यमुञ्चत ॥ ३४
रौद्रचापप्रयुक्तां तां नीलोत्पलदलप्रभाम् । शिरसाधारयद्रामो न व्यथामभ्यपद्यत ॥ ३५
अथ मन्त्रानपि जपन्रौद्रमस्त्रमुदीरयन् । शरान्भूयः समादाय रामः क्रोधसमन्वितः ॥ ३६

हन्मीति शेषः ॥ ४ ॥ ५ ॥ इत्युक्त्वा रथस्य घोषेण दश दिशो नादयन् ॥ ६ ॥ ७ ॥ तामसमस्त्रं तमोग्रहदेवताकमस्त्रम् ॥ ८ ॥ ब्रह्मणा स्वयं निर्मितं तामसमस्त्रं सहितुं सोढुं न शेकुः ॥ ९ ॥ १० ॥ ११ ॥ १२ ॥ १३ ॥ राघवो हृष्टः । एकः शिष्टः शत्रुर्दृग्गोचरं प्राप्त इति हर्षः ॥ १४ ॥ १५ ॥ राघवबाणौघं रामविस्फारितेन च यः शब्दस्तेन पेतुः ॥ १६ ॥ स रावणो राजपुत्रयोः समीपं प्राप्य चन्द्रसूर्ययोः समीपे राहुर्यथा बभौ ॥ १७ ॥ १८ ॥ १९ ॥ २० ॥ अभ्यतिक्रम्य बाणैर्व्याकुलीकृत्य शैलमिव स्थिरमचलं राममाससाद ॥ २१ ॥ २२ ॥ २३ ॥ २४ ॥ राघवो रावणं रावणो राघवमित्यन्योन्यं शरवर्षैर्ववर्षतुर्ववृषतुः ॥ २५ ॥ अन्योन्यं बाणवेगात्समुत्क्षिप्तावन्योन्यं क्षिप्तवन्तौ । अपराजितावप्रतिहतौ ॥ २६ ॥ सायकं मुञ्चत इति सायकमुचौ तयोः ॥ २७ ॥ सततं व्याप्तम् ॥ २८ ॥ गवाक्षितमिव संजातगवाक्षमिव । गृध्रपत्रैस्तद्वन्घनैः । सुवाजितैः सम्यक्संपादितवेगैः । आर्षं पुंस्त्वम् । शरवृष्टिविशेषणत्वात् ॥ २९ ॥ तपने सूर्येऽस्तं गते च । अपिशब्दादस्ताचलं त्यक्त्वोदयाद्रिं गतेऽपीत्यर्थः । दिवापीति यावत् । यत्तु यथाश्रुतरीत्या रात्रावपीति व्याचक्षते तत्र न कश्चिच्चमत्कारः ॥ ३० ॥ ३१ ॥ ३२ ॥ येन व्रजतः । येन येन मण्डलचारेणेत्यर्थः ॥ ३३ ॥ संसक्तहस्तो बाणप्रयोग आसक्तहस्तः ॥ ३४ ॥ ३५ ॥ उदीरयन्प्रवर्तयन्

मुमोच च महातेजाश्चापमायम्य वीर्यवान् । ताञ्शरान्राक्षसेन्द्राय चिक्षेपाच्छिन्नसायकः ॥ ३७
ते महामेघसंकाशे कवचे पातिताः शराः । अवध्ये राक्षसेन्द्रस्य न व्यथां जनयंस्तदा ॥ ३८
पुनरेवाथ तं रामो रथस्थं राक्षसाधिपम् । ललाटे परमास्त्रेण सर्वास्त्रकुशलोऽभिनत् ॥ ३९
ते भित्त्वा बाणरूपाणि पञ्चशीर्षा इवोरगाः । श्वसन्तो विविशुर्भूमिं रावणप्रतिकूलिताः ॥ ४०
निहत्य राघवस्यास्त्रं रावणः क्रोधमूर्च्छितः । आसुरं सुमहाघोरमन्यदस्त्रं चकार सः ॥ ४१
सिंहव्याघ्रमुखांश्चापि कङ्ककोकमुखानपि । गृध्रश्येनमुखांश्चापि शृगालवदनांस्तथा ॥ ४२
ईहामृगमुखांश्चापि व्यादितास्यान्भयावहान् । पञ्चास्याँल्लेलिहानांश्च ससर्ज निशिताञ्शरान् ॥ ४३
शरान्खरमुखांश्चान्यान्वराहमुखसंश्रितान् । श्वानकुक्कुटवक्त्रांश्च मकराशीविषाननान् ॥ ४४
एतांश्चान्यांश्च मायाभिः ससर्ज निशिताञ्छरान् । रामं प्रति महातेजाः क्रुद्धः सर्प इव श्वसन् ॥ ४५
आसुरेण समाविष्टः सोऽस्त्रेण रघुपुंगवः । ससर्जास्त्रं महोत्साहं पावकं पावकोपमः ॥ ४६
अग्निदीप्तमुखान्बाणांस्तत्र सूर्यमुखानपि । ग्रहनक्षत्रवर्णांश्च महोल्कामुखसंस्थितान् ॥ ४७
विद्युज्जिह्वोपमांश्चापि ससर्ज विविधाञ्छरान् । ते रावणशरा घोरा राघवास्त्रसमाहताः ॥ ४८
विलयं जग्मुराकाशे जघ्नुश्चैव सहस्रशः । तदस्त्रं निहतं दृष्ट्वा रामेणाक्लिष्टकर्मणा ॥ ४९
हृष्टा नेदुस्ततः सर्वे कपयः कामरूपिणः । सुग्रीवाभिमुखा वीराः संपरिक्षिप्य राघवम् ॥ ५०

ततस्तदस्त्रं विनिहत्य राघवः प्रसह्य तद्रावणबाहुनिःसृतम् ।
मुदान्वितो दाशरथिर्महात्मा विनेदुरुच्चैर्मुदिताः कपीश्वराः ॥ ५१

इत्यार्षे श्रीमद्रामायणे वाल्मीकीय आदिकाव्ये युद्धकाण्डे एकोनशततमः सर्गः ॥ ९९ ॥

शततमः सर्गः ।

तस्मिन्प्रतिहतेऽस्त्रे तु रावणो राक्षसाधिपः । क्रोधं च द्विगुणं चक्रे क्रोधाच्चास्त्रमनन्तरम् ॥ १
मयेन विहितं रौद्रमन्यदस्त्रं महाद्युतिः । उत्स्रष्टुं रावणो भीमं राघवाय प्रचक्रमे ॥ २
ततः शूलानि निश्चेरुर्गदाश्च मुसलानि च । कार्मुकाद्दीप्यमानानि वज्रसाराणि सर्वशः ॥ ३
मुद्गराः कूटपाशाश्च दीप्ताश्चाशनयस्तथा । निष्पेतुर्विविधास्तीक्ष्णा वाता इव युगक्षये ॥ ४
तदस्त्रं राघवः श्रीमानुत्तमास्त्रविदां वरः । जघान परमास्त्रेण गान्धर्वेण महाद्युतिः ॥ ५
तस्मिन्प्रतिहतेऽस्त्रे तु राघवेण महात्मना । रावणः क्रोधताम्राक्षः सौरमस्त्रमुदीरयत् ॥ ६
ततश्चक्राणि निष्पेतुर्भास्वराणि महान्ति च । कार्मुकाद्भीमवेगस्य दशग्रीवस्य धीमतः ॥ ७
तैरासीद्गगनं दीप्तं संपतद्भिः समन्ततः । पतद्भिश्च दिशो दीप्तैश्चन्द्रसूर्यग्रहैरिव ॥ ८
तानि चिच्छेद बाणौघैश्चक्राणि तु स राघवः । आयुधानि च चित्राणि रावणस्य चमूमुखे ॥ ९
तदस्त्रं तु हतं दृष्ट्वा रावणो राक्षसाधिपः । विव्याध दशभिर्बाणै रामं सर्वेषु मर्मसु ॥ १०
स विद्धो दशभिर्बाणैर्महाकार्मुकनिःसृतैः । रावणेन महातेजा न प्राकम्पत राघवः ॥ ११
ततो विव्याध गात्रेषु सर्वेषु समितिंजयः । राघवस्तु सुसंक्रुद्धो रावणं बहुभिः शरैः ॥ १२

॥ ३६ ॥ अच्छिन्नसायकोऽव्यवच्छिन्नसायकः । निरन्तरप्रवर्तितबाणवर्ष इति यावत् ॥ ३७ ॥ अवध्येऽभेद्ये । जनयन्नजनयन् ॥ ३८ ॥ परमास्त्रेणेष्टास्त्रेण योजितैर्बाणैरभिनत् ॥ ३९ ॥ बाणरूपाणि । प्रशंसायां रूपप् । प्रशस्ता बाणाः । आर्षो लिङ्गव्यत्ययः । रावणप्रतिकूलिता रावणेन निवारिता अपि श्वसन्तः पञ्चशीर्षा उरगा इव भूमिं विविशुः ॥ ४० ॥ चकार प्रादुश्चकार ॥ ४१ ॥ ४२ ॥ ईहामृगो वृकः । पञ्चास्यान्सिंहमुखान् ॥ ४३ ॥ ४४ ॥ यदासुरमस्त्रं प्रादुश्चकार तदा ससर्जेत्यन्वयः ॥ ४५ ॥ तमोऽस्त्रस्य प्रत्यस्त्रं पावकमिति तत्ससर्जेत्याह—पावकमिति ॥ ४६ ॥ ततोऽखिलज्योतिर्गणमुखबाणोत्पत्तिरित्याह—अग्निदीप्तमुखानिति ॥ ४७ ॥ विद्युज्जिह्वोपमान्विद्युदर्चिःसदृशान् । 'कणा जिह्वास्तथार्चिषः' इति हलायुधः ॥ ४८ ॥ विलयं जग्मुस्तथापि सहस्रशो वानराञ्जघ्नुः ॥ ४९ ॥ संपरिक्षिप्य परिवार्य ॥ ५० ॥ ५१ ॥

इति श्रीरामाभिरामे श्रीरामीये रामायणतिलके वाल्मीकीय आदिकाव्ये युद्धकाण्डे एकोनशततमः सर्गः ॥ ९९ ॥

तस्मिन्प्रतिहते इति । क्रोधाच्चास्त्रमनन्तरम् । चक्रे इति शेषः ॥ १ ॥ तत्किमस्त्रं तत्राह—मयेनेति ॥ २ ॥ ३ ॥ ४ ॥ ५ ॥ ६ ॥ ७ ॥ ८ ॥ तानि सौरास्त्रनिःसृतचक्राणि । बाणबलादेव केवलं चिच्छेद न प्रत्यस्त्रमपेक्षते स्म ॥ ९ ॥ १० ॥ ११

एतस्मिन्नन्तरे क्रुद्धो राघवस्यानुजो बली । लक्ष्मणः सायकान्सप्त जग्राह परवीरहा ॥ १३
तैः सायकैर्महावेगै रावणस्य महाद्युतिः । ध्वजं मनुष्यशीर्षं तु तस्य चिच्छेद नैकधा ॥ १४
सारथेश्चापि बाणेन शिरो ज्वलितकुण्डलम् । जहार लक्ष्मणः श्रीमान्नैर्ऋतस्य महाबलः ॥ १५
तस्य बाणैश्च चिच्छेद धनुर्गजकरोपमम् । लक्ष्मणो राक्षसेन्द्रस्य पञ्चभिर्निशितैस्तदा ॥ १६
नीलमेघनिभांश्चास्य सदश्वान्पर्वतोपमान् । जघानाप्लुत्य गदया रावणस्य विभीषणः ॥ १७
हताश्वात्तु तदा वेगादवप्लुत्य महारथात् । कोपमाहारयत्तीव्रं भ्रातरं प्रति रावणः ॥ १८
ततः शक्तिं महाशक्तिः प्रदीप्तामशनीमिव । विभीषणाय चिक्षेप राक्षसेन्द्रः प्रतापवान् ॥ १९
अप्राप्तामेव तां बाणैस्त्रिभिश्चिच्छेद लक्ष्मणः । अथोदतिष्ठत्संनादो वानराणां महारणे ॥ २०
संपपात त्रिधा छिन्ना शक्तिः काञ्चनमालिनी । सविस्फुलिङ्गा ज्वलिता महोल्केव दिवश्च्युता ॥ २१
ततः संभाविततरां कालेनापि दुरासदाम् । जग्राह विपुलां शक्तिं दीप्यमानां स्वतेजसा ॥ २२
सा वेगिता बलवता रावणेन दुरात्मना । जज्वाल सुमहातेजा दीप्ताशनिसमप्रभा ॥ २३
एतस्मिन्नन्तरे वीरो लक्ष्मणस्तं विभीषणम् । प्राणसंशयमापन्नं तूर्णमभ्यवपद्यत ॥ २४
तं विमोक्षयितुं वीरश्चापमायम्य लक्ष्मणः । रावणं शक्तिहस्तं वै शरवर्षैरवाकिरत् ॥ २५
कीर्यमाणः शरौघेण विसृष्टेन महात्मना । स प्रहर्तुं मनश्चक्रे विमुखीकृतविक्रमः ॥ २६
मोक्षितं भ्रातरं दृष्ट्वा लक्ष्मणेन स रावणः । लक्ष्मणाभिमुखस्तिष्ठन्निदं वचनमब्रवीत् ॥ २७
मोक्षितस्ते बलश्लाघिन्यस्मादेवं विभीषणः । विमुच्य राक्षसं शक्तिस्त्वयीयं विनिपात्यते ॥ २८
एषा ते हृदयं भित्त्वा शक्तिर्लोहितलक्षणा । मद्बाहुपरिघोत्सृष्टा प्राणानादाय यास्यति ॥ २९
इत्येवमुक्त्वा तां शक्तिमष्टघण्टां महास्वनाम् । मयेन मायाविहिताममोघां शत्रुघातिनीम् ॥ ३०
लक्ष्मणाय समुद्दिश्य ज्वलन्तीमिव तेजसा । रावणः परमक्रुद्धश्चिक्षेप च ननाद च ॥ ३१
सा क्षिप्ता भीमवेगेन वज्राशनिसमस्वना । शक्तिरभ्यपतद्वेगाल्लक्ष्मणं रणमूर्धनि ॥ ३२
तामनुव्याहरच्छक्तिमापतन्तीं स राघवः । स्वस्त्यस्तु लक्ष्मणायेति मोघा भव हतोद्यमा ॥ ३३
रावणेन रणे शक्तिः क्रुद्धेनाशीविषोपमा । मुक्ताशूरस्यभीतस्य लक्ष्मणस्य ममज्ज सा ॥ ३४
न्यपतत्सा महावेगा लक्ष्मणस्य महोरसि । जिह्वेवोरगराजस्य दीप्यमाना महाद्युतिः ॥ ३५
ततो रावणवेगेन सुदूरमवगाढया । शक्त्या विभिन्नहृदयः पपात भुवि लक्ष्मणः ॥ ३६
तदवस्थं समीपस्थो लक्ष्मणं प्रेक्ष्य राघवः । भ्रातृस्नेहान्महातेजा विषण्णहृदयोऽभवत् ॥ ३७
स मुहूर्तमिव ध्यात्वा बाष्पपर्याकुलेक्षणः । बभूव संरब्धतरो युगान्त इव पावकः ॥ ३८
न विषादस्य कालोऽयमिति संचिन्त्य राघवः । चक्रे सुतुमुलं युद्धं रावणस्य वधे धृतः । ३९
सर्वयत्नेन महता लक्ष्मणं परिवीक्ष्य च ॥
स ददर्श ततो रामः शक्त्या भिन्नं महाहवे । लक्ष्मणं रुधिरादिग्धं सपन्नगमिवाचलम् ॥ ४०

॥ १२ ॥ १३ ॥ मनुष्यः शीर्षे यस्य तम् । मनुष्यशीर्षयुक्तमित्यर्थ इत्यन्ये ॥ १४ ॥ १५ ॥ गजकरोपमं धनुश्चिच्छेद ॥ १६ ॥ १७ ॥ १८ ॥ महाशक्तिर्महाबलः ॥ १९ ॥ २० ॥ २१ ॥ संभावितत्तराममोघेति सर्वविख्याताम् । दुरासदां दुःसहाम् ॥ २२ ॥ वेगिता कृतवेगा ॥ २३ ॥ तूर्णमभ्यवपद्यत । शक्तिसंमुखं स्वयमागत्य विभीषणं रक्षितवानित्यर्थः ॥ २४ ॥ २५ ॥ महात्मना लक्ष्मणेन विसृष्टेन शरौघेण कीर्यमाणः, अतएव विमुखीकृतविक्रमः कुण्ठितभ्रातृवधविषयोत्साहः, अतएव भ्रातरं प्रहर्तुं मनश्चक्रे ॥ २६ ॥ २७ ॥ २८ ॥ लोहितलक्षणा शत्रुरुधिरग्रहणस्वभावा ॥ २९ ॥ ३० ॥ ३१ ॥ ३२ ॥ आपतन्तीं तां शक्तिं शक्त्यधिष्ठातृदेवतामुद्दिश्यानुव्याहरत् । तदेवाह—लक्ष्मणाय स्वस्त्यस्तु । त्वं हतोद्यमा हतप्राणनाशोद्योगा, अतएव मोघा प्राणापहारांशे मोघा भव । तच्छक्तिस्तु पीडामात्रेण चरितार्थास्त्विति भावः । स्पर्शमात्रेण प्राणापहरणसामर्थ्ययुक्तायाः शक्तेरनेन स्ववाक्येन मोघीकरणात्स्वस्य सत्यसंकल्पत्वं सूचितम् ॥ ३३ ॥ सा मुक्ता शक्तिरभीतस्य भगवत्तत्त्वानुसंधानेन निर्भयस्य लक्ष्मणस्योरस्याशु ममज्ज ॥ ३४ ॥ मुक्ता आशु उरसीति च्छेदस्य गूढत्वात्स्पष्टमेवाह कविः—न्यपतदिति ॥ ३५ ॥ ३६ ॥ ३७ ॥ मुहूर्तमिव ध्यात्वा । किमिदानीं कर्तव्यमिति पर्यालोच्येत्यर्थः । संरब्धतरो युद्धेऽधिकोत्साहवान् ॥ ३८ ॥ अथ विषादस्यायं न काल इति संचिन्त्य लक्ष्मणं च संनिरीक्ष्य महतोत्कृष्टेन सर्वयत्नेन सहजबलास्त्रबलेन रावणस्य वधे धृतो निश्चितो भूत्वा सुतुमुलं युद्धं चक्रे । अयं च वक्ष्यमाणार्थसंक्षेपः ॥ ३९ ॥ तमेव प्रयुञ्जयति—स ददर्शेति ॥ ४० ॥ तां शक्तिं

तामपि प्रहितां शक्तिं रावणेन बलीयसा । यत्नतस्ते हरिश्रेष्ठा न शेकुरवमर्दितुम् ॥ ४१
अर्दिताश्चैव बाणौघैस्ते प्रवेकेण रक्षसाम् । सौमित्रेः सा विनिर्भिद्य प्रविष्टा धरणीतलम् ॥ ४२
तां कराभ्यां परामृश्य रामः शक्तिं भयावहाम् । बभञ्ज समरे क्रुद्धो बलवान्विचकर्ष च ॥ ४३
तस्य निष्कर्षतः शक्तिं रावणेन बलीयसा । शराः सर्वेषु गात्रेषु पातिता मर्मभेदिनः ॥ ४४
अचिन्तयित्वा तान्बाणान्समाश्लिष्य च लक्ष्मणम् । अब्रवीच्च हनूमन्तं सुग्रीवं च महाकपिम् ॥ ४५
लक्ष्मणं परिवार्यैव तिष्ठध्वं वानरोत्तमाः । पराक्रमस्य कालोऽयं संप्राप्तो मे चिरेप्सितः ॥ ४६
पापात्मायं दशग्रीवो वध्यतां पापनिश्चयः । काङ्क्षितं चातकस्येव घर्मान्ते मेघदर्शनम् ॥ ४७
अस्मिन्मुहूर्ते नचिरात्सत्यं प्रतिशृणोमि वः । अरावणमरामं वा जगद्द्रक्ष्यथ वानराः ॥ ४८
राज्यनाशं वने वासं दण्डके परिधावनम् । वैदेह्याश्च परामर्शं रक्षोभिश्च समागमम् ॥ ४९
प्राप्तं दुःखं महद्घोरं क्लेशश्च निरयोपमः । अद्य सर्वमहं त्यक्ष्ये निहत्वा रावणं रणे ॥ ५०
यदर्थं वानरं सैन्यं समानीतमिदं मया । सुग्रीवश्च कृतो राज्ये निहत्वा वालिनं रणे ।
यदर्थं सागरः क्रान्तः सेतुर्बद्धश्च सागरे ॥ ५१
सोऽयमद्य रणे पापश्चक्षुर्विषयमागतः । चक्षुर्विषयमागम्य नायं जीवितुमर्हति ॥ ५२
दृष्टिं दृष्टिविषस्येव सर्पस्य मम रावणः । यथा वा वैनतेयस्य दृष्टिं प्राप्तो भुजंगमः ॥ ५३
सुखं पश्यथ दुर्धर्षा युद्धं वानरपुंगवाः । आसीनाः पर्वताग्रेषु ममेदं रावणस्य च ॥ ५४
अद्य पश्यन्तु रामस्य रामत्वं मम संयुगे । त्रयो लोकाः सगन्धर्वाः सिद्धगन्धर्वचारणाः ॥ ५५
अद्य कर्म करिष्यामि यल्लोकाः सचराचराः । सदेवाः कथयिष्यन्ति यावद्भूमिर्धरिष्यति ॥ ५६
एवमुक्त्वा शितैर्बाणैस्तप्तकाञ्चनभूषणैः । आजघान रणे रामो दशग्रीवं समाहितः ॥ ५७
तथा प्रदीप्तैर्नाराचैर्मुसलैश्चापि रावणः । अभ्यवर्षत्तदा रामं धाराभिरिव तोयदः ॥ ५८
रामरावणमुक्तानामन्योन्यमभिनिघ्नताम् । वराणां च शराणां च बभूव तुमुलः स्वनः ॥ ५९
विच्छिन्नाश्च विकीर्णाश्च रामरावणयोः शराः । अन्तरिक्षात्प्रदीप्ताग्रा निपेतुर्धरणीतले ॥ ६०
तयोर्ज्यातलनिर्घोषो रामरावणयोर्महान् । त्रासनः सर्वभूतानां बभूवाद्भुतदर्शनः ॥ ६१
विकीर्यमाणः शरजालवृष्टिभिर्महात्मना दीप्तधनुष्मतार्दितः ।
भयात्प्रदुद्राव समेत्य रावणो यथानिलेनाभिहतो बलाहकः ॥ ६२

इत्यार्षे श्रीमद्रामायणे वाल्मीकीय आदिकाव्ये युद्धकाण्डे शततमः सर्गः ॥ १०० ॥

लक्ष्मणगात्रादवमर्दितुमुद्धर्तुं यत्नतो न शेकुः । तत्र हेतुर्बलीयसा प्रहितत्वम् ॥ ४१ ॥ हेत्वन्तरमप्याह—अर्दिता इति । रक्षसां प्रवेकेण श्रेष्ठेण । किं च सा शक्तिः सौमित्रेर्देहं निर्भिद्य धरणीतलं भुवं प्रविष्टा स्पृष्टवती ॥ ४२ ॥ तां शक्तिं कराभ्यां परामृश्य धृत्वा बलवान्बलवत्तरो रामो लक्ष्मणदेहाद्विचकर्ष । विकृष्य बभञ्ज च । इयं शक्तिः सर्वदा शत्रुं निर्भिद्य रावणसमीपमेव प्राप्नोति, इदानीं रामेण मोघा भवेत्युक्त्या सत्यसंकल्पेन नाशितनिष्क्रमणशक्तिस्तत्रैव लग्ना । सा च भगवता विकृष्य भग्ना ॥ ४३ ॥ एतदन्तरे रन्ध्रविद्राक्षसः प्रजहारेत्याह—तस्येति । शक्तिं निष्कर्षतस्तस्य रामस्य गात्रेष्वित्यन्वयः ॥ ४४ ॥ समाश्लिष्येति । समाश्लेषोऽयं सकलपीडानिवृत्तिफलकः स्वतादात्म्यावभासनरूपः ॥ ४५ ॥ ४६ ॥ पापात्मायं वध्यतां मत्तोऽद्य वधं प्राप्नोतु । यतो घर्मान्ते चातकस्य मेघदर्शनमिव वधार्थमस्य दर्शनं मम चिरं काङ्क्षितम् । 'स्तोककस्य' इति पाठेऽपि चातकस्येत्येवार्थः । 'स्तोककश्चातकः समौ' इत्यमरात् ॥ ४७ ॥ प्रतिशृणोमि प्रतिजाने । नचिरादित्यस्य शीघ्रमित्यर्थकस्य रावणमित्यादिनान्वयः ॥ ४८ ॥ ४९ ॥ राज्यनाशादिकृतं घोरं दुःखं मानसं प्राप्तम् । निरयोपमो यातनोपमः क्लेशः कायक्लेशश्च प्राप्तः ॥ ५० ॥ ५१ ॥ ५२ ॥ दृष्टिविषस्य दर्शनमात्रेण संहारकरमहाविषवतः सर्पस्य दृष्टिं प्राप्तो मनुष्य इव न रावणो जीवितुमर्हति ॥ ५३ ॥ ५४ ॥ रामस्य रामत्वं त्रींल्लोकान्सर्षिदेवान्धर्मेण सत्येन शौर्येण च रमयतीत्यन्वर्थं रामत्वम् । तदुचितं कर्माद्य करिष्यामीति भावः ॥ ५५ ॥ यावद्भूमिर्धरिष्यति प्राणिनस्तावद्यन्मे कर्म सचराचराः सदेवा लोका जनाः कथयिष्यन्ति तादृशं कर्म करिष्यामि ॥ ५६ ॥ ५७ ॥ ५८ ॥ वराणां शराणां श्रेष्ठानां शराणाम् । चान्मुसलानाम् ॥ ५९ ॥ ६० ॥ ६१ ॥ भयाद्भ्रातृपीडाजनितकोपेन । सर्वथा मां हनिष्यत्येवेति भयादित्यर्थः । इदं पलायनममासायंकाले ॥ ६२ ॥ **इति श्रीरामाभिरामे श्रीरामीये रामायणतिलके वाल्मीकीय आदिकाव्ये युद्धकाण्डे शततमः सर्गः ॥ १०० ॥**

एकाधिकशततमः सर्गः ।

शक्त्या निपातितं दृष्ट्वा रावणेन बलीयसा । लक्ष्मणं समरे शूरं शोणितौघपरिप्लुतम् ॥ १
स दत्त्वा तुमुलं युद्धं रावणस्य दुरात्मनः । विसृजन्नेव बाणौघान्सुषेणमिदमब्रवीत् ॥ २
एष रावणवीर्येण लक्ष्मणः पतितो भुवि । सर्पवच्चेष्टते वीरो मम शोकमुदीरयन् ॥ ३
शोणितार्द्रमिमं वीरं प्राणैः प्रियतरं मम । पश्यतो मम का शक्तिर्योद्धुं पर्याकुलात्मनः ॥ ४
अयं स समरश्लाघी भ्राता मे शुभलक्षणः । यदि पञ्चत्वमापन्नः प्राणैर्मे किं सुखेन वा ॥ ५
लज्जतीव हि मे वीर्यं भ्रश्यतीव कराद्धनुः । सायका व्यवसीदन्ति दृष्टिर्बाष्पवशं गता ॥ ६
अवसीदन्ति गात्राणि स्वप्नयाने नृणामिव । चिन्ता मे वर्धते तीव्रा मुमूर्षापि च जायते ॥ ७
भ्रातरं निहतं दृष्ट्वा रावणेन दुरात्मना । विष्टनन्तं तु दुःखार्तं मर्मण्यभिहतं भृशम् ॥ ८
परं विषादमापन्नो विललापाकुलेन्द्रियः । भ्रातरं निहतं दृष्ट्वा लक्ष्मणं रणपांसुषु ॥ ९
विजयोऽपि हि मे शूर न प्रियायोपकल्पते । अचक्षुर्विषयश्चन्द्रः कां प्रीतिं जनयिष्यति ॥ १०
किं मे युद्धेन किं प्राणैर्युद्धकार्यं न विद्यते । यत्रायं निहतः शेते रणमूर्धनि लक्ष्मणः ॥ ११
यथैव मां वनं यान्तमनुयाति महाद्युतिः । अहमप्यनुयास्यामि तथैवैनं यमक्षयम् ॥ १२
इष्टबन्धुजनो नित्यं मां स नित्यमनुव्रतः । इमामवस्थां गमितो राक्षसैः कूटयोधिभिः ॥ १३
देशेदेशे कलत्राणि देशेदेशे च बान्धवाः । तं तु देशं न पश्यामि यत्र भ्राता सहोदरः ॥ १४
किं नु राज्येन दुर्धर्ष लक्ष्मणेन विना मम । कथं वक्ष्याम्यहं त्वम्बां सुमित्रां पुत्रवत्सलाम् ॥ १५
उपालम्भं न शक्ष्यामि सोढुं दत्तं सुमित्रया । किं नु वक्ष्यामि कौसल्यां मातरं किं नु कैकयीम् ॥ १६
भरतं किं नु वक्ष्यामि शत्रुघ्नं च महाबलम् । सह तेन वनं यातो विना तेनागतः कथम् ॥ १७
इहैव मरणं श्रेयो न तु बन्धुविगर्हणम् । किं मया दुष्कृतं कर्म कृतमन्यत्र जन्मनि ॥ १८
येन मे धार्मिको भ्राता निहतश्चाग्रतः स्थितः । हा भ्रातर्मनुजश्रेष्ठ शूराणां प्रवर प्रभो ॥ १९
एकाकी किं नु मां त्यक्त्वा परलोकाय गच्छसि । विलपन्तं च मां भ्रातः किमर्थं नावभाषसे ॥ २०
उत्तिष्ठ पश्य किं शेषे दीनं मां पश्य चक्षुषा । शोकार्तस्य प्रमत्तस्य पर्वतेषु वनेषु च ॥ २१
विषण्णस्य महाबाहो समाश्वासयिता मम । राममेवं ब्रुवाणं तु शोकव्याकुलितेन्द्रियम् ॥ २२
आश्वासयन्नुवाचेदं सुषेणः परमं वचः । त्यजेमां नरशार्दूल बुद्धिं वैक्लव्यकारिणीम् ॥ २३
शोकसंजननीं चिन्तां तुल्यां बाणैश्चमूमुखे । नैव पञ्चत्वमापन्नो लक्ष्मणो लक्ष्मिवर्धनः ॥ २४
नह्यस्य विकृतं वक्त्रं न च श्यामत्वमागतम् । सुप्रभं च प्रसन्नं च मुखमस्य निरीक्ष्यताम् ॥ २५
पद्मपत्रतलौ हस्तौ सुप्रसन्ने च लोचने । नेदृशं दृश्यते रूपं गतासूनां विशांपते ॥ २६
विषादं मा कृथा वीर सप्राणोऽयमरिंदम । आख्याति तु प्रसुप्तस्य स्रस्तगात्रस्य भूतले ॥ २७
सोच्छ्वासं हृदयं वीर कम्पमानं मुहुर्मुहुः । एवमुक्त्वा महाप्राज्ञः सुषेणो राघवं वचः ॥ २८
समीपस्थमुवाचेदं हनूमन्तं महाकपिम् । सौम्य शीघ्रमितो गत्वा पर्वतं हि महोदयम् ॥ २९
पूर्वं तु कथितो योऽसौ वीर जाम्बवता तव । दक्षिणे शिखरे जातां महौषधिमिहानय ॥ ३०
विशल्यकरणीं नाम्ना सावर्ण्यकरणीं तथा । संजीवकरणीं वीर संधानीं च महौषधिम् ॥ ३१

शक्त्येति ॥ १ ॥ बाणौघान्विसृजन्रावणस्य तुमुलं युद्धं दत्त्वा तस्मिन्पलायिते लक्ष्मणपीडानिवृत्त्यर्थं सुषेणमिदमब्रवीत् ॥ २ ॥ शोकमुदीरयञ्जनयन् ॥ ३ ॥ प्राणैः प्राणेभ्यः ॥ ४ ॥ ५ ॥ लज्जतीवेति परस्मैपदमार्षम् ॥ ६ ॥ स्वप्नयाने । स्वप्ने इत्यर्थे आर्षमस्य साधुत्वम् ॥ ७ ॥ भ्रातरं निहतमित्यादि सार्धश्लोकः कविवाक्यम् । विष्टनन्तं विकृतशब्दं कुर्वन्तम् ॥ ८ ॥ रणपांसुषु लुठन्तमिति शेषः । तादृशं भ्रातरं दृष्ट्वा विजयोऽपि मे न प्रियायेत्यर्थः ॥ ९ ॥ १० ॥ यत्रायमिति । यतः कारणादित्यर्थः ॥ ११ ॥ १२ ॥ १३ ॥ १४ ॥ १५ ॥ १६ ॥ १७ ॥ १८ ॥ १९ ॥ २० ॥ २१ ॥ २२ ॥ २३ ॥ बाणैः शत्रुप्रेषितैस्तुल्यां । न पञ्चत्वं मृतिमापन्नः । श्वासाद्यनुभवात् ॥२४॥ नापि मरिष्यति लक्षणाभावादित्याह—नह्यस्येति ॥ २५ ॥ पद्मपत्रतलौ पद्मपत्रवद्रक्तवर्णकरतलवन्तौ ॥ २६ ॥ भूतले प्रसुप्तस्य स्रस्तगात्रस्येव मुहुर्मुहुः कम्पमानस्य हृदयमस्मुं सोच्छ्वासमाख्याति ॥ २७ ॥ २८ ॥ २९ ॥ योऽसौ जाम्बवता ते कथितस्तमोषधिपर्वतं गत्वा तस्य दक्षिणशिखरे जातामोषधीमानय ॥३०॥ सावर्ण्यकरणीं पूर्ववर्णसमानवर्णकरणीम् ॥३१॥

संजीवनार्थं वीरस्य लक्ष्मणस्य त्वमानय । इत्येवमुक्तो हनुमान्गत्वा चौषधिपर्वतम् ।
चिन्तामभ्यगमच्छ्रीमानजानंस्ता महौषधीः ॥ ३२
तस्य बुद्धिः समुत्पन्ना मारुतेरमितौजसः । इदमेव गमिष्यामि गृहीत्वा शिखरं गिरेः ॥ ३३
अस्मिंस्तु शिखरे जातामोषधीं तां सुखावहाम् । प्रतर्केणावगच्छामि सुषेणो ह्येवमब्रवीत् ॥ ३४
अगृह्य यदि गच्छामि विशल्यकरणीमहम् । कालात्ययेन दोषः स्याद्वैक्लव्यं च महद्भवेत् ॥ ३५
इति संचिन्त्य हनुमान्गत्वा क्षिप्रं महाबलः । आसाद्य पर्वतश्रेष्ठं त्रिः प्रकम्प्य गिरेस्तटम् ॥ ३६
फुल्लनानातरुगणं समुत्पाट्य महाबलः । गृहीत्वा हरिशार्दूलो हस्ताभ्यां समतोलयत् ॥ ३७
स नीलमिव जीमूतं तोयपूर्णं नभस्तलात् । उत्पपात गृहीत्वा तु हनूमाञ्शिखरं गिरेः ॥ ३८
समागम्य महावेगः संन्यस्य शिखरं गिरेः । विश्रम्य किंचिद्धनुमान्सुषेणमिदमब्रवीत् ॥ ३९
औषधीर्नावगच्छामि ता अहं हरिपुंगव । तदिदं शिखरं कृत्स्नं गिरेस्तस्याहृतं मया ॥ ४०
एवं कथयमानं तु प्रशस्य पवनात्मजम् । सुषेणो वानरश्रेष्ठो जग्राहोत्पाट्य चौषधीः ॥ ४१
विस्मितास्तु बभूवुस्ते सर्वे वानरपुंगवाः । दृष्ट्वा तु हनुमत्कर्म सुरैरपि सुदुष्करम् ॥ ४२
ततः संक्षोदयित्वा तामोषधीं वानरोत्तमः । लक्ष्मणस्य ददौ नस्तः सुषेणः सुमहाद्युतिः ॥ ४३
सशल्यः स समाघ्राय लक्ष्मणः परवीरहा । विशल्यो विरुजः शीघ्रमुदतिष्ठन्महीतलात् ॥ ४४
तमुत्थितं तु हरयो भूतलात्प्रेक्ष्य लक्ष्मणम् । साधुसाध्विति सुप्रीता लक्ष्मणं प्रत्यपूजयन् ॥ ४५
एह्येहीत्यब्रवीद्रामो लक्ष्मणं परवीरहा । सस्वजे गाढमालिङ्ग्य बाष्पपर्याकुलेक्षणः ॥ ४६
अब्रवीच्च परिष्वज्य सौमित्रिं राघवस्तदा । दिष्ट्या त्वां वीर पश्यामि मरणात्पुनरागतम् ॥ ४७
नहि मे जीवितेनार्थः सीतया च जयेन वा । को हि मे जीवितेनार्थस्त्वयि पञ्चत्वमागते ॥ ४८
इत्येवं ब्रुवतस्तस्य राघवस्य महात्मनः । खिन्नः शिथिलया वाचा लक्ष्मणो वाक्यमब्रवीत् ॥ ४९
तां प्रतिज्ञां प्रतिज्ञाय पुरा सत्यपराक्रमः । लघुः कश्चिदिवासत्त्वो नैवं त्वं वक्तुमर्हसि ॥ ५०
नहि प्रतिज्ञां कुर्वन्ति वितथां सत्यवादिनः । लक्षणं हि महत्त्वस्य प्रतिज्ञापरिपालनम् ॥ ५१
नैराश्यमुपगन्तुं च नालं ते मत्कृतेऽनघ । वधेन रावणस्याद्य प्रतिज्ञामनुपालय ॥ ५२
न जीवन्यास्यते शत्रुस्तव बाणवशं गतः । नर्दतस्तीक्ष्णदंष्ट्रस्य सिंहस्येव महागजः ॥ ५३
अहं तु वधमिच्छामि शीघ्रमस्य दुरात्मनः । यावदस्तं न यात्येष कृतकर्मा दिवाकरः ॥ ५४

यदि वधमिच्छसि रावणस्य संख्ये यदि च कृतां हि तवेच्छसि प्रतिज्ञाम् ।
यदि तव राजसुताभिलाष आर्य कुरु च वचो मम शीघ्रमद्य वीर ॥ ५५

इत्यार्षे श्रीमद्रामायणे वाल्मीकीय आदिकाव्ये युद्धकाण्ड एकाधिकशततमः सर्गः ॥ १०१ ॥

अजानंस्ता महौषधीरिति । पूर्वदृष्टानामप्यपरिचये पुराणान्तरोक्तकालनेमियुद्धकृतचित्तचाञ्चल्यं हेतुरिति बोध्यम् ॥ ३२ ॥ ३३ ॥ अस्मिंस्तु शिखरे इति । अस्मिन्नेव शिखरे जातां तामोषधीं प्रतर्केणावगच्छामि, हि यतः सुषेण एवमेवं लक्षणशिखरे तामब्रवीत् ॥ ३४ ॥ अगृह्येति । अत्र शिखरेऽस्तीत्येतावन्मात्रमेव जानामि, इयं विशल्यकरणीति विशिष्य न जानामि । अनुभवाभावात् । अतस्तां विशल्यकरणीं लक्ष्मणस्य सप्राणत्वादवश्यमपेक्षितां यद्यगृहीत्वान्यां वा तदाभासां गृहीत्वा गच्छामि तदा महद्वैक्लव्यमचतुराज्ञत्वादिदोषः स्यात् । विचारकरणे तु कालात्ययेन लक्ष्मणस्य प्राणनाशो दोषः स्यात् ॥ ३५ ॥ इत्येवमादिकं संचिन्त्य त्रिः प्रकम्प्य । स्वेन पुरा स्थापितस्यापि पुनरुत्पाटनार्थं त्रिः कम्पनम् । पूर्वं संगृहीतौषधीनां मूर्च्छितयूथपेषु व्ययात्पुनरस्य प्रेषणमिति बोध्यम् ॥ ३६ ॥ ३७ ॥ गिरेः शिखरं गृहीत्वा स्थलात्रभ उत्पपात ॥ ३८ ॥ संन्यस्य । सुषेणसमीप इति शेषः ॥ ३९ ॥ ४० ॥ ४१ ॥ ४२ ॥ संक्षोदयित्वा । संमर्द्येत्यर्थः ॥ ४३ ॥ ४४ ॥ ४५ ॥ एह्येति । उत्थितं लक्ष्मणं राम एह्येहीत्यब्रवीत् ॥ ४६ ॥ ४७ ॥ ४८ ॥ शिथिलया वाचा खिन्नः । को हि मे जीवितेनार्थं इत्येवंरूपया रावणवधविभीषणराज्यदानप्रतिज्ञाशैथिल्यकरया वाचा खिन्न इत्यर्थः ॥ ४९ ॥ तदेवाह—तामिति । तां मदुक्तरूपाम् ॥ ५० ॥ ५१ ॥ मत्कृते नैराश्यमुपगन्तुं नालं न युक्तम् । दैवाद्विपत्तावपीति शेषः । प्रतिज्ञामनुपालय दैवगत्या ममापि स्वस्थतया स्वस्थचित्तः सन्प्रतिज्ञां पालय ॥ ५२ ॥ ५३ ॥ कृतकर्मा अद्यतनकर्तव्यांशे कृतलोकानुग्रहः । यावदस्तं न यातीत्यनेनाश्विनशुक्लप्रतिपद्येषा वार्तेति गम्यते ॥ ५४ ॥ ५५ ॥ **इति श्रीरामाभिरामे श्रीरामीये रामायणतिलके वाल्मीकीय आदिकाव्ये युद्धकाण्ड एकाधिकशततमः सर्गः ॥ १०१ ॥**

द्व्यधिकशततमः सर्गः ।

लक्ष्मणेन तु तद्वाक्यमुक्तं श्रुत्वा स राघवः । संदधे परवीरघ्नो धनुरादाय वीर्यवान् ॥ १
रावणाय शरान्घोरान्विससर्ज चमूमुखे । अथान्यं रथमास्थाय रावणो राक्षसाधिपः ॥ २
अभ्यधावत काकुत्स्थं स्वर्भानुरिव भास्करम् । दशग्रीवो रथस्थस्तु रामं वज्रोपमैः शरैः ।
आजघान महाशैलं धाराभिरिव तोयदः ॥ ३
दीप्तपावकसंकाशैः शरैः काञ्चनभूषणैः । अभ्यवर्षद्रणे रामो दशग्रीवं समाहितः ॥ ४
भूमौ स्थितस्य रामस्य रथस्थस्य च राक्षसः । न समं युद्धमित्याहुर्देवगन्धर्वकिंनराः ॥ ५
ततो देववरः श्रीमाञ्श्रुत्वा तेषां वचोमृतम् । आहूय मातलिं शक्रो वचनं चेदमब्रवीत् ॥ ६
रथेन मम भूमिष्ठं शीघ्रं याहि रघूत्तमम् । आहूय भूतलं यातः कुरु देवहितं महत् ॥ ७
इत्युक्तो देवराजेन मातलिर्देवसारथिः । प्रणम्य शिरसा देवं ततो वचनमब्रवीत् ॥ ८
शीघ्रं यास्यामि देवेन्द्र सारथ्यं च करोम्यहम् । ततो हयैश्च संयोज्य हरितैः स्यन्दनोत्तमम् ।
ततः काञ्चनचित्राङ्गः किङ्किणीशतभूषितः ॥ ९
तरुणादित्यसंकाशो वैदूर्यमयकूबरः । सदश्वैः काञ्चनापीडैर्युक्तः श्वेतप्रकीर्णकैः ॥ १०
हरिभिः सूर्यसंकाशैर्हेमजालविभूषितैः । रुक्मवेणुध्वजः श्रीमान्देवराजरथो वरः ॥ ११
देवराजेन संदिष्टो रथमारुह्य मातलिः । अभ्यवर्तत काकुत्स्थमवतीर्य त्रिविष्टपात् ॥ १२
अब्रवीच्च तदा रामं सप्रतोदो रथे स्थितः । प्राञ्जलिर्मातलिर्वाक्यं सहस्राक्षस्य सारथिः ॥ १३
सहस्राक्षेण काकुत्स्थ रथोऽयं विजयाय ते । दत्तस्तव महासत्त्व श्रीमञ्शत्रुनिबर्हण ॥ १४
इदमैन्द्रं महच्चापं कवचं चाग्निसंनिभम् । शराश्चादित्यसंकाशाः शक्तिश्च विमला शिवा ॥ १५
आरुह्येमं रथं वीर राक्षसं जहि रावणम् । मया सारथिना देव महेन्द्र इव दानवान् ॥ १६
इत्युक्तः संपरिक्रम्य रथं तमभिवाद्य च । आरुरोह तदा रामो लोकाँल्लक्ष्म्या विराजयन् ॥ १७
तद्बभौ चाद्भुतं युद्धं द्वैरथं रोमहर्षणम् । रामस्य च महाबाहो रावणस्य च रक्षसः ॥ १८
स गान्धर्वेण गान्धर्वं दैवं दैवेन राघवः । अस्त्रं राक्षसराजस्य जघान परमास्त्रवित् ॥ १९
अस्त्रं तु परमं घोरं राक्षसं राक्षसाधिपः । ससर्ज परमक्रुद्धः पुनरेव निशाचरः ॥ २०
ते रावणधनुर्मुक्ताः शराः काञ्चनभूषणाः । अभ्यवर्तन्त काकुत्स्थं सर्पा भूत्वा महाविषाः ॥ २१
ते दीप्तवदना दीप्तं वमन्तो ज्वलनं मुखैः । राममेवाभ्यवर्तन्त व्यादितास्या भयानकाः ॥ २२
तैर्वासुकिसमस्पर्शैर्दीप्तभोगैर्महाविषैः । दिशश्च संतताः सर्वा विदिशश्च समावृताः ॥ २३
तान्दृष्ट्वा पन्नगान्रामः समापतत आहवे । अस्त्रं गारुत्मतं घोरं प्रादुश्चक्रे भयावहम् ॥ २४
ते राघवधनुर्मुक्ता रुक्मपुङ्खाः शिखिप्रभाः । सुपर्णाः काञ्चना भूत्वा विचेरुः सर्पशत्रवः ॥ २५
ते तान्सर्वाञ्शराञ्जघ्नुः सर्परूपान्महाजवान् । सुपर्णरूपा रामस्य विशिखाः कामरूपिणः ॥ २६
अस्त्रे प्रतिहते क्रुद्धो रावणो राक्षसाधिपः । अभ्यवर्षत्तदा रामं घोराभिः शरवृष्टिभिः ॥ २७
ततः शरसहस्रेण राममक्लिष्टकारिणम् । अर्दयित्वा शरौघेण मातलिं प्रत्यविध्यत ॥ २८

लक्ष्मणेनेति ॥ १ ॥ रावणाय शरान्विससर्ज । अथान्यं रथमित्यनेन चात्र स्थाने रावणेन शुक्राज्ञया जयनिमित्तं निकुम्भिलायामारब्धहोमकर्मणो वानरद्वारा हिंसनं पुराणान्तरोक्तमनुसंधेयमिति सूचितम् । पूर्वं रणात्पलायनोक्त्या रावणोद्देश्यकशरविसर्गस्य रणभूमावसंभवादाश्विनप्रतिपन्मध्याह्न एतद्युद्धप्रवृत्तिः ॥ २ ॥ ३ ॥ ४ ॥ ५ ॥ ६ ॥ मम रथेन शीघ्रं रघूत्तमं याहि । भूतलं यातः प्राप्तश्चाहूय रघूत्तमं संबोधनपूर्वकं देवराजरथोऽयमिति बोधयित्वा महद्देवहितं कुर्वित्यर्थः ॥ ७ ॥ ८ ॥ ९ ॥ काञ्चनापीडैः स्वर्णाभरणैः श्वेतप्रकीर्णकैः सितचामराद्यलंकारवद्भिः । 'चामरं तु प्रकीर्णकम्' इत्यमरः ॥ १० ॥ देवराजरथः । योऽस्तीति शेषः । तमारुह्येत्युत्तरेण संबन्धः ॥ ११ ॥ देवराजेन संदिष्टः शीघ्रं गच्छेत्याज्ञप्तो मातलिरित्यन्वयः । पूर्वाज्ञया वस्तुसज्जीकरणं पुनराज्ञया मनुष्यलोकं प्रति चलनमिति बोध्यम् ॥ १२ ॥ १३ ॥ १४ ॥ इदं दत्तमित्यनुषज्यते ॥ १५ ॥ १६ ॥ संपरिक्रम्य प्रदक्षिणीकृत्य ॥ १७ ॥ द्वैरथम् । द्वौ रथौ ययोस्तौ द्विरथौ तयोरिदं द्वैरथम् ॥ १८ ॥ १९ ॥ २० ॥ २१ ॥ व्यादितास्या व्यात्तवदनाः ॥ २२ ॥ २३ ॥ प्रादुश्चक्रे प्रयुयुजे ॥ २४ ॥ शिखिप्रभा अग्निप्रभाः ॥ २५ ॥ २६ ॥ २७ ॥ २८ ॥ केतुमुद्दिश्य

चिच्छेद केतुमुद्दिश्य शरेणैकेन रावणः । पातयित्वा रथोपस्थे रथात्केतुं च काञ्चनम् ॥ २९
ऐन्द्रानपि जघानाश्वाञ्शरजालेन रावणः । विषेदुर्देवगन्धर्वचारणा दानवैः सह ॥ ३०
राममार्तं तदा दृष्ट्वा सिद्धाश्च परमर्षयः । व्यथिता वानरेन्द्राश्च बभूवुः सविभीषणाः ॥ ३१
रामचन्द्रमसं दृष्ट्वा ग्रस्तं रावणराहुणा । प्राजापत्यं च नक्षत्रं रोहिणीं शशिनः प्रियाम् ॥ ३२
समाक्रम्य बुधस्तस्थौ प्रजानामहितावहः । सधूमपरिवृत्तोर्मिः प्रज्वलन्निव सागरः ॥ ३३
उत्पपात तदा क्रुद्धः स्पृशन्निव दिवाकरम् । शस्त्रवर्णः सुपरुषो मन्दरश्मिर्दिवाकरः ॥ ३४
अदृश्यत कबन्धाङ्कः संसक्तो धूमकेतुना । कोसलानां च नक्षत्रं व्यक्तमिन्द्राग्निदैवतम् ॥ ३५
आहत्याङ्गारकस्तस्थौ विशाखमपि चाम्बरे । दशास्यो विंशतिभुजः प्रगृहीतशरासनः ॥ ३६
अदृश्यत दशग्रीवो मैनाक इव पर्वतः । निरस्यमानो रामस्तु दशग्रीवेण रक्षसा ॥ ३७
नाशक्नोदभिसंधातुं सायकान्रणमूर्धनि । स कृत्वा भ्रुकुटिं क्रुद्धः किंचित्संरक्तलोचनः ॥ ३८
जगाम सुमहाक्रोधं निर्दहन्निव राक्षसान् । तस्य क्रुद्धस्य वदनं दृष्ट्वा रामस्य धीमतः ।
सर्वभूतानि वित्रेसुः प्राकम्पत च मेदिनी ॥ ३९
सिंहशार्दूलवाञ्छैलः संचचाल चलद्रुमः । बभूव चापि क्षुभितः समुद्रः सरितां पतिः ॥ ४०
खराश्च खरनिर्घोषा गगने परुषा घनाः । औत्पातिकाश्च नर्दन्तः समन्तात्परिचक्रमुः ॥ ४१
रामं दृष्ट्वा सुसंक्रुद्धमुत्पातांश्चैव दारुणान् । वित्रेसुः सर्वभूतानि रावणस्याभवद्भयम् ॥ ४२
विमानस्थास्तदा देवा गन्धर्वाश्च महोरगाः । ऋषिदानवदैत्याश्च गुरुत्मन्तश्च खेचराः ॥ ४३
ददृशुस्ते तदा युद्धं लोकसंवर्तसंस्थितम् । नानाप्रहरणैर्भीमैः शूरयोः संप्रयुध्यतोः ॥ ४४
ऊचुः सुरासुराः सर्वे तदा विग्रहमागताः । प्रेक्षमाणा महायुद्धं वाक्यं भक्त्या प्रहृष्टवत् ॥ ४५
दशग्रीवं जयेत्याहुरसुराः समवस्थिताः । देवा राममथोचुस्ते त्वं जयेति पुनःपुनः ॥ ४६
एतस्मिन्नन्तरे क्रोधाद्राघवस्य च रावणः । प्रहर्तुकामो दुष्टात्मा स्पृशन्प्रहरणं महत् ॥ ४७
वज्रसारं महानादं सर्वशत्रुनिबर्हणम् । शैलशृङ्गनिभैः कूटैश्चित्तदृष्टिभयावहम् ॥ ४८
सधूममिव तीक्ष्णाग्रं युगान्ताग्निचयोपमम् । अतिरौद्रमनासाद्यं कालेनापि दुरासदम् ॥ ४९
त्रासनं सर्वभूतानां दारणं भेदनं तथा । प्रदीप्त इव रोषेण शूलं जग्राह रावणः ॥ ५०
तच्छूलं परमक्रुद्धो जग्राह युधि वीर्यवान् । अनीकैः समरे शूरै राक्षसैः परिवारितः ॥ ५१
समुद्यम्य महाकायो ननाद युधि भैरवम् । संरक्तनयनो रोषात्स्वसैन्यमभिहर्षयन् ॥ ५२
पृथिवीं चान्तरिक्षं च दिशश्च प्रदिशस्तथा । प्राकम्पयत्तदा शब्दो राक्षसेन्द्रस्य दारुणः ॥ ५३
अतिकायस्य नादेन तेन तस्य दुरात्मनः । सर्वभूतानि वित्रेसुः सागरश्च प्रचुक्षुभे ॥ ५४
स गृहीत्वा महावीर्यः शूलं तद्रावणो महत् । विनद्य सुमहानादं रामं परुषमब्रवीत् ॥ ५५
शूलोऽयं वज्रसारस्ते राम रोषान्मयोद्यतः । तव भ्रातृसहायस्य सम्यक्प्राणान्हरिष्यति ॥ ५६
रक्षसामद्य शूराणां निहतानां चमूमुखे । त्वां निहत्य रणश्लाघी करोमि तरसा समम् ॥ ५७
तिष्ठेदानीं निहन्मि त्वामेष शूलेन राघव । एवमुक्त्वा स चिक्षेप तच्छूलं राक्षसाधिपः ॥ ५८

प्रक्षिप्तेनैकेन शरेण केतुं चिच्छेद । छिन्नं च तं रथाद्रथोर्ध्वदेशाद्रथोपस्थे पातयित्वा ॥ २९ ॥ अश्वानपि जघान ॥ ३० ॥ ३१ ॥ अथ रामभयावहानुत्पातानाह—प्राजापत्यमिति । प्रजापतिर्दैवत्यनक्षत्रभूतां रोहिणीमित्यर्थः ॥ ३२ ॥ ३३ ॥ दिवाकरं स्पृशन्निवोत्पपात । अत्युच्चोर्मिर्जात इत्यर्थः । शस्त्रवर्णः कृष्णान्तर्मण्डलः ॥ ३४ ॥ कबन्धाङ्कः कबन्धोऽङ्के यस्य सः ॥ ३५ ॥ विशाखं विशाखाख्यनक्षत्रम् । एते उत्पाता रामस्य तथा मनुष्यधर्मनटनसूचका इति बोध्यम् ॥ ३६ ॥ ३७ ॥ ३८ ॥ क्रुद्धः स रामः सुमहाक्रोधं जगाम । तादृशक्रोधप्राप्तौ स्वजनार्तिर्भुनवैपरीत्यं रावणपराक्रमश्च निमित्तम् ॥ ३९ ॥ चलद्रुम इति बहुव्रीहिः । 'महद्रुमः' इति पाठान्तरम् ॥ ४० ॥ औत्पातिका उत्पातप्रवृत्ताः ॥ ४१ ॥ ४२ ॥ ४३ ॥ लोकानां संवर्तः प्रलयस्तद्वत्संस्थितं संस्थानं यस्य तत् ॥ ४४ ॥ विग्रहमागता रामरावणपक्षपाताद्विरोधपूर्वकमभिनिवेशं प्राप्ताः । प्रहृष्टवत्प्रहृष्टाः सन्तः ॥ ४५ ॥ ४६ ॥ ४७ ॥ कूटैः शूलस्य दलत्रयशिखरैः ॥ ४८ ॥ अग्निचयोऽग्निसमूहः ॥ ४९ ॥ ५० ॥ अनीकैरनेकानीकसंख्यैः ॥ ५१ ॥ ५२ ॥ ५३ ॥ ५४ ॥ ५५ ॥ ५६ ॥ त्वां निहत्य रक्षसां समं करोमि । रक्षोभिः समं करिष्यामीत्यर्थः ॥ ५७ ॥ ५८

तद्रावणकरान्मुक्तं विद्युन्मालासमावृतम् । अष्टघण्टं महानादं वियद्गतमशोभत ॥ ५९
तच्छूलं राघवो दृष्ट्वा ज्वलन्तं घोरदर्शनम् । ससर्ज विशिखान्रामश्चापमायम्य वीर्यवान् ॥ ६०
आपतन्तं शरौघेण वारयामास राघवः । उत्पतन्तं युगान्ताग्निं जलौघैरिव वासवः ॥ ६१
निर्ददाह स तान्बाणान्रामकार्मुकनिःसृतान् । रावणस्य महाञ्शूलः पतङ्गानिव पावकः ॥ ६२
तान्दृष्ट्वा भस्मसाद्भूताञ्शूलसंस्पर्शचूर्णितान् । सायकानन्तरिक्षस्थान्राघवः क्रोधमूर्च्छितः ॥ ६३
स तां मातलिनानीतां शक्तिं वासवसंमताम् । जग्राह परमक्रुद्धो राघवो रघुनन्दनः ॥ ६४
सा तोलिता बलवता शक्तिर्घण्टाकृतस्वना । नभः प्रज्वालयामास युगान्तोल्केव सप्रभा ॥ ६५
सा क्षिप्ता राक्षसेन्द्रस्य तस्मिञ्छूले पपात ह । भिन्नः शक्त्या महाञ्शूलो निपपात गतद्युतिः ॥ ६६
निर्बिभेद ततो बाणैर्हयानस्य महाजवान् । रामः क्ष्वेडैर्महावेगैर्वाणवद्भिरजिह्मगैः ॥ ६७
निर्बिभेदोरसि तदा रावणं निशितैः शरैः । राघवः परमायत्तो ललाटे पत्रिभिस्त्रिभिः ॥ ६८
स शरैर्भिन्नसर्वाङ्गो गात्रप्रस्रुतशोणितः । राक्षसेन्द्रसमूहस्थः फुल्लाशोक इवाबभौ ॥ ६९

स रामबाणैरतिविद्धगात्रो निशाचरेन्द्रः क्षतजार्द्रगात्रः ।
जगाम खेदं च समाजमध्ये क्रोधं च चक्रे सुभृशं तदानीम् ॥ ७०

इत्यार्षे श्रीमद्रामायणे वाल्मीकीय आदिकाव्ये युद्धकाण्डे द्व्यधिकशततमः सर्गः ॥ १०२ ॥

त्र्यधिकशततमः सर्गः ।

स तु तेन तदा क्रोधात्काकुत्स्थेनार्दितो भृशम् । रावणः समरश्लाघी महाक्रोधमुपागमत् ॥ १
स दीप्तनयनोऽमर्षाच्चापमुद्यम्य वीर्यवान् । अभ्यर्दयत्सुसंक्रुद्धो राघवं परमाहवे ॥ २
बाणधारासहस्रैस्तु स तोयद इवाम्बरात् । राघवं रावणो बाणैस्तटाकमिव पूरयन् ॥ ३
पूरितः शरजालेन धनुर्मुक्तेन संयुगे । महागिरिरिवाकम्प्यः काकुत्स्थो न प्रकम्पते ॥ ४
स शरैः शरजालानि वारयन्समरे स्थितः । गभस्तीनिव सूर्यस्य प्रतिजग्राह वीर्यवान् ॥ ५
ततः शरसहस्राणि क्षिप्रहस्तो निशाचरः । निजघानोरसि क्रुद्धो राघवस्य महात्मनः ॥ ६
स शोणितसमादिग्धः समरे लक्ष्मणाग्रजः । दृष्टः फुल्ल इवारण्ये सुमहान्किंशुकद्रुमः ॥ ७
शराभिघातसंरब्धः सोऽभिजग्राह सायकान् । काकुत्स्थः सुमहातेजा युगान्तादित्यवर्चसः ॥ ८
ततोऽन्योन्यं सुसंरब्धौ तावुभौ रामरावणौ । शरान्धकारे समरे नोपलक्षयतां तदा ॥ ९
ततः क्रोधसमाविष्टो रामो दशरथात्मजः । उवाच रावणं वीरः प्रहस्य परुषं वचः ॥ १०
मम भार्या जनस्थानादज्ञानाद्राक्षसाधम । हृता ते विवशा यस्मात्तस्मात्त्वं नासि वीर्यवान् ॥ ११
मया विरहितां दीनां वर्तमानां महावने । वैदेहीं प्रसभं हृत्वा शूरोऽहमिति मन्यसे ॥ १२
स्त्रीषु शूर विनाथासु परदाराभिमर्शनम् । कृत्वा कापुरुषं कर्म शूरोऽहमिति मन्यसे ॥ १३
भिन्नमर्याद निर्लज्ज चारित्रेष्वनवस्थित । दर्पान्मृत्युमुपादाय शूरोऽहमिति मन्यसे ॥ १४
शूरेण धनदभ्रात्रा बलैः समुदितेन च । श्लाघनीयं महत्कर्म यशस्यं च कृतं त्वया ॥ १५
उत्सेकेनाभिपन्नस्य गर्हितस्याहितस्य च । कर्मणः प्राप्नुहीदानीं तस्याद्य सुमहत्फलम् ॥ १६
शूरोऽहमिति चात्मानमवगच्छसि दुर्मते । नैव लज्जास्ति ते सीतां चौरवद्व्यपकर्षतः ॥ १७

॥ ५९ ॥ ६० ॥ वारयामास । प्रथमं वेगभङ्गं कृतवानित्यर्थः ॥ ६१ ॥ ६२ ॥ ६३ ॥ ६४ ॥ ६५ ॥ ६६ ॥ बाणवद्भिः शब्दायमानैः ॥ ६७ ॥ ६८ ॥ गात्रेभ्यः प्रस्रुतं शोणितं यस्य सः । समूहस्थः समूहतया स्थितः । बहुशिरःपाणित्वात्तथात्वम् ॥ ६९ ॥ ७० ॥

इति श्रीरामाभिरामे श्रीरामीये रामायणतिलके वाल्मीकीय आदिकाव्ये युद्धकाण्डे द्व्यधिकशततमः सर्गः ॥ १०२ ॥

स तु तेनेति ॥ १ ॥ २ ॥ अम्बरात्पतिताभिर्धाराभिस्तोयदस्तटाकमिव स रावणो राघवं बाणधारासहस्रैः पूरयन् । अभ्यर्दयदिति शेषः ॥ ३ ॥ ४ ॥ ५ ॥ ६ ॥ ७ ॥ ८ ॥ अन्योन्यं नोपलक्षयतामित्यन्वयः ॥ ९ ॥ प्रहस्येति । कोपविकारजोऽयं प्रहासः ॥ १० ॥ अज्ञानादविवेकान्मत्स्वरूपाज्ञानाच्च । तस्मात्त्वं वीर्यवान्नासि च । मत्क्रोधदीपकेन तेन पापेन शीघ्रं विनङ्क्ष्यसीत्यर्थः ॥ ११ ॥ १२ ॥ विनाथास्वसंनिहितनाथासु स्त्रीषु शूरेत्यन्वयः ॥ १३ ॥ १४ ॥ 'श्लाघनीयं यशस्यं च महत्कर्म कृतं त्वया' इति व्यङ्ग्योक्तिः ॥ १५ ॥ तदेव स्पष्टमाह—उत्सेकेनेति । गर्वेणाभिपन्नस्यानुष्ठितस्य ।

यदि मत्संनिधौ सीता धर्षिता स्यात्त्वया बलात् । भ्रातरं तु खरं पश्येस्तदा मत्सायकैर्हतः ॥ १८
दिष्ट्यासि मम मन्दात्मंश्चक्षुर्विषयमागतः । अद्य त्वां सायकैस्तीक्ष्णैर्नयामि यमसादनम् ॥ १९
अद्य ते मच्छरैश्छिन्नं शिरो ज्वलितकुण्डलम् । क्रव्यादा व्यपकर्षन्तु विकीर्णं रणपांसुषु ॥ २०
निपत्योरसि गृध्रास्ते क्षितौ क्षिप्तस्य रावण । पिबन्तु रुधिरं तर्षाद्बाणशल्यान्तरोत्थितम् ॥ २१
अद्य मद्बाणभिन्नस्य गतासोः पतितस्य ते । कर्षन्त्वन्त्राणि पतगा गरुत्मन्त इवोरगान् ॥ २२
इत्येवं स वदन्वीरो रामः शत्रुनिबर्हणः । राक्षसेन्द्रं समीपस्थं शरवर्षैरवाकिरत् ॥ २३
बभूव द्विगुणं वीर्यं बलं हर्षश्च संयुगे । रामस्यास्त्रबलं चैव शत्रोर्निधनकाङ्क्षिणः ॥ २४
प्रादुर्बभूवुरस्त्राणि सर्वाणि विदितात्मनः । प्रहर्षाच्च महातेजाः शीघ्रहस्ततरोऽभवत् ॥ २५
शुभान्येतानि चिह्नानि विज्ञायात्मगतानि सः । भूय एवार्दयद्रामो रावणं राक्षसान्तकृत् ॥ २६
हरीणां चाश्मनिकरैः शरवर्षैश्च राघवात् । हन्यमानो दशग्रीवो विघूर्णहृदयोऽभवत् ॥ २७
यदा च शस्त्रं नारेभे न चकर्ष शरासनम् । नास्य प्रत्यकरोद्वीर्यं विक्लवेनान्तरात्मना ॥ २८
क्षिप्ताश्चाशु शरास्तेन शस्त्राणि विविधानि च । मरणार्थाय वर्तन्ते मृत्युकालोऽभ्यवर्तत ॥ २९
सूतस्तु रथनेतास्य तदवस्थं निरीक्ष्य तम् । शनैर्युद्धादसंभ्रान्तो रथं तस्यापवाहयत् ॥ ३०
रथं च तस्याथ जवेन सारथिर्निवार्य भीमं जलदस्वनं तदा ।
जगाम भीत्या समरान्महीपतिं निरस्तवीर्यं पतितं समीक्ष्य ॥ ३१

इत्यार्षे श्रीमद्रामायणे वाल्मीकीय आदिकाव्ये युद्धकाण्डे त्र्यधिकशततमः सर्गः ॥ १०३ ॥

चतुरधिकशततमः सर्गः ।

स तु मोहात्सुसंक्रुद्धः कृतान्तबलचोदितः । क्रोधसंरक्तनयनो रावणः सूतमब्रवीत् ॥ १
हीनवीर्यमिवाशक्तं पौरुषेण विवर्जितम् । भीरुं लघुमिवासत्त्वं विहीनमिव तेजसा ॥ २
विमुक्तमिव मायाभिरस्त्रैरिव बहिष्कृतम् । मामवज्ञाय दुर्बुद्धे स्वया बुद्ध्या विचेष्टसे ॥ ३
किमर्थं मामवज्ञाय मच्छन्दमनवेक्ष्य च । त्वया शत्रुसमक्षं मे रथोऽयमपवाहितः ॥ ४
त्वयाद्य हि ममानार्य चिरकालमुपार्जितम् । यशो वीर्यं च तेजश्च प्रत्ययश्च विनाशितः ॥ ५
शत्रोः प्रख्यातवीर्यस्य रञ्जनीयस्य विक्रमैः । पश्यतो युद्धलुब्धोऽहं कृतः कापुरुषस्त्वया ॥ ६
यत्त्वं कथमिदं मोहान्न चेद्वहसि दुर्मते । सत्योऽयं प्रतितर्को मे परेण त्वमुपस्कृतः ॥ ७
नहि तद्विद्यते कर्म सुहृदो हितकाङ्क्षिणः । रिपूणां सदृशं त्वेतद्यत्त्वयैतदनुष्ठितम् ॥ ८
निवर्तय रथं शीघ्रं यावन्नापैति मे रिपुः । यदि वाध्युषितोऽसि त्वं स्मर्यते यदि मे गुणः ॥ ९

अहितस्येहामुत्रानर्थरूपस्य ॥ १६ ॥ १७ ॥ तदा तदैव ॥ १८ ॥ १९ ॥ २० ॥ तर्षात्पिपासया । बाणशल्यान्तरोत्थितं बाणानां यानि शल्यानि तत्कृतादन्तराच्छिद्रादुत्थितम् ॥ २१ ॥ २२ ॥ २३ ॥ रामस्य वीर्यादि द्विगुणं बभूव । अपकारस्मरणादिति शेषः ॥ २४ ॥ अस्त्राणि प्रादुर्बभूवुरस्त्रदेवताः संनिहिता अभूवन् । प्रहर्षादस्त्रदेवतासंनिधिजात् ॥ २५ ॥ भूयोऽभ्यधिकम् ॥ २६ ॥ राघवाद्राघवस्य राघवोन्मुक्तादिति वा । विघूर्णहृदयो विकलहृदयः ॥ २७ ॥ विक्लवेन विसंज्ञेनान्तरात्मना यदा वीर्यं तत्कार्यं नारेभे, शस्त्रं शस्त्रप्रयोगं च नारेभे, तदा रामोऽस्य न प्रत्यकरोत् । संहाराय नातिष्ठदिति भावः ॥ २८ ॥ अपि तु मूर्च्छातः प्रागेव क्षिप्ताः शरा अस्य रावणस्य मरणार्थाय मरणरूपप्रयोजनाय प्रवर्तन्ते स्म । एवमस्य मृत्युकालोऽभ्यवर्ततोपस्थितः ॥ २९ ॥ मृत्युकाल उपस्थितेऽस्य रथं सूतोपवाहयत् ॥ ३० ॥ ३१ ॥ इति श्रीरामाभिरामे श्रीरामीये रामायणतिलके वाल्मीकीय आदिकाव्ये युद्धकाण्डे त्र्यधिकशततमः सर्गः ॥ १०३ ॥

स तु मोहादिति । शनैर्मोहेन मुक्त इति शेषः ॥ १ ॥ हीनवीर्यं हीनबलम् । अशक्तमस्त्रादिप्रयोगसामर्थ्यहीनम् । लघुमल्पचित्तम् । असत्त्वमधीरम् । तेजः पराभिभवसामर्थ्यम् ॥ २ ॥ अवज्ञायावमत्य । स्वबुद्ध्या स्वेच्छया ॥ ३ ॥ मच्छन्दं मदभिप्रायम् ॥ ४ ॥ प्रत्ययो मद्विषयो लोकस्य शूरत्वविश्वासः ॥ ५ ॥ शत्रोः पश्यतः सतस्त्वयाहं कापुरुषः कुत्सितपुरुषः कृतः ॥ ६ ॥ यद्यतस्त्वमिमं रथं कथमपि चेन्नोद्वहसि मोहादप्यज्ञानादपि शत्रोरभिमुखं न प्रापयसि, स त्वं परेणोपस्कृत उत्कोचेन विकारं प्रापित इत्येवं मे प्रतितर्कः सत्यः । उपाद्वैकृतेऽर्थे करोतेः सुट् ॥ ७ ॥ नहि तत्त्वदनुष्ठितं कर्म सुहृदो विद्यते भवति । यत्त्वयानुष्ठितं रथापवाहकर्मेत्यर्थः ॥ ८ ॥ अध्युषितश्चिरकालं मत्समीपे स्थितः । मे गुणः । मत्कृतोऽपकार

एवं परुषमुक्तस्तु हितबुद्धिरबुद्धिना । अब्रवीद्रावणं सूतो हितं सानुनयं वचः ॥ १०
न भीतोऽस्मि न मूढोऽस्मि नोपजप्तोऽस्मि शत्रुभिः । न प्रमत्तो न निःस्नेहो विस्मृता न च सत्क्रिया ॥
मया तु हितकामेन यशश्च परिरक्षता । स्नेहप्रसन्नमनसा हितमित्यप्रियं कृतम् ॥ १२
नास्मिन्नर्थे महाराज त्वं मां प्रियहिते रतम् । कश्चिल्लघुरिवानार्यो दोषतो गन्तुमर्हसि ॥ १३
श्रूयतां प्रतिदास्यामि यन्निमित्तं मया रथः । नदीवेग इवाम्भोभिः संयुगे विनिवर्तितः ॥ १४
श्रमं तवावगच्छामि महता रणकर्मणा । नहि ते वीर्यसौमुख्यं प्रकर्षं नोपधारये ॥ १५
रथोद्वहनखिन्नाश्च भग्ना मे रथवाजिनः । दीना घर्मपरिश्रान्ता गावो वर्षहता इव ॥ १६
निमित्तानि च भूयिष्ठं यानि प्रादुर्भवन्ति नः । तेषु तेष्वभिपन्नेषु लक्षयाम्यप्रदक्षिणम् ॥ १७
देशकालौ च विज्ञेयौ लक्षणानीङ्गितानि च । दैन्यं हर्षश्च खेदश्च रथिनश्च महाबल ॥ १८
स्थलनिम्नानि भूमेश्च समानि विषमाणि च । युद्धकालश्च विज्ञेयः परस्यान्तरदर्शनम् ॥ १९
उपयानापयाने च स्थानं प्रत्यपसर्पणम् । सर्वमेतद्रथस्थेन ज्ञेयं रथकुटुम्बिना ॥ २०
तव विश्रामहेतोस्तु तथैषां रथवाजिनाम् । रौद्रं वर्जयता खेदं क्षमं कृतमिदं मया ॥ २१
स्वेच्छया न मया वीर रथोऽयमपवाहितः । भर्तुः स्नेहपरीतेन मयेदं यत्कृतं प्रभो ॥ २२
आज्ञापय यथातत्त्वं वक्ष्यस्यरिनिषूदन । तत्करिष्याम्यहं वीर गतानृण्येन चेतसा ॥ २३
संतुष्टस्तेन वाक्येन रावणस्तस्य सारथेः । प्रशस्यैनं बहुविधं युद्धलुब्धोऽब्रवीदिदम् ॥ २४
रथं शीघ्रमिमं सूत राघवाभिमुखं नय । नाहत्वा समरे शत्रून्निवर्तिष्यति रावणः ॥ २५
एवमुक्त्वा रथस्थस्य रावणो राक्षसेश्वरः । ददौ तस्य शुभं ह्येकं हस्ताभरणमुत्तमम् ।
श्रुत्वा रावणवाक्यानि सारथिः संन्यवर्तत ॥ २६

ततो द्रुतं रावणवाक्यचोदितः प्रचोदयामास हयान्स सारथिः ।
स राक्षसेन्द्रस्य ततो महारथः क्षणेन रामस्य रणाग्रतोऽभवत् ॥ २७

इत्यार्षे श्रीमद्रामायणे वाल्मीकीय आदिकाव्ये युद्धकाण्डे चतुरधिकशततमः सर्गः ॥ १०४ ॥

पञ्चाधिकशततमः सर्गः ।

ततो युद्धपरिश्रान्तं समरे चिन्तयास्थितम् । रावणं चाग्रतो दृष्ट्वा युद्धाय समुपस्थितम् ॥ १

इत्यर्थः ॥ ९ ॥ हितबुद्धिः सूतः ॥ १० ॥ नोपजप्त उपजापं भेदं न प्रापितः । सत्क्रिया । त्वत्कृतेति शेषः ॥ ११ ॥ यशश्च परिरक्षता । जीवनरक्षणेनात्मीयं त्वदीयं च यशो रक्षतेत्यर्थः । स्नेहप्रसन्नमनसा स्नेहार्द्रहृदयेन । रथापवाहनं शूरत्वात्तवाप्रियमपि हितमिति निश्चित्य कृतम् ॥ १२ ॥ अस्मिन्नर्थे युद्धादपोहनरूपे कार्येऽनार्यो लघुरिवाविमृश्यकारी क्षुद्र इव दोषतो गन्तुं दोषवत्त्वेन ज्ञातुं नार्हसि । मयि दुष्टबुद्धिं कर्तुं नार्हसीत्यर्थः ॥ १३ ॥ कुतस्तत्राह—श्रूयतामिति । यदुत्तरं प्रतिदास्यामि तच्छ्रूयताम् । यन्निमित्तं रथो निवर्तितस्तच्च श्रूयताम् । रथो रथवेगः । चन्द्रोदयेन प्रवृद्धसमुद्राम्भोभिर्नदीवेग इव । संयुगे संयुगान्निवर्तितः ॥ १४ ॥ रणकर्मणा युद्धेन । वीर्यसौमुख्यं वीर्यकार्यं प्रति सौमुख्यं वीर्यसौमुख्यम् । प्रकर्षं शत्रोरपेक्षयाधिक्यम् । 'प्रहारम्' इति पाठे शत्रुविषयकमित्यर्थः ॥ १५ ॥ १६ ॥ निमित्तानि दुर्निमित्तानि । अभिपन्नेषु जातेष्वप्रदक्षिणं प्रतिकूलं लक्षयामीति संबन्धः ॥ १७ ॥ ननु सन्त्विमानि किं तवैतद्विचारेणेत्याशङ्क्याह—देशेत्यादिना । लक्षणानि शुभाशुभनिमित्तानि । इङ्गितानि मुखप्रसादवैवर्ण्यादिचेष्टाश्च दैन्यमनुत्साहः ॥ १८ ॥ स्थलं समम् । निम्नं नीचम् । तस्यैव विवरणम्—समानीत्यादि । अन्तरदर्शनं प्रहाराय च्छिद्रदर्शनम् ॥ १९ ॥ उपयानापयाने रथस्य रिपुसमीपप्रापणनिवर्तने । तत्कालाविति यावत् । स्थानं स्थैर्येणावस्थानम् । प्रत्यपसर्पणमभिमुखस्थितस्यैव पृष्ठतोऽपसरणं रथकुटुम्बिना रथनिर्वाहकेण सारथिना ॥ २० ॥ रौद्रं क्रूरं खेदं वर्जयता परिहरता ॥ २१ ॥ स्वेच्छया निमित्तं विना मया यदिदं कृतं तद्भर्तृस्नेहपरीतेन तद्व्याप्तेनैव कृतम् ॥ २२ ॥ यथा त्वं तत्कार्यस्वरूपं वक्ष्यसि तत्करिष्यामि । गतानृण्येन दत्तऋणत्रयेण क्वापि मनो न बध्नतेत्यर्थः ॥ २३ ॥ २४ ॥ २५ ॥ २६ ॥ महारथ इति कर्मधारयः । रणाग्रतो रणेऽग्रतः । संमुख इत्यर्थः । 'रणेऽग्रतः' इति पाठान्तरम् ॥ २७ ॥ इति श्रीरामाभिरामे श्रीरामीये रामायणतिलके वाल्मीकीय आदिकाव्ये युद्धकाण्डे चतुरधिकशततमः सर्गः ॥ १०४ ॥

अथ रावणवैभवं दृष्ट्वा त्रस्तमिव भगवन्तं रामं भगवद्ब्रह्मदत्तरावणवैभवनिवर्तनस्य भगवद्ब्रह्मानुग्रहैकसाध्यत्वात्तदनुग्रहसिद्धये विद्यामण्डलऋषिरगस्त्यो ब्रह्मरूपादित्यहृदयदेवताक-

दैवतैश्च समागम्य द्रष्टुमभ्यागतो रणम् । उपागम्याब्रवीद्राममगस्त्यो भगवांस्तदा ॥ १
रामराम महाबाहो शृणु गुह्यं सनातनम् । येन सर्वानरीन्वत्स समरे विजयिष्यसे ॥ २
आदित्यहृदयं पुण्यं सर्वशत्रुविनाशनम् । जयावहं जपं नित्यमक्षयं परमं शिवम् ॥ ३
सर्वमङ्गलमाङ्गल्यं सर्वपापप्रणाशनम् । चिन्ताशोकप्रशमनमायुर्वर्धनमुत्तमम् ॥ ५
रश्मिमन्तं समुद्यन्तं देवासुरनमस्कृतम् । पूजयस्व विवस्वन्तं भास्करं भुवनेश्वरम् ॥ ६
सर्वदेवात्मको ह्येष तेजस्वी रश्मिभावनः । एष देवासुरगणाँल्लोकान्पाति गभस्तिभिः ॥ ७
एष ब्रह्मा च विष्णुश्च शिवः स्कन्दः प्रजापतिः । महेन्द्रो धनदः कालो यमः सोमो ह्यपांपतिः ॥ ८

त्वादादित्यहृदयाख्यं स्तोत्रमुपदिशति स्मेत्याह—ततो युद्धेत्यादि । अस्य स्तोत्रस्यागस्त्यऋषिरनुष्टुप्छन्दः, आदित्यहृदयभूतो भगवान्ब्रह्मा देवता, निरस्ताशेषविघ्नतया ब्रह्मविद्यासिद्धौ सर्वत्र जयसिद्धौ च विनियोगः । अस्य षडङ्गं प्रणवेन 'रश्मिमते नमः' इत्यनेन वा । गायत्र्या षडङ्गमित्यन्ये । ततो युद्धेत्यादि त्वरस्वेत्यन्तं स्तोत्रम् । एवं भयनाटनं तन्मूलकमगस्त्यादुपदेशग्रहणं लोकानुग्रहाय । लोकस्य जयसाधनवस्तुप्रकाशनार्थमिति तत्त्वम् । युद्धपरिश्रान्तमनेकाहोरात्रयुद्धपरिश्रान्तं तमिव स्थितम् । समरे समरविषये । चिन्तया प्रबलोऽयमरिः कथं जेतव्य इति चिन्तया युक्तम् । सारथिनापवाहितं रावणं प्रातर्युद्धायाग्रतो रामसंमुखे समुपस्थितं दृष्ट्वा । स्थितं धनुरवष्टभ्य स्थितं रामम् ॥ १ ॥ दैवतैः समागम्य मिलित्वा रणं द्रष्टुमभ्यागतो भगवानगस्त्योऽन्तर्यामिभगवत्प्रेरणया देवनियोगतश्चोक्तविशेषणं राममुपागम्योद्यति भास्करेऽब्रवीत् ॥ २ ॥ किमब्रवीत्तदाह—रामरामेत्यादि । येन स्तोत्रेण सर्वानरीन्विजेष्यसि तद्गुह्यं रहस्यम्, सनातनं प्रवाहानादिभूतम् । अनेन स्वकल्पितत्वनिरासः । शृणु ॥ ३ ॥ आदित्यहृदयम् 'य एषोऽन्तरादित्ये हिरण्मयः' इत्याद्यशेषश्रुतिप्रसिद्धम् । ब्रह्म तद्देवताकत्वात्तदाख्यं स्तोत्रम्, पुण्यं पुण्यजनकम्, अनेन पारत्रिकं फलमुक्तम् । सर्वशत्रुविनाशनं जयावहमित्यैहिकं फलम् । जपं जप्यत इति जपं स्तोत्रम् । परमफलमाह—अक्षयं परमम् । शिवमपवर्गरूपम् । तत्प्रदमित्यर्थः । कदा तत्राह—नित्यम् । यदि नित्यवत्फलनिरपेक्षं तदा तत्फलमिति भावः । 'जपेन्नित्यम्' इति पाठान्तरम् ॥ ४ ॥ ऐहिकानि फलान्तराणि । सर्वमङ्गलमाङ्गल्यं सर्वमङ्गलरूपाणामपि मङ्गलप्रदम् ॥ ५ ॥ रश्मिमन्तं पञ्चेन्द्रियद्वारानेकज्ञानरश्मिमन्तं ज्योतीरूपरश्मिमन्तं च । रश्मिशब्दो भक्तवाची तद्वन्तं तन्मध्ये भासमानमित्यर्थं तीर्थ आह । रश्मिमते नमः । समुद्यन्तं लोकान्क्रियासु प्रवर्तयन्तम्, उदयगिरावुदयं प्राप्तं च । समुद्यते नमः । एवं नमोन्ता एतेऽस्य नमस्कारार्चनमन्त्रा इत्युच्यन्ते । देवैः सात्त्विकवृत्तिभिरसुरै राजसतामसवृत्तिभिश्च नमस्कृतम्, साक्षिचैतन्यत्वेन नित्यमुपजीवितम्, इन्द्रविरोचनादीनामविशेषादुपास्यं च । देवासुरनमस्कृताय नमः । विवस्वान्विशेषेण वसुमान् । पृषोदरादित्वादुकारलोपः । वसुनिधिरित्यर्थः । सकलव्यवहाराधिष्ठानत्वाद्वसुमन्तम् । स्वोदयेन सकलव्यवहारप्रवर्तकत्वाच्च वसुमत्त्वम् । विवस्वते नमः । भास्करं ज्ञानज्ञेयभासः करोतीति भास्करम् । 'तस्य भासा सर्वमिदं विभाति' इति श्रुतेः । भास्कराय नमः । भुवनानां मूलादिब्रह्मरन्ध्रान्तयोगाधारभूमीनामीश्वरमधिष्ठातारम्, भूराद्यशेषभुवनानां प्रकाशकतयेश्वरं च । भुवनेश्वराय नमः ॥ ६ ॥ रश्मिमदादिशब्दप्रतिपाद्यस्य ब्रह्मत्वं स्फुटयन्नाह—सर्वेति । हि यस्मात्सर्वदेवोपादानकारणत्वादेष सर्वदेवात्मकः । इदं सर्वात्मकत्वोपलक्षणम् । सर्वदेवात्मकाय नमः । तेजस्वी सर्वभासनसमर्थतेजोयुक्तः । तेजस्विने नमः । रश्मिभिर्ज्ञानरश्मिभिः सर्वं वस्तुजातं भावयति सत्तास्फूर्तिमत्संपादयति सः । रश्मिभिर्योगिनो भावयति ब्रह्मलोकं प्रापयतीत्यर्थ इत्यन्ये । रश्मिभावनाय नमः । एष एतन्मण्डलवर्ती देवासुरगणांस्तेषां लोकांश्च गभस्तिभिर्ज्ञानज्ञेयरश्मिभिः पाति । 'याभिरादित्यस्तपति रश्मिभिस्ताभिः पर्जन्यो वर्षति' इति श्रुतेर्वृष्टिद्वारान्नहविरादिदानेन देवादिगणांल्लोकान्मनुष्यादींश्च यः पाति । देवासुरगणलोकपालाय नमः । अत्रैष पातीत्युक्त्या सूर्यस्य पुरतः स्थितत्वनिर्देशेन सूर्योदयकाले एतत्स्तोत्रदानमिति लभ्यते ॥ ७ ॥ एषः 'एषोऽन्तरादित्ये हिरण्मयः पुरुष.' इति श्रुतेर्योगजनितसाक्षात्कारविषयः पुरोदृश्यमानश्च ब्रह्मा निस्तुलैश्वर्यविद्यास्रष्टृत्वशक्तिः । ब्रह्मणे नमः । विष्णुः स्वसृष्टपरिपालनप्रयोजकतया परिगृहीतविष्णुमूर्तिर्नारायणः । विष्णवे नमः । शिवोऽपरिमितकल्याणपुण्यस्वभावः, मृगपरश्वादिचिह्नो भगवान्महादेवश्च । शिवाय नमः । जीवज्योतिर्द्वारा सर्वातीन्द्रियाणि स्कन्दतीति स्कन्दः, भगवान्मयूरवाहनश्च । स्कन्दाय नमः । प्रजानां जन्यवस्तूनां स्वामी । स्वशक्तिद्वारा सर्वोपादानत्वात् । दशयज्ञायुधचिह्नो भगवान्यज्ञेश्वरश्च । प्रजापतये नमः । महेन्द्रः । 'इदि परमैश्वर्ये' ऋन्सर्वधातुभ्यः । परमैश्वर्यकाष्ठां प्राप्तः, वज्रहस्तत्वादिचिह्नो देवराजश्च । महेन्द्राय नमः । धनं चैतन्यं सर्वानुग्रहाय सर्वस्यान्तर्ददाति स्थापयतीति धनदः । 'अन्नादो वसुदानः' इत्युक्तसकलफलदः कुबेरश्च । धनदाय नमः । कालो बुद्धिवृत्तिजातमपरोक्षतया कलयतीति कालः, मण्डलस्पन्दानुमेयः क्रियापरिच्छेदकश्च कालः । कालाय नमः । यमयतीति यमः सर्वान्तर्यामी । 'यमो वैवस्वतो राजा यस्तवैष हृदि स्थितः । तेन चेदविवादस्ते मा गङ्गां मा कुरून्गमः ॥' अविवादोऽभेदाभाव इति मनुः । पितृपतिश्च ।

पितरो वसवः साध्या अश्विनौ मरुतो मनुः । वायुर्वह्निः प्रजाः प्राण ऋतुकर्ता प्रभाकरः ॥ ९
आदित्यः सविता सूर्यः खगः पूषा गभस्तिमान् । सुवर्णसदृशो भानुर्हिरण्यरेता दिवाकरः ॥ १०
हरिदश्वः सहस्रार्चिः सप्तसप्तिर्मरीचिमान् । तिमिरोन्मथनः शंभुस्त्वष्टा मार्तण्डकोंऽशुमान् ॥ ११
हिरण्यगर्भः शिशिरस्तपनोऽहस्करो रविः । अग्निगर्भोऽदितेः पुत्रः शङ्खः शिशिरनाशनः ॥ १२

यमाय नमः । सोमः । उमा । उः केवलनिपातः । मा प्रभा । उ सर्वदा प्रभया सहितः सोमो भगवानर्धनारीश्वरश्च । 'सोमः पवते जनिता मतीनाम्' इति श्रुतेः सर्वकारणं सोमशब्दवाच्यम् । उमया शक्त्या प्रकृत्याख्यया सहित इत्यर्थमन्ये । सोमाय नमः । आपः सत्त्वं चित्तात्मकं तस्यान्तःकरणोपाधिवशतोऽनन्तस्य पतिः, वरुणश्च । अपांपतये नमः ॥ ८ ॥ पितरो बीजप्रदास्तद्रूपोऽयं सर्वेषां बीजप्रदः । 'तासां ब्रह्म महद्योनिरहं बीजप्रदः पिता' इत्युक्तेः । बहुत्वं पूजार्थम् । कव्यवाहनादयः पितृदेवताश्च । पितृदेवतायै नमः । वसुरहमर्थः, अष्टौ वसवश्च । वसुमूर्तये नमः । साध्याः प्राधान्येन योगिनः । प्रसाधनीयत्वात्साध्याः, देवगणविशेषाश्च साध्याः । साध्यमूर्तये नमः । अश्विनौ । अश्नोतेर्वन्प्रत्ययान्तोऽश्वशब्दः । सर्वव्याप्तौ देवभिषजौ च । अश्विमूर्तये नमः । मरुत् । 'मृङ् प्राणत्यागे' अस्य धातोरुतिप्रत्ययान्तं रूपम् । अनर्थमारक एकोनपञ्चाशत्संख्यमरुद्गणश्च । मरुन्मूर्तये नमः । मनुत इति मनुः सर्वज्ञ आदिराजश्च । मनवे नमः । वातीति वायुः । 'वा गतिगन्धनयोः' गतिर्ज्ञानं ज्ञापनं च, ज्ञाता ज्ञापकश्च, पञ्चवृत्तिः प्राणश्च । वायुमूर्तये नमः । 'वहेर्निः' वह्निः । स्वे महिम्नि स्वयं प्रतिष्ठितो भूत्वा स्वस्मिन्सर्वं सारं वहतीति वह्निः, अग्निश्च । वह्नये नमः । प्रजायन्ते जीवात्मनेति प्रजाः, प्रकृष्टजनिमन्तो विभूत्यध्यायोक्ता देवाश्च । प्रजारूपाय नमः । प्राणयतीति प्राणः । 'न प्राणेन नापानेन मर्त्यो जीवति कश्चन । इतरेण तु जीवन्ति यस्मिन्नेता उपाश्रिताः ॥' इति श्रुतेः । प्राणयात्राप्रवर्तकः प्राणः । प्राणाय नमः । ऋतूनां ज्ञानानां कर्ता उपादानम्, वसन्ताद्यृतुकर्ता संवत्सरात्मा कालश्च । ऋतुकर्त्रे नमः । 'ऋतुः सुदर्शनः कालः' इति सहस्रनामसु पाठात् । 'ऋतुः' इति पाठे भिन्नं पदमिति तीर्थः । कर्ता सकलजगत्कर्ता । प्रभाकरो भास्करवत् । शब्दसाम्यर्थतादात्म्येन देवतास्वरूपत्वाद्भास्करप्रभाकरयोः शब्दयोः शब्दभेदेन मूर्त्यन्तरत्वं ज्ञेयम् । प्रभाकराय नमः ॥ ९ ॥ 'यस्मात्सर्वमादत्ते तस्मादादित्यः' इत्यौपनिषदव्युत्पत्त्याशेषविषयभोक्ता आदित्यः, मण्डलादित्यो मण्डलाभिमानी, अदितिपुत्रश्च । आदित्याय नमः । सविता 'पूङ् प्राणिप्रसवे' अन्तःकरणोपाधिनापरिमितचिदात्मवर्गस्रष्टा । रश्मिभिः पर्जन्यादिप्रवृत्त्या तत्तदन्नादिस्रष्टा । सवित्रे नमः । सर्तेः सूर्यः सर्वगः । 'सूर्य एकाकी चरति' इति श्रुतिः । कर्मप्रेरको वा । सूर्याय नमः । खं परमाकाशं हृदयाकाशं च गच्छतीति खगः । खगाय नमः । पुष्णातीति पूषा स्थितिकर्ता । पूष्णे नमः । गभस्तिमान्रश्मिवत्समानार्थः । शब्दभेदान्मूर्तिभेदः । यद्वा गभस्तिभिः सर्वव्यापिनी लक्ष्मीस्तद्वान् । 'यथा सर्वगतो विष्णुस्तथैवेयं द्विजोत्तम' इति पराशरस्मृतेः । गभस्तिमते नमः । सुवर्णसदृशः 'आत्मलाभान्न परं विद्यते' इति श्रुतेः । सुवर्णसदृशनिखिलाभतुल्यकामः । 'आप्रणखात्सर्व एव सुवर्णः' इति श्रुतेः । सुवर्णसदृशमूर्तिश्च । सुवर्णसदृशाय नमः । 'सुपर्णस्तपनः' इति पाठे 'द्वा सुपर्णा–' इति श्रुतेः सुपर्णत्वं ब्रह्मणः । तपतीति तपन इति तीर्थः । भानुर्भासकः । भानवे नमः । हिरण्यं तेजः प्रज्ञारूपं तद्रेतो जगदुत्पत्तिबीजं यस्य सः । यद्वा हिरण्यं रेतोऽण्डोत्पादकं द्रव्यं यस्य सः । यद्वा हिरण्यं तत्साधनं पारद एव रेतो यस्येत्यर्थः । हिरण्यरेतसे नमः । अक्षराधिक्यमार्षम् । दिवेत्यव्ययं प्रकाशवाचकम् । प्रकाशं करोतीति दिवाकरः । दिवाकराय नमः ॥ १० ॥ हरितो दिशोऽश्नोति व्याप्नोतीति हरिदश्वः, श्यामवर्णाश्वश्च । हरिदश्वाय नमः । सहस्राण्यनन्तान्यर्चींषि ज्ञानानि यस्य सः । यद्वा सहस्रसंख्यान्यर्चींषि रश्मयो यस्य । सहस्रार्चिषे नमः । 'सप्तसप्तिकाः सप्तशीर्षण्याः प्राणा इन्द्रियाणि द्वे चक्षुषी द्वे श्रोत्रे द्वे नासिके वाक्चैकेति सप्त प्राणाः प्रभवन्ति तस्मात्' इति श्रुतेः । सप्तप्राणानां सप्तिः प्रवृत्तिर्यतः सः, सप्तसंख्याश्वः । 'हयसैन्धवसप्तयः' इति कोशः । सप्तसप्तये नमः । मरीचिमच्छब्दो गभस्तिमच्छब्देन व्याख्यातः । मरीचिमते नमः । अज्ञानलक्षणं तिमिरमुन्मथ्नातीति तिमिरोन्मथनः, अन्धकारनाशनश्च । तिमिरोन्मथनाय नमः । शमपवर्गादिरूपं सुखमस्माद्भवतीति शंभुः । शंभवे नमः । त्वक्षति तनूकरोति भक्तानामुत्पत्तिप्रलयरूपानर्थप्रवाहदुःखमिति त्वष्टा, देववर्धकिश्च । त्वष्ट्रे नमः । मृतमचेतनमण्डं ब्रह्माण्डं जीवयतीति मार्तण्डः स एव मार्तण्डकः । मार्तण्डकाय नमः । अंशुमान्मरीचिमत्पर्यायः । अंशुमान्सर्वव्यापकः । 'अशू व्याप्तौ' इति धातुः । 'अन्तर्बहिश्च तत्सर्वं व्याप्य नारायणः स्थितः' इति श्रुतेरिति तीर्थः । अंशुमते नमः ॥ ११ ॥ हिरण्यगर्भः सकलजगदुत्पत्तिस्थितिलयकर्ता ब्रह्मविष्णुरुद्ररूपो हिरण्यगर्भः । 'भगवते हिरण्यगर्भाय नमः' इति द्वादशाक्षरी आदित्यहृदयरहस्यमिति कतकः । शिशिरः शीतः सुखस्वभावः । शिशिराय नमः । तपनः 'तप ऐश्वर्ये' । स्वभावत एव सर्वेश्वर इत्यर्थः । तपनाय नमः । अहस्करो दिवाकरपर्यायः । अहस्कराय नमः । रौत्युपदिशति हिरण्यगर्भादिभ्य इति रविः । 'यो वै वेदांश्च प्रहिणोति तस्मै' इति श्रुतेः । रवये नमः । अग्निः कालाग्निरुद्रो गर्भे यस्य सोऽग्निगर्भः । 'नारायणाद्रुद्रोऽजायत' इति श्रुतेः । अग्निगर्भाय नमः । दितिर्नाशो न विद्यते यस्याः साऽदितिर्ब्रह्मविद्या तस्याः पुत्रस्तल्लभ्यत्वात्, आदित्यश्च । अदितेः

व्योमनाथस्तमोभेदी ऋग्यजुःसामपारगः । घनवृष्टिरपां मित्रो विन्ध्यवीथीप्लवंगमः ॥ १३
आतपी मण्डली मृत्युः पिङ्गलः सर्वतापनः । कविर्विश्वो महातेजा रक्तः सर्वभवोद्भवः ॥ १४
नक्षत्रग्रहताराणामधिपो विश्वभावनः । तेजसामपि तेजस्वी द्वादशात्मन्नमोऽस्तु ते ॥ १५
नमः पूर्वाय गिरये पश्चिमायाद्रये नमः । ज्योतिर्गणानां पतये दिनाधिपतये नमः ॥ १६
जयाय जयभद्राय हर्यश्वाय नमो नमः । नमो नमः सहस्रांशो आदित्याय नमो नमः ॥ १७
नम उग्राय वीराय सारङ्गाय नमो नमः । नमः पद्मप्रबोधाय प्रचण्डाय नमोऽस्तु ते ॥ १८
ब्रह्मेशानाच्युतेशाय सूरायादित्यवर्चसे । भास्वते सर्वभक्षाय रौद्राय वपुषे नमः ॥ १९
तमोघ्नाय हिमघ्नाय शत्रुघ्नायामितात्मने । कृतघ्नघ्नाय देवाय ज्योतिषां पतये नमः ॥ २०

पुत्राय नमः । शं च खं च शङ्खः । परमानन्दगगनात्मेत्यर्थः । शङ्खाय नमः । शिशिरं जाड्यं मन्दबुद्धित्वं नाशयतीति शिशिरनाशनः, हिमनाशकश्च । शिशिरनाशनाय नमः ॥ १२ ॥ व्योमनाथ आकाशकर्ता । 'आत्मन आकाशः संभूतः' इति श्रुतेः । व्योमनाथाय नमः । तमोभेदी तिमिरोन्मथनपर्यायः । तमोभेदिने नमः । ऋगादीनां पारस्तत्तदुपनिषत्तद्गतस्तदेकप्रतिपाद्यः । ऋग्यजुःसामपारगाय नमः । घनाधिका वृष्टिः सकलकर्मफलदानरूपा यस्मात्सः, घना संपूर्णा वृष्टिर्यस्मादिति च । घनवृष्टये नमः । अपां सात्त्विकानां मित्रश्चैतन्यदानेनोपकर्तापां मित्रः, जलानामुत्पादकश्च । अपां मित्राय नमः । विन्ध्यं गहनं दुर्गम् । एवं च दुर्गे सौषुम्ने ब्रह्मनाडीमार्गे प्लवंगमः शीघ्रगन्ता । किं च विन्ध्यवीथी सूर्यमार्गस्तेन शीघ्रगन्ता च । विन्ध्यवीथीप्लवंगमाय नमः ॥ १३ ॥ आतपी आ समन्तात्तपो जगन्निर्माणसंकल्पः सोऽस्यास्तीत्यातपी । 'तप आलोचने' । आतपिने नमः । मण्डलं किरणसमूहस्तद्वान् । यद्वा मण्ड्यतेऽनेनेति मण्डलं कौस्तुभादि तद्वान् । मण्डलिने नमः मृत्युः सर्वमृत्युसंपादकः । 'अमुमाहुः परं मृत्युम्' इति श्रुतेः । मृत्यवे नमः । पिङ्गलः । पिङ्गलानाडीप्रवर्तनेन कर्ममार्गप्रवर्तक इत्यर्थः । पीतवर्णश्च । पिङ्गलाय नमः । सर्वतापनः सर्वसंहर्ता । 'तप दाहे' । सर्वतापनाय नमः । कविः सर्वज्ञः, कवयिता च । कवये नमः । विश्वो विश्वरूपः । 'विश्वमेवेदं पुरुषः' इति श्रुतेः । विश्वस्मै नमः । महत्तेजः स्वरूपं यस्य सः । महातेजसे नमः । रक्तः पालनेन सर्वरञ्जकः, रक्तवर्णश्च । रक्ताय नमः । सर्वभवोद्भवः सर्वकार्यवर्गोत्पत्तिहेतुः । सर्वभवोद्भवाय नमः ॥ १४ ॥ नक्षत्रादीनामन्तर्यामितयाधिपः प्रवर्तकः । नक्षत्रग्रहताराधिपाय नमः । विश्वभावनः सर्वोद्भवपर्यायः । विश्वभावनाय नमः । तेजसामग्न्यादितेजसामपि सत्तास्फूर्तिसाधकचिन्मयतेजोरूपः । 'येन सूर्यस्तपति तेजसेद्धः' इति श्रुतेः । तेजसामपि तेजस्विने नमः । द्वादशात्मन्द्वादशमासस्वरूप । प्रागनुक्रान्तसर्वमूर्तिरूपाय तुभ्यं नम इत्यर्थः । द्वादशात्मने नमः ॥ १५ ॥ पूर्वाय गिरये । तदन्तर्यामिण इत्यर्थः । पूर्वाय गिरये नमः । एवं पश्चिमायाद्रये इति । पश्चिमायाद्रये नमः । ज्योतिर्गणानां पतये । नक्षत्रग्रहताराधिपपर्यायः । ज्योतिर्गणानां पतये नमः । दिनाधिपतय इति दिवाकरपर्यायः । दिनाधिपतये नमः ॥ १६ ॥ जयाय ब्रह्मलोकान्तसकलजयप्रदाय, जयाख्यब्रह्मद्वारपालमूर्तये च । जयमूर्तये नमः । जयभद्राय ब्रह्मलोकादिजयप्राप्यं यद्भद्रं भूमानन्दस्तदात्मकाय, जयभद्राख्यद्वितीयद्वारपालमूर्तये च जयभद्राय नमः । इमावेव शापवशतोऽवतीर्णौ रावणकुम्भकर्णौ । हर्यश्वो हरिदश्वपर्यायः । हर्यश्वाय नमः । सहस्रांशो इति सहस्रार्चिःपर्यायः । सहस्रमनन्ता जीवा अंशवोंऽशा यस्य सः । 'ममैवांशो जीवलोके जीवभूतः' इति स्मृतेः । सहस्रांशवे नमः । आदरातिशयाय नमःशब्दस्य द्विरुक्तिः । आदित्येति नाम्नः प्राधान्यबोधनाय तस्य द्विरुक्तिः । आदित्याय नमः ॥ १७ ॥ उग्रायेन्द्रियनिग्राहकाय, रुद्ररूपाय च । उग्राय नमः । वीरायेन्द्रियप्रवर्तने स्वतन्त्राय, त्रिपुरसंहारक्षमपराक्रमयुताय च । वीराय नमः । सारं प्रणवस्तत्प्रतिपाद्याय । सारंगाय नमः । पद्मं हृदयकमलं बाह्यं च पद्मं तद्बोधकाय । पद्मप्रबोधाय नमः । प्रचण्डाय सर्वसमर्थायातिकोपनाय च । प्रचण्डाय नमः ॥ १८ ॥ ब्रह्मेशानाच्युतानां सृष्टिसंहारस्थितिकर्तॄणामीशाय स्वामिने । 'सृष्टिस्थित्यन्तकरणीं ब्रह्मविष्णुशिवात्मिकाम् । स संज्ञां याति भगवानेक एव जनार्दनः ॥' इति स्मृतेः । प्रातरादौ ब्रह्माच्युतेशानश्च । ब्रह्मेशानाच्युतेशाय नमः । सूरः सूर्यपर्यायः । सूराय नमः । आदित्यस्यान्तरं वर्चो ज्ञानं तद्रूपाय । आदित्यवर्चसे नमः । भास्वते चिदचित्प्रकाशवते । भास्वते नमः । सर्वभक्षाय सर्वं विषयजातं भक्षयतीति सर्वभक्षस्तस्मै । 'यस्य ब्रह्म च क्षत्रं चोभे भवत ओदने' इति श्रुतेः । सर्वभक्षाय नमः । रुद्दुःखं तन्मूलौ रागद्वेषौ तन्मूलाज्ञानं च विद्रावयतीति रुद्रस्तस्येदं रौद्रम् । अज्ञानसंहारसमर्थज्ञानाकारायेत्यर्थः । रौद्रवपुषे नमः ॥ १९ ॥ तमोघ्नहिमघ्नौ तिमिरोन्मथनशिशिरनाशनपर्यायौ । तमोघ्नाय नमः । हिमघ्नाय नमः । शत्रुर्देहाहंभावः । निजतत्त्वभगवदनुसंधानजसांख्येन तस्य शातनात्तस्य हन्ता, रिपुऋणगदादिहन्ता च । शत्रुघ्नाय नमः । अमितात्मने कालदेशपरिच्छेदरहितस्वरूपाय । अमितात्मने नमः । कृतघ्नघ्नाय कृतं चेतनत्वलक्षणं भगवत्कृतमुपकारं घ्नन्ति विस्मरन्ति ते कृतघ्ना भगवद्विमुखा अज्ञाः संसारिणस्तान्संसारानर्थप्रापणेन हन्ति तादृशाय । कृतघ्नघ्नाय नमः । देवाय चिदानन्दज्योतिःस्वरूपाय । अजागतकृत्यस्य निजोदयेन प्रवर्तनशीलश्च ।

तप्तचामीकराभाय हरये विश्वकर्मणे । नमस्तमोभिनिघ्नाय रुचये लोकसाक्षिणे ॥ २१
नाशयत्येष वै भूतं तदेव सृजति प्रभुः । पायत्येष तपत्येष वर्षत्येष गभस्तिभिः ॥ २२
एष सुप्तेषु जागर्ति भूतेषु परिनिष्ठितः । एष चैवाग्निहोत्रं च फलं चैवाग्निहोत्रिणाम् ॥ २३
देवाश्च क्रतवश्चैव क्रतूनां फलमेव च । यानि कृत्यानि लोकेषु सर्वेषु परमप्रभुः ॥ २४
एनमापत्सु कृच्छ्रेषु कान्तारेषु भयेषु च । कीर्तयन्पुरुषः कश्चिन्नावसीदति राघव ॥ २५
पूजयस्वैनमेकाग्रो देवदेवं जगत्पतिम् । एतत्त्रिगुणितं जप्त्वा युद्धेषु विजयिष्यति ॥ २६
अस्मिन्क्षणे महाबाहो रावणं त्वं जहिष्यसि । एवमुक्त्वा ततोऽगस्त्यो जगाम स यथागतम् ॥ २७
एतच्छ्रुत्वा महातेजा नष्टशोकोऽभवत्तदा । धारयामास सुप्रीतो राघवः प्रयतात्मवान् ॥ २८
आदित्यं प्रेक्ष्य जप्त्वेदं परं हर्षमवाप्तवान् । त्रिराचम्य शुचिर्भूत्वा धनुरादाय वीर्यवान् ॥ २९
रावणं प्रेक्ष्य हृष्टात्मा जयार्थं समुपागमत् । सर्वयत्नेन महता वृतस्तस्य वधेऽभवत् ॥ ३०

अथ रविरवदन्निरीक्ष्य रामं मुदितमनाः परमं प्रहृष्यमाणः ।
निशिचरपतिसंक्षयं विदित्वा सुरगणमध्यगतो वचस्त्वरेति ॥ ३१

इत्यार्षे श्रीमद्रामायणे वाल्मीकीय आदिकाव्ये युद्धकाण्डे पञ्चोत्तरशततमः सर्गः ॥ १०५ ॥

षडुत्तरशततमः सर्गः ।

सारथिः स रथं हृष्टः परसैन्यप्रधर्षणम् । गन्धर्वनगराकारं समुच्छ्रितपताकिनम् ॥ १

देवाय नमः । ज्योतिषां पतय इति ज्योतिर्गणानां पतये इत्येतत्पर्यायः । ज्योतिषां पतये नमः ॥ २० ॥ तप्तचामीकराभाय सुवर्णसदृशायेत्येतत्पर्यायः । तप्तचामीकराभाय नमः । हरत्यशेषमज्ञानं तत्कार्यं चेति हरिस्तस्मै । हरये नमः । विश्वं सर्वं कर्म यस्य तस्मै । 'सर्वकर्मा सर्वकामः' इति स्मृतेः । विश्वकर्मणे नमः । तमोभिनिघ्नस्तमोनिघ्नपर्यायः । तमोभिनिघ्नाय नमः । रुचये चिल्लक्षणदीप्तिमते । रुचये नमः । लोक्यत इति लोको दृश्यप्रपञ्चस्तत्साक्षिणे साक्षात्तद्द्रष्ट्रे, लोकानां पापपुण्यकर्मसाक्षिणे च । लोकसाक्षिणे नमः ॥ २१ ॥ एष इत्युक्तार्थः । भूतं प्रपञ्चं प्रतिसुप्ति नाशयति भूतं प्राणिजातं तत्तदायुरन्ते नाशयति स्वदिनान्ते च नाशयति तेन । भूतनाशाय नमः । तमेवोक्तमेवोक्तभूतं जागरादावहरादौ च सृजति । भूतस्रष्ट्रे नमः । प्रभुः प्रकर्षेण स्वशक्तिवैभवेन सकलप्रपञ्चात्मना भवतीति प्रभुः, सकलप्रपञ्चस्य साक्षादधिष्ठाता च । प्रभवे नमः । पायति शोषयति गभस्तिभिः । पायते नमः । तपति नाशयति । तपते नमः । वर्षति सृजति । वर्षते नमः ॥ २२ ॥ एष करणेषु सुषुप्तेषूपरतेषु स्वयमनुपरतशक्तिः वित्यचिद्रूपो जागर्ति । निजमण्डलादर्शनतः प्राणिषु सुषुप्तेषु तदगोचरदेशस्थे स्वमण्डले जागर्ति च । सुप्तेषु जाग्रते नमः । भूतेषु परिनिष्ठितोऽन्तर्यामितया स्थितः । भूतेषु परिनिष्ठिताय नमः । अग्नयः पञ्चेन्द्रियलक्षणाः पञ्चाग्नयस्तेषु होत्रं होमस्तत्तद्विषयानुभवरूपः । अग्निहोत्राय नमः । अग्निहोत्रिणां बाह्याभ्यन्तराग्निहोत्रानुष्ठातॄणां प्राप्यं यत्स्वर्गापवर्गरूपं फलं तत्प्रदश्च । अग्निहोत्रिणां फलदाय नमः ॥ २३ ॥ देवाः क्रतुदेवा अष्टौ वसव एकादश रुद्रा इत्यादि क्रमेणोपदिष्टास्त्रयस्त्रिंशद्देवाः । क्रतवः सोमाद्यश्वमेधान्ताः । क्रतुफलं श्रुत्युक्तं स्वर्गादि । किं च सर्वेषु लोकेषु प्राणिषु यानि कृत्यानि क्रियास्तत्साधनानि च ऋत्विग्यजमानसमिदाज्यपश्वादीनि तैर्निजभक्तद्विजानां संघटने परमप्रभुः परमसमर्थः । परमसमर्थाय भगवते ब्रह्मणे नमः । एवं पञ्चविंशत्युत्तरशतसंख्या भगवत्पूजारहस्यनाममन्त्रा इति कतकः । 'सर्वदेवात्मको ह्येषः' इत्यारभ्य 'लोकसाक्षिणे' इत्यन्ताष्टोत्तरशतसंख्या एवादित्यहृदयस्तोत्रनाममन्त्रा इति तीर्थः ॥ २४ ॥ एवं कथितस्य स्तोत्रस्य फलमाह—एनमिति । आदित्यहृदयस्तवं कीर्तयन्नापदादिषु कश्चिदपि द्विजो नावसीदति न दुःखनिमग्नो भवति । यद्वा एनमादित्यहृदयार्थभूतं सूर्यमापदादिनिमित्तेषूक्तैर्नाममन्त्रैर्विशिष्य कीर्तयन्स्तुवन्नावसीदति । अत्रापदकालमृत्युः, कृच्छ्रं ज्वरादिदुःखम्, भयं चोरादिनिमित्तम् ॥ २५ ॥ यदेवमतःपूजयस्वैनमादित्यहृदयार्थम् । देवदेवं देवानां ब्रह्मविष्णुरुद्राणामपि देवमुपास्यम् । जगतां जनिमृतिधर्मिणां भूरादिलोकानां संसारमात्रस्य च पतिम् । एतदादित्यहृदयं स्तोत्रं त्रिगुणितं संजातत्रिगुणं यथा तथा जप्त्वा विजयिष्यति विजेष्यति । रिपूञ्जन इति शेषः ॥ २६ ॥ २७ ॥ नष्टशोको नष्टो रावणविषयचिन्तारूपः शोको यस्य सः ॥ २८ ॥ इदं शीघ्रसिद्धिकरं स्तोत्रं जप्त्वा हृष्टात्मा प्रातर्युद्धायागतं रावणं प्रेक्ष्य जयार्थं मनसा भगवन्तमगमद्ध्यातवान् ॥ २९ ॥ ३० ॥ अथ रवी रामं निरीक्ष्य निशाचरपतिसंक्षयं तत्कालं विदित्वा स्वलीलामूर्त्या सुरगणमध्यगतः सन्साक्षात्त्वरेति वचोऽवदत् ॥ ३१ ॥ **इति श्रीरामाभिरामे श्रीरामीये रामायणतिलके वाल्मीकीय आदिकाव्ये युद्धकाण्डे पञ्चोत्तरशततमः सर्गः ॥ १०५ ॥**

स सारथी रावणस्य सारथिर्हृष्टः सन्नुच्यमानगुणं रथं चोदयामासेत्यन्वयः । गन्धर्वनगराकारं तद्वदाश्चर्यदर्शनम् ॥ १ ॥

युक्तं परमसंपन्नैर्वाजिभिर्हेममालिभिः । युद्धोपकरणैः पूर्णं पताकाध्वजमालिनम् ॥ २
ग्रसन्तमिव चाकाशं नादयन्तं वसुंधराम् । प्रणाशं परसैन्यानां स्वसैन्यस्य प्रहर्षणम् ॥ ३
रावणस्य रथं क्षिप्रं चोदयामास सारथिः । तमापतन्तं सहसा स्वनवन्तं महाध्वजम् ॥ ४
रथं राक्षसराजस्य नरराजो ददर्श ह । कृष्णवाजिसमायुक्तं युक्तं रौद्रेण वर्चसा ॥ ५
दीप्यमानमिवाकाशे विमानं सूर्यवर्चसम् । तडित्पताकागहनं दर्शितेन्द्रायुधप्रभम् ॥ ६
शरधारा विमुञ्चन्तं धाराधरमिवाम्बुदम् । स दृष्ट्वा मेघसंकाशमापतन्तं रथं रिपोः ॥ ७
गिरेर्वज्राभिमृष्टस्य दीर्यतः सदृशस्वनम् । विस्फारयन्वै वेगेन बालचन्द्रानतं धनुः ॥ ८
उवाच मातलिं रामः सहस्राक्षस्य सारथिम् । मातले पश्य संरब्धमापतन्तं रथं रिपोः ॥ ९
यथापसव्यं पतता वेगेन महता पुनः । समरे हन्तुमात्मानं तथानेन कृता मतिः ॥ १०
तदप्रमादमातिष्ठ प्रत्युद्गच्छ रथं रिपोः । विध्वंसयितुमिच्छामि वायुर्मेघमिवोत्थितम् ॥ ११
अविक्लवमसंभ्रान्तमव्यग्रहृदयेक्षणम् । रश्मिसंचारनियतं प्रचोदय रथं द्रुतम् ॥ १२
कामं न त्वं समाधेयः पुरंदररथोचितः । युयुत्सुरहमेकाग्रः स्मारये त्वां न शिक्षये ॥ १३
परितुष्टः स रामस्य तेन वाक्येन मातलिः । प्रचोदयामास रथं सुरसारथिरुत्तमः ॥ १४
अपसव्यं ततः कुर्वन्रावणस्य महारथम् । चक्रसंभूतरजसा रावणं व्यवधूनयत् ॥ १५
ततः क्रुद्धो दशग्रीवस्ताम्रविस्फारितेक्षणः । रथप्रतिमुखं रामं सायकैरवधूनयत् ॥ १६
धर्षणामर्षितो रामो धैर्यं रोषेण लम्भयन् । जग्राह सुमहावेगमैन्द्रं युधि शरासनम् ॥ १७
शरांश्च सुमहावेगान्सूर्यरश्मिसमप्रभान् । तदुपोढं महद्युद्धमन्योन्यवधकाङ्क्षिणोः ।
परस्पराभिमुखयोर्दृप्तयोरिव सिंहयोः ॥ १८
ततो देवाः सगन्धर्वाः सिद्धाश्च परमर्षयः । समीयुर्द्वैरथं द्रष्टुं रावणक्षयकाङ्क्षिणः ॥ १९
समुत्पेतुरथोत्पाता दारुणा रोमहर्षणाः । रावणस्य विनाशाय राघवस्योदयाय च ॥ २०
ववर्ष रुधिरं देवो रावणस्य रथोपरि । वाता मण्डलिनस्तीव्रा व्यपसव्यं प्रचक्रमुः ॥ २१
महद्गृध्रकुलं चास्य भ्रममाणं नभःस्थले । येन येन रथो याति तेन तेन प्रधावति ॥ २२
संध्यया चावृता लङ्का जपापुष्पनिकाशया । दृश्यते संप्रदीप्तेव दिवसेऽपि वसुंधरा ॥ २३

परमसंपन्नैः परमैं रथवहनोचिताश्वगुणैर्जवादिभिः संपन्नैः । पताकाध्वजानां मालास्मिन्नस्ति तम् । अनेन ध्वजबाहुल्यमुक्तम् । समुच्छ्रितपताकिनमित्यनेन च तदौन्नत्यमुक्तम् ॥ २ ॥ प्रणाशं प्रणाशकरम् ॥ ३ ॥ द्वितीयरथसारथिशब्दावनेकविशेषणव्यवधानात्पूर्वोक्ताविस्मरणार्थौ तदनुवादकावेव ॥ ४ ॥ ५ ॥ तडित्पताकागहनं तडित्तुल्यपताकाभिर्गहनं संकीर्णम् । दर्शितेन्द्रायुधप्रभं दर्शितेन्द्रायुधस्य प्रभा येन तम् । 'दार्शितेन्द्रायुधायुधम्' इति पाठे दर्शितानीन्द्रायुधेन सदृशान्यायुधानि येन तमित्यर्थः ॥ ६ ॥ ७ ॥ वज्राभिमृष्टस्य वज्राभिहतस्य दीर्यतो गिरेः स्वनस्य सदृशस्वनम् । बालचन्द्रवन्नतम् ॥ ८ ॥ ९ ॥ यथानुभूयमानप्रकारेणापसव्यं प्रदक्षिणं महता रथवेगेन पततानेन रावणेन समर आत्मानं मां हन्तुं मतिः कृता प्रथमप्रादक्षिण्येन रथसंचारलक्षणसुनिमित्तसंपादनेनेति शेषः ॥ १० ॥ तत्तस्मादप्रमादं सावधानत्वमातिष्ठासनस्थैर्येण रिपो रावणस्य रथं प्रति प्रत्युद्गच्छ । प्रादक्षिण्येनैवेति शेषः ॥ ११ ॥ अविक्लवादिचतुर्गुणयुक्तं यथा तथा द्रुतं रथं प्रचोदय । अविक्लवत्वमभीरुत्वम् । असंभ्रान्तत्वं रणक्षोभादक्षुभितचित्तत्वम् । अव्यग्रमश्वीयहृदयेक्षणं यत्र । रश्मिसंचारनियतम् । रश्मिसंचारे नैपुण्यं तत्तत्कालानुगुण्येन संयमनमोचनव्यवस्थावत्त्वम् ॥ १२ ॥ यस्मात्पुरंदररथोचितस्त्वं यद्यपि कामं न समाधेयो न शिक्षणीयः, अथापि युयुत्सुरेकाग्रोऽहं स्मारये सहजं सारथ्यकर्म स्मारये न शिक्षये ॥ १३ ॥ १४ ॥ अपसव्यं प्रदक्षिणप्रचारम् । व्यवधूनयदकम्पयत् ॥ १५ ॥ रथेन प्रतिमुखं संमुखं रथप्रतिमुखम् ॥ १६ ॥ धर्षणेनामर्षितो रोषेण सह धैर्यं युद्धारभटीं लम्भयन्प्राप्नुवन्निन्द्रस्येदमैन्द्रं शरासनं जग्राह । किं चैन्द्रं पारमेश्वरम् । 'इदि परमैश्वर्ये' इत्युक्तेः । निजायुधं जग्राहेत्यर्थः ॥ १७ ॥ तत्तदा महद्युद्धमुपोढमारब्धमभूत् ॥ १८ ॥ द्वाभ्यां रथाभ्यां प्रवर्तितं द्वयो रथयोरिदं वा द्वैरथं युद्धं द्रष्टुं समीयुर्मिलित्वागताः ॥ १९ ॥ २० ॥ उत्पातानाह—ववर्षेति । मण्डलिनो वाताः । वात्यारूपा इत्यर्थः । तीव्रास्तीव्रवेगाः । व्यपसव्यं विगतमपसव्यं प्रदक्षिणं यथा तथा । वामावर्ता इत्यर्थः ॥ २१ ॥ येनयेनेति । मार्गेणेत्यर्थः । गृध्रकुलस्य मृतमांसभोजिनो रावणेन सहागमनेन रावणस्यासन्नमरणं सूच्यते ॥ २२ ॥ जपापुष्पनिकाशया संध्यया वृता लङ्का संदीप्तेव दृश्यते । अकालेऽपीति शेषः । तदेवाह—दिवसेऽपीति ।

सनिर्घाता महोल्काश्च संप्रपेतुर्महास्वनाः । विषादयंस्ते रक्षांसि रावणस्य तदा हिताः ॥ २४
रावणश्च यतस्तत्र प्रचचाल वसुंधरा । रक्षसां च प्रहरतां गृहीता इव बाहवः ॥ २५
ताम्राः पीताः सिताः श्वेताः पतिताः सूर्यरश्मयः । दृश्यन्ते रावणस्याग्रे पर्वतस्येव धातवः ॥ २६
गृध्रैरनुगताश्चास्य वमन्तो ज्वलनं मुखैः । प्रणेदुर्मुखमीक्षन्त्यः संरब्धमशिवं शिवाः ॥ २७
प्रतिकूलं ववौ वायू रणे पांसून्समुत्किरन् । तस्य राक्षसराजस्य कुर्वन्दृष्टिविलोपनम् ॥ २८
निपेतुरिन्द्राशनयः सैन्ये चास्य समन्ततः । दुर्विषह्यस्वरा घोरं विना जलधरोदयम् ॥ २९
दिशश्च प्रदिशः सर्वा बभूवुस्तिमिरावृताः । पांसुवर्षेण महता दुर्दर्शं च नभोऽभवत् ॥ ३०
कुर्वन्त्यः कलहं घोरं सारिकास्तद्रथं प्रति । निपेतुः शतशस्तत्र दारुणा दारुणारुताः ॥ ३१
जघनेभ्यः स्फुलिङ्गाश्च नेत्रेभ्योऽश्रूणि संततम् । मुमुचुस्तस्य तुरगास्तुल्यमग्निं च वारि च ॥ ३२
एवंप्रकारा बहवः समुत्पाता भयावहाः । रावणस्य विनाशाय दारुणाः संप्रजज्ञिरे ॥ ३३
रामस्यापि निमित्तानि सौम्यानि च शिवानि च । बभूवुर्जयशंसीनि प्रादुर्भूतानि सर्वशः ॥ ३४
निमित्तानीह सौम्यानि राघवस्य जयाय वै । दृष्ट्वा परमसंहृष्टो हतं मेने च रावणम् ॥ ३५

ततो निरीक्ष्यात्मगतानि राघवो रणे निमित्तानि निमित्तकोविदः ।
जगाम हर्षं च परां च निर्वृतिं चकार युद्धे ह्यधिकं च विक्रमम् ॥ ३६

इत्यार्षे श्रीमद्रामायणे वाल्मीकीय आदिकाव्ये युद्धकाण्डे षडुत्तरशततमः सर्गः ॥ १०६ ॥

सप्तोत्तरशततमः सर्गः ।

ततः प्रवृत्तं सुक्रूरं रामरावणयोस्तदा । सुमहद्द्वैरथं युद्धं सर्वलोकभयावहम् ॥ १
ततो राक्षससैन्यं च हरीणां च महद्बलम् । प्रगृहीतप्रहरणं निश्चेष्टं समवर्तत ॥ २
संप्रयुद्धौ तु तौ दृष्ट्वा बलवन्नरराक्षसौ । व्याक्षिप्तहृदयाः सर्वे परं विस्मयमागताः ॥ ३
नानाप्रहरणैर्व्यग्रैर्भुजैर्विस्मितबुद्धयः । तस्थुः प्रेक्ष्य च सर्वं ते नाभिजग्मुः परस्परम् ॥ ४
रक्षसां रावणं चापि वानराणां च राघवम् । पश्यतां विस्मिताक्षाणां सैन्यं चित्रमिवाबभौ ॥ ५
तौ तु तत्र निमित्तानि दृष्ट्वा राघवरावणौ । कृतबुद्धी स्थिरामर्षौ युयुधाते ह्यभीतवत् ॥ ६
जेतव्यमिति काकुत्स्थो मर्तव्यमिति रावणः । धृतौ स्ववीर्यसर्वस्वं युद्धेऽदर्शयतां तदा ॥ ७
ततः क्रोधाद्दशग्रीवः शरान्संधाय वीर्यवान् । मुमोच ध्वजमुद्दिश्य राघवस्य रथे स्थितम् ॥ ८
ते शरास्तमनासाद्य पुरंदररथध्वजम् । रथशक्तिं परामृश्य निपेतुर्धरणीतले ॥ ९
ततो रामोऽपि संक्रुद्धश्चापमाकृष्य वीर्यवान् । कृतप्रतिकृतं कर्तुं मनसा संप्रचक्रमे ॥ १०
रावणध्वजमुद्दिश्य मुमोच निशितं शरम् । महासर्पमिवासह्यं ज्वलन्तं स्वेन तेजसा ॥ ११

वसुंधरेति लङ्काविशेषणम् ॥ २३ ॥ संप्रपेतुः । रावणस्य पुरस्तादिति शेषः । तदा तस्मिन्काले । अहिता अनर्थसूचकाः ॥ २४ ॥ वसुंधरा लङ्कापर्यन्तभूः । गृहीता इवेति । भयात्स्तब्धा इति शेषः ॥ २५ ॥ पर्वतस्य धातव इव ताम्रादिरूपाः सूर्यस्य रश्मयो रावणस्याग्रे पतिताः सन्तो दृश्यन्त इति संबन्धः ॥ २६ ॥ अस्य मुखमीक्षन्त्य इत्यन्वयः ॥ २७ ॥ दृष्टिविलोपनमशक्योद्वीक्षणत्वम् ॥ २८ ॥ इन्द्राशनय इत्यनेनायुधाशनिव्यावृत्तिः ॥ २९ ॥ ३० ॥ तद्रथं रावणरथं प्रति ॥ ३१ ॥ तुल्यमग्निं च वारि च । जघनेभ्य इत्याद्युक्तप्रकारेणेति शेषः ॥ ३२ ॥ ३३ ॥ ३४ ॥ परमसंहृष्टो लक्ष्मणो मातलिर्वेति शेषः ॥ ३५ ॥ ३६ ॥ इति श्रीरामाभिरामे श्रीरामीये रामायणतिलके वाल्मीकीय आदिकाव्ये युद्धकाण्डे षडुत्तरशततमः सर्गः ॥ १०६ ॥

तत इति । द्वैरथं व्याख्यातम् । सुमहदनेकदिनव्यापि ॥ १ ॥ प्रगृहीतप्रहरणमपि निश्चेष्टं समवर्तत निवृत्तोद्योगमेवातिष्ठत । तद्युद्धदर्शनपारवश्यादिति शेषः ॥ २ ॥ तदेवाह—संप्रयुद्धाविति । सम्यग्युद्धारम्भप्रवृत्तौ ॥ ३ ॥ भुजैरुपलक्षिता इति शेषः । नाभिजग्मुः । प्रहर्तुं परस्परमिति शेषः ॥ ४ ॥ विस्मिताक्षाणां विस्मयपरवशेन्द्रियाणाम् । हरिरक्षसामिति शेषः । चित्रमिव चित्रलिखितमिव ॥ ५ ॥ कृतबुद्धी युद्धविषये निश्चितबुद्धी । अभीतवदभीतार्हम् ॥ ६ ॥ निश्चयमाह—जेतव्यमिति । मर्तव्यमिति । मृत्युरूपशत्रौ प्रहर्तव्यमित्यर्थ इति कतकः । इति धृतौ एवंनिश्चयवन्तौ । अदर्शयतामिति च्छेदः ॥ ७ ॥ ८ ॥ रथशक्तिं दिव्यरथवैभवं रथावयवविशेषं वा परामृश्य प्राप्य तन्महिम्ना केवलं धरणीतले

रामश्चिक्षेप तेजस्वी केतुमुद्दिश्य सायकम् । जगाम स महीं भित्त्वा दशग्रीवध्वजं शरः ॥ १२
स निकृत्तोऽपतद्भूमौ रावणस्यन्दनध्वजः । ध्वजस्योन्मथनं दृष्ट्वा रावणः स महाबलः ॥ १३
संप्रदीप्तोऽभवत्क्रोधादमर्षात्प्रदहन्निव । स रोषवशमापन्नः शरवर्षं ववर्ष ह ॥ १४
रामस्य तुरगान्दीप्तैः शरैर्विव्याध रावणः । ते दिव्या हरयस्तत्र नास्खलन्नापि बभ्रमुः ॥ १५
बभूवुः स्वस्थहृदयाः पद्मनालैरिवाहताः । तेषामसंभ्रमं दृष्ट्वा वाजिनां रावणस्तदा ॥ १६
भूय एव सुसंक्रुद्धः शरवर्षं मुमोच ह । गदाश्च परिघांश्चैव चक्राणि मुसलानि च ॥ १७
गिरिशृङ्गाणि वृक्षांश्च तथा शूलपरश्वधान् । मायाविहितमेतत्तु शस्त्रवर्षमपातयत् ।
सहस्रशस्तदा बाणानश्रान्तहृदयोद्यमः ॥ १८
तुमुलं त्रासजननं भीमं भीमप्रतिस्वनम् । तद्वर्षमभवद्युद्धे नैकशस्त्रमयं महत् ॥ १९
विमुच्य राघवरथं समन्ताद्वानरे बले । सायकैरन्तरिक्षं च चकार सुनिरन्तरम् ॥ २०
मुमोच च दशग्रीवो निःसङ्गेनान्तरात्मना । व्यायच्छमानं तं दृष्ट्वा तत्परं रावणं रणे ॥ २१
प्रहसन्निव काकुत्स्थः संदधे निशिताञ्छरान् । स मुमोच ततो बाणाञ्छतशोऽथ सहस्रशः ॥ २२
तान्दृष्ट्वा रावणश्चक्रे स्वशरैः खं निरन्तरम् । ताभ्यां नियुक्तेन तदा शरवर्षेण भास्वता ॥ २३
शरबद्धमिवाभाति द्वितीयं भास्वदम्बरम् । नानिमित्तोऽभवद्बाणो नानिर्भेत्ता न निष्फलः ॥ २४
अन्योन्यमभिसंहत्य निपेतुर्धरणीतले । तथा विसृजतोर्बाणान्रामरावणयोर्मृधे ॥ २५
प्रायुध्येतामविच्छिन्नमस्यन्तौ सव्यदक्षिणम् । चक्रतुश्च शरैर्घोरैर्निरुच्छ्वासमिवाम्बरम् ॥ २६
रावणस्य हयान्रामो हयान्रामस्य रावणः । जघ्नतुस्तौ तदान्योन्यं कृतानुकृतकारिणौ ॥ २७
एवं तु तौ सुसंक्रुद्धौ चक्रतुर्युद्धमुत्तमम् । मुहूर्तमभवद्युद्धं तुमुलं रोमहर्षणम् ॥ २८
तौ तथा युध्यमानौ तु समरे रामरावणौ । ददृशुः सर्वभूतानि विस्मितेनान्तरात्मना ॥ २९
अर्दयन्तौ तु समरे तयोस्तौ स्यन्दनोत्तमौ । परस्परमभिक्रुद्धौ परस्परमभिद्रुतौ ॥ ३०
परस्परवधे युक्तौ घोररूपौ बभूवतुः । मण्डलानि च वीथीश्च गतप्रत्यागतानि च ॥ ३१
दर्शयन्तौ बहुविधां सूतौ सारथ्यजां गतिम् । अर्दयन्रावणं रामो राघवं चापि रावणः ॥ ३२
गतिवेगं समापन्नौ प्रतिवेगनिवर्तने । क्षिपतोः शरजालानि तयोस्तौ स्यन्दनोत्तमौ ॥ ३३
चेरतुः संयुगमहीं सासारौ जलदाविव । दर्शयित्वा तदा तौ तु गतिं बहुविधां रणे ॥ ३४
परस्परस्याभिमुखौ पुनरेव च तस्थतुः । धुरं धुरेण रथयोर्वक्त्रं वक्त्रेण वाजिनाम् ॥ ३५
पताकाश्च पताकाभिः समीयुः स्थितयोस्तदा । रावणस्य ततो रामो धनुर्मुक्तैः शितैः शरैः ॥ ३६
चतुर्भिश्चतुरो दीप्तान्हयान्प्रत्यपसर्पयत् । स क्रोधवशमापन्नो हयानामपसर्पणे ॥ ३७

पेतुः ॥ ९ ॥ १० ॥ ११ ॥ १२ ॥ १३ ॥ १४ ॥ स्खलनाद्यभावे स्वस्थहृदयत्वे च हेतुः—दिव्या इति ॥ १५ ॥ पद्मनालैः पद्मदण्डैः ॥ १६ ॥ १७ ॥ गिरिशृङ्गादीनां पातनं कुतस्तत्राह—मायाविहितमिति । एतद्गिरिवृक्षादिवर्षम् । शस्त्रवर्षं मुक्तगदादिशस्त्रवर्षम् ॥ १८ ॥ भीमः प्रतिस्वनो यस्मिंस्तत् । नैकशस्त्रमयं नानाशस्त्रप्रचुरम् । तद्वर्षं प्रागुक्तशस्त्रवर्षम् ॥ १९ ॥ राघवरथं विमुच्य क्रोधातिशयेन युक्तत्वाल्लक्ष्यभूतं रामरथमतिक्रम्य वानरे बलेऽपतत् ॥ २० ॥ निःसङ्गेन प्राणाशासङ्गरहितेन । तत्परं तदनन्तरम् । व्यायच्छमानं व्यायच्छन्तं प्रवर्तयन्तम् ॥ २१ ॥ २२ ॥ २३ ॥ शरबद्धम् । शररचितं द्वितीयमम्बरमित्यर्थः । भास्वद्भासमानम् । नानिमित्तो निमित्तं लक्ष्यमप्राप्य वर्तमानो नास्ति । न निष्फलो लक्ष्यवेधपरप्रयुक्तवारणान्यतरप्रयोजनहीनो नाभवत् । नानिर्भेत्ताऽभेत्ता न । 'नातियत्नः' इति पाठे परप्रयुक्तनिवारणाय यत्नातिक्रान्तो न । निवारणाय प्रयुक्तो निवारयत्येवेत्यर्थः ॥ २४ ॥ बाणान्विसृजतोस्तयोर्बाणा अन्योन्यमभिसंहत्य स्वस्वप्रयोगकार्यं कृत्वैव धरणीतले निपेतुः ॥ २५ ॥ सव्यं च दक्षिणं च सव्यदक्षिणम् । अत्यन्तसंयोगे द्वितीया । उभयपार्श्वयोरविच्छिन्नं शरानस्यन्तौ । निरुच्छ्वासं नीरन्ध्रम् ॥ २६ ॥ कृतस्यानुकृतं प्रतिक्रिया तत्करणशीलौ ॥ २७ ॥ २८ ॥ तुमुलं रोमहर्षणम् । एतदनन्तरम् 'प्रयुध्यमानौ समरे महाबलौ शितैः शरै रावणलक्ष्मणाग्रजौ । ध्वजावपातेन स राक्षसाधिपो भृशं प्रचुक्रोध तदा रघूत्तमे ॥' इत्येकं श्लोकं प्रक्षिप्यात्र सर्गावच्छेदं कुर्वन्ति, तदयुक्तम् । पश्चादपि तुमुलयुद्धस्यैव सत्त्वादेकप्रकरणत्वाच्च । अनवच्छेदस्यैव बहुषु पुस्तकेषु दर्शनाच्चेति कतकः ॥ २९ ॥ ३० ॥ ३१ ॥ सारथ्यजां सूतकर्मनैपुण्यजाम् । अर्दयन् । बभूवेति शेषः ॥ ३२ ॥ ३३ ॥ सासारौ धारासंपात आसारस्तत्सहितौ ॥ ३४ ॥ ३५ ॥ ३६ ॥ प्रत्यपसर्पयत् । प्रस्र-

मुमोच निशितान्बाणान्राघवाय दशाननः । सोऽतिविद्धो बलवता दशग्रीवेण राघवः ॥ ३८
जगाम न विकारं च न चापि व्यथितोऽभवत् । चिक्षेप च पुनर्बाणान्वज्रसारसमस्वनान् ॥ ३९
सारथिं वज्रहस्तस्य समादिश्य दशाननः । मातलेस्तु महावेगाः शरीरे पतिताः शराः ॥ ४०
न सूक्ष्ममपि संमोहं व्यथां वः प्रददुर्युधि । तया धर्षणया क्रुद्धो मातलेर्न तथात्मनः ॥ ४१
चकार शरजालेन राघवो विमुखं रिपुम् । विंशतिं त्रिंशतिं षष्टिं शतशोऽथ सहस्रशः ॥ ४२
मुमोच राघवो वीरः सायकान्स्यन्दने रिपोः । रावणोऽपि ततः क्रुद्धो रथस्थो राक्षसेश्वरः ॥ ४३
गदामुसलवर्षेण रामं प्रत्यर्दयद्रणे । तत्प्रयुक्तं पुनर्युद्धं तुमुलं रोमहर्षणम् ॥ ४४
गदानां मुसलानां च परिघाणां च निःस्वनैः । शराणां पुङ्खवातैश्च क्षुभिताः सप्त सागराः ॥ ४५
क्षुब्धानां सागराणां च पातालतलवासिनः । व्यथिता दानवाः सर्वे पन्नगाश्च सहस्रशः ॥ ४६
चकम्पे मेदिनी कृत्स्ना सशैलवनकानना । भास्करो निष्प्रभश्चासीन्न ववौ चापि मारुतः ॥ ४७
ततो देवाः सगन्धर्वाः सिद्धाश्च परमर्षयः । चिन्तामापेदिरे सर्वे सकिंनरमहोरगाः ॥ ४८
स्वस्ति गोब्राह्मणेभ्यस्तु लोकास्तिष्ठन्तु शाश्वताः । जयतां राघवः संख्ये रावणं राक्षसेश्वरम् ॥४९
एवं जपन्तोऽपश्यंस्ते देवाः सर्षिगणास्तदा । रामरावणयोर्युद्धं सुघोरं रोमहर्षणम् ॥ ५०
गन्धर्वाप्सरसां सङ्घा दृष्ट्वा युद्धमनूपमम् । सागरं चाम्बरप्रख्यमम्बरं सागरोपमम् ॥ ५१
रामरावणयोर्युद्धं रामरावणयोरिव । एवं ब्रुवन्तो ददृशुस्तद्युद्धं रामरावणम् ॥ ५२
ततः क्रोधान्महाबाहू रघूणां कीर्तिवर्धनः । संधाय धनुषा रामः शरमाशीविषोपमम् ॥ ५३
रावणस्य शिरोऽच्छिन्दच्छ्रीमज्ज्वलितकुण्डलम् । तच्छिरः पतितं भूमौ दृष्टं लोकैस्त्रिभिस्तदा ॥ ५४
तस्यैव सदृशं चान्यद्रावणस्योत्थितं शिरः । तत्क्षिप्रं क्षिप्रहस्तेन रामेण क्षिप्रकारिणा ॥ ५५
द्वितीयं रावणशिरश्छिन्नं संयति सायकैः । छिन्नमात्रं च तच्छीर्षं पुनरेव प्रदृश्यते ॥ ५६
तदप्यशनिसंकाशैश्छिन्नं रामस्य सायकैः । एवमेव शतं छिन्नं शिरसां तुल्यवर्चसाम् ॥ ५७
न चैव रावणस्यान्तो दृश्यते जीवितक्षये । ततः सर्वास्त्रविद्वीरः कौसल्यानन्दवर्धनः ॥ ५८
मार्गणैर्बहुभिर्युक्तश्चिन्तयामास राघवः । मारीचो निहतो यैस्तु खरो यैस्तु सदूषणः ॥ ५९
क्रौञ्चावटे विराधस्तु कबन्धो दण्डकावने । यैः साला गिरयो भग्ना वाली च क्षुभितोऽम्बुधिः ॥ ६०
त इमे सायकाः सर्वे युद्धे प्रात्ययिका मम । किं तु तत्कारणं येन रावणे मन्दतेजसः ॥ ६१
इति चिन्तापरश्चासीदप्रमत्तश्च संयुगे । ववर्ष शरवर्षाणि राघवो रावणोरसि ॥ ६२
रावणोऽपि ततः क्रुद्धो रथस्थो राक्षसेश्वरः । गदामुसलवर्षेण रामं प्रत्यर्दयद्रणे ॥ ६३
तत्प्रवृत्तं महद्युद्धं तुमुलं रोमहर्षणम् । अन्तरिक्षे च भूमौ च पुनश्च गिरिमूर्धनि ॥ ६४

पसर्पणं नामात्यक्ताभिमुख्यानामेव पश्चार्धेनापसर्पणम् ॥ ३७ ॥ ३८ ॥ चिक्षेप रावणः क्षिप्तवान् ॥ ३९ ॥ ४० ॥ मातलेर्व्यथां न प्रददुः । देवत्वेन दिव्यशक्तिमत्त्वात् । अपसर्पणकाले रावणेन प्रक्षिप्तानामतिवेधसामर्थ्यायोगाच्च । यथा मातलेर्धर्षणया क्रुद्धस्तथात्मनो धर्षणया न क्रुद्धः ॥ ४१ ॥ अत एव रिपुं विमुखं चकार ॥ ४२ ॥ ४३ ॥ ४४ ॥ ४५ ॥ क्षुब्धानां सागराणामधोदेशवर्तिपातालवासिनो व्यथिता जाता इति शेषः ॥ ४६ ॥ ४७ ॥ ४८ ॥ ४९ ॥ जपन्तो वदन्तः ॥ ५० ॥ वचनप्रकारमाह—गन्धर्वाप्सरसामिति । अनूपममिति दीर्घ आर्षः । 'दृष्ट्वा युद्धमनूपमम्' इत्युत्तरं 'सागरं चाम्बरप्रख्यमम्बरं सागरोपमम्' इति पाठे सागरं नैल्यवैपुल्यादिनाम्बरप्रख्यमाकाशतुल्यमिति वक्तुं शक्यम् । एवमम्बरमपि सागरोपममिति शक्यम् । रामरावणयोर्युद्धं तु तदतिरिक्ततादृशयुद्धासंभवात्स्वतुल्यमित्येव वक्तुं शक्यम् । तेनानुपमत्वं फलतीत्यनन्वयोऽत्रालंकारः । पूर्वार्धे तूपमेयोपमेति कतकः । सागरशब्दे लिङ्गव्यत्यय आर्षः, अर्धर्चादिर्वा सः । 'गगनं गगनाकारं सागरः सागरोपमः' इति पाठेऽर्धद्वयेऽप्यनन्वय एवेति बोध्यम् । एवं ब्रुवन्तो गन्धर्वादिसङ्घास्तद्युद्धं ददृशुः । रामरावणम् । तत्कर्तृकमित्यर्थः ॥ ५१ ॥ ५२ ॥ ततस्तद्वाक्यश्रवणानन्तरम् ॥ ५३ ॥ शिरोऽच्छिन्दत् । एकैकश इति शेषः । सकृद्दशशिरसां छेदे तु न पुनः प्ररोह इति कतकः ॥ ५४ ॥ तस्यैव सदृशम् । यद्भूमौ तस्यैव सदृशमित्यर्थः ॥ ५५ ॥ ५६ ॥ 'एवमेव शतं च्छिन्नम्' इति पाठः । तुल्यवर्चसां तुल्याकाराणां शिरसां शतं रामेण च्छिन्नम् । एवं च भगवतः सर्वतोभद्रचक्रपदशतं रामेण रावणीयशिरःशतकमलैः पूजितमिति कतकः ॥ ५७ ॥ रावणस्य जीवितक्षयेऽन्तो निश्चयो न दृश्यते ॥ ५८ ॥ ५९ ॥ क्रौञ्चावटे क्रौञ्चवनसंबन्धिन्यवटे श्वभ्रे ॥ ६० ॥ प्रात्ययिका अमोघत्वेन निश्चिताः ॥ ६१ ॥ ६२ ॥ ६३ ॥ अन्तरिक्षे चेत्यादिरथयोः कामग-

देवदानवयक्षाणां पिशाचोरगरक्षसाम् । पश्यतां तन्महद्युद्धं सर्वरात्रमवर्तत ॥ ६५
नैव रात्रिं न दिवसं न मुहूर्तं न च क्षणम् । रामरावणयोर्युद्धं विराममुपगच्छति ॥ ६६
दशरथसुतराक्षसेन्द्रयोस्तयोर्जयमनवेक्ष्य रणे स राघवस्य ।
सुरवररथसारथिर्महात्मा रणरतराममुवाच वाक्यमाशु ॥ ६७

इत्यार्षे श्रीमद्रामायणे वाल्मीकीय आदिकाव्ये युद्धकाण्डे सप्तोत्तरशततमः सर्गः ॥ १०७ ॥

अष्टोत्तरशततमः सर्गः ।

अथ संस्मारयामास मातली राघवं तदा । अजानन्निव किं वीर त्वमेनमनुवर्तसे ॥ १
विसृजास्मै वधाय त्वमस्त्रं पैतामहं प्रभो । विनाशकालः कथितो यः सुरैः सोऽद्य वर्तते ॥ २
ततः संस्मारितो रामस्तेन वाक्येन मातलेः । जग्राह स शरं दीप्तं निःश्वसन्तमिवोरगम् ॥ ३
यं तस्मै प्रथमं प्रादादगस्त्यो भगवानृषिः । ब्रह्मदत्तं महद्बाणममोघं युधि वीर्यवान् ॥ ४
ब्रह्मणा निर्मितं पूर्वमिन्द्रार्थममितौजसा । दत्तं सुरपतेः पूर्वं त्रिलोकजयकाङ्क्षिणः ॥ ५
यस्य वाजेषु पवनः फले पावकभास्करौ । शरीरमाकाशमयं गौरवे मेरुमन्दरौ ॥ ६
जाज्वल्यमानं वपुषा सुपुङ्खं हेमभूषितम् । तेजसा सर्वभूतानां कृतं भास्करवर्चसम् ॥ ७
सधूममिव कालाग्निं दीप्तमाशीविषोपमम् । नरनागाश्ववृन्दानां भेदनं क्षिप्रकारिणम् ॥ ८
द्वाराणां परिघाणां च गिरीणां चापि भेदनम् । नानारुधिरदिग्धाङ्गं मेदोदिग्धं सुदारुणम् ॥ ९
वज्रसारं महानादं नानासमितिदारणम् । सर्ववित्रासनं भीमं श्वसन्तमिव पन्नगम् ॥ १०
कङ्कगृध्रबकानां च गोमायुगणरक्षसाम् । नित्यभक्ष्यप्रदं युद्धे यमरूपं भयावहम् ॥ ११
नन्दनं वानरेन्द्राणां रक्षसामवसादनम् । वाजितं विविधैर्वाजैश्चारुचित्रैर्गरुत्मतः ॥ १२
तमुत्तमेषु लोकानामिक्ष्वाकुभयनाशनम् । द्विषतां कीर्तिहरणं प्रहर्षकरमात्मनः ॥ १३
अभिमन्त्र्य ततो रामस्तं महेषुं महाबलः । वेदप्रोक्तेन विधिना संदधे कार्मुके बली ॥ १४
तस्मिन्संधीयमाने तु राघवेण शरोत्तमे । सर्वभूतानि संत्रेसुश्चचाल च वसुंधरा ॥ १५
स रावणाय संक्रुद्धो भृशमायम्य कार्मुकम् । चिक्षेप परमायत्तः शरं मर्मविदारणम् ॥ १६
स वज्र इव दुर्धर्षो वज्रिबाहुविसर्जितः । कृतान्त इव चावार्यो न्यपतद्रावणोरसि ॥ १७
स विसृष्टो महावेगः शरीरान्तकरः परः । बिभेद हृदयं तस्य रावणस्य दुरात्मनः ॥ १८
रुधिराक्तः स वेगेन शरीरान्तकरः शरः । रावणस्य हरन्प्राणान्विवेश धरणीतलम् ॥ १९

त्वात्तत्र तत्र कियत्कालं स्थितेरिति भावः ॥ ६४ ॥ सर्वरात्रम् । जातावेकवचनम् । तेनानेकाहोरात्रानित्यर्थः । वस्तुतः शवर्गे सकारस्तृतीयस्तेन त्रय उच्यन्ते । यवर्गे च वकारश्चतुर्थस्तेन चत्वार उच्यन्ते । मिलित्वा सप्तरात्रमित्यर्थः । सप्तरात्रमेव च तयोर्द्वैरथं युद्धमिति वक्ष्यमाणपाद्मकालिकापुराणयोः स्पष्टमिति दिक् ॥ ६५ ॥ तदेवाह—नैव रात्रिमिति ॥ ६६ ॥ तयोर्मध्ये राघवस्य जयमनवेक्ष्यादृष्ट्वा स सुरवरस्य सारथिरिति । रणे रतो रणरतः, रणरतश्चासौ रामश्च तम् ॥ ६७ ॥ इति श्रीरामाभिरामे श्रीरामीये रामायणतिलके वाल्मीकीय आदिकाव्ये युद्धकाण्डे सप्तोत्तरशततमः सर्गः ॥ १०७ ॥

एनमनुवर्तसे । एतत्प्रतिभयमनुसरसीत्यर्थः ॥ १ ॥ अस्मा एनं प्रति ॥ २ ॥ ३ ॥ ब्रह्मदत्तं ब्रह्मणेन्द्राय दत्तम् । इन्द्रेणागस्त्यद्वारा रामाय दत्तम् ॥ ४ ॥ ब्रह्मदत्तशब्दस्योक्त एवार्थः स्पष्टीक्रियते—ब्रह्मणेत्यादि ॥ ५ ॥ अस्य बाणस्य ब्रह्मानुग्रहवैशिष्ट्यमाह—यस्येति । वाजेषु वेगसाधनपक्षेषु । तत्र तत्र पवनादीनामधिदेवतात्वेनावस्थानं बोध्यम् । शरीरं मध्यभाग आकाशमयम् । आसमन्तात्काशते प्रकाशते इत्याकाशो ब्रह्मा भगवान्भूताकाशो वा । तेन व्याप्तिसामर्थ्यम्, पवनवत्त्वेन गतिसामर्थ्यम्, पावकादिमत्त्वेन दुःसहत्वम्, तर्हि लघुः स्यात्तत्राह—गौरवे इति ॥ ६ ॥ सर्वभूतानां पृथिव्यादीनाम् । तेजसा सारांशेन ॥ ७ ॥ क्षिप्रकारिणं शीघ्रभेदकारिणम् ॥ ८ ॥ द्वाराणां गोपुराणाम् ॥ ९ ॥ नानासमितिदारणमित्यन्वर्थं नाम भगवत्कृतं रामबाणस्य ॥ १० ॥ ११ ॥ गरुत्मतो वाजैः पक्षैः ॥ १२ ॥ इक्ष्वाकू रामस्तत्पक्षाणां भयनाशनं तमुत्तमेषुमभिमन्त्र्येत्यनेनान्वयः ॥ १३ ॥ अभिमन्त्र्य ब्रह्मास्त्रविद्यया । वेदो धनुर्वेदस्तेन प्रोक्तो यो मुष्टिदृष्टिस्थितिसंधानादीनां विधिर्विधानं मार्गस्तेनेत्यर्थः ॥ १४ ॥ १५ ॥ परमायत्तः परमयत्नवान् ॥ १६ ॥ वज्रिबाह्विति । वज्रितुल्यबलरामबाहुविनिःसृत इत्यर्थः । वज्रकवचवद्रामेत्यादि वा । वस्तुतो वज्रिबाहुविसर्जितो वज्र इव दुर्धर्ष इत्यर्थः ॥ १७ ॥ १८ ॥ १९ ॥

स शरो रावणं हत्वा रुधिरार्द्रकृतच्छविः। कृतकर्मा निभृतवत्स तूर्णीं पुनराविशत्॥ २०
तस्य हस्ताद्धतस्याशु कार्मुकं चापि सायकम्। निपपात सह प्राणैर्भ्रश्यमानश्च जीवितात्॥ २१
गतासुर्भीमवेगस्तु नैर्ऋतेन्द्रो महाद्युतिः। पपात स्यन्दनाद्भूमौ वृत्रो वज्रहतो यथा॥ २२
तं दृष्ट्वा पतितं भूमौ हतशेषा निशाचराः। हतनाथा भयत्रस्ताः सर्वतः संप्रदुद्रुवुः॥ २३
सर्वतश्चाभिपेतुस्तान्वानरा द्रुमयोधिनः। दशग्रीववधं दृष्ट्वा वानरा जितकाशिनः॥ २४
अर्दिता वानरैर्भ्रष्टा लङ्कामभ्यपतन्भयात्। हताश्रयत्वात्करुणैर्बाष्पप्रस्रवणैर्मुखैः॥ २५
ततो विनेदुः संहृष्टा वानरा जितकाशिनः। वदन्तो राघवजयं रावणस्य च तद्वधम्॥ २६
अथान्तरिक्षे व्यनदत्सौम्यस्त्रिदशदुन्दुभिः। दिव्यगन्धवहस्तत्र मारुतः सुसुखो ववौ॥ २७
निपपातान्तरिक्षाच्च पुष्पवृष्टिस्तदा भुवि। किरन्ती राघवरथं दुरावापा मनोहरा॥ २८
राघवस्तवसंयुक्ता गगने च विशुश्रुवे। साधुसाध्विति वागग्र्या देवतानां महात्मनाम्॥ २९
आविवेश महान्हर्षो देवानां चारणैः सह। रावणे निहते रौद्रे सर्वलोकभयंकरे॥ ३०
ततः सकामं सुग्रीवमङ्गदं च विभीषणम्। चकार राघवः प्रीतो हत्वा राक्षसपुंगवम्॥ ३१

ततः प्रजग्मुः प्रशमं मरुद्गणा दिशः प्रसेदुर्विमलं नभोऽभवत्।
मही चकम्पे न च मारुतो ववौ स्थिरप्रभश्चाप्यभवद्दिवाकरः॥ ३२
ततस्तु सुग्रीवविभीषणाङ्गदाः सुहृद्विशिष्टाः सहलक्ष्मणास्तदा।
समेत्य हृष्टा विजयेन राघवं रणेऽभिरामं विधिनाभ्यपूजयन्॥ ३३
स तु निहतरिपुः स्थिरप्रतिज्ञः स्वजनबलाभिवृतो रणे बभूव।
रघुकुलनृपनन्दनो महौजास्त्रिदशगणैरभिसंवृतो महेन्द्रः॥ ३४

इत्यार्षे श्रीमद्रामायणे वाल्मीकीय आदिकाव्ये युद्धकाण्डेऽष्टोत्तरशततमः सर्गः॥ १०८॥

निभृतवद्विनीतवत् ॥ २० ॥ २१ ॥ २२ ॥ २३ ॥ अभिपेतुस्तान्। प्रद्रुतराक्षसानित्यर्थः ॥ २४ ॥ हताश्रयत्वाद्धत आश्रयो येषां तत्त्वात्। बाष्पप्रस्रवणैर्मुखैः करुणैः शोकवद्भिरुपलक्षिताः सन्तो लङ्कामभ्यपतन् ॥ २५ ॥ तद्वधम्। तं वधमित्यर्थः ॥ २६ ॥ २७ ॥ दुरावापा आप्तुमशक्या ॥ २८ ॥ राघवस्तवसंयुक्ता साधुसाध्विति वाग्गगनेऽपि शुश्रुवे ॥ २९ ॥ ३० ॥ राक्षसपुंगवं हत्वा सुग्रीवादिकं सकामं संपूर्णकामं चकार। रावणवधेन रामकार्ये सिद्धे किल तेषां राज्यं शाश्वतं प्रतिष्ठितं भवति ॥ ३१ ॥ मही न चकम्पे। मारुतो न ववौ। क्रूर इति शेषः। 'मही चकम्पे नहि' इति पाठे मारुतो ववौ। सुख इति शेषः। स्थिरप्रभश्चेति। अनेनाश्विनशुक्लनवम्यां यामावशेषदिन इति बोधितम् ॥ ३२ ॥ रणेऽभिरामं रणविषये सर्वजगत्पूजनीयपराक्रमम् ॥ ३३ ॥ रामः स्वजनबलाभिवृतो बभूव। महेन्द्रश्च त्रिदशगणाभिसंवृतो बभूव ॥ ३४ ॥ अत्र युद्धदिवसगणनायां कतकतीर्थौ—पूर्वं सुवेलारोहणदिने 'ततोऽस्तमगमत्सूर्यः संध्यया प्रतिरञ्जितः। पूर्णचन्द्रप्रदीप्ता च क्षपा समतिवर्तते ॥' इत्युक्तेस्तद्दिनं चतुर्दशीपूर्णिमान्यतरदिति स्पष्टम्। ततः कृष्णप्रतिपदि युद्धारम्भः। तस्यामेव रात्रौ नागपाशबन्धतद्विमोक्षौ। द्वितीयायां धूम्राक्षवधः। तृतीयायां वज्रदंष्ट्रस्य। चतुर्थ्यामकम्पनस्य। पञ्चम्यां प्रहस्तस्य। षष्ठ्यां रावणभङ्गः। सप्तम्यां कुम्भकर्णवधः। अष्टम्यामतिकायादेः। नवम्यामिन्द्रजितो ब्रह्मास्त्रप्रयोगः। दशम्यां दिवा निकुम्भवधः, तद्रात्रौ मकराक्षवधः। एकादश्यादित्रयोदश्यन्तदिनत्रयेणेन्द्रजिद्वधः। चतुर्दश्यां मूलबलवधः। अमायां रावणयुद्धारम्भतद्वधाविति पञ्चदशदिनानि सर्वं युद्धमिति। अत्रेदं वक्तव्यम्—केयं कृष्णप्रतिपन्माघकृष्णस्य वा चैत्रकृष्णस्य वा। नाद्यः। चैत्रे पुष्यनक्षत्रेऽयोध्यातो वनं प्रति रामस्य प्रस्थानमिति स्पष्टमयोध्याकाण्डे। चैत्रे पुष्यश्च शुक्लपक्ष एव, तत्रापि नवम्यादिदिनत्रये एवेति स्पष्टमेव ज्योतिषादौ। तत्र नवमी रिक्तात्वादभिषेकायोग्या, दशम्येव तु पूर्णत्वाद्योग्या। एवं च चैत्रशुक्लदशम्यां प्रस्थानम्। तत्र माघकृष्णामायां युद्धसमाप्तौ तदुत्तरपञ्चम्यां भरद्वाजाश्रमागमनम्। 'पूर्णे चतुर्दशे वर्षे पञ्चम्यां लक्ष्मणाग्रजः। भरद्वाजाश्रमं प्राप्य ववन्दे नियतो मुनिम् ॥' इति वक्ष्यमाणत्वात्। तत्र च न चतुर्दशवर्षसमाप्तिरिति भगवतः प्रतिज्ञाहानिः, 'पूर्णे चतुर्दशवर्षे' इत्युक्तेरसंगतिश्च। युद्धोत्तरं तावत्कालं लङ्कायामवस्थानस्यालाभाच्च। चैत्रशुक्लपञ्चम्यां तत्रागमनेऽपि पञ्चदिनन्यूनतैवेति तद्धानिस्तदवस्थैव। तदुत्तरद्वितीयदिन एवायोध्याप्रवेशस्य लाभात्। अमान्तमानेन चैत्रकृष्णोत्तरपञ्चम्यां तदाश्रमगतावपि चतुर्दशवर्षतो बहुदिनाधिक्येन चतुर्दशवर्षसमाप्तिदिनेऽयोध्यानागमे मया प्राणा देया इति भरतप्रतिज्ञाहानिः। सा च प्रतिज्ञा चित्रकूटे रामसंनिधावित्ययोध्याकाण्डान्ते स्पष्टम्। एतेन चैत्रकृष्णप्रतिपदि युद्धारम्भस्तच्छुक्लप्रतिपदि रावणसंस्कार इति तीर्थो-

क्षश्चैत्रकृष्णस्येत्यन्त्योऽपि परास्तः । पूर्णिमान्तमानेन तिथिबद्धद्वादशमासैर्वर्षगणने पञ्चदिनानां न्यूनत्वात् अमान्तमानेन चैत्रकृष्णग्रहणे बहुदिनाधिक्यम् । सावनमानेन षष्ट्युत्तरत्रिशतदिनैर्वर्षगणने तु तिथिबद्धवर्षात्तत्र षड्दिनाधिक्येन चतुर्दशवर्षाणां चतुरशीत्यहोरात्रवृद्ध्या बहुदिनन्यूनतैव । कि च, महाभारते युधिष्ठिरवनवासे त्रयोदशवर्षमिते किंचित्कालादर्वागेव तेषां प्राकट्ये दुर्योधनेन तदसमाप्तावेषां प्राकट्येन पुनस्तावत्पर्यन्तं पुनरेतैर्वनवासः कर्तव्यो भविष्यतीति भीष्मं प्रत्युक्ते भीष्मवाक्यं विराटपर्वणि—'पञ्चमे पञ्चमे वर्षे द्वौ मासावुपजायतः । एषामप्यधिका मासाः पञ्च च द्वादश क्षपाः ॥ त्रयोदशानां वर्षाणामिति मे धीयते मतिः । सर्वं यथावच्चरितं यद्यदेभिः प्रतिश्रुतम् ॥ एवमेतद्ध्रुवं ज्ञात्वा ततो बीभत्सुरागतः । सर्वे चैव महात्मानः सर्वे धर्मार्थकोविदाः ॥ एषां युधिष्ठिरो राजा कस्माद्धर्मेऽपराध्नुयुः ॥' इति । एवं चेदृशव्यवहारे तिथिबद्धद्वादशमासैरेव वर्षगणनाधिकमासगणना चोचितैव । एवं चाधिकमासगणनायां धर्महानौ न्याय्यत्वे च स्थिते कस्माद्रामस्तानुपेक्षेत, भरतो वा तान्न गणयेत् । एवं चामान्तमानेन चतुर्दशीयाश्विनकृष्णे पूर्णिमान्तमानेन कार्तिककृष्णे पञ्चम्यां तत्समाप्तिरित्यायाति, अन्यथा चैत्रशुक्लदशम्यामारब्धस्य वनवासस्य षष्ठ्यां चतुर्दशवर्षसमाप्तिर्न कथमप्युपपद्यते । तद्गणने त्वेकादशदिनन्यूनषण्मासानां चतुर्दशवर्षेषु वृद्धावुपपद्यत एव सा, तस्माद्द्वादशसमाप्त्युत्तरं त्रयोदशे किंचिद्व्यतीतेऽरण्यकाण्डोक्तास्मद्रीत्या फाल्गुनाष्टम्यां रावणकृतसीतापहारः । ततश्चतुर्दशे किंचिद्व्यतीते रामस्य लङ्कासमीपगमनम् । 'वर्तते दशमो मासो द्वौ तु शेषौ प्लवंगम' इति सीतोक्तिः सावनमानेन स्वहरणदिनतः कालगणनया । तत्र 'पूर्णचन्द्रप्रदीप्ता च' इति रामोक्त्या पौषशुक्लचतुर्दश्यां पूर्णिमायां वा त्रिकूटशिखरप्राप्ती रामस्य । किं च हनूमतो लङ्काप्रवेशोत्तरं सीतादर्शनकाले 'हिमव्यपायेन च शीतरश्मिरभ्युत्थितो नैकसहस्ररश्मिः' इति वाक्येन 'द्वौ मासौ रक्षितव्यौ मे योऽवधिस्ते मया कृतः' इति रावणवाक्येन मार्गशुक्लदशम्युत्तरं हनूमतो लङ्काप्रवेशो दिनद्वयान्तरे लभ्यत इति निरूपितं सुन्दरकाण्डे । ततो मार्गकृष्णेऽष्टम्यां राघवप्रस्थानस्यान्यत्रोक्तत्वेन पौषपौर्णिमात्वमेवोचितं तत्प्राप्तिदिनस्य । ततो दशपञ्चदिनानि सेनानिवेशदूतप्रेषणादिना गतानि । ततो युद्धारम्भः । तत्र तदारभ्य भाद्रश्रावणोभयामान्तं लङ्कापुराद्बहिः सेनयोः संकुलं युद्धम् । ततो बहुराक्षसक्षयेण भीता राक्षसा लङ्कां प्रविष्टा इति तद्दिनेऽवहारस्तदुत्तरप्रतिपदि रात्राविन्द्रजित्कृतशरबन्ध इत्यादि । अतएव शरबन्धबद्धराघवदर्शनकाले सीतावाक्यम्—'तीर्त्वा सागरमक्षोभ्यं भ्रातरौ गोष्पदे हतौ' इति । अनेन बहुदिनयुद्धेन बहुषु राक्षसेषु क्षयितेषु कतिपययूथपरूपेऽत्यल्पावशिष्टे सैन्ये तयोः शरबन्ध इति लभ्यते । तथा 'अयं ते सुमहान्कालः शयानस्य महाबल' इति कुम्भकर्णं प्रति रावणोक्त्या सांप्रततन्निद्रायाः षण्मासाधिकत्वप्रतीतेरप्येवमेवोचितम् । निरूपितं चैतत्प्राक्सेतुबन्धादिवृत्तान्तं त्वं न जानीषे इति कुम्भकर्णं प्रति रावणोक्त्या पूर्वमन्त्रकरणोत्तरं मध्ये जागरणाभावस्य प्रतीतेः । किं च शरबन्धनदिनं न कृष्णप्रतिपत् । तस्याः पूर्णिमोत्तरत्वेन संपूर्णरात्रौ चन्द्रसत्तया 'तस्मिंस्तमसि दारुणे' इत्याद्युक्तेरसंगत्यापत्तेः, अतः सा शुक्लप्रतिपद्वाच्या । एवं चामान्तपक्षमात्रं युद्धमित्यस्यात्यन्तमसंगत्यापत्तिः । यत्तु—अमायामेव रावणवध इति, तत्तु न युक्तम् । इन्द्रजिद्वधोत्तरम् 'अभ्युत्थानं त्वमद्यैव कृष्णपक्षचतुर्दशीम् । कृत्वा निर्याह्यमावास्यां विजयाय बलैर्वृतः ॥' इति रावणं प्रति सुपार्श्वस्योक्त्या चतुर्दश्यां रावणप्रेषितबलवधोत्तरममायां निर्गतरावणेन रामलक्ष्मणयोर्युद्धे रात्रौ लक्ष्मणस्य शक्तिघातोत्तरं रावणलङ्काप्रवेशस्योक्ततया, ततो लक्ष्मणचिकित्सोत्तरं पुना रामरावणयुद्धस्य वाल्मीकिनैव स्पष्टमुक्ततया तदसंभवात् । किं चादित्यहृदयस्य 'आदित्यं प्रेक्ष्य जप्त्वेदं परं हर्षमवाप्तवान्' इत्यनेन सूर्यदर्शनोत्तरं जपस्योक्ततया रावणमरणोत्तरम् 'स्थिरप्रभश्चाप्यभवद्दिवाकरः' इत्युक्त्या दिवा तद्वधप्रतीत्या च चिरकालयुद्धोत्तरं लक्ष्मणे शक्तिघातस्य तदर्थमोषधिपर्वतानयनस्य चोक्तत्वेनामारात्रौ शक्तिघातप्रतीत्या रणाद्रावणापगमस्य प्रतीत्या च तद्विरोधात् । तथा पाद्मे—'ततो जज्ञे महायुद्धं संकुलं कपिरक्षसाम् । मध्याह्ने प्रथमं युद्धं प्रारब्धं प्रतिपद्यभूत् ॥' प्रतिपदि । शुक्लप्रतिपदीत्यर्थः । उक्तयुक्तेः । 'ततो निशि समागम्य मायावी शक्रजिद्बली । बबन्ध नागपाशैस्तौ राघवौ च हरित्रजान् ॥' ततश्चिरकालसंकुलयुद्धोत्तरम्, अन्यथा तस्यां निशीत्येव वदेत् । अग्रे द्वितीयेऽह्नि षष्ठ्यामिति चोक्त्या दारुणे तमसीति रामायणोक्त्या च भाद्रश्रावणोभयामोत्तरप्रतिपद्येतदिति बोध्यम् । 'वैनतेयस्तदाभ्येत्य तानि चास्त्राण्यमोचयत् । द्वितीयेऽहनि धूम्राक्षं हनूमान्निजघान वै ॥ तृतीयेऽह्नि वज्रदंष्ट्रं खड्गाच्चिच्छेद चाङ्गदः । जघान हनुमान्भूयश्चतुर्थेऽह्न्यकम्पनम् ॥ प्रहस्तं पञ्चमीतिथ्यां नीलश्चिच्छेद मूर्धनि । रावणः परिभूतोऽभूत्षष्ठ्यां रामेण धन्विना । अथ लङ्केश्वरः खिन्नः कुम्भकर्णं सहोदरम् । शैलमुद्गरघाताश्वधावनाद्यैरबोधयत् ॥ जघान तं कुम्भकर्णं रामः सप्तमवासरे ॥' इदं बोधनं दिनद्वयेन । तं बोधितं कुम्भकर्णम् । सप्तमवासरे । बोधनोत्तरं सप्तमवासरे इत्यर्थः । यत्तु बोधनं षष्ठ्यां रात्रौ सप्तम्यां चैतद्वध इति, तन्न । तदुत्थापने उक्तस्यातिप्रयासस्य रात्रिमात्रेणासंभवात्, रावणमन्दिरगमनकाले सूर्यप्रभया रावणमन्दिरस्यातिभास्वरत्ववर्णनेन मन्त्रादिना सप्तम्यां युद्धासंभवात्, इन्द्रजितो दिनत्रयेण 'वधोऽस्य यामषट्केन' इत्यस्यासंगतत्वाच्च । एवं च भाद्रपूर्णिमायामेतद्वधः । 'जघान लक्ष्मणोऽन्येद्युरतिकायं दशास्यजम् । बबन्धान्येद्युरिन्द्रारिर्ब्रह्मास्त्रेण नृपौ कपीन् ॥ हनूमता समानीतो महौषधमहीधरः । तस्या-

निलस्पर्शवशात्सर्वे एते समुत्थिताः ॥ अन्येद्युः कपिराट् कुम्भं निकुम्भं वायुजोऽवधीत्। तस्यां निशि रघुश्रेष्ठो जघान मकरेक्षणम् ॥ मायासीतावधं चक्रे शक्रजिद्रणमूर्धनि। तेन खिन्नोऽभवद्राम आश्वस्तो लक्ष्मणेन सः ॥ त्रयोदशाहे सौमित्रिस्त्रिदिनं योधयन्बली। जघान शक्रजेतारं रामध्यानेन हेतुना ॥' अन्येद्युरन्येषु दिवसेषु। अत्रातिकायग्रहणं त्रिशिरोदेवान्तकनरान्तकमहोदरमहापार्श्वोपलक्षणम्। लक्ष्मणग्रहणमङ्गदहनूमतोरप्युपलक्षणम्। एवं षड्भिर्दिनैः षण्णां वधः। पूर्वं क्रमेणैव तद्वधोक्तेः। अन्येद्युः सप्तम्याम्, पर्वतानयनमष्टम्याम्, अन्येद्युर्नवम्याम्, तस्यां निशि नवमीरात्रौ तदन्ते मायासीतावधः। ततो दशमीचतुर्थयाममारभ्य त्रयोदशीचतुर्थयामपर्यन्तमिन्द्रजिद्वधः। 'ततोऽवधीन्मूलबलं चतुर्दश्यां रघूद्वहः। दर्शेऽथ निर्ययौ राजा योद्धुं रामेण संयुगे ॥ चतुरङ्गबलैः सार्धं मन्त्रिभिर्दशकंधरः। छत्रचामरसयुक्तः सर्वाभरणभूषितः ॥ महारथगतो द्वारादुत्तरान्निर्ययौ बहिः। आगतो रक्षसां राजा ब्रह्मघ्नो देवकण्टकः ॥ योद्धुं रघुवरेणेति शुश्रुवे कलहध्वनिः। तत्र युद्धं समभवद्वानराणां च रक्षसाम् ॥ रामरावणयोश्चैव तथा सौमित्रिणा सह। शक्तिं चिक्षेप संक्रुद्धः सोऽनुजं प्रति रावणः ॥ वक्षसा धारयामास सौमित्रिस्तां वियद्गताम्। तया स बाध्यमानः सन्पपात धरणीतले ॥ हनूमता जीवितोऽभूदोषध्यानयनात्पुनः। ततः क्रुद्धो महातेजा राघवो राक्षसान्तकः ॥ जघान राक्षसान्सर्वाञ्शरैः कालान्तकोपमैः। भयात्प्रदुद्राव रणे लङ्कां प्रति निशाचरः ॥ जगद्राममयं पश्यन्निर्वेदात्स्वगृहं विशत्। निकुम्भिलां ततः प्राप्य होमं चक्रे जिगीषया ॥ ध्वंसितं वानरेन्द्रैस्तदभिचारात्मकं रिपोः। पुनरुत्थाय पौलस्त्यो रामेण सह योधितुम् ॥ दिव्यं स्यन्दनमारुह्य राक्षसैर्निर्ययौ बहिः ॥' इदं निर्गमनमाश्विनशुक्लप्रतिपदि। 'ततः शतमखो दिव्यं रथं हर्यश्वसंयुतम्। राघवाय स्वसूतेन प्रेषयामास भक्तिमान् ॥ तं तु मातलिनानीतमारुह्य रथसत्तमम्। स्तूयमानः सुरगणैर्युयुधे तेन रक्षसा ॥ ततो युद्धमभूद्धोरं रामरावणयोर्महत्। सप्ताह्निकमहोरात्रं शस्त्रास्त्रैरतिभीषणैः ॥' इति। ततो मातलिरथागमनदिनोत्तरम्। एवं च नवम्यां तद्वधः। तदुक्तं कालिकापुराणे—'रामस्यानुग्रहार्थं वै रावणस्य वधाय च। रात्रावेव महादेवी ब्रह्मणा बोधिता पुरा ॥ ततस्तु त्यक्तनिद्रा सा नन्दायामाश्विने सिते। जगाम नगरीं लङ्कां यत्रासीद्राघवः पुरा ॥' आगत इति शेषः। इदं चागमनं रात्र्यन्ते तदैव मातलिरथागमनम्। 'तत्र गत्वा महादेवी तदा तौ रामलक्ष्मणौ। युद्धेन योजयामास स्वयमन्तर्हिताम्बिका ॥ राक्षसानां वानराणां जग्ध्वा सा मांसशोणितम्। रामरावणयोर्युद्धं सप्ताहं सा न्ययोजयत् ॥ व्यतीते सप्तमे रात्रे नवम्यां रावणं ततः। रामेण घातयामास महामाया जगन्मयी ॥ यावत्तयोः स्वयं देवी युद्धकेलिमुदैक्षत। तावत्तु अष्टरात्राणि सर्वैर्देवैः सुपूजिता ॥ निहते रावणे वीरे नवम्यां सकलैः सुरैः। विशेषपूजां दुर्गायाश्चक्रे लोकपितामहः ॥' सकलैः सुरैरित्यस्य सहेति शेषः। 'रामरावणबाणैस्तु युद्धं चावेक्ष्य भीतिदम्। तृतीयायां तु लङ्कायाः पूर्वोत्तरदिशि स्थितम्। स्वातिनक्षत्रयुक्तायां भीतं सुरबलं महत्। शान्त्यर्थं वारयामास देवेन्द्रो वचनाद्धरेः ॥' शान्त्यर्थं भयशान्त्यर्थम्। 'ततस्तु श्रवणेनाथ दशम्या चण्डिकां शुभाम्। विसृज्य चक्रे शान्त्यर्थं बलनीराजनं हरिः ॥' रिपुजनितभयशान्त्यर्थमित्यर्थः। 'नीराजितबलः शक्रस्तत्र रामं सलक्ष्मणम्। संभाष्य प्रययौ स्वर्गं सह देवैः शचीपतिः ॥ इति वृत्तं पुराकल्पे मनोः स्वायंभुवेऽन्तरे। पुराकल्पे यथा वृत्तं प्रतिकल्पं तथैव तु ॥ प्रवर्तते स्वयं देवी दैत्याना नाशनाय वै ॥' स्वायंभुवमन्वन्तररूपे पुराकल्पे इत्यर्थः। प्रतिकल्पम्। प्रतिमन्वन्तरमित्यर्थः। जलप्लवसामान्येन तत्रापि कल्पव्यवहारात्। 'प्रतिकल्पं भवेद्रामो रावणश्चापि राक्षसः। तथैव जायते युद्धं तथैव त्रिदशागमः ॥ एवं रामसहस्राणि रावणानां तथैव च। भवितव्यानि भूतानि तेषु देवी प्रवर्तते ॥ तां पूजन्ति सुराः सर्वे बलं नीराजयन्ति च। तथैव च नराः सर्वे कुर्युः पूजां यथाविधि ॥ बलनीराजनं राजा कुर्याद्बलविवृद्धये ॥' इति। इयं च ब्रह्मबोधिता महादेव्यग्नौ प्रविष्टा सीतैव भगवच्छक्तिरूपेति प्रतिभाति। अतएव ब्रह्मवैवर्ते प्रथमेंऽशविभागे प्रतिकल्पं विष्णोश्चरितं कीदृशमिति नारदप्रश्ने ब्रह्मवाक्यम्—'स एव भगवान्नूनं प्रतिमन्वन्तरं मुने। वधाय दुष्टदैत्यानां भूमिभारकृतां भुवि ॥ कलिद्वापरयोः संधौ भविष्यति न संशयः। प्रतिकल्पं त्वेवमेव भविष्यति न संशयः ॥' इति। 'सहस्रकृत्वो रामोऽपि भविता ब्रह्मणो दिने' इति ब्रह्मवैवर्ते प्रथमविभागस्थे राधां प्रति कृष्णवाक्ये दिने इति जातावेकवचनम्। दिनेष्वित्यर्थः। पूर्वं प्रतिमन्वन्तरमित्युक्तः। प्रतिचतुर्युगं रामाद्यवतार इति तु न युक्तम्, चतुर्विंशतितमचतुर्युग्यां रामावतारस्याष्टाविंशतितमचतुर्युग्यां कृष्णावतारस्य हरिवंशे पुराणान्तरे च प्रसिद्धत्वादिति दिक्। आग्निवेश्यरामायणमिति प्रसिद्धग्रन्थे तु—'रामः पञ्चदशे वर्षे षड्वर्षामपि मैथिलीम्। उपयेमे त्वयोध्यायां द्वादशाब्दानुवास सः ॥ सप्तविंशतिमे वर्षे वनवासमकल्पयत्। अष्टादश च वर्षाणि सीतायास्तु तदाभवन् ॥ त्रिरात्रमुदकाहारश्चतुर्थेऽह्नि फलाशनः। पञ्चमे चित्रकूटे तु रामो वासमकारयत् ॥ अथ त्रयोदशे वर्षे पञ्चवट्यां महामनाः। रामो विरूपयामास घोरां शूर्पणखां वने ॥ ततो माघे सिताष्टम्यां मुहूर्ते वृन्दसंज्ञके। राघवाभ्यां विना सीतां जहार दशकंधरः ॥' 'माघे शुक्लचतुर्दश्याम्' इति पाठान्तरम्। 'मार्गशुक्लदशम्यां तु वसन्तीं रावणालये। संपातिर्दशमे मासे आचख्यौ वानरेषु ताम् ॥ एकादश्यां महेन्द्रात्प्रात्पुप्लुवे शतयोजनम्। तद्रात्रिशेषे सीताया दर्शनं हि हनूमतः ॥ द्वादश्यां शिंशपावृक्षे हनूमान्पर्यवस्थितः। तस्यां

नवाधिकशततमः सर्गः ।

भ्रातरं निहतं दृष्ट्वा शयानं निर्जितं रणे । शोकवेगपरीतात्मा विललाप विभीषणः ॥ १
वीरविक्रान्त विख्यात प्रवीण नयकोविद । महार्हशयनोपेत किं शेषे निहतो भुवि ॥ २
निक्षिप्य दीर्घौ निश्चेष्टौ भुजावङ्गदभूषितौ । मुकुटेनापवृत्तेन भास्कराकारवर्चसा ॥ ३
तदिदं वीर संप्राप्तं यन्मया पूर्वमीरितम् । काममोहपरीतस्य यत्तन्न रुचितं तव ॥ ४
यन्न दर्पात्प्रहस्तो वा नेन्द्रजिन्नापरे जनाः । न कुम्भकर्णोऽतिरथो नातिकायो नरान्तकः ।
न स्वयं बहु मन्येथास्तस्योदर्कोऽयमागतः ॥

निशायां सीताया विश्वासालापसत्कथाः ॥ अक्षादिभिस्त्रयोदश्यां ततो युद्धमवर्तत । वधो ह्यक्षकुमारस्य वनविध्वंसनं तथा ॥ ब्रह्मास्त्रेण चतुर्दश्यां बद्धः शक्रजिता कपिः । वह्निना पुच्छयुक्तेन लङ्काया दहनं तथा ॥ पौर्णमास्यां महेन्द्राद्रौ पुनरागमनं कपेः । मार्गासितप्रतिपदः पञ्चभिः पथि वासरैः ॥ पुनरागम्य षष्ठेऽह्नि ध्वस्तं मधुवनं च तैः । सप्तम्यां प्रत्यभिज्ञानदानं शुद्धिनिवेदनम् ॥ अष्टम्युत्तरफल्गुन्यां मुहूर्ते विजयाभिधे । मध्यं प्राप्ते सहस्रांशौ प्रस्थानं राघवस्य तु ॥ वासरे सप्तमेऽम्भोधौ स्कन्धावारनिवेशनम् । पौषशुक्लप्रतिपदस्तृतीया यावदम्बुधेः ॥ उपस्थानं ससैन्यस्य राघवस्य बभूव ह । विभीषणश्चतुर्थ्यां वै रामेण सह संगतः ॥ समुद्रतरणार्थाय पञ्चम्यां मन्त्रउद्गमः । प्रायोपवेशनं चक्रे रामो दिनचतुष्टयम् ॥ समुद्रवरलाभश्च सेतूपायप्रकीर्तनम् । सेतोर्दशम्यामारम्भस्त्रयोदश्यां समापनम् ॥ चतुर्दश्यां सुवेलाग्रे रामः सैन्यं न्यवेशयत् । पौर्णमास्या द्वितीयान्तं त्रिदिनैः सैन्यतारणम् ॥ तृतीयाया दशम्यन्तं मन्त्रो गुल्मनिवेशने । शुकसारणयोः सैन्यप्राप्तिरेकादशीदिने ॥ माघे सितायां द्वादश्यां सैन्यसंख्या कृता तु वै । सारणेन कपीनां तु सारासारोपवर्णनम् । त्रयोदश्याद्यमां यावल्लङ्कायां दिवसैस्त्रिभिः । रावणः सैन्यसंख्यानं रणायोत्साहनं तथा ॥ ययावथाङ्गदो दौत्यं माघशुक्लादिवासरे । माघशुक्लद्वितीयादिदिनैः सप्तभिरेव तु ॥ रक्षसां वानराणां च युद्धमासीत्सुदारुणम् । माघशुक्लनवम्यां तु रात्राविन्द्रजिता रणे ॥ रामलक्ष्मणयोर्नागपाशैर्बन्धो बभूव ह । नागपाशविमोक्षार्थं दशम्यां गरुडोऽभ्यगात् ॥ अत्रावहारः कथितो दशम्यादिदिनद्वयम् । द्वादश्यामाञ्जनेयेन धूम्राक्षस्य वधः कृतः ॥ त्रयोदश्यां तु तेनैव निहतोऽकम्पनो रणे । माघशुक्लचतुर्दश्या यावत्कृष्णादिवासरम् ॥ त्रिदिनेन प्रहस्तस्य नीलेन विहितो वधः । माघासितद्वितीयायाश्चतुर्थ्यन्तं त्रिभिर्दिनैः ॥ रामेण तुमुले युद्धे रावणो द्रावितो रणात् । पञ्चम्यास्त्वष्टमी यावद्रावणेन प्रबोधितः ॥ कुम्भकर्णः समुत्तस्थावत्रायुद्धं चतुर्दिनम् । कुम्भकर्णो दिनैः षड्भिर्नवम्यास्तु चतुर्दशीम् ॥ रामेण निहतो युद्धे बहुवानरभक्षकः । अमावास्यादिने शोकादवहारो बभूव ह ॥ फाल्गुनादिप्रतिपदश्चतुर्थ्यन्तदिनैस्ततः । नरान्तकप्रभृतयो निहताः पञ्च राक्षसाः । पञ्चम्याः सप्तमी यावदतिकायवधस्त्र्यहात् । अष्टम्या द्वादशी यावन्निहतौ दिनपञ्चकात् ॥ निकुम्भकुम्भावूर्ध्वं तु मकराक्षश्चतुर्दिनैः । फाल्गुनस्य द्वितीयायां कृष्णे शक्रजिता जितम् ॥ तृतीयायास्तु सप्तम्यां हरयः पञ्चवासरात् । ओषध्यानयने व्यग्रास्तदासीदवहारकः ॥ तत्र त्रयोदशीं यावद्दिनैः षड्भिस्तु शक्रजित् । लक्ष्मणेन हतो युद्धे विघ्नितोऽभिचरन्क्रमात् ॥ चतुर्दश्यां दशग्रीवो रणदीक्षाविधिक्रमात् । अमावास्यां ययौ वीरो युद्धाय दशकन्धरः ॥ चैत्रशुक्लप्रतिपदः पञ्चमीदिनपञ्चकैः । रावणस्य प्रधानानां युध्यतामभवत्क्षयः ॥ चैत्रषष्ठ्यष्टमी यावन्महापार्श्वादिमारणम् । चैत्रशुक्लनवम्यां तु सौमित्रेः शक्तिभेदनम् ॥ द्रोणाद्रिराञ्जनेयेन लक्ष्मणार्थमुपाहृतः । दशम्यामवहारोऽभूद्रात्रौ युद्धं नृरक्षसोः । एकादश्यां तु रामाय रथो मातलिसारथिः । अष्टादशदिनै रामो द्वैरथे रावणं वधीत् ॥ द्वादश्याः शुक्लपक्षस्य यावत्कृष्णचतुर्दशीम् । माघशुक्लद्वितीयायाश्चैत्रकृष्णचतुर्दशीम् ॥ अष्टाशीतिदिनं युद्धं मध्ये पञ्चदशाहकम् । युद्धावहारं सङ्ग्रामस्त्रिसप्ततिदिनान्यभूत् ॥ संस्कारो रावणादीनाममावास्यादिनेऽभवन् । वैशाखादितिथौ रामः सुवेलं पुनरागमत् ॥ अभिषिक्तो द्वितीयायां लङ्काराज्ये विभीषणः । सीताशुद्धिस्तृतीयायां देवेभ्यो वरलम्भनम् ॥ वैशाखस्य चतुर्थ्यां तु रामः पुष्पकमास्थितः । पूर्णे चतुर्दशे वर्षे पञ्चम्यां माधवस्य तु ॥ भरद्वाजाश्रमं रामः ससीतः पुनरागमत् । नन्दिग्रामे तु षष्ठ्यां वै भरतेन समागतः ॥ सप्तम्यामभिषिक्तोऽसावयोध्यायां रघूत्तमः । जानकी रामसहिता रावणस्य निवेशने ॥ मनुमासान्स्थिता पक्षदशवासरसंयुते ॥' इति, तत्तु सर्वांशेऽनिश्चितप्रामाण्यम् । कालिकापुराणादिविरोधात् । इदं कल्पान्तरविषयमिति न युक्तम् । तद्विरोधादेव तस्मात्क्रियाविरोधे पुराणेपूपसंहार एव न्याय्यः शाखान्तरोक्ताङ्गोपसंहारवत् । यथा कुम्भकर्णवधोऽत्र रामेणोक्तो भारते लक्ष्मणेन तादृशे विषये, नतु कल्पभेदेन व्यवस्था । जन्मविषय एव तु हरिवंशोक्ता सेति बोध्यम् ॥ **इति श्रीरामाभिरामे श्रीरामीये रामायणतिलके वाल्मीकीय आदिकाव्ये युद्धकाण्डेऽष्टाधिकशततमः सर्गः ॥ १०८ ॥**

अथ विभीषणविलापः—भ्रातरमिति ॥ १ ॥ प्रवीण समर्थ ॥२॥ अपवृत्तेन रामबाणैस्त्याजितेन मुकुटेनोपलक्षितः ॥ ३ ॥ यन्मया पूर्वमीरितं त्वन्निधनान्तसर्वरक्षोनाशरूपं तदिदं संप्राप्तम् । उक्तस्यैव विवरणम्—काममोहेति । काममोहपरीतस्य ते यन्मे वचो न रुचितम् ॥ ४ ॥ यच्च प्रहस्तादयो दर्पाद्रवोण

962

गतः सेतुः सुनीतानां गतो धर्मस्य विग्रहः । गतः सत्त्वस्य संक्षेपः सुहस्तानां गतिर्गता ॥ ६
आदित्यः पतितो भूमौ मग्नस्तमसि चन्द्रमाः । चित्रभानुः प्रशान्तार्चिर्व्यवसायो निरुद्यमः ।
अस्मिन्निपतिते वीरे भूमौ शस्त्रभृतां वरे ॥ ७
किं शेषमिह लोकस्य गतसत्त्वस्य संप्रति । रणे राक्षसशार्दूले प्रसुप्त इव पांसुषु ॥ ८

धृतप्रवालः प्रसभाग्र्यपुष्पस्तपोबलः शौर्यनिबद्धमूलः ।
रणे महान्राक्षसराजवृक्षः संमर्दितो राघवमारुतेन ॥ ९
तेजोविषाणः कुलवंशवंशः कोपप्रसादापरगात्रहस्तः ।
इक्ष्वाकुसिंहावगृहीतदेहः सुप्तः क्षितौ रावणगन्धहस्ती ॥ १०
पराक्रमोत्साहविजृम्भितार्चिर्निःश्वासधूमः स्वबलप्रतापः ।
प्रतापवान्संयति राक्षसाग्निर्निर्वापितो रामपयोधरेण ॥ ११
सिंहर्क्षलाङ्गूलककुद्विषाणः पराभिजिद्गन्धनगन्धवाहः ।
रक्षोवृषश्चापलकर्णचक्षुः क्षितीश्वरव्याघ्रहतोऽवसन्नः ॥ १२

वदन्तं हेतुमद्वाक्यं परिदृष्टार्थनिश्चयम् । रामः शोकसमाविष्टमित्युवाच विभीषणम् ॥ १३
नायं विनष्टो निश्चेष्टः समरे चण्डविक्रमः । अत्युन्नतमहोत्साहः पतितोऽयमशङ्कितः ॥ १४
नैवं विनष्टाः शोच्यन्ते क्षत्रधर्मव्यवस्थिताः । वृद्धिमाशंसमाना ये निपतन्ति रणाजिरे ॥ १५
येन सेन्द्रास्त्रयो लोकास्त्रासिता युधि धीमता । अस्मिन्कालसमायुक्ते न कालः परिशोचितुम् ॥ १६
नैकान्तविजयो युद्धे भूतपूर्वः कदाचन । परैर्वा हन्यते वीरः परान्वा हन्ति संयुगे ॥ १७
इयं हि पूर्वैः संदिष्टा गतिः क्षत्रियसंमता । क्षत्रियो निहतः संख्ये न शोच्य इति निश्चयः ॥ १८
तदेवं निश्चयं दृष्ट्वा तत्त्वमास्थाय विज्वरः । यदिहानन्तरं कार्यं कल्प्यं तदनुचिन्तय ॥ १९
तमुक्तवाक्यं विक्रान्तं राजपुत्रं विभीषणः । उवाच शोकसंतप्तो भ्रातुर्हितमनन्तरम् ॥ २०

योऽयं विमर्देष्वविभग्नपूर्वः सुरैः समस्तैरपि वासवेन ।

बह्वामन्यन्त स्वयं च वचो न बहुमन्येथास्तस्योदर्क उत्तरकालिकविपाक आगतः प्राप्तः ॥ ५ ॥ सुनीतानां धार्मिकाणां सेतुर्गतः । विग्रहः स्वरूपम् । सत्त्वस्य बलस्य । संक्षेपः संग्रहस्थानम् । सुहस्तानां वीराणाम् । गतिर्गता प्राप्ता । त्वयेति शेषः ॥ ६ ॥ अस्मिन्भूमौ पतिते सत्यादित्यभूमिपातादितुल्यं दृश्यते । व्यवसायः प्रवृत्तिलक्षणो धर्मः । निरुद्यमः । त्वत्तुल्याश्रयाभावान्निर्व्यापारोऽभूदित्यर्थः ॥ ७ ॥ रणे त्वयि पांसुषु प्रसुप्त इव जाते । इह लङ्कायां वर्तमानस्य गतसत्त्वस्य गताधारबलस्य लोकस्य किं शेषम्, न किमपि । सर्वं नष्टमित्यर्थः ॥ ८ ॥ धृतिर्धैर्यमेव प्रवाला यस्य सः । प्रसभो हठ एवाग्र्यं पुष्पं यस्य सः । तप एव बलं यस्य सः । शौर्यमेव निबद्धं दृढावस्थितिसाधनं मूलं यस्य सः ॥ ९ ॥ विषाणं दन्तः । कुलं पितृपैतामहादयस्तेषां वंशः समूह एव वंशः पृष्ठावयवविशेषो यस्य सः । 'वंशो वेणौ कुले वर्गे पृष्ठस्यावयवेऽपि च' इति विश्वः । कोपापरगात्रः कोप एवापरगात्रं पादाद्यवयवा यस्य सः । प्रसादहस्तः प्रसादः प्रसन्नतैव हस्तः शुण्डादण्ड इत्यर्थः । इक्ष्वाकुसिंहेन रामरूपसिंहेनावगृहीतः पातितो देहो यस्य सः ॥ १० ॥ पराक्रमोत्साहरूपं विजृम्भितमर्चिर्यस्य सः । क्रोधजो निःश्वास एव धूमो यस्य सः । स्वबलमेव प्रतापो दाहशक्तिर्यस्य सः, अतएव प्रतापवान् ॥ ११ ॥ सिंहर्क्षा राक्षसास्त एव लाङ्गूलं ककुद्विषाणे च यस्य सः । 'सिंहर्क्षा राक्षसाः प्रोक्ता यक्षा उष्णीषिणो मताः' इति निघण्टुः । पराभिजित्परजेता । गन्धने पराक्रमाद्युत्साहे गन्धवाहो वायुतुल्यः । 'गन्धनगन्धवाहः' इति पाङ्क्तः पाठः । 'गन्धहस्ती' इति पाठे मत्तगजतुल्यः । रक्षोवृषो रावणः । चापलं धर्मादिविषयस्खलनमेव कर्णचक्षुर्यस्य । क्षितीश्वरव्याघ्रो रामव्याघ्र ॥ १२ ॥ परिदृष्टः प्रकाशमानोऽर्थनिश्चयो यस्मात्तत् ॥ १३ ॥ अयं समरे निश्चेष्टोऽशक्तो भूत्वा न विनष्टः, अपि तु चण्डविक्रमत्वादिगुण एक एवायमशङ्कितो मृत्युशङ्कारहित एव दैवात्पतितः ॥ १४ ॥ किं ततस्तत्राह—नैवमिति । वृद्धिं जयादिकमाशंसमानाः सन्तो ये रणाजिरे निपतन्ति । क्षत्रधर्मस्थिता एवं विनष्टास्ते न शोच्यन्ते । पुण्यलोकप्राप्तेरिति भावः ॥ १५ ॥ कालसमायुक्ते कालधर्मसंबद्धे । एवं दुर्गुणयुक्तस्य मरणमेव सम्यगिति भावः ॥ १६ ॥ न भूतपूर्व इत्येतदेवोपपादयति—परैरिति ॥ १७ ॥ इयं हि या गतिरनेन प्राप्ता इयं गतिः पूर्वैर्मन्वादिभिः संदिष्टोपदिष्टा क्षत्रियसंमता क्षत्रियपूजितोत्तमा गतिरेव । अतः संख्ये हतः क्षत्रियो न शोच्य इति निश्चयः ॥ १८ ॥ तत्तस्मादेवं निश्चयं दृष्ट्वा ज्ञात्वा तत्त्वमास्थाय निश्चितत्वमवलम्ब्यात्र यत्कल्प्यमनुष्ठेयं तदनुचिन्तय । 'सत्त्वमास्थाय' इति पाठे सत्त्वगुणमास्थायेत्यर्थः ॥ १९ ॥ २० ॥ विमर्देषु

भवन्तमासाद्य रणे विभग्नो वेलामिवासाद्य यथा समुद्रः ॥ २१
अनेन दत्तानि वनीपकेषु भुक्ताश्च भोगा निभृताश्च भृत्याः ।
धनानि मित्रेषु समर्पितानि वैराण्यमित्रेषु निपातितानि ॥ २२
एषोऽहिताग्निश्च महातपाश्च वेदान्तगः कर्मसु चाग्र्यशूरः ।
एतस्य यत्प्रेतगतस्य कृत्यं तत्कर्तुमिच्छामि तव प्रसादात् ॥ २३
स तस्य वाक्यैः करुणैर्महात्मा संबोधितः साधु विभीषणेन ।
आज्ञापयामास नरेन्द्रसूनुः स्वर्गीयमाधानमदीनसत्त्वः ॥ २४
मरणान्तानि वैराणि निवृत्तं नः प्रयोजनम् । क्रियतामस्य संस्कारो ममाप्येष यथा तव ॥ २५

इत्यार्षे श्रीमद्रामायणे वाल्मीकीय आदिकाव्ये युद्धकाण्डे नवाधिकशततमः सर्गः ॥ १०९ ॥

दशाधिकशततमः सर्गः ।

रावणं निहतं दृष्ट्वा राघवेण महात्मना । अन्तःपुराद्विनिष्पेतू राक्षस्यः शोककर्शिताः ॥ १
वार्यमाणाः सुबहुशो वेष्टन्त्यो रणपांसुषु । विमुक्तकेश्यः शोकार्ता गावो वत्सहता यथा ॥ २
उत्तरेण विनिष्क्रम्य द्वारेण सह राक्षसैः । प्रविश्यायोधनं घोरं विचिन्वन्त्यो हतं पतिम् ॥ ३
आर्यपुत्रेति वादिन्यो हा नाथेति च सर्वशः । परिपेतुः कबन्धाङ्कां महीं शोणितकर्दमाम् ॥ ४
ता बाष्पपरिपूर्णाक्ष्यो भर्तृशोकपराजिताः । करिण्य इव नर्दन्त्यः करेण्वो हतयूथपाः ॥ ५
ददृशुस्ता महाकायं महावीर्यं महाद्युतिम् । रावणं निहतं भूमौ नीलाञ्जनचयोपमम् ॥ ६
ताः पतिं सहसा दृष्ट्वा शयानं रणपांसुषु । निपेतुस्तस्य गात्रेषु छिन्ना वनलता इव ॥ ७
बहुमानात्परिष्वज्य काचिदेनं रुरोद ह । चरणौ काचिदालम्ब्य काचित्कण्ठेऽवलम्ब्य च ॥ ८
उत्क्षिप्य च भुजौ काचिद्भूमौ सुपरिवर्तते । हतस्य वदनं दृष्ट्वा काचिन्मोहमुपागमत् ॥ ९
काचिदङ्के शिरः कृत्वा रुरोद मुखमीक्षती । स्नापयन्ती मुखं बाष्पैस्तुषारैरिव पङ्कजम् ॥ १०
एवमार्ताः पतिं दृष्ट्वा रावणं निहतं भुवि । चुक्रुशुर्बहुधा शोकाद्भूयस्ताः पर्यदेवयन् ॥ ११
येन वित्रासितः शक्रो येन वित्रासितो यमः । येन वैश्रवणो राजा पुष्पकेण वियोजितः ॥ १२
गन्धर्वाणामृषीणां च सुराणां च महात्मनाम् । भयं येन रणे दत्तं सोऽयं शेते रणे हतः ॥ १३
असुरेभ्यः सुरेभ्यो वा पन्नगेभ्योऽपि वा तथा । भयं यो न विजानाति तस्येदं मानुषाद्भयम् ॥ १४
अवध्यो देवतानां यस्तथा दानवरक्षसाम् । हतः सोऽयं रणे शेते मानुषेण पदातिना ॥ १५
यो न शक्यः सुरैर्हन्तुं न यक्षैर्नासुरैस्तथा । सोऽयं कश्चिदिवासत्त्वो मृत्युं मर्त्येन लम्भितः ॥ १६
एवं वदन्त्यो रुरुदुस्तस्य ता दुःखिताः स्त्रियः । भूय एव च दुःखार्ता विलेपुश्च पुनःपुनः ॥ १७
अशृण्वता तु सुहृदां सततं हितवादिनाम् । मरणायाहृता सीता राक्षसाश्च निपातिताः ।
एताः सममिदानीं ते वयमात्मा च पातितः ॥ १८
ब्रुवाणोऽपि हितं वाक्यमिष्टो भ्राता विभीषणः । दृष्टं परुषितो मोहात्त्वयात्मवधकाङ्क्षिणा ॥ १९

युद्धेषु ॥ २१ ॥ वनीपकेषु याचकेष्वनेन दत्तानि । दानानीति शेषः । निभृता नितरां पोषिताः ॥ २२ ॥ एषोऽहिताग्निरित्यार्षः संधिः । आहिताग्निरिति च्छेदः । वेदान्तगोऽधीतोपनिषत्कः । कर्मस्वग्निहोत्रादिषु । अग्र्यशूरः परमानुष्ठाता । परमकर्मठ इत्यर्थः ॥ २३ ॥ तस्य स्वर्गीयं स्वर्गार्हमाधानं विधानं प्रेतकृत्यम् ॥ २४ ॥ तवेव ममापि स्नेहविषयः, अतः संस्कारविषयां शङ्कां मा कुर्वित्यर्थः ॥ २५ ॥
इति श्रीरामाभिरामे श्रीरामीये रामायणतिलके वाल्मीकीय आदिकाव्ये युद्धकाण्डे नवाधिकशततमः सर्गः ॥ १०९ ॥

रावणमिति ॥ १ ॥ वार्यमाणाः पांसुवेष्टनाद्बहुशो निवार्यमाणा अपि रणपांसुषु वेष्टन्त्यः । वत्सहता हतवत्साः । अयमत्याप्तवियोगजशोकमात्रे दृष्टान्तः ॥ २ ॥ ३ ॥ ४ ॥ हतयूथपाः करेण्व इव ददृशुः ॥ ५ ॥ ६ ॥ ७ ॥ ८ ॥ सुपरिवर्तते लुण्ठति स्म ॥ ९ ॥ स्नापयन्तीत्यत्र वैकल्पिकत्वात्पक्षे मित्त्वाभावः ॥ १० ॥ ११ ॥ १२ ॥ १३ ॥ १४ ॥ ॥ १५ ॥ असत्त्वः कश्चिदिव दुर्बलः प्राकृतप्राणीव लम्भितः प्रापितः ॥ १६ ॥ १७ ॥ सुहृदाम् । वाक्यमिति शेषः । एता वयं आत्मा च ते त्वयेदानीं सममेककाल एव पातितः ॥ १८ ॥ हितं वाक्यं ब्रुवाणोऽपि यत्परुषितस्तत्फलं दृष्ट-

यदि निर्यातिता ते स्यात्सीता रामाय मैथिली । न नः स्याद्व्यसनं घोरमिदं मूलहरं महत् ॥ २०
वृत्तकामो भवेद्भ्राता रामो मित्रकुलं भवेत् । वयं चाविधवाः सर्वाः सकामा न च शत्रवः ॥ २१
त्वया पुनर्नृशंसेन सीतां संरुन्धता बलात् । राक्षसा वयमात्मा च त्रयं तुल्यं निपातितम् ॥ २२
न कामकारः कामं वा तव राक्षसपुंगव । दैवं चेष्टयते सर्वं हतं दैवेन हन्यते ॥ २३
वानराणां विनाशोऽयं राक्षसानां च ते रणे । तव चैव महाबाहो दैवयोगादुपागतः ॥ २४
नैवार्थेन च कामेन विक्रमेण न चाज्ञया । शक्या दैवगतिर्लोके निवर्तयितुमुद्यता ॥ २५
विलेपुरेवं दीनास्ता राक्षसाधिपयोषितः । कुरर्य इव दुःखार्ता बाष्पपर्याकुलेक्षणाः ॥ २६

इत्यार्षे श्रीमद्रामायणे वाल्मीकीय आदिकाव्ये युद्धकाण्डे दशाधिकशततमः सर्गः ॥ ११० ॥

एकादशाधिकशततमः सर्गः ।

तासां विलपमानानां तदा राक्षसयोषिताम् । ज्येष्ठपत्नी प्रिया दीना भर्तारं समुदैक्षत ॥ १
दशग्रीवं हतं दृष्ट्वा रामेणाचिन्त्यकर्मणा । पतिं मण्डोदरी तत्र कृपणा पर्यदेवयत् ॥ २
ननु नाम महाबाहो तव वैश्रवणानुज । क्रुद्धस्य प्रमुखे स्थातुं त्रस्यत्यपि पुरंदरः ॥ ३
ऋषयश्च महान्तोऽपि गन्धर्वाश्च यशस्विनः । ननु नाम तवोद्वेगाच्चारणाश्च दिशो गताः ॥ ४
स त्वं मानुषमात्रेण रामेण युधि निर्जितः । न व्यपत्रपसे राजन्किमिदं राक्षसेश्वर ॥ ५
कथं त्रैलोक्यमाक्रम्य श्रिया वीर्येण चान्वितम् । अविषह्यं जघान त्वां मानुषो वनगोचरः ॥ ६
मानुषाणामविषये चरतः कामरूपिणः । विनाशस्तव रामेण संयुगे नोपपद्यते ॥ ७
न चैतत्कर्म रामस्य श्रद्दधामि चमूमुखे । सर्वतः समुपेतस्य तव तेनाभिमर्षणम् ॥ ८
अथवा रामरूपेण कृतान्तः स्वयमागतः । मायां तव विनाशाय विधायाप्रतितर्किताम् ॥ ९
अथवा वासवेन त्वं धर्षितोऽसि महाबल । वासवस्य तु का शक्तिस्त्वां द्रष्टुमपि संयुगे ॥ १०
महाबलं महावीर्यं देवशत्रुं महौजसम् । व्यक्तमेष महायोगी परमात्मा सनातनः ॥ ११
अनादिमध्यनिधनो महतः परमो महान् । तमसः परमो धाता शङ्खचक्रगदाधरः ॥ १२
श्रीवत्सवक्षा नित्यश्रीरजय्यः शाश्वतो ध्रुवः । मानुषं रूपमास्थाय विष्णुः सत्यपराक्रमः ॥ १३

मित्यर्थः ॥ १९ ॥ यदि ते त्वया सीता निर्यातिता समर्पिता स्यात्तदा न इदं व्यसनं न स्यात् ॥ २० ॥ भ्राता वृत्तकामो निष्पन्नमनोरथः । स्ववाक्यकरणान्मित्रकुलं मित्रपक्षः । वयमविधवाः स्याम, शत्रवश्च सकामा न स्युः ॥ २१ ॥ २२ ॥ एवं रावणीयस्वेच्छाचरणस्य नाशहेतुतामुक्त्वेदानीं तन्निरासपूर्वकं दैवस्य तत्कारणत्वं दर्शयन्ति—नेति । कामं पर्याप्तम् । तव न कामकारो न त्वदिच्छाप्रवर्तितोऽयं व्यवहारः । कुतो यतो दैवं सर्वं प्राणिजातं चेष्टयते तत्तत्कर्मानुसारेण, अतो दैवहतमेव केनचिन्निमित्तेन हन्यते ॥ २३ ॥ ते तव रणे वानराणां राक्षसानां तव चायं विनाशो दैवादुपागतः ॥ २४ ॥ अर्थेन धनेन । कामेनेच्छया । आज्ञया मर्यादाव्यवस्थापनशक्त्या । उद्यता फलोन्मुखीभूता ॥ २५ ॥ २६ ॥ **इति श्रीरामाभिरामे श्रीरामीये रामायणतिलके वाल्मीकीय आदिकाव्ये युद्धकाण्डे दशाधिकशततमः सर्गः ॥ ११० ॥**

तासामिति ॥ १ ॥ मण्डोदरी मण्डनभूतोदरी । कृशोदरीत्यर्थः । 'मन्दोदरी' इति पाठेऽप्ययमेवार्थः ॥ २ ॥ पुरंदरोऽपि त्रस्यति ॥ ३ ॥ तवोद्वेगात्त्वत्त उद्वेगं प्राप्य ॥ ४ ॥ वीर्येण त्रैलोक्यमाक्रम्य श्रियान्वितं त्वां मानुषो जघानेति यदत्र किमिति न व्यपत्रपसे ॥ ५ ॥ ६ ॥ मानुषाणामविषयेऽगोचरे । लङ्काद्वीपरूपे देश इत्यर्थः ॥ ७ ॥ सर्वतः समुपेतस्य जयोपेतस्य तव तेन रामेण यदभिमर्षणं प्रधर्षणमेतद्रामस्य कर्मेति न श्रद्दधामि ॥ ८ ॥ ननु प्रत्यक्षसिद्धे कथमश्रद्धेत्यरुच्या पक्षान्तरम्—अथवेति । तव नाशायाप्रतितर्किताम‌चिन्तनीयोपपत्तिकां मायां विधाय कृतान्तो रामरूपेणागत इति मन्य इति शेषः ॥ ९ ॥ अथवा रामरूपेण वासवेन त्वं धर्षितोऽसि । एतन्नोपपद्यत इत्याह—वासवस्येति । महाबलत्वादिविशेषणं त्वां द्रष्टुमपि वासवस्य तु कुतः शक्तिः ॥ १० ॥ अतः व्यक्तमित्यादि सत्यमेव । मन्दोदरी जानीते भगवत्कृपया । महायोगी स्वाभाविकसर्वशक्तियुक्तः परमात्मा आत्मनामप्यात्मा । सर्वान्तर्यामीत्यर्थः । 'य आत्मनि तिष्ठन्नात्मानमन्तरो यमयति' इति श्रुतेः । सनातनः सदास्तित्वयुक्तः ॥ ११ ॥ अनादिमध्यनिधनो जन्मवृद्धिनाशहीनः । महतः परमो महान्महतो महीयान् । तमसः परमः प्रकृतेः प्रवर्तकः । 'तपसः परमः' इति पाठे सर्वतः फलद इत्यर्थः । धाता स्रष्टा । 'यतो वा इमानि भूतानि जायन्ते' इत्युक्तेः । इदानीं विग्रहगुणानाह—शङ्खेत्यादि ॥ १२ ॥ नित्यश्रीरज-

सर्वैः परिवृतो देवैर्वानरत्वमुपागतैः । सर्वलोकेश्वरः श्रीमांल्लोकानां हितकाम्यया ॥ १४
सराक्षसपरीवारं देवशत्रुं भयावहम् । इन्द्रियाणि पुरा जित्वा जितं त्रिभुवनं त्वया ॥ १५
स्मरद्भिरिव तद्वैरमिन्द्रियैरेव निर्जितः । यदैव हि जनस्थाने राक्षसैर्बहुभिर्वृतः ॥ १६
खरस्तु निहतो भ्राता तदा रामो न मानुषः । यदैव नगरीं लङ्कां दुष्प्रवेशां सुरैरपि ॥ १७
प्रविष्टो हनुमान्वीर्यात्तदैव व्यथिता वयम् । क्रियतामविरोधश्च राघवेणेति यन्मया ॥ १८
उच्यमानं न गृह्णासि तस्येयं व्युष्टिरागता । अकस्माच्चाभिकामोऽसि सीतां राक्षसपुंगव ॥ १९
ऐश्वर्यस्य विनाशाय देहस्य स्वजनस्य च । अरुन्धत्या विशिष्टां तां रोहिण्याश्चापि दुर्मते ॥ २०
सीतां धर्षयता मान्यां त्वया ह्यसदृशं कृतम् । वसुधाया हि वसुधां श्रिया श्रीं भर्तृवत्सलाम् ॥ २१
सीतां सर्वानवद्याङ्गीमरण्ये विजने शुभाम् । आनयित्वा तु तां दीनां छद्मनात्मस्वदूषणम् ॥ २२
अप्राप्य तं चैव कामं मैथिलीसंगमे कृतम् । पतिव्रतायास्तपसा नूनं दग्धोऽसि मे प्रभो ॥ २३
तदैव यन्न दग्धस्त्वं धर्षयंस्तनुमध्यमाम् । देवा बिभ्यति ते सर्वे सेन्द्राः साग्निपुरोगमाः ॥ २४
अवश्यमेव लभते फलं पापस्य कर्मणः । भर्तः पर्यागते काले कर्ता नास्त्यत्र संशयः ॥ २५
शुभकृच्छुभमाप्नोति पापकृत्पापमश्नुते । विभीषणः सुखं प्राप्तस्त्वं प्राप्तः पापमीदृशम् ॥ २६
सन्त्यन्याः प्रमदास्तुभ्यं रूपेणाभ्यधिकास्ततः । अनङ्गवशमापन्नस्त्वं तु मोहान्न बुध्यसे ॥ २७
न कुलेन न रूपेण न दाक्षिण्येन मैथिली । मयाधिका वा तुल्या वा तत्तु मोहान्न बुध्यसे ॥ २८
सर्वदा सर्वभूतानां नास्ति मृत्युरलक्षणः । तव तद्वदयं मृत्युर्मैथिलीकृतलक्षणः ॥ २९
सीतानिमित्तजो मृत्युस्त्वया दूरादुपाहृतः । मैथिली सह रामेण विशोका विहरिष्यति ॥ ३०
अल्पपुण्या त्वहं घोरे पतिता शोकसागरे । कैलासे मन्दरे मेरौ तथा चैत्ररथे वने ॥ ३१
देवोद्यानेषु सर्वेषु विहृत्य सहिता त्वया । विमानेनानुरूपेण या याम्यतुलया श्रिया ॥ ३२
पश्यन्ती विविधान्देशांस्तांस्तांश्चित्रस्रगम्बरा । भ्रंशिता कामभोगेभ्यः सास्मि वीर वधात्तव ॥ ३३
सैवान्येवास्मि संवृत्ता धिग्राज्ञां चञ्चलां श्रियम् । हा राजन्सुकुमारं ते सुभ्रु सुत्वक्समुन्नसम् ॥ ३४
कान्तिश्रीद्युतिभिस्तुल्यमिन्दुपद्मदिवाकरैः । किरीटकूटोज्ज्वलितं ताम्रास्यं दीप्तकुण्डलम् ॥ ३५
मदव्याकुललोलाक्षं भूत्वा यत्पानभूमिषु । विविधस्रग्धरं चारु वल्गुस्मितकथं शुभम् ॥ ३६
तदेवाद्य तवैवं हि वक्त्रं न भ्राजते प्रभो । रामसायकनिर्भिन्नं रक्तं रुधिरविस्रवैः ॥ ३७

पायिलक्ष्मीकः । अजय्यो जेतुमशक्यः । शाश्वतोऽपक्षयरहितः । ध्रुवः परिणामशून्यः । अनेन षड्भावविकारशून्यत्वमुक्तम् । महायोगित्वादिविशेषणविशिष्टो यो विष्णुः स एव राम इत्यर्थः ॥ १३ ॥ १४ ॥ सराक्षसपरीवारं राक्षसरूपपरिवारसहितम् । हतवानिति शेषः । देवशत्रुं भयावहमित्यनेन भगवतो वैषम्यनैर्घृण्ये परिहृते । अवतारप्रयोजनं रावणवधप्रयोजनं च देवभयनिवृत्तिरूपं दर्शितम् । पुरा भगवदुद्देशेन तपोनुष्ठानकाले ॥ १५ ॥ तद्वैरं स्वजयनिमित्तं वैरं स्मरद्भिरिन्द्रियैरकर्मप्रवृत्तिसंपादनेन निर्जितः ॥ १६ ॥ १७ ॥ १८ ॥ व्युष्टिः फलम् । सीतां प्रत्यभिकामः कामुकः ॥ १९ ॥ २० ॥ मान्यामुपास्यदेवताम् । वसुधायाः सर्वक्षमावन्निदर्शनभूताया वसुधां निदर्शनभूमिम् । एवं सर्वसौभाग्ययुक्तानां निदर्शनभूतश्रियोऽपि निदर्शनभूताम् ॥ २१ छद्मनानयित्वानीय । आत्मस्वदूषणम् । स्वशब्दः स्वीयवाची । आत्मनः स्वकुलस्य नाशनं कृतमिति शेषः ॥ २२ ॥ मैथिलीसंगमे कृतं तं काममप्राप्य पतिव्रतायास्तस्यास्तपसा नूनं निश्चयेन दग्धोऽसि । मे प्रभो मे भर्तः ॥ २३ ॥ तां धर्षयंस्तदेव धर्षणसमय एव न दग्ध इति यत् । येन महात्म्येन देवा बिभ्यति तेन माहात्म्येनेत्यर्थः ॥ २४ ॥ काले परिपाकसमये पर्यागते सति ॥ २५ ॥ शुभं सुखम् । पापं दुःखम् ॥ २६ ॥ तुभ्यं तव । ततः सीतातोऽपि ॥ २७ ॥ मैथिलि कुलादिना मदधिका न, वा मत्तुल्यापि न, अथापि तत्तु तथात्वं तु त्वं मोहान्न बुध्यसे ॥ २८ ॥ अलक्षणोऽनिमित्तः । मैथिलीकृतलक्षणो मैथिलीकृतं लक्षणं निमित्तं यस्य सः । मैथिलीहेतुक इत्यर्थः ॥ २९ ॥ ३० ॥ ३१ ॥ श्रिया । उपलक्षितेति शेषः ॥ ३२ ॥ ३३ ॥ सैवाहं सौभाग्यलक्षणवत्येव तव वधादन्येव । विधवेव संवृत्तेत्यर्थः । अत्रान्येवेतीवकारेण दैवस्थित्या वस्तुतोऽवैधव्यं सूचितम् । सुभ्रु शोभनभ्रूयुतम् । सुत्वक्शोभनत्वगिन्द्रियस्थानम् ॥ ३४ ॥ कान्तिराह्लादकारी प्रभा तया चन्द्रतुल्यम् । श्रीरुज्ज्वलता तया पद्मवत् । द्युतिः पराभिभवसामर्थ्यं तेजस्तेन रवितुल्यम् । कूटः समूहः । ताम्रास्यं ताम्रोष्ठम् ॥ ३५ ॥ पानभूमिषु मदव्याकुललोलाक्षं भूत्वा । यदभ्राजतेति शेषः । चारु सुन्दरम्, वल्गु चञ्चलम्, स्मितकथं स्मितोपेतकथायुतम् ॥ ३६ ॥ तदेव ते वक्त्रमेवमेव

विशीर्णमेदोमस्तिष्कं रूक्षं स्यन्दनरेणुभिः । हा पश्चिमा मे संप्राप्ता दशा वैधव्यदायिनी ॥ ३८
या मयासीन्न संबुद्धा कदाचिदपि मन्दया । पिता दानवराजो मे भर्ता मे राक्षसेश्वरः ॥ ३९
पुत्रो मे शक्रनिर्जेता इत्यहं गर्विता भृशम् । दृप्तारिमथनाः क्रूराः प्रख्यातबलपौरुषाः ॥ ४०
अकुतश्चिद्भया नाथा ममेत्यासीन्मतिर्ध्रुवा । तेषामेवंप्रभावाणां युष्माकं राक्षसर्षभाः ॥ ४१
कथं भयमसंबुद्धं मानुषादिदमागतम् । स्निग्धेन्द्रनीलनीलं तु प्रांशु शैलोपमं हतम् ॥ ४२
केयूराङ्गदवैदूर्यमुक्ताहारस्रगुज्ज्वलम् । कान्तं विहारेष्वधिकं दीप्तं सङ्ग्रामभूमिषु ॥ ४३
भात्याभरणभाभिर्यद्विद्युद्भिरिव तोयदः । तदेवाद्य शरीरं ते तीक्ष्णैर्नैकशरैश्चितम् ॥ ४४
पुनर्दुर्लभसंस्पर्शं परिष्वक्तुं न शक्यते । श्वाविधः शललैर्युक्तं लग्नैर्बाणैर्निरन्तरम् ॥ ४५
स्वर्पितैर्मर्मसु भृशं संछिन्नस्नायुबन्धनम् । क्षितौ निपतितं राजञ्श्यामं वै रुधिरच्छवि ॥ ४६
वज्रप्रहारमभितो विकीर्ण इव पर्वतः । हा स्वप्नः सत्यमेवेदं त्वं रामेण कथं हतः ॥ ४७
त्वं मृत्योरपि मृत्युः स्याः कथं मृत्युवशं गतः । त्रैलोक्यवसुभोक्तारं त्रैलोक्योद्वेगदं महत् ॥ ४८
जेतारं लोकपालानां क्षेप्तारं शंकरस्य च । दृप्तानां निग्रहीतारमाविष्कृतपराक्रमम् ॥ ४९
लोकक्षोभयितारं च साधुभूतविदारणम् । ओजसा दृप्तवाक्यानां वक्तारं रिपुसंनिधौ ॥ ५०
स्वयूथभृत्यगोप्तारं हन्तारं भीमकर्मणाम् । हन्तारं दानवेन्द्राणां यक्षाणां च सहस्रशः ॥ ५१
निवातकवचानां तु निग्रहीतारमाहवे । नैकयज्ञविलोप्तारं त्रातारं स्वजनस्य च ॥ ५२
धर्मव्यवस्थाभेत्तारं मायास्रष्टारमाहवे । देवासुरनृकन्यानामाहर्तारं ततस्ततः ॥ ५३
शत्रुस्त्रीशोकदातारं नेतारं स्वजनस्य च । लङ्काद्वीपस्य गोप्तारं कर्तारं भीमकर्मणाम् ॥ ५४
अस्माकं कामभोगानां दातारं रथिनां वरम् । एवंप्रभावं भर्तारं दृष्ट्वा रामेण पातितम् ॥ ५५
स्थिरास्मि या देहमिमं धारयामि हतप्रिया । शयनेषु महार्हेषु शयित्वा राक्षसेश्वर ॥ ५६
इह कस्मात्प्रसुप्तोऽसि धरण्यां रेणुगुण्ठितः । यदा मे तनयः शस्तो लक्ष्मणेनेन्द्रजिद्युधि ॥ ५७
तदा त्वभिहता तीव्रमद्य त्वस्मि निपातिता । साहं बन्धुजनैर्हीना हीना नाथेन च त्वया ॥ ५८
विहीना कामभोगैश्च शोचिष्ये शाश्वतीः समाः । प्रपन्नो दीर्घमध्वानं राजन्नद्य सुदुर्गमम् ॥ ५९
नय मामपि दुःखार्तां न वर्तिष्ये त्वया विना । कस्मात्त्वं मां विहायेह कृपणां गन्तुमिच्छसि ॥ ६०
दीनां विलपतीं मन्दां किं च मां नाभिभाषसे । दृष्ट्वा न खल्वभिक्रुद्धो मामिहानवगुण्ठिताम् ॥ ६१
निर्गतां नगरद्वारात्पद्भ्यामेवागतां प्रभो । पश्येष्टदार दारांस्ते भ्रष्टलज्जावगुण्ठनान् ॥ ६२
बहिर्निष्पतितान्सर्वान्कथं दृष्ट्वा न कुप्यसि । अयं क्रीडासहायस्तेऽनाथो लालप्यते जनः ॥ ६३
न चैनमाश्वासयसि किं वा न बहुमन्यसे । यास्त्वया विधवा राजन्कृता नैकाः कुलस्त्रियः ॥ ६४
पतिव्रताधर्मरता गुरुशुश्रूषणे रताः । ताभिः शोकाभितप्ताभिः शप्तः परवशं गतः ॥ ६५
त्वया विप्रकृताभिश्च तदा शप्तस्तदागतम् । प्रवादः सत्यमेवायं त्वां प्रति प्रायशो नृप ॥ ६६

कथमापन्नं न भ्राजते । तामवस्थामाह—रामेति । रक्तं रक्तवर्णम् ॥ ३७ ॥ विशीर्णं मेदोस्थिगतमांसं मस्तिष्कं मज्जा च यस्य तत् । सा वैधव्यदा पश्चिमा दशा मे मया संप्राप्ता ॥३८॥ या मया संबुद्धा नासीत् । दानवराजो मयः ॥ ३९ ॥ अहं गर्विता विशिष्टपतिपुत्रपितृत्वात् । दृप्तारिमथनत्वादिधर्मा मम नाथास्त्रातारः सन्तीति मम ध्रुवा दृढा मतिरासीत् ॥४०॥ ४१ ॥ ४२ ॥ ४३ ॥ ४४ ॥ श्वाविधः शल्यकस्य शललैः कण्टकैरिव लग्नैर्बाणैर्निरन्तरम् । कृतमिति शेषः ॥ ४५ ॥ तथा मर्मसु स्वर्पितैर्बाणैः संछिन्नस्नायुबन्धनम् । रुधिरच्छवि तत्संबन्धेन रक्तकान्ति ॥ ४६ ॥ वज्रप्रहारमभितो विकीर्णः पर्वत इव ते शरीरं विकीर्णम् । हा खेदे । स्वप्न इवेदं कथं सत्यमेव जातम् ॥ ४७ ॥ वसु रत्नम् । महदत्यर्थम् ॥ ४८ ॥ ४९ ॥ साधुभूतानां साधुजनानां विदारणम् । ओजसा बलेन । दृप्तवाक्यानां गर्विष्ठवचसाम् ॥ ५० ॥ ५१ ॥ आहवे निग्रहीतारम् । जेतारमिति यावत् ॥ ५२ ॥ ५३ ॥ ५४ ॥ एवंप्रभावं त्वां हतं दृष्ट्वा हतप्रियेमं देहं धारयामि, अतः स्थिरा कठिनहृदयास्मीति जाने ॥ ५५ ॥ ५६ ॥ ५७ ॥ तदा त्वभिहताभिघातमात्रं प्राप्ता, अद्य तु निपातितास्मि ॥ ५८ ॥ ५९ ॥ ६० ॥ अनवगुण्ठितां भ्रष्टावगुण्ठनाम् ॥ ६१ ॥ भ्रष्टं लज्जारक्षकमवगुण्ठनं येषां तान् ॥ ६२ ॥ ६३ ॥ नैकाः कुलस्त्रियः । ऋष्यादीनामिति शेषः ॥ ६४ ॥ यच्छप्तस्तत्फलं त्वं परवशं शत्रुवशं गतः ॥ ६५ ॥ त्वया विप्रकृताभिः कृतापकाराभिस्तदापकारसमये यच्छप्तं तत्फलमागतम् । विप्रकृतानां पतिव्रतानामश्रूण्यकस्मात्किंचिदनर्थकारणं विना भूतले

पतिव्रतानां नाकस्मात्पतन्त्यश्रूणि भूतले । कथं च नाम ते राजँल्लोकानाक्रम्य तेजसा ॥ ६७
नारीचौर्यमिदं क्षुद्रं कृतं शौटीर्यमानिना । अपनीयाश्रमाद्रामं यन्मृगच्छद्मना त्वया ॥ ६८
आनीता रामपत्नी सा अपनीय च लक्ष्मणम् । कातर्यं च न ते युद्धे कदाचित्संस्मराम्यहम् ॥ ६९
तत्तु भाग्यविपर्यासान्नूनं ते पक्वलक्षणम् । अतीतानागतार्थज्ञो वर्तमानविचक्षणः ॥ ७०
मैथिलीमाहृतां दृष्ट्वा ध्यात्वा निःश्वस्य चायतम् । सत्यवाक्स महाबाहो देवरो मे यदब्रवीत् ॥ ७१
अयं राक्षसमुख्यानां विनाशः प्रत्युपस्थितः । कामक्रोधसमुत्थेन व्यसनेन प्रसङ्गिना ॥ ७२
निवृत्तस्त्वत्कृतेनार्थः सोऽयं मूलहरो महान् । त्वया कृतमिदं सर्वमनाथं राक्षसं कुलम् ॥ ७३
नहि त्वं शोचितव्यो मे प्रख्यातबलपौरुषः । स्त्रीस्वभावात्तु मे बुद्धिः कारुण्ये परिवर्तते ॥ ७४
सुकृतं दुष्कृतं च त्वं गृहीत्वा स्वां गतिं गतः । आत्मानमनुशोचामि त्वद्विनाशेन दुःखिताम् ॥ ७५
सुहृदां हितकामानां न श्रुतं वचनं त्वया । भ्रातॄणां चैव कार्त्स्न्येन हितमुक्तं दशानन ॥ ७६
हेत्वर्थयुक्तं विधिवच्छ्रेयस्करमदारुणम् । विभीषणेनाभिहितं न कृतं हेतुमत्त्वया ॥ ७७
मारीचकुम्भकर्णाभ्यां वाक्यं मम पितुस्तथा । न कृतं वीर्यमत्तेन तस्येदं फलमीदृशम् ॥ ७८
नीलजीमूतसंकाश पीताम्बर शुभाङ्गद । स्वगात्राणि विनिक्षिप्य किं शेषे रुधिरावृतः ॥ ७९
प्रसुप्त इव शोकार्तां किं मां न प्रतिभाषसे । महावीर्यस्य दक्षस्य संयुगेष्वपलायिनः ॥ ८०
यातुधानस्य दौहित्रीं किं मां न प्रतिभाषसे । उत्तिष्ठोत्तिष्ठ किं शेषे नवे परिभवे कृते ॥ ८१
अद्य वै निर्भया लङ्कां प्रविष्टाः सूर्यरश्मयः । येन सूदयसे शत्रून्समरे सूर्यवर्चसा ॥ ८२
वज्रं वज्रधरस्येव सोऽयं ते सततार्चितः । रणे बहुप्रहरणो हेमजालपरिष्कृतः ॥ ८३
परिघो व्यवकीर्णस्ते बाणैश्छिन्नः सहस्रधा । प्रियामिवोपसंगृह्य किं शेषे रणमेदिनीम् ॥ ८४
अप्रियामिव कस्माच्च मां नेच्छस्यभिभाषितुम् । धिगस्तु हृदयं यस्या ममेदं न सहस्रधा ॥ ८५
त्वयि पञ्चत्वमापन्ने फलते शोकपीडितम् । इत्येवं विलपन्ती सा बाष्पपर्याकुलेक्षणा ॥ ८६
स्नेहोपस्कन्नहृदया तदा मोहमुपागतम् । कश्मलाभिहता सन्ना बभौ सा रावणोरसि ॥ ८७
संध्यानुरक्ते जलदे दीप्ता विद्युदिवोज्ज्वला । तथागतां समुत्थाप्य सपत्न्यस्तां भृशातुराः ॥ ८८
पर्यवस्थापयामासू रुदत्यो रुदतीं भृशम् । किं तेन विदिता देवि लोकानां स्थितिरध्रुवा ॥ ८९
दशाविभागपर्याये राज्ञां वै चञ्चलाः श्रियः । इत्येवमुच्यमाना सा सशब्दं प्ररुरोद ह ॥ ९०
स्नापयन्ती तदास्रेण स्तनौ वक्त्रं सुनिर्मलम् । एतस्मिन्नन्तरे रामो विभीषणमुवाच ह ॥ ९१
संस्कारः क्रियतां भ्रातुः स्त्रीगणः परिसान्त्व्यताम् । तमुवाच ततो धीमान्विभीषण इदं वचः ॥९२
विमृश्य बुद्ध्या प्रश्रितं धर्मार्थसहितं हितम् । त्यक्तधर्मव्रतं क्रूरं नृशंसमनृतं तथा ॥ ९३
नाहमर्हामि संस्कर्तुं परदाराभिमर्शिनम् । भ्रातृरूपो हि मे शत्रुरेष सर्वाहिते रतः ॥ ९४
रावणो नार्हते पूजां पूज्योऽपि गुरुगौरवात् । नृशंस इति मां राम वक्ष्यन्ति मनुजा भुवि ॥ ९५

न पतन्तीति योयं प्रवादः प्रायशो जने चरति प्रवर्तते स सत्यं त्वां प्रति जातः । तवानर्थकर एव जात इत्यर्थः ॥ ६६ ॥ ६७ ॥ शौटीर्यमानिना वीरमानिना ॥ ६८ ॥ कातर्यं कातरत्वम् ॥ ६९ ॥ पक्वलक्षणम् । पक्वस्यासन्नविनाशस्य लक्षणमित्यर्थः ॥ ७० ॥ मे देवरो विभीषणो राक्षसानां विनाश आगत इति यदब्रवीत्तदागतमिति शेषः ॥ ७१ ॥ व्यसनेन स्त्रीप्रसक्तिलक्षणेन । प्रसङ्गिना प्रसक्तिमता ॥ ७२ ॥ त्वत्कृतेनार्थोऽशेषैश्वर्यलक्षणो निवृत्तः । यतः सोऽयं परस्त्रीप्रसक्तिरूपी मूलहरोऽनर्थ इति शेषः ॥ ७३ ॥ ७४ ॥ दुःखितां संप्राप्तदुःखाम् ॥ ७५ ॥ सुहृदां मारीचादीनाम् ॥ ७६ ॥ अदारुणं सौम्यम् । हेत्वर्थयुक्तं हेतुप्रयोजनाभ्यां सहितम् । हेतुमत्त्व कृतम् । फलवत्त्वानुष्ठितमित्यर्थः ॥ ७७ ॥ मारीचकुम्भकर्णाभ्यामभिहितमिति शेषः ॥ ७८ ॥ विनिक्षिप्य । भूतले इति शेषः ॥ ७९ ॥ ८० ॥ यातुधानस्य सुमालेः ॥ ८१ ॥ ८२ ॥ ते त्वया सततमर्चितः पूजितः बहुप्रहरणो बहुहन्ता ॥ ८३ ॥ ८४ ॥ ८५ ॥ फलते स्फुटति ॥ ८६ ॥ कश्मलो मूर्च्छा । सन्ना पीडिता ॥ ८७ ॥ ८८ ॥ दशाविभागस्य पुण्यपरिपाकदशाविशेषस्य पर्याये विनाशे राज्ञां चञ्चलाः श्रियस्तेन विदिताः किम् । एवं लोकानां स्थितिरध्रुवा चञ्चलेत्यपि ते किं न विदितम् ॥ ८९ ॥ ९० ॥ ९१ ॥९२॥ प्रश्रितं राममनोनुकूलं यथा तथा रामं प्रत्युवाच । त्यक्तो धर्मो व्रतं च येन । अनृतमनृतवादिनम् ॥ ९३ ॥ ९४ ॥ गुरुगौरवात्पूज्योऽप्युक्तदोषान्मत्तः पूजां नार्हते नार्हति । हे राम, सर्वे मनुजाः पूर्वं भ्रातुरसंस्कारश्रवणान्मां नृशंस इति वक्ष्यन्ति ।

श्रुत्वा तस्या गुणान्सर्वे वक्ष्यन्ति सुकृतं पुनः । तच्छ्रुत्वा परमप्रीतो रामो धर्मभृतां वरः ॥ ९६
विभीषणमुवाचेदं वाक्यज्ञं वाक्यकोविदः । तवापि मे प्रियं कार्यं त्वत्प्रभावान्मया जितम् ॥ ९७
अवश्यं तु क्षणं वाच्यो मया त्वं राक्षसेश्वर । अधर्मानृतसंयुक्तः कामं त्वेष निशाचरः ॥ ९८
तेजस्वी बलवाञ्छूरः सङ्ग्रामेषु च नित्यशः । शतक्रतुमुखैर्देवैः श्रूयते न पराजितः ॥ ९९
महात्मा बलसंपन्नो रावणो लोकरावणः । मरणान्तानि वैराणि निर्वृत्तं नः प्रयोजनम् ॥ १००
क्रियतामस्य संस्कारो ममाप्येष यथा तव । त्वत्सकाशान्महाबाहो संस्कारं विधिपूर्वकम् ॥ १०१
क्षिप्रमर्हति धर्मेण त्वं यशोभाग्भविष्यसि । राघवस्य वचः श्रुत्वा त्वरमाणो विभीषणः ॥ १०२
संस्कारयितुमारेभे भ्रातरं रावणं हतम् । स प्रविश्य पुरीं लङ्कां राक्षसेन्द्रो विभीषणः ॥ १०३
रावणस्याग्निहोत्रं तु निर्यापयति सत्वरम् । शकटान्दारुरूपाणि अग्नीन्वै याजकांस्तथा ॥ १०४
तथा चन्दनकाष्ठानि काष्ठानि विविधानि च । अगुरूणि सुगन्धीनि गन्धांश्च सुरभींस्तथा ॥ १०५
मणिमुक्ताप्रवालानि निर्यापयति राक्षसः । आजगाम मुहूर्तेन राक्षसैः परिवारितः ॥ १०६
ततो माल्यवता सार्धं क्रियामेव चकार सः । सौवर्णीं शिबिकां दिव्यामारोप्य क्षौमवाससम् ॥ १०७
रावणं राक्षसाधीशमश्रुपूर्णमुखा द्विजाः । तूर्यघोषैश्च विविधैः स्तुवद्भिश्चाभिनन्दितम् ॥ १०८
पताकाभिश्च चित्राभिः सुमनोभिश्च चित्रिताम् । उत्क्षिप्य शिबिकां तां तु विभीषणपुरोगमाः १०९
दक्षिणाभिमुखाः सर्वे गृह्य काष्ठानि भेजिरे । अग्नयो दीप्यमानास्ते तदाध्वर्युसमीरिताः ॥ ११०
शरणाभिगताः सर्वे पुरस्तात्तस्य ते ययुः । अन्तःपुराणि सर्वाणि रुद्यमानानि सत्वरम् ॥ १११
पृष्ठतोऽनुययुस्तानि प्लवमानानि सर्वतः । रावणं प्रयते देशे स्थाप्य ते भृशदुःखिताः ॥ ११२
चितां चन्दनकाष्ठैश्च पद्मकोशीरचन्दनैः । ब्राह्म्या संवर्तयामासू राङ्कवास्तरणावृताम् ॥ ११३
प्रचक्रू राक्षसेन्द्रस्य पितृमेधमनुत्तमम् । वेदिं च दक्षिणाप्राच्यां यथास्थानं च पावकम् ॥ ११४
पृषदाज्येन संपूर्णं स्रुवं स्कन्धे प्रचिक्षिपुः । पादयोः शकटं प्रापुरूर्वोश्चोलूखलं तदा ॥ ११५
दारुपात्राणि सर्वाणि अरणिं चोत्तरारणिम् । दत्त्वा तु मुसलं चान्यं यथास्थानं विचक्रमुः ॥ ११६

पश्चात्तस्या गुणाञ्श्रुत्वा पुनः सुकृतं सम्यक्कृतमित्येवं वक्ष्यन्ति ॥ ९५ ॥ ९६ ॥ तवापीति । सुग्रीवस्येव तवापि प्रियं राज्याभिषेकलक्षणं मया कार्यं कर्तव्यम् । हि यतस्त्वत्प्रभावान्मया जितम् ॥ ९७ ॥ तस्मादवश्यं क्षममभिषेकसंपादनयोग्यं यत्कृत्यं प्रेतनिर्हारलक्षणं तन्मया त्वं वाच्यः । यद्यप्ययं त्वदुक्तदोषवांस्तथापि गुणबाहुल्यात्संस्कार्य एवेत्याह—अधर्मेत्यादि ॥ ९८ ॥ ९९ ॥ त्वच्छत्रुत्वादसंस्कार्य इति चेत्तत्राह—मरणान्तानीति । नः सात्त्विकानामस्माकं प्रयोजनं वैरनिर्यातनरूपं निर्वृत्तं संपन्नम्, अतः परं न वैरप्रयोजनमस्ति ॥ १०० ॥ यदेवमतः—अस्य संस्कारः क्रियतामिति । एष यथा तव भ्राता संस्कारादिना तवानुग्राह्यस्तथा ममाप्यनुग्राह्य एव । चतुर्विधमुक्तिष्वेकापि नास्य । तदुक्तं विष्णुपुराणे—'हिरण्यकशिपोर्विष्णुरयमित्येवं न मनस्यभूत् । दशाननत्वेऽप्यनङ्गपराधीनतया जानकीसमासक्तचेतसो दाशरथिरूपदर्शनमेवासीत् । नायमच्युत इत्यासक्तिः, विपश्यतोऽन्तःकरणस्य मानुषबुद्धिरेव केवलमभूदिति, अतएव रावणकुम्भकर्णयोः शिशुपालदन्तवक्त्ररूपेण जन्म श्रूयते । नहि भगवत्सालोक्यं प्राप्तयोरपि जन्म भवति, किंतु ब्रह्मणा सह मुक्तिरेवेति सिद्धान्तः ॥ १०१ ॥ यशोभागिति रामवाक्येन त्यक्तवैरो भ्रातरं संस्कृतवानिति ख्यातिरेव भविष्यतीत्यर्थः ॥ १०२ ॥ १०३ ॥ निर्यापयति । स्मेति शेषः ॥ १०४ ॥ १०५ ॥ १०६ ॥ १०७ ॥ द्विजा राक्षसद्विजाः । स्तुवद्भिर्बन्दिजनैरभिनन्दितमभिनन्दितमिव । रावणं शिबिकामारोप्य द्विजा ययुरिति शेषः ॥ १०८ ॥ पताकादिभिश्चित्रितां शिबिकां वाहकैरुत्थाप्य विभीषणादयः काष्ठानि गृहीत्वा दक्षिणामुखाः श्मशानमार्गं भेजिरे ॥ १०९ ॥ ११० ॥ शरणाभिगता आधारस्थानकुण्डस्थाः ॥ १११ ॥ प्लवमानानि चलनाभ्यासाभावात्त्वरया च प्लवमानानीव ॥ ११२ ॥ पद्मको गन्धवृक्षः । ब्राह्म्या वेदमार्गानुगतक्रियया । रङ्कुः कृष्णसारमृगस्तत्संबन्धि राङ्कवं तेनास्तरणेनावृतां चितां संवर्तयामासुश्चक्रुः ॥ ११३ ॥ पितृमेधं पितृमेधविहितं कर्म प्रचक्रुः । तत्प्रकारः—वेदिं चेत्यादि । दक्षिणाप्राचीम् । चिताया दक्षिणाप्राग्देशे इत्यर्थः । यथास्थानं पावकं च प्रचक्रुः । 'दक्षिणपूर्वदेशे आहवनीयं निदधाति, उत्तरपश्चिमे गार्हपत्यम्, दक्षिणपश्चिमे दक्षिणाग्निम्' इति सूत्रोक्तस्थानमनतिक्रम्येत्यर्थः ॥ ११४ ॥ पृषदाज्येन सदध्याज्येन संपूर्णेनोपलक्षितं स्रुवं स्कन्धे स्कन्धदेशे प्रचिक्षिपुः । यद्यपि 'नासिके स्रुवौ' इत्यापस्तम्बेनोक्तम्, तथापि सूत्रान्तरात्स्कन्धेऽपि निक्षेपः स्रुवस्य बोध्यः । तथा पादयोः शकटमूर्वोरुलूखलमिति च सूत्रान्तरादेव बोध्यम् ॥ ११५ ॥ दारुपात्रादिसर्वं सूत्रोक्ततत्तत्स्थाने दत्त्वान्यं मुसलं चातुर्मास्यमुसलं

शास्त्रदृष्टेन विधिना महर्षिविहितेन च । तत्र मेध्यं पशुं हत्वा राक्षसेन्द्रस्य राक्षसाः ॥ ११७
परिस्तरणिकां राज्ञो घृताक्तां समवेशयन् । गन्धैर्माल्यैरलंकृत्य रावणं दीनमानसाः ॥ ११८
विभीषणसहायास्ते वस्त्रैश्च विविधैरपि । लाजैरवकिरन्ति स्म बाष्पपूर्णमुखास्तथा ॥ ११९
स ददौ पावकं तस्य विधियुक्तं विभीषणः । स्नात्वा चैवार्द्रवस्त्रेण तिलान्दर्भविमिश्रितान् ॥ १२०
उदकेन च संमिश्रान्प्रदाय विधिपूर्वकम् । ताः स्त्रियोऽनुनयामास सान्त्वयित्वा पुनःपुनः ॥ १२१
गम्यतामिति ताः सर्वा विविशुर्नगरं ततः । प्रविष्टासु पुरीं स्त्रीषु राक्षसेन्द्रो विभीषणः ।
रामपार्श्वमुपागम्य समतिष्ठद्विनीतवत् ॥ १२२
रामोऽपि सह सैन्येन ससुग्रीवः सलक्ष्मणः । हर्षं लेभे रिपुं हत्वा वृत्रं वज्रधरो यथा ॥ १२३
ततो विमुक्त्वा सशरं शरासनं महेन्द्रदत्तं कवचं स तन्महत् ।
विमुच्य रोषं रिपुनिग्रहात्ततो रामः स सौम्यत्वमुपागतोऽरिहा ॥ १२४

इत्यार्षे श्रीमद्रामायणे वाल्मीकीय आदिकाव्ये युद्धकाण्ड एकादशाधिकशततमः सर्गः ॥ १११ ॥

द्वादशाधिकशततमः सर्गः ।

ते रावणवधं दृष्ट्वा देवगन्धर्वदानवाः । जग्मुः स्वैः स्वैर्विमानैस्ते कथयन्तः शुभाः कथाः ॥ १
रावणस्य वधं घोरं राघवस्य पराक्रमम् । सुयुद्धं वानराणां च सुग्रीवस्य च मन्त्रितम् ॥ २
अनुरागं च वीर्यं च मारुतेर्लक्ष्मणस्य च । पतिव्रतात्वं सीताया हनूमति पराक्रमम् ॥ ३
कथयन्तो महाभागा जग्मुर्हृष्टा यथागतम् । राघवस्तु रथं दिव्यमिन्द्रदत्तं शिखिप्रभम् ॥ ४
अनुज्ञाप्य महाबाहुर्मातलिं प्रत्यपूजयत् । राघवेणाभ्यनुज्ञातो मातलिः शक्रसारथिः ॥ ५
दिव्यं तं रथमास्थाय दिवमेवोत्पपात ह । तस्मिंस्तु दिवमारूढे सरथे रथिनां वरः ॥ ६
राघवः परमप्रीतः सुग्रीवं परिषस्वजे । परिष्वज्य च सुग्रीवं लक्ष्मणेनाभिवादितः ॥ ७
पूज्यमानो हरिगणैराजगाम बलालयम् । अथोवाच स काकुत्स्थः समीपपरिवर्तिनम् ॥ ८
सौमित्रिं मित्रसंपन्नं लक्ष्मणं शुभलक्षणम् । विभीषणमिमं सौम्य लङ्कायामभिषेचय ॥ ९
अनुरक्तं च भक्तं च तथा पूर्वोपकारिणम् । एष मे परमः कामो यदिमं रावणानुजम् ॥ १०
लङ्कायां सौम्य पश्येयमभिषिक्तं विभीषणम् । एवमुक्तस्तु सौमित्री राघवेण महात्मना ॥ ११
तथेत्युक्त्वा सुसंहृष्टः सौवर्णं घटमाददे । तं घटं वानरेन्द्राणां हस्ते दत्त्वा मनोजवान् ॥ १२

यथास्थानं दत्त्वा च विचक्रमुः पितृमेधं चक्रुः ॥ ११६ ॥ शास्त्रदृष्टेन श्रुतिदृष्टेन महर्षिविहितेन कल्पसूत्रकृदृषिविहितेन ॥ ११७ ॥ परिस्तीर्यते मुखमनयेति परिस्तरणिका वपा तां राक्षसेन्द्रस्य मुखे समवेशयन । 'वपास्य मुखं प्रोर्णोति' इति सूत्रात् । तीर्थस्तु 'अनुस्तरणिकीं राज्ञः' इति पठित्वानुस्तरणिकीं राजगवीं तामालभ्य तच्चर्मणा यजमानमास्तृतवन्त इत्यर्थः । 'मृतायानुस्तरणीं घ्नन्ति' इति श्रुतेरित्याह ॥ ११८ ॥ वस्त्रैश्चेति । अलंकृत्येत्यनुकर्षः ॥ ११९ ॥ १२० ॥ विधिपूर्वकं प्रदाय । स्थित इति शेषः । ननु 'निहतं रावणं दृष्ट्वा रामेणाक्लिष्टकर्मणा । तत्यजुस्तं महाभागं पञ्चभूतानि रावणम् ॥ शरीरधातवो ह्यस्य मांसं रुधिरमेव च । नेशुर्ब्रह्मास्त्रनिर्दग्धा न च भस्माप्यदृश्यत ॥' इति महाभारत उक्तत्वेन कथं वाल्मीकिना श्मशानानयनपूर्वकं दाह उक्त इति चेन्न, तस्य रामबाणतेजोवर्णनविषयेऽत्युक्त्यलंकारपरत्वादिति वदन्ति ॥ १२१ ॥ गम्यतामित्युवाचेत्यर्थः । रावणपत्नीरिति शेषः ॥ १२२ ॥ १२३ ॥ १२४ ॥ अयं संस्कारो नवम्यामेव सायंकाले ॥

इति श्रीरामाभिरामे श्रीरामीये रामायणतिलके वाल्मीकीय आदिकाव्ये युद्धकाण्ड एकादशाधिकशततमः सर्गः ॥१११॥

ते रावणेति ॥ १ ॥ सुग्रीवस्य मन्त्रितं सेनासंमेलनसीतान्वेषणादिसर्वकार्यसाधकं मन्त्रसामर्थ्यम् ॥ २ ॥ मारुतिलक्ष्मणयो रामेऽनुरागं वीर्यं च ॥ ३ ॥ इन्द्रदत्तमिन्द्रप्रेषितम् ॥ ४ ॥ अनुज्ञाप्य रथं नयेत्याज्ञां दत्वा । यद्यपि भारते सीताया आगमनोत्तरं रथादवतरणं भगवत उक्तम्, तथापि तत्र पौर्वापर्यक्रमे तात्पर्याभावान्न क्षतिः ॥ ५ ॥ ६ ॥ लक्ष्मणेनाभिवादितो राघवः ॥ ७ ॥ बलालयं सेनानिवेशस्थानम् । अथ त्रिभिर्दिनैर्दशरात्रैकादशाहद्वादशाहकर्तव्यक्रियासमाप्तौ । चतुर्थेऽहनीत्यर्थः । नात्र दशाहमाशौचमिति भ्रमितव्यम् । 'उद्यतेराहवे शस्त्रैः क्षत्रधर्महतस्य तु । सद्यः संतिष्ठते यज्ञस्तथाशौचमिति स्थितिः ॥' इति मनूक्तेः ॥ ८ ॥ लङ्कायामभिषेचय । रावणसिंहासने साक्षादिति शेषः ॥ ९ ॥ १० ॥ ११ ॥ तं घटं हस्ते इति जातावेकवचनम् । मनोजवान्वानरान्व्या-

व्यादिदेश महासत्त्वः समुद्रसलिलं तदा । अतिशीघ्रं ततो गत्वा वानरास्ते मनोजवाः ॥ १३
आगतास्तु जलं गृह्य समुद्राद्वानरोत्तमाः । ततस्त्वेकं घटं गृह्य संस्थाप्य परमासने ॥ १४
घटेन तेन सौमित्रिरभ्यषिञ्चद्विभीषणम् । लङ्कायां रक्षसां मध्ये राजानं रामशासनात् ॥ १५
विधिना मन्त्रदृष्टेन सुहृद्गणसमावृतः । अभ्यषिञ्चंस्तदा सर्वे राक्षसा वानरास्तथा ॥ १६
प्रहर्षमतुलं गत्वा तुष्टुवू राममेव हि । तस्यामात्या जहृषिरे भक्ता ये चास्य राक्षसाः ॥ १७
दृष्ट्वाभिषिक्तं लङ्कायां राक्षसेन्द्रं विभीषणम् । राघवः परमां प्रीतिं जगाम सहलक्ष्मणः ॥ १८
सान्त्वयित्वा प्रकृतयस्ततो राममुपागमत् । दध्यक्षतान्मोदकांश्च लाजाः सुमनसस्तथा ॥ १९
आजह्रुरथ संहृष्टाः पौरास्तस्मै निशाचराः । स तान्गृहीत्वा दुर्धर्षो राघवाय न्यवेदयत् ॥ २०
माङ्गल्यं मङ्गलं सर्वं लक्ष्मणाय च वीर्यवान् । कृतकार्यं समृद्धार्थं दृष्ट्वा रामो विभीषणम् ।
प्रतिजग्राह तत्सर्वं तस्यैव प्रतिकाम्यया ॥ २१
ततः शैलोपमं वीरं प्राञ्जलिं प्रणतं स्थितम् । उवाचेदं वचो रामो हनूमन्तं प्लवंगमम् ॥ २२
अनुज्ञाप्य महाराजमिमं सौम्य विभीषणम् । प्रविश्य नगरीं लङ्कां कौशलं ब्रूहि मैथिलीम् ॥ २३
वैदेह्या मां च कुशलं सुग्रीवं च सलक्ष्मणम् । आचक्ष्व वदतां श्रेष्ठ रावणं च हतं रणे ॥ २४
प्रियमेतदिहाख्याहि वैदेह्यास्त्वं हरीश्वर । प्रतिगृह्य तु संदेशमुपावर्तितुमर्हसि ॥ २५

इत्यार्षे श्रीमद्रामायणे वाल्मीकीय आदिकाव्ये युद्धकाण्डे द्वादशाधिकशततमः सर्गः ॥ ११२ ॥

त्रयोदशाधिकशततमः सर्गः ।

इति प्रतिसमादिष्टो हनूमान्मारुतात्मजः । प्रविवेश पुरीं लङ्कां पूज्यमानो निशाचरैः ॥ १
प्रविश्य च पुरीं लङ्कामनुज्ञाप्य विभीषणम् । ततस्तेनाभ्यनुज्ञातो हनूमान्वृक्षवाटिकाम् ॥ २
संप्रविश्य यथान्यायं सीताया विदितो हरिः । ददर्श मृजया हीनां सातङ्कां रोहिणीमिव ॥ ३
वृक्षमूले निरानन्दां राक्षसीभिः परीवृताम् । निभृतः प्रणतः प्रह्वः सोऽभिगम्याभिवाद्य च ॥ ४
दृष्ट्वा समागतं देवी हनूमन्तं महाबलम् । तूष्णीमास्त तदा दृष्ट्वा स्मृत्वा हृष्टाभवत्तदा ॥ ५
सौम्यं तस्या मुखं दृष्ट्वा हनूमान्प्लवगोत्तमः । रामस्य वचनं सर्वमाख्यातुमुपचक्रमे ॥ ६
वैदेहि कुशली रामः सुग्रीवः सहलक्ष्मणः । कुशलं त्वाह सिद्धार्थो हतशत्रुरमित्रजित् ॥ ७
विभीषणसहायेन रामेण हरिभिः सह । निहतो रावणो देवि लक्ष्मणेन च वीर्यवान् ॥ ८
प्रियमाख्यामि ते देवि भूयश्च त्वां सभाजये । तव प्रभावाद्धर्मज्ञे महान्रामेण संयुगे ॥ ९
लब्धोऽयं विजयः सीते स्वस्था भव गतज्वरा । रावणश्च हतः शत्रुर्लङ्का चैव वशीकृता ॥ १०
मया ह्यलब्धनिद्रेण धृतेन तव निर्जये । प्रतिज्ञैषा विनिस्तीर्णा बद्ध्वा सेतुं महोदधौ ॥ ११

दिदेश ॥ १२ ॥ समुद्रसलिलं तदानयनम् ॥ १३ ॥ समुद्रात् । चतुःसमुद्रेभ्य इत्यर्थः । परमासने विभीषणं संस्थाप्य तमभ्यषिञ्चत् ॥ १४ ॥ १५ ॥ मन्त्रदृष्टेन वेददृष्टेन ॥ १६ ॥ भक्ता ये चास्य । विभीषणस्यामात्यव्यतिरिक्ता भक्तास्तेऽपीत्यर्थः ॥ १७ ॥ १८ ॥ प्रकृतयः प्रकृतीः स्वपुरराष्ट्रप्रजाः ॥ १९ ॥ पौरास्तस्मै विभीषणायाजह्रुः । रामसमीपगमनवेलायामिति शेषः । तानुपहृतान्पदार्थान् ॥ २० ॥ लक्ष्मणाय च न्यवेदयत् । प्रतिकाम्या इच्छा ॥ २१ ॥ ततोऽभिषेकोत्तरं दिनद्वये तस्य प्रजासान्त्वनोत्तरं रामपूजार्थमागते विभीषणे तत्पूजां कृत्वा नगरं गते सति । सप्तमे दिन इत्यर्थः ॥ २२ ॥ अनुज्ञाप्य । पुराधिपतित्वात्कर्तव्येऽर्थे तदनुज्ञापेक्षणम् । आदौ सीतां प्रति कुशलप्रश्नः, ततः स्वकुशलनिवेदनम् ॥ २३ ॥ २४ ॥ संदेशम् । वैदेह्याः प्रति संदेशमित्यर्थः ॥ २५ ॥ इति श्रीरामाभिरामे श्रीरामीये रामायणतिलके वाल्मीकीय आदिकाव्ये युद्धकाडे द्वादशाधिकशततमः सर्गः ॥ ११२ ॥

इति प्रतीति । सीतां प्रति समादिष्ट इत्यर्थः ॥ १ ॥ २ ॥ मृजया स्नानादिसंस्कारेण । सातङ्कां ग्रहपीडासहिताम् ॥ ३ ॥ निभृतो निश्चलः । प्रह्वो नम्रः । अभिवाद्य च । स्थित इति शेषः ॥ ४ ॥ ५ ॥ ६ ॥ कुशलं त्वा । त्वामाहेत्यर्थः ॥ ७ ॥ ८ ॥ कोऽसौ संदेशस्तत्राह—प्रियमिति । हे देवि, ते प्रियमाख्यामि । त्वां भूयः सभाजये प्रीणयामि । तव प्रभावात्तव पातिव्रत्यवैभवात्संयुगे रामेणायं महान्विजयो लब्धः ॥ ९ ॥ १० ॥ तव निर्जये । शत्रोरिति शेषः । धृतेन कृतनिश्चयेन । एषा प्रतिज्ञा शत्रुं हत्वा सीतां प्रत्यानेष्यामीत्येवंरूपा

संभ्रमश्च न कर्तव्यो वर्तन्त्या रावणालये । विभीषणविधेयं हि लङ्कैश्वर्यमिदं कृतम् ॥ १२
तदाश्वसिहि विस्रब्धं स्वगृहे परिवर्तसे । अयं चाभ्येति संहृष्टस्त्वद्दर्शनसमुत्सुकः ॥ १३
एवमुक्ता तु सा देवी सीता शशिनिभानना । प्रहर्षेणाविरुद्धा सा व्याहर्तुं न शशाक ह ॥ १४
ततोऽब्रवीद्धरिवरः सीतामप्रतिजल्पतीम् । किं त्वं चिन्तयसे देवि किं च मां नाभिभाषसे ॥ १५
एवमुक्ता हनुमता सीता धर्मपथे स्थिता । अब्रवीत्परमप्रीता बाष्पगद्गदया गिरा ॥ १६
प्रियमेतदुपश्रुत्य भर्तुर्विजयसंश्रितम् । प्रहर्षवशमापन्ना निर्वाक्यास्मि क्षणान्तरम् ॥ १७
नहि पश्यामि सदृशं चिन्तयन्ती प्लवंगम । आख्यानकस्य भवतो दातुं प्रत्यभिनन्दनम् ॥ १८
न च पश्यामि सदृशं पृथिव्यां तव किंचन । सदृशं यत्प्रियाख्याने तव दत्त्वा भवेत्सुखम् ॥ १९
हिरण्यं वा सुवर्णं वा रत्नानि विविधानि च । राज्यं वा त्रिषु लोकेषु एतन्नार्हति भाषितम् ॥ २०
एवमुक्तस्तु वैदेह्या प्रत्युवाच प्लवंगमः । प्रगृहीताञ्जलिर्हर्षात्सीतायाः प्रमुखे स्थितः ॥ २१
भर्तुः प्रियहिते युक्ते भर्तुर्विजयकाङ्क्षिणि । स्निग्धमेवंविधं वाक्यं त्वमेवार्हस्यनिन्दिते ॥ २२
तस्य तद्वचनं श्रुत्वा मैथिली जनकात्मजा । ततः शुभतरं वाक्यमुवाच पवनात्मजम् ॥ २३
अतिलक्षणसंपन्नं माधुर्यगुणभूषणम् । बुद्ध्या ह्यष्टाङ्गया युक्तं त्वमेवार्हसि भाषितुम् ॥ २४
श्लाघनीयोऽनिलस्य त्वं सुतः परमधार्मिकः । बलं शौर्यं श्रुतं सत्त्वं विक्रमो दाक्ष्यमुत्तमम् ॥ २५
तेजः क्षमा धृतिः स्थैर्यं विनीतत्वं न संशयः । एते चान्ये च बहवो गुणास्त्वय्येव शोभनाः ॥ २६
अथोवाच पुनः सीतामसंभ्रान्तो विनीतवत् । प्रगृहीताञ्जलिर्हर्षात्सीतायाः प्रमुखे स्थितः ॥ २७
इमास्तु खलु राक्षस्यो यदि त्वमनुमन्यसे । हन्तुमिच्छामि ताः सर्वा याभिस्त्वं तर्जिता पुरा ॥ २८
क्लिश्यन्तीं पतिदेवां त्वामशोकवनिकां गताम् । घोररूपसमाचाराः क्रूराः क्रूरतरेक्षणाः ॥ २९
इह श्रुता मया देवि राक्षस्यो विकृताननाः । असकृत्परुषैर्वाक्यैर्वदन्त्यो रावणाज्ञया ॥ ३०
विकृता विकृताकाराः क्रूराः क्रूरकचेक्षणाः । इच्छामि विविधैर्घातैर्हन्तुमेताः सुदारुणाः ॥ ३१
राक्षस्यो दारुणकथा वरमेतत्प्रयच्छ मे । मुष्टिभिः पार्ष्णिघातैश्च विशालैश्चैव बाहुभिः ॥ ३२
जङ्घाजानुप्रहारैश्च दन्तानां चैव पीडनैः । भक्षणैः कर्णनासानां केशानां लुञ्चनैस्तथा ॥ ३३
निपात्य हन्तुमिच्छामि तव विप्रियकारिणीः । एवं प्रहारैर्बहुभिः संप्रहार्य यशस्विनि ॥ ३४
घातये तीव्ररूपाभिर्याभिस्त्वं तर्जिता पुरा । इत्युक्ता सा हनुमता कृपणा दीनवत्सला ॥ ३५
हनूमन्तमुवाचेदं चिन्तयित्वा विमृश्य च । राजसंश्रयवश्यानां कुर्वतीनां पराज्ञया ॥ ३६
विधेयानां च दासीनां कः कुप्येद्वानरोत्तम । भाग्यवैषम्यदोषेण पुरस्ताद्दुष्कृतेन च ॥ ३७

॥ ११ ॥ संभ्रमो भयम् । वर्तन्त्या वर्तमानया । यतो विभीषणविधेयं लङ्कैश्वर्यं कृतं तस्मात्त्वं स्वगृह एव परिवर्तसे, अत आश्वसिहि ॥ १२ ॥ 'अयं चाभ्येति संहृष्टः' इति पाठः । अयं विभीषणः ॥ १३ ॥ १४ ॥ १५ ॥ १६ ॥ क्षणान्तरं क्षणरूपकालावकाशमात्रम् ॥ १७ ॥ न केवलं हर्षवशादेव निर्वाक्या, किं तु प्रियाख्यातुस्तव तत्सदृशदेयवस्त्वभावादपीत्याह—नहीति । प्रत्यभिनन्दनं देयवस्तु । आख्यानकस्य त्वत्कृतप्रियाख्यानकस्य सदृशं नास्तीत्यर्थः । स्वार्थे कः ॥ १८ ॥ उक्तमेवानन्दवशात्पुनराह—न चेति । ईदृशप्रियाख्याने यत्तस्य सदृशं समं तव दातुं योग्यं तत्पृथिव्यामपि न पश्यामि ॥ १९ ॥ एतद्भाषितं त्वदुक्तं प्रत्यभिनन्दनत्वेन हिरण्यादिकं नार्हति, अतएव तत्प्रियवचने देयं वस्तु लोके नास्तीत्यर्थः ॥ २० ॥ २१ ॥ स्निग्धं स्नेहोपेतम्, एवंविधमशक्यप्रीतिदानमित्येवंरूपं त्वमेव भाषितुमर्हसि नान्या । अतस्त्वया सर्वोत्तरं यदिदं वचनमुक्तं तदेव परमं प्रत्यभिनन्दनमिति शेषः ॥ २२ ॥ एतदुत्तरम् 'तवैतद्वचनं देवि त्वत्तोऽर्हामि प्रियं महत् । रत्नौघाद्विविधाच्चापि देवराज्याद्विशिष्यते ॥ अर्थतश्च मया प्राप्ता देवराज्यादयो गुणाः । हतशत्रुं विजयिनं रामं पश्यसि सुस्थिरम् ॥' इति श्लोकद्वयं प्रक्षिप्तमिति कतकः ॥ २३ ॥ अतिलक्षणसंपन्नमाकाङ्क्षायोग्यतादिलक्षणसंपन्नं व्याकरणलक्षणसंपन्नं च । माधुर्यं च श्रवणमात्रेणानन्दजनकत्वं तद्रूपगुण एव भूषणं यस्य तत् । अष्टाङ्गया । 'शुश्रूषा श्रवणं चैव ग्रहणं धारणं तथा । ऊहापोहोऽर्थविज्ञानं तत्त्वज्ञानं च धीगुणाः ॥' इत्युक्ताष्टाङ्गबुद्ध्या युक्तम् ॥ २४ ॥ बलमायाससहिष्णुता । शौर्यं युद्धोत्साहः । सत्त्वं शारीरः सारः ॥ २५ ॥ तेजः पराभिभवसामर्थ्यम् । एवमाद्या बहवो गुणास्त्वय्येव सन्ति नान्यत्र ॥ २६ ॥ असंभ्रान्तः स्तुत्याविकृतचित्तः । विनीतवद्विनीतार्हम् ॥ २७ ॥ २८ ॥ २९ ॥ ३० ॥ ३१ ॥ एतद्वरमपकारिराक्षसीगणवधरूपम् ॥ ३२ ॥ ३३ ॥ ३४ ॥ ३५ ॥ राजसंश्रयादेव राजवश्यानां पराज्ञया कुर्वतीनाम् । शुभमशुभं वेति शेषः ॥ ३६ ॥ पुरस्ताद्दुष्कृतेन । पूर्वदुष्कृ-

मयैतत्प्राप्यते सर्वं स्वकृतं ह्युपभुज्यते । मैवं वद महाबाहो दैवी ह्येषा परा गतिः ॥ ३८
प्राप्तव्यं तु दशायोगान्मयैतदिति निश्चितम् । दासीनां रावणस्याहं मर्षयामीह दुर्बला ॥ ३९
आज्ञप्ता राक्षसेनेह राक्षस्यस्तर्जयन्ति माम् । हते तस्मिन्न कुर्वन्ति तर्जनं मारुतात्मज ॥ ४०
अयं व्याघ्रसमीपे तु पुराणो धर्मसंहितः । ऋक्षेण गीतः श्लोकोऽस्ति तं निबोध प्लवंगम ॥ ४१
न परः पापमादत्ते परेषां पापकर्मणाम् । समयो रक्षितव्यस्तु सन्तश्चारित्रभूषणाः ॥ ४२
पापानां वा शुभानां वा वधार्हाणामथापि वा । कार्यं कारुण्यमार्येण न कश्चिन्नापराध्यति ॥ ४३
लोकहिंसाविहाराणां क्रूराणां पापकर्मणाम् । कुर्वतामपि पापानि नैव कार्यमशोभनम् ॥ ४४
एवमुक्तस्तु हनुमान्सीतया वाक्यकोविदः । प्रत्युवाच ततः सीतां रामपत्नीमनिन्दिताम् ॥ ४५
युक्ता रामस्य भवती धर्मपत्नी गुणान्विता । प्रतिसंदिश मां देवि गमिष्ये यत्र राघवः ॥ ४६
एवमुक्ता हनुमता वैदेही जनकात्मजा । साब्रवीद्द्रष्टुमिच्छामि भर्तारं भक्तवत्सलम् ॥ ४७
तस्यास्तद्वचनं श्रुत्वा हनुमान्मारुतात्मजः । हर्षयन्मैथिलीं वाक्यमुवाचेदं महामतिः ॥ ४८
पूर्णचन्द्रमुखं रामं द्रक्ष्यस्यद्य सलक्ष्मणम् । स्थितमित्रं हतामित्रं शचीवेन्द्रं सुरेश्वरम् ॥ ४९
तामेवमुक्त्वा भ्राजन्तीं सीतां साक्षादिव श्रियम् । आजगाम महातेजा हनूमान्यत्र राघवः ५०

सपदि हरिवरस्ततो हनूमान्प्रतिवचनं जनकेश्वरात्मजायाः ।
कथितमकथयद्यथाक्रमेण त्रिदशवरप्रतिमाय राघवाय ॥ ५१

इत्यार्षे श्रीमद्रामायणे वाल्मीकीय आदिकाव्ये युद्धकाण्डे त्रयोदशाधिकशततमः सर्गः ॥ ११३ ॥

चतुर्दशाधिकशततमः सर्गः ।

तमुवाच महाप्राज्ञः सोऽभिवाद्य प्लवंगमः । रामं कमलपत्राक्षं वरं सर्वधनुष्मताम् ॥ १
यन्निमित्तोऽयमारम्भः कर्मणां यः फलोदयः । तां देवीं शोकसंतप्तां द्रष्टुमर्हसि मैथिलीम् ॥ २
सा हि शोकसमाविष्टा बाष्पपर्याकुलेक्षणा । मैथिली विजयं श्रुत्वा द्रष्टुं त्वामभिकाङ्क्षति ॥ ३
पूर्वकात्प्रत्ययाच्चाहमुक्तो विश्वस्तया तया । द्रष्टुमिच्छामि भर्तारमिति पर्याकुलेक्षणा ॥ ४
एवमुक्तो हनुमता रामो धर्मभृतां वरः । आगच्छत्सहसा ध्यानमीषद्बाष्पपरिप्लुतः ॥ ५

सेनेत्यर्थः ॥ ३७ ॥ ३८ ॥ रावणस्य दासीनामेतत्तर्जनादिकं दशायोगात्कर्मपरिपाककालसंबन्धात्प्राप्तव्यमिति मया निश्चितम् । अतस्तत्कालसंबन्धादेव दुर्बलेवाहं तन्मर्षयामीत्यर्थः ॥ ३९ ॥ राक्षसीतर्जने राजाज्ञामूलत्वमन्वयव्यतिरेकाभ्यां दर्शयति—आज्ञप्ता इति ॥ ४० ॥ ईदृशे विषये क्षमैवोचितेतीतिहासमुखेनाह—अयमिति ॥ ४१ ॥ श्लोकमेवाह—न पर इति । क्वचिदरण्ये व्याघ्रानुद्रुतः कश्चिद्व्याधो ऋक्षारूढं वृक्षमारुहत् । वृक्षमूलगश्च व्याघ्रो वृक्षस्थं ऋक्षं वन्यानामस्माकं शत्रुममुं व्याधं वृक्षात्पातयेत्यब्रवीत् । एवमुक्तो ऋक्षः स्वावस्थानगतमेनं न पातयिष्यामि, तथात्वे धर्महानिः स्यादित्युक्त्वा सुष्वाप । सुप्तं ऋक्षं पातयेति व्याघ्रेणनोदितो व्याधो ऋक्षमपातयत् । स ऋक्षोऽभ्यासबलेन शाखान्तरमवलम्ब्य नापतत् । तदनन्तरं कृतापराधमेनं पातयेति पुनर्व्याघ्रेणोक्तोऽपि ऋक्षो बहुशः कृतापराधमप्येनं न तुभ्यं दास्यामीत्यभिधाय ररक्षेति पौराणिकी गाथेति तीर्थस्तत्रत्योऽयं श्लोकः । परेषां पापकर्मणां परानुद्दिश्य पापं कुर्वतां परः प्राज्ञः पुरुषः पापं प्रत्यपकाररूपं नादत्ते न करोति । समयोऽपकर्तृष्वपि प्रत्यपकारवर्जनरूप आचारो रक्षितव्य एव । हि यतः सन्तश्चारित्रभूषणाः ॥ ४२ ॥ पापानां वा शुभानां वेति । शुभेष्विव पापेषु वधार्हेष्वप्यार्येण कारुण्यं कार्यं कर्तव्यम् । इतरौ वाशब्दौ वाक्यालंकारे । ननु सापराधेष्ववश्यं दण्डः कार्योऽत आह—न कश्चिदिति । कश्चिदपि नापराध्यतीति न । सर्वोऽप्यपराध्यत्येवेत्यर्थः । तस्मात्सर्वत्र दयैवोचितेति भावः ॥ ४३ ॥ राक्षसानां परहिंसैव स्वभाव इत्यतोऽपि न वध्या इत्याह—लोकेति । अशोभनं दण्डनम् ॥ ४४ ॥ ४५ ॥ ४६ ॥ ॥ ४७ ॥ ४८ ॥ ४९ ॥ ५० ॥ ५१ ॥ इति श्रीरामाभिरामे श्रीरामीये रामायणतिलके वाल्मीकीय आदिकाव्ये युद्धकाण्डे त्रयोदशाधिकशततमः सर्गः ॥ ११३ ॥

तमुवाचेति ॥ १ ॥ आरम्भ उद्योगः । कर्मणां सेतुबन्धरावणवधादीनां यः फलोदयः फलरूपः ॥ २ ॥ ३ ॥ पूर्वकात्प्रत्ययात्संदेशकालिकादात्मीयोऽयमिति विश्वासाद्भर्तारं द्रष्टुमिच्छामीत्यहमुक्तः, ततः पर्याकुलेक्षणा आसीदिति शेषः ॥ ४ ॥ ध्यानमागच्छत् । परगृहोषितायां परगृहे महांल्लोकापवादो निर्दोषायाः परित्यागे च महान्दोष इति कार्यदौस्थ्यात्किं कर्तव्यमिति चिन्तयामासेत्यर्थः । वस्तुतो मुख्यसीतालाभोऽग्नेः कथं स्यादिति चिन्तात्र ॥ ५ ॥ ६ ॥

स दीर्घमभिनिःश्वस्य जगतीमवलोकयन् । उवाच मेघसंकाशं विभीषणमुपस्थितम् ॥ ६
दिव्याङ्गरागां वैदेहीं दिव्याभरणभूषिताम् । इह सीतां शिरःस्नातामुपस्थापय मा चिरम् ॥ ७
एवमुक्तस्तु रामेण त्वरमाणो विभीषणः । प्रविश्यान्तःपुरं सीतां स्त्रीभिः स्वाभिरचोदयत् ॥ ८
ततः सीतां महाभागां दृष्ट्वोवाच विभीषणः । मूर्ध्नि बद्धाञ्जलिः श्रीमान्विनीतो राक्षसेश्वरः ॥ ९
दिव्याङ्गरागा वैदेहि दिव्याभरणभूषिता । यानमारोह भद्रं ते भर्ता त्वां द्रष्टुमिच्छति ॥ १०
एवमुक्ता तु वैदेही प्रत्युवाच विभीषणम् । अस्नात्वा द्रष्टुमिच्छामि भर्तारं राक्षसेश्वर ॥ ११
तस्यास्तद्वचनं श्रुत्वा प्रत्युवाच विभीषणः । यथाह रामो भर्ता ते तत्तथा कर्तुमर्हसि ॥ १२
तस्य तद्वचनं श्रुत्वा मैथिली पतिदेवता । भर्तृभक्त्या वृता साध्वी तथेति प्रत्यभाषत ॥ १३
ततः सीतां शिरःस्नातां संयुक्तां प्रतिकर्मणा । महार्हाभरणोपेतां महार्हाम्बरधारिणीम् ॥ १४
आरोप्य शिबिकां सीतां राक्षसैर्बहुभिर्गुप्तामाजहार विभीषणः ॥ १५
सोऽभिगम्य महात्मानं ज्ञात्वापि ध्यानमास्थितम् । प्रणतश्च प्रहृष्टश्च प्राप्तां सीतां न्यवेदयत् ॥ १६
तामागतामुपश्रुत्य रक्षोगृहचिरोषिताम् । रोषं हर्षं च दैन्यं च राघवः प्राप शत्रुहा ॥ १७
ततो यानगतां सीतां सविमर्शं विचारयन् । विभीषणमिदं वाक्यमहृष्टो राघवोऽब्रवीत् ॥ १८
राक्षसाधिपते सौम्य नित्यं मद्विजये रत । वैदेही संनिकर्षं मे क्षिप्रं समभिगच्छतु ॥ १९
तस्य तद्वचनं श्रुत्वा राघवस्य विभीषणः । तूर्णमुत्सारणं तत्र कारयामास धर्मवित् ॥ २०
कञ्चुकोष्णीषिणस्तत्र वेत्रझर्झरपाणयः । उत्सारयन्तस्तान्योधान्समन्तात्परिचक्रमुः ॥ २१
ऋक्षाणां वानराणां च राक्षसानां च सर्वशः । वृन्दान्युत्सार्यमाणानि दूरमुत्तस्थुरन्ततः ॥ २२
तेषामुत्सार्यमाणानां निःस्वनः सुमहानभूत् । वायुनोद्धूयमानस्य सागरस्येव निःस्वनः ॥ २३
उत्सार्यमाणान्दृष्ट्वाथ जगत्यां जातसंभ्रमान् । दाक्षिण्यात्तदमर्षाच्च वारयामास राघवः ॥ २४
संरम्भाच्चाब्रवीद्रामश्चक्षुषा प्रदहन्निव । विभीषणं महाप्राज्ञं सोपालम्भमिदं वचः ॥ २५
किमर्थं मामनादृत्य क्लिश्यतेऽयं त्वया जनः । निवर्तयैनमुद्वेगं जनोऽयं स्वजनो मम ॥ २६
न गृहाणि न वस्त्राणि न प्राकारस्तिरस्क्रिया । नेदृशा राजसत्कारा वृत्तमावरणं स्त्रियः ॥ २७
व्यसनेषु न कृच्छ्रेषु न युद्धेषु स्वयंवरे । न क्रतौ नो विवाहे वा दर्शनं दूष्यते स्त्रियः ॥ २८
सैषा विपद्गता चैव कृच्छ्रेण च समन्विता । दर्शने नास्ति दोषोऽस्या मत्समीपे विशेषतः ॥ २९

दिव्याङ्गरागामिति । तैस्तस्या रूपाधिक्याभिव्यक्तावीदृश्यर्थेऽयं मे उद्यम इति सर्वाञ्ज्ञापयितुमेवं वादः ॥ ७ ॥ ८ ॥ ततः स्वस्त्रीणां तत्समीपगमनानन्तरम् ॥ ९ ॥ १० ॥ अस्नात्वा द्रष्टुमिच्छामि । भर्त्राज्ञां विनापि स्नानमकृत्वैव द्रष्टुमिच्छामीत्यर्थः ॥ ११ ॥ तस्यास्तद्वचनं स्नानाद्यनङ्गीकारवचनम् । यथा राम आह तथा कर्तुमर्हसि । 'तां दृष्ट्वा चारुसर्वाङ्गीं यानस्थां शोककर्शिताम् । मलोपचितसर्वाङ्गीं जटिलां कृष्णवाससम् । उवाच रामो वैदेहीं परामर्शविशङ्कितः ॥' इति । भारते तु मलोपचितेत्यर्धे पूर्वमिति शेषः ॥ १२ ॥ भर्तृभक्त्या आवृतान्विता ॥ १३ ॥ १४ ॥ स्त्रीयुक्तवाहनवहनोचितैः । परीक्षितैरित्यर्थः ॥ १५ ॥ ज्ञात्वापि विभीषणागमनं ज्ञात्वापि ध्यानमास्थितम् । अतः परं किं वक्तव्यं किं कर्तव्यमिति चिन्तायुक्तमित्यर्थः ॥ १६ ॥ रोषं सर्वानर्थमूलयानया किल ससुहृद्भ्रातृकेणेदं बहु दुःखमनुभूतमिति रोषः । यद्वा रावणगृहे चिरोषितत्वनिमित्तक आरोपितो रोषो भाविशपथोपयोगी । चिरवियुक्ताया अद्य दर्शनमिति हर्षः । चिरकालं मत्प्रतीक्षयानया बहु दुःखमनुभूतमिति दैन्यम् ॥ १७ ॥ अहृष्टः । उक्तधर्मत्रयाक्रान्तत्वात्प्रकटहर्षरहितः ॥ १८ ॥ १९ ॥ उत्सारणम् । जनस्येति शेषः ॥ २० ॥ वेत्रैर्वेत्रग्रहणैर्झर्झरास्तादृशशब्दवन्तः पाणयो येषाम् ॥ २१ ॥ उत्तस्थुरुत्थाय जग्मुः ॥ २२ ॥ २३ ॥ दाक्षिण्यात्स्वभक्तवानरसेनासु दाक्षिण्यात्कृपाविशेषात् । तदमर्षात् । मदाज्ञां विनोत्सारयतीति विभीषणेऽमर्षः ॥ २४ ॥ संरम्भात्कोपात् ॥ २५ ॥ एनमुद्वेगं निवर्तय । अस्य जनस्येति शेषः । कथमेवं युज्यते तत्राह—जनोऽयमिति । स्वजनो भ्रात्रादिस्वजनसदृश एव ॥ २६ ॥ किं च व्यर्थोऽयं जनापसरणप्रयास इत्याह—न गृहाणीति । गृहादित्रयं तिरस्क्रिया आवरणम् । ईदृशा जनापसरणादिव्यापारा न स्त्रिया आवरणम्, किं तु राजसत्कार एव केवलं छत्रचामरादिवत् । किं तर्ह्यावरणं तत्राह—वृत्तमेवावरणमिति ॥ २७ ॥ अपि चेदानीं दर्शनमपि नास्या दोषायेत्याह—व्यसनेष्विति । व्यसनं विपत्तिकालः । कृच्छ्रं पीडा ॥ २८ ॥ प्रकृते दर्शनस्यादोषत्वसाधकं धर्ममाह—सैषेति ॥ २९ ॥

विसृज्य शिबिकां तस्मात्पद्भ्यामेवापसर्पतु । समीपे मम वैदेहीं पश्यन्त्वेते वनौकसः ॥ ३०
एवमुक्तस्तु रामेण सविमर्शो विभीषणः । रामस्योपानयत्सीतां संनिकर्षं विनीतवत् ॥ ३१
ततो लक्ष्मणसुग्रीवौ हनूमांश्च प्लवंगमः । निशम्य वाक्यं रामस्य बभूवुर्व्यथिता भृशम् ॥ ३२
लज्जया त्ववलीयन्ती स्वेषु गात्रेषु मैथिली । विभीषणेनानुगता भर्तारं साभ्यवर्तत ॥ ३३
विस्मयाच्च प्रहर्षाच्च स्नेहाच्च पतिदेवता । उदैक्षत मुखं भर्तुः सौम्यं सौम्यतरानना ॥ ३४
अथ समपनुदन्मनःक्लमं सा सुचिरमदृष्टमुदीक्ष्य वै प्रियस्य ।
वदनमुदितपूर्णचन्द्रकान्तं विमलशशाङ्कनिभानना तदासीत् ॥ ३५

इत्यार्षे श्रीमद्रामायणे वाल्मीकीय आदिकाव्ये युद्धकाण्डे चतुर्दशाधिकशततमः सर्गः ॥ ११४ ॥

पञ्चदशाधिकशततमः सर्गः ।

तां तु पार्श्वे स्थितां प्रह्वां रामः संप्रेक्ष्य मैथिलीम् । हृदयान्तर्गतं भावं व्याहर्तुमुपचक्रमे ॥ १
एषासि निर्जिता भद्रे शत्रुं जित्वा रणाजिरे । पौरुषाद्यदनुष्ठेयं मयैतदुपपादितम् ॥ २
गतोऽस्म्यन्तममर्षस्य धर्षणा संप्रमार्जिता । अवमानश्च शत्रुश्च युगपन्निहतौ मया ॥ ३
अद्य मे पौरुषं दृष्टमद्य मे सफलः श्रमः । अद्य तीर्णप्रतिज्ञोऽहं प्रभवाम्यद्य चात्मनः ॥ ४
या त्वं विरहिता नीता चलचित्तेन रक्षसा । दैवसंपादितो दोषो मानुषेण मया जितः ॥ ५
संप्राप्तमवमानं यस्तेजसा न प्रमार्जति । कस्तस्य पौरुषेणार्थो महताप्यल्पचेतसः ॥ ६
लङ्घनं च समुद्रस्य लङ्कायाश्चापि मर्दनम् । सफलं तस्य च श्लाघ्यमद्य कर्म हनूमतः ॥ ७
युद्धे विक्रमतश्चैव हितं मन्त्रयतस्तथा । सुग्रीवस्य ससैन्यस्य सफलोऽद्य परिश्रमः ॥ ८
विभीषणस्य च तथा सफलोऽद्य परिश्रमः । विगुणं भ्रातरं त्यक्त्वा यो मां स्वयमुपस्थितः ॥ ९
इत्येवं वदतः श्रुत्वा सीता रामस्य तद्वचः । मृगीवोत्फुल्लनयना बभूवाश्रुपरिप्लुता ॥ १०
पश्यतस्तां तु रामस्य समीपे हृदयप्रियाम् । जनवादभयाद्राज्ञो बभूव हृदयं द्विधा ॥ ११
सीतामुत्पलपत्राक्षीं नीलकुञ्चितमूर्धजाम् । अवदद्वै वरारोहां मध्ये वानररक्षसाम् ॥ १२
यत्कर्तव्यं मनुष्येण धर्षणां प्रतिमार्जता । तत्कृतं रावणं हत्वा मयेदं मानकाङ्क्षिणा ॥ १३
निर्जिता जीवलोकस्य तपसा भावितात्मना । अगस्त्येन दुराधर्षा मुनिना दक्षिणेव दिक् ॥ १४
विदितश्चास्तु भद्रं ते योऽयं रणपरिश्रमः । सुतीर्णः सुहृदां वीर्यान्न त्वदर्थं मया कृतः ॥ १५
रक्षता तु मया वृत्तमपवादं च सर्वतः । प्रख्यातस्यात्मवंशस्य न्यङ्गं च परिमार्जता ॥ १६
प्राप्तचारित्रसंदेहा मम प्रतिमुखे स्थिता । दीपो नेत्रातुरस्येव प्रतिकूलासि मे दृढा ॥ १७

पश्यन्तु । वैदेहीमित्यनुकर्षः ॥ ३० ॥ सविमर्श एवंवादादस्यां प्रायेणाभिमानो नास्ति, जिघृक्षा च नास्ति । यदि तौ स्यातां तदा राजपत्न्युचितमुपचारमनुमन्येतैवेति चिन्तायुक्त इत्यर्थः ॥ ३१ ॥ अनयैव बुद्ध्या लक्ष्मणादेरपि व्यथा ॥ ३२ ॥ लज्जयावलीयन्ती जनसमक्षभर्तृसमीपस्थितिजन्यलज्जयावलीयन्ती संकोचं गच्छन्ती ॥ ३३ ॥ विस्मयादिति । बहुमित्रपरिवारसंपत्तिदर्शनजो विस्मयः । प्रियदर्शनजो हर्षः ॥ ३४ ॥ समपनुदत्समतामपानुदत् ॥ ३५ ॥ **इति श्रीरामाभिरामे श्रीरामीये रामायणतिलके वाल्मीकीय आदिकाव्ये युद्धकाण्डे चतुर्दशाधिकशततमः सर्गः ॥ ११४ ॥**

तां त्विति ॥ १ ॥ एषा त्वं शत्रुं जित्वा निर्जिता शत्रोः प्रत्याहृता । पौरुषात्पुरुषयत्नात् ॥ २ ॥ अमर्षस्य क्रोधस्यान्तं गतः । धर्षणा शत्रुकृतस्वदारहरणलक्षणाभिभवः ॥ ३ ॥ अद्य मे पौरुषं दृष्टम् । लोकैरिति शेषः । तीर्णप्रतिज्ञस्तीर्णा रावणवधविषया प्रतिज्ञा येन सः ॥ ४ ॥ मया विरहिता या त्वं चलचित्तेन रक्षसा नीता, असौ दैवसंपादितस्तव दोषो मानुषेण मनुष्यसाध्यपराक्रमेण मया जितोऽपनीतः ॥ ५ ॥ ६ ॥ अद्य सफलमित्यन्वयः ॥ ७ ॥ ८ ॥ ९ ॥ इत्येवं वदत इत्यर्थात्त्वया मे प्रयोजनं नास्तीति प्रतिफलनाद्दुःखेनाश्रुपरिप्लुता बभूव ॥ १० ॥ तद्रूपदर्शनादङ्गीकारबुद्धिः । जनवादभयात्त्यागबुद्धिः । भावसंधिरत्र ॥ ११ ॥ १२ ॥ १३ ॥ जीवलोकस्य दुराधर्षेत्यन्वयः । इल्वलवातापिभयादिति शेषः । रावणभयात्प्राणिमात्रस्य दुराधर्षा युद्धेन निर्जिता ॥ १४ ॥ १५ ॥ अपवादं स्वदारापहारिणं हन्तुं नाशक्नोदित्यपवादं परिमार्जता । न्यङ्गं नीचत्वं परिमार्जतेदं कृतमिति शेषः ॥ १६ ॥ नेत्रातुरस्य नेत्ररोगिणः ॥ १७

तद्गच्छ त्वानुजानेद्य यथेष्टं जनकात्मजे । एता दश दिशो भद्रे कार्यमस्ति न मे त्वया ॥ १८
कः पुमांस्तु कुले जातः स्त्रियं परगृहोषिताम् । तेजस्वी पुनरादद्यात्सुहृल्लोभेन चेतसा ॥ १९
रावणाङ्कपरिक्लिष्टां दृष्टां दुष्टेन चक्षुषा । कथं त्वां पुनरादद्यां कुलं व्यपदिशन्महत् ॥ २०
यदर्थं निर्जिता मे त्वं सोऽयमासादितो मया । नास्ति मे त्वय्यभिष्वङ्गो यथेष्टं गम्यतामिति ॥ २१
तदद्य व्याहृतं भद्रे मयैतत्कृतबुद्धिना । लक्ष्मणे वाथ भरते कुरु बुद्धिं यथासुखम् ॥ २२
शत्रुघ्ने वाथ सुग्रीवे राक्षसे वा विभीषणे । निवेशय मनः सीते यथा वा सुखमात्मनः ॥ २३
नहि त्वां रावणो दृष्ट्वा दिव्यरूपां मनोरमाम् । मर्षयत्यचिरं सीते स्वगृहे पर्यवस्थिताम् ॥ २४

ततः प्रियार्हश्रवणा तदप्रियं प्रियादुपश्रुत्य चिरस्य मानिनी ।
मुमोच बाष्पं रुदती तदा भृशं गजेन्द्रहस्ताभिहतेव वल्लरी ॥ २५

इत्यार्षे श्रीमद्रामायणे वाल्मीकीय आदिकाव्ये युद्धकाण्डे पञ्चदशाधिकशततमः सर्गः ॥ ११५ ॥

षोडशाधिकशततमः सर्गः ।

एवमुक्ता तु वैदेही परुषं रोमहर्षणम् । राघवेण सरोषेण श्रुत्वा प्रव्यथिताभवत् ॥ १
सा तदाश्रुतपूर्वं हि जने महति मैथिली । श्रुत्वा भर्तुर्वचो घोरं लज्जयावनताभवत् ॥ २
प्रविशन्तीव गात्राणि स्वानि सा जनकात्मजा । वाक्शरैस्तैः सशल्येव भृशमश्रूण्यवर्तयत् ॥ ३
ततो बाष्पपरिक्लिन्नं प्रमार्जन्ती स्वमाननम् । शनैर्गद्गदया वाचा भर्तारमिदमब्रवीत् ॥ ४
किं मामसदृशं वाक्यमीदृशं श्रोत्रदारुणम् । रूक्षं श्रावयसे वीर प्राकृतः प्राकृतामिव ॥ ५
न तथास्मि महाबाहो यथा मामवगच्छसि । प्रत्ययं गच्छ मे स्वेन चारित्रेणैव ते शपे ॥ ६
पृथक्स्त्रीणां प्रचारेण जातिं त्वं परिशङ्कसे । परित्यजैनां शङ्कां तु यदि तेऽहं परीक्षिता ॥ ७
यदहं गात्रसंस्पर्शं गतास्मि विवशा प्रभो । कामकारो न मे तत्र दैवं तत्रापराध्यति ॥ ८
मदधीनं तु यत्तन्मे हृदयं त्वयि वर्तते । पराधीनेषु गात्रेषु किं करिष्याम्यनीश्वरी ॥ ९
सह संवृद्धभावेन संसर्गेण च मानद । यदि तेऽहं न विज्ञाता हता तेनास्मि शाश्वतम् ॥ १०
प्रेषितस्ते महावीरो हनुमानवलोककः । लङ्कास्थाहं त्वया राजन्किं तदा न विसर्जिता ॥ ११
प्रत्यक्षं वानरस्यास्य तद्वाक्यसमनन्तरम् । त्वया संत्यक्तया वीर त्यक्तं स्याज्जीवितं मया ॥ १२

॥ १८ ॥ सुहृल्लोभेन सुहृच्चिरकालस्निग्ध इति लोभो जिघृक्षा यस्य तेन ॥ १९ ॥ रावणस्य दुष्टेन चक्षुषा कामोपहतनेत्रेण दृष्टाम् । एवं च विषान्नवदग्राह्यामित्यर्थः ॥ २० ॥ २१ ॥ कृतबुद्धिना निश्चितबुद्धिना । अस्मदीयेषु यत्र कुत्रापि तिष्ठेत्याह—लक्ष्मण इत्यादि ॥ २२ ॥ यथा वा सुखम् । स्वमातृपितृकुले वेत्यर्थः ॥ २३ ॥ सर्वलोकस्य मम च त्वयि वृत्तः संदेहो दुर्निवार इत्याह—नहि त्वामित्यादि ॥ २४ ॥ प्रियार्हश्रवणा । प्रियश्रवणार्हेत्यर्थः । गजेन्द्रहस्ताभिहता वल्लरी यथा तथा बाष्पं मुमोचेत्यर्थः ॥ २५ ॥ इति श्रीरामाभिरामे श्रीरामीये रामायणतिलके वाल्मीकीय आदिकाव्ये युद्धकाण्डे पञ्चदशाधिकशततमः सर्गः ॥ ११५ ॥

एवमिति ॥ १ ॥ जने महति । महाजनसंनिधावित्यर्थः ॥ २ ॥ ३ ॥ ४ ॥ असदृशं त्वया वक्तुं मया श्रोतुं चायोग्यम् । रूक्षं परुषम्, अतएव श्रोत्रदारुणं श्रवणकटु ॥ ५ ॥ यथा त्वमवगच्छसि दुष्टेयमिति तथा नास्मि । स्वेन चारित्रेण पातिव्रत्यलक्षणेन ते शपे शपथेन तव प्रत्ययं संपादयिष्ये, ततो मे प्रत्ययं गच्छ ॥ ६ ॥ पृथक्स्त्रीणां प्रचारेण चारित्रदर्शनेन हेतुना जाति स्त्रीजातिं परिशङ्कसे दुष्टां मन्यसे । इदमनुचितमिति शेषः । यदि ते त्वयाहं परीक्षिता तदेमां शङ्कां त्यज ॥ ७ ॥ ननु का ते परीक्षा रक्षोङ्गस्पृष्टायास्तत्राह—यदहमिति । विवशाऽस्वाधीना सती गात्रसंस्पर्शं गतास्मि प्राप्तास्मि । तत्र मे कामकारो न इच्छापूर्वकता न । तत्र बलात्स्पर्शे दैवमेवापराध्यत्यपराधं कारितवत् । दैवमेवात्र कारणं न मेऽत्रापराध इति भावः ॥ ८ ॥ स्वतो दोषजनकं कर्म तु मे नास्तीत्याह—मदधीनमिति । परैर्ग्रहीतुमशक्यमित्यर्थः । पराधीनेषु परैर्ग्रहीतुं शक्येषु दैवाधीनेषु च । यस्याश्छायास्मि तदधीनानि गात्राणि । तयैव तदर्थमेवैषां निर्माणात् । हृदयं तु तदीयमेवात्रापीति भावः ॥ ९ ॥ सह युगपत्संवृद्धो भावः परस्परानुरागलक्षणस्तेन संसर्गेण चिरकालसहवासेन च यद्यहं ते त्वया गुणवत्त्वेन न विज्ञाता तेन त्वदज्ञानेन हेतुनाहं शाश्वतं हता चिरकालं दुःखमग्ना कृता ॥ १० ॥ अवलोककः । अवलोकितुमन्वेष्टुमित्यर्थः । तदा किं न त्वया विसर्जिता पुनरङ्गीकाराभावं किमिति न श्राविता ॥ ११ ॥ तदोक्तौ को विशेषस्तत्राह—प्रत्यक्षमिति । एवं

न वृथा ते श्रमोऽयं स्यात्संशये न्यस्य जीवितम् । सुहृज्जनपरिक्लेशो न चायं विफलस्तव ॥ १३
त्वया तु नृपशार्दूल रोषमेवानुवर्तता । लघुनेव मनुष्येण स्त्रीत्वमेव पुरस्कृतम् ॥ १४
अपदेशो मे जनकान्नोत्पत्तिर्वसुधातलात् । मम वृत्तं च वृत्तज्ञ बहु तेन पुरस्कृतम् ॥ १५
न प्रमाणीकृतः पाणिर्बाल्ये मम निपीडितः । मम भक्तिश्च शीलं च सर्वं ते पृष्ठतः कृतम् ॥ १६
इति ब्रुवन्ती रुदती बाष्पगद्गदभाषिणी । उवाच लक्ष्मणं सीता दीनं ध्यानपरायणम् ॥ १७
चितां मे कुरु सौमित्रे व्यसनस्यास्य भेषजम् । मिथ्यापवादोपहता नाहं जीवितुमुत्सहे ॥ १८
अप्रीतेन गुणैर्भर्त्रा त्यक्ताया जनसंसदि । या क्षमा मे गतिर्गन्तुं प्रवेक्ष्ये हव्यवाहनम् ॥ १९
एवमुक्तस्तु वैदेह्या लक्ष्मणः परवीरहा । अमर्षवशमापन्नो राघवं समुदैक्षत ॥ २०
स विज्ञाय मनश्छन्दं रामस्याकारसूचितम् । चितां चकार सौमित्रिर्मते रामस्य वीर्यवान् ॥ २१
नहि रामं तदा कश्चित्कालान्तकयमोपमम् । अनुनेतुमथो वक्तुं द्रष्टुं वाप्यशकत्सुहृत् ॥ २२
अधोमुखं स्थितं रामं ततः कृत्वा प्रदक्षिणम् । उपावर्तत वैदेही दीप्यमानं हुताशनम् ॥ २३
प्रणम्य दैवतेभ्यश्च ब्राह्मणेभ्यश्च मैथिली । बद्धाञ्जलिपुटा चेदमुवाचाग्निसमीपतः ॥ २४
यथा मे हृदयं नित्यं नापसर्पति राघवात् । तथा लोकस्य साक्षी मां सर्वतः पातु पावकः ॥ २५
यथा मां शुद्धचारित्रां दुष्टां जानाति राघवः । तथा लोकस्य साक्षी मां सर्वतः पातु पावकः ॥ २६
एवमुक्त्वा तु वैदेही परिक्रम्य हुताशनम् । विवेश ज्वलनं दीप्तं निःशङ्केनान्तरात्मना ॥ २७
जनश्च सुमहांस्तत्र बालवृद्धसमाकुलः । ददर्श मैथिलीं दीप्तां प्रविशन्तीं हुताशनम् ॥ २८
सा तप्तनवहेमाभा तप्तकाञ्चनभूषणा । पपात ज्वलनं दीप्तं सर्वलोकस्य संनिधौ ॥ २९
ददृशुस्तां विशालाक्षीं पतन्तीं हव्यवाहनम् । सीतां सर्वाणि रूपाणि रुक्मवेदिनिभां तदा ॥ ३०
ददृशुस्तां महाभागां प्रविशन्तीं हुताशनम् । ऋषयो देवगन्धर्वा यज्ञे पूर्णाहुतीमिव ॥ ३१
प्रचुक्रुशुः स्त्रियः सर्वास्तां दृष्ट्वा हव्यवाहने । पतन्तीं संस्कृतां मन्त्रैर्वसोर्धारामिवाध्वरे ॥ ३२
ददृशुस्तां त्रयो लोका देवगन्धर्वदानवाः । शप्तां पतन्तीं निरये त्रिदिवाद्देवतामिव ॥ ३३
तस्यामग्निं विशन्त्यां तु हाहेति विपुलः स्वनः । रक्षसां वानराणां च संबभूवाद्भुतोपमः ॥ ३४

इत्यार्षे श्रीमद्रामायणे वाल्मीकीये आदिकाव्ये युद्धकाण्डे षोडशाधिकशततमः सर्गः ॥ ११६ ॥

सप्तदशाधिकशततमः सर्गः ।

ततो हि दुर्मना रामः श्रुत्वैवं वदतां गिरः । दध्यौ मुहूर्तं धर्मात्मा बाष्पव्याकुललोचनः ॥ १

च तदैव जीवत्यागे एतावत्पर्यन्तं महती त्वद्वियोगव्यथा न स्यादिति भावः ॥ १२ ॥ जीवितं संशये न्यस्य युद्धे जयस्य संदिग्धत्वात्संशये प्रतिष्ठाप्य योऽयं वृथा श्रमः कृतः स न कर्तव्यः स्यात् । तथा विफलः सुहृज्जनपरिक्लेशश्च न कर्तव्यो भवेत् ॥ १३ ॥ स्त्रीत्वमेव प्राकृतसाधारणस्त्रीजातिरेव पुरस्कृतं चिन्तिता ॥ १४ ॥ मेऽपदेशो वैदेहीत्यादिव्यवहारो जनकाज्जनकयज्ञभूमिसंबन्धमात्रात् । नोत्पत्तिर्जनकादित्यनुकर्षः । कुतस्तर्हि सा तत्राह—वसुधातलात् । एवं मनुष्ययोन्यनुत्पत्तिरप्राकृतस्त्रीत्वोपपादिकोक्ता । तथा मे बहुमानार्हं वृत्तं चारित्रं च ते त्वया न पुरस्कृतमपरित्यागे हेतुत्वेन न विचारितम् ॥ १५ ॥ किं च बाल्ये कृतं धर्मप्रजोद्देश्यकं पाणिग्रहणमपि त्वयाऽपरित्यागे न प्रमाणीकृतम् ॥ १६ ॥ १७ ॥ १८ ॥ गुणैरप्रीतेन भर्त्रा जनसंसदि त्यक्ताया या गतिः क्षमा तां गतिं गन्तुं हव्यवाहनं प्रवेक्ष्ये । 'अप्रीतस्य गुणैर्भर्तुः' इति पाठान्तरम् । तत्रापि शेषे षष्ठी ॥ १९ ॥ २० ॥ मनश्छन्दं मनोभिप्रायम् । आकारसूचितं भ्रूभङ्गाद्याकारसूचितम् ॥ २१ ॥ २२ ॥ २३ ॥ २४ ॥ २५ ॥ राघवः शुद्धचारित्रामदुष्टामेव मां यदि दुष्टां जानाति, अहं तथा चेद्दुष्टा चेत्पावको मां सर्वतः पातु । केशाम्बरादिकमपि माधाक्षीदित्यर्थः ॥ २६ ॥ २७ ॥ २८ ॥ सा तप्तेत्यादि । एतदर्थमेव स्नाताया अलंकारयुताया आनयनं कारितम् ॥ २९ ॥ सर्वाणि रूपाणि सर्वाणि भूतानि । 'सर्वाणि रूपाणि विचित्य धीरः' इत्यादौ तद्बोधकतया प्रसिद्धो रूपशब्दः ॥ ३० ॥ ३१ ॥ वसोर्धारां संततां घृतधाराम् ॥ ३२ ॥ शप्तां शापं प्राप्ताम्, अतएव त्रिदिवान्निरये मनुष्ययोन्यादौ पतन्तीम् ॥ ३३ ॥ अद्भुतोपम आश्चर्यमित्युपमा ज्ञानं यत्प्रवृत्तौ सः ॥ ३४ ॥ **इति श्रीरामाभिरामे श्रीरामीये रामायणतिलके वाल्मीकीय आदिकाव्ये युद्धकाण्डे षोडशाधिकशततमः सर्गः ॥ ११६ ॥**

ततो हीति । एवं वदतां हाहेति वदतां सर्वेषामार्ता गिरः श्रुत्वा ततो हि तत एव दुर्मनाः खिन्नचित्तो रामो बाष्पव्या-

ततो वैश्रवणो राजा यमश्च पितृभिः सह । सहस्राक्षश्च देवेशो वरुणश्च जलेश्वरः ॥ २
षडर्धनयनः श्रीमान्महादेवो वृषध्वजः । कर्ता सर्वस्य लोकस्य ब्रह्मा ब्रह्मविदां वरः ॥ ३
एते सर्वे समागम्य विमानैः सूर्यसंनिभैः । आगम्य नगरीं लङ्कामभिजग्मुश्च राघवम् ॥ ४
ततः सहस्ताभरणान्प्रगृह्य विपुलान्भुजान् । अब्रुवंस्त्रिदशश्रेष्ठा राघवं प्राञ्जलिं स्थितम् ॥ ५
कर्ता सर्वस्य लोकस्य श्रेष्ठो ज्ञानविदां विभुः । उपेक्षसे कथं सीतां पतन्तीं हव्यवाहने ।
कथं देवगणश्रेष्ठमात्मानं नावबुध्यसे ॥ ६
ऋतधामा वसुः पूर्वं वसूनां च प्रजापतिः । त्रयाणामपि लोकानामादिकर्ता स्वयंप्रभुः ॥ ७
रुद्राणामष्टमो रुद्रः साध्यानामपि पञ्चमः । अश्विनौ चापि कर्णौ ते सूर्याचन्द्रमसौ दृशौ ॥ ८
अन्ते चादौ च मध्ये च दृश्यसे च परंतप । उपेक्षसे च वैदेहीं मानुषः प्राकृतो यथा ॥ ९
इत्युक्तो लोकपालैस्तैः स्वामी लोकस्य राघवः । अब्रवीत्त्रिदशश्रेष्ठान्रामो धर्मभृतां वरः ॥ १०
आत्मानं मानुषं मन्ये रामं दशरथात्मजम् । सोऽहं यश्च यतश्चाहं भगवांस्तद्ब्रवीतु मे ॥ ११
इति ब्रुवाणं काकुत्स्थं ब्रह्मा ब्रह्मविदां वरः । अब्रवीच्छृणु मे वाक्यं सत्यं सत्यपराक्रम ॥ १२
भवान्नारायणो देवः श्रीमांश्चक्रायुधः प्रभुः । एकशृङ्गो वराहस्त्वं भूतभव्यसपत्नजित् ॥ १३
अक्षरं ब्रह्म सत्यं च मध्ये चान्ते च राघव । लोकानां त्वं परो धर्मो विष्वक्सेनश्चतुर्भुजः ॥ १४
शार्ङ्गधन्वा हृषीकेशः पुरुषः पुरुषोत्तमः । अजितः खड्गधृग्विष्णुः कृष्णश्चैव बृहद्बलः ॥ १५

कुललोचनः प्राकृतस्त्रीवत्सीता एतदनर्हेति तद्वियोगतो बाष्पव्याकुललोचनो भूत्वा मुहूर्तं दध्यौ, किमुक्तं किं कृतं किं चातः परं कर्तव्यमिति चिन्तापरो बभूव ॥ १ ॥ अत्रान्तरे दिक्पालसहितो रुद्रो हिरण्यगर्भश्च रामानुग्रहाय समागता इत्याह—तत इत्यादि ॥ २ ॥ षडर्धनयनः श्रीमान् । षडर्धनयनस्त्रिनेत्र इत्यर्थः । ब्रह्मलोकस्य सर्वलोकपर्यन्तं सर्वलोकवर्तिपदार्थानां स्रष्टा । ब्रह्मविदां चतुर्मुखप्रजापतिविष्णुदेवराजादिदिक्पालवसिष्ठाद्यृषितत्संतानजब्राह्मणा ब्रह्मविदस्तेषां वरो ज्येष्ठो हिरण्यगर्भः । 'यो ब्रह्माणं विदधाति पूर्वं यो वै वेदांश्च प्रहिणोति तस्मै' इति श्रुतेः, 'हिरण्यगर्भः समवर्तताग्रे' इति श्रुतेश्च ॥ ३ ॥ एते सर्वे विमानैर्लङ्कामागत्य राघवमभिजग्मुः ॥ ४ ॥ प्रगृह्योद्यम्य । भारते तु—'अग्निप्रवेशं सीताया अनुक्त्वा रामस्य चारित्रसंदेहे सीतादुःखं दृष्ट्वा वाय्वग्निवरुणाद्युक्त्यैव सीताङ्गीकार उक्तस्तत्रानुक्तोऽप्यग्निप्रवेशो मध्ये द्रष्टव्यः' इत्याहुः । पाद्मे तु—'सा तेन गर्हिता साध्वी विवेश ज्वलनं तदा' इत्युक्तम् ॥ ५ ॥ कर्ता सर्वस्येति । मनुष्यदेहे राघवे सर्वलोककर्तृत्वाद्युक्तिर्मूलस्वरूपाभिप्रायेण ज्ञानविदामौपनिषदज्ञानवताम् । देवगणा इन्द्रादयस्तेषां श्रेष्ठम् । 'विष्णुमुखा वै देवाः' इति श्रुतेः ॥ ६ ॥ ऋतधामेत्यादिश्लोकत्रयं कतकासंमतम् । तीर्थस्त्वेवं व्याचष्टे । पूर्वं पूर्वस्मिन्कल्पे सृष्टेः पूर्वं पुरा वसूनां मध्ये ऋतधामा नाम वसुः । आदिकर्ताण्डाण्डाधिपतिरूपादिसृष्टिकर्ता । स्वयंप्रभुरितरानियम्यः ॥ ७ ॥ अष्टमो रुद्रो महादेवः । साध्यानामपि पञ्चमो वीर्यवान्नामा । विराड्रूपं वर्णयति—अश्विनौ चेत्यादि ॥ ८ ॥ अन्ते चादौ चेत्यनेन सर्वभूततत्त्वं त्वमेवेति सूचितम् ॥ ९ ॥ लोकपालैरिन्द्रादिब्रह्मान्तैः पूर्वोक्तैः । लोकस्य भूलोकस्येदानीं साक्षात्स्वामी राघवो रघुकुलजः ॥ १० ॥ अथ ब्रह्मानुग्रहादेव ब्रह्मविद्योन्मुख्यस्य श्रुत्यादिसिद्धतया तदौन्मुख्यस्यात्मानं नावबुध्यसे इति ब्रह्मणैव कृतत्वात्तज्जिज्ञासुरिव स्वीयानां स्वस्वरूपबोधनाय ब्रह्माणं गुरुमज्ञ इवोपासददित्याह—आत्मानमिति । अहमात्मानमात्मस्वरूपं सामान्यतोऽहंत्वेन प्रतीयमानं दशरथपुत्रं रामनामकं मनुष्यजातीयपिण्डमेव मन्ये, न तु ततोऽतिरिक्तं किंचिद्वेद्मि । भवद्भिरप्युक्तं स्वात्मानं नावबुध्यस इति । एवं च सोऽहमेवंभूताहंबुद्धिमान्यश्च परमार्थतो यत्तत्त्वो यतश्च यत्प्रकृतिकश्च तत्सर्वं भगवान्सर्वज्ञः परमगुरुर्मे मह्यमज्ञाय जिज्ञासवे ब्रवीतूपदिशतु । अयमेव ब्रह्मविद्योपदेशमार्गः सर्वत्र श्रुतिस्मृतिषु प्रसिद्धः ॥ ११ ॥ इति ब्रुवाणं जिज्ञासवे मह्यं ब्रवीत्विति ब्रुवाणम् । वाक्यं देहदेहितत्त्वोपदेशरूपम् ॥ १२ ॥ नारं जीवसमूहोऽयनं स्थानं यस्य स विराड्रूपो नारायणपदवाच्यो यः स त्वमसि । देवः स्वप्रकाशः । विराट्चिह्नान्याह—चक्रेति । इदं शङ्खगदादेरप्युपलक्षणम् । एकशृङ्गो वराहः, एकदंष्ट्रो धरणीवराहः । अयं विराड्विष्णुमूर्तेर्भेदः । भूतभव्यसपत्नजिद्भूतभव्यकालरूपो यः सपत्नो जनिमृतिहेतुत्वात्तं जयति सः । नित्य इति यावत् ॥ १३ ॥ तदेवाह—अक्षरमिति । यदक्षरं मध्ये चान्ते । चादादौ च सत्यमप्रच्युतस्वरूपं तत्त्वं यद्ब्रह्म तदेव त्वमसीति शेषः । लोकानां धर्माधिकृतप्राणिनां त्वमेव परमो धर्मः । 'यज्ञो वै विष्णुः' इत्यादिश्रुतेरश्वमेधान्तधर्मस्त्वमेव । विष्वञ्चः सर्वगताः सेनानियामकगणा यस्य । चतुर्भुजः शत्रुनिरसनदक्षभुजचतुष्टयवान् ॥ १४ ॥ शार्ङ्गधन्वा कालरूपं शार्ङ्गं धनुर्यस्य । हृषीकेश इति हृषीकाणामिन्द्रियाणामीशो नियन्ता । पुरुष इति पुरूणि फलानि सनोति ददाति स पुरुषः, पुरु हृदयपुण्डरीके शेत इति वा पूर्णत्वाद्वा पुरुषः । 'तेनेदं पूर्णं पुरुषेण सर्वम्' इति श्रुतेः । पुरुषोत्तमः । 'यस्मा-

सेनानीर्ग्रामणीः सर्वं त्वं बुद्धिस्त्वं क्षमा दमः । प्रभवश्चाप्ययश्च त्वमुपेन्द्रो मधुसूदनः ॥ १६
इन्द्रकर्मा महेन्द्रस्त्वं पद्मनाभो रणान्तकृत् । शरण्यं शरणं च त्वामाहुर्दिव्या महर्षयः ॥ १७
सहस्रशृङ्गो वेदात्मा शतशीर्षो महर्षभः । त्वं त्रयाणां हि लोकानामादिकर्ता स्वयंप्रभुः ॥ १८
सिद्धानामपि साध्यानामाश्रयश्चासि पूर्वजः । त्वं यज्ञस्त्वं वषट्कारस्त्वमोंकारः परात्परः ॥ १९
प्रभवं निधनं चापि नो विदुः को भवानिति । दृश्यसे सर्वभूतेन गोषु च ब्राह्मणेषु च ॥ २०
दिक्षु सर्वासु गगने पर्वतेषु नदीषु च । सहस्रचरणः श्रीमाञ्शतशीर्षः सहस्रदृक् ॥ २१
त्वं धारयसि भूतानि पृथिवीं सर्वपर्वतान् । अन्ते पृथिव्याः सलिले दृश्यसे त्वं महोरगः ॥ २२
त्रींल्लोकान्धारयन्राम देवगन्धर्वदानवान् । अहं ते हृदयं राम जिह्वा देवी सरस्वती ॥ २३
देवा रोमाणि गात्रेषु ब्रह्मणा निर्मिताः प्रभो । निमेषस्ते स्मृता रात्रिरुन्मेषो दिवसस्तथा ॥ २४
संस्कारास्त्वभवन्वेदा नैतदस्ति त्वया विना । जगत्सर्वं शरीरं ते स्थैर्यं ते वसुधातलम् ॥ २५
अग्निः कोपः प्रसादस्ते सोमः श्रीवत्सलक्षणः । त्वया लोकास्त्रयः क्रान्ताः पुरा स्वैर्विक्रमैस्त्रिभिः ॥ २६
महेन्द्रश्च कृतो राजा बलिं बद्ध्वा सुदारुणम् । सीता लक्ष्मीर्भवान्विष्णुर्देवः कृष्णः प्रजापतिः ॥ २७
वधार्थं रावणस्येह प्रविष्टो मानुषीं तनुम् । तदिदं नस्त्वया कार्यं कृतं धर्मभृतां वर ॥ २८
निहतो रावणो राम प्रहृष्टो दिवमाक्रम । अमोघं देव वीर्यं ते न ते मोघाः पराक्रमाः ॥ २९
अमोघं दर्शनं राम अमोघस्तव संस्तवः । अमोघास्ते भविष्यन्ति भक्तिमन्तो नरा भुवि ॥ ३०

क्षरमतीतोऽहमक्षरादपि चोत्तमः । अतोऽस्मि लोके वेदे च प्रथितः पुरुषोत्तमः ॥' इति स्मृतेः । अजितः पाप्मनारिभिश्चाजितः । खड्गधृग्विद्याख्यनन्दकखड्गधृक् । विष्णुः सर्वव्यापकः । कृष्णस्तद्वर्णः । बृहद्बल इत्यशेषब्रह्माण्डस्य लीलाकन्दुकवद्धारणक्षमबृहद्बलः ॥ १५ ॥ सेनानी राजसेनापतिश्च । ग्रामणीर्मन्त्री । सर्वं जगत् त्वमेव । बुद्धिर्निश्चयात्मिका । क्षमा भक्तापराधसहिष्णुता । दम इन्द्रियनिग्रहः । तद्धर्मकत्वात्तदात्मत्वव्यपदेशः । प्रभवाप्ययौ सृष्टिप्रलयौ तत्कारणत्वात्तद्व्यपदेशः । उपेन्द्रादयस्तवैव मूर्तिभेदाः ॥ १६ ॥ 'प्रजापतिरिन्द्रमसृजत' इत्युक्तेरिन्द्रः कर्म सृष्टिर्यस्य स इन्द्रकर्मा । महेन्द्रः सकलेशिता । पद्मं वैराजं नाभौ यस्य सः । रणान्तकृद्रणे शत्रूणां नाशकर्ता । शरण्यं शरणत्वेन प्राप्यम्, शरणं रक्षकं च त्वामेवाहुः । 'परित्राणाय साधूनाम्' इत्युक्तेः ॥१७॥ सहस्रशृङ्गोऽनेकशाखामयशृङ्गवान् । वेदात्मा वेदस्वरूपः । शतशीर्षोऽनेकविधिमयशिरोयुक्तः । महर्षभः श्रेष्ठतमः । शिशुमारप्रजापतिरूप इत्यर्थ इति कतकः । त्रयाणां लोकानाम् । सर्वप्रजानामित्यर्थः । स्वयंप्रभुरनन्यप्रेर्यः ॥ १८ ॥ सिद्धानामारूढानां साध्यानामारुरुक्षूणामाश्रयः प्राप्यः, पूर्वजश्चासि । 'अहमस्मि प्रथमजा ऋतस्य' इत्यादिश्रुतेः ॥ १९ ॥ तव प्रभावाद्यपि न जानन्ति को भवानिति चेदंतया न जानन्ति । सार्वात्म्येन स्तौति—दृश्यस इति । सर्वभूतेषु गोष्वित्यादि । उत्तमचेतनेष्वपीत्यर्थः । दृश्यसेऽन्तर्यामितया श्रूयसे ॥ २० ॥ अत्यन्तमचेतनेष्वपि त्वमन्तर्यामीत्याह—दिक्ष्विति ॥ २१ ॥ त्वमेव सहस्रचरणत्वादिविशिष्टानन्तरूपो भूत्वा पृथिव्यादींस्तद्वर्तिभूतानि च धारयसि । तथान्तेऽहरन्ते पृथिव्या उपरिवर्तिनि सलिले त्वं महोरगशयनो दृश्यसे । एवं च पृथिव्या अध उपरि च प्रतिष्ठितस्वशक्तिस्त्वमित्युक्तम् ॥ २२ ॥ हे राम, त्रींल्लोकान्धारयंस्त्वं विराट् । नारायणोऽसीत्यर्थः । एतेन यतश्चाहमुत्पन्न इति प्रश्नस्योत्तरं दत्तम् । एवं देहत्वमुपदिश्य देहित्वमुपदिशति—अहं ते हृदयमिति । हे राम, ते रामोपग्रहस्य तव हृदयं सर्वाधारभूतमान्तरं त्वदात्मतत्त्वमहमेव ज्ञानस्वरूपः महाकाश इव घटाकाशस्य । तत्र जिह्वा मन्निर्मिता वाग्देवी सरस्वती ॥ २३ ॥ देवा इन्द्रियदेवा दिग्वातार्कादयस्तव गात्रेषु श्रोत्रादिषु ब्रह्मणा मया निर्मिताः, रोमाणि च निर्मितानि । ओषधिवनस्पत्यादिनेति शेषः । निमेषोन्मेषौ च रात्रिदिवसत्वेन प्रसिद्धौ ॥ २४ ॥ संस्काराः संस्क्रियन्ते बोध्यन्त एभिर्लोका इति संस्काराः प्रवृत्तिनिवृत्तिबोधकाः । नैतदस्तीति । त्वया विना यदस्ति तत्किमपि नेत्यर्थः । कार्यकारणरूपं सर्वं जगत्ते शरीरम् । स्थैर्यमशेषप्रजानित्यधारणसामर्थ्यम् । वसुधातलं भूतत्त्वं त्वमेव ॥ २५ ॥ ते कोपोऽग्निः । ते प्रसादः सोमः । त्वया वामनात्मनावतीर्णेन पुरा पूर्वं त्रिभिर्विक्रमैस्त्रयो लोका भूर्भुवःस्वःस्वरूपाः क्रान्ताः ॥ २६ ॥ बलिं बद्ध्वा महेन्द्रश्च राजा कृतः । सीता लक्ष्मीः प्रसिद्धविष्णुपत्न्यभिन्नतत्त्वत्वात् । यो विष्णुः स भवान्देवः प्रकाशरूपः । कृष्णः कृष्णवर्णः । प्रजापतिस्तदभिन्नतत्त्वः ॥ २७ ॥ स एव त्वं रावणस्य वधाय मानुषीं तनुं प्रविष्टोऽसि । माययेति शेषः । एवं तत्त्वेन त्वया तदिदं रावणवधरूपं नः सर्वेषां देवानां कार्यं कृतम् ॥ २८ ॥ अथ वृत्तानुष्ठानानुवादपूर्वं वर्तिष्यमाणकर्तव्यमाह—निहत इति । रावणो निहतः । एवं चावतारकार्यं निवृत्तम्, अतः परं महाराज्येन किंचित्कालं प्रहृष्टः सन्दिवं परनाकाख्यं ब्रह्मलोकमाक्रम प्राप्नुहि । एवं सिद्धकार्यत्वात्ते वीर्यं बलममोघम् । तन्मूलाः पराक्रमाश्च न मोघा न निष्फलाः, अपि तु सफला एवेत्यर्थः ॥ २९ ॥ अथ रामस्य सर्वोपास्यत्वं सर्वाभीष्टसिद्धि-

ये त्वां देवं ध्रुवं भक्ताः पुराणं पुरुषोत्तमम् । प्राप्नुवन्ति तथा कामानिह लोके परत्र च ॥ ३१
इममार्षस्तवं दिव्यमितिहासं पुरातनम् । ये नराः कीर्तयिष्यन्ति नास्ति तेषां पराभवः ॥ ३२

इत्यार्षे श्रीमद्रामायणे वाल्मीकीय आदिकाव्ये युद्धकाण्डे सप्तदशाधिकशततमः सर्गः ॥ ११७ ॥

अष्टादशाधिकशततमः सर्गः ।

एतच्छ्रुत्वा शुभं वाक्यं पितामहसमीरितम् । अङ्कनादाय वैदेहीमुत्पपात विभावसुः ॥ १
विधूयाथ चितां तां तु वैदेहीं हव्यवाहनः । उत्तस्थौ मूर्तिमानाशु गृहीत्वा जनकात्मजाम् ॥ २
तरुणादित्यसंकाशां तप्तकाञ्चनभूषणाम् । रक्ताम्बरधरां बालां नीलकुञ्चितमूर्धजाम् ॥ ३
अक्लिष्टमाल्याभरणां तथारूपामनिन्दिताम् । ददौ रामाय वैदेहीमङ्के कृत्वा विभावसुः ॥ ४
अब्रवीत्तु तदा रामं साक्षी लोकस्य पावकः । एषा ते राम वैदेही पापमस्यां न विद्यते ॥ ५
नैव वाचा न मनसा नैव बुद्ध्या न चक्षुषा । सुवृत्ता वृत्तशौटीर्यं न त्वामत्यचरच्छुभा ॥ ६
रावणेनापनीतैषा वीर्योत्सिक्तेन रक्षसा । त्वया विरहिता दीना विवशा निर्जने सती ॥ ७
रुद्धा चान्तःपुरे गुप्ता त्वच्चित्ता त्वत्परायणा । रक्षिता राक्षसीभिश्च घोराभिर्घोरबुद्धिभिः ॥ ८
प्रलोभ्यमाना विविधं तर्ज्यमाना च मैथिली । नाचिन्तयत तद्रक्षस्त्वद्गतेनान्तरात्मना ॥ ९
विशुद्धभावां निष्पापां प्रतिगृह्णीष्व मैथिलीम् । न किंचिदभिधातव्या अहमाज्ञापयामि ते ॥ १०
ततः प्रीतमना रामः श्रुत्वैवं वदतां वरः । दध्यौ मुहूर्तं धर्मात्मा हर्षव्याकुललोचनः ॥ ११
एवमुक्तो महातेजा धृतिमानुरुविक्रमः । उवाच त्रिदशश्रेष्ठं रामो धर्मभृतां वरः ॥ १२
अवश्यं चापि लोकेषु सीता पावनमर्हति । दीर्घकालोषिता हीयं रावणान्तःपुरे शुभा ॥ १३

प्रदत्वं चाह—अमोघमिति । हे राम, ते दर्शनमेवंमूर्तेस्त दर्शनं सुग्रीवादीनाममोघम् । एवं कालान्तरे श्रुत्वा चिन्तद्द्रष्टॄणामप्यमोघमैहिकामुष्मिकसकलफलसाधनं तव संस्तवो रामनारायणेत्येवंरूपोऽमोघः सकलेष्टदः । ये च त्वयि भक्तिमन्तः सोऽहमेवेति गौणवृत्त्या त्वदुपासकास्तवाहमिति वोपासकास्तेऽप्यमोघं संसारमार्गमतिक्रान्ताः सत्यसंकल्पत्वादिमन्तः सन्तो मल्लोकप्राप्तिरूपामोघफला भविष्यन्ति, किं पुनर्ये सर्वात्मना त्वदभेदध्यानवन्त इत्यर्थः ॥ ३० ॥ उक्तमर्थमुपसंहरति दार्ढ्याय—ये त्वामिति ॥ ३१ ॥ इदानीं तत्परैतत्स्तोत्रपाठफलमुपदिशति—इममिति । ऋषिर्वेदस्तदुक्तसगुणनिर्गुणब्रह्मविद्याप्रतिपादकत्वादार्षः स चासौ स्तवश्चेत्यार्षस्तवस्तम्, अतएव दिव्यं पुरातनं पुरावृत्तप्रतिपादकमितिहासम् । अनादिसिद्धपुरातनब्रह्मविद्याप्रतिपादकत्वात् । एवंभूतं ब्रह्मविद्यास्तवं ये कीर्तयिष्यन्ति तेषां पराभवः परैरिहामुत्रलोकशत्रुभिः पुत्रदारादिभिः पापैश्चाभिभव आक्रमणं नास्ति न भविष्यति च ॥ ३२ ॥ **इति श्रीरामाभिरामे श्रीरामीये रामायणतिलके वाल्मीकीय आदिकाव्ये युद्धकाण्ड सप्तदशादधिकशततमः सर्गः ॥ ११७ ॥**

एतदिति । पितामहसमीरितं शुभं परमशोभनं निजब्रह्मत्वप्रतिपादकं वाक्यं श्रुत्वा ध्यात्वा च । प्रसन्नतयावस्थानकाले इति शेषः । अङ्कनादाय । 'रयिं च पुत्रांश्चादादग्निर्मह्यम' इति श्रुत्यर्थपरमपरांक्षमेव संपादयन्नित्यर्थः ॥ १ ॥ मूर्तिमान्सुषस्त्वादिचिह्ननिजमूर्तियुक्तः ॥ २ ॥ ३ ॥ अक्लिष्टेति । अभिसंबन्धेऽपीति शेषः । तथारूपां पूर्वानुभूतशोभायुक्ताम् ॥ ४ ॥ तदा दानसमये लोकस्य मनोवाक्कायैर्लोककृतपुण्यपापकर्मणः साक्षी साक्षाद्द्रष्टा । सर्वदेहान्तर्वैश्वानरात्मना नित्यप्रतिष्ठितत्वादिति भावः । एषा या मयि रावणहरणकाले प्रविष्टा सैव । एवं हि कूर्मपुराणानुसारेण व्याख्यातम्, तच्च प्राङ् निरूपितम् । पापं रावणस्पर्शरूपमपि ॥ ५ ॥ सुवृत्ता वृत्तशौटीर्यं त्वां मनआदिभिः प्रत्येकं समुदितैश्च नात्यचरत् ॥ ६ ॥ एषा या इदानीं मयि प्रविष्टा ॥ ७ ॥ रुद्धा निरुद्धस्वच्छन्दगमनादिव्यवहारा । गुप्ता परिहृतस्वजनदर्शना । त्वच्चित्ता त्वयि चित्तं यस्याः सा, अतएव त्वत्परायणा त्वद्गतिः ॥ ८ ॥ तद्रक्षो नाचिन्तयत नागणयत । तत्र हेतुरन्तरात्मनस्त्वद्गतत्वम् । एवं च यत्प्रतिबिम्बस्याप्येवं व्यवस्था तद्बिम्बस्य शुद्धत्वं किं वक्तव्यमिति ध्वनिः ॥ ९ ॥ विशुद्धभावां विशुद्धान्तराम्, अतएव निष्पापाम् । न किंचिदिति । मन्नियोगानन्तरं प्रतिग्राह्या न वेति संदेहो न गृह्णामीति निषेधश्च न कर्तव्य इत्यर्थः । कुत एवं तत्राह—आज्ञापयामि ते इति । एवमुक्तिस्तु रामेण स्वस्वरूपाज्ञाननटनात्तदनुसारेण रुद्रमूर्तेर्भगवतोऽग्नेरपीति मन्तव्यम् ॥ १० ॥ दध्यौ । किमिहोचितं वक्तव्यमिति ध्यातवानिति शेषः ॥ ११ ॥ १२ ॥ पावनम् । स्वार्थण्यन्ताद्भावे ल्युट् । शुद्धिमित्यर्थः । जानकीमविशोध्य ग्राहिणं माम् । रावणान्तःपुरे दीर्घकालोषितां तां दशरथात्मजो यद्गृहीतवांस्तत्स कामात्मा कामपरतन्त्रचित्तो बालिशो भूर्लोकव्यवहारापरिज्ञो यतोऽत इति लोको मां वक्ष्यति ।

वालिशो बत कामात्मा रामो दशरथात्मजः । इति वक्ष्यति मां लोको जानकीमविशोध्य हि ॥ १४
अनन्यहृदयां सीतां मच्चित्तपरिरक्षिणीम् । अहमप्यवगच्छामि मैथिलीं जनकात्मजाम् ॥ १५
इमामपि विशालाक्षीं रक्षितां स्वेन तेजसा । रावणो नातिवर्तेत वेलामिव महोदधिः ॥ १६
न च शक्तः सुदुष्टात्मा मनसापि हि मैथिलीम् । प्रधर्षयितुमप्राप्यां दीप्तामग्निशिखामिव ॥ १७
नेयमर्हति वैक्लव्यं रावणान्तःपुरे सती । अनन्या हि मया सीता भास्करस्य प्रभा यथा ॥ १८
विशुद्धा त्रिषु लोकेषु मैथिली जनकात्मजा । न विहातुं मया शक्या कीर्तिरात्मवता यथा ॥ १९
अवश्यं च मया कार्यं सर्वेषां वो वचो हितम् । स्निग्धानां लोकनाथानामेवं च वदतां हितम् ॥ २०
इत्येवमुक्त्वा विजयी महाबलः प्रशस्यमानः स्वकृतेन कर्मणा ।
समेत्य रामः प्रियया महायशाः सुखं सुखार्होऽनुबभूव राघवः ॥ २१

इत्यार्षे श्रीमद्रामायणे वाल्मीकीय आदिकाव्ये युद्धकाण्डेऽष्टादशाधिकशततमः सर्गः ॥ ११८ ॥

एकोनविंशाधिकशततमः सर्गः ।

एतच्छ्रुत्वा शुभं वाक्यं राघवेणानुभाषितम् । ततः शुभतरं वाक्यं व्याजहार महेश्वरः ॥ १
पुष्कराक्ष महाबाहो महावक्षः परंतप । दिष्ट्या कृतमिदं कर्म त्वया धर्मभृतां वर ॥ २
दिष्ट्या सर्वस्य लोकस्य प्रवृद्धं दारुणं तमः । अपवृत्तं त्वया संख्ये राम रावणजं भयम् ॥ ३
आश्वास्य भरतं दीनं कौसल्यां च यशस्विनीम् । कैकेयीं च सुमित्रां च दृष्ट्वा लक्ष्मणमातरम् ॥ ४
प्राप्य राज्यमयोध्यां च नन्दयित्वा सुहृज्जनम् । इक्ष्वाकूणां कुले वंशं स्थापयित्वा महाबल ॥ ५
इष्ट्वा तुरगमेधेन प्राप्य चानुत्तमं यशः । ब्राह्मणेभ्यो धनं दत्त्वा त्रिदिवं गन्तुमर्हसि ॥ ६
एष राजा दशरथो विमानस्थः पिता तव । काकुत्स्थ मानुषे लोके गुरुस्तव महायशाः ॥ ७
इन्द्रलोकं गतः श्रीमांस्त्वया पुत्रेण तारितः । लक्ष्मणेन सह भ्रात्रा त्वमेनमभिवादय ॥ ८
महादेववचः श्रुत्वा राघवः सहलक्ष्मणः । विमानशिखरस्थस्य प्रणाममकरोत्पितुः ॥ ९
दीप्यमानं स्वया लक्ष्म्या विरजोम्बरधारिणम् । लक्ष्मणेन सह भ्रात्रा ददर्श पितरं प्रभुः ॥ १०
हर्षेण महताविष्टो विमानस्थो महीपतिः । प्राणैः प्रियतरं दृष्ट्वा पुत्रं दशरथस्तदा ॥ ११
आरोप्याङ्के महाबाहुर्वरासनगतः प्रभुः । बाहुभ्यां संपरिष्वज्य ततो वाक्यं समाददे ॥ १२
न मे स्वर्गो बहु मतः संमानश्च सुरर्षभैः । त्वया राम विहीनस्य सत्यं प्रतिशृणोमि ते ॥ १३
कैकेय्या यानि चोक्तानि वाक्यानि वदतां वर । तव प्रव्राजनार्थानि स्थितानि हृदये मम ॥ १४
त्वां तु दृष्ट्वा कुशलिनं परिष्वज्य सलक्ष्मणम् । अद्य दुःखाद्विमुक्तोऽस्मि नीहारादिव भास्करः ॥१५

ततः शुद्ध्यर्थमग्निप्रवेशो मयानुमत इति शेषः ॥ १३ ॥ १४ ॥ इयं शुद्धेति हृदये जानाम्येवेत्याह—अनन्येति । मच्चित्तपरिरक्षिणीं मद्गतचित्तत्वेनात्मनो दोषपरिरक्षणशीलाम् ॥ १५ ॥ स्वेन तेजसा पातिव्रत्येन ॥ १६ ॥ प्रधर्षयितुं न शक्तः, अतएवाप्राप्यामशक्यग्रहाम् । तत्र निदर्शनम्—दीप्तामिति ॥ १७ ॥ वैक्लव्यं कातर्यपीडाम् । अनन्या हीति । 'अर्धो वा एष आत्मनो यत्पत्नी' इति श्रुतेः । शक्तिशक्तिमतोरभेदाच्च । अनेनाभिदत्ताया रावणस्पर्शाद्यभावः स्पष्टमेवोक्तः ॥ १८ ॥ १९ ॥ सर्वेषां वो वचः सीताग्रहणविषयं मे हितं मयावश्यं कार्यं कर्तुं योग्यम् । स्निग्धानां मयि स्नेहवताम्, लोकमान्यानामशेषजगत्पूज्यानाम्, एवं पूर्वोक्तप्रकारेण हितं वदताम् ॥ २० ॥ २१ ॥ इति श्रीरामाभिरामे श्रीरामीये रामायणतिलके वाल्मीकीय आदिकाव्ये युद्धकाण्डेऽष्टादशाधिकशततमः सर्गः ॥ ११८ ॥

एतद्वाक्यं श्रुत्वा युष्मदाज्ञया सीतामङ्गीकरोम्येवेत्युक्तं वाक्यं श्रुत्वा । ततः सीताग्रहणनियोगानुष्ठानानन्तरम् ॥ १ ॥ महावक्षो हे महोरस्क ॥ २ ॥ तमो दुःखम् ॥ ३ ॥ आश्वास्येति । अयोध्यां गत्वेति शेषः ॥ ४ ॥ कुले कुलपरिपालननिमित्तं वंशं संतानम् । 'दशवर्षसहस्राणि दशवर्षशतानि च । वत्स्यामि मानुषे लोके' इत्यवतारात्पूर्वं प्रतिज्ञासत्त्वात्प्राप्य राज्यमित्याद्युक्तम् ॥ ५ ॥ तुरगमेधेनेष्ट्वा । भगवन्तं प्रजापतिमिति शेषः । अनुत्तमं यशो महद्यश इत्यादिकं प्रजापतिनाम । 'तस्य नाम महद्यशः' इति श्रुतेः । अश्वमेधफलं च तत्प्राप्तिरेव । 'प्रजापतिं वा एष ईप्सतीत्याहुः, योऽश्वमेधेन यजते' इति श्रुतेरिति कतकः । त्रिदिवं भूःस्वःपदापेक्षया तृतीयं दिवं ब्रह्मलोकम् ॥ ६ ॥ एष इति । पुरःस्थस्यापि देवदेहपरिग्रहेणाज्ञायमानतयाङ्गुल्या निर्देशः ॥ ७ ॥ ८ ॥ विमानशिखरस्थस्य विमानोपरि प्रतिष्ठितस्य ॥ ९ ॥ १० ॥ ११ ॥ १२ ॥ सुरर्षभैः समानोऽपि स्वर्गो न बहुमतः

तारितोऽहं त्वया पुत्र सुपुत्रेण महात्मना । अष्टावक्रेण धर्मात्मा कहोलो ब्राह्मणो यथा ॥ १६
इदानीं च विजानामि यथा सौम्य सुरेश्वरैः । वधार्थं रावणस्येह पिहितं पुरुषोत्तमम् ॥ १७
सिद्धार्था खलु कौसल्या या त्वां राम गृहं गतम् । वनान्निवृत्तं संहृष्टा द्रक्ष्यते शत्रुसूदनम् ॥ १८
सिद्धार्थाः खलु ते राम नरा ये त्वां पुरीं गतम् । राज्ये चैवाभिषिक्तं च द्रक्ष्यन्ते वसुधाधिपम् १९
अनुरक्तेन बलिना शुचिना धर्मचारिणा । इच्छेयं त्वामहं द्रष्टुं भरतेन समागतम् ॥ २०
चतुर्दश समाः सौम्य वने निर्यातितास्त्वया । वसता सीतया सार्धं मत्प्रीत्या लक्ष्मणेन च ॥ २१
निवृत्तवनवासोऽसि प्रतिज्ञा पूरिता त्वया । रावणं च रणे हत्वा देवताः परितोषिताः ॥ २२
कृतं कर्म यशः श्लाघ्यं प्राप्तं ते शत्रुसूदन । भ्रातृभिः सह राज्यस्थो दीर्घमायुरवाप्नुहि ॥ २३
इति ब्रुवाणं राजानं रामः प्राञ्जलिरब्रवीत् । कुरु प्रसादं धर्मज्ञ कैकेय्या भरतस्य च ॥ २४
सपुत्रां त्वां त्यजामीति यदुक्ता केकयी त्वया । स शापः कैकयीं घोरः सपुत्रां न स्पृशेत्प्रभो ॥ २५
तथेति स महाराजो राममुक्त्वा कृताञ्जलिम् । लक्ष्मणं च परिष्वज्य पुनर्वाक्यमुवाच ह ॥ २६
धर्मं प्राप्स्यसि धर्मज्ञ यशश्च विपुलं भुवि । रामे प्रसन्ने स्वर्गं च महिमानं तथोत्तरम् ॥ २७
रामं शुश्रूष भद्रं ते सुमित्रानन्दवर्धन । रामः सर्वस्य लोकस्य हितेष्वभिरतः सदा ॥ २८
एते सेन्द्रास्त्रयो लोकाः सिद्धाश्च परमर्षयः । अभिवाद्य महात्मानमर्चन्ति पुरुषोत्तमम् ॥ २९
एतत्तदुक्तमव्यक्तमक्षरं ब्रह्मसंमितम् । देवानां हृदयं सौम्य गुह्यं रामः परंतपः ॥ ३०
अवाप्तधर्माचरणं यशश्च विपुलं त्वया । एवं शुश्रूषता व्यग्रं वैदेह्या सह सीतया ॥ ३१
इत्युक्त्वा लक्ष्मणं राजा स्नुषां बद्धाञ्जलिं स्थिताम् । पुत्रीत्याभाष्य मधुरं शनैरेनामुवाच ह ॥ ३२
कर्तव्यो न तु वैदेहि मन्युस्त्यागमिमं प्रति । रामेणेदं विशुद्ध्यर्थं कृतं वै त्वद्धितैषिणा ॥ ३३
सुदुष्करमिदं पुत्रि तव चारित्रलक्षणम् । कृतं यत्तेऽन्यनारीणां यशो ह्यभिभविष्यति ॥ ३४
न त्वं कामं समाधेया भर्तृशुश्रूषणं प्रति । अवश्यं तु मया वाच्यमेष ते दैवतं परम् ॥ ३५
इति प्रतिसमादिश्य पुत्रौ सीतां च राघवः । इन्द्रलोकं विमानेन ययौ दशरथो नृपः ॥ ३६
विमानमास्थाय महानुभावः श्रिया च संहृष्टतनुर्नृपोत्तमः ।
आमन्त्र्य पुत्रौ सह सीतया च जगाम देवप्रवरस्य लोकम् ॥ ३७

इत्यार्षे श्रीमद्रामायणे वाल्मीकीय आदिकाव्ये युद्धकाण्ड एकोनविंशाधिकशततमः सर्गः ॥ ११९ ॥

विंशाधिकशततमः सर्गः ।

प्रतिप्रयाते काकुत्स्थे महेन्द्रः पाकशासनः । अब्रवीत्परमप्रीतो राघवं प्राञ्जलिं स्थितम् ॥

॥ १३ ॥ १४ ॥ १५ ॥ अष्टावक्रपिता कहोलनामर्षिः पुत्रेण स्वधर्मेण तारित इति पौराणिकी कथा ॥ १६ ॥ पिहितं पुरुषोत्तमाच्छादितम् । मत्पुत्रत्वेनेति शेषः ॥ १७ ॥ १८ ॥ १९ ॥ द्रष्टुमिच्छेयम् । स्वलोकस्थ एव सन्निति शेषः ॥ २० ॥ २१ ॥ २२ ॥ २३ ॥ घोरः स शापः सपुत्रां कैकेयीं यथा न स्पृशेत्तथा प्रसादं कुरु ॥ २४ ॥ २५ ॥ २६ ॥ स्वर्गं महिमानं च प्राप्स्यसीत्यनुकर्षः ॥ २७ ॥ २८ ॥ २९ ॥ एतद्रामरूपं वस्तु । तज्जानीहीति शेषः । यद्देवानां हृदयमुक्तम् । 'देवानां हृदयं ब्रह्मान्वविन्दत्' इति श्रुत्या देवहृदयत्वेनोपदिष्टं तथा देवानां गुह्यम् । 'एतद्वै महोपनिषदं देवानां गुह्यम्' इति श्रुत्या देवगुह्यत्वेनोपदिष्टम् । ब्रह्मसंमितं ब्रह्मणा 'अन्तरस्मिन्निमे लोकाः' इत्यादि श्रुत्या प्रतिपादितम् । अक्षरमशेषजगत्कारणतया नित्यं यद्ब्रह्मास्ति ब्रह्मशब्दतन्त्रं ॥ ३० ॥ यत एवंभूतो रामो ब्रह्मादिभिस्त्वत्समक्षमेवोक्तः, अत एनं शुश्रूषता त्वया सर्वधर्माचरणं प्राप्तम् । ब्रह्मज्ञधर्मे सर्वधर्मान्तर्भावस्य संवर्गविद्यायामुक्तत्वादिति भावः ॥ ३१ ॥ ३२ ॥ इमं त्यागं प्रति यथेष्टं गम्यतामित्युक्तरूपम् ॥ ३३ ॥ ३४ ॥ यद्यपि भर्तृशुश्रूषां प्रति त्वं न समाधेया न प्रार्थनापूर्वं नियोज्या । तत्र ते स्वतःप्रवृत्तिसत्त्वात्, अथापि मया गुरुत्वादवश्यं वाच्यम् । तदेवाह—ते दैवतं परमिति ॥ ३५ ॥ ३६ ॥ ३७ ॥ **इति श्रीरामाभिरामे श्रीरामीये रामायणतिलके वाल्मीकीय आदिकाव्ये युद्धकाण्ड एकोनविंशाधिकशततमः सर्गः ॥ ११९ ॥**

काकुत्स्थे दशरथे । महेन्द्रः । तत्सहितो ब्रह्मा इत्यर्थः । सत्यसंकल्पस्य तस्मिन्नेव प्रसिद्धेः । वानराणां संकल्पमात्रेणोत्थानस्य वक्ष्यमाणत्वात् । भारतेऽपि—'ततस्ते ब्रह्मणा प्रोक्ते तथेति वचने तदा । समुत्तस्थुर्महाराज वानरा लब्धचेतसः ॥' इत्युक्तम् । पाद्मेऽपि—'पितामहवरात्तूर्णं जीवयामास तान्नृप'

अमोघं दर्शनं राम तवास्माकं नरर्षभ । प्रीतियुक्ताः स्म तेन त्वं ब्रूहि यन्मनसेप्सितम् ॥ २
एवमुक्तो महेन्द्रेण प्रसन्नेन महात्मना । सुप्रसन्नमना हृष्टो वचनं प्राह राघवः ॥ ३
यदि प्रीतिः समुत्पन्ना मयि ते विबुधेश्वर । वक्ष्यामि कुरु मे सत्यं वचनं वदतां वर ॥ ४
मम हेतोः पराक्रान्ता ये गता यमसादनम् । ते सर्वे जीवितं प्राप्य समुत्तिष्ठन्तु वानराः ॥ ५
मत्कृते विप्रयुक्ता ये पुत्रैर्दारैश्च वानराः । तान्प्रीतमनसः सर्वान्द्रष्टुमिच्छामि मानद ॥ ६
विक्रान्ताश्चापि शूराश्च न मृत्युं गणयन्ति च । कृतयत्ना विपन्नाश्च जीवयैतान्पुरंदर ॥ ७
मत्प्रियेष्वभिरक्ताश्च न मृत्युं गणयन्ति ये । त्वत्प्रसादात्समेयुस्ते वरमेतमहं वृणे ॥ ८
नीरुजो निर्व्रणांश्चैव संपन्नबलपौरुषान् । गोलाङ्गूलांस्तथर्क्षांश्च द्रष्टुमिच्छामि मानद ॥ ९
अकाले चापि पुष्पाणि मूलानि च फलानि च । नद्यश्च विमलास्तत्र तिष्ठेयुर्यत्र वानराः ॥ १०
श्रुत्वा तु वचनं तस्य राघवस्य महात्मनः । महेन्द्रः प्रत्युवाचेदं वचनं प्रीतिसंयुतम् ॥ ११
महानयं वरस्तात यस्त्वयोक्तो रघूत्तम । द्विर्मया नोक्तपूर्वं च तस्मादेतद्भविष्यति ॥ १२
समुत्तिष्ठन्तु ते सर्वे हता ये युधि राक्षसैः । ऋक्षाश्च सह गोपुच्छैर्निकृत्ताननबाहवः ॥ १३
नीरुजो निर्व्रणाश्चैव संपन्नबलपौरुषाः । समुत्थास्यन्ति हरयः सुप्ता निद्राक्षये यथा ॥ १४
सुहृद्भिर्बान्धवैश्चैव ज्ञातिभिः स्वजनेन च । सर्व एव समेष्यन्ति संयुक्ताः परया मुदा ॥ १५
अकाले पुष्पशबलाः फलवन्तश्च पादपाः । भविष्यन्ति महेष्वास नद्यश्च सलिलायुताः ॥ १६
सव्रणैः प्रथमं गात्रैरिदानीं निर्व्रणैः समैः । ततः समुत्थिताः सर्वे सुप्त्वेव हरिसत्तमाः ॥ १७
बभूवुर्वानराः सर्वे किं त्वेतदिति विस्मिताः । काकुत्स्थं परिपूर्णार्थं दृष्ट्वा सर्वे सुरोत्तमाः ॥ १८
अब्रुवन्परमप्रीताः स्तुत्वा रामं सलक्ष्मणम् । गच्छायोध्यामितो राजन्विसर्जय च वानरान् ॥ १९
मैथिलीं सान्त्वयस्वैनामनुरक्तां यशस्विनीम् । भ्रातरं भरतं पश्य त्वच्छोकाद्व्रतचारिणम् ॥ २०
शत्रुघ्नं च महात्मानं मातृः सर्वाः परंतप । अभिषेचय चात्मानं पौरान्गत्वा प्रहर्षय ॥ २१
एवमुक्त्वा सहस्राक्षो रामं सौमित्रिणा सह । विमानैः सूर्यसंकाशैर्ययौ हृष्टः सुरैः सह ॥ २२
अभिवाद्य च काकुत्स्थः सर्वांस्तांस्त्रिदशोत्तमान् । लक्ष्मणेन सह भ्रात्रा वासमाज्ञापयत्तदा ॥ २३

ततस्तु सा लक्ष्मणरामपालिता महाचमूर्हृष्टजना यशस्विनी ।
श्रिया ज्वलन्ती विरराज सर्वतो निशा प्रणीतेव हि शीतरश्मिना ॥ २४

इत्यार्षे श्रीमद्रामायणे वाल्मीकीय आदिकाव्ये युद्धकाण्डे विंशाधिकशततमः सर्गः ॥ १२० ॥

एकविंशाधिकशततमः सर्गः ।

तां रात्रिमुषितं रामं सुखोदितमरिंदमम् । अब्रवीत्प्राञ्जलिर्वाक्यं जयं पृष्ट्वा विभीषणः ॥

इति । प्राञ्जलिं स्थितं राघवं प्रतीति शेषः ॥ १ ॥ अस्माकं दर्शनं कृतोपकारस्य तवामोघं प्रत्युपकारेण चरितार्थं भवत्विति शेषः । तेन यतः प्रीतियुक्तास्तेनेत्यर्थः ॥ २ ॥ ३ ॥ यद्वचनं वक्ष्यामि तत्सत्यं कुरु ॥ ४ ॥ पराक्रान्ताः कृतपराक्रमाः ॥ ५ ॥ विप्रयुक्ताः । जीवितनाशेनेति भावः ॥ ६ ॥ ७ ॥ मत्प्रियेषु मत्प्रियकृत्येषु त्वत्प्रसादात्समेयुस्ते । स्वजनैरिति शेषः ॥ ८ ॥ ९ ॥ उत्थितानां सर्वदा सुखलाभाय वरान्तरम्—अकाले चापीति ॥ १० ॥ ११ ॥ महानिति । एकस्यापि मृतस्य पुनरुज्जीवनं दुष्करम्, अपरिमितमृतजीवनं तु मदतिरिक्ताशक्यमिति भावः ॥ १२ ॥ १३ ॥ १४ ॥ १५ ॥ १६ ॥ ततः समुत्थिताः । देवराजस्यानुग्रहरूपसंकल्पानन्तरम् ॥ १७ ॥ १८ ॥ १९ ॥ २० ॥ २१ ॥ २२ ॥ वासमाज्ञापयत् । यथापूर्वमाज्ञापयदित्यर्थः ॥ २३ ॥ यद्यपि रामेणापीच्छामात्रेणैतत्सुकरं तथापि गृहीतमनुष्यदेहत्वात्तत्स्वरूपगोपनाय सेन्द्रब्रह्मद्वारा तथा कृतमिति ध्येयम् । येऽप्यमृतवृष्ट्या इन्द्रेण सर्वसमुत्थानं कृतमिति वदन्ति, तत्पक्षेऽपि रावणसंस्कारदिने सर्वरक्षसां दाहादिसंस्कारपूर्वकं भस्मनः समुद्रे प्रक्षेपान्न तदुत्थानशङ्का । पूर्वं युद्धकाले एव मृतानां समुद्रे प्रक्षेप इति मूल एव पूर्वमुक्तत्वाच्च । अन्ये तु—स श्लोकस्तत्राधुनिकप्रक्षिप्तः । नह्योषधिगन्धमात्रेण सर्वेषां विशल्यता, किंतु चूर्णीकृत्य तस्य दानेनेति प्रागेवोक्तम् । तथा च तदभावाच्च तेषां विशल्यता. मृतानां गन्धाघ्राणाभावाच्च । रावणस्य तथाज्ञाया अश्रवणाच्चेत्याहुः ॥ २४ ॥

इति श्रीरामाभिरामे श्रीरामीये रामायणतिलके वाल्मीकीय आदिकाव्ये युद्धकाण्डे विंशत्यधिकशततमः सर्गः ॥ १२० ॥

तां रात्रिमिति । यत्र दिने ब्रह्मादयो जग्मुस्तत्संबन्धिन्यां

स्नानानि चाङ्गरागाणि वस्त्राण्याभरणानि च । चन्दनानि च माल्यानि दिव्यानि विविधानि च ॥ २
अलंकारविदश्चैता नार्यः पद्मनिभेक्षणाः । उपस्थितास्त्वां विधिवत्स्नापयिष्यन्ति राघव ॥ ३
एवमुक्तस्तु काकुत्स्थः प्रत्युवाच विभीषणम् । हरीन्सुग्रीवमुख्यांस्त्वं स्नानेनोपनिमन्त्रय ॥ ४
स तु ताम्यति धर्मात्मा मम हेतोः सुखोचितः । सुकुमारो महाबाहुर्भरतः सत्यसंश्रयः ॥ ५
तं विना कैकयीपुत्रं भरतं धर्मचारिणम् । न मे स्नानं बहुमतं वस्त्राण्याभरणानि च ॥ ६
एतत्पश्य यथा क्षिप्रं प्रतिगच्छाम तां पुरीम् । अयोध्यां गच्छतो ह्येष पन्थाः परमदुर्गमः ॥ ७
एवमुक्तस्तु काकुत्स्थं प्रत्युवाच विभीषणः । अह्ना त्वां प्रापयिष्यामि तां पुरीं पार्थिवात्मज ॥ ८
पुष्पकं नाम भद्रं ते विमानं सूर्यसंनिभम् । मम भ्रातुः कुबेरस्य रावणेन बलीयसा ॥ ९
हृतं निर्जित्य सङ्ग्रामे कामगं दिव्यमुत्तमम् । त्वदर्थं पालितं चेदं तिष्ठत्यतुलविक्रम ॥ १०
तदिदं मेघसंकाशं विमानमिह तिष्ठति । येन यास्यसि यानेन त्वमयोध्यां गतज्वरः ॥ ११
अहं ते यद्यनुग्राह्यो यदि स्मरसि मे गुणान् । वस तावदिह प्राज्ञ यद्यस्ति मयि सौहृदम् ॥ १२
लक्ष्मणेन सह भ्रात्रा वैदेह्या भार्यया सह । अर्चितः सर्वकामैस्त्वं ततो राम गमिष्यसि ॥ १३
प्रीतियुक्तस्य विहितां ससैन्यः ससुहृद्गणः । सत्क्रियां राम मे तावद्गृहाण त्वं मयोद्यताम् ॥ १४
प्रणयाद्बहुमानाच्च सौहार्देन च राघव । प्रसादयामि प्रेष्योऽहं न खल्वाज्ञापयामि ते ॥ १५
एवमुक्तस्ततो रामः प्रत्युवाच विभीषणम् । रक्षसां वानराणां च सर्वेषामेव शृण्वताम् ॥ १६
पूजितोऽस्मि त्वया वीर साचिव्येन परेण च । सर्वात्मना च चेष्टाभिः सौहार्देन परेण च ॥ १७
न खल्वेतन्न कुर्यां ते वचनं राक्षसेश्वर । तं तु मे भ्रातरं द्रष्टुं भरतं त्वरते मनः ॥ १८
मां निवर्तयितुं योऽसौ चित्रकूटमुपागतः । शिरसा याचतो यस्य वचनं न कृतं मया ॥ १९
कौसल्यां च सुमित्रां च कैकेयीं च यशस्विनीम् । गुहं च सुहृदं चैव पौराञ्जानपदैः सह ॥ २०
अनुजानीहि मां सौम्य पूजितोऽस्मि विभीषण । मन्युर्न खलु कर्तव्यः सखे त्वां चानुमानये ॥ २१
उपस्थापय मे शीघ्रं विमानं राक्षसेश्वर । कृतकार्यस्य मे वासः कथं स्यादिह संमतः ॥ २२
एवमुक्तस्तु रामेण राक्षसेन्द्रो विभीषणः । विमानं सूर्यसंकाशमाजुहाव त्वरान्वितः ॥ २३
ततः काञ्चनचित्राङ्गं वैदूर्यमणिवेदिकम् । कूटागारैः परिक्षिप्तं सर्वतो रजतप्रभम् ॥ २४
पाण्डुराभिः पताकाभिर्ध्वजैश्च समलंकृतम् । काञ्चनं काञ्चनैर्हर्म्यैर्हेमपद्मविभूषितैः ॥ २५
प्रकीर्णं किङ्किणीजालैर्मुक्तामणिगवाक्षकम् । घण्टाजालैः परिक्षिप्तं सर्वतो मधुरस्वनम् ॥ २६
तं मेरुशिखराकारं निर्मितं विश्वकर्मणा । बृहद्भिर्भूषितं हर्म्यैर्मुक्तारजतशोभितैः ॥ २७
तलैः स्फटिकचित्राङ्गैर्वैदूर्यैश्च वरासनैः । महार्हास्तरणोपेतैरुपपन्नं महाधनैः ॥ २८
उपस्थितमनाधृष्यं तद्विमानं मनोजवम् । निवेदयित्वा रामाय तस्थौ तत्र विभीषणः ॥ २९

रात्राविल्यर्थः । सुखोदितं सुखप्रबुद्धम् । जयं पृष्ट्वा जयशब्दं प्रयुज्य ॥ १ ॥ स्नानानि स्नानसाधनसुगन्धतैलादीनि ॥ २ ॥ अलंकारविदोऽलंकरणक्रियासमर्थाः ॥ ३ ॥ ४ ॥ ५ ॥ ६ ॥ प्रतिगच्छामेति लोट् ॥ ७ ॥ ८ ॥ ९ ॥ त्वदर्थं पालितं चेदं तिष्ठति । हतेऽपि रावणे इति शेषः ॥ १० ॥ तदिदमिति । लङ्कायां वर्तमानस्यापि पुष्पकस्यात्युन्नततया शिबिरस्थैरपि दृश्यमानत्वादिदमिति प्रत्यक्षवन्निर्देशः । इह लङ्कायाम् ॥ ११ ॥ वस तावदिहेति । एकदिवसमिति शेषः ॥ १२ ॥ १३ ॥ विहितां शास्त्रविहिताम् । मयोद्यतां मयोपक्लृप्ताम् । मे मत्तः ॥ १४ ॥ न खल्वाज्ञापयामि ते । अत्र हेतुः— प्रेष्योऽहमिति ॥ १५ ॥ ॥ १६ ॥ साचिव्यं मन्त्रसाहाय्यम् । सर्वात्मना च चेष्टाभिरिति । कायवाङ्मनोभिः कृतयुद्धचेष्टाभिः । परेणोत्तमेन । 'सौहार्देनोत्तमेन च' इत्येव क्वचित्पाठः ॥ १७ ॥ अथाप्येतदत्र स्थित्वा त्वत्सत्कारस्वीकारं न कुर्यामिति न विशिष्यकार्यमेव परं त्वस्वीकारे हेतुमाह—तं त्विति । यस्य वचनं मया न कृतं तं त्विति योजना ॥ १८ ॥ १९ ॥ सह द्रष्टुं त्वरते मन इत्यनुषङ्गः ॥ २० ॥ अनुमानये । कृतानुमतिको यथा भवसि तथा प्रार्थये इत्यर्थः ॥ २१ ॥ २२ ॥ एवमुक्त इति । 'राघवस्य वचः श्रुत्वा राक्षसेन्द्रो विभीषणः । तद्विमानं समादाय तूर्णं प्रतिनिवर्तते ॥' इति क्वचित्पाठः ॥ २३ ॥ कूटागारैः शालागृहैः ॥ २४ ॥ पताकाः सूक्ष्मध्वजाः । हेमकृतपद्मभूषितैः काञ्चनैर्हर्म्यैः । काञ्चनं काञ्चनमयमिव ॥ २५ ॥ मुक्तामणिभिः कृता गवाक्षा यस्मिंस्तत् ॥ २६ ॥ २७

तत्पुष्पकं कामगमं विमानमुपस्थितं भूधरसंनिकाशम् ।
दृष्ट्वा तदा विस्मयमाजगाम रामःससौमित्रिरुदारसत्त्वः ॥ ३०

इत्यार्षे श्रीमद्रामायणे वाल्मीकीय आदिकाव्ये युद्धकाण्ड एकविंशाधिकशततमः सर्गः ॥ १२१ ॥

द्वाविंशाधिकशततमः सर्गः ।

उपस्थितं तु तं कृत्वा पुष्पकं पुष्पभूषितम् । अविदूरे स्थितो राममित्युवाच विभीषणः ॥ १
स तु बद्धाञ्जलिपुटो विनीतो राक्षसेश्वरः । अब्रवीत्त्वरयोपेतः किं करोमीति राघवम् ॥ २
तमब्रवीन्महातेजा लक्ष्मणस्योपशृण्वतः । विमृश्य राघवो वाक्यमिदं स्नेहपुरस्कृतम् ॥ ३
कृतप्रयत्नकर्माणः सर्वे एव वनौकसः । रत्नैरर्थैश्च विविधैः संपूज्यन्तां विभीषण ॥ ४
सहामीभिस्त्वया लङ्का निर्जिता राक्षसेश्वर । हृष्टैः प्राणभयं त्यक्त्वा सङ्ग्रामेष्वनिवर्तिभिः ॥ ५
त इमे कृतकर्माणः सर्वे एव वनौकसः । धनरत्नप्रदानैश्च कर्मैषां सफलं कुरु ॥ ६
एवं संमानिताश्चैते नन्द्यमाना यथा त्वया । भविष्यन्ति कृतज्ञेन निर्वृता हरियूथपाः ॥ ७
त्यागिनं संग्रहीतारं सानुक्रोशं जितेन्द्रियम् । सर्वे त्वामभिगच्छन्ति ततः संबोधयामि ते ॥ ८
हीनं रतिगुणैः सर्वैरभिहन्तारमाहवे । सेना त्यजति संविग्ना नृपतिं तं नरेश्वर ॥ ९
एवमुक्तस्तु रामेण वानरांस्तान्विभीषणः । रत्नार्थसंविभागेन सर्वानेवाभ्यपूजयत् ॥ १०
ततस्तान्पूजितान्दृष्ट्वा रत्नार्थैर्हरियूथपान् । आरुरोह तदा रामस्तद्विमानमनुत्तमम् ॥ ११
अङ्केनादाय वैदेहीं लज्जमानां मनस्विनीम् । लक्ष्मणेन सह भ्रात्रा विक्रान्तेन धनुष्मता ॥ १२
अब्रवीत्स विमानस्थः पूजयन्सर्ववानरान् । सुग्रीवं च महावीर्यं काकुत्स्थः सविभीषणम् ॥ १३
मित्रकार्यं कृतमिदं भवद्भिर्वानरर्षभाः । अनुज्ञाता मया सर्वे यथेष्टं प्रतिगच्छत ॥ १४
यत्तु कार्यं वयस्येन स्निग्धेन च हितेन च । कृतं सुग्रीव तत्सर्वं भवताऽधर्मभीरुणा ॥ १५
किष्किन्धां प्रति याह्याशु स्वसैन्येनाभिसंवृतः । स्वराज्ये वस लङ्कायां मया दत्ते विभीषण ।
न त्वां धर्षयितुं शक्ताः सेन्द्रा अपि दिवौकसः ॥ १६
अयोध्यां प्रति यास्यामि राजधानीं पितुर्मम । अभ्यनुज्ञातुमिच्छामि सर्वानामन्त्रयामि वः ॥ १७
एवमुक्तास्तु रामेण हरीन्द्रा हरयस्तथा । ऊचुः प्राञ्जलयः सर्वे राक्षसश्च विभीषणः ॥ १८
अयोध्यां गन्तुमिच्छामः सर्वान्नयतु नो भवान् । मुद्युक्ता विचरिष्यामो वनान्युपवनानि च ॥ १९
दृष्ट्वा त्वामभिषेकार्हं कौसल्यामभिवाद्य च । अचिरादागमिष्यामः स्वगृहान्नृपसत्तम ॥ २०
एवमुक्तस्तु धर्मात्मा वानरैः सविभीषणैः । अब्रवीद्वानरान्रामः ससुग्रीवविभीषणान् ॥ २१

॥ २८ ॥ उपस्थितं विमानं निवेदयित्वा विज्ञाप्य ॥२९॥३०॥ **इति श्रीरामाभिरामे श्रीरामीये रामायणतिलके वाल्मीकीय आदिकाव्ये युद्धकाण्ड एकविंशाधिकशततमः सर्गः ॥१२१॥**

अविदूरे स्थितत्वादिविशेषणो विभीषणः पुष्पकमुपस्थितमासन्नं कृत्वा तं राममित्युवाच ॥ १ ॥ कथमुवाचेत्यतः—अब्रवीदिति ॥ २ ॥ तं किं करोमीत्युक्तवन्तम् । उपशृण्वतो लक्ष्मणस्य । अग्रे इति शेषः ॥ ३ ॥ कृतं प्रयत्नेन कर्म युद्धकर्म यैस्ते । अर्थैर्विचित्रान्नपानवस्त्रादिभिः ॥ ४ ॥ अमीभिः सह लङ्का निर्जितेत्यनेन तव लङ्काप्राप्तिर्वानरपराक्रमादेवेत्युक्तम् । प्राणभयं त्यक्त्वा हृष्टैर्युद्धोत्साहवद्भिः ॥ ५ ॥ ६ ॥ यथा यथान्यायं त्वया कृतज्ञेन नन्द्यमाना निर्वृताः सुखिनो भविष्यन्ति ॥ ७ ॥ त्वां तत्सत्कारसमर्थम् । तेषां च सत्कारप्रियत्वं ज्ञात्वैव त्वां तत्सत्कारे नियुञ्ज इत्याह—त्यागिनमिति । उचितविषय इति शेषः । संग्रहीतारं यथाकालं यथान्यायम् । रत्नादेरिति शेषः ॥ ८ ॥ सर्वै रतिगुणैर्दानमानादिलक्षणसेनारमणगुणैर्हीनं वृथैवाहवेऽभिहन्तारं घातयन्तं नृपतिं संविग्ना हे नरेश्वर, त्यजति त्यजत्येव । अतो दानादिनैते सत्कार्या एवेति भावः ॥ ९ ॥ रत्नार्थैः । रत्नैरर्थैर्धनैश्च संविभागेन यथार्हमंशकल्पनयेत्यर्थः । सर्ववानरपूजार्थं दिनद्वयं वासः । भारतेऽपि—'ततस्तीरे समुद्रस्य यत्र शिश्ये स पार्थिवः । तत्रैवोवास धर्मात्मा सहितस्तत्र वानरैः ॥ अथैतान्वानरान्दृष्ट्वा स संमान्याभिपूज्य च । विसर्जयामास तदा रत्नैः संतोष्य सर्वथा ॥' इत्युक्तम् ॥ १० ॥ ११ ॥ १२ ॥ १३ ॥ १४ ॥ अधर्मभीरुणेति च्छेदः ॥ १५ ॥ सेन्द्रा दिवौकसोऽपि न त्वां धर्षयितुं शक्ताः । मत्प्रसादादिति भावः । न तेभ्य एव किल राक्षसानां भयम् ॥ १६ ॥ १७ ॥ १८ ॥ मुद्युक्ताः हर्षयुक्ताः ॥ १९ ॥ अभिषेकार्द्रं त्वां दृष्ट्वा तवैव सर्वेषामस्माकं मातरं कौशल्यामभिवाद्य च ॥ २० ॥ २१ ॥

प्रियात्प्रियतरं लब्धं यदहं ससुहृज्जनः । सर्वैर्भवद्भिः सहितः प्रीतिं लप्स्ये पुरीं गतः ॥ २२
क्षिप्रमारोह सुग्रीव विमानं सह वानरैः । त्वमप्यारोह सामात्यो राक्षसेन्द्र विभीषण ॥ २३
ततः स पुष्पकं दिव्यं सुग्रीवः सह वानरैः । आरुरोह मुदा युक्तः सामात्यश्च विभीषणः ॥ २४
तेष्वारूढेषु सर्वेषु कौबेरं परमासनम् । राघवेणाभ्यनुज्ञातमुत्पपात विहायसम् ॥ २५
खगतेन विमानेन हंसयुक्तेन भास्वता । प्रहृष्टश्च प्रतीतश्च बभौ रामः कुबेरवत् ॥ २६
ते सर्वे वानरर्क्षाश्च राक्षसाश्च महाबलाः । यथासुखमसंबाधं दिव्ये तस्मिन्नुपाविशन् ॥ २७

इत्यार्षे श्रीमद्रामायणे वाल्मीकीय आदिकाव्ये युद्धकाण्डे द्वाविंशाधिकशततमः सर्गः ॥ १२२ ॥

त्रयोविंशाधिकशततमः सर्गः ।

अनुज्ञातं तु रामेण तद्विमानमनुत्तमम् । हंसयुक्तं महानादमुत्पपात विहायसम् ॥ १
पातयित्वा ततश्चक्षुः सर्वतो रघुनन्दनः । अब्रवीन्मैथिलीं सीतां रामः शशिनिभाननाम् ॥ २
कैलासशिखराकारे त्रिकूटशिखरे स्थिताम् । लङ्कामीक्षस्व वैदेहि निर्मितां विश्वकर्मणा ॥ ३
एतदायोधनं पश्य मांसशोणितकर्दमम् । हरीणां राक्षसानां च सीते विशसनं महत् ॥ ४
एष दत्तवरः शेते प्रमाथी राक्षसेश्वरः । तव हेतोर्विशालाक्षि निहतो रावणो मया ॥ ५
कुम्भकर्णोऽत्र निहतः प्रहस्तश्च निशाचरः । धूम्राक्षश्चात्र निहतो वानरेण हनूमता ॥ ६
विद्युन्माली हतश्चात्र सुषेणेन महात्मना । लक्ष्मणेनेन्द्रजिच्चात्र रावणिर्निहतो रणे ॥ ७
अङ्गदेनात्र निहतो विकटो नाम राक्षसः । विरूपाक्षश्च दुष्प्रेक्षो महापार्श्वमहोदरौ ॥ ८
अकम्पनश्च निहतो बलिनोऽन्ये च राक्षसाः । त्रिशिराश्चातिकायश्च देवान्तकनरान्तकौ ॥ ९
युद्धोन्मत्तश्च मत्तश्च राक्षसप्रवरावुभौ । निकुम्भश्चैव कुम्भश्च कुम्भकर्णात्मजौ बली ॥ १०
वज्रदंष्ट्रश्च दंष्ट्रश्च बहवो राक्षसा हताः । मकराक्षश्च दुर्धर्षो मया युधि निपातितः ॥ ११
अकम्पनश्च निहतः शोणिताक्षश्च वीर्यवान् । यूपाक्षश्च प्रजङ्घश्च निहतौ तु महाहवे ॥ १२
विद्युज्जिह्वोऽत्र निहतो राक्षसो भीमदर्शनः । यज्ञशत्रुश्च निहतः सुप्तघ्नश्च महाबलः ॥ १३
सूर्यशत्रुश्च निहतो ब्रह्मशत्रुस्तथापरः । अत्र मन्दोदरी नाम भार्या तं पर्यदेवयत् ॥ १४
सपत्नीनां सहस्रेण साग्रेण परिवारिता । एतत्तु दृश्यते तीर्थं समुद्रस्य वरानने ॥ १५
यत्र सागरमुत्तीर्य तां रात्रिमुषिता वयम् । एष सेतुर्मया बद्धः सागरे लवणार्णवे ॥ १६
तव हेतोर्विशालाक्षि नलसेतुः सुदुष्करः । पश्य सागरमक्षोभ्यं वैदेहि वरुणालयम् ॥ १७
अपारमिव गर्जन्तं शङ्खशुक्तिसमाकुलम् । हिरण्यनाभं शैलेन्द्रं काञ्चनं पश्य मैथिलि ॥ १८
विश्रमार्थं हनुमतो भित्त्वा सागरमुत्थितम् । एतत्कुक्षौ समुद्रस्य स्कन्धावारनिवेशनम् ॥ १९

प्रियात्प्रियतरम् । प्रथमतः कृतकृत्यस्यायोध्याप्रवेशनमेव प्रियम्, तत्रापि सुहृद्भिर्भवद्भिः सहितो भरतादिभिः सह प्रीतिं लप्स्ये । राज्याभिषेकसंतोषं लप्स्ये इत्यर्थः ॥ २२ ॥ २३ ॥ २४ ॥ परमासनमुत्तमयानम् ॥ २५ ॥ हंसयुक्तेनेति । हंसशब्देन वाहकत्वाकारेण निर्मितहंसप्रतिमा उच्यत इति व्याख्यातारः । प्रहृष्टो हृष्टरोमा । प्रतीतः प्रहृष्टचित्तः ॥ २६ ॥ असंबाधमित्यनेन विमानस्य वैपुल्यमुक्तम् ॥ २७ ॥ इति श्रीरामाभिरामे श्रीरामीये रामायणतिलके वाल्मीकीय आदिकाव्ये युद्धकाण्डे द्वाविंशाधिकशततमः सर्गः ॥ १२२ ॥

अनुज्ञातमिति ॥ १ ॥ पातयित्वा संचार्य ॥ २ ॥ ३ ॥ आयोधनं युद्धभूमिम् । महद्विशसनं वधसाधनभूतम् ॥ ४ ॥ प्रमाथी प्रमथनशीलः । एष इति तद्दाहभूमिप्रदर्शनम् । अग्रेऽपि सर्वत्र तत्तद्युद्धभूमिप्रदर्शनमेव । अत्युच्चस्थत्वाद्विमानस्य सर्वयुद्धभूमिप्रत्यक्षं युगपत् ॥ ५ ॥ ६ ॥ ७ ॥ अङ्गदेन विकटो हत इत्यनुवादात्तदपि जातमिति बोध्यम् ॥ ८ ॥ ९ ॥ बली बलिनौ ॥ १० ॥ दंष्ट्रनामा कश्चिदनुवादात् ॥ ११ ॥ १२ ॥ १३ ॥ १४ ॥ साग्रेण सहस्रादप्यधिकयुक्तेन । तीर्थमवतारः ॥ १५ ॥ यत्रावतारे तां रात्रिं समुद्रोत्तरणदिवसरात्रिम् ॥ १६ ॥ नलसेतुर्मन्नियुक्तनलकृतः सेतुर्नलसेतुः । सुदुष्करः । तदतिरिक्तेनेति भावः । अथ वरुणालयत्वादिविशेषणं सागरं पश्य ॥ १७ ॥ अथ सागरमध्यप्रवेशागमनकाले मैनाकं दर्शयति—हिरण्यनाभमिति । काञ्चनं काञ्चनप्रचुरं तद्वर्णं च ॥ १८ ॥ एतन्मैनाकपर्वतस्वरूपम् । समुद्रस्य कुक्षौ वर्तत इति शेषः । एतदित्यावर्तते । एतत्स्कन्धावारनिवेशनं सेनानिवेशनम् । समुद्रोत्तरस्थमिति शेषः

अत्र पूर्वं महादेवः प्रसादमकरोद्विभुः । एतत्तु दृश्यते तीर्थं सागरस्य महात्मनः ॥ २०
सेतुबन्ध इति ख्यातं त्रैलोक्येन च पूजितम् । एतत्पवित्रं परमं [illegible]शनम् ॥ २१
अत्र राक्षसराजोऽयमाजगाम विभीषणः । एषा सा दृश्यते सीते किष्किन्धा चित्रकानना ॥ २२
सुग्रीवस्य पुरी रम्या यत्र वाली मया हतः । अथ दृष्ट्वा पुरीं सीता किष्किन्धां वालिपालिताम् ॥ २३
अब्रवीत्प्रश्रितं वाक्यं रामं प्रणयसाध्वसा । सुग्रीवप्रियभार्याभिस्ताराप्रमुखतो नृप ॥ २४
अन्येषां वानरेन्द्राणां स्त्रीभिः परिवृता ह्यहम् । गन्तुमिच्छे सहायोध्यां राजधानीं त्वया सह २५
एवमुक्तोऽथ वैदेह्या राघवः प्रत्युवाच ताम् । एवमस्त्विति किष्किन्धां प्राप्य संस्थाप्य राघवः २६
विमानं प्रेक्ष्य सुग्रीवं वाक्यमेतदुवाच ह । ब्रूहि वानरशार्दूल सर्वान्वानरपुंगवान् ॥ २७
स्त्रीभिः परिवृताः सर्वे ह्ययोध्यां यान्तु सीतया । तथा त्वमेभिः सर्वाभिः स्त्रीभिः सह महाबल ॥ २८
अभित्वरय सुग्रीव गच्छामः प्लवगाधिप । एवमुक्तस्तु सुग्रीवो रामेणामिततेजसा ॥ २९
वानराधिपतिः श्रीमांस्तैश्च सर्वैः समावृतः । प्रविश्यान्तःपुरं शीघ्रं तारामुद्वीक्ष्य सोऽब्रवीत् ॥ ३०
प्रिये त्वं सह नारीणां वानराणां महात्मनाम् । राघवेणाभ्यनुज्ञाता मैथिलीप्रियकाम्यया ॥ ३१
त्वर त्वमभिगच्छामो गृह्य वानरयोषितः । अयोध्यां दर्शयिष्यामः सर्वा दशरथस्त्रियः ॥ ३२
सुग्रीवस्य वचः श्रुत्वा तारा सर्वाङ्गशोभना । आहूय चाब्रवीत्सर्वा वानराणां तु योषितः ॥ ३३
सुग्रीवेणाभ्यनुज्ञाता गन्तुं सर्वैश्च वानरैः । मम चापि प्रियं कार्यमयोध्यादर्शनेन च ॥ ३४
प्रवेशं चैव रामस्य पौरजानपदैः सह । विभूतिं चैव सर्वासां स्त्रीणां दशरथस्य च ॥ ३५
तारया चाभ्यनुज्ञाताः सर्वा वानरयोषितः । नेपथ्यविधिपूर्वं तु कृत्वा चापि प्रदक्षिणम् ॥ ३६
अध्यारोहन्विमानं तत्सीतादर्शनकाङ्क्षया । ताभिः सहोत्थितं शीघ्रं विमानं प्रेक्ष्य राघवः ॥ ३७
ऋष्यमूकसमीपे तु वैदेहीं पुनरब्रवीत् । दृश्यतेऽसौ महान्सीते सविद्युदिव तोयदः ॥ ३८
ऋष्यमूको गिरिवरः काञ्चनैर्धातुभिर्वृतः । अत्राहं वानरेन्द्रेण सुग्रीवेण समागतः ॥ ३९
समयश्च कृतः सीते वधार्थं वालिनो मया । एषा सा दृश्यते पम्पा नलिनी चित्रकानना ॥ ४०
त्वया विहीनो यत्राहं विललाप सुदुःखितः । अस्यास्तीरे मया दृष्टा शबरी धर्मचारिणी ॥ ४१
अत्र योजनबाहुश्च कबन्धो निहतो मया । दृश्यतेऽसौ जनस्थाने श्रीमान्सीते वनस्पतिः ॥ ४२

॥ १९ ॥ अत्र पूर्वमिति । अत्र सेतुमूले । पूर्वं सेतुबन्धनात्पूर्वं विभुर्महादेवो मम रामस्य प्रसादमकरोन्मत्स्थापितत्वेनात्र स्थितोऽभूत् । सेतोर्निर्विघ्नतासिद्ध्यै समुद्रप्रसादानन्तरं शिवस्थापनं रामेण कृतमिति गम्यते । अत्र स्थले महात्मनः सागरस्य तीर्थं सेतुनिर्माणमूलप्रदेशत्वात्सेतुबन्ध इति ख्यातं भविष्यतीति शेषः । तथा त्रैलोक्येन पूजितं च भविष्यति ॥ २० ॥ एतत्पवित्रं दर्शनात्सर्वपापविशोधनं विशिष्य महापातकस्यापि नाशनम् । 'सेतुं दृष्ट्वा समुद्रस्य ब्रह्महत्यां व्यपोहति' इति स्मृतेः । कूर्मपुराणे रामचरिते त्वत्र स्थाने स्पष्टमेव लिङ्गस्थापनमुक्तम् । त्वत्स्थापितलिङ्गदर्शनेन ब्रह्महत्यादिपापक्षयो भविष्यतीति महादेववरदानं च स्पष्टमेवोक्तम् । तत एवावधार्य पूर्वं महादेवः प्रसादमकरोत्, ततः सेतुबन्धनं जातमित्यक्षरार्थः ॥ २१ ॥ अत्र राक्षसराज आजगाम । अत्र सेतुबन्धतीर्थे चित्रकानना मधुवनादिदिव्यकाननोपेता या दृश्यते, एषा सुग्रीवस्य पुरी किष्किन्धा ॥ २२ ॥ २३ ॥ प्रणयसाध्वसा प्रणयः साध्वसं च भर्तुः स्नेहे प्रवर्तननिमित्तं यस्याः सा । ताराप्रमुखतस्ताराप्रमुखाभिः सुग्रीवस्य प्रियाभिर्भार्याभिः परिवृता गन्तुमिच्छे इच्छामि । अत्रैतदर्थमेकदिनवासः । अत एव भारतेऽङ्गदस्य यौवराज्याभिषेकोऽप्येतद्दिन उक्तः ॥ २४ ॥ २५ ॥ एवमस्त्विति तामुक्त्वा किष्किन्धां प्राप्य तत्र विमानं संस्थाप्य सुग्रीवं प्रेक्ष्य एतद्वक्ष्यमाणमुवाच । तदेवाह—ब्रूहीति ॥ २६ ॥ २७ ॥ २८ ॥ अभित्वरय । गन्तुमिति शेषः ॥ २९ ॥ ३० ॥ वानराणां नारीणां सह । ताभिः सहेत्यर्थः । षष्ठ्यार्षी ॥ ३१ ॥ वानरयोषितो गृह्य गृहीत्वा गन्तुं त्वरां कुरु । सर्वाभिः सह गच्छामस्तासामयोध्यां दर्शयिष्यामः ॥ ३२ ॥ ३३ ॥ सुग्रीवेणाभ्यनुज्ञाता यूयं सर्वैर्वानरैः स्वस्य भर्तृभिः सह गन्तुं त्वरयतेति शेषः । किं च भवतीभिरयोध्यादर्शनेन ममापि प्रियं कार्यम् । तद्दर्शनं ममापि प्रियमिति भावः ॥ ३४ ॥ प्रवेशं चेति । पश्याम इति शेषः । दशरथस्त्रीणां विभूतिमैश्वर्यं च पश्यामः ॥ ३५ ॥ नेपथ्यविधिरलंकारविधिः । प्रदक्षिणकरणं विमानस्य ॥ ३६ ॥ अत्र ताभिः सहोत्थितमित्यनेनाश्विनचतुर्थ्यां किष्किन्धायामुषित्वा पञ्चम्यां ततः प्रस्थानमिति गम्यते । उपरि पञ्चम्यां भरद्वाजाश्रमप्रवेशस्य वक्ष्यमाणत्वात् ॥ ३७ ॥ ३८ ॥ ३९ ॥ ४० ॥ अस्यास्तीरे पम्पायास्तीरे ॥ ४१ ॥ अत्र पम्पोत्तरदेशे वनस्पतिर्जटायोरावासन्यग्रोधः ॥ ४२ ॥

जटायुश्च महातेजास्तव हेतोर्विलासिनि । रावणेन हतो यत्र पक्षिणां प्रवरो बली ॥ ४३
एतत्तदाश्रमपदमस्माकं वरवर्णिनि । पर्णशाला तथा चित्रा दृश्यते शुभदर्शने ॥ ४४
यत्र त्वं राक्षसेन्द्रेण रावणेन हृता बलात् । एषा गोदावरी रम्या प्रसन्नसलिला शुभा ॥ ४५
अगस्त्यस्याश्रमश्चैव दृश्यते कदलीवृतः । दृश्यते चैव वैदेहि शरभङ्गाश्रमो महान् ॥ ४६
उपयातः सहस्राक्षो यत्र शक्रः पुरंदरः । एते ते तापसा देवि दृश्यन्ते तनुमध्यमे ॥ ४७
अत्रिः कुलपतिर्यत्र सूर्यवैश्वानरोपमः । अस्मिन्देशे महाकायो विराधो निहतो मया ॥ ४८
अत्र सीते त्वया दृष्टा तापसी धर्मचारिणी । असौ सुतनु शैलेन्द्रश्चित्रकूटः प्रकाशते ॥ ४९
अत्र मां कैकयीपुत्रः प्रसादयितुमागतः । एषा सा यमुना रम्या दृश्यते चित्रकानना ॥ ५०
भरद्वाजाश्रमः श्रीमान्दृश्यते चैष मैथिलि । इयं च दृश्यते गङ्गा पुण्या त्रिपथगा नदी ॥ ५१
शृङ्गवेरपुरं चैतद्गुहो यत्र सखा मम । एषा सा दृश्यते सीते राजधानी पितुर्मम ।
अयोध्यां कुरु वैदेहि प्रणामं पुनरागता ॥ ५२
ततस्ते वानराः सर्वे राक्षसाः सविभीषणाः । उत्पत्योत्पत्य संहृष्टास्तां पुरीं ददृशुस्तदा ॥ ५३

ततस्तु तां पाण्डुरहर्म्यमालिनीं विशालकक्ष्यां गजवाजिभिर्वृताम् ।
पुरीमपश्यन्प्लवगाः सराक्षसाः पुरीं महेन्द्रस्य यथामरावतीम् ॥ ५४

इत्यार्षे श्रीमद्रामायणे वाल्मीकीय आदिकाव्ये युद्धकाण्डे त्रयोविंशाधिकशततमः सर्गः ॥ १२३ ॥

चतुर्विंशाधिकशततमः सर्गः ।

पूर्णे चतुर्दशे वर्षे पञ्चम्यां लक्ष्मणाग्रजः । भरद्वाजाश्रमं प्राप्य ववन्दे नियतो मुनिम् ॥ १
सोऽपृच्छदभिवाद्यैनं भरद्वाजं तपोधनम् । शृणोषि कच्चिद्भगवन्सुभिक्षानामयं पुरे ॥ २
कच्चित्स युक्तो भरतो जीवन्त्यपि च मातरः । एवमुक्तस्तु रामेण भरद्वाजो महामुनिः ।
प्रत्युवाच रघुश्रेष्ठं स्मितपूर्वं प्रहृष्टवत् ॥ ३
आज्ञावशत्वे भरतो जटिलस्त्वां प्रतीक्षते । पादुके ते पुरस्कृत्य सर्वं च कुशलं गृहे ॥ ४
त्वां पुरा चीरवसनं प्रविशन्तं महावनम् । स्त्रीतृतीयं च्युतं राज्याद्धर्मकामं च केवलम् ॥ ५
पदातिं त्यक्तसर्वस्वं पितुर्निर्देशकारिणम् । सर्वभोगैः परित्यक्तं स्वर्गच्युतमिवामरम् ॥ ६
दृष्ट्वा तु करुणापूर्वं ममासीत्समितिंजय । कैकयीवचने युक्तं वन्यमूलफलाशिनम् ॥ ७
सांप्रतं तु समृद्धार्थं समित्रगणबान्धवम् । समीक्ष्य विजितारिं च ममाभूत्प्रीतिरुत्तमा ॥ ८
सर्वं च सुखदुःखं ते विदितं मम राघव । यत्त्वया विपुलं प्राप्तं जनस्थाननिवासिना ॥ ९

॥ ४३ ॥ एतत्तदाश्रमपदम् । पञ्चवट्याश्रमस्थानमित्यर्थः ॥ ४४ ॥ यत्र यस्यां पर्णशालायाम् ॥ ४५ ॥ अगस्त्याश्रमो दृश्यते । एतत्समीप एव प्रागुपदिष्टः स्वाश्रमः ॥ ४६ ॥ एते ते तापसाः । पूर्वानुभूता इत्यर्थः ॥ ४७ ॥ कुलपतिराश्रमस्वामी । 'कुलमन्वयसंघातगृहोत्पत्त्याश्रमेषु च' इत्यजयः ॥ ४८ ॥ तापस्यत्रिपत्नी ॥ ४९ ॥ ५० ॥ ५१ ॥ यत्र मम सखा गुहस्तच्छृङ्गवेरपुरमेतत् । दृश्यते इति शेषः । एषा सा मम पितू राजधान्ययोध्या दृश्यते । गङ्गातीरवर्तिभरद्वाजाश्रमप्रदेशगे विमाने तस्यात्युन्नतव्योमप्रदेशवृत्तित्वादयोध्यादिदर्शनम् । अयोध्यां प्रति प्रणामं कुरु ॥ ५२ ॥ ५३ ॥ विशालकक्ष्यां विशालरथ्याम् ॥ ५४ ॥ इति श्रीरामाभिरामे श्रीरामीये रामायणतिलके वाल्मीकीय आदिकाव्ये युद्धकाण्डे त्रयोविंशाधिकशततमः सर्गः ॥ १२३ ॥

पूर्णे इति । पञ्चम्यां चतुर्दशे वर्षे पूर्णे सति तद्दिने भरद्वाजाश्रमं प्राप्य मुनिं भरद्वाजं ववन्दे ॥ १ ॥ पुरेऽयोध्यायां सुभिक्षं चानामयं च सुभिक्षानामयम् । सुभिक्षमन्नसमृद्धिः । अनामयमादारोग्यम् । शृणोषि कच्चित् । शिष्यादिमुखेनेति शेषः ॥ २ ॥ स भरतो युक्तः । प्रजापालने समाहित इत्यर्थः । स्मितपूर्वम् । सर्वज्ञोऽपि भगवानजानन्निव मां पृच्छतीति स्मितकरणम् । प्रहृष्टवत्प्रहृष्टार्हम् ॥ ३ ॥ ते पादुके पुरस्कृत्य सर्वं कुशलं गृहे च पुरे च संपादयन्भरतस्त्वां प्रतीक्षते ॥ ४ ॥ ॥ ५ ॥ ६ ॥ उच्यमानविशेषणं त्वां दृष्ट्वा मम पुरा करुणा दैन्यमासीत् ॥ ७ ॥ सांप्रतं तु समृद्धत्वादिगुणं समीक्ष्य ममोत्तमा प्रीतिरभूत् । जातेत्यर्थः ॥ ८ ॥ सर्वं ते सुखं दुःखं च विदितमित्येतत्प्रकाशयति—यत्त्वयेति । जनस्याननिवासिना त्वया यद्विपुलं खरवधादिना दुःखं प्राप्तं तन्मया

ब्राह्मणार्थे नियुक्तस्य रक्षतः सर्वतापसान् । रावणेन हृता भार्या बभूवेयमनिन्दिता ॥ १०
मारीचदर्शनं चैव सीतोन्मथनमेव च । कबन्धदर्शनं चैव पम्पाभिगमनं तथा ॥ ११
सुग्रीवेण च ते सख्यं यत्र वाली हतस्त्वया । मार्गणं चैव वैदेह्याः कर्म वातात्मजस्य च ॥ १२
विदितायां च वैदेह्यां नलसेतुर्यथा कृतः । यथा चादीपिता लङ्का प्रहृष्टैर्हरियूथपैः ॥ १३
सपुत्रबान्धवामात्यः सबलः सहवाहनः । यथा च निहतः संख्ये रावणो बलदर्पितः ॥ १४
यथा च निहते तस्मिन्रावणे देवकण्टके । समागमश्च त्रिदशैर्यथा दत्तश्च ते वरः ॥ १५
सर्वं ममैतद्विदितं तपसा धर्मवत्सल । संपतन्ति च मे शिष्याः प्रवृत्त्याख्याः पुरीमितः ॥ १६
अहमप्यत्र ते दद्मि वरं शस्त्रभृतां वर । अर्घ्यं प्रतिगृहाणेदमयोध्यां श्वो गमिष्यसि ॥ १७
तस्य तच्छिरसा वाक्यं प्रतिगृह्य नृपात्मजः । बाढमित्येव संहृष्टः श्रीमान्वरमयाचत ॥ १८
अकालफलिनो वृक्षाः सर्वे चापि मधुस्रवाः । फलान्यमृतगन्धीनि बहूनि विविधानि च ॥ १९
भवन्तु मार्गे भगवन्नयोध्यां प्रति गच्छतः । तथेति च प्रतिज्ञाते वचनात्समनन्तरम् ॥ २०
अभवन्पादपास्तत्र स्वर्गपादपसंनिभाः । निष्फलाः फलिनश्चासन्विपुष्पाः पुष्पशालिनः ॥ २१
शुष्काः समग्रपत्रास्ते नगाश्चैव मधुस्रवाः । सर्वतो योजनास्तिस्रो गच्छतामभवंस्तदा ॥ २२

ततः प्रहृष्टाः प्लवगर्षभास्ते बहूनि दिव्यानि फलानि चैव ।
कामादुपाश्नन्ति सहस्रशस्ते मुदान्विताः स्वर्गजितो मुदेव ॥ २३

इत्यार्षे श्रीमद्रामायणे वाल्मीकीय आदिकाव्ये युद्धकाण्डे चतुर्विंशाधिकशततमः सर्गः ॥ १२४ ॥

पञ्चविंशाधिकशततमः सर्गः ।

अयोध्यां तु समालोक्य चिन्तयामास राघवः । प्रियकामः प्रियं रामस्ततस्त्वरितविक्रमः ॥ १
चिन्तयित्वा ततो दृष्टिं वानरेषु न्यपातयत् । उवाच धीमांस्तेजस्वी हनूमन्तं प्लवंगमम् ॥ २
अयोध्यां त्वरितो गत्वा शीघ्रं प्लवगसत्तम । जानीहि कच्चित्कुशली जनो नृपतिमन्दिरे ॥ ३
शृङ्गवेरपुरं प्राप्य गुहं गहनगोचरम् । निषादाधिपतिं ब्रूहि कुशलं वचनान्मम ॥ ४
श्रुत्वा तु मां कुशलिनमरोगं विगतज्वरम् । भविष्यति गुहः प्रीतः सममात्मसमः सखा ॥ ५

विदितम् ॥ ९ ॥ तदनन्तरं ब्राह्मणार्थे ब्रह्मविदां ब्रह्मर्षीणां प्रयोजने रक्षाप्रयोजने नियुक्तस्य, अतएव सर्वतापसान्रक्षतस्तव भार्येयं हृता बभूवेत्येतच्च मे विदितम् ॥ १० ॥ मारीचदर्शनम् । रावणस्य सीतापहारार्थमिति शेषः । सीतोन्मथनं सीताया राक्षसीभिर्लङ्कायां क्लेशनम् ॥ ११ ॥ वातात्मजस्य कर्म समुद्रलङ्घनादिलङ्कादहनान्तम् ॥ १२ ॥ प्रहृष्टैर्हरियूथपैर्लङ्का दीपितेति, यदिन्द्रजिद्वधानन्तरं कृतं तच्च विदितम् । ॥ १३ ॥ १४ ॥ १५ ॥ इतो मदाश्रमान्मे शिष्याः प्रवृत्त्याख्यास्तव प्रवृत्तिमुदन्तमाचक्षते प्रवृत्त्याख्यास्तथाभूताः सन्तस्तव पुरीमयोध्यां संपतन्ति । अतस्त्वत्पुरीवृत्तान्तोऽपि ज्ञायत इति शेषः ॥ १६ ॥ अहमपीति । त्रिदशा इवेति भावः । दद्मि ददामि । अर्घ्यं प्रतिगृहाण । मया दातुं प्रतिज्ञातस्य वरस्य वरणात्पूर्वमिति शेषः ॥ १७ ॥ बाढमित्येव । प्रतिगृह्येति शेषः ॥ १८ ॥ वरमाह—अकालेति ॥ १९ ॥ अयोध्यां प्रति गच्छतो मम मार्गे एवं वृक्षादयो भवन्तु । वानराणां विश्रामार्थमिति शेषः ॥ २० ॥ २१ ॥ २२ ॥ जयन्तीति जितः । स्वर्गजित इव मुदान्वितास्ते प्रसिद्धा वानराः कामाद्यथेच्छमुपाश्नन्ति स्म ॥ २३ ॥ इति श्रीरामाभिरामे श्रीरामीये रामायणतिलके वाल्मीकीय आदिकाव्ये युद्धकाण्डे चतुर्विंशाधिकशततमः सर्गः ॥ १२४ ॥

पञ्चम्यां चतुर्दशवर्षस्य पूर्णत्वात्तद्दिने भरद्वाजाश्रमे विलम्बस्य प्राप्तत्वाच्चतुर्दशसमाप्तौ यदि त्वां न पश्यामि तदा हुताशनं प्रवेक्ष्यामीति भरतोक्तेर्भरतस्य स्वागमननिवेदनाय हनूमत्प्रेषणं कृतवानित्याह—अयोध्यां त्विति । समालोक्य । भरद्वाजाश्रमे विमानादवतरणसमये इति भावः । सुग्रीवादीनां सम्यक्शिष्टाचारकरणाय सुहृष्टरूपतदाकारज्ञानाय च पूर्वं हनूमत्प्रेषणम्, अतएव पाद्मे पञ्चम्यामेव विसृष्टहनुमत्प्रवेशसमये भरतवर्णनमेवं कृतम्—'अग्निप्रवेशे सोद्योगकाले भ्रातुरनागमात् । न्यवेदयत्तदा तस्मै श्रीरामागमनोत्सवम् ॥' इति । किं च । प्रियकाम इति । सुग्रीवादीनां प्रियकामोऽयोध्यायां सर्वतत्प्रियपूरणकामस्तेषां प्रियं यथा भवति तथा चिन्तयामास । कर्तव्यजातमिति शेषः ॥ १ ॥ २ ॥ यथा क्षिप्रमयोध्या प्राप्यते तथा त्वरितः सन्नयोध्यां गच्छ । नृपतिमन्दिरे वर्तमानः सर्वोऽपि जनः कुशलीति जानीहि ॥ ३ ॥ गहनं काननं गोचरो देशो यस्य तम् । मम कुशलं मद्वचनाद्ब्रूहि ॥ ४ ॥ आत्मसमः तत्सदृशः । तत्त्वज्ञानित्वाद्

अयोध्यायाश्च ते मार्गे प्रवृत्तिं भरतस्य च । निवेदयिष्यति प्रीतो निषादाधिपतिर्गुहः ॥ ६
भरतस्तु त्वया वाच्यः कुशलं वचनान्मम । सिद्धार्थं शंस मां तस्मै सभार्यं सहलक्ष्मणम् ॥ ७
हरणं चापि वैदेह्या रावणेन बलीयसा । सुग्रीवेण च संवादं वालिनश्च वधं रणे ॥ ८
मैथिल्यन्वेषणं चैव यथा चाधिगता त्वया । लङ्घयित्वा महातोयमापगापतिमव्ययम् ॥ ९
उपयानं समुद्रस्य सागरस्य च दर्शनम् । यथा च कारितः सेतू रावणश्च यथा हतः ॥ १०
वरदानं महेन्द्रेण ब्रह्मणा वरुणेन च । महादेवप्रसादाच्च पित्रा मम समागमम् ॥ ११
उपयातं च मां सौम्य भरताय निवेदय । सह राक्षसराजेन हरीणामीश्वरेण च ॥ १२
जित्वा शत्रुगणान्रामः प्राप्य चानुत्तमं यशः । उपयाति समृद्धार्थः सह मित्रैर्महाबलैः ॥ १३
एतच्छ्रुत्वा यमाकारं भजते भरतस्ततः । स च ते वेदितव्यः स्यात्सर्वं यच्चापि मां प्रति ॥ १४
ज्ञेयाः सर्वे च वृत्तान्ता भरतस्येङ्गितानि च । तत्त्वेन मुखवर्णेन दृष्ट्या व्याभाषितेन च ॥ १५
सर्वकामसमृद्धं हि हस्त्यश्वरथसंकुलम् । पितृपैतामहं राज्यं कस्य नावर्तयेन्मनः ॥ १६
संगत्या भरतः श्रीमान्राज्येनार्थी स्वयं भवेत् । प्रशास्तु वसुधां सर्वामखिलां रघुनन्दनः ॥ १७
तस्य बुद्धिं च विज्ञाय व्यवसायं च वानर । यावन्न दूरं याताः स्मः क्षिप्रमागन्तुमर्हसि ॥ १८
इति प्रतिसमादिष्टो हनूमान्मारुतात्मजः । मानुषं धारयन्रूपमयोध्यां त्वरितो ययौ ॥ १९
अथोत्पपात वेगेन हनूमान्मारुतात्मजः । गरुत्मानिव वेगेन जिघृक्षन्भुजगोत्तमम् ॥ २०
लङ्घयित्वा पितृपथं विहगेन्द्रालयं शुभम् । गङ्गायमुनयोर्भीमं समतीत्य समागमम् ॥ २१
शृङ्गवेरपुरं प्राप्य गुहमासाद्य वीर्यवान् । स वाचा शुभया हृष्टो हनूमानिदमब्रवीत् ॥ २२
सखा तु तव काकुत्स्थो रामः सत्यपराक्रमः । ससीतः सहसौमित्रिः स त्वां कुशलमब्रवीत् ॥ २३
पञ्चमीमद्य रजनीमुषित्वा वचनान्मुनेः । भरद्वाजाभ्यनुज्ञातं द्रक्ष्यस्यत्रैव राघवम् ॥ २४
एवमुक्त्वा महातेजाः संप्रहृष्टतनूरुहः । उत्पपात महावेगाद्वेगवानविचारयन् ॥ २५
सोऽपश्यद्रामतीर्थं च नदीं वालुकिनीं तथा । वरूथीं गोमतीं चैव भीमं शालवनं तथा ॥ २६
प्रजाश्च बहुसाहस्रीः स्फीताञ्जनपदानपि । स गत्वा दूरमध्वानं त्वरितः कपिकुञ्जरः ॥ २७
आससाद द्रुमान्फुल्लान्नन्दिग्रामसमीपगान् । सुराधिपस्योपवने यथा चैत्ररथे द्रुमान् ॥ २८
स्त्रीभिः सपुत्रैः पौत्रैश्च रममाणैः स्वलंकृतैः । क्रोशमात्रे त्वयोध्यायाश्चीरकृष्णाजिनाम्बरम् ॥ २९

॥ ५ ॥ ६ ॥ सिद्धार्थं निर्व्यूढपितृवचनपरिपालनरूपप्रयोजनम् ॥ ७ ॥ ८ ॥ यथा त्वयाधिगता । अस्खलितव्रता यथा दृष्टेत्यर्थः ॥ ९ ॥ उपयानं पुनः स्वयमस्मत्समीपागमनम् । वानरसेनया सह समुद्रतीरगमनं वा । सागरस्य स्वरूपेण प्रत्यक्षतो दर्शनं दर्शनदानम् ॥ १० ॥ महेन्द्रादिकर्तृकं वरदानं वानरसमुत्थानरूपम् । अत्र ब्रह्मवरुणयोरपि वरदानकर्तृत्वोक्तेः पूर्वं महेन्द्रसहितो ब्रह्मेति व्याख्यातम् ॥ ११ ॥ उपयातं नगरसमीपमागतम् ॥ १२ ॥ १३ ॥ एतच्छ्रुत्वैवंप्रकारं मदागमनं श्रुत्वा यमाकारं खेदानन्दसूचकमाकारम् । स आकारो यच्चापि भरतस्य मां प्रति कर्तव्यं तच्च वेदितव्यम् ॥ १४ ॥ तदेवाह—ज्ञेया इति । मुखवर्णेन प्रीतिखेदोचितविकाससंकोचाद्याकारेणेत्यर्थः । तत्त्वेन याथार्थ्येन वृत्तान्ता ज्ञेया इत्यन्वयः ॥ १५ ॥ ननु तादृशसौहृदवति कोऽन्यथा शङ्कायाः प्रसङ्गोऽत आह—सर्वकामेत्यादि । पितृपैतामहं तत्क्रमेणागतं नावर्तयेत् । अनेन भ्रातर एवं शङ्का इति लोकान्बोधयति ॥ १६ ॥ तस्य राज्याकाङ्क्षा चेत्किं करिष्यतीत्याशङ्क्य स एव राज्यं प्रशास्त्वित्याह—संगत्येति । संगत्या चिरकालपरिचयेन कैकयीसंगत्या वा । यदि कैकयीवत्स्वयमपि राज्येनार्थी भवेत्तर्हि स एव वसुधां शास्तु । वयं यत्र क्वापि तपसा कालं नेष्याम इति शेषः ॥ १७ ॥ यावदस्मादाश्रमाद्दूरं याता न स्मः । अयोध्याया अतिसमीपं न प्राप्ताः स्म इति यावत् । क्षिप्रमागन्तुमर्हसि । तावदिति शेषः ॥ १८ ॥ मानुषमित्यर्धं संक्षेपः ॥ १९ ॥ तस्यैव प्रपञ्चः—उत्पपातेत्यादि ॥ २० ॥ पितृपथं वायुमार्गम् । अन्तरिक्षमित्यर्थः । तद्विशेषणं विहगेन्द्रालयं श्रेष्ठविहगानां संचारस्थानम् ॥ २१ ॥ २२ ॥ २३ ॥ अद्य पञ्चमीं पञ्चमीसंबन्धिनीं रजनीमुषित्वाद्य स्थित्वा श्वो गमिष्यसीति भरद्वाजानुज्ञातं राघवं श्वः प्रातरेव द्रक्ष्यसि ॥ २४ ॥ संप्रहृष्टतनूरुहः । जगदानन्दरामसेवकत्वलाभेनेति भावः । अविचारयन् । अध्वश्रममिति शेषः ॥ २५ ॥ रामतीर्थं परशुरामतीर्थम् । वालुकिनीं तदाख्याम् । शालवनं शालवृक्षवनम् ॥ २६ ॥ २७ ॥ सुराधिपस्योपवने नन्दनाख्ये । चैत्ररथं कुबेरोद्यानं चात्र द्रष्टव्यम् ॥ २८ ॥ स्वलंकृतै रममाणैः पुत्रपौत्रैः सहिताभिः स्त्रीभिर्गृ-

दद्दर्श भरतं दीनं कृशमाश्रमवासिनम् । जटिलं मलदिग्धाङ्गं भ्रातृव्यसनकर्शितम् ॥ ३०
फलमूलाशिनं दान्तं तापसं धर्मचारिणम् । समुन्नतजटाभारं वल्कलाजिनवाससम् ॥ ३१
नियतं भावितात्मानं ब्रह्मर्षिसमतेजसम् । पादुके ते पुरस्कृत्य प्रशासन्तं वसुंधराम् ॥ ३२
चातुर्वर्ण्यस्य लोकस्य त्रातारं सर्वतो भयात् । उपस्थितममात्यैश्च शुचिभिश्च पुरोहितैः ॥ ३३
बलमुख्यैश्च युक्तैश्च काषायाम्बरधारिभिः । नहि ते राजपुत्रं तं चीरकृष्णाजिनाम्बरम् ॥ ३४
परिभोक्तुं व्यवस्यन्ति पौरा वै धर्मवत्सलाः । तं धर्ममिव धर्मज्ञं देहबन्धमिवापरम् ॥ ३५
उवाच प्राञ्जलिर्वाक्यं हनूमान्मारुतात्मजः । वसन्तं दण्डकारण्ये यं त्वं चीरजटाधरम् ॥ ३६
अनुशोचसि काकुत्स्थं स त्वां कौशलमब्रवीत् । प्रियमाख्यासि ते देव शोकं त्यज सुदारुणम् ॥ ३७
अस्मिन्मुहूर्ते भ्रात्रा त्वं रामेण सह संगतः । निहत्य रावणं रामः प्रतिलभ्य च मैथिलीम् ॥ ३८
उपयाति समृद्धार्थः सह मित्रैर्महाबलैः । लक्ष्मणश्च महातेजा वैदेही च यशस्विनी ।
सीता समग्रा रामेण महेन्द्रेण शची यथा ॥ ३९
एवमुक्तो हनुमता भरतः कैकयीसुतः । पपात सहसा हृष्टो हर्षान्मोहमुपागमत् ॥ ४०
ततो मुहूर्तादुत्थाय प्रत्याश्वस्य च राघवः । हनूमन्तमुवाचेदं भरतः प्रियवादिनम् ॥ ४१
अशोकजैः प्रीतिमयैः कपिमालिङ्ग्य संभ्रमात् । सिषेच भरतः श्रीमान्विपुलैरश्रुबिन्दुभिः ॥ ४२
देवो वा मानुषो वा त्वमनुक्रोशादिहागतः । प्रियाख्यानस्य ते सौम्य ददामि ब्रुवतः प्रियम् ॥ ४३
गवां शतसहस्रं च ग्रामाणां च शतं परम् । सकुण्डलाः शुभाचारा भार्याः कन्यास्तु षोडश ॥ ४४
हेमवर्णाः सुनासोरूः शशिसौम्याननाः स्त्रियः । सर्वाभरणसंपन्नाः संपन्नाः कुलजातिभिः ॥ ४५

निशम्य रामागमनं नृपात्मजः कपिप्रवीरस्य तदाद्भुतोपमम् ।
प्रहर्षितो रामदिदृक्षयाभवत्पुनश्च हर्षादिदमब्रवीद्वचः ॥ ४६

इत्यार्षे श्रीमद्रामायणे वाल्मीकीय आदिकाव्ये युद्धकाण्डे पञ्चविंशाधिकशततमः सर्गः ॥ १२५ ॥

षड्विंशाधिकशततमः सर्गः ।

बहूनि नाम वर्षाणि गतस्य सुमहद्वनम् । शृणोम्यहं प्रीतिकरं मम नाथस्य कीर्तनम् ॥ १
कल्याणी बत गाथेयं लौकिकी प्रतिभाति माम् । एति जीवन्तमानन्दो नरं वर्षशतादपि ॥ २
राघवस्य हरीणां च कथमासीत्समागमः । कस्मिन्देशे किमाश्रित्य तत्त्वमाख्याहि पृच्छतः ॥ ३
स पृष्टो राजपुत्रेण बृस्यां समुपवेशितः । आचचक्षे ततः सर्वं रामस्य चरितं वने ॥ ४
यथा प्रव्राजितो रामो मातुर्दत्तौ वरौ तव । यथा च पुत्रशोकेन राजा दशरथो मृतः ॥ ५

भ्रमाणपुष्पानिति द्रुमविशेषणम् ॥ २९ ॥ ३० ॥ ३१ ॥ भावितात्मानं ध्यातपरमात्मानम्, अतएव ब्रह्मर्षिसमतेजसम् ॥ ३२ ॥ चातुर्वर्ण्यस्य लोकस्य । स्वार्थे ष्यञ् । चतुर्वर्णरूपस्य लोकस्य ॥ ३३ ॥ बलमुखैर्बलाध्यक्षैर्युक्तैः काषायाम्बरधारिभिः । 'यथा राजा तथा प्रजा' इति न्यायात् । तदेवाह—नहि ते इति ॥ ३४ ॥ परिभोक्तुं परित्यज्य भोक्तुम् । द्वितीय इवशब्दो वाक्यालंकारे । 'इव' इति वा एकत्र पाठः । देहबन्धं मनुष्यदेहसंबन्धवन्तम् ॥ ३५ ॥ ३६ ॥ शोकं त्यज्य सुदारुणमित्यनेनास्य पाद्मोक्तोऽग्निप्रवेशोद्यमः सूचित इति बोध्यम् ॥ ३७ ॥ अस्मिन्मुहूर्ते । अचिरादित्यर्थः । संगतो भविष्यसीति शेषः ॥ ३८ ॥ ३९ ॥ उत्कटहर्षोऽपि चित्तवैवश्यहेतुरिति कृत्वा पपातेत्यादि ॥ ४० ॥ ४१ ॥ अशोकजैर्हर्षदैरित्यश्रुबिन्दुभिरित्यनेनान्वितम् ॥ ४२ ॥ अनुक्रोशात्कृपया प्रियाख्यानस्य । कर्तरि ल्युट् । प्रियाख्यानकर्तुः किं प्रियं ददामि । एतत्प्रियाख्यानसमं न किंचित्पश्यामीति भावः ॥ ४३ ॥ ४४ ॥ ४५ ॥ निशम्य प्रहर्षितो रामदिदृक्षया । अत्र युक्तोऽभवदिति शेषः ॥ ४६ ॥ इति श्रीरामाभिरामे श्रीरामीये रामायणतिलके वाल्मीकीय आदिकाव्ये युद्धकाण्डे पञ्चविंशाधिकशततमः सर्गः ॥ १२५ ॥

बहूनि वर्षाणि सुमहद्वनं गतस्य मम नाथस्य कीर्तनं शृणोम्यहम् ॥ १ ॥ अत इयं लौकिकी गाथा कल्याणीति मां प्रति प्रतिभाति । बतेति हर्षे । तां गाथामाह—एतीति ॥ २ ॥ सह मित्रैरित्यस्य सुग्रीवादिमित्रसहित इत्यर्थं तन्मुखादवगत्य पृच्छति—राघवस्येति । किमाश्रित्य । किं निमित्तमाश्रित्येत्यर्थः ॥ ३ ॥ बृस्यां तापसासने ॥ ४ ॥ यथा शब्दानां तवानुभवसिद्ध इत्यर्थः । मातू राज्ञा वरौ दत्तौ । तत एव राज्ञा रामः प्रव्राजित इति यथा तवानुभवसिद्धमित्यर्थः ।

यथा दूतैस्त्वमानीतस्तूर्णं राजगृहात्प्रभो । त्वयायोध्यां प्रविष्टेन यथा राज्यं न चेप्सितम् ॥ ६
चित्रकूटगिरिं गत्वा राज्येनामित्रकर्शनः । निमन्त्रितस्त्वया भ्राता धर्ममाचरता सताम् ॥ ७
स्थितेन राज्ञो वचने यथा राज्यं विसर्जितम् । आर्यस्य पादुके गृह्य यथासि पुनरागतः ॥ ८
सर्वमेतन्महाबाहो यथावद्विदितं तव । त्वयि प्रतिप्रयाते तु यद्वृत्तं तन्निबोध मे ॥ ९
अपयाते त्वयि तदा समुद्भ्रान्तमृगद्विजम् । परिद्यूनमिवात्यर्थं तद्वनं समपद्यत ॥ १०
तद्धस्तिमृदितं घोरं सिंहव्याघ्रमृगाकुलम् । प्रविवेशाथ विजनं स महद्दण्डकावनम् ॥ ११
तेषां पुरस्ताद्बलवान्गच्छतां गहने वने । विनदन्सुमहानादं विराधः प्रत्यदृश्यत ॥ १२
तमुत्क्षिप्य महानादमूर्ध्वबाहुमधोमुखम् । निखाते प्रक्षिपन्ति स्म नदन्तमिव कुञ्जरम् ॥ १३
तत्कृत्वा दुष्करं कर्म भ्रातरौ रामलक्ष्मणौ । सायाह्ने शरभङ्गस्य रम्यमाश्रममीयतुः ॥ १४
शरभङ्गे दिवं प्राप्ते रामः सत्यपराक्रमः । अभिवाद्य मुनीन्सर्वाञ्जनस्थानमुपागमत् ॥ १५
चतुर्दश सहस्राणि जनस्थाननिवासिनाम् । हतानि वसता तत्र राघवेण महात्मना ॥ १६
एकेन सह संगम्य रामेण रणमूर्धनि । अह्नश्चतुर्थभागेन निःशेषा राक्षसाः कृताः ॥ १७
महाबला महावीर्यास्तपसो विघ्नकारिणः । निहता राघवेणाजौ दण्डकारण्यवासिनः ॥ १८
राक्षसाश्च विनिष्पिष्टाः खरश्च निहतो रणे । दूषणं चाग्रतो हत्वा त्रिशिरास्तदनन्तरम् ॥ १९
पश्चाच्छूर्पणखा नाम रामपार्श्वमुपागता । ततो रामेण संदिष्टो लक्ष्मणः सहसोत्थितः ॥ २०
प्रगृह्य खड्गं चिच्छेद कर्णनासे महाबलः । ततस्तेनार्दिता बाला रावणं समुपागता ॥ २१
रावणानुचरो घोरो मारीचो नाम राक्षसः । लोभयामास वैदेहीं भूत्वा रत्नमयो मृगः ॥ २२
सा राममब्रवीद्दृष्ट्वा वैदेही गृह्यतामिति । अयं मनोहरः कान्त आश्रमो नो भविष्यति ॥ २३
ततो रामो धनुष्पाणिर्मृगं तमनुधावति । स तं जघान धावन्तं शरेणानतपर्वणा ॥ २४
अथ सौम्य दशग्रीवो मृगयां याति राघवे । लक्ष्मणे चापि निष्क्रान्ते प्रविवेशाश्रमं तदा ॥ २५
जग्राह तरसा सीतां ग्रहः खे रोहिणीमिव । त्रातुकामं ततो युद्धे हत्वा गृध्रं जटायुषम् ॥ २६
प्रगृह्य सहसा सीतां जगामाशु स राक्षसः । ततस्त्वद्भुतसंकाशाः स्थिताः पर्वतमूर्धनि ॥ २७
सीतां गृहीत्वा गच्छन्तं वानराः पर्वतोपमाः । ददृशुर्विस्मिताकारा रावणं राक्षसाधिपम् ॥ २८
ततः शीघ्रतरं गत्वा तद्विमानं मनोजवम् । आरुह्य सह वैदेह्या पुष्पकं स महाबलः ॥ २९
प्रविवेश तदा लङ्कां रावणो राक्षसेश्वरः । तां सुवर्णपरिष्कारे शुभे महति वेश्मनि ॥ ३०
प्रवेश्य मैथिलीं वाक्यैः सान्त्वयामास रावणः । तृणवद्भाषितं तस्य तं च नैर्ऋतपुंगवम् ॥ ३१
अचिन्तयन्ती वैदेही ह्यशोकवनिकां गता । न्यवर्तत तदा रामो मृगं हत्वा तदा वने ॥ ३२
निवर्तमानः काकुत्स्थो दृष्ट्वा गृध्रं स विव्यथे । गृध्रं हतं तदा दृष्ट्वा रामः प्रियतरं पितुः ॥ ३३
मार्गमाणस्तु वैदेहीं राघवः सहलक्ष्मणः । गोदावरीमनुचरन्वनोद्देशांश्च पुष्पितान् ॥ ३४
आसेदतुर्महारण्ये कबन्धं नाम राक्षसम् । ततः कबन्धवचनाद्रामः सत्यपराक्रमः ॥ ३५

एवमग्रेऽपि ॥ ५ ॥ राजगृहात्तदाख्यात्केकयपुरात् ॥ ६ ॥ ७ ॥ विसर्जितम् । रामेणेति शेषः ॥ ८ ॥ ९ ॥ परिद्यूनं परिक्षीणम् । पीडितमिति यावत् ॥ १० ॥ तत्तदनन्तरम् ॥ ११ ॥ १२ ॥ निखाते गर्ते । प्रक्षिपन्ति स्म । प्रक्षिप्तवन्तावित्यर्थः ॥ १३ ॥ १४ ॥ १५ ॥ १६ ॥ अह्नश्चतुर्थभागेन । इदं च राक्षसार्दनयुद्धसंनाहदसीतागुहाप्रेषणादिसर्वव्यापरापेक्षया । युद्धकालस्त्वर्धाधिकमुहूर्तेनेत्यारण्यकाण्ड उक्तः ॥ १७ ॥ १८ ॥ १९ ॥ ननु रक्षसां वधे को हेतुस्तत्राह—पश्चादिति । जनस्थानोपागमानन्तरमित्यर्थः ॥ २० ॥ कर्णनासे चिच्छेद । ततस्तत्प्रेरितचतुर्दशसहस्ररक्षसां वध इति शेषः । ततः खरादिवधानन्तरम् । तेन लक्ष्मणेन पूर्वमर्दिता सा बाला मूर्खा रावणमुपागमत् ॥ २१ ॥ २२ ॥ मृगमिति शेषः । दृष्ट्वा राममब्रवीत् । तदेवाह—अयं मृगो गृह्यताम् । गृहीतेनानेनाश्रमो मनोहरो भविष्यति ॥ २३ ॥ अनुधावत्यनुधावति स्म ॥ २४ ॥ २५ ॥ २६ ॥ सहसा बलात्कारेण ॥ २७ ॥ विस्मिता ददृशुः । सुग्रीवादय इति भावः ॥ २८ ॥ तत इति । अनेन मार्गे क्वचित्स्थापितं गुप्ते देशे आसीत्स्मृतिमात्रेण वा तदुपस्थानं बोध्यम् ॥ २९ ॥ तदा । तत इत्यर्थः । सुवर्णपरिष्कारे सुवर्णप्राकारे ॥ ३० ॥ ३१ ॥ तृणवदचिन्तयन्त्यगणयन्ती ॥ ३२ ॥ ३३ ॥ ३४ ॥ कबन्धवचनात् । निहतदग्धकबन्धवचनादित्यर्थः ॥ ३५ ॥

ऋष्यमूकगिरिं गत्वा सुग्रीवेण समागतः । ततः समागमः पूर्वं प्रीत्या हार्दो व्यजायत ॥ ३६
भ्राता निरस्तः क्रुद्धेन सुग्रीवो वालिना पुरा । इ[illegible]संवादात्प्रगाढः प्रणयस्तयोः ॥ ३७
रामः स्वबाहुवीर्येण स्वराज्यं प्रत्यपादयत् । वालिनं समरे हत्वा महाकायं महाबलम् ॥ ३८
सुग्रीवः स्थापितो राज्ये सहितः सर्ववानरैः । रामाय प्रतिजानीते राजपुत्र्यास्तु मार्गणम् ॥ ३९
आदिष्टा वानरेन्द्रेण सुग्रीवेण महात्मना । दश कोट्यः प्लवंगानां सर्वाः प्रस्थापिता दिशः ॥ ४०
तेषां नो विप्रनष्टानां विन्ध्ये पर्वतसत्तमे । भृशं शोकाभितप्तानां महान्कालोऽत्यवर्तत ॥ ४१
भ्राता तु गृध्रराजस्य संपातिर्नाम वीर्यवान् । समाख्याति स्म वसतीं सीतां रावणमन्दिरे ॥ ४२
सोऽहं दुःखपरीतानां दुःखं तज्ज्ञातिनां नुदन् । आत्मवीर्यं समास्थाय योजनानां शतं प्लुतः ।
तत्राहमेकामद्राक्षमशोकवनिकां गताम् ॥ ४३
कौशेयवस्त्रां मलिनां निरानन्दां दृढव्रताम् । तया समेत्य विधिवत्पृष्ट्वा सर्वमनिन्दिताम् ॥ ४४
अभिज्ञानं मया दत्तं रामनामाङ्गुलीयकम् । अभिज्ञानं मणिं लब्ध्वा चरितार्थोऽहमागतः ॥ ४५
मया च पुनरागम्य रामस्याक्लिष्टकर्मणः । अभिज्ञानं मया दत्तमर्चिष्मान्स महामणिः ॥ ४६
श्रुत्वा तां मैथिलीं रामस्त्वाशशंसे च जीवितम् । जीवितान्तमनुप्राप्तः पीत्वामृतमिवातुरः ॥ ४७
उद्योजयिष्यन्नुद्योगं दध्रे लङ्कावधे मनः । जिघांसुरिव लोकान्ते सर्वाँल्लोकान्विभावसुः ॥ ४८
ततः समुद्रमासाद्य नलं सेतुमकारयत् । अतरत्कपिवीराणां वाहिनी तेन सेतुना ॥ ४९
प्रहस्तमवधीन्नीलः कुम्भकर्णं तु राघवः । लक्ष्मणो रावणसुतं स्वयं रामस्तु रावणम् ॥ ५०
स शक्रेण समागम्य यमेन वरुणेन च । महेश्वरस्वयंभूभ्यां तथा दशरथेन च ॥ ५१
तैश्च दत्तवरः श्रीमानृषिभिश्च समागतैः । सुरर्षिभिश्च काकुत्स्थो वराँल्लेभे परंतपः ॥ ५२
स तु दत्तवरः प्रीत्या वानरैश्च समागतः । पुष्पकेण विमानेन किष्किन्धामभ्युपागमत् ॥ ५३
तां गङ्गां पुनरासाद्य वसन्तं मुनिसंनिधौ । अविघ्नं पुष्ययोगेन श्वो रामं द्रष्टुमर्हसि ॥ ५४
ततः स वाक्यैर्मधुरैर्हनूमतो निशम्य हृष्टो भरतः कृताञ्जलिः ।
उवाच वाणीं मनसः प्रहर्षिणीं चिरस्य पूर्णः खलु मे मनोरथः ॥ ५५

इत्यार्षे श्रीमद्रामायणे वाल्मीकीय आदिकाव्ये युद्धकाण्डे षड्विंशाधिकशततमः सर्गः ॥ १२६ ॥

सप्तविंशाधिकशततमः सर्गः ।

श्रुत्वा तु परमानन्दं भरतः सत्यविक्रमः । हृष्टमाज्ञापयामास शत्रुघ्नं परवीरहा ॥ १
दैवतानि च सर्वाणि चैत्यानि नगरस्य च । सुगन्धमाल्यैर्वादित्रैरर्चन्तु शुचयो नराः ॥ २
सूताः स्तुतिपुराणज्ञाः सर्वे वैतालिकास्तथा । सर्वे वादित्रकुशला गणिकाश्चैव सर्वशः ॥ ३
राजदारास्तथामात्याः सैन्याः सेनाङ्गनागणाः । ब्राह्मणाश्च सराजन्याः श्रेणीमुख्यास्तथा गणाः ॥ ४

तयोः पूर्वं परस्परसांनिध्यात्पूर्वं रामस्य श्रवणेन सुग्रीवस्य दूराद्दर्शनेन हार्दः समागमः । मानसं सख्यं जातमित्यर्थः ॥ ३६ ॥ तत्र हेतुमाह—भ्रात्रेति । अतस्तयोः परस्परसंवादात्प्रगाढः प्रणय आसीत् ॥ ३७ ॥ ३८ ॥ रामायेति । अत्र क्रमो न विवक्षितः ॥ ३९ ॥ आदिष्टा नियुक्ताः ॥ ४० ॥ विप्रनष्टानां बिलप्रवेशानन्तरं निर्गममार्गमजानताम् । 'विप्रकृष्टानाम्' इति पाठेऽतीतकालानामित्यर्थः ॥ ४१ ॥ ४२ ॥ ज्ञातिनामित्यत्र दीर्घाभाव आर्षः ॥ ४३ ॥ ४४ ॥ मणिम् । सीतासकाशाच्चूडामणिं लब्ध्वेत्यर्थः ॥ ४५ ॥ ४६ ॥ ४७ ॥ उद्युज्यते जयोऽनेनेत्युद्योगं बलं तद्योजयिष्यन्प्रोत्साहयिष्यन् ॥ ४८ ॥ ४९ ॥ ५० ॥ ५१ ॥ ५२ ॥ ५३ ॥ मुनिसंनिधावद्य वसन्तं श्वो द्रष्टुमर्हसि । आश्विनशुक्लचतुर्दश्यामश्विनी तद्दर्षे इति षष्ठ्यां पुष्यस्य संभवः । पूर्णिमायामश्विन्यामप्येकर्क्षक्षयेण वा ॥ ५४ ॥ कृताञ्जलिः । रामं स्मृत्वेति शेषः । मे मनोरथः पूर्णः खल्वित्युवाच ॥ ५५ ॥ इति श्रीरामाभिरामे श्रीरामीये रामायणतिलके वाल्मीकीय आदिकाव्ये युद्धकाण्डे षड्विंशाधिकशततमः सर्गः ॥ १२६ ॥

परमानन्दम् । तत्करं वच इति शेषः ॥ १ ॥ दैवतानि कुलदैवतानि । नगरस्य चैत्यानि साधारणदेवतायतनानि । अर्चन्त्वर्चयन्तु ॥ २ ॥ स्तुतिपुराणज्ञा इति सूतलक्षणरूपं सूतविशेषणम् । वैतालिका वंशावलीकीर्तकाः ॥ ३ ॥ राजदारा मातरः । सैन्या राजभवनाकृतिमन्तोऽभ्यन्तराः ।

अभिनिर्यान्तु रामस्य द्रष्टुं शशिनिभं मुखम् । भरतस्य वचः श्रुत्वा शत्रुघ्नः परवीरहा ॥ ५
विष्टीरनेकसाहस्रीश्चोदयामास भागशः । समीकुरुत निम्नानि विषमाणि समानि च ॥ ६
स्थानानि च निरस्यन्तां नन्दिग्रामादितः परम् । सिञ्चन्तु पृथिवीं कृत्स्नां हिमशीतेन वारिणा ॥ ७
ततोऽभ्यवकिरन्त्वन्ये लाजैः पुष्पैश्च सर्वतः । समुच्छ्रितपताकास्तु रथ्याः पुरवरोत्तमे ॥ ८
शोभयन्तु च वेश्मानि सूर्यस्योदयनं प्रति । स्रग्दाममुक्तपुष्पैश्च सुवर्णैः पञ्चवर्णकैः ॥ ९
राजमार्गमसंबाधं किरन्तु शतशो नराः । ततस्तच्छासनं श्रुत्वा शत्रुघ्नस्य मुदान्विताः ॥ १०
धृष्टिर्जयन्तो विजयः सिद्धार्थश्चार्थसाधकः । अशोको मन्त्रपालश्च सुमन्त्रश्चापि निर्ययुः ॥ ११
मत्तैर्नागसहस्रैश्च सध्वजैः सुविभूषितैः । अपरे हेमकक्षाभिः सगजाभिः करेणुभिः ॥ १२
निर्ययुस्तुरगाक्रान्ता रथैश्च सुमहारथाः । शक्त्यृष्टिपाशहस्तानां सध्वजानां पताकिनाम् ॥ १३
तुरगाणां सहस्रैश्च मुख्यैर्मुख्यतरान्वितैः । पदातीनां सहस्रैश्च वीराः परिवृता ययुः ॥ १४
ततो यानान्युपारूढाः सर्वा दशरथस्त्रियः । कौसल्यां प्रमुखे कृत्वा सुमित्रां चापि निर्ययुः ॥ १५
द्विजातिमुख्यैर्धर्मात्मा श्रेणीमुख्यैः सनैगमैः । माल्यमोदकहस्तैश्च मन्त्रिभिर्भरतो वृतः ॥ १६
शङ्खभेरीनिनादैश्च बन्दिभिश्चाभिनन्दितः । आर्यपादौ गृहीत्वा तु शिरसा धर्मकोविदः ॥ १७
पाण्डुरं छत्रमादाय शुक्लमाल्योपशोभितम् । शुक्ले च वालव्यजने राजार्हे हेमभूषिते ॥ १८
उपवासकृशो दीनश्चीरकृष्णाजिनाम्बरः । भ्रातुरागमनं श्रुत्वा तत्पूर्वं हर्षमागतः ॥ १९
प्रत्युद्ययौ तदा रामं महात्मा सचिवैः सह । अश्वानां खुरशब्दैश्च रथनेमिस्वनेन च ॥ २०
शङ्खदुन्दुभिनादेन संचचालेव मेदिनी । गजानां बृंहितैश्चापि शङ्खदुन्दुभिनिःस्वनैः ॥ २१
कृत्स्नं तु नगरं तत्तु नन्दिग्राममुपागमत् । समीक्ष्य भरतो वाक्यमुवाच पवनात्मजम् ॥ २२
कच्चिन्न खलु कापेयी सेव्यते चलचित्तता । नहि पश्यामि काकुत्स्थं राममार्यं परंतपम् ॥ २३
कच्चिन्न चानुदृश्यन्ते कपयः कामरूपिणः । अथैवमुक्ते वचने हनूमानिदमब्रवीत् ॥ २४
अर्थ्यं विज्ञापयन्नेव भरतं सत्यविक्रमम् । सदाफलान्कुसुमितान्वृक्षान्प्राप्य मधुस्रवान् ॥ २५
भरद्वाजप्रसादेन मत्तभ्रमरनादितान् । तस्य चैव वरो दत्तो वासवेन परंतप ॥ २६
ससैन्यस्य तदातिथ्यं कृतं सर्वगुणान्वितम् । निःस्वनः श्रूयते भीमः प्रहृष्टानां वनौकसाम् ॥ २७
मन्ये वानरसेना सा नदीं तरति गोमतीम् । रजोवर्षं समुद्भूतं पश्य सालवनं प्रति ॥ २८

सेनागणा आटविकान्तसेनाभेदास्तथाङ्गनागणाः । श्रेणी नानाजातीयसङ्घः ॥ ४ ॥ ५ ॥ विष्टीर्भृतिकरान् । भागशो विभज्येति शेषः । विषमाणि स्थलान्यत्युन्नतदेशाः । समानि च स्थानानि निरस्यन्तामयं भेदो निराक्रियताम् । सर्वं समं क्रियतामिति यावत् ॥ ६ ॥ इतो नन्दिग्रामात्परं यावदयोध्याम् । तावत एव गन्तव्यदेशत्वादिति भावः ॥ ७ ॥ समुच्छ्रितपताका रथ्याः कर्म ॥ ८ ॥ सूर्यस्योदयनं प्रति । श्वः सूर्योदयकाले यथा सर्वं सज्जं भवति तथा कुरुतेत्यर्थः । विरलपुष्पबन्धाः स्रजः । निबिडपुष्पबन्धं दाम । मुक्तपुष्पाणि बन्धरहितानि पुष्पाणि । पुष्पविशेषणम्—सुवर्णैरिति । पञ्चवर्णकैः पञ्चवर्णकल्पितैरलंकारैः ॥ ९ ॥ १० ॥ धृष्ट्यादयोऽष्टमन्त्रिणो निर्ययुः । उदयात्पूर्वं यथोक्तराजमार्गसत्कारं कृत्वा प्रतिनिर्ययुरित्यर्थः ॥ ११ ॥ १२ ॥ १३ ॥ १४ ॥ १५ ॥ नैगमा वणिजः । 'वैदेहकः सार्थवाहो नैगमो वाणिजो वणिक्' इत्यमरः ॥ १६ ॥ आर्यपादौ श्रीरामपादुके ॥ १७ ॥ १८ ॥ उपवासकृश इत्यनेन रामादेरपि किंचित्कालमुपवासोऽनुमेयः तत्पूर्वमागमनश्रवणपूर्वकम् ॥ १९ ॥ २० ॥ २१ ॥ २२ ॥ 'यावन्न दूरं यातोऽस्मि क्षिप्रमागन्तुमर्हसि' इति हनूमन्तं प्रति रामोक्तेर्भरते सर्वां कथामुक्त्वा पुना रामसमीपं गत्वा रामं प्रति भरतवृत्तान्तं निवेद्य पुनर्नन्दिग्रामं प्रति रामाज्ञया गते एतद्भरतवचस्तं प्रतीति बोध्यम् । कापेयी कपिस्वभावप्रयुक्ता चलचित्तता न सेव्यते नानुष्ठीयते कच्चित् । मिथ्या नोच्यते कच्चिदित्यर्थः । कुत एवं शङ्का तत्राह—नहीति ॥ २३ ॥ २४ ॥ एवं मिथ्यावादित्वशङ्कायां तन्निवृत्तयेऽर्थ्यमर्थादनपेतं विज्ञापयन्निदमब्रवीत् । सदाफलत्वादिविशिष्टान्वृक्षान्प्राप्य प्रहृष्टानां वनौकसां भूमौ निःस्वनः श्रूयते, अतस्त्वं प्रयाहीति शेषः ॥ २५ ॥ वृक्षाणां तथाविधत्वं कुतस्तत्राह—भरद्वाजप्रसादेनेति । तेनापि कथमेवं शक्यं तत्राह—तस्य चेति । भरद्वाजस्य चेत्यर्थः । वासवेनेति । तत्तपःप्रसादितेनेत्यर्थः ॥ २६ ॥ यदेवमतः ससैन्यस्य तव रामस्य च भरद्वाजेन सर्वगुणान्वितमातिथ्यं कृतम् ॥ २७ ॥ यतो ध्वनिः श्रूयते, अतः सा सेना गोमतीं तरतीति मन्ये । 'वालुकीम्' इति पाठान्तरम् । क्षणानन्तरमाह—रजोवर्षमिति ॥ २८ ॥

मन्ये सालवनं रम्यं लोलयन्ति प्लवंगमाः । तदेतद्दृश्यते दूराद्विमानं चन्द्रसंनिभम् ॥ २९
विमानं पुष्पकं दिव्यं मनसा ब्रह्मनिर्मितम् । रावणं बान्धवैः सार्धं हत्वा लब्धं महात्मना ॥ ३०
तरुणादित्यसंकाशं विमानं रामवाहनम् । धनदस्य प्रसादेन दिव्यमेतन्मनोजवम् ॥ ३१
एतस्मिन्भ्रातरौ वीरौ वैदेह्या सह राघवौ । सुग्रीवश्च महातेजा राक्षसश्च विभीषणः ॥ ३२
ततो हर्षसमुद्भूतो निःस्वनो दिवमस्पृशत् । स्त्रीबालयुववृद्धानां रामोऽयमिति कीर्तिते ॥ ३३
रथकुञ्जरवाजिभ्यस्तेऽवतीर्य महीं गताः । ददृशुस्तं विमानस्थं नराः सोममिवाम्बरे ॥ ३४
प्राञ्जलिर्भरतो भूत्वा प्रहृष्टो राघवोन्मुखः । यथार्थेनार्घ्यपाद्याद्यैस्ततो राममपूजयत् ॥ ३५
मनसा ब्रह्मणा सृष्टे विमाने भरताग्रजः । रराज पृथुदीर्घाक्षो वज्रपाणिरिवामरः ॥ ३६
ततो विमानाग्रगतं भरतो भ्रातरं तदा । ववन्दे प्रणतो रामं मेरुस्थमिव भास्करम् ॥ ३७
ततो रामाभ्यनुज्ञातं तद्विमानमनुत्तमम् । हंसयुक्तं महावेगं निपपात महीतलम् ॥ ३८
आरोपितो विमानं तद्भरतः सत्यविक्रमः । राममासाद्य मुदितः पुनरेवाभ्यवादयत् ॥ ३९
तं समुत्थाय काकुत्स्थश्चिरस्याक्षिपथं गतम् । अङ्के भरतमारोप्य मुदितः परिषस्वजे ॥ ४०
ततो लक्ष्मणमासाद्य वैदेहीं च परंतपः । अथाभ्यवादयत्प्रीतो भरतो नाम चाब्रवीत् ॥ ४१
सुग्रीवं कैकयीपुत्रो जाम्बवन्तमथाङ्गदम् । मैन्दं च द्विविदं नीलमृषभं चैव सस्वजे ॥ ४२
सुषेणं च नलं चैव गवाक्षं गन्धमादनम् । शरभं पनसं चैव परितः परिषस्वजे ॥ ४३
ते कृत्वा मानुषं रूपं वानराः कामरूपिणः । कुशलं पर्यपृच्छंस्ते प्रहृष्टा भरतं तदा ॥ ४४
अथाब्रवीद्राजपुत्रः सुग्रीवं वानरर्षभम् । परिष्वज्य महातेजा भरतो धर्मिणां वरः ॥ ४५
त्वमस्माकं चतुर्णां वै भ्राता सुग्रीव पञ्चमः । सौहृदाज्जायते मित्रमपकारोऽरिलक्षणम् ॥ ४६
विभीषणं च भरतः सान्त्ववाक्यमथाब्रवीत् । दिष्ट्या त्वया सहायेन कृतं कर्म सुदुष्करम् ॥ ४७
शत्रुघ्नश्च तदा राममभिवाद्य सलक्ष्मणम् । सीतायाश्चरणौ वीरो विनयादभ्यवादयत् ॥ ४८
रामो मातरमासाद्य विवर्णां शोककर्शिताम् । जग्राह प्रणतः पादौ मनो मातुः प्रहर्षयन् ॥ ४९
अभिवाद्य सुमित्रां च कैकेयीं च यशस्विनीम् । स मातॄश्च ततः सर्वाः पुरोहितमुपागमत् ॥ ५०
स्वागतं ते महाबाहो कौसल्यानन्दवर्धन । इति प्राञ्जलयः सर्वे नागरा राममब्रुवन् ॥ ५१
तान्यञ्जलिसहस्राणि प्रगृहीतानि नागरैः । व्याकोशानीव पद्मानि ददर्श भरताग्रजः ॥ ५२
पादुके ते तु रामस्य गृहीत्वा भरतः स्वयम् । चरणाभ्यां नरेन्द्रस्य योजयामास धर्मवित् ॥ ५३
अब्रवीच्च तदा रामं भरतः स कृताञ्जलिः । एतत्ते सकलं राज्यं न्यासं निर्यातितं मया ॥ ५४

क्षणोत्तरमाह—तदेतदिति ॥ २९ ॥ मनसा ब्रह्मनिर्मितम् । ब्रह्मणा स्रष्टृत्वसाम्याद्विश्वकर्मणा निर्मितम् ॥ ३० ॥ एतद्दिव्यं मनोजवं विमानं प्रसादेन ब्रह्मणः प्रसादेन धनदस्य भवतीति शेषः । 'परेण तपसा लेभे यत्कुबेरः पितामहात्' इति सुन्दरकाण्डोक्तेः ॥ ३१ ॥ एतस्मिन्विमाने राघवौ सुग्रीवो विभीषणश्च तिष्ठतीति शेषः ॥ ३२ ॥ ३३ ॥ तत आसन्ने भरतादयस्तं ददृशुरित्याह—ददृशुरिति ॥ ३४ ॥ यथार्थेन स्वागतेन । अन्वर्थेन स्वागतेनेत्यर्थः । यस्यागमनं परमकल्याणं तस्स्वागतमित्यर्थानुगतिमतेत्यर्थः ॥ ३५ ॥ ३६ ॥ ३७ ॥ ३८ ॥ अभ्यवादयत् । अभ्यवन्ददित्यर्थः ॥ ३९ ॥ ४० ॥ लक्ष्मणमासाद्य वन्दमानं लक्ष्मणं परिष्वङ्गादिना संभाव्य । 'अन्येद्युः पाञ्चजन्यात्मा कैकेय्यां भरतोऽभवत् । तदन्येद्युः सुमित्रायामनन्तात्मा च लक्ष्मणः ॥ सुदर्शनात्मा शत्रुघ्नो द्वौ जातौ युगपत्प्रिये ॥' इति पाद्मे शिवोक्तेः । वैदेहीमभ्यवादयदभ्यवन्दत् । परे तु—यद्यपि लक्ष्मणो भरतात्कनिष्ठो वयसा, स्पष्टं चेदं जन्मप्रकरणे, तथापि ज्येष्ठानुवर्तनेन स्वापेक्षयाधिकगुणत्वेन स्वव्यवहारेण ज्येष्ठानुवृत्तिरेवं कर्तव्येति भरतं प्रत्युपदेशदानेन च गुरुत्वबुद्ध्या तस्य नतिरुचितैव । किं च कौसल्यायै प्रथमं दत्तपायसांशजत्वाल्लक्ष्मणस्य ज्येष्ठत्वम् । ततो हि कैकेय्यै पायसार्धदानं तदंशजश्च शत्रुघ्न इति स एव भरतात्कनिष्ठः, अतएव वैदेहीं चेति चकारः स्वरसतः संगच्छते, अतएव शत्रुघ्नकृतो लक्ष्मणनमस्कार उपपद्यते । तयोर्युगपदुत्पन्नत्वादित्याहुः ॥ ४१ ॥ ४२ ॥ ४३ ॥ ४४ ॥ ४५ ॥ पञ्चमो भ्राता भ्रातृविषयकपञ्चत्वसंख्यापूरणः । सौहृदात्तत्पूर्वकोपकारात् ॥ ४६ ॥ ४७ ॥ ४८ ॥ ४९ ॥ कैकेयीं च यशस्विनीम् । अस्या मनोदार्ढ्येन राजा नरकात्तारितः, देवा ब्रह्मर्षयश्च परमं सुखं प्राप्ताः, रामस्य च यशो जातम्, अत एषा यशस्विन्येव ॥ ५० ॥ ५१ ॥ व्याकोशानि विकसितानि ॥ ५२ ॥ ५३ ॥ एतदेतावत्कालं मया रक्षितं न्यासभूतं मयि स्थितं राज्यं मया ते निर्यातितं तुभ्यं

अद्य जन्म कृतार्थं मे संवृत्तश्च मनोरथः । यत्त्वां पश्यामि राजानमयोध्यां पुनरागतम् ॥ ५५
अवेक्षतां भवान्कोशं कोष्ठागारं गृहं बलम् । भवतस्तेजसा सर्वं कृतं दशगुणं मया ॥ ५६
तथा ब्रुवाणं भरतं दृष्ट्वा तं भ्रातृवत्सलम् । मुमुचुर्वानरा बाष्पं राक्षसश्च विभीषणः ॥ ५७
ततः प्रहर्षाद्भरतमङ्कमारोप्य राघवः । ययौ तेन विमानेन ससैन्यो भरताश्रमम् ॥ ५८
भरताश्रममासाद्य ससैन्यो राघवस्तदा । अवतीर्य विमानाग्रादवतस्थे महीतले ॥ ५९
अब्रवीत्तु तदा रामस्तद्विमानमनुत्तमम् । वह वैश्रवणं देवमनुजानामि गम्यताम् ॥ ६०
ततो रामाभ्यनुज्ञातं तद्विमानमनुत्तमम् । उत्तरां दिशमुद्दिश्य जगाम धनदालयम् ॥ ६१
विमानं पुष्पकं दिव्यं संगृहीतं तु रक्षसा । अगमद्धनदं वेगाद्रामवाक्यप्रचोदितम् ॥ ६२
पुरोहितस्यात्मसखस्य राघवो बृहस्पतेः शक्र इवामराधिपः ।
निपीड्य पादौ पृथगासने शुभे सहैव तेनोपविवेश वीर्यवान् ॥ ६३

इत्यार्षे श्रीमद्रामायणे वाल्मीकीय आदिकाव्ये युद्धकाण्डे सप्तविंशाधिकशततमः सर्गः ॥ १२७ ॥

अष्टाविंशाधिकशततमः सर्गः ।

शिरस्यञ्जलिमाधाय कैकेयीनन्दवर्धनः । बभाषे भरतो ज्येष्ठं रामं सत्यपराक्रमम् ॥ १
पूजिता मामिका माता दत्तं राज्यमिदं मम । तद्ददामि पुनस्तुभ्यं यथा त्वमददा मम ॥ २
धुरमेकाकिना न्यस्तां वृषभेण बलीयसा । किशोरवद्गुरुं भारं न वोढुमहमुत्सहे ॥ ३
वारिवेगेन महता भिन्नः सेतुरिव क्षरन् । दुर्बन्धनमिदं मन्ये राज्यच्छिद्रमसंवृतम् ॥ ४
गतिं खर इवाश्वस्य हंसस्येव च वायसः । नान्वेतुमुत्सहे वीर तव मार्गमरिंदम ॥ ५
यथा चारोपितो वृक्षो जातश्चान्तर्निवेशने । महानपि दुरारोहो महास्कन्धः प्रशाखवान् ॥ ६
शीर्येत पुष्पितो भूत्वा न फलानि प्रदर्शयन् । तस्य नानुभवेदर्थं यस्य हेतोः स रोपितः ॥ ७
एषोपमा महाबाहो त्वमर्थं वेत्तुमर्हसि । यद्यस्मान्मनुजेन्द्र त्वं भर्ता भृत्यान्न शाधि हि ॥ ८
जगदद्याभिषिक्तं त्वामनुपश्यतु राघव । प्रतपन्तमिवादित्यं मध्याह्ने दीप्ततेजसम् ॥ ९
तूर्यसंघातनिर्घोषैः काञ्चीनूपुरनिःस्वनैः । मधुरैर्गीतशब्दैश्च प्रतिबुध्यस्व शेष्व च ॥ १०
यावदावर्तते चक्रं यावती च वसुंधरा । तावत्त्वमिह लोकस्य स्वामित्वमनुवर्तय ॥ ११

निवेदितम् ॥ ५४ ॥ ५५ ॥ ५६ ॥ विभीषणश्च बाष्पं मुमोच । ईदृशा अपि भ्रातरः सन्तीत्यानन्देन स्वस्य तद्वैपरीत्यजशोकेन च ॥ ५७ ॥ ५८ ॥ ५९ ॥ ६० ॥ ६१ ॥ ६२ ॥ पुरोहितस्यात्मसखस्येति । वसिष्ठपुत्रस्य सुयज्ञस्येत्यर्थः । 'आत्मसमस्य' इति पाठान्तरम् । ब्रह्मज्ञत्वादिति भावः । वसिष्ठस्येत्यर्थ इति तीर्थः ॥ ६३ ॥ इति श्रीरामाभिरामे श्रीरामीये रामायणतिलके वाल्मीकीय आदिकाव्ये युद्धकाण्डे सप्तविंशाधिकशततमः सर्गः ॥ १२७ ॥

शिरसीति ॥ १ ॥ त्वया मामिका माता पूजिता । तदुक्तवनवासानुष्ठानात् । मया चित्रकूटे तव समर्पितमिदं राज्यं त्वं पुनश्चित्रकूट एव मम दत्तवान्, तत्पुनस्तुभ्यमहं ददामि । ननु कथं दत्तस्य पुनर्दानं तत्राह—यथेति । यथा त्वं मद्दत्तं राज्यं मह्यमददास्तथा मयापि त्वद्दत्तं तुभ्यं दीयते इत्यर्थः ॥ २ ॥ ननु त्वद्दत्तराज्यभोगमहं करिष्यामि, राज्यं तु त्वमेव पालयेत्यत्राह—धुरमिति । एकाकिना स्वसमानधूर्वहबलीवर्दान्तररहितेन बलीयसा वृषभेण बलीवर्देन न्यस्तां क्षिप्तां किशोरवत्पार्श्ववर्तिबडवा बालवत्सो यथा वोढुं नोत्सहते, तथा गुरुं राज्यस्य भारं वोढुं नाहमुत्सहे ॥ ३ ॥ नोत्सहे इत्यत्र हेतुमाह—वारीति । महता वारिवेगेन भिन्नः क्षरन्सेतुर्यथा दुर्निबन्धो बद्धुमशक्यः, एवमसंवृतमशक्यसंवरणं राज्यच्छिद्रं चोरादिनिबन्धनं दुर्निबन्धनं बद्धुमशक्यमित्येव मन्ये । अहमिति शेषः ॥ ४ ॥ तव मार्गं रक्षणीयरक्षणचातुर्यम् ॥ ५ ॥ अन्तर्निवेशने गृहारामे कश्चिद्वृक्ष आरोपितः, स महत्त्वादिगुणविशिष्टश्च जातः, ततः स पुष्पितो भूत्वा फलान्यदर्शयन्यदि विशीर्येत विशीर्णपुष्पो वा स्वरूपतो वा विशीर्णो भवति, ततोऽस्य फलस्य हेतोर्येन रोपितः स तदा रोपणादिक्लेशस्यार्थं फलं नानुभवेदिति स यथा वृथाप्रयासः ॥ ६ ॥ ७ ॥ एषोपमा तव । हे महाबाहो, यदि त्वं भक्तान्भृत्यानस्मान्न शाधि । तदेति शेषः । तमर्थं त्वं वेत्तुमर्हसि । अन्यापदेशवचनार्थमित्यर्थः । राज्ञा प्रजापालनार्थं महता यत्नेनोत्पाद्य संवर्धितेन त्वया प्रजापालनं संपादनीयम्, तदकरणे तु तादृशवृक्षतुल्यस्त्वमिति भावः ॥ ८ ॥ यदेवमतः—जगदद्येत्यादि ॥ ९ ॥ तूर्यघोषादिभी राजोपचारैः प्रतिबुध्यस्व शेष्व चेत्यर्थः ॥ १० ॥ चक्रं ज्योतिश्चक्रं यावदावर्तते । अनेन

भरतस्य वचः श्रुत्वा रामः परपुरंजयः । तथेति प्रतिजग्राह निषसादासने शुभे ॥ १२
ततः शत्रुघ्नवचनान्निपुणाः श्मश्रुवर्धनाः । सुखहस्ताः सुशीघ्राश्च राघवं पर्यवारयन् ॥ १३
पूर्वं तु भरते स्नाते लक्ष्मणे च महाबले । सुग्रीवे वानरेन्द्रे च राक्षसेन्द्रे विभीषणे ॥ १४
विशोधितजटः स्नातश्चित्रमाल्यानुलेपनः । महार्हवसनोपेतस्तस्थौ तत्र श्रिया ज्वलन् ॥ १५
प्रतिकर्म च रामस्य कारयामास वीर्यवान् । लक्ष्मणस्य च लक्ष्मीवानिक्ष्वाकुकुलवर्धनः ॥ १६
प्रतिकर्म च सीतायाः सर्वा दशरथस्त्रियः । आत्मनैव तदा चक्रुर्मनस्विन्यो मनोहरम् ॥ १७
ततो वानरपत्नीनां सर्वासामेव शोभनम् । चकार यत्नात्कौसल्या प्रहृष्टा पुत्रवत्सला ॥ १८
ततः शत्रुघ्नवचनात्सुमन्त्रो नाम सारथिः । योजयित्वाभिचक्राम रथं सर्वाङ्गशोभनम् ॥ १९
अर्कमण्डलसंकाशं दिव्यं दृष्ट्वा रथं स्थितम् । आरुरोह महाबाहू रामः परपुरंजयः ॥ २०
सुग्रीवो हनुमांश्चैव महेन्द्रसदृशद्युती । स्नातौ दिव्यनिभैर्वस्त्रैर्जग्मतुः शुभकुण्डलौ ॥ २१
सर्वाभरणजुष्टाश्च ययुस्ताः शुभकुण्डलाः । सुग्रीवपत्न्यः सीता च द्रष्टुं नगरमुत्सुकाः ॥ २२
अयोध्यायां च सचिवा राज्ञो दशरथस्य च । पुरोहितं पुरस्कृत्य मन्त्रयामासुरर्थवत् ॥ २३
अशोको विजयश्चैव सिद्धार्थश्च समाहिताः । मन्त्रयन्रामवृद्ध्यर्थं वृत्त्यर्थं नगरस्य च ॥ २४
सर्वमेवाभिषेकार्थं जयार्हस्य महात्मनः । कर्तुमर्हथ रामस्य यद्यन्मङ्गलपूर्वकम् ॥ २५
इति ते मन्त्रिणः सर्वे संदिश्य च पुरोहितः । नगरान्निर्ययुस्तूर्णं रामदर्शनबुद्धयः ॥ २६
हरियुक्तं सहस्राक्षो रथमिन्द्र इवानघः । प्रययौ रथमास्थाय रामो नगरमुत्तमम् ॥ २७
जग्राह भरतो रश्मीञ्शत्रुघ्नश्छत्रमाददे । लक्ष्मणो व्यजनं तस्य मूर्ध्नि संवीजयंस्तदा ॥ २८
श्वेतं च वालव्यजनं जगृहे परितः स्थितः । अपरं चन्द्रसंकाशं राक्षसेन्द्रो विभीषणः ॥ २९
ऋषिसङ्घैस्तदाकाशे देवैश्च समरुद्गणैः । स्तूयमानस्य रामस्य शुश्रुवे मधुरध्वनिः ॥ ३०
ततः शत्रुंजयं नाम कुञ्जरं पर्वतोपमम् । आरुरोह महातेजाः सुग्रीवः प्लवगर्षभः ॥ ३१
नव नागसहस्राणि ययुरास्थाय वानराः । मानुषं विग्रहं कृत्वा सर्वाभरणभूषिताः ॥ ३२
शङ्खशब्दप्रणादैश्च दुन्दुभीनां च निःस्वनैः । प्रययौ पुरुषव्याघ्रस्तां पुरीं हर्म्यमालिनीम् ॥ ३३
ददृशुस्ते समायान्तं राघवं सपुरःसरम् । विराजमानं वपुषा रथेनातिरथं तदा ॥ ३४
ते वर्धयित्वा काकुत्स्थं रामेण प्रतिनन्दिताः । अनुजग्मुर्महात्मानं भ्रातृभिः परिवारितम् ॥ ३५
अमात्यैर्ब्राह्मणैश्चैव तथा प्रकृतिभिर्वृतः । श्रिया विरुरुचे रामो नक्षत्रैरिव चन्द्रमाः ॥ ३६
स पुरोगामिभिस्तूर्यैस्तालस्वस्तिकपाणिभिः । प्रव्याहरद्भिर्मुदितैर्मङ्गलानि वृतो ययौ ॥ ३७

कालावधिरुच्यते । यावती च वसुंधरेति देशावधिरुच्यते ॥ ११ ॥ प्रतिजग्राह । भरतस्य वच इति शेषः ॥ १२ ॥ श्मश्रुवर्धनाः । तच्छेदका नापिता इत्यर्थः । 'वर्धनच्छेदनेऽथ द्वे आनन्दनसभाजने' इत्यमरः ॥ १३ ॥ पूर्वं त्विति । अत्र भरतलक्ष्मणयोः स्नानाद्यभिधानकाले शत्रुघ्नस्य तदनभिधानं तु स्नानकारयितृत्वात् । उपलक्षणं वा ॥ १४ ॥ १५ ॥ इक्ष्वाकुकुलवर्धनः शत्रुघ्नः ॥ १६ ॥ प्रतिकर्मालंकरणम् । आत्मनैव न सैरन्ध्रीहस्तेनेत्यर्थः ॥ १७ ॥ शोभनमलंकरणम् ॥ १८ ॥ अभिचक्राम समीपमाजगाम ॥ १९ ॥ २० ॥ दिव्यनिभैर्दिव्यकान्तिभिर्वस्त्रैर्युक्तौ जग्मतुः । रथस्थं राममनुजग्मतुरित्यर्थः ॥ २१ ॥ २२ ॥ अयोध्यायां चेति । तस्मिन्नन्तरे इत्यादिः । पुरोहितं वसिष्ठम् । अर्थवत्प्रयोजनोत्तमवत् । रामाभिषेकोपयुक्तमशेषविचारं चक्रुरित्यर्थः ॥ २३ ॥ तदेवाह—अशोक इत्यादि । अशोकादयो रामवृद्ध्यर्थं नगरस्य च वृत्त्यर्थं संगता मन्त्रयन्नमन्त्रयन् ॥ २४ ॥ तदेवाह—सर्वमेवेति । कर्तुमर्हथेति भृत्यान्प्रत्युक्तिः ॥ २५ ॥ मन्त्रिणः पुरोहितश्चैवं संदिश्य निर्ययुः ॥ २६ ॥ २७ ॥ लक्ष्मणो व्यजनं तालवृन्तमयम् ॥ २८ ॥ अपरं श्वेतं वालव्यजनं विभीषणो जगृहे ॥ २९ ॥ ३० ॥ ३१ ॥ नवनागसहस्राणि । नवसहस्रसंख्याकगजानित्यर्थः ॥ ३२ ॥ शङ्खशब्दप्रणादैः । शङ्खशब्दैर्जनानां हर्षप्रणादैश्चेत्यर्थः । तदुक्तं पाद्मे—'आगतो रावणद्वेषी कुम्भकर्णखरान्तकः । अतिकायेन्द्रजिच्छेत्ता महर्षिजनरक्षकः ॥ समाप्तदेवताकार्यः सीतेशो लक्ष्मणानुजः । सत्यैकनिरतः शास्ता परदारसहोदरः । सुग्रीवराज्यदो धन्वी रावणानुजराज्यदः । शरणागतसंत्राता धर्मस्थापनतत्परः ॥ रामो दाशरथिः श्रीमान्भगवान्भरताग्रजः । शरण्यो राम इत्येवं शुश्रुवे काहलध्वनिः ॥' इति ॥ ३३ ॥ ते नागराः ॥ ३४ ॥ ते नागरा वर्धयित्वा । आशीर्भिरिति शेषः ॥ ३५ ॥ ॥ ३६ ॥ तूर्यैस्तूर्यवादकैः । स्वस्तिकश्च तालवदेव करतल-

अक्षतं जातरूपं च गावः कन्याः सहद्विजाः । नरा मोदकहस्ताश्च रामस्य पुरतो ययुः ॥ ३८
सख्यं च रामः सुग्रीवे प्रभावं चानिलात्मजे । वानराणां च तत्कर्म ह्याचचक्षेऽथ मन्त्रिणाम् ॥ ३९
श्रुत्वा च विस्मयं जग्मुरयोध्यापुरवासिनः । वानराणां च तत्कर्म राक्षसानां च तद्बलम् ॥ ४०
द्युतिमानेतदाख्याय रामो वानरसंयुतः । हृष्टपुष्टजनाकीर्णामयोध्यां प्रविवेश सः ॥ ४१
ततो ह्यभ्युच्छ्रयन्पौराः पताकाश्च गृहे गृहे । ऐक्ष्वाकाध्युषितं रम्यमाससाद पितुर्गृहम् ॥ ४२
अथाब्रवीद्राजपुत्रो भरतं धर्मिणां वरम् । अर्थोपहितया वाचा मधुरं रघुनन्दनः ॥ ४३
पितुर्भवनमासाद्य प्रवेश्य च महात्मनः । कौसल्यां च सुमित्रां च कैकेयीमभिवाद्य ॥ ४४
तच्च मद्भवनं श्रेष्ठं साशोकवनिकं महत् । मुक्तावैदूर्यसंकीर्णं सुग्रीवाय निवेदय ॥ ४५
तस्य तद्वचनं श्रुत्वा भरतः सत्यविक्रमः । हस्ते गृहीत्वा सुग्रीवं प्रविवेश तमालयम् ॥ ४६
ततस्तैलप्रदीपांश्च पर्यङ्कास्तरणानि च । गृहीत्वा विविशुः क्षिप्रं शत्रुघ्नेन प्रचोदिताः ॥ ४७
उवाच च महातेजाः सुग्रीवं राघवानुजः । अभिषेकाय रामस्य दूतानाज्ञापय प्रभो ॥ ४८
सौवर्णान्वानरेन्द्राणां चतुर्णां चतुरो घटान् । ददौ क्षिप्रं स सुग्रीवः सर्वरत्नविभूषितान् ॥ ४९
तथा प्रत्यूषसमये चतुर्णां सागराम्भसाम् । पूर्णैर्घटैः प्रतीक्षध्वं तथा कुरुत वानराः ॥ ५०
एवमुक्ता महात्मानो वानरा वारणोपमाः । उत्पेतुर्गगनं शीघ्रं गरुडा इव शीघ्रगाः ॥ ५१
जाम्बवांश्च हनूमांश्च वेगदर्शी च वानरः । ऋषभश्चैव कलशाञ्जलपूर्णानथानयन् ॥ ५२
नदीशतानां पञ्चानां जलं कुम्भैरुपाहरन् । पूर्वात्समुद्रात्कलशं जलपूर्णमथानयत् ॥ ५३
सुषेणः सत्त्वसंपन्नः सर्वरत्नविभूषितम् । ऋषभो दक्षिणात्तूर्णं समुद्राज्जलमानयत् ॥ ५४
रक्तचन्दनकर्पूरैः संवृतं काञ्चनं घटम् । गवयः पश्चिमात्तोयमाजहार महार्णवात् ॥ ५५
रत्नकुम्भेन महता शीतं मारुतविक्रमः । उत्तराच्च जलं शीघ्रं गरुडानिलविक्रमः ॥ ५६
आजहार स धर्मात्मानिलः सर्वगुणान्वितः । ततस्तैर्वानरश्रेष्ठैरानीतं प्रेक्ष्य तज्जलम् ॥ ५७
अभिषेकाय रामस्य शत्रुघ्नः सचिवैः सह । पुरोहिताय श्रेष्ठाय सुहृद्भ्यश्च न्यवेदयत् ॥ ५८
ततः स प्रयतो वृद्धो वसिष्ठो ब्राह्मणैः सह । रामं रत्नमये पीठे ससीतं सन्यवेशयत् ॥ ५९
वसिष्ठो विजयश्चैव जावालिरथ काश्यपः । कात्यायनो गौतमश्च वामदेवस्तथैव च ॥ ६०
अभ्यषिञ्चन्नरव्याघ्रं प्रसन्नेन सुगन्धिना । सलिलेन सहस्राक्षं वसवो वासवं यथा ॥ ६१
ऋत्विग्भिर्ब्राह्मणैः पूर्वं कन्याभिर्मन्त्रिभिस्तथा । योधैश्चैवाभ्यषिञ्चंस्ते संप्रहृष्टैः सनैगमैः ॥ ६२
सर्वौषधिरसैश्चापि दैवतैर्नभसि स्थितैः । चतुर्भिर्लोकपालैश्च सर्वैर्देवैश्च संगतैः ॥ ६३

धार्यः । मङ्गलानि प्रत्याहरद्भिरित्यन्वयः ॥ ३७ ॥ अक्षतादिकं मङ्गलार्थम् । जातरूपमक्षतम् । संपादितहरिद्रादिवर्णविशेषमित्यर्थः । अक्षतादीनां पुरतो यानं तद्ग्राहिपुरुषद्वारा ॥ ३८ ॥ ॥ ३९ ॥ ४० ॥ ४१ ॥ अभ्युच्छ्रयन्नभ्युदश्रयन् ॥ ४२ ॥ ४३ ॥ पितुर्भवनमासाद्य तत्र महात्मनः सुग्रीवादीन्मुख्यान्प्रवेश्य कौसल्याद्या अभिवाद्य । वानरैरिति शेषः । इति भरतमब्रवीदिति संबन्धः । तत्र पूर्वं सुग्रीवादिप्रवेशबीजमुक्तं पाद्मे—'स्वं श्रीमद्भवनं रामो भक्तपादाब्जरेणुभिः । शुद्धीकर्तुमना राजा हनूमन्तमकल्मषम् । विभीषणं च सुग्रीवं गृहं प्रावेशयत्तदा ॥' इति । आपाततस्तु कौसल्यादिप्रणामकरणं फलमिति भाति । आन्तरं मुख्यं तु पाद्मोक्तं बोध्यम् । पूर्वं तु रामेणैकान्त एव तद्वन्दनं कृतम्, न तु सर्वसमक्षमिति गम्यते ॥ ४४ ॥ ४५ ॥ ४६ ॥ ततः शत्रुघ्नेन प्रचोदिता राजभवनरक्षका अभ्यन्तरप्रदेशप्रदर्शनार्थं तैलप्रदीपान्गृहीत्वा भरतसुग्रीवयोः पुरः प्रविविशुः ॥ ४७ ॥ उवाचेति । रामभवनप्रदर्शनानन्तरमिति शेषः । राघवानुजो भरतः ॥ ४८ ॥ चतुर्णां चतुःसागरगामिनां जाम्बवदादीनाम् ॥ ४९ ॥ चतुर्णां सागराम्भसां तैः पूर्णैर्घटैः सहिताः प्रत्यूषसमये यथास्मान्प्रतीक्षध्वं प्रतीक्षिष्यध्वं तथा कुरुतेति योजना ॥ ५० ॥ ५१ ॥ जाम्बवांश्चेति । अत्र चकारैः सुषेणगवयादिपञ्चशतवानरपरिग्रहः । तद्वक्ष्यति—नदीशतानां पञ्चानामिति । अतएव सुषेणगवययोः समुद्रजलाहर्तृत्वेन वक्ष्यमाणेन न विरोधः ॥ ५२ ॥ ५३ ॥ ५४ ॥ ५५ ॥ ५६ ॥ अनिलो हनूमान् । तत्प्रसिद्धं नदीतीर्थसागराणां जलम् ॥ ५७ ॥ श्रेष्ठाय पुरोहिताय वसिष्ठाय ॥ ५८ ॥ प्रयतः प्रयत्नवान् । रत्नमये पीठे रत्नसिंहासने । ससीतं सीतासहितम् ॥ ५९ ॥ ६० ॥ प्रसन्नेन निर्मलेन सकलवैदिकमन्त्रमन्त्रितत्वादतिपवित्रेण च सलिलेन नरव्याघ्रमभ्यषिञ्चन् ॥ ६१ ॥ ऋत्विग्भिरित्यादि । अत्र वसिष्ठादयः प्रयोजककर्तारः । कन्याभिः षोडशसंख्याभिः । अभ्यषिञ्चन्नभ्यषेचयन् । ते वसिष्ठादयः । नैगमा वणिजः ॥ ६२ ॥ नभसि स्थितैः सर्वदेवसहितैर्लोकपालदेवतैः सर्वौषधिरसैरभ्यषेचयन्वसिष्ठादयः ॥ ६३ ॥

ब्रह्मणा निर्मितं पूर्वं किरीटं रत्नशोभितम् । अभिषिक्तः पुरा येन मनुस्तं दीप्ततेजसम् ॥ ६४
तस्यान्ववाये राजानः क्रमाद्येनाभिषेचिताः । सभायां हेमक्लृप्तायां शोभितायां महाधनैः ॥ ६५
रत्नैर्नानाविधैश्चैव चित्रितायां सुशोभनैः । नानारत्नमये पीठे कल्पयित्वा यथाविधि ॥ ६६
किरीटेन ततः पश्चाद्वसिष्ठेन महात्मना । ऋत्विग्भिर्भूषणैश्चैव समयोक्ष्यत राघवः ॥ ६७
छत्रं तस्य च जग्राह शत्रुघ्नः पाण्डुरं शुभम् । श्वेतं च वालव्यजनं सुग्रीवो वानरेश्वरः ॥ ६८
अपरं चन्द्रसंकाशं राक्षसेन्द्रो विभीषणः । मालां ज्वलन्तीं वपुषा काञ्चनीं शतपुष्कराम् ॥ ६९
राघवाय ददौ वायुर्वासवेन प्रचोदितः । सर्वरत्नसमायुक्तं मणिभिश्च विभूषितम् ॥ ७०
मुक्ताहारं नरेन्द्राय ददौ शक्रप्रचोदितः । प्रजगुर्देवगन्धर्वा ननृतुश्चाप्सरोगणाः ॥ ७१
अभिषेके तदर्हस्य तदा रामस्य धीमतः । भूमिः सस्यवती चैव फलवन्तश्च पादपाः ॥ ७२
गन्धवन्ति च पुष्पाणि बभूवू राघवोत्सवे । सहस्रशतमश्वानां धेनूनां च गवां तथा ॥ ७३
ददौ शतवृषान्पूर्वं द्विजेभ्यो मनुजर्षभः । त्रिंशत्कोटीर्हिरण्यस्य ब्राह्मणेभ्यो ददौ पुनः ॥ ७४
नानाभरणवस्त्राणि महार्हाणि च राघवः । अर्करश्मिप्रतीकाशां काञ्चनीं मणिविग्रहाम् ॥ ७५
सुग्रीवाय स्रजं दिव्यां प्रायच्छन्मनुजाधिपः । वैदूर्यमयचित्रे च चन्द्ररश्मिविभूषिते ॥ ७६
वालिपुत्राय धृतिमानङ्गदायाङ्गदे ददौ । मणिप्रवरजुष्टं तं मुक्ताहारमनुत्तमम् ॥ ७७
सीतायै प्रददौ रामश्चन्द्ररश्मिसमप्रभम् । अरजे वाससी दिव्ये शुभान्याभरणानि च ॥ ७८
अवेक्षमाणा वैदेही प्रददौ वायुसूनवे । अवमुच्यात्मनः कण्ठाद्धारं जनकनन्दिनी ॥ ७९
अवैक्षत हरीन्सर्वान्भर्तारं च मुहुर्मुहुः । तामिङ्गितज्ञः संप्रेक्ष्य बभाषे जनकात्मजाम् ॥ ८०
प्रदेहि सुभगे हारं यस्य तुष्टासि भामिनि । अथ सा वायुपुत्राय तं हारमसितेक्षणा ॥ ८१
तेजो धृतिर्यशो दाक्ष्यं सामर्थ्यं विनयो नयः । पौरुषं विक्रमो बुद्धिर्यस्मिन्नेतानि नित्यदा ॥ ८२
हनूमांस्तेन हारेण शुशुभे वानरर्षभः । चन्द्रांशुचयगौरेण श्वेताभ्रेण यथाचलः ॥ ८३
सर्वे वानरवृद्धाश्च ये चान्ये वानरोत्तमाः । वासोभिर्भूषणैश्चैव यथार्हं प्रतिपूजिताः ॥ ८४
विभीषणोऽथ सुग्रीवो हनूमाञ्जाम्बवांस्तथा । सर्वे वानरमुख्याश्च रामेणाक्लिष्टकर्मणा ॥ ८५
यथार्हं पूजिताः सर्वे कामै रत्नैश्च पुष्कलैः । प्रहृष्टमनसः सर्वे जग्मुरेव यथागतम् ॥ ८६
ततो द्विविदमैन्दाभ्यां नीलाय च परंतपः । सर्वान्कामगुणान्वीक्ष्य प्रददौ वसुधाधिपः ॥ ८७
दृष्ट्वा सर्वे महात्मानस्ततस्ते वानरर्षभाः । विसृष्टाः पार्थिवेन्द्रेण किष्किन्धां समुपागमन् ॥ ८८
सुग्रीवो वानरश्रेष्ठो दृष्ट्वा रामाभिषेचनम् । पूजितश्चैव रामेण किष्किन्धां प्राविशत्पुरीम् ॥ ८९
विभीषणोऽपि धर्मात्मा सह तैर्नैर्ऋतर्षभैः । लब्ध्वा कुलधनं राजा लङ्कां प्रायान्महायशाः ॥ ९०

येन किरीटेन मनुरभिषिक्तो युक्तः ॥ ६४ ॥ अन्ववायो वंशः । येन वसिष्ठेन । तद्वंशे राजान उच्यमानगुणायां सभायामभिषेचिताः ॥ ६५ ॥ तस्यां सभायां पीठे दीप्ततेजसं रामं कल्पयित्वोपवेश्य यथाविध्यभिषिच्य ॥ ६६ ॥ पश्चादभिषेकानन्तरं तेन किरीटेन तेन वसिष्ठेन राघवः समयोक्ष्यत संयुक्तः कृतः । ऋत्विग्भिश्च भूषणैः संयुक्तः कृतः । आर्षो लङ् ॥ ६७ ॥ ६८ ॥ शतपुष्करां शतपद्मनिर्मिताम् ॥ ६९ ॥ ७० ॥ शक्रप्रचोदित इति । वायुरित्यनुकृष्यते । वायुद्वारा दिव्यां स्वीयां काञ्चनमालां मुक्ताहारं च भगवान्महेन्द्रो ददावित्यर्थः ॥ ७१ ॥ तदर्हस्य देवगीतनृत्ताद्यर्हस्य । अभिषेके सतीत्यर्थः ॥ ७२ ॥ सहस्रशतं लक्षम्, धेनूनां गवाम् । नवप्रसूतगवामित्यर्थः । शतशब्दोऽनन्तवाची वा ॥ ७३ ॥ पूर्वं गवादिदानानि कृत्वा तदनन्तरं भूयसीत्वेन त्रिंशत्कोटीर्हिरण्यं ददौ ॥ ७४ ॥ ७५ ॥ ७६ ॥ ७७ ॥ ७८ ॥ अवेक्षमाणा तत्कृतमुपकारं चिन्तयन्ती प्रददौ । प्रदातुमियेषेत्यर्थः । आत्मनः कण्ठाद्धारमवमुच्य दित्सया भर्त्रनुमतये भर्तारमवैक्षत ॥ ७९ ॥ ८० ॥ अथ भर्त्रनुमत्यनन्तरं सा वायुपुत्राय ददाविति शेषः ॥ ८१ ॥ तत्र हेतुः पौरुषादि तेजआदि च । यत्र हनूमति । नित्यदा नित्यम् । आर्षो दाप्रत्ययः ॥ ८२ ॥ ८३ ॥ ८४ ॥ ८५ ॥ कामैः स्रक्चन्दनान्नपानाद्यैः ॥ ८६ ॥ वीक्ष्य मैन्दद्विविदनीलान्दृष्ट्वा तेभ्यः सर्वान्कामगुणानत्युत्तमान्रत्नादीन्ददौ ॥ ८७ ॥ ८८ ॥ ८९ ॥ लब्ध्वा कुलधनमिति । स्वकुलधनं लङ्काराज्यमित्यर्थः । यत्तु इक्ष्वाकुकुलदैवतं रङ्गं विमानमिति, तन्न । पाद्मेऽवतारसमाप्तिसमये तद्दानस्योक्तत्वात् । तथा च तत्र विभीषणं प्रति रामवचनम्—'यावच्चन्द्रश्च सूर्यश्च यावत्तिष्ठति मेदिनी । तावद्रमस्व राज्यस्थः काले मम पदं व्रज ॥ इत्युक्त्वा प्रददौ तस्मै स्वविश्लेषासहिष्णवे । श्रीरङ्गस्वामिनं स्वार्चामिक्ष्वाकुकुलदैवतम् ॥ रङ्गं

स राज्यमखिलं शासन्निहतारिर्महायशाः । राघवः परमोदारः शशास परया मुदा ।
उवाच लक्ष्मणं रामो धर्मज्ञं धर्मवत्सलः ॥ ९१

आतिष्ठ धर्मज्ञ मया सहेमां गां पूर्वराजाध्युषितां बलेन ।
तुल्यं यथा त्वं पितृभिः पुरस्तात्तैर्यौवराज्ये धुरमुद्वहस्व ॥ ९२
सर्वात्मना पर्यनुनीयमानो यदा न सौमित्रिरुपैति योगम् ।
नियुज्यमानो भुवि यौवराज्ये ततोऽभ्यषिञ्चद्भरतं महात्मा ॥ ९३

पौण्डरीकाश्वमेधाभ्यां वाजिमेधेन चासकृत् । अन्यैश्च विविधैर्यज्ञैरयजत्पार्थिवात्मजः ॥ ९४
राज्यं दशसहस्राणि प्राप्य वर्षाणि राघवः । दशाश्वमेधानाजह्रे सदश्वान्भूरिदक्षिणान् ॥ ९५
आजानुलम्बिबाहुः स महावक्षाः प्रतापवान् । लक्ष्मणानुचरो रामः शशास पृथिवीमिमाम् ॥ ९६
राघवश्चापि धर्मात्मा प्राप्य राज्यमनुत्तमम् । ईजे बहुविधैर्यज्ञैः ससुतभ्रातृबान्धवः ॥ ९७
न पर्यदेवन्विधवा न च व्यालकृतं भयम् । न व्याधिजं भयं चासीद्रामे राज्यं प्रशासति ॥ ९८
निर्दस्युरभवल्लोको नानर्थं कश्चिदस्पृशत् । न च स्म वृद्धा बालानां प्रेतकार्याणि कुर्वते ॥ ९९
सर्वं मुदितमेवासीत्सर्वो धर्मपरोऽभवत् । राममेवानुपश्यन्तो नाभ्यहिंसन्परस्परम् ॥ १००
आसन्वर्षसहस्राणि तथा पुत्रसहस्रिणः । निरामया विशोकाश्च रामे राज्यं प्रशासति ॥ १०१
नित्यमूला नित्यफलास्तरवस्तत्र पुष्पिताः । कामवर्षी च पर्जन्यः सुखस्पर्शश्च मारुतः ॥ १०२
स्वकर्मसु प्रवर्तन्ते तुष्टाः स्वैरेव कर्मभिः । आसन्प्रजा धर्मपरा रामे शासति नानृताः ॥ १०३
सर्वे लक्षणसंपन्नाः सर्वे धर्मपरायणाः । दशवर्षसहस्राणि रामो राज्यमकारयत् ॥ १०४
धर्म्यं यशस्यमायुष्यं राज्ञां च विजयावहम् । आदिकाव्यमिदं चार्षं पुरा वाल्मीकिना कृतम् ॥ १०५
यः शृणोति सदा लोके नरः पापात्प्रमुच्यते । पुत्रकामश्च पुत्रान्वै धनकामो धनानि च ॥ १०६
लभते मनुजो लोके श्रुत्वा रामाभिषेचनम् । महीं विजयते राजा रिपूंश्चाप्यधितिष्ठति ॥ १०७
राघवेण यथा माता सुमित्रा लक्ष्मणेन च । भरतेन च कैकेयी जीवपुत्रास्तथा स्त्रियः ॥ १०८
श्रुत्वा रामायणमिदं दीर्घमायुश्च विन्दति । रामस्य विजयं चेमं सर्वमक्लिष्टकर्मणः ॥ १०९
शृणोति य इदं काव्यं पुरा वाल्मीकिना कृतम् । श्रद्दधानो जितक्रोधो दुर्गाण्यतितरत्यसौ ॥ ११०
समागम्य प्रवासान्ते रमन्ते सह बान्धवैः । शृण्वन्ति य इदं काव्यं पुरा वाल्मीकिना कृतम् ॥ १११
ते प्रार्थितान्वरान्सर्वान्प्राप्नुवन्तीह राघवात् । श्रवणेन सुराः सर्वे प्रीयन्ते संप्रशृण्वताम् ॥ ११२
विनायकाश्च शाम्यन्ति गृहे तिष्ठति यस्य वै । विजयेत महीं राजा प्रवासी स्वस्तिमान्भवेत् ॥ ११३
स्त्रियो रजस्वलाः श्रुत्वा पुत्रान्सूयुरनुत्तमान् । पूजयंश्च पठंश्चैनमितिहासं पुरातनम् ॥ ११४
सर्वपापैः प्रमुच्येत दीर्घमायुरवाप्नुयात् । प्रणम्य शिरसा नित्यं श्रोतव्यं क्षत्रियैर्द्विजात् ॥ ११५
ऐश्वर्यं पुत्रलाभश्च भविष्यति न संशयः । रामायणमिदं कृत्स्नं शृण्वतः पठतः सदा ॥ ११६

विमानमादाय लङ्कां प्रायाद्विभीषणः ॥' इति ॥ ९० ॥ शासन्दुष्टनिग्रहं कुर्वञ्शशास पालयामास ॥ ९१ ॥ चतुरङ्गबलेन सह पूर्वराजाध्युषितामिमां गां मया सहातिष्ठ । पूर्वे राजानो मन्वादयस्तैरध्युषितां पालिताम् । कीदृशमास्थानं मया भुवः कर्तव्यं भवता सहेत्यत्राह—तुल्यमित्यादि । पुरस्तान्महाराज्याभिषेकात्पूर्वं पितृभिः स्वपितृभिस्तुल्यं यथा भवति तथा तैर्या यौवराज्ये धूर्धृता तां धुरमुद्वहस्व आत्मना सह वनवासे दुःखानुभवाद्राज्ये सहसुखानुभवार्थं लक्ष्मणं प्रति यौवराज्यप्रार्थनेति भावः ॥ ९२ ॥ सर्वात्मना पर्यनुनीयमानः । ज्येष्ठे भरते विद्यमानेऽहं यौवराज्यानर्ह इति निषेधे क्रियमाणेऽपि पुनःपुनरनुनीयमान इत्यर्थः । नियुज्यमानोऽपि न्यायप्राप्तस्वीययौवराज्येन भरतेनानुनीयमानोऽपि योगं यौवराज्यसंसर्गं नोपैति नेच्छति स्म । ततो भरतं यौवराज्येऽभ्यषेचयत् ॥ ९३ ॥ पौण्डरीकाश्वमेधेत्याद्युत्तरकाण्डार्थसंक्षेपः । पौण्डरीकाश्वमेधाभ्यामिति सामान्यत उक्त्वा तत्रैव विशेषमाह—वाजिमेधेन चासकृदिति ॥ ९४ ॥ ९५ ॥ ९६ ॥ ९७ ॥ ९८ ॥ ९९ ॥ १०० ॥ वर्षसहस्राण्यासन् । जना इति शेषः ॥ १०१ ॥ १०२ ॥ १०३ ॥ १०४ ॥ आर्षमृषिर्वेदस्तत्संबन्धि । वेदोपबृंहणमिति यावत् । पुरा पुरातनम् ॥ १०५ ॥ १०६ ॥ रामाभिषेचनम् । तदवधिकमित्यर्थः । रिपूनधितिष्ठति । तान्विजयते इत्यर्थः ॥ १०७ ॥ १०८ ॥ ॥ १०९ ॥ ११० ॥ १११ ॥ 'संप्रशृण्वताम्' इति पाठः ॥ ११२ ॥ विनायका विघ्नकारिणो देवगणविशेषाः ॥ ११३ ॥ स्त्रियो रजस्वलाः शुद्धस्नानानन्तरं षोडशदिनावधि ॥ ११४ ॥ ॥ ११५ ॥ सदेत्यनेन कालत्रयेऽपीत्यर्थः ॥ ११६ ॥ ११७

प्रीयते सततं रामः स हि विष्णुः सनातनः । आदिदेवो महाबाहुर्हरिर्नारायणः प्रभुः ॥ ११७
एवमेतत्पुरावृत्तमाख्यानं भद्रमस्तु वः । प्रव्याहरत विस्रब्धं बलं विष्णोः प्रवर्धताम् ॥ ११८
देवाश्च सर्वे तुष्यन्ति ग्रहणाच्छ्रवणात्तथा । रामायणस्य श्रवणे तृप्यन्ति पितरः सदा ॥ ११९
भक्त्या रामस्य ये चेमां संहितामृषिणा कृताम् । ये लिखन्तीह च नरास्तेषां वासस्त्रिविष्टपे ॥ १२०
कुटुम्बवृद्धिं धनधान्यवृद्धिं स्त्रियश्च मुख्याः सुखमुत्तमं च ।
श्रुत्वा शुभं काव्यमिदं महार्थं प्राप्नोति सर्वो भुवि चार्थसिद्धिम् ॥ १२१
आयुष्यमारोग्यकरं यशस्यं सौभ्रातृकं बुद्धिकरं शुभं च ।
श्रोतव्यमेतन्नियमेन सद्भिराख्यानमोजस्करमृद्धिकामैः ॥ १२२

इत्यार्षे श्रीमद्रामायणे वाल्मीकीय आदिकाव्ये युद्धकाण्डेऽष्टाविंशत्यधिकशततमः सर्गः ॥ १२८ ॥

इति श्रीगोमतीतीरनैमिषारण्याश्वमेधसत्तन्तुवाटगतमुनीन्द्रद्विजेन्द्रादिवसुधाधिपेन्द्रपरिवृतस्य मुनिवृन्दारकवृन्दवन्द्यमानकोरकाकारचरणयुगलस्य सभ्रातृसन्मित्रसन्मन्त्रिसहितस्य साकेतपुरवराधीश्वरस्य दीनानां दैन्यहरण उदीर्णवीर्योत्सिक्तरावणवधार्थं देवैः प्रार्थितस्य रघुकुलतिलकसंभूतस्य श्रीसीताविशेषकस्य लक्ष्मीपतेः साम्यांशस्य लक्ष्मीवतो राजाधिराजस्य लोकाभिरामस्य निकटोक्तयोः श्रीरामात्मजयोरादिकविशिष्ययोः कुशलवयोराख्याने श्रीमद्रामायणे वाल्मीकीय आदिकाव्ये चतुर्विंशतिसहस्रिकायां संहितायां श्रीमद्युद्धकाण्डे पञ्चविंशेऽह्नि वर्तमानकथाप्रसङ्गः समाप्तः ।

॥ ११८ ॥ ११९ ॥ ये ऋषिणा कृतां मुनिना कृतां रामस्य संहिताम् । रामायणमित्यर्थः । लिखन्ति च । चाच्छृण्वन्ति । त्रिविष्टपे ब्रह्मलोके । 'शृण्वन्रामायणं भक्त्या यः पादं पदमेव वा । स याति ब्रह्मणः स्थानं ब्रह्मणा पूज्यते सदा ॥' इति वचनात् । अत्र फलश्रुतिश्लोकाः कतकव्याख्याने नोपलभ्यन्ते ॥ १२० ॥ १२१ ॥ १२२ ॥ इति श्रीरामाभिरामे श्रीरामीये रामायणतिलके वाल्मीकीय आदिकाव्ये युद्धकाण्डेऽष्टाविंशाधिकशततमः सर्गः ॥ १२८ ॥

निर्मलं कतकक्षोदादपि रामायणार्णवम् ।
अत्यन्तं निर्मलं चक्रे रामः स्वमतिवाससा ॥
भद्रनागेशपूज्येन सेतुः श्रीरामवर्मणा ।
कृतः सर्वोपकृतये श्रीमद्रामायणाम्बुधौ ॥
युद्धे हतो दशग्रीवः सगर्वो वीतकल्मषः ।
पश्यन्रामात्मकं विश्वं स्वयं रामो बभूव ह ॥
युद्धे युद्धादिभिः श्रान्तान्वानरान्प्रतिपूज्य च ।
स्वानन्देनास्थितोऽयोध्यां रामः पातु स सर्वतः ॥

इति श्रीरामायणे युद्धकाण्डं समाप्तम् ।

॥ श्रीः ॥

आदिकविश्रीवाल्मीकिमहामुनिप्रणीतं

रामायणम् ।

तिलकाख्यया व्याख्यया समेतम् ।

उत्तरकाण्डम् ।

प्रथमः सर्गः ।

प्राप्तराज्यस्य रामस्य राक्षसानां वधे कृते । आजग्मुर्मुनयः सर्वे राघवं प्रतिनन्दितुम् ॥ १

कौशिकोऽथ यवक्रीतो गार्ग्यो गालव एव च । कण्वो मेधातिथेः पुत्रः पूर्वस्यां दिशि ये श्रिताः २

स्वस्त्यात्रेयश्च भगवान्नमुचिः प्रमुचिस्तथा । अगस्त्योऽत्रिश्च भगवान्सुमुखो विमुखस्तथा ॥ ३

आजग्मुस्ते सहागस्त्या ये श्रिता दक्षिणां दिशम् । नृषङ्गुः कवषी धौम्यः कौषेयश्च महानृषिः ॥ ४

तेऽप्याजग्मुः सशिष्या वै ये श्रिताः पश्चिमां दिशम् । वसिष्ठः कश्यपोऽथात्रिर्विश्वामित्रः सगौतमः ५

जमदग्निर्भरद्वाजस्तेऽपि सप्तर्षयस्तथा । उदीच्यां दिशि सप्तैते नित्यमेव निवासिनः ॥ ६

संप्राप्यैते महात्मानो राघवस्य निवेशनम् । विष्ठिताः प्रतिहारार्थं हुताशनसमप्रभाः ॥ ७

वेदवेदाङ्गविदुषो नानाशास्त्रविशारदाः । द्वाःस्थं प्रोवाच धर्मात्मा अगस्त्यो मुनिसत्तमः ॥ ८

निवेद्यतां दाशरथेर्ऋषयो वयमागताः । प्रतीहारस्ततस्तूर्णमगस्त्यवचनाद्द्रुतम् ॥ ९

समीपं राघवस्याशु प्रविवेश महात्मनः । नयेङ्गितज्ञः सद्वृत्तो दक्षो धैर्यसमन्वितः ॥ १०

स रामं दृश्य सहसा पूर्णचन्द्रसमद्युतिम् । अगस्त्यं कथयामास संप्राप्तमृषिसत्तमम् ॥ ११

श्रुत्वा प्राप्तान्मुनींस्तांस्तु बालसूर्यसमप्रभान् । प्रत्युवाच ततो द्वाःस्थं प्रवेशय यथासुखम् ॥ १२

दृष्ट्वा प्राप्तान्मुनींस्तांस्तु प्रत्युत्थाय कृताञ्जलिः । पाद्यार्घ्यादिभिरानर्च गां निवेद्य च सादरम् ॥ १३

रामोऽभिवाद्य प्रयत आसनान्यादिदेश ह । तेषु काञ्चनचित्रेषु महत्सु च वरेषु च ॥ १४

कुशान्तर्धानदत्तेषु मृगचर्मयुतेषु च । यथार्हमुपविष्टास्ते आसनेष्वृषिपुंगवाः ॥ १५

उत्तरे तूत्तरं कार्यं कृत्वायोध्यां निजे पदे ।
स्थापयित्वा स्वयं रेजे रामो नः कुलदैवतम् ॥

अथ रावणस्य ब्रह्मानुग्रहजबलवैभवप्रतिपादनद्वारा तज्जेतृत्वेन भगवति पराक्रमातिशयं प्रतिपादयितुं त्वद्दत्तवैभवं त्वयैवोपसंहृतमिति भगवन्महिमानं च स्तोतुमृषय आगता इत्याह—प्राप्तेति । राक्षसानां वधे कृतेऽनन्तरं प्राप्तराज्यस्य प्राप्तराज्याभिषेकस्य समीपं मुनय आजग्मुः । किमर्थम् । राघवं प्रतिनन्दितुम् । तद्वैभवमभिष्टोतुमित्यर्थः ॥ १ ॥ पूर्वस्यां दिशि ये श्रिताः । पूर्वदिशि प्रधानतया ये स्थिता इत्यर्थः ॥ २ ॥ स्वस्तिकर आत्रेयः स्वस्त्यात्रेयः ॥ ३ ॥ ४ ॥ ५ ॥ तेऽपि । उक्तवसिष्ठादिरूपाः सप्तर्षयोऽप्यागता इत्यर्थः । तेषां स्वरूपकथनम्—उदीच्यां दिशीत्यादि । ननु पुरोहितो वसिष्ठो नित्यं समीप एव वर्तते, को नामासौ वसिष्ठो य उत्तरदिशः कश्यपादिभिः सहागत इति चेच्छृणु । यथागस्त्यस्तेजोमण्डले नक्षत्रमये नित्यस्थितोऽपि योगवैभवाद्भूलोके स्वाश्रमस्थोऽपि, तथा वसिष्ठोऽपि ज्योतिर्मण्डले सप्तर्षिमध्यगोऽप्यस्ति, भूलोके च । तत्र सप्तर्षिमण्डलस्थस्तैः सहागत इत्युच्यते इति वदन्ति ॥ ६ ॥ प्रतिहारो द्वाःस्थः । तदर्थं तन्मुखेन रामाय स्वागमननिवेदनार्थम् । विष्ठिताः । द्वारि स्थिता इत्यर्थः ॥ ७ ॥ अवस्थानानन्तरं सर्वानुमत्यागस्त्यो द्वाःस्थमुवाच ॥ ८ ॥ किमुवाच तदाह—निवेद्यतामिति । तूर्णमिति मानसी त्वरा । द्रुतमिति कायिक्युक्ता ॥ ९ ॥ आश्वित्यनेन राजावसरपरीक्षाभावो विवक्षितः ॥ १० ॥ ११ ॥ १२ ॥ निवेद्य । प्रत्येकमिति शेषः ॥ १३ ॥ वरेषु बहुमूल्येषु ॥ १४ ॥ कुशान्तर्धानदत्तेषु कुशान्तर्धानं दत्तं

रामेण कुशलं पृष्टाः सशिष्याः सपुरोगमाः । महर्षयो वेदविदो रामं वचनमब्रुवन् ।
कुशलं नो महाबाहो सर्वत्र रघुनन्दन ॥ १६
त्वां तु दिष्ट्या कुशलिनं पश्यामो हतशात्रवम् । दिष्ट्या त्वया हतो राजन्रावणो लोकरावणः ॥ १७
नहि भारः स ते राम रावणः पुत्रपौत्रवान् । सधनुस्त्वं हि लोकांस्त्रीन्विजयेथा न संशयः ॥ १८
दिष्ट्या त्वया हतो राम रावणः पुत्रपौत्रवान् । दिष्ट्या विजयिनं त्वाद्य पश्यामः सह सीतया ॥ १९
लक्ष्मणेन च धर्मात्मन्भ्रात्रा त्वद्धितकारिणा । मातृभिर्भ्रातृसहितं पश्यामोऽद्य वयं नृप ॥ २०
दिष्ट्या प्रहस्तो विकटो विरूपाक्षो महोदरः । अकम्पनश्च दुर्धर्षो निहतास्ते निशाचराः ॥ २१
यस्य प्रमाणाद्विपुलं प्रमाणं नेह विद्यते । दिष्ट्या ते समरे राम कुम्भकर्णो निपातितः ॥ २२
त्रिशिराश्चातिकायश्च देवान्तकनरान्तकौ । दिष्ट्या ते निहता राम महावीर्या निशाचराः ॥ २३
दिष्ट्या त्वं राक्षसेन्द्रेण द्वन्द्वयुद्धमुपागतः । देवतानामवध्येन विजयं प्राप्तवानसि ॥ २४
संख्ये तस्य न किंचित्तु रावणस्य पराभवः । द्वन्द्वयुद्धमनुप्राप्तो दिष्ट्या ते रावणिर्हतः ॥ २५
दिष्ट्या तस्य महाबाहो कालस्येवाभिधावतः । मुक्तः सुररिपोर्वीर प्राप्तश्च विजयस्त्वया ॥ २६
अभिनन्दाम ते सर्वे संश्रुत्येन्द्रजितो वधम् । अवध्यः सर्वभूतानां महामायाधरो युधि ॥ २७
विस्मयस्त्वेष चास्माकं तं श्रुत्वेन्द्रजितं हतम् । दत्त्वा पुण्यामिमां वीर सौम्यामभयदक्षिणाम् ।
दिष्ट्या वर्धसि काकुत्स्थ जयेनामित्रकर्शन ॥ २८
श्रुत्वा तु वचनं तेषां मुनीनां भावितात्मनाम् । विस्मयं परमं गत्वा रामः प्राञ्जलिरब्रवीत् ॥ २९
भगवन्तः कुम्भकर्णं रावणं च निशाचरम् । अतिक्रम्य महावीर्यौ किं प्रशंसथ रावणिम् ॥ ३०
महोदरं प्रहस्तं च विरूपाक्षं च राक्षसम् । मत्तोन्मत्तौ च दुर्धर्षौ देवान्तकनरान्तकौ ।
अतिक्रम्य महावीरान्किं प्रशंसथ रावणिम् ॥ ३१
अतिकायं त्रिशिरसं धूम्राक्षं च निशाचरम् । अतिक्रम्य महावीर्यान्किं प्रशंसथ रावणिम् ॥ ३२
कीदृशो वै प्रभावोऽस्य किं बलं कः पराक्रमः । केन वा कारणेनैष रावणादतिरिच्यते ॥ ३३
शक्यं यदि मया श्रोतुं न खल्वाज्ञापयामि वः । यदि गुह्यं न चेद्वक्तुं श्रोतुमिच्छामि कथ्यताम् ॥ ३४
शक्रोऽपि विजितस्तेन कथं लब्धवरश्च सः । कथं च बलवान्पुत्रो न पिता तस्य रावणः ॥ ३५
कथं पितुश्चाप्यधिको महाहवे शक्रस्य जेता हि कथं स राक्षसः ।
वराश्च लब्धाः कथयस्व मेऽद्य पाप्रच्छतश्चास्य मुनीन्द्र सर्वम् ॥ ३६

इत्यार्षे श्रीमद्रामायणे वाल्मीकीय आदिकाव्ये उत्तरकाण्डे प्रथमः सर्गः ॥ १ ॥

कृतं येषु । कुशास्तृतेष्वित्यर्थः ॥ १५ ॥ सपुरोगमाः पुरोगमैः प्रधानैः सहिताः ॥ १६ ॥ हतशात्रवं हतशत्रुसमूहं त्वां भाग्येन कुशलिनं पश्यामः, तेन नः कुशलमेव । यस्त्वया शत्रुर्हतस्तेनैवास्माकं कुशलमित्यर्थः ॥ १७ ॥ दिष्ट्या त्वया हत इत्युक्त्वा पुनर्विचार्याहुः—नहीति । पुत्रपौत्रवानपि रावणस्ते न भारः । तद्वधस्त्वेषस्कर इत्यर्थः । तदेव दर्शयति—सधनुरिति । विजयेथाः । 'विपराभ्यां जेः' इति तङ् ॥ १८ ॥ १९ ॥ लक्ष्मणेन चेति । अस्यार्धस्य दिष्ट्या राक्षसा हता इति शेषः । मातृभिरित्यस्य दिष्ट्येत्यादिः । युक्तमिति शेषः ॥ २० ॥ २१ ॥ यस्य प्रमाणादाकारप्रमाणात् ॥ २२ ॥ २३ ॥ २४ ॥ दृश्यरावणवधेन तव भारस्तिरोहितरावणिवध एव तु दुष्कर इत्याहुः—संख्ये तस्येति । संख्ये तस्य रावणस्य त्वत्कर्तृकः पराभव आक्रमणमिति यत्तन्न किंचित्, अपि तु दिष्ट्या तिरोधानसाधनयानभङ्गेन द्वन्द्वयुद्धमनुप्राप्तः, अतएव हतो रावणिरिति यदिदमेव बह्विति शेषः ॥ २५ ॥ कालस्येवालक्ष्यमभिधावतस्तस्य मुक्तः । शरबन्धादिकृतपरमकृच्छ्रादिति शेषः ॥ २६ ॥ विस्मयहेतुरवध्य इति । यतः सोऽवध्यत्वादिगुणः, अतएव च एष एवेन्द्रजिद्वधोऽस्माकं विस्मयो विस्मयकर इत्यन्वयः । तत्तस्मादिन्द्रजितं हतं श्रुत्वा वयं तुष्टा इति शेषः ॥ २७ ॥ अभयदक्षिणामभयदानं दत्त्वा । ऋषिभ्य इति शेषः । वर्धसि वर्धसे ॥ २८ ॥ विस्मयं गत्वा । रावणवधविषयवाक्येनेति शेषः ॥ २९ ॥ तदेवाह—भगवन्त इति संबोधनम् ॥ ३० ॥ ३१ ॥ ३२ ॥ कीदृशोऽस्य प्रभावादिः । यतो युष्माभिः प्रशस्यत इति शेषः । प्रभावस्तपःप्रभावः । बलं शारीरम् ॥ ३३ ॥ शक्यमिति । यदि गुह्यं न भवति, यदि युष्माभिर्वक्तुं शक्यम्, यदि च मया श्रोतुं शक्यं तदा कथ्यताम् । श्रोतुमिच्छामि केवलम्, न खलु वक्तुमाज्ञापयामि ॥ ३४ ॥ पिता रावणो न बलवान्पुत्रापेक्षयेति च कथम् ॥ ३५ ॥ ३६ ॥ इति श्रीरामाभिरामे श्रीरामीये रामायणतिलके वाल्मीकीय आदिकाव्य उत्तरकाण्डे प्रथमः सर्गः ॥ १ ॥

द्वितीयः सर्गः ।

तस्य तद्वचनं श्रुत्वा राघवस्य महात्मनः । कुम्भयोनिर्महातेजा वाक्यमेतदुवाच ह ॥ १
शृणु राम यथा वृत्तं तस्य तेजोबलं महत् । जघान शत्रून्येनासौ न च वध्यः स शत्रुभिः ॥ २
तावत्ते रावणस्येदं कुलं जन्म च राघव । वरप्रदानं च तथा तस्मै दत्तं ब्रवीमि ते ॥ ३
पुरा कृतयुगे राम प्रजापतिसुतः प्रभुः । पुलस्त्यो नाम ब्रह्मर्षिः साक्षादिव पितामहः ॥ ४
नानुकीर्त्या गुणास्तस्य धर्मतः शीलतस्तथा । प्रजापतेः पुत्र इति वक्तुं शक्यं हि नामतः ॥ ५
प्रजापतिसुतत्वेन देवानां वल्लभो हि सः । इष्टः सर्वस्य लोकस्य गुणैः शुभ्रैर्महामतिः ॥ ६
स तु धर्मप्रसङ्गेन मेरोः पार्श्वे महागिरेः । तृणबिन्द्वाश्रमं गत्वाप्यवसन्मुनिपुंगवः ॥ ७
तपस्तेपे स धर्मात्मा स्वाध्यायनियतेन्द्रियः । गत्वाश्रमपदं तस्य विघ्नं कुर्वन्ति कन्यकाः ॥ ८
ऋषिपन्नगकन्याश्च राजर्षितनयाश्च याः । क्रीडन्त्योऽप्सरसश्चैव तं देशमुपपेदिरे ॥ ९
सर्वर्तुषूपभोग्यत्वाद्रम्यत्वात्काननस्य च । नित्यशस्तास्तु तं देशं गत्वा क्रीडन्ति कन्यकाः ॥ १०
देशस्य रमणीयत्वात्पुलस्त्यो यत्र स द्विजः । गायन्त्यो वादयन्त्यश्च लासयन्त्यस्तथैव च ॥ ११
मुनेस्तपस्विनस्तस्य विघ्नं चक्रुरनिन्दिताः । अथ रुष्टो महातेजा व्याजहार महामुनिः ॥ १२
या मे दर्शनमागच्छेत्सा गर्भं धारयिष्यति । तास्तु सर्वाः प्रतिश्रुत्य तस्य वाक्यं महात्मनः ॥ १३
ब्रह्मशापभयाद्भीतास्तं देशं नोपचक्रमुः । तृणबिन्दोस्तु राजर्षेस्तनया न शृणोति तत् ॥ १४
गत्वाश्रमपदं तत्र विचचार सुनिर्भया । न चापश्यच्च सा तत्र कांचिदभ्यागतां सखीम् ॥ १५
तस्मिन्काले महातेजाः प्राजापत्यो महानृषिः । स्वाध्यायमकरोत्तत्र तपसा भावितः स्वयम् ॥ १६
सा तु वेदश्रुतिं श्रुत्वा दृष्ट्वा वै तपसो निधिम् । अभवत्पाण्डुदेहा सा सुव्यञ्जितशरीरजा ॥ १७
बभूव च समुद्विग्ना दृष्ट्वा तद्दोषमात्मनः । इदं मे किंत्विति ज्ञात्वा पितुर्गत्वाश्रमे स्थिता ॥ १८
तां तु दृष्ट्वा तथाभूतां तृणबिन्दुरथाब्रवीत् । किं त्वमेतत्त्वसदृशं धारयस्यात्मनो वपुः ॥ १९
सा तु कृत्वाञ्जलिं दीना कन्योवाच तपोधनम् । न जाने कारणं तात येन मे रूपमीदृशम् ॥ २०
किं तु पूर्वं गतास्म्येका महर्षेर्भावितात्मनः । पुलस्त्यस्याश्रमं दिव्यमन्वेष्टुं स्वसखीजनम् ॥ २१
न च पश्याम्यहं तत्र कांचिदभ्यागतां सखीम् । रूपस्य तु विपर्यासं दृष्ट्वा त्रासादिहागता ॥ २२
तृणबिन्दुस्तु राजर्षिस्तपसा द्योतितप्रभः । ध्यानं विवेश तच्चापि अपश्यदृषिकर्मजम् ॥ २३
स तु विज्ञाय तं शापं महर्षेर्भावितात्मनः । गृहीत्वा तनयां गत्वा पुलस्त्यमिदमब्रवीत् ॥ २४
भगवंस्तनयां मे त्वं गुणैः स्वैरेव भूषिताम् । भिक्षां प्रतिगृहाणेमां महर्षे स्वयमुद्यताम् ॥ २५

अथ रावणाद्युत्पत्तिशेषतया तत्कूटस्थपौलस्त्योत्पत्तिमाह—तस्य तद्वचनमिति ॥ १ ॥ तस्य तेजआद्युद्दिश्य तथा वृत्तं वृत्तकथां ब्रवीमि त्वं शृणु । असौ रावणिर्येन कारणेन शत्रूञ्जघान स च शत्रुभिर्न वध्यस्तत्कारणं शृणु ॥ २ ॥ तावत्प्रथमं रावणस्य कुलादि ब्रवीमि । पश्चाद्रावणेश्च वक्ष्यामीति शेषः । 'तावत्ते रावणस्य' इति पाठः ॥ ३ ॥ तत्र कुलमाह—पुरेति । पुलस्त्यो दक्षप्रजापतिष्वेकः पितामह इव । तपोवैभवजनितनिग्रहानुग्रहसामर्थ्यैरिति भावः ॥ ४ ॥ तदेवाह—नानुकीर्त्या इति । विविच्य वर्णयितुमशक्यत्वादित्यर्थः । धर्मतः शीलतश्चोत्पन्ना गुणा इत्यन्वयः । अथ प्रकारान्तरेण तद्वैभवं बोधयति—प्रजापतेरिति । प्रजापतेः पुत्र इति नामत एव तत्संकीर्तनत एव तद्गुणाधिक्यं वक्तुं शक्यम् । प्रजापतिपुत्रत्वोक्त्या तस्येवास्याप्यनन्तकल्याणगुणत्वमुक्तं भवतीत्यर्थः ॥ ५ ॥ ६ ॥ धर्मप्रसङ्गेन तपःसंपादनेच्छया ॥ ७ ॥ विघ्नं कुर्वन्ति तृणाग्निन्यायेन, न तु बुद्धिपूर्वम् ॥ ८ ॥ ९ ॥ तदेवाह—सर्वर्तुष्विति । तं देशमाश्रमदेशम् ॥ १० ॥ वादयन्त्यः । वीणादिकमिति शेषः । लासयन्त्यो नृत्यन्त्यः ॥ ११ ॥ १२ ॥ १३ ॥ तदिति । शापवाक्यमित्यर्थः । न शृणोति न शुश्राव ॥ १४ ॥ १५ ॥ स्वाध्यायं वेदाध्ययनम् ॥ १६ ॥ वेदश्रुतिं वेदध्वनिं श्रुत्वा कोऽधीत इति गत्वा तपसो निधिं दृष्ट्वा च पाण्डुदेहा गर्भोत्पत्त्या सुव्यञ्जितशरीरजा शरीराज्जायत इति शरीरजो गर्भः सुप्रकाशितो यस्याः सा ॥ १७ ॥ तद्दोषं गर्भसंभवरूपदोषं दृष्ट्वोद्विग्ना बभूव । किं त्विति । दोषस्वरूपमिति ज्ञात्वेत्यर्थः ॥ १८ ॥ असदृशं कन्यात्वस्यायुक्तम् ॥ १९ ॥ २० ॥ पूर्वं गता प्रथमं गता ॥ २१ ॥ २२ ॥ तच्चापि । गर्भकारणमित्यर्थः ॥ २३ ॥ तनयां गृहीत्वा पुलस्त्यं गत्वा ॥ २४ ॥ इमां भिक्षां प्रतिगृहाण भिक्षात्वेन स्वीकुर्वित्यब्रवीत् । ननूर्ध्वरेतसो मम नानया प्रयोजनं तत्राह—स्वयमुद्यतामिति । 'उद्यतामाहृतां भिक्षां पुरस्तादप्रवेदिताम् । भोज्यां मेने प्रजानाथो अपि दुष्कृत-

तपश्चरणयुक्तस्य श्राम्यमाणेन्द्रियस्य ते । शुश्रूषणपरा नित्यं भविष्यति न संशयः ॥ २६
तं ब्रुवाणं तु तद्वाक्यं राजर्षिं धार्मिकं तदा । जिघृक्षुरब्रवीत्कन्यां बाढमित्येव स द्विजः ॥ २७
दत्त्वा तु तनयां राजा स्वमाश्रमपदं गतः । सापि तत्रावसत्कन्या तोषयन्ती पतिं गुणैः ॥ २८
तस्यास्तु शीलवृत्ताभ्यां तुतोष मुनिपुंगवः । प्रीतः स तु महातेजा वाक्यमेतदुवाच ह ॥ २९
परितुष्टोऽस्मि सुश्रोणि गुणानां संपदा भृशम् । तस्माद्देवि ददाम्यद्य पुत्रमात्मसमं तव ।
उभयोर्वंशकर्तारं पौलस्त्य इति विश्रुतम् ॥ ३०
यस्मात्तु विश्रुतो वेदस्त्वयेहाध्ययतो मम । तस्मात्स विश्रवा नाम भविष्यति न संशयः ॥ ३१
एवमुक्ता तु सा देवी प्रहृष्टेनान्तरात्मना । अचिरेणैव कालेनासूत विश्रवसं सुतम् ।
त्रिषु लोकेषु विख्यातं यशोधर्मसमन्वितम् ॥ ३२
श्रुतिमान्समदर्शी च व्रताचाररतस्तथा । पितेव तपसा युक्तो ह्यभवद्विश्रवा मुनिः ॥ ३३

इत्यार्षे श्रीमद्रामायणे वाल्मीकीय आदिकाव्ये उत्तरकाण्डे द्वितीय सर्गः ॥ २ ॥

तृतीयः सर्गः ।

अथ पुत्रः पुलस्त्यस्य विश्रवा मुनिपुंगवः । अचिरेणैव कालेन पितेव तपसि स्थितः ॥ १
सत्यवाङ्शीलवान्दान्तः स्वाध्यायनिरतः शुचिः । सर्वभोगेष्वसंसक्तो नित्यं धर्मपरायणः ॥ २
ज्ञात्वा तस्य तु तद्वृत्तं भरद्वाजो महामुनिः । ददौ विश्रवसे भार्यां स्वसुतां देववर्णिनीम् ॥ ३
प्रतिगृह्य तु धर्मेण भरद्वाजसुतां तदा । प्रजान्वीक्षिकया बुद्ध्या श्रेयो ह्यस्य विचिन्तयन् ॥ ४
मुदा परमया युक्तो विश्रवा मुनिपुंगवः । स तस्यां वीर्यसंपन्नमपत्यं परमाद्भुतम् ॥ ५
जनयामास धर्मज्ञः सर्वैर्ब्रह्मगुणैर्वृतम् । तस्मिञ्जाते तु संहृष्टः स बभूव पितामहः ॥ ६
दृष्ट्वा श्रेयस्करीं बुद्धिं धनाध्यक्षो भविष्यति । नाम चास्याकरोत्प्रीतः सार्धं देवर्षिभिस्तदा ॥ ७
यस्माद्विश्रवसोऽपत्यं सादृश्याद्विश्रवा इव । तस्माद्वैश्रवणो नाम भविष्यत्येष विश्रुतः ॥ ८
स तु वैश्रवणस्तत्र तपोवनगतस्तदा । अवर्धताहुतिहुतो महातेजा यथानलः ॥ ९
तस्याश्रमपदस्थस्य बुद्धिर्जज्ञे महात्मनः । चरिष्ये परमं धर्मं धर्मो हि परमा गतिः ॥ १०
स तु वर्षसहस्राणि तपस्तप्त्वा महावने । यन्त्रितो नियमैरुग्रैश्चकार सुमहत्तपः ॥ ११
पूर्णे वर्षसहस्रान्ते तं तं विधिमकल्पयत् । जलाशी मारुताहारो निराहारस्तथैव च ।
एवं वर्षसहस्राणि जग्मुस्तान्येकवर्षवत् ॥ १२
अथ प्रीतो महातेजाः सेन्द्रैः सुरगणैः सह । गत्वा तस्याश्रमपदं ब्रह्मेदं वाक्यमब्रवीत् ॥ १३

कर्मणः ॥' इत्युक्तेः । स्वयमुद्यतेयं प्राह्यैवेत्यर्थः ॥ २५ ॥ तत्प्रतिग्रहफलमाह—शुश्रूषणपरेति ॥ २६ ॥ जिघृक्षुः । यथान्यायं पाणिग्रहणपूर्वकमिति शेषः ॥ २७ ॥ तदेवोक्तम्—तोषयन्ती पतिमिति ॥ २८ ॥ २९ ॥ उभयोः । मातुः पितुश्चेत्यर्थः ॥ ३० ॥ अध्ययतोऽधीयानस्य । वेदो विश्रुतः । गर्भहेतुरिति शेषः ॥ ३१ ॥ ३२ ॥ ३३ ॥ इति श्रीरामाभिरामे श्रीरामीये रामायणतिलके वाल्मीकीय आदिकाव्य उत्तरकाण्डे द्वितीयः सर्गः ॥ २ ॥

अथ पौलस्त्याद्विश्रवसः कुबेरोत्पत्तिः—अथेति ॥ १ ॥ २ ॥ तस्य तद्वृत्तम् । विश्रवसस्तादृशं चरित्रमित्यर्थः । देववर्णिनीं देवसमानरूपां तन्नाम्नीं च ॥ ३ ॥ प्रजान्वीक्षिकया प्रजानां शुभाशुभवीक्षणरूपया बुद्ध्या ज्योतिःशास्त्रसिद्धया । अस्योत्पादयिष्यमाणपुत्रस्य श्रेयोगुणं चिन्तयन् ॥ ४ ॥ तस्यां भार्यायाम् ॥ ५ ॥ सर्वैर्ब्रह्मगुणैः शमतपःशौचादिगुणैर्युक्तमपत्यं जनयामास । पितामहो वैश्रवणपितामहः । पुलस्त्य इत्यर्थः । अत्र स्थाने प्रजान्वेषिकयेत्यर्थमिति कतकस्वरसः । प्रजामन्विच्छति प्रजान्वेषिका, तद्गुणागुणपर्यालोचिका ज्योतिःशास्त्रविषया बुद्धिः, तयास्य वैश्रवणस्य श्रेयो विचिन्तयन्पुलस्त्यस्तस्मिन्विश्रवसः पुत्रे जाते तुष्टो बभूवेति तेन व्याख्यानात् ॥ ६ ॥ श्रेयस्करीं धनेशत्वरूपश्रेयःप्राप्तिहेतुभूतां तपोविषयां तस्य बुद्धिं दृष्ट्वा । जन्मलग्नपर्यालोचनयेति शेषः । धनाध्यक्षो भविष्यति कालान्तरे एवंनामा भविष्यतीति संहृष्टो बभूवेत्यन्वयः ॥ ७ ॥ यतो विश्रवसोऽपत्यं रूपसादृश्याद्विश्रवा इव स इवेति व्यवहारविषयस्तस्माद्वैश्रवण इति विश्रुतः प्रसिद्धो भविष्यति नाम । अपत्यप्रत्ययसंनियोगेन विश्रवसो विश्रवणादेशः ॥ ८ ॥ ९ ॥ १० ॥ तपस्तप्त्वालोच्य नियमैर्यन्त्रितः । संजातनियम इत्यर्थः ॥ ११ ॥ तं तं विधिम् । वक्ष्यमाणजलाशित्वादिविधिमित्यर्थः ॥ १२ ॥ अथ भगवत्प्रसादवैभव-

परितुष्टोऽस्मि ते वत्स कर्मणानेन सुव्रत । वरं वृणीष्व भद्रं ते वरार्हस्त्वं महामते ॥ १४
अथाब्रवीद्वैश्रवणः पितामहमुपस्थितम् । भगवँल्लोकपालत्वमिच्छेयं लोकरक्षणम् ॥ १५
अथाब्रवीद्वैश्रवणं परितुष्टेन चेतसा । ब्रह्मा सुरगणैः सार्धं बाढमित्येव हृष्टवत् ॥ १६
अहं वै लोकपालानां चतुर्थं स्रष्टुमुद्यतः । यमेन्द्रवरुणानां च पदं यत्तव चेप्सितम् ॥ १७
तद्गच्छ बत धर्मज्ञ निधीशत्वमवाप्नुहि । शक्राम्बुपयमानां च चतुर्थस्त्वं भविष्यसि ॥ १८
एतच्च पुष्पकं नाम विमानं सूर्यसंनिभम् । प्रतिगृह्णीष्व यानार्थं त्रिदशैः समतां व्रज ॥ १९
स्वस्ति तेऽस्तु गमिष्यामः सर्व एव यथागतम् । कृतकृत्या वयं तात दत्त्वा तव वरद्वयम् ॥ २०
इत्युक्त्वा स गतो ब्रह्मा स्वस्थानं त्रिदशैः सह । गतेषु ब्रह्मपूर्वेषु देवेष्वथ नभस्तलम् ॥ २१
धनेशः पितरं प्राह प्राञ्जलिः प्रयतात्मवान् । भगवँल्लब्धवानस्मि वरमिष्टं पितामहात् ॥ २२
निवासनं न मे देवो विदधे स प्रजापतिः । तं पश्य भगवन्कंचिन्निवासं साधु मे प्रभो ।
न च पीडा भवेद्यत्र प्राणिनो यस्य कस्यचित् ॥ २३
एवमुक्तस्तु पुत्रेण विश्रवा मुनिपुंगवः । वचनं प्राह धर्मज्ञ श्रूयतामिति सत्तम ॥ २४
दक्षिणस्योदधेस्तीरे त्रिकूटो नाम पर्वतः । तस्याग्रे तु विशाला सा महेन्द्रस्य पुरी यथा ॥ २५
लङ्का नाम पुरी रम्या निर्मिता विश्वकर्मणा । राक्षसानां निवासार्थं यथेन्द्रस्यामरावती ॥ २६
तत्र त्वं वस भद्रं ते लङ्कायां नात्र संशयः । हेमप्राकारपरिखा यन्त्रशस्त्रसमावृता ॥ २७
रमणीया पुरी सा हि रुक्मवैदूर्यतोरणा । राक्षसैः सा परित्यक्ता पुरा विष्णुभयार्दितैः ॥ २८
शून्या रक्षोगणैः सर्वै रसातलतलं गतैः । शून्या संप्रति लङ्का सा प्रभुस्तस्या न विद्यते ॥ २९
स त्वं तत्र निवासाय गच्छ पुत्र यथासुखम् । निर्दोषस्तत्र ते वासो न बाधस्तत्र कस्यचित् ॥ ३०
एतच्छ्रुत्वा स धर्मात्मा धर्मिष्ठं वचनं पितुः । निवासयामास तदा लङ्कां पर्वतमूर्धनि ॥ ३१
नैर्ऋतानां सहस्रैस्तु हृष्टैः प्रमुदितैः सदा । अचिरेणैव कालेन संपूर्णा तस्य शासनात् ॥ ३२
स तु तत्रावसत्प्रीतो धर्मात्मा नैर्ऋतर्षभः । समुद्रपरिखायां स लङ्कायां विश्रवात्मजः ॥ ३३
काले काले तु धर्मात्मा पुष्पकेण धनेश्वरः । अभ्यागच्छद्विनीतात्मा पितरं मातरं च हि ॥ ३४
स देवगन्धर्वगणैरभिष्टुतस्तथाप्सरोनृत्यविभूषितालयः ।
गभस्तिभिः सूर्य इवावभासयन्पितुः समीपं प्रययौ स वित्तपः ॥ ३५

इत्यार्षे श्रीमद्रामायणे वाल्मीकीय आदिकाव्य उत्तरकाण्डे तृतीयः सर्गः ॥ ३ ॥

चतुर्थः सर्गः ।

श्रुत्वागस्त्येरितं वाक्यं रामो विस्मयमागतः । कथमासीत्तु लङ्कायां संभवो रक्षसां पुरा ॥ १
ततः शिरः कम्पयित्वा त्रेताग्निसमविग्रहम् । तमगस्त्यं मुहुर्दृष्ट्वा स्मयमानोऽभ्यभाषत ॥ २
भगवन्पूर्वमप्येषा लङ्कासीत्पिशिताशिनाम् । श्रुत्वेदं भगवद्वाक्यं जातो मे विस्मयः परः ॥ ३

माह—अथ प्रीत इति ॥ १३ ॥ १४ ॥ लोकपालत्वं वित्तरक्षणं वैराजनिधिनाथत्वम् ॥ १५ ॥ १६ ॥ चतुर्थं चतुर्णां पूरणम् । यमादित्रयस्य यत्पदं लोकपालपदं यत्तवेप्सितं त्वं तद्गच्छ निधीशत्वं चाप्नुहि । एवं सति त्वं चक्रादीनां चतुर्थो भविष्यसीति संबन्धः ॥ १७ ॥ १८ ॥ त्रिदशैः समतां व्रज । नत्वृषिपुत्रत्वेनैव तिष्ठेत्यर्थः ॥ १९ ॥ वरद्वयं निधीशत्वपुष्पकदानरूपम् ॥ २० ॥ २१ ॥ २२ ॥ निवासनम् । निवासमित्यर्थः ॥ २३ ॥ २४ ॥ २५ ॥ २६ ॥ यन्त्ररूपैः शस्त्रैः समावृता ॥ २७ ॥ २८ ॥ २९ ॥ ३० ॥ निवासयामास । निवासमकरोदित्यर्थः ॥ ३१ ॥ प्रमुदितैर्नैर्ऋतानां सहस्रैः सह निवासयामासेति संबन्धः । संपूर्णा धनधान्यादिसर्वैश्वर्यपूर्णा । शासनात्पालनात् ॥ ३२ ॥ ३३ ॥ ३४ ॥ अवभासयञ्शोभमानः । अप्सरोनृत्यैर्विभूषितमालयं पुष्पकं यस सः ॥ ३५ ॥ **इति श्रीरामाभिरामे श्रीरामीये रामायणतिलके वाल्मीकीय आदिकाव्य उत्तरकाण्डे तृतीयः सर्गः ॥ ३ ॥**

लङ्कायां पूर्वमपि रक्षःस्थितिं श्रुत्वा विस्मितेन रामेण तेषामुत्पत्त्यादिप्रश्नेऽगस्त्येन तत्प्रतिपादनं श्रुत्वेति विस्मयमागत इत्युक्तम्, तत्र किंविषयकश्रवणाद्विस्मयप्राप्तिस्तत्राह—कथमिति । पुरा धनदावस्थितेः पूर्वमपि रक्षसां संभवोऽवस्थानादिसंभव इति यदुक्तम्, तत्तु कथमासीदिति विस्मयमागतः ॥ १ ॥ ततो विस्मयप्राप्त्यनन्तरम् । मुहुः स्मयमानो विस्मयं कुर्वन् ॥ २ ॥ तदेवाह—भगवन्निति । पूर्वमपि विश्रवःपु-

पुलस्त्यवंशादुद्भूता राक्षसा इति नः श्रुतम् । इदानीमन्यतश्चापि संभवः कीर्तितस्त्वया ॥ ४
रावणात्कुम्भकर्णाच्च प्रहस्ताद्विकटादपि । रावणस्य च पुत्रेभ्यः किं नु ते बलवत्तराः ॥ ५
क एषां पूर्वको ब्रह्मन्किंनामा च बलोत्कटः । अपराधं च कं प्राप्य विष्णुना द्राविताः कथम् ॥ ६
एतद्विस्तरतः सर्वं कथयस्व ममानघ । कुतूहलमिदं मह्यं नुद भानुर्यथा तमः ॥ ७
राघवस्य वचः श्रुत्वा संस्कारालंकृतं शुभम् । अथ विस्मयमानस्तमगस्त्यः प्राह राघवम् ॥ ८
प्रजापतिः पुरा सृष्ट्वा अपः सलिलसंभवः । तासां गोपायने सत्त्वानसृजत्पद्मसंभवः ॥ ९
ते सत्त्वाः सत्त्वकर्तारं विनीतवदुपस्थिताः । किं कुर्म इति भाषन्तः क्षुत्पिपासाभयार्दिताः ॥ १०
प्रजापतिस्तु तान्सर्वान्प्रत्याह प्रहसन्निव । आभाष्य वाचा यत्नेन रक्षध्वमिति मानवाः ॥ ११
रक्षाम इति तत्रान्यैर्यक्षाम इति चापरैः । भुक्षिताभुक्षितैरुक्तस्ततस्तानाह भूतकृत् ॥ १२
रक्षाम इति यैरुक्तं राक्षसास्ते भवन्तु वः । यक्षाम इति यैरुक्तं यक्षा एव भवन्तु वः ॥ १३
तत्र हेतिः प्रहेतिश्च भ्रातरौ राक्षसाधिपौ । मधुकैटभसंकाशौ बभूवतुररिंदमौ ॥ १४
प्रहेतिर्धार्मिकस्तत्र तपोवनगतस्तदा । हेतिर्दारक्रियार्थं तु परं यत्नमथाकरोत् ॥ १५
स कालभगिनीं कन्यां भयां नाम महाभयाम् । उदावहदमेयात्मा स्वयमेव महामतिः ॥ १६
स तस्यां जनयामास हेती राक्षसपुंगवः । पुत्रं पुत्रवतां श्रेष्ठो विद्युत्केशमिति श्रुतम् ॥ १७
विद्युत्केशो हेतिपुत्रः स दीप्तार्कसमप्रभः । व्यवर्धत महातेजास्तोयमध्य इवाम्बुजम् ॥ १८
स यदा यौवनं भद्रमनुप्राप्तो निशाचरः । ततो दारक्रियां तस्य कर्तुं व्यवसितः पिता ॥ १९
संध्यादुहितरं सोऽथ संध्यातुल्यां प्रभावतः । वरयामास पुत्रार्थं हेती राक्षसपुंगवः ॥ २०
अवश्यमेव दातव्या परस्मै सेति संध्यया । चिन्तयित्वा सुता दत्ता विद्युत्केशाय राघव ॥ २१
संध्यायास्तनयां लब्ध्वा विद्युत्केशो निशाचरः । रमते स तया सार्धं पौलोम्या मघवानिव ॥ २२
केनचित्त्वथ कालेन राम सालकटङ्कटा । विद्युत्केशाद्गर्भमाप घनराजिरिवार्णवात् ॥ २३
ततः सा राक्षसी गर्भं घनगर्भसमप्रभम् । प्रसूता मन्दरं गत्वा गङ्गा गर्भमिवाग्निजम् ।
समुत्सृज्य तु सा गर्भं विद्युत्केशरतार्थिनी ॥ २४

त्रवैश्रवणरावणयोः पूर्वमपि लङ्का पिशिताशिनामावास आसीदिति भगवद्वाक्यमन्यतोऽपि रक्षःसंभवपरं श्रुत्वा मे विस्मयो जातः ॥ ३ ॥ तदेवाह—पुलस्त्येति । नोऽस्माकम् । अन्यतश्चापि संभवः कीर्तितः । लङ्का राक्षसानां निवासार्थं निर्मितेति विश्रवोवाक्यानुवादेनेत्यर्थः ॥ ४ ॥ रावणपुत्रा इन्द्रजिदतिकायादयस्तेभ्यस्ते बलवत्तराः किं नु । यतो विष्णुना तद्विद्रावणे यतितमिति भावः ॥ ५ ॥ पूर्वकः कूटस्थस्तद्वंश्याश्च राक्षसाः कमपराधं प्राप्य विष्णुना द्राविताः कथं च द्राविताः ॥ ६ ॥ प्राचीनरक्षःकथनेन मह्यं कृतमिदं कुतूहलं भानुर्यथा तमो नुदति तथा नुद ॥ ७ ॥ संस्कारालंकृतं पदवाक्यार्थसंस्कारयुतम् । विस्मयमानः । सर्वज्ञोऽप्येवं नाटयतीति विस्मयः ॥ ८ ॥ अपः सृष्ट्वा । भूमेरधोभागवर्तिनीरपः सृष्ट्वेत्यर्थः । तत्र सलिलसंभवः प्रजापतिरभूदित्यन्वयः । 'अप एव ससर्जादौ तासु वीर्यमवासृजत् । तदण्डमभवद्धैमं सहस्रांशुसमप्रभम् । तस्मिञ्जज्ञे स्वयं ब्रह्मा सर्वलोकपितामहः ॥' इति मनूक्तेः । 'आपो वा इदमग्र आसन् । स प्रजापतिः पुष्करपर्णे समभवत् ।' तथा 'आपो वा इदमग्रे सलिलमासीत् । तस्मिन्प्रजापतिर्वायुर्भूत्वाचरत् । स इमामपश्यत् । तां वराहो भूत्वाहरत् ।' इति श्रुतेश्च । तदेव पद्मसंभव इत्यनेन दर्शितम् । तासां स्वसृष्टानामपां गोपायने रक्षणनिमित्तं सत्त्वान्भूतानि जन्तूनित्यर्थः ॥ ९ ॥ विनीतवत्पितरि विनीताः सन्तः क्षुत्पिपासाजनितभयेनार्दिताः ॥ १० ॥ प्रहसन्निव उक्तभयखिद्यमानस्वप्रजाविषयकदयावशात्प्रहासः । मानवा इत्यनेन तेषामुभयवृत्त्यनुग्रहः सूचितः । वाचा हे सत्त्वानीति वाचाभाष्य संबोध्य । यत्नेनेमा अपो रक्षध्वमिति तानि सत्त्वान्याह ॥ ११ ॥ तत्र तेषु भगवन्नियुक्तभूतेषु मध्ये । भगवत्प्रयुक्तरक्षध्वमितिपदस्याविनाशेनावस्थापनमर्थ इति केचन प्रपन्नाः, उत्तरोत्तराभिवर्धनरूपपूजनमर्थ इति परे प्रपन्नाः । तत्राद्या रक्षामेति प्रतिवचनं दत्तवन्तः । परे यक्षामेति । 'यक्ष पूजायाम्' । उभयमपि लोडुत्तमबहुवचनम् । बुभुक्षिताबुभुक्षितैरित्यस्य स्थाने भुक्षिताभुक्षितैरित्यार्षमभ्यासलोपानुस्वाराभ्याम् । अबुभुक्षिताः पिपासिताः ॥ १२ ॥ वो युष्माकं मध्ये ॥ १३ ॥ तत्र भगवत्सृष्टभगवद्विभक्तजातिभेदरक्षोमध्ये । मधुकैटभावसुरौ ॥ १४ ॥ तपोवनगतः । विरक्तः सन्निति शेषः ॥ १५ ॥ परं यत्नमेव दर्शयति—स इति । कालो वैवस्वतः । स्वयमेवेति । गत्वा प्रार्थनां कृत्वेति शेषः ॥ १६ ॥ १७ ॥ १८ ॥ पिता हेतिः ॥ १९ ॥ प्रभावतः संध्यातुल्यामिति संबन्धः । संध्यादुहिता सालकटङ्कटाख्या । इयं च रक्षाप्राधान्येन भगवत्सृष्टत्वाद्राक्षसी ॥ २० ॥ २१ ॥ २२ ॥ २३ ॥ घनगर्भसमप्रभं जलगर्भमेघसमकान्तिम् । प्रसूता प्रसूतवती ।

रेमे तु सार्धं पतिना विसृज्य सुतमात्मजम् । उत्सृष्टस्तु तदा गर्भो घनशब्दसमस्वनः ॥ २५
तयोत्सृष्टः स तु शिशुः शरदर्कसमद्युतिः । निधायास्ये स्वयं मुष्टिं रुरोद शनकैस्तदा ॥ २६
ततो वृषभमास्थाय पार्वत्या सहितः शिवः । वायुमार्गेण गच्छन्वै शुश्राव रुदितस्वनम् ॥ २७
अपश्यदुमया सार्धं रुदन्तं राक्षसात्मजम् । कारुण्यभावात्पार्वत्या भवस्त्रिपुरसूदनः ॥ २८
तं राक्षसात्मजं चक्रे मातुरेव वयःसमम् । अमरं चैव तं कृत्वा महादेवोऽक्षरोऽव्ययः ॥ २९
पुरमाकाशगं प्रादात्पार्वत्याः प्रियकाम्यया । उमयापि वरो दत्तो राक्षसीनां नृपात्मज ॥ ३०
सद्योपलब्धिर्गर्भस्य प्रसूतिः सद्य एव च । सद्य एव वयःप्राप्तिं मातुरेव वयःसमम् ॥ ३१
ततः सुकेशो वरदानगर्वितः श्रियं प्रभोः प्राप्य हरस्य पार्श्वतः ।
चचार सर्वत्र महान्महामतिः खगं पुरं प्राप्य पुरंदरो यथा ॥ ३२

इत्यार्षे श्रीमद्रामायणे वाल्मीकीय आदिकाव्य उत्तरकाण्डे चतुर्थः सर्गः ॥ ४ ॥

पञ्चमः सर्गः ।

सुकेशं धार्मिकं दृष्ट्वा वरलब्धं च राक्षसम् । ग्रामणीर्नाम गन्धर्वो विश्वावसुसमप्रभः ॥ १
तस्य देववती नाम द्वितीया श्रीरिवात्मजा । त्रिषु लोकेषु विख्याता रूपयौवनशालिनी ॥ २
तां सुकेशाय धर्मात्मा ददौ रक्षः श्रियं यथा । वरदानकृतैश्वर्यं सा तं प्राप्य पतिं प्रियम् ॥ ३
आसीद्देववती तुष्टा धनं प्राप्येव निर्धनः । स तया सह संयुक्तो रराज रजनीचरः ॥ ४
अञ्जनादभिनिष्क्रान्तः करेण्वेव महागजः । ततः काले सुकेशस्तु जनयामास राघव ।
त्रीन्पुत्राञ्जनयामास त्रेताग्निसमविग्रहान् ॥ ५
माल्यवन्तं सुमालिं च मालिं च बलिनां वरम् । त्रींस्त्रिनेत्रसमान्पुत्रान्राक्षसान्राक्षसाधिपः ॥ ६
त्रयो लोका इवाव्यग्राः स्थितास्त्रय इवाग्नयः । त्रयो मन्त्रा इवात्युग्रास्त्रयो घोरा इवामयाः ॥ ७
त्रयः सुकेशस्य सुतास्त्रेताग्निसमतेजसः । विवृद्धिमगमंस्तत्र व्याधयोपेक्षिता इव ॥ ८
वरप्राप्तिं पितुस्ते तु ज्ञात्वैश्वर्यं तपोबलात् । तपस्तप्तुं गता मेरुं भ्रातरः कृतनिश्चयाः ॥ ९
प्रगृह्य नियमान्घोरान्राक्षसा नृपसत्तम । विचेरुस्ते तपो घोरं सर्वभूतभयावहम् ॥ १०
सत्यार्जवशमोपेतैस्तपोभिर्भुवि दुर्लभैः । संतापयन्तस्त्रींल्लोकान्सदेवासुरमानुषान् ॥ ११
ततो विभुश्चतुर्वक्त्रो विमानवरमाश्रितः । सुकेशपुत्रानामन्त्र्य वरदोऽस्मीत्यभाषत ॥ १२
ब्रह्माणं वरदं ज्ञात्वा सेन्द्रैर्देवगणैर्वृतम् । ऊचुः प्राञ्जलयः सर्वे वेपमाना इव द्रुमाः ॥ १३
तपसाराधितो देव यदि नो दिशसे वरम् । अजेयाः शत्रुहन्तारस्तथैव चिरजीविनः ।
प्रभविष्णवो भवामेति परस्परमनुव्रताः ॥ १४
एवं भविष्यथेत्युक्त्वा सुकेशतनयान्विभुः । स ययौ ब्रह्मलोकाय ब्रह्मा ब्राह्मणवत्सलः ॥ १५

अग्निजं गर्भम् । अग्निविसृष्टं माहेश्वरं गर्भमित्यर्थः । विद्युत्केशरतार्थिनी विद्युत्केशेन सह रतं क्रीडामर्थयति तादृशी । बभूवेति शेषः ॥ २४ ॥ तत आत्मनः सकाशाज्जातं सुतं विसृज्य पतिना रेमे ॥ २५ ॥ २६ ॥ २७ ॥ कारुण्यभावात्कारुण्ययुक्तो भावश्चित्तं तस्मात्पार्वत्या । प्रेरित इति शेषः ॥ २८ ॥ मातुरेव वयःसमम् । मातृवयस्कमित्यर्थः ॥ २९ ॥ तदाह—पार्वत्याः प्रियकाम्ययेति ॥ ३० ॥ सद्योपलब्धिरित्यार्षः संधिः ॥ ३१ ॥ सुकेश इत्यनुवादात्तन्नामकत्वमस्य बोध्यम् । खगमाकाशगम् ॥ ३२ ॥ इति श्रीरामाभिरामे श्रीरामीये रामायणतिलके वाल्मीकीय आदिकाव्य उत्तरकाण्डे चतुर्थः सर्गः ॥ ४ ॥

वरलब्धं लब्धवरम् ॥ १ ॥ २ ॥ वरदानेन कृतमैश्वर्यं यस्य तम् ॥ ३ ॥ ४ ॥ अञ्जनादञ्जनाख्यदिग्गजादभिनिष्क्रान्त उत्पन्नः । किं जनयामासेत्यत्राह—त्रीन्पुत्राञ्जनयामासेति । 'तान्पुत्रान्' इति पाठान्तरम् । तान्प्रसिद्धान्वक्ष्यमाणान्वेत्यर्थः ॥ ५ ॥ ६ ॥ मन्त्रा इव । उत्साहप्रभुमन्त्रशक्तिमयास्त्रिमन्त्रास्त्रिवेदाश्च । आमयत्रयं वातपित्तश्लेष्मरूपम् । अत्रोपमाचतुष्टये स्थिरत्वतेजस्वित्वापरिमितसामर्थ्याहिंसकत्वानि साधारणधर्माः ॥ ७ ॥ व्याधयोपेक्षिता इव । उपेक्षिता अचिकित्सिता व्याधय इवेत्यर्थः । संधिरार्षः ॥ ८ ॥ ९ ॥ १० ॥ ११ ॥ १२ ॥ १३ ॥ दिशसे ददासि । अजेया जेतुमनर्हाः । प्रभविष्ण्वः । यणार्षः । प्रभव इति यावत् । परस्परमनुव्रताः, अनुरक्ताश्च भवामेत्यनुकर्षः ॥ १४ ॥ ब्रह्मलोकाय तं प्राप्तुम् । ब्राह्मणवत्सलः । तेषां स्वमुखजत्वाज्ज्ये-

वरं लब्ध्वा तु ते सर्वे राम रात्रिंचरास्तदा । सुरासुरान्प्रबाधन्ते वरदानसुनिर्भयाः ॥ १६
तैर्बाध्यमानास्त्रिदशाः सर्षिसङ्घाः सचारणाः । त्रातारं नाधिगच्छन्ति निरयस्था यथा नराः ॥ १७
अथ ते विश्वकर्माणं शिल्पिनां वरमव्ययम् । ऊचुः समेत्य संहृष्टा राक्षसा रघुसत्तम ॥ १८
ओजस्तेजोबलन्तां महतामात्मतेजसा । गृहकर्ता भवानेव देवानां हृदयेप्सितम् ॥ १९
अस्माकमपि तावत्त्वं गृहं कुरु महामते । हिमवन्तमुपाश्रित्य मेरुमन्दरमेव वा ॥ २०
महेश्वरगृहप्रख्यं गृहं नः क्रियतां महत् । विश्वकर्मा ततस्तेषां राक्षसानां महाभुजः ॥ २१
निवासं कथयामास शक्रस्येवामरावतीम् । दक्षिणस्योदधेस्तीरे त्रिकूटो नाम पर्वतः ॥ २२
सुवेल इति चाप्यन्यो द्वितीयो राक्षसेश्वराः । शिखरे तस्य शैलस्य मध्यमेऽम्बुदसंनिभे ॥ २३
शकुनैरपि दुष्प्रापे टङ्कच्छिन्नचतुर्दिशि । त्रिंशद्योजनविस्तीर्णा शतयोजनमायता ॥ २४
स्वर्णप्राकारसंवीता हेमतोरणसंवृता । मया लङ्केति नगरी शक्राज्ञसेन निर्मिता ॥ २५
तस्यां वसत दुर्धर्षा यूयं राक्षसपुंगवाः । अमरावतीं समासाद्य सेन्द्रा इव दिवौकसः ॥ २६
लङ्कादुर्गं समासाद्य राक्षसैर्बहुभिर्वृताः । भविष्यथ दुराधर्षाः शत्रूणां शत्रुसूदनाः ॥ २७
विश्वकर्मवचः श्रुत्वा ततस्ते राक्षसोत्तमाः । सहस्रानुचरा भूत्वा गत्वा तामवसन्पुरीम् ॥ २८
दृढप्राकारपरिखां हैमैर्गृहशतैर्वृताम् । लङ्कामवाप्य ते हृष्टा न्यवसन्रजनीचराः ॥ २९
एकस्मिन्नेव काले तु यथाकामं च राघव । नर्मदा नाम गन्धर्वी बभूव रघुनन्दन ॥ ३०
तस्याः कन्यात्रयं ह्यासीद्ध्रीश्रीकीर्तिसमद्युति । ज्येष्ठक्रमेण सा तेषां राक्षसानामराक्षसी ॥ ३१
कन्यास्ताः प्रददौ हृष्टा पूर्णचन्द्रनिभाननाः । त्रयाणां राक्षसेन्द्राणां तिस्रो गन्धर्वकन्यकाः ॥ ३२
दत्ता मात्रा महाभागा नक्षत्रे भगदैवते । कृतदारास्तु ते राम सुकेशतनयास्तदा ॥ ३३
चिक्रीडुः सह भार्याभिरप्सरोभिरिवामराः । ततो माल्यवतो भार्या सुन्दरी नाम सुन्दरी ॥ ३४
स तस्यां जनयामास यदपत्यं निबोध तत् । वज्रमुष्टिर्विरूपाक्षो दुर्मुखश्चैव राक्षसः ॥ ३५
सुप्तघ्नो यज्ञकोपश्च मत्तोन्मत्तौ तथैव च । अनला चाभवत्कन्या सुन्दर्यां राम सुन्दरी ॥ ३६
सुमालिनोऽपि भार्यासीत्पूर्णचन्द्रनिभानना । नाम्ना केतुमती राम प्राणेभ्योऽपि गरीयसी ॥ ३७
सुमाली जनयामास यदपत्यं निशाचरः । केतुमत्यां महाराज तन्निबोधानुपूर्वशः ॥ ३८
प्रहस्तोऽकम्पनश्चैव विकटः कालिकामुखः । धूम्राक्षश्चैव दण्डश्च सुपार्श्वश्च महाबलः ॥ ३९
संह्रादिः प्रघसश्चैव भासकर्णश्च राक्षसः । राका पुष्पोत्कटा चैव कैकसी च शुचिस्मिताः ।
कुम्भीनसी च इत्येते सुमालेः प्रसवाः स्मृताः ॥ ४०
मालेस्तु वसुदा नाम गन्धर्वी रूपशालिनी । भार्यासीत्पद्मपत्राक्षी स्वक्षी यक्षी वरोपमा ॥ ४१
सुमालेरनुजस्तस्यां जनयामास यत्प्रभो । अपत्यं कथ्यमानं तु मया त्वं शृणु राघव ॥ ४२
अनलश्चानिलश्चैव हरः संपातिरेव च । एते विभीषणामात्या मालेयास्ते निशाचराः ॥ ४३

ततस्तु ते राक्षसपुंगवास्त्रयो निशाचरैः पुत्रशतैश्च संवृताः ।
सुरान्सहेन्द्रानृषिनागयक्षान्बबाधिरे तान्बहुवीर्यदर्पिताः ॥ ४४

ष्ठत्वाच्च तेषु वात्सल्यम् ॥ १५ ॥ १६ ॥ १७ ॥ अथ ते माल्यवदादयः । अव्ययं चिरजीविनम् ॥ १८ ॥ ओजस्तेजोबलवताम्, अतएव महतां देवानां भवानेवात्मतेजसात्मसामर्थ्येन गृहकर्ता स त्वमस्माकमपि हृदयेप्सितं गृहं कुर्विति संबन्धः ॥ १९ ॥ २० ॥ २१ ॥ २२ ॥ द्वितीयः । तत्सदृश इत्यर्थः । मध्यमे शिखर इति संबन्धः ॥ २३ ॥ शकुनैरपि दुष्प्रापे इत्यत्र हेतुः—टङ्कच्छिन्नचतुर्दिशि ॥ २४ ॥ २५ ॥ अमरावतीं समासाद्येति नवाक्षरपादतार्षी ॥ २६ ॥ २७ ॥ सहस्रमनेकेऽनुचरा येषां ते सहस्रानुचराः ॥ २८ ॥ २९ ॥ ३० ॥ अराक्षसी राक्षसजातिभिन्ना ॥ ३१ ॥ ३२ ॥ मात्रा दत्ताः । मात्रा नर्मदयेच्छया दत्ता इत्यर्थः । भगदैवतं नक्षत्रमुत्तराफाल्गुनी ॥ ३३ ॥ ३४ ॥ ३५ ॥ ३६ ॥ ३७ ॥ ३८ ॥ ३९ ॥ ४० ॥ स्वक्षी मधुरदृग्युनाक्षी । यक्षीवरा यक्षीश्रेष्ठा तयोपमीयते सा यक्षीवरोपमा ॥ ४१ ॥ ४२ ॥ मालेयाः । 'इतश्चानिञः' इति ढक् ॥ ४३ ॥ ४४ ॥

जगद्भ्रमन्तोऽनिलवद्दुरासदा रणेषु मृत्युप्रतिमानतेजसः ।
वरप्रदानादपि गर्विता भृशं क्रतुक्रियाणां प्रशमंकराः सदा ॥ ४५

इत्यार्षे श्रीमद्रामायणे वाल्मीकीय आदिकाव्य उत्तरकाण्डे पञ्चमः सर्गः ॥ ५ ॥

षष्ठः सर्गः ।

तैर्वध्यमाना देवाश्च ऋषयश्च तपोधनाः । भयार्ताः शरणं जग्मुर्देवदेवं महेश्वरम् ॥ १
जगत्सृष्ट्यन्तकर्तारमजमव्यक्तरूपिणम् । आधारं सर्वलोकानामाराध्यं परमं गुरुम् ॥ २
ते समेत्य तु कामारिं त्रिपुरारिं त्रिलोचनम् । ऊचुः प्राञ्जलयो देवा भयगद्गदभाषिणः ॥ ३
सुकेशपुत्रैर्भगवन्पितामहवरोद्धतैः । प्रजाध्यक्ष प्रजाः सर्वा बाध्यन्ते रिपुबाधनैः ॥ ४
शरणान्यशरण्यानि आश्रमाणि कृतानि नः । स्वर्गाच्च देवान्प्रच्याव्य स्वर्गे क्रीडन्ति देववत् ॥ ५
अहं विष्णुरहं रुद्रो ब्रह्माहं देवराडहम् । अहं यमश्च वरुणश्चन्द्रोऽहं रविरप्यहम् ॥ ६
इति माली सुमाली च माल्यवांश्चैव राक्षसाः । बाधन्ते समरोद्धर्षा ये च तेषां पुरःसराः ॥ ७
तन्नो देव भयार्तानामभयं दातुमर्हसि । अशिवं वपुरास्थाय जहि वै देवकण्टकान् ॥ ८
इत्युक्तस्तु सुरैः सर्वैः कपर्दी नीललोहितः । सुकेशं प्रति सापेक्षः प्राह देवगणान्प्रभुः ॥ ९
अहं तान्न हनिष्यामि ममाऽवध्या हि ते सुराः । किं तु मन्त्रं प्रदास्यामि यो वै तान्निहनिष्यति ॥ १०
एतमेव समुद्योगं पुरस्कृत्य महर्षयः । गच्छध्वं शरणं विष्णुं हनिष्यति स तान्प्रभुः ॥ ११
ततस्तु जयशब्देन प्रतिनन्द्य महेश्वरम् । विष्णोः समीपमाजग्मुर्निशाचरभयार्दिताः ॥ १२
शङ्खचक्रधरं देवं प्रणम्य बहुमान्य च । ऊचुः संभ्रान्तवद्वाक्यं सुकेशतनयान्प्रति ॥ १३
सुकेशतनयैर्देव त्रिभिस्त्रेताग्निसंनिभैः । आक्रम्य वरदानेन स्थानान्यपहृतानि नः ॥ १४
लङ्का नाम पुरी दुर्गा त्रिकूटशिखरे स्थिता । तत्र स्थिताः प्रबाधन्ते सर्वान्नः क्षणदाचराः ॥ १५
स त्वमस्मद्धितार्थाय जहि तान्मधुसूदन । शरणं त्वां वयं प्राप्ता गतिर्भव सुरेश्वर ॥ १६
चक्रकृत्तास्यकमलान्निवेदय यमाय वै । भयेष्वभयदोऽस्माकं नान्योऽस्ति भवता विना ॥ १७
राक्षसान्समरे हृष्टान्सानुबन्धान्मदोद्धतान् । नुद त्वं नो भयं देव नीहारमिव भास्करः ॥ १८
इत्येवं दैवतैरुक्तो देवदेवो जनार्दनः । अभयं भयदोऽरीणां दत्त्वा देवानुवाच ह ॥ १९
सुकेशं राक्षसं जाने ईशानवरदर्पितम् । तांश्चास्य तनयाञ्जाने येषां ज्येष्ठः स माल्यवान् ॥ २०
तानहं समतिक्रान्तमर्यादान्राक्षसाधमान् । निहनिष्यामि संक्रुद्धः सुरा भवत विज्वराः ॥ २१
इत्युक्तास्ते सुराः सर्वे विष्णुना प्रभविष्णुना । यथावासं ययुर्हृष्टाः प्रशंसन्तो जनार्दनम् ॥ २२
विबुधानां समुद्योगं माल्यवांस्तु निशाचरः । श्रुत्वा तौ भ्रातरौ वीराविदं वचनमब्रवीत् ॥ २३
अमरा ऋषयश्चैव संगम्य किल शंकरम् । अस्मद्वधं परीप्सन्त इदं वचनमब्रुवन् ॥ २४
सुकेशतनया देव वरदानबलोद्धताः । बाधन्तेऽस्मान्समुद्वृत्ता घोररूपाः पदेपदे ॥ २५

प्रशमंकरा इत्यार्षः खच् ॥ ४५ ॥ इति श्रीरामाभिरामे श्रीरामीये रामायणतिलके वाल्मीकीय आदिकाव्ये उत्तरकाण्डे पञ्चमः सर्गः ॥ ५ ॥

अथ माल्यवदापीडितदेवगणस्य विष्णुनाभयदानं श्रुत्वा नारायणप्रेरकदेवगणवधे तेषां प्रवृत्तिः—तैर्वध्यमाना इति ॥ १ ॥ २ ॥ ३ ॥ प्रजाध्यक्षस्य भगवतः प्रजापतेः प्रजा देवनरतिर्यगादिरूपाः । रिपुबाधनैः । रिपूणां बाधनं बाधस्तैर्हेतुभिरित्यर्थः ॥ ४ ॥ शरणानि शरणार्हाणि देवपित्रतिथिपशुरक्ष्यादिरक्षणार्हाणि । देवान्प्रच्याव्य ये सर्वे स्वर्गे देववत्क्रीडन्ति ॥ ५ ॥ ६ ॥ समरे सङ्ग्रामे उद्धर्ष उत्साहो येषां ते ॥ ७ ॥ अशिवमसौम्यम् । रौद्रमिति यावत् । 'रुद्रो वा एष यदग्निस्तस्यैते तनुवौ घोरान्या शिवान्या' इति श्रुतेः ॥ ८ ॥ सुकेशं प्रति सापेक्षः ॥ सुकेशस्य स्वेनोज्जीवितत्वान्माल्यवदादीनां तत्पुत्रत्वात्स्वकर्तृकतत्संहारस्यानौचित्यं मन्वान इत्यर्थः ॥ ९ ॥ मयाऽवध्या उक्तहेतोर्वधानर्हाः । मन्त्रमुपायम् ॥ १० ॥ एतमेव समुद्योगम्, न तु कालान्तरीयमित्यर्थः ॥ ११ ॥ १२ ॥ संभ्रान्तवत्संभ्रान्तार्हम् । सुकेशतनयान्प्रति । तानुद्दिश्येत्यर्थः ॥ १३ ॥ १४ ॥ १५ ॥ १६ ॥ १७ ॥ सानुबन्धान्सानुचरान्राक्षसान् । जहीति शेषः । नो भयं च नुद ॥ १८ ॥ १९ ॥ २० ॥ अतिक्रान्तमर्यादान् । मर्यादा वध्यावध्यव्यवस्था ॥ २१ ॥ २२ ॥ तौ भ्रातरौ सुमालिमालिनौ ॥ २३ ॥ परीप्सन्त इच्छन्तः ॥ २४ ॥ पदेपदे प्रति-

राक्षसैरभिभूताः स्मो न शक्ताः स्म प्रजापते । स्वेषु सद्मसु संस्थातुं भयात्तेषां दुरात्मनाम् ॥ २६
तदस्माकं हितार्थाय जहि तांश्च त्रिलोचन । राक्षसान्हुंकृतेनैव दह प्रदहतां वर ॥ २७
इत्येवं त्रिदशैरुक्तो निशम्यान्धकसूदनः । शिरः करं च धुन्वान इदं वचनमब्रवीत् ॥ २८
अवध्या मम ते देवाः सुकेशतनया रणे । मन्त्रं तु वः प्रदास्यामि यस्तान्वै निहनिष्यति ॥ २९
योऽसौ चक्रगदापाणिः पीतवासा जनार्दनः । हरिर्नारायणः श्रीमाञ्शरणं तं प्रपद्यथ ॥ ३०
हरादवाप्य ते मन्त्रं कामारिमभिवाद्य च । नारायणालयं प्राप्य तस्मै सर्वं न्यवेदयन् ॥ ३१
ततो नारायणेनोक्ता देवा इन्द्रपुरोगमाः । सुरारींस्तान्हनिष्यामि सुरा भवत निर्भयाः ॥ ३२
देवानां भयभीतानां हरिणा राक्षसर्षभौ । प्रतिज्ञातो वधोऽस्माकं चिन्त्यतां यदिह क्षमम् ॥ ३३
हिरण्यकशिपोर्मृत्युरन्येषां च सुरद्विषाम् । नमुचिः कालनेमिश्च संह्रादो वीरसत्तमः ॥ ३४
राधेयो बहुमायी च लोकपालोऽथ धार्मिकः । यमलार्जुनौ च हार्दिक्यः शुम्भश्चैव निशुम्भकः ॥ ३५
असुरा दानवाश्चैव सत्त्ववन्तो महाबलाः । सर्वे समरमासाद्य न श्रूयन्तेऽपराजिताः ॥ ३६
सर्वैः क्रतुशतैरिष्टं सर्वे मायाविदस्तथा । सर्वे सर्वास्त्रकुशलाः सर्वे शत्रुभयंकराः ॥ ३७
नारायणेन निहताः शतशोऽथ सहस्रशः । एतज्ज्ञात्वा तु सर्वेषां क्षमं कर्तुमिहार्हथ ।
दुःखं नारायणं जेतुं यो नो हन्तुमिहेच्छति ॥ ३८
ततः सुमाली माली च श्रुत्वा माल्यवतो वचः । ऊचतुर्भ्रातरं ज्येष्ठमश्विनाविव वासवम् ॥ ३९
स्वधीतं दत्तमिष्टं च ऐश्वर्यं परिपालितम् । आयुर्निरामयं प्राप्तं सुधर्मः स्थापितः पथि ॥ ४०
देवसागरमक्षोभ्यं शस्त्रैः समवगाह्य च । जिता द्विषो ह्यप्रतिमास्तन्नो मृत्युकृतं भयम् ॥ ४१
नारायणश्च रुद्रश्च शक्रश्चापि यमस्तथा । अस्माकं प्रमुखे स्थातुं सर्वे बिभ्यति सर्वदा ॥ ४२
विष्णोर्द्वेषस्य नास्त्येव कारणं राक्षसेश्वर । देवानामेव दोषेण विष्णोः प्रचलितं मनः ॥ ४३
तस्मादद्यैव सहिताः सर्वेऽन्योन्यसमावृताः । देवानेव जिघांसामो येभ्यो दोषः समुत्थितः ॥ ४४
एवं संमन्त्र्य बलिनः सर्वसैन्यमुपासिताः । उद्योगं घोषयित्वा तु सर्वे नैर्ऋतपुंगवाः ॥ ४५
युद्धाय निर्ययुः क्रुद्धा जम्भवृत्रादयो यथा । इति ते राम संमन्त्र्य सर्वोद्योगेन राक्षसाः ॥ ४६
युद्धाय निर्ययुः सर्वे महाकाया महाबलाः । स्यन्दनैर्वारणैश्चैव हयैश्च करिसंनिभैः ॥ ४७
खरैर्गोभिरथोष्ट्रैश्च शिशुमारैर्भुजंगमैः । मकरैः कच्छपैर्मीनैर्विहंगैर्गरुडोपमैः ॥ ४८
सिंहैर्व्याघ्रैर्वराहैश्च सृमरैश्चमरैरपि । त्यक्त्वा लङ्कां गताः सर्वे राक्षसा बलगर्विताः ॥ ४९
प्रयाता देवलोकाय योद्धुं दैवतशत्रवः । लङ्काविपर्ययं दृष्ट्वा यानि लङ्कालयान्यथ ॥ ५०
भूतानि भयदर्शीनि विमनस्कानि सर्वशः । रथोत्तमैरुह्यमानाः शतशोऽथ सहस्रशः ॥ ५१
प्रयाता राक्षसास्तूर्णं देवलोकं प्रयत्नतः । रक्षसामेव मार्गेण दैवतान्यपचक्रमुः ॥ ५२
भौमाश्चैवान्तरिक्षाश्च कालाज्ञप्ता भयावहाः । उत्पाता राक्षसेन्द्राणामभावाय समुत्थिताः ॥ ५३
अस्थीनि मेघा ववृषुरुष्णं शोणितमेव च । वेलां समुद्राश्चोत्क्रान्ताश्चेलुश्चाप्यथ भूधराः ॥ ५४

क्षणम् ॥ २५ ॥ प्रजापते दुष्टनिग्रहद्वारा प्रजारक्षक ॥ २६ ॥ २७ ॥ शिरः करं च धुन्वानः । 'विषवृक्षोऽपि—' इति न्यायेन स्ववधानर्हा इत्याशयेनेति भावः ॥ २८ ॥ तदेवाह—अवध्या इति ॥ २९ ॥ ३० ॥ ते देवा मन्त्रमवाप्येत्यन्वयः ॥ ३१ ॥ ३२ ॥ ३३ ॥ चिन्तार्हत्वं दर्शयति—हिरण्येत्यादि ॥ ३४ ॥ ३५ ॥ अपराजिता इति छेदः ॥ ३६ ॥ ३७ ॥ ३८ ॥ अश्विनाविव वासवमिति । 'भगांशाविव' इति पाठे भगस्तदंशोऽर्यमा ताविवेत्यर्थः ॥ ३९ ॥ निरामयं नीरोगम् । सुधर्मः शोभनो धर्मः । पथि स्थापितः । प्राक्सम्यगनुष्ठितैरध्ययनादिभिरिति शेषः । यतो द्विषो देवा जितास्तत्तस्मादस्माकं मृत्युकृतं भयं नास्तीत्यर्थः । कर्तव्यावशेषाभावान्मृत्यावपि न क्षतिरिति भावः ॥ ४० ॥ ४१ ॥ ४२ ॥ विष्णोर्द्वेषस्य कारणं नास्ति । अस्माभिस्तदपराधाकरणादिति भावः । 'विष्णोर्दोषश्च नास्त्यत्र कारणं राक्षसेश्वर' इति पाठे विष्णोरस्मद्वधप्रतिज्ञायां यः कारणं स्यात्तादृशो विष्णोः सहजो दोषो नास्तीत्यर्थः । कथं तर्हीदानीमस्मासु द्वेषो विष्णोरत आह—देवानामिति । दोषेणोपजापेन ॥ ४३ ॥ जिघांसामः । स्वार्थे सनार्षः । हन्म इत्यर्थः ॥ ४४ ॥ ४५ ॥ ४६ ॥ ४७ ॥ खरादयो वाहनानि ॥ ४८ ॥ सृमरो गवयः । सृमरचमरयोर्नीलश्वेतपुच्छयोगाद्भेद इति तीर्थः ॥ ४९ ॥ लङ्काविपर्ययं लङ्कानाशम् । लङ्कालयानि भूतानि तत्रत्यानि दैवतानि विमनस्कान्यासन् ॥ ५० ॥ ५१ ॥ रक्षसामेव मार्गेण तयात्रया सहैवापचक्रमुरपगताः ॥ ५२ ॥ कालाज्ञप्ताः

अट्टहासान्विमुञ्चन्तो घननादसमस्वनाः । वाश्यन्त्यश्च शिवास्तत्र दारुणं घोरदर्शनाः ॥ ५५
संपतन्त्यथ भूतानि दृश्यन्ते च यथाक्रमम् । गृध्रचक्रं महच्चात्र प्रज्वालोद्गारिभिर्मुखैः ॥ ५६
रक्षोगणस्योपरिष्टात्परिभ्रमति कालवत् । कपोता रक्तपादाश्च सारिका विद्रुता ययुः ॥ ५७
काका वाश्यन्ति तत्रैव बिडालाय द्विपादिकाः । उत्पातांस्ताननादृत्य राक्षसा बलदर्पिताः ॥ ५८
यान्त्येव न निवर्तन्ते मृत्युपाशावपाशिताः । माल्यवांश्च सुमाली च माली च सुमहाबलः ॥ ५९
पुरःसरा राक्षसानां ज्वलिता इव पावकाः । माल्यवन्तं तु ते सर्वे माल्यवन्तमिवाचलम् ॥ ६०
निशाचरा आश्रयन्ति धातारमिव देवताः । तद्बलं राक्षसेन्द्राणां महाभ्रघननादितम् ॥ ६१
जयेप्सया देवलोकं ययौ मालिवशे स्थितम् । राक्षसानां समुद्योगं तं तु नारायणः प्रभुः ॥ ६२
देवदूतादुपश्रुत्य चक्रे युद्धे तदा मनः । स सज्जायुधतूणीरो वैनतेयोपरि स्थितः ॥ ६३
आसाद्य कवचं दिव्यं सहस्रार्कसमद्युति । आवध्य शरसंपूर्णे इषुधी विमले तदा ॥ ६४
श्रोणिसूत्रं च खड्गं च विमलं कमलेक्षणः । शङ्खचक्रगदाशार्ङ्गखड्गांश्चैव वरायुधान् ॥ ६५
संपूर्णं गिरिसंकाशं वैनतेयमथास्थितः । राक्षसानामभावाय ययौ तूर्णतरं प्रभुः ॥ ६६
सुपर्णपृष्ठे स बभौ श्यामः पीताम्बरो हरिः । काञ्चनस्य गिरेः शृङ्गे सतडित्तोयदो यथा ॥ ६७

स सिद्धदेवर्षिमहोरगैश्च गन्धर्वयक्षैरुपगीयमानः ।
समाससादासुरसैन्यशत्रुश्चक्रासिशार्ङ्गायुधशङ्खपाणिः ॥ ६८
सुपर्णपक्षानिलनुन्नपक्षं भ्रमत्पताकं प्रविकीर्णशस्त्रम् ।
चचाल तद्राक्षसराजसैन्यं चलोपलं नीलमिवाचलाग्रम् ॥ ६९
ततः शितैः शोणितमांसरूषितैर्युगान्तवैश्वानरतुल्यविग्रहैः ।
निशाचराः संपरिवार्य माधवं वरायुधैर्निर्बिभिदुः सहस्रशः ॥ ७०

इत्यार्षे श्रीमद्रामायणे वाल्मीकीय आदिकाव्य उत्तरकाण्डे षष्ठः सर्गः ॥ ६ ॥

सप्तमः सर्गः ।

नारायणगिरिं ते तु गर्जन्तो राक्षसाम्बुदाः । अर्दयन्तोऽस्त्रवर्षेण वर्षेणेवाद्रिमम्बुदाः ॥ १
श्यामावदातस्तैर्विष्णुर्नीलैर्नक्तंचरोत्तमैः । वृतोऽञ्जनगिरीवायं वर्षमाणैः पयोधरैः ॥ २
शलभा इव केदारं मशका इव पावकम् । यथामृतघटं दंशा मकरा इव चार्णवम् ॥ ३
तथा रक्षोधनुर्मुक्ता वज्रानिलमनोजवाः । हरिं विशन्ति स्म शरा लोका इव विपर्यये ॥ ४
स्यन्दनैः स्यन्दनगता गजैश्च गजमूर्धगाः । अश्वारोहास्तथाश्वैश्च पादाताश्चाम्बरे स्थिताः ॥ ५
राक्षसेन्द्रा गिरिनिभाः शरैः शक्त्यृष्टितोमरैः । निरुच्छ्वासं हरिं चक्रुः प्राणायामा इव द्विजम् ॥ ६
निशाचरैस्ताड्यमानो मीनैरिव महोदधिः । शार्ङ्गमायम्य दुर्धर्षो राक्षसेभ्योऽसृजच्छरान् ॥ ७
शरैः पूर्णायतोत्सृष्टैर्वज्रकल्पैर्मनोजवैः । चिच्छेद विष्णुर्निशितैः शतशोऽथ सहस्रशः ॥ ८

कालप्रेरिता भौमादय उत्पाताः ॥ ५३ ॥ ५४ ॥ घननादेन मेघस्वनेन समः स्वनो येषां ते । विमुञ्चन्त इत्यस्य जाता इति शेषः । एवं वाशन्त्य इत्यस्यापि ॥ ५५ ॥ गृध्रचक्रं गृध्रसमूहः ॥ ५६ ॥ ५७ ॥ ५८ ॥ मृत्युपाशैरवपाशिताः संजातबन्धनाः ॥ ५९ ॥ माल्यवन्तमचलं माल्यवदाख्यकुलपर्वतम् ॥ ६० ॥ महाभ्रघननादितं महामेघसमूहवन्नादितं संजातनादम् ॥ ६१ ॥ ६२ ॥ ६३ ॥ ६४ ॥ श्रोणिसूत्रं खड्गबन्धभूतम् ॥ ६५ ॥ ६६ ॥ ६७ ॥ ६८ ॥ सुपर्णपक्षानिलेन नुन्नपक्षं क्षोभितबलम् । चलोपलं चला उपला यस्य तत् ॥ ६९ ॥ विग्रह आकारः ॥ ७० ॥ इति श्रीरामाभिरामे श्रीरामीये रामायणतिलके वाल्मीकीय आदिकाव्य उत्तरकाण्डे षष्ठः सर्गः ॥ ६ ॥

अथ राक्षसोपरुद्धेन हरिणा तद्विद्रावणम्—नारायणगिरिमिति । रूपकमिदम् ॥ १ ॥ श्यामः सन्नवदातो निर्मलः । अञ्जनगिरीवेति विभक्तिलोप आर्षः, ततः संधिः ॥ २ ॥ अमृतघटं क्षौद्रघटम् । दंशाः । वनमक्षिका इत्यर्थः ॥ ३ ॥ वज्रानिलमनोजवाः । वज्रसारा अनिलमनोवज्जवो वेगो येषां ते । विपर्यये प्रलयकाले लोका यथा हरिं विशन्ति तद्वत् ॥ ४ ॥ स्यन्दनादिभिः सहाम्बरे स्थितास्तद्गताः ॥ ५ ॥ हरिं निरुच्छ्वासं चक्रुः ॥ ६ ॥ ७ ॥ पूर्णायतोत्सृष्टैः । पूर्णाकृ-

विद्राव्य शरवर्षेण वर्षं वायुरिवोत्थितम् । पाञ्चजन्यं महाशङ्खं प्रदध्मौ पुरुषोत्तमः ॥ ९
सोऽम्बुजो हरिणाध्मातः सर्वप्राणेन शङ्खराट् । ररास भीमनिर्ह्रादस्त्रैलोक्यं व्यथयन्निव ॥ १०
शङ्खराजरवः सोऽथ त्रासयामास राक्षसान् । मृगराज इवारण्ये समदानिव कुञ्जरान् ॥ ११
न शेकुरश्वाः संस्थातुं विमदाः कुञ्जराभवन् । स्यन्दनेभ्यश्च्युता वीराः शङ्खरावितदुर्बलाः ॥ १२
शार्ङ्गचापविनिर्मुक्ता वज्रतुल्याननाः शराः । विदार्य तानि रक्षांसि सुपुङ्खा विविशुः क्षितिम् ॥ १३
भिद्यमानाः शरैः संख्ये नारायणकरच्युतैः । निपेतू राक्षसा भूमौ शैला वज्रहता इव ॥ १४
व्रणानि परगात्रेभ्यो विष्णुचक्रकृतानि हि । असृक्क्षरन्ति धाराभिः स्वर्णधारा इवाचलाः ॥ १५
शङ्खराजरवश्चापि शार्ङ्गचापरवस्तथा । राक्षसानां रवांश्चापि ग्रसते वैष्णवो रवः ॥ १६
तेषां शिरोधरान्धूताञ्छरध्वजधनूंषि च । रथान्पताकास्तूणीरांश्चिच्छेद स हरिः शरैः ॥ १७
सूर्यादिव करा घोरा वार्योघा इव सागरात् । पर्वतादिव नागेन्द्रा धारौघा इव चाम्बुदात् ॥ १८
तथा शार्ङ्गविनिर्मुक्ताः शरा नारायणेरितात् । निर्धावन्तीषवस्तूर्णं शतशोऽथ सहस्रशः ॥ १९
शरभेण यथा सिंहाः सिंहेन द्विरदा यथा । द्विरदेन यथा व्याघ्रा व्याघ्रेण द्वीपिनो यथा ॥ २०
द्वीपिनेव यथा श्वानः शुना मार्जारका यथा । मार्जारेण यथा सर्पाः सर्पेण च यथाखवः ॥ २१
तथा ते राक्षसाः सर्वे विष्णुना प्रभविष्णुना । द्रवन्ति द्राविताश्चान्ये शायिताश्च महीतले ॥ २२
राक्षसानां सहस्राणि निहत्य मधुसूदनः । वारिजं पूरयामास तोयदं सुरराडिव ॥ २३
नारायणशरत्रस्तं शङ्खनादसुविह्वलम् । ययौ लङ्कामभिमुखं प्रभग्नं राक्षसं बलम् ॥ २४
प्रभग्ने राक्षसबले नारायणशराहते । सुमाली शरवर्षेण निववार रणे हरिम् ॥ २५
स तु तं छादयामास नीहार इव भास्करम् । राक्षसाः सत्त्वसंपन्नाः पुनर्धैर्यं समादधुः ॥ २६
अथ सोऽभ्यपतद्रोषाद्राक्षसो बलदर्पितः । महानादं प्रकुर्वाणो राक्षसाञ्जीवयन्निव ॥ २७
उत्क्षिप्य लम्बाभरणं धुन्वन्करमिव द्विपः । ररास राक्षसो हर्षात्सतडित्तोयदो यथा ॥ २८
सुमालेर्हतसूतस्य शिरो ज्वलितकुण्डलम् । चिच्छेद यन्तुरश्वाश्च भ्रान्तास्तस्य तु रक्षसः ॥ २९
तैरश्वैर्भ्राम्यते भ्रान्तैः सुमाली राक्षसेश्वरः । इन्द्रियाश्वैः परिभ्रान्तैर्धृतिहीनो यथा नरः ॥ ३०
ततो विष्णुं महाबाहुं प्रतपन्तं रणाजिरे । हृते सुमालेरश्वैश्च रथे विष्णुरथं प्रति ।
माली चाभ्यद्रवद्युक्तः प्रगृह्य स शरासनम् ॥ ३१
मालेर्धनुश्च्युता बाणाः कार्तस्वरविभूषिताः । विविशुर्हरिमासाद्य क्रौञ्चं पत्ररथा इव ॥ ३२
अर्द्यमानः शरैः सोऽथ मालिमुक्तैः सहस्रशः । चुक्षुभे न रणे विष्णुर्जितेन्द्रिय इवाधिभिः ॥ ३३
अथ मौर्वीस्वनं कृत्वा भगवान्भूतभावनः । मालिनं प्रति बाणौघान्ससर्जासिगदाधरः ॥ ३४
ते मालिदेहमासाद्य वज्रविद्युत्प्रभाः शराः । पिबन्ति रुधिरं तस्य नागा इव सुधारसम् ॥ ३५
मालिनं विमुखं कृत्वा शङ्खचक्रगदाधरः । मालिमौलिं ध्वजं चापं वाजिनश्चाप्यपातयत् ॥ ३६
विरथस्तु गदां गृह्य माली नक्तंचरोत्तमः । आपुप्लुवे गदापाणिर्गिर्यग्रादिव केसरी ॥ ३७
गदया गरुडेशानमीशानमिव चान्तकः । ललाटदेशेऽभ्यहनद्वज्रेणेन्द्रो यथाचलम् ॥ ३८

ष्टतयोत्सृष्टैः । वज्रकल्पैः वज्रवदकुण्ठैः ॥ ८ ॥ ९ ॥ अम्बुजः शङ्खः । सर्वप्राणेन सर्वबलेन । शङ्खराडिति विशेषणम् । ध्मातो वादितः ॥ १० ॥ ११ ॥ भवन्नभवन् । शङ्खरावितेन शङ्खशब्देन दुर्बलाः क्षीणबलाः । स्वार्थे णिः ॥ १२ ॥ १३ ॥ १४ ॥ स्वर्णधारा गैरिकधाराः । 'गैरिकेऽपि सुवर्णं स्यात्' ॥ १५ ॥ रवांश्चापि । अपिना प्राणांश्च । वैष्णवो विष्णूत्पादितः ॥ १६ ॥ शिरोधरान्कण्ठान् । धूतान्कम्पितान् ॥ १७ ॥ १८ ॥ विनिर्मुक्ता विनिर्मोक्तुं प्रक्रान्ताः शरा आसन्निति पृथग्योज्यम् । अथ नारायणेरितान्नारायणव्यापारत इषवो निर्धावन्ति । सहस्रशः शतशः ॥ १९ ॥ २० ॥ द्वीपी क्षुद्रव्याघ्रः । आखवो मूषिकाः ॥ २१ ॥ महीतले शायिताः । अनुद्रुत्येति शेषः ॥ २२ ॥ २३ ॥ राक्षसं रक्षःसंबन्धि ॥ २४ ॥ निववार वारयामास ॥ २५ ॥ २६ ॥ २७ ॥ लम्बाभरणं लम्बमानमाभरणमुत्क्षिप्य विमुच्य । द्विपः करमिव शुण्डादण्डमिव ॥ २८ ॥ यन्तुः शिरश्चिच्छेद । ततस्तस्याश्वा नष्टसारथित्वादनवस्थितगतिकाः । आसन्नित्यर्थः ॥ २९ ॥ भ्राम्यते भ्राम्यतेस्म ॥ ३० ॥ सुमाले रथेऽश्वैर्हृते इतस्ततोऽपकृष्यमाणे सति रथादवप्लुत्य विष्णुरथं प्रति धनुः प्रगृह्य युक्तोऽभ्यद्रवत् ॥ ३१ ॥ क्रौञ्चं क्रौञ्चाद्रिम् । पत्ररथाः पक्षिणः ॥ ३२ ॥ ३३ ॥ ३४ ॥ नागाः सर्पाः ॥ ३५ ॥ मालिमौलिं मालिमुकुटम् ॥ ३६ ॥ ३७ ॥ गरुडानां पक्षि-

गदयाभिहतस्तेन मालिना गरुडो भृशम् । रणात्पराङ्मुखं देवं कृतवान्वेदनातुरः ॥ ३९
पराङ्मुखे कृते देवे मालिना गरुडेन वै । उदतिष्ठन्महाञ्शब्दो रक्षसामभिनर्दताम् ॥ ४०
रक्षसां रुवतां रावं श्रुत्वा हरिहयानुजः । तिर्यगास्थाय संक्रुद्धः पक्षीशे भगवान्हरिः ॥ ४१
पराङ्मुखोऽप्युत्ससर्ज मालेश्चक्रं जिघांसया । तत्सूर्यमण्डलाभासं स्वभासा भासयन्नभः ॥ ४२
कालचक्रनिभं चक्रं मालेः शीर्षमपातयत् । तच्छिरो राक्षसेन्द्रस्य चक्रोत्कृत्तं विभीषणम् ।
पपात रुधिरोद्गारि पुरा राहुशिरो यथा ॥ ४३
ततः सुरैः संप्रहृष्टैः सर्वप्राणसमीरितः । सिंहनादरवो मुक्तः साधु देवेतिवादिभिः ॥ ४४
मालिनं निहतं दृष्ट्वा सुमाली माल्यवानपि । सबलौ शोकसंतप्तौ लङ्कामेव प्रधावितौ ॥ ४५
गरुडस्तु समाश्वस्तः संनिवृत्य यथा पुरा । राक्षसान्द्रावयामास पक्षवातेन कोपितः ॥ ४६
चक्रकृत्तास्यकमला गदासंचूर्णितोरसः । लाङ्गलग्लपितग्रीवा मुसलैर्भिन्नमस्तकाः ॥ ४७
केचिच्चैवासिना छिन्नास्तथान्ये शरताडिताः । निपेतुरम्बरात्तूर्णं राक्षसाः सागराम्भसि ॥ ४८

नारायणोऽपीषुवराशनीभिर्विदारयामास धनुर्विमुक्तैः ।
नक्तंचरान्धूतविमुक्तकेशान्यथाशनीभिः सतडिन्महाभ्रः ॥ ४९
भिन्नातपत्रं पतमानशस्त्रं शरैरपध्वस्तविनीतवेषम् ।
विनिःसृतान्त्रं भयलोलनेत्रं बलं तदुन्मत्ततरं बभूव ॥ ५०
सिंहार्दितानामिव कुञ्जराणां निशाचराणां सह कुञ्जराणाम् ।
रवाश्च वेगाश्च समं बभूवुः पुराणसिंहेन विमर्दितानाम् ॥ ५१
ते वार्यमाणा हरिबाणजालैः स्वबाणजालानि समुत्सृजन्तः ।
धावन्ति नक्तंचरकालमेघा वायुप्रणुन्ना इव कालमेघाः ॥ ५२
चक्रप्रहारैर्विनिकृत्तशीर्षाः संचूर्णिताङ्गाश्च गदाप्रहारैः ।
असिप्रहारैर्द्विविधाविभिन्नाः पतन्ति शैला इव राक्षसेन्द्राः ॥ ५३
विलम्बमानैर्मणिहारकुण्डलैर्निशाचरैर्नीलबलाहकोपमैः ।
निपात्यमानैर्ददृशे निरन्तरं निपात्यमानैरिव नीलपर्वतैः ॥ ५४

इत्यार्षे श्रीमद्रामायणे वाल्मीकीय आदिकाव्य उत्तरकाण्डे सप्तमः सर्गः ॥ ७ ॥

अष्टमः सर्गः ।

हन्यमाने बले तस्मिन्पद्मनाभेन पृष्ठतः । माल्यवान्संनिवृत्तोऽथ वेलामेत्य इवार्णवः ॥ १
संरक्तनयनः क्रोधाच्चलन्मौलिर्निशाचरः । पद्मनाभमिदं प्राह वचनं पुरुषोत्तमम् ॥ २
नारायण न जानीषे क्षात्रधर्मं पुरातनम् । अयुद्धमनसो भीतानस्मान्हंसि यथेतरः ॥ ३

णामीशानं गरुडम् । ईशानमन्तक इव । श्वेतारण्ये मार्कण्डेयरक्षणार्थं कस्यचिद्राज्ञो रक्षणार्थं चेशानान्तकयोर्युद्धमभूत्, तदान्तकेन रुद्रोपर्यायुधप्रक्षेपः कृत इति पुराणप्रसिद्धेयं कथा ॥ ३८ ॥ ३९ ॥ मालिना गरुडेन मालिताडनपराङ्मुखगरुडेन देवे पराङ्मुखे कृत इत्यन्वयः ॥ ४० ॥ हरिहयानुज इन्द्रानुजः । तिर्यगिति विमुखे पक्षीशे तिर्यग्वलितग्रीवमास्थाय स्थित्वा ॥ ४१ ॥ मालेर्जिघांसया चक्रमुत्ससर्ज । कालचक्रनिभं दिनमासादिरूपेण परिवर्तमानकालचक्रसदृशम् । तेनाप्रतिघात्यत्वमुक्तम् ॥ ४२ ॥ ४३ ॥ सर्वप्राणसमीरितः सर्वबलेन प्रवर्तितः ॥ ४४ ॥ ४५ ॥ ४६ ॥ लाङ्गलेन हलेन ग्लपिता हता ग्रीवा येषां ते ॥ ४७ ॥ ४८ ॥ अशनीभिरिति दीर्घ आर्षः । मुक्तविधूतकेशान्मुक्तकेशान्विधूतकेशांश्च ॥ ४९ ॥ शरैरपध्वस्तो दूरीकृतो विनीतवेषः सौम्यवेषो यस्य तत् । उन्मत्ततरमतिशयेन विस्मृतस्वपरविवेकम् ॥ ५० ॥ पुराणसिंहेन नृसिंहेन ॥ ५१ ॥ समुत्सृजन्तस्त्यक्तवन्तः ॥ ५२ ॥ द्विविधाविभिन्नाः द्विविधया प्रकारद्वयेन विभिन्नाः खण्डिताः ॥ ५३ ॥ भूमण्डलमिति शेषः । तन्निरन्तरं व्याप्तं ददृशे ॥ ५४ ॥ **इति श्रीरामाभिरामे श्रीरामीये रामायणतिलके वाल्मीकीय आदिकाव्य उत्तरकाण्डे सप्तमः सर्गः ॥ ७ ॥**

अथ सुमालिमाल्यवतोः पराजितयोर्लङ्कां विहाय पातालप्रवेशः—हन्यमाने इति । पृष्ठत इति । अनुद्रुत्येति शेषः । एत्य इवेत्यसंधिरार्षः । अर्णवो वेलामेत्य यथा निवर्तते तथा निवृत्त इत्यर्थः ॥ १ ॥ २ ॥ योऽस्मान्हंसि स त्वं न जानीषे इत्य-

पराङ्मुखवधं पापं यः करोति सुरेश्वर । स हन्ता न गतः स्वर्गं लभते पुण्यकर्मणाम् ॥ ४
युद्धश्रद्धाथवा तेऽस्ति शङ्खचक्रगदाधर । अहं स्थितोऽस्मि पश्यामि बलं दर्शय यत्तव ॥ ५
माल्यवन्तं स्थितं दृष्ट्वा माल्यवन्तमिवाचलम् । उवाच राक्षसेन्द्रं तं देवराजानुजो बली ॥ ६
युष्मत्तो भयभीतानां देवानां वै मयाभयम् । राक्षसोत्सादनं दत्तं तदेतदनुपाल्यते ॥ ७
प्राणैरपि प्रियं कार्यं देवानां हि सदा मया । सोऽहं वो निहनिष्यामि रसातलगतानपि ॥ ८
देवदेवं ब्रुवाणं तं रक्ताम्बुरुहलोचनम् । शक्त्या बिभेद संक्रुद्धो राक्षसेन्द्रो भुजान्तरे ॥ ९
माल्यवद्भुजनिर्मुक्ता शक्तिर्घण्टाकृतस्वना । हरेरुरसि बभ्राज मेघस्थेव शतह्रदा ॥ १०
ततस्तामेव चोत्कृष्य शक्तिं शक्तिधरप्रियः । माल्यवन्तं समुद्दिश्य चिक्षेपाम्बुरुहेक्षणः ॥ ११
स्कन्दोत्सृष्टेव सा शक्तिर्गोविन्दकरनिःसृता । काङ्क्षन्ती राक्षसं प्रायान्महोल्केवाञ्जनाचलम् ॥ १२
सा तस्योरसि विस्तीर्णे हारभारावभासिते । आपतद्राक्षसेन्द्रस्य गिरिकूट इवाशनिः ॥ १३
तया भिन्नतनुत्राणः प्राविशद्विपुलं तमः । माल्यवान्पुनराश्वस्तस्तस्थौ गिरिरिवाचलः ॥ १४
ततः कालायसं शूलं कण्टकैर्बहुभिश्चितम् । प्रगृह्याभ्यहनद्देवं स्तनयोरन्तरे दृढम् ॥ १५
तथैव रणरक्तस्तु मुष्टिना वासवानुजम् । ताडयित्वा धनुर्मात्रमपक्रान्तो निशाचरः ॥ १६
ततोऽम्बरे महाञ्छब्दः साधुसाध्विति चोत्थितः । आहत्य राक्षसो विष्णुं गरुडं चाप्यताडयत् ॥ १७
वैनतेयस्ततः क्रुद्धः पक्षवातेन राक्षसम् । व्यपोहद्बलवान्वायुः शुष्कपर्णचयं यथा ॥ १८
द्विजेन्द्रपक्षवातेन द्रावितं दृश्य पूर्वजम् । सुमाली स्वबलैः सार्धं लङ्कामभिमुखो ययौ ॥ १९
पक्षवातबलोद्धूतो माल्यवानपि राक्षसः । स्वबलेन समागम्य ययौ लङ्कां ह्रिया वृतः ॥ २०
एवं ते राक्षसा राम हरिणा कमलेक्षण । बहुशः संयुगे भग्ना हतप्रवरनायकाः ॥ २१
अशक्नुवन्तस्ते विष्णुं प्रतियोद्धुं बलार्दिताः । त्यक्त्वा लङ्कां गता वस्तुं पातालं सहपत्नयः ॥ २२
सुमालिनं समासाद्य राक्षसं रघुसत्तम । स्थिताः प्रख्यातवीर्यास्ते वंशे सालकटङ्कटे ॥ २३
ये त्वया निहतास्ते तु पौलस्त्या नाम राक्षसाः । सुमाली माल्यवान्माली ये च तेषां पुरःसराः ।
सर्व एते महाभागा रावणाद्बलवत्तराः ॥ २४
न चान्यो राक्षसान्हन्ता सुरारीन्देवकण्टकान् । ऋते नारायणं देवं शङ्खचक्रगदाधरम् ॥ २५
भवान्नारायणो देवश्चतुर्बाहुः सनातनः । राक्षसान्हन्तुमुत्पन्नो ह्यजय्यः प्रभुरव्ययः ॥ २६
नष्टधर्मव्यवस्थानां कालेकाले प्रजाकरः । उत्पद्यते दस्युवधे शरणागतवत्सलः ॥ २७
एषा मया तव नराधिप राक्षसानामुत्पत्तिरद्य कथिता सकला यथावत् ।
भूयो निबोध रघुसत्तम रावणस्य जन्मप्रभावमतुलं ससुतस्य सर्वम् ॥ २८
चिरात्सुमाली व्यचरद्रसातलं स राक्षसो विष्णुभयार्दितस्तदा ।
पुत्रैश्च पौत्रैश्च समन्वितो बली ततस्तु लङ्कामवसद्धनेश्वरः ॥ २९

इत्यार्षे श्रीमद्रामायणे वाल्मीकीय आदिकाव्य उत्तरकाण्डेऽष्टमः सर्गः ॥ ८ ॥

न्वयः । यथेतरः प्राकृतजन इव ॥ ३ ॥ पराङ्मुखवधरूपं पापम् । स हन्ता इतो देहाद्गतः सन्स्वर्गं न लभते । 'स हन्ता न हतः' इति पाठे हतः । दैवहत इत्यर्थः ॥ ४ ॥ तत्तव बलमहं यथा पश्यामि तथा दर्शयेत्यर्थः ॥ ५ ॥ अथ पराङ्मुखवधदोषः स्वप्रतिज्ञापालनप्रवृत्तस्य नास्तीत्याह—उवाचेत्यादि ॥ ६ ॥ मया भयभीतानां देवानामभयं वै दत्तम्, तदेतदभयदानं राक्षसोत्सादनं कुर्वता मयानुपाल्यते ॥ ७ ॥ ८ ॥ ९ ॥ १० ॥ शक्तिधरो गुहः स प्रियो यस्य, तस्य प्रियो वा ॥ ११ ॥ १२ ॥ हारभारो हारसमूहस्तेनावभासिते । गिरिकूटे गिरिशृङ्गे ॥ १३ ॥ तमो मोहम् ॥ १४ ॥ १५ ॥ रणरक्तो रणप्रियः । अपक्रान्तः पृष्ठतः परावृत्तः ॥ १६ ॥ १७ ॥ वायुः शुष्कपर्णचयं यथा व्यपोहति, तथा राक्षसं पक्षवातेन व्यपोहयत् ॥ १८ ॥ दृश्य दृष्ट्वा ॥ १९ ॥ २० ॥ २१ ॥ सहपत्नयः सस्त्रीकाः ॥ २२ ॥ सालकटङ्कटे सालकटङ्कटा माल्यवदादेः पितामही विद्युत्केशपत्नी तदीये वंशे । वृद्धाच्छाभाव आर्षः । सुमालिनं समासाद्याश्रित्य राक्षसाः स्थिताः ॥ २३ ॥ पौलस्त्याः पुलस्त्यवंश्याः । त्वया ये कुम्भकर्णादयो हतास्तेभ्यस्तथा रावणाच्च माल्यवदादयो बलवत्तराः ॥ २४ ॥ तर्हि किं मे प्राशस्त्यं भवद्भिरुच्यते तत्राह—न चान्य इति । तदपि प्राशस्त्यं तवैवेति भावः । राक्षसान्हन्ता । तृन् । 'न लोक–' इति षष्ठीनिषेधः । देवकण्टकान्देवपीडाकरान्देवशत्रून् । यस्त्वं हन्ता स नारायणमृते नारायणं विनान्यो न केवलमनुष्यो न ॥ २५ ॥ उक्तमेवार्थमन्वयमुखेनाह—भवन्नित्विति । उत्पन्नो मायया गृहीतदेहः ॥ २६ ॥ २७ ॥ २८ ॥ २९ ॥ **इति श्रीरामाभिरामे श्रीरामीये रामायणतिलके वाल्मीकीय आदिकाव्य उत्तरकाण्डेऽष्टमः सर्गः ॥ ८ ॥**

नवमः सर्गः ।

कस्यचित्त्वथ कालस्य सुमाली नाम राक्षसः । रसातलान्मर्त्यलोकं सर्वं वै विचचार ह ॥ १
नीलजीमूतसंकाशस्तप्तकाञ्चनकुण्डलः । कन्यां दुहितरं गृह्य विना पद्ममिव श्रियम् ॥ २
राक्षसेन्द्रः स तु तदा विचरन्वै महीतले । तदापश्यत्स गच्छन्तं पुष्पकेण धनेश्वरम् ॥ ३
गच्छन्तं पितरं द्रष्टुं पुलस्त्यतनयं विभुम् । तं दृष्ट्वामरसंकाशं गच्छन्तं पावकोपमम् ॥ ४
रसातलं प्रविष्टः सन्मर्त्यलोकात्सविस्मयः । इत्येवं चिन्तयामास राक्षसानां महामतिः ॥ ५
किं कृत्वा श्रेय इत्येवं वर्धेमहि कथं वयम् । नीलजीमूतसंकाशस्तप्तकाञ्चनकुण्डलः ॥ ६
राक्षसेन्द्रः स तु तदाचिन्तयत्सुमहामतिः । अथाब्रवीत्सुतां रक्षः कैकसीं नाम नामतः ॥ ७
पुत्रि प्रदानकालोऽयं यौवनं व्यतिवर्तते । प्रत्याख्यानाच्च भीतैस्त्वं न वरैः परिगृह्यसे ॥ ८
तत्कृते च वयं सर्वे यन्त्रिता धर्मबुद्धयः । त्वं हि सर्वगुणोपेता श्रीः साक्षादिव पुत्रिके ॥ ९
कन्यापितृत्वं दुःखं हि सर्वेषां मानकाङ्क्षिणाम् । न ज्ञायते च कः कन्यां वरयेदिति कन्यके ॥ १०
मातुः कुलं पितृकुलं यत्र चैव च दीयते । कुलत्रयं सदा कन्या संशये स्थाप्य तिष्ठति ॥ ११
सा त्वं मुनिवरं श्रेष्ठं प्रजापतिकुलोद्भवम् । भज विश्रवसं पुत्रि पौलस्त्यं वरय स्वयम् ॥ १२
ईदृशास्ते भविष्यन्ति पुत्राः पुत्रि न संशयः । तेजसा भास्करसमो यादृशोऽयं धनेश्वरः॥ १३
सा तु तद्वचनं श्रुत्वा कन्यका पितृगौरवात् । तत्र गत्वा च सा तस्थौ विश्रवा यत्र तप्यते ॥ १४
एतस्मिन्नन्तरे राम पुलस्त्यतनयो द्विजः । अग्निहोत्रमुपातिष्ठच्चतुर्थ इव पावकः ॥ १५
अविचिन्त्य तु तां वेलां दारुणां पितृगौरवात् । उपसृत्याग्रतस्तस्य चरणाधोमुखी स्थिता ॥ १६
विलिखन्ती मुहुर्भूमिमङ्गुष्ठाग्रेण भामिनी । स तु तां वीक्ष्य सुश्रोणीं पूर्णचन्द्रनिभाननाम् ॥ १७
अब्रवीत्परमोदारो दीप्यमानां स्वतेजसा । भद्रे कस्यासि दुहिता कुतो वा त्वमिहागता ।
किं कार्यं कस्य वा हेतोस्तत्त्वतो ब्रूहि शोभने ॥ १८
एवमुक्ता तु सा कन्या कृताञ्जलिरथाब्रवीत् । आत्मप्रभावेण मुने ज्ञातुमर्हसि मे मतम् ॥ १९
किं तु मां विद्धि ब्रह्मर्षे शासनात्पितुरागताम् । कैकसी नाम नाम्नाहं शेषं त्वं ज्ञातुमर्हसि ॥ २०
स तु गत्वा मुनिर्ध्यानं वाक्यमेतदुवाच ह । विज्ञातं ते मया भद्रे कारणं यन्मनोगतम् ॥ २१
सुताभिलाषो मत्तस्ते मत्तमातंगगामिनि । दारुणायां तु वेलायां यस्मात्त्वं मामुपस्थिता ॥ २२
शृणु तस्मात्सुतान्भद्रे यादृशाञ्जनयिष्यसि । दारुणान्दारुणाकारान्दारुणाभिजनप्रियान् ॥ २३
प्रसविष्यसि सुश्रोणि राक्षसान्क्रूरकर्मणः । सा तु तद्वचनं श्रुत्वा प्रणिपत्याब्रवीद्वचः ॥ २४
भगवन्नीदृशान्पुत्रांस्त्वत्तोऽहं ब्रह्मवादिनः । नेच्छामि सुदुराचारान्प्रसादं कर्तुमर्हसि ॥ २५

रसातलादिति । निःसृत्येति शेषः ॥ १ ॥ कन्यामविवाहिताम् । विनापद्मं पद्मं त्यक्त्वा स्थिताम् ॥ २ ॥ ३ ॥ अमरसंकाशमृषिपुत्रत्वेऽपि प्राप्तदेवरूपम् ॥ ४ ॥ तं दृष्ट्वा पुनः रसातलं प्रविष्ट इत्यर्थः । 'रसातलात्प्रविष्टः सन्मर्त्यलोकम्' इति पाठे उक्तानुवाद एवायम् । इत्येवं चिन्तयामासेत्यन्वयः ॥ ५ ॥ ६ ॥ ७ ॥ प्रत्याख्यानाद्भीतैः प्रत्याख्यानशङ्कया भीतैर्न वरैः परिगृह्यसे याच्यसे । यद्वा प्रत्याख्यानभीतैरस्माभिस्त्वं वरैर्न प्रतिगृह्यसे प्रतिग्रहं न कार्यसे ॥ ८ ॥ त्वत्कृते तव विशिष्टवरलाभार्थं यन्त्रिताः कृतप्रयासाः । धर्मबुद्धयो विवाहधर्मसिद्धिनिमित्तं विचारवन्तः ॥ ९ ॥ कन्यापितृत्वस्य दु खत्वमेवाह—न ज्ञायत इति । को वरयेदिति न ज्ञायते इति दुःखम् ॥ १० ॥ वरणानन्तरमपि दुःखमेवेत्याह—मातुः कुलमिति । संशये स्थाप्य तिष्ठति कथमस्याश्चारित्रभ्रंशो न भविष्यतीत्येवं कुलत्रयं चिन्ताक्रान्तं भवतीत्यर्थः ॥ ११ ॥ सा त्वं विश्रवसं भज सेवस्व । सेवनेन च भर्तृत्वेन वरय ॥ १२ ॥ कीदृशास्तत्राह—यादृशोऽयं धनेश्वर इति ॥ १३ ॥ १४ ॥ उपातिष्ठत् । प्रदोषेऽग्निहोत्रं कृतवानित्यर्थः ॥ १५ ॥ दारुणां तां वेलाम् । प्रदोषकालमित्यर्थः । पितृगौरवादुपसृत्य महाबलपराक्रमत्वेन ख्यातस्य सुमालिनः पुत्री, अहमतो न प्राकृतेनर्षिणानादरणीयेत्याशयेनेत्यर्थः । चरणमवलोकयदधः प्रवर्तितं मुखं यस्याः सा चरणाधोमुखी स्थिता ॥ १६ ॥ अङ्गुष्ठाग्रेण मुहुर्भूमिं लिखन्त्यधोमुखी स्थितेति संबन्धः ॥ १७ ॥ किं कार्यमस्माभिरनुष्ठेयं त्वं कस्य हेतोः किंनिमित्तमिहागता ॥ १८ ॥ मे मतमभिमतं भर्त्रपेक्षालक्षणम् । तस्य लज्जावशात्स्ववाचा कथनमनुचितमिति भावः ॥ १९ ॥ स्ववक्तव्यांशमाह—किं त्विति ॥ २० ॥ कारणमागमनकारणम् ॥ २१ ॥ तदेवाह—सुतेति ॥ २२ ॥ दारुणान्क्रूरस्वभावान्दारुणाभिजनाः क्रूरबन्धवो राक्षसरूपाः प्रिया येषां तान् ॥ २३ ॥ २४ ॥ भगवन्ब्रह्मवादिनस्त्वत्त ईदृशा-

कन्यया त्वेवमुक्तस्तु विश्रवा मुनिपुंगवः । उवाच कैकसीं भूयः पूर्णेन्दुरिव रोहिणीम् ॥ २६
पश्चिमो यस्तव सुतो भविष्यति शुभानने । मम वंशानुरूपः स धर्मात्मा च न संशयः ॥ २७
एवमुक्ता तु सा कन्या राम कालेन केनचित् । जनयामास बीभत्सं रक्षोरूपं सुदारुणम् ॥ २८
दशग्रीवं महादंष्ट्रं नीलाञ्जनचयोपमम् । ताम्रोष्ठं विंशतिभुजं महास्यं दीप्तमूर्धजम् ॥ २९
तस्मिञ्जाते ततस्तस्मिन्सज्वालकवलाः शिवाः । क्रव्यादाश्चापसव्यानि मण्डलानि प्रचक्रमुः ॥ ३०
ववर्ष रुधिरं देवो मेघाश्च खरनिःस्वनाः । प्रबभौ न च सूर्यो वै महोल्काश्चापतन्भुवि ॥ ३१
चकम्पे जगती चैव ववुर्वाताः सुदारुणाः । अक्षोभ्यः क्षुभितश्चैव समुद्रः सरितां पतिः ॥ ३२
अथ नामाकरोत्तस्य पितामहसमः पिता । दशग्रीवः प्रसूतोऽयं दशग्रीवो भविष्यति ॥ ३३
तस्य त्वनन्तरं जातः कुम्भकर्णो महाबलः । प्रमाणाद्यस्य विपुलं प्रमाणं नेह विद्यते ॥ ३४
ततः शूर्पणखा नाम संजज्ञे विकृतानना । विभीषणश्च धर्मात्मा कैकस्याः पश्चिमः सुतः ॥ ३५
तस्मिञ्जाते महासत्त्वे पुष्पवर्षं पपात ह । नभःस्थाने दुन्दुभयो देवानां प्राणदंस्तथा ।
वाक्यं चैवान्तरिक्षे च साधु साध्विति तत्तदा ॥ ३६
तौ तु तत्र महारण्ये ववृधाते महौजसौ । कुम्भकर्णदशग्रीवौ लोकोद्वेगकरौ तदा ॥ ३७
कुम्भकर्णः प्रमत्तस्तु महर्षीन्धर्मवत्सलान् । त्रैलोक्ये नित्यसंतुष्टो भक्षयन्विचचार ह ॥ ३८
विभीषणस्तु धर्मात्मा नित्यं धर्मव्यवस्थितः । स्वाध्यायनियताहार उवास विजितेन्द्रियः ॥ ३९
अथ वैश्रवणो देवस्तत्र कालेन केनचित् । आगतः पितरं द्रष्टुं पुष्पकेण धनेश्वरः ॥ ४०
तं दृष्ट्वा कैकसी तत्र ज्वलन्तमिव तेजसा । आगम्य राक्षसी तत्र दशग्रीवमुवाच ह ॥ ४१
पुत्र वैश्रवणं पश्य भ्रातरं तेजसा वृतम् । भ्रातृभावे समे चापि पश्यात्मानं त्वमीदृशम् ॥ ४२
दशग्रीव तथा यत्नं कुरुष्वामितविक्रम । यथा त्वमपि मे पुत्र भवेर्वैश्रवणोपमः ॥ ४३
मातुस्तद्वचनं श्रुत्वा दशग्रीवः प्रतापवान् । अमर्षमतुलं लेभे प्रतिज्ञां चाकरोत्तदा ॥ ४४
सत्यं ते प्रतिजानामि भ्रातृतुल्योऽधिकोऽपि वा । भविष्याम्योजसा चैव संतापं त्यज हृद्गतम् ॥ ४५
ततः क्रोधेन तेनैव दशग्रीवः सहानुजः । चिकीर्षुर्दुष्करं कर्म तपसे धृतमानसः ॥ ४६
प्राप्स्यामि तपसा काममिति कृत्वाध्यवस्य च । आगच्छदात्मसिद्ध्यर्थं गोकर्णस्याश्रमं शुभम् ॥ ४७
स राक्षसस्तत्र सहानुजस्तदा तपश्चचारातुलमुग्रविक्रमः ।
अतोषयच्चापि पितामहं विभुं ददौ स तुष्टश्च वराञ्जयावहान् ॥ ४८

इत्यार्षे श्रीमद्रामायणे वाल्मीकीय आदिकाव्य उत्तरकाण्डे नवमः सर्गः ॥ ९ ॥

दशमः सर्गः ।

अथाब्रवीन्मुनिं रामः कथं ते भ्रातरो वने । कीदृशं तु तदा ब्रह्मंस्तपस्तेपुर्महाबलाः ॥ १
अगस्त्यस्त्वब्रवीत्तत्र रामं सुप्रीतमानसम् । तांस्तान्धर्मविधींस्तत्र भ्रातरस्ते समाविशन् ॥ २
कुम्भकर्णस्ततो यत्तो नित्यं धर्मपथे स्थितः । ततापं ग्रीष्मकाले तु पञ्चाग्नीन्परितः स्थितः ॥ ३

न्पुत्रानिच्छामि, अत उत्तमपुत्रार्थं प्रसादं कर्तुमर्हसीत्यन्वयः ॥ २५ ॥ २६ ॥ पश्चिमः कनिष्ठः स मम वंशानुरूपो धर्मात्मा चेति न संशयः ॥ २७ ॥ २८ ॥ २९ ॥ सज्वालकवला ज्वालारूपास्यान्तर्गतकवलसहिताः ॥ ३० ॥ ३१ ॥ ३२ ॥ दशग्रीव इति । कामरूपत्वाच्चान्तःपुरादावेकवक्त्रत्वं द्विभुजत्वं चास्येति बोध्यम् ॥ ३३ ॥ ३४ ॥ ३५ ॥ अन्तरिक्षे साधुसाध्विति वाक्यं तदासीदिति शेषः ॥ ३६ ॥ तत्र महारण्ये पितुर्विश्रवस आश्रमारण्ये ॥ ३७ ॥ नित्यासंतुष्टः कियदपि भक्षणे न कदाचिदपि संतुष्टः ॥ ३८ ॥ स्वाध्यायनियताहारः । स्वाध्यायनियतो नियताहारश्चेत्यर्थः ॥ ३९ ॥ ४० ॥ ४१ ॥ आत्मानमीदृशं पश्य । कुबेरवद्दिव्यवैभवरहितं प्राकृतरक्षोरूपमित्यर्थः ॥ ४२ ॥ तस्माद्दशग्रीवेति ॥ ४३ ॥ ४४ ॥ ४५ ॥ तपसे तपोर्थम् । धृतमानसो निश्चितान्तःकरणः ॥ ४६ ॥ इति कृत्वा इति बुद्धिं कृत्वा । अध्यवस्य तथा निश्चित्य च ॥ ४७ ॥ ४८ ॥ इति श्रीरामाभिरामे श्रीरामीये रामायणतिलके वाल्मीकीय आदिकाव्य उत्तरकाण्डे नवमः सर्गः ॥ ९ ॥

भ्रातरो रावणकुम्भकर्णविभीषणाः ॥ १ ॥ तांस्तान्धर्मविधीन्धर्मानुष्ठानानि ॥ २ ॥ संक्षेपेणोक्तं प्रपञ्चयति—कुम्भकर्ण इत्यादि । 'वह्निभिः सूर्यपञ्चमैः' इति पाठे सूर्यः पञ्चमो

१२४

मेघाम्बुसिक्तो वर्षासु वीरासनमसेवत । नित्यं च शिशिरे काले जलमध्यप्रतिश्रयः ॥ ४
एवं वर्षसहस्राणि दश तस्यापचक्रमुः । धर्मे प्रयतमानस्य सत्पथे निष्ठितस्य च ॥ ५
विभीषणस्तु धर्मात्मा नित्यं धर्मपरः शुचिः । पञ्चवर्षसहस्राणि पादेनैकेन तस्थिवान् ॥ ६
समाप्ते नियमे तस्य ननृतुश्चाप्सरोगणाः । पपात पुष्पवर्षं च तुष्टुवुश्चापि देवताः ॥ ७
पञ्चवर्षसहस्राणि सूर्यं चैवान्ववर्तत । तस्थौ चोर्ध्वशिरोबाहुः स्वाध्याये धृतमानसः ॥ ८
एवं विभीषणस्यापि स्वर्गस्थस्येव नन्दने । दशवर्षसहस्राणि गतानि नियतात्मनः ॥ ९
दशवर्षसहस्रं तु निराहारो दशाननः । पूर्णे वर्षसहस्रे तु शिरश्चाग्नौ जुहाव सः ॥ १०
एवं वर्षसहस्राणि नव तस्यातिचक्रमुः । शिरांसि नव चाप्यस्य प्रविष्टानि हुताशनम् ॥ ११
अथ वर्षसहस्रे तु दशमे दशमं शिरः । छेत्तुकामे दशग्रीवे प्राप्तस्तत्र पितामहः ॥ १२
पितामहस्तु सुप्रीतः सार्धं देवैरुपस्थितः । तव तावद्दशग्रीव प्रीतोऽस्मीत्यभ्यभाषत ॥ १३
शीघ्रं वरय धर्मज्ञ वरो यस्तेऽभिकाङ्क्षितः । कं ते कामं करोम्यद्य न वृथा ते परिश्रमः ॥ १४
अथाब्रवीद्दशग्रीवः प्रहृष्टेनान्तरात्मना । प्रणम्य शिरसा देवं हर्षगद्गदया गिरा ॥ १५
भगवन्प्राणिनां नित्यं नान्यत्र मरणाद्भयम् । नास्ति मृत्युसमः शत्रुरमरत्वमहं वृणे ॥ १६
एवमुक्तस्तदा ब्रह्मा दशग्रीवमुवाच ह । नास्ति सर्वामरत्वं ते वरमन्यं वृणीष्व मे ॥ १७
एवमुक्ते तदा राम ब्रह्मणा लोककर्तृणा । दशग्रीव उवाचेदं कृताञ्जलिरथाग्रतः ॥ १८
सुपर्णनागयक्षाणां दैत्यदानवरक्षसाम् । अवध्योऽहं प्रजाध्यक्ष देवतानां च शाश्वत ॥ १९
नहि चिन्ता ममान्येषु प्राणिष्वमरपूजित । तृणभूता हि ते मन्ये प्राणिनो मानुषादयः ॥ २०
एवमुक्तस्तु धर्मात्मा दशग्रीवेण रक्षसा । उवाच वचनं देवः सह देवैः पितामहः ॥ २१
भविष्यत्येवमेतत्ते वचो राक्षसपुंगव । एवमुक्त्वा तु तं राम दशग्रीवं पितामहः ॥ २२
शृणु चापि वरो भूयः प्रीतस्येह शुभो मम । हुतानि यानि शीर्षाणि पूर्वमग्नौ त्वयानघ ॥ २३
पुनस्तानि भविष्यन्ति तथैव तव राक्षस । वितरामीह ते सौम्य वरं चान्यं दुरासदम् ॥ २४
छन्दतस्तव रूपं च मनसा यद्यथेप्सितम् । एवं पितामहोक्तं च दशग्रीवस्य रक्षसः ॥ २५
अग्नौ हुतानि शीर्षाणि पुनस्तान्युत्थितानि वै । एवमुक्त्वा तु तं राम दशग्रीवं पितामहः ॥ २६
विभीषणमथोवाच वाक्यं लोकपितामहः । विभीषण त्वया वत्स धर्मसंहितबुद्धिना ॥ २७
परितुष्टोऽस्मि धर्मात्मन्वरं वरय सुव्रत । विभीषणस्तु धर्मात्मा वचनं प्राह साञ्जलिः ॥ २८
वृतः सर्वगुणैर्नित्यं चन्द्रमा रश्मिभिर्यथा । भगवन्कृतकृत्योऽहं यन्मे लोकगुरुः स्वयम् ॥ २९
प्रीतेन यदि दातव्यो वरो मे शृणु सुव्रत । परमापद्गतस्यापि धर्मे मम मतिर्भवेत् ॥ ३०
अशिक्षितं च ब्रह्मास्त्रं भगवन्प्रतिभातु मे । या या मे जायते बुद्धिर्येषु येष्वाश्रमेषु च ॥ ३१
सा सा भवतु धर्मिष्ठा तं तं धर्मं च पालये । एष मे परमोदार वरः परमको मतः ॥ ३२

येषां तैर्वह्निभिरित्यर्थः । 'पञ्चाग्नीन्परितः स्थितः' इति पाठेऽपि सूर्यसहिता एव पञ्चाग्नयः ॥ ३ ॥ वामोरूपरि दक्षिणजङ्घां प्रतिष्ठाप्य स्थितिर्वीरासनम् । जलमध्यं प्रतिश्रय आवासो यस्य सः ॥ ४ ॥ ५ ॥ ६ ॥ ७ ॥ सूर्यानुवृत्तिमाह—ऊर्ध्वशिरोबाहुरिति ॥ ८ ॥ स्वर्गस्थस्य देवस्य नन्दन इवेत्यनेन तपःप्रवृत्तिसंतोषो दर्शितः ॥ ९ ॥ १० ॥ ११ ॥ १२ ॥ १३ ॥ १४ ॥ १५ ॥ १६ ॥ मे मत्तः ॥ १७ ॥ १८ ॥ उक्तमेवं वरं सापेक्षमाह—सुपर्णेति ॥ १९ ॥ २० ॥ २१ ॥ २२ ॥ भूयोऽन्यः शुभो वरो दीयते तच्छृणु ॥ २३ ॥ २४ ॥ अन्यं वरं च वितरामीत्युक्तं तमेवाह—छन्दत इति । मनसा यद्यथेप्सितं रूपं तत्तच्छन्दत इच्छामात्रेण भविष्यति ॥ २५ ॥ २६ ॥ २७ ॥ २८ ॥ हे भगवन्, लोकगुरुरुत्पत्तिज्ञप्तिदाता भवान्यन्मह्यं प्रीत एतेनैवाहं कृतकृत्योऽस्मि, सर्वगुणैः पुरुषार्थैर्वृतश्चास्मि । त्वत्प्रीतेरेव सर्वपुरुषार्थसाधनत्वात् ॥ २९ ॥ अथापि यदि प्रसङ्गेन त्वयावश्यं कश्चिद्वरो दातव्यस्तदा तं वरं शृणु । परमापद्गतस्य सांसारिकव्यवहारतः परमामापदं प्राप्तस्यापि मम धर्मे नारायणे मतिर्भवेत् । 'रामो विग्रहवान्धर्मः' इत्युक्तेरत्र धर्मपदेन नारायणः । अन्यथा 'सा सा भवतु धर्मिष्ठ' इत्यनेन पौनरुक्त्यं स्यात् ॥ ३० ॥ अशिक्षितम् । सद्गुरूपदेशं विनापीत्यर्थः । ब्रह्मास्त्रं ब्रह्मविद्या । येति । एतद्वरणमशेषब्रह्मविद्यासिद्धिप्रतिबन्धकनिवृत्तये ॥ ३१ ॥ एतल्लाभाय तत्तद्धर्मं च पालये पालयेयम् ।

नहि धर्माभिरक्तानां लोके किंचन दुर्लभम् । पुनः प्रजापतिः प्रीतो विभीषणमुवाच ह ॥ ३३
धर्मिष्ठ त्वं यथा वत्स तथा चैतद्भविष्यति । यस्माद्राक्षसयोनौ ते जातस्यामित्रनाशन ॥ ३४
नाधर्मे जायते बुद्धिरमरत्वं ददामि ते । इत्युक्त्वा कुम्भकर्णाय वरं दातुमवस्थितम् ॥ ३५
प्रजापतिं सुराः सर्वे वाक्यं प्राञ्जलयोऽब्रुवन् । न तावत्कुम्भकर्णाय प्रदातव्यो वरस्त्वया ॥ ३६
जानीषे हि यथा लोकांस्त्रासयत्येष दुर्मतिः । नन्दनेऽप्सरसः सप्त महेन्द्रानुचरा दश ॥ ३७
अनेन भक्षिता ब्रह्मन्नृषयो मानुषास्तथा । अलब्धवरपूर्वेण यत्कृतं राक्षसेन तु ॥ ३८
यद्येष वरलब्धः स्याद्भक्षयेद्भुवनत्रयम् । वरव्याजेन मोहोऽस्मै दीयताममितप्रभ ॥ ३९
लोकानां स्वस्ति चैवं स्याद्भवेदस्य च संमतिः । एवमुक्तः सुरैर्ब्रह्माचिन्तयत्पद्मसंभवः ॥ ४०
चिन्तिता चोपतस्थेऽस्य पार्श्वं देवी सरस्वती । प्राञ्जलिः सा तु पार्श्वस्था प्राह वाक्यं सरस्वती ॥ ४१
इयमस्म्यागता देव किं कार्यं करवाण्यहम् । प्रजापतिस्तु तां प्राप्तां प्राह वाक्यं सरस्वतीम् ॥ ४२
वाणि त्वं राक्षसेन्द्रस्य भव वाग्देवतेप्सिता । तथेत्युक्त्वा प्रविष्टा सा प्रजापतिरथाब्रवीत् ॥ ४३
कुम्भकर्ण महाबाहो वरं वरय यो मतः । कुम्भकर्णस्तु तद्वाक्यं श्रुत्वा वचनमब्रवीत् ॥ ४४
स्वप्तुं वर्षाण्यनेकानि देवदेव ममेप्सितम् । एवमस्त्विति तं चोक्त्वा प्रायाद्ब्रह्मा सुरैः समम् ॥ ४५
देवी सरस्वती चैव राक्षसं तं जहौ पुनः । ब्रह्मणा सह देवेषु गतेषु च नभःस्थलम् ॥ ४६
विमुक्तोऽसौ सरस्वत्या स्वां संज्ञां च ततो गतः । कुम्भकर्णस्तु दुष्टात्मा चिन्तयामास दुःखितः ॥ ४७
ईदृशं किमिदं वाक्यं ममाद्य वदनाच्च्युतम् । अहं व्यामोहितो देवैरिति मन्ये तदागतैः ॥ ४८
एवं लब्धवराः सर्वे भ्रातरो दीप्ततेजसः । श्लेष्मातकवनं गत्वा तत्र ते न्यवसन्सुखम् ॥ ४९

इत्यार्षे श्रीमद्रामायणे वाल्मीकीय आदिकाव्य उत्तरकाण्डे दशमः सर्गः ॥ १० ॥

एकादशः सर्गः ।

सुमाली वरलब्धांस्तु ज्ञात्वा चैतान्निशाचरान् । उदतिष्ठद्भयं त्यक्त्वा सानुगः स रसातलात् ॥ १
मारीचश्च प्रहस्तश्च विरूपाक्षो महोदरः । उदतिष्ठन्सुसंरब्धाः सचिवास्तस्य रक्षसः ॥ २
सुमाली सचिवैः सार्धं वृतो राक्षसपुंगवैः । अभिगम्य दशग्रीवं परिष्वज्येदमब्रवीत् ॥ ३
दिष्ट्या ते वत्स संप्राप्तश्चिन्तितोऽयं मनोरथः । यस्त्वं त्रिभुवनश्रेष्ठाल्लब्धवान्वरमुत्तमम् ॥ ४
यत्कृते च वयं लङ्कां त्यक्त्वा याता रसातलम् । तद्गतं नो महाबाहो महद्विष्णुकृतं भयम् ॥ ५
असकृत्तद्भयाद्भग्नाः परित्यज्य स्वमालयम् । विद्रुताः सहिताः सर्वे प्रविष्टाः स्म रसातलम् ॥ ६
अस्मदीया च लङ्केयं नगरी राक्षसोषिता । निवेशिता तव भ्रात्रा धनाध्यक्षेण धीमता ॥ ७
यदि नामात्र शक्यं स्यात्साम्ना दानेन वानघ । तरसा वा महाबाहो प्रत्यानेतुं कृतं भवेत् ॥ ८

परमोदार परमदातः ॥ ३२ ॥ ईदृशस्य वरस्य परमकलं स्वयमेवाह—नहीति ॥ ३३ ॥ राक्षसयोनौ जातस्यापि यतोऽधर्मे बुद्धिर्न जायते, ततः प्रीतोऽहममरत्वं ते ददामि । एवमप्रार्थितममरत्वं ब्रह्मणः सकाशाद्धर्मबलाल्लब्धं विभीषणेनेति निष्कामतया देवोपासनं सर्वार्थसाधनमिति बोध्यम् ॥ ३४ ॥ ३५ ॥ ३६ ॥ एष दुर्मतिस्त्रींल्लोकांस्त्रासयतीति जानीषे । तदेव दर्शयति—नन्दने इति ॥ ३७ ॥ ३८ ॥ मोहोऽज्ञानम् ॥ ३९ ॥ एवं मोहदानेनैव लोकानां स्वस्ति स्यात्, अस्य संमतिः संमाननं च स्यात् । अचिन्तयत् । देवीमिति शेषः ॥ ४० ॥ ४१ ॥ ४२ ॥ अस्यास्ये देवतेप्सिता देवानामिष्टा वाग्भव । यावतः कुम्भकर्णस्य वदनाद्देवानुकूला निःसरेत्यर्थः । अथाब्रवीत् । सरस्वतीप्रवेशानन्तरमित्यर्थः ॥ ४३ ॥ तद्वाक्यं ब्रह्मवाक्यम् ॥ ४४ ॥ एवमित्यत्र षण्मासार्वाग्जागरणं नेति नियमः । तदधिका निद्रा तु भवत्वेवेति वरस्वरूपं बोध्यम् । अतएव 'षण्मासान्स्वपिति' इति पूर्वं विभीषणोक्त्या वर्षाण्यनेकानीति कुम्भकर्णोक्त्या च न पूर्वोक्तस्य विरोधः ॥ ४५ ॥ ४६ ॥ स्वां संज्ञां यथाप्राप्तस्वबुद्धिं गतः प्राप्तः ॥ ४७ ॥ ४८ ॥ श्लेष्मातकवनं तत्प्रचुरं पितुस्तपोवनम् ॥ ४९ ॥ इति श्रीरामाभिरामे श्रीरामीये रामायणतिलके वाल्मीकीय आदिकाव्य उत्तरकाण्डे दशमः सर्गः ॥ १० ॥

अथ धनदमपसार्य रावणस्य लङ्काप्रवेशः—सुमालीति ॥ १ ॥ तस्य सचिवाः सुमालिनः सचिवाः ॥ २ ॥ ३ ॥ ४ ॥ यत्कृते यद्विष्णुभयनिमित्ततस्तद्भयं नोऽस्माकं गतम् ॥ ५ ॥ ६ ॥ निवेशिता अधिष्ठिता ॥ ७ ॥ सामादिना लङ्कां प्रत्यानेतुं यदि नाम शक्यं स्यात्तदा नः कार्यं कृतं भवेत् ॥ ८ ॥ ९

त्वं च लङ्केश्वरस्तात भविष्यसि न संशयः । त्वया राक्षसवंशोऽयं निमग्नोऽपि समुद्धृतः ॥ ९
सर्वेषां नः प्रभुश्चैव भविष्यसि महाबल । अथाब्रवीद्दशग्रीवो मातामहमुपस्थितम् ॥ १०
वित्तेशो गुरुरस्माकं नार्हसे वक्तुमीदृशम् । साम्ना हि राक्षसेन्द्रेण प्रत्याख्यातो गरीयसा ॥ ११
किंचिन्नाह तदा रक्षो ज्ञात्वा तस्य चिकीर्षितम् । कस्यचित्त्वथ कालस्य वसन्तं रावणं ततः ॥ १२
प्रहस्तः प्रश्रितं वाक्यमिदमाह स रावणम् । दशग्रीव महाबाहो नार्हसे वक्तुमीदृशम् ॥ १३
सौभ्रात्रं नास्ति शूराणां शृणु चेदं वचो मम । अदितिश्च दितिश्चैव भगिन्यौ सहिते हि ते ॥ १४
भार्ये परमरूपिण्यौ कश्यपस्य प्रजापतेः । अदितिर्जनयामास देवांस्त्रिभुवनेश्वरान् ॥ १५
दितिस्त्वजनयद्दैत्यान्कश्यपस्यात्मसंभवान् । दैत्यानां किल धर्मज्ञ पुरेयं वसनार्णवा ॥ १६
सपर्वता मही वीर तेऽभवन्प्रभविष्णवः । निहत्य तांस्तु समरे विष्णुना प्रभविष्णुना ॥ १७
देवानां वशमानीतं त्रैलोक्यमिदमव्ययम् । नैतदेको भवानेव करिष्यति विपर्ययम् ॥ १८
सुरासुरैराचरितं तत्कुरुष्व वचो मम । एवमुक्तो दशग्रीवः प्रहृष्टेनान्तरात्मना ॥ १९
चिन्तयित्वा मुहूर्तं वै बाढमित्येव सोऽब्रवीत् । स तु तेनैव हर्षेण तस्मिन्नहनि वीर्यवान् ॥ २०
वनं गतो दशग्रीवः सह तैः क्षणदाचरैः । त्रिकूटस्थः स तु तदा दशग्रीवो निशाचरः ॥ २१
प्रेषयामास दौत्येन प्रहस्तं वाक्यकोविदः । प्रहस्त शीघ्रं गच्छ त्वं ब्रूहि नैर्ऋतपुंगवम् ॥ २२
वचसा मम वित्तेशं सामपूर्वमिदं वचः । इयं लङ्का पुरी राजन्राक्षसानां महात्मनाम् ॥ २३
त्वया निवेशिता सौम्य नैतद्युक्तं तवानघ । तद्भवान्यदि नो ह्यद्य दद्यादतुलविक्रम ॥ २४
कृता भवेन्मम प्रीतिर्धर्मश्चैवानुपालितः । स तु गत्वा पुरीं लङ्कां धनदेन सुरक्षिताम् ॥ २५
अब्रवीत्परमोदारं वित्तपालमिदं वचः । प्रेषितोऽहं तव भ्रात्रा दशग्रीवेण सुव्रत ॥ २६
त्वत्समीपं महाबाहो सर्वशस्त्रभृतां वर । वचनं मम वित्तेश यद्ब्रवीति दशाननः ॥ २७
इयं किल पुरी रम्या सुमालिप्रमुखैः पुरा । भुक्तपूर्वा विशालाक्ष राक्षसैर्भीमविक्रमैः ॥ २८
तेन विज्ञाप्यते सोऽयं सांप्रतं विश्रवात्मज । तदेषा दीयतां तात याचतस्तस्य सामतः ॥ २९
प्रहस्तादपि संश्रुत्य देवो वैश्रवणो वचः । प्रत्युवाच प्रहस्तं तं वाक्यं वाक्यविदां वरः ॥ ३०
दत्ता ममेयं पित्रा तु लङ्का शून्या निशाचरैः । निवेशिता च मे रक्षो दानमानादिभिर्गुणैः ॥ ३१
ब्रूहि गच्छ दशग्रीवं पुरीं राज्यं च यन्मम । तवाप्येतन्महाबाहो भुङ्क्ष्व राज्यमकण्टकम् ॥ ३२
अविभक्तं त्वया सार्धं राज्यं यच्चापि मे वसु । एवमुक्त्वा धनाध्यक्षो जगाम पितुरन्तिकम् ॥ ३३
अभिवाद्य गुरुं प्राह रावणस्य यदीप्सितम् । एष तात दशग्रीवो दूतं प्रेषितवान्मम ॥ ३४
दीयतां नगरी लङ्का पूर्वं रक्षोगणोषिता । मयात्र यदनुष्ठेयं तन्ममाचक्ष्व सुव्रत ॥ ३५
ब्रह्मर्षिस्त्वेवमुक्तोऽसौ विश्रवा मुनिपुंगवः । प्राञ्जलिं धनदं प्राह शृणु पुत्र वचो मम ॥ ३६
दशग्रीवो महाबाहुरुक्तवान्मम संनिधौ । मया निर्भर्त्सितश्चासीद्बहुशोक्तः सुदुर्मतिः ॥ ३७
स क्रोधेन मया चोक्तो ध्वंससे च पुनः पुनः । श्रेयोऽभियुक्तं धर्म्यं च शृणु पुत्र वचो मम ॥ ३८
वरप्रदानसंमूढो मान्यामान्यं सुदुर्मतिः । न वेत्ति मम शापाच्च प्रकृतिं दारुणां गतः ॥ ३९
तस्माद्गच्छ महाबाहो कैलासं धरणीधरम् । निवेशय निवासार्थं त्यक्त्वा लङ्कां सहानुगः ॥ ४०

॥ १० ॥ नार्हसे । ज्येष्ठनिरसनं वक्तुं नार्हसीत्यर्थः ॥ ११ ॥ १२ ॥ १३ ॥ अदितिदिती भिन्नोदरभगिन्यौ । ते सहिते हिते परस्परानुरक्ते भूत्वा कश्यपस्य भार्ये अभूतामिति शेषः ॥ १४ ॥ १५ ॥ १६ ॥ ते दैत्याः पुरा प्रभविष्णवोऽभवन्पश्चाद्विष्णुना तान्दैत्यान्निहत्य ॥ १७ ॥ विपर्ययं भ्रातृद्रोहरूपम् ॥ १८ ॥ १९ ॥ तस्मिन्नहनि प्रहस्तोपदेशदिन एव ॥ २० ॥ वनं लङ्कासमीपवनं गतस्त्रिकूटस्थो भूत्वा प्रहस्तं दौत्येन प्रेषयामास ॥ २१ ॥ २२ ॥ २३ ॥ त्वया निवेशिताधिष्ठिता । तां यदि भवान्नो दद्यात्तर्हि मम प्रीतिः कृता भवेत् ॥ २४ ॥ २५ ॥ २६ ॥ दशाननो यद्ब्रवीति तद्वचनं मम मुखाच्छृण्विति शेषः ॥ २७ ॥ २८ ॥ तेनेति । येन पूर्वं राक्षसैर्भुक्ता तेन हेतुना सांप्रतं दीयताम् । सोऽयमर्थो विज्ञाप्यते ॥ २९ ॥ ३० ॥ ३१ ॥ ३२ ॥ मम राज्यं वसु च त्वयाविभक्तमस्त्विति शेषः । एवं त्वदीयमपि मयेति ॥ ३३ ॥ ३४ ॥ ३५ ॥ ३६ ॥ बहुशोक्त इति संधिरार्षः ॥ ३७ ॥ ध्वंससे । ध्वस्तधर्मन्यायमर्यादो जायसे इत्यर्थः ॥ ३८ ॥ मम शापात्तन्मातृदर्शनकालकृतात् ॥ ३९ ॥ निवासार्थं निवेशय । पुरमिति

तत्र मन्दाकिनी रम्या नदीनामुत्तमा नदी । काञ्चनैः सूर्यसंकाशैः पङ्कजैः संवृतोदका ॥ ४१
कुमुदैरुत्पलैश्चैव अन्यैश्चैव सुगन्धिभिः । तत्र देवाः सगन्धर्वाः साप्सरोरगकिंनराः ॥ ४२
विचारशीलाः सततं रमन्ते सर्वदाश्रिताः । नहि क्षमं तवानेन वैरं धनद रक्षसा ।
जानीषे हि यथानेन लब्धः परमको वरः ॥ ४३
एवमुक्तो गृहीत्वा तु तद्वचः पितृगौरवात् । सदारपुत्रः सामात्यः सवाहनधनो गतः ॥ ४४
प्रहस्तोऽथ दशग्रीवं गत्वा वचनमब्रवीत् । प्रहृष्टात्मा महात्मानं सहामात्यं सहानुजम् ॥ ४५
शून्या सा नगरी लङ्का त्यक्त्वैनां धनदो गतः । प्रविश्य तां सहास्माभिः स्वधर्मं तत्र पालय ॥ ४६
एवमुक्तो दशग्रीवः प्रहस्तेन महाबलः । विवेश नगरीं लङ्कां भ्रातृभिः सबलानुगैः ॥ ४७
धनदेन परित्यक्तां सुविभक्तमहापथाम् । आरुरोह स देवारिः स्वर्गं देवाधिपो यथा ॥ ४८
स चाभिषिक्तः क्षणदाचरैस्तदा निवेशयामास पुरीं दशाननः ।
निकामपूर्णा च बभूव सा पुरी निशाचरैर्नीलबलाहकोपमैः ॥ ४९
धनेश्वरस्त्वथ पितृवाक्यगौरवान्न्यवेशयच्छशिविमले गिरौ पुरीम् ।
स्वलंकृतैर्भवनवरैर्विभूषितां पुरंदरः स्वरिव यथामरावतीम् ॥ ५०

इत्यार्षे श्रीमद्रामायणे वाल्मीकीय आदिकाव्ये उत्तरकाण्ड एकादशः सर्गः ॥ ११ ॥

द्वादशः सर्गः ।

राक्षसेन्द्रोऽभिषिक्तस्तु भ्रातृभिः सहितस्तदा । ततः प्रदानं राक्षस्या भगिन्याः समचिन्तयत् ॥ १
ददौ तां कालकेन्द्राय दानवेन्द्राय राक्षसीम् । स्वसां शूर्पणखां नाम विद्युज्जिह्वाय राक्षसः ॥ २
अथ दत्त्वा स्वयं रक्षो मृगयामटते स्म तत् । तत्रापश्यत्ततो राम मयं नाम दितेः सुतम् ॥ ३
कन्यासहायं तं दृष्ट्वा दशग्रीवो निशाचरः । अपृच्छत्को भवानेको निर्मनुष्यमृगे वने ॥ ४
अनया मृगशावाक्ष्या किमर्थं सह तिष्ठसि । मयस्तदाब्रवीद्राम पृच्छन्तं तं निशाचरम् ॥ ५
श्रूयतां सर्वमाख्यास्ये यथावृत्तमिदं तव । हेमा नामाप्सरास्तत्र श्रुतपूर्वा यदि त्वया ॥ ६
दैवतैर्मम सा दत्ता पौलोमीव शतक्रतोः । तस्यां सक्तमना ह्यासं दशवर्षशतान्यहम् ॥ ७
सा च दैवतकार्येण त्रयोदश समा गताः । वर्षं चतुर्दशं चैव ततो हेममयं पुरम् ॥ ८
वज्रवैदूर्यचित्रं च मायया निर्मितं मया । तत्राहमवसं हीनस्तया दीनः सुदुःखितः ॥ ९
तस्मात्पुराद्दुहितरं गृहीत्वा वनमागतः । इयं ममात्मजा राजंस्तस्याः कुक्षौ विवर्धिता ॥ १०
भर्तारमनया सार्धमस्याः प्राप्तोऽस्मि मार्गितुम् । कन्यापितृत्वं दुःखं हि सर्वेषां मानकाङ्क्षिणाम् ॥ ११
कन्या हि द्वे कुले नित्यं संशये स्थाप्य तिष्ठति । पुत्रद्वयं ममाप्यस्यां भार्यायां संबभूव ह ॥ १२
मायावी प्रथमस्तात दुन्दुभिस्तदनन्तरः । एवं ते सर्वमाख्यातं याथातथ्येन पृच्छतः ॥ १३
त्वामिदानीं कथं तात जानीयां को भवानिति । एवमुक्तं तु तद्रक्षो विनीतमिदमब्रवीत् ॥ १४
अहं पौलस्त्यतनयो दशग्रीवश्च नामतः । मुनेर्विश्रवसो यस्तु तृतीयो ब्रह्मणोऽभवत् ॥ १५

शेषः ॥ ४० ॥ सूर्यसंकाशैः सूर्यवदुज्ज्वलैः ॥ ४१ ॥ ४२ ॥ ४३ ॥ ४४ ॥ एवं प्रहस्तवचः श्रुत्वा रावणः प्रहृष्टात्माभवदिति शेषः ॥ ४५ ॥ यतस्त्यक्त्वैनां गतस्ततोऽस्माभिः सह सा तां प्रविश्य धर्मं प्रतिपालयेति प्रहस्तेनोक्तो रावणस्तां प्रविवेश ॥ ४६ ॥ ४७ ॥ ४८ ॥ निकामपूर्णात्यन्तपूर्णा ॥ ४९ ॥ शशिविमले गिरौ कैलासे । 'पुरंदरस्येव तदामरावतीम्' इति पाठोऽयुक्तश्छन्दोभङ्गाभावाय ॥ ५० ॥ इति श्रीरामाभिरामे श्रीरामीये रामायणतिलके वाल्मीकीय आदिकाव्य उत्तरकाण्ड एकादशः सर्गः ॥ ११ ॥

अथेन्द्रजिदुत्पत्तिः—राक्षसेन्द्र इति ॥ १ ॥ २ ॥ रामेति संबुद्धिः ॥ ३ ॥ ४ ॥ ५ ॥ ६ ॥ ७ ॥ गताः । देवलोकमिति शेषः । ततस्त्रयोदश समा वर्षाणि गता गतानि । चतुर्दशं च तद्विरहितस्य गतमित्यनुकर्षः । हेममयं सुवर्णप्रचुरम् ॥ ८ ॥ मायया विचित्रनिर्माणशक्त्या निर्मितम् ॥ ९ ॥ तस्याः कुक्षौ । हेमाया गर्भे इत्यर्थः ॥ १० ॥ मार्गितुं प्राप्तोऽस्मि । मानकाङ्क्षिणामभिमानेच्छूनां दुःखमभिमाननिवर्तकत्वात् ॥ ११ ॥ अस्यां हेमायाम् ॥ १२ ॥ मायावी तन्नामकः ॥ १३ ॥ १४ ॥ पौलस्त्यतनय इत्युक्तमेवार्थं स्पष्टमाह—मुनेरिति । यो मुनि-

एवमुक्तस्तदा राम राक्षसेन्द्रेण दानवः । महर्षेस्तनयं ज्ञात्वा मयो दानवपुंगवः ॥ १६
दातुं दुहितरं तस्मै रोचयामास तत्र वै । करेण तु करं तस्या ग्राहयित्वा मयस्तदा ॥ १७
प्रहसन्प्राह दैत्येन्द्रो राक्षसेन्द्रमिदं वचः । इयं ममात्मजा राजन्हेमयाप्सरसा धृता ॥ १८
कन्या मन्दोदरी नाम पत्न्यर्थं प्रतिगृह्यताम् । बाढमित्येव तं राम दशग्रीवोऽभ्यभाषत ॥ १९
प्रज्वाल्य तत्र चैवाग्निमकरोत्पाणिसंग्रहम् । स हि तस्य मयो राम शापाभिज्ञस्तपोधनात् ॥ २०
विदित्वा तेन सा दत्ता तस्य पैतामहं कुलम् । अमोघां तस्य शक्तिं च प्रददौ परमाद्भुताम् ॥ २१
परेण तपसा लब्धां जघ्निवाँल्लक्ष्मणं यया । एवं स कृत्वा दारान्वै लङ्काया ईश्वरः प्रभुः ॥ २२
गत्वा तु नगरीं भार्ये भ्रातृभ्यां समुपाहरत् । वैरोचनस्य दौहित्रीं वज्रज्वालेति नामतः ॥ २३
तां भार्यां कुम्भकर्णस्य रावणः समकल्पयत् । गन्धर्वराजस्य सुतां शैलूषस्य महात्मनः ॥ २४
सरमां नाम धर्मज्ञां लेभे भार्यां विभीषणः । तीरे तु सरसो वै तु संजज्ञे मानसस्य हि ॥ २५
सरस्तदा मानसं तु ववृधे जलदागमे । मात्रा तु तस्याः कन्यायाः स्नेहेनाक्रन्दितं वचः ॥ २६
सरो मा वर्धतेत्युक्तं ततः सा सरमाभवत् । एवं ते कृतदारा वै रेमिरे तत्र राक्षसाः ॥ २७
स्वां स्वां भार्यामुपादाय गन्धर्वा इव नन्दने । ततो मन्दोदरी पुत्रं मेघनादमजीजनत् ॥ २८
स एष इन्द्रजिन्नाम युष्माभिरभिधीयते । जातमात्रेण हि पुरा तेन रावणसूनुना ॥ २९
रुदता सुमहान्मुक्तो नादो जलधरोपमः । जडीकृता च सा लङ्का तस्य नादेन राघव ॥ ३०
पिता तस्याकरोन्नाम मेघनाद इति स्वयम् । सोऽवर्धत तदा राम रावणान्तःपुरे शुभे ॥ ३१
रक्ष्यमाणो वरस्त्रीभिश्छन्नः काष्ठैरिवानलः । मातापित्रोर्महाहर्षं जनयन्रावणात्मजः ॥ ३२

इत्यार्षे श्रीमद्रामायणे वाल्मीकीय आदिकाव्य उत्तरकाण्डे द्वादशः सर्गः ॥ १२ ॥

त्रयोदशः सर्गः ।

अथ लोकेश्वरोत्सृष्टा तत्र कालेन केनचित् । निद्रा समभवत्तीव्रा कुम्भकर्णस्य रूपिणी ॥ १
ततो भ्रातरमासीनं कुम्भकर्णोऽब्रवीद्वचः । निद्रा मां बाधते राजन्कारयस्व ममालयम् ॥ २
विनियुक्तास्ततो राज्ञा शिल्पिनो विश्वकर्मवत् । विस्तीर्णं योजनं स्निग्धं ततो द्विगुणमायतम् ॥ ३
दर्शनीयं निराबाधं कुम्भकर्णस्य चक्रिरे । स्फाटिकैः काञ्चनैश्चित्रैः स्तम्भैः सर्वत्र शोभितम् ॥ ४
वैदूर्यकृतसोपानं किङ्किणीजालकं तथा । दान्ततोरणविन्यस्तं वज्रस्फटिकवेदिकम् ॥ ५
मनोहरं सर्वसुखं कारयामास राक्षसः । सर्वत्र सुखदं नित्यं मेरोः पुण्यां गुहामिव ॥ ६
तत्र निद्रां समाविष्टः कुम्भकर्णो महाबलः । बहून्यब्दसहस्राणि शयानो न च बुध्यते ॥ ७
निद्राभिभूते तु तदा कुम्भकर्णे दशाननः । देवर्षियक्षगन्धर्वान्संजघ्ने हि निरङ्कुशः ॥ ८

र्विश्रवा ब्रह्मणस्तृतीयापत्यं तस्य भगवतो विश्रवसोऽहं तनय इत्यर्थः ॥ १५ ॥ तं महर्षेस्तनयं ज्ञात्वा दुहितरं तस्मै पातुं रोचयामास । तत्र वै महाकुलप्रसूतत्वज्ञानकाले ॥ १६ ॥ १७ ॥ धृता धृतगर्भा । प्रसूतेत्यर्थः ॥ १८ ॥ १९ ॥ तपोधनाज्ज्ञातशापाभिज्ञः । दारुणप्रकृतिर्भविष्यतीति श्रुतशापवृत्तान्त इत्यर्थः ॥ २० ॥ तेन हेतुना । यद्यस्मै इयं कन्या न दीयते तदा दारुणप्रकृतित्वान्मां निगृह्य बलादपि ग्रहीष्यतीति ज्ञानेन महाकुलप्रसूतज्ञानेन चेत्यर्थः ॥ २१ ॥ लब्धाम् । मयेनेति शेषः ॥ २२ ॥ भ्रातृभ्यां सह समुपाहरत्कृतवान् । 'उदवाहयत्' इति पाठान्तरम् ॥ २३ ॥ २४ ॥ सरमाया विभीषणपत्न्या नाम निर्वक्ति—तीरे त्विति ॥ २५ ॥ तदास्या मानससरस्तीर उत्पत्तिकाले । मानसं सरो जलदागमनिमित्ततस्तच्छिशुपर्यन्तं ववृधे । ततो भीतायाः कन्याया आक्रन्दितं श्रुत्वा तस्या मात्रा कन्यास्नेहेन सरो मा वर्धतेत्युक्तम् । ततः सा कन्या सरमाभवत् । पृषोदरादित्वात्साधुः ॥ २६ ॥ २७ ॥ २८ ॥ २९ ॥ जलधरोपमो जलधरनादोपमः ॥ ३० ॥ ३१ ॥ ३२ ॥ **इति श्रीरामाभिरामे श्रीरामीये रामायणतिलके वाल्मीकीय आदिकाव्य उत्तरकाण्डे द्वादशः सर्गः ॥ १२ ॥**

लोकेश्वरेण ब्रह्मणोत्सृष्टा प्रेषिता । रूपिणी जृम्भादिरूपेण रूपवती । समभवत्प्राप्ता ॥ १ ॥ २ ॥ विश्वकर्मवत्तत्सदृशाः । विस्तीर्णं योजनम् । तिर्यङ्मानेनेति शेषः । ततस्तिर्यङ्मानात् । एवं च युद्धकाण्डे यद्योजनायतामित्युक्तं तद्द्विगुणयोजनायतामित्यर्थकं बोध्यम् ॥ ३ ॥ ४ ॥ किङ्किणीजालकं किङ्किणीनां जालानि यस्मिंस्तत् । दान्ततोरणं दन्तविकारतोरणं तस्य विन्यस्तं विन्यासो यत्र तत् ॥ ५ ॥ ६ ॥ ७ ॥ ८ ॥ ९ ॥ १० ॥

उद्यानानि विचित्राणि नन्दनादीनि यानि च । तानि गत्वा सुसंक्रुद्धो भिनत्ति स्म दशाननः ॥ ९
नदीं गज इव क्रीडन्वृक्षान्वायुरिव क्षिपन् । नगान्व[illegible] इवोत्सृष्टो विध्वंसयति राक्षसः ॥ १०
यथावृत्तं तु विज्ञाय दशग्रीवं धनेश्वरः । कुलानुरूपं धर्मज्ञो वृत्तं संस्मृत्य चात्मनः ॥ ११
सौभ्रात्रदर्शनार्थं तु दूतं वैश्रवणस्तदा । लङ्कां संप्रेषयामास दशग्रीवस्य वै हितम् ॥ १२
स गत्वा नगरीं लङ्कामाससाद विभीषणम् । मानितस्तेन धर्मेण पृष्टश्चागमनं प्रति ॥ १३
पृष्ट्वा च कुशलं राज्ञो ज्ञातीनां च विभीषणः । सभायां दर्शयामास तमासीनं दशाननम् ॥ १४
स दृष्ट्वा तत्र राजानं द[illegible] स्वतेजसा । जयेति वाचा संपूज्य तूष्णीं समभिवर्तते ॥ १५
स तत्रोत्तमपर्यङ्के वरास्तरणशोभिते । उपविष्टं दशग्रीवं दूतो वाक्यमथाब्रवीत् ॥ १६
राजन्वदामि ते सर्वं भ्राता तव यदब्रवीत् । उभयोः सदृशं वीर वृत्तस्य च कुलस्य च ॥ १७
साधु पर्याप्तमेतावत्कृत्यश्चारित्रसंग्रहः । साधु धर्मे व्यवस्थानं क्रियतां यदि शक्यते ॥ १८
दृष्टं मे नन्दनं भग्नमृषयो निहताः श्रुताः । देवतानां समुद्योगस्त्वत्तो राजन्मया श्रुतः ॥ १९
निराकृतश्च बहुशस्त्वयाहं राक्षसाधिप । सापराधोऽपि बालो हि रक्षितव्यः स्वबान्धवैः ॥ २०
अहं तु हिमवत्पृष्ठं गतो धर्ममुपासितुम् । रौद्रं व्रतं समास्थाय नियतो नियतेन्द्रियः ॥ २१
तत्र देवो मया दृष्ट उमया सहितः प्रभुः । सव्यं चक्षुर्मया दैवात्तत्र देव्यां निपातितम् ॥ २२
का न्वेषेति महाराज न खल्वन्येन हेतुना । रूपं चानुपमं कृत्वा रुद्राणी तत्र तिष्ठति ॥ २३
देव्या दिव्यप्रभावेण दग्धं सव्यं ममेक्षणम् । रेणुध्वस्तमिव ज्योतिः पिङ्गलत्वमुपागतम् ॥ २४
ततोऽहमन्यद्विस्तीर्णं गत्वा तस्य गिरेस्तटम् । तूष्णीं वर्षशतान्यष्टौ समधारं महाव्रतम् ॥ २५
समाप्ते नियमे तस्मिंस्तत्र देवो महेश्वरः । ततः प्रीतेन मनसा प्राह वाक्यमिदं प्रभुः ॥ २६
प्रीतोऽस्मि तव धर्मज्ञ तपसानेन सुव्रत । मया चैतद्व्रतं चीर्णं त्वया चैव धनाधिप ॥ २७
तृतीयः पुरुषो नास्ति यश्चरेद्व्रतमीदृशम् । व्रतं सुदुष्करं ह्येतन्मयैवोत्पादितं पुरा ॥ २८
तत्सखित्वं मया सौम्य रोचयस्व धनेश्वर । तपसा निर्जितश्चैव सखा भव ममानघ ॥ २९
देव्या दग्धं प्रभावेण यच्च सव्यं तवेक्षणम् । पैङ्गल्यं यदवाप्तं हि देव्या रूपनिरीक्षणात् ॥ ३०
एकाक्षिपिङ्गलीत्येव नाम स्थास्यति शाश्वतम् । एवं तेन सखित्वं च प्राप्यानुज्ञां च शंकरात् ॥ ३१
आगतेन मया चैवं श्रुतस्ते पापनिश्चयः । तदधर्मिष्ठसंयोगान्निवर्त कुलदूषणात् ॥ ३२
चिन्त्यते हि वधोपायः सर्षिसङ्घैः सुरैस्तव । एवमुक्तो दशग्रीवः कोप[illegible]ः ॥ ३३
हस्तान्दन्तांश्च संपिष्य वाक्यमेतदुवाच ह । विज्ञातं ते मया दूत वाक्यं यत्त्वं प्रभाषसे ॥ ३४
नैव त्वमसि नैवासौ भ्रात्रा येनासि चोदितः । हितं नैष ममैतद्धि ब्रवीति धनरक्षकः ॥ ३५

आत्मनः कुलानुरूपं वृत्तं संस्मृत्येति । बोधनीयत्वेनेति शेषः ॥ ११ ॥ सौभ्रात्रदर्शनार्थं तद्दर्शयितुम् । हितमिति । वक्तुमिति शेषः ॥ १२ ॥ आगमनम् । प्रतिकार्यमिति शेषः ॥ १३ ॥ राज्ञो धनदस्य । तं कुबेरदूतम् ॥ १४ ॥ तूष्णीं समभिवर्तते । क्षणमात्रमिति शेषः ॥ १५ ॥ १६ ॥ उभयोर्मातापित्रोः कुलस्य तयोर्वृत्तस्य च सदृशम् ॥ १७ ॥ साधु सम्यक् । एतावत्पर्याप्तमेतावदेव पापमलम् । इतः परं चारित्रसंग्रहः कृत्यः कार्यः । तदेव दार्ढ्याय पुनराह—साध्विति । व्यवस्थानं व्यवस्थितिः । यदि शक्यते इत्यनेन क्रूरत्वाभियोगबुद्धिर्व्यावर्त्यते । कतकस्तु—'कृतश्चारित्रसंग्रहः' इति पठित्वा साधु सम्यक्चारित्रसंग्रहः आचारसंग्रहः कृतः संपादितश्चेदेतावदेव पर्याप्तमिहामुत्राभ्युदयाय । अस्यैव विवरणं साध्वित्याह ॥ १८ ॥ उपदेशप्रयोजकमसद्वृत्तं दृश्यते श्रूयते चेत्याह—दृष्टमिति । मे मया त्वत्तस्त्वन्निमित्तो देवतानां समुद्योगः प्रतिक्रियासंपादनविषय इति शेषः ॥ १९ ॥ यद्यपि त्वयाहं निराकृतः, अथापि मम त्वं रक्ष्य एव । तत्र हेतुः—सापराधोऽपीति । स्वबान्धवैः पित्रादिभिः ॥ २० ॥ त्वद्रक्षणहेतोरेव—अहं त्विति । रौद्रं रुद्रप्रसादकरम् ॥ २१ ॥ २२ ॥ किमिति देव्यां चक्षुर्निपातितं तत्राह—का न्विति । अन्येन हेतुना । विकारादिनेत्यर्थः । का न्विति सूचितविस्मयहेतुमाह—रूपं चेति ॥ २३ ॥ दग्धं नष्टम् । सव्येतरत्तु रेणुध्वस्तं रेणुस्पर्शकलुषीकृतम् । ज्योतिषा तेजसा पिङ्गलं तस्य भावस्तत्त्वम् । यद्वा कलुषितज्योतिरिव पिङ्गत्वं प्राप्तमित्यर्थः ॥ २४ ॥ समधारं समधारयम् ॥ २५ ॥ २६ ॥ एतद्व्रतं त्वदाचरितं महाव्रतम् ॥ २७ ॥ २८ ॥ रोचयस्व । रुचितं वृणिष्वेत्यर्थः ॥ २९ ॥ पैङ्गल्यमिति । इतरदिति शेषः ॥ ३० ॥ एवं तेन जीवेन ॥ ३१ ॥ निवर्त निवर्तस्व ॥ ३२ ॥ ३३ ॥ वाक्यं विज्ञातं वाक्यतात्पर्यार्थो विज्ञातः ॥ ३४ ॥ येन भ्रात्रा चोदि-

महेश्वरसखित्वं तु मूढः श्लाघयते किल । नैवेदं क्षमणीयं मे यदेतद्भाषितं त्वया ॥ ३६
यदद्याधिकृतं कालं दूत तस्य तु मर्षितम् । न हन्तव्यो गुरुर्ज्येष्ठो ममायमिति मन्यते ॥ ३७
तस्य त्विदानीं श्रुत्वा मे वाक्यमेषा कृता मतिः । त्रींल्लोकानपि जेष्यामि बाहुवीर्यमुपाश्रितः ॥ ३८
एतन्मुहूर्तमेवाहं तस्यैकस्य तु वैकृते । चतुरो लोकपालांस्तान्नयिष्यामि यमक्षयम् ॥ ३९
एवमुक्त्वा तु लङ्केशो दूतं खड्गेन जघ्निवान् । ददौ भक्षयितुं ह्येनं राक्षसानां दुरात्मनाम् ॥ ४०
ततः कृतस्वस्त्ययनो रथमारुह्य रावणः । त्रैलोक्यविजयाकाङ्क्षी ययौ यत्र धनेश्वरः ॥ ४१

इत्यार्षे श्रीमद्रामायणे वाल्मीकीय आदिकाव्य उत्तरकाण्डे त्रयोदशः सर्गः ॥ १३ ॥

चतुर्दशः सर्गः ।

ततः स सचिवैः सार्धं षड्भिर्नित्यबलोद्धतः । महोदरप्रहस्ताभ्यां मारीचशुकसारणैः ॥ १
धूम्राक्षेण च वीरेण नित्यं समरगर्धिना । वृतः संप्रययौ श्रीमान्क्रोधाल्लोकान्दहन्निव ॥ २
पुराणि स नदीः शैलान्वनान्युपवनानि च । अतिक्रम्य मुहूर्तेन कैलासं गिरिमागमत् ॥ ३
संनिविष्टं गिरौ तस्मिन्राक्षसेन्द्रं निशम्य तु । युद्धेप्सुं तं कृतोत्साहं दुरात्मानं समन्त्रिणम् ॥ ४
यक्षा न शेकुः संस्थातुं प्रमुखे तस्य रक्षसः । राज्ञो भ्रातेति विज्ञाय गता यत्र धनेश्वरः ॥ ५
ते गत्वा सर्वमाचख्युर्भ्रातुस्तस्य चिकीर्षितम् । अनुज्ञाता ययुर्हृष्टा युद्धाय धनदेन ते ॥ ६
ततो बलानां संक्षोभो व्यवर्धत इवोदधेः । तस्य नैर्ऋतराजस्य शैलं संचालयन्निव ॥ ७
ततो युद्धं समभवद्यक्षराक्षससंकुलम् । व्यथिताश्चाभवंस्तत्र सचिवा राक्षसस्य ते ॥ ८
स दृष्ट्वा तादृशं सैन्यं दशग्रीवो निशाचरः । हर्षनादान्बहून्कृत्वा स क्रोधादभ्यभाषत ॥ ९
ये तु ते राक्षसेन्द्रस्य सचिवा घोरविक्रमाः । तेषां सहस्रमेकैको यक्षाणां समयोधयत् ॥ १०
ततो गदाभिर्मुसलैरसिभिः शक्तितोमरैः । हन्यमानो दशग्रीवस्तत्सैन्यं समगाहत ॥ ११
स निरुच्छ्वासवत्तत्र वध्यमानो दशाननः । वर्षद्भिरिव जीमूतैर्धाराभिरवरुध्यत ॥ १२
न चकार व्यथां चैव यक्षशस्त्रैः समाहतः । महीधर इवाम्भोदैर्धाराशतसमुक्षितः ॥ १३
स महात्मा समुद्यम्य कालदण्डोपमां गदाम् । प्रविवेश ततः सैन्यं नयन्यक्षान्यमक्षयम् ॥ १४
स कक्षमिव विस्तीर्णं शुष्केन्धनमिवाकुलम् । वातेनाग्निरिवादीप्तो यक्षसैन्यं ददाह तत् ॥ १५
तैस्तु तत्र महामात्यैर्महोदरशुकादिभिः । अल्पावशेषास्ते यक्षाः कृता वातैरिवाम्बुदाः ॥ १६
केचित्समाहता भग्नाः पतिताः समरे क्षितौ । ओष्ठांश्च दशनैस्तीक्ष्णैरदशन्कुपिता रणे ॥ १७
श्रान्ताश्चान्योन्यमालिङ्ग्य भ्रष्टशस्त्रा रणाजिरे । सीदन्ति च तदा यक्षाः कूला इव जलेन ह ॥ १८
हतानां गच्छतां स्वर्गं युध्यतामथ धावताम् । प्रेक्षतामृषिसङ्घानां बभूव न तदन्तरम् ॥ १९

तोऽसौ भ्राता त्वं च नैवासि न भविष्यसि । तत्र हेतुः—हितमिति । एष धनरक्षको मे हृनं नैव ब्रवीति ॥ ३५ ॥ किं तर्हि ब्रवीतीत्यत्राह—महेश्वरसखित्वमिति । तद्रूपबलसंपदमित्यर्थः । कुबेरेण स्ववृत्तान्तोक्तावपि रावणः स्वदुर्मत्या विपरीतं गृहीतवान् । यत्त्वयैतत्कुबेरप्राबल्यं भाषितं तन्नैव क्षमणीयं क्षमार्हम् ॥ ३६ ॥ एतावत्कालं मया तस्य मर्षितं क्षान्तं तदिति हेतोर्यतो मदन्तरात्मेतः पूर्वमयं ज्येष्ठो गुरुर्न हन्तव्य इति मन्यते मन्यते स्म । ततो हेतोरित्यर्थः ॥ ३७ ॥ एषा मतिः कृता । केत्यत्राह—त्रीनिति ॥ ३८ ॥ एतन्मुहूर्तमस्मिन्मुहूर्ते । तस्यैकस्य तु वैकृते वधप्रसङ्ग इत्यर्थः ॥ ३९ ॥ एनं खड्गच्छिन्नं दूतं भक्षयितुमाज्ञां कृतवानिति शेषः ॥ ४० ॥ ४१ ॥ इति श्रीरामाभिरामे श्रीरामीये रामायणतिलके वाल्मीकीय आदिकाव्य उत्तरकाण्डे त्रयोदशः सर्गः ॥ १३ ॥

अथादौ कुबेरजयः—तत इति ॥ १ ॥ २ ॥ ३ ॥ समन्त्रिणं महोदरादिषण्मन्त्रिसहितम् ॥ ४ ॥ न शेकुरित्यत्र हेतुः—राज्ञो भ्रातेति । कुबेरस्य भ्रातेत्यर्थः ॥ ५ ॥ ६ ॥ तस्य नैर्ऋतराजस्य बलानां संक्षोभं शैलं कैलासं चालयन्निव व्यवर्धत । उदधेः क्षोभो यथा ॥ ७ ॥ ८ ॥ हर्षनादान्हर्षजसिंहनादान् ॥ ९ ॥ ये रावणसचिवास्तेषामेकैकस्तेषां सहस्रसंख्यानां यक्षाणां सहस्रमयोधयत् ॥ १० ॥ ११ ॥ धाराभिः शस्त्रसमूहैः ॥ १२ ॥ धाराशतसमुक्षितः शस्त्रक्षतजन्यरुधिरधाराशतसमुक्षितः ॥ १३ ॥ १४ ॥ कक्षं तृणं तद्वद्विस्तीर्णम् । शुष्केन्धनमिवाकुलम् । शुष्केन्धने आकुलत्वं च झटिति वह्निव्याप्यत्वम् । यक्षसैन्यं वातेनादीप्तोऽग्निरिव रावणो ददाह ॥ १५ ॥ रावणेन सह वर्तमानैस्तैरमात्यैर्यक्षा अल्पावशेषाः कृताः ॥ १६ ॥ भग्ना भग्नगात्राः ॥ १७ ॥ कूला इति लिङ्गव्यत्ययः ॥ १८ ॥ भूतले धावतां

भग्नांस्तु तान्समालक्ष्य यक्षेन्द्रांस्तु महाबलान् । धनाध्यक्षो महाबाहुः प्रेषयामास यक्षकान् ॥ २०
एतस्मिन्नन्तरे राम विस्तीर्णबलवाहनः । प्रेषितो न्यपतद्यक्षो नाम्ना संयोधकण्टकः ॥ २१
तेन चक्रेण मारीचो विष्णुनेव रणे हतः । पतितो भूतले शैलात्क्षीणपुण्य इव ग्रहः ॥ २२
ससंज्ञस्तु मुहूर्तेन स विश्रम्य निशाचरः । तं यक्षं योधयामास स च भग्नः प्रदुद्रुवे ॥ २३
ततः काञ्चनचित्राङ्गं वैदूर्यरजतोक्षितम् । मर्यादां प्रतिहाराणां तोरणान्तरमाविशत् ॥ २४
तं तु राजन्दशग्रीवं प्रविशन्तं निशाचरम् । सूर्यभानुरिति ख्यातो द्वारपालो न्यवारयत् ॥ २५
स वार्यमाणो यक्षेण प्रविवेश निशाचरः । यदा तु वारितो राम न व्यतिष्ठत्स राक्षसः ॥ २६
ततस्तोरणमुत्पाट्य तेन यक्षेण ताडितः । रुधिरं प्रस्रवन्भाति शैलो धातुस्रवैरिव ॥ २७
स शैलशिखराभेण तोरणेन समाहतः । जगाम न क्षतिं वीरो वरदानात्स्वयंभुवः ॥ २८
तेनैव तोरणेनाथ यक्षस्तेनाभिताडितः । नादृश्यत तदा यक्षो भस्मीकृततनुस्तदा ॥ २९
ततः प्रदुद्रुवुः सर्वे दृष्ट्वा रक्षःपराक्रमम् । ततो नदीर्गुहाश्चैव विविशुर्भयपीडिताः ।
त्यक्तप्रहरणाः श्रान्ता विवर्णवदनास्तदा ॥ ३०

इत्यार्षे श्रीमद्रामायणे वाल्मीकीय आदिकाव्ये उत्तरकाण्डे चतुर्दशः सर्गः ॥ १४ ॥

पञ्चदशः सर्गः ।

ततस्ताँल्लक्ष्य वित्रस्तान्यक्षेन्द्रांश्च सहस्रशः । धनाध्यक्षो महायक्षं माणिचारमथाब्रवीत् ॥ १
रावणं जहि यक्षेन्द्र दुर्वृत्तं पापचेतसम् । शरणं भव वीराणां यक्षाणां युद्धशालिनाम् ॥ २
एवमुक्तो महाबाहुर्माणिभद्रः सुदुर्जयः । वृतो यक्षसहस्रैस्तु चतुर्भिः समयोधयत् ॥ ३
ते गदामुसलप्रासैः शक्तितोमरमुद्गरैः । अभिघ्नन्तस्तदा यक्षा राक्षसान्समुपाद्रवन् ॥ ४
कुर्वन्तस्तु मुलं युद्धं चरन्तः श्येनवल्लघु । बाढं प्रयच्छ नेच्छामि दीयतामिति भाषिणः ॥ ५
ततो देवाः सगन्धर्वा ऋषयो ब्रह्मवादिनः । दृष्ट्वा तत्तुमुलं युद्धं परं विस्मयमागमन् ॥ ६
यक्षाणां तु प्रहस्तेन सहस्रं निहतं रणे । महोदरेण चाविध्य सहस्रमपरं हतम् ॥ ७
क्रुद्धेन च तदा राजन्मारीचेन युयुत्सुना । निमेषान्तरमात्रेण द्वे सहस्रे निपातिते ॥ ८
क्व च यक्षार्जवं युद्धं क्व च मायाबलाश्रयम् । रक्षसां पुरुषव्याघ्र तेन तेऽभ्यधिका युधि ॥ ९
धूम्राक्षेण समागम्य माणिभद्रो महारणे । मुसलेनोरसि क्रोधात्ताडितो न च कम्पितः ॥ १०
ततो गदां समाविध्य माणिभद्रेण राक्षसः । धूम्राक्षस्ताडितो मूर्ध्नि विह्वलः स पपात ह ॥ ११
धूम्राक्षं ताडितं दृष्ट्वा पतितं शोणितोक्षितम् । अभ्यधावत सङ्ग्रामे माणिभद्रं दशाननः ॥ १२
संक्रुद्धमभिधावन्तं माणिभद्रो दशाननम् । शक्तिभिस्ताडयामास तिसृभिर्यक्षपुंगवः ॥ १३
ताडितो माणिभद्रस्य मुकुटे प्राहरद्रणे । तस्य तेन प्रहारेण मुकुटं पार्श्वमागतम् ॥ १४
ततःप्रभृति यक्षोऽसौ पार्श्वमौलिरभूत्किल । तस्मिंस्तु विमुखीभूते माणिभद्रे महात्मनि ।
संनादः सुमहान्राजंस्तस्मिञ्शैले व्यवर्धत ॥ १५

परैर्हतानामथानन्तरं स्वर्गं गच्छतां गत्वा तत्र स्थितानां व्योम्नि स्थित्वा युद्धं प्रेक्षतां प्रेक्षमाणानामृषिसङ्घाना च दिव्याकाशेऽन्तरं स्थातुमवकाशो न बभूव ॥ १९ ॥ २० ॥ २१ ॥ तेन संयोधकण्टकाख्येन यक्षेण चक्रेण हतः पीडितो मारीचः शैलात्कैलासाद्भूतले पतितः । संयोधानां समक्षयोद्धॄणां कण्टकः संहर्तेति संयोधकण्टकः ॥ २२ ॥ स च यक्षश्च ॥ २३ ॥ मर्यादां जनप्रवेशावधिं प्रतीहाराणां तोरणान्तरं द्वारमध्यमिति तीर्थः । आविशत् । रावण इति शेषः ॥ २४ ॥ २५ ॥ २६ ॥ धातुस्रवैर्युतः शैल इव ॥ २७ ॥ तोरणेन तोरणस्थदण्डेन ॥ २८ ॥ भस्मीकृततनुरिति । चूर्णीकृततनुरित्यर्थः ॥ २९ ॥ ३० ॥ इति श्रीरामाभिरामे श्रीरामीये रामायणतिलके वाल्मीकीय आदिकाव्य उत्तरकाण्डे चतुर्दशः सर्गः ॥ १४ ॥

अथ पुष्पकग्रहः—तत इति । लक्ष्य लक्षयित्वा । माणिचारो माणिभद्रः ॥ १ ॥ २ ॥ ३ ॥ ४ ॥ ५ ॥ ६ ॥ ७ ॥ ८ ॥ ते राक्षसाः ॥ ९ ॥ १० ॥ ११ ॥ १२ ॥ १३ ॥ ताडित इति । तिसृभिः शक्तिभिस्ताडितो राक्षसेन्द्रो गदया माणिभद्रस्य मुकुटे मुकुटस्थले प्राहरत् । तच्च मुकुटस्थलं तेन प्रहारेण पार्श्वमेकपार्श्वमागतं प्राप्तम् ॥ १४ ॥ संनादो रक्षसाम्

ततो दूरात्प्रददृशे धनाध्यक्षो गदाधरः। शुक्रप्रौष्ठपदाभ्यां च पद्मशङ्खसमावृतः॥ १६
स दृष्ट्वा भ्रातरं संख्ये शापाद्विभ्रष्टगौरवम्। उवाच वचनं धीमान्युक्तं पैतामहे कुले॥ १७
यन्मया वार्यमाणस्त्वं नावगच्छसि दुर्मते। पश्चादस्य फलं प्राप्य ज्ञास्यसे निरयं गतः॥ १८
यो हि मोहाद्विषं पीत्वा नावगच्छति दुर्मतिः। स तस्य परिणामान्ते जानीते कर्मणः फलम्॥ १९
दैवतानि न नन्दन्ति धर्मयुक्तेन केनचित्। येन त्वमीदृशं भावं नीतस्तच्च न बुध्यसे॥ २०
मातरं पितरं विप्रमाचार्यं चावमन्य वै। स पश्यति फलं तस्य प्रेतराजवशं गतः॥ २१
अध्रुवे हि शरीरे यो न करोति तपोर्जनम्। स पश्चात्तप्यते मूढो मृतो गत्वात्मनो गतिम्॥ २२
कस्यचिन्नहि दुर्बुद्धेश्छन्दतो जायते मतिः। यादृशं कुरुते कर्म तादृशं फलमश्नुते॥ २३
ऋद्धिं रूपं बलं पुत्रान्वित्तं शूरत्वमेव च। प्राप्नुवन्ति नरा लोके निर्जितं पुण्यकर्मभिः॥ २४
एवं निरयगामी त्वं यस्य ते मतिरीदृशी। न त्वां समभिभाषिष्येऽसद्वृत्तेष्वेष निर्णयः॥ २५
एवमुक्तास्ततस्तेन तस्यामात्याः समाहताः। मारीचप्रमुखाः सर्वे विमुखा विप्रदुद्रुवुः॥ २६
ततस्तेन दशग्रीवो यक्षेन्द्रेण महात्मना। गदयाभिहतो मूर्ध्नि न च स्थानात्प्रकम्पितः॥ २७
ततस्तौ राम निघ्नन्तौ तदान्योन्यं महामृधे। न विह्वलौ न च श्रान्तौ तावुभौ यक्षराक्षसौ॥ २८
आग्नेयमस्त्रं तस्मै स मुमोच धनदस्तदा। राक्षसेन्द्रो वारुणेन तदस्त्रं प्रत्यवारयत्॥ २९
ततो मायां प्रविष्टोऽसौ राक्षसीं राक्षसेश्वरः। रूपाणां शतसाहस्रं विनाशाय चकार च॥ ३०
व्याघ्रो वराहो जीमूतः पर्वतः सागरो द्रुमः। यक्षो दैत्यस्वरूपी च सोऽदृश्यत दशाननः॥ ३१
बहूनि च करोति स्म दृश्यन्ते न त्वसौ ततः। प्रतिगृह्य ततो राम महदस्त्रं दशाननः।
जघान मूर्ध्नि धनदं व्याविद्ध्य महतीं गदाम्॥ ३२
एवं स तेनाभिहतो विह्वलः शोणितोक्षितः। कृत्तमूल इवाशोको निपपात धनाधिपः॥ ३३
ततः पद्मादिभिस्तत्र निधिभिः स तदा वृतः। धनदोच्छ्वासितस्तैस्तु वनमानीय नन्दनम्॥ ३४
निर्जित्य राक्षसेन्द्रस्तं धनदं हृष्टमानसः। पुष्पकं तस्य जग्राह विमानं जयलक्षणम्॥ ३५
काञ्चनस्तम्भसंवीतं वैदूर्यमणितोरणम्। मुक्ताजालप्रतिच्छन्नं सर्वकालफलद्रुमम्॥ ३६
मनोजवं कामगमं कामरूपं विहंगमम्। मणिकाञ्चनसोपानं तप्तकाञ्चनवेदिकम्॥ ३७

॥ १५ ॥ पद्मशङ्खसमावृतः शङ्खपद्मनिध्यभिमानिदेवसंवृतः शुक्रप्रौष्ठपदाभ्यां निधिरक्षकमन्त्रिभ्यां सह धनाध्यक्षः प्रददृशे भ्रातरमिति संबन्धः ॥ १६ ॥ शापाद्विभ्रमः कृताद्गुरुगस्वभावो भविष्यतीति शापात्। विभ्रष्टगौरवं वन्दनादिप्रयोजकश्रेष्ठत्वगौरवरहितम्। अकृतवन्दनादिव्यवहारमिति यावत्। पैतामहे कुले युक्तं तत्कुले उत्पत्तेर्युक्तं वचनमुवाचेत्यर्थः ॥ १७ ॥ वार्यमाणः। असद्वृत्तादिति शेषः। नावगच्छसि। अस्य मद्वचनाकरणस्य पूज्यपूजाव्यतिक्रमादिदोषस्य च फलं परिपाकं प्राप्य तद्वशान्निरयं गतो ज्ञास्यसे। अहं साधु न कृतवान्, किं तु पापमेवेति परितप्स्यसे इत्यर्थः ॥ १८ ॥ तत्कालानवगतदुःखसाधनस्य कालान्तरे फलपाकतो ज्ञाने दृष्टान्तः—यो हीति ॥ १९ ॥ दैवतानि ब्रह्मरुद्रादयः। धर्मयुक्तेन केनचित्प्राक्तनेन व्यापारेण त्वामिदानीं नाभिनन्दन्ति त्वयि विमुखा भवन्ति संप्रति। त्वयि धर्माभावाद्येन देवतानभिनन्दनेन त्वमीदृशं भावं क्रूरं नीतः प्रापितः स तन्नावबुध्यसे ॥ २० ॥ तस्य मात्राद्यवमानस्य। अत्र मात्रादिपदं पूज्योपलक्षणम् ॥ २१ ॥ तपोर्जनं तपःसंपादनम्। आत्मनो गतिमात्मनः कर्मसंपादितां गतिम् ॥ २२ ॥ दुर्बुद्धेर्दुर्बुद्धिरहितस्य कस्यचित्कस्यापि पुरुषस्य छन्दतः पित्रादिसेवां विना स्वेच्छामात्रेण मतिः शुभा मतिर्न जायते, अतो मात्रादिसेवाहीनो यादृशं स्वदुर्मत्यनुरूपं दुष्कर्म कुरुते तादृशं तदनुरूपं निरयगामित्वादिरूपं फलमश्नुते प्राप्नोति ॥ २३ ॥ २४ ॥ एवमिति। एवं क्रूरकर्मा त्वं निरयगामी भविष्यसि। यस्य ते ईदृशी मतिः, अतस्त्वां न समभिभाषिष्ये। एष वासद्वृत्तेषु सद्वृत्तानां निर्णयोऽनुष्ठेयनिश्चयः ॥ २५ ॥ एवमुक्ता रावणवदेव यूयमप्यसंभाष्या इत्युक्ताः। तत एवंवचनानन्तरं तेन धनदेन समाहतास्ताडिता मारीचप्रमुखाः सर्वे विमुखा युद्धविमुखा विप्रदुद्रुवुः ॥ २६ ॥ ततस्तद्विद्रावणानन्तरम्। तेन धनदेन ॥ २७ ॥ २८ ॥ २९ ॥ राक्षसेश्वरो रावणो विनाशाय धनदनाशाय रूपाणां शतसाहस्रं चकार ॥ ३० ॥ रूपाण्याह—व्याघ्र इति ॥ ३१ ॥ बहूनि शस्त्रवर्षाणि च करोति स्म। तान्येव दृश्यन्ते न त्वसौ तथा मायाप्रयुक्तव्याघ्रादय एव दृश्यन्ते न त्वसौ ॥ ३२ ॥ ३३ ॥ निधिभिर्निधिदेवताभिः। धनदोच्छ्वासित इति संधिरार्षः ॥ ३४ ॥ जयलक्षणं जयचिह्नम्। ख्यापयन्निति शेषः ॥ ३५ ॥ ३६

देवोपवाह्यमक्षय्यं सदा दृष्टिमनःसुखम् । बह्वाश्चर्यं भक्तिचित्रं ब्रह्मणा परिनिर्मितम् ॥ ३८
निर्मितं सर्वकामैस्तु मनोहरमनुत्तमम् । न तु शीतं न चोष्णं च सर्वर्तुसुखदं शुभम् ॥ ३९
स तं राजा समारुह्य कामगं वीर्यनिर्जितम् । जितं त्रिभुवनं मेने दर्पोत्सेकात्सुदुर्मतिः ।
जित्वा वैश्रवणं देवं कैलासात्समवातरत् ॥ ४०

स तेजसा विपुलमवाप्य तं जयं प्रतापवान्विमलकिरीटहारवान् ।
रराज वै परमविमानमास्थितो निशाचरः सदसि गतो यथानलः ॥ ४१

इत्यार्षे श्रीमद्रामायणे वाल्मीकीय आदिकाव्य उत्तरकाण्डे पञ्चदशः सर्गः ॥ १५ ॥

षोडशः सर्गः ।

स जित्वा धनदं राम भ्रातरं राक्षसाधिपः । महासेनप्रसूतिं तद्ययौ शरवणं महत् ॥ १
अथापश्यद्दशग्रीवो रौक्मं शरवणं महत् । गभस्तिजालसंवीतं द्वितीयमिव भास्करम् ॥ २
स पर्वतं समारुह्य कंचिद्रम्यवनान्तरम् । प्रेक्षते पुष्पकं तत्र राम विष्टम्भितं तदा ॥ ३
विष्टब्धं किमिदं कस्मान्नागमत्कामगं कृतम् । अचिन्तयद्राक्षसेन्द्रः सचिवैस्तैः समावृतः ॥ ४
किंनिमित्तमिच्छया मे नेदं गच्छति पुष्पकम् । पर्वतस्योपरिष्ठस्य कर्मेदं कस्यचिद्भवेत् ॥ ५
ततोऽब्रवीत्तदा राम मारीचो बुद्धिकोविदः । नेदं निष्कारणं राजन्पुष्पकं यन्न गच्छति ॥ ६
अथवा पुष्पकमिदं धनदान्नान्यवाहनम् । अतो निस्पन्दमभवद्धनाध्यक्षविनाकृतम् ॥ ७
इति वाक्यान्तरे तस्य करालः कृष्णपिङ्गलः । वामनो विकटो मुण्डी नन्दी ह्रस्वभुजो बली ॥ ८
ततः पार्श्वमुपागम्य भवस्यानुचरोऽब्रवीत् । नन्दीश्वरो वचश्चेदं राक्षसेन्द्रमशङ्कितः ॥ ९
निवर्तस्व दशग्रीव शैले क्रीडति शंकरः । सुपर्णनागयक्षाणां देवगन्धर्वरक्षसाम् ॥ १०
सर्वेषामेव भूतानामगम्यः पर्वतः कृतः । इति नन्दिवचः श्रुत्वा क्रोधात्कम्पितकुण्डलः ॥ ११
रोषात्तु ताम्रनयनः पुष्पकादवरुह्य सः । कोऽयं शंकर इत्युक्त्वा शैलमूलमुपागतः ॥ १२
सोऽपश्यन्नन्दिनं तत्र देवस्यादूरतः स्थितम् । दीप्तं शूलमवष्टभ्य द्वितीयमिव शंकरम् ॥ १३
तं दृष्ट्वा वानरमुखमवज्ञाय स राक्षसः । प्रहासं मुमुचे तत्र सतोय इव तोयदः ॥ १४
तं क्रुद्धो भगवान्नन्दी शंकरस्यापरा तनुः । अब्रवीत्तत्र तद्रक्षो दशाननमुपस्थितम् ॥ १५
यस्माद्वानररूपं मामवज्ञाय दशानन । अशनीपातसंकाशमपहासं प्रमुक्तवान् ॥ १६
तस्मान्मद्वीर्यसंयुक्ता मद्रूपसमतेजसः । उत्पत्स्यन्ति वधार्थं हि कुलस्य तव वानराः ॥ १७
नखदंष्ट्रायुधाः क्रूर मनःसंपातरंहसः । युद्धोन्मत्ता बलोद्रिक्ताः शैला इव विसर्पिणः ॥ १८
ते तव प्रबलं दर्पमुत्सेधं च पृथग्विधम् । व्यपनेष्यन्ति संभूय सहामात्यसुतस्य च ॥ १९
किं त्विदानीं मया शक्यं हन्तुं त्वां हे निशाचर । न हन्तव्यो हतस्त्वं हि पूर्वमेव स्वकर्मभिः ॥ २०

॥ ३७ ॥ ब्रह्मणा विश्वकर्मणा ॥ ३८ ॥ ३९ ॥ ४० ॥ ४१ ॥ कतकस्तु त्रयस्त्रिंशच्छ्लोकसंख्यामत्र सर्गे लिलेख ॥

इति श्रीरामाभिरामे श्रीरामीये रामायणतिलके वाल्मीकीय आदिकाव्य उत्तरकाण्डे पञ्चदशः सर्गः ॥ १५ ॥

स जित्वेति । महासेनस्य स्कन्दस्य प्रसूतिर्यस्मिंस्तच्छरवणं ययौ ॥ १ ॥ २ ॥ विष्टम्भितं निरुद्धसंचारम् ॥ ३ ॥ कामगं स्वामिचित्तानुकूलसंचारवत्कृतं निर्मितमिदं विष्टब्धं किम् । तदेवाह—कस्मान्नागमदित्यचिन्तयत् ॥ ४ ॥ मे ममेच्छया पुष्पकं न गच्छति तदिदं किंनिमित्तमिति विचिन्त्य स्वयमेव हेतुं तर्कयति—पर्वतस्येति । पर्वतोपरि स्थितस्येत्यर्थः । कस्यचित्पुरुषस्येदं कर्म स्तम्भनकर्म भवेत् ॥ ५ ॥ मारीचोऽपि तदुक्तमेवानुवदति—तत इति । पुष्पकं न गच्छतीति । यन्नेदं निष्कारणम् ॥ ६ ॥ कारणमूहयित्वाह—अथवेति । धनदान्नान्यवाहनम् । धनदादन्यस्य वाहनं नेत्यर्थः ॥ ७ ॥ ८ ॥ पार्श्वे । रावणस्येति शेषः । अशङ्कित उपागम्याब्रवीदित्यन्वयः ॥ ९ ॥ १० ॥ कृतः । ईश्वरेच्छयेति शेषः ॥ ११ ॥ शैलमूलमुपागतः । अन्तरिक्षात्पर्वतं प्राप्त इत्यर्थः ॥ १२ ॥ १३ ॥ प्रहासं मुमुचे । कृतवानित्यर्थः ॥ १४ ॥ १५ ॥ १६ ॥ १७ ॥ १८ ॥ दर्प आन्तरः । उत्सेधः शारीरः ॥ १९ ॥ किं त्विति । हे निशाचर, त्वां हन्तुं यद्यपि मया शक्यमथापीदानीं न हन्तव्यः । भगवद्वचनानुपालनायेति शेषः । किं च त्वं पूर्वमेव स्वकर्मभिः

इत्युदीरितवाक्ये तु देवे तस्मिन्महात्मनि । देवदुन्दुभयो नेदुः पुष्पवृष्टिश्च खाच्च्युता ॥ २१
अचिन्तयित्वा स तदा नन्दिवाक्यं महाबलः । पर्वतं तु समासाद्य वाक्यमाह दशाननः ॥ २२
पुष्पकस्य गतिश्छिन्ना यत्कृते मम गच्छतः । तमिमं शैलमुन्मूलं करोमि तव गोपते ॥ २३
केन प्रभावेण भवो नित्यं क्रीडति राजवत् । विज्ञातव्यं न जानीते भयस्थानमुपस्थितम् ॥ २४
एवमुक्त्वा ततो राम भुजान्विक्षिप्य पर्वते । तोलयामास तं शीघ्रं स शैलः समकम्पत ॥ २५
चालनात्पर्वतस्यैव गणा देवस्य कम्पिताः । चचाल पार्वती चापि तदाश्लिष्टा महेश्वरम् ॥ २६
ततो राम महादेवो देवानां प्रवरो हरः । पादाङ्गुष्ठेन तं शैलं पीडयामास लीलया ॥ २७
पीडितास्तु ततस्तस्य शैलस्तम्भोपमा भुजाः । विस्मिताश्चाभवंस्तत्र सचिवास्तस्य रक्षसः ॥ २८
रक्षसा तेन रोपाच्च भुजानां पीडनात्तथा । मुक्तो विरावः सहसा त्रैलोक्यं येन कम्पितम् ॥ २९
मेनिरे वज्रनिष्पेषं तस्यामात्या युगक्षये । तदा वर्त्मसु चलिता देवा इन्द्रपुरोगमाः ॥ ३०
समुद्राश्चापि संक्षुब्धाश्चलिताश्चापि पर्वताः । यथा विद्याधराः सिद्धाः किमेतदिति चाब्रुवन् ॥ ३१
तोषयस्व महादेवं नीलकण्ठमुमापतिम् । तमृते शरणं नान्यं पश्यामोऽत्र दशानन ॥ ३२
स्तुतिभिः प्रणतो भूत्वा तमेव शरणं व्रज । कृपालुः शंकरस्तुष्टः प्रसादं ते विधास्यति ॥ ३३
एवमुक्तस्तदामात्यैस्तुष्टाव वृषभध्वजम् । सामभिर्विविधैः स्तोत्रैः प्रणम्य स दशाननः ।
संवत्सरसहस्रं तु रुदतो रक्षसो गतम् ॥ ३४
ततः प्रीतो महादेवः शैलाग्रे विष्ठितं प्रभुः । मुक्त्वा चास्य भुजान्राम प्राह वाक्यं दशाननम् ॥ ३५
प्रीतोऽस्मि तव वीरस्य शौटीर्याच्च दशानन । शैलाक्रान्तेन यो मुक्तस्त्वया रावः सुदारुणः ॥ ३६
यस्माल्लोकत्रयं चैतद्रावितं भयमागतम् । तस्मात्त्वं रावणो नाम नाम्ना राजन्भविष्यसि ॥ ३७
देवता मानुषा यक्षा ये चान्ये जगतीतले । एवं त्वामभिधास्यन्ति रावणं लोकरावणम् ॥ ३८
गच्छ पौलस्त्य विस्रब्धं पथा येन त्वमिच्छसि । मया चैवाभ्यनुज्ञातो राक्षसाधिप गम्यताम् ॥ ३९
एवमुक्तस्तु लङ्केशः शंभुना स्वयमब्रवीत् । प्रीतो यदि महादेव वरं मे देहि याचतः ॥ ४०
अवध्यत्वं मया प्राप्तं देवगन्धर्वदानवैः । राक्षसैर्गुह्यकैर्नागैर्ये चान्ये बलवत्तराः ॥ ४१
मानुषान्न गणे देव स्वल्पास्ते मम संमताः । दीर्घमायुश्च मे प्राप्तं ब्रह्मणस्त्रिपुरान्तक ।
वाञ्छितं चायुषः शेषं शस्त्रं त्वं च प्रयच्छ मे ॥ ४२
एवमुक्तस्ततस्तेन रावणेन स शंकरः । ददौ खड्गं महादीप्तं चन्द्रहासमिति श्रुतम् ।
आयुषश्चावशेषं च ददौ भूतपतिस्तदा ॥ ४३
दत्त्वोवाच ततः शंभुर्नावज्ञेयमिदं त्वया । अवज्ञातं यदि हि ते मामेवैष्यत्यसंशयः ॥ ४४
एवं महेश्वरेणैव कृतनामा स रावणः । अभिवाद्य महादेवमारुरोहाथ पुष्पकम् ॥ ४५
ततो महीतलं राम पर्यक्रामत रावणः । क्षत्रियान्सुमहावीर्यान्बाधमानस्ततस्ततः ॥ ४६

स्वदुष्कृतैर्हत एवासि । कालान्तरे मद्रूपैरेव हन्तव्यो भविष्यसीति भावः ॥ २० ॥ तद्वाक्यसमनन्तरं देवदुन्दुभ्यादिप्रवृत्तिस्तु तच्छापेन रावणवधनिश्चयजसंतोषात् ॥ २१ ॥ ॥ २२ ॥ यत्कृते यदाश्रयक्रीडानिमित्तं गच्छतो मम पुष्पकस्य गतिश्छिन्ना त्वया । हे गोपते रुद्र, तवेमं पर्वतमुन्मूलं करोमि ॥ २३ ॥ २४ ॥ पर्वते पर्वताधस्तात् ॥ २५ ॥ आश्लिष्टाश्लिष्टवती । कर्तरि क्तः ॥ २६ ॥ २७ ॥ तस्य पर्वताधोभागगता भुजाः पीडिताः । अभवन्निति शेषः ॥ २८ ॥ २९ ॥ तस्यामात्यास्तदीयं शब्दं युगक्षये जायमानं वज्रनिष्पेषं मेनिरे । तदा तच्छब्दश्रवणकाले । वर्त्मस्विति । वर्त्मसु स्थिता देवा वर्त्मभ्यः प्रचलिता इत्यर्थः ॥ ३० ॥ ३१ ॥ अथ तन्मन्त्रिण आहुः—तोषयस्वेति ॥ ३२ ॥ ३३ ॥ ३४ ॥ ३५ ॥ शौटीर्यात् । चात्स्तुतेः ॥ ३६ ॥ रावितं शब्दितम् ॥ ३७ ॥ ३८ ॥ मयाभ्यनुज्ञातः । पुष्पकेण गमनायेति शेषः । असीति च, अतो गम्यताम् ॥ ३९ ॥ यदि प्रीतो यदि च वरं ददासि तदा याचतो मे देहीत्यर्थः ॥ ४० ॥ ४१ ॥ न गणे । न गणयामीत्यर्थः । तत्र हेतुः—स्वल्पा इति । स्वल्पबलवीर्या इत्यर्थः । वाञ्छितं चायुषः शेषं भगवद्दत्तदीर्घायुष्याद्यो भागो गतस्तस्माच्छेषमवशिष्टमायुर्वाञ्छितं तदेतैर्दुष्कर्मभिर्यथाऽविनष्टं भवति तथा प्रयच्छ । तस्मिंश्चायुषि सर्वजयाय शस्त्रं च दिव्यं प्रयच्छ ॥ ४२ ॥ आयुषश्चावशेषं ददौ । शापाद्यनाश्यत्वेन ददावित्यर्थः ॥ ४३ ॥ इदं नावज्ञेयम् । शस्त्रस्यास्य पूजौदासीन्यं

केचित्तेजस्विनः शूराः क्षत्रिया युद्धदुर्मदाः । तच्छासनमकुर्वन्तो विनेशुः सपरिच्छदाः ॥ ४७
अपरे दुर्जयं रक्षो जानन्तः प्राज्ञसंमताः । जिताः स्म इत्यभाषन्त राक्षसं बलदर्पितम् ॥ ४८

इत्यार्षे श्रीमद्रामायणे वाल्मीकीय आदिकाव्ये उत्तरकाण्डे षोडशः सर्गः ॥ १६ ॥

सप्तदशः सर्गः ।

अथ राजन्महाबाहुर्विचरन्पृथिवीतले । हिमवद्वनमासाद्य परिचक्राम रावणः ॥ १
तत्रापश्यत्स वै कन्यां कृष्णाजिनजटाधराम् । आर्षेण विधिना युक्तां दीप्यन्तीं देवतामिव ॥ २
स दृष्ट्वा रूपसंपन्नां कन्यां तां सुमहाव्रताम् । काममोहपरीतात्मा पप्रच्छ प्रहसन्निव ॥ ३
किमिदं वर्तसे भद्रे विरुद्धं यौवनस्य ते । नहि युक्ता तवैतस्य रूपस्यैवं प्रतिक्रिया ॥ ४
रूपं तेऽनुपमं भीरु कामोन्मादकरं नृणाम् । न युक्तं तपसि स्थातुं निर्गतो ह्येष निर्णयः ॥ ५
कस्यासि किमिदं भद्रे कश्च भर्ता वरानने । येन संभुज्यसे भीरु स नरः पुण्यभाग्भुवि ॥ ६
पृच्छतः शंस मे सर्वं कस्य हेतोः परिश्रमः । एवमुक्ता तु सा कन्या रावणेन यशस्विनी ॥ ७
अब्रवीद्विधिवत्कृत्वा तस्यातिथ्यं तपोधना । कुशध्वजो नाम पिता ब्रह्मर्षिरमितप्रभः ।
बृहस्पतिसुतः श्रीमान्बुद्ध्या तुल्यो बृहस्पतेः ॥ ८
तस्याहं कुर्वतो नित्यं वेदाभ्यासं महात्मनः । संभूता वाङ्मयी कन्या नाम्ना वेदवती स्मृता ॥ ९
ततो देवाः सगन्धर्वा यक्षराक्षसपन्नगाः । ते चापि गत्वा पितरं वरणं रोचयन्ति मे ॥ १०
न च मां स पिता तेभ्यो दत्तवान्राक्षसेश्वर । कारणं तद्वदिष्यामि निशामय महाभुज ॥ ११
पितुस्तु मम जामाता विष्णुः किल सुरेश्वरः । अभिप्रेतस्त्रिलोकेशस्तस्मान्नान्यस्य मे पिता ॥ १२
दातुमिच्छति तस्मै तु तच्छ्रुत्वा बलदर्पितः । शंभुर्नाम ततो राजा दैत्यानां कुपितोऽभवत् ।
तेन रात्रौ शयानो मे पिता पापेन हिंसितः ॥ १३
ततो मे जननी दीना तच्छरीरं पितुर्मम । परिष्वज्य महाभागा प्रविष्टा हव्यवाहनम् ॥ १४
ततो मनोरथं सत्यं पितुर्नारायणं प्रति । करोमीति तमेवाहं हृदयेन समुद्वहे ॥ १५
इति प्रतिज्ञामारुह्य चरामि विपुलं तपः । एतत्ते सर्वमाख्यातं मया राक्षसपुंगव ॥ १६
नारायणो मम पतिर्न त्वन्यः पुरुषोत्तमात् । आश्रये नियमं घोरं नारायणपरीप्सया ॥ १७
विज्ञातस्त्वं हि मे राजन्गच्छ पौलस्त्यनन्दन । जानामि तपसा सर्वं त्रैलोक्ये यद्धि वर्तते ॥ १८
सोऽब्रवीद्रावणो भूयस्तां कन्यां सुमहाव्रताम् । अवरुह्य विमानाग्रात्कंदर्पशरपीडितः ॥ १९
अवलिप्तासि सुश्रोणि यस्यास्ते मतिरीदृशी । वृद्धानां मृगशावाक्षि भ्राजते पुण्यसंचयः ॥ २०
त्वं सर्वगुणसंपन्ना नार्हसे वक्तुमीदृशम् । त्रैलोक्यसुन्दरी भीरु यौवनं तेऽतिवर्तते ॥ २१
अहं लङ्कापतिर्भद्रे दशग्रीव इति श्रुतः । तस्य मे भव भार्या त्वं भुङ्क्ष्व भोगान्यथासुखम् ॥ २२

न कार्यमित्यर्थः ॥ ४४ ॥ ४५ ॥ ४६ ॥ ४७ ॥ ४८ ॥ इति श्रीरामाभिरामे श्रीरामीये रामायणतिलके वाल्मीकीय आदिकाव्य उत्तरकाण्डे षोडशः सर्गः ॥ १६ ॥

अथ वेदवत्या रावणस्य शापदानकथनपूर्वकं सैवेयं जनकात्मजेति कथनम्—अथ राजन्निति ॥ १ ॥ आर्षेण विधिना तपोनुष्ठानेन ॥ २ ॥ प्रहसन्निवारण्ये मयानाथा सुकन्या प्राप्तेति संतोषजः प्रहास इति कतकः ॥ ३ ॥ एवं प्रतिक्रिया इदमाचरणम् ॥ ४ ॥ निर्गतः प्रसिद्ध एष निर्णयः । वृद्धानामिति शेषः ॥ ५ ॥ कस्यासि । दुहितेति शेषः । किमिदं व्रतमित्यर्थः ॥ ६ ॥ कस्य हेतोः किंफलनिमित्तम् ॥ ७ ॥ ८ ॥ वेदाभ्यासं कुर्वतो महात्मनस्तस्य सकाशाद्वाङ्मयी वाङ्मयवेदमूर्तिः कन्याहं संभूता, अतएवाहं पित्रा नाम्ना वेदवतीति स्मृता । भगवतः शक्तिर्लक्ष्मीरेव रावणवधाय रावणं शप्तुमत्रावतीर्णा । अस्या वाङ्मयीत्वं सार्वात्म्यात्, अतएव वक्ष्यति पितुर्मे विष्णुर्जामाताभिप्रेत इति ॥ ९ ॥ ते देवादयो वरणं रोचयन्ति । रुचिः क्रियासामान्ये । वरणं कुर्वन्ति स्मेत्यर्थः ॥ १० ॥ ११ ॥ अन्यस्य । अन्यस्मै इत्यर्थः ॥ १२ ॥ १३ ॥ १४ ॥ नारायणं नारस्य जीवसमूहस्यायनम्, नारा आपोऽयनं यस्येति वा, तं प्रति गतं पितुर्मनोरथं सत्यं करोमीतीच्छया तं नारायणमेव हृदयेनोद्वहे ॥ १५ ॥ इति प्रतिज्ञां प्रागुक्तेच्छाविषयविषयाम् । आरुह्य कृत्वा ॥ १६ ॥ १७ ॥ कथं विज्ञातस्तत्राह—जानामीति ॥ १८ ॥ १९ ॥ पुण्यसंचयः पुण्यसंग्रहणं वृद्धानामेव भ्राजते । न तु युवत्या इत्यर्थः ॥ २० ॥ २१ ॥ २२ ॥

कश्च तावदसौ यं त्वं विष्णुरित्यभिभाषसे । वीर्येण तपसा चैव भोगेन च बलेन च ।
स मया नो समो भद्रे यं त्वं कामयसेऽङ्गने ॥ २३
इत्युक्तवति तस्मिंस्तु वेदवत्यथ साब्रवीत् । मा मैवमिति सा कन्या तमुवाच निशाचरम् ॥ २४
त्रैलोक्याधिपतिं विष्णुं सर्वलोकनमस्कृतम् । त्वदृते राक्षसेन्द्रान्यः कोऽवमन्येत बुद्धिमान् ॥ २५
एवमुक्तस्तया तत्र वेदवत्या निशाचरः । मूर्धजेषु तदा कन्यां कराग्रेण परामृशत् ॥ २६
ततो वेदवती क्रुद्धा केशान्हस्तेन साच्छिनत् । असिर्भूत्वा करस्तस्याः केशांश्छिन्नांस्तदाकरोत् २७
सा ज्वलन्तीव रोषेण दहन्तीव निशाचरम् । उवाचाग्निं समाधाय मरणाय कृतत्वरा ॥ २८
धर्षितायास्त्वयानार्य न मे जीवितमिष्यते । रक्षस्तस्मात्प्रवेक्ष्यामि पश्यतस्ते हुताशनम् ॥ २९
यस्मात्तु धर्षिता चाहं त्वया पापात्मना वने । तस्मात्तव वधार्थं हि समुत्पत्स्याम्यहं पुनः ॥ ३०
नहि शक्यः स्त्रिया हन्तुं पुरुषः पापनिश्चयः । शापे त्वयि मयोत्सृष्टे तपसश्च व्ययो भवेत् ॥ ३१
यदि त्वस्ति मया किंचित्कृतं दत्तं हुतं तथा । तस्मात्त्वयोनिजा साध्वी भवेयं धर्मिणः सुता ॥ ३२
एवमुक्त्वा प्रविष्टा सा ज्वलितं जातवेदसम् । पपात च दिवो दिव्या पुष्पवृष्टिः समन्ततः ॥ ३३
सैषा जनकराजस्य प्रसूता तनया प्रभो । तव भार्या महाबाहो विष्णुस्त्वं हि सनातनः ॥ ३४
पूर्वं क्रोधहतः शत्रुर्ययासौ निहतस्त्वया । उपाश्रयित्वा शैलाभस्तव वीर्यममानुषम् ॥ ३५
एवमेषा महाभागा मर्त्येषूत्पत्स्यते पुनः । क्षेत्रे हलमुखोत्कृष्टे वेद्यामग्निशिखोपमा ॥ ३६
एषा वेदवती नाम पूर्वमासीत्कृते युगे । त्रेतायुगमनुप्राप्य वधार्थं तस्य रक्षसः ।
उत्पन्ना मैथिलकुले जनकस्य महात्मनः ॥ ३७

इत्यार्षे श्रीमद्रामायणे वाल्मीकीय आदिकाव्य उत्तरकाण्डे सप्तदशः सर्गः ॥ १७ ॥

अष्टादशः सर्गः ।

प्रविष्टायां हुताशं तु वेदवत्यां स रावणः । पुष्पकं तु समारुह्य परिचक्राम मेदिनीम् ॥ १
ततो मरुत्तं नृपतिं यजन्तं सह दैवतैः । उशीरबीजमासाद्य ददर्श स तु रावणः ॥ २
संवर्तो नाम ब्रह्मर्षिः साक्षाद्भ्राता बृहस्पतेः । याजयामास धर्मज्ञः सर्वैर्देवगणैर्वृतः ॥ ३

कश्चेति । मदपेक्षयात्यल्पवीर्यादियुक्तः ॥ २३ ॥ मा मैवम् । विष्णुविषये वदेति शेषः ॥ २४ ॥ २५ ॥ २६ ॥ हस्तेन केशच्छेदः कथं तत्राह—असिर्भूत्वेति ॥ २७ ॥ २८ ॥ धर्षितायाः केशस्पर्शे स्त्रीभावं प्रापितायाः ॥ २९ ॥ पुनः समुत्पत्स्यति । समुत्पत्स्ये इत्यर्थः ॥ ३० ॥ व्ययः । ब्रह्मवरदानादिदानीं तव मरणाभावेन वृथा व्यय इत्यर्थः ॥ ३१ ॥ अयोनिजा भूत्वा धर्मिणो धर्मिष्ठस्य न्यायतः सुता भवेयम् ॥३२॥ अत्रापि पुष्पवर्षं रावणनाशनिश्चयजसंतोषात् ॥ ३३ ॥ सैषा कृतरावणवधप्रतिज्ञा । वेदवत्येवेत्यर्थः । विष्णुस्त्वमिति । अनेन सीताया लक्ष्मीत्वं स्फुटमेवोक्तम् । तदुक्तं पराशरेण—'राघवत्वेऽभवत्सीता रुक्मिणी कृष्णजन्मनि' इति ॥ ३४ ॥ यथा वेदवत्या पूर्वं तदवतारे क्रोधहतो यः शत्रुः सोऽसौ शैलाभः पुनस्तयैव यथाप्रतिज्ञं त्वां पतिं प्राप्य पतिभूतस्य तवामानुषं वीर्यमुपाश्रयित्वोपाश्रित्य निहतः । अनेन सीतैव रावणवधे मुख्यं कारणम्, रामे तु हन्तृत्वमारोपितमिति सूचितम् ॥ ३५ ॥ भाविकल्पेष्वप्येवमेवावतारादिकल्पेन 'कल्पो व्याख्येयः' इति न्यायादित्याह—एवमिति । एषा महाभागा एवमेव मर्त्येषु भाविषु हलमुखोत्कृष्टे क्षेत्रे पुनःपुनरुत्पत्स्यते । उक्तप्रयोजनायेति शेषः । उत्पत्तिरत्राविर्भावः । एनेन भगवतोऽपि तथावतारः सूचित एव ॥ ३६ ॥ सीताविर्भावो वैशाखे शुक्लनवम्यामिति महासुन्दरीतन्त्रे उक्तम्—'वैशाखे शुक्लनवम्यामुत्पन्ना सावनीसुता । सीतामुखात्सा संजाता पालिता जनकेन च ॥ रामपत्नी महाभागा सीता नामेति विश्रुता । तस्मिन्दिने रामभक्ताः श्रद्धाभक्तिसमन्विताः ॥ महोत्सवपराः सर्वे वित्तशाठ्यविवर्जिताः । गीतवादित्रनृत्याद्यै रामभक्तिपरायणाः । वैशाखसितनवम्यां पुराणपठनं तथा । लक्ष्मीसूक्तं पठंस्तत्र याति रामं सनातनम् । सौभाग्यं धनधान्यं च पुत्रसंततिविस्तृतम् । रामप्रसादाल्लभते मुच्यते सर्वपातकात् ॥' इति । उपसंहरति—एषेति । 'आसीत्कृते युगे' इत्यनन्तरं त्रेतायुगमिति । जनकस्योत्पन्ना । न्यायतः पुत्रीत्वेनोत्पन्नेत्यर्थः ॥ ३७ ॥

इति श्रीरामाभिरामे श्रीरामीये रामायणतिलके वाल्मीकीय आदिकाव्य उत्तरकाण्डे सप्तदशः सर्गः ॥ १७ ॥

प्रविष्टायामिति ॥ १ ॥ उशीरबीजमिति देशनाम ॥ २ ॥ देवगणैर्वृतः । अपरोक्षतया हविर्भागार्थमवस्थितैरिति शेषः

दृष्ट्वा देवास्तु तद्रक्षो वरदानेन दुर्जयम् । तिर्यग्योनिं समाविष्टास्तस्य धर्षणभीरवः ॥ ४
इन्द्रो मयूरः संवृत्तो धर्मराजस्तु वायसः । कृकलासो धनाध्यक्षो हंसश्च वरुणोऽभवत् ॥ ५
अन्येष्वपि गतेष्वेवं देवेष्वरिनिषूदन । रावणः प्राविशद्यज्ञं सारमेय इवाशुचिः ॥ ६
तं च राजानमासाद्य रावणो राक्षसाधिपः । प्राह युद्धं प्रयच्छेति निर्जितोऽस्मीति वा वद ॥ ७
ततो मरुत्तो नृपतिः को भवानित्युवाच तम् । अवहासं ततो मुक्त्वा रावणो वाक्यमब्रवीत् ॥ ८
अकुतूहलभावेन प्रीतोऽस्मि तव पार्थिव । धनदस्यानुजं यो मां नावगच्छसि रावणम् ॥ ९
त्रिषु लोकेषु कोऽन्योऽस्ति यो न जानाति मे बलम् । भ्रातरं येन निर्जित्य विमानमिदमाहृतम् १०
ततो मरुत्तः स नृपस्तं रावणमथाब्रवीत् । धन्यः खलु भवान्येन ज्येष्ठो भ्राता रणे जितः ।
न त्वया सदृशः श्लाघ्यस्त्रिषु लोकेषु विद्यते ॥ ११
कं त्वं प्राक्केवलं धर्मं चरित्वा लब्धवान्वरम् । श्रुतपूर्वं हि न मया भाषसे यादृशं स्वयम् ॥ १२
तिष्ठेदानीं न मे जीवन्प्रतियास्यसि दुर्मते । अद्य त्वां निशितैर्बाणैः प्रेषयामि यमक्षयम् ॥ १३
ततः शरासनं गृह्य सायकांश्च नराधिपः । रणाय निर्ययौ क्रुद्धः संवर्तो मार्गमावृणोत् ॥ १४
सोऽब्रवीत्स्नेहसंयुक्तं मरुत्तं तं महानृषिः । श्रोतव्यं यदि मद्वाक्यं संप्रहारो न ते क्षमः ॥ १५
माहेश्वरमिदं सत्रमसमाप्तं कुलं दहेत् । दीक्षितस्य कुतो युद्धं क्रोधित्वं दीक्षिते कुतः ॥ १६
संशयश्च जये नित्यं राक्षसश्च सुदुर्जयः । स निवृत्तो गुरोर्वाक्यान्मरुत्तः पृथिवीपतिः ।
विसृज्य सशरं चापं स्वस्थो मखमुखोऽभवत् ॥ १७
ततस्तं निर्जितं मत्वा घोषयामास वै शुकः । रावणो जयतीत्युच्चैर्हर्षान्नादं विमुक्तवान् ॥ १८
तान्भक्षयित्वा तत्रस्थान्महर्षीन्यज्ञमागतान् । वितृप्तो रुधिरैस्तेषां पुनः संप्रययौ महीम् ॥ १९
रावणे तु गते देवाः सेन्द्राश्चैव दिवौकसः । ततः स्वां योनिमासाद्य तानि सत्त्वानि चाब्रुवन् ॥ २०
हर्षात्तदाब्रवीदिन्द्रो मयूरं नीलबर्हिणम् । प्रीतोऽस्मि तव धर्मज्ञ भुजंगाद्धि न ते भयम् ॥ २१
इदं नेत्रसहस्रं तु यत्तद्बर्हे भविष्यति । वर्षमाणे मयि मुदं प्राप्स्यसे प्रीतिलक्षणम् ।
एवमिन्द्रो वरं प्रादान्मयूरस्य सुरेश्वरः ॥ २२
नीलाः किल पुरा बर्हा मयूराणां नराधिप । सुराधिपाद्वरं प्राप्य गताः सर्वेऽपि बर्हिणः ॥ २३
धर्मराजोऽब्रवीद्राम प्राग्वंशे वायसं प्रति । पक्षिंस्तवास्मि सुप्रीतः प्रीतस्य वचनं शृणु ॥ २४
यथान्ये विविधै रोगैः पीड्यन्ते प्राणिनो मया । ते न ते प्रभविष्यन्ति मयि प्रीते न संशयः ॥ २५
मृत्युतस्ते भयं नास्ति वरान्मम विहंगम । यावत्त्वां न वधिष्यन्ति नरास्तावद्भविष्यसि ॥ २६
ये च मद्विषयस्था वै मानवाः क्षुधयार्दिताः । त्वयि भुक्ते सुतृप्तास्ते भविष्यन्ति सबान्धवाः ॥ २७
वरुणस्त्वब्रवीद्धंसं गङ्गातोयविचारिणम् । श्रूयतां प्रीतिसंयुक्तं ततः पत्ररथेश्वरम् ॥ २८
वर्णो मनोरमः सौम्यश्चन्द्रमण्डलसंनिभः । भविष्यति तवोदग्रः शुद्धफेनसमप्रभः ॥ २९

॥ ३ ॥ ४ ॥ ५ ॥ अन्येष्वपि देवेष्वेवंगतेषु । तिर्यग्योनिस्वरूपं गतेष्वित्यर्थः ॥ ६ ॥ ७ ॥ मुक्त्वा कृत्वा ॥ ८ ॥ अकुतूहलभावेन मां दृष्ट्वाप्यविस्मयनिर्भयानादरभावेन यो नावगच्छसि तस्य तव प्रीतोऽस्मि ॥ ९ ॥ कोऽन्योऽस्ति न कोऽपि । सर्वेऽप्येवं जानन्तीत्यर्थः ॥ १० ॥ अथ मरुत्तो व्याजस्तुत्याह—धन्य इति ॥ ११ ॥ 'लोकेषु विद्यते' इत्युत्तरम् 'नाधर्मसहितं श्लाघ्यं न लोकप्रतिसंहितम् । कर्म दौरात्म्यकं कृत्वा श्लाघसे भ्रातृनिर्जयात् ॥' इत्येकः श्लोकः प्रक्षिप्तः । उक्तार्थत्वादिति कतकः । कं त्वमिति । केवलं पूज्यपूजारहितं कं धर्मं प्राक्चरित्वा वरं लब्धवानसि । तथाविधोऽपि कश्चिद्धर्म इति चेन्न श्रुतपूर्व इत्याह—श्रुतेति । यादृशं भाषसे ज्येष्ठपीडारूपं समाचारम् ॥ १२ ॥ १३ ॥ मार्गमावृणोत् । रणायागतस्य रावणस्येति भावः ॥ १४ ॥ महानृषिः संवर्तः ॥ १५ ॥ माहेश्वरं तद्दैवत्यम् । सत्रं यागः ॥ १६ ॥ मखमुखो मखसमाप्त्युन्मुखः ॥ १७ ॥ १८ ॥ वितृप्तो विशेषेण तृप्तः ॥ १९ ॥ स्वां योनिं स्वस्वप्रकृतिमासाद्य तानि सत्त्वानि प्राक्कार्यवशगृहीतमूर्तिजातीयप्राणिनः ॥ २० ॥ २१ ॥ प्रीतिलक्षणं मत्प्रीतिचिह्नम् ॥ २२ ॥ नीलाः किलेति । नेत्ररहिताः केवलं नीला इत्यर्थः ॥ २३ ॥ प्राग्वंशे प्राग्घविर्गेहे ॥ २४ ॥ ते रोगास्ते तव मयि प्रीते सति न प्रभविष्यन्ति ॥ २५ ॥ मृत्योरशक्यपरिहारत्वादाह—यावदिति ॥ २६ ॥ मद्विषयस्था यमलोकस्थाः ॥ २७ ॥ २८ ॥ २९ ॥ मच्छरीरं जलम् । जलमूर्तित्वात्तस्य ॥ ३० ॥

मच्छरीरं समासाद्य कान्तो नित्यं भविष्यसि । प्राप्स्यसे चातुलां प्रीतिमेतन्मे प्रीतिलक्षणम् ॥ ३०
हंसानां हि पुरा राम न वर्णः सर्वपाण्डुरः । पक्षा नीलाग्रसंवीताः क्रोडाः शष्पाग्रनिर्मलाः ॥ ३१
अथाब्रवीद्वैश्रवणः कृकलासं गिरौ स्थितम् । हैरण्यं संप्रयच्छामि वर्णं प्रीतस्तवाप्यहम् ॥ ३२
सद्रव्यं च शिरो नित्यं भविष्यति तवाक्षयम् । एष काञ्चनको वर्णो मत्प्रीत्या ते भविष्यति ॥ ३३
एवं दत्त्वा वरांस्तेभ्यस्तस्मिन्यज्ञोत्सवे सुराः । निवृत्ते सह राज्ञा ते पुनः स्वभवनं गताः ॥ ३४

इत्यार्षे श्रीमद्रामायणे वाल्मीकीय आदिकाव्य उत्तरकाण्डेऽष्टादशः सर्गः ॥ १८ ॥

एकोनविंशः सर्गः ।

अथ जित्वा मरुत्तं स प्रययौ राक्षसाधिपः । नगराणि नरेन्द्राणां युद्धकाङ्क्षी दशाननः ॥ १
समासाद्य तु राजेन्द्रान्महेन्द्रवरुणोपमान् । अब्रवीद्राक्षसेन्द्रस्तु युद्धं मे दीयतामिति ॥ २
निर्जिताः स्मेति वा ब्रूत एष मे हि सुनिश्चयः । अन्यथा कुर्वतामेवं मोक्षो नैवोपपद्यते ॥ ३
ततस्त्वभीरवः प्राज्ञाः पार्थिवा धर्मनिश्चयाः । मन्त्रयित्वा ततोऽन्योन्यं राजानः सुमहाबलाः ॥ ४
निर्जिताः स्मेत्यभाषन्त ज्ञात्वा वरबलं रिपोः । दुष्कन्तः सुरथो गाधिर्गयो राजा पुरूरवाः ॥ ५
एते सर्वेऽब्रुवंस्तात निर्जिताः स्मेति पार्थिवाः । अथायोध्यां समासाद्य रावणो राक्षसाधिपः ॥ ६
सुगुप्तामनरण्येन शक्रेणेवामरावतीम् । स तं पुरुषशार्दूलं पुरंदरसमं बले ॥ ७
प्राह राजानमासाद्य युद्धं देहीति रावणः । निर्जितोऽस्मीति वा ब्रूहि त्वमेवं मम शासनम् ॥ ८
अयोध्याधिपतिस्तस्य श्रुत्वा पापात्मनो वचः । अनरण्यस्तु संक्रुद्धो राक्षसेन्द्रमथाब्रवीत् ॥ ९
दीयते द्वन्द्वयुद्धं ते राक्षसाधिपते मया । संतिष्ठ क्षिप्रमायत्तो भव चैवं भवाम्यहम् ॥ १०
अथ पूर्वं श्रुतार्थेन निर्जितं सुमहद्बलम् । निष्क्रामत्तन्नरेन्द्रस्य बलं रक्षोवधोद्यतम् ॥ ११
नागानां दशसाहस्रं वाजिनां नियुतं तथा । रथानां बहुसाहस्रं पत्तीनां च नरोत्तम ॥ १२
महीं संछाद्य निष्क्रान्तं सपदातिरथं रणे । ततः प्रवृत्तं सुमहद्युद्धं युद्धविशारद ॥ १३
अनरण्यस्य नृपते राक्षसेन्द्रस्य चाद्भुतम् । तद्रावणबलं प्राप्य बलं तस्य महीपतेः ॥ १४
प्राणश्यत तदा सर्वं हव्यं हुतमिवानले । युद्ध्वा च सुचिरं कालं कृत्वा विक्रममुत्तमम् ॥ १५
प्रज्वलन्तं तमासाद्य क्षिप्रमेवावशेषितम् । प्राविशत्संकुलं तत्र शलभा इव पावकम् ॥ १६
सोऽपश्यत्तन्नरेन्द्रस्तु नश्यमानं महाबलम् । महार्णवं समासाद्य वनापगशतं यथा ॥ १७
ततः शक्रधनुःप्रख्यं धनुर्विस्फारयन्स्वयम् । आससाद नरेन्द्रस्तं रावणं क्रोधमूर्च्छितः ॥ १८
अनरण्येन तेऽमात्या मारीचशुकसारणाः । प्रहस्तसहिता भग्ना व्यद्रवन्त मृगा इव ॥ १९
ततो बाणशतान्यष्टौ पातयामास मूर्धनि । तस्य राक्षसराजस्य इक्ष्वाकुकुलनन्दनः ॥ २०
तस्य बाणाः पतन्तस्ते चक्रिरे न क्षतं क्वचित् । वारिधारा इवाभ्रेभ्यः पतन्त्यो गिरिमूर्धनि ॥ २१

नीलेन नीलवर्णेनाग्रेऽग्रप्रदेशे संवीताः प्राप्ताः । शष्पं बालतृणं तदग्रवन्निर्मलाः । कोमलश्यामवर्णा इत्यर्थः । क्रोडं भुजान्तरम् ॥ ३१ ॥ ३२ ॥ शिरो नित्यं सद्रव्यम् । स्वर्णवर्णमित्यर्थः । तदेवाह—एष काञ्चनक इति । पूर्वं हि कृकलासा अञ्जनवर्णा इत्याहुः ॥ ३३ ॥ राज्ञा सह स्वभवनं गताः । मरुत्तेन सह स्वर्गमित्यर्थः ॥ ३४ ॥ इति श्रीरामाभिरामे श्रीरामीये रामायणतिलके वाल्मीकीय आदिकाव्य उत्तरकाण्डेऽष्टादशः सर्गः ॥ १८ ॥

अथेति ॥ १ ॥ २ ॥ एवमकुर्वतां युद्धं निर्जिताः स्मेति वचनं वाकुर्वताम् । अन्यथा प्रकारान्तरेण मोक्षो मदुपरोधान्नास्तीत्यर्थः ॥ ३ ॥ अभीरवः सन्तोऽपि राजानः पार्थिवाः पृथ्वीपतयो निर्जिताः स्मेत्यभाषन्त ॥ ४ ॥ तानाह—दुष्कन्त इति । भिन्नभिन्नकालवर्तिनो दुष्कन्तादयः स्वस्वकाले रावणं प्रति जितत्ववादं वरदानादुक्तवन्तः ॥ ५ ॥ ६ ॥ ७ ॥ ८ ॥ ९ ॥ अहं चैवं भवामि । आयत्तो भवामीत्यर्थः ॥ १० ॥ पूर्वं श्रुतार्थेन श्रुतरावणवृत्तान्तेन निर्जितम् । भावे क्तः । निर्जयं प्रति यत्सुमहद्बलं नियुक्तं तन्नरेन्द्रस्य बलं रक्षोवधोद्यतं निष्कामन्निरक्रामत् ॥ ११ ॥ १२ ॥ १३ ॥ तस्य महीपतेर्बलं रावणबलं प्राप्य सुचिरं कालं युद्धोत्तममधिकं विक्रमं च कृत्वा तदा सर्वं प्राणश्यत ॥ १४ ॥ १५ ॥ प्रज्वलन्तं रावणमासाद्य क्षिप्रमेवावशेषितमल्पावशिष्टं सत्तत्र रणे पावकं प्राप्य शलभा इव संकुलं नाशं प्राविशत्प्राप्तमभूत् ॥ १६ ॥ वनापगशतं वनं जलं तत्पूर्णनदीशतम् । आर्षो ह्रस्वः ॥ १७ ॥ १८ ॥ १९ ॥ २० ॥ २१ ॥ २२ ॥

ततो राक्षसराजेन क्रुद्धेन नृपतिस्तदा । तलेनाभिहतो मूर्ध्नि स रथान्निपपात ह ॥ २२
स राजा पतितो भूमौ विह्वलः प्रविवेपितः । वज्रदग्ध इवारण्ये सालो निपतितो यथा ॥ २३
तं प्रहस्याब्रवीद्रक्ष इक्ष्वाकुं पृथिवीपतिम् । किमिदानीं फलं प्राप्तं त्वया मां प्रति युध्यता ॥ २४
त्रैलोक्ये नास्ति यो द्वन्द्वं मम दद्यान्नराधिप । शङ्के प्रसक्तो भोगेषु न शृणोषि बलं मम ॥ २५
तस्यैवं ब्रुवतो राजा मन्दासुर्वाक्यमब्रवीत् । किं शक्यमिह कर्तुं वै कालो हि दुरतिक्रमः ॥ २६
नह्यहं निर्जितो रक्षस्त्वया चात्मप्रशंसिना । कालेनैव विपन्नोऽहं हेतुभूतस्तु मे भवान् ॥ २७
किं त्विदानीं मया शक्यं कर्तुं प्राणपरिक्षये । नह्यहं विमुखो रक्षो युद्ध्यमानस्त्वया हतः ॥ २८
इक्ष्वाकुपरिभावित्वाद्वचो वक्ष्यामि राक्षस । यदि दत्तं यदि हुतं यदि मे सुकृतं तपः ।
यदि गुप्ताः प्रजाः सम्यक्तदा सत्यं वचोऽस्तु मे ॥ २९
उत्पत्स्यते कुले ह्यस्मिन्निक्ष्वाकूणां महात्मनाम् । रामो दाशरथिर्नाम यस्ते प्राणान्हरिष्यति ॥ ३०
ततो जलधरोदग्रस्ताडितो देवदुन्दुभिः । तस्मिन्नुदाहृते शापे पुष्पवृष्टिश्च खाच्च्युता ॥ ३१
ततः स राजा राजेन्द्र गतः स्थानं त्रिविष्टपम् । स्वर्गते च नृपे तस्मिन्राक्षसः सोऽपसर्पत ॥ ३२

इत्यार्षे श्रीमद्रामायणे वाल्मीकीय आदिकाव्य उत्तरकाण्ड एकोनविंशः सर्गः ॥ १९ ॥

विंशः सर्गः ।

ततो वित्रासयन्मर्त्यान्पृथिव्यां राक्षसाधिपः । आससाद घने तस्मिन्नारदं मुनिपुंगवम् ॥ १
तस्याभिवादनं कृत्वा दशग्रीवो निशाचरः । अब्रवीत्कुशलं पृष्ट्वा हेतुमागमनस्य च ॥ २
नारदस्तु महातेजा देवर्षिरमितप्रभः । अब्रवीन्मेघपृष्ठस्थो रावणं पुष्पके स्थितम् ॥ ३
राक्षसाधिपते सौम्य तिष्ठ विश्रवसः सुत । प्रीतोऽस्म्यभिजनोपेत विक्रमैरूर्जितैस्तव ॥ ४
विष्णुना दैत्यघातैश्च गन्धर्वोरगधर्षणैः । त्वया समं विमर्दैश्च भृशं हि परितोषितः ॥ ५
किंचिद्वक्ष्यामि तावत्तु श्रोतव्यं श्रोष्यसे यदि । तन्मे निगदतस्तात समाधिं श्रवणे कुरु ॥ ६
किमयं वध्यते तात त्वयावध्येन दैवतैः । हत एव ह्ययं लोको यदा मृत्युवशं गतः ॥ ७
देवदानवदैत्यानां यक्षगन्धर्वरक्षसाम् । अवध्येन त्वया लोकः क्लेष्टुं योग्यो न मानुषः ॥ ८
नित्यं श्रेयसि संमूढं महद्भिर्व्यसनैर्वृतम् । हन्यात्कस्तादृशं लोकं जराव्याधिशतैर्युतम् ॥ ९
तैस्तैरनिष्टोपगमैरजस्रं यत्र कुत्र कः । मतिमान्मानुषे लोके युद्धेन प्रणयी भवेत् ॥ १०
क्षीयमाणं दैवहतं क्षुत्पिपासाजरादिभिः । विषादशोकसंमूढं लोकं त्वं क्षपयस्व मा ॥ ११
पश्य तावन्महाबाहो राक्षसेश्वर मानुषम् । मूढमेवं विचित्रार्थं यस्य न ज्ञायते गतिः ॥ १२

वज्रदग्धोऽशनिहतः ॥ २३ ॥ इक्ष्वाकुं तद्वंश्यमनरण्यम् । किं फलं प्राप्तम् । निर्जितोऽस्मीति वचनमनुक्त्वेति शेषः ॥ २४ ॥ २५ ॥ २६ ॥ अहं त्वया न निर्जितः, किं तु प्राप्तेन कालेनैव विपन्न इत्यर्थः ॥ २७ ॥ २८ ॥ इक्ष्वाकुपरिभावित्वात् । त्वदुक्तावमाननवाक्यस्येक्ष्वाकुकुलपरिभवरूपत्वादित्यर्थः । वचः शापरूपम् ॥ २९ ॥ ३० ॥ पुष्पवृष्टिरत्रापि प्राग्वत् ॥ ३१ ॥ अपसर्पतापासर्पत् ॥ ३२ ॥ इति श्रीरामाभिरामे श्रीरामीये रामायणतिलके वाल्मीकीय आदिकाव्य उत्तरकाण्ड एकोनविंशः सर्गः ॥ १९ ॥

आससाद घने तस्मिन्निति । तस्मिन्काले घने घनपृष्ठे स्थितं मुनिश्रेष्ठं नारदमाससाद ॥ १ ॥ कुशलं पृष्ट्वागमनस्य हेतुमब्रवीत् । पप्रच्छेत्यर्थः ॥ २ ॥ ३ ॥ तिष्ठ । मद्वचः श्रोतुमिति शेषः ॥ ४ ॥ विष्णुना दैत्यघातादिभिरहं तोषितः । त्वया समं गन्धर्वोरगधर्षणैर्विमर्दैर्भाविभिः परितोषितो भविष्यामीत्यर्थः ॥ ५ ॥ समाधिं चित्तैकाग्र्यम् ॥ ६ ॥ अयं लोको मर्त्यलोकः । दैवतैरवध्येनेत्यनेन मर्त्येभ्यो भयराहित्यमुक्तम् ॥ ७ ॥ ८ ॥ श्रेयसि संमूढं श्रेयआचरणे बुद्धिहीनम् । व्यसनान्येव जरेत्यादिना स्पष्टीकृतानि ॥ ९ ॥ नानाविधैरनिष्टोपगमैरनिष्टसंबन्धैर्यत्रकुत्र यत्रकुत्रापि पीडिते मानुषे लोके को मतिमांस्तस्य युद्धेन वधे प्रणयी भवेत्, न कोऽपि ॥ १० ॥ किं च मृतमारणवद्युद्धेन तेषां वधो व्यर्थ इत्याह—क्षीयमाणमिति । विषादो व्याध्यादिजं दुःखम् । शोको बन्धुवियोगादिजं दुःखम् ॥ ११ ॥ यस्य मनुष्यलोकस्य गतिर्दुःखादिभोगकालो न ज्ञायते । येन लोकेनेति शेषः । एवं ज्ञानराहित्येन मूढमपि विचित्रार्थं नानाविधक्षुद्रपुरुषार्था-

क्वचिद्वादित्रनृत्यादि सेव्यते मुदितैर्जनैः । रुद्यते चापरैरार्तैर्धाराश्रुनयनाननैः ॥ १३
मातापितृसुतस्नेहभार्याबन्धुमनोरमैः । मोहितोऽयं जनो ध्वस्तः क्लेशं स्वं नावबुध्यते ॥ १४
तत्किमेवं परिक्लिश्य लोकं मोहनिराकृतम् । जित एव त्वया सौम्य मर्त्यलोको न संशयः ॥ १५
अवश्यमेभिः सर्वैश्च गन्तव्यं यमसादनम् । तन्निगृह्णीष्व पौलस्त्य यमं परपुरंजय ॥ १६
तस्मिञ्जिते जितं सर्वं भवत्येव न संशयः । एवमुक्तस्तु लङ्केशो दीप्यमानं स्वतेजसा ॥ १७
अब्रवीन्नारदं तत्र संप्रहस्याभिवाद्य च । महर्षे देवगन्धर्वविहार समरप्रिय ॥ १८
अहं समुद्यतो गन्तुं विजयार्थं रसातलम् । ततो लोकत्रयं जित्वा स्थाप्य नागान्सुरान्वशे ।
समुद्रममृतार्थं च मथिष्यामि रसालयम् ॥ १९
अथाब्रवीद्दशग्रीवं नारदो भगवानृषिः । क खल्विदानीं मार्गेण त्वयेहान्येन गम्यते ॥ २०
अयं खलु सुदुर्गम्यः प्रेतराजपुरं प्रति । मार्गो गच्छति दुर्धर्ष यमस्यामित्रकर्शन ॥ २१
स तु शारदमेघाभं हासं मुक्त्वा दशाननः । उवाच कृतमित्येव वचनं चेदमब्रवीत् ॥ २२
तस्मादेवं महाब्रह्म वैवस्वतवधोद्यतः । गच्छामि दक्षिणामाशां यत्र सूर्यात्मजो नृपः ॥ २३
मया हि भगवन्क्रोधात्प्रतिज्ञातं रणार्थिना । अवजेष्यामि चतुरो लोकपालानिति प्रभो ॥ २४
तदिह प्रस्थितोऽहं वै पितृराजपुरं प्रति । प्राणिसंक्लेशकर्तारं योजयिष्यामि मृत्युना ॥ २५
एवमुक्त्वा दशग्रीवो मुनिं तमभिवाद्य च । प्रययौ दक्षिणामाशां प्रविष्टः सह मन्त्रिभिः ॥ २६
नारदस्तु महातेजा मुहूर्तं ध्यानमास्थितः । चिन्तयामास विप्रेन्द्रो विधूम इव पावकः ॥ २७
येन लोकास्त्रयः सेन्द्राः क्लिश्यन्ते सचराचराः । क्षीणे चायुषि धर्मेण स कालो जेष्यते कथम् ॥ २८
स्वदत्तकृतसाक्षी यो द्वितीय इव पावकः । लब्धसंज्ञा विचेष्टन्ते लोका यस्य महात्मनः ॥ २९
यस्य नित्यं त्रयो लोका विद्रवन्ति भयार्दिताः । तं कथं राक्षसेन्द्रोऽसौ स्वयमेव गमिष्यति ॥ ३०
यो विधाता च धाता च सुकृतं दुष्कृतं तथा । त्रैलोक्यं विजितं येन तं कथं विजयिष्यते ।
अपरं किं तु कृत्वैवं विधानं संविधास्यति ॥ ३१
कौतूहलं समुत्पन्नो यास्यामि यमसादनम् । विमर्दं द्रष्टुमनयोर्यमराक्षसयोः स्वयम् ॥ ३२

इत्यार्षे श्रीमद्रामायणे वाल्मीकीय आदिकाव्य उत्तरकाण्डे विंशः सर्गः ॥ २० ॥

सक्तं मानुषं लोकं पश्य ॥ १२ ॥ तदेवाह—क्वचिदिति । धाराश्रुनयनोपेतमाननं येषां तैः ॥ १३ ॥ मात्रादिस्नेहैर्भार्यादिमनोरमैः । भार्यादिविषयकमनोरथैरित्यर्थः । मोहितः, अतएव ध्वस्तोधः पतितः । स्वं क्लेशं पारलौकिकम् ॥ १४ ॥ एवंप्रकारेण मोहेनाज्ञानेन निराकृतं प्रच्यावितार्थम् ॥ १५ ॥ १६ ॥ १७ ॥ देवगन्धर्वविहार तल्लोकक्रीडापर, समरप्रिय समरदर्शनप्रिय ॥ १८ ॥ ततो रसातलजयानन्तरम् । रसस्यामृतरूपरसस्यालयं समुद्रं मथिष्यामि ॥ १९ ॥ इदानीं रसातलं जिगमिषुणा त्वयान्येन मार्गेण रसातलमार्गव्यतिरिक्तमार्गेण क्व खलु गम्यते ॥ २० ॥ कस्य देशस्य तर्ह्ययं मार्गोऽत आह—अयं खल्विति । सुदुर्गम्यः सुदुर्गमः । यदार्षः । यमस्य यमपुरस्य ॥ २१ ॥ हासं मुक्त्वा कृत्वा शारदमेघाभं नारदं प्रति कृतमिति वचोऽब्रवीत् । यमपुरमार्गेण गमनं तज्जयश्च मम सिद्ध एवेत्यब्रवीदित्यर्थः ॥ २२ ॥ यस्मात्त्वया मार्ग उपदिष्टो यतश्चतुर्दिक्पालजयो मया प्रतिज्ञातस्तस्मादेवमनेनैव मार्गेण हे महाब्रह्म । 'कुमहद्भ्यामन्यतरस्याम्' इत्यच् । दक्षिणामाशां गच्छामि ॥ २३ ॥ २४ ॥ २५ ॥ प्रययौ । नारदसमीपदेशात् । ततो दक्षिणामाशां प्रविष्टः ॥ २६ ॥ २७ ॥ आयुषि क्षीणे सति धर्मेण धर्ममार्गेण त्रयो लोका येन क्लिश्यन्ते दण्ड्यन्ते स कालः कथमनेन जेष्यते ॥ २८ ॥ यश्च कालः प्राणिनां स्वदत्तं च स्वकृतं च स्वदत्तकृते तयोः साक्षी । दत्तं दानम् । इदं तयागादेरप्युपलक्षणम् । कृतशब्देन कायक्लेशरूपं तपः । स कथं जेष्यत इति संबन्धः । यस्य लब्धसंज्ञा यतो लब्धसंज्ञा विचेष्टन्ते । व्यवहरन्तीत्यर्थः । यद्वा यस्य महात्मनः । अनुग्रहादिति शेषः ॥ २९ ॥ ३० ॥ यो लोकस्य धाता विधाता सामान्यतो विशेषतश्च कर्ता । यः सुकृतं दुष्कृतम् । तत्फलद इत्यर्थः । येन कालेन विजयिष्यते विजेष्यते । अपरं किं त्विति । काल एव सर्वसाधनम्, अयं तु कालातिरिक्तमपरं किं नु विधानं कालव्यतिरिक्तसाधनसंपादनं कृत्वा कालजयं संविधास्यति ॥ ३१ ॥ इत्येवं कौतूहलं समुत्पन्नोऽहं यमसादनं द्रष्टुं यास्यामि ॥ ३२ ॥

इति श्रीरामाभिरामे श्रीरामीये रामायणतिलके वाल्मीकीय आदिकाव्य उत्तरकाण्डे विंशः सर्गः ॥ २० ॥

एकविंशः सर्गः ।

एवं संचिन्त्य विप्रेन्द्रो जगाम लघुविक्रमः । आख्यातुं तद्यथावृत्तं यमस्य सदनं प्रति ॥ १
अपश्यत्स यमं तत्र देवमग्निपुरस्कृतम् । विधानमनुतिष्ठन्तं प्राणिनो यस्य यादृशम् ॥ २
स तु दृष्ट्वा यमः प्राप्तं महर्षिं तत्र नारदम् । अब्रवीत्सुखमासीनमर्घ्यमावेद्य धर्मतः ॥ ३
कच्चित्क्षेमं नु देवर्षे कच्चिद्धर्मो न नश्यति । किमागमनकृत्यं ते देवगन्धर्वसेवित ॥ ४
अब्रवीत्तु तदा वाक्यं नारदो भगवानृषिः । श्रूयतामभिधास्यामि विधानं च विधीयताम् ॥ ५
एष नाम्ना दशग्रीवः पितृराज निशाचरः । उपयाति वशं नेतुं विक्रमैस्त्वां सुदुर्जयम् ॥ ६
एतेन कारणेनाहं त्वरितो ह्यागतः प्रभो । दण्डप्रहरणस्याद्य तव किं नु भविष्यति ॥ ७
एतस्मिन्नन्तरे दूरादंशुमन्तमिवोदितम् । ददृशुर्दीप्तमायान्तं विमानं तस्य रक्षसः ॥ ८
तं देशं प्रभया तस्य पुष्पकस्य महाबलः । कृत्वा वितिमिरं सर्वं समीपमभ्यवर्तत ॥ ९
सोऽपश्यत्स महाबाहुर्दशग्रीवस्ततस्ततः । प्राणिनः सुकृतं चैव भुञ्जानांश्चैव दुष्कृतम् ॥ १०
अपश्यत्सैनिकांश्चास्य यमस्यानुचरैः सह । यमस्य पुरुषैरुग्रैर्घोररूपैर्भयानकैः ॥ ११
ददर्श वध्यमानांश्च क्लिश्यमानांश्च देहिनः । क्रोशतश्च महानादं तीव्रनिष्टनतत्परान् ॥ १२
कृमिभिर्भक्ष्यमाणांश्च सारमेयैश्च दारुणैः । श्रोत्रायासकरा वाचो वदतश्च भयावहाः ॥ १३
संतार्यमाणान्वैतरणीं बहुशः शोणितोदकाम् । वालुकासु च तप्तासु तप्यमानान्मुहुर्मुहुः ॥ १४
असिपत्रवने चैव भिद्यमानानधार्मिकान् । रौरवे क्षारनद्यां च क्षुरधारासु चैव हि ॥ १५
पानीयं याचमानांश्च तृषितान्क्षुधितानपि । शवभूतान्कृशान्दीनान्विवर्णान्मुक्तमूर्धजान् ॥ १६
मलपङ्कधरान्दीनान्रूक्षांश्च परिधावतः । ददर्श रावणो मार्गे शतशोऽथ सहस्रशः ॥ १७
कांश्चिच्च गृहमुख्येषु गीतवादित्रनिःस्वनैः । प्रमोदमानानद्राक्षीद्रावणः सुकृतैः स्वकैः ॥ १८
गोरसं गोप्रदातारो ह्यन्नं चैवान्नदायिनः । गृहांश्च गृहदातारः स्वकर्मफलमश्नतः ॥ १९
सुवर्णमणिमुक्ताभिः प्रमदाभिरलंकृतान् । धार्मिकानपरांस्तत्र दीप्यमानान्स्वतेजसा ॥ २०
ददर्श स महाबाहू रावणो राक्षसाधिपः । ततस्तान्भिद्यमानांश्च कर्मभिर्दुष्कृतैः स्वकैः ॥ २१
रावणो मोचयामास विक्रमेण बलाद्बली । प्राणिनो मोक्षितास्तेन दशग्रीवेण रक्षसा ॥ २२
सुखमापुर्मुहूर्तं ते ह्यतर्कितमचिन्तितम् । प्रेतेषु मुच्यमानेषु राक्षसेन महीयसा ॥ २३
प्रेतगोपाः सुसंक्रुद्धा राक्षसेन्द्रमभिद्रवन् । ततो हलहलाशब्दः सर्वदिग्भ्यः समुत्थितः ।
धर्मराजस्य योधानां शूराणां संप्रधावताम् ॥ २४
ते प्रासैः परिघैः शूलैर्मुसलैः शक्तितोमरैः । पुष्पकं समधर्षन्त शूराः शतसहस्रशः ॥ २५
तस्यासनानि प्रासादान्वेदिकास्तोरणानि च । पुष्पकस्य बभञ्जुस्ते शीघ्रं मधुकरा इव ॥ २६
देवनिष्ठानभूतं तद्विमानं पुष्पकं मृधे । भज्यमानं तथैवासीदक्षयं ब्रह्मतेजसा ॥ २७
असंख्यासु महत्यासीत्तस्य सेना महात्मनः । शूराणामग्रयातॄणां सहस्राणि शतानि च ॥ २८
ततो वृक्षैश्च शैलैश्च प्रासादानां शतैस्तथा । ततस्ते सचिवास्तस्य यथाकामं यथाबलम् ॥ २९
अयुध्यन्त महावीराः स च राजा दशाननः । ते तु शोणितदिग्धाङ्गाः सर्वशस्त्रसमाहताः ॥ ३०

एवमिति ॥ १ ॥ अग्निः पुरस्कृतः सर्वसाक्षितया येन तम् । यस्य प्राणिनो यादृशं विधानं पुण्यपापरूपं कर्म तादृशमनुतिष्ठन्तं तत्तदनुगुणफलं प्रयच्छन्तम् । यद्वा यस्य यादृशं कर्म तस्य तादृशं विधानं निग्रहानुग्रहरूपं कृत्यमनुतिष्ठन्तमित्यर्थः ॥ २ ॥ ३ ॥ कच्चित्क्षेममित्यादि । लोके इति शेषः ॥ ४ ॥ विधानं च । मत्तः श्रुताया आपदः प्रतिक्रियां चेत्यर्थः ॥ ५ ॥ ६ ॥ दण्डः कालदण्डः प्रहरणं यस्य तव किं नु भविष्यति । जयः पराजयो वेत्यर्थः ॥ ७ ॥ विमानशब्दः पुंलिङ्गोऽपि ॥ ८ ॥ ९ ॥ १० ॥ ११ ॥ तीव्रनिष्टनो दुःखितशब्दस्तत्परान् ॥ १२ ॥ १३ ॥ संतार्यमाणान्वैतरणीमित्यक्षराधिक्यमार्षम् ॥ १४ ॥ १५ ॥ १६ ॥ १७ ॥ १८ ॥ गृहदातारो गृहदातॄन् । अश्नत उपभुञ्जानान् ॥ १९ ॥ २० ॥ भिद्यमानान्पीड्यमानान् । 'वध्यमानान्' इति पाठान्तरम् ॥ २१ ॥ २२ ॥ अचिन्तितमित्यतर्कितमित्यस्यैव विवरणम् ॥ २३ ॥ प्रेतगोपाः प्रेतरक्षकाः ॥ २४ ॥ २५ ॥ २६ ॥ देवनिष्ठानभूतं देवाधिष्ठानभूतं भज्यमानमपि तथैवासीदभग्नमासीत् ॥ २७ ॥ तस्य यमस्य ॥ २८ ॥ २९

अमात्या राक्षसेन्द्रस्य चक्रुरायोधनं महत् । अन्योन्यं ते महाभागा जघ्नुः प्रहरणैर्भृशम् ॥ ३१
यमस्य च महाबाहो रावणस्य च मन्त्रिणः । अमात्यांस्तांस्तु संत्यज्य यमयोधा महाबलाः ॥ ३२
तमेव चाभ्यधावन्त शूलवर्षैर्दशाननम् । ततः शोणितदिग्धाङ्गः प्रहारैर्जर्जरीकृतः ।
फुल्लाशोक इवाभाति पुष्पके राक्षसाधिपः ॥ ३३
स तु शूलगदाप्रासाञ्छक्तितोमरसायकान् । मुमोच च शिलावृक्षान्मुमोचास्त्रबलाद्बली ॥ ३४
तरूणां च शिलानां च शस्त्राणां चातिदारुणम् । यमसैन्येषु तद्वर्षं पपात धरणीतले ॥ ३५
तांस्तु सर्वान्विनिर्भिद्य तदस्त्रमपहत्य च । जघ्नुस्ते राक्षसं घोरमेकं शतसहस्रशः ॥ ३६
परिवार्य च तं सर्वे शैलं मेघोत्करा इव । भिन्दिपालैश्च शूलैश्च निरुच्छ्वासमपोथयन् ॥ ३७
विमुक्तकवचः क्रुद्धः सिक्तः शोणितविस्रवैः । ततः स पुष्पकं त्यक्त्वा पृथिव्यामवतिष्ठत ॥ ३८
ततः स कार्मुकी बाणी समरे चाभिवर्धत । लब्धसंज्ञो मुहूर्तेन क्रुद्धस्तस्थौ यथान्तकः ॥ ३९
ततः पाशुपतं दिव्यमस्त्रं संधाय कार्मुके । तिष्ठ तिष्ठेति तानुक्त्वा तच्चापं व्यपकर्षत ॥ ४०
आ कर्णात्स विकृष्याथ चापमिन्द्रारिराहवे । मुमोच तं शरं क्रुद्धस्त्रिपुरे शंकरो यथा ॥ ४१
तस्य रूपं शरस्यासीत्सधूमज्वालमण्डलम् । वनं दहिष्यतो घर्मे दावाग्नेरिव मूर्च्छतः ॥ ४२
ज्वालामाली स तु शरः क्रव्यादानुगतो रणे । मुक्तो गुल्मान्द्रुमांश्चापि भस्म कृत्वा प्रधावति ॥ ४३
ते तस्य तेजसा दग्धाः सैन्या वैवस्वतस्य तु । बले तस्मिन्निपतिता माहेन्द्रा इव केतवः ॥ ४४
ततस्तु सचिवैः सार्धं राक्षसो भीमविक्रमः । ननाद सुमहानादं कम्पयन्निव मेदिनीम् ॥ ४५

इत्यार्षे श्रीमद्रामायणे वाल्मीकीय आदिकाव्य उत्तरकाण्ड एकविंशः सर्गः ॥ २१ ॥

द्वाविंशः सर्गः ।

स तस्य तु महानादं श्रुत्वा वैवस्वतः प्रभुः । शत्रुं विजयिनं मेने स्वबलस्य च संक्षयम् ॥ १
स हि योधान्हतान्मत्वा क्रोधसंरक्तलोचनः । अब्रवीत्त्वरितः सूतं रथो मे उपनीयताम् ॥ २
तस्य सूतस्तदा दिव्यमुपस्थाप्य महारथम् । स्थितः स च महातेजा अध्यरोहत तं रथम् ॥ ३
प्रासमुद्गरहस्तश्च मृत्युस्तस्याग्रतः स्थितः । येन संक्षिप्यते सर्वं त्रैलोक्यमिदमव्ययम् ॥ ४
कालदण्डस्तु पार्श्वस्थो मूर्तिमानस्य चाभवत् । यमप्रहरणं दिव्यं तेजसा ज्वलदग्निवत् ॥ ५
ततो लोकत्रयं क्षुब्धमकम्पन्त दिवौकसः । कालं दृष्ट्वा तथा क्रुद्धं सर्वलोकभयावहम् ॥ ६
ततस्त्वचोदयत्सूतस्तानश्वान्रुचिरप्रभान् । प्रययौ भीमसंनादो यत्र तत्प्रस्तुतं रणम् ॥ ७
मुहूर्तेन यमं ते तु हया हरिहयोपमाः । प्रापयन्मनसस्तुल्या यत्र तत्प्रस्तुतं रणम् ॥ ८
दृष्ट्वा तथैव विकृतं रथं मृत्युसमन्वितम् । सचिवा राक्षसेन्द्रस्य सहसा विप्रदुद्रुवुः ॥ ९
लघुसत्त्वतया ते हि नष्टसंज्ञा भयार्दिताः । नेह योद्धुं समर्थाः स्म इत्युक्त्वा प्रययुर्दिशः ॥ १०
स तु तं तादृशं दृष्ट्वा रथं लोकभयावहम् । नाक्षुभ्यत दशग्रीवो न चापि भयमाविशत् ॥ ११
स तु रावणमासाद्य व्यसृजच्छक्तितोमरान् । यमो मर्माणि संक्रुद्धो रावणस्य न्यकृन्तत ॥ १२
रावणस्तु ततः स्वस्थः शरवर्षं मुमोच ह । तस्मिन्वैवस्वतरथे तोयवर्षमिवाम्बुदः ॥ १३
ततो महाशक्तिशतैः पात्यमानैर्महोरसि । नाशक्नोत्प्रतिकर्तुं स राक्षसः शल्यपीडितः ॥ १४

॥ ३० ॥ आयोधनं युद्धम् ॥ ३१ ॥ ३२ ॥ ३३ ॥ स रावणोऽस्त्रबलादस्त्रसामर्थ्याच्छूलादीन्मुमोच ॥ ३४ ॥ तद्वर्षं रावणविसृष्टशस्त्रवर्षं यमसैन्येषु पतित्वा धरणीतले पपात ॥ ३५ ॥ ताञ्शूलगदाप्रासादीन्निर्भिद्य भङ्क्त्वा । तदस्त्रं रावणप्रयुक्तं शस्त्रवर्षकरमस्त्रमपहृत्य निरस्य ॥ ३६ ॥ निरुच्छ्वासं यथा भवति तथा रावणं शस्त्रैरपोथयन् ॥ ३७ ॥ ३८ ॥ ३९ ॥ ४० ॥ ४१ ॥ ४२ ॥ ४३ ॥ ४४ ॥ ४५ ॥

इति श्रीरामाभिरामे श्रीरामीये रामायणतिलके वाल्मीकीय आदिकाव्य उत्तरकाण्ड एकविंशः सर्गः ॥ २१ ॥

स तस्येति ॥ १ ॥ उपनीयतामित्यब्रवीदित्यन्वयः ॥ २ ॥ ३ ॥ तस्य यमस्य । येन मृत्युना युगान्ते सर्वं जगत्संक्षिप्यते । संह्रियत इत्यर्थः । अव्ययं प्रवाहनित्यम् ॥ ४ ॥ ५ ॥ ६ ॥ ७ ॥ मनसस्तुल्या मनःसमानवेगाः । प्रस्तुतं प्रारब्धम् ॥ ८ ॥ विकृतं घोरं विकृतसंनाहं च ॥ ९ ॥ लघु-

एवं नानाप्रहरणैर्यमेनामित्रकर्षिणा । सप्तरात्रं कृतः संख्ये विसंज्ञो विमुखो रिपुः ॥ १५
तदासीत्तुमुलं युद्धं यमराक्षसयोर्द्वयोः । जयमाकाङ्क्षतोर्वीर समरेऽप्यनिवर्तिनोः ॥ १६
ततो देवाः सगन्धर्वाः सिद्धाश्च परमर्षयः । प्रजापतिं पुरस्कृत्य समेतास्तद्रणाजिरे ॥ १७
संवर्त इव लोकानां युध्यतोरभवत्तदा । राक्षसानां च मुख्यस्य प्रेतानामीश्वरस्य च ॥ १८
राक्षसेन्द्रोऽपि विस्फार्य चापमिन्द्राशनिप्रभम् । निरन्तरमिवाकाशं कुर्वन्बाणांस्ततोऽसृजत् ॥ १९
मृत्युं चतुर्भिर्विशिखैः सूतं सप्तभिरार्दयत् । यमं शतसहस्रेण शीघ्रं मर्मस्वताडयत् ॥ २०
ततः क्रुद्धस्य वदनाद्यमस्य समजायत । ज्वालामाली सनिःश्वासः सधूमः कोपपावकः ॥ २१
तदाश्चर्यमथो दृष्ट्वा देवदानवसंनिधौ । प्रहर्षितौ सुसंरब्धौ मृत्युकालौ बभूवतुः ॥ २२
ततो मृत्युः क्रुद्धतरो वैवस्वतमभाषत । मुञ्च मां समरे यावद्धन्मीमं पापराक्षसम् ॥ २३
नैषा रक्षो भवेदद्य मर्यादा हि निसर्गतः । हिरण्यकशिपुः श्रीमान्नमुचिः शम्बरस्तथा ॥ २४
निसन्दिर्धूमकेतुश्च बलिर्वैरोचनोऽपि च । शंभुर्दैत्यो महाराजो वृत्रो बाणस्तथैव च ॥ २५
राजर्षयः शास्त्रविदो गन्धर्वाः समहोरगाः । ऋषयः पन्नगा दैत्या यक्षाश्च ह्यप्सरोगणाः ॥ २६
युगान्तपरिवर्ते च पृथिवी समहार्णवा । क्षयं नीता महाराज सपर्वतसरिद्द्रुमा ॥ २७
एते चान्ये च बहवो बलवन्तो दुरासदाः । विनिपन्ना मया दृष्टाः किमुतायं निशाचरः ॥ २८
मुञ्च मां साधु धर्मज्ञ यावदेनं निहन्म्यहम् । नहि कश्चिन्मया दृष्टो बलवानपि जीवति ॥ २९
बलं मम न खल्वेतन्मर्यादैषा निसर्गतः । स दृष्टो न मया काल मुहूर्तमपि जीवति ॥ ३०
तस्यैवं वचनं श्रुत्वा धर्मराजः प्रतापवान् । अब्रवीत्तत्र तं मृत्युं त्वं तिष्ठैनं निहन्म्यहम् ॥ ३१
ततः संरक्तनयनः क्रुद्धो वैवस्वतः प्रभुः । कालदण्डममोघं तु तोलयामास पाणिना ॥ ३२
यस्य पार्श्वेषु निहिताः कालपाशाः प्रतिष्ठिताः । पावकाशनिसंकाशो मुद्गरो मूर्तिमान्स्थितः ॥ ३३
दर्शनादेव यः प्राणान्प्राणिनामपि कर्षति । किं पुनः स्पृशमानस्य पात्यमानस्य वा पुनः ॥ ३४
स ज्वालापरिवारस्तु निर्दहन्निव राक्षसम् । तेन स्पृष्टो बलवता महाप्रहरणोऽस्फुरत् ॥ ३५
ततो विदुद्रुवुः सर्वे तस्मात्त्रस्ता रणाजिरे । सुराश्च क्षुभिताः सर्वे दृष्ट्वा दण्डोद्यतं यमम् ॥ ३६
तस्मिन्प्रहर्तुकामे तु यमे दण्डेन रावणम् । यमं पितामहः साक्षाद्दर्शयित्वेदमब्रवीत् ॥ ३७
वैवस्वत महाबाहो न खल्वमितविक्रम । न हन्तव्यस्त्वयैतेन दण्डेनैष निशाचरः ॥ ३८
वरः खलु मयैतस्मै दत्तस्त्रिदशपुंगव । स त्वया नानृतः कार्यो यन्मया व्याहृतं वचः ॥ ३९
यो हि मामनृतं कुर्याद्देवो वा मानुषोऽपि वा । त्रैलोक्यमनृतं तेन कृतं स्यान्नात्र संशयः ॥ ४०
कुद्धेन विप्रमुक्तोऽयं निर्विशेषं प्रियाप्रिये । प्रजाः संहरते रौद्रो लोकत्रयभयावहः ॥ ४१

सत्त्वतयाल्पबलतया ॥ १० ॥ ११ ॥ १२ ॥ १३ ॥ १४ ॥ सप्तरात्रम् । युद्धं कृत्वेति शेषः ॥ १५ ॥ १६ ॥ समेताः प्राप्ताः ॥ १७ ॥ १८ ॥ १९ ॥ २० ॥ ततः क्रुद्धस्येत्यनेनैतावत्पर्यन्तं भगवान्यमो ब्रह्मवरदानं स्मृत्वा मारणबुद्धिं विहाय युद्धमात्रं कृतवानिति सूचितम् ॥ २१ ॥ प्रहर्षितौ । युद्धायेति शेषः । सुसंरब्धावतिक्रुद्धौ ॥ २२ ॥ मुञ्च । आज्ञापयेत्यर्थः ॥ २३ ॥ निसर्गतः स्वभावसिद्धा ह्येषा दृष्टा । मयैतद्रक्षो न भवेन्न जीवेदित्येवंरूपा मर्यादा ममेत्यर्थः । तदेवाह—हिरण्येति ॥ २४ ॥ शंभुः कुशध्वजब्रह्मर्षिहन्ता दैत्यः ॥ २५ ॥ २६ ॥ २७ ॥ विनिपन्ना विनिपातं विनाशं प्राप्ताः । दृष्टा दृष्टमात्रा एव ॥ २८ ॥ यावन्निहन्मि । हनिष्यामीत्यर्थः ॥ २९ ॥ एतन्मया दृष्टो मुहूर्तमपि न जीवतीति मम वचनं बलं बलप्रकाशनमात्रपरं न खलु । यतो निसर्गतोऽनादिसृष्टिस्वभावेनैषा मम दृष्टिरेव प्राणिनां जीवितस्य मर्यादा । यदेवमतः—स दृष्ट इति । संहारचक्षुषा दृष्ट इत्यर्थः ॥ ३० ॥ तं मृत्युम् । एनमयमहं निहन्मीत्यन्वयः ॥ ३१ ॥ ३२ ॥ मूर्तिमान्स्थितः । यस्य पार्श्वे इत्यनुषङ्गः ॥ ३३ ॥ ३४ ॥ ३५ ॥ तस्मात्कालदण्डात्त्रस्तास्तत्र रणाजिरे वर्तमानाः सर्वे प्राणिनो विदुद्रुवुः । दण्डोद्यतमुद्यतदण्डम् ॥ ३६ ॥ पितामहो यमं साक्षाद्दर्शयित्वा स्वदिव्यमूर्त्या प्रत्यक्षो भूत्वा ॥ ३७ ॥ नञ्द्वयेन न हन्तव्यो न हन्तव्य इत्यावृत्तिः ॥ ३८ ॥ वरो देवगणावध्यस्वरूपः ॥ ३९ ॥ अनृतमनृतवचनं कुर्यात् । मदाज्ञामुल्लङ्घ्येति शेषः । त्रैलोक्यमिति । सर्वसमष्टित्वान्ममेति भावः ॥ ४० ॥ ननु त्वद्दत्तवरतया तव प्रियो यदि रावणस्तर्हि मुक्तोऽपि कालदण्डः किं कुर्यात्तत्राह—क्रुद्धेनेति । प्रियाप्रिये । समाहारद्वन्द्वः । मत्प्रियाप्रियप्राणिविषये क्रुद्धेन त्वयायं विप्रमुक्तः स्वविषयभूतास्ताः सर्वाः प्रजा निर्विशेषं

अमोघो ह्येष सर्वेषां प्राणिनाममितप्रभः । कालदण्डो मया सृष्टः सर्वमृत्युपुरस्कृतः ॥ ४२
तन्न खल्वेष ते सौम्य पात्यो रावणमूर्धनि । नह्यस्मिन्पतिते कश्चिन्मुहूर्तमपि जीवति ॥ ४३
यदि ह्यस्मिन्निपतिते न म्रियेतैष राक्षसः । म्रियते वा दशग्रीवस्तदाप्युभयतोऽनृतम् ॥ ४४
तन्निवर्तय लङ्केशाद्दण्डमेतं समुद्यतम् । सत्यं च मां कुरुष्वाद्य लोकांस्त्वं यद्यवेक्षसे ॥ ४५
एवमुक्तस्तु धर्मात्मा प्रत्युवाच यमस्तदा । एष व्यावर्तितो दण्डः प्रभविष्णुर्हि नो भवान् ॥ ४६
किं त्विदानीं मया शक्यं कर्तुं रणगतेन हि । न मया यद्ययं शक्यो हन्तुं वरपुरस्कृतः ॥ ४७
एष तस्मात्प्रणश्यामि दर्शनादस्य रक्षसः । इत्युक्त्वा सरथः साश्वस्तत्रैवान्तरधीयत ॥ ४८
दशग्रीवस्तु तं जित्वा नाम विश्राव्य चात्मनः । आरुह्य पुष्पकं भूयो निष्क्रान्तो यमसादनात् ॥ ४९
स तु वैवस्वतो देवैः सह ब्रह्मपुरोगमैः । जगाम त्रिदिवं हृष्टो नारदश्च महामुनिः ॥ ५०

इत्यार्षे श्रीमद्रामायणे वाल्मीकीय आदिकाव्य उत्तरकाण्डे द्वाविंशः सर्गः ॥ २२ ॥

त्रयोविंशः सर्गः ।

ततो जित्वा दशग्रीवो यमं त्रिदशपुंगवम् । रावणस्तु रणश्लाघी स्वसहायान्ददर्श ह ॥ १
ततो रुधिरसिक्ताङ्गं प्रहारैर्जर्जरीकृतम् । रावणं राक्षसा दृष्ट्वा विस्मयं समुपागमन् ॥ २
जयेन वर्धयित्वा च मारीचप्रमुखास्ततः । पुष्पकं भेजिरे सर्वे सान्त्विता रावणेन तु ॥ ३
ततो रसातलं रक्षः प्रविष्टः पयसां निधिम् । दैत्योरगगणाध्युष्टं वरुणेन सुरक्षितम् ॥ ४
स तु भोगवतीं गत्वा पुरीं वासुकिपालिताम् । कृत्वा नागान्वशे हृष्टो ययौ मणिमयीं पुरीम् ॥ ५
निवातकवचास्तत्र दैत्या लब्धवरावसन् । राक्षसस्तान्समागम्य युद्धाय समुपाह्वयत् ॥ ६
ते तु सर्वे सुविक्रान्ता दैतेया बलशालिनः । नानाप्रहरणास्तत्र प्रहृष्टा युद्धदुर्मदाः ॥ ७
शूलैस्त्रिशूलैः कुलिशैः पट्टिशासिपरश्वधैः । अन्योन्यं बिभिदुः क्रुद्धा राक्षसा दानवास्तथा ॥ ८
तेषां तु युध्यमानानां साग्रः संवत्सरो गतः । न चान्यतरतस्तत्र विजयो वा क्षयोऽपि वा ॥ ९
ततः पितामहस्तत्र त्रैलोक्यगतिरव्ययः । आजगाम द्रुतं देवो विमानवरमास्थितः ॥ १०
निवातकवचानां तु निवार्य रणकर्म तत् । वृद्धः पितामहो वाक्यमुवाच विदितार्थवत् ॥ ११
नह्ययं रावणो युद्धे शक्यो जेतुं सुरासुरैः । न भवन्तः क्षयं नेतुमपि सामरदानवैः ॥ १२
राक्षसस्य सखित्वं च भवद्भिः सह रोचते । अविभक्ताश्च सर्वार्थाः सुहृदां नात्र संशयः ॥ १३
ततोऽग्निसाक्षिकं सख्यं कृतवांस्तत्र रावणः । निवातकवचैः सार्धं प्रीतिमानभवत्तदा ॥ १४
अर्चितस्तैर्यथान्यायं संवत्सरमथोषितः । स्वपुरान्निर्विशेषं च प्रियं प्राप्तो दशाननः ॥ १५
तत्रोपधार्य मायानां शतमेकं समाप्तवान् । सलिलेन्द्रपुरान्वेषी भ्रमति स्म रसातलम् ॥ १६

यथा भवति तथा संहरत एव ॥ ४१ ॥ सर्वेषां प्राणिनां ब्रह्मसृष्टप्राणिमात्रस्य विनिपातन इत्यर्थः । सर्वमृत्युपुरस्कृतः । तत्पुरुषो बहुव्रीहिश्च ॥ ४२ ॥ ४३ ॥ उभयत इति । दण्डपातेऽपि रावणजीवने दण्डस्यानृतत्वं रक्षोमरणे मदुक्तवरवचनस्यानृतत्वमित्यर्थः ॥ ४४ ॥ ४५ ॥ प्रभविष्णुः स्वामी ॥ ४६ ॥ यतो मया हन्तुं न शक्यस्तस्मादिदानीं मया किं न कर्तुं शक्यं योग्यम् । इति संचिन्त्येति शेषः ॥ ४७ ॥ अस्य रक्षसो दर्शनाच्चक्षुष्पथात्प्रणश्याम्यन्तर्हितो भविष्यामीत्युक्त्वा । ब्रह्माणमिति शेषः ॥ ४८ ॥ तं जित्वा । भगवत्कृपयेति शेषः ॥ ४९ ॥ हृष्टः । ब्रह्मणः सत्यपरिपालनं संवृत्तमिति यमादीनां हर्षः ॥ ५० ॥ इति श्रीरामाभिरामे श्रीरामीये रामायणतिलके वाल्मीकीय आदिकाव्य उत्तरकाण्डे द्वाविंशः सर्गः ॥ २२ ॥

तत इति ॥ १ ॥ विस्मयमिति । यमादपि मुक्त इति विस्मयः ॥ २ ॥ ३ ॥ रसातलं जिगमिषुः पयसां निधिं प्रविष्टः । मार्गवशादिति शेषः । अध्युष्टमध्युषितम् ॥ ४ ॥ भोगवती समुद्रादधः पाताललोकवर्तिनी नागानां पुरी । तस्यां नागान्वशे कृत्वा स्वीयत्वेन स्थापयित्वा ॥ ५ ॥ वसन्नित्यडभाव आर्षः । लब्धवराः । ब्रह्मणः सकाशादिति भावः । अत एवाग्रे भगवता तैः सह रावणस्य सख्यकारणम् ॥ ६ ॥ ७ ॥ ८ ॥ ९ ॥ १० ॥ वृद्धोऽनादिवृद्धः । सर्वदेवासुरकूटस्थ इत्यर्थः । विदितार्थवत्सुस्पष्टावगताभिधेयम् ॥ ११ ॥ १२ ॥ रोचते । कर्तव्यत्वेन ममेति शेषः । सख्यफलमाह—अविभक्ताश्चेति । सर्वार्था धनधान्यादिसमस्तभोगोपकरणपदार्था जयाजयाद्यभिमानाश्च सुहृदामविभक्ताः साधारणभूताः ॥ १३ ॥ ततो भगवद्वचनानन्तरम् ॥ १४ ॥ १५ ॥ उपधार्य सखित्वे-

ततोऽश्मनगरं नाम कालकेयैरधिष्ठितम् । गत्वा तु कालकेयांश्च हत्वा तत्र बलोत्कटान् ॥ १७
शूर्पणख्याश्च भर्तारमसिना प्राच्छिनत्तदा । श्यालं च बलवन्तं च विद्युज्जिह्वं बलोत्कटम् ॥ १८
जिह्वया संलिहन्तं च राक्षसं समरे तदा । तं विजित्य मुहूर्तेन जघ्ने दैत्यांश्चतुःशतम् ॥ १९
ततः पाण्डुरमेघाभं कैलासमिव भास्वरम् । वरुणस्यालयं दिव्यमपश्यद्राक्षसाधिपः ॥ २०
क्षरन्तीं च पयस्तत्र सुरभिं गामवस्थिताम् । यस्याः पयोभिनिष्पन्दात्क्षीरोदो नाम सागरः ॥ २१
ददर्श रावणस्तत्र गोवृषेन्द्रवरारणिम् । यस्माच्चन्द्रः प्रभवति शीतरश्मिर्निशाकरः ॥ २२
यं समाश्रित्य जीवन्ति फेनपाः परमर्षयः । अमृतं यत्र चोत्पन्नं स्वधा च स्वधभोजिनाम् ॥ २३
यां ब्रुवन्ति नरा लोके सुरभिं नाम नामतः । प्रदक्षिणं तु तां कृत्वा रावणः परमाद्भुताम् ।
प्रविवेश महाघोरं गुप्तं बहुविधैर्बलैः ॥ २४
ततो धाराशताकीर्णं शारदाभ्रनिभं तदा । नित्यप्रहृष्टं ददृशे वरुणस्य गृहोत्तमम् ॥ २५
ततो हत्वा बलाध्यक्षान्समरे तैश्च ताडितः । अब्रवीच्च ततो योधान्राजा शीघ्रं निवेद्यताम् ॥ २६
युद्धार्थी रावणः प्राप्तस्तस्य युद्धं प्रदीयताम् । वद वा न भयं तेऽस्ति निर्जितोऽस्मीति साञ्जलिः २७
एतस्मिन्नन्तरे क्रुद्धा वरुणस्य महात्मनः । पुत्राः पौत्राश्च निष्क्रामन्गौश्च पुष्कर एव च ॥ २८
ते तु तत्र गुणोपेता बलैः परिवृताः स्वकैः । युक्त्वा रथान्कामगमानुद्यद्भास्करवर्चसः ॥ २९
ततो युद्धं समभवद्दारुणं रोमहर्षणम् । सलिलेन्द्रस्य पुत्राणां रावणस्य च धीमतः ॥ ३०
अमात्यैश्च महावीर्यैर्दशग्रीवस्य राक्षसः । वारुणं तद्बलं सर्वं क्षणेन विनिपातितम् ॥ ३१
समीक्ष्य स्वबलं संख्ये वरुणस्य सुतास्तदा । अर्दिताः शरजालेन निवृत्ता रणकर्मणः ॥ ३२
महीतलगतास्ते तु रावणं दृश्य पुष्पके । आकाशमाशु विविशुः स्यन्दनैः शीघ्रगामिभिः ॥ ३३
महदासीत्ततस्तेषां तुल्यं स्थानमवाप्य तत् । आकाशयुद्धं तुमुलं देवदानवयोरिव ॥ ३४
ततस्ते रावणं युद्धे शरैः पावकसंनिभैः । विमुखीकृत्य संहृष्टा विनेदुर्विविधान्रवान् ॥ ३५
ततो महोदरः क्रुद्धो राजानं वीक्ष्य धर्षितम् । त्यक्त्वा मृत्युभयं क्रुद्धो युद्धाकाङ्क्षी व्यलोकयत् ३६
तेन ते वारुणा युद्धे कामगाः पवनोपमाः । महोदरेण गदया हतास्ते प्रययुः क्षितिम् ॥ ३७
तेषां वरुणसूनूनां हत्वा योधान्हयांश्च तान् । मुमोचाशु महानादं विरथान्प्रेक्ष्य तान्स्थितान् ॥ ३८
ते तु तेषां रथाः साश्वाः सह सारथिभिर्वरैः । महोदरेण निहताः पतिताः पृथिवीतले ॥ ३९
ते तु त्यक्त्वा रथान्पुत्रा वरुणस्य महात्मनः । आकाशे विष्ठिताः शूराः स्वप्रभावान्न विव्यथुः ॥ ४०
धनूंषि कृत्वा सज्जानि विनिर्भिद्य महोदरम् । रावणं समरे क्रुद्धाः सहिताः समवारयन् ॥ ४१
सायकैश्चापविभ्रष्टैर्वज्रकल्पैः सुदारुणैः । दारयन्ति स्म संक्रुद्धा मेघा इव महागिरिम् ॥ ४२
ततः क्रुद्धो दशग्रीवः कालाग्निरिव मूर्च्छितः । शरवर्षं महाघोरं तेषां मर्मस्वपातयत् ॥ ४३

नानुसृत्य । समाप्तवान्प्राप्तवान् ॥ १६ ॥ १७ ॥ श्यालत्वादिगुणकमपि विद्युज्जिह्वमच्छिनत् । श्यालोऽत्र भगिनीपतिः ॥ १८ ॥ नृशंसत्वाद्रावणीयान्राक्षसाञ्जिह्वया संलिहन्तमास्वादयन्तम् । भक्षयन्तमिति यावत् ॥ १९ ॥ २० ॥ तत्र वरुणालये स्थितां सुरभिं गां चापश्यदित्यनुकर्षः । सागर इति । समभवदिति शेषः ॥ २१ ॥ गोवृषेन्द्रो महावृषस्तस्य वरारणिं साक्षान्मातरम् । यस्माच्चन्द्र इति । यदुत्पादितक्षीरसमुद्रादित्यर्थः ॥ २२ ॥ यं क्षीरसमुद्रम् । स्वधभोजिनामित्यार्षो ह्रस्वः । स्वधाभोजिनां पितॄणाम् । स्वधा पितृभक्ष्यं कव्यम् । देवानाममृतवत् ॥ २३ ॥ २४ ॥ धाराशतैर्जलधाराशतैराकीर्णं व्याप्तम् । प्रहृष्टं प्रहृष्टजनम् ॥ २५ ॥ तैर्वरुणबलाध्यक्षैस्ताडितस्तांश्च समरे हत्वाब्रवीच्च ॥ २६ ॥ युद्धं वा दीयतां साञ्जलिर्निर्जितोऽस्मीति वा वद । एवं चेत्ते भयं नास्तीति रावणोऽब्रवीदिति वो राजा निवेद्यतामित्यन्वयः ॥ २७ ॥ गौश्च पुष्करश्च पुत्राणां पौत्राणां च बलाध्यक्षौ ॥ २८ ॥ २९ ॥ वरुणपुत्राणां रावणस्य च रोमहर्षणं युद्धं समभवदित्यन्वयः ॥ ३० ॥ रावणामात्यैश्च वारुणं बलं सर्वं पातितम् ॥ ३१ ॥ वरुणस्य सुताः प्रथमं महीतलगता एव रावणेन युद्धमकुर्वन् । तत्र रावणामात्यैराकाशस्थैर्निपातितं स्वबलं दृष्ट्वा तादृशयुद्धस्याननुरूपतां विचार्य युद्धान्निवृत्ता महीं त्यक्त्वा स्वयमप्याकाशमेव गता इत्यर्थः ॥ ३२ ॥ ३३ ॥ तुल्यं स्थानमाकाशलक्षणम् । आकाशे युद्धमाकाशयुद्धम् ॥ ३४ ॥ ३५ ॥ ३६ ॥ ३७ ॥ ३८ ॥ ३९ ॥ आकाशे विष्ठिताः सहजदेवतात्वप्रयुक्तवैभवेनाकाश एव स्थिता न विव्यथुश्च व्यथिताश्च नाभवन् ॥ ४० ॥ ४१ ॥ ४२ ॥ ४३

मुसलानि विचित्राणि ततो भल्लशतानि च । पट्टिशांश्चैव शक्तीश्च शतघ्नीर्महतीरपि ।
पातयामास दुर्धर्षस्तेषामुपरि विष्ठितः ॥ ४४
ततस्तेनैव सहसा सीदन्ति स पदातिनः । महापङ्कमिवासाद्य कुञ्जराः षष्टिहायनाः ॥ ४५
संग्रामान्सुतान्दृष्ट्वा विह्वलान्स महाबलः । ननाद रावणो हर्षान्महानम्बुधरो यथा ॥ ४६
ततो रक्षो महानादान्मुक्त्वा हन्ति स वारुणान् । नानाप्रहरणोपेतैर्धारापातैरिवाम्बुदः ॥ ४७
ततस्ते विमुखाः सर्वे पतिता धरणीतले । रणात्स्वपुरुषैः शीघ्रं गृहाण्येव प्रवेशिताः ॥ ४८
तानब्रवीत्ततो रक्षो वरुणाय निवेद्यताम् । रावणं त्वब्रवीन्मन्त्री प्रहासो नाम वारुणः ॥ ४९
गतः खलु महाराजो ब्रह्मलोकं जलेश्वरः । गान्धर्वं वरुणः श्रोतुं यं त्वमाह्वयसे युधि ॥ ५०
तत्किं तव यथा वीर परिश्रम्य गते नृपे । ये तु संनिहिता वीराः कुमारास्ते पराजिताः ॥ ५१
राक्षसेन्द्रस्तु तच्छ्रुत्वा नाम विश्राव्य चात्मनः । हर्षान्नादं विमुञ्चन्वै निष्क्रान्तो वरुणालयात् ॥ ५२
आगतस्तु पथा येन तेनैव विनिवृत्य सः । लङ्कामभिमुखो रक्षो नभस्तलगतो ययौ ॥ ५३

इत्यार्षे श्रीमद्रामायणे वाल्मीकीय आदिकाव्य उत्तरकाण्डे त्रयोविंशः सर्गः ॥ २३ ॥

॥ ४४ ॥ तेनैव रावणप्रयुक्तशरवर्षेण । षष्टिहायनाः षष्टिवर्षाः ॥ ४५ ॥ सुतान्वरुणस्येति ॥ ४६ ॥ वारुणान्वरुणपुत्रान् ॥ ४७ ॥ ॥ ४८ ॥ वारुणो वरुणस्यायम् ॥ ४९ ॥ ॥ ५० ॥ तत्तस्माद्धे वीर, नृपे तथागते इह वृथा परिश्रम्य तव किम्, न किमपि ॥ ५१ ॥ ५२ ॥ ५३ ॥ इति श्रीरामाभिरामे श्रीरामीये रामायणतिलके वाल्मीकीय आदिकाव्ये उत्तरकाण्डे त्रयोविंशः सर्गः ॥ २३ ॥

१. इत उत्तरं पञ्च सर्गाः प्रक्षिप्ताः क्वचिद्दृश्यन्ते—

ततोऽश्मनगरं भूयो विचेरुर्युद्धदुर्मदाः । यत्रापश्यद्दशग्रीवो गृहं परमभास्वरम् ॥ १
वैदूर्यतोरणाकीर्णं मुक्ताजालविभूषितम् । सुवर्णस्तम्भगहनं वेदिकाभिः समन्ततः ॥ २
वज्रस्फटिकसोपानं किङ्किणीजालसंवृतम् । बह्वासनयुतं रम्यं महेन्द्रभवनोपमम् ॥ ३
दृष्ट्वा गृहवरं रम्यं दशग्रीवः प्रतापवान् । कस्येदं भवनं रम्यं मेरुमन्दरसंनिभम् ॥ ४
गच्छ प्रहस्त शीघ्रं त्वं जानीष्व भवनोत्तमम् । एवमुक्तः प्रहस्तस्तु प्रविवेश गृहोत्तमम् ॥ ५
निःशून्यं प्रैक्षत वरं पुनः कक्ष्यान्तरे ययौ । सप्तकक्ष्यान्तरं गत्वा ततो ज्वालामपश्यत ॥ ६
ततो दृष्टः पुमांस्तत्र हृष्टो हासं मुमोच सः । श्रुत्वा स तु महाहासमूर्ध्वरोमाभवत्तदा ॥ ७
ज्वालामध्ये स्थितस्तत्र हेममाली विमोहितः । आदित्य इव दुष्प्रेक्ष्यः साक्षादिव यमः स्थितः ॥ ८
तथा दृष्ट्वा तु वृत्तान्तं त्वरमाणो विनिर्गतः । विनिर्गम्याब्रवीत्सर्वं रावणाय निशाचरः ॥ ९
अथ राम दशग्रीवः पुष्पकादवरुह्य सः । प्रवेष्टुमिच्छन्वेश्माथ भिन्नाञ्जनचयोपमः ॥ १०
चन्द्रमौलिर्वपुष्मांश्च पुरुषोऽस्याग्रतः स्थितः । द्वारमावृत्य सहसा ज्वालाजिह्वो भयानकः ॥ ११
रक्ताक्षश्चारुदशनो बिम्बोष्ठश्चारुदर्शनः । महाभीषणनासश्च कम्बुग्रीवो महाहनुः ॥ १२
दृढश्मश्रुर्निगूढास्थिर्दंष्ट्रालो लोमहर्षणः । गृहीत्वा लोहमुसलं द्वारं विष्टभ्य तिष्ठति ॥ १३
अथ संदर्शनात्तस्य ऊर्ध्वरोमा बभूव सः । हृदयं कम्पते चास्य वेपथुश्चाप्यजायत ॥ १४
निमित्तान्यमनोज्ञानि दृष्ट्वा राम व्यचिन्तयत् । अथ चिन्तयतस्तस्य स एव पुरुषोऽब्रवीत् ॥ १५
किं त्वं चिन्तयसे रक्षो ब्रूहि विस्रब्धमानसः । युद्धातिथ्यमहं वीर करिष्ये रजनीचर ॥ १६
एवमुक्त्वा स तद्रक्षः पुनर्वचनमब्रवीत् । योत्स्यसे बलिना सार्धमथवा मन्यसे कथम् ॥ १७
रावणोऽभिहतो भूय ऊर्ध्वरोमा व्यजायत । अथ धैर्यं समालम्ब्य रावणो वाक्यमब्रवीत् ॥ १८
गृहेषु तिष्ठते को हि तद्ब्रूहि वदतां वर । तेनैव सार्धं योत्स्यामि यथा वा मन्यते भवान् ॥ १९
स एनं पुनरप्याह दानवेन्द्रोऽत्र तिष्ठति । एष वै परमोदारः शूरः सत्यपराक्रमः ॥ २०
वीरो बहुगुणोपेतः पाशहस्त इवान्तकः । बालार्क इव तेजस्वी समरेष्वनिवर्तकः ॥ २१
अमर्षी दुर्जयो जेता बलवान्गुणसागरः । प्रियंवदः संविभागी गुरुविप्रप्रियः सदा ॥ २२

कालकाङ्क्षी महासत्त्वः सत्यवाक्सौम्यदर्शनः । दक्षः सर्वगुणोपेतः शूरः स्वाध्यायतत्परः ॥ २३
एष गच्छति वात्येष ज्वलते तपते तथा । देवैश्च भूतसङ्घैश्च पन्नगैश्च पतत्रिभिः ॥ २४
भयं यो नाभिजानाति तेन त्वं योद्धुमिच्छसि । बलिना यदि ते योद्धुं रोचते राक्षसेश्वर ॥ २५
प्रविश त्वं महासत्त्व सङ्ग्रामं कुरु मा चिरम् । एवमुक्तो दशग्रीवः प्रविवेश यतो बलिः ॥ २६
स विलोक्याथ लङ्केशं जहास दहनोपमः । आदित्य इव दुष्प्रेक्ष्यः स्थितो दानवसत्तमः ॥ २७
अथ संदर्शनादेव बलिर्वै विश्वरूपवान् । स गृहीत्वा च तद्रक्ष उत्सङ्गे स्थाप्य चाब्रवीत् ॥ २८
दशग्रीव महाबाहो कं ते कामं करोम्यहम् । किमागमनकृत्यं ते ब्रूहि त्वं राक्षसेश्वर ॥ २९
एवमुक्तस्तु बलिना रावणो वाक्यमब्रवीत् । श्रुतं मया महाभाग बद्धस्त्वं विष्णुना पुरा ॥ ३०
सोऽहं मोक्षयितुं शक्तो बन्धनात्त्वां न संशयः । एवमुक्ते ततो हासं बलिर्मुक्त्वेनमब्रवीत् ॥ ३१
श्रूयतामभिधास्यामि यत्त्वं पृच्छसि रावण । य एष पुरुषः श्यामो द्वारे तिष्ठति नित्यदा ॥ ३२
एतेन दानवेन्द्राश्च तथान्ये बलवत्तराः । वशं नीता बलवता पूर्वे पूर्वतराश्च ये ॥ ३३
बद्धः सोऽहमनेनैवं कृतान्तो दुरतिक्रमः । क एनं पुरुषो लोके वञ्चयिष्यति मानवः ॥ ३४
सर्वभूतापहर्ता वै य एष द्वारि तिष्ठति । कर्ता कारयिता चैव धाता च भुवनेश्वरः ॥ ३५
न त्वं वेद न चैवाहं भूतभव्यभवत्प्रभुः । कलिश्चैवैष कालश्च सर्वभूतापहारकः ॥ ३६
लोकत्रयस्य सर्वस्य हर्ता स्रष्टा तथैव च । संहरत्येष भूतानि स्थावराणि चराणि च ॥ ३७
पुनश्च सृजते सर्वमनाद्यन्तं महेश्वरः । इष्टं चैव हि दत्तं च हुतं चैव निशाचर ॥ ३८
सर्वमेव हि लोकेशो धाता गोप्ता न संशयः । नैवंविधं महद्भूतं विद्यते भुवनत्रये ॥ ३९
अहं त्वं चैव पौलस्त्य ये चान्ये पूर्ववत्तराः । नेता ह्येषां महद्भूतं पशुं रशनया यथा ॥ ४०
वृत्रो दनुः शुकः शंभुर्निशुम्भः शुम्भ एव च । कालनेमिश्च प्राह्लादिः कूटो वैरोचनो मृदुः ॥ ४१
यमलार्जुनौ च कंसश्च कैटभो मधुना सह । एते तपन्ति द्योतन्ति वान्ति वर्षन्ति चैव हि ॥ ४२
सर्वैः क्रतुशतैरिष्टं सर्वैस्तप्तं महत्तपः । सर्वे ते सुमहात्मानः सर्वे वै योगधर्मिणः ॥ ४३
सर्वैरैश्वर्यमासाद्य भुक्तं भोगैर्महत्तरैः । दत्तमिष्टमधीतं च प्रजाश्च परिपालिताः ॥ ४४
स्वपक्षेष्वनुगोप्तारः प्रहन्तारः परेष्वपि । सामरेष्वपि लोकेषु नैतेषां विद्यते समम् ॥ ४५
शूरास्त्वभिजनोपेताः सर्वशास्त्रार्थपारगाः । सर्वविद्याप्रवेत्तारः सङ्ग्रामेष्वनिवर्तकाः ॥ ४६
सर्वैस्त्रिदशराज्यानि कारितानि महात्मभिः । युद्धेऽसुरगणाः सर्वे निर्जिताश्च सहस्रशः ॥ ४७
देवानामप्रिये सक्ताः स्वपक्षपरिपालकाः । प्रमत्ताश्चोपसक्ताश्च बालार्कसमतेजसः ॥ ४८
यस्तु देवान्प्रधर्षेत तदेषां विष्णुरीश्वरः । उपायपूर्वकं नाशं स वेत्ता भगवान्हरिः ॥ ४९
प्रादुर्भावं विकुरुते येनैतन्निधनं नयेत् । पुनरेवात्मनात्मानमधिष्ठाय स तिष्ठति ॥ ५०
एवमेतेन देवेन दानवेन्द्रा महात्मना । ते हि सर्वे क्षयं नीता बलिनः कामरूपिणः ॥ ५१
समरे च दुराधर्षाः श्रूयन्ते येऽपराजिताः । तेऽपि नीता महद्भूताः कृतान्तबलचोदिताः ॥ ५२
एवमुक्त्वाथ प्रोवाच राक्षसं दानवेश्वरः । यदेतद्दृश्यते वीर चक्रं दीप्तानलोपमम् ॥ ५३
एतद्गृहीत्वागच्छ त्वं मम पार्श्वं महाबल । ततोऽहं तव व्याख्यास्ये मुक्तिकारणमव्ययम् ॥ ५४
तत्कुरुष्व महाबाहो मा विलम्बस्व रावण । एतच्छ्रुत्वा गतो रक्षः प्रहसंश्च महाबलः ॥ ५५
यत्र स्थितं महादिव्यं कुण्डलं रघुनन्दन । लीलयोत्पाटनं कर्तुं रावणो बलदर्पितः ॥ ५६
न च चालयितुं शक्तो रावणोऽभूत्कथंचन । लज्जया स पुनर्भूयो यत्नं चक्रे महाबलः ॥ ५७
उत्क्षिप्तमात्रे दिव्ये च पपात भुवि राक्षसः । छिन्नमूलो यथा शालो रुधिरौघपरिप्लुतः ॥ ५८
एतस्मिन्नन्तरे जज्ञे शब्दः पुष्पकसंभवः । राक्षसेन्द्रस्य सचिवैर्मुक्तो हाहाकृतो महान् ॥ ५९
ततो रक्षो मुहूर्तेन चेतनां लभ्य चोत्थितम् । लज्जयावनतीभूतं बलिर्वाक्यमुवाच ह ॥ ६०
आगच्छ राक्षसश्रेष्ठ वाक्यं शृणु मयोदितम् । यत्त्वया चोद्यतं वीर कुण्डलं मणिभूषितम् ॥ ६१
एतद्धि पूर्वजस्यासीत्कर्णाभरणमीक्ष्यताम् । एतत्पतितवच्चैवमत्र भूमौ महाबल ॥ ६२
अन्यत्पर्वतसानौ हि पतितं कुण्डलादनु । मुकुटं वेदिसामीप्ये पतितं युध्यतो भुवि ॥ ६३
हिरण्यकशिपोः पूर्वं मम पूर्वपितामहात् । न तस्य कालो मृत्युर्वा न व्याधिर्न विहिंसकाः ॥ ६४
न दिवा मरणं तस्य न रात्रौ संध्ययोर्न हि । न शुष्केण न चार्द्रेण न च शस्त्रेण केनचित् ॥ ६५

विद्यते राक्षसश्रेष्ठ तस्य नास्त्रेण केनचित् । प्रह्लादेन समं चक्रे वादं परमदारुणम् ॥ ६६
तस्य वादे समुत्पन्ने धीरो लोकभयंकरः । सर्ववर्यस्य वीरस्य प्रह्लादस्य महात्मनः ॥ ६७
उत्पन्नो राक्षसश्रेष्ठ नृसिंहाकृतिरूपधृक् । दृष्टं च तेन रौद्रेण क्षुब्धं सर्वमशेषतः ॥ ६८
तत उद्धृत्य बाहुभ्यां नखैर्निन्ये यमक्षयम् । एष तिष्ठति द्वारस्थो वासुदेवो निरञ्जनः ॥ ६९
तस्य देवाधिदेवस्य गदतो मे शृणुष्व ह । वाक्यं परमभावेन यदि ते वर्तते हृदि ॥ ७०
इन्द्राणां च सहस्राणि सुराणामयुतानि च । ऋषीणां चैव मुख्यानां शतान्यब्दसहस्रशः ॥ ७१
वशं नीतानि सर्वाणि य एष द्वारि तिष्ठति । तस्य तद्वचनं श्रुत्वा रावणो वाक्यमब्रवीत् ॥ ७२
मया प्रेतेश्वरो दृष्टः कृतान्तः सह मृत्युना । पाशहस्तो महाज्वाल ऊर्ध्वरोमा भयानकः ॥ ७३
दंष्ट्रालो विद्युज्जिह्वश्च सर्पवृश्चिकरोमवान् । रक्ताक्षो भीमवेगश्च सर्वसत्त्वभयंकरः ॥ ७४
आदित्य इव दुष्प्रेक्ष्यः समरेष्वनिवर्तकः । पापानां शासिता चैव स मया युधि निर्जितः ॥ ७५
न च मे तत्र भीः काचिद्यथा वा दानवेश्वर । एनं तु नाभिजानामि तद्भवान्वक्तुमर्हति ॥ ७६
रावणस्य वचः श्रुत्वा बलिर्वैरोचनोऽब्रवीत् । एष त्रैलोक्यधाता च हरिर्नारायणः प्रभुः ॥ ७७
अनन्तः कपिलो जिष्णुर्नरसिंहो महाद्युतिः । क्रतुधामा सुधामा च पाशहस्तो भयानकः ॥ ७८
द्वादशादित्यसदृशः पुराणपुरुषोत्तमः । नीलजीमूतसंकाशः सुरनाथः सुरोत्तमः ॥ ७९
ज्वालामाली महाबाहो योगी भक्तजनप्रियः । एष धारयते लोकानेष वै सृजते प्रभुः ॥ ८०
एष संहरते चैव कालो भूत्वा महाबलः । एष यज्ञश्च याज्यश्च चक्रायुधधरो हरिः ॥ ८१
सर्वदेवमयश्चैव सर्वभूतमयस्तथा । सर्वलोकमयश्चैव सर्वज्ञानमयस्तथा ॥ ८२
सर्वरूपी महारूपी बलदेवो महाभुजः । वीरहा वीरचक्षुष्मांस्त्रैलोक्यगुरुरव्ययः ॥ ८३
एनं मुनिगणाः सर्वे चिन्तयन्तीह मोक्षिणः । य एवं वेत्ति पुरुषं न च पापैर्विलिप्यते ॥ ८४
स्मृत्वा स्तुत्वा तथेष्ट्वा च सर्वमस्मादवाप्यते । एतच्छ्रुत्वा तु वचनं रावणो निर्ययौ तदा ॥ ८५
क्रोधसंरक्तनयन उद्यतास्त्रो महाबलः । तथाभूतं च तं दृष्ट्वा हरिर्मुसलधृक्प्रभुः ॥ ८६
नैनं हन्म्यधुना पापं चिन्तयित्वेति रूपधृक् । अन्तर्धानं गतो राम ब्रह्मणः प्रियकाम्यया ॥ ८७
न च तं पुरुषं तत्र पश्यते रजनीचरः । हर्षोन्नादं विमुञ्चन्वै निष्क्रामन्वरुणालयात् ।
येनैव संप्रविष्टः स पथा तेनैव निर्ययौ ॥ ८८

इत्यार्षे श्रीमद्रामायणे वाल्मीकीय आदिकाव्य उत्तरकाण्डे प्रक्षिप्तः प्रथमः सर्गः ॥ १ ॥

अथ संचिन्त्य लङ्केशः सूर्यलोकं जगाम ह । मेरुशृङ्गे वरे रम्ये उषित्वा तत्र शर्वरीम् ॥ १
पुष्पकं तत्समारुह्य रवेस्तुरगसंनिभम् । नानापातगतिर्दिव्यं विहारवियति स्थितम् ॥ २
यत्रापश्यद्रविं देवं सर्वतेजोमयं शुभम् । वरकाञ्चनकेयूररत्नाम्बरविभूषितम् ॥ ३
कुण्डलाभ्यां शुभाभ्यां तु भ्राजन्मुखविकासितम् । केयूरनिष्काभरणं रक्तमालावलम्बिनम् ॥ ४
रक्तचन्दनदिग्धाङ्गं सहस्रकिरणोज्ज्वलम् । तमादिदेवमादित्यमुच्चैःश्रवसवाहनम् ॥ ५
अनाद्यन्तममध्यं च लोकसाक्षिं जगत्पतिम् । तं दृष्ट्वा प्रवरं देवं रावणो रक्षसां वरः ॥ ६
स प्रहस्तमुवाचाथ रवितेजोबलार्दितः । गच्छामात्य वदस्वैनं निदेशान्मम शासनम् ॥ ७
युद्धार्थं रावणः प्राप्तो युद्धं तस्य प्रदीयताम् । निर्जितोऽस्मीति वा ब्रूहि पक्षमेकतरं कुरु ॥ ८
तस्य तद्वचनाद्रक्षः सूर्यस्यान्तिकमागमत् । पिङ्गलं दण्डिनं चैव पश्य ते द्वारपालकौ ॥ ९
ताभ्यामाख्याय तत्सर्वं रावणस्य विनिश्चयम् । तूष्णीमास्ते प्रहस्तस्तु तत्र तेजोंशुदीपितः ॥ १०
दण्डी गतो रवेः पार्श्वं प्रणम्याख्यातवान्रवेः । श्रुत्वा तु सूर्यस्तद्वृत्तं दण्डिनो रावणस्य ह ॥ ११
उवाच वचनं धीमान्बुद्धिपूर्वं क्षपापहः । गच्छ दण्डिञ्जयस्वैनं निर्जितोऽस्मीति वा वद ॥ १२
यत्तेऽभिकाङ्क्षितं कार्षीः कंचित्कालं क्षपाचरम् । स गत्वा वचनात्तस्य राक्षसस्य महात्मनः ॥ १३
कथयामास तत्सर्वं सूर्योक्तवचनं तदा । स श्रुत्वा वचनं तस्य दण्डिनो राक्षसेश्वरः । १४
घोषयित्वा जगामाथ स्वजयं राक्षसाधिपः ॥ १५

इत्यार्षे श्रीमद्रामायणे वाल्मीकीय आदिकाव्य उत्तरकाण्डे प्रक्षिप्तः द्वितीयः सर्गः ॥ २ ॥

अथ संचिन्त्य लङ्केशः सोमलोकं जगाम ह । मेरुशृङ्गवरे रम्ये रजनीमुष्य वीर्यवान् ॥ १
अथ स्यन्दनमारूढो दिव्यस्रगनुलेपनः । अप्सरोगणमुख्येन सेव्यमानस्तु गच्छति ॥ २
रतिश्रान्तोऽप्सरोऽङ्केषु चुम्बितः स विबुध्यते । दृष्टस्तु पुरुषस्तेन दृष्ट्वा कौतूहलान्वितः ॥ ३
अथापश्यदृषिं तत्र दृष्ट्वा चैवमुवाच तम् । स्वागतं तव देवर्षे कालेनैवागतो ह्यसि ॥ ४
कोऽयं स्यन्दनमारूढो ह्यप्सरोगणसेवितः । निर्लज्ज इव संयाति भयस्थानं न विन्दति ॥ ५
रावणेनैवमुक्तस्तु पर्वतो वाक्यमब्रवीत् । शृणु वत्स यथातत्त्वं वक्ष्ये चाहं महामते ॥ ६
अनेन निर्जिता लोका ब्रह्मा चैवाभितोषितः । एष गच्छति मोक्षाय सुसुखं स्थानमुत्तमम् ॥ ७
तपसा निर्जिता यद्वद्भवता राक्षसाधिप । प्रयाति पुण्यकृत्तद्वत्सोमं पीत्वा न संशयः ॥ ८
त्वं तु राक्षसशार्दूल शूरः सत्यपराक्रमः । नैवेदृशेषु क्रुध्यन्ति बलिनो धर्मचारिषु ॥ ९
अथापश्यद्रथवरं महाकायं महौजसम् । जाज्वल्यमानं वपुषा गीतवादित्रनिःस्वनैः ॥ १०
कैष गच्छति देवर्षे भ्राजमानो महाद्युतिः । किंनरैश्च प्रयागद्भिर्नृत्यद्भिश्च मनोरमम् ॥ ११
श्रुत्वा चैनमुवाचाथ पर्वतो मुनिसत्तमः । एष शूरो रणे योद्धा सङ्ग्रामेष्वनिवर्तकः ॥ १२
युध्यमानस्तथैवैष प्रहारैर्जर्जरीकृतः । कृती शूरो रणे जेता स्वाम्यर्थे त्यक्तजीवितः ॥ १३
सङ्ग्रामे निहतोऽमित्रैर्हत्वा च समरे बहून् । इन्द्रस्यातिथिरेवैष अथ वा यत्र गच्छति ॥ १४
नृत्यगीतपरैर्लोकैः सेव्यते नरसत्तमः । पप्रच्छ रावणो भूयः कोऽयं यात्यर्कसंनिभः ॥ १५
रावणस्य वचः श्रुत्वा पर्वतो वाक्यमब्रवीत् । य एष दृश्यते राजन्विमाने सर्वकाञ्चने ॥ १६
अप्सरोगणसंयुक्ते पूर्णचन्द्रनिभाननः । सुवर्णदो महाराज विचित्राभरणाम्बरः ॥ १७
एष गच्छति शीघ्रेण यानेन तु महाद्युतिः । पर्वतस्य वचः श्रुत्वा रावणो वाक्यमब्रवीत् ॥ १८
एते वै यान्ति राजानो ब्रूहि त्वमृषिसत्तम । को ह्यत्र याचितो दद्याद्युद्धातिथ्यं ममाद्य वै ॥ १९
तं ममाख्याहि धर्मज्ञ पिता मे त्वं हि धर्मतः । एवमुक्तः प्रत्युवाच रावणं पर्वतस्तदा ॥ २०
स्वर्गार्थिनो महाराज नैते युद्धार्थिनो नृपाः । वक्ष्यामि ते महाभाग यस्ते युद्धं प्रदास्यति ॥ २१
स तु राजा महातेजाः सप्तद्वीपेश्वरो महान् । मांधातेत्यभिविख्यातः स ते युद्धं प्रदास्यति ॥ २२
पर्वतस्य वचः श्रुत्वा रावणो वाक्यमब्रवीत् । कुतोऽसौ तिष्ठते राजा तत्समाचक्ष्व सुव्रत ॥ २३
सोऽहं यास्यामि तत्रैव यत्रासौ नरपुंगवः । रावणस्य वचः श्रुत्वा मुनिर्वचनमब्रवीत् ॥ २४
युवनाश्वसुतो राजा मांधाता राजसत्तमः । सप्तद्वीपसमुद्रान्तां जित्वेहाभ्यागमिष्यति ॥ २५
अथापश्यन्महाबाहुस्त्रैलोक्ये वरदर्पितः । अयोध्यायाः पतिं वीरं मांधातारं नृपोत्तमम् ॥ २६
सप्तद्वीपाधिपं यान्तं स्यन्दनेन विराजता । काञ्चनेन विचित्रेण माहेन्द्राभेण भास्वता ॥ २७
जाज्वल्यमानं रूपेण दिव्यगन्धानुलेपनम् । तमुवाच दशग्रीवो युद्धं मे दीयतामिति ॥ २८
एवमुक्तो दशग्रीवं प्रहस्येदमुवाच ह । यदि ते जीवितं नेष्टं ततो युध्यस्व राक्षस ॥ २९
मांधातुर्वचनं श्रुत्वा रावणो वाक्यमब्रवीत् । वरुणस्य कुबेरस्य यमस्यापि न विव्यथे ॥ ३०
किं पुनर्मानुषात्त्वत्तो रावणो भयमाविशेत् । एवमुक्त्वा राक्षसेन्द्रः क्रोधात्संप्रज्वलन्निव ॥ ३१
आज्ञापयामास तदा राक्षसान्युद्धदुर्मदान् । अथ क्रुद्धास्तु सचिवा रावणस्य दुरात्मनः ॥ ३२
ववर्षुः शरजालानि क्रुद्धा युद्धविशारदाः । अथ राज्ञा बलवता कङ्कपत्रैः शिलाशितैः ॥ ३३
इषुभिस्ताडिताः सर्वे प्रहस्तशुकसारणाः । महोदरविरूपाक्षा ह्यकम्पनपुरोगमाः ॥ ३४
अथ प्रहस्तस्तु नृपमिषुवर्षैरवाकिरत् । अप्राप्तानेव तान्सर्वान्प्रचिच्छेद नृपोत्तमः ॥ ३५
भुशुण्डीभिश्च भल्लैश्च भिन्दिपालैश्च तोमरैः । नरराजेन दह्यन्ते तृणभारा इवाग्निना ॥ ३६
ततो नृपवरः क्रुद्धः पञ्चभिः प्रबिभेद तम् । तोमरैश्च महावेगैः पुनः क्रौञ्चमिवाग्निजः ॥ ३७
ततो मुहुर्भ्रामयित्वा मुद्गरं यमसंनिभम् । प्राहरत्सोऽतिवेगेन राक्षसस्य रथं प्रति ॥ ३८
स पपात महावेगो मुद्गरो वज्रसंनिभः । स तूर्णं पातितस्तेन रावणः शक्रकेतुवत् ॥ ३९
तदा स नृपतिः प्रीत्या हर्षोद्गतबलो बभौ । सकलेन्दुकलाः स्पृष्ट्वा यथाम्बु लवणाम्भसः ॥ ४०
ततो रक्षोबलं सर्वं हाहाभूतमचेतनम् । परिवार्याथ तं तस्थौ राक्षसेन्द्रं समन्ततः ॥ ४१
ततश्चिरात्समाश्वस्य रावणो लोकरावणः । मांधातुः पीडयामास देहं लङ्केश्वरो भृशम् ॥ ४२
मूर्च्छितं तु नृपं दृष्ट्वा प्रहृष्टास्ते निशाचराः । चुकुशुः सिंहनादांश्च प्रक्ष्वेलन्तो महाबलाः ॥ ४३

लब्धसंज्ञो मुहूर्तेन अयोध्याधिपतिस्तदा । दृष्ट्वा तं मन्त्रिभिः शत्रुं पूज्यमानं निशाचरैः ॥ ४४
जातकोपो दुराधर्षश्चन्द्रार्कसदृशद्युतिः । महता शरवर्षेण पातयद्राक्षसं बलम् ॥ ४५
चापस्यैव निनादेन तस्य बाणरवेण च । संचचाल ततः सैन्यमुद्धूत इव सागरः ॥ ४६
तद्युद्धमभवद्घोरं नरराक्षससंकुलम् । अथाविष्टौ महात्मानौ नरराक्षससत्तमौ ॥ ४७
कार्मुकासिधरौ वीरौ वीरासनगतौ तदा । मांधाता रावणं चैव रावणश्चैव तं नृपम् ॥ ४८
क्रोधेन महताविष्टौ शरवर्षं मुमोचतुः । तौ परस्परसंक्षोभात्प्रहारैः क्षतविक्षतौ ॥ ४९
कार्मुकेऽस्त्रं समाधाय रौद्रमस्त्रममुञ्चत । आग्नेयेन तु मांधाता तदस्त्रं पर्यवारयत् ॥ ५०
गान्धर्वेण दशग्रीवो वारुणेन च राजराट् । गृहीत्वा स तु ब्रह्मास्त्रं सर्वभूतभयावहम् ॥ ५१
वेदयामास मांधाता दिव्यं पाशुपतं महत् । तदस्त्रं घोररूपं तु त्रैलोक्यभयवर्धनम् ॥ ५२
दृष्ट्वा त्रस्तानि भूतानि स्थावराणि चराणि च । वरदानात्तु रुद्रस्य तपसाराधितं महत् ॥ ५३
ततः संकम्पते सर्वं त्रैलोक्यं सचराचरम् । देवाः संकम्पिताः सर्वे लयं नागाश्च संगताः ॥ ५४
अथ तौ मुनिशार्दूलौ ध्यानयोगादपश्यताम् । पुलस्त्यो गालवश्चैव वारयामास तं नृपम् ॥ ५५
सोपालम्भैश्च विविधैर्वाक्यै राक्षससत्तमम् । तौ तु कृत्वा तदा प्रीतिं नरराक्षसयोस्तदा ।
संप्रस्थितौ संप्रहृष्टौ पथा येनैव चागतौ ॥ ५६

इत्यार्षे श्रीमद्रामायणे वाल्मीकीय आदिकाव्य उत्तरकाण्डे प्रक्षिप्तः तृतीय सर्गः ॥ ३ ॥

गताभ्यामथ विप्राभ्यां रावणो राक्षसाधिपः । दशयोजनसाहस्रं प्रथमं तु मरुत्पथम् ॥ १
यत्र तिष्ठन्ति नित्यं हि हंसाः सर्वगुणान्विताः । अत ऊर्ध्वं तु गत्वा वै मरुत्पथमनुत्तमम् ॥ २
दशयोजनसाहस्रं तदेव परिगण्यते । तत्र संनिहिता मेघास्त्रिविधा नित्यशः स्थिताः ॥ ३
आग्नेयाः पक्षिणो ब्राह्मास्त्रिविधास्तत्र ते स्थिताः । अथ गत्वा तृतीयं तु वायोः पन्थानमुत्तमम् ॥ ४
नित्यं यत्र स्थिताः सिद्धाश्चारणाश्च मनस्विनः । दशैव तु सहस्राणि योजनानां तथैव च ॥ ५
चतुर्थं वायुमार्गं तु शीघ्रं गत्वा परंतप । वसन्ति यत्र नित्यस्था भूताश्च सविनायकाः ॥ ६
अथ गत्वा स वै शीघ्रं पञ्चमं वायुगोचरम् । दशैव च सहस्राणि योजनानां तथैव च ॥ ७
गङ्गा यत्र सरिच्छ्रेष्ठा नागा वै कुमुदादयः । कुञ्जरास्तत्र तिष्ठन्ति ये तु मुञ्चन्ति सीकरम् ॥ ८
गङ्गातोयेषु क्रीडन्ति पुण्यं वर्षन्ति सर्वशः । ततो रविकरभ्रष्टं वायुना पेशलीकृतम् ॥ ९
जलं पुण्यं प्रपतति हिमं वर्षति राघव । ततो जगाम षष्ठं स वायुमार्गं महाद्युते ॥ १०
योजनानां सहस्राणि दशैव तु स राक्षसः । यत्रास्ते गरुडो नित्यं ज्ञातिबान्धवसत्कृतः ॥ ११
दशैव तु सहस्राणि योजनानां तथोपरि । सप्तमे वायुमार्गे च यत्रैते ऋषयः स्मृताः ॥ १२
अत ऊर्ध्वं तु गत्वा वै सहस्राणि दशैव तु । अष्टमं वायुमार्गं तु यत्र गङ्गा प्रतिष्ठिता ॥ १३
आकाशगङ्गा विख्याता आदित्यपथसंस्थिता । वायुना धार्यमाणा सा महावेगा महास्वना ॥ १४
अत ऊर्ध्वं प्रवक्ष्यामि चन्द्रमा यत्र तिष्ठति । अशीतिं तु सहस्राणि योजनानां प्रमाणतः ॥ १५
चन्द्रमास्तिष्ठते यत्र नक्षत्रग्रहसंयुतः । शतं शतसहस्राणि रश्मयश्चन्द्रमण्डलात् ॥ १६
प्रकाशयन्ति लोकांस्तु सर्वसत्त्वसुखावहाः । ततो दृष्ट्वा दशग्रीवं चन्द्रमा निर्दहन्निव ॥ १७
स तु शीताग्निना शीघ्रं प्रादहद्रावणं तदा । नासहंस्तस्य सचिवाः शीताग्निभयपीडिताः ॥ १८
रावणं जयशब्देन प्रहस्तोऽथैनमब्रवीत् । राजञ्शीतेन बध्यामो निवर्ताम इतो वयम् ॥ १९
चन्द्ररश्मिप्रतापेन रक्षसां भयमाविशत् । स्वभाव एष राजेन्द्र शीतांशोर्दहनात्मकः ॥ २०
एतच्छ्रुत्वा प्रहस्तस्य रावणः क्रोधमूर्च्छितः । विस्फार्य धनुरुद्यम्य नाराचैस्तमपीडयत् ॥ २१
अथ ब्रह्मा तदागच्छत्सोमलोकं त्वरान्वितः । दशग्रीव महाबाहो साक्षाद्विश्रवसः सुत ॥ २२
गच्छ शीघ्रमितः सौम्य मा चन्द्रं पीडयस्व वै । लोकस्य हितकामो वै द्विजराजो महाद्युतिः ॥ २३
मन्त्रं च संप्रदास्यामि प्राणात्ययगतिर्यदा । यस्त्वेतं संस्मरेन्मन्त्रं नासौ मृत्युमवाप्नुयात् ॥ २४
एवमुक्तो दशग्रीवः प्राञ्जलिर्देवमब्रवीत् । यदि तुष्टोऽसि मे देव लोकनाथ महाव्रत ॥ २५
यदि मन्त्रश्च मे देयो दीयतां मम धार्मिक । यं जप्त्वाहं महाभाग सर्वदेवेषु निर्भयः ॥ २६
असुरेषु च सर्वेषु दानवेषु पतत्रिषु । त्वत्प्रसादात्तु देवेश स्यामजेयो न संशयः ॥ २७

एवमुक्तो दशग्रीवं ब्रह्मा वचनमब्रवीत्। प्राणात्ययेषु जप्तव्यो न नित्यं राक्षसाधिप ॥ २८
अक्षसूत्रं गृहीत्वा तु जपेन्मन्त्रमिमं शुभम्। जप्त्वा तु राक्षसपते त्वमजेयो भविष्यसि ॥ २९
अजप्त्वा राक्षसपते न ते सिद्धिर्भविष्यति। शृणु मन्त्रं प्रवक्ष्यामि येन राक्षसपुंगव ॥ ३०
मन्त्रस्य कीर्तनादेव प्राप्स्यसे समरे जयम्। नमस्ते देवदेवेश सुरासुरनमस्कृत ॥ ३१
भूतभव्य महादेव हरिपिङ्गललोचन। बालस्त्वं वृद्धरूपी च वैयाघ्रवसनच्छद ॥ ३२
अर्चनीयोऽसि देव त्वं त्रैलोक्यप्रभुरीश्वरः। हरो हरितनेमी च युगान्तदहनोऽबलः ॥ ३३
गणेशो लोकशंभुश्च लोकपालो महाभुजः। महाभागो महाशूली महादंष्ट्री महेश्वरः ॥ ३४
कालश्च बलरूपी च नीलग्रीवो महोदरः। देवान्तगस्तपोन्तश्च पशूनां पतिरव्ययः ॥ ३५
शूलपाणिर्वृषः केतुर्नेता गोप्ता हरो हरिः। जटी मुण्डी शिखण्डी च लकुटी च महायशाः ॥ ३६
भूतेश्वरो गणाध्यक्षः सर्वात्मा सर्वभावनः। सर्वगः सर्वहारी च स्रष्टा च गुरुरव्ययः ॥ ३७
कमण्डलुधरो देवः पिनाकी धूर्जटिस्तथा। माननीयश्च ओङ्कारो वरिष्ठो ज्येष्ठसामगः।
मृत्युश्च मृत्युभूतश्च पारियात्रश्च सुव्रतः ॥ ३८
ब्रह्मचारी गुहावासी वीणापणवतूणवान्। अमरो दर्शनीयश्च बालसूर्यनिभस्तथा ॥ ३९
श्मशानवासी भगवानुमापतिरनिन्दितः। भगस्याक्षिनिपाती च पूष्णो दशननाशनः ॥ ४०
ज्वरहर्ता पाशहस्तः प्रलयः काल एव च। उल्कामुखोऽग्निकेतुश्च मुनिर्दीप्तो विशांपतिः ॥ ४१
उन्मादो वेपनकरश्चतुर्थो लोकसत्तमः। वामनो वामदेवश्च प्राक्प्रदक्षिणवामनः ॥ ४२
भिक्षुश्च भिक्षुरूपी च त्रिजटी कुटिलः स्वयम्। शक्रहस्तप्रतिष्टम्भी वसूनां स्तम्भनस्तथा ॥ ४३
ऋतुर्ऋतुकरः कालो मधुर्मधुकलोचनः। वानस्पत्यो वाजसनो नित्यमाश्रमपूजितः ॥ ४४
जगद्धाता च कर्ता च पुरुषः शाश्वतो ध्रुवः। धर्माध्यक्षो विरूपाक्षस्त्रिधर्मो भूतभावनः ॥ ४५
त्रिनेत्रो बहुरूपश्च सूर्यायुतसमप्रभः। देवदेवोऽतिदेवश्च चन्द्राङ्कितजटस्तथा ॥ ४६
नर्तको लासकश्चैव पूर्णेन्दुसदृशाननः। ब्रह्मण्यश्च शरण्यश्च सर्वजीवमयस्तथा ॥ ४७
सर्वतूर्यनिनादी च सर्वबन्धविमोक्षकः। मोहनो बन्धनश्चैव सर्वदा निधनोत्तमः ॥ ४८
पुष्पदन्तो विभागश्च मुख्यः सर्वहरस्तथा। हरिश्मश्रुर्धनुर्धारी भीमो भीमपराक्रमः ॥ ४९
मया प्रोक्तमिदं पुण्यं नामाष्टशतमुत्तमम्। सर्वपापहरं पुण्यं शरण्यं शरणार्थिनाम्।
जप्तमेतद्दशग्रीव कुर्याच्छत्रुविनाशनम् ॥ ५०

इत्यार्षे श्रीमद्रामायणे वाल्मीकीय आदिकाव्य उत्तरकाण्डे प्रक्षिप्तः चतुर्थः सर्गः ॥ ४ ॥

दत्त्वा तु रावणस्यैवं वरं स कमलोद्भवः। पुनरेवागमत्क्षिप्रं ब्रह्मलोकं पितामहः ॥ १
रावणोऽपि वरं लब्ध्वा पुनरेवागमत्तथा। केनचित्त्वथ कालेन रावणो लोकरावणः ॥ २
पश्चिमार्णवमागच्छत्सचिवैः सह राक्षसः। द्वीपस्थो दृश्यते तत्र पुरुषः पावकप्रभः ॥ ३
महाजाम्बूनदप्रख्य एक एव व्यवस्थितः। दृश्यते भीषणाकारो युगान्तानलसंनिभः ॥ ४
देवानामिव देवेशो ग्रहाणामिव भास्करः। शरभाणां यथा सिंहो हस्तिष्वैरावतो यथा ॥ ५
पर्वतानां यथा मेरुः पारिजातश्च शाखिनाम्। तथा तं पुरुषं दृष्ट्वा स्थितं मध्ये महाबलम् ॥ ६
अब्रवीच्च दशग्रीवो युद्धं मे दीयतामिति। अभवत्तस्य सा दृष्टिर्ग्रहमाला इवाकुला ॥ ७
दन्तान्संदशतः शब्दो यन्त्रस्येवाभिमिषतः। जगर्जोच्चैः स बलवान्सहामात्यो दशाननः ॥ ८
स गर्जन्विविधैर्नादैर्लम्बहस्तं भयानकम्। दंष्ट्रालं विकटं चैव कम्बुग्रीवं महोरसम् ॥ ९
मण्डूककुक्षिं सिंहास्यं कैलासशिखरोपमम्। पद्मपादतलं भीमं रक्तताल्वुकराम्बुजम् ॥ १०
महानादं महाकायं मनोनिलसमं जवे। भीममाबद्धतूणीरं सघण्टाबद्धचामरम् ॥ ११
ज्वालामालापरिक्षिप्तं किङ्किणीजालनिःस्वनम्। मालया स्वर्णपद्मानां कण्ठदेशेऽवलम्बया ॥ १२
ऋग्वेदमिव शोभन्तं पद्ममालाविभूषितम्। सोऽञ्जनाचलसंकाशं काञ्चनाचलसंनिभम् ॥ १३
प्राहरद्राक्षसपतिः शूलशक्त्यृष्टिपट्टिशैः। स द्वीपिना सिंह इव ऋषभेणेव कुञ्जरः ॥ १४
सुमेरुरिव नागेन्द्रैर्नदीवेगैरिवार्णवः। अकम्पमानः पुरुषो राक्षसं वाक्यमब्रवीत् ॥ १५
युद्धश्रद्धां हि ते रक्षो नाशयिष्यामि दुर्मते। रावणस्य च यो वेगः सर्वलोकभयंकरः ॥ १६

तथा वेगसहस्राणि संश्रितानि तमेव हि । धर्मस्तस्य तपश्चैव जगतः सिद्धिहेतुकौ ॥ १७
ऊरू ह्याश्रित्य तस्यातेे मन्मथः शिश्नमाश्रितः । विश्वेदेवाः कटीभागे मरुतो बस्तिपार्श्वयोः ॥ १८
मध्येऽष्टौ वसवस्तस्य समुद्राः कुक्षितः स्थिताः । पार्श्वादिषु दिशः सर्वाः सर्वसंधिषु मारुतः ॥ १९
पृष्ठं च भगवान्रुद्रो हृदयं च पितामहः । पितरश्चाश्रिताः पृष्ठं हृदयं च पितामहाः ॥ २०
गोदानानि पवित्राणि भूमिदानानि यानि च । सुवर्णवरदानानि कक्षलोमानुगानि च ॥ २१
हिमवान्हेमकूटश्च मन्दरो मेरुरेव च । नरं तु तं समाश्रित्य अस्थिभूता व्यवस्थिताः ॥ २२
पाणिर्वज्रोऽभवत्तस्य शरीरे द्यौरवस्थिता । कृकाटिकायां संध्या च जलवाहाश्च ये घनाः ॥ २३
बाहू धाता विधाता च तथा विद्याधरादयः । शेषश्च वासुकिश्चैव विशालाक्ष इरावतः ॥ २४
कम्बलाश्वतरौ चोभौ कर्कोटकधनंजयौ । स च घोरविषो नागस्तक्षकः सोपतक्षकः ॥ २५
करजानाश्रिताश्चैव विषवीर्यमुमुक्षवः । अग्निरास्यमभूत्तस्य स्कन्धौ रुद्रैरधिष्ठितौ ॥ २६
पक्षमासर्तवश्चैव दंष्ट्रयोरुभयोः स्थिताः । नासे कुहूरमावास्या छिद्रेषु वायवः स्थिताः ॥ २७
ग्रीवा तस्याभवद्देवी वीणा चापि सरस्वती । नासत्यौ श्रवणे चोभौ नेत्रे च शशिभास्करौ ॥ २८
वेदाङ्गानि च यज्ञाश्च तारारूपाणि यानि च । सुवृत्तानि च वाक्यानि तेजांसि च तपांसि च ॥ २९
एतानि नररूपस्य तस्य देहाश्रितानि वै । तेन वज्रप्रहारेण लब्धमात्रेण लीलया ॥ ३०
पाणिना पीडितं रक्षो निपपात महीतले । पतितं राक्षसं ज्ञात्वा विद्राव्य स निशाचरान् ॥ ३१
ऋग्वेदप्रतिमः सोऽथ पद्ममालाविभूषितः । प्रविवेश च पातालं निजं पर्वतसंनिभः ॥ ३२
उत्थाय च दशग्रीव आहूय सचिवान्स्वयम् । क्व गतः सहसा ब्रूत प्रहस्तशुकसारणाः ॥ ३३
एवमुक्ता रावणेन राक्षसास्ते तदाब्रुवन् । प्रविष्टः स नरोऽत्रैव देवदानवदर्पहा ॥ ३४
अथ संगृह्य वेगेन गरुत्मानिव पन्नगम् । स तु शीघ्रं बिलद्वारं संप्रविश्य च दुर्मतिः ॥ ३५
प्रविवेश च तद्द्वारं रावणो निर्भयस्तदा । स प्रविश्य च पश्यद्वै नीलाञ्जनचयोपमान् ॥ ३६
केयूरधारिणः शूरान्रक्तमाल्यानुलेपनान् । वरहाटकरत्नाद्यैर्विविधैश्च विभूषितान् ॥ ३७
दृश्यन्ते तत्र नृत्यन्त्यस्तिस्रः कोट्यो महात्मनाम् । नृत्योत्सवा वीतभया विमलाः पावकप्रभाः ॥ ३८
नृत्यन्त्यः पश्यते तांस्तु रावणो भीमविक्रमः । द्वारस्थो रावणस्तत्र तासु कोटिषु निर्भयः ॥ ३९
यथा दृष्टः स तु नरस्तुल्यांस्तानपि सर्वशः । एकवर्णानेकवेषानेकरूपान्महौजसः ॥ ४०
चतुर्भुजान्महोत्साहांस्तत्रापश्यत्स राक्षसः । तांस्तु दृष्ट्वा दशग्रीव ऊर्ध्वरोमा बभूव ह ॥ ४१
स्वयंभुवा दत्तवरस्ततः शीघ्रं विनिर्ययौ । अथापश्यत्परं तत्र पुरुषं शयने स्थितम् ॥ ४२
पाण्डुरेण महार्हेण शयनासनवेश्मना । शेते स पुरुषस्तत्र पावकेनावगुण्ठितः ॥ ४३
दिव्यस्रगनुलेपा च दिव्याभरणभूषिता । दिव्याम्बरधरा साध्वी त्रैलोक्यस्यैकभूषणम् ॥ ४४
बालव्यजनहस्ता च देवी तत्र व्यवस्थिता । लक्ष्मी देवी सपद्मा वै भ्राजते लोकसुन्दरी ॥ ४५
प्रविष्टः स तु रक्षेन्द्रो दृष्ट्वा तां चारुहासिनीम् । जिघृक्षुः सहसा साध्वीं सिंहासनसमास्थिताम् ॥ ४६
विनापि सचिवैस्तत्र रावणो दुर्मतिस्तदा । हस्ते ग्रहीतुमन्विच्छन्मन्मथेन वशीकृतः ॥ ४७
सुप्तमाशीविषं यद्वद्रावणः कालनोदितः । अथ सुप्तो महाबाहुः पावकेनावगुण्ठितः ॥ ४८
ग्रहीतुकामं तं ज्ञात्वा व्यपविद्धपटं तदा । जहासोच्चैर्भृशं देवस्तं दृष्ट्वा राक्षसाधिपम् ॥ ४९
तेजसा सहसा दीप्तो रावणो लोकरावणः । कृत्तमूलो यथा शाखी निपपात महीतले ॥ ५०
पतितं राक्षसं ज्ञात्वा वचनं चेदमब्रवीत् । उत्तिष्ठ राक्षसश्रेष्ठ मृत्युस्ते नाद्य विद्यते ॥ ५१
प्रजापतिवरो रक्ष्यस्तेन जीवसि राक्षस । गच्छ रावण विस्रब्धो नाधुना मरणं तव ॥ ५२
लब्धसंज्ञो मुहूर्तेन रावणो भयमाविशत् । एवमुक्तस्तदोत्थाय रावणो देवकण्टकः ॥ ५३
लोमहर्षणमापन्नो ह्यब्रवीत्तं महाद्युतिम् । को भवान्वीर्यसंपन्नो युगान्तानलसंनिभः ॥ ५४
ब्रूहि त्वं को भवान्देव कुतो भूत्वा व्यवस्थितः । एवमुक्तस्ततो देवो रावणेन दुरात्मना ॥ ५५
प्रत्युवाच हसन्देवो मेघगम्भीरया गिरा । किं ते मया दशग्रीव वध्योऽसि नचिरान्मम ॥ ५६
एवमुक्तो दशग्रीवः प्राञ्जलिर्वाक्यमब्रवीत् । प्रजापतेस्तु वचनान्नाहं मृत्युपथं गतः ॥ ५७
न स जातो जनिष्यो वा मम तुल्यः सुरेष्वपि । प्रजापतिवरं यो हि लङ्घयेद्वीर्यमाश्रितः ॥ ५८
न तत्र परिहारोऽस्ति प्रयत्नश्चापि दुर्बलः । त्रैलोक्ये तं न पश्यामि यो मे कुर्याद्वरं वृथा ॥ ५९

चतुर्विंशः सर्गः ।

निवर्तमानः संहृष्टो रावणः स दुरात्मवान् । जह्रे पथि नरेन्द्रर्षिदेवदानवकन्यकाः ॥ १
दर्शनीयां हि यां रक्षः कन्यां स्त्रीं वाथ पश्यति । हत्वा बन्धुजनं तस्या विमाने तां रुरोध सः ॥ २
एवं पन्नगकन्याश्च राक्षसासुरमानुषीः । यक्षदानवकन्याश्च विमाने सोऽध्यरोपयत् ॥ ३
ता हि सर्वाः समं दुःखान्मुमुचुर्बाष्पजं जलम् । तुल्यमग्न्यर्चिषां तत्र शोकाग्निभयसंभवम् ॥ ४
ताभिः सर्वानवद्याभिर्नदीभिरिव सागरः । आपूरितं विमानं तद्भयशोकाशिवाश्रुभिः ॥ ५
नागगन्धर्वकन्याश्च महर्षितनयाश्च याः । दैत्यदानवकन्याश्च विमाने शतशोऽरुदन् ॥ ६
दीर्घकेश्यः सुचार्वङ्ग्यः पूर्णचन्द्रनिभाननाः । पीनस्तनतटा मध्ये वज्रवेदिसमप्रभाः ॥ ७
रथकूबरसंकाशैः श्रोणीदेशैर्मनोहराः । स्त्रियः सुराङ्गनाप्रख्या निष्टप्तकनकप्रभाः ॥ ८
शोकदुःखभयत्रस्ता विह्वलाश्च सुमध्यमाः । तासां निःश्वासवातेन सर्वतः संप्रदीपितम् ॥ ९
अग्निहोत्रमिवाभाति संनिरुद्धाग्नि पुष्पकम् । दशग्रीववशं प्राप्तास्तास्तु शोकाकुलाः स्त्रियः ॥ १०
दीनवक्त्रेक्षणाः श्यामा मृग्यः सिंहवशा इव । काचिच्चिन्तयती तत्र किं नु मां भक्षयिष्यति ॥ ११
काचिद्दध्यौ सुदुःखार्ता अपि मां मारयेदयम् । इति मातॄः पितॄन्स्मृत्वा भर्तॄन्भ्रातॄंस्तथैव च ॥ १२
दुःखशोकसमाविष्टा विलेपुः सहिताः स्त्रियः । कथं नु खलु मे पुत्रो भविष्यति मया विना ॥ १३
कथं माता कथं भ्राता निमग्नाः शोकसागरे । हा कथं नु करिष्यामि भर्तुस्तस्मादहं विना ॥ १४
मृत्यो प्रसादयामि त्वां नय मां दुःखभागिनीम् । किं नु तद्दुष्कृतं कर्म पुरा देहान्तरे कृतम् ॥ १५
एवं स्म दुःखिताः सर्वाः पतिताः शोकसागरे । न खल्विदानीं पश्यामो दुःखस्यास्यान्तमात्मनः १६
अहो धिङ्मानुषं लोकं नास्ति खल्वधमः परः । यद्दुर्बला बलवता भर्तारो रावणेन नः ॥ १७
सूर्येणोदयता काले नक्षत्राणीव नाशिताः । अहो सुबलवद्रक्षो वधोपायेषु रज्यते ॥ १८

अथ लङ्कागतेन हतभर्तृकायाः स्वसुराश्वासनम्—निवर्तमान इति ॥ १ ॥ रक्षः इति संबुद्धिः । कन्याऽनूढा । स्त्री सभर्तृका ॥ २ ॥ ३ ॥ अग्न्यर्चिषां तुल्यं शोकाग्निना भयेन च संभवो यस्य तद्बाष्पजं जलं मुमुचुः ॥ ४ ॥ भयं शोकः । अशिवाश्रु दुःखाश्रु च यासां ताभिर्विमानमापूरितम् । नदीभिः सागर इव ॥ ५ ॥ ६ ॥ वज्रयुता वेदिर्वज्रवेदिस्तन्मध्यसमप्रभाः । मध्यभागे इति भावः । यद्वा वज्रतुल्यवर्णा वेदिः पीतवर्णा भ्रमरिकातिसूक्ष्मकटिषट्पदविशेषस्तन्मध्येस्यादिरर्थः ॥ ७ ॥ ८ ॥ ९ ॥ संनिरुद्धा अग्नयो यस्मिंस्तादृशमग्निहोत्रमग्निकुण्डमिव पुष्पकं भाति ॥ १० ॥ चिन्तयती । चिन्तयन्ती बभूवेति शेषः ॥ ११ ॥ १२ ॥ १३ ॥ तस्माद्भर्तुर्विनाकृताहं कथं नु करिष्यामि । एतदानुकूल्यमिति शेषः ॥ १४ ॥ १५ ॥ १६ ॥ नास्त्यधमः परः । मानुषाल्लोकादिति शेषः । तत्रैव हेतुः—यद्दुर्बला इति ॥ १७ ॥ वधोपायेषु

अमरोऽहं सुरश्रेष्ठ तेन मां नाविशद्भयम् । अथापि च भवेन्मृत्युस्त्वद्धस्तान्नान्यतः प्रभो ॥ ६०
यशस्यं श्लाघनीयं च त्वद्धस्तान्मरणं मम । अथास्य गात्रे संपश्यद्रावणो भीमविक्रमः ॥ ६१
तस्य देवस्य सकलं त्रैलोक्यं सचराचरम् । आदित्या मरुतः साध्या वसवोऽथाश्विनावपि ॥ ६२
रुद्राश्च पितरश्चैव यमो वैश्रवणस्तथा । समुद्रा गिरयो नद्यो वेदा विद्यास्त्रयोऽग्नयः ॥ ६३
ग्रहास्तारागणा व्योम सिद्धा गन्धर्वचारणाः । महर्षयो वेदविदो गरुडोऽथ भुजंगमाः ॥ ६४
ये चान्ये देवतासङ्घाः संस्थिता दैत्यराक्षसाः । गात्रेषु शयनस्थस्य दृश्यन्ते सूक्ष्ममूर्तयः ॥ ६५
आह रामोऽथ धर्मात्मा ह्यगस्त्यं मुनिसत्तमम् । द्वीपस्थः पुरुषः कोऽसौ तिस्रः कोट्यस्तु काश्च ताः ॥ ६६
शयानः पुरुषः कोऽसौ दैत्यदानवदर्पहा । रामस्य वचनं श्रुत्वा ह्यगस्त्यो वाक्यमब्रवीत् ॥ ६७
श्रूयतामभिधास्यामि देवदेव सनातन । भगवान्कपिलो नाम द्वीपस्थो नर उच्यते ॥ ६८
ये तु नृत्यन्ति वै तत्र स्वरास्ते तस्य धीमतः । तुल्यतेजःप्रभावास्ते कपिलस्य नरस्य वै ॥ ६९
नासौ क्रुद्धेन दृष्टस्तु राक्षसः पापनिश्चयः । न बभूव तदा तेन भस्मसाद्राम रावणः ॥ ७०
खिन्नगात्रो नगप्रख्यो रावणः पतितो भुवि । वाक्शरैस्तं बिभेदाशु रहस्यं पिशुनो यथा ॥ ७१
अथ दीर्घेण कालेन लब्धसंज्ञः स राक्षसः । आजगाम महातेजा यत्र ते सचिवाः स्थिताः ॥ ७२

इत्यार्षे श्रीमद्रामायणे वाल्मीकीय आदिकाव्य उत्तरकाण्डे प्रक्षिप्तः पञ्चमः सर्गः ॥ ५ ॥

अहो दुर्वृत्तमास्थाय नात्मानं वै जुगुप्सते । सर्वथा सदृशस्तावद्विक्रमोऽस्य दुरात्मनः ॥ १९
इदं त्वसदृशं कर्म परदाराभिमर्शनम् । यस्मादेष परक्यासु रमते राक्षसाधमः ॥ २०
तस्माद्वै स्त्रीकृतेनैव वधं प्राप्स्यति दुर्मतिः । सतीभिर्वरनारीभिरेवं वाक्येऽभ्युदीरिते ॥ २१
नेदुर्दुन्दुभयः खस्थाः पुष्पवृष्टिः पपात च । शप्तः स्त्रीभिः स तु समं हतौजा इव निष्प्रभः ॥ २२
पतिव्रताभिः साध्वीभिर्बभूव विमना इव । एवं विलपितं तासां शृण्वन्राक्षसपुंगवः ॥ २३
प्रविवेश पुरीं लङ्कां पूज्यमानो निशाचरैः । एतस्मिन्नन्तरे घोरा राक्षसी कामरूपिणी ॥ २४
सहसा पतिता भूमौ भगिनी रावणस्य सा । तां स्वसारं समुत्थाप्य रावणः परिसान्त्वयन् ॥ २५
अब्रवीत्किमिदं भद्रे वक्तुकामासि मां द्रुतम् । सा बाष्पपरिरुद्धाक्षी रक्ताक्षी वाक्यमब्रवीत् ॥ २६
कृतास्मि विधवा राजंस्त्वया बलवता बलात् । एते राजंस्त्वया वीर्याद्दैत्या विनिहता रणे ॥ २७
कालकेया इति ख्याताः सहस्राणि चतुर्दश । प्राणेभ्योऽपि गरीयान्मे तत्र भर्ता महाबलः ॥ २८
सोऽपि त्वया हतस्तात रिपुणा भ्रातृगन्धिना । त्वयास्मि निहता राजन्स्वयमेव हि बन्धुना ॥ २९
राजन्वैधव्यशब्दं च भोक्ष्यामि त्वत्कृतं ह्यहम् । ननु नाम त्वया रक्ष्यो जामाता समरेष्वपि ॥ ३०
स त्वया निहतो युद्धे स्वयमेव न लज्जसे । एवमुक्तो दशग्रीवो भगिन्या क्रोशमानया ॥ ३१
अब्रवीत्सान्त्वयित्वा तां सामपूर्वमिदं वचः । अलं वत्से रुदित्वा ते न भेतव्यं च सर्वशः ॥ ३२
दानमानप्रसादैस्त्वां तोषयिष्यामि यत्नतः । युद्धप्रमत्तो व्याक्षिप्तो जयकाङ्क्षी क्षिपञ्शरान् ॥ ३३
नाहमज्ञासिषं युध्यन्स्वान्परान्वापि संयुगे । जामातरं न जाने स्म प्रहरन्युद्धदुर्मदः ॥ ३४
तेनासौ निहतः संख्ये मया भर्ता तव स्वसः । अस्मिन्काले तु यत्प्राप्तं तत्करिष्यामि ते हितम् ॥ ३५
भ्रातुरैश्वर्ययुक्तस्य खरस्य वस पार्श्वतः । चतुर्दशानां भ्राता ते सहस्राणां भविष्यति ॥ ३६
प्रभुः प्रयाणे दाने च राक्षसानां महाबलः । तत्र मातृष्वसेयस्ते भ्रातायं वै खरः प्रभुः ॥ ३७
भविष्यति तवादेशं सदा कुर्वन्निशाचरः । शीघ्रं गच्छत्वयं वीरो दण्डकान्परिरक्षितुम् ॥ ३८
दूषणोऽस्य बलाध्यक्षो भविष्यति महाबलः । तत्र ते वचनं शूरः करिष्यति तदा खरः ॥ ३९
रक्षसां कामरूपाणां प्रभुरेष भविष्यति । एवमुक्त्वा दशग्रीवः सैन्यमस्यादिदेश ह ॥ ४०
चतुर्दश सहस्राणि रक्षसां वीर्यशालिनाम् । स तैः परिवृतः सर्वै राक्षसैर्घोरदर्शनैः ॥ ४१
आगच्छत खरः शीघ्रं दण्डकानकुतोभयः । स तत्र कारयामास राज्यं निहतकण्टकम् ।
सा च शूर्पणखा तत्र न्यवसद्दण्डके वने ॥ ४२

इत्यार्षे श्रीमद्रामायणे वाल्मीकीय आदिकाव्य उत्तरकाण्डे चतुर्विंशः सर्गः ॥ २४ ॥

वधसंपादकेषूपायेषु शस्त्रघातादिषु ॥ १८ ॥ जुगुप्सते निन्दति । अस्य विक्रमः सर्वथा सदृशो योग्यः । तपःसंपादितभगवत्प्रसादस्येति शेषः ॥ १९ ॥ परक्यासु परकीयासु ॥ २० ॥ २१ ॥ २२ ॥ २३ ॥ २४ ॥ २५ ॥ भद्रे मे मह्यं किं द्रुतं वक्तुकामासि । एवं वदता विद्युज्जिह्ववधोऽपि विशिष्य न ज्ञायत इति सूच्यते ॥ २६ ॥ २७ ॥ २८ ॥ यतो मे भर्ता हतः, अतोऽहं बन्धुना त्वया स्वयमेव हतास्मि ॥ २९ ॥ नन्विति पृथक्पदे । जामाता नाम समरेष्वपि रक्ष्यो ननु । काकुः । रक्ष्य एवेत्यर्थः ॥ ३० ॥ ३१ ॥ न भेतव्यं च सर्वशः । बान्धवादिभ्योऽपि मा भैषीः । स्वैरं चरेत्यर्थ इति तीर्थः ॥ ३२ ॥ ३३ ॥ ३४ ॥ अस्मिन्काले तु यत्प्राप्तम् । कर्तव्यत्वेनेति शेषः ॥ ३५ ॥ भ्रातुर्मातृष्वसेयस्य खरस्य समीपे पार्श्वतो वस । तत्समीपे वसेत्यर्थः । मम राज्यपारवश्येन त्वत्संमाननेऽवकाशाभाव इति भावः ॥ ३६ ॥ प्रयाणे प्रेषणे दानेऽन्नवस्त्रादिदाने प्रभुस्ते भ्रातेत्यन्वयः ॥ ३७ ॥ तवादेशं सदा कुर्वन्भविष्यति ॥ ३८ ॥ ३९ ॥ ४० ॥ ४१ ॥ ४२ ॥ इति श्रीरामाभिरामे श्रीरामीये रामायणतिलके वाल्मीकीय आदिकाव्य उत्तरकाण्डे चतुर्विंशः सर्गः ॥ २४ ॥

पञ्चविंशः सर्गः ।

स तु दत्त्वा दशग्रीवो बलं घोरं खरस्य तत् । भगिनीं च समाश्वास्य हृष्टः स्वस्थतरोऽभवत् ॥ १
ततो निकुम्भिला नाम लङ्कोपवनमुत्तमम् । तद्राक्षसेन्द्रो बलवान्प्रविवेश सहानुगः ॥ २
ततो यूपशताकीर्णं सौम्यचैत्योपशोभितम् । ददर्श विष्ठितं यज्ञं श्रिया संप्रज्वलन्निव ॥ ३
ततः कृष्णाजिनधरं कमण्डलुशिखाध्वजम् । ददर्श स्वसुतं तत्र मेघनादं भयावहम् ॥ ४
तं समासाद्य लङ्केशः परिष्वज्याथ बाहुभिः । अब्रवीत्किमिदं वत्स वर्तसे ब्रूहि तत्त्वतः ॥ ५
उशना त्वब्रवीत्तत्र यज्ञसंपत्समृद्धये । रावणं राक्षसश्रेष्ठं द्विजश्रेष्ठो महातपाः ॥ ६
अहमाख्यामि ते राजञ्श्रूयतां सर्वमेव तत् । यज्ञास्ते सप्त पुत्रेण प्राप्तास्ते बहुविस्तराः ॥ ७
अग्निष्टोमोऽश्वमेधश्च यज्ञो बहुसुवर्णकः । राजसूयस्तथा यज्ञो गोमेधो वैष्णवस्तथा ॥ ८
माहेश्वरे प्रवृत्ते तु यज्ञे पुंभिः सुदुर्लभे । वरांस्ते लब्धवान्पुत्रः साक्षात्पशुपतेरिह ॥ ९
कामगं स्यन्दनं दिव्यमन्तरिक्षचरं ध्रुवम् । मायां च तामसीं नाम यया संपद्यते तमः ॥ १०
एतया किल सङ्ग्रामे मायया राक्षसेश्वर । प्रयुक्तया गतिः शक्या नहि ज्ञातुं सुरासुरैः ॥ ११
अक्षयाविषुधी बाणैश्चापं चापि सुदुर्जयम् । अस्त्रं च बलवद्राजञ्छत्रुविध्वंसनं रणे ॥ १२
एतान्सर्वान्वरांल्लब्ध्वा पुत्रस्तेऽयं दशानन । अद्य यज्ञसमाप्तौ च त्वां दिदृक्षन्स्थितो ह्यहम् ॥ १३
ततोऽब्रवीद्दशग्रीवो न शोभनमिदं कृतम् । पूजिताः शत्रवो यस्माद्द्रव्यैरिन्द्रपुरोगमाः ॥ १४
एहीदानीं कृतं यद्धि सुकृतं तन्न संशयः । आगच्छ सौम्य गच्छामः स्वमेव भवनं प्रति ॥ १५
ततो गत्वा दशग्रीवः सपुत्रः सविभिषणः । स्त्रियोऽवतारयामास सर्वास्ता बाष्पगद्गदाः ॥ १६
लक्षिण्यो रत्नभूताश्च देवदानवरक्षसाम् । तस्य तासु मतिं ज्ञात्वा धर्मात्मा वाक्यमब्रवीत् ॥ १७
ईदृशैस्त्वं समाचारैर्यशोर्थं[illegible]ैः । धर्षणं प्राणिनां ज्ञात्वा स्वमतेन विचेष्टसे ॥ १८
ज्ञातींस्तान्धर्षयित्वेमास्त्वयानीता वराङ्गनाः । त्वामतिक्रम्य मधुना राजन्कुम्भीनसी हृता ॥ १९
रावणस्त्वब्रवीद्वाक्यं मावगच्छामि किं त्विदम् । कोऽयं यस्तु त्वयाख्यातो मधुरित्येव नामतः २०
विभीषणस्तु संक्रुद्धो भ्रातरं वाक्यमब्रवीत् । श्रूयतामस्य पापस्य कर्मणः फलमागतम् ॥ २१
मातामहस्य योऽस्माकं ज्येष्ठो भ्राता सुमालिनः । माल्यवानिति विख्यातो वृद्धः प्राज्ञो निशाचरः २२
पिता ज्येष्ठो जनन्या नो ह्यस्माकं चार्यकोऽभवत् । तस्य कुम्भीनसी नाम दुहितुर्दुहिताभवत् ॥ २३
मातृष्वसुरथास्माकं सा च कन्यानलोद्भवा । भवत्यस्माकमेवैषा भ्रातॄणां धर्मतः स्वसा ॥ २४
सा हृता मधुना राजन्राक्षसेन बलीयसा । यज्ञप्रवृत्ते पुत्रे तु मयि चान्तर्जलोषिते ॥ २५

स त्विति ॥ १ ॥ निकुम्भिला लङ्कापश्चिमद्वारदेशवर्तिकर्मसिद्धिहेतुभूतं काननम् ॥ २ ॥ चैत्यं देवायतनम् । विष्ठितं प्रवृत्तम् ॥ ३ ॥ कमण्डलुः शिखाध्वजो दण्डश्च यस्य तम् । अर्शआद्यजन्तम् । दण्डकमण्डलुयुक्तमित्यर्थः । अनेन ब्रह्मचर्यं सूचितम्, न तु ब्रह्मचर्याश्रमः । अग्निष्टोमयाजित्वस्यानुपदमेव वक्ष्यमाणत्वात् ॥ ४ ॥ ५ ॥ उशना त्वब्रवीदिति । पुत्रस्य यजमानत्वेन मौनित्वात्सोऽवददिति भावः । यज्ञसंपत्समृद्धये यजमानस्य मौनात्यागेन तत्समृद्धिर्भवति ॥ ६ ॥ ते प्रसिद्धास्ते सप्त यज्ञाः ॥ ७ ॥ तदेवाह—अग्निष्टोम इति ॥ ८ ॥ पशुपते रुद्रात् ॥ ९ ॥ १० ॥ ११ ॥ १२ ॥ पुत्रोऽहं च त्वां दिदृक्षन्स्थितः ॥ १३ ॥ न शोभनं कृतमित्यत्र हेतुः—पूजिता इति । तपसैव ब्रह्मादयो देवास्तोषणीयाः, न लिङ्गाविप्रीणनोपेतयागेनेति भावः ॥ १४ ॥ यत्कृतं तत्कृतमेव । अकर्तुमशक्यत्वादतः परं मा कुर्विति भावः ॥ १५ ॥ १६ ॥ लक्षिण्यः सुलक्षणयुक्ताः । रत्नभूता उत्तमवस्तुभूताः ॥ १७ ॥ ज्ञात्वा तेषां पापजनकत्वं ज्ञात्वापि स्वमतेनोल्लङ्घितधर्मन्यायमर्यादया । स्वेच्छयेत्यर्थः ॥ १८ ॥ ताञ्ज्ञातीनानीतस्त्रीबन्धून् ॥ १९ ॥ नावगच्छामि नेमं वृत्तान्तं जानामि । किं त्विदं कथं संपन्नम् ॥ २० ॥ अस्य पापस्य कर्मणः परदारग्रहणरूपस्य फलं स्वीयस्वसुर्मधुसुरेण बलाद्धरणरूपम् ॥ २१ ॥ २२ ॥ आर्यको मातामहः ॥ २३ ॥ अत्रेदं बोध्यम्—अस्मन्मातामहस्य सुता कैकसी, तज्ज्येष्ठा भगिनी पुष्पोत्कटा, कनिष्ठा कुम्भीनसीति पूर्वमुक्तम् । सुमालिभ्राता माल्यवानस्मन्मातुर्ज्येष्ठः पितेत्यस्माकमार्यकः सः । तस्य कन्यानला तत्कन्या कुम्भीनसी सुमाल्यपत्यभूतकुम्भीनस्या अन्या इति । सा च कुम्भीनस्यस्माकं मातृष्वसुः कन्या भवति । अनलाया अस्मत्कनिष्ठमातृत्वात्, अत एषा शूर्पणखावदनलाकन्या कुम्भीनसी धर्मतो न्यायतः स्वसा भवति ॥ २४ ॥ यज्ञप्रवृत्ते तेन दीक्षावत्त्वाद्युद्धप्रवृत्तिनिवारणम् । 'यज्ञप्रमत्ते' इति पाठे यज्ञेन प्रमत्ते स्वगृहकृत्यविस्मृतिमति । अन्तर्जलोषिते । तपोर्थमिति

कुम्भकर्णो महाराज निद्रामनुभवत्यथ । निहत्य राक्षसश्रेष्ठानमात्यानिह संमता- ॥ २६
धर्षयित्वा हृता राजन्गुप्ताप्यन्तःपुरे तव । श्रुत्वापि [illegible] क्षान्तमेव हतो न सः ॥ २७
यस्मादवश्यं दातव्या कन्या भर्त्रे हि भ्रातृभिः । तदेतत्कर्मणो ह्यस्य फलं पापस्य दुर्मतेः ॥ २८
अस्मिन्नेवाभिसंप्राप्तं लोके विदितमस्तु ते । विभीषणवचः श्रुत्वा राक्षसेन्द्रः स रावणः ॥ २९
दौरात्म्येनात्मनोद्भूतस्तप्ताम्भा इव सागरः । ततोऽब्रवीद्दशग्रीवः क्रुद्धः [illegible] ॥ ३०
कल्प्यतां मे रथः शीघ्रं शूराः सज्जीभवन्तु नः । भ्राता मे कुम्भकर्णश्च ये च मुख्या निशाचराः ॥ ३१
[illegible]रोहन्तु नानाप्रहरणायुधाः । अद्य तं समरे हत्वा मधुं रावणनिर्भयम् ॥ ३२
सुरलोकं गमिष्यामि युद्धाकाङ्क्षी सुहृद्वृतः । अक्षौहिणीसहस्राणि चत्वार्यग्र्याणि रक्षसाम् ॥ ३३
नानाप्र[illegible], निर्ययुर्युद्धकाङ्क्षिणाम् । इन्द्रजित्त्वग्रतः सैन्यात्सैनिकान्परिगृह्य च ॥ ३४
जगाम रावणो मध्ये कुम्भकर्णश्च पृष्ठतः । विभीषणश्च धर्मात्मा लङ्कायां धर्ममाचरन् ॥ ३५
शेषाः सर्वे महाभागा ययुर्मधुपुरं प्रति । खरैरुष्ट्रैर्हयैर्दीप्तैः शिशुमारैर्महोरगैः ॥ ३६
राक्षसाः प्रययुः सर्वे कृत्वाकाशं निरन्तरम् । दैत्याश्च शतशस्तत्र कृतवैराश्च दैवतैः ॥ ३७
रावणं प्रेक्ष्य गच्छन्तमन्वगच्छन्हि पृष्ठतः । स तु गत्वा मधुपुरं प्रविश्य च दशाननः ॥ ३८
न ददर्श मधुं तत्र भगिनीं तत्र दृष्टवान् । सा च प्रह्वाञ्जलिर्भूत्वा शिरसा चरणौ गता ॥ ३९
तस्य राक्षसराजस्य त्रस्ता कुम्भीनसी तदा । तां समुत्थापयामास न भेतव्यमिति ब्रुवन् ॥ ४०
रावणो राक्षसश्रेष्ठः किं चापि करवाणि ते । साब्रवीद्यदि मे राजन्प्रसन्नस्त्वं महाभुज ॥ ४१
भर्तारं न ममेहाद्य हन्तुमर्हसि मानद । नहीदृशं भयं किंचित्कुलस्त्रीणामिहोच्यते ॥ ४२
भयानामपि सर्वेषां वैधव्यं व्यसनं महत् । सत्यवाग्भव राजेन्द्र मामवेक्षस्व याचतीम् ॥ ४३
त्वयाप्युक्तं महाराज न भेतव्यमिति स्वयम् । रावणस्त्वब्रवीद्धृष्टः स्वसारं तत्र संस्थिताम् ॥ ४४
क्व चासौ तव भर्ता वै मम शीघ्रं निवेद्यताम् । सह तेन गमिष्यामि सुरलोकं जयाय हि ॥ ४५
तव कारुण्यसौहार्दान्निवृत्तोऽस्मि मधोर्वधात् । इत्युक्ता सा समुत्थाप्य प्रसुप्तं तं निशाचरम् ॥ ४६
अब्रवीत्संप्रहृष्टेव राक्षसी सा पतिं वचः । एष प्राप्तो दशग्रीवो मम भ्राता महाबलः ॥ ४७
सुरलोकजयाकाङ्क्षी साहाय्ये त्वां वृणोति च । तदस्य त्वं सहायार्थं सबन्धुर्गच्छ राक्षस ॥ ४८
स्निग्धस्य भजमानस्य युक्तमर्थाय कल्पितुम् । तस्यास्तद्वचनं श्रुत्वा तथेत्याह मधुर्वचः ॥ ४९
ददर्श राक्षसश्रेष्ठं यथान्यायमुपेत्य सः । पूजयामास धर्मेण रावणं राक्षसाधिपम् ॥ ५०
प्राप्य पूजां दशग्रीवो मधुवेश्मनि वीर्यवान् । तत्र चैकां निशामुष्य गमनायोपचक्रमे ॥ ५१
ततः कैलासमासाद्य शैलं वैश्रवणालयम् । राक्षसेन्द्रो महेन्द्राभः सेनामुपनिवेशयत् ॥ ५२

इत्यार्षे श्रीमद्रामायणे वाल्मीकीय आदिकाव्य उत्तरकाण्डे पञ्चविंशः सर्गः ॥ २५ ॥

शेषः ॥ २५ ॥ सहसंमतान् । प्रसिद्धान्स्थितांश्चेत्यर्थः ॥ २६ ॥ मधोः स्वसृहरणं श्रुत्वाप्यस्माभिः क्षान्तमेव, न तु स हतः ॥ २७ ॥ कुतस्तत्राह—यस्मादिति । भ्रातृभिरिति गुरुपरम् । तदेतद्ब्राह्मादिन्याय्यविधिं विना बलात्कन्याहरणरूपम् । अस्य कर्मणः परदारहरणरूपस्य पापस्य ॥ २८ ॥ अस्मिन्नेवास्मिन्क्षण एव । अभिसंप्राप्तं फलत्वेन प्राप्तं ते इदं कर्म तत्कालं तत्फलप्राप्तिश्च लोके विदितमस्तु । परदारहरणस्य झटिति फलवत्तेति ज्ञात्वा लोकस्ततो निवर्त्स्यत इति भावः ॥ २९ ॥ आत्मना कृतेन दौरात्म्येनोद्भूतः पीडितस्तप्ताम्भाः सागर इव जातः । अतितप्तो जात इत्यर्थः ॥ ३० ॥ ३१ ॥ रावणनिर्भयं रावणान्निर्भयम् ॥ ३२ ॥ अग्र्याणि मुख्यानि ॥ ३३ ॥ सैन्यादग्रतः सर्वसैन्यस्य पुरस्तात्सेनासमवेताः सैनिकास्तान्परिगृह्य ययौ ॥ ३४ ॥ कुम्भकर्णस्तद्दिने दैवाल्लब्धजागरो युद्धाय निर्गत इति बोध्यम् । लङ्कायां धर्ममाचरन् । तत्रैव स्थित इत्यर्थः ॥ ३५ ॥ ३६ ॥ ३७ ॥ ३८ ॥ प्रह्वाञ्जलिः कृतनम्रत्वचिह्नाञ्जलिः ॥ ३९ ॥ तां पापपतितां स्वसारं कुम्भीनसीमुत्थापयामास ॥ ४० ॥ किं चापीति । अन्यदपि प्रियमित्यर्थः ॥ ४१ ॥ ईदृशं भयं भर्तृवधसमानम् ॥ ४२ ॥ ४३ ॥ ४४ ॥ ४५ ॥ ४६ ॥ ४७ ॥ ४८ ॥ अर्थाय प्रयोजनाय कल्पयितुं साहाय्यं संपादयितुं युक्तम् । स्निग्धस्य मदपेक्षया त्वयि स्निग्धस्य । भजमानस्य त्वयि जामातृभावं भजतः ॥ ४९ ॥ यथान्यायमुपचारपूर्वम् ॥ ५० ॥ ५१ ॥ ५२ ॥

इति श्रीरामाभिरामे श्रीरामीये रामायणतिलके वाल्मीकीय आदिकाव्ये उत्तरकाण्डे पञ्चविंशः सर्गः ॥ २५ ॥

षड्विंशः सर्गः ।

स तु तत्र दशग्रीवः सह सैन्येन वीर्यवान् । अस्तं प्राप्ते दिनकरे निवासं समरोचयत् ॥ १
उदिते विमले चन्द्रे तुल्यपर्वतवर्चसि । प्रसुप्तं सुमहत्सैन्यं नानाप्रहरणायुधम् ॥ २
रावणस्तु महावीर्यो निषण्णः शैलमूर्धनि । स ददर्श गुणांस्तत्र चन्द्रपादपशोभितान् ॥ ३
कर्णिकारवनैर्दीप्तैः कदम्बबकुलैस्तथा । पद्मिनीभिश्च फुल्लाभिर्मन्दाकिन्या जलैरपि ॥ ४
चम्पकाशोकपुंनागमन्दारतरुभिस्तथा । चूतपाटललोध्रैश्च प्रियङ्ग्वर्जुनकेतकैः ॥ ५
तगरैर्नारिकेलैश्च प्रियालपनसैस्तथा । एतैरन्यैश्च तरुभिरुद्भासितवनान्तरे ॥ ६
किंनरा मदनेनार्ता रक्ता मधुरकण्ठिनः । समं संप्रजगुर्यत्र मनस्तुष्टिविवर्धनम् ॥ ७
विद्याधरा मदक्षीबा मदरक्तान्तलोचनाः । योषिद्भिः सह संक्रान्ताश्चिक्रीडुर्जहृषुश्च वै ॥ ८
घण्टानामिव संनादः शुश्रुवे मधुरस्वनः । अप्सरोगणसङ्घानां गायतां धनदालये ॥ ९
पुष्पवर्षाणि मुञ्चन्तो नगाः पवनताडिताः । शैलं तं वासयन्तीव मधुमाधवगन्धिनः ॥ १०
मधुपुष्परजःपृक्तं गन्धमादाय पुष्कलम् । प्रववौ वर्धयन्कामं रावणस्य सुखोऽनिलः ॥ ११
गेयात्पुष्पसमृद्ध्या च शैत्याद्वायोर्गिरेर्गुणात् । प्रवृत्तायां रजन्यां च चन्द्रस्योदयनेन च ॥ १२
रावणः स महावीर्यः कामस्य वशमागतः । विनिःश्वस्य विनिःश्वस्य शशिनं समवैक्षत ॥ १३
एतस्मिन्नन्तरे तत्र दिव्याभरणभूषिता । सर्वाप्सरोवरा रम्भा पूर्णचन्द्रनिभानना ॥ १४
दिव्यचन्दनलिप्ताङ्गी मन्दारकृतमूर्धजा । दिव्योत्सवकृतारम्भा दिव्यपुष्पविभूषिता ॥ १५
चक्षुर्मनोहरं पीनं मेखलादामभूषितम् । समुद्वहन्ती जघनं रतिप्राभृतमुत्तमम् ॥ १६
कृतैर्विशेषकैरार्द्रैः षडर्तुकुसुमोद्भवैः । बभावन्यतमेव श्रीः कान्तिश्रीद्युतिकीर्तिभिः ॥ १७
नीलं सतोयमेघाभं वस्त्रं समवगुण्ठिता । यस्या वक्त्रं शशिनिभं भ्रुवौ चापनिभे शुभे ॥ १८
ऊरू करिकराकारौ करौ पल्लवकोमलौ । सैन्यमध्येन गच्छन्ती रावणेनोपलक्षिता ॥ १९
तां समुत्थाय गच्छन्तीं कामबाणवशं गतः । करे गृहीत्वा लज्जन्तीं स्मयमानोऽभ्यभाषत ॥ २०
क्व गच्छसि वरारोहे कां सिद्धिं भजसे स्वयम् । कस्याभ्युदयकालोऽयं यस्त्वां समुपभोक्ष्यते ॥ २१
त्वदाननरसस्याद्य पद्मोत्पलसुगन्धिनः । सुधामृतरसस्येव कोऽद्य तृप्तिं गमिष्यति ॥ २२
स्वर्णकुम्भनिभौ पीनौ शुभौ भीरु निरन्तरौ । कस्योरस्थलसंस्पर्शं दास्यतस्ते कुचाविमौ ॥ २३
सुवर्णचक्रप्रतिमं स्वर्णदामचितं पृथु । अध्यारोक्ष्यति कस्तेऽद्य जघनं स्वर्गरूपिणम् ॥ २४
मद्विशिष्टः पुमान्कोऽद्य शक्रो विष्णुरथाश्विनौ । मामतीत्य हि यच्च त्वं यासि भीरु न शोभनं ॥ २५
विश्रम त्वं पृथुश्रोणि शिलातलमिदं शुभम् । त्रैलोक्ये यः प्रभुश्चैव मदन्यो नैव विद्यते ॥ २६
तदेवं प्राञ्जलिः प्रह्वो याचते त्वां दशाननः । भर्तुर्भर्ता विधाता च त्रैलोक्यस्य भजस्व माम् ॥ २७

अथ रावणस्य नलकूबरशापप्राप्तिः—स तु तत्रेति ॥ १ ॥ तुल्यपर्वतवर्चसि स्वनिविष्टकैलासपर्वततुल्यप्रभे ॥ २ ॥ गुणान्कैलासपर्वतीयसकलकामभोगार्हधर्मान् ॥ ३ ॥ पद्मिन्यः सरांसि । तासां फुल्लत्वं तत्कालोचितविकासवत्कह्लारादिभिर्बोध्यम् ॥ ४ ॥ ५ ॥ ईदृशे वनान्तरे प्रजगुरित्यन्वयः ॥ ६ ॥ रक्ता रागयुक्ताः । मधुरकण्ठिनो मधुरकण्ठध्वनयः । समम् । स्त्रीभिरिति शेषः । यत्र कैलासे ॥ ७ ॥ ८ ॥ ९ ॥ वासयन्त्यधिवासयन्ति सुगन्धं कुर्वन्ति । मधुमाधवगन्धिनो वसन्तीयसर्वपुष्पसुगन्धयः ॥ १० ॥ मधुना मकरन्देन । पुष्परजसा पृक्तं मिलितम् ॥ ११ ॥ १२ ॥ १३ ॥ १४ ॥ मन्दारेति । मन्दारैः कल्पवृक्षकुसुमैः कृतालंकारा मूर्धजाः कचा यस्याः सा । दिव्योत्सवाय दिव्यरतये कृत आरम्भो गमनरूपो यया ॥ १५ ॥ रतिप्राभृतं रत्युपायनभूतम् ॥ १६ ॥ विशेषकैर्हरिचन्दनादिकल्पितैः कपोलादिषु चित्रकैः । षडर्तुकुसुमोद्भवैः गुण आर्षः । षड्ऋतुकुसुमकल्पितैरलंकारैः । कान्त्या प्रत्यवयवशोभारूपसौन्दर्येण । श्रियाभरणसंपदा । द्युत्या लावण्येन कीर्त्या च । अन्यतमा । स्वार्थे तमः । अन्या श्रीरिव लक्ष्मीरिव बभावित्यर्थः ॥ १७ ॥ समवगुण्ठिता प्रावृतवती ॥ १८ ॥ १९ ॥ गच्छन्तीं तां समुत्थाय करे गृहीत्वाभ्यभाषतेत्यन्वयः ॥ २० ॥ कां सिद्धिं कस्य संभोगसिद्धिम् ॥ २१ ॥ आननरसस्य अधरामृतेनेत्यर्थः ॥ २२ ॥ २३ ॥ स्वर्गरूपिणं स्वर्गो निरतिशयसुखं तस्य रूपं यस्यास्ति । निरतिशयसुखहेतुभूतमित्यर्थः ॥ २४ ॥ यत्त्वं यासि तन्न शोभनमित्यन्वयः ॥ २५ ॥ त्रैलोक्ये यः प्रभुः स्यात्स मदन्यो नैवेत्यर्थः । तेन त्रैलोक्यप्रभोर्ममाभ्यार्थमुपेक्षा न युक्तेति भावः ॥ २६ ॥ त्रैलोक्यस्य भर्तुरपि भर्ता

एवमुक्ताब्रवीद्रम्भा वेपमाना कृताञ्जलिः । प्रसीद नार्हसे वक्तुमीदृशं त्वं हि मे गुरुः ॥ २८
अन्येभ्योऽपि त्वया रक्ष्या प्राप्नुयां धर्षणं यदि । तद्धर्मतः स्नुषा तेऽहं तत्त्वमेतद्ब्रवीमि ते ॥ २९
अथाब्रवीद्दशग्रीवश्चरणाधोमुखीं स्थिताम् । रोमहर्षमनुप्राप्तां दृष्टमात्रेण तां तदा ॥ ३०
सुतस्य यदि मे भार्या ततस्त्वं हि स्नुषा भवेः । बाढमित्येव सा रम्भा प्राह रावणमुत्तरम् ॥ ३१
धर्मतस्ते सुतस्याहं भार्या राक्षसपुंगव । पुत्रः प्रियतरः प्राणैर्भ्रातुर्वैश्रवणस्य ते ॥ ३२
विख्यातस्त्रिषु लोकेषु नलकूबर इत्ययम् । धर्मतो यो भवेद्विप्रः क्षत्रियो वीर्यतो भवेत् ॥ ३३
क्रोधाद्यश्च भवेदग्निः क्षान्त्या च वसुधासमः । तस्यास्मि कृतसंकेता लोकपालसुतस्य वै ॥ ३४
तमुद्दिश्य तु मे सर्वं विभूषणमिदं कृतम् । यथा तस्य हि नान्यस्य भावो मां प्रति तिष्ठति ॥ ३५
तेन सत्येन मां राजन्मोक्तुमर्हस्यरिंदम । स हि तिष्ठति धर्मात्मा मां प्रतीक्ष्य समुत्सुकः ॥ ३६
तत्र विघ्नं तु तस्येह कर्तुं नार्हसि मुञ्च माम् । सद्भिराचरितं मार्गं गच्छ राक्षसपुंगव ॥ ३७
माननीयो मम त्वं हि पालनीया तथास्मि ते । एवमुक्तो दशग्रीवः प्रत्युवाच विनीतवत् ॥ ३८
स्नुषास्मि यदवोचस्त्वमेकपत्नीष्वयं क्रमः । देवलोकस्थितिरियं सुराणां शाश्वती मता ॥ ३९
पतिरप्सरसां नास्ति न चैकस्त्रीपरिग्रहः । एवमुक्त्वा स तां रक्षो निवेश्य च शिलातले ॥ ४०
कामभोगाभिसंरक्तो मैथुनायोपचक्रमे । सा विमुक्ता ततो रम्भा भ्रष्टमाल्यविभूषणा ॥ ४१
गजेन्द्राक्रीडमथिता नदीवाकुलतां गता । लुलिताकुलकेशान्ता करवेपितपल्लवा ॥ ४२
पवनेनावधूतेव लता कुसुमशालिनी । सा वेपमाना लज्जन्ती भीता करकृताञ्जलिः ॥ ४३
नलकूबरमासाद्य पादयोर्निपपात ह । तदवस्थां च तां दृष्ट्वा महात्मा नलकूबरः ॥ ४४
अब्रवीत्किमिदं भद्रे पादयोः पतितासि मे । सा वै निःश्वसमाना तु वेपमाना कृताञ्जलिः ॥ ४५
तस्मै सर्वं यथातत्त्वमाख्यातुमुपचक्रमे । एष देव दशग्रीवः प्राप्तो गन्तुं त्रिविष्टपम् ॥ ४६
तेन सैन्यसहायेन निशेयं परिणामिता । अयान्ती तेन दृष्टास्मि त्वत्सकाशमरिंदम ॥ ४७
गृहीता तेन पृष्टास्मि कस्य त्वमिति रक्षसा । मया तु सर्वं यत्सत्यं तस्मै सर्वं निवेदितम् ॥ ४८
काममोहाभिभूतात्मा नाश्रौषीत्तद्वचो मम । याच्यमानो मया देव स्नुषा तेऽहमिति प्रभो ॥ ४९
तत्सर्वं पृष्ठतः कृत्वा बलात्तेनास्मि धर्षिता । एवं त्वमपराधं मे क्षन्तुमर्हसि सुव्रत ॥ ५०
नहि तुल्यं बलं सौम्य स्त्रियाश्च पुरुषस्य हि । एतच्छ्रुत्वा तु संक्रुद्धस्तदा वैश्रवणात्मजः ॥ ५१
धर्षणां तां परां श्रुत्वा ध्यानं संप्रविवेश ह । तस्य तत्कर्म विज्ञाय तदा वैश्रणात्मजः ॥ ५२
मुहूर्तात्क्रोधताम्राक्षस्तोयं जग्राह पाणिना । गृहीत्वा सलिलं सर्वमुपस्पृश्य यथाविधि ॥ ५३
उत्ससर्ज तदा शापं राक्षसेन्द्राय दारुणम् । अकामा तेन यस्मात्त्वं बलाद्भद्रे प्रधर्षिता ॥ ५४
तस्मात्स युवतीमन्यां नाकामामुपयास्यति । यदा ह्यकामां कामार्तो धर्षयिष्यति योषितम् ॥ ५५
मूर्धा तु सप्तधा तस्य शकलीभविता तदा । तस्मिन्नुदाहृते शापे ज्वलिताग्निसमप्रभे ॥ ५६
देवदुन्दुभयो नेदुः पुष्पवृष्टिश्च खाच्च्युता । पितामहमुखाश्चैव सर्वे देवाः प्रहर्षिताः ॥ ५७

विधाता च तं मां भजस्वेत्यर्थः ॥ २७ ॥ २८ ॥ अन्येभ्योऽपि यदि धर्षणं प्राप्नुयां तदापि त्वया रक्ष्या । अत एवं वक्तुं नार्हसि ॥ २९ ॥ चरणाधोमुखीं चरणावलोकनेनाधोमुखतया स्थिताम् ॥ ३० ॥ सुतस्य । इन्द्रजित इत्यर्थः ॥ ३१ ॥ धर्मतः संकेतधर्मतः ॥ ३२ ॥ धर्मतो धर्मानुष्ठानविषये ॥ ३३ ॥ कृतसंकेता कृतरतिसंकेता ॥ ३४ ॥ यथा तस्य भावो मां प्रति तिष्ठति तथा ममापि भावस्तं प्रति तिष्ठतीति शेषः । नान्यस्य नान्यं प्रतीत्यर्थः ॥ ३५ ॥ ३६ ॥ ३७ ॥ ३८ ॥ स्नुषास्मि यदिति । स्नुषास्मीति यदवोच इत्यर्थः । देवलोकस्थितिर्देवलोकमर्यादा ॥ ३९ ॥ इयमितीदंशब्दार्थः—पतिरिति । अप्सरसां नियतः पतिर्नास्ति । सुराणामप्येकाप्सरःपरिग्रहो भार्यात्वेन नास्तीत्यर्थः ॥ ४० ॥ विमुक्ता । संभोगानन्तरमिति शेषः ॥ ४१ ॥ करवेपितपल्लवा वेपितकरपल्लवा ॥ ४२ ॥ ४३ ॥ ४४ ॥ ४५ ॥ ४६ ॥ परिणामिता यापिता इहेति शेषः ॥ ४७ ॥ अत्र सर्वपदस्य द्विरुपादानं भयवशान्न दोषाय ॥ ४८ ॥ ४९ ॥ ५० ॥ ५१ ॥ ध्यानं संप्रविवेश । एतदुक्तार्थः सत्योऽसत्यो वेति जिज्ञासार्थमिति भावः ॥ ५२ ॥ सर्वमुपस्पृश्य चक्षुरादीन्द्रियगणं सर्वमित्यर्थः ॥ ५३ ॥ ५४ ॥ ५५ ॥ सप्तधा तस्येति । सप्तधातुवशात्सप्तप्रकारेण । विशकलीभविता । छन्द ॥ ५६ ॥ दुन्दुभिवाद्यादयः संतोषात् ॥ ५७ ॥

ज्ञात्वा लोकगतिं सर्वां तस्य मृत्युं च रक्षसः । श्रुत्वा तु स दशग्रीवस्तं शापं रोमहर्षणम् ॥ ५८
नारीषु मैथुनीभावं नाकामास्वभ्यरोचयत् । तेन नीताः स्त्रियः प्रीतिमापुः सर्वाः पतिव्रताः ।
नलकूबरनिर्मुक्तं शापं श्रुत्वा मनःप्रियम् ॥ ५९

इत्यार्षे श्रीमद्रामायणे वाल्मीकीय आदिकाव्य उत्तरकाण्डे षड्विंशः सर्गः ॥ २६ ॥

सप्तविंशः सर्गः ।

कैलासं लङ्घयित्वा तु ससैन्यबलवाहनः । आससाद महातेजा इन्द्रलोकं दशाननः ॥ १
तस्य राक्षससैन्यस्य समन्तादुपयास्यतः । देवलोके बभौ शब्दो भिद्यमानार्णवोपमः ॥ २
श्रुत्वा तु रावणं प्राप्तमिन्द्रश्चलित आसनात् । देवानथाब्रवीत्तत्र सर्वानेव समागतान् ॥ ३
आदित्यांश्च वसून्रुद्रान्साध्यांश्च समरुद्गणान् । सज्जा भवत युद्धार्थं रावणस्य दुरात्मनः ॥ ४
एवमुक्तास्तु शक्रेण देवाः शक्रसमा युधि । संनह्य सुमहासत्त्वा युद्धश्रद्धासमन्विताः ॥ ५
स तु दीनः परित्रस्तो महेन्द्रो रावणं प्रति । विष्णोः समीपमागत्य वाक्यमेतदुवाच ह ॥ ६
विष्णो कथं करिष्यामि रावणं राक्षसं प्रति । अहोऽतिबलवद्रक्षो युद्धार्थमभिवर्तते ॥ ७
वरप्रदानाद्बलवान्न खल्वन्येन हेतुना । तत्तु सत्यं वचः कार्यं यदुक्तं पद्मयोनिना ॥ ८
तद्यथा नमुचिर्वृत्रो बलिर्नरकशम्बरौ । त्वद्बलं समवष्टभ्य मया दग्धास्तथा कुरु ॥ ९
नह्यन्यो देवदेवेश त्वदृते मधुसूदन । गतिः परायणं चापि त्रैलोक्ये सचराचरे ॥ १०
त्वं हि नारायणः श्रीमान्पद्मनाभः सनातनः । त्वयेमे स्थापिता लोकाः शक्रश्चाहं सुरेश्वरः ॥ ११
त्वया सृष्टमिदं सर्वं त्रैलोक्यं सचराचरम् । त्वामेव भगवन्सर्वे प्रविशन्ति युगक्षये ॥ १२
तदाचक्ष्व यथातत्त्वं देवदेव मम स्वयम् । असिचक्रसहायस्त्वं योत्स्यसे रावणं प्रति ॥ १३
एवमुक्तः स शक्रेण देवो नारायणः प्रभुः । अब्रवीन्न परित्रासः कर्तव्यः श्रूयतां च मे ॥ १४
न तावदेष दुष्टात्मा शक्यो जेतुं सुरासुरैः । हन्तुं चापि समासाद्य वरदानेन दुर्जयः ॥ १५
सर्वथा तु महत्कर्म करिष्यति बलोत्कटः । राक्षसः पुत्रसहितो दृष्टमेतन्निसर्गतः ॥ १६
यत्तु मां त्वमभाषिष्ठा युध्यस्वेति सुरेश्वर । नाहं तं प्रतियोत्स्यामि रावणं राक्षसं युधि ॥ १७
नाहत्वा समरे शत्रुं विष्णुः प्रतिनिवर्तते । दुर्लभश्चैव कामोऽद्य वरगुप्ताद्धि रावणात् ॥ १८
प्रतिजाने च देवेन्द्र त्वत्समीपे शतक्रतो । भवितास्मि यथास्याहं रक्षसो मृत्युकारणम् ॥ १९
अहमेव निहन्तास्मि रावणं सपुरःसरम् । देवता नन्दयिष्यामि ज्ञात्वा कालमुपागतम् ॥ २०
एतत्ते कथितं तत्त्वं देवराज शचीपते । युध्यस्व विगतत्रासः सुरैः सार्धं महाबल ॥ २१
ततो रुद्राः सहादित्या वसवो मरुतोऽश्विनौ । संनद्धा निर्ययुस्तूर्णं राक्षसानभितः पुरात् ॥ २२

तमेव संतोषहेतुमाह—ज्ञात्वेति । लोकगतिं लोकस्य तत्कृतपीडामूलदुर्दशां तस्य रक्षसो मृत्युं च ज्ञात्वेत्यर्थः ॥ ५८ ॥ नाकामास्वभ्यरोचयत् । इदं वचनं सीतादेव्या अक्षतत्वस्य सम्यग्रामं प्रति बोधनार्थम् । तेन रावणेन नीताः प्राक्स्वान्तःपुरं नीताः पतिव्रताः स्त्रियश्च तं स्वेष्टं शापं श्रुत्वा प्रीतिमापुः ॥ ५९ ॥ **इति श्रीरामाभिरामे श्रीरामीये रामायणतिलके वाल्मीकीय आदिकाव्ये उत्तरकाण्डे षड्विंशः सर्गः ॥ २६ ॥**

अथ युद्धे सुमालिवधः—कैलासमिति । कैलासं लङ्घयित्वेन्द्रलोकमाससाद । तस्य मेरूपरि प्रतिष्ठितत्वात् ॥ १ ॥ २ ॥ ३ ॥ ४ ॥ ५ ॥ रावणं प्रति परित्रस्तः । भगवद्वचनस्य परिपालनीयत्वादिति भावः ॥ ६ ॥ ७ ॥ **बलवत्त्वे हेतुमाह—** वरप्रदानादिति ॥ ८ ॥ तद्बलमपरिमितं तावकं बलमाश्रित्य यथा दग्धास्तथा रावणस्यापि वधोपाययत्नं कुरु मे आख्याहि ॥ ९ ॥ देवेति देवेशेति च विष्णुसंबोधनम् । गती रक्षकः । परायणमाश्रयः ॥ १० ॥ ११ ॥ १२ ॥ तत्तस्मान्मम यथा जयः स्यात्तथा तत्त्वमुपायमाचक्ष्व । स्वयमेव वा योत्स्यसे तद्ब्रूहीति । शेषः ॥ १३ ॥ मे वचनमिति शेषः ॥ १४ ॥ वरदानेन दुर्जन एष युधि समासाद्य सुरासुरैर्जेतुं हन्तुं च न शक्यः ॥ १५ ॥ महत्कर्म युद्धम् । निसर्गतः सहजज्ञानशक्त्या । दृष्टमवगतम् ॥ १६ ॥ न प्रतियोत्स्यामि । इदानीमिति शेषः ॥ १७ ॥ १८ ॥ यथा भवितास्मि यथा प्रतिजाने इत्यर्थः ॥ १९ ॥ २० ॥ २१ ॥ अभितः संमुखे ॥ २२ ॥

तस्मिन्नन्तरे नादः शुश्राव रजनीक्षये । तस्य रावणसैन्यस्य प्रयुद्धस्य समन्ततः ॥ २३
ते प्रबुद्धा महावीर्या अन्योन्यमभिवीक्ष्य वै । सङ्ग्राममेवाभिमुखा अभ्यवर्तन्त हृष्टवत् ॥ २४
ततो दैवतसैन्यानां संक्षोभः समजायत । तदक्षयं महासैन्यं दृष्ट्वा समरमूर्धनि ॥ २५
ततो युद्धं समभवद्देवदानवरक्षसाम् । घोरं तुमुलनिर्ह्रादं नानाप्रहरणोद्यतम् ॥ २६
एतस्मिन्नन्तरे शूरा राक्षसा घोरदर्शनाः । युद्धार्थं समवर्तन्त सचिवा रावणस्य ते ॥ २७
मारीचश्च प्रहस्तश्च महापार्श्वमहोदरौ । अकम्पनो निकुम्भश्च शुकः सारण एव च ॥ २८
संह्रादो धूमकेतुश्च महादंष्ट्रो घटोदरः । जम्बुमाली महाह्रादो विरूपाक्षश्च राक्षसः ॥ २९
सुप्तघ्नो यज्ञकोपश्च दुर्मुखो दूषणः खरः । त्रिशिराः करवीराक्षः सूर्यशत्रुश्च राक्षसः ॥ ३०
महाकायोऽतिकायश्च देवान्तकनरान्तकौ । एतैः सर्वैः परिवृतो महावीर्यैर्महाबलः ॥ ३१
रावणस्यार्यकः सैन्यं सुमाली प्रविवेश ह । स दैवतगणान्सर्वान्नानाप्रहरणैः शितैः ॥ ३२
व्यध्वंसयत्समं क्रुद्धो वायुर्जलधरानिव । तद्दैवतबलं राम हन्यमानं निशाचरैः ॥ ३३
प्रणुन्नं सर्वतो दिग्भ्यः सिंहनुन्ना मृगा इव । एतस्मिन्नन्तरे शूरो वसूनामष्टमो वसुः ।
सावित्र इति विख्यातः प्रविवेश रणाजिरम् ॥ ३४
सैन्यैः परिवृतो हृष्टैर्नानाप्रहरणोद्यतैः । त्रासयञ्शत्रुसैन्यानि प्रविवेश रणाजिरम् ॥ ३५
तथादित्यौ महावीर्यौ त्वष्टा पूषा च तौ समम् । निर्भयौ सह सैन्येन तदा प्राविशतां रणे ॥ ३६
ततो युद्धं समभवत्सुराणां सह राक्षसैः । क्रुद्धानां रक्षसां कीर्तिं समरेष्वनिवर्तिनाम् ॥ ३७
ततस्ते राक्षसाः सर्वे विबुधान्समरे स्थितान् । नानाप्रहरणैर्घोरैर्जघ्नुः शतसहस्रशः ॥ ३८
देवाश्च राक्षसान्घोरान्महाबलपराक्रमान् । समरे विमलैः शस्त्रैरुपनिन्युर्यमक्षयम् ॥ ३९
एतस्मिन्नन्तरे राम सुमाली नाम राक्षसः । नानाप्रहरणैः क्रुद्धस्तत्सैन्यं सोऽभ्यवर्तत ॥ ४०
स दैवतबलं सर्वं नानाप्रहरणैः शितैः । व्यध्वंसयत संक्रुद्धो वायुर्जलधरं यथा ॥ ४१
ते महाबाणवर्षैश्च शूलप्रासैः सुदारुणैः । हन्यमानाः सुराः सर्वे न व्यतिष्ठन्त संहताः ॥ ४२
ततो विद्राव्यमाणेषु दैवतेषु सुमालिना । वसूनामष्टमः क्रुद्धः सावित्रो वै व्यवस्थितः ॥ ४३
संवृतः स्वैरथानीकैः प्रहरन्तं निशाचरम् । विक्रमेण महातेजा वारयामास संयुगे ॥ ४४
ततस्तयोर्महद्युद्धमभवल्लोमहर्षणम् । सुमालिनो वसोश्चैव समरेष्वनिवर्तिनोः ॥ ४५
ततस्तस्य महाबाणैर्वसुना सुमहात्मना । निहतः पन्नगरथः क्षणेन विनिपातितः ॥ ४६
हत्वा तु संयुगे तस्य रथं बाणशतैश्चितम् । गदां तस्य वधार्थाय वसुर्जग्राह पाणिना ॥ ४७
ततः प्रगृह्य दीप्ताग्रां कालदण्डोपमां गदाम् । तां मूर्ध्नि पातयामास सावित्रो वै सुमालिनः ॥ ४८
सा तस्योपरि चोल्काभा पतन्ती विबभौ गदा । इन्द्रप्रमुक्ता गर्जन्ती गिराविव महाशनिः ॥ ४९
तस्य नैवास्थि न शिरो न मांसं ददृशे तदा । गदया भस्मतां नीतं निहतस्य रणाजिरे ॥ ५०
तं दृष्ट्वा निहतं संख्ये राक्षसास्ते समन्ततः । व्यद्रवन्सहिताः सर्वे क्रोशमानाः परस्परम् ।
विद्राव्यमाणा वसुना राक्षसा नावतस्थिरे ॥ ५१

इत्यार्षे श्रीमद्रामायणे वाल्मीकीय आदिकाव्य उत्तरकाण्डे सप्तविंशः सर्गः ॥ २७ ॥

अष्टाविंशः सर्गः ।

सुमालिनं हतं दृष्ट्वा वसुना भस्मसात्कृतम् । स्वसैन्यं विद्रुतं चापि लक्षयित्वार्दितं सुरैः ॥ १
ततः स बलवान्क्रुद्धो रावणस्य सुतस्तदा । निवर्त्य राक्षसान्सर्वान्मेघनादो व्यवस्थितः ॥ २
स रथेन महार्हेण कामगेन महारथः । अभिदुद्राव सेनां तां वनान्यग्निरिव ज्वलन् ॥ ३

प्रयुद्धस्य प्रकृष्टं युद्धं यस्य ॥ २३ ॥ २४ ॥ २५ ॥ २६ ॥ २७ ॥ २८ ॥ २९ ॥ करवीराक्षः करवीरपुष्पसदृशनेत्रः ॥ ३० ॥ ३१ ॥ ३२ ॥ ३३ ॥ ३४ ॥ ३५ ॥ ३६ ॥ समरेष्वनिवर्तिनां रक्षसां कीर्तिं प्रति क्रुद्धानां सुराणां राक्षसैः सह युद्धं समभवदिति योजना ॥ ३७ ॥ ३८ ॥ ३९ ॥ ४० ॥ ४१ ॥ ४२ ॥ ४३ ॥ ४४ ॥ ४५ ॥ तस्य सुमालिनः ॥ ४६ ॥ ४७ ॥ ४८ ॥ ४९ ॥ ५० ॥ ५१ ॥ इति श्रीरामाभिरामे श्रीरामीये रामायणतिलके वाल्मीकीय आदिकाव्ये उत्तरकाण्डे सप्तविंशः सर्गः ॥ २७ ॥

सुमालिनमिति ॥ १ ॥ २ ॥ तां सेनां देवसेनाम् ॥ ३

ततः प्राविशतस्तस्य विविधायुधधारिणः । विदुद्रुवुर्दिशः सर्वा दर्शनादेव देवताः ॥ ४
न बभूव तदा कश्चिद्युयुत्सोरस्य संमुखे । सर्वानाविध्य वित्रस्तांस्ततः शक्रोऽब्रवीत्सुरान् ॥ ५
न भेतव्यं न गन्तव्यं निवर्तध्वं रणे सुराः । एष गच्छति पुत्रो मे युद्धार्थमपराजितः ॥ ६
ततः शक्रसुतो देवो जयन्त इति विश्रुतः । रथेनाद्भुतकल्पेन सङ्ग्रामे सोऽभ्यवर्तत ॥ ७
ततस्ते त्रिदशाः सर्वे परिवार्य शचीसुतम् । रावणस्य सुतं युद्धे समासाद्य प्रजघ्निरे ॥ ८
तेषां युद्धं समभवत्सदृशं देवरक्षसाम् । महेन्द्रस्य च पुत्रस्य राक्षसेन्द्रसुतस्य च ॥ ९
ततो मातलिपुत्रस्य गोमुखस्य स रावणिः । सारथेः पातयामास शरान्कनकभूषणान् ॥ १०
शचीसुतश्चापि तथा जयन्तस्तस्य सारथिम् । तं चापि रावणिः क्रुद्धः समन्तात्प्रत्यविध्यत ॥ ११
स हि क्रोधसमाविष्टो बली विस्फारितेक्षणः । रावणिः शक्रतनयं शरवर्षैरवाकिरत् ॥ १२
ततो नानाप्रहरणाञ्छितधारान्सहस्रशः । पातयामास संक्रुद्धः सुरसैन्येषु रावणिः ॥ १३
शतघ्नीमुसलप्रासगदाखड्गपरश्वधान् । महान्ति गिरिशृङ्गाणि पातयामास रावणिः ॥ १४
ततः प्रव्यथिता लोकाः संजज्ञे च तमस्ततः । तस्य रावणपुत्रस्य शत्रुसैन्यानि निघ्नतः ॥ १५
ततस्तद्दैवतबलं समन्तात्तं शचीसुतम् । बहुप्रकारमस्वस्थमभवच्छरपीडितम् ॥ १६
नाभ्यजानन्त चान्योन्यं रक्षो वा देवताथवा । तत्र तत्र विपर्यस्तं समन्तात्परिधावत ॥ १७
देवा देवान्निजघ्नुस्ते राक्षसान्राक्षसास्तथा । संमूढास्तमसाच्छन्ना व्यद्रवन्नपरे तथा ॥ १८
एतस्मिन्नन्तरे वीरः पुलोमा नाम वीर्यवान् । दैत्येन्द्रस्तेन संगृह्य शचीपुत्रोऽपवाहितः ॥ १९
संगृह्य तं तु दौहित्रं प्रविष्टः सागरं तदा । आर्यकः स हि तस्यासीत्पुलोमा येन सा शची ॥ २०
ज्ञात्वा प्रणाशं तु तदा जयन्तस्याथ देवताः । अप्रहृष्टास्ततः सर्वा व्यथिताः संप्रदुद्रुवुः ॥ २१
रावणिस्त्वथ संक्रुद्धो बलैः परिवृतः स्वकैः । अभ्यधावत देवांस्तान्मुमोच च महास्वनम् ॥ २२
दृष्ट्वा प्रणाशं पुत्रस्य दैवतेषु च विद्रुतम् । मातलिं चाह देवेशो रथः समुपनीयताम् ॥ २३
स तु दिव्यो महाभीमः सज्ज एव महारथः । उपस्थितो मातलिना वाह्यमानो महाजवः ॥ २४
ततो मेघा रथे तस्मिंस्तडित्वन्तो महाबलाः । अग्रतो वायुचपला नेदुः परमनिःस्वनाः ॥ २५
नानावाद्यानि वाद्यन्त गन्धर्वाश्च समाहिताः । ननृतुश्चाप्सरःसङ्घा निर्याते त्रिदशेश्वरे ॥ २६
रुद्रैर्वसुभिरादित्यैरश्विभ्यां समरुद्गणैः । वृतो नानाप्रहरणैर्निर्ययौ त्रिदशाधिपः ॥ २७
निर्गच्छतस्तु शक्रस्य परुषः पवनो ववौ । भास्करो निष्प्रभश्चैव महोल्काश्च प्रपेदिरे ॥ २८
एतस्मिन्नन्तरे शूरो दशग्रीवः प्रतापवान् । आरुरोह रथं दिव्यं निर्मितं विश्वकर्मणा ॥ २९
पन्नगैः सुमहाकायैर्वेष्टितं लोमहर्षणैः । येषां निःश्वासवातेन प्रदीप्तमिव संयुगे ॥ ३०
दैत्यैर्निशाचरैश्चैव स रथः परिवारितः । समराभिमुखो दिव्यो महेन्द्रं सोऽभ्यवर्तत ॥ ३१
पुत्रं तं वारयित्वा तु स्वयमेव व्यवस्थितः । सोऽपि युद्धाद्विनिष्क्रम्य रावणिः समुपाविशत् ॥ ३२
ततो युद्धं प्रवृत्तं तु सुराणां राक्षसैः सह । शस्त्राणि वर्षतां तेषां मेघानामिव संयुगे ॥ ३३
कुम्भकर्णस्तु दुष्टात्मा नानाप्रहरणोद्यतः । नाज्ञायत तदा राजन्युद्धं केनाभ्यपद्यत ॥ ३४
दन्तैः पादैर्भुजैर्हस्तैः शक्तितोमरमुद्गरैः । येन तेनैव संक्रुद्धस्ताडयामास देवताः ॥ ३५

॥ ४ ॥ आविध्य वेधं प्राप्य वित्रस्तान् ॥ ५ ॥ ६ ॥ ७ ॥ ८ ॥ तेषां देवरक्षसां सदृशं बलवीर्यानुरूपं युद्धमभवत् ॥ ९ ॥ १० ॥ ११ ॥ १२ ॥ १३ ॥ १४ ॥ प्रव्यथिता लोका भूरादयस्तत्प्रजाश्च । तमः संजज्ञे । रावणपुत्रमाययेति शेषः ॥ १५ ॥ तं शचीसुतं हित्वेति शेषः ॥ १६ ॥ विपर्यस्तं विकीर्णं । परिधावत पर्यधावत ॥ १७ ॥ १८ ॥ तेन जयन्तमातामहेन पुलोम्ना ॥ १९ ॥ येन सा शची । उत्पादितेति शेषः ॥ २० ॥ प्रणाशमदर्शनम् । व्यथिताः, अत एवाप्रहृष्टाः खिन्नाः ॥ २१ ॥ २२ ॥ विद्रुतं पलायनम् ॥ २३ ॥ २४ ॥ तत इन्द्रस्य तद्रथारोहणानन्तरम् । वायुचपला वायुप्रवर्तिताः ॥ २५ ॥ वाद्यन्तावाद्यन्त । समाहिता गगने प्रवृत्ताः ॥ २६ ॥ २७ ॥ २८ ॥ २९ ॥ ३० ॥ ३१ ॥ युद्धाद्युद्धस्थानात् समुपाविशत्तूष्णीमास्त ॥ ३२ ॥ ३३ ॥ कुम्भकर्णस्त्विति । अस्य जागरितस्य युद्धादिप्रसङ्गेऽनेकदिनमपि जागरणमित्यतो ज्ञायते । नानाप्रहरणोद्यत उद्यतनानाप्रहरणः । केनाभ्यपद्यत केन युद्धं कृतवानिति नाज्ञायत । अपि तु प्रायेण सर्वेणाप्ययुध्यतेत्यर्थः ॥ ३४ ॥ अपि च प्रहरणनियमोऽपि नासीत्याह—दन्तैरिति ॥ ३५ ॥

स तु रुद्रैर्महाघोरैः संगम्याथ निशाचरः । प्रयुद्धस्तैश्च सङ्ग्रामे क्षतः शस्त्रैर्निरन्तरम् ॥ ३६
ततस्तद्राक्षसं सैन्यं प्रयुद्धं समरुद्गणैः । रणे विद्रावितं सर्वं नानाप्रहरणैस्तदा ॥ ३७
केचिद्विनिहिताः कृत्ताश्चेष्टन्ति स्म महीतले । वाहनेष्ववसक्ताश्च स्थिता एवापरे रणे ॥ ३८
रथान्नागान्खरा…ष्ट्रान्पन्नगांस्तुरगांस्तथा । शिशुमारान्वराहांश्च पिशाचवदनानपि ॥ ३९
तान्समालिङ्ग्य बाहुभ्यां विष्टब्धाः केचिदुत्थिताः । देवैस्तु शस्त्रसंभिन्ना मम्रिरे च निशाचराः ॥ ४०
चित्रकर्म इवाभाति सर्वेषां रणसंप्लवः । निहतानां प्रसुप्तानां राक्षसानां महीतले ॥ ४१
शोणितोदकनिष्पन्दा काकगृध्रसमाकुला । प्रवृत्ता संयुगमुखे शस्त्रग्राहवती नदी ॥ ४२
एतस्मिन्नन्तरे क्रुद्धो दशग्रीवः प्रतापवान् । निरीक्ष्य तु बलं सर्वं दैवतैर्विनिपातितम् ॥ ४३
स तं प्रतिविगाह्याशु प्रवृद्धं सैन्यसागरम् । त्रिदशान्समरे निघ्नञ्शक्रमेवाभ्यवर्तत ॥ ४४
ततः शक्रो महच्चापं विस्फार्य समुहास्वनम् । यस्य विस्फारनिर्घोषैः स्तनन्ति स्म दिशो दश ॥ ४५
तद्विकृष्य महच्चापमिन्द्रो रावणमूर्धनि । पातयामास स शरान्पावकादित्यवर्चसः ॥ ४६
तथैव च महाबाहुर्दशग्रीवो निशाचरः । शक्रं कार्मुकविभ्रष्टैः शरवर्षैरवाकिरत् ॥ ४७
प्रयुध्यतोरथ तयोर्बाणवर्षैः समन्ततः । नाज्ञायत तदा किंचित्सर्वं हि तमसा वृतम् ॥ ४८

इत्यार्षे श्रीमद्रामायणे वाल्मीकीय आदिकाव्य उत्तरकाण्डेऽष्टाविंशः सर्गः ॥ २८ ॥

एकोनत्रिंशः सर्गः ।

ततस्तमसि संजाते सर्वे ते देवराक्षसाः । आयुध्यन्त बलोन्मत्ताः सूदयन्तः परस्परम् ॥ १
इन्द्रश्च रावणश्चैव रावणिश्च महाबलः । तस्मिंस्तमोजालवृते मोहमीयुर्न ते त्रयः ॥ २
स तु दृष्ट्वा बलं सर्वं रावणो निहतं क्षणात् । क्रोधमभ्यगमत्तीव्रं महानादं च मुक्तवान् ॥ ३
क्रोधात्सूतं च दुर्धर्षः स्यन्दनस्थमुवाच ह । परसैन्यस्य मध्येन यावदन्तो नयस्व माम् ॥ ४
अद्यैव त्रिदशान्सर्वान्विक्रमैः समरे स्वयम् । नानाशस्त्रमहासारैर्नयामि यमसादनम् ॥ ५
अहमिन्द्रं वधिष्यामि धनदं वरुणं यमम् । त्रिदशान्विनिहत्याशु स्वयं स्थास्याम्यथोपरि ॥ ६
विषादो नैव कर्तव्यः शीघ्रं वाहय मे रथम् । द्विः खलु त्वां ब्रवीम्यद्य यावदन्तं नयस्व माम् ॥ ७
अयं स नन्दनोद्देशो यत्र वर्तामहे वयम् । नय मामद्य तत्र त्वमुदयो यत्र पर्वतः ॥ ८
तस्य तद्वचनं श्रुत्वा तुरगान्स मनोजवान् । आदिदेशाथ शत्रूणां मध्येनैव च सारथिः ॥ ९
तस्य तं निश्चयं ज्ञात्वा शक्रो देवेश्वरस्तदा । रथस्थः समरस्थस्तान्देवान्वाक्यमथाब्रवीत् ॥ १०
सुराः शृणुत मद्वाक्यं यत्तावन्मम रोचते । जीवन्नेव दशग्रीवः साधु रक्षो निगृह्यताम् ॥ ११
एष ह्यतिबलः सैन्ये रथेन पवनौजसा । गमिष्यति प्रवृद्धोर्मिः समुद्र इव पर्वणि ॥ १२
नह्येष हन्तुं शक्योऽद्य वरदानात्सुनिर्भयः । त…हीष्यामह रक्षो यत्ता भवत संयुगे ॥ १३

प्रयुद्धः कृतप्रकृष्टयुद्धः ॥ ३६ ॥ समरुद्गणैः । देवैरिति शेषः ॥ ३७ ॥ कृत्ताश्छिन्नाः । केचिन्मोहाद्वाहनेभ्यो निपतितदेहा अपि वाहनेष्ववसक्ता एव स्थिता इत्यर्थः ॥ ३८ ॥ तदेवाह—रथानिति ॥ ३९ ॥ रथादीन्बाहुभ्यां समालिङ्ग्य विष्टब्धाः केचिदुत्थिता मूर्च्छिताः कालेन गतमूर्च्छा उत्थिता मम्रिरे मृताः ॥ ४० ॥ चित्रकर्म इवेत्यसंधिरार्षः । यथा सिद्धमायानिर्मितं चित्रकर्माश्चर्यकरं तथैव तेषां रणसंप्लवो रणसंमर्द आभाति स्म ॥ ४१ ॥ ४२ ॥ ४३ ॥ ४४ ॥ ४५ ॥ ४६ ॥ ४७ ॥ सर्वं हि तमसा वृतम् । उभयशरवर्षकृतसर्वविच्छादनेनेति भावः ॥ ४८ ॥ इति श्रीरामाभिरामे श्रीरामीये रामायणतिलके वाल्मीकीय आदिकाव्ये उत्तरकाण्डेऽष्टाविंशः सर्गः ॥ २८ ॥

देवाश्च राक्षसाश्च देवराक्षसाः ॥ १ ॥ २ ॥ ३ ॥ परसैन्यस्यान्तो यावत्तावन्मां मध्येन परसेनामध्यमार्गेण नयस्व ॥ ४ ॥ ५ ॥ अथोपरि । सर्वेषा[illegible]र्थः ॥ ६ ॥ अथ देवसेनामध्यप्रवेशे कथं भविष्यतीति विषण्णं सारथिं पुनरप्याह—द्विः खल्विति । द्विर्द्विवारं ब्रवीमि । तत्कथं न नयसीति शेषः ॥ ७ ॥ अपरिमितदेवसेनाया अन्तस्य दुर्ज्ञेयत्वादाह—अयमिति । नन्दनमारभ्योदयपर्वतान्तं सेना तिष्ठतीति भावः ॥ ८ ॥ ९ ॥ १० ॥ ११ ॥ १२ ॥ १३ ॥

यथा बलौ निरुद्धे च त्रैलोक्यं भुज्यते मया । एवमेतस्य पापस्य निरोधो मम रोचते ॥ १४
ततोऽन्यं देशमास्थाय शक्रः संत्यज्य रावणम् । अयुध्यत महाराज राक्षसांस्त्रासयन्रणे ॥ १५
उत्तरेण दशग्रीवः प्रविवेशानिवर्तकः । दक्षिणेन तु पार्श्वेन प्रविवेश शतक्रतुः ॥ १६
ततः स योजनशतं प्रविष्टो राक्षसाधिपः । देवतानां बलं सर्वं शरवर्षैरवाकिरत् ॥ १७
ततः शक्रो निरीक्ष्याथ प्रनष्टं तु स्वकं बलम् । न्यवर्तयदसंभ्रान्तः समावृत्य दशाननम् ॥ १८
एतस्मिन्नन्तरे नादो मुक्तो दानवराक्षसैः । हा हताः स्म इति ग्रस्तं दृष्ट्वा शक्रेण रावणम् ॥ १९
ततो रथं समास्थाय रावणिः क्रोधमूर्च्छितः । तत्सैन्यमतिसंक्रुद्धः प्रविवेश सुदारुणम् ॥ २०
तां प्रविश्य महामायां प्राप्तां पशुपतेः पुरा । प्रविवेश सुसंरब्धस्तत्सैन्यं समभिद्रवत् ॥ २१
स सर्वा देवतास्त्यक्त्वा शक्रमेवाभ्यधावत । महेन्द्रश्च महातेजा नापश्यच्च सुतं रिपोः ॥ २२
विमुक्तकवचस्तत्र वध्यमानोऽपि रावणिः । त्रिदशैः सुमहावीर्यैर्न चकार च किंचन ॥ २३
स मातलिं समायान्तं ताडयित्वा शरोत्तमैः । महेन्द्रं बाणवर्षेण भूय एवाभ्यवाकिरत् ॥ २४
ततस्त्यक्त्वा रथं शक्रो विससर्ज च सारथिम् । ऐरावतं समारुह्य मृगयामास रावणिम् ॥ २५
स तत्र मायाबलवानदृश्योऽथान्तरिक्षगः । इन्द्रं मायापरिक्षिप्तं कृत्वा स प्राद्रवच्छरैः ॥ २६
स तं यदा परिश्रान्तमिन्द्रं जज्ञेऽथ रावणिः । तदैनं मायया बद्ध्वा स्वसैन्यमभितोऽनयत् ॥ २७
तं तु दृष्ट्वा बलात्तेन नीयमानं महारणात् । महेन्द्रममराः सर्वे किं नु स्यादित्यचिन्तयन् ॥ २८
दृश्यते न स मायावी शक्रजित्समितिंजयः । विद्यावानपि येनेन्द्रो माययापहृतो बलात् ॥ २९
एतस्मिन्नन्तरे क्रुद्धाः सर्वे सुरगणास्तदा । रावणं विमुखीकृत्य शरवर्षैरवाकिरन् ॥ ३०
रावणस्तु समासाद्य आदित्यांश्च वसूंस्तदा । न शशाक स सङ्ग्रामे योद्धुं शत्रुभिरर्दितः ॥ ३१
स तं दृष्ट्वा परिम्लानं प्रहारैर्जर्जरीकृतम् । रावणिः पितरं युद्धेऽदर्शनस्थोऽब्रवीदिदम् ॥ ३२
आगच्छ तात गच्छामो रणकर्म निवर्तताम् । जितं नो विदितं तेऽस्तु स्वस्थो भव गतज्वरः ॥ ३३
अयं हि सुरसैन्यस्य त्रैलोक्यस्य च यः प्रभुः । स गृहीतो देवबलाद्भग्नदर्पाः सुराः कृताः ॥ ३४
यथेष्टं भुङ्क्ष्व लोकांस्त्रीन्निगृह्यारातिमोजसा । वृथा किं ते श्रमेणेह युद्धमद्य तु निष्फलम् ॥ ३५
ततस्ते दैवतगणा निवृत्ता रणकर्मणः । तच्छ्रुत्वा रावणेर्वाक्यं शक्रहीनाः सुरा गताः ॥ ३६

अथ स रणविगतमुत्तमौजास्त्रिदशरिपुः प्रथितो निशाचरेन्द्रः ।
स्वसुतवचनमादृतः प्रियं तत्समनुनिशम्य जगाद चैव सूनुम् ॥ ३७

अतिबलसदृशैः पराक्रमैस्त्वं मम कुलवंशविवर्धनः प्रभो ।
यदयमतुलबलस्त्वयाद्य वै त्रिदशपतिस्त्रिदशाश्च निर्जिताः ॥ ३८

नय रथमधिरोप्य वासवं नगरमितो व्रज सेनया वृतस्त्वम् ।
अहमपि तव पृष्ठतो द्रुतं सह सचिवैरनुयामि हृष्टवत् ॥ ३९

यथा बलौ बलिदैत्ये निरुद्धे कृतनिरोधे सति मया त्रैलोक्यं भुज्यते, एवमस्य पापस्य निरोधस्त्रैलोक्यरक्षार्थं मम कर्तव्यत्वेन रोचते इत्यब्रवीदिति पूर्वेण संबन्धः ॥ १४ ॥ ततोऽन्यं देशं रावणावस्थितदेशादन्यं देशम् । रावणं संत्यज्येति । वज्रपातादिना प्रहर्तुमशक्यत्वात्पुरःस्थितिर्निष्प्रयोजनेत्याशयेन तं त्यक्त्वा ॥ १५ ॥ उत्तरेण प्रविवेश । देवसेनामिति शेषः । अनिवर्तकोऽनिवर्तितुम् ॥ १६ ॥ १७ ॥ दशाननं न्यवर्तयदित्यत्र हेतुः—असंभ्रान्तः समावृत्येति ॥ १८ ॥ १९ ॥ तत्सैन्यं देवसैन्यम् ॥ २० ॥ पुरःस्थित्या देवसेनाजयस्याशक्यत्वान्मायां श्रयते—तामिति । समभिद्रवत् । समभ्यद्रावयदित्यर्थः ॥ २१ ॥ २२ ॥ किंचन । किमपि भयमित्यर्थः ॥ २३ ॥ २४ ॥ २५ ॥ २६ ॥ स्वसैन्यमभितोऽनयत् । स्वसैन्यपार्श्वमनयदित्यर्थः ॥ २७ ॥ महेन्द्रं तेन बलान्नीयमानं दृष्ट्वा विद्यावानप्यसुरमायासंहारविद्यावानपीन्द्रो येन रावणिना मायया नीयते स न दृश्यते, एतत्किं न्विति चुक्रुशुः ॥ २८ ॥ २९ ॥ ३० ॥ ३१ ॥ युद्धेऽदर्शनस्थ इति । अदर्शनस्थ इति च्छेदः । अन्तर्हित एवाब्रवीदित्यर्थः । दर्शने महेन्द्रनाशभियेति भावः ॥ ३२ ॥ हे तात, आगच्छ गच्छामः । स्वपुरमिति शेषः । रणकर्म निवर्ततां निवृत्तमस्तु । समाप्तमस्त्वित्यर्थः । कुतो निवृत्तिस्तत्राह—नोऽस्माकं जितं जयः संवृत्तः । भावे निष्ठा । स जयस्ते विदितोऽस्तु ॥ ३३ ॥ कथं जयस्तत्राह—अयं हीति । देवबलाद्देवसेनायाः ॥ ३४ ॥ ३५ ॥ ३६ ॥ रणविगतो विगतरणः ॥ ३७ ॥ ३८ ॥ ३९ ॥

अथ स बलवृतः सवाहनस्त्रिदशपतिं परिगृह्य रावणिः ।
स्वभवनमधिगम्य वीर्यवान्कृतसमरान्विससर्ज राक्षसान् ॥ ४०

इत्यार्षे श्रीमद्रामायणे वाल्मीकीय आदिकाव्य उत्तरकाण्ड एकोनत्रिंशः सर्गः ॥ २९ ॥

त्रिंशः सर्गः ।

जिते महेन्द्रेऽतिबले रावणस्य सुतेन वै । प्रजापतिं पुरस्कृत्य ययुर्लङ्कां सुरास्तदा ॥ १
तत्र रावणमासाद्य पुत्रभ्रातृभिरावृतम् । अब्रवीद्गगने तिष्ठन्सामपूर्वं प्रजापतिः ॥ २
वत्स रावण तुष्टोऽस्मि पुत्रस्य तव संयुगे । अहोऽस्य विक्रमौदार्यं तव तुल्योऽधिकोऽपि वा ॥ ३
जितं हि भवता सर्वं त्रैलोक्यं स्वेन तेजसा । कृता प्रतिज्ञा सफला प्रीतोऽस्मि ससुतस्य ते ॥ ४
अयं च पुत्रोऽतिबलस्तव रावण वीर्यवान् । जगतीन्द्रजिदित्येव परिख्यातो भविष्यति ॥ ५
बलवान्दुर्जयश्चैव भविष्यत्येव राक्षसः । यं समाश्रित्य ते राजन्स्थापितास्त्रिदशा वशे ॥ ६
तन्मुच्यतां महाबाहो महेन्द्रः पाकशासनः । किं चास्य मोक्षणार्थाय प्रयच्छन्तु दिवौकसः ॥ ७
अथाब्रवीन्महातेजा इन्द्रजित्समितिंजयः । अमरत्वमहं देव वृणे यद्येष मुच्यते ॥ ८
ततोऽब्रवीन्महातेजा मेघनादं प्रजापतिः । नास्ति सर्वामरत्वं हि कस्यचित्प्राणिनो भुवि ॥ ९
पक्षिणश्चतुष्पदो वा भूतानां वा महौजसाम् । श्रुत्वा पितामहेनोक्तमिन्द्रजित्प्रभुणाव्ययम् ॥ १०
अथाब्रवीत्स तत्रस्थं मेघनादो महाबलः । श्रूयतां वा भवेत्सिद्धिः शतक्रतुविमोक्षणे ॥ ११
ममेष्टं नित्यशो हव्यैर्मन्त्रैः संपूज्य पावकम् । सङ्ग्राममवतर्तुं च शत्रुनिर्जयकाङ्क्षिणः ॥ १२
अश्वयुक्तो रथो मह्यमुत्तिष्ठेत्तु विभावसोः । तत्स्थस्यामरता स्यान्मे एष मे निश्चितो वरः ॥ १३
तस्मिन्यद्यसमाप्ते च जप्यहोमे विभावसौ । युध्येयं देवसङ्ग्रामे तदा मे स्याद्विनाशनम् ॥ १४
सर्वो हि तपसा देव वृणोत्यमरतां पुमान् । विक्रमेण मया त्वेतदमरत्वं प्रवर्तितम् ॥ १५
एवमस्त्विति तं चाह वाक्यं देवः पितामहः । मुक्तश्चेन्द्रजिता शक्रो गताश्च त्रिदिवं सुराः ॥ १६
एतस्मिन्नन्तरे राम दीनो भ्रष्टामरद्युतिः । इन्द्रश्चिन्तापरीतात्मा ध्यानतत्परतां गतः ॥ १७
तं तु दृष्ट्वा तथाभूतं प्राह देवः पितामहः । शतक्रतो किमु पुरा करोति स्म सुदुष्कृतम् ॥ १८
अमरेन्द्र मया बुद्ध्या प्रजाः सृष्टास्तथा प्रभो । एकवर्णाः समाभाषा एकरूपाश्च सर्वशः ॥ १९
तासां नास्ति विशेषो हि दर्शने लक्षणेऽपि वा । ततोऽहमेकाग्रमनास्ताः प्रजाः समचिन्तयम् ॥ २०
सोऽहं तासां विशेषार्थं स्त्रियमेकां विनिर्ममे । यद्यत्प्रजानां प्रत्यङ्गं विशिष्टं तत्तदुद्धृतम् ॥ २१

राक्षसान्विससर्ज । स्वस्वभवनं प्रतीति शेषः ॥ ४० ॥ इति श्रीरामाभिरामे श्रीरामीये रामायणतिलके वाल्मीकीय आदिकाव्य उत्तरकाण्ड एकोनत्रिंशः सर्गः ॥ २९ ॥

अथ ब्रह्मणेन्द्रमोचनमिन्द्राश्वासनं च—जिते इति ॥ १ ॥ २ ॥ अहोऽस्येति संधिरार्षः । तव तुल्यः । एष इति शेषः ॥ ३ ॥ त्रींल्लोकाञ्जेष्यामीति या प्रतिज्ञा कृता सा सफला जाता ॥ ४ ॥ ५ ॥ ६ ॥ तन्मुच्यतां त्रिदशानां वशे स्थापितत्वात्तावत एवार्थस्य त्वत्संपाद्यत्वादिति भावः । अस्य मोक्षणार्थाय । अन्यदप्यभीष्टं दिवौकसः किं प्रयच्छन्तु तद्वदेति शेषः ॥ ७ ॥ ८ ॥ सर्वामरत्वं सर्वतोनिमित्तात्सर्वस्मिन्नपि काले मरणराहित्यं मत्सृष्टप्राणिनां नास्ति ॥ ९ ॥ तान्प्राणिन आह—पक्षिण इति । महौजसो भूता द्विपादाः ॥ १० ॥ श्रूयतां वेति । वाथवा सर्वामरत्वासंभवे शतक्रतुविमोक्षणे तद्रूपान्निमित्ताद्या मे सिद्धिः काङ्क्षिता सा श्रूयताम् ॥ ११ ॥ तदेवाह—ममेष्टमिति । तदा मे स्याद्विनाशनं नान्यदेत्येवंरूपं ममेष्टमित्यग्रिमेण संबन्धः । नित्यशो नियमेन मन्त्रैस्तत्पूर्वकं हव्यैः पावकं संपूज्य शत्रुनिर्जयकाङ्क्षिणः सङ्ग्राममवतर्तुं प्रवेष्टुं वाञ्छतो ममाश्वयुक्तो रथो विभावसोस्तत्कालमुत्तिष्ठेत् । तत्स्थस्य तद्रथे तिष्ठतो ममामरता च स्यादेव । एष मे निश्चितो वरः ॥ १२ ॥ १३ ॥ तस्मिन्साङ्ग्रामिकयागेऽपेक्षितं यज्जप्यहोमम् । समाहारद्वन्द्वः । तस्मिन्नसमाप्ते यदि युध्येयं युद्धं कुर्यां तदा मे विनाशनं स्यादिति ममेष्टमित्यन्वयः ॥ १४ ॥ लोकविलक्षणक्रिययायं मे वरलाभ इत्याह—सर्वो हीति ॥ १५ ॥ १६ ॥ भ्रष्टामराणां द्युतिर्यस्य सः ॥ १७ ॥ हे शतक्रतो, एवमिदानीं शोचसीति शेषः । तादृशो भवान्पुरा सुदुष्कृतं किमु करोति स्म कस्मात्कृतवानसि ॥ १८ ॥ ननु किं मया कृतं तत्राह—अमरेन्द्रेति । वर्णो देहकान्तिः । एकविधदेहकान्तयः । समाभाषाः समवचनाः । एकरूपाः समानवयोवस्थाः ॥ १९ ॥ दर्शने रूपलक्षणे वर्णादौ ॥ २० ॥ तासां विशेषार्थं किंचित्किंचिदङ्गवैकल्यप्रयुक्तपरस्परवैलक्षण्य-

ततो मया रूपगुणैरहल्या स्त्री विनिर्मिता । हलं नामेह वैरूप्यं हल्यं तत्प्रभवं भवेत् ॥ २२
यस्या न विद्यते हल्यं तेनाहल्येति विश्रुता । अहल्येत्येव च मया तस्या नाम प्रकीर्तितम् ॥ २३
निर्मितायां च देवेन्द्र तस्यां नार्यां सुरर्षभ । भविष्यतीति कस्यैषा मम चिन्ता ततोऽभवत् ॥ २४
त्वं तु शक्र तदा नारीं जानीषे मनसा प्रभो । स्थानाधिकतया पत्नी ममैषेति पुरंदर ॥ २५
सा मया न्यासभूता तु गौतमस्य महात्मनः । न्यस्ता बहूनि वर्षाणि तेन निर्यातिता च ह ॥ २६
ततस्तस्य परिज्ञाय महास्थैर्यं महामुनेः । ज्ञात्वा तपसि सिद्धिं च पत्न्यर्थं स्पर्शिता तदा ॥ २७
स तया सह धर्मात्मा रमते स्म महामुनिः । आसन्निराशा देवास्तु गौतमे दत्तया तया ॥ २८
त्वं क्रुद्धस्त्विह कामात्मा गत्वा तस्याश्रमं मुनेः । दृष्टवांश्च तदा तां स्त्रीं दीप्तामग्निशिखामिव ॥ २९
सा त्वया धर्षिता शक्र कामार्तेन समन्युना । दृष्टस्त्वं स तदा तेन आश्रमे परमर्षिणा ॥ ३०
ततः क्रुद्धेन तेनासि शप्तः परमतेजसा । गतोऽसि येन देवेन्द्र दशाभागविपर्ययम् ॥ ३१
यस्मान्मे धर्षिता पत्नी त्वया वासव निर्भयात् । तस्मात्त्वं समरे शक्र शत्रुहस्तं गमिष्यसि ॥ ३२
अयं तु भावो दुर्बुद्धे यस्त्वयेह प्रवर्तितः । मानुषेष्वपि लोकेषु भविष्यति न संशयः ॥ ३३
तत्रार्धं तस्य यः कर्ता त्वय्यर्धं निपतिष्यति । न च ते स्थावरं स्थानं भविष्यति न संशयः ॥ ३४
यश्च यश्च सुरेन्द्रः स्याद्ध्रुवः स न भविष्यति । एष शापो मया मुक्त इत्यसौ त्वां तदाब्रवीत् ॥ ३५
तां तु भार्यां सुनिर्भर्त्स्य सोऽब्रवीत्सुमहातपाः । दुर्विनीते विनिध्वंस ममाश्रमसमीपतः ॥ ३६
रूपयौवनसंपन्ना यस्मात्त्वमनवस्थिता । तस्माद्रूपवती लोके न त्वमेका भविष्यसि ॥ ३७
रूपं च ते प्रजाः सर्वा गमिष्यन्ति न संशयः । यत्तदेकं समाश्रित्य विभ्रमोऽयमुपस्थितः ॥ ३८
तदाप्रभृति भूयिष्ठं प्रजा रूपसमन्विता । सा तं प्रसादयामास महर्षिं गौतमं तदा ॥ ३९
अज्ञानाद्धर्षिता विप्र त्वद्रूपेण दिवौकसा । न कामकाराद्विप्रर्षे प्रसादं कर्तुमर्हसि ॥ ४०
अहल्यया त्वेवमुक्तः प्रत्युवाच स गौतमः । उत्पत्स्यति महातेजा इक्ष्वाकूणां महारथः ॥ ४१
रामो नाम श्रुतो लोके वनं चाप्युपयास्यति । ब्राह्मणार्थे महाबाहुर्विष्णुर्मानुषविग्रहः ॥ ४२
तं द्रक्ष्यसि यदा भद्रे ततः पूता भविष्यसि । स हि पावयितुं शक्तस्त्वया यद्दुष्कृतं कृतम् ॥ ४३
तस्यातिथ्यं च कृत्वा वै मत्समीपं गमिष्यसि । वत्स्यसि त्वं मया सार्धं तदा हि वरवर्णिनि ॥ ४४
एवमुक्त्वा स विप्रर्षिराजगाम स्वमाश्रमम् । तपश्चचार सुमहत्सा पत्नी ब्रह्मवादिनः ॥ ४५
शापोत्सर्गाद्धि तस्येदं मुनेः सर्वमुपस्थितम् । तत्स्मर त्वं महाबाहो दुष्कृतं यत्त्वया कृतम् ॥ ४६
तेन त्वं ग्रहणं शत्रोर्यातो नान्येन वासव । शीघ्रं वै यज यज्ञं त्वं वैष्णवं सुसमाहितः ॥ ४७
पावितस्तेन यज्ञेन यास्यसे त्रिदिवं ततः । पुत्रश्च तव देवेन्द्र न विनष्टो महारणे ॥ ४८
नीतः संनिहितश्चैव आर्यकेण महोदधौ । एतच्छ्रुत्वा महेन्द्रस्तु यज्ञमिष्ट्वा च वैष्णवम् ॥ ४९
पुनस्त्रिदिवमाक्रामदन्वशासच्च देवराट् । एतदिन्द्रजितो नाम बलं यत्कीर्तितं मया ॥ ५०

सिद्ध्यर्थम् ॥ २१ ॥ तत्प्रभवं वैरूप्यप्रभवम् । हल्यं निन्द्यत्वम् ॥ २२ ॥ २३ ॥ कस्यैषा भविष्यति भार्येति शेषः ॥ २४ ॥ स्थानाधिकतया देवाधिपतित्वरूपाधिकस्थानप्राप्त्या हेतुना बिनापि मदनुमतिं ममैषा पत्नीति जानीषे ॥ २५ ॥ निर्यातिता पुनः प्रत्यर्पिता ॥ २६ ॥ स्थैर्यं जितेन्द्रियत्वं तपोविषयां सिद्धिं च ज्ञात्वा स्पर्शिता भार्यात्वेन दत्ता ॥ २७ ॥ २८ ॥ २९ ॥ ३० ॥ दशाभागोऽवस्थाभेद ऐश्वर्यरूपस्तस्य विपर्ययं बन्धनरूपां विपरितावस्थाम् ॥ ३१ ॥ ३२ ॥ अयं तु भावः । जारभाव इत्यर्थः । मानुषेष्वपि शास्त्राधिकारिष्वपि भविष्यति । राज्ञस्तव दोषादित्यर्थः ॥ ३३ ॥ तत्रार्धमिति । यो जारभावेन पापस्य कर्ता तत्र पुरुषे पापस्यार्धं निपतिष्यति । त्वय्यर्धम् । स्थावरं स्थिरम् ॥ ३४ ॥ न केवलं तवैवास्थिरत्वम्, अपि तु—यश्चेत्यादि । सोऽपि ध्रुवः स्थिरो न भविष्यति । मध्येमध्ये भ्रंशादिति भावः ॥ ३५ ॥ विनिध्वंस ध्वस्तसौरूप्या भव ॥ ३६ ॥ यस्मात्त्वमनवस्थिता तस्मादेतावत्कालं त्वमेकैव रूपवतीति यत्स्थितं तन्न भविष्यति ॥ ३७ ॥ किंतु तावकं सुन्दरं रूपं सर्वाः प्रजा गमिष्यति । यद्यस्मादेकमेकस्थं तद्रूपमाश्रित्यायं विभ्रमः कामविकार उपस्थितः प्रवृत्तः । इन्द्रस्येति शेषः ॥ ३८ ॥ ३९ ॥ ४० ॥ ४१ ॥ ब्राह्मणार्थे विश्वामित्रार्थे ॥ ४२ ॥ ४३ ॥ ४४ ॥ ४५ ॥ ४६ ॥ नान्येन । नान्येन हेतुनेत्यर्थः ॥ ४७ ॥ ४८ ॥ आर्यकेण पुलोम्ना । यज्ञमिष्ट्वेति । देवानां न यज्ञे-

निर्जितस्तेन देवेन्द्रः प्राणिनोऽन्ये तु किं पुनः । आश्चर्यमिति रामश्च लक्ष्मणश्चाब्रवीत्तदा ॥ ५१
अगस्त्यवचनं श्रुत्वा वानरा राक्षसास्तदा । विभीषणस्तु रामस्य पार्श्वस्थो वाक्यमब्रवीत् ॥ ५२
आश्चर्यं स्मारितोऽस्म्यद्य यत्तदृष्टं पुरातनम् । अगस्त्यं त्वब्रवीद्रामः सत्यमेतच्छ्रुतं च मे ॥ ५३
एवं राम समुद्भूतो रावणो लोककण्टकः । सपुत्रो येन सङ्ग्रामे जितः शक्रः सुरेश्वरः ॥ ५४

इत्यार्षे श्रीमद्रामायणे वाल्मीकीय आदिकाव्य उत्तरकाण्डे त्रिंशः सर्गः ॥ ३० ॥

एकत्रिंशः सर्गः ।

ततो रामो महातेजा विस्मयात्पुनरेव हि । उवाच प्रणतो वाक्यमगस्त्यमृषिसत्तमम् ॥ १
भगवन्राक्षसः क्रूरो यदाप्रभृति मेदिनीम् । पर्यटत्किं तदा लोकः शून्या आसन्द्विजोत्तम ॥ २
राजा वा राजमात्रो वा किं तदा नात्र कश्चन । धर्षणं यत्र न प्राप्तो रावणो राक्षसेश्वरः ॥ ३
उताहो हतवीर्यास्ते बभूवुः पृथिवीक्षितः । बहिष्कृता वरास्त्रैश्च बहवो निर्जिता नृपाः ॥ ४
राघवस्य वचः श्रुत्वा अगस्त्यो भगवानृषिः । उवाच रामं प्रहसन्पितामह इवेश्वरम् ॥ ५
इत्येवं बाधमानस्तु पार्थिवान्पार्थिवर्षभ । चचार रावणो राम पृथिवीं पृथिवीपते ॥ ६
ततो माहिष्मतीं नाम पुरीं स्वर्गपुरीप्रभाम् । संप्राप्तो यत्र सांनिध्यं सदासीद्वसुरेतसः ॥ ७
तुल्य आसीन्नृपस्तस्य प्रभावाद्वसुरेतसः । अर्जुनो नाम यत्राग्निः शरकुण्डेशयः सदा ॥ ८
तमेव दिवसं सोऽथ हैहयाधिपतिर्बली । अर्जुनो नर्मदां रन्तुं गतः स्त्रीभिः सहेश्वरः ॥ ९
तमेव दिवसं सोऽथ रावणस्तत्र आगतः । रावणो राक्षसेन्द्रस्तु तस्यामात्यानपृच्छत ॥ १०
क्वार्जुनो नृपतिः शीघ्रं सम्यगाख्यातुमर्हथ । रावणोऽहमनुप्राप्तो युद्धेप्सुर्नृवरेण ह ॥ ११
ममागमनमप्यग्रे युष्माभिः संनिवेद्यताम् । इत्येवं रावणेनोक्तास्तेऽमात्याः सुविपश्चितः ॥ १२
अब्रुवन्राक्षसपतिमसांनिध्यं महीपतेः । श्रुत्वा विश्रवसः पुत्रः पौराणामर्जुनं गतम् ॥ १३
अपसृत्यागतो विन्ध्यं हिमवत्संनिभं गिरिम् । स तमभ्रमिवाविष्टमुद्भ्रान्तमिव मेदिनीम् ॥ १४
अपश्यद्रावणो विन्ध्यमालिखन्तमिवाम्बरम् । सहस्रशिखरोपेतं सिंहाध्युषितकंदरम् ॥ १५
प्रपातपतितैः शीतैः साट्टहासमिवाम्बुभिः । देवदानवगन्धर्वैः साप्सरोभिः सकिंनरैः ॥ १६
स्वस्त्रीभिः क्रीडमानैश्च स्वर्गभूतं महोच्छ्रयम् । नदीभिः स्यन्दमानाभिः स्फटिकप्रतिमं जलम् ॥ १७

ष्वधिकार इति जैमिन्युक्तं तु प्रमादादिति निरूपितं प्राक् ॥ ४९ ॥ ५० ॥ ५१ ॥ ५२ ॥ आश्चर्यं स्मारितोऽस्मीति । यद्यदगस्त्येनोक्तं तत्सर्वं मया दृष्टमिति सत्यमेवागस्त्येनोक्तमिति रामं प्रति विभीषणेनोक्तम् । श्रुतं च मे । विभीषणमुखादिति शेषः ॥ ५३ ॥ ५४ ॥ इति श्रीरामाभिरामे **श्रीरामीये रामायणतिलके वाल्मीकीय आदिकाव्य उत्तरकाण्डे त्रिंशः सर्गः ॥ ३० ॥**

अथ रावणपराजयकथनम्—तत इति । विस्मयाद्भगवत्प्रसादवैभवश्रवणजविस्मयादिव ॥ १ ॥ लोका मनुष्यलोकप्राणिनः । शून्याः शूरत्वगुणशून्याः ॥ २ ॥ तदेवाह—राजेति । राजा क्षत्रियः । राजमात्रोऽक्षत्रियः केवलप्रभुः ॥ ३ ॥ उताहोऽथवा विद्यमाना एव हतवीर्या वीर्यरहिताः । वीर्यवत्त्वेऽपि वरास्त्रैर्दिव्यास्त्रैर्बहिष्कृताः । यद्बहवो नृपा निर्जिता इति वदसीति शेषः ॥ ४ ॥ प्रहसन् । केनापि क्षत्रियेण दुरात्मनः कथं पराभवो न जात इति भगवतो रामस्यामर्षं दृष्ट्वागस्त्यहासः । पितामहश्चतुर्मुखो ब्रह्मा । ईश्वरमभिप्रधानं शौर्यादिक्षत्रगुणं रुद्रम् ॥ ५ ॥ ६ ॥ स्वर्गपुर्यमरावती । वसुरेतसः सदा सांनिध्यमग्नेर्नित्यसंनिधानमित्यर्थः ॥ ७ ॥ तस्याग्नेः प्रभावात्प्रसादाद्वसुरेतसोऽग्नेस्तुल्य आसीत् । यत्रार्जुनराज्यवेलायामग्निः शरकुण्डेशयः शरास्तृतकुण्डे वसति । शत्रूणामभिचारार्थं शरपरिस्तृतकुण्डे नित्यं संनिहितो वर्तेत इत्यर्थः ॥ ८ ॥ तमेव दिवसं यस्मिन्दिने रावणो गतस्तस्मिन्नेव दिवसे नर्मदां रन्तुं नर्मदायां क्रीडितुम् । ईश्वरो राजा ॥ ९ ॥ १० ॥ ११ ॥ १२ ॥ राक्षसपतिं प्रति महीपतेरसांनिध्यमब्रुवन् । पौराणां मुखादिति शेषः ॥ १३ ॥ अपसृत्य । पुरादिति शेषः । अभ्रं महामेघमिवाविष्टमाकाशसंबद्धं तेनात्युच्चत्वम् । मेदिनीमुद्भ्रान्तमिवोद्भिद्योद्गतमिव ॥ १४ ॥ सहस्रशिखरोपेतमनेकशृङ्गयुतम् ॥ १५ ॥ 'प्रपातस्त्वतटो भृगुः' । ततः पतितैरुदकैः साट्टहासमिव ॥ १६ ॥ स्फटिकप्रतिमं जलं स्यन्दमानाभिर्नदीभिः कृत्वा चलजि-

फणाभिश्चलजिह्वाभिरनन्तमिव विष्ठितम् । उत्क्रामन्तं दरीवन्तं हिमवत्संनिभं गिरिम् ॥ १८
पश्यमानस्ततो विन्ध्यं रावणो नर्मदां ययौ । चलोपलजलां पुण्यां पश्चिमोदधिगामिनीम् ॥ १९
महिषैः सृमरैः सिंहैः शार्दूलर्क्षगजोत्तमैः । उष्णाभितप्तैस्तृषितैः संक्षोभितजलाशयाम् ॥ २०
चक्रवाकैः सकारण्डैः सहंसजलकुक्कुटैः । सारसैश्च सदा मत्तैः कूजद्भिः सुसमावृताम् ॥ २१
फुल्लद्रुमकृतोत्तंसां चक्रवाकयुगस्तनीम् । विस्तीर्णपुलिनश्रोणीं हंसावलिसुमेखलाम् ॥ २२
पुष्परेण्वनुलिप्ताङ्गीं जलफेनामलांशुकाम् । जलावगाहसुस्पर्शां फुल्लोत्पलशुभेक्षणाम् ॥ २३
पुष्पकादवरुह्याशु नर्मदां सरितां वराम् । इष्टामिव वरां नारीमवगाह्य दशाननः ॥ २४
स तस्याः पुलिने रम्ये नानामुनिनिषेविते । उपोपविष्टः सचिवैः सार्धं राक्षसपुंगवः ॥ २५
प्रख्याय नर्मदां सोऽथ गङ्गेयमिति रावणः । नर्मदादर्शने हर्षमाप्तवान्स दशाननः ॥ २६
उवाच सचिवांस्तत्र सलीलं शुकसारणौ । एष रश्मिसहस्रेण जगत्कृत्वेव काञ्चनम् ॥ २७
तीक्ष्णतापकरः सूर्यो नभसो मध्यमास्थितः । मामासीनं विदित्वैव चन्द्रायति दिवाकरः ॥ २८
नर्मदाजलशीतश्च सुगन्धिः श्रमनाशनः । मद्भयादनिलो ह्येष वात्यसौ सुसमाहितः ॥ २९
इयं चापि सरिच्छ्रेष्ठा नर्मदा शर्मवर्धिनी । नक्रमीनविहंगोर्मिः सभयेवाङ्गना स्थिता ॥ ३०
तद्भवन्तः क्षताः शस्त्रैर्नृपैरिन्द्रसमैर्युधि । चन्दनस्य रसेनेव रुधिरेण समुक्षिताः ॥ ३१
ते यूयमवगाहध्वं नर्मदां शर्मदां शुभाम् । सार्वभौममुखा मत्ता गङ्गामिव महागजाः ॥ ३२
अस्यां स्नात्वा महानद्यां पाप्मनो विप्रमोक्ष्यथ । अहमप्यद्य पुलिने शरदिन्दुसमप्रभे ॥ ३३
पुष्पोपहारं शनकैः करिष्यामि कपर्दिनः । रावणेनैवमुक्तास्तु प्रहस्तशुकसारणाः ॥ ३४
समहोदरधूम्राक्षा नर्मदां विजगाहिरे । राक्षसेन्द्रगजैस्तैस्तु क्षोभिता नर्मदा नदी ॥ ३५
वामनाञ्जनपद्माद्यैर्गङ्गा इव महागजैः । ततस्ते राक्षसाः स्नात्वा नर्मदायां महाबलाः ॥ ३६
उत्तीर्य पुष्पाण्याजह्रुर्बल्यर्थं रावणस्य तु । नर्मदापुलिने हृद्ये शुभ्राभ्रसदृशप्रभे ॥ ३७
राक्षसैस्तु मुहूर्तेन कृतः पुष्पमयो गिरिः । पुष्पेषूपहृतेष्वेवं रावणो राक्षसेश्वरः ॥ ३८
अवतीर्णो नदीं स्नातुं गङ्गामिव महागजः । तत्र स्नात्वा च विधिवज्जप्त्वा जप्यमनुत्तमम् ॥ ३९
नर्मदासलिलात्तस्मादुत्ततार स रावणः । ततः क्लिन्नाम्बरं त्यक्त्वा शुक्लवस्त्रसमावृतः ॥ ४०
रावणं प्राञ्जलिं यान्तमन्वयुः सर्वराक्षसाः । तद्गतीवशमापन्ना मूर्तिमन्त इवाचलाः ॥ ४१
यत्रयत्र च याति स्म रावणो राक्षसेश्वरः । जाम्बूनदमयं लिङ्गं तत्रतत्र स्म नीयते ॥ ४२
वालुकावेदिमध्ये तु तल्लिङ्गं स्थाप्य रावणः । अर्चयामास गन्धैश्च पुष्पैश्चामृतगन्धिभिः ॥ ४३

ततः सतामार्तिहरं परं वरं वरप्रदं चन्द्रमयूखभूषणम् ।
समर्चयित्वा स निशाचरो जगौ प्रसार्य हस्तान्प्रणनर्त चाग्रतः ॥ ४४

इत्यार्षे श्रीमद्रामायणे वाल्मीकीय आदिकाव्य उत्तरकाण्ड एकत्रिंशः सर्गः ॥ ३१ ॥

ह्वाभिः फणाभिरुपलक्षितमनन्तमिव विष्ठितम् । उत्क्रामन्तमूर्ध्वं व्याप्नुवानम् ॥ १७ ॥ १८ ॥ चलान्युपलेषु जलानि यस्यास्ताम् ॥ १९ ॥ २० ॥ २२ ॥ अथ नर्मदां स्त्रीत्वेन वर्णयति—फुल्लेति ॥ २२ ॥ जनानां जलावगाहे सुखस्पर्शरूपगुणो यस्यास्ताम् ॥ २३ ॥ २४ ॥ २५ ॥ नर्मदां गङ्गेयमिति प्रख्याय प्रशस्य । अनेन नर्मदायास्तद्वत्पापनाशकत्वं तत्तटकृतशिवपूजादेर्महाफलत्वं गङ्गायाः सर्वोत्कृष्टत्वं च सूचितम् ॥ २६ ॥ सलीलं सविलासम् । काञ्चनं तन्मयम् ॥ २७ ॥ चन्द्रयाति चन्द्र इवाचरति । आर्षं परस्मैपदम् ॥ २८ ॥ २९ ॥ नक्रादियुता ऊर्मयो यस्याः सा ॥ ३० ॥ ३१ ॥ अवगाहध्वं स्नानं कुरुत । सार्वभौममुखाः सार्वभौमनामकदिग्गजादयः । 'महापद्मः' इति पाठान्तरम् । महापद्मो दिग्गजः ॥ ३२ ॥ ३३ ॥ ३४ ॥ राक्षसेन्द्रा एव गजास्तैः ॥ ३५ ॥ वामनाद्या दिग्गजाः । गङ्गा इव महागजैरित्यसंधिरार्षः ॥ ३६ ॥ रावणस्य बल्यर्थं रावणकर्तृकशिवपूजार्थम् ॥ ३७ ॥ ३८ ॥ ३९ ॥ ४० ॥ रावणं प्राञ्जलिं नियमेनेश्वरं प्रति कृताञ्जलिम् । तद्गतीवशमित्यार्षो दीर्घः । मूर्तिमन्तः प्राण्याकारवन्तोऽचला इव राक्षसाः ॥ ४१ ॥ तत्रतत्र स्म नीयते । प्रतिदिवसं पूजार्थं राक्षसैरिति शेषः ॥ ४२ ॥ तल्लिङ्गं जाम्बूनदमयं नित्यपूजालिङ्गम् । ऐश्वर्यकामनया हि तल्लिङ्गपूजा रावणस्य । ऐश्वर्यकामस्य सौवर्णलिङ्गपूजायास्तन्त्रेषूक्तेः ॥ ४३ ॥ जगौ । सामानीति शेषः ॥ ४४ ॥ **इति श्रीरामाभिरामे श्रीरामीये रामायणतिलके वाल्मीकीय आदिकाव्य उत्तरकाण्ड एकत्रिंशः सर्गः ॥ ३१ ॥**

द्वात्रिंशः सर्गः ।

नर्मदापुलिने यत्र राक्षसेन्द्रः स दारुणः । पुष्पोपहारं कुरुते तस्मादेशाददूरतः ॥ १
अर्जुनो जयतां श्रेष्ठो माहिष्मत्याः पतिः प्रभुः । क्रीडते सह नारीभिर्नर्मदातोयमाश्रितः ॥ २
तासां मध्यगतो राजा रराज च तदार्जुनः । करेणूनां सहस्रस्य मध्यस्थ इव कुञ्जरः ॥ ३
जिज्ञासुः स तु बाहूनां सहस्रस्योत्तमं बलम् । रुरोध नर्मदावेगं बाहुभिर्बहुभिर्वृतः ॥ ४
कार्तवीर्यभुजासक्तं तज्जलं प्राप्य निर्मलम् । कूलोपहारं कुर्वाणं प्रतिस्रोतः प्रधावति ॥ ५
समीननक्रमकरः सपुष्पकुशसंस्तरः । स नर्मदाम्भसो वेगः प्रावृट्काल इवाबभौ ॥ ६
स वेगः कार्तवीर्येण संप्रेषित इवाम्भसः । पुष्पोपहारं सकलं रावणस्य जहार ह ॥ ७
रावणोऽर्धसमाप्तं तमुत्सृज्य नियमं तदा । नर्मदां पश्यते कान्तां प्रतिकूलां यथा प्रियाम् ॥ ८
पश्चिमेन तु तं दृष्ट्वा सागरोद्गारसंनिभम् । वर्धन्तमम्भसो वेगं पूर्वामाशां प्रविश्य तु ॥ ९
ततोऽनुद्भ्रान्तशकुनां स्वभावे परमे स्थिताम् । निर्विकाराङ्गनाभासामपश्यद्रावणो नदीम् ॥ १०
सव्येतरकराङ्गुल्या ह्यशब्दास्यो दशाननः । वेगप्रभावमन्वेष्टुं सोऽदिशच्छुकसारणौ ॥ ११
तौ तु रावणसंदिष्टौ भ्रातरौ शुकसारणौ । व्योमान्तरगतौ वीरौ प्रस्थितौ पश्चिमामुखौ ॥ १२
अर्धयोजनमात्रं तु गत्वा तौ रजनीचरौ । पश्येतां पुरुषं तोये क्रीडन्तं सहयोषितम् ॥ १३
बृहत्सालप्रतीकाशं तोयव्याकुलमूर्धजम् । मदरक्तान्तनयनं मदव्याकुलचेतसम् ॥ १४
नदीं बाहुसहस्रेण रुन्धन्तमरिमर्दनम् । गिरिं पादसहस्रेण रुन्धन्तमिव मेदिनीम् ॥ १५
बालानां वरनारीणां सहस्रेण समावृतम् । समदानां करेणूनां सहस्रेणेव कुञ्जरम् ॥ १६
तमद्भुततरं दृष्ट्वा राक्षसौ शुकसारणौ । संनिवृत्तावुपागम्य रावणान्तमथोचतुः ॥ १७
बृहत्सालप्रतीकाशः कोऽप्यसौ राक्षसेश्वर । नर्मदां रोधवद्रुद्ध्वा क्रीडापयति योषितः ॥ १८
तेन बाहुसहस्रेण संनिरुद्धजला नदी । सागरोद्गारसंकाशानुद्गारान्सृजते मुहुः ॥ १९
इत्येवं भाषमाणौ तौ निशम्य शुकसारणौ । रावणोऽर्जुन इत्युक्त्वा स ययौ युद्धलालसः ॥ २०
अर्जुनाभिमुखे तस्मिन्रावणे राक्षसाधिपे । चण्डः प्रवाति पवनः सनादः सरजस्तथा ॥ २१
सकृदेव कृतो रावः सरक्तपृषतो घनैः । महोदरमहापार्श्वधूम्राक्षशुकसारणैः ॥ २२
संवृतो राक्षसेन्द्रस्तु तत्रागाद्यत्र चार्जुनः । अदीर्घेणैव कालेन स तदा राक्षसो बली ॥ २३
तं नर्मदाह्रदं भीममाजगामाञ्जनप्रभः । स तत्र स्त्रीपरिवृतं वासिताभिरिव द्विपम् ॥ २४
नरेन्द्रं पश्यते राजा राक्षसानां तदार्जुनम् । स रोषाद्रक्तनयनो राक्षसेन्द्रो बलोद्धतः ॥ २५
इत्येवमर्जुनामात्यानाह गम्भीरया गिरा । अमात्याः क्षिप्रमाख्यात हैहयस्य नृपस्य वै ॥ २६
युद्धार्थं समनुप्राप्तो रावणो नाम नामतः । रावणस्य वचः श्रुत्वा मन्त्रिणोऽथार्जुनस्य ते ॥ २७
उत्तस्थुः सायुधास्तं च रावणं वाक्यमब्रुवन् । युद्धस्य कालो विज्ञातः साधु भो साधु रावण ॥ २८

नर्मदेति ॥ १ ॥ २ ॥ ३ ॥ ४ ॥ निर्मलं तज्जलं कार्तवीर्यभुजैरासक्तमासङ्गं बन्धनं प्राप्य प्रतिस्रोतः प्रतिप्रवाहम् । प्रतिकूलमिति यावत् । प्रधावति ॥ ५ ॥ कुशसंस्तरः कुशास्तरणम् । स तु तत्पुलिने कर्मनिमित्तं ऋषिगणकृतः ॥ ६ ॥ संप्रेषित इव । रावणं प्रतीति शेषः ॥ ७ ॥ पश्यते पश्यति स्म ॥ ८ ॥ सागरोद्गारश्चन्द्रोदयकालिकसमुद्रपरिवृद्धिः । तेन हि समुद्रगा नद्यस्तत्समीपदेशे विपरीतप्रवाहाः क्रियन्त इति प्रसिद्धम् । पश्चिमेन मार्गेण पूर्वामाशां प्रविश्य वर्धन्तमम्भसो वेगं दृष्ट्वा प्रतिकूलां कान्तां प्रियामिव नर्मदां पश्यति स्मेत्यन्वयः । 'पूर्वामाशां प्रविश्यति' इति पाठे रावण इति शेषः । तस्य कियद्दूरे वृद्धिरिति निर्णयार्थमिति भावः । 'तस्मात्प्रविश्य तु' इत्येव पाठो युक्तः कतकसंमतश्च ॥ ९ ॥ ततः पूर्वदिशि ॥ १० ॥ सव्येतरकराङ्गुल्या दक्षिणहस्ताङ्गुल्या शीघ्रान्वेषणद्योतकाभिनयं कृत्वान्वेष्टुमदिशत् ॥ ११ ॥ व्योमान्तरगतावाकाशमार्गगौ ॥ १२ ॥ पश्येतामपश्यताम् ॥ १३ ॥ १४ ॥ मेदिनीं पादसहस्रेण रुन्धन्तं गिरिमिव संस्थितम् ॥ १५ ॥ १६ ॥ १७ ॥ रोधवद्रुध्यतेऽनेनेति रोधः सेतुस्तद्वदित्यर्थः । क्रीडापयति क्रीडयति । पुगार्षः ॥ १८ ॥ १९ ॥ निशम्य दृष्ट्वार्जुन इत्युक्त्वान्यस्यैवंविधसामर्थ्यासंभवयुक्त्या ॥ २० ॥ २१ ॥ सरक्तपृषतो रक्तबिन्दुसहितो रावः शब्दः सकृदेव रावणप्रस्थानेन सहैवैकवारं च घनैः कृतः । रक्तवर्षुकमेघानां सकृद्रावोऽप्युत्पात इति कतकः ॥ २२ ॥ २३ ॥ २४ ॥ पश्यते पश्यति स्म ॥ २५ ॥ इत्येवं वक्ष्यमाणप्रकारेण ॥ २६ ॥ २७ ॥ अर्जुनमन्त्रिणो व्यङ्ग्योक्त्या रावणं निन्दन्ति—

यः क्षीबं स्त्रीगतं चैव योद्धुमुत्सहसे नृपम् । स्त्रीसमक्षगतं यत्त्वं योद्धुमुत्सहसे नृपम् ॥ २९
क्षमस्वाद्य दशग्रीव उष्यतां रजनी त्वया । युध्य श्रद्धा तु यद्यस्ति श्वस्तात समरेऽर्जुनम् ॥ ३०
यदि वापि त्वरा तुभ्यं युद्धतृष्णासमावृत । निपात्यास्मान्रणे युद्धमर्जुनेनोपयास्यसि ॥ ३१
ततस्ते रावणामात्यैरमात्यास्ते नृपस्य तु । सूदिताश्चापि ते युद्धे भक्षिताश्च बुभुक्षितैः ॥ ३२
ततो हलहलाशब्दो नर्मदातीरगो बभौ । अर्जुनस्यानुयात्राणां रावणस्य च मन्त्रिणाम् ॥ ३३
इषुभिस्तोमरैः प्रासैस्त्रिशूलैर्वज्रकर्षणैः । सरावणानर्दयन्तः समन्तात्समभिद्रुताः ॥ ३४
हैहयाधिपयोधानां वेग आसीत्सुदारुणः । सनक्रमीनमकरसमुद्रस्येव निःस्वनः ॥ ३५
रावणस्य तु तेऽमात्याः प्रहस्तशुकसारणाः । कार्तवीर्यबलं क्रुद्धा निहन्ति स्म स्वतेजसा ॥ ३६
अर्जुनाय तु तत्कर्म रावणस्य समन्त्रिणः । क्रीडमानाय कथितं पुरुषैर्भयविह्वलैः ॥ ३७
श्रुत्वा न भेतव्यमिति स्त्रीजनं स तदार्जुनः । उत्ततार जलात्तस्माद्गङ्गातोयादिवाञ्जनः ॥ ३८
क्रोधदूषितनेत्रस्तु स तदार्जुनपावकः । प्रजज्वाल महाघोरो युगान्त इव पावकः ॥ ३९
स तूर्णतरमादाय वरहेमाङ्गदो गदाम् । अभिदुद्राव रक्षांसि तमांसीव दिवाकरः ॥ ४०
बाहुविक्षेपकरणां समुद्यम्य महागदाम् । गारुडं वेगमास्थाय आपपातैव सोऽर्जुनः ॥ ४१
तस्य मार्गं समारुध्य विन्ध्योऽर्कस्येव पर्वतः । स्थितो विन्ध्य इवाकम्प्यः प्रहस्तो मुसलायुधः ॥ ४२
ततोऽस्य मुसलं घोरं लोहबद्धं मदोद्धतः । प्रहस्तः प्रेषयन्क्रुद्धो ररास च यथान्तकः ॥ ४३
तस्याग्रे मुसलस्याग्निरशोकापीडसंनिभः । प्रहस्तकरमुक्तस्य बभूव प्रदहन्निव ॥ ४४
आधावमानं मुसलं कार्तवीर्यस्तदार्जुनः । निपुणं वञ्चयामास गदया गतविक्लवः ॥ ४५
ततस्तमभिदुद्राव सगदो हैहयाधिपः । भ्रामयाणो गदां गुर्वीं पञ्चबाहुशतोच्छ्रयाम् ॥ ४६
ततो हतोऽतिवेगेन प्रहस्तो गदया तदा । निपपात स्थितः शैलो वज्रिवज्रहतो यथा ॥ ४७
प्रहस्तं पतितं दृष्ट्वा मारीचशुकसारणाः । समहोदरधूम्राक्षा अपसृष्टा रणाजिरात् ॥ ४८
अपक्रान्तेष्वमात्येषु प्रहस्ते च निपातिते । रावणोऽभ्यद्रवत्तूर्णमर्जुनं नृपसत्तमम् ॥ ४९
सहस्रबाहोस्तद्युद्धं विंशद्बाहोश्च दारुणम् । नृपराक्षसयोस्तत्र आरब्धं रोमहर्षणम् ॥ ५०
सागराविव संक्षुब्धौ चलमूलाविवाचलौ । तेजोयुक्ताविवादित्यौ प्रदहन्ताविवानलौ ॥ ५१
बलोद्धतौ यथा नागौ वासितार्थे यथा वृषौ । मेघाविव विनर्दन्तौ सिंहाविव बलोत्कटौ ॥ ५२
रुद्रकालाविव क्रुद्धौ तौ तदा राक्षसार्जुनौ । परस्परं गदां गृह्य ताडयामासतुर्भृशम् ॥ ५३
वज्रप्रहारानचला यथा घोरान्विषेहिरे । गदाप्रहारांस्तौ तत्र सेहाते नरराक्षसौ ॥ ५४
यथाशनिरवेभ्यस्तु जायतेऽथ प्रतिश्रुतिः । तथा तयोर्गदापोथैर्दिशः सर्वाः प्रतिश्रुताः ॥ ५५

युद्धस्येत्यादि । हे रावण, त्वया साधु सम्यग्युद्धस्य कालो विज्ञातः । यस्त्वं क्षीबं मदपानमत्तं स्त्रीगतं स्त्रीगोष्ठीगतं साधु सम्यग्योद्धुमुत्सहसे । उक्तमेव स्पष्टं पुनराह—स्त्रीसमक्षगतमिति यत्तत्सम्यक्कालो विज्ञातः ॥ २८ ॥ २९ ॥ स्वभावेनाहुः—क्षमस्वेति । अद्य दिवसे युद्धविलम्बं क्षमस्व सहस्व । उष्यताम् । इहेति शेषः । युध्येति पदम् । समरे श्रद्धा यद्यस्ति तदा श्वोऽर्जुनं युध्य युध्यस्व ॥ ३० ॥ हे युद्धतृष्णासमावृत, यदि वा अथवा ते त्वरा यदि युद्धे तदास्मान्युद्धे निपात्यार्जुनेन युद्धं प्राप्स्यसि ॥ ३१ ॥ ३२ ॥ हलहलेति शब्दानुकारः । अनुयात्राः अनुचराः । मन्त्रिण इत्यर्थः ॥ ३३ ॥ कर्षणमायुधविशेषः । सरावणान्रावणसहितान्मन्त्रिणोऽर्दयन्तोऽर्जुनमन्त्रिणो बभूवुरिति शेषः ॥ ३४ ॥ नक्रादिसहितसमुद्रस्येव स्वन आसीत् ॥ ३५ ॥ ३६ ॥ समन्त्रिणो मन्त्रिसहितस्य रावणस्य ॥ ३७ ॥ स्त्रीजनम् । न भेतव्यमित्युक्त्वेति शेषः । अञ्जनो दिग्गजः ॥ ३८ ॥ अर्जुनरूपः पावक इति रूपकम् । युगान्ते प्रलयकाले ॥ ३९ ॥ अभिदुद्राव द्रावयामास ॥ ४० ॥ बाहुविक्षेपकरणां बाहुभिर्विक्षेपकरणं भ्रमसंपादनं यस्यास्ताम् । गारुडं वेगं गरुडसदृशवेगम् । आपपातैव, नतु विलम्बितवानित्यर्थः ॥ ४१ ॥ विन्ध्यपर्वतोऽर्कमार्गं रुद्ध्वा स्थित इति पौराणिकी कथा ॥ ४२ ॥ अस्य प्रेषयन्नस्य संहारार्थं क्षिपन् ॥ ४३ ॥ अशोकापीडमशोकपुष्पशिखा तत्संनिभः ॥ ४४ ॥ गतविक्लवो गतभयः ॥ ४५ ॥ पञ्चबाहुशतैरुच्छ्रय उत्क्षेपो यस्यास्ताम् ॥ ४६ ॥ शैल इव स्थितो निपपात ॥ ४७ ॥ ४८ ॥ ४९ ॥ ५० ॥ ५१ ॥ वासितार्थे करिणीरूपप्रयोजनाय । युयुधाते इति शेषः ॥ ५२ ॥ ५३ ॥ ५४ ॥ अशनिरवेभ्योऽशनिपातध्वनिभ्यः । प्रतिश्रुतिः प्रतिध्वनिः । गदापोथैर्गदापातैः ।

अर्जुनस्य गदा सा तु पात्यमानाहितोरसि । काञ्चनाभं नभश्चक्रे विद्युत्सौदामनी यथा ॥ ५६
तथैव रावणेनापि पात्यमाना मुहुर्मुहुः । अर्जुनोरसि निर्भाति गदोल्केव महागिरौ ॥ ५७
नार्जुनः खेदमायाति न राक्षसगणेश्वरः । सममासीत्तयोर्युद्धं यथा पूर्वं बलीन्द्रयोः ॥ ५८
शृङ्गैरिव वृषायुध्यन्दन्ताग्रैरिव कुञ्जरौ । परस्परं विनिघ्नन्तौ नरराक्षससत्तमौ ॥ ५९
ततोऽर्जुनेन क्रुद्धेन सर्वप्राणेन सा गदा । स्तनयोरन्तरे मुक्ता रावणस्य महोरसि ॥ ६०
वरदानकृतत्राणे सा गदा रावणोरसि । दुर्बलेव यथावेगं द्विधाभूतापतत्क्षितौ ॥ ६१
स त्वर्जुनप्रयुक्तेन गदाघातेन रावणः । अपासर्पद्धनुर्मात्रं निषसाद च निष्टनन् ॥ ६२
स विह्वलं तदालक्ष्य दशग्रीवं ततोऽर्जुनः । सहसोत्पत्य जग्राह गरुत्मानिव पन्नगम् ॥ ६३
स तु बाहुसहस्रेण बलाद्गृह्य दशाननम् । बबन्ध बलवान्राजा बलिं नारायणो यथा ॥ ६४
बध्यमाने दशग्रीवे सिद्धचारणदेवताः । साध्वीति वादिनः पुष्पैः किरन्त्यर्जुनमूर्धनि ॥ ६५
व्याघ्रो मृगमिवादाय मृगराडिव कुञ्जरम् । ररास हैहयो राजा हर्षादम्बुदवन्मुहुः ॥ ६६
प्रहस्तस्तु समाश्वस्तो दृष्ट्वा बद्धं दशाननम् । सहसा राक्षसः क्रुद्ध अभिदुद्राव हैहयम् ॥ ६७
नक्तंचराणां वेगस्तु तेषामापततां बभौ । उद्धृत आतपापाये पयोदानामिवाम्बुधौ ॥ ६८
मुञ्चमुञ्चेति भाषन्तस्तिष्ठतिष्ठेति चासकृत् । मुसलानि च शूलानि सोत्ससर्ज तदा रणे ॥ ६९
अप्राप्तान्येव तान्याशु असंभ्रान्तस्तदार्जुनः । आयुधान्यमरारीणां जग्राहारिनिषूदनः ॥ ७०
ततस्तान्येव रक्षांसि दुर्धरैः प्रवरायुधैः । भित्त्वा विद्रावयामास वायुरम्बुधरानिव ॥ ७१
राक्षसांस्त्रासयामास कार्तवीर्यार्जुनस्तदा । रावणं गृह्य नगरं प्रविवेश सुहृद्वृतः ॥ ७२
स कीर्यमाणः कुसुमाक्षतोत्करैर्द्विजैः सपौरैः पुरुहूतसंनिभः ।
ततोऽर्जुनः स्वां प्रविवेश तां पुरीं बलिं निगृह्येव सहस्रलोचनः ॥ ७३

इत्यार्षे श्रीमद्रामायणे वाल्मीकीय आदिकाव्य उत्तरकाण्डे द्वात्रिंशः सर्गः ॥ ३२ ॥

त्रयस्त्रिंशः सर्गः

रावणग्रहणं तत्तु वायुग्रहणसंनिभम् । ततः पुलस्त्यः शुश्राव कथितं दिवि दैवतैः ॥ १
ततः पुत्रकृतस्नेहात्कम्प्यमानो महाधृतिः । माहिष्मतीपतिं द्रष्टुमाजगाम महानृषिः ॥ २
स वायुमार्गमास्थाय वायुतुल्यगतिर्द्विजः । पुरीं माहिष्मतीं प्राप्तो मनःसंपातविक्रमः ॥ ३
सोऽमरावतिसंकाशां हृष्टपुष्टजनावृताम् । प्रविवेश पुरीं ब्रह्मा इन्द्रस्येवामरावतीम् ॥ ४
पादचारमिवादित्यं निष्पतन्तं सुदुर्दशम् । ततस्ते प्रत्यभिज्ञाय अर्जुनाय न्यवेदयन् ॥ ५
पुलस्त्य इति विज्ञाय वचनाद्धैहयाधिपः । शिरस्यञ्जलिमाधाय प्रत्युद्गच्छत्तपस्विनम् ॥ ६
पुरोहितोऽस्य गृह्यार्घ्यं मधुपर्कं तथैव च । पुरस्तात्प्रययौ राज्ञः शक्रस्येव बृहस्पतिः ॥ ७

प्रतिश्रुताः प्रतिध्वनिमत्यः ॥ ५५ ॥ अहितोरसि रावणोरसि सौदामनी विद्युद्विशेषेण द्योतमाना नभ इव रावणोरो गदा काञ्चनाभं काञ्चनवर्णं चक्रे । प्रकाशितं चक्रे इति यावत् ॥ ५६ ॥ ५७ ॥ न राक्षसगणेश्वरः खेदमायाति ॥ ५८ ॥ वृषायुध्यन् । वृषव-युध्यन्नित्यर्थः ॥ ५९ ॥ ६० ॥ दुर्बलेव बलरहितेव । यथावेगं स्ववेगोचितं प्रहर्तुमसमर्था स्वयमेव द्विधाभूता क्षितावपतत् तत्र हेतुः—वरदानकृतत्राणे इति ॥ ६१ ॥ अपासर्पदपराङ्मुख एव पृष्ठतोऽगच्छत् । निष्टनन्रुदन् ॥ ६२ ॥ ६३ ॥ ६४ ॥ साध्वीति वादिन इति दीर्घ आर्षः ॥ ६५ ॥ ६६ ॥ ६७ ॥ आतपापाये वर्षाकाले ॥ ६८ ॥ सोत्ससर्जेत्या-र्षम् । सहैव त्यक्तवन्त इत्यर्थः ॥ ६९ ॥ अप्राप्तान्येव स्वस-मीपमनागतान्येवान्तरिक्षस्थान्येवामरारीणां तान्यायुधानि रात्र-णग्राहिकरव्यतिरिक्तकरैराशु जग्राह ॥ ७० ॥ ७१ ॥ ७२ ॥ ७३ ॥ इति श्रीरामाभिरामे श्रीरामीये रामायणतिलके वाल्मीकीय आदिकाव्य उत्तरकाण्डे द्वात्रिंशः सर्गः ॥ ३२ ॥

अथ पुलस्त्येन रावणमोचनम्—रावणेति ॥ १ ॥ कम्प्यमानोऽनुकम्पया युज्यमानः ॥ २ ॥ मनःसंपातविक्रमो मनस्तुल्यगतिः ॥ ३ ॥ अमरावतिसंकाशाम् । आर्षो ह्रस्वः ॥ ४ ॥ सुदुर्दशम् । सुदुर्दर्शमित्यर्थः । प्रत्यभिज्ञाय द्वाःस्था मन्त्रिणो वा ॥ ५ ॥ प्रत्युद्गच्छत्प्रत्युदगच्छत् ॥ ६ ॥ ७ ॥

ततस्तमृषिमायान्तमुद्यन्तमिव भास्करम् । अर्जुनो दृश्य संभ्रान्तो ववन्देऽन्द्र इवेश्वरम् ॥ ८
स तस्य मधुपर्कं गां पाद्यमर्घ्यं निवेद्य च । पुलस्त्यमाह राजेन्द्रो हर्षगद्गदया गिरा ॥ ९
अद्यैवममरावत्या तुल्या माहिष्मती कृता । अद्याहं तु द्विजेन्द्र त्वां यस्मात्पश्यामि दुर्दृशम् ॥ १०
अद्य मे कुशलं देव अद्य मे कुशलं व्रतम् । अद्य मे सफलं जन्म अद्य मे सफलं तपः ॥ ११
यत्ते देवगणैर्वन्द्यौ वन्देऽहं चरणौ तव । इदं राज्यमिमे पुत्रा इमे दारा इमे वयम् ।
ब्रह्मन्किं कुर्मः किं कार्यमाज्ञापयतु नो भवान् ॥ १२
तं धर्मेऽग्निषु पुत्रेषु शिवं पृष्ट्वा च पार्थिवम् । पुलस्त्योवाच राजानं हैहयानां तथार्जुनम् ॥ १३
नरेन्द्राम्बुजपत्राक्ष पूर्णचन्द्रनिभानन । अतुलं ते बलं येन दशग्रीवस्त्वया जितः ॥ १४
भयाद्यस्योपतिष्ठेतां निष्पन्दौ सागरानिलौ । सोऽयं मृधे त्वया बद्धः पौत्रो मे रणदुर्जयः ॥ १५
पुत्रकस्य यशः पीतं नाम विश्रावितं त्वया । मद्वाक्याद्याच्यमानोऽद्य मुञ्च वत्स दशाननम् ॥ १६
पुलस्त्याज्ञां प्रगृह्याथ न किंचन वचोऽर्जुनः । मुमोचैव पार्थिवेन्द्रो राक्षसेन्द्रं प्रहृष्टवत् ॥ १७
स तं प्रमुच्य त्रिदशारिमर्जुनः प्रपूज्य दिव्याभरणस्रगम्बरैः ।
अहिंसकं सख्यमुपेत्य साग्निकं प्रणम्य तं ब्रह्मसुतं गृहं ययौ ॥ १८
पुलस्त्येनापि संत्यक्तो राक्षसेन्द्रः प्रतापवान् । परिष्वक्तः कृतातिथ्यो लज्जमानो विनिर्जितः ॥ १९
पितामहसुतश्चापि पुलस्त्यो मुनिपुंगवः । मोचयित्वा दशग्रीवं ब्रह्मलोकं जगाम ह ॥ २०
एवं स रावणः प्राप्तः कार्तवीर्यात्प्रधर्षणम् । पुलस्त्यवचनाच्चापि पुनर्मुक्तो महाबलः ॥ २१
एवं बलिभ्यो बलिनः सन्ति राघवनन्दन । नावज्ञा हि परे कार्या य इच्छेच्छ्रेय आत्मनः ॥ २२
ततः स राजा पिशिताशनानां सहस्रबाहोरुपलभ्य मैत्रीम् ।
पुनर्नृपाणां कदनं चकार चचार सर्वां पृथिवीं च दर्पात् ॥ २३

इत्यार्षे श्रीमद्रामायणे वाल्मीकीय आदिकाव्य उत्तरकाण्डे त्रयस्त्रिंशः सर्गः ॥ ३३ ॥

चतुस्त्रिंशः सर्गः ।

अर्जुनेन विमुक्तस्तु रावणो राक्षसाधिपः । चचार पृथिवीं सर्वामनिर्विण्णस्तथा कृतः ॥ १
राक्षसं वा मनुष्यं वा शृणुते यं बलाधिकम् । रावणस्तं समासाद्य युद्धे ह्वयति दर्पितः ॥ २
ततः कदाचित्किष्किन्धां नगरीं वालिपालिताम् । गत्वा ह्वयति युद्धाय वालिनं हेममालिनम् ॥ ३
ततस्तु वानरामात्यास्तारस्तारापिता प्रभुः । उवाच वानरो वाक्यं युद्धप्रेप्सुमुपागतम् ॥ ४
राक्षसेन्द्र गतो वाली यस्ते प्रतिबलो भवेत् । कोऽन्यः प्रमुखतः स्थातुं तव शक्तः प्लवंगमः ॥ ५
चतुर्भ्योऽपि समुद्रेभ्यः संध्यामन्वास्य रावण । इदं मुहूर्तमायाति वाली तिष्ठ मुहूर्तकम् ॥ ६

ईश्वरं ब्रह्माणम् ॥ ८ ॥ ९ ॥ १० ॥ ११ ॥ १२ ॥ शिवं कुशलम् । पुलस्त्योवाचेति संधिरार्षः ॥ १३ ॥ १४ ॥ यस्य रावणस्य ॥ १५ ॥ पुत्रकस्य मदीयबालस्य रावणस्य यशः पीतं नाशितम्, स्वीयं नाम च रावणजिदित्येवं त्रैलोक्ये विश्रावितम् ॥ १६ ॥ न किंचिद्वच ऊचे, किं तु 'क्रियाकेवलमुत्तरम्' इति मुमोचैव । प्रहृष्टवद्ब्रह्मपुत्रो मां प्रार्थितवानिति संतोषयुक्तः सन् ॥ १७ ॥ अहिंसकं सख्यं परस्परहिंसाप्रवृत्तिनिवारणसाधनम् । साग्निकमग्निसाक्षित्वसहितम् ॥ १८ ॥ पुलस्त्येनापि संत्यक्तो गच्छ लङ्कामित्यनुज्ञातः । अपिनार्जुनेनापि त्यक्तो बन्धनान्मुक्तः । कृतातिथ्यः । अर्जुनेनेति शेषः ॥ १९ ॥ २० ॥ २१ ॥ बलिभ्योऽपि बलिनः सन्ति । ईश्वरसृष्टेर्विचित्रत्वादित्याशयः । यः श्रेय इच्छेत्तेन परे परस्मिन्नवज्ञा न कार्या ॥ २२ ॥ २३ ॥ इति श्रीरामाभिरामे श्रीरामीये रामायणतिलके वाल्मीकीय आदिकाव्य उत्तरकाण्डे त्रयस्त्रिंशः सर्गः ॥ ३३ ॥

अथ रावणस्य वालिदर्शनम्—अर्जुनेनेति । अनिर्विण्णः कृतः । पुलस्त्येन विमोच्यार्जुनसख्यं प्रापय्य तेन पूजयित्वा विसर्जितत्वात्पराभवजनितनिर्वेदरहितः कृत इत्यर्थः ॥ १ ॥ युद्धे ह्वयति । युद्धनिमित्तमाह्वयतीत्यर्थः ॥ २ ॥ ३ ॥ वानरामात्या वालिमन्त्रिणस्तानाह—तार एकः । तारापिता सुषेणः प्रभुर्युवराजः सुग्रीवश्चोवाच ॥ ४ ॥ किमूचुस्तदाह—राक्षसेन्द्रेति । ते तुभ्यं प्रतिबलः । युद्धं दातुमिति शेषः ॥ ५ ॥ चतुर्भ्यः समुद्रेभ्यश्चतुर्षु समुद्रेषु । संध्यां सम्यग्ध्येयदेवतां ब्रह्मरूपामन्वास्य ध्यात्वेदं मुहूर्तमस्मिन्मुहूर्ते आयाति ॥ ६ ॥

१३०

एतानस्थिचयान्पश्य य एते शङ्खपाण्डुराः। युद्धार्थिनामिमे राजन्वानराधिपतेजसा ॥ ७
यद्यमृतरसः पीतस्त्वया रावण राक्षस। तदा वालिनमासाद्य तदन्तं तव जीवितम् ॥ ८
पश्येदानीं जगच्चित्रमिमं विश्रवसः सुत। इदं मुहूर्तं तिष्ठस्व दुर्लभं ते भविष्यति ॥ ९
अथवा त्वरसे मर्तुं गच्छ दक्षिणसागरम्। वालिनं द्रक्ष्यसे तत्र भूमिष्ठमिव पावकम् ॥ १०
स तु तारं विनिर्भर्त्स्य रावणो लोकरावणः। पुष्पकं तत्समारुह्य प्रययौ दक्षिणार्णवम् ॥ ११
तत्र हेमगिरिप्रख्यं तरुणार्कनिभाननम्। रावणो वालिनं दृष्ट्वा संध्योपासनतत्परम् ॥ १२
पुष्पकादवरुह्याथ रावणोऽञ्जनसंनिभः। ग्रहीतुं वालिनं तूर्णं निःशब्दपदमव्रजत् ॥ १३
यदृच्छया तदा दृष्टो वालिनापि स रावणः। पापाभिप्रायकं दृष्ट्वा चकार न तु संभ्रमम् ॥ १४
शशमालक्ष्य सिंहो वा पन्नगं गरुडो यथा। न चिन्तयति तं वाली रावणं पापनिश्चयम् ॥ १५
जिघृक्षमाणमायान्तं रावणं पापचेतसम्। कक्षावलम्बिनं कृत्वा गमिष्ये त्रीन्महार्णवान् ॥ १६
द्रक्ष्यन्त्यरिं ममाङ्कस्थं स्रंसदूरुकराम्बरम्। लम्बमानं दशग्रीवं गरुडस्येव पन्नगम् ॥ १७
इत्येवं मतिमास्थाय वाली मौनमुपास्थितः। जपन्वै नैगमान्मन्त्रांस्तस्थौ पर्वतराडिव ॥ १८
तावन्योन्यं जिघृक्षन्तौ हरिराक्षसपार्थिवौ। प्रयत्नवन्तौ तत्कर्म ईहतुर्बलदर्पितौ ॥ १९
हस्तग्राहं तु तं मत्वा पादशब्देन रावणम्। पराङ्मुखोऽपि जग्राह वाली सर्पमिवाण्डजः ॥ २०
ग्रहीतुकामं तं गृह्य रक्षसामीश्वरं हरिः। खमुत्पपात वेगेन कृत्वा कक्षावलम्बिनम् ॥ २१
तं च पीडयमानं तु वितुदन्तं नखैर्मुहुः। जहार रावणं वाली पवनस्तोयदं यथा ॥ २२
अथ ते राक्षसामात्या ह्रियमाणे दशानने। मुमोक्षयिषवो वालिं रवमाणा अभिद्रुताः ॥ २३
अन्वीयमानस्तैर्वाली भ्राजतेऽम्बरमध्यगः। अन्वीयमानो मेघौघैरम्बरस्थ इवांशुमान् ॥ २४
तेऽशक्नुवन्तः संप्राप्तुं वालिनं राक्षसोत्तमाः। तस्य बाहूरुवेगेन परिश्रान्ता व्यवस्थिताः ॥ २५
वालिमार्गादपाक्रामन्पर्वतेन्द्रापि गच्छतः। किं पुनर्जीवनप्रेप्सुर्बिभ्रद्वै मांसशोणितम् ॥ २६
अपक्षिगणसंपातान्वानरेन्द्रो महाजवः। क्रमशः सागरान्सर्वान्संध्याकालमवन्दत ॥ २७
संपूज्यमानो यातस्तु खचरैः खचरोत्तमः। पश्चिमं सागरं वाली आजगाम सरावणः ॥ २८
तस्मिन्संध्यामुपासित्वा स्नात्वा जप्त्वा च वानरः। उत्तरं सागरं प्रायाद्वहमानो दशाननम् ॥ २९

तेन ते युद्धमयोग्यमित्याह—एतानिति ॥ ७ ॥ यद्येति यद्यप्यर्थे। यद्यप्यमृतरसः पीतो भवति तदा तथापि वालिनमासाद्य तव जीवितं तदन्तं तत्समीपगमनपर्यन्तम् ॥ ८ ॥ जगच्चित्रं सर्वाश्चर्यभूतम्। इमं वालिनं पश्य। दुर्लभं ते भविष्यति। जीवितमिति शेषः ॥ ९ ॥ १० ॥ तारम्। तारादीनित्यर्थः ॥ ११ ॥ संध्योपासनतत्परं सम्यग्ध्येयब्रह्मध्यानतत्परम् ॥ १२ ॥ निःशब्दपदं निःशब्दः पदविक्षेपो यस्यां क्रियायां तथा ॥ १३ ॥ पापाभिप्रायकं पापाभिप्रायवन्तम् ॥ १४ ॥ सिंहो वा सिंह इव ॥ १५ ॥ जिघृक्षमाणमित्यादिरित्येवमित्यन्तो वालिनो विचारः ॥ १६ ॥ द्रक्ष्यन्ति। देवादय इति शेषः। ममाङ्कस्थम्। कक्षस्थमित्यर्थः। स्रंसत्स्रंसमानान्यूरुकरावम्बरं वस्त्रं च यस्य तम्। गरुडस्येति। अङ्कस्थमित्यनुकर्षः ॥ १७ ॥ नैगमान्वैदिकान्। वाल्यादयो हि स्वयं प्रतिभातसकलवेदाः। जपंस्तदर्थं ध्यायन् ॥ १८ ॥ तत्कर्म ग्रहणकर्म ॥ १९ ॥ हस्तग्राहं हस्तसंग्रहणाभिप्रायवन्तं पादशब्देन मत्वा सूक्ष्मेण पादशब्देन पश्चादायान्तं ज्ञात्वा पराङ्मुखोऽपि तद्दिग्गवलोकनरहितोऽपि। 'हस्तग्राह्यम्' इति पाठे रावणपादशब्देन तादृशं मत्वेत्यर्थः। अण्डजो गरुडः ॥ २० ॥ २१ ॥ २२ ॥ मुमोक्षयिषव इति। मोक्षशब्दात् 'तत्करोति' इति ण्यन्तात्सन्। रवमाणाः क्रोशन्तः ॥ २३ ॥ २४ ॥ अशक्नुवन्त इति पदम् ॥ २५ ॥ यतः पर्वतेन्द्रा अपि वालिमार्गादपाक्रामन्। मांसं शोणितं बिभ्रज्जीवनप्रेप्सुः प्राणी तस्य मार्गादपक्रामतीति किं वक्तव्यम् ॥ २६ ॥ अपक्षिगणसंपातान्यावता कालेन वाली गच्छति तावता कालेन पक्षिगणैरप्यप्राप्यान्सागरान्क्रमशोऽगच्छन्निति शेषः। संध्याकालं प्रातःसंध्याकालध्येयदेवतारूपं ब्रह्मावन्दत ध्यातवान् ॥ २७ ॥ सरावणः कक्षस्थरावणसहितः ॥ २८ ॥ तस्मिन्संध्यामुपासित्वा स्नात्वेत्यादि। दक्षिणसमुद्रतटेऽपि। 'जपन्वै नैगमान्मन्त्रान्' इत्युक्तेः समुद्रचतुष्टयेऽपि प्रातःसंध्याकालस्योदयात्पूर्वं परतश्च मिलित्वा त्रिमुहूर्तात्मकस्य मध्ये चतुःसमुद्रतटावच्छेदेन किंचित्किंचित्कालं ध्येयब्रह्मणो ध्याननियमस्तत्प्रतिपादकमन्त्रस्मरणनियमश्च वालिन इति गम्यते। ईदृशं व्रतं च महेन्द्रो रावणस्य समूलनाशाय पुत्रद्वारानुतिष्ठतीति बोध्यम्। यत्तु तस्य दक्षिणसमुद्रे शौचम्, पश्चिमे स्नानम्, उत्तरे आपोहिष्ठादिमन्त्रैर्मार्जनम्, पूर्वसमुद्रेऽर्घ्यादीत्येवं संध्यावन्दनशेषानुष्ठानत्वाच्चतुर्षु समुद्रेषु संध्यामन्वास्येत्युक्तिरिति कतकवीर्यादयः,

बहुयोजनसाहस्रं वहमानो महाहरिः । वायुवच्च मनोवच्च जगाम सह शत्रुणा ॥ ३०
उत्तरे सागरे संध्यामुपासित्वा दशाननम् । वहमानोऽगमद्वाली पूर्वं वै स महोदधिम् ॥ ३१
तत्रापि संध्यामन्वास्य वासविः स हरीश्वरः । किष्किन्धामभितो गृह्य रावणं पुनरागमत् ॥ ३२
चतुर्ष्वपि समुद्रेषु संध्यामन्वास्य वानरः । रावणोद्वहनश्रान्तः किष्किन्धोपवनेऽपतत् ॥ ३३
रावणं तु मुमोचाथ स्वकक्षात्कपिसत्तमः । कुतस्त्वमिति चोवाच प्रहसन्रावणं मुहुः ॥ ३४
विस्मयं तु महद्गत्वा श्रमलोलनिरीक्षणः । राक्षसेन्द्रो हरीन्द्रं तमिदं वचनमब्रवीत् ॥ ३५
वानरेन्द्र महेन्द्राभ राक्षसेन्द्रोऽस्मि रावणः । युद्धेप्सुरिह संप्राप्तः स चाद्यासादितस्त्वया ॥ ३६
अहो बलमहो वीर्यमहो गाम्भीर्यमेव च । येनाहं पशुवद्गृह्य भ्रामितश्चतुरोऽर्णवान् ॥ ३७
एवमश्रान्तवद्वीर शीघ्रमेव च वानर । मां चैवोद्वहमानस्तु कोऽन्यो वीर भविष्यति ॥ ३८
त्रयाणामेव भूतानां गतिरेषा प्लवंगम । मनोनिलसुपर्णानां तव चात्र न संशयः ॥ ३९
सोऽहं दृष्टबलस्तुभ्यमिच्छामि हरिपुंगव । त्वया सह चिरं सख्यं सुस्निग्धं पावकाग्रतः ॥ ४०
दाराः पुत्राः पुरं राष्ट्रं भोगाच्छादनभोजनम् । सर्वमेवाविभक्तं नौ भविष्यति हरीश्वर ॥ ४१
ततः प्रज्वालयित्वाग्निं तावुभौ हरिराक्षसौ । भ्रातृत्वमुपसंपन्नौ परिष्वज्य परस्परम् ॥ ४२
अन्योन्यं लम्बितकरौ ततस्तौ हरिराक्षसौ । किष्किन्धां विशतुर्हृष्टौ सिंहौ गिरिगुहामिव ॥ ४३
स तत्र मासमुषितः सुग्रीव इव रावणः । अमात्यैरागतैर्नीतस्त्रैलोक्योत्सादनार्थिभिः ॥ ४४
एवमेतत्पुरा वृत्तं वालिना रावणः प्रभो । धर्षितश्च कृतश्चापि भ्राता पावकसंनिधौ ॥ ४५
बलमप्रतिमं राम वालिनोऽभवदुत्तमम् । सोऽपि त्वया विनिर्दग्धः शलभो वह्निना यथा ॥ ४६

इत्यार्षे श्रीमद्रामायणे वाल्मीकीय आदिकाव्य उत्तरकाण्डे चतुस्त्रिंशः सर्गः ॥ ३४ ॥

पञ्चत्रिंशः सर्गः ।

अपृच्छत तदा रामो दक्षिणाशाश्रयं मुनिम् । प्राञ्जलिर्विनयोपेत इदमाह वचोऽर्थवत् ॥ १
अतुलं बलमेतद्वै वालिनो रावणस्य च । न त्वेताभ्यां हनुमता समं त्विति मतिर्मम ॥ २
शौर्यं दाक्ष्यं बलं धैर्यं प्राज्ञता नयसाधनम् । विक्रमश्च प्रभावश्च हनूमति कृतालयाः ॥ ३
दृष्ट्वैव सागरं वीक्ष्य सीदन्तीं कपिवाहिनीम् । समाश्वास्य महाबाहुर्योजनानां शतं प्लुतः ॥ ४
धर्षयित्वा पुरीं लङ्कां रावणान्तःपुरं तदा । दृष्टा संभाषिता चापि सीता ह्याश्वासिता तथा ॥ ५
सेनाग्रगा मन्त्रिसुताः किंकरा रावणात्मजः । एते हनुमता तत्र एकेन विनिपातिताः ॥ ६
भूयो बन्धाद्विमुक्तेन भाषयित्वा दशाननम् । लङ्का भस्मीकृता येन पावकेनेव मेदिनी ॥ ७
न कालस्य न शक्रस्य न विष्णोर्वित्तपस्य च । कर्माणि तानि श्रूयन्ते यानि युद्धे हनूमतः ॥ ८
एतस्य बाहुवीर्येण लङ्का सीता च लक्ष्मणः । प्राप्ता मया जयश्चैव राज्यं मित्राणि बान्धवाः ॥ ९

तत् 'जपन्वै नैगमान्मन्त्रान्' इति दक्षिणसमुद्रस्नानकालोक्त्या विरुध्यते । मदुक्तरीत्या सामञ्जस्याच्च । संध्याकाले गायत्र्यर्थ ब्रह्मणो ध्यानमेव प्रधानं स एव संध्यापदार्थ इति स्पष्टं श्रुतिस्मृतिविदाम् ॥ २९ ॥ ३० ॥ ३१ ॥ वासवापत्यं वासविः ॥ ३२ ॥ ३३ ॥ प्रहसन्निति । मां जिघृक्षुर्दुरात्मा स्वयमेव ग्रहणं प्राप्त इति तोषात्प्रहासः ॥ ३४ ॥ ३५ ॥ आसादितः कक्षनिक्षेपं प्रापितः ॥ ३६ ॥ ३७ ॥ अश्रान्तवदश्रान्तः सन् । मां पर्वतसमानभारम् ॥ ३८ ॥ ३९ ॥ तुभ्यं तव ॥ ४० ॥ नावावयोः ॥ ४१ ॥ ४२ ॥ ४३ ॥ आगतैः । सहेति शेषः ॥ ४४ ॥ धर्षितो वालिना रावणः पश्चात्पावकनिकटे भ्राता कृतः सोदरभावतया स्नेहः कृतः ॥ ४५ ॥ ४६ ॥
इति श्रीरामाभिरामे श्रीरामीये रामायणतिलके वाल्मीकीय आदिकाव्य उत्तरकाण्डे चतुस्त्रिंशः सर्गः ॥ ३४ ॥

अथ रावणवाल्यपेक्षयापि हनुमतो बलवत्त्वं मन्यमानेन रामेण महाबलो हनूमान्सुग्रीवार्थे वालिनं किं न हतवानिति प्रश्ने उत्तरमाह—अपृच्छतेति । दक्षिणाशा दक्षिणदिक् । अपृच्छतेत्यस्य विवरणमिदमाहेति ॥ १ ॥ अतुलमनुपमम् । एताभ्यामेतयोः । षष्ठ्यर्थे चतुर्थ्यार्षी । एतयोर्बलं हनूमता तद्बलेन न सममित्यर्थः ॥ २ ॥ न केवलं बलमेवाधिकं किं त्वन्यदपीत्याह—शौर्यमिति । दाक्ष्यं क्षिप्रकारित्वम् । बलं शारीरम् । धैर्यं केनाप्यप्रकम्प्यता । प्राज्ञता शीघ्रं कार्याकार्यनिर्णेतृता । नयसाधनं राजनीतिकृत्यसंपादनम् ॥ ३ ॥ तानेव गुणानाह—दृष्ट्वैवेति । सागरं वीक्ष्य सीदन्तीं कपिवाहिनीं दृष्ट्वा तां समाश्वास्य योजनशतं प्लुतः ॥ ४ ॥ ५ ॥ ६ ॥ बन्धाद्ब्रह्मास्त्रबन्धात् ॥ ७ ॥ यानि कर्माणि हनूमतो दृष्टानि तानि कालस्य यमस्येन्द्रादेश्च न श्रूयन्ते ॥ ८ ॥ लङ्का प्राप्ता । विभीषणाय

हनूमान्यदि मे न स्याद्वानराधिपतेः सखा । प्रवृत्तिमपि को वेत्तुं जानक्याः शक्तिमान्भवेत् ॥ १०
किमर्थं वाली चैतेन सुग्रीवप्रियकाम्यया । तदा वैरे समुत्पन्ने न दग्धो वीरुधो यथा ॥ ११
नहि वेदितवान्मन्ये हनूमानात्मनो बलम् । यद्दृष्टवाञ्जीवितेष्टं क्लिश्यन्तं वानराधिपम् ॥ १२
एतन्मे भगवन्सर्वं हनूमति महामुने । विस्तरेण यथातत्त्वं कथयामरपूजित ॥ १३
राघवस्य वचः श्रुत्वा हेतुयुक्तमृषिस्ततः । हनूमतः समक्षं तमिदं वचनमब्रवीत् ॥ १४
सत्यमेतद्रघुश्रेष्ठ यद्ब्रवीषि हनूमति । न बले विद्यते तुल्यो न गतौ न मतौ परः ॥ १५
अमोघशापैः शापस्तु दत्तोऽस्य मुनिभिः पुरा । न वेत्ता हि बलं सर्वं बली सन्नरिमर्दन ॥ १६
बाल्येऽप्येतेन यत्कर्म कृतं राम महाबल । तन्न वर्णयितुं शक्यमिति बाल्यतयास्य ते ॥ १७
यदि वास्ति त्वभिप्रायः संश्रोतुं तव राघव । समाधाय मतिं राम निशामय वदाम्यहम् ॥ १८
सूर्यदत्तवरस्वर्णः सुमेरुर्नाम पर्वतः । यत्र राज्यं प्रशास्त्यस्य केसरी नाम वै पिता ॥ १९
तस्य भार्या बभूवेष्टा ह्यञ्जनेति परिश्रुता । जनयामास तस्यां वै वायुरात्मजमुत्तमम् ॥ २०
शालिशूकनिभाभासं प्रासूतेमं तदाञ्जना । फलान्याहर्तुकामा वै निष्क्रान्ता गहने वरा ॥ २१
एष मातुर्वियोगाच्च क्षुधया च भृशार्दितः । रुरोद शिशुरत्यर्थं शिशुः शरवणे यथा ॥ २२
तदोद्यन्तं विवस्वन्तं जपापुष्पोत्करोपमम् । ददर्श फललोभाच्च ह्युत्पपात रविं प्रति ॥ २३
बालार्काभिमुखो बालो बालार्क इव मूर्तिमान् । ग्रहीतुकामो बालार्कं प्लवतेऽम्बरमध्यगः ॥ २४
एतस्मिन्प्लवमाने तु शिशुभावे हनूमति । देवदानवयक्षाणां विस्मयः सुमहानभूत् ॥ २५
नाप्येवं वेगवान्वायुर्गरुडो न मनस्तथा । यथायं वायुपुत्रस्तु क्रमतेऽम्बरमुत्तमम् ॥ २६
यदि तावच्छिशोरस्य ईदृशो गतिविक्रमः । यौवनं बलमासाद्य कथं वेगो भविष्यति ॥ २७
तमनुप्लवते वायुः प्लवन्तं पुत्रमात्मनः । सूर्यदाहभयाद्रक्षंस्तुषारचयशीतलः ॥ २८
बहुयोजनसाहस्रं क्रामन्नेव गतोऽम्बरम् । पितुर्बलाच्च बाल्याच्च भास्कराभ्याशमागतः ॥ २९
शिशुरेष त्वदोषज्ञ इति मत्वा दिवाकरः । कार्यं चास्मिन्समायत्तमित्येवं न ददाह सः ॥ ३०
यमेव दिवसं ह्येष ग्रहीतुं भास्करं प्लुतः । तमेव दिवसं राहुर्जिघृक्षति दिवाकरम् ॥ ३१
अनेन च परामृष्टो राहुः सूर्यरथोपरि । अपक्रान्तस्ततस्त्रस्तो राहुश्चन्द्रार्कमर्दनः ॥ ३२
इन्द्रस्य भवनं गत्वा सरोषः सिंहिकासुतः । अब्रवीद्भ्रुकुटिं कृत्वा देवं देवगणैर्वृतम् ॥ ३३
बुभुक्षापनयं दत्त्वा चन्द्रार्कौ मम वासव । किमिदं तत्त्वया दत्तमन्यस्य बलवृत्रहन् ॥ ३४
अद्याहं पर्वकाले तु जिघृक्षुः सूर्यमागतः । अथान्यो राहुरासाद्य जग्राह सहसा रविम् ॥ ३५
स राहोर्वचनं श्रुत्वा वासवः संभ्रमान्वितः । उत्पपातासनं हित्वा उद्वहन्काञ्चनीं स्रजम् ॥ ३६
ततः कैलासकूटाभं चतुर्दन्तं मदस्रवम् । शृङ्गारधारिणं प्रांशुं स्वर्णघण्टाट्टहासिनम् ॥ ३७
इन्द्रः करीन्द्रमारुह्य राहुं कृत्वा पुरःसरम् । प्रायाद्यत्राभवत्सूर्यः सहानेन हनूमता ॥ ३८

देयत्वेन प्रतिज्ञातेत्यर्थः । लक्ष्मणप्राप्तिरौषधपर्वतानयनेन ॥ ९ ॥ न स्यात् । सहाय इति शेषः ॥ १० ॥ वीरुध इत्यकारान्तो वृक्षवाची । 'किमर्थं वालिघाते न' इति पाठे सुग्रीवप्रियकाम्यया वालिघाते किमर्थं न प्रवृत्त इत्यर्थः । पदच्छेदशेषपूरणाभ्यां गूढत्वात्तस्यैव विवरणम्—तदा वैर इत्यादि ॥ ११ ॥ वाल्यहनने हेतुं स्वयमेव राम ऊहति—नहीति । जीवितेष्टं जीवितादपि प्रियम् ॥ १२ ॥ हनूमति तद्विषये पृष्टमेतत्सर्वं कथयेत्यन्वयः ॥ १३ ॥ १४ ॥ यद्ब्रवीषीति । आत्मनो बलं न जानातीत्येतन्न बल इति च ॥ १५ ॥ तदेवाह—अमोघेति ॥ १६ ॥ बाल्यतया बाल्यभावेन । अजानतेवेत्यर्थः । अनेनास्यते ॥ १७ ॥ निशामय शृणु ॥ १८ ॥ सूर्यदत्तवरेण स्वर्णः स्वर्णरूपः सुमेरुः सौवर्णमेरुः ॥ १९ ॥ परिश्रुता प्रसिद्धा ॥ २० ॥ शालिशूकनिभाभासं शाल्यग्रसमानवर्णम् । प्रासूत प्रसूतवती ॥ २१ ॥ शरवणे शिशुः । कुमारस्वामीत्यर्थः ॥ २२ ॥ २३ ॥ २४ ॥ शिशुभावे बाल्यावस्थायां हनूमति प्लवमाने सति ॥ २५ ॥ २६ ॥ २७ ॥ २८ ॥ २९ ॥ दोषज्ञो विद्वान्स न भवतीत्यदोषज्ञः । तत्र हेतुः—शिशुरिति ॥ ३० ॥ ३१ ॥ सूर्यरथोपरि तदुपरितनप्रदेशे । अनेन हनुमता परामृष्टः स्पृष्टो राहुस्ततो मण्डलात्रस्तः सन्नपक्रान्तः ॥ ३२ ॥ ३३ ॥ हे वासव, चन्द्रार्कौ मम यथाकालं बुभुक्षापनयं बुभुक्षापनीयतेऽनेनेति व्युत्पत्त्यान्नं दत्त्वा तदन्नम् ॥ ३४ ॥ ३५ ॥ ३६ ॥ शृङ्गारधारिणं नानाशृङ्गारधारिणम् । स्वर्णघण्टाशब्दरूपाट्टहासवन्तम् ॥ ३७ ॥ करीन्द्रमैरावतम् । अनेन हनुमता सह यत्र देशे

अथातिरभसेनागाद्राहुरुत्सृज्य वासवम् । अनेन च स वै दृष्टः प्रधावञ्शैलकूटवत् ॥ ३९
ततः सूर्यं समुत्सृज्य राहुं फलमवेक्ष्य च । उत्पपात पुनर्व्योम ग्रहीतुं सिंहिकासुतम् ॥ ४०
उत्सृज्यार्कमिमं राम प्रधावन्तं प्लवंगमम् । अवेक्ष्यैवं परावृत्तो मुखशेषः पराङ्मुखः ॥ ४१
इन्द्रमाशंसमानस्तु भ्रातारं सिंहिकासुतः । इन्द्र इन्द्रेति संत्रासान्मुहुर्मुहुरभाषत ॥ ४२
राहोर्विक्रोशमानस्य प्रागेवालक्षितं स्वरम् । श्रुत्वेन्द्रोवाच मा भैषीरहमेनं निषूदये ॥ ४३
ऐरावतं ततो दृष्ट्वा महत्तदिदमित्यपि । फलं तं हस्तिराजानमभिदुद्राव मारुतिः ॥ ४४
तथास्य धावतो रूपमैरावतजिघृक्षया । मुहूर्तमभवद्घोरमिन्द्राग्न्युपरि भास्वरम् ॥ ४५
एवमाधावमानं तु नातिक्रुद्धः शचीपतिः । हस्तान्तादतिमुक्तेन कुलिशेनाभ्यताडयत् ॥ ४६
ततो गिरौ पपातैष इन्द्रवज्राभिताडितः । पतमानस्य चैतस्य वामा हनुरभज्यत ॥ ४७
तस्मिंस्तु पतिते चापि वज्रताडनविह्वले । चुक्रोधेन्द्राय पवनः प्रजानामहिताय सः ॥ ४८
प्रचारं स तु संगृह्य प्रजास्वन्तर्गतः प्रभुः । गुहां प्रविष्टः स्वसुतं शिशुमादाय मारुतः ॥ ४९
विण्मूत्राशयमावृत्य प्रजानां परमार्तिकृत् । रुरोध सर्वभूतानि यथा वर्षाणि वासवः ॥ ५०
वायुप्रकोपाद्भूतानि निरुच्छ्वासानि सर्वतः । संधिभिर्भिद्यमानैश्च काष्ठभूतानि जज्ञिरे ॥ ५१
निःस्वाध्यायवषट्कारं निष्क्रियं धर्मवर्जितम् । वायुप्रकोपात्त्रैलोक्यं निरयस्थमिवाभवत् ॥ ५२
ततः प्रजाः सगन्धर्वाः सदेवासुरमानुषाः । प्रजापतिं समाधावन्दुःखिताश्च सुखेच्छया ॥ ५३
ऊचुः प्राञ्जलयो देवा महोदरनिभोदराः । त्वया तु भगवन्सृष्टाः प्रजानाथ चतुर्विधाः ॥ ५४
त्वया दत्तोऽयमस्माकमायुषः पवनः पतिः । सोऽस्मान्प्राणेश्वरो भूत्वा कस्मादेषोऽद्य सत्तम ॥ ५५
रुरोध दुःखं जनयन्नन्तःपुर इव स्त्रियः । तस्मात्त्वां शरणं प्राप्ता वायुनोपहता वयम् ॥ ५६
वायुसंरोधजं दुःखमिदं नो नुद दुःखहन् । एतत्प्रजानां श्रुत्वा तु प्रजानाथः प्रजापतिः ॥ ५७
कारणादिति चोक्त्वासौ प्रजाः पुनरभाषत । यस्मिंश्च कारणे वायुश्चुक्रोध च रुरोध च ॥ ५८
प्रजाः शृणुध्वं तत्सर्वं श्रोतव्यं चात्मनः क्षमम् । पुत्रस्तस्यामरेशेन इन्द्रेणाद्य निपातितः ॥ ५९
राहोर्वचनमास्थाय ततः स कुपितोऽनिलः । अशरीरः शरीरेषु वायुश्चरति पालयन् ॥ ६०
शरीरं हि विना वायुं समतां याति दारुभिः । वायुः प्राणः सुखं वायुर्वायुः सर्वमिदं जगत् ॥ ६१
वायुना संपरित्यक्तं न सुखं विन्दते जगत् । अद्यैव च परित्यक्तं वायुना जगदायुषा ॥ ६२
अद्यैव ते निरुच्छ्वासाः काष्ठकुड्योपमाः स्थिताः । तद्यामस्तत्र यत्रास्ते मारुतो रुक्प्रदो हि नः ।
मा विनाशं गमिष्याम अप्रसाद्यादितेः सुतम् ॥ ६३

ततः प्रजाभिः सहितः प्रजापतिः सदेवगन्धर्वभुजंगगुह्यकैः ।
जगाम यत्रास्यति तत्र मारुतः सुतं सुरेन्द्राभिहतं प्रगृह्य सः ॥ ६४

सूर्यस्थं प्रायात् ॥३८॥ अतिरभसेनातिवेगेनागात् । वासवादपि पूर्वमिति शेषः । अनेन हनूमता । स राहुः ॥ ३९ ॥ ४० ॥ एवमवेक्ष्य । महाशैलकूटवद्वृहत्तरमवेक्ष्य मुखशेष इति राहोः स्वरूपकथनम् ॥ ४१ ॥ ४२ ॥ प्रागेवालक्षितं स्वरं राहुदर्शनात्पूर्वमेवायं राहोः स्वर इति निश्चितम् ॥४३॥ इदमपि महत्फलमिति मत्वा । हस्तिराजानमैरावतम् ॥ ४४ ॥ ४५ ॥ हस्तान्ताद्धस्ताग्रात् ॥ ४६ ॥ वामा हनुः । हनुशब्दः स्त्रियाम् । 'तत्परा हनुः' इति कोशात् ॥ ४७ ॥ ४८ ॥ प्रचारं देहिमात्रहितभूतं स्वप्रचारं संगृह्य संक्षिप्य । अन्तर्गतः सर्वदेहान्तरगतः । प्रभुः सर्वजगत्प्रवृत्तिनिवृत्तिकर्ता ॥ ४९ ॥ रुरोध निरुद्धस्वगतिप्रचारमकरोत् । एवंविधार्थस्य देवशक्यत्वे दृष्टान्तः—अथेति । वासवो यथा वर्षाण्यावृत्य रुन्धे ॥ ५० ॥ ५१ ॥ स्वाध्यायो वेदाध्ययनम् । वषट्कारो यागः । निष्क्रियं संसारशून्यम् । निरयस्थमिव । अतिशयितदुःखवदित्यर्थः ॥ ५२ ॥ ५३ ॥ महोदरेति । महोदररोगग्रस्तोदरवदुदरं येषां ते ॥ ५४ ॥ ५५ ॥ ५६ ॥ ५७ ॥ कारणादित्युक्त्वा किंचित्कारणमत्रास्तीत्युक्त्वा यस्मिन्कारणे वायुश्चुक्रोध तत्कारणं पुनरभाषत ॥ ५८ ॥ ५९ ॥ ६० ॥ दारुभिः समतां याति । क्षणमपि न चलतीत्यर्थः ॥ ६१ ॥ ६२ ॥ रुक्प्रदः शूलादिरोगप्रदः । गमिष्याम अप्रसाद्येत्यसंधिरार्षः ॥ ६३ ॥ आस्यत्यास्ते ॥६४॥

ततोऽर्कवैश्वानरकाञ्चनप्रभं सुतं तदोत्सङ्गगतं सदागतेः ।
चतुर्मुखो वीक्ष्य कृपामथाकरोत्सदेवगन्धर्वर्षियक्षराक्षसैः ॥ ६५

इत्यार्षे श्रीमद्रामायणे वाल्मीकीय आदिकाव्य उत्तरकाण्डे पञ्चत्रिंशः सर्गः ॥ ३५ ॥

षट्त्रिंशः सर्गः ।

ततः पितामहं दृष्ट्वा वायुः पुत्रवधार्दितः । शिशुकं तं समादाय उत्तस्थौ धातुरग्रतः ॥ १
चलकुण्डलमौलिस्रक्तपनीयविभूषणः । पादयोर्न्यपतद्वायुस्त्रिरुपस्थाय वेधसे ॥ २
तं तु वेदविदा तेन लम्बाभरणशोभिना । वायुमुत्थाप्य हस्तेन शिशुं तं परिमृष्टवान् ॥ ३
स्पृष्टमात्रस्ततः सोऽथ सलीलं पद्मजन्मना । जलसिक्तं यथा सस्यं पुनर्जीवितमाप्तवान् ॥ ४
प्राणवन्तमिमं दृष्ट्वा प्राणो गन्धवहो मुदा । चचार सर्वभूतेषु संनिरुद्धं यथापुरा ॥ ५
मरुद्रोधाद्विनिर्मुक्तास्ताः प्रजा मुदिताभवन् । शीतवातविनिर्मुक्ताः पद्मिन्य इव साम्बुजाः ॥ ६
ततस्त्रियुग्मस्त्रिककुत्त्रिधामा त्रिदशार्चितः । उवाच देवता ब्रह्मा मारुतप्रियकाम्यया ॥ ७
भो महेन्द्राग्निवरुणा महेश्वरधनेश्वराः । जानतामपि वः सर्वं वक्ष्यामि श्रूयतां हितम् ॥ ८
अनेन शिशुना कार्यं कर्तव्यं वो भविष्यति । तद्ददध्वं वरान्सर्वे मारुतस्यास्य तुष्टये ॥ ९
ततः सहस्रनयनः प्रीतियुक्तः शुभाननः । कुशेशयमयीं मालामुत्क्षिप्येदं वचोऽब्रवीत् ॥ १०
मत्करोत्सृष्टवज्रेण हनुरस्य यथा हतः । नाम्ना वै कपिशार्दूलो भविता हनुमानिति ॥ ११
अहमस्य प्रदास्यामि परमं वरमद्भुतम् । इतःप्रभृति वज्रस्य ममावध्यो भविष्यति ॥ १२
मार्तण्डस्त्वब्रवीत्तत्र भगवांस्तिमिरापहः । तेजसोऽस्य मदीयस्य ददामि शतिकां कलाम् ॥ १३
यदा च शास्त्राण्यध्येतुं शक्तिरस्य भविष्यति । तदास्य शास्त्रं दास्यामि येन वाग्मी भविष्यति ॥ १४
वरुणश्च वरं प्रादान्नास्य मृत्युर्भविष्यति । वर्षायुतशतेनापि मत्पाशादुदकादपि ॥ १५
यमो दण्डादवध्यत्वमरोगत्वं च दत्तवान् । वरं ददामि संतुष्ट अविषादं च संयुगे ॥ १६
गदेयं मामिका नैनं संयुगेषु वधिष्यति । इत्येवं धनदः प्राह तदा ह्येकाक्षिपिङ्गलः ॥ १७
मत्तो मदायुधानां च अवध्योऽयं भविष्यति । इत्येवं शंकरेणापि दत्तोऽस्य परमो वरः ॥ १८
विश्वकर्मा च दृष्ट्वेमं बालं प्रति महारथः । मत्कृतानि च शस्त्राणि यानि दिव्यानि तानि च ।
तैरवध्यत्वमापन्नश्चिरजीवी भविष्यति ॥ १९
दीर्घायुश्च महात्मा च ब्रह्मा तं प्राब्रवीद्वचः । सर्वेषां ब्रह्मदण्डानामवध्यत्वं भविष्यति ॥ २०
ततः सुराणां तु वरैर्दृष्ट्वा ह्येनमलंकृतम् । चतुर्मुखस्तुष्टमना वायुमाह जगद्गुरुः ॥ २१
अमित्राणां भयकरो मित्राणामभयंकरः । अजेयो भविता पुत्रस्तव मारुत मारुतिः ॥ २२
कामरूपः कामचारी कामगः प्लवतां वरः । भवत्यव्याहतगतिः कीर्तिमांश्च भविष्यति ॥ २३
रावणोत्सादनार्थानि रामप्रीतिकराणि च । रोमहर्षकराण्येष कर्ता कर्माणि संयुगे ॥ २४

सदागतेर्वायोः । गन्धर्वर्षियक्षेति गुरुलघुभेद आर्षः ॥ ६५ ॥ इति श्रीरामाभिरामे श्रीरामीये रामायणतिलके वाल्मीकीय आदिकाव्य उत्तरकाण्डे पञ्चत्रिंशः सर्गः ॥ ३५ ॥

तत इति ॥ १ ॥ स्रक्तपनीयेति । तपनीयस्रगित्यर्थः । त्रिरुपस्थाय न्यपतत् । उपस्थानपूर्वकं त्रिः साष्टाङ्गं प्रणतवानित्यर्थः ॥ २ ॥ वेदविदानादितोऽशेषवेदार्थविदा । लम्बाभरणशोभिना हस्तेन वायुमुत्थाप्य । परिमर्शः स्पर्शः ॥ ३ ॥ ४ ॥ सर्वभूतेषु संनिरुद्धं संत्यक्तनिरोधं यथा भवति तथा । यथापुरा यथापूर्वं प्राणापानात्मना चचार ॥ ५ ॥ ६ ॥ त्रियुग्मस्त्रीणि युग्मानि यस्य सः । तानि यशोवीर्ये ऐश्वर्यश्रियौ ज्ञानवैराग्ये च । त्रिककुत्त्रिमूर्तिप्रधानः । त्रिधामा त्रिलोकस्थानः ॥ ७ ॥ वक्ष्यामि श्रूयतामिति गुरुवैषम्यमार्षम् ॥ ८ ॥ ९ ॥ कुशेशयमयीं काञ्चनपद्ममयीम् ॥ १० ॥ ११ ॥ अहं मालापूर्वं वरं दास्यामि ॥ १२ ॥ शतिकां कलां शततममंशम् ॥ १३ ॥ शास्त्रं शास्त्राध्ययनं तदर्थज्ञानं च ॥ १४ ॥ १५ ॥ तुष्ट अविषादमित्यार्षोऽसंधिः ॥ १६ ॥ १७ ॥ मदायुधानां शूलादिपाशुपतास्त्रान्तानाम् ॥ १८ ॥ १९ ॥ महात्मा महानात्मा यस्य सः । ब्रह्मज्ञ इति यावत् । सर्वेषां ब्रह्मास्त्रान्तानाम् । ब्रह्मदण्डो ब्रह्मर्षिक्रियमाणः संहारोद्देश्यकः शापो न भविष्यति । अस्येति शेषः ॥ २० ॥ २१ ॥ २२ ॥ २३ ॥ २४ ॥

एवमुक्त्वा तमामन्त्र्य मारुतं त्वमरैः सह । यथागतं ययुः सर्वे पितामहपुरोगमाः ॥ २५
सोऽपि गन्धवहः पुत्रं प्रगृह्य गृहमानयत् । अञ्जनायास्तमाख्याय वरदत्तं विनिर्गतः ॥ २६
प्राप्य राम वरानेष वरदानबलान्वितः । जवेनात्मनि संस्थेन सोऽसौ पूर्ण इवार्णवः ॥ २७
तरसा पूर्यमाणोऽपि तदा वानरपुंगवः । आश्रमेषु महर्षीणामपराध्यति निर्भयः ॥ २८
स्रुग्भाण्डान्यग्निहोत्राणि वल्कलानां च संचयान् । भग्नविच्छिन्नविध्वस्तान्संशान्तानां करोत्ययं ॥ २९
एवंविधानि कर्माणि प्रावर्तत महाबलः । सर्वेषां ब्रह्मदण्डानामवध्यः शंभुना कृतः ॥ ३०
जानन्त ऋषयः सर्वे सहन्ते तस्य शक्तितः । तथा केसरिणा त्वेष वायुना सोऽञ्जनीसुतः ॥ ३१
प्रतिषिद्धोऽपि मर्यादां लङ्घयत्येव वानरः । ततो महर्षयः क्रुद्धा भृग्वङ्गिरसवंशजाः ॥ ३२
शेपुरेनं रघुश्रेष्ठ नातिक्रुद्धातिमन्यवः । बाधसे यत्समाश्रित्य बलमस्मान्प्लवंगम ॥ ३३
तद्दीर्घकालं वेत्तासि नास्माकं शापमोहितः । यदा ते स्मार्यते कीर्तिस्तदा ते वर्धते बलम् ॥ ३४
ततस्तु हृततेजौजा महर्षिवचनौजसा । एषोऽश्रमाणि तान्येव मृदुभावं गतोऽचरत् ॥ ३५
अथर्क्षरजसो नाम वालिसुग्रीवयोः पिता । सर्ववानरराजासीत्तेजसा इव भास्करः ॥ ३६
स तु राज्यं चिरं कृत्वा वानराणां महेश्वरः । ततस्त्वर्क्षरजा नाम कालधर्मेण योजितः ॥ ३७
तस्मिन्नस्तमिते चाथ मन्त्रिभिर्मन्त्रकोविदैः । पित्र्ये पदे कृतो वाली सुग्रीवो वालिनः पदे ॥ ३८
सुग्रीवेण समं त्वस्य अद्वैधं छिद्रवर्जितम् । आबाल्यं सख्यमभवदनिलस्याग्निना यथा ॥ ३९
एष शापवशादेव न वेद बलमात्मनः । वालिसुग्रीवयोर्वैरं यदा राम समुत्थितम् ॥ ४०
न ह्येष राम सुग्रीवो भ्राम्यमाणोऽपि वालिना । देव जानाति न ह्येष बलमात्मनि मारुतिः ॥ ४१
ऋषिशापाहृतबलस्तदैव कपिसत्तमः । सिंहः कुञ्जररुद्धो वा आस्थितः सहितो रणे ॥ ४२

पराक्रमोत्साहमतिप्रतापसौशील्यमाधुर्यनयानयैश्च ।
गाम्भीर्यचातुर्यसुवीर्यधैर्यैर्हनूमतः कोऽप्यधिकोऽस्ति लोके ॥ ४३
असौ पुनर्व्याकरणं ग्रहीष्यन्सूर्योन्मुखः प्रष्टुमनाः कपीन्द्रः ।
उद्यद्गिरेरस्तगिरिं जगाम ग्रन्थं महद्धारयनप्रमेयः ॥ ४४
ससूत्रवृत्त्यर्थपदं महार्थं ससंग्रहं सिद्ध्यति वै कपीन्द्रः ।
नह्यस्य कश्चित्सदृशोऽस्ति शास्त्रे वैशारदे छन्दगतौ तथैव ॥ ४५

एवमुक्त्वा । महेन्द्रादय इत्यर्थः । अमरैः परिवारदेवगणैः ॥२५॥ वरदत्तं दत्तवरम् ॥ २६ ॥ २७ ॥ २८ ॥ स्रुग्भाण्डानि यज्ञोपकरणानि । अग्निहोत्राण्यग्निहोत्रसाधनभूताग्नयः । भग्नविच्छिन्नविध्वस्तशब्दाः स्रुग्भाण्डादिषु क्रमेण योज्याः । संशान्तानां सम्यक्शान्तानाम् । शान्तिप्रधानानामृषीणामिति यावत् ॥ २९ ॥ प्रावर्तत । प्रावर्तयदित्यर्थः । शंभुना ब्रह्मणा ॥ ३० ॥ जानन्तः । वरदानमिति शेषः । तस्य ब्रह्मणः शक्तितो वरसामर्थ्यात्सहन्ते क्षमन्ते । तस्य चेष्टितमिति शेषः ॥ ३१ ॥ ३२ ॥ क्रोधो जिघांसा । मन्युरमर्षः । अतिक्रुद्धा अतिमन्यवश्च न भवन्तीत्यर्थः ॥ ३३ ॥ तद्दीर्घेति । तद्बलमित्यर्थः ॥ ३४ ॥ हृततेजौजा अपहृतस्ववीर्यबलज्ञानः । एषोश्रमाणीत्यार्षः संधिः ॥ ३५ ॥ ऋक्षरजस इत्यकारान्तः ॥ ३६ ॥ ३७ ॥ वालिनः पदे यौवराज्ये ॥ ३८ ॥ अद्वैधमेकप्रकारम् । आबाल्यं बाल्यमारभ्य ॥ ३९ ॥ यदा वैरमुत्थितं तदैष हनुमाञ्शापवशादेवात्मनो बलं न वेद ॥ ४० ॥ ननु हनूमतो ज्ञानाभावेऽपि सुग्रीवः किमिति न बोधितवांस्तत्राह—न ह्येष इति । वालिना भ्राम्यमाण एष सुग्रीवोऽपि तद्बलं न वेदेत्यनुकर्षः । तदपि देवकार्यं यावदेव । तदा तु जाम्बवता स्मारितः समुद्रतीरे तज्ज्ञातवान् । उक्तमेव पुनराह—देवेति ॥ ४१ ॥ तदा सुग्रीवविपत्समये आहृतबलोऽपहृतस्वबलपरिज्ञानः, अतएव रणे कुञ्जररुद्धः सिंह इव सहितः सुग्रीवसहितोऽयमास्थितः स्थित एव, न तु युद्धं कृतवानिति । 'सिंहः कुञ्जररुद्धेव' इति पाठान्तरम् । तत्र संधिरार्षः ॥ ४२ ॥ पराक्रमो महत्स्वपि युद्धकार्येषूत्साहः । उत्साहपदेनेतरकार्यविषयः सः । मतिरर्थनिर्धारणम् । प्रतापः प्रभावः । सौशील्यं सुस्वभावत्वम् । माधुर्यं वाचि । नयानयौ तत्परिज्ञाने । प्रवृत्तिनिवृत्ती इत्यन्ये । गाम्भीर्यमापद्यक्षोभः । सुवीर्यं स्वरक्षणेन परपराभवः । धैर्यमकम्प्यचित्तता । हनूमत एतैर्गुणैः कोऽप्यधिकः । न कोऽपीत्यर्थः ॥ ४३ ॥ उद्यद्गिरेरुदयगिरेः । महद्ग्रन्थं धारयन्नर्थतः पाठतश्च गृह्णन् । धारयनप्रमेय इति नुडभाव आर्षः । सूर्यसांमुख्यार्थं तावद्गमनम् ॥ ४४ ॥ कोऽसौ ग्रन्थस्तत्राह—ससूत्रेति । सूत्रमष्टाध्यायीलक्षणम् । वृत्तिस्तात्कालिकसूत्रवृत्तिः । अर्थपदं सूत्रार्थबोधकपदवद्वार्तिकम् । महार्थं महाभाष्यं पतञ्जलिकृतम् । ससंग्रहं व्याडिकृतसंग्रहाख्य-

सर्वासु विद्यासु तपोविधाने प्रस्पर्धतेऽयं हि गुरुं सुराणाम् ।
प्रवीविविक्षोरिव सागरस्य लोकान्दिधक्षोरिव पावकस्य ।
लोकक्षयेष्वेव यथान्तकस्य हनूमतः स्थास्यति कः पुरस्तात् ॥ ४६
एषेव चान्ये च महाकपीन्द्राः सुग्रीवमैन्दद्विविदाः सनीलाः ।
सतारतारेयनलाः सरम्भास्त्वत्कारणाद्राम सुरैर्हि सृष्टाः ॥ ४७
गजो गवाक्षो गवयः सुदंष्ट्रो मैन्दः प्रभोज्योऽतिमुखो नलश्च ।
एते च ऋक्षाः सह वानरेन्द्रैस्त्वत्कारणाद्राम सुरैर्हि सृष्टाः ॥ ४८
तदेतत्कथितं सर्वं यन्मां त्वं परिपृच्छसि । हनूमतो बालभावे कर्मैतत्कथितं मया ॥ ४९
श्रुत्वागस्त्यस्य कथितं रामः सौमित्रिरेव च । विस्मयं परमं जग्मुर्वानरा राक्षसैः सह ॥ ५०
अगस्त्यस्त्वब्रवीद्रामं सर्वमेतच्छ्रुतं त्वया । दृष्टः संभाषितश्चासि राम गच्छामहे वयम् ॥ ५१
श्रुत्वैतद्राघवो वाक्यमगस्त्यस्योग्रतेजसः । प्राञ्जलिः प्रणतश्चापि महर्षिमिदमब्रवीत् ॥ ५२
अद्य मे देवतास्तुष्टाः पितरः प्रपितामहाः । युष्माकं दर्शनादेव नित्यं तुष्टाः सबान्धवाः ॥ ५३
विज्ञाप्यं तु ममैतद्धि यद्वदाम्यागतस्पृहः । तद्भवद्भिर्मम कृते कर्तव्यमनुकम्पया ॥ ५४
पौरजानपदान्स्थाप्य स्वकार्येष्वहमागतः । क्रतूनहं करिष्यामि प्रभावाद्भवतां सताम् ॥ ५५
सदस्या मम यज्ञेषु भवन्तो नित्यमेव तु । भविष्यथ महावीर्या ममानुग्रहकाङ्क्षिणः ॥ ५६
अहं युष्मान्समाश्रित्य तपोनिर्धूतकल्मषान् । अनुगृहीतः पितृभिर्भविष्यामि सुनिर्वृतः ॥ ५७
तदागन्तव्यमनिशं भवद्भिरिह संगतैः । अगस्त्याद्यास्तु तच्छ्रुत्वा ऋषयः संशितव्रताः ॥ ५८
एवमस्त्विति तं प्रोच्य प्रयातुमुपचक्रमुः । एवमुक्त्वा गताः सर्वे ऋषयस्ते यथागतम् ॥ ५९
राघवश्च तमेवार्थं चिन्तयामास विस्मितः । ततोऽस्तं भास्करे याते विसृज्य नृप वानरान् ॥ ६०
संध्यामुपास्य विधिवत्तदा नरवरोत्तमः । प्रवृत्तायां रजन्यां तु सोऽन्तःपुरचरोऽभवत् ॥ ६१

इत्यार्षे श्रीमद्रामायणे वाल्मीकीय आदिकाव्य उत्तरकाण्डे षट्त्रिंशः सर्गः ॥ ३६ ॥

सप्तत्रिंशः सर्गः ।

अभिषिक्ते तु काकुत्स्थे धर्मेण विदितात्मनि । व्यतीता या निशा पूर्वा पौराणां हर्षवर्धिनी ॥ १
तस्यां रजन्यां व्युष्टायां प्रातर्नृपतिबोधकाः । बन्दिनः समुपातिष्ठन्सौम्या नृपतिवेश्मनि ॥ २
ते रक्तकण्ठिनः सर्वे किंनरा इव शिक्षिताः । तुष्टुवुर्नृपतिं वीरं यथावत्संप्रहर्षिणः ॥ ३
वीर सौम्य प्रबुध्यस्व कौसल्याप्रीतिवर्धन । जगद्धि सर्वं स्वपिति त्वयि सुप्ते नराधिप ॥ ४
विक्रमस्ते यथा विष्णो रूपं चैवाश्विनोरिव । बुद्ध्या बृहस्पतेस्तुल्यः प्रजापतिसमो ह्यसि ॥ ५

ग्रन्थसहितम् । सिध्यति वै सिद्धो भवति । शास्त्रान्तरेष्वपीत्यर्थः । तदेवाह—नास्य सदृशः शास्त्रे कश्चित् । छन्दगतौ पूर्वोत्तरमीमांसामुखेन वेदार्थनिर्णये । वैशारदे वैदुष्ये । विशिष्य नवमव्याकरणकर्ता हनूमानिति च प्रसिद्धिरिति कतकः ॥ ४५ ॥ उक्तमेव स्पष्टयति—सर्वास्विति । अयं गुरुं प्रस्पर्धते । प्रवीविविक्षोर्युगान्ते भूमिमाप्लावयितुं तां प्रकर्षेण विशेषेण वेष्टुमिच्छोः । प्रवी इति दीर्घ आर्षः । लोकक्षये युगान्तकाले ॥ ४६ ॥ एषेव एष इव । संधिरार्षः । अन्येऽपि सृष्टाः । तारेयोऽङ्गदः ॥ ४७ ॥ ४८ ॥ ४९ ॥ ५० ॥ ५१ ॥ ५२ ॥ ५३ ॥ ममैतद्वक्ष्यमाणलक्षणं विज्ञाप्यमस्ति, अत आगतस्पृहोऽहं यद्वदामि तद्भवद्भिर्मत्कृते मन्निमित्तमनुकम्पया कर्तव्यम् ॥ ५४ ॥ अहमागतो वनवासात्पौरादीन्स्वकार्येषु स्थाप्य क्रतून्करिष्यामि ॥ ५५ ॥ सदस्या विधिदर्शिनः । महावीर्या महातपोवीर्ययुक्ताः ॥ ५६ ॥ युष्मानाश्रित्यानिशं सुनिर्वृतोऽहं पितृभिरनुगृहितो भविष्यामि ॥ ५७ ॥ तदा आगन्तव्यमिति च्छेदः ॥ ५८ ॥ ५९ ॥ तमेवार्थं यागरूपम् ॥ ६० ॥ ६१ ॥ इति श्रीरामाभिरामे श्रीरामीये रामायणतिलके वाल्मीकीय आदिकाव्य उत्तरकाण्डे षट्त्रिंशः सर्गः ॥ ३६ ॥

ऋषिगणा अभिषेककाले संप्राप्ताः कथितकथा विसृष्टाः । ततोऽभिषेकदिनस्य या निशा सा पौराणां पूर्वा प्रथमा हर्षवर्धिन्यभूत्सा च व्यतीतेत्यन्वयः ॥ १ ॥ २ ॥ रक्तकण्ठिनो मधुरकण्ठाः ॥ ३ ॥ त्वयि सुप्ते ब्राह्मे मुहूर्ते उत्थाय धर्मानुष्ठानरहिते सति सर्वं जगत्सुप्तं सुप्तधर्मकं भविष्यति । 'यथा राजा तथा प्रजा' इति न्यायात् ॥ ४ ॥ प्रजापतिसमः ।

क्षमा ते पृथिवीतुल्या तेजसा भास्करोपमः । वेगस्ते वायुना तुल्यो गाम्भीर्यमुदधेरिव ॥ ६
अप्रकम्प्यो यथा स्थाणुश्चन्द्रे सौम्यत्वमीदृशम् । नेदृशाः पार्थिवाः पूर्वं भवितारो नराधिप ॥ ७
यथा त्वमसि दुर्धर्षो धर्मनित्यः प्रजाहितः । न त्वां जहाति कीर्तिश्च लक्ष्मीश्च पुरुषर्षभ ॥ ८
श्रीश्च धर्मश्च काकुत्स्थ त्वयि नित्यं प्रतिष्ठितौ । एताश्चान्याश्च मधुरा बन्दिभिः परिकीर्तिताः ॥ ९
सूताश्च संस्तवैर्दिव्यैर्बोधयन्ति स्म राघवम् । स्तुतिभिः स्तूयमानाभिः प्रत्यबुध्यत राघवः ॥ १०
स तद्विहाय शयनं पाण्डुराच्छादनास्तृतम् । उत्तस्थौ नागशयनाद्धरिर्नारायणो यथा ॥ ११
तमुत्थितं महात्मानं प्रह्वाः प्राञ्जलयो नराः । सलिलं भाजनैः शुभ्रैरुपतस्थुः सहस्रशः ॥ १२
कृतोदकः शुचिर्भूत्वा काले हुतहुताशनः । देवागारं जगामाशु पुण्यमिक्ष्वाकुसेवितम् ॥ १३
तत्र देवान्पितॄन्विप्रानर्चयित्वा यथाविधि । बाह्यकक्षान्तरं रामो निर्जगाम जनैर्वृतः ॥ १४
उपतस्थुर्महात्मानो मन्त्रिणः सपुरोहिताः । वसिष्ठप्रमुखाः सर्वे दीप्यमाना इवाग्नयः ॥ १५
क्षत्रियाश्च महात्मानो नानाजनपदेश्वराः । रामस्योपाविशन्पार्श्वे शक्रस्येव यथामराः ॥ १६
भरतो लक्ष्मणश्चात्र शत्रुघ्नश्च महायशाः । उपासांचक्रिरे हृष्टा वेदास्त्रय इवाध्वरम् ॥ १७
याताः प्राञ्जलयो भूत्वा किंकरा मुदितानताः । मुदिता नाम पार्श्वस्था बहवः समुपाविशन् ॥ १८
वानराश्च महावीर्या विंशतिः कामरूपिणः । सुग्रीवप्रमुखा राममुपासन्ते महौजसः ॥ १९
विभीषणश्च रक्षोभिश्चतुर्भिः परिवारितः । उपासते महात्मानं धनेशमिव गुह्यकः ॥ २०
तथा निगमवृद्धाश्च कुलीना ये च मानवाः । शिरसा वन्द्य राजानमुपासन्ते विचक्षणाः ॥ २१
तथा परिवृतो राजा श्रीमद्भिर्ऋषिभिर्वरैः । राजभिश्च महावीर्यैर्वानरैश्च सराक्षसैः ॥ २२
यथा देवेश्वरो नित्यमृषिभिः समुपास्यते । अधिकस्तेन रूपेण सहस्राक्षाद्विरोचते ॥ २३
तेषां समुपविष्टानां तास्ताः सुमधुराः कथाः । कथ्यन्ते धर्मसंयुक्ताः पुराणैर्महात्मभिः ॥ २४

इत्यार्षे श्रीमद्रामायणे वाल्मीकीय आदिकाव्य उत्तरकाण्डे सप्तत्रिंशः सर्गः ॥ ३७ ॥

प्रजापरिपालन इति भावः ॥ ५ ॥ ६ ॥ ईदृशं सौम्यत्वं त्वद्वृत्तिसौम्यत्वं चन्द्रे नान्यत्र । पूर्वम् । अभूवन्निति शेषः । भवितारः । अग्रे इति शेषः ॥ ७ ॥ ८ ॥ एताश्चान्याश्च । उक्तय इति शेषः ॥ ९ ॥ १० ॥ पाण्डुराच्छादनमुत्तराच्छादनपटः ॥ ११ ॥ सलिलम् । गृहीत्वेति शेषः । शौचाद्यर्थमिति भावः ॥ १२ ॥ देवागारं देवपूजागृहम् ॥ १३ ॥ १४ ॥ १५ ॥ १६ ॥ १७ ॥ मुदिता नाम तन्नामकाः किंकराः ॥ १८ ॥ विंशतिर्वानराः सुग्रीवाङ्गदहनुमज्जाम्बवत्सुषेणतारनीलनलमैन्दद्विविदकुमुदशरभशतबलिगन्धमादनगजगवाक्षगवयधूम्ररम्भज्योतिमुखा विंशतिः प्रधानवानरा इत्यर्थ इति कतकः ॥ १९ ॥ २० ॥ २१ ॥ ऋषिभिः । ऋषयोऽत्र वसिष्ठाद्याः ॥ २२ ॥ तेन रूपेण सर्वलोकोपास्यत्वाकारेण ॥ २३ ॥ २४ ॥ इति श्रीरामाभिरामे श्रीरामीये रामायणतिलके वाल्मीकीय आदिकाव्य उत्तरकाण्डे सप्तत्रिंशः सर्गः ॥ ३७ ॥

---

१. एतदुत्तरं वालिसुग्रीवोत्पत्तीतिहासो रावणस्य श्वेतद्वीपगमनेतिहासश्च कतिपयैः सर्गैरगस्त्योक्तितया क्वचित्पुस्तकेषु दृश्यते. ते तु पूर्वसर्गान्त एवागस्त्यस्य स्वाश्रमगमनकथनादसंगताः, कतकतीर्थाद्यनादृतत्वाच्च तिलककारेणापि न व्याख्याताः ते सर्गा यथा—

एतच्छ्रुत्वा तु निखिलं राघवोऽगस्त्यमब्रवीत् । य एषर्क्षरजा नाम वालिसुग्रीवयोः पिता ॥ १
जननी का च भवनं सा त्वया परिकीर्तिता । वालिसुग्रीवयोश्चापि नामनी केन हेतुना ॥ २
एतद्ब्रह्मन्समाचक्ष्व कौतूहलमिदं हि नः । स प्रोक्तो राघवेणैवमगस्त्यो वाक्यमब्रवीत् ॥ ३
शृणु राम कथामेतां यथापूर्वं समासतः । नारदः कथयामास ममाश्रममुपागतः ॥ ४
कदाचिदटमानोऽसावतिधर्ममुपागतः । अर्चितस्तु यथान्यायं विधिदृष्टेन कर्मणा ॥ ५
सुखासीनः कथामेनां मया पृष्टः स कौतुकात् । कथयामास धर्मात्मा महर्षे श्रूयतामिति ॥ ६
मेरुर्नगवरः श्रीमाञ्जाम्बूनदमयः शुभः । तस्य यन्मध्यमं शृङ्गं सर्वदैवतपूजितम् ॥ ७
तस्मिन्दिव्या सभा रम्या ब्रह्मणः शतयोजना । तस्यामास्ते सदा देव पद्मयोनिश्चतुर्मुखः ॥ ८

योगमभ्यसतस्तस्य नेत्राभ्यां यदस्रुस्रवत् । तद्गृहीतं भगवता पाणिना चर्चितं तु तत् ॥ ९
निक्षिप्तमात्रं तद्भूमौ ब्रह्मणा लोककर्तृणा । तस्मिन्नश्रुकणे राम वानरः संबभूव ह ॥ १०
उत्पन्नमात्रस्तु तदा वानरश्च नरोत्तम । समाश्वास्य प्रियैर्वाक्यैरुक्तः किल महात्मना ॥ ११
पश्य शैलं सुविस्तीर्णं सुरैरध्युषितं सदा । तस्मिन्रम्ये गिरिवरे बहुमूलफलाशनः ॥ १२
ममान्तिकचरो नित्यं भव वानरपुंगव । कंचित्कालमिहास्स्व त्वं ततः श्रेयो भविष्यति ॥ १३
एवमुक्तः स चैतेन ब्रह्मणा वानरोत्तमः । प्रणम्य शिरसा पादौ देवदेवस्य राघव ॥ १४
उक्तवांल्लोककर्तारमादिदेवं जगत्पतिम् । यथाज्ञापयसे देव स्थितोऽहं तव शासने ॥ १५
एवमुक्त्वा हरिर्देवं ययौ हृष्टमनास्तदा । स तदा द्रुमखण्डेषु फलपुष्पघनेषु च ॥ १६
ब्रह्मन्प्रतिबलः शीघ्रं वने फलकृताशनः । चिन्वन्मधूनि मुख्यानि चिन्वन्पुष्पाण्यनेकशः ॥ १७
दिने दिने च सायाह्ने ब्रह्मणोऽन्तिकमागमत् । गृहीत्वा राम मुख्यानि पुष्पाणि च फलानि च ॥ १८
ब्रह्मणो देवदेवस्य पादमूले न्यवेदयत् । एवं तस्य गतः कालो बहु पर्यटतो गिरिम् ॥ १९
कस्यचित्त्वथ कालस्य समतीतस्य राघव । ऋक्षराड्वानरश्रेष्ठस्तृषया परिपीडितः ॥ २०
उत्तरं मेरुशिखरं गतस्तत्र च दृष्टवान् । नानाविहगसंघुष्टं प्रसन्नसलिलं सरः ॥ २१
चलत्केसरमात्मानं कृत्वा तस्य तटे स्थितः । ददर्श तस्मिन्सरसि वक्त्रच्छायामथात्मनः ॥ २२
कोऽयमस्मिन्मम रिपुर्वसत्यन्तर्जले महान् । रूपं चान्तर्गतं तत्र वीक्ष्य तत्पश्यतो हरिः ॥ २३
क्रोधाविष्टमना ह्येष नियतं मावमन्यते । तदस्य दुष्टभावस्य पुष्कलं कुमतेर्गृहम् ॥ २४
एवं स चिन्त्य मनसा स वै वानरचापलात् । आप्लुत्य चापतत्तस्मिन्ह्रदे वानरसत्तमः ॥ २५
उत्प्लुत्य तस्मात्स ह्रदादुत्थितः प्लवगः पुनः । तस्मिन्नेव क्षणे राम स्त्रीत्वं प्राप स वानरः ॥ २६
मनोज्ञरूपा सा नारी लावण्यललिता शुभा । विस्तीर्णजघना सुभ्रूर्नीलकुन्तलमूर्धजा ॥ २७
मुग्धसस्मितवक्त्रा च पीनस्तनतटा शुभा । ह्रदतीरे च सा भाति ऋजुयष्टिर्लता यथा ॥ २८
त्रैलोक्यसुन्दरी कान्ता सर्वचित्तप्रमाथिनी । लक्ष्मीव पद्मरहिता चन्द्रज्योत्स्नेव निर्मला ॥ २९
रूपेणाप्यभवत्सा तु श्रियं देवीमुमा यथा । द्योतयन्ती दिशः सर्वास्तथाभूत्सा वराङ्गना ॥ ३०
एतस्मिन्नन्तरे देवो निवृत्तः सुरनायकः । पादावुपास्य देवस्य ब्रह्मणस्तेन वै पथा ॥ ३१
तस्यामेव च वेलायामादित्योऽपि परिभ्रमन् । तस्मिन्नेव पदे सोऽभूद्यस्मिन्सा तनुमध्यमा ॥ ३२
युगपत्सा तदा दृष्टा देवाभ्यां सुरसुन्दरी । कंदर्पवशगौ तौ तु दृष्ट्वा तां संबभूवतुः ॥ ३३
ततः क्षुभितसर्वाङ्गौ सुरेन्द्रौ पन्नगाविव । तद्रूपमद्भुतं दृष्ट्वा त्याजितौ धैर्यमात्मनः ॥ ३४
ततस्तस्यां सुरेन्द्रेण स्कन्नं शिरसि पातितम् । अनासाद्यैव तां नारीं संनिवृत्तमथाभवत् ॥ ३५
ततः सा वानरपतिं जज्ञे वानरमीश्वरम् । अमोघरेतसस्तस्य वासवस्य महात्मनः ॥ ३६
वालेषु पतितं बीजं वाली नाम बभूव सः । भास्करेणापि तस्यां वै कंदर्पवशवर्तिना ॥ ३७
बीजं निषिक्तं ग्रीवायां विधानमनुवर्तत । तेनापि सा वरतनुर्नोक्ता किंचिद्वचः शुभम् ॥ ३८
निवृत्तमदनश्चाथ सूर्योऽपि समपद्यत । ग्रीवायां पतितं बीजं सुग्रीवः समजायत ॥ ३९
एवमुत्पाद्य तौ वीरौ वानरेन्द्रौ महाबलौ । दत्त्वा तु काञ्चनीं मालां वानरेन्द्रस्य वालिनः ॥ ४०
अक्षय्यां गुणसंपूर्णां शक्रस्तु त्रिदिवं ययौ । सूर्योऽपि स्वसुतस्यैव निरूप्य पवनात्मजम् ॥ ४१
कृत्येषु व्यवसायेषु जगाम सविताम्बरम् । तस्यां निशायां व्युष्टायामुदिते च दिवाकरे ॥ ४२
स तद्वानररूपं तु प्रतिपेदे पुनर्नृप । स एव वानरो भूत्वा पुत्रौ स्वस्य प्लवंगमौ ॥ ४३
पिङ्गेक्षणौ हरिवरौ बलिनौ कामरूपिणौ । मधून्यमृतकल्पानि पायितौ तेन तौ तदा ॥ ४४
गृह्य ऋक्षरजास्तौ तु ब्रह्मणोऽन्तिकमागमत् । दृष्ट्वर्क्षरजसं पुत्रं ब्रह्मा लोकपितामहः ॥ ४५
बहुशः सान्त्वयामास पुत्राभ्यां सहितं हरिम् । सान्त्वयित्वा ततः पश्चाद्देवदूतमथादिशत् ॥ ४६
गच्छ मद्वचनाद्दूत किष्किन्धां नाम वै शुभाम् । सा ह्यस्य गुणसंपन्ना महती च पुरी शुभा ॥ ४७
तत्र वानरयूथानि सुबहूनि वसन्ति च । बहुरत्नसमाकीर्णा वानरैः कामरूपिभिः ॥ ४८
पुण्या पण्यवती दुर्गा चातुर्वर्ण्यपुरस्कृता । विश्वकर्मकृता दिव्या मन्नियोगाच्च शोभना ॥ ४९
तत्रर्क्षरजसं दृष्ट्वा सपुत्रं वानरर्षभम् । यूथपालान्समाहूय यांश्चान्यान्प्राकृतान्हरीन् ॥ ५०
तेषां संभाव्य सर्वेषां मदीयं जनसंसदि । अभिषेचय राजानमारोप्य महदासने ॥ ५१

दृष्टमात्राश्च ते सर्वे वानरेण च धीमता। अस्यर्क्षरजसो नित्यं भविष्यन्ति वशानुगाः॥ ५२
इत्येवमुक्ते वचने ब्रह्मणा तं हरीश्वरम्। पुरतः कृत्य दूतोऽसौ प्रययौ तां पुरीं शुभाम्॥ ५३
स प्रविश्यानिलगतिस्तां गुहां वानरोत्तमः। स्थापयामास राजानं पितामहनियोगतः॥ ५४
राज्याभिषेकविधिना स्नातोऽथाभ्यर्चितस्तथा। स बद्धमुकुटः श्रीमानभिषिक्तः स्वलंकृतः॥ ५५
आज्ञापयामास हरीन्सर्वान्मुदितमानसः। सप्तद्वीपसमुद्रायां पृथिव्यां ये प्लवंगमाः॥ ५६
वालिसुग्रीवयोरेष एष चर्क्षरजःपिता। जननी चैष तु हरिरित्येतद्भद्रमस्तु ते॥ ५७
यश्चैतच्छ्रावयेद्विद्वान्यश्चैतच्छृणुयान्नरः। सिध्यन्ति तस्य कार्यार्था मनसो हर्षवर्धनाः॥ ५८

एतच्च सर्वं कथितं मया विभो प्रविस्तरेणेह यथार्थतस्तत्।
उत्पत्तिरेषा रजनीचराणामुक्ता तथैवेह हरीश्वराणाम्॥ ५९

इत्यार्षे श्रीमद्रामायणे वाल्मीकीय आदिकाव्य उत्तरकाण्डे प्रक्षिप्तेषु प्रथमः सर्गः॥ १॥

एतां श्रुत्वा कथां दिव्यां पौराणीं राघवस्तदा। भ्रातृभिः सहितो वीरो विस्मयं परमं ययौ॥ १
राघवोऽथ ऋषेर्वाक्यं श्रुत्वा वचनमब्रवीत्। कथेयं महती पुण्या त्वत्प्रसादाच्छ्रुता मया॥ २
बृहत्कौतूहले चास्मिन्संवृतो मुनिपुंगव। उत्पत्तिर्यादृशी दिव्या वालिसुग्रीवयोर्द्विज॥ ३
किं चित्रं मम ब्रह्मर्षे सुरेन्द्रतपनावुभौ। जातौ वानरशार्दूलौ बलेन बलिनां वरौ॥ ४
एवमुक्ते तु रामेण कुम्भयोनिरभाषत। एवमेतन्महाबाहो वृत्तमासीत्पुरा किल॥ ५
अथापरां कथां दिव्यां शृणु राजन्सनातनीम्। यदर्थं राम वैदेही रावणेन पुरा हृता॥ ६
तत्तेऽहं कीर्तयिष्यामि समाधिं श्रवणे कुरु। पुरा कृतयुगे राम प्रजापतिसुतं प्रभुम्॥ ७
सनत्कुमारमासीनं रावणो राक्षसाधिपः। वपुषा सूर्यसंकाशं ज्वलन्तमिव तेजसा॥ ८
विनयावनतो भूत्वा ह्यभिवाद्य कृताञ्जलिः। उक्तवान्रावणो राम तमृषिं सत्यवादिनम्॥ ९
को ह्यस्मिन्प्रवरो लोके देवानां बलवत्तरः। यं समाश्रित्य विबुधा जयन्ति समरे रिपून्॥ १०
कं यजन्ति द्विजा नित्यं कं ध्यायन्ति च योगिनः। एतन्मे शंस भगवन्विस्तरेण तपोधन॥ ११
विदित्वा हृद्गतं तस्य ध्यानदृष्टिर्महायशाः। उवाच रावणं प्रेम्णा श्रूयतामिति पुत्रक॥ १२
यो वै भर्ता जगत्कृत्स्नं यस्योत्पत्तिं न विद्महे। सुरासुरैर्नतो नित्यं हरिर्नारायणः प्रभुः॥ १३
यस्य नाभ्युद्भवो ब्रह्मा विश्वस्य जगतः पतिः। येन सर्वमिदं सृष्टं विश्वं स्थावरजंगमम्॥ १४
तं समाश्रित्य विबुधा विधिना हरिमध्वरे। पिबन्ति ह्यमृतं चैव मानिताश्च यजन्ति तम्॥ १५
पुराणैश्चैव वेदैश्च पञ्चरात्रैस्तथैव च। ध्यायन्ति योगिनो नित्यं क्रतुभिश्च यजन्ति तम्॥ १६
दैत्यदानवरक्षांसि ये चान्ये चामरद्विषः। सर्वाञ्जयति सङ्ग्रामे सदा सर्वैः स पूज्यते॥ १७
श्रुत्वा महर्षेस्तद्वाक्यं रावणो राक्षसाधिपः। उवाच प्रणतो भूत्वा पुनरेव महामुनिम्॥ १८
दैत्यदानवरक्षांसि ये हताः समरेऽरयः। कां गतिं प्रतिपद्यन्ते किं च ते हरिणा हताः॥ १९
रावणस्य वचः श्रुत्वा प्रत्युवाच महामुनिः। दैवतैर्निहता नित्यं प्राप्नुवन्ति दिवःस्थलम्॥ २०
पुनस्तस्मात्परिभ्रष्टा जायन्ते वसुधातले। पूर्वार्जितैः सुखैःदुःखैर्जायन्ते च म्रियन्ति च॥ २१

ये ये हताश्चक्रधरेण राजंस्त्रैलोक्यनाथेन जनार्दनेन।
ते ते गतास्तन्निलयं नरेन्द्राः क्रोधोऽपि देवस्य वरेण तुल्यः॥ २२
श्रुत्वा ततस्तद्वचनं निशाचरः सनत्कुमारस्य मुखाद्विनिर्गतम्।
तथा प्रहृष्टः स बभूव विस्मितः कथं नु यास्यामि हरिं महाहवे॥ २३

इत्यार्षे श्रीमद्रामायणे वाल्मीकीय आदिकाव्य उत्तरकाण्डे प्रक्षिप्तेषु द्वितीयः सर्गः॥ २॥

एवं चिन्तयतस्तस्य रावणस्य दुरात्मनः। पुनरेवापरं वाक्यं व्याजहार महामुनिः॥ १
मनसश्चेप्सितं यत्तद्भविष्यति महाहवे। सुखी भव महाबाहो कंचित्कालमुदीक्षय॥ २
एवं श्रुत्वा महाबाहुस्तमृषिं प्रत्युवाच सः। कीदृशं लक्षणं तस्य ब्रूहि सर्वमशेषतः॥ ३
राक्षसेशवचः श्रुत्वा स मुनिः प्रत्यभाषत। श्रूयतां सर्वमाख्यास्ये तव राक्षसपुंगव॥ ४
स हि सर्वगतो देवः सूक्ष्मोऽव्यक्तः सनातनः। तेन सर्वमिदं व्याप्तं त्रैलोक्यं सचराचरम्॥ ५

स भूमौ दिवि पाताले पर्वतेषु वनेषु च । स्थावरेषु च सर्वेषु नदीषु नगरीषु च ॥ ६
ओङ्कारश्चैव सत्यश्च सावित्री पृथिवी च सः । धराधरधरो देवो ह्यनन्त इति विश्रुतः ॥ ७

अहश्च रात्रिश्च उभे च संध्ये दिवाकरश्चैव यमश्च सोमः ।
स एव कालो ह्यनिलोऽनलश्च स ब्रह्मरुद्रौ च स एव चापः ॥ ८
विद्योतति ज्वलति भाति च पाति लोकान्सृजत्ययं संहरति प्रशास्ति ।
क्रीडां करोत्यव्ययलोकनाथो विष्णुः पुराणो भवनाशकैकः ॥ ९

अथवा बहुनानेन किमुक्तेन दशानन । तेन सर्वमिदं व्याप्तं त्रैलोक्यं सचराचरम् ॥ १०
नीलोत्पलदलश्यामः किंजल्कारुणवाससा । प्रावृट्काले यथा व्योम्नि सतडित्तोयदो यथा ॥ ११
श्रीमान्मेघवपुः श्यामः शुभः पङ्कजलोचनः । श्रीवत्सेनोरसा युक्तः शशाङ्ककृतलक्षणः ॥ १२
तस्य नित्यं शरीरस्था मेघस्येव शतह्रदा । सङ्ग्रामरूपिणी लक्ष्मीर्देहमावृत्य तिष्ठति ॥ १३
न शक्यः स सुरैर्द्रष्टुं नासुरैर्न च पन्नगैः । यस्य प्रसादं कुरुते स वै तं द्रष्टुमर्हति ॥ १४
नहि यज्ञफलैस्तात न तपोभिस्तु संचितैः । शक्यते भगवान्द्रष्टुं न दानेन न चेज्यया ॥ १५
तद्भक्तैस्तद्गतप्राणैस्तच्चित्तैस्तत्परायणैः । शक्यते भगवान्द्रष्टुं ज्ञाननिर्दग्धकिल्बिषैः ॥ १६
अथवा पृच्छ्य रक्षेन्द्र यदि तं द्रष्टुमिच्छसि । कथयिष्यामि ते सर्वं श्रूयतां यदि रोचते ॥ १७
कृते युगे व्यतीते वै मुखे त्रेतायुगस्य तु । हितार्थं देवमर्त्यानां भविता नृपविग्रहः ॥ १८
इक्ष्वाकूणां च यो राजा भाव्यो दशरथो भुवि । तस्य सूनुर्महातेजा रामो नाम भविष्यति ॥ १९
महातेजा महाबुद्धिर्महाबलपराक्रमः । महाबाहुर्महासत्त्वः क्षमया पृथिवीसमः ॥ २०
आदित्य इव दुष्प्रेक्ष्यः समरे शत्रुभिस्तदा । भविता हि तदा रामो नरो नारायणः प्रभुः ॥ २१
पितुर्नियोगात्स विभुर्दण्डके विविधे वने । विचरिष्यति धर्मात्मा भ्रात्रा सह महामनाः ॥ २२
तस्य पत्नी महाभागा लक्ष्मीः सीतेति विश्रुता । दुहिता जनकस्यैषा उत्थिता वसुधातलात् ॥ २३
रूपेणाप्रतिमा लोके सर्वलक्षणलक्षिता । छायेवानुगता रामं निशाकरमिव प्रभा ॥ २४
शीलाचारगुणोपेता साध्वी धैर्यसमन्विता । सहस्रांशो रश्मिरिव ह्येका मूर्तिरिव स्थिता ॥ २५
एवं ते सर्वमाख्यातं मया रावण विस्तरात् । महतो देवदेवस्य शाश्वतस्याव्ययस्य च ॥ २६
एवं श्रुत्वा महाबाहू राक्षसेन्द्रः प्रतापवान् । त्वया सह विरोधेच्छुश्चिन्तयामास राघव ॥ २७
सनत्कुमारात्तद्वाक्यं चिन्तयानो मुहुर्मुहुः । रावणो मुमुदे श्रीमान्युद्धार्थं विचचार ह ॥ २८
श्रुत्वा च तां कथां रामो विस्मयोत्फुल्ललोचनः । शिरसश्चालनं कृत्वा विस्मयं परमं गतः ॥ २९

श्रुत्वा तु वाक्यं स नरेश्वरस्तदा मुदा युतो विस्मयमानचक्षुः ।
पुनश्च तं ज्ञानवतां प्रधानमुवाच वाक्यं वद मे पुरातनम् ॥ ३०

इत्यार्षे श्रीमद्रामायणे वाल्मीकीय आदिकाव्य उत्तरकाण्डे प्रक्षिप्तेषु तृतीयः सर्गः ॥ ३ ॥

ततः पुनर्महातेजाः कुम्भयोनिर्महायशाः । उवाच रामं प्रणतं पितामह इवेश्वरम् ॥ १
श्रूयतामिति चोवाच रामं सत्यपराक्रमम् । कथाशेषं महातेजाः कथयामास स प्रभुः ॥ २
यथाख्यातं श्रुतं चैव यथा वृत्तं यथा तथा । प्रीतात्मा कथयामास राघवाय महामतिः ॥ ३
एदतर्थं महाबाहो रावणेन दुरात्मना । सुता जनकराजस्य हृता राम महामते ॥ ४
एतां कथां महाबाहो नारदः सुमहायशाः । कथयामास दुर्धर्ष मेरौ गिरिवरोत्तमे ॥ ५
देवगन्धर्वसिद्धानामृषीणां च महात्मनाम् । कथाशेषं पुनः सोऽथ कथयामास राघव ॥ ६
नारदः सुमहातेजाः प्रहसन्निव मानद । तां कथां शृणु राजेन्द्र महापापप्रणाशिनीम् ॥ ७
यां तु श्रुत्वा महाबाहो ऋषयो दैवतैः सह । ऊचुस्तं नारदं सर्वे हर्षपर्याकुलेक्षणम् ॥ ८
यश्चेमां श्रावयेन्नित्यं शृणुयाद्वापि भक्तितः । स पुत्रपौत्रवान्राम स्वर्गलोके महीयते ॥ ९

इत्यार्षे श्रीमद्रामायणे वाल्मीकीय आदिकाव्य उत्तरकाण्डे प्रक्षिप्तेषु चतुर्थः सर्गः ॥ ४ ॥

ततः स राक्षसो राम पर्यटन्पृथिवीतले । विजयार्थी महाशूरै राक्षसैः परिवारितः ॥ १
दैत्यदानवरक्षःसु यं शृणोति बलाधिकम् । तमाह्वयति युद्धार्थी रावणो बलदर्पितः ॥ २

एवं स पर्यटन्सर्वां पृथिवीं पृथिवीपते । ब्रह्मलोकान्निवर्तन्तं समासाद्याथ रावणः ॥ ३
व्रजन्तं मेघपृष्ठस्थमंशुमन्तमिवापरम् । तमभिसृत्य प्रीतात्मा ह्यभिवाद्य कृताञ्जलिः ॥ ४
उवाच हृष्टमनसा नारदं रावणस्तदा । आब्रह्मभुवनं लोकास्त्वया दृष्टा ह्यनेकशः ॥ ५
कस्मिँल्लोके महाभाग मानवा बलवत्तराः । योद्धुमिच्छामि तैः सार्धं यथाकामं यदृच्छया ॥ ६
चिन्तयित्वा मुहूर्तं तु नारदः प्रत्युवाच तम् । अस्ति राजन्महाद्वीपं क्षीरोदस्य समीपतः ॥ ७
तत्र ते चन्द्रसंकाशा मानवाः सुमहाबलाः । महाकाया महावीर्या मेघस्तनितनिःस्वनाः ॥ ८
महामात्रा धैर्यवन्तो महापरिघबाहवः । श्वेतद्वीपे मया दृष्टा मानवा राक्षसाधिप ॥ ९
बलवीर्यसमोपेतान्यादृशांस्त्वमिहेच्छसि । नारदस्य वचः श्रुत्वा रावणः प्रत्युवाच ह ॥ १०
कथं नारद जायन्ते तस्मिन्द्वीपे महाबलाः । श्वेतद्वीपे कथं वासः प्राप्तस्तैस्तु महात्मभिः ॥ ११
एतन्मे सर्वमाख्याहि प्रभो नारद तत्त्वतः । त्वया दृष्टं जगत्सर्वं हस्तामलकवत्सदा ॥ १२
रावणस्य वचः श्रुत्वा नारदः प्रत्युवाच ह । अनन्यमनसो नित्यं नारायणपरायणाः ॥ १३
तदाराधनसक्ताश्च तच्चित्तास्तत्परायणाः । एकान्तभावानुगतास्ते नरा राक्षसाधिप ॥ १४
तच्चित्तास्तद्गतप्राणा नरा नारायणं सदा । श्वेतद्वीपे तु तैर्वास अर्जितः सुमहात्मभिः ॥ १५
ये हता लोकनाथेन शार्ङ्गमानम्य संयुगे । चक्रायुधेन देवेन तेषां वासस्त्रिविष्टपे ॥ १६
नहि यज्ञफलैस्तात न तपोभिर्न संयमैः । न च दानफलैर्मुख्यैः स लोकः प्राप्यते सुखम् ॥ १७
नारदस्य वचः श्रुत्वा दशग्रीवः सुविस्मितः । ध्यात्वा तु सुचिरं कालं तेन योत्स्यामि संयुगे ॥ १८
आपृच्छ्य नारदं प्रायाच्छ्वेतद्वीपाय रावणः । नारदोऽपि चिरं ध्यात्वा कौतूहलसमन्वितः ॥ १९
दिदृक्षुः परमाश्चर्यं तत्रैव त्वरितं ययौ । स हि केलिकरो विप्रो नित्यं च समरप्रियः ॥ २०
रावणोऽपि ययौ तत्र राक्षसैः सह राघव । महता सिंहनादेन दारयन्स दिशो दश ॥ २१
गते तु नारदे तत्र रावणोऽपि महायशाः । प्राप्य श्वेतं महाद्वीपं दुर्लभं यत्सुरैरपि ॥ २२
तेजसा तस्य द्वीपस्य रावणस्य बलीयसः । तत्तस्य पुष्पकं यानं वातवेगसमाहतम् ॥ २३
अवस्थातुं न शक्नोति वाताहत इवाम्बुदः । सचिवा राक्षसेन्द्रस्य द्वीपमासाद्य दुर्दशम् ॥ २४
अब्रुवन्रावणं भीता राक्षसा जातसाध्वसाः । राक्षसेन्द्र वयं मूढा भ्रष्टसंज्ञा विचेतसः ॥ २५
अवस्थातुं न शक्ष्यामो युद्धं कर्तुं कथंचन । एवमुक्त्वा दुद्रुवुस्ते सर्व एव निशाचराः ॥ २६
रावणोऽपि हि तद्यानं पुष्पकं हेमभूषितम् । विसर्जयामास तदा सह तैः क्षणदाचरैः ॥ २७
गतं तु पुष्पकं राम रावणो राक्षसाधिपः । कृत्वा रूपं महाभीमं सर्वराक्षसवर्जितः ॥ २८
प्रविवेश तदा तस्मिञ्श्वेतद्वीपे स रावणः । प्रविशन्नेव तत्राशु नारीभिरुपलक्षितः ॥ २९
एकया स स्मितं कृत्वा हस्ते गृह्य दशाननम् । पृष्टश्चागमनं ब्रूहि किमर्थमिह चागतः ॥ ३०
को वा त्वं कस्य वा पुत्रः केन वा प्रहितो वद । इत्युक्तो रावणो राजन्क्रुद्धो वचनमब्रवीत् ॥ ३१
अहं विश्रवसः पुत्रो रावणो नाम राक्षसः । युद्धार्थमिह संप्राप्तो न च पश्यामि कंचन ॥ ३२
एवं कथयतस्तस्य रावणस्य दुरात्मनः । प्राहसंस्ते ततः सर्वे सुस्वनं युवतीजनाः ॥ ३३
तासामेका ततः क्रुद्धा बालवद्गृह्य लीलया । भ्रामितस्तु सखीमध्ये मध्ये गृह्य दशाननम् ॥ ३४
सखीमन्यां समाहूय पश्य त्वं कीटकं धृतम् । दशास्यं विंशतिभुजं कृष्णाञ्जनसमप्रभम् ॥ ३५
हस्ताद्धस्तं च स क्षिप्तो भ्राम्यते भ्रमलालसः । भ्राम्यमाणेन बलिना राक्षसेन विपश्चिता ॥ ३६
पाणावेकाथ संदष्टा रोषेण वनिता शुभा । मुक्तस्तया शुभः कीटो धुन्वन्त्या हस्तवेदनात् ॥ ३७
गृहीतान्या तु रक्षेन्द्रमुत्पपात विहायसा । ततस्तामपि संक्रुद्धो विददार नखैर्भृशम् ॥ ३८
तया स ह विनिर्धूतः सहसैव निशाचरः । पपात सोऽम्भसो मध्ये सागरस्य भयातुरः ॥ ३९
पर्वतस्येव शिखरं यथा वज्रविदारितम् । प्रापतत्सागरजलं तथासौ विनिपातितः ॥ ४०
एवं स रावणो राम श्वेतद्वीपनिवासिभिः । युवतीभिर्विगृह्याशु भ्रामितश्च ततस्ततः ॥ ४१
नारदोऽपि महातेजा रावणं प्राप्य धर्षितम् । विस्मयं सुचिरं कृत्वा प्रजहास ननर्त च ॥ ४२
एतदर्थं महाबाहो रावणेन दुरात्मना । विज्ञायापहृता सीता त्वत्तो मरणकाङ्क्षया ॥ ४३
भवान्नारायणो देवः शङ्खचक्रगदाधरः । शार्ङ्गपद्मायुधो वज्री सर्वदेवनमस्कृतः ॥ ४४
श्रीवत्साङ्को हृषीकेशः सर्वदेवाभिपूजितः । पद्मनाभो महायोगी भक्तानामभयप्रदः ॥ ४५

अष्टत्रिंशः सर्गः ।

एवमास्ते महाबाहुरहन्यहनि राघवः । प्रशासत्सर्वकार्याणि पौरजानपदेषु च ॥ १
ततः कतिपयाहःसु वैदेहं मिथिलाधिपम् । राघवः प्राञ्जलिर्भूत्वा वाक्यमेतदुवाच ह ॥ २
भवान्हि गतिरव्यग्रा भवता पालिता वयम् । भवतस्तेजसोग्रेण रावणो निहतो मया ॥ ३
इक्ष्वाकूणां च सर्वेषां मैथिलानां च सर्वशः । अतुलाः प्रीतयो राजन्संबन्धकपुरोगमाः ॥ ४
तद्भवान्स्वपुरं यातु रत्नान्यादाय पार्थिव । भरतश्च सहायार्थं पृष्ठतश्चानुयास्यति ॥ ५
स तथेति ततः कृत्वा राघवं वाक्यमब्रवीत् । प्रीतोऽस्मि भवता राजन्दर्शनेन नयेन च ॥ ६
यान्येतानि तु रत्नानि मदर्थं संचितानि वै । दुहित्रोस्तान्यहं राजन्सर्वाण्येव ददामि वै ॥ ७
ततः प्रयाते जनके केकयं मातुलं प्रभुम् । राघवः प्राञ्जलिर्भूत्वा विनयाद्वाक्यमब्रवीत् ॥ ८
इदं राज्यमहं चैव भरतश्च सलक्ष्मणः । आयत्तास्त्वं हि नो राजन्गतिश्च पुरुषर्षभ ॥ ९
राजा हि वृद्धः संतापं त्वदर्थमुपयास्यति । तस्माद्गमनमद्यैव रोचते तव पार्थिव ॥ १०
लक्ष्मणेनानुयात्रेण पृष्ठतोऽनुगमिष्यते । धनमादाय बहुलं रत्नानि विविधानि च ॥ ११
युधाजित्तु तथेत्याह गमनं प्रति राघव । रत्नानि च धनं चैव त्वय्येवाक्षय्यमस्त्विति ॥ १२
प्रदक्षिणं च राजानं कृत्वा केकयवर्धनः । रामेण च कृतः पूर्वमभिवाद्य प्रदक्षिणम् ॥ १३

अथ सामन्तराजविसर्जनम्—एवमास्ते इति । एवं सर्वोपास्यत्वेन प्रशासत् । शत्रन्तम् । अभ्यस्तत्वान्नुमभावः ॥ १ ॥ कतिपयाहःसु । गतेष्विति शेषः ॥ २ ॥ भवान्हि गतिरव्यग्रा । अचला प्रतिष्ठेत्यर्थः । भवता वयं पालिताः कन्याप्रदानादिना पालितवंशाः । तेजसा तपोवीर्येण ॥ ३ ॥ संबन्धकपुरोगमाः संबन्धकं संबन्धः पुरोगमोऽग्रेसरो यासां ताः । संबन्धः प्रीतयश्चेत्यर्थः ॥ ४ ॥ रत्नान्यादायास्माभिर्दीयमानोत्तमवस्तूनि । भरतः पृष्ठतोऽनुयास्यति । इष्टबन्धूनामनुगमनरूपसत्कारार्थम् ॥ ५ ॥ स तदेति । कृत्वा । अङ्गीकृत्येत्यर्थः ॥ ६ ॥ मदर्थं प्रीत्या मम दानार्थम् ॥ ७ ॥ केकयं मातुलं युधाजितम् ॥ ८ ॥ एतद्राज्यमयोध्याराज्यमहं रामो भरतलक्ष्मणौ । आयत्ताः । त्वयीति शेषः । त्वदधीना इत्यर्थः । हे राजन् हे केकययुवराज, नोऽस्माकं त्वं गतिरापदीष्टबन्धुः ॥ ९ ॥ राजा केकयः ॥ १० ॥ अनुयात्रेणानुयात्रोपचाररूपेण । अनुगमिष्यते । भवानिति शेषः ॥ ११ ॥ १२ ॥ मातुलत्वाद्रामेणाभिवाद्य प्रदक्षिणं कृतो युधाजित्पश्चा-

---

वधार्थं रावणस्य त्वं प्रविष्टो मानुषीं तनुम् । किं न वेत्सि त्वमात्मानं यथा नारायणो ह्यहम् ॥ ४६
मा मुह्यस्व महाभाग स्मर चात्मानमात्मना । गुह्याद्गुह्यतरस्त्वं हि ह्येवमाह पितामहः ॥ ४७
त्रिगुणश्च त्रिवेदी च त्रिधामा च त्रिराघव । त्रिकालकर्म त्रैविद्य त्रिदशारिप्रमर्दन ॥ ४८
भयाक्रान्तास्त्रयो लोकाः पुराणैर्विक्रमैस्त्रिभिः । त्वं महेन्द्रानुजः श्रीमान्बलिबन्धनकारणात् ॥ ४९
अदित्या गर्भसंभूतो विष्णुस्त्वं हि सनातनः । लोकाननुग्रहीतुं वै प्रविष्टो मानुषीं तनुम् ॥ ५०
तदिदं साधितं कार्यं सुराणां सुरसत्तम । निहतो रावणः पापः सपुत्रगणबान्धवः ॥ ५१
प्रहृष्टाश्च सुराः सर्वे ऋषयश्च तपोधनाः । प्रशान्तं च जगत्सर्वं त्वत्प्रसादात्सुरेश्वर ॥ ५२
सीता लक्ष्मीर्महाभागा संभूता वसुधातलात् । त्वदर्थमिह चोत्पन्ना जनकस्य गृहे प्रभो ॥ ५३
लङ्कामानीय यत्नेन मातेव परिरक्षिता । एवमेतत्समाख्यातं तव राम महायशः ॥ ५४
ममापि नारदेनोक्तमृषिणा दीर्घजीविना । यथा सनत्कुमारेण व्याख्यातं तस्य रक्षसः ॥ ५५
तेनापि च तदेवाशु कृतं सर्वमशेषतः । यश्चैतच्छ्रावयेच्छ्राद्धे विद्वान्ब्राह्मणसंनिधौ ॥ ५६
अन्नं तदक्षयं दत्तं पितॄणामुपतिष्ठति । एतां श्रुत्वा कथां दिव्यां रामो राजीवलोचनः ॥ ५७
परं विस्मयमापन्नो भ्रातृभिः सह राघवः । वानराः सह सुग्रीवा राक्षसाः सविभीषणाः ॥ ५८
राजानश्च सहामात्या ये चान्येऽपि समागताः । ब्राह्मणाः क्षत्रिया वैश्याः शूद्रा धर्मसमन्विताः ॥ ५९
सर्वे चोत्फुल्लनयनाः सर्वे हर्षसमन्विताः । राममेवानुपश्यन्ति भृशमत्यन्तहर्षिताः ॥ ६०
ततोऽगस्त्यो महातेजा राघवं चेदमब्रवीत् । दृष्टाः सभाजिताश्चापि राम यास्यामहे वयम् ।
एवमुक्त्वा गताः सर्वे पूजितास्ते यथागतम् ॥ ६१

इत्यार्षे श्रीमद्रामायणे वाल्मीकीय आदिकाव्ये उत्तरकाण्डे प्रक्षिप्तेषु पञ्चमः सर्गः ॥ ५ ॥

लक्ष्मणेन सहायेन प्रयातः केकयेश्वरः । हतेऽसुरे यथा वृत्रे विष्णुना सह वासवः ॥ १४
तं विसृज्य ततो रामो वयस्यमकुतोभयम् । प्रतर्दनं काशिपतिं परिष्वज्येदमब्रवीत् ॥ १५
दर्शिता भवता प्रीतिर्दर्शितं सौहृदं परम् । उद्योगश्च त्वया गुप्तां सुप्राकारां सुतोरणाम् ॥ १६
तद्भवानद्य काशेय पुरीं वाराणसीं व्रज । रमणीयां त्वया गुप्तां सुप्राकारां सुतोरणाम् ॥ १७
एतावदुक्त्वा चोत्थाय काकुत्स्थः परमासनात् । पर्यष्वजत धर्मात्मा निरन्तरमुरोगतम् ॥ १८
विसर्जयामास तदा कौसल्याप्रीतिवर्धनः । राघवेण कृतानुज्ञः काशेयो ह्यकुतोभयः ॥ १९
वाराणसीं ययौ तूर्णं राघवेण विसर्जितः । विसृज्य तं काशिपतिं त्रिशतं पृथिवीपतीन् ॥ २०
प्रहसन्राघवो वाक्यमुवाच मधुराक्षरम् । भवतां प्रीतिरव्यग्रा तेजसा परिरक्षिता ॥ २१
धर्मश्च नियतो नित्यं सत्यं च भवतां सदा । युष्माकं चानुभावेन तेजसा च महात्मनाम् ॥ २२
हतो दुरात्मा दुर्बुद्धी रावणो राक्षसाधमः । हेतुमात्रमहं तत्र भवतां तेजसा हतः ॥ २३
रावणः सगणो युद्धे सपुत्रामात्यबान्धवः । भवन्तश्च समानीता भरतेन महात्मना ॥ २४
श्रुत्वा जनकराजस्य काननात्तनयां हृताम् । उद्युक्तानां च सर्वेषां पार्थिवानां महात्मनाम् ॥ २५
कालोऽप्यतीतः सुमहान्गमनं रोचयाम्यतः । प्रत्यूचुस्तं च राजानो हर्षेण महता वृताः ॥ २६
दिष्ट्या त्वं विजयी राम राज्यं चापि प्रतिष्ठितम् । दिष्ट्या प्रत्याहृता सीता दिष्ट्या शत्रुः पराजितः॥
एष नः परमः काम एषा नः प्रीतिरुत्तमा । यत्त्वां विजयिनं राम पश्यामो हतशात्रवम् ॥ २८
एतत्त्वय्युपपन्नं च यदस्मांस्त्वं प्रशंससे । प्रशंसार्हं न जानीमः प्रशंसां वक्तुमीदृशीम् ॥ २९
आपृच्छामो गमिष्यामो हृदिस्थो नः सदा भवान् । वर्तामहे महाबाहो प्रीत्यात्र महता वृताः ॥ ३०
भवेच्च ते महाराज प्रीतिरस्मासु नित्यदा । बाढमित्येव राजानो हर्षेण परमान्विताः ॥ ३१
ऊचुः प्राञ्जलयः सर्वे राघवं गमनोत्सुकाः । पूजितास्ते च रामेण जग्मुर्देशान्स्वकान्स्वकान् ॥ ३२

इत्यार्षे श्रीमद्रामायणे वाल्मीकीय आदिकाव्य उत्तरकाण्डेऽष्टत्रिंशः सर्गः ॥ ३८ ॥

एकोनचत्वारिंशः सर्गः ।

ते प्रयाता महात्मानः पार्थिवास्ते प्रहृष्टवत् । गजवाजिसहस्रौघैः कम्पयन्तो वसुंधराम् ॥ १
अक्षौहिण्यो हि तत्रासन्राघवार्थे समुद्यताः । भरतस्याज्ञयानेकाः प्रहृष्टबलवाहनाः ॥ २
ऊचुस्ते च महीपाला बलदर्पसमन्विताः । न रामरावणं युद्धे पश्यामः पुरतः स्थितम् ॥ ३
भरतेन वयं पश्चात्समानीता निरर्थकम् । हता हि राक्षसाः क्षिप्रं पार्थिवैः स्युर्न संशयः ॥ ४

त्सार्वभौमत्वाद्राजानं प्रदक्षिणं कृत्वा प्रायात् इत्यन्वयः ॥ १३ ॥ वृत्रासुरे हते सति विष्णुनोपेन्द्रेण सह स्थितो वासवो यथा विष्णुं विसृजति तथा तं केकयं विसृज्येत्यर्थः ॥ १४ ॥ १५ ॥ यस्मात्त्वया भरतेन सह रणसहायार्थमुद्योगः कृतस्तस्माद्भवता परमा प्रीतिर्दर्शिता परमसौहृदं च दर्शितम् । एवमनुवादादेवोद्योगकरणं गम्यते ॥ १६ ॥ काशिदेशे भवः काशेयः । ढगार्षः । भवान्पुरीं व्रज व्रजतु ॥ १७ ॥ उरोगतं यथा तथा निरन्तरं गाढं पर्यष्वजत ॥ १८ ॥ तदा । तत इत्यर्थः ॥ १९ ॥ २० ॥ प्रहसन्निति । अनेकशतसंख्यस्वसुहृत्पृथिवीपतिदर्शनजसंतोषात्प्रहासः । भवतां तेजसाव्यग्रा निश्चलतया स्थिता प्रीतिर्वनात्पुनरागत्यानुभवयोग्यतया परिरक्षिता मयि भवद्भिर्मद्गुणमालोच्य न भवतां मयि प्रीतिः, किं तु स्वीयसत्स्वभावेनैवेत्याशयः ॥ २१ ॥ उक्तमेवार्थं स्पष्टयति—धर्मश्चेति ॥ २२ ॥ २३ ॥ रावणो हत इति शेषः । भवन्तश्च समानीता मेलिताः । एवं च दैवाद्भवतां क्लेशानुभवो न संपन्न इति शेषः ॥ २४ ॥ २५ ॥ २६ ॥ २७ ॥ हतशात्रवं हतशत्रुसमूहम् ॥ २८ ॥ एतत्त्वय्युपपन्नम् । सकललोकमनोरमणत्वादिति भावः । प्रशंसार्हं सकललोकप्रशंसार्हस्वभावयुक्त, ईदृशीं भवदुक्तप्रशंसाजातीयां प्रशंसां वक्तुं न जानीमः, अतस्तामकृत्वैव ॥ २९ ॥ यथा सदा भवान्नो हृदिस्थः, एवं वयमपि त्वद्विषयया महत्या प्रीत्या वृतास्तव हृदि यथा वर्तामहे तथास्मासु ते प्रीतिश्च भवेद्भूयात् । द्वेषेण हृदयस्थता मा भूदित्येतदुक्तिः—बाढमित्येवेति । रामेणोक्ता इति शेषः ॥ ३० ॥ ३१ ॥ गमिष्याम इत्यूचुरिति पूर्वेणान्वयः । पूजितास्ते चेत्यादिना वृत्तक्रियानुवादः ॥ ३२ ॥ इति श्रीरामाभिरामे श्रीरामीये रामायणतिलके वाल्मीकीय आदिकाव्य उत्तरकाण्डेऽष्टत्रिंशः सर्गः ॥ ३८ ॥

अथ विसृज्य राजभिः स्वदेशस्थैः प्रेषितोपहारग्रहः—प्रयाता इति । प्रहृष्टवत्प्रहृष्टाः ॥ १ ॥ राघवार्थे राघवस्य रणसहायार्थे ॥ २ ॥ रामरावणमिति । रामशत्रुं रावणमित्यर्थः । मध्यमपदलोपी समासः ॥ ३ ॥ पश्चाद्रावणवधानन्त-

रामस्य बाहुवीर्येण रक्षिता लक्ष्मणस्य च । सुखं पारे समुद्रस्य युध्येम विगतज्वराः ॥ ५
एताश्चान्याश्च राजानः कथास्तत्र सहस्रशः । कथयन्तः स्वराज्यानि जग्मुर्हर्षसमन्विताः ॥ ६
स्वानि राज्यानि मुख्यानि ऋद्धानि मुदितानि च । समृद्धधनधान्यानि पूर्णानि वसुमन्ति च ॥ ७
यथापुराणि ते गत्वा रत्नानि विविधान्यथ । रामस्य प्रियकामार्थमुपहारं नृपा ददुः ॥ ८
अश्वान्यानानि रत्नानि हस्तिनश्च मदोत्कटान् । चन्दनानि च मुख्यानि दिव्यान्याभरणानि च ॥ ९
मणिमुक्ताप्रवालांस्तु दास्यो रूपसमन्विताः । अजाविकं च विविधं रथांस्तु विविधान्बहून् ॥ १०
भरतो लक्ष्मणश्चैव शत्रुघ्नश्च महाबलः । आदाय तानि रत्नानि स्वां पुरीं पुनरागताः ॥ ११
आगम्य च पुरीं रम्यामयोध्यां पुरुषर्षभाः । तानि रत्नानि चित्राणि रामाय समुपानयन् ॥ १२
प्रतिगृह्य च तत्सर्वं रामः प्रीतिसमन्वितः । सुग्रीवाय ददौ राज्ञे महात्मा कृतकर्मणे ॥ १३
विभीषणाय च ददौ तथान्येभ्योऽपि राघवः । राक्षसेभ्यः कपिभ्यश्च यैर्वृतो जयमाप्तवान् ॥ १४
ते सर्वे रामदत्तानि रत्नानि कपिराक्षसाः । शिरोभिर्धारयामासुर्भुजेषु च महाबलाः ॥ १५
हनूमन्तं च नृपतिरिक्ष्वाकूणां महारथः । अङ्गदं च महाबाहुमङ्कमारोप्य वीर्यवान् ॥ १६
रामः कमलपत्राक्षः सुग्रीवमिदमब्रवीत् । अङ्गदस्ते सुपुत्रोऽयं मन्त्री चाप्यनिलात्मजः ॥ १७
सुग्रीवमन्त्रिते युक्तौ मम चापि हिते रतौ । अर्हतो विविधां पूजां त्वत्कृते वै हरीश्वर ॥ १८
इत्युक्त्वा व्यपमुच्याङ्गाद्भूषणानि महायशाः । स बबन्ध महार्हाणि तदाङ्गदहनूमतोः ॥ १९
आभाष्य च महावीर्यान्राघवो यूथपर्षभान् । नीलं नलं केसरिणं कुमुदं गन्धमादनम् ॥ २०
सुषेणं पनसं वीरं मैन्दं द्विविदमेव च । जाम्बवन्तं गवाक्षं च विनतं धूम्रमेव च ॥ २१
वालीमुखं प्रजङ्घं च संनादं च महाबलम् । दरीमुखं दधिमुखमिन्द्रजानुं च यूथपम् ॥ २२
मधुरं श्लक्ष्णया वाचा नेत्राभ्यामापिबन्निव । सुहृदो मे भवन्तश्च शरीरं भ्रातरस्तथा ॥ २३
युष्माभिरुद्धृतश्चाहं व्यसनात्काननौकसः । धन्यो राजा च सुग्रीवो भवद्भिः सुहृदां वरैः ॥ २४
एवमुक्त्वा ददौ तेभ्यो भूषणानि यथार्हतः । वज्राणि च महार्हाणि सस्वजे च नरर्षभः ॥ २५
ते पिबन्तः सुगन्धीनि मधूनि मधुपिङ्गलाः । मांसानि च सुमृष्टानि मूलानि च फलानि च ॥ २६
एवं तेषां निवसतां मासः साग्रो ययौ तदा । मुहूर्तमिव ते सर्वे रामभक्त्या च मेनिरे ॥ २७
रामोऽपि रेमे तैः सार्धं वानरैः कामरूपिभिः । राक्षसैश्च महावीर्यैर्ऋक्षैश्चैव महाबलैः ॥ २८
एवं तेषां ययौ मासो द्वितीयः शिशिरः सुखम् । वानराणां प्रहृष्टानां राक्षसानां च सर्वशः ॥ २९
इक्ष्वाकुनगरे रम्ये परां प्रीतिमुपासताम् । रामस्य प्रीतिकरणैः कालस्तेषां सुखं ययौ ॥ ३०

इत्यार्षे श्रीमद्रामायणे वाल्मीकीय आदिकाव्य उत्तरकाण्ड एकोनचत्वारिंशः सर्गः ॥ ३९ ॥

रम् । पार्थिवैर्हृताः स्युः । यदि पूर्वं समानीताः स्युरिति शेषः ॥ ४ ॥ ५ ॥ ६ ॥ उक्तानि स्वराज्यान्यनूद्य विशिनष्टि—स्वानीत्यादि । मुख्यानि प्रसिद्धानि । धनं जीवाजीवरूपम् । वसुमन्ति महानिधिमन्ति ॥ ७ ॥ यथापुराणि यथापूर्वमक्षतशरीरतया पुराणि गत्वा प्रियकामार्थमिष्टकामार्थं ददुः । आनुयात्रिकेभ्यः । भरतलक्ष्मणशत्रुघ्नेभ्य इति शेषः ॥ ८ ॥ ९ ॥ अजाविकं विशिष्टचर्मवत् ॥ १० ॥ ११ ॥ १२ ॥ १३ ॥ १४ ॥ शिरोभिः किरीटकुण्डलादीनां धारणम् । अङ्गदादीनां भुजेषु धारणम् ॥ १५ ॥ अङ्कमारोप्य । बालाविवेति शेषः । अनेन भगवता स्वस्य निरतिशयबलवत्त्वेनेश्वरत्वं सूचितम् ॥ १६ ॥ १७ ॥ मन्त्रिते मन्त्रे ॥ १८ ॥ १९ ॥ २० ॥ २१ ॥ २२ ॥ २३ ॥ २४ ॥ २५ ॥ मांसानि चेऽस्य भुञ्जत इति शेषः ॥ २६ ॥ एवं तेषामिति । वसन्तेऽभिषिक्तेन रामेण मासानन्तरं विशेषसत्कारप्राप्तौ शिशिरः शिशिरर्तुसंबन्धी द्वितीयो मासः सुखं गत इत्युक्त्या संवत्सरपर्यन्तं तेषां रामसमीपे वास उक्त इति तीर्थादयः । वस्तुतोऽधिकमासगणनयामान्तमानेनाश्विनकृष्णपक्षेऽयोध्याप्रवेशेन तत्रैव तदुत्तरशुक्लपक्षे वाभिषेकः । साग्रो मास इत्यनेन कार्तिकान्ता स्थितिरुक्ता । ततः शिशिरो द्वितीयो मासः फाल्गुनो गत इति हेमन्तशिशिरावर्धशरच्च तत्र वास इति पञ्चमासपर्यन्तं तत्र वास इति लभ्यते इति मम भाति । पूर्वकाण्डान्तसंक्षेपेणोक्तस्यैवार्थस्यात्र काण्डे विस्तरेणोक्तिरिति बोध्यम् । एवं तेषामिति भरताद्यानीतरत्नविशेषैर्विशेषसत्कारप्राप्तिपर्यन्तं निवसतां तेषां साग्राः पञ्चषद्दिनाधिका मासा गताः ॥ २७ ॥ २८ ॥ २९ ॥ प्रीतिकरणैः संमाननैः ॥ ३० ॥ इति श्रीरामाभिरामे श्रीरामीये रामायणतिलके वाल्मीकीय आदिकाव्य उत्तरकाण्ड एकोनचत्वारिंशः सर्गः ॥ ३९ ॥

चत्वारिंशः सर्गः ।

तथा स्म तेषां वसतामृक्षवानररक्षसाम् । राघवस्तु महातेजा सुग्रीवमिदमब्रवीत् ॥ १
गम्यतां सौम्य किष्किन्धां दुराधर्षां सुरासुरैः । पालयस्व सहामात्यै राज्यं निहतकण्टकम् ॥ २
अङ्गदं च महाबाहो प्रीत्या परमया युतः । पश्य त्वं हनुमन्तं च नलं च सुमहाबलम् ॥ ३
सुषेणं श्वशुरं वीरं तारं च बलिनां वरम् । कुमुदं चैव दुर्धर्षं नीलं चैव महाबलम् ॥ ४
वीरं शतबलिं चैव मैन्दं द्विविदमेव च । गजं गवाक्षं गवयं शरभं च महाबलम् ॥ ५
ऋक्षराजं च दुर्धर्षं जाम्बवन्तं महाबलम् । पश्य प्रीतिसमायुक्तो गन्धमादनमेव च ॥ ६
ऋषभं च सुविक्रान्तं प्लवंगं च सुपाटलम् । केसरिं शरभं शुम्भं शङ्खचूडं महाबलम् ॥ ७
ये ये मे सुमहात्मानो मदर्थे त्यक्तजीविताः । पश्य त्वं प्रीतिसंयुक्तो मा चैषां विप्रियं कृथाः ॥ ८
एवमुक्त्वा च सुग्रीवमाश्लिष्य च पुनः पुनः । विभीषणमुवाचाथ रामो मधुरया गिरा ॥ ९
लङ्कां प्रशाधि धर्मेण धर्मज्ञस्त्वं मतो मम । पुरस्य राक्षसानां च भ्रातुर्वैश्रवणस्य च ॥ १०
मा च बुद्धिमधर्मे त्वं कुर्या राजन्कथंचन । बुद्धिमन्तो हि राजानो ध्रुवमश्नन्ति मेदिनीम् ॥ ११
अहं च नित्यशो राजन्सुग्रीवसहितस्त्वया । स्मर्तव्यः परया प्रीत्या गच्छ त्वं विगतज्वरः ॥ १२
रामस्य भाषितं श्रुत्वा ऋक्षवानरराक्षसाः । साधुसाध्विति काकुत्स्थं प्रशशंसुः पुनः पुनः ॥ १३
तव बुद्धिर्महाबाहो वीर्यमद्भुतमेव च । माधुर्यं परमं राम स्वयंभोरिव नित्यदा ॥ १४
तेषामेवंब्रुवाणानां वानराणां च रक्षसाम् । हनूमान्प्रणतो भूत्वा राघवं वाक्यमब्रवीत् ॥ १५
स्नेहो मे परमो राजंस्त्वयि तिष्ठतु नित्यदा । भक्तिश्च नियता वीर भावो नान्यत्र गच्छतु ॥ १६
यावद्रामकथा वीर चरिष्यति महीतले । तावच्छरीरे वत्स्यन्तु प्राणा मम न संशयः ॥ १७
यच्चैतच्चरितं दिव्यं कथा ते रघुनन्दन । तन्ममाप्सरसो राम श्रावयेयुर्नरर्षभ ॥ १८
तच्छ्रुत्वाहं ततो वीर तव चर्यामृतं प्रभो । उत्कण्ठां तां हरिष्यामि मेघलेखामिवानिलः ॥ १९
एवंब्रुवाणं रामस्तु हनूमन्तं वरासनात् । उत्थाय सस्वजे स्नेहाद्वाक्यमेतदुवाच ह ॥ २०
एवमेतत्कपिश्रेष्ठ भविता नात्र संशयः । चरिष्यति कथा यावदेषा लोके च मामिका ॥ २१
तावत्ते भविता कीर्तिः शरीरेऽप्यसवस्तथा । लोका हि यावत्स्थास्यन्ति तावत्स्थास्यन्ति मे कथाः ॥
एकैकस्योपकारस्य प्राणान्दास्यामि ते कपे । शेषस्येहोपकाराणां भवाम ऋणिनो वयम् ॥ २३
मदङ्गे जीर्णतां यातु यत्त्वयोपकृतं कपे । नरः प्रत्युपकाराणामापत्स्वायाति पात्रताम् ॥ २४
ततोऽस्य हारं चन्द्राभं मुच्य कण्ठात्स राघवः । वैदूर्यतरलं कण्ठे बबन्ध च हनूमतः ॥ २५
तेनोरसि निबद्धेन हारेण महता कपिः । रराज हेमशैलेन्द्रश्चन्द्रेणाक्रान्तमस्तकः ॥ २६
श्रुत्वा तु राघवस्यैतदुत्थायोत्थाय वानराः । प्रणम्य शिरसा पादौ निर्जग्मुस्ते महाबलाः ॥ २७

अथ तेषां विसर्जनम् । वसतां तेषामिति निर्धारणे षष्ठी ॥ १ ॥ किष्किन्धां प्रतीति शेषः ॥ २ ॥ ३ ॥ ४ ॥ ५ ॥ ६ ॥ ७ ॥ ८ ॥ ९ ॥ पुरस्य पुरवर्तिप्राणिनां राक्षसानाम् । वैश्रवणस्य । संमतोऽसीति शेषः ॥ १० ॥ ध्रुवं चिरकालम् ॥ ११ ॥ अहं चेति । अनेन रावणवत्क्रूरबुद्धिः कदापि न कार्या । तथा सति सुग्रीवादयो रावणमिव त्वामपि नाशयिष्यन्तीति व्यङ्ग्यम् ॥ १२ ॥ १३ ॥ अद्भुतं जगदाश्चर्यभूतम् । स्वयंभोरिवानन्तकल्याणगुणस्य भगवतो ब्रह्मण इव ॥ १४ ॥ १५ ॥ नित्यदा सर्वकाले । स्नेहो नाम प्रियायां प्रियस्येव सदा स्मृतिहेतुः । भक्तिर्नाम परलोकगतित्वेनोपास्यत्वबुद्धिः । नित्यदेत्यनेन जलं विना मत्स्यस्येव क्षणमपि तं विना जीवितुमशक्यत्वं सूचितम् । अन्यत्र भावो मा गच्छतु । विषयान्तरे इत्यर्थः ॥ १६ ॥ तावद्वत्स्यन्ति । त्वत्कथाश्रवणपरमामृतास्वादनबलादिति भावः । न तु तदुत्तरमित्याशयः । 'वत्स्यन्तु' इति पाठे वसन्त्वित्यर्थः । आर्षः स्यः । एतेन मुक्तिमप्यनादृत्य त्वत्कथामृतपानमेवाकाङ्क्षितमिति दर्शितम् ॥ १७ ॥ ते तव कथारूपं यदेतद्दिव्यचरितं तदित्यन्वयः ॥ १८ ॥ उत्कण्ठां त्वद्दर्शनविषयाम् ॥ १९ ॥ २० ॥ एवमेतदित्येवंशब्दार्थः—चरिष्यति कथेत्यादि ॥ २१ ॥ एवं च हनूमते भगवताकारनित्यत्वं कल्पस्थायित्वरूपं दत्तमित्याभाति ॥ २२ ॥ उपकाराणां मध्ये शेषस्येत्यर्थः ॥ २३ ॥ प्रत्युपकाराणां पात्रतां नर आपत्स्वायातीत्यनेन प्रत्युपकारार्थिन उपकृतापत्प्रार्थना भवति, सा मे कदापि मा भूदिति व्यङ्ग्यम् ॥ २४ ॥ कण्ठान्मुच्य । स्वीयाद्विसृज्येत्यर्थः । तरलो हारमध्यमणिः ॥ २५ ॥ हेमशैलेन्द्रो मेरुश्चन्द्रेणाक्रान्तमस्तकस्तादृशः पर्वतो यथा आमूलशिखरं तत्किरणैर्व्याप्तो भवति तथा हनूमांस्तद्रत्नकिरणव्याप्तो जात इत्यर्थः ॥ २६ ॥ श्रुत्वेति । हनूमदुद्देश्यकमेकैकस्ये-

१३३

सुग्रीवः स च रामेण निरन्तरमुरोगतः । विभीषणश्च धर्मात्मा सर्वे ते बाष्पविक्लवाः ॥ २८
सर्वे च ते बाष्पकलाः साश्रुनेत्रा विचेतसः । संमूढा इव दुःखेन त्यजन्तो राघवं तदा ॥ २९
कृतप्रसादास्तेनैवं राघवेण महात्मना । जग्मुः स्वं स्वं गृहं सर्वे देही देहमिव त्यजन् ॥ ३०

ततस्तु ते राक्षसऋक्षवानराः प्रणम्य रामं रघुवंशवर्धनम् ।
वियोगजाश्रुप्रतिपूर्णलोचनाः प्रतिप्रयातास्तु यथा निवासिनः ॥ ३१

इत्यार्षे श्रीमद्रामायणे वाल्मीकीय आदिकाव्य उत्तरकाण्डे चत्वारिंशः सर्गः ॥ ४० ॥

एकचत्वारिंशः सर्गः ।

विसृज्य च महाबाहुर्ऋक्षवानरराक्षसान् । भ्रातृभिः सहितो रामः प्रमुमोद सुखं सुखी ॥ १
अथापराह्णसमये भ्रातृभिः सह राघवः । शुश्राव मधुरां वाणीमन्तरिक्षान्महाप्रभुः ॥ २
सौम्य राम निरीक्षस्व सौम्येन वदनेन माम् । कुबेरभवनात्प्राप्तं विद्धि मां पुष्पकं प्रभो ॥ ३
तव शासनमाज्ञाय गतोऽस्मि भवनं प्रति । उपस्थातुं नरश्रेष्ठ स च मां प्रत्यभाषत ॥ ४
निर्जितस्त्वं नरेन्द्रेण राघवेण महात्मना । निहत्य युधि दुर्धर्षं रावणं राक्षसेश्वरम् ॥ ५
ममापि परमा प्रीतिर्हते तस्मिन्दुरात्मनि । रावणे सगणे चैव सपुत्रे सहबान्धवे ॥ ६
स त्वं रामेण लङ्कायां निर्जितः परमात्मना । वह सौम्य तमेव त्वमहमाज्ञापयामि ते ॥ ७
परमो ह्येष मे कामो यत्त्वं राघवनन्दनम् । वहेर्लोकस्य संयानं गच्छस्व विगतज्वरः ॥ ८
सोऽहं शासनमाज्ञाय धनदस्य महात्मनः । त्वत्सकाशमनुप्राप्तो निर्विशङ्कः प्रतीच्छ माम् ॥ ९
अधृष्यः सर्वभूतानां सर्वेषां धनदाज्ञया । चराम्यहं प्रभावेण तवाज्ञां परिपालयन् ॥ १०
एवमुक्तस्तदा रामः पुष्पकेण महाबलः । उवाच पुष्पकं दृष्ट्वा विमानं पुनरागतम् ॥ ११
यद्येवं स्वागतं तेऽस्तु विमानवर पुष्पक । आनुकूल्याद्धनेशस्य वृत्तदोषो न नो भवेत् ॥ १२
लाजैश्चैव तथा पुष्पैर्धूपैश्चैव सुगन्धिभिः । पूजयित्वा महाबाहू राघवः पुष्पकं तदा ॥ १३
गम्यतामिति चोवाच आगच्छ त्वं स्मरे यदा । सिद्धानां च गतौ सौम्य मा विषादेन योजय॥ १४
प्रतिघातश्च ते मा भूद्यथेष्टं गच्छतो दिशः । एवमस्त्विति रामेण पूजयित्वा विसर्जितम् ॥ १५
अभिप्रेतां दिशं तस्मात्प्रायात्तत्पुष्पकं तदा । एवमन्तर्हिते तस्मिन्पुष्पके सुकृतात्मनि ॥] १६
भरतः प्राञ्जलिर्वाक्यमुवाच रघुनन्दनम् । विबुधात्मनि दृश्यन्ते त्वयि वीर प्रशासति ॥ १७
अमानुषाणि सत्त्वानि व्याहृतानि मुहुर्मुहुः । अनामयश्च मर्त्यानां साग्रो मासो गतो ह्ययम् ॥ १८
जीर्णानामपि सत्त्वानां मृत्युर्नायाति राघव । अरोगप्रसवा नार्यो वपुष्मन्तो हि मानवाः ॥ १९
हर्षश्चाभ्यधिको राजञ्जनस्य पुरवासिनः । काले वर्षति पर्जन्यः पातयन्नमृतं पयः ॥ २०

त्यादि वाक्यम् ॥ २७ ॥ निरन्तरमुरोगतो गाढं परिष्वक्तः ॥ २८ ॥ बाष्पकलाः कण्ठस्य बाष्परुद्धत्वेनाव्यक्तभाषिणः, तत एव दुःखातिशयेन साश्रुनेत्राः । विचेतसः शून्यमनसः, अतः संमूढा इव मूर्च्छिता इव बभूवुरिति शेषः ॥ २९ ॥ देहं त्यजन्देहीव रामवियोगखिन्ना अभूवन्निति शेषः । शरीरात्माभिमानिनां देहत्यागेनेव तेषां रामविश्लेषेण खेदोऽभूदित्यर्थः ॥ ३० ॥ ३१ ॥ इति श्रीरामाभिरामे श्रीरामीये रामायणतिलके वाल्मीकीय आदिकाव्य उत्तरकाण्डे चत्वारिंशः सर्गः ॥४०॥

अथ धनदप्रेषितपुष्पकस्य संपूज्य पुनरिच्छोपस्थापनतया विसर्जनम्—विसृज्येति ॥ १ ॥ अन्तरिक्षात् । अन्तरिक्षचराभिःसृतामित्यर्थः ॥ २ ॥ पुष्पकं विद्धि । पुष्पकाधिष्ठातृदेवताया अयं वादः ॥ ३ ॥ ४ ॥ निर्जितः । अतस्तमेव वहेति शेषः ॥ ५ ॥ ६ ॥ ७ ॥ किं च मद्वहनादपि सर्वलोकप्रियरामवहनं मम परमप्रियमित्याह—परम इति । लोकस्य भूराद्यशेषाभिमतलोकप्रापणस्य । संयानं समीचीनयानभूतस्त्वं राघवनन्दनं वहेरिति यदेष मे परमः कामः, अतस्त्वं गच्छेति संबन्धः ॥ ८ ॥ ९ ॥ १० ॥ ११ ॥ वृत्तदोषः सख्यव्यवहारातिक्रमदोषः ॥ १२ ॥ १३ ॥ स्मरे स्मरामि । हे सौम्य, सिद्धानां गतौ व्योममार्गे । विषादेनास्मद्वियोगदुःखेन मा योजय । आत्मानमिति शेषः । सुखमास्स्वेति तात्पर्यम् ॥ १४ ॥ १५ ॥ पुष्पकं पुष्पमिव लघ्विति पुष्पकम् । संज्ञायां कन् ॥ १६ ॥ विबुधात्मनि देवमूर्तौ ॥ १७ ॥ कानि दृश्यन्ते तदाह—अमानुषाणीति । सत्त्वानि पुष्पकादीनि । व्याहृतानि । मत्वर्थीयाजन्तम् । व्याहारवन्ति । साग्रो मास इति जातावेकवचनम् । मासा इत्यर्थः ॥१८॥ तावन्मात्रेणैव मर्त्यानामनामयादिगुणप्रादुर्भाव इत्याह—जीर्णानामिति । वपुष्मन्तो दृष्ट-

वाताश्चापि प्रवान्त्येते स्पर्शयुक्ताः सुखाः शिवाः । ईदृशो नश्चिरं राजा भवेदिति नरेश्वरः ॥ २१
कथयन्ति पुरे राजन्पौरजानपदास्तथा । एता वाचः सुमधुरा भरतेन समीरिताः ।
श्रुत्वा रामो मुदा युक्तो बभूव नृपसत्तमः ॥ २२

इत्यार्षे श्रीमद्रामायणे वाल्मीकीय आदिकाव्य उत्तरकाण्ड एकचत्वारिंशः सर्गः ॥ ४१ ॥

द्विचत्वारिंशः सर्गः ।

स विसृज्य ततो रामः पुष्पकं हेमभूषितम् । प्रविवेश महाबाहुरशोकवनिकां तदा ॥ १
चन्दनागुरुचूतैश्च तुङ्गकालेयकैरपि । देवदारुवनैश्चापि समन्तादुपशोभिताम् ॥ २
चम्पकागुरुपुंनागमधूकपनसासनैः । शोभितां पारिजातैश्च विधूमज्वलनप्रभैः ॥ ३
लोध्रनीपार्जुनैर्नागैः सप्तपर्णातिमुक्तकैः । मन्दारकदलीगुल्मलताजालसमावृताम् ॥ ४
प्रियङ्गुभिः कदम्बैश्च तथा च बकुलैरपि । जम्बूभिर्दाडिमैश्चैव कोविदारैश्च शोभिताम् ॥ ५
सर्वदा कुसुमै रम्यैः फलवद्भिर्मनोरमैः । दिव्यगन्धरसोपेतैस्तरुणाङ्कुरपल्लवैः ॥ ६
तथैव तरुभिर्दिव्यैः शिल्पिभिः परिकल्पितैः । चारुपल्लवपुष्पाढ्यैर्मत्तभ्रमरसंकुलैः ॥ ७
कोकिलैर्भृङ्गराजैश्च नानावर्णैश्च पक्षिभिः । शोभितां शतशश्चित्रां चूतवृक्षावतंसकैः ॥ ८
शातकुम्भनिभाः केचित्केचिदग्निशिखोपमाः । नीलाञ्जननिभाश्चान्ये भान्ति तत्र स्म पादपाः ९
सुरभीणि च पुष्पाणि माल्यानि विविधानि च । दीर्घिका विविधाकाराः पूर्णाः परमवारिणा १०
माणिक्यकृतसोपानाः स्फाटिकान्तरकुट्टिमाः । फुल्लपद्मोत्पलवनाश्चक्रवाकोपशोभिताः ॥ ११
दात्यूहशुकसंघुष्टा हंससारसनादिताः । तरुभिः पुष्पशबलैस्तीरजैरुपशोभिताः ॥ १२
प्राकारैर्विविधाकारैः शोभिताश्च शिलातलैः । तत्रैव च वनोद्देशे वैदूर्यमणिसंनिभैः ॥ १३
शाद्वलैः परमोपेतां पुष्पितद्रुमकाननाम् । तत्र संघर्षजातानां वृक्षाणां पुष्पशालिनाम् ॥ १४
प्रस्तराः पुष्पशबला नभस्तारागणैरिव । नन्दनं हि यथेन्द्रस्य ब्राह्मं चैत्ररथं यथा ॥ १५
तथाभूतं हि रामस्य काननं संनिवेशनम् । बह्वासनगृहोपेतां लतासनसमावृताम् ॥ १६
अशोकवनिकां स्फीतां प्रविश्य रघुनन्दनः । आसने च शुभाकारे पुष्पप्रकरभूषिते ॥ १७
कुशास्तरणसंस्तीर्णे रामः संनिषसाद ह । सीतामादाय हस्तेन मधु मैरेयकं शुचि ॥ १८
पाययामास काकुत्स्थः शचीमिव पुरंदरः । मांसानि च सुमृष्टानि फलानि विविधानि च ॥ १९
रामस्याभ्यवहारार्थं किंनरास्तूर्णमाहरन् । उपानृत्यंश्च राजानं नृत्यगीतविशारदाः ॥ २०
अप्सरोरगसङ्घाश्च किंनरीपरिवारिताः । दक्षिणा रूपवत्यश्च स्त्रियः पानवशं गताः ॥ २१
उपानृत्यन्त काकुत्स्थं नृत्यगीतविशारदाः । मनोभिरामा रामास्ता रामो रमयतां वरः ॥ २२

पुष्पवपुर्युक्ताः ॥ १९ ॥ २० ॥ २१ ॥ २२ ॥ इति श्रीरामाभिरामे श्रीरामीये रामायणतिलके वाल्मीकीय आदिकाव्य उत्तरकाण्ड एकचत्वारिंशः सर्गः ॥ ४१ ॥

स इति । अशोकवनिका नाम महाप्रभूणामन्तःपुरैः सह विहारयोग्यमुपवनम् ॥ १ ॥ तुङ्गः पुंनागविशेषः । कालेयकं रक्तचन्दनम् ॥ २ ॥ असनः सर्जः ॥ ३ ॥ नीपः कदम्बः । अर्जुनः ककुभः । नागो नागकेसरः ॥ ४ ॥ कदम्बो धूलीकदम्बः ॥ ५ ॥ सर्वदा कुसुमैर्नित्यं कुसुमयुक्तैः । दिव्यगन्धरसोपेतैर्दिव्यगन्धरसपुष्पफलयुतैः ॥ ६ ॥ दिव्यैः शिल्पिभिर्वृक्षारोपणादिशिल्पवद्भिः ॥ ७ ॥ चूतवृक्षपुष्परजोवतंसभूतं येषां तैः पक्षिभिः ॥ ८ ॥ ९ ॥ माल्यानि पुष्पगुच्छाः ॥ १० ॥ स्फाटिकेति । स्फटिकरत्ननिबद्धान्तरे मध्ये-कुट्टिमा बद्धभूमिर्यासु ताः ॥ ११ ॥ १२ ॥ १३ ॥ परमोपेतामत्यन्तसंयुक्ताम् । संघर्षोऽस्पर्धया जातानां जातपुष्पाणाम् ॥ १४ ॥ प्रस्तराः पाषाणाः । पुष्पैर्नानावर्णैर्वृक्षेभ्यः पतितैः । शबलाः शबलवर्णाः प्रस्तरास्तारागणैर्नभ इव रेजुः । ब्राह्मं ब्रह्मनिर्मितम् । चैत्ररथं कुबेरस्य ॥ १५ ॥ संनिवेशनं समीचीनसंस्थानोपेतम् । बह्वासनग्रहोपेतां बहूनामवस्थानोचितगृहयुतां लतासनसमावृतां लतानामासनं परिक्षेपो येषु तैर्लतासनैर्लतागृहैः समावृतामुपेताम् ॥ १६ ॥ १७ ॥ कुशास्तरणं नामोपर्यास्तरणम् । मैरेयकं मधु मैरेयकसंज्ञकं मधु मद्यम् । 'मैरेयमासवो धात्रीधातकीगुडवारिभिः' इति वैजयन्ती ॥ १८ ॥ १९ ॥ राजानमुपानृत्यन्राजसमीपेऽनृत्यन् ॥ २० ॥ दक्षिणाः कुशलाः । पानवशं गताः पानजमदवशं गताः ॥ २१ ॥ २२ ॥

रमयामास धर्मात्मा नित्यं परमभूषिताः । स तया सीतया सार्धमासीनो विरराज ह ॥ २३
अरुन्धत्या इवासीनो वसिष्ठ इव तेजसा । एवं रामो मुदा युक्तः सीतां सुरसुतोपमाम् ॥ २४
रमयामास वैदेहीमहन्यहनि देववत् । तथा तयोर्विहरतोः सीताराघवयोश्चिरम् ॥ २५
अत्यक्रामच्छुभः कालः शैशिरो भोगदः सदा । प्राप्तयोर्विविधान्भोगानतीतः शिशिरागमः ॥ २६
पूर्वाह्णे धर्मकार्याणि कृत्वा धर्मेण धर्मवित् । शेषं दिवसभागार्धमन्तःपुरगतोऽभवत् ॥ २७
सीतापि देवकार्याणि कृत्वा पौर्वाह्णिकानि वै । श्वश्रूणामकरोत्पूजां सर्वासामविशेषतः ॥ २८
अभ्यगच्छत्ततो रामं विचित्राभरणाम्बरा । त्रिविष्टपे सहस्राक्षमुपविष्टं यथा शची ॥ २९
दृष्ट्वा तु राघवः पत्नीं कल्याणेन समन्विताम् । प्रहर्षमतुलं लेभे साधुसाध्विति चाब्रवीत् ॥ ३०
अब्रवीच्च वरारोहां सीतां सुरसुतोपमाम् । अपत्यलाभो वैदेहि त्वय्ययं समुपस्थितः ॥ ३१
किमिच्छसि वरारोहे कामः किं क्रियतां तव । स्मितं कृत्वा तु वैदेही रामं वाक्यमथाब्रवीत् ॥ ३२
तपोवनानि पुण्यानि द्रष्टुमिच्छामि राघव । गङ्गातीरोपविष्टानामृषीणामुग्रतेजसाम् ॥ ३३
फलमूलाशिनां देव पादमूलेषु वर्तितुम् । एष मे परमः कामो यन्मूलफलभोजिनाम् ॥ ३४
अप्येकरात्रिं काकुत्स्थ निवसेयं तपोवने । तथेति च प्रतिज्ञातं रामेणाक्लिष्टकर्मणा ।
विस्रब्धा भव वैदेहि श्वो गमिष्यस्यसंशयम् ॥ ३५
एवमुक्त्वा तु काकुत्स्थो मैथिलीं जनकात्मजाम् । मध्यकक्षान्तरं रामो निर्जगाम सुहृद्वृतः ॥ ३६

इत्यार्षे श्रीमद्रामायणे वाल्मीकीय आदिकाव्य उत्तरकाण्डे द्विचत्वारिंशः सर्गः ॥ ४२ ॥

त्रिचत्वारिंशः सर्गः ।

तत्रोपविष्टं राजानमुपासन्ते विचक्षणाः । कथानां बहुरूपाणां हास्यकाराः समन्ततः ॥ १
विजयो मधुमत्तश्च काश्यपो मङ्गलः कुलः । सुराजिः कालियो भद्रो दन्तवक्रः सुमागधः ॥ २
एते कथा बहुविधाः परिहाससमन्विताः । कथयन्ति स्म संहृष्टा राघवस्य महात्मनः ॥ ३
ततः कथायां कस्यांचिद्राघवः समभाषत । काः कथा नगरे भद्र वर्तन्ते विषयेषु च ॥ ४
मामाश्रितानि कान्याहुः पौरजानपदा जनाः । किं च सीतां समाश्रित्य भरतं किं च लक्ष्मणम् ॥ ५
किं नु शत्रुघ्नमुद्दिश्य कैकेयीं किं नु मातरम् । वक्तव्यतां च राजानो वने राज्ये व्रजन्ति च ॥ ६
एवमुक्ते तु रामेण भद्रः प्राञ्जलिरब्रवीत् । स्थिताः शुभाः कथा राजन्वर्तन्ते पुरवासिनाम् ॥ ७

रमयामास तोषयामास ॥ २३ ॥ २४ ॥ २५ ॥ 'सीताराघवयोश्चिरम्' इत्यनन्तरम् 'अत्यक्रामच्छुभः कालः शैशिरो भोगदः सदा' इत्येव श्लोकः । वानराणां गमनोत्तरं पुनश्च संवत्सरोऽतीत इति कतकव्याख्यानात्, 'दशवर्षसहस्राणि गतानि सुमहात्मनोः' इति प्रक्षिप्तमिति गम्यते । 'मा निषाद प्रतिष्ठां त्वमगमः शाश्वतीः समाः' इति वाल्मीकिशापाच्च, सीतात्यागोत्तरमश्वमेधप्रवृत्त्या तदन्ते 'दशवर्षसहस्राणि वाजिमेधानथाकरोत्' इति वाल्मीक्युक्तेश्च । यद्वा वर्षशब्दो दिनपरः । विवाहोत्तरं तावन्ति गतानि द्वादशादधिकमयोध्यायां चतुर्दश वने एकं पुनरयोध्यायामित्येवं किंचिदधिकसप्तविंशतिर्गतानीति बोध्यम् । पूर्वाह्णे द्विधाभागेनेदम् । तदाह—शेषं दिवसभागार्धमिति । अवशिष्टमर्धमित्यर्थः ॥ २६ ॥ २७ ॥ २८ ॥ ॥ २९ ॥ ३० ॥ ममापत्यलाभस्त्वयि समुपस्थितः । गर्भलक्षणं तव स्पष्टं वर्तत इत्यर्थः ॥ ३१ ॥ किंकामः किंविषयो मनोरथः । स्मितं कृत्वा । स्वावतारकृत्यं पूर्णमिति ब्राह्मणशापस्य सत्यत्वकरणौचित्यं च हासेन सूचितम् ॥ ३२ ॥ ३३ ॥ ३४ ॥ अप्येकरात्रिमित्यनेन चिरकालवासमनोरथो ध्वनितः ॥ ३५ ॥ विस्रब्धा भव । महाराजो महिषीं मां कथमाश्रमं प्रेषयिष्यतीति शङ्कां मा कुर्वित्यर्थः ॥ ३६ ॥ इति श्रीरामाभिरामे श्रीरामीये रामायणतिलके वाल्मीकीय आदिकाव्य उत्तरकाण्डे द्विचत्वारिंशः सर्गः ॥ ४२ ॥

अथ कथाप्रसङ्गात्सीताप्रसङ्गेन स्वदोषश्रवणं रामस्य—तत्रेति । बहुरूपाणां कथानां प्रकथनद्वारेण हास्यकारा उपासन्ते ॥ १ ॥ २ ॥ कथा वार्ताः ॥ ३ ॥ तु विषयेषु देशेष्विति सामान्यतः प्रश्नः ॥ ४ ॥ विशिष्य पृच्छति । मामाश्रितानि कानि वाक्यान्याहुः ॥ ५ ॥ दूतमुखेन स्वदेशवृत्तान्ताज्ञाने राजानः सर्वजननिन्दाद्वारा नरकं प्राप्नुवन्तीत्याशयेनाह—वक्तव्यतां चेति । वने तापसाश्रमे राज्ये च धर्मादिविचारहीना राजानो वक्तव्यतां सर्वजनकृतदुर्भाषणविषयतां व्रजन्ति ॥ ६ ॥ सर्वज्ञोऽप्यज्ञ इव भृगवाद्युक्तशापं स्वयमादिषु दयया सत्यं चिकीर्षुः सीतावियोगमिच्छन्नेव देशवृत्तान्तं पृच्छति । गृहीतमनुष्यरूपतया व्यवहारानुसारेण लोकनिन्द्यं

अयं तु विजयं सौम्य दशग्रीववधार्जितम् । भूयिष्ठं स्वपुरे पौरैः कथ्यन्ते पुरुषर्षभ ॥ ८
एवमुक्तस्तु भद्रेण राघवो वाक्यमब्रवीत् । कथयस्व यथातत्त्वं सर्वं निरवशेषतः ॥ ९
शुभाशुभानि वाक्यानि कान्याहुः पुरवासिनः । श्रुत्वेदानीं शुभं कुर्यां न कुर्यामशुभानि च ॥ १०
कथयस्व च विस्रब्धो निर्भयं विगतज्वरः । कथयन्ति यथा पौराः पापा जनपदेषु च ॥ ११
राघवेणैवमुक्तस्तु भद्रः सुरुचिरं वचः । प्रत्युवाच महाबाहुं प्राञ्जलिः सुसमाहितः ॥ १२
शृणु राजन्यथा पौराः कथयन्ति शुभाशुभम् । चत्वरापणरथ्यासु वनेषूपवनेषु च ॥ १३
दुष्करं कृतवान्रामः समुद्रे सेतुबन्धनम् । अश्रुतं पूर्वकैः कैश्चिद्देवैरपि सदानवैः ॥ १४
रावणश्च दुराधर्षो हतः सबलवाहनः । वानराश्च वशं नीता ऋक्षाश्च सह राक्षसैः ॥ १५
हत्वा च रावणं संख्ये सीतामाहृत्य राघव । अमर्षं पृष्ठतः कृत्वा स्ववेश्म पुनरानयत् ॥ १६
कीदृशं हृदये तस्य सीतासंभोगजं सुखम् । अङ्कमारोप्य तु पुरा रावणेन बलाद्धृताम् ॥ १७
लङ्कामपि पुरा नीतामशोकवनिकां गताम् । रक्षसां वशमापन्नां कथं रामो न कुत्स्यति ॥ १८
अस्माकमपि दारेषु सहनीयं भविष्यति । यथा हि कुरुते राजा प्रजास्तमनुवर्तते ॥ १९
एवं बहुविधा वाचो वदन्ति पुरवासिनः । नगरेषु च सर्वेषु राजञ्जनपदेषु च ॥ २०
तस्यैवं भाषितं श्रुत्वा राघवः परमार्तवत् । उवाच सुहृदः सर्वान्कथमेतद्वदन्तु माम् ॥ २१
सर्वे तु शिरसा भूमावभिवाद्य प्रणम्य च । प्रत्यूचू राघवं दीनमेवमेतन्न संशयः ॥ २२
श्रुत्वा तु वाक्यं काकुत्स्थः सर्वेषां समुदीरितम् । विसर्जयामास तदा वयस्याञ्छत्रुसूदनः ॥ २३

इत्यार्षे श्रीमद्रामायणे वाल्मीकीय आदिकाव्य उत्तरकाण्डे त्रिचत्वारिंशः सर्गः ॥ ४३ ॥

चतुश्चत्वारिंशः सर्गः ।

विसृज्य तु सुहृद्वर्गं बुद्ध्या निश्चित्य राघवः । समीपे द्वाःस्थमासीनमिदं वचनमब्रवीत् ॥ १
शीघ्रमानय सौमित्रिं लक्ष्मणं शुभलक्षणम् । भरतं च महाभागं शत्रुघ्नमपराजितम् ॥ २
रामस्य वचनं श्रुत्वा द्वाःस्थो मूर्ध्नि कृताञ्जलिः । लक्ष्मणस्य गृहं गत्वा प्रविवेशानिवारितः ॥ ३
उवाच सुमहात्मानं वर्धयित्वा कृताञ्जलिः । द्रष्टुमिच्छति राजा त्वां गम्यतां तत्र मा चिरम् ॥ ४
बाढमित्येव सौमित्रिः कृत्वा राघवशासनम् । प्राद्रवद्रथमारुह्य राघवस्य निवेशनम् ॥ ५
प्रयान्तं लक्ष्मणं दृष्ट्वा द्वाःस्थो भरतमन्तिकात् । उवाच भरतं तत्र वर्धयित्वा कृताञ्जलिः ॥ ६
विनयावनतो भूत्वा राजा त्वां द्रष्टुमिच्छति । भरतस्तु वचः श्रुत्वा द्वाःस्थाद्रामसमीरितम् ॥ ७
उत्पपातासनात्तूर्णं पद्भ्यामेव महाबलः । दृष्ट्वा प्रयान्तं भरतं त्वरमाणः कृताञ्जलिः ॥ ८

सदपि कर्म त्याज्यमिति बोधनायेति बोध्यम् । पुरवासिनां संबन्धितया स्थिताः कथाः शुभा वर्तन्त इति संबन्धः ॥ ७ ॥ विजयमिति । उद्दिश्येति शेषः । कथ्यन्ते । वार्ता इति शेषः ॥ ८ ॥ निरवशेषतः । शुभाशुभविषयं सर्वं कथयेत्यर्थः ॥ ९ ॥ नन्वशुभश्रवणे किं प्रयोजनं तत्राह—शुभेत्यादि ॥ १० ॥ ननु राजसमक्षमशुभवाक्यकथनमशक्यमित्यत आह—कथयस्वेति । निर्भयं विस्रब्धो मम किं रामो वदिष्यतीति भयशून्यं विश्वस्तो विगतज्वर एवमशुभं कथं वाच्यमिति मनःसंतापशून्यः । पापाः पापानि ॥ ११ ॥ १२ ॥ १३ ॥ पूर्वकै राजर्षिदेवैरपि कृतमित्यश्रुतमश्रुतपूर्वम् ॥ १४ ॥ १५ ॥ सीतामाहृत्य ततो जातं सीताविषयं रावणस्पर्शजममर्षं क्रोधं पृष्ठतः कृत्वा । विस्मृत्येत्यर्थः ॥ १६ ॥ कीदृशं सुखम् । कुत्सितमेवेत्यर्थः । तत्र हेतुः—अङ्कमित्यादि ॥ १७ ॥ न कुत्स्यति । जुगुप्सते इत्यर्थः ॥ १८ ॥ सहनीयं भविष्यति । एवंविधं कश्मलमिति भावः । तत्र हेतुः—यथा हीति । प्रजास्तमनुवर्तन्तेऽनुवर्तन्ते ॥ १९ ॥ २० ॥ परमार्तवत्परमदुःखीवाकारं कृत्वा । वस्तुतो भगवति हर्षदुःखयोरभावादेवमुक्तिः । सर्वान्सुहृदो भद्रव्यतिरिक्तानपि । कथमेतदभद्रोक्तमेतदयशोवाक्यं तत्त्वमतत्त्वं वेति भवन्तोऽपि वदन्त्वित्युवाच ॥ २१ ॥ एतद्भद्रोक्तमेवंतत्त्वमेव ॥ २२ ॥ २३ ॥

इति श्रीरामाभिरामे श्रीरामीये रामायणतिलके वाल्मीकीय आदिकाव्य उत्तरकाण्डे त्रिचत्वारिंशः सर्गः ॥ ४३ ॥

अथ स्वचिकीर्षितकथनाय भ्रात्रानयनम्—विसृज्य त्विति । निश्चित्य कर्तव्यमिति शेषः ॥ १ ॥ २ ॥ ३ ॥ वर्धयित्वा । जयाशिषेति शेषः । मा चिरम् । विलम्बो न कार्य इत्यर्थः ॥ ४ ॥ ५ ॥ भरतमन्तिकात् । भरतसमीपं प्राप्येत्यर्थः ।

शत्रुघ्नभवनं गत्वा ततो वाक्यमुवाच ह । एह्यागच्छ रघुश्रेष्ठ राजा त्वां द्रष्टुमिच्छति ॥ ९
गतो हि लक्ष्मणः पूर्वं भरतश्च महायशाः । श्रुत्वा तु वचनं तस्य शत्रुघ्नः परमासनात् ॥ १०
शिरसा वन्द्य धरणीं प्रययौ यत्र राघवः । द्वाःस्थस्त्वागम्य रामाय सर्वानेव कृताञ्जलिः ॥ ११
निवेदयामास तथा भ्रातृंस्तान्समुपस्थितान् । कुमारानागताञ्छ्रुत्वा चिन्ताव्याकुलितेन्द्रियः ॥ १२
अवाङ्मुखो दीनमना द्वाःस्थं वचनमब्रवीत् । प्रवेशय कुमारांस्त्वं मत्समीपं त्वरान्वितः ॥ १३
एतेषु जीवितं मह्यमेते प्राणाः प्रिया मम । आज्ञप्तास्तु नरेन्द्रेण कुमाराः शुक्लवाससः ॥ १४
प्रह्वाः प्राञ्जलयो भूत्वा विविशुस्ते समाहिताः । ते तु दृष्ट्वा मुखं तस्य सग्रहं शशिनं यथा ॥ १५
संध्यागतमिवादित्यं प्रभया परिवर्जितम् । बाष्पपूर्णे च नयने दृष्ट्वा रामस्य धीमतः ।
हतशोभं यथा पद्मं मुखं वीक्ष्य च तस्य ते ॥ १६
ततोऽभिवाद्य त्वरिताः पादौ रामस्य मूर्धभिः । तस्थुः समाहिताः सर्वे रामस्त्वश्रूण्यवर्तयत् ॥ १७
तान्परिष्वज्य बाहुभ्यामुत्थाप्य च महाबलः । आसनेष्वासतेत्युक्त्वा ततो वाक्यं जगाद ह ॥ १८
भवन्तो मम सर्वस्वं भवन्तो जीवितं मम । भवद्भिश्च कृतं राज्यं पालयामि नरेश्वराः ॥ १९
भवन्तः कृतशास्त्रार्था बुद्ध्या च परिनिष्ठिताः । संभूय च मदर्थोऽयमन्वेष्टव्यो नरेश्वराः ॥ २०
तथा वदति काकुत्स्थे अवधानपरायणाः । उद्विग्नमनसः सर्वे किं नु राजाभिधास्यति ॥ २१

इत्यार्षे श्रीमद्रामायणे वाल्मीकीय आदिकाव्य उत्तरकाण्डे चतुश्चत्वारिंशः सर्गः ॥ ४४ ॥

पञ्चचत्वारिंशः सर्गः ।

तेषां समुपविष्टानां सर्वेषां दीनचेतसाम् । उवाच वाक्यं काकुत्स्थो मुखेन परिशुष्यता ॥ १
सर्वे शृणुत भद्रं वो मा कुरुध्वं मनोऽन्यथा । पौराणां मम सीतायां यादृशी वर्तते कथा ॥ २
पौरापवादः सुमहांस्तथा जनपदस्य च । वर्तते मयि बीभत्सा सा मे मर्माणि कृन्तति ॥ ३
अहं किल कुले जात इक्ष्वाकूणां महात्मनाम् । सीतापि सत्कुले जाता जनकानां महात्मनाम् ॥ ४
जानासि त्वं यथा सौम्य दण्डके विजने वने । रावणेन हृता सीता स च विध्वंसितो मया ॥ ५
तत्र मे बुद्धिरुत्पन्ना जनकस्य सुतां प्रति । अत्रोषितामिमां सीतामानयेयं कथं पुरीम् ॥ ६
प्रत्ययार्थं ततः सीता विवेश ज्वलनं तदा । प्रत्यक्षं तव सौमित्रे देवानां हव्यवाहनः ॥ ७
अपापां मैथिलीमाह वायुश्चाकाशगोचरः । चन्द्रादित्यौ च शंसेते सुराणां संनिधौ पुरा ॥ ८
ऋषीणां चैव सर्वेषामपापां जनकात्मजाम् । एवं शुद्धसमाचारा देवगन्धर्वसंनिधौ ॥ ९
लङ्काद्वीपे महेन्द्रेण मम हस्ते निवेदिता । अन्तरात्मा च मे वेत्ति सीतां शुद्धां यशस्विनीम् ॥ १०
ततो गृहीत्वा वैदेहीमयोध्यामहमागतः । अयं तु मे महान्वादः शोकश्च हृदि वर्तते ॥ ११

कृताञ्जलिः । भरतायेति शेषः ॥ ६ ॥ ७ ॥ ८ ॥ ९ ॥ १० ॥ शिरसा वन्द्य धरणीं शिरसा धरणीं प्राप्य । रामाय वन्दित्वेत्यर्थः ॥ ११ ॥ १२ ॥ १३ ॥ मह्यं मम जीवितमेतेषु स्थितमिति शेषः ॥ १४ ॥ सग्रहं सोपरागम् ॥ १५ ॥ १६ ॥ १७ ॥ १८ ॥ भवद्भिः कृतं संपादितम् ॥ १९ ॥ कृतशास्त्रार्था अनुष्ठितशास्त्रार्थानुष्ठानाः । मदर्थो वक्ष्यमाणः । अन्वेष्टव्योऽनुसरणीयः ॥ २० ॥ २१ ॥ इति श्रीरामाभिरामे श्रीरामीये रामायणतिलके वाल्मीकीय आदिकाव्य उत्तरकाण्डे चतुश्चत्वारिंशः सर्गः ॥ ४४ ॥

अथ हेतुकथनपूर्वं लक्ष्मणस्य सीताविसर्जने विनियोगः—तेषामिति ॥ १ ॥ अन्यथा मा कुरुध्वम् । मदभिप्रायाननुकूलभावं मा कुरुध्वमित्यर्थः । तमेवाभिप्रायमाह—पौराणामिति । सीताविषये पौराणां यादृशी कथा वर्तते तां मत्तः शृणुतेति संबन्धः ॥ २ ॥ तां कथामाह—पौरापवाद इति । पौराणां मयि मद्विषये बीभत्सा कुत्सा वर्तते सा मे मम मर्माणि कृन्तति ॥ ३ ॥ ४ ॥ ५ ॥ कथमानयेयं न कथमपि ॥ ६ ॥ सीताया अपापतां प्रख्यापयति भ्रातृभ्यः—प्रत्ययार्थमिति । देवानां संनिधाविति शेषः ॥ ७ ॥ ८ ॥ ऋषीणां चेति । संनिधावित्यर्थः ॥ ९ ॥ लङ्काद्वीपे महेन्द्रेणेति । 'लङ्काद्वीपे तदाग्निना' इति पाठान्तरम् ॥ १० ॥ अयं त्विति । प्राक्प्रतिपादितरीत्या तत्त्वार्थेऽन्यस्मिन्स्थितेऽपीति शेषः । महान्वादो वर्तते निन्दा वर्तते । तच्छ्रवणाच्छोकश्च हृदि

पौरापवादः सुमहांस्तथा जनपदस्य च । अकीर्तिर्यस्य गीयेत लोके भूतस्य कस्यचित् ॥ १२
पतत्येवाधमाँल्लोकान्यावच्छब्दः प्रकीर्त्यते । अकीर्तिर्निन्द्यते देवैः कीर्तिर्लोकेषु पूज्यते ॥ १३
कीर्त्यर्थं तु समारम्भः सर्वेषां सुमहात्मनाम् । अप्यहं जीवितं जह्यां युष्मान्वा पुरुषर्षभाः ॥ १४
अपवादभयाद्भीतः किं पुनर्जनकात्मजाम् । तस्माद्भवन्तः पश्यन्तु पतितं शोकसागरे ॥ १५
नहि पश्याम्यहं भूतं किंचिद्दुःखमतोऽधिकम् । श्वस्त्वं प्रभाते सौमित्रे सुमन्त्राधिष्ठितं रथम् ॥ १६
आरुह्य सीतामारोप्य विषयान्ते समुत्सृज । गङ्गायास्तु परे पारे वाल्मीकेस्तु महात्मनः ॥ १७
आश्रमो दिव्यसंकाशस्तमसातीरमाश्रितः । तत्रैतां विजने देशे विसृज्य रघुनन्दन ॥ १८
शीघ्रमागच्छ सौमित्रे कुरुष्व वचनं मम । न चास्मि प्रतिवक्तव्यः सीतां प्रति कथंचन ॥ १९
तस्मात्त्वं गच्छ सौमित्रे नात्र कार्या विचारणा । अप्रीतिर्हि परा मह्यं त्वयैतत्प्रतिवारिते ॥ २०
शापिता हि मया यूयं पादाभ्यां जीवितेन च । ये मां वाक्यान्तरे ब्रूयुरनुनेतुं कथंचन ।
अहिता नाम ते नित्यं मदभीष्टविघातनात् ॥ २१
मानयन्तु भवन्तो मां यदि मच्छासने स्थिताः । इतोऽद्य नीयतां सीता कुरुष्व वचनं मम ॥ २२
पूर्वमुक्तोऽहमनया गङ्गातीरेऽहमाश्रमान् । पश्येयमिति तस्याश्च कामः संवर्त्यतामयम् ॥ २३
एवमुक्त्वा तु काकुत्स्थो बाष्पेण पिहितेक्षणः । संविवेश स धर्मात्मा भ्रातृभिः परिवारितः ।
शोकसंविग्नहृदयो निशश्वास यथा द्विपः ॥ २४

इत्यार्षे श्रीमद्रामायणे वाल्मीकीय आदिकाव्य उत्तरकाण्डे पञ्चचत्वारिंशः सर्गः ॥ ४५ ॥

षट्चत्वारिंशः सर्गः ।

ततो रजन्यां व्युष्टायां लक्ष्मणो दीनचेतनः । सुमन्त्रमब्रवीद्वाक्यं मुखेन परिशुष्यता ॥ १
सारथे तुरगाञ्शीघ्रान्योजयस्व रथोत्तमे । स्वास्तीर्णं राजवचनात्सीतायाश्चासनं शुभम् ॥ २
सीता हि राजवचनादाश्रमं पुण्यकर्मणाम् । मया नेया महर्षीणां शीघ्रमानीयतां रथः ॥ ३
सुमन्त्रस्तु तथेत्युक्त्वा युक्तं परमवाजिभिः । रथं सुरुचिरप्रख्यं स्वास्तीर्णं सुखशय्यया ॥ ४
आनीयोवाच सौमित्रिं मित्राणां मानवर्धनम् । रथोऽयं समनुप्राप्तो यत्कार्यं क्रियतां प्रभो ॥ ५
एवमुक्तः सुमन्त्रेण राजवेश्मनि लक्ष्मणः । प्रविश्य सीतामासाद्य व्याजहार नरर्षभः ॥ ६
त्वया किलैष नृपतिर्वरं वै याचितः प्रभुः । नृपेण च प्रतिज्ञातमाज्ञप्तश्चाश्रमं प्रति ॥ ७
गङ्गातीरे मया देवि ऋषीणामाश्रमाञ्शुभान् । शीघ्रं गत्वा तु वैदेहि शासनात्पार्थिवस्य नः ॥ ८
अरण्ये मुनिभिर्जुष्टे अवनेया भविष्यसि । एवमुक्ता तु वैदेही लक्ष्मणेन महात्मना ॥ ९

वर्तते ॥ ११ ॥ कोऽसौ वादस्तत्राह—पौरेति । सीताविषया पौरनिन्दा । भूतस्य प्राणिनः ॥ १२ ॥ शब्दोऽकीर्तिबोधकः । अधमांल्लोकान्निरयान् ॥ १३ ॥ १४ ॥ शोकसागरेऽकीर्तिजे ॥ १५ ॥ भूतमुत्पन्नम्, अत एतदकीर्तिजात् । अतः श्वः प्रभाते त्वं रथमारुह्य विषयान्ते स्वदेशात्परतः सीतामुत्सृज ॥ १६ ॥ क्व विषयान्तरे तत्राह—गङ्गाया इति । परे पारे गङ्गोल्लङ्घनलभ्ये पारे ॥ १७ ॥ तमसासंज्ञं नदीद्वयमयोध्यासमीपे गङ्गार्वाक्तत्परपारे च दिव्यसंकाशो दिव्यदेशसदृशः ॥ १८ ॥ सीतां प्रति सीतापरित्यागमुद्दिश्य ॥ १९ ॥ मह्यं ममैतत्प्रतिवारिते । एतस्य प्रतिवारणे इत्यर्थः ॥ २० ॥ 'भुजाभ्याम्' इति पाठेऽपि पादाभ्यामित्येवार्थः । ये वाक्यान्तरेऽस्मद्वाक्यमध्ये मामनुनेतुं ब्रूयुस्ते मदभीष्टविघातनान्नित्यं ममाहिता नाम अहिता इति प्रसिद्धम् ॥ २१ ॥ किं तर्हि कर्तव्यं तत्राह—मानयन्त्विति ॥ २२ ॥ ननु सीते, विसर्जनाय वनं चलेति कथं वक्तुं शक्यं तत्राह—पूर्वमिति । संवर्त्यतामनुष्ठीयताम् ॥ २३ ॥ भ्रातृभिः परिवारितः प्रविवेश । तान्विसृज्य । स्ववेश्मेति शेषः ॥ २४ ॥ इति श्रीरामाभिरामे श्रीरामीये रामायणतिलके वाल्मीकीय आदिकाव्य उत्तरकाण्डे पञ्चचत्वारिंशः सर्गः ॥ ४५ ॥

अथ लक्ष्मणेन सीतानयनम्—तत इति ॥ १ ॥ सीतायाः शुभमासनं राजभवनादानीय स्वास्तीर्णं रथं कुरु ॥ २ ॥ किमर्थं सीताया आसनं तत्राह—सीता हीति ॥ ३ ॥ सुरुचिरप्रख्यं सुन्दरशोभनम् ॥ ४ ॥ ५ ॥ ६ ॥ एष नृपती रामः प्रतिज्ञातमङ्गीकृतम् । आश्रमं प्रति नयनमिति शेषः । आज्ञप्तः । आश्रमं नेतुमिति शेषः ॥ ७ ॥ शीघ्रं गत्वा । गङ्गातीरमिति शेषः । मुनीनामाश्रमान्प्रत्यवनेयावरोप्य प्रापणीया ॥ ८

प्रहर्षमतुलं लेभे गमनं चाप्यरोचयत् । वासांसि च महार्हाणि रत्नानि विविधानि च ॥ १०
गृहीत्वा तानि वैदेही गमनायोपचक्रमे । इमानि मुनिपत्नीनां दास्याम्याभरणान्यहम् ॥ ११
वस्त्राणि च महार्हाणि धनानि विविधानि च । सौमित्रिस्तु तथेत्युक्त्वा रथमारोप्य मैथिलीम् १२
प्रययौ शीघ्रतुरगं रामस्याज्ञामनुस्मरन् । अब्रवीच्च तदा सीता लक्ष्मणं लक्ष्मिवर्धनम् ॥ १३
अशुभानि बहून्येव पश्यामि रघुनन्दन । नयनं मे स्फुरत्यद्य गात्रोत्कम्पश्च जायते ॥ १४
हृदयं चैव सौमित्रे अस्वस्थमिव लक्षये । औत्सुक्यं परमं चापि अधृतिश्च परा मम ॥ १५
शून्यामेव च पश्यामि पृथिवीं पृथुलोचन । अपि स्वस्ति भवेत्तस्य भ्रातुस्ते भ्रातृवत्सल ॥ १६
श्वश्रूणां चैव मे वीर सर्वासामविशेषतः । पुरे जनपदे चैव कुशलं प्राणिनामपि ॥ १७
इत्यञ्जलिकृता सीता देवता अभ्ययाचत । लक्ष्मणोऽर्थं ततः श्रुत्वा शिरसा वन्द्य मैथिलीम् ॥ १८
शिवमित्यब्रवीद्धृष्टो हृदयेन विशुष्यता । ततो वासमुपागम्य गोमतीतीर आश्रमे ॥ १९
प्रभाते पुनरुत्थाय सौमित्रिः सूतमब्रवीत् । योजयस्व रथं शीघ्रमद्य भागीरथीजलम् ॥ २०
शिरसा धारयिष्यामि त्रियम्बक इवौजसा । सोऽश्वान्विचारयित्वा तु रथे युक्तान्मनोजवान् ॥ २१
आरोहस्वेति वैदेहीं सूतः प्राञ्जलिरब्रवीत् । सा तु सूतस्य वचनादारुरोह रथोत्तमम् ॥ २२
सीता सौमित्रिणा सार्धं सुमन्त्रेण च धीमता । आससाद विशालाक्षी गङ्गां पापविनाशिनीम् २३
अथार्धदिवसं गत्वा भागीरथ्या जलाशयम् । निरीक्ष्य लक्ष्मणो दीनः प्ररुरोद महास्वनः ॥ २४
सीता तु परमायत्ता दृष्ट्वा लक्ष्मणमातुरम् । उवाच वाक्यं धर्मज्ञा किमिदं रुद्यते त्वया ॥ २५
जाह्नवीतीरमासाद्य चिराभिलषितं मम । हर्षकाले किमर्थं मां विषादयसि लक्ष्मण ॥ २६
नित्यं त्वं रामपार्श्वेषु वर्तसे पुरुषर्षभ । कच्चिद्विनाकृतस्तेन द्विरात्रं शोकमागतः ॥ २७
ममापि दयितो रामो जीवितादपि लक्ष्मण । न चाहमेवं शोचामि मैवं त्वं बालिशो भव ॥ २८
तारयस्व च मां गङ्गां दर्शयस्व च तापसान् । ततो मुनिभ्यो वासांसि दास्याम्याभरणानि च ॥ २९
ततः कृत्वा महर्षीणां यथार्हमभिवादनम् । तत्र चैकां निशामुष्य यास्यामस्तां पुरीं पुनः ॥ ३०
ममापि पद्मपत्राक्षं सिंहोरस्कं कृशोदरम् । त्वरते हि मनो द्रष्टुं रामं रमयतां वरम् ॥ ३१
तस्यास्तद्वचनं श्रुत्वा प्रमृज्य नयने शुभे । नाविकानाह्वयामास लक्ष्मणः परवीरहा ।
इयं च सज्जा नौश्चेति दाशाः प्राञ्जलयोऽब्रुवन् ॥ ३२
तितीर्षुर्लक्ष्मणो गङ्गां शुभां नावमुपारुहत् । गङ्गां संतारयामास लक्ष्मणस्तां समाहितः ॥ ३३

इत्यार्षे श्रीमद्रामायणे वाल्मीकीय आदिकाव्य उत्तरकाण्डे षट्चत्वारिंशः सर्गः ॥ ४६ ॥

सप्तचत्वारिंशः सर्गः ।

अथ नावं सुविस्तीर्णां नैषादीं राघवानुजः । आरुरोह समायुक्तां पूर्वमारोप्य मैथिलीम् ॥ १
सुमन्त्रं चैव सरथं स्थीयतामिति लक्ष्मणः । उवाच शोकसंतप्तः प्रयाहीति च नाविकम् ॥ २
ततस्तीरमुपागम्य भागीरथ्याः स लक्ष्मणः । उवाच मैथिलीं वाक्यं प्राञ्जलिर्बाष्पसंवृतः ॥ ३
हृद्गतं मे महच्छल्यं यस्मादार्येण धीमता । अस्मिन्निमित्ते वैदेहि लोकस्य वचनीकृतः ॥ ४

॥ ९ ॥ १० ॥ ११ ॥ तथेत्युक्त्वा यथेष्टं प्रयच्छेत्युक्त्वा ॥ १२ ॥ १३ ॥ नयनं दक्षिणम् ॥ १४ ॥ हृदयं मनः । औत्सुक्यं नगरविषयं रामविषयं वा ॥ १५ ॥ शून्यां सुखशून्याम् ॥ १६ ॥ १७ ॥ अञ्जलिकृता कृताञ्जलिः । अर्थं दुर्निमित्तवस्तु ॥ १८ ॥ शिवमित्यब्रवीद्धृष्टो हृष्ट इव ॥ १९ ॥ २० ॥ 'पर्वतस्त्र्यम्बको यथा' इति पाठे उपमाद्वयम् । त्र्यम्बक इव पर्वतो हिमवानिवेति वा । अश्वांश्चतुरः ॥ २१ ॥ २२ ॥ २३ ॥ जलाशयं जलप्रवाहम् ॥ २४ ॥ २५ ॥ मम चिराभिलषितं जाह्नवीतीरमासाद्य किं रुद्यते इत्यन्वयः ॥ २६ ॥ द्विरात्रं तेन विना कृतः शोकमागतः कच्चित् ॥ २७ ॥ २८ ॥ २९ ॥ ३० ॥ ३१ ॥ ३२ ॥ ३३ ॥ इति श्रीरामाभिरामे श्रीरामीये रामायणतिलके वाल्मीकीय आदिकाव्य उत्तरकाण्डे षट्चत्वारिंशः सर्गः ॥ ४६ ॥

नैषादीं निषादोपनीतां गुहाख्यनिषादसंबन्धिनीमिति वा । समायुक्तां सज्जीकृताम् ॥ १ ॥ स्थीयताम् । अर्वाचीनगङ्गातीर एवेति शेषः । प्रयाहि । परं तीरमिति शेषः ॥ २ ॥ तीरं परं तीरम् । उवाच । सीतामिति शेषः ॥ ३ ॥ वैदेहि, अस्मिन्निमित्ते यस्माद्धीमतार्येण लोकनिन्दाहेतुभूते क्रूरकार्ये यदहं

श्रेयो हि मरणं मेऽद्य मृत्युर्वा यत्परं भवेत् । न चास्मिन्नीदृशे कार्ये नियोज्यो लोकनिन्दिते ॥ ५
प्रसीद च न मे पापं कर्तुमर्हसि शोभने । इत्यञ्जलिकृतो भूमौ निपपात स लक्ष्मणः ॥ ६
रुदन्तं प्राञ्जलिं दृष्ट्वा काङ्क्षन्तं मृत्युमात्मनः । मैथिली भृशसंविग्ना लक्ष्मणं वाक्यमब्रवीत् ॥ ७
किमिदं नावगच्छामि ब्रूहि तत्त्वेन लक्ष्मण । पश्यामि त्वां न च स्वस्थमपि क्षेमं महीपतेः ॥ ८
शापितोऽसि नरेन्द्रेण यत्त्वं संतापमागतः । तद्ब्रूयाः संनिधौ मह्यमहमाज्ञापयामि ते ॥ ९
वैदेह्या चोद्यमानस्तु लक्ष्मणो दीनचेतनः । अवाङ्मुखो बाष्पगलो वाक्यमेतदुवाच ह ॥ १०
श्रुत्वा परिषदो मध्ये ह्यपवादं सुदारुणम् । पुरे जनपदे चैव त्वत्कृते जनकात्मजे ॥ ११
रामः संतप्तहृदयो मां निवेद्य गृहं गतः । न तानि वचनीयानि मया देवि तवाग्रतः ॥ १२
यानि राज्ञा हृदि न्यस्तान्यमर्षात्पृष्ठतः कृतः । सा त्वं त्यक्ता नृपतिना निर्दोषा मम संनिधौ ॥ १३
पौरापवादभीतेन ग्राह्यं देवि न तेऽन्यथा । आश्रमान्तेषु च मया त्यक्तव्या त्वं भविष्यसि ॥ १४
राज्ञः शासनमादाय तथैव किल दौर्हृदम् । तदेतज्जाह्नवीतीरे ब्रह्मर्षीणां तपोवनम् ॥ १५
पुण्यं च रमणीयं च मा विषादं कृथाः शुभे । राज्ञो दशरथस्यैव पितुर्मे मुनिपुंगवः ॥ १६
सखा परमको विप्रो वाल्मीकिः सुमहायशाः । पादच्छायामुपागम्य सुखमस्य महात्मनः ।
उपवासपरैकाग्रा वस त्वं जनकात्मजे ॥ १७
पतिव्रतात्वमास्थाय रामं कृत्वा सदा हृदि । श्रेयस्ते परमं देवि तथा कृत्वा भविष्यति ॥ १८

इत्यार्षे श्रीमद्रामायणे वाल्मीकीय आदिकाव्य उत्तरकाण्डे सप्तचत्वारिंशः सर्गः ॥ ४७ ॥

अष्टचत्वारिंशः सर्गः ।

लक्ष्मणस्य वचः श्रुत्वा दारुणं जनकात्मजा । परं विषादमागम्य वैदेही निपपात ह ॥ १
सा मुहूर्तमिवासंज्ञा बाष्पपर्याकुलेक्षणा । लक्ष्मणं दीनया वाचा उवाच जनकात्मजा ॥ २
मामिकेयं तनुर्नूनं सृष्टा दुःखाय लक्ष्मण । धात्रा यस्यास्तथा मेऽद्य दुःखमूर्तिः प्रदृश्यते ॥ ३
किं नु पापं कृतं पूर्वं को वा दारैर्वियोजितः । याहं शुद्धसमाचारा त्यक्ता नृपतिना सती ॥ ४
पुराहमाश्रमे वासं रामपादानुवर्तिनी । अनुरुध्यापि सौमित्रे दुःखे च परिवर्तिनी ॥ ५
सा कथं ह्याश्रमे सौम्य वत्स्यामि विजनीकृता । आख्यास्यामि च कस्याहं दुःखं दुःखपरायणा ६

नियुक्तस्तल्लोकस्य वचनीकृतः । यलोप आर्षः । वचनीयो निन्द्यः कृतः, अतो मे महच्छल्यं हृद्गतं हृदयं प्रविष्टम् ॥ ४ ॥ एवं महच्छल्यं प्राप्तवतो मे यन्मरणं तत्प्रागवस्थामूर्च्छामृत्युर्मुख्यं मरणं वा यद्भवेत्तत्परं श्रेयो भवेत् । न च न त्वीदृशे लोकनिन्द्येऽस्मिन्वक्ष्यमाणे कार्येऽहं नियोज्यो नियोक्तुमर्हो भवामि । अथापि राजनियोगस्य सर्वथा कर्तव्यत्वान्नियोगं करोमीति शेषः ॥ ५ ॥ यदेवमतः—प्रसीदेति । पापं कर्तुम् । दोषं ज्ञातुमित्यर्थः । अञ्जलिकृतः कृताञ्जलिः ॥ ६ ॥ मृत्युं काङ्क्षन्तं परमहृच्छल्यवशात् ॥ ७ ॥ नावगच्छामि । रोदनादिहेतुमिति शेषः । महीपते रामस्य क्षेममपि सौख्यमपि न पश्यामि ॥ ८ ॥ यस्मात्त्वमेवं संतापमागतस्तस्मात्त्वं नरेन्द्रेण प्रत्युत्तरतया शापपूर्वं क्रूरे कर्मण्याज्ञप्त इति मन्ये इति शेषः । मह्यं मम संनिधावाज्ञापयामि । ते त्वामित्यर्थः ॥ ९ ॥ १० ॥ त्वत्कृतेऽपवादं निन्दां श्रुत्वा संतप्तहृदयो गृहं गत इत्यन्वयः ॥ ११ ॥ कोऽसौ मन्निमित्तः पौरापवादस्तत्राह—न तानीति । यानि वचनानि राज्ञामर्षाद्धृदि न्यस्तानि तानि हे देवि, मया तवाग्रतो न वचनीयानि न वक्तुं शक्यानि, अतएव तेषां वादो मया पृष्ठतः कृतः ॥ १२ ॥ ननु मदीयनिर्दोषत्वं राजा त्वं च न जानासि किं तत्राह—निर्दोषेति । यद्यपि त्वं मम संनिधावग्न्यादिभिर्निर्दोषा ख्यापिता, तथापि पौरापवादभीतेन सा निर्दोषापि त्वं त्यक्ता । अन्यथा वास्तवदोषबुद्ध्येति ते त्वया न ग्राह्यम् । यदेवमत आश्रमान्तेष्वाश्रमसमीपेषु ॥ १३ ॥ १४ ॥ दौर्हृदं चाज्ञाय । गर्भिण्या अभिलषितमवश्यं कार्यमिति ज्ञात्वेत्यर्थः ॥ १५ ॥ पुण्यं रमणीयं तपोवनं प्राप्य मा विषादं कृथाः ॥ १६ ॥ परमक इत्यनुकम्पायां कन् । अस्य पादच्छायां पादमूलमुपागम्य । एतत्पारतन्त्र्यं प्राप्येत्यर्थः ॥ १७ ॥ १८ ॥

इति श्रीरामाभिरामे श्रीरामीये रामायणतिलके वाल्मीकीय आदिकाव्य उत्तरकाण्डे सप्तचत्वारिंशः सर्गः ॥ ४७ ॥

अथ विसृष्टसीतासंदेशं गृहीत्वा लक्ष्मणपरावृत्तिः—लक्ष्मणस्येति ॥ १ ॥ बाष्पपर्याकुलेक्षणा । संज्ञां प्राप्येति शेषः ॥ २ ॥ दुःखमूर्तिः सकलदुःखसमूहः ॥ ३ ॥ सती पतिव्रता ॥ ४ ॥ हे सौमित्रे, पुरा पूर्वकाले रामपादानुवर्तिनी भूत्वा दुःखे वनवासदुःखे परिवर्तिनी वर्तमानाप्यनुरुध्य तत्सोढ्वा । आश्रमे वासमरोचयमिति शेषः ॥ ५ ॥ साहमिदानीं विजनीकृतेष्ट-

किं नु वक्ष्यामि मुनिषु कर्म चासत्कृतं प्रभो । कस्मिन्वा कारणे त्यक्ता राघवेण महात्मना ॥ ७
न खल्वद्यैव सौमित्रे जीवितं जाह्नवीजले । त्यजेयं राजवंशस्तु भर्तुर्मे परिहास्यते ॥ ८
यथाज्ञं कुरु सौमित्रे त्यज्य मां दुःखभागिनीम् । निदेशे स्थीयतां राज्ञः शृणु चेदं वचो मम ॥ ९
श्वश्रूणामविशेषेण प्राञ्जलिप्रग्रहेण च । शिरसा वन्द्य चरणौ कुशलं ब्रूहि पार्थिवम् ॥ १०
शिरसाभिनतो ब्रूयाः सर्वासामेव लक्ष्मण । वक्तव्यश्चापि नृपतिर्धर्मेषु सुसमाहितः ॥ ११
जानासि च यथा शुद्धा सीता तत्त्वेन राघव । भक्त्या च परया युक्ता हिता च तव नित्यशः ॥ १२
अहं त्यक्ता च ते वीर अयशोभीरुणा जने । यच्च ते वचनीयं स्यादपवादः समुत्थितः ॥ १३
मया च परिहर्तव्यं त्वं हि मे परमा गतिः । वक्तव्यश्चैव नृपतिर्धर्मेण सुसमाहितः ॥ १४
यथा भ्रातृषु वर्तेथास्तथा पौरेषु नित्यदा । परमो ह्येष धर्मस्ते तस्मात्कीर्तिरनुत्तमा ॥ १५
यत्तु पौरजने राजन्धर्मेण समवाप्नुयात् । अहं तु नानुशोचामि स्वशरीरं नरर्षभ ॥ १६
यथापवादः पौराणां तथैव रघुनन्दन । पतिर्हि देवता नार्याः पतिर्बन्धुः पतिर्गुरुः ॥ १७
प्राणैरपि प्रियं तस्माद्भर्तुः कार्यं विशेषतः । इति मद्वचनाद्रामो वक्तव्यो मम संग्रहः ॥ १८
निरीक्ष्य माद्य गच्छ त्वमृतुकालातिवर्तिनीम् । एवं ब्रुवन्त्यां सीतायां लक्ष्मणो दीनचेतनः ॥ १९
शिरसा वन्द्य धरणीं व्याहर्तुं न शशाक ह । प्रदक्षिणं च तां कृत्वा रुदन्नेव महास्वनः ॥ २०
ध्यात्वा मुहूर्तं तामाह किं मां वक्ष्यसि शोभने । दृष्टपूर्वं न ते रूपं पादौ दृष्टौ तवानघे ॥ २१
कथमत्र हि पश्यामि रामेण रहितां वने । इत्युक्त्वा तां नमस्कृत्य पुनर्नावमुपारुहत् ॥ २२
आरुरोह पुनर्नावं नाविकं चाभ्यचोदयत् । स गत्वा चोत्तरं तीरं शोकभारसमन्वितः ॥ २३
संमूढ इव दुःखेन रथमध्यारुहद्द्रुतम् । मुहुर्मुहुः परावृत्य दृष्ट्वा सीतामनाथवत् ॥ २४
चेष्टन्तीं परतीरस्थां लक्ष्मणः प्रययावथ । दूरस्थं रथमालोक्य लक्ष्मणं च मुहुर्मुहुः ।
निरीक्षमाणां तूद्विग्नां सीतां शोकः समाविशत् ॥ २५

सा दुःखभारावनता यशस्विनी यशोधरा नाथमपश्यती सती ।
रुरोद सा बर्हिणनादिते वने महास्वनं दुःखपरायणा सती ॥ २६

इत्यार्षे श्रीमद्रामायणे वाल्मीकीय आदिकाव्य उत्तरकाण्डेऽष्टचत्वारिंशः सर्गः ॥ ४८ ॥

एकोनपञ्चाशः सर्गः ।

सीतां तु रुदतीं दृष्ट्वा ते तत्र मुनिदारकाः । प्राद्रवन्यत्र भगवानास्ते वाल्मीकिरुग्रधीः ॥ १

जनरहिता कृता कथमाश्रमे वत्स्यामि । कस्य च स्वीयं दुःखमहमाख्यास्यामि । विजनवनस्थेति शेषः ॥ ६ ॥ किं न्विति । महात्मना राघवेण केन कारणेन त्यक्ता किं वा त्यागकारणमसत्कर्म त्वया कृतमिति प्रष्टृषु मुनिषु किं नु वक्ष्यामि । त्यागकारणपापस्य कस्याप्यकरणाद्वक्तव्यं प्रत्युत्तरं न किमपि पश्यामीत्याशयः ॥ ७ ॥ अपि च जीवितत्यागोऽप्यशक्य इत्याह—न खल्विति । तदत्यागहेतुमाह—राजवंश इति । राजसंतानः परिहास्यते । विच्छिद्यते इत्यर्थः । मयि गर्भस्य विद्यमानत्वादिति भावः ॥ ८ ॥ त्वं च राजशासनं कुर्वित्याह—यथाज्ञमिति । इदं वचो मत्संदेशरूपम् ॥ ९ ॥ प्रग्रहेण प्रकृष्टाञ्जलिग्रहणसमेतेन शिरसेत्यन्वयः चरणौ वन्द्य । मत्प्रतिनिधितयेति भावः । पार्थिवं च वन्दयित्वा कुशलं ब्रूहि ॥ १० ॥ ११ ॥ १२ ॥ जनेऽयशोभीरुणा जननिमित्तायशोभीरुणैव त्वया त्यक्ता । नान्यथेति जानामीति शेषः । वचनीयं निन्दा । अपवादोऽभिशापः ॥ १३ ॥ अथ प्रजाविषये संदेशमाह—वक्तव्यश्चेति ॥ १४ ॥ १५ ॥ एष धर्मः कस्तत्राह—यत्त्विति । धर्मेण धर्मकृतलक्षणेन यदवाप्नुयात्पुण्यं एष एव परमो धर्मः ॥ १६ ॥ यथा पौराणामपवादं परिहृत्य स्थितिर्भवति तथैव रघुनन्दन, वर्तस्वेति शेषः ॥ १७ ॥ मम संग्रहः । मया रामं प्रति वक्तव्यसंदेशस्य संग्रह इत्यर्थः ॥ १८ ॥ ऋतुकालातिवर्तिनीं गर्भलक्षणवतीं मा मां निरीक्ष्य गच्छ । पुना रामादिकृतापवादप्रसक्तिनिवृत्तये इति भावः ॥ १९ ॥ २० ॥ किं मां वक्ष्यसि । निरीक्ष्य मां गच्छेति किं वदसीत्यर्थः । शोकवशात्कालान्तरे प्रयोगो न दोषाय । तथा निरीक्षणस्यायोग्यतोपपादकम्—दृष्टपूर्वमिति ॥ २१ ॥ २२ ॥ २३ ॥ अनाथवदनाथेव, न तु वस्तुतोऽनाथा । पूर्णचिद्घनस्वरूपत्वादिति भावः ॥ २४ ॥ २५ ॥ दुःखभारावनता सेव । यशोधरा पातिव्रत्ययशोवती ॥ २६ ॥ **इति श्रीरामाभिरामे श्रीरामीये रामायणतिलके वाल्मीकीय आदिकाव्य उत्तरकाण्डेऽष्टचत्वारिंशः सर्गः ॥ ४८ ॥**

अथ वाल्मीकिना स्वाश्रमे सीतानयनम्—सीतां त्विति ।

अभिवाद्य मुनेः पादौ मुनिपुत्रा महर्षये । सर्वं निवेदयामासुस्तस्यास्तु रुदितस्वनम् ॥ २
अदृष्टपूर्वा भगवन्कस्याप्येषा महात्मनः । पत्नी श्रीरिव संमोहाद्विरौति विकृतानना ॥ ३
भगवन्साधु पश्येस्त्वं देवतामिव खाच्च्युताम् । नद्यास्तु तीरे भगवन्वरस्त्री कापि दुःखिता ॥ ४
दृष्टास्माभिः प्ररुदिता दृढं शोकपरायणा । अनर्हा दुःखशोकाभ्यामेका दीना अनाथवत् ॥ ५
तां सीतां शोकभारार्तां वाल्मीकिर्मुनिपुंगवः । उवाच मधुरां वाणीं ह्लादयन्निव तेजसा ॥ ६
स्नुषा दशरथस्य त्वं रामस्य महिषी प्रिया । जनकस्य सुता राज्ञः स्वागतं ते पतिव्रते ॥ ७
आयान्ती चासि विज्ञाता मया धर्मसमाधिना । कारणं चैव सर्वं मे हृदयेनोपलक्षितम् ॥ ८
तव चैव महाभागे विदितं मम तत्त्वतः । सर्वं च विदितं मह्यं त्रैलोक्ये यद्धि वर्तते ॥ ९
अपापां वेद्मि सीते ते तपोलब्धेन चक्षुषा । विस्रब्धा भव वैदेहि सांप्रतं मयि वर्तसे ॥ १०
आश्रमस्याविदूरे मे तापस्यस्तपसि स्थिताः । तास्त्वां वत्से यथा वत्सं पालयिष्यन्ति नित्यशः ॥ ११
इदमर्घ्यं प्रतीच्छ त्वं विस्रब्धा विगतज्वरा । यथा स्वगृहमभ्येत्य विषादं चैव मा कृथाः ॥ १२
श्रुत्वा तु भाषितं सीता मुनेः परममद्भुतम् । शिरसा वन्द्य चरणौ तथेत्याह कृताञ्जलिः ॥ १३
तं प्रयान्तं मुनिं सीता प्राञ्जलिः पृष्ठतोऽन्वगात् । तं दृष्ट्वा मुनिमायान्तं वैदेह्या मुनिपत्नयः ।
उपाजग्मुर्मुदा युक्ता वचनं चेदमब्रुवन् ॥ १४
स्वागतं ते मुनिश्रेष्ठ चिरस्यागमनं च ते । अभिवादयामस्त्वां सर्वा उच्यतां किं च कुर्महे ॥ १५
तासां तद्वचनं श्रुत्वा वाल्मीकिरिदमब्रवीत् । सीतेयं समनुप्राप्ता पत्नी रामस्य धीमतः ॥ १६
स्नुषा दशरथस्यैषा जनकस्य सुता सती । अपापा पतिना त्यक्ता परिपाल्या मया सदा ॥ १७
इमां भवत्यः पश्यन्तु स्नेहेन परमेण हि । गौरवान्मम वाक्याच्च पूज्या वोऽस्तु विशेषतः ॥ १८
मुहुर्मुहुश्च वैदेहीं परिदाय महायशाः । स्वमाश्रमं शिष्यवृतः पुनरायान्महातपाः ॥ १९

इत्यार्षे श्रीमद्रामायणे वाल्मीकीय आदिकाव्य उत्तरकाण्ड एकोनपञ्चाशः सर्गः ॥ ४९ ॥

पञ्चाशः सर्गः ।

दृष्ट्वा तु मैथिलीं सीतामाश्रमे संप्रवेशिताम् । संतापमगमद्घोरं लक्ष्मणो दीनचेतनः ॥ १
अब्रवीच्च महातेजाः सुमन्त्रं मन्त्रसारथिम् । सीतासंतापजं दुःखं पश्य रामस्य सारथे ॥ २

मुनिदारका मुनिपुत्राः । उग्रधीरुग्रतपोविषयबुद्धिः ॥ १ ॥ २ ॥ निवेदयामासुरित्यस्य विस्तरः—अदृष्टेति ॥ ३ ॥ ४ ॥ अनर्हा । दुःखस्येति शेषः । दुःखशोकाभ्यां दीना अनाथवद्वर्तते तामिमां साधु पश्येः दृष्ट्वानुगृहाण च ॥ ५ ॥ एतदुत्तरम् 'तां सीताम्–' इति श्लोकः । मध्ये 'नह्येनां मानुषीं विद्मः सत्क्रियास्याः प्रयुज्यताम् । आश्रमस्याविदूरे च त्वामियं शरणं गता ॥ त्रातारमिच्छते साध्वी भगवंस्त्रातुमर्हसि । तेषां तु वचनं श्रुत्वा बुद्ध्या निश्चित्य धर्मवित् ॥ तपसा लब्धचक्षुष्मान्प्राद्रवद्यत्र मैथिली । तं प्रयान्तमभिप्रेत्य शिष्या ह्येनं महामतिम् ॥ तं तु देशमभिद्रुत्य किंचित्पद्भ्यां महामतिः । अर्घ्यमादाय रुचिरं जाह्नवीतीरमागमत् । ददर्श राघवस्येष्टां सीतां पत्नीमनाथवत् ॥' इति श्लोकचतुष्टयमर्धाधिकं प्रक्षिप्तमिति कतकः । तां सीतां मुनिपुत्रैर्दृष्ट्वानुग्राह्यत्वेनोक्तां शोकग्रस्तां तां सीतां तत्समीपे गत्वा दृष्ट्वा वाल्मिकिरुवाचेति सोपस्कारः संबन्धः ॥ ६ ॥ ७ ॥ धर्मसमाधिना योगजधर्मलब्धध्यानपरिपाकेन । कारणं चागमनकारणम् । हृदयेनोपलक्षितम् । ध्यानेनेति भावः ॥ ८ ॥ तव चैवेति । तत्त्वतस्तत्त्वं तव तत्त्वं शुद्धभावस्वरूपं मम मया विदितम् । तदेवाह—सर्वं चेति । मह्यं मम ॥ ९ ॥ तदेव पुनराह—अपापामिति । ते त्वां मयि वर्तसे । मत्समीपे निवसिष्यसीत्यर्थः ॥ १० ॥ आश्रमस्याविदूरे समीपे एकान्ते तपश्चरणार्थं तापस्योऽपि स्थिताः सन्ति । तासां निवासोऽस्तीत्यर्थः । यथा वत्सं पुत्रमिव ॥ ११ ॥ यथा स्वगृहमभ्येत्य तिष्ठसि तथैव तिष्ठेति शेषः ॥ १२ ॥ १३ ॥ वैदेह्या सहेति शेषः । मुनिपत्नयस्तापस्यो मुदा युक्ता अब्रुवन्वाल्मीकिम् ॥ १४ ॥ चिरस्य तवागमनं दृष्ट्वा स्थिता वयमभिवादयामः त्वामभिवादयामः । किं च कुर्महे ॥ १५ ॥ १६ ॥ सदेति । पूर्वं पूर्वागतारेष्वप्येवमेव परिपालितेत्यर्थः ॥ १७ ॥ १८ ॥ परिदाय तापसीनां हस्ते दत्त्वा ॥ १९ ॥ **इति श्रीरामाभिरामे श्रीरामीये रामायणतिलके वाल्मीकीय आदिकाव्य उत्तरकाण्ड एकोनपञ्चाशः सर्गः ॥ ४९ ॥**

अथ लक्ष्मणस्य सुमन्त्रेणाश्वासनम्—दृष्ट्वेति । उदक्कूले स्थित्वा वाल्मीकिकर्तृकसीताप्रवेशदर्शनम् ॥ १ ॥ मन्त्रसारथिं मन्त्रसहायभूतं सारथिम् । सीतासंतापजं सीतावियो-

ततो दुःखतरं किं नु राघवस्य भविष्यति । पत्नीं शुद्धसमाचारां विसृज्य जनकात्मजाम् ॥ ३
व्यक्तं दैवादहं मन्ये राघवस्य विनाभवम् । वैदेह्या सारथे नित्यं दैवं हि दुरतिक्रमम् ॥ ४
यो हि देवान्सगन्धर्वानसुरान्सह राक्षसैः । निहन्याद्राघवः क्रुद्धः स दैवं पर्युपासते ॥ ५
पुरा रामः पितुर्वाक्याद्दण्डके विजने वने । उषित्वा नव वर्षाणि पञ्च चैव महावने ॥ ६
ततो दुःखतरं भूयः सीताया विप्रवासनम् । पौराणां वचनं श्रुत्वा नृशंसं प्रतिभाति मे ॥ ७
को नु धर्माश्रयः सूत कर्मण्यस्मिन्यशोहरे । मैथिलीं समनुप्राप्तः पौरैर्हीनार्थवादिभिः ॥ ८
एता वाचो बहुविधाः श्रुत्वा लक्ष्मणभाषिताः । सुमन्त्रः श्रद्धया प्राज्ञो वाक्यमेतदुवाच ह ॥ ९
न संतापस्त्वया कार्यः सौमित्रे मैथिलीं प्रति । दृष्टमेतत्पुरा विप्रैः पितुस्ते लक्ष्मणाग्रतः ॥ १०
भविष्यति दृढं रामो दुःखप्रायो विसौख्यभाक् । प्राप्स्यते च महाबाहुर्विप्रयोगं प्रियैर्द्रुतम् ॥ ११
त्वां चैव मैथिलीं चैव शत्रुघ्नभरतौ तथा । स त्यजिष्यति धर्मात्मा कालेन महता महान् ॥ १२
इदं त्वयि न वक्तव्यं सौमित्रे भरतेऽपि वा । राज्ञा वो व्याहृतं वाक्यं दुर्वासा यदुवाच ह ॥ १३
महाजनसमीपे च मम चैव नरर्षभ । ऋषिणा व्याहृतं वाक्यं वसिष्ठस्य च संनिधौ ॥ १४
ऋषेस्तु वचनं श्रुत्वा मामाह पुरुषर्षभः । सूत न क्वचिदेवं ते वक्तव्यं जनसंनिधौ ॥ १५
तस्याहं लोकपालस्य वाक्यं तत्सुसमाहितः । नैव जात्वनृतं कुर्यामिति मे सौम्य दर्शनम् ॥ १६
सर्वथैव न वक्तव्यं मया सौम्य तवाग्रतः । यदि ते श्रवणे श्रद्धा श्रूयतां रघुनन्दन ॥ १७
यद्यप्यहं नरेन्द्रेण रहस्यं श्रावितं पुरा । तथाप्युदाहरिष्यामि दैवं हि दुरतिक्रमम् ॥ १८
येनेदमीदृशं प्राप्तं दुःखं शोकसमन्वितम् । न त्वया भरतस्याग्रे शत्रुघ्नस्यापि संनिधौ ॥ १९

गजसंतापजम् ॥ २ ॥ पत्नीं विसृज्य यत्स्थितः । ततो विसृज्य स्थितेः ॥ ३ ॥ वैदेह्या विनाभवं वैदेहीवियोगेनावस्थानं दैवात्प्राचीनदुरदृष्टवशादहं मन्ये । यतो दैवं दुरतिक्रमम् ॥ ४ ॥ दैवं पर्युपासते दैवमनुवर्तते । न तु तन्निरसितुं शक्नोतीत्यर्थः ॥५॥ यत्पुरा दण्डके उषित्वा दुःखमन्वभूत्तत्पितृवाक्यगौरवादुचितमिति शेषः ॥ ६ ॥ इदं त्वपरिपाल्यवचसां पौराणां वचनं श्रुत्वापरिमितकालत्वाद्दुःखतरं सीताविप्रवासनं यत्कृतवांस्तन्नृशंसं क्रूरकल्पमिति भाति ॥ ७ ॥ को न्विति । हीनार्थवादिभिर्न्यायहीनार्थवादिभिः । पौरैर्हेतुभिर्मैथिलीं प्रति यशोहरे साध्वीं वने विसृष्टवानित्ययशस्करेऽस्मिन्कर्मणि सीतापरित्यागकर्मण्यनुष्ठिते सति को नु धर्माश्रयो धर्मपरिग्रहः संप्राप्तो रामेण । धर्माणां सत्स्त्रीमूलत्वात् । तत्त्यागे सर्वोऽपि धर्मो नाशित एवेत्यर्थः ॥ ८ ॥ ९ ॥ दृष्टमिति । पुरा पूर्वस्मिन्काले । तव पितुरग्रत एतत्सीताविप्रवासनादि लक्ष्यमाणं विप्रैर्दृष्टमेव । दृष्टेत्यर्थः ॥ १० ॥ तदेवाह—भविष्यतीति । दृढं ध्रुवं दुःखप्रायो दुःखबहुलः । अतो विसौख्यभाक्सौख्यवियोगभाक्च भविष्यतीति दृष्टमित्यन्वयः । यदेवमतः—प्राप्स्यते चेत्यादि ॥ ११ ॥ प्रियैर्वियोगमित्येतदेव विवृणोति—त्वां चेति । दुर्वासःसंभाषणनिमित्तके निर्याणकाले लक्ष्मणत्यागः । शत्रुघ्नभरतयोस्तु मथुराराज्यगन्धर्वराज्ययोः करणाय प्रतिष्ठापनमेव त्यागः ॥ १२ ॥ राज्ञा दशरथेन वो युष्मान्प्रति व्याहृतमेषां कथमग्रे भावीत्येवं प्रश्नवाक्यं श्रुत्वा यद्दुर्वासा उवाच तदिदं त्वयि त्वया सौमित्रे शत्रुघ्ने भरते च न वाच्यम् ॥ १३ ॥ दुर्वासोवाक्यं त्वया कथमवगतं तत्राह—महाजनेति । महान्तो जना यस्य दशरथस्य तस्य मम च संनिधौ । राजसमीपस्थितं मामनुत्थाप्यैव वसिष्ठसंनिधौ च ऋषिणोक्तम् । एवं त्रयाणामग्र एतदुक्तमिति त्रय एतत्परिज्ञा इत्युक्तम् ॥ १४ ॥ ऋषेर्दुर्वाससः । पुरुषर्षभो दशरथः । एवं ते श्रुतमतिरहस्यं त्वया न क्वचिद्वक्तव्यमित्यर्थः ॥ १५ ॥ तस्य लोकपालस्य दशरथस्य वाक्यं नानृतं कार्यमिति सुसमाहितः सावधानचित्तो भविष्यामीति मे दर्शनं संकल्पः ॥ १६ ॥ यदेवमतः—सर्वथेति । तवाग्रे न वक्तव्यम् । रहस्यश्रवणेऽत्युत्कटश्रद्धारहितस्येत्यर्थः । श्रद्धायां तु वक्ष्यामीत्याह—यदि ते इति । लक्ष्मणस्य परमाप्तत्वाद्राजपुत्रत्वाच्च जनसंनिधावेव नरेन्द्रेण प्रतिषेधाच्च दुःखितदुःखनिवारणाय रहस्यप्रकटनेऽपि न दोष इति सुमन्त्राशयः ॥ १७ ॥ पुनस्तदेवाह—यद्यपीति । यद्यपि नरेन्द्रेण रहस्यमप्रकाश्यमित्युक्तं तथापि कथनयोग्ये काले एकस्य निकटे उदाहरिष्यामि । एवं ज्ञात्वा दुःखं न कार्यमित्याह—दैवं हीति । येन दैवेनेदृशं दुःखं प्राप्तं तद्दैवं दुरतिक्रममिति ज्ञात्वा शोकं त्यजेत्यर्थः । 'दैवं हि सुमहद्भूतम्', 'येनेदमीदृशं प्राप्यम्' इति च पाठे राज्ञा प्रकाश्यत्वोक्तौ हेतुः—दैवं हीत्यादि । येन दैवेन प्राचीनकर्मणा शोकसममीदृशं दुःखं त्वया प्राप्यं प्रापणीयं तद्दैवं हि यस्मात्सुमहद्भूतं केनापि दुःशकज्ञानम्, अतो राज्ञाऽप्रकाश्यमुक्तम् । यदि तु पूर्वं भवदादीनामग्रे उक्तं स्यात्तदास्यार्थस्यावश्यभावित्वज्ञानात्तवेदृशं दुःखं न स्यादिति कतकादयः । अतो न त्वया भरतादिसंनिधौ वाच्यमिति शेषः ॥ १८ ॥

तच्छ्रुत्वा भाषितं तस्य गम्भीरार्थपदं महत् । कथं ब्रूहीति सौमित्रिः सूतं तं वाक्यमब्रवीत् ॥ २०

इत्यार्षे श्रीमद्रामायणे वाल्मीकीय आदिकाव्य उत्तरकाण्डे पञ्चाशः सर्गः ॥ ५० ॥

एकपञ्चाशः सर्गः ।

तथा संचोदितः सूतो लक्ष्मणेन महात्मना । तद्वाक्यमृषिणा प्रोक्तं व्याहर्तुमुपचक्रमे ॥ १
पुरा नाम्ना हि दुर्वासा अत्रेः पुत्रो महामुनिः । वसिष्ठस्याश्रमे पुण्ये वार्षिक्यं समुवास ह ॥ २
तमाश्रमं महातेजाः पिता ते सुमहायशाः । पुरोहितं महात्मानं दिदृक्षुरगमत्स्वयम् ॥ ३
स दृष्ट्वा सूर्यसंकाशं ज्वलन्तमिव तेजसा । उपविष्टं वसिष्ठस्य सव्यपार्श्वे महामुनिम् ॥ ४
तौ मुनी तापसश्रेष्ठौ विनीतावभ्यवादयत् । स ताभ्यां पूजितो राजा स्वागतेनासनेन च ।
पाद्येन फलमूलैश्च उवास मुनिभिः सह ॥ ५
तेषां तत्रोपविष्टानां तास्ताः सुमधुराः कथाः । बभूवुः परमर्षीणां मध्यादित्यगतेऽहनि ॥ ६
ततः कथायां कस्यांचित्प्राञ्जलिः प्रग्रहो नृपः । उवाच तं महात्मानमत्रेः पुत्रं तपोधनम् ॥ ७
भगवन्किंप्रमाणेन मम वंशो भविष्यति । किमायुश्च हि मे रामः पुत्राश्चान्ये किमायुषः ॥ ८
रामस्य च सुता ये स्युस्तेषामायुः कियद्भवेत् । काम्यया भगवान्ब्रूहि वंशस्यास्य गतिं मम ॥ ९
तच्छ्रुत्वा व्याहृतं वाक्यं राज्ञो दशरथस्य तु । दुर्वासाः सुमहातेजा व्याहर्तुमुपचक्रमे ॥ १०
शृणु राजन्पुरा वृत्तं तदा देवासुरे युधि । दैत्याः सुरैर्भर्त्स्यमाना भृगुपत्नीं समाश्रिताः ।
तया दत्ताभयास्तत्र न्यवसन्नभयास्तदा ॥ ११
तया परिगृहीतांस्तान्दृष्ट्वा क्रुद्धः सुरेश्वरः । चक्रेण शितधारेण भृगुपत्न्याः शिरोऽहरत् ॥ १२
ततस्तां निहतां दृष्ट्वा पत्नीं भृगुकुलोद्वहः । शशाप सहसा क्रुद्धो विष्णुं रिपुकुलार्दनम् ॥ १३
यस्मादवध्यां मे पत्नीमवधीः क्रोधमूर्च्छितः । तस्मात्त्वं मानुषे लोके जनिष्यसि जनार्दन ॥ १४
तत्र पत्नीवियोगं त्वं प्राप्स्यसे बहुवार्षिकम् । शापाभिहतचेतास्तु स्वात्मना भावितोऽभवत् ॥ १५
अर्चयामास तं देवं भृगुः शापेन पीडितः । तपसाराधितो देवो ह्यब्रवीद्भक्तवत्सलः ॥ १६
लोकानां संप्रियार्थं तु तं शापं गृह्य उक्तवान् । इति शप्तो महातेजा भृगुणा पूर्वजन्मनि ॥ १७
इहागतो हि पुत्रत्वं तव पार्थिवसत्तम । राम इत्यभिविख्यातस्त्रिषु लोकेषु मानद ॥ १८
तत्फलं प्राप्स्यते चापि भृगुशापकृतं महत् । अयोध्यायाः पती रामो दीर्घकालं भविष्यति ॥ १९

॥ १९ ॥ गम्भीरार्थपदं प्रागुक्तं सत्यं तथ्यं भाषितं श्रुत्वा सौमित्रिः शोकनिवृत्तये तद्ब्रूहि विस्तरेण ब्रूहीत्यब्रवीत् ॥ २० ॥

इति श्रीरामाभिरामे श्रीरामीये रामायणतिलके वाल्मीकीय आदिकाव्य उत्तरकाण्डे पञ्चाशः सर्गः ॥ ५० ॥

अथ तत्कथनम्—तथा संचोदित इति ॥ १ ॥ वार्षिक्यं वर्षासु भवं चातुर्मास्यनियममुद्दिश्योवास । यतीनां वर्षाकाले भ्रमणनिषेधाद्वार्षिकमासचतुष्टयमेकत्रैव स्थितवानित्यर्थः ॥ २ ॥ ३ ॥ महामुनिं दुर्वाससं दृष्ट्वा ॥ ४ ॥ ५ ॥ मध्यादित्यगते मध्यगतादित्ये ॥ ६ ॥ प्रग्रह ऊर्ध्वबाहुः ॥ ७ ॥ किं प्रमाणेन मत्पुत्रपर्यन्तं ततोऽप्यधिकं वा ॥ ८ ॥ ९ ॥ १० ॥ एवं रामस्य शापवशाद्दुःखोपेतं चिरायुष्यं वक्तुं पीठिकामाह—शृणु राजन्निति । पुरा पूर्वस्मिन्काले । भृगुपत्नीं स्वपुरोहितमातरम् ॥ ११ ॥ १२ ॥ १३ ॥ अवध्यां स्त्रीत्वादृषिपत्नीत्वाच्च वधानर्हाम् ॥ १४ ॥ शापाभिहतचेता धर्मपक्षाश्रयदेवानुग्रहाय प्रवृत्त ईश्वरः स्वोपास्यो मया क्रोधाभिमानेन शप्तः । ईश्वरत्वाद्यदि तं निरस्येत्तदा मिथ्यावचनत्वेन नरकप्राप्तिः स्यादिति पश्चात्तापपरीतचित्तः । स्वात्मनान्तर्यामिणा भावितः । स्वशापस्वीकारार्थमीश्वरं प्रति तपश्चरणार्थं प्रेरित इत्यर्थः ॥ १५ ॥ शापेन शापस्य मोघत्वभयेन पीडितो भृगुस्तं देवमर्चयामास ॥ १६ ॥ किमब्रवीत्तदाह—लोकानामिति । लोकानां भूरादीनाम् । संप्रियार्थं सम्यग्रावणवधादिरूपप्रियसंपादनार्थम् । तं शापं मनुष्यत्वादिप्रापकं गृह्यमङ्गीकार्यमेव स्वस्योक्तवान् । इति शप्त उक्तप्रकारेण शप्तः पूर्वजन्मनि कश्यपपुत्ररूपवामनोपेन्द्रावतारे । अत्र पूर्वजन्मनि भृगुणा शप्त इत्युक्त्या तद्वंश्यर्षिशापो भावी, अत्रापि शरीरे भगवतः सूचितः । स पाद्मे दर्शितः—'आहूय लक्ष्मणं प्राह रामो राजीवलोचनः । शृणु मे वचनं गुह्यं सीतासंत्यागकारणम् ॥ वाल्मीकिनाथ भृगुणा शप्तोऽस्मि किल लक्ष्मण । तस्मादेनां त्यजाम्यद्य जनो नैवात्र कारणम् ॥' इति । वाल्मीकेरपि प्राचेतसत्वाद्भृगुवंश्यत्वेन भृगुत्वमस्तीति वदन्ति । एतच्च निरूपितं बालकाण्डे विस्तरेणास्माभिर्ग्रन्थोपक्रमे 'मा निषाद' इति श्लोके ॥ १७ ॥ तच्छापवशादेव स्वेच्छया तव पुत्रत्वमागतः ॥ १८ ॥ तत्फलं पत्नीवियोगेन चिरवासलक्षणं प्राप्स्यते

सुखिनश्च समृद्धाश्च भविष्यन्त्यस्य येऽनुगाः । दशवर्षसहस्राणि दशवर्षशतानि च ॥ २०
रामो राज्यमुपासित्वा ब्रह्मलोकं गमिष्यति । समृद्धैश्चाश्वमेधैश्च इष्ट्वा परमदुर्जयः ॥ २१
राजवंशांश्च बहुशो बहून्संस्थापयिष्यति । द्वौ पुत्रौ तु भविष्येते सीतायां राघवस्य तु ॥ २२
स सर्वमखिलं राज्ञो वंशस्याह गतागतम् । आख्याय सुमहातेजास्तूष्णीमासीन्महामुनिः ॥ २३
तूष्णींभूते तदा तस्मिन्राजा दशरथो मुनौ । अभिवाद्य महात्मानौ पुनरायात्पुरोत्तमम् ॥ २४
एतद्वचो मया तत्र मुनिना व्याहृतं पुरा । श्रुतं हृदि च निक्षिप्तं नान्यथा तद्भविष्यति ॥ २५
सीतायाश्च ततः पुत्रावभिषेक्ष्यति राघवः । अन्यत्र न त्वयोध्यायां मुनेस्तु वचनं यथा ॥ २६
एवं गते न संतापं कर्तुमर्हसि राघव । सीतार्थे राघवार्थे वा दृढो भव नरोत्तम ॥ २७
श्रुत्वा तु व्याहृतं वाक्यं सूतस्य परमाद्भुतम् । प्रहर्षमतुलं लेभे साधु साध्विति चाब्रवीत् ॥ २८
ततः संवदतोरेवं सूतलक्ष्मणयोः पथि । अस्तमर्के गते वासं केशिन्यां तावथोषतुः ॥ २९

इत्यार्षे श्रीमद्रामायणे वाल्मीकीय आदिकाव्य उत्तरकाण्ड एकपञ्चाशः सर्गः ॥ ५१ ॥

द्विपञ्चाशः सर्गः ।

तत्र तां रजनीमुष्य केशिन्यां रघुनन्दनः । प्रभाते पुनरुत्थाय लक्ष्मणः प्रययौ तदा ॥ १
ततोऽर्धदिवसे प्राप्ते प्रविवेश महारथः । अयोध्यां रत्नसंपूर्णां हृष्टपुष्टजनावृताम् ॥ २
सौमित्रिस्तु परं दैन्यं जगाम सुमहामतिः । रामपादौ समासाद्य वक्ष्यामि किमहं गतः ॥ ३
तस्यैवं चिन्तयानस्य भवनं शशिसंनिभम् । रामस्य परमोदारं पुरस्तात्समदृश्यत ॥ ४
राज्ञस्तु भवनद्वारि सोऽवतीर्य नरोत्तमः । अवाङ्मुखो दीनमनाः प्रविवेशानिवारितः ॥ ५
स दृष्ट्वा राघवं दीनमासीनं परमासने । नेत्राभ्यामश्रुपूर्णाभ्यां ददर्शाग्रजमग्रतः ॥ ६
जग्राह चरणौ तस्य लक्ष्मणो दीनचेतनः । उवाच दीनया वाचा प्राञ्जलिः सुसमाहितः ॥ ७
आर्यस्याज्ञां पुरस्कृत्य विसृज्य जनकात्मजाम् । गङ्गातीरे यथोद्दिष्टे वाल्मीकेराश्रमे शुभे ॥ ८
अत्र तां च शुभाचारामाश्रमान्ते यशस्विनीम् । पुनरप्यागतो वीर पादमूलमुपासितुम् ॥ ९
मा शुचः पुरुषव्याघ्र कालस्य गतिरीदृशी । त्वद्विधा नहि शोचन्ति बुद्धिमन्तो मनस्विनः ॥ १०
सर्वे क्षयान्ता निचयाः पतनान्ताः समुच्छ्रयाः । संयोगा विप्रयोगान्ता मरणान्तं च जीवितम् ॥ ११
तस्मात्पुत्रेषु दारेषु मित्रेषु च जनेषु च । नातिप्रसङ्गः कर्तव्यो विप्रयोगो हि तैर्ध्रुवम् ॥ १२
शक्तस्त्वमात्मनात्मानं विनेतुं मनसा मनः । लोकान्सर्वांश्च काकुत्स्थ किं पुनः शोकमात्मनः ॥ १३
नेदृशेषु विमुह्यन्ति त्वद्विधाः पुरुषर्षभाः । अपवादः स किल ते पुनरेष्यति राघव ॥ १४

॥ १९ ॥ २० ॥ ब्रह्मलोकं हिरण्यगर्भस्य लोकं वैकुण्ठम् । तस्यापि हिरण्यगर्भलोकैकदेशत्वमिति भावः ॥ २१ ॥ बहून्राजवंशान् । लक्ष्मणादिपुत्रद्वारेति भावः । एतेन रामपुत्राणामपि चिरजीवित्वमुक्तप्रायमेव ॥ २२ ॥ स दुर्वासाः ॥ २३ ॥ २४ ॥ नान्यथा भविष्यति । सत्यमेव भविष्यतीत्यर्थः ॥ २५ ॥ २६ ॥ २७ ॥ २८ ॥ २९ ॥ इति श्रीरामाभिरामे श्रीरामीये रामायणतिलके वाल्मीकीय आदिकाव्य उत्तरकाण्ड एकपञ्चाशः सर्गः ॥ ५१ ॥

अथागतेन लक्ष्मणेन रामाश्वासनम्—तत्रेति । केशिनी काचिन्नदीति कतकः ॥ १ ॥ दिवसस्यार्धमर्धदिवसम् ॥ २ ॥ ३ ॥ ४ ॥ ५ ॥ अश्रुपूर्णाभ्यां नेत्राभ्यामुपलक्षितम् ॥ ६ ॥ ७ ॥ ८ ॥ उपासितुम् । तवेति शेषः ॥ ९ ॥ मा शुचः सीतावियोगेनेति शेषः ॥ १० ॥ यया बुद्ध्या मनस्विनो न शोचन्ति तां बुद्धिमाह—सर्वे इति । निचया रावणादेरिव महत्तरैश्वर्याणि । अवश्यं क्षयान्तान्येव नाशान्तान्येव, समुच्छ्रया इन्द्रजिदादेरिव शौर्यवीर्यादिजनितौन्नत्यानि पतनान्तान्येव । संयोगा युवयोरिव विप्रयोगान्ताः, सर्वस्य जनिमतो जीवितं मरणान्तमेव ॥ ११ ॥ यत एवं तस्मादेष्वतिप्रसङ्गोऽत्यासक्तिः ॥ १२ ॥ निजस्वरूपपर्यालोचनयापि शोको न कार्य इत्याह—शक्त इति । विनेतुं शिक्षितुम । निग्रहीतुम् । सांसारिकदुःखाद्वारयितुमित्यर्थः । आत्मनेत्यत्रान्तःकरणोपाधिर्जीवो भोक्तात्मा । आत्मानमन्तःकरणम् । मनसान्तःकरणेन । मनस्तद्वृत्तिविशेषरूपम् । अत्र मनःशब्दो भोगोपकरणेन्द्रियोपलक्षणम् । हे काकुत्स्थ, सर्वलोकांश्च विनेतुमन्तर्यामिरूपेण शिक्षितुं समर्थस्त्वमात्मनः शोकं निवारयितुं समर्थ इति किं वक्तव्यमित्यर्थः ॥ १३ ॥ तदेवाह—नेदृशेष्विति । किंचैवं शोके क्रियमाणेऽज्ञप्रजानिबन्धनोऽनर्थ उभयतःपाशरज्जुरिव

यदर्थं मैथिली त्यक्ता अपवादभयान्नृप । सोऽपवादः पुरे राजन्भविष्यति न संशयः ॥ १५
स त्वं पुरुषशार्दूल धैर्येण सुसमाहितः । त्यजेमां दुर्बलां बुद्धिं संतापं मा कुरुष्व ह ॥ १६
एवमुक्तः स काकुत्स्थो लक्ष्मणेन महात्मना । उवाच परया प्रीत्या सौमित्रिं मित्रवत्सलः ॥ १७
एवमेतन्नरश्रेष्ठ यथा वदसि लक्ष्मण । परितोषश्च मे वीर मम कार्यानुशासने ॥ १८
निवृत्तिश्चागता सौम्य संतापश्च निराकृतः । भवद्वाक्यैः सुरुचिरैरनुनीतोऽस्मि लक्ष्मण ॥ १९

इत्यार्षे श्रीमद्रामायणे वाल्मीकीय आदिकाव्य उत्तरकाण्डे द्विपञ्चाशः सर्गः ॥ ५२ ॥

त्रिपञ्चाशः सर्गः ।

लक्ष्मणस्य तु तद्वाक्यं निशम्य परमाद्भुतम् । सुप्रीतश्चाभवद्रामो वाक्यमेतदुवाच ह ॥ १
दुर्लभस्त्वीदृशो बन्धुरस्मिन्काले विशेषतः । यादृशस्त्वं महाबुद्धिर्मम सौम्य मनोऽनुगः ॥ २
यच्च मे हृदये किंचिद्वर्तते शुभलक्षण । तन्निशामय च श्रुत्वा कुरुष्व वचनं मम ॥ ३
चत्वारो दिवसाः सौम्य कार्यं पौरजनस्य च । अकुर्वाणस्य सौमित्रे तन्मे मर्माणि कृन्तति ॥ ४
आहूयन्तां प्रकृतयः पुरोधा मन्त्रिणस्तथा । कार्यार्थिनश्च पुरुषाः स्त्रियो वा पुरुषर्षभ ॥ ५
पौरकार्याणि यो राजा न करोति दिने दिने । संवृते नरके घोरे पतितो नात्र संशयः ॥ ६
श्रूयते हि पुरा राजा नृगो नाम महायशाः । बभूव पृथिवीपालो ब्रह्मण्यः सत्यवाक्शुचिः ॥ ७
स कदाचिद्गवां कोटीः सवत्साः स्वर्णभूषिताः । नृदेवो भूमिदेवेभ्यः पुष्करेषु ददौ नृपः ॥ ८
ततः सङ्गाद्गता धेनुः सवत्सा स्पर्शितानघ । ब्राह्मणस्याहिताग्नेस्तु दरिद्रस्योञ्छवर्तिनः ॥ ९
स नष्टां गां क्षुधार्तो वै अन्विषंस्तत्र तत्र ह । नापश्यत्सर्वराष्ट्रेषु संवत्सरगणान्बहून् ॥ १०
ततः कनखलं गत्वा जीर्णवत्सां निरामयाम् । ददर्श तां स्विकां धेनुं ब्राह्मणस्य निवेशने ॥ ११
अथ तां नामधेयेन स्वकेनोवाच ब्राह्मणः । आगच्छ शबलेत्येवं सा तु शुश्राव गौः स्वनम् ॥ १२
तस्य तं स्वरमाज्ञाय क्षुधार्तस्य द्विजस्य वै । अन्वगात्पृष्ठतः सा गौर्गच्छन्तं पावकोपमम् ॥ १३
योऽपि पालयते विप्रः सोऽपि गामन्वगाद्द्रुतम् । गत्वा च तमृषिं चष्टे मम गौरिति सत्वरम् ॥ १४
स्पर्शिता राजसिंहेन मम दत्ता नृगेण ह । तयोर्ब्राह्मणयोर्वादो महानासीद्विपश्चितोः ॥ १५

दुर्मोच इत्याह—अपवाद इति ॥ १४ ॥ हे नृप, अपवादभयाद्भीतेन त्वया यदर्थं यदपवादनिवृत्तये सीता त्यक्ता सोऽपवादः हे राजन्, परगृहोषितां स्त्रियं त्यक्त्वा सर्वदा तामेवानुशोचतीति प्रकारान्तरेण स भविष्यति, नात्र संशयः । यत्तु कतकेनाग्न्यादिना शुद्धत्वेनोक्तां स्वयं दृष्टशुद्धिं गर्भिणीमपि रामः प्राकृतवद्विसृष्टवानिति पुरे देवादिपुरेऽपवादो भविष्यतीति व्याख्यातम्, तत्तु शोकत्यागानुपपादकतयोपेक्षितम् ॥ १५ ॥ यदेवमत इमां बुद्धिं शोकबुद्धिं त्यज ॥ १६ ॥ १७ ॥ प्रजापालनाय मामेवं बोधयतीति लक्ष्मणाशयं ज्ञात्वा तदङ्गीकृत्योत्तरमाह—'एवमेतत्–' इति श्लोकद्वयेन । हे लक्ष्मण वीर सौम्य लक्ष्मणेत्यादरेण बहुशः संबोधनम् । राज्यपरिपालनं त्यक्त्वैवं शोकोऽपवाद इत्युक्तं त्वया । एतदेवमेव सत्यमेव, अतस्त्वद्वाक्यैरनुनीतोऽस्मि । अतो मम दुःखनिवृत्तिरागता जाता, संतापश्च मया निराकृतः । अत एव मम कार्यानुशासने प्रजारक्षणकार्यस्यानुष्ठाने मे मया परितोषः प्राप्त इति शेषः ॥ १८ ॥ १९ ॥ **इति श्रीरामाभिरामे श्रीरामीये रामायणतिलके वाल्मीकीय आदिकाव्य उत्तरकाण्डे द्विपञ्चाशः सर्गः ॥ ५२ ॥**

अथ रामेण लक्ष्मणोक्तस्यौचित्यप्रदर्शनाय प्रजारक्षणस्यावश्यकत्वबोधनं प्रजाकृत्यावेक्षणफलप्रजाह्वानाय लक्ष्मणप्रेषणं च—लक्ष्मणस्य त्विति । परमाद्भुतं 'सर्वे क्षयान्ताः' इत्यादिवाक्यम् ॥ १ ॥ २ ॥ ३ ॥ चत्वारो दिवसाः । गता इति शेषः । तत्प्रजाननुशासनम् ॥ ४ ॥ स्त्रियो वा । कार्यार्थिन्य इति शेषः ॥ ५ ॥ संवृते वायुसञ्चारहीने । पतितः । भवेदिति शेषः ॥ ६ ॥ ब्रह्मण्यो ब्राह्मणभक्तः ॥ ७ ॥ पुष्करेषु पुष्करतीर्थेषु ॥ ८ ॥ सङ्गाद्राजदानार्थं नीयमानबहुगोसङ्घात् । स्पर्शिता ब्राह्मणाय दत्ता । 'बहुदोहिनी' इति पाठान्तरम् । आहिताग्नेर्दरिद्रस्येत्यनेनाग्निहोत्रहविरर्थमपि धेन्वन्तराभाव उक्तः । उञ्छः क्षेत्रपतितान्नस्य कणश आदानम् ॥ ९ ॥ स नष्टगुः ॥ १० ॥ जीर्णवत्साम् । संवत्सरगणान्बहूनित्युक्तेः ॥ ११ ॥ स्वकेन स्वकृतेन ॥ १२ ॥ १३ ॥ योऽपि नृगतो लब्धदानस्तमृषि गवानुगम्यमानमृषिम् । कतकतीर्थौ तु—तमृषिं यस्य गेहे स्थिता तं त्वरन्सः कृतगवासेधो द्विजो नृगेण स्पर्शिता दत्तेत्याचष्टे इत्यनुकर्ष इति व्याचख्यतुः । मम तु भाति—गवानुगमनादन्वेष्टृब्राह्मणीयत्वं सिद्धम् । नृगतो मया लब्धेति परेण सोऽभियुक्तोऽन्वगादित्यत्र कर्तुरेव गत्वेत्यत्र कर्तृत्वप्रतीतेरक्षरस्वारस्य-

विवदन्तौ ततोऽन्योन्यं दातारमभिजग्मतुः । तौ राजभवनद्वारि न प्राप्तौ नृगशासनम् ॥ १६
अहोरात्राण्यनेकानि वसन्तौ क्रोधमीयतुः । ऊचतुश्च महात्मानौ तावुभौ द्विजसत्तमौ ।
क्रुद्धौ परमसंप्राप्तौ वाक्यं घोराभिसंहतम् ॥ १७
अर्थिनां कार्यसिद्ध्यर्थं यस्मात्त्वं नैषि दर्शनम् । अदृश्यः सर्वभूतानां कृकलासो भविष्यसि ॥ १८
बहुवर्षसहस्राणि बहुवर्षशतानि च । श्वभ्रे त्वं कृकलीभूतो दीर्घकालं निवत्स्यसि ॥ १९
उत्पत्स्यते हि लोकेऽस्मिन्यदूनां कीर्तिवर्धनः । वासुदेव इति ख्यातो विष्णुः पुरुषविग्रहः ॥ २०
स ते मोक्षयिता शापाद्राजंस्तस्माद्भविष्यसि । कृता च तेन कालेन निष्कृतिस्ते भविष्यति ॥ २१
भारावतरणार्थं हि नरनारायणावुभौ । उत्पत्स्येते महावीर्यौ कलौ युग उपस्थिते ॥ २२
एवं तौ शापमुत्सृज्य ब्राह्मणौ विगतज्वरौ । तां गां हि दुर्बलां वृद्धां ददतुर्ब्राह्मणाय वै ॥ २३
एवं स राजा तं शापमुपभुङ्क्ते सुदारुणम् । कार्यार्थिनां विमर्दो हि राज्ञां दोषाय कल्पते ॥ २४
तच्छीघ्रं दर्शनं मह्यमभिवर्तन्तु कार्यिणः । सुकृतस्य हि कार्यस्य फलं नावैति पार्थिवः ।
तस्माद्गच्छ प्रतीक्षस्व सौमित्रे कार्यवाञ्जनः ॥ २५

इत्यार्षे श्रीमद्रामायणे वाल्मीकीय आदिकाव्य उत्तरकाण्डे त्रिपञ्चाशः सर्गः ॥ ५३ ॥

चतुःपञ्चाशः सर्गः ।

रामस्य भाषितं श्रुत्वा लक्ष्मणः परमार्थवित् । उवाच प्राञ्जलिर्वाक्यं राघवं दीप्ततेजसम् ॥ १
अल्पापराधे काकुत्स्थ द्विजाभ्यां शाप ईदृशः । महान्नृगस्य राजर्षेर्यमदण्ड इवापरः ॥ २
श्रुत्वा तु पापसंयुक्तमात्मानं पुरुषर्षभ । किमुवाच नृगो राजा द्विजौ क्रोधसमन्वितौ ॥ ३
लक्ष्मणेनैवमुक्तस्तु राघवः पुनरब्रवीत् । शृणु सौम्य यथा पूर्वं स राजा शापविक्षतः ॥ ४
अथाध्वनि गतौ विप्रौ विज्ञाय स नृपस्तदा । आहूय मन्त्रिणः सर्वान्नैगमान्सपुरोधसः ॥ ५
तानुवाच नृगो राजा सर्वाश्च प्रकृतीस्तथा । दुःखेन सुसमाविष्टः श्रूयतां मे समाहिताः ॥ ६
नारदः पर्वतश्चैव मम दत्त्वा महद्भयम् । गतौ त्रिभुवनं भद्रौ वायुभूतावनिन्दितौ ॥ ७
कुमारोऽयं वसुर्नाम स चेहाद्याभिषिच्यताम् । श्वभ्रं च यत्सुखस्पर्शं क्रियतां शिल्पिभिर्मम ॥ ८
यत्राहं संक्षयिष्यामि शापं ब्राह्मणनिःसृतम् । वर्षघ्नमेकं श्वभ्रं तु हिमघ्नमपरं तथा ॥ ९
ग्रीष्मघ्नं तु सुखस्पर्शमेकं कुर्वन्तु शिल्पिनः । फलवन्तश्च ये वृक्षाः पुष्पवत्यश्च या लताः ॥ १०

सिद्धत्वं चेति ॥ १४ ॥ १५ ॥ नृगशासनं राजसंविधे प्रवेशनियोगे ॥ १६ ॥ १७ ॥ १८ ॥ कृकलीभूतः कृकलासीभूतः ॥ १९ ॥ एवं शापं दत्त्वा समनुतप्तचित्तौ स्वयमेव पापावसानं चक्रतुरित्याह—उत्पत्स्यत इति । वासुदेवो वसुदेवापत्यम् । यद्वा सर्वभूतेषु वासाद्वासुः स चासौ देवः । पुरुषविग्रहः पुरुषशरीरसदृशशरीरः ॥ २० ॥ स ते त्वां शापान्मोक्षयिता । हे राजन्, तस्माच्च त्वं भविष्यसि । कृकलास इति शेषः । तेन कालेन कृष्णावतारावधिकालेन । नाल्पेनेत्यर्थः । निष्कृतिः शापमोक्षः ॥ २१ ॥ तं कालमाह—भारेति । कलौ यत्किंचिच्चतुर्युगीस्थे कलावित्यर्थः ॥ २२ ॥ ब्राह्मणाय । अन्यस्मा इति शेषः ॥ २३ ॥ नृगवच्छीघ्रं प्रजागुणदोषाविचारे राज्ञां दोष इत्याह—कार्यार्थिनामिति । विमर्दः कलहो राज्ञां प्रजानां न्यायान्यायविचारमकुर्वताम् ॥ २४ ॥ अभिवर्तन्त्वभिवर्तयन्तु मह्यं मम कार्यिणः प्रजा अधिकारिणश्च । ननु नृगस्याप्येवमवस्था चेदलं सुकृतकर्मणेति शङ्कावन्तं लक्ष्मणं लक्षयित्वाह—सुकृतस्येति । कार्यस्य कर्तव्यस्य सुकृतस्य प्रजापालनधर्मस्य फलं पार्थिवो नावैति । काकुः । प्राप्नोत्येवेत्यर्थः । कार्यवाञ्जनः क आयाति तत्प्रतीक्षस्व । द्वारि स्थित्वेति शेषः ॥ २५ ॥ इति श्रीरामाभिरामे श्रीरामीये रामायणतिलके वाल्मीकीय आदिकाव्य उत्तरकाण्डे त्रिपञ्चाशः सर्गः ॥५३॥

अथ लक्ष्मणेन विशिष्य नृगवृत्तान्तप्रश्ने तदुत्तरम्—रामस्येति ॥ १ ॥ ईदृशः शापः । दत्त इति शेषः ॥ २ ॥ पापसंयुक्तं शापरूपपापसंयुक्तम् ॥ ३ ॥ शापविक्षतः स राजा यथा पूर्वमुवाच तद्वक्ष्यामि शृण्विति संबन्धः ॥ ४ ॥ द्विजौ प्रति किमुवाचेति शङ्कायां तयोरदर्शनमेवाभूदित्याह—अथेति । अध्वनि व्योमाध्वनि गतौ तौ विज्ञाय । ध्यानेनामुकाविति ज्ञात्वेत्यर्थः । नैगमाः पौराः ॥ ५ ॥ श्रूयताम् । मे वचनमिति शेषः ॥ ६ ॥ नारदपर्वतौ मुनी यदृच्छया समागत्य द्विजेन्द्रप्रयुक्तस्य शापस्य निवेदनेन मम महद्भयं दत्त्वोक्त्वा त्रिभुवनं तृतीयं भुवनं ब्रह्मलोकं गतौ वायुभूतौ वायुवदतिवेगौ । यद्वा तौ ब्राह्मणावेतौ तत्संज्ञौ । तत्प्रयुक्तशापज्ञानं च राज्ञो ध्यानेनेति बोध्यम् ॥ ७ ॥ श्वभ्रं गर्तः ॥ ८ ॥ ९ ॥ १० ॥ गुल्मिनः कक्षवृक्षाः ॥ ११ ॥

विरोप्यन्तां बहुविधाश्छायावन्तश्च गुल्मिनः । क्रियतां रमणीयं च श्वभ्राणां सर्वतोदिशम् ॥ ११
सुखमत्र वसिष्यामि यावत्कालस्य पर्ययः । पुष्पाणि च सुगन्धीनि क्रियतां तेषु नित्यशः ॥ १२
परिवार्यं यथा मे स्युरध्यर्धं योजनं तथा । एवं कृत्वा विधानं स संनिवेश्य वसुं तदा ॥ १३
धर्मनित्यः प्रजाः पुत्र क्षत्रधर्मेण पालय । प्रत्यक्षं ते यथा शापो द्विजाभ्यां मयि पातितः ॥ १४
नरश्रेष्ठ सरोषाभ्यामपराधेऽपि तादृशे । मा कृथास्त्वनुसंतापं मत्कृते हि नरर्षभ ॥ १५
कृतान्तः कुशलः पुत्र येनास्मि व्यसनीकृतः । प्राप्तव्यान्येव प्राप्नोति गन्तव्यान्येव गच्छति ॥ १६
लब्धव्यान्येव लभते दुःखानि च सुखानि च । पूर्वे जात्यन्तरे वत्स मा विषादं कुरुष्व ह ॥ १७
एवमुक्त्वा नृपस्तत्र सुतं राजा महायशाः । श्वभ्रं जगाम सुकृतं वासाय पुरुषर्षभ ॥ १८

एवं प्रविश्यैव नृपस्तदानीं श्वभ्रं महद्रत्नविभूषितं तत् ।
संपादयामास तदा महात्मा शापं द्विजाभ्यां हि रुषा विमुक्तम् ॥ १९

इत्यार्षे श्रीमद्रामायणे वाल्मीकीय आदिकाव्य उत्तरकाण्डे चतुःपञ्चाशः सर्गः ॥ ५४ ॥

पञ्चपञ्चाशः सर्गः ।

एष ते नृगशापस्य विस्तरोऽभिहितो मया । यद्यस्ति श्रवणे श्रद्धा शृणुष्वेहापरां कथाम् ॥ १
एवमुक्तस्तु रामेण सौमित्रिः पुनरब्रवीत् । तृप्तिराश्चर्यभूतानां कथानां नास्ति मे नृप ॥ २
लक्ष्मणेनैवमुक्तस्तु राम इक्ष्वाकुनन्दनः । कथां परमधर्मिष्ठां व्याहर्तुमुपचक्रमे ॥ ३
आसीद्राजा निमिर्नाम इक्ष्वाकूणां महात्मनाम् । पुत्रो द्वादशमो वीर्ये धर्मे च परिनिष्ठितः ॥ ४
स राजा वीर्यसंपन्नः पुरं देवपुरोपमम् । निवेशयामास तदा अभ्याशे गौतमस्य तु ॥ ५
पुरस्य सुकृतं नाम वैजयन्तमिति श्रुतम् । निवेशं यत्र राजर्षिर्निमिश्चक्रे महायशाः ॥ ६
तस्य बुद्धिः समुत्पन्ना निवेश्य सुमहापुरम् । यजेयं दीर्घसत्रेण पितुः प्रह्लादयन्मनः ॥ ७
ततः पितरमामन्त्र्य इक्ष्वाकुं हि मनोः सुतम् । वसिष्ठं वरयामास पूर्वं ब्रह्मर्षिसत्तमम् ॥ ८
अनन्तरं स राजर्षिर्निमिरिक्ष्वाकुनन्दनः । अत्रिमङ्गिरसं चैव भृगुं चैव तपोनिधिम् ॥ ९
तमुवाच वसिष्ठस्तु निमिं राजर्षिसत्तमम् । वृतोऽहं पूर्वमिन्द्रेण अन्तरं प्रतिपालय ॥ १०
अनन्तरं महाविप्रो गौतमः प्रत्यपूरयत् । वसिष्ठोऽपि महातेजा इन्द्रयज्ञमथाकरोत् ॥ ११
निमिस्तु राजा विप्रांस्तान्समानीय नराधिपः । अयजद्धिमवत्पार्श्वे स्वपुरस्य समीपतः ॥ १२
पञ्चवर्षसहस्राणि राजा दीक्षामथाकरोत् । इन्द्रयज्ञावसाने तु वसिष्ठो भगवानृषिः ॥ १३
सकाशमागतो राज्ञो हौत्रं कर्तुमनिन्दितः । तदन्तरमथापश्यद्गौतमेनाभिपूरितम् ॥ १४

अध्यर्धं योजनं परिवार्य यथा पुष्पाणि स्युस्तथा क्रियतामित्यन्वयः ॥ १२ ॥ १३ ॥ हे पुत्र, धर्मनित्यो भूत्वा प्रजाः क्षत्रधर्मेण पालयेत्यादेरेवमुक्त्वेत्यनेनाष्टादशश्लोकस्थप्रथमपादेन संबन्धः ॥ १४ ॥ तादृशेऽप्यल्पेऽपि ॥ १५ ॥ कृतान्तः प्राचीनकर्म । कुशलः सुखदुःखप्रापणप्रभुः । व्यसनी व्यसनवान् । प्राप्तव्यानि प्राप्नोत्येवेत्यपि योजना । प्राप्तव्यान्येकत्र स्थले एव तिष्ठतो यत्नं विना प्राप्याणि । गन्तव्यानि स्वयमन्यत्र गत्वा प्राप्याणि ॥ १६ ॥ लब्धव्यानि स्थले एव तिष्ठतो यत्नलभ्यानि । पूर्वे जात्यन्तरे संपादितकारणानीति शेषः । सुखानि दुःखानि प्राप्तव्यादीनि प्राप्नोतीत्यर्थः । अनेन दुःखाद्यनुभवे नान्यो मूलम्, किं तु स्वकृतकर्मैवेत्युक्तम् ॥ १७ ॥ सुकृतं सुष्ठु कृतम् ॥ १८ ॥ संपादयामास संपादयांचकार । अनुभवति स्मेत्यर्थः ॥ १९ ॥ इति श्रीरामाभिरामे श्रीरामीये रामायणतिलके वाल्मीकीय आदिकाव्य उत्तरकाण्डे चतुःपञ्चाशः सर्गः ॥५४॥

अथ रामेण पुनर्ब्राह्मणापराधेन शापप्राप्तिकथाभाषणम्—एष ते इति । इह राज्ञामपराधविषये ॥ १ ॥ कथानाम् । श्रवणे इति शेषः ॥ २ ॥ ३ ॥ इक्ष्वाकूणामिक्ष्वाकुपुत्राणाम् । द्वादशमो द्वादशसंख्यापूरणः । संख्यादेरपि मडार्षः ॥ ४ ॥ गौतमस्याभ्याशे गौतमाश्रमसमीपे ॥ ५ ॥ सुकृतं सुष्ठु कृतं निवेशं वासं यत्र चक्रे तस्य पुरस्येत्यन्वयः ॥ ६ ॥ पितुरिक्ष्वाकोः । दीर्घसत्रं बहुकालसाध्यो बहुयजमानकः सत्राख्यो यागः ॥ ७ ॥ पूर्वं वसिष्ठवरणं ततोऽत्र्यादिवरणम् ॥ ८ ॥ ९ ॥ अन्तरं प्रतिपालयेन्द्रयागसमाप्तिपर्यन्तावकाश प्रतिपालय प्रतीक्षस्व । इन्द्रं याजयित्वा त्वां याजयिष्य इति भावः । देवानामपि यज्ञाधिकारः प्राङ् निरूपितः ॥ १० ॥ अनन्तरं वसिष्ठगमनानन्तरम् । गौतमः प्रत्यपूरयद्वसिष्ठकर्तव्यं हौत्रार्त्विज्यम् । राज्ञ इति शेषः ॥ ११ ॥ तान्विप्रान् । अत्र्यादीनित्यर्थः ॥ १२ ॥ १३ ॥ तदन्तरं वसिष्ठेन प्रतीक्षणीयमित्यु-

कोपेन महताविष्टो वसिष्ठो ब्रह्मणः सुतः । स राज्ञो दर्शनाकाङ्क्षी मुहूर्तं समुपाविशत् ।
तस्मिन्नहनि राजर्षिर्निद्रयापहृतो भृशम् ॥ १५
ततो मन्युर्वसिष्ठस्य प्रादुरासीन्महात्मनः । अदर्शनेन राजर्षेर्व्याहर्तुमुपचक्रमे ॥ १६
यस्मात्त्वमन्यं वृतवान्मामवज्ञाय पार्थिव । चेतनेन विनाभूतो देहस्ते पार्थिवैष्यति ॥ १७
ततः प्रबुद्धो राजा तु श्रुत्वा शापमुदाहृतम् । ब्रह्मयोनिमथोवाच स राजा क्रोधमूर्च्छितः ॥ १८
अजानतः शयानस्य क्रोधेन कलुषीकृतः । उक्तवान्मम शापाग्निं यमदण्डमिवापरम् ॥ १९
तस्मात्तवापि ब्रह्मर्षे चेतनेन विनाकृतः । देहः स सुचिरप्रख्यो भविष्यति न संशयः ॥ २०

इति रोषवशादुभौ तदानीमन्योन्यं शपितौ नृपद्विजेन्द्रौ ।
सहसैव बभूवतुर्विदेहौ तत्तुल्याधिगतप्रभाववन्तौ ॥ २१

इत्यार्षे श्रीमद्रामायणे वाल्मीकीय आदिकाव्य उत्तरकाण्डे पञ्चपञ्चाशः सर्गः ॥ ५५ ॥

षट्पञ्चाशः सर्गः ।

रामस्य भाषितं श्रुत्वा लक्ष्मणः परवीरहा । उवाच प्राञ्जलिर्भूत्वा राघवं दीप्ततेजसम् ॥ १
निक्षिप्य देहौ काकुत्स्थ कथं तौ द्विजपार्थिवौ । पुनर्देहेन संयोगं जग्मतुर्देवसंमतौ ॥ २
लक्ष्मणेनैवमुक्तस्तु राम इक्ष्वाकुनन्दनः । प्रत्युवाच महातेजा लक्ष्मणं पुरुषर्षभः ॥ ३
तौ परस्परशापेन देहमुत्सृज्य धार्मिकौ । अभूतां नृपविप्रर्षी वायुभूतौ तपोधनौ ॥ ४
अशरीरः शरीरस्य कृतेऽन्यस्य महामुनिः । वसिष्ठस्तु महातेजा जगाम पितुरन्तिकम् ॥ ५
सोऽभिवाद्य ततः पादौ देवदेवस्य धर्मवित् । पितामहमथोवाच वायुभूत इदं वचः ॥ ६
भगवन्निमिशापेन विदेहत्वमुपागमम् । देवदेव महादेव वायुभूतोऽहमण्डज ॥ ७
सर्वेषां देहहीनानां महद्दुःखं भविष्यति । लुप्यन्ते सर्वकार्याणि हीनदेहस्य वै प्रभो ॥ ८
देहस्यान्यस्य सद्भावे प्रसादं कर्तुमर्हसि । तमुवाच ततो ब्रह्मा स्वयंभूरमितप्रभः ॥ ९
मित्रावरुणजं तेज आविश त्वं महायशः । अयोनिजस्त्वं भविता तत्रापि द्विजसत्तम ।
धर्मेण महता युक्तः पुनरेष्यसि मे वशम् ॥ १०
एवमुक्तस्तु देवेन अभिवाद्य प्रदक्षिणम् । कृत्वा पितामहं तूर्णं प्रययौ वरुणालयम् ॥ ११
तमेव कालं मित्रोऽपि वरुणत्वमकारयत् । क्षीरोदेन सहोपेतः पूज्यमानः सुरेश्वरैः ॥ १२
एतस्मिन्नेव काले तु उर्वशी परमाप्सरा । यदृच्छया तमुद्देशमागता सखिभिर्वृता ॥ १३
तां दृष्ट्वा रूपसंपन्नां क्रीडन्तीं वरुणालये । तदाविशत्परो हर्षो वरुणं चोर्वशीकृते ॥ १४

क्तमवकाशं गौतमेन पूरितमपश्यत् । कर्तव्यमार्त्विज्यं गौतमेन क्रियमाणमपश्यदित्यर्थः ॥ १४ ॥ निद्रयापहृतः । असमाप्ते एव सत्रे इति भावः ॥ १५ ॥ १६ ॥ मामवज्ञायेत्यस्य स्वपिषि चेति शेषः । चेतनेन विनाभूतः । मृत इत्यर्थः । एष्यति भविष्यति ॥ १७ ॥ १८ ॥ १९ ॥ चेतनेन विनाकृतो मृतः । सुचिरा प्रख्या शोभा यस्य सः ॥ २० ॥ तदिति ब्रह्मनाम । ब्रह्मणस्तुल्यं तुल्यतयाधिगतः प्राप्तो यः प्रभावस्तद्वन्तौ । ब्रह्मतुल्यप्रभावाविति यावत् ॥ २१ ॥ इति श्रीरामाभिरामे श्रीरामीये रामायणतिलके वाल्मीकीय आदिकाव्य उत्तरकाण्डे पञ्चपञ्चाशः सर्गः ॥ ५५ ॥

अथ त्यक्तदेहयोः पुनर्देहप्राप्तिप्रश्नोत्तरे—रामस्येति ॥ १ ॥ देवसंमतौ देवपूजितौ ॥ २ ॥ ३ ॥ ४ ॥ अन्यस्य शरीरस्य कृतेऽन्यस्थूलशरीरप्राप्तिनिमित्तम् ॥ ५ ॥ अभिवाद्याभिवादनाद्यशरीरस्यापि तपःप्रभावाल्लिङ्गदेहेनोपपन्नम् ॥ ६ ॥ उपागमं प्राप्तः ॥ ७ ॥ महद्दुःखस्य भविष्यत्त्वे सर्वकार्यविलोपः । सर्वकार्याणि ऐहिकामुष्मिकसर्वप्रयोजनानि ॥ ८ ॥ सद्भावे प्राप्तौ ॥ ९ ॥ मित्रावरुणजं तद्विसृष्टम् । तत्रापि मित्रावरुणरेतःप्रवेशेऽपि । मे वशं मत्पुत्रत्वेन पूर्ववत्प्रजापतित्वमपि प्राप्स्यसीति भावः ॥ १० ॥ वरुणालयं समुद्रम् ॥ ११ ॥ तमेव कालं तस्मिन्नेव काले वसिष्ठागमनकाले मित्रः पूषार्यमादिवत्सूर्यमण्डलस्थमूर्तिभेदः सुरेश्वरैः पूज्यमानः सन्क्षीरोदेन क्षीरोदात्मकेन वरुणेनोपेतः सन्वरुणत्वं वरुणतादात्म्यमकारयद्भावयति स्म । यद्वा मित्रोऽपि वरुणत्वं वरुणाधिकारमकरोदित्यर्थः । एवं च मित्रतादात्म्यापन्नेन वरुणेन विसृष्टत्वाद्वरुणरेतोविसर्गस्यापि पूर्वं मित्रकृतोर्वशीनिमित्तत्वाच्च वरुणरेतोऽपि मित्रावरुणरेतो भवतीति मित्रावरुणजं तेज आविशेत्यनेन न विरोधः ॥ १२ ॥ एतस्मिन्नेव काले वरुणात्मना मित्रावस्थानकाले ॥ १३ ॥ वरुणालये क्षीरोदे ॥ १४ ॥ १५

स तां पद्मपलाशाक्षीं पूर्णचन्द्रनिभाननाम् । वरुणो वरयामास मैथुनायाप्सरोवराम् ॥ १५
प्रत्युवाच ततः सा तु वरुणं प्राञ्जलिः स्थिता । मित्रेणाहं वृता साक्षात्पूर्वमेव सुरेश्वर ॥ १६
वरुणस्त्वब्रवीद्वाक्यं कंदर्पशरपीडितः । इदं तेजः समुत्स्रक्ष्ये कुम्भेऽस्मिन्देवनिर्मिते ॥ १७
एवमुत्सृज्य सुश्रोणि त्वय्यहं वरवर्णिनि । कृतकामो भविष्यामि यदि नेच्छसि संगमम् ॥ १८
तस्य तल्लोकनाथस्य वरुणस्य सुभाषितम् । उर्वशी परमप्रीता श्रुत्वा वाक्यमुवाच ह ॥ १९
काममेतद्भवत्वेवं हृदयं मे त्वयि स्थितम् । भावश्चाप्यधिकं तुभ्यं देहो मित्रस्य तु प्रभो ॥ २०
उर्वश्या एवमुक्तस्तु रेतस्तन्महदद्भुतम् । ज्वलदग्निसमप्रख्यं तस्मिन्कुम्भे न्यवासृजत् ॥ २१
उर्वशी त्वगमत्तत्र मित्रो वै यत्र देवता । तां तु मित्रः सुसंक्रुद्ध उर्वशीमिदमब्रवीत् ॥ २२
मयाभिमन्त्रिता पूर्वं कस्मात्त्वमवसर्जिता । पतिमन्यं वृतवती किमर्थं दुष्टचारिणि ॥ २३
अनेन दुष्कृतेन त्वं मत्क्रोधकलुषीकृता । मनुष्यलोकमास्थाय कंचित्कालं निवत्स्यसि ॥ २४
बुधस्य पुत्रो राजर्षिः काशिराजः पुरूरवाः । तमभ्यागच्छ दुर्बुद्धे स ते भर्ता भविष्यति ॥ २५
ततः सा शापदोषेण पुरूरवसमभ्यगात् । प्रतिष्ठाने पुरूरवं बुधस्यात्मजमौरसम् ॥ २६
तस्य जज्ञे ततः श्रीमानायुः पुत्रो महाबलः । नहुषो यस्य पुत्रस्तु बभूवेन्द्रसमद्युतिः ॥ २७
वज्रमुत्सृज्य वृत्राय श्रान्तेऽथ त्रिदिवेश्वरे । शतं वर्षसहस्राणि येनेन्द्रत्वं प्रशासितम् ॥ २८

सा तेन शापेन जगाम भूमिं तदोर्वशी चारुदती सुनेत्रा ।
बहूनि वर्षाण्यवसच्च सुभ्रूः शापक्षयादिन्द्रसदो ययौ च ॥ २९

इत्यार्षे श्रीमद्रामायणे वाल्मीकीय आदिकाव्य उत्तरकाण्डे षट्पञ्चाशः सर्गः ॥ ५६ ॥

सप्तपञ्चाशः सर्गः ।

तां श्रुत्वा दिव्यसंकाशां कथामद्भुतदर्शनाम् । लक्ष्मणः परमप्रीतो राघवं वाक्यमब्रवीत् ॥ १
निक्षिप्तदेहौ काकुत्स्थ कथं तौ द्विजपार्थिवौ । पुनर्देहेन संयोगं जग्मतुर्दैवसंमतौ ॥ २
तस्य तद्भाषितं श्रुत्वा रामः सत्यपराक्रमः । तां कथां कथयामास वसिष्ठस्य महात्मनः ॥ ३
यः स कुम्भो रघुश्रेष्ठ तेजःपूर्णो महात्मनोः । तस्मिंस्तेजोमयौ विप्रौ संभूतावृषिसत्तमौ ॥ ४
पूर्वं समभवत्तत्र अगस्त्यो भगवानृषिः । नाहं सुतस्तवेत्युक्त्वा मित्रं तस्मादपाक्रमत् ॥ ५
तद्धि तेजस्तु मित्रस्य उर्वश्या पूर्वमाहितम् । तस्मिन्समभवत्कुम्भे तत्तेजो यत्र वारुणम् ॥ ६

॥ १६ ॥ इदं तेजः तद्दर्शनक्षुभितवीर्यरूपम् । देवनिर्मिते कुम्भे पुत्रोत्पत्तिसमर्थतया ब्रह्मसृष्टे ॥ १७ ॥ त्वयि । त्वन्निमित्तमित्यर्थः । कृतकामः कृतकामभोगः ॥ १८ ॥ १९ ॥ काममधिकं मे हृदयं चित्तं त्वयि स्थितम् । तुभ्यं तव च भावोऽधिकं मयि स्थितः, अत एतदेवं भवतु कुम्भे वीर्योत्सर्गो भवतु । हे प्रभो, देहस्तु मम पूर्ववृतस्य मित्रस्यास्तु । भावेन भोगस्त्वया सह मम देहेन भोगो मित्रेणास्त्वित्युक्तं भवति ॥ २० ॥ रेतस्तद्भावसंभोगक्षुभितम् ॥ २१ ॥ २२ ॥ अवसर्जिता विसृष्टवती । मामिति शेषः ॥ २३ ॥ अनेन दुष्कृतेन । एकं पतिमङ्गीकृत्य तत्समये द्वितीयवरणं साधारणस्त्रीणामपि महद्दुष्कृतमित्यनेन बोधितम् । मनुष्यलोकमास्थाय । अनेन देवरूपेणैवेति शेषः ॥ २४ ॥ २५ ॥ पुरूरवं पुरूरवसम् ॥ २६ ॥ २७ ॥ २८ ॥ २९ ॥ इति श्रीरामाभिरामे श्रीरामीये रामायणतिलके वाल्मीकीय आदिकाव्य उत्तरकाण्डे षट्पञ्चाशः सर्गः ॥ ५६ ॥

अथ तद्विसृष्टरेतःसकाशाद्देहोत्पत्तिप्रकारकथनम्—तामिति । दिव्यसंकाशां दिव्यरूपाम् ॥ १ ॥ निक्षिप्तदेहौ विसृष्टदेहौ पुनर्देहसंयोगं कथं जग्मतुः ॥ २ ॥ कुम्भे वरुणेन रेतोविसर्ग उक्तः । तावता देहसिद्धिप्रश्नोत्तरं न लब्धमिति पुनः प्रश्नः । तां कथां वसिष्ठस्य देहोत्पत्तिविषयामवशिष्टां कथाम् ॥ ३ ॥ महात्मनोर्मित्रावरुणयोस्तेजःपूर्णः । अत्रैवमाख्यायिका—प्रथममुर्वशीं मित्रो दृष्ट्वा तामामन्त्रितवान् । तया च त्वन्निवासमागच्छामीत्युक्तस्तदा वरुणलोकस्थ एव मित्रस्तद्दर्शनाद्रूढस्खलितं निजतेजः कुम्भ उत्सृज्य स्वं निवासं जगाम । पश्चाद्वरुणोऽपि तां दृष्ट्वा स्खलितं तेजः कुम्भे व्यसृजत् । ततो मित्रनिवासं गता मित्रेण शप्ता चेति ॥ ४ ॥ नाहं सुतस्तवेति । यद्यपि मित्रेणापि कुम्भे रेत उत्सृष्टं तथापि तवैकस्य पुत्रो न भवामीत्युक्त्वापाक्रमत् ॥ ५ ॥ एवमुक्तौ बीजमाह—तद्धि तेज इति । अगस्त्योत्पत्तिहेतुभूतं मित्रस्य तेज उर्वश्याः पूर्वमुर्वशीनिमित्तवरुणवीर्यविसर्गात्पूर्वमाहितम् । तस्मिन्कुम्भे तस्मिन्नेव कुम्भे वारुणं तेजः समभवत्संगतमभवत् । यत्र कुम्भे तत्तेजो मित्रस्य तेज आसीत्, अतस्ते-

कस्यचित्त्वथ कालस्य मित्रावरुणसंभवः । वसिष्ठस्तेजसा युक्तो जज्ञे इक्ष्वाकुदैवतम् ॥ ७
तमिक्ष्वाकुर्महातेजा जातमात्रमनिन्दितम् । वव्रे पुरोधसं सौम्य वंशस्यास्य हिताय नः ॥ ८
एवं त्वपूर्वदेहस्य वसिष्ठस्य महात्मनः । कथितो निर्गमः सौम्य निमेः शृणु यथाभवत् ॥ ९
दृष्ट्वा विदेहं राजानमृषयः सर्व एव ते । तं च ते याजयामासुर्यज्ञदीक्षां मनीषिणः ॥ १०
तं च देहं नरेन्द्रस्य रक्षन्ति स्म द्विजोत्तमाः । गन्धैर्माल्यैश्च वस्त्रैश्च पौरभृत्यसमन्विताः ॥ ११
ततो यज्ञे समाप्ते तु भृगुस्तत्रेदमब्रवीत् । आनयिष्यामि ते चेतस्तुष्टोऽस्मि तव पार्थिव ॥ १२
सुप्रीताश्च सुराः सर्वे निमेश्चेतस्तदाब्रुवन् । वरं वरय राजर्षे क्व ते चेतो निरूप्यताम् ॥ १३
एवमुक्तः सुरैः सर्वैर्निमेश्चेतस्तदाब्रवीत् । नेत्रेषु सर्वभूतानां वसेयं सुरसत्तमाः ॥ १४
बाढमित्येव विबुधा निमेश्चेतस्तदाब्रुवन् । नेत्रेषु सर्वभूतानां वायुभूतश्चरिष्यसि ॥ १५
त्वत्कृते च निमिष्यन्ति चक्षूंषि पृथिवीपते । वायुभूतेन चरता विश्रामार्थं मुहुर्मुहुः ॥ १६
एवमुक्त्वा तु विबुधाः सर्वे जग्मुर्यथागतम् । ऋषयोऽपि महात्मानो निमेर्देहं समाहरन् ॥ १७
अरणिं तत्र निक्षिप्य मथनं चक्रुरोजसा । मन्त्रहोमैर्महात्मानः पुत्रहेतोर्निमेस्तदा ॥ १८
अरण्यां मथ्यमानायां प्रादुर्भूतो महातपाः । मथनान्मिथिरित्याहुर्जननाज्जनकोऽभवत् ॥ १९
यस्माद्विदेहात्संभूतो वैदेहस्तु ततः स्मृतः । एवं विदेहराजश्च जनकः पूर्वकोऽभवत् ।
मिथिर्नाम महातेजास्तेनायं मैथिलोऽभवत् ॥ २०

इति सर्वमशेषतो मया कथितं संभवकारणं तु सौम्य ।
नृपपुंगव शापजं द्विजस्य द्विजशापाच्च यदद्भुतं नृपस्य ॥ २१

इत्यार्षे श्रीमद्रामायणे वाल्मीकीय आदिकाव्य उत्तरकाण्डे सप्तपञ्चाशः सर्गः ॥ ५७ ॥

अष्टपञ्चाशः सर्गः ।

एवं ब्रुवति रामे तु लक्ष्मणः परवीरहा । प्रत्युवाच महात्मानं ज्वलन्तमिव तेजसा ॥ १
महदद्भुतमाश्चर्यं विदेहस्य पुरातनम् । निर्वृत्तं राजशार्दूल वसिष्ठस्य मुनेश्च ह ॥ २
निमिस्तु क्षत्रियः शूरो विशेषेण च दीक्षितः । न क्षमं कृतवान्राजा वसिष्ठस्य महात्मनः ॥ ३
एवमुक्तस्तु तेनायं रामः क्षत्रियपुंगवः । उवाच लक्ष्मणं वाक्यं सर्वशास्त्रविशारदम् ॥ ४
रामो रमयतां श्रेष्ठो भ्रातरं दीप्ततेजसम् । न सर्वत्र क्षमा वीर पुरुषेषु प्रदृश्यते ॥ ५
सौमित्रे दुःसहो रोषो यथा क्षान्तो ययातिना । सत्त्वानुगं पुरस्कृत्य तन्निबोध समाहितः ॥ ६

जोऽन्तरसंगतादुत्पत्तेर्नैकस्य तव सुत इत्युक्तमगस्त्येन, अतएव मैत्रावरुणिरित्यगस्त्यनाम ॥ ६ ॥ तदनन्तरं कस्यचित्कालस्य मित्रावरुणसंभवः । अत्रोपपत्तिरुक्ता—वसिष्ठो यज्ञे तेजसा युक्तो मित्रावरुणयोर्दिव्यतेजसा युक्तः ॥ ७ ॥ ८ ॥ अपूर्वदेहस्य नूतनदेहवतो वसिष्ठस्य निर्गम उत्पत्तिप्रकारः कथितः । यथा भवद्वृत्तान्त इति शेषः ॥ ९ ॥ १० ॥ रक्षन्ति स्म । तैलकटाहे इति शेषः ॥ ११ ॥ भृगुस्तत्र । यज्ञसमाप्तिकाले इत्यर्थः । इदं वक्ष्यमाणम् । हे पार्थिव पार्थिवदेहाभिमानिप्रत्यगात्मन्, तव तुष्टोऽस्मि । अतस्ते चेतो जीवं देहे आनयिष्यामीत्यब्रवीत् ॥ १२ ॥ तथा सुप्रीताः सर्वे सुराश्च निमेश्चेत आनयिष्याम इत्यब्रुवन् । हे राजन्, वरं वरय । ते चेतः क्व निरूप्यतां स्थाप्यतामिति चाब्रुवन् ॥ १३ ॥ निमेश्चेतश्चेतोभिमानी प्रत्यगात्माब्रवीत् । योगवशाल्लिङ्गदेहेनैवेति भावः । किमब्रवीत्तदाह—सर्वभूतानां नेत्रेषु देहवर्तिसर्वस्थानेभ्यः सूर्यात्मकत्वेन प्रशस्ततया स्ववैभवाद्युगपद्वसेयम् ॥ १४ ॥ वायुभूतः । वायुसदृशलघुभूतलिङ्गदेहाश्रित इत्यर्थः ॥ १५ ॥ निमिष्यन्ति निमेषधर्मं प्राप्स्यन्ति । चक्षूंषि । सर्वभूतानामिति शेषः । वायुभूतेन चरता त्वया करणेन विश्रामार्थं । त्वत्संबन्धेन जायमानस्य खेदस्यापनोदार्थमित्यर्थः ॥ १६ ॥ १७ ॥ तत्र यज्ञभूमावरणिं निक्षिप्य निमेर्देहमेवारणिं कृत्वा । मन्त्रहोमैः पुत्रीयमन्त्रपूर्वकहोमैः ॥ १८ ॥ १९ ॥ विदेहाद्विगतचेतोदेहात् । अयं जनकवंशः ॥ २० ॥ २१ ॥ इति श्रीरामाभिरामे श्रीरामीये रामायणतिलके वाल्मीकीय आदिकाव्य उत्तरकाण्डे सप्तपञ्चाशः सर्गः ॥ ५७ ॥

अथ लक्ष्मणस्य ब्राह्मणं प्रति शापायुक्तत्वशङ्कायां तादृशाक्षमाशीला अपि सन्तीत्याह प्रसङ्गाद्रामः—एवं ब्रुवतीति ॥ १ ॥ महदिति । मुनेर्वसिष्ठस्य । मुनेः सह प्रसङ्ग इति शेषः ॥ २ ॥ न क्षमं कृतवान् । अनुचितमेव कृतवानित्यर्थः ॥ ३ ॥ ४ ॥ ५ ॥ सत्त्वानुगं सत्त्वगुणानुगतम् । मार्गमिति शेषः । पुरस्कृत्यावलम्ब्य तं प्रकारं निबोध ॥ ६ ॥ पौरान्व-

नहुषस्य सुतो राजा ययातिः पौरवर्धनः । तस्य भार्याद्वयं सौम्य रूपेणाप्रतिमं भुवि ॥ ७
एका तु तस्य राजर्षेर्नाहुषस्य पुरस्कृता । शर्मिष्ठा नाम दैतेयी दुहिता वृषपर्वणः ॥ ८
अन्या तूशनसः पत्नी ययातेः पुरुषर्षभ । न तु सा दयिता राज्ञो देवयानी सुमध्यमा ॥ ९
तयोः पुत्रौ तु संभूतौ रूपवन्तौ समाहितौ । शर्मिष्ठाजनयत्पूरुं देवयानी यदुं तदा ॥ १०
पूरुस्तु दयितो राज्ञो गुणैर्मातृकृतेन च । ततो दुःखसमाविष्टो यदुर्मातरमब्रवीत् ॥ ११
भार्गवस्य कुले जाता देवस्याक्लिष्टकर्मणः । सहसे हृद्गतं दुःखमवमानं च दुःसहम् ॥ १२
आवां च सहितौ देवि प्रविशाव हुताशनम् । राजा तु रमतां सार्धं दैत्यपुत्र्या बहुक्षपाः ॥ १३
यदि वा सहनीयं ते मामनुज्ञातुमर्हसि । क्षम त्वं न क्षमिष्येऽहं मरिष्यामि न संशयः ॥ १४
पुत्रस्य भाषितं श्रुत्वा परमार्तस्य रोदतः । देवयानी तु संक्रुद्धा सस्मार पितरं तदा ॥ १५
इङ्गितं तदभिज्ञाय दुहितुर्भार्गवस्तदा । आगतस्त्वरितं तत्र देवयानी स्म यत्र सा ॥ १६
दृष्ट्वा चाप्रकृतिस्थां तामप्रहृष्टामचेतनाम् । पिता दुहितरं वाक्यं किमेतदिति चाब्रवीत् ॥ १७
पृच्छन्तमसकृत्तं वै भार्गवं दीप्तचेतसम् । देवयानी तु संक्रुद्धा पितरं वाक्यमब्रवीत् ॥ १८
अहमग्निं विषं तीक्ष्णमपो वा मुनिसत्तम । भक्षयिष्ये प्रवेक्ष्ये वा न तु शक्ष्यामि जीवितुम् ॥ १९
न मां त्वमवजानीषे दुःखितामवमानिताम् । वृक्षस्यावज्ञया ब्रह्मंश्छिद्यन्ते वृक्षजीविनः ॥ २०
अवज्ञया च राजर्षिः परिभूय च भार्गव । मय्यवज्ञां प्रयुङ्क्ते हि न च मां बहु मन्यते ॥ २१
तस्यास्तद्वचनं श्रुत्वा कोपेनाभिपरीवृतः । व्याहर्तुमुपचक्राम भार्गवो नहुषात्मजम् ॥ २२
यस्मान्मामवजानीषे नाहुष त्वं दुरात्मवान् । वयसा जरया जीर्णः शैथिल्यमुपयास्यसि ॥ २३
एवमुक्त्वा दुहितरं समाश्वास्य स भार्गवः । पुनर्जगाम ब्रह्मर्षिर्भवनं स्वं महायशाः ॥ २४

स एवमुक्त्वा द्विजपुंगवाग्र्यः सुतां समाश्वास्य च देवयानीम् ।
पुनर्ययौ सूर्यसमानतेजा दत्त्वा च शापं नहुषात्मजाय ॥ २५

इत्यार्षे श्रीमद्रामायणे वाल्मीकीय आदिकाव्य उत्तरकाण्डेऽष्टपञ्चाशः सर्गः ॥ ५८ ॥

एकोनषष्टितमः सर्गः ।

श्रुत्वा तूशनसं क्रुद्धं तदार्तो नहुषात्मजः । जरां परमिकां प्राप्य यदुं वचनमब्रवीत् ॥ १
यदो त्वमसि धर्मज्ञ मदर्थं प्रतिगृह्यताम् । जरां परमिकां पुत्र भोगै रंस्ये महायशः ॥ २
न तावत्कृतकृत्योऽस्मि विषयेषु नरर्षभ । अनुभूय तदा कामं ततः प्राप्स्याम्यहं जराम् ॥ ३
यदुस्तद्वचनं श्रुत्वा प्रत्युवाच नरर्षभम् । पुत्रस्ते दयितः पूरुः प्रतिगृह्णातु वै जराम् ॥ ४
बहिष्कृतोऽहमर्थेषु संनिकर्षाच्च पार्थिव । प्रतिगृह्णातु वै राजन्यैः सहाश्नासि भोजनम् ॥ ५
तस्य तद्वचनं श्रुत्वा राजा पूरुमथाब्रवीत् । इयं जरा महाबाहो मदर्थं प्रतिगृह्यताम् ॥ ६
नाहुषेणैवमुक्तस्तु पूरुः प्राञ्जलिरब्रवीत् । धन्योऽस्म्यनुगृहीतोऽस्मि शासनेऽस्मि तव स्थितः ॥ ७
पूरोर्वचनमाज्ञाय नाहुषः परया मुदा । प्रहर्षमतुलं लेभे जरां संक्रामयच्च ताम् ॥ ८

र्धयतीति पौरवर्धनः ॥ ७ ॥ पुरस्कृता पूजिता । दैतेयी दितेः पौत्री ॥ ८ ॥ अन्या तूशनसः सुता ययातेः पत्नी देवयानी, सा तु न दयिता नेष्टा ॥ ९ ॥ १० ॥ मातृकृतेन । राजप्रियमातृत्वेनेति शेषः ॥ ११ ॥ १२ ॥ १३ ॥ मामनुज्ञातुमर्हसि । अग्निप्रवेशार्थमिति शेषः ॥ १४ ॥ १५ ॥ 'इङ्गितम्' इति पाठे सखेदरोषभावमित्यर्थः । 'ईप्सितम्' इति पाठान्तरम् ॥ १६ ॥ अप्रकृतिस्थामस्वस्थाम् । अप्रहृष्टां हर्षहीनाम् । अचेतनां क्षुभितचित्ताम् ॥ १७ ॥ १८ ॥ १९ ॥ दुःखितामपमानितां मां त्वं न जानीषे न जानासि । अवप्रयोगो धात्वर्थमात्रे आर्षः । इदं च मदवमाननं राज्ञस्त्वदवगणनमूलमेवेत्यन्यापदेशेनाह—वृक्षस्येति । वृक्षस्यावज्ञया त्रोटनादिलक्षणया वृक्षजीविनो वृक्षाश्रितपुष्पपत्रादयश्छिद्यन्ते नाश्यन्ते ॥ २० ॥ प्रकृते किं तत्राह—हे भार्गव, राजर्षिस्त्वय्यवज्ञया हेतुभूतया मां परिभूय मय्यवज्ञां प्रयुङ्क्ते ॥ २१ ॥ २२ ॥ २३ ॥ २४ ॥ २५ ॥ इति श्रीरामाभिरामे श्रीरामीये रामायणतिलके वाल्मीकीय आदिकाव्य उत्तरकाण्डेऽष्टपञ्चाशः सर्गः ॥ ५८ ॥

अथ शापसहनमाह—श्रुत्वेति । जरा पलिततामुशनःप्रसादादन्यत्र संक्रामयोग्यां प्राप्य । यदुं देवयानीपुत्रम् ॥ १ ॥ २ ॥ ३ ॥ ४ ॥ संनिकर्षाच्च समीपावस्थानोपलालनादिकृत्याच्च बहिष्कृतः ॥ ५ ॥ ६ ॥ ७ ॥ जरां संक्रामयदसंक्रा-

ततः स राजा तरुणः प्राप्य यज्ञान्सहस्रशः । बहुवर्षसहस्राणि पालयाम स मेदिनीम् ॥ ९
अथ दीर्घस्य कालस्य राजा पूरुमथाब्रवीत् । आनयस्व जरां पुत्र न्यासं निर्यातयस्व मे ॥ १०
न्यासभूता मया पुत्र त्वयि संक्रामिता जरा । तस्मात्प्रतिग्रहीष्यामि तां जरां मा व्यथां कृथाः ॥ ११
प्रीतश्चास्मि महाबाहो शासनस्य प्रतिग्रहात् । त्वां चाहमभिषेक्ष्यामि प्रीतियुक्तो नराधिपम् ॥ १२
एवमुक्त्वा सुतं पूरुं ययातिर्नहुषात्मजः । देवयानीसुतं क्रुद्धो राजा वाक्यमुवाच ह ॥ १३
राक्षसस्त्वं मया जातः क्षत्ररूपो दुरासदः । प्रतिहंसि ममाज्ञां त्वं प्रजार्थे विफलो भव ॥ १४
पितरं गुरुभूतं मां यस्मात्त्वमवमन्यसे । राक्षसान्यातुधानांस्त्वं जनयिष्यसि दारुणान् ॥ १५
न तु सोमकुलोत्पन्ने वंशे स्थास्यति दुर्मते । वंशोऽपि भवतस्तुल्यो दुर्विनीतो भविष्यति ॥ १६
तमेवमुक्त्वा राजर्षिः पूरुं राज्यविवर्धनम् । अभिषेकेण संपूज्य आश्रमं प्रविवेश ह ॥ १७
ततः कालेन महता दिष्टान्तमुपजग्मिवान् । त्रिदिवं स गतो राजा ययातिर्नहुषात्मजः ॥ १८
पूरुश्चकार तद्राज्यं धर्मेण महता वृतः । प्रतिष्ठाने पुरवरे काशिराज्ये महायशाः ॥ १९
यदुस्तु जनयामास यातुधानान्सहस्रशः । पुरे क्रौञ्चवने दुर्गे राजवंशबहिष्कृते ॥ २०
एष तूशनसा मुक्तः शापोत्सर्गो ययातिना । धारितः क्षत्रधर्मेण यं निमिश्चक्षमे न च ॥ २१
एतत्ते सर्वमाख्यातं दर्शनं सर्वकारिणाम् । अनुवर्तामहे सौम्य दोषो न स्याद्यथा नृगे ॥ २२
इति कथयति रामे चन्द्रतुल्याननेन प्रविरलतरतारं व्योम जज्ञे तदानीम् ।
अरुणकिरणरक्ता दिग्बभौ चैव पूर्वा कुसुमरसविमुक्तं वस्त्रमागुण्ठितेव ॥ २३

इत्यार्षे श्रीमद्रामायणे वाल्मीकीय आदिकाव्य उत्तरकाण्ड एकोनषष्टितमः सर्गः ॥ ५९ ॥

मयत् । योगबलादिति शेषः ॥ ८ ॥ ९ ॥ १० ॥ 'तस्मात्पूरो मया जातः प्रतिदेहि जरां मम' इति पाठे यस्मान्मया न्यासभूता जरा त्वयि संक्रामिता तस्मान्मया जातः । मत्तो जात इत्यर्थः ॥ ११ ॥ १२ ॥ १३ ॥ प्रजार्थे प्रजानामाधिपत्यलक्षणे प्रयोजने विफलो भव । राज्याधिपत्यरहितो भवेत्यर्थः ॥ १४ ॥ १५ ॥ दुर्मतेस्तव संतान इति शेषः । योऽप्यराक्षसस्तव संतानः सोऽपि क्षत्रियमात्रमेव, न तु सोमवंशराजपदाभिषिक्तः । भवत्तुल्यदुर्विनीतत्वादिति भावः ॥ १६ ॥ आश्रमं वानप्रस्थाश्रमम् ॥ १७ ॥ १८ ॥ १९ ॥ २० ॥ यमृषिशापं निमिर्न चक्षमे न क्षान्तवान् । तादृश उशनसा मुक्तः शापोत्सर्गो महाशापो ययातिना धारितः ॥ २१ ॥ एतत्ते सर्वं प्रजाकार्यानवलोकने शापः केषांचित्तदक्षमा केषांचित्क्षमेत्यादिकं सर्वमाख्यातम् । अतः कारः कृत्यं तद्येषामस्ति ते कारिणस्तेषां कार्यापेक्षिणां सर्वेषां दर्शनमनुवर्तामहेऽङ्गीकुर्मः । यथा नृगे दोषो जातस्तथा दोषो मम न स्यान्न भवेदित्येतदर्थमित्यर्थः ॥ २२ ॥ विमुक्तं युक्तम् ॥ २३ ॥ इति श्रीरामाभिरामे श्रीरामीये रामायणतिलके वाल्मीकीय आदिकाव्य उत्तरकाण्ड एकोनषष्टितमः सर्गः ५९

१ एतदुत्तरं श्वमातुराख्यानं गृध्रोलूकाख्यानं च क्वचिद्दृश्यते. तत्तीर्थकतकादयस्पृष्टत्वेन प्रक्षिप्तमिति तिलककारेणापि न व्याख्यातम्. तच्चेदं—

ततः प्रभाते विमले कृत्वा पौर्वाह्णिकीं क्रियाम् । धर्मासमगतो राजा रामो राजीवलोचनः ॥ १
राजधर्मानवेक्षन्वै ब्राह्मणैर्नैगमैः सह । पुरोधसा वसिष्ठेन ऋषिणा कश्यपेन च ॥ २
मन्त्रिभिर्व्यवहारज्ञैस्तथान्यैर्धर्मपाठकैः । नीतिज्ञैरथ सभ्यैश्च राजभिः सा सभा वृता ॥ ३
सभा यथा महेन्द्रस्य यमस्य वरुणस्य च । शुशुभे राजसिंहस्य रामस्याक्लिष्टकर्मणः ॥ ४
अथ रामोऽब्रवीत्तत्र लक्ष्मणं शुभलक्षणम् । निर्गच्छ त्वं महाबाहो सुमित्रानन्दवर्धन ॥ ५
कार्यार्थिनश्च सौमित्रे व्याहर्तुं त्वमुपाक्रम । रामस्य भाषितं श्रुत्वा लक्ष्मणः शुभलक्षणः ॥ ६
द्वारदेशमुपागम्य कार्यिणश्चाह्वयत्स्वयम् । न कश्चिदब्रवीत्तत्र मम कार्यमिहाद्य वै ॥ ७
नाधयो व्याधयश्चैव रामे राज्यं प्रशासति । पक्वसस्या वसुमती सर्वौषधिसमन्विता ॥ ८
न बालो म्रियते तत्र न युवा न च मध्यमः । धर्मेण शासितं सर्वं न च बाधा विधीयते ॥ ९
दृश्यते न च कार्यार्थी रामे राज्यं प्रशासति । लक्ष्मणः प्राञ्जलिर्भूत्वा रामायैवं न्यवेदयत् ॥ १०
अथ रामः प्रसन्नात्मा सौमित्रिमिदमब्रवीत् । भूय एव तु गच्छ त्वं कार्यिणः प्रविचारय ॥ ११
सम्यक्प्रणीतया नीत्या नाधर्मो विद्यते क्वचित् । तस्माद्राजभयात्सर्वे रक्षन्तीह परस्परम् ॥ १२

बाणा इव मया मुक्ता इह रक्षन्ति मे प्रजाः । तथापि त्वं महाबाहो प्रजा रक्षस्व तत्परः ॥ १३
एवमुक्तस्तु सौमित्रिर्निर्जगाम नृपालयात् । अपश्यद्द्वारदेशे वै श्वानं तावदवस्थितम् ॥ १४
तमेवं वीक्षमाणो वै विक्रोशन्तं मुहुर्मुहुः । दृष्ट्वाथ लक्ष्मणस्तं वै स पप्रच्छाथ वीर्यवान् ॥ १५
किं ते कार्यं महाभाग ब्रूहि विस्रब्धमानसः । लक्ष्मणस्य वचः श्रुत्वा सारमेयोऽभ्यभाषत ॥ १६
सर्वभूतशरण्याय रामायाक्लिष्टकर्मणे । भयेष्वभयदात्रे च तस्मै वक्तुं समुत्सहे ॥ १७
एतच्छ्रुत्वा च वचनं सारमेयस्य लक्ष्मणः । राघवाय तदाख्यातुं प्रविवेशालयं शुभम् ॥ १८
निवेद्य रामस्य पुनर्निर्जगाम नृपालयात् । वक्तव्यं यदि ते किंचित्तत्त्वं ब्रूहि नृपाय वै ॥ १९
लक्ष्मणस्य वचः श्रुत्वा सारमेयोऽभ्यभाषत । देवागारे नृपागारे द्विजवेश्मसु वै तथा ॥ २०
वह्निः शतक्रतुश्चैव सूर्यो वायुश्च तिष्ठति । नात्र योग्यास्तु सौमित्रे योनीनामधमा वयम् ॥ २१
प्रवेष्टुं नात्र शक्ष्यामि धर्मो विग्रहवान्नृपः । सत्यवादी रणपटुः सर्वसत्त्वहिते रतः ॥ २२
षाड्गुण्यस्य पदं वेत्ति नीतिकर्ता स राघवः । सर्वज्ञः सर्वदर्शी च रामो रमयतां वरः ॥ २३
स सोमः स च मृत्युश्च स यमो धनदस्तथा । वह्निः शतक्रतुश्चैव सूर्यो वै वरुणस्तथा ॥ २४
तस्य त्वं ब्रूहि सौमित्रे प्रजापालः स राघवः । अनाज्ञप्तस्तु सौमित्रे प्रवेष्टुं नेच्छयाम्यहम् ॥ २५
आनृशंस्यान्महाभाग प्रविवेश महाद्युतिः । नृपालयं प्रविश्याथ लक्ष्मणो वाक्यमब्रवीत् ॥ २६
श्रूयतां मम विज्ञाप्यं कौसल्यानन्दवर्धन । यन्मयोक्तं महाबाहो तव शासनजं विभो ॥ २७
श्वा वै ते तिष्ठते द्वारि कार्यार्थी समुपागतः । लक्ष्मणस्य वचः श्रुत्वा रामो वचनमब्रवीत् ।
संप्रवेशय वै क्षिप्रं कार्यार्थी योऽत्र तिष्ठति ॥ २८

इत्यार्षे श्रीमद्रामायणे वाल्मीकीय आदिकाव्य उत्तरकाण्डे प्रक्षिप्तेषु प्रथमः सर्गः ॥ १ ॥

श्रुत्वा रामस्य वचनं लक्ष्मणस्त्वरितस्तदा । श्वानमाहूय मतिमान्राघवाय न्यवेदयत् ॥ १
दृष्ट्वा समागतं श्वानं रामो वचनमब्रवीत् । विवक्षितार्थं मे ब्रूहि सारमेय न ते भयम् ॥ २
अथापश्यत तत्रस्थं रामं श्वा भिन्नमस्तकः । ततो दृष्ट्वा स राजानं सारमेयोऽब्रवीद्वचः ॥ ३
राजैव कर्ता भूतानां राजा चैव विनायकः । राजा सुप्तेषु जागर्ति राजा पालयति प्रजाः ॥ ४
नीत्या सुनीतया राजा धर्मं रक्षति रक्षिता । यदा न पालयेद्राजा क्षिप्रं नश्यन्ति वै प्रजाः ॥ ५
राजा कर्ता च गोप्ता च सर्वस्य जगतः पिता । राजा कालो युगं चैव राजा सर्वमिदं जगत् ॥ ६
धारणाद्धर्ममित्याहुर्धर्मेण विधृताः प्रजाः । यस्माद्धारयते सर्वं त्रैलोक्यं सचराचरम् ॥ ७
धारणाद्विद्विषां चैव धर्मेणारञ्जयन्प्रजाः । तस्माद्धारणमित्युक्तं स धर्म इति निश्चयः ॥ ८
एष राजन्परो धर्मः फलवान्प्रेत्य राघव । नहि धर्माद्भवेत्किंचिद्दुष्प्रापमिति मे मतिः ॥ ९
दानं दया सतां पूजा व्यवहारेषु चार्जवम् । एष राम परो धर्मो रक्षणात्प्रेत्य चेह च ॥ १०
त्वं प्रमाणं प्रमाणानामसि राघव सुव्रत । विदितश्चैव ते धर्मः सद्भिराचरितस्तु वै ॥ ११
धर्माणां त्वं परं धाम गुणानां सागरोपमः । अज्ञानाच्च मया राजन्नुक्तस्त्वं राजसत्तम ॥ १२
प्रसादयामि शिरसा न त्वं क्रोद्धुमिहार्हसि । शुनः स वचनं श्रुत्वा राघवो वाक्यमब्रवीत् ॥ १३
किं ते कार्यं करोम्यद्य ब्रूहि विस्रब्ध माचिरम् । रामस्य वचनं श्रुत्वा सारमेयोऽब्रवीदिदम् ॥ १४
धर्मेण राष्ट्रं विन्देत धर्मेणैवानुपालयेत् । धर्माच्छरण्यतां याति राजा सर्वभयापहः ॥ १५
इदं विज्ञाय यत्कृत्यं श्रूयतां मम राघव । भिक्षुः सर्वार्थसिद्धश्च ब्राह्मणावसथे वसन् ॥ १६
तेन दत्तः प्रहारो मे निष्कारणमनागसः । एतच्छ्रुत्वा तु रामेण द्वास्थः संप्रेषितस्तदा ॥ १७
आनीतश्च द्विजस्तेन सर्वसिद्धार्थकोविदः । अथ द्विजवरस्तत्र रामं दृष्ट्वा महाद्युतिः ॥ १८
किं ते कार्यं मया राम तद्ब्रूहि त्वं ममानघ । एवमुक्तस्तु विप्रेण रामो वचनमब्रवीत् ॥ १९
त्वया दत्तः प्रहारोऽयं सारमेयस्य वै द्विज । किं तवापकृतं विप्र दण्डेनाभिहतो यतः ॥ २०
क्रोधः प्राणहरः शत्रुः क्रोधोऽमित्रमुखो रिपुः । क्रोधो ह्यसिर्महातीक्ष्णः सर्वं क्रोधोऽपकर्षति ॥ २१
तपते यजते चैव यच्च दानं प्रयच्छति । क्रोधेन सर्वं हरति तस्मात्क्रोधं विसर्जयेत् ॥ २२
इन्द्रियाणां प्रदुष्टानां हयानामिव धावताम् । कुर्वीत धृत्या सारथ्यं संहृत्येन्द्रियगोचरम् ॥ २३
मनसा कर्मणा वाचा चक्षुषा च समाचरेत् । श्रेयो लोकस्य चरतो न द्वेष्टि न च लिप्यते ॥ २४
न तत्कुर्यादसिस्तीक्ष्णः सर्पो वा व्याहतः पदा । अरिर्वा नित्यसंक्रुद्धो यथात्मा दुरनुष्ठितः ॥ २५

विनीतविनयस्यापि प्रकृतिर्न विधीयते । प्रकृतिं गूहमानस्य निश्चयेन कृतिर्ध्रुवा ॥ २६
एवमुक्तः स विप्रो वै रामेणाक्लिष्टकर्मणा । द्विजः सर्वार्थसिद्धस्तु अब्रवीद्रामसंनिधौ ॥ २७
मया दत्तप्रहारोऽयं क्रोधेनाविष्टचेतसा । भिक्षार्थमटमानेन काले विगतभैक्षके ॥ २८
रथ्यास्थितस्त्वयं श्वा वै गच्छगच्छेति भाषितः । अथ स्वैरेण गच्छंस्तु रथ्यान्ते विषमः स्थितः ॥ २९
क्रोधेन क्षुधयाविष्टस्ततो दत्तोऽस्य राघव । प्रहारो राजराजेन्द्र शाधि मामपराधिनम् ॥ ३०
त्वया शस्तस्य राजेन्द्र नास्ति मे नरकाद्भयम् । अथ रामेण संपृष्टाः सर्व एव सभासदः ॥ ३१
किं कार्यमस्य वै ब्रूत दण्डो वै कोऽस्य पात्यताम् । सम्यक्प्रणिहिते दण्डे प्रजा भवति रक्षिता ॥ ३२
भृग्वाङ्गिरसकुत्साद्या वसिष्ठश्च सकाश्यपः । धर्मपाठकमुख्याश्च सचिवा नैगमास्तथा ॥ ३३
एते चान्ये च बहवः पण्डितास्तत्र संगताः । अवध्यो ब्राह्मणो दण्डैरिति शास्त्रविदो विदुः ॥ ३४
ब्रुवते राघवं सर्वे राजधर्मेषु निष्ठिताः । अथ ते मुनयः सर्वे राममेवाब्रुवंस्तदा ॥ ३५
राजा शास्ता हि सर्वस्य त्वं विशेषेण राघव । त्रैलोक्यस्य भवाञ्शास्ता देवो विष्णुः सनातनः ॥ ३६
एवमुक्ते तु तैः सर्वैः श्वा वै वचनमब्रवीत् । यदि तुष्टोऽसि मे राम यदि देयो वरो मम ॥ ३७
प्रतिज्ञातं त्वया वीर किं करोमीति विश्रुतम् । प्रयच्छ ब्राह्मणस्यास्य कौलपत्यं नराधिप ॥ ३८
कालञ्जरे महाराज कौलपत्यं प्रदीयताम् । एतच्छ्रुत्वा तु रामेण कौलपत्येऽभिषेचितः ॥ ३९
प्रययौ ब्राह्मणो हृष्टो गजस्कन्धेन सोऽर्चितः । अथ ते रामसचिवाः स्मयमाना वचोऽब्रुवन् ॥ ४०
वरोऽयं दत्त एतस्य नायं शापो महाद्युते । एवमुक्तस्तु सचिवै रामो वचनमब्रवीत् ॥ ४१
न यूयं गतितत्त्वज्ञाः श्वा वै जानाति कारणम् । अथ पृष्टस्तु रामेण सारमेयोऽब्रवीदिदम् ॥ ४२
अहं कुलपतिस्तत्र आसं शिष्टान्नभोजनः । देवद्विजातिपूजायां दासीदासेषु राघव ॥ ४३
संविभागी शुभरतिर्देवद्रव्यस्य रक्षिता । विनीतः शीलसंपन्नः सर्वसत्त्वहिते रतः ॥ ४४
सोऽहं प्राप्त इमां घोरामवस्थामधमां गतिम् । एवं क्रोधान्वितो विप्रस्त्यक्तधर्मा हिते रतः ॥ ४५
क्रुद्धो नृशंसः पुरुष अविद्वांश्चाप्यधार्मिकः । कुलानि पातयत्येव सप्तसप्त च राघव ॥ ४६
तस्मात्सर्वास्ववस्थासु कौलपत्यं न कारयेत् । यमिच्छेन्नरकं नेतुं सपुत्रपशुबान्धवम् ॥ ४७
देवेष्वधिष्ठितं कुर्याद्गोषु तं ब्राह्मणेषु च । ब्रह्मस्वं देवताद्रव्यं स्त्रीणां बालधनं च यत् ॥ ४८
दत्तं हरति यो भूय इष्टैः सह विनश्यति । ब्राह्मणद्रव्यमादत्ते देवानां चैव राघव ॥ ४९
सद्यः पतति घोरे वै नरकेऽवीचिसंज्ञके । मनसापि हि देवस्वं ब्रह्मस्वं च हरेत्तु यः ॥ ५०
निरयान्निरयं चैव पतत्येव नराधमः । तच्छ्रुत्वा वचनं रामो विस्मयोत्फुल्ललोचनः ॥ ५१
श्वाप्यगच्छन्महातेजा यत एवागतस्ततः । मनस्वी पूर्वजात्या स जातिमात्रोऽपदूषितः ।
वाराणस्यां महाभागः प्रायं चोपविवेश ह ॥ ५२

इत्यार्षे श्रीमद्रामायणे वाल्मीकीय आदिकाव्य उत्तरकाण्डे प्रक्षिप्तेषु द्वितीयः सर्गः ॥ २ ॥

अथ तस्मिन्वनोद्देशे रम्ये पादपशोभिते । नदीकीर्णे गिरिवरे कोकिलानेककूजिते ॥ १
सिंहव्याघ्रसमाकीर्णे नानाद्विजगणावृते । गृध्रोलूकौ प्रवसतो बहुवर्षगणानपि ॥ २
अथोलूकस्य भवनं गृध्रः पापविनिश्चयः । ममेदमिति कृत्वासौ कलहं तेन चाकरोत् ॥ ३
राजा सर्वस्य लोकस्य रामो राजीवलोचनः । तं प्रपद्यावहे शीघ्रं यस्यैतद्भवनं भवेत् ॥ ४
इति कृत्वा मतिं तां तु निश्चयार्थं सुनिश्चिताम् । गृध्रोलूकौ प्रपद्येतां कोपाविष्टौ ह्यमर्षितौ ॥ ५
रामं प्रपद्य तौ शीघ्रं कलिव्याकुलचेतसौ । तौ परस्परविद्वेषात्स्पृशतश्चरणौ तदा ॥ ६
अथ दृष्ट्वा नरेन्द्रं तं गृध्रो वचनमब्रवीत् । सुराणामसुराणां च प्रधानस्त्वं मतो मम ॥ ७
बृहस्पतेश्च शुक्राच्च विशिष्टोऽसि महाद्युते । परावरज्ञो भूतानां कान्त्या चन्द्र इवापरः ॥ ८
दुर्निरीक्ष्यो यथा सूर्यो हिमवांश्चैव गौरवे । सागरश्चैव गाम्भीर्ये लोकपालो यमो ह्यसि ॥ ९
क्षान्त्या धरण्या तुल्योऽसि शीघ्रत्वे ह्यनिलोपमः । गुरुस्त्वं सर्वसंपन्नः कीर्तियुक्तश्च राघव ॥ १०
अमर्षी दुर्जयो जेता सर्वास्त्रविधिपारगः । शृणुष्व मम वै राम विज्ञाप्यं नरपुंगव ॥ ११
ममालयं पूर्वकृतं बाहुवीर्येण राघव । उलूको हरते राजंस्तत्र त्वं त्रातुमर्हसि ॥ १२
एवमुक्ते तु गृध्रेण उलूको वाक्यमब्रवीत् । सोमाच्छतक्रतोः सूर्याद्धनदाद्वा यमात्तथा ॥ १३
जायते वै नृपो राम किंचिद्भवति मानुषः । त्वं तु सर्वमयो देवो नारायण इवापरः ॥ १४

या च ते सौम्यता राजन्सम्यक्प्रणिहिता विभो । समं चरसि चान्विष्य तेन सोमांशको भवान् ॥ १५
क्रोधे दण्डे प्रजानाथ दाने पापभयापहः । दाता हर्तासि गोप्तासि तेनेन्द्र इव नो भवान् ॥ १६
अधृष्यः सर्वभूतेषु तेजसा चानलोपमः । अभीक्ष्णं तपसे लोकांस्तेन भास्करसंनिभः ॥ १७
साक्षाद्वित्तेशतुल्योऽसि अथवा धनदाधिकः । वित्तेशस्येव पद्मा श्रीर्नित्यं ते राजसत्तम ॥ १८
धनदस्य तु कार्येण धनदस्तेन नो भवान् । समः सर्वेषु भूतेषु स्थावरेषु चरेषु च ॥ १९
शत्रौ मित्रे च ते दृष्टिः समतां याति राघव । धर्मेण शासनं नित्यं व्यवहारे विधिक्रमात् ॥ २०
यस्य रुष्यसि वै राम तस्य मृत्युर्विधावति । गीयसे तेन वै राम यम इत्यमिविक्रमः ॥ २१
यश्चैष मानुषो भावो भवतो नृपसत्तम । आनृशंस्यपरो राजा सत्त्वेषु क्षमयान्वितः ॥ २२
दुर्बलस्य त्वनाथस्य राजा भवति वै बलम् । अचक्षुषोत्तमं चक्षुरगतेः सगतिर्भवान् ॥ २३
अस्माकमपि नाथस्त्वं श्रूयतां मम धार्मिक । ममालयं प्रविष्टस्तु गृध्रो मां बाधते नृप ॥ २४
त्वं हि देव मनुष्येषु शास्ता वै नरपुंगव । एतच्छ्रुत्वा तु वै रामः सचिवानाह्वयत्स्वयम् ॥ २५
धृष्टिर्जयन्तो विजयः सिद्धार्थो राष्ट्रवर्धनः । अशोको धर्मपालश्च सुमन्त्रश्च महाबलः ॥ २६
एते रामस्य सचिवा राज्ञो दशरथस्य च । नीतियुक्ता महात्मानः सर्वशास्त्रविशारदाः ॥ २७
ह्रीमन्तश्च कुलीनाश्च नये मन्त्रे च कोविदाः । तानाहूय च धर्मात्मा पुष्पकादवतीर्य च ॥ २८
गृध्रोलूकविवादं तं पृच्छति स्म रघूत्तमः । कति वर्षाणि वै गृध्र तवेदं निलयं कृतम् ॥ २९
एतन्मे कारणं ब्रूहि यदि जानासि तत्त्वतः । एतच्छ्रुत्वा तु वै गृध्रो भाषते राघवं स तम् ॥ ३०
इयं वसुमती राम मनुष्यैः परितो यदा । उत्थितैरावृता सर्वा तदाप्रभृति मे गृहम् ॥ ३१
उलूकश्चाब्रवीद्रामं पादपैरुपशोभिता । यदेयं पृथिवी राजंस्तदाप्रभृति मे गृहम् ।
एतच्छ्रुत्वा तु वै रामः सभासदमुवाच ह ॥ ३२

न सा सभा यत्र न सन्ति वृद्धा वृद्धा न ते ये न वदन्ति धर्मम् ।
नासौ धर्मो यत्र न सत्यमस्ति न तत्सत्यं यच्छलेनानुविद्धम् ॥ ३३

ये तु सभ्याः सदा ज्ञात्वा तूष्णीं ध्यायन्त आसते । यथाप्राप्तं न ब्रुवते ते सर्वेऽनृतवादिनः ॥ ३४
जानन्न चाब्रवीत्प्रश्नान्कामात्क्रोधाद्भयात्तथा । सहस्रं वारुणान्पाशानात्मनि प्रतिमुञ्चति ॥ ३५
तेषां संवत्सरे पूर्णे पाश एकः प्रमुच्यते । तस्मात्सत्येन वक्तव्यं जानता सत्यमञ्जसा ॥ ३६
एतच्छ्रुत्वा तु सचिवा राममेवाब्रुवंस्तदा । उलूकः शोभते राजन्न तु गृध्रो महामते ॥ ३७
त्वं प्रमाणं महाराज राजा हि परमा गतिः । राजमूलाः प्रजाः सर्वा राजा धर्मः सनातनः ॥ ३८
शास्ता नृणां नृपो येषां ते न गच्छन्ति दुर्गतिम् । वैवस्वतेन मुक्तास्तु भवन्ति पुरुषोत्तमाः ॥ ३९
सचिवानां वचः श्रुत्वा रामो वचनमब्रवीत् । श्रूयतामभिधास्यामि पुराणे यदुदाहृतम् ॥ ४०
द्यौः सचन्द्रार्कनक्षत्रा सपर्वतमहावना । सलिलार्णवसंपूर्णं त्रैलोक्यं सचराचरम् ॥ ४१
एक एव तदा ह्यासीद्युक्तो मेरुरिवापरः । पुरा भूः सहलक्ष्म्या च विष्णोर्जठरमाविशत् ॥ ४२
तां निगृह्य महातेजाः प्रविश्य सलिलार्णवम् । सुष्वाप देवो भूतात्मा बहून्वर्षगणानपि ॥ ४३
विष्णौ सुप्ते तदा ब्रह्मा विवेश जठरं ततः । रुद्धस्रोतं तु तं ज्ञात्वा महायोगी समाविशत् ॥ ४४
नाभ्यां विष्णोः समुत्पन्ने पद्मे हेमविभूषिते । स तु निर्गम्य वै ब्रह्मा योगी भूत्वा महाप्रभुः ॥ ४५
सिसृक्षुः पृथिवीं वायुं पर्वतान्समहीरुहान् । तदन्तरे प्रजाः सर्वाः समनुष्यसरीसृपाः ॥ ४६
जरायुजाण्डजाः सर्वाः स ससर्ज महातपाः । तत्र श्रोत्रमलोत्पन्नः कैटभो मधुना सह ॥ ४७
दानवौ तौ महावीर्यौ घोररूपौ दुरासदौ । दृष्ट्वा प्रजापतिं तत्र क्रोधाविष्टौ बभूवतुः ॥ ४८
वेगेन महता तत्र स्वयंभुवमधावताम् । दृष्ट्वा स्वयंभुवा मुक्तो रावो वै विकृतस्तदा ॥ ४९
तेन शब्देन संप्राप्तौ दानवौ हरिणा सह । अथ चक्रप्रहारेण सूदितौ मधुकैटभौ ॥ ५०
मेदसा प्लाविता सर्वा पृथिवी च समन्ततः । भूयो विशोधिता तेन हरिणा लोकधारिणा ॥ ५१
शुद्धां वै मेदिनीं तां तु वृक्षैः सर्वामपूरयत् । ओषध्यः सर्वसस्यानि निष्पद्यन्त पृथग्विधाः ॥ ५२
मेदोगन्धा तु धरणी मेदिनीत्यभिसंज्ञिता । तस्मान्न गृध्रस्य गृहमुलूकस्येति मे मतिः ॥ ५३
तस्माद्गृध्रस्तु दण्ड्यो वै पापो हर्ता परालयम् । पीडां करोति पापात्मा दुर्विनीतो महानयम् ॥ ५४
अथाशरीरिणी वाणी अन्तरिक्षात्प्रबोधिनी । मावधी राम गृध्रं त्वं पूर्वदग्धं तपोबलात् ॥ ५५
कालगौतमदग्धोऽयं प्रजानाथो नरेश्वर । ब्रह्मदत्तेति नाम्नैष शूरः सत्यव्रतः शुचिः ॥ ५६

१३५

षष्टितमः सर्गः ।

तयोः संवदतोरेवं रामलक्ष्मणयोस्तदा । वासन्तिकी निशा प्राप्ता न शीता न च घर्मदा ॥ १
ततः प्रभाते विमले कृतपूर्वाह्णिकक्रियः । अभिचक्राम काकुत्स्थो दर्शनं पौरकार्यवित् ॥ २
ततः सुमन्त्रस्त्वागम्य राघवं वाक्यमब्रवीत् । एते प्रतिहता राजन्द्वारि तिष्ठन्ति तापसाः ॥ ३
भार्गवं च्यवनं चैव पुरस्कृत्य महर्षयः । दर्शनं ते महाराज चोदयन्ति कृतत्वराः ॥ ४
प्रीयमाणा नरव्याघ्र यमुनातीरवासिनः । तस्य तद्वचनं श्रुत्वा रामः प्रोवाच धर्मवित् ॥ ५
प्रवेश्यन्तां महाभाग भार्गवप्रमुखा द्विजाः । राज्ञस्त्वाज्ञां पुरस्कृत्य द्वास्थो मूर्ध्ना कृताञ्जलिः ॥ ६
प्रवेशयामास तदा तापसान्सुदुरासदान् । शतं समधिकं तत्र दीप्यमानं स्वतेजसा ॥ ७
प्रविष्टं राजभवनं तापसानां महात्मनाम् । ते द्विजाः पूर्णकलशैः सर्वतीर्थाम्बुसत्कृतैः ॥ ८
गृहीत्वा फलमूलं च रामस्याभ्याहरन्बहु । प्रतिगृह्य तु तत्सर्वं रामः प्रीतिपुरस्कृतः ॥ ९
तीर्थोदकानि सर्वाणि फलानि विविधानि च । उवाच च महाबाहुः सर्वानेव महामुनीन् ॥ १०
इमान्यासनमुख्यानि यथार्हमुपविश्यताम् । रामस्य भाषितं श्रुत्वा सर्वे एव महर्षयः ॥ ११
बृसीषु रुचिराख्यासु निषेदुः काञ्चनीषु ते । उपविष्टानृषींस्तत्र दृष्ट्वा परपुरंजयः ।
प्रयतः प्राञ्जलिर्भूत्वा राघवो वाक्यमब्रवीत् ॥ १२
किमागमनकार्यं वः किं करोमि समाहितः । आज्ञाप्योऽहं महर्षीणां सर्वकामकरः सुखम् ॥ १३
इदं राज्यं च सकलं जीवितं च हृदि स्थितम् । सर्वमेतद्द्विजार्थं मे सत्यमेतद्ब्रवीमि वः ॥ १४
तस्य तद्वचनं श्रुत्वा साधुकारो महानभूत् । ऋषीणामुग्रतपसां यमुनातीरवासिनाम् ॥ १५
ऊचुश्चैव महात्मानो हर्षेण महता वृताः । उपपन्नं नरश्रेष्ठ तवैव भुवि नान्यतः ॥ १६
बहवः पार्थिवा राजन्नतिक्रान्ता महाबलाः । कार्यस्य गौरवं मत्वा प्रतिज्ञां नाभ्यरोचयन् ॥ १७

अथ लवणासुरपीडितऋषीणां रामसमीपागमनम्—तयोरिति । एवं संवदतोः प्रतिदिवसं धर्मसंवादं कुर्वतोः । तत्पूर्वं प्रजारक्षणं कुर्वतोरिति यावत् । वासन्तिकी वसन्तकालभवा निशा प्राप्ता । कालान्तरे इति शेषः । इदं कालवचनं ऋषिकार्योचिततत्त्वप्रदर्शनार्थम् ॥ १ ॥ दर्शनमभिचक्राम प्रजा दृश्यन्ते यत्र स्थाने तत्स्थानं दर्शनमभिचक्राम जगाम ॥ २ ॥ प्रतिहताः । द्वारि निरुद्धा इत्यर्थः ॥ ३ ॥ भृगुगोत्रापत्यं च्यवनं पुरस्कृत्य हे महाराज, तव दर्शनं प्रत्यस्मांश्चोदयन्ति प्रेरयन्ति ॥ ४ ॥ ५ ॥ भार्गवप्रमुखाश्च्यवनप्रमुखाः ॥६॥ समधिकं किंचिदधिकं शतम् ॥७॥ पूर्णकलशैरुपलक्षिताः ॥ ८ ॥ फलमूलं गृहीत्वा रामस्याभ्याहरन् ॥ ९ ॥ १० ॥ उपविश्यताम् । एषु भवद्भिरिति शेषः ॥ ११ ॥ रुचिराख्यासु रुचिरशोभासु ॥ १२ ॥ किं करोमि किं कुर्याम् । सर्वकामकरः सर्वाभीष्टसाधकः ॥ १३ ॥ हृदि स्थितम् । हृत्पुण्डरीकप्रदेशे स्थितमित्यर्थः ॥ १४ ॥ साधुकारः साधुसाध्विति शब्दप्रयोगः ॥ १५ ॥ तवैवोपपन्नं त्वय्येवेदृशं वचो युक्तं नान्यतो नान्यस्य ॥ १६ ॥ कार्यस्य गौरवं मत्वा तच्छ्रवणादुत्तरमपि करिष्यामीति प्रतिज्ञां नाभ्यरोचयन्न कुर्वन्ति । अशक्यत्वेनेति भावः । भवांस्त्वर्थमश्रुत्वैव प्रतिज्ञात-

गृहं त्वस्यागतो विप्रो भोजनं प्रत्यमार्गत । साग्रं वर्षशतं चैव भोक्तव्यं नृपसत्तम ॥ ५७
ब्रह्मदत्तः स वै तस्य पाद्यमर्घ्यं स्वयं नृपः । हार्दं चैवाकरोत्तस्य भोजनार्थं महाद्युतेः ॥ ५८
मांसमस्याभवत्तत्र आहारे तु महात्मनः । अथ क्रुद्धेन मुनिना शापो दत्तोऽस्य दारुणः ॥ ५९
गृध्रस्त्वं भव वै राजन्मा मैनं त्वथ सोऽब्रवीत् । प्रसादं कुरु धर्मज्ञ अज्ञानान्मे महाव्रत ॥ ६०
शापस्यान्तं महाभाग क्रियतां वै ममानघ । तदज्ञानकृतं मत्वा राजानं मुनिरब्रवीत् ॥ ६१
उत्पत्स्यति कुले राज्ञां रामो नाम महायशाः । इक्ष्वाकूणां महाभागो राजा राजीवलोचनः ॥ ६२
तेन स्पृष्टो विपापस्त्वं भविता नरपुंगव । स्पृष्टो रामेण तच्छ्रुत्वा नरेन्द्रः पृथिवीपतिः ॥ ६३
गृध्रत्वं त्यक्तवान्राजा दिव्यगन्धानुलेपनः । पुरुषो दिव्यरूपोऽभूदुवाचेदं च राघवम् ॥ ६४
साधु राघव धर्मज्ञ त्वत्प्रसादादहं विभो । विमुक्तो नरकाद्घोराच्छापस्यान्तः कृतस्त्वया ॥ ६५

इत्यार्षे श्रीमद्रामायणे वाल्मीकीय आदिकाव्य उत्तरकाण्डे प्रक्षिप्तेषु तृतीयः सर्गः ॥ ३ ॥

त्वया पुनर्ब्राह्मणगौरवादियं कृता प्रतिज्ञा ह्यनवेक्ष्य कारणम् ।
ततश्च कर्ता ह्यसि नात्र संशयो महाभयात्त्रातुमृषींस्त्वमर्हसि ॥ १८

इत्यार्षे श्रीमद्रामायणे वाल्मीकीय आदिकाव्य उत्तरकाण्डे षष्टितमः सर्गः ॥ ६० ॥

एकषष्टितमः सर्गः ।

ब्रुवद्भिरेवमृषिभिः काकुत्स्थो वाक्यमब्रवीत् । किं कार्यं ब्रूत मुनयो भयं तावदपैतु वः ॥ १
तथा ब्रुवति काकुत्स्थे भार्गवो वाक्यमब्रवीत् । भयानां शृणु यन्मूलं देशस्य च नरेश्वर ॥ २
पूर्वं कृतयुगे राजन्दैतेयः सुमहामतिः । लोलापुत्रोऽभवज्ज्येष्ठो मधुर्नाम महासुरः ॥ ३
ब्रह्मण्यश्च शरण्यश्च बुद्ध्या च परिनिष्ठितः । सुरैश्च परमोदारैः प्रीतिस्तस्यातुलाभवत् ॥ ४
स मधुर्वीर्यसंपन्नो धर्मे च सुसमाहितः । बहुमानाच्च रुद्रेण दत्तस्तस्याद्भुतो वरः ॥ ५
शूलं शूलाद्विनिष्कृष्य महावीर्यं महाप्रभम् । ददौ महात्मा सुप्रीतो वाक्यं चैतदुवाच ह ॥ ६
त्वयायमतुलो धर्मो मत्प्रसादकरः शुभः । प्रीत्या परमया युक्तो ददाम्यायुधमुत्तमम् ॥ ७
यावत्सुरैश्च विप्रैश्च न विरुध्येर्महासुर । तावच्छूलं तवेदं स्यादन्यथानाशमेष्यति ॥ ८
यश्च त्वामभियुञ्जीत युद्धाय विगतज्वरः । तं शूलो भस्मसात्कृत्वा पुनरेष्यति ते करम् ॥ ९
एवं रुद्राद्वरं लब्ध्वा भूय एव महासुरः । प्रणिपत्य महादेवं वाक्यमेतदुवाच ह ॥ १०
भगवन्मम वंशस्य शूलमेतदनुत्तमम् । भवेत्तु सततं देव सुराणामीश्वरो ह्यसि ॥ ११
तं ब्रुवाणं मधुं देवः सर्वभूतपतिः शिवः । प्रत्युवाच महादेवो नैतदेवं भविष्यति ॥ १२
मा भूत्ते विफला वाणी मत्प्रसादकृता शुभा । भवतः पुत्रमेकं तु शूलमेतद्भविष्यति ॥ १३
यावत्करस्थः शूलोऽयं भविष्यति सुतस्य ते । अवध्यः सर्वभूतानां शूलहस्तो भविष्यति ॥ १४
एवं मधुर्वरं लब्ध्वा देवात्सुमहदद्भुतम् । भवनं सोऽसुरश्रेष्ठः कारयामास सुप्रभम् ॥ १५
तस्य पत्नी महाभागा प्रिया कुम्भीनसीति या । विश्वावसोरपत्यं साप्यनलायां महाप्रभा ॥ १६
तस्याः पुत्रो महावीर्यो लवणो नाम दारुणः । बाल्यात्प्रभृति दुष्टात्मा पापान्येव समाचरत् ॥ १७
तं पुत्रं दुर्विनीतं तु दृष्ट्वा क्रोधसमन्वितः । मधुः स शोकमापेदे न चैनं किंचिदब्रवीत् ॥ १८
स विहाय इमं लोकं प्रविष्टो वरुणालयम् । शूलं निवेश्य लवणे वरं तस्मै न्यवेदयत् ॥ १९
स प्रभावेण शूलस्य दौरात्म्येनात्मनस्तथा । संतापयति लोकांस्त्रीन्विशेषेण च तापसान् ॥ २०
एवंप्रभावो लवणः शूलं चैव तथाविधम् । श्रुत्वा प्रमाणं काकुत्स्थ त्वं हि नः परमा गतिः ॥ २१
बहवः पार्थिवा राम भयार्तैर्ऋषिभिः पुरा । अभयं याचिता वीर त्रातारं न च विद्महे ॥ २२
ते वयं रावणं श्रुत्वा हतं सबलवाहनम् । त्रातारं विद्महे तात नान्यं भुवि नराधिपम् ।
तत्परित्रातुमिच्छामो लवणाद्भयपीडितान् ॥ २३

इति राम निवेदितं तु ते भयजं कारणमुत्थितं च यत् ।
विनिवारयितुं भवान्क्षमः कुरु तं काममहीनविक्रम ॥ २४

इत्यार्षे श्रीमद्रामायणे वाल्मीकीय आदिकाव्य उत्तरकाण्ड एकषष्टितमः सर्गः ॥ ६१ ॥

वानित्याश्चर्यम् ॥ १७ ॥ तदाह—त्वयेति ॥ १८ ॥ इति श्रीरामाभिरामे श्रीरामीये रामायणतिलके वाल्मीकीय आदिकाव्य उत्तरकाण्डे षष्टितमः सर्गः ॥ ६० ॥

अथ ऋषिभिः स्वकार्यनिवेदनम्—एवं ब्रुवद्भिः । भयत्राणमिति शेषः । ऋषिभिः । प्रेरित इति शेषः । किं कार्यम् । किंजन्यभयत्राणं कार्यमित्यर्थः ॥ १ ॥ देशस्य च । चादस्माकं भयानां यन्मूलं तच्छृणु ॥ २ ॥ लोलायाः पुत्रो लोलापुत्रः ॥ ३ ॥ ४ ॥ ५ ॥ विनिष्कृष्य तच्छक्तिमाकृष्य ॥ ६ ॥ यतस्त्वया मत्प्रसादकरो धर्मः कृतः, अत आयुधं ददामि ॥ ७ ॥ यावन्न विरुध्येर्विरोधं न कुर्याः । अन्यथानाशमदर्शनम् ॥ ८ ॥ ९ ॥ १० ॥ ११ ॥ १२ ॥ मत्प्रसादकृता मत्प्रसादजसंतोषोक्ता । भविष्यति प्राप्स्यति ॥ १३ ॥ १४ ॥ १५ ॥ कुम्भीनसी माल्यवत्सुता, याऽनलायाः सुता रावणस्वसा पूर्वं मधुना हृतेत्युक्ता । तदेवाह—अनलायामिति । कुम्भीनसी पितरमाह—विश्वावसोरिति ॥ १६ ॥ १७ ॥ १८ ॥ वरं यावच्छूलं तव हस्ते तावदवध्यत्वं तवेत्येवंरूपं वरवृत्तान्तं न्यवेदयत् ॥ १९ ॥ २० ॥ त्वं प्रमाणम् । यथोचितकरणे इति शेषः ॥ २१ ॥ २२ ॥ २३ ॥ भयजं भय-

द्विषष्टितमः सर्गः ।

तथोक्ते तानृषीन्रामः प्रत्युवाच कृताञ्जलिः । किमाहारः किमाचारो लवणः क्व च वर्तते ॥ १
राघवस्य वचः श्रुत्वा ऋषयः सर्व एव ते । ततो निवेदयामासुर्लवणो ववृधे यथा ॥ २
आहारः सर्वसत्त्वानि विशेषेण च तापसाः । आचारो रौद्रता नित्यं वासो मधुवने तथा ॥ ३
हत्वा बहुसहस्राणि सिंहव्याघ्रमृगाण्डजान् । मानुषांश्चैव कुरुते नित्यमाहारमाह्निकम् ॥ ४
ततोऽन्तराणि सत्त्वानि खादते स महाबलः । संहारे समनुप्राप्ते व्यादितास्य इवान्तकः ॥ ५
तच्छ्रुत्वा राघवो वाक्यमुवाच स महामुनीन् । घातयिष्यामि तद्रक्षो व्यपगच्छतु वो भयम् ॥ ६
प्रतिज्ञाय तदा तेषां मुनीनामुग्रतेजसाम् । स भ्रातॄन्सहितान्सर्वानुवाच रघुनन्दनः ॥ ७
को हन्ता लवणं वीरः कस्यांशः स विधीयताम् । भरतस्य महाबाहो शत्रुघ्नस्य च धीमतः ॥ ८
राघवेणैवमुक्तस्तु भरतो वाक्यमब्रवीत् । अहमेनं वधिष्यामि ममांशः स विधीयताम् ॥ ९
भरतस्य वचः श्रुत्वा धैर्यशौर्यसमन्वितम् । लक्ष्मणावरजस्तस्थौ हित्वा सौवर्णमासनम् ॥ १०
शत्रुघ्नस्त्वब्रवीद्वाक्यं प्रणिपत्य नराधिपम् । कृतकर्मा महाबाहुर्मध्यमो रघुनन्दन ॥ ११
आर्येण हि पुरा शून्या त्वयोध्या परिपालिता । संतापं हृदये कृत्वा आर्यस्यागमनं प्रति ॥ १२
दुःखानि च बहूनीह अनुभूतानि पार्थिव । शयानो दुःखशय्यासु नन्दिग्रामे महायशाः ॥ १३
फलमूलाशनो भूत्वा जटी चीरधरस्तथा अनुभूयेदृशं दुःखमेष राघवनन्दनः ॥ १४
प्रेष्ये मयि स्थिते राजन्न भूयः क्लेशमाप्नुयात् । तथा ब्रुवति शत्रुघ्ने राघवः पुनरब्रवीत् ॥ १५
एवं भवतु काकुत्स्थ क्रियतां मम शासनम् । राज्ये त्वामभिषेक्ष्यामि मधोस्तु नगरे शुभे ॥ १६
निवेशय महाबाहो भरतं यद्यवेक्षसे । शूरस्त्वं कृतविद्यश्च समर्थश्च निवेशने ॥ १७
नगरं यमुनाजुष्टं तथा जनपदाञ्शुभान् । यो हि वंशं समुत्पाद्य पार्थिवस्य निवेशने ॥ १८
न विधत्ते नृपं तत्र नरकं स हि गच्छति । स त्वं हत्वा मधुसुतं लवणं पापनिश्चयम् ॥ १९
राज्यं प्रशाधि धर्मेण वाक्यं मे यद्यवेक्षसे । उत्तरं च न वक्तव्यं शूर वाक्यान्तरे मम ॥ २०
बालेन पूर्वजस्याज्ञा कर्तव्या नात्र संशयः । अभिषेकं च काकुत्स्थ प्रतीच्छस्व ममोद्यतम् ।
वसिष्ठप्रमुखैर्विप्रैर्विधिमन्त्रपुरस्कृतम् ॥ २१

इत्यार्षे श्रीमद्रामायणे वाल्मीकीय आदिकाव्य उत्तरकाण्डे द्विषष्टितमः सर्गः ॥ ६२ ॥

त्रिषष्टितमः सर्गः ।

एवमुक्तस्तु रामेण परां व्रीडामुपागमत् । शत्रुघ्नो वीर्यसंपन्नो मन्दं मन्दमुवाच ह ॥ १

जनकम् ॥ २४ ॥ इति श्रीरामाभिरामे श्रीरामीये रामायणतिलके वाल्मीकीय आदिकाव्य उत्तरकाण्ड एकषष्टितमः सर्गः ॥ ६१ ॥

अथ शत्रुघ्नस्य तद्वधार्थं प्रेषणम्—तथोक्ते इति । परित्राणमिच्छाम इत्युक्ते ॥ १ ॥ यथा ववृधे यादृगाहारादिनावर्धत तन्निवेदयामासुः ॥ २ ॥ ३ ॥ ४ ॥ ततोऽन्तराणि । अन्यान्यपीत्यर्थः ॥ ५ ॥ ६ ॥ ७ ॥ कस्यांश इति पृष्ट्वा स्वयमेव निश्चिनोति—भरतस्येति । लक्ष्मणेन मया च रावणवधवल्लवणवधो भरतशत्रुघ्नाभ्यां कार्य इति भावः ॥ ८ ॥ ९ ॥ आसनं हित्वा । आसनादुत्थायेत्यर्थः ॥ १० ॥ ११ ॥ पूर्वं त्वद्वियोगदुःखितस्य भरतस्य पुनरपि क्लेशाय प्रेषणमयुक्तमित्याशयेनाह—आर्येणेति । आर्येण त्वया शून्यायोध्या भरतेन पालिता । आर्यस्यागमनं प्रति तावत्पर्यन्तम् ॥ १२ ॥ १३ ॥ १४ ॥ प्रेष्ये विशिष्य भरतस्य नियोज्ये ॥ १५ ॥ १६ ॥ यद्यवेक्षसे । अक्लेशनीयत्वेनेति शेषः । तदा भरतं निवेशय । अत्रैव स्थापयेत्यर्थः । निवेशने नूतननगरनिवेशने त्वं समर्थः ॥ १७ ॥ मधोर्नगरे त्वामभिषेक्ष्यामीति यदुक्तं तत्र हेतुमाह—यो हीति । निवेशने नगरे ॥ १८ ॥ नृपं तत्रोत्पादितवंशनृपराज्ये ॥ १९ ॥ उत्तरं न वक्तव्यम् । लवणं हत्वा त्वत्समीप एव मया स्थेयमित्यादि न वाच्यमित्यर्थः ॥ २० ॥ २१ ॥ विधिमन्त्रपुरस्कृतं विधिना मन्त्रेण पुरस्कृतम् ॥ २२ ॥ इति श्रीरामाभिरामे श्रीरामीये रामायणतिलके वाल्मीकीय आदिकाव्य उत्तरकाण्डे द्विषष्टितमः सर्गः ॥ ६२ ॥

अथ रामेण स्वसंनिधावेव शत्रुघ्नमभिषिच्य लवणवधोपयोपदेशपूर्वकं तद्वधार्थं दिव्यास्त्रप्रदानम्—एवमिति । परां व्रीडामनुचितराज्याभिषेकोक्तिश्रवणजां लज्जाम्, अतएव मन्दं

अधर्मं विद्म काकुत्स्थ अस्मिन्नर्थे नरेश्वर । कथं तिष्ठत्सु ज्येष्ठेषु कनीयानभिषिच्यते ॥ २
अवश्यं करणीयं च शासनं पुरुषर्षभ । तव चैव महाभाग शासनं दुरतिक्रमम् ॥ ३
त्वत्तो मया श्रुतं वीर श्रुतिभ्यश्च मया श्रुतम् । नोत्तरं हि मया वाच्यं मध्यमे प्रतिजानति ॥ ४
व्याहृतं दुर्वचो घोरं हन्तास्मि लवणं मृधे । तस्यैवं मे दुरुक्तस्य दुर्गतिः पुरुषर्षभ ॥ ५
उत्तरं नहि वक्तव्यं ज्येष्ठेनाभिहिते पुनः । अधर्मसहितं चैव परलोकविवर्जितम् ॥ ६
सोऽहं द्वितीयं काकुत्स्थ न वक्ष्यामीति चोत्तरम् । मा द्वितीयेन दण्डो वै निपतेन्मयि मानद ॥ ७
कामकारो ह्यहं राजंस्तवास्य पुरुषर्षभ । अधर्मं जहि काकुत्स्थ मत्कृते रघुनन्दन ॥ ८
एवमुक्ते तु शूरेण शत्रुघ्नेन महात्मना । उवाच रामः संहृष्टो भरतं लक्ष्मणं तथा ॥ ९
संभारानभिषेकस्य आनयध्वं समाहिताः । अद्यैव पुरुषव्याघ्रमभिषेक्ष्यामि राघवम् ॥ १०
पुरोधसं च काकुत्स्थ नैगमानृत्विजस्तथा । मन्त्रिणश्चैव तान्सर्वानानयध्वं ममाज्ञया ॥ ११
राज्ञः शासनमाज्ञाय तथाकुर्वन्महारथाः । अभिषेकसमारम्भं पुरस्कृत्य पुरोधसम् ॥ १२
प्रविष्टा राजभवनं राजानो ब्राह्मणास्तथा । ततोऽभिषेको ववृधे शत्रुघ्नस्य महात्मनः ॥ १३
संप्रहर्षकरः श्रीमान्राघवस्य पुरस्य च । अभिषिक्तस्तु काकुत्स्थो बभौ चादित्यसंनिभः ॥ १४
अभिषिक्तः पुरा स्कन्दः सेन्द्रैरिव दिवौकसैः । अभिषिक्ते तु शत्रुघ्ने रामेणाक्लिष्टकर्मणा ॥ १५
पौराः प्रमुदिताश्चासन्ब्राह्मणाश्च बहुश्रुताः । कौसल्या च सुमित्रा च मङ्गलं केकयी तथा ॥ १६
चक्रुस्ता राजभवने यश्चान्या राजयोषितः । ऋषयश्च महात्मानो यमुनातीरवासिनः ॥ १७
हतं लवणमाशंसुः शत्रुघ्नस्याभिषेचनात् । ततोऽभिषिक्तं शत्रुघ्नमङ्कमारोप्य राघवः ॥
उवाच मधुरां वाणीं तेजस्तस्याभिपूरयन् ॥ १८
अयं शरस्त्वमोघस्ते दिव्यः परपुरंजयः । अनेन लवणं सौम्य हन्तासि रघुनन्दन ॥ १९
सृष्टः शरोऽयं काकुत्स्थ यदा शेते महार्णवे । स्वयंभूरजितो दिव्यो यं नापश्यन्सुरासुराः ॥ २०
अदृश्यः सर्वभूतानां तेनायं हि शरोत्तमः । सृष्टः क्रोधाभिभूतेन विनाशार्थं दुरात्मनोः ॥ २१

मन्दमुवाच ॥ १ ॥ तदेवाह—अधर्ममिति । विद्म वेद्मि । अस्मिन्नित्येतद्विशदयन्नधर्महेतुमाह—कथमिति । कनीयानभिषिच्यते । न कथमपीत्यर्थः । अत एवाधर्म इत्यर्थः ॥ २ ॥ तव शासनं चावश्यं करणीयम्, यतस्तव शासनं वेदशासनवद्दुरतिक्रममतिक्रमितुमशक्यम् । एवं चोभयतःपाशा रज्जुरियं मे जातेत्यर्थः ॥ ३ ॥ ज्येष्ठे विद्यमाने कनिष्ठाभिषेकोऽधर्मस्तथा ज्येष्ठवाक्याकरणं चाधर्म इति त्वया कथमवगतं तत्राह—त्वत्त इति । सद्गुरोस्त्वत्तः श्रुतिभ्यश्च ममैवं श्रवणमिति भावः । एवमधर्मसंकटप्राप्तिरपि मे स्वदोषमूलेत्याह—नोत्तरं हीति । मध्यमे भ्रातरि भरते घोरं लवणं हन्तास्मीति प्रतिजानति सति, हि यस्मान्मया ज्येष्ठवचनमुल्लङ्घ्योत्तरं न वाच्यं न वक्तुं योग्यम् । तद्वचस्तिरस्काररूपत्वात् ॥ ४ ॥ तथापि मृधे युद्धे घोरं लवणं हन्तास्मीत्येतद्दुर्वचो व्याहृतं तस्यास्य दुरुक्तस्य फलभूतेयं दुर्गतिर्ज्येष्ठातिक्रमहेतुना निरयप्रापकाभिषेकप्राप्तिस्तत्प्रापकत्वद्वाक्यातिक्रमप्राप्तिर्वा जातेति शेषः ॥ ५ ॥ अतिपीडावशादुक्तमेव पुनर्वदति—उत्तरं हीति । ज्येष्ठेन भरतेन त्वया वाभिहिते उत्तरं न वक्तव्यं वक्तुमनर्हमेव । किंच तन्मूलकं त्वयाधर्मसहितम्, अतएव परलोकविवर्जितमभिषेकशासनं कृतम् । तच्च दुरतिक्रममिति शेषः ॥ ६ ॥ यदेवमतः—सोऽहं भरतोक्ते प्रथमं कृतोत्तरवचनः । हे काकुत्स्थ, तव ज्येष्ठस्योक्तेरभिषेकं प्रतीच्छेत्यस्या द्वितीयमुत्तरमिति हेतोर्न वक्ष्यामि । कुतस्तत्राह—मा द्वितीयेनेति । यथा भरते जिगमिषत्यहं गमिष्यामीत्युत्तरेण प्रथमेन राज्याभिषेकापत्तिरूपो दण्डः पतितः, यस्येदानीं त्वयाभिषेकं प्रतीच्छेत्युक्ते तदनङ्गीकारोत्तरेण द्वितीयेन मम दण्डो मा निपतेदिति ॥ ७ ॥ यदेवमतो हे राजन्, अहमस्य तव कामकारोऽभीष्टनियोगकर्तास्मि । यतः, अतो हे रघुनन्दन, मत्कृते मदनुष्ठिते राज्याभिषेकस्वीकारेऽधर्मं जहि, ममाधर्मसंबन्धो यथा न भवेत्तथा कुरु । इहामुत्र सर्वलोकस्य मय्यन्याय्यकारित्वबुद्धिं परिहर ॥ ८ ॥ एवमुक्ते स्वातन्त्र्यं विहायाभिषेकाङ्गीकारवाक्ये उक्ते ॥ ९ ॥ आनयध्वमिति बहुवचनं सुमन्त्राद्यभिप्रायेण ॥ १० ॥ ११ ॥ अभिषेकसमारम्भमभिषेकोपकरणवन्तं पुरोधसं पुरस्कृत्य ॥ १२ ॥ राजानः क्षत्रिया ब्राह्मणाश्च राजभवनं प्रविष्टाः ॥ १३ ॥ १४ ॥ १५ ॥ १६ ॥ १७ ॥ आशंसुराशशंसुर्निश्चितवन्तः । तेजः शत्रुसंहारोचितबलवीर्यम् ॥ १८ ॥ अयं शरः । दीयत इति शेषः ॥ १९ ॥ शरस्यामोघत्वहेतुमाह—सृष्ट इति । स्वयंभूर्जन्मरहितोऽजितो विष्णुर्यदा प्रलयकाले महार्णवे शेते । यं तदा सुरा असुराश्च नापश्यन् । कैमुतिकन्यायेन सर्वभूतादृश्यः । महार्णवे शयनं च वायुरूपेण । 'प्रजापतिर्वायुर्भूत्वाचरत्' इति श्रुतेरिति कतकः । तेन विष्णुना साक्षादयं शरोत्तमः सृष्टः ॥ २० ॥ तदा किमर्थं तत्सृष्टिस्तत्राह—सृष्ट इति । त्रींल्लोकान्सञ्जुका-

मधुकैटभयोर्वीर विघाते सर्वरक्षसाम् । स्रष्टुकामेन लोकांस्त्रींस्तौ चानेन हतौ युधि ॥ २२
तौ हत्वा जनभोगार्थं कैटभं तु मधुं तथा । अनेन शरमुख्येन ततो लोकांश्चकार सः ॥ २३
नायं मया शरः पूर्वं रावणस्य वधार्थिना । मुक्तः शत्रुघ्न भूतानां महान्ह्रासो भवेदिति ॥ २४
यच्च तस्य महच्छूलं त्र्यम्बकेण महात्मना । दत्तं शत्रुविनाशाय मधोरायुधमुत्तमम् ॥ २५
तत्संनिक्षिप्य भवने पूज्यमानं पुनः पुनः । दिशः सर्वाः समासाद्य प्राप्नोत्याहारमुत्तमम् । २६
यदा तु युद्धमाकाङ्क्षन्यदि कश्चित्समाह्वयेत् । तदा शूलं गृहीत्वा तु भस्म रक्षः करोति हि २७
स त्वं पुरुषशार्दूल तमायुधविनाकृतम् । अप्रविष्टं पुरं पूर्वं द्वारि तिष्ठ धृतायुधः ॥ २८
अप्रविष्टं च भवनं युद्धाय पुरुषर्षभ । आह्वयेथा महाबाहो ततो हन्तासि राक्षसम् ॥ २९
अन्यथा क्रियमाणे तु अवध्यः स भविष्यति । यदि त्वेवं कृतं वीर विनाशमुपयास्यति ॥ ३०
एतत्ते सर्वमाख्यातं शूलस्य च विपर्ययः । श्रीमतः शितिकण्ठस्य कृत्यं हि दुरतिक्रमम् ॥ ३१

इत्यार्षे श्रीमद्रामायणे वाल्मीकीय आदिकाव्य उत्तरकाण्डे त्रिषष्टितमः सर्गः ॥ ६३ ॥

चतुःषष्टितमः सर्गः ।

एवमुक्त्वा च काकुत्स्थं प्रशस्य च पुनः पुनः । पुनरेवापरं वाक्यमुवाच रघुनन्दनः ॥ १
इमान्यश्वसहस्राणि चत्वारि पुरुषर्षभ । रथानां द्वे सहस्रे च गजानां शतमुत्तमम् ॥ २
अन्तरापणवीथ्यश्च नानापण्योपशोभिताः । अनुगच्छन्तु काकुत्स्थं तथैव नटनर्तकाः ॥ ३
हिरण्यस्य सुवर्णस्य नियुतं पुरुषर्षभ । आदाय गच्छ शत्रुघ्न पर्याप्तधनवाहनः ॥ ४
बलं च सुभृतं वीर हृष्टपुष्टमनुद्धतम् । संभाषासंप्रदानेन रञ्जयस्व नरोत्तम ॥ ५
न ह्यर्थास्तत्र तिष्ठन्ति न दारा न च बान्धवाः । सुप्रीतो भृत्यवर्गस्तु यत्र तिष्ठति राघव ॥ ६
अतो हृष्टजनाकीर्णां प्रस्थाप्य महतीं चमूम् । एक एव धनुष्पाणिर्गच्छ त्वं मधुनो वनम् ॥ ७

मेन भगवता हिरण्यगर्भेण तस्याः सृष्टेर्मधुकैटभयोः सर्वरक्षसां च सकाशाद्विघाते विघ्ने प्राप्ते तयोर्दुरात्मनोर्विनाशार्थं क्रोधाभिभूतेनायं शरः सृष्टः । सत्यसंकल्पत्वाच्चानेन तौ हतौ । 'सृष्टः क्रोधाभिभूतेन प्रभो सर्वदुरात्मनोः' इति पाठेऽभिषिक्तत्वाच्छत्रुघ्नसंबोधनं प्रभो इति ॥ २१ ॥ २२ ॥ उपसंहरति—तौ हत्वेति । जनभोगार्थं जनानां भोग्यभोगस्थानादिसंपादनद्वारा भोगसिद्ध्यर्थं लोकांश्चकार । निष्प्रत्यूहं ससर्जेत्यर्थः । अनेन स्वस्य विष्णुत्वं दृढीकृतम् ॥ २३ ॥ नायं मुक्तस्तत्र हेतुः—लोकानां ह्रासो भवेदिति । अल्पलक्ष्ये महास्त्रप्रयोगो न तन्मात्रहननेन शाम्यति, किं तु भूतानि संहरति । अतो भूतदयया न क्षिप्त इति भावः । अनेन रावणादपि लवणस्य महाबलत्वेन दिव्यशरपर्याप्तविषयत्वमुक्तम् ॥ २४ ॥ अथ निकुम्भिलायां समाप्तयागस्येन्द्रजित इव गृहीतशूलस्य तस्य दुर्जयत्वान्निकुम्भिलानिरोधमिव पुरप्रवेशनिरोधमुपदिशति—यच्च तस्येत्यादि । मधोर्दत्तमित्यन्वयः ॥ २५ ॥ २६ ॥ २७ ॥ आयुधविनाकृतमायुधरहितम् । युध्यस्वेति शेषः । तत्प्रकारमाह—अप्रविष्टमिति । पुरमप्रविष्टं प्रतीक्षन्पूर्वमेव द्वारि तिष्ठ ॥ २८ ॥ उक्तमेवार्थं दार्ढ्याय स्पष्टमाह—अप्रविष्टं चेति ॥ २९ ॥ यदि त्वेवमुक्तरीत्या कृतमनुष्ठितं भवति तदावश्यं विनाशमुपयास्यति ॥ ३० ॥ विपर्ययः परिहारः । ननु किमनेन निर्बन्धेन, बाणेन शूलं छित्त्वा तमपि हनिष्यामि तत्राह—श्रीमत इति । कृत्यं शूलमाहात्म्यं दुरतिक्रममतिक्रमितुमशक्यम् । शक्तावप्यनुचितं चेत्यर्थः । ईश्वरकृतमर्यादापालनार्थमेवास्मदवतारादिति भावः ॥ ३१ ॥ **इति श्रीरामाभिरामे श्रीरामीये रामायणतिलके वाल्मीकीय आदिकाव्य उत्तरकाण्डे त्रिषष्टितमः सर्गः ॥ ६३ ॥**

अथ शत्रुघ्नप्रस्थानम्—एवमिति । प्रशस्य स्तुत्वा ॥ १ ॥ २ ॥ अन्तरा नगरमध्यवर्तिन्यो या आपणवीथ्यो वीथ्यो वीथिस्था वणिजो नानाविधैः पण्यैः क्रयविक्रयार्हद्रव्यैरुपशोभिता युक्ता अनुगच्छन्तु । 'नानावर्णोपशोभिताः' इति पाठे नानावर्णैर्ब्राह्मणादिभिरुपशोभिता इत्यर्थ इति कतकः । 'पण्य' इति पाठ एव युक्तः । नटा वाक्यार्थाभिनयकर्तारः । नर्तकाः पदार्थाभिनयकर्तारः ॥ ३ ॥ सुवर्णस्योत्कृष्टवर्णस्य । नियुतं लक्षमित्येके, दशलक्षमित्यन्ये । पर्याप्तधनवाहनः । जीवनपर्याप्तधनः । युद्धपर्याप्तवाहन इत्यर्थः ॥ ४ ॥ बलं सुभृतं हृष्टं तुष्टम्, अतएव त्वय्यनुद्धतं यथा भवति तथा कुरु । वेतनादिप्रदानेनेत्यर्थः । किं च संभाषायाः सम्यग्वचनस्य संप्रदानेनोक्त्या रञ्जय तत् ॥ ५ ॥ किमेवं बलादरेण तत्राह—न ह्यर्था इति । यत्र रिपुसंकटे भृत्यास्तिष्ठन्ति तत्रार्थादयो न तिष्ठन्तीत्येते सर्वे आदर्तव्या इत्यर्थः ॥ ६ ॥ ननु किं सेनया तर्हि लवणेन योत्स्यामि, नेत्याह—अत इति । अतोऽयोध्याया इदानीमेव महतीं चमूं प्रस्थाप्यैक एव त्वं मधुनो वनं

यथा त्वां न प्रजानाति गच्छन्तं युद्धकाङ्क्षिणम् । लवणस्तु मधोः पुत्रस्तथा गच्छेरशङ्कितम् ॥ ८
न तस्य मृत्युरन्योऽस्ति कश्चिद्धि पुरुषर्षभ । दर्शनं योऽभिगच्छेत स वध्यो लवणेन हि ॥ ९
स ग्रीष्मे अपयाते तु वर्षारात्र उपागते । हन्यास्त्वं लवणं सौम्य स हि कालोऽस्य दुर्मतेः ॥ १०
महर्षींस्तु पुरस्कृत्य प्रयान्तु तव सैनिकाः । यथा ग्रीष्मावशेषेण तरेयुर्जाह्नवीजलम् ॥ ११
तत्र स्थाप्य बलं सर्वं नदीतीरे समाहितः । अग्रतो धनुषा सार्धं गच्छ त्वं लघुविक्रम ॥ १२
एवमुक्तस्तु रामेण शत्रुघ्नस्तान्महाबलान् । सेनामुख्यान्समानीय ततो वाक्यमुवाच ह ॥ १३
एते वो गणिता वासा यत्र तत्र निवत्स्यथ । स्थातव्यं चाविरोधेन यथा बाधा न कस्यचित् ॥ १४
तथा तांस्तु समाज्ञाप्य प्रस्थाप्य च महद्बलम् । कौसल्यां च सुमित्रां च कैकेयीं चाभ्यवादयत् ॥ १५
रामं प्रदक्षिणीकृत्य शिरसाभिप्रणम्य च । लक्ष्मणं भरतं चैव प्रणिपत्य कृताञ्जलिः ॥ १६
पुरोहितं वसिष्ठं च शत्रुघ्नः प्रयतात्मवान् । रामेण चाभ्यनुज्ञातः शत्रुघ्नः शत्रुतापनः ।
प्रदक्षिणमथो कृत्वा निर्जगाम महाबलः ॥ १७
निर्याप्य सेनामथ सोऽग्रतस्तदा गजेन्द्रवाजिप्रवरौघसंकुलाम् ।
उपास्यमानः स नरेन्द्रपार्श्वतः प्रतिप्रयातो रघुवंशवर्धनः ॥ १८

इत्यार्षे श्रीमद्रामायणे वाल्मीकीय आदिकाव्य उत्तरकाण्डे चतुःषष्टितमः सर्गः ॥ ६४ ॥

पञ्चषष्टितमः सर्गः ।

प्रस्थाप्य च बलं सर्वं मासमात्रोषितः पथि । एक एवाशु शत्रुघ्नो जगाम त्वरितं तदा ॥ १
द्विरात्रमन्तरे शूर उष्य राघवनन्दनः । वाल्मीकेराश्रमं पुण्यमगच्छद्वासमुत्तमम् ॥ २
सोऽभिवाद्य महात्मानं वाल्मीकिं मुनिसत्तमम् । कृताञ्जलिरथो भूत्वा वाक्यमेतदुवाच ह ॥ ३
भगवन्वस्तुमिच्छामि गुरोः कृत्यादिहागतः । श्वः प्रभाते गमिष्यामि प्रतीचीं दारुणां दिशम् ॥ ४
शत्रुघ्नस्य वचः श्रुत्वा प्रहस्य मुनिपुंगवः । प्रत्युवाच महात्मानं स्वागतं ते महायशः ॥ ५
स्वमाश्रममिदं सौम्य राघवाणां कुलस्य वै । आसनं पाद्यमर्घ्यं च निर्विशङ्कः प्रतीच्छ मे ॥ ६
प्रतिगृह्य तदा पूजां फलमूलं च भोजनम् । भक्षयामास काकुत्स्थस्तृप्तिं च परमां गतः ॥ ७
स भुक्त्वा फलमूलं च महर्षिं तमुवाच ह । पूर्वा यज्ञविभूतीयं कस्याश्रमसमीपतः ॥ ८
तत्तस्य भाषितं श्रुत्वा वाल्मीकिर्वाक्यमब्रवीत् । शत्रुघ्न शृणु यस्येदं बभूवायतनं पुरा ॥ ९

मधोर्वनं गच्छ । अयं भावः—सुखेन जाह्नवीतरणाय ग्रीष्मकाल एव प्रस्थाय जाह्नवीमुत्तीर्य किंचित्कालं तत्र स्थित्वा तद्बलं तत्रैव संस्थाप्य स्वयमेक एव मधुवनं प्राप्य वर्षाप्रादुर्भावे लवणं जहीति ॥ ७ ॥ तदेवाह—यथेति । अशङ्कितं त्वदागमनशङ्कारहितं यथा तथा गच्छेः ॥ ८ ॥ तस्य लवणस्यान्योऽशङ्किततया तदुपरोधकव्यतिरिक्तो मृत्युर्नास्तीत्येतदुपपादयति—दर्शनमिति । युद्धाकाङ्क्षी समायातीति तत्कर्तृकज्ञानविषयो यो भवेदित्यर्थः ॥ ९ ॥ वसन्ते प्रस्थितस्यापि युद्धकालो नायमित्याह—स इति । वर्षारात्रे वर्षाकाले वर्षासु केऽपि युद्धार्थं न यतन्त इति निर्भयो निःशूल एव चरति, अतः स एवास्य वधकाल इति भावः ॥ १० ॥ तर्हि नेदानीं गन्तव्यमित्याशङ्क्य स्वदेशे कार्यान्तरसाधनार्थमेव प्रथमतः शनैः सेनामात्रगमनं कार्यमित्याह—महर्षीनिति ॥ ११ ॥ तत्र जाह्नवीपरतीरेऽग्रतस्ततः परभूते मार्गे । धनुषा सार्धम् । नान्येन बलेनेत्यर्थः ॥ १२ ॥ १३ ॥ एते प्रसिद्धा वो युष्माकं वासा गणिता एव सन्ति । यत्र यत्र वासे वत्स्यथ तत्र तत्राविरोधेन स्थातव्यम् । तदेवाह—यथेति । इदं सैनिकान्प्रति वाक्यम् ॥ १४ ॥ अनेन केवलसेनैव प्रस्थिता, शत्रुघ्नस्तु पश्चादयोध्यात एकल एव गमिष्यतीति ज्ञायते ॥ १५ ॥ १६ ॥ १७ ॥ १८ ॥ इति श्रीरामाभिरामे श्रीरामीये रामायणतिलके वाल्मीकीय आदिकाव्य उत्तरकाण्डे चतुःषष्टितमः सर्गः ॥ ६४ ॥

अथ सेनाप्रस्थानोत्तरं मासमात्रमयोध्यायामुषित्वा पश्चादेकाकिनो गच्छतः शत्रुघ्नस्य मार्गवशाद्वाल्मीक्याश्रमप्राप्तिः—प्रस्थाप्येति । मासमात्रोषितः । अयोध्यायामिति शेषः । पथ्येक एवासहाय एव जगाम ॥ १ ॥ २ ॥ ३ ॥ दारुणाम् । लवणाधिष्ठितत्वात् ॥ ४ ॥ ५ ॥ इदमाश्रमं राघवाणां कुलस्य स्वमेव स्वीयमेव ॥ ६ ॥ ७ ॥ पूर्वा यज्ञविभूतीयमित्यार्षः संधिः । आश्रमसमीपतः पूर्वा पूर्वप्रदेशे दृश्यमाना पुरातनी चेयं यज्ञविभूतिर्यूपादियज्ञोपकरणसमृद्धिः कस्य । यजमानस्येत्यर्थः ॥ ८ ॥ यस्य यजमानस्येदमायतनं बभूव तच्छृणु

युष्माकं पूर्वको राजा सौदासस्तस्य भूपतेः । पुत्रो वीर्यसहो नाम वीर्यवानतिधार्मिकः ॥ १०
स बाल एव सौदासो मृगयामुपचक्रमे । चञ्चूर्यमाणं ददृशे स शूरो राक्षसद्वयम् ॥ ११
शार्दूलरूपिणौ घोरौ मृगान्बहुसहस्रशः । भक्षमाणावसंतुष्टौ पर्याप्तिं नैव जग्मतुः ॥ १२
स तु तौ राक्षसौ दृष्ट्वा निर्मृगं च वनं कृतम् । क्रोधेन महताविष्टो जघानैकं महेषुणा ॥ १३
विनिपात्य तमेकं तु सौदासः पुरुषर्षभः । विज्वरो विगतामर्षो हतं रक्षो ह्युदैक्षत ॥ १४
निरीक्षमाणं तं दृष्ट्वा सहायं तस्य रक्षसः । संतापमकरोद्घोरं सौदासं चेदमब्रवीत् ॥ १५
यस्मादनपराधं तं सहायं मम जघ्निवान् । तस्मात्तवापि पापिष्ठ प्रदास्यामि प्रतिक्रियाम् ॥ १६
एवमुक्त्वा तु तद्रक्षस्तत्रैवान्तरधीयत । कालपर्याययोगेन राजा मित्रसहोऽभवत् ॥ १७
राजापि यजते यज्ञमस्याश्रमसमीपतः । अश्वमेधं महायज्ञं तं वसिष्ठोऽप्यपालयत् ॥ १८
तत्र यज्ञो महानासीद्बहुवर्षगणायुतः । समृद्धः परया लक्ष्म्या देवयज्ञसमोऽभवत् ॥ १९
अथावसाने यज्ञस्य पूर्ववैरमनुस्मरन् । वसिष्ठरूपी राजानमिति होवाच राक्षसः ॥ २०
अद्य यज्ञावसानान्ते सामिषं भोजनं मम । दीयतामिति शीघ्रं वै नात्र कार्या विचारणा ॥ २१
तच्छ्रुत्वा व्याहृतं वाक्यं रक्षसा ब्रह्मरूपिणा । सूदान्संस्कारकुशलानुवाच पृथिवीपतिः ॥ २२
हविष्यं सामिषं स्वादु यथा भवति भोजनम् । तथा कुरुत शीघ्रं वै परितुष्येद्यथा गुरुः ॥ २३
शासनात्पार्थिवेन्द्रस्य सूदः संभ्रान्तमानसः । तच्च रक्षः पुनस्तत्र सूदवेषमथाकरोत् ॥ २४
स मानुषमथो मांसं पार्थिवाय न्यवेदयत् । इदं स्वादु हविष्यं च सामिषं चान्नमाहृतम् ॥ २५
स भोजनं वसिष्ठाय पत्न्या सार्धमुपाहरत् । मदयन्त्या नरश्रेष्ठ सामिषं रक्षसा हृतम् ॥ २६
ज्ञात्वा तदामिषं विप्रो मानुषं भोजनागतम् । क्रोधेन महताविष्टो व्याहर्तुमुपचक्रमे ॥ २७
यस्मात्त्वं भोजनं राजन्ममैतद्दातुमिच्छसि । तस्माद्भोजनमेतत्ते भविष्यति न संशयः ॥ २८
ततः क्रुद्धस्तु सौदासस्तोयं जग्राह पाणिना । वसिष्ठं शप्तुमारेभे भार्या चैनमवारयत् ॥ २९
राजन्प्रभुर्यतोऽस्माकं वसिष्ठो भगवानृषिः । प्रतिशप्तुं न शक्तस्त्वं देवतुल्यं पुरोधसम् ॥ ३०
ततः क्रोधमयं तोयं तेजोबलसमन्वितम् । व्यसर्जयत धर्मात्मा ततः पादौ सिषेच च ॥ ३१
तेनास्य राज्ञस्तौ पादौ तदा कल्माषतां गतौ । तदाप्रभृति राजासौ सौदासः सुमहायशाः ॥ ३२
कल्माषपादः संवृत्तः ख्यातश्चैव तथा नृपः । स राजा सह पत्न्या वै प्रणिपत्य मुहुर्मुहुः ।
पुनर्वसिष्ठं प्रोवाच यदुक्तं ब्रह्मरूपिणा ॥ ३३
तच्छ्रुत्वा पार्थिवेन्द्रस्य रक्षसा विकृतं च तत् । पुनः प्रोवाच राजानं वसिष्ठः पुरुषर्षभम् ॥ ३४
मया रोषपरीतेन यदिदं व्याहृतं वचः । नैतच्छक्यं वृथा कर्तुं प्रदास्यामि च ते वरम् ॥ ३५
कालो द्वादशवर्षाणि शापस्यान्तो भविष्यति । मत्प्रसादाच्च राजेन्द्र अतीतं न स्मरिष्यसि ॥ ३६
एवं स राजा तं शापमुपभुज्यारिसूदनः । प्रतिलेभे पुना राज्यं प्रजाश्चैवान्वपालयत् ॥ ३७
तस्य कल्माषपादस्य यज्ञस्यायतनं शुभम् । आश्रमस्य समीपेऽस्मिन्यन्मां पृच्छसि राघव ॥ ३८

॥ ९ ॥ १० ॥ चञ्चूर्यमाणं मुहुर्मुहुश्चरन्तम् ॥ ११ ॥ १२ ॥ निर्मृगं कृतं वनं च दृष्ट्वेत्यनुकर्षः ॥ १३ ॥ १४ ॥ तस्य हतस्य राक्षसः सहायं सहायभूतमात्मानं निरीक्षमाणं तं राजानं दृष्ट्वा संतापमकरोत् ॥ १५ ॥ १६ ॥ कालपर्याययोगेन बहुकालानन्तरं प्राप्य राज्यप्रापककर्मवशेन मित्रसहो राजाभवत् । वीर्यसहस्यैव मित्रसह इति नामान्तरम् ॥ १७ ॥ अस्याश्रमेति लुप्तषष्ठीकम् । अस्याश्रमस्य समीपतो राजा यज्ञं यजते स्म ॥ १८ ॥ गणायुत इत्यत्राङ्प्रश्लेषः ॥१९॥२०॥२१॥ ॥ २२ ॥ २३ ॥ संभ्रान्तमानसः । अभूदिति शेषः । पाकत्वरयेति शेषः । सूदवेषमिति । तत्र महानसे सूदान्तरवेषं गृहीत्वा मुख्यसूदेन पाकसमये मानुषं मांसं प्राक्षिप्तमिति शेषः ॥ २४ ॥ अथानन्तरं सूदवेषो राक्षसः पार्थिवाय मानुषमांसं पक्वं न्यवेदयत् । इदमन्नं सिद्धमिति निवेदनप्रकारः ॥ २५ ॥ राजापि सामिषं मानुषमप्यमानुषं तद्धविष्यमित्येव विज्ञाय पत्न्या सार्धं वसिष्ठायोपाहरत् ॥ २६ ॥ मानुषमामिषं भोजनागतं ज्ञात्वा । भोजनरसवशेनेति भावः ॥ २७ ॥ एतद्भोजनं मानुषामिषभोजनम् ॥ २८ ॥ २९ ॥ ३० ॥ ३१ ॥ ३२ ॥ वसिष्ठं शुद्धवसिष्ठम् । ब्रह्मरूपिणा मायावसिष्ठेन यदुक्तं सामिषभोजनप्रार्थनम् ॥ ३३ ॥ तद्रक्षसा । विकृतं कृतमिति शेषः । एतद्राजवचनं श्रुत्वा पुनर्वसिष्ठः प्रोवाच ॥ ३४ ॥ ३५ ॥ द्वादशवर्षाणि कालः । व्यतीतश्चेदिति शेषः । अतीतं स्वकं राजत्वं च न शापभोगकाले स्मरिष्यसि ॥ ३६ ॥ ३७ ॥ कल्माषपाद इति मित्रसहस्यैव

तस्य तां पार्थिवेन्द्रस्य कथां श्रुत्वा सुदारुणाम् । विवेश पर्णशालायां महर्षिमभिवाद्य च ॥ ३९

इत्यार्षे श्रीमद्रामायणे वाल्मीकीय आदिकाव्य उत्तरकाण्डे पञ्चषष्टितमः सर्गः ॥ ६५ ॥

षट्षष्टितमः सर्गः ।

यामेव रात्रिं शत्रुघ्नः पर्णशालां समाविशत् । तामेव रात्रिं सीतापि प्रसूता दारकद्वयम् ॥ १
ततोऽर्धरात्रसमये बालका मुनिदारकाः । वाल्मीकेः प्रियमाचख्युः सीतायाः प्रसवं शुभम् ॥ २
भगवन्रामपत्नी सा प्रसूता दारकद्वयम् । ततो रक्षां महातेजः कुरु भूतविनाशिनीम् ॥ ३
तेषां तद्वचनं श्रुत्वा महर्षिः समुपागमत् । बालचन्द्रप्रतीकाशौ देवपुत्रौ महौजसौ ॥ ४
जगाम तत्र हृष्टात्मा ददर्श च कुमारकौ । भूतघ्नीं चाकरोत्ताभ्यां रक्षां रक्षोविनाशिनीम् ॥ ५
कुशमुष्टिमुपादाय लवं चैव तु स द्विजः । वाल्मीकिः प्रददौ ताभ्यां रक्षां भूतविनाशिनीम् ॥ ६
यस्तयोः पूर्वजो जातः स कुशैर्मन्त्रसत्कृतैः । निर्मार्जनीयस्तु तदा कुश इत्यस्य नाम तत् ॥ ७
यश्चावरो भवेत्ताभ्यां लवेन सुसमाहितः । निर्मार्जनीयो वृद्धाभिर्लवेति च स नामतः ॥ ८
एवं कुशलवौ नाम्ना तावुभौ यमजातकौ । मत्कृताभ्यां च नामभ्यां ख्यातियुक्तौ भविष्यतः ॥ ९
तां रक्षां जगृहुस्तां च मुनिहस्तात्समाहिताः । अकुर्वंश्च ततो रक्षां तयोर्विगतकल्मषाः ॥ १०
तथा तां क्रियमाणां च वृद्धाभिर्गोत्र नाम च । संकीर्तनं च रामस्य सीतायाः प्रसवौ शुभौ ॥ ११
अर्धरात्रे तु शत्रुघ्नः शुश्राव सुमहत्प्रियम् । पर्णशालां ततो गत्वा मातर्दिष्ट्येति चाब्रवीत् ॥ १२
तदा तस्य प्रहृष्टस्य शत्रुघ्नस्य महात्मनः । व्यतीता वार्षिकी रात्रिः श्रावणी लघुविक्रमा ॥ १३
प्रभाते सुमहावीर्यः कृत्वा पौर्वाह्णिकीं क्रियाम् । मुनिं प्राञ्जलिरामन्त्र्य ययौ पश्चान्मुखः पुनः ॥ १४
स गत्वा यमुनातीरं सप्तरात्रोषितः पथि । ऋषीणां पुण्यकीर्तीनामाश्रमे वासमभ्ययात् ॥ १५
स तत्र मुनिभिः सार्धं भार्गवप्रमुखैर्नृपः । कथाभिरभिरूपाभिर्वासं चक्रे महायशाः ॥ १६

स काञ्चनाद्यैर्मुनिभिः समेतै रघुप्रवीरो रजनीं तदानीम् ।
कथाप्रकारैर्बहुभिर्महात्मा विरामयामास नरेन्द्रसूनुः ॥ १७

इत्यार्षे श्रीमद्रामायणे वाल्मीकीय आदिकाव्य उत्तरकाण्डे षट्षष्टितमः सर्गः ॥ ६६ ॥

नामान्तरम् ॥ ३८ ॥ विवेश । शत्रुघ्नः स्वप्तुमिति शेषः ॥ ३९ ॥ इति श्रीरामाभिरामे श्रीरामीये रामायणतिलके वाल्मीकीय आदिकाव्य उत्तरकाण्डे पञ्चषष्टितमः सर्गः ॥ ६५ ॥

अथ शत्रुघ्नस्य तद्दिने एव सीताप्रसवज्ञानपूर्वकमृषिभिः सह मधुवनप्रस्थानम्—यामेवेति । यस्यां रात्र्यां प्रसूता प्रसूतवती ॥ १ ॥ मुनिदारका मुनिपुत्राः ॥ २ ॥ भूतविनाशिनीं चतुःषष्टिबालग्रहविनाशिनीम् ॥ ३ ॥ देवपुत्रौ तत्सदृशौ । द्रष्टुमिति शेषः ॥ ४ ॥ ५ ॥ भूतघ्नीं रक्षोविनाशिनीं च रक्षामकरोदित्युक्तम्, तत्प्रकारमाह—कुशमुष्टिमिति । कुशमुष्टिं लवं चोपादाय रक्षां प्रददौ । लूनकुशानामग्रभागः कुशमुष्टिरित्युच्यते, तेषामधोभागो लव इति । तत्र कतिपयसाग्रकुशान्गृहीत्वा मध्ये द्विधा च्छित्वा तदग्राधोभागाभ्यां क्रमाज्ज्येष्ठकनिष्ठयोः प्रमार्जनफलकं तद्रूपं रक्षादानं वृद्धानां स्त्रीणां हस्ते इति बोध्यम् ॥ ६ ॥ निर्मार्जनीयो निर्मार्जनार्हौ यतो जातस्ततोऽस्य कुश इति नाम भविष्यतीत्यर्थः ॥ ७ ॥ ताभ्याम् । तयोर्मध्ये इत्यर्थः । स लवेन कुशाधोभागमुष्टिना वृद्धाभिर्निर्मार्जनीयः । सूतीगृहे ऋषेः प्रवेशाभावाद्वृद्धाभिरिति । स लवेति । नामतो भविष्यतीति शेषः । जातकर्मण एवाद्य दिवसे कर्तव्यता, न तु नामकरणस्यापीति भविष्यतीति शेषपूरणम् ॥ ८ ॥ यमजातकौ यमलौ ॥ ९ ॥ समाहिता वृद्धास्ता मुनिहस्तान्मुनिना दीयमानां रक्षा जगृहुः ॥ १० ॥ गोत्रनाम च गोत्रं च नाम च । तत्र नाम्नः करिष्यमाणत्वेन श्रवणम् । रामस्य संकीर्तनम् । भगवन्रामपत्नी सा प्रसूतेति मुनिदारकवचनश्रवणात् ॥ ११ ॥ ततस्तच्छ्रवणानन्तरम् । पर्णशालां सीतायाः प्रसवपर्णशालां गत्वा मातर्दिष्ट्या दैवयोगेन ते पुत्रजन्मेति शेष इत्यब्रवीदित्यर्थ इति कतकः । 'पर्णशालां गतो रात्रौ दिष्ट्या दिष्ट्येति चाब्रवीत्' इति पाठे स्वपर्णशालास्थः सर्वमिदं श्रुत्वा स्वात्मन्येव भाग्यं भाग्यमित्यब्रवीदित्यर्थः । आद्यपाठेऽपि वाल्मीकिदत्तपर्णशालां पूर्वमेव गत्वा स्थितः, ततः श्रवणानन्तरं मातर्भाग्येनेदं तव पुत्रजन्मेति स्वात्मन्येवाब्रवीदित्यर्थो वक्तुं शक्यः । रामानुज्ञां विना रामत्यक्तसंभाषणस्यानौचित्यादिति तीर्थः ॥ १२ ॥ वार्षिकी वर्षाकालिकी । तत्रापि श्रावणी श्रावणमासीया । दीर्घतरापि लघुविक्रमा शीघ्रगमना व्यतीता ॥ १३ ॥ मुनिं वाल्मीकिम् ॥ १४ ॥ १५ ॥ स तत्र यमुनातीरे । यत्तु गङ्गातीर इति कतकस्तत्पूर्वापरसंदर्भविरुद्धम् ॥ १६ ॥ स काञ्चनाद्यैरिति ।

सप्तषष्टितमः सर्गः ।

अथ रात्र्यां प्रवृत्तायां शत्रुघ्नो भृगुनन्दनम् । पप्रच्छ च्यवनं विप्रं लवणस्य यथाबलम् ॥ १
शूलस्य च बलं ब्रह्मन्के च पूर्वं विनाशिताः । अनेन शूलमुख्येन द्वन्द्वयुद्धमुपागताः ॥ २
तस्य तद्वचनं श्रुत्वा शत्रुघ्नस्य महात्मनः । प्रत्युवाच महातेजाश्च्यवनो रघुनन्दनम् ॥ ३
असंख्येयानि कर्माणि यान्यस्य रघुनन्दन । इक्ष्वाकुवंशप्रभवे यद्वृत्तं तच्छृणुष्व मे ॥ ४
अयोध्यायां पुरा राजा युवनाश्वसुतो बली । मांधाता इति विख्यातस्त्रिषु लोकेषु वीर्यवान् ॥ ५
स कृत्वा पृथिवीं कृत्स्नां शासने पृथिवीपतिः । सुरलोकमितो जेतुमुद्योगमकरोन्नृपः ॥ ६
इन्द्रस्य च भयं तीव्रं सुराणां च महात्मनाम् । मांधातरि कृतोद्योगे देवलोकजिगीषया ॥ ७
अर्धासनेन शक्रस्य राज्यार्धेन च पार्थिवः । वन्द्यमानः सुरगणैः प्रतिज्ञामध्यरोहत ॥ ८
तस्य पापमभिप्रायं विदित्वा पाकशासनः । सान्त्वपूर्वमिदं वाक्यमुवाच युवनाश्वजम् ॥ ९
राजा त्वं मानुषे लोके न तावत्पुरुषर्षभ । अकृत्वा पृथिवीं वश्यां देवराज्यमिहेच्छसि ॥ १०
यदि वीर समग्रा ते मेदिनी निखिला वशे । देवराज्यं कुरुष्वेह सभृत्यबलवाहनः ॥ ११
इन्द्रमेवं ब्रुवाणं तं मांधाता वाक्यमब्रवीत् । क मे शक्र प्रतिहतं शासनं पृथिवीतले ॥ १२
तमुवाच सहस्राक्षो लवणो नाम राक्षसः । मधुपुत्रो मधुवने न तेऽज्ञां कुरुतेऽनघ ॥ १३
तच्छ्रुत्वा विप्रियं घोरं सहस्राक्षेण भाषितम् । व्रीडितोऽवाङ्मुखो राजा व्याहर्तुं न शशाक ह ॥ १४
आमन्त्र्य तु सहस्राक्षं प्रायात्किंचिदवाङ्मुखः । पुनरेवागमच्छ्रीमानिमं लोकं नरेश्वरः ॥ १५
स कृत्वा हृदयेऽमर्षं सभृत्यबलवाहनः । आजगाम मधोः पुत्रं वशे कर्तुमरिंदमः ॥ १६
स काङ्क्षमाणो लवणं युद्धाय पुरुषर्षभः । दूतं संप्रेषयामास सकाशं लवणस्य सः ॥ १७
स गत्वा विप्रियाण्याह बहूनि मधुनः सुतम् । वदन्तमेवं तं दूतं भक्षयामास राक्षसः ॥ १८
चिरायमाणे दूते तु राजा क्रोधसमन्वितः । अर्दयामास तद्रक्षः शरवृष्ट्या समन्ततः ॥ १९
ततः प्रहस्य तद्रक्षः शूलं जग्राह पाणिना । वधाय सानुबन्धस्य मुमोचायुधमुत्तमम् ॥ २०
तच्छूलं दीप्यमानं तु सभृत्यबलवाहनम् । भस्मीकृत्वा नृपं भूमौ लवणस्यागमत्करम् ॥ २१
एवं स राजा सुमहान्हतः सबलवाहनः । शूलस्य तु बलं सौम्य अप्रमेयमनुत्तमम् ॥ २२
श्वः प्रभाते तु लवणं वधिष्यसि न संशयः । अगृहीतायुधं क्षिप्रं ध्रुवो हि विजयस्तव ॥ २३
लोकानां स्वस्ति चैवं स्यात्कृते कर्मणि च त्वया । एतत्ते सर्वमाख्यातं लवणस्य दुरात्मनः ॥ २४
शूलस्य च बलं घोरमप्रमेयं नरर्षभ । विनाशश्चैव मांधातुर्यत्नेनाभूच्च पार्थिव ॥ २५

त्वं श्वः प्रभाते लवणं महात्मन्वधिष्यसे नात्र तु संशयो मे ।
शूलं विना निर्गतमामिषार्थे ध्रुवो जयस्ते भविता नरेन्द्र ॥ २६

इत्यार्षे श्रीमद्रामायणे वाल्मीकीय आदिकाव्य उत्तरकाण्डे सप्तषष्टितमः सर्गः ॥ ६७ ॥

काञ्चनेति च्यवनस्य नामान्तरम् । 'सभार्गवाद्यैः' इति पाठान्तरम् ॥ १७ ॥ इति श्रीरामाभिरामे श्रीरामीये रामायणतिलके वाल्मीकीय आदिकाव्य उत्तरकाण्डे षट्षष्टितमः सर्गः ॥ ६६ ॥

अथ रात्र्यामिति । प्रवृत्तायां जातायाम् लवणबलं शूलबलम् । पूर्वं शूलेन विनाशिताश्च के इति पप्रच्छेति संबन्धः ॥ १ ॥ २ ॥ ३ ॥ अस्य शूलस्य लवणस्य चासंख्येयानि कर्माणि यानि सन्ति तेषु इक्ष्वाकुवंशप्रभवे मांधातरि यन्महत्कर्मास्य वृत्तं तच्छृणुष्व ॥ ४ ॥ ५ ॥ ६ ॥ ७ ॥ शक्रस्यार्धासनेनार्धराज्येन च युक्तः पार्थिवो राजा भूत्वा सुरगणैर्वन्द्यमानः स्थास्ये इति प्रतिज्ञां कृत्वा दिवमध्यरोहत । राजेत्यर्थः ॥ ८ ॥ ९ ॥ तावत्प्रथमं मानुषे एव लोके सर्वात्मना राजा नासि, स त्वं पृथिवीमेव वश्यामकृत्वा कथमिह देवराज्यमिच्छसि ॥ १० ॥ यदि समग्रा मेदिनी ते तव वशे भविष्यति तदा देवराज्यं कुरु ॥ ११ ॥ १२ ॥ न तेऽज्ञाम् । न ते आज्ञामित्यर्थः । संधिरार्षः ॥ १३ ॥ १४ ॥ १५ ॥ १६ ॥ १७ ॥ १८ ॥ चिरायमाणे विलम्बं कुर्वाणे ॥ १९ ॥ २० ॥ २१ ॥ २२ ॥ अथ श्रुतशूलबलं प्रति स्वविजयसंदेहनिवृत्तय आह—श्वः प्रभाते इति ॥ २३ ॥ २४ ॥ २५ ॥ २६ ॥ इति श्रीरामाभिरामे श्रीरामीये रामायणतिलके वाल्मीकीय आदिकाव्य उत्तरकाण्डे सप्तषष्टितमः सर्गः ॥ ६७ ॥

अष्टषष्टितमः सर्गः ।

कथां कथयतस्तेषां जयं चाकाङ्क्षतां शुभम् । व्यतीता रजनी शीघ्रं शत्रुघ्नस्य महात्मनः ॥ १
ततः प्रभाते विमले तस्मिन्काले स राक्षसः । निर्गतस्तु पुराद्वीरो भक्ष्याहारप्रचोदितः ॥ २
एतस्मिन्नन्तरे वीर उत्तीर्य यमुनां नदीम् । तीर्त्वा मधुपुरद्वारि धनुष्पाणिरतिष्ठत ॥ ३
ततोऽर्धदिवसे प्राप्ते क्रूरकर्मा स राक्षसः । आगच्छद्बहुसाहस्रं प्राणिनां भारमुद्वहन् ॥ ४
ततो ददर्श शत्रुघ्नं स्थितं द्वारि धृतायुधम् । तमुवाच ततो रक्षः किमनेन करिष्यसि ॥ ५
ईदृशानां सहस्राणि सायुधानां नराधम । भक्षितानि मया रोषात्कालेनानुगतो ह्यसि ॥ ६
आहारश्चाप्यसंपूर्णो ममायं पुरुषाधम । स्वयं प्रविष्टोऽद्य मुखं कथमासाद्य दुर्मते ॥ ७
तस्यैवं भाषमाणस्य हसतश्च मुहुर्मुहुः । शत्रुघ्नो वीर्यसंपन्नो रोषादश्रूण्यवासृजत् ॥ ८
तस्य रोषाभिभूतस्य शत्रुघ्नस्य महात्मनः । तेजोमया मरीच्यस्तु सर्वगात्रैर्विनिष्पतन् ॥ ९
उवाच च सुसंक्रुद्धः शत्रुघ्नः स निशाचरम् । योद्धुमिच्छामि दुर्बुद्धे द्वन्द्वयुद्धं त्वया सह ॥ १०
पुत्रो दशरथस्याहं भ्राता रामस्य धीमतः । शत्रुघ्नो नाम शत्रुघ्नो वधाकाङ्क्षी तवागतः ॥ ११
तस्य मे युद्धकामस्य द्वन्द्वयुद्धं प्रदीयताम् । शत्रुस्त्वं सर्वभूतानां न मे जीवन्गमिष्यसि ॥ १२
तस्मिंस्तथा ब्रुवाणे तु राक्षसः प्रहसन्निव । प्रत्युवाच नरश्रेष्ठं दिष्ट्या प्राप्तोऽसि दुर्मते ॥ १३
मम मातृष्वसुर्भ्राता रावणो नाम राक्षसः । हतो रामेण दुर्बुद्धे स्त्रीहेतोः पुरुषाधम ॥ १४
तच्च सर्वं मया क्षान्तं रावणस्य कुलक्षयम् । अवज्ञां पुरतः कृत्वा मया यूयं विशेषतः ॥ १५
निहताश्च हि ते सर्वे परिभूतास्तृणं यथा । भूताश्चैव भविष्याश्च यूयं च पुरुषाधमाः ॥ १६
तस्य ते युद्धकामस्य युद्धं दास्यामि दुर्मते । तिष्ठ त्वं च मुहूर्तं तु यावदायुधमानये ॥ १७
ईप्सितं यादृशं तुभ्यं सज्जये यावदायुधम् । तमुवाचाशु शत्रुघ्नः क्व मे जीवन्गमिष्यसि ॥ १८
स्वयमेवागतः शत्रुर्न मोक्तव्यः कृतात्मना । यो हि विक्लवया बुद्ध्या प्रसरं शत्रवे दिशेत् ।
स हतो मन्दबुद्धिः स्याद्यथा कापुरुषस्तथा ॥ १९

तस्मात्सुदृष्टं कुरु जीवलोकं शरैः शितैस्त्वां विविधैर्नयामि ।
यमस्य गेहाभिमुखं हि पापं रिपुं त्रिलोकस्य च राघवस्य ॥ २०

इत्यार्षे श्रीमद्रामायणे वाल्मीकीय आदिकाव्य उत्तरकाण्डेऽष्टषष्टितमः सर्गः ॥ ६८ ॥

एकोनसप्ततितमः सर्गः ।

तच्छ्रुत्वा भाषितं तस्य शत्रुघ्नस्य महात्मनः । क्रोधमाहारयत्तीव्रं तिष्ठतिष्ठेति चाब्रवीत् ॥ १
पाणौ पाणिं स निष्पिष्य दन्तान्कटकटाय्य च । लवणो रघुशार्दूलमाह्वयामास चासकृत् ॥ २
तं ब्रुवाणं तथा वाक्यं लवणं घोरदर्शनम् । शत्रुघ्नो देवशत्रुघ्न इदं वचनमब्रवीत् ॥ ३
शत्रुघ्नो न तदा जातो यदान्ये निर्जितास्त्वया । तदद्य बाणाभिहतो व्रज त्वं यमसादनम् ॥ ४

अथ प्रातःकाले लवणे क्वचिद्गते मधुपुरद्वारं निरुध्य स्थितेन शत्रुघ्नेन मध्याह्ने प्रतिनिवृत्तस्य युद्धायाह्वानम्—कथामिति । तेषां वचः शृण्वानस्य शत्रुघ्नस्य रजनी व्यतीता ॥ १ ॥ भक्ष्यस्याहार आहरणं तेन प्रचोदितः प्रेरितः ॥ २ ॥ ३ ॥ ४॥ किमनेन । आयुधेनेत्यर्थः ॥ ५ ॥ ६ ॥ स्वयमासाद्यागत्य मम मुखं कथमद्य प्रविष्टोऽसि ॥ ७ ॥ ८ ॥ गात्रैर्विनिष्पतन्विनिरपतन् । मरीच्यो मरीचयः ॥ ९ ॥ १० ॥ ११ ॥ मे मत्तो जीवन्न गमिष्यसि ॥ १२ ॥ १३ ॥ मम मातृष्वसुर्भ्राता । कुम्भीनसीसंबन्धतः शूर्पणखास्य मातृष्वसा तद्भ्राता रावणः ॥ १४ ॥ मयावज्ञां पुरतः कृत्वा यूयं विशेषतः क्षान्ता इत्यनुकर्षः ॥ १५ ॥ भूताश्च भविष्याश्च यूयं वर्तमानाश्च पुरुषाधमाः सर्वेऽपि मे मया निहताः । सुकरहननत्वं वर्तमानेषु व्यङ्ग्यम् । परे तृणं यथा तथा परिभूताश्च । मांधातृपरिभवेन परिभूता इति युष्मास्ववज्ञां कृत्वा इतः पूर्वं भवन्तो न हता इति भावः ॥ १६ ॥ १७ ॥ तुभ्यं त्वां हन्तुं यादृशमायुधं ममेप्सितं तादृशं यावत्सज्जये सज्जं करोमि। त्वं तावत्तिष्ठेति शेषः ॥ १८ ॥ प्रसरमवकाशम् ॥ १९ ॥ २० ॥ इति श्रीरामाभिरामे श्रीरामीये रामायणतिलके वाल्मीकीय आदिकाव्य उत्तरकाण्डेऽष्टषष्टितमः सर्गः ॥ ६८ ॥

अथ लवणवधः—तदिति ॥ १ ॥ कटकटाय्य कटकटाश-

ऋषयोऽप्यद्य पापात्मन्मया त्वां निहतं रणे । पश्यन्तु विप्रा विद्वांसस्त्रिदशा इव रावणम् ॥ ५
त्वयि मद्बाणनिर्दग्धे पतितेऽद्य निशाचरे । पुरे जनपदे चापि क्षेममेव भविष्यति ॥ ६
अद्य मद्बाहुनिष्क्रान्तः शरो वज्रनिभाननः । प्रवेक्ष्यते ते हृदयं पद्ममंशुरिवार्कजः ॥ ७
एवमुक्तो महावृक्षं लवणः क्रोधमूर्च्छितः । शत्रुघ्नोरसि चिक्षेप स च तं शतधाच्छिनत् ॥ ८
तद्दृष्ट्वा विफलं कर्म राक्षसः पुनरेव तु । पादपान्सुबहून्गृह्य शत्रुघ्नायासृजद्बली ॥ ९
शत्रुघ्नश्चापि तेजस्वी वृक्षानापततो बहून् । त्रिभिश्चतुर्भिरेकैकं चिच्छेद नतपर्वभिः ॥ १०
ततो बाणमयं वर्षं व्यसृजद्राक्षसोपरि । शत्रुघ्नो वीर्यसंपन्नो विव्यथे न स राक्षसः ॥ ११
ततः प्रहस्य लवणो वृक्षमुद्यम्य वीर्यवान् । शिरस्यभ्यहनच्छूरं स्रस्ताङ्गः स मुमोह वै ॥ १२
तस्मिन्निपतिते वीरे हाहाकारो महानभूत् । ऋषीणां देवसङ्घानां गन्धर्वाप्सरसां तथा ॥ १३
तमवज्ञाय तु हतं शत्रुघ्नं भुवि पातितम् । रक्षो लब्धान्तरमपि न विवेश स्वमालयम् ॥ १४
नापि शूलं प्रजग्राह तं दृष्ट्वा भुवि पातितम् । ततो हत इति ज्ञात्वा तान्भक्षान्समुदावहत् ॥ १५
मुहूर्ताल्लब्धसंज्ञस्तु पुनस्तस्थौ धृतायुधः । शत्रुघ्नो वै पुरद्वारि ऋषिभिः संप्रपूजितः ॥ १६
ततो दिव्यममोघं तं जग्राह शरमुत्तमम् । ज्वलन्तं तेजसा घोरं पूरयन्तं दिशो दश ॥ १७
वज्राननं वज्रवेगं मेरुमन्दरसंनिभम् । नतं पर्वसु सर्वेषु संयुगेष्वपराजितम् ॥ १८
असृक्चन्दनदिग्धाङ्गं चारुपत्रं पतत्रिणम् । दानवेन्द्राचलेन्द्राणामसुराणां च दारुणम् ॥ १९
तं दीप्तमिव कालाग्निं युगान्ते समुपस्थितम् । दृष्ट्वा सर्वाणि भूतानि परित्रासमुपागमन् ॥ २०
सदेवासुरगन्धर्वं मुनिभिः साप्सरोगणम् । जगद्धि सर्वमस्वस्थं पितामहमुपस्थितम् ॥ २१
ऊचुश्च देवदेवेशं वरदं प्रपितामहम् । देवानां भयसंमोहो लोकानां संक्षयं प्रति ॥ २२
तेषां तद्वचनं श्रुत्वा ब्रह्मा लोकपितामहः । भयकारणमाचष्ट देवानामभयंकरः ॥ २३
उवाच मधुरां वाणीं शृणुध्वं सर्वदेवताः । वधाय लवणस्याजौ शरः शत्रुघ्नधारितः ॥ २४
तेजसा तस्य संमूढाः सर्वे स्मः सुरसत्तमाः । एषो पूर्वस्य देवस्य लोककर्तुः सनातनः ॥ २५
शरस्तेजोमयो वत्सा येन वै भयमागतम् । एष वै कैटभस्यार्थे मधुनश्च महाशरः ॥ २६
सृष्टो महात्मना तेन वधार्थे दैत्ययोस्तयोः । एक एव प्रजानाति विष्णुस्तेजोमयं शरम् ॥ २७
एषा एव तनुः पूर्वा विष्णोस्तस्य महात्मनः । इतो गच्छत पश्यध्वं वध्यमानं महात्मना ॥ २८
रामानुजेन वीरेण लवणं राक्षसोत्तमम् । तस्य ते देवदेवस्य निशम्य वचनं सुराः ॥ २९
आजग्मुर्यत्र युध्येते शत्रुघ्नलवणावुभौ । तं शरं दिव्यसंकाशं शत्रुघ्नकरधारितम् ॥ ३०
ददृशुः सर्वभूतानि युगान्ताग्निमिवोत्थितम् । आकाशमावृतं दृष्ट्वा देवैर्हि रघुनन्दनः ॥ ३१
सिंहनादं भृशं कृत्वा ददर्श लवणं पुनः । आहूतश्च पुनस्तेन शत्रुघ्नेन महात्मना ॥ ३२
लवणः क्रोधसंयुक्तो युद्धाय समुपस्थितः । आकर्णात्स विकृष्याथ तद्धनुर्धन्विनां वरः ॥ ३३
स मुमोच महाबाणं लवणस्य महोरसि । उरस्तस्य विदार्याशु प्रविवेश रसातलम् ॥ ३४
गत्वा रसातलं दिव्यः शरो विबुधपूजितः । पुनरेवागमत्तूर्णमिक्ष्वाकुकुलनन्दनम् ॥ ३५
शत्रुघ्नशरनिर्भिन्नो लवणः स निशाचरः । पपात सहसा भूमौ वज्राहत इवाचलः ॥ ३६

ब्दवतः कृत्वा ॥ २ ॥ ३ ॥ ४ ॥ ५ ॥ ६ ॥ वज्रनिभाननो वज्रायुधसमाग्रभागः । अंशुः किरणः ॥ ७ ॥ ८ ॥ ९ ॥ १० ॥ ११ ॥ स्रस्ताङ्गो गलिताङ्गः ॥ १२ ॥ १३ ॥ लब्धान्तरं शूलग्रहणाय स्वगृहप्रवेशं प्रति लब्धावकाशमपि ॥ १४ ॥ १५ ॥ १६ ॥ पूरयन्तं दिशो दश । स्वतेजसेति शेषः ॥ १७ ॥ गौरवेण मेरुमन्दरसंनिभम् ॥ १८ ॥ असृग्रूपैश्चन्दनैर्लिप्ताङ्गं पतत्रिणं बाणम् । दानवेन्द्ररूपाणामचलेन्द्राणाम् ॥ १९ ॥ २० ॥ मुनिभिः । सहितमिति शेषः । पितामहं चतुर्मुखं ब्रह्माणम् ॥ २१ ॥ नेदृशं दृष्टपूर्वं न श्रुतं वा लोकानां संक्षयं प्रति । लोकक्षयो भवेत्किमिति भयसंमोहः ॥ २२ ॥ २३ ॥ शत्रुघ्नधारितः । तेन धृत इत्यर्थः ॥ २४ ॥ एषो पूर्वस्येति । पूर्वस्य लोककर्तुर्देवस्यैष शरः । आर्षः संधिः ॥ २५ ॥ २६ ॥ तेन भगवतेत्यर्थः । तमेवं तेजोमयं शरमेको विष्णुरेव प्रजानाति । तदपरमूर्तित्वात् ॥ २७ ॥ तदेवाह—एषा एवेति । असंधिरार्षः । महात्मनस्तस्य विष्णोरेष शरमयी तनुरेव पूर्वा प्राचीना मूर्तिः । वध्यमानं लवणमित्यन्वयः ॥ २८ ॥ २९ ॥ ३० ॥ ३१ ॥ ३२ ॥ ३३ ॥ ३४

तच्च शूलं महद्दिव्यं हते लवणराक्षसे । पश्यतां सर्वदेवानां रुद्रस्य वशमन्वगात् ॥ ३७

एकेषुपातेन भयं निपात्य लोकत्रयस्यास्य रघुप्रवीरः ।
विनिर्बभावुत्तमचापबाणस्तमः प्रणुद्येव सहस्ररश्मिः ॥ ३८

ततो हि देवा ऋषिपन्नगाश्च प्रपूजिरे ह्यप्सरसश्च सर्वाः ।
दिष्ट्या जयो दाशरथेरवाप्तस्त्यक्त्वा भयं सर्प इव प्रशान्तः ॥ ३९

इत्यार्षे श्रीमद्रामायणे वाल्मीकीय आदिकाव्य उत्तरकाण्ड एकोनसप्ततितमः सर्गः ॥ ६९ ॥

सप्ततितमः सर्गः ।

हते तु लवणे देवाः सेन्द्राः साग्निपुरोगमाः । ऊचुः सुमधुरां वाणीं शत्रुघ्नं शत्रुतापनम् ॥ १
दिष्ट्या ते विजयो वत्स दिष्ट्या लवणराक्षसः । हतः पुरुषशार्दूल वरं वरय सुव्रत ॥ २
वरदास्तु महाबाहो सर्वे एव समागताः । विजयाकाङ्क्षिणस्तुभ्यममोघं दर्शनं हि नः ॥ ३
देवानां भाषितं श्रुत्वा शूरो मूर्ध्नि कृताञ्जलिः । प्रत्युवाच महाबाहुः शत्रुघ्नः प्रयतात्मवान् ॥ ४
इयं मधुपुरी रम्या मधुरा देवनिर्मिता । निवेशं प्राप्नुयाच्छीघ्रमेष मेऽस्तु वरः परः ॥ ५
तं देवाः प्रीतमनसो बाढमित्येव राघवम् । भविष्यति पुरी रम्या शूरसेना न संशयः ॥ ६
ते तथोक्त्वा महात्मानो दिवमारुरुहुस्तदा । शत्रुघ्नोऽपि महातेजास्तां सेनां समुपानयत् ॥ ७
सा सेना शीघ्रमागच्छच्छ्रुत्वा शत्रुघ्नशासनम् । निवेशनं च शत्रुघ्नः श्रावणेन समारभत् ॥ ८
स पुरा दिव्यसंकाशो वर्षे द्वादशमे शुभे । निविष्टः शूरसेनानां विषयश्चाकुतोभयः ॥ ९
क्षेत्राणि सस्ययुक्तानि काले वर्षति वासवः । अरोगवीरपुरुषा शत्रुघ्नभुजपालिता ॥ १०
अर्धचन्द्रप्रतीकाशा यमुनातीरशोभिता । शोभिता गृहमुख्यैश्च चत्वरापणवीथिकैः ।
चातुर्वर्ण्यसमायुक्ता नानावाणिज्यशोभिता ॥ ११
यच्च तेन पुरा शुभ्रं लवणेन कृतं महत् । तच्छोभयति शत्रुघ्नो नानावर्णोपशोभितम् ॥ १२
आरामैश्च विहारैश्च शोभमानं समन्ततः । शोभितां शोभनीयैश्च तथान्यैर्दैवमानुषैः ॥ १३
तां पुरीं दिव्यसंकाशां नानापण्योपशोभिताम् । नानादेशगतैश्चापि वणिग्भिरुपशोभिताम् ॥ १४
तां समृद्धां समृद्धार्थः शत्रुघ्नो भरतानुजः । निरीक्ष्य परमप्रीतः परं हर्षमुपागमत् ॥ १५
तस्य बुद्धिः समुत्पन्ना निवेश्य मधुरां पुरीम् । रामपादौ निरीक्षेऽहं वर्षे द्वादश आगते ॥ १६

ततः सताममरपुरोपमां पुरीं निवेश्य वै विविधजनाभिसंवृताम् ।
नराधिपो रघुपतिपाददर्शने दधे मतिं रघुकुलवंशवर्धनः ॥ १७

इत्यार्षे श्रीमद्रामायणे वाल्मीकीय आदिकाव्य उत्तरकाण्डे सप्ततितमः सर्गः ॥ ७० ॥

॥ ३५ ॥ ३६ ॥ ३७ ॥ ३८ ॥ भयं त्यक्त्वा जयोऽवाप्तः । सर्प इव सर्पसदृशो लवणश्च प्रशान्तः ॥ ३९ ॥ **इति श्रीरामाभिरामे श्रीरामीये रामायणतिलके वाल्मीकीय आदिकाव्य उत्तरकाण्ड एकोनसप्ततितमः सर्गः ॥ ६९ ॥**

अथ देवप्रसादतो महती प्रतिष्ठा शत्रुघ्नस्य—हते इति ॥ १ ॥ २ ॥ तुभ्यं तव ॥ ३ ॥ ४ ॥ मधुरा मनोहरा । निवेशं सपौरजानपदमहाबलसेनानिवेशभूतमहाराजधानीत्वं प्राप्नुयात् ॥ ५ ॥ शूरसेना शूरा सेना यस्यां सा ॥ ६ ॥ तां सेनां गङ्गातीरे स्थापिताम् ॥ ७ ॥ श्रावणेन श्रावणमासावलम्बनेन । निवेशनं स्थापनं सेनायाः । पौरजानपदानां च समारभदारभते स्म ॥ ८ ॥ द्वादशमे द्वादशे । पुरा पूर्वं प्राथमिके द्वादशे वर्षे निविष्टः । शूरसेनानां विषयो देशः । 'सा पुरी' इति पाठे सा पुरी निविष्टा । विषयो देशश्च निविष्ट इत्यर्थः ॥ ९ ॥ १० ॥ अर्धचन्द्रप्रतीकाशेति पुरीसंस्थानकथनम् । वीथिकस्याप्त्रीत्वमार्षम् ॥ ११ ॥ तेन लवणेन यद्गृहं पुरा पूर्वं कृतं तदेव शुभ्रं सुधाधवलं कृत्वा नानावर्णैश्चित्रैरुपशोभितं यथा भवति तथा शोभयति स्मेत्यर्थः ॥ १२ ॥ ॥ १३ ॥ १४ ॥ १५ ॥ १६ ॥ १७ ॥ **इति श्रीरामाभिरामे श्रीरामीये रामायणतिलके वाल्मीकीय आदिकाव्य उत्तरकाण्डे सप्ततितमः सर्गः ॥ ७० ॥**

एकसप्ततितमः सर्गः ।

ततो द्वादशमे वर्षे शत्रुघ्नो रामपालिताम् । अयोध्यां चकमे गन्तुमल्पभृत्यबलानुगः ॥ १
ततो मन्त्रिपुरोगांश्च बलमुख्यान्निवर्त्य च । जगाम हयमुख्येन रथानां च शतेन सः ॥ २
स गत्वा गणितान्वासान्सप्ताष्टौ रघुनन्दनः । वाल्मीकाश्रममागत्य वासं चक्रे महायशाः ॥ ३
सोऽभिवाद्य ततः पादौ वाल्मीकेः पुरुषर्षभः । पाद्यमर्घ्यं तथातिथ्यं जग्राह मुनिहस्ततः ॥ ४
बहुरूपाः सुमधुराः कथास्तत्र सहस्रशः । कथयामास स मुनिः शत्रुघ्नाय महात्मने ॥ ५
उवाच च मुनिर्वाक्यं लवणस्य वधाश्रितम् । सुदुष्करं कृतं कर्म लवणं निघ्नता त्वया ॥ ६
बहवः पार्थिवाः सौम्य हताः सबलवाहनाः । लवणेन महाबाहो युध्यमाना महाबलाः ॥ ७
स त्वया निहतः पापो लीलया पुरुषर्षभ । जगतश्च भयं तत्र प्रशान्तं तव तेजसा ॥ ८
रावणस्य वधो घोरो यत्नेन महता कृतः । इदं च सुमहत्कर्म त्वया कृतमयत्नतः ॥ ९
प्रीतिश्चास्मिन्परा जाता देवानां लवणे हते । भूतानां चैव सर्वेषां जगतश्च प्रियं कृतम् ॥ १०
तच्च युद्धं मया दृष्टं यथावत्पुरुषर्षभ । सभायां वासवस्याथ उपविष्टेन राघव ॥ ११
ममापि परमा प्रीतिर्हृदि शत्रुघ्न वर्तते । उपाघ्रास्यामि ते मूर्ध्नि स्नेहस्यैषा परा गतिः ॥ १२
इत्युक्त्वा मूर्ध्नि शत्रुघ्नमुपाघ्राय महामतिः । आतिथ्यमकरोत्तस्य ये च तस्य पदानुगाः ॥ १३
स भुक्तवान्नरश्रेष्ठो गीतमाधुर्यमुत्तमम् । शुश्राव रामचरितं तस्मिन्काले यथा कृतम् ॥ १४
तन्त्रीलयसमायुक्तं त्रिस्थानकरणान्वितम् । संस्कृतं लक्षणोपेतं समतालसमन्वितम् ॥ १५
शुश्राव रामचरितं तस्मिन्काले पुरा कृतम् । तान्यक्षराणि सत्यानि यथावृत्तानि पूर्वशः ॥ १६
श्रुत्वा पुरुषशार्दूलो विसंज्ञो बाष्पलोचनः । स मुहूर्तमिवासंज्ञो विनिश्वस्य मुहुर्मुहुः ॥ १७
तस्मिन्गीते यथावृत्तं वर्तमानमिवाशृणोत् । पदानुगाश्च ये राज्ञस्तां श्रुत्वा गीतिसंपदम् ॥ १८
अवाङ्मुखाश्च दीनाश्च ह्याश्चर्यमिति चाब्रुवन् । परस्परं च ये तत्र सैनिकाः संबभाषिरे ॥ १९
किमिदं क्व च वर्तामः किमेतत्स्वप्नदर्शनम् । अर्थो यो नः पुरा दृष्टस्तमाश्रमपदे पुनः ॥ २०

अथ शत्रुघ्नस्यागमनसमये वाल्मीक्याश्रमे रामचरितश्रवणम्—ततो द्वादशमे इति । अल्पभृत्या बलानि चानुगा अनुयायिनो यस्य सः ॥ १ ॥ बलमुख्यान्बलप्रधानान् ॥ २ ॥ गणितान्वासान् । पूर्वमेवैतावद्भिर्वासैर्वाल्मीक्याश्रमं यास्यामीति संख्यातान्वाल्मीकेरयं वाल्मीकः स चासावाश्रमस्तम् ॥ ३ ॥ ४ ॥ ५ ॥ लवणस्य वधाश्रितम् । कथालापमिति शेषः । 'न कृतं तव पूर्वकैः' इति पाठे तव पूर्वकैर्मांधात्रादिभिर्यन्न कृतं तत्त्वया कृतमित्यर्थः ॥ ६ ॥ ७ ॥ तत्र तन्निमित्तम् ॥ ८ ॥ सुमहत्कर्म रावणवधादपि महद्दुष्करमिदं कर्म लवणवधकर्म त्वयाऽयत्नतो लीलयैव कृतम् ॥ ९ ॥ १० ॥ वासवसभायामुपविष्टेनापि मया तद्युद्धं यथावद्दृष्टम् । दिव्यचक्षुषेति शेषः । दृष्टमित्यस्य श्रुतमित्यर्थो वा ॥ ११ ॥ मूर्ध्न्याघ्राणं परा गतिः परं कार्यं स्नेहस्य ॥ १२ ॥ १३ ॥ गीतस्य माधुर्यं यत्र तादृशं रामचरितं तस्मिन्काले पूर्वकाले यथा रामेण कृतं तादृशमेव काव्यनिबद्धं शुश्राव । क्वचिदाश्रमप्रदेशे गायतोः कुशलवयोर्मुखादिति शेषः ॥ १४ ॥ तन्त्रीलयसमायुक्तं तन्त्र्याः वीणातन्त्र्युत्थध्वनेर्लयस्य तालपरिच्छेदस्य समनुरुद्धम् । त्रीणि स्थानान्युरःकण्ठशिरांसि तेषु करणं मन्द्रमध्यतारभेदेनोच्चारणं तेनान्वितम् । संस्कृतं संस्कृतवाक्यबद्धम् । लक्षणोपेतं व्याकरणलक्षणैर्वृत्तलक्षणैः काव्यलक्षणैः संगीतशास्त्रलक्षणैश्चोपेतम् । समतालेन गानोचिततालशब्देन समन्वितम् ॥ १५ ॥ रामचरितं रामचरितगीतम् । तस्मिन्काले पुरा पूर्वं रामेण यथा कृतं स्वानुभूतं च तथैव शुश्राव । तदेव पुनराह—तानीति । अक्षराण्यक्षरघटितवाक्यानि । सत्यानि सत्यार्थानि पूर्वशः पूर्वकाले यथावृत्तानि यथा वृत्तार्थकानि । यद्वा तथावृत्तानि वृत्तलक्षणमनतिक्रम्य निबद्धानि । पूर्वश आनुपूर्व्येण ॥ १६ ॥ श्रुत्वा पुरुषशार्दूलः शत्रुघ्नो विसंज्ञो हर्षाद्विवेकशून्योऽभूदिति शेषः । स मुहूर्तमसंज्ञ इव स्थितः पश्चाल्लब्धविवेको विस्मयातिरेकान्मुहुर्मुहुर्निःश्वस्य ॥ १७ ॥ तस्मिन्गीते यथावृत्तमतीतमपि वर्तमानमिवाशृणोत् । रसावेशादतीता अप्यर्थाः प्रत्यक्षवद्भान्तीति भावः । ये च राज्ञो मधुराजस्य शत्रुघ्नस्य पदानुगास्तेऽपि गीतिसंपदं श्रुत्वा ॥ १८ ॥ एवं रामचरितगायकोऽस्माभिर्न दृश्यत इति खेदादवाङ्मुखत्वादिविशिष्टाः सन्त आश्चर्यमित्यब्रुवन् । यद्वा ये तु गीतिकुशलास्ते स्वस्य तादृशगीतिनैपुण्यभावादवाङ्मुखा इत्यर्थः । येच सैनिकास्ते परस्परं संबभाषिरे ॥ १९ ॥ तदेवाह—किमिति । क्व वर्तामः । आश्रमेऽन्यत्र वा योऽर्थो नोऽस्माकमस्माभिः पुरा दृष्टस्तमर्थमाश्रमपदे शृणुमः । किमिदम् । आश्रमवर्तिभिरननुभवेनाशक्यनिबन्धनत्वादिति भावः ॥ २० ॥

शृणुमः किमिदं स्वप्ने गीतबन्धनमुत्तमम् । विस्मयं ते परं गत्वा शत्रुघ्नमिदमब्रुवन् ॥ २१
साधु पृच्छ नरश्रेष्ठ वाल्मीकिं मुनिपुंगवम् । शत्रुघ्नस्त्वब्रवीत्सर्वान्कौतूहलसमन्वितान् ॥ २२
सैनिकानक्षमोऽस्माकं परिप्रष्टुमिहेदृशः । आश्चर्याणि बहूनीह भवन्त्यस्याश्रमे मुने ॥ २३
न तु कौतूहलाद्युक्तमन्वेष्टुं तं महामुनिम् । एवं तद्वाक्यमुक्त्वा तु सैनिकान्रघुनन्दनः ।
अभिवाद्य महर्षिं तं स्वं निवेशं ययौ तदा ॥ २४

इत्यार्षे श्रीमद्रामायणे वाल्मीकीय आदिकाव्य उत्तरकाण्ड एकसप्ततितमः सर्गः ॥ ७१ ॥

द्विसप्ततितमः सर्गः ।

तं शयानं नरव्याघ्रं निद्रा नाभ्यागमत्तदा । चिन्तयानमनेकार्थं रामगीतमनुत्तमम् ॥ १
तस्य शब्दं सुमधुरं तन्त्रीलयसमन्वितम् । श्रुत्वा रात्रिर्जगामाशु शत्रुघ्नस्य महात्मनः ॥ २
तस्यां रजन्यां व्युष्टायां कृत्वा पौर्वाह्णिकक्रमम् । उवाच प्राञ्जलिर्वाक्यं शत्रुघ्नो मुनिपुंगवम् ॥ ३
भगवन्द्रष्टुमिच्छामि राघवं रघुनन्दनम् । त्वयानुज्ञातमिच्छामि सहैभिः संशितव्रतैः ॥ ४
इत्येवंवादिनं तं तु शत्रुघ्नं शत्रुसूदनम् । वाल्मीकिः संपरिष्वज्य विससर्ज स राघवम् ॥ ५
सोऽभिवाद्य मुनिश्रेष्ठं रथमारुह्य सुप्रभम् । अयोध्यामगमत्तूर्णं राघवोत्सुकदर्शनः ॥ ६
स प्रविष्टः पुरीं रम्यां श्रीमानिक्ष्वाकुनन्दनः । प्रविवेश महाबाहुर्यत्र रामो महाद्युतिः ॥ ७
स रामं मन्त्रिमध्यस्थं पूर्णचन्द्रनिभाननम् । पश्यन्नमरमध्यस्थं सहस्रनयनं यथा ॥ ८
सोऽभिवाद्य महात्मानं ज्वलन्तमिव तेजसा । उवाच प्राञ्जलिर्भूत्वा रामं सत्यपराक्रमम् ॥ ९
यदाज्ञप्तं महाराज सर्वं तत्कृतवानहम् । हतः स लवणः पापः पुरी चास्य निवेशिता ॥ १०
द्वादशैतानि वर्षाणि त्वां विना रघुनन्दन । नोत्सहेयमहं वस्तुं त्वया विरहितो नृप ॥ ११
स मे प्रसादं काकुत्स्थ कुरुष्वामितविक्रम । मातृहीनो यथा वत्सो न चिरं प्रवसाम्यहम् ॥ १२
एवं ब्रुवाणं काकुत्स्थः परिष्वज्येदमब्रवीत् । मा विषादं कृथाः शूर नैतत्क्षत्रियचेष्टितम् ॥ १३
नावसीदन्ति राजानो विप्रवासेषु राघव । प्रजा हि परिपाल्या हि क्षत्रधर्मेण राघव ॥ १४
काले काले तु मां वीर अयोध्यामवलोकितुम् । आगच्छ त्वं नरश्रेष्ठ गन्तासि च पुरं तव ॥ १५
ममापि त्वं सुदयितः प्राणैरपि न संशयः । अवश्यं करणीयं च राज्यस्य परिपालनम् ॥ १६
तस्मात्त्वं वस काकुत्स्थ सप्तरात्रं मया सह । ऊर्ध्वं गन्तासि मधुरां सभृत्यबलवाहनः ॥ १७
रामस्यैतद्वचः श्रुत्वा धर्मयुक्तं मनोनुगम् । शत्रुघ्नो दीनया वाचा बाढमित्येव चाब्रवीत् ॥ १८
सप्तरात्रं च काकुत्स्थो राघवस्य यथाज्ञया । उष्य तत्र महेष्वासो गमनायोपचक्रमे ॥ १९
आमन्त्र्य तु महात्मानं रामं सत्यपराक्रमम् । भरतं लक्ष्मणं चैव महारथमुपारुहत् ॥ २०
दूरं पद्भ्यामनुगतो लक्ष्मणेन महात्मना । भरतेन च शत्रुघ्नो जगामाशु पुरीं तदा ॥ २१

इत्यार्षे श्रीमद्रामायणे वाल्मीकीय आदिकाव्य उत्तरकाण्डे द्विसप्ततितमः सर्गः ॥ ७२ ॥

यदेवमतः स्वप्नेऽस्मदीये एव गीतबन्धमाश्रितो भवेत्तत्र दुर्घटस्यापि सुघटत्वादिति संबभाषिरे इति संबन्धः ॥ २१ ॥ साधु पृच्छेति । किंकर्तृकं गानमित्तीति शेषः ॥ २२ ॥ ईदृशोऽर्थः परिप्रष्टुं न क्षमः ॥ २३ ॥ अन्वेष्टुमवगन्तुं प्रष्टुं च ॥ २४ ॥ **इति श्रीरामाभिरामे श्रीरामीये रामायणतिलके वाल्मीकीय आदिकाव्य उत्तरकाण्ड एकसप्ततितमः सर्गः ७१**

अथ शत्रुघ्नस्य रामं दृष्ट्वा पुनः प्रतिनिवृत्तिः—तमिति ॥ १ ॥ तस्य रामगीतस्य ॥ २ ॥ पौर्वाह्णिकक्रमं शौचस्नानार्घ्यसंध्यावन्दनब्रह्मयज्ञानुष्ठानरूपं पूर्वाह्णसंबन्ध्याचारक्रमम् ॥ ३ ॥ राघवं रघुगोत्रापत्यं रघुनन्दनं रघुकुलस्यानन्दजनकम् । त्वयानुज्ञातं तवानुज्ञाम् । एभिर्मुनिभिः सहेच्छामि ॥ ४ ॥ ५ ॥ ६ ॥ पुरीमयोध्याम् ॥ ७ ॥ ८ ॥ ९ ॥ अस्य पुरी निवेशिता सर्वप्रजानिवेशनेन प्रतिष्ठापिता ॥ १० ॥ ११ ॥ १२ ॥ क्षत्रियचेष्टितं क्षत्रियाचारः ॥ १३ ॥ हि यस्मात्क्षत्रियाणां प्रजाः सर्वथा परिपाल्या इति हि प्रसिद्धम् ॥ १४ ॥ मामवलोकितुमयोध्यामागच्छ । तव पुरं स्वपुरे गन्तासि । गच्छेत्यर्थः ॥ १५ ॥ १६ ॥ १७ ॥ १८ ॥ यथाज्ञया यथावत्कृतयाज्ञया ॥ १९ ॥ २० ॥ २१ ॥ **इति श्रीरामाभिरामे श्रीरामीये रामायणतिलके वाल्मीकीय आदिकाव्य उत्तरकाण्डे द्विसप्ततितमः सर्गः ॥ ७२ ॥**

त्रिसप्ततितमः सर्गः ।

प्रस्थाप्य तु स शत्रुघ्नं भ्रातृभ्यां सह राघवः । प्रमुमोद सुखी राज्यं धर्मेण परिपालयन् ॥ १
ततः कतिपयाहःसु वृद्धो जानपदो द्विजः । मृतं बालमुपादाय राजद्वारमुपागमत् ॥ २
किं नु मे दुष्कृतं कर्म पुरा देहान्तरे कृतम् । रुदन्बहुविधा वाचः स्नेहदुःखसमन्वितः ।
असकृत्पुत्रपुत्रेति वाक्यमेतदुवाच ह ॥ ३
किं नु मे दुष्कृतं कर्म पुरा देहान्तरे कृतम् । यदहं पुत्रमेकं तु पश्यामि निधनं गतम् ॥ ४
अप्राप्तयौवनं बालं पञ्चवर्षसहस्रकम् । अकाले कालमापन्नं मम दुःखाय पुत्रक ॥ ५
अल्पैरहोभिर्निधनं गमिष्यामि न संशयः । अहं च जननी चैव तव शोकेन पुत्रक ॥ ६
न स्मराम्यनृतं ह्युक्तं न च हिंसां स्मराम्यहम् । सर्वेषां प्राणिनां पापं न स्मरामि कदाचन ॥ ७
केनाद्य दुष्कृतेनायं बाल एव ममात्मजः । अकृत्वा पितृकार्याणि गतो वैवस्वतक्षयम् ॥ ८
नेदृशं दृष्टपूर्वं मे श्रुतं वा घोरदर्शनम् । मृत्युरप्राप्तकालानां रामस्य विषये ह्ययम् ॥ ९
रामस्य दुष्कृतं किंचिन्महदस्ति न संशयः । यथा हि विषयस्थानां बालानां मृत्युरागतः ॥ १०
नह्यन्यविषयस्थानां बालानां मृत्युतो भयम् । स राजञ्जीवयस्वैनं बालं मृत्युवशंगतम् ॥ ११
राजद्वारि मरिष्यामि पत्न्या सार्धमनाथवत् । ब्रह्महत्यां ततो राम समुपेत्य सुखी भव ॥ १२
भ्रातृभिः सहितो राजन्दीर्घमायुरवाप्स्यसि । उषिताः स्म सुखं राज्ये तवास्मिन्सुमहाबल ॥ १३
इदं तु पतितं तस्मात्तव राम वशे स्थितान् । कालस्य वशमापन्नाः स्वल्पं हि नहि नः सुखम् ॥ १४
संप्रत्यनाथो विषय इक्ष्वाकूणां महात्मनाम् । रामं नाथमिहासाद्य बालान्तकरणं ध्रुवम् ॥ १५
राजदोषैर्विपद्यन्ते प्रजा ह्यविधिपालिताः । असद्वृत्ते हि नृपतावकाले म्रियते जनः ॥ १६
यद्वा पुरेष्वयुक्तानि जना जनपदेषु च । कुर्वते न च रक्षास्ति तदा कालकृतं भयम् ॥ १७
सुव्यक्तं राजदोषो हि भविष्यति न संशयः । पुरे जनपदे चापि तथा बालवधो ह्ययम् ॥ १८
एवं बहुविधैर्वाक्यैरुपरुध्य मुहुर्मुहुः । राजानं दुःखसंतप्तः सुतं तमुपगूहति ॥ १९

इत्यार्षे श्रीमद्रामायणे वाल्मीकीय आदिकाव्य उत्तरकाण्डे त्रिसप्ततितमः सर्गः ॥ ७३ ॥

अथ मृतबालकब्राह्मणस्य राजद्वारि विलापः—प्रस्थाप्येति । भ्रातृभ्यां लक्ष्मणभरताभ्याम् ॥ १ ॥ कतिपयाहःसु । गतेष्विति शेषः ॥ २ ॥ स्नेहेन पुत्रस्नेहेन तन्मरणदुःखेन च समन्वितः ॥ ३ ॥ यद्यस्मान्निधनं गतं त्वां पश्यामि, अतो मे मया किं दुष्कृतं कृतम् ॥ ४ ॥ किं च हे पुत्रकाः, प्राप्तयौवनं मम दुःखाय । अकाले कालमापन्नं पश्यामीत्यनुषङ्गः । पञ्चवर्षसहस्रकम् । वर्षशब्दोऽत्र दिनपरः । 'सहस्रसंवत्सरं सत्रमुपासीत' इतिवत् । तेन षोडशवर्षमित्यर्थ इत्येके । तेन किंचिन्न्यूनचतुर्दशवर्षमित्यर्थ इत्यन्ये ॥ ५ ॥ तव शोकेनाहं तव जननी च निधनं गमिष्यामि ॥ ६ ॥ अस्य मरणे मत्कृतं किंचिन्न कारणमित्याह—नेति । सर्वेषां प्राणिनां तद्विषयमनृतहिंसातिरिक्तमपि पापं मनोवाक्कायैरनिष्टाचरणं स्वकृतं न स्मरामि । अकृतत्वादेव । 'सर्वेषां प्राणिनां प्राणं न कदाचन विद्यते' इति पाठे सर्वेषां प्राणिनां प्राणमुद्दिश्य मया कृतहिंसां न स्मरामि । अतो मम कदाचन जन्मान्तरेऽपि पापं न विद्यते । जन्मान्तरे तत्करणे संस्कारेणैतज्जन्मन्यपि तत्र प्रवृत्तिः स्यादिति भावः ॥ ७ ॥ पितृकार्याणि श्राद्धादीनि ॥ ८ ॥ रामस्य विषये देशे ॥ ९ ॥ तस्माद्राजदोषादेवेदं बालमरणमित्याह—रामस्येति ॥ १० ॥ स राजन्नित्याभिमुख्येन वादः ॥ ११ ॥ सुखी भवेति व्यङ्ग्योक्तिः ॥ १२ ॥ उषिताः स्म । एतावत्कालमिति शेषः ॥ १३ ॥ इदं बालकमरणदुःखम् । हि यत इदानीं वयं कालस्य वशमापन्नाः, हि तस्मात्तव राज्ये नोऽस्माकं स्वल्पमपि सुखं नहि ॥ १४ ॥ इदानीमिक्ष्वाकूणामयं विषयो देशो रामं बालानामन्तं करोति तादृशं नाथमासाद्य प्राप्यानाथो जातो रक्षकसुराजरहितो जातः ॥ १५ ॥ कथमेवं वादस्तत्राह—राजदोषैरिति । असद्वृत्ते धर्मेण प्रजापालनहीने ॥ १६ ॥ अयुक्तान्यनुचितकृत्यानि । न च रक्षास्ति, अनुचितकृत्यनिवारणं च यदा नास्ति तदैव कालकृतमकालमृत्युकृतं भयम्, नान्यथेत्यर्थः ॥ १७ ॥ तस्मान्मत्पुत्रमरणं राजदोषहेतुकमेवेत्याह—सुव्यक्तमिति । पुरे जनपदे वानुचितकृत्यप्रवृत्तदण्डाभावरूपो राजदोषो जातो भविष्यति तथा तस्मादेवायं बालवधः । 'तथाकालवधो ह्ययम्' इति पाठान्तरम् ॥ १८ ॥ राजानमुपरुध्येत्यन्वयः ॥ १९ ॥

इति श्रीरामाभिरामे श्रीरामीये रामायणतिलके वाल्मीकीय आदिकाव्य उत्तरकाण्डे त्रिसप्ततितमः सर्गः ॥ ७३ ॥

चतुःसप्ततितमः सर्गः ।

तथा तु करुणं तस्य द्विजस्य परिदेवनम् । शुश्राव राघवः सर्वं दुःखशोकसमन्वितम् ॥ १
स दुःखेन च संतप्तो मन्त्रिणस्तानुपह्वयत् । वसिष्ठं वामदेवं च भ्रातॄंश्च सह नैगमान् ॥ २
ततो द्विजा वसिष्ठेन सार्धमष्टौ प्रवेशिताः । राजानं देवसंकाशं वर्धस्वेति ततोऽब्रुवन् ॥ ३
मार्कण्डेयोऽथ मौद्गल्यो वामदेवश्च काश्यपः । कात्यायनोऽथ जावालिर्गौतमो नारदस्तथा ॥ ४
एते द्विजर्षभाः सर्वे आसनेषूपवेशिताः । महर्षीन्समनुप्राप्तानभिवाद्य कृताञ्जलिः ॥ ५
मन्त्रिणो नैगमाश्चैव यथार्हमनुकूलिताः । तेषां समुपविष्टानां सर्वेषां दीप्ततेजसाम् ॥ ६
राघवः सर्वमाचष्टे द्विजोऽयमुपरोधति । तस्य तद्वचनं श्रुत्वा राज्ञो दीनस्य नारदः ॥ ७
प्रत्युवाच शुभं वाक्यमृषीणां संनिधौ स्वयम् । शृणु राजन्यथाकाले प्राप्तो बालस्य संक्षयः ८
श्रुत्वा कर्तव्यतां राजन्कुरुष्व रघुनन्दन । पुरा कृतयुगे राजन्ब्राह्मणा वै तपस्विनः ॥ ९
अब्राह्मणस्तदा राजन्न तपस्वी कथंचन । तस्मिन्युगे प्रज्वलिते ब्रह्मभूते त्वनावृते ॥ १०
अमृत्यवस्तदा सर्वे जज्ञिरे दीर्घदर्शिनः । ततस्त्रेतायुगं नाम मानवानां वपुष्मताम् ॥ ११
क्षत्रिया यत्र जायन्ते पूर्वेण तपसान्विताः । वीर्येण तपसा चैव तेऽधिकाः पूर्वजन्मनि ।
मानवा ये महात्मानस्तत्र त्रेतायुगे युगे ॥ १२
ब्रह्म क्षत्रं च तत्सर्वं यत्पूर्वमवरं च यत् । युगयोरुभयोरासीत्समवीर्यसमन्वितम् ॥ १३
अपश्यन्तस्तु ते सर्वे विशेषमधिकं ततः । स्थापनं चक्रिरे तत्र चातुर्वर्ण्यस्य संमतम् ॥ १४
तस्मिन्युगे प्रज्वलिते धर्मभूते ह्यनावृते । अधर्मः पादमेकं तु पातयत्पृथिवीतले ।
अधर्मेण हि संयुक्तस्तेजो मन्दं भविष्यति ॥ १५

अथ महर्षीनाहूय तान्प्रति बालमरणनिमित्तप्रश्ने तेभ्यस्तन्निमित्तज्ञानलाभः—तथा त्विति । सर्वं परिदेवनं दुःखमात्मनो वार्धकादिनिमित्तं शोकः पुत्रवियोगजस्ताभ्यां समन्वितं शुश्राव ॥ १ ॥ नैगमाः पौरास्तत्सहितान् ॥ २ ॥ ३ ॥ ४ ॥ ५ ॥ अनुकूलिताः कृतशिष्टाचाराः । अयं द्विज उपरोधति उपरुणद्धि । राजद्वारमिति शेषः । सर्वं राजदोषमूलमेव बालमरणं वदतीत्यादिकं च सर्वमाचष्टे ॥ ६ ॥ ७ ॥ हे राजन्, अयं बालस्य संक्षयो यथा येन प्रकारेणाकाले संप्राप्तस्तच्छृणु । ततस्तस्य प्रतिक्रियायाः कर्तव्यतामनुष्ठेयांशं श्रुत्वा तत्कुरुष्व ॥ ८ ॥ तदेव वक्तुं पीठिकामाह—पुरेति । तपस्विनोऽनशनप्रभृत्यनेककायक्लेशलक्षणतपोयुक्ता ब्राह्मणा एव कृतयुगेऽभवन् ॥ ९ ॥ अब्राह्मणस्तद्व्यतिरिक्तः कथमपि तपस्वी न कृते इति शेषः । किं तु नित्यनैमित्तिककर्ममात्रपर एव । तस्मिन्युगे प्रज्वलिते तपसा दीप्ते । ब्रह्मभूते ब्राह्मणवर्णप्रधाने अनावृतेऽज्ञानावरणरहितजने युगे कृतयुगे ॥ १० ॥ सर्वे एव तदाऽमृत्यवो जज्ञिरे । मरणदुःखहेत्वधर्मलेशस्याप्यभावात् । अनावृतज्ञानत्वाच्च दीर्घदर्शिनोऽतीतानागतादिसकलज्ञानवन्तः । ततः कृतयुगसमाप्त्यनन्तरं वपुष्मतां शिथिलब्रह्मात्मबुद्धितया किंचिद्देहात्मबुद्धिमतां मानवानां त्रेतायुगं नाम भवति ॥ ११ ॥ यत्र त्रेतायुगे पूर्वेण पूर्वयुगे पूर्ववर्णब्राह्मणानुष्ठितेन तपसान्विताः क्षत्रिया जायन्ते । तादृशं त्रेतायुगं नामाभूदिति संबन्धः । कृतयुगं ब्राह्मणमात्रनिष्ठं तपस्त्रेतायां क्षत्रियसाधारणमभूदिति भावः । त्रयीविहितत्रेताग्निसाध्यकर्मसु प्रवृत्त्या युगस्य त्रेतासंज्ञेति पुराणविदः । किंच तत्र त्रेतायुगे त्रेतायुगाख्ये युगे महात्मानस्तपोयुक्ता ये मानवा ब्राह्मणाः क्षत्रिया वा सन्ति तदपेक्षया पूर्वस्मिञ्जन्मनि पूर्वजाते कृतयुगे तपोभाजो ये मानवास्ते वीर्येण प्रभावेण तपसा तपोतिशयेनाधिका उत्कृष्टाः ॥ १२ ॥ अथ त्रेताकालिकक्षत्रियाणां कृतकालिकब्राह्मणेभ्यो न्यूनता, त्रेताकालिकब्राह्मणैस्तु समतेत्याह—ब्रह्मक्षत्रमिति । उभयोर्युगयोर्मध्ये कृतयुगे ब्रह्मपूर्वं तपोवीर्याभ्यामुत्कृष्टं क्षत्रं चावरं च ताभ्यां तपोवीर्याभ्यां न्यूनमासीत्तत्सर्वं ब्रह्मक्षत्ररूपमुभयं त्रेताया समवीर्यसमन्वितमासीत् । कृते क्षत्रियाणां तपस्यनधिकारात्तद्युगीयेभ्यो ब्राह्मणेभ्यस्तेषां न्यूनता । त्रेतायां तूभयोरपि तपोधिकारादुभावपि तपोवीर्याभ्यां समाविति भावः । अर्थात्कृतयुगब्राह्मणेभ्यस्त्रेतायुगब्राह्मणानामपि न्यूनत्वमुक्तम् ॥ १३ ॥ अतस्त्रेतायुगे ब्राह्मणक्षत्रिययोस्तपोविशेषेण तयोर्मध्ये ब्राह्मणस्य ततः क्षत्रादधिकं विशेषमपश्यन्तो मन्वादयः सर्वे तात्कालिका धर्मप्रवर्तनाधिकृताः । चातुर्वर्ण्यस्य । स्वार्थे ष्यञ् । ब्राह्मणादिचतुर्वर्गाणां संमतमनादितः सर्वलोकसंमतं स्थापनं वर्णानामाचारभेदकस्थापनं शास्त्रं तत्र त्रेतायुगे चक्रिरे । कृते तु विनैव स्थापनं स्वयमेव सर्वे वर्णाः स्वस्वधर्मरता इति भावः ॥ १४ ॥ तस्मिंस्त्रेतायुगे धर्मभूते वर्णाश्रमप्रयुक्तयागादिधर्मबहुलेऽनावृते धर्माचरणप्रतिबन्धकपापरहिते प्रज्वलिते तेनैव धर्मेण प्रदीप्ते सत्यधर्मो हिंसानृतासंतोषविग्रहरूपचतुष्पात्पृथिवीतले पादं चतुर्थांशं पातयदपातयत् । प्रवर्तयामासेत्यर्थः । एवं च त्रेतापुरुषाः कृतयुगपुरुषा इव निर्मलज्ञानराहित्याद्ब्रह्मज्ञानाधिकारशून्या अग्निहोत्रादिधर्मे एव प्रवृत्ताः । ज्ञानाभावादेव चाधर्मोऽपि

आमिषं यच्च पूर्वेषां राजसं च मलं भृशम् । अनृतं नाम तद्भूतं क्षिप्तेन पृथिवीतले ॥ १६
अनृतं पातयित्वा तु पादमेकमधर्मतः । ततः प्रादुष्कृतं पूर्वमायुषः परिनिष्ठितम् ॥ १७
पातिते त्वनृते तस्मिन्नधर्मेण महीतले । शुभान्येवाचरँल्लोकः सत्यधर्मपरायणः ॥ १८
त्रेतायुगे च वर्तन्ते ब्राह्मणाः क्षत्रियाश्च ये । तपोऽतप्यन्त ते सर्वे शुश्रूषामपरे जनाः ॥ १९
स्वधर्मः परमस्तेषां वैश्यशूद्रं तदागमत् । पूजां च सर्ववर्णानां शूद्राश्चक्रुर्विशेषतः ॥ २०
एतस्मिन्नन्तरे तेषामधर्मे चानृते च ह । ततः पूर्वे पुनर्ह्रासमगमन्नृपसत्तम ॥ २१
ततः पादमधर्मस्य द्वितीयमवतारयत् । ततो द्वापरसंख्या सा युगस्य समजायत ॥ २२
तस्मिन्द्वापरसंख्ये तु वर्तमाने युगक्षये । अधर्मश्चानृतं चैव ववृधे पुरुषर्षभ ॥ २३
अस्मिन्द्वापरसंख्याने तपो वैश्यान्समाविशत् । त्रिभ्यो युगेभ्यस्त्रीन्वर्णान्क्रमाद्वै तप आविशत् ॥२४
त्रिभ्यो युगेभ्यस्त्रीन्वर्णान्धर्मश्च परिनिष्ठितः । न शूद्रो लभते धर्मं युगतस्तु नरर्षभ ॥ २५
हीनवर्णो नृपश्रेष्ठ तप्यते सुमहत्तपः । भविष्यच्छूद्रयोन्यां हि तपश्चर्या कलौ युगे ॥ २६
अधर्मः परमो राजन्द्वापरे शूद्रजन्मनः । स वै विषयपर्यन्ते तव राजन्महातपाः ॥ २७
अद्य तप्यति दुर्बुद्धिस्तेन बालवधो ह्ययम् । यो ह्यधर्ममकार्यं वा विषये पार्थिवस्य तु ॥ २८

पादेन प्रवृत्त इति भावः । अत एव ते कृतयुगपुरुषेभ्यः क्षीणा इत्याह—अधर्मेणेति । यतस्तेन संयुक्तो लोको वर्णाश्रमाधिकृतो भवति ततस्तस्य तेजो मन्दं भविष्यति ॥ १५ ॥ एवं च तेषां कृष्यादिकमेव जीवनोपाय इत्याह—आमिषमिति । पूर्वेषां कृतयुगस्थानां भृशमत्यर्थ मलं मलवत्त्याज्यं यद्राजसं रजोगुणमूलमामिषं जीवनोपायरूपं कृष्याद्यासीत्तदनृतं नाम । 'सेवा श्ववृत्तिरनृतं कृषिः' इति कोशात् । तद्रूपेण पादेन पृथिवीतले भूतं प्राप्तम् । अधर्मेणेति शेषः । कृते त्वकृष्टपच्याहारा इति भाव इति तीर्थः । कतकस्तु—अपि च पूर्वेषां स्वस्ववंश्यानां यच्चामिषं पुरदेशगृहक्षेत्रादि तदुद्दिश्य राजसं रजोगुणमूलं द्वेषलक्षणं भवति । त्रेतायामिति शेषः । 'काम एष क्रोध एष रजोगुणसमुद्भवः' इत्युक्तः । को नामाधर्मस्य पादस्तत्राह—अनृतमिति । येन पृथिवीक्षिप्तेन पादेन तत्प्रागुक्तं द्वेषरूपं मलं भूतं तदनृतं नाम । देहात्मताधीरूपमिथ्याज्ञानात्मकः सर्वानर्थमूलोऽहंकारमयः प्रथमः पाद इत्यर्थ इत्याह ॥ १६ ॥ तत्पादपाते किं भवतीत्याह—अनृतमिति । उक्तरूपमेकमनृतपादं पातयित्वा निक्षिप्याधर्मतोऽधर्मेण पूर्वयुगेऽपरिमितस्यायुषः परिनिष्ठितं परिमाणं प्रादुष्कृतं तेन कृतयुगपुरुषापेक्षया त्रेतापुरुषाणां प्रभावादिन्यूनता आयुर्न्यूनता चोक्ता ॥१७॥ अथायुःक्षयकारकाधर्मपादपरिहारहेतुव्यापारोपदेशः—पातिते त्विति । अधर्मेण तस्मिन्ननृते उक्तलक्षणानृतपादे महीतले पातिते सति तत्प्रयुक्तायुःक्षयपरिहाराय शुभान्येव यज्ञदानतपोरूपपुण्यकर्माण्येवाचरँल्लोको धर्माधिकारी तद्बलात्सत्यधर्मपरायणो भवति । अनेन त्रेतायां यज्ञाद्यनुष्ठानेन शुद्धचित्तस्य झटिति देहात्माभिमाननिवृत्तिरित्युक्तम् ॥ १८ ॥ उक्तमेव स्पष्टीकरोति—त्रेतेति । ब्राह्मणाः क्षत्रियाश्च ये त एव यज्ञादिशुद्धचित्तास्तपोऽतप्यन्त । अपरे सर्वे विट्शूद्रसंकरविशेषाः । ब्राह्मणक्षत्रियशुश्रूषां चक्रुरिति शेषः ॥ १९ ॥ अथ तेषां मध्ये वैश्यशूद्रम् । समाहारद्वन्द्वः । शुश्रूषारूपः परमः स्वधर्म उत्कृष्टः स्वधर्मो भूत्वागमत्प्राप्तोऽभूत् । तदेवाह—पूजां चेति । सर्ववर्णानां त्रैवर्णिकानाम् । एवं च वैश्यस्य कृष्यादिकरणेन द्विवर्णसेवाधर्म इत्यर्थादुक्तमिति बोध्यम् ॥ २० ॥ अथ द्वापरप्रवृत्तिं दर्शयितुमाह—एतस्मिन्निति । एतस्मिन्नन्तरे त्रेतायुगावसानकाले तेषां वैश्यशूद्राणामनृतरूपेऽधर्मपादे सम्यक्प्राप्ते सतीति शेषः । ततः पूर्वे ब्राह्मणाः क्षत्रिया ह्रासमगमन्प्राप्ताः । 'त्रासमुपागमन्' इति पाठे सेवकदोषस्य स्वामिप्राप्यत्वाद्राष्ट्रदोषाद्भीता बभूवुः ॥ २१ ॥ ततस्तदनन्तरमधर्मस्य द्वितीयं पादं ममतारूपमधर्मोऽवतारयत् । ततो द्वितीयपादावतारणादेव तृतीययुगस्य द्वापरसंख्या द्वापर इति नाम । पृषोदरादित्वात्साधुः ॥ २२ ॥ तत्कालिकलोकस्थितिमाह—तस्मिन्निति । द्वापरसंख्ये द्वापराख्ये युगस्याधर्मपादद्वयस्य क्षये आश्रयभूते युगे वर्तमाने तद्रूपाश्रयं प्राप्याधर्मो विहितातिक्रमरूपोऽनृतं च ववृधे । अहंभावममतयोराधिक्यात् । तीर्थस्तु—अधर्मवृद्धिरत्यल्पायुष्ट्वम्, अनृतवृद्धिः प्रयासबाहुल्येन कृषिसाफल्यमित्याह ॥ २३ ॥ तद्वृद्धिफलमाह—वैश्यांस्तपः समाविशत् । एवं त्रिभ्यो युगेभ्यः । सप्तम्यर्थे चतुर्थी । त्रिषु युगेषु ॥२४॥ तथा त्रिषु युगेषु त्रीन्वर्णानवलम्ब्य धर्मस्तपोरूपः परिनिष्ठितः परिनिष्ठितोऽभूत् । धर्मं तपोलक्षणं शूद्रो युगतो युगत्रयेऽपि न लभते ॥ २५ ॥ किं तु हीनवर्णः शूद्रः कदाचित्सुमहत्तपस्तप्यते । कदा तत्राह—भविष्यदिति । भविष्यत्कालवर्तिन्यां शूद्रयोन्यां शूद्रजातौ कलौ युगे तपश्चर्या भविष्यति, न त्वेतत्कालिके इति भावः ॥ २६ ॥ यदेवमतो द्वापरेऽपि शूद्रजन्मनस्तपोधारणं परमोऽधर्मः किमुताद्य त्रेतायाम् । स शूद्रो वै निश्चयेन तव विषयपर्यन्ते देशसमीपे महातपा भूत्वा दुर्बुद्धिरद्य तपति । तेनैव हेतुनायं बालवधो जातः ॥ २७ ॥ उक्तमेव दार्ढ्याय पुनराह—यो हीति । यो हि दुर्मतिः पार्थिवस्य विषये देशे पुरे वाऽधर्मं विहितधर्मलोपमकार्यं निषिद्धकृत्यं वा करोति तदेव

करोति चाश्रीमूलं तत्पुरे वा दुर्मतिर्नरः । क्षिप्रं च नरकं याति स च राजा न संशयः ॥ २९
अधीतस्य च तप्तस्य कर्मणः सुकृतस्य च । षष्ठं भजति भागं तु प्रजा धर्मेण पालयन् ॥ ३०
षड्भागस्य च भोक्तासौ रक्षते न प्रजाः कथम् । स त्वं पुरुषशार्दूल मार्गस्व विषयं स्वकम् ॥ ३१
दुष्कृतं यत्र पश्येथास्तत्र यत्नं समाचर । एवं चेद्धर्मवृद्धिश्च नृणां चायुर्विवर्धनम् ।
भविष्यति नरश्रेष्ठ बालस्यास्य च जीवितम् ॥ ३२

इत्यार्षे श्रीमद्रामायणे वाल्मीकीय आदिकाव्य उत्तरकाण्डे चतुःसप्ततितमः सर्गः ॥ ७४ ॥

पञ्चसप्ततितमः सर्गः ।

नारदस्य तु तद्वाक्यं श्रुत्वामृतमयं यथा । प्रहर्षमतुलं लेभे लक्ष्मणं चेदमब्रवीत् ॥ १
गच्छ सौम्य द्विजश्रेष्ठं समाश्वासय सुव्रत । बालस्य च शरीरं तत्तैलद्रोण्यां निधापय ॥ २
गन्धैश्च परमोदारैस्तैलैश्च सुसुगन्धिभिः । यथा न क्षीयते बालस्तथा सौम्य विधीयताम् ॥ ३
यथा शरीरो बालस्य गुप्तः सन्क्लिष्टकर्मणः । विपत्तिः परिभेदो वा न भवेच्च तथा कुरु ॥ ४
एवं संदिश्य काकुत्स्थो लक्ष्मणं शुभलक्षणम् । मनसा पुष्पकं दध्यावागच्छेति महायशाः ॥ ५
इङ्गितं स तु विज्ञाय पुष्पको हेमभूषितः । आजगाम मुहूर्तेन समीपे राघवस्य वै ॥ ६
सोऽब्रवीत्प्रणतो भूत्वा अयमस्मि नराधिप । वश्यस्तव महाबाहो किंकरः समुपस्थितः ॥ ७
भाषितं रुचिरं श्रुत्वा पुष्पकस्य नराधिपः । अभिवाद्य महर्षीन्स विमानं सोऽध्यरोहत ॥ ८
धनुर्गृहीत्वा तूणी च खड्गं च रुचिरप्रभम् । निक्षिप्य नगरे चैतौ सौमित्रिभरतावुभौ ॥ ९
प्रायात्प्रतीचीं हरितं विचिन्वंश्च ततस्ततः । उत्तरामगमच्छ्रीमान्दिशं हिमवतावृताम् ॥ १०
अपश्यमानस्तत्रापि स्वल्पमप्यथ दुष्कृतम् । पूर्वामपि दिशं सर्वामथोऽपश्यन्नराधिपः ॥ ११
प्रविशुद्धसमाचारामादर्शतलनिर्मलाम् । पुष्पकस्थो महाबाहुस्तदापश्यन्नराधिपः ॥ १२
दक्षिणां दिशमाक्रामत्ततो राजर्षिनन्दनः । शैवलस्योत्तरे पार्श्वे ददर्श सुमहत्सरः ॥ १३
तस्मिन्सरसि तप्यन्तं तापसं सुमहत्तपः । ददर्श राघवः श्रीमाँल्लम्बमानमधोमुखम् ॥ १४
राघवस्तमुपागम्य तप्यन्तं तप उत्तमम् । उवाच च नृपो वाक्यं धन्यस्त्वमसि सुव्रत ॥ १५
कस्यां योन्यां तपोवृद्ध वर्तसे दृढविक्रम । कौतूहलात्त्वां पृच्छामि रामो दाशरथिर्ह्यहम् ॥ १६
कोऽर्थो मनीषितस्तुभ्यं स्वर्गलाभो परोऽथवा । वराश्रयो यदर्थं त्वं तपस्यन्यैः सुदुश्चरम् ॥ १७
यमाश्रित्य तपस्तप्तं श्रोतुमिच्छामि तापस । ब्राह्मणो वासि भद्रं ते क्षत्रियो वासि दुर्जयः ।
वैश्यस्तृतीयो वर्णो वा शूद्रो वा सत्यवाग्भव ॥ १८

इत्येवमुक्तः स नराधिपेन अवाक्शिरा दाशरथाय तस्मै ।
उवाच जातिं नृपपुंगवाय यत्कारणं चैव तपःप्रयत्नः ॥ १९

इत्यार्षे श्रीमद्रामायणे वाल्मीकीय आदिकाव्य उत्तरकाण्डे पञ्चसप्ततितमः सर्गः ॥ ७५ ॥

पुरे राज्ये वाऽश्रीमूलमलक्ष्मीमूलं भवति, तदनिवारयन्स राजा क्षिप्रं नरकं याति, इहामुत्र च परमकश्मलं प्राप्नोति नात्र संशयः ॥ २८ ॥ २९ ॥ ३० ॥ नन्वन्यदीयाधर्मेण कथं राज्ञः कश्मलप्राप्तिरत आह—षड्भागस्येति । रक्षार्थं धनधान्यपुण्यादिषड्भागवेतनभोक्ता कथं न रक्षेत् । न्यायेन रक्षायां धर्मादिषड्भागप्राप्तिवदरक्षणेऽधर्मभागप्राप्तिरपीति भावः । अतः—स त्वमिति ॥ ३१ ॥ यत्नं निवारणयत्नम् ॥ ३२ ॥

इति श्रीरामाभिरामे श्रीरामीये रामायणतिलके वाल्मीकीय आदिकाव्य उत्तरकाण्डे चतुःसप्ततितमः सर्गः ॥ ७४ ॥

अथ शूद्रतपस्विनोऽन्विष्य दर्शनम्—नारदस्येति ॥ १ ॥ २ ॥ ३ ॥ यथा न क्षीयते तथा विधीयतामित्युक्तमेव विवृणोति—यथेति । क्लिष्टकर्मणः शुभाचारस्य बालस्य शरीरः । अर्धर्चादिः । गुप्तः सन्यथा न क्षीयते तथा विधीयतामिति पूर्वेणान्वयः । विपत्तिः स्वरूपनाशः । शरीरस्येति शेषः । परिभेदः संधिबन्धकेशादिविश्लेषजो रूपभेदश्च । तदुभयं यथा न भवति तथा कुरु ॥ ४ ॥ ५ ॥ पुष्पकस्तदधिष्ठातृचेतनः ॥ ६ ॥ ७ ॥ ८ ॥ ९ ॥ हरितं दिशं विचिन्वन् । शूद्रतपस्विनमिति शेषः ॥ १० ॥ अपश्यमानोऽपश्यन् ॥ ११ ॥ १२ ॥ शैवलस्य शैवलाख्यस्य विन्ध्यसमीपदक्षिणभागवर्तिनिरेः ॥ १३ ॥ १४ ॥ १५ ॥ १६ ॥ कोऽर्थं इति । तुभ्यं तव वराश्रयः प्रीतदेवतावरलभ्यो मनीषितोऽभीष्टोऽर्थः कः स्वर्गलाभः परोऽन्यो वा यदर्थं तपसि ॥ १७ ॥ सत्य-

षट्सप्ततितमः सर्गः ।

तस्य तद्वचनं श्रुत्वा रामस्याक्लिष्टकर्मणः । अवाक्शिरास्तथाभूतो वाक्यमेतदुवाच ह ॥ १
शूद्रयोन्यां प्रजातोऽस्मि तप उग्रं समास्थितः । देवत्वं प्रार्थये राम सशरीरो महायशः ॥ २
न मिथ्याहं वदे राम देवलोकजिगीषया । शूद्रं मां विद्धि काकुत्स्थ शम्बूको नाम नामतः ॥ ३
भाषतस्तस्य शूद्रस्य खड्गं सुरुचिरप्रभम् । निष्कृष्य कोशाद्विमलं शिरश्चिच्छेद राघवः ॥ ४
तस्मिञ्शूद्रे हते देवाः सेन्द्राः साग्निपुरोगमाः । साधु साध्विति काकुत्स्थं ते शशंसुर्मुहुर्मुहुः ॥ ५
पुष्पवृष्टिर्महत्यासीद्दिव्यानां सुसुगन्धिनाम् । पुष्पाणां वायुमुक्तानां सर्वतः प्रपपात ह ॥ ६
सुप्रीताश्चाब्रुवन्रामं देवाः सत्यपराक्रमम् । सुरकार्यमिदं देव सुकृतं ते महामते ॥ ७
गृहाण च वरं सौम्य यं त्वमिच्छस्यरिंदम । स्वर्गभाङ् नहि शूद्रोऽयं त्वत्कृते रघुनन्दन ॥ ८
देवानां भाषितं श्रुत्वा रामः सत्यपराक्रमः । उवाच प्राञ्जलिर्वाक्यं सहस्राक्षं पुरंदरम् ॥ ९
यदि देवाः प्रसन्ना मे द्विजपुत्रः स जीवतु । दिशन्तु वरमेतं मे ईप्सितं परमं मम ॥ १०
ममापचाराद्बालोऽसौ ब्राह्मणस्यैकपुत्रकः । अप्राप्तकालः कालेन नीतो वैवस्वतक्षयम् ॥ ११
तं जीवयथ भद्रं वो नानृतं कर्तुमर्हथ । द्विजस्य संश्रुतोऽर्थो मे जीवयिष्यामि ते सुतम् ॥ १२
राघवस्य तु तद्वाक्यं श्रुत्वा विबुधसत्तमाः । प्रत्यूचू राघवं प्रीता देवाः प्रीतिसमन्वितम् ॥ १३
निर्वृतो भव काकुत्स्थ सोऽस्मिन्नहनि बालकः । जीवितं प्राप्तवान्भूयः समेतश्चापि बन्धुभिः ॥ १४
यस्मिन्मुहूर्ते काकुत्स्थ शूद्रोऽयं विनिपातितः । तस्मिन्मुहूर्ते बालोऽसौ जीवेन समयुज्यत ॥ १५
स्वस्ति प्राप्नुहि भद्रं ते साधु याम नरर्षभ । अगस्त्यस्याश्रमपदं द्रष्टुमिच्छाम राघव ॥ १६
तस्य दीक्षा समाप्ता हि ब्रह्मर्षेः सुमहाद्युते । द्वादशं हि गतं वर्षं जलशय्यां समासतः ॥ १७
काकुत्स्थ तद्गमिष्यामो मुनिं समभिनन्दितुम् । त्वं चापि गच्छ भद्रं ते द्रष्टुं तमृषिसत्तमम् ॥ १८
स तथेति प्रतिज्ञाय देवानां रघुनन्दनः । आरुरोह विमानं तं पुष्पकं हेमभूषितम् ॥ १९
ततो देवाः प्रयातास्ते विमानैर्बहुविस्तरैः । रामोऽप्यनुजगामाशु कुम्भयोनेस्तपोवनम् ॥ २०
दृष्ट्वा तु देवान्संप्राप्तानगस्त्यस्तपसां निधिः । अर्चयामास धर्मात्मा सर्वांस्तानविशेषतः ॥ २१
प्रतिगृह्य ततः पूजां संपूज्य च महामुनिम् । जग्मुस्ते त्रिदशा हृष्टा नाकपृष्ठं सहानुगाः ॥ २२
गतेषु तेषु काकुत्स्थः पुष्पकादवरुह्य च । ततोऽभिवादयामास अगस्त्यमृषिसत्तमम् ॥ २३
सोऽभिवाद्य महात्मानं ज्वलन्तमिव तेजसा । आतिथ्यं परमं प्राप्य निषसाद नराधिपः ॥ २४
तमुवाच महातेजाः कुम्भयोनिर्महातपाः । स्वागतं ते नरश्रेष्ठ दिष्ट्या प्राप्तोऽसि राघव ॥ २५
त्वं मे बहुमतो राम गुणैर्बहुभिरुत्तमैः । अतिथिः पूजनीयश्च मम राजन्हृदि स्थितः ॥ २६
सुरा हि कथयन्ति त्वामागतं शूद्रघातिनम् । ब्राह्मणस्य तु धर्मेण त्वया जीवापितः सुतः ॥ २७

वाग्भव सत्यं वद ॥ १८ ॥ १९ ॥ इति श्रीरामाभिरामे श्रीरामीये रामायणतिलके वाल्मीकीय आदिकाव्य उत्तरकाण्डे पञ्चसप्ततितमः सर्गः ॥ ७५ ॥

अथ शूद्रशिरश्छेदेन बालोज्जीवनम्—तस्येति ॥ १ ॥ २ ॥ मिथ्यावचनाभावे हेतुः—देवलोकजिगीषया ॥ ३ ॥ तस्य शिर इत्यन्वयः ॥ ४ ॥ अग्निपुरोगमो वायुर्ब्रह्मा वा तत्सहिताः ॥ ५ ॥ पुष्पवृष्टेः प्रपञ्चनम्—दिव्यानामिति । प्रपपात । वृष्टिरिति शेषः ॥ ६ ॥ ७ ॥ किंनाम सुरकार्यं तत्राहुः—स्वर्गभागिति । हि यतः शूद्रस्तपसा स्वर्गानर्हः सोऽसौ त्वत्कृते त्वत्कृततपोनिवर्तनेन स्वर्गभाङ् न जातः । अतो देवकार्यं कृतमिति भावः ॥ ८ ॥ ९ ॥ एतं वरं मे दिशन्तु । एतद्वरदानमेव ममेप्सितमित्यन्वयान्न ममेति पुनरुक्तम् ॥ १० ॥ वैवस्वतक्षयं यमसदनम् ॥ ११ ॥ ते तव सुतं जीवयिष्यामीत्ययमर्थो मे मया द्विजस्य संश्रुतः प्रतिज्ञातः, अतस्तं जीवयथ । मामनृतं कर्तुं नार्हथ ॥ १२ ॥ प्रीतिसमन्वितं युक्तम् ॥ १३ ॥ अस्मिन्नहनि शूद्रशिरश्छेददिवसे । विनापि वरं जीवितं प्राप्तवानित्यर्थः ॥ १४ ॥ उक्तमेवार्थमहःशब्दविवक्षितार्थप्रदर्शनेन प्रकाशयन्ति—यस्मिन्मुहूर्त इति ॥ १५ ॥ यामेति लोट् ॥ १६ ॥ १७ ॥ १८ ॥ तथेति प्रतिज्ञाय । देवानाम् । देवान्प्रति तथास्त्वित्युक्त्वेत्यर्थः ॥ १९ ॥ २० ॥ अविशेषतः । अपक्षपातत इत्यर्थः ॥ २१ ॥ २२ ॥ २३ ॥ २४ ॥ २५ ॥ उत्तमैर्बहुभिर्गुणैस्त्वं बहुमतो बहुमान्यः । अतिथित्वाच्च पूज्यः । विशेषतश्च त्वं मे पूज्य इत्याह—मम हृदि स्थित इति । अन्तर्यामिस्वरूपत्वादिति भावः । अत एव सदा स्मरणविषयतयापि हृदि स्थितः, अतो ध्येयत्वाच्च त्वं पूज्यः । यद्वा हृदि स्थितः । तेन स्वस्वरूपत्वमप्युक्तम् ॥ २६ ॥ ब्राह्मणस्य सुतः । शूद्रहननधर्मेण त्वया जीवापितो जीवनं प्रा-

उष्यतां चेह रजनीं सकाशे मम राघव । त्वं हि नारायणः श्रीमांस्त्वयि सर्वं प्रतिष्ठितम् ॥ २८
त्वं प्रभुः सर्वदेवानां पुरुषस्त्वं सनातनः । प्रभाते पुष्पकेण त्वं गन्ता स्वपुरमेव हि ॥ २९
इदं चाभरणं सौम्य निर्मितं विश्वकर्मणा । दिव्यं दिव्येन वपुषा दीप्यमानं स्वतेजसा ॥ ३०
प्रतिगृह्णीष्व काकुत्स्थ मत्प्रियं कुरु राघव । दत्तस्य हि पुनर्दाने सुमहत्फलमुच्यते ॥ ३१
भरणे हि भवाञ्शक्तः फलानां महतामपि । त्वं हि शक्तस्तारयितुं सेन्द्रानपि दिवौकसः ॥ ३२
तस्मात्प्रदास्ये विधिवत्तत्प्रतीच्छ नराधिप । अथोवाच महात्मानमिक्ष्वाकूणां महारथः ॥ ३३
आगमं तस्य दीप्तस्य प्रष्टुमेवोपचक्रमे । अत्यद्भुतमिदं दिव्यं वपुषा युक्तमद्भुतम् ॥ ३४
कथं वा भवता प्राप्तं कुतो वा केन वा हृतम् । कौतूहलतया ब्रह्मन्पृच्छामि त्वां महायशः ॥ ३५
आश्चर्याणां बहूनां हि निधिः परमको भवान् । एवं ब्रुवति काकुत्स्थे मुनिर्वाक्यमथाब्रवीत् ।
शृणु राम यथावृत्तं पुरा त्रेतायुगे युगे ॥ ३६

इत्यार्षे श्रीमद्रामायणे वाल्मीकीय आदिकाव्य उत्तरकाण्डे षट्सप्ततितमः सर्गः ॥ ७६ ॥

पितः । पुगार्षः ॥२७॥ नारायणो नारस्य जीवसमूहस्य स्थानम् । तदेवाह—त्वयि सर्वमिति ॥ २८ ॥ सनातनः पुरुषो ब्रह्म ॥ २९ ॥ दिव्येन वपुषा संनिवेशेन दिव्यम्, अतएव स्वतेजसा दीप्यमानम् । आभरणं वलयरूपम् ॥ ३० ॥ ननु क्षत्रियस्य ब्राह्मणाद्द्रव्यग्रहणमनुचितं तत्राह—मत्प्रियं कुर्विति । मत्प्रियार्थमनुचितमपि कार्यमित्याशयः । किं च राजत्वाद्रिक्तहस्ततया त्वद्दर्शनस्य ममानुचिततया एतद्ग्रहणे मम प्रियं भवति, तव च दोषो नास्ति । भक्तदत्ताङ्गीकार इव हविषोऽङ्गीकार इव च दोषाभावाच्चेत्याशयः । ननु तव किं प्रियं तत्राह—दत्तस्येति । येन केनापि दत्तस्यानुपभुज्य पुनः स्वेष्टदेवादिभ्यो दाने महत्फलमुच्यते । 'लब्धावष्टगुणं पुण्यम्' इति स्मरणात् । एवं च महाफलहेतुत्वात्तुभ्यं तद्दानं मम प्रियमिति भावः ॥ ३१ ॥ नन्वन्यस्मा एव तर्हि देयं तत्राह—भरणे हीति । आभरणस्य धारणे भवानेव शक्तो योग्यः । किं च महतामपि फलानां ब्रह्मलोकादीनां दाने च त्वं शक्त इति शेषः । ननु मत्तोऽपि महद्भ्य इन्द्रादिभ्यो दीयतां तत्राह—त्वं हीति । ते त्वत्तो न महान्त इति भावः ॥ ३२ ॥ ३३ ॥ किंविषयकमुवाचेत्यत्राह—आगममिति । प्राप्तिमार्गमित्यर्थः । इदं दिव्यमत्यद्भुतम् । अत्याश्चर्यमित्यर्थः । अद्भुतं यथा भवति तथा वपुषा संनिवेशविशेषेण युक्तम् ॥ ३४ ॥ कथं केन प्रकारेण कुतो हेतोः केन पुरुषेणाहृतं दत्तम् ॥ ३५ ॥ पुरा त्रेतायुगे युगे पूर्वतनत्रेतायुगाख्ये युगे ॥ ३६ ॥ इति श्रीरामाभिरामे श्रीरामीये रामायणतिलके वाल्मीकीय आदिकाव्य उत्तरकाण्डे षट्सप्ततितमः सर्गः ॥ ७६ ॥

१. ३३–३४ श्लोकयोर्मध्ये केचन श्लोकाः प्रक्षिप्ताः कचिद्दृश्यन्ते—

रामो मतिमतां श्रेष्ठः क्षत्रधर्ममनुस्मरन् । प्रतिग्रहोऽयं भगवन्ब्राह्मणस्याविगर्हितः ॥ १
क्षत्रियेण कथं विप्र प्रतिग्राह्यं भवेत्ततः । प्रतिग्रहो हि विप्रेन्द्र क्षत्रियाणां सुगर्हितः ॥ २
ब्राह्मणेन विशेषेण दत्तं तद्वक्तुमर्हसि । एवमुक्तस्तु रामेण प्रत्युवाच महानृषिः ॥ ३
आसन्कृतयुगे राम ब्रह्मभूते पुरायुगे । अपार्थिवाः प्रजाः सर्वाः सुराणां तु शतक्रतुः ॥ ४
ताः प्रजा देवदेवेशं राजार्थं समुपाद्रवन् । सुराणां स्थापितो राजा त्वया देव शतक्रतुः ॥ ५
प्रयच्छास्मासु लोकेश पार्थिवं नरपुंगवम् । यस्मै पूजां प्रयुञ्जाना धूतपापाश्चरेमहि ॥ ६
न वसामो विना राज्ञा एष नो निश्चयः परः । ततो ब्रह्मा सुरश्रेष्ठो लोकपालान्सवासवान् ॥ ७
समाहूयाब्रवीत्सर्वांस्तेजोभागान्प्रयच्छत । ततो ददुर्लोकपालाः सर्वे भागान्स्वतेजसः ॥ ८
अक्षुपच्च ततो ब्रह्मा यतो जातः क्षुपो नृपः । तं ब्रह्मा लोकपालानां समांशैः समयोजयत् ॥ ९
ततो ददौ नृपं तासां प्रजानामीश्वरं क्षुपम् । तत्रैन्द्रेण च भागेन महीमाज्ञापयन्नृपः ॥ १०
वारुणेन तु भागेन वपुः पुष्यति पार्थिवः । कौबेरेण तु भागेन वित्तपाभां ददौ तदा ॥ ११
यस्तु याम्योऽभवद्भागस्तेन शास्ति स्म स प्रजाः । तत्रैन्द्रेण नरश्रेष्ठ भागेन रघुनन्दन ॥ १२
प्रतिगृह्णीष्व भद्रं ते तारणार्थं मम प्रभो । तद्रामः प्रतिजग्राह मुनेस्तस्य महात्मनः ॥ १३
दिव्यमाभरणं चित्रं प्रदीप्तमिव भास्करम् । प्रतिगृह्य ततो रामस्तदाभरणमुत्तमम् ॥ १४

सप्तसप्ततितमः सर्गः ।

पुरा त्रेतायुगे राम बभूव बहुविस्तरम् । समन्ताद्योजनशतं विमृगं पक्षिवर्जितम् ॥ १
तस्मिन्निर्मानुषेऽरण्ये कुर्वाणस्तप उत्तमम् । अहमाक्रमितुं सौम्य तदारण्यमुपागमम् ॥ २
तस्य रूपमरण्यस्य निर्देष्टुं न शशाक ह । फलमूलैः सुखास्वादैर्बहुरूपैश्च काननैः ॥ ३
तस्यारण्यस्य मध्ये तु सरो योजनमायतम् । हंसकारण्डवाकीर्णं चक्रवाकोपशोभितम् ॥ ४
पद्मोत्पलसमाकीर्णं समतिक्रान्तशैवलम् । तदाश्चर्यमिवात्यर्थं सुखास्वादमनुत्तमम् ॥ ५
अरजस्कं तदाक्षोभ्यं श्रीमत्पक्षिगणायुतम् । तस्मिन्सरःसमीपे तु महदद्भुतमाश्रमम् ॥ ६
पुराणं पुण्यमत्यर्थं तपस्विजनवर्जितम् । तत्राहमवसं रात्रिं नैदाघीं पुरुषर्षभ ॥ ७
प्रभाते काल्यमुत्थाय सरस्तदुपचक्रमे । अथापश्यं शवं तत्र सुपुष्टमरजः क्वचित् ॥ ८
तिष्ठन्तं परया लक्ष्म्या तस्मिंस्तोयाशये नृप । तमर्थं चिन्तयानोऽहं मुहूर्तं तत्र राघव ॥ ९
विष्ठितोऽस्मि सरस्तीरे किं न्विदं स्यादिति प्रभो । अथापश्यं मुहूर्तात्तु दिव्यमद्भुतदर्शनम् ॥ १०
विमानं परमोदारं हंसयुक्तं मनोजवम् । अत्यर्थं स्वर्गिणं तत्र विमाने रघुनन्दन ॥ ११
उपास्तेऽप्सरसां वीर सहस्रं दिव्यभूषणम् । गायन्ति काश्चिद्रम्याणि वादयन्ति तथापराः ॥ १२
मृदङ्गवीणापणवान्नृत्यन्ति च तथापराः । अपराश्चन्द्ररश्म्याभैर्हेमदण्डैर्महाधनैः ॥ १३
दोधूयुर्वदनं तस्य पुण्डरीकनिभेक्षणाः । ततः सिंहासनं हित्वा मेरुकूटमिवांशुमान् ॥ १४
पश्यतो मे तदा राम विमानादवरुह्य च । तं शवं भक्षयामास स स्वर्गी रघुनन्दन ॥ १५
ततो भुक्त्वा यथाकामं मांसं बहु सुपीवरम् । अवतीर्य सरः स्वर्गी संस्प्रष्टुमुपचक्रमे ॥ १६
उपस्पृश्य यथान्यायं स स्वर्गी रघुनन्दन । आरोढुमुपचक्राम विमानवरमुत्तमम् ॥ १७
तमहं देवसंकाशमारोहन्तमुदीक्ष्य वै । अथाहमब्रुवं वाक्यं तमेव पुरुषर्षभ ॥ १८
को भवान्देवसंकाश आहारश्च विगर्हितः । त्वयेदं भुज्यते सौम्य किमर्थं वक्तुमर्हसि ॥ १९
कस्य स्यादीदृशो भाव आहारो देवसंमत । आश्चर्यं वर्तते सौम्य श्रोतुमिच्छामि तत्त्वतः ।
नाहमौपयिकं मन्ये तव भक्ष्यमिमं शवम् ॥ २०

इत्येवमुक्तः स नरेन्द्रनाकी कौतूहलात्सूनृतया गिरा च ।
श्रुत्वा च वाक्यं मम सर्वमेतत्सर्वं तथा चाकथयन्ममेति ॥ २१

इत्यार्षे श्रीमद्रामायणे वाल्मीकीय आदिकाव्य उत्तरकाण्डे सप्तसप्ततितमः सर्गः ॥ ७७ ॥

अष्टसप्ततितमः सर्गः ।

श्रुत्वा तु भाषितं वाक्यं मम राम शुभाक्षरम् । प्राञ्जलिः प्रत्युवाचेदं स स्वर्गी रघुनन्दन ॥ १
शृणु ब्रह्मन्पुरा वृत्तं ममैतत्सुखदुःखयोः । अनतिक्रमणीयं च यथा पृच्छसि मां द्विज ॥ २

अथ तत्प्राप्तिकथनम्—पुरेति । पूर्वचतुर्युगवर्तित्रेतायुगे बहुविस्तरं बहुविस्तारं पक्षिवर्जितमरण्यमभूदिति शेषः ॥ १ ॥ तस्मिन्नरण्ये तदेकदेशे उत्तमं तपः कुर्वाणोऽहं तदारण्यमाक्रमितुमासमन्तात्पर्यटनेन कृत्स्नमवगन्तुमुपागममुपगतवानस्मि ॥ २ ॥ तस्य रूपमिति । सुखावहम् । स्वरूपमित्यर्थः । न शशाक न शक्तवान् । अपरोक्षे लिडार्षः । तदेवाह—फलमूलैरिति ॥ ३ ॥ ४ ॥ सुखास्वादं सुखावहप्राशनपानीयवत् ॥ ५ ॥ ६ ॥ नैदाघीं निदाघसंबन्धिनीम् ॥ ७ ॥ काल्यं प्रातःकर्तव्यं स्नानादिकर्मोद्दिश्योत्थाय तत्सरो गन्तुमुपचक्रमे । अपरोक्षे लिडार्षः । अरजो निर्मलम् ॥ ८ ॥ लक्ष्म्या । उपेतमिति शेषः । तमर्थं चिन्तयानः किमिदं स्यादिति चिन्तयानः । शवः सन्नपि निर्मलो लक्ष्मीयुक्तश्चेति किमिदमिति स्वदृष्टार्थविषयकचिन्तां कुर्वाण इत्यर्थः ॥ ९ ॥ १० ॥ अत्यर्थमतिरूपवन्तम् ॥ ११ ॥ १२ ॥ चन्द्ररश्म्याभैः । चामरैरिति शेषः ॥ १३ ॥ दोधूयुरिति यङ्लुगन्तस्य ॥ १४ ॥ पश्यतो मे । समक्षमिति शेषः ॥ १५ ॥ संस्प्रष्टुं शुद्धाचमनं कर्तुम् ॥ १६ ॥ १७ ॥ १८ ॥ १९ ॥ हे देवसंमत देवतुल्य, ईदृश आहार ईदृशो भावश्च कस्य स्यात् । न कस्यापीत्यर्थः । अतो हेतोस्त्वयीदं द्वयं दृष्ट्वा आश्चर्यं मे वर्तते, तस्मात्सर्वं तत्त्वतः श्रोतुमिच्छामि ॥ २० ॥ २१ ॥ **इति श्रीरामाभिरामे श्रीरामीये रामायणतिलके वाल्मीकीय आदिकाव्य उत्तरकाण्डे सप्तसप्ततितमः सर्गः ॥ ७७ ॥**

श्रुत्वेति । सुखदुःखयोर्दिव्यदेहशवभक्षणनिमित्तकयोः । कारणमिति शेषः । अनतिक्रमणीयमेव तत्कारणं यथा पृच्छसि

पुरा वैदर्भको राजा पिता मम महायशाः । सुदेव इति विख्यातस्त्रिषु लोकेषु वीर्यवान् ॥ ३
तस्य पुत्रद्वयं ब्रह्मन्द्वाभ्यां स्त्रीभ्यामजायत । अहं श्वेत इति ख्यातो यवीयान्सुरथोऽभवत् ॥ ४
ततः पितरि स्वर्याते पौरा मामभ्यषेचयन् । तत्राहं कृतवान्राज्यं धर्म्यं च सुसमाहितः ॥ ५
एवं वर्षसहस्राणि समतीतानि सुव्रत । राज्यं कारयतो ब्रह्मन्प्रजा धर्मेण रक्षतः ॥ ६
सोऽहं निमित्ते कस्मिंश्चिद्विज्ञातायुर्द्विजोत्तम । कालधर्मं हृदि न्यस्य ततो वनमुपागमम् ॥ ७
सोऽहं वनमिदं दुर्गं मृगपक्षिविवर्जितम् । तपश्चर्तुं प्रविष्टोऽस्मि समीपे सरसः शुभे ॥ ८
भ्रातरं सुरथं राज्ये अभिषिच्य महीपतिम् । इदं सरः समासाद्य तपस्तप्तं मया चिरम् ॥ ९
सोऽहं वर्षसहस्राणि तपस्त्रीणि महावने । तप्त्वा सुदुष्करं प्राप्तो ब्रह्मलोकमनुत्तमम् ॥ १०
तस्येमे स्वर्गभूतस्य क्षुत्पिपासे द्विजोत्तम । बाधेते परमे वीर ततोऽहं व्यथितेन्द्रियः ॥ ११
गत्वा त्रिभुवनश्रेष्ठं पितामहमुवाच ह । भगवन्ब्रह्मलोकोऽयं क्षुत्पिपासाविवर्जितः ॥ १२
कस्यायं कर्मणः पाकः क्षुत्पिपासानुगो ह्यहम् । आहारः कश्च मे देव तन्मे ब्रूहि पितामह ॥ १३
पितामहस्तु मामाह तवाहारः सुदेवज । स्वादूनि स्वानि मांसानि तानि भक्षय नित्यशः ॥ १४
स्वशरीरं त्वया पुष्टं कुर्वता तप उत्तमम् । अनुप्तं रोहते श्वेत न कदाचिन्महामते ॥ १५
दत्तं न तेऽस्ति सूक्ष्मोऽपि तप एव निषेवसे । तेन स्वर्गगतो वत्स बाध्यसे क्षुत्पिपासया ॥ १६
स त्वं सुपुष्टमाहारैः स्वशरीरमनुत्तमम् । भक्षयित्वामृतरसं तेन तृप्तिर्भविष्यति ॥ १७
यदा तु तद्वनं श्वेत अगस्त्यः स महानृषिः । आगमिष्यति दुर्धर्षस्तदा कृच्छ्राद्विमोक्ष्यते ॥ १८
स हि तारयितुं सौम्य शक्तः सुरगणानपि । किं पुनस्त्वां महाबाहो क्षुत्पिपासावशंगतम् ॥ १९
सोऽहं भगवतः श्रुत्वा देवदेवस्य निश्चयम् । आहारं गर्हितं कुर्मि स्वशरीरं द्विजोत्तम ॥ २०
बहून्वर्षगणान्ब्रह्मन्भुज्यमानमिदं मया । क्षयं नाभ्येति ब्रह्मर्षे तृप्तिश्चापि ममोत्तमा ॥ २१
तस्य मे कृच्छ्रभूतस्य कृच्छ्रादस्माद्विमोक्षय । अन्येषां न गतिर्ह्यत्र कुम्भयोनिमृते द्विजम् ॥ २२
इदमाभरणं सौम्य धारणार्थं द्विजोत्तम । प्रतिगृह्णीष्व भद्रं ते प्रसादं कर्तुमर्हसि ॥ २३
इदं तावत्सुवर्णं च धनं वस्त्राणि च द्विज । भक्ष्यं भोज्यं च ब्रह्मर्षे ददाम्याभरणानि च ॥ २४
सर्वान्कामान्प्रयच्छामि भोगांश्च मुनिपुंगव । तारणे भगवन्मह्यं प्रसादं कर्तुमर्हसि ॥ २५
तस्याहं स्वर्गिणो वाक्यं श्रुत्वा दुःखसमन्वितम् । तारणायोपजग्राह तदाभरणमुत्तमम् ॥ २६
मया प्रतिगृहीते तु तस्मिन्नाभरणे शुभे । मानुषः पूर्वको देहो राजर्षेर्विननाश ह ॥ २७
प्रणष्टे तु शरीरेऽसौ राजर्षिः परया मुदा । तृप्तः प्रमुदितो राजा जगाम त्रिदिवं सुखम् ॥ २८
तेनेदं शक्रतुल्येन दिव्यमाभरणं मम । तस्मिन्निमित्ते काकुत्स्थ दत्तमद्भुतदर्शनम् ॥ २९

इत्यार्षे श्रीमद्रामायणे वाल्मीकीय आदिकाव्य उत्तरकाण्डेऽष्टसप्ततितमः सर्गः ॥ ७८ ॥

तथा वक्ष्यामि शृण्विति संबन्धः ॥ १ ॥ २ ॥ ३ ॥ ४ ॥ धर्म्यं धर्मादनपेतं यथा तथा कृतवान् ॥ ५ ॥ ६ ॥ कस्मिंश्चिन्निमित्ते केनचिल्लक्षणेन कालधर्मं मृत्युं हृदि न्यस्य ज्ञात्वा ॥ ७ ॥ ८ ॥ ९ ॥ १० ॥ स्वर्गभूतस्य स्वर्गं ब्रह्मलोकं भूतस्य प्राप्तस्य ॥ ११ ॥ त्रिभुवनश्रेष्ठं तृतीये भुवने भूस्वःपदापेक्षया तृतीयब्रह्मलोके श्रेष्ठम् । हिरण्यगर्भमित्यर्थः । यद्वा त्रिष्वपि भुवनेषु श्रेष्ठमित्यर्थः ॥ १२ ॥ क्षुत्पिपासेऽनुगे यस्य सः ॥ १३ ॥ १४ ॥ स्वशरीरं त्वया पुष्टं केवलम् ॥ १५ ॥ ते सूक्ष्मः । लिङ्गव्यत्ययः । अल्पमपि दत्तं दानं ते नास्ति देवपित्रतिथिषु, किं तु तप एव निषेवसे । असेविष्ठेति यावत् । तपो मनस इन्द्रियाणां चैकाग्र्यं मन्मात्रविषयकत्वरूपं तादृशतपःफलं ब्रह्मलोकप्राप्तिर्जाता तव । स्वर्गगतः परस्वर्गगतः ॥ १६ ॥ तेन मांसभक्षणेन ते तृप्तिः क्षुदादिनिवृत्तिर्भविष्यति ॥ १७ ॥ विमोक्ष्यते । विमोचयिष्यत इत्यर्थः ॥ १८ ॥ १९ ॥ स्वशरीरमेव भगवदाज्ञया नित्योपस्थितमाहारं कुर्मि करोमि ॥ २० ॥ तदेवाह—क्षयं नाभ्येति ॥ २१ ॥ कृच्छ्रभूतस्य कृच्छ्रं प्राप्तस्य । दृग्गोचरो मां कृच्छ्राद्विमोक्षयेत्यर्थः । ननु कथमहमगस्त्य इति त्वयावगतस्तत्राह—अन्येषामिति । कुम्भयोनिं द्विजमृते भयादन्येषामत्र निर्मानुषे गतिर्नास्ति, अतस्त्वमगस्त्य इति निर्णीतमिति भावः ॥ २२ ॥ २३ ॥ नन्वेतद्दानस्यान्नदानत्वाभावात्कथं पुनरेतद्दानेऽपि दुःखमोक्षस्तत्राह—इदमिति । अस्य सर्वदत्वादेतद्दानं सर्वदानात्मकमिति भावः ॥ २४ ॥ तस्माद्यदिदं प्रयच्छामि तत्सर्वान्कामान्सर्वभोगांश्च प्रयच्छामीति जानीहि । तारणे तारणनिमित्तम् ॥ २५ ॥ २६ ॥ मया प्रतिगृहीते । तत्सुकृतबलादिति शेषः । ननाश ह । पुनर्भक्षणाय नोपस्थितोऽभूदित्यर्थः ॥ २७ ॥ प्रमुदितः क्षुत्पिपासारहिततयातिसंतोषं प्राप्तः ॥ २८ ॥ तस्मिन्निमित्ते

एकोनाशीतितमः सर्गः ।

तदद्भुततमं वाक्यं श्रुत्वागस्त्यस्य राघवः । गौरवाद्विस्मयाच्चैव भूयः प्रष्टुं प्रचक्रमे ॥ १
भगवंस्तद्वनं घोरं तपस्तप्यति यत्र सः । श्वेतो वैदर्भको राजा कथं तदमृगद्विजम् ॥ २
तद्वनं स कथं राजा शून्यं मनुजवर्जितम् । तपश्चर्तुं प्रविष्टः स श्रोतुमिच्छामि तत्त्वतः ॥ ३
रामस्य वचनं श्रुत्वा कौतूहलसमन्वितम् । वाक्यं परमतेजस्वी वक्तुमेवोपचक्रमे ॥ ४
पुरा कृतयुगे राम मनुर्दण्डधरः प्रभुः । तस्य पुत्रो महानासीदिक्ष्वाकुः कुलनन्दनः ॥ ५
तं पुत्रं पूर्वकं राज्ये निक्षिप्य भुवि दुर्जयम् । पृथिव्यां राजवंशानां भव कर्तेत्युवाच तम् ॥ ६
तथैव च प्रतिज्ञातं पितुः पुत्रेण राघव । ततः परमसंतुष्टो मनुः पुत्रमुवाच ह ॥ ७
प्रीतोऽस्मि परमोदार कर्ता चासि न संशयः । दण्डेन च प्रजा रक्ष मा च दण्डमकारणे ॥ ८
अपराधिषु यो दण्डः पात्यते मानवेषु वै । स दण्डो विधिवन्मुक्तः स्वर्गं नयति पार्थिवम् ॥ ९
तस्माद्दण्डे महाबाहो यत्नवान्भव पुत्रक । धर्मो हि परमो लोके कुर्वतस्ते भविष्यति ॥ १०
इति तं बहु संदिश्य मनुः पुत्रं समाधिना । जगाम त्रिदिवं हृष्टो ब्रह्मलोकं सनातनम् ॥ ११
प्रयाते त्रिदिवे तस्मिन्निक्ष्वाकुरमितप्रभः । जनयिष्ये कथं पुत्रानिति चिन्तापरोऽभवत् ॥ १२
कर्मभिर्बहुरूपैश्च तैस्तैर्मनुसुतस्तदा । जनयामास धर्मात्मा शतं देवसुतोपमान् ॥ १३
तेषामवरजस्तात सर्वेषां रघुनन्दन । मूढश्चाकृतविद्यश्च न शुश्रूषति पूर्वजान् ॥ १४
नाम तस्य च दण्डेति पिता चक्रेऽल्पतेजसः । अवश्यं दण्डपतनं शरीरेऽस्य भविष्यति ॥ १५
अपश्यमानस्तं देशं घोरं पुत्रस्य राघव । विन्ध्यशैवलयोर्मध्ये राज्यं प्रादादरिंदम ॥ १६
स दण्डस्तत्र राजाभूद्रम्ये पर्वतरोधसि । पुरं चाप्रतिमं राम न्यवेशयदनुत्तमम् ॥ १७
पुरस्य चाकरोन्नाम मधुमन्तमिति प्रभो । पुरोहितं तूशनसं वरयामास सुव्रतम् ॥ १८
एवं स राजा तद्राज्यमकरोत्सपुरोहितः । प्रहृष्टमनुजाकीर्णं देवराजो यथा दिवि ॥ १९
ततः स राजा मनुजेन्द्रपुत्रः सार्धं च तेनोशनसा तदानीम् ।
चकार राज्यं सुमहान्महात्मा शक्रो दिवीवोशनसा समेतः ॥ २०

इत्यार्षे श्रीमद्रामायणे वाल्मीकीय आदिकाव्य उत्तरकाण्ड एकोनाशीतितमः सर्गः ॥ ७९ ॥

अशीतितमः सर्गः ।

एतदाख्याय रामाय महर्षिः कुम्भसंभवः । अस्यामेवापरं वाक्यं कथायामुपचक्रमे ॥ १
ततः स दण्डः काकुत्स्थ बहुवर्षगणायुतम् । अकरोत्तत्र दान्तात्मा राज्यं निहतकण्टकम् ॥ २
अथ काले तु कस्मिंश्चिद्राजा भार्गवमाश्रमम् । रमणीयमुपाक्रामच्चैत्रे मासि मनोरमे ॥ ३
तत्र भार्गवकन्यां स रूपेणाप्रतिमां भुवि । विचरन्तीं वनोद्देशे दण्डोऽपश्यदनुत्तमाम् ॥ ४

स्वतारणरूपे निमित्ते ॥ २९ ॥ इति श्रीरामाभिरामे श्रीरामीये रामायणतिलके वाल्मीकीय आदिकाव्य उत्तरकाण्डेऽष्टसप्ततितमः सर्गः ॥ ७८ ॥

अथ रामेण वनस्य निर्जनत्वहेतुप्रश्ने तद्वर्णनम्—तदिति । गौरवात्सर्वज्ञः । सर्ववक्ता परमगुरुरिति संभावनयेत्यर्थः ॥ १ ॥ यत्र स तपस्तप्यति तद्वनं कथममृगद्विजम् ॥ २ ॥ तादृशं तद्वनं तपश्चर्तुं चरितुं प्रविष्टः ॥ ३ ॥ ४ ॥ दण्डधरो राजा प्रभुर्वर्णाश्रमविभागतद्धर्मप्रवर्तनाधिकृतः ॥ ५ ॥ ६ ॥ ॥ ७ ॥ दण्डेन क्षत्रियसहजधर्मभूतेन शिक्षणेन । अकारणे च दण्डं मा पातयेति शेषः ॥ ८ ॥ ननु परपीडावहो दण्डः कथ कर्तुं युक्तस्तत्राह—अपराधिष्विति । विधिवद्यथाशास्त्रम् । यथापराधं मुक्तः । प्रवर्तित इत्यर्थः ॥ ९ ॥ कुर्वतः । दण्डमिति शेषः ॥ १० ॥ समाधिना प्रणवानुसंधानसहितचित्तैकाग्र्येण, अत एव ब्रह्मलोकं जगाम ॥ ११ ॥ १२ ॥ बहुरूपैर्यज्ञदानतपोलक्षणैः ॥ १३ ॥ पूर्वजाञ्ज्येष्ठान् ॥ १४ ॥ दण्डेति नामकरणं पितुः सर्वज्ञत्वादन्वर्थावसायपूर्वकमित्याह—अवश्यमिति ॥ १५ ॥ घोरं देशमपश्यमानः । दण्डराज्ययोग्यं घोरं देशमपश्यन्नित्यर्थः ॥ १६ ॥ पर्वतरोधसि पर्वततटप्राये ॥ १७ ॥ १८ ॥ १९ ॥ शक्रोऽत्र बलिः ॥२०॥ इति श्रीरामाभिरामे श्रीरामीये रामायणतिलके वाल्मीकीय आदिकाव्य उत्तरकाण्ड एकोनाशीतितमः सर्गः ॥ ७९ ॥

एवमुक्तोपोद्धातां प्रकृतकथामाह—एतदिति । अस्यामेवापरं वाक्यमुपक्रान्तकथायामेव संबद्धम् । तत्पृष्टोत्तरभूतमित्यर्थः ॥ १ ॥ दान्तात्मा जितेन्द्रियः ॥ २ ॥ भार्गव-

स दृष्ट्वा तां सुदुर्मेधा अनङ्गशरपीडितः । अभिगम्य सुसंविग्नः कन्यां वचनमब्रवीत् ॥ ५
कुतस्त्वमसि सुश्रोणि कस्य वासि सुता शुभे । पीडितोऽहमनङ्गेन पृच्छामि त्वां शुभानने ॥ ६
तस्य त्वेवं ब्रुवाणस्य मोहोन्मत्तस्य कामिनः । भार्गवी प्रत्युवाचेदं वचः सानुनयं त्विदम् ॥ ७
भार्गवस्य सुतां विद्धि देवस्याक्लिष्टकर्मणः । अरजां नाम राजेन्द्र ज्येष्ठामाश्रमवासिनीम् ॥ ८
मा मां स्पृश बलाद्राजन्कन्या पितृवशा ह्यहम् । गुरुः पिता मे राजेन्द्र त्वं च शिष्यो महात्मनः ९
व्यसनं सुमहत्क्रुद्धः स ते दद्यान्महातपाः । यदि वान्यन्मया कार्यं धर्मदृष्टेन सत्पथा ॥ १०
वरयस्व नरश्रेष्ठ पितरं मे महाद्युतिम् । अन्यथा तु फलं तुभ्यं भवेद्धोराभिसंहितम् ॥ ११
क्रोधेन हि पिता मेऽसौ त्रैलोक्यमपि निर्दहेत् । दास्यते चानवद्याङ्ग तव मा याचितः पिता ॥ १२
एवं ब्रुवाणामरजां दण्डः कामवशं गतः । प्रत्युवाच मदोन्मत्तः शिरस्याधाय चाञ्जलिम् ॥ १३
प्रसादं कुरु सुश्रोणि न कालं क्षेप्तुमर्हसि । त्वत्कृते हि मम प्राणा विदीर्यन्ते वरानने ॥ १४
त्वां प्राप्य तु वधो वापि पापं वापि सुदारुणम् । भक्तं भजस्व मां भीरु भजमानं सुविह्वलम् ॥ १५
एवमुक्त्वा तु तां कन्यां दोर्भ्यां प्राप्य बलाद्बली । विस्फुरन्तीं यथाकामं मैथुनायोपचक्रमे ॥ १६
तमनर्थं महाघोरं दण्डः कृत्वा सुदारुणम् । नगरं प्रययावाशु मधुमन्तमनुत्तमम् ॥ १७
अरजापि रुदन्ती सा आश्रमस्याविदूरतः । प्रतीक्षते सुसंत्रस्ता पितरं देवसंनिभम् ॥ १८

इत्यार्षे श्रीमद्रामायणे वाल्मीकीय आदिकाव्य उत्तरकाण्डेऽशीतितमः सर्गः ॥ ८० ॥

एकाशीतितमः सर्गः ।

स मुहूर्तादुपश्रुत्य देवर्षिरमितप्रभः । स्वमाश्रमं शिष्यवृतः क्षुधार्तः संन्यवर्तत ॥ १
सोऽपश्यदरजां दीनां रजसा समभिप्लुताम् । ज्योत्स्नामिव ग्रहग्रस्तां प्रत्यूषे न विराजतीम् ॥ २
तस्य रोषः समभवत्क्षुधार्तस्य विशेषतः । निर्दहन्निव लोकांस्त्रीञ्शिष्यांश्चैतदुवाच ह ॥ ३
पश्यध्वं विपरीतस्य दण्डस्याविदितात्मनः । विपत्तिं घोरसंकाशां क्रुद्धादग्निशिखामिव ॥ ४
क्षयोऽस्य दुर्मतेः प्राप्तः सानुगस्य महात्मनः । यः प्रदीप्तां हुताशस्य शिखां वै स्प्रष्टुमर्हति ॥ ५
यस्मात्स कृतवान्पापमीदृशं घोरसंहितम् । तस्मात्प्राप्स्यति दुर्मेधाः फलं पापस्य कर्मणः ॥ ६
सप्तरात्रेण राजासौ सपुत्रबलवाहनः । पापकर्मसमाचारो वधं प्राप्स्यति दुर्मतिः ॥ ७
समन्ताद्योजनशतं विषयं चास्य दुर्मतेः । धक्ष्यते पांसुवर्षेण महता पाकशासनः ॥ ८
सर्वसत्त्वानि यानीह स्थावराणि चराणि च । महता पांसुवर्षेण विलयं सर्वतोऽगमन् ॥ ९
दण्डस्य विषयो यावत्तावत्सर्वं समुच्छ्रयम् । पांसुवर्षमिवालक्ष्यं सप्तरात्रं भविष्यति ॥ १०
इत्युक्त्वा क्रोधताम्राक्षस्तमाश्रमनिवासिनम् । जनं जनपदान्तेषु स्थीयतामिति चाब्रवीत् ॥ ११
श्रुत्वा तूशनसो वाक्यं सोऽश्रमावसथो जनः । निष्क्रान्तो विषयात्तस्मात्स्थानं चक्रेऽथ बाह्यतः १२

शुक्रस्तत्संबन्धिनमाश्रममुपाक्रामदगमत् ॥ ३ ॥ ४ ॥ ५ ॥ ६ ॥ मोहेन रागमोहेनोन्मत्तस्योचितानुचितविवेकरहितस्य ॥ ७ ॥ ८ ॥ ९ ॥ यदि नान्यत्कामभोगानुकूल्यं तर्हि धर्मदृष्टेन सत्पथा सन्मार्गेण मां वरयस्व ॥ १० ॥ अन्यथावरणे घोराभिसंहितं महानर्थफलम् ॥ ११ ॥ याचितः पिता मा मां तव दास्यते इत्यन्वयः ॥ १२ ॥ १३ ॥ क्षेप्तुं विलम्बं कर्तुम् ॥ १४ ॥ त्वां प्राप्य यदि वधादिर्भवेत्तदा भवतु नामेति शेषः ॥ १५ ॥ विस्फुरन्तीं विलुठन्तीम् ॥ १६ ॥ १७ ॥ अरजापीति आकारान्तं नाम । पितरं प्रतीक्षते स्म ॥ १८ ॥

इति श्रीरामाभिरामे श्रीरामीये रामायणतिलके वाल्मीकीय आदिकाव्य उत्तरकाण्डेऽशीतितमः सर्गः ॥ ८० ॥

कथाशेषपूरणम्—स इति । उपश्रुत्य शिष्यमुखादरजावृत्तान्तमित्यर्थः ॥ १ ॥ प्रत्यूषे प्रातःकाले । न विराजतीमशोभमानाम् ॥ २ ॥ ३ ॥ विपरीतस्य विपरीतानुष्ठानवतः । क्रुद्धान्मत्तो जायमानामग्निशिखासदृशीं विपत्तिं विनाशं पश्यध्वम् ॥ ४ ॥ अस्य क्षयः प्राप्तस्तत्र हेतुः—य इति ॥ ५ ॥ सामान्येनोक्तं विशेषेणाह—यस्मादिति । ईदृशं मत्पुत्रीधर्षणरूपम् ॥ ६ ॥ ७ ॥ धक्ष्यते नाशयिष्यति ॥ ८ ॥ विलयमगमन्विलयं गमिष्यन्ति ॥ ९ ॥ सर्वमुच्छ्रयं चराचरप्राणिमात्रमुच्छ्रयत उद्भवतीत्युच्छ्रयः । पांसुवर्षमिवालक्ष्यम् । प्रसिद्धप्रलयकालिकमहापांसुवर्षमिव प्राप्य सप्तरात्रं सप्तरात्रिपर्यन्तमलक्ष्यं भविष्यति । विनष्टपुरपौरजानपदं भविष्यतीत्यर्थः ॥ १० ॥ तमाश्रमनिवासिनं स्वाश्रमनिवासिनम् । जनपदान्तेषु दण्डजनपदसीमान्तदेशेषु ॥ ११ ॥ सोऽश्रमावसथ इत्यार्षः

१३८

स तथोक्त्वा मुनिजनमरजामिदमब्रवीत् । इहैव वस दुर्मेधे आश्रमे सुसमाहिता ॥ १३
इदं योजनपर्यन्तं सरः सुरुचिरप्रभम् । अरजे विज्वरा भुङ्क्ष्व कालश्चात्र प्रतीक्ष्यताम् ॥ १४
त्वत्समीपे च ये सत्त्वा वासमेष्यन्ति तां निशाम् । अवध्याः पांसुवर्षेण ते भविष्यन्ति नित्यदा १५
श्रुत्वा नियोगं ब्रह्मर्षेः सारजा भार्गवी तदा । तथेति पितरं प्राह भार्गवं भृशदुःखिता ॥ १६
इत्युक्त्वा भार्गवो वासमन्यत्र समकारयत् । तच्च राज्यं नरेन्द्रस्य सभृत्यबलवाहनम् ॥ १७
सप्ताहाद्भस्मसाद्भूतं यथोक्तं ब्रह्मवादिना । तस्यासौ दण्डविषयो विन्ध्यशैवलयोर्नृप ॥ १८
शप्तो ब्रह्मर्षिणा तेन वैधर्म्ये सहिते कृते । ततः प्रभृति काकुत्स्थ दण्डकारण्यमुच्यते ॥ १९
तपस्विनः स्थिता ह्यत्र जनस्थानमतोऽभवत् । एतत्ते सर्वमाख्यातं यन्मां पृच्छसि राघव ॥ २०
संध्यामुपासितुं वीर समयो ह्यतिवर्तते । एते महर्षयः सर्वे पूर्णकुम्भाः समन्ततः ॥ २१
कृतोदका नरव्याघ्र आदित्यं पर्युपासते । स तैर्ब्राह्मणमभ्यस्तं सहितैर्ब्रह्मवित्तमैः ।
रविरस्तं गतो राम गच्छोदकमुपस्पृश ॥ २२

इत्यार्षे श्रीमद्रामायणे वाल्मीकीय आदिकाव्य उत्तरकाण्ड एकाशीतितमः सर्गः ॥ ८१ ॥

द्व्यशीतितमः सर्गः ।

ऋषेर्वचनमाज्ञाय रामः संध्यामुपासितुम् । अपाक्रामत्सरः पुण्यमप्सरोगणसेवितम् ॥ १
तत्रोदकमुपस्पृश्य संध्यामन्वास्य पश्चिमाम् । आश्रमं प्राविशद्रामः कुम्भयोनेर्महात्मनः ॥ २
तस्यागस्त्यो बहुगुणं कन्दमूलं तथौषधम् । शाल्यादीनि पवित्राणि भोजनार्थमकल्पयत् ॥ ३
स भुक्तवान्नरश्रेष्ठस्तदन्नममृतोपमम् । प्रीतश्च परितुष्टश्च तां रात्रिं समुपाविशत् ॥ ४
प्रभाते काल्यमुत्थाय कृत्वाह्निकमरिंदमः । ऋषिं समुपचक्राम गमनाय रघूत्तमः ॥ ५
अभिवाद्याब्रवीद्रामो महर्षिं कुम्भसंभवम् । आपृच्छे स्वाश्रमं गन्तुं मामनुज्ञातुमर्हसि ॥ ६
धन्योऽस्म्यनुगृहीतोऽस्मि दर्शनेन महात्मनः । द्रष्टुं चैवागमिष्यामि पावनार्थं महात्मनः ॥ ७
तथा वदति काकुत्स्थे वाक्यमद्भुतदर्शनम् । उवाच परमप्रीतो धर्मनेत्रस्तपोधनः ॥ ८
अत्यद्भुतमिदं वाक्यं तव राम शुभाक्षरम् । पावनः सर्वभूतानां त्वमेव रघुनन्दन ॥ ९
मुहूर्तमपि राम त्वां येऽनुपश्यन्ति केचन । पाविताः स्वर्गभूताश्च पूज्यास्ते त्रिदिवेश्वरैः ॥ १०

संधिः । स आश्रमनिवासीत्यर्थः । एतावता कथं तदमृगद्विजमित्यस्योत्तरमुक्तम् ॥ १२ ॥ अथ निर्जनं वनं कथं तपसे प्रविष्ट इत्यस्योत्तरमाह—स तथेति । वासप्रयोजनमाह—सुसमाहिता । शोभनसमाधिमती भूत्वेत्यर्थः । समाध्यनुष्ठाने निमित्तमाह—दुर्मेधे इति । यस्माद्दण्डधर्षणसहिष्णुर्दुर्मतिरसि, अतस्तत्पापनिवृत्तये समाधिरावश्यक इति भावः ॥ १३ ॥ पांसुवर्षे कथं वासस्तत्राह—इयमिति ॥ १४ ॥ ये सत्त्वाः पशुपक्ष्यादयो वासमेष्यन्ति । सप्तरात्रमध्येऽपीति शेषः । एवं चोशनोऽनुग्रहेण सरःप्रदेशस्य सुखावाप्तत्वादत्र तपसे प्रविष्ट इति भावः ॥ १५ ॥ १६ ॥ १७ ॥ तस्यासौ । व्यत्ययात्षष्ठी । सोऽसावित्यर्थः । विन्ध्यशैवलयोः । मध्ये इति शेषः ॥ १८ ॥ सहिते पूर्णधर्मपूर्णसौख्यसहिते कृते कृतयुगे तेन राज्ञा वैधर्म्ये धर्मवैपरीत्ये कृते सति यो ब्रह्मर्षिणा शप्तः सोऽसावित्यन्वयः ॥ १९ ॥ २० ॥ २१ ॥ कृतोदकाः कृतस्नानादिकर्माणः । स रविर्ब्रह्मवित्तमैः सहितैस्तीर्थसमीपे संगतैरभ्यस्तं ब्राह्मणं ब्राह्मणपठितोपनिषद्बोधितज्ञानाभ्यासं तल्लक्षणां पूजां प्राप्येति शेषः । रविरस्तं गतः ॥ २२ ॥ **इति श्रीरामाभिरामे श्रीरामीये रामायणतिलके वाल्मीकीय आदिकाव्य उत्तरकाण्ड एकाशीतितमः सर्गः ॥ ८१ ॥**

ऋषेरिति ॥ १ ॥ २ ॥ कन्दमूलं कन्दरूपं मूलम् । औषधं जरापलितघ्नं दिव्यौषधम् ॥ ३ ॥ ४ ॥ प्रभात उत्थाय काल्यं प्रातःकालिकमाह्निकं कृत्वा गमनायानुज्ञां ग्रहीतुमृषिं तत्समीपं समुपचक्राम जगाम ॥ ५ ॥ ६ ॥ आगमिष्यामि । अतःपरमपि यदाकाङ्क्षा भविष्यतीति शेषः । महात्मानः सकाशादात्मनः पावनार्थमित्यर्थः ॥ ७ ॥ तथा वदत्यात्मनः पावनार्थमागमिष्यामीति वदति परमप्रीतः । एवं विनयवचनादिति शेषः । धर्मो योगधर्मो नेत्रं सर्वज्ञानसाधनं चक्षुर्यस्य सः ॥ ८ ॥ अथागस्त्यो रामस्य ब्रह्मत्वं हृदि कृत्वाह—पावनः सर्वभूतानामिति । सर्वजीवानाम् । 'क्षेत्रज्ञस्येश्वरज्ञानाद्विशुद्धिः परमा मता' इति शास्त्रादित्याशयः । त्वमेवेत्यनेन सर्वपावनस्य भगवद्रूपत्वमेवोक्तम् ॥ ९ ॥ ये त्वां पश्यन्ति चित्ते स्वतस्त्वब्रह्मतया पश्यन्तीत्यर्थः । तव लीलावतारमूर्तिं विष्णुत्वेन चक्षुषा च ये पश्यन्तीत्यर्थः । ते पाविताः । त्वद्ध्यानदर्शनाभ्यामिति शेषः । अत एव देहान्ते स्वर्गभूताः परमपरं

ये च त्वां घोरचक्षुर्भिः पश्यन्ति प्राणिनो भुवि । हतास्ते यमदण्डेन सद्यो निरयगामिनः ॥ ११
ईदृशस्त्वं रघुश्रेष्ठ पावनः सर्वदेहिनाम् । भुवि त्वां कथयन्तो हि सिद्धिमेष्यन्ति राघव ॥ १२
त्वं गच्छारिष्टमव्यग्रः पन्थानमकुतोभयम् । प्रशाधि राज्यं धर्मेण गतिर्हि जगतो भवान् ॥ १३
एवमुक्तस्तु मुनिना प्राञ्जलिः प्रग्रहो नृपः । अभ्यवादयत प्राज्ञस्तमृषिं सत्यशीलिनम् ॥ १४
अभिवाद्य ऋषिश्रेष्ठं तांश्च सर्वांस्तपोधनान् । अध्यारोहत्तदव्यग्रः पुष्पकं हेमभूषितम् ॥ १५
तं प्रयान्तं मुनिगणा आशीर्वादैः समन्ततः । अपूजयन्महेन्द्राभं सहस्राक्षमिवामराः ॥ १६
खस्थः स ददृशे रामः पुष्पके हेमभूषिते । शशी मेघसमीपस्थो यथा जलधरागमे ॥ १७
ततोऽर्धदिवसे प्राप्ते पूज्यमानस्ततस्ततः । अयोध्यां प्राप्य काकुत्स्थो मध्यकक्षामवातरत् ॥ १८
ततो विसृज्य रुचिरं पुष्पकं कामगामिनम् । विसर्जयित्वा गच्छेति स्वस्ति तेऽस्त्विति च प्रभुः १९
कक्षान्तरस्थितं क्षिप्रं द्वास्थं रामोऽब्रवीद्वचः । लक्ष्मणं भरतं चैव गत्वा तौ लघुविक्रमौ ।
ममागमनमाख्याय शब्दापयत मा चिरम् ॥ २०

इत्यार्षे श्रीमद्रामायणे वाल्मीकीय आदिकाव्य उत्तरकाण्डे द्व्यशीतितमः सर्गः ॥ ८२ ॥

त्र्यशीतितमः सर्गः ।

तच्छ्रुत्वा भाषितं तस्य रामस्याक्लिष्टकर्मणः । द्वास्थः कुमारावाहूय राघवाय न्यवेदयत् ॥ १
दृष्ट्वा तु राघवः प्राप्तावुभौ भरतलक्ष्मणौ । परिष्वज्य ततो राम वाक्यमेतदुवाच ह ॥ २
कृतं मया यथातथ्यं द्विजकार्यमनुत्तमम् । धर्मसेतुमथो भूयः कर्तुमिच्छामि राघवौ ॥ ३
अक्षयश्चाव्ययश्चैव धर्मसेतुर्मतो मम । धर्मप्रवचनं चैव सर्वपापप्रणाशनम् ॥ ४
युवाभ्यामात्मभूताभ्यां राजसूयमनुत्तमम् । सहितो यष्टुमिच्छामि तत्र धर्मस्तु शाश्वतः ॥ ५
इष्ट्वा तु राजसूयेन मित्रः शत्रुनिबर्हणः । सुहुतेन सुयज्ञेन वरुणत्वमुपागमत् ॥ ६
सोमश्च राजसूयेन इष्ट्वा धर्मेण धर्मवित् । प्राप्तश्च सर्वलोकेषु कीर्तिं स्थानं च शाश्वतम् ॥ ७
अस्मिन्नहनि यच्छ्रेयश्चिन्त्यतां तन्मया सह । हितं चायतियुक्तं च प्रयतौ वक्तुमर्हथः ॥ ८
श्रुत्वा तु राघवस्यैतद्वाक्यं वाक्यविशारदः । भरतः प्राञ्जलिर्भूत्वा वाक्यमेतदुवाच ह ॥ ९
त्वयि धर्मः परः साधो त्वयि सर्वा वसुंधरा । प्रतिष्ठिता महाबाहो यशश्चामितविक्रम ॥ १०
महीपालाश्च सर्वे त्वां प्रजापतिमिवामराः । निरीक्षन्ते महात्मानं लोकनाथं यथा वयम् ॥ ११

वा स्वर्गं प्राप्ताः, अतएव ते सर्वदेवतैः पूज्याः । एवमनुकूलदृष्टेः फलमुक्तम् ॥ १० ॥ अथ प्रतिकूलदृष्टेस्तदाह—ये चेति । प्राणिन इति सामान्योक्त्या तपःप्रभावे सत्यपि त्वद्वेषमात्रेण निरयगामितोक्ता । परं तु ते सद्यस्तत्क्षणमेव निरयगामिन इत्युक्त्या कालान्तरे तादृशरीत्यापि त्वद्दर्शनमाहात्म्यात्ते स्वर्गमोक्षभाज इति सूचितम् ॥ ११ ॥ ईदृशसकलकल्याणगुणः परमानन्दरूपः सर्वदेहिनां पावनोऽसि, अतः कालान्तरे त्वां कथयन्तस्त्वच्चरितं कीर्तयन्तोऽपि सिद्धिं ब्रह्मतारूपां चित्तशुद्धिद्वारा एष्यन्ति प्राप्स्यन्ति । किंच ईदृशस्त्वं पावन इतरविलक्षणपावनत्वस्वभावः । ये त्वां रागद्वेषकामभयान्यतमैरपि कथयन्तस्ते सिद्धिं मोक्षं गमिष्यन्ति ॥ १२ ॥ रिष्टं दुःखम् । अरिष्टं सुखम् । गतिः स्वर्गादिगतिसाधनम् ॥ १३ ॥ प्रग्रह उद्यतबाहुः ॥ १४ ॥ १५ ॥ १६ ॥ १७ ॥ मध्यकक्षाम् । प्राप्येति शेषः ॥ १८ ॥ विसृज्य स्वरहितं कृत्वा । विसर्जयित्वा । कुबेरं वहेत्यनुज्ञाय ॥ १९ ॥ शब्दापयत । दौवारिकेणाह्वयस्वेत्यर्थः । बहुवचनमार्षम् । आह्वानं कारयेत्यर्थः ॥ २० ॥ इति श्रीरामाभिरामे श्रीरामीये रामायणतिलके वाल्मीकीय आदिकाव्य उत्तरकाण्डे द्व्यशीतितमः सर्गः ॥ ८२ ॥

अथ रामस्य राजसूयकरणेच्छा भरतेन क्षत्रियकुलनाशप्रसङ्गतो निवार्यते—तच्छ्रुत्वेति ॥ १ ॥ २ ॥ द्विजकार्यं यथाप्रतिज्ञातं यथातथ्यं कृतम् । बाल उज्जीवित इत्यर्थः । धर्मसेतुं 'राजा राजसूयेन यजेत' इति विधिना राज्ञामसाधारणभूतं धर्ममर्यादारूपमित्यर्थः ॥ ३ ॥ अक्षयः । बहुकालानुभवयोग्यफलत्वात् । अव्ययः । सजातीयधर्मान्तरहेतुत्वात् । राजसूयानुष्ठानमेवंभूतमिति किं वक्तव्यम् । यत्कीर्तनमपि विशिष्टफलमित्याह—एवं धर्मप्रवचनं चेति । मम मर्यादाभूतराजसूयधर्मसंकीर्तनं चेत्यर्थः । 'य उ चैनमेवं वेद' इति श्रुतेः ॥ ४ ॥ तत्र राजसूये शाश्वतो धर्मः । क्षत्रियस्यासाधारणोऽक्षयकीर्तिहेतुर्धर्म इत्यर्थः ॥ ५ ॥ ६ ॥ ७ ॥ हितमिह लोकसुखम् । आयतियुक्तम् । उत्तरकाले च हितमित्यर्थः ॥ ८ ॥ ९ ॥ सर्वा वसुंधरा प्रतिष्ठिता । सार्वभौमत्वादित्याशयः ॥ १० ॥ प्रजापतिममरा इव परमाप्तत्वेन निरीक्षन्त इत्यर्थः ॥ ११ ॥

पुत्राश्च पितृवद्राजन्पश्यन्ति त्वां महाबल । पृथिव्या गतिभूतोऽसि प्राणिनामपि राघव ॥ १२
स त्वमेवंविधं यज्ञमाहर्तासि कथं नृप । पृथिव्यां राजवंशानां विनाशो यत्र दृश्यते ॥ १३
पृथिव्यां ये च पुरुषा राजन्पौरुषमागताः । सर्वेषां भविता तत्र संक्षयः सर्वकोपजः ॥ १४
सर्वं पुरुषशार्दूल गुणैरतुलविक्रम । पृथिवीं नार्हसे हन्तुं वशे हि तव वर्तते ॥ १५
भरतस्य तु तद्वाक्यं श्रुत्वामृतमयं यथा । प्रहर्षमतुलं लेभे रामः सत्यपराक्रमः ॥ १६
उवाच च शुभं वाक्यं कैकेय्यानन्दवर्धनम् । प्रीतोऽस्मि परितुष्टोऽस्मि तवाद्य वचनेऽनघ ॥ १७
इदं वचनमक्लीबं त्वया धर्मसमागतम् । व्याहृतं पुरुषव्याघ्र पृथिव्याः परिपालनम् ॥ १८
एष्यदस्मदभिप्रायाद्राजसूयात्क्रतूत्तमात् । निवर्तयामि धर्मज्ञ तव सुव्याहृतेन च ॥ १९
लोकपीडाकरं कर्म न कर्तव्यं विचक्षणैः । बालानां तु शुभं वाक्यं ग्राह्यं लक्ष्मणपूर्वज ।
तस्माच्छृणोमि ते वाक्यं साधु युक्तं महाबल ॥ २०

इत्यार्षे श्रीमद्रामायणे वाल्मीकीय आदिकाव्य उत्तरकाण्डे त्र्यशीतितमः सर्गः ॥ ८३ ॥

चतुरशीतितमः सर्गः ।

तथोक्तवति रामे तु भरते च महात्मनि । लक्ष्मणोऽथ शुभं वाक्यमुवाच रघुनन्दनम् ॥ १
अश्वमेधो महायज्ञः पावनः सर्वपाप्मनाम् । पावनस्तव दुर्धर्षो रोचतां रघुनन्दन ॥ २
श्रूयते हि पुरावृत्तं वासवे सुमहात्मनि । ब्रह्महत्यावृतः शक्रो हयमेधेन पावितः ॥ ३
पुरा किल महाबाहो देवासुरसमागमे । वृत्रो नाम महानासीद्दैतेयो लोकसंमतः ॥ ४
विस्तीर्णो योजनशतमुच्छ्रितस्त्रिगुणं ततः । अनुरागेण लोकांस्त्रीन्स्नेहात्पश्यति सर्वतः ॥ ५
धर्मज्ञश्च कृतज्ञश्च बुद्ध्या च परिनिष्ठितः । शशास पृथिवीं स्फीतां धर्मेण सुसमाहितः ॥ ६
तस्मिन्प्रशासति तदा सर्वकामदुघा मही । रसवन्ति प्रसूनानि मूलानि च फलानि च ॥ ७
अकृष्टपच्या पृथिवी सुसंपन्ना महात्मनः । स राज्यं तादृशं भुङ्क्ते स्फीतमद्भुतदर्शनम् ॥ ८
तस्य बुद्धिः समुत्पन्ना तपः कुर्यामनुत्तमम् । तपो हि परमं श्रेयः संमोहमितरत्सुखम् ॥ ९
स निक्षिप्य सुतं ज्येष्ठं पौरेषु मधुरेश्वरम् । तप उग्रं समातिष्ठत्तापयन्सर्वदेवताः ॥ १०
तपस्तप्यति वृत्रे तु वासवः परमार्तवत् । विष्णुं समुपसंक्रम्य वाक्यमेतदुवाच ह ॥ ११
तपस्यता महाबाहो लोकाः सर्वे विनिर्जिताः । बलवान्स हि धर्मात्मा नैनं शक्ष्यामि शासितुम् १२
यद्यसौ तप आतिष्ठेद्भूय एव सुरेश्वर । यावल्लोका धरिष्यन्ति तावदस्य वशानुगाः ॥ १३

पुत्राः पितृवत् । पितरमिवेत्यर्थः ॥ १२ ॥ स त्वं सर्वप्रियः । एवंविधत्वं दर्शयति—पृथिव्यामिति ॥ १३ ॥ राजसूयस्य सर्वराजविजयपूर्वं साधनीयत्वात्तत्र चास्मासु प्रवृत्तेषु पृथिव्यां ये क्षत्रियाः पौरुषमागताः शौर्यं प्राप्तास्तेषां सर्वेषां तत्र राजसूयार्थविजये सर्वप्रकोपजः संक्षयोऽवश्यं भविता । एवंविधं क्षत्रियनाशकं यज्ञं सर्वराजभिः पितृवदुपास्यमानः कथमाहर्तुमर्हसि । सर्वथैवानुचितं तवेत्यर्थः ॥ १४ ॥ सर्वं तव वशे वर्तत इत्यन्वयः ॥ १५ ॥ १६ ॥ वचने वचनरूपे निमित्ते । अनघेति संबुद्धिः ॥ १७ ॥ १८ ॥ एष्यदस्मदभिप्रायादस्मदभिप्रायमेष्यतः । अस्मच्चिकीर्षा प्राप्स्यत इत्यर्थः । निवर्तयामि । अभिप्रायमिति शेषः । तत्र हेतुस्तव सुव्याहृतम् ॥ १९ ॥ तुरप्यर्थे । बालानामपि यद्वाक्यं युक्तमुचितं साधु शुभावहं च तद्ग्राह्यमेव, हि यस्मात्तस्मात्ते वाक्यमीदृशं शृणोमि ॥ २० ॥ **इति श्रीरामाभिरामे श्रीरामीये रामायणतिलके वाल्मीकीय आदिकाव्य उत्तरकाण्डे त्र्यशीतितमः सर्गः ॥ ८३ ॥**

अथ लक्ष्मणेनाश्वमेध एव सर्वसाधकोऽनुष्ठेय इत्युक्त्वा तदुपोद्घलकं वृत्रवधाख्यानं प्रस्तूयते—तथेति ॥ १ ॥ सर्वपाप्मनां पावनोऽस्ति । यतश्च स पावनः, अतो रोचताम् । अनुष्ठातुमिति शेषः ॥ २ ॥ अश्वमेधस्य सर्वपापशोधकत्वम् 'सर्वं पाप्मानं तरति तरति ब्रह्महत्याम्' इति श्रुतिसिद्धं बोधयितुं पुराणवृत्तान्तमाह—श्रूयते हीति । वासवे वासवविषये ॥ ३ ॥ देवासुरसमागमे देवासुरस्नेहकाले ॥ ४ ॥ ततस्त्रिगुणम् । योजनशतत्रयमित्यर्थः । त्रींल्लोकांस्तद्वर्तिप्राणिनोऽनुरागेण स्वीयत्वाभिमानेन हेतुना स्नेहात्संतोषयुक्तचक्षुषा पश्यति स्म ॥ ५ ॥ ६ ॥ ७ ॥ ८ ॥ इतरत्सुखं विषयसुखम् । संमोहं संमोहकरम् ॥ ९ ॥ मधुरेश्वरं मधुरश्चासौ तन्नामकत्वादीश्वरस्तम् ॥ १० ॥ परमार्तवत्परमार्तः सन् ॥ ११ ॥ १२ ॥ भूयोऽतःपरमपि । धरिष्यन्ति । भूतजातमिति शेषः । तावदस्य वशानुगाः सर्वे वयं देवगणा

तं चेनं परमोदारमुपेक्षसि महाबल । क्षणं हि न भवेद्वृत्रः क्रुद्धे त्वयि सुरेश्वर ॥ १४
यदा हि प्रीतिसंयोगं त्वया विष्णो समागतः । तदा प्रभृति लोकानां नाथत्वमुपलब्धवान् ॥ १५
स त्वं प्रसादं लोकानां कुरुष्व सुसमाहितः । त्वत्कृतेन हि सर्वं स्यात्प्रशान्तमरुजं जगत् ॥ १६
इमे हि सर्वे विष्णो त्वां निरीक्षन्ते दिवौकसः । वृत्रघातेन महता तेषां साह्यं कुरुष्व ह ॥ १७
त्वया हि नित्यशः साह्यं कृतमेषां महात्मनाम् । असह्यमिदमन्येषामगतीनां गतिर्भवान् ॥ १८

इत्यार्षे श्रीमद्रामायणे वाल्मीकीय आदिकाव्य उत्तरकाण्डे चतुरशीतितमः सर्गः ॥ ८४ ॥

पञ्चाशीतितमः सर्गः ।

लक्ष्मणस्य तु तद्वाक्यं श्रुत्वा शत्रुनिबर्हणः । वृत्रघातमशेषेण कथयेत्याह सुव्रत ॥ १
राघवेणैवमुक्तस्तु सुमित्रानन्दनवर्धनः । भूय एव कथां दिव्यां कथयामास सुव्रतः ॥ २
सहस्राक्षवचः श्रुत्वा सर्वेषां च दिवौकसाम् । विष्णुर्देवानुवाचेदं सर्वानिन्द्रपुरोगमान् ॥ ३
पूर्वं सौहृदबद्धोऽस्मि वृत्रस्येह महात्मनः । तेन युष्मत्प्रियार्थं हि नाहं हन्मि महासुरम् ॥ ४
अवश्यं करणीयं च भवतां सुखमुत्तमम् । तस्मादुपायमाख्यास्ये सहस्राक्षो वधिष्यति ॥ ५
त्रेधाभूतं करिष्यामि आत्मानं सुरसत्तमाः । तेन वृत्रं सहस्राक्षो वधिष्यति न संशयः ॥ ६
एकांशो वासवं यातु द्वितीयो वज्रमेव तु । तृतीयो भूतलं यातु तदा वृत्रं हनिष्यति ॥ ७
तथा ब्रुवति देवेशे देवा वाक्यमथाब्रुवन् । एवमेतन्न संदेहो यथा वदसि दैत्यहन् ॥ ८
भद्रं तेऽस्तु गमिष्यामो वृत्रासुरवधैषिणः । भजस्व परमोदार वासवं स्वेन तेजसा ॥ ९
ततः सर्वे महात्मानः सहस्राक्षपुरोगमाः । तदारण्यमुपाक्रामन्यत्र वृत्रो महासुरः ॥ १०
ते पश्यंस्तेजसा भूतं तपन्तमसुरोत्तमम् । पिबन्तमिव लोकांस्त्रीन्निर्दहन्तमिवाम्बरम् ॥ ११
दृष्ट्वैव चासुरश्रेष्ठं देवास्त्रासमुपागमन् । कथमेनं वधिष्यामः कथं न स्यात्पराजयः ॥ १२
तेषां चिन्तयतां तत्र सहस्राक्षः पुरंदरः । वज्रं प्रगृह्य पाणिभ्यां प्राहिणोद्वृत्रमूर्धनि ॥ १३
कालाग्निनेव घोरेण दीप्तेनेव महार्चिषा । पतता वृत्रशिरसा जगत्त्रासमुपागमत् ॥ १४
असंभाव्यं वधं तस्य वृत्रस्य विबुधाधिपः । चिन्तयानो जगामाशु लोकस्यान्तं महायशाः ॥ १५
तमिन्द्रं ब्रह्महत्याशु गच्छन्तमनुगच्छति । अपतच्चास्य गात्रेषु तमिन्द्रं दुःखमाविशत् ॥ १६
हतारयः प्रनष्टेन्द्रा देवाः साग्निपुरोगमाः । विष्णुं त्रिभुवनेशानं मुहुर्मुहुरपूजयन् ॥ १७
त्वं गतिः परमेशान पूर्वजो जगतः पिता । रक्षार्थं सर्वभूतानां विष्णुत्वमुपजग्मिवान् ॥ १८

भविष्याम इति शेषः ॥ १३ ॥ क्षणं न भवेत् । न जीवेदित्यर्थः ॥ १४ ॥ त्वत्संतोषेणैव तस्य सौख्यमित्याह—यदा हीति । तदारभ्यैवेदं तस्य माहात्म्यमिति शेषः ॥ १५ ॥ त्वत्कृतेन । रक्षणेनेति शेषः ॥ १६ ॥ वृत्रघातेन हेतुना तेषां साह्यमुपकारं कुरु । हशब्दः पादपूरकः ॥ १७ ॥ यद्यपीदं सुरसाहाय्यकरणमन्येषामसुराणामसह्यं तथापि कुरु । यस्मादगतीनामस्माकं सुराणां भवानेव गतिः शरणम् ॥ १८ ॥ इति **श्रीरामाभिरामे श्रीरामीये रामायणतिलके वाल्मीकीय आदिकाव्य उत्तरकाण्डे चतुरशीतितमः सर्गः ॥ ८४ ॥**

अथ प्रकृतोपयुक्तशेषकथापूरणम्—लक्ष्मणस्येति ॥ १ ॥ दिव्यां कथां प्रकृताम् ॥ २ ॥ ३ ॥ पूर्वं युष्माभिस्तद्वधप्रार्थनात्पूर्वम् । सौहृदबद्धः प्रीतिबद्धः ॥ ४ ॥ ५ ॥ त्रेधाभूतं त्रेधाविभक्तम् । आत्मानं स्वतेजोमूर्तिम् ॥ ६ ॥ तृतीयो भूतलं यातु । पतद्वृत्रदेहधारणार्थमित्यर्थः । इन्द्रस्य वृत्रहननजब्रह्महत्यानिवृत्तिं यावद्भूलोकरक्षणार्थं चेत्यपि बोध्यम् ॥ ७ ॥ ८ ॥ ९ ॥ १० ॥ तेजसा प्रागुक्तलक्षणेन स्वेन तेजसा भूतं व्याप्तम् । पिबन्तमित्यादि तपआधिक्यपरम् ॥ ११ ॥ १२ ॥ १३ ॥ दीप्तेन दीप्यमानेन महार्चिषा महार्चिष्मदयःपिण्डादिसदृशेन वज्रेण वज्रकृतच्छेदेन हेतुना पतता वृत्रशिरसा जगत्त्रासमुपागमत् ॥ १४ ॥ असंभाव्यमनपराधिनस्तप्यतस्तूष्णीं स्थितस्य वधमनुचितं चिन्तयानो विबुधाधिपो लोकस्यान्तं लोकालोकात्परं तमःप्रदेशं जगाम ब्रह्महत्याभिया पलायितोऽभूत् ॥ १५ ॥ तमिन्द्रमनुगमनं तदभिमानिदेवतारूपेण इन्द्रहतपुत्रेण त्वष्ट्रा मुनिना पुत्रेच्छया 'स्वाहेन्द्रशत्रुर्वर्धस्व' इति होमे कृते आहवनीयाज्जातो वृत्रो ब्राह्मण इति । तमिन्द्रं ब्रह्महत्याग्रस्तमिन्द्रम् ॥ १६ ॥ १७ ॥ पूर्वजो जगतः पिता । 'अहमस्मि प्रथमजा ऋतस्य' इति श्रुतेः । एवं कारणमूर्तिर्हिरण्यगर्भ एव सर्वभूतरक्षोद्देशेन विष्ण्वाकारत्वं पालन-

हतश्चायं त्वया वृत्रो ब्रह्महत्या च वासवम् । बाधते सुरशार्दूल मोक्षं तस्य विनिर्दिश ॥ १९
तेषां तद्वचनं श्रुत्वा देवानां विष्णुरब्रवीत् । मामेव यजतां शक्रः पावयिष्यामि वज्रिणम् ॥ २०
पुण्येन हयमेधेन मामिष्ट्वा पाकशासनः । पुनरेष्यति देवानामिन्द्रत्वमकुतोभयः ॥ २१
एवं संदिश्य तां वाणीं देवानां चामृतोपमाम् । जगाम विष्णुर्देवेशः स्तूयमानस्त्रिविष्टपम् ॥ २२

इत्यार्षे श्रीमद्रामायणे वाल्मीकीय आदिकाव्य उत्तरकाण्डे पञ्चाशीतितमः सर्गः ॥ ८५ ॥

षडशीतितमः सर्गः ।

तदा वृत्रवधं सर्वमखिलेन स लक्ष्मणः । कथयित्वा नरश्रेष्ठः कथाशेषं प्रचक्रमे ॥ १
ततो हते महावीर्ये वृत्रे देवभयंकरे । ब्रह्महत्यावृतः शक्रः संज्ञां लेभे न वृत्रहा ॥ २
सोऽन्तमाश्रित्य लोकानां नष्टसंज्ञो विचेतनः । कालं तत्रावसत्कंचिद्वेष्टमान इवोरगः ॥ ३
अथ नष्टे सहस्राक्षे उद्विग्नमभवज्जगत् । भूमिश्च ध्वस्तसंकाशा निःस्नेहा शुष्ककानना ॥ ४
निःस्रोतसस्ते सर्वे तु ह्रदाश्च सरितस्तथा । संक्षोभश्चैव सत्त्वानामनावृष्टिकृतोऽभवत् ॥ ५
क्षीयमाणे तु लोकेऽस्मिन्संभ्रान्तमनसः सुराः । यदुक्तं विष्णुना पूर्वं तं यज्ञं समुपानयन् ॥ ६
ततः सर्वे सुरगणाः सोपाध्यायाः सहर्षिभिः । तं देशं समुपाजग्मुर्यत्रेन्द्रो भयमोहितः ॥ ७
ते तु दृष्ट्वा सहस्राक्षमावृतं ब्रह्महत्यया । तं पुरस्कृत्य देवेशमश्वमेधं प्रचक्रिरे ॥ ८
ततोऽश्वमेधः सुमहान्महेन्द्रस्य महात्मनः । ववृते ब्रह्महत्यायाः पावनार्थं नरेश्वर ॥ ९
ततो यज्ञे समाप्ते तु ब्रह्महत्या महात्मनः । अभिगम्याब्रवीद्वाक्यं क्व मे स्थानं विधास्यथ ॥ १०
ते तामूचुस्ततो देवास्तुष्टाः प्रीतिसमन्विताः । चतुर्धा विभजात्मानमात्मनैव दुरासदे ॥ ११
देवानां भाषितं श्रुत्वा ब्रह्महत्या महात्मनाम् । संदधौ स्थानमन्यत्र वरयामास दुर्वसा ॥ १२
एकेनांशेन वत्स्यामि पूर्णोदासु नदीषु वै । चतुरो वार्षिकान्मासान्दर्पघ्नी कामचारिणी ॥ १३
भूम्यामहं सर्वकालमेकेनांशेन सर्वदा । वसिष्यामि न संदेहः सत्येनैतद्ब्रवीमि वः ॥ १४
योऽयमंशस्तृतीयो मे स्त्रीषु यौवनशालिषु । त्रिरात्रं दर्पपूर्णासु वसिष्ये दर्पघातिनी ॥ १५
हन्तारो ब्राह्मणान्ये तु मृषापूर्वमदूषकान् । तांश्चतुर्थेन भागेन संश्रयिष्ये सुरर्षभाः ॥ १६
प्रत्यूचुस्तां ततो देवा यथा वदसि दुर्वसे । तथा भवतु तत्सर्वं साधयस्व यदीप्सितम् ॥ १७
ततः प्रीत्यान्विता देवाः सहस्राक्षं ववन्दिरे । विज्वरः पूतपाप्मा च वासवः समपद्यत ॥ १८

शक्तिप्राधान्येन प्राप्तः ॥ १८ ॥ यदर्थं विष्णुमूर्त्यवलम्बनं तत्कार्यं ते कृतं दुष्टवधेनैव शिष्टपालनादित्याह—हतश्चेति ॥ १९ ॥ मामौपासनाग्निहोत्राद्यश्वमेधान्ताशेषयज्ञयजनीयं विशिष्याश्वमेधस्य साक्षाद्दैवतं मामेव शक्रो यजताम् । 'इन्द्राय स्वाहा' इत्यादिमन्त्रैश्च तत्तद्देवतान्तर्याम्यहमेव तत्तत्पदैर्बोध्य इति भावः ॥ २० ॥ २१ ॥ २२ ॥ **इति श्रीरामाभिरामे श्रीरामीये रामायणतिलके वाल्मीकीय आदिकाव्य उत्तरकाण्डे पञ्चाशीतितमः सर्गः ॥ ८५ ॥**

अथाश्वमेधतो ब्रह्महत्यानिवृत्तिकथनेनाश्वमेधवैभवकथनेन च तद्यज्ञप्रोत्साहनम्—तदेति । कथाशेषं प्रचक्रमे । वक्तुमिति शेषः ॥ १ ॥ न संज्ञां लेभे । ग्रहग्रस्तवत्परवशोऽभूदित्यर्थः ॥ २ ॥ कंचित्कालमवसदित्यन्वयः ॥ ३ ॥ नष्टेऽदर्शनं प्राप्ते । उद्विग्नम् । अराजकत्वात् । निःस्नेहा इन्द्राभावमूलावृष्ट्यानार्द्रा ॥ ४ ॥ तदेवाह—निःस्रोतस इति ॥ ५ ॥ समुपानयन्नावेदयन् । स्मृतवन्त इति यावत् ॥ ६ ॥ ७ ॥ तं देवेशं विष्णुमिन्द्रं वा ॥ ८ ॥ ९ ॥ १० ॥ हे दुरासदे ब्रह्महत्ये, आत्मानं चतुर्धा विभजेति तामूचुरित्यन्वयः ॥ ११ ॥ संदधौ चतुर्धा विभागं संपादितवती । तथा कृत्वा देवेन्द्रादन्यत्र स्थानं वरयामास । दुर्वसा दुःखजनकवासवती ॥ १२ ॥ तानि स्थानान्याह—एकेनेति । चतुरो वार्षिकान्मासान्पूर्णोदासु पूर्णोदकासु । तेनान्यदाल्पोदकासु न क्षुद्रनदीषु वासः । सोऽपि प्रत्यासत्त्या पूर्णोदकत्वकाले एव । स च कालः 'सिंहकर्कटयोर्मध्ये सर्वा नद्यो रजस्वलाः' इत्युक्तः । दर्पघ्नी । पापिनामिति शेषः । तत्रैव वासे हेतुः—कामचारिणीति । तेन गङ्गादिषु न वास इत्युक्तम् ॥ १३ ॥ भूम्यामूषररूपेण वासः ॥ १४ ॥ दर्पघातिनी पुरुषसंभोगकरणसुखविघातिनी ॥ १५ ॥ अदूषकान्ब्रह्मब्रह्मविद्याब्राह्मणब्रह्मलोकानां मार्गान्तरावलम्बेन दूषणकरणरहितान् । उक्तपदार्थेषु दृढविश्वासान् । मृषापूर्वं मृषावादपूर्वं ये राजस्थानादौ घातं कुर्वन्ति, धिक्कारादि कुर्वन्ति, लोहितादिस्रावं कुर्वन्ति, कैमुतिकन्यायेनैव ये प्राणवियोगं कुर्वन्ति तांश्चतुर्थेन भागेन संश्रयिष्ये । 'यो लोहितं करद्यावतः प्रस्कन्नं पांसून्संगृह्णात् । तावत्संवत्सरं पितृलोकं न प्रजा-

प्रशान्तं च जगत्सर्वं सहस्राक्षे प्रतिष्ठिते । यज्ञं चाद्भुतसंकाशं तदा शक्रोऽभ्यपूजयत् ॥ १९
ईदृशो ह्यश्वमेधस्य प्रसादो रघुनन्दन । यजस्व सुमहाभाग हयमेधेन पार्थिव ॥ २०
इति लक्ष्मणवाक्यमुत्तमं नृपतिरतीव मनोहरं महात्मा ।
परितोषमवाप हृष्टचेताः स निशम्येन्द्रसमानविक्रमौजाः ॥ २१

इत्यार्षे श्रीमद्रामायणे वाल्मीकीय आदिकाव्य उत्तरकाण्डे षडशीतितमः सर्गः ॥ ८६ ॥

सप्ताशीतितमः सर्गः ।

तच्छ्रुत्वा लक्ष्मणेनोक्तं वाक्यं वाक्यविशारदः । प्रत्युवाच महातेजाः प्रहसन्राघवो वचः ॥ १
एवमेव नरश्रेष्ठ यथा वदसि लक्ष्मण । वृत्रघातमशेषेण वाजिमेधफलं च यत् ॥ २
श्रूयते हि पुरा सौम्य कर्दमस्य प्रजापतेः । पुत्रो बाह्लीश्वरः श्रीमानिलो नाम सुधार्मिकः ॥ ३
स राजा पृथिवीं सर्वां वशे कृत्वा महायशाः । राज्यं चैव नरव्याघ्र पुत्रवत्पर्यपालयत् ॥ ४
सुरैश्च परमोदारैर्दैतेयैश्च महाधनैः । नागराक्षसगन्धर्वैर्यक्षैश्च सुमहात्मभिः ॥ ५
पूज्यते नित्यशः सौम्य भयार्तै रघुनन्दन । अबिभ्यंश्च त्रयो लोकाः सरोषस्य महात्मनः ॥ ६
स राजा तादृशोऽप्यासीद्धर्मे वीर्ये च निष्ठितः । बुद्ध्या च परमोदारो बाह्लीकेशो महायशाः ॥ ७
स प्रचक्रे महाबाहुर्मृगयां रुचिरे वने । चैत्रे मनोरमे मासे सभृत्यबलवाहनः ॥ ८
प्रजघ्ने स नृपोऽरण्ये मृगाञ्शतसहस्रशः । हत्वैव तृप्तिर्नाभूच्च राज्ञस्तस्य महात्मनः ॥ ९
नानामृगाणामयुतं वध्यमानं महात्मना । यत्र जातो महासेनस्तं देशमुपचक्रमे ॥ १०
तस्मिन्प्रदेशे देवेश शैलराजसुतां हरः । रमयामास दुर्धर्षः सर्वैरनुचरैः सह ॥ ११
कृत्वा स्त्रीरूपमात्मानमुमेशो गोपतिध्वजः । देव्याः प्रियचिकीर्षुः संस्तस्मिन्पर्वतनिर्झरे ॥ १२
यत्र यत्र वनोद्देशे सत्त्वाः पुरुषवादिनः । वृक्षाः पुरुषनामानस्ते सर्वे स्त्रीजनाभवन् ॥ १३
यच्च किंचन तत्सर्वं नारीसंज्ञं बभूव ह । एतस्मिन्नन्तरे राजा स इलः कर्दमात्मजः ॥ १४
निघ्नन्मृगसहस्राणि तं देशमुपचक्रमे । स दृष्ट्वा स्त्रीकृतं सर्वं सव्यालमृगपक्षिणम् ॥ १५
आत्मानं स्त्रीकृतं चैव सानुगं रघुनन्दन । तस्य दुःखं महच्चासीदृष्ट्वात्मानं तथागतम् ॥ १६
उमापतेश्च तत्कर्म ज्ञात्वा त्रासमुपागमत् । ततो देवं महात्मानं शितिकण्ठं कपर्दिनम् ॥ १७
जगाम शरणं राजा सभृत्यबलवाहनः । ततः प्रहस्य वरदः सह देव्या महेश्वरः ॥ १८
प्रजापतिसुतं वाक्यमुवाच वरदः स्वयम् । उत्तिष्ठोत्तिष्ठ राजर्षे कार्दमेय महाबल ॥ १९
पुरुषत्वमृते सौम्य वरं वरय सुव्रत । ततः स राजा शोकार्तः प्रत्याख्यातो महात्मना ॥ २०

नात् । तस्माद्ब्राह्मणाय नापगुरेत न निहन्यान्न लोहितं कुर्यात्' इति श्रुतेः ॥ १६ ॥ १७ ॥ १८ ॥ यज्ञं विष्णुम् ॥ १९ ॥ २० ॥ २१ ॥ इति श्रीरामाभिरामे श्रीरामीये रामायणतिलके वाल्मीकीय आदिकाव्य उत्तरकाण्डे षडशीतितमः सर्गः ॥ ८६ ॥

अथ रामोऽपीलोपाख्यानेनाश्वमेधस्य राज्ञामशेषानर्थनिवृत्तिपूर्वकपरमेष्टसाधनत्वं दर्शयति—तदिति । अश्वमेधमाहात्म्यमजानानं प्रतीव लक्ष्मणस्तद्वैभवमुक्तवानिति भावेन हासः ॥ १ ॥ वृत्रघातं वाजिमेधफलं च यद्यथा वदसि तदेवमेवेत्यन्वयः ॥ २ ॥ अथ स्वस्य परिपूर्णाश्वमेधज्ञातृत्वज्ञापनायाह—श्रूयते इति । बाह्लिर्देशविशेषः ॥ ३ ॥ ४ ॥ ५ ॥ भयार्तैस्त्वं कुतस्तत्राह—अबिभ्यन्निति । अबिभयुरित्यर्थः । तत्र हेतुः—सरोषस्येति ॥ ६ ॥ ७ ॥ ८ ॥ हत्वैव । हत्वापीत्यर्थः ॥ ९ ॥ अयुतमसंख्याकम् । वध्यमानमभूदिति शेषः । अथ यत्र महासेनः स्कन्दो जातस्तं देशमुपचक्रमे जगाम ॥ १० ॥ ११ ॥ गोपतिध्वजो वृषभध्वज आत्मानं स्त्रीरूपं कृत्वा । तत्र पर्वते तिष्ठतीति शेषः । किमर्थमेवं तत्राह—देव्याः प्रियं चिकीर्षुरिति ॥ १२ ॥ पुरुषवादिनः पुरुष इति वादो व्यपदेशो येषां ते । पुंलिङ्गवत्त्वेन शब्दवाच्या ये पदार्थाः सन्ति, यच्चान्यत्किंचन नपुंसकवाच्यम्, तत्सर्वं नारीसंज्ञं स्त्रीलिङ्गशब्दवाच्यत्वार्हं स्त्रीवेषं बभूव ॥ १३ ॥ १४ ॥ १५ ॥ सानुगमात्मानं स्त्रीकृतं स्त्रीरूपं कृतं दृष्ट्वा, आत्मानं तथागतं तथावस्थां प्राप्तमात्मानं दृष्ट्वा । इदमुत्तरान्वयि ॥ १६ ॥ तच्च आत्मनस्तादृशावस्थाप्राप्तिरूपमुमापतेः कर्म तदिच्छावशप्राप्तं ज्ञात्वा ॥ १७ ॥ १८ ॥ १९ ॥ पुरुषत्वमृते तद्विना । प्रत्याख्यातः । पुरुषत्वप्राप्तेरिति शेषः ॥ २० ॥

स्त्रीभूतोऽसौ न जग्राह वरमन्यं सुरोत्तमात् । ततः शोकेन महता शैलराजसुतां नृपः ॥ २१
प्रणिपत्य उमां देवीं सर्वेणैवान्तरात्मना । ईशे वराणां वरदे लोकानामसि भामिनी ॥ २२
अमोघदर्शने देवि भज सौम्येन चक्षुषा । हृद्गतं तस्य राजर्षेर्विज्ञाय हरसंनिधौ ॥ २३
प्रत्युवाच शुभं वाक्यं देवी रुद्रस्य संमता । अर्धस्य देवो वरदो वरार्धस्य तव ह्यहम् ॥ २४
तस्मादर्धं गृहाण त्वं स्त्रीपुंसोर्यावदिच्छसि । तदद्भुततरं श्रुत्वा देव्या वरमनुत्तमम् ॥ २५
संप्रहृष्टमना भूत्वा राजा वाक्यमथाब्रवीत् । यदि देवि प्रसन्ना मे रूपेणाप्रतिमा भुवि ॥ २६
मासं स्त्रीत्वमुपासित्वा मासं स्यां पुरुषः पुनः । ईप्सितं तस्य विज्ञाय देवी सुरुचिरानना ॥ २७
प्रत्युवाच शुभं वाक्यमेवमेव भविष्यति । राजन्पुरुषभूतस्त्वं स्त्रीभावं न स्मरिष्यसि ॥ २८
स्त्रीभूतश्च परं मासं न स्मरिष्यसि पौरुषम् । एवं स राजा पुरुषो मासं भूत्वाथ कार्दमिः ।
त्रैलोक्यसुन्दरी नारी मासमेकमिलाभवत् ॥ २९

इत्यार्षे श्रीमद्रामायणे वाल्मीकीय आदिकाव्य उत्तरकाण्डे सप्ताशीतितमः सर्गः ॥ ८७ ॥

अष्टाशीतितमः सर्गः ।

तां कथामैलसंबद्धां रामेण समुदीरिताम् । लक्ष्मणो भरतश्चैव श्रुत्वा परमविस्मितौ ॥ १
तौ रामं प्राञ्जली भूत्वा तस्य राज्ञो महात्मनः । विस्तरं तस्य भावस्य तदा पप्रच्छतुः पुनः ॥ २
कथं स राजा स्त्रीभूतो वर्तयामास दुर्गतिः । पुरुषः स यदा भूतः कां वृत्तिं वर्तयत्यसौ ॥ ३
तयोस्तद्भाषितं श्रुत्वा कौतूहलसमन्वितम् । कथयामास काकुत्स्थस्तस्य राज्ञो यथागमम् ॥ ४
तमेव प्रथमं मासं स्त्री भूत्वा लोकसुन्दरी । ताभिः परिवृता स्त्रीभिर्येऽस्य पूर्वं पदानुगाः ॥ ५
तत्काननं विगाह्याशु विजह्रे लोकसुन्दरी । द्रुमगुल्मलताकीर्णं पद्भ्यां पद्मदलेक्षणा ॥ ६
वाहनानि च सर्वाणि संत्यक्त्वा वै समन्ततः । पर्वताभोगविवरे तस्मिन्रेमे इला तदा ॥ ७
अथ तस्मिन्वनोद्देशे पर्वतस्याविदूरतः । सरः सुरुचिरप्रख्यं नानापक्षिगणायुतम् ॥ ८
ददर्श सा इला तस्मिन्बुधं सोमसुतं तदा । ज्वलन्तं स्वेन वपुषा पूर्णं सोममिवोदितम् ॥ ९
तपन्तं च तपस्तीव्रमम्भोमध्ये दुरासदम् । यशस्करं कामकरं कारुण्ये पर्यवस्थितम् ॥ १०
सा तं जलाशयं सर्वं क्षोभयामास विस्मिता । सह तैः पूर्वपुरुषैः स्त्रीभूतै रघुनन्दन ॥ ११
बुधस्तु तां समीक्ष्यैव कामबाणवशंगतः । नोपलेभे तदात्मानं स चचाल तदाम्भसि ॥ १२
इलां निरीक्षमाणस्तु त्रैलोक्यादधिकां शुभाम् । चित्तं समभ्यतिक्रामत्का न्वियं देवताधिका ॥ १३

'न च जग्राह स्त्रीभूतः' इति पाठे गुरुवैषम्यमार्षम् । अन्यं वरं पुंस्त्वातिरिक्तं वरं न जग्राह । 'अन्यद्वाक्यं' इति पाठे पुंस्त्वातिरिक्तवरदातृवाक्यं वरं न जग्राहेत्यर्थः ॥ २१ ॥ सर्वेणैवान्तरात्मना मनोबुद्ध्यभिमानलक्षणेन सर्वेणान्तःकरणेन प्रणिपत्य । साष्टाङ्गं प्रणिपत्येत्यर्थः । वराणामीशे, अतएव लोकानां वरदे त्वं भामिनी असि ॥ २२ ॥ अतः—अमोघेत्यादि । सौम्येन चक्षुषानुग्रहचक्षुषा मां भजानुगृहाण ॥ २३ ॥ २४ ॥ स्त्रीपुंसोः । समासान्ताभाव आर्षः । स्त्रीपुंसयोरावयोः सकाशाद्वरमिच्छसीति शेषः । तत्र वरदो देवोऽर्धस्य वरस्य दाता, वरार्धस्याहं दात्री, तस्माद्यावदिच्छसि तदर्धं मत्तो गृहाण ॥ २५ ॥ २६ ॥ उपासित्वा प्राप्य ॥ २७ ॥ देवी स्वतोनुग्रहान्तरं करोति—राजन्निति ॥ २८ ॥ कार्दमिः कर्दमापत्यम् ॥ २९ ॥ इति श्रीरामाभिरामे श्रीरामीये रामायणतिलके वाल्मीकीय आदिकाव्य उत्तरकाण्डे सप्ताशीतितमः सर्गः ॥ ८७ ॥

अथ कथावशेषप्रश्ने तत्प्रतिपादनम्—तां कथामिति ॥ १ ॥ तस्य राज्ञ इलस्य । तस्य भावस्य स्त्रीपुंसभावस्य ॥ २ ॥ स्त्रीभूतः, अत एव दुर्गतिः कथं वर्तयामास । तत्कालमिति शेषः । तथा पुरुषभूतोऽसौ कां वृत्तिं वर्तयति ॥ ३ ॥ यथागमं यथाप्राप्तम् ॥ ४ ॥ लोकसुन्दरी लोकेभ्यः सर्वस्त्रीलोकेभ्यः सुन्दरी । एवंभूतापि सा स्त्रीपरिवृता । कास्ताः स्त्रियस्तत्राह—येऽस्येति ॥ ५ ॥ ६ ॥ पर्वतानामाभोगो विस्तारस्तस्य विवरे पर्वतमध्यदेशे ॥ ७ ॥ पर्वतस्याविदूरतः सरो ददर्शेत्यन्वयः । यत्रेश्वराज्ञया स्त्रीत्वप्राप्तिस्ततः परस्मिन्नविदूरे प्रदेशे इत्यर्थः । अतएव बुधस्य सरसि तपश्चरतः स्त्रीत्वाप्राप्तिरिति बोध्यम् ॥ ८ ॥ ९ ॥ १० ॥ जलाशयं क्षोभयामास । क्रीडयेति शेषः ॥ ११ ॥ आत्मानं नोपलेभे आत्मध्यानं न प्राप्तवान् । काममोहपरवशश्चित्तोऽभूदित्यर्थः । अम्भसि स्थितः स चचाल ॥ १२ ॥ चित्तं समभ्यतिक्रामत् । इलायामिति शेषः । इलाविषयचिन्तां प्राप्तमभूदित्यर्थः ॥ १३

न देवीषु न नागीषु नासुरीष्वप्सरःसु च । दृष्टपूर्वा मया काचिद्रूपेणानेन शोभिता ॥ १४
सदृशीयं मम भवेद्यदि नान्यपरिग्रहः । इति बुद्धिं समास्थाय जलात्कूलमुपागमत् ॥ १५
आश्रमं समुपागम्य ततस्ताः प्रमदोत्तमाः । शब्दापयत धर्मात्मा ताश्चैनं च ववन्दिरे ॥ १६
स ताः पप्रच्छ धर्मात्मा कस्यैषा लोकसुन्दरी । किमर्थमागता चैव सर्वमाख्यात मा चिरम् ॥ १७
शुभं तु तस्य तद्वाक्यं मधुरं मधुराक्षरम् । श्रुत्वा स्त्रियश्च ताः सर्वा ऊचुर्मधुरया गिरा ॥ १८
अस्माकमेषा सुश्रोणी प्रभुत्वे वर्तते सदा । अपतिः काननान्तेषु सहास्माभिश्चरत्यसौ ॥ १९
तद्वाक्यमाव्यक्तपदं तासां स्त्रीणां निशम्य च । विद्यामावर्तनीं पुण्यामावर्तयति स द्विजः ॥ २०
सोऽर्थं विदित्वा सकलं तस्य राज्ञो यथा तथा । सर्वा एव स्त्रियस्ताश्च बभाषे मुनिपुंगवः ॥ २१
अत्र किंपुरुषीर्भूत्वा शैलरोधसि वत्स्यथ । आवासस्तु गिरावस्मिञ्शीघ्रमेव विधीयताम् ॥ २२
मूलपत्रफलैः सर्वा वर्तयिष्यथ नित्यदा । स्त्रियः किंपुरुषान्नाम भर्तॄन्समुपलप्स्यथ ॥ २३
ताः श्रुत्वा सोमपुत्रस्य स्त्रियः किंपुरुषीकृताः । उपासांचक्रिरे शैलं वध्वस्ता बहुलास्तदा ॥ २४

इत्यार्षे श्रीमद्रामायणे वाल्मीकीय आदिकाव्य उत्तरकाण्डेऽष्टाशीतितमः सर्गः ॥ ८८ ॥

एकोननवतितमः सर्गः ।

श्रुत्वा किंपुरुषोत्पत्तिं लक्ष्मणो भरतस्तथा । आश्चर्यमिति च ब्रूतामुभौ रामं जनेश्वरम् ॥ १
अथ रामः कथामेतां भूय एव महायशाः । कथयामास धर्मात्मा प्रजापतिसुतस्य वै ॥ २
सर्वास्ता विद्रुता दृष्ट्वा किंनरीर्ऋषिसत्तमः । उवाच रूपसंपन्नां तां स्त्रियं प्रहसन्निव ॥ ३
सोमस्याहं सुदयितः सुतः सुरुचिरानने । भजस्व मां वरारोहे भक्त्या स्निग्धेन चक्षुषा ॥ ४
तस्य तद्वचनं श्रुत्वा शून्ये स्वजनवर्जिते । इला सुरुचिरप्रख्यं प्रत्युवाच महाप्रभम् ॥ ५
अहं कामचरी सौम्य तवास्मि वशवर्तिनी । प्रशाधि मां सोमसुत यथेच्छसि तथा कुरु ॥ ६
तस्यास्तदद्भुतप्रख्यं श्रुत्वा हर्षमुपागतः । स वै कामी सह तया रेमे चन्द्रमसः सुतः ॥ ७
बुधस्य माधवो मासस्तामिलां रुचिराननाम् । गतो रमयतोऽत्यर्थं क्षणवत्तस्य कामिनः ॥ ८
अथ मासे तु संपूर्णे पूर्णेन्दुसदृशाननः । प्रजापतिसुतः श्रीमाञ्शयने प्रत्यबुध्यत ॥ ९
सोऽपश्यत्सोमजं तत्र तपन्तं सलिलाशये । ऊर्ध्वबाहुं निरालम्बं तं राजा प्रत्यभाषत ॥ १०
भगवन्पर्वतं दुर्गं प्रविष्टोऽस्मि सहानुगः । न च पश्यामि तत्सैन्यं क नु ते मामका गताः ॥ ११
तच्छ्रुत्वा तस्य राजर्षेर्नष्टसंज्ञस्य भाषितम् । प्रत्युवाच शुभं वाक्यं सान्त्वयन्परया गिरा ॥ १२
अश्मवर्षेण महता भृत्यास्ते विनिपातिताः । त्वं चाश्रमपदे सुप्तो वातवर्षभयार्दितः ॥ १३
समाश्वसिहि भद्रं ते निर्भयो विगतज्वरः । फलमूलाशनो वीर निवसेह यथासुखम् ॥ १४

॥ १४ ॥ यदि नान्यपरिग्रहोऽन्यपरिग्रहत्वरहिता ॥ १५ ॥ शब्दापयत आह्वयत ॥ १६ ॥ १७ ॥ मधुरं संध्यादिकृतश्रुतिकटुत्वरहितम् । मधुराक्षरं टवर्गादिरहितम् ॥ १८ ॥ अपतिः पतिहीना ॥ १९ ॥ आव्यक्तपदमा समन्ताद्व्यक्तानि पदानि यत्र तत् । आवर्तनी विद्या सांग्रहणीपर्यायनामिका संवर्तविद्या तामावर्तयति स्म । तद्विदैकसाध्यप्रकृतप्रयोजनार्थमिति शेषः ॥ २० ॥ राज्ञः सकलमर्थं वृत्तान्तं विदित्वा । ध्यानयोगत इति शेषः । ताः स्त्रियः । इलाव्यतिरिक्ता इति शेषः ॥ २१ ॥ किंपुरुषीर्भूत्वा किंपुरुषाख्यदेवयोनिस्त्रियो भूत्वात्रास्मिञ्शैलरोधसि वत्स्यथ । अस्मिन्गिरावावास उटजादिः शीघ्रमेव विधीयताम् ॥ २२ ॥ स्त्रियः किंपुरुषस्त्रियो यूयं किंपुरुषान्नाम प्रसिद्धान्भर्तॄन्समुपलप्स्यथ । अन्विष्य प्राप्स्यथेत्यर्थः ॥ २३ ॥ किंपुरुषीकृता बुधेन योगबलात्किंपुरुषस्त्रीकृताः । शैलमुप शैलसमीपे आसांचक्रिरे ॥ २४ ॥ इति श्रीरामाभिरामे श्रीरामीये रामायणतिलके वाल्मीकीय आदिकाव्य उत्तरकाण्डेऽष्टाशीतितमः सर्गः ॥ ८८ ॥

श्रुत्वेति । किंपुरुषोत्पत्तिं किंपुरुषजातित्वेन तासां स्त्रीणामुत्पत्तिम् । ब्रूतामब्रुवताम् ॥ १ ॥ २ ॥ विद्रुता गता दृष्ट्वा । 'विद्रुताः' इति पाठान्तरम् । प्रहसन्निव, सर्वासां स्वबुद्ध्या निराकरणात्प्रहासः ॥ ३ ॥ भक्त्यानुरागेण स्निग्धं स्नेहयुक्तम्, न केवलं चक्षुषैव तथाभूतम् ॥ ४ ॥ ५ ॥ कामचरी स्वतन्त्रा ॥ ६ ॥ ७ ॥ ८ ॥ प्रजापतिसुत इलः ॥ ९ ॥ १० ॥ विस्मृतस्वकस्त्रीत्वादिवृत्तान्तः पृच्छति—भगवन्निति ॥ ११ ॥ नष्टसंज्ञस्य । देवीप्रसादवशादिति भावः ॥ १२ ॥ अश्मवर्षेणेति मायावचनमीश्वरवाक्यानुरोधेनेति कतकः ॥ १३ ॥ १४ ॥

स राजा तेन वाक्येन प्रत्याश्वस्तो महामतिः । प्रत्युवाच शुभं वाक्यं दीनो भृत्यजनक्षयात् ॥ १५
त्यक्ष्याम्यहं स्वकं राज्यं नाहं भृत्यैर्विनाकृतः । वर्तयेयं क्षणं ब्रह्मन्समनुज्ञातुमर्हसि ॥ १६
सुतो धर्मपरो ब्रह्मञ्ज्येष्ठो मम महायशाः । शशबिन्दुरिति ख्यातः स मे राज्यं प्रपत्स्यते ॥ १७
नहि शक्ष्याम्यहं हित्वा भृत्यदारान्सुखान्वितान् । प्रतिवक्तुं महातेजः किंचिदप्यशुभं वचः ॥ १८
तथा ब्रुवति राजेन्द्रे बुधः परममद्भुतम् । सान्त्वपूर्वमथोवाच वासस्त इह रोचताम् ॥ १९
न संतापस्त्वया कार्यः कार्दमेय महाबल । संवत्सरोषितस्याद्य कारयिष्यामि ते हितम् ॥ २०
तस्य तद्वचनं श्रुत्वा बुधस्याक्लिष्टकर्मणः । वासाय विदधे बुद्धिं यदुक्तं ब्रह्मवादिना ॥ २१
मासं स स्त्री तदा भूत्वा रमयत्यनिशं सदा । मासं पुरुषभावेन धर्मबुद्धिं चकार सः ॥ २२
ततः सा नवमे मासि इला सोमसुतात्सुतम् । जनयामास सुश्रोणी पुरूरवसमूर्जितम् ॥ २३
जातमात्रे तु सुश्रोणी पितुर्हस्ते न्यवेशयत् । बुधस्य समवर्णं च इला पुत्रं महाबलम् ॥ २४
बुधस्तु पुरुषीभूतं स वै संवत्सरान्तरम् । कथाभी रमयामास धर्मयुक्ताभिरात्मवान् ॥ २५

इत्यार्षे श्रीमद्रामायणे वाल्मीकीय आदिकाव्य उत्तरकाण्ड एकोननवतितमः सर्गः ॥ ८९ ॥

नवतितमः सर्गः ।

तथोक्तवति रामे तु तस्य जन्म तदद्भुतम् । उवाच लक्ष्मणो भूयो भरतश्च महायशाः ॥ १
इला सा सोमपुत्रस्य संवत्सरमथोषिता । अकरोत्किं नरश्रेष्ठ तत्त्वं शंसितुमर्हसि ॥ २
तयोस्तद्वाक्यमाधुर्यं निशम्य परिपृच्छतोः । रामः पुनरुवाचेदं प्रजापतिसुते कथाम् ॥ ३
पुरुषत्वं गते शूरे बुधः परमबुद्धिमान् । संवर्तं परमोदारमाजुहाव महायशाः ॥ ४
च्यवनं भृगुपुत्रं च मुनिं चारिष्टनेमिनम् । प्रमोदनं मोदकरं ततो दुर्वाससं मुनिम् ॥ ५
एतान्सर्वान्समानीय वाक्यज्ञस्तत्त्वदर्शनः । उवाच सर्वान्सुहृदो धैर्येण सुसमाहितान् ॥ ६
अयं राजा महाबाहुः कर्दमस्य इलः सुतः । जानीतैनं यथाभूतं श्रेयो ह्यत्र विधीयताम् ॥ ७
तेषां संवदतामेव द्विजैः सह महात्मभिः । कर्दमस्तु महातेजास्तदाश्रममुपागमत् ॥ ८
पुलस्त्यश्च क्रतुश्चैव वषट्कारस्तथैव च । ओङ्कारश्च महातेजास्तमाश्रममुपागमन् ॥ ९
ते सर्वे हृष्टमनसः परस्परसमागमे । हितैषिणो बाह्लिपतेः पृथग्वाक्यान्यथाब्रुवन् ॥ १०
कर्दमस्त्वब्रवीद्वाक्यं सुतार्थं परमं हितम् । द्विजाः शृणुत मद्वाक्यं यच्छ्रेयः पार्थिवस्य हि ॥ ११
नान्यं पश्यामि भैषज्यमन्तरा वृषभध्वजम् । नाश्वमेधात्परो यज्ञः प्रियश्चैव महात्मनः ॥ १२

तेन वाक्येनेति । इह यथासुखं वसेति वाक्येन ॥ १५ ॥ अहं भृत्यैर्विनाकृतोऽपि स्वकं राज्यं न त्यक्ष्यामि त्यक्तुं न शक्नोमि । इह वासत इति शेषः । अतो हे ब्रह्मन्, इह क्षणमपि न वर्तयेयम् । नञ इहानुकर्षः । तस्मान्मां गमनाय समनुज्ञातुमर्हसि ॥ १६ ॥ उक्तमेव राज्योत्कण्ठाप्रदर्शनायाह—सुत इति । प्रपत्स्यते । मम राज्यम् । प्रतिगमनाभावे इति शेषः ॥ १७ ॥ सुखान्वितान्देशस्थान्भृत्यदारान्हित्वाहं न शक्ष्यामि । इह स्थातुमिति शेषः । यदेवमतो मां प्रति किंचिदप्यशुभमिह वासनियोगलक्षणानिष्टं वक्तुं नार्हसीति शेषः ॥ १८ ॥ अद्भुतमागम्याद्भुतकर्मसिद्धिजनकं परमं वचः सान्त्वपूर्वं तव किंचित्कालवासेन सुखं भविष्यतीत्येवंवादपूर्वं ते इह वासो रोचतामित्युवाच ॥ १९ ॥ २० ॥ यदुक्तं ब्रह्मवादिना तस्य तद्वचनं श्रुत्वेति संबन्धः ॥ २१ ॥ २२ ॥ नवमे मासीति । न चैवं मध्ये पुरुषत्वावस्थायां गर्भदर्शनेन पूर्वावस्थास्मरणाभावरूपपार्वतीवरान्यथाभावापत्तिः । तद्वरबलादेव विद्यमानस्यापि गर्भस्यानेनाज्ञानमिति कल्पनेनादोषात् । एतदनुपपत्त्यैव बुधस्य समागममारभ्य नवमे मासि सद्य एव गर्भग्रहणप्रसवाविति तीर्थः ॥ २३ ॥ जातमात्रं तत्क्षण एव पितृसमाकारं पितृहस्ते उपनयनादिकृत्यार्थं न्यवेदयत्स्थापितवती ॥ २४ ॥ संवत्सरान्तरे संवत्सरान्तरप्राप्त्यपेक्षितावशिष्टमासत्रयपर्यन्तम् ॥ २५ ॥ इति श्रीरामाभिरामे श्रीरामीये रामायणतिलके वाल्मीकीय आदिकाव्य उत्तरकाण्ड एकोननवतितमः सर्गः ॥ ८९ ॥

तस्य पुरूरवसो जन्म ॥ १ ॥ सोमपुत्रस्य । समीप इति शेषः । किमकरोत् । संवत्सरानन्तरमिति शेषः । पुरूरवसः शशबिन्दोश्च तत्पुत्रतया पश्चाज्जातपुरूरवसो राज्यमभून्न वेति प्रश्नार्थः ॥ २ ॥ प्रजापतिसुते तद्विषयाम् ॥ ३ ॥ ४ ॥ ५ ॥ सुहृदः स्वमित्रभूतान् ॥ ६ ॥ यथाभूतमीश्वराज्ञयानुभवसिद्धं स्त्रीपुंसरूपप्रकारद्वयं प्राप्तमेनं जानीत ॥ ७ ॥ ८ ॥ ९ ॥ १० ॥ ११ ॥ वृषभध्वज एव स्वकृतशापनिवर्तनसमर्थस्तत्प्रीति-

तस्माद्यजामहे सर्वे पार्थिवार्थे दुरासदम् । कर्दमेनैवमुक्तास्तु सर्व एव द्विजर्षभाः ॥ १३
रोचयन्ति स्म तं यज्ञं रुद्रस्याराधनं प्रति । संवर्तस्य तु राजर्षिः शिष्यः परपुरंजयः ॥ १४
मरुत्त इति विख्यातस्तं यज्ञं समुपाहरत् । ततो यज्ञो महानासीद्बुधाश्रमसमीपतः ॥ १५
रुद्रश्च परमं तोषमाजगाम महायशाः । अथ यज्ञे समाप्ते तु प्रीतः परमया मुदा ॥ १६
उमापतिर्द्विजान्सर्वानुवाच इलसंनिधौ । प्रीतोऽस्मि हयमेधेन भक्त्या च द्विजसत्तमाः ॥ १७
अस्य बाह्लिपतेश्चैव किं करोमि प्रियं शुभम् । तथा वदति देवेशे द्विजास्ते सुसमाहिताः ॥ १८
प्रसादयन्ति देवेशं यथा स्यात्पुरुषस्त्विला । ततः प्रीतो महादेवः पुरुषत्वं ददौ पुनः ॥ १९
इलायै सुमहातेजा दत्त्वा चान्तरधीयत । निवृत्ते हयमेधे च गते चादर्शनं हरे ॥ २०
यथागतं द्विजाः सर्वे तेऽगच्छन्दीर्घदर्शिनः । राजा तु बाह्लिमुत्सृज्य मध्यदेशे ह्यनुत्तमम् ॥ २१
निवेशयामास पुरं प्रतिष्ठानं यशस्करम् । शशबिन्दुश्च राजर्षिर्बाह्लिं परपुरंजयः ॥ २२
प्रतिष्ठाने इलो राजा प्रजापतिसुतो बली । स काले प्राप्तवाँल्लोकमिलो ब्राह्ममनुत्तमम् ॥ २३
ऐलः पुरूरवा राजा प्रतिष्ठानमवाप्तवान् । ईदृशो ह्यश्वमेधस्य प्रभावः पुरुषर्षभ ।
स्त्रीपूर्वः पौरुषं लेभे यच्चान्यदपि दुर्लभम् ॥ २४

इत्यार्षे श्रीमद्रामायणे वाल्मीकीय आदिकाव्य उत्तरकाण्डे नवतितमः सर्गः ॥ ९० ॥

एकनवतितमः सर्गः ।

एतदाख्याय काकुत्स्थो भ्रातृभ्याममितप्रभः । लक्ष्मणं पुनरेवाह धर्मयुक्तमिदं वचः ॥ १
वसिष्ठं वामदेवं च जाबालिमथ कश्यपम् । द्विजांश्च सर्वप्रवरानश्वमेधपुरस्कृतान् ॥ २
एतान्सर्वान्समानीय मन्त्रयित्वा च लक्ष्मण । हयं लक्षणसंपन्नं विमोक्ष्यामि समाधिना ॥ ३
तद्वाक्यं राघवेणोक्तं श्रुत्वा त्वरितविक्रमः । द्विजान्सर्वान्समाहूय दर्शयामास राघवम् ॥ ४
ते दृष्ट्वा देवसंकाशं कृतपादाभिवन्दनम् । राघवं सुदुराधर्षमाशीर्भिः समपूजयन् ॥ ५
प्राञ्जलिः स तदा भूत्वा राघवो द्विजसत्तमान् । उवाच धर्मसंयुक्तमश्वमेधाश्रितं वचः ॥ ६
तेऽपि रामस्य तच्छ्रुत्वा नमस्कृत्वा वृषध्वजम् । अश्वमेधं द्विजाः सर्वे पूजयन्ति स्म सर्वशः ॥ ७
स तेषां द्विजमुख्यानां वाक्यमद्भुतदर्शनम् । अश्वमेधाश्रितं श्रुत्वा भृशं प्रीतोऽभवत्तदा ॥ ८
विज्ञाय कर्म तत्तेषां रामो लक्ष्मणमब्रवीत् । प्रेषयस्व महाबाहो सुग्रीवाय महात्मने ॥ ९
यथा महद्भिर्हरिभिर्बहुभिश्च वनौकसाम् । सार्धमागच्छ भद्रं ते अनुभोक्तुं महोत्सवम् ॥ १०
विभीषणश्च रक्षोभिः कामगैर्बहुभिर्वृतः । अश्वमेधं महायज्ञमायात्वतुलविक्रमः ॥ ११
राजानश्च महाभागा ये मे प्रियचिकीर्षवः । सानुगाः क्षिप्रमायान्तु यज्ञभूमिनिरीक्षकाः ॥ १२

श्चाश्वमेधेन सर्वदेवताप्रीतिकरेणैवेत्याह—नान्यमिति । नान्यं भैषज्यं पश्यामि । नान्यमित्येतद्विवृणोति—अन्तरा वृषभध्वजम् । नाश्वमेधात्परो यज्ञः । राज्ञां ब्रह्महत्यान्तसर्वपापनिवर्तकत्वादिति भावः । नन्वश्वमेधेन कथं वृषभध्वजसंतोषोऽत आह—प्रिय एव महात्मनः । यद्यपि प्रजापतिदैवत्यत्वात्प्रजापतिप्रीतिकरः सः, तथापि हिरण्यगर्भावस्थाविशेषस्यैव रुद्रत्वान्न दोषः ॥ १२ ॥ १३ ॥ १४ ॥ तं यज्ञं समुपाहरत् । इलयज्ञापेक्षितसंभारमुपाहृतवानित्यर्थः ॥ १५ ॥ १६ ॥ १७ ॥ १८ ॥ देवेशं प्रसादयन्ति स्म पुरुषत्वं विनान्यं नरं वृणीष्वेति पूर्ववद्यथा न वदेत्तथा विशिष्य प्रसन्नमकुर्वन्नित्यर्थः । तदेवोक्तम्—तथा स्यादिति ॥ १९ ॥ २० ॥ बाह्लिमुत्सृज्य । ज्येष्ठपुत्रशशबिन्द्वधिष्ठितमिति शेषः ॥२१॥ बाह्लिम् । अध्युवासेति शेषः ॥ २२ ॥ बली । उवासेति शेषः ॥ २३ ॥ पौरुषं पुरुषत्वम् ॥ २४ ॥ इति श्रीरामाभिरामे श्रीरामीये रामायणतिलके वाल्मीकीय आदिकाव्य उत्तरकाण्डे नवतितमः सर्गः ॥ ९० ॥

अथाश्वमेधयागाय नैमिषे भरतप्रेषणम्—एतदिति । भ्रातृभ्यामिति चतुर्थी ॥ १ ॥ अश्वमेधपुरस्कृतानश्वमेधप्रयोगसमर्थान् ॥ २ ॥ मन्त्रयित्वा विचार्य समाधिना सावधानचित्ततया हयं विमोक्ष्यामीति लक्ष्मणमाहेति पूर्वेण संबन्धः ॥ ३ ॥ ४ ॥ ५ ॥ ६ ॥ वृषध्वजं रुद्रम् । त्रेताग्निरूपत्वाद्रुद्रस्य यज्ञनिर्विघ्नार्थं तन्नमस्कारः ॥ ७ ॥ ८ ॥ तत्कर्म विज्ञाय तत्कर्मकरणाङ्गीकारं विज्ञाय ॥ ९ ॥ महद्भिर्हरिभिर्हनुमदादिभिः । बहुभिश्च वनौकसाम् । अनुचररूपाणां बहुभिः समुदायैरित्यर्थः । अनुभोक्तुं द्रष्टुं यथा यथाकालमागच्छ ॥ १०

देशान्तरगता ये च द्विजा धर्मसमाहिताः । आमन्त्रयस्व तान्सर्वानश्वमेधाय लक्ष्मण ॥ १३
ऋषयश्च महाबाहो आहूयन्तां तपोधनाः । देशान्तरगताः सर्वे सदाराश्च द्विजातयः ॥ १४
तथैव तालावचरास्तथैव नटनर्तकाः । यज्ञवाटश्च सुमहान्गोमत्या नैमिषे वने ॥ १५
आज्ञाप्यतां महाबाहो तद्धि पुण्यमनुत्तमम् । शान्तयश्च महाबाहो प्रवर्तन्तां समन्ततः ॥ १६
शतशश्चापि धर्मज्ञाः क्रतुमुख्यमनुत्तमम् । अनुभूय महायज्ञं नैमिषे रघुनन्दन ॥ १७
तुष्टः पुष्टश्च सर्वोऽसौ मानितश्च यथाविधि । प्रतियास्यति धर्मज्ञ शीघ्रमामन्त्र्यतां जनः ॥ १८
शतं वाहसहस्राणां तण्डुलानां वपुष्मताम् । अयुतं तिलमुद्गस्य प्रयात्वग्रे महाबल ॥ १९
चणकानां कुलित्थानां माषाणां लवणस्य च । अतोऽनुरूपं स्नेहं च गन्धं संक्षिप्तमेव च ॥ २०
सुवर्णकोट्यो बहुला हिरण्यस्य शतोत्तराः । अग्रतो भरतः कृत्वा गच्छत्वग्रे समाधिना ॥ २१
अन्तरापणवीथ्यश्च सर्वे च नटनर्तकाः । सूदा नार्यश्च बहवो नित्यं यौवनशालिनः ॥ २२
भरतेन तु सार्धं ते यान्तु सैन्यानि चाग्रतः । नैगमान्बालवृद्धांश्च द्विजांश्च सुसमाहिताः ॥ २३
कर्मान्तिकान्वर्धकिनः कोशाध्यक्षांश्च नैगमान् । मम मातृस्तथा सर्वाः कुमारान्तःपुराणि च ॥ २४
काञ्चनीं मम पत्नीं च दीक्षायां ज्ञांश्च कर्मणि । अग्रतो भरतः कृत्वा गच्छत्वग्रे महायशाः ॥ २५
उपकार्या महार्हाश्च पार्थिवानां महौजसाम् । सानुगानां नरश्रेष्ठ व्यादिदेश महाबलः ॥ २६
अन्नपानानि वस्त्राणि अनुगानां महात्मनाम् । भरतः स तदा यातः शत्रुघ्नसहितस्तदा ॥ २७
वानराश्च महात्मानः सुग्रीवसहितास्तदा । विप्राणां प्रवराः सर्वे चक्रुश्च परिवेषणम् ॥ २८
विभीषणश्च रक्षोभिः स्त्रीभिश्च बहुभिर्वृतः । ऋषीणामुग्रतपसां पूजां चक्रे महात्मनाम् ॥ २९

इत्यार्षे श्रीमद्रामायणे वाल्मीकीय आदिकाव्य उत्तरकाण्ड एकनवतितमः सर्गः ॥ ९१ ॥

द्विनवतितमः सर्गः ।

तत्सर्वमखिलेनाशु प्रस्थाप्य भरताग्रजः । हयं लक्षणसंपन्नं कृष्णसारं मुमोच ह ॥ १

॥ ११ ॥ १२ ॥ १३ ॥ १४ ॥ तालं गृहीत्वावचरास्तालावचराः । नटाः सूत्रधाराः । गोमत्या नद्याः । तीर इति शेषः ॥ १५ ॥ आज्ञाप्यतां कार्यताम् । तद्धि नैमिषं वनम् ॥ १६ ॥ शतशोऽनेके धर्मज्ञा नैमिषे महायज्ञं महान्तोऽश्वभूना यज्ञा यस्य तं क्रतुमुख्यमनुभूय दृष्ट्वा कृतार्था भवन्त्विति शेषः ॥ १७ ॥ अतः शीघ्रमामन्त्र्यतां जनः । स चास्माभिर्मानितः पूजितः संतुष्टः पुष्टश्च भूत्वा प्रतियास्यति ॥ १८ ॥ वपुष्मतां तण्डुलानाम् । अभग्नस्वरूपाणामित्यर्थः । शतं वाहानामनेकानि सहस्राणि । अनेकलक्षं बलीवर्दादय इत्यर्थः । अयुतं वाहकं पशवः ॥ १९ ॥ अतोऽनुरूपमुक्तान्नभोजनीयब्राह्मणभोजनानुरूपं स्नेहम् । घृततैलपयोदध्यादिकमित्यर्थः । संक्षिप्तं गन्धम् । अघृष्टमेवेत्यर्थः ॥ २० ॥ हिरण्यस्य रजतस्य । शतोत्तराः । कोट्य इत्यनुकर्षः । समाधिना सावधानतया ॥ २१ ॥ अन्तरा मार्गमध्ये तत्र तत्रापेक्षिता आपणवीथ्यः । तत्प्रवर्तका वणिज इत्यर्थः । सर्वे इति । 'दुन्दुभीन्समाघ्नन्ति', 'वीणागाथिनौ गायतः' इत्यादिकल्पसूत्रोक्तप्रयोगापेक्षिताः । यौवनशालिन इति 'पुमान्स्त्रिया' इत्येकशेषः ॥ २२ ॥ २३ ॥ कर्मान्तिकाः किंकराः । अन्त पुराणि भरतादीनाम् ॥ २४ ॥ काञ्चनीं काञ्चनमयीम् । दीक्षाया दीक्षानिमित्तम् । कर्मणि ज्ञानकर्मविषयज्ञानवत ऋषीन् । 'ज्ञो विद्वान्सोमजोऽपि च' इत्यमरः । न च पत्न्या अपि यजमानत्वाद्यज्ञस्वामित्वाच्च स्वामिनो यजमानस्य प्रतिनिधिप्रतिषेधात्कथं पत्न्याः प्रतिनिधिः 'स्वामिनोऽग्नेर्देवतायाश्च शब्दात्कर्मणश्च प्रतिनिधिर्निवृत्तः' इत्यापस्तम्बसूत्रात्स्वामिनो यजमानस्य पत्न्या वा इति चेन्न । 'यस्य भार्यान्यदेशस्था नेष्यते पतिनाथवा । अशक्ता प्रतिकूला वा तस्याः प्रतिनिधिक्रिया ॥' इत्येवंविधे विषये प्रतिनिधेरनुमतत्वात् । 'अन्ये कुशमयीं पत्नीं कृत्वा तु गृहमेधिनः । अग्निहोत्रमुपासन्ते यावज्जीवमनुव्रताः ॥ सौवर्णी वा षोडशपलैर्माषकैः षोडशैरपि ॥' इति स्मृतेश्च । 'मृतायामपि भार्यायां वैदिकीं न त्यजेद्द्विजः । उपाधिनापि तत्कर्म यावज्जीवं समापयेत् ॥' इति विष्णुस्मृतेश्च । वस्तुतस्त्वेषां सौवर्णी न प्रतिनिधिः देवताप्रतिमास्विव तत्त्वबुद्धिरेव, न तु सादृश्यबुद्धिरत्रेति प्रतिनिधित्वाभावात्, किंतु भगवत ऋषीणां चावाहनादिसामर्थ्येन घटनाकौशलेन च तत्त्वबुद्धेरेवोत्पादात् । पत्नीकर्मनिर्वाहकत्वं च तत एव । अतएव 'काञ्चनीं मम पत्नीम्' इति संगच्छते । एतेन काम्येष्वश्वमेधादिषु कथं प्रतिनिधिरिति परास्तमित्याहुः ॥ २५ ॥ उपकार्या वासस्थानानि ॥ २६ ॥ २७ ॥ २८ ॥ २९ ॥ **इति श्रीरामाभिरामे श्रीरामीये रामायणतिलके वाल्मीकीय आदिकाव्य उत्तरकाण्ड एकनवतितमः सर्गः ॥ ९१ ॥**

यथाश्वमेधप्रवृत्तिः—तत्सर्वमिति । यागोपकरणं सर्वमित्यर्थः । अखिलेनान्यूनतया जनेन वा । कृष्णसारं कृष्णसार-

ऋत्विग्भिर्लक्ष्मणं सार्धमश्वे च विनियुज्य च । ततोऽभ्यगच्छत्काकुत्स्थः सह सैन्येन नैमिषम् ॥ २
यज्ञवाटं महाबाहुर्दृष्ट्वा परममद्भुतम् । प्रहर्षमतुलं लेभे श्रीमानिति च सोऽब्रवीत् ॥ ३
नैमिषे वसतस्तस्य सर्वे एव नराधिपाः । आनिन्युरुपहारांश्च तान्रामः प्रत्यपूजयत् ॥ ४
अन्नपानादिवस्त्राणि सर्वोपकरणानि च । भरतः सहशत्रुघ्नो नियुक्तो राजपूजने ॥ ५
वानराश्च महात्मानः सुग्रीवसहितास्तदा । परिवेषणं च विप्राणां प्रयताः संप्रचक्रिरे ॥ ६
विभीषणश्च रक्षोभिर्बहुभिः सुसमाहितः । ऋषीणामुग्रतपसां किंकरः समपद्यत ॥ ७
उपकार्या महार्हाश्च पार्थिवानां महात्मनाम् । सानुगानां नरश्रेष्ठो व्यादिदेश महाबलः ॥ ८
एवं सुविहितो यज्ञो ह्यश्वमेधो ह्यवर्तत । लक्ष्मणेन सुगुप्ता सा हयचर्या प्रवर्तत ॥ ९
ईदृशं राजसिंहस्य यज्ञप्रवरमुत्तमम् । नान्यः शब्दोऽभवत्तत्र हयमेधे महात्मनः ॥ १०
छन्दतो देहि विस्रब्धो यावत्तुष्यन्ति याचकाः । तावत्सर्वाणि दत्तानि क्रतुमुख्ये महात्मनः ॥ ११
विविधानि च गौडानि खाण्डवानि तथैव च । न निःसृतं भवत्योष्ठाद्वचनं यावदर्थिनाम् ॥ १२
तावद्वानररक्षोभिर्दत्तमेवाभ्यदृश्यत । न कश्चिन्मलिनो वापि दीनो वाप्यथवा कृशः ॥ १३
तस्मिन्यज्ञवरे राज्ञो हृष्टपुष्टजनावृते । ये च तत्र महात्मानो मुनयश्चिरजीविनः ॥ १४
नास्मरंस्तादृशं यज्ञं दानौघसमलंकृतम् । यः कृत्यवान्सुवर्णेन सुवर्णं लभते स सः ॥ १५
वित्तार्थी लभते वित्तं रत्नार्थी रत्नमेव च । हिरण्यानां सुवर्णानां रत्नानामथ वाससाम् ॥ १६
अनिशं दीयमानानां राशिः समुपदृश्यते । न शक्रस्य न सोमस्य यमस्य वरुणस्य च ॥ १७
ईदृशो दृष्टपूर्वो न एवमूचुस्तपोधनाः । सर्वत्र वानरास्तस्थुः सर्वत्रैव च राक्षसाः ॥ १८
वासोधनान्नकामेभ्यः पूर्णहस्ता ददुर्भृशम् । ईदृशो राजसिंहस्य यज्ञः सर्वगुणान्वितः ।
संवत्सरमथो साग्रं वर्तते न च हीयते ॥ १९

इत्यार्षे श्रीमद्रामायणे वाल्मीकीय आदिकाव्य उत्तरकाण्डे द्विनवतितमः सर्गः ॥ ९२ ॥

त्रिनवतितमः सर्गः ।

वर्तमाने तथाभूते यज्ञे च परमाद्भुते । सशिष्य आजगामाशु वाल्मीकिर्भगवानृषिः ॥ १
स दृष्ट्वा दिव्यसंकाशं यज्ञमद्भुतदर्शनम् । एकान्त ऋषिसंघातश्चकार उटजाञ्शुभान् ॥ २
शकटांश्च बहून्पूर्णान्फलमूलांश्च शोभनान् । वाल्मीकिवाटे रुचिरे स्थापयन्नविदूरतः ॥ ३

मृगसमानवर्णम् । यद्वा कृष्णवर्णं सर्वयज्ञपशुभ्यः सारभूतं चेत्यर्थः ॥ १ ॥ ऋत्विग्भिरिति : तं चतुःशता रक्षन्ति यज्ञस्याघाताय । तथा 'शतेन राजपुत्रैः सहाध्वर्युः पुरस्तात्प्रत्यङ् तिष्ठन्प्रोक्षति' इति श्रुतेरिति भावः ॥ २ ॥ ३ ॥ उपहारानुपदाः ॥ ४ ॥ तेषामेव स्वरूपकथनम्—अन्नेत्यादि । अथ राजसत्कारे भरतशत्रुघ्ननियोगः सुग्रीवादीनां विप्रपरिवेषणे बिभीषणस्य ऋषिसत्कारे विनियोग इत्याह—भरत इत्यादि ॥ ५ ॥ ६ ॥ ७ ॥ ८ ॥ हयचर्याश्वमेधयागानुष्ठानमित्यर्थ इति तीर्थकतकौ । हयमार्गगमनमित्यर्थमन्ये ॥ ९ ॥ यज्ञप्रवरमुत्तमम् । अभवदिति शेषः । याचका यावत्तुष्यन्ति तावद्देहिदेहीति शब्दादन्यः शब्दो नाभवत् ॥ १० ॥ ११ ॥ सर्वाणि दत्तानीत्यस्यैव प्रपञ्चः—विविधानीति । यावदर्थिमुखाद्देहीति वचनं न निःसृतं भवति ॥ १२ ॥ तावद्दत्तमेवाभ्यदृश्यत ॥ १३ ॥ १४ ॥ 'नास्मरंस्तादृशं यज्ञं न चाप्यासीत्कदाचन' इति पाठे तादृशयज्ञ इतः पूर्वं नासीदित्याहुरिति शेषः ॥ १५ ॥ १६ ॥ उक्त एवार्थ आदरादभ्यस्यते—न शक्रस्येति ॥ १७ ॥ १८ ॥ वर्तते न च हीयते । संवत्सरात्परमपीति शेषः । पुनः पुनरश्वमेधः प्रावर्ततेत्यर्थः । तावत्पर्यन्तमेकाश्वमेधदीक्षेत्यन्ये ॥ १९ ॥ इति **श्रीरामाभिरामे श्रीरामीये रामायणतिलके वाल्मीकीय आदिकाव्य उत्तरकाण्डे द्विनवतितमः सर्गः ॥ ९२ ॥**

अथ यज्ञार्थमागतेन वाल्मीकिना कुशलवयो रामायणगाने नियोगः—वर्तमाने इति । तथाभूत उक्तप्रकारे ॥ १ ॥ 'एकान्ते ऋषिवाटानाम्' इति पाठे समीपे इति शेषः । 'ऋषिसङ्घातः' इति पाठे वाल्मीकिना सहागतो ऋषिसमूह इत्यर्थः । उटजानिति बहुवचनं बहुशिष्यत्वात् ॥ २ ॥ शकटानन्नादिपूर्णान्फलमूलांश्च शोभनान्सर्वतोरुचिरे वाल्मीकिवाटेऽस्थापयन्नित्यर्थः । रुचिरोऽभूदिति शेष इति कतकव्याख्यानुसारी पाठो मृग्यः क्वचित् । 'शकटैर्बहुभिः पूर्णैः फलमूलैश्च शोभनैः । वाल्मीकिवाटो रुचिरः शोभयन्निव सर्वतः ॥' इति पाठः स

स शिष्यावब्रवीद्धृष्टौ युवां गत्वा समाहितौ । कृत्स्नं रामायणं काव्यं गायतां परया मुदा ॥ ४
ऋषिवाटेषु पुण्येषु ब्राह्मणावसथेषु च । रथ्यासु राजमार्गेषु पार्थिवानां गृहेषु च ॥ ५
रामस्य भवनद्वारि यत्र कर्म च कुर्वते । ऋत्विजामग्रतश्चैव तत्र गेयं विशेषतः ॥ ६
इमानि च फलान्यत्र स्वादूनि विविधानि च । जातानि पर्वताग्रेषु आस्वाद्यास्वाद्य गायताम् ॥ ७
न यास्यथः श्रमं वत्सौ भक्षयित्वा फलान्यथ । मूलानि च सुमृष्टानि न रागात्परिहास्यथः ॥ ८
यदि शब्दापयेद्रामः श्रवणाय महीपतिः । ऋषीणामुपविष्टानां यथायोगं प्रवर्तताम् ॥ ९
दिवसे विंशतिः सर्गा गेया मधुरया गिरा । प्रमाणैर्बहुभिस्तत्र यथोद्दिष्टं मया पुरा ॥ १०
लोभश्चापि न कर्तव्यः स्वल्पोऽपि धनवाञ्छया । किं धनेनाश्रमस्थानां फलमूलाशिनां सदा ॥ ११
यदि पृच्छेत्स काकुत्स्थो युवां कस्येति दारकौ । वाल्मीकेरथ शिष्यौ द्वौ ब्रूतमेवं नराधिपम् ॥ १२
इमास्तन्त्रीः सुमधुराः स्थानं वापूर्वदर्शनम् । मूर्च्छयित्वा सुमधुरं गायतां विगतज्वरौ ॥ १३
आदिप्रभृति गेयं स्यान्न चावज्ञाय पार्थिवम् । पिता हि सर्वभूतानां राजा भवति धर्मतः ॥ १४
तद्युवां हृष्टमनसौ श्वः प्रभाते समाहितौ । गायतं मधुरं गेयं तन्त्रीलयसमन्वितम् ॥ १५
इति संदिश्य बहुशो मुनिः प्राचेतसस्तदा । वाल्मीकिः परमोदारस्तूष्णीमासीन्महामुनिः ॥ १६
संदिष्टौ मुनिना तेन तावुभौ मैथिलीसुतौ । तथैव करवावेति निर्जग्मतुररिंदमौ ॥ १७

तामद्भुतां तौ हृदये कुमारौ निवेश्य वाणीमृषिभाषितां तदा ।
सुमुत्सुकौ तौ सुखमूषतुर्निशां यथाश्विनौ भार्गवनीतिसंहिताम् ॥ १८

इत्यार्षे श्रीमद्रामायणे वाल्मीकीय आदिकाव्य उत्तरकाण्डे त्रिनवतितमः सर्गः ॥ ९३ ॥

चतुर्नवतितमः सर्गः ।

तौ रजन्यां प्रभातायां स्नातौ हुतहुताशनौ । यथोक्तमृषिणा पूर्वं सर्वं तत्रोपगायताम् ॥ १
तां स शुश्राव काकुत्स्थः पूर्वाचार्यविनिर्मिताम् । अपूर्वां पाठ्यजातिं च गेयेन समलंकृताम् ॥ २
प्रमाणैर्बहुभिर्बद्धां तन्त्रीलयसमन्विताम् । बालाभ्यां राघवः श्रुत्वा कौतूहलपरोऽभवत् ॥ ३
अथ कर्मान्तरे राजा समाहूय महामुनीन् । पार्थिवांश्च नरव्याघ्रः पण्डितान्नैगमांस्तथा ॥ ४

इत्यन्ये ॥ ३ ॥ शिष्यौ कुशलवौ ॥ ४ ॥ रथ्यासूपमार्गेषु ॥ ५ ॥ यत्र कर्म । अश्वमेधयाग इत्यर्थः ॥ ६ ॥ अत्रास्मद्वाटसमीपपर्वताग्रे विद्यमानानि फलान्यास्वाद्य गायताम् । लोट्प्रथमपुरुषद्विवचनम् । यदा यदा श्रमस्तदा तदा भवन्ताविति शेषः ॥ ७ ॥ फलानि भुक्त्वा न श्रमं यास्यथो नापि रागात्कण्ठमाधुर्यात्परिहास्यथः । 'नगराद्बहिरास्यथः' इति पाठे रात्रिकाले इति शेषः । उटजेष्वित्यर्थः । आस्यथोऽवतिष्ठेताम् । आसेरार्षे श्यन्परस्मैपदे ॥ ८ ॥ शब्दापयेदाह्वाययेत् । ऋषीणामग्रे इति शेषः ॥ ९ ॥ दिवसे इति । तत्र रामायणे बहुभिः प्रमाणैर्नानासंख्यश्लोकैर्यथा पुरा मया सर्गा दिष्टास्तेषु सर्गेषु दिवसे दिवसे विंशतिसर्गा गेयाः ॥ १० ॥ ११ ॥ आवां वाल्मीकेः शिष्यौ स्व इत्येवमेव ब्रूतम्, नामुकदारकाविति ॥ १२ ॥ इमास्तन्त्रीः । वीणाशिरा इत्यर्थः । मधुरा मधुरशब्दाः अपूर्वदर्शनमपूर्वाणां स्वराणां दर्शनं यत्र तादृशं स्थानं षड्जादिस्वरभेदसिद्धये वीणादण्डोपरि कल्पितशिराधारकाष्ठपङ्क्तिरूपं तच्च मूर्च्छयित्वा तत्रापि नादव्याप्तिं कृत्वा सुमधुरं गायताम् ॥ १३ ॥ आदिप्रभृति । संक्षेपमारभ्येत्यर्थः । पार्थिवं न चावज्ञाय । स्थलान्तर इव तत्समीपे लीलापरिहासादिकं न कर्तव्यमित्यर्थः । तत्र हेतुः—पिता हीति ॥ १४ ॥ १५ ॥ १६ ॥ १७ ॥ भार्गवनीतिसंहितामश्विनाविव तौ तां वाणीं हृदये निवेश्य श्वो गातव्यमित्येवंरूपां गातुं समुत्सुकौ निशामृषिणा सहोषतुः ॥ १८ ॥ इति श्रीरामाभिरामे श्रीरामीये रामायणतिलके वाल्मीकीय आदिकाव्य उत्तरकाण्डे त्रिनवतितमः सर्गः ॥ ९३ ॥

अथ राघवेण पर्षदा सह रामायणश्रवणम्—ताविति ॥ १ ॥ पूर्वाचार्यविनिर्मितां गाथकानां गानसिद्धये पूर्वाचार्येण भरतेन निर्मिताम् । 'पूर्वचर्यां ततस्ततः' इति पाठे ततस्ततोऽयोध्यावनादौ कृतं स्वकीयं पूर्वचरितमित्यर्थः । अपूर्वां प्रागश्रुताम् । पाठ्यजातिं पाठ्यस्य गेयस्य जातिं षड्जादिस्वररूपामिति कतकः । 'पाठ्यजातम्' इति पठित्वा पाठ्यं नाम गानाधारस्य केवलवाक्यस्य स्वरूपोच्चारणमात्रमिति तीर्थ आह । गेयेन गानधर्मेण स्वरविशेषेण समलंकृताम् । प्रमाणैर्ध्वनिपरिच्छेदसाधनैर्द्रुतमध्यविलम्बितवृत्तिभिः प्रागुक्तस्थानैर्वा युक्तां तां गीतिं शुश्राव । बालाभ्यां गीतां श्रुत्वा कौतूहलपरः । विस्मयवानित्यर्थः ॥ २ ॥ ३ ॥ कर्मान्तरे । अश्वमेधप्र-

पौराणिकाञ्शब्दविदो ये वृद्धाश्च द्विजातयः । स्वराणां लक्षणज्ञांश्च उत्सुकान्द्विजसत्तमान् ॥ ५
लक्षणज्ञांश्च गान्धर्वान्नैगमांश्च विशेषतः । पादाक्षरसमासज्ञांश्छन्दःसु परिनिष्ठितान् ॥ ६
कलामात्राविशेषज्ञाञ्ज्योतिषे च परं गतान् । क्रियाकल्पविदश्चैव तथा कार्यविशारदान् ॥ ७
हेतूपचारकुशलान्हैतुकांश्च बहुश्रुतान् । छन्दोविदः पुराणज्ञान्वैदिकान्द्विजसत्तमान् ॥ ८
चित्रज्ञान्वृत्तसूत्रज्ञान्गीतनृत्यविशारदान् । एतान्सर्वान्समानीय गातारौ समवेशयत् ॥ ९
तेषां संवदतां तत्र श्रोतॄणां हर्षवर्धनम् । गेयं प्रचक्रतुस्तत्र तावुभौ मुनिदारकौ ॥ १०
ततः प्रवृत्तं मधुरं गान्धर्वमतिमानुषम् । न च तृप्तिं ययुः सर्वे श्रोतारो गेयसंपदा ॥ ११
दृष्ट्वा मुनिगणाः सर्वे पार्थिवाश्च महौजसः । पिबन्त इव चक्षुर्भिः पश्यन्ति स्म मुहुर्मुहुः ॥ १२
ऊचुः परस्परं चेदं सर्वे एव समाहिताः । उभौ रामस्य सदृशौ बिम्बाद्बिम्बमिवोद्धृतौ ॥ १३
जटिलौ यदि न स्यातां न वल्कलधरौ यदि । विशेषं नाधिगच्छामो गायतो राघवस्य च ॥ १४
एवं प्रभाषमाणेषु पौरजानपदेषु च । प्रवृत्तमादितः पूर्वसर्गं नारददर्शितम् ॥ १५
ततः प्रभृति सर्गांश्च यावद्विंशत्यगायताम् । ततोऽपराह्णसमये राघवः समभाषत ॥ १६
श्रुत्वा विंशतिसर्गांस्तान्भ्रातरं भ्रातृवत्सलः । अष्टादश सहस्राणि सुवर्णस्य महात्मनोः ॥ १७
प्रयच्छ शीघ्रं काकुत्स्थ यदन्यदभिकाङ्क्षितम् । ददौ स शीघ्रं काकुत्स्थो बालयोर्वै पृथक्पृथक् ॥ १८
दीयमानं सुवर्णं तु नागृह्णीतां कुशीलवौ । ऊचतुश्च महात्मानौ किमनेनेति विस्मितौ ॥ १९
वन्येन फलमूलेन निरतौ वनवासिनौ । सुवर्णेन हिरण्येन किं करिष्यावहे वने ॥ २०
तथा तयोः प्रब्रुवतोः कौतूहलसमन्विताः । श्रोतारश्चैव रामश्च सर्वे एव सुविस्मिताः ॥ २१
तस्य चैवागमं रामः काव्यस्य श्रोतुमुत्सुकः । पप्रच्छ तौ महातेजास्तावुभौ मुनिदारकौ ॥ २२
किंप्रमाणमिदं काव्यं का प्रतिष्ठा महात्मनः । कर्ता काव्यस्य महतः क चासौ मुनिपुंगवः ॥ २३
पृच्छन्तं राघवं वाक्यमूचतुर्मुनिदारकौ । वाल्मीकिर्भगवान्कर्ता संप्राप्तो यज्ञसंविधम् ।
येनेदं चरितं तुभ्यमशेषं संप्रदर्शितम् ॥ २४
संनिबद्धं हि श्लोकानां चतुर्विंशत्सहस्रकम् । उपाख्यानशतं चैव भार्गवेण तपस्विना ॥ २५

योगाणां विरामकाले इत्यर्थः ॥ ४ ॥ स्वराणां षड्जादिस्वराणाम् । उत्सुकान्रामायणश्रवणोत्सुकान् ॥ ५ ॥ लक्षणज्ञान्सामुद्रिकलक्षणज्ञान्, गन्धर्वान्संगीतशास्त्रज्ञान्, नैगमान्पौरान् । पादाक्षराणां गुरुलघुप्रयोगलक्षणं समासं संबन्धं जानन्ति तान् । छन्दःसु वेदेषु गायत्र्यादिछन्दःप्रतिपादकशास्त्रेषु ॥ ६ ॥ कलाः स्वरास्तेषां मात्रा एकद्वित्रिलक्षणास्तेषां विभागज्ञान् । परंगतानन्तर्ज्ञानवतः । क्रियां तत्प्रतिपादकं कल्पसूत्रं च विदन्ति तान् कार्यविशारदानावापोद्धारादिकृत्यविशेषज्ञान् ॥ ७ ॥ हेतूपचारकुशलान्केवलव्यवहारकाले युक्तिप्रयोगसमर्थान् । हैतुकांस्तार्किकान् । छन्दो गायत्र्यादि । वैदिकान्वैदिकपादादिलक्षणज्ञान् ॥ ८ ॥ चित्रज्ञान्गोमूत्रमुरजादिचित्रश्लोकनिबन्धनचतुरान् । वृत्तज्ञान्धर्मशास्त्रमुखेन सदाचारज्ञान् । सूत्राणि पदवाक्यादिसूत्राणि तज्ज्ञान् । एतानिति । एतेनाशेषविद्यास्थानं रामायणमिति दर्शितम् । समवेशयत् । सर्वपरिषन्मध्ये गानायेति शेषः ॥ ९ ॥ १० ॥ ११ ॥ १२ ॥ बिम्बाद्रवेर्बिम्बाद्विबिम्बान्तरमिवोद्धृतौ ॥ १३ ॥ जटिलौ वल्कलधरौ यदि न स्यातां तदा राघवस्य गायतोश्च विशेषं नाधिगच्छाम इत्यूचुः ॥ १४ ॥ तत्र गेये नारददर्शितं पूर्वसर्गमादितः प्रवृत्तं कृत्वा ततःप्रभृति यावद्विंशतिसर्गानगायताम् । अनेन प्रत्यहं संक्षेपरामायणमादितः कृत्वा यावद्रामायणसमाप्ति विंशतिसर्गाणां गानमिति तीर्थः ॥ १५ ॥ १६ ॥ १७ ॥ १८ ॥ कुशीलवौ कुशलवौ विस्मितौ सकृदेव बहुदानतो विस्मयवन्तौ ॥ १९ ॥ किमनेनेति क्षेपाशयमेव स्पष्टीकुरुतः—वन्येनेति । निरतौ निरताहारौ । नियताहाराविति यावत् । सुवर्णेन सुवर्णरूपेण हिरण्येन । द्रव्येणेत्यर्थः ॥ २० ॥ २१ ॥ आगमं कुशलवयोस्तत्प्राप्तिकारणम् । तौ ताविति वीप्सा ॥ २२ ॥ प्रथमदिवसश्रुतविंशतिसर्गमध्ये श्रुतस्यैव प्रमाणाद्यर्थस्यादरात्प्रश्ने पुनस्ताभ्यां प्रतिपादनं मुनिना च तदीयोत्तरत्वेन तत्प्रतिपादकग्रन्थग्रथनं किंप्रमाणमित्यादि । महात्मनः कवेः का प्रतिष्ठा । को विषय इत्यर्थः । 'महात्मनोः' इति पाठे महात्मनोर्भवतोः प्रतिष्ठा आश्रयः क इत्यर्थः । कर्ता काव्यस्येत्यत्र क इत्यनुकर्षः । क चासौ । आस्ते इति शेषः ॥ २३ ॥ येन काव्येनाशेषमिदं तुभ्यं तव चरितं संप्रदर्शितं तस्य काव्यस्य कर्ता वाल्मीकिः । क्वास्ते इत्यस्योत्तरं संप्राप्तो यज्ञसंविधम् । अनुस्वार आर्षः । यज्ञसदः सविधदेशं संप्राप्तः । तत्र तिष्ठतीति भावः । 'संविदम्' इति वा पाठ इति कश्चित् ॥ २४ ॥ चतुर्विंशत्सहस्रकमिति काव्यसंख्या । उपाख्यानशतमित्युपाख्यानान्तम् । भार्गवः कविः । काव्यनिर्माणे तत्तुल्येनेत्यर्थः । यद्वा प्राचेतसत्वेनास्यापि भार्गवत्वम् । भृगोर्वरुणपुत्रत्वात् । भृगोर्भ्राता भार्गव इत्यर्थ इत्यन्ये ॥ २५ ॥ यानि

आदिप्रभृति वै राजन्पञ्चसर्गशतानि च । काण्डानि षट् कृतानीह सोत्तराणि महात्मना ॥ २६
कृतानि गुरुणास्माकमृषिणा चरितं तव । प्रतिष्ठाजीवितं यावत्तावत्सर्वस्य वर्तते ॥ २७
यदि बुद्धिः कृता राजञ्छ्रवणाय महारथ । कर्मान्तरे क्षणीभूतस्तच्छृणुष्व सहानुजः ॥ २८
बाढमित्यब्रवीद्रामस्तौ चानुज्ञाप्य राघवौ । प्रहृष्टौ जग्मतुः स्थानं यत्रास्ते मुनिपुंगवः ॥ २९
रामोऽपि मुनिभिः सार्धं पार्थिवैश्च महात्मभिः । श्रुत्वा तद्गीतिमाधुर्यं कर्मशालामुपागमत् ॥ ३०

शुश्राव तत्ताललयोपपन्नं सर्गान्वितं सुस्वरशब्दयुक्तम् ।
तन्त्रीलयव्यञ्जनयोगयुक्तं कुशीलवाभ्यां परिगीयमानम् ॥ ३१

इत्यार्षे श्रीमद्रामायणे वाल्मीकीये आदिकाव्ये उत्तरकाण्डे चतुर्नवतितमः सर्गः ॥ ९४ ॥

पञ्चनवतितमः सर्गः ।

रामो बहून्यहान्येव तद्गीतं परमं शुभम् । शुश्राव मुनिभिः सार्धं पार्थिवैः सह वानरैः ॥ १
तस्मिन्गीते तु विज्ञाय सीतापुत्रौ कुशीलवौ । तस्याः परिषदो मध्ये रामो वचनमब्रवीत् ॥ २
दूताञ्शुद्धसमाचारानाहूयात्ममनीषया । मद्वचो ब्रूत गच्छध्वमितो भगवतोऽन्तिके ॥ ३
यदि शुद्धसमाचारा यदि वा वीतकल्मषा । करोत्विहात्मनः शुद्धिमनुमान्य महामुनिम् ॥ ४
छन्दं मुनेश्च विज्ञाय सीतायाश्च मनोगतम् । प्रत्ययं दातुकामायास्ततः शंसत मे लघु ॥ ५
श्वः प्रभाते तु शपथं मैथिली जनकात्मजा । करोतु परिषन्मध्ये शोधनार्थं ममैव च ॥ ६
श्रुत्वा तु राघवस्यैतद्वचः परममद्भुतम् । दूताः संप्रययुर्बाढं यत्र वै मुनिपुंगवः ॥ ७
ते प्रणम्य महात्मानं ज्वलन्तममितप्रभम् । ऊचुस्ते रामवाक्यानि मृदूनि मधुराणि च ॥ ८
तेषां तद्भाषितं श्रुत्वा रामस्य च मनोगतम् । विज्ञाय सुमहातेजा मुनिर्वाक्यमथाब्रवीत् ॥ ९
एवं भवतु भद्रं वो यथा वदति राघवः । तथा करिष्यते सीता दैवतं हि पतिः स्त्रियः ॥ १०
तथोक्ता मुनिना सर्वे राजदूता महौजसः । प्रत्येत्य राघवं सर्वं मुनिवाक्यं बभाषिरे ॥ ११
ततः प्रहृष्टः काकुत्स्थः श्रुत्वा वाक्यं महात्मनः । ऋषींस्तत्र समेतांश्च राज्ञश्चैवाभ्यभाषत ॥ १२
भगवन्तः सशिष्या वै सानुगाश्च नराधिपाः । पश्यन्तु सीताशपथं यश्चैवान्योऽपि काङ्क्षते ॥ १३
तस्य तद्वचनं श्रुत्वा राघवस्य महात्मनः । सर्वेषामृषिमुख्यानां साधुवादो महानभूत् ॥ १४
राजानश्च महात्मानः प्रशंसन्ति स्म राघवम् । उपपन्नं नरश्रेष्ठ त्वय्येव भुवि नान्यतः ॥ १५
एवं विनिश्चयं कृत्वा श्वोभूत इति राघवः । विसर्जयामास तदा सर्वांस्ताञ्छत्रुसूदनः ॥ १६

सोत्तराणि षट् काण्डानीह कृतानि तत्सर्गसंख्यापञ्चशतानीत्युपलभ्यमानसर्गसंख्याधिक्यं तु केषांचिदेकैकस्य द्विसर्गत्वकरणेन लेखकप्रमादात्पञ्चसर्गशतानीति षट्काण्डसंख्या । चकारादुत्तरकाण्डसर्गसंख्यासमुच्चय इति कश्चित् ॥ २६ ॥ तव चरितमुद्दिश्यास्माकं गुरुणा कृतानि प्रतिष्ठा आजीवितमिति च्छेदः । काव्यनायकस्य तव जीवितं यावद्यच्छुभाशुभं कर्म तस्य सर्वस्यात्र प्रतिष्ठा निबन्धनं वर्तत इत्यर्थः ॥ २७ ॥ हे राजन्, अस्य सर्वस्य श्रवणाय श्रवणं कर्तुं यदि बुद्धिः कृता तदा कर्मान्तरे यागप्रयोगनिरामसमये क्षणीभूतः सुखीभूतस्तच्छृणु ॥ २८ ॥ २९ ॥ ३० ॥ ३१ ॥ इति श्रीरामाभिरामे श्रीरामीये रामायणतिलके वाल्मीकीय आदिकाव्य उत्तरकाण्डे चतुर्नवतितमः सर्गः ॥ ९४ ॥

अथ सीतापरिग्रहेच्छया दूतमुखेन कर्तव्यांशप्रतिपादनम्—राम इति ॥ १ ॥ तस्मिन्गीते तस्मिन्नेव प्रबन्धे सीताप्रसववृत्तान्तप्रतिपादककाव्यश्रवणेन कुशलवौ सीतापुत्राविति ज्ञात्वा, न तु ततः पूर्वं कस्यचिन्मुखादित्यर्थः ॥ २ ॥ हे दूताः, इतो गच्छध्वम् । भगवतोऽन्तिके गत्वा चैतन्मद्वचो ब्रूत ॥ ३ ॥ किं तदित्यत्राह—यदीति । सीतेति शेषः । शुद्धसमाचारानुत्पन्नदोषा यदि वेति । तपोवनवासेन विनष्टदोषा वेत्यर्थः । महामुनिमनुमान्य । तदनुमतिं गृहीत्वेत्यर्थः ॥ ४ ॥ छन्दमभिप्रायम् । प्रत्ययं दातुकामाया मनोगतं प्रत्ययदानं यदि तदा तद्विज्ञाय ततो लघु शीघ्रं मे शंसत ॥ ५ ॥ यद्यपि सीताशुद्धिर्लङ्कायां जातपूर्वा तथापीदानीं प्राप्तापवादमार्जनेन सर्वलोकपुरतो ममैव स्त्रीसौन्दर्यलुब्ध इति कलङ्कशोधनार्थं शुद्धयापि तया पुनः शपथः कार्य इत्याह—श्वः प्रभात इति ॥ ६ ॥ ७ ॥ मृदून्यपरुषाणि । मधुराणि मधुराक्षराणि ॥ ८ ॥ ९ ॥ १० ॥ तथोक्ताः सीता तथैव करिष्यत इत्युक्ताः ॥ ११ ॥ १२ ॥ यश्चान्योऽपि सीतायां दोषारोपकर्ता, योऽपि शपथमाकाङ्क्षते सोऽपि पश्यत्वित्यर्थः ॥ १३ ॥ १४ ॥ १५ ॥ १६ ॥ १७ ॥ इति श्रीरामाभिरामे

इति संप्रविचार्य राजसिंहः श्वोभूते शपथस्य निश्चयम् ।
विससर्ज मुनीन्नृपांश्च सर्वान्स महात्मा महतो महानुभावः ॥ १७

इत्यार्षे श्रीमद्रामायणे वाल्मीकीय आदिकाव्य उत्तरकाण्डे पञ्चनवतितमः सर्गः ॥ ९५ ॥

षण्णवतितमः सर्गः ।

तस्यां रजन्यां व्युष्टायां यज्ञवाटं गतो नृपः । ऋषीन्सर्वान्महातेजाः शब्दापयति राघवः ॥ १
वसिष्ठो वामदेवश्च जाबालिरथ काश्यपः । विश्वामित्रो दीर्घतमा दुर्वासाश्च महातपाः ॥ २
पुलस्त्योऽपि तथा शक्तिर्भार्गवश्चैव वामनः । मार्कण्डेयश्च दीर्घायुर्मौद्गल्यश्च महायशाः ॥ ३
गर्गश्च च्यवनश्चैव शतानन्दश्च धर्मवित् । भरद्वाजश्च तेजस्वी अग्निपुत्रश्च सुप्रभः ॥ ४
नारदः पर्वतश्चैव गौतमश्च महायशाः । एते चान्ये च बहवो मुनयः संशितव्रताः ॥ ५
कौतूहलसमाविष्टाः सर्वे एव समागताः । राक्षसाश्च महावीर्या वानराश्च महाबलाः ॥ ६
सर्वे एव समाजग्मुर्महात्मानः कुतूहलात् । क्षत्रिया ये च शूद्राश्च वैश्याश्चैव सहस्रशः ॥ ७
नानादेशगताश्चैव ब्राह्मणाः संशितव्रताः । सीताशपथवीक्षार्थं सर्वे एव समागताः ॥ ८
तदा समागतं सर्वमश्मभूतमिवाचलम् । श्रुत्वा मुनिवरस्तूर्णं ससीतः समुपागमत् ॥ ९
तमृषिं पृष्ठतः सीता अन्वगच्छदवाङ्मुखी । कृताञ्जलिर्बाष्पकला कृत्वा रामं मनोगतम् ॥ १०
तां दृष्ट्वा श्रुतिमायान्तीं ब्रह्माणमनुगामिनीम् । वाल्मीकेः पृष्ठतः सीतां साधुवादो महानभूत् ॥ ११
ततो हलहलाशब्दः सर्वेषामेवमाबभौ । दुःखजन्मविशालेन शोकेनाकुलितात्मनाम् ॥ १२
साधु रामेति केचित्तु साधु सीतेति चापरे । उभावेव च तत्रान्ये प्रेक्षकाः संप्रचुक्रुशुः ॥ १३
ततो मध्ये जनौघस्य प्रविश्य मुनिपुंगवः । सीतासहायो वाल्मीकिरिति होवाच राघवम् ॥ १४
इयं दाशरथे सीता सुव्रता धर्मचारिणी । अपवादात्परित्यक्ता ममाश्रमसमीपतः ॥ १५
लोकापवादभीतस्य तव राम महाव्रत । प्रत्ययं दास्यते सीता तामनुज्ञातुमर्हसि ॥ १६
इमौ तु जानकीपुत्रावुभौ च यमजातकौ । सुतौ तवैव दुर्धर्षौ सत्यमेतद्ब्रवीमि ते ॥ १७
प्रचेतसोऽहं दशमः पुत्रो राघवनन्दन । न स्मराम्यनृतं वाक्यमिमौ तु तव पुत्रकौ ॥ १८
बहुवर्षसहस्राणि तपश्चर्या मया कृता । नोपाश्नीयां फलं तस्या दुष्टेयं यदि मैथिली ॥ १९
मनसा कर्मणा वाचा भूतपूर्वं न किल्बिषम् । तस्याहं फलमश्नामि अपापा मैथिली यदि ॥ २०
अहं पञ्चसु भूतेषु मनःषष्ठेषु राघव । विचिन्त्य सीता शुद्धेति जग्राह वननिर्झरे ॥ २१
इयं शुद्धसमाचारा अपापा पतिदेवता । लोकापवादभीतस्य प्रत्ययं तव दास्यति ॥ २२

श्रीरामीये रामायणतिलके वाल्मीकीय आदिकाव्य उत्तरकाण्डे पञ्चनवतितमः सर्गः ॥ ९५ ॥

अथ संमिलितनानादेशीगपरिषन्मध्ये सीतया सह वाल्मीकिरागत्य तत्त्वभूतार्थप्रत्यभिज्ञापनं करोति—तस्यामिति । शब्दापयत्याह्वयति स्म ॥ १ ॥ २ ॥ ३ ॥ ४ ॥ ५ ॥ ६ ॥ ७ ॥ ८ ॥ अश्मभूतमिवाचलं पर्वतवन्निश्चलं कौतुकदर्शनार्थमिति श्रुत्वा ॥ ९ ॥ १० ॥ ब्रह्माणमनुगामिनीं श्रुतिमिव वाल्मीकेः पृष्ठतस्तां सीतामायान्तीं दृष्ट्वा । अनयोपमया सीतायाः श्रुतेश्च सकलदोषराहित्येन प्रमाणत्वं दर्शितम् ॥ ११ ॥ एवं वक्ष्यमाणप्रकारेण । दुःखजन्मना दुःखोत्पत्त्या । विशालेन विस्तीर्णेन शोकेनाकुलात्मनां क्षुब्धान्तःकरणानाम् ॥ १२ ॥ उभौ सीतारामौ साध्विति प्रचुक्रुशुः ॥ १३ ॥ १४ ॥ अपवादेऽहेतुभिर्ममाश्रमसमीपे त्यक्ता इयं तव प्रत्ययं दास्यते तदनुज्ञातुमर्हसि ॥ १५ ॥ १६ ॥ यमजातकौ यमलतयोत्पन्नौ । यथाहं प्रचेतसो दशम औरसः पुत्रः, यद्वा प्रचेतसो दशमः संतानपरम्परया पुत्रोऽपत्यम्, अतोऽहमनृतं वाक्यं मनसापि न स्मरामि कथनं तु दूरे । अत इमौ तव पुत्रकाविति मद्वाक्यं सत्यमेव जानीहीति शेषः ॥ १७ ॥ १८ ॥ अथ सीताचरित्रं प्रति मुनिना शपथकरणम्—बहुवर्षेति । यदि मैथिली दुष्टा तदा तपसः फलमहं न प्राप्नुयाम् ॥ १९ ॥ मनआदिना मम किल्बिषं न भूतपूर्वम् । मया किंचिदपि न कृतमित्यर्थः । यद्यपापा मैथिली तदा तस्य किल्बिषानाचरणस्य फलमश्नाम्यश्नीयाम् । अनेन सकल्पपूर्वनिषिद्धत्यागोऽपि धर्मायेति सूचितम् ॥ २० ॥ पञ्चसु भूतेषु श्रोत्रादिपञ्चेन्द्रि-

तस्मादियं नरवरात्मज शुद्धभावा दिव्येन दृष्टिविषयेण मया प्रदिष्टा ।
लोकापवादकलुषीकृतचेतसा या त्यक्ता त्वया प्रियतमा विदितापि शुद्धा ॥ २३

इत्यार्षे श्रीमद्रामायणे वाल्मीकीय आदिकाव्य उत्तरकाण्डे षण्णवतितमः सर्गः ॥ ९६ ॥

सप्तनवतितमः सर्गः ।

वाल्मीकिनैवमुक्तस्तु राघवः प्रत्यभाषत । प्राञ्जलिर्जगतो मध्ये दृष्ट्वा तां वरवर्णिनीम् ॥ १
एवमेतन्महाभाग यथा वदसि धर्मवित् । प्रत्ययस्तु मम ब्रह्मंस्तव वाक्यैरकल्मषैः ॥ २
प्रत्ययश्च पुरा वृत्तो वैदेह्याः सुरसंनिधौ । शपथश्च कृतस्तत्र तेन वेश्म प्रवेशिता ॥ ३
लोकापवादो बलवान्येन त्यक्ता हि मैथिली । सेयं लोकभयाद्ब्रह्मन्नपापेत्यभिजानता ।
परित्यक्ता मया सीता तद्भवान्क्षन्तुमर्हति ॥ ४
जानामि चेमौ पुत्रौ मे यमजातौ कुशीलवौ । शुद्धायां जगतो मध्ये मैथिल्यां प्रीतिरस्तु मे ॥ ५
अभिप्रायं तु विज्ञाय रामस्य सुरसत्तमाः । सीतायाः शपथे तस्मिन्सर्व एव समागताः ॥ ६
पितामहं पुरस्कृत्य सर्व एव समागताः । आदित्या वसवो रुद्रा विश्वेदेवा मरुद्गणाः ॥ ७
साध्याश्च देवाः सर्वे ते सर्वे च परमर्षयः । नागाः सुपर्णाः सिद्धाश्च ते सर्वे हृष्टमानसाः ॥ ८
दृष्ट्वा देवानृषींश्चैव राघवः पुनरब्रवीत् । प्रत्ययो मे नरश्रेष्ठ ऋषिवाक्यैरकल्मषैः ॥ ९
शुद्धायां जगतो मध्ये वैदेह्यां प्रीतिरस्तु मे । सीताशपथसंभ्रान्ताः सर्व एव समागताः ॥ १०
ततो वायुः शुभः पुण्यो दिव्यगन्धो मनोरमः । तं जनौघं सुरश्रेष्ठो ह्लादयामास सर्वतः ॥ ११
तदद्भुतमिवाचिन्त्यं निरैक्षन्त समाहिताः । मानवाः सर्वराष्ट्रेभ्यः पूर्वं कृतयुगे यथा ॥ १२
सर्वान्समागतान्दृष्ट्वा सीता काषायवासिनी । अब्रवीत्प्राञ्जलिर्वाक्यमधोदृष्टिरवाङ्मुखी ॥ १३
यथाहं राघवादन्यं मनसापि न चिन्तये । तथा मे माधवी देवी विवरं दातुमर्हति ॥ १४
मनसा कर्मणा वाचा यथा रामं समर्चये । तथा मे माधवी देवी विवरं दातुमर्हति ॥ १५
यथैतत्सत्यमुक्तं मे वेद्मि रामात्परं न च । तथा मे माधवी देवी विवरं दातुमर्हति ॥ १६

येषु । जग्राह गृहीतवान् ॥ २१ ॥ २२ ॥ दिव्येन दृष्टिविषयेण दिव्यज्ञानेन तव शुद्धा विदितापि त्वया लोकापवादभीतेन त्यक्तेत्यन्वयः ॥ २३ ॥ इति श्रीरामाभिरामे श्रीरामीये रामायणतिलके वाल्मीकीय आदिकाव्य उत्तरकाण्डे षण्णवतितमः सर्गः ॥ ९६ ॥

अथ सीतायाः शपथपूर्वं भूमिप्रवेशः—वाल्मीकिनेति । एवमुक्तस्तव प्रत्ययं दास्यतीत्युक्तः ॥ १ ॥ एवमेतद्यद्यपि लङ्कायां सुरासुरसंनिधौ प्रत्ययो दत्तस्तव वाक्यैश्च शपथरूपैर्मम प्रत्ययो जात एव, तथापि हे महाभाग ब्रह्मन्, त्वं यथा वदसि तदेवमेव प्रत्ययं करोत्वित्यर्थः ॥ २ ॥ ३ ॥ किमर्थं तर्हि पुनः प्रत्ययकरणं तत्राह—लोकेति । येन लोकापवादेन जानकी त्यक्ता स लोकापवादो बलवान्, अतस्तन्निवृत्तये पुनः प्रत्ययकरणमिति भावः । तवापि लोकवदेतास्यां शङ्कास्ति किं तत्र, नेत्याह—सेयमिति । अपापेत्यभिजानतापि मया लोकभयात्त्यक्ता ॥ ४ ॥ इमौ मे पुत्राविति च जानामि, अथापि जगतो मध्ये शुद्धायामेव मैथिल्यां मे प्रीतिरस्तु ॥ ५ ॥ सीतायाः शपथे । शपथप्रसङ्गे इत्यर्थः ॥ ६ ॥ ७ ॥ ८ ॥ ९ ॥ शुद्धायामिति । अस्य तथापीत्यादिः । सीताशपथे तद्दर्शने संभ्रान्ताः । आदृता इत्यर्थः ॥ १० ॥ शुभपुण्यशब्दौ सौख्यमान्द्योपलक्षणौ । दिव्यगन्धः संनिहितसर्वदेवशरीरवर्तिदिव्यचन्दनमाल्यगन्धः । सुरश्रेष्ठः सर्वपुण्यपापसाक्षी ॥ ११ ॥ तदद्भुतं दिव्यगन्धवायुवहनं सर्वराष्ट्रेभ्य आगता मानवा निरैक्षन्त । पूर्वं यथा कृतयुगे दिव्यगन्धवायुस्पर्शनं तथा त्रेतायामप्यभूदित्यर्थः । रामसांनिध्यादनाश्चर्यमपि साधारणदृष्ट्याश्चर्यमितीवशब्दः ॥ १२ ॥ ततः सीता चतुर्दशभुवनस्थजनानेकत्र मिलितान्दृष्ट्वापवादपरिहाराय शपथव्याजेन स्वपदं प्रवेष्टुकामाह—सर्वानिति । काषायवासिनी तपस्युचितवासोधारिणी पातिव्रत्योचिताधोदृष्टिर्विवरयाचनाय महीनिरीक्षणार्थं च, अत एवावाङ्मुखी ॥ १३ ॥ यथाहं राघवादन्यं मनसापि न चिन्तये न चिन्तयामीति सत्यम्, तथा सत्येन चिरकालवियोगेऽपि पातिव्रत्यपरिपालनक्लेशखिन्नायास्तज्जनितपरमदुःखसमाप्तये पुनरपि भुवं प्रवेष्टुं माधवी देवी माधवपत्नी भूदेवी विवरं रन्ध्रं दातुमर्हति । एवमग्रेऽपि व्याख्येयम् ॥ १४ ॥ १५ ॥ अयं स्वपदप्रवेशोद्योगः सीताया भृगुप्रार्थनयोपेन्द्रावतारे मानुषे लोकेऽङ्गीकृतपत्नीवियोगस्य प्रागुक्तास्मद्रीत्याङ्गीकृततदर्थवाल्मीकिशापस्य च रामस्याभिप्रायज्ञानादेव वाल्मीक्याश्रमगमनवदिति न रामप्रतिकूलाचरणप्रसक्तिः सीताया इति बोध्यम् । अनन्तरं रामस्य भूमिनाशपर्यन्तं कोपोदयस्तु मनुष्यावतार-

तथा शपन्त्यां वैदेह्यां प्रादुरासीत्तदद्भुतम् । भूतलादुत्थितं दिव्यं सिंहासनमनुत्तमम् ॥ १७
ध्रियमाणं शिरोभिस्तु नागैरमितविक्रमैः । दिव्यं दिव्येन वपुषा दिव्यरत्नविभूषितैः ॥ १८
तस्मिंस्तु धरणी देवी बाहुभ्यां गृह्य मैथिलीम् । स्वागतेनाभिनन्द्यैनामासने चोपवेशयत् ॥ १९
तामासनगतां दृष्ट्वा प्रविशन्तीं रसातलम् । पुष्पवृष्टिरविच्छिन्ना दिव्या सीतामवाकिरत् ॥ २०
साधुकारश्च सुमहान्देवानां सहसोत्थितः । साधुसाध्विति वै सीते यस्यास्ते शीलमीदृशम् । २१
एवं बहुविधा वाचो ह्यन्तरिक्षगताः सुराः । व्याजहुर्हृष्टमनसो दृष्ट्वा सीताप्रवेशनम् ॥ २२
यज्ञवाटगताश्चापि मुनयः सर्व एव ते । राजानश्च नरव्याघ्रा विस्मयान्नोपरेमिरे ॥ २३
अन्तरिक्षे च भूमौ च सर्वे स्थावरजङ्गमाः । दानवाश्च महाकायाः पाताले पन्नगाधिपाः ॥ २४
केचिद्विनेदुः संहृष्टाः केचिद्ध्यानपरायणाः । केचिद्रामं निरीक्षन्ते केचित्सीतामचेतसः ॥ २५
सीताप्रवेशनं दृष्ट्वा तेषामासीत्समागमः । तन्मुहूर्तमिवात्यर्थं समं संमोहितं जगत् ॥ २६

इत्यार्षे श्रीमद्रामायणे वाल्मीकीय आदिकाव्य उत्तरकाण्डे सप्तनवतितमः सर्गः ॥ ९७ ॥

अष्टनवतितमः सर्गः ।

रसातलं प्रविष्टायां वैदेह्यां सर्ववानराः । चुक्रुशुः साधुसाध्वीति मुनयो रामसंनिधौ ॥ १
दण्डकाष्ठमवष्टभ्य बाष्पव्याकुलितेक्षणः । अवाक्शिरा दीनमना रामो ह्यासीत्सुदुःखितः ॥ २
स रुदित्वा चिरं कालं बहुशो बाष्पमुत्सृजन् । क्रोधशोकसमाविष्टो रामो वचनमब्रवीत् ॥ ३
अभूतपूर्वं शोकं मे मनः स्प्रष्टुमिवेच्छति । पश्यतो मे यथा नष्टा सीता श्रीरिव रूपिणी ॥ ४
सादर्शनं पुरा सीता लङ्कां पारे महोदधेः । ततश्चापि मयानीता किं पुनर्वसुधातलात् ॥ ५
वसुधे देवि भवति सीता निर्यात्यतां मम । दर्शयिष्यामि वा रोषं यथा मामवगच्छसि ॥ ६
कामं श्वश्रूर्ममैव त्वं त्वत्सकाशात्तु मैथिली । कर्षता फालहस्तेन जनकेनोद्धृता पुरा ॥ ७
तस्मान्निर्यात्यतां सीता विवरं वा प्रयच्छ मे । पाताले नाकपृष्ठे वा वसेयं सहितस्तया ॥ ८
आनय त्वं हि तां सीतां मत्तोऽहं मैथिलीकृते । न मे दास्यसि चेत्सीतां यथारूपां महीतले ॥ ९
सपर्वतवनां कृत्स्नां व्यथयिष्यामि ते स्थितिम् । नाशयिष्याम्यहं भूमिं सर्वमापो भवन्त्विह ॥ १०

नटनमात्रमित्यदोषः ॥ १६ ॥ शपन्त्यां एवं त्रिः शपन्त्यां तदनिर्वाच्यमद्भुतं प्रादुरासीत् । किं तदद्भुतं तत्राह—भूतलादुत्थितम् । नागैस्तक्षकादिभिः शिरोभिर्ध्रियमाणं सिंहासनमदृश्यतेति शेषः । दिव्येन वपुषाऽमानुषरचनाविशेषेणोपलक्षितम् । दिव्यरत्नभूषितैरनेकैरित्यर्थः । पाद्मे तु—'नानारत्नमयं पीठं पृष्ठे कृत्वा खगेश्वरः । रसातलादाविरभूद्विस्मयं जनयन्नृणाम् ॥ तस्मिन्पीठे महादेवीं हस्ताभ्यां गृह्य मैथिलीम् । स्वागतेनाभिनन्द्येमां संनिवेश्य तिरोदधे ॥ सा च दिव्याप्सरोभिस्तु पूज्यमाना सनातनी । वैनतेयं समारुह्य अर्चिरादिपथाद्रमा ॥ दासीगणैः पूर्वभवैः संवृता जगदीश्वरी । संप्राप्ता परमं धाम योगिगम्यं सनातनम् ॥ रसातलप्रविष्टां तां दृष्ट्वा सर्वे प्रचुक्रुशुः ॥' इत्युक्तम् । नागैर्ध्रियमाणं प्रादुर्भूतं दृष्ट्वा दिव्येन वपुषा गरुडो जग्राहेति शेषो बोध्यः । रसातलं प्रविशन्तीमित्यस्यादृश्यायां जायमानायामित्यर्थः ॥ १७ ॥ १८ ॥ १९ ॥ दिव्या स्वर्गभवा । अतः परं भगवतोऽप्यागमनं शीघ्रमिति संतोषेण पुष्पवृष्टिः ॥ २० ॥ २१ ॥ २२ ॥ विस्मयादाश्चर्यमूलकाभिवन्दनव्यवहारान्नोपरेमिरे नोपरता बभूवुः ॥ २३ ॥ सर्वे स्थावरजङ्गमाश्चेतनाचेतनाः । तत्राचेतना अपि ससंज्ञा भूत्वा सीताया अयशो गतमिति संहृष्टा बभूवुः ॥२४॥ अचेतसो विसंज्ञाः ॥ २५ ॥ सीताप्रवेशनं दृष्ट्वा तेषां मुन्यादीनां समागमः संबन्ध आसीत् । हर्षादिभिरिति शेषः । यदेवं तस्मात्समं सर्वं जगन्मुहूर्तमत्यर्थं संमोहितमिव संमोहितमेवाभूत् ॥ २६ ॥ **इति श्रीरामाभिरामे श्रीरामीये रामायणतिलके वाल्मीकीय आदिकाव्य उत्तरकाण्डे सप्तनवतितमः सर्गः ॥ ९७ ॥**

अथ रामस्य सीतान्तर्धानजं क्रोधं भगवांस्तत्त्वबोधनेन शमयति—रसातलमिति । साधुसाध्वीति दीर्घ आर्षः ॥ १ ॥ दण्डरूपं काष्ठं दण्डकाष्ठम् । दीक्षितेन सोमक्रयपर्यन्तं धारणीयमौदुम्बरं दण्डमवष्टभ्येत्यर्थः । एतदवष्टम्भः शोकग्लानिवशात् ॥ २ ॥ ३ ॥ पूर्वं रावणेनासंनिधौ सीता नष्टा नाशमदर्शनं प्रापिता । संप्रति तु पश्यतो मे पश्यन्तं मामनादृत्य रूपिणी श्रीरिव सीता नष्टाऽदर्शनं प्रापिता यथा यतः, अतो मे मनोऽभूतपूर्वं शोकं स्प्रष्टुमिवेच्छति ॥ ४ ॥ महोदधेः पारे लङ्कां गता सा सीताऽदर्शनं प्राप्ता । ततो लङ्कातः ॥ ५ ॥ यथा मामवगच्छसि । मद्बलं वराहावतारादौ त्वमेव जानासीत्यर्थः ॥ ६ ॥ ७ ॥ विवरं वा प्रयच्छ । प्रविश्य तया सह स्थातुमिति भावः ॥ ८ ॥ अहं मैथिलीकृते मत्तः । प्राप्तमोह इत्यर्थः । महीतले प्रविष्टा-

एवं ब्रुवाणे काकुत्स्थे क्रोधशोकसमन्विते । ब्रह्मा सुरगणैः सार्धमुवाच रघुनन्दनम् ॥ ११
रामराम न संतापं कर्तुमर्हसि सुव्रत । स्मर त्वं पूर्वकं भावं मन्त्रं चामित्रकर्शन ॥ १२
न खलु त्वां महाबाहो स्मारयेयमनुत्तमम् । इमं मुहूर्तं दुर्धर्ष स्मर त्वं जन्म वैष्णवम् ॥ १३
सीता हि विमला साध्वी तव पूर्वपरायणा । नागलोकं सुखं प्रायात्त्वदाश्रयतपोबलात् ॥ १४
स्वर्गे ते संगमो भूयो भविष्यति न संशयः । अस्यास्तु परिषन्मध्ये यद्ब्रवीमि निबोध तत् ॥ १५
एतदेव हि काव्यं ते काव्यानामुत्तमं श्रुतम् । सर्वं विस्तरतो राम व्याख्यास्यति न संशयः ॥ १६
जन्मप्रभृति ते वीर सुखदुःखोपसेवनम् । भविष्यदुत्तरं चेह सर्वं वाल्मीकिना कृतम् ॥ १७
आदिकाव्यमिदं राम त्वयि सर्वं प्रतिष्ठितम् । नह्यन्योऽर्हति काव्यानां यशोभाग्राघवादृते ॥ १८
श्रुतं ते पूर्वमेतद्धि मया सर्वं सुरैः सह । दिव्यमद्भुतरूपं च सत्यवाक्यमनावृतम् ॥ १९
स त्वं पुरुषशार्दूल धर्मेण सुसमाहितः । शेषं भविष्यं काकुत्स्थ काव्यं रामायणं शृणु ॥ २०
उत्तरं नामकाव्यस्य शेषमत्र महायशः । तच्छृणुष्व महातेज ऋषिभिः सार्धमुत्तमम् ॥ २१
न खल्वन्येन काकुत्स्थ श्रोतव्यमिदमुत्तमम् । परमऋषिणा वीर त्वयैव रघुनन्दन ॥ २२
एतावदुक्त्वा वचनं ब्रह्मा त्रिभुवनेश्वरः । जगाम त्रिदिवं देवो देवैः सह सबान्धवैः ॥ २३
ये च तत्र महात्मान ऋषयो ब्राह्मलौकिकाः । ब्रह्मणा समनुज्ञाता न्यवर्तन्त महौजसः ॥ २४
उत्तरं श्रोतुमनसो भविष्यं यच्च राघवे । ततो रामः शुभां वाणीं देवदेवस्य भाषिताम् ॥ २५
श्रुत्वा परमतेजस्वी वाल्मीकिमिदमब्रवीत् । भगवञ्श्रोतुमनस ऋषयो ब्राह्मलौकिकाः ॥ २६
भविष्यदुत्तरं यन्मे श्वोभूते संप्रवर्तताम् । एवं विनिश्चयं कृत्वा संप्रगृह्य कुशीलवौ ॥ २७

मिति शेषः ॥ ९ ॥ १० ॥ ११ ॥ ननु कथमिदानीं संतापापगम इति चेत्तस्य स्वतत्त्वाज्ञाननटनादिमूलकत्वात् । स्वतत्त्वस्मरणनटनमेव कुर्वित्याह—स्मर त्वं पूर्वकं भावमिति । वैष्णवमित्यर्थः । 'आत्मानं चेद्विजानीयादयमस्मीति पूरुषः । किमिच्छन्कस्य कामाय शरीरमनुसञ्ज्वरेत् ॥' इति श्रुतेः । मन्त्रं देवैः सहावतारसमये कृतम् । मानुषभावमूलरावणवधाश्वमेधयागान्तसर्वकृत्यानां निर्वृत्तत्वेनेदानीं तत्त्वावतरणनाटनेन फलभाव इति भावः ॥ १२ ॥ ननु किं मां त्वं स्मारयसीत्यत्राह—नेति । विस्मृततत्त्वमिव स्मरणं कुर्विति न प्रार्थयामि । किं त्विमं मुहूर्तमस्मिन्काले हे दुर्धर्ष, वैष्णवमात्मानमिह जन्म प्राप्तवन्तं स्मर । ध्यानेन पश्येत्यर्थः । एतावत्पर्यन्तं कार्यनिर्वाहाय मनुष्योऽहमिति ध्यानेन यथाभावं नाटितवानपीदानीं तत्त्यजेत्यर्थः । 'तं खलु त्वाम्' इति पाठेऽनुत्तमं समाभ्यधिकरहितं ब्रह्मस्वरूपं तमुपनिषत्प्रसिद्धं स्मारयेयं स्मरणाय प्रार्थये । किं स्मर्तव्यत्वेन प्रार्थयसीत्यत्राह—इममिति । पूर्ववदेवार्थः । भृङ्गकीटकन्यायेन तद्ध्यानतस्तद्भावनाटनमिति भावः । भगवतो रामस्य तथानाटनाद्ब्रह्मापि स्मारयेयमित्यादिप्रयुक्तवानिति ध्येयम् । न त्वेतावता भगवतो वस्तुतस्तद्भावप्राप्तिरिति ध्येयम् ॥ १३ ॥ मामाश्रिता सीता एवं गतेत्यपि न शोकः कार्य इत्याह—सीतेति । विमला स्वत एव सर्वावद्यशून्या । वस्तुतस्तस्यास्त्वदभिन्नत्वादिति भावः । तव पूर्वपरायणा तव प्रकृतिप्राप्तिसमुत्सुका । त्वदाश्रयस्त्वदाश्रयणं तद्रूपतपोबलात् । नागलोकगमनव्याजेन नागलोकं विष्णुलोकं सुखं प्रायात् । 'तपःपूर्वपरायणा' इति पाठे पूर्वं वेदवतीदेहेऽनुष्ठिततपःशेषानुष्ठानपरायणेत्यर्थ इति कतकः । तदनुष्ठानं रावणवधादिरूपमेवेति भाति ॥१४॥ अस्याः संगमश्च ते भूयः स्वर्गे परस्वर्गे ब्रह्मलोके भविष्यति नान्यत्र । परिषदिति लुप्तषष्ठ्यन्तम् ॥ १५ ॥ एतत्काव्यमेवोत्तमं श्रुतं सर्वं ज्ञापनीयं विस्तरतो व्याख्यास्यति ज्ञापयिष्यति ॥१६॥ कुत एवं तत्राह—जन्मेति । सुखदुःखोपसेवनं सुखदुःखोपसेवाकथनरूपं भविष्यदुत्तरं चेति । सीतापसंहारादुत्तरं यत्ते चरितं भविष्यति तत्सर्वमिह काव्ये त्रिकालज्ञेन कृतं कृतनिबन्धनम् ॥ १७ ॥ त्वयि त्वच्चरितविषये । त्वत्तो राघवादृतेऽन्यः काव्यानां यशोभाक्काव्यप्रकाश्ययशोभाक्कश्चिदपि नार्हति । काव्यनायकतामिति भावः । अन्येषां वर्णनीयगणशून्यत्वात्सर्वे कवयोऽद्यापि रामचरितमेव प्रायेणाश्रयन्ति ॥ १८ ॥ अस्य काव्यस्य महत्त्वं सर्वमहता मयैव परिग्रहादित्याह—श्रुतमिति । ते एतत्त्वत्संबन्धीदं काव्यम् । स्वस्य श्रोतव्यत्वे हेतुः—सत्यवाक्यमिति । तत्रापि हेतुः—अनावृतमिति । अविद्यामूलप्रलापरहितम्, अतएव दिव्यम् । पूर्वं श्रुतं काव्यरूपिण्या देव्या मुखादेवेति शेषः ॥ १९ ॥ भविष्यं भविष्यद्विषयं शेषं शृणु ॥ २० ॥ किं तत्राह—उत्तरं नामेति । उत्तराख्यो यः काव्यस्य शेषोऽस्ति तच्छृणुष्व । हे महातेजः, ऋषिभिर्ब्रह्मलोकस्थैर्ऋषिभिः ॥ २१ ॥ अतिरहस्यत्वाच्च नायमंशः सर्वैः श्रोतव्य इत्याह—नेति । परमऋषिणा परमराजर्षिणा त्वयैव श्रोतव्यम् । नान्येन लक्ष्मणादिनेत्यर्थः । एवं भगवतः परमादरः काव्यस्य स्वावतारविषयत्वादिति बोध्यम् ॥ २२ ॥ सबान्धवैर्देवैः सहेत्यर्थः ॥ २३ ॥ तत्र सदसि । ब्राह्मलौकिका ब्रह्मलोकार्हाः । न्यवर्तन्त । उत्तरं श्रोतुमिति शेषः । ब्रह्मणा सह चलिता अपि पुनर्निवृत्ता इत्यर्थः ॥ २४ ॥ तदेवाह—उत्तरमिति ॥ २५

तं जनौघं विसृज्याथ पर्णशालामुपागमत् । तामेव शोचतः सीतां सा व्यतीता च शर्वरी २८

इत्यार्षे श्रीमद्रामायणे वाल्मीकीय आदिकाव्य उत्तरकाण्डेऽष्टनवतितमः सर्गः ॥ ९८ ॥

एकोनशततमः सर्गः ।

रजन्यां तु प्रभातायां समानीय महामुनीन् । गीयतामविशङ्काभ्यां रामः पुत्रावुवाच ह ॥ १
ततः समुपविष्टेषु महर्षिषु महात्मसु । भविष्यदुत्तरं काव्यं जगतुस्तौ कुशीलवौ ॥ २
प्रविष्टायां तु सीतायां भूतलं सत्यसंपदा । तस्यावसाने यज्ञस्य रामः परमदुर्मनाः ॥ ३
अपश्यमानो वैदेहीं मेने शून्यमिदं जगत् । शोकेन परमायस्तो न शान्तिं मनसागमत् ॥ ४
विसृज्य पार्थिवान्सर्वानृक्षवानरराक्षसान् । जनौघं विप्रमुख्यानां वित्तपूर्वं विसृज्य च ॥ ५
ततो विसृज्य तान्सर्वान्रामो राजीवलोचनः । हृदि कृत्वा सदा सीतामयोध्यां प्रविवेश ह ॥ ६
न सीतायाः परां भार्यां वव्रे स रघुनन्दनः । यज्ञे यज्ञे च पत्न्यर्थं जानकी काञ्चनीभवत् ॥ ७
दशवर्षसहस्राणि वाजिमेधानथाकरोत् । वाजपेयान्दशगुणांस्तथा बहुसुवर्णकान् ॥ ८
अग्निष्टोमातिरात्राभ्यां गोसवैश्च महाधनैः । ईजे क्रतुभिरन्यैश्च स श्रीमानाप्तदक्षिणैः ॥ ९
एवं स कालः सुमहान्राज्यस्थस्य महात्मनः । धर्मे प्रयतमानस्य व्यतीयाद्राघवस्य च ॥ १०
ऋक्षवानररक्षांसि स्थिता रामस्य शासने । अनुरञ्जन्ति राजानो ह्यहन्यहनि राघवम् ॥ ११
काले वर्षति पर्जन्यः सुभिक्षं विमला दिशः । हृष्टपुष्टजनाकीर्णं पुरं जनपदास्तथा ॥ १२
नाकाले म्रियते कश्चिन्न व्याधिः प्राणिनां तथा । नानर्थो विद्यते कश्चिद्रामे राज्यं प्रशासति ॥ १३
अथ दीर्घस्य कालस्य राममाता यशस्विनी । पुत्रपौत्रैः परिवृता कालधर्ममुपागमत् ॥ १४
अन्वियाय सुमित्रा च कैकेयी च यशस्विनी । धर्मं कृत्वा बहुविधं त्रिदिवे पर्यवस्थिता ॥ १५
सर्वाः प्रमुदिताः स्वर्गे राज्ञा दशरथेन च । समागता महाभागाः सर्वधर्मं च लेभिरे ॥ १६
तासां रामो महादानं काले काले प्रयच्छति । मातॄणामविशेषेण ब्राह्मणेषु तपस्विषु ॥ १७
पित्र्याणि ब्रह्मरत्नानि यज्ञान्परमदुस्तरान् । चकार रामो धर्मात्मा पितॄन्देवान्विवर्धयन् ॥ १८
एवं वर्षसहस्राणि बहून्यथ ययुः सुखम् । यज्ञैर्बहुविधं धर्मं वर्धयानस्य सर्वदा ॥ १९

इत्यार्षे श्रीमद्रामायणे वाल्मीकीय आदिकाव्य उत्तरकाण्ड एकोनशततमः सर्गः ॥ ९९ ॥

॥ २६ ॥ २७ ॥ 'पर्णशालामुपागमत्' इति पाठे यज्ञावसान एव सीतान्तर्धानात्ततः परं दीक्षितत्वाभावेनान्यत्र गन्तुं शक्यत्वात्पुत्राभ्यां सह वाल्मीकिपर्णशालां रामः प्राप्तवानित्यर्थः । 'कर्मशालामुपागमत्' इति पाठान्तरम् ॥ २८ ॥ इति **श्रीरामाभिरामे श्रीरामीये रामायणतिलके वाल्मीकीय आदिकाव्य उत्तरकाण्डेऽष्टनवतितमः सर्गः ॥ ९८ ॥**

अथ राममातॄणां परलोकप्राप्तिः—रजन्यामिति । गीयतामित्युवाच । अविशङ्काभ्यां मत्पुत्रत्वविषयशङ्कारहिताभ्यां मातृवियोगदुःखरहिताभ्यां च ॥ १ ॥ २ ॥ सत्यसंपदा स्वस्य सत्यवैभवेन । तस्य यज्ञस्यावसाने सीतानिर्याणोत्तरकाले ॥ ३ ॥ ४ ॥ वित्तपूर्वं वित्तदानपूर्वम् ॥ ५ ॥ ६ ॥ यज्ञे यज्ञे प्रतियज्ञम् । भवदभवत् ॥ ७ ॥ दशवर्षसहस्राणीति यागकालमर्यादेयम्, न तु सीतावियोगानन्तरं तावान्यागकाल इति कतकः । तत्र सीतावियोगानन्तरं तावतो यागकालत्वे किं बाधकमिति चिन्त्यम् । न तु भूमौ सीतागमनोत्तरमिति वक्तुं युक्तम् ॥ ८ ॥ ९ ॥ १० ॥ स्थिता स्थितानि । अनुरञ्जन्त्यनुरञ्जयन्ति ॥ ११ ॥ सुभिक्षम् । अभवदिति शेषः ॥ १२ ॥ १३ ॥ पौत्राः कुशलवाद्याः ॥ १४ ॥ अन्वियाय तस्या अनु पश्चादियाय । कालधर्ममिति शेषः । बहुविधं नानाप्रकारम् ॥ १५ ॥ सर्वधर्मं सर्वधर्मसाध्यसुखभोगम् ॥ १६ ॥ १७ ॥ पित्र्याणि पितृकर्मापेक्षितानि ब्रह्मरत्नानि ब्राह्मणदेयोत्तमवस्तूनि प्रयच्छतिस्मेत्यनुकर्षः । 'बहुरत्नानि' इति पाठान्तरम् । पितॄन्देवान्विवर्धयन्पूजयन् । यज्ञांश्चकारेति । पिण्डपितृयज्ञानित्यर्थः ॥ १८ ॥ वर्धयानस्य वर्धयमानस्य । 'यज्ञैर्बहुविधैर्देवान्वर्धयानस्य' इति पाठान्तरम् । यत्तु 'एवं प्रशासतस्तस्य राघवस्य महेश्वरि । अत्ययाद्दशसाहस्रं रममाणस्य सीतया ॥' इति पाद्मे उक्तम्, तत्र सीतया भूमौ स्थितया स्थितस्य रममाणस्य राज्यं कुर्वत इत्यर्थः । साहस्रमिति स्वार्थेऽण् । 'अत्ययाद्वर्षसाहस्रम्' इति पाठे सहस्राणां समूहः साहस्रं सहस्रसमूह इत्यर्थकतया दशसहस्रेत्यर्थकमेव । आयुस्तस्यैकादशसहस्रवर्षाणि ॥ १९ ॥ **इति श्रीरामाभिरामे श्रीरामीये रामायणतिलके वाल्मीकीय आदिकाव्य उत्तरकाण्ड एकोनशततमः सर्गः ॥ ९९ ॥**

शततमः सर्गः ।

कस्यचित्त्वथ कालस्य युधाजित्केकयो नृपः । स्वगुरुं प्रेषयामास राघवाय महात्मने ॥ १
गार्ग्यमङ्गिरसः पुत्रं ब्रह्मर्षिममितप्रभम् । दश चाश्वसहस्राणि प्रीतिदानमनुत्तमम् ॥ २
कम्बलानि च रत्नानि चित्रवस्त्रमथोत्तमम् । रामाय प्रददौ राजा शुभान्याभरणानि च ॥ ३
श्रुत्वा तु राघवो धीमान्महर्षिं गार्ग्यमागतम् । मातुलस्याश्वपतिनः प्रहितं तन्महाधनम् ॥ ४
प्रत्युद्गम्य च काकुत्स्थः क्रोशमात्रं सहानुजः । गार्ग्यं संपूजयामास यथा शक्रो बृहस्पतिम् ॥ ५
तथा संपूज्य तमृषिं तद्धनं प्रतिगृह्य च । पृष्ट्वा प्रतिपदं सर्वं कुशलं मातुलस्य च ॥ ६
उपविष्टं महाभागं रामः प्रष्टुं प्रचक्रमे । किमाह मातुलो वाक्यं यदर्थं भगवानिह ॥ ७
प्राप्तो वाक्यविदां श्रेष्ठः साक्षादिव बृहस्पतिः । रामस्य भाषितं श्रुत्वा महर्षिः कार्यविस्तरम् ॥ ८
वक्तुमद्भुतसंकाशं राघवायोपचक्रमे । मातुलस्ते महाबाहो वाक्यमाह नरर्षभः ॥ ९
युधाजित्प्रीतिसंयुक्तं श्रूयतां यदि रोचते । अयं गन्धर्वविषयः फलमूलोपशोभितः ॥ १०
सिन्धोरुभयतः पार्श्वे देशः परमशोभनः । तं च रक्षन्ति गन्धर्वाः सायुधा युद्धकोविदाः ॥ ११
शैलूषस्य सुता वीर तिस्रः कोट्यो महाबलाः । तान्विनिर्जित्य काकुत्स्थ गन्धर्वनगरं शुभम् ॥ १२
निवेशय महाबाहो स्वे पुरे सुसमाहिते । अन्यस्य न गतिस्तत्र देशः परमशोभनः ।
रोचतां ते महाबाहो नाहं त्वामहितं वदे ॥ १३
तच्छ्रुत्वा राघवः प्रीतो महर्षेर्मातुलस्य च । उवाच बाढमित्येव भरतं चान्ववैक्षत ॥ १४
सोऽब्रवीद्राघवः प्रीतः साञ्जलिप्रग्रहो द्विजम् । इमौ कुमारौ तं देशं ब्रह्मर्षे विचरिष्यतः ॥ १५
भरतस्यात्मजौ वीरौ तक्षः पुष्कल एव च । मातुलेन सुगुप्तौ तु धर्मेण सुसमाहितौ ॥ १६
भरतं चाग्रतः कृत्वा कुमारौ सबलानुगौ । निहत्य गन्धर्वसुतान्द्वे पुरे विभजिष्यतः ॥ १७
निवेश्य ते पुरवरे आत्मजौ संनिवेश्य च । आगमिष्यति मे भूयः सकाशमतिधार्मिकः ॥ १८
ब्रह्मर्षिमेवमुक्त्वा तु भरतं सबलानुगम् । आज्ञापयामास तदा कुमारौ चाभ्यषेचयत् ॥ १९
नक्षत्रेण च सौम्येन पुरस्कृत्याङ्गिरःसुतम् । भरतः सह सैन्येन कुमाराभ्यां विनिर्ययौ ॥ २०
सा सेना शक्रयुक्तेव नगरान्निर्ययावथ । राघवानुगता दूरं दुराधर्षा सुरैरपि ॥ २१
मांसाशिनश्च ये सत्त्वा रक्षांसि सुमहान्ति च । अनुजग्मुर्हि भरतं रुधिरस्य पिपासया ॥ २२
भूतग्रामाश्च बहवो मांसभक्षाः सुदारुणाः । गन्धर्वपुत्रमांसानि भोक्तुकामाः सहस्रशः ॥ २३
सिंहव्याघ्रवराहाणां खेचराणां च पक्षिणाम् । बहूनि वै सहस्राणि सेनाया ययुरग्रतः ॥ २४
अध्यर्धमासमुषिता पथि सेना निरामया । हृष्टपुष्टजनाकीर्णा केकयं समुपागमत् ॥ २५

इत्यार्षे श्रीमद्रामायणे वाल्मीकीय आदिकाव्य उत्तरकाण्डे शततमः सर्गः ॥ १०० ॥

अथ रामेण गन्धर्वदेशं प्रति सपुत्रस्य भरतस्य प्रेषणम्— कस्यचिदिति ॥ १ ॥ २ ॥ ३ ॥ अश्वपतिनः । नुमार्षः । अश्वपतेरित्यर्थः ॥ ४ ॥ ५ ॥ प्रतिपदं प्रत्येकं सर्वं सर्वप्रकारं कुशलं पृष्ट्वा मातुलस्य कुशलं पृष्ट्वा ॥ ६ ॥ ७ ॥ ८ ॥ ९ ॥ गन्धर्वविषयो गन्धर्वदेशः ॥ १० ॥ सिन्धोः सिन्धुनदस्योभयतः पार्श्वे वर्तमानः परमशोभनोऽयं देशोऽस्मद्देशसमीपे वर्तते ॥ ११ ॥ शैलूषो गन्धर्वराजः । गन्धर्वनगरं च विनिर्जित्येत्यनुकर्षः ॥ १२ ॥ स्वे पुरे निवेशय । तद्देशे इति शेषः । अन्यस्य लक्ष्व्यतिरिक्तस्य तत्र देशे गतिः प्राप्तिप्रसक्तिर्जयप्रसक्तिश्च नास्ति । एवं तत्साधने को लाभस्तत्राह—देशः परमशोभन इति ॥ १३ ॥ भरतं चान्ववैक्षत । तवायमंश इत्यबोधयदित्यर्थः ॥ १४ ॥ अथ राघवो रामो द्विजमब्रवीत् ॥ १५ ॥ तक्ष इत्यकारान्तः । मातुलेन भरतमातुलेन युधाजिता ॥ १६ ॥ १७ ॥ पुरवरे निवेश्य निर्मायात्मजौ संनिवेश्य । तयोः पुरयोरिति शेषः । अतिधार्मिको भरतः ॥ १८ ॥ १९ ॥ अङ्गिरःसुतं गार्ग्यम् ॥ २० ॥ शक्रयुक्तेवेन्द्रनियुक्ता देवसेनेव राघवानुगता रामानुगता । दूरम् । एकद्विवासपर्यन्तमित्यर्थः ॥ २१ ॥ २२ ॥ २३ ॥ सेनाया अग्रतो ययुः । पिशिताशिनामग्रतो यानं सुशकुनम् । अभिमुखागमनमेवापशकुनमिति भावः ॥ २४ ॥ केकयं केकयदेशं युधाजितं वा ॥ २५ ॥ **इति श्रीरामाभिरामे श्रीरामीये रामायणतिलके वाल्मीकीय आदिकाव्य उत्तरकाण्डे शततमः सर्गः ॥१००॥**

एकोत्तरशततमः सर्गः ।

श्रुत्वा सेनापतिं प्राप्तं भरतं केकयाधिपः । युधाजिद्गार्ग्यसहितं परां प्रीतिमुपागमत् ॥ १
स निर्ययौ जनौघेन महता केकयाधिपः । त्वरमाणोऽभिचक्राम गन्धर्वान्केकयाधिपः ॥ २
भरतश्च युधाजिच्च समेतौ लघुविक्रमैः । गन्धर्वनगरं प्राप्तौ सबलौ सपदानुगौ ॥ ३
श्रुत्वा तु भरतं प्राप्तं गन्धर्वास्ते समागताः । योद्धुकामा महावीर्या व्यनदंस्ते समन्ततः ॥ ४
ततः समभवद्युद्धं तुमुलं लोमहर्षणम् । सप्तरात्रं महाभीमं न चान्यतरयोर्जयः ॥ ५
खड्गशक्तिधनुर्ग्राहा नद्यः शोणितसंस्रवाः । नृकलेवरवाहिन्यः प्रवृत्ताः सर्वतोदिशम् ॥ ६
ततो रामानुजः क्रुद्धः कालस्यास्त्रं सुदारुणम् । संवर्तं नाम भरतो गन्धर्वेष्वभ्यचोदयत् ॥ ७
ते बद्धाः कालपाशेन संवर्तेन विदारिताः । क्षणेनाभिहतास्तेन तिस्रः कोट्यो महात्मना ॥ ८
तद्युद्धं तादृशं घोरं न स्मरन्ति दिवौकसः । निमेषान्तरमात्रेण तादृशानां महात्मनाम् ॥ ९
हतेषु तेषु सर्वेषु भरतः केकयीसुतः । निवेशयामास तदा समृद्धे द्वे पुरोत्तमे ॥ १०
तक्षं तक्षशिलायां तु पुष्कलं पुष्कलावते । गन्धर्वदेशे रुचिरे गान्धारविषये च सः ॥ ११
धनरत्नौघसंकीर्णे काननैरुपशोभिते । अन्योन्यसंघर्षकृते स्पर्धया गुणविस्तरैः ॥ १२
उभे सुरुचिरप्रख्ये व्यवहारैरकिल्बिषैः । उद्यानयानसंपूर्णे सुविभक्तान्तरापणे ॥ १३
उभे पुरवरे रम्ये विस्तरैरुपशोभिते । गृहमुख्यैः सुरुचिरैर्विमानैर्बहुभिर्वृते ॥ १४
शोभिते शोभनीयैश्च देवायतनविस्तरैः । तालैस्तमालैस्तिलकैर्बकुलैरुपशोभिते ॥ १५
निवेश्य पञ्चभिर्वर्षैर्भरतो राघवानुजः । पुनरायान्महाबाहुरयोध्यां केकयीसुतः ॥ १६
सोऽभिवाद्य महात्मानं साक्षाद्धर्ममिवापरम् । राघवं भरतः श्रीमान्ब्रह्माणमिव वासवः ॥ १७
शशंस च यथावृत्तं गन्धर्ववधमुत्तमम् । निवेशनं च देशस्य श्रुत्वा प्रीतोऽस्य राघवः ॥ १८

इत्यार्षे श्रीमद्रामायणे वाल्मीकीय आदिकाव्य उत्तरकाण्ड एकोत्तरशततमः सर्गः ॥ १०१ ॥

द्व्युत्तरशततमः सर्गः ।

तच्छ्रुत्वा हर्षमापेदे राघवो भ्रातृभिः सह । वाक्यं चाद्भुतसंकाशं भ्रातॄन्प्रोवाच राघवः ॥ १
इमौ कुमारौ सौमित्रे तव धर्मविशारदौ । अङ्गदश्चन्द्रकेतुश्च राज्यार्थे दृढविक्रमौ ॥ २
इमौ राज्येऽभिषेक्ष्यामि देशः साधु विधीयताम् । रमणीयो ह्यसंबाधो रमेतां यत्र धन्विनौ ॥ ३
न राज्ञां यत्र पीडा स्यान्नाश्रमाणां विनाशनम् । स देशो दृश्यतां सौम्य नापराध्यामहे यथा ॥ ४
तथोक्तवति रामे तु भरतः प्रत्युवाच ह । अयं कारुपथो देशो रमणीयो निरामयः ॥ ५

अथ भरतेन गन्धर्वविजयः—श्रुत्वेति । सेनापतिं प्राप्तं युद्धसंनाहवन्तमागतं श्रुत्वा ॥ १ ॥ २ ॥ लघुविक्रमैः । योधैरित्यर्थः । सबलौ चतुरङ्गबलसहितौ । सपदानुगौ शूद्रवैश्याद्यनुचरसहितौ ॥ ३ ॥ व्यनदन्गर्जन्ति स्म ॥ ४ ॥ ५ ॥ खड्गादिरूपा ग्राहा यासु ताः । नृकलेवराणि वहन्ति ताः ॥ ६ ॥ संवर्तं नाम प्रलयकालानलाख्यम् ॥ ७ ॥ ८ ॥ दिवौकसो न स्मरन्ति निमेषमात्रेण त्रिकोटिगन्धर्ववधोऽसंभाव्य इति स्थितवन्तः ॥ ९ ॥ द्वे पुरोत्तमे तक्षशिलापुष्कलावताख्ये ॥ १० ॥ गन्धर्वदेशे तक्षशिलायां तक्षं तक्षाख्यं पुत्रम् । गान्धारदेशे पुष्कलावते नगरे पुष्कलम् ॥ ११ ॥ गुणविस्तरैर्हेतुभिरन्योन्यस्पर्धयान्योन्यसंघर्षकृते कृतान्योन्यसंघर्षे । अहमेव गुणोत्तरमिति कृतान्योन्यविवादे इव दृश्यमाने इत्यर्थः ॥ १२ ॥ अकिल्बिषैर्धर्मन्यायोपेतैर्व्यवहारैः क्रयविक्रयादिव्यापारैः ॥ १३ ॥ विस्तरैरनुक्तपदार्थविस्तरैरुपशोभिते । सुरुचिरैर्गृहमुख्यैरुपशोभिते । विमानैः सप्तभूमिप्रासादैः ॥ १४ ॥ देवतायतनविस्तरैः । विस्तारैरित्यर्थः ॥ १५ ॥ १६ ॥ १७ ॥ स्वस्माद्यथावृत्तं गन्धर्ववधं देशस्य निवेशनं च शशंस । अस्य भरतस्य वाक्यं श्रुत्वा राघवो रामः प्रीतो बभूव ॥ १८ ॥ **इति श्रीरामाभिरामे श्रीरामीये रामायणतिलके वाल्मीकीय आदिकाव्य उत्तरकाण्ड एकोत्तरशततमः सर्गः ॥ १०१ ॥**

अथ लक्ष्मणकुमारयो राज्ये निवेशनम्—तदिति । भ्रातृभिरिति बहुवचनं द्वित्वे आर्षम् ॥ १ ॥ हे सौमित्रे, तवेमौ कुमारौ राज्यार्थे राज्यरक्षणविषये दृढविक्रमौ ॥ २ ॥ अत इमौ राज्येऽभिषेक्ष्यामि । यत्रेमौ रमेतां तादृशो देशः साधु विधीयतां निरीक्ष्यताम् ॥ ३ ॥ नापराध्यामहे । यथा कस्यापि भूतस्येति शेषः ॥ ४ ॥ कारुपथस्तदाख्यः पाश्चात्योदीच्यदेश-

निवेश्यतां तत्र पुरमङ्गदस्य महात्मनः । चन्द्रकेतोः सुरुचिरं चन्द्रकान्तं निरामयम् ॥ ६
तद्वाक्यं भरतेनोक्तं प्रतिजग्राह राघवः । तं च कृत्वा वशे देशमङ्गदस्य न्यवेशयत् ॥ ७
अङ्गदीया पुरी रम्याप्यङ्गदस्य निवेशिता । रमणीया सुगुप्ता च रामेणाक्लिष्टकर्मणा ॥ ८
चन्द्रकेतोश्च मल्लस्य मल्लभूम्यां निवेशिता । चन्द्रकान्तेति विख्याता दिव्या स्वर्गपुरी यथा ॥ ९
ततो रामः परां प्रीतिं लक्ष्मणो भरतस्तथा । ययुर्युद्धे दुराधर्षा अभिषेकं च चक्रिरे ॥ १०
अभिषिच्य कुमारौ द्वौ प्रस्थाप्य सुसमाहितौ । अङ्गदं पश्चिमां भूमिं चन्द्रकेतुमुदङ्मुखम् ॥ ११
अङ्गदं चापि सौमित्रिर्लक्ष्मणोऽनुजगाम ह । चन्द्रकेतोस्तु भरतः पार्ष्णिग्राहो बभूव ह ॥ १२
लक्ष्मणस्त्वङ्गदीयायां संवत्सरमथोषितः । पुत्रे स्थिते दुराधर्षे अयोध्यां पुनरागमत् ॥ १३
भरतोऽपि तथैवोष्य संवत्सरमतोऽधिकम् । अयोध्यां पुनरागम्य रामपादावुपास्त सः ॥ १४
उभौ सौमित्रिभरतौ रामपादावनुव्रतौ । कालं गतमपि स्नेहान्न जज्ञातेऽतिधार्मिकौ ॥ १५
एवं वर्षसहस्राणि दश तेषां ययुस्तदा । धर्मे प्रयतमानानां पौरकार्येषु नित्यदा ॥ १६

विहृत्य कालं परिपूर्णमानसाः श्रिया वृता धर्मपुरे च संस्थिताः ।
त्रयः समिद्धाहुतिदीप्ततेजसो हुताग्नयः साधुमहाध्वरे त्रयः ॥ १७

इत्यार्षे श्रीमद्रामायणे वाल्मीकीये आदिकाव्ये उत्तरकाण्डे द्व्युत्तरशततमः सर्गः ॥ १०२ ॥

त्र्युत्तरशततमः सर्गः ।

कस्यचित्त्वथ कालस्य रामे धर्मपरे स्थिते । कालस्तापसरूपेण राजद्वारमुपागमत् ॥ १
दूतो ह्यतिबलस्याहं महर्षेरमितौजसः । रामं दिदृक्षुरायातः कार्येण हि महाबलः ॥ २
तस्य तद्वचनं श्रुत्वा सौमित्रिस्त्वरयान्वितः । न्यवेदयत रामाय तापसं तं समागतम् ॥ ३
जयस्व राजधर्मेण उभौ लोकौ महाद्युते । दूतस्त्वां द्रष्टुमायातस्तपसा भास्करप्रभः ॥ ४
तद्वाक्यं लक्ष्मणोक्तं वै श्रुत्वा राम उवाच ह । प्रवेश्यतां मुनिस्तात महौजास्तस्य वाक्यधृक् ॥ ५
सौमित्रिस्तु तथेत्युक्त्वा प्रावेशयत तं मुनिम् । ज्वलन्तमिव तेजोभिः प्रदहन्तमिवांशुभिः ॥ ६
सोऽभिगम्य रघुश्रेष्ठं दीप्यमानं स्वतेजसा । ऋषिर्मधुरया वाचा वर्धस्वेत्याह राघवम् ॥ ७
तस्मै रामो महातेजाः पूजामर्घ्यपुरोगमाम् । ददौ कुशलमव्यग्रं प्रष्टुं चैवोपचक्रमे ॥ ८
पृष्टश्च कुशलं तेन रामेण वदतां वरः । आसने काञ्चने दिव्ये निषसाद महायशाः ॥ ९
तमुवाच ततो रामः स्वागतं ते महामते । प्रापयस्व च वाक्यानि यतो दूतस्त्वमागतः ॥ १०
चोदितो राजसिंहेन मुनिर्वाक्यमभाषत । द्वन्द्वे ह्येतत्प्रवक्तव्यं हितं वै यद्यवेक्षसे ॥ ११

विशेषः ॥ ५ ॥ तत्र देशेऽङ्गदस्य पुरमङ्गदीयेत्याख्यं निवेश्यताम् । चन्द्रकेतोश्चन्द्रकान्ताख्यं पुरं निवेश्यताम् ॥ ६ ॥ वशे कृत्वा लक्ष्मणभरताभ्यां वशे कारयित्वाङ्गदस्य पुरीं न्यवेशयत् ॥ ७ ॥ तत्र देशेऽङ्गदस्य पुरी रामेण निवेशिता । लक्ष्मणद्वारेति शेषः ॥ ८ ॥ मल्लस्य दृढाङ्गस्य चन्द्रकेतोर्मल्लभूम्यां तदाख्ये औत्तरे । अस्यैव चन्द्रकान्तेति नामान्तरम् । तत्र चन्द्रकान्ताख्या पुरी निवेशिता ॥ ९ ॥ युद्धे दुराधर्षा रामादयोऽभिषेकं चक्रिरे । अङ्गदचन्द्रकेत्वोरिति शेषः ॥ १० ॥ ११ ॥ १२ ॥ १३ ॥ तथैवोष्य । चन्द्रकेतुसमीपे इति शेषः ॥ १४ ॥ न जज्ञाते नावगतवन्तौ । संधिरार्षः ॥ १५ ॥ दशसहस्राणि आयुस्त्वेकादशसहस्राणीति स्पष्टमेव ॥ १६ ॥ धर्मपुरे धर्मसाधने पुरेऽयोध्यायाम् । 'अयोध्या मथुरा माया काशी काञ्ची अवन्तिका । पुरी द्वारावती चैव सप्तैता मोक्षदायकाः ॥' इति स्मृतेः ॥ १७ ॥ इति श्रीरामाभिरामे श्रीरामीये रामायणतिलके वाल्मीकीये आदिकाव्ये उत्तरकाण्डे द्व्युत्तरशततमः सर्गः ॥ १०२ ॥

अथ रामाय स्वीयवैष्णवधामागमनकालनिवेदनाय ब्रह्मणो दूतप्रेषणम्—कस्यचिदिति । कस्यचित्कालस्य । अपगमानन्तरमिति शेषः । रामे धर्मपरे स्थिरे कालस्तापसरूपेण राजद्वारमुपागमत् ॥ १ ॥ अतिबलस्य महर्षेः । जगत्प्राणरूपत्वाच्चतुर्वेदमुखत्वाच्च सत्यवचस्त्वाच्च ब्रह्मातिबलो महर्षिः ॥ २ ॥ ३ ॥ उभौ लोकौ जयस्वेत्युक्त्या परलोकप्रवेशकालसूचनम् ॥ ४ ॥ तस्य वाक्यधृक् । यस्य दूतस्तस्याज्ञाधारीत्यर्थः ॥ ५ ॥ तेजोभिरंशुभिरित्येते पदे शरीरकान्तिकिरणप्रतिपादके इति न पुनरुक्तिः ॥ ६ ॥ ७ ॥ ८ ॥ ९ ॥ अस्य यस्य त्वं दूतस्तस्य वाक्यानि संदेशवाक्यानि प्रापयस्व निवेदय । तत्र हेतुः—यतो दूत इति ॥१०॥ द्वन्द्वे रहस्ये । हितं वै यद्यवेक्षसे । देवानामिति शेषः । देवगोप्यगोपने हि देवानां हितं भवतीति भावः

यः शृणोति निरीक्षेद्वा स वध्यो भविता तव । भवेद्वै मुनिमुख्यस्य वचनं यद्यवेक्षसे ॥ १२
तथेति च प्रतिज्ञाय रामो लक्ष्मणमब्रवीत् । द्वारि तिष्ठ महाबाहो प्रतिहारं विसर्जय ॥ १३
स मे वध्यः खलु भवेद्वाचं द्वन्द्वसमीरितम् । ऋषेर्मम च सौमित्रे पश्येद्वा शृणुयाच्च यः ॥ १४
ततो निक्षिप्य काकुत्स्थो लक्ष्मणं द्वारि संग्रहम् । तमुवाच मुने वाक्यं कथयस्वेति राघवः ॥ १५
तत्ते मनीषितं वाक्यं येन वासि समाहितः । कथयस्वाविशङ्कस्त्वं ममापि हृदि वर्तते ॥ १६

इत्यार्षे श्रीमद्रामायणे वाल्मीकीय आदिकाव्य उत्तरकाण्डे त्र्युत्तरशततमः सर्गः ॥ १०३ ॥

चतुरधिकशततमः सर्गः ।

शृणु राजन्महासत्त्व यदर्थमहमागतः । पितामहेन देवेन प्रेषितोऽस्मि महाबल ॥ १
तवाहं पूर्वके भावे पुत्रः परपुरंजय । मायासंभावितो वीर कालः सर्वसमाहरः ॥ २
पितामहश्च भगवानाह लोकपतिः प्रभुः । समयस्ते कृतः सौम्य लोकान्संपरिरक्षितुम् ॥ ३
संक्षिप्य हि पुरा लोकान्मायया स्वयमेव हि । महार्णवे शयानोऽप्सु मां त्वं पूर्वमजीजनः ॥ ४
भोगवन्तं ततो नागमनन्तमुदकेशयम् । मायया जनयित्वा त्वं द्वौ च सत्त्वौ महाबलौ ॥ ५
मधुं च कैटभं चैव ययोरस्थिचयैर्वृता । इयं पर्वतसंबाधा मेदिनी चाभवत्तदा ॥ ६

॥११॥ नैतावदेव, किं त्वन्यापि प्रतिज्ञा कार्येत्याह—य इति । यः शृणोत्यस्य तद्वचनं निरीक्षेद्वा । मन्त्रयिताराविति शेषः । स तव वध्य इति । कथमेवमतिक्रूरा प्रतिज्ञा तत्राह—भवेदिति । तस्य मुनिमुख्यस्य वचनमेवं वै भवेत् । उक्तसंकेतपूर्वमेव ब्रूहीत्येवाभवदित्यर्थः । यद्यवेक्षसे तथा संकेतपरिपालनमिति शेषः ॥ १२ ॥ प्रतिहारं द्वारपालं विसर्जयान्यतोऽपसारय ॥ १३ ॥ किमर्थं तत्राह—स मे इति । सौमित्रे मम ऋषेश्च द्वन्द्वं रहस्यां वाचं यः शृणुयाद्यश्च नौ पश्येद्वा स मे मया वध्य इति खलु समीरितं प्रतिज्ञातम् ॥ १४ ॥ संग्रहं सम्यगुक्तार्थग्रहणवन्तम् ॥ १५ ॥ ते मनीषितं येन वा समाहितः प्रेषितस्तस्य मनीषितं कथयस्व । ममापि हृदि वर्तते । किमेवंविधं रहस्यं तदवश्यं मया श्रोतव्यमिति शेषः । यद्वा त्वया वक्ष्यमाणं वैकुण्ठगमनं ममापि हृदि वर्तत इत्यर्थः ॥ १६ ॥ इति श्रीरामाभिरामे श्रीरामीये रामायणतिलके वाल्मीकीय आदिकाव्य उत्तरकाण्डे त्र्युत्तरशततमः सर्गः ॥ १०३ ॥

अथ ब्रह्मसंदेशकथनम्—शृण्विति । यत्संदेशकथनार्थमहमागतस्तं संदेशं शृणु । किंच येन संदेशः प्रेषितः स भगवान्पितामह एव न केवलं मुनिरेवेत्याह—पितामहेनेति ॥१॥ तत्प्रेषितदूतोऽप्यहं त्वत्संबन्ध्येवेत्याह—तवाहं पूर्वके भावे इति । पूर्वावस्थायां हिरण्यगर्भोत्पत्तिसमये हिरण्यगर्भावस्थायां वा । कथमहं पुत्रस्तत्राह—मायासंभावितो मायया संकल्पेन संभावित उत्पादितः । सर्वसमाहरः सर्ववस्तुसंहारकर्तेति तीर्थः । कतकस्तु—'तवाहं पूर्वसद्भावे' इति पाठः । पूर्वं सृष्टेः प्राक्सद्भावे 'सदेव सोम्येदमग्र आसीत्' इति श्रुतेः सत्तारूपब्रह्मभावे करिष्यमाणाखिलसंसारस्य सृष्टिस्थितिसंहारनिग्रहानुग्रहलक्षणपञ्चकृत्यनिर्वाहकः कालाख्यः क्षणधारारूपो नाडीदिनपक्षादिविभागनिर्वाहकः पुत्रो मायासंभावितः । त्वदीयमायापरिणाम इत्यर्थः । शेषं प्राग्वत् । यद्यपि रामो हिरण्यगर्भांशविष्णोरेवावतारस्तथापि तस्य स्वस्वरूपांशेनावृतज्ञानत्वाद्रामदेववदेवं व्यपदेशे न दोष इत्याहुः । यत्तु कतकेन सद्भावशब्देन हिरण्यगर्भ उक्तस्तत्तु तुच्छमिति स्पष्टमेवाद्वैतविद्याविदाम् ॥ २ ॥ एवं स्वस्वरूपमुक्त्वा तत्संदेशमाह—पितामहश्चेति । चतुर्मुखाज्जातानां प्रजापतीनां लोकपितृत्वाच्चतुर्मुखः पितामहः । स लोकानां भूरादीनां पतिः पालयिता । स यदाह तद्वदामीति शेषः । तदेवाह—समयस्त इति । 'भवन्तु विगतज्वराः' इत्यन्तो ब्रह्मसंदेशः । लोकान्देवमनुष्यादीन्रावणादितो रक्षितुं यः समयः कृतः । 'दशवर्षसहस्राणि दशवर्षशतानि च । वत्स्यामि मानुषे लोके पालयन्पृथिवीमिमाम् ॥' इत्येवंरूपकालविषयः कृतः स परिपूर्ण इति शेषः ॥ ३ ॥ अथ तत्त्वतो ज्ञातसत्स्वरूपस्य मम कथं मानुषदेहपरिग्रह इत्यत्र सप्रयोजनं तत्प्रक्रियामाह—संक्षिप्येति । पुरा जगत्सृष्टेः पूर्वकाले मायया सर्वसंहारसमर्थस्वशक्त्या संक्षिप्योपसंहृत्य । एतेनाप्रयासेन सकलसंहारकर्तृत्वं ब्रह्मलक्षणमुक्तम् । स्वयमेवेत्यनेनास्य संहारस्य न रुद्रादिद्वारकत्वं तेषामपि संहार्यकोटिनिविष्टत्वादिति दर्शितम् । एवं संहारं कृत्वा महदहंकारपञ्चतन्मात्रादिसृष्टिद्वारेणैवं तां सृष्टिं कृत्वा तद्ब्रूषे महार्णवे शयान इत्यनेनैवोदकशायित्वे लब्धे पुनरप्स्विति तदा पृथिवीतत्त्वाद्यभावप्रदर्शनार्थं मां पूर्वमजीजनः । 'यो ब्रह्माणं विदधाति पूर्वम्' इति श्रुतेः । हिरण्यगर्भसृष्टिद्वारा ब्रह्माण्डसृष्टौ क्रियमाणायां तदण्डान्ममोद्भव इत्यर्थः ॥ ४ ॥ तदुत्पत्तिप्रकारमाह—भोगवन्तमिति । ततः परं सृष्टये सृष्टव्यभूधरणक्षमं भोगवन्तं प्रशस्तभोगमनन्ताख्यं नागमुदकेशयं मायया जनयित्वा तत्र च निर्माय स्थापयित्वा तदुरगशयनवास्त्वमभूः । अथ कर्दमप्रायभूविग्रहस्थैर्याय महाबलौ द्वौ सत्त्वौ प्राणिनावजीजनः ॥ ५ ॥ कौ तौ तत्राह—मधुं चेति । तत्र

पद्मे दिव्येऽर्कसंकाशे नाभ्यामुत्पाद्य मामपि । प्राजापत्यं त्वया कर्म मयि सर्वं निवेशितम् ॥ ७
सोऽहं संन्यस्तभारो हि त्वामुपास्य जगत्पतिम् । रक्षां विधत्स्व भूतेषु मम तेजस्करो भवान् ॥ ८
ततस्त्वमसि दुर्धर्षात्तस्माद्भावात्सनातनात् । रक्षां विधास्यन्भूतानां विष्णुत्वमुपजग्मिवान् ॥ ९
अदित्यां वीर्यवान्पुत्रो भ्रातॄणां वीर्यवर्धनः । समुत्पन्नेषु कृत्येषु तेषां साह्याय कल्पसे ॥ १०
स त्वमुज्जास्यमानासु प्रजासु जगतोवर । रावणस्य वधाकाङ्क्षी मानुषेषु मनोऽदधाः ॥ ११
दशवर्षसहस्राणि दशवर्षशतानि च । कृत्वा वासस्य नियमं स्वयमेवात्मना पुरा ॥ १२
स त्वं मनोमयः पुत्रः पूर्णायुर्मानुषेष्विह । कालो नरवरश्रेष्ठ समीपमुपवर्तितुम् ॥ १३
यदि भूयो महाराज प्रजा इच्छस्युपासितुम् । वस वा वीर भद्रं ते एवमाह पितामहः ॥ १४
अथ वा विजिगीषा ते सुरलोकाय राघव । सनाथा विष्णुना देवा भवन्तु विगतज्वराः ॥ १५
श्रुत्वा पितामहेनोक्तं वाक्यं कालसमीरितम् । राघवः प्रहसन्वाक्यं सर्वसंहारमब्रवीत् ॥ १६
श्रुत्वा मे देवदेवस्य वाक्यं परममद्भुतम् । प्रीतिर्हि महती जाता तवागमनसंभवा ॥ १७
त्रयाणामपि लोकानां कार्यार्थं मम संभवः । भद्रं तेऽस्तु गमिष्यामि यत एवाहमागतः ॥ १८
हृद्गतो ह्यसि संप्राप्तो न मे तत्र विचारणा । मया हि सर्वकृत्येषु देवानां वशवर्तिनाम् ।
स्थातव्यं सर्वसंहार यथा ह्याह पितामहः ॥ १९

इत्यार्षे श्रीमद्रामायणे वाल्मीकीय आदिकाव्य उत्तरकाण्डे चतुरधिकशततमः सर्गः ॥ १०४ ॥

मधुर्मेदःप्रधानः, कैटभोऽस्थिप्रधानः । तत्सृष्टिप्रयोजनमाह—ययोरित्यादि । ययोर्वधानन्तरमियं निर्मिता भूरस्थिनचयैर्युता सती पर्वतसंबाधा मेदोयुक्ततया वृक्षाद्युत्पत्त्युचितस्निग्धभूप्रदेशयुक्ततया मेदिनीति नाम्नाभूत् । एवं च तस्याः प्रजासर्गयोग्यता सिद्धा ॥६॥ अथ चतुर्मुखसृष्टिः—पद्म इति । ततः स्वनिर्मितोरगेशयस्वविग्रहस्य नाभिप्रदेशेऽर्कसंकाशमर्कप्रभं दिव्यं पद्ममुत्पाद्य तस्मिन्दिव्ये पद्मे मां चतुर्मुखमुत्पाद्य प्राजापत्यं सृष्टिरूपं कर्म मयि त्वया निवेशितमित्यन्वर्थं मे प्रजापतिरिति नाम ॥ ७ ॥ ततः सोऽहं त्वया संन्यस्तभारः संन्यस्तसृष्टिभारः स्वकार्यं सृष्टिलक्षणं संपाद्य तद्रक्षणमपश्यञ्जगत्पतिं त्वामुपास्य यतो भवान्मम तेजस्करः सृष्टिसमर्थज्ञानक्रियाशक्तिमयतेजःप्रदोऽभूः, अतस्त्वमेव भूतेषु रक्षां विधत्स्वेति प्रार्थितवानिति शेषः ॥ ८ ॥ ततो हेतो रक्षणस्य सर्वशक्तौ त्वय्येव निवेशितत्वहेतोः । दुर्धर्षात्तस्माद्भावात् । 'ब्रह्मैव भूतानां ज्येष्ठम् । तेन कोऽर्हति स्पर्धितुम्' इति दुर्धर्षत्वस्वभावात् । सनातनात्सकलसंसारमूलकारणत्वेन कालापरिच्छेद्यात् । त्रिगुणमहत्तत्त्वाख्यहैरण्यगर्भभावात्सत्त्वप्राधान्येन विष्णुत्वं प्राप्तवान् ॥ ९ ॥ ततोऽदित्यां वीर्यवान्दिव्यज्ञानक्रियालक्षणवीर्यवान्पुत्रोऽभूस्त्वं भ्रातॄणामदितिपुत्रेन्द्रादीनां वीर्यवर्धन उपेन्द्राख्योऽभूः । स च तत्तत्कृत्यकाले तेषां साह्याय कल्पसे ॥ १० ॥ अतः स त्वं सकलप्रजारक्षणासाधारणकृत्य उपेन्द्रः सांप्रतं रावणेन प्रजासूज्जास्यमानासु हिंस्यमानासु हे जगतोवर जगच्छ्रेष्ठ, स्वयमेव सर्वलोकानुग्रहाय रावणस्य वधाकाङ्क्षी भूत्वा दशवर्षसहस्राणि दशवर्षशतानि च वासस्य नियमं परिच्छेदं पुनरात्मना स्वयमेव कृत्वा मानुषेषु मानुषभावेषु मनोऽदधाः ॥ ११ ॥ १२ ॥ स त्वं मानुषेषु मनोमयः स्वसंकल्पमयः स्वसंकल्पादेव कस्यचित्पुत्रो जातः स च तत्र पूर्णायुः । स्वसंकल्पितायुषः पूर्णत्वमित्यर्थः । यद्वा श्रीमदादिगुरोस्तुरीयब्रह्मणः 'यस्य भासा सर्वमिदं विभाति' इत्यादिश्रुतिसिद्धस्य संकल्पमयो ज्येष्ठपुत्रो हिरण्यगर्भः कार्यब्रह्मरूपस्तदभिन्नस्वभूतब्रह्मण्यनावृतज्ञानः स्वसंकल्पादेव मानुषेष्वपि कस्यचित्पुत्रस्तत्रापि पूर्णायुर्जातः । यदेवमतः, हे नरवरश्रेष्ठ, अयं कालस्ते समीपमुपगत्योपवर्तितुं विज्ञापयितुं प्रेषित इति शेषः ॥ १३ ॥ अस्मत्कृत्यमेतावत् । अतःपरं त्वं स्वतन्त्रः । यदि भूयोऽपि प्रजा उपासितुमिह स्थित्वा रक्षितुमिच्छसि तदा हे वीर राम, वस ॥ १४ ॥ अथवाथ चेत्स्वकृतनियममार्गीकृत्य सुरलोकाय विजिगीषा सुरलोकं पालयितुं यदीच्छा तदोपेन्द्ररूपेण विष्णुना देवाः सनाथा विगतज्वरा भवन्त्वित्येवं पितामह आहेत्यन्वयः ॥ १५ ॥ कालसमीरितं दूतरूपकालोक्तम् । प्रहसन्निति । अहमेव स्वकृतमर्यादां न त्यक्ष्यामि वृथायं संभ्रमः पितामहस्येति हासः । सर्वसंहारं कालम् ॥ १६ ॥ देवदेवस्य । सर्वदेवोपास्यस्य । परममद्भुतं परमं मदभिप्रायप्रकाशकत्वात् । वाक्यं श्रुत्वा महती प्रीतिर्जाता । तवागमनसंभवा च महती प्रीतिर्जाता ॥ १७ ॥ एवं संदेशानुमोदनं कृत्वा प्रतिसंदेशमाह—त्रयाणामिति । त्रयाणां भूर्भुवःस्वर्लोकानां कार्यार्थं प्रयोजनार्थं मम स्वेच्छामूलः संभव इति मयाप्यवगम्यते । यद्वा तत्तद्वेषधार्यपि नटस्तत्तद्रूपानुरूपं व्यवहरन्नप्यात्मानं जानात्येव, तद्वत्सोऽहं यतो यस्माल्लोकादिहागतस्तमेव गमिष्यामि ॥ १८ ॥ हे संहाररूप काल, त्वं मे हृद्गत एव प्राप्तोऽसि । अतस्तत्र गमने विचारणा नास्ति । 'हृद्गतो ह्यस्ति संप्राप्तः' इति पाठे यो भावो मम हृद्गतः शुद्धब्रह्मात्मकः प्राप्तव्यत्वेन स मे प्राप्त एवास्ति, तत्र मे न विचारणा । ननु तर्हि तदेव

पञ्चाधिकशततमः सर्गः ।

तथा तयोः संवदतोर्दुर्वासा भगवानृषिः । रामस्य दर्शनाकाङ्क्षी राजद्वारमुपागमत् ॥ १
सोऽभिगम्य तु सौमित्रिमुवाच ऋषिसत्तमः । रामं दर्शय मे शीघ्रं पुरा मेऽर्थोऽतिवर्तते ॥ २
मुनेस्तु भाषितं श्रुत्वा लक्ष्मणः परवीरहा । अभिवाद्य महात्मानं वाक्यमेतदुवाच ह ॥ ३
किं कार्यं ब्रूहि भगवन्को ह्यर्थः किं करोम्यहम् । व्यग्रो हि राघवो ब्रह्मन्मुहूर्तं परिपाल्यताम् ॥ ४
तच्छ्रुत्वा ऋषिशार्दूलः क्रोधेन कलुषीकृतः । उवाच लक्ष्मणं वाक्यं निर्दहन्निव चक्षुषा ॥ ५
अस्मिन्क्षणे मां सौमित्रे रामाय प्रतिवेदय । विषयं त्वां पुरं चैव शपिष्ये राघवं तथा ॥ ६
भरतं चैव सौमित्रे युष्माकं या च संततिः । न हि शक्ष्याम्यहं भूयो मन्युं धारयितुं हृदि ॥ ७
तच्छ्रुत्वा घोरसंकाशं वाक्यं तस्य महात्मनः । चिन्तयामास मनसा तस्य वाक्यस्य निश्चयम् ॥ ८
एकस्य मरणं मेऽस्तु मा भूत्सर्वविनाशनम् । इति बुद्ध्या विनिश्चित्य राघवाय न्यवेदयत् ॥ ९
लक्ष्मणस्य वचः श्रुत्वा रामः कालं विसृज्य च । निःसृत्य त्वरितो राजा अत्रेः पुत्रं ददर्श ह ॥ १०
सोऽभिवाद्य महात्मानं ज्वलन्तमिव तेजसा । किं कार्यमिति काकुत्स्थः कृताञ्जलिरभाषत ॥ ११
तद्वाक्यं राघवेणोक्तं श्रुत्वा मुनिवरः प्रभुः । प्रत्याह रामं दुर्वासाः श्रूयतां धर्मवत्सल ॥ १२
अद्य वर्षसहस्रस्य समाप्तिर्मम राघव । सोऽहं भोजनमिच्छामि यथासिद्धं तवानघ ॥ १३
तच्छ्रुत्वा वचनं राजा राघवः प्रीतमानसः । भोजनं मुनिमुख्याय यथासिद्धमुपाहरत् ॥ १४
स तु भुक्त्वा मुनिश्रेष्ठस्तदन्नममृतोपमम् । साधु रामेति संभाष्य स्वमाश्रममुपागमत् ॥ १५
संस्मृत्य कालवाक्यानि ततो दुःखमुपागमत् । दुःखेन च सुसंतप्तः स्मृत्वा तद्घोरदर्शनम् ॥ १६
अवाङ्मुखो दीनमना व्याहर्तुं न शशाक ह । ततो बुद्ध्या विनिश्चित्य कालवाक्यानि राघवः ।
नैतदस्तीति निश्चित्य तूष्णीमासीन्महायशाः । १७

इत्यार्षे श्रीमद्रामायणे वाल्मीकीय आदिकाव्य उत्तरकाण्डे पञ्चोत्तरशततमः सर्गः ॥ १०५ ॥

षडुत्तरशततमः सर्गः ।

अवाङ्मुखमथो दीनं दृष्ट्वा सोममिवाप्लुतम् । राघवं लक्ष्मणो वाक्यं हृष्टो मधुरमब्रवीत् ॥ १
न संतापं महाबाहो मदर्थं कर्तुमर्हसि । पूर्वनिर्माणबद्धा हि कालस्य गतिरीदृशी ॥ २
जहि मां सौम्य विस्रब्धं प्रतिज्ञां परिपालय । हीनप्रतिज्ञाः काकुत्स्थ प्रयान्ति नरकं नराः ॥ ३
यदि प्रीतिर्महाराज यद्यनुग्राह्यता मयि । जहि मां निर्विशङ्कस्त्वं धर्मं वर्धय राघव ॥ ४

प्राप्यतां किमनेनोपेन्द्रादिलोकगमनेन तत्राह—मया हीति । वशवर्तिनां मद्विधेयानां सर्वकृत्येषु स्थातव्यम्, अतो यथा पितामह आह तथा करिष्यामीति शेषः । 'वशवर्तिना' इति तृतीयान्तपाठे देवानां सर्वकृत्येषु पितामहस्य वशवर्तिना स्थातव्यमित्यर्थः । प्रजारक्षणोद्देश्यकतपःकालिकमद्वरप्रदानादिति भावः ॥ १९ ॥ **इति श्रीरामाभिरामे श्रीरामीये रामायणतिलके वाल्मीकीय आदिकाव्य उत्तरकाण्डे चतुरधिकशततमः सर्गः ॥ १०४ ॥**

एवं द्वन्द्वकथासमये कालात्मकभगवत्प्रेरणया दुर्वाससः आगमनम्—तथेति ॥ १ ॥ मेऽर्थोऽतिवर्ततेऽतिक्रामति, अतः पुरा पूर्वमेव शीघ्रं रामं दर्शय ॥ २ ॥ ३ ॥ किं कार्यं वक्तव्यं कोऽर्थः किं प्रयोजनम् । किं करोमि । वर्तमानसामीप्ये लट् । किं करिष्ये । कस्ते एवं संकटकालस्तत्राह—व्यग्रो हीति ॥ ४ ॥ ५ ॥ रामाय प्रतिवेदय । यदि न प्रतिवेदयेस्तर्हि विषयादिकं शपे इत्यर्थः ॥ ६ ॥ ७ ॥ ८ ॥ एकस्य मरणं मेऽस्तु । द्वन्द्वमध्ये पुरुषान्तरसंदर्शकत्वे यथाप्रतिज्ञं मम वध्यस्य प्राप्तत्वादिति भावः ॥ ९ ॥ १० ॥ ११ ॥ १२ ॥ वर्षसहस्रस्य । अनशननियमपरिगृहीतवर्षसहस्रस्येत्यर्थः । यथासिद्धं यथोपपन्नम् ॥ १३ ॥ राघवः प्रीतमानसः । मुनिकोपः परिहृत इति प्राप्तसंतोषः ॥ १४ ॥ १५ ॥ ततोऽनन्तरं कालवाक्यानि मन्त्रश्रोतुरावयोर्द्रष्टुश्च वधविषयकाणि ॥ १६ ॥ कालवाक्यानि बुद्ध्या निश्चित्य । सभ्रातृभृत्यवर्गस्योपसंहारः कालप्राप्त उचित एवेति निश्चित्य । तन्मम भ्रातृभृत्यादि सर्वं नास्तीति च निश्चित्य तूष्णीमासीत् ॥ १७ ॥ **इति श्रीरामाभिरामे श्रीरामीये रामायणतिलके वाल्मीकीय आदिकाव्य उत्तरकाण्डे पञ्चोत्तरशततमः सर्गः ॥ १०५ ॥**

अथ लक्ष्मणविसर्जनम्—अवाङ्मुखमिति । आप्लुतं राहुग्रस्तम् । हृष्टः । सुमन्त्रवाक्यतः पूर्वमेव रामकर्तव्यत्वपरित्यागस्यावगतत्वाद्विषादरहित इत्यर्थः ॥ १ ॥ तदेवाह—पूर्वेति । पूर्वनिर्माणेन प्राग्भवीयकर्मणा बद्धा कल्पितेदृशी 'संयोगा

लक्ष्मणेन तथोक्तस्तु रामः प्रचलितेन्द्रियः। मन्त्रिणः समुपानीय तथैव च पुरोधसः॥ ५
अब्रवीच्च तदा वृत्तं तेषां मध्ये स राघवः। दुर्वासोऽभिगमं चैव प्रतिज्ञां तापसस्य च॥ ६
तच्छ्रुत्वा मन्त्रिणः सर्वे सोपाध्यायाः समासत। वसिष्ठस्तु महातेजा वाक्यमेतदुवाच ह॥ ७
दृष्टमेतन्महाबाहो क्षयं ते रोमहर्षणम्। लक्ष्मणेन वियोगश्च तव राम महायशः॥ ८
त्यजैनं बलवान्कालो मा प्रतिज्ञां वृथा कृथाः। प्रतिज्ञायां हि नष्टायां धर्मो हि विलयं व्रजेत्॥ ९
ततो धर्मे विनष्टे तु त्रैलोक्यं सचराचरम्। सदेवर्षिगणं सर्वं विनश्येत्तु न संशयः॥ १०
स त्वं पुरुषशार्दूल त्रैलोक्यस्याभिपालनात्। लक्ष्मणेन विना चाद्य जगत्स्वस्थं कुरुष्व ह॥ ११
तेषां तत्समवेतानां वाक्यं धर्मार्थसंहितम्। श्रुत्वा परिषदो मध्ये रामो लक्ष्मणमब्रवीत्॥ १२
विसर्जये त्वां सौमित्रे मा भूद्धर्मविपर्ययः। त्यागो वधो वा विहितः साधूनां ह्युभयं समम्॥ १३
रामेण भाषिते वाक्ये बाष्पव्याकुलितेन्द्रियः। लक्ष्मणस्त्वरितः प्रायात्स्वगृहं न विवेश ह॥ १४
स गत्वा सरयूतीरमुपस्पृश्य कृताञ्जलिः। निगृह्य सर्वस्रोतांसि निःश्वासं न मुमोच ह॥ १५
अनिःश्वसन्तं युक्तं तं सशक्राः साप्सरोगणाः। देवाः सर्षिगणाः सर्वे पुष्पैरभ्यकिरंस्तदा॥ १६
अदृश्यं सर्वमनुजैः सशरीरं महाबलम्। प्रगृह्य लक्ष्मणं शक्रस्त्रिदिवं संविवेश ह॥ १७
ततो विष्णोश्चतुर्भागमागतं सुरसत्तमाः। हृष्टाः प्रमुदिताः सर्वे पूजयन्ति स्म राघवम्॥ १८

इत्यार्षे श्रीमद्रामायणे वाल्मीकीय आदिकाव्य उत्तरकाण्डे षडुत्तरशततमः सर्गः॥ १०६॥

सप्तोत्तरशततमः सर्गः।

विसृज्य लक्ष्मणं रामो दुःखशोकसमन्वितः। पुरोधसो मन्त्रिणश्च नैगमांश्चेदमब्रवीत्॥ १
अद्य राज्येऽभिषेक्ष्यामि भरतं धर्मवत्सलम्। अयोध्यायाः पतिं वीरं ततो यास्याम्यहं वनम्॥ २
प्रवेशयत संभारान्मा भूत्कालात्ययो यथा। अद्यैवाहं गमिष्यामि लक्ष्मणेन गतां गतिम्॥ ३
तच्छ्रुत्वा राघवेणोक्तं सर्वाः प्रकृतयो भृशम्। मूर्धभिः प्रणता भूमौ गतसत्त्वा इवाभवन्॥ ४
भरतश्च विसंज्ञोऽभूच्छ्रुत्वा राघवभाषितम्। राज्यं विगर्हयामास वचनं चेदमब्रवीत्॥ ५
सत्येनाहं शपे राजन्स्वर्गभोगेन चैव हि। न कामये यथा राज्यं त्वां विना रघुनन्दन॥ ६

विप्रयोगान्ता मरणान्तं च जीवितम्' इत्युपदिष्टन्यायवनीत्यर्थः॥ २॥ ३॥ ४॥ प्रचलितेन्द्रियस्त्यक्तावाङ्मुखमौनतया प्रवृत्तवाग्व्यापारः॥ ५॥ ६॥ समासत तूष्णीं स्थिताः॥ ७॥ दृष्टमेतत्क्षयं क्षय एष दृष्टः। मया तपोबलेनेति शेषः। मां द्रष्टुमागतेन त्वत्पित्रा पृष्टस्य मदाश्रमस्थदुर्वाससो मुखाच्चेति॥ ८॥ त्यजेत्यादिना 'प्रतिज्ञापालनं धर्मः क्षत्रियस्य विशेषत' इति सूचितम्॥ ९॥ १०॥ अभिपालनादभिरक्षणसिद्धिहेतोः। लक्ष्मणेन विना चाद्य। लक्ष्मणत्यागपूर्वकमद्यावस्थानेनेत्यर्थः॥ ११॥ १२॥ इष्टस्य त्यागो वा वधो वा तदुभयं साधूना सममेवेति त्वां विसर्जये। वधप्रतिज्ञापालनायेति भावः॥ १३॥ रामेण भाषित इति। उक्तरीत्येति शेषः। बाष्पव्याकुलितेन्द्रियो रामवियोगासहिष्णुतया, न तु स्वशरीरहानिभयेनेति भावः। तदेवाह—स्वगृहं न विवेश हेति। प्रायात्। सरयूतीरमिति शेषः॥ १४॥ सर्वस्रोतांसि सर्वेन्द्रियद्वाराणि॥ १५॥ युक्तं योगयुक्तम्। अभ्यकिरन्नभिवृष्टवन्तः॥ १६॥ अदृश्यं योगबलादन्तर्धानमुपागतम्, यद्वा दृश्यं यथा तथा सशरीरं लक्ष्मणं प्रगृह्य शक्रस्त्रिदिवं संविवेश। अनेन मनुष्यशरीरसंस्थानमेव देवशरीरसंस्थानं प्राप्तम्, न तु पूर्वशरीरपरित्यागः शरीरान्तरपरिग्रहश्चेति सूचितम्। एतेन जन्मापि तथैवेति च सूचितम्॥ १७॥ चतुर्भागं चतुर्थं भागम्। अत्र कतकः—शेषसुपर्णविष्वक्सेनैः शेषशायी विष्णुः स्वमूर्त्या चतुर्भागवान्। तत्र शेषांशो लक्ष्मणः, गरुडांशो भरतः, विष्वक्सेनांशः शत्रुघ्न इति। इदं पाद्मविरुद्धम्। तत्र हि भरतशत्रुघ्नौ शङ्खचक्रांशावित्युक्तमिति प्राग्दर्शितम्। गरुडस्य स्वरूपेणैव रामसंनिधे आगमनमुक्तं युद्धकाण्डे तेन विरुद्धं च॥ १८॥ **इति श्रीरामाभिरामे श्रीरामीये रामायणतिलके वाल्मीकीय आदिकाव्य उत्तरकाण्डे षडुत्तरशततमः सर्गः॥ १०६॥**

अथ भरतवचनेन कुशलवयो राज्याभिषेकपूर्वं प्रस्थापनं शत्रुघ्नाय दूतप्रेषणं च—विसृज्येति॥ १॥ भरतमयोध्यायाः पतिमभिषेक्ष्यामीति मनोरथं करोमि ततोऽहं वनं यास्यामि। महाप्रस्थानविधिनेति शेषः॥ २॥ संभारान्भरताभिषेकार्थान्॥ ३॥ ४॥ ५॥ त्वां विना यथा राज्यं च त्वदाज्ञया यथानुक्रमप्राप्तमयोध्याराज्यं न कामये, त्वां विना प्राप्येण स्वर्गभोगेन च न कामये। सुखभोगमिति शेषः। हे राजन्,

इमौ कुशीलवौ राजन्नभिषिच्य नराधिप । कोशलेषु कुशं वीरमुत्तरेषु तथा लवम् ॥ ७
शत्रुघ्नस्य च गच्छन्तु दूतास्त्वरितविक्रमाः । इदं गमनमस्माकं शीघ्रमाख्यातु मा चिरम् ॥ ८
तच्छ्रुत्वा भरतेनोक्तं दृष्ट्वा चापि ह्यधोमुखान् । पौरान्दुःखेन संतप्तान्वसिष्ठो वाक्यमब्रवीत् ९
वत्स राम इमाः पश्य धरणीं प्रकृतीर्गताः । ज्ञात्वैषामीप्सितं कार्यं मा चैषां विप्रियं कृथाः ॥ १०
वसिष्ठस्य तु वाक्येन उत्थाप्य प्रकृतीजनम् । किं करोमीति काकुत्स्थः सर्वान्वचनमब्रवीत् ॥ ११
ततः सर्वाः प्रकृतयो रामं वचनमब्रुवन् । गच्छन्तमनुगच्छामो यत्र राम गमिष्यसि ॥ १२
पौरेषु यदि ते प्रीतिर्यदि स्नेहो ह्यनुत्तमः । सपुत्रदाराः काकुत्स्थ समं गच्छाम सत्पथम् ॥ १३
तपोवनं वा दुर्गं वा नदीमम्भोनिधिं तथा । वयं ते यदि न त्याज्याः सर्वान्नो नय ईश्वर ॥ १४
एषा नः परमा प्रीतिरेष नः परमो वरः । हृद्गता नः सदा प्रीतिस्तवानुगमने नृप ॥ १५
पौराणां दृढभक्तिं च बाढमित्येव सोऽब्रवीत् । स्वकृतान्तं चान्ववेक्ष्य तस्मिन्नहनि राघवः १६
कोशलेषु कुशं वीरमुत्तरेषु तथा लवम् । अभिषिच्य महात्मानावुभौ रामः कुशीलवौ ॥ १७
अभिषिक्तौ सुतावङ्के प्रतिष्ठाप्य पुरे ततः । रथानां तु सहस्राणि नागानामयुतानि च ।
दश चाश्वसहस्राणि एकैकस्य धनं ददौ ॥ १८
बहुरत्नौ बहुधनौ हृष्टपुष्टजनाश्रयौ । स्वे पुरे प्रेषयामास भ्रातरौ तौ कुशीलवौ ॥ १९
अभिषिच्य ततो वीरौ प्रस्थाप्य स्वपुरे तदा । दूतान्संप्रेषयामास शत्रुघ्नाय महात्मने ॥ २०

इत्यार्षे श्रीमद्रामायणे वाल्मीकीय आदिकाव्य उत्तरकाण्डे सप्तोत्तरशततमः सर्गः ॥ १०७ ॥

अष्टोत्तरशततमः सर्गः ।

ते दूता रामवाक्येन चोदिता लघुविक्रमाः । प्रजग्मुर्मधुरां शीघ्रं चक्रुर्वासं न चाध्वनि ॥ १
ततस्त्रिभिरहोरात्रैः संप्राप्य मधुरामथ । शत्रुघ्नाय यथातत्त्वमाचख्युः सर्वं एव तत् ॥ २
लक्ष्मणस्य परित्यागं प्रतिज्ञां राघवस्य च । पुत्रयोरभिषेकं च पौरानुगमनं तथा ॥ ३
कुशस्य नगरी रम्या विन्ध्यपर्वतरोधसि । कुशावतीतिनाम्ना सा कृता रामेण धीमता ॥ ४
श्रावस्तीति पुरी रम्या श्राविता च लवस्य ह । अयोध्यां विजनां कृत्वा राघवो भरतस्तथा ५
स्वर्गस्य गमनोद्योगं कृतवन्तौ महारथौ । एवं सर्वं निवेद्याशु शत्रुघ्नाय महात्मने ॥ ६
विरेमुस्ते ततो दूतास्त्वर राजेति चाब्रुवन् । तच्छ्रुत्वा घोरसंकाशं कुलक्षयमुपस्थितम् ॥ ७
प्रकृतीस्तु समानीय काञ्चनं च पुरोधसम् । तेषां सर्वं यथावृत्तमब्रवीद्रघुनन्दनः ॥ ८
आत्मनश्च विपर्यासं भविष्यं भ्रातृभिः सह । ततः पुत्रद्वयं वीरः सोऽभ्यषिञ्चन्नराधिपः ॥ ९

इममर्थं सत्येन शपे ॥ ६ ॥ तर्हि किं राज्यं शून्यमेवास्तु तत्राह—इमाविति । उत्तरेषूत्तरकोशलेषु ॥ ७ ॥ इदमस्माकं प्रवर्तमानं गमनं गमनोद्योगं शत्रुघ्नस्य शीघ्रमाख्यातुं कथयितुं मा चिरमविलम्बं यथा भवति तथा दूता गच्छन्तु । आख्यातु मा चिरमित्यत्र तुमोऽनुस्वारलोप आर्षः ॥ ८ ॥ ९ ॥ एषामीप्सितं ज्ञात्वा यत्कार्यं यत्करणार्हं तत्कर्तव्यम् ॥ १० ॥ प्रकृतीजनमित्यत्र दीर्घ आर्षः ॥ ११ ॥ हे राम, यत्र त्वं गमिष्यसि तत्र गच्छन्तं त्वामनुगच्छामः ॥ १२ ॥ सत्पथम् । त्वया गम्यमानं स्वर्गमार्गमित्यर्थः ॥ १३ ॥ वयं त्वदेकशरणा यदि ते न त्याज्यास्तदा गम्यमानतपोवनाद्यन्यतमं तत्र नः सर्वान्नय । तत्र हेतुः—ईश्वरेति । भगवदवतारत्वात्सर्वस्वभक्तलोकनयनसमर्थो यतस्त्वमित्यर्थः ॥ १४ ॥ १५ ॥ पौराणामनुगमनविषयां दृढभक्तिमन्ववेक्ष्य स्वकृतान्तं स्वकर्तव्यसिद्धान्तं चान्ववेक्ष्य बाढमित्यब्रवीत् ॥ १६ ॥ अभिषिच्य । प्रस्थापयामासेति शेषः ॥ १७ ॥ पुरेऽयोध्यायां स्वसमीपे कोशलद्वयराज्यार्थमभिषिक्तौ सुतावङ्के प्रतिष्ठाप्य परिष्वज्य मूर्ध्न्युपाघ्राय च रथादिकं ददौ ॥ १८ ॥ १९ ॥ २० ॥ **इति श्रीरामाभिरामे श्रीरामीये रामायणतिलके वाल्मीकीय आदिकाव्य उत्तरकाण्डे सप्ताधिकशततमः सर्गः ॥ १०७ ॥**

अथानुगमनायागतानां शत्रुघ्नसुग्रीवविभीषणादीनामनुगमनावस्थानव्यवस्था—ते दूता इति ॥ १ ॥ २ ॥ राघवस्य प्रतिज्ञां कालपुरुषं प्रति ब्रह्मलोकागमनप्रतिज्ञाम् । पौरानुगमनं पौरानुगमनानुमतिम् ॥ ३ ॥ कुशस्य कुशावतीति नाम्ना पुरी रामेण कृता ॥ ४ ॥ लवस्य च पुरी श्रावस्तीति नाम्ना श्राविता लोके प्रसिद्धिं प्रापिता ॥ ५ ॥ ६ ॥ त्वर गमनाय त्वरितो भवेति । राजेति । राजन्नित्यर्थः ॥ ७ ॥ काञ्चनं काञ्चनाख्यम् । यथावृत्तमब्रवीत् । लक्ष्मणत्यागस्य निर्हेतुकत्वशङ्काव्यावृत्त्यर्थमिति भावः ॥ ८ ॥ विपर्यासं देहवियोगम् । भविष्यं

सुबाहुर्मधुरां लेभे शत्रुघाती च वैदिशम् । द्विधा कृत्वा तु तां सेनां माधुरीं पुत्रयोर्द्वयोः ।
धनं च युक्तं कृत्वा वै स्थापयामास पार्थिवः ॥ १०
सुबाहुं मधुरायां च वैदिशे शत्रुघातिनम् । ययौ स्थाप्य तदायोध्यां रथेनैकेन राघवः ॥ ११
स ददर्श महात्मानं ज्वलन्तमिव पावकम् । सूक्ष्मक्षौमाम्बरधरं मुनिभिः सार्धमक्षयैः ॥ १२
सोऽभिवाद्य ततो रामं प्राञ्जलिः प्रयतेन्द्रियः । उवाच वाक्यं धर्मज्ञं धर्ममेवानुचिन्तयन् ॥ १३
कृत्वाभिषेकं सुतयोर्द्वयो राघवनन्दन । तवानुगमने राजन्विद्धि मां कृतनिश्चयम् ॥ १४
न चान्यदद्य वक्तव्यमतो वीर न शासनम् । विहन्यमानमिच्छामि मद्विधेन विशेषतः ॥ १५
तस्य तां बुद्धिमक्लीबां विज्ञाय रघुनन्दनः । बाढमित्येव शत्रुघ्नं रामो वाक्यमुवाच ह ॥ १६
तस्य वाक्यस्य वाक्यान्ते वानराः कामरूपिणः । ऋक्षराक्षससङ्घाश्च समापेतुरनेकशः ॥ १७
सुग्रीवं ते पुरस्कृत्य सर्वे एव समागताः । तं रामं द्रष्टुमनसः स्वर्गायाभिमुखं स्थितम् ॥ १८
देवपुत्रा ऋषिसुता गन्धर्वाणां सुतास्तथा । रामक्षयं विदित्वा ते सर्वे एव समागताः ॥ १९
तवानुगमने राजन्संप्राप्ताः स्म समागताः । यदि राम विनास्माभिर्गच्छेस्त्वं पुरुषोत्तम ॥ २०
यमदण्डमिवोद्यम्य त्वया स्म विनिपातिताः । एतस्मिन्नन्तरे रामं सुग्रीवोऽपि महाबलः ।
प्रणम्य विधिवद्वीरं विज्ञापयितुमुद्यतः ॥ २१
अभिषिच्याङ्गदं वीरमागतोस्मि नरेश्वर । तवानुगमने राजन्विद्धि मां कृतनिश्चयम् ॥ २२
तैरेवमुक्तः काकुत्स्थो बाढमित्यब्रवीत्स्मयन् । विभीषणमथोवाच राक्षसेन्द्रं महायशाः ॥ २३
यावत्प्रजा धरिष्यन्ति तावत्त्वं वै विभीषण । राक्षसेन्द्र महावीर्य लङ्कास्थः स्वं धरिष्यसि ॥ २४
यावच्चन्द्रश्च सूर्यश्च यावत्तिष्ठति मेदिनी । यावच्च मत्कथा लोके तावद्राज्यं तवास्त्विह ॥ २५
शासितश्च सखित्वेन कार्यं ते मम शासनम् । प्रजाः संरक्ष धर्मेण नोत्तरं वक्तुमर्हसि ॥ २६
किंचान्यद्वक्तुमिच्छामि राक्षसेन्द्र महाबल । आराधय जगन्नाथमिक्ष्वाकुकुलदैवतम् ॥ २७
आराधनीयमनिशं देवैरपि सवासवैः । तथेति प्रतिजग्राह रामवाक्यं विभीषणः ।
राजा राक्षसमुख्यानां राघवाज्ञामनुस्मरन् ॥ २८
तमेवमुक्त्वा काकुत्स्थो हनूमन्तमथाब्रवीत् । जीविते कृतबुद्धिस्त्वं मा प्रतिज्ञां वृथा कृथाः ॥ २९
मत्कथाः प्रचरिष्यन्ति यावल्लोके हरीश्वर । तावद्रमस्व सुप्रीतो मद्वाक्यमनुपालयन् ॥ ३०
एवमुक्तस्तु हनुमान्राघवेण महात्मना । वाक्यं विज्ञापयामास परं हर्षमवाप च ॥ ३१
यावत्तव कथा लोके विचरिष्यति पावनी । तावत्स्थास्यामि मेदिन्यां तवाज्ञामनुपालयन् ॥ ३२

भविष्यन्तम् । तत एतत्कथनानन्तरम् ॥ ९ ॥ वैदिश तदाख्यं नगरम् । धनं च युक्तं कृत्वा किंचिदधिकं ज्येष्ठाय कनिष्ठाय च समविभागं दत्त्वा ॥ १० ॥ ११ ॥ मुनिभिः सार्धम् । आसीनमिति शेषः ॥ १२ ॥ १३ ॥ १४ ॥ अन्यदद्य न वक्तव्यम् । मां मानुगच्छेति न वक्तव्यमित्यर्थः । अतोऽस्माद्वाक्यादधिकं हे वीर, शासनं दण्डो नेत्यर्थः । 'विलोक्यमानमिच्छामि त्वद्विधेन विशेषतः' इति पाठे त्वद्विधेन परमानुग्रहसमर्थेन विलोक्यमानमनुगृह्यमाणमेवेच्छामि । आत्मानमिति शेष इत्यर्थः । 'विहन्यमानमिच्छामि मद्विधेन विशेषतः' इति पाठे हे वीर, तव शासनं मद्विधेन विहन्यमानं नेच्छामीति संबन्धः ॥ १५ ॥ १६ ॥ तस्य वाक्यस्य वाक्यान्ते । उच्चारणान्ते इत्यर्थः ॥ १७ ॥ १८ ॥ १९ ॥ समागता मिलिताः ॥ २० ॥ यमदण्डमुद्यम्येव त्वया निपातिताः स्म । हताः स्मेत्यर्थः ॥ २१ ॥ २२ ॥ एवं तेषामनुगमनवचः श्रुत्वा ब्रह्माज्ञापरिपालनाय व्यवस्थामाह—विभीषणमिति ॥ २३ ॥ तत्र विभीषणस्य ब्रह्मणामरत्वप्रदानादिहावस्थानमेव शास्ति—यावदिति । प्रजा धरिष्यन्ति स्थास्यन्ति तावत्त्वं स्वं स्वीयदेहं धरिष्यसि ॥ २४ ॥ २५ ॥ शासित आज्ञप्तः ॥ २६ ॥ अत्र स्थाने पाद्मे विशेषः—'तावद्रम स्वराज्यस्थः काले मम पदं व्रज । इत्युक्त्वा प्रददौ तस्मै स्वविश्लेषासहिष्णवे ॥ श्रीरङ्गशायिनं स्वार्चामिक्ष्वाकुकुलदैवतम् । रङ्गं विमानमादाय लङ्कां प्रायाद्विभीषणः ॥' इति । तत्राह—किंचेति । इदं सार्धश्लोकद्वयं प्रक्षिप्तमित्यन्ये ॥ २७ ॥ २८ ॥ अथ हनूमतोऽपि ब्रह्मदत्तामरत्वाद्यावद्रामकथाप्रचारं भूलोके तच्छ्रवणस्य प्रार्थितत्वात्तथा रामेणानुज्ञातत्वाच्च तं स्थापयति—जीवित इति । जीवदवस्थाने । कृतबुद्धिः कृतनिश्चयः । अतः स्वकृतां प्रतिज्ञां मा वृथा कृथाः । मा विलोपयेत्यर्थः ॥ २९ ॥ उक्तमेवार्थं स्पष्टयति—मत्कथा इति ॥ ३० ॥ ३१ ॥ ३२ ॥ एवं जा-

जाम्बवन्तं तथोक्त्वा तु वृद्धं ब्रह्मसुतं तदा । मैन्दं च द्विविदं चैव पञ्च जाम्बवता सह ।
यावत्कलिश्च संप्राप्तस्तावज्जीवत सर्वदा ॥ ३३
तदेवमुक्त्वा काकुत्स्थः सर्वांस्तानृक्षवानरान् । उवाच बाढं गच्छध्वं मया सार्धं यथोदितम् ॥ ३४

इत्यार्षे श्रीमद्रामायणे वाल्मीकीय आदिकाव्य उत्तरकाण्डेऽष्टोत्तरशततमः सर्गः ॥ १०८ ॥

नवाधिकशततमः सर्गः ।

प्रभातायां तु शर्वर्यां पृथुवक्षा महायशाः । रामः कमलपत्राक्षः पुरोधसमथाब्रवीत् ॥ १
अग्निहोत्रं व्रजत्वग्रे दीप्यमानं सह द्विजैः । वाजपेयातपत्रं च शोभमानं महापथे ॥ २
ततो वसिष्ठस्तेजस्वी सर्वं निरवशेषतः । चकार विधिवद्धर्मं माहाप्रस्थानिकं विधिम् ॥ ३
ततः सूक्ष्माम्बरधरो ब्रह्ममावर्तयन्परम् । कुशान्गृहीत्वा पाणिभ्यां सरयूं प्रययावथ ॥ ४
अव्याहरन्क्वचित्किंचिन्निश्चेष्टो निःसुखः पथि । निर्जगाम गृहात्तस्माद्दीप्यमानो यथांशुमान् ॥ ५
रामस्य दक्षिणे पार्श्वे पद्मा श्रीः समुपाश्रिता । सव्येऽपि च मही देवी व्यवसायस्तथाग्रतः ॥ ६
शरा नानाविधाश्चापि धनुरायत्तमुत्तमम् । तथायुधाश्च ते सर्वे ययुः पुरुषविग्रहाः ॥ ७
वेदा ब्राह्मणरूपेण गायत्री सर्वरक्षिणी । ओङ्कारोऽथ वषट्कारः सर्वे राममनुव्रताः ॥ ८
ऋषयश्च महात्मानः सर्व एव महीसुराः । अन्वगच्छन्महात्मानं स्वर्गद्वारमपावृतम् ॥ ९
तं यान्तमनुगच्छन्ति ह्यन्तःपुरचराः स्त्रियः । सवृद्धबालदासीकाः सवर्षवरकिंकराः ॥ १०
सान्तःपुरश्च भरतः शत्रुघ्नसहितो ययौ । रामं गतिमुपागम्य साग्निहोत्रमनुव्रतः ॥ ११
ते च सर्वे महात्मानः साग्निहोत्राः समागताः । सपुत्रदाराः काकुत्स्थमनुजग्मुर्महामतिम् ॥ १२
मन्त्रिणो भृत्यवर्गाश्च सपुत्रपशुबान्धवाः । सर्वे सहानुगा राममन्वगच्छन्प्रहृष्टवत् ॥ १३

म्बवतोऽपि ब्रह्मपुत्रत्वाद्ब्रह्मणैव दत्तामरत्वात्स्थापनम् । तथा मैन्दद्विविदयोरपि तत्पित्राश्विनीकुमारानुग्रहेणामृतप्राशनात्स्थापनम् । जाम्बवन्तमिति । ब्रह्मसुतं वृद्धं जाम्बवन्तं मैन्दं द्विविदं तथोक्त्वा प्राणान्धारयतेत्युक्त्वा तेषां देहत्यागकालं तन्त्रेणाह—पञ्चेति । जाम्बवता सह ये पञ्चविभीषणहनुमन्मैन्दद्विविदा अमरास्ते यूयं यावत्कलिः प्रलयरूपो नाशः कलियुगं च तावत्कालं जीवत । तत्र हनूमद्विभीषणयोः प्रलये इतरेषां तु कलौ कृष्णावतारे नाश इति बोध्यम् ॥ ३३ ॥ तदिति । विभीषणादीन्प्रत्येवमुक्त्वा । इतरान्प्रति गमनानुज्ञामाहेत्यर्थः । सर्वांस्तान्पूर्वोक्तपञ्चव्यतिरिक्तान् ॥ ३४ ॥ इति **श्रीरामाभिरामे श्रीरामीये रामायणतिलके वाल्मीकीय आदिकाव्य उत्तरकाण्डेऽष्टोत्तरशततमः सर्गः ॥ १०८ ॥**

अथ महाप्रस्थानविधिना भगवति निर्याते सर्वेषां तदनुगमनम्—प्रभातायामिति ॥ १ ॥ वाजपेयातपत्रम् । तस्यैव धर्मानुष्ठाने साधनत्वात् । राजचिह्नस्य च संत्यक्तत्वादिति भावः ॥ २ ॥ महाप्रस्थानं नाम परलोकगमनाय संकल्पपूर्वकं प्रस्थानं तदर्हतीति माहाप्रस्थानिकं विधिमुद्दिश्य यो धर्मः कर्तव्यस्तं धर्मं विधिवच्चकार ॥ ३ ॥ ब्रह्ममावर्तयन्नित्यकारान्तत्वमार्षम् । परं ब्रह्मेत्यर्थः । प्रागगस्त्योपदिष्टं ब्रह्मसिद्धान्तप्रधानमहामन्त्रसर्वस्वं श्रीमद्ब्रह्महृदयमावर्तयन्सम्यग्ज्ञानोवाग्वृत्तिभ्यामनुसंदधान इत्यर्थ इति कतकः । ब्रह्मप्रतिपादकोपनिषद आवर्तयन्नित्यर्थ इत्यन्ये । कुशान्गृहीत्वाङ्गुलिविवरप्रसक्तान्कृत्वा प्रययौ । वक्ष्यमाणलक्षणमहाप्रस्थानविधिनेति शेषः ॥ ४ ॥ तदेवाह—अव्याहरन्निति । निश्चेष्टः किंचित्पदार्थदर्शनश्रवणस्पर्शनादिविषयकेन्द्रियचेष्टारहितः । निःसुखः पथि पादुकासुखमप्युपेक्ष्य शर्कराकण्टकादिदुःखसहिष्णुः ॥ ५ ॥ पद्मा पद्महस्ता, श्रीर्लक्ष्मीः, मही देवी । 'ह्रीश्च ते लक्ष्मीश्च पत्न्यौ' इति श्रुतेः । श्रुतौ ह्रीर्मही । व्यवसायो व्यवसायशक्तिः संहारशक्तिः ॥ ६ ॥ तथा संहारशक्तिसहकारिणामपि मूर्ततयोपासकत्वमाह—शरा इति । एवं रौद्रशक्तिसेवा दर्शिता ॥ ७ ॥ अथ हैरण्यगर्भशक्तिसेवां दर्शयति—वेदा इति । गायत्री सर्वरक्षिणी सर्ववेदतन्मूलयज्ञयज्ञाधिकृताशेषजगद्रक्षिका तस्या अपि मूलमोङ्कारोऽप्यनुगतः । अनेन सर्वज्ञानयोगो दर्शितः । वषट्कारः कर्मयोगः ॥ ८ ॥ स्वर्गद्वारमपावृतं परस्वर्गस्य ब्रह्मलोकस्य द्वारमपावृतमनावृतम् । रामेण सहोपेन्द्रलोकगमनद्वारा रामेण सहागतानां सर्वजन्तूनां ब्रह्मलोकस्यैव प्राप्तेरिति बोध्यम् । अतएव बहुशः प्रागुक्तम् । 'रामो राज्यमुपासित्वा ब्रह्मलोकं गमिष्यति' इति रामस्थितिलोकस्यैव ब्रह्मलोकत्वाच्च ॥ ९ ॥ वर्षवराः षण्ढाः ॥ १० ॥ सान्तःपुरोऽन्तःपुरस्त्रीसहितः । गतिं सर्वलोकगतिदम् । उपागम्य समीपमागत्यानुव्रतः । पश्चाच्चलित इत्यर्थः ॥ ११ ॥ महात्मानो ब्राह्मणाः ॥ १२ ॥ प्रहृष्टवत् । देहविसर्जने समीपास्थानलाभजः प्रहर्षः पुत्रैस्तु तल्लब्धमिति ॥ १३ ॥ १४

ततः सर्वाः प्रकृतयो हृष्टपुष्टजनावृताः । गच्छन्तमनुगच्छन्ति राघवं गुणरञ्जिताः ॥ १४
ततः सस्त्रीपुमांसस्ते सपक्षिपशुबान्धवाः । राघवस्यानुगाः सर्वे हृष्टा विगतकल्मषाः ॥ १५
स्नाताः प्रमुदिताः सर्वे हृष्टपुष्टाश्च वानराः । दृढं किलकिलाशब्दैः सर्वं राममनुव्रतम् ॥ १६
न तत्र कश्चिद्दीनो वा व्रीडितो वापि दुःखितः । हृष्टं समुदितं सर्वं बभूव परमाद्भुतम् ॥ १७
द्रष्टुकामोऽथ निर्यान्तं रामं जानपदो जनः । य प्राप्तः सोऽपि दृष्ट्वैव स्वर्गायानुगतो जनः ॥ १८
ऋक्षवानररक्षांसि जनाश्च पुरवासिनः । आगच्छन्परया भक्त्या पृष्ठतः सुसमाहिताः ॥ १९
यानि भूतानि नगरेऽप्यन्तर्धानगतानि च । राघवं तान्यनुययुः स्वर्गाय समुपस्थितम् ॥ २०
यानि पश्यन्ति काकुत्स्थं स्थावराणि चराणि च । सर्वाणि रामगमने अनुजग्मुर्हि तान्यपि ॥ २१
नोच्छ्वसत्तदयोध्यायां सुसूक्ष्ममपि दृश्यते । तिर्यग्योनिगताश्चैव सर्वे राममनुव्रताः ॥ २२

इत्यार्षे श्रीमद्रामायणे वाल्मीकीय आदिकाव्य उत्तरकाण्डे नवाधिकशततमः सर्गः ॥ १०९ ॥

दशाधिकशततमः सर्गः ।

अध्यर्धयोजनं गत्वा नदीं पश्चान्मुखाश्रिताम् । सरयूं पुण्यसलिलां ददर्श रघुनन्दनः ॥ १
तां नदीमाकुलावर्तां सर्वत्रानुसरन्नृपः । आगतः सप्रजो रामस्तं देशं रघुनन्दनः ॥ २
अथ तस्मिन्मुहूर्ते तु ब्रह्मा लोकपितामहः । सर्वैः परिवृतो देवैर्भूपितैश्च महात्मभिः ॥ ३
आययौ यत्र काकुत्स्थः स्वर्गाय समुपस्थितः । विमानशतकोटीभिर्दिव्याभिरभिसंवृतः ॥ ४
दिव्यतेजोवृतं व्योम ज्योतिर्भूतमनुत्तमम् । स्वयंप्रभैः स्वतेजोभिः स्वर्गिभिः पुण्यकर्मभिः ॥ ५
पुण्या वाता ववुश्चैव गन्धवन्तः सुखप्रदाः । पपात पुष्पवृष्टिश्च देवैर्मुक्ता महौघवत् ॥ ६
तस्मिंस्तूर्यशतैः कीर्णे गन्धर्वाप्सरसंकुले । सरयूसलिलं रामः पद्भ्यां समुपचक्रमे ॥ ७
ततः पितामहो वाणीं त्वन्तरिक्षादभाषत । आगच्छ विष्णो भद्रं ते दिष्ट्या प्राप्तोऽसि राघव ॥ ८
भ्रातृभिः सह देवाभैः प्रविशस्व स्विकां तनुम् । यामिच्छसि महाबाहो तां तनुं प्रविश स्विकाम् ॥९

॥ १५ ॥ दृढं दृढानुगमननिश्चयं किलकिलाशब्दैरुपलक्षितं सर्वं वानरबलमिति शेषः ॥ १६ ॥ दीनो दीनाकृतिः । व्रीडितः । गते रामे कथमहं तिष्ठामीति लज्जावशान्न रामानुगमनम्, किं तु संतोषेणैवेत्यर्थः । समुदितं मिलितं सर्वं परमाद्भुतं परलोकगमनायैवंविधहर्षयुक्तमित्यत्याश्चर्यकरमभूदित्यर्थः ॥ १७ ॥ १८ ॥ १९ ॥ अन्तर्धानगतानि भूतप्रेतपिशाचादीनि भद्रकाल्यादीनि च ॥ २० ॥ स्थावराणीति । स्थावराणामनुगमनं भगवतो रामस्य सदयावलोकनेन तदानीं ज्ञानक्रियाशक्त्युद्भवादुपपद्यते ॥ २१ ॥ उच्छ्वसत् । प्राणिमात्रमित्यर्थः । सुसूक्ष्ममपि न दृश्यते । अननुगतमिति शेषः ॥२२॥

इति श्रीरामाभिरामे श्रीरामीये रामायणतिलके वाल्मीकीय आदिकाव्य उत्तरकाण्डे नवाधिकशततमः सर्गः ॥ १०९ ॥

अथ रामेण स्वस्वरूपं प्राप्य पश्चात्सर्वजन्तूनां पितामहानुमत्या ब्रह्मलोकादर्वाचीने ब्रह्मलोकसमे संतानकलोके प्रापणम्—अध्यर्धेति । अर्धाधिकं योजनं गत्वेत्यर्थः । पश्चान्मुखाश्रितां पश्चान्मुखेन स्वेनाश्रिताम् ॥ १ ॥ तं देशं स्वर्गप्रापकं देशम् ॥ २ ॥ तस्मिन्मुहूर्ते लोकपितामहो ब्रह्मा आययौ इत्युत्तरेणान्वयः । रामपारकरस्य यथोचितलोकप्रापणार्थमिति शेषः ॥ ३ ॥ स्वर्गाय स्वर्गं गन्तुम् ॥ ४ ॥ प्रथमतो दिव्यतेजसा व्याप्तं व्योम स्वयंप्रभैः स्वयमेव प्रकाशान्तरनैरपेक्ष्येण प्रकाशमानैः स्वर्गिभिः स्वतेजोभिः किरणैरनुत्तममतिशयेन ज्योतिर्भूतं ज्योतिर्मयमभूदित्यर्थः ॥ ५ ॥ महौघवत् । महासमृद्धिमदित्यर्थः ॥ ६ ॥ तूर्यशतैः संकीर्णे । तस्मिन्काले इत्यर्थः । गन्धर्वाप्सरसंकुले । गन्धर्वाप्सरःसंकुल इति यावत् । पद्भ्यां समुपचक्रमे । गन्तुमिति शेषः ॥ ७ ॥ अन्तरिक्षात्समीपमागत्य । अभाषतेत्यर्थः । हे विष्णो, लोकानुग्रहाय गृहीतविष्णुशरीर ब्रह्मन्राघव, दिष्ट्या प्राप्तोऽसि मायागृहीतदुःखमयनटनयोग्यमनुष्यशरीरविसर्जनकालं प्राप्तोऽसि । ते भद्रमस्तु कल्याणमस्तु । अद्यागच्छ । यतो लोकान्मनुष्यलोकं गतस्तं लोकमित्यर्थः ॥ ८ ॥ तदर्थं च देवाभैर्देवस्य तत्र सदृशैर्भ्रातृभिः सह स्विकां तनुं स्वतनुवदत्यन्तप्रियं लोकं प्रविश । अत्र भ्रातृभिरिति बहुवचनेन लक्ष्मणस्यापि तदानीं तत्रागमनं सूचयतीति तीर्थः । कतकस्तु यद्यपि शत्रुघ्न एक एव सहगच्छति, तथापि पुरोगतस्य सहगच्छतः पश्चादागमिष्यतश्च भ्रातुस्तत्र प्रवेशः सामान्येनाद्यतनप्रवेश इत्युच्यते इति न विरोध इति व्याचख्यौ । भरतानुगमनं भगवद्देहविसर्जनदर्शनपर्यन्तमिति च पूर्वसर्गे 'सान्तःपुरश्च भरतः शत्रुघ्नसहितो ययौ' इति पाद्मे व्याख्याति स्म च । तत्र भरतस्य पश्चाद्गमने मूलमन्वेष्टव्यम् । पूजायां बहुवचनमित्यन्ये । ननु मदीयतनूनामनेकत्वात्कांचित्प्रविशेत्युच्यते तत्राह—यामिति ॥ ९ ॥

वैष्णवीं तां महातेजो यद्वाकाशं सनातनम् । त्वं हि लोकगतिर्देव न त्वां केचित्प्रजानते ॥ १०
ऋते मायां विशालाक्षीं तव पूर्वपरिग्रहाम् । त्वामचिन्त्यं महद्भूतमक्षयं चाजरं तथा ।
यामिच्छसि महातेजस्तां तनुं प्रविश स्वयम् ॥ ११
पितामहवचः श्रुत्वा विनिश्चित्य महामतिः । विवेश वैष्णवं तेजः सशरीरः सहानुजः ॥ १२
ततो विष्णुमयं देवं पूजयन्ति स्म देवताः । साध्या मरुद्गणाश्चैव सेन्द्राः साग्निपुरोगमाः ॥ १३
ये च दिव्या ऋषिगणा गन्धर्वाप्सरसश्च याः । सुपर्णनागयक्षाश्च दैत्यदानवराक्षसाः ॥ १४
सर्वं पुष्टं प्रमुदितं सुसंपूर्णमनोरथम् । साधुसाध्विति तैर्देवैस्त्रिदिवं गतकल्मषम् ॥ १५
अथ विष्णुर्महातेजाः पितामहमुवाच ह । एषां लोकं जनौघानां दातुमर्हसि सुव्रत ॥ १६
इमे हि सर्वे स्नेहान्मामनुयाता यशस्विनः । भक्ता हि भजितव्याश्च त्यक्तात्मानश्च मत्कृते ॥ १७
तच्छ्रुत्वा विष्णुवचनं ब्रह्मा लोकगुरुः प्रभुः । लोकान्संतानकान्नाम यास्यन्तीमे समागताः ॥ १८
यच्च तिर्यग्गतं किंचित्त्वामेवमनुचिन्तयत् । प्राणांस्त्यक्ष्यति भक्त्या तत्संतानेषु निवत्स्यति ॥ १९
सर्वैर्ब्रह्मगुणैर्युक्ते ब्रह्मलोकादनन्तरे । वानराश्च स्विकां योनिमृक्षाश्चैव तथा ययुः ॥ २०

तदेव विशदयति—वैष्णवीमिति । हे महातेजः, वैष्णवीमौपेन्द्रीम् । यतो मनुष्यदेहस्तां वा प्रविश । यद्वाकाशं सनातनम् । यद्वा सनातनमाकाशं शुद्धब्रह्मरूपं वा प्रविश । तद्रूपेण वा तिष्ठेत्यर्थः । आकाशशब्दो हि ब्रह्मणि तत्र तत्र श्रुतिषु प्रसिद्धः । कतकस्तु—'वैष्णवीं तां महातेजः स्वां तनुं प्रविश स्वयम्' इति पाठः पाठः । यामिच्छसीत्येतत्प्राक्तनमर्धं च प्रामादिकमित्याह । अग्रे च पितामहवच इति श्लोक इति तत्स्वरसः । तीर्थस्तु यद्वाकाशं सनातनमिति व्याख्यायातःपरं ब्रह्मा स्तौति—त्वं हीति । लोकगतिः । लोकानां स्वर्गादिकं गमयिता लोकैर्गम्यश्च त्वमेवेत्यर्थः । त्वां केचिदतिशयिततपःसंपन्ना अपि न प्रजानते ॥ १० ॥ तर्हि किमज्ञेय एव सर्वथा नेत्याह—ऋते इति । मायां ज्ञानशक्तिरूपां विनान्ये न जानन्तीत्यर्थः । विशालाक्षीमित्यनेन तस्याः सर्वविषयता सूचिता । पूर्वपरिग्रहाम् । तेन सहजत्वं सूचितम् । श्रवणमनननिदिध्यासनादिनेदृशी ज्ञानशक्तिर्येषां प्रादुर्भवति त एव त्वां जानन्तीति तात्पर्यम् । तत्र तादृशज्ञानविषयं स्वरूपमाह—त्वामिति । अचिन्त्यं देशतः परिच्छेदशून्यम् । अत एव महद्भूतं प्राप्तम् । अविशेषात्सर्ववस्तुभिरिति शेषः । तेन वस्तु परिच्छेदशून्यम् । अक्षयं कालपरिच्छेदशून्यम् । अजरमविकारिणम् । एवं स्तुत्वा प्रकृतिं विज्ञापयति—यामिति ॥ ११ ॥ अथ स्वसालोक्यकाङ्क्षिणो जनान्संतानापरपर्यायं स्वलोकं प्रापय्य क्रमेण परमं पदं नेतुकामो दयालुर्भगवान्स्वतोऽप्यस्मादुत्तमं लोकं प्रापितवानिति तत्तोषायौपेन्द्रं लोकमेव गच्छति स्मेत्याह—पितामहेति । महामतिः सर्वज्ञो भगवान्विनिश्चित्य प्रागुक्तं निश्चयं कृत्वा सशरीरो वैष्णवं तेजो यज्ञज्वालावत्तेजोमयमौपेन्द्रं विवेश । अनेन तेजोमय एव देहो मायया मनुष्यदेहादिभिर्मनुष्यदेहत्वेन गृहीत इति ध्वनितम् । तेजःप्रवेशो जले जलवद्विवेकेनाग्रहात्सहानुज इत्यनेनानुजशरीराणामपि तथैव तेजोमयत्वं सूचितम् । सशरीरशब्दबोधितस्वसाहचर्येण तेषामपि सशरीरप्रवेशबोधनात् ॥ १२ ॥ ततस्तत्प्रवेशात् । विष्णुमयपेन्द्राभेदमापन्नं देवं देवताः पूजयन्ति स्म । कास्ता देवतास्तत्राह—साध्या इत्यादि ॥ १३ ॥ १४ ॥ सर्वमिति । त्वय्यत्रागते सर्वमिदं त्रिदिवस्थजनजातं पुष्टं प्रमुदितं सुसंपूर्णमनोरथं गतकल्मषं च जातमिति तैर्देवैः साधुसाध्विति भाषितम् ॥ १५ ॥ अथ विष्णुर्विष्णुशरीरसंक्रान्तशरीरो महातेजा रामः पितामहमुवाच । किमुवाच तदाह—एषां लोकमिति । त्वल्लोकप्राप्तिद्वारा प्रतिसंचरे त्वया सह मोक्षप्रापकं लोकमेषां दातुमर्हसि ॥ १६ ॥ किमर्थमेवमेतन्मुक्तये यत्नस्तत्राह—इमे हीति । यतो मम स्नेहादेते मामनुयाता अनुगमनं प्राप्ताः । भक्ताः, अतएव मेव भजितव्या भजनीयाः । मत्कृते मद्वियोगासहिष्णुतया त्यक्तात्मानस्त्यक्तशरीराः । अत एषां तादृशलोकदानमुचितमिति भावः । 'भक्ता हि भाषितव्या मे' इति पाठे यत इमे भक्ताः, अत इमे भाषितव्याः । एतत्प्रयोजनार्थं भवन्तं प्रत्यवश्यं मया वक्तव्या इत्यर्थः ॥ १७ ॥ लोकगुरुः सर्वजगत्कर्ता वेदादिसर्वविद्योपदेष्टा च । प्रभुर्नित्यनैमित्तिकविहितनिषिद्धकर्मणां फलप्रापणे समर्थः । इमे त्वया सह समागताः संतानकान्नाम लोकान्क्रमेण ब्रह्मलोकप्राप्तिद्वारा मुक्तिजनकान्यास्यन्ति ॥ १८ ॥ ननु कथं ब्रह्मविद्भ्यो ब्रह्मलोको वानरप्राप्यस्तत्राह—यच्चेति । तिर्यग्गतमपि यत्किंचिद्यत्र क्वापि पदार्थे त्वामेव विष्णुमिति चिन्तयद्यत्किंचित्पदार्थं विष्णुत्वेन भावयत्त्वयि विष्णौ भक्त्या युक्तं प्राणांस्त्यक्ष्यति तत्संतानकनामकलोकेषु वत्स्यति । किं पुनर्वक्तव्यं य एते त्वदनुरागेण त्वदनुगमनपूर्वं प्राणांस्त्यजन्ति ते संतानकेषु वत्स्यन्तीति ॥ १९ ॥ कोऽसौ संतानकलोकस्तत्राह—सर्वैरिति । सर्वैर्ब्रह्मगुणैः सत्यसंकल्पत्वादिब्रह्मगुणैर्युक्ते । ब्रह्मलोकादनन्तरे तत्समीपस्थे । अनेन तत्र स्थितानामपि क्रमेण ब्रह्मलोकप्राप्त्या ब्रह्मणा सह मुक्तिः सूचिता । एवं सामान्यतो वानराणां सांतानिकलोकप्राप्तिमुपदिश्य देवाद्यंशानां सुग्रीवादीनां तत्तद्देवादिस्वरूपप्राप्तिमाह—वानराश्चेति । वानराः सुग्रीवा-

येभ्यो विनिःसृताः सर्वे सुरेभ्यः सुरसंभवाः । तेषु प्रविविशे चैव सुग्रीवः सूर्यमण्डलम् ॥ २१
पश्यतां सर्वदेवानां स्वान्पितॄन्प्रतिपेदिरे । तथा ब्रुवति देवेशे गोप्रतारमुपागताः ॥ २२
भेजिरे सरयूं सर्वे हर्षपूर्णाश्रुविक्लवाः । अवगाह्याप्सु यो यो वै प्राणांस्त्यक्त्वा प्रहृष्टवत् ॥ २३
मानुषं देहमुत्सृज्य विमानं सोऽध्यरोहत । तिर्यग्योनिगतानां च शतानि सरयूजलम् ॥ २४
संप्राप्य त्रिदिवं जग्मुः प्रभासुरवपूंषि तु । दिव्या दिव्येन वपुषा देवा दीप्ता इवाभवन् ॥ २५
गत्वा तु सरयूतोयं स्थावराणि चराणि च । प्राप्य तत्तोयविक्लेदं देवलोकमुपागमन् ॥ २६
तस्मिन्येऽपि समापन्ना ऋक्षवानरराक्षसाः । तेऽपि स्वर्गं प्रविविशुर्देहान्निक्षिप्य चाम्भसि ॥ २७
ततः समागतान्सर्वान्स्थाप्य लोकगुरुर्दिवि । हृष्टैः प्रमुदितैर्देवैर्जगाम त्रिदिवं महत् ॥ २८

इत्यार्षे श्रीमद्रामायणे वाल्मीकीय आदिकाव्य उत्तरकाण्डे दशाधिकशततमः सर्गः ॥ ११० ॥

एकादशोत्तरशततमः सर्गः ।

एतावदेतदाख्यानं सोत्तरं ब्रह्मपूजितम् । रामायणमिति ख्यातं मुख्यं वाल्मीकिना कृतम् ॥ १
ततः प्रतिष्ठितो विष्णुः स्वर्गलोके यथा पुरा । येन व्याप्तमिदं सर्वं त्रैलोक्यं सचराचरम् ॥ २
ततो देवाः सगन्धर्वाः सिद्धाश्च परमर्षयः । नित्यं शृण्वन्ति संहृष्टाः काव्यं रामायणं दिवि ॥ ३
इदमाख्यानमायुष्यं सौभाग्यं पापनाशनम् । रामायणं वेदसमं श्राद्धेषु श्रावयेद्बुधः ॥ ४
अपुत्रो लभते पुत्रमधनो लभते धनम् । सर्वपापैः प्रमुच्येत पादमप्यस्य यः पठेत् ॥ ५
पापान्यपि च यः कुर्यादहन्यहनि मानवः । पठत्येकमपि श्लोकं पापात्स परिमुच्यते ॥ ६
वाचकाय च दातव्यं वस्त्रं धेनुहिरण्यकम् । वाचके परितुष्टे तु तुष्टाः स्युः सर्वदेवताः ॥ ७

दयः । ऋक्षा जाम्बवदतिरिक्ताः स्विकां स्वियां योनिं देवयोनिं स्वस्वदेवरूपं ययुः ॥ २० ॥ उक्तमेवार्थं स्पष्टयति—येभ्य इति । सुरेभ्य इत्युपलक्षणम् । येभ्यो देवर्ष्यादिभ्यो ये विनिःसृतास्ते सुरसंभवाः स्वपितॄन्प्रतिपेदिरे । तेषु मध्ये सुग्रीवः सूर्यमण्डलं प्रविविशे । अत्र ययुः प्रतिपेदिरे इति निर्देशो भविष्यदर्थे । 'अवतीर्य समीकृत्य स्वांशान्स्वीकुर्वते पुनः' इति शास्त्रात् । उक्तार्थमुपसंहरति—तथेति । देवेशे पितामहे तथोक्तवति । आगच्छ प्रविश स्विकां तनुमित्युक्तवतीत्यर्थः । गोप्रतारं गोप्रताराख्यं तीर्थं सारवमुपागताः सन्तः सर्वे हर्षपूर्णाश्रुविक्लवा आनन्दजाश्रुपूर्णतया विक्लववीक्षणाः सरयूं भेजिरे । अथ यो यः प्राणी तदा सरयूजलमवगाह्य हृष्टवद्धृष्ट आसीत्स मानुषं देहमुत्सृज्य विमानमध्यरोहत । तिर्यग्योनिगतानां शतान्यनेकानि सरयूजलं तदवगाहं प्राप्य प्रभासुराणि वपूंषि येषां तादृशानि भूत्वा त्रिदिवं जग्मुः । दिव्या दिव्यवपुषः सन्तो दिव्येन वपुषा दीप्ता देवा इवाभवन् ॥ २१ ॥ २२ ॥ २३ ॥ २४ ॥ २५ ॥ अथ स्थावराणि चराणि च पश्वादीनि सरयूतोयं गत्वा तत्तोयविक्लेदं प्राप्य तत्तोयमज्जनं प्राप्य देवलोकमुपागमन् । कल्पवृक्षकामगव्यादिस्वरूपं प्राप्नुवन्तीत्यर्थः ॥ २६ ॥ तस्मिन्सरयूजले समापन्नास्त्यक्तदेहास्तेऽपि सर्वे एतान्देहानम्भसि निक्षिप्य स्वर्गं संतानकलोकरूपं विविशुः ॥ २७ ॥ ततः समागतान्दिव्यैर्देहैरन्तरिक्षे स्वसमीपं प्राप्तान्दिवि तत्तदुचितस्वर्गे स्थापयित्वा स्वयं भगवदागमनाद्धृष्टैर्देवैः सह महत्त्रिदिवं स्वलोकं जगाम ॥ २८ ॥

इति श्रीरामाभिरामे श्रीरामीये रामायणतिलके वाल्मीकीय आदिकाव्य उत्तरकाण्डे दशाधिकशततमः सर्गः ॥ ११० ॥

अथ तत्काव्यफलोपदेशः—एतावदिति । सोत्तरमुत्तरकाण्डसहितम् । ब्रह्मणा चतुर्मुखेन भगवदवतारचरितविषयत्वात्पूजितम् । किंच ब्रह्मभिर्ब्रह्मर्षिभिः पूजितम् । ब्रह्मणा स्वयं प्रवर्त्य वाल्मीकिना कारितत्वात्सर्वाख्यानेभ्यः प्रशस्तं रामायणमिति ख्यातम् । 'परानन्दमयो रामो ह्ययते श्रवणादिभिः । अतोऽस्य चाभिधा पुण्या रामायणमितीरिता ॥' वाल्मीकिना कृतमेतदाख्यानमेतावदेव एतावच्छ्लोकसर्गकाण्डसंख्याकमेव । न न्यूनं नाधिकमित्यर्थः ॥ १ ॥ अथ पूर्वसर्गवृत्तानुवादपूर्वं काव्यस्यापवर्गान्तसाधकत्वेन श्रोतव्यार्थत्वप्रतिपादनम्—तत इति । ततो भक्तजनस्य स्वर्गप्रापणानन्तरं स्वयमपि विष्णुरुपेन्द्रत्वं प्राप्तः । स्वर्गलोके उपेन्द्रलोके यथा पुरा यथा पूर्वं प्रतिष्ठितः । एवं तर्हि सपरिच्छेदः किं सः, नेत्याह—येनेति । येन सचराचरं सर्वं त्रैलोक्यं जगदुपादानत्वेन व्याप्तम् । स्वर्गप्रतिष्ठितत्वं तु मनुष्यदेहधारणवन्मायिकमिति भावः ॥ २ ॥ ततोऽस्य काव्यस्य जगदुपादानकारणावतारचरित्राख्यानत्वतो देवादयोऽपि दिव्यं रामायणं दिवि शृण्वन्ति ॥ ३ ॥ यत एवमतः—इदमाख्यानमायुष्यमिति । श्रुतं पठितं च सदायुर्जनकमित्यर्थः । सौभाग्यं सौभाग्यवर्धनम् । वेदसमम् । वेदवद्ब्रह्मविषयत्वेऽपि पौरुषेयत्वेन वेदतः किंचिन्न्यून-

एतदाख्यानमायुष्यं पठन्रामायणं नरः । सपुत्रपौत्रो लोकेऽस्मिन्प्रेत्य चेह महीयते ॥ ८
रामायणं गोविसर्गे मध्याह्ने वा समाहितः । सायाह्ने वापराह्ने च वाचयन्नावसीदति ॥ ९
अयोध्यापि पुरी रम्या शून्या वर्षगणान्बहून् । ऋषभं प्राप्य राजानं निवासमुपयास्यति ॥ १०
एतदाख्यानमायुष्यं सभविष्यं सहोत्तरम् । कृतवान्प्रचेतसः पुत्रस्तद्ब्रह्माप्यन्वमन्यत ॥ १११

इत्यार्षे श्रीमद्रामायणे वाल्मीकीय आदिकाव्य उत्तरकाण्ड एकादशोत्तरशततमः सर्गः ॥ १११ ॥

इति श्रीरामायण उत्तरकाण्डं समाप्तम् ।

मित्यर्थः ॥ ४ ॥ ५ ॥ ६ ॥ ७ ॥ लोकेऽस्मिन्महीयते इत्यर्थः । प्रेत्य मरणोत्तरमपि । इह च, चात्परलोके, इह लोके च महीयते । इह लोके पूजा च कीर्त्यविच्छेदात् ॥ ८ ॥ ९ ॥ ततः परमयोध्या केन रूपेण स्थितेति शङ्कानिवृत्तये भविष्यद्वृत्तान्तरमाह—अयोध्यापीति । रम्या अयोध्यापुर्यपि बहून्वर्षगणाञ्छून्या सती कालान्तर ऋषभं राजानमवाप्य निवासं जनाश्रयत्वमुपयास्यति । अत्र कतकः—एवं चायोध्याविषयेऽभिषिक्तेन भरतेनायोध्यादेशो नन्दिग्रामे स्थित्वैव रक्षित इति द्रष्टव्यमिति । तत्र मानं चिन्त्यम् । 'सत्येन च शपे राजन्स्वर्गलाभेन चैव हि । न कामये यथा राज्यं त्वां विना रघुनन्दन ॥' इति पूर्वभरतोक्त्या विरुद्धं च । तथा 'भरतश्चापि शत्रुघ्नस्तयोर्दारा उभे शुभे । राघवस्यानुगमने निश्चितार्थाः समाययुः ॥ राघवस्तु चतुर्बाहुरभूत्तस्य कराब्जयोः । उभौ भरतशत्रुघ्नौ शङ्खचक्रौ बभूवतुः ॥' इति पाद्मविरुद्धं चेत्यन्ये ॥ १० ॥ एतदिति । सभविष्यं भगवद्यानानन्तरं भगवदयोध्यावृत्तान्तकथनसहितम् । सहोत्तरमेतावदेतदाख्यानमित्यतः प्राक्तनोत्तरकाण्डसहितम् । प्रचेतसः पुत्रो वाल्मीकिः । एतद्रामायणाख्यानं कृतवान् । प्रचेतसः पुत्र इत्यक्षराधिक्यमार्षत्वात् । तद्ब्रह्मा हिरण्यगर्भोऽप्यन्वमन्यत सत्यशब्दतया वेदोपबृंहणतया सर्वार्थसाधकतया चाङ्गीकृतवानिति सर्वेष्टसिद्धिः ॥ ११ ॥ इति श्रीरामाभिरामे श्रीरामीये रामायणतिलके वाल्मीकीय आदिकाव्य उत्तरकाण्ड एकादशोत्तरशततमः सर्गः ॥ १११ ॥

निर्मलं कतकक्षोदादपि रामायणाम्बुधिम् ।
अत्यन्तं निर्मलं चक्रे रामः स्वमतिवाससा ॥
रामो रामायणम्भोधौ सेतुं कृत्वा सुविस्तृतम् ।
पाखण्डिरक्षोवक्राणि ध्वस्तवान्साधुतोषकः ॥
उत्तरान्तैः सुवर्णिते निषेधावधिके परे ।
सप्तमे राघवे रामे रतिरस्तु चिदात्मके ॥

इति श्रीरामायणं समाप्तम् ।

४-११
३-२३
३-११

विषयसूची ।